Pourquoi activer mon Code en ligne :

Selon mon édition, l'activation de mon Code me permet d'accéder aux enrichissements suivants, sur ordinateur, tablette et smartphone :

	CODE ÉDITION LIMITÉE *	CODE ÉDITION CLASSIQUE
Lettre d'actualité du Code	✓*	✓*
Accès aux codes officiels secs	✓	✓
Mise à jour en continu		✓
Liens vers la jurisprudence		✓
Accès aux commentaires et textes complémentaires		✓
Accès aux articles des revues Dalloz		✓

www.activation-dalloz.fr

La clé d'activation se trouve sous l'étiquette de couverture

* Disponible pour les titres suivants :
Code civil, Code de procédure civile, Code pénal, Code de procédure pénale, Code de commerce et Code du travail.

Notre innovation, c’est vous.
DALLOZ AVOCATS

28e édition

CODE
DES
ASSURANCES
CODE DE LA MUTUALITÉ

Annoté & commenté

Papier & numérique

DALLOZ

28e édition

Commentaires et annotations rédigés par

Louis PERDRIX
Professeur à l'Université Paris-Est Créteil

Coordination éditoriale par

Céline VIVIEN
Éditrice aux Codes Dalloz

DALLOZ

ÉDITIONS DALLOZ

31-35, rue Froidevaux, 75685 Paris Cedex 14

ISBN 978-2-247-21427-3

AVANT-PROPOS

Comme les autres volumes de la collection des codes Dalloz, créée en 1902, le Code des assurances est un ouvrage hautement élaboré. Loin de se borner à reproduire purement et simplement la codification officielle, il donne de celle-ci un texte mis à jour de ses modifications ultérieures (avec indication des sources), enrichi de notes de rédaction, annoté de résumés de jurisprudence, de bibliographie et commenté par M. Louis Perdrix professeur à l'Université Paris-Est Créteil. Ces commentaires ont pour objectif de permettre une meilleure appréhension des difficultés d'application et d'interprétation des textes légaux.

Dans la mesure où le droit des assurances ne se limite pas aux seuls textes législatifs et réglementaires codifiés et se trouve au carrefour de plusieurs disciplines, le Code des assurances Dalloz est enrichi d'un appendice et du code de la mutualité. L'appendice regroupe les textes et la jurisprudence relatifs aux agents généraux d'assurances, aux courtiers d'assurances, mais aussi au droit de la responsabilité, au droit de la consommation, aux recours des organismes sociaux contre le responsable, à l'intervention de l'assureur au procès pénal, et à l'indemnisation des victimes d'infraction.

Présentant ainsi une vision la plus complète possible des assurances et des matières liées, le Code des assurances Dalloz est ainsi pensé et conçu comme un ouvrage au service des praticiens du droit des assurances.

Enfin, trois tables complètent l'ouvrage (pages roses) :

En début d'ouvrage :
– une table des matières reproduit le plan du code.

En fin d'ouvrage :
– une table chronologique recense les textes qui ont modifié le code et les textes complémentaires ;
– une table alphabétique analyse les textes et constitue un outil de recherche privilégié.

Les pictogrammes ⚖ (jurisprudence), ✎ (doctrine) et 🏛 (législation) signalent que les textes intégraux correspondants sont accessibles en hyperliens sur les portails et sur les applications mobiles Dalloz.

Liste des abréviations

Hyperlien vers la décision intégrale accessible sur le Code en ligne

---

Hyperlien vers l'article de revue accessible sur le Code en ligne

---

Hyperlien vers un texte complémentaire accessible sur le Code en ligne

---

ACPR Autorité de contrôle prudentiel et de résolution
AJCT Actualité juridique des collectivités territoriales Dalloz
Al. Alinéa
ALD Actualité législative Dalloz (à partir de 1983)
ANC Autorité des normes comptables
Arr. Arrêté
Art. Article
Ass. plén. Assemblée plénière de la Cour de cassation

B Décision du Conseil d'État mentionnée aux Tables du *Lebon* (Dalloz)
BIBL. Bibliographie
BIBL. GÉN. Bibliographie générale
Bjda.fr Bulletin juridique des assurances
BLD Bulletin législatif Dalloz
Bull. civ. Bulletin des arrêts des chambres civiles de la Cour de cassation
Bull. crim. Bulletin des arrêts de la chambre criminelle de la Cour de cassation
BICC Bulletin d'information de la Cour de cassation

C. Code
CASF Code de l'action sociale et des familles Dalloz
C. assur. Code des assurances Dalloz
C. avocat Code de l'avocat Dalloz
C. baux Code des baux Dalloz
CCA Commission des clauses abusives
CCC Contrats Concurrence Consommation
CCE Communication Commerce électronique
CCH Code de la construction et de l'habitation Dalloz
C. civ. Code civil Dalloz
C. com. Code de commerce Dalloz
C. consom. Code de la consommation Dalloz

C. copr.	Code de la copropriété Dalloz
CE	Conseil d'État
CEDH	Cour européenne des droits de l'homme
C. envir.	Code de l'environnement Dalloz
CGI	Code général des impôts Dalloz
Chap.	Chapitre
Ch. mixte	Chambre mixte de la Cour de cassation
Ch. réun.	Chambres réunies de la Cour de cassation
Chron.	Chronique
Circ.	Circulaire
Civ.	Chambre civile de la Cour de cassation
CJCE	Cour de justice des Communautés européennes
CJUE	Cour de justice de l'Union européenne
C. mon. fin.	Code monétaire et financier Dalloz
Com.	Chambre commerciale de la Cour de cassation
Comm.	Commentaires
Comp.	Comparer
concl.	Conclusions
conf.	Solution conforme
Contra	Solution contraire
C. patr.	Code du patrimoine Dalloz
C. pén.	Code pénal Dalloz
C. pr. civ.	Code de procédure civile Dalloz
C. pr. pén.	Code de procédure pénale Dalloz
Crim.	Chambre criminelle de la Cour de cassation
C. rur.	Code rural et de la pêche maritime Dalloz
CSI	Code de la sécurité intérieure
CSP	Code de la santé publique Dalloz
CSS	Code de la sécurité sociale Dalloz
C. sociétés	Code des sociétés Dalloz
C. sport	Code du sport Dalloz
C. trav.	Code du travail Dalloz

D.	Recueil Dalloz
D. actu.	Dalloz actualité
DC	Recueil critique de jurisprudence et de législation Dalloz *(années 1941 à 1944)*
Décr.	Décret
Décr.-L.	Décret-loi
Defrénois	Répertoire du notariat Defrénois
DH	Recueil hebdomadaire de jurisprudence Dalloz *(années antérieures à 1941)*
DMF	Droit maritime français
Doctr.	Doctrine
DP	Recueil périodique et critique mensuel Dalloz *(années antérieures à 1941)*
Dr. fam.	Droit de la famille
Dr. et patr.	Droit et patrimoine
Dr. pénal	Droit pénal

Err.	Erratum
esp.	Espèce
FCA	Fédération française des courtiers d'assurances et de réassurances
FFSA	Fédération française des sociétés d'assurances
GADA	Grands arrêts du droit de l'assurance
Gaz. Pal.	La Gazette du Palais
ibid.	Au même endroit
Instr.	Instruction
IR	Informations rapides du Recueil Dalloz
J.	Jurisprudence
JCP	Juris-Classeur périodique (Semaine juridique), édition générale
JCP E	Juris-Classeur périodique, édition Entreprise
JDI	Journal de droit international (Clunet)
JO	Journal officiel
JONC	Journal officiel, numéro complémentaire
Journ. not.	Journal des notaires et des avocats
L.	Loi
Lebon	Recueil des décisions du Conseil d'État (Dalloz)
Liv.	Livre
LPA	Les Petites Affiches
LPF	Livre des procédures fiscales
mod.	Modifié
n°	Numéro
NCPC	Nouveau code de procédure civile Dalloz (devenu code de procédure civile – L. n° 2007-1787 du 20 déc. 2007, art. 26-III)
nouv.	Nouveau
obs.	Observations
Ord.	Ordonnance
ORIAS	Organisme pour le registre des intermédiaires en assurance
P	Arrêt publié au bulletin civil ou au bulletin criminel de la Cour de cassation

p.	Page
Pan.	Panorama
préc.	Précité

QPC	Question prioritaire de constitutionnalité

R.	Rapport annuel de la Cour de cassation
rapp.	Rapport
Rappr.	Rapprocher
RCA	Responsabilité civile et assurances
RDI	Revue de droit immobilier (Dalloz)
Rec. CJCE	Recueil des arrêts de la Cour de justice et du tribunal de première instance des Communautés européennes
Rect.	Rectificatif
Règl.	Règlement
RÉP. CIV.	Répertoire de droit civil Dalloz
RÉP. COM.	Répertoire de droit commercial Dalloz
Rép. min.	Réponse ministérielle
RÉP. PÉN.	Répertoire de droit pénal Dalloz
Req.	Chambre des requêtes de la Cour de cassation
réquis.	Réquisitions
Rev. crit. DIP	Revue critique de droit international privé (Dalloz)
Rev. Marché commun	Revue du Marché commun et de l'Union européenne
Rev. sociétés	Revue des sociétés (Dalloz)
RGAT	Revue générale des assurances terrestres (de 1930 à 1995)
RGDA	Revue générale du droit des assurances (depuis 1996)
RJPF	Revue juridique personnes et famille
RSC	Revue de science criminelle et de droit pénal comparé (Dalloz)
RTD civ.	Revue trimestrielle de droit civil (Dalloz)
RTD eur.	Revue trimestrielle de droit européen (Dalloz)
RTDF	Revue trimestrielle de droit financier

S.	Recueil Sirey
s.	Et suivants
Sect.	Section
SFAC	Syndicat français des assureurs conseils
Soc.	Chambre sociale de la Cour de cassation
sol. impl.	Solution implicite
Somm.	Sommaires
ss.	Sous

t.	Tome
T. civ.	Tribunal, chambre civile
T. com.	Tribunal de commerce
T. confl.	Tribunal des conflits
T. corr.	Tribunal, chambre correctionnelle
TGI	Tribunal de grande instance

TI	Tribunal d'instance
Tit.	Titre
V.	Voir
v°, v^{is}	Mot, mots

TABLE DES MATIÈRES

CODE DES ASSURANCES

LIVRE PREMIER

LE CONTRAT

L. 100-1 – L. 195-1
R. 111-1 – R. 195-1
A. 111-1 – A. 160-5
[abrogé]

TITRE I **RÈGLES COMMUNES AUX ASSURANCES DE DOMMAGES ET AUX ASSURANCES DE PERSONNES** .... **L. 111-1 – L. 114-3**
R. 111-1 – R.* 114-1
A. 111-1 – A. 113-1

CHAPITRE I Dispositions générales .... L. 111-1 – L. 111-12
R. 111-1 – R. 111-3
A. 111-1 – A. 111-6

CHAPITRE II Conclusion et preuve du contrat d'assurance – forme et transmission des polices .... L. 112-1 – L. 112-10
R.* 112-1 – R. 112-7
A. 112 – A. 112-1

CHAPITRE III Obligations de l'assureur et de l'assuré .... L. 113-1 – L. 113-17
R. 113-1 – R. 113-14
A. 113-1

CHAPITRE IV Compétence et prescription .... L. 114-1 – L. 114-3
R. 114-1

TITRE II **RÈGLES RELATIVES AUX ASSURANCES DE DOMMAGES** .... **L. 121-1 – L. 129-1**
R.* 124-1 – R. 128-4
A. 121-1 – A. 125-5
[abrogé]

CHAPITRE I Dispositions générales .... L. 121-1 – L. 121-17
A. 121-1 – A. 121-2

CHAPITRE II Les assurances contre l'incendie .... L. 122-1 – L. 122-9

CHAPITRE III Les assurances contre la grêle et la mortalité du bétail .... L. 123-1 – L. 123-4

CHAPITRE IV Les assurances de responsabilité .... L. 124-1 – L. 124-5
R.* 124-1 – R.* 124-4

CHAPITRE V	L'assurance des risques de catastrophes naturelles	L. 125-1 – L. 125-6 R. 125-1 – R. 125-11 *[abrogés]* A. 125-1 – A. 125-5 *[abrogé]*
CHAPITRE VI	L'assurance contre les actes de terrorisme. . .	L. 126-1 – L. 126-3 R. 126-1 *[abrogé]* – R. 126-2
SECTION I	*Dommages corporels*	L. 126-1
SECTION II	*Dommages matériels*	L. 126-2 – L. 126-3 R. 126-1 *[abrogé]* – R. 126-2
CHAPITRE VII	L'assurance de protection juridique	L. 127-1 – L. 127-8 R. 127-1 – R. 127-3 *[abrogé]*
CHAPITRE VIII	L'assurance des risques de catastrophes technologiques	L. 128-1 – L. 128-4 R. 128-1 – R. 128-4
CHAPITRE IX	Assurances collectives de dommages.	L. 129-1
TITRE III	**RÈGLES RELATIVES AUX ASSURANCES DE PERSONNES ET AUX OPÉRATIONS DE CAPITALISATION**	**L. 131-1 – L. 134-5** **R. 131-1 – D. 132-10** **A. 131-1 – A. 132-19**
CHAPITRE I	Dispositions générales	L. 131-1 – L. 131-4 A. 131-1 – A. 131-4
SECTION I	*Valeur de référence du contrat*.	A. 131-1 – A. 131-4
CHAPITRE I	Contrats d'assurance sur la vie de capitalisation ou se référant à des unités de compte . .	R. 131-1 – R. 131-11
CHAPITRE II	Les assurances sur la vie et les opérations de capitalisation.	L. 132-1 – L. 132-31 R. 132-1 *[abrogé]* – D. 132-10 A. 132-1 – A. 132-19
SECTION I	*Dispositions générales*	L. 132-1 – L. 132-27-2 R. 132-1 *[abrogé]* – R. 132-5-7
SECTION II	*Les assurances populaires*	L. 132-28
SECTION III	*Participation des assurés aux bénéfices techniques et financiers*	L. 132-29
SECTION III	*Information du souscripteur et du bénéficiaire et tarification*	A. 132-1 – A. 132-9-6
SECTION IV	*Les assurances ayant pour objet l'acquisition d'immeubles au moyen de constitution de rentes viagères*.	L. 132-30 – L. 132-31

SECTION V	*Transfert des contrats liés à la cessation d'activité professionnelle*	D. 132-6 – D. 132-10
SECTION V	*Participation aux bénéfices techniques et financiers*	A. 132-10 – A. 132-17
SECTION VI	*Tarifs*	A. 132-18 – A. 132-19
CHAPITRE III	Accès à l'assurance contre les risques d'invalidité ou de décès	L. 133-1
CHAPITRE IV	Engagements donnant lieu à constitution d'une provision de diversification	L. 134-1 – L. 134-5 R. 134-1 – R. 134-14 A. 134-1 – A. 134-7
TITRE IV	**LES ASSURANCES DE GROUPE**	**L. 141-1 – L. 145-9** **R. 141-1 – R. 144-31** **A. 141-1 – A. 144-4**
CHAPITRE I	Dispositions générales relatives aux assurances de groupe	L. 141-1 – L. 141-7 R. 141-1 – R. 141-9 A. 141-1
SECTION I	*Associations souscriptrices*	R. 141-1 – R. 141-9
CHAPITRE II *[abrogé]*	Règles particulières aux contrats d'assurance sur la vie diversifiés	R. 142-1 – R. 142-16 *[abrogés]*
SECTION I [abrogée]	*Dispositions générales*	R. 142-1 – R. 142-10 *[abrogés]*
SECTION II [abrogée]	*Dispositions particulières applicables aux contrats ne prévoyant pas une garantie intégrale au terme*	R. 142-11 – R. 142-16 *[abrogés]*
CHAPITRE II	Plan d'épargne retraite donnant lieu à l'adhésion à un contrat d'assurance de groupe	A. 142-1 – A. 142-4
CHAPITRE III	Retraite professionnelle supplémentaire	L. 143-1 – L. 143-9 R. 143-1 – R. 143-6 A. 143-1 – A. 143-4
CHAPITRE IV	Contrats de prévoyance et de retraite supplémentaire souscrits par des associations	L. 144-1 – L. 144-4 R. 144-1 – R. 144-31
CHAPITRE IV	Contrats de retraite supplémentaire associatifs	A. 144-1 – A. 144-4
SECTION I	*Contrats de prévoyance et de retraite supplémentaire des professions non salariées*	L. 144-1
SECTION I	*Dispositions générales*	R. 144-1
SECTION II	*Plan d'épargne retraite populaire*	L. 144-2 – L. 144-4

SECTION II	*Dispositions particulières aux contrats de prévoyance et de retraite supplémentaire des professions non salariées*	R. 144-2 – R. 144-3
SECTION III	*Dispositions particulières au plan d'épargne retraite populaire*	R. 144-4 – R. 144-31 A. 144-1 – A. 144-4
CHAPITRE V	Dispositions particulières relatives à la coassurance de certaines opérations collectives avec les organismes d'assurances relevant du code de la sécurité sociale et du code de la mutualité	L. 145-1 – L. 145-9
TITRE V	**LE CONTRAT DE CAPITALISATION**	**L. 150 – L. 150-4 *[abrogés]*** **R. 150-1 *[abrogé]* – R. 150-24 *[abrogé]***
CHAPITRE UNIQUE		R. 150-1 *[abrogé]* – R. 150-24 *[abrogé]*
SECTION I [abrogée]	*Dispositions générales*	R. 150-1 – R. 150-2 *[abrogés]*
SECTION II [abrogée]	*Rachat*	R. 150-3 *[abrogé]*
SECTION III	*Tirages au sort*	R.* 150-4 – R. 150-16
SECTION IV [abrogée]	*Faculté de dénonciation*	R. 150-17 – R. 150-18 *[abrogés]*
SECTION V [abrogée]	*Participation des porteurs de titres aux bénéfices*	R. 150-19 – R. 150-24 *[abrogés]*
TITRE VI	**DISPOSITIONS DIVERSES RELATIVES AUX CONTRATS D'ASSURANCE ET DE CAPITALISATION**	**L. 160-1 – L. 160-20** **R.* 160-1 – R.* 160-17** **A. 160-1 – A. 160-4**
CHAPITRE UNIQUE		L. 160-1 – L. 160-20 R.* 160-1 *[abrogé]* – R.* 160-17 *[abrogé]* A. 160-1 – A. 160-4
SECTION I	*Rédaction du contrat en langue française*	R.* 160-1 *[abrogé]*
SECTION II	*Polices d'assurance sur la vie ou bons de capitalisation ou d'épargne égarés, détruits ou volés*	L. 160-1 – L. 160-2 R.* 160-2 *[abrogé]* – R.* 160-6 A. 160-1

SECTION III	*Contrats d'assurance libellés en monnaie étrangère*	L. 160-3 – L. 160-4 R.* 160-7 – R.* 160-8 *[abrogés]*
SECTION IV	*Rachat par les entreprises d'assurance sur la vie des rentes inférieures à un certain montant minimal*	L. 160-5 A. 160-2 – A. 160-4
SECTION V	*Effet sur les contrats d'assurance de la réquisition des biens et services*	L. 160-6 – L. 160-8 R.* 160-9 – R.** 160-12 *[abrogé]*
SECTION V BIS	*Effet sur les contrats d'assurance sur la vie de la confiscation pénale*	L. 160-9
SECTION VI	*Assurances sur la vie à capital variable immobilier*	L. 160-10 – L. 160-20 R.* 160-13 – R.* 160-17 *[abrogés]*
TITRE VII	**LES CONTRATS D'ASSURANCE MARITIME, AÉRIENNE ET AÉRONAUTIQUE, FLUVIALE ET LACUSTRE, SUR MARCHANDISES TRANSPORTÉES PAR TOUS MODES ET DE RESPONSABILITÉ CIVILE SPATIALE**	**L. 171-1 – L. 176-5** **R. 171-1 – R. 176-1**
CHAPITRE I	Dispositions générales	L. 171-1 – L. 171-6 *[abrogé]* R. 171-1 – D. 171-3
CHAPITRE II	Règles communes aux assurances maritime, fluviale et lacustre et sur marchandises transportées par tous modes	L. 172-1 – L. 172-31 R. 172-1 – R. 172-6
SECTION I	*Conclusion du contrat*	L. 172-1 *[abrogé]* – L. 172-10-1 *[abrogé]* R. 172-1 – R. 172-3-1
SECTION II	*Obligations de l'assureur et de l'assuré*	L. 172-11 – L. 172-23
SECTION III	*Règlement de l'indemnité*	L. 172-24 – L. 172-31 R. 172-4 – R. 172-6
CHAPITRE III	Règles particulières aux assurances maritime, fluviale et lacustre, et sur marchandises transportées par tous modes	L. 173-1 – L. 173-26 R. 173-1 – R. 173-7 *[abrogés]*
SECTION I	*Assurances sur corps maritimes, fluviaux et lacustres*	L. 173-1 – L. 173-16 R. 173-1 *[abrogé]*

SECTION II	*Assurances sur marchandises transportées par tous modes*	L. 173-17 – L. 173-22-1 R. 173-2 – R. 173-7 *[abrogés]*
SECTION III	*Assurances de responsabilité civile maritime, fluviale et lacustre*	L. 173-23 – L. 173-26
CHAPITRE IV	Règles spéciales aux assurances fluviale et lacustre	L. 174-1 – L. 174-6 *[abrogé]*
SECTION I	*Assurance sur corps*	L. 174-1 – L. 174-3
SECTION II	*Assurance sur marchandises transportées*	L. 174-4 – L. 174-5
SECTION III [abrogée]	*Assurance de responsabilité*	L. 174-6 *[abrogé]*
CHAPITRE V	Assurances sur corps et de responsabilité civile aérienne et aéronautique	L. 175-1 – L. 175-29 R. 175-1 – R. 175-5
SECTION I	*Dispositions générales*	L. 175-1 – L. 175-13 R. 175-1 – R. 175-5
SECTION II	*Obligations de l'assuré*	L. 175-14 – L. 175-18
SECTION III	*Obligations de l'assureur*	L. 175-19 – L. 175-29
CHAPITRE VI	Assurances de responsabilité civile relative à une opération spatiale	L. 176-1 – L. 176-5 R. 176-1
TITRE VIII	**LOI APPLICABLE AUX CONTRATS D'ASSURANCE POUR LES RISQUES SITUÉS SUR LE TERRITOIRE D'UN OU PLUSIEURS ÉTATS PARTIES À L'ACCORD SUR L'ESPACE ÉCONOMIQUE EUROPÉEN ET POUR LES ENGAGEMENTS QUI Y SONT PRIS**	**L. 181-1 – L. 183-2**
CHAPITRE I	Assurances de dommages non obligatoires	L. 181-1 – L. 181-4
CHAPITRE II	Assurances de dommages obligatoires	L. 182-1
CHAPITRE III	Assurance sur la vie et capitalisation	L. 183-1 – L. 183-2
TITRE IX	**DISPOSITIONS PARTICULIÈRES AUX DÉPARTEMENTS DU BAS-RHIN, DU HAUT-RHIN ET DE LA MOSELLE ET DISPOSITIONS APPLICABLES À MAYOTTE, DANS LES ÎLES WALLIS-ET-FUTUNA ET DANS LES TERRES AUSTRALES ET ANTARCTIQUES FRANÇAISES**	**L. 191-1 – L. 195-1 R. 193-1 *[abrogé]* – R. 195-1**

CHAPITRE I	Dispositions particulières aux départements du Bas-Rhin, du Haut-Rhin et de la Moselle en matière d'assurance générale	L. 191-1 – L. 191-7
CHAPITRE II	Dispositions particulières aux départements du Bas-Rhin, du Haut-Rhin et de la Moselle applicables aux assurances non fluviales ...	L. 192-1 – L. 192-7
CHAPITRE III	Dispositions spécifiques à Mayotte........	L. 193-1 *[abrogé]* R. 193-1 *[abrogé]*
CHAPITRE IV	Dispositions applicables dans les îles Wallis-et-Futuna............................	L. 194-1 R. 194-1
CHAPITRE V	Dispositions applicables dans les Terres australes et antarctiques françaises	L. 195-1 R. 195-1

LIVRE DEUXIÈME

ASSURANCES OBLIGATOIRES

L. 200-1 – L. 271-1
R.* 211-1 – R. 261-1
A. 211-1 – A. 250-2

TITRE I	**L'ASSURANCE DES VÉHICULES TERRESTRES À MOTEUR ET DE LEURS REMORQUES ET SEMI-REMORQUES..**	**L. 211-1 – L. 214-4** **R.* 211-1 – R. 214-5** **A. 211-1 – A. 213-4**
CHAPITRE I	L'obligation de s'assurer...............	L. 211-1 – L. 211-27 R.* 211-1 *[abrogé]* – R. 211-45 *[abrogé]* A. 211-1 *[abrogé]* – A. 211-11
SECTION I	*Personnes assujetties*	L. 211-1 – L. 211-3 *[abrogé]* R.* 211-1 *[abrogé]* A. 211-1 *[abrogé]*
SECTION II	*Étendue de l'obligation d'assurance*	L. 211-4 – L. 211-7 R. 211-2 – R. 211-8 A. 211-1-1 – A. 211-1-3
SECTION III	*Franchises, exclusions de garantie, déchéances et recours de l'assureur*	R. 211-9 *[abrogé]* – R. 211-13-1 *[abrogé]*
SECTION III	*Franchises, exclusions de garantie et déchéances*	A. 211-2 *[abrogé]* – A. 211-3
SECTION IV	*Contrôle de l'obligation d'assurance.*........	R.* 211-14 – R. 211-21-7 A. 211-4 – A. 211-10
SECTION V	*Dispositions relatives à l'assurance des véhicules en circulation internationale et de certains autres véhicules*..........................	R.** 211-22 – R.** 211-28 *[abrogé]*

SECTION VI	*Procédures d'indemnisation*	L. 211-8 – L. 211-25 R. 211-29 – R. 211-44 A. 211-11
SECTION VII	*Pénalités*............................	L. 211-26 – L. 211-27
CHAPITRE II	L'obligation d'assurer – le bureau central de tarification	L. 212-1 – L. 212-3 R. 212-1 – R. 212-10 *[abrogés]* A. 212-1 – A. 212-3 *[abrogés]*
CHAPITRE III *[abrogé]*	Contribution au profit de la sécurité sociale.	L. 213-1 – L. 213-2 *[abrogés]* R.* 213-1 – R. 213-8 *[abrogés]* A. 213-1 – A. 213-4 *[abrogés]*
CHAPITRE IV	Dispositions particulières aux départements et territoires d'outre-mer et à Mayotte	L. 214-1 – L. 214-4 *[abrogé]* R.** 214-1 – R. 214-5 *[abrogé]*
SECTION I	*Dispositions particulières aux départements d'outre-mer*..........................	L. 214-1 R.** 214-1 – R.** 214-4
SECTION II	*Dispositions particulières aux territoires d'outre-mer*..........................	L. 214-2 *[abrogé]*
SECTION III	*Dispositions particulières à Mayotte*	L. 214-3 – L. 214-4 *[abrogés]*
TITRE I *BIS*	**L'ASSURANCE HABITATION**	**L. 215-1 – L. 215-4**
TITRE II	**L'ASSURANCE DES ENGINS DE REMONTÉE MÉCANIQUE**	**L. 220-1 – L. 220-8** **R.** 220-1 – R. 220-15 *[abrogé]*** **A. 220-1 *[abrogé]* –** **A. 220-6 *[abrogé]***
CHAPITRE UNIQUE	....	L. 220-1 – L. 220-8 R.** 220-1 – R. 220-15 *[abrogé]* A. 220-1 *[abrogé]* – A. 220-6 *[abrogé]*
TITRE III	**L'ASSURANCE DE LA RESPONSABILITÉ CIVILE DES CHASSEURS**	**L. 230-1 *[abrogé]*** **R. 230-1 *[abrogé]*** **A. 230-1 *[abrogé]* –** **A. 230-7 *[abrogé]***

CHAPITRE UNIQUE	....	L. 230-1 *[abrogé]* R. 230-1 *[abrogé]* A. 230-1 *[abrogé]* – A. 230-7 *[abrogé]*
TITRE IV	**L'ASSURANCE DES TRAVAUX DE CONSTRUCTION**	**L. 241-1 – L. 243-9**
CHAPITRE Ier	L'assurance de responsabilité obligatoire....	L. 241-1 – L. 241-2
CHAPITRE II	L'assurance de dommages obligatoire	L. 242-1 – L. 242-2
CHAPITRE III	Dispositions communes.................	L. 243-1 – L. 243-9
TITRE IV	**L'ASSURANCE DES TRAVAUX DE BÂTIMENT**	**R. 243-1 – R. 243-14 *[abrogé]*** **A. 243-1 – A. 243-5**
TITRE V	**L'ASSURANCE DE RESPONSABILITÉ CIVILE MÉDICALE**..................	**L. 251-1 – L. 252-2**
CHAPITRE I	L'obligation de s'assurer..............	L. 251-1 – L. 251-3
CHAPITRE II	L'obligation d'assurer – le bureau central de tarification	L. 252-1 – L. 252-2
TITRE V	**DISPOSITIONS RELATIVES AU BUREAU CENTRAL DE TARIFICATION**..................	**R. 250-1 – R. 250-7 *[abrogé]*** **A. 250-1 – A. 250-2**
TITRE V *BIS*	**L'ASSURANCE DE LA RESPONSABILITÉ CIVILE MÉDICALE** . .	**R. 251-1**
TITRE VI *[abrogé]*	**DISPOSITIONS SPÉCIFIQUES À MAYOTTE**	**L. 261-1 *[abrogé]*** **R. 261-1 *[abrogé]***
TITRE VII	**DISPOSITIONS APPLICABLES DANS LES ÎLES WALLIS-ET-FUTUNA** . .	**L. 271-1**

LIVRE TROISIÈME

LES ENTREPRISES

L. 300-1 – L. 390-1
R.* 310-1 – R. 391-1
A. 310-1 – A. 385-3

TITRE I	**DISPOSITIONS GÉNÉRALES ET CONTRÔLE DE L'ÉTAT**	**L. 310-1 - L. 310-28** **R.* 310-1 *[abrogé]* – R. 310-23** **A. 310-1 - A. 311-6**
CHAPITRE I	Dispositions générales	L. 310-1 - L. 310-28 R.* 310-1 *[abrogé]* – R. 310-10-4 A. 310-1 - A. 310-10 *[abrogé]*
SECTION I	*Dispositions générales*	L. 310-1 - L. 310-10-1 A. 310-1 - A. 310-2-1 *[abrogés]*
SECTION I	*Dispositions générales applicables aux entreprises d'assurance*	R.* 310-5 – R. 310-10-2 *[abrogé]*
SECTION II	*Autorité de contrôle prudentiel et de résolution* .	L. 310-12 – L. 310-25-2
SECTION II	*Dispositions générales applicables aux entreprises de réassurance*	R. 310-10-3 – R. 310-10-4 *[abrogé]*
SECTION II	*Autorité de contrôle des assurances*	A. 310-3 – A. 310-4
SECTION III	*Participation des entreprises d'assurance et de capitalisation à la lutte contre le blanchiment des capitaux provenant du trafic des stupéfiants*	A. 310-5 – A. 310-9
SECTION IV	*Sanctions*	L. 310-26 – L. 310-28
SECTION V	*Procédures judiciaires et de conciliation*	A. 310-10
CHAPITRE II	Mesures de prévention et de gestion des crises	L. 311-1 – L. 311-61
SECTION I	*Dispositions générales*	L. 311-1 – L. 311-4
SECTION II	*Dispositions relatives à l'élaboration, l'évaluation et la mise en œuvre des plans preventifs de rétablissement*	L. 311-5 – L. 311-7
SECTION III	*Dispositions relatives à l'élaboration des plans préventifs de résolution*	L. 311-8 – L. 311-10
SECTION IV	*Dispositions relatives à l'analyse de la résolvabilité*	L. 311-11 – L. 311-13
SECTION V	*Dispositions complémentaires et relatives aux mesures de prévention*	L. 311-14 – L. 311-17
SECTION VI	*Dispositions relatives à la procédure de résolution*	L. 311-18 – L. 311-55
SECTION VII	*Coopération et échange d'informations*	L. 311-56 – L. 311-61
CHAPITRE II	Autorité de contrôle prudentiel et de résolution.	R. 310-11 – R. 310-23
SECTION I	*Dispositions générales*	R. 310-11 *[abrogé]* – R. 310-12-12 *[abrogé]*
SECTION II	*Dispositions relatives à la libre prestation de services et au libre établissement des organismes relevant du code des assurances, du code de la mutualité et du code de la sécurité sociale*	R. 310-13 *[abrogé]* – R. 310-17-3

SECTION III	*Mesures de police et sanctions spécifiques aux organismes relevant du code des assurances, du code de la mutualité et du code de la sécurité sociale* . . .	R. 310-18 *[abrogé]* – R. 310-21 *[abrogé]*
SECTION IV	*Sanctions*	R. 310-22
SECTION V	*Procédures judiciaires et de conciliation*	R. 310-23
CHAPITRE II	Mesures de prévention et de gestion des crises	A. 311-1 – A. 311-6
SECTION I	*Dispositions relatives à l'élaboration, l'évaluation et la mise en œuvre des plans préventifs de rétablissement*	A. 311-1 – A. 311-3
SECTION II	*Dispositions relatives à l'élaboration des plans préventifs de résolution*	A. 311-4 – A. 311-5
SECTION III	*Dispositions relatives à l'analyse de la résolvabilité*	A. 311-6
CHAPITRE III	Mesures de prévention et de gestion des crises	R. 311-1 – R. 311-26
SECTION I	*Dispositions relatives à l'élaboration, l'évaluation et la mise en œuvre des plans préventifs de rétablissement*	R. 311-1 – R. 311-6
SECTION II	*Dispositions relatives à l'analyse de la resolvabilité*	R. 311-7
SECTION III	*Dispositions relatives à la procédure de résolution*	R. 311-8 – R. 311-20
SECTION IV	*Coopération et échange d'informations*	R. 311-21 – R. 311-26
TITRE II	**RÉGIME ADMINISTRATIF**	**L. 321-1 – L. 329-3-1** **R.* 321-1 – R.* 329-5** **A. 321-1 – A. 322-8**
CHAPITRE I	Les agréments	L. 321-1 – L. 321-12 R.* 321-1 – R. 321-35 A. 321-1 – A. 321-11 *[abrogés]*
SECTION I	*Agrément administratif des entreprises d'assurance et de réassurance ayant leur siège social en France*	L. 321-1 – L. 321-6 *[abrogé]*
SECTION I	*Agrément administratif des entreprises dont le siège social est en France*	R.* 321-1 – R. 321-5-4
SECTION I	*Agrément administratif des entreprises françaises* .	A. 321-1 – A. 321-6 *[abrogé]*
SECTION II	*Agrément administratif des entreprises ayant leur siège social dans la Confédération helvétique*	L. 321-7 – L. 321-8 *[abrogé]*
SECTION II	*Agrément administratif des entreprises d'assurance non communautaires dont le siège social est situé dans un État membre de l'Espace économique européen*	R.* 321-6 – R.* 321-9 *[abrogés]* A. 321-7 *[abrogé]*

SECTION III [abrogée]	*Agrément spécial des entreprises d'assurance dont le siège social est situé dans un État non partie à l'accord sur l'espace économique européen*	L. 321-9 *[abrogé]*
SECTION III	*Agrément spécial des entreprises d'assurance dont le siège social est situé dans un État non partie à l'accord sur l'Espace économique européen*	A. 321-8 – A. 321-9 *[abrogés]*
SECTION IV	*Agréments*	L. 321-10 – L. 321-10-3
SECTION IV	*Condition des agréments*	R.* 321-13 *[abrogé]* – R. 321-31 *[abrogé]* A. 321-10 – A. 321-11 *[abrogés]*
SECTION V	*Dispositions relatives à l'ouverture d'une succursale et à l'exercice de la libre prestation de services*	L. 321-11 – L. 321-12
SECTION V	*Dispositions relatives à l'ouverture d'une succursale et l'exercice de la libre prestation de services des organismes relevant du code des assurances, du code de la mutualité et du code de la sécurité sociale*	R. 321-32
SECTION VI	*Dispositions relatives à l'exercice de certaines opérations de coassurance par les entreprises d'assurance*	R. 321-33 – R. 321-35
CHAPITRE II	Règles de constitution et de fonctionnement	L. 322-1 – L. 322-29 R. 322-1 – R. 322-168 A. 322-1 *[abrogé]* – A. 322-8 *[abrogé]*
SECTION I	*Dispositions communes*	L. 322-1 – L. 322-3-2 R. 322-1 – R. 322-4-1
SECTION II	*Sociétés anonymes d'assurance, de capitalisation et de réassurance*	L. 322-4 – L. 322-4-7 R. 322-5 – R. 322-11-6 A. 322-1 – A. 322-3 *[abrogés]*
SECTION III	*Entreprises nationales d'assurance et de capitalisation et sociétés centrales d'assurance*	L. 322-5 – L. 322-6 *[abrogé]* R.* 322-12 *[abrogé]* – R.* 322-41 *[abrogé]* A. 322-4 – A. 322-5 *[abrogé]*
SECTION IV	*Sociétés d'assurance mutuelles*	L. 322-26-1 – L. 322-26-9 R.* 322-42 – R. 322-106-11 A. 322-6 – A. 322-7
SECTION V	*Unions de sociétés d'assurance mutuelles*	R.* 322-107 – R. 322-117-6
SECTION VI	*Sociétés ou caisses d'assurances et de réassurances mutuelles agricoles*	L. 322-27 – L. 322-27-2 R. 322-118 – R. 322-138

SECTION VII	*Tontines*	R.* 322-139 – R.* 322-159
SECTION VIII	*Sociétés européennes*	L. 322-28 – L. 322-29
SECTION VIII	*Les sociétés de groupe d'assurance mutuelle et les conventions d'affiliation*	R. 322-160 – R. 322-166
SECTION VIII	*Les sociétés de groupe d'assurance et les conventions d'affiliation*	A. 322-8 *[abrogé]*
SECTON IX	*Dispositions spécifiques aux entreprises d'assurance et de réassurance relevant du régime dit "solvabilité II"*	R. 322-167 – R. 322-168 *[abrogés]*
CHAPITRE III	Mesures de sauvegarde et d'assainissement	L. 323-1 *[abrogé]* – L. 323-8 R. 323-1 *[abrogé]* – R. 323-12
SECTION I [abrogée]	*Règles générales*	L. 323-1 – L. 323-2 *[abrogés]* R. 323-1 – R. 323-10-8 *[abrogés]*
SECTION II		L. 323-3 *[abrogé]* – L. 323-8
SECTION II	*Mesures d'assainissement des entreprises dont le siège social est situé dans un État membre de l'Union européenne*	R.* 323-11 – R. 323-12
CHAPITRE IV	Transfert de portefeuille	L. 324-1 – L. 324-7 R. 324-1 – R.* 324-7 *[abrogé]*
SECTION I	*Règles générales*	L. 324-1 – L. 324-4 *[abrogé]* R. 324-1 *[abrogé]* – R.* 324-3 *[abrogés]*
SECTION II	*Transfert d'office*	L. 324-5 – L. 324-6 *[abrogé]* R. 324-4 *[abrogé]* – R.* 324-7 *[abrogé]*
SECTION III	*Règles relatives à l'affectation comptable des actifs transférés avec un portefeuille de contrats*	L. 324-7
CHAPITRE V	Retrait de l'agrément administratif	L. 325-1 – L. 325-2 *[abrogé]* R.* 325-1 *[abrogé]* – R.* 325-18 *[abrogé]*
SECTION I	*Règles générales*	L. 325-1 R.* 325-1 – R.* 325-14
SECTION II [abrogée]	*Règles particulières aux entreprises pratiquant les opérations d'assurance obligatoire en matière de circulation des véhicules terrestres à moteur*	L. 325-2 *[abrogé]* R.* 325-15 – R.* 325-18 *[abrogés]*

CHAPITRE VI	Liquidation	L. 326-1 - L. 326-30 R.* 326-1 - R. 326-4
SECTION I	*Règles générales*	L. 326-1 - L. 326-14-1 R.* 326-1 - R.* 326-2
SECTION II	*Règles particulières aux entreprises pratiquant les opérations d'assurance obligatoire en matière de circulation des véhicules terrestres à moteur*	L. 326-16 - L. 326-19 *[abrogés]* R.* 326-3 *[abrogé]*
SECTION III	*Effets des procédures de liquidation des entreprises dont le siège social est situé sur le territoire d'un État membre de l'Union européenne autre que la France*	L. 326-20 - L. 326-30 R. 326-4
CHAPITRE VII	Privilèges	L. 327-1 - L. 327-6 *[abrogé]* R.* 327-1
CHAPITRE VIII	Sanctions	L. 328-1 - L. 328-17 *[abrogé]* R. 328-1 - R.* 328-2
CHAPITRE IX	Succursales d'entreprises d'assurance dont le siège social est situé dans un État non partie à l'accord sur l'Espace économique européen	L. 329-1 - L. 329-3-1 R. 329-1 - R. 329-5
TITRE III	**RÉGIME PRUDENTIEL APPLICABLE AUX ENTREPRISES NE RELEVANT PAS DU RÉGIME DIT "SOLVABILITÉ 2"**	**L. 330-1 – L. 336-1** **R. 331-1 – R. 336-8** **A. 331-1 *[abrogé]* –** **A. 335-21 *[abrogé]***
CHAPITRE I	Les engagements réglementés	R.* 331-1 – R. 331-3 A. 331-1 – A. 331-27 *[abrogés]*
CHAPITRE II	Réglementation des placements et autres éléments d'actif	R. 332-1 – R. 332-66 A. 332-1 – A. 332-8 *[abrogé]*
SECTION I	*Éléments d'actif admis en représentation des engagements réglementés*	R. 332-1 – R. 332-10-3 *[abrogé]* A. 332-1 – A. 332-4
SECTION II	*Réglementations particulières concernant certains éléments d'actifs des entreprises d'assurance*	R. 332-11 – R. 332-18 *[abrogé]*
SECTION III	*Estimation des éléments d'actif*	R. 332-19 – R.* 332-32 *[abrogés]* A. 332-5 *[abrogé]* – A. 332-8 *[abrogé]*

SECTION IV	*Commissions et frais d'acquisition à amortir* . .	R. 332-33 *[abrogé]* – R. 332-36 *[abrogé]*
SECTION V [abrogée]	*Règles particulières à certaines entreprises d'assurance étrangères*	R. 332-37 – R. 332-44 *[abrogés]*
SECTION VI	*Instruments financiers à terme des entreprises d'assurance*	R. 332-45 – R. 332-58
SECTION VII	*Règles particulières aux contrats de retraite professionnelle supplémentaire*	R. 332-59 *[abrogé]* – R. 332-63-1
SECTION VIII	*Dispositions particulières aux territoires d'outre-mer*	R. 332-64
SECTION IX	*Dispositions spécifiques aux actifs des comptabilités auxiliaires d'affectation*	R. 332-65 – R. 332-66
CHAPITRE III	Revenu des placements.	R.* 333-1 – R. 333-3 *[abrogés]* A. 333-1 – A. 333-10
CHAPITRE IV	Solvabilité des entreprises.	L. 334-1 R. 334-1 – R. 334-52 *[abrogé]* A. 334-1
SECTION I	*La marge de solvabilité – dispositions communes*	R. 334-1 – R. 334-2 *[abrogé]*
SECTION II	*La marge de solvabilité des entreprises mixtes d'assurance de dommages*	R. 334-3 – R. 334-10 *[abrogé]*
SECTION III	*La marge de solvabilité des entreprises d'assurance sur la vie*	R. 334-11 – R. 334-16 *[abrogé]*
SECTION IV	*La marge de solvabilité des entreprises exerçant à la fois les opérations mentionnées aux 1° et 2° de l'article L. 310-1*	R. 334-17 – R. 334-21
SECTION V [abrogée]	*Vérification de solvabilité globale des entreprises d'assurance*	R. 334-22 – R. 334-25 *[abrogés]*
SECTION VI [abrogée]	*Dispositions relatives à la marge de solvabilité des entreprises de réassurance*	R. 334-26 – R. 334-28 *[abrogés]*
SECTION VII	*Dispositions transitoires relatives à la marge de solvabilité*	R. 334-29 *[abrogé]* – R. 334-38 *[abrogé]*
SECTION VIII	*Dispositions particulières aux territoires d'outre-mer*	R. 334-39
SECTION VIII	*La surveillance complémentaire des entreprises d'assurance faisant partie d'un groupe d'assurance*	A. 334-4 – A. 334-6

SECTION IX	*Dispositions relatives à la surveillance complémentaire des groupes d'assurances*	R. 334-40 – R. 334-46
SECTION X [abrogée]	*Dispositions relatives à la surveillance complémentaire des entités réglementées appartenant à un conglomérat financier*	R. 334-47 – R. 334-52
CHAPITRE V	Mesures de sauvegarde relatives aux entreprises d'assurance	R. 335-1 – R. 335-6
CHAPITRE V *[ABROGÉ]*	Tarifs et frais d'acquisition et de gestion....	A. 335-1 – A. 335-21 *[abrogés]*
CHAPITRE VI	Contrôle interne et états à produire par les entreprises	L. 336-1 R. 336-1 – R. 336-8
SECTION I	*Dispositions générales*	R. 336-1 – R. 336-8
TITRE IV	**DISPOSITIONS COMPTABLES ET STATISTIQUES**	**L. 341-1 – L. 345-2** **R. 341-1 – R. 345-11** **A. 341-1 – A. 344-16 *[abrogé]***
CHAPITRE I	Principes généraux	L. 341-1 – L. 341-4 R. 341-1 *[abrogé]* – R. 341-10 *[abrogé]* A. 341-1
CHAPITRE II	Dispositions comptables particulières	R. 342-1 – R. 342-9-1 A. 342-1 – A. 342-9 A. 342-1 – A. 342-2
SECTION VI	*Dispositions spécifiques relatives aux comptabilités auxiliaires d'affectation*	R. 342-1 – R. 342-9
SECTION VII	*Règles particulières aux contrats de retraite professionnelle supplémentaire*	R. 342-10 – R. 342-14
CHAPITRE III	Plan et évaluation comptables particuliers à l'assurance	L. 343-1 R. 343-1 – R. 343-16 A. 343-1 – A. 343-5
SECTION I	*Engagements et provisions techniques*........	L. 343-1 R. 343-1 – R. 343-8 A. 343-1-1 – A. 343-1-3
SECTION II	*Estimation des éléments d'actifs*	R. 343-9 – R. 343-13 A. 343-2 – A. 343-2-2
SECTION III	*Revenus des placements*	R. 343-14 – R. 343-16 A. 343-3 – A. 343-3-2
SECTION IV	*Tenue de documents relatifs aux placements, contrats, sinistres, réassurances*	A. 343-4 – A. 343-4-3
SECTION V	*Dispositions particulières aux opérations de coassurance et coréassurance*...........	A. 343-5

CHAPITRE IV	Catégories d'assurance et états à produire. . .	L. 344-1 R. 344-1 – R. 344-10 A. 344-1 *[abrogé]* – A. 344-16 *[abrogé]*
SECTION I	*Dispositions générales*	A. 344-1 *[abrogé]*
SECTION II	*Définition des catégories et sous-catégories*	A. 344-2
SECTION III	*États à produire*.	A. 344-3 *[abrogé]* – A. 344-16 *[abrogé]*
CHAPITRE V	Comptes consolidés et combinés	L. 345-2 – L. 345-3 R. 345-1 – R. 345-1-4
TITRE V	**RÈGLES PRUDENTIELLES APPLICABLES AUX ENTREPRISES RELEVANT DU RÉGIME DIT "SOLVABILITÉ II"**	**L. 350-1 – L. 356-36** **R. 350-1 – R. 356-26** **A. 355-1 – A. 356-3**
CHAPITRE I	Valorisation du bilan prudentiel.	L. 351-1 – L. 351-7-1 R. 351-1 – R. 351-28
SECTION I	*Dispositions générales sur la valorisation du bilan prudentiel*	L. 351-1 R. 351-1
SECTION II	*Provisions techniques prudentielles*	L. 351-2 – L. 351-5-1 R. 351-2 – R. 351-17
SECTION III	*Fonds propres*	L. 351-6 – L. 351-7-1 R. 351-18 – R. 351-28
CHAPITRE II	Exigences de capital réglementaire	L. 352-1 – L. 352-10 R. 352-1 – R. 352-35
SECTION I	*Capital de solvabilité requis*	L. 352-1 – L. 352-4-1 R. 352-1 – R. 352-28
SECTION II	*Minimum de capital requis*.	L. 352-5 – L. 352-5-1 R. 352-29
SECTION III	*Entreprises en situation irrégulière*	L. 352-6 – L. 352-10 R. 352-30 – R. 352-34-1
SECTION IV	*Entreprises d'assurance mixtes*	R. 352-35
CHAPITRE III	Investissements	L. 353-1 R. 353-1 – R. 353-5
CHAPITRE IV	Système de gouvernance.	L. 354-1 – L. 354-3 R. 354-1 – R. 354-8
CHAPITRE V	Informations à fournir à l'Autorité de contrôle prudentiel et de résolution et au public.	L. 355-1 – L. 355-8 R. 355-1 – R. 355-12 A. 355-1
SECTION I	*Informations à fournir à l'Autorité de contrôle prudentiel et de résolution*	L. 355-1 – L. 355-4 R. 355-1 – R. 355-12
SECTION II	*Informations à destination du public*.	L. 355-5 – L. 355-7 R. 355-7 – R. 355-12
SECTION III	*Informations à fournir à l'Autorité européenne des assurances et des pensions professionnelles* .	L. 355-8

CHAPITRE VI	Exigences spécifiques aux groupes.	L. 356-1 – L. 356-26 R. 356-1 – R. 356-61 A. 356-3
SECTION I	*Dispositions générales*	L. 356-1
SECTION I	*Dispositions générales relatives aux contrôles des groupes*	R. 356-1 – R. 356-5-2
SECTION II	*Dispositions relatives au contrôle des groupes* . .	L. 356-2 – L. 356-14
SECTION II	*Dispositions spécifiques aux groupes avec une entreprise mère ayant son siège social en dehors de l'Union européenne*	R. 356-6 – R. 356-7
SECTION III	*Exigence de capital réglementaire des groupes* . .	L. 356-15 – L. 356-17-1 R. 356-8 – R. 356-31 A. 356-3
SECTION IV	*Système de gouvernance des groupes*.	L. 356-18 – L. 356-20-1 R. 356-33 – R. 356-50-1
SECTION V	*Informations à fournir aux autorités de contrôle par les groupes*	L. 356-21 – L. 356-22 R. 356-51 – R. 356-54
SECTION VI	*Informations à fournir au public par les groupes* .	L. 356-23 – L. 356-25-1 R. 356-55 – R. 356-61
SECTION VII	*Dispositions relatives à la surveillance complémentaire des entités réglementées appartenant à un conglomérat financier*	L. 356-26
TITRE VI	**LIBRE ÉTABLISSEMENT ET LIBRE PRESTATION DE SERVICES COMMUNAUTAIRES**.	**L. 361-1 *[abrogé]* – L. 365-1** **R. 362-1 – R. 365-2** **A. 362-1 – A. 362-2**
CHAPITRE I	Définitions	L. 361-1 *[abrogé]*
CHAPITRE II	Conditions d'exercice.	L. 362-1 – L. 362-4 R. 362-1 – R. 362-2 A. 362-1 – A. 362-2
CHAPITRE III	Contrôle et sanctions.	L. 363-1 – L. 363-5 R. 363-1
CHAPITRE IV	Transferts de portefeuille	L. 364-1 – L. 364-2 R. 364-1
CHAPITRE V	Dispositions relatives à la coassurance	L. 365-1 R. 365-1 – R. 365-2
TITRE VII	**PRESTATIONS DE SERVICE FOURNIES PAR UNE INSTITUTION DE RETRAITE PROFESSIONNELLE ÉTABLIE DANS UN AUTRE ÉTAT MEMBRE DE L'UNION EUROPÉENNE OU DANS UN AUTRE ÉTAT PARTIE À L'ACCORD SUR L'ESPACE ÉCONOMIQUE EUROPÉEN**	**L. 370-1 – L. 370-9** **R. 370-1 – R. 370-10** **A. 370-1 – A. 370-3**

SECTION I *Prestations de service fournies par une institution de retraite professionnelle établie dans un autre État membre de l'Union européenne ou dans un autre État partie à l'accord sur l'Espace économique européen* . . . . L. 370-1 – L. 370-5
R. 370-1 – R. 370-7

SECTION II *Transferts de portefeuille entre fonds de retraite professionnelle supplémentaire et institutions de retraite professionnelle établies dans un État membre de l'Union européenne ou dans un État partie à l'accord sur l'Espace économique européen* . . . . L. 370-6 – L. 370-9
R. 370-8 – R. 370-10

TITRE VIII **FONDS DE RETRAITE PROFESSIONNELLE SUPPLÉMENTAIRE** . . . . **L. 381-1 – L. 385-9**
R. 381-1 – R. 385-25

CHAPITRE I Dispositions générales . . . . L. 381-1 – L. 381-7
R. 381-1

CHAPITRE II Agrément . . . . L. 382-1 – L. 382-5
R. 382-1 – R. 382-4

SECTION I *Agrément administratif* . . . . L. 382-1 – L. 382-3
R. 382-1 – R. 382-3

SECTION II *Ouverture d'une succursale et exercice de la libre prestation de services* . . . . L. 382-4 – L. 382-5
R. 382-4 – R. 382-5

CHAPITRE III Retrait d'agrément . . . . L. 383-1
R. 383-1

CHAPITRE IV Transfert de portefeuille . . . . L. 384-1 – L. 384-5
R. 384-1

SECTION I *Transfert entre entreprises d'assurance et fonds de retraite professionnelle supplémentaire* . . . . . L. 384-1 – L. 384-2

SECTION II *Transfert entre fonds de retraite professionnelle supplémentaire* . . . . L. 384-3 – L. 384-4

SECTION III *Règles comptables relatives aux transferts de contrats de retraite professionnelle supplémentaire* . . . . L. 384-5

CHAPITRE V Règles financières et prudentielles . . . . L. 385-1 – L. 385-10
R. 385-1 – R. 385-25

SECTION I *Valorisation* . . . . L. 385-1

SECTION I *Exigences de solvabilité* . . . . R. 385-1 – R. 385-4
A. 385-1 – A. 385-3

SECTION II *Exigences de solvabilité* . . . . L. 385-2 – L. 385-3

SECTION II *Investissements* . . . . R. 385-5 – R. 385-15

SECTION III *Investissements* . . . . L. 385-4

SECTION III *Système de gouvernance* . . . . R. 385-16 – R. 385-16-2

SECTION IV	*Système de gouvernance*	L. 385-5
SECTION IV	*Informations à fournir à l'Autorité de contrôle prudentiel et de résolution*	R. 385-17
SECTION V	*Informations à fournir à l'Autorité de contrôle prudentiel et de résolution*	L. 385-6
SECTION V	*Informations à fournir au public*	R. 385-18 - R. 385-21
SECTION VI	*Informations à fournir au public*	L. 385-7 - L. 385-7-3
SECTION VI	*Mesures de sauvegarde*	R. 385-22 - R. 385-25
SECTION VII	*Mesures de sauvegarde*	L. 385-8
SECTION VIII	*Dispositions applicables aux fonds de retraite professionnelle supplémentaire appartenant à un groupe d'assurance et à un conglomérat financier*	L. 385-9
SECTION IX	*Financement*	L. 385-10
TITRE IX	**DISPOSITIONS APPLICABLES DANS LES ÎLES WALLIS-ET-FUTUNA**	L. 390-1 R. 391-1

LIVRE QUATRIÈME

ORGANISATIONS ET RÉGIMES PARTICULIERS D'ASSURANCE

L. 400-1 – L. 471-1
R. 411-1 – R. 471-1
A. 411-1 – A. 441-9

TITRE I	**ORGANISATIONS GÉNÉRALES D'ASSURANCE**	**L. 411-1 – L. 413-7 *[abrogé]*** **R. 411-1 *[abrogé]* – R. 413-4 *[abrogé]*** **A. 411-1 – A. 411-11 *[abrogés]***
CHAPITRE I	Comités consultatifs	L. 411-1 – L. 411-6 *[abrogé]*
SECTION I	*Organisation et attributions*	L. 411-1 – L. 411-6 *[abrogé]*
SECTION II	*Fonctionnement*	Néant
CHAPITRE I *[abrogé]*	Le comité consultatif du secteur financier et le comité consultatif de la législation et de la réglementation financières	R. 411-1 – R. 411-3
CHAPITRE I	Le conseil national des assurances	A. 411-1 – A. 411-11 *[abrogés]*
CHAPITRE II	L'école nationale d'assurances	L. 412-1 R.* 412-1 – R.* 412-2

CHAPITRE III *[abrogé]*	Le comité des entreprises d'assurance......	L. 413-1 – L. 413-7 *[abrogés]* R. 413-1 – R. 413-4 *[abrogés]*
TITRE II	**LE FONDS DE GARANTIE**	**L. 421-1 – L. 426-1** **R. 421-1 – R. 427-17** **A. 421-1 – A. 422-1**
CHAPITRE I	Le fonds de garantie des assurances obligatoires de dommages	L. 421-1 – L. 421-17 R. 421-1 – R. 421-78 A. 421-1 – A. 421-13
SECTION I	*Dispositions générales*	L. 421-1 – L. 421-7 A. 421-1 – A. 421-1-1
SECTION I	*Dispositions applicables aux accidents de la circulation survenus en France métropolitaine, dans les départements d'outre-mer et à Mayotte*	R. 421-1 – R. 421-20 A. 421-1 – A. 421-1-1
SECTION II	*Dispositions spéciales aux accidents de chasse survenus en France métropolitaine*.........	L. 421-8 R. 421-21 – R. 421-24
SECTION II BIS [ABROGÉE]	*Dispositions relatives à l'intervention du fonds en cas de défaillance d'entreprises pratiquant l'assurance obligatoire de dommages*	R. 421-24-1 – R. 421-24-8 *[abrogés]*
SECTION III	*Dispositions communes aux accidents d'automobile survenus en France métropolitaine et dans les départements d'outre-mer, et aux accidents de chasse survenus en France métropolitaine*..............................	Néant
SECTION III	*Organisation, fonctionnement et contrôle du fonds de garantie*	R.** 421-25 – R.** 421-26
SECTION IV	*Régime financier du fonds de garantie*	R. 421-27 – R.** 421-47 A. 421-2 – A. 421-4
SECTION V	*Régime financier du fonds de garantie*	L. 421-8-1
SECTION V	*Dispositions relatives à l'intervention du fonds en cas de retrait d'agrément d'entreprises pratiquant l'assurance de responsabilité civile médicale*	R. 421-48 – R. 421-56
SECTION V	*Intervention du fonds en cas de retrait d'agrément administratif d'une entreprise d'assurance*	A. 421-5 – A. 421-13
SECTION VI	*Intervention du fonds en cas de retrait d'agrément administratif d'une entreprise d'assurance*	L. 421-9 – L. 421-10-3
SECTION VI	*Dispositions particulières aux départements d'outre-mer*	R. 421-57

SECTION VII	*Dispositions particulières aux départements d'outre-mer*	Néant
SECTION VII	*Dispositions particulières aux territoires d'outre-mer*	R. 421-58 – R. 421-63-1 *[abrogés]*
SECTION VIII [abrogée]	*Dispositions particulières aux territoires d'outre-mer et à Mayotte*	Néant
SECTION VIII	*Dispositions particulières applicables aux accidents d'automobile survenus à l'étranger*	R.** 421-64 – R. 421-71
SECTION IX	*Dispositions particulières applicables aux accidents d'automobile survenus à l'étranger*	L. 421-11 – L. 421-15
SECTION IX	*Dispositions relatives au financement d'actions visant à réduire le nombre des accidents de la circulation et à prévenir la non-assurance de responsabilité civile automobile*	R. 421-72
SECTION X	*Dispositions spéciales aux catastrophes technologiques*	L. 421-16
SECTION X	*Dispositions particulières applicables aux dommages immobiliers d'origine minière*	R. 421-73 – R. 421-77
SECTION XI	*Dispositions particulières applicables aux dommages immobiliers d'origine minière*	L. 421-17
SECTION XI	*Dispositions spéciales aux catastrophes technologiques*	R. 421-78
CHAPITRE II	Le fonds de garantie des victimes des actes de terrorisme et d'autres infractions	L. 422-1 – L. 422-11 R. 422-1 – R. 422-10 *[abrogé]* A. 422-1
SECTION I	*Indemnisation des victimes des actes de terrorisme et d'autres infractions*	L. 422-1 – L. 422-6 A. 422-1
SECTION II	*Aide au recouvrement des dommages et intérêts pour les victimes d'infractions*	L. 422-7 – L. 422-11
CHAPITRE III	Le fonds de garantie des assurés contre la défaillance de sociétés d'assurance de personnes	L. 423-1 – L. 423-8 R. 423-1 – R. 423-18
CHAPITRE IV	Organisme d'indemnisation	L. 424-1 – L. 424-7
CHAPITRE IV	Fonds de garantie des risques liés à l'épandage agricole des boues d'épuration urbaines ou industrielles	R. 424-1 – R. 424-17
SECTION I	*Dispositions générales*	R. 424-1 – R. 424-4
SECTION II	*Dispositions relatives à la gestion du fonds de garantie des risques liés à l'épandage agricole des boues d'épuration urbaines ou industrielles*	R. 424-5 – R. 424-10

SECTION III	*Dispositions relatives à l'instruction des demandes d'indemnisation*	R. 424-11 – R. 424-17
CHAPITRE V	Fonds de garantie des risques liés à l'épandage agricole des boues d'épuration urbaines ou industrielles	L. 425-1
CHAPITRE VI	Fonds de garantie des dommages consécutifs à des actes de prévention, de diagnostic ou de soins dispensés par des professionnels de santé	L. 426-1
CHAPITRE VI	Fonds de garantie universelle des risques locatifs	R. 426-1 – R. 426-11
CHAPITRE VII	Fonds de garantie des dommages consécutifs à des actes de prévention, de diagnostic ou de soins dispensés par des professionnels de santé	R. 427-1 – R. 427-17
SECTION I	*Dispositions générales*	R. 427-1 – R. 427-3
SECTION II	*Dispositions relatives à la gestion du fonds de garantie des dommages consécutifs à des actes de prévention, de diagnostic ou de soins dispensés par des professionnels de santé*	R. 427-4 – R. 427-11
SECTION III	*Dispositions relatives à l'intervention du fonds en cas de retrait d'agrément d'entreprises pratiquant l'assurance de responsabilité civile médicale*	R. 427-12 – R. 427-17
TITRE III	**ORGANISMES PARTICULIERS D'ASSURANCE**	**L. 431-1 *[abrogé]* – L. 433-11** **R. 431-1 *[abrogé]* – R. 433-16** **A. 431-1 – A. 432-10 *[abrogé]***
CHAPITRE I	La caisse centrale de réassurance	L. 431-1 – L. 431-14 R. 431-1 – R. 431-59 A. 431-1 – A. 431-9
SECTION I	*Dispositions générales*	L. 431-1 – L. 431-3 *[abrogés]* R. 431-1 *[abrogé]* – R. 431-15 *[abrogé]* A. 431-1 – A. 431-2 *[abrogé]*
SECTION II	*Opérations effectuées avec la garantie de l'État*	L. 431-4 – L. 431-10 R. 431-16 *[abrogé]* – R. 431-32 *[abrogé]* A. 431-3 *[abrogé]* – A. 431-6
SECTION III	*Opérations de gestion*	L. 431-11 – L. 431-14 R. 431-33 – R. 431-59 A. 431-7 – A. 431-9

CHAPITRE II	Garanties publiques pour le commerce extérieur	L. 432-1 – L. 432-5 A. 432-1 *[abrogé]* – A. 432-10
SECTION I	*Dispositions générales*	L. 432-1 – L. 432-5
SECTION II	*Administration et fonctionnement*	Néant
SECTION III	*Risques garantis*	A. 432-1 *[abrogé]* – A. 432-9
SECTION IV	*Dispositions diverses*	A. 432-10 *[abrogé]*
CHAPITRE III *[abrogé]*	La Caisse nationale de prévoyance	L. 433-1 – L. 433-11 *[abrogés]* R. 433-1 – R. 433-16 *[abrogés]*
TITRE IV	**RÉGIMES PARTICULIERS D'ASSURANCE**	**L. 441-1 – L. 443-1** **R.** 441-1 – R. 442-11** ***[abrogé]*** **A. 441-1 – A. 441-9** ***[abrogé]***
CHAPITRE I	Dispositions relatives à certaines opérations de prévoyance collective et d'assurance	L. 441-1 – L. 441-11 *[abrogé]* R.** 441-1 – R.** 441-34 *[abrogé]* A. 441-1 – A. 441-9
SECTION I	*Dispositions générales*	L. 441-1 – L. 441-7 R.** 441-1 – R.** 441-3
SECTION II	*Règles techniques et comptables*	L. 441-8 R.** 441-4 – R. 441-24 A. 441-1 – A. 441-6
SECTION III *[abrogée]*	*Règles relatives à l'agrément particulier*	L. 441-9 *[abrogé]* A. 441-7 – A. 441-9 *[abrogés]*
SECTION III	*Conversion de la convention*	R. 441-25 *[abrogé]* – R. 441-29 *[abrogé]*
SECTION IV	*Dispositions transitoires*	L. 441-10 R. 441-30
CHAPITRE II	Autres régimes particuliers d'assurance	L. 442-1 – L. 442-6
SECTION I	*Régime d'indemnisation des risques en agriculture*	L. 442-1 – L. 442-2
SECTION II	*Régime obligatoire d'assurance maladie, invalidité et maternité des exploitants agricoles et des membres non salariés de leur famille (AMEXA)*	L. 442-3
SECTION III	*Assurance des exploitants agricoles contre les accidents de la vie privée, les accidents du travail et les maladies professionnelles*	L. 442-4 – L. 442-5

SECTION IV	*Régime obligatoire d'assurance maladie et maternité des travailleurs non salariés des professions non agricoles*	L. 442-6
CHAPITRE II	Garanties publiques pour le commerce extérieur	R. 442-1 *[abrogé]* – R. 442-11-4
SECTION I	*Dispositions générales*	R. 442-1 *[abrogé]* – R. 442-7-3
SECTION II	*Opérations d'exportation ou présentant un intérêt stratégique pour l'économie française*	R. 442-8-1 – R. 442-8-12
SECTION III	*Opérations d'investissement*	R. 442-9-1 – R. 442-9-3
SECTION IV	*Opérations d'importation*	R. 442-10-1 – R. 442-10-4
SECTION V	*Opérations d'achat par des entreprises françaises auprès de fournisseurs français en concurrence avec une entreprise étrangère bénéficiant d'un soutien public à l'exportation*	R. 442-10-6 – R. 442-10-10
SECTION VI	*Opérations présentant un intérêt stratégique pour l'économie française réalisées à l'étranger*	R. 442-11-1 – R. 442-11-4
CHAPITRE III	Dispositions relatives aux engagements de caution	L. 443-1
TITRE V	**ORGANISME D'INFORMATION**	**L. 451-1 – L. 451-5** **R. 451-1 – R. 451-6**
TITRE VI ***[abrogé]***	**DISPOSITIONS SPÉCIFIQUES À MAYOTTE**	**L. 461-1 *[abrogé]*** **R. 471-1 *[abrogé]***
TITRE VII	**DISPOSITIONS APPLICABLES DANS LES ÎLES WALLIS-ET-FUTUNA**	**L. 471-1**

LIVRE CINQUIÈME

DISTRIBUTEURS D'ASSURANCES

L. 500 – L. 571-1 *[abrogé]*
R. 511-1 – R. 541-1
A. 512-1 – A. 512-9

TITRE I	**DISTRIBUTEURS D'ASSURANCES**	**L. 511-1 – L. 516-2** **R. 511-1 – R. 514-5** **A. 512-1 – A. 512-8**
CHAPITRE I	Champ d'application, définitions et exigences professionnelles et organisationnelles	L. 511-1 R. 511-1 – R. 511-3
SECTION I	*Champ d'application et définitions*	L. 511-1

SECTION II	*Exigences professionnelles*	L. 511-2 - L. 511-3
SECTION III	*Exigences organisationnelles*	L. 511-4 - L. 511-6
CHAPITRE II	Principes généraux relatifs à l'intermédiation d'assurance	L. 512-1 - L. 512-9 R. 512-1 - R. 512-17 A. 512-1 - A. 512-9
SECTION I	*Obligation d'immatriculation*	L. 512-1 - L. 512-2 R. 512-1 - R. 512-6 A. 512-1 - A. 512-3
SECTION II	*Autres conditions d'accès et d'exercice*	L. 512-3 - L. 512-7 R. 512-7 - R. 512-17 A. 512-4 - A. 512-8
SECTION III	*Dispositions générales*	L. 512-8
SECTION III	*Agrément des associations professionnelles*	A. 512-9
CHAPITRE III	Règles spéciales à certaines catégories d'intermédiaires	L. 513-1 – L. 513-9 R. 513-1 – R. 513-31
SECTION I	*Adhésion à une association professionnelle agréée.*	R. 513-1 – R. 513-2
SECTION II	*Missions des associations professionnelles agréées*	R. 513-3 – R. 513-14
SECTION III	*Organisation interne des associations professionnelles agréées*	R. 513-15 – R. 513-20
SECTION IV	*Agrément des associations professionnelles*	R. 513-21 – R. 513-31
CHAPITRE IV	Contrôle des conditions d'accès et d'exercice de l'activité de distribution.	L. 514 – L. 514-4 R. 514-1 – R. 514-5
SECTION I	*Justifications exigées des personnes habilitées à présenter des opérations d'assurance ou de capitalisation*	Néant
SECTION I	*Modalités de contrôle spéciales aux conditions d'honorabilité*	R. 514-1 – R. 514-2 *[abrogé]*
SECTION II	*Modalités de contrôle spéciales aux conditions de capacité professionnelle*.	R. 514-3 – R. 514-5
SECTION III	*Modalités de contrôle spéciales aux conditions d'honorabilité*	Néant
SECTION IV	*Dispositions diverses et pénalités*.	L. 514-1 – L. 514-4
CHAPITRE V	Dispositions spéciales concernant la liberté d'établissement et la libre prestation de services.	L. 515-1 – L. 515-6
SECTION I	*Exercice de la libre prestation de services et manquement à des obligations dans le cadre de cet exercice*	L. 515-1 – L. 515-2
SECTION II	*Exercice de la liberté d'établissement et manquement à des obligations dans le cadre de cet exercice*.	L. 515-3 – L. 515-4

SECTION III	*Dispositions relatives à la répartition des compétences entre autorités*	L. 515-5
SECTION IV	*Mise en œuvre de pouvoirs pour des raisons d'intérêt général*	L. 515-6
CHAPITRE VI	Dispositions spéciales concernant la liberté d'établissement et la libre prestation de services de ressortissants français excerçant leur activité dans un État membre de la Communauté européenne autre que la France	L. 516-1 – L. 516-2
TITRE II	**INFORMATIONS À FOURNIR PAR LES DISTRIBUTEURS ET RÈGLES DE CONDUITE**	**L. 521-1 – L. 522-7** **R. 521-1 – R. 521-4**
CHAPITRE I	Dispositions applicables à l'ensemble des contrats d'assurance	L. 521-1 – L. 521-7
SECTION I	*Principes généraux*	L. 521-1
SECTION II	*Informations à fournir*	L. 521-2 – L. 521-3
SECTION III	*Règles de conduite*	L. 521-4 – L. 521-7
CHAPITRE II	Exigences supplémentaires en ce qui concerne les contrats de capitalisation et certains contrats d'assurance vie	L. 522-1 – L. 522-7
SECTION I	*Prévention des conflits d'intérêts*	L. 522-1 – L. 522-2
SECTION II	*Information à fournir*	L. 522-3 – L. 522-4
SECTION III	*Règles de conduite*	L. 522-5 – L. 522-7
TITRE III	**DISPOSITIONS SPÉCIALES AUX COURTIERS ET SOCIÉTÉS DE COURTAGE D'ASSURANCE**	**L. 530-1 *[abrogé]* – L. 530-3**
CHAPITRE UNIQUE		L. 530-1 *[abrogé]* – L. 530-3
TITRE IV	**DISPOSITIONS SPÉCIALES AUX AGENTS GÉNÉRAUX D'ASSURANCE**	**L. 540-1 – L. 540-2**
CHAPITRE UNIQUE		L. 540-1 – L. 540-2
TITRE IV	**DISPOSITIONS APPLICABLES DANS LES ÎLES WALLIS-ET-FUTUNA**	**R. 541-1**
TITRE V	**DISPOSITIONS SPÉCIALES AUX MANDATAIRES NON AGENTS GÉNÉRAUX D'ASSURANCE**	**L. 550-1**

CHAPITRE UNIQUE .... L. 550-1

TITRE VI DISPOSITIONS SPÉCIFIQUES À MAYOTTE .... L. 561-1

TITRE VII *[abrogé]* DISPOSITIONS APPLICABLES DANS LES ÎLES WALLIS-ET-FUTUNA .. L. 571-1 *[abrogé]*

APPENDICE

AGENTS GÉNÉRAUX D'ASSURANCES (STATUTS) .... p. 1551
ASSURANCES OBLIGATOIRES (LISTE) .... p. 1580

COMMANDE PUBLIQUE .... p. 1585
CONSOMMATION .... p. 1592
COURTIERS D'ASSURANCES .... p. 1712

INTERVENTION DE L'ASSUREUR AU PROCÈS PÉNAL .... p. 1718

RECOURS DES ORGANISMES SOCIAUX CONTRE LE RESPONSABLE .... p. 1723
RESPONSABILITÉ CIVILE .... p. 1743

VICTIMES D'INFRACTION (INDEMNISATION) .... p. 1964

CODE DE LA MUTUALITÉ

LIVRE PREMIER

RÈGLES GÉNÉRALES APPLICABLES À L'ENSEMBLE DES MUTUELLES, UNIONS ET FÉDÉRATIONS

L. 110-1 – L. 116-6
R. 110-1 – R. 116-1
D. 114-1 – D. 114-11
A. 100-1 – A. 114-11

CHAPITRE PRÉLIMINAIRE Principes communs aux mutuelles, unions et fédérations .... L. 110-1 – L. 110-6
R. 110-1
A. 100-1 – A. 110-2

CHAPITRE I Objet des mutuelles, unions et fédérations .. L. 111-1 – L. 111-6
R. 111-1 – R. 111-11

SECTION I *Système fédéral de garantie* .... R. 111-1 – R. 111-5

SECTION II *Immatriculation et obligations déclaratives des mutuelles, des unions et des fédérations* ... R. 111-6 – R. 111-11

CHAPITRE II *[ABROGÉ]*	Principes mutualistes	L. 112-1 – L. 112-4 *[abrogés]*
CHAPITRE III	Création, fusion, scission et dissolution des mutuelles, unions et fédérations	L. 113-1 – L. 113-4
CHAPITRE IV	Fonctionnement des mutuelles, unions et fédérations : dispositions générales	L. 114-1 – L. 114-55 R. 114-0 – R. 114-11 D. 114-1 – D. 114-11 A. 114-0-26
SECTION I	*Adhésion, droits et obligations*	L. 114-1 – L. 114-3 R. 114-0 – R. 114-0-1
SECTION II	*Statuts*	L. 114-4 – L. 114-5
SECTION III	*Assemblée générale et conseil d'administration*	L. 114-6 – L. 114-15 *[abrogé]* R. 114-1 – R. 114-3 D. 114-1 – D. 114-7
SECTION IV	*Conseil d'administration*	L. 114-16 – L. 114-20
SECTION V	*Dispositions relatives aux fonctions d'administrateur et de dirigeant opérationnel*	L. 114-21 – L. 114-37 R. 114-4 – R. 114-9 A. 114-0-26
SECTION VI	*Dispositions financières et comptables*	L. 114-38 – L. 114-46-3 D. 114-10 – D. 114-11 A. 114-1 – A. 114-11 *[abrogé]*
SECTION VI	*Emprunts, titres participatifs et certificats mutualistes*	R. 114-10
SECTION VII	*Peines*	L. 114-47 – L. 114-55
CHAPITRE V	Règles particulières à certaines mutuelles, unions et fédérations à caractère professionnel	L. 115-1 – L. 115-8
CHAPITRE V	Unions mutualistes de groupe et unions mentionnées à l'article L. 111-4-3	R. 115-1 – R. 115-7
SECTION I	*Mutuelles et sections de mutuelles d'entreprises ou interentreprises*	L. 115-1 – L. 115-3
SECTION II	*Sections de mutuelles à caractère professionnel ou interprofessionnel*	L. 115-4
SECTION III	*Mutuelles des militaires*	L. 115-5 – L. 115-8
CHAPITRE VI	Dispositions relatives aux activités d'intermédiation en assurance et en réassurance	L. 116-1 – L. 116-6
CHAPITRE VI	Distribution d'assurances	R. 115-8 – R. 116-1

LIVRE DEUXIÈME

MUTUELLES ET UNIONS PRATIQUANT DES OPÉRATIONS D'ASSURANCE, DE RÉASSURANCE ET DE CAPITALISATION

L. 211-1 – L. 227-1
R. 211-1 *[abrogé]* – R. 223-12
D. 212-1 *[abrogé]* – D. 223-6
A. 211-1 *[abrogé]* – A. 223-10-3

TITRE I	RÈGLES DE FONCTIONNEMENT APPLICABLES AUX MUTUELLES ET UNIONS PRATIQUANT DES OPÉRATIONS D'ASSURANCE ET DE CAPITALISATION	**L. 211-1 – L. 214-12** **R. 211-1 *[abrogé]* – R. 214-5** **D. 212-1 – D. 212-8 *[abrogé]*** **A. 211-1 – A. 213-12**
CHAPITRE I	Champ d'application et conditions d'activité	L. 211-1 – L. 211-15 R. 211-1 *[abrogé]* – R. 211-31 *[abrogé]* A. 211-1 – A. 211-4 *[abrogés]*
SECTION I	*Dispositions générales*	L. 211-1 – L. 211-11 R. 211-1 – R. 211-12 *[abrogés]*
SECTION I	*Agrément administratif*	A. 211-1 – A. 211-4 *[abrogés]*
SECTION II	*Système de gouvernance applicable aux mutuelles et unions relevant du régime dit "solvabilité II"*	L. 211-12 – L. 211-15 R. 211-13 – R. 211-15
SECTION III	*Dispositions particulières à la branche protection juridique*	R. 211-19 – R.* 211-20
SECTION IV	*Convention de substitution*	R. 211-21 – R. 211-27
SECTION V [ABROGÉE]	*Contrôle interne*	R. 211-28 – R. 211-31 *[abrogés]*
CHAPITRE II	Fonctionnement	L. 212-1 – L. 212-27 *[abrogé]* R. 212-1 – R. 212-90 *[abrogé]* D. 212-1 – D. 212-8 *[abrogés]* A. 212-1 *[abrogé]* – A. 213-12 *[abrogé]*

SECTION I	*Régime prudentiel*	L. 212-1 – L. 212-3-1 D. 212-1 – D. 212-4 *[abrogés]*
SECTION I	*Dispositions générales*	R. 212-1 – R. 212-9-1
SECTION I	*Marge de solvabilité*	A. 212-1 – A. 212-3 *[abrogés]*
SECTION II	*Régime comptable*	L. 212-3-1 *[abrogé]* – L. 212-7-1 *[abrogé]* R. 212-10 – R. 212-11
SECTION II	*Combinaison des comptes*	D. 212-5 – D. 212-8
SECTION II	*Provisions techniques*	A. 212-4 – A. 212-9 *[abrogés]*
SECTION III	*Fusion, scission, dissolution, redressement judiciaire, liquidation, mesures d'assainissement*	L. 212-11 – L. 212-22 *[abrogé]* R. 212-21 – R. 212-22-2
SECTION III	...	A. 212-10 – A. 212-14 *[abrogé]*
SECTION IV	*Privilèges*	L. 212-23 – L. 212-26
SECTION V	*Mesures d'assainissement et de liquidation des entreprises communautaires*	L. 212-27
	Réglementation des placements et autres éléments d'actifs	R. 212-28 – R. 212-59-3 *[abrogés]* A. 212-15 – A. 212-20 *[abrogés]*
SECTION VI [ABROGÉE]	*Transfert de portefeuille*	R. 212-60-1 – R. 212-64 *[abrogés]*
SECTION VI	*Création de succursales dans un État partie à l'accord sur l'Espace économique européen*	A. 212-21 – A. 212-24-1 *[abrogés]*
SECTION VII	*Instruments financiers à terme*	R. 212-70 – R. 212-83 *[abrogés]*
SECTION VII	*Surveillance complémentaire des mutuelles et unions faisant partie d'un groupe*	A. 213-1 – A. 213-2 *[abrogés]*
SECTION VIII [ABROGÉE]	*Comptes et états statistiques*	R. 212-90 *[abrogé]*
SECTION VIII [ABROGÉE]	*Dispositions relatives à la surveillance complémentaire des entités réglementées appartenant à un conglomérat financier*	A. 213-3 – A. 213-12 *[abrogés]*
CHAPITRE III	Peines	L. 213-1 – L. 213-4
CHAPITRE III	Néant	
CHAPITRE IV	Mutuelles et unions de retraite professionnelle supplémentaire	L. 214-1 – L. 214-12 R. 214-1 – R. 214-5

SECTION I	*Dispositions générales*	L. 214-1 – L. 214-6 R. 214-1 – R. 214-1-1
SECTION II	*Agrément*	L. 214-7 R. 214-2
SECTION III	*Retrait d'agrément*	L. 214-8 R. 214-3
SECTION IV	*Transfert de portefeuille*	L. 214-9 – L. 214-11-1 R. 214-4 – R. 214-4-1
SECTION V	*Règles financières et prudentielles*	L. 214-12 R. 214-5
TITRE II	**OPÉRATIONS DES MUTUELLES ET DES UNIONS**	**L. 221-1 – L. 227-1** **R. 221-1 – R. 223-13** **D. 223-1 – D. 223-2** **A. 222-1 – A. 223-7**
CHAPITRE I	Dispositions générales	L. 221-1 – L. 221-20 R. 221-1 – R. 221-6
SECTION I	*Modalités d'affiliation*	L. 221-1 – L. 221-6-5
SECTION I	*Fourniture à distance d'opérations d'assurance à un consommateur*	R. 221-1 – R. 221-2
SECTION II	*Exécution du contrat*	L. 221-7 – L. 221-17-1
SECTION II	*Certificats mutualistes*	R. 221-3
SECTION III	*Fourniture à distance d'opérations d'assurance à un consommateur*	L. 221-18 – L. 221-18-1
SECTION III	*Modalités d'affiliation*	R. 221-4
SECTION IV	*Certificats mutualistes*	L. 221-19 – L. 221-20
SECTION IV	*Exécution du contrat*	R. 221-5 – R. 221-6
CHAPITRE II	Dispositions relatives à certaines opérations de retraite à caractère collectif	L. 222-1 – L. 222-2 R. 222-1 – R. 222-22 A. 222-1 – A. 222-2
SECTION I	*Contenu du règlement*	R. 222-1 – R. 222-6-5
SECTION II	*Dispositions techniques et comptables*	R. 222-7 *[abrogé]* – R. 222-18
SECTION III	*Conversion du règlement*	R. 222-19 – R. 222-22
CHAPITRE II *bis*	Retraite professionnelle supplémentaire	L. 222-3 – L. 222-12 R. 222-23 *[abrogé]* – R. 222-34
CHAPITRE II *bis*	Opérations de retraite professionnelle supplémentaire	A. 222-3 – A. 222-5
CHAPITRE II *ter*	Dispositions relatives aux comptabilités auxiliaires d'affectation	R. 222-35 – R. 222-43 *[abrogés]* A. 222-7
CHAPITRE II *ter*	Plans d'épargne retraite	

CHAPITRE III Opérations qui dépendent de la durée de la vie humaine et opérations de capitalisation . L. 223-1 – L. 223-29
R. 223-1 – R. 223-6
D. 223-1 – D. 223-6
A. 223-1 – A. 223-8

SECTION I *Dispositions générales* . . . . L. 223-1 – L. 223-25-5
R. 223-1 – R. 223-13
D. 223-1 – D. 223-6
A. 223-1 – A. 223-7

SECTION II *Dispositions particulières à certaines opérations collectives vie*. . . . . L. 223-26

SECTION II *Tarif*. . . . . A. 223-8 – A. 223-10-3

SECTION III *Dispositions particulières aux opérations dependant de la durée de la vie humaine comportant une clause de rachat*. . . . . L. 223-27 – L. 223-28

SECTION IV *Effet sur les contrats d'assurance sur la vie de la confiscation pénale*. . . . . L. 223-29

CHAPITRE IV Dispositions particulières à l'assurance de protection juridique et aux remboursements de frais de soins de santé . . . . L. 224-1 – L. 224-9

SECTION I *Protection juridique* . . . . L. 224-1 – L. 224-7-1

SECTION II *Principe indemnitaire*. L. 224-8 – L. 224-9

CHAPITRE V Loi applicable aux contrats pour les risques situés dans un ou plusieurs états parties à l'accord sur l'espace économique européen et pour les engagements qui y sont pris . . . . L. 225-1 – L. 225-10

SECTION I *Dispositions applicables aux opérations relatives à la couverture de risques de dommages corporels liés aux accidents, à la maladie, à la protection juridique, à l'assistance, au chômage et à la caution mutualiste* . . . . L. 225-1 – L. 225-6

SECTION II *Dispositions applicables aux opérations de capitalisation et à la couverture de risques liés à la personne et à la durée de la vie humaine à l'exception de celles visées à la section I* . . . . . L. 225-7 – L. 225-10

CHAPITRE VI Dispositions relatives au cautionnement. . . . L. 226-1

CHAPITRE VII Dispositions relatives à la coassurance . . . . . L. 227-1

LIVRE TROISIÈME

OUVERTURE DES SERVICES DES MUTUELLES ET UNIONS PRATIQUANT LA PRÉVENTION, L'ACTION SOCIALE ET LA GESTION DE RÉALISATION SANITAIRES ET SOCIALES

L. 310-1 – L. 310-4
R. 320-1

TITRE I CONSTITUTION ET RÈGLES DE FONCTIONNEMENT . . . . L. 310-1 – L. 310-4

TITRE II CHAMP D'INTERVENTION .... L. 320-1 – L. 320-6
R. 320-1

LIVRE QUATRIÈME

RELATIONS AVEC L'ÉTAT ET LES AUTRES COLLECTIVITÉS PUBLIQUES

L. 411-1 *[abrogé]* – L. 431-8
R. 411-1 – R. 432-18
D. 412-1 – D. 412-3
A. 411-1 – A. 411-7

TITRE I *[ABROGÉ]* ORGANES ADMINISTRATIFS DE LA MUTUALITÉ .... L. 411-1 – L. 412-2 *[abrogés]*
R. 411-1 – R. 414-10 *[abrogé]*
D. 412-1 – D. 412-3
A. 411-1 – A. 411-7

CHAPITRE I *[ABROGÉ]* Conseil supérieur de la mutualité .... L. 411-1 – L. 411-3 *[abrogés]*
R. 411-1 – R. 411-3 *[abrogés]*
A. 411-1 – A. 411-7

CHAPITRE II *[ABROGÉ]* Comités régionaux de coordination de la mutualité .... L. 412-1 – L. 412-2 *[abrogés]*
R. 412-1 – R. 412-3 *[abrogés]*
D. 412-1 – D. 412-3 *[abrogés]*

CHAPITRE III *[ABROGÉ]* Modalités de désignation au conseil supérieur de la mutualité .... R. 413-1 – R. 413-7 *[abrogés]*

CHAPITRE IV *[ABROGÉ]* Immatriculation et obligations déclaratives des mutuelles, des unions et des fédérations. R. 414-1 – R. 414-10 *[abrogés]*

TITRE II INCITATION À L'ACTION MUTUALISTE .... L. 421-1 – L. 421-3
R. 421-1 – R. 421-7

CHAPITRE UNIQUE Fonds national de solidarité et d'action mutualistes .... L. 421-1 – L. 421-3
R. 421-1 – R. 421-7

TITRE III	FONDS DE GARANTIE CONTRE LA DÉFAILLANCE DES MUTUELLES ET DES UNIONS PRATIQUANT DES OPÉRATIONS D'ASSURANCE	L. 431-1 – L. 431-8 R. 432-1 – R. 432-18
CHAPITRE UNIQUE	Le fonds de garantie	L. 431-1 – L. 431-8 R. 432-1 – R. 432-18

LIVRE CINQUIÈME

CONTRÔLE DES MUTUELLES, UNIONS ET FÉDÉRATIONS

L. 510-1 – L. 510-12
R. 510-1 – R. 510-19

CHAPITRE I *[ABROGÉ]*	Autorité de contrôle prudentiel.	R. 510-1 – R. 510-16 *[abrogés]*
SECTION I [ABROGÉE]	*Modalités de contrôle*	R. 510-2 – R. 510-2-1 *[abrogés]*
SECTION II [ABROGÉE]	*Mesures de sauvegarde et d'assainissement*	R. 510-3 – R. 510-10-1
SECTION III [ABROGÉE]	*Procédure disciplinaire*	R. 510-11 – R. 510-15 *[abrogés]*
SECTION IV [ABROGÉE]	*Notification de l'exercice d'activités en libre prestation de services*	R. 510-16 – R. 510-17 *[abrogés]*
CHAPITRE UNIQUE *[ABROGÉ]*	....	A. 510-1 – A. 510-4
SECTION I [ABROGÉE]	*Libre prestation de services*	A. 510-1 – A. 510-3 *[abrogés]*
SECTION II [ABROGÉE]	*Contrôle déconcentré*	A. 510-4 *[abrogé]*
CHAPITRE II	Déconcentration du contrôle	R. 510-18 *[abrogé]*
CHAPITRE III	Dispositions pénales.	R. 510-1 – R. 510-19

LIVRE SIXIÈME

DISPOSITIONS D'APPLICATION

L. 610-1 – L. 610-2

CODE DES ASSURANCES

BIBL. GÉN. ▶ **Ouvrages :** ABRAVANEL-JOLLY, Droit des assurances, *Ellipses, 2013.* – ASSELAIN et VERVOUTIÈRE, Droit des assurances, *Rev. Banque 2013.* – BEIGNIER, Droit des assurances, *LGDJ Montchrestien, coll. Précis Domat, 2011.* – BERR et GROUTEL, Les grands arrêts du droit des assurances, *Sirey, 1978.* – BIBAL, J.-D. LE ROY et M. LE ROY, L'évaluation du préjudice corporel, *LexisNexis, 20e éd., 2015.* – BIGOT (DIR.), Traité tome 1, Entreprises et organismes d'assurance, *LGDJ, 3e éd., 2011* ; tome 2, L'intermédiation d'assurances, *LGDJ, 2e éd., 2009* ; tome 3, Contrat d'assurances, *LGDJ, 2e éd., 2014* ; tome 4, Les assurances de personnes, *LGDJ, 2007.* – CALLEWAERT et PARIS, Actualités en droit des assurances, *Larcier, 1re éd., 2015.* – CHAGNY et PERDRIX, Droit des assurances, *LGDJ, 3e éd. 2014.* – COUILBAULT, COUILBAULT-DI TOMMASO et HUBERTY, Les grands principes de l'assurance, *L'Argus de l'assurance, 12e éd., 2015.* – DA ROS et MORIEUX, Les assurances affinitaires, *L'Argus de l'assurance, 2014.* – DEMONT, L'aléa dans le contrat d'assurance, *Institut Universitaire Varenne, coll. Thèse, déc. 2013.* – DE GRAËVE, Droit des assurances, *Bréal, 2014.* – DE RODE, Le contrat d'assurance en général, *Larcier, 2013.* – DOUET, Précis de fiscalité des assurances et des indemnités, *LexisNexis, 3e éd., 2015.* – GROUTEL, Droit des assurances, *Dalloz, 13e éd., 2015.* – GROUTEL, LEDUC, PIERRE et ASSELAIN, Traité du contrat d'assurance terrestre, *Litec, 2008.* – LAMBERT-FAIVRE et LEVENEUR, Droit des Assurances, *Dalloz, coll. Précis, 13e éd., 2011* ; Droit du dommage corporel (systèmes d'indemnisation) ; *Dalloz, coll. Précis, 7e éd., 2011.* – LANDEL, Lexique des termes d'assurance, *L'Argus de l'assurance, 7e éd., 2014.* – LE TOURNEAU et a., Droit de la responsabilité et des contrats 2014/2015, régimes d'indemnisation, *Dalloz action, 2014.* – MARQUEL, Techniques d'assurance, *Foucher, 2012.* – MARLY, Droit des assurances, *Dalloz, 1re éd., 2013.* – MAYAUX, Les grandes questions du droit des assurances, *LGDJ, 2011.* – MOLARD, Dictionnaire de l'assurance, *S.E.F.I, 3e éd., 2014.* – PROVOST, La notion d'intérêt d'assurance, *LGDJ, coll. Thèses, 2009.* – ROGGE, Droit des assurances, *Bruylant, 2013.*

▶ **Articles :** BALAT, *D. 2015. 699* (réforme du droit des contrats : et les conflits entre droit commun et droit spécial ?). – MARLY, *RTDF 2015, no 1/2, p. 114* (l'assureur, investisseur immobilier). – MAYAUT, *RGDA 2011.617* (qu'est-ce qu'un contrat d'assurance ?). – PÉCHINOT, *RCA 2015. Étude 6* (vous avez dit réparation intégrale ?). – RONDEY, *Bull. act. Lamy assurances, nov. 2016* (de nouveaux services numériques pour les assurés grâce à la loi pour une République numérique).

▶ **Dossiers :** *AJCT 2012. 119* (le contrat d'assurance). – *RCA 2015. Dossier 1* (l'accident : responsabilité civile et assurances).

▶ **Arbitrage :** BOUCKAERT et DUPEYRÉ, *RGDA 2012. 363.* – Acte du colloque « L'Arbitrage et le droit des assurances », *Bruylant, janv. 2015.* – Dossier, *RGDA 2012. 1. 63.*

▶ **Droit processuel de l'assurance :** DERACHE, *RGDA 2012. 543* (clause attributive de compétence territoriale). – CERVEAU, *Gaz. Pal. 1er sept. 2015, p. 9* (la protection juridique, un moyen moderne d'accès au droit et la justice). – KULLMANN, *RGDA 2011. 11* (QPC et assurance). – Dossier, *RGDA 2010. 535 et 839* (l'assureur et le procès : l'intégration de l'assureur dans le procès ; l'intégration du procès par l'assureur).

▶ **Risque :** Cour de cassation, *R. 2011, p. 77.* – HADJ-CHAIB CANDEILLE, Risques et assurances de responsabilité civile, *L'Argus de l'assurance, 6e éd., 2012.*

▶ **Panoramas Dalloz :** *D. 2017. Pan 1213* (avr. 2016 - févr. 2017) ; *D. 2016. Pan. 1161* (mars 2015 - mars 2016) ; *D. 2015. Pan. 1231* (janv. 2014 - mars 2015) ; *D. 2013. Pan. 1981* (janv. 2012 - déc. 2012) ; *D. 2012. Pan. 1980* (janv. 2011 - déc. 2011) ; *D. 2011. Pan. 1926* (janv. 2010 - déc. 2010) ; *D. 2010. Pan. 1740* (juill. 2008 - déc. 2009) ; *D. 2009. Pan. 253* (juill. 2007 - juin 2008) ; *D. 2008. Pan. 120* (janv. 2006 - juin 2007) ; *D. 2006. Pan. 1784* (panorama 2005) ; *D. 2005. Pan. 1317* (panorama 2004).

PREMIÈRE PARTIE : LÉGISLATIVE

(Décr. no 76-666 du 16 juill. 1976)

BIBL. GÉN. ▶ Droit européen de l'assurance : BERR, *RTD eur. 1995. 561* ; *RCA 1996. Chron. 14 ; ibid. 2000. Chron. 3.* – BIGOT, *RGAT 1998. 23.* – LOHÉAC, *Rev. Marché commun*

1994. 592. – ROKAS, *RGDA 2010. 977* (de la création d'un cadre communautaire pour l'industrie de l'assurance à la création d'un cadre communautaire pour les produits d'assurance).

▸ **Intérêt général :** DUBUISSON, *RGAT 1995. 809.* – PARLÉANI, *RGDA 1997. 1197.*

▸ **Droit européen du contrat d'assurance :** MAYAUX, *RGDA 2012. 311* (réflexions sur un projet de droit européen du contrat d'assurance). – Collectif, *RGDA 2009. 971* (principes).

LIVRE PREMIER LE CONTRAT

Art. L. 100-1 *(L. nº 2005-1564 du 15 déc. 2005)* **Pour l'application du présent livre, les mots : "la France", les mots : "en France", et les mots : "territoire de la République française" désignent la France métropolitaine et les collectivités territoriales régies par l'article 73 de la Constitution** *(Ord. nº 2008-698 du 11 juill. 2008, art. 2-1º)* **« ainsi que Saint-Barthélemy et Saint-Martin ». Sauf pour les dispositions qui concernent la libre prestation de services et la liberté d'établissement, ces mots désignent également** *(Abrogé par Ord. nº 2015-378 du 2 avr. 2015, art. 9-1º, à compter du 1er janv. 2016) « Mayotte et »* **Saint-Pierre-et-Miquelon.** – *V. art. L. 200-1, L. 300-1, L. 400-1, L. 500-1.*

TITRE PREMIER RÈGLES COMMUNES AUX ASSURANCES DE DOMMAGES ET AUX ASSURANCES DE PERSONNES

(Ord. nº 2011-839 du 15 juill. 2011, art. 1er-1º).

L'Ord. nº 2011-839 du 15 juill. 2011 s'applique aux contrats conclus ou renouvelés, tacitement ou non, à compter du 1er juill. 2012 (Ord. préc., art. 11).

CHAPITRE PREMIER DISPOSITIONS GÉNÉRALES

BIBL. GÉN. ▸ MAYAUX, *RGDA 2011. 629* (contrat d'assurance). – PÉRIER, *Gaz. Pal. 2010. Doctr. 3390* (l'éloge du silence). – Dossier, *AJCT 2012. 119* (le contrat d'assurance). – Dossier, *RGDA 2014. 263 et 293* (protection du consommateur d'assurance). – Dossier, *RCA 2014. Études 2 s.* (aléa et contrat d'assurance).

Art. L. 111-1 *(L. nº 92-665 du 16 juill. 1992 ; L. nº 94-5 du 4 janv. 1994)* **Les titres Ier, II et III du présent livre ne concernent que les assurances terrestres. A l'exception des articles L. 111-6, L. 112-2, L. 112-4** *(L. nº 2009-1255 du 19 oct. 2009, art. 6-I)* **« , L. 112-7 et L. 113-4-1 », ils ne sont applicables ni** *(Ord. nº 2011-839 du 15 juill. 2011)* **« aux contrats d'assurance régis par le titre VII du présent livre » ni aux opérations d'assurance crédit ; les opérations de réassurance conclues entre assureurs et réassureurs sont exclues de leur champ d'application.**

Il n'est pas dérogé aux dispositions des lois et règlements relatifs aux sociétés à forme tontinière ; aux assurances contractées par les chefs d'entreprise, à raison de la responsabilité des accidents de travail survenus à leurs ouvriers et employés ; aux sociétés ou caisses d'assurances et de réassurances mutuelles agricoles.

COMMENTAIRE

Stricto sensu, l'article L. 111-1 définit positivement et négativement le domaine d'application des dispositions des trois premiers titres du livre Ier consacré au contrat d'assurance, c'est-à-dire aux règles communes aux assurances de dommages et aux assurances de personnes (titre Ier), aux règles relatives aux assurances de dommages (titre II) et aux règles relatives aux assurances de personnes et aux opérations de capitalisation (titre III).

Cette rédaction limitative aux trois premiers titres du livre Ier n'est qu'une conséquence de la codification de la loi du 13 juillet 1930, relative aux assurances terrestres, qui ne comportait que trois titres principaux. Aussi, pour tenir compte de l'apparition de nouveaux titres après cette codification, il faudrait admettre que l'article L. 111-1 définit le domaine d'application du livre Ier à l'exception du titre VII, spécifique aux assurances maritimes, aériennes, aéronautiques, fluviales ou lacustres.

Positivement, si l'on s'en tient à la rédaction légale, les dispositions des titres Ier, II et III ne concernent que les assurances terrestres. Mais l'article L. 111-1 ne donne aucune définition de la notion d'assurance terrestre.

Le législateur a préféré déterminer quelles sont les assurances non soumises, par principe, aux dispositions des titres Ier à III du livre Ier (I) et quelles sont celles pour lesquelles les dispositions du code des assurances sont applicables sauf dérogation particulière (II).

I. LES CONTRATS NON SOUMIS AUX DISPOSITIONS DES TITRES IER À III DU LIVRE IER

L'article L. 111-1, alinéa 1er, exclut certains contrats d'assurance du domaine des titres I à III du livre Ier. Toutefois, tandis que, pour certains contrats, cette exclusion est absolue (A), pour d'autres, elle n'est que relative (B).

A. LES EXCLUSIONS ABSOLUES

Dans la mesure où l'article L. 111-1, alinéa 1er, dispose que « les titres Ier, II et III du présent livre ne concernent que les assurances terrestres », il en résulte que le traité de réassurance conclu entre un assureur et un réassureur, ou même entre deux réassureurs, n'est pas régi par ces dispositions. Ces professionnels de l'assurance n'ont pas besoin de la protection spécifique accordée par le législateur aux assurés.

Par ailleurs, ces dispositions, spécifiques aux assurances terrestres, ne sont pas applicables aux mutuelles régies par le code de la mutualité (ch. mixte, 18 juin 1971 : *V. note 4*), aux institutions de prévoyance relevant du code de la sécurité sociale (Soc. 26 févr. 1969 et Civ. 1re, 12 nov. 1975 : *V. note 5*) ou encore aux organismes d'entraide soumis au code de la santé publique (Civ. 1re, 19 oct. 1983 : *V. note 3*).

B. LES EXCLUSIONS RELATIVES

D'autres contrats, expressément envisagés par l'article L. 111-1, sont par principe exclus du champ d'application des titres Ier à III du livre Ier, tout en restant soumis par exception à certaines de leurs dispositions.

A côté de ces contrats, il faut observer que les contrats de capitalisation occupent une place particulière. En effet, jusqu'à l'adoption de la loi n° 92-655 du 16 juillet 1992, ces contrats étaient régis par le titre V du livre Ier. Depuis l'adoption de cette loi, ce titre V a été abrogé et les contrats de capitalisation sont traités en même temps que les contrats d'assurance-vie, afin d'éviter une répétition des règles. Toutefois, ainsi que le rappelle régulièrement la jurisprudence, un contrat de capitalisation ne saurait être assimilé à un contrat d'assurance (Civ. 29 déc. 1937 et Civ. 2e, 16 sept. 2010 : *V. note 8*).

1. LES CONTRATS CONCERNÉS

Traditionnellement, trois catégories de contrats étaient visées par l'article L. 111-1, alinéa 1er. Toutefois, dans la mesure où elles ne permettaient pas de déterminer avec précision le domaine d'application des trois premiers titres du livre Ier, une importante réforme est intervenue avec l'ordonnance n° 2011-839 du 15 juillet 2011 relative aux assurances en matière de transport. Cette réforme est applicable « aux contrats conclus ou renouvelés, tacitement ou non, à compter du 1er juillet 2012 » (Ord. préc., art. 11).

a. Avant l'ordonnance du 15 juillet 2011

Jusqu'à cette ordonnance de 2011, l'article L. 111-1 excluait du domaine d'application des trois premiers titres du livre Ier les « assurances maritimes et fluviales », les « opérations d'assurance de crédit » ainsi que les « opérations de réassurance conclues entre assureurs et réassureurs ».

Or cette liste ne permettait pas de résoudre toutes les interrogations. En effet, dans la mesure où aucune disposition ne visait les assurances aériennes, on avait pu s'interroger sur leur sort. Soit l'on faisait valoir qu'elles n'étaient pas expressément exclues par l'article L. 111-1 et on les soumettait aux règles des trois premiers titres du livre Ier (Lambert-Faivre et Leveneur, *Droit des assurances, 13e éd., Dalloz, 2011, n° 166*). Soit on expliquait qu'elles ne pouvaient être perçues comme des assurances terrestres et on refusait de les soumettre à ces règles, renvoyant de la sorte à la liberté contractuelle (Favre-Rochex et Courtieu, *Le droit du contrat d'assurance terrestre, LGDJ, 1998, p. 11*).

La pratique avait néanmoins écarté ce problème, puisque l'administration compétente soumettait l'autorisation de commercialiser des polices d'assurance aérienne à la nécessité pour l'assureur de déclarer expressément que celles-ci seront régies par le code des assurances, sans préciser toutefois à quelle partie (Berr, « Survol en rase-mottes du droit de l'assurance aérienne », *in Études offertes à H. Groutel, LexisNexis, 2006, 39, spéc. p. 45*).

b. Après l'ordonnance du 15 juillet 2011

Depuis l'ordonnance de 2011, l'article L. 111-1 exclut toujours du domaine d'application des titres du livre Ier les « opérations d'assurance de crédit » et les « opérations de réassurance conclues entre assureurs et réassureurs », mais il vise dorénavant les « contrats d'assurance régis par le titre VII du présent livre » en lieu et place des « assurances maritimes et fluviales ».

Sont en conséquence exclus du domaine d'application des trois premiers titres du livre Ier les contrats d'assurance qui, conformément à l'article L. 171-1, ont pour objet de garantir : les risques maritimes, les risques aériens ou aéronautiques, les risques relatifs à la responsabilité civile au titre d'une opération spatiale ainsi que les risques relatifs au transport de marchandises par voie maritime, aérienne ou terrestre.

L'article L. 171-5 apporte en outre trois précisions. Ainsi, les contrats d'assurance ayant pour objet de garantir les risques relatifs à la navigation de plaisance et les contrats d'assurance aérienne et aéronautique souscrits par des personnes n'exerçant pas une activité commerciale ou à but lucratif demeurent soumis aux trois premiers titres du livre Ier. Par ailleurs, les contrats d'assurance aérienne et aéronautique souscrits par des personnes exerçant une activité commerciale ou à but lucratif au moyen exclusif d'aéronefs légers peuvent, sur option, être soumis aux dispositions des trois premiers titres du livre Ier.

2. LES DISPOSITIONS EXCEPTIONNELLEMENT APPLICABLES

Pour ces différents contrats visés par l'article L. 111-1, la mise à l'écart des règles du livre Ier n'est toutefois pas absolue, puisque certaines règles, limitativement énumérées, demeurent en tout état de cause applicables.

Il s'agit des règles :
– de l'article L. 111-6 relatives à la notion de « grands risques » ;
– de l'article L. 112-2 relatives à l'obligation précontractuelle d'information de l'assureur et à la conclusion du contrat ;
– et de l'article L. 112-4 relatives aux éléments de la police d'assurance.

Depuis la loi du 19 octobre 2009 tendant à favoriser l'accès au crédit des petites et moyennes entreprises et à améliorer le fonctionnement des marchés financiers, deux nouveaux textes sont concernés par cette règle de l'article L. 111-1, à savoir :
– l'article L. 112-7 relatif à l'obligation d'informer le souscripteur du lieu d'établissement de l'assureur et ;
– l'article L. 113-4-1 relatif à l'obligation pour l'assureur qui renonce à garantir les créances détenues par son assuré sur un client situé en France de motiver sa décision.

II. LES CONTRATS SOUMIS AUX DISPOSITIONS DU CODE DES ASSURANCES SAUF DÉROGATION PARTICULIÈRE

En disposant, dans son second alinéa, qu'« il n'est pas dérogé aux dispositions des lois et règlements relatifs » à certaines opérations, l'article L. 111-1 indique que la réglementation du code des assurances reste applicable à ces opérations, dès lors qu'aucune disposition spéciale n'existe.

Sont tout d'abord concernées **les sociétés à forme tontinière**. Définies à l'article R. 322-139, ces sociétés « réunissent leurs adhérents en groupes distincts dénommés associations et répartissent, à l'expiration de chacune de ces associations, les fonds provenant de la capitalisation en commun de leurs cotisations, déduction faite de la partie affectée aux frais de gestion et d'acquisitions statutaires, entre les survivants des associations en cas de vie ou entre les ayants droit des décédés des associations en cas de décès, en tenant compte de l'âge des adhérents et de leurs versements ». Ces contrats ne garantissent donc aucune prestation déterminée à leurs membres et ne peuvent pour cette raison être assimilés à des contrats d'assurance-vie.

Sont ensuite visées par ce second alinéa **les assurances de la responsabilité des accidents du travail des salariés contractées par les chefs d'entreprise**. Ce risque relève désormais du régime général de la sécurité sociale et est logiquement régi par le code de la sécurité sociale. L'article L. 451-1 de ce code dispose d'ailleurs que, par principe, « aucune action en réparation des accidents et des maladies mentionnées par [le livre IV du code de la sécurité sociale] ne peut être exercée conformément au droit commun, par la victime ou ses ayants droit ». Cette règle connaît toutefois deux exceptions expressément prévues par les textes.

La première est mentionnée à l'article L. 455-1-1 du code de la sécurité sociale, issu de la loi n° 93-121 du 27 janvier 1993. Selon cet article, la victime d'un accident du travail survenu sur une voie ouverte à la circulation et impliquant un véhicule terrestre à moteur conduit par l'employeur, un préposé ou une personne appartenant à la même entreprise que la victime peut obtenir une réparation complémentaire sur le fondement de la loi n° 85-677 du 5 juillet 1985. Concrètement, cette indemnisation complémentaire sera prise en charge par l'assurance obligatoire des véhicules terrestres à moteur.

La seconde résulte de l'article L. 452-4 du code de la sécurité sociale, qui autorise l'employeur à « s'assurer contre les conséquences financières de sa propre faute inexcusable ou de la faute de ceux qu'il s'est substitués dans la direction de l'entreprise ou de l'établissement ». L'indemnisation complémentaire de la victime d'un accident du travail, fondée sur la faute inexcusable de l'employeur ou de la personne qu'il s'est substituée (CSS, art. L. 452-2), sera alors prise en charge par un assureur de responsabilité civile exploitation.

Sont enfin concernées par la règle de l'article L. 111-1, alinéa 2, **les sociétés ou caisses d'assurances et de réassurances mutuelles agricoles**. Ainsi, en application de l'article L. 751-10 du code rural et de la pêche maritime, les caisses de mutualité sociale agricole doivent gérer l'assurance obligatoire des salariés des professions agricoles contre les accidents du travail et les maladies professionnelles. Ces risques ne sont donc pas soumis aux règles du code des assurances. ❑

A. CONTRATS SOUMIS AUX TITRES I, II ET III DU LIVRE Ier

1. *Défense en justice.* Le contrat dit de défense en justice constitue bien une convention d'assurance dès lors qu'il comporte un risque, une prime et une prestation d'assurance. Il est alors soumis à la législation de l'assurance. • Civ. 31 janv. 1956 (4 arrêts), n° 1.677 P : *D. 1956. 589, note Hébraud ; JCP 1956. II. 9298, note A. B.* ♦ Le contrat qui prévoit un risque constitué par les poursuites pénales éventuelles à l'encontre du souscripteur ou de ses préposés, une prestation de la société en cas de réalisation de ce risque, consistant dans la défense et la représentation en justice des personnes poursuivies ainsi que dans le remboursement des frais de procédure, et enfin une prime sous la forme d'une cotisation annuelle, est une convention d'assurance, dont la nullité résulte de l'interdiction faite aux sociétés à responsabilité limitée par les art. L. 310-1 et L. 310-2 de pratiquer des opérations d'assurance. • Civ. 1re, 24 avr. 1979, n° 76-13.620 P : *D. 1980. IR 517.*

2. *Navigation de plaisance.* Échappe aux règles de l'assurance maritime la navigation de plaisance, sous les réserves fixées par l'art. L. 171-5. • Com. 17 oct. 1972 : *RGAT 1973. 355* • Civ. 1re, 15 mai 1984, n° 82-11.405 P : *RGAT 1985. 39.* ♦ En conséquence, les contrats d'assurance couvrant les risques de la navigation de plaisance doivent être rédigés en français en application de l'art. L. 112-3, al. 1er. Ce texte, auquel l'art. L. 111-2 interdit de déroger, fait exception au principe en vertu duquel dans les contrats internationaux de droit privé, les parties choisissent librement la langue dans laquelle elles rédigent leurs accords. • Com. 11 mars 1997, n° 95-13.926 P : *RCA 1997, n° 240.*

B. CONTRATS NON SOUMIS AUX TITRES I, II ET III DU LIVRE Ier

1° EN RAISON DE LEUR AUTEUR

3. *Organismes d'entraide.* La réglementation des assurances ne s'applique qu'aux entreprises exerçant habituellement l'activité d'assureur et non pas aux organismes d'entraide régis par le code de la santé publique. • Civ. 1re, 19 oct. 1983, n° 83-13.609 P : *RGAT 1984. 374.*

4. *Sociétés mutualistes.* Ne relèvent pas des règles du droit de l'assurance les statuts des sociétés mutualistes régies par le code de la mutualité. • Civ. 9 nov. 1955 : *Bull. civ. I, n° 386 ; Gaz. Pal. 1956. 1. 73.* ♦ Ceux-ci peuvent notamment prévoir, contrairement aux dispositions de l'art. L. 131-2, la subrogation de la société mutualiste dans les droits de la victime contre le tiers responsable. • Cass., ch. mixte, 18 juin 1971 (3 arrêts) : *D. 1971. IR 181 ; RGAT 1972. 381* • Soc. 3 mai 1974 : *ibid. 1975. 228.* ♦ De même leur sont inapplicables les règles prévues par le code des assurances sur la prescription biennale. • Cass., ch. mixte, 18 févr. 1972 : *Bull. civ. n° 2 ; RGAT 1972. 379.*

5. *Institutions de prévoyance.* Les institutions de prévoyance relevant du code de la sécurité sociale ne sont pas soumises au droit de l'assurance. • Soc. 26 févr. 1969 (2 arrêts) : *Bull. civ. V, n° 141 ; RGAT 1969. 508* • 18 mars 1975, n° 74-11.392 P : *RGAT 1976. 65* • Civ. 1re, 12 nov. 1975 : *ibid. 385* • 7 oct. 1981, n° 80-11.483 P.

2° EN RAISON DE LEUR OBJET

6. *Assurance maritime (contrats antérieurs à l'Ord. de 2011).* Aux termes de l'art. L. 111-1, l'art. L. 113-1 n'est pas applicable aux assurances maritimes. • Com. 14 mars 1989, n° 84-17.426. ♦ Il en est de même pour la règle posée à l'art. L. 114-2, selon laquelle, en ce qui concerne le règlement de l'indemnité, l'envoi par l'assuré à l'assureur d'une lettre recommandée avec demande d'avis de réception interrompt la prescription de l'action en règlement du sinistre. • Com. 22 avr. 1997, n° 95-14.980 P. ♦ En outre, sauf convention contraire, les risques terrestres garantis par une police d'assurance maritime en considération du voyage de mer sont soumis aux règles de l'assurance maritime. • Civ. 12 nov. 1947 : *JCP 1948. II. 4475, note Veaux.* ♦ Comp. anc. art. L. 173-19.

7. Assurance crédit. Le contrat dit d'« assurance-prospection », délivré par la COFACE en vue de couvrir une entreprise contre les risques commerciaux afférents à des opérations d'exportation et d'assurer la bonne fin d'opérations commerciales, relève de l'objet de l'assurance-crédit et n'est pas régi par la L. du 13 juill. 1930 (C. assur., tit. I, II et III du Liv. Ier). • Civ. 1re, 3 nov. 1977 : *Bull. civ. I, n° 400 ; D. 1978. IR 288, obs. Berr et Groutel ; ibid. IR 418, obs. Vasseur ; RGAT 1978. 562.*

8. Contrat de capitalisation. L'on ne saurait assimiler à un contrat d'assurance le contrat de capitalisation qui a pour but la constitution, au moyen de versements successifs, d'un capital déterminé à l'avance et devant être remboursé, soit à une date fixée, soit par anticipation, par voie de tirage au sort. En effet, l'aléa résultant du fait des tirages au sort n'expose l'assuré qu'à un retard de règlement sans qu'il puisse, en fin de compte, subir une perte pécuniaire. • Civ. 29 déc. 1937 : *RGAT 1938. 248, note Picard.* ♦ Le contrat de capitalisation n'est pas un contrat d'assurance. • Civ. 2e, 16 sept. 2010 : *RD banc. fin 2010. n° 222, note Djoudi ; Banque et Dr. nov. 2010. 46, obs. Marly ; Gaz. Pal. 2010. 3505, note Bury ; RCA 2010, n° 336, note Groutel* (qualification qui avait été retenue par les parties dans les conditions générales visant la soumission au code des assurances).

Art. L. 111-2 *(L. n° 81-5 du 7 janv. 1981 ; L. n° 82-600 du 13 juill. 1982 ; L. n° 89-1014 du 31 déc. 1989, en vigueur le 1er mai 1990)* **Ne peuvent être modifiées par convention les prescriptions des titres Ier, II** *(Ord. n° 2009-106 du 30 janv. 2009, art. 1er-1°, ratifiée par L. n° 2010-737 du 1er juill. 2010, art. 35-I)* **« , III et IV du présent livre », sauf celles qui donnent aux parties une simple faculté et qui sont contenues** *(Ord. n° 2017-1433 du 4 oct. 2017, art. 1er-1°, en vigueur le 1er avr. 2018)* **« au dernier alinéa du I et au II de l'article L. 111-10 et » dans les articles L. 112-1, L. 112-5, L. 112-6, L. 113-10, L. 121-5 à L. 121-8, L. 121-12, L. 121-14, L. 122-1, L. 122-2, L. 122-6, L. 124-1, L. 124-2, L. 127-6, L. 132-1, L. 132-10, L. 132-15 et L. 132-19.** – *Assur. L. 181-1.*

V. note ss. art. L. 111-9.

BIBL. ▸ Ordre public : MAYAUX, *RGDA 2008. 601.*

COMMENTAIRE

Selon l'article L. 111-2, les dispositions des quatre premiers titres du livre Ier du code des assurances se subdivisent en deux catégories : tandis que certaines d'entre elles « ne peuvent être modifiées par convention », et sont donc d'ordre public, d'autres « donnent aux parties une simple faculté », et sont en conséquence supplétives de volonté.

Afin de protéger les assurés, le législateur a pris le parti non pas d'énumérer les règles d'ordre public, mais bien au contraire d'énoncer limitativement les règles supplétives de volonté. Autrement dit, pour assurer une meilleure protection de l'assuré, le législateur a fait de la liberté contractuelle l'exception. Dans cette optique, l'article L. 111-2 indique quels sont les articles contenant des règles supplétives et précise que ces règles sont celles qui « donnent aux parties une simple faculté ». Il faut donc en déduire que toutes les dispositions des articles visés ne sont pas nécessairement supplétives de volonté. Elles ne le sont que si elles confèrent aux parties une faculté.

Cette idée reçoit une illustration avec l'article L. 121-12 du code des assurances, relatif à la subrogation de l'assureur dans les droits de son assuré. Ce texte, figurant dans la liste de l'article L. 111-2, n'est *a priori* pas d'ordre public. Toutefois, cela n'est vrai que pour la faculté contenue dans cet article. Ainsi, selon la jurisprudence, les parties ne peuvent modifier les restrictions légales relatives à l'exercice de la subrogation, c'est-à-dire les immunités légales reconnues par cet article (Civ. 5 mars 1945 : *V. note 6*).

Une autre illustration de cette règle nous est donnée par l'application jurisprudentielle de l'article L. 122-2, relatif aux assurances contre l'incendie. Là encore, dans la mesure où cet article figure dans la liste de l'article L. 111-2, on pourrait en déduire que les règles qu'il comporte ne sont pas d'ordre public. Cependant, si les dispositions de l'article L. 122-2, alinéa 1er, permettant aux parties de convenir que la garantie de l'assureur ne sera pas limitée aux seuls dommages matériels confèrent aux parties une simple faculté, il en va différemment pour celles contenues dans le second alinéa de cet article, qui accorde à l'assuré le droit de faire courir les intérêts moratoires par sommation si l'expertise n'est pas terminée dans les trois mois de la remise de l'état des pertes. Cette règle est selon la jurisprudence d'ordre public (Civ. 1re, 24 janv. 1995 : *V. note 4*).

Initialement, l'article L. 111-2 ne visait que les prescriptions des titres Ier à III du livre Ier. Cette limitation a pu susciter des interrogations après l'adoption de la loi n° 89-1014 du 31 décembre 1989, qui a introduit une nouvelle réglementation relative aux assurances de groupe aux articles L. 140-1 et suivants (devenus art. L. 141-1 s.). Non visées par l'article L. 111-2, ces dispositions pouvaient éventuellement être analysées comme simplement supplétives de volonté. Or, dans le même temps, la loi « Évin » n° 89-1009 du 31 décembre 1989, relative à la prévoyance collective des salariés, a expressément indiqué, dans son article 10, que certaines de ses dispositions étaient d'ordre public. Depuis, l'ordonnance n° 2009-106 du 30 janvier 2009 a étendu le domaine de l'article L. 111-2 au titre IV du livre Ier. Ses dispositions sont donc d'ordre public. Pour autant, toutes les difficultés ne sont pas résolues. En effet, tandis que la remise d'une notice d'information est d'ordre public pour le code des assurances, elle ne paraît pas l'être pour la loi Évin, l'article 12 de cette loi relatif à ladite notice n'étant pas d'ordre public selon l'article 10. Or l'impératif de protection des adhérents pourrait justifier une solution uniforme. ❑

A. RÈGLES IMPÉRATIVES

1. Non-paiement de la prime. Est frappée de nullité toute clause dispensant l'assureur de la mise en demeure en cas de non-paiement de la prime. • Civ. 1re, 8 juin 1959 : *Bull. civ. I, n° 284 ; JCP 1959. IV. 93.*

2. Déclaration de sinistre. Doit être déclarée illicite la clause d'un contrat d'assurance qui impose à l'assuré, sous peine de déchéance, de donner à l'avis du sinistre prévu par l'art. 15 de la loi de 1930 (C. assur., art. L. 113-2) la forme d'un télégramme, ajoutant ainsi une nouvelle exigence aux dispositions d'ordre public de la loi. • Civ. 4 juin 1945 : *JCP 1945. II. 2855, note P. L. P.*

3. Prescription. L'art. 2 de la loi du 13 juill. 1930 (C. assur., art. L. 111-2) interdit la modification par convention de la durée de la prescription des actions dérivant d'un contrat d'assurance. • Civ. 1re, 2 juin 1964 : *RGAT 1965. 46.*

4. Assurances contre l'incendie. Les dispositions du second al. de l'art. L. 122-2 sont d'ordre public et prévalent sur les stipulations du contrat d'assurance. • Civ. 1re, 24 janv. 1995, ♖ n° 91-14.910 P : *RCA 1995, n° 188 ; ibid. Chron. 19, note Groutel ; RGAT 1995. 166, note Kullmann.* ♦ V. déjà : • Civ. 24 oct. 1951 : *D. 1952. 105, note Besson ; JCP 1952. II. 6891, note Deschamps ; RGAT 1951. 406.*

B. RÈGLES SUPPLÉTIVES

5. Assurance pour compte. Les dispositions de l'art. L. 112-1 n'ont pas un caractère impératif, de sorte que les parties sont libres de déterminer l'étendue et la portée du contrat d'assurance. • Civ. 1re, 1er juin 1999, ♖ n° 97-15.298 P : *RCA 1999, n° 345 ; RGDA 2000. 41, note Kullmann.*

6. Subrogation. La subrogation légale de l'assureur contre le tiers responsable, instituée par les dispositions de l'art. L. 121-12, qui ne sont pas impératives, n'exclut pas l'éventualité d'une subrogation conventionnelle. • Civ. 1re, 9 déc. 1997 : ♖ *RCA 1998, n° 107 ; ibid. Chron. 5, note Groutel* • 29 avr. 2003, ♖ n° 00-13.861. ♦ C'est seulement la « faculté » contenue dans l'art. 36 que l'art. 2 de la loi de 1930 (C. assur., art. L. 111-2) permet aux parties de modifier, de sorte que les restrictions légales à l'exercice de la subrogation, inspirées par la protection de l'assuré subrogeant, sont d'ordre public. • Civ. 5 mars 1945 : *D. 1946. 1, note Besson ; GADA, p. 21, obs. Berr et Groutel ; JCP 1945. II. 2798, note P. L. P.* ♦ La Cour de cassation a considéré que l'art. 36, § 1er, de la L. du 13 juill. 1930 (C. assur., art. L. 121-12), qui subroge de plein droit l'assureur jusqu'à concurrence de l'indemnité qu'il a payée dans les droits et actions de l'assuré contre le tiers responsable du sinistre, tend à faire bénéficier l'assureur du recours de l'assuré sans nuire à ce dernier, notamment en prévenant les conséquences abusives d'une cession conventionnelle éventuelle desdits droits qui dépasseraient, au préjudice du créancier cédant, les effets de la subrogation. • Civ. 5 mars 1945 : *préc.* ♦ Ainsi, la Cour de cassation affirmait que l'art. 36 de la loi de 1930 prohibait toute cession conventionnelle. • Civ. 1re, 8 juill. 1968 : *Bull. civ. I, n° 198 ; D. 1969. 21, note H. M. ; JCP 1969. II. 15700, note P. L. P. ; RGAT 1969. 27.* ♦ ... Que l'assureur ne disposait pas d'autre recours que la subrogation légale. • Civ. 1re, 2 juill. 1985, ♖ n° 84-12.327 P.

Art. L. 111-3 **Dans tous les cas où l'assureur se réassure contre les risques qu'il a assurés** *(Ord. n° 2008-556 du 13 juin 2008, art. 17)* **« ou les transfère à un véhicule de titrisation mentionné à l'article L. 310-1-2 », il reste seul responsable vis-à-vis de l'assuré.**

BIBL. ▸ **Nature et caractères :** PICARD et BESSON, *RGAT 1965. 145.*

▸ **Faillite de la cédante :** SOUSSELIER, *ibid. 1958. 236.* – DE GRÉGORIO, *ibid. 1959. 137.* – D'ASSIER DE BOISREDON, *ibid. 1960. 137.* – RÉMUS, *ibid. 1963. 5.*

▸ **Véhicule de titrisation :** MARTIAL-BRAZ, *RLDC 2008. 3148* (un vent de modernisation souffle sur la titrisation ! vraie tempête ou faux-semblant ?).

COMMENTAIRE

L'article L. 111-3 envisage les effets sur le contrat d'assurance du recours à la réassurance ou à la titrisation par un assureur à la recherche d'un refinancement. Dans la mesure où l'assuré reste étranger à ces opérations, ces deux mécanismes ne doivent nullement influer sur la relation d'assurance. Comme le précise l'article L. 111-3, l'assureur demeure en tout état de cause « seul responsable vis-à-vis de l'assuré ».

Appliquant ce principe, fondé sur l'effet relatif des contrats, à la réassurance, les tribunaux en ont tiré des conséquences en ce qui concerne la situation de l'assuré. Ainsi, il en résulte :

– que l'assuré ne peut se prévaloir de la conclusion d'un traité de réassurance par son assureur pour demander la résiliation de son contrat d'assurance, dès lors que l'assureur n'a pas diminué ses garanties ni perdu sa personnalité juridique (Req. 30 avr. 1906 : *V. note 1*) ;

– que l'assuré ne peut exercer d'action directe à l'encontre du réassureur, sauf stipulation pour autrui au bénéfice de l'assuré contenue dans la convention de réassurance (Soc. 9 juill. 1943 : *V. note 2*) mais ;

– que, en tout état de cause, il peut agir par la voie de l'action oblique à l'encontre du réassureur de son assureur en cas de défaillance de ce dernier (T. com. Paris, 14 mai 1982 : *V. note 3*).

Prolongeant ce raisonnement, privant la convention de réassurance de toute incidence sur la relation d'assurance, les tribunaux ont également affirmé, en ce qui concerne la situation de l'assureur et du réassureur :

– que le règlement effectué par le réassureur à l'assureur ne privait pas ce dernier de son recours subrogatoire contre le tiers responsable (Civ. 1re, 27 oct. 1982 : *V. note 4*), rappelant de la sorte que le réassureur a surtout un rôle financier et qu'il n'intervient pratiquement pas dans le processus de règlement du sinistre (cf. Berr et Groutel, obs. ss. Civ. 1re, 27 oct. 1982 : *préc.*) ;

– que le réassureur ne dispose pas d'action directe contre les assurés pour les obliger à payer leur cotisation à leur assureur (Civ. 20 déc. 1943 : *V. note 5*). ❑

I. EFFETS DE LA RÉASSURANCE À L'ÉGARD DE L'ASSURÉ

1. *Absence de faculté de résiliation.* Un assuré ne saurait, pour se soustraire à la demande en paiement des primes échues de sa police, demander reconventionnellement la résiliation de cette police à raison d'une prétendue cession de portefeuille consentie par la compagnie française à laquelle il s'était assuré à une compagnie étrangère, lorsque ce contrat ne constitue qu'un traité de réassurances générales et que la compagnie française n'a ni diminué ses garanties, ni perdu sa personnalité et son existence propre. • Req. 30 avr. 1906 : *DP 1907. 1. 241.*

2. *Stipulation en faveur de l'assuré.* Lorsque les juges du fond relèvent qu'une police, malgré sa qualification de réassurance, fait siennes les clauses de la police qui lie l'assureur à l'assuré, précisant que la couverture du réassureur sera engagée en même temps que celle de l'assureur et que les conditions générales et spéciales de la police de ce dernier seront prises comme bases en ce qui concerne le réassuré ou les tiers, ils peuvent, par une interprétation de la police litigieuse qui n'en dénature pas les termes, lui reconnaître le caractère d'une coassurance et décider qu'une stipulation en faveur de l'assuré y était incluse, alors surtout que le réassureur s'est occupé directement des règlements relatifs à l'accident litigieux, en assumant même la défense de l'assuré et de son préposé responsable devant la juridiction correctionnelle. • Soc. 9 juill. 1943 : *RGAT 1943. 234, note Besson.*

3. *Action oblique contre le réassureur.* Un assuré est recevable à agir, par la voie de l'action oblique, contre le réassureur de son assureur, dès lors qu'il a un intérêt à agir, que sa créance est échue et qu'il y a inaction de l'assureur, sans qu'il soit nécessaire que le débiteur principal soit mis en cause et que le créancier soit pourvu d'un titre exécutoire. • T. com. Paris, 14 mai 1982 : *RGAT 1982. 348, note Hagopian.*

II. EFFETS DE LA RÉASSURANCE À L'ÉGARD DE L'ASSUREUR

4. *Recours subrogatoire de l'assureur.* L'auteur assuré du dommage étant étranger aux conventions passées entre assureur et réassureur et ne pouvant s'en prévaloir, le règlement intervenu entre ces derniers ne constitue pas le paiement fait à la victime du dommage et ne peut donc entraîner subrogation légale, un tel règlement étant la conséquence des obligations contractées par le réassureur avec l'assureur du fait de leurs conventions propres. L'assureur peut donc exercer un recours subrogatoire contre le tiers responsable, malgré un tel règlement. • Civ. 1re, 27 oct. 1982, n° 81-14.386 P : *D. 1985. IR 194, obs. Berr et Groutel ; RGAT 1983. 355.*

III. EFFETS DE LA RÉASSURANCE À L'ÉGARD DU RÉASSUREUR

5. *Absence d'action directe contre les assurés.* Les caisses de réassurances mutuelles, créancières de cotisations dues par une caisse locale d'assurance agricole affiliée, volontairement dissoute avant l'expiration du contrat en cours, n'ont pas d'action directe contre les anciens adhérents de ladite caisse locale, quoique ceux-ci, malgré la résiliation de l'assurance, demeurent jusqu'à la liquidation dudit contrat bénéficiaires des indemnités d'assurance, en cas de sinistre. • Civ. 20 déc. 1943 : *S. 1944. 1. 56 ; JCP 1944. II. 2660, note P. L. P. ; RGAT 1944. 50, obs. A. B.*

Art. L. 111-4 *(L. n° 94-5 du 4 janv. 1994)* **L'autorité administrative peut imposer l'usage de clauses types de contrats.**

V. art. R. 111-2.

COMMENTAIRE

De même que le législateur a restreint le domaine des règles supplétives de volonté – et donc de la liberté contractuelle – à l'article L. 111-2 du code des assurances, il a prévu que l'autorité administrative peut imposer l'usage de clauses types dans les contrats d'assurance.

Initialement, ce pouvoir a été reconnu par une ordonnance du 19 septembre 1945, dont l'article 8 disposait : « Le ministre des Finances peut imposer l'usage de clauses types de contrats et fixer les maxima et les minima des tarifications et les maxima des taux de rétribution des intermédiaires ». L'objectif premier de ce texte était donc l'encadrement des primes et des commissions des intermédiaires. Repris par la suite dans le code des assurances, cette règle a été simplifiée et introduite à l'article L. 111-4 par la loi n° 94-5 du 4 janvier 1994 modifiant le code des assurances (partie Législative), en vue notamment de la transposition des directives n° 92-49 et n° 92-96 des 18 juin et 10 novembre 1992 du Conseil des Communautés européennes.

Le procédé des clauses types attribue à une autorité administrative, qui selon l'article R. 111-2 est « le ministre chargé de l'économie et des finances », un certain pouvoir de contrôle sur les contrats d'assurance et permet en conséquence une uniformisation des polices d'assurance portant sur un risque spécifique.

Usant de cette prérogative qui lui permet de réduire d'autant le domaine de la liberté contractuelle, l'autorité administrative a édicté de nombreuses clauses types aussi bien en assurance automobile (clause de réduction ou de majoration des primes ou cotisations, dite « clause de bonus-malus », V. art. A. 121-1 et A. 121-2) qu'en assurance contre les catastrophes naturelles (clauses mentionnées à l'art. A. 125-1) ou en assurance construction (clauses relatives aux assurances de responsabilité décennale ou de dommages-ouvrage, V. art. A. 243-1).

On a dès lors pu s'interroger, d'une part, sur l'étendue du pouvoir de l'administration (I), d'autre part, sur le contrôle de la conformité des clauses contractuelles aux clauses légales (II).

I. LE CONTRÔLE DES CLAUSES LÉGALES

Conformément au principe de la hiérarchie des normes, les clauses types arrêtées par l'autorité administrative se doivent d'être conformes aux dispositions législatives. Ainsi, le Conseil d'État a pu déclarer illégales les clauses types, insérées dans les contrats d'assurance de responsabilité de certains professionnels, limitant la garantie de l'assureur à la survenance de la réclamation de la victime pendant la durée du contrat ou dans un délai maximal de cinq ans après son expiration, au motif qu'elles étaient contraires aux dispositions de l'article 1131 du code civil (CE 29 déc. 2000, *Beule* : *V. note 3*) dans sa rédaction antérieure à l'ordonnance n° 2016-131 du 10 février 2016.

Mais, dès lors que la légalité de l'arrêté est respectée, l'autorité administrative dispose d'un large pouvoir d'appréciation dans la fixation des clauses types. Amené à se prononcer sur la légalité d'un arrêté ministériel du 13 juillet 1990 modifiant les clauses types applicables aux contrats d'assurance de responsabilité des constructeurs, le Conseil d'État a de la sorte affirmé que « cette prérogative de l'autorité administrative s'exerce sous la seule réserve que lesdites clauses types n'aient pas pour effet de modifier l'étendue du régime de responsabilité et de l'obligation d'assurance édictée par la loi en vertu de l'article 34 de la Constitution ». En revanche, le Conseil d'État a estimé que, dès lors que ce principe est respecté, une éventuelle diminution des garanties et protection dont bénéficiaient les assurés par arrêté ministériel n'affecte pas la légalité dudit arrêté. L'intérêt des assurés et des bénéficiaires de l'assurance peut donc se trouver malmené par l'adoption de clauses types (CE 8 mars 1993 : *V. note 1*).

De son côté, la Cour de cassation refuse, par principe, de contrôler la légalité d'une clause type. Ainsi, elle a pu appliquer la clause de réclamation contenue dans le contrat d'assurance d'un centre de transfusion sanguine, puisque celle-ci était conforme à la clause type de l'arrêté ministériel (Civ. 1re, 9 mars 1999 : *V. note 3*).

Toutefois, la Cour de cassation s'attribue parfois la possibilité de contrôler la validité d'une clause type au regard des règles générales du contrat d'assurance et, par conséquent, de dispositions législatives. A titre d'exemple, elle a pu estimer qu'une clause contractuelle, conforme aux anciennes clauses types régissant le contrat d'assurance de responsabilité décennale des constructeurs, méconnaissait la règle de l'article L. 113-1 en vertu de laquelle les clauses d'exclusion de garantie doivent être formelles et limitées (Civ. 1re, 25 oct. 1989 : *V. note 2*). Les clauses types applicables aux contrats d'assurance de dommages-ouvrage et de responsabilité décennale ont dû être réécrites afin de tenir compte de cette règle.

II. LE CONTRÔLE DES CLAUSES CONTRACTUELLES

Dès lors que la légalité de l'arrêté ministériel adoptant des clauses types n'est pas contestable et que les clauses types sont conformes aux règles générales du contrat d'assurance, elles s'imposent aux assureurs et aux souscripteurs.

Aussi, toute clause contractuelle contraire doit être réputée non écrite (Civ. 3e, 17 juin 1992 : *V. note 4*) et remplacée par la clause type applicable. En outre, l'autorité administrative peut imposer à un assureur la modification d'une clause contractuelle afin de la rendre conforme à une clause type (CE 30 mars 1984 : *V. note 5*). ❑

I. CONTRÔLE DE LA CLAUSE TYPE

1. Étendue du pouvoir de l'autorité de tutelle. Le ministre chargé de l'économie et des finances dispose d'un large pouvoir d'appréciation dans la fixation des clauses types. • CE 8 mars 1993 : *RGAT 1993. 535, note Vincent.* ♦ En conséquence, à supposer qu'un arrêté ministériel ait diminué les garanties et protections dont bénéficiaient les assurés, cette circonstance n'affecte pas la légalité de l'arrêté attaqué, dès lors que celui-ci ne méconnaît pas les dispositions législatives dont il fait application. • Même décision.

2. Conformité à l'art. L. 113-1 C. assur. Selon l'art. L. 113-1, toute clause d'exclusion figurant dans un contrat d'assurance n'est valable qu'à la condition d'être formelle et limitée. Viole ce texte la cour d'appel qui, en présence d'un dommage causé par une avalanche, fait application d'une clause conforme à une clause type excluant la garantie de l'assureur en cas de « phénomènes naturels présentant un caractère catastrophique tels que tremblements de terre, inondations, tempêtes, ouragans, raz-de-marée », alors qu'une telle clause n'est pas limitative et ne vise pas les avalanches. • Civ. 1re, 25 oct. 1989, n° 87-18.391 P : *RGAT 1990. 351, note d'Hauteville.*

3. Clause de réclamation d'origine réglementaire. Viole l'art. L. 667 CSP, ensemble l'arrêté du 27 juin 1980 et son annexe, relatif aux contrats d'assurance souscrits par les centres de transfusion sanguine, la cour d'appel qui, pour condamner l'assureur à garantie, écarte la clause subordonnant la garantie à une réclamation de la victime dans un délai maximal de 5 ans après la date d'expiration du contrat, au motif que l'arrêté n'a pas pour objet de faire déroger le contrat à l'application des règles de droit commun, alors que la limitation de la garantie dans le temps de l'assurance des centres de transfusion sanguine est expressément autorisée par le texte légal que constitue l'arrêté, lequel n'a pas été abrogé par un autre arrêté du 29 déc. 1989 dont la seule portée est de transférer certaines dispositions des conditions générales des polices dans leurs conditions particulières. • Civ. 1re, 9 mars 1999, n° 96-22.186 P : *D. 1999. 714, note Serverin.* ♦ Il résulte de l'art. 1131 C. civ. et L. 124-1 C. assur. que le versement des primes pour la période qui se situe entre la prise d'effet du contrat et son expiration a pour contrepartie nécessaire la garantie des dommages qui trouvent leur origine dans un fait qui s'est produit pendant cette période. La clause type contenue au dernier alinéa de l'art. 4 de l'annexe à l'arrêté interministériel du 27 juin 1980 dans sa rédaction antérieure à l'arrêté interministériel du 29 déc. 1989, selon laquelle le dommage n'est garanti que si la réclamation de la victime a été portée à la connaissance de l'assuré dans un délai maximal de cinq ans après la date d'expiration du contrat, aboutit à priver l'assuré du bénéfice de l'assurance en raison d'un fait qui ne lui est pas imputable. Une telle clause conduit à créer un avantage illicite dépourvu de cause, et par conséquent contraire aux dispositions de l'art. 1131 C. civ., au profit du seul assureur, qui aurait perçu les primes sans contrepartie. Par suite, l'arrêté du 27 juin 1980, dans sa rédaction antérieure à l'arrêté interministériel du 29 déc. 1989, est entaché d'illégalité en tant qu'il comporte, à l'art. 4 de son annexe, une clause type limitant dans le temps la garantie accordée aux centres de transfusion sanguine. • CE 29 déc. 2000, *Beule*, n° 212338 : *D. 2001. 1265, note Lambert-Faivre; RGDA 2001. 97, note Vincent; RCA 2001, n° 166, note Groutel.*

II. CONTRÔLE DE LA CLAUSE CONTRACTUELLE

4. Sanction par l'autorité judiciaire. La clause d'un contrat d'assurance de responsabilité décennale contraire à une clause type doit être réputée non écrite. • Civ. 3e, 17 juin 1992, n° 89-19.716 P : *RGAT 1992. 568, note Périnet-Marquet.*

5. Sanction par l'autorité administrative. L'autorité de tutelle peut exiger la modification d'une clause limitative de responsabilité figurant dans une police (d'assurance construction) non conforme à une clause type. • CE 30 mars 1984, *Sté technique d'assurance construction : RGAT 1985. 228 ; RDI 1984. 333, note Durry.*

Art. L. 111-5 *Abrogé par L. n° 2005-1564 du 15 déc. 2005. — V. désormais l'art. L. 193-1.*

Art. L. 111-6 *(L. n° 91-716 du 26 juill. 1991 ; L. n° 94-5 du 4 janv. 1994)* **Sont regardés comme grands risques :**

1° Ceux qui relèvent des catégories suivantes :

***a)* Les corps de véhicules ferroviaires, aériens, maritimes, lacustres et fluviaux ainsi que la responsabilité civile afférente auxdits véhicules ;**

***b)* Les marchandises transportées ;**

***c)* Le crédit et la caution, lorsque le souscripteur exerce à titre professionnel une activité industrielle, commerciale ou libérale, à condition que le risque se rapporte à cette activité ;**

(L. n° 2016-816 du 20 juin 2016, art. 84-1°) **« *d)* Les installations d'énergies marines renouvelables, définies par un décret en Conseil d'État ; »** *— V. art. R. 111-3.*

2° Ceux qui concernent l'incendie et les éléments naturels, les autres dommages aux biens, la responsabilité civile générale, les pertes pécuniaires diverses, les corps de véhicules terrestres à moteur ainsi que la responsabilité civile, y compris celle du transporteur, afférente à ces véhicules, lorsque le souscripteur exerce une activité dont l'importance dépasse certains seuils définis par décret en Conseil d'État. — *V. art. L. 111-1, L. 112-3, L. 126-2, L. 181-1, L. 242-1, L. 351-4, L. 352-1, R. 112-2, R. 126-2, A. 310-6.*

COMMENTAIRE

L'article L. 111-6 identifie les grands risques en distinguant deux catégories. Tandis que certains grands risques, identifiés au 1°, le sont par nature, d'autres, identifiés au 2°, le sont en raison de l'importance de l'activité du souscripteur, laquelle est caractérisée lorsque au moins deux des trois critères de l'article R. 111-1 sont remplis, à savoir :

– un total du dernier bilan supérieur à 6,2 millions d'euros,

– un chiffre d'affaires du dernier exercice supérieur à 12,8 millions d'euros,

– un nombre de personnes employées en moyenne au cours du dernier exercice supérieur à 250.

Actuellement, la qualification de grands risques n'a que des effets limités :

– elle entraîne, en application de l'article L. 181-1-5°, le libre choix de la loi applicable au contrat, étant précisé que le choix par les parties d'une loi autre que la loi française ne peut, lorsque tous les éléments du contrat sont localisés au moment de ce choix sur le territoire de la République française, faire obstacle à l'application des dispositions législatives et réglementaires auxquelles il ne peut être dérogé par contrat en application de l'article. L. 111-2 ;

– conformément à l'article R. 112-2, alinéa 1er, elle dispense l'assureur de remettre, avant la conclusion du contrat, une fiche d'information sur le prix et les garanties, un exemplaire du projet du contrat ou une notice d'information sur le contrat et une fiche d'information spécifique aux garanties de responsabilité, en dérogation aux exigences de l'article L. 112-2, alinéas 1er et 2 ;

– selon l'article L. 112-3, elle permet l'emploi d'une autre langue que le français lorsque le contrat est soumis, en vertu des articles L. 181-1 et L. 181-3, à une autre loi que la loi française ;

– elle autorise, pour les contrats d'assurance garantissant les dommages d'incendie à des biens situés sur le territoire national ainsi que les dommages aux corps de véhicules terrestres à moteur ouvrant droit à la garantie de l'assuré pour les dommages matériels directs causés aux biens, l'insertion de limites et de franchises spécifiques conformément à l'article R. 126-2, dès lors que ces contrats concernent des grands risques au sens de l'article L. 116-2, 2°.

Aussi, certains auteurs appellent de leurs vœux l'adoption d'un régime plus libéral pour les assurances de grands risques, à l'instar de ce qui a été fait par l'ordonnance n° 2011-839 du 15 juillet 2011 pour les risques de transport (Bigot, Pour une modernisation du code des assurances, *JCP 2011. 1370* ; Faut-il réécrire le code des assurances ?, *RGDA 1998. 23*). ❑

Art. L. 111-7 *(L. n° 2007-1774 du 17 déc. 2007, art. 12)* **I. — Toute discrimination directe ou indirecte fondée sur la prise en compte du sexe comme facteur dans le calcul des primes et des prestations ayant pour effet des différences en matière de primes et de prestations est interdite.**

Les frais liés à la grossesse et à la maternité n'entraînent pas un traitement moins favorable des femmes en matière de primes et de prestations.

Par dérogation au premier alinéa, le ministre chargé de l'économie peut autoriser par arrêté des différences de primes et de prestations fondées sur la prise en compte du sexe et proportionnées aux risques lorsque des données actuarielles et statistiques pertinentes et précises établissent que le sexe est un facteur déterminant dans l'évaluation du risque d'assurance. Ces arrêtés sont pris conjointement avec le ministre chargé de la sécurité sociale lorsqu'ils portent sur des opérations mentionnées aux 1° et 2° de l'article L. 310-1.

II. — Un arrêté du ministre chargé de l'économie et du ministre chargé de la sécurité sociale fixe les conditions dans lesquelles les données mentionnées au troisième alinéa du I sont collectées ou répertoriées par les organismes professionnels mentionnés à l'article L. 132-9-2 et les conditions dans lesquelles elles leur sont transmises. Ces données régulièrement mises à jour sont publiées dans des conditions fixées par cet arrêté et au plus tard à la date d'entrée en vigueur de l'arrêté mentionné au troisième alinéa du I.

Par dérogation au premier alinéa du présent II, les données mentionnées au dernier alinéa du I peuvent, s'agissant des risques liés à la durée de la vie humaine, prendre la forme de tables homologuées et régulièrement mises à jour par arrêté du ministre chargé de l'économie.

(L. n° 2013-672 du 26 juill. 2013, art. 79) **« II *bis*. — La dérogation prévue au dernier alinéa du I est applicable aux contrats et aux adhésions à des contrats d'assurance de groupe conclus ou effectuées au plus tard le 20 décembre 2012 et à ces contrats et adhésions reconduits tacitement après cette date.**

« La dérogation n'est pas applicable aux contrats et aux adhésions mentionnés au premier alinéa du présent II *bis* ayant fait l'objet après le 20 décembre 2012 d'une modification substantielle, nécessitant l'accord des parties, autre qu'une modification qu'une au moins des parties ne peut refuser. »

III. — Le présent article s'applique aux contrats d'assurance autres que ceux conclus dans les conditions prévues à l'article L. 911-1 du code de la sécurité sociale, ainsi qu'aux opérations mentionnées à l'article L. 322-2-2 du présent code qui en découlent directement. — *V. art. A. 111-1 à A. 111-5.*

Les dispositions issues de la L. n° 2007-1774 du 17 déc. 2007 sont applicables aux contrats conclus et aux adhésions à des contrats d'assurance de groupe effectuées à compter du 21 déc. 2007.

V. la Communication provenant de la Commission européenne n° 2012/C 11/01, sur les lignes directrices sur l'application de la directive 2004/113/CE du Conseil dans le secteur des assurances, à la lumière de l'arrêt de la Cour de justice de l'Union européenne dans l'affaire C-236/09 (Test-Achats).

BIBL. ► EWALD, *Mél. Y. Lambert-Faivre et D. C. Lambert, Dalloz 2002, p. 167* (à quelles conditions la sélection d'un risque constitue-t-elle une discrimination ?). – J. MONNET, Assurance et discrimination, *8e Journées Savatier, 2007*. – DUBUISSON, *Mél. Jean Bigot, LGDJ/Lextenso 2010, p. 105* (solidarité, segmentation et discrimination en assurances. Nouveau débat, nouvelles questions). – NOGUÉRO, *RGDA 2010. 633* (discrimination, assurance et protection des personnes vulnérables). – PARLEANI, *RGDA 2012. 563* (lignes directrices de la Commission européenne sur le suites de l'arrêt « Test Achats »).

COMMENTAIRE

L'article L. 111-7 institue une règle spéciale interdisant toute discrimination fondée sur le sexe dans le contrat d'assurance (I), tout en prévoyant une possibilité de dérogation aujourd'hui remise en cause par la jurisprudence de la Cour de justice de l'Union européenne (II).

I. LE PRINCIPE DE NON-DISCRIMINATION

De même que l'article 2 de la loi n° 2008-496 du 27 mai 2008, portant diverses dispositions d'adaptation au droit communautaire dans le domaine de la lutte contre les discriminations, affirme très généralement que « toute discrimination directe ou indirecte fondée sur l'appartenance ou la non-appartenance, vraie ou supposée, à une ethnie ou une race est interdite en matière de protection sociale, de santé, d'avantages sociaux, d'éducation, d'accès aux biens et services ou de fourniture de biens et services » et que « toute discrimination directe ou indirecte fondée sur le sexe est interdite en matière d'accès aux biens et services et de fourniture de biens et services », l'article L. 111-7 interdit toute discrimination directe ou indirecte fondée sur le sexe pour la détermination du montant des primes et des prestations d'assurance.

Cette interdiction a été introduite dans le code des assurances par la loi n° 2007-1774 du 17 décembre 2007 portant diverses dispositions d'adaptation au droit communautaire dans les domaines économique et financier. Cette loi a ainsi transposé dans le domaine assurantiel la directive n° 2004/113/CE du 13 décembre 2004 mettant en œuvre le principe d'égalité de traitement entre les femmes et les hommes dans l'accès à des biens et services et la fourniture de biens et services. Cette directive imposait l'abolition de toutes les discriminations fondées sur le sexe au plus tard le 21 décembre 2007.

II. LA POSSIBILITÉ DE DÉROGATIONS

A. RECONNAISSANCE D'UNE FACULTÉ DE DÉROGER AU PRINCIPE DE NON-DISCRIMINATION

Par exception et en parfaite conformité avec la directive, il a été prévu que le ministre chargé de l'économie peut autoriser par arrêté des différences de primes et de prestations fondées sur la prise en compte du sexe et proportionnées aux risques.

L'étendue de cette faculté est néanmoins triplement limitée.

Tout d'abord, aucune distinction fondée sur le sexe ne peut être faite à propos des frais liés à la grossesse et à la maternité. Cette règle est issue de l'article 5, § 3, de la directive, qui a créé un mécanisme de solidarité entre les sexes. Les frais liés au risque de grossesse et de maternité ne doivent pas être supportés par les seuls membres d'un sexe, puisque, par principe, les deux sexes sont concernés par la maternité.

Ensuite, toute discrimination fondée sur le sexe doit être justifiée par l'existence de données actuarielles et statistiques pertinentes, autrement dit par des considérations objectives.

Enfin, un arrêté du 19 décembre 2007 a déterminé la liste exhaustive des branches susceptibles d'être concernées par de telles discriminations. Il s'agit des opérations d'assurance classées, par référence à l'article R. 321-1, dans les branches : 1 « Accidents (y compris les accidents du travail et les maladies professionnelles) » (Art. A. 111-2), 2 « Maladie » (Art. A. 111-3), 3 « Corps de véhicules terrestres (autres que ferroviaires) » (Art. A. 111-4), 10 « Responsabilité civile véhicules terrestres automoteurs » (Art. A. 111-4), 20 « Vie-décès » (Art. A. 111-5), 22 « Assurances liées à des fonds d'investissement » (Art. A. 111-5), 23 « Opérations tontinières » (Art. A. 111-5), 26 « Toute opération à caractère collectif définie à la section I du chapitre Ier du titre IV du livre IV » (Art. A. 111-5). Sur ce dernier point, il faut toutefois préciser qu'aucune discrimination fondée sur le sexe ne peut être effectuée en matière de garanties collectives complémentaires des salariés.

B. REMISE EN CAUSE DE LA FACULTÉ DE DÉROGER AU PRINCIPE DE NON-DISCRIMINATION

Cette faculté reconnue au ministre chargé de l'économie a néanmoins été remise en cause par une décision de la Cour de justice de l'Union européenne du 1er mars 2011 (V. note ss. art. L. 111-7). Saisie de deux questions préjudicielles posées par la Cour constitutionnelle belge portant sur la conformité de la directive du 13 décembre 2004 au traité de l'Union, la Cour de justice rappelle tout d'abord que l'objectif européen d'égalité de traitement entre les hommes et les femmes doit être progressivement réalisé et que, en matière de contrat d'assurance, le législateur européen a jugé bon de prohiber ces discriminations par une directive de 2004. En conséquence, les dérogations éventuelles à ce principe devaient nécessairement être limitées dans le temps. Or la dérogation prévue par la directive permettant aux États membres d'autoriser des différences proportionnelles en matière de primes et de prestations pour les assurés lorsque le sexe est un facteur déterminant dans l'évaluation des risques, sur la base de données actuarielles et statistiques pertinentes et précises, n'est pas limitée dans le temps. Par conséquent, cette disposition, qui permet aux États membres concernés de maintenir sans limitation dans le temps une dérogation à la règle des primes et des prestataires unisexes, est contraire à la réalisation de l'objectif d'égalité de traitement entre les femmes et les hommes. La Cour de justice de l'Union européenne a donc invalidé la disposition de la directive de 2004 autorisant des dérogations, avec effet au 21 décembre 2012.

Afin de préciser la portée et l'application de cette décision, la Commission a ultérieurement publié des lignes directrices sur l'application de la directive n° 2004/113/CE du Conseil dans le secteur des assurances, à la lumière de l'arrêt de la Cour de justice de l'Union européenne dans l'affaire C-236/09 (Test-Achats) (*JOUE, 13 janv. 2012, C 11, p. 1*).

En ce qui concerne la portée de la décision, la Commission rappelle que si l'article 5, § 1, de la directive de 2004 interdit toute situation entraînant, pour les assurés, des différences en matière de primes et de prestations en raison de l'utilisation du sexe comme facteur dans le calcul des primes et des prestations, il n'interdit pas l'utilisation du sexe comme facteur d'évaluation des risques en général. Les assureurs peuvent utiliser ces données dans le calcul des primes, dès lors que cette utilisation ne conduit pas à une différenciation entre les assurés.

Par ailleurs, la Commission précise que les assureurs ont toujours la possibilité de proposer des produits d'assurance (ou des options dans les contrats) selon le sexe afin de couvrir les conditions qui concernent exclusivement ou essentiellement les hommes ou les femmes (par exemple, le cancer de la prostate, le cancer du sein ou de l'utérus). Une telle faculté est néanmoins écartée pour la grossesse et la maternité, puisque l'article 5, § 3, a institué pour ces frais un mécanisme de solidarité spécifique.

Depuis, cette solution jurisprudentielle a été reprise par le législateur interne et intégrée par la loi n° 2013-672 du 26 juillet 2013 de séparation et de régulation des activités bancaires dans l'article L. 111-7-II *bis* du code des assurances. ❑

Validité. L'art. 5, § 2, de la directive du 13 déc. 2004 mettant en œuvre le principe d'égalité de traitement entre les femmes et les hommes dans l'accès à des biens et services et la fourniture de biens et services, transposé à l'art. L. 112-7, qui autorise des dérogations à la règle des primes et prestations unisexes, sous certaines conditions, est contraire à la réalisation de l'objectif d'égalité de traitement entre les femmes et les hommes, et doit être considéré comme invalide avec effet au 21 déc. 2012. • CJUE 1er mars 2011, n° C-236/09 : *AJDA 2011. 967, note Burgorgue-Larsen ; D. 2011. 1592, note Robineau ; RCA 2011. Alerte 8, note Rajot ; JCP 2011. 465, note Mayaux ; RGDA 2011. 851, note Parleani.*

Art. L. 111-8 *(L. n° 2011-814 du 7 juill. 2011, art. 12)* **Toute discrimination directe ou indirecte fondée sur la prise en compte d'un don d'organes** *(L. n° 2016-41 du 26 janv. 2016, art. 191)* **« , de cellules ou de gamètes » comme facteur de refus de contrat d'assurance ou dans le calcul des primes et des prestations du donneur ayant pour effet des différences en matière de primes et de prestations est interdite.**

COMMENTAIRE

La loi n° 2011-814 du 7 juillet 2011 relative à la bioéthique a souhaité trouver des remèdes à l'insuffisance des dons d'organes. En conséquence, elle a adopté des mesures destinées à lutter contre les discriminations à l'égard des donneurs.

Ainsi, d'une façon générale, l'article 225-3 du code pénal prévoit dorénavant que sont pénalement sanctionnées les discriminations fondées « sur la prise en compte des conséquences sur l'état de santé d'un prélèvement d'organe tel que défini à l'article L. 1231-1 du code de la santé publique ».

Prolongeant cette idée, le législateur a introduit à l'article L. 111-8 du code des assurances une disposition interdisant toute discrimination fondée sur la prise en compte d'un don d'organes de nature à entraîner un refus de garantie ou à influer sur le calcul des primes ou des prestations du donneur. Les assureurs ne peuvent donc tenir compte d'un don d'organes dans leur évaluation du risque assurable. ❑

Art. L. 111-9 *(Ord. n° 2017-1433 du 4 oct. 2017, art. 1er-2°, en vigueur le 1er avr. 2018)* **Constitue un support durable, au sens du présent code, tout instrument offrant la possibilité à l'assuré, à l'assureur, à l'intermédiaire ou au souscripteur d'un contrat d'assurance de groupe de stocker des informations qui lui sont adressées personnellement, afin de pouvoir s'y reporter ultérieurement pendant un laps de temps adapté aux fins auxquelles les informations sont destinées, et qui permet la reproduction à l'identique des informations conservées.**

Pour l'application de l'Ord. n° 2017-1433 du 4 oct. 2017 aux règlements, contrats, et adhésions souscrits antérieurement au 1er avr. 2018, lorsque le professionnel souhaite modifier le support sur lequel il fournit ou met à disposition, y compris le cas échéant contre récépissé, des informations ou des documents à un client au moyen d'un support durable autre que le papier, il s'assure préalablement que ce mode de communication est adapté à sa situation ; il informe le client de façon claire, précise et compréhensible, sur support papier et par envoi distinct, de la poursuite de la relation commerciale sur un support durable autre que le papier, et de la possibilité dont le client dispose de s'y opposer par tout moyen. Selon les mêmes modalités, les clauses de ces règlements, contrats et adhésions sont rendus si nécessaire conformes aux dispositions de l'Ord. susvisée (Ord. préc., art. 30).

Art. L. 111-10 *(Ord. n° 2017-1433 du 4 oct. 2017, art. 1er-2°, en vigueur le 1er avr. 2018)* **I. — L'assureur, l'intermédiaire ou le souscripteur d'un contrat d'assurance de groupe qui souhaite fournir ou mettre à disposition des informations ou des documents à un assuré sur un support durable autre que le papier, vérifie au préalable que ce mode de communication est adapté à la situation de celui-ci ; il s'assure qu'il est en mesure de prendre connaissance de ces informations et documents sur le support durable envisagé. Lorsque l'assuré fournit à cette fin une adresse électronique, celle-ci est vérifiée par l'assureur, l'intermédiaire ou le souscripteur.**

Après ces vérifications, l'assureur, l'intermédiaire ou le souscripteur informe l'assuré de façon claire, précise et compréhensible de la poursuite de la relation commerciale sur un support durable autre que le papier. Il renouvelle ces vérifications annuellement.

Sauf lorsqu'il est indiqué dans le contrat conclu que le service fourni est de nature exclusivement électronique, l'assureur, l'intermédiaire ou le souscripteur doit informer l'assuré du droit de celui-ci de s'opposer à l'utilisation de ce support dès l'entrée en relation ou à n'importe quel moment ; il est tenu de justifier à tout moment de la relation que cette information a bien été portée à la connaissance de l'assuré.

II. — Sauf lorsqu'il est indiqué dans le contrat conclu que le service fourni est de nature exclusivement électronique, l'assuré peut, à tout moment et par tout moyen, demander qu'un support papier soit utilisé sans frais pour la poursuite de la relation commerciale. Il peut par ailleurs effectuer, dans les mêmes conditions, l'ensemble des formalités et obligations qui lui incombent sur tout support durable convenu avec l'assureur, l'intermédiaire ou le souscripteur.

V. note ss. art. L. 111-9.

Art. L. 111-11 *(Ord. n° 2017-1433 du 4 oct. 2017, art. 1er-2°, en vigueur le 1er avr. 2018)* **Lorsque l'assureur, l'intermédiaire ou le souscripteur d'un contrat d'assurance de groupe met à disposition de l'assuré un espace personnel sécurisé sur internet, il garantit l'accessibilité des informations et documents conservés dans cet espace pendant une durée adaptée à leur finalité. Pour les documents précontractuels et contractuels, cette durée ne peut être inférieure à cinq ans après la fin de la relation contractuelle.**

Lorsque l'assureur, l'intermédiaire ou le souscripteur envisage de ne plus rendre accessibles ces informations et documents, il doit en informer préalablement, dans un délai qui ne peut être inférieur à deux mois, l'assuré par tout moyen adapté à la situation de ce dernier.

V. note ss. art. L. 111-9.

Art. L. 111-12 *(Ord. n° 2017-1433 du 4 oct. 2017, art. 1er-2°, en vigueur le 1er avr. 2018)* **Lorsqu'une signature est exigée, celle-ci peut être apposée par écrit ou par tout autre moyen prévu à l'article 1367 du code civil.**

L'envoi recommandé électronique est équivalent à l'envoi par lettre recommandée, dès lors qu'il satisfait aux exigences de l'article L. 100 du code des postes et communications électroniques.

V. note ss. art. L. 111-9.

Code civil

Art. 1367 *(Ord. n° 2016-131 du 10 févr. 2016, art. 4, en vigueur le 1er oct. 2016)* La signature nécessaire à la perfection d'un acte juridique identifie son auteur. Elle manifeste son consentement aux obligations qui découlent de cet acte. Quand elle est apposée par un officier public, elle confère l'authenticité à l'acte.

Lorsqu'elle est électronique, elle consiste en l'usage d'un procédé fiable d'identification garantissant son lien avec l'acte auquel elle s'attache. La fiabilité de ce procédé est présumée, jusqu'à preuve contraire, lorsque la signature électronique est créée, l'identité du signataire assurée et l'intégrité de l'acte garantie, dans des conditions fixées par décret en Conseil d'État. — *Dispositions transitoires, V. Ord. nº 2016-131 du 10 févr. 2016, art. 9. — V. Décr. nº 2017-1416 du 28 sept. 2017 ci-dessous.*

Code des postes et des communications électroniques

Art. L. 100 I. — L'envoi recommandé électronique est équivalent à l'envoi par lettre recommandée, dès lors qu'il satisfait aux exigences de l'article 44 du règlement (UE) nº 910/2014 du Parlement européen et du Conseil du 23 juillet 2014 sur l'identification électronique et les services de confiance pour les transactions électroniques au sein du marché intérieur et abrogeant la directive 1999/93/CE.

Dans le cas où le destinataire n'est pas un professionnel, celui-ci doit avoir exprimé à l'expéditeur son consentement à recevoir des envois recommandés électroniques.

Le prestataire peut proposer que le contenu de l'envoi soit imprimé sur papier puis acheminé au destinataire dans les conditions fixées au livre Ier du présent code.

II. — Un décret en Conseil d'État fixe les modalités d'application du présent article, notamment :

1º Les exigences requises en matière :

a) D'identification de l'expéditeur et du destinataire ;

b) De preuve du dépôt par l'expéditeur des données et du moment de ce dépôt ;

c) De preuve de la réception par le destinataire ou son mandataire des données transmises et du moment de cette réception ;

d) D'intégrité des données transmises ;

e) De remise, le cas échéant, de l'envoi recommandé électronique imprimé sur papier ;

2º Les informations que le prestataire d'un envoi recommandé électronique doit porter à la connaissance du destinataire ;

3º Le montant de l'indemnité forfaitaire due par le prestataire dont la responsabilité est engagée, en cas de retard dans la réception, de perte, extraction, altération ou modification frauduleuse des données transmises lors de la prestation.

Décret nº 2017-1416 du 28 septembre 2017,

Relatif à la signature électronique.

Art. 1er La fiabilité d'un procédé de signature électronique est présumée, jusqu'à preuve du contraire, lorsque ce procédé met en œuvre une signature électronique qualifiée.

Est une signature électronique qualifiée une signature électronique avancée, conforme à l'article 26 du règlement susvisé *[Règl. (UE) nº 910/2014 du 23 juill. 2014 sur l'identification électronique et les services de confiance pour les transactions électroniques au sein du marché intérieur]* et créée à l'aide d'un dispositif de création de signature électronique qualifié répondant aux exigences de l'article 29 dudit règlement, qui repose sur un certificat qualifié de signature électronique répondant aux exigences de l'article 28 de ce règlement.

Le présent décret est applicable dans les îles Wallis-et-Futuna (Décr. préc., art. 3).

CHAPITRE II CONCLUSION ET PREUVE DU CONTRAT D'ASSURANCE – FORME ET TRANSMISSION DES POLICES

BIBL. GÉN. ▸ Mandat apparent : GROUTEL, *RCA 1992. Chron. 39.* ▸ Lettre recommandée : CHAPUISAT, *RGAT 1981. 473.*

Art. L. 112-1 L'assurance peut être contractée en vertu d'un mandat général ou spécial ou même sans mandat, pour le compte d'une personne déterminée. Dans ce dernier cas, l'assurance profite à la personne pour le compte de laquelle elle a été conclue, alors même que la ratification n'aurait lieu qu'après le sinistre.

L'assurance peut aussi être contractée pour le compte de qui il appartiendra. La clause vaut, tant comme assurance au profit du souscripteur du contrat que comme stipulation pour autrui au profit du bénéficiaire connu ou éventuel de ladite clause.

Le souscripteur d'une assurance contractée pour le compte de qui il appartiendra est seul tenu au paiement de la prime envers l'assureur ; les exceptions que l'assureur pourrait lui opposer sont également opposables au bénéficiaire du contrat, quel qu'il soit. – *Assur. L. 111-2, L. 112-6, L. 121-4 et L. 121-6.*

BIBL. ▶ Assurance pour compte : PROVOST, *RGDA 2009. 713* (la notion d'intérêt d'assurance).

COMMENTAIRE

L'article L. 112-1 envisage trois modalités de souscription d'un contrat d'assurance pour le compte d'autrui. Tandis que la première repose sur l'existence d'un mandat général ou spécial (I), la deuxième envisage la théorie de la gestion d'affaires (II) et la troisième utilise la technique de la stipulation pour autrui. Il s'agit dans ce dernier cas d'une assurance pour compte (III).

I. LE MANDAT

Conformément au droit commun du mandat (C. civ., art. 1984 s.), le contrat d'assurance peut être souscrit par un mandataire au nom et pour le compte du mandant. Dans la mesure où le mandataire agit en qualité de représentant, seul le mandant a la qualité de partie au contrat d'assurance. En conséquence, le mandant est non seulement le créancier des prestations de l'assureur (Com. 27 déc. 1962 : *V. note 2*), mais aussi le débiteur des primes (Civ. 1re, 18 juill. 1962 : *V. note 2*).

Demeurant tiers au contrat d'assurance, à la différence du bénéficiaire pour compte, le mandataire ne saurait bénéficier de ce contrat. Dans l'hypothèse où il serait à l'origine du sinistre subi par son mandant, il pourrait donc être exposé au recours de l'assureur (Com. 12 mai 1980 : *V. note 3*).

Par ailleurs, si le tiers contractant peut se prévaloir de l'existence d'un mandat apparent, il ne peut selon la Cour de cassation invoquer la nullité du contrat d'assurance pour défaut de pouvoir du mandataire. Cette action en nullité est en effet réservée au mandant, qui peut soit s'en prévaloir, soit décider de ratifier l'acte (Civ. 1re, 2 nov. 2005 : *V. note 2*).

II. LA GESTION D'AFFAIRES

En précisant que le contrat d'assurance peut être contracté sans mandat pour le compte d'une personne déterminée, l'article L. 112-1 envisage la conclusion d'un tel contrat à l'aide de la technique de la gestion d'affaires mentionnée aux articles 1301 et suivants du code civil [anc. art. 1372 s.].

Les trois conditions de la gestion d'affaires doivent néanmoins être établies, à savoir : une intervention purement volontaire du gérant et sans manifestation de volonté du maître de l'affaire, l'intention de rendre service au maître de l'affaire et l'utilité de la gestion pour ce dernier.

Lorsque ces conditions sont réunies, le maître de l'affaire est engagé par les actes passés par le gérant pour son compte avec l'assureur. Une ratification par le maître de l'affaire n'est pas nécessaire (Civ. 1re, 13 juill. 1960 : *V. note 4*). Elle serait nécessaire dans l'hypothèse où les conditions de la gestion d'affaires ne seraient pas présentes. En outre, dès lors que le gérant d'affaires s'est présenté, explicitement ou implicitement, comme agissant pour le compte du maître de l'affaire, il n'est pas personnellement engagé à l'égard de l'assureur, sauf stipulation contraire (Civ. 1re, 14 janv. 1959 : *V. note 5*).

III. L'ASSURANCE POUR COMPTE

Le mécanisme de l'assurance pour compte, qui repose sur les règles de la stipulation pour autrui des articles 1205 et suivants du code civil, dissocie les qualités de souscripteur et d'assuré. Concrètement, à l'aide d'une stipulation pour autrui, le souscripteur confère à un tiers la qualité d'assuré. Ce fondement dirige les conditions (A) et les effets de l'assurance pour compte (B).

A. LES CONDITIONS DE L'ASSURANCE POUR COMPTE

1. L'INTÉRÊT PERSONNEL DU SOUSCRIPTEUR

Traditionnellement, l'on retient que la stipulation pour autrui suppose que le stipulant a un intérêt personnel au contrat.

Si la jurisprudence a admis que le stipulant pouvait avoir un intérêt purement moral, l'article L. 112-1, alinéa 2, du code des assurances semble avoir énoncé une présomption d'intérêt du souscripteur en affirmant que « la clause [d'assurance pour compte] vaut, tant comme assurance au profit du souscripteur du contrat que comme stipulation pour autrui au profit du bénéficiaire connu ou éventuel de ladite clause ». Il faut donc en déduire que le souscripteur du contrat d'assurance pour compte a également la qualité d'assuré. Ainsi, le contrat d'assurance de choses souscrit pour le compte de qui il appartiendra par leur détenteur s'analyse, à l'égard de ce dernier, comme un contrat d'assurance de responsabilité le couvrant vis-à-vis de leur propriétaire pour la perte de ces choses (Civ. 1re, 5 févr. 1974 : *V. note 13*).

Cela étant, le souscripteur n'a pas toujours la qualité d'assuré. En effet, les dispositions de l'article L. 112-1 n'ont pas un caractère d'ordre public. Les parties peuvent prévoir que le souscripteur n'aura pas la qualité d'assuré et donc, par exemple, que l'assurance de choses souscrite pour le compte de qui il appartiendra par le dépositaire ne profitera qu'aux propriétaires des marchandises et non au dépositaire (Civ. 1re, 13 nov. 1997 : *V. note 14*).

2. L'ASSURANCE POUR COMPTE IMPLICITE

Puisque l'on est censé stipuler pour soi, l'assurance pour compte ne se présume pas. Cet article est à l'origine d'hésitations jurisprudentielles quant à l'admission de l'assurance pour compte implicite. En effet, après avoir exigé que l'assurance pour compte soit exprimée formellement dans la police (Civ. 1re, 12 mai 1958 : *V. note 8*), la Cour de cassation a admis qu'elle pouvait être implicite et résulter de la volonté non équivoque des parties (Civ. 1re, 10 juill. 1995 : *V. note 8*). Puis, ultérieurement, la Haute Juridiction semble être revenue à sa solution première en affirmant que, en assurance de choses, le souscripteur a la qualité d'assuré, sauf stipulation contraire (Civ. 1re, 15 févr. 2000 : *V. note 8*). Il fallait donc une stipulation expresse pour conférer la qualité d'assuré à une personne autre que le souscripteur. Depuis, la Cour de cassation a néanmoins rappelé son attachement à une conception plus souple de l'assurance pour compte et admet qu'elle puisse exister en l'absence de mention expresse (Civ. 3e, 10 févr. 2009 : *V. note 10*).

B. LES EFFETS DE L'ASSURANCE POUR COMPTE

L'assurance pour compte établit des relations triangulaires entre le souscripteur et l'assureur (1), l'assuré bénéficiaire et l'assureur (2), ainsi qu'entre le souscripteur et l'assuré-bénéficiaire (3).

1. LES RELATIONS SOUSCRIPTEUR-ASSUREUR

Le souscripteur a la qualité de contractant de l'assureur et doit en conséquence déclarer les risques et les sinistres ou encore payer les primes. L'article L. 112-1 indique d'ailleurs que le souscripteur « est seul tenu au paiement de la prime envers l'assureur ». Mais cette disposition n'est pas d'ordre public. Les parties peuvent donc prévoir que l'assuré pour compte sera tenu de payer les primes.

Par ailleurs, en sa qualité de partie au contrat, le souscripteur peut également exiger de l'assureur l'application du contrat (Civ. 1re, 7 juin 1989 : *V. note 15*). Toutefois, en l'absence de convention l'y autorisant expressément, il ne peut demander, à son profit, le paiement de l'indemnité dont l'assuré bénéficiaire est le créancier (Civ. 2e, 10 févr. 2011 : *V. note 15*).

2. LES RELATIONS BÉNÉFICIAIRE-ASSUREUR

Les relations entre le bénéficiaire et l'assureur sont marquées par la reconnaissance d'un droit direct du bénéficiaire (a), la faculté de l'assureur d'opposer toutes les exceptions qu'il aurait pu opposer au souscripteur (b) et l'impossibilité pour l'assureur d'exercer un recours contre l'assuré bénéficiaire (c).

a. Le droit direct du bénéficiaire

Le bénéficiaire de l'assurance pour compte dispose d'un droit direct à l'encontre de l'assureur lui permettant d'obtenir à son profit l'exécution du contrat d'assurance. Cela semble logique. Toutefois, la question du fondement de ce droit direct a suscité des difficultés. Désormais, il faudrait distinguer selon que l'assurance pour compte intervient ou non en tant qu'assurance de responsabilité du souscripteur :

– si l'assurance intervient en tant qu'assurance de responsabilité du souscripteur, le droit direct du bénéficiaire trouve son fondement dans la loi, c'est-à-dire dans l'article L. 124-3 du code des assurances (Civ. 1re, 18 mai 1989, et Civ. 1re, 12 mai 1993 : *V. note 20*) ;

– si l'assurance n'intervient qu'en tant qu'assurance de choses pour le compte du bénéficiaire, le droit direct du bénéficiaire trouve son fondement dans le contrat d'assurance.

L'existence d'une dualité de fondements pose alors la question d'une éventuelle option du bénéficiaire. Peut-il, par exemple, invoquer l'assurance de choses et écarter l'assurance de responsabilité lorsque le souscripteur responsable a commis une faute intentionnelle ? La Cour de cassation semble apporter une réponse négative à cette question. Elle a en effet affirmé que lorsque la responsabilité du souscripteur est susceptible d'être engagée, l'assurance pour compte de qui il appartiendra ne peut produire effet que comme une assurance de responsabilité (Civ. 1re, 18 févr. 1997 : *V. note 21*). Pour autant, cette solution est critiquable dans la mesure où l'article L. 112-1 n'établit aucune hiérarchie entre les deux garanties nées de l'assurance pour compte. Il ne prévoit nullement que l'assurance de choses issue de la stipulation pour autrui est secondaire par rapport à l'assurance de responsabilité du souscripteur (V. Groutel, *RCA 1991, n° 73*).

b. L'opposabilité des exceptions

Sur le terrain de l'opposabilité des exceptions, la jurisprudence affirme très largement que les exceptions que l'assureur pourrait opposer au souscripteur d'une assurance pour le compte de qui il appartiendra sont également opposables au bénéficiaire du contrat quel qu'il soit. Par conséquent, l'assureur peut opposer au bénéficiaire toutes les exceptions antérieures ou postérieures au sinistre. Aucune distinction n'est faite par la jurisprudence. L'assureur peut donc invoquer à l'encontre du bénéficiaire une déchéance de garantie résultant d'un comportement imputable au souscripteur, par exemple une déclaration tardive ou une exagération frauduleuse du sinistre. Cela a été clairement affirmé à propos d'une assurance pour compte envisagée en tant qu'assurance de choses (Civ. 1re, 4 juin 1996 : *V. note 24*) et est également valable lorsque l'assurance pour compte intervient en tant qu'assurance de responsabilité du souscripteur (Civ. 1re, 10 juin 1997 : *V. note 23*). En somme, pour la Cour de cassation, dès lors que l'opposabilité des exceptions peut être invoquée à l'encontre de tout bénéficiaire du contrat « quel qu'il soit », il importe peu de déterminer s'il agit en tant que bénéficiaire d'une assurance de choses ou en tant que victime et bénéficiaire d'une assurance de responsabilité.

Une telle application de l'opposabilité des exceptions est fortement critiquée par plusieurs auteurs. Ainsi, certains auteurs ont expliqué que l'opposabilité des déchéances au bénéficiaire de l'assurance pour compte, agissant en qualité de victime du souscripteur, n'est plus en harmonie avec l'évolution du droit de l'assurance de responsabilité. Alors que la jurisprudence (Civ. 15 juin 1931 : *DH 1931. 411 ; S. 1932. 1. 169, note Esmein ; RGAT 1931. 801, note Picard ; GADA, p. 230, obs. Berr et Groutel*) puis le législateur (V. art. R.* 124-1) ont affirmé le principe de l'inopposabilité des déchéances aux victimes, la Cour de cassation applique sans distinction le principe de l'opposabilité des exceptions et des déchéances de l'article L. 112-1, au motif que celui-ci vise le bénéficiaire de l'assurance pour compte « quel qu'il soit ». Or cette dernière formule est antérieure à cette évolution jurisprudentielle et législative. Une application plus souple, en accord avec l'inopposabilité légale des déchéances aux victimes, pourrait dorénavant s'imposer (Chardin, *RGDA 1997. 1003*). De même, d'autres auteurs ont critiqué l'application « mécanique » de l'opposabilité des exceptions au bénéficiaire d'une assurance pour compte. En ce sens, autant on peut admettre une opposabilité des exceptions antérieures au sinistre, autant l'opposabilité de déchéances non imputables au bénéficiaire de la garantie paraît excessive (Groutel, L'application mécanique de l'opposabilité des exceptions au bénéficiaire d'une assurance pour compte, *RCA 1996. Chron. 32*).

c. L'absence de recours

Il peut arriver que plusieurs personnes soient assurées en vertu d'un contrat d'assurance pour compte et que l'un des assurés soit responsable du dommage causé à un autre assuré. L'assureur, subrogé dans les droits de son assuré en vertu de l'article L. 121-12, peut-il exercer une action récursoire contre l'auteur du dommage ? La réponse dépend de la détermination de la qualité de tiers. Selon l'article L. 121-12, l'assureur peut agir contre le tiers responsable. Or le tiers peut être perçu soit par rapport au contrat, soit par rapport au sinistre. Si l'on suit la seconde analyse, le recours de l'assureur est envisageable. En revanche, si l'on retient la première, l'assureur ne peut agir. La jurisprudence retient cette dernière option, en précisant de surcroît que l'éventuelle stipulation précisant que les assurés conservent la qualité de tiers entre eux est sans incidence (Civ. 2e, 7 juill. 2011 : *V. note 28*). Cette solution ne semble toutefois pas toujours conforme à l'esprit de l'article L. 121-12. Cet article s'oppose à ce que l'assureur reprenne d'une main ce qu'il a donné d'une autre. Or, lorsque l'assureur pour compte n'intervient qu'en qualité d'assureur de choses de différents assurés, l'on ne voit pas pourquoi il ne pourrait pas exercer un recours contre un autre assuré responsable du dommage (V. Pellissier, *RGDA 2012. 53*).

3. LES RELATIONS SOUSCRIPTEUR-BÉNÉFICIAIRE

Les relations existant entre le souscripteur et le bénéficiaire restent marquées par le droit de la stipulation pour autrui. Tant que le bénéficiaire n'a pas accepté la stipulation pour autrui, le souscripteur peut la révoquer. Cette faculté est néanmoins écartée en cas de convention en ce sens entre le souscripteur et le bénéficiaire ou en cas de stipulation pour autrui résultant d'une obligation légale. ❑

1. Règles supplétives. Les dispositions de l'art. L. 112-1 n'ont pas un caractère impératif, de sorte que les parties sont libres de déterminer l'étendue et la portée du contrat d'assurance. • Civ. 1re, 1er juin 1999, n° 97-15.298 P : *RCA 1999, n° 345 ; RGDA 2000. 41, note Kullmann.*

A. MANDAT

2. Effets à l'égard du mandant. Le mandant est débiteur de la prime. • Civ. 1re, 18 juill. 1962 : *RGAT 1962. 488, note Besson.* ♦ En contrepartie, il bénéficie des avantages attachés à la qualité de souscripteur (pouvoir, à l'époque des faits, de donner l'autorisation de se servir du véhicule assuré). • Civ. 1re, 27 déc. 1962 : *RGAT 1963. 220.* ♦ De même, en sa qualité de bénéficiaire du contrat, il est créancier de l'indemnité d'assurance en cas de sinistre. • Com. 27 déc. 1962 : *RGAT 1963. 221, note Besson.* ♦ En outre, seule la partie représentée peut demander la nullité du contrat d'assurance pour défaut de pouvoir du mandataire. • Civ. 1re, 2 nov. 2005, n° 02-14.614 P : *RCA 2006, n° 45 ; RTD civ. 2006. 138, note Gautier.*

3. Effets à l'égard du mandataire. Le contrat ne bénéficie qu'au mandant, et en cela la situation est différente de celle de l'assurance pour compte. Aussi, le mandataire, par l'intermédiaire duquel une assurance de chose a été souscrite, n'est pas à l'abri d'un recours de l'assureur si le sinistre engage sa responsabilité. • Com. 12 mai 1980, n° 77-15.244 P : *D. 1981. IR 174, obs. Berr et Groutel.*

B. GESTION D'AFFAIRES

4. Effets à l'égard du maître de l'affaire. Si la gestion a été utile, le maître, dont l'affaire a été bien gérée, doit remplir les engagements que le gérant a contractés en son nom, même en l'absence d'une ratification de la gestion que la constatation de son utilité rend superflue. • Civ. 1re, 13 juill. 1960 : *Bull. civ. I, n° 393 ; RGAT 1961. 326, note Besson.*

5. Effets à l'égard du gérant d'affaires. Le gérant d'affaires n'est pas personnellement obligé, envers le tiers avec lequel il contracte pour autrui, à l'exécution des obligations naissant de ce contrat (en l'occurrence, le paiement des primes), s'il s'est présenté à ce tiers, explicitement ou implicitement, comme agissant pour le compte du maître de l'affaire, et sauf stipulation contraire. • Civ. 1re, 14 janv. 1959 : *RGAT 1959. 328, note Besson.*

C. ASSURANCE POUR COMPTE

1° CONDITIONS

6. Fondement. L'assurance pour compte est fondée sur la stipulation pour autrui. Pour une assurance collective de dommages, ne relevant pas de la réglementation de l'assurance de groupe, qualifiée de contrat d'assurance pour compte et non de simple contrat cadre, souscrite par une association, et la question de l'opposabilité d'un avenant limitant la garantie tempête à ses membres assurés, spécialement un groupement forestier, bénéficiaire acceptant de la stipulation. • Civ. 2e, 6 mars 2008 : *RGDA 2008. 311, note Kullmann.*

7. Stipulation pour autrui dans un contrat d'assurance. Viole l'art. L. 112-1, la cour d'appel qui se réfère à la volonté des parties à un contrat de location d'une barge de transport fluvial de marchandises auquel l'assureur était étranger pour retenir l'existence d'une assurance pour compte, alors que seule la volonté non équivoque de l'assureur et du souscripteur peut établir l'existence d'une assurance pour compte. • Civ. 2e, 24 oct. 2019, n° 18-21.363 : *RCA 2020, n° 23, note Groutel ; RGDA déc. 2019. 19, note Mayaux ; AJ Const. 2020. 29, note Tchendjou ; bjda.fr n° 66, note Casson.*

8. Stipulation pour autrui tacite. Principe. Si elle ne se présume pas, l'assurance pour compte peut être implicite et résulter de la volonté non équivoque des parties. • Civ. 1re, 10 juill. 1995, n° 92-13.534 P : *RCA 1995, n° 377 ; ibid. Chron. 50, par Peano* • Civ. 2e, 16 janv. 2014, n° 12-29.647 P : *RGDA 2014. 97, note Kullmann ; RCA 2014, n° 132, note Groutel ; ibid. 2015, Chron. 1, n° 22, note Groutel* • 23 mars 2017, n° 16-14.621 : *RGDA 2017. 311, note Pélissier* • Civ. 2e, 5 mars 2020, n° 19-10.201 : *RCA 2020, n° 141, note Groutel ; ibid. 2022, chron. 4, n° 17, note Groutel ; BJDA 2020, n° 70, note Maleville-Costedoat* • Civ. 25 juin 2020, n° 18-26.685 : *RGDA sept. 2020. 14, note Pélissier ; BJDA 2020, n° 70, note Astegiano-La Rizza ; RCA 2020, n° 198, note Groutel ; ibid. 2022, chron. 4, n° 17, note Groutel.* ♦ Il appartient donc aux juges de rechercher, si en souscrivant une police garantissant contre le vol les marchandises appartenant à des tiers, le transporteur n'avait pas souscrit une assurance pour le compte des propriétaires de ces marchandises. • Civ. 1re, 24 juin 2003, n° 00-17.213 : *RGDA 2003. 678, note Fonlladosa ; RCA 2003, n° 307, note Groutel.* ♦ De même, il appartient aux juges de rechercher si la société, qui avait reçu mandat de gérer en hôtel les locaux propriétés de ses mandants et le mobilier qui les équipait, avait un intérêt d'assurance distinct de celui de ses mandataires, lui conférant la qualité d'assurée en cas de survenance d'un des événements garantis. • Civ. 1re, 15 mai 2008, n° 07-11.574. ♦ *Contra* refusant l'assurance pour compte tacite : • Civ. 25 mai 1942 : *DC 1944. 25, note Besson ; JCP 1943. II. 2498, note P. L.-P.* • 2 mai 1946 : *D. 1946. 265, note P. L.-P.* • Civ. 1re, 12 mai 1958 : *RGAT 1958. 414, note Besson.* ♦ Et plus récemment affirmant qu'en assurance de choses, le souscripteur a la qualité d'assuré, sauf stipulation contraire. • Civ. 1re, 15 févr. 2000, n° 97-20.179 P : *RCA 2000, n° 139 ; ibid., Chron. 7, note Groutel ; RGDA 2000. 504, note Favre-Rochex* • 11 juill. 2001, n° 00-11.362 : *RCA 2001, n° 341, note Groutel ; RGDA 2001. 1027, note Fonlladosa.*

9. Stipulation pour autrui tacite admise. Ayant relevé qu'une police « multirisque industrie » garantissait un « bâtiment construit et couvert en matériaux durs » non seulement contre l'incendie et les explosions, mais aussi contre les risques de tempête, grêle et neige sur la toiture, exclusifs de toute responsabilité du souscripteur, une cour d'appel en a justement déduit que l'assurance avait été souscrite par le locataire des locaux détruits tant pour son compte personnel que pour celui du propriétaire, même en l'absence, dans la police, de toute mention relative à l'identité de celui-ci. • Civ. 1re, 10 juill. 1995, n° 92-13.534 P : *RCA 1995, n° 377 ; ibid. Chron. 50, note Peano.*

10. Stipulation pour autrui tacite écartée. Une cour d'appel a pu juger, à propos d'une garantie des dommages matériels avant réception souscrite par un entrepreneur, qu'elle n'était ni une assurance de responsabilité de celui-ci ni une assurance pour le compte du maître de l'ouvrage, mais une assurance de choses au profit exclusif de l'entrepreneur assuré. • Civ. 2e, 6 mars 2008, n° 07-12.124. ♦ Pareillement, pour une garantie se présentant comme une assurance de choses souscrite au bénéfice exclusif de l'entrepreneur assuré, et non comme une assurance de responsabilité autorisant l'exercice de l'action directe des maîtres de l'ouvrage, les dispositions contractuelles étant par ailleurs exemptes de toute mention d'une souscription pour le compte du maître de l'ouvrage ou de qui il appartiendra. • Civ. 3e, 10 févr. 2009 : *RDI 2009. 303, obs Noguéro ; RGDA 2009. 800, note Périer* • 4 oct. 2011 : *RGDA 2012. 373, obs. Périer.* ♦ Il ne résulte pas de la seule clause de la police selon laquelle la garantie est due pour les meubles et objets appartenant à vous-même ou aux personnes vivant habituellement à votre foyer l'existence d'une assurance pour le compte de l'ex-épouse du souscripteur demeurant habituellement dans les lieux assurés au moment du vol. • Civ. 2e, 18 janv. 2018, n° 16-27.250 : *RGDA 2018. 146, note Asselain.* ♦ Ayant relevé que si la volonté du souscripteur pouvait être recherchée dans les liens familiaux avec les autres propriétaires indivis du bien assuré, il apparaissait cependant que le régime juridique de la propriété du bien n'était pas connu de l'assureur dès la souscription du contrat ni ultérieurement, une cour d'appel, tirant les conséquences légales de ses constatations, a pu en déduire que la volonté des deux parties de souscrire une assurance pour le compte des deux autres copropriétaires indivis de l'immeuble n'était pas établie. • Civ. 25 juin 2020, n° 18-26.685 : *RGDA sept. 2020. 14, note Pélissier ; BJDA 2020, n° 70, note Astegiano-La Rizza.*

11. Interprétation de la stipulation pour autrui. Une clause d'une police de responsabilité civile et risques divers des exploitants, artisans et salariés agricoles garantissant la responsabilité, en qualité d'assuré, du sociétaire, de son conjoint et « des membres de sa famille vivant d'une manière permanente sur l'exploitation agricole », la cour d'appel a pu déduire, par une interprétation souveraine, et sans subordonner la garantie de l'assureur à une condition non prévue par la police, qu'au sens de cette stipulation seuls bénéficiaient de la qualité d'assuré les membres de la famille du sociétaire participant à l'exploitation agricole, à l'exclusion de ceux simplement hébergés à son domicile. • Civ. 2e, 14 juin 2006, n° 05-12.407 • 16 juin 2005 : *RGDA 2005. 1019, note Maleville.*

12. Police « tous risques chantier ». Ayant relevé qu'un article des conditions particulières de la police « tous risques chantier » précisait que seul le maître de l'ouvrage avait la qualité d'assuré, une cour d'appel en a exactement déduit qu'un entrepreneur devait garantir le maître de l'ouvrage et son assureur des condamnations prononcées au profit des copropriétaires. • Civ. 3e, 22 oct. 2014, n° 13-24.834 P : *RCA 2015, n° 25, note Groutel ; ibid. Chron. 1, n° 7, note Groutel ; RGDA 2014. 597, note Karila ; RDI 2015. 82, note Roussel ; JCP 2015. 741, n° 16, note J.-P. Karila.*

2° EFFETS

a. Situation du souscripteur

13. Qualité d'assuré. Un contrat d'assurance de choses souscrit pour le compte de qui il appartiendra par leur détenteur s'analyse, à l'égard de celui-ci, comme un contrat d'assurance de responsabilité le couvrant vis-à-vis de leur propriétaire pour la perte de ces choses. • Civ. 1re, 5 févr. 1974, n° 72-12.980 P : *RTD civ. 1974. 619, obs. Durry ; RGAT 1975. 57, note Besson* • 12 mai 1993, n° 90-17.157 P : *D. 1993. IR 133 ; RCA 1993, n° 286 ; ibid. Chron. 28, note Groutel.* ♦ Ainsi, l'assurance souscrite par un transporteur en vue de garantir des marchandises constitue pour lui une assurance de responsabilité et pour le propriétaire de ces marchandises une assurance de choses. • Civ. 1re, 16 juill. 1998, n° 96-17.807 P.

14. Exclusion de la qualité d'assuré. Les dispositions de l'art. L. 112-1 n'ont pas un caractère impératif, de sorte que les parties sont libres de déterminer l'étendue et la portée du contrat d'assurance. Eu égard aux clauses claires et précises de la police définissant le champ de la garantie quant aux risques et aux biens, précisant que la responsabilité n'était pas couverte à la seule exception de celle encourue vis-à-vis des voisins, et limitant la portée de la référence à la notion d'assurance pour compte commun à la renonciation de l'assureur à tout recours contre le locataire et le propriétaire, une cour d'appel a fait une exacte application de la loi des parties en décidant qu'une telle assurance ne garantissait pas la responsabilité civile du locataire vis-à-vis de son bailleur pour fait d'incendie. • Civ. 1re, 1er juin 1999, n° 97-15.298 P : *RCA 1999, n° 345; RGDA 2000. 41, note Kullmann.* ♦ De même, ayant constaté que les propriétaires des marchandises détruites ou endommagées avaient chargé le dépositaire d'assurer celles-ci et que tel était bien l'objet de la police souscrite auprès de la compagnie d'assurance, une cour d'appel a pu en déduire que l'assurance ne profitait qu'aux propriétaires des marchandises et non au dépositaire. • Civ. 1re, 13 nov. 1997, n° 95-17.359 P : *Gaz. Pal. 1998. 1. 240; RGDA 1998. 54, note Vincent.* ♦ C'est dans l'exercice de son pouvoir souverain d'interprétation du contrat souscrit pour le compte de qui il appartiendra par l'ordre des avocats en application de l'art. 27, al. 2, de la L. du 31 déc. 1971, qu'une cour d'appel a constaté que cette police d'assurance, destinée à garantir le remboursement des fonds confiés par les clients aux avocats de ce barreau, ne confère pas la qualité d'assuré à l'ordre des avocats qui ne dispose d'aucun droit à agir ni à titre personnel ni pour le compte de la victime du détournement de fonds. • Civ. 2e, 15 avr. 2010 : *RCA 2010, n° 199; ibid. Repère 7, note Groutel; RGDA 2010. 673, note Mayaux.*

15. Droits du souscripteur. Le stipulant d'une stipulation pour autrui a qualité pour exiger l'application du contrat dont il est souscripteur. Il s'ensuit qu'est recevable l'action d'une association qui a souscrit un contrat d'assurance de groupe pour garantir aux membres de cette association un régime de prévoyance même si elle n'est pas elle-même l'assurée. • Civ. 1re, 7 juin 1989, n° 87-14.648 P : *RCA 1989, n° 324; ibid., Chron. 27, note Groutel* • 15 déc. 1998, n° 96-20.885 P : *D. 1999. Somm. 223, obs. Groutel; RGDA 1999. 293, note Kullmann.* ♦ Si le souscripteur de l'assurance pour compte a qualité pour demander l'exécution de la garantie au profit de l'assuré qui a subi le dommage à la suite du risque assuré, il ne peut, en l'absence de la convention l'y autorisant expressément, obtenir le paiement de l'indemnité à son profit. • Civ. 2e, 10 févr. 2011 : *RGDA 2011. 677, note Pelissier.*

16. Débiteur de la prime. Selon les dispositions du dernier al. de l'art. L. 112-1 C. assur., le souscripteur d'une assurance contractée pour le compte de qui il appartiendra est seul tenu au paiement de la prime envers l'assureur. Ce dernier n'est donc tenu d'adresser la mise en demeure prévue par les art. L. 113-8 et R. 113-1 C. assur. qu'au souscripteur. • Civ. 2e, 25 juin 2020, n° 19-13.624 : *RGDA sept. 2020. 26, note Mayaux; RCA 2020, n° 199, note Groutel; ibid. 2022, chron. 4, n° 18, note Groutel.*

b. Situation du bénéficiaire

17. Cumul d'assurances – Jurisprudence antérieure. Lorsque l'assurance pour compte joue comme assurance de responsabilité du dépositaire, il n'y a pas cumul d'assurances, faute d'identité d'intérêts, avec l'assurance prise personnellement par le propriétaire assuré pour compte. • Civ. 1re, 17 mars 1981, n° 79-11.005 P : *D. 1982. IR 384, obs. Berr et Groutel* • 18 févr. 1997, n° 95-10.278 P : *RCA 1997, n° 175; Gaz. Pal. 1997. 2. Somm. 425.* ♦ En revanche, lorsque l'assurance pour compte joue uniquement comme assurance de choses, en l'absence de responsabilité du dépositaire, il y a cumul d'assurances avec l'assurance souscrite par le propriétaire. • Civ. 1re, 26 févr. 1991, n° 88-10.189 P : *RGAT 1991. 315, note Maurice* • 4 juin 1996, n° 94-11.651 P : *RCA 1996, n° 332, note Groutel* • 14 déc. 1999 : *RGDA 2000. 39, note Favre-Rochex* • 26 avr. 2000 : *RCA 2000, n° 247, note Groutel; RGDA 2000. 797, note Fonlladosa.*

18. Cumul d'assurances – Jurisprudence actuelle. Les dispositions de l'art. L. 121-4 relatives au cumul d'assurances ne sont applicables que si un même souscripteur a souscrit auprès de plusieurs assureurs des contrats d'assurance pour un même intérêt et un même risque. • Civ. 1re, 21 nov. 2000, n° 98-11.891 P : *RGDA 2001. 1052, note Kullmann; RCA 2001, n° 63; ibid., Chron. 5, note Groutel* • Civ. 2e, 17 févr. 2005 : *RCA 2005, n° 171, note Groutel.*

19. Reconnaissance d'un droit direct. Une assurance souscrite pour le compte de qui il appartiendra constitue un engagement valable comme stipulation pour autrui et oblige directement la compagnie d'assurances envers le propriétaire de la chose dont elle assurait les risques. Le bénéficiaire échappe donc au concours avec les créanciers du souscripteur. • Civ. 17 oct. 1945 : *D. 1946. 166, note A. C.; RGAT 1946. 371, note Besson.* ♦ La clause d'assurance pour compte constitue une stipulation pour autrui qui donne au propriétaire des marchandises atteintes par le sinistre un droit propre et direct au bénéfice de l'assurance. • Soc. 14 mars 1947 : *D. 1947. 393, note Besson.*

20. Fondement du droit direct. Lorsque l'assurance garantit la responsabilité du souscripteur, le droit du bénéficiaire trouve sa source dans les dispositions de l'art. 53 de la L. du 13 juill. 1930 [C. assur., art. L. 124-3]. • Soc. 14 mars 1947 : *D. 1947. 393, note Besson.* ♦ Cette position, considérée comme isolée, a été reprise plus récemment : ayant constaté l'existence d'une assurance pour compte, s'analysant également comme un contrat d'assurance de responsabilité envers le propriétaire des choses assurées, une cour d'appel ne pouvait refuser au bénéficiaire l'action directe qu'il tient des dispositions impératives de l'art. L. 124-3. • Civ. 1re, 18 mai 1989, n° 87-12.064 P : *RCA 1989, n° 278, obs. Groutel ; RGAT 1989. 847, note Bigot* • 12 mai 1993, n° 90-17.157 P : *RCA 1993, n° 286 ; ibid., Chron. 28, note Groutel ; RGAT 1993. 831, note Bigot.*

21. Option quant au fondement du droit direct. Il résulte de l'art. L. 112-1 que l'assurance pour le compte de qui il appartiendra, souscrite par un détenteur ou un dépositaire, constitue une assurance de responsabilité dans le cas où sa responsabilité est engagée à l'égard du propriétaire du bien détruit. Dès lors, il en résulte que lorsque la responsabilité du souscripteur est susceptible d'être engagée, l'assurance pour compte souscrite auprès de l'assureur ne pouvait produire effet que comme une assurance de responsabilité. • Civ. 1re, 18 févr. 1997, n° 95-10.278 P : *RCA 1997, n° 175.*

22. Opposabilité des conditions. Le bénéficiaire peut se voir opposer les conditions de la garantie, à démontrer, spécialement, pour un dépôt de diamants, la clause selon laquelle seules sont comprises dans l'assurance les marchandises confiées figurant sur les registres spéciaux prévus par les conditions générales. • Civ. 2e, 3 févr. 1993, n° 91-12.603 P.

23. Opposabilité des exceptions. Les exceptions que l'assureur pourrait opposer au souscripteur d'une assurance pour le compte de qui il appartiendra sont également opposables au bénéficiaire du contrat, quel qu'il soit. • Civ. 1re, 7 mars 1989, n° 86-13.563 P : *D. 1989. IR 101* • 10 juin 1997 : *RCA 1997, n° 283 ; RGDA 1997. 1003, note Chardin.* ♦ V. auparavant : les exceptions opposables au souscripteur originaire du contrat peuvent être invoquées contre le tiers qui en réclame le bénéfice. • Civ. 1re, 21 nov. 1966 : *Bull. civ. I, n° 516 ; RGAT 1967. 164, note Besson.* ♦ Ainsi, le bénéficiaire peut se voir opposer l'exclusion de garantie relative à la faute intentionnelle du souscripteur. • Civ. 1re, 11 déc. 1990 : *RCA 1991, n° 73, note Groutel ; RGAT 1991. 55, note Margeat et Landel* • 20 juill. 1994 : *RGAT 1994. 1118, note Mayaux.* ♦ Mais l'assuré pour compte peut également se voir opposer la clause d'exclusion de garantie relative à sa propre faute intentionnelle. • Civ. 1re, 15 déc. 1998, n° 96-20.885 P : *D. 1999. Somm. 223, obs. Groutel ; RGDA 1999. 293, note Kullmann.*

24. Opposabilité des déchéances. Le bénéficiaire peut se voir opposer la déchéance pour déclaration tardive du sinistre. • Civ. 1re, 7 mars 1989 : *préc. note 23* • 10 juin 1997 : *préc. note 23.* ♦ ... Ou pour exagération frauduleuse des conséquences du sinistre. • Civ. 1re, 4 juin 1996 : *RCA 1996, n° 285 ; ibid. Chron. 32, note Groutel ; RGDA 1996. 578, note Mayaux.*

25. Connaissance de l'exception par le seul souscripteur. Il résulte de l'art. L. 112-1 que les exceptions que l'assureur pourrait opposer au souscripteur d'une assurance pour le compte de qui il appartiendra sont également opposables au bénéficiaire du contrat, quel qu'il soit, peu important qu'il n'en ait pas eu personnellement connaissance. • Civ. 2e, 12 déc. 2019, n° 18-25.410 : *RGDA févr. 2020. 13, note Pimbert.* ♦ Ayant constaté que le contrat d'assurance avait été souscrit par une société en qualité d'assurée principale et pour le compte de ses filiales, en qualité d'assurées additionnelles, et relevé qu'en reconnaissant avoir reçu un exemplaire des conditions spéciales et un document comportant les informations sur exclusions de garantie, cette société avait rendu toutes ces clauses opposables aux assurées additionnelles, une cour d'appel a pu en déduire que les clauses d'exclusions prévues étaient à bon droit opposées par l'assureur d'une filiale de la société et a légalement justifié sa décision. • Civ. 3e, 19 janv. 2017, n° 15-29.126 : *RGDA 2017. 175, note Pélissier.* ♦ V. égal. : • Civ. 1re, 10 juin 1997, n° 95-15.813 : *RCA 1997, n° 283 ; RGDA 1997. 1003, note Chardin.*

26. Prescription. En vertu de l'art. L. 112-6, l'assureur peut opposer au tiers, qui invoque le bénéfice d'une police d'assurance, les exceptions opposables au souscripteur de cette police. Il en résulte que la prescription biennale peut être invoquée à l'encontre de ce bénéficiaire. • Civ. 1re, 17 juill. 1985, n° 84-13.324 P : *D. 1987. Somm. 38, obs. Groutel ; RGAT 1986. 359, note Bigot.* ♦ Toutefois, le délai de deux ans ne court, en cas de sinistre, que du jour où ledit bénéficiaire a été en mesure d'agir à l'encontre de l'assureur. • Civ. 1re, 11 oct. 1988, n° 86-16.364 P : *D. 1989. Somm. 248, obs. Berr.* ♦ S'agissant du bénéficiaire, auteur du dommage, le recours de la personne responsable d'un délit contre l'assureur de sa responsabilité est prescrit par deux ans à compter du jour où la victime du délit a exercé une action en justice contre elle, sans distinction suivant que cette personne est le souscripteur ou le bénéficiaire de la garantie promise. • Civ. 15 mars 1948 : *RGAT 1948. 121.*

27. Paiement effectué au souscripteur. Les règlements opérés par les assureurs l'ayant été au bénéfice du souscripteur de l'assurance pour compte et non à celui de l'assuré pour compte, celui-ci n'avait pas été indemnisé et pouvait réclamer l'indemnisation de l'intégralité des dommages qu'il a subis. • Com. 14 oct. 2014 : *RGDA 2014. 591, note Asselain.*

28. Absence de recours. L'assureur ne peut exercer de recours contre son assuré, même si celui-ci n'a que la qualité d'assuré pour compte. • Civ. 1re, 23 avr. 1985, n° 84-10.054 P : *RGAT 1985. 379, note Bigot* • 8 nov. 1989 : *RGAT 1990. 111, note Margeat et Landel* • 3 nov. 1993, n° 90-18.876 P : *RGAT 1994. 123, note Kullmann ; RCA 1994, n° 25, note Groutel.* ♦ La stipulation selon laquelle les assurés conservent la qualité de tiers entre eux n'a aucune incidence sur leur qualité d'assuré pour compte de l'assureur, qui ne pouvait exercer aucun recours contre ses assurés. • Civ. 2e, 7 juill. 2011 : *RCA 2011, no 372 ; RGDA 2012. 53, note Pélissier.*

Art. L. 112-2 *(L. no 89-1014 du 31 déc. 1989, en vigueur le 1er mai 1990)* **« L'assureur doit obligatoirement fournir une fiche d'information sur le prix et les garanties avant la conclusion du contrat.**

« Avant la conclusion du contrat, l'assureur remet à l'assuré un exemplaire du projet de contrat et de ses pièces annexes ou une notice d'information sur le contrat qui décrit précisément les garanties assorties des exclusions, ainsi que les obligations de l'assuré. *(Ord. no 2015-1033 du 20 août 2015, art. 3-1o)* **« Les documents remis au preneur d'assurance précisent la loi qui est applicable au contrat si celle-ci n'est pas la loi française, les modalités d'examen des réclamations qu'il peut formuler au sujet du contrat et de recours à un processus de médiation dans les conditions prévues au titre V du livre Ier** *[devenu titre Ier du livre VI]* **du code de la consommation, sans préjudice pour lui d'intenter une action en justice, ainsi que l'adresse du siège social et, le cas échéant, de la succursale qui se propose d'accorder la couverture. »** *(L. no 2003-706 du 1er août 2003, art. 80-III-1)* **« Avant la conclusion d'un contrat comportant des garanties de responsabilité, l'assureur remet à l'assuré une fiche d'information, dont le modèle est fixé par arrêté, décrivant le fonctionnement dans le temps des garanties déclenchées par le fait dommageable, le fonctionnement dans le temps des garanties déclenchées par la réclamation, ainsi que les conséquences de la succession de contrats ayant des modes de déclenchement différents. »** — *L'assureur est également tenu des obligations prévues à l'art. L. 112-2, dans sa rédaction résultant de la L. no 2003-706 du 1er août 2003, lors de la première reconduction des contrats consécutive à l'entrée en vigueur de cette loi, à savoir à l'issue d'un délai de trois mois à compter de la publication [JO 2 août] de celle-ci. — Ces obligations s'appliquent aux garanties prenant effet postérieurement à l'entrée en vigueur sus mentionnée, du fait de la souscription d'un nouveau contrat, ou de la reconduction de garanties d'un contrat en cours (L. préc., art. 80-III, IV et VII).*

« Un décret en Conseil d'État définit les moyens de constater la remise effective des documents mentionnés à l'alinéa précédent. Il détermine, en outre, les dérogations justifiées par la nature du contrat ou les circonstances de sa souscription. »

(Ord. no 2018-361 du 16 mai 2018, art. 1er, en vigueur le 1er oct. 2018) **« Avant la conclusion d'un contrat d'assurance portant sur un risque non-vie, le distributeur fournit au souscripteur ou à l'adhérent un document d'information normalisé sur le produit d'assurance élaboré par le concepteur du produit, dans des conditions définies par décret en Conseil d'État.**

« La fourniture de ce document n'est pas requise pour les contrats couvrant les risques mentionnés à l'article L. 111-6 ainsi que pour les contrats mentionnés au *b* de l'article L. 861-4 du code de la sécurité sociale. Elle n'est pas non plus requise pour les contrats soumis à l'obligation de remise de la fiche standardisée d'information mentionnée à l'article L. 313-10 du code de la consommation et pour les opérations d'assurance mentionnées au 15 de l'article R. 321-1 du présent code. »

La proposition d'assurance n'engage ni l'assuré, ni l'assureur ; seule la police ou la note de couverture constate leur engagement réciproque.

Est considérée comme acceptée la proposition, faite par lettre recommandée *(Ord. no 2017-1433 du 4 oct. 2017, art. 2-1o, en vigueur le 1er avr. 2018)* **« ou par envoi recommandé électronique », de prolonger ou de modifier un contrat ou de remettre en vigueur un contrat suspendu, si l'assureur ne refuse pas cette proposition dans les dix jours après qu'elle lui est parvenue.**

Les dispositions de l'alinéa précédent ne sont pas applicables aux assurances sur la vie.

V. art. R. 112-2, R. 112-3, A. 112 et A. 112-1.

Les professionnels disposent d'un délai de deux mois à compter de la publication du décret mentionné à l'art. L. 152-1 C. consom. dans sa rédaction issue de l'Ord. no 2015-1033 du 20 août 2015 pour se conformer à l'ensemble des dispositions de celle-ci (Ord. préc., art. 7).

BIBL. ▶ Information du souscripteur : DURRY, *Rev. Risques n° 4. 215.* – GROUTEL, *RCA 1996. Chron. 16.* – YAWAGA, *RGDA 1997. 83.* – COURTIEU, *RCA 2007. Étude 6.* – ASTEGIANO-LA RIZZA, *RGDA 2007. 464.* – ABRAVANEL-JOLLY, *RGDA 2007. 483.*

▶ Formation du contrat : GROUTEL, *RCA 1990. Chron. 14.* – A. BORIES, *RGDA 2009. 973* (l'obligation d'information de l'assuré, victoire de la méfiance sur la coopération). – A. PÉLISSIER, *RGDA 2009. 1000* (l'information de l'assuré).

▶ Formation du contrat : DURRY, *RCA 1999. Chron. 24* (où la Commission de contrôle des assurances semble méconnaître le caractère consensuel du contrat d'assurance). – LEDUC, *Mél. offerts à J.-L. Aubert, Dalloz, 2005, p. 193* (la formation tacite du contrat d'assurance).

▶ Consentement : BOUT, *Mél. offerts à J.-L. Aubert, Dalloz 2005, p. 45* (vices du consentement et droit du contrat d'assurance).

▶ Silence de l'assureur : BESSON, *RGAT 1957. 357.* – CHAPUISAT, *RGAT 1981. 473* (l'utilisation de la lettre recommandée en droit des assurances). – GROUTEL, *RCA 1992. Chron. 37.* – TIFFREAU, *RGAT 1989. 761.* – COURTIEU, *Gaz. Pal. 1996. 1. Doctr. 242 ; Gaz. Pal. 1997. 2. Doctr. 1130.*

COMMENTAIRE

L'article L. 112-2 détermine le processus de conclusion du contrat d'assurance (I) et celui relatif à la prolongation ou modification d'un contrat d'assurance (II).

I. LA CONCLUSION DU CONTRAT D'ASSURANCE

Avant la conclusion du contrat, l'assureur doit remettre un certain nombre de documents au candidat à l'assurance (A), afin que ce dernier puisse émettre une proposition d'assurance en pleine connaissance des garanties de l'assureur (B).

A. L'INFORMATION DU CANDIDAT À L'ASSURANCE

Dans la mesure où l'obligation générale d'information de l'article L. 111-2 du code de la consommation a été expressément écartée en matière d'assurance par la loi « Hamon » n° 2014-344 du 17 mars 2014, les règles relatives à l'obligation du souscripteur se situent désormais exclusivement dans le code des assurances et en particulier à l'article L. 112-2.

Ainsi, depuis la loi n° 89-1014 du 31 décembre 1989, l'assureur doit, avant la conclusion du contrat, remettre au souscripteur différents documents destinés à l'informer. Il s'agit, d'une part, de la fiche d'information (1), d'autre part, du projet de contrat et de ses pièces annexes ou de la notice d'information (2). Ultérieurement, la loi n° 2003-706 du 1er août 2003 a imposé la délivrance d'une fiche d'information supplémentaire en cas de conclusion d'un contrat comportant des garanties de responsabilité (3).

La remise de ces documents n'est toutefois pas imposée pour tous les contrats d'assurance. En effet, selon l'article R. 112-2, l'obligation de remettre une fiche d'information est écartée :

– pour les contrats garantissant les grands risques définis à l'article L. 111-6 ;

– pour les contrats garantissant des risques liés à la villégiature, au camping, aux sports d'hiver, aux vacances et aux voyages pour une durée maximale de trois mois non renouvelables, ainsi que pour les contrats d'assurance de bagage valables pour un seul voyage lorsque la prise d'effet de ces contrats intervient au plus tard quarante-huit heures après la proposition d'assurance. La limitation dans le temps de ces assurances justifie, dans de telles hypothèses, une dérogation à l'obligation de délivrer une fiche d'information.

Depuis l'ordonnance n° 2018-631 du 16 mai 2018 relative à la distribution d'assurance, le législateur a imposé la remise d'un document d'information normalisé pour les contrats d'assurance non-vie (4).

1. LA FICHE D'INFORMATION

La fiche d'information, mentionnée au premier alinéa de l'article L. 112-2, doit permettre à la personne, intéressée par la souscription d'un contrat d'assurance, de prendre connaissance de ses caractéristiques majeures : son prix et les garanties offertes. Mais, dès lors que ces informations sont données, la fiche d'information peut être sommaire. Il est d'ailleurs notable que l'article L. 112-2 ne donne que très peu d'informations sur cette fiche.

Ceci est d'autant plus vrai que le législateur n'a prévu aucune sanction spécifique en cas de non-respect de cette obligation d'information. Certains auteurs estiment toutefois que les sanctions du droit commun des contrats pourraient s'appliquer. Le souscripteur pourrait invoquer soit la nullité du contrat, si le défaut d'information a entraîné un vice du consentement, soit la responsabilité civile précontractuelle, si le préjudice est établi (V. Kullmann, *Lamy Assurances 2015, n° 485*). Cependant, d'autres auteurs doutent de l'application de telles sanctions, aux motifs que l'information ne porte que sur le montant d'une prime par rapport à une garantie déterminée et que l'on pourrait reprocher à l'assuré une imprudence dans la remise d'une proposition d'assurance sans s'être renseigné sur le prix du contrat (V. Groutel et a., Traité du contrat d'assurance terrestre, *Litec, 2008, n° 344*).

2. LE PROJET DE CONTRAT OU LA NOTICE D'INFORMATION

Selon l'article L. 112-2, alinéa 2, l'assureur doit, avant la conclusion du contrat, remettre à l'assuré soit un exemplaire du projet du contrat avec ses annexes, soit une notice d'information. Partant, le législateur a souhaité permettre à l'assuré de connaître avec précision les caractéristiques du contrat projeté, avant qu'il ne remette une proposition d'assurance et ne consente au contrat. Mais, l'assureur dispose d'une option pour exécuter cette obligation d'information, dont l'étendue *(a)*, la preuve *(b)* et la sanction *(c)* doivent être précisées.

a. Étendue de l'obligation d'information de l'assureur

L'article L. 112-2 ne donne pas d'indications sur le contenu du projet de contrat d'assurance. Cela étant, dans la mesure où le projet de contrat doit être remis avant l'émission de la proposition d'assurance par le souscripteur, il ne peut être aussi complet que la police définitive comportant des conditions générales, spéciales et particulières. Il devrait néanmoins, en toute logique, suivre cette architecture.

En revanche, l'article L. 112-2 est plus explicite sur le contenu de la notice d'information. Celle-ci doit décrire avec précision les garanties assorties des exclusions, ainsi que les obligations de l'assuré. La notice d'information donne ainsi des renseignements spécifiques à la garantie souscrite, liés par exemple à l'existence de limitations ou d'exclusions de garantie, mais aussi des informations générales relatives au fonctionnement d'un contrat d'assurance, par exemple à la déclaration du risque.

Mais que l'assureur remette un projet du contrat ou une notice d'information, le document doit, depuis la loi n° 94-5 du 4 janvier 1994, préciser quelle est la loi applicable au contrat lorsque la loi française ne l'est pas, ainsi que l'adresse du siège social et, le cas échéant, de la succursale qui se propose d'accorder la couverture. En outre, l'assureur doit mentionner les modalités d'examen des réclamations relatives au contrat et, éventuellement, l'existence d'une instance spécifique chargée de l'examen de ces réclamations et de recours à un processus de médiation dans les conditions prévues au titre 1er du Livre VI du code de la consommation.

L'article L. 112-2 indique que l'assureur doit remettre le projet de contrat ou la notice d'information « avant la conclusion du contrat ». Le souscripteur doit en effet pouvoir connaître précisément l'étendue de la garantie assurantielle avant d'exprimer son consentement au contrat par le biais d'une proposition d'assurance.

Or, une telle situation peut également se présenter en cas de modification du contrat portant sur la garantie de l'assureur. Aussi, dans une telle hypothèse, la Cour de cassation semble bien avoir imposé une information préalable par la remise d'une notice d'information ou d'un projet de contrat (Civ. 2e, 21 avr. 2005 : *V. note 1*).

b. La preuve de l'exécution de l'obligation d'information de l'assureur

Complétant les dispositions de l'article L. 112-2, l'article R. 112-3 apporte des précisions quant à la preuve de l'exécution de l'obligation d'information de l'assureur. Ainsi, jusqu'à un décret du 30 mars 2018, la remise de la notice d'information ou du projet de contrat devait être constatée par une mention signée et datée par le souscripteur apposée en bas de la police d'assurance. Depuis un décret du 30 mars 2018, l'article R. 112-3 du code des assurances indique simplement que le souscripteur atteste par écrit de la date de remises des documents. Par cette mention, le souscripteur reconnaît avoir reçu au préalable lesdits documents.

De prime abord, l'indication de la date de la remise pourrait apparaître comme une condition nécessaire pour prouver l'antériorité de celle-ci. Néanmoins, usant d'une façon peut-être un peu excessive des présomptions, la jurisprudence a pu estimer que la mention « les conditions générales [...] dont vous reconnaissez avoir reçu un exemplaire » démontrait que les conditions générales de la police d'assurance avaient été remises à l'assuré préalablement à la signature du contrat et pouvait pallier l'absence d'indication de la date de la remise (Civ. 2e, 22 janv. 2009 : *V. note 3*). Il n'est toutefois pas certain qu'une telle solution se maintienne compte tenu de l'évolution de la rédaction de l'article R. 112-3 intervenue en 2018.

c. *La sanction de l'inexécution de l'obligation d'information de l'assureur*

Comme pour la fiche d'information, le législateur n'a prévu aucune sanction en l'absence de remise de la notice d'information ou du projet de contrat. Il est donc revenu à la jurisprudence de préciser les conséquences de l'inexécution de cette obligation.

Appliquant une solution classique en matière d'obligation d'information, la jurisprudence sanctionne l'inexécution de cette obligation par l'inopposabilité des restrictions non portées à la connaissance du souscripteur lors de la souscription du contrat (Civ. 2e, 5 févr. 2004 et Civ. 2e, 24 nov. 2011 : *V. note 4* ; Civ. 2e, 11 janv. 2007 : *V. note 5*). En outre, dans la mesure où l'article L. 112-2 exige une information préalable du souscripteur avant la conclusion ou la modification du contrat, l'on devrait en déduire que l'information ultérieure du souscripteur par la remise du contrat définitif ne pallie pas l'absence de notice d'information ou de projet de contrat. En effet, si le contrat définitif peut établir l'existence et le contenu du contrat, il ne peut par principe établir l'intégrité du consentement du souscripteur. Toutefois, la Cour de cassation a pu affirmer à propos d'une clause de limitation dans le temps (Civ. 2e, 24 mai 2006 : *V. note 4*), puis de conditions d'une garantie contre le vol (Civ. 2e, 25 févr. 2010 : *V. note 4*) qu'une clause de limitation de garantie doit avoir été portée à la connaissance de l'assuré au moment de son adhésion à la police ou, tout au moins, antérieurement à la réalisation du sinistre, pour lui être opposable.

3. *LA FICHE D'INFORMATION SPÉCIFIQUE AUX GARANTIES DE RESPONSABILITÉ*

Répondant aux souhaits des assureurs, la loi n° 2003-706 du 1er août 2003 de sécurité financière a profondément modifié le régime de la garantie dans le temps des assurances de responsabilité professionnelle. Dorénavant, les assureurs de responsabilité peuvent subordonner leur garantie soit à la survenance du fait dommageable pendant la période de validité du contrat, soit à celle du fait dommageable avant la résiliation du contrat et de la réclamation de la victime avant l'expiration d'une période de garantie subséquente. Tandis que le premier système est avantageux pour les victimes, le second limite dans le temps la garantie de l'assureur.

Afin de clarifier la situation à l'égard de l'assuré, la loi du 1er août 2003 a imposé aux assureurs de fournir une fiche d'information spécifique avant la conclusion d'un contrat comportant une garantie de responsabilité. Cette fiche doit décrire le fonctionnement des garanties déclenchées par le fait dommageable ou par la réclamation de la victime ainsi que les règles applicables en cas de successions de contrats ayant des modes de déclenchement différents. Un modèle de cette fiche d'information a été fixé par un arrêté du 31 octobre 2003 et figure en annexe de l'article A. 112 du code des assurances.

4. *LE DOCUMENT D'INFORMATION NORMALISÉ POUR LES CONTRATS D'ASSURANCE NON-VIE*

L'ordonnance n° 2018-631 du 16 mai 2018 relative à la distribution d'assurance est venue renforcer l'information précontractuelle pour les contrats d'assurance non-vie. Ainsi, le distributeur doit remettre un document normalisé au souscripteur d'un contrat individuel ou à l'adhérent collectif. Ce document formalisé doit être élaboré préalablement par le concepteur du produit.

Mais, comme pour les autres documents précontractuels, l'obligation de remettre un tel document d'information n'est pas absolue. Elle est écartée :
– pour les contrats garantissant les grands risques définis à l'article L. 111-6 du code des assurances ;
– pour les contrats mentionnés au b de l'article L. 861-4 du code de la sécurité sociale ;
– pour les contrats d'assurance emprunteur soumis à l'obligation de remise de la fiche standardisée d'information mentionnée à l'article L. 313-10 du code de la consommation ;
– pour les contrats d'assurance-caution.

B. LA PROPOSITION D'ASSURANCE

1. *LA PROPOSITION DU CANDIDAT À L'ASSURANCE*

La proposition d'assurance émane du candidat à l'assurance et décrit le risque à assurer. Concrètement, cette description du risque s'effectue le plus souvent à l'aide d'un questionnaire élaboré par l'assureur. Elle matérialise l'exécution de l'obligation d'information du futur souscripteur à l'égard de l'assureur et, en cas de conclusion du contrat, servira de déclaration des risques.

Cela étant, conformément à l'article L. 112-2, la proposition d'assurance n'engage pas l'assuré. Celui-ci peut donc rétracter son offre tant que l'assureur ne l'a pas acceptée. En outre, par opposition au droit commun, le pollicitant ne paraît pas tenu de maintenir son offre pendant le délai prévu ou pendant un délai raisonnable.

2. LA RÉACTION DE L'ASSUREUR

Parallèlement, l'article L. 112-2 indique que la proposition d'assurance n'engage pas l'assureur. Cela signifie que l'assureur peut accepter ou refuser la proposition qui lui est faite.

Si l'assureur accepte la proposition, le contrat sera formé en application du principe du consensualisme. L'acceptation de l'assureur pourra alors être matérialisée par la remise d'une note de couverture ou de la police d'assurance (Civ. 1re, 15 févr. 1978 : *V. note 16*). On a pu s'interroger sur la possibilité de déroger au principe du consensualisme en subordonnant la formation du contrat au paiement de la prime, le contrat devenant alors un contrat réel, ou à la signature par le souscripteur de la police d'assurance envoyée en réponse à la proposition d'assurance. La jurisprudence ne paraît pas hostile à de telles clauses. Cela étant, les clauses relatives à la signature du souscripteur sont à l'origine d'une jurisprudence fluctuante. Tandis que certains arrêts ont admis de telles clauses (Civ. 1re, 23 avr. 1985, et Civ. 1re, 4 févr. 2003 : *V. note 12*), un arrêt de 1999 a fermement écarté une clause stipulant que le contrat serait parfait dès qu'il serait signé par le souscripteur (Civ. 1re, 9 mars 1999 : *V. note 9*). Il est vrai que la clause de signature est dangereuse pour l'assuré, puisqu'il se trouve exposé à une éventuelle inertie ou lenteur de l'assureur dans la transmission de la police d'assurance.

Si l'assureur s'abstient de répondre à la proposition d'assurance, le contrat d'assurance ne sera pas conclu. Le principe du droit commun, en vertu duquel le silence ne vaut pas acceptation, s'applique. Toutefois, l'acceptation de l'assureur pourrait être démontrée par certains faits dont l'encaissement des primes. En effet, la Cour de cassation impose aux juges du fond de rechercher si l'encaissement de la première prime par l'assureur n'emporte pas acceptation de la proposition d'assurance (Civ. 1re, 21 juin 1983 : *V. note 16*). Cela étant, cet encaissement ne sera pas toujours suffisant puisque, par principe, la preuve de l'existence du contrat d'assurance doit être rapportée par écrit (Civ. 1re, 10 juill. 2002 : *V. note 16*).

II. LA PROLONGATION OU LA MODIFICATION DU CONTRAT

Conformément au droit commun des contrats et plus précisément à l'article 1134 du code civil, la modification du contrat d'assurance suppose un nouvel accord de volonté des contractants. Or, cette règle peut susciter des difficultés en cas de proposition de modification du souscripteur et d'inertie de l'assureur. Aussi, afin d'éviter cet inconvénient, le législateur a adopté une règle dérogatoire au droit commun, à l'article L. 112-2, alinéa 5, applicable à certaines propositions de modification présentées par le souscripteur. L'objet (A), les conditions (B) et les effets (C) de cette proposition ont été déterminés par le législateur.

A. L'OBJET

L'objet de la proposition effectuée par le souscripteur est doublement limité. D'une part, conformément à l'article L. 112-2, alinéa 6, elle ne peut concerner les assurances sur la vie. Cette exclusion étant limitative, il faut en déduire que la proposition du souscripteur, soumise au régime de l'article L. 112-2, peut porter sur tous les autres contrats d'assurance. D'autre part, la proposition du souscripteur ne peut avoir pour finalité qu'une modification (2) ou une prolongation d'un contrat ou encore la remise en vigueur d'un contrat suspendu (1).

1. PROLONGATION ET REMISE EN VIGUEUR

La prolongation du contrat ne peut être demandée par le souscripteur que si le contrat a été conclu à durée indéterminée et ne comprend pas de clause de tacite reconduction (Civ. 2e, 5 juill. 2006 : *V. note 40*). La présence d'une telle clause prive en effet la demande de son intérêt.

La remise en vigueur d'un contrat suspendu résulte bien souvent du paiement de la prime par le souscripteur à la suite d'un défaut de paiement. Cette hypothèse ne rentre toutefois pas dans le champ d'application de l'article L. 112-2 ; elle relève de l'article L. 113-3.

2. MODIFICATION DU CONTRAT

La modification du contrat constitue la principale hypothèse d'application de l'article L. 112-2, alinéa 5. Pour autant, cette notion de modification a pu susciter des interrogations. Que faut-il entendre par modification du contrat ?

Tout d'abord, il faut relever que l'article L. 113-4 du code des assurances envisage expressément l'aggravation du risque en cours de contrat. Cet article précise que l'assureur ne peut plus se prévaloir de l'aggravation quand il en a été informé et a manifesté son consentement au maintien de l'assurance. Si ce consentement peut être tacite et résulter de circonstances non équivoques, il ne peut être la conséquence d'un silence de l'assureur.

Ensuite, si on peut distinguer une conception extensive et une acception étroite de la notion de modification du contrat, il apparaît que, après avoir hésité, la Cour de cassation retient aujourd'hui l'analyse extensive. En effet, après avoir initialement estimé que l'article L. 112-2 n'opérait aucune distinction quant à la nature de la modification (Civ. 26 juin 1961 : *V. note 34*), la Haute Juridiction a affirmé que la modification envisagée par cet article ne concernait pas l'adjonction d'un risque nouveau (Civ. 1re, 16 oct. 1984 : *V. note 36*). Il s'agissait alors d'une nouvelle proposition d'assurance. Puis, afin d'éviter les incertitudes, elle est revenue à sa solution initiale en affirmant que cette disposition ne faisait aucune distinction entre les diverses modifications possibles de la police et qu'il importait peu que la modification demandée porte sur l'adjonction d'un risque nouveau par rapport au contrat initial (Civ. 1re, 11 oct. 1994 et Civ. 1re, 9 déc. 1997 : *V. note 35*). Une proposition de modifier un contrat, quelles que puissent en être la nature et la portée, constitue la modification prévue par l'article L. 112-2 (Civ. 2e, 3 mai 2006 : *V. note 35*).

Toutefois, plus récemment, la Cour de cassation a eu l'occasion de préciser que le mécanisme d'acceptation tacite par l'assureur des demandes de modification du contrat d'assurance organisé par l'article L. 112-2, alinéa 5, ne concerne que les garanties accordées (Civ. 2e, 30 juin 2011 et Civ. 2e, 3 oct. 2013 : *V. note 35*). Par conséquent, toutes les autres propositions de modification, comme celle portant sur le paiement des cotisations, suivent le régime du droit commun et nécessitent le consentement de l'assureur. Cela étant, nombreuses sont les modifications susceptibles de concerner les garanties accordées, aussi la restriction jurisprudentielle paraît-elle bien limitée. Elle peut en outre être source d'étonnement : la demande de passage d'un paiement mensuel à un paiement annuel de la prime d'assurance n'entraîne pas, à proprement parler, un bouleversement de l'économie du contrat (V. Kullman, *RGDA 2014. 16*). Pourtant, la Cour de cassation refuse d'appliquer dans une telle situation la règle de l'article L. 112-2, alinéa 5 (Civ. 2e, 3 oct. 2013 : *préc.*).

Par ailleurs, toujours dans le souci de préciser cette notion de modification du contrat, la Cour de cassation a eu l'occasion de préciser que la faculté de résiliation ne fait pas partie des propositions susceptibles d'être considérées comme acceptées en cas de silence de l'assureur (Civ. 1re, 5 févr. 1968 : *V. note 47*). En ce sens, la résiliation du contrat ne peut en effet être perçue comme une modification de celui-ci. En revanche, la proposition de modification du contrat portant sur les modalités de résiliation du contrat entre dans le champ d'application de l'article L. 112-2, alinéa 5 (Civ. 1re, 7 avr. 1987 : *V. note 39*).

Enfin, il faut distinguer la proposition de modification d'un contrat de la proposition de conclusion d'un nouveau contrat. Cette dernière ne peut être assimilée à une modification d'un contrat préexistant et ne relève donc pas de l'article L. 112-2, alinéa 5. Partant, la qualification de la proposition émanant de l'assuré va emporter l'application ou l'exclusion de cet article. De nouvelles incertitudes risquent d'apparaître et la proposition de certains auteurs d'abroger l'article L. 112-2, alinéa 5, s'en trouve d'autant plus justifiée (V. Groutel, Revirement de la Cour de cassation au sujet du silence de l'assureur, *RCA 1994. Chron. 37*).

B. LES CONDITIONS

Plusieurs conditions sont requises pour que la règle de l'article L. 112-2, alinéa 5, s'applique.

D'une part, la proposition doit porter sur un contrat en cours. La présomption d'approbation ne peut donc s'appliquer en présence d'un contrat dont la résiliation a pris effet (Crim. 31 mai 1990 : *V. note 46*).

D'autre part, la proposition de modification doit être faite par lettre recommandée et présenter les caractères d'une offre ferme et précise (Civ. 1re, 7 oct. 1958 : *V. note 49*). Pour autant, la Cour de cassation n'exige plus l'indication d'un taux de prime par le sollicitant (Civ. 1re, 5 nov. 1974 : *V. note 51*). En outre, elle retient que l'envoi par lettre recommandée ne constitue pas une formalité substantielle, mais est simplement requis à titre de preuve (Civ. 1re, 6 nov. 1967 : *V. note 52*). Par conséquent, la transmission de la proposition de l'assuré à l'assureur peut être effectuée par d'autres moyens, tels une télécopie (Civ. 2e, 3 mai 2006 : *V. note 55*), une lettre simple (Civ. 1re, 3 oct. 1995 : *V. note 54*) ou encore la remise d'une lettre à l'agent général (Civ. 1re, 15 juin 1982 : *V. note 53*).

C. LES EFFETS

Les effets de la proposition du souscripteur vont dépendre de la réaction de l'assureur. Celui-ci peut refuser la proposition ou répondre à l'assuré qu'il ne peut accepter, sans examen préalable, sa proposition, ce qui est assimilable à un refus (Civ. 1re, 4 mars 1957 : *V. note 56*).

Mais l'assureur peut également rester silencieux. C'est d'ailleurs l'hypothèse particulière envisagée par l'article L. 112-2, alinéa 5. Si l'assureur s'abstient de répondre au souscripteur dans un délai de dix jours à compter du jour où sa proposition lui est parvenue (Civ. 2e, 5 juill. 2006 : *V. note 57*), cette dernière est considérée comme acceptée. Dans une telle hypothèse, la modification entre en vigueur à l'expiration du délai de dix jours suivant la réception de la proposition de l'assuré (Civ. 1re, 7 avr. 1987 : *V. note 58*). Cette solution, justifiée par le fait que l'écoulement du délai entraîne le consentement de l'assureur, a été contredite par un arrêt dont la portée est contestée. En effet, la Cour de cassation a pu affirmer que lorsque l'assureur n'établit pas qu'il a refusé la proposition de modification dans le délai de dix jours, il est réputé l'avoir acceptée dans les termes et à compter de la demande de l'assuré (Civ. 1re, 14 nov. 1995 : *V. note 57*). Cette solution laisserait entendre qu'en cas de silence de l'assureur, la modification entre en vigueur dès la proposition de l'assuré. Toutefois, cet arrêt paraît bien n'être que la reprise d'une précédente décision rendue dans l'hypothèse particulière où la proposition de l'assuré fixait la date de l'entrée en vigueur de la modification à la date de sa demande (Civ. 1re, 22 mai 1991 : *V. note 59*). En effet, rien n'interdit à l'assuré de déterminer, dans sa proposition, une date d'entrée en vigueur différente de celle de l'expiration du délai de dix jours (Civ. 1re, 28 oct. 1958 : *V. note 59*). ❑

I. INFORMATION DE L'ASSURÉ

A. ÉTENDUE DE L'OBLIGATION D'INFORMATION

1. Modification du contrat. L'obligation d'information de l'art. L. 112-2 s'applique aux modifications du contrat primitif, subordonnant la garantie de l'assureur à la réalisation d'une condition. • Civ. 2e, 21 avr. 2005 : *D. 2006. Pan. 1784, obs. Groutel ; RCA 2005, n° 237 ; ibid. Étude 11, note Groutel* • 24 mai 2006 : *RCA 2006, n° 320 (2e esp.); RGDA 2006. 628, note Mayaux.*

2. Obligation générale d'information. Ne satisfait pas à son obligation d'information, qui ne se limite pas à la remise des conditions générales, l'assureur qui n'a pas attiré l'attention des assurés sur la réduction des garanties pratiquées. • Civ. 2e, 25 juin 2015, n° 14-19.786 : *RCA 2015, n° 274; RGDA 2015. 395, note Pélissier.* ♦ Mais l'assuré, qui a signé les conditions particulières de la police indiquant clairement les limites de garantie, a souscrit en parfaite connaissance de cause une garantie limitée et n'avait pas lieu d'être mieux éclairé sur le montant de cette garantie. Dès lors, aucun manquement au devoir d'information et de conseil ne peut être reproché à l'assureur ou à son agent général. • Civ. 2e, 19 nov. 2015, n° 14-27.049 : *RGDA 2016. 27, note Pélissier.* ♦ V. égal. notes ss. anc. art. L. 511-1.

B. PREUVE DE L'EXÉCUTION DE L'OBLIGATION D'INFORMATION

3. Preuve de la connaissance d'une « condition de garantie ». Lorsque l'assureur subordonne sa garantie à la réalisation, par l'assuré, d'une condition particulière, il doit rapporter la preuve qu'il a précisément porté cette condition à la connaissance de l'assuré. • Civ. 1re, 27 mars 2001, n° 98-19.481 P : *RCA 2001, n° 206, obs. Groutel; RGDA 2001. 680, note Favre-Rochex* • Civ. 2e, 22 janv. 2009 : *RDI 2009. 367, obs Noguéro ; RCA 2009, n° 84, note Groutel; RGDA 2009. 127, note Astegiano-La Rizza* • 9 juill. 2009 : *RCA 2009, n° 306 (1re esp.), note Groutel.*

4. Preuve de la connaissance d'une « limitation de garantie ». Il appartient à l'assureur qui invoque à l'encontre de la victime d'un dommage et de son assuré des clauses de limitation de garantie figurant aux conditions générales du contrat de rapporter la preuve que ces dernières ont été portées à la connaissance du souscripteur lors de l'adhésion. • Civ. 2e, 5 févr. 2004, n° 01-03.585 P. ♦ Une clause de limitation de garantie n'est opposable à l'assuré que si l'assureur qui s'en prévaut établit que son cocontractant en a eu connaissance et l'a acceptée. • Civ. 2e, 24 nov. 2011 : *RCA 2012, n° 27, note Groutel.* ♦ Une clause de limitation de garantie doit avoir été portée à la connaissance de l'assuré au moment de son adhésion à la police ou, tout au moins, antérieurement à la réalisation du sinistre, pour lui être opposable. • Civ. 2e, 24 mai 2006 : *RCA 2006, n° 320 (1re esp.)* (à propos d'une clause de limitation dans le temps) • 25 févr. 2010 : *RCA 2010, n° 131, note Groutel* (à propos de conditions de la garantie vol) • Civ. 2e, 5 nov. 2020, n° 19-20.728 : *RGDA déc. 2020. 15, note Pimbert; bjda.fr 2020, n° 72, note Astegiano-La Rizza* (à propos d'une clause de limitation dans le temps) • Civ. 2e, 5 nov. 2020, n° 18-25.723 : *RGDA déc. 2020. 15, note Pimbert; bjda.fr 2020, n° 72, note Lorton* (à propos d'un plafond de garantie). ♦ En conséquence, ne donne pas de base légale à sa décision la cour d'appel qui, pour dire opposable à l'assuré la clause limitant la durée de la garantie souscrite, relève qu'en signant les conditions personnelles du contrat d'assurance, il avait coché la mention par laquelle il proposait à l'assureur de contracter une assurance conformément au contrat dont la composition, indiquée en regard, mentionnait, outre les conditions générales, les conventions spéciales, au sein desquelles figurait la clause de limitation de garantie litigieuse. • Civ. 2e, 5 nov. 2020, n° 19-20.728 : *préc.* ♦ De même, ne donne pas de base légale à sa décision, la cour d'appel qui, pour dire opposable à l'assuré un plafond de garantie, estime qu'il a nécessairement reçu un exemplaire de ces conditions particulières, qui font partie du contrat d'assurance et ont pour objet d'adapter les garanties définies dans les conditions générales à sa situation spécifique et à celle du risque assuré, et relève à cet égard que l'assuré ne produit ni cet exemplaire ni aucun autre document contractuel signé par lui et déterminant le risque assuré, telle la proposition d'assurance sur la base de laquelle le contrat a été conclu, qui viendraient contredire les conditions particulières produites par l'assureur, fixant le plafond de la garantie du conducteur à 1 000 000 euros. • Civ. 2e, 5 nov. 2020, n° 18-25.723 : *préc.* ♦ Méconnaît les exigences de l'art. 455 C. pr. civ., la cour d'appel qui, pour condamner un assureur à verser une indemnité, retient que l'assuré n'est pas signataire des conditions particulières prévoyant la limitation de garantie dont il se prévaut, qui n'est donc pas entrée dans le champ contractuel et ne peut être opposée à l'assuré, sans répondre aux conclusions de l'assureur qui faisait valoir que le courtier de l'assuré avait adressé à celui-ci les conditions particulières de l'assurance avant la réalisation du sinistre, en lui demandant de les lui retourner signées et de vérifier les surfaces et capitaux garantis pour la mise en œuvre de la clause de limitation de l'indemnité et, qu'ayant adressé à l'assureur, avant la souscription de la police, une proposition signée contenant une clause limitative de garantie et un questionnaire rempli dans le but d'en fixer le montant, l'assuré avait eu connaissance de l'existence de la limitation de la garantie et l'avait acceptée. • Civ. 2e, 2 févr. 2017, n° 16-13.521 P : *RGDA 2017. 175, note Pélissier; AJDI 2017. 423, obs. de La Vaissière*.

5. *Preuve de la connaissance d'une « exclusion de garantie ».* Une clause d'exclusion de garantie doit avoir été portée à la connaissance de l'assuré au moment de son adhésion à la police ou tout au moins, antérieurement à la réalisation du sinistre pour lui être opposable. • Civ. 2e, 11 janv. 2007 : *RCA 2007, n° 139* • 6 oct. 2011 : *RCA 2012, n° 27, note Groutel.* ♦ L'assureur ne peut opposer à l'assuré que les exclusions de garantie qui ont été portées à sa connaissance ; tel n'est pas le cas si l'exclusion de garantie figurait dans les conditions générales non remises à l'assuré. • Civ. 2e, 25 juin 2009 : *RCA 2009, n° 307 (2e esp.), note Groutel.* ♦ Ayant souverainement estimé que, même si l'assuré n'était pas en possession de la police annuelle applicable au jour du sinistre, les clauses d'exclusion de garantie du contrat renouvelé lui étaient connues antérieurement, pour figurer dans les précédentes polices et ne pas avoir été modifiées par la proposition de renouvellement qu'il avait signée, une cour d'appel a décidé à bon droit que l'assureur était fondé à les lui opposer. • Civ. 2e, 19 nov. 2015, n° 14-26.351 : *RGDA 2016. 22, note Asselain.* ♦ En se fondant sur un document type établi par le seul assureur pour admettre l'exclusion de garantie de l'assureur, sans relever que la clause d'exclusion de garantie stipulée avait été expressément acceptée par l'assuré préalablement au sinistre, une cour d'appel a inversé la charge de la preuve de l'opposabilité de cette exception qui pesait sur l'assureur. • Civ. 2e, 10 sept. 2015, n° 14-23.706 : *RCA 2015, n° 338, note Groutel; RGDA 2015. 461, note Pélissier.* ♦ Ayant relevé que la clause d'exclusion de garantie figurait à l'art. 38 des conditions générales et que les conditions particulières indiquaient, avant la mention « lu et approuvé » et avant la signature du souscripteur, « vous reconnaissez avoir reçu, conformément à l'article L. 112-2 du code des assurances la fiche d'information sur le prix et les garanties, les présentes conditions particulières, ainsi qu'un exemplaire des conditions générales, valant projet de contrat, dont vous déclarez avoir pris connaissance et accepté les termes », une cour d'appel a ainsi fait ressortir que l'assuré avait connaissance de la clause d'exclusion de garantie au moment de son adhésion au contrat. • Civ. 2e, 9 juin 2016, n° 15-20.106 : *RGDA 2016. 399, note Asselain.* ♦ Ayant souverainement retenu que l'assuré n'avait pas prétendu ne pas avoir eu connaissance de la clause d'exclusion figurant dans les conventions spéciales ni contesté les affirmations de l'assureur selon lesquelles il avait reconnu avoir reçu un exemplaire de ces conventions, une cour d'appel en a exactement déduit, sans inverser la charge de la preuve, que la clause d'exclusion était opposable au tiers lésé. • Civ. 3e, 13 juill. 2017, n° 16-17.229 : *RGDA 2017. 518, note Mayaux.* ♦ Méconnaît les exigences de l'art. 455 C. pr. civ., la cour d'appel qui, pour dire que la notice d'assurance était opposable à un assuré, retient que celui-ci avait reconnu être resté en possession d'un exemplaire des notices relatives aux contrats souscrits et mentionnant les exclusions et limitations de garantie, sans préciser sur quelles pièces elle se fondait pour retenir l'aveu qu'elle prêtait ainsi à l'assuré, lequel contestait que la notice d'information lui avait été remise. • Civ. 2e, 2 févr. 2017, n° 16-11.039 : *RGDA 2017. 181, note R. Schulz; ibid. 2017. 263, note Lambert.*

6. *Preuve de la connaissance d'une modification du contrat.* Lorsque l'assureur à l'occasion de la modification du contrat primitif subordonne sa garantie à la réalisation d'une condition, il doit rapporter la preuve qu'il a précisément porté cette condition à la connaissance de l'assuré • Civ. 2e, 21 avr. 2005 : *D. 2006. Pan. 1784, obs. Groutel ; RCA 2005, n° 237 ; ibid. Étude 11, note Groutel*

• 24 mai 2006 : *RCA 2006, n° 320 (2e esp.) ; RGDA 2006. 628, note Mayaux.* ♦ V. égal. notes ss. art. L. 112-3.

7. Preuve de la connaissance des conditions et restrictions. Il résulte de l'art. L. 112-2, al. 2, que, dans une assurance de groupe, l'assureur qui propose sa garantie pour des risques définis dans la demande d'adhésion de l'assuré est tenu, lorsqu'il n'entend pas accorder à celui-ci sa garantie pour tous ces risques, de rapporter la preuve qu'il a précisément porté cette restriction à sa connaissance. • Civ. 2e, 8 sept. 2005 : *RCA 2006, n° 34, obs. Groutel; RGDA 2006. 155, note Abravanel-Jolly.* ♦ Ayant relevé que l'adhérent avait, en signant le bulletin d'adhésion au contrat collectif d'assurance sur la vie, reconnu avoir reçu un exemplaire des dispositions générales et des conditions de fonctionnement de ce contrat, une cour d'appel a pu en déduire que ces dispositions et conditions avaient été portées à la connaissance de l'assuré lors de son adhésion et lui étaient opposables. • Civ. 2e, 29 juin 2017, n° 16-22.422 : *RGDA 2017. 472, note Pélissier.*

8. Preuve de la connaissance d'une exclusion de garantie en assurance pour compte. Ayant constaté que le contrat d'assurance avait été souscrit par une société, en qualité d'assurée principale, et pour le compte de ses filiales, en qualité d'assurées additionnelles, et relevé qu'en reconnaissant avoir reçu un exemplaire des conditions spéciales et un document comportant les informations sur les exclusions de garantie, cette société avait rendu toutes ces clauses opposables aux assurées additionnelles, une cour d'appel a pu en déduire que les clauses d'exclusions prévues étaient à bon droit opposées par l'assureur à une filiale de la société et a légalement justifié sa décision. • Civ. 3e, 19 janv. 2017, n° 15-29.126 : *RGDA 2017. 175, note Pélissier.*

II. CONCLUSION DU CONTRAT

A. ACCORD DES VOLONTÉS

1° CARACTÈRE CONSENSUEL

9. Principe pour le contrat. Si le contrat d'assurance doit, dans un but probatoire, être rédigé par écrit, il constitue un contrat consensuel qui est parfait dès la rencontre des parties. • Civ. 2e, 13 déc. 2018, n° 17-22.532 : *RGDA mars 2019. 22, note Mayaux* • Civ. 1re, 9 mars 1999, n° 96-20.190 P : *RGDA 1999. 567. note Kullmann* • 14 nov. 1995, n° 93-14.546 P : *RGDA 1996. 278. note Kullmann* • 11 juin 1985, n° 83-16.537 P : *D. 1987. Somm. 36, obs. Groutel.* ♦ En conséquence, le juge doit apprécier l'existence de l'aléa exigé pour la validité du contrat en se situant au moment de la rencontre des volontés des parties. • Civ. 1re, 9 mars 2004 : *RGDA 2004. 345, note Kullmann.* ♦ Et puisque la proposition d'assurance n'engage ni l'assuré, ni l'assureur, la date de la rencontre des volontés ne peut être celle de la proposition d'assurance. • Civ. 1re, 21 mai 1990 : *RGAT 1990. 532. note Maurice.*

10. Principe pour l'avenant. Un écrit n'est pas nécessaire pour la validité d'un avenant, mais pour sa preuve. • Req. 1er juill. 1941 : *DC 1943. 57, note Besson ; GADA, p. 40, obs. Berr et Groutel* • Civ. 1re, 4 juill. 1978, n° 77-10.722 P : *RGAT 1979. 171, note Besson.* ♦ ... Et la modification d'un contrat d'assurance est parfaite dès la rencontre des volontés de l'assureur et de l'assuré. • Civ. 1re, 22 avr. 1992, n° 89-10.822 P : *RCA 1992, n° 280 ; RGAT 1992. 497, note Maurice* • 10 juill. 2002 : *RCA 2002, n° 348, note Groutel ; RGDA 2002. 953, note Mayaux.* ♦ Ayant relevé que l'avenant n'était pas signé par l'assuré et estimé, par une appréciation souveraine de la portée des courriers échangés entre le courtier et l'assureur, que ceux-ci ne manifestaient pas l'acceptation, par l'assuré, des modifications apportées au contrat par cet avenant dont l'assureur n'établissait pas même qu'il le lui avait communiqué avant qu'il n'en soit rendu destinataire par le courtier, une cour d'appel a exactement retenu que l'avenant n'était pas opposable à l'assuré. La demande de l'assuré en répétition du trop payé de primes perçues sur le fondement de l'avenant, dont il n'avait pas connaissance lors des paiements, était donc fondée. • Civ. 2e, 8 sept. 2016, n° 15-21.655 : *RGDA 2016. 472, note Asselain.* ♦ Viole l'art. L. 112-3 la cour d'appel qui, pour déclarer un assureur tenu de garantir un assuré qui avait fait valoir qu'il avait informé verbalement l'agent de l'assureur de l'extension de son activité, retient qu'il n'est pas contesté qu'une telle déclaration verbale est valable en la forme, mais ne relève pas de l'existence d'un document écrit permettant d'établir la modification prétendue du champ de la garantie. • Civ. 1re, 14 nov. 1995, n° 93-14.546 P : *RGDA 1996. 278. note Kullmann.* ♦ V. cep. notes ss. art. L. 112-3 à propos de l'exigence de la signature pour une modification à l'initiative de l'assureur dans un sens restrictif pour l'assuré.

11. Exception du contrat réel. Dès lors qu'il ne précise pas que la garantie ne prendrait effet qu'après encaissement de la prime, le certificat de garantie provisoire, qui constitue une note de couverture au sens de l'art. L. 112-2, engage l'assureur alors même que la prime correspondante ne serait pas payée. S'il entend dénier sa garantie pour non-paiement de la prime, l'assureur doit se conformer aux prescriptions de l'art. L. 113-3. • Civ. 1re, 25 oct. 1994, n° 92-15.857 P : *RCA 1995, n° 28 ; ibid., Chron. 3, obs. Durry; RGAT 1994. 1136, note Landel.* ♦ Jugeant que justifie sa décision la cour d'appel qui, pour écarter l'exception de non-garantie soulevée par l'assureur, soutenant qu'il n'avait pas accepté la demande d'assurance du prévenu, retient, d'une part, que celui-ci a rempli, sur un site internet, un questionnaire dans lequel il demandait à être assuré immédiatement et qu'il lui a été répondu qu'il était assuré à compter du jour de sa demande, sous réserve de l'encaissement de la prime et de l'envoi d'un relevé d'information et, d'autre part, que l'assureur n'a pas, avant toute défense au fond, invoqué d'exception fondée sur une cause de nullité ou une clause du contrat. • Crim. 27 mai 2008, n° 07-88.176 P : *D. 2009. 1324, note Noguéro ; Gaz. Pal. 2009. 581, note Ballet et Michau ; RDBF 2008, n° 183, note Caprioli ; CCE 2009, n° 29, note Caprioli.* ♦ L'attitude d'un assureur, qui soutient que l'assurance est nulle et de nul effet comme n'ayant été suivie d'aucun paiement de primes, mais qui, après avoir envoyé une mise en demeure, avait invoqué la résiliation du contrat, implique nécessairement l'existence d'un contrat en vigueur. • Civ. 1re, 27 juin 1973 : *Bull. civ. I, n° 216.*

12. Exception de la clause de signature. Si la proposition d'assurance n'engage ni l'assuré ni l'assureur, le contrat est parfait, sauf clause contraire, dès la rencontre des volontés de l'assuré et de l'assureur. • Civ. 1re, 28 févr. 1989 : *Bull. civ. I, n° 93 ; D. 1989. IR 94* • 14 janv. 1992 : *RGAT 1992. 276, note Maurice.* ♦ En conséquence, l'assureur ne peut nier l'existence du contrat au seul motif que l'assuré n'aurait pas signé la police d'assurance. • Civ. 1re, 4 mai 1982, n° 81-10.379 P : *D. 1983. IR 35, obs. Berr et Groutel.* ♦ V. cep. affirmant que faute d'être revêtue de la signature de l'assuré, une police d'assurance n'a pas de valeur probante. • Com. 4 juin 1996, n° 94-16.306 P : *RCA 1996, n° 339 ; RGDA 1996. 879, note Mayaux.* ♦ L'assureur est néanmoins en droit de subordonner la formation du contrat à la signature de la police d'assurance adressée au souscripteur en réponse à la proposition d'assurance. • Civ. 1re, 23 avr. 1985 : *RGAT 1985. 403, note Bigot.* ♦ Ainsi, un contrat peut contenir une clause prévoyant que le défaut de régularisation par l'assuré dans un délai de deux mois consécutif à son envoi par l'assureur entraîne son anéantissement. • Civ. 1re, 4 févr. 2003 : *RGDA 2003. 439, note Kullmann.* ♦ *Contra* : si le contrat d'assurance doit, dans un but probatoire, être rédigé par écrit, il constitue un contrat consensuel qui est parfait dès la rencontre des volontés de l'assureur et de l'assuré. Ayant relevé que l'assuré avait accepté l'offre de contracter, telle que formulée par l'assureur, une cour d'appel en a justement déduit que le contrat avait été définitivement conclu peu important l'existence, dans la police envoyée ensuite pour signature par l'assureur, d'une clause stipulant que le contrat serait parfait dès qu'il serait signé par le souscripteur. • Civ. 1re, 9 mars 1999, n° 96-20.190 P : *RCA 1999, n° 163, note Groutel ; RGDA 1999. 567, note Kullmann.* ♦ V. égal. : • Civ. 1re, 23 juin 1965, n° 64-10.928 P. • 4 janv. 1980, n° 78-14.386 P • 21 mai 1990, n° 87-19.014 P : *D. 1990. IR 147 ; RCA 1990, n° 258 ; ibid., Chron. 14, note Groutel* • 2 juill. 1991, n° 90-12.644 P.

13. Note de couverture. La note de couverture « constate » et non pas « donne existence » à l'engagement réciproque des parties de telle sorte qu'un accord verbal antérieur peut produire effet. • Civ. 22 janv. 1947 : *RGAT 1947. 144.*

2° RENCONTRE DES VOLONTÉS

14. Principe. Le contrat d'assurance constitue un contrat consensuel qui est parfait dès la rencontre des volontés de l'assureur et de l'assuré. • Civ. 2e, 14 juin 2007, n° 06-15.955 P : *Gaz. Pal. 2008. 1814, note Périer ; RCA 2007, n° 290 ; RGDA 2007. 807, note Mayaux.* ♦ Les juges du fond analysent souverainement la rencontre des volontés. • Civ. 1re, 9 nov. 1999, n° 97-15.208 • 9 mars 2004 : *RGDA 2004. 345, note Kullmann* • Civ. 2e, 4 juill. 2007, n° 06-15.279. ♦ Il faut qu'un accord soit intervenu sur l'ensemble des éléments du contrat. • Civ. 2e, 5 juill. 2006 : *RCA 2006, n° 357 ; RGDA 2006. 913, note Abravanel-Jolly.* ♦ Un échange des consentements sur ses éléments essentiels que sont l'évaluation du risque par l'assureur et la fixation du montant de la prime. • Crim. 11 déc. 2007, n° 07-81.665.

15. Conditions. Si une police d'assurance ne reproduit pas les termes de la proposition et comporte une prime ainsi qu'une date de prise d'effet différentes, elle constitue non une acceptation de la proposition, mais une autre pollicitation émanant cette fois de l'assureur, et qui est en attente d'une acceptation du candidat à l'assurance. • Civ. 1re, 15 juill. 1975, n° 74-11.020 P : *RGAT 1976. 177.*

16. Réalisation. Si la proposition d'assurance n'engage ni l'assuré, ni l'assureur, il n'en est plus de même, lorsque l'assureur a répondu à cette offre par une acceptation dont l'existence est établie par l'apposition de sa signature sur la police qu'il a établie conformément aux termes de cette offre et qui a rendu parfait le contrat. • Civ. 1re, 14 juin 1977 : *Bull. civ. I, n° 273.* ♦ L'apposition de la signature de l'assureur sur la police qu'il a établie conformément à la proposition de l'assuré marque son acceptation de l'offre de contracter et caractérise cette jonction de volontés. • Civ. 1re, 19 mars 1996 : *RCA 1996, n° 235 ; RGDA 1996. 590, note Vincent.* ♦ Si l'assuré a versé un acompte d'un montant supérieur à la prime due pour la période de validité de la note de couverture, et si la compagnie lui a adressé la police pour signature, le contrat est formé à ce moment, et l'assureur doit garantir un sinistre postérieur, peu important que l'assuré n'ait pas retourné la police signée avant l'accident et que celui-ci soit survenu après la date d'expiration de la note de couverture. • Civ. 1re, 15 févr. 1978, n° 75-15.796 P : *D. 1979. IR 194, obs. Berr et Groutel.* ♦ Les juges du fond doivent rechercher si l'encaissement sans réserve du montant de la première prime par le mandataire de l'assureur ne valait pas acceptation dès ce jour de la proposition d'assurance. • Civ. 1re, 21 juin 1983, n° 81-11.517 P : *RGAT 1984. 26, note Besson.* ♦ Mais prive sa décision de base légale, au regard des art. L. 112-2 C. assur. et 1347 C. civ., la cour d'appel qui, pour condamner un assureur à verser une indemnité à son assuré, énonce que la compagnie d'assurance avait encaissé sans réserve un chèque d'acompte à valoir sur le paiement des primes, sans relever l'existence d'un écrit émanant de l'assureur faisant preuve du contrat d'assurance ou, du moins, constitutif d'un commencement de preuve par écrit le rendant vraisemblable et régulièrement complété. • Civ. 1re, 10 juill. 2002, n° 99-15.430 P : *RGDA 2002. 951, note Mayaux.*

17. Contrat électronique. Justifie légalement sa décision la juridiction de proximité qui, pour affirmer l'existence d'un contrat d'assurance, retient que la demande d'adhésion sous forme électronique avait été établie et conservée dans des conditions de nature à garantir son intégrité, que la signature avait été identifiée par un procédé fiable garantissant le lien de la signature électronique avec l'acte auquel elle s'attache, et que la demande d'adhésion produite à l'audience portait mention de la délivrance de ce document par la plate-forme de contractualisation en ligne Contraleo, permettant une identification et une authentification précise des signataires. • Civ. 1re, 6 avr. 2016, n° 15-10.732 : *RGDA 2016. 298, note Ghueldre.*

18. Conséquence pour la signature de la police. Si le contrat d'assurance ou tout avenant à ce contrat doit, dans un but probatoire, être rédigé par écrit, il constitue un contrat consensuel qui est parfait dès la rencontre des volontés de l'assureur et de l'assuré ; peu importe (s'agissant de la remise en vigueur du contrat) que l'assuré, par la suite, ait refusé de signer l'avenant remis par l'assureur et de payer la prime. • Civ. 1re, 15 févr. 1978, n° 76-13.154 P. ♦ Selon les constatations des juges du fond, le contrat étant définitivement conclu antérieurement à la réalisation du risque, le refus opposé après coup par l'assuré de signer la police n'affectait pas la validité de ce contrat. • Civ. 1re, 14 déc. 1976, n° 75-13.546 P. ♦ Le contrat d'assurance est formé bien que l'assuré ne l'ait pas signé, et celui-ci est tenu de payer les primes, dès lors que la compagnie avait manifesté son acceptation par l'envoi de la police à l'assuré qui lui avait transmis sa proposition d'assurance assortie d'un acompte sur la prime. • Civ. 1re, 4 janv. 1980, n° 78-14.386 P.

19. Conséquence pour la détermination de la prime. La modification d'un contrat d'assurance est parfaite dès la rencontre des volontés de l'assureur et de l'assuré. il s'ensuit que, dès lors que l'assureur établit un avenant conforme à la proposition souscrite par son assuré, le contrat est modifié à la date d'établissement de cet avenant, peu important que l'avenant n'ait pas été signé par l'assuré et que la proposition n'ait pas fait mention des primes correspondant à la modification sollicitée. • Civ. 1re, 22 avr. 1992, n° 89-10.822 P : *RCA 1992, n° 280 ; RGAT 1992. 497, note Maurice.* ♦ Justifie légalement sa décision la cour d'appel qui, bien que le montant des primes n'ait figuré ni dans la proposition d'assurance ni sur les attestations délivrées par la compagnie, estime, dans son pouvoir d'appréciation, que l'accord des volontés des parties avait été réalisé par la remise de ses attestations à l'assuré en réponse à sa proposition d'assurance. • Civ. 1re, 24 mai 1978, n° 77-10.154 P : *D. 1978. IR 463, obs. Berr et Groutel.* ♦ Comp. : la demande d'adhésion antérieurement formulée ne comportait aucune mention relative au montant de la prime et ne constituait même pas une proposition d'assurance. • Civ. 1re, 19 nov. 1985 : *Bull. civ. I, n° 305.*

20. Conséquence pour le paiement de la prime. Le contrat étant consensuel, peu importe le non-paiement de la prime. Dès lors qu'il ne précise pas que la garantie ne prendrait effet qu'après encaissement de la prime, le certificat de garantie provisoire, qui constitue une note de couverture au sens de l'art. L. 112-2, engage l'assureur alors même que la prime correspondante ne serait pas payée. S'il entend dénier sa garantie, l'assureur doit se conformer aux prescriptions de l'art. L. 113-3. • Civ. 1re, 25 oct. 1994, n° 92-15.857 P : *RCA 1995, n° 28 ; ibid., Chron. 3, note Durry ; RGAT 1994. 1136, note Landel.* ♦ Dès lors que l'accord des volontés est réalisé par la remise d'une attestation d'assurance à la suite de la proposition d'assurance, le fait que le chèque accompagnant la proposition n'ait pas été provisionné n'a pas pour effet de remettre cet accord en cause, et la seule voie ouverte à l'assureur est celle prévue pour le défaut de paiement de la prime. • Civ. 1re, 23 janv. 1980 : *RGAT 1980. 349, note A. B.* ♦ Les juges du fond, qui ont relevé que l'accord des parties s'était trouvé réalisé par la signature d'une proposition d'assurance, accompagnée du versement d'un acompte sur la prime annuelle, et par l'envoi à l'assuré d'une police conforme, ont justement déduit que le contrat avait été régulièrement formé et que la compagnie d'assurances était tenue de garantir un sinistre survenu postérieurement à l'envoi par elle à l'assuré d'une lettre recommandée où elle enregistrait son refus de contracter l'assurance faute d'avoir signé la police et acquitté la prime demandée ; le contrat étant formé et ayant pris effet, la compagnie ne pouvait le résilier qu'en mettant en œuvre le processus prévu pour le cas de défaut de paiement de la prime. • Civ. 1re, 21 mars 1978, n° 76-15.560 P : *D. 1978. IR 462, obs. Berr et Groutel.*

21. Conséquence pour la garantie. Ne donne pas de base légale à sa décision la cour d'appel qui refuse de faire jouer la garantie du contrat au motif que, au moment du sinistre, la note de couverture établie pour un mois avait cessé d'être valable, sans rechercher si l'envoi de la police à l'assuré, après l'expiration du délai de validité de la note de couverture mais avant l'accident, ne valait pas acceptation de la proposition d'assurance par la compagnie. • Civ. 1re, 4 mai 1982, n° 81-10.379 P : *D. 1984. IR 35, obs. Berr et Groutel.* ♦ V. égal. : • Civ. 1re, 21 mai 1990, n° 87-19.014 P : *RCA 1990,* *n° 258; ibid., Chron. 14, note Groutel.* ♦ La police d'assurance litigieuse d'une durée limitée à un an sans tacite reconduction ayant pris fin à son terme, la cour d'appel ne pouvait condamner l'assureur à garantir un sinistre survenu postérieurement sans rechercher si, en l'absence du paiement de la prime réclamée à l'assuré, un nouveau contrat avait pu se former. • Civ. 2e, 20 mars 2008 : *RCA 2008, n° 208, obs. Groutel; RGDA 2008. 317, note Landel.*

3° REFUS DUNE GARANTIE SOLLICITÉE

22. Information sur le refus. Il résulte de l'art. L. 112-2, al. 2, que, dans une assurance de groupe, l'assureur qui propose sa garantie pour des risques définis dans la demande d'adhésion de l'assuré est tenu, lorsqu'il n'entend pas accorder à celui-ci sa garantie pour tous ces risques, de rapporter la preuve qu'il a précisément porté cette restriction à sa connaissance. • Civ. 2e, 8 sept. 2005, n° 04-17.989 : *RCA 2006, n° 34, obs. Groutel; RGDA 2006. 155, note Abravanel-Jolly.* ♦ Dans une assurance de groupe, l'assureur qui propose sa garantie pour des risques définis dans la demande d'adhésion de l'assuré est tenu, lorsqu'il n'entend pas accorder sa garantie à cet assuré pour tous ces risques, de l'en informer de façon explicite et non équivoque. • Civ. 1re, 17 nov. 1993, n° 91-21.605 P. ♦ L'assureur de groupe qui n'entend pas accorder toutes les garanties sollicitées lors d'une seconde adhésion au contrat doit informer précisément l'assureur du refus de garantir ces risques. • Civ. 2e, 16 sept. 2021, n° 19-25.529 : *RGDA oct. 2021. 7, note Pélissier; D. actu. 6 oct. 2021, note Bigot et Cayol; RCA 2022, n° 254, note Pierre; JCP 2021. 1090, note Mayaux.*

4° VICES DU CONSENTEMENT

23. Erreur et obligation de renseignement. L'intention d'un souscripteur était d'assurer un pont en le faisant mentionner dans la déclaration qui avait été remplie par l'agent de l'assureur. La proposition d'assurance, étant rédigée d'une manière qui n'excluait pas explicitement la garantie pour cette construction, a induit en erreur le souscripteur sur l'étendue de sa couverture. Les juges du fond ont dès lors pu en déduire que l'assureur avait manqué à son obligation de renseigner le souscripteur. • Civ. 2e, 17 janv. 2008 : *RCA 2008, n° 116.*

24. Erreur excusable. Le souscripteur ne peut se prévaloir de son erreur lorsque celle-ci résulte de sa négligence, consistant à ne pas avoir lu attentivement les documents qu'il a signés. • Civ. 1re, 3 janv. 1985 : *RGAT 1985. 375, note Bigot.* ♦ De même il a été jugé, qu'en recevant un exemplaire des conditions générales de son contrat, la souscriptrice d'un contrat d'assurance-vie avait pu apprécier, en toute connaissance de cause, la portée de ses engagements et le bénéfice qu'elle pouvait en tirer : en effet, tant les conditions générales du contrat que la note d'information comportaient tous les éléments nécessaires à l'appréciation des risques et des bénéfices encourus et les termes tels que « tarification indicative » ou « montant estimé » étaient clairs et précis. Dès lors, elle ne démontrait pas qu'elle aurait été volontairement ou involontairement trompée par l'assureur, par des manœuvres ou des caractères dactylographiques illisibles. L'erreur alléguée n'étant pas démontrée selon l'appréciation souveraine des juges, la nullité du contrat n'était pas encourue. • Civ. 2e, 18 mars 2010, n° 09-14.554.

5° CAUSE

25. Cause illicite – Nullité du contrat. Le principe d'ordre public, selon lequel le respect dû au corps humain ne cesse pas avec la mort, préexistait à la L. n° 2008-1350 du 19 déc. 2008 d'où est issu l'art. 16-1-1 C. civ. Dès lors, ayant relevé que le contrat d'assurance souscrit le 7 nov. 2008 avait pour objet de garantir les conséquences de l'annulation d'une exposition utilisant des dépouilles et organes de personnes humaines à des fins commerciales, une cour d'appel en a exactement déduit que, bien qu'ayant été conclu avant l'entrée en vigueur de l'art. 16-1-1 précité, le contrat litigieux avait une cause illicite et, partant, qu'il était nul. • Civ. 1re, 29 oct. 2014, n° 13-19.729 P : *RCA 2015, n° 30; ibid., Chron. 1, n° 23, note Groutel; RGDA 2015. 16, note Kullmann; JCP 2014. 1170, note Loiseau; ibid. 2015. 306, n° 4, obs. Loiseau; RTD civ. 2015. 102, note Hauser; RTD civ. 2015. 121, note Barbier; D. 2015. 242, note Epstein; ibid. 246, note Mainguy; ibid. 529, note Amrani-Mekki et Mekki; CCC 2015, n° 1, note Leveneur; JCP 2015. 741, n° 6, note Kullmann; RDC 2015. 299, note Leduc.*

26. Cause illicite – responsabilité de l'assureur. L'assureur est tenu d'attirer l'attention de la société organisatrice sur le risque d'annulation d'une exposition utilisant des dépouilles et organes de personnes humaines à des fins commerciales. • Civ. 1re, 29 oct. 2014 : *préc. note 25.*

B. PRISE D'EFFET

1° PRINCIPE DE SIMULTANÉITÉ

27. Preuve de l'heure du sinistre. Un contrat d'assurance « tous risques » prenant effet à midi le jour de sa souscription, l'assuré victime d'un vol à 18 h doit, pour obtenir la garantie de son assureur, établir que le sinistre s'est produit après la mise en vigueur de la police. • Civ. 1re, 27 janv. 1981, n° 79-15.264 P : *D. 1982. IR 100, obs. Berr et Groutel; JCP 1982. II. 19705, note Besson.*

28. Cachet apposé par l'assuré. C'est sans dénaturation de la clause d'une police d'assurance stipulant qu'une demande de garantie prendrait effet le lendemain de son envoi, « la date de la poste faisant foi », qu'une cour d'appel estime que l'expression « date de la poste » devait viser celle des cachets apposés par l'usager lui-même au moyen d'une machine à affranchir utilisée avec l'autorisation et sous le contrôle de l'administration postale. • Civ. 1re, 9 févr. 1982, n° 08-10.543 P : *D. 1984. IR 38, obs. Berr et Groutel.*

2° FACULTÉ DE DISSOCIATION

29. Clause de prise d'effet au paiement de la prime. En l'état d'une police d'assurance incendie stipulant que « le contrat ne produira ses effets que le lendemain à midi du jour du payement de la première prime », les juges d'appel qui retiennent, sans méconnaître le principe de la prééminence des conditions particulières sur les conditions générales, que les dates de souscription de la police et des échéances de la prime sont sans rapport avec la prise d'effet du contrat, et qui constatent que l'assuré avait réglé ses primes postérieurement au sinistre, justifient leur décision déclarant que l'assureur ne devait pas sa garantie pour l'incendie survenu dans les locaux de l'assuré. • Civ. 1re, 8 nov. 1965 : *Bull. civ. I, n° 588.* ♦ Encourt la cassation l'arrêt qui dénature les clauses claires, précises et concordantes d'une police d'assurance subordonnant sa prise d'effet au paiement de la première prime, en admettant que l'assurance avait pris effet à la date du paiement d'une partie seulement de cette prime. • Civ. 1re, 10 mars 1964 : *Bull. civ. I, n° 140.* ♦ Si une lettre de garantie étend celle-ci à un second véhicule à partir du paiement de la prime correspondante, l'assuré n'y a pas droit si, au jour de l'accident, cette prime n'a pas été payée. • Civ. 1re, 24 mars 1971 : *RGAT 1972. 254.* ♦ En présence de conditions générales prévoyant que la garantie prend effet le lendemain à minuit du paiement effectif de la cotisation due, les juges doivent rechercher la date effective du paiement de la cotisation, dont la preuve, du fait que la demande de garantie émanait d'un tiers au contrat (victime), incombait à l'assureur. • Civ. 2e, 13 janv. 2005, n° 03-18.097.

30. Connaissance de la clause de prise d'effet. Il faut que l'assuré ait eu connaissance de la clause subordonnant la prise d'effet au paiement de la première prime. • Civ. 1re, 3 mai 1973, n° 72-10.595 P : *RGAT 1974. 221.*

31. Contradiction entre conditions générales et conditions particulières. Sur la nécessité d'une contradiction pour la prééminence des conditions particulières sur les conditions générales prévoyant la clause de prise d'effet. • Civ. 1re, 30 oct. 1962 : *Bull. civ. I, n° 448* • 25 févr. 1964 : *Bull. civ. I, n° 107* • 12 mai 1969 : *Bull. civ. I, n° 174* • 9 févr. 1999, n° 96-19.538 P : *RTD civ. 1999. 836, obs. J. Mestre ; RCA 1999, n° 120 ; RGDA 1999. 318, note Maleville.*

32. Contradiction entre conditions générales et note de couverture. Après avoir relevé que la police avait été signée des deux parties après l'expiration de la note de couverture, qui précisait que ces garanties sont acquises à l'assuré « pour la période de validité indiquée » et qu'à l'expiration de cette durée, la garantie « continuera à produire ses effets » dans les termes du contrat établi, une cour d'appel a, par une appréciation souveraine de la commune intention des contractants, estimé que la clause de report d'effet de l'assurance, prévue aux conditions générales de la police, ne pouvait jouer, puisque le contrat était déjà en application dès lors qu'il avait été remis à l'assuré une note de couverture impliquant l'octroi d'une garantie immédiate. • Civ. 1re, 16 mars 1970, n° 68-13.756 P.

33. Contradiction née d'un certificat d'assurance. En raison de la contradiction existant entre la date de prise d'effet du contrat et le fait que le certificat d'assurance avait été établi à une date postérieure, ce qui nécessitait une interprétation, la stipulation selon laquelle la garantie ne s'exercerait que moyennant le fait que la prime stipulée ait été effectivement encaissée par chaque assureur chacun pour sa part et non pour l'autre était inopposable à l'assuré. • Civ. 2e, 3 juin 2010, n° 09-66.267.

III. MODIFICATION PAR SUITE DU SILENCE DE L'ASSUREUR

A. OBJET DE LA MODIFICATION

1° RÈGLES GÉNÉRALES

34. Règle d'ordre public. La généralité des termes de l'art. 7 de la loi du 13 juill. 1930 [C. assur., art. L. 112-2, al. 5], lequel est d'ordre public, interdit d'introduire des distinctions entre les diverses modifications possibles du contrat. • Civ. 26 juin 1961, n° 59-12.944 P : *D. 1962. 585, note Besson ; Gaz. Pal. 1961. 2. 233 ; GADA, p. 43, obs. Berr et Groutel.*

35. Conception extensive et actuelle de la notion de modification. Est considérée comme acceptée la proposition, faite par lettre recommandée, de modifier un contrat si l'assureur ne la refuse pas pendant les 10 jours après qu'elle lui est parvenue, et l'application de cette disposition n'est pas subordonnée à la condition selon laquelle les modifications du contrat sont celles qui n'impliquent aucune discussion entre l'assureur et l'assuré. • Civ. 1re, 7 juill. 1992, n° 89-14.619 P : *D. 1992. IR 217 ; JCP 1993. II. 22067, note Bout ; RCA 1992, n° 425 ; ibid., Chron. 37, obs. Groutel ; RGAT 1992. 819, note Vincent* (à propos d'une demande d'adjoindre au risque incendie d'autres risques dont le vol). ♦ L'art. L. 112-2, qui exclut seulement les assurances sur la vie du champ d'application des dispositions de son avant-dernier alinéa, relatives à l'acceptation tacite de l'assureur, ne fait aucune distinction, en ce qui concerne les autres assurances, entre les diverses modifications possibles de la police. Dès lors, il importe peu que la modification demandée par l'assuré porte sur l'adjonction d'un risque nouveau par rapport au contrat initial. • Civ. 1re, 11 oct. 1994, n° 92-18.271 P : *D. 1995. 177, rapp. Sargos ; RCA 1994, n° 415 ; ibid., Chron. 37, note Groutel ; RGAT 1994. 1123, note Kullmann* (à propos d'une demande d'adjoindre le risque « dégâts des eaux » à une assurance incendie) • Civ. 1re, 14 nov. 1995, no 93-16.65 P : *RCA 1996, no 33; ibid., Chron. 1, note Groutel; RGDA 1996. 68, note Favre-Rochex* • Civ. 1re, 9 déc. 1997, no 95-19.663 P : *D. 1999. Somm. 232, obs. Groutel; RCA 1998, no 111; Gaz. Pal. 1998. 1. 242, note Favre-Rochex; RGDA 1998. 57, note Mayaux* (à propos d'une demande de garantir des nouveaux locaux et d'augmenter le plafond de garantie d'une assurance incendie et pertes d'exploitation). ♦ Sauf le cas de l'assurance sur la vie, une proposition, quelles que puissent en être la nature et la portée, de modifier un contrat, faite par l'assuré, par lettre recommandée, à son assureur, et que ce dernier n'a pas refusée dans les 10 jours de la réception de cette lettre, est considérée comme acceptée par lui. • Civ. 1re, 15 juin 1999, no 97-17.426 P : *RCA 1999, no 310; RGDA 2000. 71, note Kullmann.* ♦ Sauf le cas de l'assurance sur la vie, une proposition, quelles que puissent en être la nature et la portée, de modifier un contrat, faite par l'assuré, par lettre recommandée, à son assureur, constitue la modification prévue par l'art. L. 112-2, al. 5. • Civ. 2e, 3 mai 2006 : *RGDA 2006. 624, note crit. Mayaux; RCA 2006, no 279, note Groutel.* ♦ V. cep. : le mécanisme d'acceptation tacite par l'assureur des demandes de modifications du contrat d'assurance organisé par l'art. L. 112-2, al. 5, ne concerne que les garanties accordées. • Civ. 2e, 30 juin 2011, no 10-21.463 : *RCA 2011, no 342; RGDA 2011. 952, note Kullmann* • 3 oct. 2013 : *RCA 2014, no 33, note Groutel; RGDA 2014. 16, note Kullmann.*

36. Conception restrictive et antérieure de la notion de modification. Un assuré pour le risque incendie de sa maison d'habitation ayant remis à l'agent général de son assureur une nouvelle proposition d'assurance concernant un bâtiment attenant à sa maison, où il entendait exercer son activité professionnelle de garagiste, et l'agent général ayant lui-même mentionné sur la proposition qu'il s'agissait d'une affaire nouvelle tendant à l'établissement d'une police « risques professionnels » pour des activités exercées en dehors de l'habitation, une cour d'appel a pu en déduire que la proposition litigieuse ne constituait pas une modification de l'ancien contrat, au sens de l'art. L. 112-2, mais qu'il s'agissait de la garantie d'un risque nouveau et d'une proposition nouvelle de contrat. • Civ. 1re, 16 oct. 1984, no 83-13.840 P : *D. 1986. Somm. 98, obs. Berr et Groutel* • 4 mars 1986, no 84-16.226 P : *D. 1987. Somm. 181, obs. Groutel* (à propos de la demande d'adjonction d'un risque spécial exigeant le concours d'un coassureur) • 11 janv. 1989, no 87-12.371 P (à propos d'une demande tendant à la garantie d'un risque spécial, distinct et nouveau, bouleversant totalement l'économie du contrat) • 13 mars 1990 : *RCA 1990, no 217; RGAT 1990. 308, note Margeat et Landel* (à propos d'une demande d'adjonction du risque de vol du véhicule au risque de responsabilité garanti par un contrat d'assurance automobile). ♦ V. égal. : le mécanisme d'acceptation tacite par l'assureur des demandes de modifications du contrat d'assurance organisé par l'art. L. 112-2, al. 5, ne concerne que les garanties accordées, quelles qu'elles soient, mais non la mise en œuvre de ces garanties dès lors qu'elles sont acquises par la réalisation du risque couvert. • Civ. 2e, 30 juin 2011 : *RCA 2011, no 342; RGDA 2011. 952, obs. Kullmann.* ♦ ... Ni la modification des modalités de paiement des cotisations. • Civ. 2e, 3 oct. 2013 : *RCA 2014, no 33, note Groutel; RGDA 2014. 16, note Kullmann* (modification des modalités de paiement d'une prime annuelle ayant commencé à courir).

2o SOLUTIONS POSITIVES

37. Remise en vigueur du contrat. Ne viole pas les textes la cour d'appel qui déclare acceptée par le silence de l'assureur la proposition de remettre en vigueur le contrat suspendu sur un nouveau véhicule. • Civ. 1re, 21 mai 1975, no 74-10.361 P.

38. Adjonction de risque. Doit être considérée comme acceptée au bout de dix jours la proposition de l'assuré d'adjoindre le risque de vol à celui d'incendie pour lequel il était déjà assuré. • Civ. 1re, 28 nov. 1978, no 77-11.559 P • 7 juill. 1992, no 89-14.619 P : *D. 1992. IR 217; JCP 1993. II. 22067, note Bout; RCA 1992, no 425; ibid., Chron. 37, obs. Groutel; RGAT 1992. 819, note Vincent* (risque incendie avec ajout d'autres risques dont le vol).

39. Modification des conditions de la résiliation. Dès lors qu'un assuré avait envoyé dans les formes de l'art. L. 112-2, al. 2, une lettre demandant, entre autres modifications, que son contrat devînt résiliable tous les ans avec préavis d'un mois, sa police s'est trouvée modifiée en conséquence à l'expiration des dix jours suivant la réception de sa lettre, ce qui lui permettait dès lors d'adresser, dans des conditions conformes à la durée du préavis désormais en vigueur, une lettre de résiliation. • Civ. 1re, 7 avr. 1987, no 85-15.834 P : *D. 1988. Somm. 157, obs. Berr.* ♦ V. égal. : • Civ. 26 juin 1961 : *D. 1962. 585, note Besson; Gaz. Pal. 1961. 2. 233; GADA, p. 43, obs. Berr et Groutel.*

40. Prolongation du contrat. La demande formée par l'assuré en cours de contrat et en l'absence de tacite reconduction constituait une demande de prolongation d'une année du contrat à durée déterminée; dès lors, viole la loi la cour d'appel qui considère que la proposition de renouvellement n'entrait pas dans les prévisions des dispositions de l'art. L. 112-2, de sorte que le silence de l'assureur ne peut valoir acceptation. • Civ. 2e, 5 juill. 2006, no 05-14.280 P : *RCA 2006, no 280, note Groutel; RGDA 2006. 921, note Abravanel-Jolly.*

41. Modification de l'indemnité d'une assurance de groupe. Les dispositions de l'art. L. 112-2 relatives à l'acceptation tacite de l'assureur s'appliquent à la demande de modification de l'indemnité stipulée dans un contrat d'assurance de groupe, formée par l'adhérent, dès lors que le contrat prévoit la possibilité d'une telle demande. • Civ. 1re, 3 oct. 1995, n° 92-15.665 P : *RCA 1995, n° 385 ; ibid., Chron. 48, note Groutel.*

3° SOLUTIONS NÉGATIVES

42. *Nouveau contrat.* La proposition, tant au fond que dans la forme choisie par l'assuré, ne pouvait être considérée comme une dénonciation de l'aggravation du risque portée à la connaissance de l'assureur mais comme une demande de souscription d'un nouveau contrat qui n'avait pas été acceptée par celui-ci qui était, en conséquence, non tenu de garantir le sinistre. • Civ. 2e, 3 sept. 2009 : *RCA 2009, n° 336, note Leduc ; RGDA. 2009. 1147. note Mayaux* (pour une multirisque des professionnels et une proposition d'assurance portant sur de nouveaux locaux mitoyens de ceux déjà assurés).

43. *Modalités de paiement des cotisations.* Le mécanisme d'acceptation tacite par l'assureur des demandes de modifications du contrat d'assurance organisé par l'art. L. 112-2, al. 5, ne concerne que les garanties accordées. La demande de report de ses cotisations par le souscripteur, demande qui porte sur une modification des modalités de paiement des cotisations, et non pas sur l'objet du contrat, ne constitue pas une proposition de modification au sens de l'art. L. 112-2, al. 5. Le souscripteur n'est donc pas fondé à se prévaloir du silence de l'assureur dans les dix jours de la réception de son courrier, le régime prévu à l'article susvisé n'étant pas applicable. • Civ. 2e, 3 oct. 2013, n° 12-21.127 : *RCA 2014, n° 33, note Groutel ; RGDA 2014. 16, note Kullmann.*

44. *Mise en œuvre des garanties.* Le mécanisme d'acceptation tacite par l'assureur des demandes de modifications du contrat d'assurance organisé par l'art. L. 112-2, al. 5, ne concerne que les garanties accordées, quelles qu'elles soient, mais non la mise en œuvre de ces garanties dès lors qu'elles sont acquises par la réalisation du risque couvert. • Civ. 2e, 30 juin 2011, n° 10-21.463 : *RCA 2011, n° 342 ; RGDA 2011. 952, note Kullmann* (demande de transformation d'une rente contractuelle en capital).

45. *Risque déjà refusé.* L'acquiescement tacite de l'assureur ne peut s'étendre aux demandes de l'assuré tendant à obtenir la garantie d'un risque que l'assureur avait refusé, antérieurement, de prendre en charge. • Civ. 1re, 10 janv. 1990, n° 87-13.443 P.

46. *Contrat déjà résilié.* La présomption d'approbation résultant du silence de l'assureur pendant dix jours n'est pas applicable à un contrat qui a déjà pris fin définitivement, à la suite d'une résiliation, et qui ne saurait de la sorte être remis en vigueur. • Crim. 31 mai 1990, n° 89-84.504 P : *D. 1990. IR 173*.

47. *Faculté de résiliation.* La faculté de résiliation du contrat ne fait pas partie des propositions susceptibles d'être considérées comme acceptées dans le silence de l'assureur. • Civ. 1re, 5 févr. 1968 : *Bull. civ. I, n° 46 ; D. 1968. 260, note P. P. ; JCP 1968. II. 15496, note Besson ; Gaz. Pal. 1968. 1. 210* • 28 avr. 1980, n° 78-14.348 P : *D. 1981. IR 177, obs. Berr et Groutel.* ♦ Comp. : dès lors qu'un assuré a, conformément à l'art. L. 112-2, envoyé à son assureur une lettre recommandée demandant, entre autres modifications, que son contrat devienne résiliable tous les ans avec un préavis d'un mois, et que l'assureur n'a pas refusé cette modification dans le délai de dix jours suivant la réception de la lettre, il s'ensuit que cet assuré peut ensuite valablement résilier sa police d'assurance dans les conditions conformes à la durée du nouveau préavis en vigueur. • Civ. 1re, 7 avr. 1987, n° 85-15.834 P : *D. 1988. Somm. 157, obs. Berr.*

48. *Demande de résiliation partielle.* Les juges du fond ont pu interpréter la demande de l'assuré de supprimer certains risques concernant son véhicule, non comme une proposition de modification du contrat, mais comme une résiliation partielle que la compagnie n'était tenue d'accepter qu'à la prochaine échéance annuelle de la police. • Civ. 1re, 15 mars 1977, n° 76-10.108 P : *D. 1977. IR 287, obs. Berr et Groutel.*

B. CONDITIONS

1° CONTENU DE LA PROPOSITION

a. Règle générale

49. *Proposition complète et précise.* Les prescriptions de l'art. 7 de la L. du 13 juill. 1930 [C. assur., art. L. 112-2] ne s'appliquent que lorsque la proposition de l'assuré, complète et précise, constitue une véritable pollicitation susceptible de recevoir l'acquiescement pur et simple de l'assureur. • Civ. 1re, 7 oct. 1958 : *RGAT 1959. 428, note Besson.* ♦ La proposition de l'assuré tendant à modifier le contrat doit être suffisamment précise pour constituer une pollicitation susceptible de se transformer en accord par le seul acquiescement de l'assureur. • Civ. 26 juin 1961 : *D. 1962. 585, note Besson ; Gaz. Pal. 1961. 2. 233 ; GADA, p. 43, obs. Berr et Groutel.* ♦ V. égal. : • Civ. 1re, 8 oct. 1959 : *D. 1960. 5, note Besson.* ♦ Ayant relevé que la lettre par laquelle était sollicité un « prochain rendez-vous pour l'évaluation des lieux », ne précisait ni la consistance, ni la destination des nouveaux locaux et matériel dont la société demandait qu'ils soient inclus dans le contrat d'assurance, la cour d'appel qui a pu en déduire qu'elle ne constituait pas une proposition de modification de ce contrat permettant l'application des dispositions de l'art. L. 112-2, al. 5, C. assur., a exactement retenu que l'assureur n'était pas tenu de garantir le sinistre. • Civ. 2e, 4 juill. 2019 : *RGDA août-sept. 2019. 14, note Pimbert.* ♦ Ayant relevé que la lettre par laquelle l'assuré sollicitait un "prochain rendez-vous pour l'évaluation des lieux" ne précisait ni la consistance, ni la destination des nouveaux locaux et matériels dont la société assurée demandait qu'ils soient inclus dans le contrat d'assurance, une cour d'appel a pu en déduire qu'elle ne constituait pas une proposition de modification de ce contrat permettant l'application de l'art. L. 112-2, al. 5 C. assur. • Civ. 2e, 4 juill. 2019, n° 18-19.843 : *RCA 2019, n° 286, note Groutel.*

50. Demande de renseignement. Une cour d'appel a souverainement estimé que la lettre de l'assuré, demandant si son assurance couvrait le risque d'incendie au cours de travaux de soudure effectués auprès d'une réserve de foin, s'analysait en une simple demande de renseignement et non en une proposition d'assurance. • Civ. 1re, 13 janv. 1987 : *RGAT 1987. 54.*

b. Applications

51. Indication d'un taux de prime. En refusant de faire produire effet au silence de l'assureur au motif que la proposition ne comportait pas l'indication, même implicite, par le sollicitant, d'un taux de prime susceptible de recevoir, à l'expiration du délai de dix jours, l'acceptation tacite de l'assureur, une cour d'appel subordonne l'application du texte à une condition qu'il n'exige pas. • Civ. 1re, 5 nov. 1974, n° 73-11.685 P : *RGAT 1975. 206. note Besson* • 7 juill. 1992, n° 89-14.619 P : *D. 1992. IR 217; JCP 1993. II. 22067, note Bout; RCA 1992, n° 425; ibid., Chron. 37, obs. Groutel; RGAT 1992. 819, note Vincent.* ♦ L'acceptation tacite de la modification de la police n'est pas subordonnée à la fixation de la prime. • Civ. 1re, 14 nov. 1995, n° 93-16.650 P : *RCA 1996, n° 33; ibid., Chron. 1, note Groutel; RGDA 1996. 68, note Favre-Rochex.* ♦ Une proposition de l'assuré ayant pour objet la modification du plafond de garantie est suffisamment précise pour constituer une sollicitation susceptible de se transformer en accord par le seul acquiescement tacite de l'assureur, dès lors que l'assuré déclare accepter par avance la prime la moins élevée possible. • Civ. 1re, 21 mai 1990, n° 88-10.199 P : *D. 1990. IR 147; RGAT 1991. 43, note Bigot.* ♦ Comp. : • Civ. 1re, 22 avr. 1992, n° 89-10.822 P : *RGAT 1992. 497.* ♦ *Contra* antérieurement : une cour d'appel, ayant relevé que la proposition d'avenant faite par l'assuré ne comportait aucune proposition de taux de prime et qu'il ne pouvait être sous-entendu que les taux de la première police en application avaient été implicitement proposés, a estimé à juste titre que la demande d'augmentation des capitaux assurés dans une assurance incendie ne pouvait être régie par les dispositions de l'art. 7 de la L. du 13 juill. 1930. • Civ. 1re, 18 févr. 1964 : *Bull. civ. I, n° 91; RGAT 1965. 30, note Besson.*

2° TRANSMISSION DE LA PROPOSITION À L'ASSUREUR

52. Lettre recommandée. Une cour d'appel, retenant le caractère uniquement probatoire de l'envoi de la lettre recommandée, a pu estimer que l'intervention d'un agent de l'assureur, dans la transmission de la proposition de l'assuré, équivalait à la formalité de la notification prévue par l'art. 7 de la L. du 13 juill. 1930 [C. assur., art. L. 112-2]. • Civ. 1re, 10 juin 1953 : *D. 1954. 37, note Besson; RGAT 1953. 237. note Besson* • 7 mai 1969, n° 67-12.919 P : *RGAT 1969. 484.* ♦ L'envoi d'une lettre recommandée n'est exigé que dans un but probatoire. • Civ. 1re, 6 nov. 1967, n° 65-13.585 P : *RGAT 1968. 207.* ♦ Relevant justement que l'art. 7 de la L. du 13 juill. 1930 (C. assur., art. L. 112-2) n'impose aucunement à l'assuré l'envoi d'une lettre recommandée pour remettre en vigueur un contrat suspendu, mais énonce pour lui cette simple faculté qui, si elle est observée, fixe le point de départ du délai pendant lequel l'assureur peut refuser d'accepter sa proposition. • Civ. 1re, 23 oct. 1974, n° 73-12.752 P : *RGAT 1975. 410.*

53. Intermédiaire. La réclamation de l'assuré avait fait l'objet d'une déclaration, qui avait été adressée par l'agent à son inspecteur et qu'ainsi reçue, enregistrée et rédigée par un agent qualifié, une telle demande, précise, portant sur une clause déterminée du contrat originaire, devait être considérée comme une proposition modificative faisant jouer la présomption d'acceptation de l'assureur. • Civ. 1re, 7 mai 1969 : *Bull. civ. I, n° 167; RGAT 1969. 484, note Besson.* ♦ La remise de la proposition à l'agent général, mandataire de la compagnie, équivaut à la réception d'une lettre recommandée par la compagnie elle-même. • Civ. 1re, 15 juin 1982 : *Bull. civ. n° 220; RGAT 1983. 184 (1re esp.).* ♦ V. déjà, implicitement • Civ. 1re, 21 mai 1975 : *Bull. civ. I, n° 165* • 28 nov. 1978 : *Bull. civ. I, n° 360.* ♦ Il peut en aller de même pour la remise à un courtier, si celui-ci a le pouvoir de recevoir au nom de la compagnie les propositions de modification des contrats signés par lui. • Civ. 1re, 15 juin 1982 : *Bull. civ. I, n° 221; RGAT 1983. 184 (2e esp.).*

54. Lettre simple. L'envoi d'une lettre recommandée n'étant exigé par l'art. L. 112-2 que dans un but probatoire, une simple lettre suffit. • Civ. 1re, 6 nov. 1967 : *Bull. civ. I, n° 320; RGAT 1968. 207, note Besson.* ♦ Dans le même sens : • Civ. 1re, 3 oct. 1995, n° 92-15.665 P.

55. Télécopie. Sur les conditions de la validité de la proposition de modification adressée par télécopie par l'intermédiaire du courtier habilité par l'assureur, la lettre recommandée ne constituant qu'une formalité probatoire, ce dont il résultait qu'il appartenait à l'assureur d'apporter la preuve que le contenu de la télécopie reçue ne correspondait pas à celui qui était prétendu : • Civ. 2e, 3 mai 2006 : *RCA 2006, n° 279, note Groutel.*

C. SUITES DE LA PROPOSITION

1° REFUS DE L'ASSUREUR

56. Est assimilé à un refus le fait par l'assureur, dans le délai de dix jours, d'avoir répondu à l'assuré qu'il ne pouvait accepter, sans examen préalable, les modifications demandées, et chargeait son agent d'entrer en rapport avec lui pour examiner dans quelles conditions il serait possible de modifier le contrat en cours. • Civ. 1re, 4 mars 1957 : *RGAT 1957. 152.*

2° ACCEPTATION CONSÉCUTIVE AU SILENCE DE L'ASSUREUR

57. Computation du délai. Est considérée comme acceptée la proposition, faite par lettre recommandée, de modifier un contrat si l'assureur ne refuse pas cette proposition dans les 10 jours après qu'elle lui soit parvenue. • Civ. 1re, 7 juill. 1992, n° 89-14.619 P : *D. 1992. IR 217 ; JCP 1993. II. 22067, note Bout ; RCA 1992, n° 425 ; ibid. Chron. 37, obs. Groutel ; RGAT 1992. 819, note Vincent.* ♦ Dans le même sens : • Civ. 1re, 14 nov. 1995, n° 93-16.650 P : *RCA 1996, n° 33 ; ibid. Chron. 1, note Groutel ; RGDA 1996. 68, note Favre-Rochex.* • Civ. 2e, 5 juill. 2006, n° 05-14280 P : *RCA 2006, n° 280, note Groutel ; RGDA 2006. 921, note Abravanel-Jolly.*

58. Entrée en vigueur de la modification – Principe. En cas de silence de l'assureur pendant dix jours suivant la réception de la lettre de l'assuré demandant la modification de son contrat, la police d'assurance est modifiée à l'expiration de ces dix jours. • Civ. 1re, 7 avr. 1987, n° 87-15.834 P : *D. 1988. Somm. 157, obs. Berr.* ♦ Comp., jugeant que lorsque l'assureur n'établit pas qu'il a refusé la proposition de modification dans le délai de 10 jours, il est réputé l'avoir acceptée dans les termes et à compter de la demande de l'assuré, • Civ. 1re, 14 nov. 1995, n° 93-16.650 P : *RCA 1996, n° 33 ; ibid., Chron. 1, note Groutel ; RGDA 1996. 68, note Favre-Rochex.*

59. Entrée en vigueur de la modification – Exception. Si la proposition de l'assuré demande que celle-ci prenne effet immédiatement, et non à l'expiration du délai de dix jours, l'acceptation tacite porte également sur cet élément, et un sinistre survenu pendant le délai est garanti, dès lors que l'assuré en a informé immédiatement l'assureur et que celui-ci avait la faculté de refuser la proposition. • Civ. 1re, 28 oct. 1958 : *RGAT 1959. 42, note Besson* • 7 mai 1969 : *ibid. 484, note Besson.* ♦ Il résulte de l'art. L. 112-2 que lorsque l'assureur n'a pas refusé la proposition de modification dans le délai de dix jours, il est réputé l'avoir acceptée dans les termes et à compter de la demande de l'assuré, lequel n'a donc plus la possibilité de se prévaloir de celles des stipulations de l'assurance qu'il a précisément entendu modifier. • Civ. 1re, 22 mai 1991, n° 89-21.042 P : *RCA 1991, n° 305 ; RGAT 1991. 545, note Maurice.*

60. Assurance de groupe. Conformément à l'art. L. 112-2, applicable à l'assurance de groupe, est considérée comme acceptée la proposition d'augmentation de l'indemnité versée en cas d'incapacité temporaire, formulée par l'adhérent dans une lettre, l'assureur ne contestant pas l'avoir reçue et n'y ayant pas répondu dans les dix jours. • Civ. 1re, 3 oct. 1995, n° 92-15.665 P : *RCA 1995, n° 385 ; ibid., Chron. 48, obs. Groutel ; RGDA 1996. 420, note Kullmann.*

Art. L. 112-2-1 *(Ord. n° 2005-648 du 6 juin 2005, art. 2)* I. – *(L. n° 2014-344 du 17 mars 2014, art. 33)* **« 1° La fourniture à distance d'opérations d'assurance à un consommateur est régie par le présent livre et par les articles** *(Ord. n° 2016-301 du 14 mars 2016, art. 2, en vigueur le 1er juill. 2016)* **« L. 222-1 à L. 222-3, L. 222-6 et L. 222-13 à L. 222-16, L. 222-18, L. 232-4, L. 242-15 » du code de la consommation ; »**

2° Pour l'application du 1°, il y a lieu d'entendre :

a) **"Le souscripteur, personne physique, qui agit à des fins qui n'entrent pas dans le cadre de son activité commerciale ou professionnelle" là où est mentionné "le consommateur" ;**

b) **"L'assureur ou l'intermédiaire d'assurance" là où est mentionné "le fournisseur" ;**

c) **"Le montant total de la prime ou cotisation" là où est mentionné "le prix total" ;**

d) **"Droit de renonciation » là où est mentionné "le droit de rétractation" ;**

e) **"Le II de l'article L. 112-2-1 du code des assurances" là où est mentionné** *(Ord. n° 2016-301 du 14 mars 2016, art. 2, en vigueur le 1er juill. 2016)* **« l'article L. 222-7, L. 222-9 à L. 222-12 » ;**

f) **"Le III de l'article L. 112-2-1 du code des assurances" là où est mentionné** *(Ord. n° 2016-301 du 14 mars 2016, art. 2, en vigueur le 1er juill. 2016)* **« l'article L. 222-5 » ;**

3° Pour l'application de l'article *(Ord. n° 2016-301 du 14 mars 2016, art. 2, en vigueur le 1er juill. 2016)* **« L. 222-6 » du code de la consommation, les conditions contractuelles doivent comprendre, outre les informations prévues selon les cas à l'article L. 112-2 ou à** *(L. n° 2019-486 du 22 mai 2019, art. 206-XXIX)* **« l'article L. 132-5 »,** *(Ord. n° 2017-1433 du 4 oct. 2017, art. 2-2°, en vigueur le 1er avr. 2018)* **« un modèle de rédaction » destiné à faciliter l'exercice du droit de renonciation lorsque ce droit existe.**

II. — 1° Toute personne physique ayant conclu à des fins qui n'entrent pas dans le cadre de son activité commerciale ou professionnelle un contrat à distance dispose d'un délai de quatorze jours calendaires révolus pour renoncer, sans avoir à justifier de motif ni à supporter de pénalités. Ce délai commence à courir :

a) Soit à compter du jour où le contrat à distance est conclu ;

b) Soit à compter du jour où l'intéressé reçoit les conditions contractuelles et les informations, conformément à l'article *(Ord. n° 2016-301 du 14 mars 2016, art. 2, en vigueur le 1er juill. 2016)* « L. 222-6 » du code de la consommation, si cette dernière date est postérieure à celle mentionnée au *a*;

2° Toutefois, en ce qui concerne les contrats d'assurance-vie, le délai précité est porté à trente jours calendaires révolus. Ce délai commence à courir :

a) Soit à compter du jour où l'intéressé est informé que le contrat à distance a été conclu ;

b) Soit à compter du jour où l'intéressé reçoit les conditions contractuelles et les informations, conformément à l'article *(Ord. n° 2016-301 du 14 mars 2016, art. 2, en vigueur le 1er juill. 2016)* « L. 222-6 », si cette dernière date est postérieure à celle mentionnée au *a* ;

3° Le droit de renonciation ne s'applique pas :

a) Aux polices d'assurance de voyage ou de bagage ou aux polices d'assurance similaires à court terme d'une durée inférieure à un mois ;

b) Aux contrats d'assurance mentionnés à l'article L. 211-1 du présent code ;

c) Aux contrats exécutés intégralement par les deux parties à la demande expresse du consommateur avant que ce dernier n'exerce son droit de renonciation.

III. — En temps utile avant la conclusion à distance d'un contrat, le souscripteur reçoit les informations suivantes :

1° La dénomination de l'entreprise d'assurance contractante, l'adresse de son siège social, lorsque l'entreprise d'assurance est inscrite au registre du commerce et des sociétés, son numéro d'immatriculation, les coordonnées de l'autorité chargée de son contrôle ainsi que, le cas échéant, l'adresse de la succursale qui propose la couverture *(Ord. n° 2018-361 du 16 mai 2018, art. 1er, en vigueur le 1er oct. 2018)* « ou l'identité, l'adresse de l'intermédiaire d'assurance et son numéro d'immatriculation au registre mentionné au I de l'article L. 512-1 » ;

2° Le montant total de la prime ou cotisation ou, lorsque ce montant ne peut être indiqué, la base de calcul de cette prime ou cotisation permettant au souscripteur de vérifier celle-ci ;

3° La durée minimale du contrat ainsi que les garanties et exclusions prévues par celui-ci ;

4° La durée pendant laquelle les informations fournies sont valables, les modalités de conclusion du contrat et de paiement de la prime ou cotisation ainsi que l'indication, le cas échéant, du coût supplémentaire spécifique à l'utilisation d'une technique de commercialisation à distance ;

5° L'existence ou l'absence d'un droit à *(L. n° 2006-387 du 31 mars 2006, art. 25-VII)* « renonciation » et, si ce droit existe, sa durée, les modalités pratiques de son exercice notamment l'adresse à laquelle la notification de la renonciation doit être envoyée. Le souscripteur doit également être informé du montant de prime ou de cotisation que l'assureur peut lui réclamer en contrepartie de la prise d'effet de la garantie, à sa demande expresse, avant l'expiration du délai de renonciation ;

6° La loi sur laquelle l'assureur se fonde pour établir les relations précontractuelles avec le consommateur ainsi que la loi applicable au contrat et la langue que l'assureur s'engage à utiliser, avec l'accord du souscripteur, pendant la durée du contrat ;

7° Les modalités d'examen des réclamations que le souscripteur peut formuler au sujet du contrat *(Ord. n° 2015-1033 du 20 août 2015, art. 3-2°)* « et de recours à un processus de médiation dans les conditions prévues au titre V du livre Ier *[devenu titre Ier du livre VI]* du code de la consommation », sans préjudice pour lui d'intenter une action en justice ainsi que, le cas échéant, l'existence de fonds de garantie ou d'autres mécanismes d'indemnisation.

Les informations sur les obligations contractuelles communiquées en phase précontractuelle doivent être conformes à la loi applicable au contrat.

Ces informations, dont le caractère commercial doit apparaître sans équivoque, sont fournies de manière claire et compréhensible par tout moyen adapté à la technique de commercialisation à distance utilisée.

(Ord. n° 2018-361 du 16 mai 2018, art. 1er, en vigueur le 1er oct. 2018) **« 8° Le document d'information normalisé prévu par l'article L. 112-2 pour les assurances portant sur un risque non-vie. »**

IV. — L'assureur doit également indiquer, pour les contrats d'assurance-vie les informations mentionnées *(Ord. n° 2018-361 du 16 mai 2018, art. 1er, en vigueur le 1er oct. 2018)* **« aux articles L. 132-5-1 et L. 132-5-2 », notamment le montant maximal des frais qu'il peut prélever et, lorsque les garanties de ces contrats sont exprimées en unités de compte, les caractéristiques principales de celles-ci. Dans ce dernier cas, il doit en outre préciser qu'il ne s'engage que sur le nombre des unités de compte et non sur leur valeur qui peut être sujette à des fluctuations à la hausse comme à la baisse.** *(Ord. n° 2018-361 du 16 mai 2018, art. 1er, en vigueur le 1er oct. 2018)* **« L'assureur doit de plus fournir les informations prévues par l'article L. 522-3. »**

V. — Un décret en Conseil d'État fixe les informations communiquées au souscripteur en cas de communication par téléphonie vocale.

VI. — Les infractions aux dispositions du présent article sont constatées et sanctionnées par l'Autorité de contrôle prudentiel et de résolution dans les conditions prévues à la section II du chapitre unique du titre Ier du livre III.

Les infractions constituées par l'absence matérielle des éléments d'information prévus au III du présent article, ainsi que le refus de l'assureur de rembourser le souscripteur personne physique dans les conditions fixées à l'article L. 121-30 *[devenu art. L. 222-13 à L. 222-15, L. 242-15]* **du code de la consommation peuvent également être** *(Ord. n° 2016-301 du 14 mars 2016, art. 5-1°, en vigueur le 1er juill. 2016)* **« recherchées et constatées par les agents mentionnés aux articles L. 511-3 et L. 511-21 du même code, dans les conditions prévues à l'article L. 511-6 de ce code. »**

Les conditions d'application du présent article sont définies en tant que de besoin par décret en Conseil d'État. *— V. art. R. 112-4, R. 112-5.*

Les dispositions issues de l'art. 33 de la L. n° 2014-344 du 17 mars 2014 s'appliquent aux contrats conclus après le 13 juin 2014 (L. préc., art. 34). — V. ancienne rédaction au ***C. assur., éd. 2013****.*

V. note ss. art. L. 111-9.

BIBL. ▸ Information du souscripteur : ASTEGIANO-LA RIZZA, *RGDA 2007. 464*. - ABRAVANEL-JOLLY, *RGDA 2007. 483*.

▸ Réglementation et droit de la consommation : GRYNBAUM et LEPLAT, *JCP 2005. I. 193* (ordonnance « services financiers à distance ». De la relativité du Code de la consommation comme code... pilote) ; L'assurance à distance, *Droit In-Situ 2006*.

▸ Droit de renonciation : CANNARSA, *RGDA 2009. 25* (les facultés de rétractation en droit de la consommation et en droit des assurances : continuité en droit interne, changements en droit communautaire).

COMMENTAIRE

Transposant la directive n° 2002/65/CE du 23 septembre 2002 relative à la commercialisation à distance de services financiers, l'ordonnance n° 2005-648 du 6 juin 2005 a inséré un nouvel article L. 112-2-1 dans le code des assurances, afin de réglementer les contrats conclus à distance entre un assureur et une personne physique agissant à des fins qui n'entrent pas dans le cadre de son activité commerciale ou professionnelle. Ces nouvelles dispositions, complétées par un décret du 25 novembre 2005 (V. art. R. 112-4 et R. 112-5), sont entrées en vigueur le 1er décembre 2005.

Dans la mesure où cette ordonnance a également modifié le code de la consommation, le législateur a pris le parti de ne pas reprendre les mêmes dispositions dans le code des assurances et de simplement procéder par renvois (V. C. consom., art. L. 222-1 à L. 222-18, reproduits ss. art. L. 112-2-1). Il a néanmoins effectué quelques ajustements terminologiques. Il faut ainsi remplacer les termes de « consommateur » et de « fournisseur » par ceux de « souscripteur » et d'« assureur » et substituer aux expressions « prix total » et « droit de rétractation » celles de « montant total de la prime ou cotisation » et de « droit de renonciation ».

Au-delà, l'article L. 112-2-1 détermine plus précisément quelles sont les informations à remettre au souscripteur avant la conclusion du contrat (I) et les modalités du droit de renonciation reconnu au souscripteur (II).

I. L'INFORMATION PRÉCONTRACTUELLE DU SOUSCRIPTEUR

Plusieurs dispositions au sein de l'article L. 112-2-1 envisagent l'information précontractuelle du souscripteur. Il faut donc préciser le contenu (A), la forme (B) et les sanctions de cette obligation d'information (C).

A. LE CONTENU

L'article L. 112-2-1, III, établit une longue liste d'informations à remettre au candidat à la souscription d'un contrat à distance. Toutefois, ces informations ne se démarquent pas totalement des informations classiquement remises avant la conclusion d'un contrat d'assurance en exécution de l'article L. 112-2. Or l'article L. 112-2-1, I, 3°, prévoit en parallèle que les conditions contractuelles, transmises au candidat à l'assurance, doivent comprendre les informations prévues pour les assurances non vie à l'article L. 112-2 et pour les assurances vie à l'article L. 132-5-1. Un tel enchevêtrement de règles ne contribue pas à la clarté de l'article.

Par ailleurs, dans l'hypothèse où la conclusion du contrat se ferait par téléphone, l'article R. 112-4, 2°, prévoit un allégement de l'information précontractuelle subordonné à l'accord formel du souscripteur. Seuls le montant de la prime, la durée du contrat et l'existence ou l'absence d'un droit à renonciation sont alors communiqués. Le souscripteur doit néanmoins être informé de la possibilité d'obtenir sur demande les autres informations mentionnées à l'article L. 112-2-1.

B. LA FORME

L'article L. 112-2-1 n'apporte directement que peu de précisions sur la forme de l'information précontractuelle. Il indique simplement, dans son III, que ces informations doivent être « fournies de manière claire et compréhensible par tout moyen adapté à la technique de commercialisation à distance utilisée ».

Cependant, cet article renvoie, dans son I, à l'article L. 222-61 du code de la consommation, lequel dispose que les conditions contractuelles doivent être communiquées au consommateur – c'est-à-dire en l'occurrence au souscripteur – par écrit ou sur un autre support durable à sa disposition et auquel il a accès en temps utile et avant tout engagement.

C. LES SANCTIONS

L'assureur est incité à faire preuve de la plus grande attention dans la fourniture des informations précontractuelles, puisque, outre le contrôle général de l'Autorité de contrôle prudentiel et de résolution et de la Direction générale de la concurrence, de la consommation et de la répression des fraudes, l'absence matérielle des éléments d'information prévus au III de l'article L. 112-2-1 est, selon l'article R. 112-5, puni de la peine d'amende prévue pour les contraventions de la cinquième classe.

II. LE DROIT DE RENONCIATION DU SOUSCRIPTEUR

Parce que la situation de la personne physique, souscriptrice d'un contrat à distance pour les besoins de sa vie privée, appelle une protection particulière, l'article L. 112-2-1, II, institue un droit de renonciation au profit de celle-ci. Son domaine d'application (A) et sa mise en œuvre (B) doivent être successivement présentés.

A. DOMAINE D'APPLICATION

Plusieurs exceptions à la faculté de renonciation ont été énoncées par le législateur. Ainsi, ce droit de renonciation ne s'applique pas aux contrats d'assurance de voyage ou de bagage ou à ceux similaires à court terme d'une durée inférieure à un mois. De même, cette faculté de renonciation est écarté pour les contrats d'assurance obligatoire couvrant la responsabilité civile automobile, ainsi que pour les contrats exécutés intégralement par les deux parties à la demande expresse du souscripteur avant que celui-ci n'exerce son droit de renonciation (1). On peut néanmoins observer que l'article L. 112-2-1, II, n'a pas écarté la faculté de renonciation pour les contrats d'assurance-vie en unités de compte (2). Ces deux derniers points appellent quelques précisions.

1. LES CONTRATS EXÉCUTÉS INTÉGRALEMENT PAR LES DEUX PARTIES À LA DEMANDE EXPRESSE DU SOUSCRIPTEUR

Cette exception à la faculté de renonciation a pu susciter des interrogations. Que faut-il entendre par exécution intégrale du contrat ?

Plusieurs conceptions de cette notion ont pu être identifiées (V. Grynbaum et Leplat, *JCP 2005 I. 193, n° 26* ; Leduc, *RCA 2013, n° 133*). Tout d'abord, l'on pourrait estimer que le contrat est intégralement exécuté par les deux parties lorsque la garantie a pris effet immédiatement à la demande du souscripteur et lorsque la prime a été entièrement payée. Ensuite, une conception plus restrictive pourrait conduire à retenir une exécution intégrale du contrat uniquement en cas de prise d'effet immédiate de la garantie, de paiement total de la prime et de réalisation totale et définitive du risque assuré (V. Groutel et a., Traité du contrat d'assurance terrestre, *Litec, 2008, n° 925, note 89*). Toutes les obligations contractuelles ayant été exécutées, le contrat ne pourrait plus faire l'objet d'une renonciation. Enfin, une troisième analyse, intermédiaire, retiendrait une exécution intégrale du contrat en cas de prise d'effet immédiate de la garantie, de paiement total de la prime et de la survenance d'un sinistre n'éteignant pas la garantie. Mais il faudrait alors déterminer ce que l'on entend par sinistre pour l'application de la règle de l'article L. 112-2-1, II.

La Cour de cassation n'a, pour l'instant, pas apporté de réponse précise à ces interrogations doctrinales. Elle a simplement retenu, par deux arrêts du même jour, qu'un contrat n'est pas exécuté intégralement par les deux parties à la demande expresse de l'assuré du seul fait du paiement de la prime (Civ. 2e, 17 janv. 2013 : *V. note 2*) et que prive sa décision de base légale le juge de proximité qui écarte la faculté de renonciation sans constater que le contrat, qui avait seulement pris effet avec le paiement de la prime, avait été exécuté intégralement par les deux parties à la demande expresse du consommateur (Civ. 2e, 17 janv. 2013, *préc.*). Ces arrêts pourraient laisser entendre que le paiement de la prime et la prise d'effet immédiate de la garantie ne suffiraient pas pour établir une exécution intégrale du contrat. Mais cette analyse suscite des réserves de la part de certains auteurs tant la rédaction des arrêts laisse planer un doute. Il est possible que la Cour de cassation ait simplement envisagé la notion de « demande expresse du consommateur » (V. Kullman, *RGDA 2013. 578*).

2. LES CONTRATS D'ASSURANCE-VIE EN UNITÉS DE COMPTE

Alors que l'article 6, § 2, de la directive n° 2002/65/CE exclut du domaine d'application de la faculté de renonciation les services financiers dont le prix dépend de la fluctuation des marchés financiers, le législateur français n'en a nullement tenu compte pour les contrats d'assurance. Or les contrats d'assurance-vie en unités de compte sont soumis aux fluctuations du marché. Les souscripteurs pourraient ainsi être tentés d'invoquer leur droit de renonciation pour sortir d'un contrat finalement peu avantageux au regard de l'évolution du marché.

B. MISE EN ŒUVRE

1. LE DÉLAI D'EXERCICE

La faculté de renonciation est présentée comme un droit discrétionnaire du souscripteur. Il peut l'exercer dans un délai de quatorze jours calendaires révolus, incluant donc les samedis, dimanches et jours fériés, sans avoir à se justifier ni à verser de pénalités. En assurance-vie, ce délai est porté à trente jours et correspond ainsi au délai de renonciation institué par l'article L. 132-5-1 pour les contrats d'assurance sur la vie d'une durée minimale de deux mois. Cela étant, le régime de la faculté de renonciation de l'article L. 112-2-1 présente encore de nombreuses différences avec celui de l'article L. 132-5-1, ce qui soulève des problèmes d'articulation (V. Groutel et a., Traité du contrat d'assurance terrestre, *Litec, 2008, n° 926, note 90, et n° 2148*).

Par principe, le délai commence à courir à compter du jour où le contrat d'assurance est conclu ou, pour les contrats d'assurance-vie, à compter du jour où le souscripteur est informé que le contrat a été conclu. Toutefois, son point de départ peut être retardé au jour où l'intéressé a reçu les conditions contractuelles et les informations prescrites en vertu de l'article L. 222-6 du code de la consommation, lorsque cette date est postérieure à celle de la conclusion du contrat ou de la connaissance de la conclusion du contrat. On remarquera que ce report du délai n'est encadré par aucune limite temporelle alors que la prorogation de la faculté de renonciation de l'article L. 132-5-1 est limitée à huit années à compter de la date où le souscripteur est informé que le contrat est conclu.

2. LES EFFETS

Par principe, en application de l'article L. 121-30 du code de la consommation, le contrat d'assurance ne peut recevoir de commencement d'exécution par les parties avant l'arrivée du terme du délai de renonciation. Toutefois, le contrat pourrait prendre effet immédiatement avec l'accord du souscripteur.

Si le contrat n'a pas été exécuté, l'exercice du droit de renonciation éteint purement et simplement le contrat. Il n'aura jamais produit d'effets. En revanche, si le contrat a pris effet immédiatement, la mise en œuvre de la faculté de renonciation met fin au contrat pour l'avenir. Le souscripteur ne sera alors redevable que de la fraction de la prime relative à la période de garantie, à la condition toutefois d'avoir été préalablement informé du montant de la fraction de la prime due en cas de renonciation au contrat. L'assureur devra rendre toutes les autres sommes perçues en application du contrat au plus tard dans un délai de trente jours. Au-delà de ce délai, la somme due est de plein droit productive d'intérêts au taux légal. ❑

1. Droit antérieur. Implicitement, pour la souscription d'un contrat d'assurance moto conclu sur un site internet, la demande d'assurance ayant été acceptée le jour où elle a été formée. • Crim. 27 mai 2008, n° 07-88.176 P : *D. 2009. 1324, note D. Noguéro ; Gaz. Pal. 2009, Jurisp. 581, note Ballet et Michau ; RDBF 2008, n° 183, note Caprioli.*

2. Renonciation au contrat. Le contrat d'assurance n'est pas intégralement exécuté par les deux parties à la demande de l'assuré consommateur du seul fait du paiement de la prime. Il s'ensuit que la renonciation exercée dans le délai légal était régulière. • Civ. 2e, 17 janv. 2013, n° 11-20.155 P : *RGDA 2013. 578, note Kullmann.* ♦ De même, prive sa décision de base légale le juge de proximité qui déboute le souscripteur de sa demande en remboursement du montant de la prime au motif que le droit de renonciation ne s'applique pas, sans constater que le contrat, qui avait simplement pris effet avec le paiement de la prime, n'avait pas été exécuté intégralement par les deux parties à la demande expresse du consommateur. • Civ. 2e, 17 janv. 2013, n° 11-28.928 P : *D. 2013. 245 ; RCA 2013, n° 133, note Leduc ; RGDA 2013. 578, note Kullmann.*

Code de la consommation

Ire PARTIE : LÉGISLATIVE

LIVRE II. FORMATION ET EXÉCUTION DES CONTRATS
(Ord. n° 2016-301 du 14 mars 2016, en vigueur le 1er juill. 2016)

TITRE II. RÈGLES DE FORMATION ET D'EXÉCUTION DE CERTAINS CONTRATS

CHAPITRE II. *DISPOSITIONS PARTICULIÈRES AUX CONTRATS CONCLUS À DISTANCE PORTANT SUR DES SERVICES FINANCIERS*

SECTION I. *Champ d'application et définitions*

Art. L. 222-1 Les dispositions du présent chapitre s'appliquent aux services mentionnés aux livres Ier à III et au titre V du livre V du code monétaire et financier ainsi qu'aux opérations pratiquées par les entreprises régies par le code des assurances, par les mutuelles et unions régies par le livre II du code de la mutualité et par les institutions de prévoyance et unions régies par le titre III du livre IX du code de la sécurité sociale sans préjudice des dispositions spécifiques prévues par ces codes. — *[C. consom., art. L. 121-26, al. 2.]*

Art. L. 222-2 Les obligations prévues par les dispositions du présent chapitre s'imposent aux fournisseurs et aux intermédiaires de services financiers. — *[C. consom., art. L. 121-26, al. 1er.]*

Art. L. 222-3 Pour les contrats portant sur des services financiers comportant une première convention de service suivie d'opérations successives ou d'une série d'opérations distinctes, de même nature, échelonnées dans le temps, les dispositions du présent chapitre ne s'appliquent qu'à la première convention de service. Pour les contrats renouvelables par tacite reconduction, les dispositions du présent chapitre ne s'appliquent qu'au contrat initial.

En l'absence de première convention de service, lorsque des opérations successives ou distinctes, de même nature, échelonnées dans le temps, sont exécutées entre les mêmes parties, les dispositions de l'article L. 222-5 ne sont applicables qu'à la première opération. Cependant, lorsqu'aucune opération de même nature n'est effectuée pendant plus d'un an, ces dispositions s'appliquent à l'opération suivante, considérée comme une première opération.

Art. L. 222-4 Pour l'application du présent chapitre, est considéré comme support durable tout instrument permettant au consommateur de stocker des informations qui lui sont adressées personnellement afin de pouvoir s'y reporter ultérieurement pendant un laps de temps adapté aux fins auxquelles les informations sont destinées et qui permet la reproduction à l'identique des informations stockées.

....

SECTION III. *Formation et exécution du contrat*

Art. L. 222-6 Le consommateur reçoit, par écrit ou sur un autre support durable à sa disposition et auquel il a accès en temps utile et avant tout engagement, les conditions contractuelles ainsi que les informations mentionnées à l'article L. 222-5. Elles sont fournies au consommateur conformément aux dispositions législatives et réglementaires spécifiques à chaque produit, instrument financier ou service proposé.

Le fournisseur exécute ses obligations de communication immédiatement après la conclusion du contrat, lorsque celui-ci a été conclu à la demande du consommateur en utilisant une technique de communication à distance ne permettant pas la transmission des informations précontractuelles et contractuelles sur un support papier ou sur un autre support durable. Dans ce cas et lorsque le contrat porte sur une opération mentionnée au premier alinéa de l'article L. 312-84, le fournisseur n'est tenu de communiquer au consommateur que les seules informations contractuelles.

A tout moment au cours de la relation contractuelle, le consommateur a le droit, s'il en fait la demande, de recevoir les conditions contractuelles sur un support papier. En outre, le consommateur a le droit de changer les techniques de communication à distance utilisées, à moins que cela ne soit incompatible avec le contrat à distance conclu ou avec la nature du service financier fourni. – *[C. consom., art. L. 121-28.]*

SECTION IV. *Délai de rétractation*

....

Art. L. 222-13 Les contrats pour lesquels s'applique le délai de rétractation défini à l'article L. 222-7 ne peuvent recevoir de commencement d'exécution par les parties avant l'arrivée du terme de ce délai sans l'accord du consommateur. Lorsque celui-ci exerce son droit de rétractation, il ne peut être tenu qu'au paiement proportionnel du service financier effectivement fourni, à l'exclusion de toute pénalité.

Le fournisseur ne peut exiger du consommateur le paiement du service mentionné au premier alinéa que s'il peut prouver que le consommateur a été informé du montant dû, conformément à l'article L. 222-5. Toutefois, il ne peut pas exiger ce paiement s'il a commencé à exécuter le contrat avant l'expiration du délai de rétractation sans demande préalable du consommateur. – *[C. consom., art. L. 121-30-I, al. 1er et 2.]*

Art. L. 222-14 Les contrats de crédit à la consommation prévus au chapitre II du titre Ier du livre III ne peuvent recevoir, même avec l'accord du consommateur, de commencement d'exécution durant les sept premiers jours, sauf s'agissant des contrats de crédit affecté mentionnés à l'article L. 222-11, qui ne peuvent recevoir de commencement d'exécution durant les trois premiers jours. – *[C. consom., art. L. 121-30-I, al. 3.]*

Art. L. 222-15 Le fournisseur rembourse au consommateur dans les meilleurs délais et au plus tard dans les trente jours toutes les sommes qu'il a perçues de celui-ci en application du contrat, à l'exception du montant mentionné au premier alinéa de l'article L. 222-13. Ce délai commence à courir le jour où le fournisseur reçoit notification par le consommateur de sa volonté de se rétracter.

Le consommateur restitue au fournisseur dans les meilleurs délais et au plus tard dans les trente jours toute somme et tout bien qu'il a reçus de ce dernier. Ce délai commence à courir à compter du jour où le consommateur communique au fournisseur sa volonté de se rétracter. – *[C. consom., art. L. 121-30-II, hors sanctions.]*

Art. L. 222-16 Les dispositions de l'article L. 34-5 du code des postes et communications électroniques sont applicables aux services financiers.

Les techniques de communication à distance destinées à la commercialisation de services financiers autres que celles mentionnées à l'article L. 34-5 du code des postes et communications électroniques ne peuvent être utilisées que si le consommateur n'a pas manifesté son opposition.

Les mesures prévues au présent article ne doivent pas entraîner de frais pour le consommateur. – *[C. consom., art. L. 121-31.]*

Art. L. 222-16-1 *(L. nº 2016-1691 du 9 déc. 2016, art. 75)* La publicité, directe ou indirecte, adressée par voie électronique à des clients susceptibles d'être non professionnels, notamment des clients potentiels, relative à la fourniture de services d'investissement portant sur les contrats financiers définis à l'article L. 533-12-7 du code monétaire et financier est interdite.

(L. nº 2019-486 du 22 mai 2019, art. 87-II) « Est également interdite toute publicité, directe ou indirecte, diffusée par voie électronique ayant pour objet d'inviter une personne, par le biais d'un formulaire de réponse ou de contact, à demander ou à fournir des informations complémentaires, ou à établir une relation avec l'annonceur, en vue d'obtenir son accord pour la réalisation d'une opération relative à :

« *a)* La fourniture de services sur actifs numériques au sens de l'article L. 54-10-2 du même code, à l'exception de ceux pour la fourniture desquels l'annonceur est agréé dans les conditions prévues à l'article L. 54-10-5 dudit code ;

« *b)* Une offre au public de jetons au sens de l'article L. 552-3 du même code, sauf lorsque l'annonceur a obtenu le visa prévu à l'article L. 552-4 du même code. »

Est passible d'une amende administrative dont le montant ne peut excéder 100 000 € :

1º Tout annonceur, à l'exception des prestataires de services d'investissement mentionnés au même article L. 533-12-7 et des conseillers en investissements financiers mentionnés à l'article L. 541-9-1 du même code, qui diffuse ou fait diffuser une publicité interdite en application du présent article ;

2º Tout intermédiaire réalisant, pour le compte d'un annonceur, une prestation ayant pour objet l'édition d'une publicité interdite en application du présent article ;

3º Tout prestataire qui fournit à un annonceur des services de conseil en plan média ou de préconisation de support d'espace publicitaire pour une publicité interdite en application du présent article ;

4º Tout acheteur d'espace publicitaire réalisant, pour le compte d'un annonceur, une prestation ayant pour objet la diffusion d'une publicité interdite en application du présent article ;

5º Tout vendeur d'espace publicitaire, en qualité de support ou de régie, réalisant une prestation ayant pour objet la diffusion d'une publicité interdite en application du présent article, sans préjudice des dispositions prévues au I de l'article 6 de la loi nº 2004-575 du 21 juin 2004 pour la confiance dans l'économie numérique ;

6º Toute personne diffusant une publicité interdite en application du présent article.

L'amende est prononcée dans les conditions prévues au chapitre II du titre II du livre V du présent code.

Art. L. 222-16-2 *(L. nº 2016-1691 du 9 déc. 2016, art. 77-I)* Toute opération de parrainage ou de mécénat est interdite lorsqu'elle a pour objet ou pour effet la publicité, directe ou indirecte, en faveur *(L. nº 2019-486 du 22 mai 2019, art. 87-II)* « :

« 1º De services d'investissement portant sur les contrats financiers définis à l'article L. 533-12-7 du code monétaire et financier ;

« 2º De services sur actifs numériques au sens de l'article L. 54-10-2 du même code, à l'exception de ceux pour la fourniture desquels le parrain ou le mécène est agréé dans les conditions prévues à l'article L. 54-10-5 dudit code ;

« 3º D'une offre au public de jetons au sens de l'article L. 552-3 du même code, sauf lorsque le parrain ou le mécène a obtenu le visa prévu à l'article L. 552-4 du même code. »

Tout manquement aux dispositions du présent article est passible d'une amende administrative dont le montant ne peut excéder 100 000 €.

L'amende est prononcée dans les conditions prévues au chapitre II du titre II du livre V du présent code.

L'exécution des contrats en cours au 1er juill. 2016 relatifs à toute opération mentionnée au premier al. de l'art. L. 222-16-2 est poursuivie jusqu'au 30 juin 2017 au plus tard (L. nº 2016-1691 du 9 déc. 2016, art. 77-II).

Art. L. 222-17 Des règles spécifiques relatives à la fourniture à distance d'opérations d'assurance un *[au]* consommateur sont par ailleurs fixées par les dispositions :

— du chapitre II du titre Ier du livre I du code des assurances pour les opérations pratiquées par les entreprises régies par le même code ;

— du chapitre Ier du titre II du livre II du code de la mutualité pour les opérations pratiquées par les mutuelles et unions de mutuelles régies par le même code ;

— du chapitre II du titre III du livre IX du code de la sécurité sociale pour les opérations pratiquées par les institutions de prévoyance et d'unions régies par le même code.

SECTION V. *Dispositions d'ordre public*

Art. L. 222-18 Les dispositions du présent chapitre sont d'ordre public. – *[C. consom., art. L. 121-33.]*

....

TITRE III. LOI APPLICABLE AUX CONTRATS TRANSFRONTALIERS

CHAPITRE II. *DROIT APPLICABLE AUX CONTRATS*

....

Art. L. 232-4 Lorsque les parties ont choisi la loi d'un État non membre de l'Union européenne pour régir le contrat, le juge devant lequel est invoquée cette loi est tenu d'en écarter l'application au profit des dispositions plus protectrices de la loi de la résidence habituelle du consommateur assurant la transposition de la directive 2002/65/CE du Parlement européen et du Conseil du 23 septembre 2002 modifié concernant la commercialisation à distance de services financiers auprès des consommateurs, et modifiant les directives 90/619/CEE du Conseil, 97/7/CE et 98/27/CE, lorsque le contrat présente un lien étroit avec le territoire d'un ou *[de]* plusieurs États membres de l'Union européenne. – *[C. consom., art. L. 121-32.]*

TITRE IV. SANCTIONS

CHAPITRE II. *RÈGLES DE FORMATION ET D'EXÉCUTION DE CERTAINS CONTRATS*

SECTION II. *Dispositions particulières aux contrats conclus à distance*

Art. L. 242-15 Lorsque le professionnel n'a pas remboursé le consommateur dans les conditions prévues à l'article L. 222-15, à l'expiration du délai de trente jours, la somme due est, de plein droit, productive d'intérêts au taux légal en vigueur. – *[C. consom., art. L. 121-30, sanctions.]*

Art. L. 112-2-2 *(L. nº 2021-402 du 8 avr. 2021, en vigueur le 1er avr. 2022)* **I. — Lorsqu'un distributeur au sens du III de l'article L. 511-1 contacte par téléphone un souscripteur ou un adhérent éventuel en vue de conclure un contrat d'assurance qui n'entre pas dans le cadre de l'activité commerciale ou professionnelle du souscripteur ou de l'adhérent éventuel :**

1º Il recueille au début de la conversation, immédiatement après avoir satisfait aux obligations d'information prévues par voie réglementaire, l'accord préalable du souscripteur ou de l'adhérent éventuel à la poursuite de la communication. A défaut d'accord explicite de ce dernier, le distributeur met fin à l'appel sans délai et s'abstient de le contacter à nouveau.

Après avoir recueilli l'accord préalable et explicite du souscripteur ou de l'adhérent éventuel à la poursuite de la communication, le distributeur demeure tenu à tout moment de mettre fin sans délai à l'appel dès lors que le souscripteur ou l'adhérent éventuel manifeste une absence d'intérêt ou son souhait de ne pas donner suite à la proposition commerciale. Dans un tel cas, le distributeur s'abstient de le contacter à nouveau ;

2º Il s'assure que le souscripteur ou l'adhérent éventuel peut résilier son contrat en cours concomitamment à la prise d'effet du contrat proposé si son offre concerne un risque déjà couvert ;

3º Il s'assure, avant la conclusion à distance du contrat, de la bonne réception par le souscripteur ou l'adhérent éventuel des documents et informations prévus à l'article L. 112-2, aux I, III et IV de l'article L. 112-2-1, aux articles L. 521-2 à L. 521-4 et L. 522-1 à L. 522-6 du présent code et au premier alinéa de l'article L. 222-6 du code de la consommation.

Le distributeur est tenu de respecter un délai minimal de vingt-quatre heures entre la réception par le souscripteur ou l'adhérent éventuel des documents et informations mentionnés au 3º du présent I et tout nouveau contact par téléphone fixé après accord exprès du souscripteur ou de l'adhérent éventuel.

II. — Le souscripteur ou l'adhérent éventuel ne peut consentir au contrat qu'en le signant. Cette signature ne peut être que manuscrite ou électronique. Elle ne peut

intervenir au cours d'un appel téléphonique et moins de vingt-quatre heures après la réception des documents et informations mentionnés au 3° du I.

Dans tous les cas, un distributeur ne peut signer un contrat pour le compte du souscripteur ou de l'adhérent éventuel.

III. — A la suite de la signature du contrat, le distributeur informe sans délai le souscripteur ou adhérent, par écrit ou sur tout autre support durable, de son engagement, des dates de conclusion et de prise d'effet du contrat, de son éventuel droit de renonciation et des modalités d'exercice de ce droit, notamment l'adresse à laquelle la notification de la renonciation doit être envoyée ainsi que les modalités d'examen des réclamations que le souscripteur peut formuler au sujet du contrat.

IV. — Afin de permettre à l'Autorité de contrôle prudentiel et de résolution et à la direction générale de la concurrence, de la consommation et de la répression des fraudes de contrôler le respect des obligations prévues au présent article, les distributeurs enregistrent, conservent et garantissent la traçabilité de l'intégralité des communications téléphoniques intervenues avant la conclusion du contrat d'assurance, pendant une période de deux années.

V. — Le présent article n'est pas applicable lorsque le distributeur est lié au souscripteur ou à l'adhérent éventuel par un contrat en cours ou lorsque le souscripteur ou l'adhérent éventuel a sollicité l'appel ou a consenti à être appelé, en engageant de manière claire, libre et sans équivoque une démarche expresse en ce sens.

Le distributeur tient à la disposition de l'Autorité de contrôle prudentiel et de résolution et de la direction générale de la concurrence, de la consommation et de la répression des fraudes les pièces justificatives permettant de vérifier le respect des conditions prévues au premier alinéa du présent V.

VI. — Les infractions aux dispositions du présent article sont constatées et sanctionnées par l'Autorité de contrôle prudentiel et de résolution dans les conditions prévues à la section II du chapitre Ier du titre Ier du livre III.

Les infractions constituées par le non-respect par les distributeurs des dispositions relatives au processus de commercialisation, telles que mentionnées aux I à V du présent article, peuvent également être recherchées et constatées par les agents mentionnés aux articles L. 511-3 et L. 511-21 du code de la consommation, dans les conditions prévues à l'article L. 511-6 du même code.

Les conditions d'application du présent article sont définies par décret en Conseil d'État.

Art. L. 112-3 *(Ord. n° 2001-350 du 19 avr. 2001, art. 6-XXXI)* « Le contrat d'assurance et les informations transmises par l'assureur au souscripteur mentionnées dans le présent code sont rédigés par écrit, en français, en caractère apparents.

« Par dérogation aux dispositions du précédent alinéa concernant l'emploi de la langue française, lorsque, en vertu des articles L. 181-1 et L. 183-1, les parties au contrat ont la possibilité d'appliquer une autre loi que la loi française, les documents mentionnés au premier alinéa du présent article peuvent être rédigés dans une autre langue que le français. Le choix d'une autre langue que le français est effectué d'un commun accord entre les parties et, sauf lorsque le contrat couvre les grands risques définis à l'article L. 111-6, à la demande écrite du seul souscripteur.

« Lorsque les parties au contrat n'ont pas la possibilité d'appliquer une autre loi que la loi française, ces documents peuvent toutefois, d'un commun accord entre les parties et à la demande écrite du seul souscripteur, être rédigés dans la langue ou dans l'une des langues officielles de l'État dont il est ressortissant. »

(L. n° 89-1014 du 31 déc. 1989, en vigueur le 1er mai 1990) « Lorsque, avant la conclusion du contrat, l'assureur a posé des questions par écrit à l'assuré, notamment par un formulaire de déclaration du risque ou par tout autre moyen, il ne peut se prévaloir du fait qu'une question exprimée en termes généraux n'a reçu qu'une réponse imprécise. »

Toute addition ou modification au contrat d'assurance primitif doit être constatée par un avenant signé des parties. *(L. n° 2005-1579 du 19 déc. 2005, art. 54-VIII)* « Par dérogation, la modification proposée par l'assureur d'un contrat complémentaire

santé individuel ou collectif visant à le mettre en conformité avec les règles fixées par le décret en Conseil d'État mentionné à l'article L. 871-1 du code de la sécurité sociale est réputée acceptée à défaut d'opposition du souscripteur. L'assureur informe par écrit le souscripteur des nouvelles garanties proposées et des conséquences juridiques, sociales, fiscales et tarifaires qui résultent de ce choix en application du même article. Ce dernier dispose d'un délai de trente jours pour refuser par écrit cette proposition. Les modifications acceptées entrent en application au plus tôt un mois après l'expiration du délai précité de trente jours et dans un délai compatible avec les obligations légales et conventionnelles d'information des adhérents ou affiliés par le souscripteur. »

Les présentes dispositions ne font pas obstacle à ce que, même avant la délivrance de la police ou de l'avenant, l'assureur et l'assuré ne soient engagés l'un à l'égard de l'autre par la remise d'une note de couverture.

BIBL. ▶ Charge de la preuve : PERROT, *RGAT 1961. 5.* ▶ Preuve du contrat : GROUTEL, *RCA 1991. Chron. 6.* – DURRY, *RCA 1999. Chron. 24.* ▶ Attestation d'assurance ou note de couverture : GROUTEL, *RCA 1994. Chron. 1.*

COMMENTAIRE

Selon l'article L. 112-3, trois documents sont susceptibles de constater l'engagement réciproque de l'assureur et du souscripteur. Il s'agit de la note de couverture (I), de la police d'assurance (II) et de l'avenant (III).

I. LA NOTE DE COUVERTURE

La note de couverture se distingue par son caractère provisoire (A) et son contenu sommaire (B).

A. CARACTÈRE PROVISOIRE

La note de couverture se caractérise avant tout par son caractère provisoire. En raison de cette spécificité, elle peut revêtir deux fonctions bien distinctes (Civ. 1re, 30 avr. 1970 : *V. note 24*). Elle peut servir de preuve provisoire d'un engagement ferme et définitif de l'assureur en attendant l'établissement de la police d'assurance. Elle est alors destinée à être ultérieurement remplacée par un document définitif, soit la police d'assurance, soit un avenant. Mais, elle peut également ne constituer qu'une garantie provisoire valable pour une durée très limitée. Dans une telle hypothèse, l'assureur n'est engagé que dans les conditions et pour le délai mentionnés dans la note de couverture (Civ. 1re, 9 nov. 1999 et Civ. 1re, 3 juill. 2001 : *V. note 25*).

B. CONTENU SOMMAIRE

Le contenu de la note de couverture est très peu réglementé. La Cour de cassation rappelle régulièrement qu'elle n'est soumise à aucune condition de forme (Civ. 1re, 30 juin 1969 et Civ. 1re, 6 oct. 1993 : *V. note 28*). Elle peut être matérialisée par tout document écrit, dès lors qu'il émane de l'assureur ou de son représentant (Civ. 1re, 23 juin 1969 : *V. note 28*). En outre, il n'est pas nécessaire qu'il s'intitule « note de couverture » (Civ. 1re, 1er mars 1948 : *V. note 26*), les juges du fond devant rechercher l'exacte qualification du document qui leur est présenté (Civ. 1re, 19 déc. 1989 : *V. note 26*). De même, la jurisprudence n'exige pas que la note de couverture contienne les mentions prescrites par la loi pour la rédaction d'une police d'assurance (Civ. 1re, 1er mars 1948 : *préc.*). En revanche, le document ne doit pas être un simple projet, il doit bien établir l'engagement des parties à une garantie provisoire ou définitive. Cela emporte deux conséquences importantes.

D'une part, la note de couverture doit préciser les dispositions essentielles de la garantie, afin de permettre sa mise en œuvre (Civ. 1re, 14 janv. 1992 : *V. note 26*). Par ailleurs, si son application doit se faire en fonction des conditions générales de la police type de l'assureur, il n'en demeure pas moins que l'assureur ne pourra se prévaloir d'une nullité, déchéance ou exclusion que s'il prouve l'avoir portée à la connaissance de l'assuré (Civ. 1re, 7 mars 1989 : *V. note 29*).

D'autre part, dès lors que la note de couverture constate un engagement réciproque de l'assureur et de l'assuré, elle se distingue de l'attestation d'assurance qui prouve simplement un accord préalablement formé. Toutefois, cette distinction n'a pas toujours été bien perçue par la jurisprudence. En effet, la rédaction d'une note de couverture après la conclusion d'un contrat d'assurance peut révéler une modification du contrat, puisqu'elle constate un accord de volontés. En revanche, l'émission d'une attestation d'assurance après la conclusion d'un contrat ne devrait pas entraîner une modification du contrat si elle ne reprend pas toutes les mentions de la police d'assurance. L'attestation d'assurance a pour seul objectif d'informer les tiers qu'une assurance a été souscrite. Or, par le passé, la première chambre civile de la Cour de cassation a eu tendance à requalifier une attestation d'assurance, délivrée après la conclusion du contrat, en note de couverture, dès lors qu'elle précisait le nom de l'assuré, le numéro de la police déjà souscrite, l'objet, la nature et la durée de la garantie (Civ. 1re, 6 oct. 1993 : *V. note 27*). Cette requalification n'était pas sans incidence. Les exclusions ou limitations de garantie non reprises dans la prétendue note étaient alors inopposables à l'assuré. Cette solution n'a toutefois pas été retenue par la chambre commerciale (Com. 14 nov. 2000 : *V. note 27*) et la deuxième chambre civile de la Cour de cassation (Civ. 2e, 20 oct. 2005 et Civ. 2e, 10 mai 2007 : *V. note 27*). Celles-ci ont estimé que les certificats d'assurance ne peuvent prévaloir sur les conditions générales du contrat d'assurance auquel elles se réfèrent. L'attestation incomplète pourrait néanmoins engager la responsabilité de l'assureur ou de l'intermédiaire d'assurance.

II. LA POLICE D'ASSURANCE

L'article L. 112-3 apporte quelques informations quant à la rédaction du contrat d'assurance. Celui-ci doit être rédigé par écrit (A), en français (B) et en caractères apparents. Cette dernière exigence a pour objectif d'éviter la rédaction de polices en caractères trop petits.

A. L'EXIGENCE D'UN ÉCRIT

Si l'article L. 112-3 impose la rédaction d'un écrit, la Cour de cassation a précisé que cette exigence est requise à titre de preuve et non à titre de validité du contrat (Req., 1er juill. 1941 et Civ. 1re, 14 nov. 1995 : *V. note 6*). Cette règle relative aux modes de preuve doit néanmoins être articulée avec celles propres à la charge de la preuve de l'existence et du contenu du contrat. En outre, l'élaboration d'un contrat écrit va bien souvent donner lieu à la rédaction de plusieurs documents contractuels. Il faut donc envisager la structure de la police d'assurance (1) et la preuve du contrat d'assurance (2).

1. LA STRUCTURE DE LA POLICE D'ASSURANCE

La police d'assurance est en général composée de plusieurs documents contractuels *(a)*, ce qui peut entraîner des difficultés d'interprétation *(b)*.

a. La composition matérielle

DIVERSITÉ DES DOCUMENTS

Alors que le code des assurances n'envisage pas la composition matérielle des polices d'assurance, la pratique les décompose en conditions générales, conditions particulières et parfois conventions spéciales.

Les conditions générales sont prérédigées par les assureurs et sont remises à toutes les personnes qui souscrivent un même risque ou un même ensemble de risques. Ces conditions générales sont donc communes à tous ces souscripteurs, sous réserve d'une éventuelle dérogation apportée par les conditions particulières ou spéciales.

Les conditions particulières permettent une individualisation de l'assurance pour chaque souscripteur. Elles adaptent le contrat à leur situation personnelle et peuvent donc déroger aux conditions générales.

Les conventions spéciales sont moins spécifiques que les conditions particulières et sont, en général, destinées à préciser le contenu des conditions générales.

La diversité de ces documents contractuels soulève fréquemment celle de leur opposabilité à l'assuré. Et cette question s'en trouve d'autant plus accrue qu'à ces documents viennent parfois s'ajouter des « intercalaires » ou « annexes ».

OPPOSABILITÉ DES DOCUMENTS

En ce qui concerne les conditions générales, la jurisprudence retient en général leur opposabilité à l'assuré dès lors qu'elles ont été portées à sa connaissance et qu'il les a acceptées. La preuve de cette connaissance peut être établie par une mention insérée dans les conditions particulières de la police d'assurance signées par l'assuré (Civ. 1re, 17 nov. 1998 : *V. note 31*).

De prime abord, la solution pourrait également s'appliquer aux conditions particulières. Elles seraient de la sorte opposables à l'assuré s'il en a eu connaissance et les a acceptées. Cette preuve pourrait, par exemple, résulter d'une mention dans la proposition d'assurance (V. Asselain, *RGDA 2014. 435*). Mais, par un arrêt inédit, la Cour de cassation a affirmé très généralement qu'en l'absence de signature par l'assuré des conditions particulières, celles-ci ne lui sont pas opposables (Civ. 2e, 3 juill. 2014 : *V. note 33*).

Enfin, les intercalaires et annexes ne sont par principe opposables à l'assuré que si celui-ci en a eu connaissance avant la conclusion du contrat et les a acceptés sans équivoque (Civ. 1re, 18 mars 1997 et Civ. 1re, 9 juill. 1974 : *V. note 36*).

b. L'interprétation du contrat

Conformément aux principes du droit commun des contrats, les juges du fond ne peuvent se livrer à une interprétation du contrat d'assurance qu'en présence d'une ambiguïté. Ils ne peuvent interpréter une clause claire et précise du contrat d'assurance sous peine de dénaturation.

En cas d'ambiguïté, l'interprétation du juge est orientée par les conseils des articles 1156 à 1164 du code civil [nouv. art. 1188 s.]. Ainsi, conformément à l'article 1156 [nouv. art. 1188], les juges sont invités à rechercher la commune intention des parties, c'est-à-dire celle de l'assureur et du souscripteur (Civ. 1re, 20 janv. 1970 : *V. note 39*). De même, ils peuvent, en application de l'article 1162 du code civil [nouv. art. 1190], interpréter le contrat contre celui qui l'a rédigé (Civ. 1re, 22 oct. 1974 : *V. note 40*). Par conséquent, en cas de contradiction entre l'exemplaire de la police détenu par l'assuré et celui détenu par l'assureur, la jurisprudence estime que l'exemplaire de l'assuré doit prévaloir (Civ. 1re, 4 nov. 1986 : *V. note 41*). Cette solution peut se justifier par la volonté de sanctionner l'assureur rédacteur des polices d'assurance. Il faut également relever que cette solution a conduit à améliorer, en l'espèce, la situation de l'assuré.

Mais, parfois, l'interprétation du juge est liée par des prescriptions légales. Il en est ainsi lorsque les dispositions du code de la consommation sont applicables. Dans une telle hypothèse, les juges doivent par exemple interpréter la clause dans le sens le plus favorable à l'assuré consommateur ou non professionnel (Civ. 2e, 1er juin 2011 : *V. note 40*).

Dans certains cas, l'ambiguïté ne résulte pas d'une clause contractuelle mais de la multiplicité des documents contractuels. Afin de trancher les conflits entre les divers documents et en l'absence de clause contractuelle instaurant une hiérarchie entre les documents, la jurisprudence estime que les conditions particulières prévalent sur les conditions générales en cas de contradiction entre elles (Civ. 1re, 17 juin 1986 : *V. note 42*).

2. LA PREUVE DE LA POLICE D'ASSURANCE

a. La charge de la preuve

En ce qui concerne la charge de la preuve, la jurisprudence effectue une distinction selon les parties en présence et selon l'objet de la preuve.

La preuve de l'existence du contrat doit en tout état de cause être rapportée par le demandeur, qu'il s'agisse de l'assuré (Civ. 3e, 28 oct. 1975 : *V. note 7*) ou de la victime exerçant l'action directe (Civ. 2e, 8 janv. 2009 : *V. note 7*). Il n'y a donc pas de différence en fonction de la qualité du demandeur sur le terrain de la charge de la preuve.

La jurisprudence établit une distinction pour la preuve du contenu du contrat d'assurance. En ce sens, l'assuré doit rapporter la preuve du contenu du contrat d'assurance et des conditions de la garantie (Civ. 2e, 22 janv. 2009 : *V. note 8*). Par opposition, la charge probatoire du tiers victime est allégée. Ainsi, une fois qu'il a démontré l'existence du contrat, il incombe à l'assureur de le produire (Civ. 1re, 2 juill. 1991 : *V. note 9*). Toutefois, une règle relative aux exclusions de garantie vient transcender ce clivage. Il revient toujours à l'assureur de démontrer l'existence d'une exclusion ou d'une déchéance de garantie aussi bien à l'encontre de l'assuré (Civ. 1re, 25 oct. 1994 : *V. note 10*) que du tiers victime (Civ. 2e, 8 janv. 2009 : *préc.*).

b. Les modes de preuve

Par principe, la preuve de l'existence du contrat doit être rapportée par écrit. Le domaine et la portée de cette règle ont été précisés par la jurisprudence.

Le domaine de cette règle est limité aux parties et ne s'étend pas aux tiers. La jurisprudence indique en effet que la preuve par écrit des stipulations d'un contrat d'assurance n'est exigée que dans les rapports entre les parties au contrat et à l'égard de la victime (Civ. 1re, 9 mai 1996 : *V. note 19*). En revanche, puisque le contrat d'assurance peut être assimilé à un fait juridique pour les tiers, ceux-ci peuvent en prouver l'existence par tout moyen (Civ. 1re, 14 oct. 1997 : *V. note 22*). Ainsi, le tiers victime, qui exerce une action directe contre l'assureur, peut rapporter la preuve de l'existence et de l'étendue du contrat d'assurance par tout moyen et notamment par des présomptions (Civ. 1re, 17 juill. 1996 : *V. note 22*).

Si la preuve du contrat doit, par principe, être rapportée par écrit, tout type d'écrits est admissible (Civ. 1re, 12 juill. 1962 : *V. note 13*). En outre, conformément aux principes généraux du droit de la preuve, la preuve du contrat peut être établie par une photocopie, si elle est une reproduction fidèle et durable de l'original (Civ. 1re, 9 mai 1996 : *note préc.*) ou un commencement de preuve par écrit complété par des présomptions (Civ. 1re, 14 mars 2000 : *V. note 18*).

B. L'EMPLOI DU FRANÇAIS

La loi no 89-1014 du 31 décembre 1989 a expressément précisé que le contrat d'assurance devait être rédigé en français. Il en résulte que l'assureur n'engage nullement sa responsabilité s'il ne produit pas une traduction du contrat à son client étranger (Civ. 2e, 22 nov. 2007 : *V. note 1*). La sanction du non-respect de l'emploi de la langue française peut susciter quelques interrogations. En effet, la Cour de cassation a pu affirmer que la clause, édictant des nullités, des déchéances ou des exceptions, non rédigée en français, était inapplicable (Civ. 1re, 24 nov. 1993 : *V. note 5*). Pour autant, cette solution repose sur la combinaison des articles L. 112-3 et L. 112-4. Elle pourrait donc être limitée à l'hypothèse envisagée par l'arrêt.

Ultérieurement, par une ordonnance du 19 avril 2001, le législateur a assoupli l'exigence de l'emploi du français en introduisant une dispense générale à l'article L. 112-3 relative aux contrats d'assurance en libre prestation de services dans l'Espace économique européen. Une distinction est effectuée selon que les parties ont la possibilité ou non d'appliquer une loi autre que la loi française.

Si les parties peuvent appliquer une autre loi que la loi française, le contrat d'assurance peut être rédigé dans une autre langue que le français. Le choix de la langue doit alors s'effectuer d'un commun accord et, lorsque le contrat ne couvre pas un grand risque au sens de l'article L. 111-6, la demande de rédaction dans une langue étrangère doit nécessairement provenir du souscripteur et être faite par écrit.

Si les parties ne peuvent appliquer une autre loi que la loi française, le contrat d'assurance peut encore être rédigé dans une langue étrangère. Mais, la procédure et le choix sont encadrés. La demande doit être formulée par écrit et provenir du souscripteur. Le choix de la langue se fera alors d'un commun accord, mais ne pourra porter que sur la langue ou l'une des langues officielles de l'État dont le souscripteur est ressortissant.

Cependant, la jurisprudence a précisé que l'assureur n'était pas tenu, au titre de son devoir d'information et de conseil, d'informer les parties, lorsqu'elles ne peuvent appliquer une autre loi que la loi française, que le contrat peut être rédigé dans l'une de ces langues (Civ. 2e, 14 déc. 2017 : *V. note 2*).

III. L'AVENANT

Conformément à l'article L. 112-3, les additions ou modifications du contrat primitif doivent être constatées par un avenant signé par les parties. Cela étant, à l'instar de la police d'assurance, l'avenant n'a qu'une fonction probatoire. La Cour de cassation affirme d'ailleurs que la modification d'un contrat d'assurance est parfaite dès la rencontre des volontés de l'assureur et de l'assuré. Il s'ensuit que le contrat est modifié à la date de l'établissement de l'avenant conforme à la modification demandée et qu'il importe peu que celui-ci n'ait pas été signé par l'assuré (Civ. 1re, 22 avr. 1992 : *V. note 43*).

Cette jurisprudence, fixant la date d'effet de la modification du contrat à la date d'établissement de l'avenant et n'exigeant pas la signature de l'assuré, a été remise en cause par des décisions plus récentes établissant une distinction lorsque la modification restreint la garantie (Civ. 3e, 17 juin 2003 et Civ. 2e, 21 avr. 2005 : *V. note 43*). Dans une telle hypothèse, l'avenant doit être nécessairement signé par l'assuré et la modification ne prend donc effet qu'avec la signature de l'assuré. Certes, cette solution tend à protéger l'assuré d'une modification défavorable et peut s'appuyer sur l'article L. 112-3, qui indique que la modification du contrat doit être constatée par « un avenant signé des parties ». Toutefois, elle établit une différence de régime difficilement compatible avec le principe du consensualisme, la preuve de la connaissance et de l'acceptation de la modification du contrat pouvant être rapportée par d'autres moyens. ❑

I. RÉDACTION DU CONTRAT

1. Rédaction en langue française. Dès lors qu'une banque a fourni un contrat rédigé en français, comme le lui impose l'art. L. 112-3, aucune disposition ne l'oblige à délivrer à son client étranger la traduction des termes du contrat de prêt passé avec lui. • Civ. 2e, 22 nov. 2007 : *JCP 2008. I. 134, no 6, obs. Kullmann ; RCA 2008, no 76 ; RGDA 2008. 64, note Kullmann.*

2. Rédaction en langue étrangère. L'assureur n'est pas tenu au titre de son devoir d'information et de conseil d'informer le souscripteur qu'aux termes de l'art. L. 112-3, al. 3, C. assur., lorsque les parties au contrat n'ont pas la possibilité d'appliquer une autre loi que la loi française, le contrat et les informations transmises par l'assureur au souscripteur peuvent, d'un commun accord entre elles et à la demande écrite de ce dernier seulement, être rédigées dans la langue ou dans l'une des langues officielles de l'État dont il est ressortissant. • Civ. 2e, 14 déc. 2017, n° 16-26.709 P : *RGDA 2018. 25, note Pélissier; Gaz. Pal. 6 mars 2018, 59, note Cerveau; RCA 2018, n° 92, note Groutel.*

3. Langue des contrats internationaux. Dans les contrats internationaux de droit privé, les parties choisissent librement la langue dans laquelle elles rédigent leurs accords. S'il est fait exception à ce principe dans les contrats d'assurance des risques français qui, selon l'art. L. 112-3, al. 1er, auquel l'art. L. 111-2 interdit de déroger, doivent être rédigés en français, cette loi de police se trouve, par application de l'art. L. 111-1 dudit code, écartée dans les assurances maritimes, sauf lorsqu'il s'agit de couvrir les risques de la navigation de plaisance. • Com. 11 mars 1997, n° 95-13.926 P : *RCA 1997, n° 240 (2e esp.); DMF 1997. 364, rapp. Rémery; DMF mars 1998, hors-série n° 2, p. 62, obs. Bonassies.*

4. Caractère apparent. Les juges du fond apprécient souverainement le caractère apparent d'une clause. • Civ. 1re, 27 mai 1998 : *RGDA 1998. 692, note Favre-Rochex.*

5. Sanction. Il résulte de la combinaison des art. L. 112-3 et L. 112-4 que les clauses édictant des nullités, des déchéances ou des exceptions non rédigées en français ou en caractères apparents sont inapplicables. • Civ. 1re, 24 nov. 1993, n° 91-21.114 P : *D. 1994. IR 144, obs. Berr; RCA 1994, n° 59; RGAT 1994. 87, note Maurice.*

II. PREUVE DU CONTRAT

6. Principe. Un écrit n'est pas exigé pour la validité du contrat, mais seulement pour sa preuve. • Req. 1er juill. 1941 : *DC 1943, p. 57, note Besson; GADA, p. 40, obs. Berr et Groutel.* ♦ Si le contrat d'assurance constitue un contrat consensuel parfait dès la rencontre des volontés de l'assureur et de l'assuré, sa preuve est subordonnée à la rédaction d'un écrit. • Civ. 1re, 14 nov. 1995, n° 93-14.456 P : *D. 1996. Somm. 187, obs. Berr; RCA 1996, n° 34; RGDA 1996. 278, note Kullmann.*

A. CHARGE DE LA PREUVE

7. Preuve de l'existence du contrat. Lorsque l'existence du contrat d'assurance est contestée, la charge de la preuve pèse sur celui qui se prétend assuré. • Civ. 3e, 28 oct. 1975, n° 74-11.752 P : *RGAT 1977. 38.* ♦ La même charge pèse sur la victime lorsqu'elle est demanderesse. • Civ. 1re, 16 oct. 1968 : RGAT *1969. 195* • 29 avr. 1997 : *RGDA 1997. 841, note Kullmann* • Civ. 2e, 8 janv. 2009 : *RGDA 2009. 231, note Kullmann.* ♦ Ainsi, une cour d'appel a pu déduire qu'un assureur ne devait pas sa garantie en retenant que la victime s'appuyait, pour former sa demande d'action directe contre l'assureur, sur un contrat multirisque entreprises concernant un établissement secondaire de la société défenderesse, dont il n'était pas démontré qu'il serait l'établissement dont l'installation serait à l'origine du sinistre. • Civ. 2e, 5 févr. 2015, n° 13-27.854 : *RGDA 2015. 154, note Pélissier.*

8. Preuve du contenu du contrat dans les relations assureur-assuré. Il incombe à l'assuré, demandeur en garantie, de démontrer la réalité et l'étendue de l'obligation dont il réclame l'exécution par l'assureur, son cocontractant. • Civ. 1re, 24 juin 1970, n° 68-13.960 P : *RGAT 1971. 222, note Besson* • 24 janv. 1995, n° 92-21.542 P : *RGAT 1995. 32, note Mayaux.* ♦ Il incombe à l'assuré de produire le contrat litigieux et de rapporter la preuve de son contenu. • Civ. 2e, 22 janv. 2009 : *RGDA 2009. 92, note Astegiano-La Rizza; RCA 2009, n° 87, note Groutel; RDI 2009. 307, note Noguero.* ♦ Le fait que l'assuré apporte la preuve de l'existence d'un contrat ne le dispense pas de l'obligation d'apporter également la preuve littérale et suffisante du contenu de celui-ci. • Civ. 2e, 13 mai 2004, n° 03-10.964 P • Civ. 2e, 11 déc. 2014, n° 13-25.343 : *RGDA 2015. 94, note Pélissier.*

9. Preuve du contenu du contrat dans les relations assureur-tiers. Lorsque le bénéfice du contrat est invoqué non par l'assuré, mais par la victime, qui est un tiers, il appartient à l'assureur de démontrer, en versant le contrat aux débats, que son assuré ne bénéficiait pas de sa garantie pour le sinistre objet du litige. • Civ. 1re, 11 oct. 1988, n° 86-15.259 P : *RCA 1989, n° 24, obs. Groutel* • 2 juill. 1991, n° 88-18.486 P : *RCA 1991, n° 394 (1re esp.)* • 22 avr. 1992 : *RCA 1992, n° 281; RGAT 1992. 594, note Rémy* • Civ. 3e, 10 juill. 1991, n° 89-17.590 P : *RCA 1991, n° 394 (2e esp.).*

10. Preuve d'une exclusion de garantie. S'il incombe à l'assuré, qui réclame à l'assureur l'exécution de son obligation de garantie en raison d'un sinistre, de prouver que celui-ci est survenu dans des circonstances de fait conformes aux prévisions de la police, il appartient en revanche à l'assureur de démontrer l'existence des causes de déchéance dont il se prévaut. • Civ. 1re, 25 oct. 1994 : *RGAT 1994. 1995, note Chardin.* ♦ C'est sans inverser la charge de la preuve qu'une cour d'appel, retenant exactement qu'en leur qualité de tiers au contrat d'assurance, il ne leur incombait que la charge de prouver l'existence du contrat, a estimé que l'assureur n'établissant pas ne pas devoir sa garantie pour le sinistre objet du litige, qu'il était tenu de couvrir la responsabilité de son assuré au titre de la garantie « produits livrés ». • Civ. 2e,

8 janv. 2009 : *RGDA 2009. 231, note Kullmann.* ♦ Il incombe à l'assureur invoquant une exclusion de garantie à l'encontre d'un tiers victime du dommage de produire la police souscrite par son assuré. • Civ. 2e, 25 oct. 2012, n° 11-25.490 : *RGDA 2013. 303, note Pélissier.*

11. Preuve de la remise des conditions générales. Il résulte de l'art. L. 112-3 que si le contrat d'assurance, de même que sa modification, constituent un contrat consensuel, parfait dès la rencontre des volontés de l'assureur et de l'assuré, leur preuve est subordonnée à la rédaction d'un écrit. Ainsi, lorsqu'est contestée la réalité du contrat ou de sa modification ou encore le contenu de ceux-ci, la preuve ne peut en être rapportée, selon le cas, que par le contrat ou un avenant signé des parties ou, à défaut, dans les conditions prévues par les art. 1347 s. C. civ., dans leur rédaction antérieure à celle issue de l'Ord. du 10 févr. 2016, applicable à la cause. • Civ. 2e, 21 janv. 2021, n° 19-20.699 : *D. 2021. 134* ; *D. actu. 9 févr. 2021, note Bigot et Cayol.* ♦ Il incombe à l'assureur de rapporter la preuve qu'un exemplaire des conditions générales, afférent aux garanties souscrites, a été remis à l'assuré. • Civ. 1re, 23 sept. 2003 : *RCA 2003, n° 336.*

B. MODES DE PREUVE

12. Exigence d'un écrit. Il résulte de l'art. L. 112-3 C. assur. que si le contrat d'assurance, de même que sa modification, constituent un contrat consensuel, parfait dès la rencontre des volontés de l'assureur et de l'assuré, leur preuve est subordonnée à la rédaction d'un écrit. Ainsi, lorsqu'est contestée la réalité du contrat ou de sa modification ou encore le contenu de ceux-ci, la preuve ne peut en être rapportée, selon le cas, que par le contrat ou un avenant signé des parties ou, à défaut, dans les conditions prévues par les art. 1347 s. C. civ., dans leur rédaction antérieure à celle issue de l'Ord. du 10 févr. 2016, applicable à la cause. • Civ. 2e, 21 janv. 2021, n° 19-20.699 : *D. actu. 9 févr. 2021, note Bigot et Cayol; RCA 2021, n° 78, note Groutel; RDI 2021. 361, note Noguéro* . ♦ Lorsque l'existence du contrat d'assurance est contestée, la preuve doit en être rapportée par écrit. • Civ. 3e, 28 oct. 1975, n° 74-11.752 P. ♦ Ainsi, viole les art. L. 112-3 C. assur. et 1347 C. civ. l'arrêt qui énonce que la preuve de la conclusion du contrat d'assurance résulte de l'envoi par le proposant des bulletins d'adhésion à l'assureur et de l'encaissement sans réserve, par celui-ci, d'un chèque d'acompte à valoir sur le paiement des primes, sans relever l'existence d'un écrit émanant de l'assureur faisant preuve du contrat d'assurance ou du moins constitutif d'un commencement de preuve par écrit le rendant vraisemblable et régulièrement complété. • Civ. 1re, 10 juill. 2002, n° 99-15.430 P : *Gaz. Pal. 2003. 420, note Favre-Rochex; RCA 2002, n° 349; RGDA 2002. 951 (1re esp.), note Mayaux.* ♦ La prétendue modification du champ de la garantie prévue par le contrat doit être établie à l'aide d'un document écrit. • Civ. 1re, 14 nov. 1995, n° 93-14.546 P : *D. 1996. Somm. 187, obs. Berr* ; *RCA 1996, n° 34; RGDA 1996. 278, note Kullmann.* ♦ En outre, dès lors que ni l'assuré ni l'assureur ne sont en mesure de produire la police d'assurance, le fait que l'assuré apporte la preuve de l'existence d'un contrat ne le dispense pas de l'obligation d'apporter également la preuve littérale et suffisante du contenu de celui-ci. • Civ. 2e, 13 mai 2004, n° 03-10.964 P : *RCA 2004, n° 277.*

13. Écrit admissible. Toute preuve littérale est admissible. • Civ. 1re, 12 juill. 1962 : *Bull. civ. I, n° 367; RGAT 1963. 191* (en l'espèce, lettre et télégramme). ♦ Tout écrit peut être utilisé comme moyen de preuve pour établir l'existence d'un contrat d'assurance. • Civ. 1re, 5 mars 1974 : *Bull. civ. I, n° 71.* ♦ Cependant, la preuve de la conclusion du contrat d'assurance ne peut résulter que d'un écrit émanant de la partie à laquelle on l'oppose. • Civ. 1re, 2 mars 2004 : *RGDA 2004. 347, note Mayaux.*

14. Procès-verbal de police. L'existence d'un contrat d'assurance automobile peut résulter de la mention d'un numéro de police dans le constat établi par un agent de police. • Civ. 1re, 16 oct. 1968 : *RGAT 1969. 195, note Besson* ♦ ... Ainsi que de la reproduction, dans le procès-verbal de police, du document d'assurance présenté par l'assuré. • Civ. 1re, 12 mai 1969 : *RGAT 1970. 40.*

15. Attestation d'assurance. L'attestation d'assurance fait présumer l'existence d'un contrat d'assurance, et c'est à l'assureur de détruire la présomption. • Civ. 1re, 26 mai 1970, n° 68-11.341 P : *RGAT 1971. 90 (2e esp.).* ♦ V. égal. : • Civ. 2e, 13 janv. 2011 : *RGDA 2011. 480, note Pelissier.* ♦ Mais l'assureur peut faire usage de toute preuve contraire. • Civ. 1re, 15 oct. 1970, n° 69-11.729 P : *RGAT 1971. 90 (4e esp.).* ♦ Toutefois, entre les parties au contrat, la nature de la garantie ne peut être établie à la seule vue d'une attestation émanant d'un tiers au contrat (en l'espèce un courtier). • Civ. 2e, 1er juin 2011 : *RGDA 2012. 37, note Schulz.* ♦ Ayant retenu que l'attestation d'assurance responsabilité civile contractuelle, délivrée à l'entreprise assurée, devait fournir des informations sur la nature et l'étendue des garanties souscrites, sans reproduire toutes les clauses d'exclusion ou de limitation de garantie, une cour d'appel a pu en déduire que l'assureur de responsabilité n'avait pas commis de faute, engageant sa responsabilité délictuelle, à l'égard des clients de l'assuré. • Civ. 3e, 22 nov. 2018, n° 17-26.424. ♦ Prive sa décision de base légale la cour d'appel qui, pour condamner un assureur à garantie, retient que la délivrance d'une attestation d'assurance tendait à prouver que la garantie était toujours en cours lors de la réalisation du risque, sans rechercher s'il ne résultait pas d'une pièce produite par l'assureur que l'assurance avait été résiliée avant la survenance du sinistre. • Civ. 2e, 26 oct. 2017, nº 16-18.151 : *RGDA 2017. 613, note Asselain.* ♦ Ayant procédé à une interprétation exclusive de dénaturation de l'attestation d'adhésion émanant de l'assureur, adressée à l'adhérent d'un contrat collectif d'assurance sur la vie par l'intermédiaire de la banque, c'est dans l'exercice de son pouvoir souverain d'appréciation des faits et des pièces versées aux débats qu'une cour d'appel a relevé que cette attestation « renseigne » sur tous les éléments nécessaires à l'existence du contrat et précise, en outre, le bénéficiaire qui n'est pas désigné par une clause de style mais vise nommément une personne, nom que ni l'assureur ni le courtier n'aurait pu inscrire sans que celle-ci ait été expressément désignée par l'intéressée, pour en déduire que ce document consacrant l'accord des parties sur les éléments essentiels du contrat devait être assimilé à une note de couverture. • Civ. 2e, 13 déc. 2018, nº 17-22.532 : *RGDA mars 2019. 22, note Mayaux.* ♦ Ayant retenu qu'en produisant au maître de l'ouvrage son attestation d'assurance comportant les mêmes références que les conditions particulières et les conditions générales, le locateur d'ouvrage assuré avait manifesté sa volonté de souscrire cette police avec toutes ses conditions d'application, notamment les clauses d'exclusion et de limitation de garantie contenues dans les conditions générales, une cour d'appel a pu en déduire que l'assureur était bien fondé à opposer l'exclusion de garantie concernant les dommages affectant les ouvrages exécutés par son assuré. • Civ. 3e, 17 oct. 2019, nº 18-17.058 : *RGDA déc. 2019. 30, note Karila.*

16. Attestation d'assurance déduite d'un procès-verbal de police. Des juges du fond ont pu souverainement admettre l'existence de l'attestation d'assurance au vu des mentions d'un procès-verbal de police. • Civ. 1re, 21 avr. 1970, nº 68-13.775 P : *RGAT 1971. 90 (1re esp.).* ♦ Tout écrit pouvant être utilisé comme moyen de preuve pour établir l'existence d'un contrat d'assurance, des juges d'appel ont pu prendre en considération les mentions du procès-verbal de police faisant état de l'attestation d'assurance produite par l'assuré. • Civ. 1re, 5 mars 1974, nº 73-10.178 P.

17. Proposition d'assurance. L'assureur ne peut arguer d'une restriction de la définition des activités garanties qui figurait dans la proposition d'assurance mais n'avait pas été reprise dans le contrat lui-même et ne pouvait dès lors être opposée à l'assuré et aux tiers. • Civ. 2e, 26 oct. 2017, nº 16-18.434 : *RGDA 2017. 615, note Asselain; AJDI 2018. 117, obs. Haas.*

18. Commencement de preuve. Pour un commencement de preuve par écrit complété par des présomptions. • Civ. 1re, 14 mars 2000 : *RCA 2000, nº 211, obs. Groutel.* ♦ La remise d'un bilan personnalisé à l'adhérent d'un contrat d'assurance collective à sa demande, quelques jours avant son malaise, qui mentionne qu'il peut prétendre à un doublement du capital en cas d'accident ou d'accident du travail n'est pas créatrice d'un droit au doublement du capital que les textes contractuels ou réglementaires ne prévoient pas. • Civ. 2e, 16 avr. 2015, nº 14-11.397 : *RGDA 2015. 302, note Asselain.*

19. Photocopie. Justifie légalement sa décision admettant le transfert du bénéfice d'une assurance décès à une personne, au vu d'une photocopie d'un bulletin de transfert, la cour d'appel qui, après avoir constaté l'impossibilité de production de l'original du bulletin de transfert du bénéfice d'une assurance décès, retient, en faisant application de l'art. 1348 C. civ., que la photocopie de ce bulletin constitue une reproduction fidèle et durable, ses énonciations se trouvant corroborées par des témoignages sur la volonté exprimée de l'assuré. • Civ. 1re, 9 mai 1996, nº 94-13.310 P : *RGDA 1996. 594, note Maury.* ♦ V. égal. pour une photocopie constituant une copie sincère et fidèle de la police, au sens de l'art. 1348, al. 2, C. civ. : • Civ. 1re, 30 mai 2000, nº 98-16.519 P : *RCA 2000, nº 287.*

20. Écrit non contractuel. Ne rapporte pas la preuve du contenu du contrat d'assurance l'assuré qui se prévaut d'une étude personnalisée qui n'avait pas, comme ce document l'indiquait, de caractère contractuel. • Civ. 2e, 9 juin 2016, nº 15-21.332 : *RGDA 2016. 401, note Asselain.*

21. Exclusion de la preuve par témoins. La preuve testimoniale est par principe prohibée. Une cour d'appel ne peut, en se fondant sur un témoignage, méconnaître les termes de la police d'assurance sur l'étendue de la garantie. • Civ. 1re, 22 févr. 1954 : *RGAT 1954. 207.* ♦ De même, le fait pur et simple, dont la preuve peut être rapportée par témoin sans qu'il existe un commencement de preuve par écrit, est celui qui n'implique par lui-même ni obligation ni libération. En présence d'une note de couverture constituant un contrat parfait liant irrévocablement les parties, les juges du fond ne peuvent accueillir un témoignage pour établir que l'assuré avait renoncé à l'assurance avant la survenance d'un sinistre. • Civ. 1re, 12 juin 1956 : *RGAT 1956. 257, note Besson.*

22. Domaine de la preuve par écrit. La preuve par écrit des stipulations d'un contrat d'assurance n'est exigée que dans les rapports entre les parties au contrat et à l'égard de la victime. • Civ. 1re, 9 mai 1996, nº 93-19.807 P : *RCA 1996, nº 286; RGAT 1996. 596, note Mayaux.* ♦ La preuve du contrat d'assurance par un tiers est libre. • Civ. 1re, 14 oct. 1997, nº 95-16.980 P : *RCA 1997, nº 390; RGDA 1997. 1028, note Vincent.* ♦ S'il appartient à celui qui réclame le bénéfice de l'assurance d'établir que sont réunies les conditions requises par le contrat pour la mise en jeu de la garantie, il demeure que la victime, exerçant l'action directe, qui est un tiers par rapport au contrat d'assurance, peut rapporter la preuve de l'existence et de l'étendue de celui-ci par tous moyens, et notamment par présomptions, lesquelles peuvent être déduites de l'attitude de l'assureur. • Civ. 1re, 17 juill. 1996 : *RGDA 1996. 887, note Mayaux.* ♦ Toutefois si la preuve est libre, encore faut-il que les éléments de preuve soient pertinents. Ainsi, la mention de la garantie émanant d'un constructeur se déclarant assuré dans le contrat de construction conclu avec le maître de l'ouvrage, sans éléments objectifs et extrinsèques de nature à la corroborer, est inopérante pour permettre au maître de l'ouvrage de faire la preuve du contrat d'assurance de responsabilité. • Civ. 1re, 30 janv. 2001 : *RCA 2001, n° 171, obs. Vaillier; RGDA 2001. 337, note Périnet-Marquet.*

23. Aveu judiciaire. L'aveu judiciaire de l'existence du contrat est admissible et peut être trouvé, de la part de l'assuré, dans le fait d'avoir fait état en justice d'une lettre de résiliation du contrat et, de surcroît, d'avoir payé, sans contestation, des primes échues. • Civ. 1re, 12 déc. 1966 : *RGAT 1967. 346, note Besson.* ♦ ... De la part de l'assureur, dans le fait d'avoir fait état devant le tribunal de l'envoi à l'assuré d'une lettre de mise en demeure de payer la prime. • Civ. 1re, 27 juin 1973 : *Bull. civ. I, n° 216; RGAT 1974. 197.* ♦ ... De la part de l'assureur, dans le fait d'avoir invoqué une limitation de garantie en produisant les conditions particulières d'un contrat. • Civ. 2e, 11 déc. 2014, n° 13-25.343 : *RGDA 2015. 94, note Pélissier.* ♦ Un assuré, ayant fait l'aveu dans ses écritures présentées devant les juges du fond de l'existence du contrat d'assurance, n'est pas recevable à soutenir un moyen contraire devant la Cour de cassation. • Civ. 1re, 9 mars 2004 : *RGDA 2004. 349, note Mayaux.*

III. ÉCRITS PROPRES AU CONTRAT D'ASSURANCE

A. NOTE DE COUVERTURE

24. Caractère provisoire. Les juges du fond doivent rechercher si la note de couverture constitue, en raison des circonstances de l'espèce, un simple accord temporaire ou la constatation provisoire d'un accord définitif. • Civ. 1re, 30 avr. 1970 : *D. 1970. Somm. 157; RGAT 1971. 64.*

25. Caractère provisoire de la garantie. Lorsqu'une note de couverture est délivrée pour le délai d'acceptation d'une offre tarifée d'assurance, elle engage l'assureur, dans les conditions de l'offre, jusqu'au terme fixé, indépendamment des négociations du contrat définitif. • Civ. 1re, 9 nov. 1999, n° 97-14.252 P : *RCA 2000, n° 105, obs. Groutel.* ♦ En conséquence, dès lors qu'il était clairement reconnu par l'assuré que la note de couverture qui lui avait été consentie était d'une durée limitée, il ne pouvait demander la prise en charge d'un sinistre intervenu après l'expiration de la garantie de la note de couverture, peu important par ailleurs le montant de la prime payée par lui et dont l'excès allégué aurait tout au plus justifié une demande de remboursement. • Civ. 1re, 3 juill. 2001 : *RGDA 2001. 934, note Kullmann.* ♦ En outre, lorsqu'une note de couverture ne comporte aucune limitation de temps, il appartient à l'assureur de rapporter la preuve que la garantie prévue dans cette note de couverture avait pris fin lors du sinistre. • Civ. 1re, 25 oct. 1994 : *RCA 1995, n° 29; ibid., Chron. 2, note Groutel; JCP 1995. II. 22452, rapp. Sargos; RGAT 1994. 1098, note Bigot.*

26. Contenu. Il n'est pas nécessaire que la note de couverture remise à l'assuré soit ainsi qualifiée par l'assureur, ni qu'elle contienne les mentions prescrites par la loi pour la rédaction d'une police. • Civ. 1re, 1er mars 1948 : *RGAT 1948. 119.* ♦ Toutefois, si en raison de son caractère provisoire, la note de couverture n'est soumise à aucune forme particulière, il faut à tout le moins qu'elle contienne les dispositions essentielles de la garantie telles que la nature de l'assurance et la détermination du risque et des primes. • Civ. 1re, 14 janv. 1992 : *RGAT 1992. 276, note Maurice.* ♦ Il incombe donc aux juges du fond de rechercher si une attestation délivrée par un agent général d'assurance, précisant le nom de l'assureur, celui de l'assuré, le numéro de la police souscrite, l'objet de la garantie, la nature et le montant du risque assuré, ainsi que la durée de la garantie, ne constituait pas une note de couverture. • Civ. 1re, 19 déc. 1989, n° 87-15.460 P : *RGAT 1990. 78, note Margeat et Landel.*

27. Attestation et note de couverture. Des attestations d'assurance ne peuvent prévaloir sur les conditions générales du contrat d'assurance auxquelles elles se réfèrent. • Com. 14 nov. 2000 : *RCA 2001, n° 99; ibid., Chron. 7, obs. Groutel* • Civ. 2e, 20 oct. 2005 : *RCA 2006, n° 43, obs. Groutel* • 10 mai 2007, n° 06-14.543 P : *RCA 2007, n° 261, obs. Groutel; RGDA 2007. 578, note Abravanel-Jolly.* ♦ V. auparavant, admettant qu'un certificat d'assurance, précisant le nom de l'assuré, le numéro de la police déjà souscrite, l'objet, la nature et la durée de la garantie, pouvait constituer une note de couverture engageant l'assureur : • Civ. 1re, 6 oct. 1993, n° 90-15.852 P : *RGAT 1994. 80, note Maurice; RCA 1994, n° 26; ibid. Chron. 1, note Groutel.* ♦ ... De sorte que les exclusions de garantie devaient y être mentionnées et qu'à défaut l'assureur devait sa garantie. • Civ. 1re, 13 mai 1997, n° 95-12.790 : *RCA 1997, n° 386, note Groutel* • 6 oct. 1993, n° 90-15.852 P : *RGAT 1994. 80, note Maurice; RCA 1994, n° 26; ibid. Chron. 1, note Groutel* • 30 mars 1994, n° 90-11.241 P : *RGAT 1994. 460, note Kullmann.*

28. Forme. La garantie d'assurance peut résulter de la remise d'une note de couverture, qui émane du seul assureur, et n'est soumise à aucune forme. • Civ. 1re, 30 juin 1969 : *Bull. civ. I, n° 249; RGAT 1970. 32* • 6 oct. 1993, n° 90-15.852 : *préc. note 27.* ♦ Elle peut résulter de l'envoi d'une télécopie. • Dijon, 17 oct. 1996 : *D. 1997. 343, note Beignier.* ♦ Toutefois affirmant que la note de couverture doit constater l'engagement du seul assureur, cet engagement ne peut résulter que d'un document émanant de ce dernier. • Civ. 1re, 23 juin 1969 : *Bull. civ. I, no 240 ; RGAT 1970. 178.*

29. Portée. L'application d'une note de couverture doit se faire en fonction des conditions générales de la « police type » de l'assureur, alors même que la note de couverture ne s'y référerait pas, encore faut-il, si l'assureur entend se prévaloir d'une nullité, déchéance ou exclusion qu'il justifie l'avoir portée à la connaissance de l'assuré. • Civ. 1re, 7 mars 1989, n° 87-10.266 P : *RCA 1989, no 203 ; RGAT 1989. 546, note Margeat et Landel.* ♦ V. aussi : • Civ. 1re, 31 mars 1993 : *RCA 1993, no 206.* ♦ ... Dès lors surtout qu'une précédente assurance garantissait le risque nouvellement exclu. • Civ. 1re, 13 mai 1998 : *RGDA 1998. 694, note Mayaux.* ♦ De même, si la note de couverture indique les éléments de la garantie par référence à une assurance légale obligatoire, l'assureur doit mentionner les exclusions de garantie, autres que celles prévues par la loi, s'il souhaite s'en prévaloir. • Civ. 1re, 13 mai 1997, n° 95-12.790 : *préc. note 27.*

B. POLICE

a. Nombre d'exemplaires

30. Possibilité de produire un exemplaire signé. Selon l'art. 1325 C. civ., il suffit que l'exemplaire d'un acte sous seing privé contenant des conventions synallagmatiques détenu par une partie porte la signature de l'autre, sans qu'il soit nécessaire que chaque original soit signé par toutes les parties ; viole ce texte le tribunal qui, ayant constaté que la police était établie en trois exemplaires dont seul l'exemplaire détenu par l'assureur portait la signature de l'assuré, déclare que cette police ne serait valable qu'autant que les trois exemplaires porteraient la signature de l'assuré, ce qui n'était pas le cas en l'espèce. • Civ. 1re, 30 avr. 1970, n° 69-10.237 P : *RGAT 1971. 64.*

b. Conditions générales

31. Opposabilité. La connaissance et l'acceptation des conditions générales conditionnent leur opposabilité à l'assuré et non la formation du contrat. • Civ. 3e, 20 avr. 2017, n° 16-10.696 P : *RCA 2017, no 208, note Groutel ; RGDA 2017. 358, note Pélissier ; RDI 2017. 307, note Dessuet ; JCP 2017. 668, note Cousin ; RTD civ. 2017. 635, obs. Barbier.* ♦ La mention, figurant dans les conditions particulières signées par le souscripteur d'un contrat d'assurance, par laquelle ce dernier reconnaît avoir reçu un exemplaire du contrat, composé desdites conditions particulières et de conditions générales désignées par leur référence, établit que ces conditions générales, bien que non signées, ont été portées à la connaissance de l'assuré et lui sont, par conséquent, opposables. • Civ. 1re, 17 nov. 1998, n° 96-15.126 P : *RGDA 1999. 96, note Maleville* • Civ. 2e, 13 sept. 2018, n° 17-23.160 : *RGDA 2018. 464, note Asselain* • Civ. 2e, 17 janv. 2019, n° 17-26.750 : *RGDA 2019. 25, note Pimbert.* ♦ En signant les conditions particulières, qui faisaient référence aux conditions générales, l'assuré a nécessairement accepté la clause de déchéance pour déclaration tardive qui y était stipulée. • Civ. 1re, 30 mai 1995, n° 92-17.566 : *RGAT 1995. 898, note Mayaux.* ♦ Ayant souverainement retenu que, compte tenu de la mise en page et de l'espacement entre les « conditions », seules les conditions spéciales avaient été jointes aux conditions particulières et étaient opposables à l'assuré et relevé que les conditions générales n'avaient fait l'objet par ailleurs d'aucune approbation formelle de la part de l'assuré, une cour d'appel a pu en déduire que l'assureur ne pouvait pas se prévaloir de la clause d'exclusion contenue dans les conditions générales. • Civ. 3e, 21 janv. 2016, n° 14-25.829 : *RGDA 2016. 126, note Pélissier.*

32. Conditions spéciales. Le souscripteur ayant signé les conditions particulières du contrat qui renvoyaient expressément aux conventions spéciales contenant les clauses stipulant les conditions litigieuses et mentionnaient que l'assuré avait reconnu avoir reçu un exemplaire de chacun des documents qui constituaient le contrat, il en résultait que ces conventions spéciales, même non signées, avaient été portées à sa connaissance au moment de la signature du contrat d'assurances et que les conditions litigieuses lui étaient opposables. • Civ. 2e, 14 juin 2018, n° 17-19.717 : *RCA 2018, no 292, note Groutel.*

c. Conditions particulières

33. Opposabilité. La connaissance et l'acceptation des conditions particulières conditionnent leur opposabilité à l'assuré et non la formation du contrat. • Civ. 3e, 20 avr. 2017, n° 16-10.696 : *préc. note 31.* ♦ En l'absence de signature par l'assuré des conditions particulières, celles-ci ne lui sont pas opposables. • Civ. 2e, 3 juill. 2014, n° 13-21.734 : *RGDA 2014. 435, note Asselain ; RCA 2014, no 351.*

34. Conditions contraires à l'accord. Le manquement de l'assureur à son obligation contractuelle de loyauté, à la supposer avérée, ne peut donner lieu qu'à l'allocation de dommages-intérêts et non entraîner l'inopposabilité à l'assuré de clause du contrat. • Civ. 2e, 8 févr. 2018, n° 16-27.495 : *RGDA 2018. 249, note Pélissier.*

35. Portée probatoire. Appréciant souverainement la valeur et la portée des éléments de preuve soumis à son examen, une cour d'appel a pu retenir que l'assuré ne rapportait pas la preuve du contenu de la garantie souscrite en retenant qu'il ne produisait que les conditions particulières, alors que ce document effectuait systématiquement des renvois aux articles des conditions générales, et que si les conditions particulières suffisaient à faire preuve de l'existence du contrat d'assurance, elles ne permettaient pas de faire la preuve de l'étendue ainsi que des conditions de la garantie dont l'assuré demandait la mise en œuvre. • Civ.

2e, 10 déc. 2015, n° 14-29.428 : *RGDA 2016. 126, note Pélissier.*

d. Intercalaire et annexe

36. *Opposabilité.* Un intercalaire ne fait pas corps par sa seule existence avec la police ; l'assureur ne peut l'opposer à son assuré, dès lors qu'il s'agit d'une feuille volante, qui n'est ni datée, ni signée, et ne contient aucune référence à la police. • Civ. 1re, 18 janv. 1965, n° 62-13.948 P : *D. 1965. 536 ; JCP 1965. II. 14114, note P. P. ; RGAT 1965. 474.* ♦ De même, ne peut avoir de valeur contractuelle l'annexe aux conditions générales de la police éditée postérieurement à la conclusion du contrat. • Civ. 1re, 18 mars 1997 : *RGDA 1997. 734, note Maleville.* ♦ En revanche, l'assureur peut opposer des annexes, bien qu'elles ne soient pas revêtues de la signature de l'assuré, s'il est établi que ce dernier, lorsqu'il a signé la police, en avait connaissance et les a acceptées sans équivoque. • Civ. 1re, 9 juill. 1974, n° 73-12.228 P : *RGAT 1975. 223.*

e. Interprétation

37. *Interprétation interdite.* Le contrat d'assurance, sous réserves des prescriptions légales impératives, est régi par la convention des parties que les juges du fond ont la mission d'appliquer sans pouvoir la modifier, et encourt la cassation la décision qui, sous prétexte d'interpréter une clause, refuse de l'appliquer. • Civ. 20 mars 1944 : *RGAT 1944. 239.* ♦ Ainsi, dénature la police d'assurance souscrite par un établissement hospitalier, qui stipule que sont exclus de la garantie les accidents matériels mettant en cause la responsabilité personnelle des praticiens attachés à cet établissement, la cour d'appel qui décide que la garantie de l'assureur ne couvre pas la responsabilité du centre hospitalier en raison des fautes personnelles des médecins attachés à cet établissement, alors que seules sont exclues, parmi ces fautes, celles qui, en raison de leur caractère détachable du service, engagent la responsabilité personnelle des médecins. • Civ. 1re, 19 janv. 1994, n° 90-19.803 P. ♦ De même, dénature la clause claire et précise d'un contrat d'assurance qui stipule que l'assuré est réputé en incapacité totale temporaire de travail s'il se trouve, par suite de maladie ou d'accident, dans l'incapacité physique complète, constatée médicalement, de continuer son travail ou d'exercer une activité professionnelle, la cour d'appel qui impose à l'assuré d'établir à la fois l'impossibilité dans laquelle il se trouvait de continuer son travail et celle d'exercer une activité professionnelle quelconque, transformant ainsi des conditions alternatives en conditions cumulatives. • Civ. 1re, 26 nov. 1991, n° 90-13.842 P.

38. *Interprétation autorisée.* L'interprétation rendue nécessaire par l'obscurité d'un texte échappe à tout contrôle de la Cour de cassation. • Civ. 1re, 22 oct. 1974 : *Bull. civ. I, n° 271.* ♦ En présence de clauses enchevêtrées, dont les unes paraissent accorder sans restriction ce que les autres refusent, une cour d'appel ne fait qu'utiliser le pouvoir lui appartenant d'interpréter des dispositions ambiguës, qu'elle ne peut donc dénaturer. • Civ. 1re, 4 juin 1985 : *Bull. civ. I, n° 175.*

39. *Recherche de la volonté des parties.* Selon l'art. 1156 C. civ. [devenu art. 1188], on doit, dans les conventions, rechercher quelle a été la commune intention des parties contractantes plutôt que de s'arrêter au sens littéral des termes ; cependant, les juges du fond ne peuvent déterminer la seule intention de l'assuré sans faire état de la volonté de l'assureur. • Civ. 1re, 20 janv. 1970 : *Bull. civ. I, n° 24 ; D. 1970. Somm. 121.* ♦ L'obligation de prouver par écrit le contrat d'assurance n'interdit pas au juge du fond de l'interpréter et de rechercher, au-delà des termes employés dans la police, la volonté réelle des parties qu'a trahie un terme employé par inadvertance. • Civ. 1re, 26 avr. 1978 : *Bull. civ. I, n° 152 ; D. 1978. IR 463, obs. Berr et Groutel.*

40. *Interprétation contre le rédacteur de la clause.* Doit être rejeté le pourvoi qui soutient que l'interprétation, par les juges du fond, des clauses obscures et ambiguës ne peut se faire que par référence à la commune intention des parties, et qui, en même temps, reproche aux juges du fond d'avoir admis que, s'agissant d'un contrat d'adhésion, il échet, dans le doute, d'interpréter la convention contre la partie, fût-elle débitrice au sens de l'art. 1162 C. civ., qui l'a rédigée et a eu l'initiative contractuelle, c'est-à-dire, en l'espèce, la compagnie d'assurances. • Civ. 1re, 22 oct. 1974, n° 73-13.482 P. ♦ V. égal., rappelant qu'en vertu de l'art. L. 133-2 C. consom., les juges du fond doivent, en présence d'une clause ambiguë du contrat d'assurance, l'interpréter dans le sens le plus favorable à l'assuré, consommateur ou non professionnel. • Civ. 2e, 1er juin 2011 : *RGDA 2012. 33, note Pélissier* • Civ. 1re, 17 nov. 2011 : *RGDA 2012. 382, note Bruschi* • Civ. 2e, 15 déc. 2011 : *RGDA 2012. 601, note Pélissier ; ibid. 606, note Bruschi ; RCA 2012, n° 84.*

41. *Prééminence de l'exemplaire de la police de l'assuré.* Dès lors que la valeur d'un indice devant servir au calcul d'une indemnisation est différente dans l'exemplaire de la police remis à l'assuré et dans celui détenu par l'assureur, il y a lieu de faire prévaloir le premier. • Civ. 1re, 4 nov. 1986, n° 85-11.599 P.

42. *Prééminence des conditions particulières.* Les clauses des conditions particulières d'une police ont prééminence sur celles des conditions générales, au cas où elles sont inconciliables entre elles. • Civ. 1re, 17 juin 1986 : *Bull. civ. I, n° 166.* ♦ V. auparavant, mais moins affirmatif : • Civ. 1re, 30 juin 1971 : *Bull. civ. I, n° 221.* ♦ Mais la prééminence des conditions particulières sur les conditions générales suppose une contradiction entre elles. • Civ. 1re, 23 mai 1964 : *RGAT 1964. 462 (2e esp.).* ♦ Et une cour d'appel peut, sans porter atteinte à la prééminence, ni dénaturer la police, admettre que rien, dans les conditions particulières, ne permet d'affirmer qu'elles comportaient une dérogation aux conditions générales, lesquelles pouvaient donc être appliquées. • Civ. 1re, 25 févr. 1964 : *ibid. (1re esp.).*

C. AVENANT

43. *Caractère consensuel.* Si le contrat d'assurance ou tout avenant à ce contrat doit, dans un but probatoire, être signé par les parties, il constitue un contrat consensuel qui est parfait dès la rencontre des volontés de l'assureur et de l'assuré. Ainsi, l'accord des volontés est réalisé, dès lors qu'une compagnie d'assurances, invitée par un de ses assurés à transférer la garantie d'un contrat d'assurance automobile d'un véhicule à un autre récemment acquis, a remis à son client une attestation d'assurance automobile immédiatement valable et lui a adressé un avenant à signer, et ceci malgré l'existence d'une clause du contrat originaire prévoyant, dans ses conditions générales, que le contrat comme tout avenant ne pourraient produire leurs effets qu'après signature par le souscripteur et l'assureur. • Civ. 1re, 4 juill. 1978, n° 77-10.772 P : *D. 1979. IR 193, obs. Berr et Groutel.* ♦ La modification d'un contrat d'assurance est parfaite dès la rencontre des volontés de l'assureur et de l'assuré. Il s'ensuit que, dès lors que l'assureur établit un avenant conforme à la proposition souscrite par son assuré, le contrat est modifié à la date d'établissement de cet avenant, peu important que celui-ci n'ait pas été signé par l'assuré. • Civ. 1re, 22 avr. 1992, n° 89-10.822 P : *RGAT 1992. 497, note Maurice.* ♦ Ayant exactement rappelé que le contrat d'assurance est un contrat consensuel, parfait dès la rencontre des volontés, une cour d'appel en a justement déduit que l'absence de signature de l'avenant ne faisait pas obstacle à son application. • Civ. 2e, 14 juin 2018, n° 17-10.097 : *RGDA 2018. 398, note Kullmann.* ♦ V. toutefois affirmant que la modification du contrat d'assurance entraînant une « restriction » de garantie ne pouvait être établie que par la signature de l'assuré, antérieure au sinistre. • Civ. 3e, 17 juin 2003 : *RGDA 2003. 691, note Mayaux.* ♦ De même, viole les art. L. 112-2, al. 2, et L. 112-3, al. 5, la cour d'appel qui, pour déclarer opposable à un assuré la clause de nouvelles conditions générales prévoyant une restriction de garantie, retient que cet assuré a souscrit un avenant au contrat primitif mentionnant qu'il reconnaissait avoir reçu un exemplaire de ces nouvelles conditions générales, alors qu'il résulte de la production de cet avenant que l'assuré n'avait pas apposé sa signature au bas de ce document. • Civ. 2e, 21 avr. 2005, n° 03-19.697 P. • Civ. 2e, 17 mars 2011, n° 10-16.553 : *RGDA 2011. 681, note Astegiano-La Rizza.* ♦ En revanche, l'assuré qui a apposé sa signature sur l'avenant, qui précisait qu'il avait reconnu avoir pris connaissance de la convention d'assurance groupe, ne peut prétendre ne pas avoir eu connaissance des conditions générales définissant les modalités d'application de la garantie. • Civ. 2e, 4 déc. 2008, n° 07-19.919 : *RGDA 2009. 107, note Astegiano-La Rizza.* ♦ V., par ailleurs, les notes sous l'art. L. 112-2.

44. *Prééminence sur la police d'origine.* Le contenu d'un avenant prévaut sur les stipulations de la police d'origine avec lesquelles il est en contradiction. • Civ. 1re, 10 déc. 1968 : *Bull. civ. I, n° 317 ; RGAT 1969. 401.*

45. *Acte non soumis à l'art. 1328 C. civ.* L'art. 1328 C. civ., selon lequel les actes sous seing privé n'ont date certaine contre les tiers que du jour où ils ont été enregistrés, n'est pas applicable aux polices et avenants d'assurance. • Civ. 1re, 28 oct. 1970, n° 69-10.314 P : *D. 1971. 84, note Besson ; RGAT 1971. 59 ; GADA, p. 163, obs. Berr et Groutel.*

Art. L. 112-4 **La police d'assurance est datée du jour où elle est établie. Elle indique :**

— les noms et domiciles des parties contractantes ;

— la chose ou la personne assurée ;

— la nature des risques garantis ;

— le moment à partir duquel le risque est garanti et la durée de cette garantie ;

— le montant de cette garantie ;

— la prime ou la cotisation de l'assurance.

(L. n° 94-5 du 4 janv. 1994) **« La police indique en outre :**

« — la loi applicable au contrat lorsque ce n'est pas la loi française ;

« — l'adresse du siège social de l'assureur et, le cas échéant, de la succursale qui accorde la couverture ;

« — le nom et l'adresse des autorités chargées du contrôle de l'entreprise d'assurance qui accorde la couverture. »

(L. n° 81-5 du 7 janv. 1981) **« Les clauses des polices édictant des nullités, des déchéances ou des exclusions ne sont valables que si elles sont mentionnées en caractères très apparents. »** — *V. art. R. 112-1, et, en cas d'assurance sur la vie, art. R. 132-4.*

COMMENTAIRE

L'article L. 112-4 impose non seulement l'insertion de mentions dans les polices d'assurance (I), mais aussi la rédaction en caractères très apparents de certaines clauses (II).

I. LES MENTIONS OBLIGATOIRES

La liste de l'article L. 112-4 ne présente pas l'intégralité des mentions obligatoires à intégrer dans une police d'assurance. Elle est en effet complétée par l'article R. 112-1 et, pour l'assurance-vie, par l'article R. 132-4.

Ainsi, la police d'assurance doit notamment indiquer les spécificités du risque assuré en déterminant la chose ou la personne assurée et la nature du risque garanti. Cette précision dans l'identification du risque assuré peut d'ailleurs être renforcée par l'introduction de conditions ou d'exclusions de garantie.

De même, le contrat d'assurance doit mentionner la date à partir de laquelle le risque est garanti et la durée de la garantie. Cette mention peut se révéler particulièrement utile dans la mesure où la date de prise d'effet du contrat ne correspond pas nécessairement avec sa date de conclusion. Une telle hypothèse se rencontre notamment en cas de succession de contrats. Conclu avant la fin du précédent contrat, le nouveau contrat prendra effet à l'échéance de celui-ci. Mais les parties peuvent également user de ce mécanisme de la prise d'effet différé du contrat pour fixer la date de prise d'effet du contrat à la date d'échéance ou du paiement de la première prime.

Par ailleurs, l'article L. 112-4 impose l'indication du montant de la garantie. Cela étant, ce montant n'est pas nécessairement chiffré. Ainsi, les contrats d'assurance de dommages peuvent simplement indiquer les éléments servant à la détermination de l'indemnité, par exemple à l'aide d'une clause valeur vénale ou valeur à neuf. En outre, le montant de la garantie peut être limité par un plafond de garantie ou réduit par l'introduction d'une clause de franchise ou de découvert obligatoire.

II. CLAUSES EN CARACTÈRES TRÈS APPARENTS

Si l'article L. 112-3 du code des assurances impose d'une façon générale que le contrat d'assurance soit rédigé en caractères apparents, l'article L. 112-4 prévoit que les clauses de nullité, de déchéance ou d'exclusion doivent être mentionnées en caractères très apparents, afin d'attirer spécialement l'attention du souscripteur. Tant le domaine de cette exigence (A) que la notion de caractères très apparents (B) doivent être précisés.

A. LE DOMAINE DE L'OBLIGATION LÉGALE

L'exigence de la rédaction de certaines clauses en caractères très apparents est doublement limitée.

D'une part, elle ne s'applique pas aux nullités, déchéances ou exclusions prévues par la loi (Civ. 1re, 1er déc. 1993 et Civ. 1re, 19 déc. 2000 : *V. note 7*). Ainsi, la nullité pour fausse déclaration intentionnelle de l'article L. 113-8 du code des assurances n'est pas soumise (Civ. 1re, 1er déc. 1993 et Civ. 1re, 19 déc. 2000 : *préc.*). Puisqu'une telle clause est impérative et s'applique même si elle n'est pas rappelée dans le contrat, il n'est pas nécessaire de la rédiger en caractères très apparents.

D'autre part, la règle de l'article L. 112-4 est d'application stricte. Elle ne concerne que les clauses de nullité, de déchéance et d'exclusion et ne s'applique pas aux clauses qui définissent le risque assuré (Civ. 1re, 27 nov. 1990 : *V. note 6*) ou les conditions de la garantie (Civ. 1re, 11 déc. 1990 : *V. note 6*). Autant les exclusions de garantie doivent être rédigées en caractères très apparents, autant les conditions de garantie ne peuvent être rédigées qu'en caractères apparents. La qualification d'une clause en condition ou en exclusion de garantie sera sur ce point déterminante.

B. LA NOTION DE CARACTÈRES TRÈS APPARENTS

Non définie par le législateur, la notion de caractères très apparents est souverainement appliquée par les juges du fond (Civ. 1re, 1er déc. 1998 : *V. note 2*). La Cour de cassation s'assure simplement qu'ils ont bien recherché si la clause litigieuse était rédigée en caractères très apparents (Civ. 2e, 26 avr. 2007 : *V. note 2* ; Civ. 2e, 15 avr. 2010 : *V. note 3* ; Civ. 2e, 27 mars 2014 : *V. note 4*).

La rédaction en caractères très apparents doit attirer spécialement l'attention de l'assuré sur certaines clauses particulièrement importantes pour lui (Civ. 2e, 15 avr. 2010 et Civ. 2e, 27 mars 2014 : *préc.*). De prime abord, cette exigence peut supposer une différence matérielle entre les caractères utilisés pour les clauses de nullité, d'exclusion ou de déchéance (Civ. 2e, 15 déc. 2011 : *V. note 1*). Mais un arrêt a pu admettre que la rédaction en caractères très apparents ne nécessitait pas l'emploi de caractères différents de ceux utilisés pour des clauses moins contraignantes (Civ. 1re, 28 juin 1988 : *V. note 1*). Cette solution paraît se rattacher à un précédent arrêt de la Cour de cassation de 1948, qui a affirmé que la loi n'exige pas que la clause de déchéance soit imprimée en caractères différents de ceux des autres stipulations. Toutefois, dans ce dernier arrêt, la décision des juges du fond a été censurée au motif qu'ils auraient dû rechercher si la lisibilité de la clause litigieuse n'était pas contrecarrée par la similitude et le petit modèle des caractères employés. Il faudrait donc qu'en tout état de cause, la clause de nullité, d'exclusion ou de déchéance se détache suffisamment des autres stipulations pour attirer spécialement l'attention du souscripteur. ❑

I. CLAUSES EN CARACTÈRES TRÈS APPARENTS

1. Notion. L'obligation de faire figurer certaines mentions de la police d'assurance en caractères très apparents n'est satisfaite qu'à la condition que, grâce à leur grande lisibilité, la teneur de ces mentions ne puisse pas échapper à l'assuré. • Civ. 14 mai 1946 : *D. 1946. 281, note P. L.-P.; RGAT 1946. 282; GADA, p. 156, obs. Berr et Groutel.* ♦ En relevant que l'examen du contrat révélait que la clause litigieuse, même si elle était écrite dans des caractères analogues à ceux employés pour d'autres clauses, moins contraignantes pour l'assuré, situées directement à proximité de celle-ci, et se trouvait ainsi en quelque sorte mise sur le même plan qu'elles, n'en demeurait pas moins très apparente pour le lecteur, une cour d'appel justifie légalement sa décision, l'art. L. 112-4 imposant l'utilisation de « caractères très apparents », sans pour autant exiger que ces caractères soient différents de ceux employés pour l'impression de clauses figurant à proximité. • Civ. 1re, 28 juin 1988, ♔ n° 86-11.005 P. ♦ Mais, une cour d'appel a pu déduire que la clause de déchéance discutée ne répondait pas aux dispositions de l'art. L. 112-4 en énonçant, d'une part, qu'aucune différence matérielle n'existait entre les caractères utilisés pour les titres et les sous-titres de cette clause et les autres titres ou sous-titres de cette notice, lesquels figuraient tous en caractères majuscules et en gras pour les vingt et un autres titres et en caractères minuscules et en gras pour l'ensemble des sous-titres, d'autre part, que le seul fait de faire figurer en majuscules le chiffre neuf exprimant le nombre de mois requis pour effectuer la déclaration de sinistre ne pouvait suffire à donner un caractère apparent à cette clause, ce seul chiffre n'exprimant nullement une déchéance de garantie. • Civ. 2e, 15 déc. 2011 : ♔ *RGDA 2012. 602. note Pélissier; RCA 2012, n° 85.* ♦ Rappr. : • Civ. 6 janv. 1948 : *D. 1948. 153, note P. L.-P.; JCP 1948. II. 4225, note Besson.*

2. Pouvoir souverain des juges du fond. Les juges du fond apprécient souverainement si les clauses des polices d'assurance édictant des nullités, des déchéances ou des exclusions sont mentionnées en caractères très apparents. • Civ. 1re, 1er déc. 1998, ♔ n° 96-18.993 P : *RCA 1999, n° 57; ibid., Chron. 6, note Groutel; RGDA 1999. 99, note Mayaux.* ♦ Mais la Cour de cassation contrôle la mise en œuvre de la notion légale de caractère très apparent. Ainsi, doit être cassé l'arrêt qui fait application d'une clause d'exclusion de garantie au motif qu'elle est particulièrement claire et que la lecture des conditions générales du contrat permettait d'apprécier la portée et l'étendue des garanties souscrites, sans répondre aux conclusions par lesquelles l'assuré soutenait que l'exclusion n'était pas stipulée en termes très apparents. • Civ. 2e, 26 avr. 2007 : ♔ *RGDA 2007. 581, note Kullmann.* ♦ De même, viole l'art. L. 112-4 la cour d'appel qui se borne à relever que la clause d'exclusion était en caractères apparents, sans préciser si ces caractères étaient très apparents. • Crim. 30 janv. 1992, ♔ n° 90-86.931 P : *RCA 1992, n° 279.*

3. Clause de nullité. Viole l'art. L. 112-4 la cour d'appel qui énonce que la police indique de façon lisible et compréhensible que le défaut de déclaration de l'hypothèque est de nature à entraîner la nullité du contrat d'assurance et que cette disposition claire et lisible figurant au milieu de page ne peut être considérée comme obscurcie par des dispositions complexes du même chapitre, sans rechercher si la clause litigieuse était rédigée en termes très apparents de manière à attirer spécialement l'attention de l'assuré sur la nullité qu'elle édictait. • Civ. 2e, 15 avr. 2010 : ♔ *RGDA 2010. 676, note Kullmann.*

4. Clause de déchéance. Si la L. du 13 juill. 1930 n'exige pas que la clause de déchéance soit imprimée en caractères différents de ceux des autres stipulations, et si l'appréciation de la grande lisibilité relève des juges du fait, une cour d'appel devait rechercher si, dans l'espèce, la lisibilité de la clause litigieuse prise isolément n'était pas contrecarrée par la similitude et le petit modèle des caractères employés pour le contexte, ainsi que le prétendait l'assuré ; en s'abstenant de s'expliquer sur ce point, elle n'a pas donné de base légale à sa décision. • Civ. 6 janv. 1948 : *D. 1948. 153, note P. L.-P.; JCP 1948. II. 4225, note Besson.* ♦ Justifie sa décision la cour d'appel qui constate que l'examen du contrat révélait que la clause de déchéance, même si elle était écrite dans des caractères analogues à ceux employés pour d'autres clauses, moins contraignantes pour l'assuré, situées directement à proximité de celle-ci et se trouvait ainsi en quelque sorte mise sur le même plan qu'elles, n'en demeurait pas moins très apparente pour le lecteur, l'art. L. 112-4 imposant l'utilisation de « caractères très apparents », sans pour autant exiger que ces caractère soient différents de ceux employés pour l'impression de clauses figurant à proximité. • Civ. 1re, 28 juin 1988, ♔ n° 86-11.005 P. ♦ Prive sa décision de base légale la cour d'appel qui applique une clause de déchéance sans rechercher si ladite clause figurait en caractères très apparents, de manière à attirer spécialement l'attention de l'assuré. • Civ. 2e, 27 mars 2014 : *RCA 2014, no 211, note Groutel.*

5. *Clause d'exclusion.* Une clause d'exclusion figurant dans la notice d'information d'une assurance de groupe doit être imprimée en caractères très apparents, conformément à l'art. L. 112-4, dernier al., • Civ. 1re, 20 juin 2000 : *RCA 2000, no 307, obs. Groutel ; RGDA 2000. 821, note Mayaux* • Civ. 2e, 8 oct. 2009 : *RCA 2010, no 23, note Groutel.* ♦ Ayant relevé d'abord l'existence, concomitante à la conclusion du contrat de location d'un camion sans chauffeur, d'un dépliant publicitaire annonçant, sans nuances, une garantie des dommages au véhicule et, ensuite, que les clauses d'exclusion se trouvaient noyées dans un texte de seize articles reproduits en petits caractères sur trois colonnes, alors que la publicité fallacieuse incitait les clients à relâcher leur attention et que la société bailleresse se gardait d'éveiller les soupçons par l'emploi d'un graphisme approprié et la proposition d'une assurance complémentaire, une cour d'appel a pu ainsi souverainement constater que la clause considérée n'avait pas été effectivement portée à la connaissance du locataire et devait lui rester inopposable. • Civ. 1re, 27 févr. 1996 : *RCA 1996, no 136 ; ibid. Chron. 16, note Groutel.* ♦ Ne satisfait pas aux exigences de l'art. 455 C. pr. civ. la cour d'appel qui, pour rejeter la demande de garantie contre les assureurs, retient que la clause d'exclusion de garantie, en cas de défaut d'entretien permanent imputable à l'assuré, est rédigée en caractères apparents et qu'elle ne laisse aucun doute sur sa portée, sans répondre aux conclusions des demandeurs soutenant que cette exclusion de garantie n'était pas consignée en caractères très apparents, soit en impression en lettres capitales et/ou en un titre explicite tel que « EXCLUSIONS ». • Civ. 3e, 22 oct. 2015, no 12-17.632 : *RDI 2015. 600, note Noguéro.* ♦ Prive sa décision de base légale, la cour d'appel qui, pour rejeter la demande en garantie formée contre un assureur, retient que la clause d'exclusion litigieuse figurant dans la notice d'information prévoit, en caractères lisibles et gras, des exclusions applicables pour la garantie incapacité de travail, sans rechercher, comme il le lui était demandé, si la clause litigieuse était rédigée en termes très apparents de manière à attirer spécialement l'attention de l'assuré sur la nullité qu'elle édictait. • Civ. 2e, 14 oct. 2021, no 20-11.980 : *D. actu. 22 oct. 2021, Bigot et Cayol ; RGDA nov. 2021. 16, note Pimbert.*

6. *Clauses contractuelles non soumises à la règle de l'art. L. 112-4.* La règle de l'art. L. 112-4 précisant que les clauses des polices édictant des nullités, des déchéances ou exclusions ne sont valables que si elles sont mentionnées en caractères très apparents n'est pas applicable à la clause qui définit le risque assuré. • Civ. 1re, 27 nov. 1990 : *RCA 1991, no 70.* ♦ ... Ni à la clause qui définit une condition de la garantie. • Civ. 1re, 11 déc. 1990 : *ibid.* ♦ ... Ni à une clause définissant les conditions et les limitations des garanties contractuelles. • Civ. 2e, 15 mars 2007 : *RCA 2007, no 203, note Groutel.* ♦ ... Ni à une clause attributive de compétence. • Com. 11 mars 1997, no 95-13.926 P : *DMF 1997. 364, rapp. Rémery.* ♦ ... Ni à une clause se bornant à renvoyer aux conditions générales, en prévoyant qu'« il n'est pas autrement dérogé aux clauses, conventions et exclusions des conditions générales ». • Civ. 2e, 26 nov. 2020, no 19-16.797 : *RCA 2021, no 40 ; RGDA janv. 2021. 20, note Pélissier.*

7. *Clauses légales non soumises à la règle de l'art. L. 112-4.* L'art. L. 112-4, précisant que les clauses des polices édictant des nullités, des déchéances ou exclusions ne sont valables que si elles sont mentionnées en caractères très apparents, n'est pas applicable, sauf dispositions particulières, aux nullités, déchéances ou exclusions prévues par la loi. • Civ. 1re, 1er déc. 1993, no 89-12.854 P : *D. 1994. 434, note Berr et Groutel ; RGAT 1994. 82, note Maurice* • 19 déc. 2000 : *RGDA 2001. 44, note Kullmann.*

8. *Titulaire de l'action.* La validité formelle d'une clause d'exclusion de garantie ne peut être contestée, en application de l'art. L. 112-4 que par les parties au contrat d'assurance. • Civ. 3e, 28 oct. 2003 : *RGDA 2004. 358, note Kullmann.*

9. *Sanction.* Il résulte de la combinaison des art. L. 112-3 et L. 112-4 que les clauses édictant des nullités, des déchéances ou des exceptions non rédigées en français ou en caractères apparents sont inapplicables. • Civ. 1re, 24 nov. 1993, no 91-21.114 P : *D. 1994. IR 144, obs. Berr ; RCA 1994, no 59 ; RGAT 1994. 87, note Maurice.*

II. CONNAISSANCE DES CLAUSES

10. *Obligation de l'assureur.* Il résulte de l'art. L. 113-2, al. 2, que la déclaration tardive du sinistre n'entraîne déchéance des droits de l'assuré qu'à condition d'avoir été prévue au contrat, et de l'art. L. 112-4 que l'attention de l'assuré doit être spécialement attirée sur ce type de clause ; viole ces textes une cour d'appel qui applique la déchéance, alors qu'elle avait constaté que l'assuré n'avait eu connaissance des conditions générales contenant la clause de déchéance que postérieurement au sinistre. • Civ. 1re, 21 juin 1989 : *Bull. civ. I, no 247 ; D. 1989. IR 205 ; RCA 1989, no 319.* ♦ Une clause d'exclusion de garantie doit avoir été portée à la connaissance de l'assuré au moment de son adhésion à la police ou, tout au moins, antérieurement à la réalisation du sinistre pour lui être opposable. • Civ. 2e, 11 janv. 2007 : *RCA 2007, no 139* • 6 oct. 2011 : *RCA 2012, no 27, note Groutel.* ♦ L'assureur ne peut opposer à l'assuré que les exclusions de garantie qui ont été portées à sa connaissance ; tel n'est pas le cas si l'exclusion de garantie figurait dans les conditions générales non remises à l'assuré. • Civ. 2e, 25 juin 2009 : *RCA 2009, no 307 (2e esp.), note Groutel.*

11. Note de couverture. Il résulte des art. L. 112-2 et L. 112-3 que si l'application d'une note de couverture doit se faire en fonction des conditions générales de la « police type » de l'assureur alors même que la note de couverture ne s'y référerait pas, encore faut-il, si l'assureur entend se prévaloir d'une nullité, déchéance ou exclusion, qu'il justifie l'avoir portée à la connaissance de l'assuré. • Civ. 1re, 7 mars 1989, n° 87-10.266 P : *RCA 1989, n° 203 ; RGAT 1989. 546, note Margeat et Landel.* ♦ V. aussi : • Civ. 1re, 31 mars 1993 : *RCA 1993, n° 206.*

12. Police d'assurance. L'art. 9 de la L. du 13 juill. 1930 [C. assur., art. L. 112-4], qui, après avoir énuméré les indications que doit comporter le contrat d'assurance, déclare que « les clauses des polices édictant des nullités ou des déchéances ne sont valables que si elles sont mentionnées en caractères très apparents », implique que ces clauses doivent être insérées dans la police elle-même et ne sont pas valables si elles ne figurent que dans le règlement intérieur d'une mutuelle. • Civ. 1re, 30 oct. 1967 : *D. 1968. 175 ; JCP 1968. II. 15590, note Bigot ; RGAT 1968. 43, note Besson.*

Art. L. 112-5 *(L. n° 2007-1775 du 17 déc. 2007, art. 10, en vigueur le 18 déc. 2008)* **« Sous réserve de l'article L. 132-6, la police » d'assurance peut être à personne dénommée, à ordre ou au porteur.**

Le présent article n'est toutefois applicable aux contrats d'assurance sur la vie que dans les conditions prévues par l'article L. 132-6.

COMMENTAIRE

Faisant partie des dispositions supplétives de volonté énoncées à l'article L. 111-2 du code des assurances, l'article L. 112-5 prévoit que les contrats d'assurance peuvent être à personne dénommée, à ordre ou au porteur.

Dans la pratique, les polices à ordre et au porteur sont peu utilisées. D'ailleurs, alors que les polices d'assurance sur la vie au porteur étaient déjà interdites, la loi n° 2007-1775 du 17 décembre 2007, constatant que la pratique des contrats d'assurance sur la vie à ordre était tombée en désuétude, a supprimé, à compter du 18 décembre 2008, les contrats d'assurance sur la vie à ordre (art. L. 132-6). Aussi, désormais, les contrats au porteur sont surtout utilisés en assurance maritime ou en assurance de marchandises warrantées. ❑

Preuve d'un contrat de capitalisation au porteur. Une partie qui affirme être le bénéficiaire d'un contrat de capitalisation souscrit au porteur doit être en mesure de fournir l'original du titre le représentant, ou, à défaut, doit engager la procédure d'opposition prévue à l'art. L. 160-1 C. assur. • Civ. 2e, 6 févr. 2014 : *D. 2014. 422 ; RCA 2014, n° 171.*

Art. L. 112-6 L'assureur peut opposer au porteur de la police ou au tiers qui en invoque le bénéfice les exceptions opposables au souscripteur originaire. – *Assur. L. 111-2, L. 112-1.*

BIBL. ▶ Compensation : GROUTEL, *RCA 1993. Chron. 18.*

COMMENTAIRE

L'article L. 112-6 énonce un principe général d'opposabilité des exceptions au porteur de la police ou au tiers qui en invoque le bénéfice. Partant, certaines décisions (Civ. 1re, 17 juill. 1985 : *V. note 2*) ont appliqué cet article au bénéficiaire d'une assurance pour compte, alors pourtant que l'article L. 112-1, alinéa 3, dispose expressément que les exceptions que l'assureur pourrait opposer au souscripteur sont également opposables au bénéficiaire du contrat, quel qu'il soit (V. comm. ss. l'art. L. 112-1). Cependant, l'article L. 112-6 est essentiellement invoqué à l'encontre du tiers victime exerçant l'action directe de l'article L. 124-3. Ainsi, puisque l'obligation de garantie de l'assureur trouve sa source et sa mesure dans le contrat d'assurance (Civ. 1re, 28 juin 1989 : *V. note 4*), l'assureur peut opposer à la victime toutes les exceptions opposables à l'assuré dès lors qu'elles sont antérieures au fait dommageable (I). Par opposition, les exceptions postérieures au fait dommageable sont donc inopposables (II).

I. OPPOSABILITÉ DES EXCEPTIONS ANTÉRIEURES AU FAIT DOMMAGEABLE

Le principe de l'opposabilité des exceptions antérieures au fait dommageable appelle quelques précisions tant en ce qui concerne la nature des exceptions en cause (A) que la procédure à respecter (B).

A. LA NATURE DES EXCEPTIONS OPPOSABLES

Les exceptions opposables à la victime peuvent tout d'abord porter sur l'existence même du contrat. L'assureur peut de la sorte opposer la nullité du contrat pour fausse déclaration intentionnelle du risque fondée sur l'article L. 113-8 (Civ. 1re, 23 juin 1971 : *V. note 5*) ou la cessation des garanties à la suite de la résiliation du contrat (Civ. 2e, 4 juill. 2007 : *note 5*).

Mais les exceptions opposables peuvent également concerner la garantie de l'assureur. En ce sens, l'assureur peut opposer la réduction proportionnelle de capitaux pour sous-assurance de l'article L. 121-5 (Civ. 1re, 28 juin 1989 : *V. note 5*), une franchise contractuelle (Civ. 3e, 17 févr. 2015 : *V. note 5*), une limitation de garantie (Civ. 1re, 22 mai 1991 : *V. note 5*), une exclusion de garantie (Civ. 1re, 11 juin 1981 : *V. note 5*), une clause de réclamation de la victime (Civ. 1re, 29 avr. 1997, à propos d'une clause de réclamation d'origine réglementaire : *V. note 5*).

Une difficulté s'est présentée en jurisprudence à propos du paiement des primes dues par l'assuré au jour du sinistre et de la possibilité pour l'assureur d'effectuer une compensation entre ces primes et l'indemnité due à la victime. Dans un premier temps, la Cour de cassation a estimé que dès lors que l'assureur pouvait opposer à la victime les exceptions opposables au souscripteur, il avait le droit de déduire de l'indemnité d'assurance allouée à la victime les primes dues par l'assuré (Civ. 1re, 30 avr. 1985 : *V. note 11*). Pour autant, cette solution heurtait le principe de l'article 1289 du code civil en vertu duquel une compensation ne peut s'opérer qu'entre deux personnes débitrices l'une envers l'autre. Donnant toute son effectivité à cette règle, la Cour de cassation a opéré un revirement de jurisprudence, au visa de cet article 1289 et de l'article L. 121-6 du code des assurances, et retient désormais que l'assureur de responsabilité ne peut déduire de l'indemnité due à la victime le montant des primes échues à la date du sinistre et non réglées (Civ. 1re, 31 mars 1993 : *V. note 11*).

Dans le même ordre d'idées, la Cour de cassation a pu affirmer que l'assureur ne peut compenser une éventuelle créance de l'assuré sur la victime. Là encore, en l'absence de créances réciproques entre l'assureur et la victime, aucune compensation ne peut s'effectuer (Civ. 1re, 23 nov. 1999 : *V. note 12*).

B. LES ASPECTS PROCÉDURAUX

Conformément aux principes qui régissent la preuve en droit des assurances (V. comm. ss. art. L. 112-3), il appartient à la victime de rapporter la preuve du contrat d'assurance, mais il incombe alors à l'assureur de produire la police d'assurance s'il entend faire valoir une exception (Civ. 2e, 25 oct. 2012 : *V. note 14*).

Par ailleurs, l'opposabilité des exceptions a pu susciter quelques difficultés en cas de procès pénal intenté à l'assuré. Par principe, les causes de non-garantie constituent des moyens de défense au fond. Toutefois, l'article 385-1 du code de procédure pénale les a érigées en exceptions de procédure. Devant le juge pénal, l'exception doit donc être présentée *in limine litis*. L'assureur ne peut donc invoquer une cause de non-garantie devant le juge pénal une fois que le fond a été abordé en sa présence. Sa demande serait alors frappée de forclusion et il importe peu que la cause de non-garantie ait été découverte tardivement par l'assureur. Cela étant, la Cour de cassation estime que la forclusion de l'article 385-1 du code de procédure pénale n'interdit pas à l'assureur d'invoquer ultérieurement une cause de non-garantie devant le juge civil (Civ. 1re, 24 janv. 1995 et Civ. 2e, 3 nov. 2011 : *V. note 13*).

II. INOPPOSABILITÉ DES EXCEPTIONS POSTÉRIEURES AU FAIT DOMMAGEABLE

La règle de l'inopposabilité des exceptions postérieures au fait dommageable à la victime concerne principalement les déchéances de garantie (A), mais d'autres exceptions sont concernées par ce principe d'inopposabilité (B).

A. LES DÉCHÉANCES DE GARANTIE

Si les déchéances sont opposables à l'assuré pour compte (Civ. 1re, 21 nov. 1966 : *V. note 3*), il n'en est pas de même pour le tiers victime. Initialement dégagé par la jurisprudence, le principe de l'inopposabilité des déchéances à la victime est aujourd'hui expressément prévu par l'article R. 124-1, qui dispose qu'aucune déchéance motivée par un manquement de l'assuré à ses obligations commis postérieurement au sinistre ne sera opposable aux personnes lésées ou à leurs ayants droit. De même, l'article R. 211-13, spécifique à l'assurance de responsabilité automobile, affirme que, par principe, ne sont pas opposables aux victimes ou à leurs ayants droit les déchéances.

Cette solution s'explique par le fait que le droit de créance de la victime à l'encontre du responsable ou de son assureur de responsabilité naît au jour du dommage. Figés à cette date, les droits de la victime ne peuvent être remis en cause par une exception postérieure au dommage. Ainsi, la déchéance de garantie pour défaut de déclaration du sinistre dans le délai prévu ne peut être opposée à la victime (Civ. 1re, 2 avr. 1974 : *V. note 9*).

B. AUTRES EXCEPTIONS

L'inopposabilité des exceptions postérieures au fait dommageable ne se limite pas aux déchéances. Elle s'applique également à l'accord conclu entre l'assureur et l'assuré après la survenance du sinistre. Puisque les droits de la victime à l'encontre de l'assureur du responsable naissent au jour de la survenance du sinistre, il importe peu que l'assureur et l'assuré se soient entendus pour exclure la garantie de l'assureur par un accord ultérieur au fait dommageable, et ce, même s'ils lui ont conféré un effet rétroactif (Civ. 2e, 28 juin 2007 : *V. note 10*). ☐

I. BÉNÉFICIAIRE D'UNE ASSURANCE POUR COMPTE

1. Opposabilité des exceptions. Les exceptions que l'assureur pourrait opposer au souscripteur d'une assurance pour le compte de qui il appartiendra sont également opposables au bénéficiaire du contrat quel qu'il soit. • Civ. 1re, 7 mars 1989, n° 86-13.563 P : *D. 1989. IR 101.* ♦ V. auparavant : les exceptions opposables au souscripteur originaire du contrat peuvent être invoquées contre le tiers qui en réclame le bénéfice. • Civ. 1re, 21 nov. 1966 : *Bull. civ. I, n° 516 ; RGAT 1967. 164, note Besson.*

2. Opposabilité de la prescription biennale. En vertu de l'art. L. 112-6, l'assureur peut opposer au bénéficiaire d'une police d'assurance la prescription biennale qui peut être invoquée contre le souscripteur de cette police. • Civ. 1re, 17 juill. 1985, n° 84-13.324 P : *D. 1987. Somm. 38, obs. Groutel.* ♦ Mais, si l'assureur peut opposer cette prescription au bénéficiaire, victime d'un dommage, le délai de deux ans ne court que du jour où ledit bénéficiaire a été en mesure d'agir à l'encontre de l'assureur. • Civ. 1re, 11 oct. 1988, n° 86-16.364 P : *D. 1989. Somm. 248, obs. Berr.* ♦ Et s'agissant du bénéficiaire, auteur du dommage, le recours de la personne responsable d'un délit contre l'assureur de sa responsabilité est prescrit par deux ans à compter du jour où la victime du délit a exercé une action en justice contre elle, sans distinction suivant que cette personne est le souscripteur ou le bénéficiaire de la garantie promise. • Civ. 15 mars 1948 : *RGAT 1948. 121.*

3. Opposabilité des déchéances. Le bénéficiaire peut se voir opposer la déchéance pour déclaration tardive du sinistre. • Civ. 1re, 21 nov. 1966 : *préc. note 1* • 7 mars 1989 : *préc. note 1.* ♦ ... Ou pour exagération frauduleuse des conséquences du sinistre. • Civ. 1re, 4 juin 1996 : *RCA 1996, n° 285 ; ibid., Chron. 32, par Groutel ; RGDA 1996. 578, note Mayaux.*

II. TIERS VICTIME

4. Opposabilité des exceptions – Principe. Il résulte de l'art. 11 de la L. du 13 juill. 1930 [C. assur., art. L. 112-6] que l'assureur peut opposer au tiers qui invoque le bénéfice de la police les exceptions opposables au souscripteur originaire. • Civ. 1re, 11 juin 1981, n° 80-12.008 P : *D. 1982. IR 265* • 20 févr. 2001 : *D. 2001. Somm. 3321, obs. Groutel* ♦ La définition de l'étendue de la garantie due par l'assureur est opposable au tiers lésé. • Civ. 1re, 3 mars 2021, n° 19-21.728 : *RCA 2021, n° 113.* ♦ Il résulte de la combinaison des art. L. 112-6 et L. 124-3 que le droit de la victime puise sa source et trouve sa mesure dans le contrat d'assurance. • Civ. 1re, 28 juin 1989, n° 85-16.790 P : *RCA 1989, n° 349 ; RGAT 1989. 873, note Bout.*

5. Opposabilité des exceptions – Illustrations. L'assureur est en droit d'opposer au tiers victime : ... une clause de la police excluant de la garantie les conséquences de la responsabilité solidaire ou *in solidum*. • Civ. 1re, 1er oct. 1980, n° 79-12.215 P. ♦ ... La nullité du contrat pour fausse déclaration intentionnelle du risque. • Civ. 1re, 23 juin 1971, n° 70-10.512 P. ♦ ... La réduction proportionnelle de capitaux prévue au contrat dans les conditions autorisées par l'art. L. 121-5. • Civ. 1re, 28 juin 1989 : *préc. note 4.* ♦ ... La réduction proportionnelle de l'art. L. 113-9 (sauf exception prévue par la loi). • Civ. 1re, 15 févr. 1977, n° 75-14.244 P : *D. 1977. IR 285, obs. Berr et Groutel ; RGAT 1977. 365, note Besson.* ♦ ... La résiliation de la police intervenue à une date antérieure au sinistre. • Civ. 2e, 4 juill. 2007, n° 06-14.610 P : *Gaz. Pal. 2008. 1831, note Périer ; RCA 2007, n° 287 ; RGDA 2007. 892, note Beauchard.* ♦ ... Une exclusion de garantie. • Civ. 1re, 11 juin 1981 : *préc. note 4.* ♦ ... Une franchise. • Civ. 1re, 16 déc. 2003 : *RGDA 2004. 177, note Bruschi* • Civ. 3e, 19 avr. 2000 : *RCA 2000, n° 245* • 17 févr. 2015, n° 14-13.703 : *RCA 2015, n° 161, note Groutel.* ♦ ... La limitation de la garantie par année d'assurance. • Civ. 1re, 22 mai 1991 : *RCA 1991, n° 309 ; RGAT 1991. 603, note Bigot.* ♦ ... La clause de réclamation de la victime, stipulée dans une police d'assurance de responsabilité professionnelle, conformément aux garanties minimales requises par la réglementation, et prévoyant que la garantie s'appliquera exclusivement aux réclamations formulées pendant la période de validité du contrat ou aux seuls sinistres dont le fait générateur se sera produit pendant cette période, qui ne s'analyse pas en une clause de déchéance, inopposable aux victimes, mais constitue une clause d'exclusion de garantie au sens de l'art. L. 113-1. • Civ. 1re, 29 avr. 1997 : *RCA 1997, n° 241, note Groutel; RGDA 1997. 843, note Kullmann.* ♦ ... La clause de l'assurance de responsabilité d'un avocat excluant le non-versement ou la non-restitution des fonds, effets ou valeurs reçus à quelque titre que ce soit par l'assuré, ses collaborateurs ou ses préposés, lorsque l'assuré s'est abstenu de restituer les honoraires perçus alors qu'il s'était engagé à le faire si le résultat n'était pas obtenu dans un délai déterminé. • Civ. 2e, 30 avr. 2014 : *RGDA 2014. 355, note Mayaux.*

6. Possibilité de contester la validité d'une exception de garantie. Le tiers lésé, qui exerce l'action directe, peut contester la validité d'une exception de garantie opposée par l'assureur même en l'absence de contestation de l'assuré. • Civ. 3e, 4 mars 2021, n° 19-23.033 : *RCA 2021, n° 114, note Groutel; RGDA avr. 2021. 11, note Pélissier; Gaz. Pal., 22 juin 2021. 44, note Noguéro.* ♦ Comp. : le tiers lésé, qui exerçait l'action directe à l'encontre de l'assureur, ayant invoqué l'application de l'art. L. 112-4 C. assur. aux fins d'annulation d'une clause d'exclusion de garantie au motif qu'elle ne figurait pas en caractères apparents dans la police, une cour d'appel, qui était tenue de vérifier les conditions d'application de ce texte, sans soulever d'office un moyen de droit, a pu retenir que la validité formelle d'une clause d'exclusion de garantie ne pouvait être contestée, en application de cet art., que par les parties au contrat d'assurance. • Civ. 3e, 28 oct. 2003, n° 01-13.490 : *RGDA 2004. 358, note Kullmann.* ♦ Les droits du tiers victime d'un dommage résultant exclusivement du contrat d'assurance, celui-ci ne peut se prévaloir des dispositions de l'art. L. 141-4 C. assur. qui ne s'appliquent qu'aux relations entre le souscripteur et l'adhérent au contrat d'assurance groupe. • Civ. 2e, 20 déc. 2007, n° 07-13.913 : *RGDA 2008. 218, note Mayaux.*

7. Attestation d'assurance sans restriction. L'assureur de responsabilité civile professionnelle est fondé à opposer aux tiers les clauses d'exclusion ou de limitation de garantie opposable à l'assuré, même si elles ne sont pas reproduites sur l'attestation d'assurance délivrée à ce dernier. • Civ. 3e, 13 févr. 2020, n° 19-11.272 : *RCA 2020, n° 124, note Groutel; ibid. 2022, chron. 4, n° 23, note Groutel; RGDA avr. 2020. 21, note Mayaux* • Civ. 3e, 20 oct. 2021, n° 20-18.533 : *RDI 2021. 674, note Charbonneau; RCA 2022, n° 29, note Porte.* ♦ Mais l'assureur, qui fournit à son assuré une attestation, destinée à être présentée au maître de l'ouvrage, ne mentionnant aucune restriction quant aux activités déclarées, n'est plus recevable à opposer au tiers lésé les exceptions opposables à son assuré. • Civ. 3e, 3 mars 2004, n° 02-19.122 P : *Defrénois 2005. 68, obs. Périnet-Marquet; RCA 2004, n° 194, obs. Groutel; RGDA 2004. 460, note Karila.*

8. Absence de renonciation au plafond de garantie annuel. Une cour d'appel a pu déduire l'absence de renonciation par l'assureur à se prévaloir du plafond annuel de garantie pour les autres sinistres déclarés après le dépassement de ce plafond en retenant non seulement que le dépassement du plafond de garantie par les règlements effectués en exécution de transaction ne suffisait pas à caractériser une renonciation non équivoque de l'assureur à se prévaloir de ce plafond de garantie, mais aussi que l'assureur, agissant dans le cadre d'une défense recours, s'était prévalu du plafond de garantie dans ses courriers et auprès de l'assuré qui l'avait expressément reconnu dans un écrit. • Com. 13 nov. 2012 : *RGDA 2013. 310, note Pélissier.*

9. Inopposabilité des déchéances. Il résulte de l'art. 11 de la L. du 13 juill. 1930 [C. assur., art. L. 112-6] que l'assureur peut opposer au tiers qui invoque le bénéfice de la police les exceptions opposables au souscripteur originaire qui sont antérieures à la survenance du dommage. • Civ. 1re, 28 janv. 1975, n° 73-13.284 P : *D. 1976. 313, note Berr et Groutel; JCP 1976. II. 18284, note Besson; RTD civ. 1976. 789, obs. Durry.* ♦ Ainsi, le droit propre de la victime ne saurait être affecté dans son existence ni dans son objet, par aucune cause de déchéance encourue personnellement par l'assuré, pour inobservation des clauses de la police. • Civ. 15 juin 1931 : *DH 1931. 411; S. 1932. 1. 169, note Esmein; RGAT 1931. 801, note Picard; GADA, p. 230, obs. Berr et Groutel.* ♦ Le droit de la victime sur l'indemnité d'assurance ne saurait, après l'accident qui lui a donné naissance, être affecté par une déchéance encourue personnellement par l'assuré pour inobservation des clauses de la police, spécialement celle qui l'oblige à déclarer le sinistre à l'assureur dans un certain délai. • Civ. 1re, 2 avr. 1974, n° 73-10.356 P : *RGAT 1975. 76* • 2 juill. 1991 : *RGAT 1991. 846, note Margeat et Landel.*

10. Inopposabilité d'une convention postérieure au dommage. Le droit propre conféré à la victime par l'art. L. 124-3 C. assur. sur l'indemnité d'assurance étant une conséquence du fait dommageable naît dès l'instant où celui-ci s'est produit. Il s'ensuit qu'il ne peut être porté atteinte au droit propre de la victime par une convention passée postérieurement au fait dommageable entre l'assuré et l'assureur, quand bien même ceux-ci seraient d'accord pour en faire remonter les effets à une date antérieure à l'accident. • Civ. 2e, 28 juin 2007, n° 06-13.579 : *RCA 2007, n° 288, note Groutel; RGDA 2008. 216, note Kullmann* • Civ. 1re, 12 mars 1963 : *Bull. civ. I, n° 153; D. 1963. 565; RGAT 1963. 487.*

11. Inopposabilité de la compensation entre l'indemnité et la prime dues. Si l'assureur peut opposer au porteur de la police ou au tiers qui en invoque le bénéfice les exceptions opposables au souscripteur originaire, cette disposition n'autorise pas l'assureur de responsabilité à déduire de l'indemnité due à la victime le montant des primes échues à la date du sinistre et non réglées. • Civ. 1re, 31 mars 1993, n° 91-13.637 P : *RCA 1993. Chron. 18, note Groutel; RGAT 1993. 635, note Beauchard; D. 1993. 519, note Larroumet* • 28 avr. 1993, n° 90-17.727 P. ♦ V. auparavant affirmant que l'assureur peut opposer au tiers qui invoque le bénéfice de la police les exceptions opposables au souscripteur originaire et qu'il s'ensuit que l'assureur a le droit de déduire de l'indemnité d'assurance allouée à la victime les primes dues par l'assuré en vertu du même contrat et qui étaient dues au jour du sinistre. • Civ. 1re, 30 avr. 1985, n° 84-10.818 P : *RGAT 1985. 407* • 4 oct. 1989, n° 87-13.846 P : *RGAT 1989. 806, note Margeat et Landel.*

12. Inopposabilité de la compensation entre l'indemnité et une créance de l'assuré sur la victime. Selon l'art. 1289 C. civ., la compensation ne s'opère qu'entre deux personnes qui se trouvent débitrices l'une de l'autre. Si, aux termes de l'art. L. 112-6 C. assur., l'assureur peut opposer au porteur de la police ou au tiers qui en invoque le bénéfice les exceptions opposables au souscripteur originaire, cette disposition n'autorise pas l'assureur de responsabilité, tenu de supporter, au titre de son obligation de garantie, la charge définitive de l'indemnité due à la victime pour la réparation de son dommage, à se prévaloir à l'égard de son assuré de la compensation qui a été opérée, à la demande de la victime, entre le montant de cette indemnité et celui, plus faible, d'une dette que la victime devait toujours à l'assuré. • Civ. 1re, 23 nov. 1999, n° 97-15.523 P : *RGDA 2000. 185, note Mayaux.*

13. Procédure. L'assureur peut opposer au tiers une exception portant sur la validité du contrat, invoquée contre l'assuré dans une autre instance en cours. • Civ. 1re, 1er déc. 1993 : *RGAT 1994. 74, note Beauchard.* ♦ La forclusion instituée par l'art. 385-1 C. pr. pén. ne concerne que l'action civile engagée devant la juridiction pénale et ne s'oppose pas à ce que l'assureur invoque contre son assuré, devant la juridiction civile, une cause de non-garantie, sans toutefois que puissent être remises en question les obligations de l'assureur envers la victime, telles qu'elles ont été fixées par le juge pénal. Viole ce texte la cour d'appel qui reconnaît l'autorité de la chose jugée à l'arrêt pénal qui s'était borné à déclarer l'assureur forclos dans son exception. • Civ. 1re, 24 janv. 1995, n° 92-17.226 P : *D. 1996. Somm. 183, obs. Groutel ; RCA 1995, n° 186; ibid. Chron. 20, note Groutel; RGAT 1995. 104, note Landel; Dr. pénal 1995, n° 78, note Maron* • Civ. 2e, 12 mars 2009, n° 07-20.403 : *RCA 2009, n° 158, note Groutel.* ♦ V., affirmant seulement que la forclusion édictée par l'art. 385-1 C. pr. pén. ne concerne que l'action civile engagée devant la juridiction pénale et ne s'oppose pas à ce que l'assureur invoque contre son assuré, devant la juridiction civile, une cause de non-garantie, • Civ. 2e, 3 nov. 2011 : *RCA 2012, n° 32, note Groutel; RGDA 2012. 468, note Schulz.*

14. Preuve. Il incombe à l'assureur invoquant une exclusion de garantie à l'encontre d'un tiers victime du dommage de produire la police souscrite par son assuré. Il s'ensuit que la garantie de l'assureur est due lorsqu'il ne produit aux débats qu'un extrait de la garantie responsabilité civile personnelle dont il n'est pas rapporté la preuve qu'il s'agisse d'un extrait des conditions générales au contrat souscrit portées à la connaissance de l'assuré et que ce document ne permet pas en tout état de cause d'écarter la garantie visée. • Civ. 2e, 25 oct. 2012 : *RGDA 2013. 305, note Pélissier.*

III. AUTRES TIERS

15. Tiers invoquant le bénéfice du contrat. La prescription biennale peut lui être opposée par l'assureur (garagiste ayant réparé le véhicule de l'assuré). • Civ. 1re, 7 oct. 1992, n° 89-19.425 P : *RCA 1992, n° 465.*

16. Tiers invoquant l'action oblique. Ayant constaté que les conditions particulières de la police souscrite par l'entrepreneur stipulaient que les « maisons à ossature bois » étaient exclues des activités garanties et retenu à bon droit que le maître de l'ouvrage agissant au nom du débiteur dans l'exercice de ses droits et actions à caractère patrimonial par voie oblique, l'assureur pouvait lui opposer les exceptions qu'il aurait pu invoquer contre le débiteur si celui-ci avait exercé directement ses droits et actions, une cour d'appel en a exactement déduit que l'assureur ne devait pas sa garantie. • Civ. 3e, 30 janv. 2019, n° 17-28.479 : *RCA 2019, n° 87, note Groutel; ibid. Étude 2, note Brun.*

Art. L. 112-7 *(Ord. n° 2015-378 du 2 avr. 2015, art. 1er, en vigueur le 1er janv. 2016)* **Lorsqu'un contrat d'assurance est proposé en libre prestation de services au sens de l'article L. 362-2 ou par une succursale en application de l'article L. 362-1, le souscripteur est informé, avant la conclusion de tout engagement, du nom de l'État membre de l'Union européenne où est situé le siège social de l'entreprise ou, le cas échéant, la succursale avec laquelle le contrat sera conclu.**

Les informations mentionnées à l'alinéa précédent doivent figurer sur tous documents remis au souscripteur ou à l'assuré.

Le contrat ou la note de couverture doit indiquer l'adresse du siège social de l'entreprise d'assurance qui accorde la couverture, ou le cas échéant celle de la succursale ainsi que le nom et l'adresse du représentant mentionné à l'article L. 362-3.

COMMENTAIRE

L'article L. 112-7 trouve son origine dans la directive 88/357/CEE du 22 juin 1988 relative à l'assurance directe autre que l'assurance sur la vie, transposée par la loi n° 89-1014 du 31 décembre 1989, et la directive 90/619/CEE du 8 novembre 1990 relative à l'assurance-vie, transposée par la loi n° 92-665 du 16 juillet 1992. Devenus inadaptés à la suite de réformes législatives, les renvois de cet article ont fait l'objet d'une modification par l'ordonnance n° 2015-378 du 2 avril 2015 transposant la directive 2009/138/CE du 25 novembre 2009 sur l'accès aux activités de l'assurance et de la réassurance et leur exercice (Solvabilité II).

Cet article a pour objectif de renforcer la protection des souscripteurs de contrats d'assurance souscrits, en libre prestation de service, auprès d'entreprises d'assurance, dont le siège social est situé dans un autre État membre de l'Union européenne, dès lors que ces contrats couvrent un risque situé sur le territoire de la République française. Il assure également la protection des souscripteurs de contrats d'assurance conclus en France auprès d'une succursale d'une entreprise d'assurance ayant son siège social sur le territoire d'un autre État membre.

L'article L. 112-7 impose concrètement une double information, précontractuelle et contractuelle.

Au titre de l'information précontractuelle, le souscripteur doit être informé du nom de l'État membre dans lequel est situé le siège social, ou la succursale, de l'entreprise d'assurance avec laquelle le contrat pourrait être conclu. Cette information doit figurer sur les documents remis au souscripteur ou à l'assuré.

Au titre de l'information contractuelle, l'assureur doit mentionner dans le contrat ou la note de couverture l'adresse du siège social ou de la succursale de l'entreprise d'assurance. En outre, lorsque l'assureur garantit, en libre prestation de services, la responsabilité civile résultant de l'emploi de véhicules terrestres à moteur à l'exception de la responsabilité civile du transporteur, le contrat d'assurance ou la note de couverture doit indiquer le nom et l'adresse du représentant en France de l'entreprise d'assurance pour la gestion des sinistres.

On observe ainsi que la règle de l'article L. 112-7 reprend certaines exigences de l'article L. 112-4 relatives aux mentions de la police d'assurance. Ce dernier article indique en effet que le contrat d'assurance doit indiquer l'adresse du siège social de l'assureur et, le cas échéant, de la succursale qui accorde la couverture. ❑

Art. L. 112-8 *(L. n° 94-5 du 4 janv. 1994)* **Lorsqu'un contrat couvrant la responsabilité civile résultant de l'emploi de véhicules à moteur autre que la responsabilité civile du transporteur est souscrit en libre prestation de services au sens de l'article L. 310-3, le contrat ou la note de couverture doit indiquer le nom et l'adresse du représentant pour la gestion des sinistres désigné en France par l'assureur.**

COMMENTAIRE

Dans la mesure où la souscription d'un contrat d'assurance de responsabilité civile automobile, en libre prestation de services, peut désavantager la victime d'un accident de la circulation, l'article L. 112-8 rappelle, à la suite de l'article L. 112-7, que l'assureur doit avoir un représentant en France pour la gestion des sinistres. Plus précisément, selon l'article R. 351-5-1, cet interlocuteur représente l'entreprise d'assurance non seulement auprès des personnes qui ont subi un préjudice, mais aussi devant les autorités et juridictions françaises pour l'indemnisation du sinistre. La police d'assurance ou la note de couverture doivent indiquer son nom et son adresse. Ces exigences sont néanmoins écartées pour les contrats garantissant la responsabilité d'un transporteur. ❑

Art. L. 112-9 *(L. n° 2008-3 du 3 janv. 2008, art. 27)* **I. — Toute personne physique qui fait l'objet d'un démarchage à son domicile, à sa résidence ou à son lieu de travail, même à sa demande, et qui signe dans ce cadre une proposition d'assurance ou un contrat à des fins qui n'entrent pas dans le cadre de son activité commerciale ou professionnelle, a la faculté d'y renoncer par lettre recommandée** *(Ord. n° 2017-1433 du 4 oct. 2017, art. 2-3°, en vigueur le 1er avr. 2018)* **« ou par envoi recommandé électronique » avec demande d'avis de réception pendant le délai de quatorze jours calendaires révolus à compter du jour de la conclusion du contrat, sans avoir à justifier de motifs ni à supporter de pénalités.**

La proposition d'assurance ou le contrat comporte, à peine de nullité, la mention du texte du premier alinéa et comprend *(Ord. nº 2017-1433 du 4 oct. 2017, art. 2-3º, en vigueur le 1er avr. 2018)* **« un modèle de rédaction » destiné à faciliter l'exercice de la faculté de renonciation.**

L'exercice du droit de renonciation dans le délai prévu au premier alinéa entraîne la résiliation du contrat *(Ord. nº 2017-1433 du 4 oct. 2017, art. 2-3º, en vigueur le 1er avr. 2018)* **« à compter de la date de réception de la lettre recommandée ou de l'envoi recommandé électronique mentionnés » au même alinéa. Dès lors qu'il a connaissance d'un sinistre mettant en jeu la garantie du contrat, le souscripteur ne peut plus exercer ce droit de renonciation.**

En cas de renonciation, le souscripteur ne peut être tenu qu'au paiement de la partie de prime ou de cotisation correspondant à la période pendant laquelle le risque a couru, cette période étant calculée jusqu'à la date de la résiliation. L'entreprise d'assurance est tenue de rembourser au souscripteur le solde au plus tard dans les trente jours suivant la date de résiliation. Au-delà de ce délai, les sommes non versées produisent de plein droit intérêt au taux légal.

Toutefois, l'intégralité de la prime reste due à l'entreprise d'assurance si le souscripteur exerce son droit de renonciation alors qu'un sinistre mettant en jeu la garantie du contrat et dont il n'a pas eu connaissance est intervenu pendant le délai de renonciation.

Le présent article n'est applicable ni aux contrats d'assurance sur la vie ou de capitalisation ni aux contrats d'assurance de voyage ou de bagages ni aux contrats d'assurance d'une durée maximum d'un mois.

Les infractions aux dispositions du présent article sont constatées et sanctionnées par l'autorité instituée *(Ord. nº 2010-76 du 21 janv. 2010, art. 7-II)* **« à l'article L. 612-1 du code monétaire et financier dans les conditions prévues au livre III du présent code ».**

II. — Les infractions constituées par la violation des dispositions du deuxième alinéa et de la deuxième phrase du quatrième alinéa du I sont recherchées et constatées *(Ord. nº 2016-301 du 14 mars 2016, art. 5-2º, en vigueur le 1er juill. 2016)* **« par les agents mentionnés aux articles L. 511-3 et L. 511-21 du code de la consommation, dans les conditions prévues à l'article L. 511-5 de ce code ».**

Est puni de 15 000 € d'amende le fait de ne pas rembourser le souscripteur dans les conditions prévues à la deuxième phrase du quatrième alinéa du I du présent article. – *Entrée en vigueur le 1er juill. 2008 (L. nº 2008-3 du 3 janv. 2008, art. 27-II).*

V. note ss. art. L. 111-9.

BIBL. ▸ RAJOT, *RCA 2008. Focus 1.* – SÉRAÏCHE, *RGDA 2008. 41.*
▸ Produits relevant du code de la mutualité : SÉRAÏCHE, *RGDA 2008. 885.*

COMMENTAIRE

L'article L. 112-9 a été introduit dans le code des assurances par la loi nº 2008-3 du 3 janvier 2008 pour le développement de la concurrence au service des consommateurs, afin d'harmoniser les régimes de renonciation aux contrats d'assurance commercialisés à distance et par voie de démarchage à domicile. En effet, alors que l'ordonnance nº 2005-648 du 6 juin 2005 avait réglementé la souscription de contrats à distance en introduisant un article L. 112-2-1 dans le code, celui-ci ne comportait aucune disposition spécifique pour les contrats souscrits à la suite d'un démarchage. Dans le silence des textes, la jurisprudence avait alors appliqué l'article L. 121-25 du code de la consommation, qui prévoyait un délai de sept jours, aux contrats d'assurance non-vie distribués par voie de démarchage à des consommateurs. Depuis le 1er juillet 2008, date d'entrée en vigueur de l'article L. 112-9, ce recours au droit de la consommation n'est plus nécessaire.

Dorénavant, à l'instar de ce qui est prévu en cas de souscription à distance, le droit des assurances prévoit que la personne physique, qui souscrit un contrat par voie de démarchage pour couvrir un risque relevant de la vie privée, dispose d'une faculté de renonciation pendant quatorze jours calendaires révolus – incluant donc samedis, dimanches et jours fériés – à compter du jour de la conclusion du contrat.

Cette faculté de renonciation est toutefois exclue pour les contrats d'assurance de voyage ou de bagage, pour les contrats d'assurance d'une durée maximale d'un mois, ainsi que pour les contrats d'assurance sur la vie pour lesquels l'article L. 132-5-1 institue une faculté spécifique de renonciation. En outre, le souscripteur ne peut renoncer au contrat dès lors qu'il a eu connaissance d'un sinistre mettant en jeu la garantie.

La faculté de renonciation de l'article L. 112-9 s'exerce, sans avoir à apporter de motifs et sans pénalités, par l'envoi d'une lettre recommandée ou d'un envoi recommandé électronique avec accusé de réception. Afin de renforcer la protection du souscripteur, le législateur a imposé un certain formalisme. Ainsi, la proposition d'assurance ou le contrat d'assurance doit, sous peine de nullité, rappeler l'existence de cette faculté de renonciation et comporter un modèle de lettre de renonciation.

En cas d'exercice, le souscripteur n'est tenu qu'au paiement de la quote-part de la prime correspondant à la période de garantie. Le solde doit être remboursé par l'assureur dans un délai de trente jours suivant la date de la résiliation. Cette règle supporte néanmoins une exception en cas de sinistre survenu avant l'exercice de la faculté de renonciation et méconnu par le souscripteur. L'assureur peut alors conserver l'intégralité de la prime.

Art. L. 112-10 *(L. nº 2014-344 du 17 mars 2014, art. 58)* **L'assuré qui souscrit à des fins non professionnelles un contrat d'assurance constituant un complément d'un bien ou d'un service vendu par un fournisseur, s'il justifie d'une garantie antérieure pour l'un des risques couverts par ce nouveau contrat, peut renoncer à ce nouveau contrat, sans frais ni pénalités, tant qu'il n'a pas été intégralement exécuté ou que l'assuré n'a fait intervenir aucune garantie, et dans la limite d'un délai de quatorze jours calendaires à compter de la conclusion du nouveau contrat.**

Avant la conclusion d'un contrat d'assurance, l'assureur remet à l'assuré un document l'invitant à vérifier s'il n'est pas déjà bénéficiaire d'une garantie couvrant l'un des risques couverts par le nouveau contrat et l'informant de la faculté de renonciation mentionnée au premier alinéa. Un arrêté du ministre chargé des assurances fixe le contenu et le format de ce document d'information.

Lorsque l'assuré a exercé sa faculté de renonciation dans les conditions prévues au premier alinéa, l'assureur est tenu de rembourser, le cas échéant, le montant de la prime payée par l'assuré dans un délai de trente jours à compter de la date d'exercice du droit de renonciation. Toutefois, l'intégralité de la prime reste due à l'assureur si le souscripteur exerce son droit de renonciation alors qu'un sinistre mettant en jeu la garantie du contrat est intervenu durant le délai de renonciation prévu au premier alinéa.

Le présent article s'applique aux contrats d'assurance qui couvrent :

1º Soit le risque de mauvais fonctionnement, de perte, y compris de vol, ou d'endommagement des biens fournis ;

2º Soit l'endommagement ou la perte, y compris le vol, de bagages et les autres risques liés à un voyage, même si l'assurance couvre la vie ou la responsabilité civile, à la condition que cette couverture soit accessoire à la couverture principale relative aux risques liés à ce voyage ;

(L. nº 2016-1691 du 9 déc. 2016, art. 83) **« 3º Soit la perte, y compris le vol, de moyens de paiement, ainsi que de tout autre bien inclus dans une offre portant sur les moyens de paiement. »**

V. art. A. 112-1.

COMMENTAIRE

Créé par la loi nº 2014-344 du 17 mars 2014, l'article L. 112-10 institue une nouvelle faculté de renonciation au profit des assurés qui souscrivent à des fins non professionnelles des contrats d'assurance affinitaires, autrement dit vendus en complément d'un produit de grande consommation, afin d'éviter une situation de multi-assurances. La faculté de renonciation ainsi reconnue (I) n'est toutefois pas sans limites (II).

I. LA RECONNAISSANCE D'UNE FACULTÉ DE RENONCIATION

Le législateur ne s'est pas contenté de déterminer les modalités d'exercice de cette faculté de renonciation (A). Pour renforcer son efficacité, il a imposé une obligation d'information à l'assureur (B).

A. LES MODALITÉS

Dorénavant, le souscripteur peut donc renoncer à ce nouveau contrat, dans un délai de quatorze jours calendaires – comprenant donc les samedis, dimanches et jours fériés –, s'il justifie qu'il disposait antérieurement d'une garantie couvrant l'un des risques couverts. L'assuré doit donc se rendre compte dans ce bref délai de quatorze jours que le nouveau contrat vient se superposer à une garantie précédemment souscrite et le démontrer. A défaut, il ne pourra exercer la faculté de renonciation de l'article L. 112-10. Cette nouvelle protection de l'assuré peut dès lors paraître quelque peu illusoire.

B. L'INFORMATION

Le législateur a pris le soin de renforcer cette faculté de renonciation par une obligation d'information spécifique à la charge de l'assureur, sans pour autant l'assortir d'une sanction particulière. Celui-ci doit remettre à l'assuré un document l'invitant à vérifier s'il n'est pas déjà couvert par une garantie assurantielle et l'informant de la possibilité de renoncer au contrat. Conformément à l'article A. 112-1, adopté par un arrêté du 29 décembre 2014 et entré en vigueur le 1er janvier 2015, ce document doit être établi selon le modèle figurant en annexe de cet article et figurer de façon très apparente dans un encadré repris dans la fiche d'information mentionnée à l'article L. 112-2.

II. LES LIMITES DE LA FACULTÉ DE RENONCIATION

Le législateur a posé plusieurs limites à la faculté de renonciation. Certaines sont liées à la mise en œuvre du contrat (A), d'autres à la nature du contrat d'assurance (B).

A. LA MISE EN ŒUVRE DU CONTRAT

Cette faculté de renonciation ne peut plus être exercée si le contrat a été intégralement exécuté ou si l'assuré a fait intervenir une garantie. Cette règle réutilise donc la notion de contrat intégralement exécuté de l'article L. 112-2-1-II, relatif à la renonciation d'un contrat conclu à distance. Or, cette notion, non définie par le législateur, a soulevé des interrogations en doctrine et la Cour de cassation n'a pas encore donné de réponse précise (V. comm. ss. art. L. 112-2-1). Partant, la mise en œuvre de la faculté de renonciation risque parfois d'être incertaine.

B. LA NATURE DU CONTRAT

Le domaine de la faculté de renonciation est expressément limité par la loi. Ne sont concernées par cette nouvelle faculté que certaines assurances affinitaires qui couvrent :
– le risque de mauvais fonctionnement, de perte, y compris le vol, ou d'endommagement des biens fournis ;
– l'endommagement ou la perte, y compris le vol, de bagages et les autres risques liés à un voyage, même si l'assurance couvre la vie ou la responsabilité civile, à la condition que cette couverture soit accessoire à la couverture principale relative aux risques liés à ce voyage.

Cette faculté de renonciation a toutefois été élargie par la loi no 2016-1691 du 9 décembre 2016 relative à la transparence, à la lutte contre la corruption et à la modernisation de la vie économique aux assurances affinitaires couvrant la perte, y compris le vol, de moyens de paiement, ainsi que de tout autre bien inclus dans une offre portant sur les moyens de paiement. ❑

Art. L. 112-11 *(Ord. no 2018-361 du 16 mai 2018, art. 1er, en vigueur le 1er oct. 2018)* **Lorsqu'un bien ou un service qui n'est pas une assurance est proposé en complément d'un contrat d'assurance dans le cadre d'un lot, le distributeur fournit, avant la conclusion du contrat, une description appropriée des différents éléments de ce lot et indique comment leur interaction modifie le risque ou la couverture d'assurance.**

CHAPITRE III OBLIGATIONS DE L'ASSUREUR ET DE L'ASSURÉ

BIBL. GÉN. ▶ Renonciation de l'assureur : CHAPUISAT, *RGAT 1974. 443 ; ibid. 1993. 483.* – GROUTEL, *RCA 1991. Chron. 3.*

Art. L. 113-1 Les pertes et les dommages occasionnés par des cas fortuits ou causés par la faute de l'assuré sont à la charge de l'assureur, sauf exclusion formelle et limitée contenue dans la police.

(L. no 81-5 du 7 janv. 1981) **« Toutefois, l'assureur ne répond pas » des pertes et dommages provenant d'une faute intentionnelle ou dolosive de l'assuré.**

BIBL. ▶ Exclusions de garantie : ABRAVANEL-JOLLY, *D. 2012. Chron. 957*. – CHAPUISAT, *RGAT 1983. 5*. – GROUTEL, *RCA 1989. Chron. 19 ; ibid. 1991. Chron. 12 ; ibid. Chron. 16 ; ibid. 1992. Chron. 17 ; ibid. Chron. 41 ; ibid. 1993. Chron. 15 ; ibid. 1997. Chron. 5*. – KULLMANN, *RGDA 2014. 8* (l'assuré risque-tout). – LEBLOND, *RCA 2008. Étude 4*. – PÉRIER, *RGDA 2011. 931*.

▶ Faute intentionnelle : ASSELAIN, *RCA 2009. Étude 6* (violation délibérée de ses obligations professionnelles par l'assuré : à la recherche d'une sanction). – BIGOT, PÉLISSIER et MAYAUX, *RGDA 2015. 75* (faute intentionnelle, faute dolosive, faute volontaire). – BRIÈRE DE L'ISLE, *D. 1973. Chron. 259 ; ibid. 1980. Chron. 133*. – GROUTEL, *RCA 1990. Chron. 16 ; ibid. 1992. Chron. 18 ; ibid. 1995. Chron. 15*. – PÉRIER, *RGDA 2011. 931*. – REBUT, *RCA 1997. Chron. 12 ; R. 2011. 226*.

COMMENTAIRE

L'article L. 113-1 prévoit que la garantie de l'assureur peut être écartée par le jeu soit d'une exclusion conventionnelle de garantie (I), soit de l'exclusion légale de garantie pour faute intentionnelle ou dolosive (II).

I. LES EXCLUSIONS CONVENTIONNELLES DE GARANTIE

Parce que les conditions de validité (B) et la mise en œuvre (C) des exclusions conventionnelles présentent des spécificités par rapport à d'autres mécanismes proches tendant à encadrer la garantie de l'assureur, la jurisprudence a dû préciser, dans le silence du législateur, les contours de la notion d'exclusion de garantie (A).

A. NOTION D'EXCLUSION DE GARANTIE

Si la jurisprudence a eu l'occasion de préciser qu'un plafond de garantie ne pouvait être assimilé à une exclusion de garantie, puisqu'il ne limite que la garantie et ne l'exclut pas (Civ. 1re, 15 juill. 1999 : *V. note 15*), les tribunaux ont également été confrontés à des situations plus complexes imposant de distinguer les clauses d'exclusion de celles énonçant des déchéances (1), des conditions (2) ou encore l'étendue de la garantie (3).

1. *EXCLUSION ET DÉCHÉANCE DE GARANTIE*

D'une façon générale, la déchéance est une sanction privant le titulaire d'un droit de la possibilité de s'en prévaloir en raison de sa méconnaissance d'une obligation de faire ou de ne pas faire. Cette définition appelle quelques précisions sur le domaine temporel et l'objet de la clause de déchéance.

a. Le domaine temporel de la déchéance

En droit des assurances, la déchéance pourrait, de prime abord, sanctionner aussi bien un manquement de l'assuré antérieur au sinistre, la déchéance portant dans ce cas sur le droit à garantie, qu'un manquement postérieur au sinistre, la déchéance visant alors le droit à indemnité. Cette analyse n'a toutefois pas été retenue par la Cour de cassation, puisqu'elle a affirmé que la clause sanctionnant des manquements antérieurs au sinistre constitue une exclusion de garantie et non une déchéance (Civ. 3e, 17 oct. 2007 : *V. note 12*). Pour distinguer une déchéance d'une exclusion de garantie, il suffit donc d'appliquer un critère temporel. Tandis que les exclusions de garantie s'appliquent aux comportements de l'assuré antérieurs au sinistre, les déchéances concernent l'inexécution d'une obligation contractuelle postérieure au sinistre.

b. L'objet de la clause de déchéance

La déchéance sanctionne un comportement de l'assuré. Partant, toute clause n'ayant pas cette finalité ne peut être qualifiée comme telle. Ainsi, la Cour de cassation a eu l'occasion d'affirmer, avant l'entrée en vigueur de la loi de sécurité financière du 1er août 2003, qu'une clause de réclamation limitant dans le temps la garantie de l'assureur ne devait pas être qualifiée de clause de déchéance inopposable à la victime, mais bien d'exclusion de garantie (Civ. 1re, 29 avr. 1997 : *V. note 13*). Il ne s'agit pas ici de sanctionner un comportement, mais d'écarter la garantie de l'assureur. Cela étant, il s'agit peut-être davantage d'une hypothèse de non-assurance, la garantie de l'assureur étant éteinte, que d'une exclusion de garantie (V. Groutel et a., Traité du contrat d'assurance terrestre, *Litec, 2008, no 451*).

2. CONDITION ET EXCLUSION DE GARANTIE

La distinction entre condition et exclusion de garantie suscite de très nombreuses discussions en raison de la différence de régime entre les deux notions *(a)*. La jurisprudence a donc dû dégager un critère sans pour autant que son application soit constante *(b)*.

a. Les raisons du débat

A la différence des exclusions de garantie, les conditions de garantie ne sont soumises ni à l'article L. 113-1 (Civ. 1re, 12 mai 1993 : *V. note 1*), ni à l'article L. 112-4 (Civ. 1re, 27 nov. 1990 : *V. note 1*). Il n'est donc pas nécessaire qu'elles soient formelles et limitées ou rédigées en caractères très apparents. Par ailleurs, alors qu'il appartient à l'assureur de démontrer la réunion des conditions d'une exclusion de garantie (Civ. 1re, 15 oct. 1980 : *V. note 58*), il revient à celui qui réclame le bénéfice de l'assurance d'établir que les conditions de la garantie sont réunies (Civ. 1re, 13 nov. 1996 : *V. note 62*). Le régime des exclusions paraît de la sorte plus favorable aux bénéficiaires de l'assurance.

b. La distinction jurisprudentielle

Le débat sur la distinction entre condition et exclusion de garantie a été particulièrement intense à propos des mesures de prévention imposées à l'assuré par la police d'assurance. Pour tenter de répondre à ce débat, un critère de distinction a été apporté par une décision de la Cour de cassation du 26 novembre 1996. Il en ressort que la clause qui prive l'assuré du bénéfice de l'assurance en considération de circonstances particulières de réalisation du risque doit s'analyser en une clause d'exclusion de garantie (Civ. 1re, 26 nov. 1996 : *V. note 2*). Il faudrait dès lors faire une distinction entre circonstance particulière au sinistre et situation permanente. En ce sens, tandis que l'existence de la circonstance particulière envisagée par la police va exclure la garantie de l'assureur, le non-respect de l'exigence générale et permanente imposée par le contrat d'assurance va entraîner une situation de non-assurance.

Ainsi, la Cour de cassation retient la qualification de condition lorsque l'assuré s'est engagé à mettre en place une mesure de prévention du risque. Tant qu'elle n'a pas été prise, la garantie n'existe pas. Ont été qualifiées de conditions de la garantie les clauses imposant d'installer aux portes du magasin certains éléments de fermeture (Civ. 1re, 7 juill. 1992 : *V. note 3*), de faire vérifier trimestriellement le système d'alarme (Civ. 1re, 9 févr. 1999 : *V. note 3*) ou encore imposant un emballage des machines dans des caisses d'un type déterminé (Civ. 1re, 16 juill. 1998 : *V. note 6*).

En revanche, la Cour de cassation retient la qualification d'exclusion de garantie lorsque la mesure de prévention du risque installée n'a pas été actionnée par l'assuré. Constituent de la sorte des exclusions de garantie la clause qui prévoit que la garantie est acquise si, lors du stationnement du véhicule, l'antivol posé sur la direction est toujours enclenché (Civ. 1re, 26 nov. 1996 et Civ. 1re, 23 févr. 1999 : *V. note 2*) ou la clause qui écarte la garantie de l'assureur pour les dommages subis par les marchandises du fait d'une absence, insuffisance ou inadaptation de l'emballage (Civ. 1re, 16 juill. 1998 : *préc.*).

Cela étant, cette distinction n'est pas toujours rigoureusement appliquée par la Cour de cassation, puisqu'elle a pu qualifier de condition l'obligation faite à l'assuré d'enclencher l'alarme de son magasin (Civ. 2e, 3 févr. 2005 : *V. note 3*). La distinction ne paraît donc pas d'une application certaine.

Par ailleurs, une clause spécifique, la clause dite « syndicale », a suscité de nombreuses interrogations en jurisprudence. Cette clause a été conçue par les assureurs pour l'assurance contre le vol de marchandises transportées et contient de multiples prescriptions relatives à l'installation et à la mise en œuvre de dispositifs antivols, ainsi qu'aux précautions à prendre en cas de stationnement du véhicule pour une durée supérieure à deux heures. Dans un premier temps, la Cour de cassation a fait une application globale de cette clause et, nonobstant la qualification contractuelle de conditions de la garantie, a affirmé que cette clause constituait une clause d'exclusion de garantie (Com. 22 avr. 1986 et Civ. 1re, 7 juill. 1992 : *V. note 4*). Il appartenait en conséquence à l'assureur de démontrer le non-respect des exigences contractuelles pour écarter sa garantie, une telle preuve étant difficile à rapporter lorsque le véhicule n'avait pas été retrouvé. Dans un second temps, la Cour de cassation a repris la distinction, élaborée par l'arrêt de la première chambre civile du 26 novembre 1996, entre conditions et exclusions de la garantie. En conséquence, les stipulations de la clause syndicale, imposant la pose d'un dispositif antivol agréé par l'assureur, constituent une condition de la garantie et non une exclusion de garantie (Civ. 1re, 29 oct. 2002 : *V. note 5*).

3. ÉTENDUE ET EXCLUSION DE GARANTIE

La distinction entre les clauses d'exclusion de garantie et de détermination de l'étendue de la garantie suscite également des difficultés, puisque ces deux types de clause définissent le champ de la garantie. Tandis que les clauses relatives à l'étendue de la garantie déterminent son périmètre, les clauses d'exclusion de garantie extraient à l'intérieur de ce périmètre certaines garanties. Ainsi, la clause qui limite la garantie au vol par effraction détermine le risque et ne constitue par une clause d'exclusion (Civ. 2e, 22 oct. 2009 : *V. note 11*). En revanche, la clause qui écarte la garantie en cas de vol par effraction lorsque le dispositif d'antivol n'a pas été enclenché constitue une exclusion de garantie (Civ. 1re, 26 nov. 1996 : *V. note 2*).

Toutefois, cette distinction entre ces deux types de clause, dont l'importance est une fois de plus justifiée par le régime des clauses d'exclusion de garantie, n'est pas toujours bien perçue par la jurisprudence. En effet, la Cour de cassation a pu affirmer que la clause, qui place hors du champ de la garantie les dommages matériels ou immatériels résultant de l'inexécution des obligations de faire ou de délivrance de l'assuré, détermine l'étendue de la garantie, même si elle se présente sous l'indication de clause d'exclusion (Civ. 2e, 18 mars 2004 : *V. note 10*). Cette solution peut surprendre, puisque si la clause place hors du champ de la garantie certains dommages, elle paraît bien procéder à une exclusion de garantie.

B. CONDITIONS DE VALIDITÉ

En indiquant que les exclusions de garantie doivent être formelles et limitées, l'article L. 113-1 énonce une condition de validité qui vient se rajouter aux prescriptions de l'article L. 112-4 exigeant une rédaction de ces clauses en caractères très apparents.

L'objectif de ce formalisme est de permettre à l'assuré de connaître l'étendue de la garantie (Civ. 2e, 18 janv. 2006 : *V. note 18*). L'assuré doit savoir avec certitude dans quels cas et dans quelles conditions il n'est pas garanti (Civ. 1re, 8 oct. 1974 : *V. note 18*). Même si la jurisprudence a tendance à viser d'une façon générale l'exigence d'une clause formelle et limitée, il est possible de distinguer ces deux caractères. La clause d'exclusion est formelle lorsqu'elle est claire et ne laisse place à aucune incertitude quant à la volonté des parties d'écarter la garantie dans une hypothèse particulière. Elle est limitée lorsque sa formulation est suffisamment précise, afin non seulement de permettre à l'assuré de connaître exactement le domaine de l'exclusion de garantie, mais aussi de ne pas vider la garantie de sa substance. D'ailleurs, si la Cour de cassation a admis dans un premier temps qu'une clause d'exclusion ambiguë devait être interprétée (Com. 4 juill. 1995 : *V. note 68*), elle estime désormais qu'une exclusion de garantie nécessitant une interprétation n'est ni formelle ni limitée (Civ. 1re, 22 mai 2001 : *V. note 68*).

Certaines clauses d'exclusion de garantie sont ainsi fréquemment sanctionnées par les tribunaux au motif qu'elles ne respectent pas les prescriptions de l'article L. 113-1. Il en est notamment ainsi de la clause excluant de la garantie les dommages résultant d'un défaut de réparations ou d'entretien indispensables incombant à l'assuré. Parce qu'une telle clause ne se réfère pas à des critères précis et à des hypothèses limitativement énumérées, la Cour de cassation affirme régulièrement qu'elle n'est ni formelle ni limitée (Civ. 2e, 12 déc. 2013 et Civ. 3e, 26 sept. 2012 : *V. note 44*). Il faut cependant noter qu'une décision a très curieusement admis la validité de cette clause d'exclusion à contrecourant de la jurisprudence majoritaire (Civ. 2e, 3 oct. 2013 : *V. note 30*). En outre, le débat est susceptible d'être déplacé vers la question de l'existence ou non d'un aléa en raison du comportement de l'assuré (V. notes ss. art. L. 121-15).

De même, les clauses relatives aux modalités d'exécution des travaux ont fait l'objet de nombreuses décisions jurisprudentielles. Il en résulte qu'une telle clause est valable lorsqu'elle se réfère à des normes définies avec précision dans un avis technique déterminé (Civ. 1re, 10 déc. 1996 : *V. note 20*) ou à la violation de normes de pose très précises (Civ. 1re, 26 févr. 1991 : *V. note 20*). Pour autant, la clause ne doit pas renvoyer à des normes, textes et réglementations très vastes, l'assuré ne pouvant alors déterminer avec précision l'étendue de l'exclusion (Civ. 3e, 26 nov. 2003 : *V. note 37*). Par ailleurs, ne sont pas valables les clauses qui visent très généralement l'inobservation des règles de l'art d'une profession (Civ. 1re, 8 oct. 1974 et Civ. 1re, 9 nov. 1994 : *V. note 37*) ou l'emploi de procédés ou de matériaux non traditionnels (Civ. 1re, 20 juin 1978 et Civ. 3e, 21 févr. 1990 : *V. note 39*). Le fondement de la nullité étant toujours le même, ces clauses ne sont pas suffisamment limitées et ne permettent donc pas à l'assuré de connaître dans quels cas la garantie de l'assureur est écartée.

La jurisprudence a également connu quelques hésitations en ce qui concerne les clauses d'exclusion des dommages subis par les produits contenus dans les contrats d'assurance de responsabilité civile des produits livrés. Après avoir condamné ces clauses, la Cour de cassation estime aujourd'hui qu'elles sont valables dans la mesure où elles laissent dans le champ de la garantie les dommages causés par les produits livrés (Civ. 1re, 6 janv. 1993 et Civ. 2e, 23 oct. 2014 : *V. note 52*). Un arrêt isolé de 2012 s'oppose toutefois à cette évolution, mais la clause d'exclusion visait en l'occurrence les frais de réparation du produit livré ainsi que les frais de transport et de pose si ces derniers avaient été effectués par l'assuré ou un sous-traitant. Cette spécificité de la clause semble être à l'origine de sa nullité (Civ. 2e, 9 févr. 2012 : *V. note 52*).

C. MISE EN ŒUVRE

La mise en œuvre d'une exclusion de garantie suppose tout d'abord d'établir son existence et son application. Sur ce point, la jurisprudence affirme traditionnellement qu'il appartient à l'assureur de démontrer la réunion des conditions de fait de cette exclusion (Civ. 1re, 15 oct. 1980 : *V. note 58*).

Mais la mise en œuvre de l'exclusion de garantie suppose également l'absence de renonciation de l'assureur. Cette renonciation peut être expresse ou tacite. Il est toutefois nécessaire de démontrer un acte manifestant une volonté non équivoque de renoncer.

Or une telle preuve est parfois difficile à établir. Ainsi, la portée de la participation de l'assuré à des opérations d'expertise peut être sujette à discussion. En général, la jurisprudence estime que la simple participation à l'expertise ne suffit pas pour caractériser une renonciation aux exceptions (Civ. 1re, 21 mars 1995 et Civ. 1re, 13 nov. 1990 : *V. note 72*). Cependant, certaines décisions ont pu admettre que la participation sans réserve à une expertise pouvait entraîner la renonciation à se prévaloir d'une exclusion de garantie (Civ. 1re, 13 juin 1979 et Civ. 1re, 7 juill. 1992 : *V. note 72*). Par ailleurs, la Cour de cassation a pu s'interroger sur l'effet du paiement de l'indemnité d'assurance effectué sans réserve par l'assureur. Estimant très probablement que cet acte présumait une renonciation de l'assureur, la Cour de cassation a affirmé qu'il appartenait à ce dernier de démontrer que le paiement était intervenu dans l'ignorance des circonstances qui excluaient la garantie (Civ. 1re, 25 nov. 1997 : *V. note 73*). Pour autant, puisque l'assuré entend se prévaloir de la renonciation, il devrait être tenu de démontrer que ce paiement sans réserve est intervenu en connaissance de cause.

II. L'EXCLUSION LÉGALE DE GARANTIE POUR FAUTE INTENTIONNELLE OU DOLOSIVE

L'exclusion légale de l'article L. 113-1, alinéa 2, suscite régulièrement des difficultés d'application, tant en ce qui concerne les notions de faute intentionnelle ou dolosive que sa mise en œuvre (A). Aussi, la jurisprudence a-t-elle été confrontée à la question de la validité de clauses contractuelles encadrant l'exclusion légale de garantie pour faute intentionnelle ou dolosive (B).

A. LES INTERROGATIONS SUR L'EXCLUSION LÉGALE

Les interrogations sur l'exclusion légale de garantie portent aussi bien sur les notions de faute intentionnelle ou dolosive (1) que sur sa mise en œuvre (2).

1. LES NOTIONS DE FAUTE INTENTIONNELLE OU DOLOSIVE

Non définies par le code des assurances, les notions de faute intentionnelle (a) ou dolosive (b) ont dû être appréhendées par la jurisprudence. Mais aucune conception unitaire ne s'est dégagée.

a. La faute intentionnelle

L'étude de la jurisprudence permet de distinguer deux conceptions de la faute intentionnelle en droit des assurances.

La première définition repose sur une perception étroite de la faute intentionnelle et limite de la sorte l'exclusion de garantie. Selon cette analyse, qualifiée de subjective, la faute intentionnelle suppose que l'assuré a voulu le dommage tel qu'il s'est réalisé (Civ. 2e, 23 sept. 2004 : *V. note 78*). Il n'a pas simplement voulu l'action génératrice du dommage, il a également voulu l'intégralité du dommage causé (Civ. 2e, 9 juill. 1997 : *V. note 78*). Une double preuve doit donc être rapportée pour exclure la garantie.

La seconde définition tend à éviter une trop grande impunité assurantielle et permet de retenir plus fréquemment l'exclusion de garantie pour faute intentionnelle. Selon cette analyse, qualifiée d'objective, la faute intentionnelle est caractérisée dès lors que l'assuré a volontairement commis un acte dont il ne pouvait ignorer qu'il allait inéluctablement entraîner le dommage (Civ. 1re, 3 janv. 1991 et Civ. 2e, 22 sept. 2005 : *V. note 81*). Il n'est dès lors pas nécessaire de rechercher si l'assuré a voulu le dommage tel qu'il s'est réalisé.

La jurisprudence a, par le passé, oscillé entre ces deux tendances, mais la première analyse tend à s'imposer avec l'autonomie de la faute dolosive.

b. La faute dolosive

La perception de la faute intentionnelle est par ailleurs troublée par la référence à la faute dolosive au sein de l'article L. 113-1. Si, traditionnellement, la jurisprudence visait indifféremment la faute intentionnelle ou dolosive, plusieurs arrêts plus récents ont reconnu une véritable autonomie à la faute dolosive. Ainsi, par un arrêt du 20 mai 2020, la deuxième Chambre civile de la Cour de cassation a affirmé que « la faute intentionnelle et la faute dolosive, au sens de l'article L. 113-1 du code des assurances, sont autonomes ». La position de la troisième Chambre civile est en revanche plus incertaine. Si elle a pu sembler favorable à une conception unitaire des fautes intentionnelle et dolosive (par ex. : Civ. 3e, 5 déc. 2019), elle a semblé amorcer un rapprochement avec la jurisprudence de la deuxième Chambre civile dans un arrêt du 10 juin 2021.

La définition de la faute dolosive a progressivement été dégagée par la jurisprudence et son domaine paraît sans limite puisqu'elle s'applique aussi bien à des assurances de responsabilité professionnelle qu'à des assurances de responsabilité vie privée, notamment lorsque l'assuré s'est suicidé (Civ. 2e, 20 mai 2020). La faute dolosive est définie tantôt comme l'acte délibéré de l'assuré qui ne pouvait ignorer qu'il conduirait à la réalisation inéluctable du dommage (Civ. 2e, 10 nov. 2021), tantôt l'acte délibéré de l'assuré commis avec la conscience du caractère inéluctable de ses conséquences dommageables (Civ. 2e, 20 janv. 2022). Les notions de conscience et de connaissance des conséquences dommageables de l'acte délibéré sont ainsi au cœur de la définition de la faute dolosive. L'absence de garantie est, par ailleurs, justifiée par la disparition du caractère aléatoire du contrat d'assurance.

Par un arrêt du 12 septembre 2013, la deuxième chambre civile de la Cour de cassation est allée plus loin, puisqu'elle a confirmé la décision d'une cour d'appel qui avait écarté la garantie d'un assureur de biens aux motifs que l'assuré avait volontairement pris un risque et qu'il avait ainsi commis une faute dolosive justifiant l'exclusion de garantie en ce qu'elle faussait l'élément aléatoire attaché à la couverture du risque. A suivre cet arrêt, la faute dolosive serait caractérisée par un acte volontaire faussant l'élément aléatoire du contrat. Il ne serait plus nécessaire que cette faute fasse disparaître l'aléa du contrat d'assurance, elle pourrait simplement réduire celui-ci. Mais cette analyse paraît isolée. En effet, elle ne se retrouve pas dans les arrêts plus récents de la deuxième chambre civile de la Cour de cassation, qui exigent une disparition totale de l'aléa. En ce sens, l'arrêt du 12 janvier 2017 précise que la simple conscience de faire courir un risque est insuffisante pour caractériser une faute intentionnelle ou dolosive. Plus récemment encore, la deuxième Chambre civile a confirmé cette analyse, en estimant que la faute de l'assuré constitue une faute dolosive, dès lors qu'elle a eu « pour effet de rendre inéluctable la réalisation du dommage et de faire disparaître l'aléa attaché à la couverture du risque » (Civ. 2e, 25 oct. 2018). Partant, la conception jurisprudentielle de la faute dolosive tend à se confondre avec la conception objective de la faute intentionnelle.

2. LA MISE EN ŒUVRE DE L'EXCLUSION LÉGALE

Comme toute exclusion de garantie, il appartient à l'assureur de démontrer l'existence d'une faute intentionnelle ou dolosive (Civ. 1re, 15 janv. 1991). En outre et par principe, la faute intentionnelle doit avoir été commise par l'assuré garanti (Civ. 1re, 26 mai 1994). Et lorsque le contrat d'assurance a été souscrit par une personne morale, la faute intentionnelle élusive de garantie doit avoir été commise par un dirigeant de droit ou de fait de la société (Civ. 1re, 6 avr. 2004). En effet, conformément à l'article L. 121-2, l'assureur doit garantir toutes les fautes commises par les préposés de l'assuré, y compris les fautes intentionnelles.

B. LES INTERROGATIONS SUR LES EXCLUSIONS CONTRACTUELLES

Les interrogations sur les exclusions contractuelles de garantie pour faute intentionnelle ou dolosive portent non seulement sur leur réelle autonomie par rapport à l'exclusion légale (1), mais aussi, à supposer que leur autonomie soit reconnue, sur leur validité par rapport aux dispositions de l'article L. 113-1 (2).

1. L'AUTONOMIE DES EXCLUSIONS CONTRACTUELLES

Saisies de la question de l'autonomie des exclusions contractuelles de garantie pour faute de l'assuré, les différentes chambres de la Cour de cassation font preuve d'une certaine hésitation. En effet, si la deuxième chambre civile a pu estimer que les parties pouvaient intégrer une clause d'exclusion de garantie pour faute de l'assuré distincte de l'exclusion légale (Civ. 2e, 18 oct. 2012 et Civ. 2e, 30 avr. 2014), il n'est pas certain que cette jurisprudence se maintienne et que les parties puissent toujours définir dans le contrat l'exclusion légale pour faute intentionnelle ou dolosive (Civ. 2e, 16 sept. 2021). En revanche, la chambre commerciale dénie toute autonomie à une telle clause et impose l'application de l'exclusion légale (Com. 20 nov. 2012).

2. LA VALIDITÉ DES EXCLUSIONS CONTRACTUELLES

En tout état de cause, les clauses contractuelles d'exclusion de garantie pour faute de l'assuré ne peuvent être valables que si elles respectent les prescriptions des deux alinéas de l'article L. 113-1.

En premier lieu, l'exclusion contractuelle doit être formelle et limitée. Mais, sur ce point, la jurisprudence ne fait pas preuve d'une grande constance. Ainsi, la clause stipulant que « sont exclus les dommages de toute nature causés ou provoqués intentionnellement par l'assuré ou avec sa complicité » a pu donner lieu à une jurisprudence contrastée. Cette clause, écartant la garantie de l'assureur aussi bien en cas d'acte intentionnel qu'en cas de dommage voulu (causé) ou non voulu (provoqué), a été d'abord été jugée comme formelle et limitée (Civ. 2e, 18 oct. 2012 : *préc.*). Puis, elle a été considérée ni comme formelle ni comme limitée, au motif qu'elle ne se référait pas à des circonstances définies avec précision et qu'elle nécessitait d'être interprétée (Civ. 2e, 12 juin 2014).

En second lieu, l'exclusion contractuelle ne doit pas porter atteinte à l'exclusion légale pour faute intentionnelle ou dolosive dans la mesure où celle-ci est d'ordre public. Elle ne peut donc être plus étroite. Cela étant, l'exclusion conventionnelle ne doit pas être trop large, sinon elle risquerait d'être imprécise ou encore de vider la garantie de sa substance. ❑

I. EXCLUSION DE GARANTIE

A. NOTION

1o EXCLUSION ET CONDITION DE GARANTIE

1. *Portée de la distinction.* L'exclusion doit être distinguée de l'absence d'une condition de la garantie. Les conséquences de la distinction sont les suivantes : une condition de la garantie n'est pas soumise à l'art. L. 113-1. • Civ. 1re, 12 mai 1993 : *RCA 1993, no 277 ; RGAT 1993. 760, note Maurice* • 9 mai 1996 : *RCA 1996, no 266, obs. Groutel.* ♦ ... L'art. L. 112-4 ne s'applique pas et les clauses exprimant une condition de la garantie n'ont pas à être en caractères très apparents. • Civ. 1re, 27 nov. 1990 : *RCA 1991, no 70* • 11 déc. 1990 : *ibid.* ♦ S'il incombe à l'assureur invoquant une exclusion de garantie de démontrer la réunion des conditions de fait de cette exclusion, il appartient à celui qui réclame le bénéfice de l'assurance d'établir que sont réunies les conditions requises par la police pour mettre en jeu cette garantie. • Civ. 1re, 25 janv. 1989, no 86-19.154 P • 12 juill. 1989 : *ibid., no 284.* ♦ V. égal., affirmant que la preuve d'une exclusion de garantie doit, nonobstant toute convention contraire, demeurer à la charge de l'assureur. • Civ. 1re, 2 avr. 1997, no 95-13.928 P : *Gaz. Pal. 1997. 2. Somm. 540 ; RGDA 1997. 737, note Maleville.* ♦ Mais la condition de garantie doit être claire et précise comme une exclusion. Ainsi, c'est dans l'exercice de son pouvoir souverain qu'une cour d'appel a estimé que la clause stipulant que « les installations électriques (circuits et matériels) satisfont aux prescriptions réglementaires les concernant », qu'elle a qualifiée sans être critiquée de condition de garantie, n'était pas rendue imprécise ou obscure par l'absence de précision supplémentaire quant à la nature des normes en vigueur auxquelles elle se réfère. • Civ. 2e, 20 oct. 2016, no 15-25.839 : *RGDA 2016. 601, note Asselain.*

2. *Exclusion de garantie en assurance contre le vol.* La clause qui prive l'assuré du bénéfice de la garantie des risques de vol en considération de circonstances particulières de réalisation du risque s'analyse en une clause d'exclusion de garantie. • Civ. 1re, 26 nov. 1996, no 94-16.058 P : *RCA 1997, no 73 ; ibid. Chron. 5, note Groutel ; RGDA 1997. 132, note Kullmann* • 23 févr. 1999, no 97-11.132 : *D. 2000. Somm. 15, obs. Bonnard ; RCA 1999, no 151, obs. Groutel ; RGDA 1999. 307, note Kullmann.* ♦ Il s'ensuit que la clause, selon laquelle la garantie des vols caractérisés est acquise si en cours de stationnement l'antivol posé sur la direction est toujours enclenché, vise une circonstance de fait faisant échapper le vol au risque couvert et constitue une exclusion de garantie. • Civ. 1re, 26 nov. 1996 : *préc.* ♦ La clause de la police exigeant que l'alarme du véhicule ait été enclenchée au moment du vol constitue une exclusion de garantie. • Civ. 1re, 23 févr. 1999 : *préc.* ♦ La clause, stipulant que la garantie n'était pas acquise pendant les heures de fermeture de l'établissement en dehors des locaux clos et couverts, constituait une exclusion de garantie. • Civ. 1re, 17 nov. 1998 : *RCA 1999, n° 25, note Groutel; RGDA 1999. 93, note Favre-Rochex.* ♦ *Contra* : • Versailles, 29 janv. 1998 : *BICC n° 478.* ♦ Viole l'art. L. 113-1 la cour d'appel qui déclare fondé un assureur à opposer à son assuré la clause d'exclusion relative aux vols survenus lorsque les clés ont été laissées sur ou à l'intérieur du véhicule, alors qu'il résulte des circonstances que le vol a été perpétré à raison des violences commises sur la victime et non du seul fait de la présence des clés sur le démarreur du véhicule. • Civ. 2e, 8 juill. 2004, n° 03-15.045 P : *RGDA 2004. 528, note Kullmann* • 12 mai 2011 : *RGDA 2012. 126, note Pélissier.*

3. Condition de la garantie en assurance contre le vol. Les exigences auxquelles une police d'assurance subordonne la garantie contre le vol, telles que la remise, par le locataire du bien assuré, de pièces d'identité ou de justificatifs de domicile et la présentation, par l'assuré, du chèque établi en paiement de l'acompte dans les 48 heures pour permettre de vérifier l'approvisionnement du compte ne privent pas l'assuré du bénéfice de la garantie en considération de circonstances particulières de la réalisation du risque, mais formulent des exigences générales et précises auxquelles la garantie était subordonnée et constituent des conditions de garantie. • Civ. 1re, 23 févr. 1999, n° 97-11.132 P : *D. 2000. 15, obs. Bonnard*. ♦ La clause imposant au souscripteur, sous peine de non-garantie, lors de toute absence, d'utiliser les dispositifs de prévention équipant le magasin, ne privait pas l'assuré du bénéfice de la garantie en considération de circonstances particulières de la réalisation du risque, mais formulait une exigence générale et précise à laquelle était subordonnée la garantie et constituait une condition de garantie. • Civ. 2e, 3 févr. 2005 : *RCA 2005, n° 140, obs. Groutel.* ♦ La clause, imposant à l'assuré de faire vérifier trimestriellement son installation d'alarme, fait de cette vérification, requise indépendamment des circonstances de la réalisation du risque, une condition de la garantie. • Civ. 1re, 9 févr. 1999 : *RCA 1999, n° 113; RGDA 1999. 468, note Kullmann.* ♦ Ainsi, ayant constaté qu'un assuré, qui n'avait pas fait installer les éléments de protection imposés par la police (en l'occurrence des éléments de fermeture sur les portes), n'avait pas rempli les conditions auxquelles l'assureur avait expressément subordonné sa garantie, une cour d'appel en a exactement déduit que le vol n'était pas couvert par l'assureur, peu important que la méconnaissance par l'assuré des obligations imposées par les stipulations contractuelles, qui ne constituaient pas une exclusion mais une condition de garantie, n'ait eu aucune incidence sur la réalisation du risque. • Civ. 1re, 7 juill. 1992, n° 89-16.168 P : *RCA 1992, n° 429; RGAT 1992. 617, note Kullmann.* ♦ La clause de l'assurance automobile qui prévoit l'exclusion de garantie en cas de « vol, tentative de vol ou vol d'accessoires survenu alors que le conducteur avait laissé les clefs à l'intérieur ou sur le véhicule » ne s'applique pas lorsque le vol a été perpétré en raison des violences commises sur la victime et non du seul fait de la présence des clés sur le démarreur du véhicule. • Civ. 2e, 12 mai 2011 : *RGDA 2012. 126, obs. Pélissier.*

4. Clause dite « syndicale » – Jurisprudence antérieure. La clause syndicale, prévoyant que la garantie, en cas de vol, était exclue si le véhicule n'était pas équipé d'un dispositif antivol mis en œuvre toutes les fois que le chauffeur s'absentait, si toutes les précautions, telles que fermeture des portières et fixation des bâches, n'étaient pas prises dans ce cas et si le véhicule, lorsque le chauffeur s'absentait pendant plus de deux heures, n'était pas garé dans un endroit clos, fermé à clef ou surveillé, constitue une clause d'exclusion. • Com. 22 avr. 1986, n° 83-13.788 P. ♦ Les clauses d'un contrat d'assurance contre le vol de marchandises transportées (clauses dites « syndicales ») privant l'assuré du bénéfice de la garantie en cas d'inobservation des conditions qu'elles prévoient s'analysent en des clauses d'exclusion de garantie. Il s'ensuit que s'il appartient à l'assuré, qui réclame l'exécution du contrat, d'établir l'existence du sinistre, il incombe à l'assureur, qui invoque une exclusion de garantie, de démontrer la réunion des conditions de fait de cette exclusion. • Civ. 1re, 7 juill. 1992, n° 90-19.483 P : *RCA 1992, n° 432.*

5. Clause dite « syndicale » – Jurisprudence actuelle. Seule la clause qui prive l'assuré du bénéfice de la garantie du risque vol en considération de circonstances particulières de réalisation du risque s'analyse comme une exclusion de garantie. Dès lors, après avoir relevé que, conformément au contrat d'assurance, le véhicule de transport de la société assurée, qui était en stationnement, était équipé d'un antivol, que ses accès étaient fermés à clef et que, pour bénéficier de la garantie du risque vol, il convenait que la société ait doté, en outre, son véhicule d'un système préventif complémentaire agréé dont elle devait, aux termes des conditions particulières du contrat d'assurance relatives aux déplacements en Italie, vérifier l'agrément auprès de son assureur, une cour d'appel retient à bon droit qu'une telle clause est une condition de la garantie et que, faute par la société d'avoir doté son camion d'un tel système, l'assureur ne devait pas sa garantie. • Com. 9 déc. 1997, n° 95-12.780 : *RCA 1998, n° 138.* ♦ De même, les stipulations d'une clause syndicale, qui posaient au préalable à l'existence de la garantie l'installation d'un dispositif antivol agréé par l'assureur, constituaient à cet égard une condition de la garantie dont la preuve incombait à l'assuré. • Civ. 1re, 29 oct. 2002, n° 99-10.650 P : *D. 2004. Somm. 912. obs. Groutel; RCA 2003, n° 53.*

6. Condition et exclusion de garantie en assurance de marchandises transportées. Pose une condition de la garantie du risque transport la clause qui exige un emballage d'un type spécifié pour les marchandises transportées, et une exclusion de garantie celle qui sanctionne l'absence, l'insuffisance ou l'inadaptation de cet emballage. • Civ. 1re, 16 juill. 1998, n° 96-17.807 P : *D. 1999. Somm. 224, obs. Berr ; Gaz. Pal. 1999. 1. 87, note Favre-Rochex ; RCA 1998, n° 370 ; RGDA 1999. 463, note Kullmann.*

7. Condition de garantie en assurance de responsabilité civile. L'obligation pour le pilote d'un aéronef, lors d'un baptême de l'air, d'être titulaire d'une licence de pilote professionnel ou, à défaut, d'avoir été spécialement agréé par l'assureur, est une condition de la garantie de l'assurance de responsabilité civile. • Civ. 1re, 4 juin 2002, n° 99-15.159 P : *D. 2002. Somm. 3181, obs. Groutel ; Gaz. Pal. 2003. 421, note Favre-Rochex ; RCA 2002, n° 311.* ♦ Les clauses exposant en termes généraux l'étendue de la garantie souscrite au titre de la « responsabilité civile familiale », et plaçant hors de son champ les dommages causés à certains tiers déterminés, constituent ensemble des conditions de la garantie et non une clause d'exclusion de garantie. • Civ. 2e, 15 mai 2008 : *RGDA 2008. 736 (1re esp.), note Mayaux.*

8. Exclusion de garantie en assurance de responsabilité civile. La clause d'un contrat garantissant la responsabilité civile d'un assuré, par laquelle celui-ci s'engage « sous peine de non-assurance à respecter les normes de sécurité résultant des obligations légales et réglementaires en vigueur », qui, ne subordonnant pas la prise d'effet de la garantie à la réalisation d'une condition précisément définie, revient à priver l'assuré du bénéfice des garanties en considération de circonstances particulières, révélatrices de la norme de sécurité enfreinte, dans lesquelles le risque s'est réalisé, s'analyse en une clause d'exclusion. • Civ. 2e, 27 avr. 2017, n° 16-14.397 : *RCA 2017, n° 203, note Groutel ; RGDA 2017. 378, note Mayaux ; RDI 2017. 357, obs. Dessuet*

9. Exclusion de garantie en assurance multirisques immeuble. La clause, qui prive l'assuré du bénéfice de la garantie en considération de circonstances particulières de réalisation du risque, constitue une clause d'exclusion de garantie. Dès lors, viole l'art. L. 113-1 C. assur., la cour d'appel qui, pour débouter un syndicat des copropriétaires de sa demande de garantie contre son assureur, déduit de la clause des conditions générales de la police qui prévoit que n'entre ni dans l'objet ni dans la nature du contrat l'assurance des dommages ou responsabilités ayant pour origine un défaut d'entretien ou de réparation, incombant à l'assuré et connu de lui, que l'absence d'aléa ne constitue pas une cause d'exclusion de garantie mais une cause de non-assurance, l'exigence du caractère accidentel des désordres correspondant en effet à une condition d'ouverture de la garantie et non à une exclusion de garantie. • Civ. 2e, 14 oct. 2021, n° 20-14.094 : *D. actu 26 oct. 2021, note Bigot et Cayol ; RGDA déc. 2021. 19, note Mayaux ; JCP 2021. 1293, note Waltz-Teracol.*

2° EXCLUSION ET ÉTENDUE DE LA GARANTIE

10. Détermination indirecte de l'étendue de la garantie. La clause, qui place hors du champ de la garantie les dommages matériels ou immatériels résultant de l'inexécution des obligations de faire ou de délivrance de l'assuré, détermine l'étendue de la garantie, même si elle se présente sous l'indication erronée de clause d'exclusion. • Civ. 2e, 18 mars 2004, n° 03-10.062 P : *Gaz. Pal. 2004. 2468, note Périer ; RCA 2004, n° 198, obs. Groutel ; RGDA 2004. 356, note Mayaux.* ♦ La mention manuscrite, portée sur un bulletin d'adhésion et signifiant que l'assuré était accepté avec une surprime sans garantie invalidité permanente absolue, ni incapacité de travail, a pour objet de définir l'étendue de la garantie accordée par l'assureur et ne constitue pas une clause d'exclusion. • Civ. 1re, 4 juin 2002 : *RCA 2002, n° 310, note Groutel.*

11. Détermination directe de l'étendue de la garantie. La clause exigeant l'effraction du véhicule n'énonce pas une exclusion de garantie, mais définit l'étendue de la garantie souscrite. • Civ. 2e, 22 oct. 2009 : *RCA 2010, n° 51, note Groutel.* ♦ La clause, liant la garantie contre le vol à une pénétration dans les locaux par « tout forcement, dégradation ou destruction de tout dispositif de fermeture de tout élément de clos et de couvert de vos locaux à l'exclusion de tout autre mode de pénétration », n'énonce pas une exclusion de garantie, mais définit l'étendue de la garantie souscrite en plaçant hors de son champ les dommages qui n'ont pas été causés au moyen de l'un des modes de pénétration dans les locaux qu'elle énumère. • Civ. 2e, 30 juin 2016, n° 15-20.956 : *RCA 2016, n° 322, note Groutel.*

3° EXCLUSION ET DÉCHÉANCE DE GARANTIE

12. Manquements antérieurs au sinistre. Des manquements de l'assuré antérieurs au sinistre constituent, non une déchéance, mais une exclusion de garantie. • Civ. 3e, 17 oct. 2007, n° 06-17.608 P : *D. 2007. AJ 2805 ; ibid. 2009. Pan. 253, obs. Groutel ; JCP 2007. II. 10199, note Karila ; JCP 2008. I. 134, n° 1, obs. Kullmann ; Gaz. Pal. 15 janv. 2009, p. 10, note Périer ; RCA 2007, n° 375, obs. Groutel ; ibid. 2008. Étude 4, note Leblond ; RGDA 2008. 67, note Mayaux ; Gaz. Pal. 2009. Jurisp. 462, note Périer.*

13. Clause de limitation de la garantie dans le temps. La clause de réclamation de la victime, stipulée dans une police d'assurance de responsabilité professionnelle, conformément aux garanties minimales requises par la réglementation, et prévoyant que la garantie s'appliquera exclusivement aux réclamations formulées pendant la période de validité du contrat ou aux seuls sinistres dont le fait générateur se sera produit pendant cette période, ne s'analyse pas en une clause de déchéance, inopposable aux victimes, mais constitue une clause d'exclusion de garantie au sens de l'art. L. 113-1. • Civ. 1re, 29 avr. 1997 : *RCA 1997, no 241, note Groutel; RGDA 1997. 843, note Kullmann; Gaz. Pal. 1997. 2. Somm. 534.*

14. Clause de « délai d'attente ». La clause qui définit le risque pris en charge par l'assureur au cours de la première année, qualifiée de « délai d'attente », qui suit la date de souscription de la garantie, ne stipule ni une exclusion, ni une déchéance. • Civ. 1re, 27 mai 1997 : *RCA 1997, no 281; RGDA 1997. 835, note Kullmann.*

4o EXCLUSION ET PLAFOND DE GARANTIE

15. Refus de la qualification d'exclusion. La clause plafonnant la garantie n'est pas une exclusion, et l'art. L. 113-1 ne lui est pas applicable. • Civ. 1re, 15 juill. 1999 : *RCA 1999, no 346, obs. Groutel; RGDA 1999. 993, note Mayaux.*

B. VALIDITÉ DE L'EXCLUSION

1o CLAUSE ABUSIVE

16. Garantie contre le vol. La clause, aux termes de laquelle ne sont pas couverts les dommages résultant « de vols ou tentatives de vol commis alors que les clés se trouvent sur le contact ou dans ou sur le véhicule, à moins que le vol ne soit commis par effraction ou escalade d'un lieu privatif, de tentative de meurtre ou violences corporelles », impose seulement à l'assuré de prendre des précautions élémentaires contre le vol, n'apporte pas de restriction excessive à sa liberté et ne confère pas en conséquence à l'assureur un avantage excessif. • Civ. 2e, 3 févr. 2011 : *RGDA 2011. 592, note Bruschi.*

17. Garantie des dommages corporels au conducteur et des dommages matériels au véhicule. Il incombe aux juges du fond de rechercher d'office si sont abusives les clauses d'un contrat d'assurance prévoyant que sont exclus de la garantie les dommages occasionnés au véhicule assuré et les dommages corporels, s'il est établi que le conducteur se trouvait lors du sinistre sous l'empire d'un état alcoolique, sauf si l'assuré ou ses ayants droit prouvent que l'accident est sans relation avec cet état, alors qu'en vertu du droit commun, il appartiendrait à l'assureur d'établir que l'accident était en relation avec l'état alcoolique du conducteur. • Civ. 1re, 12 mai 2016, no 14-24.698 P : *D. 2017. 375, obs. Mekki; RCA 2016, no 263, note Bloch; RGDA 2016. 363, note Landel.* ♦ Les clauses, excluant de la garantie du conducteur et de la garantie des dommages subis par le véhicule assuré les sinistres survenus lorsque le conducteur se trouvait sous l'empire d'un état alcoolique, définissent l'objet principal du contrat, en ce qu'elles délimitent le risque assuré et l'engagement de l'assureur. Rédigées de façon claire et compréhensible, elles échappent en conséquence à l'appréciation du caractère abusif des clauses contractuelles, au sens de l'art. L. 132-1, al. 7, devenu L. 212-1, al. 3 C. consom. • Civ. 2e, 8 juill. 2021, no 19-25.552 : *RGDA août-sept. 2021. 20, note Landel; RCA 2021, no 202, note Bloch.*

2o FORMULATION DE L'EXCLUSION

a. Clauses valables

18. Objectifs du formalisme. Les clauses d'exclusion doivent être formelles et limitées de façon à permettre à l'assuré de connaître exactement l'étendue de la garantie. • Civ. 2e, 18 janv. 2006 : *RCA 2006, no 148 (1re esp.); RGDA 2006. 514 (1re esp.), note Abravanel-Jolly.* ♦ Avec l'exigence d'une exclusion limitée, le législateur veut que la portée ou l'étendue de l'exclusion soit nette, précise, sans incertitude, pour que l'assuré sache exactement dans quels cas et dans quelles conditions il n'est pas garanti. • Civ. 1re, 8 oct. 1974, no 73-12.497 P : *D. 1975. 513, note Berr et Groutel.* ♦ Une clause d'exclusion de garantie qui ne permet pas à l'assuré de connaître l'étendue exacte de sa garantie ne satisfait pas aux exigences de l'art. L. 113-1. • Civ. 1re, 20 juill. 1994, no 92-16.078 P : *RCA 1994, no 385* • Civ. 3e, 15 déc. 1999 : *RCA 2000, no 104 (1re esp.), obs. Groutel* • Civ. 2e, 8 oct. 2009, no 08-19.646 P : *Gaz. Pal. 13 févr. 2010, p. 36, note Périer; RCA 2012, no 28; RDI 2009. 655, note Noguéro.*

19. Respect du formalisme. Pour être formelle et limitée, une clause d'exclusion doit se référer à des faits, circonstances ou obligations définis avec précision. • Civ. 1re, 13 nov. 2002 : *RGDA 2003. 292, note Kullmann.*

20. Clause relative à l'exécution de travaux. Est valable la clause du contrat d'assurance : qui formule une exclusion de garantie en cas d'exécution de travaux en méconnaissance de règles définies selon des modalités qu'elle décrit précisément. • Civ. 1re, 7 févr. 1990, no 88-18.012 P (à propos de travaux de technique non courante). ♦ ... Qui se réfère à des normes définies avec précision dans un avis technique déterminé. • Civ. 1re, 10 déc. 1996 : *RCA 1997, no 115; RGDA 1997. 130, note Kullmann; Gaz. Pal. 1997. 2. Somm. 426, note Favre-Rochex.* ♦ ... Qui se réfère à des normes très précises de pose. • Civ. 1re, 26 févr. 1991, no 89-16.514 : *RGAT 1991. 378, note Bigot.* ♦ ... Qui exclut les travaux que l'assuré n'a pas exécutés lui-même. • Civ. 1re, 19 mai 1992 : *RCA 1992, no 332; RGAT 1992. 572.* ♦ Comp. note 39.

21. Clause relative aux dommages subis par les ouvrages ou travaux entrepris par l'assuré. Ayant relevé que la police d'assurance responsabilité civile souscrite excluait de la garantie les dommages subis par les travaux entrepris par l'assuré et constaté que l'effondrement de l'immeuble appartenant à l'assuré était survenu à la suite des travaux effectués à son initiative, une cour d'appel a pu en déduire que la clause d'exclusion de garantie était claire et qu'elle ne privait pas le contrat d'assurance de son objet. • Civ. 3e, 2 févr. 2017, no 15-21.063 : *RGDA 2017. 194, note J.-P. Karila.* ♦ La clause d'exclusion, aux termes de laquelle le contrat d'assurance « responsabilité civile des entreprises du bâtiment » ne couvre pas le coût de la réfection des travaux, de la remise en état ou du remplacement des produits livrés ou ouvrages exécutés qui ont été à l'origine des dommages, est formelle et limitée. Elle est claire et précise et laisse dans le champ de la garantie les dommages autres que ceux résultant des malfaçons affectant les ouvrages ou travaux. • Civ. 3e, 14 févr. 2019, n° 18-11.101 : *RCA 2019, n° 146.*

22. Clause relative à la non-conformité de l'ouvrage avec le devis descriptif. Est valable la clause qui exclut les conséquences pécuniaires de la responsabilité de l'assuré du fait de la non-conformité de l'ouvrage avec le devis descriptif ou avec le document annexé au contrat de vente. • Civ. 1re, 16 déc. 1980, n° 79-13.200 P : *RDI 1981. 493, obs. Durry.*

23. Clause relative aux précautions de l'assuré. Est valable la clause qui exclut les dommages subis par les bois non traités préventivement contre les champignons. • Civ. 1re, 3 févr. 1993, n° 90-20.349 P : *RCA 1993, n° 179* • Civ. 3e, 10 févr. 1993 : *RCA 1993, n° 179.* ♦ ... Qui exclut la garantie du vol en cas de négligence de l'occupant des lieux résultant de clés « laissées sur la porte, sous le paillasson, dans la boîte aux lettres ». • Civ. 1re, 10 déc. 1996 : *RCA 1997, n° 72 (1re esp.); RGDA 1997. 126, note Kullmann; Gaz. Pal. 1997. 2. Somm. 427, note Favre-Rochex.*

24. Clause relative à l'état de santé de l'assuré lors de la prise d'effet du contrat. Est valable la clause qui, dans une assurance de personne, exclut « les conséquences de maladies ou d'infirmités existant à la date de prise d'effet de l'assurance ». • Civ. 1re, 6 janv. 1993, n° 90-11.823 P : *RCA 1993, n° 101.*

25. Clause relative aux affections exclues de la garantie. Ayant énoncé que la clause excluant de la garantie « les sinistres résultant d'une atteinte vertébrale, discale ou radiculaire : lumbago, lombalgie, sciatalgie, cruralgie, névralgie cervico-brachiale, protrusion discale, dorsalgie, cervicalgie, coccygodynie, sauf si cette affection nécessite une intervention chirurgicale pendant cet arrêt de travail » et, justement, relevé qu'elle ne donne pas matière à interprétation dès lors que le champ de l'exclusion est précisément défini et limité à des affections déterminées et que l'absence de précision quant à l'origine, à la cause ou à l'intensité des affections limitativement énumérées, exclues de la garantie, n'avait pas pour effet d'enlever à la clause son caractère formel et limité, une cour d'appel en a exactement déduit que cette clause satisfait aux exigences de l'art. L. 113-1. • Civ. 2e, 19 mai 2016 : *RGDA 2016. 353, note Asselain.* ♦ Ayant retenu que l'exclusion de garantie invoquée par l'assureur pour refuser sa garantie était la dépression nerveuse, qu'il s'agit d'une pathologie qui pouvait être médicalement constatée et qu'une telle exclusion ne nécessite aucune intervention, contrairement à celle relative aux autres troubles psychologiques, une cour d'appel en a justement déduit que l'exclusion de garantie des dépressions nerveuses était formelle et limitée et qu'elle devait recevoir application, les causes de la dépression étant, selon la clause précitée, sans influence sur l'exclusion de garantie. • Civ. 2e, 24 sept. 2020, n° 19-19.484 : *RGDA nov. 2020. 19, note Pélissier; bjda.fr 2020, n° 72, note Néraudau et Guillot.*

26. Clause relative aux conséquences des actes et traitements thérapeutiques. Ayant exactement relevé que la clause excluant « les conséquences des actes et traitements thérapeutiques » se référait à des notions et critères précis et était dénuée d'ambiguïté, de sorte qu'elle n'avait pas à être interprétée, c'est à bon droit qu'une juridiction de proximité a retenu que ladite clause était formelle et limitée. • Civ. 2e, 27 avr. 2017, n° 16-15.721 : *RGDA 2017. 356, note Asselain.*

27. Clause relative à l'usage de drogues, stupéfiants et médicaments. La clause excluant les décès causés par l'usage de drogues, stupéfiants, produits médicamenteux ou tranquillisants, à dose non prescrite par une autorité médicale est formelle et limitée. • Civ. 2e, 29 mars 2018, n° 17-21.708 : *RCA 2018, n° 207; RGDA 2018. 315, note Asselain.*

28. Clause relative aux conséquences résultant d'un retard de l'assuré. Est valable la clause qui exclut la garantie de l'assureur pour les conséquences pécuniaires résultant du retard de livraison, même imputable à des intempéries ou phénomènes météorologiques exceptionnels, sauf causes accidentelles ou fortuites. • Civ. 1re, 18 juill. 2000 : *RCA 2000, n° 346; RGDA 2000. 819, note Fonlladosa.* ♦ Est formelle et limitée la clause qui exclut la garantie de l'assureur pour « les conséquences pécuniaires résultant d'un retard apporté dans la fourniture d'un produit, matériel ou prestation de services, ou de la non-fourniture de ceux-ci, sauf lorsque le retard ou la non-fourniture résulte : d'un événement aléatoire indépendant de la volonté de l'assuré et ne mettant pas en cause la qualité de son organisation ; de l'indisponibilité de l'ingénieur chargé du projet lorsque cette indisponibilité est due à un accident, maladie ou au décès de celui-ci ; d'une erreur ou omission commise dans les différentes opérations ou tâches nécessaires à l'exécution de la prestation ». • Civ. 2e, 3 juill. 2014 : *RCA 2014, n° 355.*

29. Clause relative à l'inhabitation. Est valable la clause qui exclut la garantie pour inhabitation définissant précisément la notion d'inhabitation fixée à 90 jours par année d'assurance en cours. • Civ. 2e, 5 juill. 2006, n° 04-10.273 P : *RCA 2006, n° 277, note Groutel.*

30. Clause relative au défaut d'entretien ou de réparation indispensable. La clause contractuelle d'exclusion de garantie, visant expressément dans une formulation claire respectant les préconisations de l'art. L. 113-1 C. assur. le défaut de réparation ou d'entretien indispensable incombant à l'assuré, tant avant qu'après sinistre, sauf cas de force majeure, est formelle et limitée. • Civ. 2e, 3 oct. 2013 : *RCA 2014, n° 74, note Groutel ; RDI 2014. 122, note Dessuet*. ♦ Comp. note 43.

31. Clause relative à la conduite en état d'ivresse. Est formelle et limitée la clause excluant la garantie de l'assureur pour les dommages corporels du conducteur et les dommages au véhicule assuré, lorsque le conducteur se trouvait au moment du sinistre sous l'empire d'un état alcoolique tel que défini par la réglementation en vigueur. • Civ. 2e, 5 mars 2015, n° 14-11.982 : *RGDA 2015. 247, note Landel ; D. 2015. 1231, note Noguéro*. ♦ Est formelle et limitée en ce qu'elle exclut de la garantie, en des termes clairs et précis n'établissant pas de distinction selon que les faits sont susceptibles d'être qualifiés de contravention ou de délit, les conséquences d'un acte effectué dans un état d'imprégnation alcoolique caractérisé par un taux d'alcoolémie supérieur à la limité fixée par le code de la route. • Civ. 2e, 25 oct. 2018, n° 17-31.296 : *RCA 2019, n° 31, note Groutel.* ♦ Comp. : n'est pas formelle et limitée la clause excluant « l'imprégnation alcoolique » dans la mesure où elle ne permet pas de déterminer le taux d'alcool minimal au-delà duquel jouera l'exclusion. • Civ. 1re, 9 déc. 1997, n° 96-10.592 P : *RCA 1998, n° 109 ; Gaz. Pal. 1998. 1. 243 ; RGDA 1998. 118, note Favre-Rochex.*

32. Clause relative aux dommages subis par certaines catégories de personnes. Est formelle et limitée la clause définissant précisément et limitativement les passagers transportés exclus de la garantie et circonscrite à la seule hypothèse d'un sinistre engageant la responsabilité du conducteur ou de l'assuré. • Civ. 2e, 3 mars 2016, n° 15-12.836 : *RCA 2016, n° 208, note Groutel ; RGDA 2016. 251, note Landel ; Gaz. Pal. 2016, n° 23, p. 69, note Erhenfeld.*

33. Clause relative aux embarcations à moteur ou à voile. La clause excluant de la garantie responsabilité civile privée et familiale les dommages engageant la responsabilité de l'assuré du fait de la conduite, de la garde ou de la propriété d'embarcation à moteur ou à voile (sauf planche à voile ou kitesurf) vise des cas d'exclusion précis et limitativement énumérés. La notion d'embarcation à moteur ne prête pas à confusion, désignant tout objet sur lequel on peut monter et qui flotte sur l'eau, ce qui correspond à la définition du jet-ski, qui est une petite embarcation propulsée par le jet d'eau d'un moteur. • Civ. 2e, 9 juin 2016, n° 15-20.106 : *RGDA 2016. 399, note Asselain.*

34. Clause relative aux pertes d'exploitation. La clause selon laquelle sont exclues « les pertes indirectes de quelque nature que ce soit, manque à gagner et paralysies » définit expressément ce qui relève du préjudice de de pertes d'exploitation et est donc formelle et limitée. • Civ. 2e, 6 févr. 2020, n° 18-25.377 : *RGDA mai 2020. 29, note Pélissier.*

b. Clauses non valables

35. Clause nécessitant une interprétation. Au sens de l'art. L. 113-1, une clause d'exclusion de garantie ne peut être formelle et limitée dès lors qu'elle doit être interprétée. • Civ. 1re, 22 mai 2001, n° 99-10.849 P : *D. 2001. 2778, note Beignier ; D. 2002. Somm. 2115, obs. Bonnard ; RCA 2001, n° 241 ; ibid., Chron. 17, note Groutel ; RGDA 2001. 944, note Kullmann.* ♦ Conf. : • Civ. 1re, 13 nov. 2002 : *RGDA 2003. 57, note Chardin* • 6 avr. 2004 : *RCA 2004, n° 243* • Civ. 2e, 8 oct. 2009, n° 08-19.646 P : *RCA 2010, n° 28* • 12 avr. 2012 : *RCA 2012, n° 219 ; RGDA 2012. 1027, obs. Bigot.* ♦ La clause qui exclut « les frais exposés pour le remplacement, la remise en état ou le remboursement des biens que vous avez fournis et/ou pour la reprise des travaux exécutés par vos soins, cause ou origine du dommage, ainsi que les frais de dépose et repose et les dommages immatériels qui en découlent » est sujette à interprétation, ce qui exclut qu'elle soit formelle et limitée. • Civ. 3e, 27 oct. 2016, n° 15-23.841 P : *RCA 2017, n° 27, note Groutel ; D. actu. 16 nov. 2016, note Ravel d'Esclapon ; RDI 2016. 654, note Noguero ; RGDA 2017. 57, note Lambert ; RDI 2016. 654, obs. Noguero* • Civ. 3e, 13 juin 2019, n° 18-14.817 : *RCA 2019, n° 284.* ♦ De même, la clause qui exclut « les dommages causés par les eaux, consécutifs à un non-bâchage, bâchage non fixé ou bâchage en mauvais état, après abandon de chantier, c'est-à-dire l'interruption des travaux se traduisant par l'absence d'ouvriers sur le chantier, lesquels n'auraient pas pris les précautions élémentaires » est sujette à interprétation ce qui exclut qu'elle soit formelle et limitée. • Civ. 3e, 13 juin 2019, n° 17-31.042 : *RCA 2019, n° 283.* ♦ Prive de base légale sa décision, la cour d'appel qui écarte la garantie de l'assureur d'un entrepreneur aux motifs qu'en application du contrat d'assurance, les malfaçons survenues avant réception ne sont pas couvertes par le contrat responsabilité professionnelle qui ne concerne que les dommages aux tiers survenus à l'occasion des travaux, sans rechercher si cette clause susceptible d'interprétation était formelle. • Civ. 2e, 21 déc. 2017, n° 16-26.530 : *RCA 2018, n° 119, note Groutel.* ♦ Il résulte de l'art. L. 113-1 C. assur. qu'une clause d'exclusion de garantie ne peut être formelle et limitée dès lors qu'elle doit être interprétée. La cour d'appel, qui retient que la clause d'exclusion stipulant que l'assureur ne garantissait pas « le préjudice lorsqu'au moment de l'accident le conducteur assuré […] a fait l'usage de substances ou plantes classées comme stupéfiantes » s'appliquait à une conduite concomitante avec une prise quotidienne de produits stupéfiants, a procédé à l'interprétation d'une clause d'exclusion ambiguë, ce dont il résultait qu'elle n'était ni formelle ni limitée. • Civ. 2e, 16 juill. 2020, n° 19-15.676 : *RGDA* *sept. 2020. 20, note Pélissier; RCA 2020, n° 200, note Groutel.* ♦ Il résulte de l'art. L. 113-1 que les clauses d'exclusion de garantie ne peuvent être formelles et limitées dès lors qu'elle doivent être interprétées. La clause, excluant de l'assurance les pertes et les dommages indirects (par exemple diminution de l'aptitude à la course, moins-value, dépréciation), ne se réfère pas à des critères précis et à des hypothèses limitativement énumérées. Elle n'est donc pas formelle et limitée et ne peut recevoir application en raison de son imprécision rendant nécessaire son interprétation. • Civ. 2e, 26 nov. 2020, n° 19-16.435 : *RCA 2021, n° 39; ibid. 2022, chron. 4, n° 20, note Groutel; RGDA janv. 2021. 23, note Pélissier; D. actu. 7 janv. 2021, note Bigot et Cayol.*

36. Contamination des exceptions formelles et limitées par une exception non formelle et limitée. Dès lors que la clause d'exclusion mentionne « et autre mal de dos » n'est pas formelle et limitée, elle ne peut recevoir application, peu important que l'affection dont est atteint l'assuré soit l'une de celles précisément énumérées à la clause. • Civ. 2e, 17 juin 2021, n° 19-24.467 : *RGDA juill. 2021. 30, note Kullmann; RCA 2021, n° 204, note Krajeski.*

37. Clause relative à l'inobservation des règles de l'art. La clause excluant de la garantie les dommages résultant d'une inobservation volontaire ou inexcusable des règles de l'art imputable à l'assuré ne permettait pas à l'assuré de déterminer avec précision l'étendue de l'exclusion, en l'absence de définition contractuelle du caractère volontaire ou inexcusable de l'inobservation des règles de l'art. • Civ. 3e, 24 nov. 2016, n° 15-25.415 P : *RGDA 2017. 48, note Dessuet; RCA 2017, n° 62, note Groutel; Gaz. Pal. 9 mai 2017, 76, note Cerveau-Colliard.* ♦ La clause d'exclusion visant les dommages résultant d'une méconnaissance intentionnelle, délibérée ou inexcusable des règles de l'art et normes techniques applicables dans le secteur d'activité de l'assuré ne permet pas à celui-ci de déterminer avec précision l'étendue de l'exclusion en l'absence de définition contractuelle de ces règles et normes et du caractère volontaire ou inexcusable de leur inobservation. • Civ. 2e, 19 sept. 2019, n° 18-19.616 : *RGDA déc. 2019. 21, note Pélissier; RDI 2019. 583, note Noguéro ; bjda.fr 2019, n° 65, note Abravanel-Jolly; RCA 2019, n° 307.* ♦ De même, font une juste application de l'art. 12 de la L. du 13 juill. 1930 [C. assur., art. L. 113-1] les juges du fond qui considèrent comme générale et non limitée la clause excluant de la garantie les dommages provenant d'une « inobservation inexcusable des règles de l'art », après avoir relevé que « les règles de l'art d'une profession ont des contours mal définis et que leur inobservation peut donner lieu à des appréciations nuancées ». • Civ. 1re, 8 oct. 1974 : *préc. note 16.* ♦ Dans le même sens : • Civ. 1re, 9 nov. 1994 : *RCA 1995, n° 78* • Com., 3 juill. 2019, n° 16-18.170 : *RGDA oct. 2019. 27, note Pimbert.* ♦ De même, la clause, excluant les dommages résultant de l'inobservation consciente et délibérée ou inexcusable des règles de l'art, définies dans les documents techniques unifiés (cahier des charges DTU, règles de calcul DTU), publiées par le Centre scientifique et technique du Bâtiment, ou par les normes françaises homologuées diffusées par l'Association française de Normalisation, lorsque cette inobservation est imputable à l'assuré, ou à la direction de l'entreprise si l'assuré est une personne morale, vise l'ensemble des documents techniques unifiés et des normes, textes et réglementations très vastes et ne permet donc pas à l'assuré de déterminer avec précision l'étendue de l'exclusion et, imprécise, n'est ni formelle, ni limitée. • Civ. 3e, 26 nov. 2003, n° 01-16.126 P • 13 sept. 2005, n° 04-14.462 : *RDI 2005. 417, note Dessuet* . ♦ V. toutefois l'arrêt affirmant que la clause excluant « les dommages résultant de l'inobservation consciente, délibérée ou inexcusable des règles de l'art applicables dans le secteur du bâtiment et du génie civil aux activités garanties, telles que ces règles sont définies par les documents techniques des organismes techniques compétents à caractère officiel et spécialement les documents techniques unifiés (DTU) publiés par le Centre scientifique et technique du bâtiment ou par les normes françaises homologuées diffusées par l'Association française de normalisation ou, à défaut, par la profession, ou de prescriptions du fabricant, lorsque cette inobservation est imputable à l'assuré... » est suffisamment formelle et limitée en ce qu'elle ne vide pas le contrat de toute substance en laissant subsister la responsabilité délictuelle et quasi délictuelle de l'assuré. • Civ. 3e, 24 mars 2015, n° 13-25.737 : *RGDA 2015. 254, note Dessuet.* ♦ Par ailleurs, est valable la clause d'un contrat d'assurance stipulant que l'entrepreneur assuré est déchu de tout droit à garantie en cas d'inobservation volontaire ou inexcusable par lui des règles de l'art, telles qu'elles sont définies par la réglementation en vigueur, les documents techniques unifiés ou les normes établies par les organismes compétents à caractère officiel ou dans le marché de travaux concerné. Une telle clause reproduit en effet les termes de la clause type libellés dans l'annexe I de l'art. A. 241-1. • Civ. 1re, 21 mai 1985, n° 84-11.633 P : *RGAT 1985. 546, note Bigot; RDI 1985. 402, note Durry* • Civ. 3e, 6 mai 1998 : *RCA 1998, n° 364, note Groutel; RGDA 1998. 743, note d'Hauteville.* ♦ Comp. note 22.

38. Clause relative au respect de règles de sécurité. Est imprécise et non limitée la clause qui exclut de la garantie « les dommages imputables à une violation délibérée : – des règles particulières de sécurité et de prudence imposées par la loi ou un règlement; – des règles de l'art ou de consignes de sécurité définies dans les documents techniques, lorsque cette violation constitue une faute d'une gravité exceptionnelle dérivant d'un acte ou d'une omission volontaire, de la conscience du danger ». • Com., 3 juill. 2019, n° 16-18.170 : *RGDA oct. 2019. 27, note Pimbert.*

39. Clause relative à l'emploi de matériaux ou systèmes de construction non traditionnels. N'est pas suffisamment limitée, pour que l'assuré puisse connaître exactement la garantie de son assureur, la clause excluant de la garantie « les ouvrages construits suivant les procédés non usuels et, en particulier, les systèmes de construction ou l'emploi de matériaux non homologués par les règlements en vigueur, tels que ceux de l'AFNOR, du REEF et du CSTB ». • Civ. 1re, 20 juin 1978, n° 76-13.483 P : *RDI 1979. 225, obs. Durry.* ♦ Il en est de même pour la clause qui prévoit que l'assureur pourra refuser sa garantie en cas d'emploi de matériaux ou systèmes de construction non traditionnels, non conformes aux règlements en vigueur. • Civ. 3e, 21 févr. 1990, n° 88-14.390 P. ♦ ... La clause d'exclusion visant indirectement tous les travaux d'étanchéité non conformes aux normes en vigueur. • Civ. 3e, 29 févr. 1984, n° 82-15.573 P. ♦ ... La clause du contrat d'assurance d'un entrepreneur qui, en définissant les travaux garantis, exclut indirectement tous ceux qui se révéleraient non conformes, non seulement aux prescriptions du « cahier des charges DTU », mais encore à l'ensemble des « règles en vigueur ». • Civ. 1re, 4 avr. 1984, n° 83-10.046 P • 10 déc. 1991 : *RCA 1992, n° 110.* ♦ ... La clause excluant, dans la police de responsabilité professionnelle d'un promoteur, les conséquences « d'opérations délibérément entreprises ou exécutées en infraction avec des textes réglementaires régissant les opérations de constructions ». • Civ. 1re, 16 juin 1987, n° 84-14.762 P. ♦ ... La clause qui exclut les dommages résultant de l'exercice d'une activité « interdite par les lois, décrets ou règlements applicables à la profession considérée ». • Civ. 2e, 13 juill. 2006 : *RCA 2006, n° 284.*

40. Clause relative aux conséquences inévitables et prévisibles de l'activité de l'assuré. N'est pas conforme aux exigences de l'art. L. 113-1 la clause d'une police d'assurance, souscrite par un entrepreneur, excluant de la garantie les dommages qui sont « la conséquence inévitable et prévisible des modalités d'exécution du travail que l'assuré s'est engagé à effectuer ». • Civ. 1re, 9 mai 1979, n° 78-10.624 P. ♦ ... « La conséquence prévisible et inévitable des modalités de l'exécution du travail choisies par l'assuré ». • Civ. 1re, 28 févr. 1984, n° 83-11.123 P. ♦ ... « Résultant de façon normalement prévisible et inévitable de la nature même de l'activité de l'assuré ou des modalités d'exécution des travaux prescrits par lui ». • Civ. 1re, 13 nov. 1979, n° 78-13.013 P. ♦ ... « Résultant de façon inéluctable et prévisible des modalités d'exécution d'un travail ou d'une prestation telles que prescrite ». • Civ. 2e, 26 oct. 2017, n° 16-23.696 : *RGDA 2017. 610, note Mayaux.* ♦ ... « La conséquence inévitable et prévisible des modalités d'exécution du travail ». • Civ. 1re, 13 mars 1996 : *RCA 1996, n° 187* • Civ. 3e, 15 déc. 1999 : *RCA 2000, n° 104 (1re esp.), obs. Groutel.* ♦ N'est pas conforme à l'art. L. 113-1 la clause excluant la garantie de l'assureur « à l'égard des conséquences des dommages, gênes et troubles de voisinage résultant de façon prévisible et inévitable de la nature même de l'activité de l'assuré ». • Civ. 1re, 10 déc. 1996, n° 94-21.477 P : *D. 1998. Somm. 53, obs. Berr ; RCA 1997, n° 72 (2e esp.) ; RGDA 1997. 128, note Kullmann ; Gaz. Pal. 1997. 2. Somm. 426, note Favre-Rochex.* ♦ *Contra* : • Civ. 1re, 20 mars 1985 : *RGAT 1985. 409, note Viney.*

41. Clause relative aux dommages résultant d'une faute lourde. Ne se réfère pas à des critères précis et à des hypothèses limitativement énumérées la clause d'une police qui exclut les dommages résultant d'une faute lourde. • Civ. 1re, 29 nov. 1988, n° 87-11.048 P : *D. 1989. Somm. 248, obs. Berr.* ♦ Se réfère à des éléments incertains et ne répond pas aux exigences de l'art. L. 113-1 la clause qui exclut la faute jugée lourde par le tribunal compétent. • Com. 7 avr. 1987, n° 85-15.910 P : *D. 1988. Somm. 156, obs. Berr.*

42. Clause relative aux dommages résultant d'un événement ayant perdu son caractère aléatoire. La clause du contrat d'assurance écartant de la garantie « les dommages qui résultent de façon inéluctable et prévisible d'un événement ayant, du fait conscient de l'assuré, perdu son caractère aléatoire » est insuffisamment précise et ne répond pas aux exigences de l'art. L. 113-1, selon lesquelles les clauses d'exclusion, pour être valables, doivent être formelles et limitées. • Civ. 2e, 3 juill. 2014 : *RCA 2014, n° 355.*

43. Clause relative aux précautions de l'assuré pour éviter le sinistre. N'est pas suffisamment limitée pour que l'assuré puisse connaître exactement l'étendue de sa garantie la clause qui, dans une assurance contre le vol, prévoit une exclusion dans le cas où l'assuré n'aurait pas pris « toutes les précautions habituelles et raisonnables pour la sécurité et la conservation des biens assurés ». • Civ. 1re, 16 juin 1987, n° 85-18.817 P. ♦ ... Celle qui stipule que « l'assuré doit veiller en bon père de famille à la préservation et à la sécurité de l'immeuble ». • Civ. 1re, 12 mai 1993 : *RCA 1993, n° 278, obs. Bertolaso.* ♦ ... Celle qui exclut la garantie du vol en cas de négligence de l'occupant des lieux résultant de clés « laissées en tout lieu aisément accessible de l'extérieur ». • Civ. 1re, 10 déc. 1996, n° 94-22.125 P : *RCA 1997, n° 72 (1re esp.) ; RGDA 1997. 126, note Kullmann ; Gaz. Pal. 1997. 2. Somm. 427, note Favre-Rochex.*

44. Clause relative au défaut d'entretien ou de réparation indispensable. N'est pas conforme à l'art. L. 113-1, dans la mesure où elle se réfère à des critères imprécis et à des hypothèses non limitativement énumérées, la clause qui, dans une assurance dégâts des eaux, exclut la garantie « pour les dommages résultant d'un défaut de réparations indispensables incombant à l'assuré ». • Civ. 1re, 29 oct. 1984, n° 83-14.464 P : *RDI 1985. 275,* *obs. Durry* • Civ. 2e, 12 déc. 2013 : *RCA 2014, n° 74, note Groutel ; RGDA 2014. 30, note Asselain.* ♦ De même, n'est ni formelle ni limitée la clause d'une police d'assurance de responsabilité civile qui, excluant de la garantie « les dommages provenant d'un défaut permanent d'entretien ou d'un manque de réparations indispensables à la sécurité », ne définit pas ces notions. • Civ. 1re, 30 sept. 1997 : *RCA 1997, n° 383, note Groutel ; RGDA 1997. 1017, note Favre-Rochex* • Civ. 2e, 6 oct. 2011 : *RGDA 2012. 327, note Waltz ; RCA 2012, n° 26.* ♦ … Ou la clause qui, excluant la garantie de l'assureur en cas de défaut d'entretien ou de réparation caractérisé et connu de l'assuré, ne se réfère pas à des critères précis et à des hypothèses limitativement énumérées. • Civ. 3e, 26 sept. 2012, n° 11-19.117 P : *D. 2012. 2392 ; AJDI 2012. 759 ; RGDA 2013. 52, note Asselain ; RCA 2012, n° 362, note Groutel ; RDI 2012. 633, note Noguéro ; Gaz. Pal. 30 nov. 2012, obs. Cerveau* • Civ. 2e, 12 déc. 2013 : *RCA 2014, n° 74, note Groutel ; RGDA 2014. 30, note Asselain ; RDI 2014. 122, note Dessuet* • 15 janv. 2015, n° 13-19.405 : *RCA 2015, n° 142 ; ibid. Repère 4, par Groutel.* ♦ … Ou la clause d'une police d'assurance garantissant les avaries d'un bateau qui, excluant les pertes provenant d'absence de réparation ou de défaut d'entretien caractérisé, ne se réfère pas à des critères précis et à des hypothèses limitativement énumérées. • Civ. 2e, 5 févr. 2015, n° 14-10.507 : *RCA 2015, n° 163, note Groutel.* ♦ … Ou la clause stipulant que sont toujours exclus les dommages qui résultent, sauf cas de force majeure, de l'insuffisance, soit d'une réparation, soit d'une modification indispensable, notamment à la suite d'une précédente manifestation d'un dommage, des locaux ou installations dont l'assuré est propriétaire ou occupant, plus généralement des biens assurés. • Civ. 2e, 13 déc. 2012 : *RCA 2013, n° 105, note Groutel ; RDI 2014. 122, note Dessuet*. ♦ Comp. note 30.

45. Clause relative à l'état de santé de l'assuré. N'est ni formelle ni limitée ; la clause d'exclusion qui vise, dans une assurance décès, invalidité et incapacité de travail, les maladies ou accidents occasionnés par l'alcoolisme, sans autre précision. • Civ. 2e, 18 janv. 2006, n° 04-17.872 P : *RCA 2006, n° 148 (1re esp.) ; RGDA 2006. 514 (1re esp.), note Abravanel-Jolly.* ♦ … Ou la clause excluant de la garantie « les suites et les conséquences des affections liées à l'éthylisme » sans autre précision. • Civ. 2e, 13 juin 2019, n° 18-18.267 : *RGDA juill. 2019. 29, note Pimbert ; bjda.fr 2019, n° 64, note Abravanel-Jolly.* ♦ … Ou la clause d'exclusion de garantie en cas d'incapacité ou d'invalidité résultant de troubles psychiques, sans autre précision. • Civ. 2e, 2 avr. 2009, n° 08-12.587 P : *D. 2009. AJ 1141 ; RLDC 2009/6, n° 3451, obs. Maugeri ; RDBF 2009, n° 126, note Djoudi ; Gaz. Pal. 12 sept. 2009, p. 20, note Bury et Moreau ; ibid. 13 févr. 2010, p. 42, note Périer.* ♦ … Ou la clause d'exclusion de garantie en cas d'incapacités d'invalidités qui résultent de lombalgie, de sciatalgie, dorsalgie, cervicalgie et autre « mal au dos ». • Civ. 2e, 17 juin 2021, n° 19-24.467 : *préc. note 36.* ♦ … Ou, s'agissant d'une assurance de prévoyance garantissant le risque maladie, la clause d'exclusion des « maladies sexuellement transmissibles », dès lors qu'elle se réfère non pas à une maladie clairement mentionnée dans le contrat, mais à des maladies non précisées et seulement déterminées par leur mode de contamination. • Civ. 1re, 4 mai 1999, n° 97-16.924 P : *JCP 1999. II. 10176, rapp. Sargos ; RCA 1999, nos 241 et 242, obs. Groutel ; RGDA 1999. 670, note Maleville.*

46. Autres clauses générales et imprécises. N'est ni formelle ni limitée la clause d'une police d'assurance contre le vol qui exclut les « valeurs », sans autre précision. • Civ. 1re, 4 juill. 2000 : *RCA 2000, n° 347 ; RGDA 2000. 925, note Kullmann.* ♦ … Ou la clause visant les « trombes, cyclones, inondations, tremblements de terre et autres phénomènes naturels à caractère catastrophique ». • Civ. 2e, 1er déc. 2005 : *RCA 2006, n° 73, obs. Groutel.* ♦ … Ou la clause excluant « l'imprégnation alcoolique » dans la mesure où elle ne permet pas de déterminer le taux d'alcool minimal au-delà duquel jouera l'exclusion. • Civ. 1re, 9 déc. 1997, n° 96-10.592 P : *RCA 1998, n° 109 ; Gaz. Pal. 1998. 1. 243 ; RGDA 1998. 118, note Favre-Rochex.* ♦ V. toutefois, affirmant que la clause d'exclusion de garantie des dommages au véhicule pour conduite sous l'empire d'un état d'alcoolémie est formelle et limitée. • Civ. 2e, 7 avr. 2011, n° 10-10.868 P : *D. 2011. 1805, note Vingiano ; ibid. 2012. 1980, obs. Groutel ; RCA 2011, n° 273 ; ibid., n° 267, note Groutel.* ♦ … Ou la clause excluant le dépannage qui n'est pas « effectué en conformité avec les dispositions légales ». • Crim. 31 mars 1998 : *RGDA 1998. 722, note Landel.* ♦ … Ou la clause excluant « les sinistres résultant et/ou provenant de la pratique des activités amateurs » telles que les « sports impliquant l'usage d'un engin à moteur », la notion de sport étant peu précise puisque le dictionnaire « Le Larousse » indique qu'il s'agit d'une activité physique visant à améliorer sa condition physique, ou encore d'un ensemble d'exercices physiques se présentant sous forme de jeux individuels ou collectifs, donnant généralement lieu à compétition, pratiqués en observant certaines règles précises. • Civ. 2e, 8 oct. 2020, n° 19-21.105 : *RGDA nov. 2020. 37, note Kullmann ; RCA 2021, n° 19 ; ibid. 2022, chron. 4, n° 20, note Groutel ; bjda.fr 2020, n° 72, note Abravanel-Jolly.*

47. Clauses contradictoires. Est contraire aux dispositions de l'art. L. 113-1 la police qui exclut, par ses conditions générales, à la fois les conséquences des éboulements causés par les travaux et les conséquences des dommages causés par l'eau, et prend en charge, dans ses conditions particulières, les dommages causés par l'action, fût-elle indirecte, de l'eau, d'où il résulte une incertitude pour l'assuré quant à la garantie existant dans ce dernier cas. • Civ. 1re, 20 mars 1989, n° 86-15.894 P : *D. 1991. Somm. 70, obs. Groutel ; RCA 1989, n° 236 ; ibid., Chron. 19, note Groutel.* ♦ De même, viole l'art. L. 113-1 la cour d'appel qui, pour mettre hors de cause un assureur, énonce que l'assuré a signé une annexe à la police aux termes de laquelle sa moto n'est autorisée à circuler qu'en « tout-terrain » et qu'il s'engage en conséquence à ne pas la faire circuler sur une voie ouverte à la circulation publique, alors que cette clause d'exclusion devait être réputée non écrite comme annulant les effets de la garantie spéciale relative aux déplacements pour se rendre sur le « tout-terrain » expressément stipulée aux conditions particulières du contrat d'assurance. • Civ. 1re, 10 juill. 1995, n° 91-19.319 P : *RCA 1995, n° 375 ; ibid., Chron. 46, note Groutel et Déchamp ; RGAT 1995. 883, note Mayaux.*

48. Clauses de renvoi. Sur la validité incertaine des clauses de renvoi, V. : • Civ. 1re, 10 avr. 1996 : *RGDA 1997. 135, note Maleville.*

3° ÉTENDUE DE L'EXCLUSION

49. Principe du caractère non limité de l'exclusion. Toute exclusion de garantie, qu'elle se présente de façon directe ou indirecte, fût-ce au travers des « définitions » figurant en tête de la police, ne peut qu'être formelle et limitée et ne saurait aboutir, sans retirer son objet au contrat, à annuler dans sa totalité la garantie stipulée. • Civ. 1re, 23 juin 1987, n° 87-17.010 P • 21 mai 1990, n° 87-16.299 P : *RCA 1990, n° 353 ; ibid., Chron. 20, note Groutel ; RGAT 1990. 626, note Bout* • Civ. 3e, 9 mai 2012 : *RDI 2012. 521, obs. Roussel* . ♦ ... Ou à priver de tout effet une extension de garantie souscrite par l'assuré. • Civ. 1re, 15 déc. 1999 : *RCA 2000, n° 104 (2e esp.), obs. Groutel ; RGDA 2000. 60, note Favre-Rochex* • Civ. 2e, 9 févr. 2012 : *RGDA 2012. 634, note Kullmann ; RCA 2012, n° 144, note Groutel.* ♦ De même, la clause, qui, s'analysant en une exclusion indirecte de garantie, laisse à l'assureur le pouvoir de fixer l'indemnité en choisissant lui-même la proportion à appliquer entre cette indemnité et le préjudice résultant pour lui de l'obligation d'indemniser la victime, peut priver l'assuré des effets de la garantie formellement accordée par la police, et donc ne satisfait pas aux exigences de l'art. L. 113-1. • Civ. 1re, 17 févr. 1993, n° 91-11.653 P : *RCA 1993, n° 178.* ♦ En outre, une exclusion n'est pas limitée et aboutit à la suppression de toute garantie lorsqu'il est établi que l'assureur savait, lors de la conclusion du contrat, que les conditions de cette exclusion étaient déjà réunies. • Civ. 1re, 10 mai 1989, n° 87-13.035 P : *D. 1991. Somm. 71, obs. Berr* .

50. Appréciation du caractère limité de l'exclusion. Les juges du fond doivent préciser l'étendue de la garantie subsistant après application de la clause litigieuse. • Civ. 1re, 9 mars 2004, n° 00-21.974 : *RCA 2004, n° 197, obs. Groutel* • Civ. 3e, 8 juin 2010, n° 09-12.968 : *RGDA 2010. 1024, note Périer* • 12 nov. 2014, n° 12-35.138 : *AJCA 2016. 40, obs. Perdrix ; RCA 2015, n° 69 ; ibid. Repère 2, Groutel* • Civ. 2e, 27 avr. 2017, n° 15-24.561 : *RCA 2017, n° 203, note Groutel.* ♦ Comp. : une clause d'exclusion doit être réputée non écrite dès lors qu'elle annule les effets de la garantie spéciale, déterminante du consentement de l'assuré. • Civ. 1re, 10 juill. 1995, n° 91-19.319 P : *RGAT 1995. 883, note Mayaux ; RCA 1995. Chron. 46, Groutel.*

51. Multiplicité des clauses d'exclusion. Viole l'art. L. 113-1 la cour d'appel qui ne retient, pour les appliquer, que les seules exclusions, au motif qu'elles étaient claires et précises, alors que, par leur nombre et par leur étendue, ces exclusions n'étaient ni formelles, ni limitées et qu'elles annulaient pratiquement toutes les garanties prévues, sauf pour une catégorie de dommages très étroite, et dans le seul cas d'accident, notion que la police ne définissait même pas. • Civ. 1re, 17 févr. 1987, n° 87-15.350 P.

52. Assurance de responsabilité après livraison. Est valable la clause d'exclusion de garantie de l'assurance de responsabilité civile après livraison laissant dans le champ de la garantie les dommages causés par les produits livrés et n'excluant que les dommages qu'ils subissaient ainsi que le coût de leur réparation, remplacement ou remboursement ou les réclamations fondées sur la seule absence de conformité de ces produits aux résultats attendus. • Civ. 1re, 6 janv. 1993 : *RCA 1993, n° 104 ; ibid. Chron. 9, par Groutel ; RGAT 1993. 357, note Bigot* (revirement) • 28 avr. 1993, n° 90-22.027 P : *RCA 1993, n° 254 ; ibid. Chron. 24, par Groutel* • 20 déc. 1994, n° 92-21.377 P • 22 oct. 1996 : *RCA 1996, n° 409* • 13 févr. 2001 : *RCA 2001, n° 165 (1re esp.), obs. Groutel* • Civ. 2e, 13 janv. 2005 : *RCA 2005, n° 115, obs. Groutel* • 23 oct. 2014 : *RGDA 2014. 602, note Pélissier* • 20 nov. 2014, n° 13-22.727 : *RCA 2015, n° 68 ; ibid. Repère 2, par Groutel ; RGDA 2015. 33, note Pélissier* • 10 déc. 2015, n° 14-18.508 : *RCA 2016, n° 91, note Groutel.* ♦ De même sont valables les clauses d'exclusion qui laissent dans le champ de la garantie les dommages causés aux tiers par les produits livrés et n'excluent que les dommages qu'ils subissent et les conséquences pécuniaires du non-respect par l'assuré d'engagement de performance, de résultat ou de délai. • Civ. 2e, 19 nov. 2015, n° 14-18.009 : *RCA 2016, n° 64, note Groutel.* ♦ Il appartient donc aux juges de rechercher si la clause d'exclusion laissait dans le champs de la garantie les dommages corporels, matériels et immatériels causés aux tiers du fait de la prestation défectueuse, et distincts du coût des réparations ou remplacement des moules. • Com. 16 juin 2021, n° 19-20.858 : *RGDA août-sept. 2021. 39, note Mayaux.* ♦ V. cep. : • Civ. 2e, 9 févr. 2012 : *RGDA 2012. 634, note Kullmann ; RCA 2012, n° 144, note Groutel.*

53. Assurance de responsabilité après travaux. Viole les art. L. 113-1 C. assur. et 1134 C. civ. la cour d'appel qui refuse d'appliquer une exclusion, alors que, claire et précise, elle laissait dans le champ de la garantie les dommages corporels et matériels causés aux tiers du fait de la prestation fautive de l'assuré (garagiste), et excluait seulement les coûts afférents aux dommages subis par les biens, ainsi que les dommages immatériels en découlant. • Civ. 2e, 19 nov. 2009, n° 08-14.300 : *D. 2010. 1740, obs. Groutel ; RCA 2010, n° 66, obs. Groutel* • 3 mars 2011, n° 10-15.255 : *RCA 2011, n° 234, note Groutel.* ♦ En assurance responsabilité civile après travaux, sont formelles et limitées les exclusions qui concernent les malfaçons elles-mêmes et le coût des remises en état et laissent dans le champ de la garantie les dommages corporels, matériels ou immatériels dont le fait générateur est constitué par les malfaçons. • Civ. 1re, 17 nov. 1998, n° 96-17.905 P : *RGDA 1999. 139, note d'Hauteville.* ♦ La cour d'appel, qui a relevé que la clause d'exclusion excluait seulement les frais afférents aux dommages subis par les produits livrés, ou les travaux exécutés et laissait dans le champ de la garantie les dommages corporels, matériels ou immatériels dont le fait générateur est constitué par les malfaçons, a exactement retenu, sans dénaturation, que cette clause ne vidait pas le contrat de sa substance. • Civ. 3e, 16 mars 2011 : *RGDA 2011. 688, note Mayaux.* ♦ Est formelle et limitée la clause d'exclusions, claire et précise, visant « les dommages subis par les ouvrages ou travaux effectués par l'assuré et ses sous-traitants », dès lors qu'elle laisse dans le champ de la garantie les dommages autres que ceux résultant des malfaçons affectant les ouvrages ou travaux. • Civ. 2e, 19 mai 2016, n° 15-18.545 : *RGDA 2016. 372, note Dessuet.* ♦ Comp. : après avoir énoncé que l'art. L. 113-1 subordonne la validité d'une clause d'exclusion de garantie à son caractère formel et limité et rappelé les termes de la clause d'exclusion litigieuse ainsi que ceux des conditions générales du contrat d'assurance, selon lesquels l'assureur couvrait la responsabilité civile après réception des travaux ayant pour origine, notamment, une erreur dans l'exécution des prestations ou une malfaçon dans les travaux exécutés, une cour d'appel a pu retenir que l'exclusion des frais liés à la réparation conduisait à vider la police d'assurance de sa substance, de sorte que la clause d'exclusion invoquée ne pouvait recevoir application. • Com. 20 oct. 2015 : *RGDA 2015. 576, note Mayaux ; RDI 2015. 600, note Noguéro .* ♦ Comp. égal. • Civ. 3e, 27 oct. 2016, n° 15-23.841 : *préc. note 35* • Civ. 2e, 21 déc. 2017, n° 16-26.530 : *préc. note 35.*

54. Clause excluant certains vices. La clause excluant de la garantie « les modifications d'aspects, de caractère esthétique, relatives, notamment, à la couleur ou la forme » ne vide pas le contrat de sa substance dès lors que le vice d'une ardoise n'affecte pas inévitablement sa couleur ou sa forme. • Civ. 3e, 16 nov. 2017, n° 16-21.278 : *RGDA 2018. 45, note L. Karila.*

C. MISE EN ŒUVRE DE L'EXCLUSION

1° LIEN DE CAUSALITÉ

55. Nécessité d'un lien de causalité. Viole l'art. L. 113-1 C. assur., la cour d'appel qui retient que l'assuré ne peut obtenir, aux termes de l'exclusion contractuelle, la garantie vol lorsqu'il est sorti du véhicule en laissant les clefs sur le démarreur, ce qui était le cas en l'espèce, alors qu'il résultait de ses motifs que le vol avait été perpétré en raison des violences commises sur l'assuré et non du seul fait de la présence des clés sur le démarreur du véhicule. • Civ. 2e, 12 mai 2011, n° 10-17.256 : *RGDA 2012. 126, note Pélissier.* ♦ V. égal. : • Civ. 2e, 8 juill. 2004, n° 03-15.045 : *RGDA 2004. 528, note Kullmann ; JCP 2005. 10041, note Liévremont.* ♦ Ayant constaté l'absence de violence ou de menace concomitante au vol et fait ressortir que celui-ci n'aurait pu avoir lieu si l'assuré n'avait pas confié au voleur la conduite de son véhicule à l'aide des clés qu'il y avait laissées, une cour d'appel, peu important l'existence d'une mise en scène, en a exactement déduit que la clause excluant la garantie de l'assureur dans le cas d'un vol du véhicule assuré commis alors que les clés sont à l'intérieur ou sur le véhicule était applicable. • Civ. 2e, 8 oct. 2020, n° 19-19.499 : *RGDA nov. 2020. 41, note Pimbert ; Gaz. Pal. 2 mars 2021, 56, note Noguero.* ♦ Comp. : en subordonnant l'application de la clause, excluant la garantie lorsque l'assuré a laissé les clés à l'intérieur du véhicule assuré, à la condition supplémentaire, non prévue dans le texte clair et précis de la clause, que la négligence de l'assuré ait permis ou facilité la réalisation du vol, une cour d'appel a dénaturé cette clause d'exclusion de garantie. • Civ. 1re, 7 avr. 1999, n° 97-11.655 : *RGDA 1999. 575, note Kullmann.*

2° PREUVE

56. Charge de la preuve de l'existence d'une exclusion de garantie. S'il incombe à l'assuré, qui réclame à l'assureur l'exécution de son obligation de garantie en raison d'un sinistre, de prouver que celui-ci est survenu dans des circonstances de fait conformes aux prévisions de la police, il appartient en revanche à l'assureur de démontrer l'existence des causes de déchéance dont il se prévaut. • Civ. 1re, 25 oct. 1994, n° 92-14.654 : *RGAT 1994. 1995, note Chardin.* ♦ C'est sans inverser la charge de la preuve qu'une cour d'appel, retenant exactement qu'en leur qualité de tiers au contrat d'assurance, il ne leur incombait que la charge de prouver l'existence du contrat, a estimé que l'assureur, n'établissant pas ne pas devoir sa garantie pour le sinistre objet du litige, il était tenu de couvrir la responsabilité de son assuré au titre de la garantie « produits livrés ». • Civ. 2e, 8 janv. 2009, n° 07-18.908 : *RGDA 2009. 231, note Kullmann.* ♦ Il incombe à l'assureur invoquant une exclusion de garantie à l'encontre d'un tiers victime du dommage de produire la police souscrite par son assuré. • Civ. 2e, 25 oct. 2012, n° 11-25.490 : *RGDA 2013. 303, note Pélissier.*

57. Preuve de l'existence d'une exclusion de garantie établie. Ayant retenu qu'en produisant au maître de l'ouvrage son attestation d'assurance comportant les mêmes références que les conditions particulières et les conditions générales, le locateur d'ouvrage assuré avait manifesté sa volonté de souscrire cette police avec toutes ses conditions d'application, notamment les clauses d'exclusion et de limitation de garantie contenues dans les conditions générales, une cour d'appel a pu en déduire que l'assureur était bien fondé à opposer l'exclusion de garantie concernant les dommages affectant les ouvrages exécutés par son assuré. • Civ. 3e, 17 oct. 2019, n° 18-17.058 : *RGDA déc. 2019. 30, note Karila.*

58. Charge de la preuve des conditions de fait d'une exclusion de garantie. S'il appartient à l'assuré qui réclame l'exécution du contrat d'assurance d'établir l'existence du sinistre, objet du contrat, il incombe à l'assureur qui invoque une exclusion de garantie de démontrer la réunion des conditions de fait de cette exclusion. • Civ. 1re, 15 oct. 1980, n° 79-17.075 P : *RDI 1981. 523, obs. Durry; RGAT 1981. 51, note Besson* • 22 oct. 1980, n° 79-15.003 P : *RDI 1981. 523, obs. Durry; RGAT 1981. 51, note Besson* • 27 oct. 1981, n° 80-15.076 P : *D. 1983. IR 217, obs. Berr et Groutel* • 9 mars 1999 : *RCA 1999, n° 160* • Civ. 2e, 29 mars 2018, n° 17-21.708 : *RCA 2018, n° 207; RGDA 2018. 315, note Asselain.* ♦ Il en va ainsi : ... même si l'exclusion est indirecte. • Com. 22 avr. 1986, n° 83-13.788 P. ♦ ... Lorsque l'assureur invoque une inhabitation d'une durée suffisante pour entraîner une « suspension de l'assurance » dans une assurance contre le vol. • Civ. 1re, 27 nov. 1990, n° 87-16.629 P. ♦ ... Lorsque l'assureur invoque un défaut de permis de conduire. • Civ. 1re, 6 oct. 1981, n° 80-10.231 P : *D. 1983. IR 217, obs. Berr et Groutel* • 27 oct. 1981, n° 80-15.076 P : *D. 1983. IR 217, obs. Berr et Groutel* • 25 mai 1987, n° 85-12.584 P. ♦ ... Lorsque l'assureur invoque le non-respect par l'assuré, dans une assurance transport, de la clause dite « clause syndicale ». • Com. 22 avr. 1986, n° 83-13.788 P • Civ. 1re, 7 juill. 1992, n° 90-19.483 P : *RCA 1992, n° 432.* ♦ ... Lorsque l'assureur invoque l'exclusion des dommages résultant d'une prédisposition pathologique dans une assurance contre les accidents corporels. • Civ. 1re, 15 avr. 1982, n° 81-11.846 P. ♦ ... Quand l'assureur invoque l'exclusion des vols lorsque le vestiaire cesse d'être surveillé, dans l'assurance de responsabilité professionnelle de l'exploitant d'un cabaret. • Civ. 1re, 15 avr. 1982, n° 81-11.131 P. ♦ Comp. : • Civ. 1re, 16 nov. 1982 : *D. 1984. IR 38, obs. Berr et Groutel.* ♦ ... Lorsque l'assureur invoque l'exclusion de « toutes activités de préconisation ou de commercialisation de produits mobiliers ou immobiliers sous le régime du bénéfice des lois de défiscalisation » dans l'assurance d'une société de conseil en gestion du patrimoine, l'assureur devant dans ce cas préciser de quelle loi de défiscalisation serait spécifiquement bénéficiaire le placement conseillé par l'assuré à son client. • Civ. 2e, 23 mai 2019, n° 18-15.568 : *RGDA juill. 2019. 38, note Pélissier.*

59. Preuve des conditions de fait d'une exclusion de garantie établie. N'inverse pas la charge de la preuve de l'exclusion une cour d'appel qui retient qu'une information pénale a confirmé l'existence d'un acte de terrorisme exclu. • Civ. 1re, 7 févr. 1989 : *Bull. civ. I, n° 59.*

60. Preuve non établie. Après avoir énoncé que, selon le contrat, l'assureur n'était tenu d'indemniser que les pannes brutales et aléatoires à l'exclusion de tous les incidents consécutifs à une usure normale, relevé que le véhicule était régulièrement suivi et entretenu, qu'il était normal que face à un brutal dysfonctionnement l'assuré demande la garantie de son assureur et retenu que, pour s'en exonérer, ce dernier devait prouver que c'est indiscutablement l'usure normale qui était la cause de la panne, que l'assureur avait opposé à l'assuré que la panne brutale était due à une usure et que, selon un expert mandaté par l'assureur, une telle usure ne se rencontre que pour des véhicules ayant parcouru au moins 100 000 km de plus, une juridiction de proximité a pu, par une appréciation souveraine des éléments de preuve produits aux débats et sans inversion de la charge de la preuve, juger établie la preuve par l'assuré de l'existence d'une panne brutale et aléatoire et considérer que l'assureur ne rapportait pas la preuve d'une cause d'exclusion. • Civ. 2e, 8 janv. 2009 : *RGDA 2009. 252, note Abravanel-Jolly.*

61. Charge de la preuve d'une exclusion de garantie et du lien de causalité avec le sinistre. Dès lors que, selon les conditions générales du contrat, ne sont pas garantis les accidents survenus alors que l'assuré conduisait sous l'empire d'un état alcoolique et que toutefois cette exclusion n'est pas applicable s'il est établi que le sinistre est sans relation avec cette infraction, la cour d'appel, qui a retenu que le contrat ne précisait pas qui, de l'assureur ou de l'assuré, devait rapporter la preuve de la seconde condition, a pu en déduire que l'assureur ne pouvait dénier sa garantie qu'à la condition d'établir, d'une part, l'existence de l'état alcoolique et, d'autre part, le lien de causalité entre cette imprégnation et l'accident. • Civ. 2e, 4 déc. 2008, n° 08-11.158 P : *D. 2009. AJ 98; ibid. Pan. 2715, obs. Vasseur; RGDA 2009. 157, note Landel; RCA 2009, n° 66, note Groutel.* ♦ Il incombe à l'assureur opposant aux ayants droit de l'assuré une clause excluant la garantie en cas de défaut de port de la ceinture de sécurité, sauf si les blessures sont sans rapport avec le non-port de la ceinture, de rapporter la preuve de la réunion des conditions de fait de celle-ci et donc de ce que le décès était en rapport avec le défaut de port de la ceinture. • Civ. 2e, 2 juill. 2015, n° 14-15.517 : *RCA 2015, n° 298, note Groutel ; RGDA 2015. 393, note Mayaux.* ♦ Il incombe aux juges de rechercher d'office si étaient abusives les clauses d'un contrat d'assurance prévoyant que sont exclus de la garantie les dommages occasionnés au véhicule assuré et les dommages corporels, s'il est établi que le conducteur se trouvait lors du sinistre sous l'empire d'un état alcoolique, sauf si l'assuré ou ses ayants droit prouvent que l'accident est sans relation avec cet état, alors qu'en vertu du droit commun, il appartient à l'assureur d'établir que l'accident était en relation avec l'état alcoolique du conducteur. • Civ. 1re, 12 mai 2016, n° 14-24.698 P : *RGDA 2016. 363, note Landel.*

62. *Charge de la preuve d'une condition de la garantie.* Inverse la charge de la preuve et viole l'art. 1315 C. civ. la cour d'appel qui, pour condamner l'assureur de l'entrepreneur à payer au maître de l'ouvrage une indemnité pour perte de loyers, énonce que l'assureur qui garantit, avant réception, les dommages résultant de l'effondrement n'invoque aucune clause excluant les dommages immatériels, alors qu'il appartient à celui qui réclame le bénéfice de l'assurance d'établir que sont réunies les conditions requises par la police pour mettre en jeu cette garantie. • Civ. 1re, 13 nov. 1996, n° 94-10.031 P : *RCA 1997, nos 66 et 70.*

63. *Secret médical.* L'assureur ne pouvant produire un document couvert par le secret médical intéressant le litige qu'à la condition que l'assuré ait renoncé au bénéfice de ce secret, il appartient au juge, en cas de difficulté, d'apprécier, au besoin après une mesure d'instruction, si l'opposition de l'assuré tend à faire respecter un intérêt légitime. • Civ. 2e, 2 juin 2005 : *RCA 2005, n° 269, obs. Groutel.*

3° OFFICE DU JUGE

64. *Recherche d'une exclusion de garantie.* A défaut par l'assureur de se prévaloir d'une exclusion de garantie qui aurait pu résulter de la police, les juges du fond ne sont pas tenus de rechercher d'office si une clause du contrat pouvait exclure la garantie de l'assureur. • Civ. 1re, 10 févr. 1981, n° 79-15.837 P. ♦ Modifie l'objet du litige, en violation de l'art. 4 C. pr. civ., la cour d'appel qui, pour exclure la garantie d'un assureur, se fonde sur une clause de la police qui n'était pas invoquée par celui-ci. • Civ. 1re, 20 juill. 1982, n° 81-14.312 P • 24 mars 1992 : *RCA 1992, n° 238* • Civ. 2e, 11 juin 2009, n° 08-17.758. ♦ Mais, viole l'art. 16 C. pr. civ., la cour d'appel qui fait application d'office d'une clause d'exclusion de garantie qui n'était pas invoquée par l'assureur, sans inviter préalablement les parties à présenter leurs observations sur la mise en œuvre d'une clause d'exclusion qui n'était pas dans le débat. • Civ. 2e, 13 juin 2019, n° 18-19.778 : *RGDA 2019. 52, note Schulz.*

65. *Validité d'une exclusion de garantie – Référé.* Le juge des référés ne peut accorder une provision que dans le cas où l'obligation n'est pas sérieusement contestable. Il ne peut, par suite, prononcer la nullité d'une clause d'exclusion de garantie et trancher ainsi une difficulté sérieuse portant sur l'étendue de la garantie de l'assureur. • Civ. 1re, 4 mars 1997, n° 94-21.710 P : *Gaz. Pal. 1997. 2. Somm. 535 ; RCA 1997, n° 246 ; ibid. 1998. Chron. 7, note Courtieu.*

66. *Validité d'une exclusion de garantie – Juges du fond.* Les juges du fond sont tenus de rechercher si les clauses d'exclusion sont valables au regard des dispositions de l'art. L. 113-1, lequel exige que les exclusions de garantie soient formelles et limitées. • Civ. 1re, 12 mai 1982, n° 81-11.554 P. ♦ ... Mais ils n'ont pas à faire cette recherche d'office. • Civ. 1re, 14 oct. 1997, n° 95-17.438.

67. *Validité d'une exclusion de garantie – Cassation.* Une partie est irrecevable à soulever pour la première fois devant la Cour de cassation un moyen, qui n'est pas de pur droit, tiré de ce qu'une clause d'exclusion de garantie, fût-elle reproduite dans la décision des juges du fond, ne serait pas formelle et limitée au sens de l'art. L. 113-1. • Civ. 1re, 23 juin 1998, n° 96-14.011 P : *RGDA 1998. 852, note Beauchard* • 9 févr. 1999 : *RCA 1999, n° 119* • 15 juin 2000 : *RCA 2000, n° 313* • Civ. 2e, 28 mai 2009, n° 08-14.198.

68. *Interprétation d'une exclusion de garantie.* Au sens de l'art. L. 113-1, une clause d'exclusion de garantie ne peut être formelle et limitée dès lors qu'elle doit être interprétée. • Civ. 1re, 22 mai 2001, n° 99-10.849 P : *D. 2001. 2778, note Beignier ; D. 2002. Somm. 2115, obs. Bonnard ; RCA 2001, n° 241 ; ibid., Chron. 17, note Groutel ; RGDA 2001. 944, note Kullmann.* ♦ Conf. : • Civ. 1re, 13 nov. 2002 : *RGDA 2003. 57, note Chardin* • 6 avr. 2004 : *RCA 2004, n° 243.* ♦ V. auparavant : les juges du fond doivent procéder à l'interprétation d'une clause contractuelle d'exclusion de garantie qui leur paraît obscure ou ambiguë. • Com. 4 juill. 1995 : *RGAT 1995. 866, note Favre-Rochex.* ♦ V. toutefois l'arrêt affirmant que c'est par une interprétation que les termes ambigus du contrat rendaient nécessaire qu'une cour d'appel a interprété dans le sens le plus favorable à l'assurée la clause d'exclusion de garantie litigieuse. • Civ. 2e, 18 nov. 2010, n° 09-71.247 : *RGDA 2011. 484, note Kullmann.* ♦ ... Ou l'arrêt affirmant que procédant de son pouvoir souverain d'interprétation des clauses du contrat, ce que leur ambiguïté rendait nécessaire, une cour d'appel a pu retenir, hors toute dénaturation, que la clause d'exclusion ne conduisait pas à vider le contrat d'assurance de son objet et de sa substance dès lors que demeuraient couverts les dégâts des eaux provenant des canalisations non souterraines. • Civ. 2e, 13 janv. 2012, n° 11-10.756 : *RGDA 2012. 814, note Pélissier.* ♦ ... Ou encore l'arrêt affirmant qu'ayant retenu que la clause, selon laquelle sont exclus de la garantie les « dommages résultant du retard ou de l'inexécution de l'engagement pris par l'assuré en matière de livraison de produits ou de réalisation de travaux », particulièrement vague, devait être interprétée de façon stricte, une cour d'appel a pu en déduire qu'elle ne pouvait s'appliquer à la livraison de produit de mauvaise qualité, sauf à vider de sa substance le contrat d'assurance. • Civ. 3e, 26 nov. 2014, n° 13-22.067 : *RGDA 2015. 33, note Pélissier.*

69. Application d'une exclusion de garantie. Dès lors qu'une clause exclut de la garantie les vols commis alors que les glaces d'un véhicule ne sont pas entièrement levées, sans distinguer selon que les marchandises sont volées dans le véhicule qui les transporte ou avec celui-ci, méconnaît le sens et la portée de cette clause la cour d'appel qui retient que l'exclusion de garantie concerne le vol de marchandises seules et non le vol de véhicule avec les marchandises. • Civ. 1re, 27 avr. 1994, n° 91-21.893 P : *RGAT 1994. 881, note Kullmann.*

70. Étendue de la garantie. Le juge a l'obligation, après avoir constaté l'existence d'une clause d'exclusion de garantie, de préciser, pour en admettre la mise en œuvre, l'étendue de la garantie subsistant après application de l'exclusion. • Civ. 1re, 9 mars 2004 : *RCA 2004, n° 197, obs. Groutel* • Civ. 3e, 8 juin 2010 : *RGDA 2010. 1024, note Périer* • 12 nov. 2014, n° 12-35.138 : *RCA 2015, n° 69 ; ibid. Repère 2, par Groutel.*

4° RENONCIATION DE L'ASSUREUR

71. Direction du procès. Le fait d'avoir dirigé la procédure suivie contre l'assuré jusqu'au jugement, en connaissance des circonstances qui excluaient la garantie et sans aviser l'assuré de ses réserves, valait renonciation de la part de l'assureur à se prévaloir de l'exception de non-garantie. • Civ. 1re, 22 nov. 1989, n° 88-13.897 P : *D. 1989. IR 311 ; RGAT 1990. 193, note Bout* • 15 oct. 1991, n° 90-13.064 P. ♦ C'est, en outre, à l'assureur de démontrer qu'il avait fait des réserves lorsqu'il avait assumé la direction du procès. • Civ. 1re, 15 oct. 1991, n° 90-13.868 P : *RGAT 1991. 850, note Maurice.* ♦ En revanche, une cour d'appel, qui a retenu qu'avant l'intervention d'un arrêt, un assureur n'avait pas été en mesure de savoir s'il pouvait dénier sa garantie, a pu déduire de cette circonstance que, en assurant, conformément aux clauses de la police, la direction du procès, cet assureur n'avait pas pour autant renoncé à se prévaloir d'un refus de garantie. • Civ. 1re, 12 nov. 1987, n° 86-11.900 P.

72. Expertise. Le fait pour l'assureur d'avoir organisé une expertise médicale peut, en l'absence de réserve, manifester sa volonté non équivoque de renoncer à se prévaloir de l'exclusion de garantie. • Civ. 1re, 7 juill. 1992 : *RCA 1992, n° 421.* ♦ De même, la participation d'un assureur à une expertise peut, en l'absence de réserve, impliquer une renonciation de sa part de se prévaloir des exclusions de garantie. • Civ. 1re, 13 juin 1979, n° 78-10.686 P. ♦ Toutefois, il a été jugé que le fait par un assureur, assigné en référé en désignation d'expert, de se présenter au cours des opérations d'expertise comme l'assureur de la responsabilité de son assuré, et, même en connaissance des circonstances pouvant justifier une limitation ou une exclusion de garantie, de ne pas invoquer une clause de la police limitant la garantie aux dommages résultant d'un accident, ne manifeste pas sans équivoque la volonté de cet assureur de renoncer à se prévaloir de ladite clause devant les juges du fond. • Civ. 1re, 7 juin 1979, n° 78-12.155 P : *D. 1980. IR 178, obs. Berr et Groutel.* ♦ Ainsi, le fait d'assister son client sans réserve à une expertise et même de déposer des dires n'implique pas que l'assureur accepte une garantie allant au-delà des stipulations de la police. • Civ. 1re, 13 nov. 1990 : *RCA 1991, n° 32.* ♦ De même, la simple participation d'un représentant de l'assureur aux travaux d'un expert désigné par l'assuré ne peut valoir renonciation de cet assureur à se prévaloir d'une exclusion de garantie devant le juge. • Civ. 1re, 21 mars 1995 : *RGAT 1995. 365.* ♦ V. aussi note 94.

73. Paiement de l'indemnité. Il appartient à l'assureur qui a payé sans réserve l'indemnité d'assurance de prouver que ce paiement est intervenu dans l'ignorance des circonstances qui excluaient la garantie. • Civ. 1re, 25 nov. 1997, n° 95-21.078 P : *RCA 1998, n° 70, note Groutel ; RGDA 1998. 66, note Mayaux.* ♦ Mais le seul fait d'exécuter sans réserve une décision de justice exécutoire ne vaut pas acquiescement. Il en résulte qu'en indemnisant directement les tiers lésés, en exécution d'une ordonnance de référé, l'assureur n'avait pas renoncé à se prévaloir envers ceux-ci des exceptions qu'il aurait pu éventuellement opposer à son propre assuré. • Civ. 1re, 1er déc. 1998 : *RGDA 1999. 235.*

5° OPPOSABILITÉ DE L'EXCLUSION

74. V. aussi ss. art. L. 112-6.

75. Mandat. Est opposable à l'assuré la clause d'exclusion de garantie rédigée dans une annexe à la police d'assurance négociée par un courtier pour le compte de cet assuré. • Civ. 1re, 9 mai 1996 : *RGDA 1996. 592, note Kullmann.*

II. FAUTE INTENTIONNELLE OU DOLOSIVE

76. Exclusion contractuelle définissant l'exclusion légale. La faute intentionnelle implique la volonté de créer le dommage tel qu'il est survenu et n'exclut de la garantie due par l'assureur à l'assuré, condamné pénalement, que le dommage que cet assuré a recherché en commettant l'infraction. Il en résulte que, pour exclure sa garantie en se fondant sur une clause d'exclusion visant les dommages causés ou provoqués intentionnellement par l'assuré, l'assureur doit prouver que l'assuré a eu la volonté de créer le dommage tel qu'il est survenu. • Civ. 2e, 16 sept. 2021, n° 19-25.678 :

D. actu. 29 sept. 2021, note R. Bigot et Cayol ; RCA 2021, n° 218, note Coyault ; JCP 2021. 1227, note Beignier. ♦ Prive sa décision de base légale au regard de l'art. L. 113-1 C. assur. la cour d'appel qui se borne à relever qu'en application de la clause d'exclusion de garantie le contrat d'assurance avait perdu son caractère aléatoire, sans rechercher si l'assuré avait eu la volonté de causer le dommage tel qu'il est survenu. • Com. 20 nov. 2012, n° 11-27.033 : *RGDA 2013. 62, note Kullmann ; RCA 2013, n° 36, note Groutel.* ♦ V. également : • Civ. 2e, 8 mars 2018, n° 17-15.143 : *BJDA 2018, n° 56, note Abravanel-Jolly.* ♦ Rappr. : La clause stipulant qu'« outre les exclusions spécifiques évoquées dans chacune des garanties, sont toujours exclus au titre de ce contrat les dommages de toute nature causés ou provoqués intentionnellement par l'assuré ou avec sa complicité » ne peut être considérée ni comme formelle ni comme limitée, à défaut de se référer à des circonstances définies avec précision de façon à permettre à l'assuré de connaître exactement l'étendue de la garantie. La clause d'exclusion de garantie, nécessitant d'être interprétée, ne peut recevoir application. • Civ. 2e, 12 juin 2014, n° 13-15.836 : *RCA 2014, n° 321, note Groutel ; ibid. 2015, Chron. 1, n° 29, note Groutel.* ♦ Dans le même sens : • Civ. 2e, 20 janv. 2022, n° 20-10.529. ♦ N'est ni formelle ni limitée, car ambigüe, la clause excluant de la garantie les dommages causés intentionnellement ou provoqués directement, ou avec complicité, par l'assuré. • Civ. 2e, 20 janv. 2022, n° 20-13.245. ♦ *Contra* : Une clause du contrat d'assurance stipulant que « sont toujours exclus, au titre de ce contrat, les dommages de toute nature causés ou provoqués intentionnellement par l'assuré ou avec sa complicité », une cour d'appel a pu décider hors de toute dénaturation que les dommages par incendie intentionnellement déclenché par l'assuré, qu'ils aient été voulus par leur auteur qui les a ainsi causés, ou qu'ils soient la conséquence involontaire pour leur auteur qui les a ainsi provoqués, étaient dans les termes clairs et précis d'une clause formelle et limitée, exclue de la garantie de l'assureur, dont l'étendue avait été librement arrêtée par les parties dans le respect des dispositions légales. • Civ. 2e, 18 oct. 2012 : *RGDA 2013. 62, note Kullmann.* ♦ En se fondant exclusivement sur l'art. L. 113-1 C. assur., alors que l'assureur faisait valoir, dans ses conclusions d'appel, que les conditions générales particulières de la police précisaient que le contrat d'assurance ne garantissait pas, indépendamment des exclusions, énumérées précédemment, les dommages ou leur aggravation intentionnellement causés ou provoqués par les personnes ayant la qualité d'assuré ou avec leur complicité, une cour d'appel a dénaturé les termes de ces écritures et violé en conséquence les art. 4 et 5 C. pr. pén. • Civ. 2e, 30 avr. 2014 : *RGDA 2014. 329, note Schulz.*

77. Exclusion contractuelle élargissant l'exclusion légale. Une cour d'appel ayant souverainement retenu qu'il ne résultait d'aucun des documents produits et notamment du rapport de l'expert que l'assuré a volontairement créé le dommage tel qu'il est survenu et que celui-ci a pour origine une faute intentionnelle et dolosive de sa part, la discussion relative au caractère alternatif ou cumulatif des fautes intentionnelles et frauduleuses est inopérante. • Civ. 2e, 16 janv. 2014, n° 12-27.484 : *RGDA 2014. 147, note Mayaux ; D. 2015. 1237, note Bacache.*

A. NOTION

1° FAUTE INTENTIONNELLE SUBJECTIVE

78. Geste volontaire et volonté du dommage. La faute intentionnelle, au sens de l'art. L. 113-1, al. 2, C. assur., suppose que l'assuré a voulu non seulement l'action ou l'omission génératrice du dommage, mais encore le dommage lui-même. • Civ 1re, 2 févr. 1994, n° 92-10.844 P. ♦ L'art. L. 113-1 ne peut recevoir application que si l'auteur a voulu non seulement l'action génératrice du dommage, mais également l'intégralité du dommage causé. • Civ. 2e, 9 juill. 1997 : *RCA 1997, n° 353 ; RGDA 1998. 64, note Vincent.* ♦ ... Tel qu'il s'est réalisé. • Civ. 2e, 23 sept. 2004, n° 03-14.389 P : *D. 2005. Somm. 1324, obs. Groutel ; RCA 2004, n° 389, obs. Groutel* • Civ. 3e, 9 nov. 2005, n° 04-11.856 P : *D. 2006. Pan. 1784, obs. Groutel ; RCA 2005, n° 370 (3e esp.), obs. Groutel ; RGDA 2006. 632 (1re esp.), note Kullmann* • 29 janv. 2008 : *RGDA 2008. 378, note Karila et Charbonneau* • Civ. 2e, 20 mars 2008 : *RGDA 2008. 326, note Kullmann* • 18 févr. 2010 : *RCA 2010, nos 113 et 137, note Groutel* • 1er juill. 2010, n° 09-14.884 P : *RCA 2010, n° 263, note Groutel ; RGDA 2010. 684 (3e esp.), note Kullmann* • 1er juill. 2010, n° 09-10.590 P : *RCA 2010, nos 263 et 266, note Groutel ; D. 2010. AJ 1869 ; ibid. 2102, chron. Sommer, Leroy-Gissinger, Adida-Canac et Grignon-Dumoulin ; RGDA 2010. 684 (2e esp.), note Kullmann* • 28 avr. 2011 : *RCA 2011, n° 306* • Civ. 1re, 9 juin 2011 : *RGDA 2011. 954 (2e esp.), note Bigot ; RCA 2011, n° 341* • Civ. 2e, 16 juin 2011 : *RGDA 2011. 954 (3e esp.), note Bigot ; RCA 2011, n° 340, note Groutel* • 30 juin 2011 : *RGDA 2011. 954 (1re esp.), note Bigot ; RCA 2012, n° 256 ; ibid. Étude 6, note Groutel* • 11 juill. 2012 : *RCA 2012, n° 286, note Groutel ; RGDA 2013. 56, note Karila* • 18 oct. 2012 : *RGDA 2013. 56, note J.-P. Karila ; RCA 2013, n° 36, note Groutel.* • 20 nov. 2012 : *RGDA 2013. 56, note J.-P. Karila ; RCA 20123, n° 36, note Groutel* • 12 juin 2014 : *RGDA 2014. 496, note Kullmann ; RCA 2014, n° 321, note Groutel ; ibid. 2015. Chron. 1, n° 29, note Groutel* • 12 juin 2014, n° 13-18.844 : *RCA 2014, n° 321, note Groutel ; ibid. 2015. Chron. 1, n° 29, note Groutel* • Civ. 3e, 1er juill. 2015, n° 14-19.826 : *RCA 2015, n° 304, note Groutel ; RDI 2015. 425, obs. Noguéro* • Civ. 3e, 1er juill. 2015, n° 14-11.971 : *RCA 2015, n° 304, note Groutel ; RDI 2015. 425, obs. Noguéro* • Civ. 3e, 13 juill. 2016, n° 15-20.512 : *RCA 2016, n° 324, note Groutel ;*

RGDA 2016. 410, note Dessuet; JCP E 2017. Chron. 1265, n° 9, note Asselain. ♦ ... Et pas seulement d'en créer le risque. • Civ. 2e, 18 oct. 2012 : *préc.* • Civ. 1re, 10 avr. 1996, n° 93-14.571 P : *RCA 1996, n° 236; RGDA 1996. 717, note Kullmann.* ♦ Viole donc l'art. L. 113-1, al. 2, C. assur., la cour d'appel qui a déduit la faute intentionnelle de l'assuré de sa conscience de ce que le risque assuré se produirait tel qu'il est survenu et qu'il doit par conséquent être considéré comme ayant voulu le dommage. • Civ. 2e, 28 mars 2019, n° 18-15.829 : *RCA 2019, n° 175, note Groutel; RGDA mai 2019. 13, note Pimbert.* ♦ Ainsi la violation délibérée d'une règle d'urbanisme dont l'assuré a parfaite connaissance, à l'origine d'un dommage, ne suffit pas à faire perdre tout caractère incertain à la survenance du dommage devenu inéluctable, faute de constater la volonté de créer le dommage tel qu'il est survenu. • Civ. 3e, 11 juill. 2012 : *RDI 2012. 571, obs. Garcia; RCA 2012, n° 286, note Groutel; RGDA 2013. 56, note Karila.* ♦ De même, le fait que l'assuré ait volontairement poussée la victime vers l'escalier d'un immeuble ne suffit pas à caractériser une faute intentionnelle au sens de l'art. L. 113-1, al. 2, C. assur., laquelle implique la volonté de causer le dommage tel qu'il est survenu. • Civ. 2e, 6 févr. 2014 : *RCA 2014, n° 174, note Groutel; RGDA 2014. 214, note Asselain; D. 2015. 1237, note Bacache.*

79. Faute intentionnelle et faute lourde. La prohibition d'assurance en cas de faute intentionnelle ou dolosive ne peut être étendue à la faute lourde. • Civ. 1re, 24 janv. 1966 : *Bull. civ. I, n° 51.* ♦ Il ne suffit pas que l'assuré ait voulu commettre une faute lourde ou qu'il ait eu conscience d'en commettre une s'il a ainsi seulement augmenté la probabilité de réalisation du dommage sans le rendre certain par une volonté de le provoquer. • Civ. 1re, 12 juin 1974, n° 73-12.882 P.

80. Faute intentionnelle et faute d'imprudence. Une imprudence caractérisée ne constitue pas une faute intentionnelle ou dolosive, laquelle implique que l'assuré a voulu non seulement l'action ou l'omission génératrice du dommage, mais encore le dommage lui-même; par suite, encourt la cassation l'arrêt qui exclut la garantie de l'assureur pour un vol commis dans les locaux de l'assuré, à l'aide de clefs qui lui avaient été précédemment dérobées, au motif que l'assuré, en négligeant de faire remplacer les serrures, n'avait pas exécuté le contrat d'assurance en bon père de famille. • Civ. 1re, 24 mars 1987, n° 85-14.224 P.

2° FAUTE INTENTIONNELLE OBJECTIVE

81. Geste volontaire impliquant la volonté du dommage. Justifie sa décision au regard de l'art. L. 113-1 la cour d'appel qui constate que des notaires avaient caché aux prêteurs, de propos délibéré, l'existence du privilège du vendeur sur le terrain où s'édifiait l'ensemble immobilier, qu'ils savaient que les emprunts ne serviraient pas à payer le vendeur et que le privilège serait maintenu, avec, pour conséquence inéluctable, la perte partielle des garanties consenties aux prêteurs et l'impossibilité, pour ces derniers, d'obtenir le remboursement de la totalité des prêts, ce dont il résultait la volonté des notaires de créer, non pas seulement un risque de dommage, mais le dommage lui-même, tel qu'il s'est réalisé effectivement. • Civ. 1re, 3 janv. 1991 : *RCA 1991, n° 124.* ♦ De même, après avoir constaté qu'en attribuant un marché à une société de construction, une société d'autoroutes avait délibérément violé les règles qu'elle avait elle-même posées concernant la recevabilité des offres et que ce faisant elle avait non seulement pris le risque de créer un dommage à une autre société de construction, mais en avait créé un, ce dont elle ne pouvait pas ne pas être consciente, caractérisant la faute intentionnelle de l'assuré et la disparition de tout aléa, une cour d'appel a exactement déduit que l'assureur était déchargé de son obligation de garantie. • Civ. 2e, 22 sept. 2005 : *D. 2006. Pan. 1786, obs. Groutel; RCA 2005, n° 370 (1re esp.), obs. Groutel; RGDA 2005. 907, note Kullmann; JCP 2006. I. 135, n° 1, obs. Kullmann.* ♦ De même, en relevant que la condamnation pénale de l'assuré pour complicité de présentation de comptes non sincères établit son intention de causer un préjudice à autrui, la présentation de comptes étant destinée à informer les personnes intéressées, une cour d'appel a, à bon droit, décidé que l'assureur ne saurait être tenu à garantir une faute intentionnelle. • Com. 27 sept. 2005 : *D. 2006. Pan. 1784, obs. Groutel; RCA 2005, n° 370 (2e esp.), obs. Groutel.* ♦ De même, il a été jugé que la faute d'un avocat, ayant consisté à remettre avec retard les fonds versés par des adjudicataires entre ses mains en vue d'être consignés, n'était pas garantie par l'assureur car le retard avait généré un préjudice certain et l'avocat avait parfaite connaissance et conscience du danger qu'il causait, dès lors que, en tant qu'avocat spécialisé depuis des années dans les ventes judiciaires, adjudications et procédures d'ordre, il savait que ce retard ou cette omission de consignation des fonds qui lui avaient été remis faisaient courir au préjudice des adjudicataires des intérêts de retard. Ces constatations et énonciations impliquaient que l'avocat avait eu l'intention de causer le dommage tel qu'il est survenu. • Civ. 2e, 24 mai 2006 : *RGDA 2006. 632 (4e esp.), note Kullmann.* ♦ De même, n'a pas tiré les conséquences légales de ses constatations la cour d'appel qui a écarté l'exclusion de garantie pour faute intentionnelle ou dolosive de l'administrateur judiciaire d'une société, alors qu'elle avait relevé que ce dernier avait volontairement présenté de façon erronée et tardive le plan de continuation émané de la société, qu'il était intervenu de façon délibérée afin que ce plan de continuation ne soit pas comparé avec l'offre de reprise d'une autre société, laquelle avait été arbitrairement privilégiée, ce dont il résultait que l'administrateur judiciaire, professionnel ayant pour mission légale de veiller à la sauvegarde de l'entreprise, avait voulu que le plan de continuation ne soit pas adopté. • Civ. 2e, 16 oct. 2008 : *RGDA 2008. 912 (2e esp.), note Kullmann.*

3° FAUTE DOLOSIVE

82. *Autonomie de la faute dolosive. – Deuxième chambre civile.* La faute intentionnelle et la faute dolosive, au sens de l'art. L. 113-1 C. assur., sont autonomes, chacune justifiant l'exclusion de garantie dès lors qu'elle fait perdre à l'opération d'assurance son caractère aléatoire. • Civ. 2e, 20 mai 2020, nº 19-11.538 : *JCP 2020. 950, note Mayaux; RGDA sept. 2020. 7, note Kullmann; bjda.fr 2020, nº 70, note Abravanel-Jolly; RCA 2020, nº 178, note Bakouche; RCA 2022, chron. 4, nº 22, note Groutel.* ♦ Il résulte de l'art. L. 113-1 C. assur. que la faute dolosive, autonome de la faute intentionnelle, justifiant l'exclusion de la garantie de l'assureur dès lors qu'elle fait perdre à l'opération d'assurance son caractère aléatoire, suppose un acte délibéré de l'assuré qui ne pouvait ignorer qu'il conduirait à la réalisation inéluctable du dommage. • Civ. 2e, 10 nov. 2021, nº 19-12.659 : *RGDA déc. 2021. 25, note Mayaux.* ♦ La faute dolosive s'entend d'un acte délibéré de l'assuré commis avec la conscience du caractère inéluctable de ses conséquences dommageables. • Civ. 2e, 20 janv. 2022, nº 20-13.245. ♦ *Contra,* précédemment : la faute intentionnelle ou dolosive qui exclut la garantie de l'assureur implique que l'assuré a voulu non seulement l'action ou l'omission génératrice du dommage mais encore le dommage lui-même. • Civ. 1re, 28 avr. 1993, nº 90-16.363 : *RGAT 1994. 234, note Rémy.*

83. *Interrogations sur l'autonomie de la faute dolosive. – Troisième chambre civile.* Ayant souverainement retenu qu'il ne résultait pas des pièces produites que l'architecte avait eu la volonté de créer le dommage tel qu'il s'était produit, notamment l'arrêt des travaux et la privation définitive de la propriété du bien en l'absence de possibilité de régularisation du permis, une cour d'appel en a exactement déduit l'absence de faute dolosive. • Civ. 3e, 29 juin 2017, nº 16-14.264 : *RDC 2017. 633, note Leduc; RDI 2017. 485, note Noguéro.* ♦ Ayant relevé que s'il était établi que, pour les deux bâtiments, l'établissement des deux attestations hors d'eau était faux et prématuré, le maître d'œuvre avait, nonobstant ces fautes, agi, pour le bâtiment école, afin de s'assurer de la pérennité de la bâche posée sur la zone de la verrière et dans la mise en place d'une structure charpente provisoire pour garantir le hors d'eau du bâtiment par tout temps et que cet élément démentait sa volonté de causer le dommage tel qu'il est survenu, une cour d'appel a pu refuser de qualifier l'émission des attestations de travaux litigieuses de fautes intentionnelles ou dolosives exclusives de garantie au sens de l'art. L. 113-1 C. assur. • Civ. 3e, 5 déc. 2019, nº 18-22.915 : *RGDA janv. 2020. 62, note Kullmann.* ♦ Comp. : Ayant retenu que l'assuré s'était volontairement placé dans une situation dont il ne pouvait ignorer qu'elle conduirait inéluctablement au dommage, une cour d'appel a pu en déduire que l'assureur de responsabilité était fondé à se prévaloir de la faute dolosive de son assuré pour ne pas répondre des pertes et dommages subis par la victime. • Civ. 3e, 29 juin 2017, nº 16-18.842 : *RDC 2017. 633, note Leduc; RDI 2017. 485, note Noguéro.* ♦ Ayant fait ressortir le caractère délibéré du manquement de l'architecte à ses obligations et retenu que la démolition des travaux réalisés était la conséquence de l'illégalité de ceux-ci, elle a pu en déduire, sans retenir la faute intentionnelle du maître d'œuvre, qu'un tel comportement avait supprimé l'aléa inhérent au contrat d'assurance et rejeter, en conséquence, les demandes en garantie dirigées contre l'assureur. • Civ. 3e, 10 juin 2021, nº 20-10.774 : *RGDA juill. 2021. 23, note Pélissier; RCA 2021, nº 163, note Bertolaso; RDI 2021. 433, note Charbonneau; RDC déc. 2021. 42, note F. Leduc.*

84. *Manquement délibéré.* Ayant, dans l'exercice de son pouvoir souverain, retenu que l'assuré n'avait pas délibérément manqué à ses obligations, une cour d'appel en a justement déduit l'absence de faute dolosive. • Civ. 2e, 4 févr. 2016, nº 15-10.363 : *RGDA 2016. 162, note Pélissier.*

85. *Portée sur l'aléa contractuel.* Ayant souverainement retenu qu'une société s'était volontairement abstenue d'exécuter les travaux conformément aux prévisions contractuelles et avait délibérément violé par dissimulation ou par fraude ses obligations contractuelles, sans ignorer que des désordres allaient apparaître très rapidement, une cour d'appel a pu en déduire que ces manquements délibérés constituaient une faute dolosive ayant pour effet de retirer aux contrats d'assurance leur caractère aléatoire. • Civ. 3e, 7 oct. 2008 : *RGDA 2008. 912 (1re esp.), note Kullmann; RCA 2009. Étude 6, note Asselain.* ♦ Une cour d'appel a pu déduire que l'assureur ne caractérisait ni une faute intentionnelle ni une faute dolosive en constatant, d'une part, que l'assuré n'avait pas eu la volonté de créer les dommages tels qu'ils étaient survenus et, d'autre part, que l'appréciation inexacte faite par l'assuré de la cause des pannes répétées et l'absence de remèdes appropriés apportés à ces dommages successifs, malgré les recommandations de l'expert, n'avaient pas fait disparaître tout aléa du seul fait de la volonté de l'assuré. • Civ. 2e, 28 févr. 2013, nº 12-12.813 P : *RGDA 2013. 586, note Pélissier; RCA 2013, nº 197, note Bakouche.* ♦ Ayant dans l'exercice de son pouvoir souverain, retenu que la négligence inacceptable de l'assuré, qui s'était abstenu d'exercer son devoir de conseil à l'égard de ses clients, avait été commise avec la simple conscience qu'il faisait courir un risque à ceux-ci, une cour d'appel, qui a ainsi exclu le caractère intentionnel ou dolosif du manquement, en a justement déduit que l'assureur était tenu de garantir les conséquences de la responsabilité civile de son assuré. • Civ. 2e, 12 janv. 2017, nº 16-10.042 :

RGDA 2017. 169, note Mayaux. ♦ Ayant relevé que les expertises diligentées avant et après l'effondrement d'une grange avaient constaté la gravité des désordres affectant la grange en sa partie appartenant à l'assuré et qu'en dépit de cette gravité apparente et de trois lettres de mise en garde que les propriétaires de l'autre partie de la grange lui avaient adressées pour attirer son attention sur l'urgence de faire procéder à des réparations, celui-ci, qui ne pouvait ignorer qu'en l'absence de travaux de consolidation, la couverture de sa partie de grange était vouée à un effondrement certain à brève échéance, était demeuré sans réaction, une cour d'appel, qui, dans l'exercice de son pouvoir souverain, a retenu que la persistance de l'assuré dans sa décision de ne pas entretenir la couverture de son immeuble manifestait son choix délibéré d'attendre l'effondrement de celle-ci, a pu en déduire qu'un tel choix, qui avait pour effet de rendre inéluctable la réalisation du dommage et de faire disparaître l'aléa attaché à la couverture du risque, constituait une faute dolosive excluant la garantie de l'assureur et a légalement justifié sa décision. • Civ. 2e, 25 oct. 2018, n° 16-23.103 : *RCA 2019, n° 32, et repère 1 par Groutel.* ♦ Comp. : une cour d'appel a pu retenir que l'assuré avait volontairement tenté de franchir le cours d'une rivière avec un véhicule non adapté à cet usage et qu'il avait ainsi commis une faute dolosive excluant la garantie de l'assureur. • Civ. 2e, 12 sept. 2013 : *D. 2014. 571, note Lazerges-Cousquer et Touati ; RCA 2013, n° 369 ; ibid. Étude 88, note Bakouche ; RDC 2014. 184, note Viney ; ibid. 239, note Leduc ; JCP 2014. 383, note Pélissier.*

86. Conscience du caractère inéluctable du dommage. Ayant relevé, dans l'exercice de son pouvoir souverain d'appréciation de la valeur et de la portée des éléments de preuve, qu'en se jetant sous le train qui arrivait en gare, l'intention de l'assuré était de mettre fin à ses jours et que rien ne permettait de conclure qu'il avait conscience des conséquences dommageables de son acte pour la SNCF, ce dont il se déduisait que l'assurance n'avait pas perdu tout caractère aléatoire, une cour d'appel, qui a caractérisé l'absence de faute dolosive, a, par ces seuls motifs, légalement justifié sa décision. • Civ. 2e, 20 mai 2020, n° 19-14.306 : *JCP 2020. 950, note Mayaux ; RGDA sept. 2020. 7, note Kullmann ; BJDA 2020, n° 69, note Perdrix ; RCA 2020, n° 178, note Bakouche ; RCA 2022, chron. 4, n° 22, note Groutel.* ♦ Ayant retenu que les moyens employés par l'assuré, en installant une cuisinière à gaz et deux bouteilles de gaz dans le séjour, « dépassaient très largement ce qui était nécessaire pour uniquement se suicider » et témoignaient de la volonté de provoquer une forte explosion et que si l'incendie n'avait pas pour motivation principale la destruction de matériels ou de tout ou partie de l'immeuble, celle-ci était inévitable et ne pouvait pas être ignorée de l'incendiaire, même s'il était difficile d'en apprécier l'importance réelle et définitive, une cour d'appel a pu déduire que l'assuré avait commis une faute dolosive excluant la garantie de son assureur. • Civ. 2e, 20 mai 2020, n° 19-11.538 : *JCP 2020. 950, note Mayaux ; RGDA sept. 2020. 7, note Kullmann ; BJDA 2020, n° 70, note Abravanel-Jolly ; RCA 2020, n° 178, note Bakouche ; RCA 2022, chron. 4, n° 22, note Groutel.* ♦ Prive sa décision de base légale, la cour d'appel qui écarte la garantie de l'assureur en raison de la faute dolosive exclusive d'aléa de l'assuré, conseiller en investissement, sans rechercher si une telle faute découlait d'un manquement délibéré de l'assuré à ses obligations envers l'investisseur et de la conscience qu'il avait de la réalisation inéluctable du dommage en raison de l'inéligibilité à la défiscalisation des stations autonomes d'éclairage. • Civ. 2e, 10 nov. 2021, n° 19-12.659 : *RGDA déc. 2021. 25, note Mayaux.* ♦ Prive sa décision de base légale la cour d'appel qui, pour débouter la SNCF de ses demandes, énonce que les dommages dont celle-ci réclame réparation ont été provoqués par la décision de l'assurée de mettre fin à ses jours en se jetant sur les voies de chemin de fer et que ce choix délibéré a eu pour effet de rendre inéluctable la réalisation du dommage et de faire disparaître l'aléa attaché à la couverture du risque assuré, sans caractériser la conscience que l'assurée avait du caractère inéluctable des conséquences dommageables de son geste. • Civ. 2e, 20 janv. 2022, n° 20-13.245.

B. APPRÉCIATION

1° MODALITÉS

87. Pouvoir souverain des juges du fond. L'appréciation par les juges du fond du caractère intentionnel d'une faute qui, au sens de l'art. L. 113-1, al. 2, implique la volonté de son auteur de créer le dommage tel qu'il est survenu, est souveraine et échappe au contrôle de la Cour de cassation. • Civ. 2e, 18 mars 2004, n° 03-11.573 P : *D. 2004. IR 1065, et les obs. ; ibid. 2324, note Beignier ; Gaz. Pal. 2004. 2469, note Favre-Rochex ; RCA 2004, n° 240 (1re esp.), obs. Groutel ; RGDA 2004. 364, note Landel* • 20 mars 2008 : *RGDA 2008. 326, note Kullmann.* ♦ Toutefois, ne donne pas de base légale à sa décision, au regard des art. L. 113-1 C. assur. et 1134 C. civ., la cour d'appel qui se détermine par des motifs dont il ne résulte pas que le souscripteur de l'assurance ait eu la volonté de commettre le dommage tel qu'il est survenu. • Civ. 2e, 24 mai 2006 : *RCA 2006, n° 319, note Groutel ; RGDA 2006. 632 (3e esp.), note Kullmann.* ♦ V., antérieurement affirmant que l'appréciation par les juges du fond du caractère intentionnel d'une faute, au sens de l'art. L. 113-1, al. 2, est souveraine et échappe au contrôle de la Cour de cassation. • Civ. 1re, 4 juill. 2000 : *RCA 2000, n° 348 ; ibid. Chron. 24, note Groutel ; RGDA 2000. 1055, note Kullmann* • Civ. 3e, 9 janv. 2002, n° 00-14.002 P : *RCA 2002, n° 158 (2e esp.), note Groutel ; ibid. Chron. 10, note*

Courtieu; RGDA 2002. 66, note Kullmann; JCP 2002. I. 116, note Kullmann.

88. *Influence d'un placement sous contrôle judiciaire.* Le seul placement sous contrôle judiciaire de l'assuré à la suite de sa mise en examen, fût-ce pour des infractions intentionnelles, ne permet pas de tenir pour établie une faute intentionnelle ou dolosive de celui-ci. • Civ. 2e, 22 oct. 2015, no 14-25.494 P : *RGDA 2015. 552, note Asselain; RCA 2016, no 28, note Groutel.*

89. *Influence d'une condamnation pénale.* La faute intentionnelle au sens de l'art. L. 113-1 n'exclut de la garantie due par l'assureur à l'assuré, condamné pénalement, que le dommage que cet assuré a recherché en commettant l'infraction. Dès lors, une cour d'appel, après avoir souverainement apprécié, au vu du dossier pénal, que les auteurs n'avaient pas délibérément recherché les conséquences dommageables effectivement survenues a, sans méconnaître le principe de l'autorité de la chose jugée au pénal sur le civil, exactement décidé que les assureurs étaient tenus à garantie. • Civ. 1re, 27 mai 2003, no 01-10.478 P : *Gaz. Pal. 2004. 495, note Favre-Rochex; RCA 2003, no 282, obs. Groutel; RGDA 2003. 464, note Kullmann* • Civ. 2e, 12 juin 2014 : *RGDA 2014. 496, note Kullmann; RCA 2014, no 321, note Groutel; ibid. 2015. Chron. 1, no 29, note Groutel* • Civ. 2e, 8 mars 2018, no 17-15.143 : *RCA 2018, no 208.* ♦ ... Et en retenant que la faute génératrice du dommage causé à l'immeuble avait été définitivement reconnue comme intentionnelle par une décision dont l'autorité s'imposait à la juridiction civile, une cour d'appel a violé l'art. L. 113-1, al. 2. • Civ. 1re, 6 avr. 2004, no 01-03.494 P : *RCA 2004, nos 240 (2e esp.) et 241, obs. Groutel; ibid. 2022, chron. 4, no 21, note Groutel.* ♦ La faute intentionnelle au sens de l'art. L. 113-1, al. 2, qui implique la volonté de causer le dommage tel qu'il est survenu, n'exclut de la garantie due par l'assureur à l'assuré, condamné pénalement, que le dommage que cet assuré a recherché en commettant l'infraction. • Civ. 1re, 9 juin 2011 : *RGDA 2011. 954 (2e esp.), note Bigot* • Civ. 2e, 16 janv. 2020, no 18-18.909 : *RCA 2020, no 95, note Groutel.* ♦ La faute intentionnelle implique la volonté de créer le dommage tel qu'il est survenu et n'exclut de la garantie due par l'assureur à l'assuré, condamné pénalement, que le dommage que cet assuré a recherché en commettant l'infraction. • Civ. 2e, 16 sept. 2021, no 19-25.678 : *D. actu. 29 sept. 2021, note Bigot et Cayol; RCA 2021, no 218, note Coyault; JCP 2021. 1227, note Beignier.* ♦ V. auparavant : une cour d'appel ne peut, pour mettre l'assureur hors de cause, retenir que l'assuré a été condamné pour coups et blessures volontaires par la juridiction pénale et que de tels actes impliquent la volonté et la conscience de provoquer le dommage, sans rechercher, dans des circonstances ou éléments extrinsèques à cette déclaration de culpabilité, si l'assuré avait voulu occasionner le dommage et en avait envisagé consciemment la réalisation. • Civ. 1re, 22 juill. 1985, no 84-10.087 P : *D. 1987. Somm. 37, obs. Groutel.* ♦ De même, l'arrêt qui relève qu'une précédente décision, ayant prononcé une condamnation pénale, a irrévocablement jugé qu'un incapable majeur avait volontairement provoqué un incendie et qui estime en outre, dans l'exercice de son pouvoir souverain d'appréciation, que celui-ci avait également voulu la réalisation du dommage, caractérise la faute intentionnelle de l'assuré exclusive de la garantie de l'assureur. • Civ. 1re, 6 déc. 1994, no 91-12.569 P : *RCA 1995, no 63; RGAT 1995. 41, note Rémy.* ♦ Mais, affirmant que la décision irrévocable condamnant l'assuré à des sanctions pénales pour incendie volontaire de l'immeuble caractérise une faute intentionnelle au sens de l'art. L. 113-1. • Civ. 1re, 3 janv. 1996 : *RCA 1996, no 143; ibid. Chron. 17, par Groutel* • 9 juill. 1996 : *RGDA 1996. 882, note Maurice* • 23 juin 1998 : *RGDA 1998. 689, note Fortis.*

90. *Influence d'une ordonnance de non-lieu.* Dans l'appréciation du caractère intentionnel ou non de l'incendie des biens de l'assuré, il est impossible de faire abstraction d'une ordonnance de non-lieu, même si elle n'a pas l'autorité de la chose jugée. • Civ. 1re, 15 janv. 1991 : *RCA 1991, no 153.* ♦ Mais, l'ordonnance de non-lieu dont a bénéficié l'assuré n'interdit nullement à l'assureur de discuter de la faute intentionnelle éventuellement commise par celui-ci. • Civ. 2e, 18 janv. 2006 : *RCA 2006, no 151.*

2o ILLUSTRATIONS

91. *Faits intentionnels non établis.* Ne constitue pas un fait intentionnel le fait de laisser un bateau de plaisance amarré plusieurs semaines sans surveillance à l'extérieur d'un port dans un endroit non protégé des intempéries. • Civ. 1re, 13 nov. 1990 : *RCA 1991, no 27.* ♦ ... L'explosion qui a endommagé un immeuble et provenait d'un autre immeuble voisin que son propriétaire avait incendié volontairement, l'assureur de la responsabilité de ce dernier devant prendre en charge les conséquences de ladite explosion. • Civ. 1re, 13 nov. 1990 : *RCA 1991, no 28; RGAT 1991. 53, note Maurice.* ♦ V. dans le même sens : • Civ. 1re, 11 déc. 1990 : *RCA 1991, no 68.* ♦ V. égal., au sujet d'un incendie qui, mis à l'origine à la porte d'un appartement, s'est étendu à la cage d'escalier : • Civ. 1re, 29 oct. 1985, no 84-14.039 P : *D. 1987. Somm. 35, obs. Groutel.* ♦ ... De l'incendie d'un appartement résultant d'une explosion, elle-même provoquée par le gaz au moyen duquel le locataire s'était suicidé. • Civ. 1re, 24 janv. 1966 : *Bull. civ. I, no 51; D. 1966. 375; RGAT 1966. 375, note Besson.* ♦ V. aussi : • Civ. 1re, 28 avr. 1993 : *RCA 1993, no 241, obs. Bertolaso.* ♦ ... L'incendie provoqué accidentellement au cours d'une tentative de vol. • Civ. 1re, 19 déc. 1989, no 87-13.875 P : *D. 1991. Somm. 71, obs. Groutel.* ♦ ... Le comportement d'un notaire qui, bien qu'ayant sacrifié délibérément les intérêts de son client en faisant disparaître, sans l'en informer, les garanties dont un prêt était assorti, n'avait cependant pas eu la volonté de lui causer le dommage allégué, c'est-à-dire de le priver du remboursement de son prêt. • Civ. 1re, 22 mars 1983, n° 82-11.393 P. ♦... Le fait d'un notaire qui, bien qu'ayant négligé les intérêts de ses clients au profit d'une opération immobilière dont il souhaitait la réalisation, n'avait pas agi avec la volonté de créer une situation qui leur serait fatalement dommageable. • Civ. 1re, 17 déc. 1991 : *RCA 1992, n° 108 ; RGAT 1992. 364, note Kullmann.* ♦... Le fait d'un entrepreneur qui a pris le risque de ne pas faire effectuer une étude de sol avant d'entreprendre des fouilles pour la construction d'un immeuble. • Civ. 1re, 25 mars 1980, n° 78-16.137 P : *D. 1981. 21, note Brière de l'Isle ; D. 1980. IR 521, obs. Berr et Groutel ; RTD imm. 1981. 103, obs. Durry.* ♦... Le coup de poing porté par un enfant à un camarade de classe, car, s'il avait agi avec discernement, son geste ne s'accompagnait pas de la conscience des conséquences de son acte. • Civ. 1re, 10 mai 1977, n° 78-16.137 P : *D. 1978. IR 235, obs. Berr et Groutel.* ♦... Le coup de poignard donné à un passant par un homme qui voulait atteindre sa femme, laquelle s'était enfuie dans la rue. • Civ. 1re, 10 déc. 1991 : *RCA 1992, n° 109 ; RGAT 1992. 506.* ♦... Les dommages causés à la SNCF par l'immobilisation d'un véhicule sur une voie ferrée par une personne voulant se suicider. • Civ. 1re, 14 oct. 1997, n° 95-18.361 P : *RCA 1998, n° 37, note Groutel ; RGDA 1997. 1083, note Fonlladosa.* ♦... L'incompétence professionnelle. • Com. 20 janv. 1998, n° 95-22.190 P. ♦... Le fait d'avoir causé volontairement un accident de la circulation pour se donner la mort et d'avoir infligé de la sorte un dommage à autrui, sauf à ce dernier à démontrer que le désespéré avait sciemment recherché ledit dommage. • Paris, 8 avr. 2002 : *RCA 2002, n° 276.*

92. *Faits intentionnels établis.* Constitue un fait intentionnel le comportement d'un notaire qui, connaissant l'existence d'hypothèques grevant des immeubles et sachant qu'en les laissant subsister, il faisait subir aux acquéreurs desdits immeubles une menace d'éviction, réalise néanmoins volontairement cette menace, dès la signature des actes de vente, en faisant croire aux acheteurs que ces immeubles étaient libres de toute charge et en omettant de procéder à la purge des hypothèques. • Civ. 1re, 11 oct. 1983, n° 82-13.089 P. ♦... Le comportement de notaires qui ont caché aux prêteurs, de propos délibéré, l'existence du privilège du vendeur sur le terrain où s'édifiait un ensemble immobilier, alors qu'ils savaient que les emprunts ne serviraient pas à payer le vendeur et que le privilège serait maintenu, avec pour conséquences inéluctables, la perte matérielle des garanties consenties aux prêteurs et l'impossibilité, pour ces derniers, d'obtenir le remboursement de la totalité des prêts. • Civ. 1re, 3 janv. 1991 : *RCA 1991, n° 124.* ♦... La gifle donnée avec une violence établissant que l'assuré avait voulu porter un coup tel qu'il causerait à la victime un dommage certain dont il avait envisagé consciemment la réalisation. • Civ. 1re, 19 juin 1979, n° 78-12.078 P : *D. 1980. IR 180, obs. Berr et Groutel.* ♦... L'incendie d'un appartement résultant de ce que le locataire a mis volontairement le feu aux meubles afin de périr dans l'incendie ainsi allumé. • Civ. 1re, 25 nov. 1980, n° 79-14.409 P : *D. 1981. IR 460, obs. Berr et Groutel.* ♦ Rappr. : • Civ. 1re, 3 mai 1995, n° 92-17.100 P. ♦... Le coup de poing porté volontairement à la victime. • Civ. 1re, 10 juin 1997 : *RCA 1997, n° 284, note Groutel ; RGDA 1997. 742, note Kullmann.* ♦... L'incendie d'un immeuble dès lors que l'altération des facultés mentales de l'assurée n'était pas établie et qu'il ressortait des faits une préparation, voire une préméditation. • Civ. 2e, 28 avr. 2011 : *RCA 2011, n° 306.* ♦... Le comportement d'un syndic de copropriété, qui a souscrit de mauvaise foi une police d'assurance « multirisques immeuble » auprès d'une compagnie d'assurance, en sachant que cette police encourait la nullité pour un motif évident que manifestement l'assureur ne manquerait pas de soulever. Ce faisant, le syndic de copropriété a voulu faire supporter à son propre assureur de responsabilité civile professionnelle la charge du sinistre non indemnisé par l'assureur de l'immeuble. • Civ. 2e, 30 juin 2011 : *RGDA 2011. 954 (1re esp.), note Bigot ; RCA 2012, n° 256 ; ibid., Étude 8, note Groutel.* ♦... Le comportement du directeur général délégué d'une société, qui, ayant volontairement diffusé au public des informations inexactes sur la société, propres à modifier l'appréhension de sa situation financière, avait eu la volonté et la conscience de mettre à la charge de son propre assureur les conséquences qui résulteraient de ses fautes. • Civ. 2e, 14 juin 2012 : *D. 2012. 1674 ; Rev. sociétés 2012. 637, note Grynbaum ; RTD com. 2012. 813, obs. Rontchevsky ; RCA 2012, n° 256 ; ibid. Étude 6, note Groutel ; RGDA 2012. 1021, obs. Bigot.* ♦... Le comportement d'un avocat qui ne s'était pas contenté de laisser prescrire l'action par oubli, voire par négligence, mais avait sciemment trompé son client en lui donnant de faux renseignements, ce qui faisait ressortir qu'il avait eu l'intention de causer le dommage tel qu'il était survenu. • Civ. 2e, 1er juill. 2010, n° 09-14.884 P : *RCA 2010, n° 263, note Groutel ; RGDA 2010. 684* (3e esp.), note Kullmann. ♦ ...Le comportement d'un avocat qui a abusé de ses fonctions pour donner un aspect de légitimité à un ensemble d'opérations immobilières fictives initiées par un tiers, lui offrant notamment les moyens de commettre ses agissements répréhensibles et de renforcer la crédibilité des actes aux yeux des victimes. • Civ. 2e, 8 janv. 2020, n° 18-19.782 : *RCA 2020, n° 96.*

93. *Faute dolosive et suicide.* V. note 87.

C. MISE EN ŒUVRE

1° AUTEUR

94. *Qualité d'assuré.* Dès lors qu'un incendie résulte de la faute intentionnelle du mari de l'assurée, qui n'était pas désigné comme étant l'assuré et pour le compte duquel l'assurance n'avait pas été souscrite, la circonstance qu'il était colocataire et exposé aux mêmes risques locatifs que son épouse ne suffit pas à lui attribuer la qualité d'assuré dans le contrat d'assurance souscrit par celle-ci. • Civ. 1re, 26 mai 1994, n° 91-10.645 P : *RGAT 1994. 756, note Mayaux.* ♦ Viole les art. 4 et 5 C. pr. civ. la cour d'appel qui écarte la garantie de l'assureur pour faute intentionnelle de l'assuré, sans répondre aux conclusions des propriétaires de l'appartement dégradé qui faisaient valoir que le responsable, fils majeur de la locataire souscriptrice, n'avait pas la qualité d'assuré au regard des stipulations de la police. • Civ. 2e, 5 mars 2015, n° 14-13.740 : *RGDA 2015. 186, note Asselain.*

95. *Personne morale.* Lorsque le contrat d'assurance est souscrit au nom d'une personne morale, la faute intentionnelle s'apprécie en la personne du dirigeant de droit ou de fait de celle-ci. • Civ. 1re, 6 avr. 2004, n° 01-03.494 P : *D. 2004. IR 1425, et les obs. ; RCA 2004, n° 241, obs. Groutel ; RGDA 2004. 372, note Kullmann ; D. 2015. 1238, note Noguero*

2° PREUVE

96. *Charge de la preuve.* C'est à l'assureur qu'il appartient de faire la preuve du fait intentionnel. • Civ. 1re, 15 janv. 1991 : *RCA 1991, n° 153* • Civ. 2e, 29 juin 2017, n° 16-12.154 : *RCA 2017, n° 293, note Groutel.*

3° SANCTION

97. *Exclusion de garantie.* Dès lors que le dommage affectant la chose assurée provient de la faute intentionnelle de l'assuré, qui a supprimé ainsi l'aléa constituant l'essence d'un tel contrat, la sanction d'une telle faute était, non une déchéance, qui frappe le seul auteur de cette faute, mais une absence d'assurance à l'égard de tous. • Civ. 1re, 15 janv. 1985, n° 83-14.742 P. ♦ Dans le même sens : • Civ. 1re, 11 oct. 1994, n° 93-11.295 P • Civ. 2e, 22 sept. 2005 : *D. 2006. Pan. 1784, obs. Groutel ; RCA 2005, n° 370 (1re esp.), obs. Groutel ; RGDA 2005. 907, note Kullmann ; JCP 2006. I. 135, n° 1, obs. Kullmann.*

4° RENONCIATION

98. *Expertise.* La renonciation à un droit ne se présume pas et ne peut résulter que d'actes de son titulaire manifestant sans équivoque la volonté de renoncer. Viole l'art. L. 113-1 C. assur. et l'art. 1103 C. civ., la cour d'appel qui retient qu'en poursuivant les opérations d'expertise qu'il avait diligentées pour évaluer les biens sinistrés de son assuré, en parfaite connaissance de l'imputabilité des trois sinistres à ce dernier, l'assureur a renoncé implicitement mais sans équivoque à se prévaloir de l'exclusion légale de garantie prévue par l'art. L. 113-1, al. 2, C. assur. Ces motifs sont impropres à caractériser la renonciation non équivoque de l'assureur à se prévaloir de l'exclusion légale de garantie résultant de la faute intentionnelle de son assuré, dès lors que le fait de poursuivre les opérations d'une expertise amiable afin de déterminer l'étendue des dommages résultant d'un sinistre n'implique pas, à lui seul, la volonté de renoncer à invoquer une telle exclusion. • Civ. 2e, 5 mars 2020, n° 19-10.371 : *BJDA 2020, n° 69, note Néraudau et Guillot.* ♦ V. aussi note 88.

5° OPPOSABILITÉ

99. *Polices distinctes.* Le caractère volontaire de l'incendie allumé par l'occupant de l'immeuble, lui-même assuré, ne peut être opposé au propriétaire, titulaire d'une police distincte, dès lors qu'il n'est relevé à la charge du second ni la volonté de causer le dommage, ni l'existence d'un fait constitutif de complicité avec le premier. • Civ. 1re, 9 mars 1999 : *RCA 1999, n° 162, obs. Groutel ; RGDA 1999. 693, note Favre-Rochex.*

Art. L. 113-2 *(L. n° 89-1014 du 31 déc. 1989, en vigueur le 1er mai 1990)* **L'assuré est obligé :**

1° De payer la prime ou cotisation aux époques convenues ; — *V. art. R.* 113-4.*

2° De répondre exactement aux questions posées par l'assureur, notamment dans le formulaire de déclaration du risque par lequel l'assureur l'interroge lors de la conclusion du contrat, sur les circonstances qui sont de nature à faire apprécier par l'assureur les risques qu'il prend en charge ;

3° De déclarer, en cours de contrat, les circonstances nouvelles qui ont pour conséquence soit d'aggraver les risques, soit d'en créer de nouveaux et rendent de ce fait inexactes ou caduques les réponses faites à l'assureur, notamment dans le formulaire mentionné au 2° ci-dessus.

L'assuré doit, par lettre recommandée *(Ord. n° 2017-1433 du 4 oct. 2017, art. 3-1°, en vigueur le 1er avr. 2018)* **« ou par envoi recommandé électronique », déclarer ces circonstances à l'assureur dans un délai de quinze jours à partir du moment où il en a eu connaissance ;**

4° De donner avis à l'assureur, dès qu'il en a eu connaissance et au plus tard dans le délai fixé par le contrat, de tout sinistre de nature à entraîner la garantie de l'assureur. Ce délai ne peut être inférieur à cinq jours ouvrés.

Ce délai minimal est ramené à deux jours ouvrés en cas de vol et à vingt-quatre heures en cas de mortalité du bétail.

Les délais ci-dessus peuvent être prolongés d'un commun accord entre les parties contractantes.

Lorsqu'elle est prévue par une clause du contrat, la déchéance pour déclaration tardive au regard des délais prévus au 3° et au 4° ci-dessus ne peut être opposée à l'assuré que si l'assureur établit que le retard dans la déclaration lui a causé un préjudice. Elle ne peut également être opposée dans tous les cas où le retard est dû à un cas fortuit ou de force majeure.

Les dispositions mentionnées aux 1°, 3° et 4° ci-dessus ne sont pas applicables aux assurances sur la vie.

V. note ss. art. L. 111-9.

BIBL. ▸ Calcul de la prime : GROUTEL, *RCA 1991. Chron. 13.* ▸ Paiement de la prime : BESSON, *RGAT 1944. 10 et 1967. 22.* – DURRY, *JCP 1984. I. 3161.* – GROUTEL, *RCA 1991. Chron. 5.* ▸ Déclaration du risque : ASTEGIANO-LA RIZZA, *D. 2012. Chron. 1753.* – P. CATALA, *RGAT 1966. 449 ; ibid. 1967. 145.* ▸ Déclaration des aggravations : DURRY, *Rev. Risques n° 4, p. 215.* ▸ Déclaration du sinistre : GROUTEL, *RCA 1989. Chron. 14.* ▸ Déchéance : LEBLOND, *RCA 2008. Étude 4.*

COMMENTAIRE

L'article L. 113-2 énonce les différentes obligations à la charge de « l'assuré » à savoir : payer les primes (I), déclarer les risques aussi bien lors de la souscription qu'en cours de contrat (II) et déclarer le sinistre (III).

I. LE PAIEMENT DES PRIMES

Si l'article L. 113-3 envisage la question du lieu de paiement de la prime d'assurance, l'article L. 113-2 invite à s'interroger, pour les assurances autres que l'assurance sur la vie, sur les parties au paiement (A), sur la date du paiement (B), sur le mode de paiement de cette prime (C) ainsi que sur l'imputation des paiements (D).

A. PARTIES AU PAIEMENT

Débiteur (1) et créancier (2) doivent ici être identifiés.

1. LE DÉBITEUR DE LA PRIME

A suivre l'article L. 113-2, il appartient à l'assuré de payer les primes. Toutefois, cette formule se révèle inexacte, puisqu'en réalité le débiteur des primes est par principe le cocontractant de l'assureur, c'est-à-dire le souscripteur (Civ. 1re, 9 juill. 1996, n° 94-15.377 : *V. note 2*). Cette précision révèle toute son importance lorsque les qualités d'assuré et de souscripteur sont dissociées. Ainsi, dans les assurances pour compte, le débiteur de la prime est le souscripteur et non l'assuré (Civ. 1re, 18 juill. 1977 : *V. note 3*). Cela étant, il peut arriver que le contrat ait été conclu par un mandataire, qui peut d'ailleurs n'être qu'un mandataire tacite. Le paiement de la prime incombe alors au mandant (Civ. 1re, 18 juill. 1962 : *V. note 5*). De même, si le contrat a été conclu par un gérant d'affaires, le maître de l'affaire est le seul débiteur des primes dès lors qu'il a ratifié la gestion ou qu'elle lui a été utile (Civ. 1re, 13 juill. 1960 : *V. note 4*).

2. LE CRÉANCIER DE LA PRIME

Le créancier de la prime est bien évidemment l'assureur. Toutefois, le débiteur peut valablement se libérer entre les mains du mandataire de l'assureur.

Si le débiteur a payé la prime à l'agent général d'une compagnie d'assurance, le paiement devrait être libératoire. Et si l'agent n'avait pas reçu mandat d'encaisser les primes, la jurisprudence estime que celui-ci peut être qualifié de mandataire apparent de l'assureur dès lors que le débiteur avait légitimement pu croire que l'agent général avait la qualité de mandataire pour encaisser les primes (Civ. 1re, 19 juin 1990 : *V. note 7*). Parfois, le montant de la prime due par le souscripteur est avancé par l'agent général. Subrogé dans les droits de l'assureur, l'agent général peut agir contre le débiteur et il n'a pas à démontrer qu'il n'a pas reçu de paiement de celui-ci. Il incombe alors au souscripteur de démontrer qu'il s'en était acquitté auprès de l'agent général (Civ. 1re, 9 avr. 2014 : *V. note 8*).

Si le débiteur a payé la prime à un courtier d'assurance, sa situation est moins confortable. Puisque le courtier est en principe le mandataire de l'assuré et non de l'assureur, il lui appartient de démontrer que le courtier avait également la qualité de mandataire de l'assureur (Civ. 1re, 28 avr. 1971 : *V. note 6*).

B. DATE DU PAIEMENT

En ce qui concerne la date du paiement de la prime, l'article L. 113-2 indique seulement que celui-ci doit s'effectuer « aux époques convenues » par les parties. Autrement dit, les parties sont libres de fixer la date d'échéance des primes, celle-ci pouvant donc être différente de la date de la conclusion du contrat. Ainsi, fréquemment, le paiement de la prime est payable d'avance lors de la prise d'effet de la garantie. En outre, le débiteur peut verser une prime unique à une date déterminée ou verser une prime fractionnée à différentes dates. Cette dernière modalité peut résulter d'un accord exprès ou tacite des parties (Civ. 1re, 13 nov. 1996 : *V. note 9*).

C. MODE DE PAIEMENT

Tous les modes de paiement, en particulier le chèque (1) et la compensation (2), peuvent être utilisés par le souscripteur.

1. LE PAIEMENT PAR CHÈQUE

Dès lors que le paiement par chèque est couramment utilisé par les souscripteurs de contrats d'assurance, la question de la date du paiement revêt une importance toute particulière. Or, selon l'article L. 131-67 du code monétaire et financier, « la remise d'un chèque en paiement, acceptée par un créancier, n'entraîne pas novation. En conséquence, la créance originaire, avec toutes les garanties qui y sont attachées, subsiste jusqu'au paiement du chèque ». Autrement dit, selon le droit cambiaire, tant que le chèque n'est pas encaissé, l'obligation du débiteur n'est pas éteinte. Cette règle est écartée par le droit des assurances, afin d'éviter de rendre le souscripteur tributaire des éventuelles lenteurs dans l'encaissement du chèque. La Cour de cassation affirme donc que la remise du chèque vaut paiement (Civ. 1re, 2 déc. 1968 : *V. note 10*) à la condition toutefois que le chèque ait une provision et puisse être encaissé (Civ. 1re, 4 avr. 2001 : *V. note 10*). En d'autres termes, la remise du chèque vaut paiement sous condition résolutoire de non-encaissement pour défaut de provision. Si l'encaissement du chèque ne peut avoir lieu en raison de l'insuffisance de provision, le paiement est rétroactivement anéanti. Par exception, la Cour de cassation estime que la remise d'une attestation de garantie par l'assureur, malgré l'absence d'encaissement du chèque non provisionné, entraîne la garantie de l'assureur (Civ. 1re, 25 oct. 1994 : *V. note 10*). Pour échapper à une telle conséquence, l'assureur doit expressément indiquer dans tous les documents remis à l'assuré que la prise d'effet de la garantie est subordonnée à l'encaissement du chèque et non au paiement de la prime (Crim. 17 janv. 1996 : *V. note 10*).

2. LE PAIEMENT PAR COMPENSATION

Le paiement de la prime d'assurance peut également résulter d'une compensation entre deux créances réciproques de l'assureur et du souscripteur. La compensation s'opère dès lors que les créances sont certaines, liquides et exigibles. Par ailleurs, en cas d'ouverture d'une procédure collective à l'encontre du souscripteur, l'assureur peut encore réaliser une compensation en cas de dettes connexes. Tel est le cas lorsque la créance relative à l'indemnité d'assurance et celle relative à la prime sont nées d'un même contrat antérieur au jugement d'ouverture de la procédure collective.

On s'est par ailleurs demandé si l'assureur pouvait invoquer la compensation à l'encontre d'un tiers victime ou d'un créancier titulaire d'une sûreté réelle sur le bien assuré. En effet, l'article L. 112-6 dispose que l'assureur peut opposer au porteur de la police ou au tiers qui en invoque le bénéfice les exceptions opposables au souscripteur originaire. Partant, sur le fondement de cet article, la Cour de cassation a pu estimer que l'assureur pouvait opposer à la victime (Civ. 1re, 3 nov. 1981 : *V. note 13*) ou au créancier titulaire d'une sûreté réelle (Civ. 1re, 4 juill. 1978 : *V. note 14*) la compensation de la créance relative à la prime d'assurance et celle relative à l'indemnité d'assurance. Cela étant, cette solution s'opposait à la lettre de l'article 1289 du code civil [nouv. art. 1347]. Celui-ci prévoit en effet que la compensation ne peut s'opérer qu'entre des personnes qui se trouvent débitrices l'une de l'autre. Aussi, en application de cet article, la Cour de cassation refuse désormais d'opérer une compensation entre la créance de l'assureur sur le souscripteur et celle du tiers victime sur l'assureur (Civ. 1re, 31 mars 1993 : *V. note 13*). Cette solution devrait logiquement être transposée au créancier titulaire d'une sûreté réelle.

D. L'IMPUTATION DES PAIEMENTS

La question de l'imputation des paiements apparaît lorsque le souscripteur a souscrit plusieurs contrats d'assurance auprès d'un seul assureur et n'effectue qu'un paiement partiel de toutes les primes. Naturellement, le souscripteur peut indiquer à quelle dette il entend affecter son paiement. En application de l'article 1342-10 du code civil [anc. art. 1289], cette affectation, qui peut résulter d'une déclaration expresse ou d'éléments non équivoques (Civ. 1re, 6 oct. 1993 : *note 15*), s'impose à l'assureur.

Mais si le souscripteur ne donne aucune indication, l'assureur peut adresser une quittance de paiement en indiquant l'affectation du paiement. Conformément à l'article 1255 du code civil, cette quittance ne pourra plus être contestée, dès lors qu'elle aura été acceptée par le débiteur. L'assureur peut également adresser au débiteur une quittance sans indication d'affectation. Selon l'article 1256 du même code [nouv. art. 1342-10], le paiement partiel doit alors être imputé sur la dette que le souscripteur avait le plus intérêt à acquitter (Amiens, 26 avr. 1979 et Civ. 1re, 9 déc. 1997 : V. *note 16*). Si les dettes sont d'égale nature, l'imputation se fait sur la dette la plus ancienne.

II. LA DÉCLARATION DU RISQUE

L'article L. 113-2 envisage non seulement la déclaration initiale du risque (A), mais aussi les déclarations en cours de contrat de circonstances nouvelles (B). Là encore, cette obligation pèse sur le souscripteur et non à proprement parler sur l'assuré.

A. LA DÉCLARATION INITIALE

La déclaration initiale du risque prend aujourd'hui la forme de réponses à des questions posées par l'assureur (1) et doit faire l'objet de correction de la part du souscripteur en cas de circonstances nouvelles (2).

1. L'EXIGENCE DE RÉPONSES À DES QUESTIONS

Dans la mesure où l'assureur doit pouvoir apprécier les risques qu'on lui propose de garantir, le législateur a imposé au souscripteur une obligation spécifique d'information lors de la conclusion du contrat. A l'origine, le souscripteur devait spontanément déclarer tous les éléments qui lui paraissaient de nature à influencer l'opinion de l'assureur. Toutefois, depuis la loi n° 89-1014 du 31 décembre 1989, ce système dit de la « déclaration spontanée » a été abandonné au profit de celui du questionnaire fermé. Dorénavant, il appartient à l'assureur d'interroger le souscripteur, notamment à l'aide d'un formulaire de déclaration du risque. Le souscripteur est donc simplement tenu de répondre aux questions précises (Civ. 2e, 29 juin 2017 : V. *note 23*) qui lui ont été posées et l'assureur ne peut reprocher à l'assuré une quelconque réticence dolosive s'il ne lui a pas posé une question en rapport avec le prétendu silence de l'assuré (Civ. 2e, 15 févr. 2007 et Civ. 2e, 3 juin 2010 : V. *note 22*).

Cela est d'autant plus vrai qu'un arrêt rendu par une chambre mixte de la Cour de cassation du 7 février 2014 a affirmé que l'assureur ne peut reprocher au souscripteur d'avoir signé une déclaration pré-rédigée ne reflétant pas la réalité. Cette solution a mis fin à une divergence opposant la chambre criminelle à la deuxième chambre civile de la Cour de cassation. Pour la chambre criminelle, l'assureur ne pouvait se prévaloir des déclarations contenues dans les conditions particulières pour demander la nullité du contrat pour fausse déclaration intentionnelle du risque (Crim. 18 sept. 2007 et Crim. 10 janv. 2012 : V. *note 31*). En revanche, la deuxième chambre civile estimait que les réponses pré-imprimées, expressément acceptées par le souscripteur, devaient être prises en compte dès lors qu'elles ne nécessitaient aucune interprétation (Civ. 2e, 8 mars 2012 et Civ. 2e, 28 juin 2012 : V. *note 30*). Il en était de même pour les réponses écrites formulées par le souscripteur (Civ. 2e, 12 avr. 2012 : V. *note 30*).

La résolution de cette opposition entre les deux chambres de la Cour de cassation n'a toutefois pas encore levé toutes les questions autour de la déclaration initiale du risque. En particulier, on a pu se demander si l'assureur devait impérativement se prévaloir d'un document comportant une question. En effet, il peut arriver que la proposition ne comporte pas des réponses à des questions, mais des affirmations extrêmement précises laissant penser qu'il s'agit en réalité de réponses à des questions. La jurisprudence postérieure à l'arrêt rendu en chambre mixte est encore incertaine. La chambre criminelle a ainsi pu rejeter l'action en nullité de l'assureur fondée sur une fausse déclaration au motif qu'il ne produisait pas les réponses que l'assuré avait apportées aux questions précises posées lors de la conclusion du contrat (Crim. 18 mars 2014 : V. *note 25*). Les affirmations précises contenues dans la proposition d'assurance ont dès lors été écartées, parce qu'il s'agissait d'affirmations et non de réponses à des questions. Cela étant, la deuxième chambre civile a pu, dans certains arrêts, laisser entendre que les informations contenues dans les conditions particulières étaient des réponses à des questions, alors même qu'aucune preuve directe de l'existence de question n'avait été rapportée par l'assureur (Civ.

2e, 12 juin 2014 : *V. note 29*). La précision et l'individualisation des déclarations consignées dans le formulaire de déclaration des risques signé par l'assuré peuvent révéler qu'elles résultaient nécessairement de questions posées à l'assureur lors de la souscription du contrat (Civ. 2e, 11 juin 2015 : *V. note 29*).

Par ailleurs, l'on a pu s'interroger sur les conséquences juridiques des déclarations spontanées du souscripteur après l'arrêt de la chambre mixte. Auparavant, la Cour de cassation estimait que les déclarations erronées faites par l'assuré à sa seule initiative pouvaient fonder une action en nullité pour fausse déclaration intentionnelle (Civ. 2e, 19 févr. 2009 : *V. note 32*). Or, la permanence de cette solution n'était nullement acquise au regard de la généralité de la formule adoptée en 2014. Toutefois, par un arrêt rendu en 2015, la Cour de cassation a eu l'occasion de réaffirmer sa jurisprudence traditionnelle en retenant que les déclarations spontanées du mandataire de l'assuré pouvaient entraîner la nullité du contrat d'assurance dès lors qu'elles avaient été faites de mauvaise foi (Civ. 3e, 8 juill. 2015 : *V. note 32*).

2. LA CORRECTION DES RÉPONSES APPORTÉES

Parce qu'une réponse apportée à une question peut devenir inexacte avant la conclusion du contrat en raison de la survenance de circonstances nouvelles, la Cour de cassation a précisé qu'il appartenait au souscripteur de déclarer les circonstances nouvelles de nature à aggraver le risque ou à en créer de nouveaux et rendant de ce fait caduques ou inexactes les réponses faites à l'assureur (Civ. 2e, 22 janv. 2004 : *V. note 40*). Une telle solution s'inspire de l'obligation de déclarer les circonstances nouvelles en cours de contrat.

B. LA DÉCLARATION EN COURS DE CONTRAT

L'objet (1), les modalités (2) et la sanction (3) de la déclaration en cours de contrat ont été précisés par le législateur.

1. L'OBJET DE LA DÉCLARATION

L'obligation d'information du souscripteur relative au risque assuré ne s'éteint pas avec la conclusion du contrat. Il doit en effet, selon l'article L. 113-2, 3°, déclarer en cours de contrat toutes les circonstances nouvelles qui ont pour effet soit d'aggraver le risque, soit d'en créer de nouveaux, dès lors qu'elles ont pour effet de rendre inexactes ou caduques les réponses faites à l'assureur. Cette obligation est toutefois écartée pour les contrats d'assurance sur la vie, pour lesquels l'assureur prend en compte, dès la conclusion du contrat, l'aggravation du risque liée au vieillissement de l'assuré.

La notion d'aggravation du risque est par ailleurs précisée par l'article L. 113-4, puisque celui-ci indique que « si les circonstances nouvelles avaient été déclarées lors de la conclusion ou du renouvellement du contrat, l'assureur n'aurait pas contracté ou ne l'aurait fait que moyennant une prime plus élevée ». En somme, l'aggravation du risque doit être déclarée dès lors qu'elle augmente la probabilité ou l'intensité du risque.

La notion de risque nouveau est plus délicate à cerner. Puisque l'apparition de risques nouveaux et l'aggravation des risques sont soumis à la même obligation de déclaration en cours de contrat, cela signifie que les risques nouveaux présentent nécessairement un lien avec les risques garantis lors de la conclusion du contrat. Cela étant, cette disposition n'a donné lieu qu'à très peu de jurisprudences. Tout au plus la Cour de cassation a eu l'occasion d'indiquer que la demande d'ajout d'un nouveau bien au contrat d'assurance ne constitue pas une aggravation du risque, mais une demande de souscription d'un nouveau contrat (Civ. 2e, 3 sept. 2009 : *V. note 46*).

2. LES MODALITÉS DE LA DÉCLARATION

La déclaration en cours de contrat est à l'initiative du souscripteur. En d'autres termes, le mécanisme de la déclaration spontanée n'a pas été écarté par le législateur de 1989 en ce qui concerne l'aggravation du risque ou l'apparition de nouveaux risques en cours de contrat. Le souscripteur doit ainsi déclarer la circonstance nouvelle dans un délai de quinze jours à compter de sa connaissance.

Cette déclaration doit se faire par lettre recommandée. Le législateur n'a pas précisé si ce formalisme est requis à titre de validité ou à titre de preuve. La seconde solution pourrait s'imposer étant donné que la jurisprudence estime que la demande de modification du contrat peut se faire par lettre simple, alors que l'article L. 112-2 prévoit l'envoi d'une lettre recommandée. Par ailleurs, l'article L. 113-4, alinéa 3, dispose que « l'assureur ne peut plus se prévaloir de l'aggravation des risques quand, après en avoir été informé de quelque manière que ce soit, il a manifesté son consentement au maintien de l'assurance ». Cette formule montre bien qu'une déclaration effectuée autrement que par une lettre recommandée peut produire des effets de droit (V. Bigot et a., Le contrat d'assurance, *2e éd., LGDJ, 2014, no 1324*).

3. LA SANCTION DE LA DÉCLARATION TARDIVE

La déclaration tardive d'une aggravation du risque peut être sanctionnée par la déchéance du droit à garantie de l'assuré. Pour autant, cette déchéance, inopposable aux tiers dans les assurances de responsabilité selon l'article R. 124-1, ne peut être prononcée que si elle a été prévue par une clause contractuelle rédigée en caractères très apparents. En outre, depuis la loi no 89-1014 du 31 décembre 1989, la déchéance ne peut être opposée à l'assuré que si le retard a causé un préjudice à l'assureur. Cette solution a pu surprendre, puisque la déchéance est par principe une sanction qui frappe l'auteur d'une faute, sans pour autant que la preuve d'un préjudice soit exigée.

III. LA DÉCLARATION DU SINISTRE

Le quatrième point de l'article L. 113-2, non applicable aux assurances sur la vie, impose à l'assuré de déclarer le sinistre dans un certain délai à l'assureur (A), sous peine de déchéance du droit à indemnité si une clause contractuelle la prévoit (B).

A. L'OBLIGATION DE DÉCLARATION

L'obligation de déclarer le sinistre doit être envisagée tant dans ses modalités (1) que dans son objet (2).

1. LES MODALITÉS DE LA DÉCLARATION

L'article L. 113-2 ne donne que très peu d'informations sur la forme de la déclaration (*a*). Il est en revanche plus précis en ce qui concerne le délai (*b*).

a. La forme de la déclaration

A suivre le texte, l'assuré doit déclarer le sinistre à l'assureur. Cela étant, la formule est à nouveau inexacte. L'obligation de déclarer le risque incombe au souscripteur et non à l'assuré. Le souscripteur pourrait toutefois charger un tiers, comme un courtier, de déclarer le sinistre. Par ailleurs, le code des assurances précise que cette déclaration doit être effectuée auprès de l'assureur. Mais, là encore, la déclaration pourrait être valablement faite auprès d'un agent général de l'assureur (Civ. 1re, 7 déc. 1976 : *V. note 47*) ou d'un courtier mandataire apparent de l'assureur (Civ. 1re, 28 juin 1983, et Civ. 1re, 23 juin 1993 : *V. note 47*).

Au-delà, l'article L. 113-2 ne donne aucune précision quant à la forme matérielle de la déclaration du sinistre. Dans le silence du texte d'ordre public, la jurisprudence a pu en déduire que l'assureur ne pouvait imposer une forme particulière pour la déclaration du sinistre (Civ. 1re, 20 oct. 1992 : *V. note 51*).

b. Le délai de la déclaration

Selon l'article L. 113-2, la déclaration du sinistre doit s'effectuer dans le délai fixé par le contrat. Toutefois, le législateur a imposé un délai minimal afin de protéger les souscripteurs contre de trop brefs délais imposés par les assureurs. Depuis la loi no 89-1014 du 31 décembre 1989, ce délai est de cinq jours ouvrés. Les samedis, dimanches et jours fériés ou chômés ne sont donc plus comptabilisés, alors qu'ils l'étaient auparavant. Ce délai de principe est toutefois écarté au profit de délais plus courts dans certains cas particuliers. Ainsi, ce délai minimal est de deux jours ouvrés en assurance contre le vol. Il est de vingt-quatre heures en assurance contre la mortalité du bétail, afin notamment que l'assureur puisse mettre en œuvre les mesures nécessaires pour éviter une épidémie. Et il est de quatre jours en assurance contre la grêle, afin de permettre à l'assureur d'identifier les dommages dus à la grêle et ceux dus à d'autres phénomènes atmosphériques. Tous ces délais peuvent cependant faire l'objet d'une prorogation d'un commun accord.

Le point de départ de ce délai de déclaration est le lendemain à zéro heure de la connaissance du sinistre. Autrement dit, le délai de déclaration commence à courir à compter de la connaissance et non de la réalisation du sinistre (Civ. 20 juill. 1942 : *V. note 48*). Il s'agit donc du jour où le souscripteur a eu connaissance du fait dommageable et des conséquences dommageables de nature à engager la garantie de l'assureur. En assurance de responsabilité, on admet en général que le point de départ du délai de déclaration est le jour de la réclamation de la victime (Civ. 1re, 9 janv. 1973 : *V. note 48*). Mais certains auteurs estiment qu'il s'agit du jour de la connaissance du fait générateur de responsabilité et des conséquences dommageables pour autrui (Groutel et a., Traité du contrat d'assurance terrestre, *Litec, 2008, n° 813*).

Le délai de déclaration s'achève le dernier jour à minuit. Mais il n'est pas nécessaire que la déclaration soit reçue par l'assureur dans le délai de déclaration. Il suffit qu'elle ait été expédiée dans le délai (Civ. 1re, 21 févr. 1989 : *V. note 49*).

2. L'OBJET DE LA DÉCLARATION

Aux termes de l'article L. 113-2, le souscripteur doit déclarer « tout sinistre de nature à entraîner la garantie de l'assureur ». Sur ce point, la Cour de cassation a eu l'occasion de préciser que l'obligation de déclaration existe si l'assuré a eu connaissance de l'événement couvert par la garantie, mais aussi de ses conséquences (Civ. 20 juill. 1942 : *préc.*). Le fait générateur de la déclaration est donc la connaissance des conséquences de l'événement garanti. Mais le souscripteur n'est pas seulement tenu de déclarer les conséquences avérées de l'événement dommageable, il doit également déclarer les conséquences éventuelles. Cette solution est justifiée par la lettre même de l'article L. 113-2. Celui-ci impose de déclarer tous les sinistres « de nature à entraîner la garantie de l'assureur ». Cette formule vise donc aussi bien les sinistres avérés que les sinistres éventuels.

En revanche, le souscripteur n'est pas tenu de déclarer les sinistres hypothétiques, c'est-à-dire un fait dont il ne sait pas s'il va en résulter des conséquences dommageables. Toutefois, le contrat d'assurance pourrait imposer, dans une telle hypothèse, une déclaration au souscripteur. Il s'agirait alors d'une déclaration pour ordre. Mais le manquement à cette obligation ne devrait pas pouvoir être sanctionné par la déchéance (V. Groutel et a., Traité du contrat d'assurance terrestre, *Litec, 2008, n° 802*).

B. LA DÉCHÉANCE DE LA GARANTIE

La déchéance du droit à garantie pour un sinistre particulier peut s'appliquer soit en cas d'omission ou de déclaration tardive (1), soit en cas de fausse déclaration (2).

1. L'OMISSION OU LA DÉCLARATION TARDIVE

L'article L. 112-3 envisage expressément la déchéance de garantie pour déclaration tardive du sinistre. Pour autant, cette sanction n'est nullement automatique. Elle ne s'applique que si elle a été expressément prévue par une clause contractuelle rédigée en caractères très apparents (Civ. 2e, 6 févr. 2014 : *V. note 57*). En outre, depuis la loi n° 89-1014 du 31 décembre 1989, l'assureur doit démontrer que le retard du souscripteur lui a causé un préjudice (Civ. 1re, 7 janv. 1997 : *V. note 59*). Par ailleurs, elle est inopposable à la victime en assurance de responsabilité, en application de l'article R. 124-1.

2. LA FAUSSE DÉCLARATION DU SINISTRE

La fausse déclaration du sinistre peut également être sanctionnée par une déchéance de garantie. Toutefois, là encore, la déchéance doit être prévue par une clause contractuelle rédigée en caractères très apparents. En revanche, l'assureur n'a pas à démontrer l'existence d'un préjudice, puisque cette déchéance n'est pas visée par l'article L. 113-2. En l'absence d'indication législative, on doit appliquer les principes traditionnels applicables aux déchéances. Assimilable à une peine privée, la déchéance ne requiert pas d'établir la preuve d'un préjudice. Cependant, depuis deux arrêts du 5 juillet 2018, constitutifs d'un revirement de jurisprudence, la deuxième chambre civile de la Cour de cassation exige la preuve de la mauvaise foi de l'assuré pour prononcer la déchéance de garantie. Une telle solution pourrait dès lors s'étendre à d'autres hypothèses de déchéance et notamment à la déchéance pour déclaration tardive du sinistre (Mayaux, *JCP 2018. 1012*). ❑

A. PAIEMENT DE LA PRIME

a. Forme de la prime

1. Apport de titres. Si le droit français n'envisage le versement des primes d'assurance qu'en numéraire, aucune disposition légale d'intérêt général ne prohibe la distribution en France par un assureur luxembourgeois de contrats d'assurance sur la vie qui sont régis par la loi française mais dont les caractéristiques techniques et financières relèvent du droit luxembourgeois conformément à l'art. 10-2 de la Dir. 2002/83/CE du 8 nov. 2002 et permettent l'apport de titres sur des fonds dédiés fermés. • Civ. 2e, 19 mai 2016, n° 15-13.606 P : *RCA 2016, n° 259; RGDA 2016. 323, note Kullmann; D. 2016. 1791, note Beignier et Ben Hadj Yahia ; JCP N 2016, n° 1265, note Pailler; JCP 2016, n° 881, note Mayaux; LPA 28 juill. 2016, p. 4, note Pando; Gaz. Pal. 2016, n° 31, p. 59, note Garcia.*

b. Débiteur

2. Souscripteur du contrat. Ayant constaté que le contrat avait été conclu par une personne physique au nom de l'enseigne commerciale sous laquelle elle avait exercé son activité, qu'il n'était pas justifié d'un avenant à ce contrat et que dans les déclarations de sinistre l'assuré avait été désigné sous le nom de l'enseigne commerciale et non sous celui de la société nouvelle, une cour d'appel a pu en déduire, sans inverser la charge de la preuve et en justifiant légalement sa décision, que le débiteur de la prime était la personne physique ayant souscrit la police. • Civ. 1re, 9 juill. 1996, nº 94-15.377 : *RGDA 1996. 889, note Maurice.*

3. Assurance pour compte. Dans une assurance pour compte, le débiteur de la prime est le souscripteur, et non le bénéficiaire, en dépit du fait que ce dernier a la qualité d'assuré. • Civ. 1re, 18 juill. 1977, nº 76-11.119 P : *RGAT 1978. 367, note Bigot.*

4. Gestion d'affaires. Le gérant d'affaires qui a conclu le contrat ne peut être condamné à payer la prime si aucune circonstance n'établit qu'il avait entendu s'engager personnellement à ce paiement. • Civ. 1re, 14 janv. 1959 : *RGAT 1959. 328, note Besson.* ♦ Si l'affaire a été bien gérée, le maître est tenu du paiement, même en l'absence d'une ratification de la gestion que la constatation de son utilité rend superflue. • Civ. 1re, 13 juill. 1960 : *RGAT 1961. 326.*

5. Mandat. Ayant retenu que le souscripteur de la police d'assurance avait entendu agir dans l'intérêt de la société constituée par ses enfants qui lui avaient donné mandat tacite, une cour d'appel a reconnu qu'il avait contracté comme mandataire et a nécessairement rejeté le moyen tiré de sa prétendue croyance en sa qualité de propriétaire de l'immeuble. • Civ. 1re, 18 juill. 1962 : *Bull. civ. I, nº 386 ; RGAT 1962. 488.*

c. Créanciers

6. Courtier mandataire de l'assureur. Le courtier d'assurance étant en principe le mandataire de l'assuré, il appartient à ce dernier de rapporter, s'il entend démontrer le caractère libératoire du paiement des primes d'assurance entre les mains de son courtier de prouver que celui-ci a reçu les fonds en qualité de mandataire de l'assureur. • Civ. 1re, 28 avr. 1971, nº 70-10.524 P : *RGAT 1972. 54.* • Civ. 1re, 31 oct. 1989 : *RGAT 1990. 93, note Margeat et Landel.*

7. Mandataire apparent de l'assureur. Le mandat apparent peut éventuellement porter sur l'encaissement d'une somme d'argent. • Civ. 1re, 7 juin 1995, nº 93-14.515 P : *RCA 1995, nº 309.* ♦ Ainsi, un agent général, n'ayant pas reçu mandat d'encaisser les primes, a pu être qualifié de mandataire apparent de l'assureur, dès lors que l'assuré avait pu légitimement croire que l'agent général avait la qualité de mandataire de l'assureur pour l'encaissement des primes. • Civ. 1re, 19 juin 1990 : *RGAT 1990. 563, note Margeat et Landel ; RCA 1990, nº 344.* ♦ En revanche, cette qualité a pu être écartée pour des courtiers d'assurances. • Civ. 1re, 28 avr. 1971, nº 70-10.524 P : *RGAT 1972. 54* • Civ. 1re, 3 oct. 1995 : *RGDA 1996. 506, note Langé* • Civ. 1re, 9 mai 1996 : *RGDA 1996. 630, note Maurice ; RCA 1996, nº 296* • Civ. 1re, 19 déc. 2000, nº 98-15.114.

8. Agent général subrogé dans les droits de l'assureur. Dès lors que la preuve du paiement subrogatoire était apportée par l'agent général, qui démontrait avoir payé à l'assureur les primes afférentes aux polices, il incombait aux assurés d'apporter la preuve qu'ils s'en étaient acquittés auprès de l'agent général subrogé. • Civ. 1re, 9 avr. 2014 : *RCA 2014, nº 242 ; AJCA 2014. 175, note Perdrix.*

d. Fractionnement de la prime

9. Accord exprès ou tacite de l'assureur. Sur la manifestation et la preuve d'un accord tacite de l'assureur au fractionnement de la prime : • Civ. 1re, 13 nov. 1996 : *RCA 1997, nº 143* • 21 janv. 1997 : *RGDA 1997. 484, note Vincent.*

e. Modes

10. Chèque. Le paiement de la prime par chèque est réputé fait au moment de la remise de celui-ci, et la garantie suspendue reprend effet le lendemain à midi. • Civ. 1re, 2 déc. 1968 : *JCP 1969. II. 15775, concl. Lindon, note Besson ; GADA, p. 173, obs. Berr et Groutel.* ♦ Mais à la condition que le chèque ait une provision et puisse être encaissé. • Civ. 1re, 4 avr. 2001, nº 99-14.927 P : *D. 2001. Somm. 3323, obs. Groutel ; RCA 2001, nº 242 ; RGDA 2001. 946, note Fonlladosa.* ♦ Toutefois, dès lors qu'il ne précise pas que la garantie ne prendrait effet qu'après encaissement de la prime, le certificat de garantie provisoire, qui constitue une note de couverture au sens de ce texte, engage l'assureur alors même que la prime correspondante ne serait pas payée. Il en résulte que s'il entend dénier cette garantie pour non-paiement de la prime, l'assureur est tenu de se conformer aux prescriptions de l'art. L. 113-3 C. assur. • Civ. 1re, 25 oct. 1994, nº 92-15.857 P : *RGAT 1994. 1136, note Landel ; RCA 1995. Chron. 3 par Durry.* ♦ En revanche, la garantie de l'assureur est écartée si la garantie stipulée au contrat d'assurance était en réalité subordonnée à la condition suspensive de l'encaissement de chèque afférent à la première prime. • Crim. 17 janv. 1996 : *RGDA 1996. 587, note Maurice.*

11. Prélèvement bancaire automatique. Ayant relevé qu'une société avait accepté le paiement des primes par prélèvement automatique sur son compte bancaire, et que des échéances n'avaient pas été payées en raison du découvert de ce compte, une cour d'appel a pu en déduire un comportement fautif de la société. • Civ. 1re, 16 juin 1998, nº 95-21.066 P.

12. Compensation entre l'assureur et le souscripteur. Après avoir fixé l'indemnité due à la suite d'un sinistre, les juges du fond peuvent faire jouer la compensation de plein droit avec une prime échue et demeurée impayée. • Civ. 1re, 22 nov. 1989, n° 87-17.361 P : *RGAT 1990. 91, note Margeat et Landel.* ♦ V. égal. : • Civ. 1re, 2 nov. 1966 : *Bull. civ. I, n° 486 ; RGAT 1967. 343.* ♦ Mais un assuré ne peut compenser sa dette de prime avec une indemnité de sinistre, si cette dernière n'est, en raison du refus de prise en charge par l'assureur, ni certaine, ni liquide, ni exigible. • Civ. 1re, 13 févr. 1979, n° 77-10.882 P : *RGAT 1980. 63.*

13. Compensation entre l'assureur et le tiers victime. Selon l'art. 1289 C. civ., la compensation ne s'opère qu'entre deux personnes qui se trouvent débitrices l'une envers l'autre. Il en résulte que si, aux termes de l'art. L. 112-6 C. assur., l'assureur peut opposer au porteur de la police ou au tiers qui en invoque le bénéfice les exceptions opposables au souscripteur originaire, cette disposition n'autorise pas l'assureur de responsabilité à déduire de l'indemnité due à la victime le montant des primes échues à la date du sinistre et non réglées. • Civ. 1re, 31 mars 1993, n° 90-17.727 P : *D. 1993. 519, note Larroumet ; RCA 1993, n° 210 et Chron. 18, par Groutel ; RGAT 1993. 635, note Beauchard* • Civ. 1re, 28 avr. 1993, n° 90-17.727 P : *D. 1993. 519, note Larroumet .* ♦ *Contra* antérieurement : Il résulte de l'art. L. 112-6 C. assur. que l'assureur peut opposer au tiers qui invoque le bénéfice de la police les exceptions opposables au souscripteur originaire qui sont antérieures à la survenance du dommage. En conséquence, viole cette disposition la cour d'appel qui refuse à l'assureur, envers lequel l'assuré restait redevable de primes échues lors du sinistre, le bénéfice de la compensation avec l'indemnité due à la victime. • Civ. 1re, 3 nov. 1981, n° 80-14.411 P : *RGAT 1982. 353* • 30 avr. 1985, n° 84-10.818 P : *RGAT 1985. 406, note Viney* • 4 oct. 1989, n° 87-13.846 P • 3 janv. 1991, n° 88-14.314 P : *RGAT 1991. 340, note Margeat et Landel* • 28 janv. 1992 : *RGAT 1992. 283, note Maurice.*

14. Compensation entre l'assureur et le créancier titulaire d'une sûreté réelle sur la chose assurée. Les dispositions de l'art. 11 de la L. du 13 juill. 1930, devenu l'art. L. 112-6 C. assur., permettant à l'assureur d'opposer au tiers qui invoque le bénéfice de la police les exceptions opposables au souscripteur d'origine et qui sont antérieures à la survenance du dommage, c'est à bon droit qu'une cour d'appel a estimé qu'un assureur pouvait retenir les primes échues à la date de l'accident et dont son assuré était redevable sur le montant de l'indemnité que la compagnie devait à ce dernier pour son sinistre et dont le créancier gagiste demandait l'attribution directe en application des dispositions de l'art. 37 de la loi du 13 juill. 1930, devenu l'art. L. 121-13 C. assur. • Civ. 1re, 4 juill. 1978, n° 77-10.681 P : *RGAT 1979. 69.* • 21 nov. 1979, n° 78-11.976 P : *RGAT 1980. 352.*

f. Imputation

15. Recherche de l'intention du souscripteur. Prive sa décision de base légale au regard de l'art. 1253 C. civ., la cour d'appel qui, pour décider que les sommes versées par le souscripteur devaient s'imputer sur la dette la plus ancienne, énonce que le souscripteur avait effectué deux règlements sans indiquer expressément quelle dette il entendait acquitter, sans rechercher s'il ne résultait pas d'une lettre et du montant des règlements effectués que le souscripteur avait entendu, de manière non équivoque, imputer ses paiements sur une autre dette dont le montant lui avait également été réclamé. • Civ. 1re, 6 oct. 1993, n° 90-16.493 : *RGAT 1994. 101, note Mayaux ; RTD civ. 1994. 608, obs. Mestre .*

16. En l'absence d'indication du souscripteur. En cas de pluralité de contrats et de paiement partiel des primes arriérées, si le débiteur ne donne pas d'indication quant à l'affectation dudit paiement, il appartient au juge, conformément à l'art. 1256 C. civ., de l'imputer sur la dette que le débiteur avait le plus d'intérêt à acquitter, en l'espèce la prime d'une assurance automobile en raison des sanctions pénales attachées au défaut d'assurance. • Amiens, 26 avr. 1979 : *D. 1980. IR 182, obs. Berr et Groutel ; RGAT 1980. 511, note Besson.* ♦ ... Ou la prime venant à échéance plutôt que la prime échue, dans la mesure où l'échéance d'une nouvelle prime annuelle met fin à la suspension de garantie provoquée par la mise en demeure de payer la précédente. • Civ. 1re, 9 déc. 1997 : *RGDA 1998. 76, note Kullmann.* ♦ Mais, en cas de pluralité de contrats d'assurance, l'imputation doit se faire sur chacun d'eux, au prorata, et non sur la seule police sinistrée. • Lyon, 13 nov. 1980 : *RGAT 1982. 56.*

g. Preuve

17. Charge de la preuve. Il incombe à l'assuré de prouver que le paiement de la prime est antérieur à la veille du jour de remise en vigueur du contrat. • Civ. 2e, 5 oct. 2006 : *RCA 2006, n° 385, note Groutel.* ♦ ... Mais c'est à l'assureur, qui a accepté puis encaissé le chèque, de démontrer que cet effet lui avait été remis ou adressé à une date postérieure à la veille de ce jour. • Civ. 2e, 16 nov. 2006 : *RCA 2007, n° 103, note Groutel.*

18. Mode de preuve. La remise d'une quittance par l'assureur vaut preuve du paiement de la prime par le débiteur. • Civ. 24 févr. 1943 : *DC 1943. 122, note P. L.-P.* ♦ Mais tel n'est pas le cas pour une attestation d'assurance, même si elle entraîne une présomption de garantie. • Civ. 1re, 29 oct. 1979 : *RGAT 1980. 219.* ♦ La photocopie d'un relevé de compte bancaire mentionnant le débit d'un chèque du montant litigieux et celle d'une lettre du courtier d'assurance, mandataire de l'assuré, qui avait réclamé ladite somme, sont insuffisantes à démontrer que le règlement du complément de prime, opéré par un chèque libellé à l'ordre du courtier, est bien parvenu à l'assureur. • Civ. 1re, 24 févr. 2004 : *RGDA 2004. 408, note Kullmann.* ♦ Toutefois, il a été jugé que la preuve du paiement pouvait être établie par les alllégations du souscripteur, qui prétendait avoir adressé à l'assureur un chèque bancaire, chèque qui s'était perdu par la suite mais dont elle avait précisé les références par une lettre. • Crim. 27 sept. 1988 : *RGAT 1989. 52, note Bigot.*

h. Divers

19. Résiliation en cas de majoration de prime. Dans l'hypothèse où une police d'assurance prévoit une possibilité de résiliation du contrat, au cas de majoration de la prime, dans un certain délai suivant celui où l'assuré a eu connaissance de la majoration, il appartient à l'assureur, qui prétend, pour s'opposer à une demande de résiliation, que celle-ci lui a été adressée après l'expiration du délai imparti, de justifier de la date à laquelle il a donné connaissance à l'assuré de la majoration de la prime. • Civ. 1re, 17 oct. 1979 : *Bull. civ. I, n° 250.*

B. DÉCLARATION DU RISQUE

1° DÉCLARATION INITIALE

a. Système de la déclaration spontanée à la loi du 31 déc. 1989

20. Étendue de la déclaration. Le risque assuré étant la responsabilité de l'assuré et non son insolvabilité éventuelle, ce dernier n'a pas à déclarer la résiliation d'un contrat antérieur pour défaut de paiement de la prime. • Civ. 1re, 14 mai 1991 : *RCA 1991, n° 303; RGAT 1991. 331* • 24 avr. 1979, n° 77-15.028 P. ♦ De même, l'assuré n'a pas à déclarer spontanément des éléments d'appréciation du risque que l'assureur aurait pu connaître par lui-même, puisque l'un de ses inspecteurs avait vérifié les installations de l'entreprise à assurer contre l'incendie. • Civ. 1re, 10 mai 1977, n° 76-10.427 P : *D. 1978. IR 235, obs. Berr et Groutel.*

21. Pratique du questionnaire. C'est à l'assuré qu'il incombe de déclarer à l'assureur les circonstances de nature à lui faire apprécier le risque à courir, le questionnaire figurant dans la proposition d'assurance n'ayant pour but que d'attirer l'attention de l'assuré sur ces circonstances. • Civ. 1re, 3 déc. 1974, n° 73-12.610 P. ♦ Cependant, l'exactitude des déclarations faites par le souscripteur en exécution de l'art. L. 113-2 [anc.] C. assur. doit s'apprécier en fonction des questions posées par l'assureur. • Crim. 23 avr. 1991 : *RCA 1991, n° 221.* ♦ V. égal. : • Civ. 1re, 7 déc. 1982, n° 81-13.596 P • 2 juill. 1985, n° 84-12.605 P : *D. 1986. 509, note Groutel.* ♦ Aussi, il ne peut être reproché au souscripteur de n'avoir pas fait de déclaration allant au-delà de la seule question posée au jour de la souscription du contrat. • Civ. 1re, 17 mars 1993 : *RGAT 1993. 547, note Maurice.*

b. Système du questionnaire fermé issu de la loi du 31 déc. 1989

22. Déclarations limitées au questionnaire. Selon l'art. L. 113-2, 2°, l'assuré est tenu de répondre exactement aux questions contenues dans le formulaire de déclaration du risque par lequel l'assureur l'interroge, lors de la conclusion du contrat, sur les circonstances qui sont de nature à lui faire apprécier les risques qu'il prend en charge. Dès lors prive sa décision de base légale la cour d'appel qui annule un contrat d'assurance sur le fondement de l'art. L. 113-8, en se fondant sur la réticence dolosive du souscripteur, sans constater que l'assureur avait, au moment de la souscription du contrat, posé une question qui aurait dû conduire l'assuré à lui déclarer un élément propre à modifier l'appréciation du risque par l'assureur. • Civ. 2e, 15 févr. 2007, n° 05-20.865 P : *D. 2007. 1635, note Noguéro ; RCA 2007, n° 172, note Groutel; D. 2008. 121, note Groutel ; RDI 2007. 320, note Dessuet ; RGDA 2007. 327, note Abravanel-Jolly.* ♦ V. dans le même litige confirmant cette décision et affirmant : l'assureur, qui, conformément aux dispositions de l'art. L. 113-2, n'a pas posé à l'assuré une question qui aurait dû conduire ce dernier à lui déclarer la procédure de contrôle, n'est pas fondé à se prévaloir d'une réticence ou de fausse déclaration émanant de ce dernier. Faire droit à une demande de nullité du contrat d'assurance sur le fondement de l'art. 1116 C. civ. reviendrait à vider l'art. L. 113-2 C. assur. de sa substance : en effet, il serait contradictoire d'exiger de l'assureur qu'il pose une question devant conduire l'assuré à lui déclarer la procédure de contrôle en cours et dans le même temps de retenir que l'assuré devait nécessairement déclarer cet événement. • Civ. 2e, 3 juin 2010 : *RCA 2010, n° 233, note Groutel.* ♦ V. égal. : • Civ. 2e, 9 avr. 2009 : *RCA 2009, n° 159, note Groutel; D. 2009. 2406, note Noguéro* • Civ. 2e, 4 oct. 2008, n° 17-24.643 : *RCA 2019, n° 30.*

23. Caractère précis des questions. Dans son pouvoir souverain d'appréciation, une cour d'appel a pu estimer, d'abord, que les questions posées dans le formulaire de déclaration du risque étaient précises, ensuite, que la réponse apportée par l'assuré à l'une d'elles constituait une fausse déclaration qui revêtait un caractère intentionnel et, enfin, que celle-ci avait changé l'objet du risque ou en avait diminué l'opinion pour l'assureur. • Civ. 2e, 29 juin 2017, n° 16-18.975 : *RGDA 2017. 477, note Mayaux; RCA 2017, n° 291, note Groutel; Gaz. Pal. 17 oct. 2017. 59, note Noguéro; LPA 22 déc. 2017, p. 14, note Hilger.* ♦ L'assureur ayant posé des questions claires qui auraient dû conduire l'assuré à déclarer les suites médicales de son angioplastie, une cour d'appel a pu en déduire que la fausse déclaration commise par l'assuré lors de son adhésion au contrat d'assurance avait été intentionnelle et de nature à modifier l'appréciation du risque. • Civ. 2e, 6 mars 2014, n° 13-12.136 : *RCA 2014, n° 248; RGDA 2014. 261, note Asselain.* ♦ V. égal : • Civ. 2e, 17 nov. 2016, n° 15-24.819 : *RGDA 2016. 37, note Pélissier.*

24. Réponses non manuscrites. Dès lors que l'assuré a signé, à l'occasion de la demande d'adhésion au contrat d'assurance, un questionnaire médical après avoir apposé de sa main les mots « lu et approuvé », sous la mention pré-imprimée affirmant qu'elle certifiait sincères et véritables les réponses apportées aux questions, il importait peu que les réponses n'aient pas été inscrites de sa main, puisque, par sa signature, l'assuré affirmait que celles-ci étaient exactes. • Civ. 2e, 23 mai 2019, n° 18-13.493 : *RGDA août-sept. 2019. 11, note Pélissier.* ♦ Ne donne pas de base légale à sa décision, la cour d'appel qui prononce la nullité du contrat pour fausse déclaration, sans constater que l'assureur avait posé, lors de la conclusion du contrat, une question précise impliquant la révélation de la présence d'un locataire et sans préciser en quoi les dispositions des conditions particulières permettaient, le cas échéant, d'induire l'existence d'une telle question. • Civ. 2e, 21 nov. 2019, n° 18-21.325 : *RCA 2020, n° 53, note Groutel; RGDA janv. 2020. 27, note Pimbert.*

25. Déclaration prérédigée – Principe. Selon l'art. L. 113-2-2°, l'assuré est obligé de répondre exactement aux questions précises posées par l'assureur, notamment dans le formulaire de déclaration du risque par lequel celui-ci l'interroge, lors de la conclusion du contrat, sur les circonstances qui sont de nature à lui faire apprécier les risques qu'il prend en charge. Il résulte des art. L. 112-3, al. 4, et L. 113-8 que l'assureur ne peut se prévaloir de la réticence ou de la fausse déclaration intentionnelle de l'assuré que si celles-ci procèdent des réponses qu'il a apportées auxdites questions. • Cass., ch. mixte, 7 févr. 2014 : *D. actu. 27 févr. 2014, note de Ravel d'Esclapon; RCA 2014, n° 99, note Groutel; ibid. 2015. Chron. 1, n° 24, note Groutel; D. 2014. 1074, note Pélissier; RGDA 2014. 196, note Kullmann et Mayaux; ibid., obs. Bigot; AJCA 2014. 31, note Perdrix; RDI 2014. 217, note Dessuet; Gaz. Pal. 29 avr. 2014, p. 13, note Noguéro* • Civ. 2e, 5 mars 2020, n° 19-11.721 : *RCA 2020, n° 142* • Civ. 2e, 25 juin 2020, n° 18-24.920 : *BJDA 2020, n° 70, note R. Bigot.* ♦ L'inexactitude de la déclaration doit procéder d'une réponse à une question précise posée par l'assureur lors de la conclusion du contrat de nature à lui faire apprécier les risques pris en charge. • Civ. 2e, 11 juin 2015, n° 14-14.336 P : *D. 2015. 1317; RGDA 2015. 340, note Kullmann; Gaz. Pal. 1er sept. 2013, p. 14, note Noguéro; RCA 2015, n° 271, note Groutel.* • Crim. 21 oct. 2014, n° 13-85.178 : *D. actu. 13 nov. 2014, note de Ravel d'Esclapon* • Crim. 31 mai 2016, n° 15-82.252 : *RCA 2016, n° 261, note Groutel* • Civ. 2e, 4 oct. 2018, n° 17-25.967 : *RCA 2019, n° 30; RGDA 2018. 546, note Pélissier.* ♦ La nullité du contrat n'est pas encourue pour fausse déclaration intentionnelle lorsque l'assureur n'a remis à son assuré aucun questionnaire préalable à la conclusion du contrat d'assurance et lorsqu'il oppose simplement la clause figurant aux conditions particulières du contrat d'assuré signé par l'assuré et ainsi rédigé « Annulation ou suspension du permis sur les soixante derniers mois : le preneur d'assurance déclare que le conducteur désigné : – n'a pas fait l'objet d'une annulation ou suspension du permis pour alcoolémie, usage de stupéfiants, délit de fuite, – n'a pas fait l'objet d'une annulation ou suspension du permis de plus de trente jours pour tout autre motif », cette clause ne constituant pas une question posée à l'assuré. • Civ. 2e, 3 juill. 2014 : *RGDA 2014. 443, note Pélissier; RCA 2014, n° 352, note Groutel; RDI 2014. 577, note Dessuet.* ♦ ...Ou lorsque qu'il oppose un bulletin d'adhésion, signé sans la moindre restriction par l'adhérent, comportant plusieurs propositions soumises à son approbation et, en particulier, celles selon lesquelles l'intéressé déclarait ne pas suivre un traitement médical régulier et ne pas être sous surveillance médicale. • Civ. 2e, 11 sept. 2014 : *RDI 2014. 577, obs. Dessuet; RGDA 2014. 501, note Kullmann; RCA 2015, n° 31.* ♦ ... Ou lorsqu'il produit un document intitulé « dispositions particulières » portant le mot « non » au regard de la mention « sanction pour alcoolémie depuis 2006 », ce document, qui n'est signé qu'en sixième et dernière pages par l'assuré, et sur lequel le mot « non » n'est pas écrit de sa main, ne suffisant pas à établir sa mauvaise foi. • Crim. 21 oct. 2014, n° 13-85.178 : *RCA 2015, n° 31.* ♦ ... Ou lorsqu'il se fonde sur une déclaration pré-imprimée, contenue dans le contrat signé par l'assuré, rédigée comme suit : « Le souscripteur déclare qu'au cours des cinq dernières années, il n'a pas fait l'objet d'un procès-verbal pour conduite sous l'empire d'un état alcoolique ou délit de fuite ». • Civ. 2e, 10 déc. 2015, n° 14-25.046 : *D. 2016. 1161, obs. Grynbaum; RCA 2015, n° 93, note Groutel.* ♦ ... Ou lorsqu'il se fonde sur une proposition d'assurance signée par le souscripteur portant la mention « je déclare que les conducteurs n'ont pas fait l'objet d'une suspension de permis de conduire ou d'une annulation de permis de conduire prononcée ou notifiée au cours des 26 derniers mois » • Civ. 2e, 4 oct. 2018, n° 17-25.967 : *RCA 2019, n° 30; RGDA 2018. 546, note Pélissier.* ♦ De même, viole les art. L. 113-2, 2°, L. 112-3, al. 4, et L. 113-8 la cour d'appel qui, pour prononcer la nullité d'une police d'assurance, énonce que l'existence de la fausse déclaration intentionnelle est parfaitement établie en l'espèce; que lors de la souscription de la police d'assurance litigieuse, l'assuré a non seulement déclaré ne pas avoir fait l'objet au cours des trente-six derniers mois de sanctions pour des faits en relation avec la conduite d'un véhicule automobile, mais a également certifié l'exactitude de ses déclarations au visa des art. L. 113-8 et L. 113-9, en apposant sa signature précédée de la mention « lu et approuvé »; qu'il est pourtant avéré qu'il avait été condamné définitivement trois semaines auparavant par jugement à la peine de six mois de suspension de permis de conduire pour des faits en relation avec la conduite d'un véhicule terrestre à moteur puisqu'il a été reconnu coupable de conduite sous l'empire d'un état alcoolique ; qu'il en résulte que l'assuré a signé ce contrat alors qu'il ne disposait plus de son permis de conduire ; que l'absence de production par l'assureur du questionnaire prévu par le texte précité est à cet égard sans emport, s'agissant de déclarations faites par l'assuré lui-même lors de la signature des conditions particulières de son contrat d'assurance ; que rien à l'examen du document litigieux ne permet de considérer qu'il s'agirait là d'une réponse type de tout assuré qui n'a pas d'antécédent et qu'il convient de surcroît d'observer que cette mention apparaît de manière extrêmement claire dans le document contractuel de sorte qu'elle ne pouvait échapper à l'assuré lorsqu'il y a apposé sa signature. • Civ. 2e, 5 févr. 2015, n° 13-28.538 : *RGDA 2015. 133, note Kullmann.* ♦ Encore, viole les art. L. 113-2, 2°, L. 112-3, al. 4, et L. 113-8 la cour d'appel qui, pour prononcer la nullité d'un contrat d'assurance habitation pour fausse déclaration intentionnelle du risque, énonce que dans le contrat le souscripteur avait déclaré un niveau de protection de niveau 2 et que le souscripteur ne contestait pas qu'une fenêtre et une porte-fenêtre du salon n'étaient pas équipées de volets en bois conformes à ce niveau de protection, alors que les mentions pré-imprimées des conditions particulières du contrat d'assurance, dont l'assuré n'était pas le rédacteur, ne permettaient pas de démontrer que les indications qui y étaient portées correspondaient à des réponses données par celui-ci à des questions posées préalablement à la souscription du contrat. • Civ. 2e, 26 mars 2015, n° 14-15.204 : *AJDI 2015. 432, obs. de La Vaissière ; RCA 2015, n° 192, note Groutel.* ♦ Les mentions pré-imprimées du ticket individuel de garantie dont l'assuré n'est pas le rédacteur ne permettent pas de démontrer que les indications qui y sont portées correspondent à des réponses données par l'assuré à des questions posées préalablement à la souscription du contrat. • Civ. 3e, 8 juill. 2015, n° 13-25.223 : *RCA 2015, n° 301 ; RDI 2015. 602, note Dessuet.* ♦ A défaut de produire les réponses que l'assuré a apportées aux questions précises qui lui ont été posées lors de la conclusion du contrat, notamment dans le formulaire de déclaration des risques, la société d'assurance ne rapporte pas la preuve de la fausse déclaration intentionnelle. • Crim. 18 mars 2014 : *RCA 2014, n° 212, note Groutel ; RDI 2014, 356, note Dessuet.*

26. Déclaration pré-rédigée – Clause illicite ou abusive. Prive sa décision de base légale au regard de l'art. L. 113-2, 2°, C. assur. la cour d'appel qui, pour rejeter la demande d'une association de consommateur tendant à voir déclarer abusive ou illicite la clause comportant une déclaration d'état de santé à remplir par l'emprunteur qui adhère à l'assurance proposée par le prêteur, assimile cette déclaration à un questionnaire, en le jugeant clair et dénué d'ambiguïté. • Civ. 1re, 6 déc. 2017, n° 16-14.974 : *RGDA 2018. 106, note Pélissier ; RCA 2018, n° 91, note Groutel.*

27. Déclaration simplifiée par un choix entre deux cases à cocher. La cour d'appel, qui relève qu'avant d'apposer sa signature sous la mention pré-imprimée de la déclaration de santé par laquelle il déclarait notamment « ne pas avoir été, au cours des cinq dernières années, en arrêt partiel ou total de travail ou ne pas avoir dû interrompre (ses) activités professionnelles pour raison médicale, pendant plus de trois semaines consécutives... », l'assuré devait cocher une des deux cases correspondant aux mentions suivantes : « oui, j'ai pris connaissance de la déclaration de santé et je satisfais aux déclarations ci-dessous » ou « non, je ne satisfais pas aux déclarations ci-dessous et je m'engage à remplir le questionnaire de santé ou le rapport médical selon le cas », puis constate que l'assuré avait coché la première de ces cases alors qu'il est acquis qu'il avait, dans les cinq années précédentes, subi deux arrêts de travail et, enfin, retient que celui-ci avait ainsi dissimulé à l'assureur son état de santé réel, de sorte qu'il n'avait pas eu à remplir un autre questionnaire de santé ou un rapport médical et que cette fausse déclaration intentionnelle avait nécessairement changé l'objet du risque ou modifié l'opinion de l'assureur, a souverainement estimé que l'assuré avait répondu faussement et de manière intentionnelle à des questions précises qui lui avaient été posées par l'assureur, lors de son adhésion, sur les circonstances de nature à permettre à ce dernier d'apprécier les risques qu'il prenait en charge. • Civ. 2e, 14 juin 2018, n° 17-18.559 : *RGDA 2018. 393, note Mayaux.*

28. Déclaration simplifiée par le choix de signer une case. Par une appréciation souveraine des faits et éléments de preuve, une cour d'appel a retenu le caractère intentionnel de la fausse déclaration faite par un assuré sur son état de santé en relevant que ce dernier avait renseigné un formulaire intitulé « Déclaration de santé – Fiche de santé » en apposant sa signature dans quatre cases situées en regard de mentions pré-rédigées attestant de sa bonne santé alors qu'il consultait régulièrement un psychiatre et prenait des somnifères et anxiolytiques. Les affirmations dépourvues d'équivoque assumées par l'assuré en signant la case correspondante lui ont permis d'éluder la nécessité de répondre à un questionnaire faisant ressortir la précision et l'individualisation des questions consignées dans la fiche de santé demeurée vierge, sur laquelle figuraient notamment les questions suivantes : Avez-vous consulté un médecin ? Avez-vous un traitement médical ? Avez-vous fait des examens complémentaires ? Au cours des dix dernières années, avez-vous été atteint d'une ou de plusieurs affections suivantes, lesquelles étaient identifiées par les rubriques F à O, la H correspondant à une affection de type neurologique ou psychiatrique, telle la dépression nerveuse ou l'anxiété. • Civ. 2e, 9 déc. 2021, n° 19-22.366 : *RGDA janv.-févr. 2022. 19, note Pélissier.*

29. Non exigence d'un questionnaire écrit préalable. L'art. L. 113-2 n'impose pas l'établissement d'un questionnaire préalable écrit. • Civ. 2e, 4 févr. 2016, n° 15-13.850 : *D. actu. 24 févr. 2016, obs. Ravel d'Esclapon ; D. 2016. 691, note Noguéro ; ibid. 1161, obs. Grynbaum ; RCA 2016, n° 167, note Groutel ; RGDA 2016. n° 129, note Kullmann ; JCP G 2016, 462, note Beignier et Ben Hadj Yahia.* • Civ. 2e, 8 mars 2018 : *RGDA 2018. 245, note Asselain.* ♦ Viole l'art. 1134 C. civ. et prive sa décision de base légale au regard des art. L. 113-2, 2° et L. 113-8 C. assur. la cour d'appel qui prononce la nullité d'un contrat d'assurance au motif que l'assuré avait commis une fausse déclaration intentionnelle en déclarant lors de la souscription de ce contrat qu'il était titulaire du permis de conduire et en n'informant pas l'assureur de l'annulation de celui-ci pour perte de tous les points, alors que, d'une part, il ressortait de la lecture des « Déclarations à la souscription » que l'assuré s'était borné à répondre à la question « Permis obtenu en : 05/2004 », faisant ainsi référence à la date d'obtention de son permis de conduire, d'autre part, que la seule question posée au souscripteur, relative à ses antécédents, concernait le cas de « conduire en état d'ivresse au cours de cinq dernières années », à laquelle l'assuré a répondu de manière exacte, mais qu'aucune question ne lui avait été posée sur l'éventualité d'un retrait de permis de conduire pour perte de points attachés. • Civ. 2e, 12 juin 2014 : *RGDA 2014. 443, note Pélissier ; RCA 2014, n° 320, note Groutel.* ♦ V. égal. l'arrêt affirmant qu'au regard de constatations faisant ressortir la précision et l'individualisation des déclarations consignées dans le formulaire de déclaration des risques signé par l'assuré, une cour d'appel a souverainement décidé qu'elles correspondaient nécessairement à des questions posées par l'assureur lors de la souscription du contrat, notamment sur l'identité du conducteur principal, • Civ. 2e, 11 juin 2015, n° 14-17.971 P : *D. 2015. 1522, note Noguéro ; RGDA 2015. 340, note Kullmann ; Gaz. Pal. 1er sept. 2013, p. 17, note Noguéro ; RCA 2015, n° 271, note Groutel ; JCP 2015. 1089, note Barbaro.* ♦ V. encore l'arrêt affirmant qu'ayant constaté que le souscripteur avait apposé sa signature sous la mention « je déclare que mon habitation n'est pas équipée d'un insert ou d'un poêle », et estimé dans l'exercice de son pouvoir souverain d'appréciation de ces termes et des circonstances dans lesquelles cette déclaration était intervenue que celle-ci avait été nécessairement recueillie en réponse à une question précise, puis énoncé que s'agissant de l'installation d'un insert, la nouveauté du risque qu'elle peut représenter avait été envisagée par les parties lors de la souscription, pour en déduire que le souscripteur était tenu, légalement et contractuellement, d'aviser l'assureur de ces modifications survenues en cours de contrat, une cour d'appel a légalement justifié sa décision. • Civ. 2e, 19 nov. 2015, n° 14-17.010 : *RGDA 2016. 89, note Asselain.* ♦ N'encourt pas la cassation, l'arrêt qui, pour prononcer la nullité pour fausse déclaration du risque, retient d'abord exactement que la production par l'assureur d'un formulaire de déclaration de risque distinct du contrat d'assurance n'est rendue obligatoire par aucune disposition législative ou réglementaire et que les dispositions de l'art. L. 113-2 obligent l'assuré à répondre exactement aux questions posées par l'assureur, notamment dans le formulaire de déclaration du risque ; que l'adverbe « notamment » indique bien que les questions et leurs réponses peuvent être transcrites sur le contrat lui-même, et que les mentions relatives à l'appréciation du risque peuvent y être incluses ; relève ensuite que les conditions particulières du contrat d'assurance du 23 sept. 2008 mentionnaient que « depuis le 23 septembre 2003, les conducteurs désignés ont fait l'objet d'un PV de délit de fuite et/ou alcoolémie et/ou usage de stupéfiants : NON » et constate enfin qu'un tribunal correctionnel avait prononcé le 20 sept. 2004, contre l'assuré, une peine de trois mois d'emprisonnement assortie d'un sursis avec mise à l'épreuve pour des faits de conduite sous l'empire d'un état alcoolique. • Civ. 2e, 14 avr. 2016, n° 15-16.808 : *RCA 2016, n° 246 ; ibid. Étude 9, obs. Barbaud ; RGDA 2016. 357, note Pélissier.* ♦ L'absence de paraphe d'une page d'un avenant où figurait notamment la clause suivante : « Depuis le 11/08/2002, les conducteurs désignés : — ont fait l'objet d'un PV délit de fuite et/ou alcoolémie et/ou usage de stupéfiants ? Non — ou ont-ils été sous le coup d'une annulation ou suspension de permis de conduire de 2 mois ou plus ? Non » ne prive pas cette page et son contenu de force probante. • Civ. 2e, 14 avr. 2016 : *RCA 2016, n° 246 ; ibid. Étude 9, obs. Barbaud ; RGDA 2016. 357, note Pélissier.*

30. Déclaration rédigée – Jurisprudence antérieure de la deuxième chambre civile. Justifie légalement sa décision la cour d'appel qui, pour rejeter les demandes en garanties formées à l'égard d'un assureur, retient que l'assuré a commis, à l'occasion de la signature des contrats d'assurance, une déclaration inexacte par omission volontaire de circonstances propres à changer l'objet du risque ou à en diminuer l'opinion pour l'assureur en certifiant, de façon erronée, remplir des conditions d'adhésion, claires et sans ambiguïté, pré-rédigées par l'assureur, relatives à l'absence d'arrêt de travail pendant une certaine période. • Civ. 2e, 8 mars 2012, n° 11-10.857 P : *RGDA 2012. 619, note Asselain ; RCA 2012, n° 185 ; ibid. Repère 6, par Groutel.* ♦ Une cour d'appel a pu admettre la nullité du contrat pour fausse déclaration intentionnelle du risque en affirmant qu'il n'était pas obligatoire de remplir un questionnaire séparé, que la teneur des questions précises posées par l'assureur, au sujet de l'absence de contravention ou de condamnation pour conduite en état d'ivresse, s'induisait des réponses écrites formulées par le souscripteur, qui en avait convenu, et que le souscripteur avait pourtant dissimulé une condamnation pour conduite sous l'empire d'un état alcoolique. • Civ. 2e, 12 avr. 2012 : *RGDA 2013. 40, note Kullmann; RCA 2012, no 184; ibid. Repère 6, par Groutel.* ♦... Ou en relevant que l'assuré avait inexactement déclaré, en approuvant une réponse pré-imprimée précise ne nécessitant aucune interprétation, que son fils, désigné comme conducteur occasionnel du véhicule assuré, n'avait pas fait l'objet d'une condamnation pour conduite en état d'ivresse au cours des cinq dernières années. • Civ. 2e, 28 juin 2012 : *RGDA 2013. 40, note Kullmann; RCA 2012, no 326, note Groutel.*

31. Déclaration pré-rédigée – Jurisprudence antérieure de la chambre criminelle. Faute de produire un questionnaire sur les circonstances de nature à faire apprécier l'objet du risque pris en charge, auquel le souscripteur était tenu de répondre avant la conclusion du contrat, l'assureur n'apporte pas la preuve d'une fausse déclaration intentionnelle faite de mauvaise foi par l'assuré. • Crim. 18 sept. 2007 : *D. 2009. Pan. 253, obs. Groutel; RCA 2007, no 374, note Groutel.* ♦ De même : justifie sa décision la cour d'appel qui, pour écarter l'exception de non-garantie fondée sur l'art. L. 113-8, retient, d'une part, que, si, dans les conditions particulières du contrat, figure une déclaration de l'assuré, selon laquelle il n'a pas fait l'objet d'un retrait de permis de plus de quarante-cinq jours au cours des trois dernières années, ces conditions se bornent à reprendre celles d'un précédent contrat, exception faite de données connues du seul assureur, et d'autre part que les questions alors posées à l'assuré sont ignorées. • Crim. 30 oct. 2007 : *D. 2009. Pan. 253, obs. Groutel; RCA 2008, no 39; RDI 2008. 110, obs Dessuet.* ♦V. égal. : pour vérifier le bien-fondé de l'exception de nullité fondée sur l'art. L. 113-8, les juges doivent rechercher si le souscripteur avait renseigné le formulaire de déclaration du risque prévu par l'art. L. 113-2, 2° et, dans l'affirmative, examiner son contenu et les réponses faites à toutes les questions posées par l'assureur. Ils ne peuvent donc se fonder sur la seule déclaration du souscripteur. • Crim. 27 janv. 2009 : *RGDA 2009. 476, note Landel; RCA 2009, no 119; ibid. Chron. 5, par Groutel.* ♦ Ou ... encore : doit être approuvé l'arrêt qui, pour rejeter l'exception de nullité du contrat soulevé par un assureur à raison de la fausse déclaration de l'assuré, énonce, pour refuser de s'y reporter, que l'assureur ne peut se prévaloir ni des conditions particulières, contiendraient-elles, sous une rubrique intitulée « déclarations », des dispositions présentées, sous une forme impersonnelle, comme se rapportant à des renseignements prétendument communiqués par l'assuré, ni d'une attestation recueillie de l'assuré postérieurement à la signature de la police, pour apporter la preuve de l'antériorité des questions qu'il est autorisé à poser par écrit à l'assuré avant la conclusion du contrat en application de l'art. L. 112-3, al. 4. • Crim. 10 janv. 2012, no 11-81.647 P : *JCP 2012. 692, note Mayaux; RGDA 2012. 623, note Landel; RCA 2012, no 145, note Groutel.*

32. Déclaration spontanée du souscripteur à la souscription. Si l'art. L. 113-2, 2°, impose à l'assuré d'informer l'assureur des circonstances de nature à lui faire apprécier le risque qu'il prend en charge, lorsque lui sont posées des questions, l'existence éventuelle d'une fausse déclaration intentionnelle peut aussi s'apprécier au regard des déclarations faites par l'assuré à sa seule initiative lors de la conclusion du contrat. • Civ. 3e, 8 juill. 2015, no 13-25.223 : *RCA 2015, no 301; RDI 2015. 602, note Dessuet; RDBF 2015, no 160, note Djoudi* • Civ. 2e, 17 janv. 2019, no 15-18.514 : *RCA 2019, no 121.* ♦ Le juge peut prendre en compte, pour apprécier l'existence d'une fausse déclaration, les déclarations faites par l'assuré à sa seule initiative lors de la conclusion du contrat. • Civ. 2e, 4 févr. 2016, no 15-13.850 P : *D. actu. 24 févr. 2016, obs. de Ravel d'Esclapon; RCA 2016, no 167, note Groutel; D. 2016. 691, note Noguéro.* ♦V. aussi • Civ. 2e, 3 mars 2016, no 15-13.500 P : *préc. note 25.* ♦V. auparavant : si les dispositions de l'art. L. 113-2, 2° C. assur. imposent à l'assuré d'informer l'assureur des circonstances de nature à lui faire apprécier le risque qu'il prend en charge, lorsque lui sont posées des questions, le juge peut prendre en compte, pour apprécier l'existence d'une fausse déclaration intentionnelle prévue à l'art. L. 113-8, les déclarations faites par l'assuré à sa seule initiative lors de la conclusion du contrat. Justifie, dès lors, sa décision la cour d'appel qui, ayant constaté que l'assuré avait signé une déclaration contenue dans les conditions particulières de la police d'assurance, selon laquelle il n'avait fait l'objet d'aucune réclamation au cours des cinq années précédant la souscription du contrat, alors qu'il avait été attrait en justice pour deux sinistres différents, en a tenu compte à juste titre et a souverainement décidé que cette déclaration était fausse et intentionnelle et qu'elle avait diminué l'opinion du risque pour l'assureur. • Civ. 2e, 19 févr. 2009, no 07-21.655 P : *D. 2009. AJ 810; ibid. 2788, note Mézen; Gaz. Pal. 13 févr. 2010, p. 29, note Périer; RGDA 2009. 473, note Mayaux; RCA 2009, no 119 (2e esp.); ibid. Étude 5, note Groutel; RDI 2009. 305, note Noguéro.*

33. Déclaration spontanée du souscripteur en cours de contrat. Dès lors qu'elle constatait que la fausse déclaration intentionnelle portant sur l'identité du conducteur principal, dont l'assuré reconnaissait l'existence, était intervenue en cours de contrat, une cour d'appel, qui n'avait pas à rechercher si cette déclaration spontanée procédait d'une réponse à une question précise posée par l'assureur, ni si elle avait été précédée d'une fausse déclaration au moment de la souscription du contrat, a pu valablement prononcer la nullité du contrat. • Civ. 2e, 30 juin 2016, n° 15-18.855 P : *RGDA 2016. 403, note Mayaux; RCA 2016, n° 290, note Groutel.*

34. Déclaration du risque et condition de la garantie. Prive sa décision de base légale, la cour d'appel qui, pour débouter l'assuré de ses demandes après avoir relevé que les conditions particulières du contrat conclu entre les parties précisent, d'une part, que « le souscripteur déclare que (...) il existe une installation d'alarme réalisée avec du matériel certifié A2P ou NFA2P » et, d'autre part, que ces conditions particulières « ont été établies conformément aux réponses données aux questions posées par l'assureur lors de la souscription du contrat », constate qu'il n'est pas établi que le matériel d'alarme installé par la société correspond aux normes requises par le contrat d'assurance et retient qu'il n'est pas question ici d'une « fausse déclaration » de l'assuré entraînant éventuellement la nullité du contrat, mais purement et simplement, comme le soutient l'assureur, d'un défaut d'assurance dès lors que les conditions exigées par la police ne sont pas réunies, alors que ces motifs sont impropres à établir que l'installation d'une alarme répondant à des normes spécifiques avait été érigée en condition de la garantie. • Civ. 2e, 23 mars 2017, n° 16-15.364 : *RGDA 2017. 324, note Pélissier; RDI 2017. 357, obs. Dessuet.*

c. Autres moyens d'information de l'assureur

35. Notoriété publique. A légalement justifié sa décision de ne pas tenir compte de l'absence de toute déclaration relative à la pratique de motonautisme off-shore, la cour d'appel qui a relevé qu'en acceptant la souscription, à une époque où les activités sportives de l'assuré étaient notoires et où son engagement dans la compétition « moto-nautique » en haute mer était connu du public, puis en continuant à exécuter le contrat, l'assureur avait renoncé à se prévaloir de la sanction attachée « au défaut de déclaration de la pratique de moto-nautisme off-shore ». • Civ. 1re, 2 mars 1994 : *RGAT 1994. 469, note Maurice.*

36. Recherches et vérifications de l'assureur. Mais, le nouvel assureur n'est pas tenu de se renseigner auprès de l'ancien, qui lui a été indiqué par le souscripteur, afin de savoir si ce dernier a eu des sinistres. • Civ. 1re, 15 mai 1990, n° 88-15.400 P. ♦ De même l'agent général de la compagnie d'assurance n'a pas à vérifier l'exactitude et l'étendue des déclarations de l'assuré. • Civ. 1re, 25 nov. 1980, n° 79-16.038 P : *D. 1981. IR 459, obs. Berr et Groutel* • Civ. 1re, 1er févr. 2000, n° 97-15.206 : *RGDA 2000. 608, note Fonlladosa* • Civ. 3e, 14 sept. 2017, n° 16-19.626 : *RGDA 2017. 547, note Asselain.* ♦ Il n'appartient pas à l'agent général, mandataire de l'assureur, de vérifier l'exactitude des déclarations de l'assuré quant à la valeur du bien assuré ni de le mettre en garde contre les conséquences d'une déclaration inexacte qu'il n'avait aucune raison de suspecter. • Civ. 1re, 1er févr. 2000, n° 97-15.206 : *préc.*

37. Rôle du courtier remplissant le questionnaire. Le courtier qui remplit le questionnaire agit comme mandataire de l'assuré dont il se borne à reproduire les déclarations. • Civ. 1re, 15 mai 1990, n° 88-15.400 P : *D. 1990. IR 140.* ♦ Est dépourvu de base légale le jugement qui refuse d'annuler un contrat d'assurance au motif que le questionnaire contenant des fausses déclarations a été signé, non par l'assuré, mais par un courtier d'assurances, sans rechercher si le courtier n'avait pas agi en qualité de mandataire de l'assuré. • Civ. 1re, 29 avr. 1975, n° 73-14.715 P.

d. Obligation de mise en garde de l'assureur

38. Soupçons sur la déclaration. Il n'appartient pas à l'agent général de mettre en garde l'assuré contre les conséquences d'une déclaration inexacte qu'il n'avait aucune raison de suspecter. • Civ. 1re, 1er févr. 2000, n° 97-15.206 : *RGDA 2000. 608, note Fonlladosa.*

e. Objet de l'information

39. Question sur les assurances multiples de personnes. Si les assurances contre les accidents atteignant les personnes ne sont pas soumises au principe indemnitaire et si elles échappent ainsi aux dispositions de l'art. L. 121-4 C. assur. relatives aux assurances cumulatives, elles demeurent néanmoins soumises aux dispositions de l'art. L. 113-8 du même code. Par suite, l'assureur, pour se former une exacte opinion du risque qu'il accepte de couvrir, peut imposer à l'assuré l'obligation de l'informer de l'existence des autres polices qu'il a pu souscrire. • Civ. 1re, 13 mai 1997, n° 95-14.843 P : *RCA 1997, n° 319, note Groutel; D. 1997. 351, note Aubert; RGDA 1997. 829, note Kullmann.* ♦ V. auparavant *contra* : aux termes de l'art. L. 131-1, dont les dispositions sont d'ordre public, en matière d'assurance sur la vie et d'assurance contre les accidents atteignant les personnes, les sommes assurées sont fixées par le contrat. Il en résulte que les contrats d'assurances de ce type ne sont pas soumis au principe indemnitaire et qu'ils échappent, ainsi, aux dispositions de l'art. L. 121-4 relatives aux assurances cumulatives. Par suite, doit être réputée non écrite la clause du contrat d'assurance qui imposait à l'assuré l'obligation d'informer la compagnie de l'existence des autres polices qu'il avait pu souscrire, précédemment ou ultérieurement, pour le même risque, en ce qu'elle stipulait que le seul manquement à cette obligation pouvait entraîner la nullité du contrat. • Civ. 1re, 14 mai 1991, n° 87-16.004 P : *RCA 1991, n° 312; ibid. Chron. 20, par Groutel; RGAT 1991. 623, note Kullmann.*

2° AGGRAVATION DU RISQUE

40. Aggravation du risque après la déclaration initiale et avant la conclusion du contrat. Tenu de répondre exactement aux questions posées notamment dans le formulaire de déclaration du risque lors de la conclusion du contrat d'assurance, sur les circonstances qui sont de nature à faire apprécier par l'assureur les risques qu'il prend en charge, l'assuré doit déclarer ensuite, serait-ce avant la conclusion du contrat, les circonstances nouvelles qui ont pour conséquence soit d'aggraver les risques, soit d'en créer de nouveaux, et qui rendent de ce fait caduques les réponses précédemment faites à l'assureur. • Civ. 1re, 31 mars 1998, n° 95-21.986 P : *RCA 1998, n° 215, note Groutel; Gaz. Pal. 1998. 2. 559, note Favre-Rochex; RGDA 1998. 253, note Favre-Rochex* • Civ. 2e, 22 janv. 2004, n° 02-20.532 P : *Gaz. Pal. 2004. 2471, note Favre-Rochex; RCA 2004, n° 117, obs. Groutel.*

41. Aggravation du risque après la conclusion du contrat. L'assuré n'a l'obligation de déclarer, en cours de contrat, les circonstances nouvelles ayant pour conséquence d'aggraver les risques ou d'en créer de nouveaux que lorsqu'elles rendent de ce fait inexactes ou caduques les réponses, lors de la conclusion du contrat, aux questions posées par l'assureur. • Crim. 15 déc. 2005, n° 14-85.225 : *RCA 2016, n° 93, note Groutel.* ♦ V. déjà dans le même sens : • Civ. 2e, 15 mai 2008, n° 07-13.508 P • Civ. 1re, 24 juin 1997, n° 95-17.994 P : *Gaz. Pal. 1997. 2. Somm. 536; RGDA 1997. 1009, note Fonlladosa.* ♦ Ainsi, les locaux d'une société ayant été partiellement détruits par un incendie, ne donne pas de base légale à sa décision au regard des art. L. 113-2, 3° et L. 113-9 une cour d'appel qui, pour décider que l'assureur était fondé à faire application de la règle proportionnelle de primes et de capitaux, retient que des circonstances nouvelles avaient eu pour résultat de modifier le risque assuré et auraient dû être portées à la connaissance de cet assureur, sans constater que l'absence de déclaration avait pour conséquence de rendre inexactes ou caduques les réponses faites, lors de la conclusion du contrat d'assurance, aux questions posées par l'assureur. • Civ. 2e, 22 janv. 2009, n° 08-10.294 P : *D. 2009. AJ 372 ; JCP E 2009. 1623, n° 6, obs. Courtieu; RGDA 2009. 99, note Mayaux.* ♦ De même, prive de base légale sa décision au regard de l'art. L. 113-2 la cour d'appel qui prononce la nullité du contrat d'assurance sans rechercher si les changements invoqués dans l'état de santé de l'assuré avaient eu pour conséquence d'aggraver les risques ou d'en créer de nouveaux et de rendre de ce fait inexactes ou caduques les réponses apportées au questionnaire médical de l'assureur. • Civ. 2e, 22 janv. 2009 : *RGDA 2009. 100, note Mayaux; RCA 2009, n° 116, note Leduc.*

42. Illustrations en assurance incendie. Est nul, par application de l'art. L. 113-2 (3°), le contrat d'assurance souscrit pour un immeuble collectif à usage d'habitation si, avant sa destruction par un incendie, le souscripteur a omis de déclarer qu'il était occupé par des « marginaux » qui y accédaient librement. • Civ. 1re, 30 sept. 1997 : *RCA 1997, n° 381, note Groutel; RGDA 1997. 1007, note Fonlladosa.*

43. Illustrations en assurance automobile. Jugé, sous l'empire des dispositions antérieures à la L. du 31 déc. 1989, que, si les parties à un contrat d'assurance peuvent librement convenir de restreindre l'usage du véhicule assuré à une utilisation déterminée, le dépassement de la limitation stipulée ne constitue pas un cas de non-assurance mais un cas d'aggravation du risque. • Civ. 1re, 3 mai 1977, n° 76-10-119 P : *D. 1978. 1, note Berr et Groutel.* ♦ Les contrats d'assurance de responsabilité obligatoire prévus par l'art. L. 211-1 doivent couvrir la responsabilité civile de toute personne ayant la garde ou la conduite même non autorisée du véhicule, et les clauses d'exclusion de garantie qu'ils peuvent comporter sont limitativement prévues par le législateur. En conséquence, viole ce texte ainsi que les art. L. 211-5, R. 211-10 et R. 211-11 l'arrêt qui, dans le cas d'un accident de la circulation causé par un salarié lors d'un déplacement professionnel effectué avec son véhicule personnel, retient la garantie de la compagnie d'assurance couvrant la responsabilité civile de l'employeur et écarte celle qui couvrait le salarié pour un usage de son véhicule. • Civ. 1re, 9 juill. 2003 : *D. 2003. 2520, concl. Sainte-Rose ; RCA 2003, n° 300, obs. Groutel; RGDA 2003. 724, note Landel.* ♦ ... Si les parties à un contrat d'assurance automobile sont libres de prévoir que le conducteur d'un véhicule automobile devra réunir certaines conditions, comme être âgé de 25 ans ou titulaire du permis de conduire depuis plus d'un an, toute inobservation d'une telle clause de nature à accroître le risque constitue non un cas de non-assurance, mais un cas d'aggravation du risque devant faire l'objet d'une déclaration préalable à l'assureur sous peine des sanctions prévues aux art. L. 113-8 ou L. 113-9 • Civ. 1re, 3 juin 1980, n° 78-15.581 P : *D. 1981. IR 458, obs. Berr et Groutel.* ♦ De même, l'assuré est tenu d'informer l'assureur du changement de conducteur habituel. • Civ. 2e, 16 juin 2011 : *RCA 2011, n° 339.* ♦ En revanche, sous l'empire des dispositions antérieures au Décr. du 7 janv. 1986, il a été jugé que l'adjonction, au véhicule assuré, d'une remorque d'une catégorie dont le poids total en charge était supérieur au poids maximum fixé par la police, modifiait l'instrument du risque et constituait un cas de non-assurance, lequel ne se confond pas avec une simple aggravation du risque non déclarée. • Civ. 1re, 10 juin 1981, n° 80-12.346 P : *D. 1982. IR 384, obs. Berr et Groutel* • 8 mars 1983, n° 82-10.045 P • 23 juin 1993, n° 90-16.039 P.

44. Responsabilité de l'administrateur judiciaire. Il appartient à l'administrateur judiciaire chargé d'une mission de surveillance, de s'assurer de l'efficacité de l'assurance de responsabilité décennale souscrite par le débiteur en vérifiant que le risque avait bien été exactement déclaré. • Civ. 3e, 22 oct. 2014 : *D. 2014. 2172 , et les obs. ; RDI 2014. 652, obs. Noguéro ; RGDA 2014. 21, note J.-P. Karila.*

45. Responsabilité du courtier. Le courtier est tenu de vérifier que les renseignements transmis, qu'il appartenait à l'assurée de déclarer spontanément, en application de l'art. L. 113-2, al. 1er et 3, avaient été suivis d'une modification effective du contrat d'assurance, garantissant sa cliente contre les risques d'une réduction proportionnelle pour déclaration inexacte ou incomplète. • Civ. 1re, 30 sept. 2015, ⚖ no 14-19.613 P : *RCA 2015, no 342 ; RGDA 2015. 526, note Langé ; JCP 2016. Doctr. 732, no 22, note Langé.*

3o RISQUE NOUVEAU

46. Nouveau contrat. La proposition, tant au fond que dans la forme choisie par l'assuré, ne pouvait être considérée comme une dénonciation de l'aggravation du risque portée à la connaissance de l'assureur mais comme une demande de souscription d'un nouveau contrat qui n'avait pas été acceptée par celui-ci qui était, en conséquence, non tenu de garantir le sinistre. • Civ. 2e, 3 sept. 2009, ⚖ no 08-19.597 : *RCA 2009, no 336, note Leduc ; RGDA 2009. 1147, note Mayaux* (pour une multirisque des professionnels et une proposition d'assurance portant sur de nouveaux locaux mitoyens de ceux déjà assurés).

C. DÉCLARATION DU SINISTRE

a. Modalités

47. Destinataire. La déclaration du sinistre est valablement faite au mandataire apparent de la compagnie d'assurances, en l'occurrence un courtier. • Civ. 1re, 28 juin 1983, ⚖ no 82-11.289 P. ♦ De même ayant retenu qu'un assureur, qui était en rapport constant avec un courtier, lui fournissait des formulaires de proposition d'assurance portant l'en-tête de la compagnie, lui avait donné des directives précises pour l'établissement de la police et lui avait laissé le soin d'encaisser les primes, une cour d'appel a pu en déduire que l'assureur avait donné un mandat spécial au courtier aux fins de gérer pour son compte le contrat d'assurance souscrit par l'assuré et que, par suite, le courtier était habilité à recevoir la déclaration de sinistre au nom de la compagnie. • Civ. 1re, 23 juin 1993 : ⚖ *RGAT 1993. 788, note Margeat.* ♦ Validité de la déclaration à l'agent général, représentant de la compagnie, même s'il ne l'a pas transmise à cette dernière. • Civ. 1re, 7 déc. 1976 : *D. 1977. IR 178, obs. Berr et Groutel.*

48. Point de départ du délai de déclaration. Le délai imparti à l'assuré pour aviser la compagnie d'assurances a pour point de départ la connaissance du sinistre par celui-ci, c'est-à-dire la connaissance à la fois de l'événement et des conséquences éventuellement dommageables de nature à entraîner la garantie de l'assureur de responsabilité. • Civ. 20 juill. 1942 : *DC 1942. 129, note P. L.-P. ; JCP 1942. II. 2044 ; GADA p. 102, obs. Berr et Groutel.* ♦ Ainsi, dans une assurance contre les accidents corporels, le délai de déclaration commence à courir le jour où l'assuré acquiert la certitude que l'accident va entraîner pour lui des conséquences permanentes. • Civ. 1re, 25 mai 1976, ⚖ no 75-10.186 P : *RGAT 1977. 191, note Besson.* ♦ Dans une assurance des pertes d'exploitation, souscrite par un laboratoire pharmaceutique, le point de départ du délai de déclaration du sinistre consécutif au retrait de l'autorisation de mise sur le marché d'un produit se situe au jour où l'assuré a eu connaissance du retrait, et non pas au jour de la notification officielle de l'arrêté de suspension. • Civ. 1re, 8 oct. 1996 : ⚖ *RGDA 1997. 157, note Kullmann.* ♦ Dans les assurances de responsabilité, selon le système légal, le point de départ du délai de déclaration est la réclamation de la victime. • Civ. 1re, 9 janv. 1973 : ⚖ *RGAT 1973. 366, note Besson.*

49. Période de déclaration. Les dispositions de l'art. L. 113-2 C. assur., déclarées d'ordre public par l'art. L. 111-2 du même code, n'autorisent pas d'autres modifications conventionnelles que la prorogation de délai. • Civ. 1re, 20 oct. 1992 : ⚖ *RGAT 1993. 99, note Maurice, RCA 1992, no 463* • 5 oct. 1994 : ⚖ *RGAT 1994. 1126, note Mayaux ; RCA 1994, no 414.* ♦ Aux termes de l'art. L. 113-2 C. assur., l'assuré s'oblige à donner avis à l'assureur, dès qu'il en a eu connaissance et au plus tard dans les cinq jours de tout sinistre de nature à entraîner la garantie de celui-ci. Il résulte de ce libellé que l'avis doit être expédié, mais non nécessairement reçu dans les cinq jours ; qu'en outre, s'agissant d'un délai fixé en jours, le *dies a quo* ne doit pas être compté. • Civ. 1re, 21 févr. 1989, ⚖ no 87-13.223 P : *D. 1989. IR 81 ; RCA 1989, no 161 ; ibid. Chron. 14, par Groutel ; RGAT 1989. 421, note Kullmann.*

50. Impossibilité de respecter le délai. Les juges du fond doivent préciser si l'impossibilité absolue de déclarer le sinistre dans le délai prévu, constitutive de l'état de force majeure, s'est étendue du jour de l'accident au jour de la déclaration de celui-ci à la compagnie d'assurance. • Civ. 1re, 1er déc. 1969 : *RGAT 1970. 515.*

51. Formes. L'assureur ne peut imposer valablement une forme déterminée pour la déclaration du sinistre. • Civ. 4 juin 1945 : *RGAT 1945. 151, note Besson.* ♦ L'art. L. 113-2 C. assur., dont les dispositions, déclarées d'ordre public par l'article L. 111-2 du même code, n'autorisent pas d'autres modifications conventionnelles que la prorogation de délai, n'exige aucune forme particulière pour la déclaration imposée à l'assuré. • Civ. 1re, 20 oct. 1992 : ⚖ *RGAT 1993. 99, note Maurice, RCA 1992, no 463* • 5 oct. 1994 : ⚖ *RGAT 1994. 1126, note Mayaux ; RCA 1994, no 414.* ♦ ... Mais une simple allusion à l'accident sans indication de la date ni du lieu où il s'est produit ne constitue pas une déclaration valable. • Civ. 1re, 25 mai 1976, ⚖ no 75-10.186 P : *RGAT 1977. 191, note Besson.*

52. Mention erronée. La mention erronée sur une déclaration de sinistre d'un contrat ne couvrant pas ce risque ne saurait suffire à soustraire l'assureur à son obligation à garantie au titre d'un autre contrat régulièrement souscrit par le même assuré. • Civ. 2e, 20 déc. 2007 : *RCA 2008, n° 80.*

53. *Preuve.* Il incombe à l'assuré, si la déclaration du sinistre dans le délai est contestée, de justifier de l'exécution de cette obligation. • Civ. 1re, 16 juill. 1964 : *RGAT 1965. 42, note Besson* • 31 mars 1993, n° 91-11.866. ♦ Il résulte de l'art. L. 113-2 C. assur., en sa rédaction antérieure à la loi du 31 déc. 1989, et de l'art. art. 1315 C. civ., qu'il appartient en revanche à l'assureur, au cas où il ne conteste pas le fait même de la remise matérielle, à un agent de sa compagnie, de la déclaration écrite de sinistre, d'établir que, contrairement à l'affirmation de l'assuré, la déclaration a été faite tardivement. • Civ. 1re, 27 avr. 1994, n° 92-10.484 P : *RCA 1994, n° 273 ; ibid. Chron. 21, par Groutel.*

54. *Pouvoir souverain des juges du fond.* Les juges du fond apprécient souverainement si un accident a été déclaré à l'assureur dans le délai prévu par la police, dès lors que celle-ci ne soumet cette déclaration à aucune forme particulière. • Civ. 1re, 2 mars 1994, n° 92-13.266 P.

b. Déchéance de garantie pour déclaration tardive

55. *Application de la loi dans le temps.* L'art. L. 113-2, qui subordonne la déchéance de la garantie en cas de déclaration tardive du sinistre à la preuve, par l'assureur, d'un préjudice résultant pour lui du retard dans la déclaration, s'applique aux contrats en cours, dès lors que le sinistre est survenu après le 1er mai 1990, date de son entrée en vigueur. • Civ. 1re, 7 oct. 1998, n° 96-18.595 P : *RCA 1998, n° 398, note Groutel ; RGDA 1999. 105, note Mayaux.*

56. *Déchéance inopposable.* L'art. L. 113-2, 4°, déclaré d'ordre public par l'art. L. 111-2 C. assur., dispose, d'une part, que l'assuré est obligé de donner avis à l'assureur, de tout sinistre de nature à entraîner la garantie de celui-ci, dès qu'il en a eu connaissance et au plus tard dans le délai fixé par le contrat, qui ne peut être inférieur à cinq jours ouvrés mais peut être prolongé d'un commun accord entre les parties et, d'autre part, que lorsqu'elle est prévue par une clause du contrat, la déchéance pour déclaration tardive ne peut être opposée à l'assuré que si l'assureur établit que le retard dans la déclaration lui a occasionné un préjudice. Il s'en déduit que l'assureur ne peut opposer à l'assuré une déchéance pour déclaration tardive lorsque le contrat applicable ne comporte pas de clause l'édictant ou lorsque la clause la prévoyant n'est pas conforme à ces dispositions, qui n'autorisent pas d'autres modifications conventionnelles que la prorogation du délai de déclaration de sinistre. Ainsi, la clause de déchéance, prévoyant un délai de déclaration de sinistre inférieur au délai minimal légal de cinq jours ouvrés, n'est pas opposable à l'assuré. • Civ. 2e, 21 janv. 2021, n° 19-13.347 : *D. 2021. 133 ; ibid. 892, note Beignier et Ben Hadj Yahia ; RGDA févr. 2021. 20, note Bros ; RCA 2021, n° 79 ; ibid. Étude 5 par Leduc ; RDI 2021. 364, note Noguéro.*

57. *Exigence d'une clause portée à la connaissance de l'assuré.* La déchéance de garantie pour déclaration du sinistre n'est pas opposable à l'assuré si elle ne fait pas l'objet d'une clause dans la police. • Civ. 1re, 24 févr. 1965 : *RGAT 1965. 472* • Civ. 2e, 6 févr. 2014 : *RCA 2014, n° 177 ; ibid. 2015. Chron. 1, n° 30, note Groutel ; D. 2015. 1239, note Noguero* • Civ. 2e, 4 juill. 2019, n° 18-18.444 : *bjda.fr 2019, n° 64, note Néraudau et Guillot ; RCA 2019, n° 308.* ♦ ... Si l'assuré n'a eu connaissance des conditions générales contenant la clause y afférente que postérieurement au sinistre litigieux. • Civ. 1re, 21 juin 1989, n° 86-19.230 P : *D. 1989. IR 205 ; RCA 1989, n° 319.* ♦ V. égal. : • Civ. 1re, 26 févr. 1980, n° 78-15.824 P : *D. 1981. IR 175, obs. Berr et Groutel.* ♦ Il résulte, d'une part, de l'art. L. 113-2 C. assur. que la déclaration tardive du sinistre n'entraîne déchéance des droits de l'assuré qu'à la condition que cette déchéance ait été prévue au contrat, et d'autre part, de l'art. L. 112-4 du même code que l'attention de l'assuré doit être spécialement attirée sur ce type de clause. Cassation de l'arrêt qui écarte la garantie de l'assureur sans relever l'existence d'aucune clause de déchéance résultant de la tardiveté de la déclaration de sinistre. • Civ. 1re, 9 mai 1994, n° 92-12.990 P : *RGAT 1994. 647.*

58. *Exigence d'une clause rédigée en caractères très apparents.* L'obligation de faire figurer certaines mentions de la police d'assurance en caractères très apparents n'est satisfaite qu'à la condition que, grâce à leur grande lisibilité, la teneur de ces mentions ne puisse pas échapper à l'assuré. • Civ. 14 mai 1946 : *D. 1946. 281, note P. L.-P. ; RGAT 1946. 282 ; GADA, p. 156, obs. Berr et Groutel.* ♦ Si la L. du 13 juill. 1930 n'exige pas que la clause de déchéance soit imprimée en caractères différents de ceux des autres stipulations, et si l'appréciation de la grande lisibilité relève des juges du fait, une cour d'appel devait rechercher si, dans l'espèce, la lisibilité de la clause litigieuse prise isolément n'était pas contrecarrée par la similitude et le petit modèle des caractères employés pour le contexte, ainsi que le prétendait l'assuré ; en s'abstenant de s'expliquer sur ce point, elle n'a pas donné de base légale à sa décision. • Civ. 6 janv. 1948 : *D. 1948. 153, note P. L.-P. ; JCP 1948. II. 4225, note Besson.* ♦ Mais une cour d'appel a pu déduire que la clause de déchéance discutée ne répondait pas aux dispositions de l'art. L. 112-4 en énonçant, d'une part, qu'aucune différence matérielle n'existait entre les caractères utilisés pour les titres et les sous-titres de cette clause et les autres titres ou sous-titres de cette notice, lesquels figuraient tous en caractères majuscules et en gras pour les vingt et un autres titres et en caractères minuscules et en gras pour l'ensemble des sous-titres, d'autre part, que le seul fait de figurer en majuscules le chiffre neuf exprimant le nombre de mois requis pour effectuer la déclaration de sinistres a donné à cette clause un caractère très apparent, ce seul chiffre n'exprimant nullement une déchéance de garantie. • Civ. 2e, 15 déc. 2011 : *RGDA 2012. 602, note Pélissier ; RCA 2012, n° 85.*

59. Exigence d'un préjudice. La déchéance prévue par l'art. L. 113-2, dans sa rédaction de la L. du 31 déc. 1989, pour déclaration tardive d'un sinistre ne peut être opposée à l'assuré que si l'assureur établit que ce retard lui a causé un préjudice. • Civ. 1re, 7 janv. 1997, n° 94-21.869 P : *RCA 1997, n° 146 ; Gaz. Pal. 1997. Somm. 430* • Civ. 2e, 22 nov. 2012 : *RCA 2013, n° 74* • Civ. 1re, 4 juin 2014 : *RGDA 2014. 387, note Asselain.* ♦ Viole ainsi l'art. L. 113-2 la cour d'appel qui prononce la déchéance de garantie de l'assuré pour déclaration tardive du sinistre sans avoir relevé l'existence d'un préjudice causé à l'assureur par ce retard. • Civ. 2e, 7 mai 2009, n° 08-11.391 • 7 févr. 2019, n° 18-11.939 : *RGDA avr. 2019. 16, note Pélissier ; RCA 2019, n° 148, note Groutel.*

60. Appréciation souveraine des juges du fond. L'appréciation du préjudice relève du pouvoir souverain des juges du fond. • Civ. 1re, 7 janv. 1997, n° 98-18.012 P : *RCA 1997, n° 146 ; Gaz. Pal. 1997. Somm. 430* • 7 mars 2000 : *RGDA 2000. 518, note Mayaux* • 11 févr. 2003, n° 99-16.045.

61. Renvois. Sur la déchéance d'une manière générale et sur la renonciation de l'assureur, V. ss. art. L. 113-11. ♦ Sur la rédaction de la clause de déchéance en caractères très apparents, V. égal. ss. art. L. 112-4.

c. Déchéance de garantie pour fausse déclaration

62. Mauvaise foi. L'assureur doit établir la mauvaise foi de l'assuré pour prétendre à l'application d'une clause prévoyant la déchéance de garantie en cas de fausse déclaration relative au sinistre. • Civ. 2e, 5 juill. 2018, n° 17-20.491 : *RGDA 2018. 402, note Kullmann ; D. 2018. 1845, note Noguéro ; JCP 2018, n° 1012, note Mayaux ; RCA 2018, n° 293, note Leduc* • Civ. 2e, 5 juill. 2018, n° 17-20.488 : *RGDA 2018. 402, note Kullmann ; D. 2018. 1845, note Noguéro ; JCP 2018, n° 1012, note Mayaux ; RCA 2018, n° 293, note Leduc.* ♦ Il résulte des dispositions de l'art. 1134, devenu 1104, C. civ., que les contrats doivent être exécutés de bonne foi. L'assureur doit établir la mauvaise foi de l'assuré en cas de fausse déclaration relative au sinistre, pour prétendre à l'application d'une clause prévoyant la déchéance de garantie. • Civ. 2e, 16 sept. 2021, n° 19-25.278 : *RGDA oct. 2021. 15, note Pimbert ; RCA 2022, n° 256, note Bertolaso.*

63. Exigence d'une clause portée à la connaissance de l'assuré. Prive sa décision de base légale la cour d'appel qui énonce que la sanction d'une fausse déclaration intentionnelle sur l'étendue du sinistre est la déchéance de garantie, sans vérifier si une clause de déchéance figurait dans le contrat signé par l'assuré ou dans un autre document qui lui soit opposable. • Civ. 2e, 5 mars 2015, n° 13-14.364 : *RGDA 2015. 193, note Kullmann ; JCP 2014. 741, n° 9, note Kullmann ; D. 2015. 1239, note Noguéro*

Code rural et de la pêche maritime **Art. L. 415-3** Le paiement des primes d'assurances contre l'incendie des bâtiments loués, *[...]* sont à la charge exclusive du propriétaire.

En cas de sinistre, ni le bailleur, ni les compagnies d'assurances ne peuvent invoquer un recours contre le preneur, s'il n'y a faute grave de sa part.

Code de la santé publique

Art. D. 1141-2 *(Décr. n° 2017-173 du 13 févr. 2017, art. 1er-I)* I. — L'instance de suivi et de propositions mentionnée au 10° de l'article L. 1141-2-1 établit un document d'information relatif aux dispositions de l'article L. 1141-5 qui précise *[V. ces art. ss. art. L. 133-1]* :

1° Les conditions et les délais dans lesquels les candidats à l'assurance ne sont pas tenus de déclarer leurs antécédents médicaux ;

2° Les conditions et les délais dans lesquels les candidats à l'assurance ne pourront se voir appliquer une majoration de tarifs ou une exclusion de garanties ;

3° Les modalités de consultation de la grille de référence prévue à l'article L. 1141-5.

II. — Ce document d'information est remis par les organismes assureurs à chaque candidat à l'assurance ayant pour objet le remboursement d'un crédit relevant de la convention mentionnée à l'article L. 1141-2, simultanément au formulaire de déclaration de risque mentionné aux articles L. 113-2 du code des assurances, L. 221-13 du code de la mutualité et L. 932-5 du code de la sécurité sociale.

Le document d'information et le formulaire de déclaration de risque peuvent être assemblés dans un document unique.

A titre transitoire, et jusqu'au 1er mai 2017, les organismes assureurs ayant déjà intégré dans le formulaire de déclaration de risque mentionné aux art. L. 113-2 C. assur., L. 221-13 C. mut. et

L. 932-5 CSS une information comportant les conditions et délais mentionnés aux 1° et 2° du I de l'art. D. 1141-2 CSP peuvent continuer à remettre ces formulaires à chaque candidat à l'assurance en lieu et place du document d'information mentionné au II de l'art. D. 1141-2 du même code. A défaut de mise en œuvre de l'art. D. 1141-2 CSP par l'instance de suivi et de propositions mentionnée au 10° de l'art. L. 1141-2-1 du même code avant le 15 mars 2017, le document d'information prévu par le même art. D. 1141-2 est fixé par Arr. conjoint des ministres chargés de la santé et de l'économie (Décr. n° 2017-173 du 13 févr. 2017, art. 1er-I et II).

Art. L. 113-2-1 *(L. n° 2022-270 du 28 févr. 2022, art. 10, en vigueur le 1er juin 2022)* **Par exception au 2° de l'article L. 113-2, lorsque le contrat d'assurance a pour objet de garantir, en cas de survenance d'un des risques que ce contrat définit, soit le remboursement total ou partiel du montant restant dû au titre d'un contrat de crédit mentionné au 1° de l'article L. 313-1 du code de la consommation, soit le paiement de tout ou partie des échéances dudit prêt, aucune information relative à l'état de santé ni aucun examen médical de l'assuré ne peut être sollicité par l'assureur, sous réserve du respect de l'ensemble des conditions suivantes :**

1° La part assurée sur l'encours cumulé des contrats de crédit n'excède pas 200 000 euros par assuré ;

2° L'échéance de remboursement du crédit contracté est antérieure au soixantième anniversaire de l'assuré.

Un décret en Conseil d'État peut définir des conditions plus favorables pour l'assuré en termes de plafond de la quotité assurée et d'âge de l'assuré.

Art. L. 113-3 **La prime est payable** *(L. n° 2019-486 du 22 mai 2019, art. 72-I)* **« en numéraire » au domicile de l'assureur ou du mandataire désigné par lui à cet effet. Toutefois, la prime peut être payable au domicile de l'assuré ou à tout autre lieu convenu dans les cas et conditions limitativement fixés par décret en Conseil d'État.**

(L. n° 81-5 du 7 janv. 1981) **« A défaut de paiement d'une prime, ou d'une fraction de prime, dans les dix jours de son échéance, et indépendamment du droit pour l'assureur de poursuivre l'exécution du contrat en justice », la garantie ne peut être suspendue que trente jours après la mise en demeure de l'assuré. Au cas où la prime annuelle a été fractionnée, la suspension de la garantie, intervenue en cas de non-paiement d'une des fractions de prime, produit ses effets jusqu'à l'expiration de la période annuelle considérée. La prime ou fraction de prime est portable dans tous les cas, après la mise en demeure de l'assuré.**

L'assureur a le droit de résilier le contrat dix jours après l'expiration du délai de trente jours mentionné au deuxième alinéa du présent article.

Le contrat non résilié reprend pour l'avenir ses effets, à midi le lendemain du jour où ont été payés à l'assureur ou au mandataire désigné par lui à cet effet, la prime arriérée ou, en cas de fractionnement de la prime annuelle, les fractions de prime ayant fait l'objet de la mise en demeure et celles venues à échéance pendant la période de suspension ainsi que, éventuellement, les frais de poursuites et de recouvrement.

(L. n° 2013-504 du 14 juin 2013, art. 1er-VI) **« Lorsque l'adhésion au contrat résulte d'une obligation prévue par une convention de branche ou un accord professionnel ou interprofessionnel, l'assureur ne peut faire usage des dispositions du présent article relatives à la suspension de la garantie et à la résiliation du contrat. »**

(L. n° 81-5 du 7 janv. 1981) **« Les dispositions** *(L. n° 2013-504 du 14 juin 2013, art. 1er-VI)* **« des deuxième à avant-dernier alinéas » du présent article ne sont pas applicables aux assurances sur la vie. »** — *Assur. L. 123-4.*

V. art. R. 113-1 et R. 113-4.

BIBL. ▶ GROUTEL, *RCA 1992. Chron. 22.* – RAFFRAY, *RCA 1996. Chron. 11.* – MICHEL, *RGDA 2001. 901.*

COMMENTAIRE

L'article L. 113-3 complète les dispositions de l'article précédent relatives à la prime d'assurance en précisant quel est le lieu de son paiement (I) et quelles sont les conséquences en cas de défaut de paiement (II).

I. LE LIEU DE PAIEMENT DE LA PRIME

Initialement, la loi du 13 juillet 1930 avait repris le principe de l'article 1247 [devenu art. 1342-6] du code civil, en vertu duquel les dettes monétaires sont quérables. Mais cette solution a été critiquée par les assureurs. Aussi, depuis une loi du 30 novembre 1966, les primes sont payables au domicile de l'assureur ou de son mandataire et sont donc portables. En outre, si l'article L. 113-3 indique que la prime peut être exceptionnellement payable au domicile de l'assuré ou à tout autre lieu dans les cas et conditions prévus par décret en Conseil d'État, il n'existe aujourd'hui plus d'exception au principe de la portabilité de la prime d'assurance. En effet, l'article R. 113-5, qui permettait au souscripteur d'imposer le paiement à son domicile dès lors qu'il n'était pas en mesure de se déplacer en raison de son infirmité ou de son âge, ou qu'il habitait à plus de trois kilomètres à partir d'un bureau de poste, a été abrogé par un décret du 22 décembre 1992.

En contrepartie de la portabilité de celle-ci, le législateur a prévu, à l'article R. 113-4, que l'assureur doit adresser au débiteur de la prime, ou à la personne chargée de son paiement, un avis d'échéance pour le paiement de la prime. Toutefois, cette obligation n'est assortie d'aucune sanction et les assureurs ne sont pas tenus de se constituer une preuve de l'envoi de l'avis d'échéance (Civ. 1re, 2 juill. 1974 : *V. note 5*). Celui-ci peut donc se faire par lettre simple. Le débiteur ne saurait d'ailleurs invoquer l'absence d'avis d'échéance ou une erreur de date sur cet avis pour ne pas payer la prime à la date prévue dans les conditions particulières (Civ 1re, 21 janv. 1997 : *V. note 6*). Ces solutions se justifient aisément par le fait que la protection du débiteur est suffisamment assurée par les règles applicables en cas de défaut de paiement.

II. LE DÉFAUT DE PAIEMENT DE LA PRIME

Le défaut de paiement de la prime dans les dix jours de son échéance déclenche une procédure spécifique, non applicable aux assurances sur la vie, divisée en plusieurs étapes successives : la mise en demeure (A), le maintien (B) puis la suspension de la garantie (C) et la résiliation du contrat (D).

A. LA MISE EN DEMEURE

La mise en demeure ne peut être adressée par l'assureur qu'à l'expiration d'un délai de dix jours suivant la date d'échéance de la prime. Cette mise en demeure doit respecter certaines spécificités (1), afin de produire des effets (2).

1. LES SPÉCIFICITÉS DE LA MISE EN DEMEURE

Selon l'article R. 113-1, la mise en demeure « résulte de l'envoi d'une lettre recommandée, adressée à l'assuré, ou à la personne chargée du paiement des primes, à leur dernier domicile connu de l'assureur ». Cet article impose donc l'envoi d'une lettre recommandée *(a)* et détermine le destinataire de cette lettre *(c)*. En revanche, depuis la loi n° 92-1356 du 22 décembre 1992, l'article R. 113-1 n'apporte plus de précision sur le contenu de la lettre *(b)*.

a. L'envoi d'une lettre recommandée

La mise en demeure peut être effectuée à l'aide d'une lettre recommandée sans avis de réception (Civ. 2e, 16 nov. 2006, n° 05-12.732 : *RCA 2007, n° 35* ; Civ. 2e, 4 oct. 2012 : *V. note 12*). Elle produit des effets de droit par son seul envoi et non par sa réception (Civ. 2e, 8 sept. 2005 : *V. note 12*). La charge probatoire de l'assureur s'en trouve dès lors limitée, il n'a qu'à rapporter la preuve de cet envoi. Toutefois, cette preuve est appréciée avec rigueur. En effet, si un récépissé ou un visa de l'administration fiscale portant la date de l'envoi de la mise en demeure établit une telle preuve (Civ. 1re, 12 oct. 1982 : *V. note 12*), il n'en est pas de même pour le registre tenu par l'assureur dès lors qu'il ne contient aucune mention de l'administration postale (Civ. 1re, 16 janv. 1980 : *V. note 12*). Cependant, si une mention des services postaux paraît nécessaire, il suffit, en cas d'envoi en nombre, que l'agent des postes ait visé en fin de bordereau la totalité des envois dans lesquels figure le numéro de la lettre litigieuse (Civ. 1re, 16 juill. 1998 : *V. note 12*).

b. Le contenu de la mise en demeure

Depuis le décret n° 92-1356 du 22 décembre 1992, l'article R. 113-1 n'impose plus l'insertion de mentions particulières dans la mise en demeure. Auparavant, la lettre devait indiquer expressément qu'elle était envoyée à titre de mise en demeure, rappeler le montant et la date d'échéance de la prime et reproduire l'article L. 113-3. Toutefois, si ce formalisme a été écarté, la lettre de mise en demeure doit toujours, conformément à l'article 1139 du code civil [nouv.

art. 1344], constituer une « interpellation suffisante » du débiteur. Cette exigence du droit commun pourrait de la sorte renvoyer aux anciennes mentions de l'article R. 113-1.

c. Le destinataire de la mise en demeure

Selon l'article R. 113-1, la mise en demeure doit être adressée à « l'assuré » ou à « la personne chargée du paiement des primes ». Ces deux notions doivent être précisées. Le terme d'« assuré » est, une fois de plus, utilisé maladroitement. En réalité, la mise en demeure doit être adressée au souscripteur, débiteur des primes, ou à la personne désignée. Si le bien assuré a été vendu, il résulte de l'article L. 121-10 que les primes à échoir sont à la charge de l'acquéreur du bien et que le vendeur est garant du paiement de cette prime, tant qu'il n'a pas informé l'assureur de l'aliénation par lettre recommandée. La jurisprudence en a déduit que la mise en demeure devait être adressée non pas au vendeur, mais à l'acquéreur du bien (Civ. 1re, 28 juin 1988 : *V. note 7*).

La notion de « personne chargée du paiement des primes » désigne quant à elle le mandataire du souscripteur chargé du paiement, comme un cabinet de courtage (Civ. 1re, 15 nov. 1988 : *V. note 7*), ou la personne qui s'est contractuellement engagée à prendre en charge le paiement de la prime (Civ. 1re, 4 avr. 1995 : *V. note 7*).

Par ailleurs, la mise en demeure doit, selon ce même article R. 113-1, être adressée au dernier domicile connu de l'assureur du débiteur ou de la personne chargée du paiement. Il s'agit du domicile indiqué sur la police d'assurance ou par le souscripteur si celui-ci a déménagé. Si la lettre n'a pas été réclamée ou retirée par son destinataire, l'assureur n'est pas tenu de procéder à la signification de la mise en demeure, puisque l'article 670-1 du code de procédure civile est étranger aux relations contractuelles (Civ. 1re, 4 nov. 1992 : *V. note 14*). En tout état de cause, il appartient au débiteur de démontrer qu'il avait informé son assureur de son changement d'adresse (Civ. 1re, 26 janv. 1999 : *V. note 14*).

2. LES EFFETS DE LA MISE EN DEMEURE

La mise en demeure déclenche la procédure de l'article L. 113-3 et fait courir les intérêts moratoires au profit de l'assureur conformément à l'article 1153, alinéa 3 [nouv. art. 1344-1], du code civil. En outre, la mise en demeure peut avoir un effet interruptif de la prescription biennale si elle a été effectuée à l'aide d'une lettre recommandée avec accusé de réception ainsi que le préconise l'article L. 114-2.

Toutefois, la mise en demeure pourra être privée d'effet dans l'hypothèse de l'ouverture d'une procédure collective à l'encontre du souscripteur. Puisque le droit des procédures collectives interdit de payer les créances antérieures au jugement d'ouverture, la mise en demeure adressée postérieurement à cette décision pour des primes échues antérieurement est privée d'effet (Com. 17 nov. 2009 : *V. note 19*).

B. LE MAINTIEN DE LA GARANTIE

Si la mise en demeure déclenche la procédure de l'article L. 113-3, elle n'entraîne pas pour autant une suspension immédiate de la garantie. Celle-ci est maintenue pendant une durée de trente jours suivant l'envoi de la lettre recommandée.

La computation des délais doit se faire en application des articles 640 et suivants du code de procédure civile (Civ. 1re, 22 janv. 2002 : *V. note 18*). Par conséquent, la période de maintien de la garantie débute le lendemain de l'envoi de la mise en demeure à zéro heure et se termine le trentième jour à minuit. Si le délai vient à expirer un samedi, un dimanche, un jour férié ou un jour chômé, il est prorogé jusqu'au prochain jour ouvrable (Civ. 1re, 6 oct. 1982 : *V. note 18*).

Pendant cette période de maintien de la garantie, il peut arriver que l'assureur et le souscripteur aient réussi à négocier un rééchelonnement de la dette visée par la mise en demeure. Dans une telle hypothèse, la mise en demeure initiale est privée d'effet et l'assureur devra envoyer une seconde mise en demeure en cas de nouveau défaut de paiement (Civ. 1re, 17 nov. 1998 : *V. note 17*).

C. LA SUSPENSION DE LA GARANTIE

A l'expiration de la période de trente jours, la garantie est suspendue et cette suspension est opposable à tous. Cela étant, si l'obligation de l'assureur est suspendue, le souscripteur reste débiteur de la prime d'assurance, y compris pour la fraction correspondant à la période de suspension (Civ. 1re, 11 mars 1980, et Com. 21 nov. 1995 : *V. note 21*).

La suspension de la garantie peut prendre fin en raison de la survenance de divers événements. En premier lieu, le débiteur peut régler le montant de la dette. Le contrat d'assurance reprend alors ses effets le lendemain à midi (Civ. 2e, 5 oct. 2006 : *V. note 27*). Ce choix législatif a pour objectif de lutter contre les fraudes dans l'hypothèse où le règlement de la dette aurait lieu le jour du sinistre. En second lieu, la survenance de la nouvelle échéance de prime met fin de plein droit à la suspension du contrat (Civ. 10 nov. 1942 : *V. note 28*). Celui-ci reprend effet le jour de la nouvelle échéance à zéro heure et l'assureur devra, en cas de non-paiement persistant, renouveler les formalités de l'article L. 113-3 (Civ. 1re, 9 déc. 1997 : *V. note 28*).

D. LA RÉSILIATION DU CONTRAT

Si la résiliation du contrat d'assurance peut s'effectuer selon des modalités variées (1), ses effets sont toujours les mêmes (2).

1. LES MODALITÉS DE LA RÉSILIATION

La résiliation du contrat est l'ultime étape de la procédure pour défaut de paiement des primes. Elle ne peut intervenir qu'à l'expiration d'un délai de dix jours suivant la suspension du contrat et nécessite une manifestation de volonté de l'assureur. Selon l'ancien article R. 113-2, abrogé par le décret n° 92-1356 du 22 décembre 1992, la résiliation pouvait être notifiée soit dans la lettre recommandée de mise en demeure, soit dans une nouvelle lettre recommandée adressée à l'assuré. Malgré sa disparition, cette solution paraît demeurer.

Ainsi, l'assureur peut informer le souscripteur de son intention de résilier le contrat dans la lettre de mise en demeure en cas de défaut de paiement. Il doit néanmoins attirer l'attention du débiteur sur les conséquences précises du non-paiement de la prime et sur son intention de procéder à la résiliation (Civ. 2e, 20 déc. 2007 : *V. note 31*). Mais l'assureur peut préférer attendre et envoyer une lettre de résiliation pendant la période de suspension. La résiliation prendra alors effet le onzième jour suivant la suspension de la garantie à zéro heure. Enfin, l'assureur peut adresser une lettre de résiliation au souscripteur après l'expiration de la période de suspension. Auparavant, l'article R. 113-2 prévoyait que la résiliation prenait effet au jour de l'envoi de la lettre de résiliation (Civ. 1re, 30 janv. 2002 : *V. note 32*). Depuis l'abrogation de cet article, il faut certainement revenir au principe et estimer que la résiliation, acte juridique unilatéral portant atteinte aux droits d'autrui, prend effet au jour de la réception de la lettre ou de la présentation de celle-ci au dernier domicile connu du débiteur.

2. LES EFFETS DE LA RÉSILIATION

Classiquement, la résiliation du contrat d'assurance ne vaut que pour l'avenir et n'efface pas la dette du débiteur. On s'est par ailleurs demandé si la résiliation était la seule sanction du défaut de paiement ou s'il était possible d'insérer une clause mettant à la charge du souscripteur le paiement d'une indemnité en cas de résiliation pour défaut de paiement (V. H. Groutel, *Quid* de l'indemnité de résiliation pour non-paiement de la prime ?, *RCA 1998. Chron. 10*). Un arrêt de la Cour de cassation en date du 12 mai 2011 a pu être interprété comme apportant une réponse positive à cette question, même si en l'espèce, il a écarté son application (Civ. 2e, 12 mai 2011 : *V. note 36*).

Les effets de la résiliation peuvent cependant être paralysés par la renonciation de l'assureur à s'en prévaloir, dès lors que celle-ci est dépourvue de toute ambiguïté. Ainsi, malgré quelques hésitations (Civ. 1re, 9 juill. 1996 : *V. note 33*), la jurisprudence retient désormais que le seul encaissement des arriérés de primes après la résiliation ne suffit pas pour caractériser une renonciation non équivoque de l'assureur (Civ. 1re, 18 févr. 2003 : *V. note 33*). Une telle solution paraît logique, puisque en encaissant la prime, l'assureur ne fait que recevoir ce que le débiteur de la prime lui devait. Autrement dit, l'encaissement de la prime n'est que l'exécution du contrat résilié. Il en ira différemment en revanche lorsque l'encaissement des primes est accompagné d'autres actes de l'assureur. Ainsi, il a été jugé que la renonciation à la résiliation pouvait résulter de l'encaissement sans réserve de primes couvrant non seulement une période de garantie antérieure à la résiliation mais aussi une période de garantie postérieure, et de l'invocation de la résiliation du contrat plus de dix mois après et de la délivrance d'une attestation d'assurance après la résiliation (Civ. 1re, 7 juill. 1998 : *V. note 33*). ❑

1. Domaine d'application. Le mécanisme de l'art. L. 113-3 s'applique aussi bien aux assurances de dommages qu'aux assurances de personnes non-vie. • Civ. 1re, 20 mars 1963 : *Bull. civ. I, n° 173 ; RGAT 1964. 58, note Besson ; JCP 1963. II. 13301, note H. G.* ♦ Mais, s'analyse en une assurance mixte soumise aux dispositions de l'art. L. 113-3 le contrat d'assurance-groupe qui garantit, non seulement le risque décès, mais aussi le risque maladie. • Civ. 1re, 11 oct. 1988, n° 87-13.865 P : *RGAT*

1989. 102, note Aubert • 1er déc. 1981, n° 80-14.710 P : *RGAT 1983. 169*; *JCP 1982. II. 19854, note Besson* • 19 mai 1987 : *RGAT 1987. 444, note Aubert*. ♦ En revanche, ne sont pas soumis aux règles de l'art. L. 113-3 les contrats d'assurance mixte souscrits individuellement. • Com. 26 mai 1999, n° 96-21.054 P : *RCA 1999, n° 309, note Groutel*.

2. *Défaut de paiement avant le jugement d'ouverture de la procédure collective de l'assuré.* Aux termes de l'art. 35 de la L. du 13 juill. 1967 [C. com., art. L. 622-21], le jugement qui prononce la liquidation des biens suspend toute poursuite individuelle, tant sur les immeubles que sur les meubles, de la part des créanciers dont les créances sont nées avant le jugement constatant la cessation des paiements et qui ne sont pas garanties par un privilège spécial, un nantissement ou une hypothèque sur lesdits biens. Ayant relevé que la mise en demeure adressée le 6 juill. 1981 était relative au non-paiement des échéances du 20 nov. 1980 et du 20 mai 1981, antérieures au jugement de liquidation des biens, une cour d'appel en a déduit à bon droit qu'elle ne pouvait entraîner la résiliation du contrat en cas de non-paiement. • Com. 20 juin 1995, n° 93-15.227 : *RCA 1996. Chron. 11, obs. Raffray*. ♦ En cas de redressement judiciaire de l'assuré, l'assurance, dont la résiliation en vertu de l'art. L. 113-3 n'a pas été antérieurement acquise, subsiste. • Com. 14 mars 2000, n° 98-10.483 : *RCA 2000, n° 349, note Groutel*; *RPC 2003. 239, note Roussel-Galle*.

3. *Défaut de paiement après le jugement d'ouverture de la procédure collective de l'assuré.* A défaut de paiement d'une prime d'assurance dans les dix jours de l'échéance, la garantie ne peut être suspendue que trente jours après une mise en demeure de l'assuré, l'assureur ayant le droit de résilier le contrat dix jours après l'expiration de ce délai. L'art. L. 622-13, al. 3, C. com. dans sa rédaction antérieure à l'ord. du 18 déc. 2008, rendu applicable à la liquidation judiciaire par l'art. L. 641-10 C. com., n'exclut pas l'application de l'art. L. 113-3 C. assur. en cas de procédure collective de l'assuré. • Com. 15 nov. 2016, n° 14-27.045 P : *RGDA 2017. 40, note Asselain*; *RCA 2017, 91*; *ibid., Étude 4, F. Leduc*.

I. SUSPENSION DE LA GARANTIE

A. CONDITIONS

1° CONDITION NON NÉCESSAIRE : L'AVIS D'ÉCHÉANCE

4. *Absence d'incidence sur la mise en demeure.* La délivrance de l'avis d'échéance ne constitue pas une condition de validité de la mise en demeure. • Civ. 1re, 17 mars 1987 : *D. 1987. Somm. 338, obs. Groutel* • 19 juill. 1988, n° 86-17.960 P.

5. *Absence de sanction.* L'obligation mise à la charge de l'assureur d'envoyer un avis d'échéance n'est assortie d'aucune sanction en cas d'inexécution, et l'assureur n'est pas obligé de se réserver une preuve de l'envoi. • Civ. 1re, 2 juill. 1974, n° 73-10.347 P : *JCP 1974. II. 17851, note Besson*.

6. *Absence d'incidence d'une mention erronée.* L'obligation faite à l'assureur par l'art. R. 113-4 ne peut avoir d'effet sur les obligations nées pour l'assuré du contrat d'assurance. Ayant retenu que l'assuré est obligé de payer la prime à l'époque convenue et que l'exigibilité de la prime annuelle résultait clairement des conditions particulières souscrites par l'assuré, une cour d'appel en a exactement déduit, sans avoir à interpréter des documents qui n'étaient pas de nature contractuelle, que l'exécution par l'assuré de son obligation de payer la prime à l'échéance convenue n'était pas subordonnée à la réception d'un avis d'échéance émis par l'assureur et que la mention erronée portée sur l'avis d'échéance et sur la mise en demeure ultérieure était sans incidence sur la date d'exigibilité de l'obligation de l'assuré. • Civ. 1re, 21 janv. 1997 : *D. 1998. Somm. 48, obs. Berr*; *RCA 1997, n° 144*; *RGDA 1997. 1032, note Chardin*.

2° CONDITION NÉCESSAIRE : LA MISE EN DEMEURE

a. Le destinataire de la mise en demeure

7. *Personne destinataire.* En cas de transfert de la chose assurée, c'est à l'acquéreur que doit être personnellement adressée la mise en demeure, et non à l'ancien propriétaire. • Civ. 1re, 28 juin 1988, n° 86-11.005 P : *RCA 1988, n° 28*; *RGAT 1988. 769, note Bigot*. ♦ La mise en demeure est valablement faite à un cabinet de courtage, s'il ressort des termes du contrat d'assurance que celui-ci a été désigné comme mandataire par l'assuré pour le paiement des primes. • Civ. 1re, 15 nov. 1988, n° 87-10.069 P : *RGAT 1989. 50, note Bigot*. ♦ Selon, l'art. R. 113-1 la mise en demeure prévue au 2e al. de l'art. L. 113-3 peut être adressée à la personne chargée du paiement des primes. Il s'ensuit qu'ayant constaté que le contrat souscrit par une femme stipulait que les cotisations seraient prélevées automatiquement sur le compte bancaire de son conjoint, une cour d'appel en a justement déduit que l'assureur avait satisfait à ses obligations en adressant une seule mise en demeure au mari sur le compte bancaire duquel devaient être payées les cotisations des deux contrats d'assurance. • Civ. 1re, 4 avr. 1995 : *RCA 1995, n° 243*. ♦ Un assureur qui a été avisé du décès de l'assuré et de ce que le notaire chargé de la succession s'engageait à payer les primes doit adresser à celui-ci la mise en demeure et ne peut invoquer la résiliation du contrat pour non-paiement des primes après une mise en demeure au domicile de l'assuré. • Civ. 1re, 22 nov. 1994, n° 92-16.871 P : *RCA 1995, n° 27*; *RGAT 1995. 75, note Maurice*. ♦ Doit être sanctionnée la cour d'appel qui condamne l'assureur à indemnisation en dépit de la résiliation adressée au notaire se substituant à l'assuré pour régler les primes, sans avoir apprécié l'existence d'un mandat apparent. • Civ. 2e, 17 juin 2010 : *RGDA 2010. 1030, note Pélissier ; Gaz. Pal. 26 août 2010, p. 13, note Noguéro.* ♦ Selon les dispositions du dernier al. de l'art. L. 112-1 C. assur., le souscripteur d'une assurance contractée pour le compte de qui il appartiendra est seul tenu au paiement de la prime envers l'assureur. Une cour d'appel en a déduit à bon droit que ce dernier n'était tenu d'adresser la mise en demeure prévue par les art. L. 113-3 et R. 113-1 C. assur. qu'au souscripteur. • Civ. 2e, 25 juin 2020, nº 19-13.624 : *RGDA sept. 2020. 26, note Mayaux ; RCA 2020, nº 199, note Groutel ; ibid. 2022, chron. 4, nº 18, note Groutel.*

8. Personne non destinataire. Pour produire son plein effet, la mise en demeure n'a pas besoin d'être adressée au bénéficiaire de l'assurance. • Civ. 1re, 22 mai 1984, nº 82-16.813 P. ♦ Est nulle une mise en demeure adressée à une personne qui n'était plus qualifiée pour représenter une société et n'avait jamais été chargée spécialement et personnellement de payer les primes. • Civ. 1re, 29 oct. 1973, nº 72-12.921 P : *RGAT 1974. 497, note Besson.*

b. Le contenu de la mise en demeure

9. Signature. La mise en demeure ne saurait être déclarée nulle parce que signée au moyen d'une griffe et non d'une inscription manuelle. • Civ. 1re, 3 mars 1969, nº 67-10.649 P : *D. 1969. 491 ; JCP 1969. II. 15966, note M. A. ; RGAT 1969. 356, note Besson ; GADA, p. 169, obs. Berr et Groutel* • 26 mai 1970, nº 68-12.931 P : *RGAT 1971. 187, note Besson* • Crim. 3 févr. 1993 : *RGAT 1993. 574, note Maurice.*

c. L'objet de la mise en demeure

10. Primes impayées correspondant à la période d'assurance. La mise en demeure tendant au paiement d'une somme, portant sur une période de garantie achevée mais exigible postérieurement à celle-ci, ne peut avoir aucun effet suspensif. • Civ. 2e, 13 juin 2013 : *RGDA 2013. 890, note Asselain ; RCA 2013, nº 322, note Groutel.*

11. Prime fractionnée en échéances mensuelles. Ayant constaté, d'une part, que les conditions générales ne comportaient pas de clause prévoyant l'exigibilité immédiate de l'intégralité de la prime annuelle en cas de défaut de paiement d'une ou plusieurs fractions de cotisations mensuelles à leur échéance, d'autre part, que l'assuré avait réglé les échéances mensuelles impayées dans le mois qui avait suivi la lettre recommandée, une cour d'appel a exactement retenu que l'assureur ne pouvait valablement se prévaloir de ce que l'intégralité de la prime annuelle n'avait pas été réglée dans le délai imparti suivant la mise en demeure. • Civ. 2e, 14 juin 2018, nº 17-19.713 : *RGDA 2018. 400, note Pélissier.*

d. L'envoi de la mise en demeure

12. Preuve de l'envoi. Il n'est pas prévu que la mise en demeure doive être adressée en recommandé avec avis de réception, de sorte qu'un courrier recommandé envoyé au dernier domicile connu de l'assuré est suffisant, la preuve de l'envoi étant apportée par la production du récépissé de La Poste. • Civ. 2e, 4 oct. 2012 : *D. 2012. 2391 ; Gaz. Pal. 30 nov. 2012, obs. Cerveau-Colliard ; RGDA 2012. 139, obs. Bigot.* ♦ Il appartient à l'assureur de justifier, notamment par la production d'un récépissé ou d'un visa de l'administration postale, de la date de l'envoi de la mise en demeure. • Civ. 1re, 12 oct. 1982, nº 81-15.216 P. ♦ La preuve de l'envoi de la mise en demeure est rapportée dès lors que, si l'agent des postes n'a pas visé chaque numéro de recommandation, compte tenu de l'envoi en nombre effectué par la compagnie, il a visé en fin de bordereau la totalité des envois dans lesquels figure le numéro de la lettre litigieuse. • Civ. 1re, 16 juill. 1998 : *RCA 1998, nº 407, note Groutel ; RGDA 1998. 706, note Chardin* • 26 janv. 1999 : *RCA 1999, nº 122 ; RGDA 1999. 345, note Fonlladosa.* ♦ Une cour d'appel ne peut déclarer l'assureur tenu à garantie sans expliquer en quoi la production conjointe de la page numérotée du bordereau où l'expédition de la lettre est mentionnée, et de sa dernière page, qui précise le nombre total des envois et porte le timbre à date de la poste, n'établit pas l'expédition de la lettre recommandée comprise dans un envoi en nombre effectué par la compagnie d'assurances. • Crim. 2 déc. 2003, nº 02-87.464 • 17 nov. 2009 : *RCA 2010, nº 56, note Groutel.* ♦ V. dans le même sens : • Civ. 2e, 10 sept. 2015, nº 14-20.693 : *RCA 2015, nº 337, note Groutel ; RGDA 2015. 471, note Asselain* • Civ. 2e, 29 juin 2017, nº 16-16.842 : *RGDA 2017. 481, note Asselain ; RCA 2017, nº 295, note Groutel* • Civ. 2e, 18 janv. 2018, nº 16-26.521 : *RGDA 2018. 149, note Asselain.* ♦ Ayant retenu qu'une lettre recommandée de mise en demeure avait été adressée par un mandataire de l'assureur au souscripteur, après avoir relevé, d'une part, qu'était notamment produite la copie de cette lettre, imprimée sur papier, mentionnant le numéro du pli recommandé, compris dans ceux du bordereau d'envoi groupé portant le cachet de La Poste, et, d'autre part, que la conformité des copies de ces documents aux originaux n'était pas contestée, une cour d'appel a légalement justifié sa décision d'affirmer que l'assureur avait valablement procédé à la suspension du contrat. • Civ. 2e, 25 juin 2020, nº 19-13.624 : *préc note 7.* ♦ Mais, ne tire pas les conséquences légales de ses constatations la cour d'appel qui retient que, s'il est exact que la preuve de l'expédition du courrier de mise en demeure n'est pas rapportée par un document de La Poste, l'existence d'une copie de ce courrier, non arguée de falsification, et l'absence de déclarations de salaires et de paiement de cotisations par le souscripteur constituent des présomptions suffisamment graves, précises et concordantes pour retenir que le courrier en cause lui a bien été délivré, tout en constatant qu'aucun document de La Poste n'établissait l'envoi de la lettre en recommandé, exigé par l'art. L. 113-1. • Civ. 2e, 8 sept. 2005 : *RCA 2005, n° 340, obs. Groutel ; RGDA 2005. 983, note Kullmann.* ♦ De même, un registre des correspondances de la compagnie d'assurances ne suffit pas pour faire la preuve requise de l'assureur, dès lors que n'y figure aucune mention émanant de l'administration postale. • Civ. 1re, 16 janv. 1980, n° 78-14.704 P : *D. 1980. IR 519, obs. Berr et Groutel* • 2 févr. 1982, n° 80-17.006 P • 16 févr. 1983, n° 81-16.715 P • Civ. 2e, 15 déc. 2011 : *RGDA 2012. 672, obs. Pélissier.*

13. Individualisation des envois. Ayant relevé que le souscripteur avait souscrit le contrat d'assurance tant à titre personnel qu'en qualité de mandataire d'un tiers, une cour d'appel a pu retenir que les deux souscripteurs étaient tenus au paiement des primes et en a déduit à bon droit que l'assureur ne pouvait, en vue de se prévaloir de la résiliation du contrat, adresser aux débiteurs conjoints un seul courrier de mise en demeure libellé à leurs deux noms, la circonstance qu'ils aient déclaré une seule et même adresse ne le dispensant pas d'envoyer à l'un et à l'autre un courrier de mise en demeure. • Civ. 2e, 26 mars 2015, n° 14-13.327 : *RGDA 2015. 241, note Asselain ; D. 2016. 1161, note Noguéro.*

14. Envoi au dernier domicile connu de l'assuré. S'il est établi que la mise en demeure a été adressée au dernier domicile connu de l'assuré, il importe peu qu'elle n'ait pas touché son destinataire et que la lettre ait été renvoyée à la compagnie avec la mention que l'assuré n'habitait pas à l'adresse indiquée. • Civ. 1re, 22 mai 1991 : *RCA 1991, n° 304 ; RGAT 1991. 571, note Maurice.* ♦ En outre, lorsque la lettre revient à l'assureur avec la mention « non réclamée », l'assureur ne peut être tenu de procéder par voie de signification, les dispositions de l'art. 670-1 C. pr. civ. étant étrangères aux relations contractuelles. • Civ. 1re, 4 nov. 1992 : *RCA 1993, n° 15 ; RGAT 1993. 94, note Margeat.* ♦ D'ailleurs, il appartient à l'assuré de démontrer qu'il avait informé son assureur de son changement d'adresse. • Civ. 1re, 26 janv. 1999 : *RGDA 1999. 345, note Fonlladosa.* ♦ Rappr. : • Civ. 2e, 9 févr. 2012 : *RGDA 2012. 677, obs. Asselain.* ♦ L'assureur n'a pas à prouver sa réception par son destinataire. • Civ. 1re, 6 oct. 1993 : *RGAT 1994. 100, note Mayaux.* ♦ En revanche, n'est pas valable la mise en demeure envoyée au lieu mentionné dans la police comme étant celui du risque assuré, et non à l'adresse indiquée comme étant celle du souscripteur. • Civ. 1re, 23 juin 1992, n° 89-18.222 P : *RCA 1992, n° 373, obs. Groutel ; RGAT 1992. 516, note Maurice.* ♦ Il en est de même pour la mise en demeure envoyée à une adresse ne correspondant ni au domicile de l'assuré, ni à celui du courtier chargé par ce dernier du paiement des primes, dès lors qu'il n'était pas démontré que cette adresse avait été indiquée par l'assuré ou son mandataire. • Civ. 1re, 19 mai 1992 : *RGAT 1992. 518, note Maurice.*

15. Assuré décédé. Viole les art. L. 113-3 et R. 113-1 la cour d'appel ayant énoncé que des lettres de mise en demeure n'avaient produit aucun effet, puisqu'elles étaient adressées à l'assuré, entre-temps décédé, au lieu de l'être à ses héritiers, alors qu'il n'était pas contesté qu'elles avaient été adressées par l'assureur au domicile de son ancien assuré, qui était aussi celui de sa veuve et de sa fille, son héritière, qui s'était chargée depuis le décès de l'assuré du paiement des primes. • Crim. 13 nov. 1986 : *RGAT 1987. 57, note Bigot.*

16. Effet sur l'envoi de la garantie. C'est à la date de l'envoi que commence à courir le délai de 30 jours au terme duquel la garantie sera suspendue en l'absence de paiement. • Civ. 1re, 8 nov. 1988, n° 87-10.539 P : *D. 1988. IR 273.* ♦ En attribuant un effet à la mise en demeure à compter de la réception de la lettre recommandée, alors que cette mise en demeure se trouve légalement régularisée par le seul envoi à l'assuré d'un pli recommandé, la cour d'appel a violé par fausse application les art. L. 113-3, al. 22, et R. 113-1. • Civ. 2e, 8 sept. 2005, n° 03-14.739 P : *RCA 2005, n° 339 ; ibid. Repère 10, note Groutel ; RGDA 2006. 93, note Chardin.*

17. Effet de l'envoi en cas de rééchelonnement postérieur de la prime. Si un rééchelonnement des fractions de prime est intervenu postérieurement à l'envoi de la mise en demeure, celle-ci ne produit pas ses effets, et, en cas de non-paiement, l'assureur doit envoyer une seconde mise en demeure. • Civ. 1re, 17 nov. 1998, n° 96-19.408 P : *RCA 1999, n° 28 ; RGDA 1999. 607, note Chardin.*

18. Computation des délais. La computation des délais prévus pour la suspension de la garantie et la résiliation du contrat doit être faite en application des art. 640 s. C. pr. civ. • Civ. 1re, 22 janv. 2002, n° 99-10.445 P : *RCA 2002, n° 161, note Groutel ; RGDA 2002. 392, note Bruschi.* ♦ Lorsqu'un délai vient à expiration un samedi, un dimanche, un jour férié ou un jour chômé, il se trouve prorogé jusqu'au prochain jour ouvrable. • Civ. 1re, 6 oct. 1982, n° 81-13.726 P.

19. Effet en cas de procédure collective. Selon l'art. L. 622-7 C. com. dans sa rédaction issue de la L. du 26 juill. 2005 de sauvegarde des entreprises, le jugement ouvrant la procédure collective emporte de plein droit interdiction de payer toute créance née antérieurement à ce jugement. Dès lors, une cour d'appel a retenu à bon droit, après avoir constaté que le liquidateur avait réglé la fraction de primes relative à la période postérieure au jugement d'ouverture, que la mise en demeure adressée par l'assureur postérieurement au jugement ayant prononcé la liquidation judiciaire pour le paiement de primes échues pour partie antérieurement à ce jugement était sans effet sur la résiliation du contrat. • Com. 17 nov. 2009, n° 08-19.537 P : *RCA 2010, n° 57, note Leduc; Gaz. Pal. 9 janv. 2010, p. 20, note Kendérian.*

B. PREUVE

20. Reconnaissance de la suspension par l'assuré. C'est sans méconnaître les dispositions de l'art. L. 113-3 qu'une cour d'appel a retenu que la preuve de la suspension de la garantie, à la date de l'accident, résultait d'une lettre par laquelle l'assuré reconnaissait lui-même que la garantie avait été suspendue pour non-paiement de la prime échue et demandait qu'elle fût remise en vigueur. • Civ. 2e, 19 févr. 1997 : *D. 1998. Somm. 49, obs. crit. Berr ; RGDA 1997. 495, note Landel.*

C. EFFETS

21. Maintien de l'obligation de payer les primes. La suspension de la garantie ne délie pas l'assuré de son obligation de payer les primes ou fractions de primes, sanction du retard apporté par lui dans l'exécution de son engagement. • Civ. 1re, 11 mars 1980, n° 78-16.450 P : *D. 1980. IR 519, obs. Berr et Groutel* • Com. 21 nov. 1995 : *RCA 1996, n° 32.*

22. Interruption de la prescription. En cas d'envois successifs de mises en demeure, chaque nouvel envoi a pour effet d'interrompre la prescription. • Civ. 1re, 29 nov. 1989, n° 88-13.630 P.

23. Obligation de l'assureur en cas de délivrance d'attestation. Commet une faute l'assureur, qui pendant la période de suspension de la garantie, délivre une attestation sans mentionner la mise en demeure adressée à son assuré ni préciser le risque de résiliation à l'expiration du délai de régularisation. • Civ. 3e, 24 oct. 2012 : *RCA 2013, n° 35, note Groutel; RDI 2012. 638, note Dessuet ; RGDA 2013. 344, note L. Karila.*

24. Durée de la suspension en cas de fractionnement de la prime. Selon l'art. L. 113-3, al. 2, C. assur., à défaut de paiement d'une prime, ou d'une fraction de prime, dans les dix jours de son échéance, et indépendamment du droit pour l'assureur de poursuivre l'exécution du contrat en justice, la garantie ne peut être suspendue que trente jours après la mise en demeure de l'assuré. Au cas où la prime annuelle a été fractionnée, la suspension de la garantie, intervenue en cas de non-paiement d'une des fractions de prime, produit ses effets jusqu'à l'expiration de la période annuelle considérée, et le contrat, s'il n'a pas été résilié, reprend pour l'avenir ses effets en cas de paiement des fractions de prime ayant fait l'objet de la mise en demeure et de celles venues à échéance pendant la période de suspension. Une cour d'appel a relevé, par motifs propres et adoptés, que le contrat d'assurance avait été souscrit pour une période annuelle, avec tacite reconduction, moyennant une prime annuelle payable en deux fractions semestrielles, et constaté que celle appelée pour la période du 1er avr. au 30 sept. 2010 n'avait pas été payée, malgré l'envoi, le 21 juin 2010 d'une mise en demeure, sans que l'intégralité des primes ait été régularisée avant l'incendie survenu le 23 octobre 2010. La cour d'appel en a exactement déduit qu'au moment de l'incendie, la garantie était suspendue et que le sinistre n'était pas couvert par le contrat. • Civ. 2e, 25 juin 2020, n° 19-13.624 : *préc. note 7.*

D. CESSATION

25. Paiement des primes. Selon l'art. L. 113-3, al. 4, le contrat non résilié reprend ses effets, à midi le lendemain du jour où ont été payés, à l'assureur ou au mandataire désigné par lui à cet effet, la prime arriérée ou, en cas de fractionnement de prime annuelle, les fractions de prime ayant fait l'objet de la mise en demeure et celles venues à échéance pendant la période de suspension ainsi qu'éventuellement les frais de poursuites et de recouvrement. • Civ. 2e, 5 oct. 2006, n° 05-10.786 P : *RCA 2006, n° 385, note Groutel.* ♦ En cas de fractionnement de la prime, il importe peu que l'assuré ait payé une fraction de prime venue à échéance depuis la mise en demeure, si la fraction ayant donné lieu à celle-ci ne l'a pas été ; la garantie n'a pas été remise en vigueur. • Civ. 1re, 19 juill. 1988, n° 86-17.960 P. ♦ A défaut de paiement d'une fraction de la prime annuelle, la suspension de la garantie produit ses effets jusqu'à l'expiration de la période annuelle considérée et le contrat, s'il n'a pas été résilié, reprend ses effets pour l'avenir en cas de paiement des fractions de primes ayant fait l'objet de la mise en demeure et de celles venues à échéance pendant la période de suspension. • Civ. 1re, 15 déc. 1993, n° 90-19.321 P : *RCA 1994, n° 99 ; RGAT 1994. 503, note Maurice.* ♦ Un paiement partiel de la prime arriérée ne suffit pas pour entraîner la remise en vigueur, à moins que l'assureur ne l'accepte expressément ou tacitement. • Civ. 1re, 9 mai 1961 : *Bull. civ. I, n° 233 ; RGAT 1962. 54, note Besson.*

26. Paiement des frais de poursuites et de recouvrement. Si l'assuré est tenu de payer les frais de poursuites et de recouvrement pour que la garantie soit remise en vigueur, c'est à la condition que le montant lui en soit connu. • Civ. 1re, 26 mai 1970 : *RGAT 1971. 190, note Besson.*

27. Preuve du paiement. Il appartient à l'assureur, qui, après mise en demeure, a accepté, puis encaissé un chèque destiné au paiement d'une prime échue et portant une date antérieure à un sinistre, de démontrer que cet effet lui a été remis ou adressé à une date postérieure à celui-ci. • Civ. 1re, 11 déc. 1990, n° 88-12.716 P : *RCA 1991, n° 72 ; ibid., Chron. 5, note Groutel* • 22 janv. 2002, n° 99-10.078 P : *RCA 2002, n° 162, note Groutel ; RGDA 2002. 394, note Bruschi* • Civ. 2e, 22 janv. 2004 : *RCA 2004, n° 119, obs. Groutel ; RGDA 2004. 406, note Mayaux.* ♦ Mais, lorsque l'assureur indique à l'assuré qu'il remettait le contrat en vigueur à une date et une heure déterminées, il incombe à l'assuré de prouver que le paiement de la prime était antérieur à la veille du jour de remise en vigueur du contrat. • Civ. 2e, 5 oct. 2006, n° 05-10.786 P : *RCA 2006, n° 385, note Groutel.*

28. Arrivée de la nouvelle échéance de prime. La suspension de la garantie résultant de la mise en demeure cesse de plein droit pour l'avenir à l'échéance de la nouvelle prime. • Civ. 10 nov. 1942 : *GADA, p. 110, obs. Berr et Groutel ; RGAT 1943. 132.* ♦ L'échéance d'une nouvelle prime annuelle mettant fin à la suspension de garantie provoquée par la mise en demeure de payer la prime précédente, l'assureur est obligé, en cas de non-paiement persistant, de renouveler les mêmes formalités pour la nouvelle prime. Le juge du fond doit rechercher, en l'absence de toute constatation d'imputation conventionnelle, quelles étaient les primes que l'assuré avait le plus intérêt à acquitter. • Civ. 1re, 9 déc. 1997 : *RGDA 1998. 76, note Kullmann.* ♦ Il résulte de l'art. L. 113-3, al. 2, que, en cas de prime fractionnée, c'est jusqu'à la fin de la période de garantie annuelle que joue la suspension de la garantie, cette dernière ne reprenant, à moins que le contrat n'ait été entre-temps résilié, qu'à l'expiration de la période annuelle considérée. • Civ. 1re, 23 févr. 1988, n° 86-14.311 P : *D. 1989. Somm. 246, obs. Groutel.*

II. RÉSILIATION DU CONTRAT

29. Modalités. Un contrat d'assurance, à défaut d'un commun accord qui ne peut résulter du seul défaut du paiement des primes, ne peut être résilié que suivant les modalités prévues par l'art. L. 113-3. • Civ. 2e, 2 oct. 2008 : *RCA 2008, n° 345, obs. Groutel.* ♦ V. déjà : • Civ. 1re, 23 sept. 2003, n° 00-12.781 P : *Gaz. Pal. 2004. 503, note Favre-Rochex ; RCA 2003, n° 337, obs. Groutel ; RGDA 2003. 708, note Kullmann.*

30. Conditions. L'assureur, qui a le droit de demander la résiliation du contrat dix jours après l'expiration du délai de trente jours, doit notifier son intention de résilier soit dans la lettre de mise en demeure, soit dans une nouvelle lettre recommandée envoyée à l'assuré ; le seul envoi d'une mise en demeure accompagné du silence de l'assureur sur le maintien du contrat ne saurait suffire. • Civ. 1re, 19 mars 1985, n° 83-17.072 P : *D. 1986. Somm. 295, obs. Berr et Groutel.* ♦ ... Mais, s'il a envoyé une lettre recommandée de résiliation au dernier domicile connu, il importe peu qu'elle ait été retournée à l'assureur avec la mention que l'assuré n'habitait pas à l'adresse indiquée. • Civ. 1re, 22 mai 1991 : *RCA 1991. n° 304 ; RGAT 1991. 571, note Maurice.*

31. Intention de résilier dans la lettre de mise en demeure. L'assureur peut notifier son intention de résilier le contrat dans la lettre de mise en demeure, même sous forme de « *post-scriptum* », dès lors que la notification de la résiliation ne prête à aucune équivoque. En outre, l'assureur n'est pas tenu de préciser, lors de cette notification, l'absence d'effet d'un paiement ultérieur de la prime. • Civ. 1re, 10 janv. 1995, n° 92-13.158 P : *RCA 1995, n° 106 ; RGAT 1995. 358, note Chardin.* ♦ Mais, dès lors que la formulation de la mise en demeure n'est pas de nature à attirer l'attention de l'assuré sur les conséquences précises du non-paiement intégral de la prime et sur l'intention de l'assureur de procéder à la résiliation, il n'appartient pas à l'assuré de se renseigner sur cette intention. • Civ. 2e, 20 déc. 2007 : *RCA 2008, n° 114 ; ibid. Repère 3, note Groutel ; RGDA 2008. 76, note Abravanel-Jolly.*

32. Intention de résilier dans une lettre postérieure aux dix premiers jours de la suspension. Il a été jugé que, en application de l'ancien art. R. 113-2, la résiliation par lettre recommandée envoyée après l'expiration des dix premiers jours de la suspension emportait résiliation au jour de l'envoi de la lettre de résiliation. • Civ. 1re, 30 janv. 2002, n° 01-00.971.

33. Renonciation de l'assureur par encaissement des primes. La renonciation à un droit ne peut résulter que d'un acte manifestant sans équivoque la volonté de renoncer ; tel n'est pas le cas de l'encaissement que fait sans réserves l'assureur, après la date de la résiliation, d'une prime venue à échéance avant. • Civ. 1re, 18 févr. 2003 : *RCA 2003, n° 158 ; ibid., Chron. 10, note Groutel ; RGDA 2003. 338, note Favre-Rochex* • Crim. 16 mai 2006, n° 05-80.974 P : *D. 2006. 2771, note Noguéro ; Gaz. Pal. 2006. 1946, note M. B. ; Gaz. Pal. 2006. 4032, note Y. M. ; JCP 2006. II. 10164, note Krajeski ; RCA 2006, n° 283, note Groutel ; RGDA 2006. 647, note Abravanel-Jolly* • Civ. 1re, 3 févr. 1998 : *RCA 1998, n° 179 ; ibid., Chron. 10, note Groutel ; RGDA 1998. 265, note Fonlladosa.* ♦ En revanche, la renonciation à la résiliation peut résulter de l'encaissement sans réserves de primes couvrant non seulement une période de garantie antérieure à la résiliation, mais aussi une période de garantie postérieure, de l'invocation de la résiliation du contrat plus de dix mois après et de la délivrance d'une attestation d'assurance après la résiliation. • Civ. 1re, 7 juill. 1998, n° 96-18.557 : *RCA 1998. Comm. 371 ; RGDA 1998. 709, note Fonlladosa.* ♦ *Contra*, jugeant que lorsque l'assureur a encaissé la prime sans faire de réserves après la date prévue pour la résiliation, il est censé avoir renoncé à celle-ci, • Civ. 1re, 25 avr. 1990 : *RCA 1990, n° 256 (1re esp.)* • 9 juill. 1996 : *RCA 1996, n° 373 ; D. 1998. Somm. 49, obs. Groutel ; RGDA 1996. 892, note Mayaux.* ♦ ... Sauf si un sinistre est survenu entre la résiliation et le paiement. • Civ. 1re, 25 avr. 1990 : *RCA 1990, n° 256 (2e esp.).* ♦ Pour une autre analyse où l'assureur est déclaré tenu de garantir un sinistre, parce qu'il n'a pas clarifié la situation, manquant ainsi à son devoir de conseil : • Civ. 1re, 2 oct. 1984 : *Bull. civ. I, n° 241 ; D. 1986. IR 294, obs. Berr et Groutel.*

34. Renonciation résultant d'un courrier de l'agent général. Il n'y a pas lieu, pour l'engagement de l'assureur résultant des actes de son agent général, de distinguer selon que ces actes étaient intervenus pendant l'exécution du contrat d'assurance ou après la résiliation de celui-ci. Dès lors, l'agent général ayant écrit aux bénéficiaires désignés que le contrat était toujours en cours et que l'assureur était prêt à leur verser le capital stipulé en cas de décès du souscripteur, il en résultait que l'assureur avait renoncé sans équivoque à la résiliation pour défaut de paiement de primes. • Civ. 1re, 4 nov. 2003 : *RCA 2004, n° 54, obs. Groutel.*

35. Renonciation résultant d'une expertise amiable et du paiement d'une indemnité. L'assureur qui, pour un sinistre postérieur à la date d'effet de la résiliation, a organisé avec l'assuré une expertise amiable et, au vu des résultats de celle-ci, procédé au paiement de l'indemnité de sinistre, après application de la franchise, a manifesté sans équivoque sa volonté de poursuivre l'exécution du contrat. • Bordeaux, 23 mars 1998 : *BICC n° 481.*

36. Indemnité de résiliation. Ayant constaté que la police d'assurance prévoyait que la fraction de cotisation pour la période postérieure à la résiliation restait acquise à l'assureur à titre d'indemnité, dans le cas où la résiliation résulterait du non-paiement des cotisations par l'assuré, et que l'assuré avait, dans le délai de trente jours ouvert par la mise en demeure, payé l'intégralité de sa cotisation, mais pas les frais de mise en demeure, une cour d'appel ne pouvait accorder à l'assureur l'indemnité de résiliation. • Civ. 2e, 12 mai 2011, n° 10-11.832 P : *D. 2011. 1483 ; ibid. 2150, note Adida-Canac et Bouvier ; RCA 2011. Comm. 305, note Groutel ; RGDA 2012. 51, note Bigot.*

37. Effet de la résiliation. La résiliation met fin, à compter de sa date, à l'obligation pour l'assuré de payer les primes, qui se trouvent dépourvues de cause. • Civ. 2e, 4 févr. 2016, n° 15-15.993 : *RGDA 2016. 169, note Asselain ; RDI 2016. 291, obs. Noguéro*

III. ACTION EN PAIEMENT

38. Inutilité d'une mise en demeure. La mise en demeure n'est imposée à l'assureur que s'il entend suspendre l'effet de l'assurance ou résilier la police ; elle n'est pas nécessaire avant l'action en paiement des primes. • Civ. 1re, 29 juin 1982, n° 81-13.682 P : *D. 1984. IR 40, obs. Berr et Groutel ; RGAT 1983. 50, note Besson* • 20 janv. 1987 : *RGAT 1987. 60, note Bigot.*

39. Action en paiement en cas de coassurance. Une compagnie d'assurance apéritrice, qui est habilitée, comme mandataire de ses coobligés, à recevoir les primes pour toutes les autres sociétés d'assurance et à en délivrer une quittance unique, dispose de pouvoirs lui permettant de poursuivre au nom de la coassurance, seule créancière, le recouvrement global des primes. • Civ. 1re, 26 avr. 1984, n° 83-12.460 P.

Art. L. 113-4 *(L. n° 89-1014 du 31 déc. 1989, en vigueur le 1er mai 1990)* En cas d'aggravation du risque en cours de contrat, telle que, si les circonstances nouvelles avaient été déclarées lors de la conclusion ou du renouvellement du contrat, l'assureur n'aurait pas contracté ou ne l'aurait fait que moyennant une prime plus élevée, l'assureur a la faculté soit de dénoncer le contrat, soit de proposer un nouveau montant de prime.

Dans le premier cas, la résiliation ne peut prendre effet que dix jours après notification et l'assureur doit alors rembourser à l'assuré la portion de prime ou de cotisation afférente à la période pendant laquelle le risque n'a pas couru. Dans le second cas, si l'assuré ne donne pas suite à la proposition de l'assureur ou s'il refuse expressément le nouveau montant, dans le délai de trente jours à compter de la proposition, l'assureur peut résilier le contrat au terme de ce délai, à condition d'avoir informé l'assuré de cette faculté, en la faisant figurer en caractères apparents dans la lettre de proposition.

Toutefois, l'assureur ne peut plus se prévaloir de l'aggravation des risques quand, après en avoir été informé de quelque manière que ce soit, il a manifesté son consentement au maintien de l'assurance, spécialement en continuant à recevoir les primes ou en payant, après un sinistre, une indemnité.

L'assuré a droit en cas de diminution du risque en cours de contrat à une diminution du montant de la prime. Si l'assureur n'y consent pas, l'assuré peut dénoncer le contrat. La résiliation prend alors effet trente jours après la dénonciation. L'assureur doit alors rembourser à l'assuré la portion de prime ou cotisation afférente à la période pendant laquelle le risque n'a pas couru.

L'assureur doit rappeler les dispositions du présent article à l'assuré, lorsque celui-ci l'informe soit d'une aggravation, soit d'une diminution de risques.

Les dispositions du présent article ne sont applicables ni aux assurances sur la vie, ni à l'assurance maladie lorsque l'état de santé de l'assuré se trouve modifié. — *Assur. L. 160-7, R. 211-4.*

COMMENTAIRE

L'article L. 113-4, qui n'est applicable ni aux assurances sur la vie, ni à l'assurance maladie lorsque l'état de santé de l'assuré est modifié, envisage les conséquences d'une aggravation (I) ou d'une diminution du risque (II) en cours de contrat. Il impose par ailleurs, sans pour autant l'assortir d'une sanction spécifique, une obligation d'information à l'assureur. Celui-ci doit en effet rappeler les dispositions de cet article lorsque l'assuré lui fait part d'une aggravation ou d'une diminution du risque.

I. LES CONSÉQUENCES DE L'AGGRAVATION DU RISQUE

Dès lors que l'assureur n'aurait pas contracté dans les mêmes conditions s'il avait connu lors de la conclusion du contrat les circonstances nouvelles aggravant le risque, il dispose d'une option entre la résiliation du contrat et la poursuite du contrat moyennant une prime plus élevée (A). Toutefois, l'assureur perd le bénéfice de cette option par le consentement en connaissance de cause au maintien du contrat (B).

A. L'OPTION DE L'ASSUREUR

En présence d'une aggravation du risque, l'assureur peut donc soit « dénoncer le contrat » (1), soit « proposer un nouveau montant de prime » (2).

1. LA RÉSILIATION DU CONTRAT

Confronté à une augmentation du risque, l'assureur n'est pas tenu de poursuivre le contrat et peut ainsi le résilier. Mais, en application de l'article L. 113-12-1 issu de la loi Hamon du 17 mars 2014, l'assureur devra motiver cette résiliation lorsque le contrat a été conclu avec un particulier agissant en dehors de son activité professionnelle. La résiliation prendra alors effet dix jours après sa notification. Sur ce point, on peut constater que l'article L. 113-4 ne donne aucune indication quant à la forme de la résiliation. Pour autant, celle-ci devrait logiquement s'effectuer par lettre recommandée, dans la mesure où la faculté de résiliation de l'assureur en cas d'omission ou d'inexactitude de la déclaration du risque s'effectue par lettre recommandée selon l'article L. 113-9. L'assuré non fautif qui a déclaré une aggravation du risque ne doit pas être moins bien traité que l'assuré qui, de bonne foi, n'a pas correctement déclaré un risque (V. Groutel *et al.*, *Traité du contrat d'assurance terrestre*, Litec, 2008, n° 781).

Quant aux effets de la résiliation, il est prévu, par l'article L. 113-4, que l'assureur devra rembourser à l'assuré la portion de la prime correspondant à la période non couverte par la garantie. En revanche, cet article est désormais muet sur la question du versement d'une indemnité de résiliation. Avant la loi n° 89-1014 du 31 décembre 1989, l'assureur pouvait réclamer une telle indemnité si l'aggravation du risque était due à l'assuré et si la résiliation du contrat intervenait après le refus de celui-ci de maintenir le contrat avec une augmentation de prime. Cette possibilité n'est désormais plus prévue par l'article L. 113-4.

Par ailleurs, on peut s'interroger sur la portée de la résiliation en présence d'une assurance multirisques, lorsque l'aggravation ne concerne qu'un seul des risques assurés. La résiliation s'applique-t-elle à l'ensemble du contrat ou au seul risque concerné ? Si l'on suit à la lettre l'article L. 113-4, il faudrait admettre la résiliation du « contrat » dans son ensemble. Pour autant, cette solution paraît excessive. Si le contrat est divisible, notamment en l'absence de clause d'indivisibilité et en raison du fractionnement possible de la prime, la résiliation devrait être limitée au risque affecté par les circonstances nouvelles (V. Groutel et al., Traité du contrat d'assurance terrestre, *Litec, 2008, n° 781*).

2. L'AUGMENTATION DE LA PRIME

L'assureur peut préférer proposer à son assuré la poursuite du contrat moyennant une augmentation de la prime. Cette offre de modification ouvre une période de réflexion de trente jours. Si l'assuré refuse cette modification ou reste silencieux pendant toute cette période, l'assureur peut résilier le contrat à condition toutefois d'avoir informé l'assuré de cette faculté en la faisant figurer en caractères apparents dans la lettre de proposition. Là encore, en application du nouvel article L. 113-12-1, l'assureur devra motiver cette résiliation si le contrat a été conclu avec une personne physique pour un risque étranger à son activité professionnelle.

B. LA RENONCIATION DE L'ASSUREUR

Mais l'assureur peut également décider de ne pas se prévaloir de l'option que lui offre l'article L. 113-4 et de poursuivre le contrat aux mêmes conditions. Cette renonciation de l'assureur peut notamment se manifester par le paiement d'une indemnité (Civ. 1re, 14 juin 1978 :

V. note 3) ou par l'encaissement d'une prime (Civ. 1re, 25 févr. 1986 : V. note 5) en parfaite connaissance de l'aggravation du risque.

II. LES CONSÉQUENCES D'UNE DIMINUTION DU RISQUE

Inversement, en cas de diminution du risque, le souscripteur peut demander à l'assureur une réduction du montant de la prime. Si l'assureur refuse, le souscripteur peut dénoncer le contrat. La résiliation prendra effet trente jours après cette notification et contraindra l'assureur à rembourser la fraction de la prime correspondant à la période non couverte par la garantie. ❑

I. RÉSILIATION POUR AGGRAVATION DU RISQUE

1. Résiliation et nullité. La résiliation, même sans réserve, du contrat par l'assureur, sur le fondement de l'art. L. 113-4 ne vaut pas, à elle seule, renonciation à l'exercice d'une action en nullité sur le fondement de l'art. L. 113-8 du même code. • Civ. 1re, 17 juill. 2001, n° 98-22.386 P : *RCA 2001, n° 344, obs. Groutel ; RGDA 2001. 954, note Mayaux ; RTD civ. 2002. 93, note Fages*.

II. RENONCIATION DE L'ASSUREUR

2. Renonciation de l'assureur et pouvoir des juges du fond. Les juges du fond sont souverains pour apprécier s'il y a lieu de faire application des dispositions sur la renonciation de l'assureur. • Civ. 1re, 25 févr. 1986 : *RGAT 1986. 201.*

3. Renonciation de l'assureur par paiement d'une indemnité. Le paiement d'une indemnité d'assurance après sinistre peut valoir consentement de l'assureur au maintien de l'assurance, malgré l'aggravation des risques, s'il a été informé de quelque manière que ce soit, avant le paiement, de cette aggravation ; ne donne pas de base légale à sa décision la cour d'appel qui condamne l'assuré à rembourser une partie de l'indemnité d'assurance, sans rechercher si la compagnie d'assurances n'avait pas eu connaissance de l'aggravation avant le versement de celle-ci. • Civ. 1re, 14 juin 1978, n° 77-10.384 P : *RGAT 1979. 175, note Besson.*

4. Renonciation de l'assureur par remise d'un avenant. Encourt la cassation l'arrêt qui annule le contrat d'assurance au motif que l'assuré lui avait dissimulé le changement de catégorie professionnelle de l'un des conducteurs du véhicule, sans rechercher si l'assureur – qui après avoir eu connaissance de l'accident avait délivré un avenant couvrant ce conducteur pour tous les déplacements effectués avec le véhicule – n'avait pas donné son consentement au maintien de l'assurance après avoir été informé de l'aggravation du risque. • Civ. 1re, 4 févr. 1986, n° 84-15.109 P.

5. Renonciation de l'assureur par encaissement des primes. Le fait de continuer à encaisser des primes après avoir été informé de l'aggravation traduit, de la part de l'assureur, la volonté de maintenir l'assurance ; dès lors, il ne peut plus se prévaloir des conséquences de cette aggravation. • Civ. 1re, 25 févr. 1986 : *préc. note 1* • 8 nov. 1982 : *D. 1982. IR 37, obs. Berr et Groutel* • 8 juill. 2003, n° 00-20.198 P : *RCA 2003, n° 279 ; RGDA 2003. 676, note Favre-Rochex.*

6. Autre hypothèse de renonciation de l'assureur. Viole les art. L. 113-4 et L. 113-9 la cour d'appel qui retient qu'un courrier du 20 mai 2003, intitulé « Étude personnalisée » et par lequel l'assureur a communiqué à la société le montant de la cotisation annuelle exigible au titre de l'assurance responsabilité civile professionnelle pour un effectif de seize salariés, n'est qu'un simple devis, non accepté par l'assuré et auquel n'a été donnée aucune suite par celui-ci, ce document étant en outre insuffisant à lui seul à caractériser la connaissance effective par l'assureur du nombre exact et actuel des salariés de la société à la date de son établissement, alors qu'elle relevait que l'acte en cause émanant de l'assureur indiquait que l'effectif de l'entreprise à la date du 20 mai 2003 était de seize salariés, ce dont il résultait que l'assureur ne pouvait ignorer l'effectif réel de la société assurée. • Civ. 2e, 10 nov. 2009 : *RGDA 2010. 71, note Abravanel-Jolly.*

Art. L. 113-4-1 *(L. n° 2009-1255 du 19 oct. 2009, art. 6-II)* **L'assureur crédit qui renonce à garantir les créances détenues par son assuré sur un client de ce dernier, lorsque ce client est situé en France, motive sa décision auprès de l'assuré lorsque ce dernier le demande.**

COMMENTAIRE

Conformément à l'article L. 111-1, les opérations d'assurance crédit ne sont pas soumises aux trois premiers titres du livre Ier du code des assurances et donc au droit commun du contrat d'assurance. Partant, les assurances de crédit sont par principe régies par le droit commun des contrats. Cependant, par exception, l'article L. 113-4-1, issu de la loi n° 2009-1255 du 19 octobre 2009 tendant à favoriser l'accès au crédit des petites et moyennes entreprises, est applicable aux assurances crédit.

Ce texte a été adopté dans un contexte de contraction du crédit et de retrait ou de diminution des garanties des assureurs de crédit. Afin d'éviter que ces derniers renoncent à garantir les créances de certaines catégories d'entreprises sans véritablement analyser chaque situation au cas par cas, le législateur a imposé à l'assureur de crédit, qui renonce à garantir les créances détenues par son assuré sur un client situé en France, de motiver sa décision en cas de demande de l'assuré. Cette obligation n'est toutefois assortie d'aucune sanction spécifique. ❑

Art. L. 113-5 *(L. nº 81-5 du 7 janv. 1981)* **Lors de la réalisation du risque ou à l'échéance du contrat, l'assureur doit exécuter dans le délai convenu la prestation déterminée par le contrat et ne peut être tenu au-delà.**

BIBL. ▸ Intérêts moratoires : GROUTEL, *RCA 1989. Chron. 26 ; ibid. 1997. Chron. 6 ; ibid. 1998. Chron. 20 ; ibid. 2002. Chron. 2.*

COMMENTAIRE

L'article L. 113-5 concerne l'obligation de l'assureur de verser l'indemnité au bénéficiaire en cas de réalisation du risque. L'assureur doit exécuter son obligation dans le délai prévu par le contrat (I). Mais s'il verse une indemnité à laquelle il n'était pas tenu, il pourra exercer, sous certaines conditions, une action en répétition de l'indu (II).

I. LE DÉLAI DE PAIEMENT

En affirmant que l'assureur doit exécuter son obligation « dans le délai convenu », le législateur n'a pas voulu imposer par principe un délai à l'assureur. Sauf disposition particulière, le délai est celui prévu par le contrat d'assurance ou par un accord ultérieur. Si l'assureur ne respecte pas ce délai, il sera tenu de verser des intérêts moratoires (A) et éventuellement des dommages-intérêts compensatoires (B).

A. LES INTÉRÊTS MORATOIRES

Deux questions se sont posées à propos des intérêts moratoires : la première concerne leur articulation avec le plafond de garantie (1), la seconde leur point de départ (2).

1. INTÉRÊTS MORATOIRES ET PLAFOND DE GARANTIE

Dans la mesure où l'article L. 113-5 dispose que l'assureur ne peut être tenu au-delà de la prestation déterminée par le contrat, on s'est demandé si cette disposition faisait obstacle au versement d'intérêts moratoires au-delà d'un éventuel plafond de garantie. La Cour de cassation a apporté une réponse négative à cette interrogation (Civ. 1re, 7 juill. 1992 et Civ. 1re, 14 nov. 2001 : *V. note 6*). Le plafond de garantie ne concerne que la garantie de l'assureur, il ne s'applique donc pas aux intérêts moratoires qui sanctionnent le retard de l'assureur dans l'exécution de son obligation.

2. POINT DE DÉPART DES INTÉRÊTS MORATOIRES

Si la diversité des textes applicables *(a)* n'a pas soulevé d'interrogations quant à la solution à retenir pour les assurances de choses et de personnes *(b)*, la jurisprudence a été beaucoup plus hésitante pour les assurances de responsabilité *(c)*.

a. Textes applicables

L'article L. 113-5 n'apporte aucune indication sur la question du point de départ des intérêts moratoires. Aussi, en dehors des contrats d'assurance sur la vie et des contrats d'assurance l'incendie pour lesquels les articles L. 132-23-1 et L. 122-2 adoptent respectivement des solutions particulières, il est nécessaire de se reporter aux textes du Code civil. Or, deux articles de ce code sont susceptibles de s'appliquer : les articles 1231-6 (anc. art. 1153) et 1231-7 (anc. art. 1153-1). Selon l'article 1231-6, les intérêts moratoires « d'une obligation de somme d'argent » courent à compter de la mise en demeure. Cette règle doit donc s'appliquer aux dettes qui ne font pas l'objet d'une évaluation par le juge. Par opposition, l'article 1231-7 prévoit que le point de départ des intérêts moratoires, qui accompagnent « la condamnation à une indemnité » est le jour du jugement. Cette règle concerne ainsi les dettes indemnitaires évaluées par le juge.

b. Assurances de choses et de personnes

Appliquant ces règles aux assurances de choses (Civ. 2e, 16 juin 2005 : *V. note 7*) et de personnes (Civ. 1re, 10 avr. 1996 : *V. note 8*), la Cour de cassation a estimé que, pour ces contrats, l'ancien article 1153 du code civil (nouv. art. 1231-6) devait s'appliquer, puisque le juge se contente de déterminer le montant de l'indemnité due par rapport aux stipulations contractuelles. Le point de départ des intérêts moratoires est donc le jour de la mise en demeure.

c. Assurances de responsabilité

Pour les assurances de responsabilité, la solution ne s'est pas imposée avec évidence. En effet, on peut penser que dès lors que la dette de responsabilité est déterminée par le juge, il en va de même pour la dette de l'assureur de responsabilité. Ce raisonnement conduit alors à appliquer l'ancien article 1231-7 du code civil (anc. art. 1153-1 C. civ.) aux intérêts moratoires et à les faire partir de la décision du justice (Jourdain, Les intérêts moratoires dans les assurances de responsabilité et l'application du plafond de garantie, *RCA 2002. Chron. 3* ; Les intérêts légaux de l'indemnité d'assurance : un vrai casse-tête, *in* Mél. Lambert-Faivre et Lambert, *D. 2002. 231*). Mais, l'on peut également estimer qu'une fois que le juge a évalué le montant de la dette de responsabilité, il se contente de déterminer celle de l'assureur de responsabilité à l'aide des stipulations contractuelles. Il faut alors appliquer l'article 1231-6 du code civil (anc. art. 1153 C. civ.) aux intérêts moratoires et retenir que leur point de départ est le jour de la mise en demeure (Kullmann, Indemnité d'assurance au taux légal, *RGDA 1998. 662* ; Mayaux, L'assureur est-il un garant ?, *in* Mél. Lambert-Faivre et Lambert, *D. 2002. 291*).

La jurisprudence a hésité entre ces deux analyses. En effet, après avoir adopté la première analyse (Civ. 1re, 16 juill. 1998, et Civ. 3e, 15 mars 2000 : *V. note 10*), la première et la troisième chambre civile de la Cour de cassation se sont ralliées à la seconde, faisant valoir l'application de l'ancien article 1153 du code civil (nouv. art. 1231-6) (Civ. 1re, 14 nov. 2001 et Civ. 3e, 17 mars 2004 : *V. note 9*). De son côté, après avoir été favorable au recours à l'ancien article 1153-1 du code civil (nouv. art. 1231-7 C. civ.) (Civ. 2e, 27 mars 2003 : *V. note 10*), la deuxième chambre civile de la Cour de cassation s'est ralliée à l'analyse fondée sur l'article 1153 du code civil (nouv. art. 1231-6 C. civ.) (Civ. 2e, 22 oct. 2015).

En revanche, la jurisprudence a appliqué sans difficultés l'ancien article 1153 du code civil (nouv. art. 1231-6 C. civ.) à la créance de l'assureur, subrogé dans les droits de la victime, à l'encontre du responsable et de son assureur. En effet, dans une telle hypothèse, le juge, saisi de l'action de l'assureur subrogé, n'a pas à évaluer le montant de sa créance : il est déterminé par les stipulations du contrat d'assurance (Civ. 1re, 7 mai 2002, Com. 5 oct. 2006, et Civ. 2e, 4 nov. 2010 : *V. note 9*).

B. LES DOMMAGES ET INTÉRÊTS COMPENSATOIRES

Si l'assureur ne paie pas l'indemnité dans les délais, il peut également être condamné à payer des dommages et intérêts compensatoires sur le fondement de l'article 1231-6, alinéa 3, du code civil (anc. art. 1153, al. 4, C. civ.) en cas de dommage causé au créancier de l'indemnité (1), ou de l'article 1240 du même code (anc. art. 1382), en cas de dommage causé à un tiers (2).

1. L'ARTICLE 1231-6, ALINÉA 3, DU CODE CIVIL

Selon l'article 1231-6, alinéa 3, du code civil (anc. art. 1153, al. 4, C. civ.), « le créancier auquel son débiteur en retard a causé, par sa mauvaise foi, un préjudice indépendant de ce retard, peut obtenir des dommages et intérêts distincts des intérêts moratoires ». Pour obtenir des dommages et intérêts sur ce fondement, le bénéficiaire de l'indemnité d'assurance doit donc établir la mauvaise foi de l'assureur (Civ. 1re, 18 oct. 1988, et Civ. 2e, 12 juin 2014 : *V. note 13*) et l'existence d'un préjudice distinct de celui résultant du retard dans la jouissance de l'indemnité due (Civ. 2e, 3 juill. 2014 : *V. note 13*). Faisant application de ces critères, la jurisprudence a estimé que la mauvaise foi de l'assureur pouvait résulter d'un refus d'indemnisation sans raison sérieuse (Civ. 1re, 30 janv. 1996 : *V. note 13*) ou de son comportement dilatoire, caractérisé par la volonté de désigner un troisième expert alors qu'une telle désignation était inutile (Civ. 1re, 29 févr. 2000 : *V. note 13*). De même, les tribunaux ont estimé que pouvaient être réparés sur le fondement de l'ancien article 1153, alinéa 4 (nouv. art. 1231-6, al. 3), des préjudices aussi divers que des frais ou pertes de loyers (Civ. 1re, 28 avr. 1993 : *V. note 13*) ou d'exploitation liés à l'impossibilité de remettre en état un fonds de commerce incendié (Civ. 1re, 30 janv. 1996 : *préc.*).

2. L'ARTICLE 1240 DU CODE CIVIL

La responsabilité de l'assureur peut aussi être engagée sur le fondement de l'article 1240 du code civil (anc. art. 1382 C. civ.), si le retard dans le versement de l'indemnité a causé un préjudice à un tiers. Ainsi, le retard de l'assureur a pu empêcher l'assuré de faire rapidement des travaux de reprise, ce qui a pu causer un préjudice à un tiers, voisin de l'assuré (Civ. 2e, 10 mai 2007 : *V. note 15*).

II. LA RÉPÉTITION DE L'INDU

Selon l'article 1302 du code civil (anc. art. 1235 C. civ.), « tout paiement suppose une dette ; ce qui a été reçu sans être dû est sujet à restitution ». Il en résulte que le versement d'une indemnité indue par l'assureur peut faire l'objet d'une action en répétition. Deux régimes, envisagés par les articles 1302-1 et 1302-2 du code civil (anc. art. 1376 et 1377 C. civ.), doivent être distingués : il s'agit de l'indu objectif (A) et de l'indu subjectif (B).

A. L'INDU OBJECTIF

1. IDENTIFICATION DES SITUATIONS D'INDU OBJECTIF

Conformément à l'article 1302-1 du code civil (anc. art. 1376), il y a indu objectif lorsque le paiement effectué par le *solvens* ne correspond à aucune dette. Certaines hypothèses ne suscitent pas de difficultés. Par exemple, l'assureur a versé une indemnité comprenant le montant de la TVA, alors que l'assuré avait acquis le bien sinistré sans payer cette taxe (Civ. 1re, 4 févr. 1997 : *V. note 16*). Mais, parfois, on peut hésiter quant à l'application de l'ancien article 1376 (devenu art. 1302-1) du code civil.

Il en est notamment ainsi lorsque après avoir directement versé une indemnité à la victime, un assureur de responsabilité voit sa dette disparaître rétroactivement à la suite d'une décision de justice. Cette disparition rétroactive peut être due soit à une absence de garantie de l'assureur, soit à une absence de responsabilité de l'assuré.

Dans la première hypothèse, l'assureur verse une indemnité à la victime et ultérieurement une décision de justice remet en cause sa garantie sans pour autant écarter la dette de responsabilité de l'assuré. L'ancien article 1302-1 du code civil ne peut alors s'appliquer. L'action en répétition de l'indu doit être fondée sur l'article 1302-2 du même code.

Dans la seconde hypothèse, la situation peut être plus complexe. En effet, si la dette de responsabilité de l'assuré et donc la dette de l'assureur de responsabilité peuvent être rétroactivement anéanties par une décision de justice, cela ne signifie pas nécessairement que la victime ne bénéficie d'aucune créance de responsabilité. Un tiers à la relation d'assurance peut être responsable du dommage. L'application de l'article 1302-1 du code civil pourrait alors être écartée au profit de celle de l'ancien article 1302-2 du même code. Cette solution, envisagée par certains juges du fond, a néanmoins été écartée par la Cour de cassation. La Haute Juridiction a estimé que dès lors que la dette de responsabilité de l'assuré n'existe plus, l'action en répétition de l'indu de l'assureur est fondée sur l'ancien article 1376 du code civil (nouv. art. 1302-1 C. civ.) (Civ. 1re, 30 avr. 2014 : *V. note 16*).

2. RÉGIME DE L'INDU OBJECTIF

Contrairement à l'action fondée sur l'article 1302-2 du code civil, l'action en répétition de l'indu fondée sur l'ancien article 1302-1 n'est pas subordonnée à la preuve d'une erreur du *solvens* (Civ. 2e, 10 juin 2004 : *V. note 17* ; Civ. 1re, 30 avr. 2014 : *V. note 16*). Ce point est désormais acquis en jurisprudence.

En revanche, la question du défendeur à l'action n'est pas totalement résolue. En effet, alors que la lettre de l'article 1302-1 du code civil invite à orienter l'action en répétition de l'indu de l'assureur de responsabilité vers la victime, la Cour de cassation retient traditionnellement que l'action en répétition de l'indu ne peut être exercée contre la victime *accipiens* dès lors qu'elle avait droit à l'indemnité reçue. Ainsi, dans l'hypothèse d'un indu objectif, caractérisée par une absence de responsabilité de l'assuré mais par la responsabilité d'un tiers, la jurisprudence retient que l'action ne peut être dirigée à l'encontre de la victime (Civ. 1re, 23 sept. 2003 : *V. note 20*). Cette solution, qui protège la victime, ne semble toutefois pas avoir été suivie dans un arrêt non publié de la Cour de cassation, dont la portée reste incertaine (Civ. 1re, 30 avr. 2014 : *préc.*).

B. L'INDU SUBJECTIF

1. IDENTIFICATION DES SITUATIONS D'INDU SUBJECTIF

Conformément à l'article 1302-2 du code civil (anc. art. 1377), il y a indu subjectif lorsque le *solvens* paye une dette alors qu'il n'y était nullement tenu. Ayant payé à la place d'un tiers, le *solvens* dispose d'une action en répétition de l'indu. Ainsi, l'assureur de responsabilité peut agir sur le fondement de l'article 1302-2 lorsqu'il a versé une indemnité à la victime alors que, si la responsabilité devait bien être engagée, sa garantie n'était pas due. De même, l'assureur dispose d'une action en répétition de l'indu lorsqu'il a versé par erreur l'indemnité d'assurance au créancier privilégié de l'assuré, alors que cette indemnité n'était pas due en raison de la faute intentionnelle de l'assuré (Civ. 1re, 15 janv. 1985 : *V. note 18*).

2. *RÉGIME DE L'INDU SUBJECTIF*

En cas d'indu subjectif, l'assureur doit prouver qu'il a commis une erreur lors du paiement de l'indemnité (Civ. 1re, 15 janv. 1985 : *préc.*).

Par ailleurs, alors que l'action devrait être dirigée vers l'*accipiens* selon l'ancien article 1302-2, la Cour de cassation affirme que l'action ne peut être exercée à l'encontre de la victime. Le remboursement de l'indemnité ne peut être demandé qu'au véritable bénéficiaire du paiement, c'est-à-dire à l'assuré (Civ. 2e, 22 sept. 2011, et Civ. 1re, 2 juill. 2014 : *V. note 20*).

I. OBLIGATION DE VERSER LA PRESTATION

1. *Opposabilité de la condamnation judiciaire de l'assuré.* C'est au moment de la réalisation du risque que l'assureur doit payer l'indemnité dont il est tenu en vertu du contrat; la décision judiciaire condamnant l'assuré à raison de sa responsabilité constitue pour l'assureur qui a garanti cette responsabilité, dans ses rapports avec la victime, la réalisation du risque, tant dans son principe que dans son étendue. • Civ. 1re, 25 mai 1992, n° 89-18.923 P : *RCA 1992, n° 334; ibid. Chron. 29, par Groutel* • 7 janv. 1997 : *RCA 1997, n° 111; ibid. Chron. 6, par Groutel; RGDA 1997. 232, note Kullmann.* ♦ ... Et lui est, dès lors, opposable à moins de fraude à son encontre. • Civ. 2e, 12 mai 2005 : *RCA 2005, n° 233, note Groutel* • Civ. 3e, 18 févr. 2016, n° 14-29.200 : *RCA 2016, n° 166, note Groutel.* ♦ ... La garantie de l'assureur ne pouvant alors être appréciée qu'au regard des stipulations de la police. • Civ. 1re, 10 févr. 2004 : *RCA 2004, n° 160, obs. Groutel; RGDA 2004. 513, note Rémy* • Civ. 1re, 29 oct. 2014 : *D. actu. 7 nov. 2014, note de Ravel d'Esclapon; RGDA 2015. 39, note Asselain; RCA 2015, n° 26, note Groutel; ibid., Chron. 1, n° 13, note Groutel.* ♦ En application de l'art. L. 113-5 C. assur., la décision judiciaire condamnant l'assuré à raison de sa responsabilité constitue pour l'assureur de cette responsabilité la réalisation, tant dans son principe que dans son étendue, du risque couvert et lui est opposable, à moins de fraude à son encontre. Il en résulte que, si l'assureur ne peut plus contester sa garantie qu'au regard des stipulations de sa police, il peut opposer au tiers victime et à son assuré la décision judiciaire ayant statué sur la responsabilité de celui-ci, laquelle détermine irrévocablement, au regard du contrat d'assurance, la nature du risque qui s'est réalisé. Dès lors, ayant constaté qu'aux termes du contrat d'assurance la garantie de l'assureur était acquise lorsque la responsabilité de l'assuré était engagée sur le fondement de la présomption établie par les art. 1792 et 1792-2 C. civ. et dans les limites de cette responsabilité et ayant relevé que la condamnation de l'assurée à payer diverses sommes aux acquéreurs avait été prononcée sur le fondement de la responsabilité contractuelle de celle-ci, une cour d'appel en a exactement déduit, sans opposer l'autorité de chose jugée, que le risque garanti ne s'était pas réalisé. • Civ. 3e, 18 mars 2021, n° 20-13.915 : *RGDA juin 2021. 24, note J.-P. Karila; RDI 2021. 369, note Charbonneau*. ♦ *Adde*, s'agissant de la recevabilité de la tierce opposition formée par un assureur de responsabilité contre une décision condamnant son assuré envers un tiers lésé : • Com. 17 nov. 2009 : *RCA 2010, n° 55, note Groutel.*

2. *Opposabilité de l'expertise diligentée contre l'assuré.* La décision judiciaire qui condamne un assuré à raison de sa responsabilité constitue pour l'assureur, qui a garanti celle-ci dans ses rapports avec la victime, la réalisation tant dans son principe que dans son étendue du risque couvert. Et l'assureur qui a été mis en mesure de connaître la procédure engagée et n'a pas jugé utile d'intervenir dans le déroulement des mesures d'instruction ne peut, sauf s'il y a eu fraude de la part de l'assuré, soutenir que ces mesures lui sont inopposables. • Civ. 1re, 8 oct. 1985, n° 84-12.926 P. ♦ V. égal. • 8 oct. 1996 : *RCA 1996, n° 407, note Groutel.* ♦ De même, l'assureur, appelé à la procédure en un temps où il peut encore discuter les conclusions de l'expert, n'est pas fondé, sauf en cas de fraude de l'assuré, à soutenir que l'expertise ne lui est pas opposable. • Civ. 1re, 15 oct. 1991, n° 90-11.779 P : *RCA 1991, n° 437* • 7 févr. 1995 : *RCA 1995, n° 141.* ♦ Plus généralement : l'assureur qui, en connaissance des résultats de l'expertise dont le but était d'établir la réalité et l'étendue du sinistre, a eu la possibilité d'en discuter les conclusions, ne peut, sauf s'il y a eu fraude à son encontre, soutenir qu'elle lui est inopposable. • Civ. 3e, 19 juin 1991, n° 89-16.599 P : *RCA 1991, n° 352* • Civ. 2e, 19 nov. 2009 : *RCA 2010, n° 55, note Groutel* • 1er juill. 2010 : *RCA 2010, nos 261 et 266, note Groutel.*

II. OBLIGATION DE RESPECTER LE DÉLAI

3. *Compensation entre une prime et une indemnité impayées.* Selon l'art. L. 113-5, l'assureur a le devoir d'exécuter son contrat dès la survenance du sinistre et dans le délai convenu; aussi des juges du fond ont-ils pu faire jouer la compensation entre une prime demeurée impayée – qui avait donné lieu à une mise en demeure – et une indemnité pour un sinistre antérieur que l'assureur s'abstenait de payer, alors qu'elle avait été fixée par l'expert. • Civ. 1re, 22 nov. 1989, n° 87-17.361 P.

4. Responsabilité de l'assureur apériteur. L'assureur doit, lors de la réalisation du risque, exécuter dans le délai convenu la prestation déterminée par le contrat ainsi que le lui prescrit l'art. L. 113-5 C. assur. Dès lors, justifie sa décision la cour d'appel qui, tout en constatant la défaillance d'un coassureur, estime qu'en faisant le nécessaire, dans le délai prévu au contrat, la compagnie apéritrice d'une police collective aurait pu recueillir des coassureurs leur part contributive dans le délai imparti pour le règlement et la condamner au versement de l'intégralité de l'indemnité afférente au sinistre, sauf son recours contre ses coassureurs. • Civ. 1re, 25 avr. 1989, n° 87-16.542 P : *D. 1991. Somm. 69, obs. Groutel*. – Kullmann, *RGDA 1998. 662*. – Jourdain, *RCA 2002. Étude 3*.

5. Intérêts moratoires et préjudice. La créance d'une somme d'argent, née et déterminée dans son montant antérieurement à la décision du juge, qui se borne à la constater, porte intérêt, sans que le créancier soit tenu de justifier d'aucune perte, à compter de la sommation de payer, ou, à défaut, de la demande en justice. • Civ. 1re, 8 oct. 1996 : *RCA 1996, n° 405*.

6. Intérêts moratoires et plafond de garantie. Si, selon l'art. L. 113-5 C. assur., l'assureur ne peut être tenu au-delà de la prestation déterminée par le contrat, ce texte ne fait pas obstacle à ce que l'indemnité correspondant au plafond de garantie stipulé dans la police produise des intérêts en cas de retard, même non fautif, dans son paiement. • Civ. 1re, 7 juill. 1992, n° 89-16.616 P : *RGAT 1992. 901, note Beauchard*. ♦ Le principe indemnitaire qui, selon l'art. L. 121-1 C. assur., implique que l'indemnité due par l'assureur à l'assuré ne peut pas dépasser le montant de la valeur de la chose assurée au moment du sinistre, ne fait pas obstacle à ce que ladite indemnité, telle qu'elle est fixée par l'accord des parties ou par le juge, produise des intérêts en cas de retard de paiement. • Civ. 1re, 25 nov. 1992 : *RGAT 1993. 78, note Maurice*. ♦ Le plafond de garantie ne peut s'appliquer qu'à la prestation mise à la charge de l'assureur en vertu du contrat d'assurance de responsabilité et non aux intérêts de retard afférents à sa dette en application de l'art. 1153 C. civ. • Civ. 1re, 14 nov. 2001, n° 98-19.205 P : *RCA 2002, n° 37 ; ibid., Chron. 2, par Groutel ; ibid., Chron. 3, par Jourdain ; RGDA 2002. 175, note Kullmann ; JCP 2002. I. 116, n° 26, obs. Mayaux*.

7. Point de départ des intérêts moratoires en assurance de choses. En matière d'assurance de choses, l'art. 1153 C. civ. est applicable à l'indemnité due par la compagnie d'assurances dans la mesure où son montant est fixé en fonction de la valeur de la chose assurée au jour du sinistre et ne résulte pas de l'évaluation du préjudice faite par le juge au jour où il statue. • Civ. 2e, 16 juin 2005 : *RCA 2005, n° 265* • Civ. 1re, 10 févr. 2004, n° 99-20.716 P : *D. 2004. IR 731* ; *Gaz. Pal. 2004. 2477, note Leducq ; RCA 2004, n° 152* • 9 mars 1999 : *RGDA 1999. 581, note Mayaux ; RCA 1999, n° 158, note Groutel* • 3 févr. 1998 : *RCA 1998, n° 170* • 22 juin 1994 : *RGAT 1994. 783, note Kullmann* • 10 juin 1992 : *RCA 1992, n° 372* • 21 juin 1989, n° 87-12.039 P : *RGAT 1989. 796, note Kullmann* • 10 mai 1988, n° 86-13.188 P : *D. 1989. Somm. 243, obs. Groutel*. ♦ Les intérêts au taux légal sur l'indemnité d'assurance de choses courent à compter de la sommation de payer ou de tout acte équivalent. Il en est ainsi lorsque l'assureur a été mis en demeure de payer cette indemnité par une assignation en référé. • Civ. 2e, 29 mars 2012 : *RCA 2012, n° 217, note Groutel*.

8. Point de départ des intérêts moratoires en assurance de personnes. Viole l'art. 1153 C. civ. la cour d'appel qui condamne l'assureur de personnes au paiement de prestations contractuelles avec intérêts légaux à compter de la date à laquelle le paiement était dû en vertu du contrat en énonçant que son arrêt est déclaratif et non constitutif de droit, alors que dans les obligations qui se bornent au paiement d'une certaine somme, les intérêts légaux pour retard dans l'exécution ne sont dus qu'à compter de la sommation de payer. • Civ. 1re, 10 avr. 1996 : *RGDA 1996. 610, note Beauchard*. ♦ Il importe peu qu'à cette date la demande n'ait pas été chiffrée dès lors qu'elle pouvait être déterminée par application du contrat. • Civ. 2e, 9 févr. 2012 : *RGDA 2012. 647, note Asselain*.

9. Point de départ des intérêts moratoires en assurance de responsabilité. – Jurisprudence actuelle. Selon l'art. 1153 C. civ., dans les obligations qui se bornent au paiement d'une certaine somme, les dommages-intérêts résultant du retard dans l'exécution sont dus, sans que le créancier soit tenu de justifier d'aucune perte, à compter de la sommation de payer ou d'un acte équivalent. L'art. L. 113-5 C. assur. ne fait pas obstacle à ce que, par application du premier texte, la prestation due par l'assureur de responsabilité en vertu des engagements qu'il a contractuellement consentis et correspondant au capital stipulé dans la police produise des intérêts en cas de retard, même non fautif, dans son paiement. • Civ. 1re, 14 nov. 2001 : *préc. note 6* • 1er avr. 2003 : *RGDA 2003. 490, note Landel* • Civ. 3e, 17 mars 2004, n° 02-17.165 • 7 juill. 2004, n° 03-13.195 • Civ. 2e, 22 oct. 2015, n° 14-14.949 : *RCA 2016, n° 23, note Groutel* • Com. 16 juin 2021, n° 19-22.885 : *RGDA août-sept. 2021. 14, note Pimbert*. ♦ De même, il a été jugé, à propos du recours subrogatoire de l'assureur contre le responsable, qu'il résulte de l'art. 1153 C. civ. que la personne tenue au paiement d'une somme envers une autre ne lui en doit les intérêts qu'après avoir été mise en demeure, même dans l'hypothèse où l'assuré victime avait délivré une quittance subrogative à son assureur. • Civ. 1re, 7 mai 2002, n° 99-13.458 P • Com. 5 oct. 2006, n° 04-18.621 P : *RCA 2007, n° 102, note Groutel* • 5 oct. 2006 : *RCA 2007, n° 102, note*

Groutel • Civ. 2e, 4 nov. 2010 : *RCA 2011, no 79, note Groutel.*

10. Point de départ des intérêts moratoires en assurance de responsabilité. – Jurisprudence antérieure. La décision judiciaire condamnant l'assuré en raison de sa responsabilité constitue pour l'assureur qui a garanti cette responsabilité, dans ses rapports avec la victime, la réalisation du risque couvert et fait courir à son encontre les intérêts moratoires. • Civ. 1re, 16 juill. 1998 : *RGDA 1998. 809, note Kullmann.* ♦ ... Ou encore : les intérêts légaux alloués à la victime en application de l'art. 1153-1 C. civ. pour une période antérieure à la date de la décision qui fixe l'indemnité ont nécessairement un caractère moratoire. Dès lors, c'est sans méconnaître les dispositions de l'art. L. 113-5 C. assur. qu'une cour d'appel, qualifiant ainsi les intérêts légaux des indemnités qu'elle alloue à la victime, et dont elle fixe discrétionnairement le point de départ à la date de l'assignation, décide qu'ils échappent au plafonnement de la garantie de l'assureur. • Civ. 1re, 28 avr. 1998, no 96-14.762 P : *RGDA 1998. 808, note Kullmann ; Gaz. Pal. 1999. 1. 91, note Favre-Rochex* • 11 juill. 2001, no 98-20.159 P : *RCA 2001, no 339, note Groutel* • Civ. 3e, 15 mars 2000, no 98-13.890 P : *RCA 2000, no 206, obs. Groutel.* ♦ V. égal., affirmant qu'en fixant à une date autre que celle de sa décision le point de départ des intérêts, une cour d'appel ne fait qu'user de la faculté ouverte à sa discrétion par l'art. 1153-1 [devenu art. 1231-7] C. civ. • Civ. 2e, 27 mars 2003, no 01-12.983 P : *RCA 2003, no 172, note Groutel.*

11. Acte du créancier marquant le point de départ des intérêts moratoires. La créance d'une somme d'argent, née et déterminée dans son montant antérieurement à la décision du juge qui se borne à la constater, porte intérêts à compter de la sommation de payer ou, à défaut, de la demande en justice. • Civ. 1re, 26 mai 1993, no 91-11.362 P : *RCA 1993, no 316.* ♦ Une assignation devant le juge des référés en paiement d'une provision constitue une sommation susceptible de faire courir les intérêts. • Civ. 1re, 10 janv. 1984, no 82-16.381 P • 17 févr. 1998, no 96-12.201 : *RGDA 1998. 333, note Favre-Rochex* • Civ. 2e, 20 oct. 2016, no 15-25.324 : *RCA 2017, no 28, note Groutel ; RGDA 2016. 635, note Schulz.* ♦ Mais il importe peu que, dans l'assignation en justice, la demande de paiement n'ait pas été chiffrée dès lors qu'elle pouvait être déterminée par application du contrat. • Civ. 2e, 9 févr. 2012 : *RGDA 2012. 647, note Asselain.*

12. Portée de la contestation de la garantie par l'assureur. Encourt la cassation l'arrêt qui refuse d'accorder à la victime d'un incendie les intérêts de retard de l'indemnité versée après qu'il a été sursis à statuer jusqu'à l'issue d'une information pénale, dès lors que celle-ci clôturée par un non-lieu ne pouvait avoir aucune incidence sur la date d'exigibilité de la dette née des stipulations du contrat d'assurance et de la réalisation du sinistre, et que la somme versée correspondait à l'évaluation des dommages à l'époque de l'envoi de la lettre recommandée constituant la sommation, qui, aux termes du contrat, faisait courir les intérêts. • Civ. 1re, 31 janv. 1984, no 82-14.639 P : *RGAT 1985. 55, note Bigot.* ♦ L'assureur devant, aux termes de l'art. L. 113-5, exécuter dans le délai convenu les prestations déterminées par le contrat, c'est à bon droit qu'une cour d'appel, qui a constaté que des contrats devaient s'appliquer, a fait courir les intérêts des dates à partir desquelles étaient dues les prestations prévues par chacun. • Civ. 1re, 7 févr. 1989, no 87-12.525 P : *D. 1989. IR 61 ; RGAT 1989. 319, note Margeat et Landel.* ♦ La contestation de l'assureur, après qu'elle a été tranchée par la cour d'appel, ne fait pas obstacle à l'application des dispositions de l'art. 1153 C. civ. Il en résulte que les intérêts moratoires sont dus à compter du jour de la sommation de payer et non de l'arrêt d'appel. • Civ. 1re, 22 juin 1994 : *RGAT 1994. 783, note Kullmann.*

13. Responsabilité de l'assureur à l'égard de l'assuré. Aucun dommages-intérêts ne peuvent être dus en sus des intérêts légaux, à la charge de la partie en retard pour l'exécution d'une obligation ayant pour objet le versement d'une somme d'argent, à moins que cette partie ait, par sa mauvaise foi, causé au créancier un préjudice indépendant de celui qui résulterait du retard lui-même. • Civ. 2 juin 1947 : *JCP 1947. II. 3790, note P. L.-P. ; Gaz. Pal. 1947. 2. 107 ; RGAT 1947. 382.* ♦ Selon l'art. 1153, al. 4, C. civ., dans les obligations qui se bornent au paiement d'une somme d'argent, des dommages-intérêts distincts des intérêts moratoires ne peuvent être alloués au créancier que si son débiteur lui a, par sa mauvaise foi, causé un préjudice indépendant de ce retard. En conséquence, viole cet art. la cour d'appel qui, pour condamner une compagnie d'assurances à des dommages-intérêts distincts des intérêts moratoires de l'indemnité d'assurance, retient que l'assureur, qui n'a pas payé l'indemnité à la date stipulée dans le contrat d'assurance, doit réparer le préjudice indépendant du retard subi sans qu'il soit besoin d'établir sa mauvaise foi. • Civ. 1re, 18 oct. 1988 : *RCA 1989, no 7.* ♦ Prive sa décision de base légale au regard de l'art. 1147 C. civ. la cour d'appel qui condamne un assureur à régler certaines sommes à son assuré en réparation de ses préjudices financier et psychologique, aux seuls motifs, impropres à caractériser sa mauvaise foi, qu'il avait commis une faute en exigeant plus de son assuré que la simple réponse aux questions posées, en interprétant un compte rendu médical simplement relaté et des termes ambigus, et en imputant à son assuré une fausse déclaration, alors même que les termes du compte rendu ne caractérisaient pas un manquement à l'obligation de répondre sincèrement à la question et ne justifiaient pas une réponse immédiate. • Civ. 2e,

12 juin 2014 : *RGDA 2014. 430, note Pélissier.* ♦ De même, prive sa décision de base légale au regard de l'art. 1153 C. civ. la cour d'appel qui, pour condamner un assureur à payer à son assuré une somme au titre de dommages-intérêts en réparation d'un préjudice de jouissance, énonce que le défaut de versement par l'assureur des indemnités permettant à l'assuré de financer les travaux de remise en état de sa péniche, qui avait coulé, ou son remplacement est directement à l'origine de ce préjudice de jouissance, alors qu'il ne résultait pas de ces motifs que l'assureur avait causé, par sa mauvaise foi, un préjudice indépendant du retard mis à régler la créance. • Civ. 2e, 3 juill. 2014 : *RCA 2014, n° 354; ibid. 2015. Chron. 1, n° 31, note Groutel.* ♦ Dans les obligations qui se bornent au paiement d'une somme d'argent, les dommages-intérêts résultant du retard dans l'exécution ne consistent jamais que dans la condamnation à des intérêts au taux légal à partir du moment où elle a été déterminée, à moins d'une faute particulière du débiteur. • Civ. 1re, 20 déc. 1988 : *RCA 1989, n° 119; RGAT 1989. 66, note Chapuisat.* ♦ Ainsi, engage sa responsabilité l'assureur de responsabilité d'un constructeur qui a persisté à refuser sa garantie en déniant l'existence de la clause couvrant les dommages résultant d'une menace d'effondrement avant réception, ce qui constituait une « contrevérité », dans la mesure où ce refus de mettre en œuvre un contrat dont la validité n'avait jamais été contestée avait causé aux bénéficiaires un préjudice, consistant en frais de déménagement, perte de loyers, indemnités kilométriques. • Civ. 1re, 28 avr. 1993 : *RCA 1993, n° 243.* ♦ ... L'assureur qui a tardé à mettre en œuvre l'expertise, reproché à tort une déclaration de risque inexacte et offert une indemnité dérisoire, dans la mesure où il avait causé à l'assuré un préjudice particulier caractérisé par le retard subi avant de pouvoir faire remettre en état son fonds de commerce incendié et reprendre son exploitation. • Civ. 1re, 30 janv. 1996 : *RGDA 1996. 291, note Maurice.* ♦ ... L'assureur qui a voulu la désignation d'un troisième expert, alors que celle-ci était inutile puisque aucun désaccord n'existait entre les deux premiers, dans la mesure où, par son refus de verser un acompte et son comportement dilatoire, il avait aggravé les dommages et provoqué la perte totale du fonds de la société assurée. • Civ. 1re, 29 févr. 2000 : *RGDA 2000. 497, note Kullmann.* ♦ En revanche, la responsabilité de l'assureur est écartée lorsqu'il a eu connaissance, après la mise en œuvre de la procédure d'expertise amiable, de certaines circonstances de l'incendie du garage de l'assuré, l'autorisant à dénier sa garantie pour faute intentionnelle de ce dernier. • Civ. 1re, 14 mars 2000 : *RGDA 2000. 497, note Kullmann.* ♦ ... Ou lorsqu'il a pu se méprendre sur l'étendue de ses droits, notamment au vu des résultats des premières expertises et compte tenu du fait que la clause dont il se prévalait avait été, dans un premier temps, validée par les juges saisis de l'affaire. • Civ. 2e, 9 févr. 2012 : *RGDA 2012. 647, note Asselain.* ♦ ... Ou lorsque les moyens invoqués par l'assureur pour contester sa garantie étaient « sérieux », l'assureur n'ayant alors pas commis de faute dans l'exercice de son droit de défendre ses intérêts au cours de l'instance. • Civ. 1re, 22 juin 1994 : *RGAT 1994. 783, note Kullmann.* ♦ Retient souverainement l'absence de mauvaise foi de l'assureur, la cour d'appel qui, après avoir énoncé que la bonne foi dans l'exécution du contrat d'assurance doit être appréciée au regard des stipulations des conditions générales dont il résulte qu'à défaut d'accord entre les parties pour fixer les dommages une expertise amiable contradictoire doit obligatoirement être diligentée, relève qu'en l'espèce, aucune des parties n'a mis en œuvre cette expertise, les assurés ayant opté pour une expertise judiciaire et que dès lors, l'assureur n'était pas tenu, en l'absence de fixation des dommages de gré à gré, de verser une indemnité immédiate. • Civ. 2e, 20 mai 2020, n° 19-10.723 : *RGDA juill. 2020. 19, note Schulz.*

14. *Gestion d'affaires.* Viole l'art. 1372 C. civ., dans sa rédaction antérieure à celle issue de l'Ord. du 10 févr. 2016, applicable à la cause, la cour d'appel qui, pour débouter un assuré de sa demande d'indemnisation au titre de la gestion d'affaires, retient que l'assuré ne peut réclamer une indemnité à ce titre, alors qu'en toute hypothèse les mesures conservatoires qu'il a mises en place lui incombaient en tant qu'assuré et propriétaire du bien, alors qu'elle avait relevé que l'assuré, d'une part, avait attendu quatre ans avant de percevoir la première indemnité de l'assureur, qui avait persisté dans ses atermoiements, d'autre part, n'avait pas d'obligation de préfinancement des travaux, et avait d'ailleurs indiqué qu'il ne disposait pas des fonds nécessaires, ce dont il résultait qu'il n'était pas tenu d'exécuter les mesures conservatoires qu'il avait mises en place. • Civ. 2e, 17 janv. 2019, n° 17-27.135 : *RGDA mars 2019. 33, note Pélissier.*

15. *Responsabilité de l'assureur à l'égard des tiers.* Une cour d'appel a pu déduire qu'en différant de manière purement dilatoire le versement de l'indemnité pourtant acquise à son assuré, l'assureur avait commis une faute, qui était à l'origine d'un préjudice subi par la victime, susceptible d'engager sa responsabilité sur le fondement de l'art. 1382 C. civ. • Civ. 2e, 10 mai 2007, n° 06-13.269 P : *RGDA 2007. 592, note Kullmann; RCA 2007, n° 260, note Mathurin et Dupuy-Loup.*

III. RÉPÉTITION DE L'INDU

16. *Hypothèses d'indu objectif.* En application de l'art. 1376 [devenu art. 1302-1] C. civ., l'assureur est fondé à obtenir la restitution des sommes qu'il a payées au nom et pour le compte de son assuré, dès lors que ce paiement avait acquis un caractère indu en raison d'une décision de justice établissant que la dette de l'assuré n'existait plus, sans être tenu à aucune autre preuve. • Civ. 1re, 30 avr. 2014 : *RGDA 2014. 331, note Asselain; RDC 2014. 679, note Leduc.* ♦ En matière d'assurance relative aux biens, l'indemnité due par l'assureur ne peut dépasser le montant de la valeur de la chose assurée au moment du sinistre. Dès lors, la cour d'appel, qui a constaté, d'une part, que le montant des indemnités payées par les assureurs correspondait à la valeur déclarée des véhicules majorée de la TVA et, d'autre part, que l'assuré ne contestait pas n'avoir jamais acquitté le montant de cette taxe, et qui a relevé, en outre, l'existence d'une erreur commise par les assureurs pour tenir compte d'une doctrine fiscale, en a justement déduit que le paiement des indemnités était indu dans la mesure où il correspondait au montant de la TVA. • Civ. 1re, 4 févr. 1997, n° 94-13.130 : *RCA 1997, n° 173.*

17. Conditions de l'indu objectif. L'assureur qui a payé est en droit d'obtenir restitution sans avoir à démontrer l'erreur ou la faute qu'il aurait pu commettre, ni être tenu à aucune preuve dès lors que l'indemnité due ne peut excéder le montant de la réparation. • Civ. 2e, 10 juin 2004, n° 03-10.824 : *RGDA 2004. 960, note Landel.*

18. Hypothèses d'indu subjectif. En application de l'art. 1377 C. civ., l'action en répétition de l'indu peut être exercée même si celui qui a reçu le paiement était vraiment créancier, lorsque le paiement a été effectué par une personne autre que le débiteur et que cette personne a payé par suite d'une erreur. Ayant constaté qu'en raison de la faute intentionnelle de l'assuré, l'indemnité d'assurance n'était pas due, que l'assureur ne l'avait versée au créancier privilégié de l'assuré que dans la croyance erronée que l'incendie avait une cause accidentelle, et que son erreur n'était pas due à un manque de précaution puisque le caractère accidentel de l'incendie résultait d'une enquête de police, une cour d'appel en a déduit à bon droit qu'il y avait lieu à restitution de l'indemnité indûment versée. • Civ. 1re, 15 janv. 1985, n° 83-14.742 P : *RTD civ. 1985. 728, note Mestre.*

19. Titulaire de l'action. L'action en répétition de l'indu n'appartient qu'à celui qui a effectué le paiement, à ses cessionnaires ou encore à celui pour le compte et au nom duquel il a été fait. Viole les art. 1235 et 1376 C. civ. la juridiction de proximité qui a accueilli la demande de l'assuré en répétition de l'indu contre celui auquel l'assureur a payé l'indemnité d'assurance. • Civ. 1re, 20 mars 2014 : *RGDA 2014. 216, note Kullmann.*

20. Défendeur à l'action. – Assurance de responsabilité. Celui qui reçoit d'un assureur le paiement d'une indemnité à laquelle il a droit ne bénéficie pas d'un paiement indu, le vrai bénéficiaire du paiement indu étant celui dont la dette se trouve acquittée par quelqu'un qui ne la doit pas. Prive de base légale sa décision au regard de l'art. 1376 [devenu art. 1302-1] C. civ. la cour d'appel qui condamne la victime à rembourser à l'assureur une partie des sommes par lui versées sans rechercher si cette somme excédait le montant de la condamnation prononcée à son bénéfice. • Civ. 1re, 23 sept. 2003, n° 01-14.101 P : *D. 2004. 3165, note Harmand-Lucque* • Civ. 2e, 26 avr. 2007, n° 06-12.225 P : *RCA 2007. Étude 12, par Groutel* • Civ. 1re, 22 sept. 2011 : *RCA 2011, n° 416, note Groutel.* ♦ Ayant constaté que le véritable bénéficiaire du paiement de l'indemnité aux victimes était le conducteur responsable de l'accident, dont la dette de responsabilité se trouvait ainsi acquittée par l'assureur de responsabilité, une cour d'appel a rejeté à bon droit l'action en répétition de l'indu exercée par ce dernier à l'encontre de l'assureur de la victime. • Civ. 1re, 2 juill. 2014 : *RGDA 2014. 428, note Asselain ; RCA 2014, n° 349, note Groutel.* ♦ Comp. toutefois : • Civ. 1re, 30 avr. 2014 : *préc. note 16.*

21. Défendeur à l'action. – Assurance emprunteur. Celui qui reçoit d'un assureur le paiement d'une somme à laquelle il a droit, ne bénéficie pas d'un paiement indu, le vrai bénéficiaire de ce paiement étant celui dont la dette se trouve acquittée par quelqu'un qui ne la doit pas. Ayant infirmé le jugement qui avait condamné un assureur à garantir son assuré du paiement de toutes les échéances impayées depuis une certaine date, une cour d'appel, qui a affirmé que cette garantie n'était pas acquise à l'assurée, sauf pour une période limitée, et qui a constaté que l'assureur avait, en exécution du jugement, versé une certaine somme au prêteur, en a exactement déduit qu'il y avait lieu de condamner l'assuré à rembourser son assureur. • Civ. 2e, 15 mai 2008, n° 07-14.635 : *RGDA 2008. 731, note Abravanel-Jolly.*

22. Compétence du juge répressif. Si c'est à tort qu'une cour d'appel, statuant en matière pénale, a affirmé qu'il ne lui appartenait pas de se prononcer sur la répétition de l'indu sollicitée par la compagnie d'assurance, l'arrêt n'encourt pas la censure dès lors que l'obligation de rembourser résulte de plein droit de la réformation de la décision de première instance ayant indûment accordé des réparations aux parties civiles. • Crim. 25 mars 2014 : *D. 2014. 826* ; *RGDA 2014. 288, note Schulz ; RDC 2014. 679, note Leduc.*

23. Répétition de l'indu ou enrichissement sans cause. Viole l'art. 1371 anc. C. civ., applicable à la cause, la cour d'appel qui, pour rejeter la demande de l'assureur de condamnation de son assuré au remboursement de l'indemnité versée au créancier gagiste, retient qu'il est acquis que l'assureur a versé ladite indemnité au créancier gagiste ayant financé l'acquisition du véhicule assuré, mais que, pour autant, aucun élément du dossier ne démontre que cette somme aurait été reversée par le créancier gagiste à l'assuré, tandis que la cour d'appel retenait que l'assureur avait bien acquitté par erreur la dette de son assuré auquel il était, dès lors, en droit de demander restitution de ce paiement. • Civ. 2e, 20 mai 2020, n° 19-12.239 : *RGDA juill. 2020. 17, note Mayaux.*

Art. L. 113-6 *(L. n° 89-1014 du 31 déc. 1989, en vigueur le 1er mai 1990 ; L. n° 2005-845 du 26 juill. 2005)* **En cas de liquidation judiciaire d'une entreprise mentionnée à l'article L. 310-1, les contrats qu'elle détient dans son portefeuille sont soumis aux dispositions des articles L. 326-12 et L. 326-13, à compter de l'arrêté ou de la décision prononçant le retrait de l'agrément administratif.**

BIBL. ▶ PARLÉANI, *RGAT 1986. 501.* – RAFFRAY, *RCA 1996. Chron. 11.*

▶ Sur l'abrogation partielle de l'art. L. 113-6 C. assur. : COURTIEU, *RCA 2005. Étude 20.* – BIGOT, *JCP 2005. I. 180.*

COMMENTAIRE

Depuis la loi n° 2005-845 du 26 juillet 2005, l'article L. 113-6 n'envisage plus que le sort des contrats d'assurance en cas de liquidation judiciaire d'une entreprise d'assurance (II). Auparavant, il envisageait, dans son premier alinéa, le devenir des contrats d'assurance en cas d'ouverture d'une procédure collective à l'encontre de l'assuré (I).

I. ASSURÉ EN REDRESSEMENT OU LIQUIDATION JUDICIAIRE

Jusqu'à la loi du 26 juillet 2005, l'article L. 113-6, alinéa 1er, contenait des règles spécifiques au sort des contrats d'assurance en cas de procédure collective de l'assuré (A). Depuis cette loi, entrée en vigueur le 1er janvier 2006 et non applicable aux procédures alors en cours, les contrats d'assurance sont soumis au régime de droit commun des contrats en cours organisé par l'article L. 622-13 du code de commerce (B).

A. AVANT LA LOI DU 26 JUILLET 2005

L'ancien alinéa 1er de l'article L. 113-6 prévoyait le maintien des contrats d'assurance de l'assuré, en cas de redressement ou de liquidation judiciaire de celui-ci, mais attribuait en contrepartie une faculté de résiliation de ces contrats non seulement à l'assureur mais aussi à l'administrateur ou au débiteur autorisé par le juge-commissaire ou au liquidateur. Cette règle s'opposait ainsi à celle de l'article 37 de la loi n° 85-98 du 25 janvier 1985, devenu par la suite l'article L. 621-28 du code de commerce, qui prévoyait que l'administrateur avait seul la possibilité d'exiger la poursuite des contrats en cours.

Cette faculté de résiliation accordée par l'article L. 113-6 était pleinement autonome des facultés de résiliation prévues par l'article L. 113-4 pour aggravation du risque et par l'article L. 113-3 pour défaut de paiement des primes. Ainsi, les juges ne pouvaient imposer à l'assureur de démontrer que la défaillance de l'assuré constituait une circonstance aggravante modifiant la probabilité ou l'intensité du risque (Civ. 1re, 1er avr. 2003 : *V. note 3*). De même, l'assureur n'était pas tenu de respecter les formalités imposées en cas de non-paiement des primes échues (Civ. 1re, 7 juill. 1998 : *V. note 4*). La résiliation devait simplement intervenir dans les trois mois suivant le jugement de redressement ou de liquidation judiciaire. La portion de prime afférente au temps pendant lequel l'assureur ne couvrait plus le risque devait être restituée au débiteur.

A défaut de résiliation, le contrat d'assurance de l'assuré était maintenu et devait donc être appliqué dans les termes mêmes de ses stipulations en vigueur au jour de l'ouverture de la procédure collective (Com. 27 mars 1990 : *V. note 1*).

B. APRÈS LA LOI DU 26 JUILLET 2005

Depuis la loi du 26 juillet 2005, le premier alinéa de l'article L. 113-1 a été supprimé. Il faut donc désormais appliquer les règles du code de commerce et en particulier celles de l'article L. 622-13. Il en ressort que le contrat d'assurance n'est pas remis en cause par l'ouverture d'une procédure collective. Il continue de plein droit jusqu'au terme contractuel et l'administrateur a seul la faculté d'exiger l'exécution des contrats en cours en fournissant la prestation promise au cocontractant du débiteur. Toutefois, le contrat est résilié de plein droit si l'assureur met en demeure l'administrateur de prendre position sur le contrat et si ce dernier reste silencieux pendant plus d'un mois. De même, le contrat est résilié de plein droit si l'administrateur ne paie pas les primes qui viennent à échéance après le jugement d'ouverture de la procédure collective.

II. ASSUREUR EN LIQUIDATION JUDICIAIRE

Depuis la loi du 26 juillet 2005, l'article L. 113-6 n'envisage plus que les conséquences de la liquidation judiciaire d'une entreprise d'assurance sur les contrats qu'elle détient en portefeuille. Il renvoie sur ce point aux articles L. 326-12 et L. 326-13, applicables dès le retrait de l'agrément administratif. Ces deux articles invitent à faire une distinction entre les contrats d'assurance non-vie (A) et les contrats d'assurance-vie (B).

A. LES CONTRATS D'ASSURANCE NON-VIE

Le sort des contrats d'assurance non-vie est envisagé par l'article L. 326-12. Leurs effets cessent de plein de droit le quarantième jour à midi à compter du retrait de l'agrément. Les primes échues avant cette date et non payées à cette date sont dues en totalité à l'entreprise, mais ne lui sont définitivement acquises que proportionnellement à la période de garantie. Le souscripteur doit donc verser l'intégralité de la prime et pourra récupérer la fraction correspondant à la période non garantie. En revanche, les primes venant à échéance entre le retrait de l'agrément et la date de résiliation de plein droit ne sont dues que proportionnellement à la période garantie.

B. LES CONTRATS D'ASSURANCE-VIE

Le régime des contrats d'assurance-vie est quant à lui développé à l'article L. 326-13. Après le retrait de l'agrément, ces contrats demeurent régis par leurs conditions générales et particulières, mais le liquidateur peut, avec l'approbation du juge-commissaire, surseoir à statuer au paiement de toutes les sommes dues au titre des contrats.

Par ailleurs, l'Autorité de contrôle prudentiel et de résolution peut fixer la date à laquelle les contrats cessent d'avoir effet, autoriser leur transfert en tout ou partie à une ou à plusieurs entreprises, proroger leur échéance, décider la réduction des sommes payables en cas de vie ou de décès ainsi que des bénéfices attribués et des valeurs de rachat, de manière à ramener la valeur des engagements de l'entreprise au montant que la situation de la liquidation permet de couvrir. ❑

I. RÉSILIATION DU CONTRAT D'ASSURANCE AVANT LA LOI DU 26 JUILL. 2005 (ANCIEN ART. L. 113-6, AL. 1ER)

1. Maintien du contrat. L'assurance subsiste en cas de redressement ou de liquidation judiciaires de l'assuré si, dans le délai de trois mois à compter de la date du jugement, le contrat n'a pas été résilié par l'assureur ou par l'administrateur ou le débiteur autorisé par le juge-commissaire ou par le liquidateur, selon le cas. Dès lors, viole l'art. L. 113-6 la cour d'appel qui, pour décider que la réclamation d'une victime à l'égard de l'assureur était tardive, retient que la police souscrite par l'assuré avait pris fin au jour de la déclaration de cessation des paiements d'un assuré, alors que l'assureur n'avait pas prétendu avoir sollicité la résiliation du contrat d'assurance dans le délai dont il disposait à compter du jugement de liquidation judiciaire de l'assuré. • Civ. 1re, 29 avr. 1997, n° 95-11.579 P : *Gaz. Pal. 1997. 2. Somm. 534; D. 1998. Somm. 143, obs. Bonnard ; RCA 1997, n° 248.* ♦ En conséquence, le contrat qui n'a pas été résilié doit recevoir exécution dans les termes mêmes de ses stipulations en vigueur au jour de l'ouverture de la procédure collective, et ainsi un avenant antérieur à cette date, qui réduisait la garantie de l'assureur, était opposable à la masse des créanciers. • Com. 27 mars 1990, n° 88-13.290 P (décision rendue sous l'empire de la L. n° 67-563 du 13 juill. 1967).

2. Faculté de résiliation. Selon l'art. L. 113-6 dérogeant à l'art. 37 de la L. n° 85-98 du 25 janv. 1985 devenu art. L. 621-28 C. com., si l'assurance subsiste en cas de redressement ou de liquidation judiciaires de l'assuré, l'assureur conserve le droit de résilier le contrat pendant un délai de trois mois à compter de la date du jugement de redressement ou de liquidation judiciaires. • Civ. 1re, 1er avr. 2003, n° 99-21.362 P : *D. 2003. AJ 1165, obs. A. Lienhard ; Gaz. Pal. 2004. 502, note Favre-Rochex; LPA 13 nov. 2003, p. 9, note Léguevaques et Sala; RGDA 2003. 469, note Kullmann.* ♦ L'assureur conserve une telle faculté, dès lors que la résiliation n'a pas été antérieurement acquise en vertu de l'art. L. 113-3. • Com. 14 mars 2000 : *RCA 2000, n° 349.* ♦ En conséquence, méconnaît l'étendue des pouvoirs du juge-commissaire la cour d'appel qui déclare irrecevable l'appel-nullité de la décision de celui-ci ordonnant la poursuite de l'ensemble des contrats d'assurance alors que, selon l'art. L. 113-6, l'assureur conserve le droit de résilier le contrat pendant un délai de trois mois à compter de la date du redressement ou de la liquidation judiciaires de l'assuré. • Com. 24 oct. 1995 : *D. 1996. 172, note Barbièri .*

3. Modalités de la résiliation. – Autonomie par rapport à l'art. L. 113-4 C. assur. Viole les art. L. 113-6 C. assur. et 37 de la L. n° 85-98 du 25 janv. 1985, devenu l'art. L. 621-28 C. com., la cour d'appel qui impose à un assureur de poursuivre le contrat de l'assuré placé en redressement judiciaire, au motif qu'il appartenait à ce dernier de démontrer que la défaillance de l'assuré constituait une circonstance aggravante objective modifiant soit la probabilité soit l'intensité du risque et que la faculté de résiliation devait résulter d'une cause effective indépendante de l'ouverture même d'une procédure collective. • Civ. 1re, 1er avr. 2003, n° 99-21.362 P. ♦ *Contra* auparavant : en conservant à l'assureur, en cas de liquidation de biens de l'assuré, le droit de résilier le contrat pendant un délai de trois mois à partir de la date d'ouverture de la procédure collective, l'art. L. 113-6 ne déroge pas aux dispositions des art. L. 113-4 et L. 113-9, de la combinaison desquelles il découle que la résiliation ne peut intervenir que dix jours après notification adressée à l'assuré par lettre recommandée. • Soc. 30 avr. 1987, n° 85-12.018 P : *RGAT 1987. 563, note Bigot* (décision rendue sous l'empire de L. n° 67-563 du 13 juill. 1967).

4. Modalités de la résiliation. - Autonomie par rapport à l'art. L. 113-3 C. assur. La résiliation prévue par l'art. L. 113-6 n'est pas soumise aux formalités imposées par l'art. L. 113-3. • Civ. 1re, 7 juill. 1998 : *RGDA 1998. 836, note Favre-Rochex.*

5. Modification du contrat d'assurance. Si l'application de l'art. L. 113-6 écarte celle de l'art. 37 de la L. n° 85-98 du 25 janv. 1985, devenu l'art. L. 621-28 C. com., en ce qui concerne le droit d'exiger l'exécution des contrats d'assurance en cours, ce sont les dispositions dudit art. 37 qui s'appliquent pour tout ce qui n'est pas réglé par le texte dérogatoire du code des assurances. Dès lors, le débiteur, dans la procédure simplifiée sans nomination d'un administrateur, ne peut valablement conclure un avenant modifiant les conditions d'exécution du contrat d'assurance en cours sans l'autorisation du juge-commissaire prévue par l'art. 141 de ladite loi. • Com. 17 déc. 1996, n° 93-18.677 P : *RCA 1997, n° 116; JCP E 1997. I. 651, n° 18, obs. Pételं.*

II. RÉSILIATION DU CONTRAT D'ASSURANCE DEPUIS LA LOI DU 26 JUILL. 2005

6. Défaut de paiement après le jugement d'ouverture de la procédure collective de l'assuré. A défaut de paiement d'une prime d'assurance dans les dix jours de l'échéance, la garantie ne peut être suspendue que trente jours après une mise en demeure de l'assuré, l'assureur ayant le droit de résilier le contrat dix jours après l'expiration de ce délai. L'art. L. 622-13, al. 3, C. com. dans sa rédaction antérieure à l'ord. du 18 déc. 2008, rendu applicable à la liquidation judiciaire par l'art. L. 641-10 C. com., n'exclut pas l'application de l'art. L. 113-3 C. assur. en cas de procédure collective de l'assuré. • Com. 15 nov. 2016, n° 14-27.045 P : *RGDA 2017. 40, note Asselain.*

Art. L. 113-7 *Abrogé par L. n° 89-1014 du 31 déc. 1989, à compter du 1er mai 1990.*

Art. L. 113-8 Indépendamment des causes ordinaires de nullité, et sous réserve des dispositions de l'article L. 132-26, le contrat d'assurance est nul en cas de réticence ou de fausse déclaration intentionnelle de la part de l'assuré, quand cette réticence ou cette fausse déclaration change l'objet du risque ou en diminue l'opinion pour l'assureur, alors même que le risque omis ou dénaturé par l'assuré a été sans influence sur le sinistre.

Les primes payées demeurent alors acquises à l'assureur, qui a droit au paiement de toutes les primes échues à titre de dommages et intérêts.

(L. n° 81-5 du 7 janv. 1981) **« Les dispositions du second alinéa du présent article ne sont pas applicables aux assurances sur la vie. »** — *Assur. L. 122-5, L. 132-18.*

BIBL. ▸ Déclaration inexacte du risque : GROUTEL, *RCA 1990. Chron. 21.* ▸ Nullité du contrat : H. GROUTEL, *RCA 1992. Chron. 28 ; ibid. 1993. Chron. 5 ; ibid. 1995. Chron. 7.* ▸ Preuve : PÉANO, *RCA 1993. Chron. 34.* - BEIGNIER, *D. 1999. Doctr. 469* (preuve et secret médical). - SCHWEBEL, *RGDA 2010. 47* (l'utilisation des données médicales par les assureurs). - BARBAUD, *RCA 2016. Étude 9* (la preuve de la fausse déclaration d'assurance). - NOGUÉRO, *Gaz. Pal. 21 juin 2016, p. 61* (renaissance de la liberté de la preuve de la fausse déclaration du risque).

COMMENTAIRE

L'article L. 113-8 organise un régime spécifique de nullité du contrat d'assurance en cas de défaut ou de fausse déclaration intentionnelle du risque.

Cette nullité spéciale n'interdit toutefois pas le recours « aux causes ordinaires de nullité » des contrats. Partant, l'assureur peut se fonder sur le dol de l'ancien article 1137 du code civil (anc. art. 1116 C. civ.) pour obtenir la nullité du contrat en cas de fausse déclaration intentionnelle du risque lors de la souscription du contrat, en particulier lorsque le dol du souscripteur n'a pas eu d'incidence sur l'appréciation du risque (Civ. 1re, 29 avr. 1997 : *V. note 3*). Cela étant, le recours au droit commun est limité par la jurisprudence. Il ne saurait être invoqué pour sanctionner le silence du souscripteur sur un point non visé par l'assureur dans le questionnaire de déclaration des risques (Civ. 2e, 3 juin 2010 et Civ. 2e, 3 juill. 2014 : *V. note 3*).

Mais, à suivre un arrêt de 2016, l'assureur pourrait aussi ériger l'exactitude de la déclaration des risques en condition de la garantie (Civ. 2e, 14 avr. 2016 : *V. note 5*). Ainsi, une déclaration pré-rédigée pourrait être une condition de la garantie et son non-respect serait sanctionné par l'absence de garantie. Si elle venait à être confirmée, cette solution remettrait en cause la politique législative et jurisprudentielle encadrant étroitement la sanction de la fausse déclaration intentionnelle et la distinguant de celle de la fausse déclaration non intentionnelle. En outre, ainsi qu'a pu le souligner un auteur, la déclaration d'un risque ne porte pas sur une circonstance de réalisation du risque, mais sur des circonstances d'appréciation de celui-ci (Mayaux, Déclaration pré-rédigée des risques : deux voix pour un arrêt, *RGDA 2014. 196*).

Par ailleurs, selon l'article L. 113-8, cette nullité spéciale du droit des assurances, qui est d'ordre public (Civ. 29 sept. 1941 : *V. note 1*) et n'exige donc pas un rappel de l'assureur (Civ. 1re, 28 mars 2000 : *V. note 2*), s'applique aussi bien lorsque le manquement du souscripteur est intervenu lors de la formation du contrat que lorsqu'il s'est produit au stade de l'exécution de celui-ci. Dans cette dernière hypothèse, il serait plus opportun de parler de résiliation du contrat (Picard et Besson, *Traité général des assurances terrestres*, t. 1, LGDJ, 1938, n° 172 ; Groutel et *al.*, *Traité du contrat d'assurance terrestre*, Litec, 2008, n° 787). Cela étant, en reprenant la lettre de ce texte, on peut dissocier les conditions (I) et les effets (II) de cette nullité du contrat.

I. LES CONDITIONS DE LA NULLITÉ

La nullité du contrat suppose d'établir un défaut ou une fausse déclaration du risque (A) réalisés de mauvaise foi (B) et de nature à changer l'objet du risque ou à en diminuer l'opinion pour l'assureur (C).

A. DÉFAUT OU FAUSSETÉ DE LA DÉCLARATION DU RISQUE

En application des règles traditionnelles du droit de la preuve, il appartient à l'assureur qui invoque la nullité du contrat de rapporter la preuve du défaut ou de la fausseté de la déclaration du risque (Civ. 1re, 2 nov. 1966 : *V. note 13*). Toutefois, en assurance-vie, conformément à l'article L. 132-26, l'assureur ne peut se prévaloir d'une erreur sur l'âge de l'assuré que lorsque son âge véritable se trouve en dehors des limites fixées pour la conclusion des contrats par les tarifs de l'assureur.

L'essentiel du contentieux relatif à la preuve de l'inexactitude de la déclaration du risque s'est concentré sur le sort des déclarations effectuées par le souscripteur (1) et sur la possibilité de se prévaloir ou de demander la production de documents médicaux sans heurter le secret médical (2).

1. LES DÉCLARATIONS DU SOUSCRIPTEUR

Depuis un arrêt rendu par une chambre mixte de la Cour de cassation le 7 février 2014 (V. note 22), la jurisprudence retient que l'assureur ne peut reprocher au souscripteur d'avoir signé une déclaration pré-rédigée ne reflétant pas la réalité. Autrement dit, l'assureur ne peut se fonder, par principe, que sur les réponses du souscripteur à une question de l'assureur pour établir une fausse déclaration du risque.

Cette solution a mis fin à une divergence opposant la chambre criminelle à la deuxième chambre civile de la Cour de cassation. Pour la chambre criminelle, l'assureur ne pouvait se prévaloir des déclarations contenues dans les conditions particulières pour demander la nullité du contrat pour fausse déclaration intentionnelle du risque (Crim. 18 sept. 2007 et Crim. 10 janv. 2012 : *V. note 27*). En revanche, la deuxième chambre civile estimait que les réponses pré imprimées, expressément acceptées par le souscripteur, devaient être prises en compte dès lors qu'elles ne nécessitaient aucune interprétation (Civ. 2e, 8 mars 2012, et Civ. 2e, 28 juin 2012 : *V. note 26*). Il en était de même pour les réponses écrites formulées par le souscripteur (Civ. 2e, 12 avr. 2012 : *V. note 26*).

La résolution de cette opposition entre les deux chambres de la Cour de cassation n'a toutefois pas encore levé toutes les questions autour de la déclaration initiale du risque. En particulier, on a pu se demander si l'assureur devait impérativement se prévaloir d'un document comportant une question. En effet, il peut arriver que la proposition ne comporte pas des réponses à des questions, mais des affirmations extrêmement précises laissant penser qu'il s'agit en réalité de réponses à des questions. La jurisprudence postérieure à l'arrêt rendu en chambre mixte est encore incertaine. La chambre criminelle a ainsi pu rejeter l'action en nullité de l'assureur fondée sur une fausse déclaration du risque au motif qu'il ne produisait pas les réponses que l'assuré avait apportées aux questions précises posées lors de la conclusion du contrat (Crim. 18 mars 2014 : *V. note 22*). Les affirmations précises contenues dans la proposition d'assurance ont dès lors été écartées, parce qu'il s'agissait d'affirmations et non de réponses à des questions. Cela étant, la deuxième chambre civile a pu, dans certains arrêts, laisser entendre que les informations contenues dans les conditions particulières étaient des réponses à des questions, alors même qu'aucune preuve directe de l'existence de question n'avait été rapportée par l'assureur (Civ. 2e, 12 juin 2014 : *V. note 25*). La précision et l'individualisation des déclarations consignées dans le formulaire de déclaration des risques signé par l'assuré peuvent révéler qu'elles résultaient nécessairement de questions posées par l'assureur lors de la souscription du contrat (Civ. 2e, 11 juin 2015 : *V. note 25*).

Par ailleurs, on a pu s'interroger sur les conséquences juridiques des déclarations spontanées du souscripteur après l'arrêt de la chambre mixte. Auparavant, la Cour de cassation estimait que les déclarations erronées faites par l'assuré à sa seule initiative pouvaient fonder une action en nullité pour fausse déclaration intentionnelle (Civ. 2e, 19 févr. 2009 : *V. note 28*). Or la permanence de cette solution n'était nullement acquise au regard de la généralité de la formule adoptée en 2014. Toutefois, par un arrêt rendu en 2015, la Cour de cassation a eu l'occasion de réaffirmer sa jurisprudence traditionnelle en retenant que les déclarations spontanées du mandataire de l'assuré pouvaient entraîner la nullité du contrat d'assurance dès lors qu'elles avaient été faites de mauvaise foi (Civ. 3e, 8 juill. 2015 : *V. note 28*).

2. LE SECRET MÉDICAL

L'assureur, qui souhaite établir l'inexactitude d'une déclaration du souscripteur, peut dans cet exercice probatoire se heurter au secret médical. Ainsi, si l'assureur prétend que le souscripteur n'a pas déclaré une maladie dont il était atteinte il doit établir l'inexactitude de cette déclaration soit en produisant un document émanant par exemple du médecin traitant, soit en demandant la production du document utile au succès de sa prétention.

Après une période d'hésitation, la jurisprudence a dégagé deux règles complémentaires. D'une part, l'assureur ne peut produire un document couvert par le secret médical intéressant le litige qu'à la condition que l'assuré ait renoncé au bénéfice de ce secret. Il appartient aux juges en cas de refus de l'assuré de déterminer si cette opposition tend à faire respecter un intérêt légitime (Civ. 2e, 2 juin 2005 : *V. note 14*). La renonciation de l'assuré est donc essentielle pour permettre la production d'un document comportant des indications médicales en justice. D'autre part, les juges ne peuvent contraindre un médecin à transmettre des informations couvertes par le secret médical lorsque la personne concernée ou ses ayants droit s'y sont opposés. Là encore, il appartient aux juges de déterminer si cette opposition est légitime ou a pour objectif de faire écarter un élément de preuve (Civ. 1re, 15 juin 2004 : *V. note 14*). L'attitude de l'assuré ou de ses ayants droit est déterminante.

B. MAUVAISE FOI DU SOUSCRIPTEUR

La nullité pour fausse déclaration intentionnelle du risque exige par ailleurs la preuve de la mauvaise foi du souscripteur. Dans la mesure où, selon l'article 2274 du code civil, la bonne foi est présumée, il appartient à l'assureur de rapporter la preuve de la mauvaise foi de l'assuré, celle-ci étant souverainement appréciée par les juges du fond (Civ. 1re, 21 janv. 1957 : *V. note 7*).

La mauvaise foi de l'assuré est caractérisée par son intention de tromper l'assureur (Civ. 2e, 19 oct. 2006 : *V. note 6*). Pour apprécier cette intention de l'assuré, les tribunaux prennent en considération plusieurs critères, dont les capacités de l'assuré ou la clarté du questionnaire. Ainsi, le caractère intentionnel d'une fausse déclaration a pu être écarté au motif que compte tenu de son niveau intellectuel (Crim. 9 déc. 1992 : *V. note 10*), de sa profession (Civ. 2e, 15 sept. 2011 : *V. note 10*) ou de sa nationalité étrangère (Crim. 13 mai 1996 : *V. note 10*), le souscripteur n'avait pas pu correctement appréhender les questions qui lui étaient posées dans le questionnaire. De même, la mauvaise foi du souscripteur ne peut être établie en cas de fausse réponse à un questionnaire ambigu (Civ. 1re, 15 oct. 1991, et Civ. 2e, 17 juin 2010 : *V. note 10*) ou d'absence de déclaration d'une condamnation pour conduite sous l'empire d'un état alcoolique survenue en cours de contrat dès lors que l'obligation d'information relative à de telles condamnations n'était pas rédigée d'une manière telle que l'attention de l'assuré soit spécialement et nécessairement attirée par cette obligation (Crim. 9 sept. 2014 : *V. note 10*). Cette dernière solution, qui n'impose pas une rédaction en caractères très apparents de la clause de nullité pour fausse déclaration (Crim. 9 sept. 2014 : *préc.*), prend néanmoins en considération la rédaction de la clause imposant une obligation de déclaration pour apprécier la bonne foi du souscripteur.

C. PORTÉE SUR L'APPRÉCIATION DU RISQUE

La nullité de l'article L. 113-8 ne peut en outre être prononcée que si l'assureur prouve que l'absence ou la fausseté de la déclaration a changé l'objet du risque ou en a diminué son opinion

(Crim. 8 août 1995 : *V. note 35*). Ces deux effets sont alternatifs et non cumulatifs : les juges qui retiennent que la fausse déclaration intentionnelle a diminué l'opinion de l'assureur n'ont pas à rechercher si elle avait changé l'objet du risque (Civ. 2e, 4 juill. 2007 : *V. note 35*).

Par ailleurs, la Cour de cassation rappelle régulièrement que la nullité est encourue alors même que la fausse déclaration n'a pas eu d'incidence sur le sinistre. Ainsi, il importe peu que la dissimulation d'une hospitalisation pour une sciatique n'ait pas eu d'incidence sur le sinistre invalidité résultant d'une thyroïdectomie. Dès lors qu'il est établi que si l'assureur avait été correctement informé des antécédents de l'assurée, il aurait exclu de sa garantie les risques liés à des troubles lombo-sciatiques, sans modification de la prime d'assurance, la nullité du contrat est encourue (Civ. 2e, 8 juill. 2004 : *V. note 35*).

Enfin, lorsque la police couvre plusieurs risques distincts, la jurisprudence estime que l'appréciation de la portée de la réticence ou de la fausse déclaration doit se faire par rapport à chaque risque en litige, mais indépendamment des circonstances du sinistre (Civ. 2e, 21 déc. 2006 : *V. note 36*). En d'autres termes, si les juges du fond estiment que la réticence ou la fausse déclaration n'a eu une incidence que sur l'un des risques couverts par le contrat, la nullité ne concerne que ce risque et le contrat reste valable pour le reste.

II. LES EFFETS DE LA NULLITÉ

La nullité, prononcée en application de l'article L. 113-8, est opposable *erga omnes*. Il ne s'agit pas d'une déchéance, elle est donc opposable aux victimes qui agissent par la voie de l'action directe (Crim. 12 juin 2012 : *V. note 52*). Il peut arriver qu'avant le prononcé de la nullité, l'assureur ait versé une indemnité à la victime. Or la Cour de cassation refuse, en l'état actuel de sa jurisprudence, toute action en répétition de l'indu à l'encontre de la victime (Civ. 1re, 2 juill. 2014 : *V. note 55*). L'assureur doit donc agir contre le responsable du dommage ou son assureur (Civ. 2e, 7 juill. 2011 : *V. note 55*) ou même contre le souscripteur non responsable du dommage, mais auteur d'une fausse déclaration intentionnelle du risque (Civ. 1re, 26 févr. 1991 : *V. note 54*).

Comme toute nullité, la nullité pour fausse déclaration intentionnelle a un effet rétroactif. Pour autant, dans la mesure où cette nullité peut être prononcée aussi bien en raison d'une déclaration erronée lors de la souscription du contrat qu'en raison d'une fausse déclaration en cours de contrat, la portée de cette nullité rétroactive est nécessairement variable. Lorsque la nullité sanctionne une déclaration irrégulière du risque au moment de la souscription du contrat, elle anéantit rétroactivement le contrat. Il n'a donc jamais existé. La nullité est dans son rôle classique de sanction du non-respect des conditions de formation du contrat. Mais lorsque la nullité sanctionne une déclaration irrégulière du risque en cours de contrat, son effet est nécessairement modifié. Elle n'entraîne pas un anéantissement total du contrat, même si le terme de nullité pourrait orienter vers cette voie. Dans une telle hypothèse, la nullité remonte simplement au jour où l'irrégularité a été constatée. La rétroactivité est limitée et l'anéantissement du contrat n'est que relatif. En réalité, la sanction de la déclaration irrégulière devrait être une résiliation.

Par ailleurs, cette nullité du contrat d'assurance présente une autre spécificité. En effet, si l'assuré est tenu de restituer les indemnités reçues depuis l'irrégularité, l'article L. 113-8 prévoit que les primes déjà payées demeurent acquises à l'assureur et que celui-ci peut réclamer le versement des primes échues. La rétroactivité de la nullité est donc limitée. Cette disposition relative aux primes payées et échues n'est toutefois pas applicable aux contrats d'assurance sur la vie. Pour ces contrats, l'article L. 132-18 prévoit que l'assureur doit verser au contractant, ou en cas de décès de l'assuré au bénéficiaire, une somme égale à la valeur de rachat ou de transfert, lorsqu'elle existe, ou, à défaut, de la provision mathématique du contrat. ❑

I. SANCTION DE LA FAUSSE DÉCLARATION INTENTIONNELLE

1. Nullité d'ordre public du droit des assurances. Si l'art. 17 de la loi du 13 juill. 1930 [C. assur., art. L. 113-4] prévoit l'obligation pour l'assuré de déclarer les aggravations du risque, il n'assortit d'aucune sanction cette obligation dont l'omission ne peut entraîner que celles qui sont prévues aux art. 21 [C. assur., art. L. 113-8] et 22 [C. assur., art. L. 113-9] de la même loi, selon les distinctions portées par ces textes ; les stipulations d'une police prévoyant la suspension des effets du contrat, en cas d'absence de déclaration d'une aggravation, ne sauraient prévaloir contre une règle légale et d'ordre public. • Civ. 29 sept. 1941 : *DC 1943. 10, note Besson.*

2. Absence d'obligation d'information sur la nullité. L'obligation de répondre avec loyauté et sincérité aux questions posées par l'assureur relevant de l'obligation de bonne foi qui s'impose en matière contractuelle, nul ne saurait voir sa responsabilité engagée pour n'avoir pas rappelé ce principe, ou les conséquences de sa transgression, à une autre partie. • Civ. 1re, 28 mars 2000, n° 97-18.737 P : *RGDA 2000. 488, note Mayaux; D. 2000. jur. 574, note Beignier* • 7 juin 2001 : *RGDA 2001. 685, note Kullmann* • Com. 22 févr. 2005, n° 02-11.274. ♦ Par ailleurs, la nullité prévue par l'art. L. 113-8 n'est pas soumise, sauf dispositions particulières, aux prescriptions de l'art. L. 112-4, aux termes duquel les clauses édictant des nullités doivent être mentionnées en caractères très apparents dans la police. • Civ. 1re, 19 déc. 2000 : *RGDA 2001. 44, note Kullmann* • Crim. 9 sept. 2014 : *RGDA 2014. 548, note Asselain.*

3. Nullité du droit commun. La fausse déclaration intentionnelle du risque peut justifier la nullité du contrat d'assurance sur le fondement de l'art. 1116 C. civ. • Civ. 1re, 13 févr. 1996 : *RGDA 1996. 280, note Maury* • 29 avr. 1997 : *RGDA 1997. 733, note Mayaux.* ♦ Dès lors viole l'art. 16 C. pr. civ., la cour d'appel qui relève d'office le moyen tiré de l'application de l'art. L. 113-8 C. assur., alors qu'en cause d'appel, l'assureur fondait exclusivement son action en nullité du contrat d'assurance sur les dispositions des art. 6, 1110 et 1116 C. civ. • Civ. 2e, 29 juin 2017, n° 15-29.008 : *RGDA 2017. 479, note Mayaux.* ♦ Mais l'assureur, qui, conformément aux dispositions de l'art. L. 113-2, n'a pas posé à l'assuré une question qui aurait dû conduire ce dernier à lui déclarer un événement particulier, n'est pas fondé à se prévaloir d'une réticence ou de fausse déclaration émanant de ce dernier et ne peut obtenir la nullité du contrat d'assurance sur le fondement de l'art. 1116 C. civ. En effet, il serait contradictoire d'exiger de l'assureur qu'il pose une question devant conduire l'assuré à lui déclarer un événement particulier et dans le même temps de retenir que l'assuré devait nécessairement déclarer cet événement. • Civ. 2e, 3 juin 2010 : *RCA 2010, n° 233, note Groutel.* ♦ Une cour d'appel a pu écarter l'existence d'un dol en retenant, d'une part, que l'assureur, qui n'a pas posé de question qui aurait dû amener celui-ci à lui déclarer ses antécédents de conduite sous l'empire d'un état alcoolique, n'est pas fondé à se prévaloir d'une réticence ou d'une fausse déclaration de ce dernier, d'autre part, qu'il ne saurait soutenir que la réponse à une question qu'il n'a pas posée était déterminante de son consentement. • Civ. 2e, 3 juill. 2014 : *RGDA 2014. 443, note Pélissier; RCA 2014, n° 352, note Groutel.*

4. Compétence du juge pénal. Il résulte de la combinaison des art. L. 113-6 et L. 113-8 que la juridiction répressive, saisie, avant toute défense au fond, d'une demande de nullité du contrat d'assurance ayant pour effet d'exonérer totalement l'assureur de son obligation de garantie à l'égard des tiers, doit se prononcer sur cette exception, peu important que le juge civil ait été préalablement saisi d'une demande de nullité du même contrat, dès lors que ce juge ne s'est pas définitivement prononcé. • Crim. 25 oct. 2016, n° 15-86.713 P : *RGDA 2016. 631, note Schulz.*

5. Condition de la garantie. La cour d'appel n'ayant pas statué sur une demande de nullité du contrat d'assurance fondée sur l'art. L. 113-8 C. assur., elle n'avait pas à vérifier qu'étaient réunies les différentes conditions posées par ce texte, mais devait décider si l'adhérent assuré pouvait bénéficier de la garantie d'incapacité temporaire de travail consécutive à une maladie qu'une stipulation du bulletin d'adhésion à l'assurance subordonnait à l'absence de déclaration inexacte relative à l'état de santé de l'assuré. • Civ. 2e, 14 avr. 2016, n° 14-19.961 : *RGDA 2016. 360, note Pélissier.*

II. CONDITIONS DE LA NULLITÉ

A. MAUVAISE FOI

6. Exigence de la mauvaise foi. La mauvaise foi sanctionnée par la nullité de l'assurance est caractérisée par l'intention de tromper l'assureur et ne saurait résulter du seul fait que le proposant a répondu inexactement à une demande précise figurant dans le questionnaire. • Soc. 18 déc. 1942 : *RGAT 1943. 125 (1re esp.).* ♦ La sanction prévue par l'art. L. 113-8 n'est encourue qu'en cas de méconnaissance intentionnelle des prescriptions de l'art. L. 113-2 (3°). En conséquence, ne donne pas de base légale à sa décision la cour d'appel qui annule le contrat sans rechercher si l'omission de déclaration de l'aggravation du risque avait été faite de mauvaise foi, dans l'intention de tromper l'assureur. • Civ. 2e, 19 oct. 2006 : *RGDA 2007. 51, note Kullmann* • 10 déc. 2009 : *RCA 2010. 65, note Groutel* • 13 janv. 2012 : *RGDA 2012. 616, note Kullmann.* ♦ De même, ayant constaté qu'il n'apparaissait pas que l'assuré avait agi de mauvaise foi, dans l'intention de nuire à l'assureur, une cour d'appel a pu déduire qu'il n'y avait pas lieu d'annuler la police. • Civ. 2e, 13 sept. 2007 : *RGDA 2007. 817, note Abravanel-Jolly.* ♦ Comp. : L'assureur ayant posé des questions claires qui auraient dû conduire l'assuré à déclarer les suites médicales de son angioplastie, une cour d'appel a pu en déduire que la fausse déclaration commise par l'assuré lors de son adhésion au contrat d'assurance avait été intentionnelle et de nature à modifier l'appréciation du risque. • Civ. 2e, 6 mars 2014 : *RCA 2014, n° 248; RGDA 2014. 261, note Asselain.* ♦ V. égal. : La réticence consistant en une omission volontaire, et étant spécialement visée par l'art. 21 de la loi du 13 juill. 1930 [C. assur., art. L. 113-8], les juges du fond n'ont pas à rechercher plus amplement l'existence ni de la mauvaise foi, ni de l'élément intentionnel que ce terme implique. • Civ. 1re, 23 oct. 1973, n° 72-13.286 P : *RGAT 1974. 208.*

7. Charge de la preuve. La preuve de la mauvaise foi de l'assuré incombe à l'assureur. • Civ. 1re, 21 janv. 1957 : *RGAT 1957. 41.*

8. Comportement du déclarant après sa déclaration erronée. L'emprunteur ayant faussement répondu à la question « avez-vous subi une ou plusieurs interventions chirurgicales ? », le fait d'avoir remis des documents médicaux faisant état de ces interventions chirurgicales au banquier souscripteur du contrat d'assurance de groupe, lors de la souscription d'un second prêt, ne pouvait valoir exonération ou excuse postérieure d'avoir à répondre sincèrement au questionnaire qui lui était soumis. • Civ. 2e, 16 juill. 2020, n° 19-16.107 : *RGDA sept. 2020. 18, note Kullmann.* ♦ Les juges du fond ne peuvent, sans contradiction, tenir d'une part, pour constante l'inexactitude de la déclaration, et, d'autre part, exclure son caractère intentionnel sans s'expliquer sur l'avantage qui, selon les conclusions de la compagnie d'assurances, en était attendu, et en se bornant à déduire l'absence de mauvaise foi au moment de la déclaration de l'aveu ultérieur de la fausseté de celle-ci. • Crim. 9 févr. 1994, n° 92-85.352 : *RGAT 1994. 471, note Favre-Rochex* • Crim. 10 janv. 2001 : *n° 00-81.568.*

9. Pouvoir d'appréciation des juges. Il appartient aux juges du fond d'apprécier la mauvaise foi de l'assuré dont la preuve incombe à l'assureur. • Civ. 1re, 21 janv. 1957 : *RGAT 1957. 41.* ♦ *Adde* : • Civ. 1re, 20 oct. 1993, n° 91-17.112 P : *RCA 1993, n° 379 ; ibid. Chron. 36, par Groutel ; RGAT 1994. 111, note Kullmann* • 7 janv. 1997, n° 94-17.626 P : *RGDA 1997. 123, note Kullmann* • 15 juin 2000 : *RGDA 2000. 816, note Favre-Rochex* • Crim. 23 oct. 1996 : *RGDA 1997. 123, note Kullmann* • 30 oct. 2000, n° 99-87.330 P • 9 sept. 2014 (2 esp.) : *RGDA 2014. 548, note Asselain* • Civ. 2e, 11 juin 2015, n° 14-17.971 P : *D. 2015. 1522, note Noguéro ; RGDA 2015. 340, note Kullmann ; Gaz. Pal. 1er sept. 2015, p. 17, note Noguéro ; RCA 2015, n° 271, note Groutel ; JPC G 2015. 1089, note Barbaro.*

B. PRÉCISION DE LA QUESTION

10. Questionnaire ou contrat ambigu ou complexe. Une cour d'appel peut souverainement écarter le caractère intentionnel de la fausse déclaration faite par l'assuré en retenant que la formulation du questionnaire litigieux était de nature à prêter à confusion. • Civ. 1re, 15 oct. 1991 : *RCA 1991, n° 433* • Civ. 2e, 17 juin 2010 : *RGDA 2010. 1020, note Pélissier.* ♦ ... Ou que le libellé du questionnaire était défectueux et difficilement compréhensible pour un assuré. • Civ. 1re, 9 déc. 1997 : *RGDA 1998. 62, note Fonlladosa.* ♦ ... Ou que compte tenu de son niveau intellectuel, l'assuré n'était pas en mesure de saisir la portée exacte de ce qui lui était demandé. • Crim. 9 déc. 1992 : *RGAT 1993. 282, note Maurice.* ♦ ... Ou que, peintre en bâtiment, le souscripteur n'était pas en mesure de comprendre les questions du questionnaire médical qui lui était soumis en raison de leur caractère technique. • Civ. 2e, 15 sept. 2011 : *RGDA 2012. 41, note Kullmann.* ♦ ... Ou que l'assuré, de nationalité étrangère, avait pu ne pas appréhender le contenu d'un questionnaire dans toutes ses subtilités. • Crim. 13 mai 1996 : *RGDA 1997. 118, note Landel.* ♦ ... Ou que la prescription des conditions générales, stipulant que l'assuré doit informer son assureur de toute condamnation pour conduite sous l'empire d'un état alcoolique et qu'une telle omission entraîne la nullité de la convention, était mentionnée uniquement en page 36 dudit document, lequel comportait 47 pages, avec une typographie identique à celle utilisée pour les autres clauses du contrat, ne permettant pas ainsi de faire de différence entre les nombreux articles du contrat d'une manière telle que l'attention de l'assuré soit spécialement et nécessairement attirée par cette obligation de dénonciation. • Crim. 9 sept. 2014 : *préc. note 9.* ♦ ... Ou que les conditions générales du contrat, stipulant que l'assuré doit informer l'assureur de tout changement affectant au cours du contrat un des éléments figurant dans les conditions personnelles sans plus de précision, n'impliquent pas suffisamment, pour un assuré moyennement avisé, qu'une conduite en état d'ivresse en l'absence d'accident aggrave le risque assuré ou en crée un nouveau. Il n'apparaît pas, au vu de ces dispositions, évident pour un assuré moyennement avisé, qu'il soit nécessaire de déclarer une infraction sans sinistre matériel ou corporel et sans condamnation par un tribunal. • Crim. 9 sept. 2014 : *préc. note 9.*

11. Questionnaire clair et précis. Ayant retenu que les fausses déclarations de l'assurée dans le questionnaire médical, rempli au moment de la souscription, sont avérées et que leur caractère intentionnel résulte de la clarté et de la précision des questions, du caractère très récent du traitement entrepris, s'agissant du problème respiratoire dont elle souffre, et de la parfaite connaissance qu'elle avait de ses pathologies lorsqu'elle a été interrogée par l'expert médical un an après l'établissement de ce questionnaire, une cour d'appel a pu déduire que l'assurée avait fait une fausse déclaration intentionnelle, justifiant le refus de garantie de l'assureur. • Civ. 2e, 5 mars 2015, n° 14-12.090 : *RGDA 2015. 191, note Pélissier.* ♦ Les termes « conducteur habituel » sont clairs et précis et n'exigent aucune interprétation. Dès lors, dénature les conditions particulières du contrat d'assurance la cour d'appel qui refuse d'annuler la police d'assurance sur le fondement de l'art. L. 113-8 en relevant qu'en l'absence de définition précise de la notion de conducteur habituel dans les conditions générales de la police et les conditions particulières de la police indiquant pour conducteurs habituels les souscripteurs, il n'était pas permis de vérifier que le souscripteur avait été mis en mesure de répondre à la question des conducteurs habituels en pleine connaissance du contenu de la notion. • Civ. 2e, 3 mars 2016, n° 15-12.464 : *RCA 2016, n° 212, note Groutel ; RGDA 2016. 165, note Pélissier.* ♦ Dans son pouvoir souverain d'appréciation, une cour d'appel a pu estimer, d'abord, que les questions posées dans le formulaire de déclaration du risque étaient précises, ensuite, que la réponse apportée par l'assuré à l'une d'elles constituait une fausse déclaration qui revêtait un caractère intentionnel et, enfin, que celle-ci avait changé l'objet du risque ou en avait diminué l'opinion pour l'assureur. • Civ. 2e, 29 juin 2017, n° 16-18.975 : *RGDA 2017. 477, note Mayaux ; RCA 2017, n° 291, note Groutel ; Gaz. Pal. 17 oct. 2017. 59, note Noguéro ; LPA 22 déc. 2017, p. 14, note G. Hilger.* ♦ L'assureur ayant posé des questions claires qui auraient dû conduire l'assuré à déclarer les suites médicales de son angioplastie, une cour d'appel a pu en déduire que la fausse déclaration commise par l'assuré lors de son adhésion au contrat d'assurance avait été intentionnelle et de nature à modifier l'appréciation du risque. • Civ. 2e, 6 mars 2014, n° 13-12.136 : *RCA 2014, n° 248 ; RGDA 2014. 261, note Asselain.* ♦ Ayant relevé qu'il n'existait que deux sortes de conducteurs visés par le contrat : celui désigné dans les conditions particulières qui retient l'attention de l'assureur pour l'appréciation des risques et le conducteur autorisé à titre exceptionnel à conduire le véhicule avec l'autorisation du souscripteur ou du conducteur désigné et qu'il n'en résultait aucune ambiguïté de nature à entraîner pour le souscripteur une difficulté concernant la désignation des conducteurs habituels du véhicule, une cour d'appel a souverainement estimé que le souscripteur devait désigner son fils comme conducteur auprès de l'assureur dès lors qu'il savait que celui-ci ne conduirait pas le véhicule de manière exceptionnelle, ce dont elle a exactement déduit l'existence d'une fausse déclaration intentionnelle. • Civ. 2e, 8 mars 2018, n° 17-11.676 : *RGDA 2018. 245, note Asselain.* ♦ V. égal. : • Civ. 2e, 17 nov. 2016, n° 15-24.819 : *RGDA 2016. 37, note Pélissier.*

12. *Souscription par internet.* Justifie sa décision la cour d'appel qui, pour refuser la nullité du contrat pour fausse déclaration intentionnelle du risque, énonce que force est de constater que le souscripteur a omis de déclarer, lors de la souscription du contrat, les sinistres survenus dans les deux dernières années, mais que, pour autant, l'assureur n'établit pas l'existence d'une fausse déclaration intentionnelle, ni ne démontre, à la supposer établie, que celle-ci aurait modifié le risque ou l'opinion que l'assureur pouvait en avoir, et ce d'autant moins qu'il a été souscrit par internet et que le contenu des questions posées, dans le formulaire de l'assureur, au souscripteur n'avait pas été configuré pour être accessible. • Crim. 15 mai 2012 : *RCA 2012, n° 254.*

C. RÉTICENCE OU FAUSSE DÉCLARATION

13. *Charge de la preuve.* Il appartient à l'assureur qui se prévaut d'un manquement de l'assuré à son obligation de l'aviser d'une aggravation du risque de rapporter la preuve de l'existence de celle-ci, et les juges du fond apprécient souverainement les éléments de preuve qui leur sont fournis. • Civ. 1re, 2 nov. 1966 : *RGAT 1967. 334.* ♦ La veuve de l'assuré, bénéficiaire de l'assurance, ne peut s'opposer à la production d'un certificat médical, délivré à l'assureur par le médecin traitant, où il est fait état d'un traitement médical (dissimulé lors de la souscription du contrat), mais sans aucun rapport avec l'affection ayant causé le décès. • Civ. 1re, 9 juin 1993, n° 91-16.067 P : *RCA 1993, n° 348 ; ibid., Chron. 34, par Péano.*

14. *Secret médical.* Si le juge civil a le pouvoir d'ordonner à un tiers de communiquer à l'expert les documents nécessaires à l'accomplissement de sa mission, il ne peut, en l'absence de disposition législative spécifique, contraindre un médecin à lui transmettre des informations couvertes par le secret lorsque la personne concernée ou ses ayants droit s'y sont opposés. Il appartient alors au juge saisi sur le fond d'apprécier si cette opposition tend à faire respecter un intérêt légitime ou à faire écarter un élément de preuve et d'en tirer toute conséquence quant à l'exécution du contrat d'assurance. • Civ. 1re, 15 juin 2004, n° 01-02.338 P : *RCA 2004, n° 279, et Chron. 18, par Groutel.* ♦ Conf. : • Civ. 1re, 7 déc. 2004, n° 02-12.539 P : *RCA 2005. n° 75, obs. Groutel ; RGDA 2005. 105, note Kullmann* • 11 juin 2009, n° 08-12.742 P. ♦ L'assureur ne peut produire un document couvert par le secret médical intéressant le litige qu'à la condition que l'assuré ait renoncé au bénéfice de ce secret, et il appartient au juge, en cas de difficulté, d'apprécier, au besoin après une mesure d'instruction, si l'opposition de l'assuré tend à faire respecter un intérêt légitime. • Civ. 2e, 2 juin 2005, n° 04-13.509 P : *RCA 2005, n° 269, obs. Groutel ; RGDA 2005. 693, note Kullmann* • Civ. 1re, 21 mars 2018, n° 16-12.948. ♦ Justifie sa décision écartant l'exécution de la garantie d'un assureur, la cour d'appel qui relève d'une part que l'assuré, en acceptant la divulgation d'un certificat médical indiquant la cause exacte du décès, avait, par avance, renoncé au secret médical concernant la production de cette pièce, à laquelle le règlement du sinistre était subordonné, d'autre part que les ayants droit de l'assuré s'étaient opposés sans motif légitime à la levée du secret médical pour faire échec à l'établissement d'une éventuelle fausse déclaration intentionnelle de l'assuré. • Civ. 2e, 25 juin 2020, n° 19-15.642 : *RGDA sept. 2020. 38, note Kullmann.* ♦ Rappr. : Ayant constaté que l'assureur avait subordonné sa garantie à la production d'un certificat médical indiquant « si possible » la nature de la maladie ayant entraîné le décès et que l'assuré avait, en acceptant la divulgation de certains éléments le concernant, renoncé lui-même et par avance au secret médical, une cour d'appel en a exactement déduit que ses ayants droit faisaient échec à l'exécution du contrat en refusant de communiquer les éléments nécessaires à l'exercice des droits qu'ils revendiquaient et, notamment, pour établir leur allégation d'un décès en dehors d'une maladie par l'avis du seul professionnel qualifié qu'est le médecin. • Civ. 1re, 29 oct. 2002, n° 99-19.187 : *RGDA 2003. 340, note Kullmann.*

15. *Vie privée.* Pour prononcer la nullité d'un contrat d'assurance automobile pour fausse déclaration intentionnelle du risque, une cour d'appel a pu se fonder sur la double connaissance qu'avait le souscripteur de l'absence de permis de conduire en la personne de son fils et de la conduite usuelle du véhicule par celui-ci, en contradiction flagrante avec ses affirmations lors de la conclusion du contrat, la considération de ces seuls éléments, quand bien même ils affecteraient la vie privée de l'un et l'autre, n'étant pas disproportionnée au regard du droit de l'assureur d'établir en justice la nullité du contrat pour le motif retenu. • Civ. 1re, 5 févr. 2014 : *D. 2014. 856, note Lardeux ; RGDA 2014. 218, note Schulz.*

16. *Insuffisance du seul constat d'un manquement à la bonne foi.* Ne donne pas de base légale à sa décision la cour d'appel qui, pour juger « privé d'effet » un contrat d'assurance, énonce que si l'art. L. 113-2 C. assur. impose à l'assuré de répondre exactement aux questions posées par l'assureur, notamment dans le formulaire de déclaration du risque, sur les circonstances qui sont de nature à faire apprécier par l'assureur les risques qu'il prend en charge, et si l'assuré doit, en cours de contrat, déclarer toute circonstance nouvelle de nature, soit à aggraver les risques, soit à en créer de nouveaux en rendant ainsi caduques les réponses faites à l'assureur, ces dispositions ne sont pas pour autant exclusives de l'obligation générale de bonne foi prévue par l'art. 1134, ancien, C. civ., applicable à tous les contrats, y compris au contrat d'assurance, puis retient que l'assuré, auquel avait été transmis par un avenant le bénéfice du contrat d'assurance multirisques habitation souscrit par sa mère, a poursuivi l'exécution de ce contrat dans des conditions manifestement exclusives de toute bonne foi et a manqué à son obligation de loyauté en s'étant abstenu d'informer l'assureur qu'il détenait dans les lieux un stock d'environ 3, 7 tonnes d'armes et munitions, dont 500 kilos encore actives, datant de la Première Guerre mondiale, qu'il collectionnait, circonstance qui ne pouvait faire l'objet d'une question de la part de l'assureur au regard du caractère illicite de cette détention, alors qu'il ne pouvait ignorer que celle-ci, essentielle pour la définition du risque assuré, aggravait tant la probabilité que l'intensité d'un sinistre, et n'était pas conforme à l'usage habituel d'un immeuble d'habitation, sans constater que l'absence de déclaration, au cours du contrat, des circonstances nouvelles ayant pour effet d'aggraver les risques ou d'en créer de nouveaux rendait inexactes ou caduques les réponses précédemment apportées aux questions posées par l'assureur. • Civ. 2e, 22 nov. 2018, n° 17-26.355 P : *RDI 2019. 113, note Dessuet ; Gaz. Pal. 5 mars 2019. 62, note Noguéro ; JCP 2019. 131, note Beignier et Ben Hadj Sahia ; RCA 2019. 59, note Groutel.*

17. *Questionnaire provoquant une réponse de l'assuré.* La sincérité et l'exactitude des déclarations faites par un assuré doivent s'apprécier en fonction des questions posées. • Civ. 1re, 17 oct. 1995 : *RGDA 1996. 289, note Chardin.* ♦ Selon l'art. L. 113-2-2° C. assur., l'assuré est tenu de répondre exactement aux questions contenues dans le formulaire de déclaration du risque par lequel l'assureur l'interroge, lors de la conclusion du contrat, sur les circonstances qui sont de nature à lui faire apprécier les risques qu'il prend en charge. Dès lors prive sa décision de base légale la cour d'appel, qui annule un contrat d'assurance sur le fondement de l'art. L. 113-8 en affirmant que l'assuré s'était abstenu, d'une manière qui n'avait pu qu'être délibérée et destinée à tromper l'assureur, d'aviser celui-ci, lors de la souscription, d'un événement de nature à modifier l'opinion qu'il se faisait du risque à assurer, sans constater que l'assureur avait, au moment de la souscription du contrat, posé une question qui aurait dû conduire l'assuré à lui déclarer un élément propre à modifier l'appréciation du risque par l'assureur. • Civ. 2e, 15 févr. 2007, n° 05-20.865 P : *D. 2007. 1635, note Noguéro ; ibid. 2008. Pan. 120, obs. Groutel ; RDI 2007. 320, note Dessuet ; RCA 2007. n° 172, note Groutel ; RGDA 2007. 328, note Abravanel-Jolly.*

18. *Questionnaire impliquant une réponse de l'assuré.* La nullité pour fausse déclaration intentionnelle du risque ne peut être prononcée sans constater que l'assureur avait, lors de la conclusion du contrat, posé à l'assuré des questions précises impliquant la révélation des informations relatives à la construction de l'immeuble assuré qui lui était reproché de ne pas avoir déclarées. • Civ. 2e, 13 déc. 2018, n° 17-28.093 : *RGDA 2019. 14, note Pélissier ; RCA 2019. 88, note Groutel ; D. actu. 21 janv. 2019, note Pellier.* ♦ Ne donne pas de base légale à sa décision, la cour d'appel qui prononce la nullité du contrat pour fausse déclaration, sans constater que l'assureur avait posé, lors de la conclusion du contrat, une question précise impliquant la révélation de la présence d'un locataire et sans préciser en quoi les dispositions des conditions particulières permettaient, le cas échéant, d'induire l'existence d'une telle question. • Civ. 2e, 21 nov. 2019, n° 18-21.325 : *RCA 2020, n° 53, note Groutel ; RGDA janv. 2020. 27, note Pimbert.* ♦ De même, ne donne pas de base légale à sa décision, la cour d'appel qui annule un contrat d'assurance pour fausse déclaration du risque après avoir constaté que l'assuré avait complété un questionnaire présenté par l'assureur en répondant par la négative à la question suivante : « Pratiquez-vous un sport ? Si oui, lequel ? », sans rechercher, comme elle y était invitée, si l'assureur avait posé, lors de la conclusion du contrat, une question précise impliquant la révélation d'une pratique telle que le stock-car. • Civ. 2e, 5 mars 2020, n° 19-11.721 : *RCA 2020, n° 142.*

19. Questionnaire non rempli par l'assuré. Il importe peu que les croix cochées sur le questionnaire médical aient été faites par l'assureur, qui ne pouvait remplir le questionnaire que sur les déclarations de l'assuré, dès lors que l'assuré avait, par sa signature sur le questionnaire de santé, approuvé les cas cochés. • Civ. 2e, 29 mars 2012, n° 11-14.305 : *RGDA 2012. 1006, note Pélissier.* ♦ Dès lors que l'assuré a signé, à l'occasion de la demande d'adhésion au contrat d'assurance, un questionnaire médical après avoir apposé de sa main les mots « lu et approuvé », sous la mention pré-imprimée affirmant qu'elle certifiait sincères et véritables les réponses apportées aux questions, il importait peu que les réponses n'aient pas été inscrites de sa main, puisque, par sa signature, l'assuré affirmait que celles-ci étaient exactes. • Civ. 2e, 23 mai 2019, n° 18-13.493 : *RGDA août-sept. 2019. 11, note Pélissier; bjda.fr 2019, n° 64, note Néraudau et Guillot; RCA 2019, n° 232.*

20. Questionnaire – Illustrations. En présence d'un questionnaire ne distinguant pas les condamnations définitives de celles faisant l'objet d'un recours, même suspensif, une cour d'appel, appréciant souverainement la bonne foi des déclarations, a pu estimer que le souscripteur avait commis une déclaration intentionnelle en répondant par la négative à la question posée alors que la condamnation prononcée n'était pas définitive à la date de la souscription. • Civ. 2e, 29 avr. 2004, n° 03-10.655 P : *RCA 2004, n° 235; RGDA 2004. 610, note Landel.* ♦ Viole l'art. L. 113-8 la cour d'appel qui déduit de la souscription par avenant d'une clause « franchise jeune conducteur, permis récent » que l'assureur a été exactement informé du conducteur habituel du véhicule assuré, alors que, du fait de son objet, qui était étranger à la question de la désignation le conducteur habituel, cette clause ne pouvait emporter cette conséquence. • Civ. 1re, 17 juill. 1996 : *RGDA 1997. 117, note Landel.*

21. Déclaration inexacte sur un risque exclu de la garantie. L'assureur n'est pas tenu de cantonner ses interrogations aux seuls éléments caractérisant le risque qu'il est invité à garantir et l'assuré doit répondre sincèrement à toutes les questions posées par l'assureur pour apprécier ce risque, à défaut de quoi il s'expose aux sanctions de l'art. L. 113-8, si, du moins, le manquement à cette obligation a exercé une influence sur l'opinion de l'assureur. • Civ. 1re, 22 mai 2002, n° 00-12.419 P : *Gaz. Pal. 2003. 424, note Favre-Rochex; RCA 2002, n° 275, note Groutel; RGDA 2002. 687, note Kullmann.*

22. Condamnation des déclarations prérédigées – Exigence d'une réponse à une question. Selon l'art. L. 113-2, 2°, l'assuré est obligé de répondre exactement aux questions précises posées par l'assureur, notamment dans le formulaire de déclaration du risque par lequel celui-ci l'interroge, lors de la conclusion du contrat, sur les circonstances qui sont de nature à lui faire apprécier les risques qu'il prend en charge. Il résulte des art. L. 112-3, al. 4, et L. 113-8 C. assur. que l'assureur ne peut se prévaloir de la réticence ou de la fausse déclaration intentionnelle de l'assuré que si celles-ci procèdent des réponses qu'il a apportées auxdites questions. • Cass., ch. mixte, 7 févr. 2014 : *D. actu. 27 févr. 2014, note de Ravel d'Esclapon; AJCA 2014. 31, obs. Perdrix; D. 2014. 1074, note Pélissier; RDI 2014. 217, obs. Dessuet; RGDA 2014. 196, note Kullmann et Mayaux; RCA 2014, n° 99, note Groutel; ibid. 2015. Chron. 1, n° 24, note Groutel; Gaz. Pal. 29 avr. 2014. 13, note Noguéro* • Civ. 2e, 5 mars 2020, n° 19-11.721 : *RCA 2020, n° 142; ibid. 2022, chron. 4, n° 19, note Groutel* • 25 juin 2020, n° 18-24.920 : *BJDA 2020, n° 70, note Bigot.* ♦ L'inexactitude de la déclaration doit procéder d'une réponse à une question précise posée par l'assureur lors de la conclusion du contrat de nature à lui faire apprécier les risques pris en charge. • Civ. 2e, 11 juin 2015, n° 14-14.336 P : *D. 2015. 1317; RGDA 2015. 340, note Kullmann; Gaz. Pal. 1er sept. 2015, p. 14, note Noguéro; RCA 2015, n° 271, note Groutel* • Crim. 31 mai 2016, n° 15-82.252 : *RCA 2016, n° 261, note Groutel* • Civ. 2e, 4 oct. 2018, n° 17-25.967 : *RCA 2019, n° 30; RGDA 2018. 546, note Pélissier* • 28 mars 2019, n° 17-28.451 : *RCA 2019, n° 176, note Groutel.* ♦ La nullité du contrat n'est pas encourue pour fausse déclaration intentionnelle lorsque l'assureur n'a remis à son assuré aucun questionnaire préalable à la conclusion du contrat d'assurance et lorsqu'il oppose simplement la clause figurant aux conditions particulières du contrat d'assuré signé par l'assuré et ainsi rédigé : « Annulation ou suspension du permis sur les soixante derniers mois : le preneur d'assurance déclare que le conducteur désigné : – n'a pas fait l'objet d'une annulation ou suspension du permis pour alcoolémie, usage de stupéfiants, délit de fuite, – n'a pas fait l'objet d'une annulation ou suspension du permis de plus de trente jours pour tout autre motif », cette clause ne constituant pas une question posée à l'assuré. • Civ. 2e, 3 juill. 2014 : *RGDA 2014. 443, note Pélissier; RCA 2014, n° 352, note Groutel.* ♦ ... Ou lorsqu'il oppose un bulletin d'adhésion, signé sans la moindre restriction par l'adhérent, comportant plusieurs propositions soumises à son approbation et, en particulier, celles selon lesquelles l'intéressé déclarait ne pas suivre un traitement médical régulier et ne pas être sous surveillance médicale. • Civ. 2e, 11 sept. 2014 : *RDI 2014. 577, note Dessuet; RGDA 2014. 501, note Kullmann.* ♦ A défaut de produire les réponses que l'assuré a apportées aux questions précises qui lui ont été posées lors de la conclusion du contrat, notamment dans le formulaire de déclaration des risques, la société d'assurance ne rapporte pas la preuve de la fausse déclaration intentionnelle. • Crim. 18 mars 2014 : *D. 2014. 721; RCA 2014, n° 212, note Groutel; RDI 2014. 356, note Dessuet; RCA 2015, n° 31.* ♦ ... Ou lorsqu'il produit un document intitulé

« dispositions particulières » portant le mot « non » au regard de la mention « sanction pour alcoolémie depuis 2006 », ce document, qui n'est signé qu'en sixième et dernière page par l'assuré, et sur lequel le mot « non » n'est pas écrit de sa main, ne suffisant pas à établir sa mauvaise foi. • Crim. 21 oct. 2014, n° 13-85.178 : *RCA 2015, n° 31.* ♦ ... Ou lorsqu'il se fonde sur une déclaration pré-imprimée, contenue dans le contrat signé par l'assuré, rédigée comme suit : « Le souscripteur déclare qu'au cours des cinq dernières années, il n'a pas fait l'objet d'un procès-verbal pour conduite sous l'empire d'un état alcoolique ou délit de fuite ». • Civ. 2e, 10 déc. 2015, n° 14-25.046 : *D. 2016. 1161, obs. Grynbaum ; RCA 2015, n° 93, note Groutel.* ♦ ... Ou lorsqu'il se fonde sur une proposition d'assurance signée par le souscripteur portant la mention « je déclare que les conducteurs n'ont pas fait l'objet d'une suspension de permis de conduire ou d'une annulation de permis de conduire prononcée ou notifiée au cours des 26 derniers mois ». • Civ. 2e, 4 oct. 2018, n° 17-25.967 : *RCA 2019, n° 30 ; RGDA 2018. 546, note Pélissier.* ♦ De même viole les art. L. 113-2, 2°, L. 112-3, al. 4, et L. 113-8 la cour d'appel qui, pour prononcer la nullité d'une police d'assurance, énonce que l'existence de la fausse déclaration intentionnelle est parfaitement établie en l'espèce ; que lors de la souscription de la police d'assurance litigieuse l'assuré a non seulement déclaré ne pas avoir fait l'objet au cours des trente-six derniers mois de sanctions pour des faits en relation avec la conduite d'un véhicule automobile, mais a également certifié l'exactitude de ses déclarations au visa des art. L. 113-8 et L. 113-9, en apposant sa signature précédée de la mention « lu et approuvé » ; qu'il est pourtant avéré qu'il avait été condamné définitivement trois semaines auparavant par jugement à la peine de six mois de suspension de permis de conduire pour des faits en relation avec la conduite d'un véhicule terrestre à moteur puisqu'il a été reconnu coupable de conduite sous l'empire d'un état alcoolique ; qu'il en résulte que l'assuré a signé ce contrat alors qu'il ne disposait plus de son permis de conduire ; que l'absence de production par l'assureur du questionnaire prévu par le texte précité est à cet égard sans emport, s'agissant de déclarations faites par l'assuré lui-même lors de la signature des conditions particulières de son contrat d'assurance ; que rien à l'examen du document litigieux ne permet de considérer qu'il s'agirait là d'une réponse type de tout assuré qui n'a pas d'antécédent et qu'il convient de surcroît d'observer que cette mention apparaît de manière extrêmement claire dans le document contractuel de sorte qu'elle ne pouvait échapper à l'assuré lorsqu'il y a apposé sa signature. • Civ. 2e, 5 févr. 2015, n° 13-28.538 : *RGDA 2015. 133, note Kullmann.* ♦ Encore, viole les art. L. 113-2, 2°, L. 112-3, al. 4, et L. 113-8 : la cour d'appel qui, pour prononcer la nullité d'un contrat d'assurance habitation pour fausse déclaration intentionnelle du risque, énonce que dans le contrat le souscripteur avait déclaré un niveau de protection de niveau 2 et que le souscripteur ne contestait pas qu'une fenêtre et une porte-fenêtre du salon n'étaient pas équipées de volets en bois conformes à ce niveau de protection, alors que les mentions pré-imprimées des conditions particulières du contrat d'assurance, dont l'assuré n'était pas le rédacteur, ne permettaient pas de démontrer que les indications qui y étaient portées correspondaient à des réponses données par celui-ci à des questions posées préalablement à la souscription du contrat. • Civ. 2e, 26 mars 2015, n° 14-15.204 : *AJDI 2015. 432, obs. de La Vaissière ; RCA 2015, n° 192, note Groutel.* ♦ ... Ou la cour d'appel qui déboute un assuré de son action en garantie à la suite du vol de son véhicule pour avoir passé délibérément sous silence le fait que son fils conduisait occasionnellement le véhicule, sans relever que l'assureur avait posé au moment de la conclusion du contrat une question précise impliquant la révélation par l'assuré de ce que son fils serait le conducteur occasionnel ou secondaire du véhicule assuré. • Civ. 2e, 28 mars 2019, n° 17-28.451 : *RCA 2019, n° 176, note Groutel.* ♦ Les mentions pré-imprimées du ticket individuel de garantie dont l'assuré n'est pas le rédacteur ne permettent de démontrer que les indications qui y sont portées correspondent à des réponses données par l'assuré à des questions posées préalablement à la souscription du contrat. • Civ. 3e, 8 juill. 2015, n° 13-25.223 : *RCA 2015, n° 301 ; RDI 2015. 602, note Dessuet .* ♦ A défaut de produire les réponses que l'assuré a apportées aux questions précises qui lui ont été posées lors de la conclusion du contrat, notamment dans le formulaire de déclaration des risques, la société d'assurance ne rapporte pas la preuve de la fausse déclaration intentionnelle. • Crim. 18 mars 2014 : *RCA 2014, n° 212, note Groutel ; RDI 2014. 356, note Dessuet .*

23. Déclaration simplifiée par un choix entre deux cases à cocher. La cour d'appel, qui relève qu'avant d'apposer sa signature sous la mention pré-imprimée de la déclaration de santé par laquelle il déclarait notamment « ne pas avoir été, au cours des cinq dernières années, en arrêt partiel ou total de travail ou ne pas avoir dû interrompre (ses) activités professionnelles pour raison médicale, pendant plus de trois semaines consécutives... », l'assuré devait cocher une des deux cases correspondant aux mentions suivantes : « oui, j'ai pris connaissance de la déclaration de santé et je satisfais aux déclarations ci-dessous » ou « non, je ne satisfais pas aux déclarations ci-dessous et je m'engage à remplir le questionnaire de santé ou le rapport médical selon le cas », puis constate que l'assuré avait coché la première de ces cases alors qu'il est acquis qu'il avait, dans les cinq années précédentes, subi deux arrêts de travail et, enfin, retient que celui-ci avait ainsi dissimulé à l'assureur son état de santé réel, de sorte qu'il n'avait pas eu à remplir un autre questionnaire de santé ou un rapport médical et que cette fausse déclaration intentionnelle avait nécessairement changé l'objet du risque ou modifié l'opinion de l'assureur, a souverainement estimé que l'assuré avait répondu faussement et de manière intentionnelle à des questions précises qui lui avaient été posées par l'assureur, lors de son adhésion, sur les circonstances de nature à permettre à ce dernier d'apprécier les risques qu'il prenait en charge. • Civ. 2e, 14 juin 2018, n° 17-18.559 : *RGDA 2018. 393, note Mayaux.*

24. Déclaration simplifiée par le choix de signer une case. Par une appréciation souveraine des faits et éléments de preuve, une cour d'appel a retenu le caractère intentionnel de la fausse déclaration faite par un assuré sur son état de santé en relevant que ce dernier avait renseigné un formulaire intitulé « Déclaration de santé – Fiche de santé » en apposant sa signature dans quatre cases situées en regard de mentions pré-rédigées attestant de sa bonne santé alors qu'il consultait régulièrement un psychiatre et prenait des somnifères et anxiolytiques. Les affirmations dépourvues d'équivoque assumées par l'assuré en signant la case correspondante lui ont permis d'éluder la nécessité de répondre à un questionnaire faisant ressortir la précision et l'individualisation des questions consignées dans la fiche de santé demeurée vierge, sur laquelle figuraient notamment les questions suivantes : Avez-vous consulté un médecin ? Avez-vous un traitement médical ? Avez-vous fait des examens complémentaires ? Au cours des dix dernières années, avez-vous été atteint d'une ou de plusieurs affections suivantes, lesquelles étaient identifiées par les rubriques F à O, la H correspondant à une affection de type neurologique ou psychiatrique, telle la dépression nerveuse ou l'anxiété. • Civ. 2e, 9 déc. 2021, n° 19-22.366 : *RGDA janv.-févr. 2022. 19, note Pélissier.*

25. Non-exigence d'un questionnaire écrit préalable. L'art. L. 113-2 n'impose pas l'établissement d'un questionnaire préalable écrit. • Civ. 2e, 4 févr. 2016, n° 15-13.850 : *D. actu. 24 févr. 2016, obs. Ravel d'Esclapon ; RCA 2016, n° 167, note Groutel ; D. 2016. 691, note Noguéro ; RGDA 2016. 129, note Kullmann ; JCP G 2016, n° 462, note Beignier et Ben Hadj Yahia.* • Civ. 2e, 8 mars 2018 : *RGDA 2018. 245, note Asselain.* ♦ Viole l'art. 1134 C. civ. et prive sa décision de base légale au regard des art. L. 113-2, 2°, et L. 113-8 C. assur. la cour d'appel qui prononce la nullité d'un contrat d'assurance au motif que l'assuré avait commis une fausse déclaration intentionnelle en déclarant, lors de la souscription de ce contrat, qu'il était titulaire du permis de conduire et en n'informant pas l'assureur de l'annulation de son permis de conduire pour perte de tous les points, alors que, d'une part, il ressortait de la lecture des « déclarations à la souscription » que l'assuré s'était borné à répondre à la question « permis obtenu en : 05/2004 », faisant ainsi référence à la date d'obtention de son permis de conduire, d'autre part, que la seule question posée au souscripteur, relative à ses antécédents, concernait le cas de « conduire en état d'ivresse au cours de cinq dernières années », à laquelle l'assuré a répondu de manière exacte, mais qu'aucune question ne lui avait été posée sur l'éventualité d'un retrait de permis de conduire pour perte de points attachés. • Civ. 2e, 12 juin 2014, n° 13-18.936 : *RGDA 2014. 443, note Pélissier ; RCA 2014, n° 320, note Groutel.* ♦ V. égal. l'arrêt affirmant qu'au regard de constatations, faisant ressortir la précision et l'individualisation des déclarations consignées dans le formulaire de déclaration des risques signé par l'assuré, une cour d'appel a souverainement décidé qu'elles correspondaient nécessairement à des questions posées par l'assureur lors de la souscription du contrat, notamment sur l'identité du conducteur principal, • Civ. 2e, 11 juin 2015, n° 14-17.971 : *préc. note 9.* ♦ V. encore l'arrêt affirmant qu'ayant constaté que le souscripteur avait apposé sa signature sous la mention « je déclare que mon habitation n'est pas équipée d'un insert ou d'un poêle », et estimé dans l'exercice de son pouvoir souverain d'appréciation de ces termes et des circonstances dans lesquelles cette déclaration était intervenue que celle-ci avait été nécessairement recueillie en réponse à une question précise, puis énoncé que s'agissant de l'installation d'un insert, la nouveauté du risque qu'elle peut représenter avait été envisagée par les parties lors de la souscription, pour en déduire que le souscripteur était tenu, légalement et contractuellement, d'aviser l'assureur de ces modifications survenues en cours de contrat, une cour d'appel a légalement justifié sa décision. • Civ. 2e, 19 nov. 2015, n° 14-17.010 : *RGDA 2016. 89, note Asselain.* ♦ N'encourt pas la cassation l'arrêt qui, pour prononcer la nullité pour fausse déclaration du risque, retient d'abord exactement que la production par l'assureur d'un formulaire de déclaration de risque distinct du contrat d'assurance n'est rendue obligatoire par aucune disposition législative ou réglementaire et que les dispositions de l'art. L. 113-2 obligent l'assuré à répondre exactement aux questions posées par l'assureur, notamment dans le formulaire de déclaration du risque ; que l'adverbe « notamment » indique bien que les questions et leurs réponses peuvent être transcrites sur le contrat lui-même, et que les mentions relatives à l'appréciation du risque peuvent y être incluses ; relève ensuite que les conditions particulières du contrat d'assurance du 23 sept. 2008 mentionnaient que « depuis le 23 sept. 2003, les conducteurs désignés ont fait l'objet d'un PV de délit de fuite et/ou alcoolémie et/ou usage de stupéfiants : NON » et constate enfin qu'un tribunal correctionnel avait prononcé le 20 sept. 2004, contre l'assuré, une peine de trois mois d'emprisonnement assortie d'un sursis avec mise à l'épreuve pour des faits de conduite sous l'empire d'un état alcoolique. • Civ. 2e, 14 avr. 2016, n° 15-16.808 : *RCA 2016, n° 246 ; ibid. Étude 9, par Barbaud ; RGDA 2016. 357, note Pélissier.* ♦ L'absence de paraphe d'une page d'un avenant où figurait notamment la clause suivante : « Depuis le 11/08/2002, les conducteurs désignés : – ont fait l'objet d'un PV délit de fuite et/ou alcoolémie et/ou usage de stupéfiants ? Non – ou ont-ils été sous le coup d'une annulation ou suspension de permis de conduire de 2 mois ou plus ? Non » ne prive pas cette page et son contenu de force probante. • Civ. 2e, 14 avr. 2016, n° 15-18.226 : *RCA 2016, n° 246 ; ibid. Étude 9, obs. Barbaud ; RGDA 2016. 357, note Pélissier.* ♦ L'assuré ayant reconnu l'existence d'une fausse déclaration intentionnelle, peu importe que la déclaration spontanée procède d'une réponse à des questions précises posées par l'assureur. • Civ. 2e, 3 mars 2016, n° 15-13.500 P : *D. actu. 17 mars 2016, obs. de Ravel d'Esclapon.* ♦ Ne donne pas de base légale à sa décision, la cour d'appel qui prononce la nullité du contrat pour fausse déclaration, sans constater que l'assureur avait posé, lors de la conclusion du contrat, une question précise impliquant la révélation de la présence d'un locataire et sans préciser en quoi les dispositions des conditions particulières permettaient, le cas échéant, d'induire l'existence d'une telle question. • Civ. 2e, 21 nov. 2019, n° 18-21.325 : *RCA 2020, n° 53, note Groutel.*

26. Déclaration pré-rédigée. – Jurisprudence antérieure de la deuxième chambre civile. Justifie légalement sa décision la cour d'appel qui, pour rejeter les demandes en garanties formées à l'égard d'un assureur, retient que l'assuré a commis, à l'occasion de la signature des contrats d'assurance, une déclaration inexacte par omission volontaire de circonstances propres à changer l'objet du risque ou à en diminuer l'opinion pour l'assureur en certifiant, de façon erronée, remplir des conditions d'adhésion, claires et sans ambiguïté, pré-rédigées par l'assureur, relatives à l'absence d'arrêt de travail pendant une certaine période. • Civ. 2e, 8 mars 2012, n° 11-10.857 P : *RGDA 2012. 619, note Asselain ; RCA 2012, n° 185 ; ibid. Repère 6, par Groutel.* ♦ Une cour d'appel a pu admettre la nullité du contrat pour fausse déclaration intentionnelle du risque en affirmant qu'il n'était pas obligatoire de remplir un questionnaire séparé, que la teneur des questions précises posées par l'assureur, au sujet de l'absence de contravention ou de condamnation pour conduite en état d'ivresse, s'induisait des réponses écrites formulées par le souscripteur, qui en avait convenu, et que le souscripteur avait pourtant dissimulé une condamnation pour conduite sous l'empire d'un état alcoolique. • Civ. 2e, 12 avr. 2012 : *RGDA 2013. 40, note Kullmann ; RCA 2012, n° 184 ; ibid. Repère 6, par Groutel.* ♦ ... Ou en relevant que l'assuré avait inexactement déclaré, en approuvant une réponse pré-imprimée précise ne nécessitant aucune interprétation, que son fils, désigné comme conducteur occasionnel du véhicule assuré, n'avait pas fait l'objet d'une condamnation pour conduite en état d'ivresse au cours des cinq dernières années. • Civ. 2e, 28 juin 2012 : *RGDA 2013. 40, note Kullmann ; RCA 2012, n° 326, note Groutel.*

27. Déclaration pré-rédigée – Jurisprudence antérieure de la chambre criminelle. Faute de produire un questionnaire sur les circonstances de nature à faire apprécier l'objet du risque pris en charge, auquel le souscripteur était tenu de répondre avant la conclusion du contrat, l'assureur n'apporte pas la preuve d'une fausse déclaration intentionnelle faite de mauvaise foi par l'assuré. • Crim. 18 sept. 2007 : *D. 2009. Pan. 253, obs. Groutel ; RCA 2007, n° 374, note Groutel.* ♦ De même : justifie sa décision la cour d'appel qui, pour écarter l'exception de non-garantie fondée sur l'art. L. 113-8, retient, d'une part, que, si, dans les conditions particulières du contrat, figure une déclaration de l'assuré, selon laquelle il n'a pas fait l'objet d'un retrait de permis de plus de quarante-cinq jours au cours des trois dernières années, ces conditions se bornent à reprendre celles d'un précédent contrat, exception faite de données connues du seul assureur, et d'autre part que les questions alors posées à l'assuré sont ignorées. • Crim. 30 oct. 2007 : *D. 2009. Pan. 253, obs. Groutel ; RCA 2008, n° 39 ; RDI 2008. 110, obs Dessuet.* ♦ V. égal. : pour vérifier le bien-fondé de l'exception de nullité fondée sur l'art. L. 113-8, les juges doivent rechercher si le souscripteur avait renseigné le formulaire de déclaration du risque prévu par l'art. L. 113-2, 2° C. assur. et, dans l'affirmative, examiner son contenu et les réponses faites à toutes les questions posées par l'assureur. Ils ne peuvent donc se fonder sur la seule déclaration du souscripteur. • Crim. 27 janv. 2009 : *RGDA 2009. 476, note Landel ; RCA 2009, n° 119 ; ibid., Chron. 5, par Groutel.* ♦ Ou ... encore : doit être approuvé l'arrêt qui, pour rejeter l'exception de nullité du contrat soulevé par un assureur à raison de la fausse déclaration de l'assuré, énonce, pour refuser de s'y reporter, que l'assureur ne peut se prévaloir ni des conditions particulières, contiendraient-elles, sous une rubrique intitulée « déclarations », des dispositions présentées, sous une forme impersonnelle, comme se rapportant à des renseignements prétendument communiqués par l'assuré, ni d'une attestation recueillie de l'assuré postérieurement à la signature de la police, pour apporter la preuve de l'antériorité des questions qu'il est autorisé à poser par écrit à l'assuré avant la conclusion du contrat en application de l'art. L. 112-3, al. 4. • Crim. 10 janv. 2012, n° 11-81.647 P : *JCP 2012. 692, note Mayaux ; RGDA 2012. 623, note Landel ; RCA 2012, n° 145, note Groutel.*

28. Déclaration spontanée du souscripteur à la souscription. Si l'art. L. 113-2, 2°, C. assur. impose à l'assuré d'informer l'assureur des circonstances de nature à lui faire apprécier le risque qu'il prend en charge, lorsque lui sont posées des questions, l'existence éventuelle d'une fausse déclaration intentionnelle peut aussi s'apprécier au regard des déclarations faites par l'assuré à sa seule initiative lors de la conclusion du contrat. • Civ. 3e,

8 juill. 2015, n° 13-25.223 : *préc. note 22; RDI 2015. 602, note Dessuet ; RDBF 2015, n° 160, note Djoudi* • Civ. 2e, 17 janv. 2019, n° 15-18.514 : *RCA 2019, n° 121.* ♦ Le juge peut prendre en compte, pour apprécier l'existence d'une fausse déclaration, les déclarations faites par l'assuré à sa seule initiative lors de la conclusion du contrat. • Civ. 2e, 4 févr. 2016, n° 15-13.850 P : *D. actu. 24 févr. 2016, obs. de Ravel d'Esclapon; RCA 2016, n° 167, note Groutel; D. 2016. 691, note Noguéro .* ♦ V. aussi. • 3 mars 2016, n° 15-13.500 P : *D. 2016. 1161, obs. Grynbaum ; RCA 2016, n° 212, note Groutel; RGDA 2016. 165, note Pélissier; Gaz. Pal. 29 mars 2016, p. 19, note Noguéro* • Civ. 2e, 25 juin 2020, n° 18-24.920 : *BJDA 2020, n° 70, note R. Bigot.* ♦ V. aussi • Civ. 2e, 3 mars 2016, n° 15-13.500 P : *préc. note 22.* ♦ V. auparavant : si les dispositions de l'art. L. 113-2, 2° imposent à l'assuré d'informer l'assureur des circonstances de nature à lui faire apprécier le risque qu'il prend en charge, lorsque lui sont posées des questions, le juge peut prendre en compte, pour apprécier l'existence d'une fausse déclaration intentionnelle, prévue à l'art. L. 113-8, les déclarations faites par l'assuré à sa seule initiative lors de la conclusion du contrat. Justifie, dès lors, sa décision la cour d'appel qui, ayant constaté que l'assuré avait signé une déclaration contenue dans les conditions particulières de la police d'assurance, selon laquelle il n'avait fait l'objet d'aucune réclamation au cours des cinq années précédant la souscription du contrat, alors qu'il avait été attrait en justice pour deux sinistres différents, en a tenu compte à juste titre et a souverainement décidé que cette déclaration était fausse et intentionnelle et qu'elle avait diminué l'opinion du risque pour l'assureur. • Civ. 2e, 19 févr. 2009, n° 07-21.655 P : *D. 2009. AJ 810 ; ibid. 2788, note Mézen ; Gaz. Pal. 13 févr. 2010, p. 29, note Périer; RGDA 2009. 473, note Mayaux; RCA 2009, n° 119 (2e esp.); ibid. Étude 5, note Groutel; RDI 2009. 305, note Noguéro .*

29. Déclaration spontanée du souscripteur en cours de contrat. Dès lors qu'elle constatait que la fausse déclaration intentionnelle portant sur l'identité du conducteur principal, dont l'assuré reconnaissait l'existence, était intervenue en cours de contrat, une cour d'appel, qui n'avait pas à rechercher si cette déclaration spontanée procédait d'une réponse à une question précise posée par l'assureur, ni si elle avait été précédée d'une fausse déclaration au moment de la souscription du contrat, a pu valablement prononcer la nullité du contrat. • Civ. 2e, 30 juin 2016, n° 15-18.855 P : *RGDA 2016. 403, note Mayaux; RCA 2016, n° 290, note Groutel.*

30. Aveu du souscripteur. Méconnaît les exigences de l'art. 455 C. pr. civ. la cour d'appel qui déboute un assureur de sa demande d'annulation du contrat d'assurance pour fausse déclaration intentionnelle sans analyser l'aveu par le souscripteur d'un mensonge sur l'identité de l'utilisateur habituel du véhicule. • Civ. 2e, 25 oct. 2012 : *RGDA 2013. 299, note Asselain.* ♦ V. égal. : • Civ. 2e, 4 oct. 2012 : *RGDA 2013. 40, note Kullmann.* ♦ Après avoir constaté que le souscripteur reconnaissait l'existence d'une fausse déclaration intentionnelle portant sur la personne du conducteur principal du véhicule lors de la souscription du contrat, de sorte qu'elle n'avait pas à rechercher si cette déclaration spontanée procédait d'une réponse à des questions précises posées par l'assureur, et avoir retenu que cette fausse déclaration avait modifié l'opinion de l'assureur sur le risque, une cour d'appel en a justement déduit que le contrat d'assurance était nul. • Civ. 2e, 3 mars 2016, n° 15-13.500 : *D. 2016. 1161, obs. Grynbaum ; RCA 2016, n° 212, note Groutel; RGDA 2016. 165, note Pélissier; Gaz. Pal. 29 mars 2016, p. 19, note Noguéro.*

31. Pouvoir d'appréciation des juges. Les juges du fond apprécient souverainement la sincérité et l'exactitude de la déclaration de l'assuré faite sous forme de réponse à une question posée par l'assureur dans des termes prêtant à confusion. • Crim. 25 janv. 1995, n° 94-81.329 P. ♦ Pour rejeter l'exception de nullité du contrat soulevée par l'assureur en raison de l'omission de déclarer, dans un questionnaire demandant au souscripteur s'il avait été « responsable d'un ou de plusieurs sinistres », un sinistre survenu un an auparavant, une cour d'appel a souverainement estimé que l'accident matériel non déclaré, provoqué par l'irruption d'un sanglier sur la chaussée, n'avait pas entraîné de réduction du bonus, le prévenu ayant pu de bonne foi ne pas s'en considérer responsable. • Crim. 14 janv. 1998 : *RGDA 1998. 268, note Landel.*

32. Date de l'appréciation. La réticence ou la fausse déclaration intentionnelle doit s'apprécier à la date de la souscription du contrat. • Civ. 1re, 12 mars 1991 : *RCA 1991, n° 223.* ♦ ... Ou de la remise en vigueur des garanties par un nouveau contrat subordonnée à des renseignements de santé. • Civ. 1re, 7 avr. 1999 : *RCA 1999, n° 238.* ♦ Lorsque le contrat d'assurance d'un véhicule terrestre à moteur, après avoir été, conformément à l'art. L. 121-11 C. assur., suspendu de plein droit par suite de cession du véhicule assuré, a été remis en vigueur par accord des parties à la suite d'un avenant prenant en compte le changement de véhicule assuré, l'existence de la réticence ou de la fausse déclaration intentionnelle doit s'apprécier à la date de souscription du contrat et non à celle de la signature de l'avenant. • Civ. 2e, 14 juin 2012 : *RGDA 2012. 1009, note Asselain; RCA 2012, n° 285, note Groutel.* ♦ Lorsqu'il s'agit de l'absence de déclaration d'une aggravation du risque en cours de contrat, pour apprécier si l'assuré est de bonne ou de mauvaise foi, les juges du fond doivent se placer au jour où la déclaration aurait dû être faite. • Civ. 1re, 16 mars 1971 : *Bull. civ. I, n° 84; D. 1971. Somm. 169* • 13 févr. 1979 : *RGAT 1980. 41.*

33. Intervention d'un agent d'assurance. Un assureur ne peut se prévaloir, sur le fondement des art. L. 113-8 ou L. 113-9 de la nullité ou de la réduction proportionnelle lorsqu'il est établi que son agent général ou son préposé avait eu connaissance lors de la souscription du contrat de la déclaration fausse ou inexacte de l'assuré. • Civ. 1re, 23 nov. 1999, n° 97-15.319 P : *RGDA 2000. 49, note Favre-Rochex* • 19 mai 1999, n° 97-14.120 P : *RCA 1999, n° 282, et Chron. 18, par Groutel ; RGDA 1999. 570, note Favre-Rochex.* ♦ Viole l'art. 455 C. pr. civ. la cour d'appel qui, pour annuler deux polices d'assurance, retient que la preuve de la fausse déclaration intentionnelle est rapportée, l'assuré ayant omis de déclarer avoir été opéré en répondant négativement à la question relative à l'existence d'interventions chirurgicales antérieurement subies, le contrat attirant par ailleurs son attention sur la production, en cas de réponse positive, de pièces médicales, sans répondre aux conclusions dont elle est saisie, dans lesquelles l'assuré soutenait que l'agent général ou ses préposés avaient eu connaissance, au moment de la souscription du contrat, des interventions chirurgicales en cause. • Civ. 2e, 9 avr. 2009 : *Gaz. Pal. 2009. Jurisp. 2505, note Noguéro ; RCA 2009, n° 195, note Groutel.* ♦ L'assureur ne peut se prévaloir de la nullité du contrat d'assurance encourue en application de ce texte lorsque son mandataire a eu connaissance de la fausse déclaration du souscripteur, le principe selon lequel nul ne peut se prévaloir en justice de sa propre turpitude ne s'opposant pas à ce que la faute, la négligence ou l'imprudence du mandataire soit invoquée même par celui qui a fait la fausse déclaration. • Civ. 2e, 4 févr. 2010 : *RGDA 2010. 310, note Bigot* • 8 juill. 2010 : *RCA 2010, n° 299 ; ibid., n° 338, note Groutel ; RGDA 2010. 1016, note Mayaux.* ♦ V. préc. : l'assureur civilement responsable, en vertu de l'art. L. 511-1 C. assur., du dommage causé par la faute, l'imprudence ou la négligence de ses employés ou mandataires agissant en cette qualité, à l'occasion de la présentation d'une opération d'assurance, ne peut se prévaloir de la nullité du contrat d'assurance encourue par application du premier de ces textes, pour réticence ou fausse déclaration intentionnelle de la part de l'assuré, lorsque ses employés ou mandataires ont eu connaissance de la réticence ou de la fausse déclaration du souscripteur. • 4 avr. 1995, n° 92-20.112 P : *RGDA 1995. 310, note Favre-Rochex.* ♦ ... Ou lorsque des sinistres antérieurs ont été portés par un sous-agent, qui avait fait souscrire le contrat par l'assuré, à la connaissance de l'agent général, lequel avait négligé d'en informer la compagnie, celle-ci, responsable civilement de son agent en vertu de l'art. L. 511-1 C. assur., ne peut invoquer la nullité du contrat pour fausse déclaration intentionnelle. • Civ. 1re, 26 nov. 1996 : *RGDA 1997. 600, note Langé.*

34. Intervention d'un courtier. Un courtier, qui a dactylographié les formulaires de déclaration du risque avant de les faire signer par son client, et alors qu'il était parfaitement informé de la situation de celui-ci, devait attirer son attention sur les conséquences d'une dissimulation ; ayant agi non comme mandataire de la compagnie, mais comme mandataire de son client, il a manqué à son devoir de conseil et engagé sa responsabilité envers ce dernier (partage de responsabilités cependant). • Civ. 1re, 13 nov. 1985, n° 84-11.673 P : *D. 1986. 525, note Groutel.*

D. CHANGEMENT DE L'OBJET DU RISQUE OU DIMINUTION DE L'OPINION DU RISQUE POUR L'ASSUREUR

35. Portée de la déclaration inexacte. Les juges du fond ne donnent pas de base légale à leur décision s'ils annulent le contrat en se bornant à relever une déclaration inexacte, et sans rechercher si celle-ci aurait été de nature à modifier l'opinion que la compagnie d'assurances pouvait se faire du risque à assurer. • Civ. 1re, 18 oct. 1978 : *Bull. civ. I, n° 310* • 8 juin 1982 : *ibid., n° 212* • 26 févr. 1991 : *RCA 1991, n° 222 ; RGAT 1991. 330* • Civ. 2e, 3 oct. 2013 : *RCA 2014, n° 31, note Groutel* • 12 déc. 2013 : *RCA 2014, n° 133.* ♦ Une cour d'appel ne peut annuler le contrat garantissant un immeuble sans expliquer en quoi le classement de celui-ci en monument historique aggravait l'évolution d'un risque en tout état de cause plafonné contractuellement. • Civ. 1re, 7 oct. 1998 : *RCA 1998. n° 402 ; RGDA 1999. 192, note Favre-Rochex.* ♦ Justifie sa décision la cour d'appel qui écarte la nullité du contrat, alors même que le souscripteur a agi de mauvaise foi, au motif que l'assureur ne produit aucun document propre à établir que cette fausse déclaration avait changé l'objet du risque ou diminué l'opinion qu'il pouvait en avoir. • Crim. 8 août 1995 : *RGDA 1996. 78, note Chardin.* ♦ Du fait de l'ancienneté de la dépression nerveuse, survenue vingt ans avant la souscription du contrat, dont la déclaration a été omise par l'assuré, l'assureur n'a pas établi que le défaut de déclaration a changé l'objet du risque ou en a modifié l'évaluation. • Paris, 15 mai 2001 : *RCA 2001. n° 276, obs. Grynbaum.* ♦ V. cep. l'arrêt affirmant que, procédant de son pouvoir souverain d'appréciation, une cour d'appel a pu déduire la nullité de la police d'assurance souscrite par une personne qui, en se présentant lors de la souscription comme seule propriétaire occupant la totalité des biens immobiliers à assurer, sans jamais faire état de l'indivision, a commis une fausse déclaration intentionnelle exclusive de toute bonne foi. Cette fausse déclaration, révélée seulement après neuf années de procédure, caractérise un manque de loyauté et de sincérité ayant maintenu l'assureur dans l'ignorance de la qualité de coïndivisaire de cette personne, circonstance qui a pu être déterminante de l'acceptation ou non de la police d'assurance. • Civ. 2e, 19 nov. 2009 : *RGDA 2010. 67, note Abravanel-Jolly.* ♦ Mais la cour d'appel qui retient que la fausse déclaration intentionnelle a diminué l'opinion du risque pour l'assureur n'a pas à rechercher si elle avait changé l'objet du risque. • Civ. 2e, 4 juill. 2007 : RGDA 2007. 814, *note Abravanel-Jolly.* ♦ En outre, la nullité du contrat est encourue pour réticence ou fausse déclaration intentionnelle alors même que le risque omis ou dénaturé par l'assuré a été sans influence sur le sinistre. • Civ. 2e, 8 juill. 2004 : *RCA 2004, n° 357 ; RGDA 2004. 926, note Fonlladosa* • Crim. 12 juin 2012 : *RCA 2012, n° 251, note Groutel.* ♦ V. déjà, dans le même sens : • Civ. 1re, 1er juill. 1980 : *RGAT 1981. 186 (2e esp.)* • 3 janv. 1996 : *RCA 1996, n° 145* • 28 mars 2000, n° 97-18.737 P.

36. *Appréciation de la portée de la déclaration inexacte.* En cas de réticence ou de fausse déclaration intentionnelle faite par l'assuré à l'occasion de la souscription d'une police garantissant plusieurs risques distincts, l'appréciation de la portée de cette réticence ou fausse déclaration sur l'opinion du risque pour l'assureur doit se faire par rapport à chaque risque en litige, mais indépendamment des circonstances du sinistre. • Civ. 2e, 21 déc. 2006 : *RGDA 2007. 152, note Abravanel-Jolly.* ♦ Déjà dans le même sens : • Civ. 1re, 3 janv. 1996 : *JCP 1996. II. 22584, rapp. Sargos ; RCA 1996, n° 101 ; RGDA 1996. 74, rapp. Sargos* • 2 juill. 1996 : *RCA 1996, n° 367, note Groutel ; RGDA 1997. 116, note Landel* • 9 déc. 1997 : *RCA 1998, n° 108 ; RGDA 1998. 59, note Fonlladosa.*

37. *Pouvoir d'appréciation des juges.* C'est par une appréciation souveraine qu'une cour d'appel retient qu'une fausse déclaration sur le conducteur habituel du véhicule modifie le risque quant à l'ensemble de la police. • Civ. 1re, 8 nov. 1994, n° 92-11.517 P (2 arrêts) : *RCA 1995. n° 66, et Chron. 7, par Groutel ; RGAT 1995. 35, note Mayaux* • 14 oct. 1997 : *RCA 1998, n° 32* • 20 janv. 1998, n° 95-20.216 P : *RCA 1998, n° 133 ; RGDA 1998. 84, note Landel ; Gaz. Pal. 1998. 2. 560, note Favre-Rochex* • Civ. 2e, 12 mai 2010 : *RCA 2010, n° 234, note Groutel ; RGDA 2010. 679, note Landel.* ♦ ... Qu'une fausse déclaration intentionnelle était de nature à modifier l'opinion de l'assureur quant aux risques à assurer et en a exactement déduit que le contrat d'assurance était nul. • Civ. 2e, 7 oct. 2010 : *RCA 2010, n° 333.* ♦ ... Que la dissimulation, lors de la souscription d'une police « multirisques commerçant », de deux vols, dont les conséquences excédaient les critères d'acceptation de l'assureur, avait faussé l'appréciation de tous les risques par l'assureur. • Civ. 1re, 22 janv. 2002, n° 99-12.044 P : *RCA 2002, n° 18 ; RGDA 2002. 355, note Fonlladosa.* ♦ ... Que le fait que l'assuré ait été précédemment condamné pour conduite en état alcoolique est de nature à modifier l'appréciation du risque, dans la mesure où il révèle que le conducteur a commis un manquement grave à une règle essentielle de sécurité, et peut de nouveau méconnaître gravement le code de la route. • Crim. 19 mai 2015, n° 14-83.032 : *RGDA 2015. 338, note Asselain.*

III. RÉGIME DE LA NULLITÉ

A. PROCÉDURE

38. *Titulaire.* L'organisme de crédit n'a pas qualité pour invoquer la nullité du contrat d'assurance souscrit par un emprunteur pour garantir le remboursement de sa dette. • Civ. 1re, 27 mai 1997 : *RCA 1997, n° 275 ; RGDA 1997. 798, note Maury.*

39. *Mise en œuvre.* La nullité fondée sur les dispositions de l'art. L. 113-8 C. assur. peut être soulevée par voie d'exception pendant le délai de la prescription biennale nonobstant l'exécution du contrat d'assurance. • Civ. 2e, 4 déc. 2008, n° 07-20.717 P : *D. 2009. AJ 97 ; RLDC févr. 2009, n° 3286, note Bugnicourt ; RDC 2009. 1516, obs. Serinet ; RCA 2009, n° 65, obs. Groutel.*

40. *Référé.* La cour d'appel qui, statuant en référé, constate une réticence de nature à modifier l'opinion que l'assureur pouvait se faire du risque, peut considérer que l'éventuelle nullité du contrat d'assurance constitue une difficulté sérieuse. • Civ. 3e, 31 mars 1999 : *RCA 1999, n° 200.*

41. *Appel.* Est recevable en cause d'appel la prétention nouvelle de l'assureur qui invoque la nullité du contrat pour faire écarter la demande en garantie dirigée contre lui par l'assuré. • Civ. 1re, 14 nov. 1995 : *RCA 1996, n° 61, obs. H. G.*

42. *Juridictions répressives.* Il résulte des art. 385-1 et 388-1 C. pr. pén. et 6.1 Conv. EDH, textes qui imposent le respect du caractère contradictoire des débats, que, lorsqu'une juridiction répressive est saisie d'une exception fondée sur une cause de nullité du contrat, si le souscripteur du contrat n'est présent à l'instance à aucun titre, l'assureur doit, à peine d'irrecevabilité de ladite exception, mettre le souscripteur en cause. • Crim. 14 déc. 1989, n° 89-80.192 P : *RCA 1990, n° 42 ; ibid. Chron. 2, par Groutel ; RGAT 1990. 98, note Margeat et Landel* • 8 mars 1990 : *RCA 1990, n° 222* • 10 déc. 1997 : *RGDA 1998. 373, note Beauchard* • 26 juin 2001, n° 00-82.400 P : *RGDA 2001. 1059, note Beauchard.*

B. RENONCIATION

43. *Moment de la renonciation.* Une renonciation anticipée à la nullité du contrat d'assurance pour fausse déclaration intentionnelle est exclue par le caractère d'ordre public de l'art. L. 113-8 C. assur. • Civ. 1re, 20 juin 2000, n° 98-10.655 : *RGDA 2000. 813, note Favre-Rochex.*

44. *Forme de la renonciation.* Il n'est pas nécessaire que la renonciation de l'assureur soit explicite et formelle ; elle peut être implicite. • Civ. 1re, 20 mars 1963 : *RGAT 1963. 467, note Besson.* ♦ ... Mais les actes dont elle résulte doivent manifester sans équivoque la volonté de l'assureur de renoncer. • Civ. 1re, 4 nov. 1976, n° 75-11.105 P : *RGAT 1977. 355.*

45. *Renonciation et encaissement des primes.* D'un ensemble d'éléments révélant que l'assureur qui, tout en connaissant la sinistralité réelle de l'assuré, avait continué à encaisser mensuellement les primes et à régler des sinistres, une cour d'appel a pu déduire qu'il avait renoncé de façon explicite et non équivoque à la nullité de la police d'assurance. • Civ. 1re, 1er juin 1999 : *RCA 1999, n° 344; RGDA 1999. 999, note Fonlladosa.* ♦ De même, prive sa décision de base légale la cour d'appel qui prononce la nullité du contrat sur le fondement de l'art. L. 113-8 C. assur. sans rechercher si le fait pour l'assureur d'avoir continué à percevoir les primes d'assurance, postérieurement à la déclaration de sinistre révélant la présence de squatters, n'emportait pas renonciation par ce dernier à se prévaloir de la nullité du contrat d'assurance. • Civ. 1re, 12 juin 2012, n° 11-12.443. ♦ ... Ou la cour d'appel qui, pour prononcer la nullité du contrat d'assurance, énonce que la seule poursuite de la perception des primes postérieurement à la connaissance qu'avait l'assureur de la possibilité d'une fausse déclaration dans le questionnaire de déclaration du risque ne vaut pas renonciation de sa part à se prévaloir de l'application de l'art. L. 113-2, 2°, C. assur., sans analyser les circonstances dans lesquelles étaient intervenue la poursuite de la perception des primes en cause, afin de déterminer si elle traduisait ou non une volonté non équivoque de l'assureur de renoncer à se prévaloir de la nullité du contrat. • Civ. 2e, 3 oct. 2019, n° 18-19.916 : *RCA 2020, n° 24, note Groutel.* ♦ C'est par une appréciation souveraine des circonstances de la cause qu'après avoir relevé, par motifs adoptés, que la prime correspondant à l'année 1993 n'avait été réclamée que dans l'attente des conclusions de l'expertise amiable, dont le rapport avait été déposé le 9 févr. 1993, et que l'assureur avait maintenu son intention d'invoquer la nullité du contrat par une lettre du 11 juin suivant, une cour d'appel a estimé que ces circonstances excluaient une renonciation de l'assureur à la nullité du contrat. • Civ. 1re, 20 juin 2000, n° 98-10.655 : *RGDA 2000. 813, note Favre-Rochex.* ♦ Cep., lorsque après s'être vu notifier l'intention de la compagnie d'assurance de se prévaloir de la nullité du contrat, l'assuré a été destinataire d'une demande en paiement des primes pour une période postérieure, une cour d'appel ne peut en déduire que l'assureur a manifestement entendu renoncer à se prévaloir de la nullité sans rechercher si cette demande de règlement de primes, qui émanait du courtier – lequel n'est pas en principe le mandataire de la compagnie –, avait pu constituer un acte positif de renonciation de la part de cette dernière. • Civ. 1re, 8 juill. 2003 : *RCA 2003, n° 308, note Groutel; RGDA 2003. 687, note Langé.* ♦ De même, prive sa décision de base légale, la cour d'appel qui se borne à une simple affirmation de principe, sans analyser les circonstances dans lesquelles était intervenue la poursuite de la perception des primes en cause, afin de déterminer si elle traduisait ou non une volonté non équivoque de l'assureur de renoncer à se prévaloir de la nullité du contrat. • Civ. 2e, 3 oct. 2019, n° 18-19.916 : *RGDA nov. 2019. 22, note Pimbert.*

46. Renonciation et versement de l'indemnité ou d'une provision. ♦ Une cour d'appel a pu estimer qu'un assureur de responsabilité civile automobile avait renoncé de manière non équivoque à se prévaloir de la nullité du contrat pour fausse déclaration intentionnelle du risque en relevant que l'assureur avait versé une indemnité aux ayants droit de la victime sans indiquer qu'il avait payé pour le compte de qui il appartiendrait et sans mettre en œuvre les dispositions de l'art. R. 421-5 C. assur. • Civ. 2e, 24 mai 2012 : *RGDA 2012. 1018, note Asselain; RCA 2012, n° 218, note Groutel.* ♦ De même, c'est par une appréciation souveraine des éléments de preuve contradictoirement débattus qu'une cour d'appel a rejeté l'exception de nullité du contrat d'assurance automobile en retenant que l'assureur, qui avait reçu le procès-verbal de synthèse établi par la gendarmerie mentionnant que le permis de conduire de l'assuré avait été antérieurement annulé, avait renoncé en pleine connaissance de cause à exciper de cette nullité en adressant ultérieurement un courrier à l'avocat de la partie civile dans lequel il reconnaissait, au vu dudit procès-verbal, que le droit à indemnisation de la victime était intégral et annonçait un règlement provisionnel. • Crim. 4 juin 2013 : *RCA 2013, n° 279, note Groutel.* ♦ Le versement d'une provision à la victime, postérieurement à la connaissance de l'entier dossier pénal et donc de l'omission de déclaration de son assuré, pouvait s'analyser en une renonciation de l'assureur à se prévaloir d'une quelconque sanction. • Civ. 2e, 12 déc. 2013 : *RCA 2014, n° 98, note Groutel.*

47. Renonciation et résiliation. La résiliation, sans commentaire, du contrat à son terme normal, qui constitue une première démarche de protection des intérêts de l'assureur pour l'avenir exclusivement, ne peut priver celui-ci de faire valoir le moyen de nullité dudit contrat. • Civ. 1re, 17 juin 1975, n° 74-11.451 P : *RGAT 1976. 183, note Besson.* ♦ La résiliation, même sans réserve, du contrat par l'assureur, sur le fondement de l'art. L. 113-4 C. assur., ne vaut pas, à elle seule, renonciation à l'exercice d'une action en nullité sur le fondement de l'art. L. 113-8 du même code. • Civ. 1re, 17 juill. 2001, n° 98-22.386 P : *RCA 2001, n° 344, obs. Groutel; RGDA 2001. 954, note Mayaux.*

48. Renonciation et convention IRCA. Un règlement effectué sur le fondement de la convention IRCA ne caractèrise pas une renonciation non équivoque l'assureur à se prévaloir de la nullité du contrat pour fausse déclaration intentionnelle qu'il avait, avant le remboursement litigieux, dénoncé aux victimes, au FGAO, et à l'autre assureur. • Civ. 2e, 8 déc. 2016, n° 15-26.128 : *RGDA 2017. 122, note Landel.*

49. Preuve de la renonciation. Il incombe à l'assuré, qui invoque la renonciation de la compagnie d'assurances à se prévaloir des sanctions légales, d'administrer la preuve des éléments de fait de nature à justifier l'existence de cette renonciation. • Civ. 1re, 5 déc. 1972 : *Bull. civ. I, n° 269 ; JCP 1974. II. 17621 (3e esp.), note Bigot.* ♦ N'est assortie d'aucune preuve l'allégation selon laquelle la compagnie aurait continué à réclamer les primes à l'assuré après avoir découvert la fraude de celui-ci, ce qui eût impliqué une renonciation à se prévaloir de la nullité du contrat d'assurance. • Civ. 1re, 14 nov. 1995 : *RGDA 1996. 286, note Chardin.*

50. *Effet de la renonciation.* La renonciation de l'assureur à se prévaloir de la nullité à l'égard de la victime vaut également à l'égard de l'assuré. • Civ. 1re, 10 mars 1992, n° 90-15.059 P : *RCA 1992, n° 240.* ♦ Aussi, manque de base légale l'arrêt qui limite à la victime les effets de la renonciation par l'assureur à la nullité du contrat d'assurance qu'elle avait constatée, sans s'expliquer sur les raisons pour lesquelles la compagnie n'aurait pas renoncé également à l'invoquer vis-à-vis de l'assuré lui-même. • Civ. 1re, 11 janv. 1989 : *Bull. civ. I, n° 6.*

IV. CONSÉQUENCES DE LA NULLITÉ

51. *Date d'effet.* La nullité du contrat d'assurance ne prend effet qu'à la date de la fausse déclaration intentionnelle qu'elle sanctionne. • Crim. 2 déc. 2014 : *D. 2014. 2522 ; RGDA 2015. 99, note Mayaux ; RCA 2015, n° 109, note Groutel ; ibid. Chron. 1, n° 25, note Groutel ; D. 2015. 1232, note Grynbaum ; RDC 2015. 542, note Leduc.*

52. *Inopposabilité en assurance automobile obligatoire.* La CJUE a dit pour droit (arrêt du 20 juill. 2017, n° C 287-16) que l'art. 3, § 1er, de la Dir. 72/166/CEE du Conseil, du 24 avr. 1972, concernant le rapprochement des législations des États membres relatives à l'assurance de la responsabilité civile résultant de la circulation de véhicules automoteurs, et au contrôle de l'obligation d'assurer cette responsabilité, et l'art. 2, § 1er, de la 2e Dir. 84/5/CEE du Conseil, du 30 déc. 1983, concernant le rapprochement des législations des États membres relatives à l'assurance de la responsabilité civile résultant de la circulation des véhicules automoteurs, doivent être interprétés en ce sens qu'ils s'opposent à une réglementation nationale qui aurait pour effet que soit opposable aux tiers victimes la nullité d'un contrat d'assurance de responsabilité civile automobile résultant de fausses déclarations initiales du preneur d'assurance en ce qui concerne l'identité du propriétaire et du conducteur habituel du véhicule concerné ou de la circonstance que la personne pour laquelle ou au nom de laquelle ce contrat d'assurance est conclu n'avait pas d'intérêt économique à la conclusion dudit contrat. Il s'en déduit qu'interprétée à la lumière des dispositions des directives susvisées, la nullité édictée par l'art. L. 113-8 C. assur. n'est pas opposable aux victimes d'un accident de la circulation ou à leurs ayants droit. • Civ. 2e, 29 août 2019, n° 18-14.768 : *RGDA oct. 2019. 19, note Landel ; RCA 2019, n° 258, Repère 9, par Groutel ; bjda.fr 2019, n° 65, note Cayol* • Civ. 2e, 16 janv. 2020, n° 18-23.381 : *D. actu. 14 févr. 2020, note Bigot ; RCA 2020, n° 97 et Étude 6 par Barbaud ; ibid. 2022, chron. 4, n° 26, note Groutel ; RGDA avr. 2020. 27, note Landel* • Crim. 8 sept. 2020, n° 19-84.983 : *RGDA oct. 2020. 22, note Landel ; RCA 2020, n° 215, note Groutel.* ♦ La circonstance que la compagnie d'assurance a conclu le contrat sur la base d'omissions ou de fausses déclarations de la part du preneur d'assurance n'est pas de nature à lui permettre de se prévaloir de dispositions légales sur la nullité du contrat et de l'opposer au tiers victime afin de s'exonérer de son obligation découlant de l'art. 3, § 1, de la Dir. 72/166/CEE du 24 avr. 1972 d'indemniser ce dernier d'un accident causé par le véhicule assuré. • CJUE 20 juill. 2017, *Fidelidade Companhia de Seguros*, n° C-287/16 : *RGDA 2017. 536, note Parleani ; RGDA 2017. 552, note Landel ; RDC 2018. 73, note Leduc.* ♦ V. précédemment : l'annulation est opposable à toute personne, y compris la victime, dans les assurances de responsabilité automobile. • Civ. 1re, 23 juin 1971 : *RGAT 1972. 237* • Crim. 31 mai 1988, n° 87-84.010 P : *RGAT 1988. 804, note Chapuisat* • Crim. 12 juin 2012 : *RCA 2012, n° 255.*

53. *Opposabilité.* La nullité du contrat, régie par l'art. L. 113-8 C. assur., est opposable à tous, à la différence d'une déchéance. • Crim. 12 juin 2012, n° 11-87.395 : *RCA 2012, n° 255.* ♦ Toutefois, il a été jugé que l'assureur ne peut opposer à la victime l'annulation prononcée par un jugement auquel elle n'a pas été partie. • Civ. 3e, 4 nov. 1992, n° 90-17.871 P : *RCA 1993, n° 54 ; ibid. Chron. 5, par Groutel.*

54. *Recours de l'assureur contre le souscripteur non responsable du dommage.* Le souscripteur auteur d'une fausse déclaration volontaire, relative à l'identité du conducteur habituel, engage par là même sa responsabilité envers l'assureur, ce qui entraîne pour lui l'obligation d'en supporter les conséquences. Ainsi peut-il être condamné à payer à l'assureur les sommes que celui-ci a versées à la victime pour le compte de qui il appartiendra, en l'occurrence un conducteur autre que le souscripteur du contrat. • Civ. 1re, 26 févr. 1991, n° 88-15.814 P.

55. *Recours de l'assureur contre le responsable du dommage ou son assureur.* Ayant prononcé la nullité du contrat d'assurance pour fausse déclaration intentionnelle du souscripteur relative à l'identité du conducteur habituel et relevé que le conducteur propriétaire du véhicule, entièrement responsable de l'accident, devait supporter la charge des indemnisations, une cour d'appel en a justement déduit que ce dernier devait rembourser à l'assureur les indemnités qu'il avait déjà versées. • Civ. 1re, 28 avr. 1993 : *RCA 1993, n° 279, obs. Bertolaso.* ♦ Ayant constaté que le véritable bénéficiaire du paiement de l'indemnité aux victimes était le conducteur responsable de l'accident, dont la dette de responsabilité se trouvait ainsi acquittée par l'assureur de responsabilité, une cour d'appel a rejeté à bon droit l'action en répétition de l'indu exercée par ce dernier à l'encontre de l'assureur de la victime. • Civ. 1re, 2 juill. 2014 : *RGDA 2014. 428, note Asselain ; RCA 2014, n° 349, note Groutel.* ♦ Le contrat d'assurance ayant été annulé pour fausse déclaration mais l'assureur ayant indemnisé des victimes de l'accident, pour le compte de qui il appartiendra, il est fondé à réclamer à l'un quelconque des assureurs des véhicules impliqués la restitution de l'intégralité des sommes versées. • Civ. 2e, 7 juill. 2011 : *RGDA 2011. 1005, note Landel.*

Art. L. 113-9 L'omission ou la déclaration inexacte de la part de l'assuré dont la mauvaise foi n'est pas établie n'entraîne pas la nullité de l'assurance.

Si elle est constatée avant tout sinistre, l'assureur a le droit soit de maintenir le contrat, moyennant une augmentation de prime acceptée par l'assuré, soit de résilier le contrat dix jours après notification adressée à l'assuré par lettre recommandée, en restituant la portion de la prime payée pour le temps où l'assurance ne court plus.

Dans le cas où la constatation n'a lieu qu'après un sinistre, l'indemnité est réduite en proportion du taux des primes payées par rapport au taux des primes qui auraient été dues, si les risques avaient été complètement et exactement déclarés. – *Assur. L. 191-4, R. 211-4, R. 220-6.*

BIBL. ▶ Office du juge : GROUTEL, *RCA 1993. Chron. 36.*

COMMENTAIRE

L'article L. 113-9 présente les conséquences de l'omission ou de l'irrégularité de la déclaration du risque par un souscripteur de bonne foi. Écartant la nullité du contrat, ce texte d'ordre public (Civ. 1re, 27 nov. 1985 : *V. note 2*) effectue une distinction selon que l'omission ou l'irrégularité a été constatée avant (I) ou après (II) la survenance d'un sinistre.

I. L'IRRÉGULARITÉ CONSTATÉE AVANT SINISTRE

Lorsque l'irrégularité est constatée avant la réalisation d'un sinistre, l'assureur dispose d'une option entre le maintien du contrat ou sa résiliation. Cette option ne peut toutefois plus être exercée si un sinistre survient. Dans cette hypothèse, même si la constatation de l'irrégularité est antérieure à la réalisation du sinistre, l'option envisagée par le deuxième alinéa de l'article L. 113-9 est écartée et l'assureur, qui ne l'a pas exercée, ne peut qu'appliquer la règle applicable en cas de constatation de l'irrégularité après sinistre (Civ. 9 févr. 1948 : *V. note 3*).

Si l'assureur opte pour un **maintien** du contrat moyennant une augmentation du montant de la prime, cette modification contractuelle doit être acceptée par le souscripteur. En cas de refus, l'assureur peut résilier le contrat. Il s'agit d'une faculté que la loi lui réserve, l'assuré ne peut prendre l'initiative d'une rupture du contrat (Ass., ch. réun., 8 juill. 1953 : *V. note 4*).

Si l'assureur choisit de **résilier** le contrat d'assurance, il doit le notifier par lettre recommandée et restituer la fraction de la prime correspondant à la période non couverte par la garantie. La résiliation prendra alors effet dix jours après sa notification.

II. L'IRRÉGULARITÉ CONSTATÉE APRÈS SINISTRE

Lorsque l'irrégularité a été constatée après sinistre, l'assureur ne peut qu'appliquer la règle proportionnelle de prime prévue par le troisième alinéa de l'article L. 113-9. Selon cette règle, l'indemnité due par l'assureur correspond au montant de l'indemnité qui aurait été dûe en l'absence de déclaration anormale multipliée par le rapport de la prime payée sur la prime due. Simple en apparence, cette réduction proportionnelle peut néanmoins faire l'objet d'interrogations quant à sa détermination (A) et à son opposabilité (B).

A. LA DÉTERMINATION DE LA RÉDUCTION PROPORTIONNELLE

Dans la mesure où l'assureur prend l'initiative de réduire le montant de l'indemnité, il lui appartient de prouver que la prime a été réduite en proportion du taux des primes payées par rapport au taux qui aurait été dûe si le risque avait été correctement déclaré (Civ. 1re, 6 juin 2000 : *V. note 16*).

Si l'assuré ne conteste pas ce montant, le juge ne pourra remettre en cause ce calcul et ne procédera pas à une réduction forfaitaire en se référant au calcul fait par l'assureur (Civ. 1re, 18 juin 1996 : *V. note 18*).

Si l'assuré conteste la réduction opérée par l'assureur, il appartient au juge de déterminer le montant de la prime et donc de fixer souverainement la réduction devant être apportée à l'indemnité (Req. 28 mai 1937 et Civ. 3e, 17 avr. 2013 : *V. note 19*). Les juges ne peuvent d'ailleurs refuser de procéder à une telle détermination au motif que l'assureur n'a pas fourni des éléments de calcul de la prime, dès lors que le principe de l'application de la règle proportionnelle est acquis (Civ. 2e, 12 sept. 2013 : *V. note 17*). Il est en effet admis que les juges peuvent évaluer équitablement en fait la majoration de la prime (Civ. 9 juin 1942 : *V. note 17*). En revanche, ils ne sauraient déterminer forfaitairement la réduction de l'indemnité (Civ. 1re, 1er déc. 1998 : *V. note 17*).

B. L'OPPOSABILITÉ DE LA RÉDUCTION PROPORTIONNELLE

Par principe, la réduction proportionnelle est opposable à tous les bénéficiaires du contrat d'assurance et en particulier aux tiers victimes (Civ. 1re, 15 févr. 1977 : *V. note 23*). Toutefois, par exception, l'article R. 211-13 prévoit que cette réduction n'est pas opposable aux victimes d'accident de la circulation ou à leurs ayants droit (Civ. 2e, 17 avr. 2008 : *V. note 23*). Cette dernière solution s'applique également aux victimes d'engins de remontée mécanique ainsi qu'à leurs ayants droit conformément à l'article R. 220-6.

Partant, on a pu faire valoir que cette dérogation à l'opposabilité générale de la règle proportionnelle devait être étendue à toutes les assurances obligatoires. La Cour de cassation a cependant refusé d'étendre cette exception à l'assurance de responsabilité décennale (Civ. 1re, 6 déc. 1994 : *V. note 23*). Seul le législateur peut porter atteinte à l'opposabilité de la réduction proportionnelle. ❑

1. Sanctions de la fausse déclaration non intentionnelle. V. note 1 ss. art. L. 113-8. ♦ Si l'art. 17 de la loi du 13 juill. 1930 [C. assur., art. L. 113-4] réglemente les formes et les conséquences de la déclaration d'une aggravation survenue pendant le cours du contrat d'assurance, il ne comporte aucune disposition concernant le cas de réticence. L'art. 22 [C. assur., art. L. 113-9] de la même loi sanctionne par la généralité de ses termes toute omission non intentionnelle de la part de l'assuré d'une déclaration dont il était tenu. • Cass., ch. réun., 8 juill. 1953 : *Bull. n° 2 ; D. 1953. 194 ; JCP 1954. II. 7931 ; RGAT 1953. 232, note Besson ; GADA p. 105, obs. Berr et Groutel.*

2. Caractère impératif. Si, en principe, la spécificité du droit des assurances n'interdit pas aux juges de fonder leur décision sur certaines stipulations d'une police relevant du droit commun, notamment lorsque les parties sont convenues de conditions strictement précisées auxquelles sera subordonnée la garantie de l'assureur, il en va différemment lorsque les conséquences d'une aggravation du risque sont déterminées par une disposition impérative du code des assurances. • Civ. 1re, 27 nov. 1985, n° 84-13.600 P. V. toutefois pour une assurance construction : Ayant relevé qu'en cas de non-déclaration d'un chantier, le contrat d'assurance excluait l'application de la réduction proportionnelle de l'art. L. 113-9 C. assur. et sanctionnait cette omission par une absence d'assurance et que le constructeur n'avait pas déclaré le chantier litigieux, une cour d'appel en a déduit à bon droit que l'assureur du constructeur ne devait pas sa garantie. • Civ. 3e, 13 juin 2019, n° 18-10.022 : *bjda.fr 2019, n° 64, note Casu.*

I. IRRÉGULARITÉ CONSTATÉE AVANT TOUT SINISTRE

3. Sinistre postérieur à la constatation. Si l'art. L. 113-9 institue au profit de l'assureur qui découvre avant sinistre l'aggravation non déclarée du risque, une option entre la résiliation et la proposition à l'assuré d'une prime majorée, il n'organise pas la sanction de la réticence lorsque le sinistre survient avant la rupture du contrat ou l'intervention d'un nouvel accord, alors que l'assureur demeure engagé par le contrat primitif malgré l'aggravation. Cette éventualité doit être assimilée au cas de constatation après sinistre, dès lors que dans ces deux hypothèses, ni la résiliation, ni un nouvel accord ne peuvent intervenir avant la survenance du sinistre. • Civ. 2e, 2 mars 2017, n° 15-27.831 P : *RCA 2017, n° 179, note Groutel ; RGDA 2017. 244, not Pélissier ; ibid. 2017. 251, note Asselain ; RDI 2017. 302, note Noguéro* . ♦ V. déjà : • Civ. 9 févr. 1948 : *D. 1948. 277, note Besson.*

4. Résiliation réservée à l'assureur. L'art. 22 de la L. du 13 juill. 1930 [C. assur., art. L. 113-9] subordonne la résiliation du contrat à l'accomplissement d'un délai après la notification de la volonté de l'assureur par lettre recommandée, à charge de restituer la portion de la prime payée pour le temps où l'assurance ne court plus ; ainsi la résiliation est une faculté que la loi réserve au seul assureur, lorsque l'assuré, ayant omis de déclarer une aggravation des circonstances spécifiées dans la police, n'accepte pas un nouveau taux de prime ; l'assuré, continuant à bénéficier jusque-là de la garantie, ne saurait prendre l'initiative de la rupture du contrat. • Cass., ch. réun., 8 juill. 1953 : *Bull. n° 2 ; D. 1953. 194 ; JCP 1954. II. 7931 ; RGAT 1953. 232, note Besson ; GADA, p. 105, obs. Berr et Groutel.*

II. IRRÉGULARITÉ CONSTATÉE APRÈS UN SINISTRE

5. Conventionnalité de la réduction. La réduction proportionnelle prévue par l'art. L. 113-9, al. 3, C. assur. n'est pas contraire à l'art. 1er du premier protocole additionnel à la Conv. EDH. • Civ. 3e, 22 sept. 2004 : *Defrénois 2006. 78, note Périnet-Marquet.*

6. Responsabilité du courtier. Le fait de ne pas transmettre à l'assureur les éléments contenus dans la lettre de son mandataire relatifs à la demande d'extension du contrat d'assurance constitue la faute du courtier ayant seule permis à l'assureur d'invoquer, fût-ce illégalement, l'application de l'art. L. 113-9 C. assur. à l'origine du préjudice invoqué par l'assuré. • Civ. 1re, 7 déc. 2006 : *RGDA 2007. 244, note Langé.*

A. CONDITIONS DE LA RÉDUCTION PROPORTIONNELLE

7. Omission de déclaration en cours de contrat. Viole l'art. L. 113-9 la cour d'appel qui, pour écarter l'application de la réduction proportionnelle d'indemnité, retient que l'obligation déclarative de l'assuré doit être appréciée à l'ouverture du chantier et non à une période postérieure et que les pièces produites n'établissent pas que l'assuré aurait manqué à son obligation au moment de l'ouverture du chantier, alors que l'assuré est obligé de déclarer en cours d'exécution des travaux les circonstances nouvelles qui ont pour conséquence d'aggraver les risques et rendent de ce fait inexactes ou caduques les réponses faites à l'assureur lors de la conclusion du contrat. • Civ. 3e, 15 mai 2013 : *RDI 2013. 376, note Noguéro ; RGDA 2013. 863, note Dessuet ; RCA 2013, no 278, note Groutel.*

8. Omission de déclaration d'une pièce. Ayant relevé que les souscripteurs ne sauraient contester que la pièce non déclarée ne constituait pas une pièce au sens du contrat en faisant valoir qu'il s'agirait d'une cave, dans laquelle étaient entreposés des meubles excédentaires, dès lors qu'il n'était pas contesté que cette pièce, dotée d'une fenêtre, ne stockait pas des meubles mais les organisait pour faire salon avec télévision et qu'étant d'une superficie supérieure à sept mètres carrés, elle constitue bien une pièce supplémentaire suivant la définition du contrat, une cour d'appel a pu déduire qu'il y avait lieu à application de la règle proportionnelle. • Civ. 2e, 11 déc. 2014, no 13-17.644 : *RGDA 2015. 97, note Mayaux.*

9. Omission de déclaration d'un chantier. En l'absence de déclaration de la mission et de paiement des primes afférentes, l'indemnité due par l'assureur doit être réduite en proportion du taux de la prime annuelle payée par rapport à celui de la prime qui aurait été due si la mission avait été déclarée. • Civ. 3e, 5 déc. 2019, no 18-22.915 : *RGDA janv. 2020. 49, note J.-P. Karila ; ibid. 62, note Kullmann.* ♦ Viole l'art. 1134 C. civ. [devenu art. 1103 et 1104] et l'art. L. 113-9 C. assur. la cour d'appel qui, pour dire n'y avoir lieu à garantie de la part de l'assureur, retient que la société d'architectes ne démontrait pas avoir déclaré ce chantier à son assureur, alors que le contrat d'assurance ne sanctionnait pas, conformément à l'art. L. 113-9 dont il visait expressément l'application, le défaut de déclaration d'activité professionnelle par une absence d'assurance, mais par la réduction proportionnelle de l'indemnité d'assurance. • Civ. 3e, 7 janv. 2016, no 14-18.561 P : *RGDA 2016. 182, note Dessuet ; Constr.-Urb. 2016, no 40, note Pagès-de Varenne ; Gaz. Pal. 22 mars 2016, p. 12, note Noguéro ; RTD civ. 2016. 373, obs. Jourdain.* ♦ V. égal. : • Civ. 3e, 8 févr. 2012 : *RDI 2012. 455, note Dessuet ; RCA 2012, no 181, note Groutel.* ♦ V. également notes ss. art. L. 113-10 C. assur.

10. Surface des locaux assurés. Prive sa décision de base légale, la cour d'appel qui rejette la demande de réduction proportionnelle de l'indemnité sans rechercher, comme il lui était demandé, si la différence entre la surface figurant au bail et celle déclarée à l'assureur n'était pas de nature à justifier l'application de la règle proportionnelle. • Civ. 3e, 7 juill. 2016, no 15-12.370 P : *D. 2017. 1149, obs. Damas ; RCA 2016, no 308 ; AJDI 2017. 108, obs. Damas.*

11. Preuve par le silence de l'assuré. Ayant constaté, tout d'abord, qu'il résultait de la lettre que l'assureur lui avait adressée que l'assuré avait déclaré pour le calcul de la cotisation d'assurance un chiffre d'affaires de 1 342 098 euros, lequel concernait la seule activité garantie, ensuite, que l'assureur l'avait invité dans ce courrier à s'expliquer sur la différence entre ce chiffre d'affaires déclaré et ceux de 6 321 922 euros pour l'année 2001 et de 6 628 224 euros pour l'année 2000, qui résultaient des comptes annuels de l'entreprise qu'il versait aux débats, et qu'il n'avait fourni aucune réponse et ne s'était pas non plus opposé à ce que l'assureur résilie ultérieurement le contrat au motif d'une fausse déclaration sur ce point, la cour d'appel a pu faire application de la règle proportionnelle. • Civ. 1re, 18 mai 2017, no 16-17.760 : *RGDA 2017. 414, note Asselain.*

12. Surface des locaux assurés. Prive sa décision de base légale, la cour d'appel qui rejette la demande de réduction proportionnelle de l'indemnité sans rechercher, comme il lui était demandé, si la différence entre la surface figurant au bail et celle déclarée à l'assureur n'était pas de nature à justifier l'application de la règle proportionnelle. • Civ. 3e, 7 juill. 2016, no 15-12.370 P : *RCA 2016, no 308.*

13. Portée de l'inexactitude. Aux termes de l'art. L. 121-5 C. assur., lorsque la valeur de la chose assurée excède au jour du sinistre la somme garantie, l'assuré est considéré comme son propre assureur pour l'excédant ; il en ressort que, dans cette éventualité, qui n'entraîne pas aggravation du risque pour la compagnie d'assurance, l'assuré ne peut prétendre qu'à une indemnité réduite en fonction de sa déclaration, sans qu'il puisse être sanctionné au titre de l'art. L. 113-9. • Civ. 1re, 8 juill. 1986, no 84-14.714 P : *D. 1987. Somm. 182,* *obs. Groutel.* ♦ Mais la réduction proportionnelle de l'indemnité de sinistre est applicable après un sinistre, alors même que l'aggravation non déclarée a été sans influence sur la réalisation de celui-ci. • Civ. 23 déc. 1946 : *RGAT 1947. 48.* ♦ V. toutefois l'art. L. 191-4 C. assur.

14. Vérification du risque par l'assureur. L'assureur n'est pas tenu de vérifier l'exactitude des déclarations de l'assuré quant à la valeur du véhicule. • Civ. 1re, 30 sept. 1997, n° 95-20.519 P : *RCA 1997, n° 382 ; RGDA 1997. 1072, note Favre-Rochex.* ♦ Ne viole pas l'art. L. 113-9, la cour d'appel qui fait application de la réduction proportionnelle, après avoir estimé que l'assuré n'établissait pas que l'assureur avait vérifié la surface, dès lors que le rapport de la visite qui faisait référence à une surface de 1 500 m² n'avait pas pour objet de procéder à la vérification de celle-ci mais à des vérifications techniques, telles la protection incendie et la présence d'une alarme, de nature à mesurer l'évolution éventuelle de facteurs de sinistralité. • Civ. 2e, 20 oct. 2016, n° 15-25.324 : *RCA 2017, n° 28, note Groutel ; RGDA 2016. 606, note Pélissier.* ♦ Ayant relevé, d'une part, que l'immeuble avait toujours été occupé par une famille qui en interdisait systématiquement l'accès et que, si un inspecteur avait pu se rendre sur place pour le compte de l'assureur, aucun des éléments du dossier ne permettait de retenir, compte tenu du contexte très particulier de cette affaire, qu'il avait eu la possibilité de pénétrer dans les lieux et de procéder lui-même à un calcul de surface et, d'autre part, que les déclarations successives de l'agent général, qui avait signé le contrat d'assurance, ne démontraient pas que l'assureur avait été en mesure, directement ou par l'intermédiaire de ses agents, d'évaluer lui-même le risque assuré, une cour d'appel a pu en déduire que la règle proportionnelle de prime avait vocation à s'appliquer. • Civ. 3e, 15 oct. 2015, n° 14-21.376 : *RGDA 2015. 557, note Asselain.*

15. Intervention d'un agent d'assurance. L'agent général, mandataire de l'assureur, ayant eu connaissance des circonstances d'aggravation du risque prétendument omises, la règle de réduction proportionnelle ne trouvait pas à s'appliquer. • Civ. 2e, 28 juin 2012 : *RGDA 2013. 35, note Asselain.*

B. MODALITÉS DE LA RÉDUCTION PROPORTIONNELLE

16. Réduction effectuée par l'assureur. Il incombe à l'assureur, qui a fait application de la réduction proportionnelle, de justifier que l'indemnité qu'il a versée a été réduite en proportion du taux des primes payées par rapport au taux qui aurait été dû si le risque avait été complètement et exactement déclaré. • Civ. 1re, 6 juin 2000, n° 97-19.241 P : *RCA 2000, n° 312, obs. Groutel ; RGDA 2000. 806, note Favre-Rochex.*

17. Réduction effectuée par le juge. La réduction de l'indemnité d'assurance n'est subordonnée qu'à la seule condition d'une aggravation du risque par rapport aux déclarations de l'assuré, cette aggravation justifiant, quels que soient le caractère de l'assurance et les tarifs des primes, une majoration de la prime normale prévue par la police, majoration qu'il appartient aux juges du fond d'évaluer équitablement en fait. • Civ. 9 juin 1942 : *DC 1942. J. 165, note P. L.-P. ; RGAT 1942. 264 ; Gaz. Pal. 1942. 2. 170 ; JCP 1942. II. 1982.* ♦ Par ailleurs, ne tire pas les conséquences légales de ses propres constatations et viole l'art. L. 113-9 la cour d'appel qui déboute l'assureur de sa demande tendant à la réduction proportionnelle de l'indemnité au motif que l'assureur ne lui avait pas fourni des éléments de calcul précis de la prime, alors qu'elle avait décidé que l'application de la règle proportionnelle était fondée en son principe. • Civ. 2e, 12 sept. 2013 : *RCA 2013, n° 394, note Groutel ; RGDA 2014. 20, note. Asselain.* ♦ En réduisant de moitié, au vu des éléments d'appréciation qui lui étaient soumis, l'indemnité due par l'assureur à la suite du sinistre, une cour d'appel a souverainement fixé la proportion dont elle était amenée à faire application en vertu de l'art. L. 113-9, al. 3, C. assur. • Civ. 1re, 13 nov. 1996 : *RGDA 1997. 109, note Favre-Rochex.* ♦ Cep., la réduction de l'indemnité opérée en application de l'art. L. 113-9 C. assur. ne doit pas être forfaitaire, mais doit être effectuée en considération de la prime qui aurait été due. • Civ. 1re, 1er déc. 1998 : *RCA 1999, n° 56 ; RGDA 1999. 299, note Kullmann.*

18. Taux des primes déterminé par l'assureur et non contesté. Ne procède pas à une réduction forfaitaire la cour d'appel qui se réfère à un calcul fait par l'assureur et que n'a pas discuté l'assuré. • Civ. 1re, 18 juin 1996, n° 94-16.317 P : *RCA 1996, n° 369 ; RGDA 1997. 114, note Kullmann.*

19. Taux des primes déterminé par l'assureur et contesté. Les parties ne s'étant pas mises d'accord pour déterminer les primes qui auraient été dues si les risques avaient été exactement et complètement déclarés, il appartient aux juges du fond de déterminer en fait le montant de ces primes et, par voie de conséquence, de fixer souverainement la réduction qui devait être apportée à l'indemnité à raison des déclarations inexactes de l'assuré. • Req. 28 mai 1937 : *RGAT 1937. 940, note Picard* • Civ. 3e, 17 avr. 2013 : *RCA 2013, n° 275, note Groutel ; RGDA 2013. 859, note Pélissier.*

20. Assurance multirisque. En l'état d'une police couvrant plusieurs risques, dès lors que la déclaration inexacte sur la superficie des lieux loués n'a eu d'influence que sur le taux de la portion de prime afférente aux risques locatifs, il n'y a pas lieu de procéder à la réduction des indemnités réclamées par l'assuré pour la réparation de son préjudice professionnel et pour la perte de la valeur de son fonds de commerce. • Civ. 1re, 8 juill. 1997, n° 95-17.069 P : *Gaz. Pal. 1997. 2. Somm. 537, note Favre-Rochex ; RGDA 1997. 1013, note Mayaux.*

21. Assurance de responsabilité décennale à abonnement. L'indemnité doit être réduite en proportion du taux des primes réclamées par rapport au taux des primes qui auraient été dues si les risques avaient été complètement et exactement déclarés. Dès lors, viole par fausse application l'art. L. 113-9 la cour d'appel qui, pour rejeter une demande en indemnisation formée contre un assureur, énonce que l'architecte assuré n'avait pas déclaré le chantier à l'assureur, que celui-ci était en droit de se prévaloir de la règle proportionnelle tirée des dispositions de l'art. L. 113-9, et que la prime ayant été totalement éludée, l'assureur n'avait pas d'indemnité à verser du chef de ces travaux. • Civ. 1re, 24 juin 2003, n° 98-13.334 : *RDI 2004. 66, note Dessuet*. ♦ Dans le même sens : • Civ. 2e, 17 avr. 2008, n° 07-13.053 : *RDI 2008. 351, note Dessuet*. ♦ *Contra* : ayant relevé que le contrat d'assurance entre l'assureur et l'architecte avait pris effet le 1er janv. 2008, que celui-ci, qui était tenu de déclarer avant le 31 mars 2009 les missions accomplies au cours de l'année 2008, n'avait rien déclaré ni payé aucune cotisation jusqu'au 31 mars 2009, une cour d'appel a retenu à bon droit que la règle de réduction proportionnelle prévue à l'art. L. 113-9, al. 3, était applicable et en déduire qu'en l'absence totale de versement de primes par l'architecte, l'assureur était libéré de toute obligation. • Civ. 3e, 6 mai 2015, n° 14-11.758 : *RGDA 2015. 350, note Dessuet*.

22. Réduction complémentaire. N'est pas justifiée, compte tenu des stipulations contractuelles, la réduction complémentaire effectuée par l'assureur sur le montant de l'indemnité alors que la convention d'assurance ne fait mention d'aucune règle proportionnelle autre que celle de capitaux et que l'assureur, après avoir opéré conformément aux dispositions de ce texte une première réduction de l'indemnité non contestée par l'assuré, a pratiqué sur le chiffre ainsi obtenu une nouvelle réduction, celle-ci étant proportionnelle au rabais consenti sur la prime. • Civ. 1re, 13 nov. 1996 : *D. 1998. Somm. 52, obs. Berr*.

C. EFFETS DE LA RÉDUCTION PROPORTIONNELLE

23. Opposabilité de la réduction. Le droit de la victime contre l'assureur puisant sa source et trouvant sa mesure dans le contrat d'assurance, la réduction de l'indemnité résultant de l'art. 22 de la L. du 13 juill. 1930 [C. assur., art. L. 113-9] est, sauf exception prévue par la loi ou stipulation contraire du contrat d'assurance, opposable par l'assureur à la victime. • Civ. 1re, 15 févr. 1977 : *D. 1977. IR 285, obs. Berr et Groutel*. ♦ Ainsi, selon l'art. R. 211-13 C. assur., cette réduction n'est pas opposable à la victime d'un accident de la circulation ou à ses ayants droit. • Civ. 2e, 17 avr. 2008, n° 07-13.053 : *RCA 2008, n° 245, note Groutel*. ♦ En revanche, ne font pas obstacle à cette opposabilité les dispositions de l'art. L. 243-8 C. assur., selon lesquelles les contrats souscrits par les personnes assujetties à l'obligation d'assurance en matière de travaux de bâtiment sont réputés comporter des garanties au moins équivalentes à celles figurant dans les clauses types annexées de l'art. A. 243-1 dudit code. • Civ. 1re, 6 déc. 1994, n° 91-20.753 P : *RCA 1995, n° 67 ; ibid., Chron. 6, par Groutel ; RGAT 1994. 1105, note Bigot*. ♦ De même, en matière de travaux de bâtiment, la réduction proportionnelle de l'indemnité d'assurance et la franchise prévue au contrat, pour les dommages immatériels exclus de l'assurance obligatoire, sont opposables aux tiers lésés ou à leurs ayants droit. • Civ. 3e, 23 avr. 1997, n° 95-13.648 P : *RCA 1997, n° 210 (2e esp.) ; RGDA 1997. 771, note Périnet-Marquet ; RDI 1997. 600, obs. Dubois*.

24. Recours de l'assureur. Les dispositions de l'art. R. 211-13, dern. al., C. assur. ouvrant un recours à l'assureur – qui n'a pu opposer la réduction proportionnelle à la victime – contre le responsable de l'accident n'excluent pas la possibilité pour lui de réclamer, plutôt au souscripteur du contrat d'assurance, la réparation des conséquences de la faute contractuelle qu'il a éventuellement pu commettre ; l'inopposabilité aux victimes de la réduction proportionnelle des obligations de l'assureur constitue, pour la part d'indemnité que celui-ci doit payer au-delà de cette réduction, une suite immédiate et directe de la non-déclaration par le souscripteur de l'aggravation du risque. • Civ. 1re, 25 mai 1988, n° 85-15.598 P : *D. 1989. Somm. 246, obs. Groutel*.

D. PROCÉDURE

25. Office du juge. Si l'assureur n'a pas demandé, même à titre subsidiaire au cas où le contrat d'assurance ne serait pas annulé, la réduction proportionnelle de l'indemnité édictée à l'art. L. 113-9 C. assur., les juges du fond ne sont pas tenus d'opérer d'office une telle réduction. • Civ. 1re, 16 oct. 1990 : *RCA 1990, n° 422, obs. Groutel ; RGAT 1991. 45, note Margeat et Landel* • 20 oct. 1993, n° 91-17.112 P : *RCA 1993, n° 379 ; ibid., Chron. 36, par Groutel ; RGAT 1994. 111, note Kullmann*. ♦ Mais une cour d'appel ne statue pas hors des limites du litige lorsque, saisie par un assureur d'une demande en nullité du contrat d'assurance et en restitution de l'indemnité versée à l'assuré, elle rejette cette demande et décide qu'il y a lieu à réduction de l'indemnité, la mauvaise foi de l'assuré n'étant pas établie ; en statuant ainsi elle ne fait que déduire des faits qui étaient dans le débat et sur lesquels les parties s'étaient expliquées les conséquences juridiques qui en découlent. • Civ. 1re, 14 juin 1978, n° 77-10.384 P : *D. 1978. IR 462, obs. Berr et Groutel* • 12 juill. 1982, n° 81-12.256 P : *RGAT 1983. 346, note Besson*.

26. Appel. Est recevable en cause d'appel la demande nouvelle en réduction proportionnelle de l'indemnité d'assurance formée par l'assureur sur le fondement de l'art. L. 113-9 C. assur., dès lors qu'elle tend à écarter, au moins en partie, la prétention adverse en paiement des indemnités garanties par le contrat d'assurance. • Civ. 2e, 9 févr.

2012 : *RCA 2012, n° 127, note Groutel.* ♦V. égal. : une cour d'appel ne peut déclarer la réduction proportionnelle irrecevable, sans rechercher si la demande reconventionnelle ainsi présentée en appel ne se rattachait pas aux prétentions originaires par un lien suffisant. • Civ. 2e, 12 juill. 2001 : *D. 2002. Somm. 3179, obs. Groutel ; RCA 2001, n° 308, obs. Groutel.*

Art. L. 113-10 Dans les assurances où la prime est décomptée soit en raison des salaires, soit d'après le nombre des personnes ou des choses faisant l'objet du contrat, il peut être stipulé que, pour toute erreur ou omission dans les déclarations servant de base à la fixation de la prime, l'assuré doit payer, outre le montant de la prime, une indemnité qui ne peut en aucun cas excéder 50 % de la prime omise.

Il peut être également stipulé que lorsque les erreurs ou omissions ont, par leur nature, leur importance ou leur répétition, un caractère frauduleux, l'assureur est en droit de répéter les sinistres payés, et ce indépendamment du paiement de l'indemnité ci-dessus prévue. – *Assur. L. 111-2.*

BIBL. ▸ BIGOT, *JCP 2008. I. 208.* – Déclaration de chantier : J.-P. KARILA, *RGDA oct. 2019. 5 ; RGDA nov. 2020. 12.*

COMMENTAIRE

Issues de la pratique des assurances maritimes, les assurances à primes et à risques variables sont utilisées en assurances terrestres pour les activités qui connaissent des fluctuations dans les stocks de marchandises ou dans le personnel employé. Pour ces contrats, le souscripteur doit effectuer des déclarations périodiques relatives soit au nombre de salariés, soit au nombre de choses exposées au risque. Il ne s'agit donc pas pour le souscripteur de déclarer une aggravation de risque ou des risques nouveaux, puisque le risque a d'ores et déjà été pris en charge par l'assureur. Aussi, le législateur a-t-il institué des sanctions spécifiques en cas d'omission ou d'erreur dans les déclarations à l'article L. 113-10 (I). Toutefois, cet article n'offre qu'une faculté aux parties, dont la portée peut donner lieu à interprétation (II).

I. LES SANCTIONS SPÉCIFIQUES

A l'instar des articles L. 113-8 et L. 113-9, l'article L. 113-10 effectue une distinction selon la bonne ou la mauvaise foi du souscripteur.

Toutefois, si l'article L. 113-9 prévoit, en cas de bonne foi du souscripteur, soit la résiliation du contrat, soit l'application de la règle proportionnelle de prime, l'article L. 113-10 écarte de telles sanctions. L'assuré reste donc intégralement garanti. Le souscripteur doit simplement payer le montant de la prime manquant et peut être tenu de verser une pénalité ne pouvant excéder 50 % de la prime omise.

Par ailleurs, si l'article L. 113-8 sanctionne la fausse déclaration intentionnelle du risque par la nullité du contrat, l'article L. 113-10 n'envisage pas la nullité du contrat dans une telle hypothèse. Le contrat subsiste donc par principe. L'assureur doit toutefois restituer à l'assuré les indemnités déjà versées et ne peut obtenir le règlement des sinistres réalisés mais non encore indemnisés. En outre, il peut être tenu de verser une pénalité limitée à 50 % de la prime omise.

II. LA FACULTÉ DES PARTIES

La rédaction de l'article L. 113-10 laisse entendre que les parties disposent d'une faculté. Elles peuvent choisir d'adopter les sanctions prévues par cet article ou les écarter. Cela dit, cette faculté a suscité des difficultés par rapport à son articulation avec les articles L. 113-8 et L. 113-9 (A), ce qui par ailleurs a suscité des solutions contrastées à propos des assurances de responsabilits fondées sur une déclaration d'activité (B).

A. LA PORTÉE DE LA FACULTÉ DES PARTIES

Selon l'article L. 111-2, les parties peuvent modifier par convention les prescriptions de l'article L. 113-10 qui leur accordent une simple faculté. Or, cet article dispose à deux reprises « il peut être stipulé ». Ceci tend donc à établir le caractère facultatif de ses dispositions. Par conséquent, si les parties n'ont pas usé de cette faculté, aucune sanction ne devrait pouvoir être prononcée. Cette solution a été dans un premier temps retenue par la Cour de cassation. Celle-ci a en effet estimé que l'assureur ne pouvait invoquer les sanctions des articles L. 113-8 et L. 113-9 (Civ. 22 mai 1945 : *V. note 1*). Toutefois, dans un second temps, la jurisprudence est revenue sur cette solution. Elle estime dorénavant que lorsque l'application de l'article L. 113-10 est stipulée dans un contrat d'assurance, elle est exclusive de l'application de l'article

L. 113-8 (Civ. 1re, 31 mars 1998 : *V. note 1*) ou de l'article L. 113-9 (Civ. 1re, 18 févr. 1997 : *V. note 1*). Dès lors, si on suit un raisonnement *a contrario*, on doit en déduire qu'en l'absence de reprise des sanctions permises par l'article L. 113-10, les sanctions des articles L. 113-8 et L. 113-9 devraient être applicables. Pour autant, cette solution est critiquée par la doctrine, tant elle paraît inappropriée et inacceptable (V. Bigot, Assurances à primes et risques variables : fausse route ?, *JCP 2008. I. 208*).

B. L'APPLICATION AUX CONTRATS D'ASSURANCE DE RESPONSABILITÉ

Certains contrats d'assurance de responsabilité civile reposent sur une déclaration d'activité de l'assuré. Le chiffre d'affaires correspondant à cette activité sert ainsi d'assiette au calcul de la prime annuelle. Dès lors, toute opération non déclarée doit être sanctionnée conformément aux règles de l'article L. 113-10. Cette omission ne pourrait être sanctionnée différemment que dans deux hypothèses. D'une part, conformément au dernier état de la jurisprudence, on pourrait appliquer les articles L. 113-8 et L. 113-9, si le contrat d'assurance ne comporte aucune stipulation reprenant les sanctions de l'article L. 113-10. D'autre part, on pourrait sanctionner l'absence de déclaration d'une opération par une absence de garantie en érigeant, par une stipulation expresse, la déclaration des activités en condition de la garantie.

Or, lorsque la Cour de cassation applique l'article L. 113-9, elle n'aboutit pas toujours à des solutions harmonieuses. En effet, la première et la seconde chambres civiles ont pu estimer que l'application de cette règle ne devait pas aboutir à refuser le versement de toute indemnité (Civ. 1re, 24 juin 2003 : *V. note 2* ; Civ. 2e, 17 avr. 2008). En effet, la règle proportionnelle prévoit une réduction de l'indemnité « en proportion du taux des primes payées par rapport au taux des primes qui auraient été dues » et non en proportion des primes payées et des primes qui auraient été dues. Le numérateur n'est donc pas nul. Celui-ci est fixé pour l'ensemble des chantiers.

Mais, la troisième chambre civile n'a pas toujours retenu la même analyse. Bien au contraire, elle a pu conclure à une absence de garantie, alors que *a priori* le contrat n'érigeait pas la déclaration d'activité en condition de la garantie (Civ. 3e, 17 déc. 2003, et Civ. 3e, 4 nov. 2004 : *V. note 2* ; Civ. 3e, 6 déc. 2018). La troisième chambre civile est instable, puisque certains de ses arrêts reprennent la jurisprudence des autres chambres (Civ. 3e, 8 févr. 2012 : *V. note 2* ; Civ. 3e, 7 janv. 2016 ; Civ. 3e, 13 juin 2019). ❑

1. Articulation avec les art. L. 113-8 et L. 113-9 C. assur. Lorsque l'application de l'art. L. 113-10 C. assur. est stipulée dans un contrat d'assurance, elle est exclusive de l'application de l'art. L. 113-8 du même code. • Civ. 1re, 31 mars 1998, n° 96-12.526 P : *RCA 1998, n° 180 ; ibid., Chron. 9, par Groutel ; Gaz. Pal. 1998. 2. 559, note Favre-Rochex ; RGDA 1998. 251, note Favre-Rochex ; JCP 1999. I. 137, obs. Mayaux* • 17 juill. 2001 : *RCA 2001, n° 348, obs. Groutel ; RGDA 2001. 949, note Favre-Rochex* • Civ. 2e, 10 mars 2004 : *RCA 2004, n° 202, note Groutel.* ♦ ... Et de celle de l'art. L. 113-9 du même code. • Civ. 1re, 18 févr. 1997, n° 95-12.650 P : *RCA 1997, n° 176 ; RGDA 1997. 747, note Favre-Rochex* • Civ. 2e, 26 nov. 2020, n° 18-10.190 : *RCA 2021, n° 36, note Groutel ; ibid. 2022, chron. 4, n° 4, note Groutel ; RGDA janv. 2021. 40, note Dessuet ; ibid. 47, note J.-P. Karila ; D. actu. 5 janv. 2021, note Bigot et Cayol.* ♦ Ainsi, prive de base légale sa décision la cour d'appel qui a dit que l'assureur était fondé à opposer une non-garantie totale à la suite de la réduction de l'indemnité résultant de l'absence de toute déclaration de chantier et de tout paiement de prime, sans rechercher si le contrat, sans faire expressément référence à l'art. L. 113-10, ne prévoyait pas une sanction reprenant en substance le mécanisme prévu par ce texte, ce qui aurait exclu que l'assureur puisse se prévaloir de la règle de la réduction proportionnelle d'indemnité prévue par l'art. L. 113-9 du même code. • Civ. 2e, 26 nov. 2020, n° 18-10.190 : *préc.* ♦ V. auparavant : l'art. 23 de la L. du 13 juill. 1930 [C. assur., art. L. 113-10] exclut l'application de toute sanction de l'omission ou de la fausse déclaration autre que les pénalités par lui prévues. • Civ. 22 mai 1945 : *D. 1946. 17, note P. L.-P. ; RGAT 1945. 266, obs. Besson.* ♦ Dès lors, encourt la cassation un arrêt qui condamne l'assuré à supporter, outre l'insuffisance de la prime et l'indemnité de 50 %, la réduction proportionnelle de l'art. 22 de la L. du 13 juill. 1930 [C. assur., art. L. 113-9]. • Civ. 1re, 29 oct. 1958 : *RGAT 1959. 432, note Besson.* ♦ ... Ou est justifié l'arrêt qui affirme que les dispositions de l'art. 23 de la L. du 13 juill. 1930, devenu l'art. L. 113-10 C. assur., s'appliquent aux assurances à prime variable à l'exclusion de celles de l'art. 21 de cette loi, devenu l'art. L. 113-8 C. assur. • Civ. 1re, 16 mars 1977, n° 75-14.829 P : *RGAT 1978. 238, note Bigot.*

2. Déclaration d'activité en assurance de responsabilité civile – application des dispositions de l'art. L. 113-9 C. assur. En application de l'art. L. 113-9 C. assur., l'indemnité doit être réduite en proportion du taux des primes réclamées par rapport au taux des primes qui auraient été dues si les risques avaient été complètement et exactement déclarés. En conséquence, viole cet art. la cour d'appel qui énonce qu'un architecte n'ayant pas déclaré un chantier à son assureur, celui-ci est en droit de se prévaloir de la règle proportionnelle tirée des dispositions de l'art. L. 113-9 C. assur. et que la prime ayant été totalement éludée, l'assureur n'avait pas d'indemnité à verser du chef de ces travaux. • Civ. 1re, 24 juin 2003 : *RGDA 2003. 683, note Kullmann; RCA 2003, n° 280, note Groutel; RDI 2004. 67, note Dessuet*. ♦ Viole l'art. L. 113-9 C. assur., la cour d'appel qui, après avoir relevé que les conditions particulières de la police d'assurance indiquaient que chaque mission devait faire l'objet d'une déclaration préalable à l'assureur, la cotisation annuelle n'étant que l'addition des cotisations relatives à chaque mission ou chantier, affirme qu'en l'absence de déclaration par l'assuré de la mission et donc de paiement de cotisation, la réduction proportionnelle devait être de 100 %, alors que l'indemnité devait être réduite en proportion du taux de la prime annuelle payée par rapport à celui de la prime qui aurait été due si la mission avait été déclarée. • Civ. 2e, 17 avr. 2008, n° 07-13.053 : *RCA 2008. Comm. 245, note Groutel; RDI 2008. 351, note Dessuet*. ♦ Viole l'art. 1134 C. civ., la cour d'appel qui, ayant relevé que le contrat d'assurance imposait à l'assuré de déclarer l'intégralité de l'activité professionnelle réalisée l'année précédente et de payer la cotisation qui en découle et que l'assuré n'avait pas déclaré à l'assureur certains diagnostics et n'avait pas payé les cotisations afférentes, estime que la déclaration de ce risque était une condition d'application du contrat et déduit une absence d'assurance, alors que, selon les clauses du contrat, la sanction de la non-déclaration d'un risque est la réduction proportionnelle. • Civ. 3e, 8 févr. 2012, n° 10-27.250 : *RGDA 2012. 610, note Bigot; RCA 2012, n° 181, note Groutel*. ♦ Viole l'art. 1134 C. civ. et l'art. L. 113-9 C. assur., la cour d'appel qui, pour dire n'y avoir lieu à garantie de la part de l'assureur retient que la société d'architectes ne démontrait pas avoir déclaré ce chantier à son assureur, alors que le contrat d'assurance ne sanctionnait pas, conformément à l'art. L. 113-9 C. assur. dont il visait expressément l'application, le défaut de déclaration d'activité professionnelle par une absence d'assurance, mais par la réduction proportionnelle de l'indemnité d'assurance. • Civ. 3e, 7 janv. 2016, n° 14-18.561 : *RGDA 2016. 182, note Dessuet; Constr.-urb. 2016, n° 40, note Pagès-de Varenne; Gaz. Pal. 22 mars 2016, p. 12, note Noguéro*. ♦ Viole l'art. L. 1139 C. assur., la cour d'appel qui, pour rejeter les demandes formées contre l'assureur de responsabilité d'un maître d'œuvre retient que l'omission de déclarer le chantier litigieux et l'absence totale de paiement des cotisations afférentes au risque ouvraient droit au refus de toute indemnité, de sorte que l'assureur était fondé à se prévaloir d'une réduction de prime totale, égale à 100 %, alors que les conditions générales de la police d'assurance stipulaient que toute omission ou déclaration inexacte de la part du sociétaire de bonne foi, si elle était constatée après un sinistre, donnait droit à l'assureur, conformément à l'art. L. 113-9 C. assur., de réduire l'indemnité en proportion des cotisations payées par rapport aux cotisations qui auraient été dues si le risque avait été complètement et exactement déclaré. • Civ. 3e, 13 juin 2019, n° 17-31.042 : *bjda.fr 2019, n° 64, note Casu*. ♦ En l'absence de déclaration de la mission et de paiement des primes afférentes, l'indemnité due par l'assureur doit être réduite en proportion du taux de la prime annuelle payée par rapport à celui de la prime qui aurait été due si la mission avait été déclarée. • Civ. 3e, 5 déc. 2019, n° 18-22.915 : *RGDA janv. 2020. 49, note J.-P. Karila; ibid. 62, note Kullmann*. ♦ *Contra* : ayant relevé que le souscripteur n'avait pas déclaré un chantier et ni cotisé pour celui-ci, et que le risque n'avait donc pas fait l'objet de la déclaration qui était la condition d'application du contrat, une cour d'appel, qui n'a pas retenu l'existence, dans la police, d'une stipulation spéciale faisant référence à l'art. L. 113-10, ni fait état de la réduction proportionnelle de l'indemnité d'assurance prévue par l'art. L. 113-9 de ce code, en a déduit, à bon droit, que, compte tenu de l'absence de cotisation relative au chantier, l'omission de déclaration équivalait non pas à une déchéance de garantie, mais à une absence d'assurance, opposable au tiers lésé. • Civ. 3e, 17 déc. 2003, n° 02-16.096 P : *RGDA 2004. 475, note Kullmann*. ♦ De même, ayant constaté que le souscripteur n'avait pas déclaré un chantier ni cotisé pour celui-ci et que le risque n'avait donc pas fait l'objet de la déclaration qui était la condition d'application du contrat, une cour d'appel, abstraction faite d'un motif erroné mais surabondant relatif au visa de l'art. L. 113-10 C. assur. a exactement retenu que l'omission de déclaration équivalait à une absence d'assurance. • Civ. 3e, 4 nov. 2004, n° 03-13.821 P : *RCA 2005. Étude 1 par Groutel*. ♦ V. cep. : justifie sa décision la cour d'appel qui décide qu'en l'absence de déclaration de la mission en cause et de paiement de cotisations afférentes à celle-ci, la réduction de l'indemnité devait être, en application de l'art. L. 113-9 C. assur., de 100 %. • Civ. 3e, 16 déc. 2003 : *RGDA 2004. 475, note Kullmann*. ♦ Ayant relevé que le maître d'œuvre avait déclaré à son assureur, pour la période du 1er mars 2007 au 31 déc. 2007, quatre chantiers au nombre desquels ne figurait pas celui du maître de l'ouvrage victime de désordres et n'avait déclaré aucun chantier pour l'année 2008, une cour d'appel en a exactement déduit qu'à défaut de déclaration du chantier dudit maître de l'ouvrage, l'assureur pouvait opposer l'absence d'assurance au tiers lésé. • Civ. 3e, 6 déc. 2018, n° 17-25.957 : *RGDA 2019. 27, note Dessuet*.

3. Déclaration d'activité en assurance de responsabilité civile – aménagement des dispositions de l'art. L. 113-9 C. assur. Ayant relevé que l'art. 5.21 des conditions générales du contrat d'assurance faisait obligation à l'adhérent de fournir à l'assureur la déclaration de l'ensemble des missions constituant son activité professionnelle, mentionnait que la déclaration de chaque mission renseignait l'assureur sur son étendue, sur l'identité de l'opération, sur le montant des travaux des honoraires, permettait à l'assureur d'apprécier le risque qu'il prenait en charge et constituait une condition de la garantie pour chaque mission et que l'art. 5.22 disposait que toute omission ou déclaration inexacte d'une mission constituant l'activité professionnelle de la part de l'adhérent de bonne foi n'entraînait pas la nullité de l'assurance, mais, conformément à l'art. L. 113-9 C. assur., donnait droit à l'assureur, si elle était constatée après sinistre, de réduire l'indemnité en proportion des cotisations payées par rapport aux cotisations qui auraient été dues pour cette mission, si elle avait été complètement et exactement déclarée, et qu'en cas d'absence de déclaration, la réduction proportionnelle équivalait à une absence de garantie, la cour d'appel, qui a constaté qu'il n'était pas contesté que l'architecte s'était abstenu de déclarer un chantier à son assureur, de sorte qu'il n'avait payé aucune cotisation pour ce risque, en a exactement déduit, sans dénaturation du contrat, que, dans une telle hypothèse, la réduction proportionnelle équivalait à une absence de garantie, selon une disposition qui était conforme à la règle posée par l'art. L. 113-9 C. assur. et qui ne constituait ni une exclusion, ni une déchéance de garantie. • Civ. 3e, 27 juin 2019, n° 17-28.872 P : *RGDA août-sept. 2019. 19, note Dessuet; RDI 2019. 467, note Dessuet*. ♦ V. également : • Civ. 2e, 5 mars 2020, n° 18-26.801 : *RDI 2020. 402, note Noguéro; RGDA nov. 2020. 298, note J.-P. Karila.* ♦ Viole l'art. 1134 C. civ., dans sa rédaction antérieure à celle issue de l'Ord. du 10 févr. 2016, et les art. L. 112-6 et L. 124-3 C. assur., la cour d'appel qui, pour condamner l'assureur de responsabilité d'un architecte retient que la clause, précisant que l'absence de déclaration équivaut à une absence de garantie, ajoutée au visa de l'art. L. 113-9 C. assur., contredit les termes de cette disposition et devait être écartée, alors qu'elle avait constaté que la déclaration de chaque mission constituait une condition de la garantie pour chacune d'elles. • Civ. 3e, 1er oct. 2020, n° 18-20.809 : *D. 2020. 1952; RGDA nov. 2020. 31, note J.-P. Karila; RCA 2020. Étude 11, note Brun; ibid. 2022, chron. 4, n° 4, note Groutel; bjda.fr 2020, n° 72, note Ajaccio.* ♦ Lorsque, dans un contrat d'assurance de responsabilité professionnelle d'un architecte ne relevant pas de l'assurance obligatoire, une clause fait de la déclaration de chantier une condition de la garantie, cette clause doit recevoir application de sorte que l'absence de déclaration d'un chantier entraîne une non-assurance. Cette clause est, en outre, opposable à la victime, le droit de celle-ci contre l'assureur puisant sa source et trouvant sa mesure dans le contrat d'assurance. Toutefois, dès lors qu'en présence d'une telle clause, l'architecte n'est assuré pour qu'à chaque chantier qu'après sa déclaration, commet une faute de nature à engager sa responsabilité civile l'assureur qui délivre une attestation d'assurance avant que la déclaration de chantier qui conditionne la garantie n'ait été effectuée. • Civ. 3e, 1er oct. 2020, n° 19-18.165 : *D. 2020. 1952; RDI 2020. 612, obs. Dessuet; RGDA nov. 2020. 33, note J.-P. Karila; RCA 2020. Étude 11, note Brun ibid. 2022, chron. 4, n° 4, note Groutel.* ♦ Viole l'art. 1345 C. civ., dans sa rédaction antérieure à celle issue de l'Ord. du 10 févr. 2016, la cour d'appel qui pour condamner l'assureur d'un architecte au paiement de certaines sommes au maître de l'ouvrage et aux acquéreurs de celui-ci, retient que le fait que l'architecte n'ait pas déclaré le chantier litigieux ne peut justifier une exclusion de garantie mais uniquement une réduction de l'indemnité en cas de sinistre, par application de la règle de la réduction proportionnelle d'indemnité prévue à l'art. L. 113-9 C. assur., alors que l'art. 5.222 des conditions générales souscrit par l'architecte stipule que l'absence de déclaration d'une des missions constituant l'activité professionnelle de l'assurée constatée après un sinistre donne droit à l'assureur de refuser toute indemnité. • Civ. 3e, 26 nov. 2020, n° 19-20.251 : *RGDA janv. 2021. 45, note Dessuet; ibid. 47, note J.-P. Karila.*

4. *Déclaration d'activité en assurance de responsabilité civile – exclusion des dispositions de l'art. L. 113-9 C. assur.* Ayant relevé qu'en cas de non-déclaration d'un chantier, le contrat d'assurance excluait l'application de la réduction proportionnelle de l'art. L. 113-9 C. assur. et sanctionnait cette omission par une absence d'assurance et que le constructeur n'avait pas déclaré le chantier litigieux, une cour d'appel en a déduit à bon droit que l'assureur du constructeur ne devait pas sa garantie. • Civ. 3e, 13 juin 2019, n° 18-10.022 : *bjda.fr 2019, n° 64, note Casu.* ♦ Viole la loi du contrat, la cour d'appel qui accueille, contre l'assureur, la demande provisionnelle des maîtres de l'ouvrage, alors que le contrat d'assurance stipulait qu'en l'absence de déclaration du chantier, il n'y avait pas d'assurance et qu'il était constant que le chantier litigieux n'avait pas fait l'objet d'une déclaration. • Civ. 1re, 5 déc. 2000, n° 98-14.102 P : *RGAT 2001. 82, note d'Hauteville; RDI 2001. 36, note Durry*.

5. *Déclaration d'un risque nouveau et distinct.* Les sanctions facultatives prévues par l'art. 23 de la L. du 13 juill. 1930 [C. assur., art. L. 113-10] ne sauraient s'étendre à une omission de déclaration concernant un risque nouveau et distinct de celui précisé dans le contrat (en l'espèce, la nature de l'activité de l'entreprise). • Civ. 1re, 2 juin 1954 : *D. 1954. 612; RGAT 1954. 282*

6. *Condition et nature de l'indemnité.* La clause pénale, dont l'art. 23 de la L. du 13 juill. 1930 autorise la stipulation dans les polices, a un caractère forfaitaire et est encourue par le seul fait d'une déclaration inexacte. • Civ. 16 juill. 1946 : *RGAT 1947. 155.*

7. *Prescription.* Le droit d'exiger un contrôle des livres et pièces comptables de l'assuré doit être exercé, comme toutes les actions qui naissent entre les parties du contrat d'assurance, dans un délai de deux ans à compter du jour qui y donne naissance. • Civ. 5 juin 1945 : *JCP 1945. II. 2854; RGAT 1945. 268.* ♦ Plus récemment : • Civ. 1re,

13 nov. 1984, n° 83-14.135 P : *D. 1986. Somm. 292, obs. Berr et Groutel* (qui précise que le délai court du jour où l'assuré a fait la déclaration litigieuse). ♦ Mais comme la déclaration requise de l'assuré est une déclaration sur le risque, le délai de la prescription de l'action en paiement de la prime omise et des pénalités complémentaires ne court que du jour où l'assureur a eu connaissance d'une omission dans la déclaration. • Civ. 16 juill. 1946 : *RGAT 1947. 155.*

Art. L. 113-11 **Sont nulles :**

1° Toutes clauses générales frappant de déchéance l'assuré en cas de violation des lois ou des règlements, à moins que cette violation ne constitue un crime ou un délit intentionnel ;

2° Toutes clauses frappant de déchéance l'assuré à raison de simple retard apporté par lui à la déclaration du sinistre aux autorités ou à des productions de pièces, sans préjudice du droit pour l'assureur de réclamer une indemnité proportionnée au dommage que ce retard lui a causé ;

(L. n° 2010-238 du 9 mars 2010, art. 4 et 5-I, en vigueur le 10 mars 2015) **« 3° Toutes clauses frappant de déchéance l'assuré en cas de non-respect des dispositions prévues aux articles** *(Ord. n° 2020-71 du 29 janv. 2020, art. 4-I, en vigueur au plus tard le 1er juill. 2021)* **« L. 142-1 et L. 142-2** *[ancienne rédaction : L. 129-8 et L. 129-9]* **» du code de la construction et de l'habitation. »**

COMMENTAIRE

Selon l'article L. 113-11, trois catégories de déchéances sont nulles. En dehors de ces interdictions expresses, les parties peuvent donc librement sanctionner le non-respect d'une obligation imposée à l'assuré en cas de sinistre par une déchéance de garantie (Civ. 1re, 9 mai 1956 : *V. note 2*).

La **première interdiction** concerne les clauses générales qui frapperaient de déchéance l'assuré en cas de violation des lois ou règlements, à moins que cette violation ne constitue un crime ou un délit intentionnel. Cette règle vise nécessairement des comportements postérieurs au sinistre, puisque l'article L. 113-1 interdit toutes les exclusions générales et exclut la garantie de l'assureur en cas de faute intentionnelle.

La **deuxième interdiction** porte sur les clauses qui frapperaient de déchéance l'assuré en cas de simple retard dans la production de pièces ou la déclaration du sinistre aux autorités. Cette dernière hypothèse concerne notamment les déclarations aux autorités de police en assurance contre le vol ou aux autorités sanitaires en assurance de mortalité du bétail. L'assureur ne peut alors demander qu'une indemnité proportionnelle au dommage que ce retard lui a causé.

La Cour de cassation refuse toute application restrictive de cette prohibition. Ainsi, elle interdit la clause qui reporte la date de prise en charge de la garantie au jour de la réception du dossier par l'assureur. Il ne s'agit pas d'une simple suspension du droit à indemnisation, mais bien d'une déchéance de garantie prohibée par l'article L. 113-11-2° (Civ. 2e, 30 juin 2004 : *V. note 1*).

Cette interdiction relative au retard dans la transmission de pièces à l'assureur ne s'applique qu'en cas de déclaration de sinistre préalablement effectuée. La déchéance peut donc sanctionner l'assuré qui déclare tardivement le sinistre, même lorsque cette déclaration résulte de la transmission d'un document (Civ. 1re, 18 mars 1986 : *V. note 4*).

La **troisième interdiction** concerne les clauses qui frapperaient de déchéance l'assuré en cas de non-respect des dispositions du code de la construction et de l'habitation imposant aux propriétaires de logement l'installation d'au moins un détecteur de fumée normalisé. ❑

I. DÉCHÉANCES INTERDITES

1. *Retard dans la transmission de pièces.* Il résulte de l'art. L. 113-11 que le simple retard apporté par l'assuré à la transmission des pièces n'entraîne pas déchéance de la garantie, mais seulement, s'il y a lieu, la possibilité pour l'assureur de réclamer une indemnité proportionnelle au dommage que ce retard lui a causé ; encourt la cassation l'arrêt qui déclare une expertise inopposable à l'assureur et le met hors de cause, comme ne devant pas sa garantie, au motif que l'assuré avait l'obligation contractuelle de lui communiquer dans les 48 heures toutes les pièces se rapportant au sinistre déclaré. • Civ. 1re, 20 mars 1984, n° 82-16.653 P : *RGAT 1984. 408, note J.B.* ♦ La clause du contrat d'assurance qui prévoyait que la présentation tardive des justificatifs de son incapacité privait l'assuré de la garantie due pour la période antérieure à la réception de son dossier s'analyse en une clause de déchéance au sens du 2° de l'art. L. 113-11, comme telle frappée de nullité.

• Civ. 2e, 30 juin 2004, n° 03-14.254 P : *RCA 2004, n° 311, obs. Groutel ; RGDA 2004. 923, note Mayaux.*

II. DÉCHÉANCES AUTORISÉES

2. Règle générale. En dehors de la prohibition de certaines clauses de déchéance, les parties peuvent librement stipuler la déchéance comme sanction des autres obligations imposées à l'assuré en cas de sinistre, notamment celle d'en déclarer exactement les circonstances. • Civ. 1re, 9 mai 1956 : *RGAT 1957. 147.* ♦ ... Comme sanction d'une exagération frauduleuse des conséquences du sinistre. • Civ. 1re, 6 déc. 1960 : *RGAT 1961. 335* • 7 avr. 1987 : *D. 1988. Somm. 157, obs. Berr* • 13 nov. 1991 : *RCA 1992, n° 26* • 2 juill. 1996 : *RGDA 1997. 106, note Kullmann.*

3. Nécessité d'une clause. Une cour d'appel ne peut retenir que la déchéance du droit à indemnité des assurés est acquise en considération de la fausse facture qu'ils ont produite à la suite du sinistre pour justifier leur demande d'indemnité et que c'est par conséquent un paiement indu qu'a effectué l'assureur, sans vérifier que le contrat comportait une clause de déchéance permettant de retenir en ces circonstances une telle mesure. • Civ. 2e, 8 sept. 2016, n° 15-16.890 : *RCA 2016, n° 355, note Groutel ; RDC 2017. 88, note Leduc.*

4. Cas particulier : retard dans la production de pièces avant toute déclaration de sinistre. Le retard apporté à la production des pièces au sens de l'art. L. 113-11-2°, qui est seulement sanctionné par le versement d'une indemnité à l'assureur, suppose que la déclaration du sinistre a été préalablement effectuée par l'assuré dans les conditions prévues par le contrat ; un assuré peut être déclaré déchu, conformément aux stipulations de sa police, pour avoir transmis tardivement un exploit d'ajournement qui aurait constitué le premier avis donné à l'assureur du sinistre considéré, en l'absence d'une déclaration antérieure. • Civ. 1re, 18 mars 1986 : *RGAT 1986. 369, note J.B.*

5. Effets. L'assureur qui a signifié à son assuré qu'il serait déchu de la garantie ne peut plus le représenter dans une transaction avec la victime. • Civ. 1re, 30 juin 1976 : *Bull. civ. I, n° 243.*

6. Renonciation de l'assureur. La renonciation de l'assureur à invoquer une déchéance de garantie ne se présume pas, et il appartient à l'assuré d'en rapporter la preuve. • Civ. 1re, 29 mai 1956 : *RGAT 1956. 151.* ♦ Mais, dès lors qu'un assureur s'est borné à renoncer à opposer la déchéance résultant d'une déclaration tardive du sinistre, une cour d'appel a pu en déduire qu'il n'avait fait aucun acte manifestant sans équivoque une quelconque volonté de renoncer au droit découlant pour lui de l'inexécution par l'assuré de ses obligations relatives à la communication des pièces de la procédure. • Civ. 1re, 20 mars 1984 : *préc. note 1.* ♦ En outre, il est encore possible d'invoquer pour la première fois en cause d'appel une renonciation de l'assureur à se prévaloir de la déchéance de garantie. • Civ. 1re, 28 juin 1988 : *Bull. civ. I, n° 205.*

7. Renvois. Sur la déchéance pour déclaration tardive du sinistre, V. ss. art. L. 113-2. ♦ Sur la forme des clauses de déchéance, V. notes ss. art. L. 112-4. ♦ Sur l'opposabilité des déchéances aux bénéficiaires et aux tiers victimes, V. notes ss. art. L. 112-6, et aux créanciers munis d'une sûreté, V. notes ss. art. L. 121-13. ♦ Sur la distinction entre déchéance et exception de garantie, V. notes ss. art. L. 113-1. ♦ Sur la renonciation à la déchéance, V., par analogie, ss. art. L. 113-1 et L. 113-8.

Art. L. 113-12 *(Ord. n° 2017-1433 du 4 oct. 2017, art. 3-2°, en vigueur le 1er avr. 2018)* **« La durée du contrat et les conditions de résiliation, particulièrement le droit pour l'assureur et l'assuré de résilier le contrat tous les ans, sont fixées par la police.**

« Toutefois, l'assuré a le droit de résilier le contrat à l'expiration d'un délai d'un an, en adressant une *(L. n° 2019-733 du 14 juill. 2019, art. 1er, en vigueur le 1er déc. 2020)* **« notification dans les conditions prévues à l'article L. 113-14 » à l'assureur au moins deux mois avant la date d'échéance de ce contrat.**

« Lorsque l'assuré a souscrit un contrat à des fins professionnelles, l'assureur a aussi le droit de résilier le contrat dans les mêmes conditions.

« Dans les autres cas, l'assureur peut résilier le contrat à l'expiration d'un délai d'un an, à la condition d'envoyer une lettre recommandée à l'assuré au moins deux mois avant la date d'échéance du contrat.

« Il peut être dérogé à ces règles de résiliation annuelle pour les contrats individuels d'assurance maladie et pour la couverture des risques autres que ceux des particuliers.

« Le délai de résiliation court à partir de la date figurant sur le cachet de la poste ou de la date d'expédition de *(L. n° 2019-733 du 14 juill. 2019, art. 1er, en vigueur le 1er déc. 2020)* **« la notification ». »**

(L. n° 89-1014 du 31 déc. 1989, en vigueur le 1er mai 1990) **« Les dispositions du présent article ne sont pas applicables aux assurances sur la vie. »** – *Les dispositions issues de la L. du 31 déc. 1989 sont applicables aux contrats en cours.*

BIBL. ▶ Loi du 11 juill. 1972 : Bigot, *JCP 1973. I. 2586.* Résiliation mutuelle : Groutel, *RCA 1992. Chron. 19.* – Kullmann, *RGDA 2000. 1033.* Assurance emprunteur : François, *JCP E 2017, n° 1343.* – Mayaux, *RGDA 2016. 7.* – Leblond, *RCA 2017. Étude 9.*

COMMENTAIRE

Dans la mesure où le contrat d'assurance s'inscrit dans le temps, il appartient aux parties de fixer sa durée (I) et de déterminer les conditions de sa résiliation, sachant que, par principe, le souscripteur dispose d'une faculté de résiliation annuelle (II).

I. LA DURÉE DU CONTRAT

Non déterminée par la loi, la durée du contrat est librement fixée par les parties, mais elle doit, selon les articles L. 113-12, alinéa 1er, et R. 112-1, être mentionnée dans la police d'assurance. Cette règle applicable à tous les contrats d'assurance à l'exception des contrats d'assurance sur la vie est complétée par l'article L. 113-15, alinéa 1er, qui dispose que la durée du contrat doit être mentionnée en caractères très apparents.

L'exigence d'une fixation de la durée du contrat dans la police d'assurance a initialement soulevé une interrogation quant à la possibilité de conclure des contrats à durée indéterminée. Mais la jurisprudence a tranché ce débat en admettant qu'un contrat d'assurance pouvait être conclu pour la durée de la compagnie d'assurance, c'est-à-dire pour une durée dépendant de la volonté de l'assureur (Civ. 1re, 27 janv. 1969 : *V. note 1*). Partant, la Cour de cassation a implicitement mais nécessairement admis qu'un contrat d'assurance pouvait être à durée indéterminée.

Par ailleurs, la durée du contrat doit être distinguée de la durée de la garantie, qui correspond à la période pendant laquelle le contrat produit ses effets. Il est d'ailleurs prévu par l'article L. 112-4 que la police d'assurance doit indiquer « le moment à partir duquel le risque est garanti et la durée de cette garantie ». En effet, si la durée de la garantie correspond fréquemment à la durée du contrat, les parties peuvent très bien déterminer une date spécifique de prise d'effet ou de cessation des effets de la garantie. Ainsi, un contrat d'assurance garantissant les récoltes contre la grêle peut être conclu pour une durée d'un an et prévoir que la garantie durera du 1er mars au 1er novembre (Civ. 2e, 24 nov. 2011 : *V. note 2*).

II. LA RÉSILIATION DU CONTRAT

L'article L. 113-12 prévoit que le contrat peut être résilié selon les conditions prévues par le contrat (A) et qu'en tout état de cause, l'assuré dispose par principe d'une faculté de résiliation annuelle (B).

A. LES FACULTÉS CONTRACTUELLES DE RÉSILIATION

Les facultés contractuelles de résiliation unilatérale du contrat sont soit imaginées par les parties (1), soit inspirées par le législateur (2).

1. LES FACULTÉS DE RÉSILIATION IMAGINÉES PAR LES PARTIES

En indiquant que les conditions de résiliation sont fixées par le contrat, le législateur renvoie vers la liberté contractuelle et paraît dès lors autoriser les reconnaissances de facultés de résiliation non prévues par la loi. La Cour de cassation a toutefois limité cette liberté en affirmant que l'assureur ne pouvait résilier unilatéralement le contrat en dehors des cas prévus par la loi (Civ. 1re, 7 mars 1989 : *V. note 4*). En revanche, le contrat peut reconnaître au souscripteur une faculté de résiliation unilatérale non prévue par la loi, par exemple en cas d'augmentation des primes (Civ. 1re, 17 oct. 1979 : *V. note 5*).

2. LES FACULTÉS DE RÉSILIATION INSPIRÉES PAR LE LÉGISLATEUR

Parfois, la loi organise une faculté de résiliation sans pour autant la rendre impérative. Elle doit alors être expressément reprise par le contrat pour pouvoir être invoquée.

Ainsi, l'article R. 113-10, alinéa 1er, prévoit que la police d'assurance peut reconnaître une faculté de résilier le contrat après la survenance d'un sinistre. La résiliation du contrat a pour objectif la protection de la mutualité des assurés, mais elle n'est pas subordonnée à la survenance de plusieurs sinistres. Cette faculté de résiliation est très peu encadrée par la loi. Celle-ci précise simplement que l'assureur ne peut plus exercer cette faculté si, passé le délai d'un mois après la connaissance du sinistre, il a accepté le paiement d'une prime ou d'une fraction de prime correspondant à une période d'assurance ayant débuté postérieurement au sinistre. Par ailleurs, depuis la loi Hamon du 17 mars 2014, l'exercice de cette faculté est soumis à la règle de l'article L. 113-12-1 et doit donc être motivé lorsque le contrat couvre une personne physique en dehors de son activité professionnelle. En revanche, la faculté de résiliation après sinistre est beaucoup plus réglementée pour les assurances automobiles en raison de leur caractère obligatoire (art. A. 211-1-2).

Lorsqu'une faculté de résiliation après sinistre est reconnue à l'assureur, le contrat d'assurance doit, selon l'article R. 113-10, alinéa 2, reconnaître au souscripteur un droit de résilier les autres contrats qu'il détient auprès du même assureur, dans le délai d'un mois suivant la notification de la résiliation après sinistre. La résiliation prendra alors effet un mois à compter de la notification à l'assureur et permettra au souscripteur d'assurer l'ensemble de ses risques auprès d'un nouvel assureur.

B. LA FACULTÉ LÉGALE DE RÉSILIATION ANNUELLE

A l'origine, la loi du 13 juillet 1930 avait autorisé les parties à résilier le contrat d'assurance tous les dix ans. Confrontés à de nombreuses critiques, les assureurs se sont alors engagés à partir de 1966 à intégrer dans les contrats d'assurance une clause conférant à chacune des parties la possibilité de résilier le contrat tous les ans à l'issue d'une période de dix ans. Puis une loi du 11 juillet 1972 a institué un système complexe donnant aux parties la faculté de résilier le contrat par tranches de trois ans les six premières années, puis tous les ans. Simplifiant ce dispositif législatif, la loi du 31 décembre 1989 a offert aux parties une faculté de résiliation annuelle du contrat dont l'existence doit être rappelée dans le contrat d'assurance et dont les conditions de fond (1) et de procédure (2) peuvent être précisées.

1. LES CONDITIONS DE FOND

Dorénavant, les parties disposent donc d'une faculté de résiliation annuelle dès la conclusion du contrat. Ce droit de résiliation peut toutefois être écarté dans trois hypothèses.

– **première hypothèse :** les contrats d'assurance sur la vie (art. L. 113-12, dernier al. 7). Dans la mesure où le souscripteur peut cesser de payer ses primes sans encourir une action en paiement de l'assureur, l'attribution d'une faculté de résiliation unilatérale au souscripteur ne s'impose pas. Conformément à l'article L. 132-20, le non-paiement de la prime ne peut être sanctionné que par la résiliation du contrat ou par la diminution des prestations. Cela étant, cette exclusion ne concerne pas les assurances emprunteurs garantissant le risque d'insolvabilité de ces derniers en cas de décès ou d'invalidité. Une telle « assurance mixte » ouvre le droit à la résiliation annuelle du contrat (Civ. 1re, 7 juill. 1987 : *V. note 6*).

– **deuxième hypothèse :** les contrats individuels d'assurance maladie (art. L. 113-12, al. 5). Pour ces contrats, les parties sont libres d'arrêter une périodicité différente. Elles peuvent même supprimer la faculté de résiliation annuelle, sauf pour les contrats à durée indéterminée. Une telle option protège l'assuré d'une éventuelle résiliation liée à l'évolution de son état de santé.

– **troisième hypothèse :** les contrats couvrant des risques autres que ceux des particuliers (art. L. 113-12, al. 6). Pour ces contrats garantissant des risques professionnels, les parties peuvent là encore allonger le délai pour exercer la faculté de résiliation. Elles peuvent également le supprimer, sauf pour les contrats à durée indéterminée. De tels choix peuvent conférer une plus grande stabilité au contrat d'assurance. En outre, le souscripteur professionnel est censé être suffisamment avisé et compétent. La protection de la faculté de résiliation annuelle paraît moins impérieuse.

Par ailleurs, on a pu s'interroger sur l'application de la faculté de résiliation annuelle aux assurances emprunteurs. Tranchant les débats jurisprudentiels et doctrinaux, la Cour de cassation a finalement refusé aux emprunteurs assurés la possibilité de se prévaloir de cette faculté de résiliation (Civ. 1re, 9 mars 2016 : *V. note 18*). Cette jurisprudence a toutefois été brisée par la loi n° 2017-203 du 21 février 2017 qui a modifié la rédaction de l'article L. 313-30 du code de la consommation et consacré la faculté annuelle de résiliation du contrat d'assurance emprunteur. Cette nouvelle règle s'applique, dès l'entrée en vigueur de la loi, aux nouveaux contrats et, à compter du 1er janvier 2018, à tous les contrats en cours.

2. LES CONDITIONS DE PROCÉDURE

La forme *(a)*, le délai *(b)* et le contenu *(c)* de la résiliation sont réglementés par le code des assurances.

a. La forme

Depuis l'ordonnance n° 2017-1433 du 4 octobre 2017 relative à la dématérialisation des relations contractuelles dans le secteur financier, l'article L. 113-12 effectue une distinction selon que la résiliation est effectuée par le souscripteur ou par l'assureur.

Lorsque la résiliation est mise en œuvre par le souscripteur, elle peut, depuis une loi du 14 juillet 2019, être faite dans les conditions de l'article L. 113-14 du Code des assurances, c'est-à-dire soit par lettre ou tout autre support durable, soit par déclaration faite au siège social ou chez le représentant de l'assureur, soit par acte extrajudiciaire, soit, lorsque l'assureur propose la conclusion du contrat par un mode de communication à distance, par le même mode de communication, soit par tout autre moyen prévu par le contrat. Il en est de même lorsque l'assuré a souscrit le contrat à des fins professionnelles et que la résiliation est exercée par l'assureur. Mais, lorsque l'assureur souhaite mettre fin à un contrat qui n'a pas été souscrit à des fins professionnelles, il doit nécessairement envoyer une lettre recommandée. Cela étant, l'article L. 113-12 n'exige pas un accusé de réception. La jurisprudence conforte cette analyse en retenant qu'il n'appartient pas à l'assureur de prouver que la lettre de résiliation a été effectivement distribuée (Civ. 2e, 18 avr. 2013 : *V. note 9*).

b. Le délai

Alors que la loi de 1930 exigeait un préavis de six mois, ramené à trois mois par la loi de 1972, l'article L. 113-12 impose d'exercer la faculté de résiliation au moins deux mois avant la date d'échéance. Le point de départ du délai de préavis est la date d'expédition de la lettre recommandée, le cachet de la poste faisant foi (Civ. 1re, 7 oct. 1998 : *V. note 10*), ou la date d'expédition de l'envoi recommandé électronique (art. L. 113-12, al. 6).

Quant à la fin du délai de préavis, l'article L. 113-12 indique qu'il s'agit de la date d'échéance du contrat. On doit alors se référer à la date mentionnée dans le contrat d'assurance. Si l'échéance est un samedi, un dimanche ou un jour férié, la Cour de cassation a estimé qu'il ne fallait pas appliquer la règle de l'article 642 du code de procédure civile et la reporter au premier jour ouvrable au motif que cet article ne concerne que les délais de procédure (Civ. 1re, 23 févr. 1972 : *V. note 11*). S'il est vrai que dorénavant les règles de computation des délais ont vocation à régir tous les délais du droit privé, il n'est toutefois pas certain que cette évolution remette en cause la solution retenue à propos de la faculté de résiliation unilatérale, puisque l'article L. 112-13 indique bien que la lettre recommandée doit être envoyée au moins deux mois avant l'échéance. Or, si l'on reporte la date butoir au premier jour ouvrable, la résiliation risque d'intervenir moins de deux mois avant la date d'échéance (V. Groutel et *al., préc., n° 923*).

Par ailleurs, la détermination de cette date peut susciter des difficultés lorsque la date d'échéance de la prime et celle du contrat ne coïncident pas. Plusieurs auteurs estiment que la date à retenir devrait être la date d'échéance du contrat (V. Groutel et *al., préc., n° 923, spéc. note 74* ; Bigot et *al., préc., n° 1071*).

En cas de non-respect du délai de préavis, la résiliation est tardive et par principe sans valeur (Civ. 1re, 17 mars 1981 : *V. note 15*). Toutefois, elle peut être analysée comme une offre de résilier le contrat (Civ. 1re, 13 juin 1984 : *V. note 15*), ou même être valable pour l'échéance suivante dès lors qu'elle a été formulée après l'échéance du contrat et que le contrat ne fixe pas le délai maximal entre la demande de résiliation et la date d'échéance annuelle du contrat (Civ. 1re, 16 mars 1994 : *V. note 15*).

c. Le contenu

Avant la loi Hamon du 17 mars 2014, la faculté de résiliation annuelle du contrat était discrétionnaire aussi bien pour l'assureur que pour l'assuré. Depuis cette loi, l'article L. 113-12-1 indique que lorsque le contrat couvre une personne physique en dehors de son activité professionnelle, l'assureur doit motiver sa décision de le résilier. L'assureur doit donc parfois exposer les raisons de son acte. ❑

I. DURÉE DU CONTRAT

1. Contrat pour la durée de la compagnie. Les mentions « le contrat est fait pour durée compagnie » et « durée statutaire », figurant dans deux polices d'assurance, fixent la durée des contrats conformément aux exigences de l'art. 5 de la L. du 13 juill. 1930 [art. L. 113-2 C. assur.]. • Civ. 1re, 27 janv. 1969 : *Bull. civ. I, n° 37; RGAT 1969. 348, note Besson.*

2. Durée du contrat et période de garantie. Viole les art. 1134 C. civ., et L. 113-12 et L. 113-15 C. assur., la cour d'appel qui, pour condamner un assuré au paiement de la prime réclamée par l'assureur, retient qu'une clause contractuelle prévoyait que la période de garantie prenait fin chaque année au plus tard le 31 oct. à midi et qu'en application de cette clause, le contrat était tacitement reconduit le 1er nov. 2001, alors que la période de garantie correspondant à la période de l'année pendant laquelle le risque de grêle était couvert par l'assurance était sans incidence sur la durée du contrat, fixée à un an à compter du 30 mai 2001. • Civ. 2e, 24 nov. 2011 : *RGDA 2012. 439, note Mayaux.*

3. Arrivée du terme. Justifie sa décision la cour d'appel qui, affirme qu'un assureur n'est pas tenu de verser un capital-décès, après avoir, tout d'abord, constaté que les polices litigieuses avaient une durée limitée à un an, qu'elles ne comportaient aucune clause expresse de tacite reconduction et que chaque renouvellement annuel avait donné lieu à l'établissement de clauses particulières, et ensuite, énoncé que la survenance du terme mettait fin aux obligations des parties sans même qu'une résiliation soit nécessaire, puis enfin constaté qu'au terme de la dernière année d'assurance aucun accord n'était intervenu entre les parties pour établir un nouveau contrat, de sorte qu'à la date du décès de l'assuré qui était intervenu postérieurement, aucun contrat d'assurance en cas de décès n'était en vigueur. • Civ. 1re, 2 mars 1994, n° 92-10.796 P : *RGAT 1994. 458, note Maurice.*

II. FACULTÉ CONTRACTUELLE DE RÉSILIATION

4. Facultés de l'assureur. Hormis le cas de défaut de paiement de la prime, prévu par l'art. L. 113-3 C. assur., et sauf autres cas particuliers spécialement prévus par ce code, l'assureur n'a de possibilité de résiliation unilatérale de la police d'assurance que dans les conditions déterminées par l'art. L. 113-12. • Civ. 1re, 7 mars 1989, n° 87-12.034 P : *D. 1991. 73, obs. Groutel ; RGAT 1989. 527, note Margeat et Landel* • Civ. 2e, 6 mai 2001, n° 19-25.168 : *RGDA juill. 2021. 26, note Pélissier ; RCA 2021, n° 160, note Hourdeau.*

5. Facultés du souscripteur. Dans l'hypothèse où une police d'assurance prévoit pour l'assuré une possibilité de résiliation du contrat en cas de majoration de prime « dans les quinze jours qui suivent celui où l'assuré a eu connaissance de la majoration », il appartient à l'assureur, qui prétend, pour s'opposer à une demande en résiliation, que celle-ci lui a été adressée après l'expiration du délai imparti, de justifier de la date à laquelle il a donné connaissance à l'assuré de la majoration de la prime. • Civ. 1re, 17 oct. 1979, n° 78-12.315 P.

III. RÉSILIATION ANNUELLE DU CONTRAT

6. Assurance emprunteur – Juris ant. L. 21 févr. 2017. Viole l'art. L. 312-9 [devenu L. 313-30] C. consom., dans sa rédaction issue de la L. n° 2010-737 du 1er juill. 2010, ensemble l'art. L. 113-12 C. assur. et le principe selon lequel les lois spéciales dérogent aux lois générales, la cour d'appel qui retient qu'à défaut de dispositions spécifiques, il n'y a pas lieu de considérer que l'art. L. 312-9 exclut toute faculté de résiliation de l'adhésion au contrat d'assurance de groupe souscrit par le prêteur, laquelle est soumise à l'art. L. 113-12. • Civ. 1re, 9 mars 2016, n° 15-18.899 P : *RCA 2016, n° 209, note Courtieu ; RGDA 2016. 186, note Mayaux; LPA 22 juin 2016, p. 4, note Perrotin ; ibid. 13 juin 2016, p. 19, note Goût ; ibid., 1er juill. 2016, p. 9, note Noguéro ; RDI 2016. 274, note Salvandy ; JCP E 2016. 1260, note A. François; D. 2016. 1161, note Grynbaum ; D. 2016. 1328, note Pélissier ; Gaz. Pal. 2016, n° 21, p. 74, note Bury ; JCP 2016. Doctr. 732, n° 13, note Kullmann.* ♦ L'article L. 113-12 C. assur. prévoit, au profit tant de l'assuré que de l'assureur, le droit de résilier le contrat d'assurance au moins deux mois avant la date d'échéance annuelle. En vertu de l'art. L. 312-9 [L. 313-30] C. consom., dans sa réaction antérieure à celle issue de la L. n° 2010-737 du 1er juill. 2010 et dans celle issue de cette loi, applicables en la cause, ce droit ne leur est pas ouvert dans le cas d'un contrat d'assurance de groupe garantissant le remboursement total ou partiel du montant d'un prêt immobilier restant dû, ce contrat étant souscrit pour la durée de l'emprunt et ne comportant pas d'échéance annuelle. En l'état de ces textes, la reconnaissance, au bénéfice de l'emprunteur, d'une faculté de résiliation annuelle du contrat d'assurance conduirait, à défaut de l'accord du prêteur sur le nouveau contrat d'assurance offert en garantie, à la résiliation du contrat de prêt consenti sous la condition de l'octroi et du maintien d'une assurance agréée par le prêteur, une telle résiliation pouvant imposer à l'emprunteur de vendre l'immeuble financé afin de désintéresser le créancier. A supposer même le maintien du contrat de prêt, sa nécessaire modification serait rendue incertaine en raison de l'absence de dispositions légales applicables au litige, régissant les effets d'une résiliation par l'emprunteur de son adhésion au contrat d'assurance de groupe. • Civ. 1re, 24 mai 2017, n° 15-27.127 P : *D. actu. 1er juin 2017, obs. de Ravel d'Esclapon ; RCA 2017, n° 201, note Courtieu ; RDC 2017. 475, note F. Leduc ; RGDA 2017. 436, note Mayaux ; AJ contrat 2017. 383, obs. Lasserre Capdeville ; JCP E 2017, n° 1332 ; CCC 2017, n° 185, obs. Bernheim-Desvaux ; RDBF 2017, n° 168, obs. Djoudi ; RCA 2017, n° 201, obs. Courtieu* • Civ. 1re, 4 oct. 2017, n° 16-19.742 : *RGDA 2017. 567, note Mayaux.* ♦ *Contra* : un contrat d'assurance emprunteur de groupe, qui n'est pas exclusivement un contrat d'assurance-vie dans la mesure où d'autres risques sont garantis, peut être résilié à l'expiration du délai d'un an prévu à l'art. L. 113-12. • Bordeaux, 23 mars 2015, n° 13/07023 : *JCP 2015. 1058, note Bigot ; RGDA 2016. 7, note Mayaux.* ♦ Les dispositions propres à l'assurance emprunteur et à l'assurance groupe n'excluent pas la faculté de résiliation annuelle prévue par l'art. L. 113-12. • Douai, 17 sept. 2015, n° 14/01655 : *RGDA 2016. 7, note Mayaux.* ♦ V. aussi : une assurance portant sur le risque d'insolvabilité des emprunteurs du fait de leur mort ou de leur invalidité est une « assurance mixte » soumise, comme telle, à la possibilité de résiliation annuelle prévue par l'art. L. 113-12, al. 3. • Civ. 1re, 7 juill. 1987, n° 85-14.605 P : *RGAT 1988. 138, note Bigot.*

7. Assurance emprunteur – L. 21 févr. 2017. Les mots « ou qu'il fait usage du droit de résiliation annuel mentionné au deuxième alinéa de l'article L. 113-12 code des assurances ou au premier alinéa de l'article L. 221-10 code de la mutualité » figurant à la deuxième phrase du premier alinéa de l'art. L. 313-30 C. cons. n'ont pas porté atteinte à une situation légalement acquise ni remis en cause les effets qui pouvaient être légitimement attendus d'une telle situation. Ces dispositions, qui ne sont contraires à aucun autre droit ou liberté que la Constitution garantit, doivent être déclarées conformes à la Constitution. • Cons. const. 12 janv. 2018, n° 2017-685 QPC : *RCA 2018, n° 52, note Courtieu ; JCP 2018, 242, note Grynbaum ; RGDA 2018. 151, note Mayaux ; RDC 2018. 405, note Cattalano ; Gaz. Pal., 10 avr. 2018, p. 20, note Houtcieff.*

8. Dérogation à la périodicité. Si l'art. L. 113-12 prévoit la faculté de déroger à la périodicité de la résiliation, ce texte n'autorise pas à limiter le droit de l'assuré de mettre fin au contrat au terme convenu. Dès lors, ayant relevé que le contrat d'assurance réduisait l'indemnisation versée en cas de résiliation du contrat par l'assuré et que cette limitation, qui aboutissait à indemniser dans ce cas l'assuré dix fois moins que ce qu'il aurait perçu s'il avait conservé le contrat pendant un an, ne pouvait que le dissuader de résilier le contrat, une cour d'appel en a exactement déduit que cette clause était illicite. • Civ. 2e, 10 déc. 2015, n° 14-14.512 P : *D. actu. 11 janv. 2016, obs. Cayol ; RCA 2016, n° 96 ; RGDA 2016. 131, note Kullmann ; Gaz. Pal. 2016, n° 12, p. 64, note Cerveau.*

9. Envoi d'une lettre recommandée. La résiliation du contrat d'assurance est légalement faite sous la forme de l'envoi par l'assureur d'une lettre recommandée à l'assuré. Dès lors, viole l'art. L. 113-12 C. assur. la cour d'appel qui, alors qu'elle avait constaté l'envoi à date certaine d'une telle lettre par l'assureur à la société assurée, prive la résiliation d'effet au motif qu'il appartenait à l'assureur de prouver que la lettre avait été réellement distribuée. • Civ. 2e, 18 avr. 2013 : *RCA 2013, n° 282, note Groutel.* ♦ L'envoi de la lettre recommandée, prescrite par l'art. L. 113-12 pour l'exercice de la faculté bilatérale de résiliation ou de dénonciation annuelle, dont la date est seule prise en compte pour déterminer le respect du délai de préavis, est une formalité substantielle. • Civ. 1re, 15 mai 2015, n° 14-11.894 P : *D. actu. 3 juin 2015, note Cayol ; RGDA 2015. 315, note Langé ; RCA 2015, n° 242, note Groutel ; D. 2016. 1161, note Noguéro.*

10. Point de départ du délai de préavis. Le délai de préavis imposé à l'assureur ou à l'assuré qui use de la faculté unilatérale de résiliation court à partir de la date figurant sur le cachet de la poste apposé sur la lettre de résiliation. • Civ. 1re, 7 oct. 1998 : *RGDA 1999. 611, note Chardin.*

11. Fin du délai de préavis. L'art. 1033 C. pr. civ. [devenu art. 642] ne concerne que les délais de procédure. Telle n'est pas la nature du délai accordé au souscripteur d'une police résiliable avec un certain préavis ; l'échéance du délai ouvert à cette fin à l'assuré, lorsqu'elle survient un dimanche ou un jour férié, ne se trouve donc pas prorogée jusqu'au premier jour ouvrable suivant. • Civ. 1re, 23 févr. 1972, n° 70-13.376 P.

12. Résiliation rétroactive. Une résiliation voulue rétroactive par l'assuré peut être annulée pour erreur sur un élément substantiel, celui-ci ayant été, au moment où il résiliait, dans l'ignorance de certaines conséquences de la survenance d'un accident. • Civ. 1re, 25 févr. 1986 : *Bull. civ. I, n° 40.*

13. Renonciation à la résiliation. Il est possible d'induire, de certaines circonstances, une renonciation de l'assureur à se prévaloir de la résiliation intervenue de son chef. • Civ. 1re, 5 oct. 1982 : *Bull. civ. I, n° 272.* ♦ Ainsi, il a été jugé qu'en se comportant comme l'assureur du responsable d'un dommage, une compagnie d'assurance a accompli des actes manifestant sans équivoque sa volonté de renoncer à se prévaloir de l'expiration du contrat d'assurance à la date où les travaux, qui étaient à l'origine des désordres, avaient été réalisés. • Civ. 1re, 11 févr. 1992 : *RGAT 1992. 377, note Beauchard.*

14. Abus du droit de résiliation. L'assureur n'abuse pas de son droit de résiliation, dès lors qu'il se conforme aux conditions prévues par la police et respecte le délai de préavis. • Civ. 1re, 7 juill. 1992 : *RCA 1992, n° 426.*

15. Résiliation tardive. La résiliation d'une police d'assurance faite tardivement est sans valeur. A défaut pour l'assuré d'avoir par la suite notifié valablement une nouvelle résiliation à son assureur, le contrat d'assurance s'est poursuivi. • Civ. 1re, 17 mars 1981, n° 79-16.181 P : *RGAT 1981. 518, note Besson ; D. 1982. IR 101, obs. Berr et Groutel.* ♦ Le contrat qui n'a pas été résilié régulièrement se perpétue de plein droit. Dès lors l'assuré n'avait pas à exercer une action en contestation de la validité de la résiliation pour conserver la garantie de l'assureur et ne pouvait se voir opposer la prescription d'une telle action en contestation. • Civ. 1re, 7 mars 1989, n° 87-12.034 P : *RGAT 1989. 526, note Margeat et Landel.* ♦ Toutefois, une résiliation unilatérale tardive de la part de l'assuré s'analyse comme une offre de résiliation par consentement mutuel faite à l'assureur, laquelle peut être rétractée tant que l'assureur ne l'a pas acceptée. • Civ. 1re, 13 juin 1984 : *Bull. civ. I, n° 193.* ♦ Par ailleurs, il a été jugé que si la résiliation d'une police faite tardivement reste sans effet pour l'échéance passée, elle est valable pour l'échéance suivante, dès lors, d'une part, qu'elle a été formulée après l'échéance au-delà de laquelle le contrat avait été reconduit pour une année en l'absence de toute demande de résiliation antérieure, et, d'autre part, que la police avait fixé la durée minimale du délai compris entre la demande de résiliation et la date d'échéance annuelle du contrat, sans en préciser la durée maximale. • Civ. 1re, 16 mars 1994 : *RCA 1994, n° 226, obs. Groutel ; RGAT 1994. 463, note Maurice.*

16. Résiliation par mutuus dissensus. Le contrat d'assurance étant une convention synallagmatique, l'accord des parties est nécessaire pour sa résiliation en dehors des dates dont les contractants sont convenus. • Civ. 1re, 20 févr. 1973 : *Bull. civ. I, no 62; RGAT 1974. 223.* ♦ Un contrat d'assurance peut être résilié à la demande de l'assuré, même si celui-ci n'a pas respecté les formes légales, dès lors que l'assureur a accepté l'offre de résiliation. Une telle acceptation peut se manifester en créditant le compte de l'assuré d'un avoir au titre de la restitution de la portion de la prime correspondant au temps postérieur à la résiliation, et dont l'assuré a disposé avant la réalisation du sinistre. • Civ. 1re, 31 mars 1998 : *RGDA 1998. 696, note Chardin; ibid. 713, note Kullmann.* ♦ Les parties à un contrat d'assurance peuvent convenir d'une résiliation de ce contrat même en l'absence de respect des dispositions de l'art. L. 113-12. • Civ. 3e, 19 juin 2012 : *RGDA 2012. 1001, note Pélissier.* ♦ Mais la renonciation à cette résiliation ne peut être admise lorsqu'elle a été exprimée par l'assuré après qu'il eut appris l'existence d'un sinistre. • Civ. 1re, 17 mars 1998 : *RGDA 1998. 696, note Chardin; ibid. 712, note Kullmann.*

17. Acceptation expresse de l'assureur. La faculté de résiliation du contrat accordée à l'assuré, régie par l'art. L. 113-12 C. assur., échappe à l'application de l'art. L. 112-2, qui ne la prévoit pas dans l'énumération des propositions de l'assuré susceptibles d'être considérées comme acceptées dans le silence de l'assureur. En conséquence, méconnaît cette disposition le tribunal qui estime qu'un contrat est résilié dès lors qu'à la réception de la lettre de résiliation de l'assuré, l'assureur n'a pas fait connaître son refus d'accepter cette résiliation en raison de tardiveté. • Civ. 1re, 28 avr. 1980, no 78-14.348 P : *D. 1981. IR 177, obs. Berr et Groutel.* ♦ V. égal. : • Civ. 1re, 8 mars 1978, no 76-14.706 P : *D. 1978. 433, note Berr et Groutel* • 4 nov. 1992 : *RGAT 1992. 890, note Kullmann.*

18. Exclusion. L'art. L. 312-9 [devenu L. 313-30] C. consom. qui régit spécialement le contrat d'assurance garantissant, en cas de survenance d'un risque qu'il définit, le remboursement total ou partiel du montant d'un prêt immobilier restant dû, ne prévoit pas de faculté de résiliation du contrat ou de substitution d'assureur. Dès lors doit être censuré l'arrêt qui retient que, à défaut de dispositions spécifiques, il n'y a pas lieu de considérer que l'art. L. 312-9 [L. 313-30] C. consom. exclut toute faculté de résiliation de l'adhésion au contrat d'assurance de groupe souscrit par le prêteur, laquelle est soumise à l'art. L. 113-12 C. assur. • Civ. 1re, 9 mars 2016, no 15-18.899 P : *préc. note 6.*

IV. EFFET DE LA RÉSILIATION

19. Assurance de loyers impayés. Les pertes pécuniaires liées aux défaillances postérieures à la résiliation ne trouvant pas leur origine dans les impayés survenus pendant la période de validité du contrat, l'assureur ne saurait être tenu à garantie. • Civ. 2e, 2 févr. 2017, no 16-10.165 P : *RCA 2017, no 148, note Groutel; RDC 2017. 473, note F. Leduc; Gaz. Pal. 9 mai 2017, 84, note Noguéro; AJ contrat 2017. 178, obs. Chénedé; RTD civ. 2017. 640, obs. Barbier* • Civ. 2e, 2 févr. 2017, no 15-28.011 P : *D. 1149, obs. Damas; RCA 2017, no 148, note Groutel; RDC 2017. 473, note F. Leduc; Gaz. Pal. 9 mai 2017, 84, note Noguéro; RGDA 2017. 284, note Mayaux; AJDI 2017. 267, obs. Sabatié et Mallet; AJ contrat 2017. 178; RTD civ. 2017. 640, obs. Barbier*

Art. L. 113-12-1 *(L. no 2014-344 du 17 mars 2014, art. 59)* **La résiliation unilatérale du contrat d'assurance couvrant une personne physique en dehors de son activité professionnelle par l'assureur, dans les cas prévus au présent livre ou en application du premier alinéa de l'article L. 113-12, doit être motivée.**

COMMENTAIRE

Introduit dans le code des assurances par la loi Hamon du 17 mars 2014, l'article L. 113-12-1 impose à l'assureur de motiver sa décision de résilier le contrat, lorsque celui-ci couvre une personne physique en dehors de son activité professionnelle. Cette obligation de motivation introduit plus de transparence dans les relations contractuelles entre l'assureur et l'assuré et permet en outre à l'assuré de justifier du motif de la résiliation de son précédent contrat auprès de son nouvel assureur.

Cette obligation concerne toutes les facultés de résiliation unilatérale prévues par le livre Ier du code des assurances, ainsi que les éventuelles facultés de résiliation organisées par la police d'assurance au profit de l'assureur. Elle peut néanmoins paraître quelque peu superflue pour les résiliations fondées sur une circonstance particulière, comme la résiliation pour défaut de paiement, puisque les motifs de l'extinction ressortent alors clairement de la résiliation. ❑

Art. L. 113-12-2 *(L. no 2014-344 du 17 mars 2014, art. 54-III) (L. no 2017-203 du 21 févr. 2017, art. 10-II; L. no 2022-270 du 28 févr. 2022, art. 1er-I)* **« Par dérogation à l'article L. 113-12, » lorsque le contrat d'assurance a pour objet de garantir, en cas de survenance d'un des risques que ce contrat définit, soit le remboursement total**

4° Soit, lorsque l'assureur propose la conclusion de contrat par un mode de communication à distance, par le même mode de communication ;
5° Soit par tout autre moyen prévu par le contrat.
Le destinataire confirme par écrit la réception de la notification.
Les dispositions issues de la L. n° 2019-733 du 14 juill. 2019 sont applicables aux contrats et adhésions en cours à cette date (Décr. n° 2020-1438 du 24 nov. 2020, art. 4).

COMMENTAIRE

Par principe, lorsque le souscripteur résilie son contrat, il doit notifier sa décision à l'assureur selon l'une des formes prescrites à l'article L. 113-14. Ainsi, il peut choisir de résilier son contrat soit par une déclaration au siège social ou chez le représentant de l'assureur dans la localité, soit par acte extrajudiciaire, soit par lettre ou tout autre support durable, soit, lorsque l'assureur propose la conclusion du contrat par un mode de communication à distance, par le même mode de communication, soit par tout autre moyen indiqué dans la police d'assurance. Toute autre forme de résiliation ne peut produire d'effets que si elle est acceptée par l'assureur (Civ. 1re, 21 avr. 1976 : *V. note 2*).

Même si une loi du 14 juillet 2019 a supprimé de nombreuses dérogations à cette règle générale, l'article L. 113-12-2 prévoit que la résiliation demandée par l'assuré emprunteur doit être exprimée par lettre recommandée ou envoi recommandé électronique.

1. Preuve de la régularité formelle. Est dépourvu de base légale l'arrêt qui énonce que la seule production par l'assuré d'un avis de réception de l'envoi d'une lettre recommandée, non accompagnée de sa copie, ne suffisait pas à démontrer qu'il avait résilié sa police d'assurance, sans rechercher, par tous les moyens de preuve, quelle était la teneur de la lettre recommandée. • Civ. 1re, 22 févr. 1984, n° 82-15.916 P. ♦ La preuve que l'assuré a usé d'un moyen prévu par l'art. L. 113-14 peut résulter de l'aveu qu'en a fait l'agent général de la compagnie dans une lettre. • Civ. 1re, 14 janv. 1992 : *RCA 1992, n° 149 ; RGAT 1992. 278, note Maurice.*

2. Résiliation irrégulière. Si un assuré peut résilier son contrat d'assurance dans une forme autre que celles prévues par ce contrat ou par l'art. 5 de la L. du 13 juill. 1930 [C. assur., art. L. 113-14], une telle résiliation n'est valable qu'à la condition d'être acceptée par l'assureur. • Civ. 1re, 21 avr. 1976 : *Bull. civ. I, n° 130 ; D. 1976. 493, note Berr et Groutel.* ♦ Dès lors, c'est à bon droit que les juges du fond, ayant relevé qu'un assuré n'avait adressé qu'une simple lettre de résiliation à son assureur et que ce dernier n'avait pas donné son accord à cette forme de résiliation non prévue par la police, ont déduit de ces constatations que le contrat n'avait pas été résilié. • Même arrêt. ♦ Est donc dépourvu de base légale le jugement qui admet la résiliation verbale d'un contrat d'assurance par l'assuré, sans préciser sur quels éléments de preuve il se fondait pour admettre que l'assureur, qui le contestait, avait accepté cette résiliation. • Civ. 1re, 8 févr. 1984 : *Bull. civ. I, n° 53.* ♦ Le fait que l'assureur ne conteste pas avoir reçu un courrier ne caractérise pas son acceptation d'une résiliation, irrégulière en la forme. • Civ. 1re, 25 oct. 1994 : *RCA 1995, n° 31 ; RGAT 1994. 1102, note Mayaux.*

3. Renonciation à l'irrégularité. Manifeste de façon non équivoque sa volonté de renoncer à se prévaloir de l'irrégularité affectant les modalités de l'envoi de la lettre par laquelle un assuré déclare résilier toutes ses polices l'assureur qui accuse réception de ladite lettre sans contester la validité de cette résiliation. • Civ. 1re, 13 nov. 1990, n° 88-17.826 P : *RCA 1991, n° 33 ; ibid., Chron. 3, par Groutel.*

4. Résiliation par un mandataire. Ni l'art. L. 113-14 C. assur. prévoyant les modalités de la résiliation de la police par l'assuré, ni aucun autre texte légal n'exige de l'assuré qu'il rapporte la preuve de l'existence du mandat donné à un tiers dans le délai imparti pour résilier le contrat. • Civ. 2e, 28 mars 2013 : *D. 2013. 994 ; RCA 2013, n° 204 ; RGDA 2013. 573, note Asselain.*

Art. L. 113-15 **La durée du contrat doit être mentionnée en caractères très apparents dans la police.**
(*L. n° 81-5 du 7 janv. 1981*) **« La police doit également mentionner que la durée de la tacite reconduction ne peut en aucun cas » être supérieure à une année.**
V. art. A. 113-1.

COMMENTAIRE

Si la durée du contrat doit être rédigée selon certaines règles afin de protéger l'assuré (I), elle peut bien souvent être prolongée par l'insertion d'une clause de tacite reconduction (II).

I. LA RÉDACTION DE LA CLAUSE DE DURÉE

Selon l'article L. 113-15, complété par l'article A. 113-1, la clause de durée doit être rédigée en caractères très apparents (A). Complétant ces règles, la jurisprudence a précisé qu'elle doit également être rédigée en termes clairs et intelligibles (B).

A. DES CARACTÈRES TRÈS APPARENTS

Si l'article L. 113-12 prévoit que la durée du contrat est déterminée par les parties, l'article L. 113-15 précise que la clause de durée doit être rédigée en caractères très apparents. Appliquant cette règle, la Cour de cassation a indiqué que les juges du fond apprécient souverainement le caractère très apparent de la clause de durée (Civ. 1re, 26 avr. 2000 : *V. note 1*). Cela étant, le texte n'associe aucune sanction à cette obligation. La nullité de la police d'assurance ne peut donc être prononcée, la clause étant simplement inopposable à l'assuré (Civ. 1re, 14 nov. 1979 : *V. note 2*). Dans une telle hypothèse, le contrat est à durée indéterminée, mais les parties peuvent éventuellement mettre en œuvre la faculté de résiliation annuelle de l'article L. 113-12 ou même la faculté de résiliation infra-annuelle de l'article L. 113-15-2, si les conditions de ces résiliations sont réunies.

Le formalisme de la clause de durée est par ailleurs renforcé pour les contrats d'assurance non-vie d'une durée supérieure à trois ans par l'article A. 113-1. Cet article présente néanmoins une rédaction défaillante. En effet, il vise les opérations d'assurance mentionnées au 5° de l'article L. 310-1. Or ce 5° n'existe plus depuis le 1er juillet 2014. Il faut en réalité comprendre qu'il vise les contrats d'assurance non-vie des 2° et 3° de l'article L. 310-1. Par ailleurs, de prime abord, l'article A. 113-1 semble imposer l'insertion d'une clause-type, puisqu'il indique que lesdits contrats d'assurance « doivent comporter la clause suivante ». Mais en réalité, il ne donne aucune rédaction de la clause, il dispose simplement que « la durée du contrat est rappelée par une mention en caractères très apparents figurant au-dessus de la signature du souscripteur ». En d'autres termes, l'article A. 113-1 se contente de rappeler que la clause de durée doit être rédigée en caractères très apparents et précise l'emplacement de la clause pour de tels contrats d'une durée supérieure à trois ans.

B. DES TERMES CLAIRS ET INTELLIGIBLES

Allant au-delà des textes, la Cour de cassation a expliqué que la règle de l'article A. 113-1 a pour but de garantir une protection plus efficace des assurés contre les formules ambiguës et parfois inintelligibles employées par certaines compagnies d'assurance dans leurs polices (Civ. 1re, 14 mai 1974 : *V. note 1 ss. art. A. 113-1*). La clause doit donc être suffisamment claire et compréhensible pour l'assuré. Les clauses de « durée statutaire » ou de « durée société » ont régulièrement suscité des difficultés en jurisprudence. Ainsi, elle a pu estimer que la clause de « durée statutaire » était équivoque et ambiguë pour celui qui a des connaissances limitées en matière d'assurance (Civ. 1re, 29 janv. 1975 : *V. note 2 ss. art. A. 113-1*). Elle n'est claire que pour un usager familiarisé avec la législation des assurances (Civ. 1re, 14 mai 1974 : *préc.*). Cependant, la clause de « durée société » a pu être jugée non ambiguë dès lors que d'autres clauses contractuelles pouvaient en éclairer le sens (Civ. 1re, 31 mars 1987, et Civ. 1re, 21 déc. 1987 : *V. note 3 ss. art. A. 113-1*).

II. L'INSERTION D'UNE CLAUSE DE TACITE RECONDUCTION

En principe, le contrat d'assurance s'éteint avec l'arrivée de son terme. Toutefois, les parties peuvent prévoir une tacite reconduction du contrat. Ses conditions (A) et ses effets (B) ont été précisés par le législateur et divergent par certains aspects des règles du droit commun de la tacite reconduction résultant de l'article 1215 du code civil.

A. LES CONDITIONS

Alors qu'en droit commun, un contrat à durée déterminée peut être tacitement reconduit par le seul comportement des parties, les articles L. 113-15 et R. 112-1 subordonnent la tacite reconduction du contrat d'assurance à l'insertion d'une clause expresse dans le contrat (Civ. 1re, 5 oct. 1964 : *V. note 4*). Cette solution peut se justifier par le fait que l'exécution du contrat d'assurance ne suppose pas une attitude matérielle ininterrompue des parties manifestant leur volonté de poursuivre la relation contractuelle.

En l'absence de dénonciation par l'une des parties dans le délai imposé par le contrat, la clause de tacite reconduction peut s'appliquer et le contrat se poursuivre.

B. LES EFFETS

En droit commun des contrats, la tacite reconduction donne naissance à un nouveau contrat à durée indéterminée en l'absence de dispositions contractuelles contraires. Le droit des assurances se démarque également sur ce point. En effet, si la tacite reconduction donne bien naissance à un nouveau contrat (Civ. 1re, 2 déc. 2003 : *V. note 5*), celui-ci a une durée maximale d'un an. De très nombreux contrats peuvent ainsi se succéder. Cette règle protectrice a été adoptée à l'époque où le souscripteur ne disposait pas encore de la faculté de résiliation annuelle. La multiplication des possibilités de résilier le contrat a rendu cette règle moins utile. ❑

I. CLAUSE RELATIVE À LA DURÉE DU CONTRAT

1. Pouvoir d'appréciation des juges du fond. Les juges apprécient souverainement le caractère apparent de la clause mentionnant la durée de la garantie. • Civ. 1re, 26 avr. 2000 : *RGDA 2000. 895, note Kullmann.*

2. Sanction. Si l'art. 5 de la loi du 13 juill. 1930 [C. assur., art. L. 113-15] prescrit l'indication en caractères très apparents de la durée du contrat et la mention que la durée de la tacite reconduction ne peut, en aucun cas, être supérieure à une année, l'inobservation de ces prescriptions n'entraîne pas, dans le silence de la loi, la nullité de la police. • Civ. 1re, 11 juill. 1963 : *Bull. civ. I, no 385; RGAT 1964. 334; D. 1963. 717* • 14 nov. 1979, no 78-14.653 P : *D. 1980. IR 517, obs. Berr et Groutel; RGAT 1980. 353.*

3. Renvoi. Sur la clarté de la clause de durée, V. notes ss. art. A. 113-1.

II. TACITE RECONDUCTION

4. Clause expresse. Une cour d'appel estime justement qu'une police d'assurance, conclue pour un an, et ne prévoyant pas sa tacite reconduction par une clause expresse, avait expiré au terme convenu, et que les avis adressés par l'assureur à l'assuré pour l'inviter à la renouveler ne constituaient que l'offre ferme d'un nouveau contrat, dont l'acceptation résultait de l'envoi d'un chèque par l'assuré en paiement de la prime. • Civ. 1re, 5 oct. 1964 : *Bull. civ. I, no 417; D. 1965. 57, note Besson.*

5. Effet. La tacite reconduction n'entraîne pas prorogation du contrat primitif, mais donne naissance à un nouveau contrat. • Civ. 1re, 2 déc. 2003 : *RCA 2004, no 159, obs. Groutel.* ♦ A la date d'expiration d'un contrat d'assurance comportant une clause de tacite reconduction se forme une nouvelle convention qui trouve sa force obligatoire, non dans le contrat d'origine dont la durée est limitée, mais dans l'accord tacite en vertu duquel les effets du contrat sont prorogés, la clause du contrat initial, nécessaire pour qu'il y ait tacite reconduction, n'étant que la possibilité de conclure une nouvelle convention. • Civ. 1re, 18 janv. 1983, no 81-14.860 P. ♦ V. aussi : • Civ. 1re, 6 oct. 1969 : *Bull. civ. I, no 286; D. 1970. Somm. 74; RGAT 1970. 35, note Besson; Gaz. Pal. 1970. 1. 152; JCP 1970. II. 16205, note Besson* • 17 juill. 1980, no 79-11.869 P : *D. 1981. IR 177, obs. Berr et Groutel; RGAT 1981. 366* • 10 janv. 1984, no 82-15.477 P • Com. 13 mars 1990, no 88-18.251 P : *RGAT 1991. 186, note Bigot.*

Art. L. 113-15-1 *(L. no 2005-67 du 28 janv. 2005, art. 2)* **Pour les contrats à tacite reconduction couvrant les personnes physiques en dehors de leurs activités professionnelles, la date limite d'exercice par l'assuré du droit à dénonciation du contrat doit être rappelée avec chaque avis d'échéance annuelle de prime ou de cotisation. Lorsque cet avis lui est adressé moins de quinze jours avant cette date, ou lorsqu'il lui est adressé après cette date, l'assuré est informé avec cet avis qu'il dispose d'un délai de vingt jours suivant la date d'envoi de cet avis pour dénoncer la reconduction du contrat. Dans ce cas, le délai de dénonciation court à partir de la date figurant sur le cachet de la poste** *(Ord. no 2017-1433 du 4 oct. 2017, art. 3-5o, en vigueur le 1er avr. 2018)* **« ou certifiée par un horodatage satisfaisant à des exigences définies par décret. »**

Lorsque cette information ne lui a pas été adressée conformément aux dispositions du premier alinéa, l'assuré peut mettre un terme au contrat, sans pénalités, à tout moment à compter de la date de reconduction *(Ord. no 2017-1433 du 4 oct. 2017, art. 3-5o, en vigueur le 1er avr. 2018 ; L. no 2019-733 du 14 juill. 2019, art. 1er, en vigueur le 1er déc. 2020)* **« en adressant une notification par lettre, tout autre support durable ou moyen prévu à l'article L. 113-14 » à l'assureur. La résiliation prend effet le lendemain de la date figurant sur le cachet de la poste** *(Ord. no 2017-1433 du 4 oct. 2017, art. 3-5o, en vigueur le 1er avr. 2018 ; L. no 2019-733 du 14 juill. 2019, art. 1er, en vigueur le 1er déc. 2020)* **« ou de la date de notification ».**

L'assuré est tenu au paiement de la partie de prime ou de cotisation correspondant à la période pendant laquelle le risque a couru, période calculée jusqu'à la date d'effet

de la résiliation. Le cas échéant, l'assureur doit rembourser à l'assuré, dans un délai de trente jours à compter de la date d'effet de la résiliation, la partie de prime ou de cotisation correspondant à la période pendant laquelle le risque n'a pas couru, période calculée à compter de ladite date d'effet. A défaut de remboursement dans ces conditions, les sommes dues sont productives d'intérêts au taux légal. – *V. L. n° 2018-1203 du 22 déc. 2018 de financement de la sécurité sociale pour 2019, art. 52-IX-4°, c (JO 27 déc.).*

Les dispositions du présent article ne *(L. n° 2014-344 du 17 mars 2014, art. 60)* **« s'appliquent ni aux assurances sur la vie, ni aux assurances de groupe relevant de l'article L. 141-1 ».**

Les dispositions issues de la L. n° 2019-733 du 14 juill. 2019 sont applicables aux contrats et adhésions en cours à cette date (Décr. n° 2020-1438 du 24 nov. 2020, art. 4).

BIBL. ▶ RÉTIF, *RCA 2006. Focus 5.* – ASTEGIANO-LA RIZZA, *RGDA 2007. 464.* – ABRAVANEL-JOLLY, *RGDA 2007. 483.*

COMMENTAIRE

Introduit dans le code des assurances par la loi n° 2005-67 du 28 janvier 2005 tendant à conforter la confiance et la protection du consommateur, dite « loi Chatel », l'article L. 113-15-1 impose à l'assureur de rappeler au souscripteur son droit de dénoncer la reconduction du contrat. Cette obligation d'information est toutefois très encadrée, puisque le législateur a non seulement déterminé ses modalités d'exécution (II), mais aussi limité son domaine (I).

I. LE DOMAINE DE L'OBLIGATION D'INFORMATION

En premier lieu, le domaine de l'obligation d'information de l'assureur est limité par rapport à la qualité du souscripteur. Cette obligation n'est due qu'aux souscripteurs personnes physiques agissant en dehors de leurs activités professionnelles, c'est-à-dire aux consommateurs.

En second lieu, cette obligation d'information ne concerne ni les contrats d'assurance non-vie dépourvus de toute clause de tacite reconduction, ni les contrats d'assurance-vie. Par ailleurs, jusqu'à la loi « Hamon » du 17 mars 2014, la règle de l'article L. 113-15-1 ne s'appliquait pas aux contrats de groupe ni aux autres opérations collectives. Depuis cette loi, seules les assurances de groupe relevant de l'article L. 141-1 sont exclues du champ d'application de l'obligation d'information. Il faut donc en déduire que les assurances collectives de dommages envisagées par l'article L. 129-1 ne sont pas concernées par cette exclusion.

II. LES MODALITÉS D'EXÉCUTION DE L'OBLIGATION D'INFORMATION

L'article L. 113-15-1 associe l'obligation d'information à l'avis d'échéance annuelle de la prime (A) et sanctionne son non-respect par l'attribution d'une faculté de résiliation au souscripteur (B).

A. LA DÉLIVRANCE DE L'INFORMATION

L'assureur doit rappeler au souscripteur la date limite d'exercice du droit de dénonciation dans chaque avis d'échéance annuelle de la prime. Si aucun texte ne précise à quelle date cet avis d'échéance doit être expédié, l'article L. 113-15-1 effectue une distinction selon que cet avis est envoyé plus ou moins quinze jours avant la date limite de dénonciation.

Si l'avis est envoyé plus de quinze jours avant cette date, le souscripteur dispose de ce délai pour dénoncer le contrat. En l'absence de dénonciation, la tacite reconduction produira ses effets.

Si l'avis est envoyé moins de quinze jours avant la date limite de dénonciation (bien souvent fixée à deux mois avant le terme du contrat) ou même au-delà de cette date, le délai de dénonciation est de vingt jours à compter de la date figurant sur le cachet de la poste. L'assureur doit en outre informer spécialement le souscripteur de ce délai légal dans cet avis d'échéance. Une difficulté peut se présenter si l'avis d'échéance de prime est envoyé moins de vingt jours avant le terme du contrat, voire même après cette date, et si le souscripteur s'oppose à la reconduction tacite après l'échéance du contrat. Deux analyses ont été envisagées par la doctrine : soit la dénonciation opère un effet rétroactif et remet en cause la tacite reconduction, soit la dénonciation est privée d'effet, mais le souscripteur peut se prévaloir de la sanction de l'article L. 113-15-1, alinéa 2, et résilier à tout moment le contrat d'assurance tacitement reconduit (V. Groutel et *al.*, *Traité du contrat d'assurance terrestre*, Litec, 2008, n° 893). L'alternative n'est pas sans conséquence si un sinistre survient entre le terme du contrat et sa dénonciation par le souscripteur. Tandis que la première analyse écarte la garantie de l'assureur, la seconde la préserve (V. Bigot, *Le contrat d'assurance*, LGDJ, 2014, n° 740).

B. LA SANCTION DE L'ABSENCE D'INFORMATION

Si l'information n'a pas « été adressée conformément aux dispositions du premier alinéa » de l'article L. 113-15-1 – ce qui pourrait donc viser une absence totale d'information ou une information très tardive ne permettant pas au souscripteur de dénoncer la reconduction avant le terme du contrat –, le souscripteur peut résilier le contrat à tout moment et sans pénalités. La résiliation doit se faire par lettre ou tout autre support durable, soit par déclaration faite au siège social ou chez le représentant de l'assureur, soit par acte extrajudiciaire, soit, lorsque l'assureur propose la conclusion du contrat par un mode de communication à distance, par le même mode de communication, soit par tout autre moyen prévu par le contrat. La résiliation prend effet le lendemain de la date figurant sur le cachet de la poste ou de la date de notification. Le souscripteur pourra en outre obtenir le remboursement de la fraction de la prime ne couvrant pas la période de garantie, dans un délai de trente jours à compter de la date d'effet de la résiliation. ❑

Art. L. 113-15-2 *(L. n° 2014-344 du 17 mars 2014, art. 61-I)* **Pour les contrats d'assurance couvrant les personnes physiques en dehors de leurs activités professionnelles et relevant des branches** *(L. n° 2019-733 du 14 juill. 2019, art. 1er, en vigueur le 1er déc. 2020)* **« ou des catégories de contrats » définies par décret en Conseil d'État, l'assuré peut,** *(L. n° 2019-733 du 14 juill. 2019, art. 1er, en vigueur le 1er déc. 2020)* **« après expiration » d'un délai d'un an à compter de la première souscription, résilier sans frais ni pénalités les contrats et adhésions tacitement reconductibles. La résiliation prend effet un mois après que l'assureur en a reçu notification par l'assuré** *(Abrogé par L. n° 2019-733 du 14 juill. 2019, art. 1er, à compter du 1er déc. 2020)* **« *, par lettre ou tout autre support durable* ».**

Le droit de résiliation prévu au premier alinéa est mentionné dans chaque contrat d'assurance. Il est en outre rappelé avec chaque avis d'échéance de prime ou de cotisation.

(L. n° 2019-733 du 14 juill. 2019, art. 1er, en vigueur le 1er déc. 2020) **« Le droit de résiliation prévu au même premier alinéa n'est pas ouvert à l'adhérent lorsque le lien qui l'unit à l'employeur rend obligatoire l'adhésion au contrat. »**

Lorsque le contrat est résilié dans les conditions prévues au premier alinéa, l'assuré n'est *(L. n° 2019-733 du 14 juill. 2019, art. 1er, en vigueur le 1er déc. 2020)* **« redevable que » de la partie de prime ou de cotisation correspondant à la période pendant laquelle le risque est couvert, cette période étant calculée jusqu'à la date d'effet de la résiliation. L'assureur est tenu de rembourser le solde à l'assuré dans un délai de trente jours à compter de la date de résiliation. A défaut de remboursement dans ce délai, les sommes dues à l'assuré produisent de plein droit intérêts au taux légal.**

(L. n° 2019-733 du 14 juill. 2019, art. 1er, en vigueur le 1er déc. 2020) **« Pour les contrats d'assurance de personnes souscrits par un employeur ou une personne morale au profit de ses salariés ou adhérents et relevant des catégories de contrats définies par décret en Conseil d'État, le droit de résiliation prévu au même premier alinéa est ouvert au souscripteur. »**

Pour l'assurance de responsabilité civile automobile définie à l'article L. 211-1 et pour l'assurance mentionnée au *g* de l'article 7 de la loi n° 89-462 du 6 juillet 1989 tendant à améliorer les rapports locatifs et portant modification de la loi n° 86-1290 du 23 décembre 1986, le nouvel assureur effectue pour le compte de l'assuré souhaitant le rejoindre les formalités nécessaires à l'exercice du droit de résiliation dans les conditions prévues au premier alinéa du présent article. Il s'assure en particulier de la permanence de la couverture de l'assuré durant la procédure.

(L. n° 2019-733 du 14 juill. 2019, art. 1er, en vigueur le 1er déc. 2020) **« Dans le cas où l'assuré souhaite résilier un contrat conclu pour le remboursement et l'indemnisation des frais occasionnés par une maladie, une maternité ou un accident afin de souscrire un nouveau contrat auprès d'un nouvel organisme, celui-ci effectue pour le compte de l'assuré souhaitant le rejoindre les formalités nécessaires à l'exercice du droit de résiliation dans les conditions prévues au premier alinéa du présent article. Les orga-**

nismes intéressés s'assurent de l'absence d'interruption de la couverture de l'assuré durant la procédure. »

Un décret en Conseil d'État précise les modalités et conditions d'application du présent article. – *V. art. R. 113-11 et R. 113-12.*

Les dispositions prévues par l'art. L. 133-15-2 s'appliquent aux contrats conclus ou tacitement reconduits à compter de la publication du décret mentionné au dern. al. de cet art., soit le 1er janv. 2015 (L. n° 2014-344 du 17 mars 2014, art. 61-II, et Décr. n° 2014-1685 du 29 déc. 2014, JO 31 déc.).

Le droit de résiliation ou de dénonciation prévu à l'art. L. 113-15-2, dans sa rédaction résultant de la L. n° 2019-733 du 14 juill. 2019, est applicable aux adhésions et contrats existants à cette date (L. préc., art. 6).

Les dispositions issues de la L. n° 2019-733 du 14 juill. 2019 sont applicables aux contrats et adhésions en cours à cette date (Décr. n° 2020-1438 du 24 nov. 2020, art. 4).

BIBL. ▸ BIGOT, *JCP 2015. 46* (résiliation infra-annuelle et renonciation aux contrats d'assurance affinitaires. - Textes d'application de la loi Hamon) ; *JCP 2014. Doctr. 634* (la loi Hamon et le contrat d'assurance). – COURTIEU, *RCA 2014. Étude 3* (nouveaux ajustements législatifs IV). – MAYAUX, Acte du colloque « la protection du consommateur d'assurance. Entre permanence et nouveautés », *RGDA 2014. 293.* – Dossier, « L'assurance affinitaire dans tous ses états », *Argus, 12 sept. 2014.* – HAUGUEL et MARANINCHI, *Argus, 21 nov. 2014* (les perspectives après la loi Hamon).

COMMENTAIRE

Introduit dans le code des assurances par la loi n° 2014-344 du 17 mars 2014 relative à la consommation, dite « loi Hamon », l'article L. 113-15-2 offre une nouvelle faculté de résiliation infra-annuelle du contrat d'assurance à certains souscripteurs. Les conditions (I) et les effets (II) de cette résiliation, intervenant en cours d'année et non à l'échéance du contrat, sont encadrés par le législateur et ont été précisés par un décret en Conseil d'État du 29 décembre 2014. Cette nouvelle faculté de résiliation est applicable aux contrats conclus ou tacitement reconduits depuis la publication de ce décret, c'est-à-dire à partir du 1er janvier 2015.

I. LES CONDITIONS DE LA RÉSILIATION

La résiliation infra-annuelle du contrat d'assurance ne concerne que certains contrats d'assurance (A) et s'effectue selon une procédure réglementée par le législateur (B).

A. LES CONTRATS CONCERNÉS

Tout d'abord, la résiliation infra-annuelle du contrat d'assurance ne peut être demandée que pour des contrats d'assurance couvrant des personnes physiques en dehors de leur activité professionnelle. L'objectif du législateur est bien de renforcer la protection du consommateur en lui permettant de sortir d'un contrat d'assurance sans attendre l'arrivée de son terme. Au-delà, cette nouvelle faculté de résiliation doit, selon les vœux du législateur, accroître la concurrence dans le secteur assurantiel.

Ensuite, la résiliation infra-annuelle ne concerne que les contrats tacitement reconductibles. Elle ne peut donc être invoquée pour les contrats dépourvus de clause de tacite reconduction. En effet, en l'absence d'une clause expresse de reconduction, le contrat d'assurance ne peut être, conformément à l'article L. 113-15, tacitement reconduit.

Enfin, la faculté de résiliation infra-annuelle ne peut être mise en œuvre que pour certains contrats d'assurance identifiés par l'article R. 113-11, c'est-à-dire l'assurance automobile, l'assurance multirisques habitation, les assurances dites « affinitaires complémentaires » d'un bien ou d'un service et les assurances complémentaires santé.

B. LA PROCÉDURE DE RÉSILIATION

La faculté de résiliation infra-annuelle, qui doit être mentionnée dans les contrats d'assurance et rappelée avec chaque avis d'échéance de prime, ne peut être invoquée qu'à l'expiration d'un délai d'un an à compter de la première souscription. Mais passé ce délai d'un an, elle peut intervenir à tout moment et sans frais ni pénalités.

En principe, la résiliation doit émaner du souscripteur. Pour les contrats d'assurances collectives de personnes souscrits par un employeur ou une personne morale au profit de ses salariés ou adhérents, il est d'ailleurs prévu que le droit de résiliation est ouvert au souscripteur. L'adhérent en revanche ne peut exercer cette faculté de résiliation infra-annuelle lorsque le lien qui l'unit à l'employeur rend obligatoire l'adhésion au contrat. Cette faculté n'est toutefois pas écartée dans les autres hypothèses. Lorsque la résiliation émane du souscripteur ou de l'assuré, elle peut être effectuée selon les modalités de l'article L. 113-14 du Code des assurances, c'est-à-dire soit par lettre ou tout autre support durable, soit par déclaration faite au siège social ou chez le représentant de l'assureur, soit par acte extrajudiciaire, soit, lorsque l'assureur propose la conclusion du contrat par un mode de communication à distance, par le même mode de communication, soit par tout autre moyen prévu par le contrat.

Par ailleurs, par exception, pour l'assurance de responsabilité automobile définie à l'article L. 211-1, l'assurance du risque locatif mentionnée à l'article 7, *g*, de la loi n° 89-462 du 6 juillet 1989 et l'assurance complémentaire santé, le nouvel assureur est chargé d'effectuer pour le compte de l'assuré les formalités nécessaires à l'exercice du droit de résiliation. Mandataire légal du souscripteur, le nouvel assureur engage sa responsabilité s'il n'exécute pas son obligation et si le souscripteur se retrouve doublement assuré. Sur la forme, l'assuré doit simplement transmettre sa demande, sur support papier ou tout autre support durable, à l'assureur auprès duquel il souhaite souscrire un nouveau contrat de procéder à la résiliation de son contrat en cours. Le nouvel assureur notifie alors au précédent assureur la résiliation de l'assuré par lettre recommandée, y compris électronique. La notification mentionne la référence du contrat, l'adresse du souscripteur et le nom du nouvel assureur choisi par l'assuré. Celle-ci doit en outre rappeler que le nouvel assureur s'assure de la continuité de la couverture de l'assuré durant l'opération de résiliation. L'objectif est bien d'éviter un trou de garantie entre la date d'effet de la résiliation et la prise d'effet du nouveau contrat. Afin de conforter cette règle, il est d'ailleurs prévu, par l'article R. 113-12-IV, que si le souscripteur adresse directement sa demande de résiliation à son ancien assureur, celui-ci doit l'informer de son droit à résiliation par l'intermédiaire de son nouvel assureur.

Une fois qu'il a reçu la résiliation du souscripteur ou du nouvel assureur, l'assureur doit communiquer à l'assuré, par tout support durable, un avis de résiliation l'informant de la date de prise d'effet de la résiliation. Cet avis rappelle en outre les conséquences quant au remboursement de la prime.

II. LES EFFETS DE LA RÉSILIATION

La résiliation du contrat prend effet un mois après sa notification à l'assureur. Le souscripteur n'est tenu qu'au paiement de la fraction de prime correspondant à la période de garantie effective. L'assureur doit rembourser le solde dans un délai de trente jours à compter de la date de résiliation. Tout retard est sanctionné par le versement d'intérêts au taux légal. ❑

Application dans le temps. Les dispositions de l'art. L. 113-15-2, issues de la L. n° 2014-344 du 17 mars 2014, ne s'appliquent, selon l'art. 61, II, de cette même loi, qu'aux contrats conclus ou tacitement reconduits à compter du 1er janv. 2015, lendemain de la publication du Décr. n° 2014-1685 du 29 déc. 2014 précisant les modalités et conditions de leur application. • Civ. 2e, 2 févr. 2017, n° 16-12.997 P : *D. actu. 23 févr. 2017, note de Ravel d'Esclapon ; D. 2017. 1213, obs. Noguéro ; RGDA 2017. 257, note Kullmann ; JCP 2017. 338, note Noguéro ; Gaz. Pal. 9 mai 2017. 71, note Cerveau-Colliard.*

Art. L. 113-15-3 *(L. n° 2022-270 du 28 févr. 2022, art. 3-I)* **I. — Pour les contrats mentionnés à l'article L. 113-12-2, l'assureur informe chaque année l'assuré, sur support papier ou sur tout autre support durable, du droit de résiliation prévu au même article L. 113-12-2, des modalités de résiliation et des différents délais de notification et d'information qu'il doit respecter.**

Les manquements à cette obligation sont constatés et sanctionnés par l'Autorité de contrôle prudentiel et de résolution, dans les conditions prévues à la section II du chapitre Ier du titre Ier du livre III.

II. — Les manquements à cette obligation peuvent également être recherchés et constatés par les agents mentionnés aux articles L. 511-3 et L. 511-21 du code de la consommation, dans les conditions prévues à l'article L. 511-7 du même code.

Ils sont passibles d'une amende administrative dont le montant ne peut excéder 3 000 euros pour une personne physique et 15 000 euros pour une personne morale.

L'autorité administrative chargée de la concurrence et de la consommation est l'autorité compétente pour prononcer, dans les conditions prévues au chapitre II du titre II du livre V dudit code, l'amende administrative prévue au présent II.

Les dispositions issues de la L. n° 2022-270 du 28 févr. 2022 sont applicables à compter du 1er sept. 2022, aux contrats d'assurance en cours d'exécution à cette date. Elles sont également applicables à compter du 1er sept. 2022, aux contrats d'assurance en cours d'exécution à cette date (L. préc., art. 8).

Art. L. 113-16 En cas de survenance d'un des événements suivants :
— changement de domicile ;
— changement de situation matrimoniale ;
— changement de régime matrimonial ;
— changement de profession ;
— retraite professionnelle ou cessation définitive d'activité professionnelle,
le contrat d'assurance peut être résilié par chacune des parties lorsqu'il a pour objet la garantie de risques en relation directe avec la situation antérieure et qui ne se retrouvent pas dans la situation nouvelle.

La résiliation du contrat ne peut intervenir que dans les trois mois suivant la date de l'événement.

La résiliation prend effet un mois après que l'autre partie au contrat en a reçu notification.

L'assureur doit rembourser à l'assuré la partie de prime ou de cotisation correspondant à la période pendant laquelle le risque n'a pas couru, période calculée à compter de la date d'effet de la résiliation.

(L. n° 89-1014 du 31 déc. 1989, en vigueur le 1er mai 1990) **« Il ne peut être prévu le paiement d'une indemnité à l'assureur dans les cas de résiliation susmentionnés. »**

Les dispositions du présent article ne sont pas applicables aux assurances sur la vie. Elles sont applicables à compter du 9 juillet 1973 aux contrats souscrits antérieurement au 15 juillet 1972.

Un décret en Conseil d'État fixe les conditions d'application du présent article, et notamment la date qui, pour chacun des cas énumérés au premier alinéa, est retenue comme point de départ du délai de résiliation. *— Assur. L. 243-7.*

V. art. R. 113-6.

COMMENTAIRE

Complétant les hypothèses de résiliation du contrat d'assurance envisagées par la loi du 13 juillet 1930, une loi du 11 juillet 1972 a accordé aux parties une faculté de résiliation en cas de survenance d'événements de nature à modifier la situation de l'assuré. Reprise par le code des assurances à l'article L. 113-16, cette règle, inapplicable aux contrats d'assurance sur la vie, n'a pas été remise en cause par la loi du 31 décembre 1989, qui s'est contentée d'apporter une modification ponctuelle relative au paiement éventuel d'une indemnité. Classiquement, cet article présente les conditions (I) puis les effets (II) de cette résiliation.

I. LES CONDITIONS DE LA RÉSILIATION

Les conditions de fond (A) et de procédure (B) sont présentées par l'article L. 113-16 complété par l'article R. 113-6.

A. LES CONDITIONS DE FOND

La résiliation pour circonstance affectant la situation de l'assuré suppose, d'une part, la survenance de l'un des événements mentionnés par l'article L. 113-16 (1), d'autre part, une incidence de l'événement sur le risque garanti (2).

1. LA SURVENANCE D'UN ÉVÉNEMENT

Cinq événements, limitativement énumérés par l'article L. 113-16, peuvent justifier une demande de résiliation par l'assureur ou par le souscripteur. Ces événements s'apprécient toujours par rapport à l'assuré. Il s'agit :

– du changement de domicile, c'est-à-dire conformément à la définition du domicile donnée à l'article 103 du code civil, du changement du lieu où l'assuré a décidé de fixer son principal établissement ;

– du changement de situation matrimoniale, c'est-à-dire du mariage, du divorce ou de la séparation de corps de l'assuré ; en revanche, ne correspond pas à un changement de situation matrimoniale au sens de cet article une autorisation de résidences séparées en cours de divorce (Civ. 1re, 26 mars 1996 : *V. note 1*) ;

– du changement de régime matrimonial, qui peut aussi bien résulter d'un changement conventionnel décidé par les époux (C. civ., art. 1397), de la séparation de corps de l'assuré entraînant la séparation de biens (C. civ., art. 302) ou encore de la séparation de biens ordonnée judiciairement lorsque l'un des époux met en péril le maintien de la communauté (C. civ., art. 1443) ;

– du changement de profession, qui devrait correspondre à un changement de catégorie socio-professionnelle, mais non au passage à une profession proche de celle exercée précédemment (Picard et Besson, Les assurances terrestres en droit français, *t. I, n° 170*) ;

– de la retraite professionnelle ou de la cessation définitive d'activité professionnelle (Civ. 1re, 29 nov. 1989 : *V. note 2*).

2. L'INCIDENCE DE L'ÉVÉNEMENT

Pour qu'une faculté de résiliation soit reconnue à l'assureur ou au souscripteur, il est nécessaire par ailleurs que l'événement invoqué ait une incidence sur le risque garanti. En ce sens, il appartient à celui qui demande la résiliation du contrat de démontrer que la nouvelle situation de l'assuré ne justifie plus la garantie du risque. Ainsi, l'assuré, garanti contre le risque incendie, doit démontrer que ce risque ne se retrouve pas dans sa nouvelle situation consécutive à son déménagement pour pouvoir résilier son contrat d'assurance (Civ. 1re, 30 nov. 1977 : *V. note 3*).

B. LES CONDITIONS DE PROCÉDURE

Le législateur a apporté des précisions tant sur la forme (1) que sur le délai (2) à respecter pour que la résiliation soit efficace.

1. LA FORME

Aux termes de l'article R. 113-6, la résiliation doit être effectuée selon l'une des modalités prévues par l'article L. 113-16 du Code des assurances si la résiliation est à l'initiative de l'assuré, c'est-à-dire soit par lettre recommandée ou tout autre support durable, soit par déclaration faite au siège social ou chez le représentant de l'assureur, soit par acte extrajudiciaire, soit, lorsque l'assureur propose la conclusion du contrat par un mode de communication à distance, par le même mode de communication, soit par tout autre moyen prévu par le contrat. En revanche, la résiliation doit être effectuée d'une lettre recommandée avec demande d'avis de réception si elle est à l'initiative de l'assureur. Par conséquent, la résiliation par lettre simple effectuée par l'assureur ne peut mettre fin au contrat, elle peut tout au plus constituer une offre de résiliation requérant une acceptation de l'autre partie pour entraîner la disparition du contrat (Civ. 2e, 13 juill. 2005 : *V. note 5*). En outre, selon ce même article R. 113-6, cette lettre doit indiquer la nature et la date de l'événement justifiant la résiliation et donner toutes précisions de nature à établir que la résiliation est en relation avec cet événement. Dès lors si, par principe, l'obligation de motivation de l'article L. 113-12-1 peut s'appliquer à la résiliation pour modification de la situation de l'assuré, lorsque le contrat couvre une personne physique en dehors de son activité professionnelle, cette obligation n'a en l'occurrence qu'une portée réduite. Elle ne fait que conforter la règle de l'article R. 113-6.

2. LE DÉLAI

La résiliation pour modification de la situation de l'assuré ne peut intervenir que dans les trois mois suivant la date de l'événement.

Partant, lorsque la résiliation est demandée par le souscripteur, le point de départ de ce délai de trois mois est la date d'apparition de la nouvelle situation de l'assuré. Précisant cette règle, l'article R. 113-6, alinéa 2, indique que si l'événement est constitué ou constaté par une décision de justice, ou s'il ne peut en être déduit d'effets juridiques qu'après une homologation ou un exequatur, la date retenue est celle à laquelle cet acte juridictionnel est passé en force de chose jugée. Cette précision concerne notamment le divorce, la séparation de corps ou le changement de régime matrimonial de l'assuré.

En revanche, lorsque la résiliation est demandée par l'assureur, le point de départ de ce délai de trois mois ne peut être que le jour où celui-ci a connaissance de l'événement affectant l'assuré.

II. LES EFFETS DE LA RÉSILIATION

La résiliation du contrat ne prend pas effet immédiatement. Elle intervient un mois après sa notification à l'autre partie. L'assureur doit alors rembourser la fraction de prime correspondant à la période non couverte par la garantie.

Par ailleurs, si l'article L. 113-16 prévoyait initialement qu'il pouvait être stipulé dans la police le paiement d'une indemnité à l'assureur par l'assuré dans tous les cas de résiliation résultant du fait de l'assuré, une telle possibilité est écartée depuis la loi du 31 décembre 1989. Dorénavant, l'article L. 113-16 interdit le paiement d'une indemnité à l'assureur en cas de résiliation pour modification de la situation de l'assuré. ❑

1. Changement de situation matrimoniale. Dès lors qu'une ordonnance de non-conciliation autorisant des époux à résider séparément a attribué la jouissance du domicile conjugal à l'un d'eux, l'autre ne peut plus, après cette ordonnance, résilier seul le contrat d'assurance garantissant ce logement. En outre, dans une telle hypothèse, les conditions de la résiliation de l'art. L. 113-16 C. assur. ne sont pas réunies. • Civ. 1re, 26 mars 1996 : *RCA 1996, no 238; RGDA 1996. 600, note Mayaux.*

2. Cessation d'activité professionnelle. Ne s'expose à aucune critique le jugement qui, après avoir relevé que la demande de résiliation avait été formée par l'assuré, en raison d'une prétendue cessation de son activité, mais que cette cessation d'activité n'était pas établie, estime que ceci excluait l'application des dispositions de l'art. L. 113-16, et renvoyait aux stipulations du contrat qui devait produire son entier effet. • Civ. 1re, 29 nov. 1989, no 88-12.032 : *RGAT 1990. 100, note Margeat et Landel.*

3. Lien avec le risque garanti. Ayant quitté un appartement dont il était locataire, alors qu'il avait une police d'assurance le garantissant en particulier contre le risque d'incendie, un assuré n'a pas rapporté la preuve lui incombant qu'à la suite de son déménagement, les risques antérieurement couverts par la police ne se retrouvaient pas dans la nouvelle situation. • Civ. 1re, 30 nov. 1977 : *Bull. civ. I, no 451.*

4. Préavis. La résiliation ne peut intervenir que dans les trois mois suivant la date de l'événement. • Civ. 1re, 16 oct. 1990 : *RGAT 1991. 86, note Margeat et Landel.*

5. Résiliation formellement irrégulière. L'assureur, qui ne prouve pas avoir envoyé la lettre de résiliation avec accusé de réception, comme le prévoit l'art. L. 113-16 C. assur., ne peut se prévaloir d'une résiliation unilatérale du contrat. Cependant, la lettre de résiliation peut valoir offre de résiliation de la part de la société. Aussi, dès lors que le chèque de remboursement du prorata de la prime a été encaissé par l'assuré qui a remis à l'agent général les documents relatifs à sa cessation d'activité et qui n'a plus versé de prime ultérieurement et ne s'en est pas inquiété, le contrat d'assurance multirisques professionnels a été résilié d'un commun accord entre les deux parties, sans formalités mais de façon univoque. • Civ. 2e, 13 juill. 2005 : *RGDA 2005. 911, note Kullmann.*

6. Absence d'obligation d'information de l'assureur. L'assureur ne commet aucune faute en résiliant un contrat d'assurance automobile à la demande de sa souscriptrice, en raison de son divorce, sans en informer préalablement le mari, second conducteur désigné dans la police. • Civ. 2e, 10 sept. 2015, no 14-24.053 : *RCA 2015, no 340, note Groutel; RGDA 2015. 514, note Lambert; D. 2016. 1161, note Noguéro.*

Art. L. 113-17 *(L. no 89-1014 du 31 déc. 1989, en vigueur le 1er mai 1990)* **L'assureur qui prend la direction d'un procès intenté à l'assuré est censé aussi renoncer à toutes les exceptions dont il avait connaissance lorsqu'il a pris la direction du procès.**

L'assuré n'encourt aucune déchéance ni aucune autre sanction du fait de son immixtion dans la direction du procès s'il avait intérêt à le faire.

BIBL. ▶ Loi du 31 déc. 1989 : GROUTEL, *RCA 1990. Chron. 1; ibid. 1997. Chron. 24.* – Exceptions opposables : DURIN, *RCA 2005. Étude 17.*

COMMENTAIRE

Introduit par la loi no 89-1014 du 31 décembre 1989, l'article L. 113-17 réglemente les effets de la clause de direction du procès (II) sans véritablement cerner les contours de cette notion (I).

I. LA NOTION DE DIRECTION DU PROCÈS

La clause de direction du procès doit être distinguée d'une autre clause fréquemment insérée dans les polices d'assurance dénommée clause de défense-recours (A). Par ailleurs, la clause de direction du procès n'est mise en œuvre qu'en présence d'actes de direction du procès par l'assureur (B).

A. *DISTINCTION DE LA CLAUSE DE DÉFENSE-RECOURS*

La distinction entre la clause de direction du procès et la clause de défense-recours n'est pas toujours facile à effectuer. Selon la jurisprudence, la clause de direction du procès suppose que l'assureur de responsabilité intervienne dans le procès intenté à l'encontre de son assuré parce que sa garantie est susceptible de jouer à l'égard du tiers. En revanche, la clause de défense-recours est mise en œuvre lorsque l'assureur exerce un recours pour son assuré contre un tiers ou prend en charge la défense de son assuré contre l'action d'un tiers sans pour autant être tenu de le garantir (Civ. 1re, 8 juill. 1997 : *V. note 1*).

Dans la mesure où il appartient aux juges de rechercher à quel titre l'assureur est intervenu (Civ. 1re, 20 janv. 1998 : *V. note 1*), ceux-ci peuvent de la sorte être conduits à requalifier une clause. Ainsi, des juges ont pu requalifier une clause de défense-recours, stipulant que « pour tout événement entrant dans le cadre des garanties du présent contrat, l'assureur prend en charge immédiatement et dès la déclaration du sinistre la défense de l'assuré devant toute juridiction », en clause de direction du procès (Civ. 1re, 8 juill. 1997 : *préc.*).

B. *IDENTIFICATION DE LA DIRECTION DU PROCÈS*

Par principe, la clause de direction du procès n'impose pas à l'assureur de prendre la direction du procès intenté à son assuré (Civ. 20 juill. 1942 : *V. note 16*). Il est dès lors important de déterminer si les actes de l'assureur traduisent, ou non, une réelle volonté de diriger le procès.

Ainsi, la seule prise en charge des frais du procès à titre commercial écarte toute direction du procès par l'assureur (Civ. 1re, 7 mars 1995 : *V. note 5*). De même, une cour d'appel a pu écarter toute direction du procès par l'assureur en constatant que l'assuré et l'assureur avaient chacun un avocat et que les initiatives de l'avocat de l'assureur lors des opérations d'expertise, à savoir deux dires, ne suffisaient pas à caractériser une telle position (Civ. 2e, 14 juin 2006 : *V. note 5*).

En revanche, une cour d'appel a pu caractériser une direction du procès par l'assureur en relevant que l'assureur et l'assuré avaient été représentés par le même avocat et qu'ils avaient opposé des moyens de défense identiques (Civ. 1re, 16 janv. 2001 : *V. note 6*). La direction du procès par l'assureur a également pu être caractérisée à partir de l'envoi par l'assureur d'un dire argumenté prenant fait et cause pour son assuré et de l'absence de réserves (Civ. 3e, 13 juill. 2010 : *V. note 6*).

II. *LES EFFETS DE LA DIRECTION DU PROCÈS*

Deux effets de la direction du procès sont expressément mis en avant par l'article L. 113-17 (A) et ont été complétés par plusieurs solutions jurisprudentielles (B).

A. *LES SOLUTIONS LÉGISLATIVES*

Selon l'article L. 113-17, la direction du procès par l'assureur entraîne, d'une part, une inopposabilité des exceptions par l'assureur (1), d'autre part, une interdiction pour l'assuré de s'immiscer dans l'action de l'assureur (2)

1. *L'INOPPOSABILITÉ DES EXCEPTIONS*

Parce qu'il prend en charge la direction du procès, l'assureur est censé défendre non seulement les intérêts de son assuré, mais aussi les siens. Partant, s'il a connaissance d'une exception justifiant une absence de garantie, il ne devrait pas par principe diriger le procès. En conséquence, l'article L. 113-17, alinéa 1er, affirme que la direction du procès par l'assureur emporte renonciation de sa part aux exceptions. Cela dit, ce principe connaît plusieurs limites.

a. Première limite : la connaissance de l'exception

La renonciation ne concerne que les exceptions dont l'assureur a eu connaissance lors de la prise de direction du procès (Civ. 1re, 21 oct. 2003 : *V. note 8*). Par extension, elle devrait également concerner les exceptions connues de l'assureur lors de la direction du procès (Bigot et *al.*, Le contrat d'assurance, *LGDJ, 2014, n° 2235*).

b. Deuxième limite : les réserves de l'assureur

La renonciation est également écartée en cas de réserves de l'assureur. Après l'adoption de la loi du 31 décembre 1989, on a pu s'interroger sur la permanence de cette solution d'origine jurisprudentielle, puisque l'article L. 113-17 est silencieux sur ce point. Le doute était d'autant plus permis que l'Assemblée nationale avait supprimé toute référence aux réserves, s'opposant ainsi au Sénat. Les députés craignaient en effet l'insertion d'une clause générale de réserve. Toutefois, la crainte était certainement exagérée dans la mesure où une clause trop générale devrait être privée d'effet (Groutel et *al.*, Traité du contrat d'assurance terrestre, *Litec, 2008, n° 1913*). Levant les doutes, la Cour de cassation a depuis repris sa jurisprudence traditionnelle (Civ. 1re, 23 sept. 2003 : *V. note 8*). Pour être efficaces, de telles réserves se doivent d'être expresses et précises, afin d'éviter toute interrogation de l'assuré quant à l'intention de l'assureur de se prévaloir de l'exception.

c. Troisième limite : la nature des risques garantis et le montant de la garantie

Selon la Cour de cassation, la renonciation ne peut porter sur des exceptions relatives à la nature des risques garantis ou au montant de la garantie (Civ. 2e, 17 avr. 2008 : *V. note 9*).

De prime abord, la notion de risques garantis renvoie à l'objet ou aux éléments essentiels du contrat. Cependant, l'application de cette règle a suscité des difficultés en jurisprudence. Ainsi, si la Cour de cassation a estimé que la direction du procès n'interdisait pas à un assureur de responsabilité décennale d'invoquer l'absence de caractère décennal des désordres (Civ. 3e, 29 janv. 2014 : *V. note 10*), elle a pu, quelques années plus tôt, retenir que l'assureur, garantissant la seule responsabilité contractuelle de droit commun d'un constructeur, renonçait à se prévaloir de l'exception de non-garantie fondée sur la nature décennale des désordres dès lors qu'il avait pris la direction du procès en parfaite connaissance de cette exception (Civ. 3e, 6 déc. 2006 : *V. note 10*).

Quant au montant de la garantie, la Cour de cassation estime fort logiquement que la direction du procès n'interdit pas à l'assureur de se prévaloir d'un plafond de garantie (Civ. 1re, 18 juill. 2000 : *V. note 11*) ou de la réduction proportionnelle de l'indemnité prévue par l'article L. 113-9 du code des assurances (Civ. 1re, 17 avr. 2008 : *V. note 11*). Dans de telles hypothèses, la garantie de l'assureur n'est pas écartée, elle est simplement limitée. La direction du procès est donc justifiée par le fait que l'assureur est toujours tenu de verser une indemnité.

2. L'INTERDICTION D'IMMIXTION DE L'ASSURÉ

Si l'assureur prend la direction du procès, l'assuré ne doit pas intervenir dans l'action de son assureur. Ainsi, ce dernier choisit l'avocat qui va représenter l'assuré et lui donne des instructions quant à la conduite du procès. L'assuré ne doit pas intervenir dans la direction du procès par l'assureur, sous peine d'encourir une déchéance de garantie si elle est prévue dans le contrat.

Mais, depuis la loi du 31 décembre 1989, aucune sanction ne peut être prononcée contre l'assuré qui intervient dans la direction du procès dès lors qu'il avait intérêt à le faire. Non définie par le législateur, cette notion d'intérêt de l'assuré doit être appréciée par le juge. Traditionnellement, on estime de la sorte que lorsqu'un intérêt pénal est en cause, l'intérêt de l'assuré l'emporte. L'assuré doit pouvoir choisir son avocat et lui donner des instructions sans encourir une sanction (Bigot et *al.*, Le contrat d'assurance, *LGDJ, 2008, n° 2225*).

B. LES SOLUTIONS JURISPRUDENTIELLES

Complétant les dispositions législatives, la jurisprudence a reconnu deux effets principaux à la direction du procès : l'un est relatif à la prescription de l'action en garantie de l'assuré contre son assureur (1), l'autre à la responsabilité de l'assureur à l'égard de son assuré (2).

1. LA PRESCRIPTION DE L'ACTION DE L'ASSURÉ

Par application des articles L. 114-1 et L. 114-2 du code des assurances, l'action en garantie de l'assuré contre son assureur de responsabilité, en cas de recours judiciaire d'un tiers, se prescrit par deux ans à compter du jour de l'assignation. Toutefois, la direction du procès peut inciter l'assuré à ne pas agir contre son assureur. Aussi la jurisprudence a-t-elle estimé, par application du principe *contra non valentem* alors même que cet adage suppose une impossibilité absolue d'agir (Astegiano-La Rizza, L'assurance et la réforme de la prescription en matière civile, *RGDA 2008. 833, n° 15*), que la prescription de l'action de l'assuré était suspendue pendant la direction du procès (Civ. 1re, 3 nov. 1988 : *V. note 14*).

2. LA RESPONSABILITÉ DE L'ASSUREUR

Si la clause de direction du procès permet à l'assureur d'orienter la procédure, il n'en demeure pas moins qu'il peut engager sa responsabilité contractuelle en cas de faute de sa part. En particulier, sa responsabilité peut être engagée s'il exerce une voie de recours alors qu'il n'existait pas d'espoirs sérieux d'une amélioration de la situation de l'assuré (Civ. 4 mai 1942 : *V. note 17*). Dans une telle hypothèse, l'assureur pourra être tenu d'indemniser son assuré au-delà du plafond de garantie. ❑

I. DÉFINITION DE LA DIRECTION DU PROCÈS

1. Direction du procès ou défense-recours. En dirigeant conformément à une clause de « défense-recours » liée aux événements entrant dans le cadre de ses garanties, de sorte qu'il s'agissait en réalité d'une clause de direction du procès, et en toute connaissance de cause et sans aucune réserve, la procédure suivie contre son assuré, un assureur a renoncé à opposer l'exception de non-garantie de la responsabilité décennale de son assuré. • Civ. 1re, 8 juill. 1997, n° 95-13.484 P : *RGDA 1997. 1075, note Kullmann; RCA 1997. Chron. 24, note Groutel.* ♦ Cassation de l'arrêt qui, sur le fondement de l'art. L. 113-17, décide que l'assureur avait renoncé à l'exception de non-garantie dont il avait connaissance dès l'origine du litige, en se fondant sur son intervention dans la procédure, sans rechercher s'il était intervenu, non pas en application d'une clause de direction du procès, mais d'une clause de défense et recours indépendante de sa garantie au fond. • Civ. 1re, 20 janv. 1998 : *RGDA 1998. 123, note Kullmann.* ♦ Viole l'art. 1134 C. civ. [nouv. art. 1103 et 1104] la cour d'appel qui pour condamner un assureur fait application d'une clause de « défense-recours », alors que ladite clause ne constituait pas une clause défense-recours mais une clause de direction du procès ne pouvant recevoir application en l'absence de garantie par l'assurance. • Civ. 3e, 24 mars 2016, n° 14-19.946 : *RGDA 2016. 267, note Schulz; Procédures 2016. Chron. 3, n° 9, note Bléry.* ♦ V. égal. • Civ. 2e, 28 févr. 2013, n° 12-12.813 P : *cité note 4.* ♦ V. aussi : ne tire pas les conséquences légales qui s'évinçaient de ses propres constatations et viole l'art. 1134 C. civ. [nouv. art. 1103 et 1104] la cour d'appel qui décide que l'assureur a refusé à tort la garantie défense-recours et retient sa responsabilité contractuelle à l'égard de son assuré, alors qu'il ressortait de ses propres constatations, d'une part, que la clause dite de « défense-recours » ne prévoyait l'intervention de l'assureur que pour les dommages garantis par le contrat, d'autre part, que les dommages résultant de la mauvaise qualité du carburant n'étaient pas garantis. • Civ. 2e, 3 mars 2016, n° 14-29.538 : *RGDA 2016. 196, note Schulz; Procédures 2016. Chron. 3, n° 9, note Bléry.*

2. Direction du procès ou collaboration dans le procès. Justifie sa décision la cour d'appel qui, ayant constaté que l'assureur avait demandé à son propre avocat de suivre le procès de son assuré en « collaboration » avec lui, a retenu que l'assureur ne s'était pas réservé la direction du procès, ce qui démontrait que l'assuré avait conservé une certaine autonomie dans l'organisation de sa défense, de sorte que l'assuré pas fondé à se prévaloir de l'art. L. 113-17 C. assur. • Civ. 1re, 23 mars 1999 : *RGDA 1999. 683, note Kullmann.*

3. Pouvoir de qualification des juges. C'est par une appréciation souveraine d'une clause contractuelle ambiguë intitulée « défense et recours », laquelle prévoyait dans son article « défense », qu'« en cas d'action mettant en cause une responsabilité garantie par le présent contrat, l'assureur défend l'assuré devant les tribunaux administratifs, judiciaires ou répressifs (...) ; devant les juridictions civiles, commerciales ou administratives, l'assureur assume la défense de l'assuré, dirige le procès et a le libre exercice des voies de recours. L'avocat est désigné par l'assureur », qu'une cour d'appel, estimant que cette clause, qui prévoyait l'intervention de l'assureur uniquement en cas d'action mettant en cause une responsabilité garantie par le contrat, ne constituait pas une garantie de protection juridique indépendante de toute autre qui s'imposerait à l'assureur, quelles que soient les circonstances du sinistre, et devait donc s'analyser comme une clause de direction du procès. • Civ. 2e, 28 févr. 2013, n° 12-12.813 P : *RCA 2013, n° 197, note Bakouche; JCP 2013. 400, n° 4, note Kullmann; RGDA 2013. 610, note Kullmann; Procédures 2013. Chron. 2, n° 4, note V. Mazeaud.* ♦ V. égal. : • Civ. 1re, 8 juill. 1997, n° 95-13.484 P : *cité note 1.*

II. DOMAINE DE LA DIRECTION DU PROCÈS

4. Champ d'application. Les dispositions de l'art. L. 113-17 ne sont pas limitées à la défense au fond de l'assuré mais concernent tout procès qui lui est intenté, fût-ce en référé. • Civ. 1re, 10 mai 2000, n° 97-22.495 P : *RCA 2000, n° 283, obs. Groutel; RGDA 2000. 589, note Kullmann* • 16 janv. 2001 : *D. 2001. Somm. 3320, obs. Groutel; RCA 2001, n° 130; RGDA 2001. 106, note Kullmann.*

III. CONDITIONS DE LA DIRECTION DU PROCÈS

5. Absence de prise de direction du procès. Une cour d'appel a pu retenir, par une appréciation souveraine de la valeur et de la portée des éléments de preuve, que l'assuré et l'assureur avaient chacun un avocat pour les représenter devant l'expert et les premiers juges et qu'il n'y avait donc pas de preuve d'une prise de direction du procès par l'assureur, les initiatives de l'avocat de cette dernière lors des opérations d'expertise ne suffisant pas à caractériser une telle position. • Civ. 2e, 14 juin 2006 : *RGDA 2006. 716, note Mayaux* • Civ. 3e, 29 sept. 2015, n° 14-19.277 : *Procédures 2016. Chron. 3, n° 8, note Bléry.* ♦ De même, par une interprétation dont la nécessité est exclusive de dénaturation, une cour d'appel a estimé qu'il résultait d'une lettre de l'assureur informant son assuré qu'il ne garantissait pas le sinistre que l'assureur avait accepté, à titre purement commercial, de prendre en charge les frais du procès, mais sans en prendre la direction. • Civ. 1re, 7 mars 1995 : *RGAT 1995. 428, note Vincent.* ♦ Ne donne pas de base légale à sa décision la cour d'appel qui, pour accueillir l'action récursoire de la société assurée contre son assureur, retient que celui-ci en prenant la direction du procès renonçait à invoquer la prescription de l'action jusqu'à l'issue du procès qui s'était poursuivi devant les juges du fond, alors que de tels motifs ne suffisent pas à caractériser la direction du procès par l'assureur. • Civ. 3e, 12 juin 2013 : *RCA 2013, no 320, note Groutel.* ♦ V. égal. : • Civ. 1re, 18 févr. 2003 : *RCA 2003, no 152; ibid. Chron. 10, par Groutel; RGDA 2003. 348, note Favre-Rochex.*

6. Existence d'une prise de direction du procès. Ayant constaté qu'un assureur avait adressé à l'expert un dire argumenté, prenant fait et cause pour son assurée, une cour d'appel a pu déduire de cette intervention et de l'absence de réserves, que l'assureur avait pris la direction du procès au sens de l'art. L. 113-17. • Civ. 3e, 13 juill. 2010, no 09-15.409. ♦ Ayant constaté que l'assureur et son assuré avaient été représentés par le même avocat au cours de l'instance en référé et relevé qu'ils avaient, en première instance, opposé des moyens de défense identiques, une cour d'appel a pu considérer que l'assureur avait pris la direction du procès fait à son assuré. • Civ. 1re, 16 janv. 2001 : *D. 2001. Somm. 3320, obs. Groutel ; RCA 2001, no 130; RGDA 2001. 106, note Kullmann.*

7. Auteur des actes de prise de direction du procès. Prive sa décision de base légale au regard de l'art. L. 113-17 la cour d'appel qui ne recherche pas si l'assureur n'avait pas dirigé par l'intermédiaire de son agent d'assurance le procès à la place de son assuré. • Civ. 1re, 18 mai 2004 : *RGDA 2004. 638, note Mayaux.*

IV. EFFETS DE LA DIRECTION DU PROCÈS

8. Conditions de la renonciation. Il résulte de l'art. L. 113-17 C. assur. que l'assureur n'est censé avoir renoncé à se prévaloir des exceptions qu'il pouvait invoquer qu'à la double condition qu'il ait dirigé le procès fait à son assuré en connaissance de ces exceptions et qu'il n'ait émis aucune réserve. • Civ. 1re, 23 sept. 2003, no 00-15.201 P : *Gaz. Pal. 2004. 500, note Favre-Rochex; RCA 2003, no 329, obs. Groutel; RGDA 2003. 785, note Kullmann.* ♦ Conf. : • Civ. 2e, 8 sept. 2005 : *RCA 2006, no 35, obs. Groutel; RGDA 2005. 1022, note Bruschi* • Civ. 3e, 6 déc. 2006 : *RGDA 2007. 411, note Karila.* ♦ Il résulte de l'art. L. 113-17 C. assur. que l'assureur qui prend la direction d'un procès n'est censé renoncer aux exceptions qu'il aurait pu invoquer qu'à la condition d'en avoir eu connaissance lorsqu'il a pris cette direction. • Civ. 1re, 21 oct. 2003 : *RCA 2004, no 21; RGDA 2004. 174, note Bruschi.* ♦ Il peut présenter des exceptions en appel dès lors qu'il est resté dans l'ignorance du jugement de première instance. • Civ. 1re, 6 déc. 1994 : *RGAT 1995. 155, note Vincent.*

9. Exceptions concernées – Principe. Les exceptions visées par l'art. L. 113-17 C. assur., en ce qu'elles se rapportent aux garanties souscrites, ne concernent ni la nature des risques souscrits, ni le montant de cette garantie. • Civ. 2e, 17 avr. 2008 : *RCA 2008, no 241; ibid., no 245, obs. Groutel* • 19 nov. 2009 : *RCA 2010, no 54, note Groutel* • Civ. 3e, 20 oct. 2010 : *cité note 2 ss. art. L. 241-1* • Civ. 3e, 29 janv. 2014 : *cité note 11.* ♦ V. déjà : • Civ. 1re, 8 juill. 1997, no 95-12.817 P : *Gaz. Pal. 1997. 2. Somm. 530, note Favre-Rochex; RCA 1997, no 316 (4e esp.); ibid. Chron. 24 (arrêt no 4), par Groutel; RGDA 1997. 1076, note Kullmann* • 18 juill. 2000 : *RCA 2000, no 34* • 29 févr. 2000, no 98-23.241 P : *RCA 2000, no 170.* ♦ V. cep. : tout moyen invoqué par l'assureur pour contester sa garantie constituant une exception de non-garantie, ne peut être rejetée une demande de garantie contre l'assureur d'un sous-traitant au motif que le sinistre n'entre pas dans les stipulations de la police, sans qu'il soit recherché si cet assureur, qui avait pris la direction du procès, n'avait pas renoncé tacitement à s'en prévaloir. • Civ. 1re, 3 mars 1998 : *RGDA 1998. 322, note Rémy.*

10. Application – Exceptions relatives à la nature des risques garantis. L'assureur de responsabilité décennale qui prend la direction du procès ne renonce pas à se prévaloir d'une absence de garantie des dommages immatériels. • Civ. 3e, 20 oct. 1990, no 09-15.093 P. ♦ L'assureur, garantissant seulement la responsabilité décennale de l'assuré, ne renonce à invoquer l'absence de caractère décennal des désordres en prenant la direction du procès. • Civ. 3e, 29 janv. 2014 : *RCA 2014, no 130, note Groutel; ibid. 2015. Chron. 1, no 12, note Groutel; RGDA 2014. 172, note Kullmann; Procédures 2014. Chron. 2, no 11, note Bléry.* ♦ V. égal. : • Civ. 3e, 27 oct. 2016, no 15-25.143 P : *RCA 2017, no 25, note Groutel; RGDA 2016. 615, note J.-P. Karila; Procédures 2017. Chron. 3, no 8, note Bléry* • Civ. 3e, 13 juill. 2017, no 16-19.821 : *RCA 2017, no 289, note Groutel; Procédures 2018, Chron. 4, no 7, note Bléry.* ♦ *Contra* : viole l'art. L. 113-17 la cour d'appel qui écarte la garantie de l'assureur au motif qu'il ne garantissait que les conséquences de la responsabilité contractuelle de droit commun et non celles de la responsabilité décennale de l'art. 1792 C. civ., alors que l'assureur, qui avait assuré la direction du procès, avait connaissance dès la première instance, de cette exception de non-garantie. • Civ. 3e, 6 déc. 2006 : *RGDA 2007. 411, note Karila.*

11. Application – Exceptions relatives au montant de la garantie. L'assureur qui dirige le procès ne renonce pas à la limitation de garantie prévue par la police. • Civ. 1re, 18 juill. 2000 : *RGDA 2000. 903, note Mayaux.* ♦ ... Ni à la réduction proportionnelle de l'indemnité prévue par l'art. L. 113-9, al. 3, C. assur. • Civ. 2e, 17 avr. 2008 : *préc. note 10* • Civ. 1re, 21 oct. 2003 : *RGDA 2004. 507, note Kullmann.*

12. Application – Exclusion de garantie. Ayant constaté que l'assureur avait pris la direction du procès fait à son assuré en connaissance des circonstances de fait de nature à exclure sa garantie et sans se prévaloir de celles-ci, une cour d'appel a pu dès lors déduire de ces circonstances la renonciation de l'assureur à s'en prévaloir. • Civ. 1re, 16 janv. 2001 : *D. 2001. Somm. 3320, obs. Groutel ; RCA 2001, n° 130 ; RGDA 2001. 106, note Kullmann.* ♦ La clause qui prive l'assuré du bénéfice de la garantie en raison de circonstances particulières de réalisation du risque ne concerne pas la nature du risque garanti. • Civ. 3e, 5 janv. 2017, n° 15-25.241 : *RCA 2017, n° 119, note Groutel ; RGDA 2017. 178, not Asselain.* ♦ V. cep. : viole l'art. L. 113-17 la cour d'appel qui retient que l'assureur qui prend la direction du procès intenté à l'assuré est censé renoncer à toutes les exceptions dont il avait connaissance lorsqu'il a pris la direction du procès, y compris l'exception tirée de la non-garantie, alors que l'assureur se prévalait d'une exclusion de garantie relative aux accidents de la circulation, exception qui concerne la nature des risques garantis. • Civ. 2e, 19 nov. 2009, n° 08-19.477 P : *RCA 2010, n° 54, note Groutel.*

13. Application - Prescription. Ayant constaté que l'assureur avait pris la direction du procès, une cour d'appel a pu en déduire qu'il avait renoncé à se prévaloir de l'exception de prescription. • Civ. 2e, 28 févr. 2013 : *RCA 2013, n° 197, note Bakouche ; JCP 2013. 400, n° 4, note Kullmann ; RGDA 2013. 610, note Kullmann ; Procédures 2013. Étude 2, n° 4, note V. Mazeaud.*

14. Suspension de la prescription. Le fait par l'assureur d'user du droit que lui confère l'assuré dans le contrat d'assurance de diriger le procès intenté à celui-ci par la victime suspend, tant que dure cette direction, le cours de la prescription de l'action en garantie de l'assuré contre l'assureur. • Civ. 1re, 3 nov. 1988, n° 86-19.592 P : *D. 1988. IR 269.* ♦ Dans le même sens : • Civ. 1re, 2 juill. 1991 : *RCA 1991, n° 395* • Civ. 2e, 8 sept. 2005 : *RGDA 2005. 1022, note Bruschi* • 17 déc. 2009, n° 08-19.090. ♦ Si le même assureur garantit deux responsables d'un sinistre, le fait d'avoir dirigé le procès fait à l'un d'eux par la victime ne suspend pas, faute d'indivisibilité, la prescription de l'action en garantie de l'autre. • Civ. 1re, 31 mai 1988 : *Bull. civ. I, n° 159.*

15. Coassurance. En prenant en toute connaissance de cause la direction des procès intentés contre son assuré, un assureur a, tant pour lui-même que pour les autres assureurs dont il était le mandataire en tant qu'apériteur, manifesté sans équivoque son intention de renoncer à opposer la nullité de la police. • Civ. 1re, 18 mars 1997, n° 95-15.119 P : *RCA 1997, n° 245 ; RGDA 1997. 726, note Favre-Rochex.* ♦ Mais, en prenant la direction du procès, l'assureur ne renonce pas à se prévaloir de la répartition des risques entre coassureurs. • Civ. 2e, 10 mai 2007 : *RGDA 2007. 708, note Kullmann.*

V. RESPONSABILITÉ DE L'ASSUREUR

16. Absence d'obligation de diriger le procès. La clause de direction du procès ne comporte pas par elle-même l'obligation pour l'assureur de prendre, contre son propre intérêt, la défense de l'assuré. Par suite, la condamnation de l'assureur à des dommages-intérêts pour refus injustifié d'assumer cette défense n'est pas légalement motivée, alors que la compagnie soulevait une contestation sérieuse sur la déchéance de l'assuré et ne pouvait, dès lors, exécuter l'une de ses prestations sans renoncer par là même au bénéfice de la déchéance litigieuse. • Civ. 20 juill. 1942 : *Bull. civ. n° 195 ; DC 1942. 129, note P. L.-P. ; JCP 1942. II. 2044, note Besson.*

17. Décision d'interjeter appel. L'acte d'appel constituant un moyen de défense pour l'assuré comme pour l'assureur, celui-ci ne commet aucun abus de son droit de direction du procès en interjetant appel principal d'un jugement condamnant l'assuré à des dommages-intérêts inférieurs au montant de la garantie de la police, même si, sur appel incident de l'intimé, la condamnation est portée à un chiffre qui excède celui de ladite garantie. • Civ. 4 mai 1942 : *DC 1942. 131, note Besson ; JCP 1942. II. 1885, note P. L.-P.* ♦ Toutefois, l'assureur engagerait sa responsabilité envers l'assuré si son appel n'était pas justifié par des éléments de preuve, des arguments ou au moins des doutes sérieux. • Même arrêt. ♦ Commet ainsi une faute l'assureur qui interjette appel sans motifs sérieux, provoquant de la sorte un appel incident du tiers victime, et, sur celui-ci, une augmentation importante de l'indemnité dépassant alors le plafond de la garantie. • Civ. 1re, 15 févr. 1977, n° 75-13.864 P : *D. 1977. IR 288, obs. Berr et Groutel ; RGAT 1977. 512, note Besson.* ♦ Cassation d'une décision n'ayant pas répondu aux conclusions de l'assuré, lequel soutenait que les plafonds de garantie ne lui étaient pas opposables en raison du comportement fautif de l'assureur. • Civ. 3e, 16 déc. 1992 : *RCA 1993, n° 100.*

CHAPITRE IV COMPÉTENCE ET PRESCRIPTION

Sur la compétence, V. art. R. 114-1.

BIBL. GÉN. ▸ Prescription : GROUTEL, *RCA 1991. Chron. 25 ; ibid. 993. Chron. 4 ; ibid. 2011. Étude 10.* – SARGOS, *RGDA 1996. 545.* – LE CAË, *Gaz. Pal. 1996. 1. Doctr. 3.*
▸ Loi du 17 juin 2008 : ASTEGIANO-LA RIZZA, *RGDA 2008. 833.*

Art. L. 114-1 **Toutes actions dérivant d'un contrat d'assurance sont prescrites par deux ans à compter de l'événement qui y donne naissance.** *(L. n° 2021-1837 du 28 déc. 2021, art. 4)* **« Par exception, les actions dérivant d'un contrat d'assurance relatives**

à des dommages résultant de mouvements de terrain consécutifs à la sécheresse-réhydratation des sols, reconnus comme une catastrophe naturelle dans les conditions prévues à l'article L. 125-1, sont prescrites par cinq ans à compter de l'événement qui y donne naissance. »

Toutefois, ce délai ne court :

1° En cas de réticence, omission, déclaration fausse ou inexacte sur le risque couru, que du jour où l'assureur en a eu connaissance ;

2° En cas de sinistre, que du jour où les intéressés en ont eu connaissance, s'ils prouvent qu'ils l'ont ignoré jusque-là.

Quand l'action de l'assuré contre l'assureur a pour cause le recours d'un tiers, le délai de la prescription ne court que du jour où ce tiers a exercé une action en justice contre l'assuré ou a été indemnisé par ce dernier.

(L. n° 89-1014 du 31 déc. 1989, en vigueur le 1er mai 1990) **« La prescription est portée à dix ans dans les contrats d'assurance sur la vie lorsque le bénéficiaire est une personne distincte du souscripteur et, dans les contrats d'assurance contre les accidents atteignant les personnes, lorsque les bénéficiaires sont les ayants droit de l'assuré décédé. »** – *C. assur., art. L. 192-1.*

(L. n° 2006-1640 du 21 déc. 2006, art. 18-II) **« Pour les contrats d'assurance sur la vie, nonobstant les dispositions du 2°, les actions du bénéficiaire sont prescrites au plus tard trente ans à compter du décès de l'assuré. »** – *Dispositions applicables aux contrats d'assurance sur la vie en cours comportant des valeurs de rachat ou de transfert et n'ayant fait l'objet, à compter du décès de l'assuré ou du terme du contrat, d'aucune demande de prestation à la date de publication de la L. n° 2006-1640 du 21 déc. 2006 (L. préc., art. 18-V).*

BIBL. ▶ Point de départ de la prescription : BESSON, *RGAT 1950. 143.* – GROUTEL, *RCA 1992. Chron. 32 ; ibid. 1993. Chron. 3.* – SARGOS, *JCP 1998. I. 130.* – COURTIEU, *RCA 2000. Chron. 4.* – Information sur la prescription : LINGLIN, *RCA 2018. Étude 10.*

COMMENTAIRE

L'article L. 114-1 affirme que, par principe, la prescription du droit des assurances est biennale (I) et détermine les points de départ de cette prescription (II), qui peut, malgré le silence des textes du code des assurances, faire l'objet d'une suspension (III).

I. LA PRESCRIPTION BIENNALE

Jusqu'à la loi du 13 juillet 1930, la prescription de droit commun était applicable aux actions nées du contrat d'assurance. Usant par ailleurs de la faculté reconnue aux parties de réduire les délais de prescription, les assureurs avaient tendance à imposer un court délai de prescription pour les actions de l'assuré et à maintenir un délai de prescription plus long pour leurs propres actions. Aussi, afin d'éviter ces dérives de la liberté contractuelle, le législateur a donc imposé une prescription biennale.

Régulièrement critiquée, cette prescription n'a toutefois pas été remise en cause par le législateur lors de l'adoption de la loi n° 2008-561 du 17 juin 2008 portant réforme du droit de la prescription. Au contraire, celle-ci a introduit un nouvel article 2223 dans le code civil afin de préciser que les dispositions du code ne font pas obstacle à l'application des règles spéciales prévues par d'autres lois. Les dispositions dérogatoires du code des assurances s'en trouvent indirectement renforcées.

Cependant, s'il est vrai que saisie d'une question préjudicielle portant sur la conformité de la prescription biennale du droit des assurances au principe d'égalité devant la loi, la Cour de cassation a estimé qu'il n'y avait pas lieu de la renvoyer devant le Conseil constitutionnel, il convient de préciser l'originalité de la motivation de la Haute Juridiction (Civ. 2e, 10 avr. 2014 : *V. note 3*). Alors que le requérant faisait valoir que selon l'article L. 137-2 du code de la consommation [devenu art. L. 218-2], seule l'action du professionnel se prescrit par deux ans, tandis que les autres actions se prescrivent par cinq ans, la Cour de cassation a simplement écarté cette question en affirmant que la solution n'avait pas d'incidence sur le litige. Elle ne s'est donc pas prononcée sur le caractère sérieux de la question, laissant de la sorte subsister un doute.

Or, il est indéniable que la prescription biennale est actuellement source de contentieux comme en attestent les interrogations sur son domaine (A) et le développement du formalisme informatif à l'origine de son inopposabilité (B).

A. *LE DOMAINE DE LA PRESCRIPTION BIENNALE*

L'article L. 114-1 détermine le domaine de la prescription à l'aide d'une règle générale et de deux règles spéciales soumettant certaines actions à un autre délai de prescription. Ces différentes règles permettent de distinguer les actions soumises à la prescription biennale (1) des actions non soumises à cette prescription (2).

1. LES ACTIONS SOUMISES À LA PRESCRIPTION BIENNALE

Selon l'article L. 114-1, alinéa 1er, « toutes [les] actions dérivant d'un contrat d'assurance sont prescrites par deux ans ». Il est donc revenu à la jurisprudence d'identifier quelles sont ces actions dérivant du contrat d'assurance.

Certaines actions n'ont pas suscité de difficulté. Il en est ainsi de l'action en **paiement de l'indemnité** exercée par le bénéficiaire du contrat qu'il s'agisse de l'assuré (Civ. 1re, 3 oct. 1995 : *V. note 26*) ou d'un tiers (Civ. 1re, 7 oct. 1992 : *V. note 28*), par exemple le bénéficiaire d'une assurance pour compte (Civ. 1re, 17 juill. 1985 : *V. note 28*) ou le vendeur avec clause de réserve de propriété (Civ. 1re, 1er avr. 2003 : *V. note 29*), sauf lorsqu'il s'agit d'un tiers victime exerçant l'action directe (Civ. 2e, 13 sept. 2007 : *V. note 40*). Corrélativement, l'action de l'assureur en **paiement des primes** est également soumise à la prescription biennale (Civ. 1re, 6 oct. 1993 : *V. note 60*). En revanche, l'action en paiement de l'agent général, qui a avancé le montant de la prime à l'assureur, contre l'assuré ne dérive pas du contrat d'assurance, mais d'une gestion d'affaires ; elle n'est donc pas soumise à la prescription biennale (Civ. 1re, 19 déc. 1972 : *V. note 53*). De même, les actions en **responsabilité contractuelle** se prescrivent par deux ans (Civ. 2e, 7 oct. 2004 : *V. note 36*).

D'autres actions ont soulevé ou soulèvent encore des interrogations. Ainsi, l'action en **nullité du contrat** est par principe soumise à la prescription biennale (Civ. 1re, 4 janv. 1979 : *V. note 24*). Toutefois, une jurisprudence plus récente tend à effectuer une distinction selon la cause de la nullité. En effet, la Cour de cassation a pu appliquer la prescription de droit commun à une action en nullité pour violence morale de l'assureur, une telle action ne dérivant pas du contrat d'assurance (Civ. 2e, 25 juin 2009 : *V. note 24*). Cette solution pourrait se justifier par la volonté de sanctionner efficacement le comportement particulièrement déloyal du cocontractant et pourrait être confortée par une décision plus récente qui a écarté la prescription biennale pour une action en nullité d'un accord intervenu entre l'assureur et l'assuré fondée sur le dol de l'assureur (Civ. 2e, 16 janv. 2014 : *V. note 48*). Par ailleurs, on a pu s'interroger sur la prescription applicable à l'action en **restitution des primes consécutives à l'exercice de la faculté de la renonciation** à un contrat d'assurance-vie de l'article L. 132-5-1 du code des assurances. Cette action aurait pu être soumise à la prescription de droit commun puisqu'elle est la conséquence d'une prérogative accordée par la loi et non le contrat ou même de l'inexistence du contrat. Mais la Cour de cassation n'a pas retenu de telles analyses et a estimé que cette action dérivait du contrat d'assurance et devait donc être soumise à la prescription biennale (Civ. 2e, 24 juin 2010 : *V. note 34*).

2. LES ACTIONS NON SOUMISES À LA PRESCRIPTION BIENNALE

Ne sont pas soumises à la prescription biennale les actions qui ne dérivent pas du contrat d'assurance *(a)* ainsi que celle expressément soumises par l'article L. 114-1 à une autre prescription *(b)*.

a. Les actions ne dérivant pas du contrat d'assurance

La prescription biennale peut aisément être écartée pour certaines actions, tant il apparaît qu'elles ne peuvent dériver du contrat d'assurance. Il s'agit notamment de l'**action en responsabilité** extracontractuelle de l'assuré contre l'assureur fondée sur un manquement à l'obligation précontractuelle d'information et de conseil (Civ. 1re, 30 janv. 2001 : *V. note 49*) ou de l'action en responsabilité contre un intermédiaire d'assurances (Civ. 1re, 3 mars 1987 : *V. note 51*).

En revanche, d'autres actions ont donné lieu à une jurisprudence incertaine. Tel est le cas, en particulier, de l'**action en répétition de l'indu** exercée par l'assureur ou l'assuré pour obtenir la restitution de l'indemnité ou de la prime versée à tort. Initialement, la Cour de cassation a soumis ces actions à la prescription biennale. Puis elle a effectué une distinction selon l'origine de l'indu. Si l'indu provenait de l'application d'une clause contractuelle, la prescription biennale devait s'appliquer. Ainsi, l'action de l'assureur en remboursement de la somme versée au-delà du plafond de garantie était soumise à la prescription biennale (Civ. 1re, 9 mai 1978 : *V. note 54*). Il en allait de même pour l'action du souscripteur en remboursement des primes indûment versées (Civ. 1re, 4 mars 1986 : *V. note 54*). En revanche, si l'indu trouvait son origine dans une disposition légale, la prescription de droit commun devait s'appliquer (Civ. 1re, 12 févr. 2002 : *V. note 54*). Ainsi, l'action de l'assureur en remboursement des indemnités versées fondée sur la faute intentionnelle de l'assuré échappe à la prescription biennale (Civ. 1re, 27 févr. 1996 : *V. note 54*). Néanmoins, cette distinction a été remise en cause par un arrêt du 18 mars 2004 de la deuxième chambre civile de la Cour de cassation. En effet, dans cette affaire, un assureur de personnes avait versé des indemnités journalières au-delà de la date de consolidation et entendait donc obtenir leur remboursement. Or la Haute Juridiction a écarté la prescription biennale, alors pourtant que cette action semblait bien reposer sur une stipulation contractuelle, en affirmant que l'action de l'assureur trouvait « sa justification dans l'inexistence de la dette aux termes des articles 1376 et 1377 [nouv. art. 1302-1 et 1302-2] du code civil » (Civ. 2e, 18 mars 2004 : *V. note 54*). Fondée sur un constat objectif – l'inexistence de la dette –, l'action en répétition de l'indu devait être soumise à la prescription de droit commun. Si cette solution a été reprise par la suite (Civ. 2e, 24 févr. 2005 et Civ. 2e, 5 juill. 2006 : *V. note 54*), deux arrêts rendus en 2008 ont pu laisser entendre que la deuxième chambre civile n'avait pas totalement abandonné la distinction fondée sur l'origine de l'indu (Civ. 2e, 19 juin 2008 : *V. note 54*). Toutefois, par un arrêt de 2013, la deuxième chambre civile semble avoir mis fin à ces hésitations, en affirmant d'une façon très générale que « l'action en répétition de l'indu, quelle que soit la source du paiement indu, se prescrit selon le délai de droit commun applicable, à défaut de disposition spéciale, aux quasi-contrats ».

De même, s'est posée la question de la prescription applicable à l'**action directe de la victime** contre l'assureur de responsabilité. En effet, dans la mesure où l'existence de cette action dépend du contrat d'assurance, on pourrait estimer que l'action dérive du contrat d'assurance. Mais la Cour de cassation n'a pas retenu cette solution, puisque l'action ne dérive pas du contrat d'assurance, mais de la loi (Civ. 28 mars 1939 : *V. note 39*). L'action directe de la victime se prescrit donc dans le même délai que l'action en responsabilité contre le responsable. Cela étant, la prescription biennale du droit des assurances peut avoir une incidence. En effet, l'action directe peut être exercée au-delà du délai de droit commun, dès lors que l'action en garantie de l'assuré contre son assureur n'est pas prescrite (Civ. 2e, 13 sept. 2007 : *V. note 40*).

On a également pu s'interroger sur la prescription applicable à l'**action en responsabilité exercée par un tiers** qui invoque un manquement contractuel de l'assureur. On sait en effet depuis l'arrêt d'assemblée plénière du 6 oct. 2006 que le tiers victime de l'inexécution d'un contrat peut directement invoquer un manquement contractuel. On pourrait songer à appliquer la prescription biennale pour éviter de faire une distinction entre l'assuré et le tiers. Dès lors qu'ils peuvent se prévaloir directement d'un manquement contractuel, la prescription pourrait être la même. Toutefois, la Cour de cassation rappelle que l'action en responsabilité du tiers demeure de nature délictuelle et estime en conséquence que la prescription biennale ne s'applique pas (Civ. 2e, 6 févr. 2014 : *V. note 50*).

b. Les actions soumises à une autre prescription

Depuis la loi n° 89-1014 du 31décembre 1989, l'article L. 114-1 indique que la prescription est portée à dix ans dans les contrats d'assurance sur la vie lorsques le bénéficiaires est une personne distincte du souscripteur et, dans les contrats d'assurance contre les accidents atteignant les personnes, lorsque le bénéficiaire sont les ayants droit de l'assuré décédé. L'allongement de la prescription est ici justifié par la volonté du législateur de protéger les bénéficiaires de contrats qu'ils n'ont pas souscrits. Toutefois, cette prescription est encadrée depuis la loi n° 2006-1640 du 21 décembre 2006. En effet, l'article L. 114-1, alinéa 7, précise dorénavant que pour les contrats d'assurance sur la vie, l'action du bénéficiaire est prescrite au plus tard trente ans à compter du décès de l'assuré.

B. L'OPPOSABILITÉ DE LA PRESCRIPTION BIENNALE

Afin de protéger l'assuré contre cette courte prescription dérogatoire au droit commun, la Cour de cassation impose un formalisme informatif à l'assureur, sous peine d'inopposabilité de la prescription biennale.

Cette règle jurisprudentielle est fondée sur l'article R. 112-1 du code des assurances, aux termes duquel les polices relevant des branches 1 à 17 de l'article R. 321-1 doivent rappeler les dispositions des titres Ier et II du livre Ier concernant la prescription des actions dérivant du contrat d'assurance. Initialement, la Cour de cassation estimait qu'en l'absence de sanctions spécifiques, le non-respect de cette disposition ne pouvait faire obstacle à la prescription biennale (Civ. 1re, 22 janv. 2002 : *V. note 47*). Puis, opérant un revirement de jurisprudence, elle affirme dorénavant que l'inobservation des dispositions de l'article R. 112-1 est sanctionnée par l'inopposabilité de la prescription biennale (Civ. 2e, 2 juin 2005 : *V. note 49*).

Toutefois, par la suite, la Cour de cassation a semblé réduire la portée de sa nouvelle jurisprudence en estimant que respectaient les dispositions de cet article les conditions générales d'une police d'assurance stipulant que « toutes actions dérivant du présent contrat sont prescrites par deux ans à compter de l'événement qui y a donné naissance dans les termes des articles L. 114-1 et L. 114-2 » (Civ. 2e, 10 nov. 2005 : *V. note 98*). La seule mention de ces articles paraissait suffisante pour respecter les dispositions de l'article R.* 112-1. Mais cette jurisprudence est aujourd'hui abandonnée. L'assureur ne saurait se contenter de mentionner les articles L. 114-1 et L. 114-2 pour exécuter son obligation d'information (Civ. 2e, 3 sept. 2009 : *V. note 86*). Celle-ci a d'ailleurs été progressivement étendue par la Cour de cassation. L'assureur doit de la sorte rappeler les causes d'interruption de l'article L. 114-2 (Civ. 3e, 28 avr. 2011 : *V. note 3* ss. art. R.* 112-1) mais aussi du droit commun de la prescription (Civ. 2e, 18 avr. 2013 : *V. note 3 ss. art. R.* 112-1*), les différents points de départ du délai de prescription (Civ. 2e, 28 avr. 2011 : *V. note 5 ss. R.* 112-1*) ainsi que le délai biennal de l'article L. 114-1 (Civ. 2e, 14 janv. 2010 : *V. note 4 ss. art. R.* 112-1*).

En parallèle, la Cour de cassation a également étendu le domaine de cette obligation d'information. Alors que les contrats d'assurance sur la vie ne sont pas visés par l'article R.* 112-1, la Cour de cassation a estimé que ces contrats devaient respecter la règle de cet article, puisque cette obligation d'information s'inscrit dans le devoir général d'information de l'assureur (Civ. 2e, 17 mars 2011 : *V. note 88*).

Par ailleurs, la Cour de cassation a eu l'occasion de préciser que le fait que l'assuré ait été informé de l'existence de la prescription biennale dans le cadre de sa profession ne saurait permettre à l'assureur d'échapper à l'obligation pesant sur lui (Civ. 2e, 25 juin 2009 : *V. note 8 ss. art. R.* 112-1*). L'obligation d'information de l'assureur n'est donc pas écartée par les compétences de l'assuré.

Cela étant, une fois l'information reproduite dans la police d'assurance, l'assureur n'est pas tenu de rappeler à l'assuré les modes d'interruption de la prescription (Civ. 1re, 2 juill. 2002 : *V. note 20*) ou le risque d'expiration du délai biennal de prescription (Civ. 1re, 18 nov. 2003 : *V. note 20*). Autrement dit, l'obligation d'information de l'assureur s'arrête aux mentions du contrat d'assurance. Seul un comportement déloyal de l'assureur pourrait justifier soit le versement de dommages et intérêts (Civ. 1re, 26 nov. 1996 : *V. note 22*), soit une déchéance du droit d'invoquer la prescription (Civ. 1re, 28 oct. 1991 : *V. note 23*).

II. LE POINT DE DÉPART DU DÉLAI DE PRESCRIPTION

En ce qui concerne le point de départ du délai de prescription, l'article L. 114-1 énonce un principe (A) assorti de trois exceptions (B).

A. LE PRINCIPE

Par principe, la prescription biennale court à compter de l'événement qui donne naissance à l'action dérivant du contrat d'assurance. Par conséquent, la prescription de l'action en paiement des primes débute au jour de l'échéance de la prime (Civ. 1re, 6 oct. 1993 : *V. note 60*) et celle de l'action en paiement de l'indemnité de sinistre au jour du sinistre (Civ. 1re, 7 juin 1988 : *V. note 58*). Lorsque le sinistre est composé de plusieurs éléments, la Cour de cassation a estimé que le délai de prescription ne court pas tant que tous les éléments ne sont pas réunis. Ainsi, en assurance contre les accidents corporels, le sinistre n'est constitué que par la survenance de l'état d'incapacité ou de l'invalidité de l'assuré apprécié au jour de sa consolidation (Civ. 1re, 1er juin 1999 : *V. note 67*). Par ailleurs, lorsque le paiement de l'indemnité est subordonné à la réalisation d'une condition, la prescription ne court qu'à compter de la réalisation de la condition (Civ. 1re, 4 avr. 1995 : *V. note 76* ; Civ. 1re, 17 oct. 1995 : *V. note 77*). Ceci n'est en réalité qu'une application de la règle de l'article 2233, 1°, du code civil qui dispose que « la prescription ne court pas à l'égard d'une créance qui dépend d'une condition, jusqu'à ce que la condition arrive ».

L'application de cette règle de principe a soulevé quelques interrogations à propos de l'assurance emprunteur. En effet, dans une telle hypothèse, le point de départ du délai de prescription devrait être l'incapacité de travail ou le licenciement de l'assuré. Pour autant, dans la mesure où l'établissement de crédit est le bénéficiaire de la garantie et dispose d'un droit direct contre l'assureur, l'assuré pourrait être tenté de n'engager aucune action à l'encontre de l'assureur. Mais, si ce dernier refuse sa garantie à l'établissement de crédit, celui-ci va agir en paiement forcé contre l'emprunteur. Or, si cette demande en paiement est formulée plus de deux années après le sinistre, l'emprunteur risque de ne plus pouvoir agir contre son assureur. Après avoir envisagé plusieurs solutions, la Cour de cassation a finalement adopté une solution protectrice des emprunteurs en retenant un point de départ alternatif. La prescription de l'action de l'assuré contre son assureur court à compter soit du refus de garantie de l'assureur, soit de la demande en paiement de l'établissement de crédit (Civ. 1re, 27 mars 2001 : *V. note 78*).

B. LES EXCEPTIONS

Trois exceptions, retardant le départ de la prescription, sont prévues par l'article L. 114-1. Elles constituent une illustration de la maxime « *Contra non valentem* » consacrée par la loi n° 2008-561 du 17 juin 2008 à l'article 2234 du code civil, qui dispose que « la prescription ne court pas ou est suspendue contre celui qui est dans l'impossibilité d'agir par suite d'un empêchement résultant de la loi, de la convention ou de la force majeure ».

La première exception prévoit qu'en cas de **réticence, d'omission ou de réponse inexacte à une question posée par l'assureur pour déterminer le risque couru**, le délai ne court que du jour où l'assureur en a eu connaissance. Ainsi, le délai de prescription de l'action en nullité du contrat pour fausse déclaration intentionnelle du risque ne court que du jour où l'assureur a eu connaissance du caractère mensonger de la déclaration (Civ. 1re, 16 avr. 1985 : *V. note 81*).

La deuxième exception concerne la prescription en cas d'**ignorance du sinistre**. Le délai de prescription ne court qu'à compter du jour où l'intéressé a eu connaissance du sinistre. Ainsi, en assurance contre le vol, la prescription débute avec la connaissance du vol (Civ. 1re, 6 déc. 1989 : *V. note 66*). De même, en assurance décès, le point de départ de la prescription est la connaissance du décès de l'assuré (Civ. 1re, 17 févr. 1981 : *V. note 69*). Parfois, la seule connaissance du sinistre ne suffit pas pour faire partir le délai de prescription. Pour pouvoir agir contre l'assureur, le bénéficiaire doit avoir connaissance de l'existence du contrat d'assurance. Or, parfois le bénéficiaire, notamment en cas d'assurance pour compte, ignore l'existence d'une assurance. Aussi, prolongeant la règle légale, la Cour de cassation a estimé que le point de départ du délai de prescription peut être retardé au jour de la connaissance de l'existence de l'assurance (Civ. 1re, 27 févr. 1996 : *V. note 105* ; Civ. 1re, 11 oct. 1988 : *V. note 106*), c'est-à-dire au jour de la connaissance de l'identité de l'assureur (Civ. 2e, 15 mars 2007 : *V. note 106*).

La troisième exception envisage la prescription de l'action de l'assuré contre son assureur à la suite du **recours d'un tiers**. Selon l'article L. 114-1, le délai ne court dans une telle hypothèse que du jour où le tiers a exercé un recours en justice contre l'assuré ou a été indemnisé par ce dernier.

Cette exception concerne en particulier l'assurance de responsabilité et ne fait donc pas du fait dommageable le point de départ de l'action contre l'assureur. Cette solution peut se comprendre puisque bien souvent l'assuré n'a connaissance du dommage que par la réclamation de la victime. Si cette réclamation doit être formulée par une assignation en justice, la jurisprudence estime qu'une assignation en référé, en vue de la désignation d'un expert (Civ. 1re, 18 juin 1996 : *V. note 86*) ou de l'obtention d'une provision (Civ. 1re, 20 mars 1990 : *V. note 86*), peut faire courir le délai de prescription. En revanche, l'assignation devant une juridiction incompétente ne déclenche pas la prescription biennale (Civ. 2e, 17 mars 2011 : *V. note 88*). Par ailleurs, l'introduction d'une clause d'unicité ou de globalisation du sinistre dans le contrat d'assurance n'a aucune portée sur la prescription. Si elle permet d'appliquer à des sinistres sériels les plafonds de garantie prévus par sinistre et par an, elle n'a pas pour effet d'imposer un seul délai de prescription pour tous les sinistres se rattachant au même fait générateur (Civ. 2e, 28 févr. 2013 : *V. note 92*). Autrement dit, pour les sinistres sériels, il n'y a pas un seul point de départ du délai de prescription, mais autant de points de départ qu'il y a d'actions.

Cette troisième exception concerne également d'autres assurances que l'assurance de responsabilité. En effet, ainsi que l'a rappelé la Cour de cassation, « les dispositions spéciales de l'article L. 114-1 du code des assurances relatives au recours d'un tiers contre l'assuré ne sont pas limitées à la mise en œuvre des assurances de responsabilité » (Civ. 1re, 21 nov. 2000 : *V. note 93*). En l'espèce, il s'agissait d'une assurance garantissant les « risques de l'investissement », c'est-à-dire d'une assurance de pertes pécuniaires.

III. LA SUSPENSION DU DÉLAI DE PRESCRIPTION

En l'absence de dispositions relatives à la suspension de la prescription dans le code des assurances, la jurisprudence applique les règles du droit commun de la prescription modifiées par la loi n° 2008-561 du 17 juin 2008. Depuis cette loi, l'article 2239 du code civil prévoit ainsi que le prononcé d'une mesure d'expertise judiciaire suspend le cours de la prescription. Cette nouvelle règle, applicable uniquement aux mesures d'instruction ordonnées après l'entrée en vigueur de la loi (Civ. 2e, 3 oct. 2013 : *V. note 99*), s'oppose à la jurisprudence antérieure qui refusait toute suspension de la prescription (Civ. 1re, 28 oct. 1997 : *V. note 98*). Cela étant, cette solution jurisprudentielle est encore valable en cas d'expertise amiable. La Cour de cassation a d'ailleurs refusé de transmettre une question prioritaire de constitutionnalité critiquant l'article L. 114-2 du code des assurances en ce qu'il prévoit une interruption et non une suspension de la prescription en cas de désignation d'un expert (Civ. 2e, 21 oct. 2010 : *V. note 100*).

I. GÉNÉRALITÉS

1. Contrats de capitalisation. Un contrat de capitalisation n'est pas un contrat d'assurance en tant que tel soumis aux dispositions spéciales de l'art. L. 114-1 C. assur. relatives à la prescription. • Civ. 2e, 23 mars 2017, n° 16-13.079 : *RGDA 2017. 316, note Mayaux.*

2. Application dans le temps. La disposition relative à la prescription décennale, introduite par la loi du 31 déc. 1989, est applicable à toutes les actions nées avant la date de la promulgation de cette disposition et non encore prescrites. • Poitiers, 27 févr. 2002 : *RCA 2002, n° 371, note Groutel.* ♦ Mais elle est sans effet sur la prescription définitivement acquise. • Civ. 2e, 8 avr. 2004 : *D. 2005. 1325, obs. Groutel ; RCA 2004, n° 237.*

3. Constitutionnalité. En premier lieu, le contrat d'assurance se caractérise en particulier par la garantie d'un risque en contrepartie du versement d'une prime ou d'une cotisation. Il se distingue à cet égard des autres contrats, en particulier des contrats soumis au code de la consommation. Ainsi, le législateur a pu prévoir, pour les actions dérivant des contrats d'assurance, un délai de prescription différent du délai de prescription de droit commun de 5 ans applicable, en l'absence de dispositions spécifiques, aux autres contrats. La différence de traitement critiquée par les requérants, qui est ainsi fondée sur une différence de situation, est en rapport avec l'objet de la loi. En second lieu, en prévoyant l'application d'un même délai de prescription de deux ans tant aux actions des assurés qu'à celles des assureurs, les dispositions contestées n'instituent aucune différence de traitement entre les parties à un contrat d'assurance. Dès lors, le grief tiré de la méconnaissance du principe d'égalité devant la loi doit être écarté. Par conséquent, les dispositions contestées, qui ne méconnaissent pas non plus le principe d'égalité devant la justice ni aucun autre droit ou liberté que la Constitution garantit, doivent être déclarées conformes à la Constitution. • Cons. const. 17 déc. 2021, n° 2021-957 : *D. actu. 12 janv. 2022, note Bigot et Cayol.* ♦ V. également la décision transmettant au Cons. const. : • Civ. 2e, 7 oct. 2021, n° 21-13.251 : *RGDA nov. 2021. 19, note Pélissier.* ♦ Et précédemment pour un refus de transmission, dans la mesure où la réponse à la question portant sur l'art. L. 114-1 C. assur. n'était pas de nature à exercer une influence sur l'issue du litige. • Civ. 2e, 10 avr. 2014 : *RGDA 2014. 337, note Pélissier.*

A. NATURE

4. Ordre public. La prescription biennale est fondée sur des raisons d'ordre public et non sur une présomption de paiement, ce qui interdit de l'écarter par l'aveu de l'assuré qui reconnaît ne pas avoir payé les primes que lui réclame la compagnie d'assurances. • Civ. 1re, 13 nov. 1974 : *Bull. civ. I, n° 303 ; JCP 1975. II. 18025, note Besson* • 6 juin 1979 : *Bull. civ. I, n° 162.* ♦... Et d'appliquer l'interversion des prescriptions découlant de l'art. 2274 C. civ. • Civ. 9 févr. 1955 : *D. 1955. 470* • Civ. 1re, 1er juill. 1980, n° 79-11.866 P. ♦ Ainsi, en cas d'interruption du délai, la nouvelle prescription qui commence est de même nature que la précédente. • Civ. 1re, 25 juin 1991 : *RGAT 1991. 837, note Margeat et Landel.*

B. PORTÉE

5. Non-application aux exceptions invoquées en défense : principe. La prescription biennale n'atteint que l'action dérivant du contrat d'assurance ; elle ne peut être étendue au moyen de défense opposé à une telle action. • Civ. 1re, 11 janv. 1989, n° 87-17.025 P : *D. 1989. IR 29 ; RGAT 1989. 322, note Margeat et Landel* • 25 févr. 1992 : *RCA 1992, n° 203 ; RGAT 1992. 386, note Kullmann* • 17 mars 1993, n° 90-14.640 P : *D. 1993. IR 85 ; RCA 1993, n° 208* • 6 déc. 1994 : *RCA 1995, n° 68* • 13 nov. 1997 : *RCA 1998, n° 38* • 23 sept. 2003 : *RCA 2003, n° 334, obs. Groutel* • Civ. 3e, 14 févr. 2007, n° 05-21.987 P : *JCP 2008. I. 134, n° 8, obs. Karila ; RCA 2007, n° 140, note Courtieu* • Civ. 3e, 2 juin 2015, n° 13-17.513 : *RGDA 2015. 336, note Pélissier ; RCA 2015, n° 275, note Groutel.*

6. Illustration : exception de nullité. La nullité du contrat d'assurance opposée par l'assureur sous forme d'exception à l'action directe de la victime, plus de deux ans après la connaissance par la compagnie de la fausse déclaration de l'assuré, n'est pas atteinte par la prescription biennale.

• Civ. 1re, 1er mars 1977, n° 75-14.471 P : *RTD civ. 1977. 782, obs. Durry; D. 1978. 21, note Berr et Groutel* • 23 juin 1993 : *RCA 1993, n° 349.* ♦ La prescription biennale ne peut être opposée à la demande de nullité faite en défense à l'action principale de l'assuré non plus qu'à la demande de restitution d'indemnité qui est la conséquence de l'annulation. • Civ. 1re, 14 janv. 1992 : *RCA 1992, n° 150; RGAT 1992. 288, note Margeat* • 13 nov. 1997 : *RCA 1998, n° 38.* ♦ ... A condition toutefois que le contrat litigieux n'ait pas reçu un commencement d'exécution. • Civ. 2e, 19 oct. 2006 : *RCA 2007, n° 72; RGDA 2007. 80, note Bruschi.* ♦ Mais la nullité fondée du contrat d'assurance peut être soulevée par voie d'exception pendant le délai de la prescription biennale nonobstant l'exécution du contrat d'assurance. • Civ. 2e, 4 déc. 2008, n° 07-20.717 P : *RGDA 2009. 124, note Astegiano-La Rizza.*

7. Illustration : exceptions de non-garantie. Rien n'oblige l'assureur à agir préventivement pour faire juger qu'il est en droit d'opposer une exclusion de garantie, et ce qui est soumis à la prescription par voie d'action ne l'est pas par voie d'exception. • Civ. 1re, 21 juin 1989, n° 87-10.971 P : *D. 1991. Somm. 73, obs. Groutel ; RGAT 1989. 799, note Margeat et Landel.* ♦ Ainsi, la prescription biennale ne s'applique pas à la demande de réduction proportionnelle de l'indemnité présentée, par voie d'exception, par l'assureur en réponse à l'action de l'assuré, • Civ. 3e, 14 févr. 2007, n° 05-21.987 P : *JCP 2008. I. 134, n° 8, obs. Karila ; RCA 2007, n° 140, note Courtieu ; RGDA 2007. 360, note Périer* • 2 juin 2015, n° 13-17.513 : *RGDA 2015. 336, note Pélissier.* ♦ ... Ni aux moyens de non-assurance et de déchéance opposés par l'assureur. • 25 févr. 1992 : *RCA 1992, n° 203; RGAT 1992. 386, note Kullmann.*

8. Illustration : exception de compensation. La prescription biennale ne s'applique pas à la demande de paiement de prime formulée par l'assureur qui oppose, par voie d'exception, son droit de compenser avec l'indemnité d'assurance allouée à l'assuré la prime due par celui-ci au jour du sinistre. • Civ. 1re, 9 mai 1994 : *RCA 1994, n° 304; RGAT 1994. 767, note Favre-Rochex.* ♦ *Contra* : la prescription de l'art. L. 114-1 C. assur., qui éteint les actions dérivant du contrat d'assurance, n'a lieu d'être écartée que pour les moyens de défense contestant la garantie due en vertu du contrat. En conséquence, la prescription biennale peut être invoquée à l'encontre de la demande, formulée reconventionnellement par l'assureur, en paiement d'un arriéré de primes et en compensation judiciaire. • Civ. 1re, 21 nov. 2000, n° 98-13.298 P : *D. 2001. Somm. 3325, obs. Groutel ; RCA 2001, n° 67; RGDA 2001. 48, note Mayaux.*

9. Non-application aux résiliations irrégulières. En cas de résiliation irrégulière, par l'assureur, du contrat d'assurance, celui-ci se perpétue de plein droit, et, l'assuré n'ayant dès lors pas à contester la validité de ladite résiliation pour conserver le bénéfice de l'assurance, la garantie de l'assureur ne peut être écartée au motif qu'une telle action en contestation n'aurait pas été introduite dans le délai de la prescription biennale propre au contrat d'assurance. • Civ. 1re, 7 mars 1989, n° 87-12.034 P : *D. 1991. Somm. 73, obs. Groutel ; RGAT 1989. 323.*

10. Extinction de l'action mais non du droit. La prescription de l'action au fond contre l'assureur fait obstacle à toute action de celui-ci tendant à remettre en cause les provisions allouées par des décisions du juge des référés devenues inattaquables, de sorte que lesdites provisions ne peuvent constituer un paiement indu. • Civ. 1re, 26 avr. 2000, n° 97-21.554 P : *RCA 2000, n° 251, obs. Groutel ; RGDA 2000. 835, note Mayaux.* ♦ La prescription prévue à l'art. L. 114-1 C. assur. est une prescription des actions dérivant du contrat d'assurance qui n'interdit pas à l'assuré, dont l'action est prescrite, d'opposer à l'assureur qui recourt contre lui au titre d'un paiement fait en exécution du contrat d'assurance, ses droits résultant dudit contrat, lesquels ne sont pas éteints par l'effet de cette prescription, de sorte qu'en payant à la victime l'indemnité d'assurance, l'assureur, qui ne fait, en principe, que payer ce qu'il doit au titre du contrat d'assurance, ne peut disposer, pour le seul motif de la prescription biennale de l'action de l'assuré contre lui, d'une action récursoire contre cet assuré, hormis le cas où des dispositions légales ou conventionnelles dans le contrat d'assurance et opposables au tiers lésé ont pour effet de réduire ou supprimer l'indemnité dans leurs rapports. • Paris, 30 mars 2000 : *RCA 2001, n° 137, obs. Grynbaum.*

C. MISE EN ŒUVRE

11. Appel. La prescription peut être opposée en tout état de cause, même pour la première fois en appel et encore que le plaideur ait conclu au fond. • Civ. 3e, 10 juin 1971 : *Bull. civ. III, n° 369.*

12. Personnes pouvant se prévaloir de la prescription. Les droits du Fonds de garantie automobile ne dérivent pas du contrat d'assurance, mais sont déterminés par la loi, qui ne les subroge pas aux droits de l'assuré. En conséquence, le Fonds de garantie automobile ne peut invoquer la prescription biennale à la place du responsable de l'accident. • Civ. 1re, 9 juin 1982, n° 81-13.582 P : *D. 1984. IR 39, obs. Berr et Groutel.* ♦ Au regard du régime propre de prescription, prévu par l'art. L. 114-1 C. assur. pour toutes les actions dérivant du contrat d'assurance et de ce seul contrat, seuls l'assureur, l'assuré ou ceux qui sont subrogés dans leurs droits peuvent se prévaloir de la prescription abrégée qu'il institue. • Civ. 1re, 13 nov. 1991 : *D. 1991. IR 289 ; RCA 1992, n° 78, obs. Groutel.*

D. RENONCIATION

13. Prescription déjà acquise. On ne peut d'avance renoncer à la prescription. • Civ. 1re, 9 mars 1999 : *RGDA 1999. 603, note Kullmann.* ♦ Ne donne pas de base légale à sa décision la cour d'appel qui déclare prescrite l'action en indemnisation de l'assuré, en retenant que l'offre d'indemnisation effectuée par l'assureur plus de deux ans après la publication au *Journal officiel* de l'arrêté de catastrophe naturelle ne valait pas renonciation de l'assureur à se prévaloir de cette prescription, puisqu'aucune prescription n'était acquise, sans expliquer en quoi la prescription biennale n'était pas acquise à la date de l'offre de l'assureur. • Civ. 2e, 14 juin 2012 : *RGDA 2012. 1039, note Pélissier.* ♦ Le caractère d'ordre public des règles édictées par l'art. L. 114-1 ne fait pas obstacle à la renonciation à une prescription déjà acquise. • Civ. 2e, 22 janv. 2004 : *RCA 2004, no 165.*

14. Caractère non équivoque. Principe. La volonté du renonçant ne doit pas être équivoque. • Civ. 1re, 2 mai 1974 : *D. 1974. IR 166.* ♦ La volonté de l'assureur de renoncer à se prévaloir de la prescription biennale ne saurait résulter de l'encaissement d'une prime ou de diligences demandées à un expert. • Civ. 1re, 13 févr. 1979, no 77-15.219 P.

15. Caractère non équivoque. Participation aux opérations d'expertise. La volonté de l'assureur de renoncer à se prévaloir de la prescription biennale ne saurait résulter de sa participation à une mesure d'instruction dès lors qu'il a opposé la forclusion dès le début de la procédure devant la juridiction du fond. • Civ. 3e, 6 juin 2007 : *RCA 2007, no 294; RGDA 2007. 827, note Karila* • 1er déc. 2009 : *RCA 2010, no 67, obs. Groutel; RDI 2010. 164, note Noguéro ; Administrer 5/2010. 20, obs. Valdès.* ♦ De même, ayant rappelé que le fait de participer à une mesure ordonnée en référé n'implique pas, à lui seul, la volonté non équivoque de renoncer à la forclusion, la cour d'appel qui, a constaté que le dire de l'assureur avait été adressé dans le cadre des opérations d'expertise ordonnées par le juge des référés, et relevé que cet assureur n'avait pas manifesté la volonté d'indemniser le préjudice, a pu en déduire que ce comportement de l'assureur ne pouvait s'analyser en une renonciation au bénéfice de la prescription acquise. • Civ. 3e, 24 janv. 2012, no 10-28.218 : *RGDA 2012. 669, obs. Asselain.* ♦ A l'opposé, il a été jugé que, bien que des propositions de financement aient été formulées « *tous droits et moyens des parties réservés* », l'assureur, qui s'était fait représenter aux opérations d'expertise judiciaire, avait, par son comportement qui impliquait son intention de couvrir le sinistre, manifesté sans équivoque sa volonté de renoncer à se prévaloir, à l'encontre de son assuré, de la prescription biennale. • Civ. 1re, 18 juin 1991 : *RGAT 1991. 850, note Maurice.* ♦ ... Et qu'une compagnie avait renoncé à invoquer le bénéfice de la prescription acquise, puisque son mandataire avait continué, après cette date, à assister aux opérations d'expertise sans formuler aucune observation ni réserve sur le principe de la garantie. • Civ. 1re, 16 juill. 1991 : *RGAT 1991. 850, note Maurice* • Civ. 2e, 19 nov. 2009 : *RGDA 2010. 82, note Abravanel-Jolly.* ♦ De même, ayant relevé que l'assureur, qui ne justifiait pas avoir conclu avant la désignation de l'expert à laquelle il ne s'était pas opposé, autrement que par l'émission de réserves d'usage, n'a pas invoqué la prescription dès le début de la procédure au fond et a participé sans objection à cet égard aux opérations de l'expertise ordonnée par le juge de la mise en état, au cours de laquelle il a déposé un dire à expert dans lequel il n'a contesté que l'étendue de sa garantie et non le principe même de la couverture du sinistre, une cour d'appel a pu retenir que l'assureur avait ainsi manifesté sans équivoque sa volonté de renoncer à se prévaloir de la prescription biennale. • Civ. 2e, 24 mai 2018, no 17-18.855 : *RCA 2018, no 229.*

16. Caractère non équivoque. Indemnisation. Une cour d'appel ayant retenu que, par courrier, un syndicat de copropriétaires avait reçu une proposition d'indemnisation de son préjudice, et qu'il lui avait été alors demandé d'accepter le montant proposé et de justifier du pouvoir donné par l'assemblée générale des copropriétaires d'encaisser le règlement de ce sinistre, a pu en déduire que l'assureur avait clairement renoncé à se prévaloir de la prescription. • Civ. 3e, 6 mai 2009, no 07-21.512. ♦ L'assureur qui soutient, en réponse à une demande en règlement d'indemnité d'assurance, que sa dette vis-à-vis de l'assuré est éteinte par compensation avec sa créance de primes impayées reconnaît ainsi l'existence de sa dette et renonce tacitement à se prévaloir de la prescription. • Civ. 1re, 26 nov. 1996, no 94-13.468 P : *RGDA 1997. 142, note Bigot; Gaz. Pal. 1997. 2. Somm. 433, note Favre-Rochex.* ♦ Toutefois, il a été jugé que si un assureur avait formulé une proposition d'indemnisation sans se prévaloir de la prescription biennale, cette simple circonstance ne suffisait pas, à elle seule, à caractériser une intention certaine et non équivoque de renoncer à la prescription acquise. • Civ. 1re, 18 déc. 2001 : *RGDA 2002. 87, note Bruschi.* ♦ De même, il a été jugé que le comportement de l'assureur qui avait versé une somme à un créancier pour le compte de l'assuré et qui l'avait assisté dans le cadre d'un recours en responsabilité ne pouvait manifester sans équivoque la volonté de renoncer à la prescription acquise. • Civ. 1re, 27 janv. 2004 : *RGDA 2004. 602, note Bruschi.* ♦ En outre, l'offre de l'assureur de payer à l'assuré des sommes qu'il détient pour son compte, à la suite de recours exercés, en vertu d'une clause défense-recours, contre des tiers, auteurs des sinistres dont celui-ci a été victime, est fondée sur une obligation légale, et ne constitue pas une offre d'indemnisation valant renonciation au bénéfice de la prescription. • Civ. 1re, 7 juill. 1993 : *RGAT 1994. 93, note Mayaux.*

17. Caractère non équivoque. Refus de garantie. Le refus de garantie de l'assureur ne peut s'analyser comme une renonciation à soulever la fin de non-recevoir tirée de la prescription. • Civ. 2e, 15 mai 2008 : *RGDA 2008. 646, note Bruschi.*

18. Pouvoir des juges du fond. Les juges du fond disposent d'un pouvoir souverain d'appréciation pour décider si un assureur a manifesté la volonté de renoncer à la prescription acquise. • Civ. 1re, 11 juill. 2003 : *RGDA 2003. 698, note Bruschi.*

19. Effet. La renonciation de l'assureur à une prescription acquise ne fait pas courir un nouveau délai de prescription. • Civ. 2e, 16 nov. 2006, n° 05-16.082 P : *D. 2008. Pan. 120, obs. Groutel ; RDI 2007. 61, obs. Grynbaum ; RCA 2007, n° 74, note Groutel ; RGDA 2007. 77, note Kullmann.*

E. OBLIGATIONS DE L'ASSUREUR

20. Absence d'obligation particulière d'information. L'assureur n'est pas tenu de rappeler à l'assuré les modes d'interruption de la prescription biennale, nécessairement mentionnés dans la police, en application de l'art. R. 112-1, al. 2, C. assur. • Civ. 1re, 2 juill. 2002 : *RCA 2002, n° 314, note Groutel ; RGDA 2002. 701, note Kullmann.* ♦ L'assureur n'est pas tenu envers l'assuré d'une obligation particulière d'information relative au risque d'expiration du délai biennal de prescription. • Civ. 1re, 18 nov. 2003 : *RGDA 2004. 400, note Kullman* • Civ. 2e, 26 oct. 2006 : *RCA 2007, n° 75* • 6 mars 2008, n° 03-19.443. ♦ L'assureur n'a aucune obligation de rappeler à l'assuré pendant le délai d'instruction de son dossier d'indemnisation les conséquences attachées à l'épuisement du délai de la prescription biennale dès lors qu'il avait suffisamment rempli son obligation d'information à cet égard en remettant les conditions générales du contrat d'assurance dans lesquelles le délai figure en caractères gras, parfaitement lisibles, sous la rubrique « délai impératif ». • Civ. 2e, 28 juin 2007, n° 06-16.545.

21. Obligation de loyauté. L'assureur est tenu d'une obligation de loyauté dans la mise en œuvre du processus d'indemnisation après la survenance du sinistre, spécialement quant à l'imminence de l'expiration du délai de prescription. • Civ. 1re, 26 nov. 1996, n° 94-13.468 P : *RCA 1997, n° 75, note Groutel ; RGDA 1997. 142, note Bigot. – Adde* Sargos, *RGDA 1997. 988.* • Civ. 2e, 7 oct. 2010 : *RCA 2010, n° 334.* ♦ Dès lors que les courriers de l'assureur révèlent simplement la volonté de ne procéder au règlement du sinistre qu'une fois déterminé son attributaire, et que rien ne démontre une attitude de l'assureur pouvant être analysée comme une réticence dolosive ou une manœuvre visant à retarder le règlement du sinistre et à laisser écouler le délai biennal dans l'intention délibérée d'invoquer, le moment venu, la prescription, l'assureur n'a pas commis de faute susceptible d'engager sa responsabilité. • Civ. 2e, 18 janv. 2006 : *RCA 2006, n° 149, note Groutel.*

22. Sanction de la déloyauté – Responsabilité civile. Le manquement de l'assureur à son obligation de loyauté entraîne la mise en jeu de sa responsabilité contractuelle. Est dès lors légalement justifié l'arrêt qui, ayant constaté qu'un assureur avait gardé un « silence malicieux » pour échapper au paiement grâce à la prescription, le condamne à payer des dommages-intérêts à son assuré. • Civ. 1re, 26 nov. 1996, n° 94-13.468 P : *RCA 1997, n° 75, note Groutel ; RGDA 1997. 142, note Bigot.* ♦ N'encourt pas le grief de contradiction dans son application d'un contrat d'assurance le jugement qui, d'une part, constate que la demande en garantie introduite par l'assuré contre l'assureur plus de deux ans après le sinistre est éteinte par la prescription biennale et, d'autre part, condamne l'assureur au payement de dommages-intérêts pour sanctionner les manœuvres dilatoires ayant conduit l'assuré à se laisser surprendre par la prescription. • Civ. 1re, 27 mai 1975, n° 74-10.061 P : *RGAT 1976. 67, note Besson.*

23. Sanction de la déloyauté – Déchéance du droit d'invoquer la prescription. Doit être privé du droit de se prévaloir de la prescription l'assureur qui a employé des manœuvres frauduleuses envers la veuve de l'assuré, bénéficiaire de l'assurance, afin de laisser courir la prescription, en l'abusant pour la dissuader d'agir en justice alors qu'elle avait manifesté l'intention de le faire. • Civ. 1re, 28 oct. 1991, n° 88-14.410 P : *D. 1991. IR 277 ; RCA 1991, n° 433, obs. Groutel.* ♦ V. égal. l'arrêt qui affirme qu'en l'espèce le comportement de l'assureur n'était pas constitutif d'un dol de nature à suspendre la prescription. • Civ. 1re, 13 nov. 1991, n° 89-17.779 P : *RCA 1992, n° 27 ; RGAT 1992. 82, note Margeat.*

II. DOMAINE

A. ACTIONS SOUMISES À LA PRESCRIPTION BIENNALE

24. Action en nullité – Règle générale. L'action en nullité du contrat d'assurance, assortie d'une action en remboursement des indemnités payées par l'assureur à la victime d'un accident causé par l'assuré, est soumise à la prescription biennale, et le délai de prescription commence à courir du jour où l'assureur a eu connaissance de la fausse déclaration de l'assuré, et non du jour du paiement à la victime. • Civ. 1re, 4 janv. 1979, n° 77-13.629 P : *RGAT 1980. 56.* ♦ Dans le même sens, auparavant : • Civ. 1re, 6 mars 1973, n° 71-14.308 P : *RGAT 1973. 527, note Besson* • 26 janv. 1977, n° 75-14.745 P. ♦ *Contra* : l'arrêt qui constate que les avenants ont été signés sous la contrainte en raison de la violence morale exercée par l'assureur a exactement déduit que son action en nullité, qui ne dérive pas du contrat d'assurance, était soumise à la prescription de cinq ans de l'art. 1304 C. civ. • Civ. 2e, 25 juin 2009, n° 08-14.254.

25. Action en nullité – Application particulière en assurance-vie. La prescription biennale de l'art. L. 114-1 C. assur. s'applique au contrat d'assurance-vie et à l'acte d'avance sur police prévu à l'art. L. 132-21 du même code qui dérive du contrat d'assurance. L'action en nullité pour erreur de l'avance sur police est donc soumise à la prescription biennale. • Civ. 2e, 30 juin 2004 : *RGDA 2004. 991, note Mayaux.* ♦ *Contra* : viole les art. 489 et 1304, al. 1er, C. civ., le premier dans sa rédaction antérieure à celle issue de la L. n° 2007-308 du 5 mars 2007, la cour d'appel qui dit recevable l'action en nullité du contrat d'assurance-vie engagée par les bénéficiaires, personnes distinctes du souscripteur, alors qu'exerçant une action en nullité du contrat pour insanité d'esprit du souscripteur, elles n'agissaient pas en leur qualité de bénéficiaires du contrat, mais en celle d'ayants droit du souscripteur, de sorte que l'action, qui ne dérivait pas du contrat d'assurance, était soumise à la prescription quinquennale. • Civ. 1re, 13 juill. 2016, n° 14-27.148 P : *D. 2017. 375, obs. Mekki ; RCA 2016, n° 325, note Groutel ; Procédures 2017. Chron. 3, n° 4, note V. Mazeaud.*

26. Action en paiement de l'indemnité – Règle générale. L'action en paiement de l'indemnité due à la suite d'un sinistre, exercée par l'assuré contre l'assureur, dérive du contrat d'assurance ; elle est donc soumise à la prescription biennale, peu important que le montant de l'indemnité ait été fixé d'un commun accord entre les parties et que l'action de l'assuré ait pour objet l'exécution de cette transaction. • Civ. 1re, 3 oct. 1995, n° 93-12.967 P : *RCA 1995, n° 380* • 16 janv. 1996 : *RCA 1996, n° 146 ; RGDA 1996. 307, note Mayaux.* ♦ L'action en exécution d'une transaction relative au règlement du sinistre dérive du contrat d'assurance. • Civ. 2e, 19 nov. 2015, n° 13-23.095 P : *RCA 2016, n° 65, obs. Groutel ; RGDA 2016. 85, note Kullmann ; Procédures 2016. Chron. 3, n° 5, note V. Mazeaud.*

27. Action des héritiers du bénéficiaire. Lorsqu'ils recueillent, dans la succession de leur auteur, l'action que celui-ci pouvait exercer contre l'assureur au titre d'une assurance contre les accidents corporels, les héritiers n'ont pas la qualité de bénéficiaires. Ils ne peuvent invoquer les dispositions de l'art. L. 114-1, al. 6, C. assur. et restent en conséquence soumis à la prescription biennale. • Civ. 1re, 24 févr. 2004 : *D. 2004. IR 848 , et les obs. ; Gaz. Pal. 2004. 2483 ; RCA 2004, n° 158, obs. Groutel ; RGDA 2004. 974, note Mayaux.*

28. Action du tiers bénéficiaire. La prescription biennale peut être opposée au tiers qui invoque le bénéfice de l'assurance. • Civ. 1re, 7 oct. 1992, n° 89-19.425 P : *RCA 1992, n° 465.* ♦ ... Tel que le bénéficiaire d'une assurance contractée pour le compte de qui il appartiendra. • Civ. 1re, 17 juill. 1985, n° 84-13.324 P : *D. 1987. Somm. 38, obs. Groutel ; RGAT 1986. 359* • 11 oct. 1988, n° 86-13.364 P : *D. 1989. Somm. 248, obs. Berr ; RGAT 1989. 47, note Bigot.* ♦ Pour une application à l'assurance de responsabilité automobile et au conducteur autorisé ayant la qualité d'assuré bien que non souscripteur de la police : • Civ. 1re, 17 févr. 1987, n° 85-13.889 P : *D. 1987. Somm. 336, obs. Groutel.* ♦ ... Au gardien autorisé. • Civ. 1re, 2 oct. 1974, n° 73-11.655 P : *D. 1975. 570, note Berr et Groutel.* ♦ ... A l'État dont la responsabilité est couverte par le contrat du fonctionnaire qui se sert de son véhicule pour les besoins du service. • Civ. 1re, 8 janv. 1974, n° 72-12.675 P : *RGAT 1974. 493, note Besson.*

29. Action du vendeur avec clause de réserve de propriété. L'action personnelle en paiement exercée par le vendeur, bénéficiaire d'une clause de réserve de propriété, à l'encontre de l'assureur, auprès duquel l'acquéreur, à qui les risques ont été immédiatement transférés, a fait assurer les marchandises vendues, est soumise à la prescription édictée par l'art. L. 114-1 C. assur. comme dérivant du contrat d'assurance. • Civ. 1re, 1er avr. 2003 : *RCA 2003, n° 218, obs. Groutel ; RGDA 2003. 467, note Kullmann.*

30. Action du tiers subrogé dans les droits de l'assuré. Le garant de livraison, qui a indemnisé les assurés de l'assureur dommages-ouvrage et qui exerce contre ce dernier son recours subrogatoire, ne dispose pas à l'égard de cet assureur de plus de droits que n'en avaient les propres assurés de celui-ci. Ce recours, dérivant du contrat d'assurance, est donc soumis à la prescription de deux ans prévue par l'art. L. 114-1 C. assur. • Civ. 2e, 27 janv. 2010, n° 08-21.291 P : *D. 2011. Pan. 1926, obs. Groutel .*

31. Action en garantie de l'ONIAM. Si l'ONIAM bénéficie d'une action directe contre les assureurs des structures reprises par l'EFS, celle-ci s'exerce en lieu et place de l'EFS, venant lui-même aux droits et obligations des assurés, qu'il substitue dans les procédures en cours. Dès lors, l'ONIAM dispose des mêmes droits que les assurés et son action se trouve soumise à la prescription biennale prévue par l'art. L. 114-1. • Civ. 1re, 29 juin 2016, n° 15-19.751 P : *RCA 2016, n° 291, note Groutel ; RGDA 2016. 443, note Landel.*

32. Assurance de groupe. L'action de l'assuré, adhérant à un contrat de groupe comportant des prestations de nature différente et demandant l'exécution à son profit de la garantie prévue en cas d'incapacité de travail en sa qualité d'assuré, est soumise à la prescription biennale. • Civ. 1re, 3 févr. 2011 : *D. actu. 28 févr. 2011, obs. de Ravel d'Esclapon.*

33. Action en remboursement de l'art. R. 421-8. La demande de l'assureur en remboursement des sommes qu'il a versées pour le compte de qui il appartiendra, en exécution d'une ordonnance de référé rendue en application de l'art. R. 421-8, dérive du contrat d'assurance et se trouve soumise à la prescription biennale. • Civ. 1re, 22 juin 1994, n° 91-11.936 P : *RCA 1994, n° 349.*

34. Action en restitution de primes en cas de renonciation au contrat d'assurance-vie. L'action en justice engagée par le souscripteur d'un contrat d'assurance sur la vie aux fins d'obtenir la restitution des sommes versées, lorsque l'assureur n'a pas procédé à cette restitution dans le délai de trente jours à compter de la réception de la lettre recommandée par laquelle le souscripteur a renoncé au contrat, dérive du contrat d'assurance et se prescrit par deux ans à compter du refus de restitution de l'assureur ou de l'expiration du délai de trente jours imparti par l'art. L. 132-5-1. • Civ. 2e, 24 juin 2010 : *BICC 15 nov. 2010, n° 1664 ; D. 2010. AJ 1786 ; Gaz. Pal. 2010. Jurisp. 3473, note Périer ; RGDA 2010. 769, note Kullmann ; JCP E 2010. 1958, note Hovasse ; RDBF 2010, n° 182, note Sauvage ; Banque et Dr. 2010. 5, obs. Marly* • 7 juill. 2011 : *D. 2011. 2035 ; RCA 2011, n° 374* • 24 nov. 2011, n° 10-25.868 • 13 janv. 2012 : *RGDA 2012. 774, note Kullmann* • 29 mars 2012, n° 11-13.991.

35. Action récursoire en cas de déchéance de garantie. L'action récursoire de l'assureur, qui invoque une cause de déchéance née de l'inobservation par l'assuré d'une stipulation du contrat, a trait à des difficultés relatives à l'exécution et à l'interprétation du contrat et dérive du contrat d'assurance. • Civ. 1re, 17 avr. 1956 : *Bull. n° 167 ; D. 1956. 677, note Besson ; GADA p. 135, obs. Berr et Groutel* • 23 févr. 1977 : *D. 1977. IR 290, obs. Berr et Groutel.*

36. Action en responsabilité. L'action en responsabilité engagée par l'assuré contre l'assureur ou son représentant en raison d'un manquement à son obligation contractuelle de renseignement et de conseil se prescrit par deux ans. • Civ. 2e, 7 oct. 2004 : *D. 2004. IR 2832 ; RCA 2004, n° 390 ; RGDA 2005. 51, note Bruschi.* ♦ L'action en garantie et en réparation des préjudices subis en raison des fautes commises par l'assureur dans l'exécution du contrat d'assurance dérive de ce contrat et se trouve soumise au délai de la prescription biennale dont le point de départ se situe à la date où l'assuré a eu connaissance des manquements de l'assureur à ses obligations et du préjudice en résultant pour lui. • Civ. 2e, 28 mars 2013 : *RCA 2013, n° 201 ; RGDA 2013. 598, note Pélissier* • 27 avr. 2017, n° 16-16.517 : *RCA 2017, n° 209, note Groutel.* ♦ Ayant relevé que l'action exercée par l'assuré avait pour objet de faire reconnaître la responsabilité de l'assureur en raison d'une gestion non conforme aux stipulations contractuelles, et que l'obligation qu'il avait de contrôler la conformité de la gestion confiée au mandataire résultait des conditions générales du contrat d'assurance, une cour d'appel a exactement décidé que l'action de l'assuré dérivait de ce contrat, en sorte qu'elle était soumise à la prescription biennale de l'art. L. 114-1. • Civ. 2e, 8 févr. 2018, n° 17-11.659 P : *DA 9 mars 2018, obs. Kilgus ; RGDA 2018. 154, note Mayaux ; Procédures 2018, Chron. 4, n° 4, note Mazeaud.*

37. Action en responsabilité contre un mandataire chargé d'arbitrage. Ayant constaté que le contrat d'assurance et le mandat d'arbitrage étaient unis par un lien tel que, peu important que l'action en responsabilité puise sa source dans ce mandat, il en résultait que cette action dérivait du contrat d'assurance qui l'intégrait, une cour d'appel a exactement décidé qu'elle était soumise à la prescription biennale de l'art. L. 114-1. • Civ. 2e, 8 févr. 2018, n° 17-11.659 P : *préc. note 36.*

B. ACTIONS NON SOUMISES À LA PRESCRIPTION BIENNALE

38. Recours de l'assureur contre le tiers responsable. L'action directe de l'assureur subrogé dans les droits de la victime, qui trouve son fondement dans le droit de la victime à la réparation de son préjudice, n'est pas soumise à la prescription biennale et se prescrit par le même délai que son action de droit commun contre le responsable. • Civ. 2e, 13 mai 2004, n° 03-13.126 P : *D. 2004. IR 1639 ; RCA 2004, n° 270 ; ibid., n° 275.* ♦ V. déjà, conf. : • Civ. 1re, 26 mai 1961 : *RGAT 1962. 44.*

39. Action directe de la victime – Délai initial. Si l'action de la victime d'un accident contre l'assureur est subordonnée à l'existence d'une convention passée entre ce dernier et l'auteur de l'accident et ne peut s'exercer que dans ses limites, elle trouve, en vertu de la loi, son fondement dans le droit à la réparation du préjudice causé par l'accident dont l'assuré est reconnu responsable, et il suit de là que cette action reste soumise à la prescription de droit commun. • Civ. 28 mars 1939 : *Bull. n° 37 ; DP 1939. 1. 68, note Picard ; GADA, p. 220, obs. Berr et Groutel ; RGAT 1939. 286.* ♦ Plus récemment : • Civ. 1re, 19 oct. 1982, n° 81-14.159 P • 9 mai 1996 : *RGDA 1996. 705, note Kullmann ; RCA 1996, n° 289.*

40. Action directe de la victime – Prolongation. L'action de la victime contre l'assureur de responsabilité, qui trouve son fondement dans le droit de la victime à réparation de son préjudice, se prescrit par le même délai que son action contre le responsable et ne peut être exercée contre l'assureur, au-delà de ce délai, que tant que celui-ci reste exposé au recours de son assuré. • Civ. 2e, 13 sept. 2007, n° 06-16.868 P : *Gaz. Pal. 2008. 1832, note Périer ; JCP 2008. I. 134, n° 8, obs. Karila ; RCA 2007, n° 368, note Groutel ; RGDA 2007. 903, note Bruschi.* ♦ V. aussi : • Civ. 2e, 11 juin 2009 : *RGDA 2009. 756, note Abravanel-Jolly.* ♦ Déjà en ce sens : • Civ. 1re, 11 mars 1986 : *Bull. civ. I, n° 59 ; D. 1987. Somm. 183, obs. Groutel* • 16 févr. 1988 : *Bull. civ. I, n° 41 ; D. 1989. Somm. 245, obs. Groutel* • 13 févr. 1996 : *RCA 1996, n° 151 ; RGDA 1996. 381, note d'Hauteville* • 18 févr. 1997 : *RGDA 1997. 550, note Kullmann* • 23 mars 1999 : *RCA 1999, n° 194, obs. Groutel ; RGDA 1999. 596, note Vincent* • 13 nov. 2002 : *RCA 2003, n° 21 (2e esp.), note Groutel* • 24 févr. 2004 : *RGDA 2004. 641, note Bruschi* • Civ. 3e, 22 juill. 1987 : *Bull. civ. III, n° 149 ; D. 1988. Somm.*

151, obs. Groutel • 26 nov. 2003 : *D. 2004. Somm. 913, obs. Groutel ; RCA 2004, n° 50* • 17 mars 2004 : *RGDA 2004. 456, note d'Hauteville* • 4 mars 2021, n° 19-23.415 : *RCA 2021, n° 116, note Groutel.*

41. Action directe de la victime – Incidence de l'interruption ou de la suspension de l'action principale. L'interruption de la prescription de l'action en responsabilité dirigée contre l'assuré est sans effet sur l'action directe dirigée contre l'assureur. • Civ. 2e, 17 févr. 2005, n° 03-16.590 P. ♦ Si l'action directe de la victime contre l'assureur du responsable se prescrit par le même délai que l'action principale contre l'assuré responsable et peut encore être exercée au-delà du délai initial tant que l'assureur reste soumis au recours de son assuré, l'interruption de la prescription de cette action principale est sans effet sur le cours de la prescription de l'action directe contre l'assureur. • Civ. 3e, 18 déc. 2012 : *RCA 2013, n° 101, note Groutel.* ♦ L'action directe de la victime contre l'assureur de responsabilité trouve son fondement dans le droit de la victime à réparation de son préjudice. Cette action directe n'étant pas subordonnée à la mise en cause de l'assuré, l'interruption ou la suspension de la prescription est sans effet sur l'action directe dirigée contre l'assureur. • Civ. 2e, 7 févr. 2013 : *RCA 2013, n° 129, note Groutel.*

42. Action directe et action en responsabilité. L'action directe non prescrite peut être exercée par l'assureur subrogé dans les droits de la victime, même si l'action de cette dernière est prescrite. • Civ. 3e, 24 oct. 2007, n° 06-17.295 P : *D. 2009. Pan. 253, obs. Groutel ; JCP 2008. II. 10040, note Guyader; RCA 2007, n° 369, note Groutel; RGDA 2008. 124, note J.-P. Karila.* ♦ *Contra* antérieurement : l'action directe est irrecevable si le tiers lésé n'a pas agi contre l'assuré avant l'expiration du délai de prescription de l'action en responsabilité. • Civ. 1re, 10 mai 2000, n° 98-12.720 P : *RCA 2000, n° 282; RGDA 2000. 907, note Mayaux.*

43. Action du tiers subrogé dans les droits de la victime. L'action d'une personne qui, n'ayant pas la qualité d'assuré, agit comme subrogée aux droits de la victime qu'elle a indemnisée, ne dérivant pas du contrat d'assurance, n'est pas soumise à la prescription biennale. • Civ. 1re, 20 mars 1979 : *Bull. civ. I, n° 95; D. 1980. IR 181, obs. Berr et Groutel; RGAT 1980. 55.*

44. Action directe exercée par le souscripteur d'une assurance automobile ayant la qualité de victime. L'action directe exercée, contre son assureur, par le souscripteur d'une assurance automobile blessé dans un accident de la circulation survenu alors que, passager dans sa propre voiture automobile, il avait confié le volant à un tiers, déclaré seul responsable de cet accident, trouve, en vertu de la loi, son fondement dans le droit à réparation du préjudice causé par le l'assuré responsable de l'accident, et reste soumise à la prescription de droit commun. • Civ. 1re, 27 nov. 1979, n° 78-13.024 P : *D. 1980. IR 181, obs. Berr et Groutel; Gaz. Pal. 1980. 1. 197, note Margeat et Favre-Rochex; RGAT 1980. 410 (1re esp.), obs. Besson* • Civ. 2e, 10 juill. 1996 : *RCA 1996, n° 371, note Groutel.*

45. Assurance de groupe – Action de l'adhérent contre le souscripteur. La prescription biennale ne saurait jouer en matière d'assurance de groupe entre l'adhérent, assuré de la compagnie d'assurances, et ceux, souscripteurs ou employeurs, ayant négocié les termes de l'assurance de groupe proposée, auxquels ne le rattache aucun lien d'assurance. • Civ. 1re, 27 nov. 1990, n° 87-18.927 P. ♦ Si la prescription de deux ans, prévue à l'art. L. 114-1 C. assur., s'applique entre assureur et assuré, elle ne saurait jouer, en matière d'assurance de groupe, dans les rapports de l'adhérent, assuré de la compagnie d'assurance, et du souscripteur du contrat d'assurance de groupe, entre lesquels il n'existe pas de lien d'assurance. • Civ. 1re, 13 nov. 1997 : *RCA 1998, n° 66.*

46. Assurance en cas de décès. Selon l'art. L. 114-1, al. 4, C. assur., l'action relative à un contrat d'assurance sur la vie se prescrit par dix ans lorsque le bénéficiaire est une personne distincte du souscripteur. Viole cet art., la cour d'appel qui applique la prescription quinquennale à une requérante, alors que par son action celle-ci revendiquait la qualité de bénéficiaire d'un contrat d'assurance-vie dont le bénéficiaire n'était pas le souscripteur et sollicitait la condamnation de la banque et de l'assureur au paiement de sommes en exécution de ce contrat. • Civ. 2e, 16 sept. 2012, n° 20-10.013 : *RGDA oct. 2021. 26, note Mayaux; D. actu. 1er oct. 2021, note Bigot et Cayol; JCP 2021. 1016, note Pimbert.*

47. Assurance en cas de décès réciproque. Ayant relevé que le contrat, combinant une assurance en cas de vie avec une assurance en cas de décès, avait été en l'occurrence souscrit, quant à la garantie décès, en réciprocité par les deux époux sur la tête de chacun d'eux, par un seul et même acte, le bénéficiaire devant être le conjoint survivant, une cour d'appel exerçant son pouvoir souverain d'interprétation de la convention des parties, a retenu que la réunion des qualités de souscripteur et de bénéficiaire, qui s'imposait pour la garantie en cas de vie, était en revanche exclue pour la garantie décès, admettant ainsi que chacun des époux avait conclu le contrat sur sa propre tête ce qui est au demeurant conforme à la première hypothèse envisagée par l'art. L. 132-1, al. 1er, C. assur., la garantie vie devant produire effet à son profit personnel, tandis que la garantie décès devait jouer au bénéfice de son conjoint de telle sorte que, le contrat étant appelé à jouer à ce dernier titre, le défunt avait la qualité de souscripteur, son conjoint survivant étant seulement le bénéficiaire de la stipulation faite par lui à son profit ; qu'en l'absence d'énonciations contraires de la police quant à l'identité du souscripteur. C'est donc sans violer les art. L. 114-1, dernier al. et L 132-1, al. 1er, C. assur. que la cour d'appel a décidé que l'action de la femme du défunt relevait de la prescription décennale. • Civ. 1re, 22 janv. 2002, n° 98-18.819 P : *RCA 2002, n° 118, note Courtieu ; RGDA 2002. 445, note Kullmann.*

48. Action en nullité d'un accord entre l'assureur et l'assuré. La demande en nullité d'un accord entre l'assuré et l'assureur fondé sur le dol de l'assureur n'est pas soumise à la prescription biennale de l'art. L. 114-1 C. assur., les stipulations du contrat d'assurance n'étant pas en cause. • Civ. 2e, 16 janv. 2014 : *D. 2014. 1722, chron. Lazerges-Cousquer et Touati ; RTD civ. 2014. 371, obs. Barbier ; RCA 2014, n° 135 ; ibid. 2015. Chron. 1, n° 32, note Groutel ; RGDA 2014. 150, note Pélissier ; Procédures 2014. Chron. 2, n° 4, note V. Mazeaud ; RTD civ. 2014. 371, note Barbier ; D. 2014. 1722, note Lazerges-Cousquer et Touati ; D. 2015. 1235, note Grynbaum ; Gaz. Pal. 27 avr. 2014. 23, note Noguero.*

49. Action en responsabilité extracontractuelle de l'assuré contre l'assureur. Un assureur est tenu d'une obligation particulière d'information et de conseil à l'égard de la personne qui souhaite souscrire un contrat d'assurance ou y adhérer et l'action engagée contre l'assureur en raison d'un manquement à cette obligation précontractuelle ne dérive pas du contrat d'assurance. • Civ. 1re, 30 janv. 2001, n° 98-18.145 P : *RGDA 2001. 53, note Kullmann ; JCP 2001. II. 10609, note Maleville ; RCA 2001, n° 135.* ♦ V. égal. : • Civ. 2e, 22 janv. 2004 : *D. 2004. Somm. 2033, obs. Lemée ; RCA 2004, n° 122* • 2 juin 2005, n° 04-14.916. • Civ. 2e, 2 juill. 2015, n° 14-22.565 : *RCA 2015, n° 305* ; • Civ. 2e, 10 déc. 2015, n° 14-29.214 : *RCA 2016, n° 94, note Groutel ; Procédures 2016, Chron. 3, n° 4, note V. Mazeaud.*

50. Action en responsabilité extracontractuelle de la caution contre l'assureur. L'action en responsabilité délictuelle intentée par les cautions, tiers au contrat d'assurance, contre l'assureur n'est pas soumise à la prescription biennale de l'art. L. 114-1 C. assur. • Civ. 2e, 6 févr. 2014 : *D. 2014. 1722, chron. Lazerges-Cousquer et Touati ; RTD civ. 2014. 371, obs. Barbier ; RCA 2014, n° 175, note Groutel ; ibid. 2015. Chron. 1, n° 32, note Groutel ; RGDA 2014. 154, note Kullmann ; Procédures 2014. Chron. 2, n° 5, note V. Mazeaud ; D. 2015. 1234, note Grynbaum ; JCP 2014. 336, note Dissaux ; ibid. 1323, note Bacache.*

51. Action en responsabilité de l'assuré contre un courtier. La prescription biennale n'est pas applicable dès lors que l'action en cause était une action dirigée, en raison de sa négligence, contre un courtier spécialisé qui se trouvait en même temps représenter la compagnie apéritrice, et non pas une action dérivant du contrat d'assurance. • Civ. 1re, 3 mars 1987, n° 85-15.865 P : *D. 1987. Somm. 337, obs. Groutel ; RGAT 1987. 265, note Bout.* ♦ L'action engagée contre l'assureur ou l'intermédiaire d'assurance sur le fondement d'un manquement à l'obligation précontractuelle d'information et de conseil ne dérive pas du contrat d'assurance. • Civ. 2e, 10 déc. 2015, n° 14-29.214 : *RCA 2016, n° 94, note Groutel.*

52. Assurances cumulatives – Recours entre assureurs. Le recours exercé par un assureur contre un autre assureur en remboursement de la part contributive de ce dernier trouve son fondement dans l'art. L. 121-4 C. assur., et dès lors est soumis à la prescription de droit commun. • Civ. 1re, 10 juin 1981, n° 80-10.704 P. ♦ Auparavant : • Civ. 1re, 28 avr. 1964 : *Bull. n° 264 ; RGAT 1964. 465, note Besson.*

53. Action de l'agent d'assurance qui a fait l'avance des primes à l'assuré. Cette action est fondée sur une gestion d'affaires et ne dérive pas du contrat d'assurance. • Civ. 1re, 19 déc. 1972, n° 71-13.554 P : *Gaz. Pal. 1973. 2. 573, note H. M ; RGAT 1973. 367, note Besson.*

54. Action en répétition de l'indu. L'action en répétition de l'indu, quelle que soit la source du paiement indu, se prescrit selon le délai de droit commun applicable, à défaut de disposition spéciale, aux quasi-contrats. En conséquence, la prescription biennale de l'art. L. 114-1 C. assur. n'est pas applicable. • Civ. 2e, 4 juill. 2003 : *RGDA 2013. 878, note Kullmann ; RCA 2013, n° 361, note Groutel ; Procédures 2014. Chron. 2, n° 6, note V. Mazeaud* • 5 févr. 2015, n° 14-11.974 : *RCA 2015, n° 164* • 16 avr. 2015, n° 14-14.573 : *RCA 2015, n° 214 ; RGDA 2015. 286, note Kullmann* • 8 sept. 2016, n° 15-16.890 : *RCA 2016, n° 355, note Groutel ; RDC 2017. 88, note F. Leduc.* ♦ Rappr. : la répétition du paiement indu en ce qu'elle trouve sa justification dans l'inexistence de la dette aux termes des art. 1376 et 1377 C. civ. ne dérive pas du contrat d'assurance. • Civ. 2e, 18 mars 2004, n° 03-10.620 P : *RCA 2004, n° 242 ; ibid., Chron. 16, par Groutel ; RGDA 2004. 390, note Kullmann ; D. 2005. 1318, note Groutel* • 24 févr. 2005, n° 03.20.040 • 5 juill. 2006, n° 05-14.568. ♦ *Contra* antérieurement : ne dérive pas du contrat d'assurance l'action de l'assureur tendant à la répétition d'un paiement dont le caractère indu ne résulte pas d'une stipulation du contrat d'assurance. • Civ. 1re, 12 févr. 2002, n° 99-11.777 P : *D. 2002. Somm. 3183, obs. Groutel ; RCA 2002, n° 185* • Civ. 2e, 19 juin 2008 : *RGDA 2008. 921, note Kullmann* • Civ. 3e, 11 mars 2008 : *RGDA 2008. 329, note Kullmann ; RCA 2008, n° 209, note Groutel* • 27 mai 2010, n° 09-15.412 P : *D. 2011. Pan. 1926, obs. Groutel ; RDI 2010. 568, note Dessuet ; RCA 2010, n° 237, note Groutel ; RGDA 2010. 728, note J.-P. Karila.* ♦ Ainsi, ne dérive pas du contrat d'assurance au sens de l'art. L. 114-1 C. assur. et échappe ainsi à la prescription biennale l'action de l'assureur tendant à la répétition de paiements dont le caractère indu ne résulte pas d'une stipulation de la police, mais du principe indemnitaire. • Civ. 1re, 20 janv. 1998, n° 96-11.176 P : *Gaz. Pal. 1998. 2. 561 ; RCA 1998, n° 143, note Groutel ; RGDA 1998. 69, note Kullmann* • 20 oct. 1998 : *RCA 1998, n° 404 ; RGDA 1999. 338, note Kullmann* • 4 juin 2002, n° 99-13.002 P : *Gaz. Pal. 2003. 425, note Favre-Rochex ; RCA 2002, n° 308 ; ibid., n° 310, note Groutel ; RGDA 2002. 707, note Kullmann* • Civ. 3e, 3 mars 2004, n° 02-15.411 P : *D. 2004. IR 848, et les obs. ; RCA 2004, n° 204, obs. Groutel.* ♦ De même, ne dérive pas du contrat d'assurance au sens de l'art. L. 114-1 C. assur. et échappe ainsi à la prescription biennale l'action de l'assureur tendant à la répétition de paiements dont le caractère indu ne résulte pas d'une stipulation de la police, mais de l'art. L. 113-1 C. assur. qui prohibe la garantie des pertes et dommages provenant d'une faute intentionnelle. • Civ. 1re, 27 févr. 1996, n° 94-12.645 P : *RCA 1996, n° 190 ; Defrénois 1996. 875, rapp. Sargos ; RGDA 1996. 309, note Kullmann.* ♦ Ou encore, une cour d'appel, qui relève qu'un assureur dommages-ouvrage a été condamné à payer une provision en vertu des obligations légales mises à sa charge et qu'une décision irrévocable a constaté l'inexistence de désordres entrant dans le cadre de cette garantie, retient exactement que ne dérive pas du contrat d'assurance, mais de la loi, l'action de cet assureur tendant à la répétition de ce qui a été payé en vertu de l'ordonnance de référé et que seule la prescription de droit commun est applicable à cette action. • Civ. 3e, 27 mai 2010, n° 09-15.412 P : *D. 2011. Pan. 1926, obs. Groutel ; RDI 2010. 568, note Dessuet ; RCA 2010, n° 237, note Groutel ; RGDA 2010. 728, note J.-P. Karila.* ♦ En revanche, l'action de l'assuré en remboursement de primes qu'il avait versées à son assureur dérive du contrat d'assurance. • Civ. 1re, 4 mars 1986, n° 84-17.534 P : *D. 1987. Somm. 183, obs. Groutel.* ♦ De même, la demande d'une compagnie d'assurances tendant à la restitution de sommes versées au-delà du montant garanti par le contrat dérive nécessairement de celui-ci, et est soumise à la prescription biennale. • Civ. 1re, 9 mai 1978 : *Bull. civ. I, n° 178.* ♦ L'action en restitution de l'indemnité de sinistre, fondée sur l'art. L. 121-12, al. 2, dérivant du contrat d'assurance, est soumise à la prescription biennale. • Civ. 1re, 8 juin 1994, n° 91-11.525 P : *RCA 1994, n° 348.*

55. Action en restitution de primes en raison de l'inexistence du contrat. L'action en restitution ne dérivant pas d'un contrat d'assurance, mais de l'inexistence d'une convention, en raison de la nullité prononcée du contrat de prêt auquel le contrat d'assurance était adossé, la prescription biennale ne s'y applique pas. • Civ. 2e, 16 nov. 2006 : *RCA 2007, n° 104 ; RGDA 2007. 74, note Mayaux.* ♦ V. déjà, dans le même sens : • Civ. 1re, 9 déc. 1992, n° 90-15.300 P : *D. 1993. IR 19 ; RCA 1993, n° 99 ; RGAT 1993. 288, note Margeat.*

56. Action tendant à la réparation d'une erreur de l'assureur. L'action de l'assuré visant à voir réparer l'omission de l'assureur de comptabiliser deux versements sur un contrat d'assurance-vie, qui ne dérive pas du contrat d'assurance puisque les stipulations contractuelles ne sont pas en cause, n'est pas soumise à la prescription biennale. • Civ. 2e, 10 avr. 2008 : *RCA 2008, n° 210, obs. Groutel.*

III. POINT DE DÉPART

A. RÉALISATION DE L'ÉVÉNEMENT DONNANT NAISSANCE À L'ACTION

57. Droit de contrôle en cas de déclaration fausse ou inexacte. Le droit de contrôle de l'assureur sur la comptabilité de l'assuré est soumis à la prescription biennale, et le délai court du jour où l'assuré a fait la déclaration litigieuse. • Civ. 1re, 13 nov. 1984, n° 83-14.135 P : *D. 1986. Somm. 292, obs. Berr et Groutel ; RGAT 1985. 239.* ♦ Aussi l'assureur ne peut-il demander une expertise comptable plus de deux ans après la déclaration de chiffre d'affaires par l'assuré. • Même arrêt.

58. Action en paiement de l'indemnité de sinistre. Méconnaît l'art. L. 114-1 C. assur. l'arrêt qui retient comme point de départ du délai de prescription de l'action de l'assuré en garantie du sinistre la date à laquelle l'assureur a refusé de prendre en charge le sinistre. • Civ. 1re, 3 mars 1982 : *Bull. civ. I, n° 96 ; D. 1984. IR 40, obs. Berr et Groutel.* ♦ Le point de départ ne peut être le refus définitif de l'assureur de garantir le sinistre. • Civ. 1re, 29 oct. 1990, n° 88-13.535 P : *D. 1990. IR 263* • 22 mai 2002, n° 99-14.766 P : *RCA 2002, n° 268, note Groutel.* ♦ ... Non plus que sa notification par la compagnie. • Civ. 1re, 7 juin 1988, n° 86-19.296 P. ♦ Le point de départ de la prescription est la date du sinistre. • Même arrêt. ♦ Toutefois, le point de départ peut être retardé au jour de la connaissance du sinistre. • Civ. 1re, 25 juin 1968 : *RGAT 1968. 491.* ♦ ... Ou de la connaissance de l'existence du contrat. • Civ. 1re, 11 oct. 1988, n° 86-16.364 P : *RGAT 1989. 47, note Bigot* • 24 janv. 1973, n° 71-13.920 P : *RGAT 1973. 526* • 25 oct. 1972, n° 71-111.92 P : *RGAT 1973. 226, note Besson.* ♦ Mais, le point de départ de la prescription s'appréciant sinistre par sinistre, la date de connaissance du second sinistre ne peut constituer le point de départ du délai de prescription du premier. • Civ. 2e, 30 juin 2016, n° 15-22.973 : *RCA 2016, n° 292, note Groutel.*

59. Action en responsabilité contre l'assureur. L'action en responsabilité engagée par l'assuré contre l'assureur en raison d'un manquement à ses obligations se prescrit par deux ans à compter de la date à laquelle l'assuré a eu connaissance de ce manquement et du préjudice en étant résulté pour lui. • Civ. 2e, 27 avr. 2017, n° 16-16.517 : *RCA 2017, n° 209, note Groutel* • 28 mars 2013, n° 12-16.011 P : *RCA 2013, n° 201 ; RGDA 2013. 598, note Pélissier.*

60. Action en paiement de primes. Viole l'art. L. 114-1 C. assur. la cour d'appel qui retient que la prescription biennale de l'action en paiement de primes commence à courir, non à la date d'échéance des primes, mais à celle de l'avis d'échéance. • Civ. 1re, 6 oct. 1993 : *RCA 1993, n° 380 ; RGAT 1994. 102, note Mayaux.* ♦ Cassation de l'arrêt qui déclare prescrite l'action de l'assureur en paiement de primes au motif qu'il importait peu que ce dernier ait imputé les sommes payées sur le montant des primes réclamées pour la période antérieure, et cela à l'insu de l'assuré pendant six ans, sans avoir recherché si l'imputation invoquée par l'assureur avait porté sur des échéances remontant à plus de deux ans. • Civ. 1re, 2 juill. 1996 : *RGDA 1997. 145, note Kullmann.*

61. Action en déchéance de garantie. L'événement qui donne naissance à l'action de l'assureur contre l'assuré en remboursement des sommes qu'il a versées à la victime d'un accident ayant exercé à son encontre l'action directe est le fait même du paiement ainsi effectué, lequel constitue, par conséquent, le point de départ du délai de prescription de cette action. • Civ. 1re, 17 avr. 1956 : *D. 1956. 677, note Besson ; GADA, p. 135, obs. Berr et Groutel* • 28 mai 1970 : *Bull. civ. I, n° 182 ; RGAT 1971. 208.*

62. Action de l'assureur en répétition de l'indu. La prescription commence à courir à compter du jour du paiement. Il ne pourrait en être autrement que si l'assureur avait été dans l'impossibilité de savoir que le paiement n'était pas dû. • Civ. 1re, 15 mars 1988, n° 86-13.330 P : *D. 1989. Somm. 246, obs. Groutel ; D. 1988. 485, note Aubert ; RGAT 1988. 782.* ♦ Dans ce cas, le délai de deux ans commence à courir à compter de la découverte de la circonstance ouvrant le droit à répétition et non à compter du paiement indu. • Civ. 1re, 27 févr. 1990, n° 87-17.776 P. ♦ Ainsi, méconnaît l'art. L. 114-1 C. assur. la cour d'appel qui, pour une action en répétition de l'indu, fixe comme point de départ de l'action le jour où l'assureur a été avisé de la découverte du véhicule alors que l'absence d'effraction sur les ouvrants et l'antivol de direction, conditions de la garantie, n'a été constatée qu'à une date postérieure par l'expert. • Civ. 2e, 9 avr. 2009 : *RGDA 2009. 754, note Astegiano-La Rizza.* ♦ Ayant relevé que l'assureur ne garantit pas les dommages survenus alors que le conducteur du véhicule assuré ne peut pas justifier être titulaire du permis de conduire en état de validité exigé par les règlements publics en vigueur pour la conduite du véhicule assuré, une cour d'appel retient à bon droit que l'événement qui a donné naissance à l'action en remboursement engagée par l'assureur est l'arrêt de la Cour de cassation qui a définitivement consacré l'invalidité du permis de conduire. • Civ. 2e, 22 oct. 2015, n° 14-25.383 : *RCA 2016, n° 21.*

63. Action en remboursement de la franchise contre l'assuré. L'action de l'assureur garantissant la responsabilité décennale, en remboursement du montant des franchises contractuelles payées aux assureurs « dommages-ouvrage », ne peut être exercée contre l'assuré que postérieurement à son règlement à ces derniers, de sorte que la prescription ne peut commencer à courir qu'à compter de ce paiement. • Civ. 3e, 21 juin 2006, n° 04-19.002 P : *Gaz. Pal. 2008. 4019, note Périer ; RCA 2006, n° 273, note Groutel.*

64. Action en remboursement contre le conducteur dépourvu de permis de conduire. Ayant relevé que l'assureur ne garantit pas les dommages survenus alors que le conducteur du véhicule assuré ne peut pas justifier être titulaire du permis de conduire en état de validité exigé par les règlements publics en vigueur pour la conduite du véhicule assuré, une cour d'appel retient à bon droit que l'événement qui a donné naissance à l'action engagée par l'assureur est l'arrêt de la Cour de cassation qui a définitivement consacré l'invalidité du permis de conduire du conducteur. • Civ. 2e, 22 oct. 2015, n° 14-25.383 : *RGDA 2015. 555, note Landel.*

65. Action ayant pour cause le recours d'un tiers. Le Fonds de garantie des asurances obligatoires de dommages (FGAO) qui exerce un recours contre le responsable des dommages subis par la victime qu'il a indemnisée est un tiers au sens de l'art. L. 114-1. Dès lors, le délai de prescritption biennale de l'action engagée par l'assuré contre son assureur, en raison du recours intenté contre lui par le FGAO, ne court qu'à la date de son assignation par celui-ci. • Civ. 2e, 12 janv. 2017, n° 15-26.325 P : *D. actu. 30 janv. 2017, note de Ravel d'Esclapon.*

66. Assurance contre le vol. La prescription court du jour du vol, et au plus tard du jour où l'assuré en a eu connaissance. • Civ. 1re, 6 déc. 1989 : *Bull. civ. I, n° 377 ; RCA 1990, n° 36, obs. Groutel ; RGAT 1989. 800, note Kullmann.*

67. Assurance contre les accidents corporels. En matière d'assurance contre les accidents corporels, le sinistre, au sens de l'art. L. 114-1, al. 2 (2°), C. assur., est constitué par la survenue de l'état d'incapacité ou d'invalidité de l'assuré, apprécié au jour de sa consolidation. • Civ. 1re, 1er juin 1999, n° 97-14.327 P : *RCA 1999, n° 305 ; ibid., n° 311 ; ibid. Chron. 21, par Groutel ; RGDA 1999. 1057, note Fonlladosa* • Civ. 2e, 26 oct. 2006 : *RCA 2007, n° 32 (1re esp.)* • 7 juill. 2011 : *RCA 2011, n° 375* • 14 janv. 2016, n° 14-25.157 : *RCA 2016, n° 138, note Groutel.* ♦ En matière d'assurance contre les risques corporels, le sinistre, au sens de l'art. L. 114-1, al. 2 (2°) C. assur., réside dans la survenance de l'état d'invalidité de l'assuré est constituée au jour de la consolidation d cet état. • Civ. 2e, 5 oct. 2017, n° 12-29.572 : *RCA 2018, n° 30, note Groutel.* ♦ En matière d'assurance contre les risques corporels, le sinistre, au sens de l'art. L. 114-1, al. 2 (2°), C. assur., réside dans la survenance de l'état d'invalidité de l'assuré et est constitué au jour de la consolidation de cet état. • Civ. 2e, 15 oct. 2017, n° 12-29.572 : *RCA 2018, n° 30, note Groutel.* ♦ De même, en matière d'assurance collective de prévoyance couvrant le risque d'invalidité, le sinistre, au sens du texte précité, réside dans la survenance de l'état d'invalidité de l'assuré, et ne peut être constitué qu'au jour de la consolidation de cet état. • Civ. 2e, 11 sept. 2014 : *D. 2014. 1823 ; RCA 2014, n° 389, note Groutel ; RCA 2015, n° 11, note Groutel.* ♦ *Contra*, dans le sens où le sinistre est considéré comme constitué le jour où l'assuré a été informé que l'accident allait laisser subsister une incapacité de nature à entraîner la garantie de l'assureur : • Civ. 1re, 11 déc. 1979 : *Bull. civ. I, n° 314 ; RGAT 1982. 98* • 3 mars 1982, n° 81-10.796 P : *D. 1984. IR 40, obs. Berr et Groutel.*

68. Assurance contre l'invalidité. En matière d'assurance prévoyant le versement d'une rente en cas de classement de l'assuré dans une catégorie d'invalidités de la sécurité sociale, le point de départ de la prescription biennale est le jour où ce classement est notifié à l'assuré. • Civ. 1re, 4 févr. 1997, n° 94-17.883 P : *RCA 1997, n° 180 ; RGDA 1997. 482, note Kullmann ; Gaz. Pal. 1997. 2. Somm. 432* • Civ. 2e, 6 févr. 2014 : *RCA 2014, n° 176 ; ibid. 2015. Chron. 1, n° 11, note Groutel.*

69. Assurance contre le décès. En matière d'assurance contre les accidents mortels comme en matière d'assurance sur la vie, le point de départ du délai de la prescription biennale est le décès de l'assuré, à moins que les intéressés prouvent qu'ils l'avaient ignoré. • Civ. 1re, 17 févr. 1981 : *Bull. civ. I, n° 55.* ♦ ... Ou le jour de la connaissance du caractère accidentel du décès. • Civ. 1re, 7 avr. 1992 : *RCA 1992, n° 292 ; RGAT 1992. 512.*

70. Assurance des risques de catastrophes naturelles. La prescription biennale ne commence à courir, pour les dommages causés par une catastrophe naturelle, qu'à compter de la date de publication au *Journal officiel* de l'arrêté interministériel la constatant. • Civ. 1re, 15 déc. 1993, n° 91-20.800 P : *RGAT 1994. 489, note Kullmann.*

71. Assurance de protection juridique. En matière d'assurance de protection juridique, le point de départ du délai de prescription biennale est fixé au jour où l'assureur a refusé sa garantie ou l'a limitée à une certaine somme. • Civ. 2e, 3 juin 2004, n° 03-13.051 P : *D. 2004. IR 1708 ; RCA 2004, n° 278, obs. Groutel.* ♦ ... Mais, lorsque l'assureur a accepté sa garantie dans les limites des prévisions contractuelles, le point de départ de la prescription de l'action de l'assuré court du jour où il a eu connaissance des éléments lui permettant de réclamer l'indemnité promise. • Civ. 2e, 6 mars 2014 : *RGDA 2014. 283, note Pélissier.*

72. Arrérages d'une rente viagère. Lorsqu'une dette est payable par termes successifs, la prescription se divise comme la dette elle-même et court contre chacune de ses parties à compter de son échéance, ce qui est le cas pour les arrérages trimestriels d'une rente viagère. • Civ. 2e, 7 oct. 2010 : *RCA 2010, n° 335.*

73. Créance non liée à un sinistre. S'agissant d'une créance de participation aux bénéfices de l'assureur à recouvrer par l'assuré en dehors d'un sinistre, la prescription ne peut commencer à courir contre l'assuré que du jour où cette créance est devenue exigible et liquide. • Civ. 1re, 9 déc. 1997, n° 95-20.437 P : *Gaz. Pal. 1998. 1. 245 ; RCA 1998, n° 112 ; RGDA 1998. 143, note Favre-Rochex.*

74. Arbitrage. La renonciation de l'assureur à l'arbitrage fait courir la prescription. • Bordeaux, 24 avr. 2001 : *RCA 2001, n° 347, obs. Grynbaum.*

75. Alsace et Moselle. En l'état d'un contrat d'assurance, garantissant auprès d'une compagnie d'assurances dont le siège était à Strasbourg un immeuble situé en Charente, dont une clause stipulait que le risque était régi par le code des assurances sauf pour les risques situés dans les départements du Bas-Rhin, du Haut-Rhin et de la Moselle, soumis à la loi locale du 30 mai 1908, la conjonction du lieu de la situation du risque assuré et de l'intention des parties exprimée par la clause relative à cette situation exclut le rattachement de ce contrat à la loi locale, dont l'art. 12 fixe le point de départ de la prescription biennale à l'expiration de l'année au cours de laquelle la prestation peut être réclamée. • Civ. 1re, 13 mai 1998 : *RGDA 1998. 683, note Favre-Rochex.* ♦ V. désormais les art. L. 191-1 s. C. assur.

B. RÉALISATION DE LA CONDITION PRÉVUE PAR LE CONTRAT

76. Condition de la reconstruction de l'immeuble. Lorsque le paiement par un assureur d'une indemnité différée est subordonné à la condition de la reconstruction d'un immeuble et à la justification du coût de celle-ci, la prescription ne peut courir qu'à compter de la réalisation de ces conditions. • Civ. 1re, 4 avr. 1995, n° 92-17.497 P : *D. 1996. Somm. 189, obs. Groutel ; RCA 1995, n° 244 ; RGAT 1995. 52, note Kullmann.*

77. Condition de l'attribution préalable d'une pension de la sécurité sociale. Lorsqu'il résulte des stipulations d'un contrat d'assurance que le service d'une rente annuelle en cas d'invalidité permanente est subordonné à la condition de l'attribution préalable d'une pension de la sécurité sociale au titre de l'assurance invalidité, doit être cassé l'arrêt qui décide qu'est tardive l'action en paiement de la rente exercée par l'assuré plus de deux ans après la date à laquelle il a eu connaissance de son état d'invalidité permanente, alors qu'aux termes de l'art. 2257 C. civ., la prescription ne court point à l'égard d'une créance qui dépend d'une condition jusqu'à ce que celle-ci arrive. • Civ. 1re, 17 oct. 1995 : *RCA 1996, n° 35 ; RGDA 1996. 299, note Kullmann.* ♦ Conf. : • Civ. 1re, 12 déc. 1995, n° 93-19.034 P : *RCA 1996, n° 102.*

C. CAS PARTICULIER DE L'ASSURANCE EMPRUNTEUR

78. Points de départ alternatifs. En matière d'assurance de groupe souscrite par un établissement de crédit, et à laquelle adhère un emprunteur pour la couverture de risques pouvant avoir une incidence sur le remboursement de l'emprunt, la prescription de l'action de l'assuré contre l'assureur ne commence à courir qu'à compter du premier des deux événements suivants, soit le refus de garantie de l'assureur, soit la demande en paiement de l'établissement de crédit, bénéficiaire de l'assurance par l'effet de la stipulation pour autrui. • Civ. 1re, 27 mars 2001, n° 98-20.595 P : *D. 2001. Somm. 3319, obs. Groutel ; RCA 2001, n° 201 ; ibid., Chron. 12, par Groutel ; RGDA 2001. 354, note Kullmann (2e esp.)* • 30 janv. 2002, n° 01-00.513 P : *RCA 2002, n° 154* • 18 févr. 2003 : *RCA 2003, n° 156* • Civ. 2e, 13 juill. 2006, n° 05-15.603 P : *Gaz. Pal. 2007. 1850, note Périer ; RCA 2006, n° 274 (1re esp.), note Groutel ; RGDA 2006. 973 (2e esp.), note Bigot* • 6 févr. 2014 : *RCA 2014, n° 170, note Groutel ; ibid. 2015, Chron. 1, n° 9, note Groutel.* ♦ L'établissement de crédit qui a souscrit l'assurance de groupe est un tiers par rapport au contrat d'assurance liant l'assureur à l'adhérent assuré. • Civ. 1re, 10 janv. 1995 : *D. 1996. Somm. 190, obs. Groutel ; RCA 1995, n° 107* • 25 nov. 1997 : *RCA 1998, n° 71 ; RGDA 1997. 1066, note Kullmann.* ♦ *Contra*, excluant que le refus de garantie de l'assureur puisse commencer à faire courir la prescription : • Civ. 1re, 31 mars 1998, n° 96-16.326 P (2 arrêts) : *CA 1998, n° 217 ; ibid., Chron. 12, par Groutel ; ibid. 1998. Chron. 28, par Courtieu ; RGDA 1998. 700, note Kullmann ; Gaz. Pal. 1998. 2. 566, note Favre-Rochex* • 9 juin 1998, n° 96-17.285 P.

79. Refus de garantie de l'assureur. Dans le cas où le refus de garantie de l'assureur marque le point de départ de la prescription de l'action de l'assuré contre l'assureur, ce refus doit être explicite et dépourvu d'équivoque. • Civ. 2e, 5 juill. 2006 : *RCA 2006, n° 274 (2e esp.), note Groutel ; RGDA 2006. 973 (1re esp.), note Bigot.* ♦ Mais l'art. L. 114-1 C. assur. n'impose pas la formalité de la lettre recommandée avec demande d'avis de réception pour la notification d'un refus de garantie. • Civ. 2e, 13 nov. 2008 : *RGDA 2008. 214, note Kullmann.* ♦ Le refus de garantie de l'assureur peut valablement être transmis à l'assuré par la banque qui a souscrit le contrat. • Civ. 2e, 12 juill. 2007, n° 06-17.640 P : *Gaz. Pal. 2008. 1840, note Périer ; RCA 2007, n° 329, note Groutel.* ♦ Le délai de prescription de l'action tendant à obtenir la garantie de l'assureur consécutivement au décès de l'assuré ne court pas à compter du refus de prise en charge opposé par l'assureur à l'assuré au titre de l'incapacité de travail, antérieurement à la réalisation du risque de décès garanti. • Civ. 2e, 27 mars 2014, n° 13-16.815 P : *D. 2014. 825 ; RCA 2014, n° 207, note Groutel ; ibid. 2015. Chron. 1, n° 9, note Groutel.*

IV. SUSPENSION

80. Moyen nouveau en cassation. L'assuré n'ayant pas invoqué dans ses conclusions d'appel la suspension de la prescription mais son interruption, le moyen nouveau, mélangé de fait et de droit, est comme tel irrecevable devant la Cour de cassation. • Civ. 2e, 16 avr. 2015, n° 14-14.474 : *RGDA 2015. 319, note Schulz.*

A. IMPOSSIBILITÉ D'AGIR PRÉVUE PAR LA LOI

1° EN CAS DE DÉCLARATION INEXACTE DU RISQUE

81. Déclaration fausse ou inexacte – Action en nullité. En cas de nullité du contrat d'assurance pour fausse déclaration du risque, le délai de prescription court du jour où l'assureur a eu connaissance du caractère mensonger de la déclaration qui lui a été faite. • Civ. 1re, 16 avr. 1985, n° 83-16.732 P : *D. 1986. Somm. 98, obs. Berr et Groutel ; RGAT 1985. 525.* ♦ Si, en cas de déclaration fausse ou inexacte, la prescription ne court que du jour où l'assureur en a eu connaissance, encore faut-il, pour pouvoir invoquer cette règle, lorsqu'il s'agit d'assurances où la prime a pour assiette les salaires déclarés, que l'assureur ait contrôlé la déclaration dans les deux années de sa souscription. • Civ. 1re, 17 févr. 1987, n° 85-15.241 P : *D. 1987. Somm. 337, obs. Berr.*

2° EN CAS D'IGNORANCE DU SINISTRE

82. Action en nullité assortie d'une action en remboursement d'indemnité. V. note 24.

83. Assurance contre le décès. V. note 68.

84. Assurance contre le vol. V. note 64.

3° EN CAS DE RECOURS D'UN TIERS

a. Recours de la victime en assurance de responsabilité

85. Règles générales. Lorsque l'action de l'assuré contre l'assureur a pour cause le recours d'un tiers, le délai de la prescription biennale ne court que du jour où ce tiers a exercé une action en justice contre l'assuré ou a été indemnisé par ce dernier. • Civ. 2e, 7 févr. 2019, n° 18-11.939 : *RGDA avr. 2019. 16, note Pélissier ; RCA 2019, n° 148, note Groutel* • Civ. 2e, 23 mai 2019, n° 18-16.528 : *bjda.fr 2019, n° 64, note Casson ; RCA 2019, n° 233* • Civ. 3e, 17 juin 2021, n° 19-22.743 : *RCA 2021, n° 205, note Menard.* ♦ Lorsqu'une instance a été introduite par la victime contre l'assuré, seule la date de l'assignation doit être prise en considération, à l'exclusion de la date du paiement de l'indemnité par celui-ci. • Civ. 1re, 30 nov. 1976, n° 75-10.641 P • 18 janv. 1989, n° 87-12.186 P : *D. 1991. Somm. 74, obs. Groutel ; RCA 1989, n° 123, obs. Groutel* • 12 déc. 1995 : *RCA 1996, n° 103* • Civ. 2e, 17 mars 2005 : *RGDA 2005. 629, note Bruschi.* ♦ Ainsi, ayant retenu qu'aucune demande indemnitaire ne peut être portée devant le juge d'instruction puis constaté que le délai de la prescription biennale n'avait couru qu'à compter de la date d'audience de la cour d'assises à laquelle les victimes avaient sollicité, contre l'assuré, l'allocation de dommages et intérêts, une cour d'appel en déduit exactement que l'action n'était pas prescrite, l'assignation ayant été délivrée à l'assureur avant l'expiration du délai de deux ans. • Civ. 2e, 8 oct. 2009, n° 08-17.151 P : *D. 2009. AJ 2551 ; Dr. pén. 2010, n° 26, note Maron et Haas.* ♦ Mais, viole l'art. L. 114-1 la cour d'appel qui se fonde sur la date de désignation d'un expert par l'assureur pour faire partir le délai de prescription, alors que la victime n'avait pas encore formulé sa demande en justice aux fins d'indemnisation. • Civ. 3e, 13 févr. 2013 : *RGDA 2013. 607, note Asselain.* ♦ Une action en justice pouvant être introduite par voie reconventionnelle sous forme de dépôt de conclusions, c'est au jour de ce dépôt, par une victime, à l'encontre de l'assuré, qu'il convient de fixer le point de départ de la prescription de l'action en garantie de ce dernier contre l'assureur. • Civ. 1re, 10 déc. 1985, n° 84-14.851 P. ♦ La constitution nominative de partie civile constitue l'exercice de l'action en justice. • Civ. 1re, 4 mars 1958 : *D. 1958. 431.*

86. Assignation en référé de l'assuré. Une assignation en référé en vue de la nomination d'un expert constitue une action en justice et fait courir la prescription contre l'assuré. • Civ. 1re, 18 juin 1996, n° 94-14.985 P : *D. 1998. Somm. 45, obs. Groutel ; RCA 1996, n° 338, note Groutel ; RGDA 1996. 624, note Maurice* • Civ. 3e, 2 oct. 1996, n° 94-20.740 P : *RCA 1996, n° 410, note Groutel* • Civ. 1re, 22 oct. 1996 : *RCA 1996, n° 410, note Groutel ; RGDA 1996. 884, note Mayaux* • 26 nov. 1996 : *D. 1998. Somm. 45, obs. Groutel ; RCA 1996, n° 410, note Groutel* • 10 mai 2000, n° 97-22.651 P : *RCA 2000, n° 289, obs. Groutel ; RGDA 2000. 517, note Kullmann* • 31 mai 2007, n° 06-15.699 P : *Gaz. Pal. 2008. 1816, note Périer.* ♦ Dans le même sens, pour un référé-provision : • Civ. 1re, 20 mars 1990 : *RGAT 1990. 370, note Bout.* – *Adde*, Courtieu, *RCA 1998. Chron. 7.* ♦ Une cour d'appel décide à bon droit que le point de départ de la prescription biennale est l'assignation en référé délivrée par le tiers contre l'assuré en vue de la désignation d'un expert, que si la prescription a été interrompue par une ordonnance de référé ultérieure, rendant communes à l'assureur les opérations d'expertise judiciaire, néanmoins l'action de l'assuré, qui avait assigné l'assureur en intervention plus de deux ans après cette ordonnance de référé, est prescrite. • Civ. 2e, 3 sept. 2009, n° 08-13.094 P : *Gaz. Pal. 13 févr. 2010, p. 24, note Périer ; RCA 2009, n° 341, note Groutel ; RDI 2009. 652, note Noguéro ; RGDA 2009. 1158, note Astegiano-La Rizza.* ♦ Mais, une assignation en référé dont la délivrance à l'assuré est affectée d'une irrégularité de fond ne peut être retenue comme point de départ du délai de prescription de l'action en garantie contre l'assureur. • Civ. 1re, 4 nov. 2003, n° 02-16.269 P : *Gaz. Pal. 2004. 2473, note Leducq ; RCA 2004, n° 52, obs. Groutel.*

87. Assignation devant une juridiction étrangère. Constitue une action en justice au sens de l'art. L. 114-1, al. 3, C. assur. l'action en paiement intentée devant une juridiction étrangère. • Civ. 1re, 18 déc. 2002, n° 99-17.975 P : *RCA 2003, n° 86 (1re esp.) ; RGDA 2003. 353, note Heuzé.*

88. Assignation devant une juridiction incompétente. Le point de départ de la prescription de deux ans est la date du recours en garantie exercé devant la juridiction de droit commun par l'employeur contre le tiers dont la faute a concouru à la réalisation du dommage, cette action ne lui étant pas ouverte devant la juridiction de la sécurité sociale. Dès lors, viole l'art. L. 114-1 C. assur. la cour d'appel qui déclare irrecevable car tardive l'action en garantie du tiers contre son assureur en faisant partir le délai de prescription de l'assignation du tiers devant la juridiction sociale. • Civ. 2e, 17 mars 2011, n° 10-14.508 P : *RCA 2011, n° 236, note Groutel ; RGDA 2011. 711, note Kullmann ; Procédures 2012. Chron. 2, n° 3, note V. Mazeaud.*

89. Titre de perception. La date de notification d'un titre de perception par l'État au débiteur constitue le point de départ du délai biennal de prescription de l'action exercée par lui contre son assureur de responsabilité. • Civ. 1re, 14 janv. 2003, n° 00-11.157 P.

90. Recours du FGAO. Le FGAO qui exerce un recours contre le responsable des dommages subis par la victime qu'il a indemnisée est un tiers au sens de l'art. L. 114-1, al. 3, C. assur. Il en résulte que le délai de la prescription biennale de l'action du responsable contre son assureur ne court que de la date de ce recours. • Civ. 2e, 12 janv. 2017, n° 15-26.325 P : *D. 2017. 1213, obs. Bacache ; ibid. 1868, chron. de Leiris, Touati, Becuwe, Hénon et Palle ; RCA 2017, n° 121, note Groutel ; RGDA 2017. 187, note Landel ; Procédures 2017. Chron. 3, n° 5, note Mazeaud ; Gaz. Pal. 9 mai 2017. 69, note Noguéro.*

91. Aggravation du dommage. En cas d'aggravation du dommage subi par la victime, ouvrant à celle-ci une nouvelle action en réparation contre le responsable, le point de départ de la prescription de l'action en garantie de ce dernier contre son assureur se place au jour où la victime a exercé cette nouvelle action. • Civ. 1re, 21 mai 1990, n° 88-10.341 P : *D. 1990. IR 148 ; RGAT 1990. 557.*

92. Clause de globalisation de sinistre. Une clause d'unicité ou de globalisation de sinistre ne portant que sur la définition du sinistre et ayant pour objet de permettre d'appliquer les plafonds de garantie prévus par sinistre et par an à des sinistres dits sériels, en les considérant comme un seul sinistre se rattachant à la même année d'assurance, n'a pas pour effet de faire courir un seul délai de prescription biennale pour tous les sinistres se rattachant au même fait générateur. • Civ. 2e, 28 févr. 2013 : *RCA 2013, n° 197, note Bakouche ; JCP 2013. 400, n° 4, note Kullmann ; RGDA 2013. 610, note Kullmann ; Procédures 2013. Étude 2, n° 4, note V. Mazeaud.*

b. Autres recours d'un tiers

93. Caractère non limitatif. Les dispositions spéciales de l'art. L. 114-1 C. assur. relatives au recours d'un tiers contre l'assuré ne sont pas limitées à la mise en œuvre des assurances de responsabilité. • Civ. 1re, 21 nov. 2000, n° 98-12.481 P : *D. 2001. Somm. 3325, obs. Groutel ; RCA 2001, n° 68, obs. Groutel ; RGDA 2000. 1058, note Kullmann.* ♦ Selon l'art. L. 114-1, al. 3, quand l'action de l'assuré a pour cause le recours d'un tiers, le délai de prescription biennale ne court que du jour où ce tiers a exercé une action en justice contre l'assuré ou a été indemnisé par ce dernier. Une personne en cessation de paiement ayant assigné la Caisse de garantie des administrateurs judiciaires et des mandataires judiciaires en avr. 2002 au titre de la non-représentation de fonds, il s'ensuit que l'action en garantie exercée par cette dernière contre son assureur, le 31 oct. 2002, n'était pas prescrite. • Civ. 2e, 17 déc. 2020, n° 19-19.272 : *D. 2021. 7 ; RGDA févr. 2021. 14, note Mayaux ; D. actu. 12 janv. 2021, note R. Bigot.*

94. Recours personnel de la caution. La caution qui exerce seulement le recours que lui ouvre l'art. 2028 C. civ. n'est pas un tiers au sens de l'art. L. 114-1 C. assur. • Civ. 1re, 14 oct. 1997, n° 95-17.269 P : *RCA 1997, n° 388 ; RGDA 1997. 1021, note Rémy.*

4° EN CAS DE MINORITÉ DE L'ASSURÉ

95. Action intentée par le représentant légal de mineurs. Viole les art. L. 114-2 C. assur. et 2252 C. civ. la cour d'appel qui déclare prescrite l'action intentée par le représentant légal d'enfants encore mineurs au jour de l'assignation au fond, alors que la prescription n'avait pas encore commencé à courir à leur encontre. • Civ. 2e, 8 juill. 2004 : *D. 2005. 1324, obs. Groutel* • 21 févr. 2008 : *RCA 2008, n° 155, obs. Groutel.*

5° EN CAS D'EXPERTISE

96. Expertise judiciaire. Aux termes de l'art. 2239, al. 1er, C. civ., la prescription est suspendue lorsque le juge fait droit à une demande de mesure d'instruction présentée avant tout procès. Selon l'al. 2 de ce texte, le délai de prescription recommence à courir, pour une durée qui ne peut être inférieure à six mois, à compter du jour où la mesure a été exécutée. Les art. L. 114-1, L. 114-2 et L. 114-3 C. assur. ne font pas obstacle à l'application de l'art. 2239 C. civ. Il s'ensuit que la suspension de la prescription prévue par l'art. 2239 est applicable aux actions dérivant d'un contrat d'assurance. • Civ. 2e, 19 mai 2016, n° 15-19.792 P : *RGDA 2016. 379, note Schulz ; RDI 2016. 418, note Noguéro ; RCA 2016, n° 262, note Groutel ; Procédures 2016. Chron. 3, n° 6, note V. Mazeaud.* ♦ Une assignation en référé aux fins de rendre communes à un tiers les opérations d'expertise précédemment ordonnées interrompt la prescription à l'égard de ce tiers. • Com. 30 juin 2004, n° 03-10.751 P. ♦ Cette solution doit être étendue à l'effet suspensif prévu par l'art. 2239 C. civ. Une ordonnance de référé qui fait droit à une demande tendant à rendre communes à un tiers les opérations d'expertise ordonnées avant tout procès suspend donc la prescription à l'égard de ce tiers. La Cour de cassation a décidé que les dispositions de l'art. 2239 C. civ., issues de la L. du 17 juin 2008, ne s'appliquaient qu'aux décisions rendues après l'entrée en vigueur de cette loi. • Com. 28 mars 2018, n° 16-27.268 P • Civ. 3e, 6 juill. 2017, n° 16-17.151 P. ♦ Une Ord., postérieure à l'entrée en vigueur de la loi du 17 juin 2008, qui rend communes à un tiers les opérations d'expertise précédemment ordonnées avant tout procès, suspend donc la prescription à l'égard de ce tiers par application de l'art. 2239 C. civ., la mesure d'expertise initiale aurait-elle été ordonnée avant l'entrée en vigueur de cette loi. • Civ. 3e, 13 févr. 2020, n° 18-23.723 : *RGDA avr. 2020. 46, note Schulz.*

B. IMPOSSIBILITÉ D'AGIR RECONNUE PAR LA JURISPRUDENCE

1° ABSENCE D'IMPOSSIBILITÉ D'AGIR

97. Négociations. La prescription biennale n'est pas suspendue par l'existence d'une négociation entre l'assureur et l'assuré. • Civ. 1re, 14 févr. 1989 : *Bull. civ. I, n° 76 ; D. 1989. IR 73 ; RGAT 1989. 328, note Margeat et Landel* • 24 janv. 1995 : *RGAT 1995. 50, note Kullmann* • 15 oct. 1996 : *RCA 1996, n° 411.* ♦ ... Ni par la radiation d'une affaire du rôle en raison de pourparlers entre les parties. • Civ. 1re, 13 nov. 1996, n° 94-11.106 P : *RCA 1997, n° 76 ; JCP 1997. II. 22917, note Beignier ; RGDA 1997. 140, note Vincent.*

98. Expertise – Jurisprudence antérieure à la L. du 17 juin 2008. Le cours de la prescription biennale n'est pas suspendu pendant la durée des opérations d'un expert désigné à l'amiable ou en référé. • Civ. 1re, 28 oct. 1997 : *RCA 1997, n° 389 ; RGDA 1997. 1027, note Kullmann.* ♦ Conf. : • Civ. 2e, 10 nov. 2005 : *RCA 2006, n° 42 ; ibid., n° 44, obs. Groutel.*

99. Expertise – Application dans le temps de la loi du 17 juin 2008. Les nouvelles dispositions de la loi du 17 juin 2008, portant réforme du droit de la prescription, qui n'ont ni augmenté ni réduit le délai de la prescription biennale de l'art. L. 114-1 ne sont pas applicables aux mesures d'expertise ordonnées en référé avant cette date. • Civ. 2e, 3 oct. 2013 : *RCA 2014, n° 32 ; RGDA 2014. 18, note Kullmann ; Procédures 2014. Chron. 2, n° 8, note V. Mazeaud.*

100. *Expertise – Question prioritaire de constitutionnalité.* La question prioritaire de constitutionnalité posée au sujet de l'art. L. 114-2 C. assur., en ce qu'il prévoit que la désignation d'un expert interrompt la prescription biennale mais ne la suspend pas, ne présente pas un caractère sérieux dans la mesure où cet article ne porte pas une atteinte substantielle au droit de l'assuré d'exercer un recours effectif devant une juridiction dès lors que l'intéressé a la possibilité d'interrompre la prescription notamment par l'envoi à l'assureur d'une lettre recommandée avec demande d'avis de réception. • Civ. 2e, 21 oct. 2010 : *RCA 2011, n° 37, note Groutel.*

101. *Instance pénale.* Pas d'impossibilité d'agir jusqu'à l'arrêt d'acquittement dans le cas d'un assuré auquel l'assureur a opposé l'exclusion du fait intentionnel. • Civ. 1re, 3 juill. 1990, n° 88-13.063 P. ♦ La règle « le criminel tient le civil en l'état » ne fait pas obstacle à ce que l'action civile soit intentée et n'a pour effet que d'en suspendre le jugement. Par conséquent, l'assuré ne pouvait prétendre, du fait de la procédure pénale engagée contre lui par l'assureur pour escroquerie à l'assurance, avoir été dans l'impossibilité d'agir contre lui. • Civ. 1re, 9 févr. 1999, n° 96-19.144 P : *RCA 1999, n° 121; RGDA 1999. 342, note Kullmann.* ♦ V. déjà : • Civ. 1re, 7 janv. 1997 : *RGDA 1997. 147, note Bigot.*

102. *Indétermination sur la qualité de propriétaire.* L'indétermination de la qualité de propriétaire de l'immeuble sinistré ne constitue pas, pour l'assuré, un empêchement insurmontable pour agir contre l'assureur. • Civ. 1re, 21 oct. 2003 : *D. 2004. Somm. 919, obs. Groutel.* ♦ *Contra* : il a été jugé qu'un assuré n'avait recouvré sa possibilité d'agir contre l'assureur qu'à compter de l'arrêt décidant qu'il était propriétaire et qu'en conséquence il avait été mis dans l'impossibilité d'agir contre son assureur. • Civ. 2e, 4 janv. 2006 : *RGDA 2006. 89, note Abravanel-Jolly.*

2° EXISTENCE D'UNE IMPOSSIBILITÉ D'AGIR

103. *Coauteur d'un dommage.* Le coauteur d'un dommage est dans l'impossibilité d'agir contre son propre assureur de responsabilité tant que l'autre coauteur, qui a indemnisé la victime, n'a pas exercé de recours contre lui. • Civ. 1re, 3 janv. 1985 : *Bull. civ. I, n° 2; D. 1986. Somm. 293, obs. Berr et Groutel.*

104. *Légataire.* Avant l'acceptation d'un legs par arrêté du garde des Sceaux, l'Ordre national de la Légion d'honneur est sans qualité pour accomplir un acte, même conservatoire, sur le bien légué et se trouve par suite dans l'impossibilité d'interrompre, fût-ce par l'envoi d'une lettre recommandée, la prescription biennale qui court en faveur de l'assureur qui garantissait le bien légué. • Civ. 1re, 27 avr. 1994, n° 91-11.783 P : *RCA 1994, n° 274.*

105. *Ignorance de l'assurance.* S'est trouvée dans l'impossibilité absolue d'agir contre l'assureur la personne qui n'a pas eu personnellement connaissance de l'existence de l'assurance. • Civ. 1re, 27 févr. 1996 : *DMF 1996. 1198, obs. Latron.* ♦ La connaissance du contrat par le bénéficiaire n'est pas opposable au syndic de sa liquidation de biens. Le syndic était dans l'impossibilité d'agir contre l'assureur jusqu'à la date à laquelle il avait eu connaissance du contrat d'assurance. • Civ. 1re, 30 sept. 1997 : *RCA 1997, n° 387.*

106. *Assurance pour compte.* Le délai de deux ans ne court, en cas de sinistre, que du jour où le bénéficiaire a été en mesure d'agir contre l'assureur. • Civ. 1re, 11 oct. 1988, n° 86-16.364 P : *D. 1989. Somm. 248, obs. Berr; RGAT 1989. 47, note Bigot.* ♦ ... C'est-à-dire non pas de la prise de connaissance du contrat d'assurance, mais de celle de l'identité de l'assureur. • Civ. 2e, 15 mars 2007 : *RGDA 2007. 590, note Kullmann.*

107. *Direction du procès.* Le fait par l'assureur d'user du droit que lui confère l'assuré dans le contrat d'assurance de diriger le procès intenté à celui-ci par la victime suspend, tant que dure cette direction, le cours de la prescription de l'action en garantie de l'assuré contre l'assureur. • Civ. 1re, 3 nov. 1988 : *Bull. civ. I, n° 296; D. 1988. IR 269.* ♦ Dans le même sens : • Civ. 1re, 2 juill. 1991 : *RCA 1991, n° 395.* • Civ. 2e, 8 sept. 2005, n° 04-15.889 : *RGDA 2005. 1022, note Bruschi.* • Civ. 2e, 17 déc. 2009, n° 08-19.090. ♦ Si le même assureur garantit deux responsables d'un sinistre, le fait d'avoir dirigé le procès fait à l'un d'eux par la victime ne suspend pas, faute d'indivisibilité, la prescription de l'action en garantie de l'autre. • Civ. 1re, 31 mai 1988 : *Bull. civ. I, n° 159.*

108. *Action en responsabilité de l'assuré contre l'assureur.* L'action contre l'assureur, qui a mal exécuté le mandat de direction du procès, ne commence à se prescrire que du jour où l'assuré a eu connaissance des manquements de l'assureur à ses obligations et du préjudice en résultant pour lui. • Civ. 1re, 6 déc. 1989 : *Bull. civ. I, n° 375* • 13 nov. 1991, n° 89-14.431 P : *RCA 1992, n° 29; RGAT 1992. 79.* ♦ Il appartient à l'assureur qui oppose la prescription de prouver qu'il a rendu compte de l'exécution de son mandat. • Civ. 1re, 25 mai 1988 : *Bull. civ. I, n° 150; D. 1989. Somm. 244, obs. Groutel.* ♦ De même, après avoir constaté que la prescription biennale d'une action en garantie était acquise, une cour d'appel peut retenir, en fondant sa décision sur la responsabilité contractuelle de l'assureur, que celui-ci a commis, dans l'exécution de ses obligations à l'égard de son assuré, une négligence dont il doit réparation et le condamner, non à la prise en charge du sinistre par le jeu de la garantie stipulée dans la police, mais à l'indemnisation du dommage causé par sa faute, le point de départ de la prescription biennale se situant alors à la date où l'assuré a eu connaissance du manquement de l'assureur à ses obligations. • Civ. 1re, 6 déc. 1994 : *RCA 1995, n° 70 ; RGAT 1995. 58, note Kullmann.* ♦ L'action en garantie et en réparation des préjudices subis en raison des fautes commises par l'assureur dans l'exécution du contrat d'assurance dérive de ce contrat et se trouve soumise au délai de la prescription biennale dont le point de départ se situe à la date où l'assuré a eu connaissance des manquements de l'assureur à ses obligations et du préjudice en résultant pour lui. • Civ. 2e, 28 mars 2013 : *RCA 2013, n° 201.* ♦ L'assuré ne sollicitant pas l'indemnisation du sinistre, déclaré en 2005, en exécution du contrat d'assurance, mais invoquant l'existence de manquements contractuels imputables à l'assureur dont il n'aurait eu connaissance qu'en 2008 à l'occasion du rapport de l'expert amiable, le délai de prescription n'avait commencé à courir qu'à compter de cette date. • Civ. 2e, 21 nov. 2013 : *RCA 2014, n° 75, note Groutel ; RGDA 2014. 104, note J.-P. Karila et L. Karila.* ♦ S'agissant d'un contrat d'assurance sur la vie multisupports, et en application de l'art. L. 114-1, le point de départ de la prescription biennale de l'action en rétablissement des supports supprimés et en responsabilité contre l'assureur pour exécution déloyale du contrat se situe à la date de l'événement y donnant naissance, c'est-à-dire à la date où le souscripteur a eu connaissance des manquements de l'assureur à ses obligations et du préjudice en résultant pour lui, peu important que l'exécution du contrat ainsi modifié se soit poursuivie. Dès lors, c'est à bon droit qu'une cour d'appel retient comme point de départ de la prescription d'une telle action le jour où le souscripteur a connu les conséquences qu'entraînait pour lui la réduction des supports éligibles. • Civ. 1re, 1er juill. 2010 : *RCA 2010, n° 265 ; RGDA 2010. 1110, note Kullman.*

109. Police complémentaire. Les juges du fond doivent rechercher si le point de départ de la prescription biennale concernant une police complémentaire ne doit pas être retardé jusqu'au moment où le dépassement du plafond de garantie de la police de base a été révélé à la suite du dépôt d'un rapport d'expertise. • Civ. 1re, 17 nov. 1998 : *RCA 1999, n° 27.*

Art. L. 114-2 *(L. n° 89-1014 du 31 déc. 1989)* **« La prescription » est interrompue par une des causes ordinaires d'interruption de la prescription et par la désignation d'experts à la suite d'un sinistre. L'interruption de la prescription de l'action peut, en outre,** *(Ord. n° 2017-1433 du 4 oct. 2017, art. 4, en vigueur le 1er avr. 2018)* **« résulter de l'envoi d'une lettre recommandée ou d'un envoi recommandé électronique, avec accusé de réception, adressés par l'assureur à l'assuré » en ce qui concerne l'action en paiement de la prime et par l'assuré à l'assureur en ce qui concerne le règlement de l'indemnité.**

V. note ss. art. L. 111-9.

V., pour un rappel de la proposition de la Cour de cassation tendant à la modification de la rédaction de l'art. L. 114-2 notamment quant à la suspension du délai de prescription, R. 2009, p. 10, et sur les réserves de la direction des affaires et du sceau tenant à la détermination du point de départ de la suspension, R. 2010, p. 9.

COMMENTAIRE

L'article L. 114-2 est intégralement consacré aux causes d'interruption de la prescription biennale. Il rappelle ainsi qu'elle peut être interrompue par une des causes d'interruption du droit commun (I), mais aussi par certaines causes d'interruption spécifiques au droit des assurances (II).

I. LES CAUSES D'INTERRUPTION DU DROIT COMMUN

Si le code des assurances n'effectue aucun renvoi exprès aux causes de suspension du droit commun, il en va différemment pour les causes ordinaires d'interruption. Expressément visées par l'article L. 114-2, ces causes d'interruption de la prescription sont au nombre de trois.

La première est la **reconnaissance par le débiteur** du droit de celui contre lequel il prescrivait (C. civ., art. 2240). Cette reconnaissance formulée par l'assureur ou l'assuré doit être dépourvue d'équivoque pour avoir un effet interruptif de la prescription. Ainsi, la lettre par laquelle l'assureur informe son assuré du fait qu'il a confié l'affaire à l'un de ses inspecteurs en vue d'établir un rapport ne constitue par une reconnaissance de garantie (Civ. 1re, 31 mai 1989 : *V. note 14*). De même, la tenue de pourparlers ne suffit pas pour interrompre la prescription (Civ. 1re, 24 janv. 1995 : *V. note 12*). Toutefois, une reconnaissance de garantie peut résulter de l'envoi d'une lettre durant cette période de pourparlers (Civ. 1re, 17 mars 1993 : *V. note 12*) ou d'un accord entre les parties fixant le montant de l'indemnisation due par l'assureur (Civ. 1re, 2 déc. 2003 : *V. note 11*). La reconnaissance de garantie peut être simplement partielle, mais elle emporte interruption de la prescription pour la totalité de la créance invoquée par l'assuré (Civ. 1re, 22 mai 1991 : *V. note 10*).

La deuxième est la **demande en justice**, même en référé (C. civ., art. 2241). Il importe peu que l'action ait été portée devant une juridiction incompétente ou que l'acte de saisine de la juridiction ait été annulé en raison d'un vice de procédure. Conformément à l'article 2241, alinéa 2, du code civil, ces défauts ne remettent pas en cause l'effet interruptif de la citation en justice. En revanche, en application de l'article 2243 du code civil (anc. art. 2247), l'interruption est non avenue si la demande en justice est définitivement rejetée. Ainsi, la décision par laquelle la juridiction des référés rejette une demande en raison du défaut de la condition tenant à l'existence d'une obligation non sérieusement contestable constitue une décision sur le fond rendant nulle et non avenue l'interruption de la prescription (Civ. 1re, 27 févr. 1996 : *V. note 6*).

La troisième cause ordinaire d'interruption est la **mesure conservatoire** prise en application du code des procédures civiles d'exécution ou un **acte d'exécution forcée** (C. civ., art. 2244). Jusqu'à la réforme de 2008, le code civil n'envisageait pas les actes d'exécution forcée, mais seulement le commandement de payer et la saisie.

II. LES CAUSES D'INTERRUPTION DU DROIT DES ASSURANCES

Deux causes d'interruption sont propres au droit des assurances. Il s'agit de la désignation amiable ou judiciaire d'un expert à la suite d'un sinistre (A) et de l'envoi d'une lettre recommandée avec accusé de réception (B).

A. LA DÉSIGNATION D'UN EXPERT

L'interruption de la prescription par désignation d'un expert a donné lieu à plusieurs précisions en jurisprudence relative au mode de désignation de l'expert (1), aux modifications de sa mission (2) ou encore au changement d'expert judiciaire (3).

1. MODE DE DÉSIGNATION DE L'EXPERT

Si l'article L. 114-2 prévoit que la désignation d'un expert interrompt le cours de la prescription, il n'apporte aucune précision quant au mode de désignation de l'expert. Interprétant cette disposition légale, la Cour de cassation a estimé que toute désignation d'un expert a un effet interruptif de prescription (Civ. 1re, 4 mars 1997 : *V. note 18*). Il peut donc s'agir d'un expert judiciaire (Civ. 1re, 30 mai 1995 : *V. note 21*) ou d'un expert désigné par l'assureur (Civ. 1re, 3 janv. 1984 : *V. note 18*) ou même par l'assuré (Civ. 1re, 20 oct. 1998 : *V. note 19*).

Mais pour que la désignation judiciaire de l'expert ait un effet interruptif, il est nécessaire que l'autre partie ait été appelée dans la procédure (Civ. 1re, 30 mai 1995 : *V. note 21*). Cette solution se retrouve en cas de désignation amiable d'un expert. Ainsi, la Cour de cassation a pu affirmer qu'en cas de désignation d'un expert par l'assuré, l'interruption de la prescription ne peut avoir d'effet à l'égard de l'assureur que s'il a été convoqué ou a participé aux opérations d'expertise (Civ. 1re, 21 oct. 2003 : *V. note 20*).

2. MODIFICATION DE LA MISSION DE L'EXPERT JUDICIAIRE

La mission d'un expert judiciaire peut évoluer et connaître des modifications. Tandis que certaines modifications entraînent une nouvelle interruption de la prescription, d'autres sont dénuées de toute portée sur la prescription biennale.

Ainsi, emporte interruption de la prescription un changement substantiel dans la mission de l'expert comme une extension de sa mission à d'autres aspects du sinistre (Civ. 1re, 6 déc. 1983 : *V. note 22*). De même, l'ordonnance rendant commune l'expertise à d'autres personnes interrompt une nouvelle fois la prescription, et ce, à l'égard de toutes les parties, même celles n'ayant été parties qu'à la procédure initiale (Civ. 2e, 22 oct. 2009, et Civ. 3e, 28 mars 2012 : *V. note 22*). Mais, pour qu'une telle interruption de la prescription soit efficace à l'égard de l'assureur, encore faut-il qu'il ait été partie à l'instance. S'il a simplement assisté aux opérations d'expertise opposant l'assuré à la victime, puis aux coresponsables, les extensions de l'expertise à d'autres parties n'ont pu avoir d'effet interruptif de la prescription à son égard (Civ. 2e, 3 sept. 2009 : *V. note 22*).

Par opposition, une simple modification portant sur les délais de l'expertise est dénuée de toute portée sur le terrain de la prescription.

3. CHANGEMENT D'EXPERT JUDICIAIRE

Dès lors que l'article L. 114-2 prévoit que la désignation d'un expert emporte interruption de la prescription, la Cour de cassation estime que l'ordonnance de changement d'expert a un effet interruptif de la prescription (Civ. 2e, 12 mai 2011 : *V. note 24*). En revanche, la décision rejetant la demande tendant au remplacement d'un expert n'est pas une cause d'interruption de la prescription (Civ. 2e, 2 oct. 2008 : *V. note 24*).

B. L'ENVOI D'UNE LETTRE RECOMMANDÉE

Depuis la loi no 72-647 du 11 juillet 1972, le droit des assurances prévoit que la prescription biennale peut être interrompue par l'envoi d'une lettre recommandée ou, depuis l'ordonnance du 4 octobre 2017, par l'envoi d'un recommandé électronique, avec accusé de réception soit par l'assureur pour le paiement des primes, soit par l'assuré pour le règlement de l'indemnité. Cette innovation législative a pour objectif de permettre aux assurés d'interrompre plus facilement la prescription. Plusieurs précisions ont été apportées par la jurisprudence.

La première concerne l'exigence d'une lettre recommandée avec accusé de réception. Il s'agit, pour la Cour de cassation, d'une formalité substantielle (Civ. 1re, 28 oct. 1980 : *V. note 35*). L'envoi d'une lettre recommandée sans accusé de réception ne peut donc avoir un effet interruptif de la prescription (Civ. 1re, 9 mars 1999 : *V. note 37*).

La seconde concerne la notion de « règlement de l'indemnité ». Non définie par le législateur, cette formule peut donner lieu à des interprétations variées. Elle peut imposer une demande chiffrée de la part de l'assuré, ou simplement exiger de ce dernier qu'il manifeste de façon non équivoque son souhait de bénéficier de la garantie de l'assureur. La Cour de cassation semble avoir pris position en faveur de cette dernière analyse. Ainsi, concerne le règlement de l'indemnité la lettre par laquelle l'assuré réclame à l'assureur l'exécution de sa garantie sans pour autant formuler une demande chiffrée (Civ. 3e, 17 juin 2009 : *V. note 30*) ou la lettre du conseil de l'assuré demandant un réexamen du dossier à la suite d'un refus de garantie de l'assureur (Civ. 2e, 17 juin 2010 : *V. note 31*). Mais la Cour de cassation se montre parfois plus exigeante. Par exemple, elle a pu estimer que la lettre se limitant à la réclamation de copies de documents en vue d'une analyse préalable à une possible action future n'a pas valeur interruptive de la prescription (Civ. 2e, 9 févr. 2012 : *V. note 33*). Cela étant, une telle demande aurait dû apparaître comme la première étape d'une action en règlement de l'indemnité. De même, la Cour de cassation rappelle que les juges du fond ne peuvent se contenter de constater que l'assuré avait déclaré un sinistre par lettre recommandée sans étudier le contenu de cette lettre pour lui reconnaître un effet interruptif de la prescription (Civ. 3e, 14 mars 2012 : *V. note 32*). La déclaration de sinistre ne serait donc pas suffisante pour établir la volonté de l'assuré d'obtenir le règlement de l'indemnité, même si cette déclaration est bien la première étape de la procédure d'indemnisation. ❑

I. CAUSES D'INTERRUPTION

A. CAUSES ORDINAIRES D'INTERRUPTION

1o DEMANDE EN JUSTICE

a. Interruption de la prescription

1. Action en justice. L'action en justice interrompt la prescription même si elle ne tend qu'à une déclaration de jugement commun. • Civ. 1re, 10 déc. 1991, no 89-11.477 P : *D. 1992. IR 14 ; RCA 1992, no 111.* ♦ Une action en justice interrompant la prescription peut résulter d'une demande additionnelle formée par voie de conclusions. • Civ. 2e, 13 juill. 2005 : *RGDA 2005. 1081, note Beauchard.* ♦ Mais l'action de l'assureur contre l'assuré n'interrompt pas la prescription qui court contre ce dernier. • Civ. 1re, 11 févr. 1992, no 89-15.051 P : *RCA 1992, no 204 ; RGAT 1992. 286.* ♦ De même, n'est pas interruptive de prescription de l'action engagée, pour le même ouvrage, contre la même société prise en sa qualité d'assureur constructeur-non réalisateur, l'action engagée contre cet assureur pris en sa qualité d'assureur dommages-ouvrage. • Civ. 3e, 4 nov. 2010 : *BICC 1er mars 2011, no 255 ; RCA 2011, no 77, note Groutel.*

2. Action en référé. BIBL. Courtieu, *RCA 1998. Chron. 7.* ♦ L'action en référé qui tend à obtenir une provision en faisant constater par le juge le caractère non sérieusement contestable de l'obligation qui fonde la prétention constitue une citation en justice interruptive de la prescription dont l'effet se prolonge jusqu'à ce que le litige, porté devant le juge des référés, ait trouvé sa solution. • Civ. 1re, 12 févr. 1991, no 88-19.826 P. ♦ Conf. : • Civ. 3e, 4 juin 1997 : *RCA 1997, no 365.*

3. Action intentée par le souscripteur d'une assurance pour compte. Le souscripteur d'une police d'assurance pour le compte de qui il appartiendra, laquelle vaut comme stipulation pour autrui au profit de son bénéficiaire, a qualité pour exiger l'exécution du contrat d'assurance. Il en résulte que l'assignation par laquelle ce souscripteur réclame à l'assureur le paiement de l'indemnité d'assurance au bénéficiaire de la garantie interrompt la prescription biennale qui court à l'encontre de celui-ci. • Civ. 1re, 25 nov. 1997, no 95-14.472 P : *D. 1999. Somm. 223, obs. Groutel ; RCA 1998, no 139.*

4. Demande d'aide juridictionnelle. La computation du délai de prescription biennale est modifiée par le dépôt d'une demande d'aide juridictionnelle. En effet, aux termes de l'art. 38 du Décr. no 91-1266 du 19 déc. 1991, lorsqu'une action en justice doit être intentée avant l'expiration d'un délai, l'action est réputée avoir été intentée dans le délai si la demande d'aide juridictionnelle s'y rapportant est adressée au bureau d'aide juridictionnelle avant l'expiration dudit délai et si la demande en justice est introduite dans un nouveau délai de même durée. • Civ. 2e, 29 mars 2012 : *RGDA 2012. 1036, note Schulz.* ♦ La décision d'incompétence d'un bureau d'aide juridictionnelle ne met pas fin à la procédure d'attribution d'aide juridictionnelle, qui se poursuivait devant le bureau de renvoi désigné. Par suite, viole les art. 32 et 38 du Décr. n° 91-1266 du 19 déc. 1991, dans sa rédaction antérieure au Décr. n° 2001-512 du 14 juin 2001, la cour d'appel qui, pour déclarer prescrite l'action engagée par un assuré à l'encontre de son assureur, retient que, si la demande initiale d'aide juridictionnelle avait interrompu le délai de prescription, la décision d'incompétence prononcée au profit d'un autre bureau le 2 mai 1996 avait fait courir un nouveau délai. • Civ. 2e, 15 févr. 2007, n° 06-10.040 P : *RGDA 2007. 334, note Beauchard.*

5. Assignation de l'apériteur. Le mandat conféré à la société apéritrice de recueillir les déclarations de sinistre n'impliquant pas l'existence d'un pouvoir de représentation en justice, une cour d'appel, qui a relevé par ailleurs que toute solidarité était exclue, en a exactement déduit que l'interruption de la prescription à l'encontre de la société apéritrice par assignation était sans effet sur la prescription ayant couru au profit de l'autre coassureur. • Civ. 2e, 6 févr. 2020, n° 18-24.535 : *RGDA juin 2020. 23, note Kullmann.*

b. Remise en cause de l'interruption de la prescription

6. Rejet de la demande en cas d'assignation en référé. La décision par laquelle la juridiction des référés rejette une demande en raison du défaut de la condition tenant à l'existence d'une obligation non sérieusement contestable constitue une décision sur le fond qui, en application de l'art. 2247 C. civ., rend nulle et non avenue l'interruption de la prescription résultant de la citation en justice. • Civ. 1re, 27 févr. 1996 : *RCA 1996, n° 191 ; RGDA 1996. 296, note Kullmann ; D. 1998. Somm. 47, obs. Groutel.* ♦ Conf. : • Civ. 1re, 7 janv. 1997 : *RCA 1997, n° 156.*

7. Rejet de la demande en cas d'assignation au fond. La décision par laquelle une juridiction met fin au litige en rejetant une demande pour un motif de fond ou en l'écartant par une fin de non-recevoir constitue une décision de rejet au sens de l'art. 2247 C. civ. Il en est ainsi de l'arrêt par lequel la Chambre criminelle de la Cour de cassation constate que l'intervention de l'assureur au procès pénal est irrecevable et sans objet, faute par la victime d'avoir exercé l'action civile. • Civ. 1re, 22 mai 2002, n° 99-12.222 P : *RGDA 2002. 703, note Beauchard.*

8. Absence de restriction injustifiée à l'art. 6 § 1 CEDH. Dans le domaine des actions dérivant du contrat d'assurance, le justiciable qui a négligé de procéder à un acte interruptif de la prescription extinctive biennale instituée par l'art. L. 114-1 C. assur., et qui a, de surcroît, utilisé le droit d'accès à un tribunal à plusieurs reprises pour faire valoir contre l'assureur ses prétentions à garantie, ne peut se prévaloir, au regard des dispositions de l'art. 6 § 1 de la Convention de sauvegarde des droits de l'homme et des libertés fondamentales, d'une restriction injustifiée de son droit d'accès à un tribunal, au motif qu'en application d'une disposition légale, l'art. 2247 C. civ. dans sa rédaction alors applicable, énonçant notamment que si la demande en référé est rejetée, l'interruption de la prescription est regardée comme non avenue, son action a été jugée irrecevable comme prescrite par suite de l'achèvement du délai légal de prescription. • Civ. 2e, 7 juill. 2011 : *RCA 2011, n° 375.*

c. Absence d'interruption de la prescription

9. Ouverture d'une information pénale. L'ouverture d'une information par le parquet à la suite du décès de la personne assurée n'interrompt pas la prescription biennale. • Civ. 1re, 17 févr. 1981 : *Bull. civ. I, n° 55.*

2° RECONNAISSANCE DU DROIT DU CRÉANCIER

a. Interruption de la prescription

10. Reconnaissance partielle de garantie. La reconnaissance, même partielle, que le débiteur fait du droit de celui contre lequel il prescrivait, entraîne pour la totalité de la créance un effet interruptif de prescription qui ne peut se fractionner. Ainsi, la lettre contenant, de la part de l'assureur, une reconnaissance de garantie, fût-elle limitée à une somme inférieure à celle qui était réclamée, interrompt la prescription pour la totalité de la créance invoquée par l'assurée. • Civ. 1re, 22 mai 1991, n° 88-17.948 P : *RGAT 1991. 569, note Margeat et Landel ; RTD civ. 1992. 104, obs. Mestre.* ♦ De même, le versement d'une rente peut être considéré comme une reconnaissance partielle du droit éventuel à revalorisation. • Civ. 2e, 16 nov. 2006, n° 05-18.287 P : *RGDA 2007. 331, note Bruschi ; RCA 2007, n° 73, note Groutel ; D. 2008. Pan. 121, obs. Groutel ; RDI 2007. 61, obs. Grynbaum.* ♦ … Ou le paiement par l'assureur de quatre factures, qui s'explique par la nécessité de faire face aux mesures urgentes et conservatoires, peut être perçue comme une reconnaissance partielle du droit à garantie de l'assuré. • Civ. 2e, 10 mai 2007 : *RCA 2007, n° 263.* ♦ … Ou de l'offre d'indemnisation adressée par l'expert de la compagnie d'assurance pour le compte de cette dernière. • Civ. 2e, 3 juill. 2014 : *RGDA 2014. 441, note Bruschi ; RCA 2014, n° 353, note Groutel ; ibid. 2015. Chron. 1, n° 33, note Groutel.*

11. Accord entre l'assureur et l'assuré. La reconnaissance par l'assureur du droit de l'assuré, interruptive de la prescription, peut résulter d'un commun accord fixant le montant de l'indemnisation due par l'assureur. • Civ. 1re, 2 déc. 2003 : *RGDA 2004. 58, note Bruschi.*

b. Absence d'interruption de la prescription

12. Pourparlers. La prescription édictée par l'art. L. 114-1 C. assur. ne peut être interrompue par l'existence de pourparlers entre l'assureur et l'assuré. • Civ. 1re, 24 janv. 1995 : *RGAT 1995. 50, note Kullmann* • 15 oct. 1996 : *RCA 1996, n° 411* • 13 nov. 1996, n° 94-11.106 P : *RCA 1997, n° 76 ; JCP 1997. II. 22917, note Beignier ; RGDA 1997. 140, note Vincent.* ♦ Toutefois, il a été jugé qu'une reconnaissance non équivoque du droit à garantie pouvait résulter des lettres adressées à l'assuré par l'assureur au cours des deux années qui avaient suivi le sinistre dès lors que l'assureur avait seulement différé le règlement de l'indemnité en réclamant les justifications nécessaires à son évaluation et en orientant les recherches de son assuré en vue de retrouver les meubles dérobés. • Civ. 1re, 17 mars 1993 : *RGAT 1993. 558, note Margeat.*

13. Radiation du rôle. Ni la radiation d'une affaire du rôle en raison de pourparlers entre les parties, ni ces pourparlers ne sont suspensifs ou interruptifs de la prescription, de sorte que la prescription est acquise deux ans après l'assignation de l'assuré. • Civ. 1re, 13 nov. 1996, n° 94-11.106 P : *RCA 1997, n° 76 ; JCP 1997. II. 22917, note Beignier ; RGDA 1997. 140, note Vincent.*

14. Enquête de l'assureur. La lettre de l'assureur, se bornant à indiquer à son assuré qu'il a confié l'affaire à l'un de ses inspecteurs aux fins d'enquête, qu'il demande à ce dernier de lui faire parvenir d'urgence un rapport et qu'il reprendra contact avec elle dès réception de ce rapport, tout en lui signalant qu'une opposition a été formée entre ses mains par un avocat pour le compte d'un client de celui-ci, dont l'assuré serait débiteur, ne contient pas reconnaissance de garantie par l'assureur pour le vol dont l'assuré a été victime. • Civ. 1re, 31 mai 1989 : *RGAT 1989. 646, note Kullmann.* ♦ Cep., une cour d'appel a pu estimer, dans l'exercice de son pouvoir souverain d'appréciation, que les lettres adressées à son assuré par une compagnie d'assurances au cours des deux années qui avaient suivi le sinistre contenaient une reconnaissance non équivoque du droit à garantie dès lors que l'assureur avait seulement différé le règlement de l'indemnité en réclamant les justifications nécessaires à son évaluation et en orientant les recherches de son assuré en vue de retrouver les meubles dérobés. • Civ. 1re, 17 mars 1993 : *préc. note 12.*

15. Refus de garantie. La lettre par laquelle l'assureur refuse sa garantie n'est pas interruptive de prescription. • Civ. 1re, 4 mai 1999 : *RCA 1999, n° 244 ; RGDA 1999. 599, note Kullmann.*

16. Réserves sur un reçu. Les réserves portées sur un reçu n'emportent pas interruption de la prescription. • Civ. 1re, 3 oct. 1995 : *RGDA 1996. 87, note Maurice.*

17. Lettre entre un assuré et un courtier indépendant de l'assureur. La prescription n'est pas interrompue par une lettre entre un assuré et un courtier d'assurances, intermédiaire commercial et juridiquement indépendant de l'assureur. • Civ. 1re, 29 avr. 1997 : *RGDA 1997. 799, note Maury.*

B. EXPERTISE

18. Désignation interruptive de prescription. Toute désignation d'expert a un effet interruptif de prescription. • Civ. 1re, 4 mars 1997, n° 95-10.045 P : *RCA 1997, n° 247 ; ibid., Chron. 17, par Groutel ; RGDA 1997. 1026, note Kullmann ; RDI 1997. 253, obs. Leguay* • 24 févr. 2004 : *RCA 2004, n° 163 ; ibid., Chron. 11, par Groutel ; RGDA 2004. 396, note Kullmann.* ♦ ... Même si elle procède d'une simple erreur de gestion administrative commise par l'assureur. • Civ. 3e, 13 nov. 2014, n° 13-21.810 : *RGDA 2015. 20, note Bruschi.* ♦ Toute désignation d'un technicien, à la suite d'un sinistre, par une compagnie d'assurances constitue la désignation d'expert au sens de l'L. 114-2 C. assur., et a pour effet d'interrompre la prescription au bénéfice de l'autre partie. • Civ. 1re, 3 janv. 1984, n° 82-17.087 P : *D. 1985. IR 193, obs. Berr et Groutel ; RGAT 1985. 235, note Bigot ; RDI 1984. 436, note Durry.* ♦ La désignation d'un sapiteur interrompt la prescription. • Civ. 2e, 30 juin 2011 : *RGDA 2011. 980, note Kullmann.*

19. Désignation non interruptive de prescription. La demande présentée au Bureau central d'investigation des assurances, organe de l'Agence de la lutte contre la fraude à l'assurance, ne peut être assimilée à la désignation d'un expert ou d'un technicien au sens de l'L. 114-2 C. assur. • Civ. 1re, 20 oct. 1998, n° 96-10.301 P : *D. 1999. Somm. 230, obs. Berr ; RCA 1998, n° 406 ; RGDA 1999. 103, note Favre-Rochex.* ♦ La proposition de l'assureur à l'assuré du choix d'un expert constitue un simple préalable à l'expertise amiable et non la désignation d'un expert interruptive de prescription. • Civ. 1re, 2 déc. 2003 : *RGDA 2004. 53, note Favre-Rochex.* ♦ La désignation d'un expert dans le cadre de l'information pénale ouverte sur la plainte de l'assureur, qui a pour unique objet de déterminer la valeur du stock brûlé dans un incendie afin de juger du mérite de la constitution de partie civile de celui-ci et non de permettre l'évaluation du dommage subi par l'assuré, ne peut être assimilée à la désignation d'un expert ou d'un technicien au sens de l'art. L. 114-2 C. assur. • Civ. 1re, 24 juin 2003 : *RCA 2003, n° 283 (1re esp.) ; RGDA 2003. 701, note Fonlladosa.* ♦ La désignation d'un expert mandaté par une partie pour la représenter au cours d'une expertise judiciaire ne peut interrompre la prescription biennale. • Civ. 2e, 5 juin 2008 : *RGDA 2008. 644, note Bruschi.*

20. Désignation amiable. La désignation amiable d'un expert par l'assureur interrompt la prescription biennale. • Civ. 1re, 30 janv. 1985 : *Bull. civ. I, n° 43; D. 1986. IR 293, obs. Berr et Groutel* • 30 mars 1994, n° 91-21.279 P : *RCA 1994, n° 227; RGAT 1994. 495, note Kullmann.* ♦ Mais l'interruption de la prescription ne peut avoir d'effet contre l'assureur que si celui-ci a été convoqué ou a participé aux opérations d'expertise organisées par l'assuré. • Civ. 1re, 21 oct. 2003, n° 01-01.614 P : *Gaz. Pal. 2004. 1163, note Périer; D. 2004. Somm. 918, obs. Groutel ; RCA 2004, n° 23; ibid., n° 51; RGDA 2003. 703, note Kullmann.*

21. Désignation judiciaire. La désignation d'un expert judiciaire à la demande de l'assureur ou de l'assuré ne peut interrompre la prescription biennale qui court contre l'autre partie que si celle-ci a été appelée dans la procédure. • Civ. 1re, 30 mai 1995, n° 92-12.523 P : *RCA 1995, n° 310; RGAT 1995. 580, note Kullmann.* ♦ Mais, si tout en procédant à la désignation d'un expert, le juge des référés a mis hors de cause un assureur, défendeur dans une instance au fond ultérieure, cette désignation n'a pu avoir d'effet interruptif à l'égard de cet assureur. • Civ. 1re, 9 juill. 2003, n° 01-02.581 P : *RCA 2003, n° 283 (2e esp.).* ♦ La désignation d'experts à la suite d'un sinistre a pour effet d'interrompre la prescription de deux ans relative à toutes les actions dérivant du contrat d'assurance. Une cour d'appel a donc exactement décidé que n'était pas prescrite en son action en nullité une compagnie d'assurances ayant assigné un assuré dans le nouveau délai de deux ans courant à compter de la désignation, à la demande de ce dernier, d'un expert. • Civ. 1re, 24 févr. 2004, n° 01-02.719 P : *RGDA 2004. 396, note Kullmann; RCA 2004. Étude 11, note Groutel.*

22. Modification de la mission de l'expert. La décision judiciaire confiant à l'expert précédemment désigné une mission complémentaire interrompt la prescription. • Civ. 1re, 6 déc. 1983 : *Bull. civ. I, n° 286; D. 1985. IR 193, obs. Berr et Groutel; RGAT 1985. 63* • 10 déc. 2002 : *RGDA 2003. 297, note Fonlladosa.* ♦ Toute décision judiciaire apportant une modification quelconque à une mission d'expertise ordonnée par une précédente décision a un effet interruptif de prescription à l'égard de toutes les parties, y compris à l'égard de celles appelées uniquement à la procédure initiale, et pour tous les chefs de préjudice procédant du sinistre en litige. • Civ. 1re, 27 janv. 2004 : *RCA 2004, n° 121; RGDA 2004. 397, note Kullmann* • Civ. 2e, 22 oct. 2009, n° 08-19.840 P : *D. 2009. AJ 2685 ; RCA 2010, n° 30, note Groutel* • 10 nov. 2009 : *RCA 2010, n° 30, note Groutel.* • Civ. 3e, 10 mars 2016, n° 14-29.397 : *RGDA 2016. 277, note Schulz; Constr.-Urb. 2016, n° 78, note Pagès-de Varenne.* ♦ La prescription de l'action engagée entre un assuré et un assureur est interrompue à l'égard des parties à une mesure d'expertise, même celles n'ayant été parties qu'à l'instance initiale ayant abouti à la désignation de l'expert, par toute décision judiciaire apportant une modification quelconque à cette expertise • Civ. 3e, 28 mars 2012 : *RGDA 2012. 659, note J.-P. Karila; AJDI 2012. 437 ; RDI 2012. 358 .* ♦ Dès lors la cour d'appel qui, ayant constaté que l'expert avait été désigné par une ordonnance de référé, avant que l'assureur ne soit appelé dans la procédure, puis que le délai de prescription avait été interrompu par diverses ordonnances de référé, et enfin que moins de deux ans s'étaient écoulés entre la dernière décision et l'assignation au fond, en a exactement déduit que l'action formée contre l'assureur par ses assurés n'était pas prescrite et n'avait pas à rechercher si l'assureur avait été partie aux ordonnances interruptives de prescription, et notamment à la dernière. • Civ. 2e, 10 nov. 2009 : *préc.* ♦ *Contra* auparavant : viole l'art. 2244 [anc.] C. civ. la cour d'appel qui, pour écarter la fin de non-recevoir tirée de la prescription de l'action fondée sur la responsabilité des constructeurs, retient que lorsque l'assignation en désignation d'expert et l'action tendant à faire déclarer la mesure commune à d'autres constructeurs émanent du maître de l'ouvrage, l'ordonnance de référé déclarant la mesure commune a un effet interruptif de prescription à l'égard de toutes les parties, y compris à l'égard de celles appelées à la procédure initiale, pour tous les chefs de préjudice procédant du sinistre en litige, alors que le constructeur n'étant pas partie aux ordonnances ultérieures, la prescription n'avait pas été interrompue à son égard. • Civ. 3e, 21 mai 2008 : *RGDA 2009. 639, note J.-P. Karila.* ♦ V. égal. : • Civ. 3e, 12 avr. 2005 : *RGDA 2005. 748, note Beauchard.* ♦ Mais, si les ordonnances de référé rendant communes à d'autres parties les opérations d'expertise ordonnées en référé sont des décisions judiciaires apportant une modification à la mission de l'expert, et ont dès lors un effet interruptif de prescription à l'égard de toutes les parties, y compris à l'égard de celles appelées uniquement à la procédure initiale, tel n'est pas le cas d'un assureur, qui bien qu'ayant assisté aux opérations d'expertise, n'était pas partie à l'instance en référé. • Civ. 2e, 3 sept. 2009 : *RCA 2009, n° 340, note Groutel.* ♦ Ainsi, ayant relevé que l'assuré, assigné en référé le 6 oct. 2003, avait assigné son assureur le 13 oct. 2005, sans déclaration de sinistre préalable, et que l'assureur n'avait pas été appelé lors de la procédure de référé-expertise, une cour d'appel en a exactement déduit que l'ordonnance commune rendue le 28 nov. 2003 pour étendre la mission de l'expert judiciaire à l'assuré était sans effet interruptif à l'égard de l'assureur, celui-ci était fondé à opposer à son assuré le moyen tiré de la prescription prévue par l'art. L. 114-1. • Civ. 3e, 3 déc. 2013 : *RGDA 2014. 106, note Schulz.* ♦ Ayant relevé que les maîtres de l'ouvrage avaient assigné un constructeur et son assureur devant le juge des référés ayant ordonné une expertise et que seul cet assureur avait assigné le sous-traitant, l'assureur de celui-ci, et l'architecte aux fins de voir étendre à ceux-ci l'expertise ordonnée, une cour d'appel en a exactement déduit que l'ordonnance de référé déclarant la mesure commune à plusieurs constructeurs n'avait pas eu pour effet d'interrompre la prescription à l'égard des maîtres de l'ouvrage. • Civ. 3e 29 oct. 2015, ⚖ no 14-24.77 : *RCA 2016, no 6, note Groutel.*

23. Mesures inhérentes à l'exécution de l'expertise. Les ordonnances de référé prolongeant le délai imparti à l'expert pour donner son avis ne peuvent avoir d'effet interruptif de prescription. • Civ. 2e, 9 juill. 2009 : ⚖ *RGDA 2009. 1187, note Périer.* ♦ De même, les ordonnances allouant une provision complémentaire, prorogeant le délai de dépôt du rapport, fixant une consignation complémentaire ou prorogeant le délai imparti pour celle-ci, qui ne constituent que de simples mesures inhérentes à l'exécution même de l'expertise sans apporter de modification à la mission, n'ont pas interrompu la prescription. • Civ. 2e, 30 juin 2011 : ⚖ *RGDA 2011. 981, note Kullmann.*

24. Changement d'expert. Selon l'art. L. 114-2 C. assur., la prescription de deux ans prévue à l'art. L. 114-1 du même code étant interrompue par la désignation d'experts à la suite d'un sinistre, il en résulte que l'ordonnance de changement d'expert a un effet interruptif du délai biennal. • Civ. 2e, 12 mai 2011, ⚖ no 10-11.832 P : *RCA 2011, no 308, note Groutel; Procédures 2012. Chron. 2, no 5, note V. Mazeaud* • 30 juin 2011 : ⚖ *RGDA 2011. 980, note Kullmann.* ♦ Mais la décision rejetant la demande tendant au remplacement d'un expert n'est pas une cause d'interruption de la prescription. • Civ. 2e, 2 oct. 2008 : ⚖ *RGDA 2009. 130, note Bruschi.*

25. Question prioritaire de constitutionnalité. La question prioritaire de constitutionnalité posée au sujet de l'art. L. 114-2, en ce qu'il prévoit que la désignation d'un expert interrompt la prescription biennale mais ne la suspend pas, ne présente pas un caractère sérieux dans la mesure où cet article ne porte pas une atteinte substantielle au droit de l'assuré d'exercer un recours effectif devant une juridiction dès lors que l'intéressé a la possibilité d'interrompre la prescription, notamment par l'envoi à l'assureur d'une lettre recommandée avec demande d'avis de réception. • Civ. 2e, 21 oct. 2010 : ⚖ *RCA 2011, no 37, note Groutel.*

C. LETTRE RECOMMANDÉE

26. Domaine – Assurances maritimes. Par application des dispositions de l'art. L. 111-1 C. assur., la règle posée à l'art. L. 114-2 du même code, suivant laquelle, en ce qui concerne le règlement de l'indemnité, l'envoi par l'assuré à l'assureur d'une lettre recommandée avec demande d'avis de réception interrompt la prescription de l'action en règlement du sinistre, ne s'étend pas aux assurances maritimes. La prescription biennale prévue, pour ces dernières, à l'art. L. 172-31 dudit code, n'est interrompue que par les causes légales ordinaires ou par celles qui peuvent être conventionnellement décidées par les parties. • Com. 22 avr. 1997, ⚖ no 95-14.980 P : *RCA 1997, no 240 (1re esp.); DMF 1997. 475, rapp. Rémery.*

1o ENVOI DE LA LETTRE

27. Auteur de la lettre. Est interruptive de la prescription la lettre recommandée avec accusé de réception, demandant le règlement de l'indemnité, adressée par le mandataire de l'assuré à l'assureur. • Civ. 2e, 22 sept. 2005, ⚖ no 04-18.173 P : *RCA 2005, no 341; RGDA 2006. 84, note Bruschi* • 22 févr. 2007 : ⚖ *RCA 2007, no 141, note Groutel* • 4 oct. 2012 : ⚖ *RCA 2013, no 37, note Groutel.*

28. Destinataire de la lettre. Est interruptive de la prescription la lettre recommandée avec accusé de réception, demandant le règlement de l'indemnité, adressée par l'assuré au mandataire de l'assureur. • Civ. 1re, 3 févr. 1981, ⚖ no 79-16.067 P. ♦ V. égal. : • Civ. 2e, 5 mars 2015, ⚖ no 14-12.471 : *RGDA 2015. 189, note Bruschi; RCA 2015, no 194.*

29. Envois successifs. En cas d'envois successifs de lettres recommandées, chaque nouvel envoi a pour effet d'interrompre la prescription. • Civ. 1re, 29 nov. 1989 : *Bull. civ. I, no 363.*

2o OBJET DE LA LETTRE

30. Lettre concernant le règlement de l'indemnité – Assurance de responsabilité. Concerne le règlement de l'indemnité au sens de l'art. L. 114-2 C. assur., même si l'expertise judiciaire en cours ne permettait pas à cette date l'expression d'une demande chiffrée, la lettre par laquelle l'assuré réclame à l'assureur l'exécution de sa garantie au titre des conséquences du sinistre, objet de cette expertise. • Civ. 3e, 17 juin 2009, ⚖ no 08-14.104 P : *RGDA 2009. 759, note Karila; RCA 2009, no 310, note Groutel.* ♦ La lettre recommandée, par laquelle l'assuré avait notifié à son assureur sa condamnation à verser à la victime une somme provisionnelle complémentaire, faisant suite à une première lettre recommandée réclamant le paiement d'une première provision, n'en constituait que le prolongement en raison de la nouvelle condamnation au paiement d'une provision mise à la charge de l'assuré, de sorte qu'elle concernait nécessairement comme celle antérieure le règlement de l'indemnité de sinistre provisionnelle due par l'assureur. • Civ. 2e, 28 juin 2012 : ⚖ *RCA 2012, no 287, note Groutel.*

31. Lettre concernant le règlement de l'indemnité – Assurance de choses ou de personnes. Concerne le règlement de l'indemnité d'assurance la lettre adressée à l'assureur par le conseil de l'assuré, qui rappelait que ce dernier avait exprimé son profond désaccord sur la décision de refus de garantie, critiquait les rapports d'expertise, affirmait qu'incontestablement l'état de santé de l'assuré correspondait bien à la définition contractuelle de l'invalidité permanente absolue, et demandait d'ordonner au service compétent une nouvelle étude du dossier de son client. • Civ. 2e, 17 juin 2010 : *RCA 2010, no 264, note Groutel.* ♦ Ainsi, prive sa décision de base légale, la cour d'appel qui déclare irrecevable comme prescrite la demande de l'assuré tendant à l'exécution du contrat d'assurance, sans rechercher si la lettre recommandée avec demande d'avis de réception par laquelle le conseil de l'assuré demandait à l'assureur de revoir sa position de non-garantie ne constituait pas une demande de l'assuré à l'assureur concernant le règlement de l'indemnité susceptible d'interrompre la prescription. • Civ. 2e, 8 mars 2018, no 16-29.083 : *RCA 2018, no 209, note Groutel.* ♦ De même, concernent le règlement de l'indemnité les lettre et télécopie de l'expert, mandaté par l'assuré, informant l'assureur de son intervention et l'expert de l'assureur que, suite au dépôt du rapport de l'expert judiciaire, il restait à sa disposition pour arrêter contradictoirement l'indemnité contractuelle. • Civ. 2e, 4 oct. 2012 : *RCA 2013, no 37, note Groutel; RGDA 2013. 71, note Pélissier.* ♦ La lettre, par laquelle l'assuré attire l'attention de l'agent général sur « la lenteur des expertises » et sur le risque d'aggravation des pertes d'exploitation, concerne au moins pour partie le règlement de l'indemnité due au titre des pertes d'exploitation et interrompt donc la prescription. • Civ. 2e, 5 mars 2015, no 14-12.471 : *RGDA 2015. 189, note Bruschi; RCA 2015, no 194.* ♦ Ayant constaté que l'assuré avait dans une lettre informé l'assureur de l'évolution du sinistre déclaré antérieurement sans formuler de demande relative à ce dernier et à son indemnisation, c'est à bon droit qu'une cour d'appel en a déduit que cette lettre n'avait pas concerné le règlement, pour ce sinistre, de l'indemnité, au sens de l'art. L. 114-2 et n'avait dès lors pu interrompre la prescription biennale. • Civ. 2e, 14 avr. 2016, no 15-20.275 : *RGDA 2016. 300, note Asselain.*

32. Lettre ne concernant pas le règlement de l'indemnité – Assurance de responsabilité. Ne donne pas de base légale à sa décision une cour d'appel qui, pour condamner un assureur à garantir son assuré des condamnations prononcées à son encontre retient, sans analyser les termes de cette lettre, qu'en déclarant le sinistre par lettre recommandée avec accusé de réception, celui-ci a valablement interrompu contre cet assureur le délai de prescription qui courait depuis l'assignation que l'assuré avait reçue de la part de la victime de sorte que l'action n'est pas prescrite. • Civ. 3e, 14 mars 2012, no 11-11.313 P : *RCA 2012, no 187, note Groutel; RGDA 2012. 807, note Bigot; Procédures 2013. Chron. 2, no 5, note V. Mazeaud.*

33. Lettre ne concernant pas le règlement de l'indemnité – Assurance de personnes. La lettre, ne portant pas sur une demande de paiement de la garantie et se limitant à la réclamation de copies de document en vue d'une analyse préalable à une possible action future, n'a pas valeur interruptive du délai de la prescription décennale. • Civ. 2e, 9 févr. 2012 : *RGDA 2012. 662, note Kullmann.*

34. Lettre ne concernant pas le paiement des primes. Ne concerne pas le paiement des primes d'assurance la lettre de l'assureur qui informe son assuré qu'il estimait le contrat nul en raison de ses déclarations mensongères et n'envisageait donc pas de prendre en charge les conséquences du sinistre. • Civ. 2e, 7 avr. 2011 : *RGDA 2011. 983, note Schulz.* ♦ Viole l'art. L. 114-2 C. assur. la cour d'appel qui, pour déclarer recevable l'action en paiement de l'assureur, retient que cet article doit être interprété comme s'appliquant à toutes les actions contre l'assuré et dérivant du contrat d'assurance au sens de l'art. L. 114-1 de ce code, de sorte que la qualification des sommes dues, cotisations ou franchises, est indifférente pour apprécier la prescription de l'action, alors que l'envoi d'une lettre recommandée avec accusé de réception adressée par l'assureur à l'assuré ne peut interrompre la prescription biennale qu'en tant qu'elle concerne le paiement de primes. • Civ. 2e, 8 juin 2017, no 16-19.161 P : *RCA 2017. no 257, note Groutel; Gaz. Pal. 17 oct. 2017, 63, note Noguéro.*

3o FORME DE LA LETTRE

35. Formalité substantielle. L'art. L. 114-2 C. assur. impose à l'assureur aussi bien qu'à l'assuré l'envoi d'une lettre recommandée avec accusé de réception pour interrompre la prescription; cette exigence n'a pas seulement pour objet de procurer à l'expéditeur la preuve de la réception de sa lettre (en l'espèce, le bénéficiaire de l'assurance avait envoyé une lettre simple). • Civ. 1re, 28 oct. 1980, no 79-12.162 P : *D. 1981. IR 461, obs. Berr et Groutel; RGAT 1981. 193, note Besson.*

36. Lettre recommandée sans accusé de réception. Les juges du fond ne peuvent déclarer prescrite l'action en indemnité de l'assuré, alors que celui-ci avait adressé plusieurs lettres recommandées à l'assureur, sans rechercher si ces lettres de réclamation avaient été envoyées avec ou sans accusé de réception. • Civ. 1re, 2 juin 1982 : *Bull. civ. I, no 203; D. 1984. IR 39, obs. Berr et Groutel; RGAT 1983. 197.*

37. Lettre recommandée simple. En vertu de l'art. L. 114-2, seul l'envoi d'une lettre recommandée avec accusé de réception est interruptif de la prescription biennale, de sorte que l'envoi d'une lettre recommandée sans accusé de réception ne peut avoir cet effet, alors même que la partie à qui elle est envoyée reconnaîtrait l'avoir reçue. • Civ. 1re, 9 mars 1999, no 96-19.416 P : *RCA 1999, no 164, obs. Groutel; RGDA 1999. 600, note Fonlladosa* • 17 juill. 2001 : *RCA 2001, no 346.* ♦ *Contra*, admettant la lettre recommandée sans demande d'avis de réception, s'il en a été accusé réception dans les limites du délai de prescription : • Civ. 1re, 20 juill. 1988 : *Bull. civ. I, no 253; RCA 1988, no 50, obs. Groutel; RGAT 1988. 784, note Bigot.*

38. *Preuve de l'envoi d'une lettre recommandée avec accusé de réception.* Celui qui entend se prévaloir de l'interruption de la prescription biennale résultant de l'envoi d'une lettre recommandée avec accusé de réception et qui ne peut produire ni le récépissé postal de cet envoi, ni l'accusé de réception, ne peut être admis à faire la preuve d'un tel envoi par témoins ou par présomptions que s'il démontre au préalable l'existence de circonstances le mettant dans l'impossibilité matérielle de présenter ces pièces. • Civ. 1re, 26 nov. 1996, n° 94-16.844 P : *RCA 1997, n° 74; RGDA 1997. 246, note Kullmann; Gaz. Pal. 1997. 2. Somm. 432.* ♦ La production d'un récépissé postal attestant que la lettre recommandée avait été envoyée avec demande d'avis de réception est suffisante. • Civ. 2e, 10 juill. 2008 : *RGDA 2008. 927, note Abravanel-Jolly.*

II. EFFETS DE L'INTERRUPTION

A. DÉPART D'UNE NOUVELLE PRESCRIPTION

1° DURÉE DE LA NOUVELLE PRESCRIPTION

39. *Absence d'interversion de la prescription (C. civ., anc. art. 2274).* Après une interruption de la prescription biennale, la règle de l'interversion de l'art. 2274 anc. C. civ. ne s'applique pas, et le nouveau délai est de deux ans. • Civ. 1re, 1er juill. 1980 : *Bull. civ. I, n° 201; JCP 1981. II. 19566, note Besson; RGAT 1980. 507.* ♦ Il résulte des art. L. 111-2, L. 114-1 et L. 114-2 C. assur. que le délai de prescription biennale pour les actions dérivant du contrat d'assurance a un caractère d'ordre public exclusif de toute interversion de prescription. • Civ. 1re, 9 mai 1994, n° 92-18.171 P : *RCA 1994, n° 305; RGAT 1994. 775, note Mayaux* • 2 juill. 2002 : *RCA 2002, n° 314; ibid., n° 316, note Groutel.* ♦... Alors même qu'une décision judiciaire a prononcé une condamnation à garantie de l'assureur. • Civ. 1re, 3 févr. 1998, n° 95-21.672 P : *D. 1999. Somm. 223, obs. Berr; RCA 1998, n° 178; RGDA 1998. 260, note Mayaux; Gaz. Pal. 1998. 2. 562.*

2° POINT DE DÉPART DE LA NOUVELLE PRESCRIPTION

a. Départ immédiat en cas de reconnaissance du droit du créancier

40. *Date de la reconnaissance.* L'acte interruptif du cours de la prescription résultant d'une reconnaissance par le débiteur du droit du créancier fait courir, à compter de sa date, un nouveau délai de prescription de deux ans et n'a pas pour effet de frapper le débiteur d'une déchéance du droit d'invoquer la nouvelle prescription. Ainsi, la reconnaissance du droit de l'assuré résultant du paiement partiel fait par l'assureur, interruptif de la prescription, ne fait pas obstacle à ce que ce dernier invoque l'écoulement d'un nouveau délai de deux ans ayant couru à compter de cet acte interruptif. • Civ. 1re, 3 mars 1998, n° 96-11.138 P : *RCA 1998, n° 216; RGDA 1998. 263, note Vincent.*

b. Départ immédiat en cas d'expertise

41. *Désignation de l'expert.* La désignation de l'expert a pour seul effet d'interrompre le délai biennal de prescription qui recommence à courir à compter de cette désignation, et non d'en suspendre les effets pendant la durée des opérations d'expertise. • Civ. 2e, 10 nov. 2005, n° 04-15.041 P : *RCA 2006, n° 42; ibid., n° 44, obs. Groutel; RGDA 2006. 81, note Kullmann.* ♦ V., dans le même sens : • Civ. 2e, 7 févr. 2013 : *RGDA 2013. 603, note Asselain* • Civ. 1re, 19 mai 1999 : *RCA 1999, n° 283* • 23 sept. 2003 : *D. 2004. Somm. 918, obs. Groutel; RCA 2003, n° 335* • 2 juill. 2002 : *RCA 2002, nos 314 et 315, obs. Groutel* • Civ. 3e, 9 déc. 2003 : *RCA 2004, n° 120, obs. Groutel.*

42. *Conséquence.* L'action en indemnité dérivant d'un contrat d'assurance, dont la prescription a été interrompue avant l'introduction de la demande en paiement par une désignation d'expert, est prescrite deux ans après cette désignation si aucune cause d'interruption n'est survenue dans l'intervalle, alors même que l'expert n'aurait pas clos son rapport, ou, dans le cas d'expertise judiciaire, ne l'aurait pas déposé au greffe du tribunal, les actes ultérieurs de la procédure d'expertise, mesure conservatoire, n'ayant pas par eux-mêmes la valeur d'une cause d'interruption. • Civ. 17 févr. 1948 : *D. 1949. 422, note Besson; JCP 1948. II. 4177, note P. L.-P.; GADA, p. 140, obs. Berr et Groutel.* ♦ Dans le même sens plus récemment : • Civ. 1re, 21 avr. 1971, n° 70-10.491 P • 14 déc. 1971, n° 70-12.959 P • 8 nov. 1988, n° 87-13.428 P : *D. 1988. IR 273* • 9 mai 1994, n° 91-20.976 P • Civ. 2e, 22 nov. 2012 : *RGDA 2013. 323, note Pélissier.*

c. Départ retardé en cas d'instance en justice

43. *Fin du litige.* L'effet interruptif de la prescription résultant d'une action en justice se prolonge jusqu'à ce que le litige ait trouvé sa solution. • Civ. 2e, 8 déc. 1976, n° 74-10.180 P • 24 juin 1997 : *RCA 1997, n° 321; D. 1998. Somm. 47, obs. Groutel* • Civ. 3e, 15 févr. 2006 : *RCA 2006, n° 175, obs. Groutel* • Civ. 2e, 19 juin 2008, n° 07-15.343 P : *JCP 2009. I. 133, n° 11, obs. Karila.* ♦... Et subsiste après le jugement tant que celui-ci n'est pas définitif. • Civ. 1re, 16 févr. 1994, n° 92-11.955 P : *RCA 1994, n° 192* • 13 nov. 1996 : *RCA 1997, n° 36; D. 1998. Somm. 47, obs. Groutel; RGDA 1997. 274, note Beauchard* • 3 févr. 1998 : *RGDA 1998. 247, note Fonlladosa; RCA 1998, n° 175, note Groutel.*

44. *Application à l'assignation en référé.* La prescription interrompue par l'ordonnance de référé recommence à courir dès le prononcé de celle-ci, et le déroulement des opérations d'expertise ne met pas l'assuré dans l'impossibilité de provoquer une nouvelle interruption. • Civ. 1re, 13 mars 1996 : *RGDA 1996. 619, note Favre-Rochex.*

45. Application à l'assignation en constatation de la validité du contrat. La prescription interrompue par une action relative à la validité du contrat ne recommence à courir que lorsque le juge s'est prononcé sur cette validité. • Civ. 1re, 31 janv. 1989 : *Bull. civ. I, n° 44.*

B. ÉTENDUE DE L'INTERRUPTION

1° PAR RAPPORT AU SINISTRE

46. Sinistre concerné. La désignation d'expert à la suite d'un sinistre n'interrompt la prescription que pour le sinistre en considération duquel le juge a ordonné la mesure d'expertise. • Civ. 1re, 16 déc. 2003 : *RGDA 2004. 54, note Bigot.*

47. Chefs de préjudice liés au sinistre concerné. Toute désignation d'expert à la suite d'un sinistre interrompt la prescription pour tous les chefs de préjudice qui en sont résultés, alors même que l'expertise ne porterait que sur certains d'entre eux. • Civ. 1re, 29 févr. 2000, n° 96-22.884 P : *RCA 2000, n° 174, obs. Groutel ; RGDA 2000. 507, note Mayaux* • Civ. 2e, 22 oct. 2009, n° 07-21.487 P : *RCA 2010, n° 30, note Groutel.* ♦ De même, toute décision judiciaire apportant une modification quelconque à une mission d'expertise ordonnée par une précédente décision a un effet interruptif de prescription pour tous les chefs de préjudice procédant du sinistre en litige. • Civ. 1re, 29 mai 2001 : *RGDA 2002. 77, note Bruschi.* ♦ La reconnaissance par l'assureur du principe de sa garantie interrompt la prescription pour l'ensemble des dommages, matériels et immatériels, consécutifs aux désordres. Dès lors, viole l'art. L. 114-1 la cour d'appel qui, pour déclarer prescrite et irrecevable l'action engagée par un maître de l'ouvrage contre l'assureur dommages-ouvrage au titre de son préjudice immatériel, retient que les dommages immatériels n'ont fait l'objet d'aucune déclaration, ni d'aucun acte interruptif de la prescription antérieurement à l'assignation au fond, que s'agissant d'une garantie annexe et facultative, il ne peut être considéré que les dommages immatériels étaient implicitement et nécessairement inclus dans les déclarations de sinistre ou dans l'assignation en référé visant les seuls dommages matériels. • Civ. 3e, 17 sept. 2014, n° 13-24.247 P : *RCA 2015. Chron. 1, n° 33, note Groutel ; ibid. 2014, n° 353, note Groutel ; JCP 2015. 741, n° 13, note J.-P. Karila ; RGDA 2014. 510, note Dessuet ; RDI 2014. 647, note Noguéro.*

48. Polices concernées. Dès lors qu'elle a retenu que les trois conventions en cause donnaient une définition unique de l'état d'invalidité permanente et totale qu'elles garantissaient, une cour d'appel, estimant souverainement qu'elles formaient un tout, est fondée à considérer que les expertises judiciaires destinées à déterminer cet état d'invalidité avaient valablement interrompu la prescription pour l'ensemble des polices. • Civ. 1re, 12 janv. 1999 : *RGDA 1999. 339, note Mayaux.*

2° PAR RAPPORT AUX PERSONNES

49. Effet à l'égard du seul assuré. Pour être interruptive de prescription, la citation en justice doit être adressée à celui qu'on veut empêcher de prescrire, de sorte que l'assignation de l'assuré ne pouvait avoir interrompu la prescription à l'égard de son assureur pour ce sinistre. • Civ. 1re, 28 oct. 2015, n° 14-20.580 : *RGDA 2015. 578, note Schulz.*

50. Effet à l'égard de toutes les parties. L'effet interruptif de la prescription résultant d'une action en justice se prolonge à l'égard de toutes les parties jusqu'à ce que le litige ait trouvé sa solution. En conséquence, l'effet interruptif, lié à une instance en référée prolongée par un appel interjeté par l'un des assureurs, s'étend à l'autre assureur non appelant. • Civ. 2e, 19 juin 2008, n° 07-15.343 P : *JCP 2009. I. 133, n° 11, obs. J.-P. Karila.* ♦ De même, toute décision judiciaire apportant une modification quelconque à une mission d'expertise ordonnée par une précédente décision a un effet interruptif de prescription à l'égard de toutes les parties. • Civ. 1re, 29 mai 2001 : *RGDA 2002. 77, note Bruschi.* ♦ Ainsi, puisque les ordonnances de référé rendant communes à d'autres parties les opérations d'expertise ordonnées en référé sont des décisions judiciaires apportant une modification à la mission de l'expert, elles ont un effet interruptif de prescription à l'égard de toutes les parties, y compris à l'égard de celles appelées uniquement à la procédure initiale. • Civ. 2e, 3 sept. 2009 : *RCA 2009, n° 340, note Groutel.* ♦ V., retenant la même solution, l'arrêt affirmant que la prescription de l'action engagée entre un assuré et un assureur est interrompue à l'égard des parties à une mesure d'expertise, même celles n'ayant été parties qu'à l'instance initiale ayant abouti à la désignation de l'expert, par toute décision judiciaire apportant une modification quelconque à cette expertise. • Civ. 3e, 28 mars 2012 : *RGDA 2012. 659, note J.-P. Karila.* ♦ *Contra* : l'ordonnance de référé déclarant commune à d'autres constructeurs une mesure d'expertise précédemment ordonnée n'a pas d'effet interruptif de prescription à l'égard de ceux qui n'étaient parties qu'à l'ordonnance initiale. • Civ. 3e, 21 mai 2008, n° 07-13.561 P : *RCA 2008, n° 223, note Groutel* • 18 nov. 2009, n° 08-13.642 P : *RGDA 2010. 76, note Karila.*

Art. L. 114-3 *(L. n° 2008-561 du 17 juin 2008, art. 6-I)* **Par dérogation à l'article 2254 du code civil, les parties au contrat d'assurance ne peuvent, même d'un commun accord, ni modifier la durée de la prescription, ni ajouter aux causes de suspension ou d'interruption de celle-ci.**

COMMENTAIRE

Alors que, depuis la loi n° 2008-561 du 17 juin 2008 portant réforme de la prescription, l'article 2254 du code civil prévoit que la durée de la prescription peut être abrégée ou allongée par accord des parties, sans pour autant pouvoir être réduite à moins d'un an ni étendue à plus de dix ans, l'article L. 114-3 interdit aux parties tout aménagement contractuel de la prescription biennale. Elles ne peuvent ni modifier la durée de la prescription, ni ajouter aux causes de suspension ou d'interruption. Cette disposition protège les souscripteurs de l'insertion d'une clause modifiant la prescription à leur détriment et rejoint l'esprit de la loi du 13 juillet 1930 qui avait souhaité éviter les abus de la liberté contractuelle. ❑

Régime antérieur à la loi de 2008. Il n'est pas possible de convenir par avance d'un allongement du délai de la prescription. • Civ. 1re, 2 juin 1964 : *RGAT 1965. 46, obs. Besson.* ♦ De même, la convention tacite de suspension paraît bien avoir été, d'une manière générale, déclarée nulle. • Civ. 1re, 25 nov. 1992, n° 91-12.986 P : *RCA 1993, n° 56 ; ibid., Étude 4, par Groutel ; RGAT 1993. 82, note Margeat.*

TITRE DEUXIÈME RÈGLES RELATIVES AUX ASSURANCES DE DOMMAGES *(Ord. n° 2011-839 du 15 juill. 2011, art. 1er-3°).*

L'Ord. n° 2011-839 du 15 juill. 2011 s'applique aux contrats conclus ou renouvelés, tacitement ou non, à compter du 1er juill. 2012 (Ord. préc., art. 11).

CHAPITRE PREMIER DISPOSITIONS GÉNÉRALES

Art. L. 121-1 L'assurance relative aux biens est un contrat d'indemnité ; l'indemnité due par l'assureur à l'assuré ne peut pas dépasser le montant de la valeur de la chose assurée au moment du sinistre. – *Assur. L. 121-4, R. 211-13, R. 220-6.*

Il peut être stipulé que l'assuré reste obligatoirement son propre assureur pour une somme, ou une quotité déterminée, ou qu'il supporte une déduction fixée d'avance sur l'indemnité du sinistre.

BIBL. ▸ Principe indemnitaire : GROUTEL, *RCA 1990. Chron. 24 ; ibid. 1994. Chron. 36.* – PEANO, *RCA 1995. Chron. 17.* ▸ TVA : BERTIN-LACHAUD, *RGDA 1997. 947.*

COMMENTAIRE

L'article L. 121-1 est consacré au principe indemnitaire, en vertu duquel l'indemnité versée par l'assureur ne peut être supérieure à la perte éprouvée. Cette disposition d'ordre public rappelle ainsi que le contrat d'assurance a simplement pour objectif de réparer les conséquences d'un sinistre et ne doit pas permettre de réaliser un gain. Cela étant, ce principe n'interdit pas une limitation conventionnelle de l'indemnité d'assurance. Partant, il convient d'envisager le domaine (I) et la signification (II) de ce principe, puis la limitation conventionnelle de l'indemnité d'assurance (III).

I. LE DOMAINE DU PRINCIPE INDEMNITAIRE

Selon l'article L. 121-1, « l'assurance relative aux biens est un contrat d'indemnité ». Le principe semble donc réservé aux assurances de choses. Ce constat mérite deux observations.

En premier lieu, on peut en déduire que ce principe ne s'applique pas aux assurances de personnes. Cela est vrai lorsqu'elles présentent un caractère forfaitaire (Civ. 1re, 26 nov. 1963 : *V. note 2*). Cependant, certaines assurances de personnes peuvent présenter un caractère indemnitaire, notamment lorsqu'elles prévoient le remboursement de frais médicaux. Ces assurances obéissent dès lors au principe indemnitaire.

En second lieu, il apparaît que l'article L. 121-1 ne vise pas les assurances de responsabilité, laissant entendre qu'elles ne sont pas soumises au principe indemnitaire. Un arrêt publié au Bulletin civil a de la sorte pu affirmer que l'article L. 121-1 n'a pas vocation à recevoir application lorsque est en jeu une assurance de responsabilité (Civ. 2e, 5 avr. 2007 : *V. note 1*). Cette décision a fait l'objet d'appréciations variées. Certains auteurs approuvent cette solution en faisant observer qu'en réalité, c'est le principe de la réparation intégrale du préjudice qui interdit à l'assureur de verser à la victime une indemnité supérieure à son préjudice (Durry, *RCA 2007, n° 230*). D'autres, au contraire, estiment que ce principe doit s'appliquer à toutes les assurances de dommages, y compris aux assurances de responsabilité (Kullmann, *RGDA 2007. 583* ; Groutel et al., Traité du contrat d'assurance terrestre, *Litec, 2008, n° 1535*).

II. LA SIGNIFICATION DU PRINCIPE INDEMNITAIRE

Dès lors que l'indemnité d'assurance ne doit pas être supérieure à la perte éprouvée par l'assuré, il est primordial de déterminer la date d'évaluation de ce préjudice (A), ainsi que son mode d'évaluation (B). Cependant, si ce principe institue une limitation légale de l'indemnité, il connaît certaines atténuations (C) et n'impose pas un emploi de l'indemnité à la réparation du préjudice (D).

A. LA DATE D'ÉVALUATION DU PRÉJUDICE

1. EN ASSURANCE DE CHOSES

Pour les assurances de choses, la date d'évaluation du préjudice est celle de la perte du bien (Civ. 2e, 11 sept. 2008 : *V. note 3*). L'éventuelle modification de la valeur du bien entre le jour du sinistre et celui du règlement de l'indemnité est donc indifférente. De même, il importe peu que les biens sinistrés aient été par la suite vendus (Civ. 1re, 11 oct. 1994 : *V. note 4*) ou volontairement détruits (Civ. 1re, 11 mars 1986 : *V. note 4*).

2. EN ASSURANCE DE RESPONSABILITÉ

Pour les assurances de responsabilité, la date d'évaluation du préjudice n'est pas celle du sinistre, mais celle du règlement amiable ou judiciaire (Civ. 2e, 12 mai 2010 : *V. note 7*). Cette solution rejoint celle admise par le droit de la responsabilité, en vertu de laquelle le préjudice doit être évalué au jour du jugement ou de l'arrêt qui consacre la créance indemnitaire.

B. LA LIMITATION LÉGALE DE L'INDEMNITÉ

1. EN ASSURANCE DE CHOSES

L'indemnité d'assurance doit correspondre au montant de la perte éprouvée. Aussi, par principe, la vétusté du bien est prise en considération pour déterminer l'indemnité d'assurance (Civ. 1re, 26 avr. 2000 : *V. note 15*). Il appartient alors à l'assuré de prouver l'existence et la valeur des biens sinistrés. Dans cette optique, il peut être tenté de se prévaloir de la valeur déclarée du bien dans le contrat. Pour autant, cette valeur ne constitue qu'un simple indice de la valeur du bien (Civ. 1re, 13 mai 1997 : *V. note 5*). En revanche, l'assuré peut se prévaloir de la valeur agréée mentionnée dans le contrat et renverser la charge de la preuve. Il appartient alors à l'assureur de prouver que la valeur du bien sinistré était inférieure à la valeur agréée.

Par ailleurs, puisque l'indemnité ne peut être supérieure au montant de la perte éprouvée, l'assureur ne peut, par principe, verser une indemnité forfaitaire (Civ. 1re, 22 juill. 1986 : *V. note 8*). Cela étant, la jurisprudence admet les clauses d'indemnisation forfaitaire pour les pertes indirectes liées au sinistre (frais de relogement provisoire, de déplacement du mobilier…). Celles-ci peuvent notamment évaluer les pertes indirectes à un pourcentage des dommages matériels (Civ. 1re, 15 mai 1984 : *V. note 8*).

2. EN ASSURANCE DE RESPONSABILITÉ

En assurance de responsabilité, l'indemnité versée par l'assureur ne peut être supérieure au montant du préjudice subi par la victime. Cela étant, au nom de la réparation intégrale du préjudice, elle doit permettre de replacer la victime dans la situation où elle se serait trouvée si l'acte dommageable ne s'était pas produit. Aussi, l'assureur ne peut imposer l'application d'un abattement pour vétusté (Civ. 2e, 23 janv. 2003 : *V. note 19*). Cependant, lorsque le bien sinistré, par exemple un véhicule automobile, est endommagé et peut faire l'objet de réparation, la jurisprudence estime que le montant de l'indemnité a pour limite la valeur de remplacement (Civ. 2e, 18 janv. 1973, et Crim. 22 sept. 2009 : *V. note 20*). Une telle solution devrait toutefois être écartée lorsque le bien est irremplaçable. De même, lorsque le bien sinistré est un immeuble et ne peut faire l'objet d'une reconstruction sur place en raison de la dangerosité de sa situation et du refus du maire d'accorder un permis de construire, l'indemnisation s'effectue en fonction de la valeur vénale de l'immeuble à la date du sinistre et non à hauteur de la valeur de reconstruction de l'immeuble susceptible d'être édifié sur un autre terrain (Civ. 3e, 7 sept. 2017 : *V. note 21*).

C. LES ATTÉNUATIONS AU PRINCIPE INDEMNITAIRE

Si le principe indemnitaire interdit le versement d'une indemnité supérieure au dommage subi, il ne s'oppose toutefois pas à l'insertion d'une clause de valeur à neuf dans le contrat d'assurance (Civ. 2e, 13 sept. 2007 : *V. note 22*). L'assuré reçoit alors une indemnité sans déduction de la vétusté. Concrètement, pour les biens immobiliers, l'indemnisation se déroule en deux temps. L'assureur verse d'abord une indemnité prenant en compte la vétusté du bien. Puis, une fois que l'assuré a justifié de l'exécution des travaux, l'assureur verse le complément (Civ. 2e, 3 nov. 2011 : *V. note 28*).

Par ailleurs, le principe indemnitaire ne s'oppose au versement d'intérêts moratoires en cas de retard de paiement (Civ. 1re, 10 mai 1988 : *V. note 23*). Il n'y a pas dans une telle hypothèse d'enrichissement contraire au principe indemnitaire, mais simplement la réparation du préjudice né du retard dans le paiement de l'indemnité.

En revanche, les juges ne peuvent, sans méconnaître le principe indemnitaire, actualiser le montant de l'indemnité en fonction de l'évolution d'un indice entre la date de la fixation de cette indemnité et celle de son paiement. Le retard dans le paiement ne peut donner lieu qu'à des intérêts au taux légal (Civ. 1re, 27 sept. 1983 : *V. note 24*). Cette solution originelle a toutefois été malmenée par d'autres décisions ultérieures.

D'une part, la Cour de cassation a pu censurer la décision d'une cour d'appel ayant attribué des intérêts moratoires et actualisé le montant de l'indemnité à la date de son paiement effectif, sans préciser laquelle des deux modalités pouvait être retenue (Civ. 1re, 14 janv. 1992 : *V. note 24*). Ceci pourrait laisser entendre que les juges du fond disposeraient d'une option entre l'allocation d'intérêts moratoires ou l'actualisation de l'indemnité.

D'autre part, la Cour de cassation a pu approuver l'arrêt d'une cour d'appel qui a attribué des intérêts moratoires et actualisé le montant de l'indemnité, au motif que cela ne constituait pas une double indemnisation du préjudice (Civ. 1re, 16 mai 1995, solution reprise par Civ. 1re, 6 juin 2000 : *V. note 24*). L'actualisation compense la dépréciation monétaire entre le jour où la créance est évaluée et le jour du paiement. Les intérêts moratoires indemnisent seulement le retard de paiement. La portée de cette décision doit néanmoins être nuancée dans la mesure où l'indexation de l'indemnité n'était pas contestée. Cela étant, la formule de la Cour de cassation est suffisamment précise, quant à l'absence de double indemnisation, pour marquer une évolution par rapport à la jurisprudence antérieure.

D. LA LIBRE DISPOSITION DE L'INDEMNITÉ

Si le principe indemnitaire lie l'indemnisation au préjudice subi, il n'impose toutefois pas au bénéficiaire de l'indemnité de l'employer pour réparer le dommage ou remplacer le bien sinistré (Civ. 1re, 16 juin 1982 : *V. note 25*). Par conséquent, l'assureur ne peut déduire du montant de l'indemnité évaluée par l'expert le montant de la TVA applicable aux travaux de remise en état au motif que l'assuré a procédé lui-même à la réparation ou qu'il ne l'a pas faite (Civ. 1re, 16 juin 1982, et Civ. 1re, 14 févr. 1984 : *V. note 25*).

Il existe plusieurs exceptions au principe de libre disposition de l'indemnité :

– le contrat d'assurance peut, en application du principe de la liberté contractuelle, contenir une clause imposant l'utilisation de l'indemnité pour la réparation ou le remplacement du bien sinistré (Civ. 1re, 16 juin 1982, et Civ. 3e, 23 nov. 2010 : *V. note 25*) ;

– le contrat d'assurance peut ne comporter qu'une clause de valeur à neuf subordonnant le versement de l'indemnité différée correspondant à la valeur à neuf à la réparation du bien (Civ. 2e, 3 nov. 2011 : *V. note 28*) ;

– s'appuyant sur le seul article L. 242-1 du code des assurances relatif à l'assurance dommages-ouvrage, la jurisprudence a affirmé que l'indemnité versée par l'assureur dommages-ouvrage doit être affectée au paiement des travaux de réparation des dommages (Civ. 3e, 17 déc. 2003 : *V. note 27*) ;

– le législateur a lui-même prévu à l'article L. 121-17 du code des assurances que les indemnités versées en réparation d'un dommage causé à un immeuble bâti devaient être utilisées pour la remise en état effective de cet immeuble ou pour la remise en état de son terrain d'assiette (V. comm. ss. art. L. 121-17).

III. LA LIMITATION CONVENTIONNELLE DE L'INDEMNITÉ

L'indemnité d'assurance ne doit donc pas être supérieure au montant du préjudice subi. En revanche, rien n'interdit à l'assureur d'insérer une franchise dans le contrat d'assurance. Il existe plusieurs types de franchise. La franchise simple a un effet de seuil : en dessous de son montant, l'assuré n'est pas garanti, au-dessus, il bénéfice de la garantie de l'assureur sans déduction. Par opposition, la franchise absolue emporte systématiquement une déduction sur le montant de l'indemnité. Par ailleurs, l'assureur peut interdire à l'assuré de souscrire une autre assurance pour couvrir la fraction du sinistre non couverte par la franchise par l'insertion d'une clause de découvert obligatoire.

L'assureur peut également limiter sa garantie à l'aide d'un plafond de garantie. Afin de renforcer l'efficacité d'un tel plafond en cas de sinistres sériels dus à une même cause, il peut introduire une clause de globalisation de sinistre. Cette clause permet d'appliquer les plafonds de garantie par sinistre et par an à ces sinistres sériels, en les considérant comme un seul sinistre (Civ. 2e, 28 févr. 2013 : *V. note 33*). Depuis la loi no 2003-706 du 1er août 2003, l'article L. 124-1-1 a consacré ce mécanisme en instituant une globalisation légale des sinistres sériels. ❑

I. PRINCIPE INDEMNITAIRE

A. DOMAINE

1. Assurances de responsabilité. Une assurance de responsabilité relève de la catégorie juridique des assurances de dommages. • Civ. 1re, 16 juill. 1998, no 96-17.807 P. ♦ V. cep. l'arrêt affirmant que l'art. L. 121-1 C. assur., qui dispose que l'assurance relative aux biens est un contrat d'indemnité, n'a pas vocation à recevoir application lorsque est en jeu l'assurance de responsabilité qui, si elle relève de la catégorie juridique des assurances de dommages, n'a pas la nature d'une assurance de biens. • Civ. 2e, 5 avr. 2007, no 06-12.066 P : *JCP 2008. I. 134, no 17, obs. Mayaux; RCA 2007, no 230, note Durry; RGDA 2007. 584, note crit. Kullmann.*

2. Assurances de personnes. Les assurances de personnes ne présentent pas de caractère indemnitaire. Il en résulte qu'elles peuvent être acquises indépendamment des réparations dues par l'auteur d'un accident. • Civ. 1re, 26 nov. 1963 : *D. 1964. 65; RGAT 1964. 517, obs. Besson.*

B. DATE D'ÉVALUATION DU SINISTRE

1o EN ASSURANCES DE BIENS

3. Jour du sinistre. Il résulte de l'art. L. 121-1 C. assur. que, dans les assurances relatives aux biens, la valeur du bien à prendre en compte pour fixer l'indemnité due par l'assureur à l'assuré est celle de ce bien au moment du sinistre. • Civ. 2e, 11 sept. 2008, no 07-15.171 P : *RCA 2008, no 343.* ♦ Cassation d'une décision ayant limité l'indemnité due, à la suite de la destruction d'un immeuble, à la valeur des revenus jusqu'à la date prochaine où, sans l'incendie, il aurait été démoli. • Civ. 3e, 25 mai 1977, no 76-10.361 P. ♦ L'indemnité devant être fixée en fonction de la valeur de la chose assurée au jour du sinistre, une cour d'appel ne pouvait convertir le montant des factures d'achat établies en monnaie turques selon le taux de change en euro au jour de sa décision. Elle devait appliquer le taux en vigueur au jour du sinistre. • Civ. 2e, 8 juill. 2021, no 20-10.575 : *RGDA oct. 2021. 13, note Kullmann; RCA 2021, no 200, note Hourdeau.*

4. Indifférence du sort du bien sinistré. Les juges du fond n'ont pas à rechercher l'utilisation que l'assuré a l'intention de faire ou de ne pas faire de la chose détruite par le sinistre, et ils ne s'écartent pas du principe indemnitaire de l'art. L. 121-1 C. assur. en accordant une indemnité conforme à la valeur de reconstruction de la chose, déduction faite de la vétusté, conformément au contrat, sans avoir à rechercher, comme le demandait l'assureur, si les immeubles détruits étaient destinés à la destruction. • Civ. 1re, 11 mars 1986, no 84-13.660 P : *RGAT 1986. 336, note Bigot.* ♦... Ou destinés à être vendus et à quel prix. • Civ. 1re, 11 oct. 1994, no 91-14.904 P : *RCA 1994, no 416; ibid. Étude 36, obs. Groutel; RGAT 1995. 43, note Kullmann.*

5. Clause de valeur déclarée. Prive sa décision de base légale au regard de l'art. L. 121-1 C. assur. la cour d'appel qui fixe le montant de l'indemnité pour perte de fonds de commerce à la valeur vénale de ce fonds déterminée dans les conditions particulières du contrat, sans rechercher quelle était, dans la limite de l'engagement de l'assureur en cas de perte du fonds de commerce, limite constituée par la valeur déclarée de ce bien dans la police d'assurance, la valeur réelle du fonds de commerce assuré au moment du sinistre. • Civ. 1re, 13 mai 1997 : *RCA 1997, no 279; RGDA 1997. 750, note Kullmann.*

6. Clause de valeur agréée. La garantie d'un bien sur la base de sa valeur agréée ne dispense pas de rechercher quelle était sa valeur au jour du sinistre. • Civ. 1re, 23 sept. 2003 : *RGDA 2004. 193, note Favre-Rochex.* ♦ La clause de valeur agréée, stipulée dans la police, emporte inversion de la charge de la preuve quant à la valeur de la chose assurée au moment du sinistre. • Civ. 1re, 24 févr. 2004 : *D. 2004. IR 1065; Gaz. Pal. 2004. 2478, note Favre-Rochex; RCA 2004, no 153.*

2o EN ASSURANCES DE RESPONSABILITÉ

7. Jour du règlement. Dès lors que l'action en paiement de la victime tendait à obtenir réparation de son préjudice sur le fondement de la responsabilité encourue par l'auteur du dommage, garanti dans le cadre d'une assurance de responsabilité civile, le préjudice devait être apprécié au jour de la décision, et non au jour du sinistre. • Civ. 2e, 12 mai 2010 : *RCA 2010, n° 211, note Groutel; RGDA 2010. 786, note Astegiano-La Rizza.*

C. LIMITATION LÉGALE DE L'INDEMNITÉ

1° EN ASSURANCES DE BIENS

8. Indemnisation forfaitaire. Prive sa décision de base légale au regard de l'art. L. 121-1 C. assur. la cour d'appel qui, pour fixer le montant de l'indemnité pour perte d'exploitation due par l'assureur à la société assurée, a déterminé le nombre de jours d'immobilisation de l'installation qu'elle a multiplié par le plafond quotidien de garantie prévue par la police, sans rechercher quel avait été, dans la limite dudit plafond, le préjudice effectivement subi par la société assurée, au cours de la période considérée. • Civ. 1re, 22 juill. 1986, n° 85-11.997 P : *RGAT 1986. 465.* ♦ V. aussi : • Civ. 1re, 17 nov. 1987, n° 85-17.840 P : *RGAT 1988. 370, note Kullmann.* ♦ En présence d'une clause, d'un contrat d'assurance contre l'incendie, qui mentionne que les pertes indirectes doivent être garanties dans un maximum de 10 % des dommages matériels, les juges du fond doivent procéder à une évaluation du préjudice, ce taux de 10 % excluant la notion de forfait. • Civ. 1re, 15 mai 1984 : *RGAT 1985. 300, note Kullmann; Gaz. Pal. 1985. 1. 141.* ♦ V. toutefois l'arrêt affirmant que l'application de la clause d'indemnisation forfaitaire des pertes indirectes n'est pas subordonnée à la justification des dommages. • Civ. 1re, 6 janv. 1987 : *D. 1987. Somm. 333, obs. Groutel; RGAT 1987. 144, note Kullmann.*

9. TVA. Aux termes de l'art. 28 de la L. du 13 juill. 1930 [C. assur., art. L. 121-1], l'indemnité due par l'assureur à l'assuré ne peut dépasser le montant de la valeur de la chose assurée au moment du sinistre. En conséquence, doit être cassé l'arrêt qui accorde à l'assuré, en plus de la valeur du matériel détruit, le montant de la TVA bien qu'il eût constaté que l'assuré avait obtenu de l'administration le remboursement de cette taxe. • Civ. 1re, 9 mai 1972, n° 71-11.205 P. ♦ Un assuré assujetti au régime de la taxe sur la valeur ajoutée, et comme tel habilité à récupérer les sommes qu'il verse à ce titre, ne peut en demander le montant à son assureur, alors même que l'immeuble sinistré objet de l'assurance n'a pas été reconstruit. • Civ. 1re, 7 janv. 1997, n° 94-17.860 P : *RCA 1997, n° 108; RGDA 1997. 150, note Favre-Rochex; Gaz. Pal. 1997. 2. Somm. 434, note Favre-Rochex.* ♦ Dès lors que l'indemnité consécutive au vol du véhicule était due à une société de crédit-bail, elle-même assujettie au régime de la taxe sur la valeur ajoutée, l'indemnité ne pouvait pas inclure le montant afférent à celle-ci. • Civ. 1re, 17 juill. 2001 : *RCA 2001, n° 341, obs. Groutel (2e esp.).* ♦ En revanche, lorsque le souscripteur du contrat d'assurance automobile a intégralement soldé son contrat de crédit-bail et est le seul bénéficiaire de l'indemnité d'assurance, le remboursement du prix conventionnel auquel il peut prétendre inclut nécessairement la TVA qu'il avait lui-même acquittée sur le prix total de son véhicule. • Civ. 1re, 4 avr. 1995, n° 92-21.737 P : *RGAT 1995. 323, note Mayaux.* ♦ De même, lorsque, sans fraude de sa part, un assuré assujetti à la TVA au jour du sinistre a cessé de l'être lorsque le montant de l'indemnité d'assurance afférente au coût de la reconstruction est fixé, cette indemnité doit comprendre le coût de la TVA dont il est redevable sur les travaux et qu'il n'est plus en mesure de récupérer. • Civ. 1re, 1er déc. 1998, n° 96-21.278 P : *BD. 1999. Somm. 231, obs. Berr; RCA 1999, n° 54; RGDA 1999. 101, note Mayaux.*

10. Conséquences fiscales. Ayant relevé qu'il résultait du contrat que la perte d'exploitation tenait compte des charges habituelles, c'est à bon droit qu'une cour d'appel a décidé que les conséquences fiscales de l'indemnisation à revenir à l'assuré n'entraient pas dans le champ contractuel de la garantie de la perte d'exploitation. • Civ. 2e, 17 nov. 2016, n° 15-24.518 : *RGDA 2017. 26, note Douet et Pélissier.*

11. Double indemnisation. Prive sa décision de base légale au regard de l'art. L. 121-1 C. assur. la cour d'appel qui alloue à l'assuré, en sus d'une indemnité pour perte de fonds de commerce, deux autres indemnités, l'une pour perte de mobilier et de matériel, l'autre pour perte de marchandises, en retenant que ce mobilier, ce matériel et ces marchandises se trouvaient dans l'immeuble lors du sinistre et avaient été détruits par l'incendie, sans rechercher si ce mobilier, ce matériel et ces marchandises ne constituaient pas des éléments faisant partie intégrante du fonds de commerce, de telle sorte que l'indemnisation de leur perte ferait double emploi avec celle de la perte du fonds de commerce. • Civ. 1re, 13 mai 1997 : *RCA 1997, n° 279; RGDA 1997. 750, note Kullmann.*

12. Erreur sur l'authenticité des biens volés. Viole les art. L. 121-1 C. assur. et 1177 C. civ. la cour d'appel qui déboute l'assureur de sa demande de restitution d'une partie de l'indemnité, formée après qu'il eut appris que les fauteuils volés, puis retrouvés, n'avaient pas le caractère d'authenticité sur la foi duquel était intervenue l'évaluation. • Civ. 1re, 9 déc. 1986, n° 85-13.442 P.

13. Choix de la méthode d'évaluation. En l'absence de toute stipulation contractuelle définissant la méthode d'évaluation du bien sinistré, les juges du fond apprécient souverainement la valeur du bien au jour du sinistre. • Civ. 2e, 29 août 2019, n° 18-18.792 : *bjda.fr 2019, n° 65, note Néraudau et Guillot.*

14. Choix de la valeur du bien. Ne donne pas de base légale à sa décision la cour d'appel qui estime un diamant volé chez un particulier à sa valeur de remplacement auprès d'un diamantaire grossiste et non auprès d'un détaillant, sans préciser en quoi cette valeur permettait d'assurer la réparation du préjudice de la victime. • Civ. 1re, 4 juill. 1995 : *RCA 1995, n° 336.*

15. Vétusté. Viole les art. 1134 C. civ. et L. 121-1 C. assur. la cour d'appel qui retient qu'il n'y a pas lieu de tenir compte de la vétusté de l'immeuble pour déterminer le montant de l'indemnité due par l'assureur, alors que, d'une part, seule était en cause une garantie d'assurance relative aux biens et non une garantie d'assurance de responsabilité, et d'autre part, que les conditions générales de la police stipulaient que les bâtiments seraient estimés d'après leur valeur réelle, au prix de reconstruction au jour du sinistre, vétusté déduite. • Civ. 1re, 26 avr. 2000 : *RCA 2000, n° 248.*

16. Valeur de remplacement. Viole l'art. 1134 C. civ., dans sa rédaction antérieure à celle issue de l'Ord. du 10 févr. 2016, la cour d'appel qui rejette la demande en garantie formée par un assuré contre son assureur de biens en énonçant que dès lors qu'il lui était demandé de mettre en œuvre sa garantie en versant à son assuré la valeur de remplacement du véhicule sinistré, il était légitime que, afin de vérifier que le montant de l'indemnité sollicitée n'était pas supérieur au prix d'achat réel du véhicule, l'assureur réclame à l'assuré des pièces justifiant celui dont elle faisait état, sans préciser quelles étaient les stipulations contractuelles qui subordonnaient l'indemnisation de l'assuré à la production de pièces justifiant du prix d'achat réel du véhicule. • Civ. 2e, 7 févr. 2019, n° 17-31.256 : *RCA 2019, n° 142 ; RGDA avr. 2019. 11, note Pimbert.*

17. Valeur de reconstruction. Ayant exactement retenu que le principe indemnitaire, posé par l'art. L. 121-1 C. assur., ne fait pas obstacle, en cas de sinistre d'un bâtiment, à l'application d'une clause contractuelle prévoyant le paiement d'une indemnité calculée sur la valeur de reconstruction, qui correspond au coût de remise en état du bien détruit, ne peut valoir enrichissement de l'assuré et ce, même si la valeur vénale du bien avant sinistre est inférieure au coût de sa reconstruction, une cour d'appel, appréciant souverainement, au jour du sinistre, la valeur de reconstruction du chalet incendié, a légalement justifié sa décision. • Civ. 2e, 14 oct. 2021, n° 20-12.214 : *RGDA déc. 2021. 28, note Mayaux.*

2° EN ASSURANCES DE RESPONSABILITÉ

18. TVA. L'indemnité destinée à permettre à un maître d'ouvrage de procéder à la réparation de son ouvrage sinistré doit être calculée hors TVA lorsqu'il est en mesure d'en récupérer le montant. Encourt la cassation l'arrêt qui affirme, pour écarter une demande tendant à ce que l'indemnité représentant le coût de la réparation de dommages de nature décennale soit calculée hors TVA, qu'il était « de principe que l'indemnisation doit être calculée toutes taxes comprises, même si la TVA s'avère récupérable, afin que le maître d'ouvrage ne supporte aucune charge du fait des malfaçons ». • Civ. 1re, 15 déc. 1998 : *RCA 1999, n° 86.*

19. Vétusté en assurance de responsabilité. Viole l'art. 1382 C. civ. et ne replace pas la victime dans la situation où elle se serait trouvée si l'acte dommageable ne s'était pas produit la cour d'appel qui, pour évaluer l'indemnité due à la victime, retient qu'un abattement pour vétusté était justifié en ce qui concerne les travaux de réfection des plafonds, peintures et tapisseries. • Civ. 2e, 23 janv. 2003, n° 01-00.200 P : *JCP 2003. II. 10110, note Barbièri ; Dr. et patr. 6/2003. 89, note Chabas.*

20. Réparations dans la limite de la valeur de remplacement. Le droit au remboursement des frais de remise en état d'une chose endommagée a pour limite sa valeur de remplacement. • Civ. 2e, 18 janv. 1973, n° 71-14.282 P • 7 déc. 1978, n° 77-12.013 P • Crim. 22 sept. 2009, n° 08-88.181 P : *RTD civ. 2010. 338, note Jourdain ; RCA 2010, n° 8, note Hocquet-Berg ; JCP 2010, n° 456, § 4, note Bloch.* ♦ ... Correspondant au prix de revient total d'un bien d'occasion de même type et dans un état semblable. • Civ. 2e, 12 févr. 1975, n° 73-13.263 P. ♦ ... Et non sa valeur vénale. • Civ. 2e, 13 janv. 1988 : *RGAT 1989. 345, note Chapuisat.* ♦ V. auparavant : si l'indemnisation du dommage ne doit procurer aucun profit à la victime, elle ne peut davantage lui occasionner une perte et le préjudice subi doit être entièrement réparé. • Crim. 19 déc. 1957 : *RGAT 1958, 64, note Besson* • 17 déc. 1969, n° 68-92.476 P : *RTD civ. 1970. 579, note Durry.*

21. Reconstruction impossible. Ayant relevé que l'immeuble ne pouvait être reconstruit à l'identique en raison de la dangerosité de sa situation et du refus du maire d'accorder un permis de construire et retenu qu'octroyer aux propriétaires une valeur de reconstruction à neuf dans un autre lieu leur procurerait un avantage indu puisqu'ils bénéficieraient d'un bien équivalent mais mieux situé, une cour d'appel en a exactement déduit, sans violer le principe de la réparation intégrale, que l'indemnisation du préjudice devait s'effectuer selon la valeur vénale de l'immeuble à la date du sinistre. • Civ. 3e, 7 sept. 2017, n° 16-15.257 P : *D. 2017. 2577, note V. Mazeaud ; RGDA 2017. 629, note Pélissier ; Gaz. Pal. 19 déc. 2017. 72, note Cerveau ; AJDI 2018. 35, obs. de La Vaissière .*

D. ATTÉNUATIONS

22. Clause de valeur à neuf. Le principe indemnitaire posé par l'art. L. 121-1 C. assur. ne fait pas obstacle, en cas de sinistre d'un bâtiment, à l'application d'une clause contractuelle prévoyant le paiement d'une indemnité calculée sur la valeur de reconstruction. Celle-ci, qui correspond au coût de remise en état du bien détruit, ne peut valoir enrichissement de l'assuré et ce même si la valeur vénale du bien avant sinistre est inférieure au coût de sa reconstruction. • Civ. 2e, 13 sept. 2007 : *JCP 2008. I. 134, n° 5, obs. Kullmann ; RCA 2007,* *nº 371 ; ibid., nº 373, note Groutel.* ♦ Les dispositions de l'art. L. 121-1 selon lesquelles l'indemnité due à l'assuré ne peut pas dépasser le montant de la valeur de la chose assurée ne font pas obstacle à ce que celle-ci atteigne la valeur de reconstruction de l'immeuble sinistré, de sorte que la clause litigieuse prévoyant une indemnisation en valeur à neuf dans la limite d'un certain plafond doit recevoir application. • Civ. 2e, 26 mars 2015, nº 14-13.332 : *RCA 2015, nº 190, note Groutel.* ♦ Déjà dans le même sens : • Civ. 1re, 27 janv. 1987 : *Bull. civ. I, nº 25.*

23. Intérêts moratoires. L'art. L. 121-1 C. assur., s'il dispose que l'indemnité due par l'assureur à l'assuré ne peut dépasser le montant de la valeur de la chose assurée au moment du sinistre, ne fait pas obstacle à ce que ladite indemnité, telle qu'elle est fixée par l'accord des parties ou par le juge, produise des intérêts en cas de retard de paiement. • Civ. 1re, 10 mai 1988 : *Bull. civ. I, nº 132 ; RGAT 1988. 774, note Bigot ; D. 1989. Somm. 243, obs. Groutel.* ♦ ... A ce que l'indemnité d'une assurance de responsabilité égale au plafond stipulé produise des intérêts, dus par l'assureur en sus de celui-ci. • Civ. 1re, 25 nov. 1992 : *RCA 1993, nº 22 ; RGAT 1993. 78, note Maurice.* ♦ Ces intérêts au taux légal sur l'indemnité d'assurance de chose courent à compter de la sommation de payer faite à l'assureur ou de tout acte équivalent. • Civ. 2e, 29 mars 2012 : *RCA 2012, nº 217, note Groutel.*

24. Intérêts moratoires et actualisation en fonction d'un indice. Dénature les termes clairs et précis d'un contrat d'assurance la cour d'appel, qui décide que l'indemnité fixée par le tribunal et représentant la valeur au moment du sinistre des biens immobiliers incendiés, serait actualisée en fonction de l'évolution du coût de la construction entre la date de sa fixation et celle de son paiement, et que seraient dus également les intérêts légaux de cette somme, en énonçant que cette indemnité devait être versée sur justification des factures de reconstruction, alors qu'aux termes du contrat l'indemnité ne pouvait dépasser la valeur des biens au moment du sinistre et que le retard dans le paiement ne pouvait donner lieu qu'à l'allocation des intérêts au taux légal. • Civ. 1re, 27 sept. 1983, nº 82-12.459 P. ♦ Viole l'art. 1147 C. civ. la cour d'appel qui décide, d'une part, que l'indemnité due par l'assureur serait actualisée à la date de son paiement effectif, et d'autre part, qu'elle porterait intérêts au taux légal à compter de la demande, et procède ainsi à une double indemnisation du préjudice subi par l'assuré en raison du retard dans le paiement de l'indemnité. • Civ. 1re, 14 janv. 1992, nº 90-13.243 P : *RGAT 1992. 370, note Rémy.* ♦ V. cep. : l'arrêt qui affirme qu'en décidant, d'une part, que l'indemnité due par l'assureur serait actualisée à la date de son paiement effectif, et d'autre part, qu'elle porterait intérêts au taux légal à compter de l'assignation en référé, la cour d'appel n'a pas procédé à une double indemnisation du préjudice, dès lors que l'actualisation compense la dépréciation monétaire entre le jour où la créance est évaluée et le jour du paiement, tandis que les intérêts moratoires indemnisent seulement le retard dans le paiement. • Civ. 1re, 16 mai 1995, nº 92-15.376 P : *RGAT 1995. 569, note Kullmann* • 6 juin 2000, nº 97-14.965 P : *RGDA 2000. 829, note Mayaux.*

E. LIBRE DISPOSITION DE L'INDEMNITÉ

25. Principe en assurance de biens. L'assurance relative aux biens étant, aux termes de l'art. L. 121-1 C. assur., un contrat d'indemnité, l'assuré, qui a droit au règlement de ladite indemnité, n'est pas tenu, sauf clause particulière, de l'employer à la remise en état de la chose endommagée ni de fournir de justifications à cet égard. Encourt la cassation l'arrêt qui décide de déduire de l'indemnité évaluée par les experts le montant de la TVA applicable aux travaux de remise en état de l'immeuble sinistré, au motif que l'assuré avait exécuté lui-même ces travaux et n'avait donc pas eu à débourser la taxe. • Civ. 1re, 16 juin 1982, nº 81-13.080 P : *D. 1982. IR 455 ; RGAT 1983. 344, note Bigot.* ♦ L'assuré peut disposer librement de l'indemnité qui lui a été allouée. Cassation de l'arrêt qui dénie le droit pour l'assuré de recevoir de l'assureur le montant de la TVA sur le coût des réparations d'un véhicule, au motif qu'il n'a pas été procédé aux réparations. • Civ. 1re, 14 févr. 1984 : *Bull. civ. I, nº 60 ; D. 1984. IR 401.* ♦ L'assuré qui a droit au règlement d'une indemnité n'est pas tenu, sauf clause particulière, de l'employer à la remise en état du bien endommagé. • Civ. 3e, 23 nov. 2010, nº 07-20.231.

26. Principe en assurance de responsabilité. Le principe de la réparation intégrale n'implique pas de contrôle sur l'utilisation des fonds alloués à la victime qui conserve leur libre utilisation. • Civ. 2e, 7 juill. 2011, nº 10-20.373 : *RCA 2011, nº 353.* ♦ En cas d'assurance garantissant la responsabilité civile de l'assuré, une clause subordonnant le versement de l'indemnité à la reconstruction ou à la reconstitution des biens endommagés est inopposable au tiers lésé dont le droit propre ne peut être atteint dans son existence ou dans son principe par un événement postérieur au sinistre et qui peut disposer librement de l'indemnité due par l'assureur, sans être tenu de l'affecter à un usage déterminé. • Civ. 2e, 29 juin 2017, nº 16-19.511 : *RCA 2017, nº 288, note Groutel.*

27. Exception de l'assurance dommages-ouvrage. L'indemnité versée par l'assureur dommages-ouvrage doit être affectée au paiement des travaux de réparation des dommages. En effet, les dispositions de l'art. L. 242-1 C. assur. instituent une procédure spécifique de préfinancement des travaux de réparation des désordres de nature décennale d'un immeuble avant toute recherche de responsabilité, rendant obligatoire l'affectation de l'indemnité ainsi perçue à la reprise des désordres. • Civ. 3e, 17 déc. 2003, n° 02-19.034 P : *RCA 2004, n° 78 ; ibid., Étude 6, par Groutel ; RGDA 2004. 101, note Karila ; Defrénois 2005. 72, obs. Périnet-Marquet* • 12 avr. 2005 : *RGDA 2005. 648, note Pagès-De Varenne.*

28. Exception de la clause de valeur à neuf. Une cour d'appel a fait une exacte application d'un contrat d'assurance, sans violation de la commune intention des parties ni dénaturation, en retenant que l'indemnité différée correspondant à la valeur à neuf de l'immeuble n'était pas due, faute de reconstruction de l'immeuble sinistré. • Civ. 2e, 3 nov. 2011, n° 10-19.586. ♦ Mais ne dénature pas les termes de la police l'arrêt qui, après avoir relevé que la police prévoyait que le complément d'indemnité était dû si la reconstruction était faite sur le même emplacement sauf impossibilité absolue et stipulait que l'indemnisation ne serait pas due en valeur à neuf si la reconstruction avait lieu sur un autre terrain en l'absence d'impossibilité absolue de le faire sur le même, estime qu'il en résultait que la police se bornait à exclure le complément dans le cas où l'assuré reconstruisait ailleurs alors qu'il ne se heurtait pas pour le terrain d'origine à une impossibilité absolue et que le complément valeur à neuf était dû si la reconstruction sur le même emplacement se heurte à une impossibilité absolue, ce qui était le cas de l'espèce. • Civ. 1re, 4 oct. 1989 : *RGAT 1989. 884, note Kullmann.* ♦ De même, les conditions mises par le contrat d'assurance au versement de l'indemnité en « valeur neuf » en cas d'achèvement de la construction dans un délai supérieur à deux ans tenant non « à la force majeure » mais à la notion purement contractuelle « d'impossibilité absolue », une cour d'appel a souverainement relevé que l'assuré s'était trouvé dans la situation prévue au contrat, dès lors que la compagnie d'assurances ayant mis elle-même dix mois pour régler l'indemnité liée à la valeur d'usage et que toutes diligences ayant été faites pour demander et obtenir le permis de construire dans un délai raisonnable, ce permis n'avait été délivré que plus de quinze mois après la demande, circonstance qui avait empêché la construction de s'exécuter dans les délais prévus. • Civ. 1re, 10 janv. 1990 : *RGAT 1990. 204, note Kullmann.* ♦ Une cour d'appel ne peut débouter un assuré de sa demande en paiement des travaux de reconstruction au motif que le paiement de l'indemnité différée devait être réglé sur présentation des factures de travaux et que l'assuré avait modifié la destination des bâtiments agricoles incendiés, alors que les premiers juges avaient constaté qu'il était impossible de reconstruire à l'identique compte tenu des injonctions de l'administration sur la mise aux normes des bâtiments d'élevage et sans répondre au moyen tiré de l'impossibilité de reconstruire résultant non d'un choix personnel, mais d'une contrainte administrative. • Civ. 2e, 12 avr. 2012 : *RCA 2012, n° 215, note Groutel.*

29. Exception en cas de dommage causé à un immeuble. V. C. assur., art. L. 121-17.

30. Devoir d'entretien de l'immeuble sinistré. Ayant relevé que l'immeuble n'avait fait l'objet d'aucun entretien par son propriétaire depuis l'incendie, que, si une procédure l'avait opposé à sa compagnie d'assurance, l'assuré avait néanmoins le devoir, en sa qualité de propriétaire, de prendre toutes mesures afin de prévenir tous risques d'effondrement et que, bien qu'ayant perçu une indemnité d'assurance de 300 000 euros à l'issue de cette procédure, il n'avait pas spontanément procédé aux réparations nécessaires, une cour d'appel, qui a retenu que les dégradations et démolitions invoquées ainsi que les préjudices financier et moral n'étaient dus qu'à sa propre inertie et au manque de soins élémentaires apportés à sa propriété, a pu rejeter la demande de l'assuré d'indemnisation du préjudice subi du fait de la démolition totale de son immeuble. • Civ. 3e, 5 juill. 2018, n° 12-27.823 : *RGDA 2018. 396, note Pélissier.*

31. Devoir d'entretien de l'immeuble sinistré. Ayant relevé que l'immeuble n'avait fait l'objet d'aucun entretien par son propriétaire depuis l'incendie, que, si une procédure l'avait opposé à sa compagnie d'assurance, l'assuré avait néanmoins le devoir, en sa qualité de propriétaire, de prendre toutes mesures afin de prévenir tous risques d'effondrement et que, bien qu'ayant perçu une indemnité d'assurance de 300 000 € à l'issue de cette procédure, il n'avait pas spontanément procédé aux réparations nécessaires, une cour d'appel, qui a retenu que les dégradations et démolitions invoquées ainsi que les préjudices financier et moral n'étaient dus qu'à sa propre inertie et au manque de soins élémentaires apportés à sa propriété, a pu rejeter la demande de l'assuré d'indemnisation du préjudice subi du fait de la démolition totale de son immeuble. • Civ. 3e, 5 juill. 2018, n° 12-27.823 P : *AJDA 2018. 1423 ; D. 2018. 1492 ; RGDA 2018. 396, note Pélissier.*

II. LIMITATION CONVENTIONNELLE

32. Portée limitée des plafonds de garantie et franchises. Il résulte de l'art. L. 121-1, al. 1er, C. assur. que le contrat d'assurance de dommages est un contrat d'indemnité. Aussi n'est-ce que dans le respect de ce principe que sont concevables les clauses de plafonnement de garantie ou de franchise que permet le second alinéa de ce texte. • Civ. 1re, 16 oct. 1990, n° 88-17.513 P : *RCA 1990, n° 427 ; ibid., Étude 24, par Groutel ; RGAT 1991. 40, note Bigot.*

33. Clause de globalisation de sinistre. Une clause d'unicité ou de globalisation de sinistre ne porte que sur la définition du sinistre et a pour objet de permettre d'appliquer les plafonds de garantie prévus par sinistre et par an à des sinistres dits sériels, en les considérant comme un seul sinistre se rattachant à la même année d'assurance. Elle n'a pas pour effet de faire courir un seul délai de prescription biennale pour tous les sinistres se rattachant au même fait générateur. • Civ. 2e,

28 févr. 2013 : ☎ *RCA 2013, n° 197, note Bakouche ; JCP 2013. 400, n° 4, note. Kullmann ; Procédures 2013. Étude 2, n° 4, note V. Mazeaud.* ♦ Ainsi, dès lors que les conditions générales d'une police définissaient le sinistre comme étant « tous les dommages résultant d'une même cause », que les conditions particulières précisaient que « sont considérés comme constituant un seul et même sinistre tous les dommages résultant d'une même erreur, malfaçon ou faute professionnelle quelconque », une cour d'appel, ayant constaté que les dommages survenus avaient pour origine commune la défectuosité du produit distribué, en a déduit, en faisant une exacte application des stipulations de la police souscrite et en répondant aux conclusions invoquées, que le plafond annuel de garantie était applicable à l'ensemble des dommages nés de cette défectuosité et non à chacune des ventes. • Civ. 1re, 7 déc. 1999 : ☎ *RGDA 2000. 177, note Fonlladosa.*

Art. L. 121-2 L'assureur est garant des pertes et dommages causés par des personnes dont l'assuré est civilement responsable en vertu de *(Ord. n° 2016-131 du 10 févr. 2016, art. 6-II, en vigueur le 1er oct. 2016)* **« l'article 1242 » du code civil, quelles que soient la nature et la gravité des fautes de ces personnes.**

V. C. civ., art. 1242, App., v° Responsabilité civile.

BIBL. ▶ Caractère impératif : BESSON, *RGAT 1943. 5.* – GROUTEL, *RCA 1991. Chron. 11 ; ibid. 1992. Chron. 21 ; ibid. 1994. Chron. 11.*

COMMENTAIRE

L'article L. 121-2, dont les dispositions sont impératives (Civ. 23 juin 1942 : *V. note 1*), est relatif à la garantie du fait d'autrui. Trois questions sont apparues en jurisprudence portant sur la nature de l'assurance à laquelle doit être associée cette garantie du fait d'autrui (I), sur celle de la responsabilité du fait d'autrui concernée par cette garantie (II) et enfin sur celle des fautes couvertes par la garantie du fait d'autrui (III).

I. LA NATURE DE L'ASSURANCE

On a pu se demander si la garantie du fait d'autrui applicable aux assurances de responsabilité devait également être associée aux assurances de choses. En ce sens, l'article L. 121-2 concernerait tous les dommages causés par une personne dont l'assuré est responsable, qu'ils aient été causés à un tiers ou même à l'assuré. Initialement, la jurisprudence a apporté une réponse positive à cette question (Civ. 1re, 17 nov. 1993 : *V. note 2*). Mais cette solution est aujourd'hui écartée par la Cour de cassation : les dispositions de l'article L. 121-2 ne peuvent s'appliquer que si un tiers a été victime du fait d'une personne dont l'assuré est responsable (Civ. 1re, 5 déc. 2000 : *V. note 2*).

II. LA NATURE DE LA RESPONSABILITÉ DU FAIT D'AUTRUI

La nature de la responsabilité du fait d'autrui concernée par l'article L. 121-2 a également suscité quelques interrogations. S'il est acquis que cet article s'applique aux cas légaux et jurisprudentiels du fait d'autrui fondés sur l'article 1242 du code civil [nouv. art. 1240] (anc. art. 1384 C. civ.), son application à la responsabilité contractuelle du fait d'autrui est beaucoup plus incertaine. Certains auteurs font ainsi valoir que la jurisprudence n'a jamais contesté la clause des contrats d'assurance de responsabilité civile entreprise excluant la garantie dans l'hypothèse où l'assuré ferait appel à un sous-traitant pour exécuter son obligation (Groutel et al., Traité du contrat d'assurance terrestre, *Litec, 2008, n° 1761*). Partant, cela pourrait laisser entendre que l'article L. 121-2 ne s'applique pas aux responsabilités contractuelles du fait d'autrui.

III. LA NATURE DES FAUTES GARANTIES

L'essentiel du contentieux relatif à l'article L. 121-2 porte sur la nature des fautes couvertes par la garantie du fait d'autrui. Alors que l'article L. 113-1 exclut du champ de l'assurance les fautes intentionnelles ou dolosives de l'assuré, l'article L. 121-2 impose à l'assureur de garantir toutes les fautes commises par la personne dont l'assuré est responsable. L'assureur ne peut refuser sa garantie en invoquant une distinction fondée sur la nature ou la gravité de la faute de l'auteur du dommage. En d'autres termes, l'exclusion de garantie pour faute intentionnelle ou dolosive est ici écartée.

Cependant, la jurisprudence a développé un principe dit « de concordance » en vertu duquel, si l'assuré n'est pas couvert par le contrat d'assurance au titre de sa responsabilité personnelle, il ne doit pas non plus l'être au titre de sa responsabilité du fait d'autrui. Ainsi, la Cour de cassation a affirmé que l'article L. 121-2 ne retire pas au contrat d'assurance la détermination du risque assuré, de telle sorte que les limitations de l'objet de l'assurance de la responsabilité personnelle de l'assuré sont elles-mêmes applicables de plein droit à la responsabilité civile de ces personnes (Civ. 12 nov. 1940 : *V. note 5*). Appliquant ce principe, la jurisprudence a de la sorte estimé qu'une assurance de responsabilité civile chef de famille pouvait exclure du champ de la garantie les accidents causés par des véhicules terrestres à moteur, et ce, quel que soit le conducteur du véhicule (Civ. 1re, 15 déc. 1998 : *V. note 7*).

Mais le principe de concordance ne doit pas pour autant porter atteinte à la règle de l'article L. 121-2 qui interdit à l'assureur d'écarter sa garantie en se fondant sur la nature ou la gravité de la faute de l'auteur du dommage. En conséquence, l'assureur ne peut limiter sa garantie aux accidents provoqués par une personne dont l'assuré doit répondre (Civ. 1re, 12 mars 1991 : *V. note 13*). De même, l'assureur ne peut invoquer une clause écartant les conséquences d'actes criminels (Civ. 1re, 3 févr. 1993 : *V. note 14*) ou d'actes de vandalisme (Civ. 1re, 14 nov. 1995 : *V. note 15*) commis par une telle personne. Dans le même esprit, après avoir affirmé que l'exclusion de garantie concernant la participation de l'assuré à une rixe devait s'appliquer aux enfants du souscripteur (Civ. 1re, 1er oct. 1986, et Civ. 1re, 13 janv. 2004 : *V. note 16*), la Cour de cassation a opéré un revirement de jurisprudence, réduisant d'autant la force du principe de concordance. L'assureur ne peut exclure sa garantie en cas de participation à une rixe d'une personne dont l'assuré est responsable (Civ. 2e, 5 oct. 2006 : *V. note 20*).

Cependant, la règle de l'article L. 121-2 ne permet pas de déroger à la restriction légale de garantie prévue à l'article L. 121-8 qui dispose que l'assureur ne répond pas, sauf convention contraire, des pertes et dommages occasionnés soit par la guerre étrangère, soit par la guerre civile, soit par des émeutes ou par des mouvements populaires (Civ. 2e, 22 nov. 2012 : *V. note 10*). ☐

1. Caractère impératif. L'art. 13 de la L. du 13 juill. 1930 [C. assur., art. L. 121-2] impose à l'assureur la garantie du risque défini par la police, lorsque la réalisation de ce risque est imputable aux personnes dont l'assuré est civilement responsable par application de l'art. 1384 C. civ. ; en vertu de l'art. 2 de ladite loi [C. assur., art. L. 111-2], duquel il résulte que la prescription de l'art. 13 est impérative, l'assimilation du fait des personnes dont l'assuré doit répondre à la faute personnelle de l'assuré, au point de vue de la garantie d'assurance, ne peut être écartée par la convention. • Civ. 23 juin 1942 : *D. 1942. J. 151, note P. L.-P. ; RGAT 1942. 360; GADA p. 26, obs. Berr et Groutel.* ♦ Cette assimilation intéresse l'ordre public. • Crim. 28 déc. 1950 : *RGAT 1951. 183* • Civ. 1re, 3 mars 1954 : *ibid. 1954. 204* • 15 mars 1955 : *ibid. 1955. 194.* ♦ La prescription de l'art. L. 121-2 C. assur. ne peut être modifiée par convention. • Civ. 1re, 18 janv. 1977 : *Bull. civ. I, no 30 ; D. 1977. IR 463, obs. Berr et Groutel ; RGAT 1977. 500, obs. Besson.* ♦ Les dispositions de l'art. L. 121-2 C. assur. sont impératives. • Civ. 1re, 17 nov. 1993, no 90-18.018 P : *RCA 1994, no 151 ; ibid., Étude 11, par Groutel ; RGAT 1994. 518, note Rémy; ibid. 526, note Kullmann* • Civ. 2e, 30 juin 2011 : *RGDA 2011. 1104, note Bigot ; RCA 2011, no 303, note Groutel ; D. 2012. 1980, note Groutel.* ♦ Pour autant, l'assureur n'est pas tenu de garantir la responsabilité personnelle de l'auteur du dommage. • Civ. 2e, 13 mars 1980 : *D. 1980. IR 514, obs. Berr et Groutel.*

I. DOMAINE

A. NATURE DE L'ASSURANCE

2. Application exclusive aux assurances de responsabilité. Les dispositions de l'art. L. 121-2 n'ont vocation à s'appliquer que si un tiers a été victime du fait d'une personne dont l'assuré est civilement responsable. • Civ. 1re, 5 déc. 2000, no 98-13.052 P : *D. 2001. Somm. 3322, obs. Groutel ; RCA 2001, no 134 ; ibid., Chron. 8, note Vaillier ; RGDA 2001. 115, note Mayaux.* ♦ *Contra,* affirmant que ces dispositions sont applicables aux assurances de choses comme aux assurances de responsabilité : • Civ. 1re, 17 nov. 1993, no 90-18.018 P : *RCA 1994, no 151 ; ibid., Étude 11, note Groutel ; RGAT 1994. 518, note Rémy; ibid. 526, note Kullmann.*

B. NATURE DE LA RESPONSABILITÉ

3. Responsabilité du fait des mandataires sociaux. Aux termes de l'art. L. 121-2, qui est impératif, la garantie de l'assureur doit jouer à l'égard des victimes d'infractions pénales commises par les personnes dont l'assuré est civilement responsable, dès lors qu'il a été condamné en tant que tel sur le fondement de l'art. 1384 C. civ. [nouv. art. 1242], peu important à cet égard que ces personnes soient dirigeants de la personne morale, leur qualité de mandataires sociaux n'étant pas nécessairement exclusive de celle de préposé. • Civ. 1re, 27 mai 1986 : *Bull. civ. I, no 134 ; D. 1987. Somm. 179, obs. Groutel ; RGAT 1986. 445, obs. Bigot.*

II. NATURE ET GRAVITÉ DE LA FAUTE

A. RESTRICTIONS DE GARANTIE AUTORISÉES

4. Principe. En dehors des prescriptions légales impératives, le contrat d'assurance est régi par la convention des parties. • Civ. 1re, 1er juill. 1986 : *D. 1987. Somm. 179, obs. Groutel.*

5. Limitation de l'objet des garanties du fait personnel et du fait d'autrui. L'art. 13 de la L. du 13 juill. 1930 [C. assur., art. L. 121-2], qui étend à la responsabilité de la faute même intentionnelle ou dolosive des personnes dont l'assuré est civilement responsable la garantie qui couvre la responsabilité personnelle de l'assuré, ne retire pas au contrat d'assurance la détermination du risque assuré, de telle sorte que les limitations de l'objet de l'assurance de la responsabilité personnelle de l'assuré sont elles-mêmes applicables de plein droit à la garantie de la responsabilité civile de ces personnes. • Civ. 12 nov. 1940 : *DA 1941. J. 3 ; JCP 1941. II. 1640.* ♦ Il ne découle pas de l'art. L. 121-2 C. assur. que les parties ne puissent limiter l'étendue de la garantie, dès lors que cette limitation concerne aussi bien la responsabilité personnelle de l'assuré que celle des personnes dont il est civilement responsable. • Civ. 1re, 1er oct. 1986, n° 84-14.903 P : *D. 1987. Somm. 179, obs. Groutel ; RGAT 1987. 128, obs. Bout.* ♦ L'art. L. 121-2 C. assur. n'a d'effet, sauf exclusion indirecte, qu'à l'intérieur du champ du contrat. En l'espèce, le risque assuré était non celui d'abus de confiance, mais celui de vol de chargement avec le véhicule, vol de marchandises à la suite d'un accident, vol de marchandises à bord des véhicules fermés à clé et vol à main armée. • Civ. 1re, 14 mai 1991, n° 88-14.353 P : *RCA 1991, n° 307, obs. Groutel.* ♦ Aussi, ont nécessairement écarté des conclusions tendant à l'application de l'art. 13 de la L. du 13 juill. 1930 [C. assur., art. L. 121-2] les juges du fond qui ont constaté que l'assuré n'était pas garanti contre le risque encouru, ce qui excluait que son préposé ait pu l'être de son chef. • Civ. 2e, 20 nov. 1968 : *Bull. civ. n° 274 ; RGAT 1969. 199.*

6. Restriction de garantie liée à la qualité de la victime. L'art. L. 121-2 ne porte pas atteinte à la liberté des parties de convenir du champ d'application du contrat et de déterminer la nature et l'étendue de la garantie. Viole l'art. L. 121-2 la cour d'appel qui retient que cet article ne distingue pas selon la qualité du tiers lésé et qu'il n'applique aucune exclusion en cas de dommage causé par l'enfant d'un assuré à l'égard d'un autre enfant du même assuré, alors que le contrat d'assurance ne garantissait pas les dommages causés aux personnes définies comme assurées, c'est-à-dire en l'occurrence les parents ainsi que les enfants. • Civ. 2e, 6 oct. 2011 : *D. 2012. 1980, note Groutel ; RCA 2012, n° 20, note Groutel ; RGDA 2012. 422, note Kullmann.*

7. Restriction de garantie en cas d'accident causé ou subi par un véhicule terrestre à moteur. Rien n'interdit aux parties de restreindre l'objet de la police couvrant la responsabilité civile de chef de famille du souscripteur par une clause claire et précise excluant le risque découlant des accidents causés par des véhicules terrestres à moteur quel que soit le propriétaire ou le conducteur de ces véhicules. • Civ. 1re, 1er juill. 1986 : *D. 1987. Somm. 179, obs. Groutel.* ♦ Ayant constaté que les conditions générales d'un contrat stipulaient une exclusion de garantie pour les dommages subis par un véhicule conduit par une personne dont l'assuré est civilement responsable et ne lui appartenant pas, une cour d'appel en déduit exactement que l'assureur n'était pas tenu de garantir les conséquences du vol d'un autre véhicule par son fils mineur. • Civ. 1re, 13 juin 1995, n° 93-11.355 P : *RCA 1995, n° 314 ; ibid. Étude 37, par Groutel ; RGAT 1995. 686, note Kullmann.* ♦ Viole l'art. L. 121-2 C. assur. le tribunal d'instance qui écarte la clause de la police stipulant que ne sont pas garantis les dommages occasionnés ou subis par un véhicule terrestre à moteur dont l'assuré a la propriété, la conduite ou la garde, en retenant que l'assureur ne peut opposer à l'assuré, pour lui refuser sa garantie, des distinctions fondées sur la nature ou la gravité de la faute de la personne dont il doit répondre, alors que la clause avait pour objet de définir le champ d'application du contrat et la nature du dommage garanti. • Civ. 1re, 15 déc. 1998 : *RGDA 1999. 453, note Fonlladosa.*

8. Restriction de garantie en cas d'accident commis par un conducteur sans permis de conduire. L'art. 13 de la L. du 13 juill. 1930 [C. assur., art. L. 121-2] n'impose pas à l'assureur de la responsabilité du souscripteur la garantie de la faute du préposé dont ce dernier ne répond que dans les limites déterminées par l'assurance de la responsabilité personnelle de l'assuré. Ainsi est opposable au commettant assuré l'exclusion de garantie tirée du défaut de permis de conduire alors que le dommage a été causé par un préposé dépourvu de permis de conduire. • Civ. 4 févr. 1947 : *S. 1949. 1. 41 ; RGAT 1947. 178.*

9. Restriction à la part contributive de l'assuré. La clause, ayant pour objet de limiter l'obligation de l'assureur à la prise en charge de la part contributive incombant à son assuré dans la réalisation du dommage, n'est pas relative à la nature ou à la gravité de la faute de celui dont l'assuré est civilement responsable. • Civ. 1re, 10 févr. 2004, n° 02-14.629 P : *Gaz. Pal. 2004. 2476, note Favre-Rochex ; RCA 2004, n° 115 ; ibid., Étude 8, par Groutel ; RGDA 2004. 511, note Rémy.*

10. Restriction légale de garantie liée à une émeute. La prohibition, résultant de l'art. L. 121-2 C. assur., de stipuler dans un contrat d'assurance une clause excluant la garantie de l'assuré en raison de la nature ou de la gravité de la faute de la personne dont il est civilement responsable, ne s'applique pas à l'exclusion légale de garantie définie par l'art. L. 121-8 C. assur., selon laquelle l'assureur ne répond pas, sauf convention contraire, des pertes et dommages occasionnés soit par la guerre étrangère, soit par la guerre civile, soit par des émeutes ou par des mouvements populaires. • Civ. 2e, 22 nov. 2012 : *D. 2013. 1981, note Groutel ; RCA 2013, n° 73, note Groutel*, 22 nov. 2012 : *D. 2013. 1981, note Groutel ; RGDA 2013. 418, note Mayaux* • 13 déc. 2012 : *D. 2013. 1981, note Groutel ; RCA 2013, n° 73, note Groutel.*

11. Exclusion des sanctions douanières. Les dispositions de l'art. L. 121-2 C. assur. ne font pas obstacle à ce que soient exclues de la garantie de l'assureur les condamnations pénales pécuniaires frappant un préposé et dont son commettant, commissionnaire en douane, est déclaré civilement responsable sur le fondement des dispositions particulières du code des douanes. • Civ. 1re, 6 juin 2001, n° 97-21.786 P : *RCA 2001, n° 306; RGDA 2001. 749, note Mayaux.*

12. Restriction de garantie en cas de non-respect des mesures de prévention. Après avoir constaté que le chauffeur avait commis l'imprudence de laisser dans la cabine du véhicule en stationnement un double de la clé de contact et que les voleurs l'avaient utilisé pour s'emparer du camion et de son chargement, une cour d'appel, pour en déduire que l'assureur n'était pas tenu de couvrir le sinistre, a légalement justifié sa décision en considérant que cette faute avait eu pour conséquence de rendre inutile ou inefficace le dispositif de sécurité « anti-vol » et que, par suite, devait être appliquée l'exclusion de garantie prévue en cas de vol du camion sur le territoire italien, en l'absence du chauffeur, sans que celui-ci ait mis en œuvre le dispositif « anti-vol » agréé dont le véhicule devait être nécessairement muni. • Civ. 1re, 2 mars 1994 : *RCA 1994, n° 351, obs. Groutel; RGAT 1994. 522, note Kullmann.*

B. RESTRICTION DE GARANTIE INTERDITE

13. Accidents. Si l'art. L. 121-2 C. assur. ne porte pas atteinte à la liberté des parties de convenir du champ d'application du contrat et de déterminer la nature et l'étendue de la garantie, il a cependant pour conséquence que l'assureur ne peut opposer à l'assuré, en vue de lui refuser sa garantie, des distinctions fondées sur la nature ou la gravité de la faute des personnes dont il doit répondre ; il s'ensuit que, dans un contrat qui couvre la responsabilité incombant au souscripteur du fait des art. 1382 à 1386 C. civ., la disposition limitant la garantie aux « accidents », non en ce qu'ils seraient provoqués par le souscripteur assuré, mais en ce qu'ils le seraient par des personnes dont ledit souscripteur est civilement responsable, est contraire à l'art. L. 121-2 C. assur. • Civ. 1re, 12 mars 1991, n° 88-12.441 P : *D. 1991. IR 91 ; RCA 1991, n° 194; ibid., Étude 11, par Groutel; RGAT 1991. 633; JCP 1991. II. 21732, obs. Bigot.* ♦... Que l'assureur ne peut refuser de garantir l'assuré, déclaré civilement responsable de vols commis par son fils, au motif que la police ne garantit que les accidents et que le vol ne saurait être assimilé à un accident. • Civ. 1re, 24 mars 1992 : *RCA 1992, n° 243; ibid., Étude 21, par Groutel; RGAT 1992. 347, note Kullmann.* ♦... Qu'est donc inopposable au père assuré, en ce qu'elle porte sur les dommages provenant du fait des enfants mineurs, la clause limitant la garantie aux dommages accidentels, laquelle crée une exclusion indirecte des dommages résultant d'une faute volontaire. • Civ. 1re, 15 juin 2000 : *RCA 2000, n° 311, obs. Groutel.* ♦ *Contra* auparavant : l'art. L. 121-2 C. assur. ne porte pas atteinte à la liberté des parties de convenir de la détermination du risque assuré, qui est l'objet même du contrat d'assurance, et qui, applicable à l'assuré, l'est également aux personnes dont il doit répondre ; en conséquence, si la police d'assurance couvre seulement la responsabilité encourue, par l'assuré comme par ses enfants, pour des accidents causés aux tiers, le vol commis par le fils de l'assuré ne pouvant être assimilé à un accident, il est justement déduit que l'assureur n'a pas à en garantir les conséquences. • Civ. 1re, 3 juin 1986, n° 85-10.546 P : *RGAT 1986. 457.*

14. Actes criminels. Si l'art. L. 121-2 C. assur. ne porte pas atteinte à la liberté des parties de convenir du champ d'application du contrat d'assurance et de déterminer la nature et l'étendue de la garantie, il a pour conséquence que l'assureur ne peut opposer à l'assuré, en vue de lui refuser sa garantie, des distinctions fondées sur la nature ou la gravité de la faute des personnes dont cet assuré doit répondre. Est donc inopposable au père assuré, en ce qu'elle portait sur les dommages causés par les personnes dont il était civilement responsable en vertu de l'art. 1384 C. civ., la clause aux termes de laquelle étaient exclus de la garantie « les dommages intentionnellement causés ou provoqués... notamment en cas... d'actes criminels ». • Civ. 1re, 3 févr. 1993, n° 90-19.209 P : *RCA 1993, n° 180; D. 1993. IR 49 .* ♦ L'assureur de responsabilité d'une association doit la garantir lorsqu'elle a été déclarée civilement responsable des viols commis par son préposé. • Civ. 2e, 17 mars 2011, n° 10-14.468 P : *RCA 2011, n° 202.*

15. Actes de vandalisme. Si l'art. L. 121-2 C. assur. ne porte pas atteinte à la liberté des parties de convenir du champ d'application du contrat et de déterminer la nature et l'étendue de la garantie, il a cependant pour conséquence d'interdire à l'assureur d'opposer à l'assuré, en vue de lui refuser sa garantie, la circonstance que la faute de la personne dont il doit répondre a été intentionnelle. Est donc inopposable l'exclusion de garantie en cas d'acte de vandalisme. • Civ. 1re, 14 nov. 1995, n° 93-15.582 P : *D. 1996. Somm. 188, obs. Berr ; RCA 1996, n° 104, note Courtieu.* ♦ V. également : • Civ. 2e, 16 juill. 2020, n° 19-12.418 : *RCA 2020, n° 197, note Groutel; ibid. 2022, chron. 4, n° 13, note Groutel; LEDA oct. 2020. 3, note Krajeski.*

16. Rixes. En vertu de l'art. L. 121-2 C. assur., d'ordre public, une clause de la police d'assurance ne saurait exclure directement ou indirectement la garantie de l'assuré déclaré civilement responsable d'une faute intentionnelle de la personne dont il doit répondre. Dès lors si l'auteur d'une rixe ne peut être garanti du fait de l'exclusion contractuelle des dommages résultant « de la participation de l'assuré à des émeutes, mouvements populaires, actes de terrorisme, de sabotage ou de vandalisme, ainsi qu'à des paris ou des rixes sauf cas de légitime défense », en revanche, l'assureur doit garantie au civilement responsable, du fait de l'art. L. 121-2 C. assur., qui prévoit que l'assureur est garant des dommages causés par des personnes dont l'assuré est civilement responsable en vertu de l'art. 1384 C. civ., quelles que soient la nature et la gravité de la faute de ces personnes. • Civ. 2e, 5 oct. 2006 : *RCA 2006, no 384, note Groutel.* ♦ *Contra* antérieurement : ne justifie pas légalement sa décision la cour d'appel qui décide que l'exclusion de garantie concernant la participation de « l'assuré » à une rixe ne pouvait s'appliquer aux enfants du souscripteur de la police sans rechercher si la clause d'exclusion applicable au souscripteur de la police ne l'était pas aussi aux personnes dont il était responsable. • Civ. 1re, 1er oct. 1986, no 84-14.903 P : *D. 1987. Somm. 179, obs. Groutel; RGAT 1987. 128, obs. Bout.* ♦ Ayant, à bon droit, considéré que l'art. L. 121-2 C. assur. laissait aux parties la liberté de convenir du champ d'application du contrat et de déterminer la nature et l'étendue de la garantie, une cour d'appel en a exactement déduit que la clause du contrat d'assurance selon laquelle « la garantie ne s'applique pas pour les dommages consécutifs à la participation à un pari ou à une rixe » n'avait pas pour objet d'écarter la garantie des dommages volontairement commis par une personne dont l'assuré était responsable mais se bornait à exclure cette garantie pour une circonstance précise, indépendamment de la nature de la faute commise à cette occasion, en sorte que l'assureur ne devait pas sa garantie. • Civ. 1re, 13 janv. 2004, no 02-13.303 P : *RCA 2004, no 116; ibid., Étude 8, par Groutel; RGDA 2004. 509, note Rémy.*

17. Comportement anormal des préposés. Viole l'art. 13 de la L. du 13 juill. 1930 [C. assur., art. L. 121-2] l'arrêt qui, pour rejeter la demande de garantie d'un assuré responsable au titre de l'exploitation de son entreprise, se fonde sur le motif que ses ouvriers ont eu « un comportement anormal » en piétinant sans égard un revêtement dont l'état commandait la prise de précautions particulières. • Civ. 1re, 3 oct. 1973, no 72-12.646 P : *RGAT 1974. 214, obs. Besson.*

18. Blessures volontaires. C'est à bon droit qu'une cour d'appel a déclaré un assureur tenu de garantir son assuré déclaré civilement responsable d'un préposé ayant porté des blessures volontaires à un tiers. • Civ. 1re, 24 oct. 1973 : *Bull. civ. I, no 279; RGAT 1974. 214, obs. Besson.*

19. Actes commis sous l'empire d'un trouble mental. Aux termes de l'art. L. 121-2 C. assur., dont les dispositions sont impératives, l'assureur est garant des pertes et dommages causés par des personnes dont l'assuré est civilement responsable en vertu de l'art. 1384 C. civ. [nouv. art. 1242], quelles que soient la nature et la gravité des fautes de ces personnes; il en résulte que l'assureur ne peut opposer à l'assuré, en vue de lui refuser sa garantie, la circonstance que les actes dont il doit répondre ont été commis par lesdites personnes, sous l'empire d'un trouble mental. • Civ. 1re, 26 nov. 1991, no 89-14.639 P : *D. 1992. IR 5; RGAT 1992. 168, note Bout; RCA 1992, no 74; ibid. Étude 5, note Groutel.*

20. Détournement ou malversations. Une clause de la police d'assurance ne saurait exclure directement ou indirectement la garantie de l'assuré déclaré civilement responsable d'une faute intentionnelle de la personne dont il doit répondre. Ainsi, la clause contractuelle excluant de la garantie, en ce qui concerne les fonds remis à l'assuré, les détournements ou malversations commis par l'assuré, ses préposés ou les personnes dont il peut être tenu en tant que civilement responsable, est inopposable en ce qu'elle crée une exclusion indirecte des dommages causés intentionnellement par une personne dont l'assuré était responsable. • Civ. 2e, 8 mars 2006, no 04-17.916 P : *D. 2008. Pan. 123, obs. Groutel; Gaz. Pal. 2006. 3247, note Périer; RCA 2006, no 177, note Groutel; RGDA 2006. 529, note Mayaux* • 5 oct. 2006 : *D. 2008. Pan. 123, obs. Groutel; RCA 2006, no 384, note Groutel.*

21. Limitation de garantie basse. Méconnaît les exigences de l'art. 455 C. pr. civ., la cour d'appel qui ne répond pas au moyen par lequel la mère d'un mineur faisait valoir, dans ses conclusions d'appel, que la limitation du plafond de garantie prévue par les conditions générales, lorsque le sinistre résulte d'un acte de vandalisme causé par un enfant mineur dont l'assuré est responsable, lui était inopposable en application de l'art. L. 121-2 C. assur. • Civ. 2e, 16 juill. 2020, no 19-12.418 : *RCA 2020, no 197, note Groutel; LEDA oct. 2020. 3, note Krajeski.*

Art. L. 121-3 **Lorsqu'un contrat d'assurance a été consenti pour une somme supérieure à la valeur de la chose assurée, s'il y a eu dol ou fraude de l'une des parties, l'autre partie peut en demander la nullité et réclamer, en outre, des dommages et intérêts.**

S'il n'y a eu ni dol ni fraude, le contrat est valable, mais seulement jusqu'à concurrence de la valeur réelle des objets assurés et l'assureur n'a pas droit aux primes pour l'excédent. Seules les primes échues lui restent définitivement acquises, ainsi que la prime de l'année courante quand elle est à terme échu.

COMMENTAIRE

Parce que le principe indemnitaire interdit d'accorder une indemnité d'assurance supérieure au préjudice subi, l'article L. 121-3 organise les réactions du droit face à une situation d'excès d'assurance dans un contrat unique. Cette situation de surassurance est caractérisée lorsque la valeur attribuée à la chose ou au dommage éventuel lors de la souscription est supérieure à la valeur réelle du bien ou du dommage potentiel. Son traitement juridique varie selon qu'elle est frauduleuse (I) ou non (II).

I. LA SURASSURANCE FRAUDULEUSE

Dans la mesure où la bonne foi est toujours présumée (C. civ., art. 2268), il appartient à celui qui entend se prévaloir de la mauvaise foi de l'autre partie d'en rapporter la preuve et donc d'établir son intention frauduleuse. La fraude émane le plus souvent de l'assuré (Civ. 1re, 23 avr. 1969 : *V. note 3*) qui entend bénéficier d'une indemnité supérieure à la valeur de son bien. Mais elle peut également provenir de l'assureur qui souhaite encaisser des primes d'un montant supérieur à ce qu'il pourrait obtenir.

La fraude, quelle que soit son origine, est sanctionnée par la nullité du contrat. Cela étant, lorsqu'elle émane de l'assuré, les assureurs peuvent préférer invoquer la clause de déchéance pour déclaration mensongère du sinistre qu'ils auront pris le soin d'intégrer dans le contrat. En effet, la surassurance frauduleuse se traduit logiquement par une déclaration mensongère du sinistre.

Lorsque la nullité du contrat est demandée, elle entraîne un anéantissement rétroactif du contrat avec restitution des primes et éventuellement des indemnités versées par l'assureur. Toutefois, l'allocation de dommages et intérêts peut corriger ces restitutions. En ce sens, l'assureur victime de la fraude de l'assuré peut obtenir des dommages et intérêts équivalant aux primes perçues. Inversement, l'assuré victime de la fraude de l'assureur peut demander des dommages et intérêts correspondant aux indemnités reçues.

II. LA SURASSURANCE NON FRAUDULEUSE

Lorsque la mauvaise foi de l'assuré (Civ. 1re, 27 févr. 2001 : *V. note 4*) ou de l'assureur (Civ. 1re, 26 juin 1979 : *V. note 5*) n'est pas établie, le contrat d'assurance n'est pas annulé. La valeur assurée est simplement ramenée à la valeur assurable et le montant des primes est réduit proportionnellement. Mais, puisque le contrat n'est pas remis en cause rétroactivement, l'assureur conserve les primes échues. Il en est de même pour la prime en cours lorsqu'elle est à terme échue. Le principe de la divisibilité de la prime ne s'applique donc pas. ❑

1. Domaine. Les art. L. 121-3 et L. 121-4 C. assur., relatifs aux assurances de dommages, sont étrangers aux assurances de personnes, qui ne sont pas soumises au principe indemnitaire. • Civ. 1re, 10 janv. 1995, n° 92-17.426 P : *RGDA 1995. 152, note Kullmann ; D. 1996. Somm. 185, obs Groutel*.

2. Pouvoir d'appréciation des juges du fond. Les juges du fond sont souverains pour admettre l'existence d'une surassurance et son caractère frauduleux. • Civ. 1re, 23 avr. 1969 : *Bull. civ. I, n° 146 ; D. 1969. Somm. 97 ; RGAT 1969. 520* • 31 janv. 2001, n° 99-16.171.

3. Fraude de l'assuré établie. Est justifiée, en dehors de tout motif hypothétique, la décision qui justifie l'existence d'une surassurance en relevant qu'une voiture acquise d'occasion a été assurée pour une somme trois fois supérieure à son prix d'achat, et son caractère frauduleux par le comportement suspect de l'assuré en d'autres circonstances et par le fait qu'en souscrivant la police litigieuse, il avait mensongèrement affirmé que la voiture n'avait pas encore d'immatriculation dans le département, qu'elle n'avait pas déjà été assurée, qu'il avait déclaré une valeur vénale qu'il était impossible de vérifier du fait que le véhicule était ancien, peu répandu et non coté à l'Argus, qu'enfin il avait indiqué à un expert privé qu'il avait payé un prix, qui se trouvait être inférieur à la valeur déclarée à l'assureur. • Civ. 1re, 23 avr. 1969 : *préc. note 1.*

4. Fraude de l'assuré non établie. Ayant souverainement estimé que la fausse déclaration du chiffre d'affaires annuel n'avait pas été faite frauduleusement, une cour d'appel a, sans retenir une simple estimation, entériné la proposition de l'expert relative à la valeur assurable du chiffre d'affaires à la date de souscription du contrat, et, suivant le mode d'évaluation contractuel, fixé le montant de l'indemnité dû par l'assureur au titre de la perte de la valeur vénale du fonds de commerce. • Civ. 1re, 27 févr. 2001 : *RGDA 2001. 405, note Favre-Rochex.*

5. Fraude de l'assureur non établie. Ayant constaté souverainement que la situation de surassurance de bâtiments assurés contre l'incendie s'était maintenue plusieurs années uniquement en raison de la passivité de l'assuré qui n'avait jamais entrepris aucune démarche pour obtenir la diminution des primes ou la résiliation du contrat et s'était acquitté normalement pendant cinq ans de primes qu'il jugeait excessives, le juge du fond en a déduit, par une exacte application de l'art. L. 121-3, qu'en l'absence de dol ou de fraude de la part de l'assureur, l'assuré devait la prime de l'année en cours à la date de la résiliation. • Civ. 1re, 26 juin 1979 : *D. 1980. IR 182, obs. Berr et Groutel.*

Art. L. 121-4 *(L. nº 82-600 du 13 juill. 1982)* **Celui qui est assuré auprès de plusieurs assureurs par plusieurs polices, pour un même intérêt, contre un même risque, doit donner immédiatement à chaque assureur connaissance des autres assureurs.**

L'assuré doit, lors de cette communication, faire connaître le nom de l'assureur avec lequel une autre assurance a été contractée et indiquer la somme assurée.

Quand plusieurs assurances contre un même risque sont contractées de manière dolosive ou frauduleuse, les sanctions prévues à l'article L. 121-3, premier alinéa, sont applicables.

Quand elles sont contractées sans fraude, chacune d'elles produit ses effets dans les limites des garanties du contrat et dans le respect des dispositions de l'article L. 121-1, quelle que soit la date à laquelle l'assurance aura été souscrite. Dans ces limites, le bénéficiaire du contrat peut obtenir l'indemnisation de ses dommages en s'adressant à l'assureur de son choix.

Dans les rapports entre assureurs, la contribution de chacun d'eux est déterminée en appliquant au montant du dommage le rapport existant entre l'indemnité qu'il aurait versée s'il avait été seul et le montant cumulé des indemnités qui auraient été à la charge de chaque assureur s'il avait été seul.

BIBL. ▸ Généralités : BESSON, *RGAT 1982. 465.* – MAGNAN et ROQUES, *RGAT 1984. 497.* ▸ Notion de cumul : BESSON, *RGAT 1956. 337.* – GROUTEL, *RCA 1991. Chron. 28 ; ibid. 1993. Chron. 20.* ▸ Clauses de subsidiarité : GROUTEL, *RCA 1990. Chron. 25 ; ibid. 1992. Chron. 27 ; ibid. 2003. Chron. 25.*

COMMENTAIRE

L'excès d'assurance, qui peut aboutir à une méconnaissance du principe indemnitaire, peut résulter non pas d'un seul contrat mais d'une pluralité de contrats d'assurance. L'article L. 121-4 envisage cette situation en apportant une définition (I) et un régime (II) aux assurances cumulatives.

Il convient cependant d'observer qu'une pluralité de contrats d'assurance n'aboutit pas nécessairement à un excès d'assurance. Ainsi, dans les assurances par lignes, chaque assureur ne couvre qu'une tranche du dommage. Le second assureur n'intervient que si le plafond du premier contrat est atteint. Chaque assureur ne couvrant pas la même tranche de risque, il n'y a pas de cumul d'assurances et les règles de l'article L. 121-4 ne s'appliquent pas (Civ. 3e, 15 mars 2006 : *V. note 5*). C'est d'ailleurs pour cela que la Cour de cassation a pu maladroitement qualifier de telles assurances en lignes de coassurances, alors pourtant qu'il n'y a pas qu'un seul contrat (Civ. 1re, 28 nov. 1995 : *V. note 5*).

I. LA DÉFINITION DU CUMUL D'ASSURANCES

Selon l'article L. 121-4, trois conditions sont nécessaires pour identifier un cumul d'assurances. A ces trois conditions légales (A), la jurisprudence a rajouté une condition (B).

A. LES CONDITIONS LÉGISLATIVES

Les trois conditions légales du cumul d'assurances sont :

– **la pluralité d'assureurs et de contrats :** cette condition permet notamment de distinguer cette situation de celle de la coassurance, qui réunit plusieurs assureurs au sein d'un même contrat, afin qu'ils prennent chacun en charge une quotité du risque ;

– **l'identité de risque :** les différents contrats doivent garantir le même risque, mais il n'est pas nécessaire que tous les contrats couvrent exactement tous les risques ; l'un d'entre eux peut avoir une couverture plus grande (Civ. 1re, 9 mars 1971 : *V. note 3*) ;

– **l'identité d'intérêts :** les différents contrats doivent avoir été souscrits pour préserver le patrimoine de la même personne. Cette condition a fréquemment été invoquée lorsque plusieurs contrats ont été souscrits par différentes personnes pour couvrir un même risque, par exemple à l'aide d'une assurance pour compte. L'évolution de la jurisprudence relative à l'exigence d'une identité de souscripteur a toutefois modifié l'importance de ce critère.

B. LA CONDITION JURISPRUDENTIELLE

Initialement, l'article L. 121-4 visait, dans son premier alinéa, « celui qui s'assure », laissant entendre que l'identité de souscripteur était une condition d'existence d'un cumul d'assurances. Pourtant, la jurisprudence estimait qu'un tel cumul pouvait résulter de contrats d'assurance souscrits par différentes personnes, dès lors qu'ils couvraient le même risque et concernaient le même intérêt d'assurance.

Depuis la loi n° 82-600 du 13 juillet 1982, l'article L. 121-4 vise « celui qui est assuré ». Le législateur semble donc s'être rallié à l'analyse jurisprudentielle et estimer que l'identité de souscripteur n'est pas une condition requise pour admettre un cumul d'assurances. Toutefois, si la jurisprudence a maintenu pendant quelques temps sa solution traditionnelle (Civ. 1re, 15 oct. 1991 : *V. note 2*), elle a opéré un revirement affirmant que les dispositions de l'article L. 121-4 ne sont applicables que si un même souscripteur a souscrit auprès de plusieurs assurances des contrats d'assurance auprès de plusieurs assureurs pour un même intérêt et contre un même risque (Civ. 1re, 21 nov. 2000 : *V. note 2*). Par conséquent, lorsque plusieurs contrats ont été souscrits par différentes personnes, le régime des assurances cumulatives de l'article L. 121-4 est nécessairement écarté. Un assureur pourra ainsi invoquer efficacement une clause de subsidiarité contenue dans son contrat d'assurance pour n'intervenir qu'en cas de défaillance ou d'insuffisance d'un autre assureur.

II. LE RÉGIME DU CUMUL D'ASSURANCES

L'article L. 121-4 impose une déclaration de cumul d'assurances (A) et une sanction différente selon que le cumul est frauduleux ou non (B). Ce régime impératif s'applique dès lors que les différentes conditions d'existence d'un cumul sont réunies. Toutefois, la loi a prévu des dispositions spécifiques pour les assurances de responsabilité (art. L. 124-5) et les assurances de responsabilité médicale (art. L. 251-2).

A. LA DÉCLARATION DE CUMUL D'ASSURANCES

En cas de cumul d'assurances, l'assuré doit porter à la connaissance de chacun de ses assureurs le nom des assureurs avec lesquels il a contracté et indiquer le montant assuré. Mais, en général, cette question est posée à l'assuré lors de la souscription de son contrat. Depuis la loi du 13 juillet 1982, cette obligation d'information a été confortée, puisque dorénavant elle ne peut être écartée par une clause contractuelle.

Cependant la portée de cette obligation de déclaration reste relativement limitée, puisque aucune sanction particulière n'est prévue par la loi. Le non-respect de cette obligation ne permet nullement de présumer la mauvaise foi de l'assuré. Il pourrait tout au plus favoriser la preuve de la fraude de l'assuré.

B. LA SANCTION DU CUMUL D'ASSURANCES

A l'instar de l'article L. 121-3 relatif à la surassurance, l'article L. 121-4 distingue le cumul d'assurances frauduleux (1) du cumul d'assurances non frauduleux (2).

1. LES ASSURANCES CUMULATIVES FRAUDULEUSES

Lorsque les assurances cumulatives sont frauduleuses, ce qui suppose de prouver l'intention frauduleuse de l'assuré, l'article L. 121-4 renvoie à la sanction de la surassurance frauduleuse. Tous les contrats sont donc annulés, et ce, même si aucune clause ne le prévoit expressément dans les contrats d'assurance (Civ. 1re, 9 nov. 1981 : *V. note 12*).

La nullité emporte l'anéantissement rétroactif de tous les contrats avec restitution des primes et des éventuelles indemnités versées. Cependant, l'allocation de dommages et intérêts à l'assureur peut contrebalancer l'obligation de restituer les primes.

2. LES ASSURANCES CUMULATIVES NON FRAUDULEUSES

En l'absence de fraude de l'assuré, les contrats d'assurance demeurent valables. L'assuré peut alors librement s'adresser à l'assureur de son choix (Civ. 1re, 16 juin 1987 : *V. note 6*). Il n'est pas tenu de respecter l'ordre chronologique de souscription des contrats. Cette règle est impérative. Elle interdit les clauses de l'ordre des dates ainsi que les clauses de subsidiarité qui subordonnent l'intervention d'un assureur à l'insuffisance ou au défaut d'assurance (Civ. 1re, 22 nov. 1994 : *V. note 8*). Une fois que l'assuré a été indemnisé, les assureurs doivent, sous réserve d'une éventuelle convention entre assureurs, se répartir la dette à proportion de leurs engagements respectifs. Dès lors, si les assureurs avaient tous consenti des garanties illimitées, ils doivent couvrir par parts égales le risque garanti (Civ. 1re, 14 nov. 1978 : *V. note 9*). En outre, la Cour de cassation a estimé qu'un assureur ne pouvait se prévaloir d'une déchéance de garantie pour échapper au recours en contribution (Civ. 1re, 30 oct. 1995 : *V. note 10*). Cette solution, très certainement transposable à la nullité du contrat, a pour conséquence d'exposer le bénéficiaire à un recours de l'assureur tenu à la contribution à la dette entre assureurs malgré la déchéance de garantie. ❑

1. Domaine. Les assurances contre les accidents atteignant les personnes non soumises au principe indemnitaire échappent aux dispositions de l'art. L. 121-4 C. assur. relatives aux assurances cumulatives. • Civ. 2e, 13 oct. 2005, n° 04-15.888 P : *Gaz. Pal. 2006. 3251, note Leducq ; RCA 2005, n° 366 ; ibid., n° 369, obs. Groutel.* ♦ Les art. L. 121-3 et L. 121-4 C. assur., relatifs aux assurances de dommages, sont étrangers aux assurances de personnes, qui ne sont pas soumises au principe indemnitaire. Viole ces articles la cour d'appel qui a annulé un contrat d'assurance aux seuls motifs que le souscripteur avait affirmé frauduleusement n'être pas couvert pour le même risque auprès d'un autre assureur, et qu'au titre des deux polices concurrentes il pouvait percevoir une indemnité journalière globale excédant ses revenus. • Civ. 1re, 10 janv. 1995, n° 92-17.426 P : *RGDA 1995. 152, note Kullmann.* ♦ Les assurances de personnes demeurent néanmoins soumises aux dispositions de l'art. L. 113-8 du même code relatives aux fausses déclarations intentionnelles. Par suite, l'assureur, pour se former une exacte opinion du risque qu'il accepte de couvrir, peut imposer à l'assuré l'obligation de l'informer de l'existence des autres polices qu'il a pu souscrire pour couvrir le même risque. • Civ. 1re, 13 mai 1997, n° 95-14.843 P : *D. 1997. 351, note Aubert ; RCA 1997, n° 319, note Groutel ; RGDA 1997. 829, note Kullmann.* ♦ *Contra*, antérieurement, réputant non écrite la clause d'un contrat d'assurance contre les accidents corporels imposant à l'assuré d'informer l'assureur des autres polices qu'il a pu souscrire, en ce qu'elle stipulait que le seul manquement à cette obligation pouvait entraîner la nullité du contrat : • Civ. 1re, 14 mai 1991, n° 87-16.004 P : *RCA 1991, n° 312 ; ibid., Étude 20, par Groutel ; RGAT 1991. 623, note Kullmann.* ♦ ... Ou déclarant nulle comme tendant à faire obstacle au principe non indemnitaire qui régit les assurances de personnes la clause qui subordonnait la validité de l'assurance à la déclaration des autres assurances du même type : • Civ. 1re, 2 juill. 1991, n° 90-12.021 P : *RCA 1991, n° 402 ; RGAT 1991. 623, note Kullman.* ♦ *Adde* : • Civ. 1re, 10 janv. 1995, n° 92-17.426 P : *D. 1996. Somm. 185, obs. Groutel ; RCA 1995, n° 112 ; ibid., Étude 12, par Groutel* • 15 févr. 1995 : *D. 1996. Somm. 185, obs. Groutel ; RCA 1995, n° 142.*

I. NOTION DE CUMUL

2. Identité de souscripteurs. Les dispositions de l'art. L. 121-4 C. assur. relatives au cumul d'assurances ne sont applicables que si un même souscripteur a souscrit auprès de plusieurs assureurs des contrats d'assurance pour un même intérêt et contre un même risque. • Civ. 1re, 21 nov. 2000, n° 98-11.891 P : *RCA 2001, n° 63 ; ibid., Étude 5, par Groutel ; RGDA 2000. 1052, note Kullmann* • 29 oct. 2002, n° 99-16.749 P : *RCA 2003, n° 57, note Groutel ; RGDA 2003. 44, note Fonlladosa.* ♦ L'assurance souscrite par le propriétaire de la chose et celle souscrite pour son compte par un tiers ne sont pas cumulatives, faute d'identité de souscripteur. • Civ. 2e, 17 févr. 2005 : *RCA 2005, n° 171, obs. Groutel.* ♦ *Contra*, antérieurement : un cumul d'assurances peut être caractérisé en cas de pluralité d'assurances, souscrites par le locataire d'un immeuble et l'utilisateur de cet immeuble, garantissant le risque locatif d'incendie. • Civ. 1re, 15 oct. 1991, n° 90-12.887 P : *RCA 1991, n° 399 ; ibid., Étude 28, par Groutel ; RGAT 1991. 806, obs. Margeat et Landel.* ♦ ... Ou en cas de pluralité d'assurances vol, l'une souscrite par un crédit-bailleur au profit du locataire, l'autre par le locataire lui-même. • Civ. 1re, 4 juin 1996, n° 94-11.651 P : *RCA 1996, n° 332, obs. Groutel ; RGDA 1996. 575, note Mayaux.* ♦ ... Ou en cas de pluralité d'assurances souscrites par le propriétaire des choses et par le dépositaire pour compte de qui il appartiendra, cette dernière assurance ne s'appliquant pas pour couvrir la responsabilité du dépositaire compte tenu de la renonciation du propriétaire à tout recours, mais restant valable comme assurance de choses au profit de ce tiers, bénéficiaire du contrat. • Civ. 1re, 27 nov. 1985, n° 84-13.939 P. ♦ ... Ou en cas de pluralité d'assurances souscrites par le propriétaire et l'utilisateur d'une remorque pour garantir les pertes ou dommages matériels affectant la remorque. • Civ. 1re, 26 avr. 2000 : *RCA 2000, n° 247, obs. Groutel ; RGDA 2000. 797, note Fonlladosa.*

3. Identité de risque. Deux assurances sont cumulatives lorsque, contractées pour un montant supérieur à la valeur de la chose assurée, elles couvrent le même risque quand bien même, en dehors de ce risque considéré, elles auraient des étendues différentes. Aussi des juges du fond peuvent-ils considérer que les deux assurances de responsabilité civile souscrites par un père de famille – la première auprès d'une société mutuelle universitaire pour les seuls risques pouvant résulter de l'activité scolaire de son enfant, la seconde auprès d'une compagnie, pour l'ensemble des risques que peut courir un chef de famille – étaient cumulatives en tant qu'elles couvraient sa responsabilité dans l'accident causé par son fils se rendant à l'école. • Civ. 1re, 9 mars 1971 : *Bull. civ. I, n° 71.* ♦ En revanche, lorsque deux associés sont l'un et l'autre assurés pour leur responsabilité civile professionnelle, les assurances ne sont pas cumulatives, dès lors que chaque assuré est garanti, par une police distincte, pour un intérêt et contre un risque qui lui sont propres. • Civ. 1re, 11 déc. 1990, n° 89-14.381 P : *RCA 1991, n° 79 ; RGAT 1991. 29, note Maurice.* ♦ Un véhicule ayant été assuré par son propriétaire pour ses déplacements privés et professionnels puis prêté, à titre de prêt à usage, à une personne qui l'avait à son tour assuré, auprès d'un assureur différent, pour l'exercice de son activité professionnelle, une cour d'appel a pu déduire de ces constatations – qui impliquent qu'il n'y avait ni simultanéité dans le temps, ni identité des risques respectivement couverts par les deux assureurs – que la garantie de l'assureur du propriétaire du véhicule ne pouvait s'appliquer aux conséquences d'un accident occasionné par un préposé de la personne à qui il avait été prêté. • Civ. 1re, 19 déc. 1983, n° 82-15.470 P : *D. 1985. 254, note Berr et Groutel ; RGAT 1985. 33.* ♦ Deux polices ne sont pas cumulatives lorsque les risques assurés par l'une concernent l'immeuble détruit par un incendie et ceux couverts par l'autre concernent les propres dommages du locataire ainsi que les risques locatifs. • Civ. 1re, 27 juin 1995 : *RGAT 1995. 865, note Favre-Rochex.* ♦ V. cep. : le but de deux assurances étant de mettre le patrimoine d'un propriétaire à l'abri des conséquences de sa responsabilité du fait des incendies pouvant provenir respectivement de locaux commerciaux ou de locaux d'habitation, une cour d'appel a pu déduire, en l'absence d'identification de celui des deux locaux à raison duquel la responsabilité du locataire était engagée, que ces assurances en principe distinctes devaient obéir, quant à la répartition entre les assureurs de la charge de l'indemnisation, à des règles identiques à celles applicables en matière d'assurances cumulatives et que, par conséquent, devait s'appliquer la règle proportionnelle. • Civ. 1re, 2 juill. 1991, n° 89-20.717 P : *D. 1991. IR 202 ; RCA 1991, n° 398 ; ibid., Étude 28, par Groutel ; RGAT 1991. 803, note Margeat et Landel.*

4. Identité d'intérêts. Ayant relevé que si l'assurance de groupe à laquelle le propriétaire d'un véhicule avait adhéré constituait une garantie de remboursement pour l'organisme financier, elle procurait également un profit à l'emprunteur en éteignant totalement ou partiellement sa dette envers le prêteur en cas de vol du véhicule, une cour d'appel en a déduit à bon droit que cette assurance et celle souscrite également contre le vol du même véhicule étaient cumulatives dès lors qu'elles avaient été souscrites pour le même intérêt et contre le même risque. • Civ. 1re, 9 juin 1998 : *RCA 1998, n° 289 ; RGDA 1998. 685, note Favre-Rochex.* ♦ En revanche, il n'y a pas de cumul entre l'assurance de chose souscrite par le propriétaire d'un navire et celle souscrite par le locataire pour le compte de qui il appartiendra, qui constitue une assurance de responsabilité à l'égard du loueur, ces deux assurances souscrites par des personnes différentes ne garantissant pas le même intérêts. • Com. 4 févr. 2003 : *RCA 2003, n° 215, obs. Groutel.* ♦ Il résulte de l'art. 30 de la L. du 13 juill. 1930 [C. assur., art. L. 121-4] que des assurances revêtent un caractère cumulatif lorsque, souscrites contre un même risque, elles présentent une identité d'intérêt. Tel n'est pas le cas, lorsque l'une des polices garantit en assurance de choses le propriétaire de marchandises, et l'autre, la responsabilité du dépositaire de celles-ci. • Civ. 1re, 17 mars 1981, n° 79-11.005 P : *D. 1982. IR 384, obs. Berr et Groutel ; ibid. 1983. IR 117, obs. Mercadal ; RGAT 1981. 496.* ♦ Une cour d'appel est fondée à écarter la règle du cumul des assurances, dès lors que les deux polices couvrant le risque de vol des mêmes marchandises avaient été souscrites par deux personnes différentes qui poursuivaient des intérêts différents, à savoir, d'une part, la société propriétaire des marchandises, qui s'était assurée dans son propre intérêt, et, d'autre part, une seconde société dépositaire des marchandises de la première, qui avait garanti sa responsabilité en cas de perte de la marchandise entreposée chez elle. • Civ. 1re, 28 mai 1984 : *Bull. civ. I, n° 173 ; D. 1984. IR 401, obs. Berr et Groutel ; RGAT 1985. 32.* ♦ Il n'y a pas de cumul entre l'assurance de responsabilité d'un médecin et l'assurance souscrite par la clinique pour le cas où celui-ci ne serait pas ou serait insuffisamment assuré, la condition d'identité d'intérêts faisant défaut. • Civ. 1re, 25 mai 1992 : *RCA 1992, n° 333 ; ibid. Étude 27, note Groutel ; RGAT 1992. 601* • 9 avr. 2002 : *RCA 2002, n° 234 ; ibid., n° 243, note Groutel.*

5. Assurances cumulatives et assurances en ligne. Ayant retenu qu'avait été souscrite, pour le compte d'un fabricant, une assurance de second rang venant en complément et après épuisement des garanties et franchises des polices souscrites par ce fabricant pour son propre compte, une cour d'appel a pu en déduire qu'il n'existait aucun cumul d'assurances. • Civ. 3e, 15 mars 2006, n° 04-20.228 P : *RCA 2006, n° 207 ; RDI 2006. 234, obs. Malinvaud ; ibid. 272, obs. Corre .* ♦ Sur la qualification de la situation d'assurances en ligne en coassurance : • Civ. 1re, 28 nov. 1995 (2 arrêts), n° 93-12.904 : *D. 1996. 77, rapp. Sargos ; RCA 1996, n° 105 ; ibid., Étude 13, par Groutel ; RGDA 1996. 425, note Favre-Rochex.*

II. RÉGIME DU CUMUL

A. ASSURANCES CUMULATIVES NON FRAUDULEUSES

6. Choix de l'assuré. Il résulte des dispositions impératives des al. 4 et 5 de l'art. L. 121-4 C. assur., dans sa rédaction issue de la L. du 13 juill. 1982, qu'en cas d'assurances cumulatives contractées sans fraude, la personne pouvant prétendre à indemnisation peut obtenir celle-ci de l'assureur de son choix. • Civ. 1re, 16 juin 1987, n° 86-10.190 P : *D. 1988. Somm. 150, obs. Groutel ; RGAT 1987. 395.* • 16 oct. 1990, n° 88-10.546 P : *D. 1990. IR 247 ; RGAT 1991. 27* • 30 oct. 1995, n° 92-13.254 P : *RCA 1996, n° 36 ; ibid., Étude 19, par Courtieu ; D. 1996. Somm. 184, obs. Berr .*

7. Titulaire de l'action. Seul le bénéficiaire du cumul d'assurances a qualité pour agir contre l'un quelconque des assureurs pour la réparation de ses dommages. • Civ. 2e, 28 mai 2009 : *RGDA 2009. 741, note Mayaux.*

8. Clause de subsidiarité. Les dispositions introduites par la L. du 13 juill. 1982 ne permettent pas de considérer comme valables les clauses de subsidiarité. Ainsi, la clause de subsidiarité stipulée dans la police d'assurance souscrite par la DDASS, garantissant sa responsabilité civile du fait de ses pupilles, ne peut jouer. • Civ. 1re, 22 nov. 1994, n° 91-19.336 P : *RCA 1995, n° 33 ; RGAT 1995. 28, note Kullmann.* ♦ De même, lorsque le bénéficiaire du prêt d'un véhicule par un garagiste a fait transférer, pour la durée du prêt, sur ce véhicule, les effets d'une police d'assurance, la clause de subsidiarité figurant au contrat d'assurance souscrit par le garagiste et couvrant la responsabilité civile du bénéficiaire du prêt lorsqu'il utilise le véhicule prêté pour ses besoins professionnels et privés, et selon laquelle cette garantie ne s'exerce qu'en complément ou à défaut de l'assurance souscrite par le bénéficiaire, ne peut jouer. • Civ. 1re, 16 juin 1987, n° 86-10.190 P : *D. 1988. Somm. 150, obs. Groutel ; RGAT 1987. 395.* ♦ Nonobstant la stipulation d'une clause de subsidiarité ou de complémentarité, les assureurs doivent contribuer au paiement de l'indemnité allouée à la victime dans la proportion impérativement fixée par la loi. Dès lors, doit être écartée la clause du contrat d'assurance de responsabilité souscrit par un club de vacances pour le compte de ses adhérents stipulant que la garantie n'interviendra qu'en « complément, après épuisement ou à défaut » des autres polices d'assurance de responsabilité qui auraient pu être souscrites. • Civ. 1re, 13 nov. 1996, n° 94-15.436 P : *RCA 1997, n° 67 ; RGDA. 1997. 101, note Favre-Rochex.* ♦ Deux contrats d'assurance, garantissant un même intérêt contre un même risque, sont cumulatifs, de sorte que les clauses de subsidiarité de second rang identiques qu'ils comportent devaient être réputées non écrites. • Civ. 2e, 9 juill. 2009 : *RCA 2009, n° 304, note Courtieu ; RGDA 2009. 1143, note Bigot.*

9. *Montant du recours entre assureurs.* L'art. 30 de la L. du 13 juill. 1930 [C. assur., art. L. 121-4], conçu en termes généraux, s'applique aux assurances de responsabilité. Et c'est à juste titre qu'une cour d'appel décide que, s'agissant d'un cumul d'assurances souscrites de bonne foi, en couverture d'un même risque et comportant une garantie illimitée, les deux assureurs devaient couvrir par parts égales le risque garanti. • Civ. 1re, 14 nov. 1978, n° 77-12.222 P : *D. 1980. IR 177, obs. Berr et Groutel.* ♦ V. aussi : • Civ. 1re, 16 oct. 1990, n° 88-10.546 P : *D. 1990. IR 247 ; RGAT 1991. 27* • 16 juin 1987, n° 86-10.190 P : *D. 1988. Somm. 150, obs. Groutel ; RGAT 1987. 395.*

10. *Inopposabilité des déchéances entre assureurs.* L'assureur, auquel l'assuré ne s'est pas adressé, n'est pas fondé à opposer une déchéance pour déclaration tardive du sinistre aux assureurs exerçant un recours en contribution. • Civ. 1re, 30 oct. 1995, n° 92-13.254 P : *RCA 1996, n° 36 ; ibid., Étude 19, par Courtieu ; D. 1996. Somm. 184, obs. Berr.*

11. *Prescription du recours entre assureurs.* Le recours exercé, en cas d'assurances multiples, par un assureur qui, à la suite d'un sinistre, a versé la totalité de l'indemnité due à l'assuré, contre un autre assureur, en remboursement de tout ou partie de cette indemnité lui incombant, trouve son fondement dans l'art. L. 121-4 C. assur. et, dès lors, est soumis à la prescription de droit commun et non à la prescription biennale de l'art. L. 114-1. • Civ. 1re, 10 juin 1981, n° 80-10.704 P.

B. ASSURANCES CUMULATIVES FRAUDULEUSES

12. *Nullité de plein droit.* La nullité prévue par l'art. L. 121-4 C. assur. étant une nullité légale, elle s'applique même si elle ne fait pas l'objet d'une clause particulière dans la police d'assurance. • Civ. 1re, 9 nov. 1981 : *D. 1983. 303, note Berr et Groutel.*

Art. L. 121-5 **S'il résulte des estimations que la valeur de la chose assurée excède au jour du sinistre la somme garantie, l'assuré est considéré comme restant son propre assureur pour l'excédent, et supporte, en conséquence, une part proportionnelle du dommage, sauf convention contraire.** – *Assur. L. 111-2.*

COMMENTAIRE

L'article L. 121-5 envisage la situation de sous-assurance, correspondant à l'hypothèse dans laquelle la valeur assurée est inférieure à la valeur assurable au jour du sinistre. Cette situation parfaitement valable aboutit à l'application de la règle proportionnelle de capitaux, sauf convention contraire (I). Mais on doit également se demander si cette situation ne peut donner lieu à l'application des règles relatives à la déclaration du risque (II).

I. L'APPLICATION DE LA RÈGLE PROPORTIONNELLE DE CAPITAUX

En cas de sous-assurance, l'indemnité due par l'assureur est réduite et correspond au montant du dommage multiplié par le montant de la valeur assurée divisée par celui de la valeur assurable (Civ. 1re, 6 janv. 1987 : *V. note 5*). Si l'article R. 112-1 dispose que les polices d'assurance relevant des branches 1 à 17 de l'article R. 321-1 doivent rappeler les dispositions des titres Ier et II du livre Ier de la partie législative du code des assurances concernant la règle proportionnelle lorsque celle-ci n'est pas inapplicable de plein droit ou écartée par une stipulation expresse, la jurisprudence estime toutefois qu'il n'est pas nécessaire qu'une clause du contrat rappelle cette règle proportionnelle de capitaux pour qu'elle soit applicable (Civ. 1re, 18 juin 1996 : *V. note 8*).

Par ailleurs, rien n'interdit aux parties d'introduire une clause écartant ou corrigeant les effets de la règle proportionnelle (Civ. 1re, 17 nov. 1993 : *V. note 8*). Ainsi, les parties peuvent introduire une clause de report d'excédent ou de réversibilité en vertu de laquelle l'éventuelle surévaluation d'un bien est reportée sur un autre bien assuré par le même contrat et sous-évalué. De même, les parties peuvent prévoir que l'assurance sera « au premier risque ». Dans une telle hypothèse, l'assureur s'engage à garantir tous les sinistres dans la limite de la valeur assurée, sachant que cette dernière est inférieure à la valeur réelle du bien. Autrement dit, l'assureur renonce à se prévaloir de la règle proportionnelle.

II. L'APPLICATION DES RÈGLES RELATIVES À LA DÉCLARATION DES RISQUES

On s'est demandé si la situation de sous-assurance pouvait être analysée comme une fausse déclaration initiale du risque ou un défaut de déclaration de l'aggravation de celui-ci entraînant l'application des règles des articles L. 113-8 et L. 113-9 du code des assurances. La Cour de cassation a apporté une réponse négative, estimant que seule la règle de l'article L. 121-5 pouvait s'appliquer en cas de sous-assurance (Civ. 1re, 8 juill. 1986 : *V. note 2*). Mais cette solution n'est pas toujours retenue. Ainsi, la Cour de cassation a pu estimer que la règle de l'article L. 113-9 devait s'appliquer à un assuré qui n'avait pas respecté l'obligation contractuelle de déclarer tout dépassement de 10 % du montant de la valeur des biens assurés (Civ. 2e, 15 mai 2008 : *V. note 2*). Pourtant, une telle situation correspondait bien à une sous-assurance. Dans le même esprit, la Haute Juridiction a pu affirmé que la réduction proportionnelle de l'article L. 113-9 devait s'appliquer en cas de sous-évaluation de la superficie d'un bâtiment (Civ. 2e, 3 oct. 2013 : *V. note 2*), alors que la déclaration de surface peut être assimilée à une déclaration de valeur.

1. Domaine. L'art. L. 121-5 C. assur. est applicable à toutes les assurances de dommages, qui comportent une valeur d'assurance déterminée. • Civ. 1re, 18 juin 1996, n° 94-15.105 P : *RGDA 1996. 612, note Kullmann.*

2. Sous-assurance et déclaration du risque. Lorsque la valeur de la chose assurée excède la somme garantie, l'assuré ne peut, en vertu de l'art. L. 121-5 C. assur., prétendre qu'à une indemnité réduite en fonction de sa déclaration, mais, cette éventualité n'entraînant pas d'aggravation du risque pour l'assureur, il s'ensuit que l'art. L. 113-9 du même code est inapplicable à raison d'une omission ou d'une déclaration inexacte. • Civ. 1re, 8 juill. 1986 : *Bull. civ. I, n° 198 ; D. 1987. Somm. 182, obs. Groutel ; RGAT 1987. 52, note Bigot.* ♦ V. égal. : • Civ. 1re, 9 mars 1970, n° 66-11.713 P : *RGAT 1971. 71* (au sujet de la déclaration de valeur des récoltes en assurance grêle). ♦ Comp. : viole les art. L. 113-2, 3°, et L. 113-9 la cour d'appel qui, pour débouter un assuré de ses demandes de garantie, retient que l'application de la règle proportionnelle de primes par le premier juge n'est pas fondée en droit en l'absence de souscription de la moindre garantie pour le matériel déclaré endommagé, alors que le contrat d'assurance autorisait l'adjonction d'un nouveau matériel sous réserve d'informer l'assureur du dépassement d'un plafond fixé sur l'année à 10 % du montant déjà assuré et que l'assuré n'avait pas respecté cette obligation. • Civ. 2e, 15 mai 2008, n° 07-13.508 P : *RCA 2008, n° 272, note Asselain.* ♦ V. égal. à propos d'une fausse déclaration de superficie : • Civ. 2e, 3 oct. 2013, n° 12-23.127 : *RGDA 2014. 23, note Asselain.*

3. Pouvoir d'appréciation des juges du fond. La détermination de la valeur réelle des existences à la date du sinistre est une question de fait qui relève de l'appréciation souveraine des tribunaux. • Civ. 7 janv. 1946 : *D. 1946. 237, note P. L.-P. ; RGAT 1946. 43.*

4. Liberté de la preuve de la sous-assurance. L'art. 31 de la L. du 13 juill. 1930 [C. assur., art. L. 121-5] ne contient pas de limitation de la liberté des moyens de preuve, et aucune de ses dispositions n'impose aux juges du fond le recours à une expertise lorsqu'ils estiment celle-ci inutile ; dès lors, ils peuvent, pour établir la valeur réelle des existences à la date du sinistre, avoir égard aux déclarations faites par l'assuré dans une police ultérieure conclue avec un autre assureur et versée aux débats, en leur attribuant la valeur d'une circonstance de fait. • Civ. 7 janv. 1946 : *préc. note 3.*

5. Calcul de l'indemnité. Viole l'art. L. 121-5 C. assur. la cour d'appel qui, pour effectuer le calcul de la règle proportionnelle prévue par ce texte, a multiplié la valeur assurée par elle-même et l'a divisée par le montant du dommage, alors qu'elle aurait dû multiplier celui-ci par le nombre représentant la valeur assurée divisée par celui représentant la valeur assurable. • Civ. 1re, 6 janv. 1987 : *D. 1987. Somm. 332, obs. Groutel.*

6. Clause de réversibilité. Quand la police prévoit la réversibilité d'un excédent d'assurance en cas de risques de même nature, faisant partie d'un même établissement et soumis à un même taux de prime, cette clause n'est soumise, dans son application, à aucune autre condition et ne saurait notamment être subordonnée à l'hypothèse d'un sinistre total. • Civ. 1re, 9 janv. 1957 : *RGAT 1957. 37.*

7. Opposabilité de la réduction proportionnelle. L'assureur est en droit d'opposer au tiers lésé la réduction proportionnelle de l'indemnité prévue au contrat dans les conditions autorisées à l'art. L. 121-5 C. assur. • Civ. 1re, 28 juin 1989, n° 87-16.790 P : *RCA 1989, n° 349 ; RGAT 1989. 873, note Bout.*

8. Caractère supplétif. En vertu des dispositions de l'art. L. 121-5 C. assur., seule une clause contraire peut faire échec à l'application de la règle proportionnelle. • Civ. 1re, 17 nov. 1993 : *RGAT 1994. 116, note Maurice.* ♦ Il résulte de l'art. L. 121-5 C. assur., qui est applicable à toutes les assurances de dommages, que si la police comporte une valeur d'assurance déterminée, il y a lieu, sauf convention contraire, à application de la règle proportionnelle lorsque, le jour du sinistre, cette valeur est inférieure à la valeur effective de la chose objet de l'assurance. Viole ce texte la cour d'appel qui, pour écarter l'application de la réduction proportionnelle, énonce que la police ne comprend aucune clause relative à l'application de la règle proportionnelle invoquée par l'assureur. • 18 juin 1996, n° 94-15.105 P : *RGDA 1996. 612, note Kullmann.*

Art. L. 121-6 Toute personne ayant intérêt à la conservation d'une chose peut la faire assurer.

Tout intérêt direct ou indirect à la non-réalisation d'un risque peut faire l'objet d'une assurance. — *Assur. L. 111-2.*

BIBL. ▸ PROVOST, *RGDA 2009. 713* (la notion d'intérêt d'assurance).

COMMENTAIRE

Parce que le contrat d'assurance ne doit pas être assimilé à un pari, l'article L. 121-6 exige l'existence d'un intérêt d'assurance dans les assurances de dommages. L'intérêt d'assurance établit un lien entre une personne et le patrimoine susceptible d'être affecté par un risque. En ce sens, justifie d'un tel intérêt celui dont le patrimoine est susceptible d'être affecté par la réalisation du risque.

Partant, l'intérêt d'assurance permet de justifier la souscription d'un contrat d'assurance. Dès lors, si cet intérêt peut être associé à une situation juridique, comme celle de propriétaire ou de locataire-gérant de la chose (Civ. 2e, 6 oct. 2011 : *V. note 4*), il peut également résulter d'une situation de fait, comme celle d'une possession de la chose (Civ. 1re, 25 avr. 1990 : *V. note 3*). Autrement dit, toute personne ayant intérêt à la conservation de la chose peut la faire assurer (Civ. 1re, 15 févr. 2000 : *V. note 5*).

Par ailleurs, l'intérêt d'assurance permet d'identifier l'assuré. Aussi, la Cour de cassation estime qu'en l'absence de précision, le souscripteur a la qualité d'assuré (Civ. 1re, 15 févr. 2000 : *V. préc.*). Cela étant, la qualité d'assuré peut être attribuée à un tiers, par le biais notamment d'une assurance pour compte (Civ. 1re, 11 juill. 2001 : *V. note 5*).

En revanche, l'intérêt d'assurance n'est pas associé à la qualité pour agir en paiement à l'encontre de l'assureur. En effet, si le bénéficiaire de l'assurance peut naturellement demander le paiement de l'indemnité, le souscripteur d'une assurance pour compte a également qualité pour agir (Civ. 1re, 6 oct. 1993 : *V. note 6*).

1. Intérêt d'assurance. Lorsqu'il s'agit d'une assurance de chose, toute personne ayant intérêt à la conservation de celle-ci peut la faire assurer. • Civ. 1re, 15 févr. 2000, n° 97-20.179 P : *RCA 2000, n° 139 ; ibid., Chron. 7, note Groutel ; RGDA 2000. 504, note Favre-Rochex.* ♦ Toute personne qui a un intérêt à la conservation d'une chose peut la faire assurer. Tout intérêt direct ou indirect à la non-réalisation d'un risque peut faire l'objet d'une assurance. • Civ. 2e, 6 oct. 2011 : *RGDA 2012. 334, note Bigot.* ♦ Il s'ensuit que l'assureur n'est pas tenu, lorsqu'il accepte d'assurer la chose, de procéder à une vérification relative à la propriété de celle-ci. • Civ. 1re, 15 févr. 2000 : *préc.*

2. Occupant d'un immeuble. Dès lors que le contrat définissait la privation de jouissance comme le préjudice résultant de l'impossibilité pour l'assuré, à la suite d'un sinistre garanti, d'utiliser tout ou partie des locaux dont il avait la jouissance au jour du sinistre et garantissait le versement de cette indemnité à l'occupant total ou partiel, qu'il soit locataire, copropriétaire ou propriétaire, une cour d'appel ne pouvait débouter l'occupant, souscripteur du contrat, de sa demande d'indemnisation du préjudice de jouissance, au motif que l'indemnité ne pouvait être allouée qu'au propriétaire des biens assurés. • Civ. 1re, 24 févr. 2005 : *RGDA 2005. 401, note Mayaux.*

3. Possesseur d'un véhicule. L'assureur garantissant un véhicule contre le vol ne peut refuser de payer l'indemnité à la suite d'un sinistre en invoquant que la possession de son assuré est précaire et équivoque, ce dernier, qui avait intérêt à sa conservation, ayant fait assurer à son propre bénéfice le véhicule qui n'était revendiqué par quiconque à son encontre. • Civ. 1re, 25 avr. 1990, n° 88-17.699 P : *RCA 1990, n° 259 ; RGAT 1990. 891, note Kullmann.* ♦ Rappr. : viole l'art. L. 121-6 C. assur., ensemble les art. L. 121-1 C. assur. et 1134 C. civ., la cour d'appel qui déboute un assuré de son action en paiement à l'encontre de son assureur au titre de la garantie contre le vol au motif qu'il n'avait pas rapporté la preuve de la propriété effective du véhicule déclaré volé. De tels motifs étaient inopérants dès lors que les juges avaient constaté la qualité d'assuré du demandeur. • Civ. 2e, 15 janv. 2015, n° 13-27.109 : *RCA 2015, n° 136, note Bloch ; RGDA 2015. 160, note Pélissier.*

4. Locataire-gérant. Même si, dans un contrat de crédit-bail, le bailleur reste propriétaire jusqu'à la levée de l'option, et si, en matière d'assurance de chose, le propriétaire peut seul revendiquer l'indemnité destinée à compenser la disparition du bien loué, le locataire qui a souscrit une police de dommages « tous risques » couvrant une automobile a la qualité d'assuré, et l'attribution de l'indemnité excédant la part due au crédit-bailleur n'est pas subordonnée au transfert de propriété de la chose assurée. • Civ. 1re, 13 mars 1996, n° 94-11.610 P : *RCA 1996, n° 239 ; ibid. Chron. 28, note Groutel ; RGDA 1996. 743, note Kullmann.* ♦ Le seul fait d'exploiter un magasin en qualité de locataire-gérant démontre un intérêt économique à la conservation du fonds de commerce et cet intérêt à bénéficier d'une assurance justifie l'existence d'une garantie d'assurance. • Civ. 2e, 6 oct. 2011 : *RGDA 2012. 334, obs. Bigot.*

5. Souscripteur présumé assuré. La personne qui a souscrit le contrat d'assurance a, sauf stipulation contraire, la qualité d'assuré ; dès lors, l'assureur, en l'indemnisant, ne fait qu'exécuter l'obligation dont il est tenu envers elle. • Civ. 1re, 15 févr. 2000 : *préc. note 1.* ♦ Ayant relevé que le souscripteur avait souscrit une assurance contre le vol au seul bénéfice du propriétaire de la chose assurée, une cour d'appel en a exactement déduit qu'il ne pouvait prétendre à l'indemnité d'assurance, faute de justifier de cette qualité. • 11 juill. 2001 : *RCA 2001, n° 341 (1re esp.), obs. Groutel ; RGDA 2001. 1027, note Fonlladosa.* ♦ V. déjà : • Civ. 1re, 10 déc. 1991 : *RCA 1992, n° 114.*

6. Droit d'agir du souscripteur. Le souscripteur d'un contrat d'assurance vol a, en cette qualité, le droit d'agir contre l'assureur qui garantit des bijoux, sans que celui-ci puisse lui opposer que lesdits bijoux étaient des biens propres de sa femme et que les époux, en instance de divorce, avaient été autorisés à résider séparément. • Civ. 1re, 6 oct. 1993 : *RCA 1994, n° 27 ; D. 1994. Somm. 142, obs. Groutel ; RGAT 1994. 75, note Mayaux.* ♦ Le souscripteur d'un contrat d'assurance a intérêt à agir à l'encontre de l'assureur qui dénie sa garantie, sans avoir à démontrer qu'il est propriétaire du véhicule assuré. • Civ. 2e, 14 avr. 2016, n° 15-17.111 P : *RCA 2016, n° 244, note Groutel ; RGDA 2016. 339, note Schulz.*

7. Résolution de la vente. Après avoir constaté que l'avion constituait l'objet du contrat d'assurance et que l'aéroclub en était le propriétaire au jour du sinistre, une cour d'appel en a exactement déduit qu'à ce jour, l'assuré avait intérêt à la conservation de la chose, la résolution de la vente étant sans incidence à cet égard. • Civ. 2e, 3 déc. 2013 : *RGDA 2014. 26, note Mayaux ; RCA 2014, n° 97, note Groutel.*

Art. L. 121-7 Les déchets, diminutions et pertes subies par la chose assurée et qui proviennent de son vice propre ne sont pas à la charge de l'assureur, sauf convention contraire. – *Assur. L. 111-2, L. 122-5.*

COMMENTAIRE

L'article L. 121-7 énonce une exclusion de garantie spécifique aux dommages causés par les vices internes d'une chose assurée. Si les dommages causés par un tel vice à des personnes ou à d'autres choses sont, par principe, garantis, les dommages causés à la chose assurée par un vice interne sont exclus du champ de la garantie.

Cette exclusion légale de garantie n'est pas impérative. Elle peut être écartée par une clause contractuelle, mais celle-ci doit être expresse selon la jurisprudence (Civ. 2e, 10 sept. 2015 : *V. note 1*).

1. Exclusion légale facultative. En l'absence de toute clause contraire à l'exclusion légale de la garantie du vice propre dans la police, une cour d'appel a pu estimer qu'un dommage (poutres et planchers endommagés par des termites) n'était pas garanti ; dès lors, il n'est pas nécessaire que l'exclusion soit rappelée dans la police. • Civ. 1re, 4 mars 1986, n° 84-16.966 P : *RGAT 1986. 217.* ♦ Il résulte de l'art. L. 121-7 que dans les assurances de dommages l'assureur ne garantit le vice caché du bien que si le contrat le prévoit expressément. • Civ. 2e, 10 sept. 2015, n° 14-18.297 : *RCA 2015, n° 335, note Groutel ; RGDA 2015. 463, note Asselain.*

2. Notion de vice propre. Justifie légalement sa décision la cour d'appel qui, après avoir rappelé que l'art. L. 121-7 prévoit que les déchets, diminutions et pertes subies par la chose assurée et qui proviennent de son vice propre ne sont pas à la charge de l'assureur, et relevé que l'expression de vice propre vise les défauts qui résultent d'une mauvaise composition ou d'un vice de fabrication propre à la chose assurée, retient qu'aucun vice propre du spot halogène à l'origine de l'incendie du véhicule semi-remorque n'a été retenu par l'expert, ce dernier faisant seulement état d'une mauvaise réalisation par l'assuré de la pose du spot halogène dans un espace trop étroit ayant favorisé l'apparition d'un court-circuit, soit d'une faute de l'assuré, en sorte que l'exclusion légale de l'art. L. 121-7 ne peut jouer. • Civ. 2e, 24 oct. 2019, nº 18-20.039 : *RGDA janv. 2020. 30, note Pélissier ; RCA 2020, nº 21.*

Art. L. 121-8 **L'assureur ne répond pas, sauf convention contraire, des pertes et dommages occasionnés soit par la guerre étrangère, soit par la guerre civile, soit par des émeutes ou par des mouvements populaires.**

Lorsque ces risques ne sont pas couverts par le contrat, l'assuré doit prouver que le sinistre résulte d'un fait autre que le fait de guerre étrangère ; il appartient à l'assureur de prouver que le sinistre résulte de la guerre civile, d'émeutes ou de mouvements populaires. — *Assur. L. 111-2.*

BIBL. ▸ BEYLOT, *RGAT 1947. 361.* - PICARD, *RGAT 1944. 5 et 1945. 212.*

COMMENTAIRE

L'article L. 121-8 exclut du champ de la garantie des assurances de dommages les sinistres occasionnés par des guerres civiles et étrangères ainsi que par des émeutes ou des mouvements populaires. Sont de la sorte exclus les dommages résultant d'actes de violence collective en raison de leur caractère difficilement appréciable dans leur étendue et leur probabilité. Ces exclusions sont néanmoins facultatives, les parties peuvent prévoir l'assurabilité des dommages résultant de telles violences par une clause expresse. Or cette faculté est d'autant plus importante que si le législateur a adopté des règles de preuve spécifiques pour ces exclusions, il n'a pas défini les notions de guerres civile et étrangère, d'émeutes ou de mouvements populaires. Il en ressort une différence de traitement entre les conséquences d'une guerre étrangère (I) et celles d'une guerre civile, d'émeutes ou de mouvements populaires (II).

I. LES CONSÉQUENCES D'UNE GUERRE ÉTRANGÈRE

La guerre étrangère peut être définie, selon une analyse classique, comme un conflit armé opposant deux ou plusieurs États. L'exclusion de garantie ne s'applique que lorsqu'un fait de guerre a contribué de façon certaine à causer le sinistre (Civ. 24 juill. 1945 : *V. note 1*).

La jurisprudence n'a pas une conception étroite de la notion de fait de guerre. Si logiquement un fait de guerre peut correspondre à une opération militaire comme une bataille ou un combat, il peut plus largement être défini comme « le fait qui se rattache étroitement aux opérations de guerre étrangère » (Civ. 24 juill. 1945 : *V. note 1*). Ainsi, ont été considérés comme résultant d'un fait de guerre les accidents d'automobile survenus pendant l'exode de 1940 (Civ. 16 juill. 1947 : *V. note 2*).

Par ailleurs, la Cour de cassation n'exige pas que le fait de guerre soit la cause unique ou même la cause directe du dommage. Il suffit qu'il ait exercé une influence constitutive d'un rapport de causalité (Civ. 24 juill. 1945 : *V. note 2*).

Ces règles d'application de l'exclusion de garantie pour les conséquences d'une guerre étrangère sont en outre renforcées par une règle spécifique de preuve. Selon l'article L. 121-8, alinéa 2, il appartient à l'assuré de prouver que le sinistre résulte d'un fait autre que le fait de guerre étrangère. Autrement dit, lorsque le sinistre survient en période de guerre étrangère, il est présumé résulter de cette guerre. L'assuré supporte la charge de la preuve et doit renverser cette présomption. Il n'est toutefois pas nécessaire qu'il établisse la cause exacte du sinistre. Selon la jurisprudence, il suffit qu'il démontre l'absence de lien de causalité entre le dommage et la guerre étrangère (Civ. 23 juill. 1946 et Civ. 2 févr. 1948 : *V. note 5*).

II. LES CONSÉQUENCES D'UNE GUERRE CIVILE, D'ÉMEUTES OU DE MOUVEMENTS POPULAIRES

Par opposition à la notion de guerre étrangère, les notions de guerre civile, d'émeutes ou de mouvements populaires sont beaucoup plus incertaines, dans la mesure où elles se rattachent toutes à des troubles intérieurs. Or la distinction entre ces événements est d'autant plus importante que certains d'entre eux peuvent être garantis et d'autres exclus de la garantie.

Selon l'acception traditionnelle, la **guerre civile** est un conflit armé opposant des combattants d'une même nation. Les **émeutes** sont, quant à elles, habituellement définies comme des soulèvements populaires accompagnés de violences, en réaction à une mesure gouvernementale ou à la situation d'une partie de la population, en vue d'obtenir de l'autorité la réalisation de revendications économiques, politiques ou sociales. Les **mouvements populaires** correspondent à tous les mouvements de foule désordonnés à l'origine d'actes illégaux et de dommages.

A l'instar de l'hypothèse de la guerre étrangère, l'exclusion de garantie suppose qu'un fait en étroite relation avec les troubles intérieurs soit à l'origine du dommage (Civ. 1re, 23 févr. 1966 : *V. note 7*). Mais, par opposition aux situations de guerre étrangère, la jurisprudence est stricte dans l'appréciation du lien entre la guerre civile, l'émeute ou le mouvement populaire et le dommage. Ainsi, l'exclusion de garantie pour guerre civile n'a pas été appliquée aux vols et pillages commis en Algérie pendant la guerre d'indépendance, même si, en raison des événements, les forces de police ne pouvaient surveiller efficacement les biens assurés (Civ. 1re, 23 févr. 1966 : *V. note 8*). Cette sévérité est en outre accrue par l'attribution de la charge de la preuve à l'assureur. Celui-ci doit en effet démontrer que le sinistre résulte d'une guerre civile, d'émeutes ou de mouvements populaires pour exclure sa garantie. ❑

I. GUERRE ÉTRANGÈRE

1. Nécessité d'un fait de guerre. Tout sinistre est exclu de la garantie par cela seul qu'un fait de guerre a contribué de façon certaine à le causer. • Civ. 24 juill. 1945 : *D. 1945. 277, note P. L.-P.; RGAT 1945. 257, concl. Rateau; GADA, p. 56, obs. Berr et Groutel* • 18 mars 1946 : *RGAT 1946. 299.* ♦ La garantie d'assurance est exclue, sous réserve des stipulations du contrat, dès qu'un lien de cause à effet relie le sinistre à un fait qui se rattache étroitement aux opérations de la guerre étrangère, alors même que ce fait ne serait pas la cause unique ou la cause directe du sinistre, pourvu qu'il ait exercé sur sa création ou son aggravation une influence constitutive d'un rapport de causalité. • Civ. 24 juill. 1945 : *préc.*

2. Notion de fait de guerre. L'exclusion n'est pas limitée à la bataille. • Civ. 18 mars 1946 : *préc. note 1.* ♦ Le risque de guerre n'est pas limité aux risques du combat. • Même décision. ♦... Ni à l'action violente des troupes au temps et au lieu du sinistre. • Civ. 9 déc. 1947 : *RGAT 1948. 137.* ♦ Ainsi, ont notamment pu motiver l'exclusion de garantie : le fait de guerre qui entraîne la destruction des moyens de secours spécialement créés dans le but d'empêcher l'extension des incendies, ou qui empêche leur utilisation, peut exercer une influence décisive sur le développement de l'incendie, puisqu'il supprime les moyens efficients préparés pour prévenir ce développement. • Civ. 24 juill. 1945 : *préc. note 1.* ♦... Une série de faits qui sont reliés étroitement à l'invasion de l'armée allemande, évacuation des habitants, pillage général, carence des autorités municipales de nature notamment à paralyser les moyens normaux de secours. • Civ. 23 juill. 1946 : *D. 1947. 245, note P. L.-P.; RGAT 1947. 170.* ♦... L'accident d'automobile survenu au cours de l'exode général de juin 1940, l'invasion allemande ayant contribué à causer le sinistre survenu à une personne dont le déplacement était déterminé par cet exode et se rattachait étroitement au désarroi dû à la retraite des troupes françaises et à la fuite des populations. • Civ. 16 juill. 1947 : *RGAT 1947. 387, note Besson.*

3. Insuffisance d'un état de guerre. La garantie d'assurance, sous réserve des stipulations du contrat, n'est pas exclue par cela seul que l'état de guerre a occasionné le sinistre, tant qu'aucune opération de la guerre étrangère n'a exercé, ni directement ni indirectement sur sa création ou son développement, une influence constitutive d'un rapport de causalité. • Civ. 2 févr. 1948 : *RGAT 1948. 135.*

4. Charge de la preuve. L'al. 2 de l'art. 34 de la L. du 13 juill. 1930 [C. assur., art. L. 121-8] établit une présomption de risque de guerre dans le cas de dommage survenu pendant la guerre étrangère et met impérativement à la charge de l'assuré l'administration de la preuve capable de renverser cette présomption. • Civ. 18 mars 1946 : *préc. note 1.*

5. Objet de la preuve. Il appartient à l'assuré de démontrer qu'aucune des circonstances dans lesquelles le dommage est survenu ne se rattache étroitement aux opérations militaires et n'a pu être constitutive d'un rapport de causalité. • Civ. 23 juill. 1946 : *D. 1947. 245, note P. L.-P.; RGAT 1947. 170.* ♦ La preuve mise à la charge de l'assuré est celle que le sinistre ne se rattache pas étroitement à une opération déterminée de la guerre. • Civ. 2 févr. 1948 : *préc. note 3.*

6. Liberté contractuelle. L'al. 2 de l'art. 34 de la loi du 13 juill. 1930 [C. assur., art. L. 121-8] ne porte pas atteinte à la liberté de la délimitation de la garantie affirmée tant par l'al. 1er que par l'art. 2 de ladite loi. • Civ. 24 juill. 1945 : *préc. note 1.* ♦... Ni, par conséquent, à celle de restreindre la garantie au-delà des dispositions de l'art. 34. • Civ. 8 déc. 1947 : *RGAT 1948. 137.*

II. GUERRE CIVILE

7. Nécessité d'un événement en étroite relation avec la guerre civile. Il ne suffit pas, pour exonérer l'assureur, qu'un vol soit survenu durant la guerre civile, mais il faut qu'au temps et au lieu où il s'est produit, un événement qui se rattache étroitement à cette guerre ait joué un rôle déterminant dans sa réalisation. • Civ. 1re, 23 févr. 1966 : *RGAT 1966. 192 (2e esp.).*

8. Preuve non rapportée. Il ne suffit pas que la guerre civile qui existait en Algérie ait exercé une influence partielle ou indirecte sur la réalisation du dommage et que la carence de la police due à l'insurrection ait eu à cet égard une action déterminante. • Civ. 1re, 23 févr. 1966 : *RGAT 1966. 192 (1re esp.).* ♦ L'exclusion ne pouvait jouer, dès lors qu'au jour du sinistre, il n'y avait pas de troubles graves ni de combats entre les membres de l'OAS et les forces de l'ordre de nature à créer un état d'insécurité général dans toute la ville et à désorganiser tous les services de police les empêchant de faire face à leur tâche habituelle de surveillance et de contrôle. • Civ. 1re, 23 févr. 1966 : *RGAT 1966. 192 (3e esp.).* ♦ Cassation d'une décision qui, pour appliquer l'exclusion, constate la grave situation insurrectionnelle régnant dans la ville d'Oran et le maintien des forces de police dans leurs casernes où elles étaient attaquées, et énonce que des malfaiteurs ont pu sans être inquiétés se livrer à de nombreux méfaits, mais ne relève aucun fait particulier rattachant par un lien de causalité le vol d'une automobile aux événements généraux qu'elle rapporte. • Civ. 1re, 23 févr. 1966 : *RGAT 1966. 192 (5e esp.).* ♦ Les considérations générales invoquées par un assureur sur la situation troublée et périlleuse dans laquelle étaient alors plongées les grandes villes d'Algérie, si exactes soient-elles, ne pouvaient tenir lieu de preuve d'une relation de cause à effet entre les événements politiques du moment et l'incendie d'un entrepôt, alors qu'était constatée par les juges du fond l'intervention en temps utile des services de pompiers. • Civ. 1re, 30 janv. 1967 : *RGAT 1967. 488 (1re esp.).* ♦ Manque de base légale, au regard de l'art. L. 121-8, l'arrêt d'une cour d'appel qui se borne à constater l'état de guerre civile qui régnait au Liban pendant la période considérée, sans relever aucun fait particulier qui se rattacherait étroitement à ces événements généraux et qui, en mettant les transporteurs dans l'impossibilité, non seulement d'acheminer immédiatement le matériel jusqu'à sa destination finale, mais aussi d'en assurer la surveillance, l'entretien et la conservation jusqu'à la réexpédition, serait la cause directe du sinistre constitué par des pertes et des avaries. • Civ. 1re, 24 mars 1992, n° 89-14.880 P : *D. 1994. 41, note Beignier ; RCA 1992, n° 242 ; RGAT 1992. 527, note Vincent.*

9. Preuve rapportée. Mais les juges du fond ont pu faire jouer l'exclusion, dès lors qu'ils relevaient que des agressions commises contre des banques, par leur répétition et leurs circonstances particulières, ne présentaient nullement les caractéristiques de vols de droit commun, mais en revanche procédaient manifestement d'un plan d'ensemble émanant d'une organisation subversive qui ne pouvait le réaliser qu'à la faveur d'une guerre civile, et, par conséquent, se rattachaient à celle-ci. • Civ. 1re, 27 janv. 1969 : *Bull. civ. I, n° 38 ; RGAT 1969. 369.*

III. ÉMEUTES ET MOUVEMENTS POPULAIRES

10. Émeute. La prohibition, résultant de l'art. L. 121-2, de stipuler dans un contrat d'assurance une clause excluant la garantie de l'assuré en raison de la nature ou de la gravité de la faute de la personne dont l'assuré est civilement responsable, ne s'applique pas à l'exclusion légale de garantie définie par l'art. L. 121-8. • Civ. 2e, 22 oct. 2012 : *RCA 2013, n° 73, obs. Groutel ; RGDA 2013. 418, note Mayaux* (violences urbaines) • 13 déc. 2012 : *RCA 2013, n° 73, obs. Groutel.*

11. Mouvements populaires. Constitue un mouvement populaire, à l'occasion d'une grève, l'établissement, à l'instigation d'un meneur étranger à l'entreprise, de piquets de surveillance interdisant l'accès de l'entreprise aux ouvriers. • Civ. 11 déc. 1942 : *RGAT 1943. 161 ; DC 1943. 136, note P. L.-P.*

12. Indifférence de la spontanéité. L'absence de caractère spontané ne suffit pas à écarter la qualification d'émeute ou de mouvement populaire au sens de l'art. L. 121-8. • Civ. 2e, 17 nov. 2016, n° 15-24.116 P : *RGDA 2017. 59, note Kullmann ; RCA 2017, n° 60, note Groutel ; JCP 2016, n° 1307, obs. Perdrix ; Gaz. Pal. 9 mai 2017. 66, note Cerveau.*

13. Convention contraire. Ayant relevé, d'une part, que l'article 4.7 des conditions générales de la police prévoit expressément qu'il peut être dérogé aux exclusions générales de garantie qu'il institue, par des stipulations contraires de ses conditions spécifiques ou particulières, et, d'autre part, que l'article 2.1.1 des conditions spécifiques stipulant que la garantie d'annulation s'applique en cas d'annulation, d'interruption ou d'ajournement de l'événement « pour toute cause hors du contrôle du preneur d'assurance et/ou de l'assuré » mentionne dans sa rubrique « qu'est-ce qui n'est pas couvert... » une liste de onze cas d'exclusion de la garantie annulation, dans laquelle ne figurent pas les dommages résultant d'émeutes ou de mouvements populaires, c'est dans l'exercice de son pouvoir souverain d'interprétation du contrat que la cour d'appel a retenu qu'il s'en déduit que l'insurrection, mouvement populaire, n'exclut pas la garantie de l'assureur en cas d'annulation de l'événement assuré. • Civ. 2e, 23 mars 2017, n° 16-10.589 : *RGDA 2017. 309, note Asselain.*

Art. L. 121-9 En cas de perte totale de la chose assurée résultant d'un événement non prévu par la police, l'assurance prend fin de plein droit et l'assureur doit restituer à l'assuré la portion de la prime payée d'avance et afférente au temps pour lequel le risque n'est plus couru. – *Assur. L. 123-2.*

COMMENTAIRE

Spécifique aux assurances de dommages (Civ. 1re, 20 mars 1963 : *V. note 1*), l'article L. 121-9 indique que la perte totale de la chose assurée met fin au contrat d'assurance (II).

Dans le silence du législateur, il est revenu à la jurisprudence de préciser cette notion de perte de la chose assurée (I).

I. LA NOTION DE PERTE TOTALE DE LA CHOSE ASSURÉE

Selon la jurisprudence, la perte totale de la chose ne peut être qu'une perte matérielle et non une perte juridique. Il faut une destruction totale et physique de la chose assurée pour que le contrat d'assurance s'éteigne de plein droit. Cette solution s'explique aisément. Tant que la chose existe, le risque pour lequel elle est assurée est susceptible de se réaliser. Ainsi, la perte de la chose ne peut résulter du seul ordre de l'autorité prescrivant la destruction de la chose assurée irrégulièrement construite et non encore exécuté (Civ. 1re, 4 janv. 1977 : *V. note 2*). De même, le prêt de la chose assurée non suivi d'une restitution ne peut être assimilé à une perte totale de la chose (Civ. 1re, 20 mars 1989 : *V. note 2*).

L'article L. 121-9 indique par ailleurs que la perte totale de la chose doit résulter « d'un événement non prévu par la police ». Cette précision a fait l'objet d'interprétations doctrinales contradictoires. Certains auteurs estiment de la sorte que la perte de la chose assurée à la suite de la réalisation d'un événement garanti n'emporte pas nécessairement l'extinction du contrat. L'assuré peut décider d'utiliser l'indemnité d'assurance pour reconstruire ou remplacer le bien détruit. Le maintien de l'assurance est alors justifié. En revanche, si le bien n'est pas reconstruit ou remplacé, le contrat doit nécessairement prendre fin (Bigot, *Le contrat d'assurance*, 2e éd., LGDJ, 2014, n° 1537). D'autres auteurs mettent en avant le principe de la libre disposition de l'indemnité d'assurance et estiment que la perte totale de la chose fait disparaître l'aléa du contrat d'assurance. Celui-ci est dès lors caduc et cette solution s'impose que la perte du bien résulte ou non d'un événement prévu par la police d'assurance (V. Groutel et al., Traité du contrat d'assurance terrestre, *Litec, 2008, n° 1378*).

II. L'EXTINCTION DU CONTRAT D'ASSURANCE

La perte totale de la chose emporte de plein droit l'extinction du contrat. Cette solution est logique. Dès lors que le bien exposé au risque disparaît, il n'y a plus d'aléa et le contrat d'assurance n'existe plus. La disparition du contrat a, par ailleurs, des conséquences sur le terrain des primes. Si la perte totale du bien résulte d'un événement non prévu par la police, l'assureur doit restituer la fraction de la prime correspondant à la période pour laquelle le risque n'est plus couru. En revanche, si la perte totale du bien résulte d'un événement prévu par la police, l'assureur n'est tenu à aucune restitution (Civ. 1re, 18 nov. 2003 : *V. note 3*). ❑

1. Domaine. L'art. 35 de la L. du 13 juill. 1930 [C. assur., art. L. 121-9] ne concerne que les assurances de dommages. Dès lors, il ne peut justifier le refus de payer la prime d'une assurance contre les accidents corporels de la part d'un assuré qui, en raison de son changement de profession, n'est plus exposé au risque qui avait motivé la souscription du contrat. • Civ. 1re, 20 mars 1963 : *Bull. civ. I, n° 173 ; RGAT 1964. 58 ; JCP 1963. II. 13301.*

2. Notion de perte totale. La perte de la chose assurée, qui met fin à l'assurance, ne résulte pas du seul fait de l'ordre de l'autorité prescrivant la destruction de la chose assurée. Dès lors, si le bâtiment frappé de cette mesure n'a pas déjà été démoli, l'assureur ne peut pas refuser de verser une indemnité à la suite de l'incendie qui l'a détruit. • Civ. 1re, 4 janv. 1977, n° 75-13.979 P : *D. 1977. IR 177, obs. Berr et Groutel ; RGAT 1977. 503, note Besson.* ♦ Le prêt d'une voiture non suivi de restitution ne peut être assimilé à la perte totale de la chose assurée. • Civ. 1re, 20 mars 1989 : *RGAT 1989. 573, note Chapuisat.*

3. Conservation de la totalité de la prime. Il résulte de l'art. L. 121-9 que, lorsque la perte de la chose assurée résulte de la réalisation du risque garanti, la fraction de prime correspondant à ce risque reste acquise à l'assureur. • Civ. 1re, 18 nov. 2003 : *RGDA 2004. 60, note Bareire et Landel.* ♦ V. auparavant : il n'appartient pas aux juges du fond de refuser à l'assureur, qui offre d'exécuter intégralement les obligations résultant pour lui du contrat, le bénéfice de la totalité des prestations réciproques mises à la charge de l'assuré, et la division de la prime, prescrite par la loi du 13 juill. 1930 dans les cas de résiliation prématurée du contrat, qui libère l'assureur dans l'avenir d'un risque continu pour lequel il avait promis garantie, ne saurait être arbitrairement étendue à un cas d'expiration normale du contrat, à la suite de la réalisation du seul risque couvert. • Civ. 19 mai 1947 : *D. 1948. 69 ; JCP 1947. II. 3869, note P. L.-P. ; RGAT 1947. 281 ; GADA, p. 86, obs. Berr et Groutel.*

Art. L. 121-10 En cas de décès de l'assuré ou d'aliénation de la chose assurée, l'assurance continue de plein droit au profit de l'héritier ou de l'acquéreur, à charge par celui-ci d'exécuter toutes les obligations dont l'assuré était tenu vis-à-vis de l'assureur en vertu du contrat.

Il est loisible, toutefois, soit à l'assureur, soit à l'héritier ou à l'acquéreur de résilier le contrat. L'assureur peut résilier le contrat dans un délai de trois mois à partir du jour où l'attributaire définitif des objets assurés a demandé le transfert de la police à son nom.

En cas d'aliénation de la chose assurée, celui qui aliène reste tenu vis-à-vis de l'assureur au paiement des primes échues, mais il est libéré, même comme garant des primes à échoir, à partir du moment où il a informé l'assureur de l'aliénation par lettre *(L. n° 2019-733 du 14 juill. 2019, art. 1er, en vigueur le 1er déc. 2020)* **« , tout autre support durable ou moyen prévu à l'article L. 113-14 ».**

Lorsqu'il y a plusieurs héritiers ou plusieurs acquéreurs, si l'assurance continue, ils sont tenus solidairement du paiement des primes.

(L. n° 89-1014 du 31 déc. 1989) **« Il ne peut être prévu le paiement d'une indemnité à l'assureur dans les cas de résiliation susmentionnés. »** – *V. note ss. art. L. 121-11.*

Les dispositions du présent article ne sont pas applicables au cas d'aliénation d'un véhicule terrestre à moteur. – *Assur. L. 243-7.*

Les dispositions issues de la L. n° 2019-733 du 14 juill. 2019 sont applicables aux contrats et adhésions en cours à cette date (Décr. n° 2020-1438 du 24 nov. 2020, art. 4).

BIBL. ▶ VAILLIER, *RCA 2000. Chron. 26* (abroger l'art. L. 121-10 C. assur. ?).

COMMENTAIRE

L'article L. 121-10 subordonne la transmission du contrat au « décès de l'assuré » ou à « l'aliénation de la chose assurée ». En conséquence, l'article L. 121-10 organise la transmission de plein droit du contrat d'assurance au profit des héritiers de l'assuré ou des acquéreurs d'une chose assurée (I). Afin de compenser les effets de cette transmission de plein droit du contrat d'assurance, qui ne concerne pas les véhicules terrestres à moteur ni les navires et bateaux de plaisance pour lesquels existent des dispositions spécifiques (art. L. 121-11), le législateur a reconnu une faculté de résiliation du contrat à l'assureur et à l'acquéreur ou aux héritiers du bien (II).

I. LA TRANSMISSION LÉGALE DU CONTRAT D'ASSURANCE

Si la transmission légale du contrat d'assurance est subordonnée à des conditions spécifiques (A), elle produit des effets classiques (B).

A. LES CONDITIONS DE LA TRANSMISSION LÉGALE

L'article L. 121-10 subordonne la transmission du contrat au « décès de l'assuré » ou à « l'aliénation de la chose assurée ». En conséquence, la transmission du contrat d'assurance suppose tout d'abord le **transfert de la propriété** de la chose assurée, qui peut notamment résulter d'une succession, d'une vente, mais aussi d'une cession judiciaire de l'entreprise dans le cadre d'une procédure collective (Civ. 1re, 10 juin 1986 : *V. note 2*). Mais le transfert de la seule nue-propriété, à la suite d'une donation-partage avec réserve d'usufruit, permet également la transmission du contrat d'assurance aux nus-propriétaires (Civ. 1re, 10 juin 1986 : *préc.*).

Ensuite, la transmission légale ne peut s'opérer que si **un contrat d'assurance était en vigueur** au moment du transfert de la propriété ou de la nue-propriété du bien. Par conséquent, si le contrat d'assurance a été reporté, en application d'un accord conclu entre le vendeur et l'assureur, sur la chose achetée en remplacement de celle vendue, aucune transmission d'assurance ne peut s'effectuer (Civ. 1re, 21 mars 1960 : *V. note 6*). La nature du contrat d'assurance existant lors du transfert du bien importe peu. Il peut s'agir d'un contrat d'assurance de choses ou d'un contrat d'assurance de responsabilité (Civ. 27 juill. 1948 : *V. note 1*).

Enfin, la Cour de cassation a précisé que la transmission légale du contrat a pour condition nécessaire que la chose transmise soit la matière d'un risque qui lui est propre, auquel correspond une prime spéciale ou une partie divisible d'une prime totale (Civ. 27 janv. 1948 : *V. notes 8 et 9*). Il faut donc une **assurance propre à la chose**. Cette exigence est source de difficultés en cas d'assurance multirisques. La transmission du contrat ne peut intervenir que si la prime est divisible. Ainsi, l'assurance d'un immeuble avec une prime calculée sur le nombre de mètres carrés habitables est transmise à l'acquéreur d'un appartement de cet immeuble (Civ. 1re, 21 janv. 1992 : *V. note 8*). En revanche, si un contrat d'assurance couvre globalement et forfaitairement un immeuble, aucune transmission de ce contrat ne peut s'effectuer en cas de cession d'une partie de cet immeuble (Civ. 1re, 3 déc. 1974 : *V. note 9*).

B. LES EFFETS DE LA TRANSMISSION LÉGALE

Dès lors que les conditions sont réunies, la transmission du contrat s'effectue de plein droit, sans aucune formalité. En particulier, l'assureur ne peut la subordonner à une déclaration préalable du transfert de propriété (Civ. 1re, 4 juill. 1956 : *V. note 10*). Partant, l'assureur est tenu de garantir les héritiers de l'assuré ou l'acquéreur du bien assuré alors même qu'il n'a pas été avisé du décès de l'assuré ou de l'aliénation. L'absence d'information obligatoire de l'assureur par le nouvel assuré n'écarte toutefois pas une éventuelle sanction sur le terrain du dol. Ainsi, la dissimulation par l'assuré, lors de l'établissement d'avenants, de la cession des biens assurés et du changement d'identité de l'assuré constitue des manœuvres dolosives et justifie la nullité de la police d'assurance (Civ. 1re, 3 janv. 1996 : *V. note 11*).

Au-delà de cet effet automatique, qui suppose néanmoins de déterminer la date de la transmission du contrat (1), la transmission légale emporte transfert des droits à l'encontre de l'assureur au profit du nouvel assuré (2) et transfert des obligations de l'ancien assuré au nouvel assuré (3).

1. LA DATE DE LA TRANSMISSION DU CONTRAT

La question de la date de la transmission du contrat d'assurance s'est posée avec une certaine acuité en cas de vente du bien assuré. Traditionnellement, la jurisprudence estimait que la transmission du contrat ne s'effectuait qu'à la date du transfert de propriété. Par conséquent, en cas de promesse de vente valant vente retardant le transfert de propriété à la signature de l'acte authentique, la jurisprudence estimait que le transfert du contrat ne s'effectuait qu'au jour du transfert de propriété (Civ. 1re, 20 nov. 1990 ; Civ. 1re, 28 janv. 1984). Mais, cette solution n'a pas été retenue par la troisième chambre civile de la Cour de cassation. Par un arrêt en date du 7 mars 2019, cette dernière a estimé que le transfert du contrat s'effectue à la date de la conclusion de la vente, même si celle-ci est antérieure au transfert de propriété (Civ. 3e, 7 mars 2019).

2. LA TRANSMISSION DES DROITS À L'ÉGARD DE L'ASSUREUR

La transmission légale du contrat emporte classiquement un transfert de la garantie avec toutes ses forces et ses faiblesses. Partant, si le nouvel assuré peut rechercher la garantie de l'assureur pour un sinistre survenu après la cession de la chose, l'assureur peut lui opposer les plafonds de garantie et les franchises contenues dans le contrat. De même, il peut opposer toutes les exceptions qu'il aurait pu opposer au précédent assuré.

Par ailleurs, si le sinistre est survenu avant l'aliénation de la chose assurée, le nouvel assuré ne peut, par principe, demander le versement à son profit de l'indemnité d'assurance. Ainsi, selon la jurisprudence traditionnelle de la Cour de cassation, le bénéficiaire de l'indemnité est la personne propriétaire au moment du sinistre (Civ. 1re, 10 juin 1997 : *V. note 12*). Cependant, conformément à la solution de 2019 fixant la date du transfert du contrat d'assurance à la date de la conclusion de la vente, l'acquéreur peut solliciter le versement de l'indemnité d'assurance dès lors que le sinistre est survenu après la conclusion de la vente, même si le transfert de propriété n'a pas encore eu lieu (Civ. 3e, 7 mars 2019). En revanche, il ne peut, en principe, demander le versement de l'indemnité pour un sinistre antérieur à la conclusion de la vente.

Cela étant, la jurisprudence s'est montrée plus hésitante en cas de catastrophe naturelle. Ainsi, conformément à la solution traditionnelle, la Cour de cassation a pu affirmer que l'indemnité devait être versée au propriétaire lors du sinistre, même si l'arrêté ministériel constatant l'état de catastrophe naturelle n'a été pris que postérieurement au transfert de propriété (Civ. 1re, 18 juill. 2000, et Civ. 2e, 7 avr. 2011 : *V. note 12*). Mais, dans d'autres décisions, la Cour de cassation a pu retenir que l'assureur, garantissant les risques de catastrophe naturelle au moment du sinistre survenu avant une vente, devait verser l'indemnité aux acquéreurs du bien (Civ. 2e, 4 nov. 2010). Pour autant, si l'on procède à une recherche de l'intérêt d'assurance, cette solution ne paraissait pas nécessairement justifiée. Il est en effet fort probable que le bien sinistré soit vendu pour une valeur inférieure à celle qui était la sienne avant le sinistre. La perte patrimoniale, protégée par l'assurance, est donc supportée par le vendeur. Aussi, la nouvelle formulation de la Cour de cassation paraît plus heureuse. Celle-ci retient que, sauf clause contraire, l'acquéreur d'un immeuble a qualité à agir en paiement des indemnités d'assurance contre l'assureur des vendeurs garantissant les risques de catastrophe naturelle, même pour les dommages nés antérieurement à la vente (Civ. 3e, 7 mai 2014).

Mais l'attribution de l'indemnité d'assurance à l'acquéreur de l'immeuble pour les sinistres antérieurs pourrait devenir la règle en raison de la multiplication des dérogations au principe de libre disposition de l'indemnité d'assurance. En effet, l'on peut déduire de l'article L. 121-17 du code des assurances qu'en assurance catastrophes naturelles l'indemnité d'assurance doit être affectée à la remise en état de l'immeuble. Au-delà, par un arrêt du 18 avril 2019, la Cour de cassation a affirmé que l'article L. 121-17 du code des assurance est applicable à l'ensemble des assurances de choses et l'indemnité d'assurance doit être affectée à la réparation du dommage, dès lors qu'un arrêté du maire prescrit la réparation des désordres subis par l'immeuble (V. comm. ss. art. L. 121-17).

3. LA TRANSMISSION DES OBLIGATIONS DE L'ASSURÉ

Parallèlement, la transmission légale du contrat transfère au nouvel assuré toutes les obligations nées du contrat. En ce qui concerne le paiement des primes, l'article L. 121-10 effectue une distinction entre la transmission à cause de mort et l'aliénation entre vifs.

En cas d'aliénation entre vifs, il faut faire une distinction entre les primes échues avant la cession et celles à échoir. Tandis que les premières sont dues par l'ancien propriétaire, les secondes sont à la charge de l'acquéreur du bien assuré. Mais tant que l'assureur n'est pas informé de l'aliénation par lettre recommandée ou par envoi recommandé électronique, le cédant reste tenu en qualité de garant de celles à échoir. Celui-ci a donc tout intérêt à rapidement porter la cession à la connaissance de l'assureur.

En cas de transmission pour cause de mort, il faut là encore effectuer une distinction entre les primes échues avant le décès et les primes à échoir. Conformément aux règles successorales, les primes échues sont à la charge de tous les héritiers de manière divisible. Mais les primes à échoir incombent solidairement aux héritiers avant le partage et à l'attributaire de la chose après le partage.

II. LA FACULTÉ DE RÉSILIATION RÉCIPROQUE DU CONTRAT

Dans la mesure où le nouvel acquéreur et l'assureur ne souhaitent pas nécessairement poursuivre la relation contractuelle, le législateur offre à chacune des parties une faculté de résiliation unilatérale du contrat. Le parallélisme entre la faculté de résiliation de l'assureur (A) et celle du cessionnaire (B) n'est toutefois pas absolu.

A. LA FACULTÉ DE RÉSILIATION DE L'ASSUREUR

L'assureur qui souhaite résilier le contrat doit respecter un **délai** particulier. Selon l'article L. 121-10, alinéa 2, il dispose « de trois mois à partir du jour où l'attributaire définitif des objets assurés a demandé le transfert de la police à son nom ». L'assureur n'est toutefois pas tenu d'attendre cette information. Il peut résilier le contrat avant s'il a eu connaissance du transfert de l'assurance.

Aucune précision n'est donnée par l'article L. 121-10 quant à la **forme** et aux **effets** de la résiliation. Cependant, dans la mesure où cette faculté de résiliation peut se justifier par une aggravation du risque, on pourrait raisonner par analogie avec la résiliation pour aggravation du risque de l'article L. 113-4, laquelle doit logiquement suivre les mêmes règles que celles prévues pour la déclaration inexacte du risque par l'article L. 113-9. La résiliation devrait dès lors se faire par lettre recommandée ou par envoi recommandé électronique et prendre effet dix jours après sa notification. Cette résiliation doit en outre être motivée par application de l'article L. 113-12-1 du code des assurances lorsque le contrat couvre une personne physique en dehors de son activité professionnelle.

B. LA FACULTÉ DE RÉSILIATION DU CESSIONNAIRE

1. LA MISE EN ŒUVRE DE LA RÉSILIATION

En ce qui concerne la résiliation demandée par le nouvel assuré, l'article L. 121-10 n'apporte que très peu de précisions. Il se contente d'affirmer qu'il est loisible à l'héritier ou à l'acquéreur de résilier le contrat. Cette indication permet simplement d'affirmer qu'en cas de vente, il appartient au seul acquéreur de résilier le contrat (Civ. 1re, 21 mai 1986 : *V. note 16*), et que l'éventuel accord entre le vendeur et l'acquéreur confiant au premier l'obligation de résilier le contrat est sans effet à l'égard de l'assureur. Dès lors, si le vendeur s'abstient de demander la résiliation du contrat, l'assureur peut toujours demander le paiement des primes à l'acquéreur (Civ. 1re, 1er juin 1977 : *V. note 17*).

Quant au **délai** de résiliation, en l'absence d'indication, il faut admettre que l'assuré n'est enfermé dans aucun délai. La résiliation peut donc être demandée à tout moment jusqu'au terme de la période d'assurance.

Quant à la **forme** de la résiliation, la Cour de cassation a affirmé que la règle générale de l'article L. 113-14 du code des assurances devait s'appliquer et donc que l'assuré devait respecter l'une des formes prévues par cet article (Civ. 1re, 18 oct. 1983 : *V. note 18*). Assouplissant sa jurisprudence, la Cour de cassation retient désormais que l'assuré peut résilier son contrat dans une forme autre à la condition qu'elle soit acceptée par l'assureur (Civ. 2e, 7 oct. 2010 : *V. note 18*). Par conséquent, une résiliation unilatérale irrégulière peut constituer une proposition de résiliation du contrat. Si l'assureur l'accepte, même oralement ou tacitement, le contrat prend fin.

Quant aux **effets** de la résiliation, il faut là encore admettre qu'en l'absence de précision législative, elle prend effet dès qu'elle est portée à la connaissance de l'assureur.

2. LES OBSTACLES À LA RÉSILIATION

Depuis la loi no 89-1014 du 31 décembre 1989, l'article L. 121-10 interdit à l'assureur d'insérer une clause dans le contrat d'assurance imposant le versement d'une indemnité en cas de résiliation. Le législateur entend de la sorte lutter contre les éventuelles entraves à l'exercice de la faculté de résiliation.

Cette solution pourrait dès lors s'opposer à la validité des clauses de maintien du contrat d'assurance introduit dans les contrats de vente. Mais la Cour de cassation a validé ces clauses (Civ. 27 juill. 1948 : *V. note 21*) à la condition que la renonciation de l'acquéreur à la résiliation du contrat soit non équivoque (Civ. 1re, 8 juin 1977 : *V. note 21*). Par une recommandation no 80-02 du 22 mai 1979, la Commission des clauses abusives a d'ailleurs validé ces clauses insérées dans les contrats de vente immobilière en exigeant toutefois la remise du contrat de vente à l'acquéreur et le rappel dans le contrat de vente de la faculté légale de résiliation du contrat. ❑

I. TRANSMISSION DU CONTRAT

A. DOMAINE

1. *Nature de l'assurance.* En visant l'aliénation de la chose assurée, l'art. 19 de la loi du 13 juill. 1930 [C. assur., art. L. 121-10], disposition générale, ne restreint pas la transmission de la police au cas d'assurance du risque subi par la chose, et doit recevoir application au cas d'assurance du risque causé par l'exercice de la propriété d'une chose, et, spécialement au cas d'assurance de la responsabilité encourue dans l'exploitation d'un fonds de commerce déterminé. • Civ., 27 juill. 1948 : *D. 1948. 565, note P. L.-P. ; RGAT 1948. 317 ; GADA, p. 37, obs. Berr et Groutel.* ♦ L'art. 19, texte général, impératif et d'ordre public, ne restreint pas la transmission de la police aux cas d'assurance de chose. • Civ. 1re, 18 oct. 1955 : *D. 1956. 40 ; RGAT 1956. 131.*

2. *Cession de la nue-propriété ou de l'usufruit de la chose assurée.* L'art. L. 121-10 s'applique en cas de pluralité d'héritiers ou d'acquéreurs, notamment, en matière de donation-partage, aux acquéreurs successifs ainsi qu'aux cessions de nue-propriété et d'usufruit. • Civ. 1re, 10 juin 1986, no 84-17.087 P : *RGAT 1986. 340, note Bigot.*

3. *Cession judiciaire de l'entreprise.* Selon l'art. L. 121-10, en cas de décès de l'assuré ou d'aliénation de la chose assurée, l'assurance continue de plein droit au profit de l'héritier ou de l'acquéreur, à charge par celui-ci d'exécuter toutes les obligations dont l'assuré était tenu vis-à-vis de l'assureur en vertu du contrat. Cette disposition impérative, qui ne distingue pas selon que le transfert de propriété porte sur un bien mobilier ou immobilier, corporel ou incorporel ni selon le mode d'aliénation de la chose assurée, s'applique en cas de cession d'un fonds de commerce ordonnée lors d'une procédure de redressement judiciaire. • Civ. 2e, 24 oct. 2019, no 18-15.994 : *RCA 2019, no 20, note Groutel ; RGDA déc. 2019. 14, note Pimbert ; bjda.fr 2019, no 66, note Asselain.* ♦ L'art. L. 121-10 ne distinguant pas selon le mode d'aliénation de la chose assurée et la transmission du contrat d'assurance accessoirement à la cession d'un actif s'effectuant de plein droit, les dispositions de l'art. L. 621-88 C. com. sont sans application. • Civ. 2e, 13 juill. 2005, no 03-12.533 P : *RCA 2006, no 38 ; ibid., Étude 1 (1re esp.), note Asselain ; APC 2005, no 218, obs. Monsèrié-Bon ; RJDA 2005, no 1369 ; JCP E 2006, no 2, p. 72, obs. Pétel.*

B. CONDITIONS

4. *Existence d'une cession.* En l'absence d'aliénation de la chose assurée, la transmission du contrat d'assurance ne peut être invoquée. • Civ. 2e, 12 mars 2009 : *RGDA 2009. 471, note Mayaux.*

5. *Résolution de la vente.* La résolution de la vente d'un bien est opposable, comme la vente elle-même, à la compagnie qui assure ce bien ; dès lors, le vendeur, redevenu rétroactivement propriétaire du bien qu'il avait cessé d'assurer, doit être considéré comme ayant eu la qualité d'assuré au moment du sinistre. • Civ. 1re, 18 oct. 1983, no 82-14.273 P : *RGAT 1984. 372, note Besson.* ♦ Dans le même sens : • Civ. 1re, 11 mars 1986, no 84-13.660 P : *RGAT 1986. 336, note Bigot.*

6. Existence du contrat. L'assuré et l'assureur peuvent, en dehors de la faculté de résiliation ouverte par la loi en cas d'aliénation de la chose assurée, valablement convenir d'un report de l'assurance sur la chose acquise par le premier en remplacement de celle qui était primitivement garantie. En ce cas, l'art. 19 de la L. du 13 juill. 1930 [C. assur., art. L. 121-10], qui prévoit que l'assurance continue de plein droit au profit de l'acquéreur de la chose assurée, est sans application. • Civ. 1re, 21 mars 1960 : *Bull. civ. I, n° 164; RGAT 1961. 165.* ♦ L'acquéreur d'une chose n'a aucun droit à exiger que celle-ci soit nantie d'une assurance ; aussi un accord entre le vendeur et l'assureur, antérieur à l'aliénation, peut-il valablement prévoir de transférer l'assurance sur une autre chose. • Civ. 1re, 4 mars 1963 : *Bull. civ. I, n° 136; RGAT 1963. 459.*

7. Individualisation du risque. La transmission de plein droit, à l'acheteur d'une chose assurée, de l'assurance souscrite par le vendeur qu'opère l'art. 19 de la L. du 13 juill. 1930 [C. assur., art. L. 121-10] a pour condition nécessaire que la chose achetée soit la matière d'un risque qui lui est propre. • Civ. 27 janv. 1948 : *D. 1949. 458, note Besson; RGAT 1948. 26.* ♦ Une assurance continue de plein droit au profit du nouveau propriétaire qui a acquis l'ensemble des droits de l'ancien, dès lors que le contrat souscrit par ce dernier était intervenu en considération non de sa personne mais de l'immeuble lui-même, et que ce contrat garantissait uniquement des risques relatifs au bâtiment ou au fonds de commerce. • Civ. 1re, 27 sept. 1983, n° 82-12.459 P.

8. Individualisation de la prime. La transmission de plein droit, à l'acheteur d'une chose assurée, de l'assurance souscrite par le vendeur qu'opère l'art. 19 de la L. du 13 juill. 1930 [C. assur., art. L. 121-10] a pour condition nécessaire que la chose achetée soit la matière d'un risque qui lui est propre auquel correspond une prime spéciale ou une partie divisible d'une prime totale. • Civ. 27 janv. 1948 : *préc. note 7.* ♦ Ainsi, ayant estimé qu'il résultait des énumérations figurant dans l'avenant au contrat d'assurance que la prime était calculée sur la base de 1 200 m² et qu'il ne s'agissait pas d'une prime globale et forfaitaire ne pouvant se diviser et après avoir constaté que les locaux acquis par avaient une surface de 283 m², une cour d'appel a pu en déduire que la chose achetée était la matière d'un risque qui lui était propre, auquel correspondait une partie divisible d'une prime totale, de telle sorte que la condition nécessaire à la transmission de plein droit à l'acquéreur de l'assurance souscrite par le vendeur, prévue par l'art. L. 121-10 C. assur., était remplie. • Civ. 1re, 21 janv. 1992 : *RCA 1992, n° 157; RGAT 1992. 272, note Bigot.* ♦ Ayant relevé que le contrat de cession d'un fonds de commerce de transports, commissionnaire de transports et commissionnaire en douane, prévoyait, sans restriction, le maintien des contrats d'assurance conclus par le cédant, une cour d'appel a justement énoncé que l'art. L. 121-10 C. assur. concerne l'ensemble des polices qui sont l'accessoire de la chose aliénée, du moment qu'elles sont individualisées au point de vue des biens sur lesquels elles portent et des primes auxquelles elles donnent lieu, et que la société cessionnaire s'est trouvée automatiquement garantie pour des transports de marchandises déterminées, moyennant des primes calculables en fonction de son chiffre d'affaires. En conséquence, la cour d'appel a pu légitimement condamner le cessionnaire à payer les primes échues depuis la cession. • Civ. 1re, 21 mars 1995, n° 92-18.576 P : *RGAT 1995. 299, note Favre-Rochex.*

9. Obstacle de la prime globale indivisible. Si (dans une espèce antérieure à la réforme de l'art. 19 et à l'instauration d'un régime particulier aux véhicules terrestres à moteur) un contrat garantit deux automobiles moyennant une prime globale, la vente de l'une a pour effet que la « chose assurée », qui comprend globalement les deux voitures, se trouve désormais pour partie sous la garde du vendeur assuré, pour partie sous la garde de l'acheteur, ce qui rend l'art. 19 inapplicable. • Civ. 27 janv. 1948 : *préc. note 7.* ♦ Si un contrat d'assurance couvre globalement et forfaitairement un immeuble moyennant une prime indivisible, l'art. 19 de la L. du 13 juill. 1930 [C. assur., art. L. 121-10] n'a pas lieu de s'appliquer à l'occasion de la vente d'un appartement situé dans cet immeuble. • Civ. 1re, 3 déc. 1974 : *Bull. civ. I, n° 316; RGAT 1975. 510.*

C. MODALITÉS

10. Transfert de plein droit. L'assurance se continuant de plein droit au profit de l'acquéreur, celui-ci se substitue automatiquement à l'aliénateur sans que la transmission de l'assurance puisse être subordonnée à une déclaration préalable de transfert de propriété, de telle sorte que l'assureur est tenu de garantir l'acquéreur bien qu'il n'ait pas été avisé de l'aliénation. • Civ. 1re, 4 juill. 1956 : *RGAT 1956. 252.*

11. Dol. Une cour d'appel peut déclarer nulles des polices après avoir constaté que la dissimulation, lors de l'établissement d'avenants, de la cession des biens assurés et du changement d'identité de l'assuré constitue des manœuvres d'une gravité telle que sans elles l'assureur n'aurait pas contracté les avenants, et qu'il avait été privé de la faculté de résiliation offerte par l'art. L. 121-10. • Civ. 1re, 3 janv. 1996 : *RGDA 1996. 274, note Mayaux.*

D. EFFETS

12. Transmission à la date de conclusion de la vente. Viole l'art. L. 121-10 C. assur. la cour d'appel qui, pour écarter la subrogation de l'acquéreur d'un immeuble dans les droits des venderesses à l'égard de leur assureur, retient que c'est au jour du sinistre que doit être appréciée la qualité de propriétaire des biens assurés donnant vocation au bénéfice de l'assurance, alors qu'elle avait relevé que le sinistre était survenu après la conclusion de la promesse de vente et que, sauf clause contraire, l'acquéreur du bien assuré se voit transmettre l'ensemble des droits nés du contrat d'assurance souscrit par le cédant et peut en conséquence réclamer le versement entre ses mains de l'indemnité due au titre du sinistre, alors même que celui-ci serait antérieur au transfert de propriété. • Civ. 3e, 7 mars 2019, n° 18-10.973 P : *D. 2019. 534 ; AJ contrat 2019. 250, obs. Borius ; RCA 2019, n° 172, note Groutel ; RGDA mai 2019. 10, note Pimbert ; RDC sept. 2019. 57, note Leduc.* ♦ *Contra*, auparavant : l'art. L. 121-10 subordonne la transmission de l'assurance au transfert de propriété. Il s'ensuit que les acquéreurs d'un appartement ne sont pas bénéficiaires de la garantie, ni créanciers de l'indemnité d'assurance versée à la suite d'un incendie survenu antérieurement à la date prévue pour le transfert de propriété. • Civ. 1re, 20 nov. 1990, n° 89-12.534 P. ♦ Les parties à la vente peuvent librement déroger aux dispositions de l'art. 1583 C. civ. qui n'est pas d'ordre public ; elles peuvent ainsi retarder le moment du transfert de la propriété, et, de la sorte, la transmission du contrat d'assurance à l'acquéreur. • Civ. 1re, 24 janv. 1984, n° 82-14.841 P. ♦ L'art. L. 121-10 C. assur. subordonne, en cas d'aliénation de la chose assurée, la transmission de l'assurance au transfert de la propriété. • Civ. 1re, 18 juill. 2000, n° 98-12.272 P : *RCA 2000, n° 344.*

13. L'assureur garantissant les risques de catastrophe naturelle au moment du sinistre survenu avant la vente de l'immeuble, pendant la période visée par l'arrêté constatant cette catastrophe naturelle, est tenu d'accorder sa garantie aux acquéreurs de ce bien, en l'absence de résiliation du contrat d'assurance. • Civ. 2e, 4 nov. 2010, n° 09-71.677 : *RGDA 2011. 202, note Abravanel-Jolly.* ♦ Sauf clause contraire, l'acquéreur d'un immeuble a qualité à agir en paiement des indemnités d'assurance contre l'assureur des vendeurs garantissant les risques de catastrophe naturelle, même pour les dommages nés antérieurement à la vente. • Civ. 3e, 7 mai 2014, n° 13-16.400 P : *D. 2014. 1152 ; ibid. 2015. 1231, obs. Bacache, Noguéro, Grynbaum et Pierre ; AJDI 2015. 58, obs. Cohet ; RCA 2014, n° 284, note Groutel ; RDC 2015. 77, note Leduc.* ♦ Sauf clause contraire, l'acquéreur de l'immeuble a seul qualité à agir en paiement des indemnités d'assurance contre l'assureur garantissant les dommages à l'ouvrage, même si la déclaration de sinistre a été effectuée avant la vente. • 15 sept. 2016, n° 15-21.630 P : *D. 2016. 1861 ; ibid. 2017. 1213, obs. Bacache, Noguéro, Grynbaum et Pierre ; RCA 2016, n° 351, note Groutel.* ♦ *Contra* : Ayant constaté qu'il n'existait aucune convention entre l'ancien propriétaire de l'immeuble et l'adjudicataire quant au transfert éventuel du bénéfice de l'indemnité d'assurance due par l'assureur de dommages-ouvrage, et que le cahier des charges de la vente n'en faisait pas état, une cour d'appel décide justement que le bénéficiaire de l'indemnité est la personne qui est propriétaire au moment du sinistre. • Civ. 1re, 10 juin 1997, n° 95-15.523 P : *RCA 1997, n° 314, note Courtieu.* ♦ Le bénéficiaire de l'indemnité d'assurance est le propriétaire du bien au moment du sinistre, même si l'arrêté interministériel ayant constaté l'état de catastrophe naturelle n'a été pris que postérieurement au transfert de propriété. • Civ. 1re, 18 juill. 2000, n° 98-12.272 P : *RCA 2000, n° 344* • Civ. 2e, 7 avr. 2011 : *RGDA 2011. 1111, note Bigot.*

14. *Transfert des actions en responsabilité.* En cas de vente de l'objet assuré, l'assurance continue au profit de l'acquéreur et, avec elle, les actions en responsabilité contractuelle en dérivant ; l'acquéreur peut dès lors invoquer les fautes commises par l'assureur à l'égard du souscripteur lors de la négociation du contrat qui ont causé le dommage dont l'acquéreur recherche la réparation. • Civ. 1re, 9 mai 2001, n° 98-20.107 P : *RCA 2001, n° 305, obs. Vaillier ; RGDA 2001. 1051, note Langé.*

15. *Transfert des obligations à l'acquéreur.* Si l'art. L. 121-10 met à la charge de l'acquéreur de la chose assurée toutes les obligations dont l'assuré était tenu vis-à-vis de l'assureur en vertu du contrat d'assurance, et notamment celle d'acquitter les primes à échoir à compter de l'aliénation, l'exécution de ces obligations n'est pas une condition de la continuation de plein droit de l'assurance au profit de l'acquéreur mais un effet de la transmission active et passive du contrat. • Civ. 2e, 24 oct. 2019, n° 18-15.994 : *RCA 2019, n° 20, note Groutel.*

II. FACULTÉ DE RÉSILIATION

16. *Titulaire.* C'est à l'acquéreur qu'il appartient de résilier le contrat. • Civ. 1re, 21 mai 1986, n° 84-15.374 P. ♦ En cas de pluralité d'héritiers, il appartient à celui qui résilie le contrat de recueillir, sous peine de responsabilité, le consentement des autres. • Civ. 1re, 4 déc. 1990 : *RCA 1991, n° 80.*

17. *Accord entre l'aliénateur et l'acquéreur.* La clause de l'acte de vente selon laquelle le vendeur s'engage à résilier les contrats afférents à la chose vendue est inopérante à l'égard de l'assureur, lequel est en droit de poursuivre le paiement des primes contre l'acquéreur qui n'a pas, de son côté, procédé à la résiliation. • Civ. 1re, 1er juin 1977, n° 86-11.005 P : *D. 1978. IR 289, obs. Berr et Groutel ; JCP 1978. II. 18889, note Besson.* ♦ L'acquéreur qui ne souscrit pas un contrat d'assurance, comme prévu au contrat de vente, commet une faute susceptible d'engager sa responsabilité. • Civ. 2e, 17 févr. 2011 : *RGDA 2011. 836, note Abravanel-Jolly.*

18. *Forme de la résiliation.* La faculté de demander la résiliation s'exerce en principe selon les modalités précisées par l'art. L. 113-14 C. assur., mais l'assuré peut résilier son contrat dans une forme autre à la condition qu'elle soit acceptée par l'assureur. Ainsi, la souscription d'un nouveau contrat auprès du même assureur que le vendeur témoigne suffisamment à la fois de la volonté des acquéreurs, d'une part, de ne pas poursuivre l'ancien contrat, d'autre part, de l'acceptation par l'assureur qui était donc le même. • Civ. 2e, 7 oct. 2010 : *RGDA 2011. 57, note Abravanel-Jolly; RCA 2010. 331, note Asselain; D. 2011. Pan. 1926, obs. Groutel*. ♦ V. précédemment l'arrêt affirmant que l'acquéreur qui veut résilier doit manifester personnellement sa volonté en ce sens à l'assureur en usant de l'une des modalités prévues par l'art. L. 113-4, dont l'énumération est limitative. • Civ. 1re, 18 oct. 1983, no 82-13.339 P : *D. 1985. IR 193, obs. Berr et Groutel; RDI 1984. 80, obs. Durry; RGAT 1984. 193.*

19. Expression de la volonté. Le fait par l'acquéreur de refuser de payer la prime ne constitue pas une résiliation du contrat, dès lors que le juge constate que ledit acquéreur, qui connaissait parfaitement le contrat, pouvait user du droit de résiliation, ce qu'il n'a pas fait. • Civ. 1re, 12 juill. 1962 : *Bull. civ. I, no 368; RGAT 1963. 28.* ♦ De même, la circonstance que l'acquéreur de la chose a souscrit un contrat d'assurance distinct auprès d'une autre compagnie d'assurances ne prive pas d'effet l'ancien contrat que l'acquéreur, auquel il a été transmis, n'a pas résilié par ailleurs. • Civ. 1re, 13 janv. 1982, no 80-16.355 P : *RGAT 1982. 332.*

20. Prise d'effet de la résiliation. C'est par une exacte application de l'art. 19 de la loi du 13 juill. 1930 [C. assur., art. L. 121-10], qui fait dépendre de la seule volonté de l'acquéreur du bien assuré la résiliation du contrat souscrit par le vendeur, qu'une cour d'appel, ayant constaté que l'acquéreur de la chose avait, dans une lettre adressée à l'assureur, clairement exprimé sa volonté de résilier sans faire dépendre la prise d'effet de la résiliation de la rédaction d'un avenant, a admis que cette résiliation avait eu un effet immédiat. • Civ. 1re, 13 févr. 1979, no 77-11.185 P : *D. 1980. IR 518, obs. Berr et Groutel; RGAT 1980. 43.*

21. Renonciation dans le contrat de vente. Si la faculté de résiliation de la police, réservée à l'acquéreur éventuel de la chose assurée auquel la police sera transmise de plein droit, ne peut être écartée par une stipulation du contrat d'assurance, aucune disposition de la loi n'interdit à l'acquéreur de renoncer volontairement à la faculté qui lui est ouverte, et en particulier de prendre vis-à-vis de son vendeur l'engagement de continuer la police; une telle clause du contrat de vente constitue l'exercice même du droit d'option entre l'acceptation ou la répudiation de la transmission du contrat que l'art. 19 de la L. du 13 juill. 1930 [C. assur., art. L. 121-10] ménage à l'acheteur de la chose objet du contrat. • Civ., 27 juill. 1948, no 48-37.523 P : *D. 1948. 565, note P. L.-P.; RGAT 1948. 317; GADA, p. 36, obs. Berr et Groutel.* ♦ L'assureur peut se prévaloir de la clause du contrat entre l'aliénateur et l'acquéreur stipulant que ce dernier s'engage à exécuter les assurances relatives à la chose vendue. Cet engagement vaut renonciation à user de la faculté de résiliation. • Civ. 1re, 18 juill. 1972, no 71-12.349 P : *RGAT 1973. 213, note Besson.* ♦... Et s'analyse en une stipulation pour autrui qui confère à l'assureur un droit direct contre l'acquéreur, lequel ne peut, dès lors, se refuser à exécuter le contrat. • Civ. 1re, 18 févr. 1964 : *Bull. civ. I, no 92; RGAT 1964. 457.* ♦ ... Sauf si l'engagement de poursuivre les assurances n'a été pris qu'envers l'aliénateur (lequel a renoncé, par la suite, au bénéfice de celui-ci). • Civ. 1re, 23 janv. 1968 : *Bull. civ. I, no 31; D. 1968. 472; JCP 1968. II. 15437, note R. L.; RGAT 1968. 341.* ♦ Cep., il faut que la volonté de l'acquéreur de renoncer à la faculté de résiliation soit manifestée sans équivoque dans la clause qu'invoque l'assureur. Tel n'est pas le cas de la clause stipulant que l'acquéreur ferait son affaire personnelle des polices d'assurance contractées à raison de l'exploitation cédée et paierait les primes y afférentes à compter de l'entrée en jouissance. • Civ. 1re, 8 juin 1977, no 76-12.066 P : *D. 1977. IR 463, obs. Berr et Groutel; JCP 1978. II. 18889, note Besson.*

III. PAIEMENT DES PRIMES

22. Obligation de l'acquéreur. Le transfert de la chose assurée opère, en vertu de l'art. L. 121-10, la transmission active et passive à l'acquéreur du contrat d'assurance, dès lors que ce contrat existe au jour de l'aliénation. Aussi la mise en demeure qu'adresse l'assureur à l'ancien propriétaire – lequel demeure tenu du paiement des primes jusqu'au moment où il a informé l'assureur de l'aliénation –, est sans conséquence sur l'obligation de garantie qui ne peut être suspendue que par une mise en demeure adressée personnellement à l'acquéreur. • Civ. 1re, 28 juin 1988, no 86-11.005 P : *D. 1989. Somm. 242, obs. Groutel; RCA 1988, no 28; RGAT 1988. 770, note Bigot.*

23. Obligation de l'aliénateur. Manque de base légale le jugement qui rejette la demande en paiement des primes formée par l'assureur contre le vendeur, qui soutenait avoir vendu la chose assurée, sans rechercher si l'assureur en avait été informé par lettre recommandée. • Civ. 1re, 27 oct. 1970 : *RGAT 1971. 349.*

24. Rapports de l'aliénateur et de l'acquéreur. L'art. 19, al. 3, de la L. du 13 juill. 1930 [C. assur., art. L. 121-10], qui édicte que celui qui aliène reste tenu vis-à-vis de l'assureur au paiement des primes échues, ne concerne que les rapports entre vendeur et assureur, et ne fait pas obstacle à ce que ledit vendeur demande à l'acquéreur (sans qu'une convention soit nécessaire) de lui rembourser une fraction de la prime. • Civ. 1re, 25 janv. 1972, no 70-12.170 P.

Art. L. 121-11 En cas d'aliénation d'un véhicule terrestre à moteur ou de ses remorques ou semi-remorques, et seulement en ce qui concerne le véhicule aliéné,

le contrat d'assurance est suspendu de plein droit à partir du lendemain, à zéro heure, du jour de l'aliénation ; il peut être résilié, moyennant préavis de dix jours, par chacune des parties.

A défaut de remise en vigueur du contrat par accord des parties ou de résiliation par l'une d'elles, la résiliation intervient de plein droit à l'expiration d'un délai de six mois à compter de l'aliénation.

(L. nº 81-5 du 7 janv. 1981) **« L'assuré doit informer l'assureur, par lettre** *(L. nº 2019-733 du 14 juill. 2019, art. 1er, en vigueur le 1er déc. 2020)* **« , message sur support durable ou moyen prévu à l'article L. 113-14 », de la date d'aliénation. »**

(L. nº 89-1014 du 31 déc. 1989) **« Il ne peut être prévu le paiement d'une indemnité à l'assureur, dans les cas de résiliation susmentionnés. »**

(L. nº 81-5 du 7 janv. 1981) **« L'ensemble des dispositions du présent article est applicable en cas d'aliénation de navires ou de bateaux de plaisance quel que soit le mode de déplacement ou de propulsion utilisé. »**

Les dispositions ci-dessus de la L. nº 89-1014 du 31 déc. 1989 sont applicables au plus tard le 1er mai 1990. – Cette loi s'applique dans les territoires d'outre-mer et à Mayotte (L. préc., art. 59 et 60).

Les dispositions issues de la L. nº 2019-733 du 14 juill. 2019 sont applicables aux contrats et adhésions en cours à cette date (Décr. nº 2020-1438 du 24 nov. 2020, art. 4).

BIBL. ▶ BESSON, *RGAT 1959. 25.*

COMMENTAIRE

L'article L. 121-11 organise un régime dérogatoire à la règle, prévue par l'article L. 121-10, de la transmission de plein droit du contrat d'assurance en cas de cession de l'objet assuré pour les véhicules terrestres à moteur ainsi que par les navires et bateaux de plaisance. En effet, pour ces biens, le vendeur peut souhaiter conserver le contrat d'assurance pour le reporter sur un nouveau véhicule ou un nouveau navire. En conséquence, l'article L. 121-11 prévoit un temps de réflexion, marqué par une période de suspension du contrat (I), devant aboutir à une décision (II).

I. LE TEMPS DE LA SUSPENSION

La suspension du contrat s'applique en cas de cession entre vifs d'un véhicule terrestre à moteur, de ses remorques ou semi-remorques et, depuis une loi du 7 janvier 1981, en cas de cession d'un navire ou d'un bateau de plaisance, quel que soit le mode de déplacement ou de propulsion utilisé. Puisque aucune distinction quant aux contrats concernés n'est effectuée par l'article L. 121-11, il faut en déduire qu'elle s'applique à tous les contrats d'assurance attachés à la chose qu'il s'agisse d'une assurance de choses ou d'une assurance de responsabilité.

La suspension intervient le lendemain à 0 heure du transfert de propriété. Le nouveau propriétaire va donc pouvoir bénéficier du contrat d'assurance le jour de son acquisition, même s'il a déjà souscrit un autre contrat d'assurance (Civ. 1re, 18 avr. 1989 : *V. note 10*). Par principe, celui-ci se produit dès qu'il y a un accord sur la chose et sur le prix, mais les parties peuvent le retarder à la date du paiement intégral du prix (Civ. 1re, 5 nov. 1968 : *V. note 6*). Aucune condition de forme n'est exigée par les textes (Civ. 1re, 27 avr. 1966 : *V. note 8*). Et si l'article L. 121-11 impose à l'assuré d'informer l'assureur par lettre recommandée ou par envoi recommandé électronique de la date de l'aliénation, le non-respect de cette obligation d'information n'a aucune incidence sur la suspension de la garantie. En outre, depuis la loi nº 89-1014 du 31 décembre 1989, le contrat d'assurance ne peut contenir une clause condamnant l'assuré à verser une indemnité en l'absence d'information de l'assureur.

II. LE TEMPS DE LA DÉCISION

La suspension du contrat peut se terminer par une remise en vigueur de celui-ci par un accord des parties, qui peut être exprès et prendre la forme d'un avenant (Civ. 2e, 14 juin 2012 : *V. note 14*) ou même simplement tacite (Civ. 1re, 16 mars 1966 : *V. note 13*). Les parties vont alors reporter le contrat sur le nouveau véhicule, bateau ou navire acheté par l'assuré. En toute logique, la remise en vigueur du contrat n'emporte pas la conclusion d'un nouveau contrat, le contrat initial se poursuit. Aussi, c'est bien à la date de la conclusion du contrat et non à celle de l'avenant qu'il faut apprécier l'existence d'une fausse déclaration intentionnelle du risque (Civ. 2e, 14 juin 2012 : *préc.*).

Mais la suspension du contrat peut également prendre fin par la résiliation du contrat. Celle-ci peut intervenir soit à la demande d'une partie après l'expiration d'un délai de préavis de dix jours, soit de plein droit à l'expiration d'un délai de six mois à compter de l'aliénation. ❑

I. CONDITIONS DE LA SUSPENSION DE GARANTIE

1. *Domaine.* L'art. 19 *bis* de la loi du 13 juill. 1930 [C. assur., art. L. 121-11] ne contient aucune distinction entre les différents types de police, et s'applique, par conséquent, même à l'assurance souscrite par un garagiste pour ses diverses voitures. • Civ. 1re, 2 nov. 1966 : *Bull. civ. I, no 487 ; RGAT 1967. 336.*

2. *Validité de l'aliénation.* Il importe peu, pour la validité de la vente d'un véhicule, qu'elle ait été conclue par le propriétaire ou par sa fille, dès lors que celle-ci avait agi au domicile de son père et avec son accord, ce dont il résultait un mandat tacite. • Civ. 1re, 20 janv. 1998 : *RGDA 1998. 80, note Landel.*

3. *Nullité de l'aliénation.* La victime d'un dol est en droit d'invoquer la nullité du contrat vicié contre le tiers qui se prévaut de celui-ci. Dès lors que le dol est constitué, la vente étant nulle et réputée n'avoir jamais existé, l'assureur ne peut se prévaloir de l'aliénation de la chose assurée au sens de l'art. L. 121-11. • Civ. 1re, 21 févr. 1995 : *RCA 1995, no 140 ; RGAT 1995. 304, note Kullmann.*

4. *Résolution de l'aliénation.* La résolution de la vente emportant anéantissement rétroactif du contrat et remise des choses en leur état antérieur, le vendeur d'un bateau en redevient rétroactivement propriétaire et doit être considéré comme assuré au moment du sinistre. Il en résulte que l'acquéreur avait la qualité de tiers au moment du sinistre et que l'exclusion des dommages subis par « la personne assurée » ne lui était pas applicable. • Civ. 2e, 3 juin 2010 : *RGDA 2010. 1005, note Abravanel-Jolly.*

5. *Preuve de l'aliénation.* En présence d'affirmations contraires quant au point de savoir si le véhicule a été vendu ou prêté au conducteur, il appartient à l'assureur, qui refuse de garantir un sinistre causé par ce dernier, de faire la preuve que la vente dont il fait état était intervenue. • Crim. 29 mars 1990 : *RCA 1990, no 264.* ♦ Mais les règles édictées par l'art. 1341 C. civ., relativement à la preuve des actes juridiques, ne concernent que les parties auxdits actes, et il est permis aux tiers d'établir leur existence par tous moyens de preuve. Dès lors, l'assureur peut prouver par tous moyens que le véhicule assuré était vendu au moment de l'accident, et notamment à l'aide de la lettre du vendeur l'informant de la vente du véhicule ; cette lettre ne saurait être écartée au motif qu'elle n'émane pas de l'acquéreur, les dispositions de l'art. 1341 C. civ. étant inapplicables à l'assureur, tiers par rapport au contrat de vente. • Civ. 1re, 27 nov. 1970 : *RGAT 1971. 350, note Bigot.* ♦ L'assureur peut également se fonder sur les déclarations du vendeur et de l'acquéreur faites aux gendarmes, aussitôt après un accident. • Civ. 1re, 5 nov. 1991 : *RCA 1992, no 30 ; RGAT 1992. 99.* ♦ En revanche, le changement de carte grise ne fait pas à lui seul la preuve de l'aliénation du véhicule. • Civ. 1re, 3 juin 1975, no 73-14.916 P : *RGAT 1976. 343, obs. Bigot.* ♦ De même, il a été jugé qu'un avenant de résiliation n'a pas été conclu dans des conditions conformes à l'art. L. 121-11 C. ass. dès lors que la lettre recommandée visée par le texte n'était pas produite aux débats, qu'aucun élément n'était produit sur la prétendue aliénation du véhicule et que l'avenant lui-même ne mentionnait pas le délai de préavis. • Crim., 15 mai 2018, no 17-82.093 : *RGDA 2018. 351, note Landel.*

6. *Date de l'aliénation.* Lorsque le contrat de vente du véhicule stipule que la propriété de celui-ci ne sera transmise qu'à la date du paiement intégral du prix, les juges du fond peuvent décider que cette clause, qui est opposable à l'assureur, retarde, jusqu'à la date convenue, l'application des dispositions de l'art. 19 *bis* de la loi du 13 juill. 1930 [C. assur., art. L. 121-11]. • Civ. 1re, 5 nov. 1968 : *D. 1969. 289, note A. Besson.* ♦ *Adde* : • Civ. 1re, 24 mars 1992 : *RCA 1992, no 245 ; RGAT 1992. 271* • 7 juill. 1993 : *RCA 1993, no 383 ; RGAT 1994. 70, note Mayaux.* ♦ Mais justifie légalement sa décision la cour d'appel qui, ayant constaté que la veille de l'accident, il y avait eu, non seulement accord sur la chose et sur le prix, mais encore paiement du prix et livraison du véhicule à l'acquéreur, qui était parti au volant de celui-ci, ce dont il résultait que le transfert de propriété avait été immédiat, a retenu le caractère inopérant de l'argumentation selon laquelle il aurait été convenu de différer la vente au lendemain pour « régularisation ». • Civ. 1re, 20 janv. 1998 : *RGDA 1998. 80, note Landel.*

7. *Preuve de la date de l'aliénation.* Après avoir estimé que ni la déclaration faite à l'encaisseur, ni la mutation de la carte grise ne pouvaient servir à déterminer la date de la vente, les juges de fond ont pu décider que la date de l'envoi de la lettre recommandée par laquelle l'assuré informait l'assureur de l'aliénation intervenue auparavant, à une date impossible à établir réellement, pouvait être retenue. • Civ. 1re, 16 mars 1971, no 69-14.527 P : *D. 1972. 206, note Berr et Groutel.*

8. *Absence de condition de forme.* Viole l'art. 19 *bis* de la L. du 13 juill. 1930 [C. assur., art. L. 121-11] le tribunal qui subordonne la suspension de la garantie à l'accomplissement de formalités (avenant et signification à l'assuré de la suspension de garantie) qu'il ne prévoit pas. • Civ. 1re, 27 avr. 1966 : *Bull. civ. I, no 248 ; RGAT 1967. 48, note Besson.* ♦ V. cep. : faute pour l'assuré de justifier d'un avertissement de l'assureur au moyen d'une lettre recommandée, il doit être considéré comme ne l'ayant pas informé de l'aliénation de son véhicule. • Civ. 1re, 17 janv. 1984 : *D. 1984. 469, note Berr et Groutel ; RGAT 1985. 30, note Bigot ; ibid. 249, note Chapuisat.*

II. RÉGIME DE LA SUSPENSION DE GARANTIE

9. *Suspension de la garantie.* Viole l'art. 19 *bis* de la loi du 13 juill. 1930 [C. assur., art. L. 121-11] le jugement qui, pour condamner un assureur à garantir les conséquences dommageables de l'accident causé par l'acquéreur d'une voiture automobile, admet que l'assurance contractée par le précédent propriétaire s'est poursuivie après la cession du véhicule. • Civ. 1re, 29 janv. 1975, n° 73-13.610 P : *RGAT 1976. 45.*

10. *Départ de la suspension de la garantie.* Dès l'instant où l'art. L. 121-11, auquel il n'est pas possible de déroger, maintient, en cas de vente, la garantie sur le véhicule jusqu'au lendemain de l'aliénation à 0 heure, et dès lors, aussi, que l'assurance cumulative de bonne foi n'est pas prohibée, c'est en vertu de la loi elle-même que se trouvent garantis tant, éventuellement, l'ancien propriétaire souscripteur du contrat d'assurance attaché au véhicule vendu que le nouveau propriétaire, fût-il aussi souscripteur d'un autre contrat d'assurance attaché au même véhicule, ou toute personne à qui ce dernier a confié la garde ou la conduite du véhicule. • Civ. 1re, 18 avr. 1989, n° 87-12.683 P : *D. 1991. Somm. 67, obs. Berr ; RCA 1989, n° 248.* ♦ V. auparavant : • Civ. 1re, 6 janv. 1969 : *Bull. civ. I, n° 1 ; RGAT 1969. 337* • 30 mai 1969 : *Bull. civ. I, n° 200 ; D. 1969. 533* • 25 févr. 1976, n° 74-14.460 P : *D. 1976. 597, note Berr et Groutel.*

11. *Opposabilité de la suspension.* La suspension du contrat d'assurance, qui, aux termes de l'art. 19 *bis* de la L. du 13 juill. 1930 [C. assur., art. L. 121-11], intervient de plein droit à partir du lendemain à zéro heure du jour de l'aliénation du véhicule pour l'usage duquel l'assurance a été souscrite, ne peut être assimilée à un cas de déchéance sanctionnant un manquement de l'assuré à ses obligations envers l'assureur. Elle est donc opposable aux tiers victimes. • Civ. 1re, 27 mars 1973, n° 71-14.072 P : *RGAT 1973. 344, note Besson.*

12. *Renonciation à la suspension.* L'art. 19 *bis* de la L. du 13 juill. 1930 [C. assur., art. L. 121-11] ne prévoit aucun mode particulier de renonciation par l'assureur à la suspension du contrat d'assurances dans le cas d'aliénation d'un véhicule terrestre à moteur. Les juges du fond apprécient souverainement l'existence d'une telle renonciation. • Civ. 1re, 30 juin 1969 : *Bull. civ. I, n° 249 ; RGAT 1970. 32, note Besson.* ♦ Ainsi, le fait que la compagnie d'assurances, qui n'était pas au courant de l'aliénation, dont elle fut informée en cours d'expertise, ait accepté de transférer le contrat d'assurance sur un nouveau bateau ne saurait être assimilé à une renonciation expresse ou tacite au bénéfice de la suspension de la garantie intervenue du seul fait de la vente du précédent bâteau en application d'une clause de la police se référant à l'art. L. 121-11 C. assur. • Civ. 2e, 28 juin 1995, n° 94-13.584 P : *RGAT 1995. 861, note Maurice.* ♦ Ne donne pas de base légale à sa décision au regard de l'art. 1134 C. civ. la cour d'appel qui, après avoir constaté que le contrat d'assurance avait été suspendu de plein droit par l'effet de l'aliénation du véhicule assuré, retient que l'assureur avait procédé par la suite à l'appel de la nouvelle prime et en avait accepté le paiement tout en ayant connaissance de l'aliénation du véhicule et considère que la perception de la prime et les rappels ultérieurs constituaient une manifestation non équivoque de la renonciation de l'assureur à se prévaloir de la suspension du contrat d'assurance, alors qu'il ne résulte pas nécessairement de ces motifs que l'assureur avait entendu étendre rétroactivement sa garantie à la période antérieure aux actes d'où elle prétendait déduire que cet assureur avait renoncé à se prévaloir de la suspension de la police. • Civ. 1re, 18 oct. 2000 : *RGDA 2000. 1070, note Landel.*

13. *Remise en vigueur du contrat par acceptation tacite.* Le contrat suspendu peut être remis en vigueur par application de l'art. 7, al. 2, de la loi du 13 juill. 1930 [C. assur., art. L. 112-2, al. 4], alors même que la proposition de l'assuré n'indiquait pas le numéro d'immatriculation du nouveau véhicule. • Civ. 1re, 16 mars 1966 : *Bull. civ. I, n° 190 ; RGAT 1966. 475, note Besson.* ♦ Le nouveau véhicule est garanti aux conditions de l'ancien. • Civ. 1re, 21 mai 1975, n° 74-10.361 P : *RGAT 1976. 175.*

14. *Remise en vigueur du contrat par signature d'un avenant.* Lorsqu'un contrat d'assurance, après avoir été suspendu de plein droit en raison de la cession du véhicule assuré, a été remis en vigueur par accord des parties à la suite d'un avenant prenant en compte le changement de véhicule assuré, l'existence de la réticence ou de la fausse déclaration intentionnelle doit s'apprécier à la date de souscription du contrat et non à celle de la signature de l'avenant. • Civ. 2e, 14 juin 2012, n° 11-11.344 P : *D. 2013. 1981, note Groutel ; RGDA 2012. 1009, note Pélissier ; RCA 2012, n° 285, note Groutel.*

Art. L. 121-12 **L'assureur qui a payé l'indemnité d'assurance est subrogé, jusqu'à concurrence de cette indemnité, dans les droits et actions de l'assuré contre les tiers qui, par leur fait, ont causé le dommage ayant donné lieu à la responsabilité de l'assureur.**

L'assureur peut être déchargé, en tout ou en partie, de sa responsabilité envers l'assuré, quand la subrogation ne peut plus, par le fait de l'assuré, s'opérer en faveur de l'assureur.

Par dérogation aux dispositions précédentes, l'assureur n'a aucun recours contre les enfants, descendants, ascendants, alliés en ligne directe, préposés, employés, ouvriers ou domestiques, et généralement toute personne vivant habituellement au foyer de l'assuré, sauf le cas de malveillance commise par une de ces personnes. – *Assur. L. 111-2.*

BIBL. ▶ Principe de la subrogation : VITU, *RGAT 1946. 231.* – GROUTEL, *RCA 1991. Chron. 27 ; ibid. 1997. Chron. 20.* ▶ Renonciations à recours : GROUTEL, *RCA 1988. Chron. 5 ; ibid. 1993. Chron. 30.* – VINCENT, *RGAT 1990. 503.* ▶ Concours de l'assureur et de l'assuré : LABIN, *RGAT 1986. 264.* – CASSON, *D. 2015. 91*. ▶ Subrogation rétroactive : CHÉTIVAUX, *RCA 2003. Chron. 31.*

COMMENTAIRE

L'article L. 121-12 reconnaît à l'assureur, qui a versé l'indemnité d'assurance, une subrogation dans les droits et actions de son assuré contre le tiers responsable. Issue de la loi du 13 juillet 1930, cette règle a eu pour objectif premier de mettre fin à la pratique des cessions d'actions antérieurement pratiquées. En effet, avant la loi de 1930, en l'absence d'action subrogatoire, les assureurs intégraient des clauses de cession d'actions dans les contrats d'assurance, leur permettant d'agir directement contre le responsable du sinistre sans être tenus de verser au préalable l'indemnité d'assurance à l'assuré. L'affirmation de l'existence d'une subrogation légale au profit de l'assureur a corrélativement mis fin à la pratique de ces clauses de cession d'actions (Civ. 5 mars 1945, et Civ. 1re, 8 juill. 1968 : *V. note 1*).

Mais la subrogation spécifique du droit des assurances n'interdit pas à l'assureur de se prévaloir de la subrogation légale de droit commun de l'ancien article 1251-3°, du code civil (Civ. 1re, 27 nov. 2013 : *V. note 4*) ou de la subrogation conventionnelle de l'article 1250-1° [devenu art. 1346-1] du code civil (Civ. 1re, 9 déc. 1997 : *V. note 5*). L'intérêt de cette option est loin d'être négligeable, puisque si la subrogation du droit des assurances suppose de démontrer que le paiement de l'indemnité d'assurance a été effectué en exécution du contrat, la subrogation conventionnelle est subordonnée à la seule volonté expresse de l'assuré, manifestée concomitamment ou antérieurement au paiement reçu de l'assureur (Civ. 2e, 13 juin 2013 : *V. note 8*).

Invocable aussi bien par l'assureur de choses contre le responsable du sinistre que par l'assureur de responsabilité contre un coresponsable du dommage (Civ. 2e, 8 juill. 2010 : *V. note 10*), la subrogation du droit des assurances est subordonnée à certaines conditions (I) et produit certains effets (II).

I. LES CONDITIONS DE LA SUBROGATION

La subrogation légale de l'article L. 121-12 est subordonnée à la réunion de plusieurs conditions.

A. PAIEMENT DE L'INDEMNITÉ

L'assureur doit tout d'abord établir qu'il a payé l'indemnité d'assurance à l'assuré (Civ. 3e, 9 juill. 2003 : *V. note 31*) ou à un tiers qui a réparé le dommage (Civ. 1re, 6 janv. 1981 : *V. note 36*) ou qui, en sa qualité de représentant, a reversé l'indemnité aux assurés (Com. 22 mai 2013 : *V. note 36*). Le recours subrogatoire contre l'assureur du responsable se distingue par cette condition de l'appel en garantie qui n'est pas subordonnée au paiement préalable de l'indemnité d'assurance (Civ. 1re, 21 janv. 1997, et Com. 2 févr. 1999, et Civ. 3e, 27 févr. 2008 : *V. note 40*).

L'assureur doit également prouver que le paiement de l'indemnité d'assurance est intervenu en exécution du contrat. Ainsi, la subrogation ne peut intervenir si les conditions de la garantie n'étaient pas réunies (Com. 27 sept. 2011 : *V. note 41*) ou si une exclusion de garantie devait s'appliquer (Civ. 2e, 7 déc. 2006 : *V. note 41*). En cas de contestation, il appartient à l'assureur de produire la police d'assurance afin de démontrer que son paiement est intervenu en exécution d'une garantie (Civ. 1re, 23 sept. 2003 : *V. note 45*). En revanche, il importe peu que le paiement soit intervenu alors que l'action de l'assuré était prescrite (Com. 26 janv. 2010 : *V. note 41*). Si cette condition n'est pas réunie, l'assureur pourra toujours se prévaloir d'une éventuelle subrogation conventionnelle consentie au plus tard le jour du paiement de l'indemnité.

B. RECOURS CONTRE UN TIERS RESPONSABLE

Dans la mesure où la subrogation a pour objectif de permettre à l'assureur d'agir contre un tiers responsable, elle est subordonnée à l'existence d'une action de l'assuré contre un tiers responsable. Si le recours subrogatoire de l'assureur contre le tiers responsable est rendu impossible par le fait de l'assuré, l'assureur peut opposer l'exception de subrogation et être totalement ou partiellement déchargé de son obligation de garantie, selon l'appréciation souveraine des juges (Civ. 1re, 12 déc. 1995 : *V. note 23*). Les faits de l'assuré peuvent être très divers, par exemple une renonciation à agir contre le responsable postérieure à la conclusion du contrat d'assurance (Civ. 1re, 3 nov. 1993 : *V. note 61*) ou le non-respect par le propriétaire de marchandises assurées de formalités nécessaires à la conservation de son recours contre le transporteur (Com. 27 oct. 1971 : *V. note 24*).

Deux précisions ont été apportées par la jurisprudence sur ce recours contre le responsable :

– la première porte sur le fondement de la responsabilité du tiers. Ainsi, alors que l'article L. 121-12 indique que l'assureur peut agir « contre les tiers qui, par leur fait, ont causé le dommage ayant donné lieu à la responsabilité de l'assureur », la jurisprudence autorise le recours subrogatoire de l'assureur contre toute personne responsable à quelque titre que ce soit (Civ. 1re, 8 nov. 1982 : *V. note 17*). L'assureur peut donc exercer aussi bien une action en responsabilité du fait personnel qu'une action en responsabilité du fait d'autrui ou une action en responsabilité fondée sur la loi du 5 juillet 1985 (Civ. 1re, 25 nov. 1992 : *V. note 16*) ;

– la seconde porte sur la notion de « tiers responsable ». La jurisprudence a sur ce point retenu une interprétation étroite. En ce sens, elle a pu estimer, à propos d'une assurance pour compte garantissant les biens de plusieurs sociétés d'un même groupe, que l'assureur de biens ne disposait d'aucun recours contre le responsable, dès lors que celui-ci avait également la qualité d'assuré pour compte. La clause stipulant que les assurés conservaient la qualité de tiers entre eux a en outre été privée de toute portée (Civ. 2e, 7 juill. 2011 : *V. note 57*).

C. ABSENCE D'IMMUNITÉ

Le recours subrogatoire de l'assureur est conditionné à l'absence d'immunité légale ou conventionnelle au profit du tiers responsable.

1. LES IMMUNITÉS LÉGALES

a. Domaine des immunités

Conformément à l'article L. 121-12, alinéa 3, l'assureur n'a aucun recours contre certaines personnes apparentées à l'assuré (enfants, descendants, ascendants, alliés en ligne directe) ou dépendantes économiquement de l'assuré (préposés, employés, ouvriers ou domestiques) ou vivant habituellement au foyer de l'assuré. En outre, alors que la formule « et généralement toute personne vivant habituellement au foyer de l'assuré » pourrait laisser entendre que l'immunité attachée aux parents de l'assuré ou aux personnes dépendantes économiquement de lui est subordonnée au fait que ces personnes vivent au foyer de l'assuré, la Cour de cassation a indiqué qu'il y avait deux types d'immunité : celle attachée à la seule qualité de la personne et celle attachée au fait que le responsable vit habituellement chez l'assuré (Civ. 28 oct. 1947 : *V. note 49*). Ce dernier type suppose alors de déterminer dans quels cas une personne vit habituellement avec une autre. Ainsi, la jurisprudence a pu estimer qu'un pensionnaire vivait habituellement au foyer de l'assuré (Civ. 1re, 2 juill. 1991 : *V. note 51*), mais que des enfants hébergés pendant les vacances, contre rémunération, chez une personne ne présentant aucun lien de parenté, ne vivaient pas habituellement avec cette dernière (Civ. 2e, 16 mai 1988 : *V. note 51*).

b. Limites des immunités

Ces immunités, d'ordre public (Civ. 1re, 6 juin 1990 : *V. note 52*), s'expliquent par des considérations morales – l'assuré n'aurait pas exercé de recours contre ces personnes – ou des arguments économiques – l'assureur ne peut récupérer d'un côté ce qu'il a versé de l'autre. L'affaiblissement de ces explications dans certaines situations justifie alors leur mise à l'écart.

Ainsi, l'immunité légale est écartée en cas de malveillance du tiers responsable. En effet, il est fort probable que dans une telle hypothèse l'assuré ait exercé un recours contre le responsable. Cela étant, la jurisprudence retient dorénavant une conception étroite de la malveillance, puisque cette dernière doit être dirigée contre l'assuré (Cass., ass. plén., 13 nov. 1987 : *V. note 54*). Cette solution n'apporte aucun changement en assurances de choses, l'assureur de choses dispose d'un recours subrogatoire contre le responsable lorsqu'il a intentionnellement détruit le bien de l'assuré. En revanche, cette solution limite le recours de l'assureur de responsabilité. Celui-ci doit démontrer que le tiers contre lequel il entend agir a causé le dommage dans l'intention de nuire à l'assuré. Autrement dit, l'assureur de responsabilité des parents d'un enfant mineur, auteur d'un dommage, doit démontrer que ce dernier a agi dans l'intention de nuire à ses parents pour pouvoir exercer un recours subrogatoire contre lui. L'immunité légale se trouve renforcée par cette nouvelle jurisprudence.

Parallèlement, la jurisprudence a réduit la portée des immunités légales en permettant à l'assureur d'exercer un recours contre les assureurs de responsabilité des bénéficiaires de ces immunités (Civ. 1re, 8 déc. 1993 : *V. note 52*), alors qu'initialement, elle avait étendu le bénéfice de l'immunité à ces assureurs de responsabilité (Civ. 28 oct. 1947 : *V. note 52*).

2. LES IMMUNITÉS CONVENTIONNELLES

Le recours subrogatoire de l'assureur peut également être empêché par une immunité d'origine conventionnelle. Celle-ci peut résulter d'une renonciation de l'assureur (Civ. 1re, 24 janv. 1990 : *V. note 55*) ou de l'assuré (Civ. 1re, 17 févr. 1987 : *V. note 60* ; Civ. 1re, 3 nov. 1993 : *V. note 61*) à agir contre le responsable.

Pour autant, la jurisprudence a une analyse étroite de ces renonciations. Sauf clause contraire, elles ne profitent pas aux assureurs des bénéficiaires de la renonciation (Civ. 1re, 26 mai 1993 : *V. note 63*).

II. LES EFFETS DE LA SUBROGATION

Lorsque toutes les conditions de la subrogation sont réunies, celle-ci se produit de plein droit. L'assureur peut exercer tous les droits de son assuré contre le responsable. Néanmoins, dans la mesure où la subrogation ne lui fait pas acquérir la qualité de victime, il ne peut exercer les droits exclusivement attachés à cette qualité (Civ. 2e, 31 mars 2011 : *V. note 66*). Par ailleurs, il peut arriver que l'assureur n'ait versé qu'une indemnisation partielle à son assuré et que ce dernier exerce une action en responsabilité en même temps que le recours subrogatoire de l'assureur. Afin d'éviter que la victime ne subisse les conséquences d'une éventuelle insolvabilité du responsable, la Cour de cassation a affirmé que l'assuré devait être payé en priorité (Civ. 5 mars 1945 : *V. note 72*). On peut y voir une application de l'adage « on ne subroge pas contre soi-même ». Cette priorité accordée à l'assuré suppose néanmoins que les actions de l'assureur et de l'assuré aient été exercées simultanément, c'est-à-dire pendant la même instance (Civ. 3e, 11 mars 2009 : *V. note 72*).

Par principe, le recours de l'assureur contre le responsable est limité par le montant de l'indemnité versé à l'assuré (Civ. 2e, 21 févr. 2008 : *V. note 67*). Cette règle n'interdit toutefois pas à l'assureur de demander des intérêts moratoires en application de l'article 1153 du code civil. Depuis un revirement de jurisprudence de 2002, ces intérêts moratoires sont dus à compter de la mise en demeure du responsable (Civ. 1re, 7 mai 2002 : *V. note 70*).

Puisque l'assureur exerce les droits et actions de son assuré, le responsable peut lui opposer tous les moyens de défense qu'il aurait pu invoquer à l'encontre de la victime. Ainsi, le responsable peut opposer un partage de responsabilités avec l'assuré (Civ. 1re, 27 juin 1973 : *V. note 68*). Mais lorsque le dommage a été provoqué par plusieurs responsables, condamnés *in solidum*, l'assureur peut agir contre l'un d'entre eux pour la totalité de la créance. Aucun partage ne peut être opposé (Civ. 3e, 16 mars 2011 : *V. note 73*). ❑

I. GÉNÉRALITÉS

1. Principe de l'exclusivité de la subrogation. L'art. 36 de la L. du 13 juill. 1930 [C. assur., art. L. 121-12], qui subroge de plein droit, dans les droits et actions de l'assuré contre le tiers responsable du sinistre, l'assureur « qui a payé l'indemnité d'assurance jusqu'à concurrence de cette indemnité », tend à faire bénéficier l'assureur du recours de l'assuré sans nuire à ce dernier, et notamment a pour but de prévenir les conséquences abusives d'une cession conventionnelle éventuelle desdits droits qui dépasseraient les effets de la subrogation et pourraient nuire au créancier cédant. • Civ. 5 mars 1945 : *D. 1946. 1, note Besson ; JCP 1945. II. 2798, note P. L.-P. ; GADA, p. 21, obs. Berr et Groutel.* ♦ L'art. 36 de la loi du 13 juill. 1930 [C. assur., art. L. 121-12], en subrogeant l'assureur qui a payé l'indemnité d'assurance jusqu'à concurrence de cette indemnité dans les droits et actions de son assuré contre le tiers qui a causé le dommage détermine le seul moyen offert à l'assureur pour se prévaloir de ces droits à l'encontre de l'auteur du sinistre, prohibant ainsi toute cession conventionnelle de ceux-ci. • Civ. 1re, 8 juill. 1968 : *Bull. civ. I, no 198 ; D. 1968. 21, note H. M.* ♦ L'assureur ou son mandataire ne peut exercer les droits de l'assuré que dans le cadre de l'art. L. 121-12 C. assur. • Com. 25 juin 1996, no 94-10.962. ♦ Aux termes de l'art. L. 121-12, l'assureur qui a payé l'indemnité d'assurance est subrogé jusqu'à concurrence de cette indemnité dans les droits et actions de l'assuré contre les tiers qui, par leur fait, ont causé le dommage ayant donné lieu à la responsabilité de l'assureur, et il en résulte que ce dernier ne dispose pas d'autre recours. Aussi, après récupération d'un tableau volé et restitution par le propriétaire de l'acompte qui lui avait été versé par la compagnie d'assurances sur le montant de l'indemnité, une cour d'appel ne peut accueillir la réclamation de la compagnie, dirigée contre le receleur, portant sur les intérêts de l'acompte versé, alors que ladite compagnie qui n'avait fait qu'exécuter ses obligations contractuelles et ne pouvait de ce fait invoquer aucun préjudice que lui aurait causé personnellement le receleur n'agissait pas en vertu de la subrogation légale, seule voie qui lui fut ouverte. • Civ. 1re, 9 juill. 1985, n° 84-12.327 P.

2. Tempérament : admission de la cession de droits et transports dans l'assurance de marchandises transportées. L'assurance litigieuse couvrant le risque d'avaries et pertes subies par des marchandises transportées, il était loisible à l'assuré de consentir à son assureur la cession de ses droits et actions nés des dommages qui avaient donné lieu à l'application de la garantie, puis à l'assureur d'agir en responsabilité contre le commissionnaire de transport et le transporteur sur le fondement de cette seule cession et non par voie de subrogation. • Com. 21 oct. 2020, n° 19-16.206 : *RGDA 2020. 30, note Kullmann ; Gaz. Pal. 1er déc. 2020. 19, note Touzain.*

3. Tempérament : recours à la théorie de l'enrichissement sans cause. En application du principe général du droit selon lequel nul ne peut s'enrichir injustement aux dépens d'autrui, celui qui, par erreur, a payé la dette d'autrui de ses propres deniers a, bien que non subrogé aux droits du créancier, un recours contre le débiteur. Dès lors, l'assureur qui a payé une indemnité dans la croyance erronée que les désordres avaient pour cause un phénomène naturel de sécheresse, alors qu'ils avaient pour seule cause des vices de construction portant atteinte à la solidité de l'ouvrage imputables au constructeur, dispose d'un recours contre le constructeur et son assureur. • Civ. 1re, 4 avr. 2001, n° 98-13.285 P : *D. 2001. 1824, note Billiau ; RTD civ. 2001. 699, note Molfessis*. ♦ Celui qui, par erreur, a payé la dette d'autrui de ses propres deniers, a, bien que non subrogé aux droits du créancier, un recours contre le débiteur. Par conséquent, viole le principe selon lequel nul ne peut s'enrichir injustement aux dépens d'autrui, la cour d'appel qui, pour rejeter la demande d'un assureur en remboursement de l'indemnité pour catastrophe naturelle adressée au constructeur de la maison, retient que l'assureur, qui a payé une indemnité en croyant faussement que les désordres avaient pour cause un phénomène naturel alors qu'ils avaient pour seule cause des vices de construction, dispose d'un recours contre le constructeur et son assureur, mais que néanmoins, pour pouvoir prétendre être légalement subrogé dans les droits de son assuré, l'assureur doit démontrer avoir indemnisé ce dernier en exécution du contrat d'assurance, ce qui implique nécessairement que ce document soit produit alors qu'il ne l'était pas. • Civ. 3e, 21 mars 2019, n° 18-11.890 : *RCA 2019, n° 204, note Groutel ; RGDA mai 2019. 21, note Mayaux.*

4. Subrogation de droit commun. Celui qui s'acquitte d'une dette qui lui est personnelle peut néanmoins prétendre bénéficier de la subrogation de l'art. 1251, 3°, C. civ., s'il a, par son paiement, et du fait de cette subrogation, libéré envers leur créancier commun celui sur qui doit peser la charge définitive de la dette. • Civ. 1re, 27 nov. 2013 : *RCA 2014, n° 72, note Groutel.*

5. Subrogation conventionnelle – Principe. La subrogation légale de l'assureur contre le tiers responsable, instituée par les dispositions de l'art. L. 121-12 qui ne sont pas impératives, n'exclut pas l'éventualité d'une subrogation conventionnelle. • Civ. 1re, 9 déc. 1997, n° 95-19.003 P : *Gaz. Pal. 1998. 1. 245 ; RCA 1998, n° 107 ; ibid., Chron. 5, note Groutel ; Defrénois 1998. 341, chron. Delebecque.* ♦ L'assureur qui a payé l'indemnité d'assurance dispose contre les tiers qui, par leur fait, ont causé le dommage ayant donné lieu à la responsabilité de l'assureur, non seulement de la subrogation légale de l'art. L. 121-12, mais aussi du droit d'invoquer la subrogation conventionnelle dans les droits de son assuré, prévue par l'art. 1250 C. civ., résultant de la volonté expresse de ce dernier, manifestée concomitamment ou antérieurement au paiement reçu de l'assureur, sans avoir à établir que ce règlement a été fait en exécution de son obligation contractuelle de garantie. • Civ. 2e, 13 juin 2013, n° 12-20.358 : *RCA 2013, n° 321, note Groutel* • Civ. 2e, 17 nov. 2016, n° 15-25.409 P : *RGDA 2017. 19, note Kullmann ; RCA 2017, n° 61, note Groutel* • Civ. 3e, 12 sept. 2019, n° 18-18.584 : *RCA 2020, n° 22, note Groutel.* ♦ Ainsi, rien n'interdit à une compagnie d'assurances, bénéficiaire d'une subrogation conventionnelle consentie par la victime du dommage, d'exercer, dans la limite de l'indemnité versée, l'action en responsabilité quasi délictuelle que cette victime aurait pu intenter contre l'auteur du dommage. • Civ. 1re, 27 janv. 1981, n° 79-14.102 P : *D. 1982. IR 99, obs. Berr et Groutel ; Gaz. Pal. 1981. 2. 740 ; RTD civ. 1981. 634, obs. Durry ; RDI 1981. 404, obs. Durry ; RGAT 1981. 513.* ♦ De même, justifie sa décision par application de l'art. 1250, 1° C. civ. la cour d'appel qui accueille la demande en remboursement formée par l'assureur, après avoir constaté qu'il avait versé aux débats la quittance subrogatoire établissant qu'il avait payé l'indemnité afférente à la réparation du préjudice. • Com. 29 janv. 1985, n° 83-12.212 P : *RGAT 1985. 245.*

6. Subrogation conventionnelle – Conditions. Aucune disposition ne subordonne la validité de la quittance subrogative à la mention de l'art. 1250 C. civ. • Com. 21 oct. 2020, n° 18-15.165 : *RGDA déc. 2020. 28, note Pimbert.* ♦ La subrogation conventionnelle de l'assureur dans les droits de l'assuré résulte de la volonté expresse de ce dernier, manifestée concomitamment ou antérieurement au paiement reçu de l'assureur, qui n'a pas à établir que ce règlement a été fait en exécution de son obligation contractuelle de garantie. Viole en conséquence l'art. 1250-1° C. civ. la cour d'appel qui, après avoir constaté que l'assureur se prévaut de la copie de la lettre-chèque, de la dispache et de la police d'assurance en vertu de laquelle il indique avoir procédé à l'indemnisation de l'assuré ainsi que de l'acte de subrogation daté du même jour que le chèque, retient que l'assureur doit toutefois démontrer qu'il était tenu contractuellement de régler l'indemnité invoquée en exécution de la police. • Com. 16 juin 2009, n° 07-16.840 P : *RCA 2009, n° 268, note Groutel ; D. 2010. 1745, note Groutel ; RGDA 2009. 919, note Turgné ; RGDA 2009. 1171, note Astegiano-La Rizza.* ♦ En revanche, justifie légalement sa décision la cour d'appel, qui, après avoir relevé que le paiement a fait l'objet d'une lettre-chèque et que l'acte de subrogation était du même jour, retient qu'aucune pièce n'étaye les allégations du responsable selon lesquelles l'assuré a subrogé son assureur postérieurement au paiement. • 21 févr. 2012 : *RGDA 2012. 824, note Turgné.* ♦ Mais la quittance subrogative ne fait pas preuve par elle-même de la concomitance de la subrogation et du paiement, laquelle doit être, aux termes de l'art. 1250, 1° C. civ., spécialement établie. Par suite, c'est à bon droit, et sans inverser la charge de la preuve, qu'une cour d'appel a estimé qu'il incombait au subrogé d'établir la concomitance de la subrogation qu'il invoquait et du paiement fait au prétendu subrogeant. • Civ. 1re, 23 mars 1999 : *RGDA 1999. 617, note Kullmann ; RTD civ. 2000. 330, note Mestre* • Civ. 2e, 10 nov. 2005 : *RCA 2005, n° 36, note Groutel.* ♦ Mais viole l'art. 1250, 1° C. civ. la cour d'appel qui, pour dire que la condition de concomitance de la subrogation au paiement était remplie, retient que la lecture de la quittance de règlement révèle que cette dernière fait bien état de la subrogation et qu'ainsi la condition de concomitance était convenue d'avance, alors que l'acte de subrogation avait été établi près d'une année après le règlement et que la subrogation est impossible en raison de l'effet extinctif de celui-ci. • Civ. 1re, 28 mai 2008, n° 07-13.437 P : *RGDA 2008. 931, note Kullmann.* ♦ En revanche, viole l'obligation pour le juge de ne pas dénaturer l'écrit qui lui est soumis, la cour d'appel qui pour déclarer irrecevable le recours subrogatoire d'un assureur retient qu'une quittance subrogative ne fait pas preuve par elle-même de la concomitance de la subrogation et du paiement, laquelle doit être, aux termes de l'art. 1250, 1° C. civ., spécialement établie et que l'assureur ne rapportait donc pas la preuve du paiement, alors que, dans la quittance subrogative qu'il avait établie au profit de l'assureur le mandataire de l'assuré reconnaissait avoir reçu du mandataire de l'assureur une somme d'argent déterminée au titre de l'indemnisation des sinistres loyers impayés et détériorations immobilières en application du contrat. • Civ. 2e, 8 févr. 2018, n° 16-28.398 : *RGDA 2018. 190, note Asselain.* ♦ Justifie légalement sa décision la cour d'appel qui relève que l'assureur, après avoir indemnisé son assuré, a reçu de ce dernier en retour et dans des délais administratifs normaux la quittance subrogative, ce dont il résulte que le paiement a été concomitant à la subrogation. • Com. 11 déc. 2007 : *RGDA 2008. 339, note Kullmann.*

7. Subrogation conventionnelle – Option. Sur l'option d'actions découlant de la double subrogation, conventionnelle dans les droits de la victime, et légale dans les droits de son assuré, dont bénéficie l'assureur de l'entrepreneur principal contre le sous-traitant, auteur du dommage : • Civ. 1re, 10 avr. 1996, n° 93-18.952 P : *RCA 1996, n° 240 ; RGDA 1996. 895, note Rémy.* ♦ ... Dont bénéficie l'assureur du propriétaire d'une voiture à l'origine de l'incendie d'une propriété voisine contre le vendeur du véhicule : • Civ. 2e, 8 juill. 2010 : *RCA 2010, n° 332, note Asselain ; RGDA 2010. 1038, note A. Pélissier.*

8. Subrogation conventionnelle – Intérêt de l'option. Selon les art. 1249, 1250, 1251 et 1252 C. civ. et L. 121-12 C. assur., l'assureur qui a payé l'indemnité d'assurance dispose contre les tiers qui, par leur fait, ont causé le dommage ayant donné lieu à la responsabilité de l'assureur, non seulement de la subrogation légale de l'art. L. 121-12, mais aussi du droit d'invoquer la subrogation conventionnelle dans les droits de son assuré, prévue par l'art. 1250 C. civ., résultant de la volonté expresse de ce dernier, manifestée concomitamment ou antérieurement au paiement reçu de l'assureur, sans avoir à établir que ce règlement a été fait en exécution de son obligation contractuelle de garantie. • Civ. 2e, 13 juin 2013 : *RCA 2013, n° 321, note Groutel* • 17 nov. 2016, n° 15-25.409 : *RGDA 2017. 19, note Kullmann ; RCA 2017, n° 61, note Groutel.*

9. Subrogation conventionnelle ou légale – Fondement du recours. Prive de base légale sa décision au regard des art. 1249, 1250, 1251, 1252 C. civ., dans leur rédaction antérieure à celle issue de l'Ord. du 10 févr. 2016, ensemble l'art. L. 121-12, al. 1er, C. assur., la cour d'appel qui a déclaré irrecevable le recours subrogatoire d'un assureur, sans rechercher si les documents que l'assureur avait communiqués pour la première fois en cause d'appel ne révélaient pas l'existence en sa faveur d'une subrogation légale ou, le cas échéant, conventionnelle, dans les droits de son assuré. • Civ. 2e, 13 sept. 2018, n° 17-21.437 : *RGDA 2018. 503, note Pélissier.* ♦ Après avoir énoncé exactement qu'aucune disposition ne subordonne la validité de la quittance subrogative à la mention de l'art. 1250 C. civ. et constaté que, par une quittance subrogative, la société assurée avait indiqué avoir reçu de sa compagnie d'assurance une certaine somme en règlement du sinistre dont elle avait été victime et déclaré la « subroger dans tous ses droits et actions contre le ou les tiers responsables, jusqu'à concurrence de la quittance et en vertu des art. L. 121-12 et L. 172-29 C. assur. », c'est dans l'exercice de son pouvoir souverain d'appréciation de la volonté exprimée par l'assuré, et sans dénaturation, qu'une cour d'appel a retenu que, nonobstant le visa des textes précités, la quittance subrogative emportait subrogation conventionnelle de l'assureur dans les droits de son assuré. • Com. 21 oct. 2020, n° 18-15.165 : *RGDA déc. 2020. 28, note Pimbert.*

10. *Application de la subrogation légale aux assurances de responsabilité.* L'art. L. 121-12 C. assur. subroge l'assureur qui a payé l'indemnité d'assurance dans les droits de l'assuré contre les tiers qui par leur fait ont causé le dommage. Il s'ensuit que dans les assurances de responsabilité, l'assureur est investi des droits de la victime contre le tiers pour lequel l'assureur était tenu dans la mesure où la responsabilité civile incombe audit tiers. • Civ. 1re, 7 avr. 1987, n° 85-12.159 P : *RGAT 1987. 410, note Bigot; D. 1988. Somm. 151, note Groutel* • 5 avr. 1978, n° 76-15.480 P : *D. 1978. IR 459, obs. Berr et Groutel.* ♦ L'assurance de responsabilité est une assurance de dommage, comme telle soumise à l'art. L. 121-12 qui permet à l'assureur qui a payé l'indemnité d'assurance d'être subrogé dans les droits de son assuré. • Civ. 1re, 21 janv. 2003, n° 00-15.781 P. ♦ Dans le même sens : • Civ. 2e, 8 juill. 2010 : *RCA 2010, n° 332, note Asselain; RGDA 2010. 1038, note A. Pélissier.* ♦ V. cep. l'arrêt qui affirme que la subrogation édictée par l'art. L. 121-12 ainsi que l'immunité, qui bénéficie aux personnes visées à ce texte, ne trouvent application que lorsque l'assuré dans les droits duquel l'assureur est subrogé, après indemnisation, a été la victime du dommage. • Civ. 1re, 14 nov. 1995 : *RCA 1996, n° 69.*

11. *Application de la subrogation légale aux assurances de responsabilité décennale.* L'assureur de responsabilité décennale se trouve, par l'effet du paiement effectué, subrogé dans les droits de son assuré mais non dans ceux du maître de l'ouvrage. • Civ. 3e, 25 févr. 2009, n° 08-11.249 P : *RGDA 2009. 511, note J.-P. Karila.* ♦ V. égal. • Civ. 3e, 8 juin 2011, n° 09-69.894 P : *RCA 2011, n° 361, note Groutel.*

II. CONDITIONS DE LA SUBROGATION LÉGALE

A. EXISTENCE D'UN RECOURS DE L'ASSURÉ

12. *Qualité de tiers responsable.* La stipulation selon laquelle les diverses sociétés, assurées pour compte auprès d'un même assureur de choses, conservent la qualité de tiers entre elles n'a aucune incidence sur leur qualité d'assurée pour compte de l'assureur. Dès lors, l'assureur qui a indemnisé l'un de ses assurés ne peut exercer aucun recours contre un autre de ses assurés pour compte responsable du dommage. • Civ. 2e, 7 juill. 2011 : *RGDA 2012. 53, note Pélissier; RCA 2011, n° 369.* ♦ De même, prive sa décision de base légale la cour d'appel qui admet que l'assureur de chose dispose d'un recours subrogatoire contre le gardien temporaire du véhicule incendié, tiers au contrat d'assurance, sans rechercher si les emprunteurs du véhicule, bien que tiers au contrat d'assurance souscrit par le propriétaire, n'avaient pas la qualité d'assurés au sens de celui-ci, ce qui privait l'assureur de tout recours contre ceux-ci. • Civ. 2e, 27 mars 2014 : *RCA 2014, n° 206, note Groutel; RGDA 2014. 270, note Landel.*

13. *Recours contre un coresponsable.* La subrogation légale de l'art. L. 121-12 peut bénéficier à l'assureur dès lors que son assuré n'est pas le seul auteur du dommage. • Com., 29 sept. 2015, n° 14-14.533 : *RGDA 2015. 547, note Pélissier.*

14. *Fondement de la responsabilité du tiers.* Le recours subrogatoire institué par l'art. L. 121-12 au profit de l'assureur qui a payé l'indemnité d'assurance s'exerce quel que soit le fondement de la responsabilité. • Civ. 1re, 10 juin 1997, n° 95-15.210 P : *Gaz. Pal. 1997. 2. Somm. 539, note Favre-Rochex; RCA 1997, n° 280.* ♦ Le recours subrogatoire institué au profit de l'assureur qui a payé l'indemnité d'assurance peut être exercé contre toute personne responsable à quelque titre que ce soit. • Civ. 1re, 8 nov. 1982 : *Bull. civ. I, n° 320; D. 1984. IR 40, obs. Berr et Groutel; RDI 1983. 362, obs. Durry* • 9 mai 1990, n° 88-10.617 P • 9 nov. 1999, n° 97-16.306 P : *RCA 2000, n° 31, obs. Groutel* • CE 16 févr. 1990 : *Lebon 36 ; D. 1991. Somm. 234, obs. Bon et Terneyre* • Civ. 2e, 12 mai 2010 : *RCA 2010, n° 232, note Groutel; RGDA 2010. 695, note Abravanel-Jolly.* ♦ Mais il importe que l'assuré ait eu une action sur le fondement des dispositions invoquées par l'assureur. • Civ. 1re, 22 juin 1983 : *Bull. civ. I, n° 144* • 25 févr. 1986 : *ibid., n° 36.*

15. *Subrogation dans l'action contractuelle de l'assuré.* L'assureur d'une entreprise de construction qui a indemnisé l'utilisateur des bâtiments peut se prévaloir de la subrogation légale dans les droits de son assurée, laquelle dispose contre son sous-traitant d'une action contractuelle. • Civ. 1re, 10 avr. 1996, n° 93-18.952 P : *RCA 1996, n° 240; RGDA 1996. 894, note Rémy.* ♦ De même, le sous-acquéreur jouit de tous les droits et actions attachés à la chose qui appartenait à son auteur de sorte qu'il dispose, le cas échéant, de l'action en responsabilité contractuelle dont son vendeur aurait bénéficié s'il avait conservé la propriété de ladite chose. Il s'ensuit que c'est donc à bon droit qu'une cour d'appel a mis en œuvre les règles de la responsabilité contractuelle contre la société assurant le contrôle technique d'un manège, après avoir relevé que l'assureur était subrogé dans l'action contractuelle que pouvait exercer son assuré en sa qualité de sous-acquéreur du manège. • Civ. 1re, 21 janv. 2003, n° 00-15.781 P : *RCA 2003, n° 89.*

16. *Subrogation dans l'action fondée sur la loi de 1985.* L'assureur qui, en vertu de l'art. L. 121-12, invoque la subrogation dans les droits et actions de son assuré contre les tiers qui, par leur fait, ont causé le dommage ayant donné lieu à sa garantie, peut exercer les droits et actions que cet assuré tient des art. 1 à 6 de la loi du 5 juill. 1985. • Civ. 1re, 25 nov. 1992, n° 90-11.280 P : *RGAT 1993. 102, note Maurice.*

17. Subrogation dans l'action fondée sur la théorie des risques. Il résulte de l'art. L. 121-12 C. assur. que le recours subrogatoire qu'il institue au profit de l'assureur qui a payé l'indemnité d'assurance peut être exercé contre toute personne responsable, quel que soit le fondement de cette responsabilité. Ayant justement relevé que l'art. 1788 C. civ. met la perte de la chose à la charge de l'entrepreneur qui fournit la matière et que la charge des risques n'est pas supprimée ni modifiée si la perte est due à un événement présentant les caractères de la force majeure, c'est à bon droit, qu'une cour d'appel a accueilli le recours subrogatoire de l'assureur sur le fondement de cet art. • Civ. 1re, 9 nov. 1999, n° 97-16.800 P : *RCA 2000, n° 31, note Groutel.* ♦ V. égal. • Civ. 1re, 8 nov. 1982, n° 81-14.845 P : *D. 1984. IR 40, obs. Berr et Groutel ; RDI 1983. 362, obs. Durry.*

18. Subrogation dans l'action contre le possesseur de la chose volée. L'assureur est irrecevable à exercer l'action en revendication dont disposait son assuré contre le possesseur de son véhicule volé en application de l'art. 2279 C. civ. [C. civ., art. 2276], dès lors que la subrogation dont il s'était prévalu sur le fondement de l'art. L. 121-12 lui permettait d'exercer exclusivement les recours dont l'assuré disposait contre les tiers qui, par leur fait, avaient causé le dommage ayant donné lieu à sa garantie. • Civ. 1re, 19 janv. 1994 : *RGAT 1994. 527, note Mayaux ; D. 1994. IR 144 obs. Berr*. ♦ En revanche, en application des dispositions combinées des art. L. 121-12 C. assur., 1382 et 2279 C. civ. [C. civ., art. 2276], l'assureur est subrogé contre le receleur d'un véhicule volé à concurrence de l'indemnité qu'il a payée à son assuré. La circonstance que ce dernier se soit vu allouer par la juridiction pénale une somme au titre du préjudice, non indemnisé par son assureur, que lui avait causé le recel, ne peut faire obstacle à l'action subrogatoire de ce dernier en remboursement de la somme versée à l'assuré. • Civ. 1re, 25 oct. 1994, n° 92-18.972 P : *D. 1995. 117, rapp. Sargos ; RCA 1995, n° 34 ; ibid., Chron. 4, note Peano ; RGAT 1994. 1128, note Vincent.*

19. Subrogation dans l'action contre un tiers responsable. Viole les art. L. 121-12 C. assur. et 1147 C. civ. l'arrêt qui retient que le défaut de vérification, par une agence immobilière, de la souscription par le locataire d'une assurance ne permet pas de considérer cette agence comme un tiers responsable du sinistre au sens de l'art. L. 121-12, alors que, mandataire des propriétaires de l'immeuble incendié, elle les avait, par sa faute, privés du bénéfice de la garantie des risques locatifs. • Civ. 2e, 13 oct. 2005, n° 04-16.139 P : *RCA 2005, n° 367, note Groutel.*

20. Subrogation contre l'État. L'assureur qui bénéficie de la subrogation instituée par les prescriptions de l'art. L. 121-12 dispose de la plénitude des droits et actions que l'assuré qu'il a dédommagé aurait été admis à exercer à l'encontre de toute personne responsable, à quelque titre que ce soit, du dommage ayant donné lieu au paiement de l'indemnité d'assurance. Les dispositions de l'art. 24 de la L. n° 72-662 du 13 juill. 1972, en vertu desquelles l'État est tenu de protéger les militaires contre les menaces et les attaques dont ils peuvent être l'objet à l'occasion de l'exercice de leurs fonctions et de réparer, le cas échéant, le préjudice qui en est résulté, sont relatives à un droit statutaire à protection qui découle des liens particuliers qui unissent l'État à ses agents et n'ont pas pour objet d'instituer un régime de responsabilité de l'État à l'égard du militaire. Une telle garantie, qui ouvre droit au militaire à une réparation du préjudice subi, dont il incombe à l'administration de définir, sous le contrôle du juge, les modalités adéquates, n'a pas vocation à se substituer à celles offertes par les assureurs moyennant paiement d'une cotisation notamment au titre des assurances obligatoires. Sa mise en œuvre ne peut être demandée que par le militaire lui-même, dans le cadre de sa relation statutaire avec l'État. Il en résulte que ce régime de protection n'est pas au nombre de ceux susceptibles de permettre à l'assureur des personnes ou des biens éventuellement atteints dans le cadre d'un sinistre de cette nature d'être subrogé dans les droits et actions du militaire sur le fondement de l'art. L. 121-12. • CE, avis, 7 mai 2010 : *AJDA 2010. 983 ; ibid., Chron. 1138 , Liéber et Botteghi ; RFDA 2010. 1197, concl. Dacosta ; ibid. 1206, note Guérin-Bargues ; JCP 2010. 1101, obs. Plessix ; RGDA 2010. 1041, note Moreau ; ibid. 2011. 85, note Moreau.* ♦ L'assureur d'un majeur protégé, subrogé dans les droits de celui-ci, est recevable à agir à l'encontre de l'État, seul responsable du dommage causé à ce dernier par la faute de l'association à qui la tutelle d'État avait été déléguée, en remboursement de l'indemnité qu'il avait versée en réparation de ce dommage. • Civ. 1re, 27 févr. 2013 : *RGDA 2013. 628, note Mayaux ; RCA 2013, n° 136.*

21. Absence de subrogation dans l'action en revendication. Justifie légalement sa décision la cour d'appel qui a retenu que l'assureur était irrecevable à exercer l'action en revendication dont disposait son assuré en application de l'art. 2279 C. civ. [C. civ., art. 2276], dès lors que la subrogation dont l'assureur s'était prévalu sur le fondement de l'art. L. 121-12 C. assur. lui permettait d'exercer exclusivement les recours dont l'assuré disposait contre les tiers qui, par leur fait, avaient causé le dommage ayant donné lieu à sa garantie. • Civ. 1re, 19 janv. 1994, n° 91-21.631 P : *D. 1994. IR 144, obs. Berr ; RGAT 1994. 527, note Mayaux.*

22. Opposabilité de la compensation. L'assureur, subrogé dans les droits de son assuré, peut se voir opposer, par le responsable, la compensation que celui-ci aurait pu opposer au subrogeant à raison d'une dette connexe. • Com. 5 déc. 1989 : *Bull. civ. IV, n° 308* • 4 juin 1996 : *RCA 1996, n° 333.*

23. Sanction du défaut de déclaration de créance. L'assureur de dommages est fondé à invoquer le bénéfice de l'art. L. 121-12, al. 2, lorsque l'assuré n'a pas déclaré ses créances, conformément à l'art. 53 de la loi du 25 janv. 1985, à l'encontre de constructeurs mis en liquidation de biens et non assurés en responsabilité. • Civ. 1re, 12 déc. 1995 : *RGDA 1996. 343, note Périnet-Marquet ; RCA 1996, n° 106.*

24. Sanction de l'obligation de conserver le recours contre le transporteur. L'assureur de dommages peut s'opposer à la demande en garantie dès lors que l'assuré avait omis de conserver son recours contre le transporteur, conformément aux prescriptions de l'art. 105 C. com. [C. com., art. L. 133-3], comme la police l'y obligeait. • Com. 27 oct. 1971, n° 70-11.257 P.

25. Sanction du retard dans la déclaration du sinistre. Ayant retenu exactement que le fait que les assurés pussent utilement déclarer un sinistre dans les deux ans de sa révélation ne les dispensait pas de respecter l'obligation de diligence que sanctionne l'art. L. 121-12 et souverainement qu'elles avaient, par leur retard apporté dans leurs déclarations de sinistre, interdit à l'assureur dommages-ouvrage d'exercer un recours à l'encontre des constructeurs et de leurs assureurs, toute action à leur encontre étant forclose faute de dénonciation des désordres dans le délai décennal, une cour d'appel a déduit à bon droit de ces seuls motifs que les demandes en paiement des assurés devaient être rejetées. • Civ. 3e, 8 févr. 2018, n° 17-10.010 : *RGDA 2018. 201, note Karila ; RDI 2018. 286, note Roussel*. ♦ Viole l'art. L. 121-12 C. assur. et l'annexe II B 4° à l'art. A. 243-1 du même code, la cour d'appel qui, pour rejeter l'exception de subrogation et condamner l'assureur de dommages-ouvrage à payer à son assurée différentes sommes à titre d'indemnisation des désordres, retient que l'assureur n'avait évoqué les dispositions de l'art. L. 121-12 C. assur. dans aucune des lettres notifiant à l'assurée son refus de garantie, de sorte que, n'ayant pas attiré l'attention de son assurée sur son recours subrogatoire, elle ne saurait reprocher à celle-ci de l'avoir empêchée d'exercer ce recours, alors que l'assureur dommages-ouvrage qui dénie sa garantie n'est pas tenu de rappeler à l'assurée, quand il lui notifie son refus de garantie, la position qu'il prend en ce qui concerne l'exercice du droit de subrogation. • Civ. 3e, 11 juill. 2019, n° 18-17.433 : *RCA 2019, n° 229, note Groutel ; bjda.fr 2019, n° 65, note Casu.*

26. Étendue de la décharge de l'assureur. Les juges du fond – dans l'exercice de leur pouvoir souverain – peuvent ne décharger que partiellement l'assureur de son obligation à garantie envers l'assuré. • Civ. 1re, 12 déc. 1995 : *RGAT 1996. 343, note Périnet-Marquet ; RCA 1996, n° 106.*

27. Absence de décharge en présence d'une clause limitative de responsabilité. Prive sa décision de base légale, la cour d'appel qui, pour accueillir l'exception de subrogation invoquée par l'assureur de responsabilité d'une société, retient que l'assureur est privé, du fait de la clause litigieuse devant s'interpréter comme limitative de responsabilité, stipulée par l'assurée au profit du fournisseur, sa société mère, de tout recours subrogatoire dans les droits de son assurée, tant à l'égard de sa société mère que de son assureur, sans caractériser l'existence d'une faute à la charge de la société assurée ayant privée son assureur du bénéfice de la subrogation pouvant s'opérer en sa faveur. • Civ. 3e, 17 déc. 2020, n° 18-24.103 : *RDI 2021. 172, note Dessuet ; RGDA avr. 2021, note Bros.*

28. Absence de décharge en présence d'une clause limitative de responsabilité. Prive sa décision de base légale, la cour d'appel qui, pour accueillir l'exception de subrogation invoquée par l'assureur de responsabilité d'une société, retient que l'assureur est privé, du fait de la clause litigieuse devant s'interpréter comme limitative de responsabilité, stipulée par l'assurée au profit du fournisseur, sa société mère, de tout recours subrogatoire dans les droits de son assurée, tant à l'égard de sa société mère que de son assureur, sans caractériser l'existence d'une faute à la charge de la société assurée ayant privée son assureur du bénéfice de la subrogation pouvant s'opérer en sa faveur. • Civ. 3e, 17 déc. 2020, n° 18-24.103 : *RDI 2021. 172, note Dessuet ; RGDA avr. 2021. note Bros.*

29. Responsabilité du vendeur à l'origine de la décharge. Le propriétaire de l'ouvrage, qui s'est fautivement privé du droit à réparation contre le constructeur responsable dont il était le seul titulaire à la date du désordre, engage sa responsabilité à l'égard des acquéreurs de l'ouvrage pour perte de chance de faire prendre en charge par les assureurs le dommage dont le bien demeurait affecté. • Civ. 3e, 21 mai 2014, n° 13-18.152 P : *JCP 2015. 741, note J.-P. Karila ; RGDA 2014. 395, note J.-P. Karila.*

30. Renonciation de l'assuré. Sur la renonciation de l'assuré à exercer un recours contre le tiers responsable et ses effets quant au recours subrogatoire contre l'assureur de celui-ci, V. notes 59 s.

31. Indifférence de l'affectation de l'indemnité à la reprise des désordres. Viole l'art. L. 121-12 en y ajoutant une condition qu'il ne prévoit pas une cour d'appel qui, pour limiter la recevabilité du recours subrogatoire de l'assureur dommages-ouvrage aux montants effectivement employés par le maître de l'ouvrage à la reprise des désordres, retient que l'assureur dommages-ouvrage ne peut avoir plus de droits que l'assuré qu'il a indemnisé, que les sommes versées en application de l'art. L. 121-17 doivent être affectées à la reprise des désordres et qu'à défaut, l'assureur possède une créance en remboursement à l'encontre de son assuré, alors que l'assureur qui a payé l'indemnité d'assurance est subrogé, jusqu'à concurrence de cette indemnité, dans les droits et actions de l'assuré contre les tiers qui, par leur fait, ont causé le dommage ayant donné lieu à la responsabilité de l'assureur. • Civ. 3e, 27 mai 2010, n° 09-14.107 P : *D. 2010. AJ 1553* ; *RDI 2010. 393, note Noguéro* ; *RCA 2010, n° 227, note Groutel.* ♦ Si l'assuré est tenu, en application des dispositions de l'art. L. 121-17 C. assur., d'utiliser l'indemnité versée par l'assureur en réparation d'un dommage causé à un immeuble bâti pour procéder à la remise en état effective de cet immeuble ou pour la remise en état de son terrain d'assiette, la méconnaissance de cette obligation, qui ne concerne que la relation entre l'assureur et son assuré, est dépourvue d'incidence sur la recevabilité comme sur le bien-fondé de l'action subrogatoire de l'assureur à l'encontre du tiers responsable du dommage, régie par l'article L. 121-12 de ce code. • CE 10 févr. 2017, n° 397630 : *RGDA 2017. 260, note J.-P. Karila* ; *AJDA 2017. 1030* .

32. Indifférence d'une réassurance. Il résulte des art. L. 111-3 et L. 121-12 C. assur. que l'assureur est fondé, quelle qu'ait été la cause du dommage indemnisé, y compris lorsque l'état de catastrophe naturelle a été déclaré et alors même qu'il serait réassuré contre ce risque, à se prévaloir de la subrogation légale vis-à-vis de l'auteur du dommage dont la responsabilité est engagée. • CE 31 mai 2021, n° 434733 : *RGDA oct. 2021. 17, note Kullmann.*

33. Indifférence d'une réassurance. Il résulte des art. L. 111-3 et L. 121-12 C. assur. que l'assureur est fondé, quelle qu'ait été la cause du dommage indemnisé, y compris lorsque l'état de catastrophe naturelle a été déclaré et alors même qu'il serait réassuré contre ce risque, à se prévaloir de la subrogation légale vis-à-vis de l'auteur du dommage dont la responsabilité est engagée. • CE 31 mai 2021, n° 434733 : *RGDA oct. 2021. 17, note Kullmann.*

B. INDEMNISATION DE L'ASSURÉ PAR L'ASSUREUR

34. Preuve du paiement préalable. L'assureur, qui n'a pas encore versé d'indemnité d'assurance, ne peut se prévaloir d'une subrogation dans les droits de son assuré. • Civ. 2e, 21 mai 2015, n° 14-14.812 P : *D. 2015. 2164, note Casson* ; *ibid. 2283, obs. Bacache* ; *RLDA déc. 2015. 46, note Abravanel-Jolly* ; *Gaz. Pal. 1er sept. 2015, p. 13, note Cerveau-Colliard* ; *RCA 2015. 240.* ♦ Pour que son action contre le tiers responsable soit recevable, l'assureur doit faire la preuve qu'il a payé l'indemnité d'assurance. • Civ. 3e, 5 févr. 1985 : *Bull. civ. III, n° 22* • Civ. 1re, 24 mars 1992, n° 89-13.756 P : *RCA 1992, n° 244.* ♦ Viole l'art. L. 121-12 la cour d'appel qui condamne un constructeur à garantir l'assureur dommages-ouvrage sans constater qu'au jour où elle se prononçait, celui-ci avait effectivement indemnisé son assuré. • Civ. 3e, 9 juill. 2003, n° 02-10.270 P : *RCA 2003, nos 272 et 276.* ♦ Il appartient à l'assureur qui demande à bénéficier de la subrogation prévue par ces dispositions législatives de justifier par tout moyen du paiement d'une indemnité à son assuré. • CE 5 oct. 2005 : *RCA 2005, n° 368 (3 esp.), obs. Groutel* • 3 oct. 2008 : *Gaz. Pal. 2009. Jurisp. 1353.* ♦ Mais le courrier d'un assureur ne constitue pas une quittance subrogative s'il est rédigé sous la condition du paiement à intervenir. S'il prend acte d'un accord sur le principe de l'indemnisation, il ne fait pas preuve du paiement effectif. • Civ. 2e, 13 oct. 2005 : *RCA 2005, n° 368, note Groutel.*

35. Preuve du paiement au bénéfice de l'assuré. Ayant constaté que l'assureur dommages-ouvrage produisait un chèque émis au nom de la CARPA, une cour d'appel a souverainement retenu qu'en l'absence de toute indication sur le bénéficiaire du chèque versé aux débats et dépourvu de toute lettre de transmission susceptible d'en identifier la cause, l'affectation ou le destinataire, l'assureur ne produisait aucune pièce de nature à justifier du règlement allégué au bénéfice du maître de l'ouvrage et était non fondé dans son recours. • Civ. 3e, 9 mars 2017, n° 16-10.593 : *RGDA 2017. 430, note J.-P. Karila.* ♦ En revanche, viole l'art. 1134 C. civ. pour dénaturation, la cour d'appel qui déclare irrecevable le recours subrogatoire des assureurs, au motif que la preuve d'un paiement en exécution du contrat d'assurance n'était pas rapportée puisque l'avis du virement effectué par les assureurs au courtier était dépourvu de mention du sinistre concerné, alors qu'y figurait le numéro sous lequel le courtier avait identifié le sinistre. • Civ. 2e, 24 mars 2016, n° 15-11.319 : *RGDA 2016. 241, note Asselain.*

36. Paiement dans les mains d'un tiers. L'art. L. 121-12 n'exige pas que le paiement ait été fait entre les mains de l'assuré lui-même, et il peut avoir été effectué entre les mains d'un tiers qui a réparé le dommage. • Civ. 1re, 6 janv. 1981, n° 79-13.573 P : *RGAT 1981. 509, note Besson.* • 2 févr. 1994 : *RGAT 1994. 534, note Maurice.* ♦ De même, ayant constaté qu'un assureur avait versé au souscripteur du contrat pour le compte de qui il appartiendra l'indemnité d'assurance afin que celui-ci la répartisse entre ses filiales victimes du dommage, ce qu'il a fait, et retenu que, dès lors, l'indemnité a bien été versée aux assurés, fût-ce par l'intermédiaire de leur représentant, une cour d'appel en a exactement déduit que l'assureur bénéficiait de la subrogation légale dans leurs droits et actions contre les tiers responsables. • Com. 22 mai 2013 : *RCA 2013, n° 283* ; *RGDA 2013. 894, note Kullmann.*

37. Paiement en cours d'instance. Aux termes de l'art. 126, al. 1er, C. pr. civ., dans le cas où la situation donnant lieu à fin de non-recevoir est régularisée, l'irrecevabilité sera écartée si sa cause a disparu au moment où le juge statue. Ce texte est applicable à l'assureur qui a payé son assuré en cours d'instance, et, par conséquent, l'action introduite contre le tiers responsable avant le paiement a interrompu la prescription de celle-ci. • Civ. 1re, 18 juin 1985 : *Bull. civ. I, n° 187 ; D. 1986. IR 99, obs. Berr et Groutel.* ♦ Conf. : • Civ. 3e, 1er oct. 2020, n° 19-19.305 : *RGDA déc. 2020. 34, note Pimbert ; RCA 2021, n° 18, note Groutel ; ibid. 2022, chron. 4, n° 12, note Groutel* • Civ. 1re, 9 oct. 2001 : *RCA 2001, n° 381 ; RGDA 2001. 975, note Karila* • Civ. 3e, 29 mars 2000, n° 98-19.505 P : *RCA 2000, n° 210, obs. Groutel ; RGDA 2001. 157, note Beauchard.*

38. Paiements futurs. La subrogation légale instituée par l'art. L. 121-12 n'existe que dans la mesure de ce qui a été payé, ce dont il se déduit que l'assureur est dépourvu de qualité à agir au titre de paiements futurs. • Civ. 2e, 13 sept. 2007 : *RCA 2007, n° 371, note Groutel ; RGDA 2008. 71, note Kullmann.*

39. Paiement entre un assureur et un réassureur. Le règlement intervenu entre l'assureur direct et un réassureur ne constituant pas un paiement fait à la victime du dommage et ne pouvant entraîner de subrogation légale au bénéfice dudit réassureur, le tiers responsable ne peut s'opposer à un recours de l'assureur direct. • Civ. 1re, 27 oct. 1982 : *Bull. civ. I, n° 308 ; D. 1985. IR 194, obs. Berr et Groutel ; RDI 1983. 308, obs. Durry.*

40. Subrogation et appel en garantie. Il résulte de l'art. 334 C. pr. civ. qu'une partie assignée en justice est en droit d'appeler une autre en garantie des condamnations qui pourraient être prononcées contre elle, une telle action ne supposant pas que l'appelant en garantie ait déjà indemnisé le demandeur initial. Dès lors, viole cet article la cour d'appel qui, pour déclarer irrecevable la demande de garantie formée par l'assureur dommages-ouvrage contre les maîtres d'œuvre, retient que l'assureur, subrogé dans les droits de son assuré, ne peut exercer son action contre les constructeurs responsables que lorsqu'il a payé l'indemnité due à celui-ci et qu'il ne justifiait pas avoir indemnisé son assuré, alors que l'assureur dommages-ouvrage n'exerçait pas un recours subrogatoire mais formait une demande de garantie. • Civ. 3e, 8 déc. 2021, n° 20-18.540 : *RGDA janv.-févr. 2022. 27, note J.-P. Karila ; RCA 2022, n° 54, note Bertolaso.* ♦ Une partie assignée en justice est en droit d'en appeler une autre en garantie des condamnations qui pourraient être prononcées contre elle. Une telle demande en garantie est distincte de l'action directe prévue par le code des assurances. En conséquence, la compagnie d'assurances, qui exerce une action en garantie contre un tiers, n'a pas à justifier du paiement préalable de la condamnation prononcée contre elle par le jugement dont elle interjetait appel. • Civ. 1re, 21 janv. 1997, n° 94-19.689 P : *RCA 1997. Chron. 4, par Groutel ; RGDA 1997. 542, note Mayaux.* ♦ V. également : • Com. 2 févr. 1999, n° 96-17.912 P : *RGDA 1999. 677, note Rémy* • Civ. 3e, 27 févr. 2008, n° 06-19.348 P : *RCA 2008, n° 153, note Groutel* • 8 sept. 2009, n° 08-17.012 P : *RCA 2009, n° 370, note Groutel* • Civ. 2e, 7 avr. 2015, n° 14-12.212 : *RCA 2015, n° 213, note Groutel ; RGDA 2015. 293, note J.-P. Karila ; RDI. 2015. 366, note Nogueo.* ♦ *Contra* antérieurement : • Civ. 1re, 15 mai 1984 : *RGAT 1985. 104, note Viney* • Civ. 2e, 20 juill. 1987 : *D. 1987.J. 469 ; ibid., chron. 283, par Groutel.* ♦ V. cep. : l'assuré ayant assigné l'assureur, et ce dernier ayant appelé en garantie les responsables, cette demande est recevable, et les juges du fond ne violent pas l'art. L. 121-12 en retenant que l'assureur, après avoir indemnisé l'assuré sera, sur justification de ses paiements, subrogé dans les droits de celui-ci contre les responsables. • Civ. 3e, 24 nov. 1987, n° 86-13.235 P.

C. INDEMNISATION EN EXÉCUTION DE LA POLICE D'ASSURANCE

41. Paiement en exécution du contrat d'assurance – Principes. L'assureur qui a payé l'indemnité d'assurance est subrogé, jusqu'à concurrence de cette indemnité, dans les droits et actions des assurés contre les tiers qui par leur fait ont causé le dommage ayant donné lieu à la responsabilité de l'assureur. La subrogation n'a lieu que lorsque l'indemnité a été versée en application des garanties souscrites. • Civ. 2e, 16 déc. 2021, n° 20-13.692 : *D. actu. 21 janv. 2022, note Loyer-Lemercier ; RGDA janv.-févr. 2022. 21, note Pélissier ; RCA 2022, n° 56, note Coyault.* ♦ La subrogation légale ne peut être invoquée lorsque le versement n'a pas été effectué en exécution du contrat d'assurance, les conditions de la garantie n'étant pas réunies. • Com. 16 juin 2009 : *préc. note 6* • Com. 27 sept. 2011 : *RGDA 2012. 348, obs. Kullmann* • Civ. 2e, 6 oct. 2011 : *RGDA 2012. 348, obs. Kullmann* • Civ. 2e, 12 juin 2014 : *RGDA 2014. 426, note Asselain ; RCA 2014, n° 319, note Groutel ; ibid. 2015. Chron. 1, n° 20, note Groutel.* ♦ ... Ou une clause d'exclusion de garantie trouvant à s'appliquer. • Civ. 2e, 7 déc. 2006 : *RCA 2007, n° 101, note Groutel.* ♦ Dès lors, prive sa décision de base légale la cour d'appel qui déclare recevable l'action subrogatoire de l'assureur, sans rechercher si le paiement fait par celui-ci l'avait été en exécution de la police, à défaut de quoi sa subrogation légale était exclue, ce dont les tiers au contrat d'assurance pouvaient se prévaloir. • Com. 16 déc. 2014, n° 13-23.342 : *RCA 2015, n° 108, note Groutel ; ibid. 2015. Chron. 1, n° 20, note Groutel ; RGDA 2015. 89, note Pélissier* • Civ. 2e, 10 déc. 2015, n° 14-27.202 : *RCA 2016, n° 92, note Groutel* • 14 avr. 2016, n° 15-20.996 : *RCA 2016, n° 245, note Groutel.* ♦ De même, ne donne pas de base légale à sa décision la cour d'appel qui accueille l'action subrogatoire de l'assureur, sans rechercher si la clause excluant les bris de glace occasionnés par un vice de construction ne démontrait pas que l'assureur n'était pas tenu par le contrat d'assurance de sorte qu'il ne pouvait invoquer la subrogation légale. • Civ. 3e, 16 sept. 2015, n° 14-20.276 : *AJDI 2015. 837, obs. de La Vaissière ; RDI 2015. 542, obs. Noguéro ; RCA 2015, n° 336.* ♦ En revanche, l'assureur qui a payé l'indemnité contractuellement due à son assuré est légalement subrogé dans les droits de ce dernier, peu important que ce paiement intervienne alors que l'action de l'assuré était prescrite (solution rendue au visa des art. L. 172-29 et L. 172-31 C. assur.). • Com. 26 janv. 2010, n° 08-13.898 P : *RCA 2010, n° 96, note Asselain.*

42. *Paiement en exécution du contrat d'assurance – Initiative.* Il n'est pas distingué selon que l'assureur a payé l'indemnité de sa propre initiative, ou qu'il l'a payée en vertu d'un accord transactionnel ou en exécution d'une décision de justice. Dès lors, viole l'art. L. 121-12, al. 1er, C. assur., la cour d'appel qui, pour exclure du recours subrogatoire de l'assureur certaines indemnités payées par celui-ci, énonce qu'il ne démontre nullement que ces différents règlements sont intervenus en application des contrats d'assurance souscrits, puisqu'ils l'ont été soit en vertu d'un protocole d'accord, soit en exécution de décisions de justice, et qu'ainsi il n'est pas fondé à se prévaloir de la subrogation légale. • Civ. 2e, 16 déc. 2021, n° 20-13.692 : *D. actu. 21 janv. 2022, note Loyer-Lemercier ; RGDA janv.-févr. 2022. 21, note Pélissier ; RCA 2022, n° 56, note Coyault.*

43. *Paiement en exécution du contrat d'assurance – Illustration.* Ayant relevé que l'incendie avait pour origine le maintien, dans les armoires électriques, de tiges filetées oubliées par le constructeur et retenu que ces désordres, affectant l'ouvrage, le rendaient impropre à sa destination, une cour d'appel en a déduit à bon droit, sans dénaturation, que la responsabilité décennale du constructeur et du contrôleur technique était engagée et que l'assureur de l'immeuble, qui avait réglé une indemnité pour des dommages dont sa police excluait la prise en charge, n'était pas recevable à agir à leur encontre sur le fondement de la subrogation légale. En revanche, l'assureur de l'immeuble peut exercer un recours subrogatoire contre une autre société dont la responsabilité était recherchée sur le fondement de la responsabilité contractuelle de droit commun. • Civ. 3e, 6 déc. 2018, n° 17-28.842 : *RCA 2019, n° 76.*

44. *Charge de la preuve.* Il appartient à l'assureur se prévalant de la subrogation légale de démontrer qu'il est tenu contractuellement de régler l'indemnité invoquée en exécution de la police d'assurance. • Com. 16 juin 2009 : *préc. note 6.*

45. *Défaut de production de la police.* Dès lors que la police d'assurance n'a pas été produite dans son intégralité aux débats, la cour d'appel doit rechercher si les clauses d'exclusion du contrat d'assurance ne sont pas de nature à exclure que l'indemnité soit payée en application du contrat d'assurance. • Civ. 2e, 7 déc. 2006 : *RCA 2007, n° 101, note Groutel.* ♦ Dans le même sens : • Civ. 1re, 19 sept. 2007, n° 06-14.616 P : *D. 2007. AJ 2535 ; RCA 2007, n° 372, obs. Groutel ; RGDA 2008. 87, note Kullmann ; Gaz. Pal. 2009. Jurisp. 466, note Périer ; RDI 2010. 221, note Noguéro .* ♦ L'assureur, qui soutient être légalement subrogé dans les droits et actions de son assuré indemnisé mais ne produit pas la police d'assurance, ne justifie pas que son paiement est intervenu en vertu d'une garantie régulièrement souscrite, pouvant seule lui conférer la qualité d'« indemnité d'assurance » visée par l'art. L. 121-12. • Civ. 1re, 23 sept. 2003 : *RGDA 2004. 412, note Kullmann.*

46. *Contrat nul et assuré de bonne foi.* Selon l'art. L. 310-2, III, le contrat d'assurance conclu par un groupement d'intérêt économique ne figurant pas parmi les entreprises autorisées est nul, mais la nullité n'est pas opposable à l'assuré de bonne foi. L'assureur, s'étant acquitté de l'obligation dont il était personnellement redevable à l'égard de son assurée de bonne foi, est dès lors subrogé dans les droits de cette dernière et ne peut se voir opposer la nullité du contrat. • Com. 1er avr. 2014, n° 12-14.418 P : *D. 2014. 868 ; RCA 2014, n° 247, note Groutel ; ibid. 2015. Chron. 1, n° 20, note Groutel ; RGDA 2014. 285, note Kullmann.*

D. ABSENCE D'IMMUNITÉ AU PROFIT DU TIERS

1° IMMUNITÉS LÉGALES

a. Domaine

47. *Subrogation légale.* Les dispositions de l'art. L. 121-12 concernent exclusivement la subrogation légale de l'assureur qui a payé l'indemnité d'assurance dans les droits et actions de l'assuré, de sorte que les immunités familiales qu'il prévoit, notamment au profit des ascendants de l'assuré, ne sont pas applicables au recours subrogatoire exercé par le Fonds de garantie des victimes des actes de terrorisme et d'autres infractions (FGTI) sur le fondement distinct de l'art. 706-11 C. pr. pén. • Civ. 2e, 6 févr. 2014 : *RCA 2014, n° 173 ; ibid. 2015. Chron. 1, n° 19, note Groutel ; RGDA 2014. 212, note Landel.*

b. Bénéficiaires

48. *Ordre public.* Les dispositions de l'art. L. 121-12, al. 3, sont d'ordre public. • Civ. 1re, 6 juin 1990, n° 88-20.022 P : *RGAT 1990. 571, note Margeat et Landel.*

49. *Deux catégories de bénéficiaires.* L'al. 3 de l'art. L. 121-12 refuse à l'assureur tout recours contre le tiers responsable, soit lorsque ce tiers a l'une des qualités visées par le texte, soit, quelle que soit sa qualité, lorsque ce tiers vit habituellement au foyer de l'assuré. • Civ. 28 oct. 1947 :

D. 1948. 13, note P. L.-P.; JCP 1948. II. 4146, note Besson; GADA, p. 196, obs. Berr et Groutel.

50. Préposés. Les préposés bénéficient de l'immunité en cette seule qualité, même occasionnelle, qu'ils vivent ou non habituellement au foyer de l'assuré. • Civ. 1re, 21 mai 1975, n° 74-10.036 P : *RGAT 1976. 200, note Besson.* ♦ Mais l'immunité édictée par le troisième alinéa de l'art. L. 121-12 C. assur. ne bénéficiant qu'aux personnes visées au texte, elle ne peut être invoquée par les préposés de l'assuré poursuivis, non à titre personnel, mais en qualité d'administrateurs légaux des biens de leur enfant mineur, déclaré responsable du sinistre. • Civ. 1re, 20 déc. 1994 : *RGAT 1995. 81, note Maurice.*

51. Tiers vivant habituellement au foyer de l'assuré. Des juges du fond peuvent estimer que les pensionnaires d'un collège vivent habituellement au foyer de l'assuré et que l'assureur dudit collège, qui l'a indemnisé à la suite d'un incendie, n'a pas de recours contre eux alors que pourtant ils sont responsables du sinistre. • Civ. 1re, 2 juill. 1991, n° 90-12.062 P : *RCA 1991, n° 400; ibid., Chron. 27, note Groutel; D. 1991. IR 203 ; RGAT 1991. 587, note Maurice.* ♦ Mais, ayant constaté que les enfants responsables du sinistre, sans aucun lien de parenté avec l'assurée, étaient hébergés par celle-ci pendant les vacances et moyennant rémunération, une cour d'appel a pu souverainement estimer que dans ces conditions les mineurs ne vivaient pas habituellement avec l'assurée. • Civ. 2e, 16 mai 1988, n° 86-19.077 P : *RGAT 1988. 793, note Bigot.*

52. Assureur de responsabilité des bénéficiaires. L'immunité édictée par l'al. 3 de l'art. L. 121-12 ne bénéficie qu'aux personnes visées au texte et ne fait pas obstacle à l'exercice, par l'assureur qui a indemnisé la victime, de son recours subrogatoire contre l'assureur de responsabilité de l'une de ces personnes. • Civ. 1re, 8 déc. 1993, n° 90-18.148 P : *D. 1994. 235, note Beignier ; RCA 1994. Chron. 3, note Groutel; RGAT 1994. 121, note Vincent.* ♦ L'immunité n'emportant pas irresponsabilité de son bénéficiaire. • 12 juill. 2007, n° 06-12.624 P : *D. 2009. Pan. 253, obs. Groutel ; JCP 2007. II. 10162, note Hocquet-Berg; Gaz. Pal. 2008. 1820, note Leducq; RCA 2007, n° 334, note Groutel; RGDA 2008. 83, note Kullmann.* ♦ *Contra* antérieurement : l'assureur de dommages auquel est refusée, par une disposition d'ordre public, la subrogation dans les droits de son assuré contre un fils responsable ne saurait prétendre à la garantie de l'assureur de la responsabilité du fils parce qu'à défaut de l'attribution légale de l'indemnité due à ce dernier il n'est investi d'aucun droit propre contre lui et, qu'en vertu de l'article 50 de la loi de 1930, la garantie à laquelle est obligé l'assureur de responsabilité est subordonnée à une réclamation émanant de la personne lésée ou de ses ayants droit. • Civ. 28 oct. 1947, n° 47-33.468 P : *D. 1948. 13, note P. L.-P.; JCP 1948. II. 4146, note Besson; GADA, p. 196, obs. Berr et Groutel.* ♦ Dans le même sens : • Civ. 1re, 28 avr. 1970, n° 68-11.616 P : *JCP 1970. II. 16420, note R. L.* • 6 juin 1990, n° 88-20.022 P.

c. Malveillance

53. Nécessité d'un acte de malveillance. L'assureur d'une clinique, condamnée à réparer les fautes commises par sa sage-femme salariée sans pouvoir se retourner contre celle-ci, n'est pas recevable, faute d'avoir allégué un acte de malveillance, à invoquer un grief relatif au recours de son assurée contre sa préposée. • Civ. 1re, 7 juill. 1998, n° 97-10.869 P.

54. Malveillance dirigée vers l'assuré. L'assureur qui a payé l'indemnité d'assurance ne recouvre son action subrogatoire contre l'auteur du dommage, lorsque celui-ci est une des personnes énumérées par le texte, qu'en cas de malveillance dirigée contre l'assuré. Un enfant mineur ayant porté des coups volontairement à la victime, et l'assureur des parents civilement responsables ayant indemnisé celle-ci, aucun recours n'est possible contre l'enfant, car l'acte de malveillance n'était pas dirigé contre l'assuré. • Cass., ass. plén., 13 nov. 1987, n° 86-17.185 P : *D. 1987. IR 247; RGAT 1988. 111, note Bout; Gaz. Pal. 1988. 1. 120, note Margeat et Landel.* ♦ Dans la même affaire et dans le même sens : • Civ. 1re, 6 mars 1985, n° 83-13.524 P : *D. 1986. 29, note Berr et Groutel; JCP 1985. II. 20502, note Y. R.; RGAT 1985. 247, note Bigot.* ♦ Auparavant, il avait, à l'opposé, été jugé que, en visant la malveillance commise par l'une des personnes qu'il énumère, le texte ne distingue pas selon que l'acte de malveillance a causé un dommage à l'assuré, à l'assureur ou à un tiers, et qu'il est applicable dès lors que l'acte fautif a été accompli avec l'intention de causer le dommage à celui qui en a été effectivement la victime. • Civ. 1re, 5 janv. 1970, n° 67-12.282 P : *D. 1970. 185, note Cosse-Manière; JCP 1970. II. 16265, note R. L.; RGAT 1970. 187, note Besson.*

2° IMMUNITÉS CONVENTIONNELLES

55. Renonciation de l'assureur. L'assureur peut valablement renoncer, par convention avec son assuré, au recours, fondé sur la subrogation aux droits dudit assuré, dont il dispose contre l'auteur du dommage, alors même que la responsabilité encourue serait de nature délictuelle ou quasi délictuelle. • Civ. 1re, 24 janv. 1990 : *RGAT 1990. 113, note Margeat et Landel.*

56. Étendue de la renonciation de l'assureur. Si l'assureur d'un propriétaire a renoncé à exercer son recours contre un locataire déterminé et stipulé que la renonciation ne profitait en aucune manière aux autres locataires et sous-locataires, l'un de ceux-ci ne peut en bénéficier. • Cass., ass. plén., 25 mai 1973, n° 71-11.421 P.

57. Renonciation de l'assureur en assurance pour compte. Viole l'art. 1134 C. civ. la cour d'appel qui affirme que la clause de renonciation à recours de l'assureur contenue dans la police d'assurance supposait nécessairement une renonciation de l'assuré, alors que la clause stipulait clairement, conformément au fonctionnement de l'assurance pour compte, que l'assureur renonçait à tout recours contre les filiales de l'assuré, société mère ou affiliées, toutes assurées pour compte par le contrat. • Civ. 2e, 7 juill. 2011 : *RGDA 2012. 53, note Pélissier ; RCA 2011, no 369.*

58. *Charge de la preuve de la renonciation de l'assureur.* Il appartient à celui qui allègue une renonciation de l'assureur à son profit d'en établir l'existence. • Civ. 1re, 8 mai 1962 : *RGAT 1963. 195.*

59. *Obligation d'obtenir la renonciation de l'assureur.* A commis une faute contractuelle la société qui n'a pas reproduit une clause de renonciation à recours contre une autre société dans les contrats d'assurance qu'elle passait, alors qu'elle s'était engagée à obtenir la renonciation de son assureur. • Civ. 1re, 13 nov. 1997 : *RCA 1998, no 69, note Groutel.*

60. *Renonciation de l'assuré antérieure à la conclusion du contrat d'assurance.* Aux termes de l'art. L. 121-12, al. 2, l'assureur peut être déchargé en tout ou en partie de sa responsabilité envers l'assuré quand la subrogation dans les droits de la victime ne peut plus, du fait dudit assuré, s'opérer en faveur de l'assureur. Cependant, dès lors que le contrat de bail exonérant le bailleur de toute réparation autres que celles de l'art. 606 C. civ. avait été conclu antérieurement au contrat d'assurance « multirisques des locaux d'habitation », l'assureur était, au jour où il s'engageait, à même de connaître les stipulations excluant le recours et ne peut donc être déchargé de sa garantie. • Civ. 1re, 17 févr. 1987, no 85-14.568 P : *D. 1987. Somm. 333, obs. Groutel.*

61. *Renonciation de l'assuré postérieure à la conclusion du contrat d'assurance.* L'assureur d'un bailleur peut se prévaloir de la décharge de garantie de l'art. L. 121-12, al. 2, C. assur. lorsque l'assuré a consenti dans un contrat de location conclu postérieurement au contrat d'assurance une clause de renonciation à recours contre le preneur et ses assureurs. • Civ. 1re, 3 nov. 1993 : *RCA 1994, no 28, note Groutel ; RGAT 1994. 127, note Vincent.*

62. *Révocation de la renonciation.* Analysant la renonciation comme une stipulation pour autrui au bénéfice du responsable, un arrêt a admis la révocation de celle-ci par la délivrance d'une quittance subrogative à l'assureur. • Civ. 1re, 30 juin 1954 : *RGAT 1954. 292.*

63. *Effet de la renonciation à l'égard de l'assureur du responsable.* La renonciation à recours, qu'elle émane de l'assuré ou de l'assureur, n'emporte pas, sauf stipulation contraire, renonciation à recourir contre l'assureur du bénéficiaire de la renonciation. • Civ. 1re, 26 mai 1993, no 91-11.362 P : *D. 1993. IR 159 ; RCA 1993, no 317 ; ibid., Chron. 30, note Groutel.* ♦ Qu'elle émane de la victime ou de son assureur, la clause de renonciation à tout recours contre la personne responsable d'un dommage n'emportant pas, sauf stipulation contraire, renonciation à recourir contre son assureur, celui qui a renoncé peut faire reconnaître dans son principe et dans son étendue la responsabilité de cette personne, pour demander paiement, par voie d'action directe, au seul assureur de cette dernière. • Civ. 1re, 17 mars 1998, no 96-12.249 P : *D. 1999. Somm. 226, obs. Groutel ; ibid. Somm. 241, obs. Lemée ; RCA 1998, no 212 ; RGDA 1998. 324, note Vincent ; Gaz. Pal. 1998. 2. 564.* ♦ V. auparavant : il résulte de l'art. L. 121-12 que l'assureur, qui a payé l'indemnité d'assurance, s'il dispose d'une action contre le responsable du dommage et par voie de conséquence contre l'assureur de celui-ci, ne peut invoquer le bénéfice d'aucune action directe à l'encontre de cet assureur. Il en découle, s'il a renoncé dans son contrat à tout recours contre le tiers responsable, qu'il ne peut agir non plus contre son assureur à moins de disposition spéciale du contrat lui ménageant la possibilité d'un recours contre ce seul dernier. • Civ. 1re, 5 juill. 1988, no 86-14.635 P : *RCA 1988, no 52 ; ibid., Chron. 5, note Groutel ; RGAT 1988. 790, note Bigot.* ♦ Et ayant relevé que l'assuré, s'il avait d'avance renoncé à obtenir réparation des dépositaires de leurs stocks, n'avait pas renoncé à l'exercice de l'action directe contre les assureurs de ceux-ci, une cour d'appel a pu en déduire que l'assureur de la société déposante se trouvait subrogé à l'action directe de son assuré contre l'assureur du tiers responsable. • Civ. 1re, 20 juill. 1988, no 88-10.073 P : *RCA 1988, no 52 ; ibid., Chron. 5, note Groutel ; RGAT 1988. 790, note Bigot.*

III. EFFETS DE LA SUBROGATION LÉGALE

64. *Exercice des droits de l'assuré ou du bénéficiaire.* Dès qu'il a versé l'indemnité prévue par le contrat d'assurance, l'assureur est subrogé à concurrence de cette indemnité dans les droits et actions de l'assuré contre le tiers responsable ; dès cet instant, l'action de celui-ci lui est transmise et, seul, il peut en disposer. • Civ. 2e, 10 avr. 1962 : *RGAT 1962. 493.* ♦ La propriété indivise n'est pas constitutive de personnalité morale et l'assureur subrogé ne peut exercer que les droits et actions des bénéficiaires de l'indemnité. Dès lors, viole l'art. L. 121-12 C. assur. la cour d'appel qui alloue à l'assureur de la chose détériorée, exerçant l'action subrogatoire, la totalité de l'indemnité qu'elle avait versée, sans tenir compte de ce qu'une partie de celle-ci concernait le dommage supporté par le responsable du dommage, coindivisaire de la chose assurée. • Civ. 1re, 23 mai 2000 : *RCA 2000, no 284 ; RGDA 2000. 843, note Vincent.* ♦ L'assureur, subrogé dans les droits et actions de son assuré qu'il a indemnisé, peut se prévaloir de la déclaration de créance faite par ce dernier, avant le versement de l'indemnité d'assurance, à la procédure collective de l'auteur du dommage. • Com. 7 févr. 2012 : *D. 2012. 493* ; *RGDA 2012. 680, obs. Pélissier.* ♦ Mais, puisque l'assureur qui exerce l'action subrogatoire n'a pas plus de droits que son assuré, c'est à bon droit qu'une cour d'appel, qui a constaté que l'appel du jugement déboutant l'assuré de son action en garantie contre diverses personnes avait été suivi d'un désistement, qu'aucune voie de recours n'avait été introduite par quiconque contre ce jugement, et que l'assignation en garantie ultérieurement délivrée par l'assureur avait été formulée dans les mêmes termes que l'appel en garantie précédemment formé par l'assuré, a considéré que ce jugement, irrévocable, était opposable à l'assureur et a déclaré irrecevable en conséquence son action. • Civ. 1re, 4 juin 1996, n° 93-21.135 P : *RCA 1996, n° 336.*

65. Exercice des droits de l'assuré victime par l'assureur du conducteur. Par l'effet de la subrogation, l'assureur du conducteur d'un véhicule terrestre à moteur impliqué dans un accident de la circulation dont il a été victime est, pour le recouvrement des prestations indemnitaires ou de l'avance sur indemnité qu'il a versées à son assuré du fait de l'accident, investi de l'ensemble des droits et actions dont celui-ci disposait à l'encontre de la personne tenue à réparation ou de son assureur. • Civ. 2e, 8 juin 2017, n° 15-24.827 P : *RGDA 2017. 424, note Landel* • 7 févr. 2019, n° 18-11.706 : *RCA 2019, n° 143, note Groutel.*

66. Exclusion des droits personnels de l'assuré. La subrogation ne conférant pas à l'assureur la qualité de victime, celui-ci ne peut se prévaloir de la règle de l'art. L. 333-1 C. consom. qui prévoit que, sauf accord du créancier, les réparations pécuniaires allouées aux victimes dans le cadre d'une condamnation pénale sont exclues de toute remise, de tout rééchelonnement ou effacement. • Civ. 2e, 31 mars 2011, n° 10-10.990 P : *RGDA 2011. 726, note Pélissier.*

67. Limitation au montant de l'indemnité. Le recours de l'assureur contre le tiers responsable du dommage ne peut s'exercer que dans la limite de la garantie dont il est lui-même tenu envers son client et qui n'est pas nécessairement égale à l'étendue du dommage. • Civ. 2e, 21 févr. 2008 : *RGDA 2008. 336, note Kullmann.* ♦ Déjà dans le même sens : • Civ. 1re, 12 déc. 1977 : *Bull. civ. I, n° 473.*

68. Limitation au montant de la dette de responsabilité. La subrogation légale a lieu dans la mesure de ce qui a été payé et dans la limite de la créance détenue par l'assuré contre le responsable. • Civ. 2e, 16 déc. 2021, n° 20-13.692 : *D. actu. 21 janv. 2022, note Loyer-Lercercier ; RGDA janv.-févr. 2022. 21, note Pélissier ; RCA 2022, n° 56, note Coyault.* ♦ L'assureur, dans les limites de ce qu'il a payé à son assuré, est subrogé jusqu'à concurrence de la dette du tiers coresponsable. • Civ. 1re, 6 janv. 1976, n° 74-11.420 P. ♦ ... Aussi ce dernier peut-il lui opposer le partage de responsabilité avec l'assuré. • Civ. 1re, 27 juin 1973, n° 72-11.129 P. ♦ ... Mais viole l'art. L. 121-12, al. 1er, C. assur., la cour d'appel qui affecte le coefficient de partage de responsabilité à la somme de 2 610 902 € versée par l'assureur à son assurée, et non à celle correspondant au montant des dommages par elle subis ensuite du sinistre, qui avait été fixé à 5 056 613 €, la cour d'appel a violé le texte susvisé. • Civ. 2e, 16 déc. 2021, n° 20-13.692 : *préc.* ♦ Prive sa décision de base légale la cour d'appel qui accueille le recours subrogatoire de l'assureur à concurrence de l'indemnité versée à l'assuré, sans s'interroger sur l'étendue du préjudice effectivement subi par l'assuré, alors que la valeur de celui-ci avait été arrêtée contradictoirement entre les parties à une somme moindre. • Civ. 2e, 11 juin 2015, n° 14-10.520 : *RGDA 2015. 391, note Asselain.*

69. Recours contre un coresponsable. L'assureur qui, ayant indemnisé la victime, au lieu et place de son assuré, exerce les droits de la victime envers un codébiteur, doit conserver à sa charge la part contributive de son assuré à la dette de responsabilité envers la victime. • Civ. 2e, 24 oct. 2013 : *RGDA 2014. 126, note Asselain.* ♦ L'assureur qui a payé l'indemnité d'assurance à la victime se trouve, en cas de partage de responsabilité entre son assuré et un tiers, subrogé dans les droits du premier contre le second pour réclamer la quote-part incombant à ce coauteur du dommage. • Civ. 1re, 24 mars 1971, n° 70-10.185 P. ♦ Tel est le cas de l'assureur de responsabilité d'un notaire qui, après avoir indemnisé les victimes de détournements commis par un clerc de celui-ci, prétend rechercher la responsabilité de la banque où ledit clerc avait un compte. • Civ. 1re, 10 déc. 1991, n° 89-11.410 : *RCA 1992, n° 115.*

70. Intérêts moratoires. Il résulte de l'art. 1153 C. civ. que la personne tenue au paiement d'une somme envers une autre ne lui en doit les intérêts qu'après avoir été mise en demeure. Viole cet art. la cour d'appel qui retient que dès lors que l'assureur a versé la somme nécessaire à la réparation du dommage à l'assuré qui lui a délivré quittance subrogative, les intérêts au taux légal sont dus par la personne tenue à réparation à compter de cette quittance. • Civ. 1re, 7 mai 2002, n° 99-13.458 P : *RCA 2002, n° 217 ; ibid., Repère 6, note Groutel ; Defrénois 2002. 1274, note Aubert ; RGDA 2002. 711, note Mayaux.* ♦ La créance de l'assureur dont le recouvrement est poursuivi par subrogation dans le droit d'action de la victime n'est pas indemnitaire et se borne au paiement d'une somme d'argent. Il en résulte que les intérêts sont dus à l'assureur subrogé à compter de la mise en demeure. • Com. 5 déc. 2006, n° 04-18.621 P : *D. 2007. AJ 82, obs. Speroni* ; *D. 2008. Pan. 124, obs. Groutel* ; *RCA 2007, n° 102 (2 esp.), note Groutel* • 15 sept. 2009 : *RCA 2009, n° 374* • Civ. 2e, 4 nov. 2010 : *RCA 2011, n° 79, note Groutel.* ♦ *Contra* précédemment : dès lors que, suivant quittance subrogative, un assureur a versé à son assuré la somme nécessaire à la réparation du dommage, les intérêts au taux légal sur cette somme sont dus par le responsable du sinistre à compter de la date de la quittance subrogative. • Cass., ass. plén., 7 févr. 1986, n° 84-15.189 P : *D. 1987. IR 185, obs. Groutel ; D. 1986. 286, note Bénabent ; RGAT 1988. 340, note Bigot* • Civ. 1re, 26 févr. 1991, n° 88-10.189 P : *D. 1991. IR 85* ; *RCA 1991, n° 202, obs. Groutel ; RGAT 1991. 315, note Maurice* • 2 juill. 1996 : *RCA 1996, n° 363, note crit. Groutel ; JCP 1997. II. 22953, note Casson.*

71. Perte de ses droits par l'assuré. Celui qui, après avoir été indemnisé, a subrogé son assureur dans ses droits n'a plus qualité pour agir contre le responsable et ne peut, sauf convention expresse ou tacite l'y habilitant, agir en justice pour son assureur. • Civ. 1re, 4 févr. 2003, n° 00-15.716 P : *RCA 2003, n° 154 (1re esp.), obs. Groutel.* ♦ ... Ou dans l'intérêt de celui-ci. • Civ. 1re, 4 févr. 2003, n° 00-11.023 P : *RCA 2003, n° 154 (2e esp.), obs. Groutel.* ♦ L'assuré, désintéressé par l'assureur en vertu du contrat d'assurance, ne peut plus, dans cette mesure, exercer contre le tiers responsable du dommage les droits dans lesquels l'assureur se trouve subrogé. • Civ. 1re, 29 avr. 1975 : *Bull. civ. I, n° 144 ; JCP 1976. II. 18212, note Besson ; GADA, p. 191, obs. Berr et Groutel* • 30 oct. 1995, n° 93-14.147 P : *RCA 1996, n° 37.* ♦ Il ne le pourrait qu'en vertu d'une convention de prête-nom dont la preuve devrait être rapportée. • Civ. 1re, 8 févr. 1983 : *Bull. civ. III, n° 50.* ♦ Toutefois, l'indemnisation de la victime par son assureur, lequel ne dispose devant la juridiction répressive d'aucun recours subrogatoire contre le responsable du dommage, ne dispense pas ce dernier de réparer le préjudice résultant de l'infraction dont il a été déclaré coupable. • Crim. 9 févr. 1994, n° 93-83.047 P : *RCA 1994, n° 404 ; ibid., Chron. 38, note Conte* • 26 sept. 1996, n° 96-80.679 P : *RCA 1997, n° 8.*

72. Concours de l'assureur subrogé et de l'assuré subrogeant. En cas d'indemnisation partielle au titre du contrat d'assurance, lorsque la dette du tiers responsable est insuffisante pour rembourser entièrement l'assureur subrogé et l'assuré, qui exerce une action personnelle, celui-ci tire de l'1252 C. civ. le droit d'être préféré à celui-là. • Civ. 5 mars 1945 : *D. 1946. 1, note Besson ; JCP 1945. II. 2798, note P. L.-P. ; GADA, p. 21, obs. Berr et Groutel.* ♦ Dans le concours de l'assureur subrogé et de l'assuré subrogeant, ce dernier prime le premier jusqu'à concurrence de la réparation du préjudice garanti. • Civ. 1re, 4 juin 2002, n° 99-13.002 P : *RCA 2002, n° 308, note Groutel.* ♦ Selon l'art. 1252 C. civ., la subrogation ne peut nuire au créancier lorsqu'il n'a été payé qu'en partie. En ce cas, il peut exercer ses droits, pour ce qui lui reste dû, par préférence à celui dont il n'a reçu qu'un payement partiel. Dès lors, dans le concours de l'assureur subrogé et de l'assuré subrogeant, ce dernier prime le premier jusqu'à concurrence de la réparation du préjudice garanti. • Civ. 1re, 27 févr. 2007, n° 04-12.41 P : *RCA 2007, n° 171, note Groutel.* ♦ Mais si le créancier subrogeant peut exercer ses droits, pour ce qui lui reste dû, par préférence au subrogé dont il n'a reçu qu'un paiement partiel, c'est à la condition qu'il se trouve en concours avec celui-ci dans des actions exercées contre le débiteur. • Civ. 3e, 11 mars 2009, n° 08-10.733 P : *RCA 2009, n° 193, note Groutel ; D. 2010. 1746, note Groutel* ; *RGDA 2009. 820, note Périer.* ♦ V. par ailleurs écartant la priorité de l'assuré subrogeant en concours avec son assuré subrogé : • Civ. 2e, 14 janv. 1999 : *RCA 1999, n° 84 ; ibid., Chron. 7, note Groutel.*

73. Condamnation in solidum des tiers responsables. Chacun des responsables d'un même dommage doit être condamné à le réparer en totalité, sans qu'il y ait lieu de tenir compte du partage de responsabilité auquel il est procédé entre eux ; l'assureur, subrogé dans les droits et actions des bénéficiaires des indemnités, peut obtenir la condamnation *in solidum* des constructeurs. • Civ. 3e, 16 mars 2011 : *RGDA 2011. 756, obs. Karila.*

IV. EXERCICE DU RECOURS SUBROGATOIRE

74. Absence de mise en cause de l'assuré. Il n'est pas nécessaire que l'assuré se joigne à l'assureur pour que le recours de ce dernier soit recevable. • Civ. 3e, 11 juill. 1990 : *RCA 1990, n° 383.*

A. PRESCRIPTION

75. Délai de prescription. L'action de l'assureur subrogé contre le responsable est soumise à la prescription applicable à l'action directe de la victime. • Civ. 2e, 15 mars 2007 : *RCA 2007, n° 201, note Groutel.* ♦ La prescription applicable à l'action récursoire de l'assureur contre un tiers coauteur est celle qui aurait été applicable à l'action de la victime si cette dernière, à défaut d'être indemnisée, avait agi contre ledit tiers. • Civ. 2e, 4 oct. 1973 : *Bull. civ. II, n° 244.* ♦ Dans le même sens : • Civ. 1re, 16 mai 1979 : *Bull. civ. I, n° 143* (prescription de l'action en responsabilité contractuelle).

76. Interruption de la prescription. L'assureur subrogé bénéficie de l'interruption de prescription de l'action résultant de l'engagement de celle-ci par la victime. • Com. 11 avr. 2012 : *RGDA 2012. 1129, obs. Turgné.*

B. COMPÉTENCE

77. Principe. La compétence est déterminée comme si l'action était engagée par l'assuré lui-même. En particulier, lorsque le tiers responsable est une personne publique, le recours doit être porté devant les juridictions administratives. • CE 7 nov. 1952 : *RGAT 1953. 196.* ♦ La juridiction administrative est compétente pour connaître d'un litige concernant un marché, contrat administratif, entre le Commissariat à l'énergie atomique et un entrepreneur. • CE 26 avr. 1968 : *D. 1968. 595.*

78. Juridictions répressives. En principe, l'assureur subrogé ne peut se constituer partie civile, l'art. 2 C. pr. pén. n'accordant cette faculté qu'à ceux qui ont personnellement souffert du dommage directement causé par l'infraction. • Crim. 2 mai 1956 : *Bull. crim. n° 623 ; D. 1958. 386, note Meurisse ; JCP 1958. II. 10724, note Brunet* • 8 avr. 1986 : *Bull. crim. n° 302.* ♦ Cependant, il résulte de l'art. 388-1 C. pr. pén. (L. 8 juill. 1983) qu'en cas de poursuites exercées du chef d'homicide ou de blessures involontaires, l'assureur de toute personne ayant subi un dommage quelconque à l'occasion de cette infraction est recevable, après avoir indemnisé l'assuré et dans la mesure de cette indemnisation, à intervenir à l'instance pour demander le remboursement des sommes versées ; en outre, l'intervention de l'assureur de la victime est recevable dès lors que cette dernière aurait été elle-même recevable à exercer l'action civile si elle n'avait pas été indemnisée en vertu du contrat d'assurance. • Crim. 26 mai 1988 : *Bull. crim. n° 226 ; RCA 1988, n° 6 ; ibid., Chron. 1, note Groutel ; Gaz. Pal. 1988. 2. 534, note Appietto ; RGAT 1989. 334, note Margeat et Landel* • 13 juin 1989, n° 88-80.523 P : *RGAT 1989. 810, note Margeat et Landel.* ♦ Mais ces dispositions sont sans application à l'assureur qui a versé une indemnité à la suite d'un vol. • Crim. 8 avr. 1986 : *préc.* ♦ De même, n'étant pas « assureur de la partie civile » au sens de l'art. 388-1. C. pr. pén., l'assureur du prévenu, même s'il est subrogé dans les droits de la victime, n'a pas qualité pour exercer, devant la juridiction pénale, une action récursoire contre des codébiteurs solidaires. • Crim. 3 juin 1992, n° 91-80.752 P : *RGAT 1992. 842, note Beauchard.*

79. Aspects internationaux. L'insertion d'une clause attributive de compétence dans un contrat international fait partie de l'économie de la convention et emporte renonciation à tout privilège de juridiction ; cette clause s'impose aussi bien à l'ancien titulaire du droit qu'à l'assureur français subrogé. • Civ. 1re, 25 nov. 1986 : *Bull. civ. I, n° 277.* ♦ Une clause attributive de juridiction, stipulée conformément à l'art. 17 de la Convention de Bruxelles du 27 sept. 1968, concernant la compétence judiciaire et l'exécution des décisions en matière civile et commerciale, n'est pas opposable aux victimes et à l'assureur subrogé dans les droits de son assuré, exerçant l'action directe, qui n'ont pas expressément souscrit ou accepté ladite clause et ont leur domicile dans un État contractant autre que celui du preneur d'assurance et de l'assureur. • Civ. 1re, 19 mars 2008 : *RGDA 2008. 536, note Heuzé.*

La clause attributive de juridiction contenue dans le contrat de vente passé entre une société française et une société portugaise fait partie de l'économie du contrat et s'impose à l'assureur de la société française appelant en garantie la société portugaise et son assureur, même lorsque celui-ci tire son droit d'agir d'une subrogation future dans les droits de son assuré. • Civ. 1re, 13 févr. 2013 : *RGDA 2013. 770, note Schulz.* ♦ L'art. 1er de la convention franco-suisse du 15 juin 1869 donne au juge du domicile du défendeur compétence pour connaître des contestations en matière mobilière et personnelle, civile ou de commerce. Cette règle s'applique à l'action civile de l'assuré contre l'auteur du dommage exercée par l'assureur en tant que subrogé aux droits de son assuré. • Civ. 1re, 19 mars 1973, n° 72-11.643 P.

C. CONTESTATION

80. Fin de non-recevoir ou défense au fond. Ne relève pas d'une fin de non-recevoir mais d'un moyen de défense au fond, la contestation de la subrogation de l'assureur qui ne contestait pas que l'indemnité avait été versée en exécution d'une garantie prévue par le contrat d'assurances, mais qui se bornait à en discuter le montant au regard du plafond de garantie. • Com. 19 déc. 2018, n° 17-25.948 : *RGDA 2019. 37, note Schulz.*

Art. L. 121-13 Les indemnités dues par suite d'assurance contre l'incendie, contre la grêle, contre la mortalité du bétail, ou les autres risques, sont attribuées sans qu'il y ait besoin de délégation expresse, aux créanciers privilégiés ou hypothécaires, suivant leur rang.

Néanmoins, les paiements faits de bonne foi avant opposition sont valables.

Il en est de même des indemnités dues en cas de sinistre par le locataire ou par le voisin, par application des articles 1733 et *(Ord. n° 2016-131 du 10 févr. 2016, art. 6-II, en vigueur le 1er oct. 2016)* **« 1240 » du code civil.** – *V. App., v° Responsabilité civile.*

En cas d'assurance du risque locatif ou du recours du voisin, l'assureur ne peut payer à un autre que le propriétaire de l'objet loué, le voisin ou le tiers subrogé à leurs droits, tout ou partie de la somme due, tant que lesdits propriétaire, voisin ou tiers subrogé n'ont pas été désintéressés des conséquences du sinistre, jusqu'à concurrence de ladite somme.

BIBL. ▸ Domaine de l'attribution : GROUTEL, *RCA 1995. Chron. 34.* ▸ Conditions de l'attribution : H. GROUTEL, *RCA 1992. Chron. 23 ; ibid. 2003. Chron. 1.*

COMMENTAIRE

L'article L. 121-13 accorde aux créanciers titulaires d'une sûreté sur un bien sinistré une priorité sur le paiement de l'indemnité d'assurance. Cette règle repose sur une subrogation réelle. Puisque l'indemnité d'assurance remplace dans le patrimoine de l'assuré le bien sinistré, celle-ci doit être attribuée en priorité au créancier titulaire d'une sûreté. Elle peut également être justifiée par la volonté de protéger les créanciers et d'encourager le crédit. Le domaine (I), les conditions (II) ainsi que les effets (III) de cette priorité reconnue aux créanciers bénéficiaires d'une sûreté ont été précisés par le législateur et la jurisprudence.

I. LE DOMAINE DE LA PRIORITÉ

Curieusement l'article L. 121-13 s'intéresse non seulement au sort des indemnités d'assurance mais aussi à celui des indemnités versées par certains responsables. En effet, dans son troisième alinéa, cet article indique que les indemnités dues en cas de sinistre par le locataire ou par le voisin, par application des articles 1733 et 1240 du code civil, sont attribuées aux créanciers titulaires d'une sûreté. Cette disposition concerne donc le droit de la responsabilité et non le celui des assurances.

A. LES ASSURANCES CONCERNÉES

En ce qui concerne le sort des indemnités d'assurance, l'article L. 121-13 s'applique avec certitude aux assurances de choses. En revanche, il n'est pas certain qu'il s'applique aux assurances de responsabilité. L'article L. 121-13, alinéa 4, affirme en effet que pour les assurances du risque locatif et du recours du voisin, qui sont deux assurances de responsabilité, l'assureur ne peut verser l'indemnité qu'au propriétaire de l'objet loué, au voisin ou au tiers subrogé à leurs droits. Cette disposition déroge donc au principe de l'attribution de l'indemnité d'assurance au créancier bénéficiaire d'une sûreté. Partant, deux interprétations sont possibles : soit on estime qu'il s'agit uniquement d'une exception au principe général, auquel cas les autres assurances de responsabilité sont concernées par la règle de l'article L. 121-13, alinéa 1er ; soit on retient qu'il s'agit d'un simple rappel sur l'attribution de l'indemnité d'assurance en assurance de responsabilité, auquel cas la règle de l'article L. 121-13, alinéa 1er, ne concernerait que les assurances de choses.

B. LES CRÉANCIERS CONCERNÉS

Selon l'article L. 121-13, alinéa 1er, les créanciers privilégiés ou hypothécaires bénéficient d'une priorité sur l'indemnité d'assurance. Sont ainsi concernés par cette règle les créanciers bénéficiaires d'une hypothèque légale ou conventionnelle, ou d'un privilège général ou spécial. Mais la jurisprudence a estimé qu'elle s'appliquait à toutes les sûretés réelles et en particulier aux gages (Civ. 1re, 10 juin 1997 : *V. note 2*). En outre, si avant l'ordonnance n° 2006-346 du 23 mars 2006, la jurisprudence refusait d'appliquer cette règle aux créanciers bénéficiaires d'une clause de réserve de propriété (Civ. 1re, 7 mars 1995 : *V. note 4*), cette jurisprudence est dorénavant écartée par l'article 2372 du code civil qui dispose que « le droit de propriété se reporte [...] sur l'indemnité d'assurance subrogée au bien ».

II. LES CONDITIONS DE LA PRIORITÉ

L'article L. 121-13 ne doit pas permettre au créancier d'obtenir le paiement de sa créance avant son échéance. Par conséquent, la jurisprudence exige que la créance soit certaine, liquide et exigible (Civ. 1re, 7 avr. 1992 : *V. note 8*).

En outre, on a pu se demander si l'attribution de l'indemnité d'assurance était subordonnée à la seule connaissance de l'existence de la sûreté par l'assureur ou à une demande expresse du créancier. La rédaction ambiguë de l'article L. 121-13 ne permet pas de donner une réponse certaine. Deux analyses sont possibles :

– selon la première, l'article L. 121-13 envisage une attribution de plein droit de l'indemnité au créancier et seul un paiement de bonne foi de l'assureur, en méconnaissance donc de la sûreté, peut faire échec à cette attribution ;

– selon la seconde analyse, l'attribution de l'indemnité d'assurance au créancier bénéficiaire d'une sûreté n'est qu'une faculté offerte par la loi et par conséquent subordonnée à une demande du créancier. Dès lors, tant que l'assureur n'a pas reçu de demande du créancier, le paiement effectué à l'assuré est réputé de bonne foi, même si l'assureur avait connaissance de la sûreté. Seule une opposition du créancier le rendrait de mauvaise foi.

Certaines décisions ont, par le passé, témoigné d'une certaine faveur pour la seconde analyse, en subordonnant l'attribution de l'indemnité d'assurance à une demande en paiement du créancier (Civ. 1re, 30 janv. 2002). Dès lors le paiement de l'indemnité d'assurance intervenu avant toute opposition devait être tenu pour valable. Cette solution était particulièrement sévère dans l'appréciation de la mauvaise foi de l'assureur. En définitive, elle subordonnait la mauvaise foi de l'assureur à l'existence d'une opposition de la part du créancier. Ainsi, la Cour de cassation a pu estimer que le paiement d'un assureur à son assuré était libératoire dans la mesure où le créancier n'avait pas renouvelé son opposition après la résiliation et le remplacement du contrat initial (Civ. 1re, 13 nov. 2002 : *V. note 15*). Dès lors qu'aucune opposition n'avait été reformulée, le paiement de l'assureur était valable, alors pourtant qu'il avait connaissance de la sûreté par la première opposition.

Cette tendance jurisprudentielle paraît néanmoins abandonnée. Désormais, la Cour de cassation estime que la mauvaise foi de l'assureur peut résulter d'un autre fait que l'opposition du créancier (Civ. 2e, 2 oct. 2008; Civ. 2e, 22 nov. 2018). En conséquence, le paiement de l'indemnité d'assurance à l'assuré est valable si l'assureur n'a pas reçu d'opposition au paiement de la part d'un créancier titulaire d'une sûreté réelle sur le bien sinistré et si l'assureur, en l'absence d'opposition, n'avait pas connu l'existence de la sûreté par d'autres moyens. En revanche, l'assureur n'est pas tenu de rechercher ou de vérifier, avant d'effectuer le versement de l'indemnité, l'existence d'une sûreté sur le bien (Civ. 2e, 22 nov. 2018).

III. LES EFFETS DE LA PRIORITÉ

Conformément à une jurisprudence constante, le créancier bénéficiaire d'une sûreté dispose d'un droit propre à l'encontre de l'assureur (Civ. 4 déc. 1946 : *V. note 18*). Il peut de la sorte exercer une action directe contre ce dernier ou former tierce opposition à un jugement condamnant l'assureur à verser une indemnité d'assurance à son assuré (Civ. 1re, 21 janv. 1997 : *V. note 19*).

Cela étant, l'assureur peut opposer au créancier toutes les exceptions antérieures au sinistre (Civ. 1re, 15 janv. 1985 : *V. note 21*). En revanche, il ne saurait opposer les exceptions postérieures au sinistre, puisque le droit propre du créancier naît au jour du sinistre (Civ. 2e, 3 nov. 2011 : *V. note 23*).

Par ailleurs, si la Cour de cassation a pu admettre l'opposabilité de l'exception de compensation entre les primes dues par l'assuré et l'indemnité versée au créancier (Civ. 1re, 4 juill. 1978 : *V. note 22*), le maintien de cette jurisprudence est très incertain depuis une solution rendue à propos de l'action directe de la victime contre l'assureur de responsabilité. En effet, dans une telle hypothèse, la Cour de cassation refuse de faire jouer l'exception de compensation, dès lors qu'il n'existe pas de dettes réciproques entre l'assureur et la victime. Logiquement cette solution devrait être transposée à la situation du créancier bénéficiaire d'une sûreté réelle. ❑

I. ATTRIBUTION DE L'INDEMNITÉ D'ASSURANCE

A. DOMAINE

1° CRÉANCIERS BÉNÉFICIAIRES

1. *Créancier hypothécaire.* Le créancier titulaire d'une hypothèque sur l'immeuble cédé dans le cadre d'un plan de cession est attributaire de l'indemnité d'assurance qui se substitue au bien assuré, dès lors que le sinistre s'est produit avant la réalisation effective de la cession. • Com. 4 oct. 2005 : *RCA 2006, n° 37 ; ibid., Étude 1 (2e esp.), note Asselain.*

2. *Créancier gagiste.* Une cour d'appel a pu rejeter la demande d'un assuré tendant à obtenir la condamnation de son assureur au paiement d'une indemnité en retenant qu'en tout état de cause, l'assureur ne pouvait verser la moindre indemnité à son assuré sans engager sa responsabilité envers le créancier gagiste qui avait formé opposition à hauteur d'une somme supérieure à celle qui était demandée par l'assuré. • Civ. 1re, 10 juin 1997 : *RGDA 1997. 743, note Chardin.*

3. *Assureur subrogé dans les droits du créancier.* Les dispositions de l'art. L. 121-13 C. assur. peuvent être invoquées par l'assureur qui garantit la perte des gages et qui, après paiement du créancier gagiste, se trouve subrogé dans ses droits. • Civ. 1re, 7 juill. 1993, n° 91-17.743 P : *RCA 1993, n° 382.*

4. *Créancier bénéficiaire d'une clause de réserve de propriété (jur. ant. à l'Ord. de 2006).* Le créancier réservataire, n'ayant pas la qualité de créancier privilégié ou hypothécaire, ne peut invoquer contre l'assureur les dispositions de l'art. L. 121-13 C. assur. pour se faire allouer directement l'indemnité d'assurance en cas de perte des marchandises dans un incendie. • Civ. 1re, 7 mars 1995 : *RCA 1995, n° 274 ; ibid. Étude 34, note Groutel.*

5. *Propriétaire d'un bien loué assuré par le locataire.* Le droit propre conféré aux créanciers privilégiés ou hypothécaires naît de la loi et ne peut, sous le prétexte d'une fausse analogie, être invoqué par le propriétaire d'un camion sur l'indemnité stipulée par le locataire ayant contracté dans son intérêt exclusif une assurance des dommages menaçant la chose louée. La loi ne confère aucun droit propre au propriétaire à ce seul titre sur l'indemnité due au locataire, et en étendant à un cas différent les dispositions écrites en considération de l'affectation du prix de la chose assurée à des créanciers investis d'un droit de préférence, une cour d'appel a fait une fausse application de l'art. 37 de la L. du 13 juill. 1930 [C. assur., art. L. 121-13]. • Civ. 25 mai 1943 : *DC 1944. 25, note*

Besson; JCP 1943. II. 2498, note P. L.-P.; RGAT 1944. 30. ♦ Le bailleur ne dispose d'aucun droit de préférence sur les indemnités d'assurance éventuellement dues au seul locataire. • Civ. 2e, 9 avr. 2009 : *RGDA 2009. 890, note Astegiano-La Rizza; RCA 2009, n° 192, note Groutel.*

6. *Propriétaire d'un bien assuré par son possesseur.* L'indemnité d'assurance ne peut être attribuée qu'au bénéficiaire de la garantie ainsi qu'aux personnes désignées par l'art. L. 121-13. Dès lors, justifie sa décision la cour d'appel qui déboute le prétendu propriétaire d'un véhicule de sa demande d'attribution de l'indemnisation formée auprès de l'assureur du possesseur du véhicule victime d'un vol. • Civ. 1re, 9 déc. 1997 : *RCA 1998, n° 110; RGDA 1998. 137, note Mayaux.*

2° ÉTENDUE DU SINISTRE

7. *Sinistre partiel.* L'art. 37 de la L. du 13 juill. 1930 [C. assur., art. L. 121-13] n'établit aucune distinction suivant l'importance du préjudice et s'applique même en cas de destruction partielle justifiant une remise en état. • Civ. 1re, 6 oct. 1971, n° 70-11.330 P : *RGAT 1972. 193, note Besson.*

B. CONDITIONS

8. *Créance certaine, liquide et exigible.* L'attribution prévue par l'art. L. 121-13 a lieu au bénéfice des seuls créanciers privilégiés ou hypothécaires dont la créance est certaine, liquide et exigible et dans la limite de cette créance. • Civ. 1re, 7 avr. 1992, n° 89-12.247 P : *RCA 1992, n° 284; ibid., Étude 23, note Groutel; RGAT 1992. 508, note Maurice.* ♦ ... Au moins à la date du règlement. • Civ. 2e, 2 oct. 2008 : *RCA 2008, n° 344, note Groutel.* ♦ Viole l'art. L. 121-13 C. assur., ensemble l'art. L. 511-1 C. pr. éxec., la cour d'appel qui ordonne la mainlevée de la saisie conservatoire pratiquée par le créancier entre les mains de l'assureur de la débitrice au motif que sa créance n'était ni certaine, ni liquide, ni exigible, alors qu'elle avait constaté que les échéances du crédit-vendeur n'étaient plus payées depuis une date antérieure au sinistre et que la totalité du prix de cession était devenue exigible par l'effet d'une clause de déchéance stipulée à l'acte, ce dont il résultait que la créance était, à tout le moins fondée dans son principe, la débitrice fût-elle mise en redressement judiciaire, et autorisait donc la saisie conservatoire litigieuse. • Com. 3 avr. 2019, n° 17-31.169 : *RGDA mai 2019. 15, note Pimbert.*

9. *Indemnité compensant la perte du bien.* Ayant constaté que le solde d'indemnité, dû par l'assureur, garantissait la perte d'exploitation et ayant relevé que cette perte d'exploitation, qui ne constituait pas un élément du fonds de commerce, n'était pas comprise dans le nantissement, la cour d'appel a exactement déduit que le créancier nanti ne pouvait être attributaire de cette indemnité. • Civ. 1re, 9 nov. 1999, n° 97-12.470 P : *RCA 2000, n° 68.*

C. OPPOSABILITÉ

10. *Jurisprudence actuelle : demande de paiement et bonne foi de l'assureur.* Si le créancier, bénéficiant d'une créance certaine, liquide et exigible, au moins à la date du règlement, n'a pas manifesté à l'assureur, par une opposition, sa volonté de recevoir le paiement de l'indemnité due à l'assuré, le paiement fait par cet assureur à l'assuré est en principe valable, sauf contestation de sa bonne foi par la preuve par le créancier bénéficiant d'un droit propre sur l'indemnité de la connaissance par l'assureur de son existence au moment du paiement. Ainsi, dans l'exercice de son pouvoir souverain d'appréciation des éléments de preuve qui lui étaient soumis et sans inverser la charge de celle-ci, une cour d'appel a pu retenir la mauvaise foi d'un assureur qui, dans un courrier adressé à la banque pour l'informer du règlement de l'indemnité à l'administrateur judiciaire de la société assurée, faisait lui-même référence à une lettre d'opposition antérieure dont son inspecteur avait été destinataire d'une copie par l'intermédiaire de son propre expert, confirmant qu'en pleine connaissance de l'existence de la banque et de sa volonté d'obtenir le versement de cette indemnité en vertu de son droit propre, elle s'était délibérément dessaisie de cette indemnité au profit des organes de la procédure. • Civ. 2e, 2 oct. 2008 : *RCA 2008, n° 344, note Groutel.* ♦ Viole l'art. L. 121-3 C. assur., la cour d'appel qui condamne un assureur à verser au créancier hypothécaire les indemnités à la suite de l'incendie de l'immeuble hypothéqué sans avoir constaté qu'au moment où il avait réglé aux assurés les indemnités dues à la suite de l'incendie, l'assureur, qui n'était pas tenu de rechercher ou de vérifier au préalable l'existence d'éventuelles inscriptions d'hypothèques sur l'immeuble sinistré, avait reçu du créancier une opposition à leur paiement ou que ce créancier prouvait qu'il avait effectué ce règlement de mauvaise foi, en connaissance de sa qualité de créancier hypothécaire. • Civ. 2e, 22 nov. 2018, n° 17-20.926 : *RGDA 2019. 11, note Pélissier; RCA 2018, n° 58, note Groutel.* ♦ L'opposabilité du droit propre au paiement de l'indemnité d'assurance, institué par l'art. L. 121-13 au profit des créanciers privilégiés ou hypothécaires, est subordonnée à une demande de paiement à ce titre adressée à l'assureur par le créancier intéressé. Dès lors, c'est à bon droit qu'une cour d'appel après avoir constaté que le créancier n'établissait pas avoir manifesté à l'assureur – dont la bonne foi n'avait pas été contestée –, par une opposition faite à son profit, sa volonté de recevoir le paiement de l'indemnité due à l'assuré, a décidé qu'il n'était pas fait échec à l'indisponibilité de cette créance, qui résultait de la saisie opérée par un autre créancier. • Civ. 1re, 29 févr. 2000, n° 97-21.099 P : *RCA 2000, n° 171, obs. Groutel; RGDA 2000. 595, note Favre-Rochex.* ♦ Si la mauvaise foi du *solvens* ne se présume pas et si la seule inscription du gage constitué sur un véhicule ne saurait à elle seule démonter la mauvaise foi, il n'en est pas de même lorsqu'il est démontré que l'assureur avait, antérieurement au payement, connaissance de cette sûreté. Ainsi, ayant constaté que l'assureur avait délivré au créancier gagiste « une attestation créancier gagiste », qu'une clause le rappelant avait été insérée dans le contrat d'assurance, que l'assureur n'ignorait pas qu'en cas de sinistre du véhicule l'indemnité d'assurance, dont elle serait débitrice, devait servir à régler les sommes dues à l'organisme de crédit, les juges du fond ont, dans la limite de leur pouvoir souverain, estimé que l'assureur avait agi de mauvaise foi, et ainsi justifié la non-opposabilité du payement fait à l'assuré. • Civ. 1re, 6 oct. 1971, n° 70-11.330 P : *RGAT 1972. 193, note Besson.*

11. Jurisprudence antérieure : demande de paiement. L'opposabilité du droit propre au paiement de l'indemnité d'assurance, institué par l'art. L. 121-13 au profit des créanciers privilégiés ou hypothécaires, est subordonnée à une demande en paiement à ce titre adressée à l'assureur par le créancier qui invoque ce privilège. • 30 janv. 2002, n° 00-12.951 : *RCA 2002, n° 216, note Groutel; RGDA 2002. 458, note Favre-Rochex.* ♦ Ayant constaté que la police initiale avait été résiliée et remplacée, plus de trois ans avant l'incendie, par une nouvelle police qui n'avait fait l'objet d'aucune opposition de la part du créancier hypothécaire, une cour d'appel en a déduit que le paiement de l'indemnité d'assurance, intervenu avant toute opposition, devait être tenu pour valable. Par ces seuls motifs, procédant de son appréciation souveraine de la bonne foi de l'assureur et du bénéficiaire du paiement, cette cour d'appel a légalement justifié sa décision au regard de l'art. L. 121-13, al. 2, C. assur. • Civ. 1re, 13 nov. 2002, n° 98-22.462 P : *JCP 2003. I. 184, n° 1, note Mayaux; RCA 2003, n° 23; ibid. Chron. 1, note Groutel; RGDA 2003. 60, note Mayaux.*

12. Portée de la publicité d'une sûreté. Les formalités de conservation du gage automobile ne font pas, par elles-mêmes, présumer la mauvaise foi de l'assureur. • Civ. 1re, 17 juin 1969, n° 67-13.017 : *D. 1970. 21, note Besson; RGAT 1969. 493; GADA, p. 237, obs. Berr et Groutel.*

13. Faculté du créancier. L'art. L. 121-13 ouvre au bénéfice du créancier privilégié, titulaire d'une créance certaine, liquide et exigible, une faculté dont l'exercice ou le non-exercice n'est pas, en lui-même, constitutif d'une faute. • Civ. 1re, 22 mai 2002, n° 99-13.085 P : *Gaz. Pal. 2003. 428, note Périer; RCA 2002, n° 307; ibid., Étude 18, note Groutel.* ♦ Comp. : le créancier, titulaire d'un nantissement sur un fond de commerce assuré appartenant à son débiteur, qui n'a pas fait connaître l'existence de son droit préférentiel à l'assureur, n'a pas mis celui-ci en mesure de l'informer de la survenance du sinistre et s'est dès lors trouvé, par sa négligence, dans l'impossibilité de former opposition au paiement de l'indemnité d'assurance. Il en résulte que le créancier a, par son fait exclusif, empêché les cautions d'être subrogées dans ce droit et qu'elles devaient être déchargées de leurs obligations à l'égard du créancier. • Com. 18 juin 2013 : *RGDA 2013. 870, note Asselain.*

14. Responsabilité de l'assureur. Un assureur ne peut verser la moindre indemnité à son assuré sans engager sa responsabilité envers le créancier gagiste qui a formé opposition à hauteur d'une somme supérieure à celle qui était demandée par l'assuré. • Civ. 1re, 10 juin 1997 : *RGDA 1997. 743, note Chardin.*

15. Absence d'obligation d'information de l'assureur. L'assureur ne peut se voir imposer unilatéralement par le créancier une information sur la cessation du contrat. • Civ. 1re, 13 nov. 1997, n° 95-20.257 P : *Gaz. Pal. 1998. 1. 246; RCA 1998, n° 68, note Groutel; RGDA 1998. 73, note Kullmann.* ♦ Sauf stipulation contraire de son contrat, l'assureur n'est pas tenu d'informer le créancier opposant de la cessation de celui-ci. Dès lors, justifie sa décision au regard de l'art. L. 121-13 C. assur. la cour d'appel qui a constaté que la police initiale avait été résiliée et remplacée, plus de trois ans avant l'incendie, par une nouvelle police n'ayant fait l'objet d'aucune opposition de la part du créancier hypothécaire, et, procédant souverainement à l'appréciation de la bonne foi de l'assureur et du bénéficiaire du paiement, en a déduit que le paiement de l'indemnité d'assurance, intervenu avant toute opposition, devait être tenu pour valable. • Civ. 1re, 13 nov. 2002, n° 98-22.462 P : *JCP 2003. I. 184, n° 1, note Mayaux; RCA 2003, n° 24; ibid., Étude 1, note Groutel; RGDA 2003. 60, note Mayaux.*

D. MODALITÉS

16. Ordre des règlements. Il résulte de l'art. L. 121-13 que les indemnités d'assurance sont attribuées, sans qu'il soit besoin de délégation, aux créanciers privilégiés et hypothécaires suivant leur rang. • Civ. 1re, 30 mars 1978, n° 76-14.784 P : *RGAT 1978. 515.*

17. Saisie-arrêt. Le créancier n'a pas besoin de procéder à une saisie-arrêt entre les mains de l'assureur; il peut faire opposition par simple lettre missive. • Civ. 1re, 12 oct. 1955 : *RGAT 1956. 144.* ♦ La Cour de cassation n'exclut pas qu'un créancier bénéficiaire de l'art. L. 121-13 engage sa responsabilité envers l'assuré, son débiteur, s'il fait entre les mains de l'assureur une saisie-arrêt sur l'indemnité d'assurance pour un montant supérieur à sa créance, alors qu'il bénéficie de plein droit de l'attribution de l'indemnité dans la limite de sa créance. • Civ. 2e, 27 avr. 1983, n° 82-10.250 P : *RGAT 1983. 516.*

II. DROIT DE L'ATTRIBUTAIRE

A. NATURE

18. Droit propre du créancier. L'attribution de l'indemnité aux créanciers hypothécaires et privilégiés, que réalise l'art. 37 de la L. du 13 juill. 1930 [C. assur., art. L. 121-13], de même que celle qui résulte pour le tiers lésé par un délit de l'art. 53 de la L. du 13 juill. 1930 [C. assur., art. L. 124-3], investit les bénéficiaires d'une action directe et d'un droit propre contre l'assureur. • Civ. 4 déc. 1946 : *D. 1947. J. 25, note P. L.-P. ; JCP 1947. II. 3546, note Besson ; RGAT 1947. 63, note M. P.* ♦ Il résulte de l'art. L. 121-13 que le créancier gagiste bénéficie d'une action directe contre l'assureur. • Civ. 1re, 30 mars 1978, n° 76-14.784 P : *RGAT 1978. 515.*

19. Tierce opposition. L'art. L. 121-13 confère au créancier privilégié ou hypothécaire un droit personnel sur l'indemnité d'assurance due en raison de l'incendie de la chose assurée et cette indemnité ne tombe pas dans le patrimoine du débiteur ; ce créancier peut invoquer des moyens propres pour faire valoir son droit personnel sur l'indemnité d'assurance et est recevable à former tierce opposition à un jugement, dès lors qu'il y a intérêt. • Civ. 1re, 21 janv. 1997, n° 94-16.157 P : *RCA 1997, n° 137 ; Gaz. Pal. 1997. 2. Somm. 436.*

20. Procédure collective de l'assuré (jur. antérieure à l'Ord. de 2006). Dès lors que le titulaire du nantissement d'un matériel, assuré et par la suite détruit, bénéficie de l'attribution de l'indemnité d'assurance, en sorte que celle-ci ne tombe pas dans le patrimoine du débiteur mis ultérieurement en liquidation de biens, il n'a pas à produire au passif de la procédure collective. • Com. 4 févr. 1986, n° 84-16.639 P. ♦ Dans le même sens : • Com. 18 févr. 1992, n° 90-12.840 P : *RGAT 1992. 279, note Bigot* • 12 mai 1998, n° 95-17.757 P : *D. 1999. Somm. 6, obs. Derrida ; RCA 1998, n° 368.* ♦ La procédure de redressement judiciaire de l'assuré est sans incidence sur l'attribution de l'indemnité au créancier. • Civ. 1re, 28 oct. 1997, n° 95-20.318 P : *Gaz. Pal. 1998. 1. 247 ; RCA 1997, n° 380 ; RGDA 1997. 1093, note Favre-Rochex.* ♦ La destruction du bien nanti a fait naître au profit du créancier nanti la créance d'indemnité contre l'assureur, de sorte que cette créance n'était pas entrée dans le patrimoine de la débitrice, mise ultérieurement en redressement judiciaire, et n'était donc pas soumise à l'interdiction des procédures d'exécution. • Com. 3 avr. 2019, n° 17-31.169 : *préc. note 8.*

B. OPPOSABILITÉ DES EXCEPTIONS

21. Exception antérieure. Dans une assurance de chose, telle que l'assurance incendie, la faute intentionnelle doit s'apprécier à l'égard de l'assureur et, dès lors que le dommage affectant la chose assurée provient de la faute intentionnelle de l'assuré, qui a ainsi supprimé l'aléa qui constitue l'essence même d'un tel contrat, la sanction d'une telle faute n'est pas une déchéance frappant le seul auteur de cette faute, mais une absence d'assurance à l'égard de tous, dont le créancier titulaire d'un nantissement sur le bien assuré. • Civ. 1re, 15 janv. 1985, n° 83-14.742 P.

22. Exception de compensation. Les dispositions de l'art. 11 de la L. du 13 juill. 1930 [C. assur., art. L. 112-6] permettant à l'assureur d'opposer au tiers, qui invoque le bénéfice de la police, les exceptions opposables au souscripteur d'origine et qui sont antérieures à la survenance du dommage, c'est à bon droit que les juges du fond ont estimé que l'assureur pouvait retenir les primes, échues à la date de l'accident et dont l'assuré lui était redevable, sur l'indemnité qu'il devait à ce dernier. • Civ. 1re, 4 juill. 1978, n° 77-10.681 P : *RGAT 1979. 69.* ♦ Peu importe que les primes échues et non payées concernent un ensemble de véhicules, l'assuré exerçant le commerce de location de véhicules, dès lors que la somme due par l'assuré au titre des primes impayées et celle due par l'assureur à titre d'indemnité d'assurance trouvaient leur source dans un même contrat comportant une prime unique. • Civ. 1re, 21 nov. 1979, n° 78-11.976 P : *RGAT 1980. 352, note Besson.* ♦ Observation : cette jurisprudence n'est plus très certaine depuis : • Civ. 1re, 31 mars 1993, n° 91-13.637 P : *D. 1993. 519, note Larroumet ; RCA 1993, n° 210 ; ibid. Chron. 18, note Groutel ; RGAT 1993. 635, note Beauchard.*

23. Exception postérieure. Le droit propre qui prend naissance au jour du sinistre ne saurait, à dater de cet événement, être affecté dans son existence ni dans son objet par aucune cause de déchéance encourue personnellement par l'assuré pour inobservation des clauses de la police. • Civ. 4 déc. 1946 : *préc. note 18.* ♦ Ainsi l'assureur n'est pas fondé à opposer à la demande du créancier gagiste la compensation entre l'indemnité d'assurance et une créance de prime née postérieurement au sinistre. • Civ. 1re, 8 nov. 1978, n° 77-10.177 P : *RGAT 1979. 489.* ♦ De même, viole l'art. L. 121-13 C. assur. la cour d'appel qui déboute le créancier hypothécaire de sa demande tendant à la condamnation de l'assureur à lui verser l'indemnité due au titre de la remise en habitabilité de l'immeuble sinistré, en jugeant que la déchéance de garantie en raison d'une prétendue fausse déclaration dans l'évaluation du dommage, après le sinistre, devait être retenue et était opposable au créancier hypothécaire. • Civ. 2e, 3 nov. 2011 : *D. 2012. 1980, obs. Groutel ; RCA 2012, n° 25 ; RGDA 2012. 344, obs. Kullmann.*

Art. L. 121-14 L'assuré ne peut faire aucun délaissement des objets assurés, sauf convention contraire. — *Assur. L. 111-2.*

COMMENTAIRE

En application du principe indemnitaire, en cas de sinistre partiel, l'assureur de choses n'indemnise que la perte subie par l'assuré. Or il peut arriver que le bien sinistré ne présente plus aucun intérêt pour l'assuré et que ce dernier puisse obtenir une indemnisation correspondant à la valeur du bien moyennant son abandon à l'assureur. Cette option qualifiée de délaissement n'est toutefois possible que si le contrat la prévoit. En l'absence de clause, le délaissement est impossible (Civ. 1re, 23 mai 1995 : *V. note 1*).

Cette clause transférant la propriété du bien sinistré à l'assureur doit être distinguée de la clause transférant la propriété « tout sauvetage et recouvrements effectués après paiement de l'indemnité ». Celle-ci permet à l'assureur de récupérer toutes les sommes recouvrées par l'assuré sans déduction de la franchise (Civ. 2e, 12 mai 2005 : *V. note 1*). ❑

1. Nécessité d'une clause spéciale. Une cour d'appel a pu condamner un assuré à payer le garagiste qui avait retiré son véhicule du canal dans lequel il était tombé et avait assuré son gardiennage, dès lors que le transfert de propriété du véhicule à l'assureur qui avait versé une indemnité n'était pas établi, l'assuré n'alléguant aucune disposition de son contrat d'assurance prévoyant le délaissement du véhicule au profit de l'assureur après indemnisation du sinistre. • Civ. 1re, 23 mai 1995 : *RGAT 1995. 702, note Favre-Rochex.* ♦ La clause stipulant que « tout sauvetage et recouvrements effectués après paiement de l'indemnité appartiennent aux assureurs » permet à l'assureur de récupérer l'intégralité des sommes obtenues par l'assuré. Le montant de la franchise ne doit pas être déduit. • Civ. 2e, 12 mai 2005 : *RGDA 2005. 712, note Landel.* ♦ V. égal. dans la même affaire : • Civ. 2e, 4 déc. 2008 : *RGDA 2009. 259, note Bigot.*

2. Option offerte à l'assuré. Si, dans le contrat garantissant un véhicule contre le vol, il est stipulé que, dans le cas où celui-ci serait retrouvé après le délai de trente jours, l'assuré aurait la possibilité soit de l'abandonner à la compagnie en contrepartie de l'indemnité d'assurance, soit d'en reprendre possession en renonçant à l'indemnité au-delà de la somme correspondant aux dommages et frais garantis, dénature cette clause la cour d'appel qui subordonne le droit d'option de l'assuré au paiement préalable de l'indemnité par l'assureur. • Civ. 1re, 28 janv. 1992 : *RCA 1992, no 159 ; ibid., Étude 12, note Groutel.*

Art. L. 121-15 **L'assurance est nulle si, au moment du contrat, la chose assurée a déjà péri ou ne peut plus être exposée aux risques.**

Les primes payées doivent être restituées à l'assuré, sous déduction des frais exposés par l'assureur, autres que ceux de commissions, lorsque ces derniers ont été récupérés contre l'agent ou le courtier.

Dans le cas mentionné au premier alinéa du présent article, la partie dont la mauvaise foi est prouvée doit à l'autre une somme double de la prime d'une année.

BIBL. ▸ BERTOLASO, *RGDA 2009. 431* (l'aléa en droit des assurances : état des lieux et perspectives).

COMMENTAIRE

Jusqu'à l'ordonnance du 10 février 2016, qui a réformé le droit des contrats, l'article 1964 du code civil indiquait expressément que le contrat d'assurance était un contrat aléatoire. Depuis la réforme, l'article 1964 du code civil a été abrogé et remplacé par le nouvel article 1108 du code civil, qui se contente de définir le contrat aléatoire comme le contrat par lequel « les parties acceptent de faire dépendre les effets du contrat, quant aux avantages et aux pertes qui en résulteront, d'un événement incertain ». Mais cette évolution du droit commun ne remet pas en cause la nature du contrat d'assurance : celui-ci demeure un contrat aléatoire. Il en résulte donc, ainsi que l'expose l'article L. 121-15, que l'aléa doit exister lors de la conclusion du contrat, c'est-à-dire au moment de la rencontre des volontés (Civ. 2e, 21 déc. 2006 : *V. note 4*).

Pour déterminer s'il existe un tel aléa, deux conceptions sont envisageables. La première, objective, n'envisage que la situation réelle du risque. Il n'y a pas d'aléa si le bien a été détruit ou si l'assuré a causé un dommage à autrui. La seconde, subjective, tient compte de la connaissance ou de l'ignorance du sinistre par le souscripteur. En ce sens, s'il ignore la réalisation du sinistre lors de la conclusion du contrat, celui-ci est valable. Cette dernière analyse a les faveurs de la Cour de cassation. Celle-ci estime en effet que le contrat d'assurance, par nature aléatoire, ne peut porter sur un risque que l'assuré sait déjà réalisé (Civ. 1re, 4 nov. 2003, et Civ. 2e, 15 avr. 2010 : *V. note 1*).

Toutefois, les parties peuvent insérer une clause dans la police d'assurance écartant de la garantie les sinistres antérieurs inconnus d'elles. Mais les parties pourraient également insérer une clause stipulant au contraire que la garantie couvre les sinistres antérieurs inconnus d'elles. Faisant ce constat, un arrêt a de la sorte estimé qu'en l'absence d'une telle clause, la garantie de l'assureur ne s'étendait pas aux risques antérieurs à la souscription du contrat inconnus des parties (Civ. 2e, 11 juin 2009 : *V. note 1*). Cette solution s'oppose à la jurisprudence précitée, mais elle paraît isolée.

Par ailleurs, la question de l'existence de l'aléa lors de la souscription du contrat a donné lieu à des solutions contrastées à propos de l'appréhension des risques composites. En ce sens, la jurisprudence traditionnelle retient une conception relativement étroite de l'aléa en assurance de responsabilité avec clause de reprise du passé inconnu. La garantie de l'assureur est écartée dès lors que l'assuré avait connaissance, lors de la souscription du contrat, de faits susceptibles d'entraîner des réclamations (Civ. 1re, 27 févr. 1990 : *V. note 2*).

Il importe peu que la victime n'ait pas effectué de réclamation à cette date (Civ. 2e, 15 avr. 2010 : *V. note 2*).

Cela étant, cette analyse étroite de l'aléa n'est pas toujours retenue. Ainsi, dans le contentieux des salariés exposés à l'amiante, la Cour de cassation a adopté une conception particulièrement large de l'aléa. Il est ici assimilé à l'aléa judiciaire. Même si l'employeur avait connaissance de l'existence des maladies, l'aléa requis au titre de l'assurance de responsabilité n'était pas anéanti dès lors que la condamnation de l'employeur n'était pas inéluctable, puisqu'elle supposait que les victimes engagent leur action avant l'expiration de la prescription biennale et prouvent que l'employeur n'avait pas pris toutes les mesures nécessaires pour préserver les salariés des dangers de l'amiante (Civ. 2e, 14 juin 2006 : *V. note 3*). ❑

I. NÉCESSITÉ DE L'EXISTENCE D'UN ALÉA

1. *Conception subjective de l'aléa.* Le contrat d'assurance, par nature aléatoire, ne peut porter sur un risque que l'assuré sait déjà réalisé. • Civ. 1re, 4 nov. 2003, n° 01-14.942 P : *JCP 2004. I. 137, nos 1 s., note Kullmann ; Gaz. Pal. 2004. 1158, note Périer ; RGDA 2004. 338, note Kullmann.* ♦ Dans le même sens : • Crim. 11 déc. 2007 : *RCA 2008, n° 115 ; RGDA 2008. 55, note Kullmann* • Civ. 2e, 15 avr. 2010 : *RDI 2010. 400, note Dessuet ; RGDA 2010. 667, note Mayaux.* ♦ Aussi, dès lors que le souscripteur n'avait pas appréhendé le risque, dans sa nature et dans son ampleur, une cour d'appel en a souverainement déduit qu'au jour de la souscription du contrat d'assurance l'aléa subsistait quant au risque en cause. • Civ. 3e, 16 mars 2011 : *RGDA 2011. 753, note Karila.* ♦ Viole les art. L. 113-9 et L. 121-15 C. assur. et 1134 C. civ. la cour d'appel qui écarte la garantie de l'assureur en se bornant à énoncer que le sinistre survenu en 2005 n'était que la suite de celui survenu en 1994 et que l'assureur n'avait pas eu connaissance de ce sinistre lors de la souscription du contrat en 1996, sans constater l'existence d'une clause interdisant d'étendre le bénéfice des stipulations contractuelles à un sinistre antérieur ni relever qu'au moment de la conclusion du contrat le risque découlant de cet accident antérieur était certain dans sa réalisation et déterminable dans son étendue. • Civ. 2e, 30 juin 2011 : *RGDA 2011. 947, note Karila.* ♦ Mais, ayant retenu que les assurés ont été reconnus coupables de faits engageant leur responsabilité civile de mandataires sociaux entre le 8 févr. 1998 et le 30 juin 2000, de sorte qu'à la date de prise d'effet de la garantie les concernant, le 10 sept. 1999, les assurés, qui ont déclaré « ne pas contester qu'ils avaient connaissance des pratiques incriminées », ont par leur comportement fautif préexistant à la date du 10 sept. 1999, et dont ils savaient que, maintenus à la tête de la société, elles ne s'arrêteraient pas, privé de tout caractère aléatoire le sinistre couvrant la période du 10 sept. 1999 au 5 juin 2000, une cour d'appel a pu en déduire que le contrat d'assurance, par nature aléatoire, ne pouvait garantir un risque que les assurés savaient déjà réalisé avant sa souscription. • Civ. 2e, 11 sept. 2014, n° 13-17.236 : *RGDA 2014. 521, note Mayaux ; RCA 2015, n° 29 ; ibid. Chron. 1, n° 21, note Groutel.* ♦ V. cep. : ayant relevé qu'il n'était pas contesté qu'à la date de souscription du contrat, les conteneurs assurés avaient déjà été détournés, une cour d'appel retient à bon droit qu'il importait peu que cette circonstance ait été ignorée des parties et que les conteneurs volés auraient, dans la mesure où ils étaient englobés dans la flotte, donné lieu au paiement de primes, dès lors qu'aucune clause du contrat ne prévoyait la couverture des risques putatifs. La garantie de l'assureur devait donc être écartée. • Civ. 2e, 11 juin 2009 : *RGDA 2009. 735, note Bigot.*

2. *Aléa et risque composite – Conception étroite de l'aléa.* Une cour d'appel ayant relevé qu'aux termes des conditions particulières d'une police d'assurance, la garantie s'exerce pour les réclamations portées à la connaissance de l'assuré pendant la période de validité du contrat, quelle que soit la date du fait générateur, à condition que l'assuré n'ait pas eu connaissance, à la date de prise d'effet du contrat, des faits susceptibles d'entraîner des réclamations à son encontre, cette clause, en sa dernière disposition, constituait la simple application du principe selon lequel le contrat d'assurance, par nature aléatoire, ne peut porter sur un risque que l'assuré sait déjà réalisé ; dès lors, il importe peu qu'en omettant de signaler à l'assureur une réclamation déjà formulée, l'assuré ait été de bonne foi, puisque l'art. L. 113-9 est inapplicable, la nullité du contrat reposant sur l'absence d'aléa. • Civ. 1re, 27 févr. 1990, n° 88-14.364 P : *RCA 1990, n° 165 ; RGAT 1990. 523, note Bigot.* ♦ V. aussi : • Civ. 1re, 18 janv. 1989 : *RCA 1989, n° 118, obs. Groutel ; RGAT 1989. 309 (1re esp.), note Bigot.* ♦ Le contrat d'assurance de responsabilité, par nature aléatoire, ne peut garantir un risque que l'assuré savait déjà réalisé avant sa souscription, peu important l'absence de réclamation de la victime à cette date. • Civ. 2e, 15 avr. 2010 : *RGDA 2010. 667, note Mayaux; JCP 2011. 398, n° 1, note Mayaux.* ♦ Les juges du fond ne peuvent pas se dispenser de rechercher si, au moment de la souscription de la police, qui comportait une clause de reprise du passé, l'assuré n'avait pas eu connaissance du sinistre déjà réalisé dont il demandait à être garanti. • Civ. 1re, 25 janv. 1989 : *RGAT 1989. 309 (2e esp.), note Bigot.* ♦ V. cep. : ayant relevé que la cause génératrice du préjudice était l'infiltration ancienne des structures bois du plancher à partir du bac à douche de l'appartement de l'assuré et que, tenant à la nature même de la dégradation, à savoir un pourrissement du bois, il était établi qu'à la date de souscription de l'assurance, le 10 nov. 1999, le plancher était déjà affecté puisque l'expert faisait remonter le phénomène à 1996, une cour d'appel a souverainement retenu que, cette cause génératrice étant antérieure à la date de souscription, l'assureur démontrait l'absence d'aléa. • Civ. 3e, 25 févr. 2009 : *RGDA 2009. 463, note Karila.*

3. Aléa et risque composite. – Conception large de l'aléa. Ayant constaté, d'une part, que la condamnation de l'employeur, quand bien même il aurait eu connaissance de l'existence de maladies avant la souscription de la police d'assurance, n'était pas inéluctable, puisqu'elle supposait que les victimes engagent leur action avant l'expiration du délai de prescription biennale et prouvent que l'employeur, qui devait avoir conscience du danger auquel elles étaient exposées, n'avait pas pris les mesures nécessaires pour les en préserver, et d'autre part, que le risque assuré n'est pas la maladie elle-même, qui représente le sinistre de la victime, mais la mise en œuvre de la responsabilité de l'entreprise, une cour d'appel a exactement déduit l'existence de l'aléa inhérent aux contrats. • Civ. 2e, 14 juin 2006, n° 05-13.090 P : *RGDA 206. 587, note Kullmann; RCA 2006, n° 355, note Groutel* • 7 oct. 2010 : *RCA 2011, n° 33, note Groutel* • 14 juin 2012 : *RGDA 2012. 985, note Mayaux.*

4. Appréciation de l'aléa. L'existence de l'aléa exigé pour la validité du contrat s'apprécie au moment de la rencontre des volontés des parties. • Civ. 2e, 21 déc. 2006 : *RGDA 2007. 58, note Kullmann.* ♦ Cette appréciation relève du pouvoir souverain des juges du fond. • Civ. 1re, 20 juin 2000 : *RGDA 2000. 1049, note Kullmann* • 7 juin 2001 : *RCA 2001, n° 343; ibid. Chron. 21, note Groutel; RGDA 2001. 675, note Kullmann.*

5. Absence de force majeure et existence d'un aléa. Ayant retenu, d'un côté, que la société ERDF n'était pas fondée à invoquer la force majeure pour s'exonérer de sa responsabilité au titre du retard dans le traitement de la proposition technique et financière (PTF) relative à une demande enregistrée le 10 août 2010, la mise en place du décret moratoire n'ayant pas été imprévisible eu égard aux dispositions de la loi du 10 févr. 2010 prévoyant la possibilité de suspendre partiellement ou totalement par décret l'obligation de conclure un contrat d'achat, de l'autre, pour écarter le moyen tiré de l'absence d'aléa, que cette société ne pouvait anticiper à la date de signature du contrat d'assurance, le 1er juill. 2010, le décret moratoire du 9 déc. 2010, pas plus que l'engorgement de ses services résultant d'un communiqué de presse du 23 août 2010 annonçant une baisse des tarifs au 1er sept. suivant, une cour d'appel, qui s'est référée à la notion d'imprévisibilité dans le cadre d'analyses distinctes, ne s'est pas contredite. • Com., 9 juin 2015, n° 14-15.074 P : *D. 2015. 2205, note Tréard; RGDA 2015. 490, note Barbaro.*

6. Sinistre le jour de la prise d'effet de la garantie. Le sinistre survenu le jour de la prise d'effet de la garantie est couvert par le contrat d'assurance, dès lors que l'agent général, mandataire de l'assureur, avait accepté de couvrir le risque avant qu'il ne se réalise. • Civ. 2e, 18 avr. 2013 : *RGDA 2013. 855, note Asselain.*

7. Assurance pour compte et aléa. Une cour d'appel, qui retient que les dirigeants d'une société reprise par une autre avaient connaissance des pratiques incriminées à la date de prise d'effet les concernant de l'assurance de responsabilité souscrite par la société acquéreuse pour le compte de ses dirigeants et de ceux de ses futures filiales, a pu en déduire que le contrat d'assurance, par nature aléatoire, ne pouvait garantir un risque que les assurés savaient déjà réalisé avant sa souscription. • Civ. 2e, 11 sept. 2014 : *RGDA 2014. 521, note Mayaux; RCA 2015, n° 29; ibid. Chron. 1, n° 21, note Groutel.* ♦ V. égal. : • Civ. 2e, 15 avr. 2010 : *RGDA 2010. 667, note Mayaux; JCP 2011. 398, n° 1, note Mayaux.*

8. Défaut d'entretien. Ayant constaté qu'en raison d'un sinistre survenu trois ans auparavant, l'assuré connaissait depuis lors l'état de vétusté des planchers, lesquels nécessitaient une réfection qu'il n'avait pas effectuée, et relevé que le contrat d'assurance qu'il avait souscrit stipulait que les dommages ayant pour origine un défaut d'entretien ou de réparation incombant à l'assuré, caractérisé ou connu de lui, n'entraient pas dans l'objet ni dans la nature du contrat, une cour d'appel en a exactement déduit qu'eu égard aux manquements antérieurs au sinistre de l'assuré, qui caractérisaient l'absence d'aléa, les conditions de la mise en œuvre de la garantie n'étaient pas réunies. • Com. 11 mai 2017, n° 15-29.065 : *RCA 2017, n° 239, note Groutel; RGDA 2017. 411, note Asselain; RDI 2017. 352, note Noguéro.* ♦ Mais ne donne pas de base légale à sa décision la cour d'appel qui, pour rejeter la demande d'un assuré tendant à être garanti par son assureur des condamnations mises à sa charge, énonce, d'une part, que le caractère récurrent des infiltrations se trouvant à l'origine des dommages ayant porté atteinte à l'intégrité de l'appartement de la victime est établi par les constatations claires de l'expert, lesquelles mettent en évidence l'état de dégradation avancée de la structure de l'immeuble entre le rez-de-chaussée et le premier étage en raison d'infiltrations, manifestement anciennes et répétitives et, d'autre part, qu'aucune stipulation du contrat d'assurance en cause ne garantit les conséquences du défaut d'étanchéité des installations sanitaires de l'assuré, de tels motifs étant impropres à exclure l'existence d'un aléa lors de la souscription du contrat ou à caractériser l'existence d'une faute intentionnelle ou dolosive de l'assuré. • Civ. 2e, 5 mars 2015, n° 14-10.790 : *RCA 2015, n° 191.* ♦ De même, ne donne pas de base légale à sa décision la cour d'appel qui, pour écarter la demande des assurés tendant à voir condamner leur assureur à garantir la réparation des dommages mis à leur charge, énonce que les assurés ont été informés dès mai 2005 de la nécessité d'une réfection complète de leurs installations en raison des désordres d'infiltrations répétées constatés depuis un an mais qu'avant de se résoudre sous la pression de la mesure d'expertise judiciaire, ils n'ont fait procéder qu'à des réparations provisoires et inappropriées par des entreprises insuffisamment compétentes, de tels motifs étant impropres à caractériser l'absence d'aléa dans la survenance du sinistre. • Civ. 2e, 11 déc. 2014, n° 13-26.893 : *RCA 2015, n° 110.*

II. SANCTION DE L'ABSENCE D'ALÉA

9. Nullité relative du contrat d'assurance. La nullité du contrat d'assurance pour absence d'aléa est une nullité relative qui ne peut être invoquée que par celui dont la loi qui a été méconnue tendait à assurer la protection. • Civ. 1re, 9 nov. 1999, n° 97-16.306 P : *D. 2000. 507, note Cristau ; RCA 2000, n° 33 ; ibid. Chron. 2, par Groutel ; RGDA 2000. 33, note Kullmann.*

10. Garantie écartée dans les contrats multirisques. Ayant relevé que le contrat d'assurance couvrait la responsabilité professionnelle d'artisan peintre de l'assuré ; que la destruction de l'une des choses sur laquelle l'artisan intervenait était l'un des risques couverts ; que s'agissant du dommage affectant les lieux exploités par la victime, il était déjà réalisé à la date de souscription du contrat d'assurance (ce que l'assuré n'ignorait pas), puisque, ainsi que cela résulte du rapport d'expertise, il était revenu dès le lendemain sur les lieux et avait alors fait une déclaration à la gendarmerie, une cour d'appel a pu déduire que l'assureur de responsabilité ne devait pas sa garantie. • Civ. 2e, 21 déc. 2006 : *RGDA 2007. 53, note Kullmann.* ♦ En l'absence d'aléa, au jour de l'adhésion, concernant l'un des risques couverts par le contrat d'assurance, la garantie y afférente ne pouvait être retenue. Dès lors, viole l'art. 1964, dans sa rédaction ant. à l'Ord. du 10 févr. 2016, la cour d'appel qui, après avoir relevé que le premier arrêt de travail avait débuté avant la date de l'adhésion, retient la garantie de l'assureur au motif que ce dernier ne pouvait pas invoquer l'absence de garantie d'un risque que l'assuré savait déjà réaliser dès lors qu'il ne sollicitait pas la nullité du contrat d'assurance de ce chef. • Civ. 2e, 6 mai 2021, n° 19-25.395 : *RCA 2021, n° 164, note Porte.* ♦ Dans le même sens : • Civ. 2e, 15 avr. 2010 : *préc. note 2.*

Art. L. 121-16 *(L. n° 95-101 du 2 févr. 1995)* **Toute clause des contrats d'assurance tendant à subordonner le versement d'une indemnité en réparation d'un dommage causé par une catastrophe naturelle au sens de l'article L. 125-1 à un immeuble bâti à sa reconstruction sur place est réputée non écrite dès lors que l'espace est soumis à un plan de prévention des risques naturels prévisibles.**

COMMENTAIRE

Si les contrats d'assurance peuvent subordonner le versement de l'indemnité d'assurance à la reconstruction du bâtiment sinistré, une telle clause est réputée non écrite lorsque l'immeuble, sinistré à la suite d'une catastrophe naturelle, se situe dans un espace soumis à un plan de prévention des risques. ❑

Art. L. 121-17 *(L. n° 95-101 du 2 févr. 1995)* **Sauf dans le cas visé à l'article L. 121-16, les indemnités versées en réparation d'un dommage causé à un immeuble bâti doivent être utilisées pour la remise en état effective de cet immeuble ou pour la remise en état de son terrain d'assiette, d'une manière compatible avec l'environnement dudit immeuble.**

Toute clause contraire dans les contrats d'assurance est nulle d'ordre public.

Un arrêté du maire prescrit les mesures de remise en état susmentionnées, dans un délai de deux mois suivant la notification du sinistre au maire par l'assureur ou l'assuré.

BIBL. ▶ COURTIEU, *RCA 1997. Chron. 30.* – LEGUAY, *RDI 1998. 114* .

COMMENTAIRE

I. L'EXCEPTION LÉGALE À LA LIBRE DISPOSITION DE L'INDEMNITÉ

Introduit par la loi Barnier relative au renforcement de la protection de l'environnement du 2 février 1995, l'article L. 121-17, relatif aux immeubles bâtis sinistrés, se caractérise par sa portée incertaine quant à l'affectation de l'indemnité d'assurance. Mais l'interprétation de cet article a fait l'objet d'une importante évolution en 2019.

Traditionnellement, deux lectures de l'article L. 121-17 étaient possibles.

Selon la première, l'article L. 121-17 ne remettait pas en cause le principe de la libre disposition de l'indemnité d'assurance par l'assuré et imposait seulement à celui-ci, s'il décidait de reconstruire son immeuble sinistré, de le faire d'une manière compatible avec l'environnement. Selon la seconde lecture, l'article L. 121-17 imposait à l'assuré d'employer l'indemnité d'assurance à la remise en état de son immeuble ou à celle de son terrain d'assiette. Cette dernière analyse devait certainement être retenue, puisque la première n'apportait rien au droit des assurances. Mais, selon certains auteurs, le domaine de cette dérogation au principe de libre disposition de l'indemnité d'assurance devait être limité aux seuls sinistres provoqués par une catastrophe naturelle notamment parce ce texte a été introduit par la loi du 2 février 1995 relative à la garantie obligatoire des catastrophes naturelles et parce qu'il renvoie à l'article L. 121-16 du code des assurances propre aux immeubles sinistrés à la suite d'une catastrophe naturelle (J. Bigot, Traité de droit des assurances, t. 3, Le contrat d'assurance, *2e éd., 2014, no 1970*). Cela étant, cet article ne figure pas dans le chapitre spécifique à l'assurance de catastrophes naturelles, mais dans celui relatif aux règles générales des assurances de dommages. Une interprétation plus large du domaine de l'article L. 121-17 était donc possible.

Cette dernière solution a été retenue par un arrêt du 18 avril 2019 (Civ. 2e, 18 avr. 2019). Après avoir rappelé le contenu de l'article L. 121-17, la Cour de cassation a affirmé « qu'il ressort des travaux préparatoires et de l'insertion de ces dispositions dans le titre II du livre premier du code des assurances que le législateur a entendu les rendre applicables à l'ensemble des assurances de dommages » et que les termes de cet article « conduisent à retenir que l'étendue de l'obligation d'affectation des indemnités d'assurance édictées par le premier alinéa est limitée au montant de ces indemnités nécessaires à la réalisation des mesures de remises en état prescrites, conformément au troisième, par un arrêt du maire ». Cet arrêt apporte deux précisions relatives à l'obligation d'affecter l'indemnité à la réparation du dommage.

D'une part, cette obligation est conditionnée à un arrêté du maire prescrivant des mesures de remise en état. Un tel arrêté est pris en application de l'article L. 2213-24 du code général des collectivités territoriales, qui dispose : « le maire prescrit la réparation ou la démolition des murs, bâtiments, édifices ou monuments funéraires menaçant ruine dans les conditions prévues aux articles L. 511-1 à L. 511-4-1 du code de la construction et de l'habitation ».

D'autre part, selon l'arrêt du 18 avril 2019, cette obligation d'affectation s'applique à toutes « les assurances de dommages ». Dans la mesure où cette catégorie recouvre les assurances de choses et les assurances de responsabilité, il faudrait, de prime abord, en déduire que l'affectation obligatoire concerne ces deux catégories d'assurances de dommages. Cependant, selon l'avocat général de la deuxième chambre civile, la Cour de cassation a simplement voulu désigner les assurances de choses (cf. Kullmann, *RGDA juill. 2019, spéc. p. 21*).

Cela dit, si l'article L. 121-17 paraît bien imposer l'affectation de l'indemnité d'assurance, il ne subordonne pas, selon la jurisprudence, le paiement de l'indemnité à la justification par l'assuré de la réalisation préalable des travaux de remise en état (Civ. 2e, 29 mars 2006 : *V note ss. art. L. 121-17*).

II. L'EXCEPTION CONTRACTUELLE À LA LIBRE DISPOSITION DE L'INDEMNITÉ

Mais, si l'article L. 121-17 ne subordonne pas le paiement de l'indemnité d'assurance à la justification de la réalisation préalable des travaux de remise en état du bien, les parties peuvent insérer une clause dans le contrat imposant le versement de l'indemnité à la preuve de sa reconstruction. Ainsi, les garanties de valeur à neuf subordonnent traditionnellement le versement de la seconde partie de l'indemnité à la preuve de la reconstruction du bien (Civ. 3e, 7 févr. 2012 : *préc.*).

Se pose alors la question de la sanction de la non-affectation de l'indemnité d'assurance à la remise en état du bien ou de celle de son terrain d'assiette. Apportant une réponse à cette question, la Cour de cassation estime que l'assuré commet une faute de nature à engager sa responsabilité à l'égard de l'assureur si elle est à l'origine d'un préjudice à son égard et que l'assuré perd en conséquence le bénéfice de la garantie de l'assureur pour les détériorations résultant de l'absence de reconstruction (Civ. 3e, 7 févr. 2012 : V. note ss. art. L. 121-17). ❑

1. Conditions du versement. L'art. L. 121-17 ne subordonne pas le versement des indemnités dues en réparation d'un dommage causé à un immeuble bâti à la justification par l'assuré de la réalisation préalable des travaux de remise en état. • Civ. 2e, 29 mars 2006 : *RCA 2006, no 210, note Groutel ; RGDA 2006. 410, note Mayaux.* ♦ Mais, une clause contractuelle peut subordonner le versement de la seconde partie de l'indemnité à la preuve de la reconstruction du bien. • Civ. 3e, 7 févr. 2012 : *RGDA 2012. 642, note Pélissier.* ♦ Et l'assuré commet une faute en n'utilisant les fonds transmis par son assureur à la préservation de l'ouvrage et en s'étant, de mauvaise foi, obstiné à refuser de recevoir, ne fût-ce qu'à titre de provision, les indemnités proposées par l'assureur. • Même arrêt.

2. Affectation de l'indemnité. L'art. L. 121-17, issu de la L. no 95-101 du 2 févr. 1995 relative au renforcement de la protection de l'environnement, dispose en son premier alinéa que, sauf dans le cas visé à l'art. L. 121-16, les indemnités versées en réparation d'un dommage causé à un immeuble bâti doivent être utilisées pour la remise en état effective de cet immeuble ou pour la remise en état de son terrain d'assiette, d'une manière compatible avec l'environnement de cet immeuble ; précise ensuite que toute clause contraire dans les contrats d'assurance est atteinte d'une nullité d'ordre public et prévoit, en son troisième alinéa, qu'un arrêté du maire prescrit les mesures de remise en état susmentionnées, dans un délai de deux mois suivant la notification du sinistre au maire par l'assureur ou l'assuré. Il ressort des travaux préparatoires et de l'insertion de ces dispositions dans le Titre II du Livre premier du code des assurances que le législateur a entendu les rendre applicables à l'ensemble des assurances de dommages. Les termes mêmes de l'article susvisé conduisent à retenir que l'étendue de l'obligation d'affectation des indemnités d'assurance édictée par le premier alinéa est limitée au montant de ces indemnités nécessaire à la réalisation des mesures de remises en état prescrites, conformément au troisième al., par un arrêté du maire. Il s'en déduit que pour obtenir la restitution de l'indemnité qu'il a versée, l'assureur doit établir que l'assuré n'a pas affecté celle-ci à la réalisation des mesures de remises en état définies par un arrêté du maire, intervenu dans les conditions prévues par le dernier al. de l'art. susvisé. • Civ. 2e, 18 avr. 2019, no 18-13.371 P : *RGDA juill. 2019. 18, note Kullmann ; D. actu. 23 mai 2019, note Bigot ; RDI 2019, 349, note Noguéro* ; *RDC sept. 2019. 27, note Viney ; RCA 2019, no 231, note Groutel.* ♦ V. également la QPC dans cette affaire : « L'art. L. 121-17 C. assur., créé par l'art. 90 de la L. no 95-101 du 2 févr. 1995, qui exclut tout droit de l'assuré à disposer librement de l'indemnité d'assurance, et notamment de l'employer à la construction d'un immeuble sur un autre terrain, en lui imposant de l'affecter à la remise en état effective de l'immeuble sinistré ou à la remise en état de son terrain d'assiette lorsque les mesures de prévention des risques naturels sont prescrites par le maire, tout en consacrant ce droit au profit de l'assuré lorsque des mesures de même nature sont prescrites par l'État dans le cadre d'un plan de prévention des risques naturels prévisibles, viole-t-il les art. 1er et 6 de la Déclaration des droits de l'homme et du citoyen de 1789 et l'art. 1er de la Constitution de 1958 qui garantissent l'égalité des justiciables devant la loi ? ». Le principe d'égalité ne s'oppose ni à ce que le législateur règle de façon différente des situations différentes ni à ce qu'il déroge à l'égalité pour des raisons d'intérêt général, pourvu que, dans l'un et l'autre cas, la différence de traitement qui en résulte soit en rapport direct avec l'objet de la loi qui l'établit. La différence de traitement alléguée s'explique par la différence de situation des assurés concernés au regard de l'emplacement de l'immeuble bâti pour la réparation duquel l'indemnité d'assurance est versée, qui tient, notamment, à l'existence de risques ayant justifié, dans un cas et non dans l'autre, l'adoption d'un plan de prévention des risques naturels prévisibles. Elle est donc en rapport direct avec l'objet de la L. no 95-101 du 2 févr. 1995 relative au renforcement de la protection de l'environnement. • Civ. 2e, 27 sept. 2018, no 18-13.371.

3. Sanction du défaut d'affectation de l'indemnité. Il résulte de l'art. L. 121-17 C. assur. que, pour obtenir la restitution de l'indemnité qu'il a versée, l'assureur doit établir que l'assuré n'a pas affecté celle-ci à la réalisation des mesures de remises en état définies par un arrêté du maire intervenu dans les conditions prévues par le dernier al. de ce texte. • Civ. 3e, 6 févr. 2020, no 18-22.788 : *RGDA mars 2020. 14, note Pélissier ; RDI 2020. 259, note Noguéro* • Civ. 2e, 18 avr. 2019, no 18-13.371 : *préc. note 2.* ♦ L'art. L. 121-17 C. assur. n'édictant aucune sanction spécifique, le non-respect de l'obligation d'affectation de l'indemnité ne saurait ouvrir à l'assureur une action en répétition de l'indu. S'il est susceptible de constituer une faute ouvrant droit à réparation pour l'assureur, ce ne peut être qu'à la condition que celui-ci ait subi un préjudice en lien de causalité avec cette faute. • Lyon, 18 févr. 2020, no 19/04692.

CHAPITRE II LES ASSURANCES CONTRE L'INCENDIE

Art. L. 122-1 L'assureur contre l'incendie répond de tous dommages causés par conflagration, embrasement ou simple combustion. Toutefois, il ne répond pas, sauf convention contraire, de ceux occasionnés par la seule action de la chaleur ou par le contact direct et immédiat du feu ou d'une substance incandescente s'il n'y a eu ni incendie, ni commencement d'incendie susceptible de dégénérer en incendie véritable. – *Assur. L. 111-2.*

COMMENTAIRE

D'une façon générale, l'incendie peut se définir comme la propagation d'un feu, lequel, selon les lois de la physique, est caractérisé à partir du phénomène de combustion résultant de la combinaison d'un combustible (bois, fuel, tissu, papier…), d'un comburant (air, oxygène…) et d'une énergie (étincelle…).

D'un point de vue juridique, l'article L. 122-1 limite les dommages pris en charge par l'assurance contre l'incendie. Pour que l'assureur soit tenu à garantie, les dommages doivent avoir pour cause :

– soit une conflagration, c'est-à-dire un embrasement général ;

– soit un embrasement, correspondant à la réduction d'un bien en braise ;

– soit une simple combustion, dès lors qu'elle a été vive, avec des flammes, et en dehors d'un foyer normal.

Il en résulte donc que les dommages causés à des marchandises par la seule imprégnation des liquides inflammables dont elles avaient été aspergées par des individus qui avaient tenté, sans succès, de les incendier en jetant dessus un chiffon enflammé (Civ. 1re, 11 oct. 1989 : *V. note ss. cet art.*).

Par ailleurs, sont exclus du domaine de la garantie, sauf clause contraire, les dommages résultant de la seule action de la chaleur ou du contact du feu ou d'une substance incandescente lorsqu'il n'y a pas eu d'incendie ou de commencement d'incendie, c'est-à-dire de flammes. En ce sens, les brûlures occasionnées par une cigarette, un fer à repasser ou une étincelle ne sont pas garanties, sauf clause contraire. ❑

Domaine de la garantie. Une police garantissant « l'incendie proprement dit par conflagration, embrasement ou simple combustion », dénature celle-ci la cour d'appel qui condamne l'assureur à verser une indemnité, alors que les dommages avaient été causés à des marchandises par la seule imprégnation des liquides dont elles avaient été aspergées par des individus qui avaient tenté de les incendier en jetant dessus un chiffon enflammé. • Civ. 1re, 11 oct. 1989 : *RCA 1989. 428 ; RGAT 1989. 893.*

Art. L. 122-2 Les dommages matériels résultant directement de l'incendie ou du commencement d'incendie sont seuls à la charge de l'assureur, sauf convention contraire.

Si, dans les trois mois à compter de la remise de l'état des pertes, l'expertise n'est pas terminée, l'assuré a le droit de faire courir les intérêts par sommation ; si elle n'est pas terminée dans les six mois, chacune des parties peut procéder judiciairement. – *Assur. L. 111-2.*

COMMENTAIRE

L'article L. 122-2 comporte une disposition non impérative relative aux dommages garantis par l'assurance contre l'incendie (I) et une disposition d'ordre public spécifique à l'expertise (II).

I. LES DOMMAGES GARANTIS

Selon l'article L. 122-2, alinéa 1er, l'assurance contre l'incendie ne garantit, sauf clause contraire, que les dommages matériels résultant directement de l'incendie ou du commencement d'incendie. Par conséquent, sont exclus – outre les dommages corporels qui ne relèvent pas de ce titre II du livre Ier – les dommages matériels indirects subis par l'assuré, comme par exemple la perte de bénéfice liée à la cessation d'activité de l'entreprise en attendant la remise en état des lieux sinistrés ou plus généralement l'impossibilité d'user de la chose sinistrée. En revanche, la jurisprudence a pu inclure dans les dommages garantis les frais de l'architecte ayant mis en œuvre la reconstruction du bien (Civ. 1re, 11 mars 1986 : *V. note 2*).

II. L'EXPERTISE

L'article L. 122-2, alinéa 2, institue des délais d'ordre public (Civ. 24 oct. 1951 : *V. note 5*), dont l'objectif est de maintenir l'expertise amiable dans des délais raisonnables. Le point de départ de ces délais est la remise de l'état des pertes à l'assureur. Ce document présente un état estimatif des biens endommagés ou détruits par l'incendie.

Une fois que l'état des pertes a été remis à l'assureur, l'expert amiable dispose de trois mois pour rendre son rapport. Si l'expert ne respecte pas ce délai, l'assuré peut faire courir, par sommation, les intérêts moratoires. Une sommation prématurée n'est cependant pas inopérante, ses effets sont simplement reportés à la fin de l'expiration du délai de trois mois (Civ. 1re, 31 mai 1988 : *V. note 7*). Cette sommation peut s'effectuer par exploit d'huissier, par lettre missive lorsqu'il ressort de ses termes une interpellation suffisante (C. civ., art. 1344) ou encore par une assignation en référé-provision. Dans cette dernière hypothèse, les intérêts moratoires s'appliquent à l'indemnité totale et non à la seule provision (Civ. 1re, 16 févr. 1994 : *V. note 8*).

Si l'expertise n'est pas achevée dans un délai de six mois à compter de la remise de l'état des pertes, chaque partie peut agir judiciairement. Les parties doivent donc attendre l'expiration de ce délai pour exercer une action en justice, y compris un référé (Com. 22 oct. 1996 : *V. note 10*). ❑

I. VALEUR GARANTIE

1. Clause de valeur à neuf – Validité. Le principe indemnitaire posé par l'art. L. 121-1 C. assur. ne fait pas obstacle, en cas de sinistre d'un bâtiment, à l'application d'une clause contractuelle prévoyant le paiement d'une indemnité calculée sur la valeur de reconstruction. Celle-ci, qui correspond au coût de remise en état du bien détruit, ne peut valoir enrichissement de l'assuré et ce même si la valeur vénale du bien avant sinistre est inférieure au coût de sa reconstruction. • Civ. 2e, 13 sept. 2007 : ♔ *JCP 2008. I. 134, no 5, obs. Kullmann; RCA 2007, no 371; ibid., no 373, note Groutel.*

2. Clause de valeur à neuf – Étendue. Une police ayant prévu l'estimation des dommages causés aux biens immobiliers par le sinistre sur leur valeur de reconstruction, c'est par une appréciation souveraine de cette valeur, et sans que l'art. L. 122-2, en ce qu'il limite la charge de l'assureur aux seuls dommages matériels directs, sauf disposition contraire, y fasse obstacle, qu'une cour d'appel a inclus dans l'indemnité, les frais de l'architecte qui a mis en œuvre une telle reconstruction. • Civ. 1re, 11 mars 1986 : *RGAT 1986. 219, note Kullmann.*

3. Clause de valeur à neuf – Mise en œuvre. Les conditions mises par le contrat d'assurance au versement de l'indemnité en « valeur à neuf » en cas d'achèvement de la construction dans un délai supérieur à deux ans tenant non « à la force majeure » mais à la notion purement contractuelle « d'impossibilité absolue », une cour d'appel a souverainement relevé que l'assuré s'était trouvé dans la situation prévue au contrat, dès lors que la compagnie d'assurances ayant mis elle-même dix mois pour régler l'indemnité liée à la valeur d'usage et que toutes diligences ayant été faites pour demander et obtenir le permis de construire dans un délai raisonnable, ce permis n'avait été délivré que plus de quinze mois après la demande, circonstance qui avait empêché la construction de s'exécuter dans les délais prévus. • Civ. 1re, 10 janv. 1990 : ♔ *RGAT 1990. 204, note Kullmann.* ♦ De même, une cour d'appel ne peut débouter un assuré de sa demande en payement des travaux de reconstruction au motif que le payement de l'indemnité différée devait être réglé sur présentation des factures de travaux et que l'assuré avait modifié la destination des bâtiments agricoles incendiés, alors que les premiers juges avaient constaté qu'il était impossible de reconstruire à l'identique compte tenu des injonctions de l'administration sur la mise aux normes des bâtiments d'élevage et sans répondre au moyen tiré de l'impossibilité de reconstruire résultant non d'un choix personnel, mais d'une contrainte administrative. • Civ. 2e, 12 avr. 2012 : ♔ *RCA 2012, no 215, note Groutel.*

4. Clause de valeur à neuf – Opposabilité. L'exigence de reconstruction dans le délai de deux ans prévus à la police d'assurance vise à limiter l'indemnisation due à l'assuré par son assureur et n'a donc pas vocation à régler les rapports entre les responsables du sinistre ou leur assureur. Dès lors, viole l'art. 1165 C. civ., la cour d'appel qui énonce que la victime d'un incendie ne saurait réclamer à l'assureur responsable du sinistre les sommes qu'elle n'a pas perçues de son propre assureur puisqu'elle n'a pas justifié avoir été dans l'impossibilité de reconstruire dans le délai contractuellement imparti et que c'est ainsi de son fait qu'elle n'a pas été indemnisée. • Civ. 2e, 11 déc. 2014, ♔ no 13-27.135 : *RCA 2015, no 106, note Groutel; RGDA 2015. 91, note Kullmann.*

II. RÈGLEMENT DU SINISTRE

5. Dispositions d'ordre public. L'art. 41, al. 2, de la loi du 13 juill. 1930 [C. assur., art. L. 122-2, al. 2] a pour but de couper court aux abus résultant trop souvent des prolongations des expertises amiables et a donc été édicté en vue de protéger l'assuré ; à ce titre, il constitue une disposition d'ordre public non susceptible d'être écartée par la convention. • Civ., 24 oct. 1951 : *D. 1952. 105, note Besson ; JCP 1952. II. 6891, note Deschamps.* ♦ Les dispositions de l'art. L. 122-2, al. 2, sont d'ordre public et prévalent sur les stipulations du contrat d'assurance. • Civ. 1re, 24 janv. 1995, n° 91-14.910 P : *RCA 1995, n° 188 ; ibid., Chron. 19, note Groutel ; RGAT 1995. 166, note Kullmann.* ♦ Ainsi, contrevient au caractère d'ordre public de l'art. 41, al. 2, de la loi du 13 juill. 1930 [C. assur., art. L. 122-2, al. 2] la clause qui stipule qu'il ne pourra être exercé d'action judiciaire qu'au cas où le désaccord entre les parties persisterait après avis d'un tiers-expert. • Civ., 24 oct. 1951 : *préc.*

6. Refus de se prêter à l'expertise amiable. Les dispositions de l'art. L. 122-2, qui sont d'ordre public, supposent que l'assureur se prête à la procédure qu'il prévoit, et, dans le cas contraire, son refus de s'y soumettre ouvre à l'assuré le droit de faire ordonner judiciairement l'expertise. • Civ. 1re, 10 mai 1984, n° 83-10.259 P : *D. 1986. IR 94, obs. Berr et Groutel.*

7. Sommation prématurée. Viole l'art. L. 122-2 la cour d'appel qui, pour rejeter une demande en paiement d'intérêts moratoires, énonce que, délivrée avant l'expiration du délai de trois mois à compter de la remise de l'état des pertes, une assignation en référé était inopérante comme prématurée, alors que la sommation, bien que prématurée, n'était pas inopérante et que ses effets, en ce qui concerne les intérêts, étaient simplement reportés à la date à laquelle ceux-ci pouvaient commencer à courir. • Civ. 1re, 31 mai 1988 : *Bull. civ. I, n° 158 ; D. 1989. Somm. 242, obs. Groutel ; RGAT 1988. 777.*

8. Point de départ des intérêts. L'assignation de l'assureur devant le juge des référés en paiement d'une provision vaut sommation d'indemniser cet assuré du dommage garanti par le contrat d'assurance dans le délai imparti par l'art. L. 122-2, al. 2. Viole ce texte la cour d'appel qui limite au montant de la provision les effets de cette sommation quant au point de départ des intérêts moratoires. • Civ. 1re, 16 févr. 1994, n° 91-13.831 P : *RCA 1994, n° 197 ; RGAT 1994. 770, note Chardin.* ♦ Dans le même sens : • Civ. 1re, 17 févr. 1998 : *RGDA 1998. 333, note Favre-Rochex* • Civ. 2e, 20 oct. 2016, n° 15-25.324 : *RCA 2017, n° 28, note Groutel ; RGDA 2016. 635, note Schulz.* ♦ Les intérêts de l'indemnité due à la suite d'un incendie courent dès la sommation de payer délivrée dans les conditions de ce texte, sans qu'il y ait lieu de distinguer selon qu'une partie de cette indemnité doit être payée non à l'assuré lui-même mais à ses créanciers. • Civ. 1re, 15 déc. 1998, n° 96-19.782 P : *RCA 1999, n° 79.*

9. Absence de preuve d'un préjudice. La créance d'une somme d'argent, née et déterminée dans son montant antérieurement à la décision du juge qui se borne à la constater, porte intérêt, sans que le créancier soit tenu de justifier d'aucune perte, à compter de la sommation de payer, ou à défaut de la demande en justice. Cette règle a vocation à s'appliquer à l'indemnité due par une compagnie d'assurances dès lors que, s'agissant d'une assurance de chose, le montant de l'indemnité est fixé en fonction de la valeur de la chose assurée au jour du sinistre et ne résulte pas de l'évaluation d'un préjudice faite par le juge le jour où il statue. • Civ. 1re, 8 oct. 1996 : *RCA 1996, n° 405.*

10. Référé-provision dans les six mois. BIBL. Courtieu, *RCA 1998. Chron. 7.* ♦ L'interdiction de procéder judiciairement pendant six mois s'applique à une demande de provision en référé. • Com. 22 oct. 1996, n° 93-18.929 P : *RCA 1996, n° 406, note Groutel ; RGDA 1997. 273, note Bigot.*

Art. L. 122-3 Sont assimilés aux dommages matériels et directs les dommages matériels occasionnés aux objets compris dans l'assurance par les secours et par les mesures de sauvetage.

COMMENTAIRE

L'article L. 122-3 assimile aux dommages matériels directs les dommages matériels causés aux biens assurés par les secours et par les mesures de sauvetage. Cette disposition n'effectue aucune distinction et s'applique à toutes ces mesures, qu'elles aient été organisées et mises en œuvre par l'autorité publique, des sauveteurs bénévoles ou encore l'assuré. Sont ainsi couverts par l'assurance contre l'incendie les dommages causés par l'eau ou les produits d'extinction, ainsi que ceux résultant des démolitions pratiquées par les sapeurs-pompiers pour accéder à l'immeuble en flammes.

En revanche, l'assurance incendie ne couvre pas les coûts des secours et des mesures de sauvetage. Ainsi, les frais exposés par les autorités publiques restent à la charge des communes (CGCT, art. L. 2212-2). En revanche, les sauveteurs bénévoles pourront invoquer la gestion d'affaires des articles 1371 et suivants du code civil [devenus art. 1300 et 1303 s.] pour obtenir une indemnisation de la part de l'assuré.

Art. L. 122-4 *(L. nº 81-5 du 7 janv. 1981)* **« L'assureur répond » de la perte ou de la disparition des objets assurés survenue pendant l'incendie, à moins qu'il ne prouve que cette perte ou cette disparition est provenue d'un vol.** *— Assur. L. 192-3.*

COMMENTAIRE

Si l'article L. 122-2 limite la garantie de l'assureur aux dommages matériels résultant directement d'un incendie ou d'un commencement d'incendie, l'article L. 122-4 apporte un tempérament en étendant la garantie de l'assureur à la perte ou à la disparition des objets assurés survenus pendant l'incendie. Pour bénéficier de cette garantie, l'assuré doit donc démontrer l'existence d'un bien avant le sinistre et sa perte ou sa disparition pendant le sinistre. En revanche, il n'a pas à démontrer que sa perte ou sa disparition a pour cause l'incendie, puisque l'article L. 122-2 établit une présomption de causalité. Il appartient à l'assureur de renverser cette présomption en démontrant que le bien a été volé. □

Art. L. 122-5 L'assureur, conformément à l'article L. 121-7, ne répond pas des pertes et détériorations de la chose assurée provenant du vice propre ; mais il garantit les dommages d'incendie qui en sont la suite, à moins qu'il ne soit fondé à demander la nullité du contrat d'assurance par application de l'article L. 113-8, premier alinéa.

COMMENTAIRE

A l'instar de l'article L. 121-7 qu'il mentionne expressément, l'article L. 122-5 exclut du champ de la garantie les pertes et détériorations de la chose assurée provenant d'un vice propre. En somme, en cas d'incendie provoqué par un appareil vicié, l'assureur n'indemnise pas la réparation ou le remplacement de la chose viciée. Il ne couvre que les dommages causés aux autres biens par l'incendie de l'appareil.

S'il est vrai que l'article L. 121-7 n'institue qu'une exclusion légale facultative et que l'article L. 122-5 est impératif, la différence entre les deux articles n'est qu'apparente. En effet, lorsque l'article L. 122-5 envisage les dommages subis par la chose viciée, il renvoie à l'article L. 121-7. Par conséquent, il faut en déduire que l'assureur peut parfaitement garantir par une clause expresse les dommages subis par les choses viciées. En revanche, il ne peut exclure de la garantie les dommages aux autres biens causés par une chose atteinte d'un vice propre. □

Art. L. 122-6 Sauf convention contraire, l'assurance ne couvre pas les incendies directement occasionnés par les éruptions de volcan, les tremblements de terre et autres cataclysmes. *— Assur. L. 111-2.*

COMMENTAIRE

Si l'article L. 122-6 exclut du champ de la garantie, sauf clause contraire, les incendies causés par les éruptions de volcan, les tremblements de terre et autres cataclysmes, sa portée est réduite depuis la loi nº 82-600 du 13 juillet 1982 relative à l'indemnisation des victimes de catastrophes naturelles dont les dispositions ont été reprises aux articles L. 125-1 et suivants du code des assurances. En effet, l'article L. 125-1 impose la garantie contre les effets des catastrophes naturelles, notamment dans les contrats d'assurance garantissant les dommages incendie. Or dans la mesure où les effets des catastrophes naturelles sont définis, par ce même article, comme « les dommages matériels directs non assurables ayant eu pour cause déterminante l'intensité anormale d'un agent naturel », cette garantie obligatoire couvre les événements visés par l'article L. 122-6. Toutefois, rien n'interdit à l'assureur de garantir expressément ces événements au titre de la garantie incendie par une clause. □

Art. L. 122-7 *(L. nº 2000-1207 du 13 déc. 2000, art. 13)* **« Les contrats d'assurance garantissant les dommages d'incendie ou tous autres dommages à des biens situés en France, ainsi que les dommages aux corps de véhicules terrestres à moteur, ouvrent droit à la garantie de l'assuré contre les effets du vent dû aux tempêtes, ouragans et cyclones, sur les biens faisant l'objet de tels contrats, sauf en ce qui concerne les effets du vent dû à un événement cyclonique pour lequel les vents maximaux de surface enregistrés ou estimés sur la zone sinistrée ont atteint ou dépassé 145 km/h en moyenne sur dix minutes ou 215 km/h en rafales, qui relèvent des dispositions**

des articles L. 125-1 et suivants du présent code. » — *Sur l'exclusion du risque de vent de l'indemnisation par le Fonds national de garantie des calamités agricoles, V. Arr. du 31 mars 2009 (JO 8 avr.).*

(L. nº 2022-298 du 2 mars 2022, art. 15) **« Pour les contrats d'assurance garantissant les dommages d'incendie causés aux biens autres que ceux utilisés à titre exclusivement personnel, les conditions de la garantie contre les effets du vent dû aux tempêtes, aux ouragans et aux cyclones sont déterminées en fonction de l'usage et de la nature de ces biens. Les indemnisations résultant de cette garantie sont attribuées aux assurés en tenant compte des limites de franchise, du plafond et de la vétusté contractuellement fixés, qui peuvent être différents de ceux prévus au titre de la garantie contre l'incendie. »**

(L. nº 91-5 du 3 janv. 1991) **« Sont exclus les contrats garantissant les dommages d'incendie causés aux récoltes non engrangées, aux cultures et au cheptel vif hors bâtiments. »**

(L. nº 2001-602 du 9 juill. 2001, art. 68) **« Sont également exclus les contrats garantissant les dommages d'incendie causés aux bois sur pied. »**

(L. nº 2000-1207 du 13 déc. 2000, art. 13) **« En outre, si l'assuré est couvert contre les pertes d'exploitation, cette garantie est étendue aux effets des tempêtes, ouragans ou cyclones, dans les conditions du contrat correspondant. »**

COMMENTAIRE

Issu de l'article 1er de la loi nº 90-509 du 25 juin 1990 modifiant le code des assurances et portant extension aux départements d'outre-mer du régime d'indemnisation des catastrophes naturelles, l'article L. 122-7, dont les dispositions sont impératives (Civ. 2e, 8 févr. 2006 : *V. note 1*), prévoit que les contrats d'assurance contre l'incendie doivent garantir les biens assurés contre les effets du vent dû aux tempêtes, ouragans et cyclones. Cela étant, cette garantie obligatoire dans les assurances incendie ne s'étend pas au risque de grêle (Civ. 1re, 2 juill. 1996 : *V. note 2*) et ne s'applique pas aux vents ayant atteint ou dépassé 145 km/h en moyenne sur dix minutes ou 215 km/h en rafales. Dans ces dernières hypothèses, le sinistre relève du régime des catastrophes naturelles et non de la garantie contre les tempêtes, ouragans et cyclones. ❑

1. Caractère impératif. Selon l'art. L. 122-7 dont les dispositions sont impératives, les contrats d'assurance garantissant les dommages d'incendie ouvrant droit à la garantie de l'assuré contre les effets du vent dû aux tempêtes, ouragans et cyclones sur les biens faisant l'objet de tels contrats, la garantie tempête ne peut être exclue pour ces biens. • Civ. 2e, 8 févr. 2006 : *D. 2008. Pan. 126, obs. Groutel ; Gaz. Pal. 2006. 3242 (2 esp.), note Leducq ; RCA 2006, nº 147 (2 esp.), note Groutel ; RGDA 2006. 193, note Kullmann.* ♦ ... Elle ne peut être ni exclue, ni réduite, ni rendue plus onéreuse. • Civ. 2e, 19 oct. 2006 : *D. 2008. Pan. 126, obs. Groutel ; Gaz. Pal. 2008. 4024, note Leducq ; RCA 2006, nº 383, note Groutel ; RGDA 2006. 1012, note Kullmann.* ♦ V. déjà, jugeant que les dispositions de l'art. L. 122-7 sont d'ordre public : • Civ. 1re, 24 juin 2003 : *JCP 2004. I. 137, nos 19 s., obs. Mayaux ; RCA 2003, nº 271 ; ibid., Chron. 27, note Groutel ; RGDA 2003. 801, note Favre-Rochex.* ♦ *Contra*, jugeant que l'étendue de la garantie prévue par l'art. L. 122-7 peut être librement fixée par les parties : • Civ. 1re, 13 janv. 2004 : *D. 2004. IR 321 ; JCP 2004. I. 137, nos 19 s., obs. Mayaux ; Gaz. Pal. 2004. 1165, note Favre-Rochex ; RCA 2004, nº 114, obs. Groutel ; RGDA 2004. 523, note Kullmann* • Civ. 2e, 4 nov. 2004 : *D. 2005. 1324, obs. Groutel ; RCA 2004, nº 386 ; ibid., Chron. 26, note Groutel ; RGDA 2005. 185, note Kullmann* • 16 juin 2005 : *RCA 2005, nº 264, obs. Groutel ; RGDA 2005. 1038, note Kullmann.*

2. Risque grêle. L'adjonction obligatoire à l'assurance incendie de la garantie des dommages aux biens causés par les effets du vent dû aux tempêtes, ouragans et/ou cyclones ne s'étend pas au risque grêle, qui est distinct et doit faire l'objet d'une assurance spécifique. Par suite, lorsque le vent et la grêle sont associés, il appartient aux juges du fond de rechercher lequel de ces phénomènes météorologiques a été déterminant dans la réalisation des dommages. • Civ. 1re, 2 juill. 1996, nº 94-11.559 P : *RCA 1996, nº 362 ; RGDA 1996. 932, note Maurice.*

3. Risque tempête – Jurisprudence antérieure à L. 13 déc. 2000. Qu'ils soient effectivement assurés ou non, les effets du vent dus aux tempêtes, ouragans ou cyclones sont au nombre de ceux qui revêtent un caractère assurable au sens des dispositions de l'art. L. 125-1 et qui, par suite, ne sauraient être rangés au nombre des dommages couverts par l'état de catastrophe naturelle constaté par arrêté. • CE, 22 janv. 1997 : *D. 1997. IR 73 .* ♦ Aux termes du premier alinéa de l'art. L. 122-7 dans sa rédaction issue de la loi du 25 juin 1990 et donc antérieure à l'intervention de la loi du 13 déc. 2000 : les contrats d'assurance garantissant les dommages d'incendie à des biens situés en France ainsi qu'aux corps des véhicules terrestres à moteur ouvrent droit à la garantie de l'assuré contre les effets du vent dû aux tempêtes, ouragans ou cyclones sur les biens faisant l'objet de tels contrats. Par suite, les dommages résultant des tempêtes se trouvaient, à la date de la décision ministérielle indiquant que l'état de catastrophe naturelle ne pouvait être reconnu pour l'indemnisation des dommages causés aux forêts situées dans les départements de la Gironde, des Landes et du Lot-et-Garonne par les tempêtes des 27 et 29 déc. 1999, exclus du régime propre aux catastrophes naturelles. En outre, si le deuxième alinéa de l'art. L. 122-7 exclut du champ de son premier alinéa les contrats garantissant les dommages d'incendie causés aux récoltes non engrangées, aux cultures et au cheptel vif hors bâtiments, aucun texte n'assimile aux récoltes non engrangées les plantations forestières, qui n'ont été exclues de l'assurance que par l'effet de l'art. 68 de la loi du 9 juill. 2001 intervenue postérieurement à la date de la décision attaquée. Au surplus la disposition précitée a pour seul objet de faire entrer, conformément, d'ailleurs, à ce que prévoit l'art. L. 125-5, ces dommages dans le champ du régime propre aux calamités agricoles, résultant de la loi du 10 juill. 1964, et non de les soumettre à celui des catastrophes naturelles régi par l'art. L. 125-1. • CE, 14 mai 2003 : *Lebon 209; RCA 2003, n° 304; D. 2004. 916, note Groutel*

Art. L. 122-8 *(L. n° 2004-811 du 13 août 2004, art. 10)* **Dans le cas où les dommages garantis par un contrat d'assurance procèdent d'un incendie de forêt, l'assureur peut, s'il est établi que l'assuré ne s'est pas conformé aux obligations découlant des articles L. 131-4, L. 131-8, L. 131-12, L. 131-14 à L. 131-18, L. 134-4 à L. 134-12, L. 135-2, L. 162-2, L. 163-4 à L. 163-6 du nouveau code forestier, pratiquer, en sus des franchises prévues le cas échéant au contrat, une franchise supplémentaire d'un montant maximum** *[maximal]* **de 5 000 €.**

COMMENTAIRE

Afin d'inciter les assurés à respecter les mesures de prévention des incendies mises à leur charge par le code forestier, en particulier le débroussaillement de leur terrain, l'article L. 122-8 sanctionne le non-respect de ces mesures par l'application d'une franchise supplémentaire d'un montant maximal de 5 000 euros.

Art. L. 122-9 *(L. n° 2010-238 du 9 mars 2010, art. 3 et 5-I, en vigueur le 10 mars 2015)* **L'assureur peut prévoir une minoration de la prime ou de la cotisation prévue par la police d'assurance garantissant les dommages incendie lorsqu'il est établi** *(L. n° 2014-366 du 24 mars 2014, art. 3)* **« qu'il est satisfait » aux obligations prévues aux articles** *(Ord. n° 2020-71 du 29 janv. 2020, art. 4-I, en vigueur au plus tard le 1er juill. 2021)* **« L. 142-1 et L. 142-2** *[ancienne rédaction : L. 129-8 et L. 129-9]* **» du code de la construction et de l'habitation.**

COMMENTAIRE

Si la loi n° 2014-366 du 24 mars 2014 pour l'accès au logement et un urbanisme rénové (loi ALUR) a imposé l'installation de détecteurs de fumée dans tous les lieux d'habitation, elle a néanmoins prévu que l'absence de tels détecteurs ne pouvait être sanctionnée par une déchéance de garantie (C. assur., art. L. 113-11). En revanche, l'installation d'un détecteur de fumée peut, conformément à l'article L. 122-9, entraîner une minoration de la prime si l'assureur l'a prévue.

CHAPITRE III LES ASSURANCES CONTRE LA GRÊLE ET LA MORTALITÉ DU BÉTAIL

Art. L. 123-1 *(L. n° 81-5 du 7 janv. 1981)* **« En matière d'assurance contre la grêle, l'envoi de la déclaration de sinistre doit » être effectué par l'assuré, sauf le cas fortuit ou de force majeure, et sauf prolongation contractuelle, dans les quatre jours de l'avènement du sinistre.**

En matière d'assurance contre la mortalité du bétail, ce délai est réduit à vingt-quatre heures, sous les mêmes réserves.

COMMENTAIRE

Alors que l'article L. 113-2-4° prévoit que l'assuré doit déclarer le sinistre dans un délai fixé par le contrat qui ne peut être inférieur à cinq jours ouvrés, l'article L. 123-1 déroge à cette règle en prévoyant des délais plus courts pour les assurances contre la grêle et la mortalité du bétail. Ces dispositions sont d'ordre public. Les parties ne peuvent donc prévoir un délai plus court que celui fixé par la loi. En revanche, ces délais peuvent être contractuellement prolongés.

Pour les assurances contre la grêle, le délai de déclaration du sinistre peut être réduit à quatre jours. L'assureur doit en effet être rapidement prévenu pour pouvoir identifier les dommages dus à la grêle et les distinguer de ceux résultant d'autres phénomènes atmosphériques.

Pour les assurances contre la mortalité du bétail, le délai minimal de déclaration du sinistre est de vingt-quatre heures, afin de permettre à l'assureur de prendre les mesures nécessaires pour éviter une épidémie.

Selon l'article L. 123-1, ces délais spéciaux courent à compter de l'avènement du sinistre. Cet article se différencie donc de l'article L. 113-2-4° qui fait courir le délai de déclaration du sinistre à partir de la connaissance du sinistre par l'assuré. Pour autant, dans la mesure où l'assuré ne saurait être tenu de déclarer un sinistre qu'il ignore, la solution générale de l'article L. 113-2-4° doit être transposée aux assurances contre la grêle ou la mortalité du bétail. ❑

Aucune formalité n'étant imposée par l'art. L. 123-1, la déclaration qu'a faite l'assuré par téléphone, dans le délai légal, satisfait aux prescriptions de ce texte. • Bordeaux, 17 oct. 2000 : *RCA 2001, n° 162, obs. Grynbaum.*

Art. L. 123-2 **Dans le cas mentionné à l'article L. 121-9, l'assureur ne peut réclamer la portion de prime correspondant au temps compris entre le jour de la perte et la date à laquelle aurait dû normalement avoir lieu l'enlèvement des récoltes, ou celle de la fin de la garantie fixée par le contrat, si cette dernière date est antérieure à celle de l'enlèvement normal des récoltes.**

COMMENTAIRE

L'article L. 123-2 adapte la règle de l'article L. 121-9, relative à la perte totale de la chose résultant d'un événement non prévu par la police d'assurance, à l'assurance contre la grêle. Alors que l'article L. 121-9 envisage le versement d'une prime d'avance et impose la restitution de la fraction de la prime correspondant à la période non garantie, l'article L. 123-2 tient compte du paiement de la prime d'assurance à terme échu pour les assurances garantissant les récoltes contre la grêle et interdit à l'assureur de réclamer la fraction de la prime correspondant à la période non garantie. Celle-ci s'étend de la perte de la récolte jusqu'à la date à laquelle était prévue l'enlèvement des récoltes ou à la date de la fin de la garantie fixée par le contrat si cette date est antérieure à celle de l'enlèvement habituel des récoltes. ❑

Art. L. 123-3 **Après l'aliénation soit de l'immeuble, soit des produits, la dénonciation du contrat faite par l'assureur à l'acquéreur ne prend effet qu'à l'expiration de l'année d'assurance en cours. Mais lorsque la prime est payable à terme, le vendeur est déchu du bénéfice du terme pour le paiement de la prime afférente à cette période.**

COMMENTAIRE

L'article L. 123-3 énonce deux règles spécifiques à l'assurance contre la grêle en cas d'aliénation (mais aussi très certainement de décès de l'assuré tant la situations de l'héritier est proche de celle de l'acquéreur) d'un immeuble ou de produits, c'est-à-dire en l'occurrence d'une exploitation agricole ou d'une récolte.

Alors que l'article L. 121-10, alinéa 2, permet à l'assureur, en cas d'aliénation du bien assuré, de résilier le contrat dans un délai de trois mois à compter du jour où l'attributaire des objets assurés a demandé le transfert de la police à son nom, l'article L. 123-3, dont les dispositions sont d'ordre public, impose à l'assureur de maintenir l'assurance jusqu'à l'expiration de l'année d'assurance en cours. Cette obligation permet ainsi de garantir les récoltes jusqu'à leur enlèvement.

De même, si l'article L. 121-10, alinéa 3, prévoit que les primes échues avant l'aliénation sont à la charge du cédant et que ce dernier est garant du paiement des primes à échoir tant qu'il n'a pas informé l'assureur de l'aliénation par lettre recommandée, cet article L. 121-10 ne comporte aucune précision en ce qui concerne les primes à terme échu. Or celles-ci sont usuellement pratiquées pour les assurances contre la grêle des exploitations agricoles ou des récoltes. Refusant toute assimilation des primes à terme échu aux primes à échoir, l'article L. 123-3 prévoit simplement que le vendeur est déchu du bénéfice du terme. Les primes sont donc immédiatement exigibles et à la charge du vendeur. ❑

Art. L. 123-4 En matière d'assurance contre la mortalité du bétail, l'assurance, suspendue pour non-paiement de la prime, dans les conditions prévues à l'article L. 113-3, reprend ses effets au plus tard le dixième jour à midi, à compter du jour où la prime arriérée et, s'il y a lieu, les frais, ont été payés à l'assureur. Celui-ci peut exclure de sa garantie les sinistres consécutifs aux accidents et aux maladies survenus pendant la période de suspension de la garantie.

COMMENTAIRE

Alors que l'article L. 113-3, alinéa 4, dispose que le contrat, suspendu pour défaut de paiement des primes, reprend ses effets à midi le lendemain du jour du paiement des arriérés, l'article L. 123-4 déroge à cette règle pour les assurances contre la mortalité du bétail en retardant la reprise d'effet de la garantie au plus tard le dixième jour à midi à compter du jour de paiement des arriérés. Cette règle prend en considération le temps d'incubation des maladies et a pour objectif d'éviter que l'assuré ne paie les primes dues pour faire renaître rapidement la garantie lorsqu'il sait qu'un de ses animaux est sur le point de mourir.

Par ailleurs, si la mort d'un animal de l'assuré imputable à un accident ou à une maladie survenue pendant la période de suspension est à la charge de l'assureur, celui-ci peut exclure, dans une telle hypothèse, sa garantie. ❑

CHAPITRE IV LES ASSURANCES DE RESPONSABILITÉ

BIBL. GÉN. ▶ Notion : GROUTEL, *RCA 1988. Chron. 9.* ▶ Assuré : GROUTEL, *RCA 1989. Chron. 30.* ▶ Chose jugée : PERROT, *RGAT 1957. 258.* ▶ Sinistre : LAMBERT-FAIVRE, *RGAT 1987. 193.*

Art. L. 124-1 Dans les assurances de responsabilité, l'assureur n'est tenu que si, à la suite du fait dommageable prévu au contrat, une réclamation amiable ou judiciaire est faite à l'assuré par le tiers lésé. – *Assur. L. 111-2.*

V. art. R. 124-1.

BIBL. ▶ Étendue de la garantie dans le temps : GROUTEL, *RCA 1989. Chron. 13 ; ibid. 1991. Chron. 4 ; ibid. 1994. Chron. 18 ; ibid. 1997, n° 112.* – LAMBERT-FAIVRE, *D. 1992. Chron. 13* ✎. – PEANO, *RCA 1996. Chron. 3.* – COURTIEU, *RCA 2003. Chron. 30.* ▶ Montant de la garantie : GROUTEL, *RCA 1992. Chron. 36.*

COMMENTAIRE

Si l'article L. 124-1 ne donne pas de définition de l'assurance de responsabilité, il en détermine les contours et semble bien donner une définition du sinistre. Il ressort ainsi de ses dispositions non impératives que l'assurance de responsabilité ne peut être mise en œuvre que si un tiers au contrat (I) peut se prévaloir d'une dette de responsabilité à l'encontre de l'assuré (II) et forme une réclamation (III).

I. LA PRÉSENCE D'UN TIERS LÉSÉ

L'assurance de responsabilité n'est mise en œuvre qu'en présence d'un tiers lésé, c'est-à-dire d'une victime de l'assuré.

Sont donc logiquement exclus du champ de la garantie les dommages subis par l'assuré. Ainsi, l'assurance souscrite par le propriétaire d'un fonds de commerce, couvrant la responsabilité du chef d'entreprise, interdit au locataire-gérant de ce fonds, victime d'un dommage causé par un bien appartenant au propriétaire du fonds de rechercher la garantie de l'assureur (Civ. 1re, 25 févr. 1992 : *V. note 37*). Cette règle appelle par ailleurs quelques précisions en cas de pluralité d'assurés et de dommage causé par un assuré à un autre assuré. Dans une telle hypothèse, sauf clause contraire, la victime ne doit pas être considérée comme un assuré mais bien comme un tiers lésé (Civ. 2e, 15 mai 2008 : *V. note 36*).

Au-delà, le contrat d'assurance peut exclure certains tiers du bénéfice de la garantie. Il est de la sorte fréquent que l'assurance de responsabilité chef de famille écarte de la garantie le conjoint, les ascendants et les descendants de l'assuré. Une telle disposition devrait logiquement être analysée comme une exclusion de garantie, mais la jurisprudence a pu estimer qu'une clause définissant les tiers comme « toute personne autre que [vous], [vos] ascendants, descendants et [leurs] conjoints » constituait une condition de garantie et non une exclusion de garantie (Civ. 2e, 15 mai 2008 : *V. note 35*).

II. L'EXISTENCE D'UNE DETTE DE RESPONSABILITÉ

Pour être mise en œuvre, l'assurance de responsabilité suppose également que la victime puisse se prévaloir d'une créance de responsabilité à l'encontre de l'assuré (Civ. 1re, 4 nov. 1986 : *V. note 25*). Cette règle n'est toutefois pas absolue. Ainsi, dans une hypothèse très particulière de confusion des qualités de créancier et de débiteur de la dette de responsabilité, la Cour de cassation a pu estimer que l'assureur de responsabilité demeurait débiteur de l'indemnité d'assurance à l'égard de la victime. En d'autres termes, l'assureur de responsabilité ne pouvait se prévaloir de l'extinction de la créance de responsabilité par confusion (Civ. 1re, 25 mai 1992 : *V. note 26*).

Sur le plan de la procédure, si la dette de responsabilité de l'assuré a été établie par une décision de justice, cette dernière est opposable par la victime à l'assureur (Civ. 1re, 12 juin 1968 : *V. note 25*), mais celui-ci peut toujours refuser sa garantie eu égard notamment à la nature du sinistre et aux stipulations du contrat d'assurance (Civ. 1re, 26 avr. 1972 : *V. note 31*). Réciproquement, la décision de justice relative à la responsabilité de l'assuré est opposable par l'assureur à la victime (Civ. 1re, 2 mai 1989 : *V. note 28*).

III. L'EXISTENCE D'UNE RÉCLAMATION

A. FORME DE LA RÉCLAMATION

Selon l'article L. 124-1, l'assureur ne peut être tenu à garantie que si une réclamation a été formulée par la victime. La réclamation serait donc un élément de la définition du sinistre. Cette analyse paraît bien avoir été reprise à l'article L. 124-1-1 introduit par la loi no 2003-706 du 1er août 2003 de sécurité financière, mais elle demeure contestable (V. comm. ss. art. L. 124-1-1).

Quoi qu'il en soit, en l'absence d'indemnisation spontanée du responsable, le tiers lésé peut être amené à former une réclamation. Cette dernière peut être soit judiciaire, par exemple par l'intermédiaire d'une assignation en référé (Civ. 2e, 10 nov. 2009 : *V. note 33*) ou d'une constitution de partie civile même contre une personne non dénommée (Crim. 28 juin 1991 : *V. note 33*), soit amiable par le biais d'une lettre recommandée de la victime à l'assuré (Civ. 1re, 16 mai 1995 : *V. note 34*).

B. RÔLE DE LA RÉCLAMATION

Dans la mesure où la réclamation de la victime peut intervenir plusieurs années après l'extinction du contrat d'assurance, on s'est initialement interrogé sur le fait générateur de la garantie de l'assureur. S'agissait-il du fait dommageable, de la découverte du dommage ou encore de la réclamation de la victime ? Répondant à cette question par un arrêt de principe de 1970, la Cour de cassation a affirmé que la garantie de l'assureur jouait pour tout fait entraînant la responsabilité de l'assuré commis au cours de la période où le contrat était en cours (Civ 1re, 16 juill. 1970 : *V. note 10*). Autrement dit, la garantie de l'assureur de responsabilité est due dès lors que le fait dommageable s'est produit pendant la période de garantie. Il importe peu que la réclamation de la victime soit intervenue ultérieurement. Par conséquent, en cas de succession de contrats d'assurance, l'assureur tenu à garantie est celui dont le contrat était en vigueur lors du fait dommageable (Civ. 1re, 7 mars 1995 : *V. note 15*).

Afin de limiter les effets de cette jurisprudence, les assureurs ont alors intégré des clauses de réclamation de la victime avec ou sans garantie subséquente. Ces clauses avaient pour effet de limiter la garantie de l'assureur aux faits dommageables survenus pendant la durée de la garantie et aux réclamations effectuées pendant la durée du contrat ou la période de garantie subséquente. Toutefois, par une série d'arrêts du 19 décembre 1990, la Cour de cassation a réputé non écrites toutes les clauses de réclamation de la victime au motif qu'elles privaient l'assuré du bénéfice de l'assurance en raison d'un fait qui ne lui est pas imputable et qu'elle créaient un avantage illicite comme dépourvu de cause au profit du seul assureur ayant perçu une prime sans contrepartie (Civ. 1re, 19 déc. 1990 : *V. note 17*). Cette jurisprudence a par la suite été étendue à toutes les clauses limitant la garantie dans le temps de l'assureur et contredisant par conséquent la jurisprudence de 1970. Ont ainsi été réputées non écrites les clauses de réclamation de la victime avec garantie subséquente (Civ. 1re, 28 avr. 1993 : *V. note 19*), les clauses de survenance du dommage (Civ. 1re, 30 mars 1994 : *V. note 21*) ou encore les clauses relatives à la date de réception des travaux (Civ. 1re, 7 mars 1995 : *V. note 20*). Ultérieurement, cette jurisprudence a été reprise par le Conseil d'État pour affirmer l'illégalité des clauses de réclamation d'origine réglementaire (CE 29 déc. 2000 : *V. note 22*).

Ces solutions jurisprudentielles ont entraîné une réaction du législateur en 2002 et 2003. Ainsi, la loi n° 2002-1577 du 30 décembre 2002 a légalisé les clauses de réclamation de la victime dans les contrats d'assurance de responsabilité médicale (V. art. L. 251-2). Puis la loi n° 2003-706 du 1er août 2003 de sécurité financière a autorisé le recours aux clauses de réclamation avec garantie subséquente dans les assurances de responsabilité civile des professionnels (V. art. L. 124-5). ❑

I. NOTION D'ASSURANCE DE RESPONSABILITÉ

A. DÉFINITION POSITIVE

1. Assurance de dommages. Une assurance de responsabilité relève de la catégorie juridique des assurances de dommages. • Civ. 1re, 16 juill. 1998, n° 96-17.807 P.

2. Garantie des conséquences financières des obligations souscrites par un vendeur. Constitue une assurance de responsabilité le contrat d'assurance par lequel un vendeur se garantit des conséquences financières de l'engagement qu'il a pris vis-à-vis de ses clients de leur livrer un matériel exempt pendant cinq ans de pannes ayant pour cause un défaut interne de ce matériel. • Civ. 1re, 10 juin 1986, n° 84-15.034 P.

B. DÉFINITION NÉGATIVE

3. Garantie financière des professionnels de l'immobilier. La garantie financière découlant d'un cautionnement, qui a pour objet exclusif de garantir les remboursements ou restitutions des versements ou remises reçus, à l'occasion de l'administration des biens d'autrui, par les personnes exerçant de manière habituelle une activité de gestion immobilière, est distincte de l'assurance de la responsabilité civile des professionnels de l'immobilier. • Civ. 1re, 4 nov. 1986, n° 85-12.880 P • 1er déc. 1987, n° 86-10.599 P • 18 oct. 1988, n° 86-14.885 P : *RCA 1988, n° 77 ; ibid. Chron. 9, note Groutel.*

II. CONDITIONS DE L'OBLIGATION DE L'ASSUREUR

A. EXISTENCE D'UNE ASSURANCE

4. Charge de la preuve. Renverse la charge de la preuve et viole l'art. 1315 C. civ. le jugement qui refuse de mettre hors de cause un assureur contestant être l'assureur de l'auteur d'un sinistre, au seul motif qu'il ne fournissait aucune justification à l'appui de sa prétention. • Civ. 1re, 12 nov. 1969 : *Bull. civ. I, n° 338 ; RGAT 1970. 375.* ♦ Il incombe au tiers lésé d'établir l'existence du contrat d'assurance souscrit par le responsable. • Civ. 1re, 29 avr. 1997 : *RGDA 1997. 831, note Kullmann* • Civ. 2e, 8 janv. 2009, n° 07-18.908 : *RGDA 2009. 231, note Kullmann.* ♦ Ainsi, une cour d'appel a pu déduire qu'un assureur ne devait pas sa garantie en retenant que la victime s'appuyait, pour former sa demande d'action directe contre l'assureur, sur un contrat multi-risques entreprises concernant un établissement secondaire de la société défenderesse, dont il n'était pas démontré qu'il serait l'établissement dont l'installation serait à l'origine du sinistre. • Civ. 2e, 5 févr. 2015, n° 13-27.854 : *RGDA 2015. 154, note Pélissier.*

B. EXISTENCE D'UNE GARANTIE

1° CONTESTATION

5. Charge de la preuve – Bénéfice du contrat invoqué par l'assuré. Il incombe à l'assuré, demandeur en garantie, de démontrer la réalité et l'étendue de l'obligation dont il réclame l'exécution par l'assureur. • Civ. 1re, 24 juin 1970, n° 68-13.860 P : *RGAT 1971. 222 (1re esp.), note Besson.* ♦ Le fait que l'assuré apporte la preuve de l'existence d'un contrat ne le dispense pas de l'obligation d'apporter également la preuve littérale et suffisante du contenu de celui-ci. • Civ. 2e, 13 mai 2004, n° 03-10.964 P. ♦ Ainsi, inverse la charge de la preuve et viole l'art. 1315 C. civ. la cour d'appel qui retient qu'un assureur qui avait fait valoir qu'il n'assurait que la responsabilité civile du promoteur pour les dommages causés aux immeubles voisins, mais n'avait pas constitué avoué devant la Cour de renvoi et ne produisait pas la police bien que la charge de la preuve lui incombât alors qu'il appartenait à l'assuré d'établir que sont réunies les conditions requises pour mettre en jeu la garantie de l'assureur. • Civ. 1re, 24 janv. 1995, n° 92-21.542 P : *RGAT 1995. 32, note Mayaux.* ♦ En revanche, il incombe à la compagnie d'assurances de l'auteur du dommage de rapporter la preuve des limitations ou extinctions de garantie qu'elle entend opposer à la victime. • Civ. 1re, 24 juin 1970 : *Bull. civ. I, n° 222; RGAT 1971. 222 (2e esp.), note Besson.*

6. Charge de la preuve – Bénéfice du contrat invoqué par la victime. Lorsque le bénéfice d'un contrat d'assurance est invoqué, non par l'assuré, mais par la victime du dommage, qui est un tiers, c'est à l'assureur qu'il incombe de démontrer, en versant la police aux débats, que son assuré ne bénéficie pas de sa garantie pour le sinistre, objet du litige. • Civ. 1re, 11 oct. 1988, n° 86-15.259 P : *RCA 1989, n° 24, obs. Groutel* • 2 juill. 1991, n° 88-18.486 P : *RCA 1991, n° 394 (1re esp.) ; RGAT 1992. 161, note Bout* • Civ. 3e, 10 juill. 1991, n° 89-17.590 P : *RCA 1991, n° 394 (2e esp.)* • Civ. 1re, 22 avr. 1992 : *RCA 1992, n° 281 ; RGAT 1992. 594, note Rémy* • 29 mai 2002 : *RGDA 2002. 949, note Mayaux* • Civ. 2e, 8 janv. 2009 : *RGDA 2009. 231, note Kullmann* • Civ. 3e, 8 juin 2010 : *RGDA 2010. 1009, note J.-P. Karila.* ♦ Il incombe à l'assureur invoquant une exclusion de garantie à l'encontre d'un tiers victime du dommage de produire la police souscrite par son assuré. • Civ. 2e, 25 oct. 2012, n° 11-25.490 : *RGDA 2013. 303, note Pélissier.* ♦ Un assureur ayant été condamné à verser une indemnité avec d'expresses réserves pour l'avenir, il lui appartient, en présence d'une nouvelle demande de la victime invoquant une aggravation de son état, de rapporter la preuve des limitations ou extinctions de garantie qu'il entend lui opposer. • Civ. 1re, 3 déc. 1963 : *D. 1964. 409, note Besson.* ♦ Mais l'art. 1328 C. civ., selon lequel les actes sous seing privé n'ont de date certaine contre les tiers que du jour où ils ont été enregistrés, n'est pas applicable aux écrits en matière d'assurances, de telle sorte qu'un assureur peut opposer à la victime la date portée sur un avenant ayant supprimé la garantie antérieurement à l'accident. • Civ. 1re, 28 oct. 1970 : *D. 1971. 84, note Besson ; RGAT 1971. 59 ; GADA, p. 163, obs. Berr et Groutel* • Civ. 2e, 26 mars 2015, n° 14-11.206 P : *D. 2015. 804 ; AJ fam. 2015. 342, obs. Casey ; RCA 2015, n° 193, note Groutel ; RGDA 2015. 260, note Lambert ; Gaz. Pal. 1er sept. 2013, p. 27, note Leducq ; AJ fam. 2015. 342, obs. Casey ; D. 2015. 804, chron. Touati ; D. 2016. 674, note Douchy-Oudot ; D. 2016. 1161, note Pierre.*

7. Autorité de la chose jugée. La décision définitive relative à la non-assurance d'un risque déterminé intervenue au profit de l'assureur appelé en garantie par l'assuré à l'occasion d'un procès en responsabilité intenté contre ce dernier par l'une des victimes dudit accident a, dans les rapports de l'assureur et de l'assuré qui y étaient parties, l'autorité de la chose jugée, dans un nouveau procès dirigé contre l'assuré par une autre victime du même accident, avec mise en cause de l'assureur en vue de conséquences non déduites dans la première instance. • Civ. 11 mars 1947 : *D. 1947. 265, note Besson ; JCP 1947. II. 3519, note P. L.-P.* • Civ. 1re, 27 févr. 1968 : *RGAT 1969. 50* • 12 mai 1969 : *D. 1969. 511.* ♦ En revanche, il n'y a pas d'autorité de la chose jugée à l'égard d'une seconde victime qui exerce l'action directe, faute d'identité de parties et d'objet. • Civ. 17 nov. 1940 : *RGAT 1941. 38* • Civ. 1re, 26 nov. 1968 : *Bull. civ. I, n° 196 ; RGAT 1969. 380.* ♦ V. toutefois : • Civ. 1re, 25 févr. 1992 : *RCA 1992, n° 205, obs. G.*, (qui décide que, le tiers lésé tenant ses droits du contrat d'assurance, une décision antérieure rendue à l'occasion d'un autre sinistre, entre l'assureur et l'assuré, au sujet de la date de la résiliation, laquelle faisait l'objet du litige, est opposable à d'autres victimes pourtant non parties à l'instance précédente).

2° OBJET DE LA GARANTIE

8. Activité déclarée. L'assureur accorde sa garantie lorsque la responsabilité civile de l'assuré est engagée au cours ou à l'occasion des activités déclarées lors de la souscription du contrat. • Civ. 2e, 14 janv. 2010, n° 09-12.290. ♦ Et dans la même affaire : • Civ. 2e, 11 déc. 2014, n° 13-21.511 : *RCA 2015, n° 107, note Groutel.*

9. Dommages garantis en assurance RC produits. La garantie de l'assureur n'est due que pour les seules conséquences pécuniaires de la responsabilité civile encourue par l'assuré du fait des dommages causés à un tiers. Les coûts exposés par l'assuré pour le retrait et la destruction des produits défectueux avant livraison ne constituent pas des dommages immatériels causés à un tiers au contrat d'assurance. • Civ. 2e, 28 mars 2019, n° 18-15.088 : *RCA 2019, n° 203, note Groutel.*

3° ÉTENDUE DANS LE TEMPS. – CONTRATS RÉSILIÉS

(Jurisprudence antérieure à la L. n° 2003-706 du 1er août 2003. – V. l'art. L. 124-5 C. assur. issu de cette loi.)

BIBL. Groutel, *RCA 2001. Chron. 21.* – Raffi, *D. 1998. Chron. 245.* – Viney, *JCP 1994. I. 3778.* – Bourthoumieux, *RGDA 1998. 239* (du point de vue de la réassurance).

a. Critère du fait générateur du dommage

10. Rôle et détermination du fait générateur du dommage. Si, selon l'art. 50 de la L. du 13 juill. 1930 [C. assur., art. L. 124-1], l'assureur n'est tenu que si, à la suite du fait dommageable prévu au contrat, une réclamation amiable ou judiciaire est faite à l'assuré par le tiers lésé, la garantie joue cependant pour tout fait entraînant la responsabilité de l'assuré, commis au cours de la période où le contrat d'assurance était en cours. • Civ. 1re, 16 juill. 1970, n° 69-10.060 P. ♦ Le fait dommageable se définit comme étant celui de l'événement qui est la cause génératrice du dommage. • 20 mars 1990 : *RGAT 1990. 370, note Bout.*

11. Responsabilité pour vice de fabrication. Doit être cassé l'arrêt qui décide que l'assureur d'une entreprise qui avait livré des tuiles gélives devait sa garantie au motif que le délitage des tuiles était apparu pendant la période d'assurance de cet assureur, sans rechercher si la livraison des tuiles, qui constituait le fait générateur du dommage, avait eu lieu pendant la période de validité du contrat d'assurance. • Civ. 1re, 14 nov. 1995, no 92-14.682 P : *RCA 1996, no 38 (3e esp.); ibid., Chron. 38, note Peano; RGDA 1996. 197, note Mayaux.* ♦ Dès lors qu'un vendeur de véhicule a été déclaré responsable d'un accident survenu en raison d'un vice caché de ce véhicule, la date de réalisation du risque correspond, pour l'assureur du vendeur, à celle de la vente du véhicule vicié, et non à celle, postérieure, de la survenance de l'accident. • Civ. 1re, 30 janv. 1996, no 94-10.861 P : *RCA 1996, no 148.* ♦ Par ailleurs, s'agissant d'éléments fonctionnels qui ne sont mis en œuvre que par l'acheteur final, le fait générateur doit s'entendre de la date de sortie de l'appareil litigieux du circuit de distribution et de sa livraison à l'utilisateur final et non de sa date de livraison au distributeur. • Civ. 2e, 15 sept. 2011 : *RGDA 2012. 120, note Kullmann.*

12. Responsabilité pour dégâts des eaux. Dans les assurances « dégâts des eaux », l'assureur est tenu à garantie dès lors que le sinistre est survenu pendant la période de validité du contrat. • Civ. 1re, 30 janv. 1996, no 92-20.085 P : *RGDA 1996. 433, note Favre-Rochex* • 7 mai 2002 : *RGDA 2002. 1034, note Kullmann.*

13. Responsabilité d'un entrepreneur. La garantie de l'assureur s'applique à tout fait dommageable engageant la responsabilité de l'assuré et survenu pendant la période où le contrat d'assurance est en cours. En matière de travaux immobiliers, le fait dommageable se situe à la date de leur exécution défectueuse. • Civ. 1re, 15 juin 1999 : *RCA 1999, no 307; ibid., Chron. 25, note Courtieu; RGDA 1999. 1060, note Chardin.*

14. Fait continu. L'événement constituant le fait générateur des dommages résidant dans les émissions de ces poussières, une cour d'appel a exactement déduit que seuls ceux causés par les émissions survenues pendant la période de validité du contrat devaient être garantis par l'assureur. • Civ. 2e, 7 avr. 2005 : *RGDA 2005. 701, note Kullmann.* ♦ Ayant constaté, d'une part, que le responsable avait été assuré successivement par une première société du 1er janv. 1993 au 31 déc. 1994, puis par une seconde société du 1er janv. 1995 au 20 mai 1996, et d'autre part, que le commencement des travaux qui constituait le fait générateur du dommage engageant la responsabilité de l'assuré pour troubles anormaux de voisinage se situait fin 1993, pendant la période d'effet du contrat d'assurance souscrit auprès de la première société, une cour d'appel a pu en déduire que seule celle-ci était tenue, pour une durée égale à celle de la responsabilité de son assuré. • Civ. 2e, 10 juill. 2008 : *RCA 2008, no 285, note Groutel.*

15. Successions de faits et d'assureurs. La garantie de l'assureur joue pour tout fait entraînant la responsabilité de l'assuré, commis au cours de la période où le contrat d'assurance est en cours, et le fait dommageable se définit comme étant celui de l'événement qui est la cause génératrice du dommage; dès lors, en cas de polices successives d'assurance de responsabilité professionnelle d'un notaire, le premier assureur ne peut opposer ni le fait que l'acte en cause a été ensuite réitéré ni la circonstance que le notaire avait eu la possibilité de remédier à la rédaction défectueuse de cet acte au cours de la période de validité de la seconde police. • Civ. 1re, 7 mars 1995, no 92-18.204 P : *RGAT 1995. 434, note Kullmann.*

b. Clauses réduisant la garantie réputées non écrites

16. Clauses d'origine contractuelle garantie réputées non écrites – Principe. Il résulte de la combinaison des art. 1131 C. civ., L. 124-1 et L. 124-3 C. assur., et en l'absence d'autorisation législative spécifique applicable en la cause, que le versement des primes, pour la période qui se situe entre la prise d'effet du contrat d'assurance et son expiration, a pour contrepartie nécessaire la garantie des dommages qui trouvent leur origine dans un fait qui s'est produit pendant cette période; toute clause qui tend à réduire la durée de la garantie de l'assureur à un temps inférieur à la durée de la responsabilité de l'assuré est génératrice d'une obligation sans cause, comme telle illicite et réputée non écrite. • Civ. 1re, 16 déc. 1997, no 94-17.061 P : *Gaz. Pal. 1998. 1. 250; RCA 1998, no 208; ibid., Chron. 15, note Agard; D. 1998. 287, note Lambert-Faivre; JCP 1998. I. 144, chron. Viney; ibid. 1998. II. 10018, rapp. Sargos; RGDA 1998. 124, note Mayaux* • 3 juill. 2001 : *RCA 2001, no 338; ibid., Chron. 21, note Groutel; RGDA 2001. 1014, note Mayaux* • Com. 14 déc. 2010 : *RGDA 2011. 566, obs. Kullmann.* ♦ Le versement des primes pour la période qui se situe entre la prise d'effet du contrat d'assurance de responsabilité et son expiration, a pour contrepartie nécessaire la garantie des dommages qui trouvent leur origine dans un fait qui s'est produit pendant cette période. • Civ. 1re, 19 déc. 1990, no 88-12.863 P : *D. 1991. IR 13; RCA 1991, no 81; ibid. Chron. 4, note Groutel; RGAT 1991. 155, note Bigot* • Civ. 3e, 28 nov. 2019, no 18-22.009 : *RGDA janv. 2020. 66, note Mayaux.*

17. Application aux clauses de réclamation de la victime. Il s'ensuit qu'aboutissant à priver l'assuré du bénéfice de l'assurance en raison d'un fait qui ne lui est pas imputable et à créer un avantage illicite, comme dépourvu de cause, au profit du seul assureur ayant perçu sans contrepartie les primes, doit être réputée non écrite la stipulation de la police selon laquelle le dommage est garanti seulement si la réclamation de la victime a été formulée pendant la période de validité du contrat. • Civ. 1re, 19 déc. 1990, no 88-12.863 P : *D. 1991. IR 13; RCA 1991, no 81; ibid. Chron. 4, note Groutel; RGAT 1991. 155, note Bigot* • 9 mai 1994, no 92-12.990 P • Civ. 3e, 3 juin 1992, nº 90-11.486 P : *RCA 1992, nº 285* • 27 mars 1996 : *RGDA 1996. 721, note Kullmann.* ♦ En outre, dans un contrat d'assurance, une clause de reprise du passé n'a d'effet qu'à l'égard des réclamations formulées pendant la période de validité du contrat pour des dommages dont le fait générateur est antérieur à la prise d'effet de celui-ci. Une telle clause n'est pas de nature à valider celle aux termes de laquelle la garantie des dommages résultant de faits générateurs postérieurs à cette prise d'effet est subordonnée à l'existence d'une réclamation formulée pendant la période de validité du contrat. • Civ. 1re, 6 déc. 1994 : *RCA 1995, nº 72.*

18. Application aux clauses de déclaration du sinistre. Ayant relevé que les manquements de l'assuré, constitutifs du fait générateur du dommage, s'étaient produits pendant la période de validité du contrat résilié et exactement retenu qu'il importait peu qu'aucune déclaration n'ait été effectuée avant l'intervention forcée de l'assureur devant le tribunal, une cour d'appel en a déduit à bon droit que la clause qui tendait à réduire la durée de la garantie de l'assureur devait être écartée. • Civ. 3e, 21 janv. 2016, nº 14-27.054 : *RGDA 2016. 149, note Mayaux.*

19. Application aux clauses de garantie subséquente. Il en résulte qu'est réputée non écrite la clause d'un contrat qui maintient la garantie au-delà de la résiliation moyennant le paiement d'une prime subséquente. • Civ. 1re, 28 avr. 1993, nº 90-17.727 P : *RCA 1993, nº 245, obs. Bertolaso ; RGAT 1993. 828, note Bigot* • 1er déc. 1993 : *RGAT 1994. 240, note Bigot* • 30 mars 1994, nº 90-21.517 P : *RGAT 1994. 176, note Périnet-Marquet* • Civ. 3e, 28 nov. 2019, nº 18-22.009 : *RGDA janv. 2020. 66, note Mayaux.*

20. Application aux clauses relatives à la date de réception. Doit être réputée non écrite la clause d'un contrat selon laquelle la garantie des dommages, trouvant leur origine dans un fait qui s'est produit entre la prise d'effet du contrat d'assurance et son expiration, ne sera maintenue après la résiliation du contrat d'assurance que si les travaux ont été réceptionnés avant et s'il y a eu paiement de primes subséquentes. • Civ. 1re, 7 mars 1995, nº 92-15.564 P.

21. Application aux clauses de survenance du dommage. Le versement des primes pour la période qui se situe entre la prise d'effet du contrat d'assurance et son expiration a pour contrepartie nécessaire la garantie des dommages qui trouvent leur origine dans un fait qui s'est produit pendant cette période. Par suite, il importe peu que le dommage soit intervenu postérieurement à la résiliation du contrat, dès lors qu'il a eu pour origine la défectuosité d'une installation, à laquelle il avait été procédé pendant le cours du contrat. • Civ. 1re, 3 oct. 1995 : *RCA 1996, nº 38 ; ibid., Chron. 3, note Peano.* ♦ Ainsi est réputée non écrite la clause excluant de la garantie les dommages survenus ou ne se manifestant qu'après la résiliation du contrat. • Civ. 1re, 30 mars 1994, nº 92-15.664 P : *RGAT 1994. 666, note Bigot* • 9 mai 1994 : *RCA 1994, nº 307, obs. Groutel.* ♦ Comp. toutefois : • Civ. 3e, 4 nov. 1993 : *RCA 1994, nº 103, obs. Groutel.*

22. Nullité des clauses de réclamation d'origine réglementaire. Il résulte de l'art. 1131 C. civ. et L. 124-1 C. assur. que le versement des primes pour la période qui se situe entre la prise d'effet du contrat et son expiration a pour contrepartie nécessaire la garantie des dommages qui trouvent leur origine dans un fait qui s'est produit pendant cette période. La clause type contenue au dernier alinéa de l'art. 4 de l'annexe à l'arrêté interministériel du 27 juin 1980 dans sa rédaction antérieure à l'arrêté interministériel du 29 déc. 1989, selon laquelle le dommage n'est garanti que si la réclamation de la victime a été portée à la connaissance de l'assuré dans un délai maximal de cinq ans après la date d'expiration du contrat, aboutit à priver l'assuré du bénéfice de l'assurance en raison d'un fait qui ne lui est pas imputable. Une telle clause conduit à créer un avantage illicite dépourvu de cause, et par conséquent contraire aux dispositions de l'art. 1131 C. civ., au profit du seul assureur, qui aurait perçu les primes sans contrepartie. Par suite, l'arrêté du 27 juin 1980, dans sa rédaction antérieure à l'arrêté interministériel du 29 déc. 1989, est entaché d'illégalité en tant qu'il comporte, à l'art. 4 de son annexe, une clause type limitant dans le temps la garantie accordée aux centres de transfusion sanguine. • CE, 29 déc. 2000, *(Beule) : RGDA 2001. 97, note Vincent ; RCA 2001, nº 166, note Groutel.* ♦ Il résulte de la jurisprudence du Conseil d'État (29 déc. 2000, 1re et 2e sous-sect. réunies, *Beule et a.*) que les clauses limitant dans le temps les garanties d'une police d'assurance après la date d'expiration du contrat, pour les dommages qui trouvent leur origine dans un fait qui s'est produit pendant la période de validité du contrat, créent un avantage illicite au profit du seul assureur, les sinistres réalisés pendant la période de validité du contrat d'assurance et le versement des primes n'étant pas couverts après résiliation. La question de la légalité de l'art. 24 du Décr. du 15 juin 1994, pris en application de l'art. 31 de la L. nº 92-645 du 13 juill. 1992 fixant les conditions d'exercice des activités relatives à l'organisation et à la vente de voyages ou de séjours, se trouve ainsi posée. L'appréciation de la légalité de ce texte échappant à la compétence du juge judiciaire, il convient d'inviter les parties à saisir le Conseil d'État de la question préjudicielle de la légalité de cette disposition. • Civ. 1re, 21 oct. 2003 : *RCA 2004, nº 22, note Groutel.* ♦ Il résulte de la combinaison des art. 1131 C. civ., L. 124-1 et L. 124-3 C. assur., et en l'absence d'autorisation législative spécifique qui soit applicable en la cause, que le versement des primes, pour la période qui se situe entre la prise d'effet du contrat d'assurance et son expiration, a pour contrepartie nécessaire la garantie des dommages qui trouvent leur origine dans un fait qui s'est produit pendant cette période. Toute clause qui tend à réduire la durée de la garantie de l'assureur à un temps inférieur à la durée de la responsabilité de l'assuré est génératrice d'une obligation sans cause, comme telle illicite et réputée non écrite. Dès lors, le Conseil d'État ayant, le 29 déc. 2000, déclaré illégal l'art. 4 de l'annexe de l'arrêté interministériel du 27 juin 1980 relatif aux contrat d'assurance souscrits par les centres de transfusion sanguine, cette décision, même intervenue dans une autre instance, affecte nécessairement la validité de la clause du contrat d'assurance obligatoire stipulée sur le fondement de ce texte déclaré illégal dès son origine et, par conséquent, le litige qui porte sur la couverture actuelle du risque assuré par le contrat contenant une telle clause, peu important, à cet égard, que celui-ci soit ou non expiré. Par suite, c'est à bon droit et sans conférer d'effet rétroactif à la déclaration d'illégalité que les juges du second degré ont décidé que la clause litigieuse était illicite, sans que puissent y faire obstacle les objectifs invoqués de sécurité juridique, d'intelligibilité de la loi et de confiance légitime. • Civ. 1re, 2 juin 2004, n° 01-17.354 P : *D. 2004. IR 1708* ; *RCA 2004, n° 310 (5 arrêts)*; *ibid., Chron. 21, note Groutel*; *RGDA 2004. 1025, note Bigot*.

4° ÉTENDUE DANS LE TEMPS. – CONTRATS EN COURS

23. Nullité des clauses réduisant la garantie. Toute clause ayant pour effet de réduire la durée de la garantie de l'assureur à un temps inférieur à la durée de la responsabilité de l'assuré est génératrice d'une obligation sans cause et doit être réputée non écrite. Viole les art. 1131 C. civ., L. 124-1 et L. 124-3 C. assur. la cour d'appel qui, pour rejeter l'appel en garantie de l'assureur de l'entrepreneur principal contre l'assureur du sous-traitant, retient que la police souscrite prévoit une période de garantie plus réduite que celle pendant laquelle la responsabilité de l'assuré peut être engagée en sa qualité de sous-traitant sous l'empire du droit applicable et que, la responsabilité du sous-traitant relevant d'une assurance facultative, l'assureur est libre de fixer sa durée de sa garantie au délai de dix ans à compter de la réception des travaux. • Civ. 3e, 26 nov. 2015, n° 14-25.761 P : *RGDA 2015. 569, note Dessuet*; *RDI 2016. 42, note Roussel* ; *RCA 2016, n° 90, note Groutel*; *Constr.-Urb. 2016, n° 42, note Pagès-de Varenne*; *JCP 2016, n° 732, n° 10, note J.-P. Karila*.

5° MONTANT DE LA GARANTIE

24. Intérêts moratoires. Bien que l'assureur ne puisse être tenu au-delà de la prestation déterminée par le contrat, l'indemnité correspondant au plafond de garantie stipulé dans la police peut produire des intérêts en cas de retard même non fautif dans son paiement. • Civ. 1re, 7 juill. 1992, n° 89-16.616 P : *RCA 1992, n° 428*; *ibid., Chron. 36, note Groutel*; *RGAT 1992. 901, note Beauchard*. ♦ V. égal. : • Com. 8 oct. 1991 : *RCA 1991, n° 436* • Civ. 1re, 25 nov. 1992 : *RCA 1993, n° 22*; *RGAT 1993. 78, note Maurice*.

C. EXISTENCE D'UNE DETTE DE L'ASSURÉ

25. Principe. Il résulte de l'art. L. 124-1 que l'assureur de responsabilité ne peut être tenu envers la victime lorsque celle-ci ne peut elle-même se prévaloir contre l'assuré d'une créance née de la responsabilité de celui-ci. • Civ. 1re, 4 nov. 1986 : *Bull. civ. I, n° 248* • 18 mai 2004 : *RGDA 2004. 633, note Rémy*.

26. Exception. L'assureur ne peut pas opposer aux demandeurs à l'action directe la circonstance qu'ils sont en même temps les héritiers de l'assuré responsable et que, partant, leur créance s'est éteinte par confusion. • Civ. 1re, 25 mai 1992, n° 89-17.045 P : *RCA 1992, n° 335*; *ibid., Chron. 29, note Groutel*.

27. Opposabilité de la décision relative à la responsabilité à l'assureur. La décision judiciaire condamnant l'assuré à raison de sa responsabilité constitue pour l'assureur qui a garanti cette responsabilité dans ses rapports avec la victime la réalisation, tant dans son principe que dans son étendue, du risque couvert et lui est, dès lors, à ce titre, opposable lorsque ladite victime exerce son action directe. • Civ. 1re, 12 juin 1968, n° 65-14.399 P : *D. 1969. 249, note Besson*; *JCP 1968. II. 15584, concl. Lindon*; *GADA, p. 65, obs. Berr et Groutel* • 12 juin 1968, n° 66-11-076 P : *D. 1969. 249, note Besson*; *JCP 1968. II. 15584, concl. Lindon*; *GADA, p. 65, obs. Berr et Groutel*; *RGDA 1969. 45, note Besson* • 10 févr. 2004 : *RCA 2004, n° 160, note Groutel* • Civ. 2e, 12 mai 2005, n° 04-12.638 P : *RCA 2005, n° 233, note Groutel*. ♦ ... Sauf quand il y a eu fraude de la part de l'assuré. • Civ. 1re, 12 juin 1968 : *préc.* • 12 juin 1968 : *préc.* • 15 mars 1988, n° 86-15.783 P • 28 juin 1989, n° 87-13.294 P : *RCA 1989, n° 357* • Civ. 3e, 19 juin 1991, n° 89-16.599 P : *RGAT 1991. 879, note Bigot* • Civ. 2e, 12 mai 2005 : *préc.* ♦ ... Et, auparavant, sauf quand l'assureur établit que l'instance suivie contre celui-ci lui est demeurée inconnue. • Civ. 1re, 12 juin 1968 : *préc.* • 12 juin 1968 : *préc.* • 21 juill. 1980, n° 79-13.882 P : *D. 1981. IR 456, obs. Berr et Groutel*. ♦ La garantie de l'assureur ne peut alors être appréciée qu'au regard des stipulations de la police. • Civ. 1re, 10 févr. 2004, n° 01-12.863 : *RCA 2004, n° 160, obs. Groutel*; *RGDA 2004. 513, note Rémy* • Civ. 1re, 29 oct. 2014, n° 13-23.506 : *D. actu. 7 nov. 2014, note de Ravel d'Esclapon*; *RGDA 2015. 39, note Asselain*; *RCA 2015, n° 26, note Groutel*; *ibid. Chron. 1, n° 13, note Groutel*. ♦ En application de l'art. L. 113-5 C. assur., la décision judiciaire condamnant l'assuré à raison de sa responsabilité constitue pour l'assureur de cette responsabilité la réalisation, tant dans son principe que dans son étendue, du risque couvert et lui est opposable, à moins de fraude à son encontre. Il en résulte que, si l'assureur ne peut plus contester sa garantie qu'au regard des stipulations de sa police, il peut opposer au tiers victime et à son assuré la décision judiciaire ayant statué sur la responsabilité de celui-ci, laquelle détermine irrévocablement, au regard du contrat d'assurance, la nature du risque qui s'est réalisé. Dès lors, ayant constaté qu'aux termes du contrat d'assurance la garantie de l'assureur était acquise lorsque la responsabilité de l'assuré était engagée sur le fondement de la présomption établie par les art. 1792 et 1792-2 C. civ. et dans les limites de cette responsabilité et ayant relevé que la condamnation de l'assurée à payer diverses sommes aux acquéreurs avait été prononcée sur le fondement de la responsabilité contractuelle de celle-ci, une cour d'appel en a exactement déduit, sans opposer l'autorité de chose jugée, que le risque garanti ne s'était pas réalisé. • Civ. 3e, 18 mars 2021, n° 20-13.915 : *RGDA juin 2021. 24, note J.-P. Karila ; RDI 2021. 369, note Charbonneau*.

28. Opposabilité de la décision relative à la responsabilité par l'assureur. La décision judiciaire qui constate la responsabilité de l'assuré constitue pour l'assureur, dans ses rapports avec la victime, la réalisation, tant dans son principe que dans son étendue, du risque couvert et l'assureur peut donc se prévaloir de cette décision, en défense à l'action directe exercée à son encontre par la victime. • Civ. 1re, 2 mai 1989, n° 87-12.657 P : *RCA 1989, n° 262* • 4 juin 1991, n° 88-17.702 P : *RCA 1991, n° 351 ; RGAT 1991. 631.*

29. Opposabilité du jugement prononçant l'admission de la créance de la victime. Le jugement d'un tribunal de commerce, devenu irrévocable, prononçant l'admission de la créance de la victime d'un sinistre, ou de son subrogé, au passif de la liquidation des biens de l'auteur de ce sinistre, constitue, à l'égard de l'assureur de ce dernier, la déclaration de responsabilité de l'assuré et donc la réalisation, dans son principe et dans son étendue, du risque couvert par le contrat d'assurance responsabilité. • Civ. 1re, 26 juin 1984, n° 83-12.219 P : *RGAT 1985. 291, note Viney.*

30. Opposabilité de la décision relative à l'expertise. La décision judiciaire qui condamne un assuré à raison de sa responsabilité constitue pour l'assureur, qui a garanti celle-ci dans ses rapports avec la victime, la réalisation tant dans son principe que dans son étendue du risque couvert. L'assureur qui a été mis en mesure de connaître la procédure engagée et n'a pas jugé utile d'intervenir dans le déroulement des mesures d'instruction ne peut, sauf s'il y a eu fraude de la part de l'assuré, soutenir que ces mesures lui sont inopposables. • Civ. 1re, 8 oct. 1985, n° 84-12.926 P : *RGAT 1986. 50, note Bigot* • 8 oct. 1996 : *RCA 1996, n° 407, note Groutel.* ♦ L'assureur, appelé à la procédure en un temps où il peut encore discuter les conclusions de l'expert, n'est pas fondé, sauf en cas de fraude de l'assuré, à soutenir que l'expertise ne lui est pas opposable. • Civ. 1re, 15 oct. 1991, n° 90-11.779 P : *RCA 1991, n° 437* • 7 févr. 1995 : *RCA 1995, n° 141.* ♦ L'assureur qui, en connaissance des résultats de l'expertise dont le but était d'établir la réalité et l'étendue du sinistre, a eu la possibilité d'en discuter les conclusions ne peut, sauf s'il y a eu fraude à son encontre, soutenir qu'elle lui est inopposable. • Civ. 3e, 19 juin 1991 : *RCA 1991, n° 352 ; RGAT 1991. 641, note Bout* • Civ. 2e, 19 nov. 2009, n° 08-19.824 P : *RCA 2010, n° 55, note Groutel* • 1er juill. 2010 : *RCA 2010, n° 261 ; ibid., n° 266, note Groutel.*

31. Portée de l'opposabilité. Si la décision judiciaire qui constate la responsabilité de l'assuré constitue pour l'assureur, dans ses rapports avec la victime, la réalisation, tant dans son principe que dans son étendue, du risque couvert, et est, dès lors, opposable à cet assureur lorsque la victime exerce l'action directe, celui-ci se trouve toujours en droit de contester son obligation à fournir sa garantie eu égard notamment à la nature du sinistre et aux stipulations du contrat d'assurance. Ainsi la décision pénale établissant la responsabilité de l'assuré, auteur d'un accident, n'interdit pas à l'assureur d'opposer un cas de non-assurance à la demande d'indemnisation formée contre lui par la victime. • Civ. 1re, 26 avr. 1972, n° 71-10.779 P.

32. Irrecevabilité de la tierce opposition. Ayant rappelé que la dette de responsabilité civile de l'assuré constitue le risque qui est l'objet même du contrat d'assurance et que la décision judiciaire condamnant l'assuré à raison de sa responsabilité constitue pour l'assureur la preuve de la réalisation de ce risque, de sorte que cette décision lui est opposable alors même qu'il n'a pas été partie au procès opposant le tiers lésé à l'assuré et qu'il ne peut ni discuter les éléments de responsabilité retenus par la décision, ni le montant du dommage qu'elle a arrêté, sauf en cas de fraude, une cour d'appel en a déduit, à bon droit, que la tierce opposition de l'assureur au jugement condamnant son assuré était irrecevable. • Civ. 2e, 22 oct. 2020 : *RGDA déc. 2020. 54, note Schulz ; bjda.fr 2020, n° 72, note Cerveau-Colliard.*

D. EXISTENCE D'UNE RÉCLAMATION

33. Réclamation judiciaire. En matière d'assurance de responsabilité, l'assignation en référé délivrée à l'assuré par le tiers lésé en vue de la désignation d'un expert chargé de constater et d'évaluer le dommage constitue, au sens de l'art. 50 de la loi du 13 juill. 1930 [C. assur., art. L. 124-1], la « réclamation » à laquelle est subordonnée la garantie de l'assureur. • Civ. 1re, 29 févr. 1972 : *Bull. civ. I, n° 66* • Civ. 2e, 10 nov. 2009 : *RCA 2010, n° 26, note Groutel.* ♦ Par ailleurs, la plainte avec constitution de partie civile, bien que portée contre personne non dénommée, n'en constitue pas moins une réclamation judiciaire au sens de l'art. L. 124-1 C. assur. dès lors que, si la plaignante, par une prudence louable à ce stade de la procédure, n'a pas désigné formellement le prévenu comme étant l'auteur de son préjudice, elle exposait la chronologie de ses hospitalisations à la suite de l'intervention pratiquée par un médecin déterminé et exprimait l'opinion que les troubles dont elle souffrait étaient la conséquence de cette intervention. • Crim. 28 juin 1991, n° 89-85.098 P : *RGAT 1991. 920, note Bout.*

34. Réclamation amiable. La réclamation résulte notamment de l'envoi d'une lettre recommandée du tiers lésé à l'assuré pour lui demander réparation de son préjudice. • Civ. 1re, 16 mai 1995, n° 93-10.889 P : *RGAT 1995. 423, note Bigot.*

E. TIERS LÉSÉ

35. Condition de la garantie. La clause définissant le tiers comme « toute personne autre que vous, vos ascendants, descendants et leurs conjoints » constitue une condition de la garantie et non une clause d'exclusion. • Civ. 2e, 15 mai 2008 : *RGDA 2008. 735, note Mayaux.*

36. Cumul des qualités d'assuré et de tiers. Viole l'art. L. 124-1 l'arrêt qui énonce que l'épouse du souscripteur a contractuellement la qualité d'assurée et non celle de tiers, alors que le contrat d'assurance de responsabilité, qui comportait plusieurs assurés, n'excluait pas de la définition du tiers lésé l'assuré victime d'un dommage causé par un autre assuré. • Civ. 2e, 15 mai 2008, n° 06-22.171 P : *RGDA 2008. 737 (2e esp.), note Mayaux; RCA 2008, n° 243, note Groutel.* ♦ C'est sans dénaturer les termes clairs et précis du contrat d'assurance qu'une cour d'appel a jugé que les conséquences du sinistre occasionné par un membre du club à l'égard d'un autre membre devaient être couvertes par la police souscrite par le Club Méditerranée, dès lors que la disposition, selon laquelle les différents membres du club étaient considérés comme des tiers entre eux dans la pratique des sports et pour le chapitre responsabilité civile (chapitre C de la police), avait précisément pour objet de permettre à ces membres de bénéficier des dispositions du contrat d'assurance souscrit par le Club Méditerranée à leur profit sans être limitée aux seuls accidents causés par le club ou par l'un de ses préposés. • Civ. 1re, 4 déc. 2001, n° 98-16.347 : *RGDA 2002. 194, note Mayaux.* ♦ Les conditions générales d'un contrat définissant l'assuré comme étant « le syndicat des copropriétaires (ou l'ensemble des copropriétaires) et/ou chacun des copropriétaires pris individuellement en qualité de propriétaire de sa partie immobilière privative » et précisant que « les copropriétaires sont considérés comme tiers entre eux », ce dont il résultait que les copropriétaires assurés victimes d'un dommage causé par un autre assuré, y compris le syndicat des copropriétaires, assimilé à l'ensemble des copropriétaires, avaient la qualité de tiers lésé, une cour d'appel a violé l'art. 1134 C. civ. dans sa rédaction ant. à celle issue de l'Ord. du 10 févr. 2016, en déboutant des copropriétaires victimes d'un dommage de leur action à l'encontre de l'assureur en retenant que les copropriétaires n'avaient pas la qualité de tiers par rapport au syndicat des copropriétaires responsable du sinistre. • Civ. 2e, 20 mai 2020, n° 18-17.992 : *RGDA juill. 2020. 39, note Pélissier; BJDA 2020, n° 70, note Zalewski-Sicard.*

37. Non-cumul des qualités d'assuré et de tiers. Le contrat d'assurance de responsabilité souscrit par les propriétaires d'un fonds de commerce stipulant qu'il fallait entendre par assuré « le chef d'entreprise et la personne responsable qu'il a pu se substituer dans la direction générale de l'entreprise », le locataire-gérant de ce fonds de commerce victime d'un dommage du fait d'un bien appartenant aux propriétaires du fonds dans l'exploitation de celui-ci ne peut bénéficier de la garantie de l'assureur. • Civ. 1re, 25 févr. 1992 : *RGAT 1992. 379, note Rémy.*

Art. L. 124-1-1 *(L. n° 2003-706 du 1er août 2003, art. 80-I)* **Au sens du présent chapitre, constitue un sinistre tout dommage ou ensemble de dommages causés à des tiers, engageant la responsabilité de l'assuré, résultant d'un fait dommageable et ayant donné lieu à une ou plusieurs réclamations. Le fait dommageable est celui qui constitue la cause génératrice du dommage. Un ensemble de faits dommageables ayant la même cause technique est assimilé à un fait dommageable unique.**

Les dispositions de l'art. L. 124-1-1 sont entrées en vigueur à l'issue d'un délai de trois mois à compter de la publication [JO 2 août] de la L. n° 2003-706 du 1er août 2003 (L. préc., art. 80-VII).

Elles s'appliquent aux garanties prenant effet postérieurement à l'entrée en vigueur de la L. n° 2003-706 du 1er août 2003, du fait de la souscription d'un nouveau contrat, ou de la reconduction de garanties d'un contrat en cours. — Toute autre garantie, dès lors qu'il est stipulé que la survenance du fait dommageable pendant la durée de validité du contrat est une condition nécessaire de l'indemnisation, est déclenchée par le fait dommageable conformément aux art. L. 124-1-1 et L. 124-5. — Toute garantie ne relevant d'aucune des deux hypothèses précédentes est déclenchée par la réclamation. Sans préjudice de l'application de clauses contractuelles stipulant une protection plus étendue, les art. L. 124-1-1 et L. 124-5 sont applicables (L. préc., art. 80-IV).

BIBL. ▸ **Globalisation des sinistres :** BIGOT, *JCP 2003. I. 537 ; ibid. 2013, n° 783.* – BAKOUCHE, *RCA 2016. Dossier 22.* **Cause technique :** MAYAUX, *RGDA déc. 2020. 7.*

COMMENTAIRE

Introduit dans le code des assurances par la loi n° 2003-706 du 1er août 2003 de sécurité financière, l'article L. 124-1-1, dont les dispositions sont impératives, apporte une définition du sinistre (I) et du sinistre sériel (II) en assurance de responsabilité sans pour autant lever toutes les interrogations.

I. LA NOTION DE SINISTRE

La définition du sinistre en assurance de responsabilité suscite régulièrement des interrogations. A suivre l'article L. 124-1, le sinistre n'est constitué qu'en présence d'un fait dommageable, d'un dommage et d'une réclamation de la victime. Cet article indique en effet que l'assureur n'est tenu que si une réclamation amiable ou judiciaire a été faite à l'assuré par le tiers lésé.

Or, si un fait dommageable et un dommage paraissent nécessaires pour définir le sinistre en assurance de responsabilité, on peut s'interroger sur la nécessité d'une réclamation de la victime. En effet, l'assuré peut reconnaître lui-même sa responsabilité et indemniser de son propre chef la victime. Le paiement de l'assuré accepté par la victime éteint la dette de responsabilité. Le sinistre, au sens de l'assurance de responsabilité, est bien constitué.

Pour autant, l'article L. 124-1-1 a repris l'idée de l'article L. 124-1 et érigé la réclamation de la victime en condition du sinistre. Cette solution ne paraît pas en harmonie avec la jurisprudence qui affirme que l'assureur tenu à garantie est celui dont le contrat était en vigueur au jour du fait dommageable et non au jour de la réclamation (Civ. 1re, 16 juill. 1970 : *V. note 10*, ss. art. L. 124-1). Mais la jurisprudence ne semble pas avoir en réalité une conception précise de la notion de sinistre en assurance de responsabilité.

II. LA NOTION DE SINISTRE SÉRIEL

A. CLAUSE DE GLOBALISATION

Avant l'adoption de la loi du 1er août 2003, aucune disposition du code des assurances ne concernait les sinistres sériels caractérisés par une multitude de dommages résultant d'un même fait dommageable, par exemple une erreur de fabrication dans un produit de grande diffusion. Par conséquent, ces sinistres étaient perçus individuellement. Seule une clause du contrat d'assurance pouvait opérer une globalisation des sinistres et en définir les conditions. Ainsi, par une sorte de fiction, le contrat d'assurance pouvait assimiler à un seul sinistre « tous les dommages résultant d'une même cause » (Civ. 1re, 7 déc. 1999 : *V. note 2*) ou « toutes les réclamations résultant d'un même événement ou acte, erreur ou omission fautifs » (Com. 12 févr. 2013). Cette globalisation des sinistres entraînait dès lors l'application des plafonds de garantie par sinistre et par an. Un seul plafond s'appliquera aux sinistres sériels (Civ. 3e, 22 févr. 1989, et Civ. 2e, 28 févr. 2013 : *V. note 2*). En revanche, la clause de globalisation n'avait pas pour effet de faire courir un seul délai de prescription. Il y avait autant de délais qu'il y avait de victimes (Civ. 2e, 28 févr. 2013 : *préc.*).

B. GLOBALISATION LÉGALE

Depuis la loi du 1er août 2003, l'article L. 124-1-1 consacre ce mécanisme de la globalisation des sinistres sériels et paraît même l'imposer puisque ce texte est impératif. Mais cet article utilise une notion spécifique pour parvenir à une globalisation des sinistres.

Selon ce texte, pour qu'il y ait globalisation des sinistres, il faut plusieurs faits dommageables ayant la même « cause technique ». Cette identité de cause technique permet d'assimiler les différents faits dommageables en un seul fait dommageable.

Mais le législateur n'a pas défini cette notion de cause technique. Partant, deux analyses sont possibles. Selon la première, la cause technique n'est pas une cause au sens juridique du terme. Elle serait « la condition du sinistre sériel et non sa cause » (Mayaux, *in Traité de droit des assurances, t. 5, Les assurances de dommages*, dir. J. Bigot, *LGDJ 2017, n° 1528*). Pour d'autres, en revanche, la notion de cause technique ne devrait pas avoir une réelle autonomie par rapport à la notion de cause juridique du dommage : « la logomachie n'étant pas si éloignée du sujet, on serait bien inspiré de s'en tenir à l'idée de cause du dommage » (J. Kullmann, *in Traité de droit des assurances, t. 5, Les assurances de dommages*, dir. J. Bigot, *LGDJ 2017, n° 1629*).

Les premières indications jurisprudentielles semblent aller vers la seconde analyse. Ainsi, dans un arrêt du 9 mars 2017, la Cour de cassation a refusé d'appliquer la qualification de sinistre sériel dans une hypothèse où, après le percement d'une tranchée dans une rue, un immeuble s'était affaissé et un mur voisin s'était éboulé (Civ. 3e, 9 mars 2017). En effet, elle a retenu que l'affaissement de l'immeuble n'était pas uniquement dû à la tranchée ouverte dans la rue, mais également à l'état préexistant de l'immeuble. ❑

1. *Identification du fait dommageable.* Le fait dommageable est celui qui constitue la cause génératrice du dommage. • Civ. 3e, 12 oct. 2017, nº 16-19.657 P : *RGDA 2017. 627, note Pélissier ; RCA 2018, nº 29, note Groutel ; Gaz. Pal. 19 déc. 2017. 74, note Noguéro ; AJDI 2018. 36, obs. de La Vaissière*. ♦ Ayant d'abord relevé que, en application de l'article 1.2 des conditions générales du contrat, sont garanties les conséquences pécuniaires de la responsabilité civile que la société peut encourir en raison des dommages corporels, matériels ou immatériels consécutifs ou non causés à autrui y compris à ses clients, à l'occasion des activités de son entreprise, et qu'une clause des conditions particulières précise que la garantie s'exerce en France métropolitaine et dans les départements et territoires d'outre-mer, qu'ayant ensuite constaté que les distributeurs demandaient l'indemnisation de la perte de valeur de leur stock, de la perte de marge brute sur leur chiffre d'affaire, des pertes dues aux impayés et aux retours de produits, des frais liés à la décision de retrait et des provisions pour indemnisation des préjudices subis par leurs clients et des patientes, c'est sans encourir le grief du moyen qu'une cour d'appel a retenu que la rupture des coiffes des implants mammaires constituait le fait dommageable à l'origine de ces dommages. • Civ. 2e, 8 juin 2017, nº 16-14.951 : *RCA 2017, nº 290, note Groutel.*

2. *Clause de globalisation des sinistres (droit antérieur à la loi de 2003).* Les conditions générales de la police définissant le sinistre comme la réclamation formulée à l'encontre de l'assuré par un tiers à la suite d'un acte, d'une erreur ou d'une omission fautifs et précisant que toutes les réclamations résultant d'un même événement ou acte, erreur ou omission fautifs étaient considérées comme un même sinistre, viole les art. 1134 C. civ. et L. 124-1 C. assur. la cour d'appel qui estime que la victime peut se prévaloir de deux sinistres dès lors que la cause génératrice du dommage trouve son origine dans la perte de deux contrats de souscription à un fonds commun de placement d'un montant différent ou d'une durée différente avec également un taux d'intérêt différencié, en raison d'un détournement commis par les dirigeants de la société gérant le fonds. • Com. 12 févr. 2013 : *RGDA 2013. 692, note Kullmann ; JCP 2013, nº 400, nos 25 s., note Kullmann.* ♦ Le contrat d'assurance stipulant que l'ensemble des réclamations qui sont la conséquence d'un même fait générateur, quels que soient leur nombre et le délai dans lequel elles sont présentées, constitue un seul et même sinistre imputé à l'année d'assurance au cours de laquelle la première réclamation a été formulée, le fait générateur doit s'entendre non des circonstances de temps et de lieu propres à chaque réclamation mais de la cause technique qui est commune et constituée, en l'espèce, par l'exposition des salariés aux fibres d'amiante, de sorte que les assureurs sont tenus de garantir les sociétés des conséquences pécuniaires des réclamations découlant de ce sinistre sériel. • Civ. 2e, 7 févr. 2013 : *RGDA 2013. 692, note Kullmann ; JCP 2013, nº 400, nos 22 s., note Kullmann.* ♦ Les conditions générales de la police d'assurance définissant le sinistre comme étant « tous les dommages résultant d'une même cause » et les conditions particulières précisant encore que « sont considérés comme constituant un seul et même sinistre tous les dommages résultant d'une même erreur, malfaçon ou faute professionnelle quelconque », une cour d'appel, après avoir constaté que les dommages survenus avaient pour origine commune la défectuosité du produit distribué, fait une exacte application des stipulations de la police en décidant que le plafond annuel de garantie était applicable à l'ensemble des dommages nés de cette défectuosité et non à chacune des ventes. • Civ. 1re, 7 déc. 1999 : *RGDA 2000. 177, note Fonlladosa.* ♦ Ayant relevé que les malfaçons imputables à l'entrepreneur se rattachaient à une même origine ou cause technique et constituaient un seul et même sinistre, une cour d'appel, qui a relevé que sur la limite de la garantie, la police précisait qu'elle était de 300000 francs par sinistre et à concurrence de 1000000 francs par année, a pu dès lors limiter la garantie à 300000 francs. • Civ. 3e, 22 févr. 1989 : *RGAT 1989. 370, note Bigot.* ♦ Mais la clause d'unicité et de globalisation de sinistre ne porte que sur la définition du sinistre et a pour objet de permettre d'appliquer les plafonds de garantie prévus par sinistre et par an à des sinistres dits sériels, en les considérant comme un seul sinistre se rattachant à la même année d'assurance, et n'a pas pour effet de faire courir un seul délai de prescription biennale pour tous les sinistres se rattachant au même fait générateur. • Civ. 2e, 28 févr. 2013 : *RCA 2013, nº 197, note Bakouche ; JCP 2013, nº 400, nº 4, note Kullmann ; Procédures 2013. Étude 2, nº 4, note Mazeaud ; RGDA 2013. 610, note Kullmann.*

3. *Appréciation de la cause technique.* Ayant retenu que les désordres n'étaient pas uniquement dus à la tranchée ouverte par l'assuré mais également à un état préexistant de l'immeuble, une cour d'appel a pu en déduire, sans dénaturation, que l'ensemble des procédures en cours ne relevaient pas d'une cause unique et d'un même sinistre et que les plafonds de garantie ne s'appliquaient pas à l'ensemble des condamnations prononcées contre l'assureur. • Civ. 3e, 9 mars 2017, nº 15-29.084 : *RGDA 2017. 322, note Mayaux.* ♦ Une cour d'appel a exactement retenu que, dès lors que le sinistre imputé à l'assuré était constitué de la perte des fonds appelés sur la base de plusieurs attestations inexactes distinctes par leur objet et par leurs conséquences, il ne s'agissait pas d'un sinistre global unique, mais d'autant de sinistres que d'attestations inexactes. • Civ. 3e, 5 déc. 2019, nº 18-22.915 : *RGDA janv. 2020. 62, note Kullmann.*

4. *Exclusion de la globalisation pour les manquements à l'obligation d'information et de*

conseil. Les dispositions de l'art. L. 124-1-1 C. assur. consacrant la globalisation des sinistres ne sont pas applicables à la responsabilité encourue par un professionnel en cas de manquements à ses obligations d'information et de conseil, celles-ci, individualisées par nature, excluant l'existence d'une cause technique, au sens de ce texte, permettant de les assimiler à un fait dommageable unique. • Civ. 2e, 24 sept. 2020, n° 18-12.593 : *RGDA nov. 2020. 38, note Mayaux ; D. 2020. 2323, note P.-G. Marly ; AJ contrat 2020. 492, note Guillot et Néraudau ; ibid. 558, note Perdrix ; bjda.fr 2020, n° 71, note Astegiano-La Rizza ; RCA 2021, n° 54, note Quistrebert ; ibid. 2022, chron. 4, n° 7, note Groutel* • 26 nov. 2020, n° 19-16.225 : *RGDA janv. 2021. 74, note Kulmann* • 27 mai 2021, n° 19-24.274 : *RGDA juill. 2021. 51, note Kullmann ; RCA 2021, n° 161, note Krajeski.*

5. Plafond de garantie. Les juges du fond doivent rechercher si à la suite des versements déjà effectués par l'assureur dans le cadre du sinistre sériel, le solde disponible au titre de la garantie d'assurance ne constituait pas la limite de son éventuelle condamnation. • Civ. 2e, 11 déc. 2014, n° 13-19.262 : *RGDA 2015. 156, note Kullmann.*

Art. L. 124-2 L'assureur peut stipuler qu'aucune reconnaissance de responsabilité, aucune transaction, intervenues en dehors de lui, ne lui sont opposables. L'aveu de la matérialité d'un fait ne peut être assimilé à la reconnaissance d'une responsabilité.
— Assur. L. 111-2.

BIBL. ▶ BERR et GROUTEL, *D. 1971. Chron. 121.*

COMMENTAIRE

L'article L. 124-2 réglemente les clauses d'interdiction de reconnaissance de responsabilité (I) et de transaction directe avec la victime (II) qui peuvent être insérées par l'assureur dans les contrats d'assurance.

I. LES CLAUSES D'INTERDICTION DE RECONNAISSANCE DE RESPONSABILITÉ

D'une façon générale, la jurisprudence affirme que toute reconnaissance de responsabilité par l'assuré est inopposable à son assureur (Civ. 1re, 4 mars 1997 : *V. note 1*). Il peut dès lors paraître inutile de confirmer cette règle par une disposition législative. Mais, en réalité, l'objectif de l'article L. 124-2 est d'interdire toute autre sanction de la reconnaissance de responsabilité de l'assuré et de distinguer la reconnaissance de responsabilité de celle d'un fait.

A. LA NOTION DE RECONNAISSANCE DE RESPONSABILITÉ

Si la reconnaissance de responsabilité peut être explicite ou implicite (Civ. 2e, 10 mars 1977 : *V. note 4*), elle doit néanmoins résulter d'un acte de l'assuré par lequel il manifeste sa volonté de reconnaître sa responsabilité. Aussi, cette clause n'interdit pas à l'assuré de reconnaître la matérialité d'un fait.

B. LES CONSÉQUENCES D'UNE RECONNAISSANCE DE RESPONSABILITÉ

La reconnaissance de sa responsabilité par l'assuré est sanctionnée par son inopposabilité. L'assureur ne peut donc prévoir une déchéance de garantie. La reconnaissance de responsabilité est simplement privée d'effet à l'égard de l'assureur. Elle ne peut justifier la mise en œuvre de la garantie de l'assureur ou avoir un effet sur la prescription de l'action contre l'assureur (Civ. 1re, 12 mars 2002 : *V. note 5*). En revanche, elle n'interdit pas de rechercher la garantie de l'assureur en établissant la responsabilité de son assuré par d'autres moyens (Civ. 1re, 7 déc. 1999 : *V. note 5*).

II. LES CLAUSES D'INTERDICTION DE TRANSACTION AVEC LA VICTIME

De même que l'assureur peut expressément interdire à son assuré de reconnaître sa responsabilité, il peut lui interdire de transiger avec la victime (A). Une telle interdiction est en général accompagnée d'une autorisation donnée à l'assureur de conclure une transaction avec la victime (B).

A. LA CLAUSE D'INTERDICTION DE TRANSIGER

Si l'article 2052 du code civil limite l'autorité de la transaction aux parties et paraît dès lors priver de toute portée à l'égard de l'assureur la transaction intervenue entre la victime et le responsable, il convient néanmoins d'observer que, depuis 1968, la Cour de cassation estime que la décision judiciaire condamnant l'assuré constitue pour l'assureur de responsabilité, dans ses rapports avec la victime, la réalisation tant dans son principe que dans son étendue du risque garanti et lui est à ce titre opposable (Civ. 1re, 12 juin 1968, no 65-14.399 P : *D. 1969. 249, note Besson ; JCP 1968. II. 15584, concl. Lindon ; GADA, p. 65, obs. Berr et Groute* ; Civ. 1re, 12 juin 1968, no 66-11-076 P : *D. 1969. 249, note Besson ; JCP 1968. II. 15584, concl. Lindon ; GADA, p. 65, obs. Berr et Groutel ; RGDA 1969. 45, note Besson*). En suivant un raisonnement par analogie, la transaction intervenue entre la victime et l'assuré devrait également être opposable à l'assureur.

La clause d'interdiction de transaction avec la victime présente alors tout son intérêt. Elle ne s'applique qu'en l'absence de toute intervention de l'assureur dans la transaction. En ce sens, il ne doit pas avoir participé, par exemple, aux pourparlers ayant abouti à la transaction (Civ. 1re, 22 juill. 1986 : *V. note 10*). Autrement dit, pour être inopposable à l'assureur, la transaction a dû être menée en son absence. La Cour de cassation a estimé que lorsque l'assureur a refusé sa garantie, il ne peut plus par la suite se prévaloir de l'inopposabilité de la transaction dont il n'a pas été avisé (Civ. 2e, 5 juill. 2006 : *V. note 10*). De prime abord, cette solution peut paraître logique. En effet, l'assureur ne saurait reprocher à son assuré d'avoir transigé seul avec la victime dès lors qu'il a refusé sa garantie. Mais, d'un autre côté, il peut arriver que le refus de garantie de l'assureur ne soit pas justifié. Dans ce cas, son obligation sera déterminée par rapport à une transaction à laquelle il n'a pas consentie.

La sanction du non-respect de la clause d'interdiction est donc la même que celle de la clause d'interdiction de reconnaissance de responsabilité. La transaction est inopposable à l'assureur (Civ. 1re, 4 avr. 2001 : *V. note 9*). Aucune autre sanction n'est envisageable. L'assureur ne peut de la sorte se prévaloir d'une déchéance de garantie pour non-respect de cette interdiction. Mais à la différence d'une déchéance de garantie, l'assureur peut invoquer en défense l'inopposabilité de la transaction sans porter atteinte au principe de l'inopposabilité des déchéances de garanties (Civ. 1re, 30 juin 1970 : *V. note 9*).

B. LA CLAUSE D'AUTORISATION DE TRANSIGER

Fréquemment, la clause d'interdiction de transiger avec la victime s'accompagne d'une clause autorisant l'assureur à mener une transaction avec la victime. Mais, ce droit de transiger avec la victime n'existe que dans la limite de la garantie (Civ. 1re, 9 mai 1972 : *V. note 13*). Si l'assureur a notifié une déchéance de garantie à l'assuré, il ne peut plus le représenter dans une transaction avec la victime (Civ. 1re, 30 juin 1976 : *V. note 13*). En outre, un tel droit de transiger avec la victime n'existe que si l'assureur a effectivement reçu un mandat de l'assuré. A défaut, la transaction, valable entre les parties, sera inopposable à l'assuré (Civ. 1re, 15 oct. 1991 : *V. note 12*).

Lorsqu'elle existe, la clause d'autorisation de transiger avec la victime a donc pour effet de confier un mandat à l'assureur, susceptible d'engager sa responsabilité en cas de faute (Civ. 1re, 21 juill. 1954 : *V. note 14*). ❑

I. RECONNAISSANCE DE RESPONSABILITÉ

A. RECONNAISSANCE PAR L'ASSURÉ

1. Interdiction générale. La reconnaissance par l'assuré de sa responsabilité envers le tiers victime n'est pas en elle-même opposable à l'assureur. • Civ. 1re, 4 mars 1997 : *RGDA 1997. 545, note Kullmann.* ♦ V. toutefois : • Com. 3 juin 1955 : *Bull. civ. III, no 193.*

2. Interdiction contractuelle. Lorsque, en application de l'art. L. 124-2, il a été stipulé au contrat d'assurance qu'aucune reconnaissance de responsabilité ne serait opposable à l'assureur, une telle reconnaissance ne peut produire aucun effet à l'encontre de ce dernier. • Civ. 1re, 12 mars 2002, no 98-22.434 P : *D. 2002. 3178, obs. Groutel*.

3. Acte non constitutif d'une reconnaissance. La décision d'admission d'une créance, prononcée sous le contrôle du juge-commissaire par un jugement du tribunal de commerce, au passif de l'auteur, assuré, d'un sinistre ne constitue pas, de la part de ce dernier, même si elle ne s'est heurtée à aucune objection du syndic, une reconnaissance de responsabilité inopposable à l'assureur au sens de l'art. L. 124-2. • Civ. 1re, 26 juin 1984 : *Bull. civ. I, no 207 ; RGAT 1985. 291, note Viney.*

4. Acte constitutif d'une reconnaissance implicite. Il peut résulter une reconnaissance implicite du fait que l'assuré n'a pas interjeté appel d'une décision qui le déclarait civilement responsable d'un dommage causé par son enfant, tandis que l'assureur, de son côté, obtenait une réformation. L'attitude de l'assuré, demeuré tenu envers la victime, n'empêchait pas l'assureur de faire appel afin d'être exonéré. • Civ. 2e, 10 mars 1977 : *D. 1977. IR 464, obs. Berr et Groutel ; RTD civ. 1977. 563, obs. Durry.*

5. Conséquence de l'inopposabilité. Lorsque, en application de l'art. L. 124-2, il a été stipulé au contrat d'assurance qu'aucune reconnaissance de responsabilité ne serait opposable à l'assureur, une telle reconnaissance ne peut produire aucun effet à l'encontre de ce dernier. Viole en conséquence l'art. L. 124-2 la cour d'appel qui, pour recevoir l'action de la victime contre l'assureur du responsable, retient que l'action directe pouvait être exercée tant que l'assureur se trouvait exposé au recours de son assuré et que la prescription de l'action contre cet assuré avait été interrompue par la reconnaissance de responsabilité qu'il avait faite. • Civ. 1re, 12 mars 2002, n° 98-22.434 P : *D. 2002. 3178, obs. Groutel*. ♦ Mais l'inopposabilité de la reconnaissance de sa responsabilité par l'assuré n'empêche pas que cette responsabilité, mettant en jeu la garantie, soit autrement établie. • Civ. 1re, 18 févr. 1964 : *Bull. civ. I, n° 93 ; D. 1964. Somm. 113 ; RGAT 1964. 502* • 7 déc. 1999 : *RGDA 2000. 172, note Kullmann.*

6. Aveu de la matérialité d'un fait. Il appartient à l'assureur de faire la preuve de l'inexactitude de l'aveu, autorisé, par l'assuré de la matérialité d'un fait. • Civ. 1re, 27 nov. 1967 : *Bull. civ. I, n° 345 ; RGAT 1968. 394.*

B. RECONNAISSANCE PAR L'ASSUREUR

7. Acte non constitutif d'une reconnaissance. La désignation d'un expert par l'assureur à la suite d'une déclaration de sinistre effectuée par l'assuré ne constitue pas, de la part de l'assureur, une reconnaissance de la responsabilité de son assuré. • Civ. 1re, 4 mars 1997 : *RGDA 1997. 545, note Kullmann.*

8. Acte constitutif d'une reconnaissance. Reconnaît la responsabilité de son assuré la compagnie d'assurances qui, après avoir demandé une copie de la déclaration de sinistre adressée par la victime à son propre assureur, a fait parvenir à celle-ci une quittance d'indemnité sans formuler aucune réserve, précisant, au contraire, qu'elle lui enverrait les fonds correspondants à réception de cette pièce signée. • Civ. 1re, 16 déc. 1975, n° 74-41.914 P.

II. TRANSACTION AVEC LA VICTIME

A. CLAUSE D'INTERDICTION DE TRANSACTION DE L'ASSURÉ

9. Inopposabilité de la transaction. En application de l'art. L. 124-2, l'assureur ne peut être tenu à garantie sur le fondement d'une transaction passée sans son accord. • Civ. 1re, 4 avr. 2001 : *RGDA 2001. 1021, note Fonlladosa.* ♦ En outre, l'assureur peut soulever en défense l'inopposabilité, en vertu d'une clause de sa police, de la transaction conclue en dehors de lui, sans porter atteinte au principe de l'inopposabilité des déchéances dont la cause est postérieure au sinistre. • Civ. 1re, 30 juin 1970, n° 69-10.411 P : *D. 1970. 772 ; RGAT 1971. 225.*

10. Transaction en dehors de l'assureur. Pour que la transaction soit inopposable à l'assureur, il faut qu'elle soit intervenue en dehors de lui, ce qui n'est pas le cas lorsque, par l'intermédiaire de ses représentants, il a participé aux pourparlers ayant abouti à un accord entre le tiers lésé réclamant et son assuré, peu important qu'il ne l'ait pas signé. • Civ. 1re, 22 juill. 1986, n° 84-12.028 P : *RGAT 1986. 595, note Bout.* ♦ Par ailleurs, dès lors que l'assureur a décliné sa garantie au titre du sinistre considéré, il ne saurait se plaindre de ne pas avoir été avisé d'une transaction à l'occasion d'un sinistre pour lequel il avait formellement dénié sa garantie et invoquer la clause interdisant à l'assuré de transiger avec la victime. • Civ. 2e, 5 juill. 2006 : *RGDA 2006. 999, note Mayaux.* ♦ Mais, en l'état d'une transaction conclue à la suite d'un sinistre entre une société maître d'œuvre et plusieurs intervenants de chantier, justifie sa décision d'admettre un recours de l'assureur du maître d'œuvre contre celui-ci, bien que l'assureur soit un de ses principaux actionnaires, l'arrêt qui, ayant énoncé que les engagements pris par une société d'assurances associée dans une société qu'elle assure doivent être interprétés au regard de la qualité au nom de laquelle ils ont été pris, relève, d'abord, qu'en l'absence de toute indication laissant à penser que la compagnie d'assurances est intervenue en tant qu'assureur, celle-ci n'est intervenue qu'en tant qu'associée, et ensuite, que si la compagnie d'assurances avait donné son accord en qualité d'assureur, elle eût dû être partie à la transaction. • Civ. 1re, 10 déc. 1996, n° 94-18.825 P.

11. Droit de l'assureur de se prévaloir de la transaction. L'assureur de responsabilité ne pouvant être tenu au-delà de l'obligation de son assuré, il peut dès lors se prévaloir d'une transaction par laquelle cet assuré et sa victime sont convenus d'une limitation du montant du préjudice. • Civ. 1re, 23 juin 1998, n° 96-12.489 P : *D. 1999. Somm. 227, obs. Groutel ; ibid. Somm. 241, obs. Lemée ; Gaz. Pal. 1999. 1. 92, note Favre-Rochex ; RCA 1998, n° 330 ; RGDA 1998. 811, note Kullmann.*

B. CLAUSE AUTORISANT UNE TRANSACTION DE L'ASSUREUR

12. Transaction menée par l'assureur sans mandat. Si la transaction entre l'assureur et la victime est inopposable à l'assuré qui n'y a pas été partie, l'assureur n'ayant pas reçu mandat de lui, elle a autorité de la chose jugée entre les parties qui l'ont conclue. • Civ. 1re, 15 oct. 1991 : *RCA 1991, n° 438 ; RGAT 1992. 175, note Bout.*

13. Transaction et déchéance de garantie. Le droit exclusif de transiger avec la victime conféré par une clause du contrat d'assurance à l'assureur n'existe que dans la limite de la garantie, ce qui implique nécessairement que, lorsque celle-ci ne joue pas, ce droit n'existe pas. • Civ. 1re, 9 mai 1972 : *RGAT 1973. 369, note Besson ; GADA, p. 179, obs. Berr et Groutel.* ♦ Aussi une cour d'appel décide-t-elle à bon droit que l'assureur, qui a signifié à son assuré qu'il sera déchu de la garantie, ne peut plus le représenter dans une transaction avec la victime. • Civ. 1re, 30 juin 1976, n° 75-11.405 P : *RTD civ. 1977. 141, note Durry.*

14. *Faute de l'assureur dans l'exécution du mandat.* Commet une faute dans l'exécution du mandat de transiger l'assureur qui refuse de régler le sinistre pendant plusieurs années et entraîne ainsi une évaluation judiciaire des dommages-intérêts dépassant le plafond de la garantie. • Civ. 1re, 21 juill. 1954 : *RGAT 1954. 426.* ♦ En revanche, ne donne pas de base légale à sa décision la cour d'appel qui retient la responsabilité contractuelle d'une compagnie d'assurances, en raison de la faute commise dans l'exécution de son mandat de défense des intérêts de son assuré en vertu d'une clause de défense-recours, en transigeant avec certaines des victimes seulement, de sorte que le dommage total causé par le sinistre dépasserait la limite de la garantie contractuellement prévue, sans rechercher si les transactions ainsi conclues excédaient la réparation normale du préjudice subi par les victimes concernées, seule considération de nature à établir de la part de l'assureur une faute contractuelle entraînant un préjudice pour l'assuré. • Civ. 1re, 19 déc. 1979, n° 78-15.568 P : *RGAT 1980. 401, note Besson.*

15. *Inopposabilité au coresponsable.* La transaction conclue entre l'assureur et la victime ne peut être opposée au coresponsable, tiers à cette convention. • Civ. 2e, 8 févr. 2018, n° 16-20.951 : *RGDA 2018. 212, note Asselain.*

Art. L. 124-3 *(L. n° 2007-1774 du 17 déc. 2007, art. 1er-I)* **« Le tiers lésé dispose d'un droit d'action directe à l'encontre de l'assureur garantissant la responsabilité civile de la personne responsable. »**

L'assureur ne peut payer à un autre que le tiers lésé tout ou partie de la somme due par lui, tant que ce tiers n'a pas été désintéressé, jusqu'à concurrence de ladite somme, des conséquences pécuniaires du fait dommageable ayant entraîné la responsabilité de l'assuré. — *Assur. L. 171-5.*

BIBL. ▸ Droit propre de la victime : GROUTEL, *RCA 1993. Chron. 18.* ▸ Exercice de l'action directe : LAMBERT-FAIVRE, *D. 1979. Chron. 243.* ▸ Nature de l'action directe : GROUTEL, *RCA 1991. Chron. 8 ; ibid. 1992. Chron. 2 et 29.*

COMMENTAIRE

Alors que la jurisprudence avait reconnu une action directe contre l'assureur de responsabilité au bénéfice de la victime (Civ. 14 juin 1926 : *V. note 18*), la loi du 13 juillet 1930 est restée silencieuse sur ce point, se contentant de reconnaître à la victime un privilège, qui figure dorénavant à l'alinéa 2 de l'article L. 124-3. Néanmoins, malgré ce silence législatif, la jurisprudence a continué à reconnaître à la victime une action directe contre l'assureur (Civ. 28 mars 1939 : *V. note 18*). Il a fallu en définitive attendre la loi n° 2007-1774 du 17 décembre 2007 pour que le législateur reconnaisse expressément l'existence d'une action directe au profit de la victime.

L'article L. 124-3, alinéa 1er, n'apporte aucune précision sur le régime de l'action directe et le fondement de cette action directe. L'analyse jurisprudentielle demeure dès lors valable : l'action directe de la victime permet à cette dernière de mettre en œuvre un droit propre sur l'indemnité d'assurance, qui ne peut s'exercer que dans les limites du contrat d'assurance mais trouve son fondement dans le droit à réparation du préjudice causé par l'accident dont l'assuré est responsable (Civ. 28 mars 1939 : *préc.*). Cette double nature explique dès lors que les conditions de fond (I) et de procédure (II) de l'action directe soient sous la double influence du contrat d'assurance et du droit à réparation de la victime.

I. LES CONDITIONS DE FOND

Dans la mesure où l'action directe permet à la victime d'exercer son droit propre sur l'indemnité d'assurance né de son droit à réparation contre la victime, la victime doit établir non seulement la dette de responsabilité de l'assuré (A), mais aussi l'existence d'un contrat d'assurance (B).

A. LA DETTE DE RESPONSABILITÉ DE L'ASSURÉ

Puisque par principe la garantie d'un assureur de responsabilité ne peut être recherchée que si la responsabilité de l'assuré peut être engagée (V. comm. ss. art. L. 124-1), l'action directe de la victime ne peut logiquement être mise en œuvre que si l'assuré est responsable du dommage dont la réparation est demandée (Civ. 2e, 11 mars 1970 : *V. note 28*).

Si la responsabilité de l'assuré est d'ores et déjà établie par une décision de justice, la victime peut s'en prévaloir à l'encontre de l'assureur, puisque selon la jurisprudence, cette décision lui est pleinement opposable (Civ. 1re, 12 juin 1968 : *V. note 28* ss. art. L. 124-1). La mise en cause de l'assuré n'est alors pas nécessaire (Civ. 13 déc. 1938 : *V. note 56*).

Si la responsabilité de l'assuré n'a pas encore été établie, la jurisprudence a longtemps estimé que la présence de l'assuré était requise et qu'il était donc nécessaire de le mettre en cause (Civ. 13 déc. 1938, et Civ. 2e, 5 nov. 1998 : *V. note 56*). On estimait alors que l'on ne pouvait discuter de la responsabilité de l'assuré en son absence. Puis, à la suite d'un revirement de jurisprudence intervenu en 2000, la Cour de cassation retient désormais que la recevabilité de l'action directe n'est pas subordonnée à l'appel en la cause de l'assuré par la victime (Civ. 1re, 7 nov. 2000 : *V. note 56*). L'action directe apparaît de la sorte comme une action autonome de l'action en responsabilité. Aussi, lorsque l'assuré est soumis à une procédure collective, la victime n'a pas à se soumettre à la procédure de vérification des créances (ass., ch. mixte, 15 juin 1979 : *V. note 57*). La recevabilité de l'action directe n'est nullement subordonnée à la mise en cause des organes du redressement judiciaire et aux formalités de la déclaration de créance (Civ. 1re, 6 avr. 2004 : *V. note 57*). La présence de l'assuré permettra de lui rendre opposable la décision à venir statuant sur le principe et l'étendue de sa responsabilité.

B. L'EXISTENCE DU CONTRAT D'ASSURANCE

Le succès de l'action directe de la victime est subordonné à l'existence d'une garantie de l'assureur de responsabilité. Conformément aux règles relatives à la preuve du contrat d'assurance (V. comm. ss. art. L. 112-3), la victime doit rapporter la preuve de l'existence du contrat d'assurance (Civ. 1re, 16 oct. 1968 : *V. note 7* ss. art. L. 112-3). En revanche, il appartient à l'assureur de rapporter la preuve du contenu du contrat pour démontrer que son assuré ne bénéficiait pas de sa garantie pour le sinistre (Civ. 2e, 8 janv. 2009 : *V. note 34*).

Mais dans la mesure où le droit de la victime trouve sa source et sa mesure dans le contrat d'assurance, l'assureur peut, conformément à l'article L. 112-6 (V. comm. ss. cet art.), opposer au tiers victime toutes les exceptions opposables à l'assuré ; il ne peut opposer une déchéance de garantie personnelle à l'assuré (Civ. 1re, 2 avr. 1974 : *V. note 4*). De même, en l'absence de réciprocité, il ne peut invoquer à l'égard de la victime une compensation avec des primes impayées (Civ. 1re, 31 mars 1993 : *V. note 6*) ou avec une créance de l'assuré sur la victime (Civ. 1re, 9 nov. 1999 : *V. note 7*).

II. LES CONDITIONS DE PROCÉDURE

Sur le terrain de la procédure, la jurisprudence a apporté des précisions tant en ce qui concerne la prescription (A) que la compétence juridictionnelle (B).

A. LA PRESCRIPTION

L'article L. 114-1 soumet à la prescription biennale toutes les actions qui dérivent du contrat d'assurance. Il a dès lors fallu savoir si l'action directe de la victime dérivait du contrat d'assurance. Tranchant le débat, la jurisprudence a affirmé que le délai de prescription de l'action directe est celui de l'action en responsabilité à l'encontre de l'assuré (Civ. 1re, 9 mai 1996 : *V. note 39*). Cette solution est liée au fait que le fondement de l'action directe et du droit propre de la victime est le droit à réparation du préjudice causé par l'accident dont l'assuré est responsable.

La prescription biennale du droit des assurances n'est pas sans influence sur la prescription de l'action directe. Elle autorise en effet une prolongation du délai de prescription tant que l'assuré peut exercer un recours à l'encontre de son assureur (Civ. 2e, 13 sept. 2007 : *V. note 40*). Ainsi, lorsque la victime assigne le responsable peu de temps avant l'expiration du délai de prescription de son action en responsabilité, l'assuré dispose de deux ans à compter de cette assignation pour agir contre son assureur de responsabilité. La victime doit pouvoir agir dans les mêmes délais à l'encontre de cet assureur.

Mais les liens entre la prescription de l'action directe et l'action en responsabilité s'arrêtent là. L'interruption de la prescription de l'action directe est sans effet sur celle de l'action en responsabilité de la victime contre l'assuré (Civ. 1re, 28 oct. 1991 : *V. note 41*). De même, l'interruption de la prescription de l'action en responsabilité est sans effet sur la prescription de l'action directe (Civ. 2e, 17 févr. 2005 : *V. note 41*).

B. LA COMPÉTENCE JURIDICTIONNELLE

Parce que l'action directe est dirigée contre l'assureur, les règles relatives à la compétence territoriale et d'attribution applicables au contrat d'assurance s'appliquent à l'action de la victime.

1. COMPÉTENCE D'ATTRIBUTION

Par principe, l'action de la victime contre l'assureur doit être portée devant les juridictions civiles ou commerciales, puisqu'elle tend à obtenir l'exécution du contrat d'assurance (T. confl. 3 mars 1969 : *V. note 47*). Il importe peu que le juge administratif soit le seul compétent pour connaître de l'action en responsabilité contre l'assuré. Dans une telle hypothèse, le juge judiciaire devra simplement surseoir à statuer jusqu'à la décision du juge administratif sur l'action en responsabilité intentée contre l'assuré (Civ. 1re, 16 oct. 1984 : *V. note 48*). Le juge judiciaire ne pourrait statuer sur l'action directe qu'en présence d'une reconnaissance expresse de la responsabilité de l'assuré par l'assureur (Civ. 1re, 6 juin 1990 : *V. note 48*) ou d'une décision du juge administratif ayant déjà tranché la question de la responsabilité.

Par exception, l'action de la victime contre l'assureur de responsabilité doit être portée devant le juge administratif lorsque le contrat d'assurance a été conclu par une personne morale de droit public selon la procédure des marchés publics. En effet, selon l'article 2 de la loi n° 2001-1168 du 11 décembre 2001, dite « loi MURCEF », ces contrats ont le caractère de contrats administratifs. Cette règle, abrogée à compter du 1er juillet 2016 en tant qu'elle concerne les personnes soumises à l'ordonnance n° 2015-899 du 23 juillet 2015, est reprise à l'article 2 de cette ordonnance. Il en résulte que, dans cette hypothèse, le juge administratif est compétent pour connaître de l'action directe de la victime contre l'assureur de responsabilité (T. confl. 22 mai 2006 : *V. note 50*).

2. COMPÉTENCE TERRITORIALE

En ce qui concerne les litiges internes, la Cour de cassation estime désormais que les règles de l'article R. 114-1 ne sont pas impératives dans les rapports entre assureur et victime (Civ. 1re, 14 déc. 1983 : *V. note 52*). Par conséquent, la victime dispose d'une option. Elle peut saisir, en application de l'article 42 du code de procédure civile, le tribunal du domicile du défendeur, c'est-à-dire de l'assureur, ou en application de l'article R. 114-1, le tribunal du domicile de l'assuré ou celui du fait dommageable. Interprétant largement cette dernière disposition, la Cour de cassation a pu, par ailleurs, admettre l'action de la victime devant le tribunal de son propre domicile (Civ. 1re, 30 mai 2006 : *V. note 52*). ❑

I. DROIT PROPRE DE LA VICTIME

A. EXISTENCE DU DROIT

1. Origine du droit propre. La loi a créé au profit de la personne lésée par un accident un droit propre sur l'indemnité dont, en vertu du contrat d'assurance, l'assureur est tenu envers l'assuré ; ce droit prend naissance au jour de l'accident. • Civ. 15 juin 1931 : *DH 1931. 411 ; DS 1932. 1. 169, note Esmein ; RGAT 1931. 801, note Picard ; GADA, p. 230, obs. Berr et Groutel.*

2. Assiette du droit propre. L'art. 53 de la loi du 13 juill. 1930 [C. assur., art. L. 124-3], qui confère à la victime d'un accident un droit propre sur l'indemnité d'assurance et une action directe contre l'assureur du responsable de l'accident pour exercer ce droit, n'implique nullement pour celle-ci l'obligation d'engager en priorité des poursuites sur les biens qui auraient été constitués pour garantir le paiement de l'indemnité due. • Civ. 1re, 7 déc. 1971, n° 69-14.641 P.

1° CIRCONSTANCES N'AFFECTANT PAS LE DROIT

3. Clause de reconstruction ou de reconstitution. En cas d'assurance garantissant la responsabilité civile de l'assuré, une clause subordonnant le versement de l'indemnité à la reconstruction ou à la reconstitution des biens endommagés est inopposable au tiers lésé dont le droit propre ne peut être atteint dans son existence, ou dans son principe, par un événement postérieur au sinistre et qui peut disposer librement de l'indemnité due par l'assureur, sans être tenu de l'affecter à un usage déterminé. • Civ. 2e, 29 juin 2017, n° 16-19.511 : *RCA 2017, n° 288, note Groutel.*

4. Déchéance de garantie personnelle à l'assuré. Le droit propre de la victime ne saurait être affecté dans son existence ni dans son objet, par aucune cause de déchéance encourue personnellement par l'assuré, pour inobservation des clauses de la police. • Civ. 15 juin 1931 : *préc. note 1.* ♦ Le droit de la victime sur l'indemnité d'assurance ne saurait, après l'accident qui lui a donné naissance, être affecté par une déchéance encourue personnellement par l'assuré pour inobservation des clauses de la police, spécialement celle qui l'oblige à déclarer le sinistre à l'assureur dans un certain délai. • Civ. 1re, 2 avr. 1974, n° 73-10.356 P : *RGAT 1975. 76* • 2 juill. 1991 : *RGAT 1991. 846, note Margeat et Landel.*

5. Paiement à l'assuré. En l'absence de preuve que les victimes ont été bénéficiaires des sommes versées par l'assureur de responsabilité, le paiement fait par celui-ci à son assuré, en exécution de son obligation de garantie, ne peut être libératoire au regard du droit de créance direct dont ils sont investis contre cet assureur. • Civ. 1re, 13 mars 1996 : *RGDA 1996. 718, note Karila.*

6. Compensation avec les primes impayées. Selon l'art. 1289 C. civ., la compensation ne s'opère qu'entre deux personnes qui se trouvent débitrices l'une envers l'autre. Et si, aux termes de l'art. L. 112-6 C. assur., l'assureur peut opposer au porteur de la police ou au tiers qui en invoque le bénéfice les exceptions opposables au souscripteur originaire, cette disposition n'autorise pas l'assureur de responsabilité à déduire de l'indemnité due à la victime le montant des primes échues à la date du sinistre et non réglées. • Civ. 1re, 31 mars 1993, n° 91-13.637 P : *D. 1993. 519, note Larroumet ; RCA 1993, n° 210 ; ibid., Chron. 18, note Groutel ; RGAT 1993. 635, note Beauchard.*

7. Compensation avec une créance de l'assuré sur la victime. Selon l'art. 1289 C. civ., la compensation ne s'opère qu'entre deux personnes qui se trouvent débitrices l'une de l'autre. Dès lors, si, aux termes de l'art. 112-6 C. assur., l'assureur peut opposer au porteur de la police ou au tiers qui en invoque le bénéfice les exceptions opposables au souscripteur originaire, cette disposition n'autorise pas l'assureur de responsabilité, tenu de supporter, au titre de son obligation de garantie la charge définitive de l'indemnité due à la victime pour la réparation de son dommage, à se prévaloir à l'égard de son assuré de la compensation qui a été opérée, à la demande de la victime, entre le montant de cette indemnité et celui, plus faible, d'une dette que la victime restait devoir à l'assuré. Il s'ensuit que l'assureur, qui a invoqué une telle compensation pour diminuer le montant de l'indemnité due à la victime, reste tenu envers son assuré à la différence existant entre le montant total de l'indemnité à laquelle il était tenu au titre des désordres et la somme effectivement payée au tiers lésé. • Civ. 1re, 9 nov. 1999, n° 97-15.523 P : *RGDA 2000. 185, note Mayaux.*

8. Partage de responsabilités. Il résulte des art. L. 113-1, L. 113-5 et L. 124-3 C. assur. que l'assureur doit, sauf limitation prévue au contrat, répondre envers le tiers lésé des conséquences de la responsabilité mise à la charge de l'assuré auquel ce tiers est substitué. Ainsi, lorsque la responsabilité de l'assuré a été jugée entière, l'assureur doit, en l'absence de limitation conventionnelle, le couvrir intégralement, sans préjudice de son recours contre les coauteurs du dommage. • Civ. 1re, 23 juin 1987, n° 85-13.653 P : *RGAT 1987. 597, note Bout* • Civ. 3e, 16 sept. 2021, n° 20-15.518 : *RGDA oct. 2021. 31, note Pimbert ; ibid. 2021, n° 221, note Bertolaso.*

9. Convention postérieure entre l'assuré et l'assureur. Le droit propre conféré à la victime par l'art. L. 124-3 sur l'indemnité d'assurance étant une conséquence du fait dommageable naît dès l'instant où celui-ci s'est produit. Il s'ensuit qu'il ne peut être porté atteinte au droit propre de la victime par une convention passée postérieurement au fait dommageable entre l'assuré et l'assureur, quand bien même ceux-ci seraient d'accord pour en faire remonter les effets à une date antérieure à l'accident. • Civ. 2e, 28 juin 2007 : *RCA 2007, n° 288, note Groutel ; RGDA 2008. 216, note Kullmann.* ♦ Déjà dans le même sens : • Civ. 1re, 12 mars 1963 : *Bull. civ. I, n° 153 ; D. 1963. 565 ; RGAT 1963. 487, note Besson.*

2° *CIRCONSTANCES AFFECTANT LE DROIT*

10. Principe. Il résulte de la combinaison des art. L. 112-6 et L. 124-3 C. assur. que le droit de la victime puise sa source et trouve sa mesure dans le contrat d'assurance. • Civ. 1re, 28 juin 1989, n° 85-16.790 P : *RCA 1989, n° 349 ; RGAT 1989. 873, note Bout.* ♦ Il résulte de l'art. 11 de la loi du 13 juill. 1930 [C. assur., art. L. 112-6] que l'assureur peut opposer au tiers qui invoque le bénéfice de la police les exceptions opposables au souscripteur originaire. • Civ. 1re, 11 juin 1981, n° 80-12.008 P : *D. 1982. IR 265* • 20 févr. 2001, n° 98-20.583 : *D. 2001. Somm. 3321, obs. Groutel.* ♦ ... Qui sont antérieures à la survenance du dommage. • Civ. 1re, 28 janv. 1975, n° 73-13.284 P : *D. 1976. 313, note Berr et Groutel ; JCP 1976. II. 18284, note Besson ; RTD civ. 1976. 789, obs. Durry.* ♦ La définition de l'étendue de la garantie due par l'assureur est opposable au tiers lésé. • Civ. 1re, 3 mars 2021, n° 19-21.728 : *RCA 2021, n° 113.*

11. Applications. Aussi l'assureur est-il en droit d'opposer à la victime : ... une clause de la police excluant de la garantie les conséquences de la responsabilité solidaire ou *in solidum*. • Civ. 1re, 1er oct. 1980 : *Bull. civ. I, n° 235.* ♦ ... La nullité du contrat pour fausse déclaration intentionnelle du risque en application de l'art. 21 de la L. 13 juill. 1930 [C. assur., art. L. 113-8]. • Civ. 1re, 23 juin 1971, n° 70-10.152 P. ♦ ... La réduction proportionnelle de capitaux prévue au contrat dans les conditions autorisées par l'art. L. 121-5. • Civ. 1re, 28 juin 1989 : *préc. note 10.* ♦ ... La réduction proportionnelle de l'art. L. 113-9 (sauf exception prévue par la loi). • Civ. 1re, 15 févr. 1977, n° 75-14.244 P : *D. 1977. IR 285, obs. Berr et Groutel ; RGAT 1977. 365, note Besson* • 6 déc. 1994, n° 91-20.753 P : *RGAT 19954. 105, note Bigot* • Civ. 3e, 4 juin 2009 : *RGDA 2009. 881, note Astegiano-La Rizza.* ♦ ... La résiliation du contrat reconnue dans une autre instance (en dépit de la différence des parties). • Civ. 1re, 25 févr. 1992 : *RCA 1992, n° 205, obs. Groutel* • Civ. 2e, 4 juill. 2007, n° 06-14.610 P : *RGDA 2007. 892, note Beauchard.* ♦ ... Une exclusion de garantie. • Civ. 1re, 11 juin 1981 : *préc. note 10.* ♦ ... La limitation de la garantie par année d'assurance. • Civ. 1re, 22 mai 1991 : *RCA 1991, n° 309 ; RGAT 1991. 603, note Bigot.* ♦ ... Une franchise contractuelle sauf disposition légale contraire. • Civ. 1re, 16 déc. 2003 : *RGDA 2004. 176, note Bruschi* • 20 févr. 2001, n° 98-20.583 : *préc. note 10.* ♦ Lorsque les dommages d'une victime sont exclus par le contrat d'assurance d'un coauteur de ceux-ci, l'exclusion est opposable, comme à la victime elle-même, à un autre coauteur, lequel, après avoir indemnisé celle-ci, exerce, par subrogation, le recours du *solvens*. • Civ. 1re, 8 nov. 1988 : *RCA 1989, n° 32.*

12. Possibilité de contester la validité d'une exception de garantie. Le tiers lésé, qui exerce l'action directe, peut contester la validité d'une exception de garantie opposée par l'assureur même en l'absence de contestation de l'assuré. • Civ. 3e, 4 mars 2021, n° 19-23.033 : *RCA 2021, n° 114, note Groutel ; RGDA avr. 2021. 11, note Pélissier ; Gaz. Pal., 22 juin 2021. 44, note Noguéro.* ♦ Comp. : Le tiers lésé, qui exerçait l'action directe à l'encontre de l'assureur, ayant invoqué l'application de l'art. L. 112-4 C. assur. aux fins d'annulation d'une clause d'exclusion de garantie au motif qu'elle ne figurait pas en caractères apparents dans la police, une cour d'appel, qui était tenue de vérifier les conditions d'application de ce texte, sans soulever d'office un moyen de droit, a pu retenir que la validité formelle d'une clause d'exclusion de garantie ne pouvait être contestée, en application de cet article, que par les parties au contrat d'assurance. • Civ. 3e, 28 oct. 2003, n° 01-13.490 : *RGDA 2004. 358, note Kullmann.* ♦ Les droits du tiers victime d'un dommage résultant exclusivement du contrat d'assurance, celui-ci ne peut se prévaloir des dispositions de l'art. L. 141-4 C. assur. qui ne s'appliquent qu'aux relations entre le souscripteur et l'adhérent au contrat d'assurance groupe. • Civ. 2e, 20 déc. 2007, n° 07-13.913 : *RGDA 2008. 218, note Mayaux.*

B. CONSÉQUENCES ATTACHÉES AU CARACTÈRE PROPRE

13. Obligation de verser l'indemnité à la victime. Le droit propre et exclusif conféré à la victime du dommage sur l'indemnité d'assurance interdit à l'assureur de l'auteur du dommage de procéder à un règlement quelconque entre les mains de tout autre que le tiers lésé, tant que ce tiers n'a pas été désintéressé jusqu'à concurrence de ladite indemnité. • Civ. 2e, 26 avr. 2007, n° 06-14.928 P : *Gaz. Pal. 2008. 1826, note Périer ; RCA 2007, n° 226 ; ibid., Étude 12 (arrêt n° 2), note Groutel.* ♦ Le droit propre et exclusif conféré au tiers lésé, qui est d'ordre public, interdit à l'assureur de l'auteur du dommage de procéder à un règlement quelconque entre les mains du réparateur de la chose endommagée si ce règlement ne correspond pas à un paiement pour le compte du tiers lésé. • Civ. 1re, 19 févr. 1985 : *D. 1986. IR 289, obs. Berr et Groutel ; RGAT 1985. 407, note Viney.* ♦ Ne donne pas de base légale à sa décision une cour d'appel qui condamne l'assureur à verser l'indemnité à son assuré, locataire responsable d'un incendie, sans constater ni rechercher si le propriétaire de l'immeuble avait été complètement désintéressé des conséquences du sinistre. • Civ. 1re, 7 janv. 1982, n° 80-14.793 P : *D. 1982. IR 279.*

14. Libre disposition de l'indemnité. En cas d'assurance garantissant la responsabilité civile de l'assuré, une clause subordonnant le versement de l'indemnité à la reconstruction ou à la reconstitution des biens endommagés est inopposable au tiers lésé dont le droit propre ne peut être atteint dans son existence ou dans son principe par un événement postérieur au sinistre et qui peut disposer librement de l'indemnité due par l'assureur, sans être tenu de l'affecter à un usage déterminé. • Civ. 2e, 29 juin 2017, n° 16-19.511 : *RGDA 2017. 492, note J.-P. Karila.*

15. Incidence de l'accord entre l'assuré et la victime. La garantie du risque locatif relevant, non d'une assurance de chose, mais d'une assurance de responsabilité, l'assureur ne peut remettre qu'au propriétaire de l'immeuble endommagé l'indemnité destinée aux réparations, sauf engagement souscrit par le locataire, avec l'accord du propriétaire, d'employer à cette fin l'indemnité versée. Si son engagement n'a pas été ensuite respecté, la décision condamnant ce locataire à rembourser à l'assureur les sommes qu'il avait reçues est justifiée. • Civ. 1re, 11 oct. 1994, n° 92-13.043 P : *RCA 1994, n° 418.*

16. Sanction. Lorsque l'assureur a versé l'indemnité non à la victime du dommage, mais au réparateur de la chose endommagée, l'assureur du propriétaire de la chose endommagée, subrogé dans les droits de son assuré, peut tenir ce paiement pour non valable, peu important, à cet égard, la bonne foi de l'assureur de responsabilité et l'absence de réclamation du tiers lésé auprès de lui. • Civ. 1re, 19 févr. 1985 : *D. 1986. IR 289, obs. Berr et Groutel ; RGAT 1985. 407, note Viney.* ♦ Lorsque le tiers lésé n'a pas été désintéressé, le paiement fait par l'assureur à son assuré, en exécution de son obligation de garantie, ne peut être libératoire au regard du droit de créance direct dont le tiers lésé est investi contre cet assureur. • Civ. 1re, 13 mars 1996 : *RGDA 1996. 718, note Karila.*

II. ACTION DIRECTE DE LA VICTIME

A. DÉFINITION DE L'ACTION

17. Notion. La demande de la victime tendant à ce que l'assureur soit condamné à lui verser l'indemnité due par ce dernier ne peut s'analyser que comme l'exercice du droit d'action directe. • Civ. 2e, 28 mars 2019, n° 18-14.864 : *RGDA juin 2019. 19, note Schulz ; RCA 2019, n° 201, note Groutel.* ♦ Ayant relevé que le tiers victime ne faisait état d'aucun lien de droit avec l'assureur et qu'il ne demandait pas la condamnation solidaire de celui-ci et de son assuré, une cour d'appel, qui ne pouvait modifier ses prétentions, n'a pas méconnu son office en énonçant exactement que le tiers victime ne pouvait réclamer, pour le compte de l'assuré, l'application de la garantie résultant de la police d'assurance liant cette dernière à l'assureur. • Civ. 1re, 11 mars 2020, n° 18-26.577 : *RGDA mai 2020. 42, note Schulz.*

B. RECONNAISSANCE DE L'ACTION

18. Origine jurisprudentielle (avant la loi du 17 déc. 2007). La victime d'un accident trouve, dans le droit propre qui lui est conféré par la loi sur l'indemnité dont l'assureur est débiteur, la source d'une action directe lui permettant de mettre en cause celui-ci en même temps que l'assuré ; l'obligation imposée à l'assureur de conserver cette somme dans l'intérêt de la personne lésée a pour conséquence nécessaire de permettre à celle-ci d'en réclamer directement le paiement. • Civ. 14 juin 1926 : *DP 1927. I. 57, note Josserand; S. 1927. 1. 25, note Esmein.* ♦ Si l'action de la victime contre l'assureur est subordonnée à l'existence d'une convention passée entre ce dernier et l'auteur de l'accident et ne peut s'exercer que dans ses limites, elle trouve, en vertu de la loi, son fondement dans le droit à la réparation du préjudice causé par l'accident dont l'assuré est reconnu responsable. • Civ. 28 mars 1939 : *DP 1939. 1. 68, note Picard.*

19. *Litige international.* La victime d'un accident survenu en France est recevable à exercer, contre l'assureur étranger de l'auteur de cet accident, l'action directe que la loi lui confère dans un intérêt d'ordre public. • Req. 24 févr. 1936 : *DP 1936. 1. 49, note R. Savatier; RGAT 1936. 558, note M. P.* ♦ En matière de responsabilité contractuelle, la personne lésée peut agir directement contre l'assureur de la personne devant réparation si la loi applicable à l'obligation contractuelle ou la loi applicable au contrat d'assurance le prévoit. Viole les art. 9, 10 et 11 du Règl. CE n° 44/2001 du 22 déc. 2000, ensemble l'art. 3 C. civ., la cour d'appel qui, pour rejeter l'exception d'incompétence territoriale soulevée par les sociétés allemandes, retient que le principe de l'applicabilité de l'action directe se trouve régi par la loi du lieu où le fait dommageable s'est produit. • Civ. 1re, 9 sept. 2015, n° 14-22.794 P : *JCP 2015. 1163, note Heuzé ; RGDA 2015. 499, note Heuzé; JCP 2015, 991, note Mailhé; RCA 2015, n° 331 ; ibid. Étude 12, note Ciron; D. 2016. 1161, note Bacache ; AJ contrat 2015. 472, note Perdrix ; D. actu. 21 sept. 2015, note Mélin.* ♦ V. auparavant : si l'action directe de la victime contre l'assureur du responsable est régie, en matière de responsabilité contractuelle comme en matière de responsabilité quasi délictuelle, par la loi du lieu du dommage, le régime juridique de l'assurance est soumis à la loi du contrat. • Civ. 1re, 20 déc. 2000, n° 98-15.546 P : *RCA 2001, n° 132; Rev. crit. DIP 2001. 682, note Heuzé ; RGDA 2001. 330, note Landel; ibid. 1065, note Heuzé.* ♦ Si, en application de l'art. 18 Règl. (CE) n° 864/2007 du Parlement européen et du Conseil du 11 juill. 2007 (« Rome II »), en matière non contractuelle, la personne lésée peut agir directement contre l'assureur de la personne devant réparation si la loi applicable à l'obligation non contractuelle, déterminée conformément à l'art. 4 du règlement ou la loi applicable au contrat d'assurance le prévoit, le régime juridique de l'assurance est soumis à la loi de ce contrat. • Civ. 1re, 18 déc. 2019, n° 18-14.827 : *D. actu. 30 janv. 2020, note Bigot; AJ contrat 2020. 148, note Perdrix ; RCA 2020, n° 74, note Groutel; RGDA mars 2020. 41, note Parleani.* ♦ Par ailleurs, dès lors que le Bureau central français mandate un assureur en qualité de gestionnaire aux fins de règlement d'un sinistre dans lequel est impliqué un véhicule étranger assuré auprès d'une compagnie d'assurances étrangère, à charge pour l'assureur mandaté de se faire rembourser directement par cette compagnie d'assurances, l'action directe peut être exercée contre ledit assureur. • Civ. 1re, 7 juill. 1993, n° 91-14.911 P.

C. DOMAINE DE L'ACTION

20. *Garantie effondrement.* La garantie accordée contre l'effondrement avant la réception des travaux constitue une assurance de chose au bénéfice de l'assuré tenu de reprendre à ses frais les travaux qui se révèlent défectueux avant leur livraison. Si cette assurance de chose peut s'analyser en une assurance de responsabilité, c'est seulement dans la mesure où elle a été souscrite pour le compte du maître de l'ouvrage en vue de garantir les dommages causés par l'effondrement, à la suite des travaux effectués par l'assuré, aux parties préexistantes dont le maître de l'ouvrage est propriétaire et qui sont confiées à l'entrepreneur. Dès lors, en étendant la recevabilité de l'action directe à l'indemnisation des dommages causés par l'effondrement aux ouvrages nouveaux réalisés par l'assuré, la cour d'appel a violé l'art. L. 124-3 C. assur. • Civ. 1re, 13 nov. 1996, n° 94-10.031 P : *RGDA 1997. 196, note Périnet-Marquet; Gaz. Pal. 1997. 1. Somm. 78, note Favre-Rochex.*

D. TITULAIRE DE L'ACTION

21. *Principe : victime ou tiers subrogé dans les droits de la victime.* Seul le tiers lésé ou, à défaut, celui qui, l'ayant désintéressé, est subrogé dans les droits de ce tiers peut exercer l'action directe contre l'assureur du responsable. • Civ. 2e, 18 janv. 2006 : *RGDA 2006. 526, note Mayaux.* ♦ V. déjà : • Civ. 1re, 10 mai 1988 : *Bull. civ. I, n° 129; D. 1988. IR 145.* ♦ L'action directe ouverte à la victime par l'art. L. 124-3 n'appartient qu'à celle-ci ou au tiers qui, après l'avoir désintéressée, se trouve subrogé dans ses droits. • Civ. 1re, 20 déc. 1988 : *Bull. civ. I, n° 366* • 10 juin 1992 : *RCA 1992, n° 378; RGAT 1992. 596, note Rémy* • 12 mai 1993 : *RCA 1993, n° 282.* ♦ Il importe peu que le tiers lésé soit l'héritier du responsable décédé. • Civ. 1re, 25 mai 1992, n° 89-17.045 P : *RCA 1992, n° 335; ibid. Chron. 29, note Groutel.*

22. *Application : personne publique.* La faculté d'émettre un titre exécutoire dont dispose une personne publique ne fait pas obstacle à ce qu'elle saisisse le juge de l'action directe ouverte par l'art. L. 124-3 C. assur., laquelle trouve son origine dans le contrat passé entre le responsable du dommage et son assureur. • CE, 15 mai 2013 : *RGDA 2013. 1009, note Moreau; RCA 2013, n° 318, note Groutel; Dr. adm. 2013, n° 67, note Brenet.*

23. Application : qualité de tiers lésé reconnu par le contrat. C'est sans violer les dispositions de l'art. L. 124-3 qu'une cour d'appel, après avoir constaté que le contrat d'assurance garantissait l'assuré vis-à-vis de l'entreprise principale dans son activité de sous-traitance relativement aux dommages pour lesquels la responsabilité de l'entrepreneur principal serait encourue, relevé que, par rapport au contrat d'assurance conclu par le sous-traitant, l'entrepreneur principal était un tiers et énoncé qu'il avait subi un préjudice du fait de l'inexécution par son sous-traitant de l'obligation de résultat à laquelle il était tenu envers lui, admet que l'entrepreneur principal peut exercer l'action directe contre l'assureur de responsabilité du sous-traitant. • Civ. 1re, 9 avr. 2002, n° 99-13.845 P : *JCP 2002. II. 10128, concl. Sainte-Rose ; RCA 2002, n° 240 ; JCP 2003. I. 184, n° 4, note Mayaux.*

24. Application : coresponsable subrogé dans les droits de la victime. Dès lors que la personne déclarée responsable d'un sinistre a désintéressé le tiers lésé, elle est légalement subrogée dans les droits et actions de ce dernier, et peut donc exercer l'action directe contre l'assureur d'une autre personne, à laquelle la responsabilité du même sinistre peut être également imputable. • Civ. 1re, 13 juin 1984, n° 83-12.313 P : *D. 1986. IR 95, obs. Berr et Groutel ; RGAT 1985. 404, note Viney.* ♦ Mais la subrogation ne joue que dans la limite du paiement, et, si elle peut concerner des provisions déjà versées au maître de l'ouvrage par un architecte et un entrepreneur, ceux-ci, en revanche, ne peuvent, pour le solde de l'indemnité qui reste à déterminer, appeler en garantie l'assureur du fabricant des matériaux incriminés. • Civ. 1re, 15 mai 1984, n° 83-12.154 P : *D. 1986. IR 95, obs. Berr et Groutel ; RGAT 1985. 104, note Viney.*

25. Cas particulier : bailleur propriétaire par voie d'accession. Lorsque le bail, résilié amiablement, comporte une clause d'accession selon laquelle les travaux de transformation faits par le preneur ne donneront pas lieu de la part du bailleur à une quelconque indemnité et que le preneur ne pourra en fin de jouissance reprendre aucun élément ou matériel qu'il aura incorporé au bien loué, le bailleur, devenu en application de cette clause propriétaire des constructions et ouvrages réalisés par le preneur, est titulaire d'une action directe contre l'assureur du tiers responsable du sinistre et a qualité pour recevoir l'indemnité correspondant aux désordres affectant l'ouvrage réalisé par celui-ci. • Civ. 3e, 4 avr. 2007 : *RCA 2007, n° 225, obs. Groutel ; RGDA 2007. 705, note Mayaux.*

26. Responsabilité délictuelle de l'assureur de chose invoquée par la victime. L'ouverture au bénéfice du tiers lésé d'une action directe contre l'assureur du responsable du dommage n'interdit pas à ce tiers au contrat d'assurance de fonder sa demande sur la seule responsabilité délictuelle, au sens de l'art. 1382 C. civ., de l'assureur auquel il reproche de lui avoir causé fautivement un préjudice. La victime peut ainsi rechercher la responsabilité de l'assureur, qui garantissait, outre la responsabilité de son assuré, les dépenses liées aux travaux de confortement, démolition et reconstruction du bien immobilier à l'origine des dommages, en invoquant un retard dans le versement à l'assuré de l'indemnité au titre desdits travaux. • Civ. 2e, 10 mai 2007 : *Gaz. Pal. 2008. 4025, note Périer ; RCA 2007, n° 259 ; ibid., n° 260, obs. Mathurin et Dupuy-Loup ; RGDA 2007. 592, note Kullmann.*

27. Distinction avec l'appel en garantie. Une partie assignée en justice est en droit d'en appeler une autre en garantie des condamnations qui pourraient être prononcées contre elle ; une telle demande est distincte de l'action directe prévue par le code des assurances. Dès lors l'assureur de l'auteur d'un dommage, qui exerçait contre un tiers et son assureur une action en garantie, n'a pas à justifier du paiement préalable des condamnations prononcées contre lui par le jugement dont il a interjeté appel. • Civ. 1re, 21 janv. 1997, n° 94-20.144 P : *RCA 1997. Chron. 4, note Groutel ; RGDA 1997. 542, note Mayaux.* ♦ La demande formée par l'auteur d'un dommage et sa compagnie d'assurances en garantie par un tiers et son assureur de condamnations susceptibles d'être prononcées contre eux étant distincte de l'action directe prévue par le code des assurances, les demandeurs n'ont pas à justifier préalablement du désintéressement de la victime du dommage. • Civ. 3e, 9 déc. 1998 : *D. 1999. Somm. 228, obs. Groutel ; RCA 1999, n° 50* • Com. 2 févr. 1999 : *RGDA 1999. 677, note Rémy.* ♦ V. cep. l'arrêt affirmant que seul le tiers lésé ou, à défaut, celui qui, l'ayant désintéressé, est subrogé dans les droits de ce tiers peut exercer l'action directe contre l'assureur du responsable. Dès lors, en déclarant recevable l'appel en garantie formé par un responsable, par voie d'action directe, à l'encontre de l'assureur de responsabilité d'un coresponsable, alors que le tiers lésé n'avait pas été désintéressé, une cour d'appel a violé par fausse application l'art. L. 124-3. • Civ. 2e, 18 janv. 2006 : *RGDA 2006. 526, note Mayaux.* ♦ V. auparavant : c'est à bon droit qu'un architecte, condamné avec le constructeur à réparer les malfaçons de l'immeuble qu'ils ont construit, est débouté du recours en garantie qu'il a formé contre l'assureur du constructeur, dès lors qu'il n'était pas lui-même victime et qu'il n'avait pas réglé celle-ci. • Civ. 1re, 20 déc. 1988, n° 87-16.177 P : *D. 1989. IR 18* • 3 févr. 1982, n° 80-12.613 P • Civ. 3e, 11 déc. 1991, n° 90-17.489 P : *RCA 1992, n° 116 ; RGDA janv.-févr. 2022. 17, note Pimbert ; RCA 2022, n° 58, note Krajeski.*

E. CONDITIONS DE FOND

1° RESPONSABILITÉ DE L'ASSURÉ

28. Créance de responsabilité. Selon l'art. 53 de la loi du 13 juill. 1930 [C. assur., art. L. 124-3], l'action directe que la victime possède contre l'assureur n'est fondée qu'autant que l'assuré est responsable du dommage dont la réparation est poursuivie. • Civ. 2e, 11 mars 1970 : *Bull. civ. II, no 87 ; RGAT 1971. 81.* ♦ Un assureur de responsabilité ne peut être tenu d'indemniser le préjudice causé à un tiers par la faute de son assuré que dans la mesure où ce tiers peut se prévaloir contre l'assuré d'une créance née de la responsabilité de celui-ci. • Civ. 2e, 4 nov. 2010 : *RCA 2011, no 31, note Groutel* • 14 juin 2012 : *RCA 2012, no 282, note Groutel.* ♦ La décision déboutant ce tiers de sa demande en indemnisation profite dès lors à l'assureur. • Civ. 2e, 4 nov. 2010 : *préc.* ♦ De même aucune action ne peut être exercée par la victime si elle a acquiescé au jugement ayant écarté la responsabilité de la société assurée, en liquidation judiciaire, en ne faisant pas appel de ce jugement. • Civ. 2e, 3 oct. 2013 : *RCA 2014, no 26, note Groutel.* ♦ L'action directe suppose que soit établie la responsabilité de l'assuré ; elle n'est pas ouverte contre un assureur de dommages. • Civ. 1re, 7 juill. 1993, no 91-17.743 P.

29. Inopposabilité des accords entre assureurs. Les accords CRAC constituant un mode de règlement amiable des sinistres entre assureurs en dehors de toute recherche de responsabilité sont inopposables aux assurés. Le maître de l'ouvrage ne peut donc s'en prévaloir pour rechercher la garantie de l'assureur d'un entrepreneur au titre des préjudices immatériels. • Civ. 3e, 25 nov. 2014, no 13-13.466 : *RCA 2015, no 67 ; RGDA 2015. 28, note J.-P. Karila.*

30. Responsabilité d'un assuré non identifié. Si l'assureur garantit tous les membres d'un groupe, à l'intérieur duquel se trouve nécessairement l'auteur non identifié du dommage, les juges du fond peuvent le condamner sur le fondement de l'action directe de la victime. • Civ. 1re, 22 juill. 1986, no 85-10.255 P.

31. Répétition de l'indu. L'assureur de responsabilité, condamné, par une décision devenue irrévocable, envers la victime qui exerçait l'action directe, peut agir en répétition contre elle, si le jugement d'un tribunal administratif ayant condamné son assuré est ensuite annulé par le Conseil d'État. • Civ. 1re, 24 juin 1997 : *BICC 1997, no 1209 ; RCA 1997, no 315 ; ibid., Chron. 23, note Groutel.* ♦ En revanche, l'assureur, s'étant acquitté pour le compte de son assuré du paiement d'une indemnité à laquelle la victime du dommage avait droit, ne peut, étant ensuite déclaré non tenu à garantie, obtenir de la victime le remboursement des sommes versées pour le compte de l'assuré. • Civ. 3e, 29 févr. 2012, no 10-15.128 P : *RGDA 2012. 650, note Asselain.*

2o GARANTIE DE L'ASSUREUR

32. Charge de la preuve de l'existence du contrat. Il incombe au tiers lésé d'établir l'existence du contrat d'assurance souscrit par le responsable. • Civ. 1re, 29 avr. 1997, no 95-10.564 : *RGDA 1997. 831, note Kullmann* • Civ. 2e, 8 janv. 2009, no 07-18.908 : *RGDA 2009. 231, note Kullmann.* ♦ Ainsi, une cour d'appel a pu déduire qu'un assureur ne devait pas sa garantie en retenant que la victime s'appuyait, pour former sa demande d'action directe contre l'assureur, sur un contrat multirisque entreprises concernant un établissement secondaire de la société défenderesse dont il n'était pas démontré qu'il serait à l'origine du sinistre. • Civ. 2e, 5 févr. 2015, no 13-27.854 : *RGDA 2015. 154, note Pélissier.* ♦ De même, ayant relevé que le tiers lésé se contentait d'affirmer que l'assureur devait sa garantie au profit du sous-traitant responsable, en se prévalant d'une attestation d'assurance qui couvrait seulement la « responsabilité civile de sous-traitant, pour travaux de bâtiment, en cas de dommages de nature décennale », puis constaté que le tiers lésé n'avait pas même évoqué la nature décennale des désordres occasionnés par le sous-traitant, dont seule la responsabilité contractuelle de sous-traitant avait été retenue dans un précédent arrêt, c'est sans inverser la charge de la preuve, puisqu'il incombait au tiers lésé de justifier de l'existence d'un contrat d'assurance garantissant le sous-traitant pour les dommages ne relevant pas de la nature décennale, qu'une cour d'appel a retenu que le tiers lésé, qui n'avait pas démontré que la garantie de l'assureur était mobilisable au profit du sous-traitant, devait être débouté de toutes prétentions contre l'assureur. • Civ. 2e, 14 oct. 2021, no 19-25.723 : *RGDA nov. 2021. 32, note Kullmann.*

33. Mode de preuve de l'existence du contrat. La preuve par écrit des stipulations d'un contrat d'assurance n'est exigée que dans les rapports entre les parties au contrat et à l'égard de la victime. • Civ. 1re, 9 mai 1996, no 93-19.807 P : *RCA 1996, no 286 ; RGAT 1996. 596, note Mayaux.* ♦ La preuve du contrat d'assurance par un tiers est libre. • Civ. 1re, 14 oct. 1997, no 95-16.980 P : *RCA 1997, no 390 ; RGDA 1997. 1028, note Vincent.* ♦ S'il appartient à celui qui réclame le bénéfice de l'assurance d'établir que sont réunies les conditions requises par le contrat pour la mise en jeu de la garantie, il demeure que la victime, exerçant l'action directe, qui est un tiers par rapport au contrat d'assurance, peut rapporter la preuve de l'existence et de l'étendue de celui-ci par tous moyens, et notamment par présomptions, lesquelles peuvent être déduites de l'attitude de l'assureur. • Civ. 1re, 17 juill. 1996, no 94-16.796 : *RGDA 1996. 887, note Mayaux.* ♦ Toutefois si la preuve est libre, encore faut-il que les éléments de preuve soient pertinents. Ainsi, la mention de la garantie émanant d'un constructeur se déclarant assuré dans le contrat de construction conclu avec le maître de l'ouvrage, sans éléments objectifs et extrinsèques de nature à la corroborer, est inopérante pour permettre au maître de l'ouvrage de faire la preuve du contrat d'assurance de responsabilité. • Civ. 1re, 30 janv. 2001, nº 98-11.288 : *RCA 2001, nº 171, obs. Vaillier ; RGDA 2001. 337, note Périnet-Marquet.*

34. Charge de la preuve du contenu du contrat. Lorsque le bénéfice d'un contrat d'assurance est invoqué, non par l'assuré, mais par la victime du dommage, qui est un tiers, c'est à l'assureur qu'il incombe de démontrer, en versant la police aux débats, que son assuré ne bénéficie pas de sa garantie pour le sinistre, objet du litige. • Civ. 1re, 11 oct. 1988, nº 86-15.259 P : *RCA 1989, nº 24, obs. Groutel* • 2 juill. 1991, nº 88-18.486 P : *RCA 1991, nº 394 (1re esp.) ; RGAT 1992. 161, note Bout* • Civ. 3e, 10 juill. 1991, nº 89-17.590 : *RCA 1991, nº 394 (2e esp.)* • 22 avr. 1992, nº 89-16.034 : *RCA 1992, nº 281 ; RGAT 1992. 594, note Rémy* • Civ. 3e, 29 mai 2002, nº 01-00.350 : *RGDA 2002. 949, note Mayaux* • Civ. 2e, 8 janv. 2009, nº 07-18.908 : *RGDA 2009. 231, note Kullmann* • Civ. 3e, 8 juin 2010, nº 09-13.482 : *RGDA 2010. 1009, note J.-P. Karila* • Civ. 2e, 14 oct. 2021, nº 20-14.684 : *RCA 2022, nº 257, note Bloch ; RGDA nov. 2021. 32, note Kullmann.* ♦ Il incombe à l'assureur invoquant une exclusion de garantie à l'encontre d'un tiers victime du dommage de produire la police souscrite par son assuré. • Civ. 2e, 25 oct. 2012, nº 11-25.490 : *RGDA 2013. 303, note Pélissier.* ♦ Un assureur ayant été condamné à verser une indemnité avec d'expresses réserves pour l'avenir, il lui appartient, en présence d'une nouvelle demande de la victime invoquant une aggravation de son état, de rapporter la preuve des limitations ou extinctions de garantie qu'il entend lui opposer. • Civ. 1re, 3 déc. 1963 : *D. 1964. 409, note Besson.* ♦ Mais l'art. 1328 C. civ., selon lequel les actes sous seing privé n'ont de date certaine contre les tiers que du jour où ils ont été enregistrés, n'est pas applicable aux écrits en matière d'assurances, de telle sorte qu'un assureur peut opposer à la victime la date portée sur un avenant ayant supprimé la garantie antérieurement à l'accident. • Civ. 1re, 28 oct. 1970, nº 69-10.314 P : *D. 1971. 84, note Besson ; RGAT 1971. 59 ; GADA, p. 163, obs. Berr et Groutel* • Civ. 2e, 26 mars 2015, nº 14-11.206 P : *D. 2015. 804, chron. Touati ; D. 2016. 674, note Douchy-Oudot ; D. 2016. 1161, note Pierre ; AJ fam. 2015. 342, obs. Casey ; RCA 2015, nº 193, note Groutel ; RGDA 2015. 260, note Lambert ; Gaz. Pal. 1er sept. 2013, p. 27, note Leducq.*

3º AUTRE CONDITION

35. Indifférence de l'attitude de l'assuré. L'action directe de la victime lui permet d'exercer même des droits dont l'assuré ne se réclame pas. Il importe donc peu que l'assuré n'ait pas revendiqué la garantie de son assureur. • Civ. 1re, 8 avr. 1986, nº 84-16.260 P.

36. Indifférence du versement préalable de la somme par le tiers lésé. Viole l'art. L. 124-3 C. assur., par ajout au texte d'une condition qu'il ne prévoit pas, la cour d'appel qui, pour débouter le tiers lésé de sa demande de condamnation de l'assureur garantissant la responsabilité civile du responsable à l'indemniser de son préjudice immobilier, énonce que le tiers lésé ne démontrait pas avoir versé la somme dont il demandait le paiement à l'assureur. • Civ. 2e, 20 mai 2020, nº 18-24.093 : *RGDA juill. 2020. 14, note Pimbert ; bjda.fr 2020, nº 70, note Casson ; RCA 2022, chron. 5, nº 5, note Groutel.*

37. Indifférence de la déclaration préalable du sinistre. Il résulte de l'art. L. 124-3 C. assur., selon lequel le tiers lésé dispose d'un droit d'action directe à l'encontre de l'assureur garantissant la responsabilité civile de la personne responsable, que la recevabilité de l'action directe contre cet assureur n'est pas subordonnée à la déclaration préalable du sinistre par la victime auprès de son propre assureur. • Civ. 2e, 16 déc. 2021, nº 20-16.340 : *D. actu. 14 janv. 2022, note Bigot et Cayol.*

F. EXERCICE DE L'ACTION

1º CHOIX DE LA VICTIME

38. Absence d'obligation. La victime n'a pas l'obligation d'exercer son action directe contre l'assureur du responsable du préjudice qu'elle a subi. • Civ. 3e, 21 déc. 2017, nº 16-26.865 : *Gaz. Pal. 6 mars 2018, p. 64, note Noguéro ; Procédures 2018, Chron. 4, nº 3, note Bléry.*

2º PRESCRIPTION

39. Délai initial. L'action directe est soumise à la prescription de droit commun. • Civ. 28 mars 1939 : *DP 1939. 1. 68, note Picard* • Civ. 2e, 11 juin 2009 : *RCA 2009, nº 265, note Groutel ; D. 2010. Pan. 1740, note Groutel ; RGDA 2009. 756, note Abravanel-Jolly.* ♦ L'action directe de la victime contre l'assureur de responsabilité, instituée par l'art. L. 124-3, trouve son fondement dans le droit de la victime à réparation de son préjudice et se prescrit, dès lors, par le même délai que l'action de la victime contre le responsable. • Civ. 1re, 9 mai 1996 : *RGDA 1996. 705, note Kullmann* • 21 févr. 2008, nº 07-10.951 : *D. 2009. Pan. 253, obs. Groutel ; RCA 2008, nº 152, obs. Groutel ; RGDA 2008. 276, note Karila et Charbonneau* • Civ. 3e, 15 déc. 2010, nº 09-17.119 : *RGDA 2011. 511, obs. Périer* • Civ. 3e, 12 avr. 2018, nº 17-14.858 : *RCA 2018, nº 227, note Groutel* • Civ. 1re, 10 mars 1982, nº 80-16.679 P : *D. 1984. IR 33, obs. Berr et Groutel.*

40. Prolongation. L'action de la victime contre l'assureur de responsabilité, qui trouve son fondement dans le droit de la victime à réparation de son préjudice, se prescrit par le même délai que son action contre le responsable et ne peut être exercée contre l'assureur, au-delà de ce délai, que tant que celui-ci reste exposé au recours de son assuré. • Civ. 2e, 13 sept. 2007, nº 06-16.868 P : *RCA 2007, nº 368, note Groutel ; RGDA 2007. 903, note Bruschi* • Civ. 3e, 20 oct. 2021, nº 20-21.129 : *RCA 2022, nº 28, note Menard.* ♦ Déjà en ce sens : • Civ. 2e, 18 févr. 1997 : *RGDA 1997. 550, note Kullmann* • 13 nov. 2002 : *RCA 2003, nº 21, note*

Groutel. ♦ Dès lors, est prescrite l'action directe exercée à l'encontre de l'assureur de responsabilité plus de deux ans après la première mise en cause des assurés par la victime devant le juge du fond, l'instance en responsabilité n'ayant pu suspendre le délai de prescription. • Civ. 1re, 21 oct. 2003 : *RGDA 2004. 47, note Bruschi.*

41. *Interruption.* En application de l'art. 2241 C. civ., dans sa rédaction issue de la L. n° 2008-561 du 17 juin 2008, une demande en justice, même en référé, interrompt la prescription. Ayant constaté que le syndicat des copropriétaires avait introduit les 12 et 14 déc. 2012 une action en référé contre l'assureur et le courtier pour obtenir la communication sous astreinte du contrat d'assurance, une cour d'appel en a exactement déduit que la prescription de l'action directe avait été interrompue jusqu'à la date de l'Ord. rendue le 23 mai 2013 et que l'action engagée le 13 août 2013 n'était pas prescrite. • Civ. 2e, 6 févr. 2020, n° 18-17.868 : *RGDA mars 2020. 35, note Schulz.* ♦ Si l'action de la victime contre l'assureur de responsabilité se prescrit par le même délai que l'action de la victime contre le responsable, l'acte interruptif de prescription à l'égard de l'assureur est sans effet sur le cours de la prescription de l'action de la victime contre l'assuré. • Civ. 1re, 28 oct. 1991, n° 88-15.014 P : *D. 1991. IR 262 ; RCA 1992, n° 31 ; ibid., Chron. 2, note Groutel ; RGAT 1991. 912, note Bout ; ibid. 1992. 75.* ♦ De même l'interruption de la prescription de l'action en responsabilité dirigée contre l'assuré est sans effet sur l'action directe dirigée contre l'assureur. • Civ. 2e, 17 févr. 2005, n° 03-16.590 P : *RGDA 2005. 433, note Karila* • Civ. 3e, 18 déc. 2012 : *RCA 2013, n° 101, note Groutel* • Civ. 2e, 7 févr. 2013 : *RCA 2013, n° 129, note Groutel.*

42. *Suspension.* L'action directe de la victime contre l'assureur de responsabilité trouve son fondement dans le droit de la victime à réparation de son préjudice. Cette action directe n'étant pas subordonnée à la mise en cause de l'assuré, la suspension de la prescription de l'action en responsabilité dirigée contre l'assuré est sans effet sur l'action directe dirigée contre l'assureur. • Civ. 2e, 7 févr. 2013 : *RCA 2013, n° 129, note Groutel.*

43. *Prescription de l'action en responsabilité.* L'action directe non prescrite peut être exercée par l'assureur subrogé dans les droits de la victime, même si l'action de cette dernière est prescrite. • Civ. 3e, 24 oct. 2007, n° P : *D. 2009. Pan. 253, obs. Groutel ; JCP 2008. II. 10040, note Guyader ; RCA 2007, n° 369, note Groutel.*

44. *Prescription de l'action en garantie.* L'action directe de la victime est une action autonome qui procède du droit propre dont elle dispose contre l'assureur de responsabilité. Il en résulte que l'irrecevabilité de l'action en garantie exercée par l'assuré contre l'assureur n'a pas, en soi, pour effet d'entraîner l'irrecevabilité de l'action directe exercée par voie de conclusions dans la même instance. • Civ. 2e, 3 mai 2018, n° 16-24.099 : *D. 2048, chron. de Leiris, Becuwe, Touati et Palle ; RTD civ. 2018. 668, obs. Barbier ; ibid. 685, obs. Jourdain ; RCA 2018, n° 227, note Groutel ; Procédures 2018, Chron. 4, n° 2, note Bléry.*

45. *Prescription de l'action en garantie, action directe et répétition de l'indu.* La déchéance découlant de la prescription de l'action en garantie n'autorise pas l'assureur à exercer un recours contre son assuré, pour répéter l'indemnité versée par lui aux tiers victimes ayant exercé l'action directe, qui est fondée sur les obligations nées du contrat d'assurance auxquelles l'assureur ne pouvait se soustraire. • Civ. 2e, 17 févr. 2005 : *RCA 2005, n° 141, obs. Groutel ; RGDA 2005. 439, note Karila.*

46. V. égal. ss. art. L. 114-1.

3° COMPÉTENCE

a. Compétence d'attribution

47. *Compétence de principe du juge judiciaire pour l'action directe.* L'action directe ouverte à la victime d'un accident par l'art. 53 de la loi du 13 juill. 1930 [C. assur., art. L. 124-3] contre l'assureur de l'auteur responsable dudit accident est distincte de son action en responsabilité contre ce dernier. Si ces deux actions sont fondées l'une et l'autre sur le droit de la victime à la réparation du préjudice qu'elle a subi, l'action directe ne poursuit que l'exécution de l'obligation de l'assureur à cette réparation laquelle est une obligation de droit privé ; il s'ensuit qu'elle relève de la compétence des tribunaux de l'ordre judiciaire que ceux-ci aient été compétents pour statuer sur l'action en responsabilité de la victime contre l'auteur du dommage ou que la compétence à l'égard de cette dernière action ait appartenu aux tribunaux de l'ordre administratif. • T. confl. 3 mars 1969 : *RGAT 1969. 371, note Besson ; GADA, p. 131, obs. Berr et Groutel* • 14 mars 1988 : *D. 1988. IR 145* • 22 juin 1992 : *RCA 1992, n° 166 ; RGAT 1993. 343, note Vincent.* ♦ Il n'appartient qu'aux juridictions de l'ordre judiciaire de connaître des actions tendant au paiement de l'indemnité d'assurance due par un assureur au titre de ses obligations de droit privé et à raison du fait dommageable commis par son assuré, et ce alors même que l'appréciation de la responsabilité de cet assuré dans la réalisation du fait dommageable qui lui est imputé relèverait du juge administratif. • T. confl. 7 juin 1999 : *RGDA 1999. 1069, note Vincent* • T. confl. 15 avr. 2013 : *RCA 2013, n° 317, note Groutel.* ♦ Si les juridictions de l'ordre judiciaire sont compétentes pour statuer sur l'action de l'assureur d'une commune, dont les locaux, donnés à bail à une association, ont été endommagés par un incendie, dirigée contre l'assureur responsabilité civile de celle-ci, elles ne peuvent, à cette occasion, statuer sur la responsabilité de cette association, une telle action ressortissant à la compétence des juridictions administratives. • Civ. 1re, 23 juin 2010, n° 09-14.592 P : *RCA 2010, n° 228, note Groutel.*

48. Compétence du juge administratif pour l'action en responsabilité et sursis à statuer du juge judiciaire. Il résulte du dernier al. de l'art. L. 124-3 qu'un assureur de responsabilité ne peut être tenu d'indemniser le préjudice causé à un tiers par la faute de son assuré que dans la mesure où ce tiers peut se prévaloir, contre l'assuré, d'une créance née de la responsabilité de celui-ci. En application de la loi des 16 et 24 août 1790 et du décret du 16 fructidor an III, il n'entre pas dans les pouvoirs du juge judiciaire, saisi de l'action directe de la victime contre l'assureur de l'auteur du dommage, de se prononcer sur la responsabilité de l'assuré lorsque celle-ci relève de la compétence de la juridiction administrative (• Civ. 1re, 3 nov. 2004, n° 03-11.210 P • 23 juin 2010, n° 09-14.592 P) • Civ. 1re, 11 déc. 2019, n° 18-25.441 : *RGDA févr. 2020. 16, note Schulz; RCA 2020, n° 76, note Groutel.* ♦ Il résulte de la loi des 16-24 août 1790 que le juge judiciaire, saisi de l'action directe d'un tiers payeur, n'est pas autorisé à se prononcer sur la responsabilité de l'assuré et le montant de la créance d'indemnisation lorsque cette responsabilité relève de la compétence de la juridiction administrative, ce qui est le cas, aux termes de l'art. 15 de l'Ord. n° 2005-1087 du 1er sept. 2005, de celle de l'Établissement français du sang pour les actions introduites après l'entrée en vigueur de cette ordonnance. Toutefois, lorsque sont établis à la fois l'existence de la responsabilité de l'assuré à l'égard de la victime et le montant de la créance d'indemnisation de celle-ci contre l'assuré, le juge judiciaire peut connaître de l'action directe contre l'assureur de l'auteur du dommage exercée par un tiers payeur. Dès lors, une cour d'appel ne pouvait faire droit à la demande d'une caisse primaire d'assurance maladie contre l'assureur de l'Établissement français du sang en remboursement de ses débours, sans avoir constaté que le juge compétent avait statué sur le montant des frais médicaux, objet de la demande de la caisse, sur lesquels les parties étaient en désaccord. • Civ. 2e, 10 sept. 2015, n° 14-22.023 P : *RCA 2015, n° 330, note Groutel; RGDA 2015. 494, note Schulz; Gaz. Pal. 15 déc. 2015, p. 31, note Noguéro; D. 2016. 1161, note Bacache*. ♦ Le juge judiciaire, saisi de l'action directe de la victime contre l'assureur, n'est pas autorisé à se prononcer sur la responsabilité de l'assuré lorsque celle-ci relève de la compétence de la juridiction administrative, ce qui était le cas en application de l'art. 15 de l'Ord. du 1er sept. 2005. • Civ. 2e, 17 juin 2010, n° 09-13.546 : *RCA 2010, n° 228, note Groutel; RGDA 2011. 279, note Schulz.* ♦ Il n'entre pas dans les pouvoirs du juge judiciaire, saisi de l'action directe de la victime contre l'assureur, de se prononcer sur la question de savoir si les droits et obligations d'un centre régional de transfusion sanguine avaient été ou non repris par l'Établissement français du sang, et si ce dernier était, le cas échéant, responsable de la contamination du demandeur. • Civ. 1re, 27 nov. 2013, n° 12-27.434 : *RCA 2014, n° 71.* ♦ Un assureur de responsabilité ne peut être tenu d'indemniser le préjudice causé à un tiers par la faute de son assuré, que dans la mesure où ce tiers peut se prévaloir contre l'assuré d'une créance née de la responsabilité de celui-ci. Dès lors, la décision de la juridiction administrative déboutant une commune de sa demande en indemnisation contre l'assuré profite à l'assureur. En outre, le juge judiciaire, saisi de l'action directe de la victime contre l'assureur, n'est pas autorisé à se prononcer sur la responsabilité de l'assuré lorsque celle-ci relève d'une juridiction administrative. • Civ. 2e, 14 juin 2012, n° 10-17.239 : *RCA 2012, n° 283, note Groutel.* ♦ Le juge judiciaire saisi de l'action directe de la victime contre l'assureur ne peut pas se prononcer sur la responsabilité de l'assuré lorsque celui-ci est titulaire d'un marché de travaux publics. • Civ. 1re, 9 juin 2010, n° 09-13.026 P : *RCA 2010, n° 228, note Groutel; RDI 2010. 500, note Delaunay ; RGDA 2011. 279, note Schulz.* ♦ Lorsque la juridiction administrative est seule compétente pour se prononcer sur la responsabilité de la personne assurée, il appartient à la juridiction de l'ordre judiciaire de retenir sa compétence sur l'action directe et de surseoir à statuer jusqu'à la décision du tribunal administratif sur l'action dirigée contre la personne assurée dont la responsabilité est mise en cause. • Civ. 1re, 16 oct. 1984 : *Bull. civ. I, n° 262; D. 1986. IR 95, obs. Berr et Groutel.* ♦ L'exercice de l'action directe par la victime contre l'assureur du dommage suppose que soient établis à la fois l'existence de la responsabilité de l'assuré à l'égard de la victime et le montant de la créance d'indemnisation de celle-ci contre l'assuré ; il s'ensuit qu'en l'état d'un désaccord des parties sur le montant de la créance de réparation dont est redevable un centre hospitalier, personne morale de droit public, les juridictions de l'ordre judiciaire sont incompétentes pour en connaître et doivent surseoir à statuer. • Civ. 1re, 6 juill. 1999, n° 98-12.526 P : *RCA 1999, n° 342, obs. Groutel.* ♦ Le juge judiciaire des référés, saisi d'une demande de provision dirigée contre un assureur à raison d'un dommage dont le contentieux relève de la compétence du juge administratif, est tenu, lorsque l'assureur ne reconnaît pas la responsabilité de son assuré, de surseoir à statuer jusqu'à ce que la juridiction administrative se soit prononcée sur cette responsabilité. • Civ. 2e, 15 sept. 2011, n° 10-20.663 : *RGDA 2012. 154, note Schulz; RCA 2011, n° 415, note Groutel; D. 2012. Pan. 1980, note Groutel* ♦ Le juge judiciaire, saisi de l'action directe de la victime contre l'assureur d'un centre hospitalier, ne peut statuer au fond sur cette action avant qu'eût été fixé par la juridiction administrative, seule compétente pour en connaître, le montant de la dette de réparation de cette personne morale de droit public. • Civ. 1re, 7 déc. 2011, n° 10-24.381 : *RGDA 2012. 870, note Schulz; RCA 2012, n° 82, note Groutel; D. 2012. Pan. 1983, note Groutel ; Procédures, Chron. 2, n° 1, note Bléry.*

♦ Bien qu'une cour d'appel ait à tort déclaré une action irrecevable, alors qu'elle aurait dû se borner à surseoir à statuer jusqu'à la décision de la juridiction de l'ordre administratif, il y a lieu à cassation sans renvoi, la Cour de cassation pouvant mettre fin au litige en décidant qu'il serait sursis à statuer par la cour d'appel. • Civ. 1re, 30 oct. 1984, n° 83-13.836 P : *D. 1986. IR 95, obs. Berr et Groutel.*

49. *Absence de sursis à statuer du juge judiciaire en cas de reconnaissance de responsabilité.* Lorsque le juge judiciaire est incompétent pour se prononcer sur la responsabilité de l'assuré et sur le montant de l'indemnité dont il est redevable envers la victime, seule une reconnaissance volontaire de l'assureur portant non seulement sur la responsabilité, mais encore sur le montant de la créance de réparation peut permettre au juge civil de fixer, au titre de l'action directe, l'indemnité dont il est redevable. • Civ. 1re, 30 oct. 1984, n° 83-13.836 P : *D. 1986. IR 95, obs. Berr et Groutel.* ♦ La juridiction judiciaire, compétente pour connaître de l'action directe de la victime contre l'assureur, ne peut se prononcer, à défaut d'une reconnaissance expresse de la responsabilité de l'établissement public assuré, par son assureur, avant que cette responsabilité soit établie. Il s'ensuit que, l'assureur opposant cette question préjudicielle, une cour d'appel ne pouvait que surseoir à statuer. • Civ. 1re, 6 juin 1990, n° 88-12.457 P : *RCA 1990, n° 349.*

50. *Compétence du juge administratif pour certaines actions directes. Loi du 11 déc. 2001.* Le contrat d'assurance passé entre un OPHLM et un assureur étant soumis au code des marchés publics et présentant donc le caractère d'un contrat administratif, le litige relatif à l'exécution de ce contrat relève de la compétence de la juridiction administrative. • T. confl. 22 mai 2006, n° C3503. ♦ Les contrats d'assurance, conclus par une personne publique, soumis au code des marchés publics ont le caractère de contrats administratifs par détermination de la loi. Il s'ensuit que les litiges relatifs à leur exécution relèvent de la compétence de la juridiction administrative. • Civ. 1re, 23 janv. 2007, n° 04-18.630 P : *RCA 2007, n° 173, note Groutel.* ♦ Après avoir constaté que le contrat d'assurance liant l'assureur au centre hospitalier avait été passé en application du code des marchés publics, une cour d'appel a retenu, à bon droit, que, conformément à l'art. 2 de la L. n° 2001-1168 du 11 déc. 2001 portant mesures urgentes de réformes à caractère économique et financier, ce contrat avait un caractère administratif, et en a exactement déduit que l'action directe exercée par la victime relevait de la compétence de la juridiction administrative. • Civ. 1re, 24 oct. 2018, n° 17-31.306 : *RCA 2019, n° 29, note Bloch.* ♦ Si l'action directe ouverte par l'art. L. 124-3 à la victime d'un dommage, ou à l'assureur de celle-ci subrogé dans ses droits, contre l'assureur de l'auteur responsable du sinistre tend à la réparation du préjudice subi par la victime, elle poursuit l'exécution de l'obligation de réparer qui pèse sur l'assureur en vertu du contrat d'assurance. Elle relève par suite, comme l'action en garantie exercée, le cas échéant, par l'auteur du dommage contre son assureur, de la compétence de la juridiction administrative, dès lors que le contrat d'assurance présente le caractère d'un contrat administratif et que le litige n'a pas été porté devant une juridiction judiciaire avant la date d'entrée en vigueur de la loi du 11 déc. 2001. • CE, 31 mars 2010 : *RCA 2010, n° 129, note Groutel ; RTD com. 2010, 697, note Orsoni.*

51. *Clause compromissoire.* Selon le principe compétence - compétence, il appartient à l'arbitre de statuer, par priorité, sur sa propre compétence, sauf nullité ou inapplicabilité manifeste de la clause d'arbitrage. Ayant constaté que le contrat d'assurance stipulait que les litiges concernés par le contrat d'assurance devaient être portés, à l'exclusion des juridictions ordinaires, devant une juridiction d'arbitrage, la cour d'appel, qui a retenu que la clause compromissoire n'était pas manifestement inapplicable dès lors qu'accessoire du droit d'action, elle était opposable aux victimes exerçant l'action directe contre les assureurs, a exactement décidé que le tribunal de commerce était incompétent. • Civ. 1re, 19 déc. 2018, n° 17-28.951 : *RGDA 2019. 39, note Schulz ; D. actu. 28 févr. 2019, note Chantebout ; RDC déc. 2019. 69, note Laazouzi.*

b. Compétence territoriale

52. *Choix de la victime.* Les règles de l'art. R. 114-1 C. assur., impératives dans les litiges entre assureurs et assurés, quand ils ont trait à la fixation et au règlement de l'indemnité, ne s'imposent pas à la victime exerçant l'action directe, et celle-ci peut aussi se prévaloir des règles des art. 42 s. C. pr. civ. • Civ. 1re, 14 déc. 1983, n° 82-13.385 P. ♦ La victime exerçant l'action directe peut se prévaloir soit des règles de l'art. R. 114-1 C. assur., impératives dans les seuls litiges entre assureur et assuré quand ils ont trait à la fixation et au règlement de l'indemnité, soit des règles des art. 42 s. C. pr. civ. L'action directe exercée par la victime pouvait être portée devant le tribunal du domicile de la victime. • Civ. 1re, 30 mai 2006 : *RGDA 2006. 773, note Beauchard ; RCA 2006, n° 252 ; ibid., Repère 7, note Groutel.*

53. *Droit européen.* Une clause attributive de juridiction, stipulée conformément à l'art. 17 de la convention de Bruxelles du 27 sept. 1968, n'est pas opposable aux victimes et à l'assureur subrogé dans les droits de son assuré, exerçant l'action directe, qui n'ont pas expressément souscrit ou accepté ladite clause et ont leur domicile dans un État contractant autre que celui du preneur d'assurance et de l'assureur. • Civ. 1re, 19 mars 2008 : *RGDA 2008. 536, note Heuzé.*

4° FORME DE L'ACTION

54. *Intervention.* L'action directe engagée par la victime d'un dommage contre l'assureur de ce dommage peut procéder d'une intervention.

• Civ. 1re, 2 févr. 1994, n° 91-22.054 P. ♦ … Qui peut être formulée pour la première fois en cause d'appel lorsque la victime n'a appris l'identité de l'assureur de responsabilité qu'après la première instance. • Civ. 1re, 7 nov. 2000 : *RGDA 2000. 1105, note Mayaux.* ♦ En revanche, la mise en liquidation judiciaire étant opposable à tous dès sa publication, le seul fait qu'un appelant en intervention n'ait pris connaissance qu'au cours de l'instance d'appel d'une liquidation prononcée avant le jugement dont appel ne constitue pas une évolution du litige lui permettant d'assigner un tiers en garantie pour la première fois devant la juridiction du second degré. • Civ. 3e, 28 janv. 2009, n° 07-19.240 P : *D. 2010. Pan. 1747, note Groutel ; RTD civ. 2009. 368, note Perrot .*

55. *Conclusions.* L'action directe de la victime contre l'assureur peut être formée par voie de conclusions, même si ce dernier a été appelé en la cause par une autre partie. • Civ. 1re, 12 déc. 1995, n° 93-15.492 P • 14 mars 2000 : *RCA 2000, n° 207 ; ibid., n° 211.*

5° *MISE EN CAUSE DE L'ASSURÉ*

56. *Mise en cause facultative.* La recevabilité de l'action directe intentée par la victime à l'encontre de l'assureur n'est pas subordonnée à l'appel en la cause de l'assuré par cette même victime. • Civ. 1re, 27 janv. 2004 : *RGDA 2004. 631, note Bruschi.* ♦ Dans le même sens : • Civ. 1re, 7 nov. 2000, n° 97-22.582 P : *D. 2001. Somm. 3320, obs. Groutel ; ibid. 2002. Somm. 2115, obs. Bonnard ; RCA 2001, n° 29, obs. Groutel ; RGDA 2000. 1108, note Kullmann* • Civ. 3e, 15 mai 2002, n° 00-18.541 P : *RCA 2002, n° 273, note Groutel ; RGDA 2002. 747, note Mayaux* • 7 sept. 2011 : *RCA 2011, n° 401.* ♦ De même, la recevabilité de l'action du tiers subrogé dans les droits de la victime contre l'assureur du responsable n'est pas subordonnée à l'appel en cause de l'assuré. • Civ. 2e, 27 avr. 2017, n° 16-15.525 P : *RCA 2017, n° 202, note Groutel ; RGDA 2017. 373, note Asselain ; Procédures 2017. Chron. 3, n° 2, note Bléry ; Gaz. Pal. 17 oct. 2017. 69, note Noguéro.* ♦ Comp. : l'action directe engagée par la victime contre l'assureur ne peut être accueillie que si la responsabilité de l'assuré est établie, celui-ci étant appelé en la cause, soit par l'assureur, soit par la victime. • Civ. 1re, 29 févr. 2000, n° 97-11.811 P : *RCA 2000, n° 169 ; ibid. Chron. 12, note Groutel ; RGDA 2000. 521, note Landel ; ibid. 581, note Kullmann.* ♦ *Contra :* L'exercice de l'action directe contre l'assureur, dont la victime d'un accident trouve la source dans le droit propre qui lui est conféré, exige nécessairement, en l'absence d'un texte contraire, la présence de l'assuré aux débats lorsque aucune condamnation n'est préalablement intervenue contre lui à l'effet de fixer contradictoirement entre les parties, d'abord l'existence de la créance de réparation et son montant, puis l'indemnité due par l'assureur et que ce dernier sera tenu de verser jusqu'à due concurrence entre les mains de la victime. • Civ. 13 déc. 1938 : *DP 1939. 1. 33, note M. P. ; RGAT 1939. 83 ; GADA, p. 147, obs. Berr et Groutel.* ♦ Dans le même sens : • Civ. 2e, 5 nov. 1998, n° 96-14.148 P : *RCA 1998, n° 382 ; ibid. Chron. 27 (2e esp.), note Groutel ; RTD civ. 1999. 124, obs. Jourdain .*

57. *Assuré en redressement judiciaire.* En vertu de l'art. 53 de la L. du 13 juill. 1930, devenu l'art. L 124-3 C. assur., la victime d'un dommage a un droit exclusif sur l'indemnité due par l'assureur de l'auteur responsable de ce dommage. Par suite, si la victime doit établir la responsabilité de l'assuré, elle n'est pas tenue, lorsque celui-ci est en état de liquidation de biens ou de règlement judiciaire, de se soumettre à la procédure de vérification des créances, sauf dans la mesure où elle prétendrait faire valoir une créance de somme d'argent à l'encontre de l'assuré. • Cass., ch. mixte, 15 juin 1979, n° 77-14.549 P • Cass. ch. mixte, 15 juin 1979, n° 77-10.150 P. ♦ La recevabilité de l'action directe ne dépend ni de la mise en cause des organes du redressement judiciaire, ni de la déclaration de créance. • Civ. 1re, 6 avr. 2004 : *RCA 2004, n° 236, obs. Groutel.* ♦ La victime d'un dommage a un droit exclusif sur l'indemnité due par l'assureur de l'auteur responsable du dommage et n'est pas tenue, dès lors, de se soumettre à la procédure de vérification de sa créance pour faire reconnaître dans son principe et dans son étendue la responsabilité de l'assuré en redressement ou liquidation judiciaires et demander paiement à l'assureur par voie d'action directe. • Com. 16 nov. 2010 : *RCA 2011, n° 78, note Groutel.* ♦ Après versement de l'indemnité complémentaire à la victime d'un accident de travail causé par la faute inexcusable de son employeur, la caisse primaire d'assurance maladie, subrogée dans les droits du salarié, peut agir par voie d'action directe à l'encontre de l'assureur des conséquences financières de la faute inexcusable, sans être tenue de se soumettre à la procédure de vérification de sa créance. • Com. 18 juin 2013 : *RCA 2013, n° 294, note Groutel.* ♦ Le maître de l'ouvrage peut exercer une action contre l'assureur du locateur d'ouvrage, en liquidation judiciaire, hors de la présence de celui-ci. • Civ. 2e, 3 oct. 2013 : *RCA 2014, n° 26, note Groutel.*

58. *Désistement de l'action en responsabilité.* Ayant relevé que les colocataires, dont les locaux ont été détruits par un incendie né dans les locaux voisins, s'étaient désistés de leur action à l'encontre du bailleur commun, une cour d'appel a exactement retenu que ce désistement n'emportait pas renonciation à leur droit de voir établir, à l'encontre de l'assureur du bailleur, la responsabilité de l'assuré, de sorte qu'il était sans influence sur la recevabilité de l'action directe des tiers lésés contre l'assureur. • Civ. 3e, 12 juill. 2018, n° 17-20.696 : *RGDA 2018. 456, note Karila ; RCA 2018, n° 291, note Groutel.*

6° SAISINE PRÉALABLE D'UN ORDRE PROFESSIONNEL

59. *Saisine non exigée.* La saisine préalable, par le maître de l'ouvrage, de l'ordre des architectes prévue au contrat le liant à l'architecte n'est pas une condition de recevabilité de l'action directe engagée contre l'assureur de celui-ci. • Civ. 3e, 18 déc. 2013 : *RCA 2014, n° 96, note Groutel ; Procédures 2014. Chron. 2, n° 3, note Bléry* • Civ. 3e, 10 nov. 2016, n° 15-25.449 : *RGDA 2017. 53, note L. Karila ; RCA 2017, n° 58 ; Procédures 2017. Chron. 3, n° 1, note Bléry ; Defrénois 28 févr. 2014, n° 115, note Lécuyer ; RTD civ. 2017. 148, obs. Barbier* .

G. EFFETS

60. *Condamnation in solidum.* L'action directe de la victime contre l'assureur de l'auteur du dommage constitue un droit propre à l'indemnité due en vertu du contrat d'assurance ; dès lors que la victime le demande, l'assureur doit être tenu *in solidum* avec l'assuré dans les limites de la somme garantie par le contrat. • Civ. 1re, 14 nov. 1995, n° 92-18.200 P.

61. *Absence de paiement indu à la victime.* L'assureur qui s'était acquitté, pour le compte de son assuré déclaré responsable, du paiement de l'indemnité à laquelle la victime avait droit, et qui, par la suite, a été déclaré non tenu de garantir son assuré, ne saurait obtenir de la victime, qui n'avait pas exercé l'action directe, le remboursement des sommes versées, lesquelles ne constituaient pas un paiement indu, le vrai bénéficiaire du paiement indu étant le responsable dont la dette se trouvait acquittée par quelqu'un qui ne la devait pas. • Civ. 1re, 12 mai 1987, n° 85-11.387 P : *D. 1988. Somm. 155, obs. Berr.* • Civ. 3e, 29 févr. 2012 : *RCA 2012, n° 143, note Groutel.* ♦ Celui qui reçoit d'un assureur le paiement d'une indemnité à laquelle il a droit ne bénéficie pas d'un paiement indu, le véritable bénéficiaire de ce paiement étant celui dont la dette se trouve acquittée par quelqu'un qui n'y était pas tenu. • Civ. 2e, 26 avr. 2007, n° 06-12.225 P : *RCA 2007. Étude 12, note Groutel* • Civ. 1re, 22 sept. 2011 : *RCA 2011, n° 416, note Groutel ; D. 2012. Pan. 1984, note Groutel* .

62. *Concours avec l'action de l'assuré.* Viole les art. 4, 5, 31, 32, 122 et 954 C. pr. civ., la cour d'appel qui déclare irrecevable les demandes formées par le liquidateur judiciaire de l'assuré à l'encontre de l'assureur de responsabilité au motif qu'une action directe avait été intentée par la victime, alors que le liquidateur judiciaire de l'assuré était recevable à agir contre l'assureur qui déniait sa garantie, indépendamment de la question de fond relative au droit de percevoir l'indemnité d'assurance. • Civ. 2e, 12 déc. 2019, n° 18-12.126 : *RCA 2020, n° 75, note Groutel.*

Art. L. 124-4 **Dans le cas prévu par l'article L. 25-1** *[devenu l'art. L. 325-2]* **du code de la route, comme il est dit à cet article, l'assureur du propriétaire du véhicule est tenu de garantir dans les limites du contrat la réparation du dommage causé au tiers sauf recours, s'il y a lieu, contre la collectivité publique qui, par son fait, a causé le dommage ayant donné lieu à la responsabilité de l'assureur et sans qu'une majoration de prime puisse en résulter pour le propriétaire. Il est statué sur ce recours ainsi que sur toute action en responsabilité en cas de non-assurance du véhicule dans les conditions prévues par l'article 1er de la loi n° 57-1424 du 31 décembre 1957.**

COMMENTAIRE

Situé parmi les textes généraux relatifs à l'assurance de responsabilité, l'article L. 124-4 énonce en réalité une règle spécifique à l'assurance automobile. En effet, cet article, dont les dispositions sont reprises à l'article L. 325-2, alinéa 3, du code de la route, met à la charge de l'assureur du propriétaire d'un véhicule automobile l'obligation de garantir, dans la limite du contrat d'assurance, les dommages causés par le véhicule assuré alors qu'il fait l'objet d'une mise en fourrière par les autorités publiques. L'assureur dispose néanmoins d'un recours contre la collectivité. En application de l'article 1er de la loi n° 57-1424 du 31 décembre 1957, ce recours est porté devant les juridictions judiciaires. ❑

Art. L. 124-5 *(L. n° 2003-706 du 1er août 2003, art. 80-II)* **La garantie est, selon le choix des parties, déclenchée soit par le fait dommageable, soit par la réclamation. Toutefois, lorsqu'elle couvre la responsabilité des personnes physiques en dehors de leur activité professionnelle, la garantie est déclenchée par le fait dommageable. Un décret en Conseil d'État peut également imposer l'un de ces modes de déclenchement pour d'autres garanties.**

Le contrat doit, selon les cas, reproduire le texte du troisième ou du quatrième alinéa du présent article.

La garantie déclenchée par le fait dommageable couvre l'assuré contre les conséquences pécuniaires des sinistres, dès lors que le fait dommageable survient entre la

prise d'effet initiale de la garantie et sa date de résiliation ou d'expiration, quelle que soit la date des autres éléments constitutifs du sinistre.

La garantie déclenchée par la réclamation couvre l'assuré contre les conséquences pécuniaires des sinistres, dès lors que le fait dommageable est antérieur à la date de résiliation ou d'expiration de la garantie, et que la première réclamation est adressée à l'assuré ou à son assureur entre la prise d'effet initiale de la garantie et l'expiration d'un délai subséquent à sa date de résiliation ou d'expiration mentionné par le contrat, quelle que soit la date des autres éléments constitutifs des sinistres. Toutefois, la garantie ne couvre les sinistres dont le fait dommageable a été connu de l'assuré postérieurement à la date de résiliation ou d'expiration que si, au moment où l'assuré a eu connaissance de ce fait dommageable, cette garantie n'a pas été resouscrite ou l'a été sur la base du déclenchement par le fait dommageable. L'assureur ne couvre pas l'assuré contre les conséquences pécuniaires des sinistres s'il établit que l'assuré avait connaissance du fait dommageable à la date de la souscription de la garantie.

Le délai subséquent des garanties déclenchées par la réclamation ne peut être inférieur à cinq ans. Le plafond de la garantie déclenchée pendant le délai subséquent ne peut être inférieur à celui de la garantie déclenchée pendant l'année précédant la date de la résiliation du contrat. Un délai plus long et un niveau plus élevé de garantie subséquente peuvent être fixés dans les conditions définies par décret.

Lorsqu'un même sinistre est susceptible de mettre en jeu les garanties apportées par plusieurs contrats successifs, la garantie déclenchée par le fait dommageable ayant pris effet postérieurement à la prise d'effet de la loi n° 2003-706 du 1er août 2003 de sécurité financière est appelée en priorité, sans qu'il soit fait application des quatrième et cinquième alinéas de l'article L. 121-4.

Les dispositions du présent article ne s'appliquent pas aux garanties d'assurance pour lesquelles la loi dispose d'autres conditions d'application de la garantie dans le temps.

Les dispositions de l'art. L. 124-5 sont entrées en vigueur à l'issue d'un délai de trois mois à compter de la publication [JO 2 août] de la L. n° 2003-706 du 1er août 2003 (L. préc., art. 80-VII).

Elles s'appliquent aux garanties prenant effet postérieurement à l'entrée en vigueur de la loi n° 2003-706 du 1er août 2003, du fait de la souscription d'un nouveau contrat, ou de la reconduction de garanties d'un contrat en cours. — Toute autre garantie, dès lors qu'il est stipulé que la survenance du fait dommageable pendant la durée de validité du contrat est une condition nécessaire de l'indemnisation, est déclenchée par le fait dommageable conformément aux art. L. 124-1-1 et L. 124-5. — Toute garantie ne relevant d'aucune des deux hypothèses précédentes est déclenchée par la réclamation. Sans préjudice de l'application de clauses contractuelles stipulant une protection plus étendue, les art. L. 124-1-1 et L. 124-5 sont applicables (L. n° 2003-706 du 1er août 2003, art. 80-IV).

BIBL. ▶ BICHOT, *Dr. et patr. 1/2004. 79.* – COURTIEU, *RCA 2003. Chron. 30.* – MAYAUX, *RGDA 2003. 647.*

COMMENTAIRE

Introduit par la loi n° 2003-706 du 1er août 2003 de sécurité financière, l'article L. 124-5, à la rédaction quelque peu complexe, réintroduit, en les encadrant, les clauses de réclamation de la victime en droit français (sur la situation antérieure, V. comm. ss. art. L. 124-1). Cette nouvelle disposition, accompagnée de dispositions transitoires complexes, a soulevé des interrogations quant à son application dans le temps (I). Sur le fond, elle offre aux parties une option pour certains contrats d'assurance de responsabilité (II) et envisage la succession de contrats dans le temps (III).

I. L'APPLICATION DE LA LOI DANS LE TEMPS

Selon l'article 80-IV, alinéa 1er, de la loi n° 2003-706 du 1er août 2003, les dispositions de l'article L. 124-5 s'appliquent aux garanties prenant effet postérieurement à l'entrée en vigueur de la loi, le 3 novembre 2003, du fait de la souscription d'un nouveau contrat ou de la reconduction de garantie d'un contrat en cours. Par conséquent, ne sont pas concernés par cette disposition les contrats en cours au 3 novembre 2003 ou expirés avant cette date.

Or, pour ces autres garanties, il résulte de l'article 80-IV, alinéas 2 et 3, de la loi du 1er août 2003 que :

– soit le contrat stipule que la survenance du fait dommageable pendant la durée de validité du contrat est une condition nécessaire de l'indemnisation, auquel cas la garantie relève du système « fait dommageable » organisé par l'article L. 124-5 ;

– soit le contrat ne comporte par une telle stipulation, auquel cas la garantie relève du système « réclamation » de l'article L. 124-5, sans préjudice de l'application de clauses contractuelles stipulant une protection plus étendue.

On s'est alors interrogé sur le domaine d'application de ces règles et en particulier sur leur application aux garanties expirées avant l'entrée en vigueur de la loi du 1er août 2003. Admettre leur application à de telles garanties pouvait certes écarter la jurisprudence de 1990 prohibant les clauses de réclamation de la victime, mais conduisait également à conférer un effet rétroactif à la loi du 1er août 2003, alors qu'elle ne se déclare pas expressément rétroactive. Finalement, la jurisprudence a tranché le débat en affirmant, à propos de garanties expirées, que la loi du 1er août 2003 ne s'appliquait pas aux sinistres survenus avant la date de son entrée en vigueur (Civ. 2e, 25 juin 2009 : *V. note 2*). Sauf à faire une application insidieuse de la rétroactivité prohibée par l'article 2 du code civil, la loi de 2003 devait être écartée et la clause de réclamation réputée non écrite en application de la jurisprudence de 1990 (Civ. 2e, 15 sept. 2011 : *V. note 2*). En outre, la loi du 1er août 2003 ne saurait être qualifiée d'interprétative (Civ. 2e, 14 juin 2012 : *V. note 2*). Au-delà, on observe que la Cour de cassation refuse de revenir sur sa jurisprudence de 1990. Elle aurait pu conférer indirectement un effet rétroactif à la loi de 2003 en abandonnant cette jurisprudence et en revenant à sa solution première fondée sur la liberté contractuelle.

II. L'OPTION OFFERTE AUX PARTIES

L'article L. 124-5 offre une option aux parties pour rattacher les sinistres à une période de garantie. Les parties peuvent opter pour le critère du fait dommageable ou de la réclamation de la victime. Cependant, cette option n'est ouverte que pour les assurances couvrant des risques professionnels souscrites par des personnes morales ou physiques. Pour les assurances garantissant les risques de la vie privée, le critère de rattachement est nécessairement celui du fait dommageable. Par ailleurs, cette option peut être écartée par une législation spéciale. Ainsi, l'assurance de responsabilité médicale applique le système de la réclamation de la victime (art. L. 251-2).

Lorsque le contrat est conclu en « base fait dommageable », la garantie de l'assureur est due dès lors que le fait dommageable est survenu entre la prise d'effet de la garantie et sa date de résiliation ou d'expiration, étant précisé que le fait dommageable n'est pas le dommage mais bien la cause génératrice du dommage (Civ. 3e, 12 oct. 2017). La date des autres événements (survenance du dommage, connaissance du dommage par l'assuré, réclamation de la victime) importe peu.

Lorsque le contrat est conclu en « base réclamation », la garantie de l'assureur est subordonnée à deux conditions :

– d'une part, le fait dommageable doit être antérieur à la date de résiliation ou d'expiration de la garantie ;

– d'autre part, la réclamation de la victime doit être adressée à l'assuré ou à son assureur entre la prise d'effet initiale de la garantie et l'expiration d'un délai subséquent à sa date de résiliation ou d'expiration mentionnée dans le contrat, mais pas pendant une période de suspension de la garantie pour défaut de paiement des primes (Civ. 2e, 24 mai 2012 : *V. note 4*).

Partant, ce système impose une reprise du passé inconnu, c'est-à-dire de tout fait dommageable antérieur à la souscription du contrat et méconnu des parties, ainsi qu'une période de garantie subséquente. Le législateur n'a donc pas légalisé les clauses de réclamation les plus strictes sans garantie subséquente. Le délai de la garantie subséquente doit être mentionné dans le contrat. Il ne peut être inférieur à cinq ans. Ce délai minimal est porté à dix ans lorsque l'assuré exerce l'une des professions (administrateur de biens, avocat, commissaire aux comptes...) ou l'une des activités (expertise comptable, expertise judiciaire...) énumérées par l'article R. 124-2. Par ailleurs, ce délai de la garantie subséquente ne peut être inférieur à dix ans pour la dernière garantie souscrite par une personne physique avant la cessation de son activité professionnelle ou son décès.

III. LA SUCCESSION DE GARANTIES DANS LE TEMPS

Dans la mesure où le législateur offre une option entre une garantie en « base fait dommageable » et une garantie en « base réclamation », la succession de deux contrats avec des régimes distincts pourrait aboutir à un cumul d'assurances. Or le législateur a souhaité écarter de tels cumuls et a adopté des règles spécifiques aux alinéas 4 et 6 de l'article L. 124-5. Deux situations susceptibles d'entraîner un cumul de garanties ont ainsi été envisagées.

A. LA SUCCESSION DE DEUX CONTRATS EN « BASE RÉCLAMATION »

La première hypothèse concerne la succession de deux contrats en « base réclamation ». Si un fait dommageable se produit avant l'expiration du premier contrat mais a été connu de l'assuré après la conclusion du second contrat et si la réclamation intervient pendant la période de garantie subséquente du premier contrat et celle de garantie du second, un cumul de garanties peut apparaître. Le premier assureur serait tenu à garantie au titre de la garantie subséquente et le second assureur au titre de la reprise du passé inconnu.

Afin d'éviter un tel cumul, l'article L. 124-5, alinéa 4, affirme que « la garantie [déclenchée par la réclamation] ne couvre les sinistres dont le fait dommageable a été connu de l'assuré postérieurement à la date de résiliation ou d'expiration que si, au moment où l'assuré a eu connaissance de ce fait dommageable, cette garantie n'a pas été resouscrite ». Il en résulte donc que le second assureur est tenu à garantie. Se pose alors la question de savoir si la garantie du premier assureur peut être recherchée à titre subsidiaire. Il faut ici distinguer selon que le second contrat comporte une exclusion de garantie non prévue par le premier ou une limitation de garantie. Dans la première hypothèse, la « garantie n'a pas été resouscrite » au sens de l'article L. 124-5, alinéa 4. Par conséquent, la garantie du premier assureur peut être recherchée. Dans la seconde, il semble en revanche plus logique d'admettre que la garantie a bien été resouscrite au sens de cet article. L'article L. 124-5, alinéa 4, ne précise d'ailleurs pas que la garantie ne doit pas avoir été resouscrite pour un montant équivalent pour que la garantie du premier contrat s'applique. Par conséquent, seul le second assureur devrait être tenu à garantie (Mayaux, La durée de la garantie en assurances de responsabilité depuis la loi de sécurité financière du 1er août 2003 : les rayons et les ombres », *RGDA 2003. 647, n° 23* ; Bichot, « La réforme de l'assurance de responsabilité civile, *Dr. et patr. 1/2004. 79*).

B. LA SUCCESSION D'UN CONTRAT « EN BASE FAIT DOMMAGEABLE » ET D'UN CONTRAT « EN BASE RÉCLAMATION »

La seconde hypothèse concerne la succession d'un contrat en « base fait dommageable » et d'un contrat en « base réclamation ». Si un fait dommageable se produit avant la résiliation ou l'expiration de la garantie du premier contrat et est connu de l'assuré après la conclusion du second contrat, et si la réclamation intervient avant l'expiration de la garantie subséquente du second contrat, un cumul de garanties peut également apparaître. La garantie du premier contrat pourrait être due en raison de la survenance du fait dommageable pendant sa période de garantie et celle du second au titre de la reprise du passé inconnu.

Or l'article L. 124-5, alinéa 6, prévoit que « lorsqu'un même sinistre est susceptible de mettre en jeu les garanties apportées par plusieurs contrats successifs, la garantie déclenchée par le fait dommageable ayant pris effet postérieurement à la prise d'effet de la loi n° 2003-706 du 1er août 2003 de sécurité financière est appelée en priorité, sans qu'il soit fait application des quatrième et cinquième alinéas de l'article L. 121-4 ». En d'autres termes, cette disposition écarte expressément les règles du cumul d'assurances de l'article L. 121-4 et énonce une règle spéciale. Dès lors que la garantie du premier contrat en « base fait dommageable » a pris effet après le novembre 2003, elle doit être appelée en priorité. La garantie du second contrat ne peut donc être invoquée qu'à titre subsidiaire, notamment si le plafond de garantie du premier contrat est atteint. ❑

1. *Garanties frais de défense et sanctions pécuniaires administratives.* En l'absence de dispositions impératives contraires, une cour d'appel, qui a constaté que les garanties « frais de défense » et « sanctions pécuniaires administratives » étaient présentées comme des extensions des garanties de responsabilité civile, en a exactement déduit que les parties pouvaient, même s'il s'agissait d'assurances de choses, les soumettre volontairement aux dispositions de l'art. L. 124-5, al. 4, C. assur. • Civ. 2e, 13 juin 2019, n° 17-26.171 : *RGDA août-sept. 2019. 7, note Kullmann.*

2. *Application dans le temps.* En l'absence de disposition contraire, la loi ne produit effet que pour l'avenir. Ayant relevé que le procès-verbal d'huissier constatant les désordres avait été établi le 1er sept. 1999 et que le contrat d'assurance avait été résilié au 31 déc. 1999, puis retenu que les demandes successives d'indemnisation des préjudices matériels et immatériels ne constituaient qu'un seul et même sinistre, à savoir un ensemble unique de faits dommageables ayant la même cause technique et par là le même fait générateur, que ce sinistre avait été déclaré aux assureurs puis avait donné lieu à l'instauration d'une mesure d'instruction le 12 juin 2003, la cour d'appel en a exactement déduit que la loi du 1er août 2003 ne s'appliquait pas à ce sinistre survenu avant la date de son entrée en vigueur, le 3 nov. 2003, et qu'en conséquence la clause réclamation était inapplicable. • Civ. 2e, 25 juin 2009, n° 08-14.060 P : *D. 2009. AJ 1895 ; JCP 2009. 284, note Mayaux ; RGDA 2009. 585, note Kullmann.* ♦ Ayant exactement énoncé qu'en l'absence de disposition contraire, la loi ne produit effet que pour l'avenir et constaté que les contrats d'assurance stipulaient une garantie accordée sur la base d'une réclamation intervenue pendant la période contractuelle, une cour d'appel retient à bon droit, que, sauf à faire application insidieusement de la rétroactivité prohibée par l'art. 2 C. civ., la L. n° 2003-706 du 1er août 2003 ne s'appliquait pas aux sinistres déclarés dont le fait générateur se situait pendant la période de validité du contrat. • Civ. 2e, 15 sept. 2011 : *RGDA 2012. 120, note Kullmann.* ♦ La loi du 1er août 2003 ne peut être qualifiée d'interprétative ; elle ne contient aucune disposition quant à son éventuelle rétroactivité et ne saurait donc régir les effets des contrats conclus et résiliés antérieurement. • Civ. 2e, 14 juin 2012 : *RGDA 2012. 985, note Mayaux.* ♦ Selon l'art. 2 C. civ., la loi ne produit effet que pour l'avenir. Il en résulte qu'en l'absence de disposition transitoire contraire prévue par l'art. 80, IV, de la L. n° 2003-706 du 1er août 2003, lorsque le sinistre en cause, caractérisé par le fait dommageable en raison duquel la responsabilité de l'assuré est recherchée, est survenu avant l'entrée en vigueur, le 3 nov. 2003, de la loi susvisée, les dispositions de son art. 80, qui prévoient notamment que la garantie peut, à certaines conditions, être déclenchée par la réclamation, ne s'appliquent pas et la garantie est déclenchée par le fait dommageable. • Civ. 2e, 26 nov. 2020, n° 19-11.501 : *RCA 2021, n° 37, note L. Bloch ; D. actu. 11 janv. 2021, note R. Bigot et Cayol.*

3. Fait dommageable. Le fait dommageable est celui qui constitue la cause génératrice du dommage. • Civ. 3e, 12 oct. 2017, n° 16-19.657 P : *RGDA 2017. 627, note Pélissier ; RCA 2018, n° 29, note Groutel ; Gaz. Pal. 19 déc. 2017. 74, note Noguéro ; AJDI 2018. 36, obs. de La Vaissière .*

4. Réclamation pendant la suspension de la garantie. Le contrat d'assurance précisant que la garantie est déclenchée par la réclamation, comme le définit l'art. L. 124-5, c'est à juste titre que l'assureur refuse sa garantie dès lors que les réclamations étaient parvenues à l'assuré à une date à laquelle les garanties étaient suspendues en raison du défaut de paiement des primes par cette dernière. • Civ. 2e, 24 mai 2012 : *RGDA 2013. 174, note Kullmann ; RCA 2012, n° 257, note Groutel ; JCP 2013, n° 400, nos 18 s., note Mayaux.*

5. Réclamation pendant la période de garantie subséquente après résiliation pour non-paiement des primes. Il résulte des dispositions de l'art. L. 124-5, qui ne peuvent être modifiées par convention en application de l'art. L. 111-2 du même code, que la garantie déclenchée par la réclamation couvre l'assuré contre les conséquences pécuniaires des sinistres dès lors que le fait dommageable est antérieur à la date de résiliation ou d'expiration de la garantie et que la première réclamation est adressée à l'assuré ou à son assureur entre la prise d'effet initiale de la garantie et l'expiration d'un délai subséquent à sa date de résiliation ou d'expiration mentionné par le contrat, quelle que soit la date des autres éléments constitutifs des sinistres. L'art. L. 113-3 de ce code qui fixe les modalités dans lesquelles la garantie peut être suspendue et le contrat résilié en cas de non-paiement des primes ne fait pas obstacle à l'application de l'art. L. 124-5 lorsque le fait engageant la responsabilité de l'assuré survient à une date à laquelle la garantie était en vigueur, peu important que la première réclamation n'ait été effectuée qu'après la résiliation du contrat, dans le délai de garantie subséquente. Ayant exactement relevé que l'art. L. 124-5 étant d'ordre public, la clause de la police d'assurance selon laquelle la disposition de ce texte concernant la garantie pendant le délai subséquent n'était pas applicable en cas de résiliation pour non-paiement de la prime, était illicite et devait être réputée non écrite, puis constaté que le fait dommageable était survenu le 17 avr. 2007, que la résiliation du contrat d'assurances pour non-paiement de la prime, qui avait donné lieu à une vaine mise en demeure du 12 déc. 2007, était intervenue le 21 mai 2008 suivant lettre recommandée faite à cette date et que la première réclamation, formalisée par la saisine du tribunal des affaires de sécurité sociale, était intervenue le 3 sept. 2010, dans le délai de cinq ans de la résiliation de ce contrat, une cour d'appel en a à bon droit déduit que la garantie de l'assureur était due. • Civ. 2e, 12 déc. 2019, n° 18-12.762 : *RGDA févr. 2020. 41, note Kullmann ; D. actu. 15 janv. 2020, note Bigot ; RCA 2020, n° 77, note Groutel.*

6. Reprise du passé inconnu. La garantie étant déclenchée par la réclamation de la victime, la seule circonstance que le fait dommageable soit antérieur à la prise d'effet de la garantie ne suffisait pas à exclure sa mise en œuvre. • Civ. 2e, 26 mars 2015, n° 14-14.661 : *RCA 2015, n° 187, note Groutel ; RGDA 2015. 269, note Pélissier.*

CHAPITRE V L'ASSURANCE DES RISQUES DE CATASTROPHES NATURELLES

(Décr. n° 85-863 du 2 août 1985)

BIBL. GÉN. ▶ CRESCENZO D'AURIAC, *RGAT 1988. 445.* – MAGNAN, *RGAT 1983. 484.* – LEDUC, *RGDA 1997. 409.* – GUETTIER, *RGDA 1997. 672.* – BIDAN, *RGDA 2001. 243.* – MOLINER-DUBOS, *AJCT 2011. 74* (dommages liés à la subsidence). – HOURDEAU-BODIN, *RGDA 2013. 511.*

Art. L. 125-1 Les contrats d'assurance, souscrits par toute personne physique ou morale autre que l'État et garantissant les dommages d'incendie ou tous autres dommages à des biens situés en France, ainsi que les dommages aux corps de véhicules terrestres à moteur, ouvrent droit à la garantie de l'assuré contre les effets des catastrophes naturelles *(L. nº 2002-276 du 27 févr. 2002, art. 159-IV; L. nº 2003-699 du 30 juill. 2003, art. 71)* « , dont ceux des affaissements de terrain dus à des cavités souterraines et à des marnières » sur les biens faisant l'objet de tels contrats.

En outre, si l'assuré est couvert contre les pertes d'exploitation, cette garantie est étendue aux effets des catastrophes naturelles, dans les conditions prévues au contrat correspondant.

Sont considérés comme les effets des catastrophes naturelles, au sens du présent chapitre, les dommages matériels directs *(L. nº 92-665 du 16 juill. 1992)* « non assurables » ayant eu pour cause déterminante l'intensité anormale d'un agent naturel, lorsque les mesures habituelles à prendre pour prévenir ces dommages n'ont pu empêcher leur survenance ou n'ont pu être prises. *(L. nº 2021-1837 du 28 déc. 2021, art. 7 et 10, en vigueur à une date fixée par décret, et au plus tard le 1er janv. 2023)* « Sont également considérés comme les effets des catastrophes naturelles, au sens du présent chapitre, et pris en charge par le régime de garantie associé les frais de relogement d'urgence des personnes sinistrées dont la résidence principale est rendue impropre à l'habitation pour des raisons de sécurité, de salubrité ou d'hygiène qui résultent de ces dommages matériels directs non assurables ayant eu pour cause déterminante l'intensité anormale d'un agent naturel. Les modalités de prise en charge de ces frais sont fixées par décret. »

(L. nº 92-665 du 16 juill. 1992) « L'état de catastrophe naturelle est constaté par arrêté interministériel qui détermine les zones et les périodes où s'est située la catastrophe ainsi que la nature des dommages résultant de celle-ci couverts par la garantie visée au premier alinéa du présent article. » *(L. nº 2004-811 du 13 août 2004, art. 11)* « Cet arrêté précise, pour chaque commune ayant demandé la reconnaissance de l'état de catastrophe naturelle, la décision des ministres *(L. nº 2021-1837 du 28 déc. 2021, art. 1er)* « , qui est motivée de façon claire, détaillée et compréhensible et mentionne les voies et délais de recours ainsi que les règles de communication des documents administratifs, notamment des rapports d'expertise ayant fondé cette décision, dans des conditions fixées par décret ». Cette décision est ensuite notifiée à chaque commune concernée par le représentant de l'État dans le département, *(L. nº 2021-1837 du 28 déc. 2021, art. 1er)* « en précisant les conditions de communication des rapports d'expertise ». L'arrêté doit être publié au *Journal officiel* dans un délai de trois *[nouvelle rédaction issue de la L. nº 2021-1837 du 28 déc. 2021, art. 6 et 10, en vigueur le 1er janv. 2023 : « deux »]* mois à compter du dépôt des demandes à la préfecture. De manière exceptionnelle, si la durée des enquêtes diligentées par le représentant de l'État dans le département est supérieure à deux mois, l'arrêté est publié au plus tard deux mois après la réception du dossier par le ministre chargé de la sécurité civile. »

(L. nº 2007-1824 du 25 déc. 2007, art. 95) « Aucune demande communale de reconnaissance de l'état de catastrophe naturelle ne peut donner lieu à une décision favorable de reconnaissance de l'état de catastrophe naturelle par arrêté interministériel lorsqu'elle intervient *(L. nº 2021-1837 du 28 déc. 2021, art. 9)* « vingt-quatre » mois après le début de l'événement naturel qui y donne naissance. » *(Abrogé par L. nº 2021-1837 du 28 déc. 2021, art. 9)* ***« Ce délai s'applique aux événements naturels ayant débuté après le 1er janvier 2007. Pour les événements naturels survenus avant le 1er janvier 2007, les demandes communales de reconnaissance de l'état de catastrophe naturelle doivent être déposées à la préfecture dont dépend la commune avant le 30 juin 2008. »***

(L. nº 2002-276 du 27 févr. 2002, art. 159-IV) « Les cavités souterraines considérées peuvent être naturelles ou d'origine humaine. Dans ce dernier cas, sont exclus de l'application du présent chapitre les dommages résultant de l'exploitation passée ou en cours d'une mine. »

(L. nº 2021-1837 du 28 déc. 2021, art. 8) « Dans les limites de ses ressources, la caisse centrale de réassurance réalise, à la demande des ministres chargés de l'écono-

mie, de l'écologie et des comptes publics, des études portant sur la politique de prévention, les risques naturels, leur prise en charge et l'équilibre financier du régime des catastrophes naturelles. »

V. art. A. 125-1.

Dans un délai de 6 mois à compter de la promulgation de la L. n° 2021-1837 du 28 déc. 2021, le Gouvernement remet au Parlement un rapport sur l'opportunité et les moyens d'un renforcement des constructions existantes, dans un objectif de prévention des dommages causés par le retrait-gonflement des argiles. Le rapport présente également :

1° Des propositions en vue de l'indemnisation des dommages causés par ce phénomène qui ne sont couverts ni par le régime de catastrophe naturelle, ni par la garantie décennale, notamment en examinant les modalités de financement et d'attribution d'aides de l'État permettant d'indemniser l'ensemble des propriétaires concernés ;

2° Des possibilités de réforme à apporter au dispositif de franchise spécifique pour les dommages consécutifs à la sécheresse et des pistes d'amélioration des délais d'instruction des demandes d'indemnisation des sinistrés auprès des assureurs ;

3° Des pistes visant à créer un régime juridique et financier traitant de l'ensemble des aspects liés au phénomène de retrait-gonflement des argiles et soutenable sur le long terme ;

4° Un état des lieux des informations disponibles sur les sites internet dédiés à la prévention des risques naturels et à la gestion et à l'indemnisation des catastrophes naturelles ainsi qu'une évaluation de la pertinence, de l'exhaustivité et de l'accessibilité de ces informations en vue d'une éventuelle harmonisation ;

5° La liste des établissements publics de coopération intercommunale à fiscalité propre ou la métropole de Lyon dont la majorité des communes ou la majorité de la population est fortement exposée au phénomène de retrait-gonflement des argiles (L. préc., art. 8-II).

1. Portée de l'obligation de garantie. Les art. L. 125-1 s., qui prévoient l'assurance des risques de catastrophe naturelle par l'insertion, obligatoire pour les entreprises d'assurance, d'une clause à cet effet dans les contrats de garantie des dommages d'incendie et autres dommages aux biens, ainsi que des dommages aux corps des véhicules terrestres à moteur, ne créent pas d'obligation pour les entreprises d'assurance de conclure de tels contrats ; le Bureau central de tarification ne peut être saisi par un assuré que du refus par une entreprise d'assurance d'insérer dans un contrat souscrit par lui une clause étendant la garantie aux dommages liés aux risques de catastrophe naturelle. • CE 15 juin 2005 : *RCA 2005, n° 266, obs. Groutel ; RGDA 2006. 189, note Kullmann.*

2. Application aux assurances de choses. Il résulte de l'art. L. 125-1, al. 1er, que l'assurance contre les risques de catastrophe naturelle ne garantit que la réparation pécuniaire des dommages directs à l'ensemble des biens garantis par une assurance de choses et non par une assurance de responsabilité. • Civ. 1re, 10 févr. 2004, n° 02-14.193 P : *D. 2004. IR 604 ; Gaz. Pal. 2004. 2480, note Favre-Rochex ; RCA 2004, n° 151 ; RGDA 2004. 519, note Kullmann.* ♦ L'assurance souscrite par un vendeur afin de garantir le remboursement des débours occasionnés par la remise en état des appareils vendus à ses clients en exécution d'une garantie contractuelle de cinq ans est une assurance de responsabilité, et dès lors le paiement par l'assuré de la prime correspondant à la garantie des catastrophes naturelles est dépourvu de cause. • Civ. 1re, 10 juin 1986, n° 84-15.034 P : *RGAT 1986. 599, note Kullmann.*

3. Constatation de la catastrophe naturelle. Il résulte des dispositions de l'art. 1er de la loi du 13 juill. 1982 [C. assur., art. L. 125-1] qu'il appartient seulement à l'autorité administrative de rechercher si un agent naturel a revêtu une intensité anormale engendrant un état de catastrophe naturelle, et c'est ensuite aux organismes d'assurance de déterminer, sous le contrôle des juridictions compétentes, si, dans le cadre de cet état de catastrophe naturelle, certains de leurs assurés réclament à bon droit le bénéfice de cette loi. • CE 12 déc. 1990 : *Lebon 357 ; RCA 1991, n° 355 ; RGAT 1991. 422, note Vincent.*

4. Critères d'appréciation de l'état de catastrophe naturelle. Le refus de classement en état de catastrophe naturelle de la commune de Meudon étant fondé sur le fait que l'intensité anormale de l'agent naturel en cause n'était pas démontrée sur au moins 10 % du territoire de la commune pour la période du 1er janv. au 31 déc. 2009, une cour administrative d'appel n'a pas commis d'erreur de droit en jugeant que les ministres n'avaient pu légalement se fonder sur un tel critère, qui n'est prévu par aucun texte et qui est sans rapport avec la mesure de l'intensité du phénomène de sécheresse et de réhydratation des sols. • CE 20 juin 2016, n° 382900 : *RGDA 2016. 494, note Pélissier ; AJCT 2016. 643, obs. Moliner-Dubost .*

5. Refus illégal de constater une catastrophe naturelle sur la responsabilité du constructeur. L'illégalité des décisions refusant de prendre un arrêté de catastrophe naturelle est constitutive d'une faute susceptible d'engager la responsabilité de l'État envers le propriétaire d'une usine endommagée par la neige. • CE 10 févr. 1993 : *AJDA 1993. 580, obs. Prétot .* ♦ ... Et à titre principal le préjudice subi par le requérant s'élève au montant des dépenses nécessaires à la réparation des bâtiments endommagés, à la remise en état ou au remplacement des matériels, et à la valeur des marchandises perdues, qui auraient dû être pris en charge par son assureur. • Même arrêt. ♦ ... Mais l'exécution de la condamnation doit être subordonnée à la condition que le requérant subroge l'État, à concurrence de la même somme, dans les droits et créances qu'il peut tenir de ce chef de ses contrats d'assurance. • Même arrêt.

6. Principe de la réparation intégrale du dommage. Les juges du fond apprécient souverainement l'indemnité due au titre de la réparation intégrale du dommage qui peut résulter de la nécessité de procéder à la démolition complète avant reconstruction de l'aile d'une construction. • Civ. 2e, 8 déc. 2016, n° 15-17.180 P : *V. note 9.*

7. Portée de la constatation de la catastrophe naturelle. La simple constatation administrative de catastrophe naturelle, donnée à un événement, n'entraîne pas nécessairement la reconnaissance que cet événement avait le caractère de force majeure. • Civ. 3e, 24 mars 1993, n° 91-13.541 P : *RTD Civ. 1993. 594, note Jourdain.* ♦ Mais, dès lors qu'une sécheresse exceptionnelle par sa durée, constatée par arrêté de catastrophe naturelle, a entraîné des mouvements de terrain, cause de désordres affectant un immeuble qu'aucune précaution n'aurait pu suffire à éviter, une cour d'appel, qui a souverainement retenu le caractère irrésistible de ce phénomène naturel, en a exactement déduit qu'il constituait un cas de force majeure exonérant les constructeurs de leur responsabilité. • Civ. 1re, 7 juill. 1998 : *RGDA 1998. 841, note Vincent.* ♦ ... Ou dès lors qu'une inondation déclarée catastrophe naturelle a endommagé des bâtiments qui n'auraient pu, même s'ils n'avaient pas été affectés de vices de construction, s'avérer étanches, en raison de l'importance et de la pression des eaux, une cour d'appel peut relever que les constructeurs se trouvent exonérés, pour cas de force majeure, de la présomption de responsabilité décennale. • Civ. 1re, 26 janv. 1999 : *RGDA 1999. 387, note D'Hauteville.*

8. Caractère déterminant de l'agent naturel – Crue d'un torrent. Ayant énoncé que les eaux d'un torrent avaient, en affouillant et en ravinant les terrains, déstabilisé les fondations de deux chalets, au point que l'un d'eux était déjà inhabitable sans travaux de remise en état préalables, une cour d'appel en a déduit, à bon droit, que ce désordre constituait un dommage matériel direct au sens de l'art. L. 125-1 C. ass. • Civ. 1re, 20 oct. 1992, n° 89-16.785 : *RCA 1992, n° 469; RGAT 1992. 908, note Kullmann.*

9. Caractère déterminant de l'agent naturel – Sécheresse. Ne tire pas les conséquences légales de ses constatations, la cour d'appel qui pour décider que la reprise en sous-œuvre ne constituait pas un dommage matériel direct au sens de ce texte, énonce qu'il fallait prendre en considération, pour les remèdes à apporter, l'incidence particulière des racines des plantations sur l'absence de stabilisation des désordres, ce qui constituait un facteur certain rendant nécessaire la reprise en sous-œuvre, alors qu'elle avait relevé dans ses motifs qu'avant la sécheresse, la fissuration n'était que latente, que les plantations n'avaient joué jusqu'alors aucun rôle déstabilisateur et que la présence de ces racines n'était qu'un facteur d'aggravation de l'évolution des désordres. • Civ. 1re, 13 févr. 2001, n° 98-11.171 : *RCA 2001, n° 168.* ♦ Ayant retenu que les mouvements successifs du bâtiment, par alternance de dessication et hydratation, ont progressivement fragilisé l'immeuble, que les fissures considérées dans l'instance sont bien apparues par l'effet de la sécheresse, catastrophe naturelle objet de l'Arr. du 8 juill. 2003, celle-ci ayant aggravé les fissurations qui préexistaient et qu'il est ainsi établi que cette sécheresse est bien la cause déterminante du sinistre, même si l'expert a relevé l'existence d'un défaut de conception de la construction affectant les fondations, l'immeuble n'ayant pas été affecté par ce défaut avant la sécheresse de 2002 et que c'est l'effet de celle-ci qui a provoqué le sinistre, qui sans cet événement ne se serait pas produit, une cour d'appel a pu déduire, sans contradiction de motifs, que la cause déterminante du sinistre résidait bien dans l'intensité anormale d'un agent naturel. • Civ. 2e, 4 nov. 2010, n° 09-71.677 : *RGDA 2011. 202, note Abravanel-Jolly.* ♦ Ayant souverainement estimé que la sécheresse de 2003 ayant donné lieu à l'arrêté de catastrophe naturelle du 25 août 2004 était la cause déterminante du sinistre et que les mesures habituelles prises en raison de la nature des sols, à savoir une fondation avec micropieux, avaient bien été mises en place, et avaient donné satisfaction pendant plusieurs années, une cour d'appel a pu condamner un assureur à indemniser son assuré au titre de la garantie des catastrophes naturelles. • Civ. 2e, 8 déc. 2016, n° 15-17.180 : *RGDA 2017. 146, note Pélissier.* ♦ Après avoir exactement énoncé que l'art. L. 125-1 C. ass. n'exige pas que l'agent naturel constitue la cause exclusive des dommages, c'est dans l'exercice de son pouvoir souverain qu'une cour d'appel a estimé, au vu des conclusions techniques circonstanciées du second expert judiciaire, qu'en dépit du vice de construction affectant les fondations du bâtiment sinistré, qui ne disposait pas à l'origine d'un complexe de fondations le mettant à l'abri des mouvements du sol, et alors que l'aggravation importante de la fissuration de ses murs et cloisons était survenue dans le mois ayant suivi l'épisode caniculaire d'une exceptionnelle intensité de l'année 2003, après que les travaux de confortement préconisés par le premier expert judiciaire avaient été réalisés par une entreprise hautement spécialisée, ces nouveaux désordres trouvaient leur cause directe et déterminante dans cet épisode de sécheresse exceptionnelle classée en catastrophe naturelle. • Civ. 2e, 29 mars 2018, n° 15-17.017 : *RCA 2018, n° 204, note Groutel.*

10. Caractère non déterminant de l'agent naturel – Sécheresse. Ayant retenu qu'il n'est pas établi que la sécheresse de mars 1998, reconnue comme état de catastrophe naturelle, soit la cause déterminante des fissurations apparues avant sa survenance et qui auraient pu être prévenues par une conception adaptée des fondations compte tenu de l'implantation de l'ouvrage sur un terrain à forte déclivité, sans étude de sol préalable, sur une plate-forme en talus après terrassement pour en permettre la construction, une cour d'appel a pu déduire que l'assureur garantissant les risques de catastrophe naturelle n'était pas tenu d'accorder sa garantie. • Civ. 2e, 3 juin 2010, n° 09-15.307 : *RGDA 2010. 1148, note Astegiano-La Rizza.* ♦ En se bornant, pour condamner un assureur à paiement, à relever que les mouvements de terrain avaient engendré de manière déterminante les désordres subis, sans rechercher si les mesures habituelles pour prévenir ces dommages avaient effectivement été prises, ou si, l'ayant été, n'avaient pu empêcher leur survenance, une cour d'appel a privé sa décision de base légale au regard de l'art. L. 125-1, al. 3, C. ass. • Civ. 2e, 9 févr. 2012, n° 10-28.003 : *RGDA 2012. 821, note Asselain.* ♦ Ayant exactement retenu que l'assureur, assureur de catastrophe naturelle, n'était tenu que de l'obligation légale édictée par l'art. L. 125-1 de réparer les « dommages directs et non assurables consécutifs à un sinistre reconnu comme catastrophe naturelle », et relevé, sans dénaturation du rapport d'expertise, qu'il résultait des constatations et conclusions de l'expert et de son sapiteur que les fissures apparues sur les façades de la maison étaient consécutives au mouvement global, depuis plusieurs années, d'inclinaison du bâtiment en direction du sud-est, réactivé et aggravé par les phénomènes climatiques de ces dernières années, sans que ces fissurations puissent être reliées de façon exclusive et directe aux sécheresses de 2003 et de 2005 ayant donné lieu aux arrêtés de catastrophe naturelle du 25 août 2004 et du 20 févr. 2008, et que le sous-sol du secteur sur lequel était situé le pavillon, composé de marnes vertes, était instable et subissait depuis de nombreuses années des mouvements de terrain qui ne pouvaient être rattachés aux phénomènes de 2003 et de 2005, une cour d'appel a pu déduire de ces seuls motifs que les demandes dirigées contre cet assureur devaient être rejetées. • Civ. 3e, 4 oct. 2018, n° 17-21.943 : *RGDA 2019. 34, note Pélissier.*

11. Caractère non déterminant de l'agent naturel – Carrière souterraine. C'est sans dénaturer l'arrêté municipal du 22 mai 1985 qu'une cour d'appel a considéré que les immeubles n'avaient été ni détruits, ni même détériorés par le sinistre du 23 avril 1983 et que les risques d'effondrement auxquels ils se trouvaient exposés étaient antérieurs à cette date dès lors qu'ils avaient pour origine l'existence, sous les fondations, de carrières souterraines très anciennes. • Civ. 1re, 20 oct. 1992, n° 89-19.165 : *RCA 1992, n° 470; RGAT 1993. 370, note Bigot.*

12. Caractère non déterminant de l'agent naturel – Pluies. Ne peuvent être considérés comme les effets d'une catastrophe naturelle au sens de l'art. L. 125-1 C. ass. les dommages liés à une inondation déclarée catastrophe naturelle, dès lors qu'ils étaient dus à l'obstruction passagère de la canalisation de descente des eaux de pluie et que ce phénomène serait resté sans conséquence si les trop-pleins prévus par la norme NFP 30-201, article 6-36, de janv. 1948 avaient été mis en place. • Civ. 1re, 7 févr. 1995, n° 91-16.706 P. ♦ Ayant relevé que, si les murs de soutènement s'étaient effondrés à l'occasion de pluies importantes, c'était en raison de leurs insuffisances constructives, que ces murs avaient été édifiés sur un terrain en forte pente, sans étude de sol et sans recours à un bureau d'études techniques pour définir leurs caractéristiques, que l'expert avait relevé sur ces ouvrages en béton armé, dont chacun mesurait environ vingt mètres de long sur une hauteur d'environ deux mètres cinquante, un ferraillage dans la partie en élévation mal positionné et insuffisant, que l'épisode pluvieux qui avait donné lieu à la publication d'un arrêté de catastrophe naturelle n'avait été qu'un élément révélateur et déclencheur des insuffisances de la construction de ces murs et que la cause déterminante du sinistre n'était pas la survenance d'un phénomène climatique exceptionnel, pouvant être qualifié de catastrophe naturelle, une cour d'appel a légalement justifié sa décision rejetant la garantie d'un assureur. • Civ. 3e, 14 févr. 2019, n° 17-31.083 : *RGDA avr. 2019. 14, note Pimbert; RCA 2019, n° 145.*

13. Principe de la réparation intégrale du dommage. Les juges du fond apprécient souverainement l'indemnité due au titre de la réparation intégrale du dommage qui peut résulter de la nécessité de procéder à la démolition complète avant reconstruction de l'aile d'une construction. • Civ. 2e, 8 déc. 2016, n° 15-17.180 : *RGDA 2017. 146, note Pélissier.*

14. Dommage garantis. Ayant relevé que, eu égard à la nature des travaux à effectuer, les propriétaires auraient l'obligation de souscrire une assurance dommages-ouvrage, une cour d'appel peut retenir que la dépense correspondante n'est pas dissociable du coût des travaux et constitue un dommage direct indemnisable. • Civ. 3e, 8 avr. 2009, n° 07-21.910 P : *D. 2009. AJ 1358 ; AJDI 2010. 149, obs. Maublanc.* ♦ Prive sa décision de base légale au regard de l'art. L. 125-1 la cour d'appel qui, pour débouter les demandeurs de leur action en indemnisation à l'encontre de leur assuré, énonce que la mobilisation de la garantie « catastrophe naturelle » suppose que les biens dont s'agit soient la propriété de l'assuré et qu'en l'espèce, il n'est désormais plus contesté que le mur de soutènement de la propriété, qui s'est effondré, faisait partie du domaine public du département et n'était donc pas la propriété des demandeurs assurés, sans rechercher si l'effondrement du mur, quel qu'en soit le propriétaire, n'avait pas causé des dégâts matériels à la propriété des demandeurs et, dans l'affirmative, si cet effondrement n'avait pas pour cause déterminante les intempéries ayant donné lieu à l'état de catastrophe naturelle. • Civ. 2e, 16 avr. 2015, no 14-13.294 : *RCA 2015, no 212, note Groutel ; RGDA 2015. 310, note Pélissier.*

15. Dommages non garantis. Ne constitue pas un dommage matériel direct au sens de l'art. L. 125-1 C. assur. la pose d'une membrane d'étanchéité préconisée par l'expert à titre de mesure conservatoire. • Civ. 2e, 8 déc. 2016, no 15-17.180 : *V. note 9.* ♦ … Les désordres consécutifs aux travaux de reprise effectués à la suite d'un sinistre provoqué par une sécheresse déclarée catastrophe naturelle. • Civ. 3e, 12 janv. 2011 : *RGDA 2011. 777, note Périer.* ♦ … Les fissurations apparues avant la sécheresse, déclarée catastrophe naturelle, et qui auraient pu être prévenues par une conception adaptée des fondations compte tenu de l'implantation de l'ouvrage sur un terrain à forte déclivité, sans étude de sol préalable, sur une plate-forme en talus après terrassement pour en permettre la construction. • Civ. 2e, 3 juin 2010 : *RGDA 2010. 1148, note Astegiano-La Rizza.* ♦ Aussi, en se bornant, pour condamner un assureur à paiement, à relever que les mouvements de terrain avaient engendré de manière déterminante les désordres subis, sans rechercher si les mesures habituelles pour prévenir ces dommages avaient effectivement été prises, ou si, l'ayant été, n'avaient pu empêcher leur survenance, une cour d'appel a privé sa décision de base légale au regard de l'art. L. 125-1, al. 3, C. assur. • Civ. 2e, 9 févr. 2012 : *RGDA 2012. 821, note Asselain.*

16. Efficacité des réparations. L'assureur catastrophe naturelle doit supporter l'intégralité de la charge des réparations des désordres réapparus après des travaux de confortement des fondations des murs périphériques consécutif à un sinistre, dès lors que l'expert qu'il avait désigné avait pris une part déterminante dans le contrôle des travaux proposés par le constructeur ayant réalisé les travaux. • Civ. 3e, 18 mars 2021, no 20-13.736. ♦ En revanche, l'assureur catastrophe naturelle, qui n'a pas été en charge des travaux de réparation d'un bâtiment sinistré, ne doit pas répondre de l'inefficacité des travaux mal conçus par le maître d'œuvre et mal exécutés par l'entreprise. • Civ. 3e, 16 sept. 2021, no 19-24.382 : *RCA 2022, no 253, note Porte.*

17. Bénéficiaire de l'indemnité d'assurance. Le bénéficiaire de l'indemnité d'assurance est le propriétaire du bien au moment du sinistre, même si l'arrêté interministériel ayant constaté la catastrophe naturelle n'a été pris que postérieurement au transfert de propriété, lorsque le dommage susceptible d'ouvrir droit à garantie au titre de l'art. L. 125-1 est survenu antérieurement au transfert de la propriété. • Civ. 1re, 18 juill. 2000 : *RCA 2000, no 344.* ♦ … Ou même lorsque la gravité des fissures constatées avant la vente s'est révélée dans son ampleur et ses conséquences après l'aménagement des acquéreurs. • Civ. 2e, 7 avr. 2011 : *RGDA 2011. 1111, note Bigot.* ♦ Seul le propriétaire du bien à l'époque tant du fait générateur du dommage que du dommage lui-même peut prétendre au bénéfice de la garantie. • Civ. 3e, 16 avr. 2013, no 12-16.242. ♦ *Contra* : sauf clause contraire, l'acquéreur d'un immeuble a qualité à agir en paiement des indemnités d'assurance contre l'assureur des vendeurs garantissant les risques de catastrophe naturelle, même pour les dommages nés antérieurement à la vente. • Civ. 3e, 7 mai 2014, no 13-16.400 P, no 13-16.400 P : *D. 2015. 1244, note Bacache ; AJDI 2015. 58, note Cohet ; RCA 2014, no 284, note Groutel ; ibid. 2015. Chron. 1, no 17, note Groutel.* ♦ V. égal. l'arrêt affirmant que l'assureur, garantissant les risques de catastrophe naturelle au moment du sinistre survenu avant la vente de l'immeuble, pendant la période visée par l'arrêté constatant cette catastrophe naturelle, est tenu d'accorder sa garantie aux acquéreurs de ce bien, en l'absence de résiliation du contrat d'assurance. • Civ. 2e, 4 nov. 2010 : *RGDA 2011. 202, note Abravanel-Jolly.*

18. Assureurs successifs. En cas d'assurances successives garantissant le risque de catastrophe naturelle, la garantie est due par l'assureur dont le contrat est en cours durant la période visée par l'arrêté ministériel constatant l'état de catastrophe naturelle. • Civ. 2e, 16 janv. 2014 : *D. 2014. 1722, chron. Lazerges-Cousquer et Touati ; ibid. 2015. 1231, note Bacache ; RCA 2014, no 131, note Leduc ; ibid. 2015. Chron. 1, no 17, note Groutel.* ♦ Dès lors, le sinistre, dont la gravité s'est révélée après la vente de la maison au cours de l'été 2004, ayant pour cause la sécheresse ayant sévi de juill. à sept. 2003, n'est pas garanti par l'assureur de l'acheteur, puisqu'à cette période le bien n'était pas assuré par cet assureur. • Civ. 2e, 3 oct. 2013 : *RCA 2014, no 29 ; RGDA 2014. 58, note Kullmann.* ♦ L'assureur du vendeur, assureur du bien au moment de la sécheresse, est tenu à garantie. • Civ. 2e, 7 avr. 2011 : *RGDA 2011. 1111, note Bigot.* ♦ *Contra* : en cas d'assurances successives garantissant le risque de catastrophes naturelles, c'est à la date de survenance du sinistre qu'il convient de se placer pour déterminer l'assureur débiteur de la garantie. Il appartient en conséquence à l'assuré, qui revendique la garantie d'une compagnie d'assurances, de prouver que les dommages matériels directs présentés par bien étaient survenus avant la date de résiliation du contrat souscrit auprès de cette compagnie d'assurances. • Civ. 1re, 27 mai 2003 : *RGDA 2003. 795, note Favre-Rochex.* ♦ V. dans le même sens : • Civ. 3e, 19 déc. 2006 : *RGDA 2007. 253, note Beauchard.*

19. Paiement indu. Un assureur de biens qui, dans la croyance erronée que des désordres avaient pour cause un phénomène naturel de sécheresse, a indemnisé son assuré, alors qu'ils relevaient d'un vice de construction, peut exercer un recours contre le constructeur et son assureur de responsabilité décennale. • Civ. 1re, 4 avr. 2001 : *RCA 2001, no 235 ; ibid., Chron. 15, note Groutel.*

Art. L. 125-1-1 *(L. nº 2021-1837 du 28 déc. 2021, art. 5)* **I. – La Commission nationale consultative des catastrophes naturelles est chargée de rendre annuellement un avis sur la pertinence des critères retenus pour déterminer la reconnaissance de l'état de catastrophe naturelle, au sens de l'article L. 125-1, et sur les conditions effectives de l'indemnisation des sinistrés. Cet avis est rendu notamment sur le fondement d'un rapport annuel produit par la commission interministérielle de reconnaissance de l'état de catastrophe naturelle mentionnée au II du présent article et qui comprend un bilan synthétique des avis rendus par celle-ci ainsi qu'un état des référentiels retenus pour apprécier l'intensité anormale de l'agent naturel, au sens du troisième alinéa de l'article L. 125-1. L'avis dresse également un bilan des modalités et conditions selon lesquelles les experts qui interviennent pour l'évaluation de dommages occasionnés par des catastrophes naturelles sont certifiés et propose, le cas échéant, des évolutions. La Commission nationale consultative des catastrophes naturelles comprend, parmi ses membres, six membres titulaires de mandats locaux et des représentants des associations de sinistrés. Elle peut entendre toute personne dont l'audition lui paraît utile à ses travaux. Les comptes rendus de ses débats sont rendus publics, dans des conditions prévues par décret. Les missions, la composition, l'organisation et le fonctionnement de la Commission nationale consultative des catastrophes naturelles sont précisés par décret.**

II. – La commission interministérielle de reconnaissance de l'état de catastrophe naturelle est une commission technique chargée d'émettre un avis sur les demandes de reconnaissance de l'état de catastrophe naturelle dont elle est saisie par les ministres concernés, sur la base de rapports d'expertise. L'organisation, le fonctionnement et les modalités de communication des avis de la commission interministérielle sont précisés par décret.

III. – L'avis rendu annuellement par la Commission mentionnée au I et le rapport annuel établi par la commission mentionnée au II sont transmis chaque année au Parlement et au Conseil d'orientation pour la prévention des risques naturels majeurs mentionné à l'article L. 565-3 du code de l'environnement.

Art. L. 125-1-2 *(L. nº 2021-1837 du 28 déc. 2021, art. 2-I)* **Un référent à la gestion des conséquences des catastrophes naturelles et à leur indemnisation est nommé auprès du représentant de l'État dans le département, par arrêté préfectoral. Sans préjudice des attributions des services compétents, il est chargé :**

1º D'informer les communes des démarches requises pour déposer une demande de reconnaissance de l'état de catastrophe naturelle, de les conseiller au cours de l'instruction de leur demande et de mobiliser les dispositifs d'aide et d'indemnisation susceptibles d'être engagés après la survenue d'une catastrophe naturelle ou, le cas échéant, après un événement climatique exceptionnel pour lequel une commune n'a pas vu sa demande de reconnaissance de l'état de catastrophe naturelle satisfaite ;

2º De faciliter et de coordonner, en tant que de besoin et sous l'autorité du représentant de l'État dans le département, les échanges entre les services de l'État, les communes et les représentants des assureurs sur les demandes en cours d'instruction ;

3º De promouvoir, au niveau du département, une meilleure information des communes, du département, des habitants, des entreprises et des associations de sinistrés sur la prévention et la gestion des conséquences des catastrophes naturelles par la diffusion d'informations générales sur l'exposition du territoire concerné à des risques naturels et événements susceptibles de donner lieu à la constatation de l'état de catastrophe naturelle, dans les conditions prévues à l'article L. 125-1, du fait de l'exposition particulière du territoire concerné à des risques naturels ou de l'intensité d'événements naturels comparables récents, sur les dispositifs d'aide et d'indemnisation pouvant être engagés après la survenue d'une catastrophe naturelle, sur les démarches pour en demander le bénéfice et sur les conditions d'indemnisation des sinistrés ;

4º De s'assurer de la communication aux communes, à leur demande, des rapports d'expertise ayant fondé les décisions de reconnaissance de l'état de catastrophe naturelle, dans des conditions fixées par décret ;

5° De présenter, au moins une fois par an, un bilan des demandes de reconnaissance de l'état de catastrophe naturelle, de l'utilisation du fonds de prévention des risques naturels majeurs et de l'évolution des zones exposées au phénomène de sécheresse-réhydratation des sols devant la commission départementale compétente.

Des supports de communication à destination des habitants sont mis à la disposition des communes par le référent mentionné à l'art. L. 125-1-2 C. assur. afin de garantir une bonne connaissance de la procédure de reconnaissance de l'état de catastrophe naturelle. Ces documents décrivent les étapes de la procédure, depuis la formulation de la demande jusqu'à l'achèvement du processus d'indemnisation prévu à l'art. L. 125-2 du même code (L. n° 2021-1837 du 28 déc. 2021, art. 2-II et III, en vigueur le 1er juill. 2022).

Art. L. 125-2 Les entreprises d'assurance doivent insérer dans les contrats mentionnés à l'article L. 125-1 une clause étendant leur garantie aux dommages visés au troisième alinéa dudit article.

La garantie ainsi instituée ne peut excepter aucun des biens mentionnés au contrat ni opérer d'autre abattement que ceux qui seront fixés dans les clauses types prévues à l'article L. 125-3.

Elle est couverte par une prime ou cotisation additionnelle, individualisée dans l'avis d'échéance du contrat visé à l'article L. 125-1 et calculée à partir d'un taux unique défini par arrêté pour chaque catégorie de contrat. Ce taux est appliqué au montant de la prime ou cotisation principale ou au montant des capitaux assurés, selon la catégorie de contrat.

Les indemnisations résultant de cette garantie doivent être attribuées aux assurés dans un délai de trois mois à compter de la date de remise de l'état estimatif des biens endommagés ou des pertes subies, sans préjudice de dispositions contractuelles plus favorables, ou de la date de publication, lorsque celle-ci est postérieure, de la décision administrative constatant l'état de catastrophe naturelle. *(L. n° 2004-811 du 13 août 2004, art. 12)* **« Les indemnisations résultant de cette garantie ne peuvent faire l'objet d'aucune franchise non prévue explicitement par le contrat d'assurance. Les franchises éventuelles doivent également être mentionnées dans chaque document fourni par l'assureur et décrivant les conditions d'indemnisation. Ces conditions doivent être rappelées chaque année à l'assuré. »**

(L. n° 2003-699 du 30 juill. 2003, art. 70) **« En tout état de cause, une provision sur les indemnités dues au titre de cette garantie doit être versée à l'assuré dans les deux mois qui suivent la date de remise de l'état estimatif des biens endommagés ou des pertes subies, ou la date de publication, lorsque celle-ci est postérieure, de la décision administrative constatant l'état de catastrophe naturelle. »**

V. art. A. 125-2.

Sur la prévention des risques naturels majeurs, V. C. envir., art. L. 561-1 s.

Nouvel art. L. 125-2 ***Les entreprises d'assurance doivent insérer dans les contrats mentionnés à l'article L. 125-1 une clause étendant leur garantie aux dommages visés au troisième alinéa dudit article.***

La garantie ainsi instituée ne peut excepter aucun des biens mentionnés au contrat ni opérer d'autre abattement que ceux qui seront fixés dans les clauses types prévues à l'article L. 125-3.

Elle est couverte par une prime ou cotisation additionnelle, individualisée dans l'avis d'échéance du contrat visé à l'article L. 125-1 et calculée à partir d'un taux unique défini par arrêté pour chaque catégorie de contrat. Ce taux est appliqué au montant de la prime ou cotisation principale ou au montant des capitaux assurés, selon la catégorie de contrat.

(L. n° 2021-1837 du 28 déc. 2021, art. 6 et 10, en vigueur le 1er janv. 2023) ***« A compter de la réception de la déclaration du sinistre ou de la date de publication, lorsque celle-ci est postérieure, de la décision administrative constatant l'état de catastrophe naturelle, l'assureur dispose d'un délai d'un mois pour informer l'assuré des modalités de mise en jeu des garanties prévues au contrat et pour ordonner une expertise lorsque l'assureur le juge nécessaire. Il fait une proposition d'indemnisation ou de réparation en nature résultant de cette garantie, dans un délai d'un mois à compter soit de la réception de l'état estimatif transmis par l'assuré en l'absence d'expertise, soit de la réception du rapport d'expertise définitif. A compter de la réception de l'accord de l'assuré sur la proposition d'indemnisation, l'assureur dispose d'un délai d'un mois pour missionner l'entreprise de réparation ou d'un délai de vingt et un jours pour*** *verser l'indemnisation due. A défaut, et sauf cas fortuit ou de force majeure, l'indemnité due par l'assureur porte, à compter de l'expiration de ce dernier délai, intérêt au taux de l'intérêt légal. L'ensemble des délais auxquels sont soumis les assureurs s'applique sans préjudice des stipulations contractuelles plus favorables.* » (L. n° 2004-811 du 13 août 2004, art. 12) « *Les indemnisations résultant de cette garantie* (L. n° 2021-1837 du 28 déc. 2021, art. 3 et 10, en vigueur le 1er janv. 2023) « *sont soumises à une franchise dont les caractéristiques sont définies par décret. Ces caractéristiques, notamment le montant de cette franchise, tiennent compte de l'aléa ; pour les professionnels et pour les personnes morales de droit privé ou de droit public, elles tiennent compte de l'importance des capitaux assurés, de l'usage et la taille des biens assurés. Pour les véhicules terrestres à moteur et les biens qui ne sont pas destinés à un usage professionnel, elles peuvent tenir compte des franchises applicables aux autres garanties portant sur des aléas naturels prévues dans les contrats mentionnés à l'article L. 125-1.* » *Les franchises* (Abrogé par L. n° 2021-1837 du 28 déc. 2021, art. 3 et 10, à compter du 1er janv. 2023) « *éventuelles* » *doivent également être mentionnées dans chaque document fourni par l'assureur et décrivant les conditions d'indemnisation. Ces conditions doivent être rappelées chaque année à l'assuré.* (L. n° 2021-1837 du 28 déc. 2021, art. 6 et 10, en vigueur le 1er janv. 2023) « *Dans la limite du montant de la valeur de la chose assurée au moment du sinistre, les indemnisations dues à l'assuré au titre des sinistres liés aux mouvements de terrain différentiels consécutifs à la sécheresse-réhydratation des sols couvrent les travaux permettant un arrêt des désordres existants consécutifs à l'événement lorsque l'expertise constate une atteinte à la solidité du bâtiment ou un état du bien le rendant impropre à sa destination. Les contrats mentionnés à l'article L. 125-1, nonobstant toute stipulation contraire, sont réputés inclure une clause prévoyant l'obligation pour l'assuré de donner avis à l'assureur de tout sinistre de nature à entraîner la garantie mentionnée au même article L. 125-1, dès qu'il en a eu connaissance, et au plus tard trente jours après la publication de l'arrêté de reconnaissance de l'état de catastrophe naturelle. L'assureur communique à l'assuré le rapport d'expertise définitif relatif au sinistre déclaré. Dans le cas des sinistres causés par le phénomène de sécheresse-réhydratation des sols, l'assureur communique également à l'assuré un compte rendu des constatations effectuées lors de chaque visite. La police d'assurance indique, pour les contrats souscrits par une personne physique et garantissant les dommages aux biens à usage d'habitation ou aux véhicules terrestres à moteur à usage non professionnel, la possibilité, en cas de litige relatif à l'application de la garantie catastrophe naturelle, de recourir à une contre-expertise. En cas de contestation de l'assuré auprès de l'assureur des conclusions du rapport d'expertise, l'assureur informe l'assuré de sa faculté de faire réaliser une contre-expertise dans les conditions prévues au contrat et de se faire assister par un expert de son choix.* »

(L. n° 2003-699 du 30 juill. 2003, art. 70) « *En tout état de cause, une provision sur les indemnités dues au titre de cette garantie doit être versée à l'assuré dans les deux mois qui suivent la date de remise de l'état estimatif des biens endommagés ou des pertes subies, ou la date de publication, lorsque celle-ci est postérieure, de la décision administrative constatant l'état de catastrophe naturelle.* »

(L. n° 2021-1837 du 28 déc. 2021, art. 3 et 10, en vigueur le 1er janv. 2023) « *A l'exception des biens assurés par les collectivités territoriales ou par leurs groupements pour lesquels un plan de prévention des risques naturels prévisibles a été prescrit mais non approuvé dans les délais réglementaires, aucune modulation de franchise à la charge des assurés ne peut être appliquée en raison de l'absence, dans ces collectivités territoriales ou ces groupements, d'un plan de prévention des risques naturels prévisibles prévu à l'article L. 562-1 du code de l'environnement.* »

V. art. A. 125-2.

Sur la prévention des risques naturels majeurs, V. C. envir., art. L. 561-1 s.

1. Paiement tardif de l'indemnité. Puisque le bénéficiaire de l'indemnité d'assurance est le propriétaire du bien au moment du sinistre, même si l'arrêté interministériel ayant constaté la catastrophe naturelle n'a été pris que postérieurement au transfert de propriété, le vendeur peut demander réparation du préjudice né du fait de la carence de l'assureur à lui verser en temps utile l'indemnité à laquelle il était tenu. • Civ. 2e, 7 avr. 2011 : *RGDA 2011. 1111, note Bigot.* ♦ .... Mais il faut établir un lien de causalité entre la carence imputée à l'assureur et l'aggravation alléguée du préjudice. • Civ. 2e, 17 juin 2010 : *RGDA 2010. 1144, note Astegiano-La Rizza.*

2. Assurance valeur à neuf. L'indemnisation des effets d'une catastrophe naturelle s'effectue sur la base des conditions stipulées dans le contrat socle. Le délai de trois mois ouvert à l'assureur pour régler l'indemnité ne concerne que l'indemnité immédiate correspondant à la valeur d'usage du bien. Le paiement de l'indemnité différée correspondant à la valeur de reconstruction relève des stipulations contractuelles. • Civ. 2e, 13 déc. 2012 : *RCA 2013, n° 104, note Groutel.*

Code général des impôts

SECTION XXI. *Prélèvement annuel sur le produit des primes ou cotisations additionnelles relatives à la garantie contre le risque de catastrophes naturelles prévues à l'article L. 125-2 du code des assurances*
(L. n° 2020-1721 du 29 déc. 2020, art. 85-III, en vigueur le 1er janv. 2021)

Art. 235 *ter* ZE *(L. n° 2020-1721 du 29 déc. 2020, art. 85-III, en vigueur le 1er janv. 2021)*
I. — Il est institué un prélèvement annuel sur le produit des primes ou cotisations additionnelles prévues à l'article L. 125-2 du code des assurances relatives à la garantie contre le risque de catastrophes naturelles. Ce prélèvement est versé par les entreprises d'assurance.

II. — Le taux de ce prélèvement est fixé à 12 %. Le prélèvement est recouvré suivant les mêmes règles, sous les mêmes garanties et les mêmes sanctions que la taxe prévue à l'article 991 du présent code.

Art. L. 125-3 **Les contrats mentionnés à l'article L. 125-1 sont réputés, nonobstant toute disposition contraire, contenir une telle clause.**

Des clauses types réputées écrites dans ces contrats sont déterminées par arrêté *(L. n° 2021-1837 du 28 déc. 2021, art. 3 et 10, en vigueur le 1er janv. 2023)* **« du ministre chargé de l'économie ».** — *Assur. R. 431-31.*

V. art. A. 125-1.

Franchise antérieure à la loi du 13 juill. 1982. La loi du 13 juill. 1982 qui a obligatoirement étendu la garantie de l'assureur aux dommages matériels directs subis par les biens assurés, à la suite d'une catastrophe naturelle, n'a pas rendu caduques les garanties couvrant déjà les mêmes risques dans les contrats conclus antérieurement ; il s'ensuit que, lorsque des dommages déclarés catastrophe naturelle étaient déjà couverts par le contrat, la franchise applicable demeure celle contractuellement prévue. • Civ. 1re, 7 mars 1995, n° 91-13.131 P : *RCA 1995, n° 278 ; RGAT 1995. 444, note Kullmann.*

Art. L. 125-4 *(L. n° 92-665 du 16 juill. 1992)* **Nonobstant toute disposition contraire, la garantie visée par l'article L. 125-1 du présent code inclut le remboursement du coût des études géotechniques rendues préalablement nécessaires pour la remise en état des constructions affectées par les effets d'une catastrophe naturelle** *(L. n° 2021-1837 du 28 déc. 2021, art. 7 et 10, en vigueur à une date fixée par décret et au plus tard le 1er janv. 2023)* **« ainsi que les frais d'architecte et de maîtrise d'œuvre associés à cette remise en état, lorsque ceux-ci sont obligatoires ».**

Domaine (jurisprudence antérieure à la loi du 30 juill. 2003). L'art. L. 125-1 C. assur. opère une distinction entre les catastrophes naturelles et les affaissements de terrain dus à des cavités souterraines ou des marnières en ne soumettant à un arrêté ministériel que la garantie pour catastrophe naturelle. Le principe formulé par l'art. L. 125-4, selon lequel l'indemnité due à l'assuré comprend le remboursement des frais d'étude de sol, se rapporte globalement à l'art. L. 125-1 sans opérer de distinction selon la nature du sinistre, catastrophe naturelle ou affaissements de terrain dus à des cavités souterraines ou à des marnières. Dès lors, une cour d'appel a déduit, à bon droit, que la garantie d'assurance due au titre des affaissements de terrain résultant de cavités souterraines ou de marnières, hormis le cas des dommages imputables à l'exploitation passée ou en cours d'une mine, due même en l'absence d'arrêté déclarant l'état de catastrophe naturelle, incluait le coût des études géotechniques nécessaires pour la remise en état des constructions affectées. • Civ. 2e, 8 avr. 2004 : *RCA 2004, n° 239.*

Art. L. 125-5 **Sont exclus du champ d'application du présent chapitre les dommages causés aux récoltes non engrangées, aux cultures, aux sols et au cheptel vif hors bâtiment, dont l'indemnisation reste régie par les dispositions** *(L. n° 93-934 du 22 juill. 1993 ; Ord. n° 2010-462 du 6 mai 2010, art. 1er ; L. n° 2010-874 du 27 juill. 2010, art. 26-II-1°)* **« du chapitre Ier du titre VI du livre III du code rural et de la pêche maritime ».**

Sont exclus également du champ d'application du présent chapitre les dommages subis par les corps de véhicules aériens, maritimes, lacustres et fluviaux, *(L. n° 2016-816 du 20 juin 2016, art. 84-2°)* **« les installations d'énergies marines renouvelables, au sens de l'article L. 111-6, » ainsi que les marchandises transportées et les dommages mentionnés à l'article L. 242-1.**

Les contrats d'assurance garantissant les dommages mentionnés aux alinéas précédents ne sont pas soumis au versement de la prime ou cotisation additionnelle.

Garantie complémentaire. Il résulte du dernier alinéa de l'art. L. 125-5 qu'un contrat d'assurance peut garantir les risques normalement exclus du champ d'application de l'assurance obligatoire des risques de catastrophe naturelle, tels les dommages causés aux récoltes sur pied. • Civ. 1re, 15 déc. 1993, nº 91-20.800 P : *D. 1994. IR 142, obs. Berr ; RCA 1994, nº 107 ; RGAT 1994. 488, note Kullmann.*

Art. L. 125-6 **Dans les terrains classés inconstructibles par un** *(L. nº 95-101 du 2 févr. 1995 ; L. nº 2003-699 du 30 juill. 2003, art. 73-1º)* **« plan de prévention des risques naturels prévisibles approuvé dans les conditions fixées par les dispositions du chapitre II du titre VI du livre V du code de l'environnement », l'obligation prévue au premier alinéa de l'article L. 125-2 ne s'impose pas aux entreprises d'assurance à l'égard des biens et activités mentionnés à l'article L. 125-1, à l'exception, toutefois, des biens et des activités existant antérieurement à la publication de ce plan.**

Cette obligation ne s'impose pas non plus aux entreprises d'assurance à l'égard des biens immobiliers construits et des activités exercées en violation des règles administratives en vigueur lors de leur mise en place et tendant à prévenir les dommages causés par une catastrophe naturelle.

Les entreprises d'assurance ne peuvent toutefois se soustraire à cette obligation que lors de la conclusion initiale ou du renouvellement du contrat.

(L. nº 94-679 du 8 août 1994 ; L. nº 95-101 du 2 févr. 1995 ; L. nº 2003-699 du 30 juill. 2003, art. 73-2º) **« A l'égard des biens et activités situés sur des terrains couverts par un plan de prévention des risques, les entreprises d'assurance peuvent exceptionnellement déroger aux dispositions du deuxième alinéa de l'article L. 125-2 sur décision d'un bureau central de tarification, dont les conditions de constitution et les règles de fonctionnement sont fixées par décret en Conseil d'État, lorsque le propriétaire ou l'exploitant ne se sera pas conformé dans un délai de cinq ans aux mesures visées au 4º du II de l'article L. 562-1 du code de l'environnement. »**

Le bureau central de tarification fixe des abattements spéciaux dont les montants maxima *[maximaux]* **sont déterminés par arrêté, par catégorie de contrat.**

(L. nº 2003-699 du 30 juill. 2003, art. 72) **« Lorsqu'un assuré s'est vu refuser par une entreprise d'assurance l'application des dispositions du présent chapitre, il peut saisir le bureau central de tarification, qui impose à l'entreprise d'assurance concernée de le garantir contre les effets des catastrophes naturelles** *[nouvelle rédaction issue de la L. nº 2021-1837 du 28 déc. 2021, art. 6 et 10, en vigueur le 1er janv. 2023 : « Lorsqu'un assuré s'est vu refuser par une entreprise d'assurance, en raison de l'importance du risque de catastrophes naturelles auquel il est soumis, la souscription d'un des contrats mentionnés à l'article L. 125-1 du présent code, il peut saisir le bureau central de tarification, qui impose à l'entreprise d'assurance concernée la souscription du contrat demandé comprenant la garantie contre les effets des catastrophes naturelles »]*. **Lorsque le risque présente une importance ou des caractéristiques particulières, le bureau central de tarification peut demander à l'assuré de lui présenter, dans les mêmes conditions, un ou plusieurs autres assureurs afin de répartir le risque entre eux. »**

Toute entreprise d'assurance ayant maintenu son refus de garantir un assuré dans les conditions fixées par le bureau central de tarification est considérée comme ne fonctionnant plus conformément à la réglementation en vigueur et encourt le retrait de l'agrément administratif *(L. nº 94-5 du 4 janv. 1994)* **« prévu aux articles L. 321-1 ou L. 321-7 à L. 321-9 ».**

Est nulle toute clause des traités de réassurance tendant à exclure le risque de catastrophe naturelle de la garantie de réassurance en raison des conditions d'assurance fixées par le bureau central de tarification.

(L. nº 2003-699 du 30 juill. 2003, art. 69) **« Le préfet ou le président de la caisse centrale de réassurance peuvent saisir le bureau central de tarification lorsque les conditions dans lesquelles un bien ou une activité bénéficie de la garantie prévue de l'article L. 125-1 leur paraissent injustifiées eu égard au comportement de l'assuré ou à l'absence de toute mesure de précaution de nature à réduire la vulnérabilité de**

ce bien ou de cette activité. Le bureau central de tarification fixe des abattements spéciaux dans les conditions prévues au cinquième alinéa. »

V. art. R. 250-1 s. et A. 250-1 s.

CHAPITRE VI L'ASSURANCE CONTRE LES ACTES DE TERRORISME

(Décr. nº 88-260 du 18 mars 1988)

BIBL. GÉN. ▶ D'HAUTEVILLE, *RGAT 1987. 328.* – RENUCCI, *D. 1987. Chron. 197.*

SECTION PREMIÈRE DOMMAGES CORPORELS

Art. L. 126-1 **Les victimes d'actes de terrorisme commis sur le territoire** *(L. nº 2006-64 du 23 janv. 2006, art. 20)* **« national, les » personnes de nationalité française** *(L. nº 90-589 du 6 juill. 1990, art. 12)* **« victimes à l'étranger de ces mêmes actes »** *(L. nº 2019-222 du 23 mars 2019, art. 64-IV, en vigueur le 1er avr. 2019)* **« , y compris tout agent public ou tout militaire, »** *(L. nº 2006-64 du 23 janv. 2006, art. 20)* **« ainsi que leurs ayants droit, quelle que soit leur nationalité, sont indemnisés » dans les conditions définies aux articles L. 422-1 à L. 422-3.** – *Dispositions applicables aux faits commis postérieurement au 31 déc. 1984 (L. nº 86-1020 du 9 sept. 1986, art. 10, mod. par L. nº 86-1322 du 30 déc. 1986).*

(L. nº 90-589 du 6 juill. 1990, art. 12) **« La réparation peut être refusée ou son montant réduit à raison de la faute de la victime. »** – *V. notes ss. art. L. 422-4.*

A la date du 1er avr. 2019, les procédures en cours devant les juridictions civiles sont transférées en l'état au tribunal de grande instance de Paris. Les affaires peuvent être renvoyées par la juridiction initialement saisie avant la date mentionnée au premier alinéa du présent VIII pour une audience postérieure à cette date devant le tribunal de grande instance de Paris. Il n'y a pas lieu de renouveler les actes, formalités et jugements régulièrement intervenus avant le transfert des procédures. Les parties sont informées par la juridiction antérieurement compétente qu'il leur appartient d'accomplir les actes de la procédure devant le tribunal de grande instance de Paris. Les archives et les minutes du secrétariat de la juridiction antérieurement compétente sont transférées au greffe du tribunal de grande instance de Paris (L. nº 2019-222 du 23 mars 2019, art. 64-VIII).

1. Date de commission de l'infraction. Les art. L. 126-1 et L. 422-1 ne soumettant l'indemnisation des victimes d'actes de terrorisme à aucune condition de date, c'est sans excéder ses pouvoirs, ni violer les textes cités au moyen, qu'une commission d'indemnisation des victimes d'infractions, après avoir constaté que l'infraction commise en 1982 était en rapport avec le terrorisme, s'est déclarée incompétente et a dit que le Fonds de garantie des victimes d'actes de terrorisme et d'autres infractions, auquel les demandeurs devaient adresser leur requête, était seul compétent. • Civ. 2e, 23 juin 1993, nº 91-20.537 P : *RCA 1993, nº 362.*

2. Lieu de commission de l'infraction. Il résulte des art. L. 126-1, L. 422-1 et R. 422-6 C. assur. que le FGTI assure, hors de toute recherche de responsabilité, la réparation intégrale des dommages résultant d'une atteinte à la personne des victimes d'actes de terrorisme commis sur le territoire national, quelle que soit leur nationalité, et des victimes de ces mêmes actes commis à l'étranger, lorsqu'elles sont de nationalité française. Au sens de ces textes, le lieu de commission de ces actes est celui où survient l'atteinte à la personne de la victime. Dès lors, c'est à bon droit qu'ayant constaté que les victimes avaient été blessées en Tunisie et étaient de nationalité allemande, une cour d'appel a décidé qu'elles ne pouvaient bénéficier de l'indemnisation prévue aux textes précités. • Civ. 2e, 24 mars 2016, nº 15-13.737 P : *RGDA 2016. 271, note Pélissier.*

3. Définition de l'acte de terrorisme. Constituent des actes de terrorisme les infractions spécifiées par la loi du 9 sept. 1986, lorsqu'elles sont en relation avec une entreprise individuelle ou collective ayant pour but de troubler gravement l'ordre public par l'intimidation ou la terreur ; la cour d'appel, qui a justement retenu qu'un tel acte implique un minimum d'organisation et qui a, dans l'exercice de son pouvoir souverain d'appréciation, relevé que l'acte non revendiqué dont avaient été victimes les concierges d'un établissement scolaire constituait une action isolée contre cet établissement et que son mode de perpétration ne révélait pas le professionnalisme de son ou ses auteurs, demeurés inconnus, en a exactement déduit que cet acte n'avait pas constitué un acte de terrorisme. • Civ. 1re, 17 oct. 1995, nº 93-14.837 P : *RCA 1996, nº 72 ; RGDA 1996. 201, note d'Hauteville.*

4. Qualité de victime. La qualité de victime d'une personne inscrite sur la liste unique des victimes d'actes de terrorisme établie par le parquet du tribunal de grande instance de Paris peut être contestée par le FGTI. • Civ. 2e, 8 févr. 2018, nº 17-10.456 : *RCA 2018, nº 167 ; ibid. Étude 7 par Knetsch.*

5. Nationalité française. L'art. L. 126-1 qui, lorsque les actes de terrorisme sont commis à l'étranger, subordonne l'indemnisation par le fonds à la condition que la victime soit de nationalité française, ne distingue pas la victime directe de la victime du dommage par ricochet. • Civ. 2e, 30 juin 2005, n° 04-13.221 P : *D. 2153, obs. Bacache, Guégan et Porchy-Simon; RCA 2005, n° 247, obs. Groutel.*

SECTION II DOMMAGES MATÉRIELS

Art. L. 126-2 *(L. n° 2006-64 du 23 janv. 2006, art. 29-I)* **Les contrats d'assurance garantissant les dommages d'incendie à des biens situés sur le territoire national ainsi que les dommages aux corps de véhicules terrestres à moteur ouvrent droit à la garantie de l'assuré pour les dommages matériels directs causés aux biens assurés par un attentat ou un acte de terrorisme tel que défini par les articles 421-1 et 421-2 du code pénal subis sur le territoire national.**

La réparation des dommages matériels, y compris les frais de décontamination, et la réparation des dommages immatériels consécutifs à ces dommages sont couvertes dans les limites de franchise et de plafond fixées au contrat au titre de la garantie incendie.

Lorsqu'il est nécessaire de décontaminer un bien immobilier, l'indemnisation des dommages, y compris les frais de décontamination, ne peut excéder la valeur vénale de l'immeuble ou le montant des capitaux assurés.

En outre, si l'assuré est couvert contre les pertes d'exploitation, cette garantie est étendue aux dommages causés par les attentats et les actes de terrorisme, dans les conditions prévues au contrat.

La décontamination des déblais ainsi que leur confinement ne rentrent pas dans le champ d'application de cette garantie.

Toute clause contraire est réputée non écrite.

Un décret en Conseil d'État détermine les dérogations ou les exclusions éventuellement applicables aux contrats concernant les grands risques définis à l'article L. 111-6 au regard de l'assurabilité de ces risques.

Dispositions applicables aux contrats en cours à compter de la publication [JO 24 janv.] de la L. n° 2006-64 du 23 janv. 2006 (L. préc., art. 29-III-1).

Ancien art. L. 126-2 ***Les contrats d'assurance de biens ne peuvent exclure la garantie de l'assureur pour les dommages résultant d'actes de terrorisme ou d'attentats commis sur le territoire national. Toute clause contraire est réputée non écrite.***

Un décret en Conseil d'État définit les modalités d'application du présent article.

V. art. R. 126-1 s.

1. Assurances de biens. La disposition de l'art. L. 126-2, qui répute non écrites les clauses excluant de la garantie les dommages résultant d'actes de terrorisme ou d'attentats commis sur le territoire national, ne s'applique qu'aux contrats d'assurance de biens. • Civ. 1re, 13 nov. 2002 : *RCA 2003, n° 82, obs. Groutel.*

2. Attentat et actes de vandalisme. Seuls les « attentats tous dommages » étant expressément garantis par le contrat, les actes de vandalisme ne faisaient pas partie des événements assurés et des dommages garantis. • Civ. 2e, 3 juin 2010 : *RGDA 2010. 1140, note Kullmann.*

Art. L. 126-3 *(L. n° 2006-64 du 23 janv. 2006, art. 29-II)* **Les entreprises d'assurance doivent insérer dans les contrats mentionnés à l'article L. 126-2 une clause étendant leur garantie aux dommages mentionnés audit article.** — *Dispositions applicables aux contrats souscrits six mois à compter de la publication [JO 24 janv.] de la L. n° 2006-64 du 23 janv. 2006 et, pour les autres contrats, lors de la conclusion du premier avenant consécutif à l'échéance de ce même délai (L. préc., art. 29-III-2).*

CHAPITRE VII L'ASSURANCE DE PROTECTION JURIDIQUE

(L. n° 89-1014 du 31 déc. 1989)

BIBL. GÉN. ▶ BERDOT, *RGAT 1982. 145*. – CERVEAU, *RGAT 1990. 35 et 1991. 475*. – Colloque AIDA Lyon 1984, *RGAT 1984. 535*. – COURROUY, *D. 1992. Chron. 169*. – GIVERDON et LECHARNY, *JCP 1991. I. 3482*.

▸ **Loi du 19 févr. 2007** : GROUTEL, *RCA 2007. Focus 7.* – CERVEAU, *Gaz. Pal. 2007. Doctr. 1401 ; RGDA 2007. 547.* – KRAJESKI, *JCP 2007. Actu. 103.*

Art. L. 127-1 **Est une opération d'assurance de protection juridique toute opération consistant, moyennant le paiement d'une prime ou d'une cotisation préalablement convenue, à prendre en charge des frais de procédure ou à fournir des services découlant de la couverture d'assurance, en cas de différend ou de litige opposant l'assuré à un tiers, en vue notamment de défendre ou représenter en demande l'assuré dans une procédure civile, pénale, administrative ou autre ou contre une réclamation dont il est l'objet ou d'obtenir réparation à l'amiable du dommage subi.**

I. QUALIFICATION

1. Recouvrement de créances. Ne constitue pas un contrat d'assurance de protection juridique le contrat par lequel le mandat est donné à une société de recouvrer des créances et de fournir de la documentation juridique. • Civ. 1re, 24 janv. 1990 : *RCA 1990. 135 ; RGAT 1990. 80, note Kullmann.*

2. Défense pénale et recours. Viole les art. L. 127-1 et L. 127-6-2° la cour d'appel qui pour dire que la clause intitulée « Sauvegarde de vos droits », insérée à une police d'assurance multirisques habitation – et aux termes de laquelle l'assureur s'engageait à exercer à ses frais toutes interventions amiables ou judiciaires en vue de réclamer à l'amiable ou devant toute juridiction la réparation du préjudice subi par l'assurée à la suite d'un dommage matériel ou corporel qui aurait été garantie par le contrat s'il avait engagé la responsabilité civile de l'assurée –, ne constituait pas une opération d'assurance de protection juridique prévue par les art. L. 127-1 s. énonce que l'assurée n'avait pas souscrit de contrat distinct avec paiement d'une prime distincte et qu'elle ne pouvait se prévaloir des dispositions de l'art. L. 127-3 qui prévoient la liberté pour l'assuré de choisir un avocat. • Civ. 2e, 18 mars 2010 : *Gaz. Pal. 17 août 2010, p. 36, note B. Cerveau ; RGDA 2010. 189, note B. Cerveau.*

3. Direction du procès. Ne peut être assimilée à une clause de direction du procès la clause dite « assistance juridique, défense et recours » figurant dans un contrat d'assurance de responsabilité professionnelle, dès lors qu'elle a vocation à jouer même en dehors du cadre des garanties au fond de l'assureur. Il s'ensuit que le fait pour l'assureur, en application de cette clause, d'assurer la défense initiale de son assuré, puis, après l'avoir informé que sa garantie au fond n'était pas due eu égard à la nature et à l'origine des dommages, de poursuivre cette défense, n'est de nature ni à suspendre le cours de la prescription, ni à caractériser sa volonté non équivoque de renoncer à opposer une telle fin de non-recevoir. • Civ. 1re, 8 juill. 1997, nº 95-17.548 P : *RCA 1997. Étude 24, obs. Groutel ; RGDA 1997. 1075, note Kullmann.* ♦ C'est par une appréciation souveraine d'une clause contractuelle intitulée « défense et recours », laquelle prévoyait dans son article « défense », qu'« en cas d'action mettant en cause une responsabilité garantie par le présent contrat, l'assureur défend l'assuré devant les tribunaux administratifs, judiciaires ou répressifs (…) ; devant les juridictions civiles, commerciales ou administratives, l'assureur assume la défense de l'assuré, dirige le procès et a le libre exercice des voies de recours. L'avocat est désigné par l'assureur », qu'une cour d'appel, estimant que cette clause, qui prévoyait l'intervention de l'assureur uniquement en cas d'action mettant en cause une responsabilité garantie par le contrat, ne constituait pas une garantie de protection juridique indépendante de toute autre qui s'imposerait à l'assureur, quelles que soient les circonstances du sinistre, et devait donc s'analyser comme une clause de direction du procès. • Civ. 2e, 28 févr. 2013, nº 12-12.913. – V., s'agissant de la clause de direction du procès, art. L. 113-17.

II. RISQUES GARANTIS

4. Caractère aléatoire. BIBL. Bertalosa, *RGDA 2009. 431* (l'aléa en droit des assurances : état des lieux et perspectives). ♦ Le contrat d'assurance, par nature aléatoire, ne peut porter sur un risque que l'assuré sait déjà réalisé. • Civ. 1re, 11 oct. 1994, nº 93-11.295 P • 4 nov. 2003, nº 01-14.942 P : *RGDA 2004. 337, note Kullmann* • Pau, 12 févr. 2008, nº 05/02226. ♦ L'appréciation de l'aléa du contrat d'assurance relève du pouvoir du juge du fond. • Civ. 1re, 20 janv. 2000 : *RGDA 2000. 1050, note Kullmann.* ♦ Une cour d'appel ayant constaté que le contrat de protection juridique liant les parties avait été souscrit en date du 30 nov. 1999, à effet au 1er janv. 2000, et que la déclaration effectuée par le maire de la commune datait du 16 oct. 2002, tandis que les éléments de la situation litigieuse se sont révélés dès l'année 1996, en déduit souverainement que les faits à l'origine du litige principal étaient connus de la commune avant la souscription des garanties de protection juridique, de sorte que, faute d'aléa, l'assureur devait être mis hors de cause. • Civ. 2e, 28 mai 2009 : *RGDA 2009. 1261, note Cerveau.* ♦ En présence de conditions particulières qui stipulaient que le fait générateur de la mise en œuvre de la « protection exploitation » s'entendait de la remise d'un acte judiciaire ou extrajudiciaire, dénature les stipulations contractuelles la décision qui dit n'y avoir lieu à garantie au seul motif qu'existait un litige entre l'assuré et l'un de ses co-contractants avant la souscription du contrat, sans constater la date de survenance du fait générateur. • Civ. 2e, 7 déc. 2006, nº 05-19.306 P : *RGDA 2007. 205, note Cerveau.*

5. *Fait générateur de la garantie.* C'est par une interprétation souveraine, exclusive de dénaturation, qu'une cour d'appel estime que, s'agissant d'un contrat d'assistance devant les juridictions, l'expression « origine du litige », qui devait se situer à l'intérieur de la période assurée, pour entraîner la garantie, désignait non la cause du conflit mais le point de départ de la procédure juridictionnelle. • Civ. 1re, 24 nov. 1987 : *RGAT 1988. 122, note Cerveau; Gaz. Pal. 1988. 2. 673, note Cerveau.* ♦ Sur la notion de fait générateur, V. égal., • Civ. 1re, 7 déc. 2006 : *préc. note 4.* ♦ Pour une garantie de frais de défense engagés tant pendant la période de validité de la police que pour des réclamations amiables ou judiciaires formées par des salariés exposés aux fibres d'amiante, peu important la date de la constatation médicale de la maladie professionnelle, dès lors que les frais ont été engagés au titre de faits qui s'étaient produits entre la prise d'effet du contrat d'assurance et son expiration : • Civ. 1re, 14 juin 2012 : *Gaz. Pal. 1er déc. 2012, obs. Cerveau.*

III. CONSÉQUENCES

6. *Obligation d'information.* Prive sa décision de base légale la cour d'appel qui ne recherche pas si l'article du contrat selon lequel l'assureur s'engageait à fournir à l'assuré, après examen de l'affaire, tous conseils sur l'étendue de ses droits et la façon d'organiser sa défense et de présenter sa demande et à faire défendre en justice ses intérêts ne faisait pas obligation à l'assureur d'informer son assuré de l'existence de la prescription biennale et de lui conseiller d'effectuer des actes interruptifs. • Civ. 2e, 10 févr. 2011 : *RCA 2011, n° 192.* ♦ Ayant relevé que la responsabilité décennale des constructeurs ayant participé aux travaux de restauration était engagée, que celle du maître d'œuvre ayant assuré la direction des travaux apparaissait prépondérante, qu'en raison de la date proche de l'échéance de la garantie des constructeurs, l'issue contentieuse du dossier apparaissait être la plus appropriée et retenu que l'assureur de protection juridique, qui devait fournir à son assuré des informations sur les moyens de sauvegarder ses intérêts et sur ses possibilités d'action, n'avait pas conseillé à son assuré d'engager une action contre le maître d'œuvre et ne l'avait pas informée que la garantie décennale venait à expiration, se bornant à l'informer de la transmission de son dossier à un avocat, une cour d'appel a pu en déduire que le manquement de l'assureur à son obligation de conseil et d'information à l'égard de son assurée était caractérisé et a légalement justifié sa décision. • Civ. 3e, 5 janv. 2017, n° 15-25.644 : *RGDA 2017. 211, note Cerveau.*

7. *Remboursement des honoraires d'un expert médical.* Ayant relevé que selon les conditions générales du contrat d'assurance, en cas de procédure prise en charge dans le cadre du contrat, l'assuré peut choisir lui-même l'avocat ou la personne qualifiée par les textes pour défendre ses intérêts et que, dans cette hypothèse, l'assureur lui rembourse, sur présentation d'une facture acquittée, les dépens en totalité et les frais et honoraires de son avocat, dans la limite des montants prévus contractuellement à l'annexe « plafond de remboursement des honoraires du mandataire », une cour d'appel a, hors toute dénaturation, pu déduire de ces dispositions claires et précises qu'elles n'opéraient aucune distinction selon que le mandataire avait représenté ou seulement assisté l'assuré. • Civ. 2e, 6 oct. 2011 : *RGDA 2012. 431, obs. Cerveau.*

8. *Prescription biennale.* En matière d'assurance de protection juridique, le point de départ du délai de la prescription biennale, édicté par l'art. L. 114-1, est fixé au jour où l'assureur a refusé sa garantie ou l'a limitée à une certaine somme. • Civ. 1re, 10 mai 2000, n° 97-22.545 P • Civ. 2e, 3 juin 2004, n° 03-13.051 P : *D. 2004. IR 1708 ; JCP 2005. I. 137 obs. Bigot et Mayaux; Gaz. Pal. 29 janv. 2005, p. 10, note Périer; RCA 2004, n° 278, obs. Groutel; RLDA sept. 2004. 4643, note Marchand.*

9. *Opposabilité des exceptions.* Viole l'art. 455 C. pr. civ. la cour d'appel qui, pour condamner un assureur à garantir, en dépit d'une clause de la police excluant la garantie pour les dommages causés dans un établissement hospitalier, énonce qu'en application de l'art. L. 113-17 C. assur., cet assureur a renoncé à l'exception invoquée dès lors que, depuis l'origine, il a pris la direction du procès pour le compte de l'assuré et qu'il avait dès ce moment connaissance de la clause contractuelle considérée, sans répondre aux conclusions de l'assureur qui faisaient valoir qu'il était intervenu en qualité d'assureur de protection juridique et alors qu'elle avait constaté que le contrat d'assurance garantissait la responsabilité professionnelle et la protection juridique de cet assuré. • Civ. 1re, 16 janv. 2001 : *RGDA 2001. 383, note Favre-Rochex.*

10. *Interruption de la prescription.* Dès lors que la poursuite par l'assureur de la défense de l'assuré s'exerçait au titre de la seule assistance juridique qui ne pouvait être assimilée à une clause de direction du procès, elle n'était de nature ni à suspendre le cours de la prescription en ce qui concerne la garantie de la responsabilité de l'assuré, ni à caractériser la volonté non équivoque de l'assureur de renoncer à opposer une fin de non-recevoir. • Civ. 1re, 8 juill. 1997, n° 95-17.548 P : *RGDA 1997. 1076, note Kullmann; RCA 1997, n° 316, note Groutel.* ♦ La lettre par laquelle un assureur informe son assuré de son refus de prendre en charge un sinistre et de son intention d'exercer une action contre le responsable du dommage en exécution d'une clause de protection juridique n'implique pas à elle seule, une reconnaissance du droit à garantie de l'assuré propre à interrompre le cours de la prescription biennale; la cour d'appel a violé le texte susvisé. • Civ. 1re, 12 févr. 2002 : *RGDA 2002. 385, note Bruschi.*

Art. L. 127-2 **L'assurance de protection juridique fait l'objet d'un contrat distinct de celui qui est établi pour les autres branches ou d'un chapitre distinct d'une police unique avec indication du contenu de l'assurance de protection juridique et de la prime correspondante.**

V. art. R. 127-1.

1. Caractère spécifique et individuel. L'art. L. 127-2 qui dispose que le contrat de protection juridique doit faire l'objet d'un contrat distinct ou d'un chapitre distinct d'une police lui confère un caractère spécifique et individuel. • Bordeaux, 10 janv. 2001, n° 00/00019.

2. Illustration. L'exigence du caractère distinct est respectée lorsque le contrat de protection juridique constitue une annexe spécifique au contrat de responsabilité civile et que celle-ci précise qu'il s'agit d'une protection qui intervient par dérogation aux dispositions de la garantie défense et recours du contrat. • Bordeaux, 10 janv. 2001 : *préc. note 1.*

Art. L. 127-2-1 *(L. n° 2007-210 du 19 févr. 2007, art. 1er)* **Est considéré comme sinistre, au sens du présent chapitre, le refus qui est opposé à une réclamation dont l'assuré est l'auteur ou le destinataire.**

Art. L. 127-2-2 *(L. n° 2007-210 du 19 févr. 2007, art. 1er)* **Les consultations ou les actes de procédure réalisés avant la déclaration du sinistre ne peuvent justifier la déchéance de la garantie. Toute clause contraire est réputée non écrite.**

Cependant, ces consultations et ces actes ne sont pas pris en charge par l'assureur, sauf si l'assuré peut justifier d'une urgence à les avoir demandés.

1. Clause de priorité à l'égard d'un consommateur avant la L. du 19 févr. 2007. Une majorité de contrats prévoit que l'assuré ne peut pas saisir d'avocat sans avoir préalablement soit déclaré le sinistre, soit consulté le spécialiste de l'assureur, à peine de déchéance de la garantie. Une telle clause, qui stipule une déchéance de garantie automatique, sans que l'assureur ait à justifier d'un préjudice, crée un déséquilibre significatif au détriment du consommateur. – V. Recomm. CCA, n° 2002-03, du 21 févr. 2002, consid. 4, App., v° *Consommation.*

2. Clause de priorité à l'égard d'un professionnel avant la L. du 19 févr. 2007. La clause insérée dans les conditions générales du contrat d'assurance « protection juridique » et stipulant expressément d'une part, que l'assuré doit déclarer les litiges dont il a connaissance dans les meilleurs délais, que les déclarations tardives ou postérieures à la résiliation du contrat ne sont pas garanties, et d'autre part, que l'assuré ne doit pas prendre l'initiative d'engager une action, de saisir son conseil ou de diligenter une mesure d'instruction sans avoir au préalable recueilli l'accord de l'assureur, ne saurait, dès lors qu'elle est acceptée en connaissance de cause par un professionnel, être réputée non écrite sur le fondement de recommandations émises par la Commission des clauses abusives, quelle que puisse être l'opportunité de cette clause au regard des principes garantissant le libre accès de chaque justiciable au droit et au juge. • Grenoble, 9 juin 2004, n° 03/01203.

Art. L. 127-2-3 *(L. n° 2007-210 du 19 févr. 2007, art. 1er)* **L'assuré doit être assisté ou représenté par un avocat lorsque son assureur ou lui-même est informé de ce que la partie adverse est défendue dans les mêmes conditions.**

Art. L. 127-3 **Tout contrat d'assurance de protection juridique stipule explicitement que, lorsqu'il est fait appel à un avocat ou à toute autre personne qualifiée par la législation ou la réglementation en vigueur pour défendre, représenter ou servir les intérêts de l'assuré, dans les circonstances prévues à l'article L. 127-1, l'assuré a la liberté de le choisir.**

Le contrat stipule également que l'assuré a la liberté de choisir un avocat ou, s'il le préfère, une personne qualifiée pour l'assister, chaque fois que survient un conflit d'intérêt entre lui-même et l'assureur.

Aucune clause du contrat ne doit porter atteinte, dans les limites de la garantie, au libre choix ouvert à l'assuré par les deux alinéas précédents.

(L. n° 2007-210 du 19 févr. 2007, art. 2) **« L'assureur ne peut proposer le nom d'un avocat à l'assuré sans demande écrite de sa part. »**

BIBL. ▶ STUYCK, *D. 2010. 100* (assurance de protection juridique, action de groupe et libre choix de l'avocat).

1. Liberté de choix de l'avocat. L'art. 4, § 1er, ss. a), de la Dir. (CE) n° 87-344 du Conseil du 22 juin 1987, portant coordination des dispositions législatives, réglementaires et administratives concernant l'assurance de protection juridique, doit être interprété en ce sens que l'assureur de la protection juridique ne peut pas se réserver le droit, lorsqu'un grand nombre de preneurs d'assurance sont lésés par un même événement, de choisir lui-même le représentant légal de tous les assurés concernés. • CJCE, 10 sept. 2009 : *D. 2009. AJ 2344 ; ibid. 2010. 100. Point de vue Stuyck ; JCP 2010. 546, n° 1, obs. Clay ; RCA 2009. Focus 19, obs. Rajot ; Gaz. Pal. 2010. Somm. 3859, note Cerveau ; RGDA 2010. 154, note Cerveau.* ♦ V. aussi : • Aix-en-Provence, 29 juin 2000 : *Gaz. Pal. 15 mai 2001, p. 21 et la note ; JCP 2001. II. 10469, note Martin.*

2. Domaine de la liberté de choix de l'avocat. L'art. 4, § 1er, ss. a), de la Dir. 87/344/CEE du Conseil, du 22 juin 1987, portant coordination des dispositions législatives, réglementaires et administratives concernant l'assurance de protection juridique, doit être interprété en ce sens que la notion de « procédures administratives » visée à cette disposition comprend une procédure au terme de laquelle un organisme public autorise l'employeur à procéder au licenciement du salarié, assuré en protection juridique. • CJUE 7 avr. 2016, *Massar c/ DAS*, n° C-460/14 : *RGDA 2016. 329, note Brunel.* ♦ ... Ou la phase de réclamation devant un organisme public au cours de laquelle cet organisme émet une décision susceptible de recours juridictionnel. • CJUE 7 avr. 2016, *Büyüktipi c/ Achmea*, n° C-5/15 : *RGDA 2016. 329, note Brunel.*

3. Limitations contractuelles du libre choix. C'est dans les limites de la garantie que l'art. L. 127-3 interdit toute clause portant atteinte au droit pour l'assuré de choisir son défenseur ; ne porte pas atteinte à la liberté de choix de l'assuré la clause qui fait, d'une part, bénéficier l'assuré d'une garantie illimitée s'il laisse l'assureur choisir l'avocat ou si l'assureur agrée l'avocat que son assuré propose et, d'autre part, stipule une garantie plafonnée en considération de la juridiction saisie si l'assuré choisit son avocat sans agrément de l'assureur. • Civ. 1re, 15 juill. 1999, n° 97-10.725 P : *D. 2000. Somm. 343, obs. Bonnard ; ibid. 2001. 1057, note Krajeski.* ♦ V. déjà une déclaration interprétative n° 3 inscrite en annexe au procès-verbal du Conseil des Communautés (ann. 71-78/87) à propos de l'art. 4 de la Dir. (CE) n° 87-344 du Conseil du 22 juin 1987 aux termes de laquelle : « Le conseil déclare que ces dispositions [art. 3-2, c) et 4] ne font pas obstacle à ce que les contrats d'assurance de protection juridique prévoient une limite maximale pour la prise en charge par l'entreprise d'assurance des frais d'honoraires de l'avocat, expert, ou toute autre personne dûment qualifiée, librement choisie par l'assuré au sens de ces articles ». L'assureur, lié par un contrat de protection juridique, est fondé à contester le choix d'un avocat dans la mesure où la notoriété ou l'éloignement géographique sont susceptibles d'entraîner un surcoût que la compagnie n'est pas obligée de prendre en charge. ♦ La liberté de choix au sens de l'art. 4, § 1, de la Dir. 87/344 n'implique pas l'obligation pour les États membres d'imposer aux assureurs, en toute circonstance, la couverture intégrale des frais exposés dans le cadre de la défense d'un assuré indépendamment du lieu où est établie la personne professionnellement habilitée pour la représentation de celui-ci par rapport au siège de la juridiction ou de l'administration compétente pour connaître d'un litige, pour autant que cette liberté ne soit pas vidée de sa substance. Tel serait le cas si la limitation apportée à la prise en charge de ces frais rendait impossible *de facto* un choix raisonnable, par l'assuré, de son représentant. En tout état de cause, il revient aux juridictions nationales éventuellement saisies à cet égard de vérifier l'absence d'une limitation de cette nature. • CJUE 26 mai 2011, *Stark c/ DAS : n° C-293/10.* ♦ V. cep., note 7, s'agissant des critiques formulées par la Commission des clauses abusives.

4. Tempéraments aux limitations contractuelles du libre choix. Dès lors que par lettre adressée à son assuré, l'assureur de protection juridique, après avoir indiqué la prise en charge des honoraires de l'avocat précédemment saisi, a indiqué la « prise en charge de l'intégralité des honoraires du nouvel avocat », sans faire aucune référence au barème inclus dans le contrat d'assurance, il ne peut prétendre que les termes de sa lettre visent l'intégralité des honoraires prévus par le barème et il n'est pas démontré que ce sont des exigences particulières de l'assuré qui expliquent le montant des honoraires de l'avocat, l'assuré étant ainsi fondé à obtenir de l'assureur la prise en charge intégrale des honoraires de l'avocat. • Paris, 19 oct. 2004, n° 03/08502.

5. Révocation de l'avocat proposé par l'assureur. Le droit pour les assurés de révoquer le mandat de l'avocat qui leur avait été proposé par l'assureur n'imposait pas à ce dernier de leur en désigner un autre. • Civ. 2e, 18 mai 2017, n° 16-17.528.

6. Conflit d'intérêts. Responsabilité de l'avocat. V., dans le cadre d'une garantie « défense-recours », concluant à l'absence de conflit d'intérêts entre l'assuré et l'assureur en raison de ce que le premier n'avait pas contesté l'absence de garantie que lui opposait le second et que dès lors l'avocat, désigné par l'assureur, n'avait pu commettre aucune faute en assurant à la fois la défense de ce dernier et celle de l'assuré. • Civ. 1re, 29 avr. 1997 : *RGDA 2007. 839, note L. Mayaux.*

7. Clauses abusives. V. Recomm. CCA n° 2002, qui affirme, dans son considérant 5, que : « deux contrats prévoient que le choix de l'avocat appartient à l'assureur dès lors que plusieurs assurés ont des intérêts identiques dans le même différend ; un contrat prévoit que, si plusieurs assurés ont des intérêts identiques dans un même litige, l'assureur leur impose un avocat unique ; que, par ailleurs, la liberté de choix de l'avocat par l'assuré est expressément prévue par l'art. L. 127-3 C. assur. ; que de telles clauses sont illicites, et que, maintenues dans les contrats, elles sont abusives » ; dans son considérant 6, que : « certains contrats prévoient que l'assuré ne peut pas choisir son avocat si les honoraires de celui-ci ne sont pas préalablement acceptés par l'assureur; que le montant susceptible d'être accepté par l'assureur n'est pas toujours connu par l'assuré lors de la souscription du contrat; que quelques contrats prévoient que la prise en charge par l'assureur des frais d'avocat est fondée sur une évaluation non connue par l'assuré lors de la formation du contrat; qu'ainsi il est stipulé que "les honoraires seront pris en charge dans la limite d'un montant évalué par référence aux honoraires moyens pratiqués par les confrères de barreau de cet avocat pour des litiges similaires et requérant les mêmes diligences" ; que " les frais d'avocat sont couverts dans la limite de ceux habituellement pratiqués dans les relations entre les sociétés d'assurance et les avocats en se référant, notamment, au barème établi annuellement par l'association des avocats des compagnies d'assurances" ; ou que "l'assureur remboursera ou prendra en charge les honoraires d'avocat dans la limite du barème librement négocié, à la vue du dossier, entre l'avocat et celui de l'assureur" »; dans son considérant 7 que « certains contrats prévoient que si l'assuré choisit son avocat, il doit faire l'avance des frais et honoraires alors que les modalités et délai du remboursement de l'assuré ne sont pas précisés dans ces contrats; que ces clauses, qui sont susceptibles de porter atteinte au libre choix de l'avocat, créent un déséquilibre significatif au détriment du consommateur ».

Art. L. 127-4 **Le contrat stipule qu'en cas de désaccord entre l'assureur et l'assuré au sujet de mesures à prendre pour régler un différend, cette difficulté peut être soumise à l'appréciation d'une tierce personne désignée d'un commun accord par les parties ou, à défaut, par le président du** *(Ord. n° 2019-738 du 17 juill. 2019, art. 1er)* **« tribunal judiciaire statuant selon la procédure accélérée au fond ». Les frais exposés pour la mise en œuvre de cette faculté sont à la charge de l'assureur. Toutefois, le président du** *(Ord. n° 2019-738 du 17 juill. 2019, art. 1er)* **« tribunal judiciaire statuant selon la procédure accélérée au fond », peut en décider autrement lorsque l'assuré a mis en œuvre cette faculté dans des conditions abusives.**

Si l'assuré a engagé à ses frais une procédure contentieuse et obtient une solution plus favorable que celle qui lui avait été proposée par l'assureur ou par la tierce personne mentionnée à l'alinéa précédent, l'assureur l'indemnise des frais exposés pour l'exercice de cette action, dans la limite du montant de la garantie.

Lorsque la procédure visée au premier alinéa de cet article est mise en œuvre, le délai de recours contentieux est suspendu pour toutes les instances juridictionnelles qui sont couvertes par la garantie d'assurance et que l'assuré est susceptible d'engager en demande, jusqu'à ce que la tierce personne chargée de proposer une solution en ait fait connaître la teneur.

Les dispositions de l'Ord. n° 2019-738 du 17 juill. 2019 s'appliquent aux demandes introduites à compter du 1er janv. 2020 (Ord. préc., art. 30).

1. *Champ d'application.* La procédure prévue par l'art. L. 127-4 ne s'applique qu'en cas de désaccord sur les mesures à prendre pour régler le différend ou le litige opposant l'assuré à un tiers. Ainsi doivent être exclus de son champ d'application les différends qui opposent l'assuré à son assureur portant sur des refus de garantie, le contrat prévoyant en outre l'application dudit art. en cas de désaccord entre eux sur les mesures à prendre pour régler un différend. • Civ. 2e, 10 nov. 2009 : *RCA 2010, n° 25.* ♦ Mais, pour une application à un refus de garantie : • Civ. 2e, 13 déc. 2012 : *RGDA 2013. 406, note Cerveau.*

2. *Appréciation de l'opportunité d'agir.* Constitue une condition purement potestative la clause contractuelle autorisant l'assureur, seul, à apprécier les chances de succès ou d'échec d'un recours de l'assuré. • Lyon, 26 oct. 1950 : *RGAT 1951. 56, note Besson.* ♦ Mais, la mise en œuvre de la garantie ne dépend pas de la seule volonté de l'assureur, lorsqu'il ressort des clauses du contrat d'assurance que l'assureur dispose du droit d'apprécier l'opportunité d'engager l'action en justice souhaitée par l'assuré et qu'il appartient à ce dernier, en cas de désaccord avec l'assureur, de recourir à la procédure d'arbitrage contractuellement prévue. • Civ. 2e, 13 déc. 2012 : *préc. note 1.*

3. *Obligations de l'assureur.* Dès lors que l'assuré exprime formellement son refus d'accepter le partage de responsabilité que lui opposait l'assureur, il appartient à ce dernier d'exercer un recours ou de mettre en mouvement la procédure d'arbitrage prévue au contrat en cas de désaccord entre l'assureur et l'assuré. • Civ. 1re, 27 févr. 1980 : *RGAT 1981. 57, note Bigot* (clause défense-recours dans une police d'assurance automobile). ♦ En présence d'une clause de défense-recours dans une police d'assurance automobile, commet une faute engageant sa responsabilité contractuelle l'assureur qui omet de déclencher la procédure d'arbitrage prévue au contrat dans l'éventualité où les parties ne sont pas d'accord sur l'opportunité d'un recours à exercer contre un tiers. • Aix-en-Provence, 29 juin 2000 : *Gaz. Pal. 15 mai 2001, p. 21 et la note; JCP 2001. II. 10469, note Martin.*

4. *Obligation de l'assuré.* V., jugeant que l'assuré qui n'a pas respecté les obligations légales et contractuelles mises à sa charge dans le cadre de la clause de « défense-recours » accessoire d'un contrat d'assurance responsabilité civile-vie privée, en prenant l'initiative d'engager une procédure contentieuse pour la réparation de son préjudice corporel, et en faisant obstacle à la procédure de règlement amiable en cours, notamment à la contre-expertise médicale demandée par l'assureur, n'est pas fondé à réclamer la garantie de l'assureur pour la prise en charge des frais exposés pour l'exercice de l'action en justice. L'art. L. 127-4 C. assur. prévoit en effet qu'en cas de désaccord avec l'assureur, soit le différend est soumis à l'appréciation d'une tierce personne désignée en commun, soit le président du tribunal de grande instance est saisi afin de désigner cette personne en référé. Le contrat d'assurance prévoyait quant à lui l'arbitrage de deux avocats départagés le cas échéant par le bâtonnier de l'ordre des avocats. En outre, si le libre choix de son avocat est laissé à l'assuré en application de l'art. L. 127-3, ce dernier ne peut se soustraire à la décision de l'assureur sur l'opportunité d'une action judiciaire. • Lyon, 20 janv. 2000, n° 1998/01836 ; JCP 2001. IV. 1080. ♦ *Adde.*, jugeant qu'en cas de désaccord entre l'assureur et l'assuré quant aux responsabilités encourues à l'occasion d'un accident, l'assuré ne peut assigner son assureur à l'effet de le voir condamner à saisir l'autorité judiciaire du litige l'opposant à la compagnie adverse, alors qu'il lui appartenait, conformément à l'art. 12 des conditions générales du contrat, soit de demander que le différend soit soumis à deux arbitres, soit d'exercer une action judiciaire à son compte, à l'encontre du tiers qu'il estimait être responsable de la collision. • Paris, 3 sept. 1996 : *Gaz. Pal. 1997. Doctr. 127 ; RGDA 1997. 253, note Cerveau.*

5. Frais de procédure. Selon l'art. L. 127-4, les frais exposés pour la mise en œuvre des procédures qu'il prévoit sont à la charge de l'assureur, sauf décision contraire du juge des référés lorsque l'assuré a mis en œuvre cette faculté dans des conditions abusives. Dès lors, viole cet art. la cour d'appel qui, pour condamner l'assuré aux dépens et à payer à l'assureur une indemnité au titre de l'art. 700 C. pr. civ., retient que faute par l'assureur de caractériser et de démontrer le principe, la nature et l'étendue du préjudice dont il réclame réparation, sa demande de dommages-intérêts pour procédure abusive sera rejetée, sans constater que l'assuré avait commis un abus dans la mise en œuvre de la procédure prévue à l'art. L. 127-4. • Civ. 2e, 10 nov. 2009 : *préc. note 1.*

Art. L. 127-5 **En cas de conflit d'intérêt** *[intérêts]* **entre l'assureur et l'assuré ou de désaccord quant au règlement du litige, l'assureur de protection juridique informe l'assuré du droit mentionné à l'article L. 127-3 et de la possibilité de recourir à la procédure mentionnée à l'article L. 127-4.**

Sanction de l'obligation d'information. V., pour une sanction implicite de l'absence d'information, l'arrêt qui affirme qu'en présence d'une clause de défense-recours dans une police d'assurance automobile, commet une faute engageant sa responsabilité contractuelle l'assureur qui omet de déclencher la procédure d'arbitrage prévue au contrat dans l'éventualité où les parties ne sont pas d'accord sur l'opportunité d'un recours à exercer contre un tiers. • Aix-en-Provence, 29 juin 2000 : *Gaz. Pal. 15 mai 2001, p. 21 et la note ; JCP 2001. II. 10469, note Martin.* ♦ Rappr. • Civ. 1re, 17 nov. 1998 : *RGDA 1999. 199, note Favre-Rochex.*

Art. L. 127-5-1 *(L. n° 2007-210 du 19 févr. 2007, art. 3)* **Les honoraires de l'avocat sont déterminés entre ce dernier et son client, sans pouvoir faire l'objet d'un accord avec l'assureur de protection juridique.**

1. Fixation des honoraires. Selon l'art. 10, al. 2, L. n° 71-1130 du 31 déc. 1971, dans sa version applicable au litige, en l'absence de convention, les honoraires de l'avocat sont fixés par référence aux seuls critères qu'il énumère et il résulte de l'art. L. 127-5-1 que l'existence d'un contrat d'assurance de protection juridique est sans effet sur la détermination des honoraires dus à l'avocat par le client. • Civ. 2e, 14 janv. 2016, n° 15-10.130 : *RGDA 2016. 151, note Cerveau.*

2. Justification des honoraires. V. pour un rappel des moyens dont dispose le client d'avocat ayant une assurance de protection juridique de lui fournir le récapitulatif détaillé de ses honoraires et renvoyant aux art. 10 et 12 du Décr. n° 2005-790 du 12 juill. 2005. * Rép. min. n° 05626 : *JO Sénat Q, 13 nov. 2008, p. 2275.*

3. Paiement direct (non). Un avocat ne peut solliciter le versement de ses honoraires auprès de l'assureur sans l'accord de son client et sans l'en informer. * Rép. min. n° 5628 : *JO Sénat Q, 5 févr. 2009, p. 2.*

Art. L. 127-6 **Les dispositions du présent chapitre ne s'appliquent pas :**

1° A l'assurance de protection juridique lorsque celle-ci concerne des litiges ou des risques qui résultent de l'utilisation de navires de mer ou sont en rapport avec cette utilisation ;

2° A l'activité de l'assureur de responsabilité civile pour la défense ou la représentation de son assuré dans toute procédure judiciaire ou administrative, lorsqu'elle s'exerce en même temps dans l'intérêt de l'assureur. – *Assur. L. 111-2.*

Art. L. 127-7 Les personnes qui ont à connaître des informations données par l'assuré pour les besoins de sa cause, dans le cadre d'un contrat d'assurance de protection juridique, sont tenues au secret professionnel, dans les conditions et sous les peines *(L. nº 92-1336 du 16 déc. 1992)* « fixées par l'article 226-13 du code pénal ».

Art. L. 127-8 *(L. nº 2007-210 du 19 févr. 2007, art. 4)* Le contrat d'assurance de protection juridique stipule que toute somme obtenue en remboursement des frais et des honoraires exposés pour le règlement du litige bénéficie par priorité à l'assuré pour les dépenses restées à sa charge et, subsidiairement, à l'assureur, dans la limite des sommes qu'il a engagées.

Les dispositions du chapitre VII ci-dessus s'appliquent dans les territoires d'outre-mer et à Mayotte. — Elles sont entrées en vigueur à une date fixée par décret et au plus tard le 1er juill. 1990 (L. nº 89-1014 du 31 déc. 1989, art. 59 et 60).

CHAPITRE VIII L'ASSURANCE DES RISQUES DE CATASTROPHES TECHNOLOGIQUES

(L. nº 2003-699 du 30 juill. 2003, art. 17 et 68)

BIBL. ▸ BIGOT, *JCP 2003. I. 167.* - GUÉGAN-LÉCUYER, *D. 2004. Chron. 17.* - GORY, *RGDA 2004. 21.*

Art. L. 128-1 En cas de survenance d'un accident dans une installation relevant du titre Ier du livre V du code de l'environnement et endommageant un grand nombre de biens immobiliers, l'état de catastrophe technologique est constaté par une décision de l'autorité administrative qui précise les zones et la période de survenance des dommages auxquels sont applicables les dispositions du présent chapitre.

Les mêmes dispositions sont applicables aux accidents liés au transport de matières dangereuses ou causés par les installations mentionnées à l'*(Ord. nº 2011-91 du 20 janv. 2011, art. 4-1º, en vigueur le 1er mars 2011)* « article L. 211-2 du code minier ».

Le présent chapitre ne s'applique pas aux accidents nucléaires définis par la convention sur la responsabilité civile dans le domaine de l'énergie nucléaire signée à Paris le 29 juillet 1960.

Un décret en Conseil d'État précise les conditions d'application du présent article. — *V. art. R. 128-1 s.*

Art. L. 128-2 Les contrats d'assurance souscrits par toute personne physique en dehors de son activité professionnelle et garantissant les dommages d'incendie ou tous autres dommages à des biens à usage d'habitation ou placés dans des locaux à usage d'habitation situés en France, ainsi que les dommages aux corps de véhicules terrestres à moteur, ouvrent droit à la garantie de l'assuré pour les dommages résultant des catastrophes technologiques affectant les biens faisant l'objet de ces contrats.

Cette garantie s'applique également aux contrats souscrits par ou pour le compte des syndicats de copropriété, et garantissant les dommages aux parties communes des immeubles d'habitation en copropriété, ainsi qu'aux contrats souscrits par les organismes visés à l'article L. 411-2 du code de la construction et de l'habitation et garantissant les dommages aux immeubles d'habitation dont ils ont la propriété.

Cette garantie couvre la réparation intégrale des dommages, dans la limite, pour les biens mobiliers, des valeurs déclarées ou des capitaux assurés au contrat.

Sauf stipulations plus favorables, les indemnisations résultant de cette garantie doivent être attribuées aux assurés dans un délai de trois mois à compter de la date de remise de l'état estimatif des biens endommagés ou des pertes subies ou de la date de publication, lorsque celle-ci est postérieure, de la décision administrative prévue à l'article L. 128-1.

Les dispositions de l'art. L. 128-2 sont applicables aux contrats en cours (L. nº 2003-699 du 30 juill. 2003, art. 81-III).

Art. L. 128-3 L'entreprise d'assurance intervenant au titre de l'article L. 128-2 est subrogée dans les droits des assurés indemnisés à concurrence des sommes versées à ce titre.

(L. n° 2019-486 du 22 mai 2019, art. 208) « Toute personne victime de dommages mentionnés au même article L. 128-2 établit avec son entreprise d'assurance un descriptif des dommages qu'elle a subis. » Le montant des indemnités versées en application des articles précités est mentionné au descriptif. Lorsque le montant des indemnités qui sont ainsi versées à la victime est inférieur à des montants précisés par décret en Conseil d'État, celle-ci est présumée avoir subi les dommages mentionnés au descriptif et les indemnités sont présumées réparer lesdits dommages dans les conditions des articles précités, même s'il n'a pas été procédé à une expertise ou si une expertise a été réalisée par un expert choisi par l'assureur *(Abrogé par L. n° 2019-486 du 22 mai 2019, art. 208) « ou le fonds de garantie »*. Ces présomptions sont simples. En tout état de cause, le montant des indemnités versées à la victime lui reste acquis.

Art. L. 128-4 Dans *(Ord. n° 2015-1324 du 22 oct. 2015, art. 5-II)* « les zones et secteurs, tels que définis à l'article L. 515-16 » du code de l'environnement, délimitées *[délimités]* par un plan de prévention des risques technologiques approuvé dans les conditions prévues à l'article L. 515-22 du même code, l'obligation prévue au premier alinéa de l'article L. 128-2 du présent code ne s'impose pas aux entreprises d'assurance à l'égard des biens mentionnés au même article, à l'exception, toutefois, des biens existant antérieurement à la publication de ce plan.

Cette obligation ne s'impose pas non plus aux entreprises d'assurance à l'égard des biens immobiliers construits en violation des règles administratives en vigueur lors de leur mise en place et tendant à prévenir les dommages causés par une catastrophe technologique.

Les entreprises d'assurance ne peuvent toutefois se soustraire à cette obligation que lors de la conclusion initiale ou du renouvellement du contrat.

V. art. R. 128-1 s.

CHAPITRE IX ASSURANCES COLLECTIVES DE DOMMAGES

(L. n° 2014-344 du 17 mars 2014, art. 62)

Art. L. 129-1 Les titres Ier et II du présent livre s'appliquent également aux assurances collectives de dommages.

Un contrat d'assurance collective de dommages est un contrat souscrit par une personne morale en vue de l'adhésion de toute personne intéressée par le bénéfice des garanties pour la couverture des risques autres que ceux mentionnés au premier alinéa de l'article L. 141-1.

Pour l'application du premier alinéa du présent article, il y a lieu d'entendre : "l'adhérent au contrat d'assurance collective de dommages" là où est mentionné : "l'assuré" et : "les documents contractuels remis à l'adhérent" là où est mentionnée : "la police".

Le présent article n'est pas applicable à la couverture des risques professionnels.

1. Obligation de conseil du souscripteur (jur. hors art. L. 129-1 C. assur.). La société souscriptrice d'une assurance collective de dommages doit éclairer l'adhérent sur l'adéquation des garanties souscrites à sa situation personnelle. • Civ. 2e, 12 janv. 2017, n° 15-28.072 : *RGDA 2017. 183, note Pélissier.*

2. Assurance collective de risques professionnels. Une cour d'appel a relevé qu'un courtier en assurances était le souscripteur d'une police d'assurance de seconde ligne négociée auprès d'un assureur au bénéfice de sociétés adhérentes exerçant certaines activités limitativement énumérées, notamment liées à des installations frigorifiques et de conditionnement d'air, que l'adhésion d'une société est intervenue dans ce cadre, et que la clause de déchéance pour déclaration tardive du sinistre invoquée par l'assureur ne figurait pas sur le certificat d'assurance transmis à cette société adhérente. Il en résultait qu'en présence, comme en l'espèce, d'une assurance collective à adhésion individuelle, et non d'une assurance pour compte, la clause de déchéance litigieuse, faute d'avoir été portée à la connaissance de la société adhérente, lui était inopposable. • Civ. 2e, 5 mars 2020, n° 18-25.192 : *BJDA 2020, n° 69, note Bigot ; RGDA nov. 2020. 16, note Kullmann.*

TITRE TROISIÈME RÈGLES RELATIVES AUX ASSURANCES DE PERSONNES ET AUX OPÉRATIONS DE CAPITALISATION

(L. n° 92-665 du 16 juill. 1992).

CHAPITRE PREMIER DISPOSITIONS GÉNÉRALES

RÉP. CIV. v° *Assurances de personnes*, par PIEDELIÈVRE.

BIBL. GÉN. ▸ Commentaires de lois : BESSON (loi du 7 janv. 1981), *RGAT 1981. 5.* – AUBERT (loi du 11 juin 1985), *ibid. 1985. 349.* – BIGOT (loi du 31 déc. 1989), *JCP 1990. I. 3437.* – LAMBERT-FAIVRE (loi du 31 déc. 1989), *ALD 1991. 1 et 9.* – BIGOT (loi du 16 juill. 1992), *JCP 1992. I. 3622.*

▸ Caractère indemnitaire des assurances de personnes : GROUTEL, *RCA 1997. Chron. 2.*

▸ Notion d'accident : NOËL, *RGDA 2004. 309.* – KULLMANN et MAYAUX, *RCA 2015. Dossier 5.*

I. ASSURANCES DE PERSONNES EN GÉNÉRAL

A. DÉCLARATION DES RISQUES

1° CIRCONSTANCES À DÉCLARER

a. Principes

1. *Déclaration portant sur un risque non garanti.* Ne sont pas encourues les sanctions applicables en cas de fausse déclaration des risques lorsque la fausse déclaration incriminée portait sur un risque expressément exclu de la garantie. • Civ. 1re, 2 mai 1989 : *RGAT 1989. 628, note Aubert.*

2. *Déclaration portant sur une aggravation du risque.* Dans les assurances individuelles contre les accidents, doivent être déclarées à l'assureur les circonstances spécifiées dans la police qui ont pour conséquence d'aggraver les risques. • Civ. 1re, 18 janv. 1989 : *RGAT 1989. 404.*

3. *Incidence de la perception d'une prime.* La perception d'une prime afférente à un risque et restituée par la suite n'implique pas à elle seule l'acceptation de ce risque par l'assureur. Est donc justifiée la décision qui estime que la preuve n'était pas rapportée que la compagnie avait décidé de couvrir le risque, alors qu'elle avait déclaré par lettre, lors de la demande d'adhésion, qu'elle ne prendrait pas le risque en charge jusqu'à ce que le proposant ait complété le questionnaire sur ses antécédents de santé et après avis favorable du médecin-conseil. • Civ. 1re, 30 juin 1987 : *D. 1988. Somm. 156, obs. Berr.*

4. *Pouvoir d'appréciation des juges du fond.* Les juges du fond apprécient souverainement l'absence de bonne foi de l'assuré. • Civ. 1re, 15 juin 2000 : *RGDA 2000. 816, note Favre-Rochex.* ♦ ... Ou la mauvaise foi de l'assuré. • Crim. 30 oct. 2000, n° 99-87.330 P.

b. Applications

5. *Dissimulation d'une opération chirurgicale.* L'assurée, qui n'avait pas informé la compagnie d'assurances d'une opération chirurgicale qu'elle allait subir, a fait en toute connaissance de cause une déclaration volontaire incomplète de nature à modifier l'opinion que l'assureur avait pu se faire du risque. • Civ. 1re, 15 avr. 1986 : *RGAT 1986. 422.*

6. *Dissimulation d'une agression commise par l'assuré.* Justifient leur décision les juges d'appel qui, pour prononcer la nullité d'un contrat d'assurance personnelle contre les accidents corporels, relèvent que l'assuré ne pouvait ignorer être exposé à des représailles après l'agression dont il s'était rendu coupable et les menaces qui avaient été proférées contre lui, et estiment, dans l'exercice de leur pouvoir souverain d'appréciation, que cet assuré, qui avait nécessairement connaissance des graves dangers auxquels il était exposé, en avait intentionnellement caché l'existence à son assureur, lors de la souscription de la police, et que cette omission, faite de mauvaise foi, était de nature à diminuer l'opinion que l'assureur pouvait avoir du risque assuré. • Civ. 1re, 4 juin 1980, n° 79-12.074 P : *D. 1981. 88, note Berr et Groutel ; RGAT 1981. 214.*

7. *Constatation médicale de la maladie après la souscription.* En présence d'une clause excluant de la garantie les maladies ou accidents dont la première constatation médicale se plaçait à une date antérieure au point de départ de l'assurance, la garantie de l'assureur est due lorsque la maladie n'a été médicalement constatée que longtemps après l'adhésion à l'assurance (hémorragie), l'indemnité devant néanmoins être réduite en raison d'une fausse déclaration faite sans mauvaise foi (forte myopie depuis l'enfance). • Civ. 1re, 18 janv. 1989 : *RGAT 1989. 394, note Aubert.*

8. *Dissimulation d'un infarctus guéri.* La non-déclaration d'un ancien infarctus, considéré par le médecin comme guéri, ne peut être une cause de nullité du contrat, alors que la police n'exige la déclaration que des infirmités et maladies graves permanentes lors de la signature du contrat. • Civ. 1re, 20 oct. 1969 : *Bull. civ. I, n° 299 ; Gaz. Pal. 1970. 1. 45.*

9. *Dissimulation d'un état dépressif grave.* L'assuré qui n'a pas déclaré en réponse à une question portant sur les « maladies aiguës ou chroniques » qu'il souffrait d'un état dépressif grave n'a pas fait de mauvaise foi une déclaration inexacte, les « dépressifs n'étant pas conscients de ce que leur tendance constitue une maladie ». • Civ. 1re, 25 févr. 1986 : *RGAT 1986. 209, note Aubert.*

10. Dissimulation d'une importante opération chirurgicale. Le souscripteur qui déclare n'être, à sa connaissance, atteint d'aucune maladie cardio-vasculaire et ne révèle pas la grave opération de chirurgie cardiaque qu'il avait subie cinq mois avant la souscription du contrat se rend coupable d'une réticence intentionnelle de nature à diminuer l'opinion du risque pour l'assureur. • Civ. 1re, 17 juill. 1990 : *RGAT 1990. 880, note Kullmann* • 2 mai 1990 : *RGAT 1990. 603, note Kullmann.*

11. Dissimulation d'un arrêt de travail. Après avoir énoncé que, le 15 janv. 1982, les souscripteurs avaient signé une déclaration imprimée, aux termes de laquelle ils se disaient « actuellement et habituellement en bonne santé » et affirmaient ne pas être en arrêt de travail, la cour d'appel a retenu, d'abord, que l'un des souscripteurs se trouvait en arrêt de travail pour cause de maladie depuis le 11 janv. 1982, ensuite, que la dissimulation de cette situation avait permis à l'intéressé de se soustraire au questionnaire de santé et, ainsi, d'éviter de faire apparaître qu'il avait été antérieurement victime d'un accident du travail. Partant, la cour d'appel a estimé, dans l'exercice de son pouvoir souverain, que cette fausse déclaration, dont le caractère intentionnel résultait des constatations précitées, était de nature à diminuer l'appréciation du risque par l'assureur. • Civ. 1re, 13 mars 1990 : *RGAT 1990. 603.*

12. Dissimulation d'une toxicomanie. Doit être prononcée la nullité d'un contrat d'assurance de personne pour fausse déclaration, dès lors que l'assurée ne peut sérieusement soutenir qu'elle a répondu de bonne foi aux questions qui lui ont été posées, en omettant de signaler sa toxicomanie et les traitements qui ont suivi pour parvenir à la désintoxication. • Toulouse, 15 mai 1995 : *D. 1996. 56, note Beignier.*

13. Dissimulation d'un état morbide. Un assureur ne peut invoquer la nullité d'un contrat d'assurance de personne pour réticence du souscripteur sur son état de santé réel, alors que le formulaire d'adhésion ne présentait aucun emplacement pour la déclaration d'un état morbide préexistant. • TGI Bayonne, 20 déc. 1994 : *D. 1996. 56, note Beignier.*

14. Dissimulation d'une séropositivité. Une cour d'appel, qui a constaté que, lors de sa demande d'adhésion à une assurance de groupe garantissant le remboursement d'un prêt, le souscripteur avait connaissance de sa séropositivité depuis 1989, peut, pour prononcer la nullité du contrat d'assurance conclu en 1990, souverainement retenir que, en répondant par la négative à l'ensemble des questions posées dans le questionnaire médical, et en laissant croire qu'il était en bonne santé, celui-ci avait, par réticence ou fausse déclaration intentionnelle, modifié l'opinion pour l'assureur du risque qu'il avait à garantir. • Civ. 1re, 7 oct. 1998, nº 96-17.315 P : *JCP 1998. II. 10185, concl. Petit ; RCA 1998, nº 403 ; D. 1998. IR 247.*

2º DÉCLARATIONS DES AUTRES ASSURANCES

15. Obligation conventionnelle. La probabilité de l'événement incertain qui réalisera le risque est un élément essentiel de l'évaluation de l'engagement pris par l'assureur ; cette probabilité dépend des mobiles qui ont poussé l'assuré à contracter ; l'importance des capitaux assurés, l'accumulation des assurances peuvent déceler chez l'assuré, non pas seulement un esprit de simple prévoyance, mais, au profit des bénéficiaires de la police, une intention de spéculation qui est de nature à accroître les probabilités de réalisation du risque ; pour se former une exacte opinion du risque qu'il accepte de couvrir, l'assureur a donc besoin d'être informé de ces circonstances et est en droit de l'exiger. • Civ. 9 nov. 1941 (2 arrêts) : *DC 1942. J. 165, note P. L.-P. ; RGAT 1942. 264 ; Gaz. Pal. 1942. 2. 170 ; JCP 1942. II. 1982 ; GADA, p. 97, obs. Berr et Groutel* • 9 juin 1942 : *ibid.* ♦ Si l'obligation édictée par l'art. L. 121-4 n'est pas formellement prévue en matière d'assurances de personnes, elle peut être conventionnellement imposée par l'assureur. En conséquence peut être prononcée la nullité en raison de la mauvaise foi du souscripteur d'un contrat d'assurance contre les accidents corporels pour non-déclaration d'assurances similaires antérieures. • Civ. 1re, 19 mai 1969 : *Bull. civ. I, nº 185 ; RGAT 1969. 548.* ♦ Si les assurances contre les accidents atteignant les personnes ne sont pas soumises au principe indemnitaire et échappent ainsi aux dispositions de l'art. L. 121-4 relatives aux assurances cumulatives, elles demeurent néanmoins soumises aux dispositions de l'art. L. 113-8 relatives aux fausses déclarations intentionnelles. Par suite, l'assureur, pour se former une exacte opinion du risque qu'il accepte de couvrir, peut imposer à l'assuré l'obligation de l'informer de l'existence des autres polices qu'il a pu souscrire pour couvrir le même risque. • Civ. 1re, 13 mai 1997 : *D. 1997. 351, note Aubert ; RCA 1997, nº 319, note Groutel ; RGDA 1997. 829, note Kullmann* • 31 mars 1998 : *RCA 1998, nº 214, note Groutel ; RGDA 1998. 303, note Fonlladosa ; Gaz. Pal. 1997. 2. Somm. 536, note Favre-Rochex.* ♦ *Contra*, antérieurement, réputant non écrite la clause d'un contrat d'assurance contre les accidents corporels imposant à l'assuré d'informer l'assureur des autres polices qu'il a pu souscrire, en ce qu'elle stipulait que le seul manquement à cette obligation pouvait entraîner la nullité du contrat : • Civ. 1re, 14 mai 1991, nº 87-16.004 P : *RCA 1991, nº 312 ; ibid., Chron. 20, note Groutel ; RGAT 1991. 623, note Kullmann.* ♦ ... Ou déclarant nulle comme tendant à faire obstacle au principe non indemnitaire qui régit les assurances de personnes la clause qui subordonnait la validité de l'assurance à la déclaration des autres assurances du même type : • Civ. 1re, 2 juill. 1991, n° 90-12.021 P : *RCA 1991, n° 402; RGAT 1991. 623, note Kullman.* ♦ *Adde* : • Civ. 1re, 10 janv. 1995, n° 92-17.426 P : *D. 1996. Somm. 185, obs. Groutel ; RCA 1995, n° 112; ibid., Chron. 12, note Groutel* • 15 févr. 1995 : *RCA 1995, n° 142; D. 1996. Somm. 185, note Groutel*.

16. *Absence de renvoi aux sanctions de la mauvaise déclaration.* L'obligation de déclarer les assurances déjà souscrites n'existe pas en matière d'assurances de personnes, mais peut être imposée conventionnellement par l'assureur. Toutefois, le fait de ne pas renvoyer aux sanctions prévues en cas de mauvaise déclaration des risques peut permettre de penser que la déclaration des autres assurances ne constituait pas pour l'assureur un élément déterminant dans l'appréciation du risque. • Besançon, 22 mai 1969 : *D. 1970. 710, note Berr et Groutel.*

17. *Conditions de la nullité.* Refuse à bon droit d'annuler un contrat d'assurance-vie la cour d'appel qui, après avoir constaté que le souscripteur n'avait pas déclaré à l'assureur la souscription de deux autres assurances contre le même risque, a estimé que celui-ci n'avait pas agi de mauvaise foi et que l'omission qui lui était reprochée n'avait eu aucune conséquence sur l'objet du risque ou sur l'opinion que l'assureur pouvait en avoir. • Civ. 1re, 23 juin 1993 : *RCA 1993. 320.*

3° RÉDUCTION DES PRESTATIONS

18. *Pouvoir des juges du fond.* Il appartient aux juges du fond d'évaluer équitablement en fait la réduction qui doit être appliquée aux capitaux dus, lorsque la réticence non frauduleuse de l'assuré a exercé une influence sur l'opinion du risque. • Civ. 9 juin 1942 : *DC 1942. J. 165, note P. L.-P.; RGAT 1942. 264; Gaz. Pal. 1942. 2. 170; JCP 1942. II. 1982.* ♦ Il ne peut être reproché à un arrêt d'avoir procédé par lui-même à la réduction forfaitaire d'un capital-décès dès lors que la cour a relevé que deux des trois contrats invoqués n'avaient pu influer sur l'opinion du risque et que, à défaut de tarif spécial correspondant à l'espèce, il lui appartenait d'évaluer par elle-même le montant de la réduction devant sanctionner l'omission imputée à l'assuré. • Civ. 1re, 6 mai 1985 : *D. 1987. Somm. 35, obs. Groutel.*

B. RÉSILIATION

19. *Faculté générale et assurance mixte.* Une assurance portant sur le risque d'insolvabilité des emprunteurs du fait de leur mort ou de leur invalidité est une « assurance mixte », soumise comme telle à la possibilité de résiliation annuelle prévue par l'art. L. 113-12, al. 3. • Civ. 1re, 7 juill. 1987, n° 85-14.605 P : *D. 1988. Somm. 157, obs. Berr; JCP 1988. II. 20914, note Bigot.*

20. *Prestations liées à un sinistre antérieur.* Les prestations liées à la réalisation d'un sinistre survenu pendant la période de validité d'un contrat d'assurance de groupe ne peuvent être remises en cause par la résiliation ultérieure de cette police. • Civ. 1re, 13 juin 1995, n° 92-15.595 P : *RGDA 1996. 158, note Bigot* • 9 févr. 1999, n° 96-18.600 P : *D. 1999. Somm. 225, obs. Berr ; RCA 1999, n° 153* • Civ. 2e, 30 juin 2004, n° 03-16.231 P : *RCA 2004, n° 355, note Groutel.* ♦ La clause aux termes de laquelle les garanties et les prestations cessent en cas de résiliation par l'adhérent a pour seul objet de prévoir avant quelle date le sinistre doit survenir pour être pris en charge sans pour autant subordonner le versement des prestations au maintien du contrat postérieurement à cette date ni limiter leur service à la durée du contrat. • Civ. 1re, 26 févr. 1991 : *RGAT 1991. 907.* ♦ Comp. pour une assurance individuelle : viole par fausse application l'art. L. 124-1 la cour d'appel qui condamne l'assureur à poursuivre le versement des sommes prévues sans tenir compte de la résiliation du contrat par le souscripteur assuré, en énonçant que le sinistre était la réalisation de l'événement qui met en jeu la garantie de l'assureur, qu'il s'entend comme le fait dommageable, c'est-à-dire l'événement extérieur qui provoque directement le dommage, que la réalisation du dommage doit se situer pendant la période de validité du contrat, et que dans le cas présent le fait dommageable était l'accident survenu avant la résiliation. La cour d'appel a ainsi statué par référence à des règles qui ne concernent que les assurances de responsabilité, alors qu'il s'agissait d'assurances de personne, et qu'il lui appartenait, dès lors, de rechercher quelles étaient les dispositions des conditions générales relatives à la mise en jeu des garanties. • Civ. 1re, 24 juin 1997 : *RGDA 1997. 1064, note Kullmann.*

21. *Résiliation après sinistre et assurance de groupe.* Aucune disposition légale n'interdit la stipulation, dans un contrat d'assurance de groupe, au profit de l'assureur, d'une faculté de résiliation après sinistre, l'assureur pouvant résilier dès la réalisation du risque pour l'un quelconque des assurés. • Civ. 1re, 20 janv. 1993 : *D. 1993. IR 41 ; RGAT 1993. 336, obs. Kullmann; RCA 1993. 143, obs. Groutel; ibid., Chron. 12.*

C. PRESCRIPTION

22. *Point du départ de délai en assurance contre les accidents corporels.* En matière d'assurance contre les accidents corporels, le sinistre, au sens de l'art. L. 114-1, al. 2 (2°), est constitué par la survenue de l'état d'incapacité ou d'invalidité de l'assuré, apprécié au jour de sa consolidation. • Civ. 1re, 1er juin 1999, n° 97-14.327 P : *RCA 1999, nos 305 et 311; ibid., Chron. 21, note Groutel* • Civ. 2e, 26 oct. 2006 : *RCA 2007, n° 32.* ♦ *Contra*, dans le sens où le sinistre est considéré comme constitué le jour où l'assuré a été informé que l'accident allait laisser subsister une incapacité de nature à entraîner la garantie de l'assureur. • Civ. 1re, 11 déc. 1979 : *Bull. civ. I, n° 314; RGAT 1980. 415.*

♦ Le délai de prescription court, en matière d'assurance invalidité, à partir du moment où l'assuré a connu son état et s'est trouvé de ce fait en mesure d'agir. • Civ. 1re, 10 mai 1988 : *RGAT 1988. 532.* ♦ En matière d'assurance prévoyant le versement d'une rente en cas de classement de l'assuré dans une catégorie d'invalidités de la sécurité sociale, le point de départ de la prescription biennale est le jour où ce classement est notifié à l'assuré. • Civ. 1re, 4 févr. 1997, n° 94-17.883 P : *RGDA 1997. 482, note Kullmann.*

23. Point de départ du délai en assurance sur la vie. Le point de départ du délai de prescription (de deux ans à l'époque) édicté par l'art. L. 114-1 est le décès de l'assuré, à moins que les intéressés prouvent qu'ils l'avaient ignoré. L'ouverture d'une information par le parquet à la suite du décès de la personne assurée n'interrompt pas la prescription. • Civ. 1re, 17 févr. 1981, n° 79-15.333 P : *D. 1982. IR 383, obs. Berr et Groutel ; RGAT 1982. 98.* ♦ La prescription court du jour où les héritiers ont eu connaissance du contrat sans qu'il puisse leur être demandé d'établir une impossibilité d'agir de nature à suspendre la prescription ou à en retarder le point de départ. • Civ. 1re, 12 mars 1991 : *RGAT 1991. 896.*

II. ASSURANCES CONTRE LES ACCIDENTS CORPORELS

A. PRINCIPES

24. Charge de la preuve. S'il incombe à l'assureur invoquant une exclusion de garantie de démontrer la réunion des conditions de fait de cette exclusion, il appartient à celui qui réclame le bénéfice de l'assurance d'établir que sont réunies les conditions requises par la police pour mettre en jeu cette garantie. • Civ. 1re, 15 févr. 1995 : *RGAT 1995. 406, note Maury.* ♦ Un décès accidentel constitue une circonstance qui, s'agissant de l'application d'un contrat d'assurance contre les accidents corporels, est une condition de la garantie qu'il appartient à celui qui la réclame de prouver. • Civ. 1re, 3 févr. 1993, n° 90-17.003 P : *RGAT 1993. 325, note Favre-Rochex ; RCA 1993. 142, obs. Groutel ; ibid. Chron. 13* • Civ. 2e, 7 mars 2019, n° 18-13.347 P : *RCA 2019, n° 171, note Groutel ; RGDA mai 2019. 27, note Pélissier.* ♦ Il incombe à l'assureur opposant aux ayants droit de l'assuré une clause d'exclusion de garantie de prouver que l'état d'alcoolémie de l'assuré était la cause exclusive de l'accident. • Civ. 2e, 21 févr. 2013, n° 12-17.528.

25. Pouvoir des juges du fond. Les juges du fond apprécient souverainement le caractère accidentel du décès en cas de doute sur les circonstances dans lesquelles il est survenu. • Civ. 1re, 11 oct. 1977, n° 76-11.068 P : *RGAT 1978. 412* • Civ. 2e, 7 mars 2019, n° 18-13.347 P : *préc. note 24.* ♦ Les juges du fond apprécient souverainement si la preuve que l'assuré était mort dans un accident correspondant à la définition qu'en donnait le contrat d'assurance est rapportée. • Civ. 1re, 7 juin 2001 : *RGDA 2001. 734, note Maleville.* ♦ C'est par une appréciation souveraine des circonstances d'un décès, et sans inverser la charge de la preuve, qu'une cour d'appel, après avoir retenu que l'assuré – décédé des suites d'une autostrangulation – n'avait pas eu l'intention de se suicider, a estimé que ces circonstances répondaient à la définition de l'accident qui en était donnée par la police. • Civ. 1re, 2 juill. 1996, n° 94-12.955 P : *RCA 1996, n° 402, note Groutel ; RGDA 1996. 903, note Favre-Rochex.*

26. Incidence de la chose jugée au pénal. Ayant estimé qu'il n'existait aucune différence entre l'accident au sens du contrat et celui pouvant donner lieu à une condamnation pour blessures involontaires dès lors que dans les deux cas la relation entre le fait extérieur et l'atteinte corporelle causant le décès doit être directe, une cour d'appel a légalement justifié sa décision en énonçant qu'il était définitivement jugé à l'égard de tous que le décès de l'assuré était la conséquence de l'accident. • Civ. 1re, 7 avr. 1992 : *RCA 1992. 292* • 3 févr. 1993 : *RGAT 1993. 330.*

27. Paiement indu. L'assureur qui a payé les garanties complémentaires promises pour le cas de décès accidentel et qui en réclame ensuite la répétition au motif que le décès de l'assuré serait résulté d'un suicide supporte la charge de la preuve du caractère indu de son paiement. • Civ. 1re, 13 mai 1986, n° 85-10.494 P : *RGAT 1986. 424.*

28. Notion d'assurance contre le risque aviation. En présence d'une police couvrant le risque aviation, entendu au sens de prise de place comme passager à bord d'un avion de sociétés de transport aérien agréées pour les transports publics de personnes, n'est pas garanti l'accident survenu à l'assuré alors que, en tant que passager, il avait pris place dans l'avion d'un aéro-club privé. • Civ. 1re, 14 juin 1969 : *RGAT 1970. 74.*

29. Notion d'accident de ski. Les skis utilisés pour une activité de loisirs qui comporte des risques qui lui sont propres ne peuvent être considérés comme un moyen de transport. L'accident de ski ne rentre pas dans la rubrique « accidents de la circulation » ouvrant droit au triplement du capital. • Civ. 1re, 11 juin 1985 : *RGAT 1985. 397.*

B. CARACTÈRE ACCIDENTEL RECONNU

30. Choc émotionnel lié à un accident de la circulation. Un choc émotionnel résultant d'un accident de la circulation est bien l'action soudaine et fortuite d'une cause extérieure prévue par la police. • Paris, 25 nov. 1981 : *Gaz. Pal. 1982. 1. Somm. 157.*

31. Chute dans l'eau. Les juges du fond ayant relevé que l'assuré était tombé à l'eau sous l'influence soudaine d'une cause extérieure en ont justement déduit que l'accident tel que défini par la police était donc établi sans qu'il y ait lieu de prendre en considération la cause exacte de la chute. • Civ. 1re, 17 nov. 1970 : *RGAT 1971. 405.*

32. Chute d'un vélomoteur. Une cour d'appel déduit à bon droit du fait qu'il n'est démontré ni par les constatations des services de police ni par le certificat médical que la chute de vélomoteur ayant entraîné la mort a eu pour cause directe une amnésie ou un état pathologique préexistant que l'assureur est tenu de verser l'indemnité prévue en cas de décès accidentel. • Civ. 1re, 9 déc. 1992 : *RGAT 1993. 324 ; RCA 1993. 62.*

33. Accident cardio-vasculaire. Relevant, au vu de constatations médicales, qu'un chef mécanicien navigant d'une compagnie de transport aérien ne souffrait d'aucun trouble cardio-vasculaire et que sa mort subite avait eu pour cause un surmenage dû à un surcroît de travail en raison d'une grève d'une partie du personnel de la compagnie, événement dont les conséquences s'étaient imposées à lui, une cour d'appel a souverainement déduit que le décès était accidentel au sens du contrat d'assurance de groupe auquel il avait adhéré. • Civ. 1re, 20 avr. 1982 : *Bull. civ. I, no 136 ; RGAT 1983. 231, note Bigot.* ♦ N'est pas imputable à un état pathologique de l'assuré mais provient bien d'une cause accidentelle le décès d'une personne précédemment atteinte d'un infarctus (ce dont la compagnie était informée) survenu un jour où la température sous abri était de moins vingt-deux degrés et qu'il en était résulté un surcroît de travail pour éviter que ne soit paralysée l'unité de production dont il était responsable. • Civ. 1re, 22 avr. 1992 : *RGAT 1992. 582 ; RCA 1992. 291.* ♦ Ayant retenu que l'assuré a été déclaré médicalement apte à pratiquer cette activité sportive, la veille du match au cours duquel il a été victime d'un arrêt cardio-respiratoire d'une quarantaine de minutes, appelé "mort subite" secondaire à un trouble du rythme ventriculaire ; que le médecin mandaté par l'assureur a précisé qu'une "mort subite" pouvait survenir sans aucun signe clinique préalable et être ainsi la première manifestation de la maladie ; qu'il a ajouté que celle-ci était jusque-là asymptomatique chez la victime et pouvait se révéler de façon brutale par un trouble du rythme ventriculaire et qu'une activité physique, par l'augmentation du tonus sympathique qu'elle produit, est un facteur qui entraîne la survenance d'un tel trouble du rythme dans ce type de cardiopathie ; que la pathologie dont souffrait l'assuré était latente puisque asymptomatique et le trouble du rythme ventriculaire qui a révélé cette pathologie et a entraîné l'arrêt cardiaque trouve son origine directe et certaine dans la cause extérieure que constitue sa participation au match de football puisque l'activité physique qu'il menait depuis une dizaine de minutes a entraîné l'augmentation de son tonus sympathique ; une cour d'appel a souverainement déduit que les lésions de l'assuré étaient consécutives à un accident au sens de la définition qu'en donnait le contrat d'assurance. • Civ. 2e, 26 mars 2015, no 14-15.063 : *RGDA 2015. 256, note Mayaux.*

34. Lésions. Justifie sa décision retenant la garantie de l'assureur la cour d'appel qui retient que l'assuré avait dû faire un effort, ce qui avait provoqué chez lui une lésion involontaire caractérisant ainsi la « cause extérieure » non intentionnelle de la part de l'assuré. Il aurait appartenu à l'assureur de démontrer la réunion des conditions matérielles de l'exclusion résultant d'une prédisposition pathologique. • Civ. 1re, 15 avr. 1982, no 81-11.846 P : *RGAT 1983. 232, note Bigot.* ♦ Relève de la définition d'un accident un lumbago provoqué en soulevant un sac de ciment, événement fortuit extérieur à la victime. • Civ. 1re, 30 nov. 1977 : *RGAT 1978. 414.*

35. Asphyxie due à un aliment. Dès lors que le décès de l'assuré est dû à l'asphyxie consécutive à l'obstruction de ses voies aériennes par l'aliment ingéré, il provient bien, au sens du contrat, de l'action soudaine d'une cause extérieure. • Civ. 2e, 24 mai 2006 : *RCA 2006, no 270, note Groutel ; RGDA 2006. 722, note Maleville.*

36. Accident de la route lié à un état d'alcoolémie. Ayant relevé qu'aucune clause de la police d'assurance ne subordonnait l'attribution du doublement du capital-décès à l'absence d'état d'imprégnation alcoolique du défunt, une cour d'appel a légalement justifié sa décision retenant la garantie de l'assureur. • Civ. 1re, 2 mars 1994 : *RGAT 1994. 605, note Favre-Rochex ; RCA 1994, no 230 ; ibid., Chron. 17, note Groutel* • 8 juill. 1994 : *RGAT 1994. 1197, note Favre-Rochex.*

37. Décès consécutif à un accès de paludisme transmis par piqûre de moustique. Est accidentel le décès consécutif à un « accès pernicieux de paludisme d'évolution galopante » qui n'est pas imputable à une lésion organique interne ou à l'aboutissement d'un processus pathologique antérieur qui se serait révélé avec soudaineté mais qui résulte bien d'un événement brusque et précis, extérieur à l'intéressé, représenté par une invasion parasitaire massive, soudaine et foudroyante. • Civ. 1re, 20 janv. 1993 : *RGAT 1993. 328, obs. Favre-Rochex ; RCA 1993. 182.*

38. Décès des suites d'une maladie liée à l'assaut prévisible des vagues. Dénature le contrat d'assurance contre les accidents souscrit par un assuré décédé des suites d'une maladie contractée en subissant l'assaut des vagues, alors qu'il revenait en bateau, pendant une tempête, de son lieu de travail, la cour d'appel qui énonce que ce décès ne peut être considéré comme un accident au sens de la police, aucun fait soudain n'étant à son origine puisqu'il était établi qu'en raison de l'état de la mer il était normalement prévisible que les passagers seraient atteints par des paquets d'eau pendant la traversée, alors que la police définissait comme accidentelles les atteintes corporelles « provenant de l'action soudaine d'une cause extérieure » sans exiger que l'événement qui avait constitué cette cause fut imprévisible. • Civ. 1re, 15 mars 1972 : *RGAT 1972. 79.*

39. Décès des suites d'un coup de couteau reçu lors d'une rixe. Le triplement du capital est dû en dépit d'une clause qui l'exclut « si le fait générateur du décès résulte de la participation intentionnelle à des délits ou à des crimes », dès lors que la victime n'était ni auteur ni complice, même si elle a eu un comportement fautif (assuré tué d'un coup de couteau à l'occasion d'une rixe). • Civ. 1re, 30 oct. 1985 : *JCP 1986. IV. 19 ; RGAT 1986. 85.*

C. CARACTÈRE ACCIDENTEL NON RECONNU

40. Œdème pulmonaire d'origine non traumatique. Le contrat d'assurance complémentaire souscrit par l'assuré ne prévoyant d'allocation que pour les décès résultant d'un accident, défini comme étant « toute lésion corporelle occasionnée contre la volonté de l'agent par l'action fortuite et soudaine d'une cause extérieure », une cour d'appel ne pouvait méconnaître cette disposition générale en étendant par analogie une clause particulière, qui ne visait que les cas d'insolation, congélation, hernie de force ou lumbago traumatique et non tous les cas de décès survenus au lieu et au temps du travail, alors que par ailleurs, le contrat excluait « les attaques d'apoplexie, les maladies, les ruptures d'anévrisme, les syncopes ». Dès lors, ne constituait pas un accident l'œdème pulmonaire aigu ne résultant pas d'un traumatisme. • Soc. 5 janv. 1979, n° 77-14.020 P : *RGAT 1980. 414.*

41. Lésion à la suite d'un effort. Une hernie d'origine non traumatique contractée par l'assuré en retenant dans sa chute une machine qui glissait résulte de l'effort fait par l'assuré et n'entraîne pas garantie. • Civ. 1re, 8 mai 1979 : *D. 1980. IR 18.* ♦ Ayant retenu que l'assuré avait été amené, au cours d'un exercice intensif et soutenu, à solliciter son dos, de manière importante et répétée, et ce pendant une durée de deux heures, ce qui exclut le caractère soudain de l'événement, et que celui-ci ne pouvait être qualifié d'accident au sens de l'art. 1er des conditions générales du contrat d'assurance, une cour d'appel a souverainement jugé que le caractère extérieur de la cause de l'accident n'était pas établi et que le sinistre ne correspondait pas à la définition de l'accident. • Civ. 2e, 23 oct. 2014 : *RGDA 2014. 599, note Mayaux.*

42. Chute d'un toit liée à des troubles mentaux. Une cour d'appel a souverainement jugé – et sans dénaturation – que, même en admettant qu'un assuré n'ait pas voulu se suicider et ait perdu l'équilibre, cet accident ne provenait pas d'une cause extérieure à l'assuré, mais qu'il était dû à des troubles psychiques. • Civ. 1re, 17 nov. 1987 : *RGAT 1988. 82, obs. Aubert.*

43. Chute d'un balcon. Une cour d'appel, qui a retenu souverainement, sans dénaturer le contrat d'assurance, que l'assuré n'établissait pas que la glissade à l'origine du dommage provenait de l'action soudaine et inattendue d'une cause extérieure, a, par ce seul motif, légalement justifié sa décision. • Civ. 2e, 23 oct. 2008 : *RCA 2008, n° 370, note Groutel ; RGDA 2009. 196, note Kullmann.*

44. Défenestration. La garantie invalidité absolue et définitive par accident n'est pas acquise, dès lors que le dommage corporel de l'assuré, qui s'est défenestré, ne résulte pas de l'action soudaine d'une cause extérieure. • Civ. 2e, 15 sept. 2011 : *RGDA 2012. 86, note Kullmann.*

45. Accident de la route lié à un endormissement. L'apnée du sommeil, cause interne et non externe, étant à l'origine du dommage subi par l'assuré, doit être cassé l'arrêt de la cour d'appel retenant que l'accident lié à l'endormissement de l'assuré constituait un accident, défini par le contrat d'assurance comme « toute atteinte corporelle non intentionnelle de la part de l'adhérent et provenant de l'action soudaine d'une cause extérieure ». • Civ. 2e, 13 janv. 2012 : *RGDA 2012. 736, obs. Kullmann ; RCA 2012, n° 124 ; ibid., Étude 3, note Groutel.* ♦ De même, il a été jugé par des juges du fond que l'endormissement au volant de l'assuré ne pouvait constituer la cause extérieure prévue aux contrats souscrits auprès de ces sociétés. • Civ. 2e, 19 nov. 2008 : *RCA 2009, n° 29, note Groutel.*

46. Accident de la route lié à un état d'alcoolémie. Une cour d'appel a pu, par une appréciation souveraine des éléments de fait soumis à son examen, retenir que l'accident de la circulation des suites duquel un assuré était décédé, avait pour seule cause l'état d'imprégnation alcoolique de ce dernier, et ne répondait dès lors pas à la définition de l'accident qui était donnée par la police, à savoir « tout événement soudain, imprévu et extérieur à la victime ». • Civ. 1re, 15 juill. 1999 : *RGDA 1999. 1047, note Favre-Rochex.* ♦ De même, une cour d'appel a pu décider que l'état d'imprégnation alcoolique de l'assuré était la cause de l'accident dans lequel il avait péri. Dans l'exercice de son pouvoir souverain, elle a jugé que cet accident ne pouvait pas s'analyser, au sens de la clause du contrat d'assurance prévoyant l'ouverture du droit à une majoration de capital, en une cause extérieure. • Civ. 2e, 7 oct. 2004 : *RCA 2005, n° 37, note Groutel ; RGDA 2005. 86, note Landel.* ♦ Ne peuvent prétendre au paiement du capital-décès supplémentaire prévu en cas de décès accidentel les ayants droit d'un assuré décédé dans un accident de la circulation, alors qu'il était établi que celui-ci conduisait avec un taux d'alcoolémie de 2,18 grammes pour mille et que l'accident était dû exclusivement au non-respect de la signalisation routière. • Civ. 1re, 21 mai 1990 : *RGAT 1990. 614.*

47. Accident cardio-vasculaire. Ne constitue pas une cause accidentelle de décès, au sens de la police, une crise cardiaque survenue à la suite de la poursuite de deux jeunes gens coupables d'avoir brisé la vitre d'un appartement, aucun lien de causalité directe n'existant entre le jet de pierre et l'atteinte cardiaque. • Lyon, 29 juin 1989 : *RCA 1989. 393.* ♦ N'est pas victime d'un décès accidentel au sens donné par la police d'assurance l'assuré victime d'un infarctus du myocarde, les incidents survenus au cours du trajet automobile qui a précédé le décès ne pouvant, en raison de leur banalité, avoir eu d'influence sur ce décès. • Civ. 1re, 13 déc. 1989, n° 88-15.214 P : *D. 1990. IR 28* ; *RCA 1990. 92.* ♦ Dans le même sens : • Civ. 1re, 7 juill. 1998, n° 96-15.984 P : *RCA 1998, n° 365.* ♦ C'est par une appréciation souveraine que les juges du fond ont retenu le caractère non accidentel du décès d'une personne victime d'une crise cardiaque alors qu'elle assistait à une réunion au cours de laquelle lui avait été annoncée une promotion. • Civ. 1re, 9 juin 1998, n° 96-15.504 P : *D. 1999. Somm. 228, obs. Berr* ; *RCA 1998, n° 287 ; RGDA 1998. 782, note Maleville.*

48. Décès consécutif à une piqûre. En présence d'un décès survenu consécutivement à une piqûre destinée à prévenir une infection à la suite d'un accident survenu sur un chantier, est à bon droit écartée la garantie de l'assureur au motif que la cause directe de la mort tenait à la susceptibilité allergique de la victime et ne lui était donc pas extérieure. • Civ. 1re, 18 avr. 1989 : *RCA 1989. 244.*

49. Décès des suites d'un paludisme transmis par piqûre de moustique. C'est par une appréciation souveraine et sans dénaturation qu'une cour d'appel a estimé que les circonstances de la mort de l'assurée, décédée des suites d'une forme grave de paludisme, transmise par des piqûres de moustique subies lors d'un séjour en Afrique, ne répondaient pas à la définition que la police d'assurance donnait de l'accident, à savoir « une atteinte corporelle non intentionnelle de la part de l'assuré et provenant de l'action soudaine d'une cause extérieure ». • Civ. 1re, 19 mai 1999 : *RCA 1999, n° 279 ; RGDA 1999. 661, note Maleville.*

50. Assuré déclaré absent. Doivent être déboutés de leur demande de paiement du capital dû au titre d'une assurance contre les accidents corporels les héritiers, bien qu'ils aient obtenu, après un jugement de déclaration d'absence, l'envoi en possession des biens de l'assuré disparu, pour le motif que, en l'état, le décès de ce dernier n'est pas établi. • Civ. 1re, 22 mars 1977 : *D. 1978. 41, note Berr et Groutel ; RGAT 1978. 76.*

51. Assuré présumé absent. La présomption d'absence n'établit pas, à défaut du certificat médical détaillé contractuellement exigé, que l'assuré se trouvait personnellement dans l'incapacité totale de fournir un travail. • Civ. 1re, 9 déc. 1986 : *RGAT 1987. 120.*

D. CARACTÈRE NON INTENTIONNEL DU SINISTRE

52. Suicide. L'accident étant défini comme toute atteinte non intentionnelle de la part de l'assuré et provenant de l'action soudaine d'une cause extérieure, dénature une clause claire et précise l'arrêt qui condamne l'assureur à verser le capital en écartant le moyen tiré par l'assureur du fait que le décès serait dû à un suicide, exclu de la garantie, au motif qu'il ne faisait la preuve d'aucun cas d'exclusion indiqué au contrat. • Civ. 1re, 28 janv. 1964 : *RGAT 1964. 520.* ♦ C'est au bénéficiaire de l'assurance contre les accidents qu'il incombe de prouver que le décès de l'assuré n'était pas dû à une atteinte corporelle intentionnelle et non à l'assureur d'établir la réalisation volontaire de cette atteinte. • Civ. 1re, 15 oct. 1975, n° 74-11.084 P : *D. 1976. 467, note Berr et Groutel ; RGAT 1976. 395.* ♦ En présence d'une police d'assurance-vie assortie d'une assurance complémentaire portant le capital au double en cas d'accident défini comme « toute atteinte corporelle non intentionnelle de la part de l'assuré », c'est au bénéficiaire de prouver le caractère accidentel du décès de l'assuré. • Civ. 1re, 1er juin 1976, n° 75-10.301 P : *RGAT 1976. 553, obs. Besson.* ♦ Mais, dans le cas d'un contrat d'assurance décès comportant des garanties complémentaires en cas de décès accidentel, c'est à l'assureur qu'il incombe de prouver que l'assuré s'est donné la mort, l'objet unique du contrat étant le décès, alors que les garanties complémentaires n'en sont que les modalités. • Civ. 1re, 12 nov. 1975 : *D. 1976. 293, note Besson ; RGAT 1976. 246.* ♦ De même, en présence d'une clause excluant les sinistres causés intentionnellement par l'assuré et ceux résultant d'un suicide, c'est à l'assureur de démontrer la réunion des conditions d'exclusion par lui invoquées. • Civ. 1re, 14 mai 1991 : *RGAT 1991. 620 ; RCA 1991. 314, obs. Groutel ; ibid. 21.*

53. Défenestration. La garantie invalidité absolue et définitive par accident n'est pas acquise, dès lors que le dommage corporel de la victime ne résulte pas de l'action soudaine d'une cause extérieure. • Civ. 2e, 15 sept. 2011 : *RGDA 2012. 86, note Kullmann.*

III. ASSURANCE MALADIE

A. NOTION

54. État de fatigue générale. Un état de fatigue générale, suffisamment grave pour entraîner un arrêt de travail prolongé, doit être considéré comme une maladie définie par la police, qui énonce que celle-ci consiste en « toute altération de la santé constatée par une autorité médicale ». • Aix-en-Provence, 12 févr. 1976 : *D. 1977. IR 461, obs. Berr et Groutel.*

B. PREUVE

55. Certificat médical. Est nulle comme contraire à l'obligation au secret professionnel la clause d'un contrat d'assurance de groupe garantissant le remboursement de frais d'annulation de voyage ainsi que des frais de retour ou de séjour consécutifs à une maladie ou à un accident, qui oblige l'assuré à produire un certificat médical « précisant la nature et la gravité de la maladie ou de l'accident ainsi que ses conséquences prévisibles ». • Civ. 1re, 18 mars 1986, n° 84-15.702 P : *RGAT 1986. 204.* ♦ L'assureur n'a pas le droit d'exiger qu'il lui soit justifié de la nature de la maladie terminale, mais seulement que lui soit produit un certificat indiquant suffisamment que la mort a une cause naturelle et, partant, étrangère, aux risques exclus. • Paris, 2 févr. 1962 : *JCP 1962. II. 12622, note R. Savatier; Gaz. Pal. 1962. 1. 289.*

C. DÉLAI DE CARENCE

56. Date de la première constatation médicale. Encourt la cassation l'arrêt refusant le remboursement de prestations versées par un assureur à l'occasion de la maladie ayant entraîné le décès de l'assurée, sans répondre aux conclusions par lesquelles l'assureur soutenait qu'il résultait d'une ordonnance médicale que la maladie de l'intéressée avait fait l'objet d'une première constatation médicale antérieure à l'expiration du stage de sociétariat de trois mois, imposé aux nouveaux adhérents, et ne pouvait de ce fait, aux termes du contrat, être prise en charge. • Soc. 4 juill. 1965 : *RGAT 1966. 219.* ♦ Ne dénaturent pas la convention les juges qui, pour déclarer l'assureur non tenu au paiement du capital stipulé, relèvent que l'assureur se réserve le droit de vérifier la date de la première constatation médicale qui doit être postérieure au stage de trois mois pour ouvrir droit aux prestations. D'ailleurs adhérant aux statuts, aux termes desquels l'assureur se réserve le droit de vérifier la date de la première constatation médicale, l'assuré a lui-même accepté les limites dans lesquelles doivent se tenir les investigations préalables à tout règlement du capital-décès, et, dans ces limites, le secret médical ne peut être opposé ni au médecin-contrôleur ni à l'expert. • Civ. 1re, 21 nov. 1966 : *RGAT 1967. 365.* ♦ Manque de base légale le jugement qui, en présence d'une assurance maladie ne couvrant que les maladies dont le début serait postérieur à la fin d'un stage de trois mois à partir de l'adhésion, refuse à l'assuré le remboursement de soins médicaux liés à une intervention chirurgicale postérieure à la fin du stage, mais consécutive à un état maladif antérieur à cette fin, sans rechercher la date à laquelle s'étaient manifestés les premiers symptômes en ayant marqué le début. • Civ. 1re, 3 janv. 1964 : *RGAT 1965. 215.*

IV. ASSURANCE DÉCÈS, INVALIDITÉ, INCAPACITÉ

A. NATURE DES GARANTIES

57. État d'invalidité. L'état d'invalidité permanente et absolue peut se déduire du fait que l'assuré, atteint d'une incapacité de 80 %, se trouvait dans l'impossibilité de se livrer à un travail lui procurant gain et profit. • Civ. 1re, 9 mai 1978 : *D. 1978. IR 461, obs. Berr et Groutel.* ♦ Une clause du contrat intitulée « invalidité absolue et définitive » précisant que, « si l'état d'invalidité prend fin, le paiement des échéances cesse de plein droit », il en résulte que l'invalidité « absolue et définitive » au sens de la clause précitée n'exclut pas l'éventualité d'une amélioration de l'état de santé de l'assuré, de sorte que celui-ci doit percevoir les indemnités prévues au contrat pour la période où il a été atteint d'invalidité totale et permanente. • Civ. 1re, 7 avr. 1992 : *RGAT 1992. 592; RCA 1992. 289.* ♦ La définition de l'invalidité totale et définitive, décrite dans la police comme une « invalidité permanente irréversible », renvoie nécessairement à celle de l'incapacité permanente, décrite comme une « invalidité ininterrompue subsistant à l'expiration d'une période minimale de 12 mois ». Ces définitions constituent non des clauses d'exclusion, même indirectes, de garantie, mais des conditions de la garantie qui échappent aux exigences prévues aux art. L. 112-4 et L. 113-1. • Civ. 1re, 12 janv. 1999 : *RGDA 1999. 309, note Mayaux.* ♦ Ne peut prétendre aux garanties d'un contrat définissant l'invalidité totale et permanente comme celle qui implique le recours à l'assistance d'une tierce personne l'assuré auquel la décision de l'organisme social dont il dépend n'a pas reconnu cette nécessité, alors que le contrat d'assurance fait clairement référence à cette décision. • Civ. 1re, 7 févr. 1990 : *RGAT 1990. 599, obs. Kullmann.* ♦ Viole l'art. 1134 C. civ. la cour d'appel qui, pour condamner l'assureur à garantie, retient que l'assuré était dans l'impossibilité complète et continue d'exercer sa profession, alors qu'il ne résultait pas de ces constatations que l'assuré, après sa consolidation, était dans l'impossibilité d'exercer une profession quelconque, condition contractuelle de l'invalidité permanente totale de travail. • Civ. 2e, 28 mars 2013 : *RGDA 2013. 665, note Pélissier.*

58. Capital décès. Peut bénéficier du versement anticipé du capital décès l'assuré atteint d'une incapacité qui le met, de façon absolue et définitive, hors d'état d'exercer sa profession. • Civ. 1re, 14 janv. 1992 : *RGAT 1992. 343, obs. Kullmann; RCA 1992. 154, obs. Groutel, ibid., Chron. 13.*

59. Incapacité temporaire de travail. En présence d'une clause selon laquelle l'assuré est réputé en incapacité totale temporaire de travail s'il se trouve, par suite de maladie ou d'accident, dans l'incapacité physique complète de continuer son travail ou d'exercer son activité professionnelle, dénature les termes clairs et précis de la police l'arrêt qui, en imposant à un assuré d'établir à la fois l'impossibilité dans laquelle il se trouvait de continuer son travail et celle d'exercer une activité professionnelle quelconque, a transformé ainsi des conditions alternatives en conditions cumulatives. • Civ. 1re, 26 nov. 1991 : *RGAT 1992. 155.* ♦ De même, viole l'art. 1134 C. civ. la cour d'appel qui, pour écarter la prise en charge par l'assureur du remboursement des échéances des prêts contractés par le souscripteur du contrat d'assurance couvrant les risques d'invalidité et d'incapacité au-delà de la date de consolidation, énonce que le souscripteur avait continué d'exercer des activités autres que professionnelles, notamment dans la gestion de son important patrimoine immobilier, dans des activités de gérant et d'administrateur de plusieurs sociétés et dans la gestion du contentieux l'opposant à l'assureur, alors que l'incapacité totale et définitive, selon le contrat, devait s'apprécier en fonction des répercussions de l'accident ou de la maladie sur l'activité professionnelle de l'assuré et non par référence à une activité professionnelle quelconque. • Civ. 2e, 17 janv. 2013 : *RCA 2013, n° 130.*

60. *Validité des clauses d'incapacité temporaire de travail.* En vertu de l'art. L. 132-1, al. 1er, C. consom., dans les contrats conclus entre professionnels et non-professionnels ou consommateurs, sont abusives les clauses qui ont pour objet ou pour effet de créer, au détriment du non-professionnel ou du consommateur, un déséquilibre significatif entre les droits et obligations des parties au contrat. Selon l'al. 7 du même art., l'appréciation du caractère abusif des clauses au sens du premier al. ne porte ni sur la définition de l'objet principal du contrat, ni sur l'adéquation du prix ou de la rémunération au bien vendu ou au service offert pour autant que les clauses soient rédigées de façon claire et compréhensible. Est valable la clause relative à la garantie de l'incapacité temporaire totale de travail prévoyant que les indemnités journalières sont versées au cours de la période pendant laquelle l'état de santé de l'assuré ne lui permet, temporairement, d'effectuer aucune activité professionnelle et précise que les indemnités journalières lui sont versées jusqu'à la date à laquelle il peut reprendre une activité professionnelle, quelle qu'elle soit, cette clause, rédigée de façon claire et compréhensible, définissant l'objet principal du contrat. • Civ. 1re, 13 déc. 2012 : *RGDA 2013. 362, note Bruschi.* ♦ De même, est valable la clause relative à la garantie de l'incapacité temporaire totale de travail prévoyant que l'assuré bénéficie d'une telle garantie lorsqu'il se trouve, à la suite d'un accident ou d'une maladie, dans l'incapacité, reconnue médicalement, d'exercer une activité quelconque, professionnelle ou non, même à temps partiel, cette clause, rédigée de façon claire et compréhensible, définissant l'objet principal du contrat. • Civ. 1re, 10 sept. 2014 : *RGDA 2014. 512, note Kullmann; RCA 2014, n° 388.* ♦ V. à propos de ces clauses l'arrêt de la CJUE affirmant qu'une clause est rédigée de manière claire et compréhensible, lorsqu'elle est non seulement intelligible pour le consommateur sur un plan grammatical, mais également que le contrat expose de manière transparente le fonctionnement concret du mécanisme auquel se réfère la clause concernée ainsi que la relation entre ce mécanisme et celui prescrit par d'autres clauses, de sorte que ce consommateur soit mis en mesure d'évaluer, sur le fondement de critères précis et intelligibles, les conséquences économiques qui en découlent pour lui. • CJUE 23 avr. 2015, n° C-96/14 : *D. 2015. 972 ; RGDA 2015. 331, note Parleani.*

B. LIMITES DES GARANTIES

61. *Exclusion des conséquences de maladies ou infirmités préexistantes.* Est formelle et limitée la clause d'une police décès, invalidité, incapacité de travail, qui exclut de la garantie « les conséquences de maladies ou d'infirmités existant à la date de prise d'effet de l'assurance ». • Civ. 1re, 6 janv. 1993 : *RGAT 1993. 340 ; RCA 1993. 101.*

62. *Exclusion des affections cardio-vasculaires.* Une exclusion de garantie concernant les seuls risques d'affections cardio-vasculaires est non seulement formelle et limitée mais valablement stipulée dès lors que la surprime prévue en raison d'un infarctus précédemment subi par l'assuré avait pour objet non pas de garantir ces risques exclus mais de tenir compte du degré de probabilité des autres causes d'invalidité ou d'incapacité de travail. • Civ. 1re, 20 janv. 1993 : *RGAT 1993. 341, obs. Kullmann ; RCA 1993. 141.*

63. *Délai d'attente.* La clause qui énonce que « l'ITT survenant au cours de la première année d'assurance (délai d'attente) n'est couverte que si elle résulte d'un accident » définit le risque pris en charge et ne stipule ni une exclusion, ni une déchéance ; elle n'a dès lors pas à être mentionnée en caractères très apparents. • Civ. 1re, 27 mai 1997 : *RCA 1997, n° 281 ; RGDA 1997. 835, note Kullmann.*

C. MISE EN JEU DES GARANTIES

64. *Mise en œuvre de la garantie.* L'assureur n'a pas l'obligation de mettre en œuvre la garantie invalidité du contrat avant que l'assuré ne lui en fasse la demande. • Civ. 2e, 14 déc. 2017, n° 16-22.122 : *RGDA 2018.115, note Pélissier.* ♦ Mais une cour d'appel a pu caractériser la faute d'un assureur par le fait qu'il n'avait avisé les bénéficiaires de la garantie de l'existence du contrat « Garantie des accidents de la vie » dont ils ont pris connaissance de manière fortuite, alors que ce contrat avait notamment pour objet de leur assurer une aide lors de l'accident survenu au souscripteur. • Civ. 2e, 13 déc. 2018, n° 17-27.492 : *RGDA 2019. 17, note Pélissier ; RCA 2019, n° 85, note Groutel.*

65. *Interprétation des clauses d'incapacité temporaire de travail.* Aux termes de l'art. L. 133-2 C. consom., les clauses des contrats proposés par les professionnels aux consommateurs ou aux non-professionnels doivent être présentées et rédigées de façon claire et compréhensible ; qu'elles s'interprètent, en cas de doute, dans le sens le plus favorable au consommateur ou au non-professionnel. La clause litigieuse, qui stipule que les indemnités journalières sont versées au cours de la période pendant laquelle l'état de santé de l'assuré ne lui permet, temporairement, d'effectuer aucune activité professionnelle et que ces indemnités lui sont versées jusqu'à la date à laquelle il peut reprendre une activité professionnelle, quelle qu'elle soit, étant rédigée de façon claire et compréhensible, sans laisser place au doute, elle ne peut être interprétée. • Civ. 1re, 13 déc. 2012 : *RGDA 2013. 362, note Bruschi.*

66. Pouvoir des juges du fond quant à l'état d'invalidité ou d'incapacité. La circonstance qu'un assuré se trouve dans un état d'invalidité ou d'incapacité temporaire totale, correspondant à la définition contractuelle qu'en donne une police d'assurance, relève de l'appréciation souveraine des juges du fond. • Civ. 1re, 9 févr. 1999 (3 arrêts), nº 96-20.882 P : *D. 1999. 339, note Maleville ; JCP 1999. II. 10047, note Sargos ; RCA 1999, nos 115 et 117 ; ibid. Chron. 11, par Groutel ; RGDA 1999. 421, note Kullmann* • 23 févr. 1999, nº 97-10.342 P • Civ. 2e, 10 nov. 2005, nº 04-16.156 P : *RGDA 2006. 159, note Kullmann.* ♦ Est valablement rendue la décision qui écarte la garantie de l'assureur au titre de l'incapacité totale temporaire ou de l'invalidité permanente totale, en retenant qu'un architecte a deux activités, l'une de conception, l'autre de contrôle des chantiers, que l'invalidité dont l'assuré est atteint ne l'empêche pas d'exercer la première et que son état n'est pas celui qui est couvert par la police, puisqu'il n'est désormais atteint ni d'incapacité totale temporaire, ni d'invalidité permanente totale. • Civ. 1re, 21 mai 1990 : *RGAT 1990. 611, obs. Kullmann.*

67. Assuré sans activité professionnelle. Le contrat d'assurance, qui prévoit le remboursement d'un prêt en cas d'incapacité de travail par suite d'accident ou de maladie, ne joue que si l'assuré exerce une activité professionnelle qu'il doit abandonner. Tel n'est pas le cas d'un assuré qui était au chômage lors de la survenance de son incapacité. • Civ. 1re, 14 juin 1989 : *RGAT 1990. 173 ; RCA 1989, nº 321.* ♦ En l'état d'un contrat d'assurance relatif à l'incapacité professionnelle prévoyant que le taux de cette incapacité devait être établi par rapport à la profession exercée, une cour d'appel a pu estimer que la victime d'un accident de la circulation ne remplissait plus, nonobstant son inscription au répertoire des métiers, les conditions de la garantie, faute d'avoir encore effectivement exercé sa profession d'artisan au moment de l'accident. • Civ. 1re, 8 oct. 1996 : *RGDA 1996. 899, note Maury.*

68. Assuré mis en retraite. En l'absence de toute disposition contractuelle relative aux effets de la mise en retraite de l'assuré pour raison de santé, une cour d'appel décide à bon droit que cette mesure implique l'existence d'une incapacité définitive et que l'assureur est fondé à refuser le paiement d'indemnités prévues en cas d'incapacité temporaire absolue de travail. • Civ. 1re, 3 mars 1993 : *RGAT 1993. 629 ; RCA 1993, nº 212.*

69. Preuve de l'incapacité. Est justifiée la décision qui retient pour preuve d'une constatation médicale d'incapacité antérieure à la date d'effet du contrat l'attestation de versement par la sécurité sociale d'indemnités journalières perçues avant cette date par l'assuré. • Civ. 1re, 9 déc. 1986 : *RGAT 1987. 122.*

70. Validité d'une clause d'expertise. Ayant relevé que les conditions générales du contrat d'assurance de groupe offrait à l'adhérent la possibilité de solliciter la mise en œuvre d'une procédure de conciliation et de tierce expertise au cours de laquelle le médecin de son choix pouvait intervenir, une cour d'appel, tenant compte de toutes les autres clauses du contrat, en a exactement déduit que la clause d'un contrat d'assurance groupe adossée à un emprunt immobilier, qui subordonne l'octroi ou le maintien des prestations versées en exécution de la garantie incapacité temporaire totale au résultat d'un contrôle médical diligenté par l'assureur, ne créait aucun déséquilibre significatif au détriment de l'assuré. • Civ. 1re, 10 sept. 2014 : *RGDA 2014. 512, note Kullmann ; RCA 2014, nº 388.*

71. Expertises amiable et judiciaire. L'assuré qui a prétendu que le rapport d'expertise amiable déposé à la demande de l'assureur était sans pertinence, ce pourquoi il a saisi le juge des référés pour obtenir une expertise judiciaire, ne peut sans se contredire au détriment d'autrui prétendre que seule la première expertise devrait s'imposer en ce qui concerne la détermination de l'incapacité de gains. • Civ. 2e, 23 oct. 2014 : *RGDA 2014. 622, note Schulz.*

72. Production de documents. En présence d'une police stipulant qu'au cas d'incapacité de travail de l'adhérent il doit être justifié pour la mise en œuvre de la garantie de divers documents et qu'en outre, si le bénéficiaire est salarié, doivent être fournies à la compagnie les copies de bordereaux ou une attestation de la sécurité sociale, est valablement jugé que cette clause, dépourvue de toute ambiguïté, fait de la production de ces dernières une condition supplémentaire indispensable au jeu de la garantie et non une simple modalité de contrôle *a posteriori* du droit à couverture de l'intéressé. • Civ. 1re, 27 mars 1990 : *RGAT 1990. 608, obs. Kullmann ; RCA 1990, nº 223.* ♦ Justifie sa décision écartant l'exécution de la garantie d'un assureur, la cour d'appel qui relève d'une part que l'assuré, en acceptant la divulgation d'un certificat médical indiquant la cause exacte du décès, avait, par avance, renoncé au secret médical concernant la production de cette pièce, à laquelle le règlement du sinistre était subordonné, d'autre part que les ayants droit de l'assuré s'étaient opposés sans motif légitime à la levée du secret médical pour faire échec à l'établissement d'une éventuelle fausse déclaration intentionnelle de l'assuré. • Civ. 2e, 25 juin 2020, nº 19-15.642 : *RGDA sept. 2020. 38, note*

Kullmann. ♦ Ayant constaté que l'assureur avait subordonné sa garantie à la production d'un certificat médical indiquant « si possible » la nature de la maladie ayant entraîné le décès et que l'assuré avait, en acceptant la divulgation de certains éléments le concernant, renoncé lui-même et par avance au secret médical, une cour d'appel en a exactement déduit que ses ayants droit faisaient échec à l'exécution du contrat en refusant de communiquer les éléments nécessaires à l'exercice des droits qu'ils revendiquaient et, notamment, pour établir leur allégation d'un décès en dehors d'une maladie par l'avis du seul professionnel qualifié qu'est le médecin. • Civ. 1re, 29 oct. 2002, no 99-19.187 : *RGDA 2003. 340, note Kullmann.*

73. Date de l'invalidité. Sur la date à partir de laquelle l'assuré peut être considéré comme étant en état d'invalidité permanente et totale : • Civ. 1re, 25 oct. 1989 : *RGAT 1990. 599, obs. Kullmann.*

74. Accessoire de contrats de prêt. L'assurance destinée à garantir le remboursement des prêts dont elle était l'accessoire s'est éteinte de plein droit en cas d'aliénation de l'immeuble, laquelle, en permettant de désintéresser intégralement le créancier hypothécaire, a éteint la créance de ce dernier. En conséquence l'assuré ne peut plus prétendre au versement des indemnités liées à son état d'invalidité. • Civ. 1re, 17 mars 1993 : *RGAT 1993. 621 ; RCA 1993, no 211.*

V. ASSURANCE DÉPENDANCE

75. Conditions de la garantie. Après avoir relevé que selon l'article 3 des conditions générales de la police « assurance dépendance », l'assuré est considéré comme dépendant lorsqu'il se trouve dans « l'impossibilité physique totale et présumée permanente de pouvoir effectuer seul au moins trois des quatre actes ordinaires de la vie : se déplacer, se laver, s'habiller, s'alimenter », et constaté que l'assuré présentait un handicap lourd réalisé par l'association de plusieurs pathologies invalidantes ; qu'elle n'était pas dans l'impossibilité totale et présumée permanente d'effectuer seule trois des quatre actes ordinaires de la vie : se déplacer, se laver, s'habiller, s'alimenter ; qu'elle était autonome pour s'alimenter, qu'elle était dépendante pour la réalisation des courses et la préparation des repas, tâches réalisées avec l'aide d'une tierce personne, mais que le verbe « s'alimenter » indique l'action de prendre une alimentation soi-même, et non de la préparer ; qu'elle pouvait se déplacer sur quelques mètres à l'intérieur de son domicile, avec des aides techniques, et se déplacer à l'extérieur, en fauteuil roulant, ou avec son scooter électrique, et pouvait conduire son véhicule ; une cour d'appel, sans se livrer à l'interprétation d'une clause du contrat qui était claire et précise, a pu décider qu'en l'espèce les conditions contractuelles définissant le risque n'étaient pas satisfaites. • Civ. 2e, 16 janv. 2014 : *RGDA 2014. 169, note Pélissier.*

Art. L. 131-1 **En matière d'assurance sur la vie et d'assurance contre les accidents atteignant les personnes, les sommes assurées sont fixées par le contrat.**

(L. no 2015-990 du 6 août 2015, art. 137-I) **« En matière d'assurance sur la vie ou d'opération de capitalisation, le capital ou la rente garantis peuvent être exprimés en unités de compte constituées de valeurs mobilières ou d'actifs offrant une protection suffisante de l'épargne investie et figurant sur une liste dressée par décret en Conseil d'État. Le contractant ou le bénéficiaire obtient le règlement en espèces. La remise de titres ou de parts, dans le respect des actifs éligibles en représentation des engagements en unités de compte, est possible dans le respect des conditions suivantes :**

« 1° Le contractant ou le bénéficiaire peut opter pour la remise de titres ou de parts lorsque ceux-ci sont négociés sur un marché réglementé, à l'exception des titres ou des parts qui confèrent directement le droit de vote à l'assemblée générale des actionnaires d'une société inscrite à la cote officielle d'une bourse de valeurs. Dans le cas où un organisme de placement collectif en valeurs mobilières ou un placement collectif relevant des paragraphes 1 et 2, du sous-paragraphe 2 du paragraphe 5 et du paragraphe 6 de la sous-section 2, du paragraphe 2 ou du sous-paragraphe 1 du paragraphe 1 de la sous-section 3 de la section II du chapitre IV du titre Ier du livre II du code monétaire et financier a été scindé en application des articles L. 214-7-4, L. 214-24-33, L. 214-8-7 ou L. 214-24-41 du même code, l'assureur propose au contractant ou au bénéficiaire le règlement correspondant aux actions ou parts de l'organisme issu de la scission et qui a reçu les actifs dont la cession n'aurait pas été conforme à l'intérêt des actionnaires ou des porteurs de parts, sous forme de remise des actions ou parts de cet organisme ;

« 2° Le contractant peut opter irrévocablement à tout moment, avec l'accord de l'assureur, pour la remise de titres ou de parts non négociés sur un marché réglementé, notamment de parts de fonds communs de placement à risques ou non négociables, au moment du rachat des engagements exprimés en unité de compte d'un

contrat. *(L. n° 2019-486 du 22 mai 2019, art. 72-I)* **« Dans ce cas, cette option est réputée s'appliquer aussi au bénéficiaire, sauf mention expresse contraire. »**

« Un bénéficiaire désigné par le contrat peut également, dans des conditions définies par décret en Conseil d'État, opter irrévocablement pour la remise de tels titres ou parts en cas d'exercice de la clause bénéficiaire. L'exercice de cette option par le bénéficiaire n'entraîne pas acceptation du bénéfice du contrat, au sens de l'article L. 132-9 du présent code.

« Ce paiement en titres ou en parts non négociables ou non négociés sur un marché réglementé ne peut s'opérer qu'avec des titres ou des parts qui ne confèrent pas de droit de vote et qu'à la condition que le contractant, son conjoint *(L. n° 2019-486 du 22 mai 2019, art. 72-I)* **« ou partenaire lié par un pacte civil de solidarité », leurs ascendants, leurs descendants ou** *(L. n° 2019-486 du 22 mai 2019, art. 72-I)* **« les frères et sœurs du contractant » n'aient pas détenu** *(L. n° 2019-486 du 22 mai 2019, art. 72-I)* **« ensemble ou séparément », directement ou indirectement, au cours des cinq années précédant le paiement,** *(L. n° 2019-486 du 22 mai 2019, art. 72-I, applicable aux demandes de rachats présentées à compter de l'entrée en vigueur de la présente loi)* **« plus de 10 % » des titres ou des parts de la même entité que ceux remis par l'assureur ;** *— V. art. R. 132-5-3.*

« 3° Le contractant ou un bénéficiaire désigné par le contrat peut également opter irrévocablement pour la remise des parts ou actions de fonds d'investissements alternatifs mentionnées au 1° dans les conditions prévues au 2°. »

V. art. R. 131-1 s. et A. 131-1 s.

Les dispositions issues de la L. n° 2015-990 du 6 août 2015 sont applicables aux contrats souscrits à compter de l'entrée en vigueur de cette même loi ainsi qu'aux contrats en cours (L. préc., art. 137-II).

COMMENTAIRE

L'article L. 131-1 présente une règle générale relative au caractère forfaitaire des assurances de personnes (I) et une règle spécifique à l'assurance-vie relative aux contrats en unités de compte (II).

I. LE CARACTÈRE FORFAITAIRE DES ASSURANCES DE PERSONNES

A. DÉFINITION DU CARACTÈRE FORFAITAIRE

Alors que les assurances de dommages obéissent au principe indemnitaire exposé à l'article L. 121-1, les assurances de personnes présentent un caractère forfaitaire. Cette règle ressort du premier alinéa de l'article L. 131-1 qui affirme qu'en assurances de personnes, « les sommes assurées sont fixées par le contrat ». Cette formule un peu générale a été explicitée par la jurisprudence. Ainsi, selon la Cour de cassation, « si le mode de calcul des prestations versées à la victime en fonction d'éléments prédéterminés n'est pas à lui seul de nature à empêcher ces prestations de revêtir un caractère indemnitaire », ces prestations présentent un caractère forfaitaire dès lors que le contrat ne comporte aucune stipulation prévoyant une subrogation de l'assureur et que ces prestations « sont indépendantes dans leurs modalités de calcul et d'attribution de celles de la réparation du préjudice selon le droit commun » (Cass., ass. plén., 19 déc. 2003 : *V. note 1*). Les prestations versées par un assureur de personnes ont donc un caractère forfaitaire lorsqu'elles figurent dans le contrat, sont déterminées ou déterminables et surtout sont indépendantes du montant du dommage subi par l'assuré. Cette précision jurisprudentielle est utile dans la mesure où l'on admet désormais que certaines prestations versées par les assureurs de personnes peuvent présenter un caractère indemnitaire. Il s'agit par exemple des remboursements de frais médicaux et pharmaceutiques.

B. CONSÉQUENCES DU CARACTÈRE FORFAITAIRE

Le caractère forfaitaire des assurances de personnes emporte plusieurs conséquences.

Tout d'abord, l'assuré peut cumuler plusieurs contrats d'assurance, sans qu'on lui oppose un quelconque excès d'assurance. L'article L. 121-4 relatif au cumul d'assurances de dommages ne s'applique pas (Civ. 2e, 13 oct. 2005 : *V. note 3*).

Ensuite, sauf disposition contraire du contrat d'assurance, l'assuré peut cumuler les prestations de l'assureur avec l'indemnité de la victime (Civ. 1re, 5 mai 1981 : *V. note 2*). C'est d'ailleurs pour cela que l'assureur de personnes ne dispose pas, par principe, de recours subrogatoire contre la victime (art. L. 131-2).

Enfin, puisque les prestations de l'assureur sont fixées de façon définitive par le contrat d'assurance, aucune revalorisation en application de dispositions légales n'est envisageable (Civ. 1re, 9 févr. 1971 : *V. note 4*).

II. LES CONTRATS D'ASSURANCE-VIE EN UNITÉS DE COMPTE

Le second alinéa de l'article L. 131-1 prévoit que les contrats d'assurance sur la vie peuvent être exprimés en unités de compte et non en euros. Pour ces contrats, les primes et les sommes assurées sont définies par rapport à la valeur d'une unité de compte ou valeur de référence. Selon ce même alinéa, peuvent être des unités de compte des *« valeurs mobilières ou des actifs offrant une protection suffisante de l'épargne investie et figurant sur une liste dressée par décret en Conseil d'État »*. Cette liste figure à l'article R. 131-1 du code des assurances. Une interrogation sur l'interprétation de l'article L. 131-1, alinéa 2, est toutefois apparue. En effet, on a pu se demander si les deux conditions étaient indépendantes ou liées l'une à l'autre. Si les deux conditions sont indépendantes, le support considéré doit figurer sur la liste réglementaire et le juge doit apprécier ensuite s'il offre une protection suffisante de l'épargne investie. Si les deux conditions sont liées, il en résulte que le support mentionné sur la liste réglementaire est irréfragablement présumé offrir une protection suffisante de l'épargne investie. Le juge ne doit alors que s'assurer de la présence de l'actif en question dans la liste de l'article R. 131-1. Cette seconde interprétation a été retenue par la Cour de cassation (Civ. 2e, 16 juill. 2020 : *V. note 8*) ❑

1. Caractère forfaitaire. Si le mode de calcul des prestations versées à la victime en fonction d'éléments prédéterminés n'est pas à lui seul de nature à empêcher ces prestations de revêtir un caractère indemnitaire, les prestations servies par un assureur au titre de l'incapacité temporaire totale de travail et de l'incapacité permanente partielle revêtent un caractère forfaitaire dès lors, d'une part que, le contrat d'assurance de prévoyance de groupe ne comporte aucune disposition spécifique au cas où le dommage subi par l'assuré serait consécutif à un accident de la circulation, d'autre part, qu'elles sont indépendantes, dans leurs modalités de calcul et d'attribution, de celles de la réparation du préjudice selon le droit commun. • Cass., ass. plén., 19 déc. 2003 : ♖ *Bull. ass. plén. n° 7; RCA 2004, n° 87; ibid. Étude 7, note Groutel.*

2. Cumul avec les indemnités dues par le responsable. Les prestations prévues dans une assurance contre les accidents corporels ne revêtent pas un caractère indemnitaire et se cumulent en conséquence, sauf convention contraire, avec les réparations dues par l'auteur de l'accident. • Civ. 1re, 5 mai 1981, ♖ n° 80-10.917 P : *RGAT 1982. 96; ibid. 211.* ♦ Comp. dans l'hypothèse d'une assurance à caractère indemnitaire. La limitation, en raison de sa faute, du droit à indemnisation du conducteur victime d'un accident de la circulation est, sauf stipulation contraire du contrat d'assurance garantissant l'indemnisation des préjudices résultant d'une atteinte à sa personne, sans effet sur le montant des prestations à caractère indemnitaire dues par son assureur au titre de cette garantie. Il en résulte que ce conducteur victime peut, dans la limite du montant de ses préjudices, percevoir en sus de l'indemnité partielle due par le responsable de l'accident les prestations à caractère indemnitaire versées au titre de son assurance de personne. • Civ. 2e, 20 juill. 2020, n° 18-24.013 : *RGDA sept. 2020. 31, note Landel; bjda.fr 2020, n° 71, note Abravanel-Jolly.*

3. Cumul d'assurances. Les assurances contre les accidents atteignant les personnes, non soumises au principe indemnitaire, échappent aux dispositions de l'art. L. 121-4 C. assur. relatives aux assurances cumulatives. • Civ. 2e, 13 oct. 2005, ♖ n° 04-15.888 P : *RCA 2005, n° 369, note Groutel.* ♦ Mais, prive sa décision de base légale au regard des art. L. 131-1 et L. 131-2 C. assur., la cour d'appel qui condamne un assureur à payer aux parents d'une victime d'un accident corporel une somme en exécution d'un contrat garantissant les accidents corporels et une autre en exécution d'un contrat d'assurance « garantie des accidents de la vie », sans rechercher si les prestations prévues par les deux contrats d'assurance en cause, au titre du préjudice moral des parents de la victime, ne revêtaient pas un caractère indemnitaire, excluant que le montant cumulé des prestations soit supérieur au montant des préjudices subis. • Civ. 2e, 13 déc. 2018, ♖ n° 17-27.492 : *RCA 2019, n° 85, note Groutel; RGDA févr. 2019. 17, note Pélissier.*

4. Absence de revalorisation légale des rentes. Le contrat d'assurance de personnes stipulant, en cas d'invalidité, le paiement par l'assureur d'une rente, dont le montant, fixé une fois pour toutes, ne revêt pas un caractère indemnitaire, il n'y a pas lieu d'appliquer à la rente les majorations prévues par la loi du 24 mai 1951, qui ne vise que les rentes allouées en réparation d'un préjudice. • Civ. 1re, 9 févr. 1971 : *D. 1971. 686, note Berr et Groutel; RGAT 1971. 531, note Besson; JCP 1971. II. 16839, note Besson.*

5. Indexation contractuelle d'une prestation. Une cour d'appel a pu décider sans dénaturation que l'indice retenu par elle (salaire de base de la sécurité sociale) devait être considéré comme un indice de substitution proposé par l'assureur lui-même et conforme à la volonté des parties. • Civ. 1re, 9 nov. 1981 : *JCP 1982. IV. 37.*

6. Calcul du capital constitutif d'une rente temporaire. Un contrat de prévoyance famille-accident mettant, en cas de décès de l'assuré, à la charge de l'assureur envers la veuve, non une dette d'arrérages, mais celle du capital constitutif d'une rente annuelle temporaire jusqu'à 65 ans, c'est à bon droit qu'une cour d'appel a calculé ce capital en multipliant le montant de la rente prévue par la valeur du franc de rente retenu en fonction de l'âge de la bénéficiaire et de la durée de son service. • Civ. 1re, 20 janv. 1987 : *D. 1987. Somm. 335, obs. Groutel.*

7. Majoration du capital décès en fonction des enfants conçus. Si les conditions d'application du contrat d'assurance décès doivent être appréciées au moment de la réalisation du risque, la détermination des enfants à charge vivant au foyer doit être faite en se conformant aux principes généraux du droit et spécialement à l'adage *infans conceptus*. La majoration du capital décès, lorsqu'il existe des enfants à charge, est destinée à faciliter leur entretien et doit donc bénéficier à un enfant déjà conçu lors du décès de son père et né viable par la suite. • Civ. 1re, 10 déc. 1985, n° 84-14.328 P : *D. 1987. 449, note Paire; ibid. Somm. 178, obs. Groutel; JCP 1986. IV. 67; RGAT 1986. 211.*

8. Contrats en unités de compte. – Notion d'actifs offrant une protection suffisante de l'épargne investie. Il résulte de l'art. L. 131-1 C. assur., interprété à la lumière des travaux préparatoires de la L. n° 92-665 du 16 juill. 1992, que les valeurs mobilières et actifs visés par l'art. R. 131-1 C. assur. remplissent la condition de protection suffisante de l'épargne prévue par ce texte. • Civ. 2e, 16 juill. 2020, n° 19-16.922 : *RGDA sept. 2020. 44, note Mayaux; bjda.fr 2020, n° 71, note Marly; RCA 2020, n° 213, note Quistrebert.*

9. Contrats en unités de compte. – Modification des supports. Prive sa décision de base légale au regard des art. 1134 et 1147 C. civ., la cour d'appel qui, pour exclure la faute de l'assureur, se borne à relever que les conditions générales lui permettaient de faire évoluer le nombre et la nature des supports, sans rechercher, comme elle y était invitée, si, en supprimant les supports Actions en 1998, l'assureur n'avait pas, de façon déloyale, poursuivant la préservation de ses seuls intérêts, privé l'assuré de la possibilité de placer des fonds sur les supports en actions les plus performants, ce qui avait fait perdre tout intérêt à la clause d'arbitrage à cours connu et au contrat lui-même qui était privé de la spécificité qui poussait à le souscrire, méconnaissant ainsi son obligation d'exécuter le contrat de bonne foi. • Civ. 2e, 8 nov. 2007 : *RGDA 2007. 875, note Bigot; JCP 2008. II. 10034, note Grynbaum.* ♦ La modification de la liste des supports éligibles par l'assureur ayant pour seul but de neutraliser le jeu de la clause d'arbitrage à cours connu, une cour d'appel a pu déduire que l'assureur avait commise un abus dans l'exercice de la faculté que lui conférait la clause du contrat de modifier unilatéralement la liste des supports. • Civ. 2e, 22 févr. 2007 : *Bull. civ. II, n° 41; D. 2007. 798 et les obs.; RGDA 2008. 392, note Bigot* • 11 sept. 2014 : *RGDA 2014. 517, note Mayaux.* ♦ Commet un abus de droit la société d'assurances sur la vie qui supprime la quasi-totalité des supports inscrits dans les contrats souscrits et modifie unilatéralement les modalités d'exercice de l'arbitrage. • Paris, 20 sept. 2002 : *RCA 2003, n° 153, obs. Courtieu.* ♦ **Bibl.** Courtieu, *Gaz. Pal. 2003. Doctr. 42.*

10. Recours à l'emprunt. En recourant à l'emprunt pour abonder leurs contrats, qui présentaient un caractère spéculatif, des souscripteurs n'ont contrevenu à aucune disposition légale ou contractuelle. • Civ. 2e, 11 sept. 2014 : *préc. note 9.*

Art. L. 131-1-1 *(L. n° 2019-486 du 22 mai 2019, art. 72-I)* Les unités de compte mentionnées au deuxième alinéa de l'article L. 131-1 peuvent être constituées de parts de fonds d'investissement alternatifs ouverts à des investisseurs professionnels, relevant de la sous-section 3 de la section II du chapitre IV du titre Ier du livre II du code monétaire et financier, dans le respect de conditions tenant notamment à la situation financière, aux connaissances ou à l'expérience en matière financière du contractant. Un décret en Conseil d'État fixe ces conditions et précise les fonds concernés.

Art. L. 131-1-2 *(L. n° 2019-486 du 22 mai 2019, art. 72-I)* Le contrat comportant des garanties exprimées en unités de compte mentionnées au deuxième alinéa de l'article L. 131-1 fait référence à au moins une unité de compte constituée de valeurs mobilières, d'organismes de placement collectif ou d'actifs figurant sur la liste mentionnée au même article L. 131-1 et qui respectent au moins l'une des modalités suivantes :

1° Ils sont composés, pour une part comprise entre 5 % et 10 %, de titres émis par des entreprises solidaires d'utilité sociale agréées en application de l'article

L. 3332-17-1 du code du travail ou par des sociétés de capital-risque mentionnées au I de l'article 1er de la loi nº 85-695 du 11 juillet 1985 portant diverses dispositions d'ordre économique et financier ou par des fonds communs de placements à risque mentionnés à l'article L. 214-28 du code monétaire et financier, sous réserve que l'actif de ces fonds soit composé d'au moins 40 % de titres émis par des entreprises solidaires mentionnées à l'article L. 3332-17-1 du code du travail ;

2° Ils ont obtenu un label reconnu par l'État et satisfaisant à des critères de financement de la transition énergétique et écologique selon des modalités définies par décret ;

3° Ils ont obtenu un label reconnu par l'État et satisfaisant aux critères d'investissement socialement responsable selon des modalités définies par décret.

Le présent article s'applique aux contrats conclus ou aux adhésions effectuées à compter du 1er janvier 2020. Les contrats conclus ou les adhésions effectuées à compter du 1er janvier 2022 font référence à des unités de comptes respectant les modalités mentionnées aux 1° à 3° du présent article.

A compter du 1er janvier 2022, la proportion d'unités de compte du contrat respectant les modalités mentionnées aux mêmes 1° à 3° est communiquée aux souscripteurs avant la conclusion de ou l'adhésion à ces contrats.

Le présent article ne s'applique pas aux contrats dont l'exécution est liée à la cessation d'activité professionnelle.

Art. L. 131-2 Dans l'assurance de personnes, l'assureur, après paiement de la somme assurée, ne peut être subrogé aux droits du contractant ou du bénéficiaire contre des tiers à raison du sinistre.

(L. nº 92-665 du 16 juill. 1992) « Toutefois, dans les contrats garantissant l'indemnisation des préjudices résultant d'une atteinte à la personne, l'assureur peut être subrogé dans les droits du contractant ou des ayants droit contre le tiers responsable, pour le remboursement des prestations à caractère indemnitaire prévues au contrat. »

BIBL. ▸ FAVRE-ROCHEX, *Gaz. Pal. 1993. 1. Doctr. 93.* – MARGEAT, *RGAT 1993. 251.* – GROUTEL, *RCA 1997. Chron. 2 ; ibid. 1999. Chron. 5 ; ibid. 2004. Chron. 7.*

COMMENTAIRE

Parce que les assurances de personnes présentent un caractère forfaitaire, l'assureur ne dispose d'aucun recours subrogatoire contre le responsable du dommage subi par l'assuré. Ce principe (I) connaît néanmoins quelques exceptions (II).

I. LE PRINCIPE

Lorsque l'assurance de personnes présente un caractère forfaitaire, l'assureur ne dispose d'aucune action contre le tiers responsable du sinistre. A la différence de l'assureur de dommage qui peut se prévaloir de la subrogation légale de l'article L. 121-12, l'assureur de personnes ne peut invoquer une quelconque subrogation légale. En outre, dans la mesure où l'article L. 131-2 est d'ordre public, l'assureur ne peut recourir à une subrogation conventionnelle ou à une cession d'action.

Il en résulte donc que la victime peut cumuler l'indemnité d'assurance avec l'indemnité due par la victime (Civ. 1re, 5 mai 1981 : *V. note 2* ss. art. L. 131-1) et que le responsable ne peut déduire le montant de l'indemnité d'assurance des dommages et intérêts qu'il doit à la victime (CE 14 mars 1986 : *V. note 2*).

II. LES EXCEPTIONS

A. L'EXCEPTION DE L'ARTICLE L. 131-2, ALINÉA 2

Depuis la loi nº 92-665 du 16 juillet 1992, l'article L. 131-2, alinéa 2, prévoit que, pour les assurances garantissant des préjudices résultant d'une atteinte à la personne et versant des « prestations à caractère indemnitaire », l'assureur « peut être subrogé » dans les droits de son assuré contre le tiers responsable. Cette formule a alors suscité des interrogations. Que fallait-il entendre par prestations à caractère indemnitaire ? Fallait-il une clause spécifique pour mettre en œuvre cette possibilité offerte par la loi ?

Répondant à ces interrogations, la jurisprudence subordonne le recours subrogatoire de l'assureur de personnes à deux conditions (Cass., ass. plén., 19 déc. 2003, et Civ. 1re, 12 oct. 2004 : *V. note 3*) :

– d'une part, l'indemnité d'assurance doit être évaluée selon les règles d'appréciation du dommage en droit commun, ce qui n'interdit toutefois pas l'insertion d'éléments d'évaluation prédéterminés dans le contrat ;

– d'autre part, le contrat d'assurance doit comporter une clause de subrogation, à défaut, aucun recours ne peut être exercé.

B. LES AUTRES EXCEPTIONS

D'autres dispositions permettent aux assureurs de personnes d'exercer un recours contre le tiers responsable :

– L'article L. 211-25, relatif aux accidents de la circulation, permet à l'assureur, qui a versé à la victime une avance sur indemnité, d'exercer un recours contre l'assureur de la personne tenue à réparation, si une clause contractuelle le prévoit ;

– L'article 29-5° de la loi n° 85-677 du 5 juillet 1985 prévoit, depuis l'adoption de la loi n° 94-678 du 8 août 1994, que les sociétés d'assurances, versant des indemnités journalières de maladie et des prestations d'invalidité, disposent d'un recours contre le responsable. Ces prestations sont donc présumées être indemnitaires et la subrogation est de droit (Civ. 2e, 12 juill. 2007 : *V. note 5*). Aucune clause subrogatoire n'est requise. ❑

1. Domaine. L'art. L. 131-2 C. assur., aux termes duquel, dans l'assurance de personne, l'assureur après paiement de la somme assurée ne peut être subrogé aux droits du contractant ou du bénéficiaire contre des tiers à raison du sinistre, n'est pas applicable aux sociétés mutualistes régies par le code de la mutualité. • Civ. 1re, 17 mai 1982, n° 81-11.996 P. ♦ ... Ni aux caisses de sécurité sociale. • Soc. 16 nov. 1983, n° 82-11.271 P.

2. Absence de subrogation dans les droits du bénéficiaire. En matière d'assurances de personnes, les sommes assurées sont fixées par le contrat et n'ont pas un caractère indemnitaire ; l'assureur qui les a versées ne peut être subrogé aux droits du bénéficiaire contre des tiers à raison du sinistre. • Crim. 13 nov. 1986, n° 85-93.025 P : *RGAT 1987. 116.* ♦ En cas d'accident survenu par la faute d'un tiers, l'assureur, après paiement de la somme correspondant à la somme souscrite, ne peut être subrogé aux droits de la victime à l'encontre de ce tiers. En conséquence, cette somme n'a pas à être déduite du montant de l'indemnité due à la victime par l'État. • CE 14 mars 1986, *Min. délégué auprès du min. de l'Industrie et de la Recherche, chargé des PTT c/ Foletti : D. 1986. 530, concl. Roux ; ibid. IR 465, obs. Moderne et Bon.*

3. Subrogation en cas de prestation à caractère indemnitaire. Si le mode de calcul des prestations versées à la victime en fonction d'éléments prédéterminés n'est pas à lui seul de nature à empêcher ces prestations de revêtir un caractère indemnitaire, les prestations servies par un assureur au titre de l'incapacité temporaire totale de travail et de l'incapacité permanente partielle revêtent un caractère forfaitaire dès lors, d'une part que, le contrat d'assurance de prévoyance de groupe ne comporte aucune disposition spécifique au cas où le dommage subi par l'assuré serait consécutif à un accident de la circulation, d'autre part, qu'elles sont indépendantes, dans leurs modalités de calcul et d'attribution, de celles de la réparation du préjudice selon le droit commun. • Cass., ass. plén., 19 déc. 2003 : *Bull. ass. plén. n° 7 ; RCA 2004, n° 87 ; ibid. Étude 7, note Groutel.* ♦ Viole les art. L. 131-1 et L. 131-2 C. assur. la cour d'appel, qui, pour admettre le recours d'un assureur de personnes contre le responsable du sinistre, a constaté que les prestations avaient été servies à la victime en fonction d'éléments prédéterminés, sans relever que les modalités de calcul et d'attribution de ces prestations étaient celles de la réparation du préjudice selon le droit commun ni rechercher si le contrat d'assurance de groupe de prévoyance avait soumis les indemnités versées par le responsable au recours subrogatoire de l'assureur de la victime. • Civ. 1re, 12 oct. 2004 : *RGDA 2005. 71, note Landel ; RCA 2004, n° 387, note Groutel.* ♦ Selon l'art. L. 131-2, al. 2, C. assur., dans les contrats garantissant l'indemnisation des préjudices résultant d'une atteinte à la personne, l'assureur ne peut être subrogé dans les droits du contractant ou des ayants droit contre le tiers responsable que pour le remboursement des prestations prévues au contrat qui présentent un caractère indemnitaire. Ayant retenu que le montant de la rente éducation avait été choisi parmi trois options contractuellement offertes, indépendamment du préjudice subi et en particulier du montant des ressources de l'assuré ou de la part qui était celle consacrée par ses soins aux frais d'entretien et d'éducation de l'enfant, une cour d'appel en a exactement déduit, peu important la qualification donnée à cette prestation par le contrat, que la rente éducation présentait un caractère forfaitaire et que la subrogation était exclue. • Civ. 2e, 17 avr. 2008, n° 06-20.417 P : *RCA 2008, n° 236, note Groutel ; RGDA 2008. 704, note Landel.* ♦ Par l'effet de la subrogation l'assureur du conducteur d'un véhicule terrestre à moteur impliqué dans un accident de la circulation dont il a été victime est, pour le recouvrement des prestations indemnitaires ou de l'avance sur indemnité qu'il a versées à son assuré du fait de l'accident, investi de l'ensemble des droits et actions dont celui-ci disposait à l'encontre de la personne tenue à réparation ou son assureur. • Civ. 2e, 8 juin 2017, n° 15-24.827 P : *RGDA 2017. 424, note Landel* • 7 févr. 2019, n° 18-11.706 : *RCA 2019, n° 143, note Groutel.*

4. Subrogation conventionnelle. Il résulte de l'art. 1250, 1°, C. civ., dans sa rédaction antérieure à celle issue de l'Ord. du 10 févr. 2016, et de l'art. L. 124-3 C. assur., que par l'effet de la subrogation conventionnelle prévue aux art. L. 131-2, al. 2, et L. 211-25 du même code, l'assureur de la victime d'un dommage résultant d'une atteinte à la personne est, pour le recouvrement des prestations indemnitaires ou de l'avance sur indemnité qu'il a versées à son assuré, investi de l'ensemble des droits et actions dont celle-ci disposait contre la personne tenue à réparation ou son assureur. Encourt en conséquence la cassation l'arrêt qui, pour débouter l'assureur de la victime de sa demande dirigée contre l'assureur du responsable du dommage, retient que les stipulations de la police prévoient uniquement la possibilité d'un recours subrogatoire contre le responsable du dommage et non contre son assureur, alors que par l'effet de la subrogation conventionnelle, l'assureur de la victime est investi de l'action directe contre l'assureur du responsable. • Civ. 2e, 26 nov. 2020, n° 19-23.023 : *D. actu. 23 déc. 2020, note R. Bigot et Cayol.*

5. Subrogation par détermination de la loi. Selon les art. 29, 5° et 30 de la L. n° 85-677 du 5 juill. 1985, ouvrent droit à un recours, subrogatoire par détermination de la loi, contre la personne tenue à réparation ou son assureur les indemnités journalières de maladie et les prestations d'invalidité, versées à la victime d'un dommage résultant des atteintes à sa personne, par les groupements mutualistes régis par le code de la mutualité, les institutions de prévoyance régies par le code de la sécurité sociale ou le code rural et par les sociétés d'assurances régies par le code des assurances. Viole ces articles la cour d'appel qui, pour débouter la compagnie d'assurances de sa demande tendant à ce que l'indemnité par elle versée à son assuré au titre de l'assurance des accidents corporels vienne en déduction de celle due au titre de l'assurance responsabilité civile, énonce que les sommes versées par l'assureur résultent de l'application mathématique d'éléments prédéterminés, l'attribution du capital en découlant n'étant pas régie par les règles de réparation du préjudice corporel de droit commun et n'ayant pas un caractère indemnitaire. • Civ. 2e, 12 juill. 2007, n° 06-16.084 P : *RGDA 2007. 830, note Mayaux; RCA 2007, n° 335; ibid. Étude 18, note Groutel.*

6. Cumul avec les indemnités dues par le responsable. La limitation, en raison de sa faute, du droit à indemnisation du conducteur victime d'un accident de la circulation est, sauf stipulation contraire du contrat d'assurance garantissant l'indemnisation des préjudices résultant d'une atteinte à sa personne, sans effet sur le montant des prestations à caractère indemnitaire dues par son assureur au titre de cette garantie. Il en résulte que ce conducteur victime peut, dans la limite du montant de ses préjudices, percevoir en sus de l'indemnité partielle due par le responsable de l'accident les prestations à caractère indemnitaire versées au titre de son assurance de personne. • Civ. 2e, 20 juill. 2020, n° 18-24.013 : *RGDA sept. 2020. 31, note Landel; bjda.fr 2020, n° 71, note Abravanel-Jolly.*

Art. L. 131-3 *(L. n° 2014-344 du 17 mars 2014, art. 64)* **Les entreprises d'assurance régies par le présent code qui commercialisent des contrats d'assurance complémentaire en matière de santé doivent faire figurer dans les documents de communication à leurs assurés ou destinés à faire leur publicité les conditions de prise en charge, de façon simple et normalisée, chiffrée en euros, pour les frais de soins parmi les plus courants ou pour ceux pour lesquels le reste à charge est le plus important, selon des modalités précisées par arrêté du ministre chargé de la sécurité sociale.**

COMMENTAIRE

Introduit par la loi Hamon n° 2014-344 du 17 mars 2014 relative à la consommation, l'article L. 131-3 concerne les contrats d'assurance complémentaire santé et, selon les travaux préparatoires de cette loi, aussi bien les contrats individuels que collectifs. L'objectif de cette disposition est de protéger les assurés et de leur permettre de faire jouer plus facilement la concurrence.

Ainsi, afin de faciliter la comparaison des différentes complémentaires santé, cette nouvelle disposition impose aux assureurs une information simple, normalisée et chiffrée en euros des frais de soins les plus courants ou pour lesquels le reste à charge est le plus important. Cette information, dont les modalités seront précisées par un arrêté ministériel, devra être mentionnée dans les documents communiqués aux assurés et notamment dans les documents publicitaires.

Art. L. 131-4 *(L. nº 2016-1691 du 9 déc. 2016, art. 118-II)* I. — Lorsqu'une ou plusieurs unités de compte mentionnées à l'article L. 131-1 sont constituées de parts ou d'actions d'un organisme de placement collectif qui fait l'objet d'une suspension du rachat ou de l'émission de ses parts ou actions et qui n'est pas en mesure de publier une valeur liquidative, l'entreprise d'assurance peut :

1° Proposer au contractant ou bénéficiaire de procéder, sur cette partie du contrat, au règlement des rachats, des prestations en capital en cas de vie et en cas de décès et des capitaux constitutifs de rentes, à la date de conversion, sous forme de remise des parts ou actions de cet organisme de placement collectif ;

2° Suspendre ou restreindre, sur cette partie du contrat uniquement, les facultés d'arbitrage, les versements de primes, les possibilités de rachats ou de transferts, le paiement des prestations en cas de vie ou de décès et les conversions en rentes ;

3° Dans le cadre de l'information qu'elle transmet au contractant, calculer les capitaux ou les rentes garantis des contrats sans tenir compte de la partie du contrat exprimée en unités de compte constituées d'actions ou de parts de l'organisme de placement collectif concerné. L'entreprise indique alors que cette partie du contrat n'a pas été intégrée au calcul des capitaux ou des rentes garantis en raison de l'absence de valeur liquidative.

II. — Lorsqu'une ou plusieurs unités de compte mentionnées à l'article L. 131-1 sont constituées de parts ou actions d'un organisme de placement collectif qui fait l'objet d'une suspension du rachat ou de l'émission de ses parts ou actions et qui est en mesure de publier une valeur liquidative ou qui fait l'objet d'un plafonnement temporaire du rachat de ses parts ou actions, l'entreprise d'assurance peut :

1° Proposer au contractant ou bénéficiaire de procéder, outre le règlement en espèces, sur cette partie du contrat, au règlement de tout ou partie des rachats et des prestations en capital en cas de vie et en cas de décès sous forme de remise des parts ou actions de cet organisme de placement collectif ;

2° Suspendre ou restreindre, sur cette partie du contrat uniquement, les facultés d'arbitrage et les versements de primes, les possibilités de rachats ou de transferts, le paiement des prestations en cas de vie ou de décès et les conversions en rentes.

Un décret en Conseil d'État précise les modalités de calcul de la valeur de rachat lorsque le plafonnement temporaire des rachats des parts ou actions de l'organisme de placement collectif concerné conduit à exécuter les ordres, nécessaires à l'exécution des dispositions et facultés prévues par les contrats d'assurance sur la vie et de capitalisation, à différentes valeurs liquidatives.

L'Autorité de contrôle prudentiel et de résolution peut remettre en cause les décisions de suspension ou de restriction prises par l'entreprise d'assurance en application du 2°. Elle statue dans un délai de trente jours à compter de la date de début de cette suspension ou de cette restriction. Lorsqu'une décision de suspension ou de restriction est remise en cause par l'Autorité de contrôle prudentiel et de résolution, les demandes de rachats, de transferts, d'arbitrages, de versements de primes, de paiement des prestations en cas de vie ou de décès et de conversion en rentes reçues pendant la période de suspension sont exercées sur la base d'une valeur de rachat dont le calcul est fondé, sur cette partie du contrat uniquement, sur la valeur liquidative des parts ou actions de l'organisme de placement collectif concerné qui aurait été retenue sans l'exercice de cette faculté de suspension ou restriction par l'entreprise d'assurance.

L'Autorité de contrôle prudentiel et de résolution se prononce en tenant compte de l'intérêt des assurés et bénéficiaires de l'entreprise d'assurance, de l'impact potentiel sur son bilan des mesures de suspension du rachat ou d'émission de parts ou actions ou de plafonnement temporaire du rachat de parts ou actions d'organismes de placement collectif et de sa capacité à honorer, dans le futur, ses engagements d'assurance.

III. — L'entreprise d'assurance informe sans délai l'Autorité de contrôle prudentiel et de résolution de la mise en œuvre des facultés prévues aux I et II. Cette information est également portée à la connaissance des contractants concernés.

IV. — L'ensemble des dispositions du présent article sont applicables nonobstant les délais de règlement prévus aux articles L. 132-21 et L. 132-23-1 ou tout autre délai ou modalité de valorisation prévus contractuellement afférents à la réalisation des opérations susvisées.

V. — Les modalités d'application du présent article sont précisées par décret en Conseil d'État. — *V. art. R. 131-8 s.*

Les dispositions de l'art. L. 131-4, dans leur rédaction issue de la L. n° 2016-1691 du 9 déc. 2016, sont immédiatement applicables aux contrats d'assurance sur la vie et aux contrats de capitalisation en cours à la date d'entrée en vigueur de ladite loi (L. préc., art. 118-V, JO 10 déc.).

CHAPITRE II **LES ASSURANCES SUR LA VIE ET LES OPÉRATIONS DE CAPITALISATION** *(L. n° 92-665 du 16 juill. 1992).*

BIBL. ▶ DELMAS SAINT-HILAIRE, *Dr. et patr. 6/2015. 68* (2014 : l'assurance-vie encore plus réglementée) ; *ibid. mai 2016. 94* (chronique janv. 2015-févr. 2016 : l'assurance-vie, un droit bien spécial). – DOUET, *RGDA 2011. 909* (nature de libéralité en cas d'attribution à titre gratuit du bénéfice d'un contrat d'assurance). – KULLMANN, *D. 1996. Chron. 205* (contrat d'assurance ou convention de capitalisation ?). – SAUVAGE, *RGDA 1997. 13* (assurance-vie et patrimoine de la famille). – Actualités de l'assurance-vie (dossier), *Dr. et patr. 5/2008*. – Dossier, *Dr. et patr. 10/2012. 45* (assurance-vie et gestion de patrimoine).

1. Qualification du contrat d'assurance sur la vie. Le contrat d'assurance dont les effets dépendent de la durée de la vie humaine comporte un aléa au sens des art. 1964 C. civ., L. 310-1 (1°) et R. 321-1 (20) C. assur. et constitue un contrat d'assurance sur la vie. • Cass., ch. mixte, 23 nov. 2004 : *D. 2004. IR 3191, et les ob s.* ; *D. 2005. 1905, note Beignier* ; *Defrénois 2005. 607, note J.-L. Aubert ; RCA 2005, n° 42 (4e esp.), et Chron. 3, par Leduc et Pierre ; RGDA 2005. 110, note Mayaux ; Gaz. Pal. 2005. 1771, note Périer* • Civ. 2e, 12 mai 2005 : *RGDA 2005. 690, note Mayaux* • 8 sept. 2005 : *RGDA 2005. 1011, note Mayaux.* ♦ Viole ces textes l'arrêt qui, pour dire qu'un contrat est un contrat de capitalisation et non un contrat d'assurance sur la vie, retient que l'exécution de la prestation de l'assureur et le montant des sommes devant être servies par lui étaient indépendants de la durée de la vie de l'assuré. • Cass., ch. mixte, 23 nov. 2004 (4e esp.) : *préc.* – Bibl. Ghestin, *JCP 2005. I. 111.*

2. Requalification en donation indirecte. Un contrat d'assurance-vie peut être requalifié en donation si les circonstances dans lesquelles son bénéficiaire a été désigné révèlent la volonté du souscripteur de se dépouiller de manière irrévocable. • Cass., ch. mixte, 21 déc. 2007 : *RGDA 2008. 210, note Bigot ; D. 2008. AJ 218, obs. Bruguière-Fontenille* ; *ibid. 1314, note Douet ; ibid. Pan. 253, obs. Groutel ; JCP 2008. II. 10029, note Mayaux ; ibid. I. 134, n° 12, obs. Mayaux ; AJ fam. 2008. 79, obs. Bicheron* ; *RTD civ. 2008. 137, obs. Grimaldi* ; *RCA 2008, n° 174, et Étude 5, par Pierre et Gentilhomme.* ♦ Conf. : • Civ. 2e, 23 oct. 2008 : *RCA 2008, n° 376, obs. Groutel* • Civ. 1re, 26 oct. 2011 : *RGDA 2012. 407, note Mayaux.* ♦ Rappr. : • CE 17 nov. 2010 : *RGDA 2011. 170, note Mayaux.* ♦ Viole l'art. 455 C. pr. civ., la cour d'appel qui rejette la demande de rapport à la succession de la somme perçue par le bénéficiaire au titre du montant des assurances sur la vie, sans répondre aux conclusions des demandeurs qui soutenaient que les circonstances dans lesquelles le souscripteur, âgé de 93 ans et de santé déclinante, avait souscrit ces contrats d'assurance sur la vie dans les derniers mois de sa vie, révélaient la volonté du souscripteur de se dépouiller de manière irrévocable et partant, induisaient leur requalification en donations rapportables à la succession. • Civ. 1re, 28 févr. 2018, n° 17-13.269 : *D. 2018. 1279, obs. Pierre* ; *RGDA 2018. 318, note Lambert.* ♦ Ayant constaté que le souscripteur avait conservé jusqu'à son décès la faculté de procéder au rachat des capitaux versés sur les contrats d'assurance-vie et que ces placements faisaient fructifier son épargne, une cour d'appel, qui en a déduit que ce dernier n'était pas animé par la volonté de se dépouiller de manière irrévocable, a par ces seuls motifs légalement justifié sa décision déboutant la fille du souscripteur de sa demande de qualification en donation des contrats d'assurance-vie. • Civ. 1re, 10 juill. 2013 : *RCA 2013, n° 359, note Pierre ; RGDA 2013. 945, note Mayaux.* ♦ Selon l'art. L. 132-9 C. assur., dans sa rédaction antérieure à celle issue de la L. n° 2007-1775 du 17 déc. 2007, et l'art. L. 132-21 du même code, ensemble l'art. 894 C. civ., en l'absence de renonciation expresse de sa part, le souscripteur d'un contrat d'assurance sur la vie mixte est fondé à exercer le droit au rachat prévu au contrat même en présence d'un bénéficiaire ayant accepté le bénéfice de ce contrat. Viole ces textes, la cour d'appel qui, pour requalifier en donations indirectes les contrats d'assurance sur la vie souscrits, relève que le souscripteur avait consenti à l'acceptation du bénéfice du contrat et s'était dépouillé irrévocablement, sans constater une renonciation expresse du souscripteur à l'exercice de son droit de rachat garanti par le contrat. • Civ. 1re, 20 nov. 2019, n° 16-15.867 : *RCA 2020, n° 51, note Pierre ; RGDA janv. 2020. 56, note Mayaux ; Dr. fam. 2020, n° 28, note Nicod ; RD banc. fin. 2020,* *n° 6, note Leblond; JCP 2020. 11, note Peterka; D. actu. 9 janv. 2020, note Cottet.* ♦ Un contrat d'assurance-vie soumis aux dispositions des art. L. 132-1 s., par lequel il est stipulé qu'un capital ou une rente sera versé au souscripteur en cas de vie à l'échéance prévue par le contrat, et à un ou plusieurs bénéficiaires déterminés en cas de décès du souscripteur avant cette date, n'a pas en lui-même le caractère d'une donation, au sens de l'art. 894 C. civ. Toutefois, la qualification donnée par les parties à un contrat ne saurait faire obstacle au droit pour l'administration de l'aide sociale de rétablir, s'il y a lieu, sa nature exacte, sous le contrôle des juridictions de l'aide sociale et sous réserve pour ces dernières, en cas de difficulté sérieuse, d'une question préjudicielle. A ce titre, un contrat d'assurance-vie peut être requalifié en donation si, compte tenu des circonstances dans lesquelles ce contrat a été souscrit, il révèle, pour l'essentiel, une intention libérale de la part du souscripteur vis-à-vis du bénéficiaire et après que ce dernier a donné son acceptation. Si, dans un tel cas, l'administration de l'aide sociale peut, à bon droit, regarder le bénéficiaire d'un contrat d'assurance-vie comme un donataire, pour l'application des dispositions relatives à la récupération des créances d'aide sociale, le montant de la récupération exercée à son encontre ne peut excéder celui des seules primes versées par le souscripteur du contrat, bénéficiaire de la prestation d'aide sociale. • CE 7 avr. 2016, n° 383342 : *RGDA 2016. 317, note Mayaux.* ♦ V. égal. les décisions affirmant que l'intention libérale est établie lorsque le souscripteur du contrat, eu égard à son espérance de vie et à l'importance des primes versées par rapport à son patrimoine, doit être regardé, en réalité, comme s'étant dépouillé de manière à la fois actuelle et irrévocable au profit du bénéficiaire à raison du droit de créance détenu sur l'assureur. • CE 17 nov. 2010 : *RGDA 2011. 170, note Mayaux; AJCT 2011. 31, obs. Péchillon* • CE 6 févr. 2006, n° 259385 : *RGDA 2006. 741, note Mayaux* • CE 19 nov. 2004 : *RGDA 2005. 485, note Bigot.*

SECTION PREMIÈRE **DISPOSITIONS GÉNÉRALES**

BIBL. ▶ PIERRE, *RCA 2009. Dossier 7* (variations sur la stipulation pour autrui en assurances de personnes).

Art. L. 132-1 **La vie d'une personne peut être assurée par elle-même ou par un tiers.**
(*L. n° 81-5 du 7 janv. 1981*) **« Plusieurs personnes peuvent contracter une assurance réciproque sur la tête de chacune d'elles par un seul et même acte. »** – *Assur. L. 111-2.*
V. art. R. 132-1 s.

BIBL. ▶ BAILLOT, *RGAT 1990. 291* (assurances en cas de vie). – PACAUD et PUJOL, *Journ. not. 1991, art. 60237.*

COMMENTAIRE

Le contrat d'assurance-vie peut présenter des formes variées envisagées par l'article L. 132-1.

En premier lieu, l'assuré n'est pas nécessairement le souscripteur. Une personne peut très bien souscrire un contrat d'assurance-vie sur la tête d'un tiers. Les qualités de souscripteur et d'assuré sont alors dissociées. Conformément à l'article L. 132-2, le consentement du tiers assuré peut alors être requis.

En second lieu, l'assurance peut être réciproque. Cette figure correspond à celle de la souscription conjointe. Plusieurs personnes – le plus souvent des époux – vont souscrire un contrat d'assurance-vie et avoir la qualité de coassurés. Le bénéficiaire est soit l'assuré survivant en cas d'assurance se dénouant au premier décès, soit un tiers en cas d'assurance se dénouant au décès du survivant. Dans cette dernière hypothèse, les primes versées par le conjoint décédé ne constituent pas une donation indirecte au conjoint survivant, dès lors que le conjoint décédé disposait d'une faculté de rachat (Com. 28 juin 2005 : *V. note 1*). La souscription conjointe d'un contrat d'assurance-vie apparaît de la sorte comme un moyen pour transmettre une somme d'argent nette d'impôt au cosouscripteur puis au bénéficiaire du contrat. Certes, la réponse ministérielle Bacquet du 29 juin 2010 (Rép. min. n° 26231 : *JOAN Q, 29 juin 2010, p. 7283*) avait réduit l'intérêt de ce montage en intégrant la valeur de rachat des contrats d'assurance-vie souscrits par des époux communs en biens à l'actif successoral. Toutefois, par un communiqué du 12 janvier 2016, le ministre des Finances et des Comptes publics a décidé de revenir sur cette doctrine fiscale. Le communiqué explique ainsi : « Depuis 2010, pour un contrat d'assurance-vie souscrit dans un couple ayant opté pour le régime de la communauté, les enfants devaient acquitter des droits de succession au décès du premier époux, sans pour autant pouvoir bénéficier du contrat d'assurance-vie. Désormais, le décès du premier époux sera neutre fiscalement pour les successeurs, notamment les enfants, les conjoints étant déjà exonérés. Ils ne seront imposés sur le contrat d'assurance-vie qu'au décès du second époux et n'auront donc pas à payer de droits de succession dès le décès du premier époux sur un contrat non dénoué. Cette mesure bénéficiera à de nombreux épargnants et à leurs successeurs » (V. aussi Rép. min. nº 78192, *JOAN Q, 23 févr. 2016, p. 1648*). ❑

1. Souscription conjointe avec dénouement au décès du survivant. La donation étant un acte par lequel le donateur se dépouille actuellement et irrévocablement de la chose donnée en faveur du donataire qui l'accepte, une cour d'appel, en retenant que la faculté de rachat dont bénéficiait chaque souscripteur pendant la durée du contrat excluait qu'il se soit dépouillé irrévocablement au sens de l'art. 894 C. civ., a, par ce seul motif, légalement justifié sa décision. Partant, en cas de souscription conjointe d'un contrat d'assurance-vie par des époux avec dénouement au décès du survivant, le versement des primes par le conjoint décédé ne constitue pas une donation indirecte au survivant en raison de la faculté de rachat dont disposait le conjoint décédé. • Com. 28 juin 2005 : *JCP N 2005. 1493, note Faucher; RGDA 2006. 161, note Douet.*

2. Portée de l'adjonction d'un co-souscripteur. Ayant estimé, dans l'exercice de son pouvoir souverain d'appréciation du contenu du contrat en cause, qu'au rapport d'obligation contracté entre l'assureur et le souscripteur initial ne s'était pas substitué un nouveau rapport d'obligation, mais s'était ajouté, du fait de la souscription conjointe de l'épouse du souscripteur intervenue ultérieurement, un rapport d'obligation complémentaire entre l'assureur et cette dernière, sans que l'existence du second n'ait un quelconque effet extinctif sur le premier, une cour d'appel en a exactement déduit que la souscription conjointe de l'épouse n'avait pas emporté novation du contrat. • Civ. 1re, 19 mars 2015, nº 13-28.776 P : *RCA 2015, nº 188, note Huchet; RGDA 2015. 267, note Douet; AJ fam. 2015. 299, obs. Ferré-André; D. 2016. 1161, note Pierre; Defrénois 2015. 12029, note Douet; JCP 2015, nº 1040, note Robineau.*

Art. L. 132-2 **L'assurance en cas de décès contractée par un tiers sur la tête de l'assuré est nulle, si ce dernier n'y a pas donné son consentement par écrit** *(L. nº 81-5 du 7 janv. 1981)* **« avec indication du capital ou de la rente initialement garantis ».**

Le consentement de l'assuré doit, à peine de nullité, être donné par écrit, pour toute cession ou constitution de gage et pour transfert du bénéfice du contrat souscrit sur sa tête par un tiers.

(L. nº 2001-1135 du 3 déc. 2001) **« Les dispositions du premier alinéa ne sont pas applicables aux contrats d'assurance de groupe à adhésion obligatoire. »**

COMMENTAIRE

Lorsqu'un contrat d'assurance, comportant une garantie décès, est souscrit sur la tête d'un tiers, l'article L. 132-2 impose au souscripteur d'obtenir le consentement de l'assuré afin de réduire ou d'éviter le *votum mortis*. Il faut éviter qu'une personne peu scrupuleuse souscrive sur la tête d'autrui afin d'obtenir rapidement un gain.

L'assuré doit donner son consentement par écrit avec indication du capital ou de la rente initialement garantis. De même, l'assuré doit donner son consentement par écrit à toute cession ou constitution de gage et pour transférer le bénéfice du contrat à un tiers. Cela étant, l'article L. 132-2 ne précise pas la forme de l'écrit. Il faut donc en déduire que toutes les formes d'écrit sont admises. Le consentement peut de la sorte résulter d'une lettre adressée à l'assureur ou d'une signature sur la police d'assurance.

On a pu s'interroger sur l'opportunité de recueillir le consentement de l'assuré dans les contrats d'assurance de groupe. Il est en effet peu probable que le chef d'entreprise ou l'établissement de crédit soit animé d'un *votum mortis*. Mais, en l'absence de dispositions législatives, la Cour de cassation a fait preuve de fermeté en exigeant le consentement de l'adhérent (Civ. 1re, 23 mars 1982 : *V. note 1*), tout en admettant que ce consentement pouvait être donné par l'intermédiaire d'un mandataire, alors que, par principe, le consentement présente un caractère personnel (Civ. 1re, 2 oct. 2002 : *V. note 2*). Depuis la loi nº 2001-1135 du 3 décembre 2001, le consentement de l'assuré n'est plus requis dans les contrats d'assurance de groupe à adhésion obligatoire. En revanche, il demeure *a priori* nécessaire dans les contrats d'assurance de groupe à adhésion facultative. Il est aujourd'hui admis par la jurisprudence que pour les assurances de groupe à adhésion facultative, le contrat d'assurance lie l'assureur et l'adhérent (Com. 13 avr. 2010 et Civ. 2e, 16 juin 2011 : *V. note 1 ss. art. L. 141-1*). Il en résulte que la garantie décès est directement contractée par l'adhérent sur sa propre tête. Son consentement écrit ne devrait donc pas être nécessaire. Il faudrait néanmoins que cette solution soit clairement retranscrite en jurisprudence ou dans la législation. On peut d'ailleurs constater que l'article

L. 932-23 du code de la sécurité sociale déclare inapplicable l'article L. 132-2 du code des assurances aux « opérations collectives à adhésion obligatoire ou facultative » réalisées par des institutions de prévoyance.

Le défaut de consentement de l'assuré est sanctionné par la nullité absolue du contrat (Civ. 1re, 10 juill. 1995 : *V. note 3*). La nullité ne peut donc faire l'objet d'une confirmation. Si l'assurance comporte plusieurs garanties, seule la garantie en cas de décès est touchée par la nullité (Civ. 1re, 11 déc. 1961 : *V. note 3*). ❑

1. Assurance de groupe obligatoire (jurispr. antérieure à L. du 3 déc. 2001). L'affiliation d'un cadre, par son entreprise, à un contrat d'assurance de groupe en cas de décès est subordonnée à son consentement écrit, dont le défaut est opposable à sa veuve. • Civ. 1re, 23 mars 1982, n° 81-10.612 P : *D. 1982. IR 325 ; RGAT 1982. 497 ;*. ♦ Contra : • Paris, 3 déc. 1997 : *D. 1999. Somm. 25, obs. Bonnard* . *Groutel* ; *JCP 2003. I. 184, n° 3, note Kullmann ; RCA 2003, n° 22 ; RGDA 2002. 1010, note Kullmann.*

2. Consentement donné par mandataire. En se fondant, d'une part, sur le mandat donné à son épouse d'acquérir des immeubles déterminés et de contracter les emprunts nécessaires au financement de l'acquisition et des travaux à réaliser et, d'autre part, sur le fait que l'obtention des prêts était subordonnée à l'adhésion de l'emprunteur à une assurance de groupe, une cour d'appel a caractérisé le consentement donné par le mari à la souscription d'une assurance sur sa tête d'un montant équivalent au prix d'acquisition. • Civ. 1re, 2 oct. 2002, n° 98-23.196 P : *D. 2003. Somm. 1227, obs. Revel* ; *ibid. 2004. Somm. 915, obs.*

3. Nullité. La nullité prévue par l'art. L. 132-2 est absolue et n'est pas susceptible de confirmation. • Civ. 1re, 10 juill. 1995, n° 93-12.203 P : *D. 1996. Somm. 187, obs. Berr* ; *RCA 1995, n° 338 ; RGAT 1995. 929, note Maury.* ♦ Mais, si l'art. 57 de la L. du 13 juill. 1930 [C. assur., art. L. 132-2] frappe de nullité les assurances décès contractées par un tiers sur la tête de l'assuré, non acceptées par écrit par ce dernier, il ne saurait s'appliquer aux autres catégories d'assurances. Dès lors, ne justifie pas légalement sa décision le tribunal qui, pour rejeter la demande en payement de primes dirigée contre la souscriptrice, déclare nulle la police en cause, au motif que l'assurance contractée par la souscriptrice sur la tête de son mari n'avait pas été acceptée par lui, alors que la police litigieuse comportait également une assurance maladie, et sans rechercher si les primes réclamées n'étaient pas dues, au moins pour partie, de ce chef. • Civ. 1re, 11 déc. 1961 : *Bull. civ. I, n° 591 ; RGAT 1962. 521.*

Art. L. 132-3 Il est défendu à toute personne de contracter une assurance en cas de décès sur la tête d'un mineur âgé de moins de douze ans, d'un majeur en tutelle, d'une personne placée dans un établissement psychiatrique d'hospitalisation. *(L. n° 2019-222 du 23 mars 2019, art. 9-II)* **« Toutefois, cette prohibition n'est pas applicable aux formules de financement d'obsèques mentionnées à l'article L. 2223-33-1 du code général des collectivités territoriales souscrites sur la tête d'un majeur en tutelle. »**

Toute assurance contractée en violation de cette prohibition est nulle.

La nullité est prononcée sur la demande de l'assureur, du souscripteur de la police ou du représentant de l'incapable.

Les primes payées doivent être intégralement restituées.

L'assureur et le souscripteur sont en outre passibles, pour chaque assurance conclue sciemment en violation de cette interdiction, d'une amende de 4 500 €.

Ces dispositions ne mettent point obstacle dans l'assurance en cas de décès, au remboursement des primes payées en exécution d'un contrat d'assurance en cas de vie, souscrit sur la tête d'une des personnes mentionnées au premier alinéa ci-dessus *(L. n° 2005-102 du 11 févr. 2005, art. 85-III)* **« ou au remboursement du seul montant des primes payées, en exécution d'un contrat d'assurance de survie, souscrit au bénéfice d'une des personnes mentionnées au premier alinéa ci-dessus. »**

V., en matière d'assurance de groupe, art. L. 140-5.

COMMENTAIRE

L'article L. 132-3 trouve sa lointaine origine dans une loi du 8 décembre 1904 qui a interdit, par crainte d'abus et de spéculations, la souscription de contrats d'assurance en cas de décès sur des enfants de moins de douze ans. Dorénavant, cette interdiction concerne également les majeurs sous tutelle ainsi que les personnes placées dans un établissement psychiatrique d'hospitalisation. L'objectif est d'éviter que ces personnes plus faibles ou diminuées soient privées de soins par des souscripteurs d'assurance en cas de décès peu scrupuleux.

I. LE DOMAINE DE L'INTERDICTION

A. QUANT AUX CONTRATS

L'interdiction légale ne vise que les assurances de décès souscrites sur la tête d'un mineur de moins de douze ans, d'un majeur sous tutelle ou d'une personne placée dans un établissement psychiatrique d'hospitalisation. Par conséquent, elle ne concerne pas :

– les contrats d'assurance en cas de vie ;

– les clauses de contre-assurance insérées dans les contrats d'assurance en cas de vie, qui obligent l'assureur à restituer le montant des primes versées en cas de décès prématuré de l'assuré, puisque ces clauses ne permettent aucun enrichissement du souscripteur ;

– depuis la loi n° 2005-102 du 11 février 2005 pour l'égalité des droits et des chances, la participation et la citoyenneté des personnes handicapées, les clauses de contre-assurance insérées dans les contrats d'assurance en cas de survie souscrits sur la tête d'un assuré au bénéfice d'un mineur de moins de douze ans, un majeur sous tutelle ou une personne placée dans un établissement psychiatrique, garantissant le remboursement des primes versées en cas de décès du bénéficiaire avant celui de l'assuré. Cette disposition conforte les assurances en cas de survie bien utile pour ces personnes, puisque ces assurances leur garantissent le versement d'un capital ou d'une rente au décès de l'assuré, à la seule condition d'être encore en vie à cette époque.

B. QUANT AUX SOUSCRIPTEURS

Si l'article L. 132-3 ne fait aucune distinction en fonction du souscripteur du contrat d'assurance en cas de décès, on s'est néanmoins demandé si cette interdiction devait également s'appliquer lorsque le contrat a été souscrit par l'une des personnes protégées par cet article par l'intermédiaire de son représentant. Dans une telle hypothèse, le *votum mortis* du souscripteur disparaît. De plus, la souscription de tels contrats pourrait être justifiée par le souci d'une bonne gestion du patrimoine de ces personnes protégées.

En permettant aux majeurs sous tutelle ou curatelle de souscrire des contrats d'assurance sur la vie, la loi du 5 mars 2007, portant réforme de la protection juridique des majeurs, a semblé autoriser la souscription de tels contrats d'assurance. En effet, les travaux préparatoires de la loi indiquent expressément que cette nouvelle règle a été adoptée afin notamment de « déroger à l'interdiction de souscrire un contrat sur la tête d'un majeur protégé, que celui-ci soit en curatelle ou en tutelle, lorsque l'assuré est le souscripteur lui-même » (Blessig, Rapp. Ass. nat. n° 3557, art. 21).

Cependant, le texte de l'article L. 132-4-1, relatif à la souscription d'assurance sur la vie par une personne sous tutelle ou curatelle, n'envisage nullement une telle dérogation. Cette dernière analyse semble dorénavant s'imposer au regard d'une réponse ministérielle du 26 juillet 2011, qui a affirmé que la souscription d'un contrat obsèques pour le compte et sur la tête d'un majeur en tutelle était prohibée en application de l'article L. 132-3.

Néanmoins, il est à noter que, par exception, conformément à l'article L. 141-5, le représentant légal d'un majeur en tutelle peut adhérer au nom de celui-ci à un contrat d'assurance de groupe en cas de décès, conclu pour l'exécution d'une convention de travail ou d'un accord d'entreprise. Cette disposition issue de la loi n° 81-5 du 7 janvier 1981 relative au contrat d'assurance et au contrat de capitalisation permet ainsi aux personnes handicapées travaillant dans des établissements spécialisés de bénéficier d'une protection sociale complémentaire.

II. LA SANCTION DE L'INTERDICTION

Toute assurance contractée en violation de l'interdiction légale est frappée de nullité. Cette nullité peut être demandée par l'assureur, le souscripteur ou le représentant de l'incapable. En application de l'effet rétroactif de la nullité, l'assureur est tenu de restituer l'intégralité des primes reçues.

Par ailleurs, l'assureur et le souscripteur encourent une amende de 4500 euros s'ils ont sciemment méconnus cette interdiction légale. La présence d'une sanction pénale est liée au fondement moral de l'article L. 132-3. ❑

Art. L. 132-4 **Une assurance en cas de décès ne peut être contractée par une autre personne sur la tête d'un mineur parvenu à l'âge de douze ans sans l'autorisation de celui de ses parents qui est investi de l'autorité parentale, de son tuteur ou de son curateur.**

Cette autorisation ne dispense pas du consentement personnel de l'incapable.

A défaut de cette autorisation et de ce consentement, la nullité du contrat est prononcée à la demande de tout intéressé.

COMMENTAIRE

Lorsqu'une assurance en cas de décès est souscrite sur la tête d'un mineur de douze ans et plus, le consentement personnel du mineur ainsi que « celui de ses parents qui est investi de l'autorité parentale, de son tuteur ou de son curateur » est requis. Cette dernière précision relative au curateur est désormais inutile, puisque la curatelle des mineurs a été supprimée par la loi n° 64-1230 du 14 décembre 1964 portant modification des dispositions du code civil relatives à la tutelle et à l'émancipation. La règle de l'article L. 132-4 ne concerne donc que les mineurs non émancipés.

Par ailleurs, le fait que la loi exige le consentement des parents investis de l'autorité parentale et non de l'exercice de l'autorité parentale pourrait laisser entendre qu'il faut obtenir le consentement de tous les parents tant qu'ils demeurent investis de l'autorité parentale, même s'ils ne l'exercent plus. On songe en particulier à la situation résultant de l'exercice unilatéral de l'autorité parentale après un divorce (V. Bigot, Les assurances de personnes, *LGDJ, 2007, n° 240*).

A défaut d'autorisation, le contrat est nul et la nullité peut être demandée par toute personne intéressée. ❑

Art. L. 132-4-1 *(L. n° 2007-1775 du 17 déc. 2007, art. 9-I et III)* **Lorsqu'une tutelle a été ouverte à l'égard du stipulant, la souscription ou le rachat d'un contrat d'assurance sur la vie ainsi que la désignation ou la substitution du bénéficiaire ne peuvent être accomplis qu'avec l'autorisation du juge des tutelles ou du conseil de famille s'il a été constitué. Après l'ouverture d'une curatelle, ces mêmes actes ne peuvent être accomplis qu'avec l'assistance du curateur.**

(L. n° 2019-222 du 23 mars 2019, art. 9-III) **« Par dérogation à la première phrase du premier alinéa, aucune autorisation n'est requise pour les formules de financement d'obsèques mentionnées à l'article L. 2223-33-1 du code général des collectivités territoriales souscrites sur la tête d'un majeur en tutelle. »**

Pour l'application du premier alinéa, lorsque le bénéficiaire du contrat d'assurance sur la vie est le curateur ou le tuteur, il est réputé être en opposition d'intérêts avec la personne protégée.

L'acceptation du bénéfice d'un contrat d'assurance sur la vie conclu moins de deux ans avant la publicité du jugement d'ouverture de la curatelle ou de la tutelle du stipulant peut être annulée sur la seule preuve que l'incapacité était notoire ou connue du cocontractant à l'époque où les actes ont été passés.

Les dispositions de la L. n° 2007-1775 du 17 déc. 2007 sont applicables aux contrats en cours à compter du 18 déc. 2007.

BIBL. ▶ COURTIEU, *RCA 2008. Étude 1.*

COMMENTAIRE

L'article L. 132-4-1 a été introduit par la loi n° 2007-1775 du 17 décembre 2007, qui a abrogé les dispositions relatives à l'assurance-vie de la loi n° 2007-308 du 5 mars 2007 avant qu'elles n'entrent en vigueur. Cet article régit la souscription et le rachat d'un contrat d'assurance sur la vie, ainsi que la désignation ou la substitution de bénéficiaire par un majeur sous tutelle ou curatelle. Ce nouveau dispositif s'applique aux contrats en cours à compter du 18 décembre 2007.

En ce qui concerne les **majeurs sous tutelle**, la souscription et le rachat d'un contrat d'assurance sur la vie sont subordonnés à l'autorisation du juge des tutelles, qui ne peut être demandée que par le tuteur (Civ. 1re, 19 mars 2014 : *V. note 6*), ou du conseil de famille. Il en est de même pour la désignation ou la substitution de bénéficiaire. Aucune distinction n'est faite selon que le contrat a été conclu au bénéfice d'un tiers ou du majeur protégé. On retrouve d'ailleurs cette idée dans le décret n° 2008-1484 du 22 décembre 2008 relatif aux actes de gestion du patrimoine des personnes placées en curatelle ou en tutelle, puisque celui-ci qualifie les actes visés par l'article L. 132-4-1 d'actes de disposition.

En ce qui concerne les **majeurs sous curatelle**, la souscription et le rachat d'un contrat d'assurance sur la vie, ainsi que la désignation et la substitution de bénéficiaires, peuvent être réalisés par le majeur protégé avec l'assistance de son curateur. Alors que la loi du 5 mars 2007 avait prévu de soumettre ces actes à l'autorisation du juge des tutelles, la loi du 17 décembre 2007 a finalement opté pour une simple assistance, en parfaite harmonie avec la conception traditionnelle de la curatelle.

On peut observer que la loi du 17 décembre 2007 n'a adopté aucune disposition spécifique en cas de mise en œuvre d'un **mandat de protection future**. Il faut dès lors se retourner vers les dispositions du code civil, qui effectuent une distinction selon que le mandat a été établi sous la forme notariée ou sous seing privé.

S'il a été conclu sous la forme notariée, le mandat, même conçu en termes généraux, inclut tous les actes patrimoniaux que le tuteur a le pouvoir d'accomplir seul ou avec une autorisation (C. civ., art. 490). Il en résulte donc que le mandataire peut effectuer seul les différents actes visés par l'article L. 132-4-1.

S'il a été établi par acte sous seing privé, le mandat est limité, quant à la gestion du patrimoine, aux actes qu'un tuteur peut faire sans autorisation (C. civ., art. 403). Par conséquent, le mandataire doit obtenir l'autorisation du juge des tutelles pour souscrire un contrat d'assurance sur la vie au nom du majeur protégé. Au-delà, l'article L. 132-4-1 reprend en les adaptant certaines règles du droit commun des majeurs protégés.

Ainsi, lorsque le tuteur ou le curateur est bénéficiaire du contrat d'assurance sur la vie, il est réputé être en opposition d'intérêts avec la personne protégée. En application de l'article 454 du code civil, le majeur doit alors être représenté ou assisté par le subrogé tuteur ou le subrogé curateur.

Par ailleurs, dans la même logique de protection que celle de l'article 464 qui établit une sorte de « période suspecte » de deux ans avant la publicité du jugement d'ouverture de la mesure de protection, le droit des assurances prévoit que l'acceptation du bénéfice d'un contrat d'assurance sur la vie conclu moins de deux ans avant la publicité du jugement d'ouverture de la curatelle ou de la tutelle du stipulant peut être annulée sur la seule preuve que l'incapacité était notoire ou connue du cocontractant à l'époque où les actes ont été passés. À la différence du droit commun, la preuve d'un préjudice pour le majeur protégé n'est pas nécessaire pour obtenir la nullité de l'acte. Il est en quelque sorte présumé.

I. JURISPRUDENCE ANTÉRIEURE AUX LOIS DES 5 MARS ET 17 DÉC. 2007

1. *Désignation du bénéficiaire en cas de curatelle.* Il résulte des art. 510 et 512 C. civ., dans leur rédaction antérieure à la L. n° 2007-308 du 5 mars 2007, que le curateur a pour mission d'assister le majeur protégé et que ses pouvoirs de représentation dans la curatelle renforcée sont limités à la perception des revenus et au paiement des dépenses et ne lui permettent pas de solliciter du juge des tutelles l'autorisation d'accomplir seuls d'autres actes de disposition, fussent-ils nécessaires à la sauvegarde du majeur protégé. Ayant justement retenu que le juge des tutelles saisi par le curateur avait autorisé celui-ci à souscrire une clause désignant les bénéficiaires du contrat assurance-vie et que cette décision prise dans le cadre de la curatelle, sans audition de la majeure protégée et donc sans son accord, constituait un acte de disposition qu'il n'était pas dans les pouvoirs du curateur, même autorisé par le juge des tutelles, d'accomplir, un tribunal a légalement justifié sa décision. • Civ. 1re, 8 juill. 2009, n° 07-18.522 P : *D. 2009. AJ 1972, obs. Égéa ; ibid. Chron. C. cass. 2062, obs. Auroy ; AJ fam. 2009. 352, note Pécaut-Rivolier ; Dr. fam. 2009, n° 114, note Maria ; RGDA 2009. 1216, note Mayaux.*

2. *Modification du bénéficiaire en cas de curatelle.* La modification par un majeur en curatelle du bénéficiaire d'un contrat d'assurance-vie nécessite l'assistance du curateur. • Civ. 1re, 8 juill. 2009, n° 08-16.153 P : *D. 2009. AJ 1972, obs. Égéa ; ibid. Chron. C. cass. 2062, obs. Auroy ; AJ fam. 2009. 352, note Pécaut-Rivolier ; RJPF 11/2009. 15, obs. Casey ; Procédures 2009, n° 325, note Douchy-Oudot ; Defrénois 2009. 2200, note Massip ; RGDA 2009. 1216, note Mayaux.*

3. *Curateur bénéficiaire.* La substitution du bénéficiaire au profit du curateur ne peut, en l'état d'un conflit d'intérêts, être faite qu'avec l'assistance d'un curateur *ad hoc.* • Civ. 1re, 8 juill. 2009, n° 08-16.153 P.

4. *Désignation du bénéficiaire par un majeur ultérieurement placé sous tutelle.* L'art. 504 C. civ., applicable au testament du majeur protégé, ne concerne pas le contrat d'assurance-vie. La règle, selon laquelle le testament fait antérieurement reste valable, à moins qu'il ne soit établi que, depuis l'ouverture de la tutelle, la cause qui avait déterminée le testateur à disposer a disparu, doit dès lors être écartée. • Civ. 1re, 11 juin 1996, n° 94-16.723 P : *D. 2998. 20, note Delmas Saint-Hilaire ; RTD civ. 1996. 877, note Hauser ; RCA 1996, n° 337, note Groutel ; RGDA 1997. 818, note Mayaux ; Defrénois 1996. 1355, note Massip.*

5. *Modification du bénéficiaire en cas de tutelle.* En application de l'art. 500, al. 2, C. civ., le gérant de tutelle peut être autorisé par le juge des tutelles pour faire établir un avenant modifiant la désignation du bénéficiaire d'une assurance-vie. • Civ. 2e, 15 mars 2007, n° 05-21.830 P : *D. 2007. 1932, note Noguéro ; RTD civ. 2007. 309, obs. Hauser ; JCP N 2007. 1191, note S. Hovasse ; ibid. 312, obs. Plazy ; AJ fam. 2007. 185, obs. Pécaut-Rivolier ; Dr. fam. 2007, n° 134, note Nicolas ; RCA 2007, n° 228, note Bary ; RGDA 2007. 686, note Mayaux.* ♦ Comp., cassant la décision qui, pour décider qu'un gérant de tutelle avait le pouvoir de révoquer la stipulation faite par son protégé au profit d'un bénéficiaire, énonce qu'en signant les avenants modifiant la liste des bénéficiaires des contrats ledit gérant a accompli un acte conservatoire conforme à la volonté exprimée par le protégé et que cette mesure unilatérale de pure convenance ne pouvait faire grief aux tiers. • Civ. 1re, 31 mars 1992, n° 90-20.385 P : *D. 1992. 508, note Massip ; Defrénois 1992. 1010 ; JCP 1993. II. 22113, note Ramarolanto-Ratiaray ; RTD civ. 1993. 101, obs. Hauser ; RCA 1992. 247.*

II. JURISPRUDENCE POSTÉRIEURE AUX LOIS DES 5 MARS ET 17 DÉC. 2007

6. Modification du bénéficiaire en cas de tutelle. Il résulte des art. 496, 502 et 505 C. civ. que le tuteur a seul qualité pour représenter la personne protégée dans la gestion de son patrimoine et, à cette fin, pour solliciter les autorisations du juge des tutelles pour les actes qu'il ne peut accomplir seul. Il en résulte que le compagnon de la souscriptrice n'a pas qualité pour saisir le juge des tutelles d'une demande tendant à la modification, à son profit, de la clause bénéficiaire des contrats d'assurance-vie litigieux. • Civ. 1re, 19 mars 2014, n° 13-12.016 : *RGDA 2014. 276, note Mayaux.*

7. Modification du bénéficiaire en cas de curatelle. Il ressort de l'art. L. 132-4-1, al. 1, C. assur. qui déroge à l'art. 470, al. 1, C. civ., que si une personne en curatelle peut librement tester sous réserve des dispositions de l'art. 901 C. civ., ce n'est qu'avec l'assistance de son curateur qu'elle peut procéder à la substitution du bénéficiaire d'un contrat d'assurance sur la vie pour lequel elle avait stipulé. Ayant constaté l'absence de son curateur au moment où le majeur protégé avait exprimé, dans son testament, sa volonté de procéder à la substitution du bénéficiaire du contrat d'assurance sur la vie, et que l'accord du curateur n'avait pas été adressé à l'assureur avant le décès du stipulant, c'est à bon droit que la cour d'appel en a déduit que son testament se trouvait privé d'efficacité quant à cette substitution. • Civ. 2e, 8 juin 2017, n° 15-12.544 P : *D. 2017. 1819, note Peterka ; JCP 2017. 730, note Noguéro ; ibid. 1490, obs. Lemouland et Noguéro ; RCA 2017, n° 255 ; ibid. Étude 11, obs. Gayet ; RGDA 2017. 625, note Lambert ; AJ fam. 2017. 550, obs. Montourcy ; RTD civ. 2017. 615, obs. Hauser ; RDC 2018. 82, note Gaudemet ; RTD civ. 2017. 615, note Hauser.*

Art. L. 132-5 *(L. n° 92-665 du 16 juill. 1992)* **Le contrat d'assurance sur la vie et le contrat de capitalisation doivent comporter des clauses tendant à définir, pour assurer la sécurité des parties et la clarté du contrat, l'objet du contrat et les obligations respectives des parties, selon des énonciations précisées par décret en Conseil d'État.**

(L. n° 2003-706 du 1er août 2003, art. 85-I-1, en vigueur le 1er juill. 2004) **« Le contrat précise les conditions d'affectation des bénéfices techniques et financiers. »**

(L. n° 2007-1775 du 17 déc. 2007, art. 1er-I et III, en vigueur le 18 déc. 2008) **« Le contrat d'assurance comportant des valeurs de rachat** *(L. n° 2014-617 du 13 juin 2014, art. 3-I-1, en vigueur le 1er janv. 2016)* **« et le contrat d'assurance sur la vie ne comportant pas de valeur de rachat dont les bénéficiaires sont des personnes physiques précisent » les conditions dans lesquelles, en cas de décès, la revalorisation du capital garanti intervient à compter** *(Abrogé par L. n° 2014-617 du 13 juin 2014, art. 3-I-1°, à compter du 1er janv. 2016) « au plus tard du premier anniversaire »* **du décès de l'assuré jusqu'à la réception des pièces mentionnées à l'article L. 132-23-1** *(L. n° 2014-617 du 13 juin 2014, art. 3-I-1°, en vigueur le 1er janv. 2016)* **« ou, le cas échéant, jusqu'au dépôt de ce capital à la Caisse des dépôts et consignations en application de l'article L. 132-27-2. Les frais prélevés après la date de la connaissance du décès sont plafonnés dans des conditions fixées par décret en Conseil d'État. L'assureur ne peut prélever de frais au titre de l'accomplissement de ses obligations de recherche et d'information.**

« Pour les contrats d'assurance sur la vie ne comportant pas de valeur de rachat ou de transfert dont les bénéficiaires sont des personnes physiques et pour les contrats comportant une valeur de rachat ou de transfert, la revalorisation, mentionnée au troisième alinéa du présent article, de la part du capital garanti en cas de décès dont la valeur en euros a été arrêtée ne peut être inférieure à un taux fixé par décret en Conseil d'État. » – *Cet al. s'applique à tous les faits générateurs postérieurs à l'entrée en vigueur de la L. n° 2014-617 du 13 juin 2014 (L. préc., art. 3-II).*

COMMENTAIRE

Si le contrat d'assurance sur la vie est, comme tout contrat d'assurance, un contrat consensuel, qui doit à titre de preuve être rédigé par écrit (art. L. 112-3), il n'en demeure pas moins que le législateur a imposé l'insertion de nombreuses mentions dans le contrat. Outre les mentions obligatoires de l'article L. 112-4, le contrat d'assurance sur la vie doit indiquer toute une série d'informations énumérées aux articles R. 132-3 et R. 132-4. Certaines de ces informations sont liées à l'opération d'assurance. Il s'agit notamment des noms, prénoms et dates de naissance des assurés, de l'événement ou du terme dont dépend l'exigibilité du capital ou de la rente garantis ou encore des délais et des modalités de règlement du capital. D'autres informations sont en rapport avec l'opération financière que le contrat d'assurance sur la vie permet de réaliser. Il s'agit notamment des frais prélevés par l'entreprise. Ces frais peuvent être soit libellés dans la monnaie du contrat, soit calculés en pourcentage des primes, des provisions mathématiques, du capital garanti ou du rachat effectué.

En outre, alors que l'article R. 112-1 n'impose pas aux assureurs vie de rappeler dans le contrat les dispositions légales relatives à la prescription des actions dérivant du contrat d'assurance, la Cour de cassation a affirmé qu'ils devaient les rappeler en application d'un devoir général d'information (Civ. 2e, 17 mars 2011 : *V. note 6 ss. art. R. 112-1*). ❑

Art. L. 132-5-1 *(L. no 2005-1564 du 15 déc. 2005)* **Toute personne physique qui a signé une proposition ou un contrat d'assurance sur la vie ou de capitalisation a la faculté d'y renoncer** *(Ord. no 2017-1433 du 4 oct. 2017, art. 6-1o, en vigueur le 1er avr. 2018)* **« par lettre recommandée ou par envoi recommandé électronique, avec demande d'avis de réception, » pendant le délai de trente jours calendaires révolus à compter du moment où elle est informée que le contrat est conclu. Ce délai expire le dernier jour à vingt-quatre heures. S'il expire un samedi, un dimanche ou un jour férié ou chômé, il n'est pas prorogé.**

La renonciation entraîne la restitution par l'entreprise d'assurance ou de capitalisation de l'intégralité des sommes versées par le contractant, dans le délai maximal de trente jours calendaires révolus à compter de la réception de la lettre recommandée *(Ord. no 2017-1433 du 4 oct. 2017, art. 6-1o, en vigueur le 1er avr. 2018)* **« ou de l'envoi recommandé électronique ». Au-delà de ce délai, les sommes non restituées produisent de plein droit intérêt au taux légal majoré de moitié durant deux mois, puis, à l'expiration de ce délai de deux mois, au double du taux légal.**

Les dispositions du présent article sont précisées, en tant que de besoin, par arrêté ministériel.

Elles ne s'appliquent pas aux contrats d'une durée maximale de deux mois. — *Dispositions entrées en vigueur le 1er mars 2006 qui ne s'appliquent qu'aux contrats conclus à partir de cette date (L. no 2005-1564 du 15 déc. 2005, art. 19, al. 4).*

BIBL. ▶ BRÉS, *LPA 22 mars 2010, p. 20*. – BUFFETEAU, *JCP N 2010. 1352* (de la renonciation au contrat d'assurance sur la vie). – CANNARSA, *RGDA 2009. 25* (facultés de rétractation en droit de la consommation et en droit des assurances : continuité en droit interne, changement en droit communautaire). – COURTIEU, *RCA 2006. Étude 2 ; ibid. 2007. Étude 6 ; ibid. 2014. Étude 10* (assurance-vie : les avances doivent être remboursées). – CHOISEZ, *RGDA 2007. 497*. – SÉRAÏCHE, *RGDA 2008. 41*.

COMMENTAIRE

Issu de la loi no 2005-1564 du 15 décembre 2005, qui a transposé les dispositions de la directive 2002/83/CE concernant l'assurance directe sur la vie, l'article L. 132-5-1 reconnaît une faculté de renonciation aux personnes physiques qui ont souscrit un contrat d'assurance sur la vie ou de capitalisation.

I. LES CONDITIONS DE LA RENONCIATION

A. L'AUTEUR

La faculté de renonciation est réservée aux personnes physiques souscriptrices d'un contrat d'une durée supérieure à deux mois. Dans la mesure où elle constitue un droit personnel du souscripteur, elle doit par principe être exercée par celui-ci. Le souscripteur peut néanmoins confier à un tiers la charge d'exercer cette faculté de renonciation à l'aide d'un mandat spécial (Civ. 2e, 19 févr. 2009 : *V. note 2*).

Par ailleurs, dans le silence du décret n° 2008-1484 du 22 décembre 2008 relatif aux actes de gestion du patrimoine des personnes placées sous tutelle ou curatelle, la Cour de cassation a eu l'occasion de préciser que la renonciation à un contrat d'assurance sur la vie constitue un acte d'administration. Par conséquent, elle peut être exercée par l'administrateur légal d'un mineur sans autorisation du juge des tutelles (Civ. 1re, 18 mai 2011 : *V. note 3*). Et logiquement, il doit en être de même pour le tuteur d'un majeur.

B. LA FORME ET LE DÉLAI

La faculté de renonciation doit être exercée par une lettre recommandée ou par envoi recommandé électronique avec demande d'avis de réception (Civ. 2e, 28 févr. 2013 : *V. note 5*) et ne peut être exprimée par une action en justice (Civ. 1re, 1er déc. 1998 : *V. note 5*).

Le souscripteur doit en outre respecter un certain délai. Il ne peut renoncer au contrat que dans un délai de trente jours calendaires révolus. Jusqu'à la loi du 15 décembre 2005, ce délai débutait avec le premier versement de primes. Désormais, il court à compter du jour où le souscripteur a été informé de la conclusion du contrat. Ce délai peut être prorogé dans les conditions de l'article L. 132-5-2.

II. LES EFFETS DE LA RENONCIATION

L'exercice de la faculté de renonciation oblige l'assureur à restituer les sommes versées dans un délai de trente jours calendaires révolus à compter de la réception de la lettre recommandée ou de l'envoi recommandé électronique. En cas de retard, l'assureur est de plein droit tenu de verser des intérêts au taux légal majoré de moitié pendant deux mois, puis au double du taux légal.

En cas de refus de l'assureur de restituer les sommes versées, le souscripteur peut exercer une action en restitution. Dérivant du contrat d'assurance (Civ. 2e, 24 juin 2010 : *V. note 12*), cette action se prescrit par deux ans à compter du refus de restitution des fonds opposés par l'assureur (Civ. 2e, 7 juill. 2011 : *V. note 12*) ou de l'expiration du délai de trente jours imparti à l'assureur (Civ. 2e, 13 janv. 2012 : *V. note 12*). ❑

1. Champ d'application. Seul le démarchage en matière d'assurance sur la vie est réglementé par l'art. L. 132-5-1, les autres branches de l'activité d'assurance, qui ne relèvent pas de dispositions spécifiques, restent régies par le code de la consommation. • Crim. 2 oct. 2007 : *JCP 2008. II. 10067, note Séraïche.*

2. Droit personnel. La faculté de renonciation prévue par l'art. L. 132-5-1 est un droit personnel du souscripteur qui ne peut être exercé par un mandataire, fût-il avocat, qu'en vertu d'un mandat spécial prévoyant expressément l'exercice de cette faculté. • Civ. 2e, 19 févr. 2009, n° 08-11.901 P : *D. 2009. AJ 729 ; JCP 2009. 295, obs. Pillet ; RGDA 2009. 548, note Kullmann.*

3. Acte d'administration. La renonciation à un contrat d'assurance-vie s'analysant en un acte d'administration, c'est à bon droit qu'une cour d'appel a décidé qu'un tel acte pouvait être exercé par l'administratrice légale d'un mineur, seule, sans autorisation du juge des tutelles. • Civ. 1re, 18 mai 2011, n° 10-23.114 P : *RGDA 2011. 1088, note Mayaux ; Gaz. Pal. 23 juin 2011, p. 8, note Leroy.* ♦ Mais, viole les art. L. 132-5-1 C. assur. et L. 1421 C. civ. la cour d'appel qui a écarté la demande d'époux souscripteurs d'un contrat d'assurance sur la vie tendant à faire constater qu'ils avaient renoncé au contrat, au motif que l'époux seul avait fait part à l'assureur de sa volonté de renoncer au contrat, alors que la renonciation à un contrat d'assurance sur la vie constitue un acte d'administration et que, dans le régime de la communauté, chacun des époux a le pouvoir d'administrer seul les biens communs, sauf à répondre des fautes qu'il aurait commises dans sa gestion. • Civ. 1re, 11 mai 2016, n° 15-10.447 P : *RGDA 2016. 377, note Lambert ; Gaz. Pal. 2016, n° 31, p. 54, note Bruggeman ; LPA 7 sept. 2016, p. 10, note Niel et Morin ; AJ fam. 2016. 344, obs. Casey ; RCA 2016, n° 289 ; ibid. Étude 11, note Pierre.*

4. Droit discrétionnaire – Jurisprudence ant. à la L. du 30 déc. 2014. Si la faculté prorogée de renonciation prévue par l'art. L. 132-5-2, en l'absence de respect, par l'assureur, du formalisme informatif qu'il édicte, revêt un caractère discrétionnaire pour le preneur d'assurance, son exercice peut dégénérer en abus. Ne saurait être maintenue la jurisprudence initiée par les arrêts du 7 mars 2006 (• Civ. 2e, 7 mars 2006, nos 05-10.366 et 05-12.338 P), qui, n'opérant pas de distinction fondée sur la bonne ou la mauvaise foi du preneur d'assurance, ne permet pas de sanctionner un exercice de cette renonciation étranger à sa finalité et incompatible avec le principe de loyauté qui s'impose aux contractants. • Civ. 2e, 19 mai 2016 : *JCP 2016, n° 811, note Mayaux ; RGDA 2016. 438, note Kullmann ; D. 2016. 1797, note Perdrix ; JCP N 2016, n° 1265, note Pailler ; RCA 2016, n° 288 ; ibid. Étude 11, note Pierre ; JCP E 2016,* *nº 1447, nº 2, note Marly.* ♦ V. égal. : • Civ. 2e, 9 juin 2016 : *JCP 2016. nº 916, note Noguéro ; RGDA 2016. 438, note Kullmann.* • Civ. 2e, 8 sept. 2016, nº 15-23.331 : *RGDA 2016. 487, note Pélissier.* ♦ Dès lors, les juges du fond doivent rechercher si, au regard de la situation concrète du souscripteur, ce dernier n'était pas parfaitement informé des caractéristiques de l'assurance sur la vie souscrite, et s'il n'exerçait pas son droit de renonciation uniquement pour échapper à l'évolution défavorable de ses investissements. • Civ. 2e, 17 nov. 2016, nº 15-20.958 : *RGDA 2017. 55, note Mayaux ; RCA 2017, nº 59, note Pierre.* ♦ En refusant de contrôler, comme elle y était invitée, l'existence d'un éventuel abus de droit dans l'exercice de la faculté prorogée de renonciation, une cour d'appel a violé les art. L. 132-5-1, L. 132-5-2 et L. 132-5-3 C. assur., dans leur rédaction applicable au litige. • Civ. 2e, 12 janv. 2017, nº 16-10.003 : *RCA 2017, nº 120, note Groutel.* ♦ *Contra* auparavant : l'exercice du droit de renonciation, qui est un droit discrétionnaire et d'ordre public, ne peut être sanctionné sur le terrain de la mauvaise foi. • Civ. 2e, 7 mars 2006, nº 05-10.366 P : *R. 2006. 401 ; D. 2008. Pan. 127, obs. Groutel ; RDI 2006. 173, note Grynbaum ; JCP 2006. I. 135, nº 10, note Mayaux ; RGDA 2006. 481, note Kullmann ; RDC 2007. 223, note Rochfeld* • 7 mars 2006, nº 05-12.338 P : *R. 2006. 401 ; D. 2008. Pan. 127, obs. Groutel ; RGDA 2006. 481, note Kullmann ; RDI 2006. 173, note Grynbaum ; JCP 2006. I. 135, nº 10, note Mayaux ; ibid. II. 10056, note Descorps-Declère ; RCA 2006, nº 208, note Courtieu ; RDC 2007. 223, note Rochfeld* • 15 déc. 2011 : *RGDA 2012. 766, note Kullmann.*

5. *Forme de la renonciation.* La faculté de renonciation doit se faire par lettre recommandée avec demande d'avis de réception. • Civ. 2e, 28 févr. 2013 : *RCA 2013, nº 157 ; RGDA 2013. 679, note Bigot.* ♦ Elle ne peut être exprimée par une action en justice. • Civ. 1re, 1er déc. 1998, nº 96-19.199 P : *RCA 1999, nº 51 ; RGDA 1999. 174, note Eymard-Gauclin.* ♦ Dès lors que l'identité du signataire de la lettre de renonciation était contestée, c'est sans inverser la charge de la preuve ni se prononcer par des motifs dubitatifs qu'une cour d'appel a pu décider que faute pour les souscripteurs de justifier de l'exercice régulier de leur faculté de renonciation, leur demande de restitution des primes versées ne pouvait prospérer. • Civ. 2e, 5 févr. 2015, nº 13-28.549 : *RGDA 2015. 149, note Mayaux.*

6. *Moment de la renonciation.* Le contrat se trouvant dénoué du fait du décès de l'assuré souscripteur, la faculté de renoncer ne pouvait plus s'exercer. • Civ. 2e, 16 avr. 2015, nº 14-13.291 P : *D. 2015. 920 ; RCA 2015, nº 2011, note Pierre ; RGDA 2015. 362, note Lambert.* ♦ Le contrat arrivé à son terme se trouvant dénoué, la faculté de renoncer exercée postérieurement est privée d'effet. • Civ. 2e, 8 déc. 2016, nº 15-26.488 : *RGDA 2017. 138, note Pélissier.*

7. *Renonciation à la faculté de renonciation.* La renonciation au bénéfice du formalisme protecteur et d'ordre public énoncé à l'art. L. 132-5-1 n'est pas possible lorsque le droit n'a pas encore pris naissance à raison de l'absence de remise d'une note d'information. • Civ. 2e, 3 sept. 2009 : *Gaz. Pal. 2009. Somm. 3136, obs. Bury ; RDBF 2009, nº 198, note Djoudi.* ♦ Le nantissement du contrat n'entrave pas le libre exercice de la faculté de renonciation. • Civ. 2e, 22 oct. 2009 : *RGDA 2010. 121, note Mayaux* • 8 mars 2012 : *RGDA 2012. 769, obs. Kullmann.*

8. *Portée du rachat total sur la faculté de renonciation.* La demande de rachat total d'un contrat d'assurance sur la vie met fin à ce contrat et prive de tout effet la faculté de renonciation exercée postérieurement. • Civ. 2e, 19 févr. 2009, nº 08-12.280 P : *D. 2009. AJ 729 ; JCP 2009. I. 133, nº 27, obs. Mayaux ; Banque et Dr. 2009. 4, obs. Gossou ; ibid. 58, obs. Marly ; JCP E 2009. 1623, nº 19, obs. Courtieu ; ibid. 1704, note Hovasse ; RDBF 2009, nº 96, note Djoudi ; LPA 30 juin 2009, p. 19, note Gossou ; Gaz. Pal. 12 sept. 2009, p. 22, note Bury et Moreau* • 15 déc. 2011 : *RGDA 2012. 776, note Kullmann.* ♦ ... Et ce, qu'elle émane de l'assuré ou de l'assureur l'ayant vainement mis en demeure de régulariser sous délai la situation de ce contrat au regard de ses conditions de fonctionnement. • Civ. 2e, 12 juin 2014, nº 13-20.358 P : *D. 2015. 1241, note Pierre ; RGDA 2014. 467, note Mayaux ; RCA 2014, nº 350 ; ibid. Étude 10, par Courtieu ; ibid. 2015. Chron. 1, nº 15, note Groutel.*

9. *Portée de la résiliation du contrat sur la faculté de renonciation.* La résiliation d'un contrat d'assurance sur la vie, qu'elle émane de l'assuré ou de l'assureur, met fin à ce contrat et prive de tout effet la faculté de renonciation exercée postérieurement par l'assuré, peu important que le délai de réflexion n'ait pas couru en l'absence de remise des documents prescrits. • Civ. 2e, 20 nov. 2014, nº 13-25.979 : *RCA 2015, nº 70.*

10. *Renonciation à la renonciation exercée.* Le souscripteur d'un contrat d'assurance sur la vie, qui a exercé son droit de renonciation au contrat, peut y renoncer en poursuivant l'exécution du contrat. • Civ. 2e, 25 févr. 2010, nº 09-11.352 P. ♦ Ainsi, constitue une renonciation non équivoque à la faculté de renonciation exercée antérieurement la demande de versement du capital-décès • 8 juill. 2010 : *Gaz. Pal. 6 nov. 2010, p. 41, note Bury ; Banque et Dr. 2010. 47, obs. Marly ; Gaz. Pal. 2010. Jurisp. 3505, obs. Bury ; RGDA 2010. 1122, note Kullman.* ♦ ... Ou le nantissement du contrat au profit d'un tiers acceptant. • Civ. 2e, 4 févr. 2010 : *RGDA 2010. 409, note Bigot.* ♦ ... Ou la prolongation de la délégation de créance au profit d'un tiers. • Civ. 2e, 25 févr. 2010 : *préc.* ♦ De même, la demande de rachat total d'un contrat d'assurance sur la vie met fin à ce contrat et prive de tout effet la faculté de renonciation exercée antérieurement. Dès lors, les souscripteurs qui, par leurs demandes de rachat, ont mis fin aux contrats, ne peuvent plus exercer leur faculté de renonciation et les réserves qu'ils ont émises sur leurs demandes de rachat sont inopérantes. • Civ. 2e, 22 oct. 2009, n° 08-20.903 P : *D. 2009. AJ 2685 ; Banque et Dr. 2010. 40, obs. Marly ; JCP E 2010. 1322, note Hovasse ; RCA 2010, n° 27 ; RGDA 2009. 544, note Kullmann.* ♦ En revanche, la modification de la clause bénéficiaire et les rachats partiels, fussent-ils postérieurs à l'exercice de la faculté de renonciation, ne sauraient être interprétés comme manifestant une volonté tacite dépourvue de toute équivoque de renoncer à la faculté de renonciation. • Civ. 2e, 9 juill. 2009, n° 08-18.241. ♦ Des rachats partiels, fussent-ils postérieurs à l'exercice de la faculté, ne peuvent valoir renonciation des adhérents à un contrat d'assurance-vie à se prévaloir de leur faculté de renonciation. • Civ. 2e, 13 janv. 2012 : *RGDA 2012. 774, note Kullmann.* ♦ Des rachats partiels, opérés au profit et à la demande de la banque en exécution d'une délégation de créance, sont impropres à caractériser une renonciation non équivoque de l'assuré à l'exercice de sa faculté prorogée de renonciation au contrat. • Civ. 2e, 6 févr. 2014 : *RGDA 2014. 232, note Mayaux.*

11. Conséquences de la renonciation. Constatant qu'il avait été jugé que le contrat d'assurance-vie étant supposé n'avoir jamais existé à la suite de la renonciation du souscripteur, celui-ci était censé n'avoir jamais eu de créance envers l'assureur de sorte que la délégation de créance consentie à un établissement de crédit n'avait pu avoir quelque effet, une cour d'appel en a exactement déduit que le règlement fait par l'assureur de bonne foi à la banque l'avait été en tant que tiers payant sans justification la dette d'autrui et que, si le souscripteur avait été de ce fait valablement libéré à l'égard de la banque, l'assureur pouvait, en application du principe selon lequel nul ne peut s'enrichir aux dépens d'autrui, faire la compensation entre ce qu'elle devait et ce qui lui était dû, sans que l'art. L. 132-5-1 pût faire obstacle à la compensation. • Civ. 1re, 6 mai 2010, n° 08-70.009. ♦ Dès lors que l'avance consentie à l'assuré dérivant du contrat d'assurance sur la vie était indivisible de celui-ci, la renonciation de l'assuré au contrat d'assurance emportant anéantissement corrélatif de l'acte d'avance sur police, la stipulation d'intérêts dont cet acte était assorti n'est pas applicable. • Civ. 2e, 13 juin 2013 : *RGDA 2103. 958, note Kullmann.* ♦ Les dispositions de l'art. L. 313-3 C. mon. fin., qui prévoient que le taux de l'intérêt légal est majoré de cinq points à l'expiration d'un délai de deux mois à compter du jour où la décision de justice est devenue exécutoire, ne sont pas applicables au calcul de la pénalité prévue par l'art. L. 132-5-1, selon lequel la renonciation entraîne la restitution par l'assureur de l'intégralité des sommes versées par le contractant dans le délai maximal de trente jours à compter de la réception de la lettre recommandée et, au-delà de ce délai, les sommes non restituées produisent de plein droit intérêt au taux légal majoré de moitié durant deux mois, puis, à l'expiration de ce délai de deux mois, au double du taux légal. • Civ. 2e, 4 févr. 2010 : *RGDA 2010. 409, note Bigot.* ♦ La circonstance que l'assurance-vie ait été remise en garantie du remboursement des prêts ne démontre pas qu'il y ait eu intention commune de toutes les parties de constituer un ensemble contractuel indivisible. Il s'ensuit que la renonciation au contrat d'assurance-vie n'entraîne pas la caducité des contrats de prêt. • Civ. 1re, 16 janv. 2013 : *RGDA 2013. 683, note Bigot.*

12. Prescription. L'action en justice engagée par le souscripteur d'un contrat d'assurance sur la vie aux fins d'obtenir la restitution des sommes versées, lorsque l'assureur n'a pas procédé à cette restitution dans le délai de trente jours à compter de la réception de la lettre recommandée par laquelle le souscripteur a renoncé au contrat, dérive du contrat d'assurance et se prescrit par deux ans. • Civ. 2e, 24 juin 2010 : *BICC 15 nov. 2010, n° 1664 ; D. 2010. AJ 1786 ; Gaz. Pal. 2010. Jurisp. 3473, note Périer ; RGDA 2010. 769, note Kullmann ; JCP E 2010. 1958, note Hovasse ; RDBF 2010, n° 182, note Sauvage ; Banque et Dr. 2010. 5, obs. Marly* • 7 juill. 2011 : *D. 2011. 2035 ; RCA 2011, n° 374 ; Procédures 2012. Étude 2, n° 2, note V. Mazeaud* • 29 mars 2012, 11-13.991. ♦ ... ou de l'expiration du délai de trente jours imparti par l'art. L. 132-5-1 C. assur. • 13 janv. 2012 : *RGDA 2012. 776, note Kullmann.*

13. Renonciation et action en responsabilité. L'exercice de la faculté de renonciation, prévue par l'art. L. 132-5-1 C. assur., en cas de défaut de remise des documents et informations qu'il énumère, ne fait pas obstacle à l'application des dispositions de l'art. 1382 devenu l'art. 1240 C. civ., fût-ce au titre du même manquement de l'assureur à son devoir d'information, l'appréciation des conséquences dommageables de ce manquement sur le terrain de la responsabilité civile devant alors tenir compte de la restitution des sommes versées et du paiement des intérêts au taux légal mis en ce cas à la charge de l'assureur. • Civ. 2e, 23 nov. 2017, n° 16-21.671 P : *RGDA 2018. 50, note Mayaux ; RCA 2018, n° 54, note Pierre ; Gaz. Pal. 6 mars 2018. 66, note X. Leducq.*

Ancien art. L. 132-5-1 (L. n° 81-5 du 7 janv. 1981) ***Toute personne physique qui a signé une proposition d'assurance ou*** (L. n° 92-665 du 16 juill. 1992) ***« un contrat » a la faculté d'y renoncer par lettre recommandée avec demande d'avis de réception pendant le délai de trente jours à compter du premier versement.***

(L. n° 92-665 du 16 juill. 1992) ***« La proposition d'assurance ou de contrat doit comprendre un projet de lettre destiné à faciliter l'exercice de cette faculté de renonciation. Elle doit indiquer***

notamment, (L. nº 2003-775 du 21 août 2003, art. 108-XIV-1) ***« pour les*** (Décr. nº 2004-346 du 21 avr. 2004, art. 2) ***« plan*** [plans] ***d'épargne retraite populaire » créés à l'article 108 de la loi nº 2003-775 du 21 août 2003 portant réforme des retraites, les valeurs de transfert ou » pour les contrats qui en comportent, les valeurs de rachat*** (L. nº 2003-706 du 1er août 2003, art. 85-I, 2) ***« ainsi que, dans le même tableau, la somme des primes ou cotisations versées » au terme de chacune des huit premières années au moins. L'entreprise d'assurance ou de capitalisation doit, en outre, remettre, contre récépissé, une note d'information sur les dispositions essentielles du contrat, »*** (L. nº 2003-706 du 1er août 2003, art. 85-I, 2) ***« incluant, lorsque le contrat comporte des garanties exprimées en unités de compte, les caractéristiques principales de ces unités de compte, »*** (L. nº 85-608 du 11 juin 1985) ***« sur les conditions d'exercice de la faculté de renonciation, ainsi que sur le sort de la garantie décès en cas d'exercice de cette faculté de renonciation. Le défaut de remise des documents et informations énumérés au présent alinéa entraîne de plein droit la prorogation du délai prévu au premier alinéa jusqu'au trentième jour suivant la date de remise effective de ces documents. Un nouveau délai de trente jours court à compter de la date de réception*** (L. nº 92-665 du 16 juill. 1992) ***« du contrat »,*** (L. nº 94-5 du 4 janv. 1994) ***« lorsque celui-ci » apporte des réserves ou des modifications essentielles à l'offre originelle, ou à compter de l'acceptation écrite, par le souscripteur, de ces réserves ou modifications. »***

La renonciation entraîne la restitution par (L. nº 92-665 du 16 juill. 1992) ***« l'entreprise d'assurance ou de capitalisation » de l'intégralité des sommes versées par le contractant, dans le délai maximal de*** (L. nº 85-608 du 11 juin 1985) ***« trente jours » à compter de la réception de la lettre recommandée.*** (L. nº 85-608 du 11 juin 1985) ***« Au-delà de ce délai, les sommes non restituées produisent de plein droit intérêt au taux légal majoré de moitié durant deux mois, puis, à l'expiration de ce délai de deux mois, au double du taux légal. »***

(L. nº 94-5 du 4 janv. 1994) ***« Les dispositions qui précèdent ne s'appliquent pas aux contrats d'une durée maximum de deux mois. Elles sont précisées, en tant que de besoin, par arrêté ministériel. »***

Les dispositions issues de la loi nº 2003-706 du 1er août 2003 sont entrées en vigueur le 1er juill. 2004 (L. préc., art. 85-IV).

1. Projet de lettre de renonciation dans la proposition d'assurance. Selon l'art. L. 132-5-1, la proposition d'assurance ou de contrat doit comprendre un projet de lettre destiné à faciliter l'exercice de la faculté de renonciation. Il en résulte que l'insertion d'un modèle de lettre de renonciation dans les conditions générales du contrat ne répond pas aux exigences de ce texte et que l'entreprise d'assurance ne peut régulariser la situation que par la transmission distincte de ce document. • Civ. 2e, 22 mai 2014 : *RCA 2014, nº 283, note Pierre.* ♦ L'insertion d'un modèle de lettre de renonciation dans la note d'information ne répond pas aux exigences de l'art. L. 132-5-1. L'entreprise ne peut régulariser la situation que par la transmission distincte de ce document. • Civ. 2e, 24 mars 2016, nº 15-16.693 : *RCA 2016, nº 211, note Groutel.*

2. Note d'information distincte des conditions générales. L'assureur ne peut prétendre avoir rempli ses obligations par la remise d'un exemplaire des conditions générales valant note d'information où les dispositions essentielles du contrat sont certes énoncées mais noyées dans l'ensemble des dispositions contractuelles, alors que l'obligation légale faite à l'assureur de les énoncer dans un document séparé a pour finalité d'en faire ressortir l'importance pour l'assuré. • Civ. 2e, 2 déc. 2006 : *RGDA 2007. 174, note Mayaux.*

3. Information sur le seul nombre d'unités de compte. Viole les art. L. 132-5-1, A. 132-4 et A. 132-5 la cour d'appel qui affirme que la note d'information n'était pas conforme aux dispositions légales dans la mesure notamment où les valeurs de rachat étaient données en pourcentage d'unités de compte, dont ni le nombre ni la valeur n'étaient précisés, alors que la loi impose seulement de faire figurer dans la note d'information le nombre d'unités de compte, et non leur valeur. • Civ. 2e, 12 juin 2014, nº 13-16.540 : *RGDA 2014. 473, note Mayaux.*

Art. L. 132-5-2 *(L. nº 2005-1564 du 15 déc. 2005)* **Avant la conclusion d'un contrat d'assurance sur la vie ou d'un contrat de capitalisation, par une personne physique, l'assureur remet à celle-ci, contre récépissé, une note d'information sur les conditions d'exercice de la faculté de renonciation et sur les dispositions essentielles du contrat. Un arrêté fixe les informations qui doivent figurer dans cette note, notamment en ce qui concerne les garanties exprimées en unités de compte. Toutefois, la proposition d'assurance ou le projet de contrat vaut note d'information, pour les contrats d'assurance** *(Ord. nº 2014-696 du 26 juin 2004, art. 1er-1º)* **« ou de capitalisation » comportant une valeur de rachat ou de transfert, lorsqu'un encadré, inséré en**

début de proposition d'assurance ou de projet de contrat, indique en caractères très apparents la nature du contrat. L'encadré comporte en particulier le regroupement des frais dans une même rubrique, les garanties offertes et la disponibilité des sommes en cas de rachat, la participation aux bénéfices, ainsi que les modalités de désignation des bénéficiaires. Un arrêté du ministre chargé de l'économie, pris après avis de l'Autorité de contrôle prudentiel et de résolution, fixe le format de cet encadré ainsi que, de façon limitative, son contenu.

La proposition ou le contrat d'assurance ou de capitalisation comprend :

1° *(Ord. n° 2017-1433 du 4 oct. 2017, art. 6-2°, en vigueur le 1er avr. 2018)* **« un modèle de rédaction » destiné à faciliter l'exercice de la faculté de renonciation ;**

2° Une mention dont les termes sont fixés par arrêté du ministre chargé de l'économie, précisant les modalités de renonciation.

La proposition ou le projet de contrat d'assurance ou de capitalisation indique, pour les contrats qui en comportent, les valeurs de rachat au terme de chacune des huit premières années du contrat au moins, ainsi que, dans le même tableau, la somme des primes ou cotisations versées au terme de chacune des mêmes années. Toutefois, pour les contrats mentionnés au deuxième alinéa de l'article L. 132-23, l'entreprise indique les valeurs de transfert au lieu des valeurs de rachat. La proposition ou le projet de contrat d'assurance ou de capitalisation indique les valeurs minimales et explique le mécanisme de calcul des valeurs de rachat ou de transfert lorsque celles-ci ne peuvent être établies.

Le défaut de remise des documents et informations prévus au présent article entraîne *(L. n° 2014-1662 du 30 déc. 2014, art. 5)* **« , pour les souscripteurs de bonne foi, » la prorogation du délai de renonciation prévu à l'article L. 132-5-1 jusqu'au trentième jour calendaire révolu suivant la date de remise effective de ces documents, dans la limite de huit ans à compter de la date où le souscripteur est informé que le contrat est conclu.**

Les dispositions du présent article sont précisées, en tant que de besoin, par arrêté ministériel. — *V. art. A. 132-8.*

Elles ne s'appliquent pas aux contrats d'une durée maximale de deux mois. — *Dispositions entrées en vigueur le 1er mars 2006 qui ne s'appliquent qu'aux contrats conclus à partir de cette date (L. n° 2005-1564 du 15 déc. 2005, art. 19, al. 4).*

V. art. A. 132-4-8.

BIBL. ▶ COURTIEU, *RCA 2006. Étude 2; ibid. 2007. Étude 6; ibid. 2008. Étude 13.* - ASTEGIANO-LA RIZZA, *RGDA 2007. 464.* - ABRAVANEL-JOLLY, *RGDA 2007. 483.* - LEBLOND, *RCA 2008. Étude 11.* - MARLY, *Banque et Dr. 3-4/2015. 64.* - PIERRE, *RCA 2015. Étude 4.* - PERDRIX, *AJCA 2015. 167* ✎. - NOGUÉRO, *RCA 2017. Étude 6.*

COMMENTAIRE

Afin de protéger les souscripteurs de contrats d'assurance sur la vie ou de contrats de capitalisation de plus en plus élaborés, le législateur a accru l'obligation précontractuelle d'information de l'assureur. Initialement mentionnée à l'article L. 132-5-1, cette obligation, réservée aux contrats d'une durée supérieure à deux mois, figure, depuis son profond remaniement par la loi n° 2005-1564 du 15 décembre 2005, à l'article L. 132-5-2.

I. L'OBLIGATION D'INFORMATION DE L'ASSUREUR

A. AVANT LA LOI DE 2005 : L'OBLIGATION DE DOCUMENTS DISTINCTS

Avant cette loi de 2005, l'assureur devait remettre au souscripteur contre récépissé une note d'information sur les dispositions essentielles du contrat et une proposition d'assurance ou de contrat. Deux documents devaient donc être remis au souscripteur. Les assureurs ne pouvaient se contenter de remettre les conditions générales du contrat au motif qu'elles reprenaient l'intégralité des informations contenues dans la note d'information (Civ. 2e, 2 déc. 2006 : *V. note 2 ss. anc. art. L. 132-5-1*).

B. AVEC LA LOI DE 2005 : LA POSSIBILITÉ D'UN DOCUMENT UNIQUE

Avec la loi de 2005, le législateur a fait preuve d'un peu de souplesse. En ce sens, si l'assureur est toujours tenu de remettre une note d'information sur les dispositions essentielles du contrat et sur les conditions d'exercice de la faculté de renonciation, il est dorénavant prévu que la proposition d'assurance ou le projet de contrat vaut note d'information, pour les contrats d'assurance comportant une valeur de rachat ou de transfert, lorsqu'un encadré, inséré au début de la proposition d'assurance ou du projet de contrat, indique en caractères très apparents la nature du contrat. Cet encadré mentionne en particulier les frais, les garanties offertes et la disponibilité des sommes en cas de rachat, la participation aux bénéfices, ainsi que les modalités de désignation des bénéficiaires. Le format et le contenu de cet encadré ont été par la suite précisés par un arrêté du 8 mars 2006, dont les dispositions figurent à l'article A. 132-8.

Il ressort de cette évolution législative que le législateur a opté pour une solution intermédiaire entre la pratique des assureurs intégrant la note d'information dans les conditions générales et la réglementation de l'ancien article L. 132-5-1. Pour certains contrats d'assurance, toutes les informations peuvent figurer dans un seul et même document, mais celui-ci doit comporter un encadré.

Par ailleurs, afin de faciliter l'exercice de la faculté de renonciation de l'article L. 132-5-1 par le souscripteur, l'article L. 132-5-2 impose à l'assureur, outre l'indication des conditions d'exercice de cette faculté dans la notice d'information, l'insertion dans la proposition ou le contrat d'assurance d'un modèle de rédaction destiné à faciliter l'exercice de la faculté de renonciation et d'une mention précisant les modalités de la renonciation. Les termes de cette mention sont déterminés par l'article A. 132-4-2. Mais il n'est pas nécessaire que le modèle de lettre de renonciation figure dans un document distinct des conditions générales et de la notice d'information (Civ. 2e, 12 sept. 2013 : *V. note 5*).

Malgré les évolutions législatives, une interrogation demeure en raison de l'imprécision des textes. Elle concerne l'articulation de l'article L. 132-5-2 avec l'article L. 112-2. Faut-il admettre que les obligations d'information de ces deux articles se cumulent ou que la règle de l'article L. 132-5-2 écarte celle du droit commun des assurances ? L'on peut d'autant plus s'interroger sur ce point que les informations contenues dans les divers documents sont proches et que l'article L. 112-2-1-I-3°, relatif aux contrats conclus à distance, prévoit expressément que les conditions contractuelles doivent comprendre « les informations prévues selon les cas à l'article L. 112-2 ou à l'article L. 132-5-1 [devenu art. L. 132-5-2] ». Pour ces contrats, le législateur a donc opté pour le choix de l'alternative. On peut penser que cette solution devrait s'imposer pour les contrats conclus en face-à-face.

II. LA SANCTION DU NON-RESPECT DE L'OBLIGATION D'INFORMATION

A. AVANT LA LOI DU 30 DÉCEMBRE 2014

L'article L. 132-5-1 sanctionne le non-respect par l'assureur de son obligation d'information par une prorogation du délai d'exercice de la faculté de renonciation. Conforme au droit européen (Civ. 2e, 7 mars 2006 : *V. note 6*) et insusceptible de justifier la transmission d'une question prioritaire de constitutionnalité en raison de l'absence de caractère sérieux d'une question à son sujet (Civ. 2e, 13 janv. 2011 : *V. note 7*), cette sanction a néanmoins suscité de très vives critiques à la suite d'une décision de la Cour de cassation affirmant que la mauvaise foi du souscripteur était indifférente (Civ. 2e, 7 mars 2006 : *préc.*).

En ce sens, il importait peu que le souscripteur ait eu connaissance des informations non délivrées par l'assureur ; il pouvait se prévaloir de la faculté de renonciation tant que l'assureur ne lui avait pas remis les documents d'information. Cela a permis à de nombreux souscripteurs de renoncer à des contrats d'assurance sur la vie, dont la valeur avait fortement baissé à la suite de la chute des marchés financiers. Certes, la prorogation est limitée à une durée de huit ans, mais cette disposition légale paraissait bien insuffisante pour lutter contre les souscripteurs de mauvaise foi, au regard de la jurisprudence de la Cour de cassation.

B. DEPUIS LA LOI DU 30 DÉCEMBRE 2014

1. L'EXIGENCE DE BONNE FOI

Répondant aux critiques de la doctrine, une loi du 30 décembre 2014 a brisé la jurisprudence antérieure en réservant aux souscripteurs de bonne foi la possibilité de se prévaloir d'une prorogation du délai de renonciation. Pour autant, le nouveau texte ne donne pas d'indications sur les critères d'appréciation de la bonne foi des souscripteurs et sur le contrôle de l'abus de droit. Il se contente d'affirmer que « le défaut de remise des documents et informations prévus au présent contrat entraîne, pour les souscripteurs de bonne foi, la prorogation du délai de renonciation prévu à l'article L. 132-5-1 ». Il est donc revenu à la jurisprudence de combler ce silence du législateur.

Ainsi, la Cour de cassation estime que les juges du fond doivent rechercher quelle était la finalité de l'exercice du droit de renonciation et s'il n'en résultait pas un abus de droit en prenant en considération trois critères à savoir : la situation concrète du souscripteur, sa qualité d'averti ou de profane et les informations dont il disposait réellement. Il convient ici d'observer que, compte tenu de la formulation de la Cour de cassation, la qualité d'averti ou de profane n'est sans doute pas une condition objective du contrôle de l'abus de droit, mais un simple critère de l'appréciation de l'abus. Autrement dit, la qualité d'averti n'exclut pas par principe le contrôle de l'abus au regard des autres critères. Cette qualité d'averti permet simplement de présumer que le souscripteur a abusé de son droit de renonciation. Mais cette présomption peut être écartée par d'autres éléments factuels.

Par ailleurs, si l'article L. 132-5-2 exige dorénavant la bonne foi du souscripteur, l'on peut observer, par comparaison, que selon l'article L. 112-2-1, lorsque le contrat d'assurance a été conclu à distance, le délai de trente jours calendaires pour exercer la faculté de renonciation n'est enfermé dans aucun délai et la prorogation de ce délai n'est pas expressément réservée aux souscripteurs de bonne foi. La traditionnelle condition de bonne foi s'est sans doute imposée aux yeux du législateur sans qu'un rappel explicite soit nécessaire.

2. LE CHAMP D'APPLICATION DE LA LOI

Cette évolution législative n'est pas applicable aux contrats signés avant l'entrée en vigueur de la loi du 30 décembre 2014. Dès lors, la question du maintien ou du renversement de la jurisprudence traditionnelle de 2006 s'est posée pour ces contrats. La Cour de cassation a répondu à cette interrogation en opérant un revirement de jurisprudence par plusieurs arrêts en date du 19 mai 2016 (Civ. 2e, 19 mai 2016 : *V. note 6*). En parfaite opposition avec sa jurisprudence antérieure, elle affirme, d'une part, que si la faculté prorogée de renonciation prévue par l'article L. 132-5-2 en l'absence de respect, par l'assureur, du formalisme informatif qu'il édicte, revêt un caractère discrétionnaire pour le preneur d'assurance, son exercice peut dégénérer en abus et, d'autre part, que ne saurait être maintenue la jurisprudence initiée par les arrêts du 7 mars 2006 qui, n'opérant pas de distinction sur la bonne ou la mauvaise foi du preneur d'assurance, ne permet pas de sanctionner un exercice de cette renonciation étranger à sa finalité et incompatible avec le principe de loyauté qui s'impose aux contractants. Le souscripteur qui entend se prévaloir de la faculté prorogée de renonciation doit donc être de bonne foi et ne pas commettre d'abus de droit.

Ce revirement a suscité une question prioritaire de constitutionnalité portant sur les anciens articles L. 132-5-1 et L. 132-5-2 du code des assurances, tels qu'interprétés par la jurisprudence de la Cour de cassation issue des arrêts de revirement du 19 mai 2016. Mais la Cour de cassation a estimé qu'il n'y avait pas lieu de renvoyer la décision au Conseil constitutionnel (Civ. 2e, 27 avr. 2017 : *V. note 10*).

I. OBLIGATION LÉGALE D'INFORMATION

A. DOCUMENTS À REMETTRE

1. Forme de la note d'information distincte et de l'encadré. Ayant constaté, d'une part, que le contrat remis à l'assuré consistait en une plaquette comportant vingt-trois pages, dans laquelle figuraient les conditions générales du contrat (pages 1 à 9) et la note d'information (pages 12 à 23), d'autre part, que l'encadré intitulé « dispositions essentielles » figurait en page 10 de ce document, une cour d'appel a, par ces seuls motifs, exactement retenu que l'assureur n'avait pas remis une note d'information distincte des conditions générales et que l'encadré prévu par l'art. L. 132-5-2 ne figurant pas en tête du document, il n'avait pas respecté ses obligations découlant de ce texte. • Civ. 2e, 8 sept. 2016, n° 15-23.328 : *RGDA 2016. 487, note Pélissier.* ♦ Ayant constaté que l'encadré mentionné au 1er al. de l'art. L. 132-5-2 était inséré en p. 10 du document d'information, au chapitre « dispositions essentielles », ce dont il résultait qu'il ne figurait pas en tête d'une notice individualisée, distincte des conditions générales, une cour d'appel a, par ces seuls motifs, exactement retenu qu'il n'avait pas été satisfait aux exigences d'information légales. • Civ. 2e, 12 janv. 2017, n° 16-10.003 : *RCA 2017, n° 120, note Groutel; RGDA 2017. 272, note Asselain.* ♦ Dénature la notice d'information et viole l'art. 1134 C. civ. la cour d'appel qui, après avoir admis qu'un encadré se matérialise par un trait entourant les informations essentielles du contrat, énonce qu'on peut considérer que les informations figurant en première page de la notice sont encadrées en haut par un titre, sur le côté droit par un grand trait vertical, à gauche par la mention « dispositions essentielles », en bas par un gros trait horizontal. • Civ. 2e, 22 oct. 2015, n° 14-25.533 : *RGDA 2015. 574, note Pélissier; RCA 2016, n° 24, note Groutel.*

2. Contenu de la note d'information distincte. Viole l'art. L. 132-5-2, la cour d'appel qui considère que l'assureur a rempli son obligation d'information, alors qu'elle constatait que la note d'information reprenait l'intégralité des conditions générales, à l'exception d'une annexe, ce dont il se déduisait qu'elle ne se bornait pas à énoncer les informations essentielles du contrat. • Civ. 2e, 8 déc. 2016, n° 15-26.086 P : *RGDA 2017. 135, note Mayaux; Gaz. Pal. 9 mai 2017, p. 77, note Leducq.* ♦ Lorsque le contrat ne prévoit pas de frais et indemnités de rachat, de garanties de fidélité, de valeurs de réduction et de valeurs de rachat, il incombe à l'assureur de mentionner dans la note d'information qu'il délivre que le contrat qu'il propose ne prélève aucun frais ni indemnité de rachat et ne prévoit aucune garantie de fidélité ou aucune valeur de réduction ou de rachat, toutes informations essentielles pour permettre à l'assuré d'apprécier la compétitivité de ce placement, ainsi que les risques inhérents à l'investissement envisagé et par suite, la portée de son engagement. • Civ. 2e, 16 déc. 2021, n° 19-23.907 : *D. actu. 17 janv. 2022, note Roulet; RCA 2022, n° 60, note Pierre.*

3. Projet de contrat et conditions générales. Ayant relevé qu'il était établi par la mention précise figurant au-dessus de la signature apposée par le souscripteur sur le bulletin de souscription que celui-ci avait eu connaissance des conditions générales avant de signer ledit bulletin, et constaté que celles-ci, qui, jusqu'à cette signature, constituaient un projet de contrat, comportaient, en tête, un encadré d'une page, rédigé en caractères très apparents et conforme aux dispositions de l'art. L. 132-8 C. assur., ainsi qu'un modèle de lettre de renonciation, et rappelaient les modalités d'exercice de ce droit, une cour d'appel a exactement retenu que l'assureur avait rempli ses obligations découlant de l'art. L. 132-5-2 du même code. • Civ. 2e, 8 mars 2018, n° 17-10.864 : *RGDA 2018. 259, note Mayaux.*

4. Absence de remise de la note d'information. Ayant constaté que les documents d'information remis en 2003 ne satisfaisaient pas aux exigences de l'art. L. 132-5-1 C. assur., dans sa rédaction alors applicable, puis relevé que s'il était acquis que l'assureur avait adressé à l'assuré une lettre recommandée à l'adresse « … », la signature portée sur l'avis de réception du 2 août 2007 n'était manifestement pas la sienne mais celle d'une personne non identifiée, une cour d'appel a pu en déduire que la note d'information dont se prévalait l'assureur ne pouvait être considérée comme ayant été remise à l'intéressé, de sorte que le délai de trente jours n'avait pas couru. • Civ. 2e, 7 févr. 2019, n° 17-27.223 P : *D. 2019. 309; D. actu. 27 févr. 2019, note Bigot; RGDA avr. 2019. 33, note Mayaux; CCC 2019, n° 93, note Bernheim-Desvaux; RDC sept. 2019. 33, note Libchaber; RCA 2019, n° 144.*

5. Lettre de renonciation en assurance-vie. En exigeant la remise d'un modèle de lettre de renonciation avant la conclusion du contrat distinct des conditions générales et de la notice d'information, la cour d'appel ajoute à la loi une condition qu'elle ne comporte pas. • Civ. 2e, 12 sept. 2013, n° 12-22.649 : *RGDA 2014. 47, note Mayaux.*

B. SANCTIONS

1° PROROGATION DE LA FACULTÉ DE RENONCIATION

6. Conformité de la sanction de la prorogation au droit européen. Il résulte de la jurisprudence constante de la CJCE que, lorsqu'une réglementation communautaire ne comporte aucune disposition spécifique prévoyant une sanction en cas de violation ou renvoie sur ce point aux dispositions législatives, réglementaires et administratives nationales, l'art. 10 du Traité CEE impose aux États membres de prendre toutes mesures propres à garantir la portée de l'efficacité du droit communautaire dans des conditions de fond et de procédure conférant à la sanction un caractère effectif, proportionné et dissuasif. Si la finalité de la Dir. 2002/83/CEE du 5 nov. 2002, concernant l'assurance directe sur la vie, telle qu'elle résulte de son préambule, est de veiller à garantir au preneur d'assurance le plus large accès aux produits d'assurance en lui assurant, pour profiter d'une concurrence accrue dans le cadre d'un marché unique de l'assurance, les informations nécessaires pour choisir le contrat convenant le mieux à ses besoins, et ce d'autant que la durée de ses engagements peut être très longue, les dispositions de l'art. L. 132-5-1 C. assur. qui sanctionnent le défaut de remise des documents et informations, prévus par ce texte, qui doivent être remis au souscripteur avant la conclusion du contrat par la prorogation du délai de renonciation prévu à son deuxième alinéa et par la restitution en cas de renonciation de l'intégralité des sommes versées par le souscripteur dans les conditions fixées par le troisième alinéa, sont compatibles avec les art. 35 et 36 de la Dir. 2002/83/CEE. • 7 mars 2006, n° 05-12.338 P : *R. 2006. 401; RGDA 2006. 481, note Kullmann; D. 2008. Pan. 127, obs. Groutel; RDI 2006. 173, note Grynbaum; JCP 2006. I. 135, n° 10, note Mayaux; ibid. 2006. II. 10056, note Descorps-Declère; RCA 2006, n° 208, note Courtieu; RDC 2007. 223, note Rochfeld* • 5 oct. 2006 : *RDC 2007. 223, note Rochfeld.* ♦ Il résulte de l'art. L. 132-5-1 C. assur., d'ordre public et conforme à la Dir. 2002/83/CEE du 5 nov. 2002, que la faculté de renonciation prorogée ouverte de plein droit pour sanctionner le défaut de remise à l'assuré des documents et informations énumérés par ce texte est discrétionnaire pour l'assuré, dont la bonne foi n'est pas requise. Cette sanction est proportionnée aux objectifs poursuivis par cette directive, les assureurs pouvant sans difficulté sauvegarder tant les intérêts des preneurs d'assurance que leurs propres exigences de sécurité juridique en se conformant à leur obligation d'information. • Civ. 2e, 9 juill. 2009, n° 08-18.730 P : *Banque et Dr. 2009. 59, obs. Marly; LPA 9 juin 2010, p. 15, note Archer.* ♦ La sanction prévue à l'art. L. 132-5-2 est proportionnée à l'objectif de la Dir. « Vie » 2002/83/CE du 5 nov. 2002, rappelé au considérant n° 52, qui est de faire profiter le consommateur de la diversité des contrats et d'une concurrence accrue, sans qu'il y ait lieu de distinguer selon que le manquement est purement formel ou tient au contenu de l'information qui doit être fournie, ni de subordonner la sanction à la démonstration préalable d'un préjudice subi par le preneur d'assurance. • Civ. 2e, 19 mai 2016, n° 15-12.767 : *RGDA 2016. 438, note Kullmann; D. 2016. 1797, note Perdrix ; JCP 2016, n° 811, note Mayaux; JCP N 2016, n° 1265, note Pailler; RCA 2016, n° 288; ibid. Étude 11, note Pierre; JCP E 2016, n° 1447, n° 2, note Marly.*

7. Conformité de la sanction de la prorogation à la Constitution. La question portant sur l'art. L. 132-5-1 C. assur., dans sa rédaction issue de la L. n° 94-5 du 4 janv. 1994, ne présente pas un caractère sérieux dès lors que le dispositif ainsi mis en œuvre, destiné à garantir le plus large accès aux produits d'assurance en permettant au souscripteur, pour profiter d'une concurrence accrue dans le cadre d'un marché unique de l'assurance, d'obtenir les informations nécessaires pour choisir le contrat convenant le mieux à ses besoins, répond à un objectif de protection du consommateur. Le législateur a pu sans méconnaître l'étendue de ses pouvoirs renvoyer au pouvoir réglementaire le soin de préciser les détails des modalités suffisamment définies par lui. Si le défaut de remise des documents et informations entraîne de plein droit la prorogation du délai de rétractation, l'assureur peut à tout moment faire courir ce délai en respectant ses obligations. La restitution par l'assureur de l'intégralité des sommes versées par le souscripteur ayant usé de son droit de renonciation présente un caractère effectif, proportionné et dissuasif, sans porter atteinte aux dispositions constitutionnelles invoquées. Il n'y a donc pas lieu de transmettre au Conseil constitutionnel la question prioritaire de constitutionnalité. • Civ. 2e, 13 janv. 2011, n° 10-16.184.

8. Conformité de la limitation à huit ans à la Constitution. La question portant sur la limitation à huit ans de la prorogation de la faculté de renonciation pour les seuls souscripteurs de contrats d'assurance-vie conclus trois mois après la date de publication de la L. n° 2005-1564 du 15 déc. 2005 ne présente pas un caractère sérieux. En effet, le principe d'égalité ne s'oppose pas à ce que le législateur règle de façon différente des situations différentes, ni à ce qu'il déroge à l'égalité pour des raisons d'intérêt général, pourvu que, dans l'un et l'autre cas, la différence de traitement qui en résulte soit en rapport direct avec l'objet de la loi qui l'établit. Or la limitation de huit ans à compter de la date à laquelle le souscripteur est informé que le contrat est conclu, instituée par la L. n° 2005-1564 du 15 déc. 2005, de la prorogation de plein droit du délai de renonciation ouvert au souscripteur en cas de défaut de remise des documents et informations prévus à l'art. L. 132-5-2 C. assur., ne s'appliquant qu'aux contrats conclus à partir du premier jour du troisième mois suivant la publication de cette loi, la différence de traitement, instaurée par l'article 19 de celle-ci, est justifiée par la différence de situation au regard de la date de conclusion des contrats, ceux antérieurs demeurant régis par les dispositions applicables au jour où ils ont été conclus. • Civ. 2e, 6 sept. 2018, n° 18-12.376 : *D. actu. 28 sept. 2018, note Bigot; RGDA 2018. 512, note Mayaux.*

9. Principe du contrôle de la bonne foi et de l'abus – Jurispr. antérieure à la loi du 30 déc. 2014. Si la faculté prorogée de renonciation prévue par l'art. L. 132-5-2 en l'absence de respect, par l'assureur, du formalisme informatif qu'il édicte, revêt un caractère discrétionnaire pour le preneur d'assurance, son exercice peut dégénérer en abus. Ne saurait être maintenue la jurisprudence initiée par les arrêts du 7 mars 2006... • Civ. 2e, 7 mars 2006, nos 05-10.366 et 05-12.338 P : *D. 2008. 120, obs. Groutel ; RDI 2006. 173, obs. Grynbaum .* ♦ ... Qui, n'opérant pas de distinction fondée sur la bonne ou la mauvaise foi du preneur d'assurance, ne permet pas de sanctionner un exercice de cette renonciation étranger à sa finalité et incompatible avec le principe de loyauté qui s'impose aux contractants. • Civ. 2e, 19 mai 2016, n° 15-12.767 P : *JCP G 2016. 811, note Mayaux; RGDA 2016. 438, note Kullmann; D. 2016. 1797, note Perdrix ; JCP N 2016. 1265, note Pailler; RCA 2016, n° 288; ibid. Étude 11 obs. Pierre; JCP E 2016. 1447, n° 2, note Marly.* ♦ V. égal. : • Civ. 2e, 9 juin 2016, n° 15-20.218 : *JCP G 2016. 916, note Noguéro; RGDA 2016. 438, note Kullmann* • 8 sept. 2016, n° 15-23.331 : *RGDA 2016. 487, note Pélissier* • 5 oct. 2017 : *RGDA 2017. 574, note Asselain* • 28 mars 2019, n° 18-15.612 P : *D. 2019. 695 ; RDC sept. 2019. 33, note Libchaber; RCA 2019, n° 174, note Groutel.* ♦ En refusant de contrôler, comme elle y était invitée, l'existence d'un éventuel abus de droit dans l'exercice de la faculté prorogée de renonciation, une cour d'appel a violé les art. L. 132-5-1, L. 132-5-2 et L. 132-5-3 C. assur., dans leur rédaction applicable au litige. • Civ. 2e, 12 janv. 2017, n° 16-10.003 : *RCA 2017, n° 120, note Groutel.* ♦ *Contra* auparavant : l'exercice du droit de renonciation, qui est un droit discrétionnaire et d'ordre public, ne peut être sanctionné sur le terrain de la mauvaise foi. • Civ. 2e, 7 mars 2006, n° 05-10.366 P : *R. 2006. 401; D. 2008. Pan. 127, obs. Groutel ; RDI 2006. 173, note Grynbaum ; JCP 2006. I. 135, n° 10, note Mayaux; RGDA 2006. 481, note Kullmann; RDC 2007. 223, note Rochfeld* • 7 mars 2006, n° 05-12.338 : *R. 2006. 401; D. 2008. Pan. 127, obs. Groutel ; RGDA 2006. 481, note Kullmann; RDI 2006. 173, note Grynbaum ; JCP 2006. I. 135, n° 10, note Mayaux; RCA 2006,* *n° 208, note Courtieu; JCP 2006. II. 10056, note Descorps-Declère; RDC 2007. 223, note Rochfeld* • 15 déc. 2011, n° 10-24.430 : *RGDA 2012. 766, note Kullmann.*

10. *Principe du contrôle de la bonne foi et de l'abus – QPC ant. à la Loi du 30 déc. 2014.* Saisie d'une question prioritaire de constitutionnalité portant « sur la conformité de l'art. L. 132-5-1 (anc.) C. assur. dans sa rédaction issue de la L. n° 94-5 du 4 janv. 1994, applicable aux faits de la cause, et de l'art. L. 132-5-2 (anc.) C. assur. dans sa rédaction issue de la L. n° 2005-1564 du 15 déc. 2005, tels qu'interprétés par la jurisprudence de la Cour de cassation issue des arrêts de revirement du 19 mai 2016, aux droits et libertés garantis par la Constitution, en particulier au principe d'intelligibilité de la loi, à la garantie des droits et au principe de la liberté contractuelle et du droit au maintien des conventions et contrats légalement conclus, découlant des art. 4, 5, 6 et 16 de la Déclaration des droits de l'homme et du citoyen de 1789 », la Cour de cassation a répondu qu'il n'y avait pas lieu de renvoyer la question au Conseil constitutionnel. Elle a notamment retenu que l'exercice de la faculté prorogée de renonciation prévue à l'art. L. 132-5-1 C. assur. dans sa rédaction issue de la L. n° 94-5 du 4 janv. 1994 et à l'art. L. 132-5-2 du même code dans sa rédaction issue de la L. n° 2005-1564 du 15 déc. 2005 en l'absence de respect par l'assureur du formalisme informatif édicté par ces textes répond à l'objectif de protection des consommateurs en leur permettant d'obtenir les informations nécessaires pour choisir le contrat convenant le mieux à leurs besoins pour profiter d'une concurrence accrue dans un marché unique de l'assurance; que la portée effective conférée à ces dispositions par la jurisprudence constante de la Cour de cassation à laquelle se réfère la question, qui conduit à priver d'efficacité une renonciation déjà effectuée lorsqu'il est établi que l'exercice de cette prérogative a été détourné de sa finalité, garantit le respect du principe général de loyauté s'imposant aux contractants; que, dans la mesure où elle repose sur un motif d'intérêt général en rapport direct avec le but poursuivi par le législateur, il ne peut être sérieusement soutenu qu'elle affecte une situation légalement acquise dans des conditions contraires à la garantie des droits proclamée par l'art. 16 de la Déclaration des droits de l'homme et du citoyen. En outre, la Cour de cassation a indiqué qu'il ne peut être sérieusement soutenu que la portée effective conférée à ces dispositions par la jurisprudence constante de la Cour de cassation, qui prive d'effet la renonciation exercée contrairement à sa finalité et laisse ainsi subsister le contrat, mais qui préserve les effets de cette renonciation lorsqu'elle est exercée conformément à sa finalité par un souscripteur qui, insuffisamment informé, n'a pas été en mesure d'apprécier la portée de son engagement, porte atteinte au droit au maintien des contrats légalement conclus ou à la liberté contractuelle qui découlent des art. 4 et 16 de la Déclaration des droits de l'homme et du citoyen. • Civ. 2e, 27 avr. 2017, n° 17-40.027 : *RCA 2017, n° 205; RGDA 2017. 367, note Mayaux; Gaz. Pal. 17 oct. 2017. 72, note X. Leducq.*

11. *Modalités du contrôle de la bonne foi et de l'abus – Jurispr. antérieure L. 30 déc. 2014.* L'abus s'apprécie au moment où le preneur d'assurance exerce cette faculté. • Civ. 2e, 28 mars 2019, n° 18-15.612 P : *préc. note 9.* ♦ Les juges du fond doivent rechercher si, au regard de la situation concrète du souscripteur, ce dernier n'était pas parfaitement informé des caractéristiques de l'assurance sur la vie souscrite, et s'il n'exerçait pas son droit de renonciation uniquement pour échapper à l'évolution défavorable de ses investissements. • Civ. 2e, 17 nov. 2016, n° 15-20.958 : *RGDA 2017. 55, note Mayaux; RCA 2017, n° 59, note Pierre.* ♦ Les juges du fond doivent rechercher, au regard de la situation concrète du souscripteur, de sa qualité d'assuré averti ou profane et des informations dont il disposait réellement, quelle était la finalité de l'exercice de son droit de renonciation et s'il n'en résultait pas l'existence d'un abus de droit. • Civ. 2e, 5 oct. 2017, n° 16-19.565 : *RGDA 2017. 572, note Mayaux.* ♦ Les juges du fond doivent rechercher si le souscripteur était un assuré averti ou profane afin d'apprécier, à la date d'exercice de sa faculté de renonciation, en fonction de sa situation concrète et des informations dont il disposait réellement au regard de ses compétences personnelles sur les caractéristiques essentielles de son investissement sur un produit complexe, quelle était la finalité de l'exercice de son droit de renonciation. • Civ. 2e, 20 mai 2020, n° 18-24.102 : *RCA 2020, n° 162, obs. Groutel; ibid. 2022, chron. 4, n° 8, note Groutel* • Civ. 2e, 16 juill. 2020, n° 19-19.965 : *bjda.fr 2020, n° 71, note Roumélian.* ♦ Prive sa décision de base légale, la cour d'appel qui, pour juger que le souscripteur était en droit de renoncer au contrat d'assurance et condamner l'assureur, en conséquence, à lui restituer la somme de 12 000 €, outre les intérêts au taux légal, la cour d'appel qui retient que le fait que le souscripteur ait été directeur d'une société de production de produits laitiers et qu'il dispose d'un patrimoine immobilier d'environ 150 000 €, essentiellement constitué de sa résidence principale, ne permet pas de le qualifier d'assuré averti, ses connaissances spécifiques dans le domaine financier n'étant nullement démontrées; qu'il ne peut être déduit du seul fait que le souscripteur a exercé son droit de renonciation neuf années après la souscription du contrat que ce dernier est de mauvaise foi et a commis un abus de droit dans l'exercice de celui-ci; que le souscripteur, insuffisamment informé, n'a pas été en mesure d'apprécier la portée de son engagement, de sorte qu'il ne peut être considéré comme ayant d'une part, agi de mauvaise foi, d'autre part, commis un abus de droit, sans rechercher à la date d'exercice de la faculté de renonciation, au regard de la situation concrète du souscripteur, de sa qualité d'assuré averti ou profane et des informations dont il disposait réellement, quelle était la finalité de l'exercice de son droit de renonciation et s'il n'en résultait pas l'existence d'un abus de droit. • Civ. 2e, 7 févr. 2019, n° 17-27.223 : *D. actu. 27 févr. 2019, note Bigot ; RGDA 2019. 33, note Mayaux ; CCC 2019, n° 93, note Bernheim-Desvaux ; RDC sept. 2019. 33, note Libchaber ; RCA 2019, n° 144.* ♦ Prive de base légale sa décision la cour d'appel qui, pour condamner l'assureur à restituer le montant des primes versées avec intérêts au taux légal majoré, retient que l'assureur ne saurait tirer, en l'espèce, aucune conséquence quant à la caractérisation d'un abus de droit du fait que l'assurée a répondu de façon positive à la question de savoir si elle avait bien compris le fonctionnement du support et au fait de savoir si elle pensait maintenir son investissement jusqu'à son terme en cas de fortes fluctuations des marchés financiers, les nombreux manquements de l'assureur à son obligation d'information démontrant qu'elle était nécessairement dans l'impossibilité de mesurer la portée de son engagement, alors qu'à eux seuls les manquements de l'assureur à son obligation d'information lors de la souscription du contrat ne suffisent pas à exclure un détournement de la finalité de l'exercice par l'assurée de la faculté de renonciation ainsi prorogée, susceptible de caractériser un abus de ce droit. • Civ. 2e, 13 juin 2019, n° 18-17.907 P : *D. 2019. 1281 ; RGDA juill. 2019. 35, note Mayaux ; D. actu. 8 juill. 2019, note Bigot ; RCA 2019, n° 257, note Groutel.* ♦ Prive de base légale sa décision la cour d'appel qui, pour condamner l'assureur à restituer le montant des primes versées avec intérêts au taux légal majoré, retient, en outre, d'une part, que le nombre d'années écoulées entre la souscription et l'exercice de la faculté de renoncer ne saurait pas plus être à lui seul caractéristique de la mauvaise foi, d'autre part, que, le seul constat de ce que la renonciation est exercée après la perte d'une partie du capital ne saurait à lui seul établir la mauvaise foi et que si tel était le cas, il en résulterait que la prorogation de la faculté de renoncer ne pourrait être exercée qu'en cas de hausse ou de maintien du capital investi, sans rechercher à la date d'exercice de la faculté de renonciation, au regard de la situation concrète de la souscriptrice, de sa qualité d'assurée avertie ou profane et des informations dont elle disposait réellement, quelle était la finalité de l'exercice de son droit de renonciation et s'il n'en résultait pas l'existence d'un abus de droit. • Civ. 2e, 13 juin 2019, n° 18-17.907 P : *préc.*

12. Absence d'abus de droit dans l'exercice de la faculté prorogée de renonciation – Juris. ant. L. 30 déc. 2014. Après avoir retenu que l'information précontractuelle délivrée à la souscriptrice avant la souscription du contrat « Himalia » ne satisfaisait ni dans sa forme, ni par son contenu aux exigences des art. L. 132-5-2 et A. 132-4 C. assur., et énoncé que le détournement de la finalité du droit de renonciation ne peut être le fait que d'un investisseur parfaitement informé, qu'il l'ait été avant la souscription du contrat ou par la suite, l'abus ne pouvant se déduire du simple fait que le souscripteur décide de renoncer grâce à la prorogation du délai alors que son placement a subi des pertes ou même qu'il ait manifesté son mécontentement avant de renoncer à son contrat, ni seulement du temps s'étant écoulé depuis la souscription, la cour d'appel a relevé que la souscriptrice qui avait exploité une brasserie et dont la profession ne la prédisposait nullement à avoir une connaissance particulière des mécanismes de l'assurance-vie ou du contrat souscrit, était un investisseur profane, sans que la présence à ses côtés d'un courtier, lors de cette souscription ou à l'occasion des rachats, puisse lui conférer la qualité d'avertie, et qu'il ne pouvait se déduire des opérations pratiquées sur le contrat, lesquelles n'ont consisté qu'en des rachats, programmés ou ponctuels, ou de la lettre qu'elle a adressée à l'assureur pour exprimer son mécontentement quant à l'évolution défavorable de ses investissements, en des termes qui traduisent au contraire sa mauvaise compréhension des produits structurés sur lesquels ses fonds avaient été placés, qu'elle ait eu une telle connaissance ; qu'ayant ainsi constaté, au regard de sa situation concrète, que la souscriptrice n'était pas parfaitement informée des caractéristiques essentielles de l'assurance-vie souscrite lorsqu'elle avait exercé son droit de renonciation, et souverainement estimé que, dans ces conditions, l'assureur échouait à rapporter la preuve qui lui incombe que la souscriptrice l'avait détourné de sa finalité, en en ayant fait usage dans le seul but d'échapper à l'évolution défavorable de ses investissements, comme il le soutenait, la cour d'appel a pu en déduire que la souscriptrice n'avait pas abusé de ce droit et a légalement justifié sa décision. • Civ. 2e, 13 juin 2019, n° 18-14.743 P : *D. 2019. 1281 ; RGDA juill. 2019. 35, note Mayaux.* ♦ Ayant relevé qu'il n'était pas établi que l'adhérente au contrat collectif d'assurance sur la vie ait eu, de par sa formation ou l'exercice de sa profession d'assistante de direction, une expérience particulière en matière de fonctionnement des marchés financiers et une connaissance suffisante des produits complexes du type « EMTN » sur lesquels ses fonds avaient été investis, tandis que, lors de son adhésion, son patrimoine était composé à hauteur de 90 % de liquidités et de 10 % d'actions mais ne comportait encore aucun placement en assurance-vie, que ce soit sur des supports en euros ou en unités de compte, puis retenu que le fait que, sur un questionnaire préétabli, aient été cochées les réponses « oui » aux questions suivantes : « avoir déjà effectué des placements à risque », « avoir bien compris le mode de fonctionnement du support et la nature des risques et moins-values qu'il peut engendrer », et « non » à celle : « souhaitez-vous obtenir des informations complémentaires sur le support ? », ne permet pas de certifier, dans de telles circonstances, que l'adhérente ait parfaitement compris les caractéristiques financières du contrat souscrit alors que l'assureur n'a pas satisfait aux exigences d'informations légales, une cour d'appel a souverainement estimé, au regard de sa situation concrète que l'adhérente n'était pas de mauvaise foi lorsqu'elle a exercé son droit de renonciation et a pu en déduire que l'adhérente n'avait pas fait un usage abusif, dans le seul but d'échapper à l'évolution défavorable de son investissement. • Civ. 2e, 4 juill. 2019, n° 18-14.990 : *RGDA août-sept. 2019. 39, note Mayaux.*

13. Existence d'un abus de droit dans l'exercice de la faculté prorogée de renonciation – Juris. ant. Loi 30 déc. 2014. La cour d'appel, qui a souverainement apprécié, au regard de la situation concrète des souscripteurs et de leur qualité d'assurés avertis, les informations dont ils disposaient réellement à la date d'exercice de leur faculté de renonciation, a pu décider que les souscripteurs n'avaient exercé la faculté de renonciation prévue à l'art. L. 132-5-1 C. assur. que pour échapper à l'évolution défavorable de leur investissement et que l'abus de droit qui leur était reproché était caractérisé. • Civ. 2e, 25 juin 2020, n° 19-14.047 : *RCA 2020, n° 175, note Groutel ; ibid. 2022, chron. 4, n° 8, note Groutel.*

14. Point de départ de la prorogation du délai de renonciation. En cas de défaut de remise, avant la conclusion du contrat, des documents et informations prévus par les art. L. 132-5-2 et L. 132-5-3 C. assur., la prorogation du délai de renonciation que le premier de ces textes prévoit court à compter de la date de remise effective de ces documents sans que soient exigés un récépissé ou la signature d'un avenant au contrat. • Civ. 2e, 8 sept. 2016 : *RGDA 2016. 482, note Mayaux.*

2° AUTRES SANCTIONS

15. Exclusion de la nullité du contrat. Le défaut de remise des documents à l'assuré n'entraîne, de plein droit, que la prorogation du délai légal de rétractation. La nullité du contrat doit donc être écartée. • Civ. 2e, 8 mars 2006 : *Gaz. Pal. 2006. 1946, note Néraudau ; RCA 2006, n° 209* • 21 déc. 2006 : *RCA 2007, n° 106* • 17 avr. 2008 : *RGDA 2008. 722, note Mayaux.*

16. Obligation légale d'information et responsabilité civile. L'assureur qui a communiqué au souscripteur d'une assurance-vie libellée en unités de compte les caractéristiques essentielles des divers supports financiers qui lui étaient proposés ainsi que les risques qui leur étaient associés a, par là même, satisfait à son obligation d'information et ne saurait voir sa responsabilité engagée au titre des art. 1147 ou 1382 C. civ., peu important que la note d'information remise à l'assuré ait omis certaines des mentions exigées par les art. L. 132-5-1 et A. 132-5. • Civ. 2e, 9 juill. 2009, n° 08-18.730 P : *Banque et Dr. 2009. 59, obs. Marly ; LPA 9 juin 2010, p. 15, note Archer.* ♦ Ayant retenu qu'en l'absence de note d'information, le bulletin de souscription de l'assurance précisait que la gestion de l'épargne était répartie entre différents fonds, expressément mentionnés, avec l'indication du pourcentage de répartition entre les différents supports et qu'il découlait clairement de l'art. 6.2 des conditions générales du contrat, stipulant expressément que « l'épargne inscrite sur les supports libellés en unités de compte ne bénéficie d'aucune garantie en capital de la part de l'assureur », que l'engagement de l'assureur ne portait que sur le nombre d'unités de compte et sur son calcul, et non sur la valeur de ces unités de compte, « dont les fluctuations à la hausse comme à la baisse sont supportées par le souscripteur », une cour d'appel a pu décider que l'assureur et le courtier n'avaient pas manqué à leur obligation d'information. L'assureur et le courtier avaient délivré aux souscripteurs une information suffisante sur les dispositions essentielles du contrat et sur les risques inhérents à celui-ci. • Civ. 2e, 11 juin 2015, n° 14-18.382 : *RGDA 2015. 420, note Langé ; JCP 2016, n° 732, n° 21, obs. Langé.* ♦ Un assuré ayant souscrit un contrat d'assurance sur la vie et invoquant un manquement de l'assureur à son obligation précontractuelle d'information prévue par l'art. L. 132-5-1, ne donne pas de base légale à sa décision au regard de ce texte et de l'art. 1382 C. civ. une cour d'appel qui le déboute de sa demande en dommages-intérêts en retenant que, même à admettre que l'assureur n'avait pas remis la notice d'information distincte, l'assuré ne tirait pas de ce manquement la conséquence légale de renonciation au contrat, sans rechercher, comme il le lui était demandé, si les manquements allégués n'étaient pas de nature à engager la responsabilité de l'assureur. • Civ. 2e, 8 oct. 2009, n° 08-18.928 P : *D. 2009. AJ 2488 ; JCP 2009. 574, n° 11, obs. Serinet ; Banque et Dr. 2009. 59, obs. Marly.*

17. Prêt et assurance souscrite par l'intermédiaire du banquier. La banque étant directement à l'origine de l'irrégularité d'ordre public sanctionnée à l'art. L. 132-5-1, al. 2, C. assur., par une prorogation du délai de rétractation, et ainsi, par sa propre faute, à l'origine de la perte de garanties, ne peut invoquer de bonne foi le bénéfice de la déchéance du terme et la résiliation du prêt. • Com. 22 mars 2011 : *RGDA 2011. 813, note Kullmann.*

II. OBLIGATION GÉNÉRALE D'INFORMATION

18. Obligation générale d'information et de conseil et responsabilité civile. Si l'assureur a vis-à-vis de son client une obligation d'information et de conseil sur les caractéristiques du contrat, une cour d'appel a pu retenir qu'un assureur n'avait pas manqué à cette obligation en relevant que les différents documents remis au souscripteur établissait clairement les caractéristiques du contrat et sa particularité consistant dans le versement trimestriel d'une rente viagère, qui écartait en soi la possibilité de disposer librement des fonds placés, les deux mécanismes étant incompatibles. • Civ. 2e, 12 mai 2010 : *RGDA 2010. 772, note Astegiano-La Rizza.* ♦ Viole l'art. 1382 C. civ. la cour d'appel qui rejette l'action en responsabilité civile du souscripteur contre l'assureur, reprochant à ce dernier de l'avoir conduit, du fait d'un manquement à son obligation d'information, à opter pour un placement inadapté dans la mesure où il n'était pas conforme à ses projets puisqu'il recherchait un placement sécurisé, sans rechercher si l'assureur avait fourni au souscripteur une information précontractuelle adaptée à sa situation personnelle dont il avait connaissance. • Civ. 2e, 7 juill. 2011 : *RGDA 2012. 103, note Bigot.*

19. *Information sur l'absence de taux d'intérêt garanti, de garantie de fidélité, de valeurs de réduction et de rachat.* Il incombe à l'assureur, lorsque le contrat ne prévoit pas de taux d'intérêt garanti, de garanties de fidélités, de valeurs de réduction ou de valeurs de rachat, de mentionner dans la note d'information qu'il délivre que le contrat qu'il propose ne garantit à l'assuré aucun taux d'intérêt, ou aucune garantie de fidélité, ou aucune valeur de réduction ou de rachat, toutes informations essentielles pour permettre à celui-ci d'apprécier la compétitivité de ce placement, ainsi que les risques inhérents à l'investissement envisagé, par suite, la portée de son engagement. • Civ. 2e, 11 mars 2021, nº 18-12.376 : *RGDA juill. 2021. 45, note Mayaux.*

20. *Absence d'obligation d'information sur la prorogation du délai de renonciation.* Mais aucune disposition légale ou réglementaire n'impose à l'assureur d'informer l'assuré de ce que le défaut de remise de la note d'information a pour effet de proroger le délai d'exercice de cette faculté. • Civ. 2e, 9 juill. 2009, nº 08-18.730 P : *Banque et Dr. 2009. 59, obs. Marly; LPA 9 juin 2010, p. 15, note Archer.*

Art. L. 132-5-3 *(L. nº 2005-1564 du 15 déc. 2005)* **Pour les contrats d'assurance de groupe sur la vie mentionnés à l'article L. 141-1 comportant des valeurs de rachat ou de transfert, lorsque le lien qui unit l'adhérent au souscripteur ne rend pas obligatoire l'adhésion au contrat, la notice remise par le souscripteur inclut, outre les informations mentionnées au deuxième alinéa de l'article L. 141-4, celles contenues dans la note mentionnée à l'article L. 132-5-2. L'encadré mentionné au premier alinéa de l'article L. 132-5-2 est inséré en début de notice. Lors de l'adhésion, le souscripteur doit remettre à l'adhérent** *(Ord. nº 2017-1433 du 4 oct. 2017, art. 6-3º, en vigueur le 1er avr. 2018)* **« un** *[le]* **modèle de rédaction » mentionné au troisième alinéa de l'article L. 132-5-2. Il communique à l'adhérent la mention visée au quatrième alinéa du même article ainsi que, dans les conditions définies au même article, les valeurs de rachat ou de transfert. La faculté de renonciation s'exerce conformément aux articles L. 132-5-1 et L. 132-5-2.**

La notice doit indiquer l'objet social et les coordonnées du souscripteur.

La notice précise que les droits et obligations de l'adhérent peuvent être modifiés par des avenants auxdits contrats. Les modalités d'adoption de ces avenants par le souscripteur sont communiquées par ce dernier à l'adhérent.

(L. nº 2019-486 du 22 mai 2019, art. 72-I) **« Le souscripteur communique à l'adhérent les informations établies par l'entreprise d'assurance dans les mêmes conditions que celles prévues à l'article L. 132-22. »**

V. art. A. 132-4-8.

BIBL. ▸ COURTIEU, *RCA 2006. Étude 2.*

COMMENTAIRE

La question de l'information précontractuelle soulève des difficultés accrues dans le cadre d'une assurance collective. Afin que l'adhérent ait connaissance du contenu du contrat, le droit des assurances de groupe prévoit que le souscripteur doit lui remettre une notice d'information établie par l'assureur définissant « les garanties et leurs modalités d'entrée en vigueur ainsi que les formalités à accomplir en cas de sinistre » (art. L. 141-4). Le non-respect de cette obligation est efficacement sanctionné par l'inopposabilité des dispositions du contrat d'assurance de groupe non reprises dans la notice.

Dès lors, on a pu s'interroger sur l'articulation de cette obligation d'information avec celle de l'article L. 132-5-2. Autrement dit, fallait-il remettre à l'adhérent la notice d'information du droit des assurances de groupe et la note d'information du droit des assurances sur la vie ? Finalement, la loi nº 2005-1564 du 15 décembre 2005 a tranché la question en retenant, tout du moins pour les contrats à adhésion facultative comportant une valeur de rachat ou de transfert, une application cumulative des textes dans un seul document. Pour ces contrats, le souscripteur doit donc remettre la notice d'information de l'article L. 141-4, mais celle-ci doit contenir non seulement les informations imposées par ce texte, mais aussi celles figurant dans la note d'information de l'article L. 132-5-2.

Par ailleurs, lors de l'adhésion, le souscripteur doit remettre à l'adhérent un modèle de rédaction destiné à faciliter l'exercice de la faculté de renonciation et lui communiquer la mention de l'article A. 132-4-2, ainsi que les valeurs de rachat et de transfert. Ces informations sont fréquemment insérées dans le bulletin d'adhésion.

En ce qui concerne la sanction du non-respect de cette obligation, le législateur retient la même règle que pour les assurances individuelles. L'adhérent, de bonne foi, peut exercer sa faculté de renonciation tant qu'il n'a pas reçu tous les documents. Cette prorogation est toutefois limitée à huit années à compter du jour où l'adhérent a été informé de son adhésion. ❑

Assurances de groupe – Jurispr. antérieure à L. du 15 déc. 2005. Les dispositions de l'art. L. 132-5-1, relatives à la faculté de renonciation, s'appliquent à tout contrat d'assurance sur la vie, y compris aux contrats d'assurance de groupe. • Civ. 2e, 10 juill. 2008, n° 07-12.072 P : *D. 2008. AJ 2144, note Hovasse ; JCP E 2008. 2256 ; RCA 2008, n° 305 ; ibid. Étude 11, note Leblond ; RDC 2009. 1142, note Grynbaum.*

Art. L. 132-6 *(L. n° 2007-1775 du 17 déc. 2007, art. 10-I-1° et III, en vigueur le 18 déc. 2008)* **La police d'assurance sur la vie ne peut être ni à ordre, ni au porteur.**

COMMENTAIRE

Alors que l'article L. 112-5 prévoit que la police d'assurance peut être à personne dénommée, à ordre ou au porteur, l'article L. 132-6 exclut désormais ces deux dernières modalités pour les contrats d'assurance sur la vie. En effet, auparavant, la loi autorisait les contrats d'assurance sur la vie à ordre, ce qui permettait de les utiliser comme instruments de crédit. Mais cette pratique était tombée en désuétude. Retranscrivant cette réalité factuelle en droit, la loi n° 2007-1775 du 17 décembre 2007 a supprimé les contrats d'assurance sur la vie au porteur. ❑

Art. L. 132-7 *(L. n° 98-546 du 2 juill. 1998)* **L'assurance en cas de décès est de nul effet si l'assuré se donne volontairement** *(Abrogé par L. n° 2001-1135 du 3 déc. 2001)* **«** ***et consciemment*** **» la mort au cours de la première année du contrat.**

(L. n° 2001-1135 du 3 déc. 2001) **« L'assurance en cas de décès doit couvrir le risque de suicide à compter de la deuxième année du contrat. En cas d'augmentation des garanties en cours de contrat, le risque de suicide, pour les garanties supplémentaires, est couvert à compter de la deuxième année qui suit cette augmentation.**

« Les dispositions du premier alinéa ne sont pas applicables » aux contrats mentionnés à l'article L. 141-1 souscrits par les organismes mentionnés au dernier alinéa de l'article L. 141-6.

(L. n° 2001-1135 du 3 déc. 2001) **« L'assurance en cas de décès doit couvrir dès la souscription, dans la limite d'un plafond qui sera défini par décret, les contrats mentionnés à l'article L. 141-1 souscrits par les organismes mentionnés à la dernière phrase du dernier alinéa de l'article L. 141-6, pour garantir le remboursement d'un prêt contracté pour financer l'acquisition du logement principal de l'assuré. »** – *Assur. L. 132-18.*

COMMENTAIRE

Si l'assurance en cas de décès doit garantir tous les décès sans tenir compte des circonstances qui ont entouré le décès de l'assuré, l'assureur ne saurait toutefois garantir le suicide de l'assuré dans la mesure où il peut fausser le caractère aléatoire de l'assurance. Cette préoccupation rejoint en outre des considérations d'ordre moral liées à la réprobation du suicide. Pour toutes ces raisons, la loi du 13 juillet 1930 puis l'article L. 132-7 ont exclu du champ de la garantie le suicide volontaire de l'assuré.

I. LES DISPOSITIONS LÉGALES DE L'EXCLUSION DE GARANTIE

A. LES SUICIDES EXCLUS

1. LES SUICIDES VOLONTAIRES

Dans sa rédaction actuelle, l'article L. 132-7 exclut du champ de la garantie les suicides volontaires, reprenant de la sorte les dispositions de la loi du 13 juillet 1930. Partant, la garantie est écartée lorsque l'assuré s'est donné volontairement la mort. En revanche, elle est maintenue lorsque, par exemple, l'assuré a trouvé la mort en portant secours à un tiers, même s'il savait qu'il mettait sa vie en péril. La loi n° 81-5 du 7 janvier 1981 relative au contrat d'assurance et aux opérations de capitalisation avait limité l'exclusion de garantie aux suicides conscients. Mais cette précision a été supprimée par la loi n° 2001-1135 du 3 décembre 2001 relative aux droits du conjoint survivant et des enfants adultérins et modernisant diverses dispositions de droit successoral.

Cette suppression n'est pas anecdotique puisque la notion de suicide conscient a pu susciter des difficultés d'interprétation. Selon la jurisprudence, le suicide conscient supposait que la personne disposait à ce moment-là de son libre arbitre et qu'elle était en état de comprendre la portée de l'acte qu'elle commettait (Paris, 17 févr. 1989 : *V. note 3*). En revanche, pouvait constituer un suicide inconscient celui commis par une personne dominée par une influence morbide plus forte que son instinct vital (Nîmes, 3 juin 1954 : *V. note 4*) ou par une personne atteinte de troubles mentaux (Paris, 30 nov. 1974 : *V. note 4*). La suppression de la référence au suicide conscient évite de la sorte des investigations approfondies sur la vie du défunt et facilite la tâche de l'assureur, sur qui pèse la charge de la preuve (Civ. 1re, 22 oct. 1996 : *V. note 1*).

2. LES SUICIDES DANS LA PREMIÈRE ANNÉE DU CONTRAT

Initialement, l'exclusion de garantie concernait les suicides intervenus pendant les deux premières années de la garantie. Puis, la loi n° 98-546 du 2 juillet 1998 a limité cette exclusion à la première année suivant la conclusion du contrat ou, pour les garanties complémentaires souscrites en cours de contrat, à la première année suivant cette augmentation des garanties.

B. LES ASSURANCES CONCERNÉES

L'exclusion légale de garantie concerne toutes les garanties décès, même si le contrat ne relève pas de la branche « vie-décès », mais de la branche « accident » ou « maladie » de l'article R. 321-1. On ne saurait donc pour toutes ces garanties déroger à la règle d'ordre public de l'article L. 132-7.

Toutefois, l'exclusion de garantie est écartée pour les contrats d'assurance de groupe, au sens de l'article L. 141-1, souscrits par des organismes mentionnés au dernier alinéa de l'article L. 141-6, c'est-à-dire par une entreprise ou un groupement d'entreprises au profit de ses salariés ou par un groupement professionnel représentatif d'entreprises au profit des salariés de celles-ci ou par une organisation représentative d'une profession non salariée ou representative d'agents de collectivités publiques au profit de ses membres ou encore par un établissement de crédit ou une société de financement. Il en résulte que pour ces contrats, l'exclusion légale de garantie ne s'applique pas, mais le contrat peut parfaitement la prévoir.

Il faut néanmoins préciser que l'article L. 132-7, alinéa 4, établit une distinction au sein des contrats d'assurance emprunteur de groupe. Si la rédaction de cet alinéa est des plus hasardeuses puisqu'il ne mentionne nullement la question du suicide de l'assuré et affirme que l'assurance en cas de décès doit couvrir des contrats d'assurance, son sens peut être identifié. Ainsi, les contrats d'assurance de groupe garantissant un prêt contracté pour financer l'acquisition du logement principal de l'assuré doivent couvrir le suicide de l'assuré à compter du jour de la souscription du contrat dans la limite d'un plafond. Or, selon l'article R. 132-5, ce plafond ne peut être inférieur à 120 000 euros, il s'agirait donc plus d'un plancher que d'un plafond. Par opposition, les contrats d'assurance de groupe, garantissant un prêt contracté pour financer l'acquisition d'une résidence secondaire ou d'un bien professionnel, peuvent couvrir le suicide de l'assuré dès la première année ; mais ce n'est qu'une faculté, les parties pouvant intégrer une exclusion contractuelle. En définitive, ces différentes règles révèlent un certain malaise du législateur pris entre des considérations morales, sociales et techniques. Il n'est pas certain que cela serve à la cohérence de l'ensemble.

II. LES AMÉNAGEMENTS CONTRACTUELS DE L'EXCLUSION DE GARANTIE

Si l'exclusion de garantie en cas de suicide de l'assuré pendant la première année du contrat est d'ordre public, les parties peuvent néanmoins apporter quelques aménagements.

Ainsi, lorsque la loi limitait l'exclusion de garantie aux suicides volontaires et conscients, la jurisprudence admettait que le contrat exclut également les suicides inconscients (Civ. 1re, 10 oct. 1995 : *V. note 5*).

De même, alors qu'en principe le délai d'un an court à compter de la conclusion du contrat, les parties peuvent fixer le point de départ de ce délai à une date postérieure, par exemple à celle de la prise d'effet du contrat (Civ. 1re, 9 juin 1998 : *V. note 6*).

Par ailleurs, dans une décision très particulière, la Cour de cassation a admis qu'en cas de « transformation du contrat initial » en un nouveau contrat, le délai de l'exclusion de garantie ne devait courir qu'une seule fois à partir de la conclusion du premier contrat (Civ. 1re, 19 déc. 1989 : *V. note 7*). A suivre cette décision, les parties peuvent écarter les dispositions de l'article L. 132-7 lorsqu'un nouveau contrat est souscrit en indiquant simplement qu'il s'agit d'une transformation du contrat initial. ❑

A. EXCLUSION LÉGALE

1. *Charge de la preuve.* La preuve du caractère volontaire et conscient du suicide incombe à l'assureur. • Civ. 1re, 22 oct. 1996, n° 94-14.399 P : *RCA 1997, n° 35 ; RGDA 1997. 224, note Kullmann.* ♦ Conf. : • Aix-en-Provence, 8 janv. 2003 : *D. 2003. 2659, note Beignier* • Toulouse, 8 févr. 2006 : *D. 2006. 118, note Beignier*.

2. *Pouvoir des juges du fond.* Échappe au contrôle de la Cour de cassation l'appréciation par les juges du fond du caractère conscient ou non du suicide de l'assuré. • Civ. 2 mai 1955 : *RGAT 1956. 402.* ♦ Dans le même sens : • Civ. 1re, 21 mai 1975, n° 73-13.917 P : *RGAT 1975. 520* • 2 juill. 1996, n° 94-12.955 P.

3. *Suicides conscients.* A été considéré comme un suicide conscient celui d'une personne dont les circonstances mêmes du suicide et celles qui l'ont immédiatement précédé impliquent, de la part de l'intéressé, une lucidité incontestable et une volonté bien déterminée de se donner la mort. • TGI Metz, 3 déc. 1965 : *RGAT 1966. 496.* ♦ ... Ou celui d'une personne déclarant se tourmenter en permanence en raison de ses dettes. • Grenoble, 20 juin 1970 : *ibid. 1971. 199, note Besson* • Paris, 27 nov. 1973 : *Gaz. Pal. 1975. 1. 244.* ♦ ... Ou celui d'une personne jouissant à ce moment là de son libre arbitre et en état de comprendre, malgré sa fatigue et ses soucis, la portée morale de l'acte que de sang froid elle commettait. • 17 févr. 1989 : *RGAT 1989. 405, note Aubert.* ♦ ... Ou celui d'une personne, ne souffrant d'aucune affection physique ou psychique, qui s'était enfermée dans un pavillon et avait laissé un message écrit à son épouse. • Versailles, 3 févr. 1994 : *D. 1995. 42, note Beignier*. ♦ ... Ou celui d'une personne qui avait souscrit 14 contrats d'assurance sur la vie, pour la plupart dans les jours précédant le décès, pour un total de 37 millions de francs et avait dissimulé son suicide en accident de la circulation. • Paris, 7 déc. 1999 : *D. 2000. 327, note Beignier*. ♦ De même, en énonçant qu'aucun élément ne permettait de penser que l'assuré n'avait pas eu la jouissance de sa raison au moment de son suicide, après avoir relevé, d'une part, que son corps avait été retrouvé dans sa voiture garée dans un lieu clos, moteur allumé et l'habitacle relié au pot d'échappement par un tuyau, et d'autre part, que la victime avait laissé à sa veuve une lettre dépourvue d'équivoque quant à ses intentions, c'est sans inverser la charge de la preuve qu'une cour d'appel a retenu l'existence d'un suicide volontaire et conscient soumis à l'art. L. 132-7, dans sa rédaction antérieure à la L. n° 98-546 du 2 juill. 1998, qui n'est pas applicable à l'espèce dès lors que le sinistre lui est antérieur. • Civ. 1re, 14 mars 2000, n° 97-21.581 P : *RCA 2000, n° 208, obs. Groutel.*

4. *Suicides inconscients.* N'a pas été considéré comme un suicide conscient celui d'une personne dominée par une influence morbide plus forte que son instinct vital et qui avait perdu le contrôle de sa volonté et de ses actes • Nîmes, 3 juin 1954 : *RGAT 1954. 418* • Paris, 30 nov. 1974 : *Gaz. Pal. 1975. 1. 243.*

B. EXCLUSION CONTRACTUELLE

5. *Clause excluant les suicides conscients et inconscients.* La clause excluant le suicide de l'assuré avant deux ans [un an], loin d'être une paraphrase de l'art. L. 132-7, ajoute aux exclusions prévues par ce texte et a pour but d'éviter toute discussion sur le caractère conscient ou inconscient du suicide. • Civ. 1re, 11 mars 1980 : *RGAT 1981. 65, note Besson.* ♦ La clause d'une police d'assurance, aux termes de laquelle en aucun cas le décès par suicide n'est garanti s'il survient dans un délai de 2 ans [d'un an], ne comporte aucune distinction entre suicide conscient et suicide inconscient et n'est pas contraire aux dispositions d'ordre public de l'art. L. 132-7. • Civ. 1re, 10 oct. 1995, n° 94-10.668 P : *RCA 1996, n° 39 ; RGDA 1996. 423, note Kullmann.* ♦ Dénature la clause d'une police d'assurance stipulant que le risque de suicide de l'assuré était couvert « à l'exception du suicide dans les deux années qui suivent la souscription du contrat » la cour d'appel qui estime que cette exclusion visait seulement le suicide conscient de l'assuré et non, comme en l'espèce, toute espèce de suicide, y compris le suicide inconscient. En effet, la clause précitée ne distinguait pas selon que le suicide était conscient ou inconscient. • Civ. 1re, 28 mai 1984, n° 83-11.626 P : *RGAT 1985. 98.* ♦ De même viole l'art. 455 C. pr. civ. la cour d'appel qui, pour condamner une compagnie d'assurances à garantir le remboursement d'un prêt garanti par un contrat d'assurance en cas de décès, énonce que le caractère obsessionnel et lancinant du désir de mort de l'intéressée a manifestement pris la forme d'une idée fixe et l'a conduite à une obnubilation de sa pensée telle qu'il ne peut être affirmé que, si son suicide a eu un caractère volontaire, il a revêtu aussi le caractère conscient que la loi exige pour dire fondée l'exception de garantie soulevée par l'assureur, alors qu'à l'appui de l'exclusion de garantie qu'elle avait invoquée la compagnie d'assurances s'était prévalue non pas des dispositions légales retenues par l'arrêt attaqué mais de la clause contractuelle qui ne comporte aucune distinction entre suicide conscient et suicide inconscient. • Civ. 1re, 11 déc. 1990 : *RCA 1991. 82; RGAT 1991. 144.* ♦ Également, viole l'art. 1134 C. civ. la cour d'appel qui pour condamner une compagnie d'assurances à garantie énonce que la clause d'exclusion qu'elle invoque ne peut être « appréciée » qu'en se référant aux dispositions de l'art. L. 132-7 C. assur., selon lesquelles l'assurance en cas de décès n'est de nul effet que si l'assuré, au cours des deux premières années du contrat, se donne volontairement et consciemment la mort, alors que le contrat d'assurance stipule que « le risque de suicide est couvert si l'assuré a été garanti au moins les deux années précédant le décès », cette clause, non contraire aux dispositions d'ordre public de l'article précité, ne comportant aucune distinction entre suicide volontaire ou conscient et suicide involontaire ou inconscient. • Civ. 1re, 23 juin 1998 : *D. 1998. 618, note Beignier ; RCA 1998, n° 331 ; RGDA 1998. 790, note Maleville.*

6. Clause déterminant le point de départ du délai légal. Les dispositions d'ordre public de l'art. L. 132-7 n'interdisent pas aux parties de fixer à une date postérieure à celle de la conclusion du contrat le point de départ du délai. • Civ. 1re, 9 juin 1998, n° 96-11.390 P : *Gaz. Pal. 1999. 1. 96; D. 1999. Somm. 226, obs. Berr ; D. 1998. 618, note Beignier ; RGDA 1998. 794, note Favre-Rochex.*

7. Transformation du contrat initial. Un premier contrat d'assurance n'ayant pas été résilié, et les conditions particulières d'un second contrat souscrit « par transformation du contrat initial » excluant le suicide pendant deux ans [un an], c'est par référence à la conclusion du premier contrat et non du second que doit être calculé ce délai. • Civ. 1re, 19 déc. 1989 : *RGAT 1990. 182, obs. Aubert; RCA 1990. 89.*

Art. L. 132-8 *(L. n° 81-5 du 7 janv. 1981)* **Le capital ou la rente garantis peuvent être payables lors du décès de l'assuré à un ou plusieurs bénéficiaires déterminés.**

Est considérée comme faite au profit de bénéficiaires déterminés la stipulation par laquelle le bénéfice de l'assurance est attribué à une ou plusieurs personnes qui, sans être nommément désignées, sont suffisamment définies dans cette stipulation pour pouvoir être identifiées au moment de l'exigibilité du capital ou de la rente garantis.

Est notamment considérée comme remplissant cette condition la désignation comme bénéficiaires des personnes suivantes :

— les enfants nés ou à naître du contractant, de l'assuré ou de toute autre personne désignée ;

— les héritiers ou ayants droit de l'assuré ou d'un bénéficiaire prédécédé.

L'assurance faite au profit du conjoint profite à la personne qui a cette qualité au moment de l'exigibilité.

Les héritiers, ainsi désignés, ont droit au bénéfice de l'assurance en proportion de leurs parts héréditaires. Ils conservent ce droit en cas de renonciation à la succession.

En l'absence de désignation d'un bénéficiaire dans la police ou à défaut d'acceptation par le bénéficiaire, le contractant a le droit de désigner un bénéficiaire ou de substituer un bénéficiaire à un autre. Cette désignation ou cette substitution ne peut être opérée, à peine de nullité, qu'avec l'accord de l'assuré, lorsque celui-ci n'est pas le contractant. Cette désignation ou cette substitution peut être réalisée soit par voie d'avenant au contrat, soit en remplissant les formalités édictées par l'article 1690 du code civil, soit par voie testamentaire.

(L. n° 2005-1564 du 15 déc. 2005) **« Lorsque l'assureur est informé du décès de l'assuré, l'assureur est tenu »** *(L. n° 2007-1775 du 17 déc. 2007, art. 5)* **« de rechercher le bénéficiaire, et, si cette recherche aboutit, de l'aviser de la stipulation effectuée à son profit ».**

BIBL. ▸ COURTIEU, *RCA 2009. Étude 2* (désignation du bénéficiaire) ; *RCA 2015. Étude 10* (assurances vie en déshérence : à la recherche du temps perdu). – DELFOSSE et PÉNIGUEL, *Defrénois 2008. Doctr. 273.* – MAYAUX, *JCP 2008. I. 106.*

COMMENTAIRE

L'article L. 132-8 apporte des précisions sur les modalités de désignation du ou des bénéficiaires d'un contrat d'assurance-vie (I) et sur la notion de bénéficiaire déterminé permettant de faire obstacle à l'intégration du capital dans le patrimoine et donc dans la succession du souscripteur (II). En outre, depuis la loi n° 2007-1775 du 17 décembre 2007, il impose aux assureurs de rechercher le bénéficiaire du contrat (III).

I. LES MODALITÉS DE DÉSIGNATION DU BÉNÉFICIAIRE

A. L'AUTEUR DE LA DÉSIGNATION

Même si l'article L. 132-8 ne le précise pas, le droit de désigner le bénéficiaire du contrat d'assurance-vie est un droit personnel du souscripteur. C'est d'ailleurs pour cela que le législateur a imposé à l'assureur une information spécifique sur les modalités et les conséquences de la désignation d'un bénéficiaire (art. L. 132-9-1). Cela étant, ce principe connaît quelques tempéraments issus du droit des assurances ou du droit des régimes matrimoniaux.

1. L'INCIDENCE DU DROIT DES ASSURANCES

En ce qui concerne le droit des assurances, il convient de rappeler que lorsqu'un tiers a la qualité d'assuré, le souscripteur doit, en vertu de l'article L. 132-2, obtenir son consentement écrit, sous peine de nullité absolue du contrat. Cette règle est d'ailleurs rappelée par l'article L. 132-8. Il indique en effet qu'en l'absence de désignation d'un bénéficiaire dans la police ou à défaut d'acceptation par le bénéficiaire, le souscripteur peut désigner un bénéficiaire ou en substituer un à un autre.

Par ailleurs, depuis la loi n° 2007-1775 du 17 décembre 2007, l'article L. 132-4-1 prévoit que lorsque le souscripteur est sous tutelle, la désignation ou la substitution de bénéficiaire ne peut être accomplie qu'avec l'autorisation du juge des tutelles. Et lorsque le souscripteur est sous curatelle, ces actes doivent être effectués avec l'assistance du curateur.

2. L'INCIDENCE DU DROIT DES RÉGIMES MATRIMONIAUX

En ce qui concerne le droit des régimes matrimoniaux, il ressort de l'article 1422 du code civil, applicable lorsque les époux sont mariés sous le régime légal de la communauté réduite aux acquêts, que les époux ne peuvent, l'un sans l'autre, disposer entre vifs, à titre gratuit, des biens de la communauté. Pour déterminer l'incidence de cet article sur le contrat d'assurance-vie, il est nécessaire d'effectuer une distinction entre la désignation initiale d'un tiers à la communauté et la substitution d'un tiers en qualité de bénéficiaire.

La désignation initiale d'un tiers suit les règles des régimes matrimoniaux. Parce que le contrat d'assurance-vie peut réaliser une donation indirecte, le consentement du conjoint est requis sous peine de nullité (C. civ., art. 1427), lorsque le contrat est alimenté à l'aide de deniers communs ou d'économies sur les gains et salaires. Cela étant, ce principe doit être tempéré. En effet, il résulte de l'article 222 du code civil que si l'un des époux se présente seul pour faire un acte de disposition sur un bien meuble qu'il détient individuellement, il est réputé, à l'égard des tiers de bonne foi, avoir le pouvoir de faire seul cet acte. Cette présomption de pouvoirs sur les biens communs détenus individuellement ne peut être renversée qu'en démontrant la mauvaise foi du tiers. Dans une telle situation, l'acte ne sera pas remis en cause, la communauté aura simplement un droit à récompense en application de l'article 1437 du code civil. En revanche, le consentement du conjoint n'est pas nécessaire lorsque le contrat est alimenté à l'aide des deniers propres du souscripteur ou de sommes prélevées sur les gains et salaires. En effet, selon l'article 223 du code civil, chaque époux peut librement disposer de ses gains et salaires après s'être acquitté des charges du mariage.

Dès lors parce qu'il n'est pas toujours évident de remettre en cause la donation indirecte en raisonnant à partir des primes, le débat s'est déplacé sur le terrain de la créance sur la compagnie d'assurance. Ce débat est apparu à propos de la substitution d'un tiers au conjoint initialement désigné en qualité de bénéficiaire, alors que le contrat avait été librement alimenté à partir de primes prélevées sur les gains et salaires du souscripteur en application de l'article 223 du code civil. Le conjoint évincé a tenté de démontrer que le souscripteur ne pouvait librement disposer de la créance de la communauté sur la compagnie d'assurance. Mais cette analyse a néanmoins été écartée par l'arrêt *Pelletier* de l'assemblée plénière de la Cour de cassation de 1986 (Cass., ass. plén., 12 déc. 1986 : *V. note 11*). Elle a en effet estimé que cette substitution était opposable au conjoint évincé. Celui-ci ne pouvait invoquer à son profit l'article 1422 du code civil, puisque, application de l'article L. 132-12, la créance sur la compagnie d'assurance, née en raison du décès de l'assuré, a été acquise au seul profit des bénéficiaires désignés en dernier lieu. La communauté a un droit à récompense en vertu de l'article 1437 du code civil (Civ. 1re, 10 juill. 1996 : *V. note 11*).

B. LE MOMENT DE LA DÉSIGNATION

La désignation du bénéficiaire peut intervenir lors de la conclusion du contrat ou ultérieurement avant l'exigibilité de la prestation de l'assureur. De même, le souscripteur peut modifier le bénéficiaire tant que celui-ci n'a pas accepté le bénéfice de l'assurance (art. L. 132-9).

C. LA FORME DE LA DÉSIGNATION

La désignation du bénéficiaire du contrat est un acte unilatéral (Aix-en-Provence, 24 sept. 2009 : *V. note 12*), dont la forme n'est pas réglementée de façon impérative par le code des assurances. Celui-ci prévoit diverses formes de désignation du bénéficiaire, mais le souscripteur peut utiliser d'autres moyens.

1. LES FORMES PROPOSÉES

Selon l'article L. 132-8, cette désignation peut donc se faire par un avenant, un testament, ou en remplissant les formalités édictées par l'article 1690 du code civil. Ces deux dernières modalités appellent quelques précisions.

La désignation par voie testamentaire ne peut être utilisée que lorsque le souscripteur a également la qualité d'assuré. Si le souscripteur n'est pas l'assuré, le consentement de celui-ci est requis. Or le testament est par principe un acte personnel excluant toute intervention d'un tiers. Avant l'adoption de la loi n° 2007-1775 du 17 décembre 2007, le souscripteur pouvait être enclin à désigner le bénéficiaire par testament en raison du caractère secret qui entoure cet acte, afin d'éviter une acceptation du bénéficiaire. Depuis, l'adoption de cette loi, l'article L. 132-9 subordonne l'acceptation du bénéfice de l'assurance au consentement du souscripteur.

Si le recours aux formalités de la cession de créance est autorisé par le code des assurances, cette procédure est relativement lourde et coûteuse. En pratique, elle est rarement utilisée.

2. LES AUTRES FORMES

Puisque aucune forme légale n'est imposée par le législateur, le souscripteur peut désigner le bénéficiaire par une simple lettre à l'assureur ou au courtier (Civ. 1re, 13 mai 1980 : *V. note 12*) ou même par une mention sur le contrat d'assurance (Aix-en-Provence, 24 sept. 2009 : *préc.*). Il suffit que la désignation résulte de la volonté certaine et non équivoque du bénéficiaire (Civ. 1re, 25 sept. 2013 : *V. note 10*).

D. LE CHOIX DU BÉNÉFICIAIRE

Si la liberté de choix du bénéficiaire est grande pour le souscripteur, elle n'est pas absolue.

En ce sens, elle ne doit pas être contraire aux bonnes mœurs ni à l'ordre public. Ainsi, le changement de bénéficiaire ne doit pas être justifié par des considérations racistes (Civ. 2e, 28 juin 2012 : *V. note 15*). Mais ce contrôle de la licéité de la désignation suit l'évolution de la perception des bonnes mœurs et de l'ordre public. Alors qu'auparavant, la souscription d'un contrat d'assurance-vie en vue de favoriser le maintien d'une relation adultère était frappée de nullité (Civ. 1re, 3 févr. 1976 : *V. note 14*), la Cour de cassation estime désormais que de tels contrats sont valables (Civ. 1re, 25 janv. 2005 : *V. note 14*).

De même, la désignation ne doit pas méconnaître les incapacités de recevoir énoncées par l'article 909 du code civil, qui concernent notamment les professionnels de santé ayant prodigué des soins à une personne pendant la maladie dont elle est décédée (Civ. 1re, 4 nov. 2010 : *V. note 8*).

II. LA NOTION DE BÉNÉFICIAIRE DÉTERMINÉ

Il est important de savoir dans quels cas le contrat d'assurance-vie a un bénéficiaire, puisque à défaut, les sommes assurées sont, conformément à l'article L. 132-11, réintroduites dans le patrimoine ou la succession du souscripteur.

Naturellement, le bénéficiaire peut être désigné nominativement. Mais le code des assurances admet que le bénéficiaire soit simplement déterminable. L'article L. 132-8 donne quelques illustrations.

Ainsi, la clause bénéficiaire peut désigner des enfants nés ou à naître. Cette règle déroge à celle de l'article 906 du code civil, qui dispose que « pour être capable de recevoir entre vifs, il suffit d'être conçu au moment de la donation ». Or, dans un souci d'égalité des enfants de l'assuré, l'article L. 132-8 étend le bénéfice aux enfants qui ne sont pas encore conçus lors de la souscription du contrat. Autrement dit, tous les enfants nés et conçus au jour de l'exigibilité de la prestation de l'assureur sont bénéficiaires du contrat.

Mais la clause bénéficiaire peut aussi simplement désigner les héritiers ou ayants droit de l'assuré. La qualité de bénéficiaire du contrat est associée à une vocation successorale. Si l'un des héritiers est prédécédé, la représentation pourra dès lors jouer. Par ailleurs, il faut observer que les héritiers conservent leur qualité de bénéficiaire en cas de renonciation à la succession. Il est dès lors un peu maladroit d'affirmer, ainsi que le fait l'article L. 132-8, que le partage a lieu « en proportion de leurs parts héréditaires ».

La clause bénéficiaire peut également désigner le conjoint du souscripteur ou de l'assuré, c'est-à-dire la personne qui a cette qualité lors de l'exigibilité de la prestation de l'assureur (par ex. : Civ. 1re, 13 juin 1995 : *V. note 4*).

III. LA RECHERCHE DU BÉNÉFICIAIRE DU CONTRAT

Initialement, avec la loi n° 2005-1564 du 15 décembre 2005, le législateur avait simplement imposé aux assureurs informés du décès de leur assuré d'en aviser le bénéficiaire si les coordonnées figuraient sur le contrat d'assurance. L'obligation était ainsi limitée et ne contribuait pas réellement à la lutte contre les contrats en déshérence. Aussi, par une loi n° 2007-1775 du 17 décembre 2007, le législateur a imposé à l'assureur, informé du décès de l'assuré, de rechercher le bénéficiaire et de l'aviser de la stipulation faite à son profit. Cette nouvelle obligation se trouve renforcée par l'obligation faite aux assureurs, par cette même loi, de s'informer chaque année de l'éventuel décès de leur assuré (V. art. L. 132-9-3). Ultérieurement, le législateur a accru, par des dispositions qui ne sont pas toujours codifiées, les moyens des assureurs pour procéder à cette recherche des bénéficiaires des contrats :

– L'article 8, II, de la loi n° 2014-617 du 13 juin 2014 permet aux assureurs de contacter le notaire chargé de la succession de l'assuré lorsque le bénéficiaire est un ayant droit de celui-ci. Au soutien de cette démarche, l'assureur doit, selon ce même article, produire un certificat établissant son obligation vis-à-vis de l'ayant droit du défunt, bénéficiaire du contrat d'assurance sur la vie ;

– L'article 8, III, de la loi n° 2014-617 du 13 juin 2014 autorise les organismes d'assurance à demander à l'autorité compétente une copie intégrale de l'acte de décès d'un assuré. Si mention est portée d'un acte de notoriété, l'assureur peut demander au notaire qui l'a établi de lui adresser les informations utiles pour l'identification du bénéficiaire ;

– L'article L. 166 E du livre des procédures fiscales, issu de cette même loi n° 2014-617 du 13 juin 2014, permet aux organismes d'assurance d'obtenir de l'administration fiscale, par l'intermédiaire de leur organisme professionnel, les coordonnées des personnes physiques bénéficiaires d'un contrat d'assurance sur la vie. ❑

I. CARACTÈRE DÉTERMINÉ DU BÉNÉFICIAIRE

1. *Porteur d'une grosse hypothécaire.* Souscrite en garantie d'un emprunt hypothécaire, l'assurance-vie dont le bénéfice est attribué au porteur de la grosse est faite en faveur d'un bénéficiaire déterminé. • Com. 14 févr. 1972 : *RGAT 1973. 48.*

2. *Légataire universel.* Une police d'assurance prévoyant l'attribution des capitaux garantis, soit au bénéficiaire nommément désigné, soit aux héritiers, c'est au légataire universel que doit être versé le capital à l'exclusion des héritiers par le sang. • Civ. 1re, 4 avr. 1978 : *D. 1978. IR 460, obs. Berr et Groutel ; ibid. 467, obs. Martin.* ♦ *Contra* affirmant qu'une cour d'appel, en présence d'une clause désignant comme bénéficiaires d'un contrat d'assurance-vie les héritiers du stipulant, a déduit, dans l'exercice de son pouvoir souverain, que toutes les nièces du défunt étaient, en leur qualité d'héritières, bénéficiaires du contrat, et non la seule nièce qui avait été instituée légataire universel. • Civ. 2e, 12 mai 2010 : *RGDA 2010. 765, note Mayaux.* ♦ Les legs portant sur la nue-propriété et l'usufruit de l'ensemble des biens composant la succession et ceux portant sur la nue-propriété de ces biens constituent des legs universels. Ces légataires étant considérés comme des héritiers, il incombait aux juges du fond de rechercher si le souscripteur avait eu la volonté, ou non, de faire bénéficier les légataires des capitaux garantis par le contrat d'assurance sur la vie. • Civ. 1re, 10 févr. 2016, n° 14-27.057 P : *RGDA 2016. 194, note Lambert ; Gaz. Pal. 2016, n° 23, p. 79, note Leducq ; ibid., n° 20, p. 74, note Guiguet-Schielé ; AJ fam. 2016. 214, obs. Casey ; RTD civ. 2016. 430, obs. Grimaldi .*

3. *Légataire à titre universel.* Pour identifier le bénéficiaire désigné sous le terme d'« héritier », qui peut s'entendre d'un légataire à titre universel, il appartient aux juges du fond d'interpréter souverainement la volonté du souscripteur, en prenant en considération, le cas échéant, son testament. • Civ. 1re, 30 sept. 2020, n° 19-11.187 : *D. 2020. 1953 ; AJ fam. 2020. 608, obs. Réol ; RCA 2020, n° 214, note Gayet ; ibid. 2022, chron. 4, n° 10, note Groutel ; bjda.fr 2020, n° 72, note Maleville-Costedoat.*

4. *Conjoint.* L'assurance-vie au profit du conjoint profite en cas de second mariage à la veuve de l'assuré, mais non si c'est la première femme qui est, par son prénom, reconnaissable comme bénéficiaire de la police. • TGI Pontoise, 8 juill. 1981 : *Gaz. Pal. 10 nov. 1981.* ♦ En application de l'art. L. 132-8, texte d'ordre public auquel les parties ne peuvent déroger, le capital constitutif de la rente de réversion, stipulé dans une police d'assurance au profit du conjoint, doit être versé à la personne qui a la qualité de conjoint survivant au moment du décès. • Civ. 1re, 13 juin 1995 : *RCA 1995, no 339; RGAT 1995. 651, note Mayaux.*

5. Concubin. Selon l'art. 515-8 C. civ., le concubinage est une union de fait, caractérisée par une vie commune présentant un caractère de stabilité et de continuité, entre deux personnes qui vivent en couple. Ayant relevé que la preuve de la vie commune au jour du décès n'était rapportée ni par les factures d'électricité ni par la mention des noms du demandeur « M. X. » et de la défunte sur le bail locatif, celui-ci datant de 1996 et les avis d'échéances postérieurs ne faisant que reproduire son intitulé ; qu'en raison de leur imprécision, les attestations ne permettaient pas de déterminer si le demandeur vivait avec la défunte au moment du sinistre ; que les avis d'imposition faisaient apparaître une « Mme X. », qui, n'ayant ni le même numéro fiscal ni la même date de naissance, ne pouvait être la défunte ; c'est dans l'exercice de son pouvoir souverain d'appréciation des pièces soumises à son examen et hors toute dénaturation qu'une cour d'appel a estimé que le demandeur ne rapportait pas la preuve d'une vie commune avec la défunte au jour du décès. • Civ. 1re, 3 oct. 2018, no 17-13.133 : *RCA 2018, no 29.*

6. Héritiers. Pour identifier le bénéficiaire désigné sous le terme d'héritier, lors de l'exigibilité du capital, il convient de ne s'attacher exclusivement ni à l'acception du terme héritier dans le langage courant, ni à la définition de ce terme en droit des successions mais de rechercher et d'analyser la volonté du souscripteur. • Civ. 2e, 14 déc. 2017, no 16-27.206 : *RGDA 2018. 117, note Mayaux ; RCA 2018, no 89, note Courtieu ; JCP N 2018, no 1159, note Robineau.*

7. Recherche de la volonté du souscripteur. Prive sa décision de base légale au regard de l'art. L. 132-8 C. assur., la Cour d'appel qui a condamné l'association souscriptrice d'un contrat d'assurance collectif d'assurance sur la vie à payer un tiers du capital de l'assurance-vie aux trois héritiers de l'assuré en retenant que l'attribution de la quotité disponible des biens du défunt à l'un des trois héritiers n'avait pas d'effet, dès lors que selon l'art. L. 132-12 C. assur., le capital ou la rente stipulée payables lors du décès de l'assuré à un bénéficiaire déterminé ou à ses héritiers ne font pas partie de la succession de l'assuré, sans rechercher, comme il lui incombait, la volonté du souscripteur quant à la répartition du capital garanti. • Civ. 1re, 19 sept. 2018, no 17-23.568 : *RGDA 2018. 514, note Mayaux ; RCA 2018, no 316, note Pierre.* ♦ Il appartient aux juges du fond d'interpréter souverainement la volonté du souscripteur, en prenant en considération, le cas échéant, son testament. • Civ. 1re, 30 sept. 2020, no 19-11.187 : *RCA 2020, no 214, note Gayet ; LEDA nov. 2020, 7, note Béguin-Faynel.*

II. INCAPACITÉ DE RECEVOIR

8. Médecin. Est frappé d'une incapacité de recevoir à titre gratuit le psychiatre consulté à plusieurs reprises par une patiente atteinte d'un cancer au cours de sa maladie, ayant apporté à sa patiente un soutien accessoire au traitement purement médical mais associé à celui-ci, lui prodiguant, parallèlement au traitement d'oncologie, des soins réguliers et durables afférents à la pathologie secondaire dont elle était affectée en raison même de la première maladie dont elle devait décéder et dont la seconde était la conséquence. Le psychiatre devait en conséquence rembourser le capital versé en vertu d'un contrat d'assurance-vie. • Civ. 1re, 4 nov. 2010 : *D. actu. 16 nov. 2010, obs. Lavric ; JCP 2011, no 251, § 7, obs. Le Guidec ; JCP N 2011, no 1054, note Massip ; Defrénois 2011. 837, obs. Massip ; Dr. fam. 2011, no 9, obs. Beignier ; RLDC 2010/78, no 4111, obs. Le Gallou ; RTD civ. 2011. 163, obs. Grimaldi ; RGDA 2011. 164, note Kullmann.*

III. RÉALITÉ DU CONSENTEMENT

9. Insanité d'esprit du souscripteur. A pu être annulée sur le fondement de l'art. 489-1 C. civ. [C. civ., art. 414-2] la modification de la clause bénéficiaire d'un contrat d'assurance-vie dès lors que le souscripteur avait fait l'objet d'une mesure de protection dans les mois suivant la modification. • Civ. 1re, 26 sept. 2012 : *RGDA 2013. 158, note Mayaux.* ♦ V. égal. note 2 ss. art. L. 132-9.

10. Volonté non équivoque. Ayant relevé que l'une des bénéficiaires était la rédactrice de l'avenant manuscrit signé par le souscripteur deux mois avant son décès, après une intervention chirurgicale et pendant son hospitalisation dans une unité de soins palliatifs et que sa signature révélait des indices de détérioration morphologique pouvant être mis en relation avec une grande fatigue physique, une cour d'appel a souverainement estimé qu'il n'était pas établi que le souscripteur ait eu connaissance du contenu et de la portée exacts du document au bas duquel il avait apposé sa signature, ni qu'il ait exprimé la volonté certaine et non équivoque de modifier les bénéficiaires du contrat. • Civ. 1re, 25 sept. 2013 : *RGDA 2013. 45, note Mayaux.* ♦ V. égal. note 1 ss. art. L. 132-9.

IV. CAPACITÉ ET POUVOIR DES ÉPOUX

11. Assurance au profit d'un tiers. Un mari commun en biens ayant souscrit un contrat d'assurance sur la vie, initialement au profit de son épouse, puis au bénéfice de tiers, cette substitution de bénéficiaire est opposable à l'épouse évincée qui ne peut invoquer à son profit les art. 224 et 1422 C. civ. • Cass., ass. plén., 12 déc. 1986, n° 84-17.867 P : *D. 1987. 269, note Ghestin; JCP 1987. II. 20760, concl. Cabannes, note Boyer; Defrénois 1987. 541, note Aubert; RGAT 1987. 254, note Aubert.* ♦ En application de l'art. L. 132-12, la créance sur la société d'assurance, née en raison du décès de l'assuré, est acquise au seul profit des bénéficiaires désignés en dernier lieu, de sorte que les dispositions de l'art. 1421 C. civ. ne s'appliquaient pas à l'attribution du capital-décès. Ainsi, la substitution de bénéficiaire, opérée par une femme mariée sous le régime de la communauté universelle, au profit de ses frères et sœurs et au détriment de son époux est opposable à l'époux évincé. • Civ. 1re, 12 déc. 2006 : *RGDA 2007. 163, note Bigot.* ♦ En cas de révocation par un époux commun en biens de la désignation de son conjoint comme bénéficiaire du capital prévu par un contrat d'assurance-vie, devant être versé en cas de décès du souscripteur, et substitution d'un tiers, le bénéficiaire désigné en dernier lieu est réputé avoir droit, en application de l'art. L. 132-12 C. assur., aux sommes stipulées au contrat à partir du jour de sa souscription. Toutefois, en vertu de l'art. 1437 C. civ., l'époux souscripteur est redevable envers la communauté des deniers communs ayant servi à acquitter une charge contractée dans son intérêt personnel. • Civ. 1re, 10 juill. 1996, n° 94-18.733 P : *RCA 1996. Étude 39, note Courtieu; RGDA 1996. 693, note Bigot.* ♦ Lorsqu'un conjoint survivant, marié sous le régime légal et désigné bénéficiaire en premier lieu de contrats d'assurance-vie, est décédé sans en avoir accepté le bénéfice, l'enfant désigné bénéficiaire en dernier lieu et acceptant est, en application de l'art. L. 132-12 C. assur., réputé avoir droit aux sommes stipulées aux contrats à partir du jour de leur souscription. Il en résulte que les dispositions de l'art. L. 132-16 C. assur. ne sont pas applicables et qu'en vertu de l'art. 1437 C. civ., la succession du souscripteur des contrats est redevable envers la communauté des deniers communs ayant servi à acquitter une charge contractée dans l'intérêt personnel de celui-ci. • Civ. 1re, 22 mai 2007, n° 05-18.516 P : *Gaz. Pal. 2008. 1838, note Leducq.*

V. MODALITÉS DE LA DÉSIGNATION

12. Mode de désignation. Il résulte de l'art. L. 132-8 C. assur. que l'assuré peut modifier jusqu'à son décès le nom du bénéficiaire du contrat d'assurance sur la vie, dès lors que sa volonté est exprimée d'une manière certaine et non équivoque et que l'assureur en a eu connaissance. En l'absence de désignation d'un bénéficiaire dans la police ou à défaut d'acceptation par le bénéficiaire, le contractant a le droit de désigner un bénéficiaire ou de substituer un bénéficiaire à un autre. Cette désignation ou cette substitution ne peut être opérée, à peine de nullité, qu'avec l'accord de l'assuré, lorsque celui-ci n'est pas le contractant. Cette désignation ou cette substitution peut être réalisée soit par voie d'avenant au contrat, soit en remplissant les formalités édictées par l'art. 1690 C. civ., soit par voie testamentaire. Dès lors, viole l'art. L. 132-8 C. assur. la cour d'appel qui condamne la veuve de l'assuré à payer au fils de ce dernier une sommes correspondant au montant du capital décès qu'elle avait reçu au fils, alors qu'elle avait constaté que l'écrit daté du 29 juill. 1987, instituant le fils comme bénéficiaire de l'assurance-vie avait été envoyé à l'assureur le 18 oct. 1991, soit postérieurement au décès de l'assuré, ce dont il résultait que l'assureur n'en avait pas eu connaissance du vivant de l'assuré, et alors qu'elle n'avait pas caractérisé que cet écrit constituait un testament olographe dont le fils de l'assuré aurait été fondé à se prévaloir. • Civ. 2e, 13 juin 2019, n° 18-14.954 P : *D. 2019. 1280; RGDA juill. 2019. 32, note Mayaux; JCP 2019. 863, note Mignot; D. actu. 11 juill. 2019, note Bigot; RCA 2019, n° 256, note Gayet.* ♦ Comp. sur la date de la connaissance par l'assureur : dans les assurances sur la vie, l'assuré peut modifier jusqu'à son décès la répartition du capital entre les bénéficiaires, dès lors que la volonté du stipulant est exprimée d'une manière certaine et non équivoque, et que l'assureur en a eu connaissance. • Civ. 2e, 13 sept. 2007, n° 06-18.199 P : *RCA 2007, n° 370; Gaz. Pal. 2008. 1836, note Leducq; RGDA 2008. 184, note Kullmann.* ♦ Comp. sur la forme de la désignation : la modification du nom du bénéficiaire d'un contrat d'assurance-vie n'est subordonnée à aucune règle de forme. • Civ. 1re, 2 déc. 2015, n° 14-27.215 : *RGDA 2016. 104, note Kullmann.* ♦ L'assuré ayant fait connaître par lettre à un courtier, qui lui en a accusé réception, son désir de désigner de nouveaux bénéficiaires, doit être cassé l'arrêt qui décide qu'aucun avenant n'ayant été établi il n'y avait pas lieu de tenir compte des modifications de bénéficiaire prévues par la lettre en question. • Civ. 1re, 13 mai 1980, n° 79-10.053 P : *RGAT 1980. 527, note Besson; JCP 1980. II. 19438.* ♦ ... Ou l'arrêt qui a retenu que seul l'avenant était susceptible de modifier le contrat et qu'en l'espèce il s'agissait d'un faux. • Civ. 1re, 6 mai 1997, n° 95-15.319 P : *RCA 1997, n° 278; RGDA 1997. 815, note Mayaux.* ♦ La détermination de la clause bénéficiaire d'une assurance-vie est un acte unilatéral auquel l'assureur n'est pas partie. L'art. L. 132-8 n'étant pas exhaustif des modes de désignation ou de substitution du bénéficiaire, la personne ayant souscrit l'assurance-vie peut donc valablement révoquer la Société protectrice des animaux qu'elle avait préalablement désignée comme bénéficiaire en apposant sur le contrat la mention manuscrite « à mon futur époux après modification », signée. • Aix-en-Provence, 24 sept. 2009 : *JCP 2010, n° 242.* ♦ L'absence de date n'a aucune influence sur la validité de la substitution. • Même arrêt. ♦ L'assureur, même non informé de cette substitution, doit être vigilant lors du versement des prestations dues en vertu du contrat d'assurance-vie. • Même arrêt. ♦ La volonté du stipulant est appréciée souverainement par les juges du fond, au vu des éléments de preuve qui leur sont soumis. • Civ. 1re, 19 mai 1999, n° 96-20.156 P : *RCA 1999, n° 240.* ♦ Après avoir retenu qu'un testament olographe substituant de nouveaux bénéficiaires aux bénéficiaires initiaux devait être annulé faute d'avoir été écrit en entier de la main du testateur, c'est dans l'exercice de son pouvoir souverain d'appréciation des éléments de fait et de preuve qui lui étaient soumis qu'une cour d'appel a estimé que les six courriers à en-tête adressés à différents établissements bancaires étaient des lettres-types non revêtues de la signature de l'intéressé et ne pouvaient être considérées comme la manifestation de la volonté du souscripteur de désigner comme bénéficiaires ses deux enfants en lieu et place de ses quatre sœurs. • Civ. 2e, 26 nov. 2020, n° 18-22.563 : *RGDA janv. 2021. 68, note Mayaux; D. actu. 22 déc. 2020, note R. Bigot et Gasnier; RCA 2021, n° 55; ibid. Étude 3 par Pierre; ibid. 2022, chron. 4, n° 10, note Groutel.*

13. Absence de parallélisme des formes entre la désignation initiale et la modification. La modification des bénéficiaires peut intervenir soit par voie d'avenant au contrat, soit en remplissant les formalités édictées par l'art. 1690 C. civ., soit par voie testamentaire, sans qu'il soit nécessaire de respecter un parallélisme des formes entre la voie choisie pour la désignation initiale et celle retenue pour la modification. Est donc justifié l'arrêt qui a rejeté la demande d'un bénéficiaire initial en relevant que le souscripteur, qui, dans un testament authentique du 12 août 1997, avait désigné comme bénéficiaires de ses contrats d'assurance sur la vie litigieux son épouse, en qualité d'usufruitière, et ses enfants, en qualité de nues-propriétaires, a ultérieurement manifesté la volonté certaine et non équivoque de modifier cette désignation par des avenants des 1er sept. 2005 et 1er sept. 2006 au profit de son épouse et, à défaut, de trois de ses filles. • Civ. 1re, 3 avr. 2019, n° 18-14.640 P : *RCA 2019, n° 173, note Gayet; RGDA mai 2019. 29, note Mayaux; AJ contrat 2019. 248, note Perdrix ; AJ fam. 2019. 296, note Levillain ; D. actu. 7 mai 2019, note Cottet; D. 2019. 1196, note Pierre ; Dr. fam. 2019, n° 131, note Tani.*

VI. MORALITÉ DE LA DÉSIGNATION DU BÉNÉFICIAIRE

14. Concubine adultérine. N'est pas nulle, comme ayant une cause contraire aux bonnes mœurs, la libéralité consentie à l'occasion d'une relation adultère. En conséquence, viole les art. 900, 1131 et 1133 C. civ. la cour d'appel qui, pour prononcer la nullité de contrats d'assurance-vie dont le souscripteur a fait bénéficier sa compagne, retient que ces donations indirectes n'ont été consenties que pour poursuivre et maintenir une relation adultère. • Civ. 1re, 25 janv. 2005, n° 96-19.878 P. ♦ *Contra* auparavant : estimant que l'assurance-vie avait été souscrite en vue de favoriser le maintien de relations adultères et constatant que l'assuré n'était tenu d'aucune obligation alimentaire envers les enfants de sa maîtresse, une cour d'appel a valablement décidé que la libéralité faite à ceux-ci avait la même cause que celle faite à leur mère et en a déduit que l'ensemble des désignations était frappé de nullité pour cause immorale. • Civ. 1re, 3 févr. 1976, n° 74-13.138 P : *D. 1976. IR 127; RGAT 1976. 524, note Besson.* ♦ Ayant souverainement retenu que le bénéfice d'un contrat d'assurance sur la vie accordé par un homme à sa maîtresse avait pour but la prolongation d'une liaison adultère, les juges du fond caractérisent la cause immorale justifiant la nullité de cette libéralité. • Civ. 1re, 8 nov. 1982, n° 81-13.815 P : *D. 1983. IR 207; RGAT 1983. 533.* ♦ Mais n'est pas entachée d'immoralité la désignation testamentaire de la maîtresse de l'assuré dès lors qu'il n'est pas établi que ce dernier ait entendu par le testament litigieux, maintenir, reprendre ou rémunérer des relations immorales ou illicites. • Civ. 1re, 10 déc. 1969 : *Bull. civ. I, n° 386; RGAT 1970. 525.* ♦ La désignation comme bénéficiaire d'une concubine avec laquelle l'assuré vivait depuis onze ans est valable malgré le fait que celui-ci soit marié, dès lors que les relations étaient stables et que l'assuré avait entendu garantir des ressources à son amie et à ses enfants. • Civ. 1re, 13 déc. 1989 : *RCA 1990. 91; RGAT 1990. 180.*

15. Absence de considérations racistes. Une cour d'appel a pu, dans l'exercice de son pouvoir souverain d'appréciation de la valeur et de la portée des éléments produits, rejeter les attestations non probantes fournies par la fille du souscripteur tendant à prouver que le changement de bénéficiaire relevait de l'intention de lui nuire en raison de son mariage avec un homme de couleur noire alors que la désignation de deux associations comme bénéficiaires, non anodine en raison notamment du décès de l'épouse du souscripteur à la suite d'un cancer, donnait une cause licite à l'ensemble de ses libéralités au profit des associations désignées. Quel que soit le mobile qui avait animé le souscripteur, la cause de cette désignation était bien, en l'espèce, de gratifier les bénéficiaires désignés, notamment au regard de l'objet de l'activité de l'une des associations. • Civ. 2e, 28 juin 2012 : *RGDA 2012. 150, note Mayaux; RCA 2013, n° 359.*

Art. L. 132-9 *(L. n° 2007-1775 du 17 déc. 2007, art. 8-I-1° et VIII)* **« I. — Sous réserve des dispositions du dernier alinéa de l'article L. 132-4-1, la stipulation en vertu de laquelle le bénéfice de l'assurance est attribué à un bénéficiaire déterminé devient irrévocable par l'acceptation de celui-ci, effectuée dans les conditions prévues au II du présent article. Pendant la durée du contrat, après acceptation du bénéficiaire, le stipulant ne peut exercer sa faculté de rachat et l'entreprise d'assurance ne peut lui consentir d'avance sans l'accord du bénéficiaire.**

« Tant que l'acceptation n'a pas eu lieu, le droit de révoquer cette stipulation n'appartient qu'au stipulant et ne peut être exercé de son vivant ni par ses créanciers ni par ses représentants légaux. Lorsqu'une *(Abrogé par Ord. n° 2009-106 du 30 janv. 2009, art. 1er-3°, ratifiée par L. n° 2010-737 du 1er juill. 2010, art. 35-I)* ***« curatelle ou une »*** **tutelle a été ouverte à l'égard du stipulant, la révocation ne peut intervenir qu'avec l'autorisation du juge des tutelles ou du conseil de famille s'il a été constitué. »**

Ce droit de révocation ne peut être exercé, après la mort du stipulant, par ses héritiers, qu'après l'exigibilité de la somme assurée et au plus tôt trois mois après que le bénéficiaire de l'assurance a été mis en demeure par acte extrajudiciaire, d'avoir à déclarer s'il accepte.

Al. 4 abrogé par L. n° 81-5 du 7 janv. 1981.

L'attribution à titre gratuit du bénéfice d'une assurance sur la vie à une personne déterminée est présumée faite sous la condition de l'existence du bénéficiaire à l'époque de l'exigibilité *(L. n° 81-5 du 7 janv. 1981)* **« du capital ou de la rente garantis », à moins que le contraire ne résulte des termes de la stipulation.**

(L. n° 2007-1775 du 17 déc. 2007, art. 8-I-2° et VIII) **« II. — Tant que l'assuré et le stipulant sont en vie, l'acceptation est faite par un avenant signé de l'entreprise d'assurance, du stipulant et du bénéficiaire. Elle peut également être faite par un acte authentique ou sous seing privé, signé du stipulant et du bénéficiaire, et n'a alors d'effet à l'égard de l'entreprise d'assurance que lorsqu'elle lui est notifiée par écrit.**

« Lorsque la désignation du bénéficiaire est faite à titre gratuit, l'acceptation ne peut intervenir que trente jours au moins à compter du moment où le stipulant est informé que le contrat d'assurance est conclu.

« Après le décès de l'assuré ou du stipulant, l'acceptation est libre. »

Les dispositions issues de la L. n° 2007-1775 du 17 déc. 2007 sont applicables aux contrats en cours n'ayant pas encore, à compter du 18 déc. 2007, donné lieu à acceptation du bénéficiaire.

BIBL. ▶ DELMAS SAINT-HILAIRE, *RCA 1999. Chron. 4.* – CHAPLEAU-MUSSEAU, *RGDA 1999. 31.* – PH. PIERRE, *RCA 2006. Étude 14.* – COURTIEU, *RCA 2008. Étude 1.* – MAYAUX, *JCP 2008. I. 106.* – PÉLISSIER, *Dr. et patr. 10/2008. 38.* – MARCK et RIVÉ, *AJ fam. 2008. 114* . – LEBLOND, *RCA 2008. Étude 3.* – KULLMANN, *RGDA 2008. 277.* – MAYAUX, *JCP 2008. I. 106 ; RGDA 2008. 869.* – DELFOSSE et PÉNIGUEL, *Defrénois 2008. Doctr. 273.*

COMMENTAIRE

L'article L. 132-9 envisage successivement la révocation du bénéficiaire du contrat (I), la caducité de la désignation du bénéficiaire (II) et l'acceptation du bénéfice du contrat par le bénéficiaire (III).

I. LA RÉVOCATION DU BÉNÉFICIAIRE

A. MOMENT DE LA RÉVOCATION

Conformément à l'article 1121 du code civil, qui dispose que celui qui a fait une stipulation pour autrui ne peut plus la révoquer si le tiers a déclaré vouloir en profiter, l'article L. 132-9 prévoit que l'acceptation du bénéfice de l'assurance rend la désignation du bénéficiaire irrévocable.

Il convient toutefois d'observer que cette irrévocabilité n'est pas absolue. En effet, l'article L. 132-24 autorise une révocation après acceptation, lorsque le bénéficiaire a tenté de tuer l'assuré. Par ailleurs, lorsque l'assurance-vie réalise une donation indirecte, elle se trouve soumise aux causes de révocation du droit des libéralités et en particulier à celles des donations entre époux prévues à l'article 1096 du code civil. L'application de la distinction entre biens présents et biens à venir aux contrats d'assurance-vie risque néanmoins d'être délicate.

B. AUTEUR DE LA RÉVOCATION

1. *SOUSCRIPTEUR VIVANT*

Ainsi que l'expose l'article L. 132-9, alinéa 2, le droit de révoquer est un droit personnel du souscripteur. Tant qu'il est vivant, il ne peut être exercé ni par ses créanciers, ni par ses représentants légaux.

Mais le caractère personnel du droit de révocation connaît quelques tempéraments lorsque le souscripteur est sous tutelle ou curatelle. Lorsqu'il est sous tutelle, la révocation ne peut intervenir qu'avec l'autorisation du juge des tutelles ou du conseil de famille. On retrouve ici la règle mentionnée à l'article L. 132-4-1. Lorsque le souscripteur est sous curatelle, la question de la révocation du bénéficiaire a été perturbée par des incohérences législatives. En effet, la loi n° 2007-308 du 5 mars 2007 portant réforme de la protection des majeurs avait prévu que, dans une telle hypothèse, la révocation ne pouvait se faire qu'avec l'autorisation du juge des tutelles ou du conseil de famille. Or, avant l'entrée en vigueur de cette loi, la loi n° 2007-1775 du 17 décembre 2007 a modifié plusieurs dispositions de la loi du 5 mars 2007. Reprenant la logique d'assistance de la curatelle, elle a simplement imposé l'assistance du curateur pour la désignation et la substitution du bénéficiaire (art. L. 132-4-1). Mais cette solution ne se retrouvait pas à propos de la révocation du bénéficiaire. L'ensemble n'est pas parfaitement cohérent. Finalement, l'ordonnance n° 2009-106 du 30 janvier 2009 a modifié l'article L. 132-9 en supprimant toute référence à la curatelle. Il faut donc désormais raisonner par analogie à partir de l'article L. 132-4-1 et retenir que la révocation du bénéficiaire ne peut se faire qu'avec l'assistance du curateur.

2. *SOUSCRIPTEUR DÉCÉDÉ*

Après le décès du souscripteur, le droit de révocation est transmis à ses héritiers. Cependant, il ne peut être exercé qu'après l'exigibilité de la somme assurée et au plus tôt trois mois après que le bénéficiaire de l'assurance a été mis en demeure par acte extrajudiciaire, d'avoir à déclarer s'il accepte. Cet encadrement du droit de révocation des héritiers permet de la sorte d'éviter des révocations systématiques de contrats souscrits au bénéfice d'un tiers dans le seul but d'accroître l'actif de la succession. En pratique, la mise en demeure du bénéficiaire de se prononcer risque de priver de toute efficacité le droit de révocation des héritiers.

II. LA CADUCITÉ DE LA DÉSIGNATION DU BÉNÉFICIAIRE

A. UNE SOLUTION : LE DÉCÈS DU BÉNÉFICIAIRE ANTÉRIEUR À CELUI DE L'ASSURÉ

Selon l'article L. 132-9, alinéa 4, le décès du bénéficiaire avant celui de l'assuré entraîne, sauf clause contraire, la caducité de la désignation du bénéficiaire. A défaut de clause de représentation, la somme assurée fait partie du patrimoine ou de la succession du stipulant (Civ. 2e, 10 sept. 2015 : *V. note 8*). Partant, si le stipulant souhaite faire échec à cette caducité, il doit exprimer clairement sa volonté. Ainsi, il a été jugé que la clause désignant « les enfants par parts égales, nés ou à naître, à défaut de l'un de ses descendants, à défaut les héritiers » permet aux descendants d'un enfant prédécédé de bénéficier par représentation du contrat d'assurance-vie (Civ. 2e, 10 avr. 2008 : *V. note 8*).

Il est à noter que cette solution législative ne vaut que lorsque l'assurance a été contractée à titre gratuit. Par conséquent, lorsqu'elle a été souscrite à titre onéreux, le prédécès du bénéficiaire n'a aucune incidence sur l'attribution de la prestation d'assurance. Les droits du créancier sont transmis à ses héritiers.

B. UNE INTERROGATION : LE DÉCÈS DU BÉNÉFICIAIRE POSTÉRIEUR À CELUI DE L'ASSURÉ

La jurisprudence a été confrontée à la situation très particulière du décès du bénéficiaire non acceptant après celui de l'assuré et ne semble pas encore avoir trouvé de solution certaine.

Saisie de cette question, la première chambre civile de la Cour de cassation a tout d'abord estimé que la prestation ne devait pas revenir aux héritiers du bénéficiaire décédé, mais aux bénéficiaires subsidiaires (Civ. 1re, 10 juin 1992 : *V. note 10*). En d'autres termes, elle a appliqué la caducité de l'article L. 132-9. Puis, opérant un revirement de jurisprudence, elle a affirmé que les héritiers du bénéficiaire décédé pouvaient recevoir le bénéfice de l'assurance, tout en précisant que pour cela, il était nécessaire que le souscripteur ait réservé leurs droits (Civ. 1re, 9 juin 1998, et Civ. 1re, 5 nov. 2008 : *V. note 10*). Mais, dans le même temps, la deuxième chambre civile de la Cour de cassation a été plus loin en affirmant que le bénéfice d'une stipulation pour autrui est transmis aux héritiers du bénéficiaire désigné lorsque celui-ci vient à décéder après le stipulant, sauf manifestation de volonté contraire de ce dernier (Civ. 2e, 23 oct. 208 : *V. note 10*). Les deux chambres ne sont donc pas en totale harmonie sur le sort des héritiers du bénéficiaire décédé.

III. L'ACCEPTATION DU BÉNÉFICE DU CONTRAT

A. CONDITIONS DE L'ACCEPTATION

Jusqu'à la loi n° 2007-1775 du 17 décembre 2007, l'acceptation du bénéfice de l'assurance pouvait se faire librement. Depuis cette loi, l'article L. 132-9 distingue l'acceptation du vivant de l'assuré et du souscripteur et l'acceptation après le décès de l'assuré ou du souscripteur. Si l'acceptation est toujours libre dans cette dernière hypothèse, il n'en est pas de même lorsque le souscripteur et l'assuré sont toujours vivants. Afin d'éviter que le bénéficiaire n'accepte trop rapidement le bénéfice du contrat pour empêcher le souscripteur de le révoquer, le législateur impose le respect de conditions de fond et de délai.

Quant à la forme, l'acceptation n'est plus un acte unilatéral du bénéficiaire, elle peut résulter soit d'un avenant signé par le stipulant, le bénéficiaire et l'assureur, soit d'un acte authentique ou d'un acte sous seing privé signé par le stipulant et le bénéficiaire. Cet acte authentique ou sous seing privé ne sera opposable à l'assureur que s'il lui est notifié par écrit. Le stipulant doit donc consentir à l'acceptation.

Quant au délai, lorsque l'assurance a été consentie à titre gratuit, l'acceptation ne peut intervenir qu'après l'expiration d'un délai de trente jours à compter du jour où le stipulant a été informé de la conclusion du contrat d'assurance. Cette disposition impose de la sorte un délai de réflexion au stipulant. Mais cette protection n'est pas absolue. D'une part, elle ne s'applique qu'au contrat souscrit à titre gratuit. D'autre part, ce délai ne s'applique pas lorsque la désignation intervient après la conclusion du contrat. Il suffit qu'un délai de trente jours depuis la connaissance de la conclusion du contrat se soit écoulé pour que l'acceptation puisse intervenir.

B. EFFETS DE L'ACCEPTATION

Si l'acceptation rend irrévocable la désignation du bénéficiaire, elle a également des conséquences sur la faculté de rachat et la possibilité d'obtenir des avances du stipulant.

Avant la loi n° 2007-1775 du 17 décembre 2007, la jurisprudence s'était interrogée sur la question de savoir si le souscripteur pouvait toujours exercer sa faculté de rachat après l'acceptation du contrat. Prenant position par un arrêt rendu en chambre mixte, la Cour de cassation a affirmé, à propos d'un contrat d'assurance mixte, que lorsque le droit au rachat est prévu dans le contrat, le bénéficiaire qui a accepté le bénéfice du contrat n'est pas fondé à s'opposer à la demande de rachat du contrat en l'absence de renonciation expresse du souscripteur à son droit (Cass., ch. mixte, 22 févr. 2008 : *V. note 11*). Cette solution est alors apparue transposable à tous les contrats d'assurance ainsi qu'à la demande d'avance effectuée par le souscripteur. L'acceptation du bénéfice du contrat ne pouvait, par principe, faire obstacle à une demande de rachat ou d'avance.

Depuis l'adoption de la loi de 2007, la logique est inversée. Le souscripteur ne peut exercer sa faculté de rachat ou obtenir une avance de l'assureur sans l'accord du bénéficiaire. La subordination de la faculté de rachat au consentement du bénéficiaire se justifie par le fait que le rachat peut être perçu comme une révocation du bénéficiaire. Ces nouvelles dispositions sont applicables aux contrats en cours n'ayant pas, à la date du 18 décembre 2007, donné lieu à acceptation du bénéficiaire. ❑

I. RÉVOCATION

1. *Volonté certaine et non équivoque.* Ayant constaté qu'avant son décès, l'adhérent à un contrat d'assurance de groupe sur la vie avait, par testament, déclaré révoquer toute disposition antérieure, une cour d'appel a pu estimer qu'il en résultait que l'adhérent n'avait pas manifesté une volonté certaine et non équivoque de révoquer l'attribution à son ex-épouse du bénéfice du contrat. • Civ. 1re, 7 nov. 2012 : *RGDA 2013. 375, note Mayaux.*

2. *Insanité d'esprit du souscripteur.* Selon les art. 489 et 489-1, al. 1er, C. civ., dans leur rédaction antérieure à la L. n° 2007-308 du 5 mars 2007, si, du vivant d'un individu, celui qui invoque la nullité d'un acte pour insanité d'esprit peut en rapporter la preuve par tous moyens, après sa mort, un acte, autre qu'une donation ou un testament, fait par un individu qui, de son vivant, n'était pas placé sous sauvegarde de justice ou ne faisait pas l'objet d'une procédure en ouverture d'une tutelle ou d'une curatelle ne peut être attaqué pour cause d'insanité d'esprit que si cet acte porte en lui-même la preuve d'un trouble mental. Viole ces art. la cour d'appel qui, pour annuler l'avenant du 21 juill. 2003, constate que la souscriptrice était décédée ; retient ensuite, d'une part, que les contrats d'assurance-vie litigieux ne pouvaient s'analyser en des donations indirectes, et d'autre part, que le cas présent n'entrait dans aucune des trois hypothèses envisagées par l'art. 489-1 C. civ. ; enfin, faisant application de l'art. 489 C. civ., relève qu'une attestation d'un médecin fait état de l'hospitalisation, courant juin 2003, de la souscriptrice, alors âgée de 92 ans, qui présentait, avant son décès, et par voie de conséquence à la date de modification des contrats litigieux, un état cérébral lacunaire, et en déduit que cette dernière n'était plus en mesure de contracter à la date de la signature de l'avenant. • Civ. 1re, 1er juill. 2009, n° 08-13.402 P : *R. 2009. 112; RGDA 2009. 1213, note Mayaux.* ♦ De même, viole les art. 489 et 489-1-3° C. civ. dans leur rédaction antérieure à celle issue de la L. n° 2007-308 du 5 mars 2007 la cour d'appel qui refuse d'annuler les avenants ayant modifié les noms des bénéficiaires du contrat d'assurance, alors qu'il résultait des énonciations de l'ordonnance plaçant la souscriptrice sous sauvegarde de justice qu'avant le décès de celle-ci une action avait été introduite à son égard aux fins de faire ouvrir la tutelle ou la curatelle, de sorte que la preuve de l'existence d'un trouble mental au moment de la souscription des avenants litigieux pouvait être apportée par tous moyens. • Civ. 1re, 20 juin 2012 : *RGDA 2013. 1090, note Mayaux; RCA 2012, n° 284.* ♦ Mais, une cour d'appel a pu prononcer la nullité de la modification de la clause bénéficiaire, fondée sur l'art. 489-1 C. civ., en constatant que le souscripteur décédé avait fait l'objet d'une mesure de protection dans les mois suivant la modification, en l'occurrence un placement sous sauvegarde de justice. • Civ. 1re, 26 sept. 2012 : *RGDA 2013. 158, obs. Mayaux.* ♦ Ayant relevé que le souscripteur du contrat présentait, selon les rapports médicaux de son médecin traitant et de l'expert psychiatre désigné dans le cadre de la procédure de protection d'incapable majeur (tutelle), une altération de ses capacités physiques et intellectuelles de type maladie d'Alzheimer, une cour d'appel a souverainement estimé au vu de ces rapports médicaux que le souscripteur était insane d'esprit au moment où il a signé les avenants aux contrats d'assurance-vie. • Civ. 1re, 6 janv. 2010 : *RGDA 2010. 391, note Mayaux* • 6 mars 2013 : *RGDA 2013. 669, note Mayaux.* ♦ Après avoir relevé que, selon le rapport d'expertise psychiatrique déposé avant le placement de la souscriptrice sous sauvegarde de justice puis curatelle renforcée, la souscriptrice était consciente, vive et curieuse de l'actualité, une cour d'appel a souverainement estimé que si ce rapport permettait de conclure qu'elle avait besoin d'être assistée pour gérer son patrimoine, celui-ci ne prouvait pas son insanité d'esprit au moment de la modification de la clause bénéficiaire de son contrat d'assurance-vie. • Civ. 1re, 18 janv. 2012, n° 10-27.325 P : *RGDA 2012. 756, note Mayaux.*

3. Manœuvres dolosives du nouveau bénéficiaire. Ayant relevé que la clause désignant le bénéficiaire du contrat d'assurance avait été modifiée, en présence de la fille et du gendre de la souscriptrice, quelques jours après le décès de son époux, alors qu'elle se trouvait dans un état de faiblesse dû à l'âge et à la tristesse, c'est par une appréciation souveraine qu'une cour d'appel a estimé que sans les manœuvres dolosives de sa fille et de son gendre la souscriptrice n'aurait pas signé l'avenant litigieux. Celui-ci devait dès lors être annulé. • Civ. 1re, 12 juin 2012 : *RGDA 2012. 1090, note Mayaux.*

4. Souscripteur sous tutelle ou curatelle. V. notes 2 et 5 ss. art. L. 132-4-1.

5. Souscripteur marié. V. note 9 ss. anc. art. L. 132-8.

6. Révocation d'une assurance au profit du conjoint – Jurispr. antérieure à L. du 26 mai 2004. L'attribution du capital d'une assurance-vie constitue une libéralité pour le bénéficiaire, même si ce dernier est un époux marié sous le régime de la communauté et si les primes ont été payées par la communauté. Dès lors, le droit des libéralités reste applicable dans toute la mesure où il n'est pas écarté par une disposition expresse de la loi; c'est ainsi que l'art. 1096 C. civ., qui prévoit la révocabilité des donations faites entre époux doit prévaloir sur les dispositions de l'art. L. 132-9. En conséquence, et bien que le bénéfice de l'assurance faite par l'épouse au profit de son mari ait été accepté par celui-ci, l'épouse est en droit de révoquer cette désignation et d'y substituer une autre désignation. • Nîmes, 20 déc. 1978 : *RGAT 1979. 355.* ♦ Comp. : • Poitiers, 17 janv. 1962 : *RGAT 1963. 54.* ♦ Toutefois, si les assurances des époux étaient contractées dans l'intérêt de la famille et si la désignation de chaque conjoint en qualité de bénéficiaire du capital-décès avait pour contrepartie la désignation de l'autre, aucune donation indirecte n'était réalisée faute d'intention libérale; dès lors, la stipulation acceptée par le conjoint survivant était irrévocable. • Civ. 1re, 13 mai 1998; n° 96-16.222 P : *D. 1999. 291, note Raynaud de Lage; Gaz. Pal. 1999. 1. 94; RCA 1999, n° 53; ibid., Chron. 4, note Delmas Saint-Hilaire.* ♦ De même il a été jugé que l'attribution d'un capital d'assurance-vie constituant une libéralité pour son bénéficiaire, les dispositions de l'art. 1096 C. civ. qui prévoient la libre révocation des donations entre époux prévalent sur celles de l'art. L. 132-9, à condition toutefois que cette attribution de capital revête effectivement un caractère libéral et non rémunératoire. Tel n'est pas le cas lorsque l'assurance-vie souscrite au bénéfice du conjoint a un caractère rémunératoire. • Paris, 4 janv. 2000 : *RCA 2000, n° 343; ibid., Chron. 25, note Grynbaum.*

7. Rachat total. La demande de rachat, en exécution de laquelle le souscripteur d'une assurance sur la vie obtient de l'assureur le versement immédiat du montant de sa créance, par un remboursement qui met fin au contrat, constitue une révocation de la désignation du bénéficiaire. Le droit de rachat, exclusivement attaché à la personne du souscripteur par l'art. L. 132-9, al. 2, ne peut être exercé par le syndic de la liquidation de ses biens. • Com. 25 oct. 1994, n° 90-14.316 P : *RCA 1995, n° 144; ibid., Chron. 18, note Courtieu; RGAT 1995. 149, rapp. Rémery.*

II. DÉCÈS PRÉALABLE OU CONCOMITANT DU BÉNÉFICIAIRE

8. Décès du bénéficiaire antérieur à celui du stipulant. L'attribution d'un contrat d'assurance-vie à une personne déterminée suppose l'existence de celle-ci au jour de l'exigibilité, à moins que le contraire ne résulte des termes de la stipulation. Le souscripteur qui désire que le bénéfice de son contrat soit attribué à ses petits-enfants par représentation du bénéficiaire décédé lors de la souscription du contrat doit le stipuler de manière expresse. • Civ. 2e, 10 avr. 2008 : *RCA 2008, no 206; RGDA 2008. 724, note Mayaux.* ♦ Si l'attribution à titre gratuit du bénéfice d'une assurance sur la vie à une personne déterminée devient irrévocable par l'acceptation du bénéficiaire, cette attribution est présumée faite sous la condition de l'existence du bénéficiaire à l'époque de l'exigibilité du capital ou de la rente garantis, à moins que le contraire ne résulte des termes d'une clause de représentation, à défaut, elle est caduque et le capital ou la rente garantis font partie du patrimoine ou de la succession du contractant. • Civ. 2e, 10 sept. 2015, no 14-20.017 P : *RCA 2015, no 332, note Pierre; RGDA 2015. 484, note Pélissier; Gaz. Pal. 15 déc. 2015, p. 36, note Leducq; AJ fam. 2015. 625, obs. Casey; D. 2015. 804, chron Touati; D. 2016. 674, note Douchy-Oudot; D. 2016. 1161, note Pierre.* ♦ Ainsi, relevant qu'il ne saurait être sérieusement contesté à la lecture de la clause figurant dans le contrat d'assurance que la souscriptrice avait eu la volonté clairement exprimée de voir les fonds versés aux héritiers de l'un des bénéficiaires de premier rang prédécédé et que cette volonté était confirmée par une cobénéficiaire du contrat, une cour d'appel, par ces motifs procédant de son appréciation souveraine de la valeur et de la portée des éléments de preuve, a pu déduire que la souscriptrice avait désigné comme bénéficiaires par représentation les héritiers du bénéficiaire prédécédé. • Civ. 2e, 13 juin 2013 : *RGDA 2013. 934, note Mayaux.*

9. Décès du bénéficiaire concomitant à celui du stipulant. Les décès simultanés de l'assuré et du bénéficiaire d'une assurance accident corporel ont pour conséquence qu'au moment du décès de l'assuré le contrat est devenu sans bénéficiaire déterminé de sorte que le capital-décès faisait partie de la succession du contractant. • Civ. 2e, 1er juin 2011, no 10-30.430 P : *D. 2012. 1980, obs. Groutel; AJ fam. 2011. 386, obs. Vernières; RTD civ. 2011. 544, obs. Jourdain; RCA 2011. Étude 13, note Pierre.* ♦ Cf. avant la L. du 3 déc. 2001 : les présomptions des art. 720 à 722 C. civ. (relatives aux comourants) sont de droit strict et inapplicables pour la détermination des droits du bénéficiaire d'une assurance sur la vie. • Civ. 1re, 11 oct. 1988, no 86-17.322 P : *D. 1989. Somm. 245, obs. Berr; D. 1989. 333, note Breton; RCA 1989. 34; RGAT 1989. 98, note Aubert; Defrénois 1989, art. 34422, note Breton.*

III. ACCEPTATION DU BÉNÉFICE DU CONTRAT

10. Décès du bénéficiaire après le stipulant. BIBL. Mayaux, *RGDA 2009. 13.* – Ph. Pierre, *RCA 2009. Étude 4.* ♦ Le bénéfice d'une stipulation pour autrui est transmis aux héritiers du bénéficiaire désigné lorsque celui-ci vient à décéder après le stipulant, sauf manifestation contraire de volonté de ce dernier. • Civ. 2e, 23 oct. 2008, no 07-19.163 P : *D. 2008. AJ 2793; RLDC déc. 2008, no 3237, note Le Gallou; Defrénois 2009. 658, obs. Libchaber; ibid. 1585, note Petroni-Maudière; LPA 1er déc. 2009, p. 9, note Petroni-Maudière; RCA 2009, no 32; ibid., Étude 2, note Courtieu* • 17 sept. 2009 : *RGDA 2009. 1227, note Mayaux.* ♦ Comp : si le bénéfice d'une stipulation pour autrui est en principe transmis aux héritiers du bénéficiaire désigné lorsque celui-ci vient à décéder après le stipulant mais sans avoir déclaré son acceptation, il en va autrement lorsque le stipulant, souscripteur d'une assurance-vie, a désigné d'autres bénéficiaires de même rang ou en sous-ordre sans réserver les droits des héritiers des bénéficiaires premiers nommés. • Civ. 1re, 5 nov. 2008, no 07-14.598 P : *D. 2008. AJ 2937, obs. Bruguière-Fontenille; ibid. 2009. Chron. 747, obs. Chauvin; ibid. 2009. Pan. 2508, obs. Revel; JCP 2009. II. 10041, note Cannarsa; ibid. I. 140, no 16, obs. Tisserand-Martin; ibid. 2008. 1364, note S. Hovasse; LPA 14 janv. 2009, p. 11, note Dagorne-Labbe; ibid. 1er déc. 2009, p. 9, note Petroni-Maudière; Gaz. Pal. 11 juin 2009, p. 12, note Casey; Banque et Dr. 2009, p. 39, obs. Marly; Defrénois 2009. 1585, note Petroni-Maudière* • 9 juin 1998, no 96-10.794 P : *R. 1998. 182; RGDA 1998. 786, note Kullmann; RCA 1999, no 52; ibid., Chron. 4, note Delmas Saint-Hilaire.* ♦ Contra antérieurement : si le bénéficiaire à titre gratuit d'un contrat prévoyant le versement d'une prestation au décès de l'assuré décède avant d'avoir accepté, la prestation garantie revient, non à ses héritiers, mais aux personnes désignées à titre subsidiaire. • Civ. 1re, 10 juin 1992 : *D. 1992. 493, note Aubert.*

11. Faculté de rachat prévue par le contrat – Jurispr. antérieure à L. du 17 déc. 2007. BIBL. Kullmann, *RGDA 2008. 277.* ♦ Lorsque le droit de rachat du souscripteur est prévu dans un contrat d'assurance-vie mixte, le bénéficiaire qui a accepté sa désignation n'est pas fondé à s'opposer à la demande de rachat du contrat en l'absence de renonciation expresse du souscripteur à son droit. • Cass., ch. mixte, 22 févr. 2008, no 06-11.934 P : *D. 2008. AJ 691, note Speroni; D. 2009. Pan. 253, obs. Groutel; JCP 2008. II. 10058, note Mayaux; JCP 2008. I. 134, no 12, obs. Mayaux; AJ fam. 2008. 114, note Marck et Rivé; Defrénois 2008, no 38794, note Petroni-Maudière; Defrénois 2008, no 38819, note Douet; RCA 2008, no 244; ibid., Étude 9, note Martial-Braz; RGDA 2008. 405, rapp. Aldigé, avis De Gouttes* • Civ. 2e, 19 févr. 2009 : *RGDA 2009. 542, note Kullmann.* ♦ La clause stipulant qu'« en présence d'un bénéficiaire acceptant, celui-ci doit donner son accord aux opérations telles que rachat partiel, rachat total, rachat partiel programmé, demande d'avance ou aux modifications telles que le changement de clause bénéficiaire, que l'adhérent souhaite effectuer » ne permet pas de faire la preuve d'une renonciation expresse du souscripteur. • Civ. 2e, 3 nov. 2011 : *RGDA 2012. 403, note Kullmann.* ♦ Selon l'art. L. 132-9 C. assur., dans sa rédaction antérieure à celle issue de la L. n° 2007-1775 du 17 déc. 2007, et l'art. L. 132-21 du même code, ensemble l'art. 894 C. civ., en l'absence de renonciation expresse de sa part, le souscripteur d'un contrat d'assurance sur la vie mixte est fondé à exercer le droit au rachat prévu au contrat même en présence d'un bénéficiaire ayant accepté le bénéfice de ce contrat. Viole ces textes, la cour d'appel qui, pour requalifier en donations indirectes les contrats d'assurance sur la vie souscrits, relève que le souscripteur avait consenti à l'acceptation du bénéfice du contrat et s'était dépouillé irrévocablement, sans constater une renonciation expresse du souscripteur à l'exercice de son droit de rachat garanti par le contrat. • Civ. 1re, 20 nov. 2019, n° 16-15.867 : *RCA 2020, n° 51, note Pierre ; RGDA janv. 2020. 56, note Mayaux ; Dr. fam. 2020, n° 28, note M. Nicod ; RD banc. fin. 2020, n° 6, note Leblond ; JCP 2020. 11, note Peterka ; D. actu. 9 janv. 2020, note Cottet.* ♦ La clause stipulant qu'« en présence d'un bénéficiaire acceptant, celui-ci doit donner son accord aux opérations telles que rachat partiel, rachat total, rachat partiel programmé, demande d'avance ou aux modifications telles que le changement de clause bénéficiaire, que l'adhérent souhaite effectuer » ne permet pas de faire la preuve d'une renonciation expresse du souscripteur. • Civ. 2e, 3 nov. 2011 : *RGDA 2012. 403, note Kullmann.* ♦ Dans le même sens : • Civ. 2e, 4 nov. 2010, n° 09-70.606.

12. Forme de l'acceptation – Jurispr. antérieure à L. du 17 déc. 2007. Ayant retenu que la seule rédaction matérielle par la bénéficiaire de la lettre la désignant comme bénéficiaire du contrat n'emportait pas acceptation de sa part de cette désignation, une cour d'appel a souverainement estimé que celle-ci ne rapportait pas la preuve d'une acceptation tacite du bénéfice du contrat d'assurance sur la vie litigieux avant l'entrée en vigueur de la L. 17 déc. 2007, ayant modifié l'art. L. 132-9 C. assur. • Civ. 2e, 18 avr. 2019, n° 18-11.049 : *RGDA juin 2019. 45, note Mayaux.* ♦ Viole l'art. 455 C. pr. civ., la cour d'appel qui déboute le bénéficiaire initial d'un contrat d'assurance sur la vie de sa demande tendant à être déclaré seul bénéficiaire du contrat, sans répondre à ses conclusions qui faisait valoir que le nantissement du contrat d'assurance sur la vie au profit d'une banque en garantie du remboursement d'un emprunt bancaire qu'il avait souscrit s'était opéré avec son accord et valait acceptation tacite de la clause bénéficiaire. • Civ. 2e, 14 janv. 2010, n° 09-65.582 : *RGDA 2010. 403, note Mayaux.*

13. Date de l'acceptation – Jurispr. ant. à L. du 17 déc. 2007. Il appartient au tiers désigné bénéficiaire du contrat en remplacement du bénéficiaire originel de prouver que la lettre d'acceptation adressée par le premier bénéficiaire est postérieure au changement de bénéficiaire. Ainsi, une cour d'appel a pu, dans l'exercice de son pouvoir souverain d'appréciation de la valeur et de la portée des éléments de preuve, estimer que l'acceptation du premier bénéficiaire avait été reçue par l'assureur antérieurement à la nouvelle désignation exprimée par le souscripteur et que l'assureur, en exécutant le contrat au profit du bénéficiaire acceptant, n'avait commis aucune faute. • Civ. 2e, 8 mars 2012, n° 11-13.275 : *RGDA 2012. 752, note Mayaux.*

14. Saisie pénale – Jurispr. ant. à la L. du 17 déc. 2007. Nonobstant l'acceptation expresse des bénéficiaires du contrat d'assurance-vie, le souscripteur conserve une créance sur l'assureur constituée par la faculté de rachat dudit contrat, ladite créance étant saisissable en vertu de l'art. 706-141-1 C. pr. pén. comme pouvant représenter, en valeur, le produit, susceptible de confiscation, de certaines des infractions poursuivies. • Crim. 20 avr. 2017, n° 16-82.842 : *RCA 2017, n° 207, note Pierre ; RGDA 2017. 369, note Schulz.*

15. Devoir de conseil sur les conséquences de l'acceptation. Sur le manquement de l'assureur à son devoir de conseil pour n'avoir pas avisé l'assuré de l'indisponibilité des fonds en cas d'acceptation de la stipulation par le bénéficiaire : • TGI Belfort, 23 mars 1999 : *RCA sept. 1999, p. 3 ; RGDA 1999. 400, note Bigot* • TGI Lyon, 1er juill. 2002 : *JCP 2003. II. 10063, note Gimalac et Portal.*

Art. L. 132-9-1 *(L. n° 2005-1564 du 15 déc. 2005)* **Le contrat comporte une information sur les conséquences de la désignation du ou des bénéficiaires et sur les modalités de cette désignation. Il précise que la clause bénéficiaire peut faire l'objet d'un acte sous seing privé ou d'un acte authentique.**

BIBL. ▶ COURTIEU, *RCA 2006. Étude 2.* – RÉTIF, *RCA 2006. Focus 13.* – CHOISEZ, *RGDA 2007. 497.*

COMMENTAIRE

Adopté par la loi n° 2005-1564 du 15 décembre 2005, l'article L. 132-9-1 impose à l'assureur une obligation d'information sur les conséquences de la désignation du bénéficiaire (I) et sur les modalités de cette désignation (II).

I. L'INFORMATION SUR LES CONSÉQUENCES DE LA DÉSIGNATION DU BÉNÉFICIAIRE

En 2005, lors de l'adoption de cet article, l'acceptation du bénéficiaire n'était pas subordonnée au consentement du souscripteur. Le bénéficiaire pouvait librement accepter le bénéfice de l'assurance-vie et rendre ainsi sa désignation irrévocable. Afin de sensibiliser le souscripteur aux dangers d'une telle acceptation, le législateur a imposé une obligation d'information sur « les conséquences de la désignation du ou des bénéficiaires ». Initialement, la formule a pu paraître ambiguë. *Stricto sensu*, elle n'impose pas une information sur les conséquences de l'acceptation du bénéfice du contrat. Or, c'est bien le point important pour le souscripteur.

Toutefois, cette obligation d'information a été explicitée par un arrêté du 9 février 2006, qui a modifié l'article A. 132-9 du code des assurances. Dorénavant, celui-ci indique que l'obligation d'information est valablement remplie lorsque l'attention du souscripteur est attirée sur le fait que la désignation devient irrévocable en cas d'acceptation par le bénéficiaire. En outre, si en 2006, les conséquences de l'acceptation du bénéfice de l'assurance étaient encore incertaines, notamment en ce qui concerne la faculté de rachat du souscripteur, la loi n° 2007-1775 du 17 décembre 2007 est venue préciser qu'après acceptation, le souscripteur ne peut exercer sa faculté de rachat ou obtenir une avance de l'assureur sans l'autorisation du bénéficiaire.

Cela étant, l'importance de cette information se trouve relativisée depuis que la loi n° 2007-1775 du 17 décembre 2007 subordonne l'acceptation du bénéfice de l'assurance, du vivant de l'assuré et du stipulant, à la rédaction d'un avenant signé par l'assureur, le stipulant et le bénéficiaire ou d'un acte authentique ou sous seing privé signé par le stipulant et le bénéficiaire. La protection du souscripteur contre les conséquences de l'acceptation du bénéfice de l'assurance ne passe plus par une simple information, mais par l'exigence de son consentement lors de l'acceptation.

II. LES MODALITÉS DE LA DÉSIGNATION DU BÉNÉFICIAIRE

Aux termes de l'article L. 132-9-1, l'assureur doit également informer que la clause bénéficiaire peut faire l'objet d'un acte sous seing privé ou d'un acte authentique. En définitive, il s'agit pour l'assureur de rappeler qu'aucune forme particulière n'est exigée pour la désignation du bénéficiaire. Celle-ci peut se faire aussi bien par une clause du contrat, par un avenant au contrat, par signification à l'assureur, par testament ou par d'autres procédés (V. comm. ss. art. L. 132-8).

Art. L. 132-9-2 *(L. n° 2005-1564 du 15 déc. 2005)* **Toute personne physique ou morale peut demander par lettre** *(Ord. n° 2017-1433 du 4 oct. 2017, art. 6-4°, en vigueur le 1er avr. 2018)* **« ou tout autre support durable » à un ou** *[à]* **plusieurs organismes professionnels représentatifs, habilités à cet effet par arrêté du ministre chargé de l'économie, à être informée de l'existence d'une stipulation effectuée à son bénéfice dans une police souscrite par une personne physique dont elle apporte, par tout moyen, la preuve du décès.**

Dans les quinze jours suivant la réception de la lettre mentionnée au premier alinéa, l'organisme transmet cette demande aux entreprises agréées pour exercer les opérations d'assurance dépendant de la durée de la vie humaine. Lorsque la personne morale ou physique mentionnée audit alinéa est désignée dans une police comme bénéficiaire, ces entreprises disposent d'un délai d'un mois pour l'informer de l'existence d'un capital ou d'une rente garantis payables à son bénéfice.

V. art. A. 132-9-4 s.

V. note ss. art. L. 111-9.

BIBL. ▶ COURTIEU, *RCA 2006. Étude 2.* – RÉTIF, *RCA 2006. Focus 13.*

COMMENTAIRE

Créé par la loi n° 2005-1564 du 15 décembre 2005, l'article L. 132-9-2 apporte une première réponse au problème des contrats d'assurance-vie en déshérence en reconnaissant à toute personne physique ou morale le droit d'interroger certains organismes professionnels pour savoir si elle est bénéficiaire d'un contrat d'assurance-vie. Il s'agit du dispositif AGIRA 1.

Selon l'article A. 132-9-1, cette demande doit être faite auprès de la Fédération française de l'assurance (celle-ci réunissant désormais la Fédération française des sociétés d'assurance et le Groupement des entreprises d'assurance) ou du Centre technique des institutions de prévoyance. Concrètement, ces demandes sont transmises à l'AGIRA (Assoc. pour la gestion des informations relatives aux risques en assurances), mandatée par ces organismes professionnels pour les centraliser. Au soutien de sa demande, le demandeur n'a pas à prouver l'existence d'éléments pouvant laisser présumer l'existence d'un contrat d'assurance à son profit, il doit simplement établir, par tout moyen, le décès d'une personne.

Une fois saisie, l'AGIRA doit transmettre la demande, dans un délai de quinze jours suivant la réception de la lettre, aux entreprises d'assurance concernées. Si le demandeur est effectivement bénéficiaire d'un contrat, l'entreprise d'assurance dispose pour l'en informer d'un délai d'un mois courant à compter de la réception par elle des éléments nécessaires à l'identification du bénéficiaire de l'assurance (V. art. A. 132-9-1, III). ❑

Art. L. 132-9-3 *(L. nº 2007-1775 du 17 déc. 2007, art. 3)* **I. — Les entreprises d'assurance mentionnées au 1º de l'article L. 310-1 du présent code ainsi que les institutions de prévoyance et unions régies par le titre III du livre IX du code de la sécurité sociale s'informent** *(L. nº 2013-672 du 26 juill. 2013, art. 75)* **« , au moins chaque année », dans les conditions prévues au II du présent article, du décès éventuel de l'assuré.**

II. — Les organismes professionnels mentionnés à l'article L. 132-9-2 *(L. nº 2014-617 du 13 juin 2014, art. 3-I-2º, en vigueur le 1er janv. 2016)* **« consultent chaque année, dans le respect de la loi nº 78-17 du 6 janvier 1978 relative à l'informatique, aux fichiers et aux libertés, » les données figurant au répertoire national d'identification des personnes physiques et relatives au décès des personnes qui y sont inscrites. Les entreprises d'assurance ainsi que les institutions de prévoyance et unions mentionnées au I obtiennent de ces organismes professionnels communication de ces données en vue d'effectuer des traitements de données nominatives. Ces traitements ont pour objet la recherche des assurés** *(L. nº 2014-617 du 13 juin 2014, art. 3-I-2º, en vigueur le 1er janv. 2016)* **« , des souscripteurs et des bénéficiaires décédés des contrats d'assurance sur la vie et des bons ou contrats de capitalisation, à l'exception de ceux au porteur. »**

V. art. A. 132-9-4 s.

COMMENTAIRE

Parce que le dispositif AGIRA 1, reconnaissant un droit à toute personne de savoir si elle est bénéficiaire d'un contrat d'assurance (art. L. 132-9-2), est apparu insuffisant, le législateur a renforcé la lutte contre les contrats en déshérence par la loi nº 2007-1775 du 17 décembre 2007. Issu de cette loi, l'article L. 132-9-3 présente le dispositif AGIRA 2, qui organise la recherche des éventuels souscripteurs, assurés ou bénéficiaires décédés.

Conformément à cet article L. 132-9-3, les entreprises d'assurance du secteur concerné, ainsi que les institutions de prévoyance et unions, doivent s'informer du décès éventuel de leur assuré, par l'intermédiaire de leurs organismes professionnels. Initialement, cet article ne prévoyait pas de fréquence pour l'exécution de cette obligation. Corrigeant cet oubli, une loi du 26 juillet 2013 a modifié cet article et prévu une périodicité minimale d'un an, sans émettre la moindre restriction quant à l'âge de l'assuré.

La procédure est découpée en deux étapes.

Dans **un premier temps**, il est prévu que la Fédération française de l'assurance (réunissant dorénavant la Fédération française des sociétés d'assurance et le Groupement des entreprises mutuelles d'assurance) ou le Centre technique des institutions de prévoyance peuvent accéder aux données figurant au Registre national d'identification des personnes physiques (RNIPP). Concrètement, ces organismes ont mandaté l'AGIRA (Association pour la gestion des informations relatives aux risques en assurances) pour recueillir directement ces informations et, par un arrêté du 21 janvier 2009, l'INSEE, qui gère le RNIPP, a été autorisé à transmettre un fichier issu de ce répertoire à l'AGIRA. Les modalités de traitement de ces données ont été déterminées par des délibérations de la CNIL, la dernière en date étant la délibération nº 2014-014 du 23 janvier 2014.

Dans **un second temps**, une fois ces informations collectées, les entreprises d'assurance, ainsi que les institutions de prévoyance et unions, peuvent obtenir communication de ces données en vue de leur traitement. Initialement le traitement de ces données ne devait servir qu'à la recherche des éventuels assurés et bénéficiaires décédés des contrats d'assurance sur la vie. Depuis le 1er janvier 2016, la finalité de ce traitement est plus large. Il doit permettre d'identifier les éventuels assurés, souscripteurs et bénéficiaires décédés des contrats d'assurance sur la vie et des bons ou contrats de capitalisation, à l'exception de ceux aux porteurs. ❑

Ancien art. L. 132-9-3 (L. nº 2007-1775 du 17 déc. 2007, art. 3) *I. — Les entreprises d'assurance mentionnées au 1º de l'article L. 310-1 du présent code ainsi que les institutions de prévoyance et unions régies par le titre III du livre IX du code de la sécurité sociale s'informent* (L. nº 2013-672 du 26 juill. 2013, art. 75) *«, au moins chaque année», dans les conditions prévues au II du présent article, du décès éventuel de l'assuré.*

II. — Les organismes professionnels mentionnés à l'article L. 132-9-2 sont autorisés à consulter les données figurant au répertoire national d'identification des personnes physiques et relatives au décès des personnes qui y sont inscrites. Les entreprises d'assurance ainsi que les institutions de prévoyance et unions mentionnées au I obtiennent de ces organismes professionnels communication de ces données en vue d'effectuer des traitements de données nominatives. Ces traitements ont pour objet la recherche des assurés et bénéficiaires des contrats d'assurance sur la vie décédés.

BIBL. ▶ RÉTIF, *RCA 2007. Focus 51.* – COURTIEU, *RCA 2008. Étude 1.* – MAYAUX, *JCP 2008. I. 106* – DELFOSSE et PÉNIGUEL, *Defrénois 2008. Doctr. 273.* – C. GRIMALDI, *Defrénois 2008. Doctr. 1645.*

Contrôle de l'ACPR. Pour des exemples de condamnation d'assureurs pour leurs manquements à leur obligation d'identifier les assurés décédés, V. : • ACPR 19 déc. 2014, *Allianz vie : procédure nº 2014-1* • 31 oct. 2014, *CNP Assurances : procédure nº 2013-5* • 7 avr. 2014, *Cardif assurance-vie : procédure 2013-03 bis* • 25 juin 2015, *Groupama Gan Vie : procédure nº 2014-9.*

Art. L. 132-9-3-1 *(L. nº 2014-617 du 13 juin 2014, art. 3-I-3º, en vigueur le 1er janv. 2016)* **Les entreprises d'assurance, les institutions de prévoyance et les unions mentionnées au I de l'article L. 132-9-3 publient chaque année, chacune pour ce qui la concerne, le nombre et l'encours des contrats non réglés. Elles précisent les démarches, le nombre de recherches et le nombre et l'encours des contrats correspondants qu'elles ont effectuées au cours de l'année en application des articles L. 132-9-2 et L. 132-9-3, ainsi que les sommes dont le versement au bénéficiaire résulte de ces démarches. Elles établissent chaque année, chacune pour ce qui la concerne, un rapport, adressé à leur demande à l'Autorité de contrôle prudentiel et de résolution et au ministre chargé de l'économie, précisant le nombre et l'encours des contrats d'assurance sur la vie et des bons et contrats de capitalisation répondant à des critères fixés par arrêté du ministre chargé de l'économie, dont les capitaux ou les rentes dus n'ont pas été versés au bénéficiaire.** — *V. art. R. 132-5-5, 2º, et A. 132-9-4 s.*

V. Instr. ACPR nº 2016-I-26 du 13 déc. 2016 sur la remise du rapport annuel obligatoire relatif aux contrats d'assurance-vie en déshérence (http://acpr.banque-france.fr).

COMMENTAIRE

Complétant l'information publique sur la lutte contre les contrats en déshérence organisée par l'article L. 132-9-4, l'article L. 132-9-3-1, issu de la loi nº 2014-617 du 13 juin 2014, impose, depuis le 1er janvier 2016, deux obligations distinctes aux entreprises d'assurance, ainsi qu'aux institutions de prévoyance et unions.

En **premier lieu**, elles doivent publier annuellement :
– le nombre et l'encours des contrats non réglés ;
– les démarches et recherches réalisées en application des demandes présentées sur le fondement de l'article L. 132-9-2 et en exécution de l'obligation de recherche de l'article L. 132-9-3.

En **second lieu**, elles doivent établir un rapport annuel, adressé à leur demande à l'ACPR et au ministre chargé de l'économie, indiquant le nombre et l'encours des contrats d'assurance sur la vie et des bons ou contrats de capitalisation dont les capitaux ou les rentes n'ont pas été versés au bénéficiaire. Cette information ne concernera toutefois que les contrats répondant à certains critères qui seront déterminés par un arrêté du ministre chargé de l'économie (V. art. A. 132-9-4 à A. 132-9-6). ❑

Art. L. 132-9-4 *(L. nº 2013-672 du 26 juill. 2013, art. 75)* **Les organismes professionnels mentionnés à l'article L. 132-9-2 publient chaque année un bilan de l'application des articles L. 132-9-2 et L. 132-9-3, qui comporte le nombre et l'encours des contrats d'assurance sur la vie, souscrits auprès de leurs membres, répondant à des critères fixés par arrêté du ministre chargé de l'économie, dont les capitaux ou les rentes dus n'ont pas été versés au bénéficiaire.** – *V. art. A. 132-9-4 s.*

COMMENTAIRE

Afin de s'assurer de l'effectivité de la lutte contre les contrats en déshérence, la loi nº 2007-1775 du 17 décembre 2007 avait imposé au Gouvernement de déposer devant le Parlement avant le 1er janvier 2009 « un rapport sur la désignation des bénéficiaires des contrats d'assurance sur la vie et la recherche des bénéficiaires des contrats non réclamés et en déshérence ». Ce rapport devait notamment examiner la mise en œuvre des articles L. 132-9-1 à L. 132-9-3. Finalement, après quelques retards, ce rapport a été déposé le 26 juin 2009.

Depuis, la loi nº 2013-672 du 26 juillet 2013 a transféré aux entreprises d'assurance, ainsi qu'aux institutions de prévoyance et unions, la charge de rédiger un annuellement un rapport. Il permet de faire le bilan sur les démarches réalisées et sur le nombre et l'encours des contrats d'assurance-vie dont les capitaux n'ont pas été versés au bénéficiaire. ❑

Art. L. 132-9-5 *(L. nº 2016-1691 du 9 déc. 2016, art. 115-I)* **Les entreprises d'assurance proposant des contrats d'assurance-vie dont les prestations sont liées à la cessation d'activité professionnelle informent annuellement les assurés ayant dépassé la date de liquidation de leur pension dans un régime obligatoire d'assurance-vieillesse ou, à défaut, celle mentionnée à l'article L. 161-17-2 du code de la sécurité sociale, de la possibilité de liquider les prestations au titre du contrat.**

Elles établissent chaque année, chacune pour ce qui la concerne, un rapport adressé à l'Autorité de contrôle prudentiel et de résolution et au ministre chargé de l'économie, précisant le nombre et l'encours des contrats non liquidés pour lesquels l'adhérent a dépassé l'âge de départ en retraite, ainsi que les moyens mis en œuvre pour les en informer.

L'Autorité de contrôle prudentiel et de résolution remet, avant le 1er juin 2018, un rapport au Parlement présentant, pour les années 2016 et 2017, un bilan décrivant les actions menées pour contrôler le respect par les entreprises d'assurance, les institutions de prévoyance et les mutuelles et unions du code de la mutualité de l'obligation d'information mentionnée aux art. L. 132-9-4 [L. 132-9-5] C. assur. et L. 223-10-4 C. mut., dans leur rédaction résultant de l'art. 115 de la L. nº 2016-1691 du 9 déc. 2016 (L. préc., art. 115-III).

V. Instr. ACPR nº 2017-I-15 du 24 juill. 2017 sur la remise du rapport annuel obligatoire relatif aux contrats d'assurance-vie dont les prestations sont liées à la cessation d'activité professionnelle (acpr.banque-france.fr).

Art. L. 132-9-6 *(L. nº 2021-219 du 26 févr. 2021, art. 1er)* **Les entreprises d'assurance adressent par voie électronique, au moins une fois par an, au groupement mentionné au premier alinéa de l'article L. 161-17-1 du code de la sécurité sociale les informations nécessaires à la mise en œuvre des dispositions de l'article L. 224-7-1 du code monétaire et financier.**

Art. L. 132-10 *(Ord. nº 2006-346 du 23 mars 2006, art. 51)* **La police d'assurance peut être donnée en nantissement soit par avenant, soit par acte soumis aux formalités des articles 2355 à 2366 du code civil.** – *Assur. L. 111-2.*

(L. nº 2007-1775 du 17 déc. 2007, art. 8-II) **« Quand l'acceptation du bénéficiaire est antérieure au nantissement, ce dernier est subordonné à l'accord du bénéficiaire.**

« Quand l'acceptation du bénéficiaire est postérieure au nantissement, celle-ci est sans effet à l'égard des droits du créancier nanti.

« Sauf clause contraire, le créancier nanti peut provoquer le rachat nonobstant l'acceptation du bénéficiaire. »

BIBL. ▸ RÉTIF, *RCA 2006. Focus 28.* – LEBLOND, *RCA 2008. Étude 3.* – LEROY, *JCP N 2015. 1232.*

COMMENTAIRE

Parce que les contrats d'assurance sur la vie constituent fréquemment un instrument d'épargne important pour les souscripteurs, ces derniers peuvent souhaiter les apporter en garantie au soutien d'une demande de prêt. Tenant compte de la modification terminologique effectuée par l'ordonnance n° 2006-346 du 23 mars 2006, qui définit dorénavant, à l'article 2355 du code civil, le nantissement comme « l'affectation, en garantie d'une obligation, d'un bien meuble incorporel ou d'un ensemble de biens meubles incorporels, présents ou futurs », l'article L. 132-10 autorise expressément le nantissement des contrats d'assurance sur la vie. Cela étant, cet article est beaucoup plus disert sur les conditions du nantissement d'un tel contrat (I) que sur ses effets (II).

I. LES CONDITIONS DU NANTISSEMENT

A. LA FORME DU NANTISSEMENT

Initialement, l'article L. 132-10 prévoyait que le contrat d'assurance-vie pouvait être donné en nantissement soit par avenant, soit par acte sous seing privé ou par acte authentique, soit encore par endossement. Toutefois, depuis la loi n° 2007-1775 du 17 décembre 2007, l'article L. 132-6 dispose que la police d'assurance sur la vie ne peut être ni à ordre, ni au porteur. Subséquemment, cette même loi a supprimé la possibilité de nantir un contrat d'assurance-vie par endossement. Dorénavant, le nantissement ne peut donc prendre la forme que :

– d'un avenant conclu entre le souscripteur, l'assureur et le créancier bénéficiaire du nantissement ;

– d'un acte sous seing privé ou d'un acte authentique qui est opposable à l'assureur soit par notification soit par intervention de celui-ci à l'acte.

Par ailleurs, si la jurisprudence passée a pu imposer la remise de la police d'assurance au créancier nanti en se fondant sur l'ancien article 2076 du code civil (Civ. 2e, 22 févr. 2007 : *V. note 1*), cette exigence paraît écartée depuis la réforme du droit des sûretés de 2006, puisqu'elle n'a pas repris la règle de cet article et aménage le nantissement sans dépossession.

B. LE CONSENTEMENT DU BÉNÉFICIAIRE

L'ordonnance du 23 mars 2006 n'a pas envisagé la question de l'incidence de l'acceptation du bénéficiaire sur la faculté de donner un contrat d'assurance-vie en nantissement. Ce point a été résolu par la loi n° 2007-1775 du 17 décembre 2007 qui distingue deux situations :

– si l'acceptation du bénéficiaire est antérieure au nantissement, l'accord du bénéficiaire est nécessaire ;

– si l'acceptation du bénéficiaire est postérieure au nantissement, l'accord du bénéficiaire est sans effet sur les droits du créancier nanti.

Conformément à l'article 8 de la loi du 17 décembre 2007, ces nouvelles dispositions s'appliquent aux contrats en cours n'ayant pas encore, à la date de publication de la loi, donné lieu à acceptation du bénéficiaire.

C. LE CONSENTEMENT DE L'ASSURÉ

Si l'assuré est distinct du souscripteur, l'article L. 132-2 requiert le consentement de l'assuré, sous peine de nullité du nantissement.

II. LES EFFETS DU NANTISSEMENT

A. LE FONCTIONNEMENT DU CONTRAT

1. LA FACULTÉ DE RENONCIATION

Conformément aux articles L. 132-5-1 et L. 132-5-2, le souscripteur d'un contrat d'assurance-vie peut renoncer au contrat dans un délai de trente jours à compter de la date où il a été informé de la conclusion du contrat ou du jour où l'assureur lui a délivré toutes les informations imposées par la loi. Cette faculté de renonciation, justifiée par la volonté de protéger le souscripteur, n'est pas remise en cause par un nantissement du contrat intervenu avant l'expiration du délai de renonciation (Civ. 2e, 22 oct. 2009 : *V. note 1*). Il appartient dès lors à l'établissement prêteur, soucieux de bénéficier d'un nantissement sur un contrat d'assurance-vie, d'attendre l'expiration de ce délai et de vérifier que l'assureur a bien exécuté son obligation d'information.

2. LA FACULTÉ D'ARBITRAGE

Classiquement, lorsque le contrat est libellé en unités de compte, le souscripteur peut effectuer des arbitrages entre les supports, afin d'optimiser son contrat. Cela étant, lorsque le contrat d'assurance est nanti, les arbitrages effectués par le souscripteur peuvent diminuer la valeur du contrat et nuire aux intérêts du créancier nanti, s'ils se révèlent mauvais. Pour autant, la Cour de cassation a estimé que la constitution du nantissement n'entraînait, sauf clause contraire, aucune restriction dans les droits du souscripteur dans la gestion de son contrat.

B. LA RÉALISATION DU NANTISSEMENT

La réalisation du nantissement au profit du créancier nanti, varie dans ses modalités, selon la date d'échéance du contrat et de celle de la créance garantie.

– **Si les deux dates concordent**, la situation ne présente pas de difficultés : le créancier nanti peut percevoir la prestation de l'assureur à hauteur du montant de sa créance.

– **Si la créance garantie est exigible avant que le contrat d'assurance arrive à échéance**, on s'est demandé si le créancier nanti pouvait demander le rachat du contrat. Or, la réponse à cette question ne s'est pas imposée puisque le rachat du contrat constitue une prérogative personnelle du souscripteur. Avant l'intervention du législateur en 2007, la jurisprudence avait admis la validité d'une délégation de la faculté de rachat au créancier, au motif que le souscripteur était libre de disposer de cette faculté en considération de ses intérêts (Civ. 1re, 4 déc. 2001 : *V. note 4*). Depuis, la loi du 17 décembre 2007, l'article L. 132-10 prévoit expressément que, sauf clause contraire, le créancier nanti peut « provoquer » le rachat nonobstant l'acceptation du bénéficiaire. Cette formule peut néanmoins paraître ambiguë. Le législateur reconnaît simplement au créancier le droit de provoquer le rachat et non de procéder au rachat. Cela pourrait laisser entendre qu'il pourrait simplement contraindre le souscripteur à exercer, à son profit, la faculté de rachat (V. N. Leblond, Le nantissement d'assurance-vie réformé en catimini, *RCA 2008. Étude 3, n° 13*).

– **Si le contrat d'assurance arrive à échéance avant que la créance soit exigible**, les dispositions de l'article 2364, alinéa 2, du code civil sont applicables : l'assureur doit en conséquence consigner le montant de sa prestation jusqu'à ce que la créance devienne exigible. ❑

I. NANTISSEMENT DU CONTRAT D'ASSURANCE-VIE

1. Remise de la police – Jurispr. ant. à l'Ord. du 23 mars 2006. L'art. L. 132-10, qui prévoit des modalités spécifiques en matière de constitution de gage, ne déroge pas pour autant aux règles applicables en matière de nantissement des créances lesquelles exigent, pour que le privilège subsiste sur le gage, que celui-ci ait été mis et soit resté en la possession du créancier, ou d'un tiers convenu entre les parties. Dès lors l'arrêt, qui a constaté que le créancier n'était pas en possession du titre, en a exactement déduit que la banque ne disposait pas d'un gage valide. • Civ. 2e, 22 févr. 2007, n° 05-21.350 : *RGDA 2007. 376, note Mayaux.*

2. Incidence du nantissement sur la faculté de renonciation. Le nantissement du contrat n'entrave pas le libre exercice de la faculté de renonciation. • Civ. 2e, 22 oct. 2009 : *RGDA 2010. 121, note Mayaux* • 8 mars 2012 : *RGDA 2012. 769, obs. Kullmann.*

3. Incidence du nantissement sur la faculté d'arbitrage. Ayant relevé que les polices souscrites réservaient au seul souscripteur le choix de la répartition de ses versements entre les différents supports financiers qui lui étaient proposés et que les actes de nantissement ne comportaient à cet égard aucune clause restrictive en faveur du créancier nanti, une cour d'appel a exactement décidé qu'en l'absence de stipulation expresse l'y autorisant, celui-ci s'était fautivement opposé à l'exécution de l'ordre litigieux et que les assureurs avaient aussi manqué à leurs obligations en se soumettant à son veto. • Com. 12 juill. 2005, n° 04-10.214 P : *RGDA 2005. 987, note Kullmann ; JCP 2005. I. 185, note Delebecque.*

4. Délégation de la faculté de rachat – Jurispr. ant. à la loi du 17 déc. 2007. L'acte de nantissement stipulant une délégation de la faculté de rachat attachée au contrat d'assurance au bénéfice du créancier gagiste, une cour d'appel a, à bon droit, admis ce créancier à exercer cette faculté, dont le souscripteur du contrat est libre de disposer en considération de ses intérêts notamment pour faire de son contrat un instrument de crédit et dont la mise en œuvre n'est constitutive ni d'appropriation ni de disposition du gage au sens de l'art. 2078 C. civ. • Civ. 1re, 4 déc. 2001, n° 98-23.238 P : *D. 2002. 2980, note Bros ; RGDA 2002. 163, note Kullmann ; JCP E 2002, n° 12, p. 521, note Gourio.* • 28 févr. 2006, n° 02-10.602 P : *D. 2006. 2066, obs. Revel.*

5. Incidence du nantissement sur la prescription. Le nantissement n'implique aucun acte de dépossession de nature à manifester la reconnaissance non équivoque par le débiteur du droit de celui contre lequel il prescrivait. • Civ. 1re, 11 mai 2017, n° 16-12.811 : *RGDA 2017. 444, note Mayaux.*

6. *Droit exclusif au paiement.* Il résulte de l'art. 2363 C. civ. et de l'art. L. 132-10 C. assur. que le créancier bénéficiaire d'un nantissement de contrat d'assurance-vie rachetable, qui peut provoquer le rachat, dispose d'un droit exclusif au paiement de la valeur de rachat, excluant ainsi tout concours avec les autres créanciers du souscripteur, même privilégiés. Dès lors, viole ces articles, la cour d'appel qui, pour condamner l'assureur à verser au comptable public le montant visé par l'avis à tiers détenteur, retient que, s'agissant des contributions directes, le privilège du Trésor, bien que général, doit, en raison de son rang, s'exercer avant tout autre et primer le nantissement de la créance du souscripteur sur l'assureur au profit de la banque, quelle que soit la date à laquelle ce dernier a été constitué et que le comptable peut exercer immédiatement la faculté de rachat, aux lieu et place de la banque ou du souscripteur. • Civ. 2e, 2 juill. 2020, n° 19-11.417 : *RGDA août-sept. 2020. 41, note Mayaux; JCP 2020. 1052, n° 15, note Delebecque; D. 2020, 1940, note Pellier ; ibid. 1917 , n° 20, note Ansault; Dalloz actu. 28 juill. 2020, note Bigot; RTD civ. 2020. 529, note Gisbers* • Civ. 2e, 17 sept. 2020, n° 19-10.420 : *D. 2020. 1836 ; RTD civ. 2020. 946, obs. Cayrol ; RCA 2020, n° 196, note Pierre; ibid. 2022, chron. 4, n° 11, note Groutel; Dalloz actu. 12 sept. 2020, note Bigot; bjda.fr 2020, n° 71, note Roumélian* • Civ. 2e, 10 déc. 2020, n° 19-19.340 : *RGDA févr. 2021. 28, note Mayaux.*

II. DÉLÉGTION DE CRÉANCE

7. *Droit exclusif au paiement.* Si la créance du délégant sur le délégué s'éteint seulement par le fait de l'exécution de la délégation, ni le délégant ni ses créanciers ne peuvent, avant la défaillance du délégué envers le délégataire, exiger le paiement, de sorte que l'avis à tiers détenteur effectué entre les mains du délégué par le créancier du délégant ne peut avoir pour effet de priver le délégataire, dès son acceptation, de son droit exclusif à un paiement immédiat par le délégué, sans concours avec le créancier saisissant. • Com. 16 déc. 2020, n° 18-24.564 : *RGDA févr. 2021.28, note Mayaux.*

Art. L. 132-11 **Lorsque l'assurance en cas de décès a été conclue sans désignation d'un bénéficiaire,** *(L. n° 81-5 du 7 janv. 1981)* **« le capital ou la rente garantis font partie du patrimoine ou » de la succession du contractant.**

COMMENTAIRE

L'article L. 132-11 envisage les conséquences (II) de l'absence de bénéficiaire d'un contrat d'assurance-vie (I).

I. LES HYPOTHÈSES D'ABSENCE DE BÉNÉFICIAIRE

Littéralement, l'article L. 132-11 ne s'applique qu'en l'absence de bénéficiaire lors de la conclusion du contrat. Mais, en réalité, le domaine de cet article peut être étendu à toutes les hypothèses de défaut de bénéficiaire.

L'article L. 132-11 peut donc s'appliquer en cas de révocation du bénéficiaire sans nouvelle désignation ou d'invalidité de la désignation.

De même, il peut s'appliquer en cas de suspension de la désignation du bénéficiaire pendant toute la période de nantissement du contrat d'assurance. Le créancier nanti n'étant pas le bénéficiaire du contrat, dernier est réputé sans bénéficiaire désigné si le débiteur assuré décède avant le remboursement de sa dette (Civ. 2e, 9 févr. 2012 : *V. note 3*).

Par ailleurs, il peut s'appliquer en cas de caducité de la désignation (art. L. 132-9). A ce propos, on a pu s'interroger sur le sort du contrat d'assurance-vie lorsque l'assuré et le bénéficiaire décèdent dans le même événement. Avant l'adoption de la loi n° 2001-1135 du 3 décembre 2001, la jurisprudence avait refusé d'appliquer la théorie des comourants des anciens articles 720 et suivants du code civil (Civ. 1re, 11 oct. 1988 : *V. note 2*). En effet, cette théorie ne s'appliquait qu'aux successions *ab intestat*. Elle devait dès lors être écartée pour les contrats d'assurance-vie, puisqu'ils reposent sur une stipulation pour autrui. Depuis l'adoption de la loi du 3 décembre 2001, l'article 725-1 du code civil dispose que « lorsque deux personnes, dont l'une avait vocation à succéder à l'autre, périssent dans un même événement, l'ordre des décès est établi par tous moyens. Si cet ordre ne peut être déterminé, la succession de chacune d'elles est dévolue sans que l'autre y soit appelée ». Or, dans la mesure où l'article L. 132-9, alinéa 4, prévoit que l'attribution à titre gratuit d'une assurance-vie est conditionnée à la survie du bénéficiaire à l'époque de l'exigibilité, il appartient aux héritiers du bénéficiaire de prouver que celui-ci est décédé après l'assuré. S'ils rapportent une telle preuve, ils pourront prétendre au bénéfice de l'assurance dans les conditions prévues par la jurisprudence (V. comm. ss. art. L. 132-9). A défaut, le contrat sera devenu sans bénéficiaire (Civ. 2e, 1er juin 2011 : *V. note 2*).

II. LES CONSÉQUENCES DE L'ABSENCE DE BÉNÉFICIAIRE

En l'absence de bénéficiaire du contrat, le capital ou la rente garantis font partie du patrimoine ou de la succession du souscripteur. Dans cette dernière hypothèse, son héritier ne peut se prévaloir d'un dégrèvement fiscal au titre du capital versé par la compagnie d'assurance (Civ. 1re, 16 févr. 1983 : *V. note 1*). ❑

1. *Absence de bénéficiaire.* Celui qui recueille la succession du souscripteur d'un contrat ne comportant aucune désignation, même implicite, d'un bénéficiaire quelconque pour l'attribution du capital garanti doit être débouté de sa demande de dégrèvement fiscal quant aux droits de succession relatifs au capital versé par la compagnie d'assurances. • Civ. 1re, 16 févr. 1983 : *Bull. civ. I, n° 63 ; RGAT 1983. 534.*

2. *Comourants.* Les décès simultanés de l'assuré et du bénéficiaire d'une assurance accident corporel ont pour conséquence qu'au moment du décès de l'assuré le contrat est devenu sans bénéficiaire déterminé de sorte que le capital-décès faisait partie de la succession du contractant. • Civ. 2e, 1er juin 2011, n° 10-30.430 P : *D. 2012. 1980, obs. Groutel ; AJ fam. 2011. 386, obs. Vernières ; RTD civ. 2011. 544, obs. Jourdain ; RCA 2011. Étude 13, note Pierre.* ♦ V. avant la L. du 3 déc. 2001 : les présomptions des art. 720 à 722 C. civ. (relatives aux comourants) sont de droit strict et inapplicables pour la détermination des droits du bénéficiaire d'une assurance sur la vie. • Civ. 1re, 11 oct. 1988, n° 86-17.322 P : *D. 1989. 333, note Breton ; D. 1989. Somm. 245, obs. Berr ; RCA 1989. 34 ; RGAT 1989. 98, note Aubert ; Defrénois 1989, art. 34422, note Breton.*

3. *Nantissement.* La suspension de la désignation initiale des bénéficiaires du contrat d'assurance sur la vie, par une clause de l'avenant de mise en gage de ce contrat, rend nécessairement inapplicables les dispositions de l'art. L. 132-12 C. assur. au versement des fonds à la banque en application de cet avenant, la banque, créancier gagiste, n'ayant en effet, nonobstant cette clause, pas été instituée pour autant comme bénéficiaire du contrat d'assurance sur la vie à la place des héritières. Dès lors, par suite du gage et pendant la durée de la suspension de la désignation des bénéficiaires, l'administration fiscale est en droit d'opposer aux héritiers les dispositions de l'art. L. 132-11 C. assur., selon lequel lorsque l'assurance en cas de décès a été conclue sans désignation d'un bénéficiaire, le capital ou la rente garantis font partie du patrimoine ou de la succession du contractant. • Civ. 2e, 9 févr. 2012 : *RGDA 2012. 759, obs. Mayaux.*

Art. L. 132-12 *(L. n° 81-5 du 7 janv. 1981)* **« Le capital ou la rente stipulés » payables lors du décès de l'assuré à un bénéficiaire déterminé ou à ses héritiers ne font pas partie de la succession de l'assuré. Le bénéficiaire, quelles que soient la forme et la date de sa désignation, est réputé y avoir eu seul droit à partir du jour du contrat, même si son acceptation est postérieure à la mort de l'assuré.**

BIBL. ▶ RAFFRAY, *RCA 1997. Chron. 26.*

COMMENTAIRE

Traditionnellement justifié par la théorie de la stipulation pour autrui, le contrat d'assurance en cas de décès accorde au bénéficiaire un droit propre et direct à l'encontre de l'assureur. Par une sorte de fiction juridique, le bénéficiaire est réputé en être titulaire dès la conclusion du contrat. Ce droit propre, direct et immédiat emporte plusieurs conséquences.

I. L'EXCLUSION DE LA SUCCESSION DE L'ASSURÉ

En premier lieu, selon les termes de l'article L. 132-12, le capital ou la rente garantis « ne font pas partie de la succession de l'assuré ». Le législateur a donc uniquement envisagé la situation dans laquelle le souscripteur est également l'assuré. En effet, lorsque l'assuré n'est ni souscripteur ni bénéficiaire, ses héritiers ne peuvent en aucun cas prétendre avoir des droits sur le capital ou la rente garantis. Le bénéficiaire risque seulement d'être en conflit avec le souscripteur. Néanmoins, malgré la rédaction de l'article L. 132-12, la reconnaissance d'un droit propre et direct au bénéficiaire devrait permettre de faire prévaloir les droits du bénéficiaire dans toutes les hypothèses.

Par ailleurs, l'exclusion du capital ou de la rente de la succession du souscripteur assuré reste dépendante de la volonté de celui-ci. En effet, ainsi que l'a exposé la Cour de cassation, les juges du fond doivent rechercher si le défunt n'avait pas souhaité intégrer son contrat d'assurance-vie dans sa succession et ensuite en gratifier les bénéficiaires (Civ. 1re, 10 oct. 2012, et Civ. 1re, 20 mars 2013 : *V. note 2*). Si tel est le cas, il faudrait sans doute admettre que le souscripteur avait entendu stipuler pour lui-même et ensuite léguer le capital de l'assurance aux bénéficiaires désignés.

II. LES CONTRATS SOUSCRITS PAR DES PERSONNES MARIÉES

En second lieu, la reconnaissance d'un droit propre, direct et immédiat a pu avoir une influence – contrastée néanmoins – sur le traitement juridique des contrats d'assurance-vie souscrits par une personne mariée. Ainsi, la Cour de cassation a pu admettre, à propos d'un contrat alimenté par des prélèvements sur les gains et salaires du souscripteur, que celui-ci pouvait librement révoquer son conjoint, bénéficiaire initial, au profit d'un tiers, puisque la communauté ne pouvait se prévaloir d'une créance sur la compagnie d'assurance (Cass., ass. plén., 12 déc. 1986, arrêt *Pelletier* : *V. note 3*). Cette solution est fondée sur l'article L. 132-12 : la créance sur la compagnie d'assurance a été acquise au seul profit des bénéficiaires dès la conclusion du contrat (V. comm. ss. art. L. 132-8).

Mais, en parallèle, la Cour de cassation a estimé, à propos d'un contrat d'assurance mixte souscrit par un époux et alimenté à l'aide de deniers communs, que la valeur de la police devait faire partie de l'actif de la communauté, alors même que ce contrat n'était pas encore dénoué lors de l'assignation en divorce (Civ. 1re, 31 mars 1992, arrêt *Praslicka* : *V. note 6*). Or, selon l'article L. 132-12, le bénéficiaire est le seul à avoir droit au capital ou à la rente stipulés. Au moment de l'assignation en divorce, on ne pouvait savoir si le contrat allait se dénouer par le décès ou la survie de l'assuré. La solution de l'arrêt *Praslicka* ignore cette règle du droit des assurances. Cette solution est d'autant plus importante qu'elle devrait s'appliquer à tous les contrats d'assurance-vie non dénoués, à l'exception des contrats ne comportant pas de valeur déterminable, notamment parce qu'ils ne sont pas rachetables. Dans ce cas, la communauté ne pourra avoir qu'un droit à récompense (Civ. 1re, 10 juill. 1996 : *V. note 8*).

Il est à noter, par ailleurs, qu'après avoir appliqué la jurisprudence *Praslicka* aux contrats de retraite complémentaire, sans valeur de rachat, non dénoués lors de la dissolution de la communauté, en affirmant que la valeur de ces contrats faisait partie de l'actif de la communauté (Civ. 1re, 23 mai 2006 : *V. note 9*), la Cour de cassation a opéré un revirement de jurisprudence et estime désormais que ces contrats doivent être qualifiés de biens propres par nature (Civ. 1re, 30 avr. 2014 : *V. note 9*).

1. Contrat de capitalisation. Les dispositions des art. L. 132-12 et L. 132-13 C. assur. ne s'appliquent pas aux contrats de capitalisation. • Civ. 1re, 18 juill. 2000 : *RCA 2000, no 379 ; ibid. Chron. 28, note Courtieu. – Adde* Mayaux, *RGDA 2000. 767*. – Ghestin et Billiau, *JCP 2001. I. 329*.

2. Incidence de la volonté du souscripteur. Après avoir relevé que le testament énonce que le défunt déclare léguer le capital du contrat d'assurance-vie à sa fille et aux deux enfants de celle-ci, c'est par une appréciation souveraine de sa volonté qu'une cour d'appel a admis que le souscripteur avait entendu inclure ce capital dans sa succession et en gratifier les bénéficiaires désignés. • Civ. 1re, 10 oct. 2012 : *D. 2012. 2449 ; AJ fam. 2012. 627, obs. Vernières ; Gaz. Pal. 30 nov. 2012, obs. Leducq ; RGDA 2013. 161, obs. Mayaux ; RCA 2013, no 72, note Pierre.* ♦ Inversement, c'est dans l'exercice de son pouvoir souverain qu'une cour d'appel, recherchant la volonté du testateur, a, sans se contredire, estimé que celui-ci n'avait pas entendu que le capital d'assurance-vie soit pris en considération pour le calcul de la réserve et de la quotité disponible. • Civ. 1re, 20 mars 2013 : *RGDA 2013. 673, note Mayaux.* ♦ V. dans la même affaire : • Civ. 1re, 8 juill. 2010, no 09-12.491 P : *RGDA 2010. 1128, note Mayaux ; Defrénois 2011, art. 39225, note Vareille.*

3. Changement de bénéficiaire par l'un des époux. Un mari commun en biens ayant souscrit un contrat d'assurance sur la vie, initialement au profit de son épouse, puis au bénéfice de tiers, cette substitution de bénéficiaire est opposable à l'épouse évincée qui ne peut invoquer à son profit les art. 224 et 1422 C. civ. • Cass., ass. plén., 12 déc. 1986, no 84-17.867 P : *D. 1987. 269, note Ghestin ; JCP 1987. II. 20760, concl. Cabannes, note Boyer ; Defrénois 1987. 541, note Aubert ; RGAT 1987. 254, note Aubert.* ♦ En application de l'art. L. 132-12 C. assur., la créance sur la société d'assurance, née en raison du décès de l'assuré, est acquise au seul profit des bénéficiaires désignés en dernier lieu, de sorte que les dispositions de l'art. 1421 C. civ. ne s'appliquaient pas à l'attribution du capital-décès. Ainsi, la substitution de bénéficiaire, opérée par une femme mariée sous le régime de la communauté universelle au profit de ses frères et sœurs et au détriment de son époux, est opposable à l'époux évincé. • Civ. 1re, 12 déc. 2006 : *RGDA 2007. 163, note Bigot.*

4. Droit à récompense de la communauté. Lorsqu'un conjoint survivant, marié sous le régime légal et désigné bénéficiaire en premier lieu de contrats d'assurance-vie, est décédé sans en avoir accepté le bénéfice, l'enfant désigné bénéficiaire en dernier lieu et acceptant est, en application de l'art. L. 132-12 C. assur., réputé avoir droit aux sommes stipulées aux contrats à partir du jour de leur souscription. Il en résulte que les dispositions de l'art. L. 132-16 C. assur. ne sont pas applicables et qu'en vertu de l'art. 1437 C. civ., la succession du souscripteur des contrats est redevable envers la communauté des deniers communs ayant servi à acquitter une charge contractée dans l'intérêt personnel de celui-ci. • 22 mai 2007, no 05-18.516

P : *Gaz. Pal. 2008. 1838, note Leducq.* ♦ De même, prive sa décision de base légale la cour d'appel qui, affirme que la nature d'assurance-vie des contrats en cause souscrits par un époux au profit, en cas de décès de l'assuré, de « son conjoint, ses enfants nés ou à naître ou à défaut ses héritiers » n'est pas discutée et que, souscrits au moyen de deniers communs au profit du conjoint survivant, ils n'ouvrent pas droit à récompense au profit de la communauté, sauf primes excessives, ce qui n'est pas le cas, sans rechercher si, du fait du pré décès de son épouse, ces contrats n'avaient pas profité qu'à la fille du souscripteur de sorte que sa succession serait débitrice envers la communauté si des deniers communs avaient servi à acquitter une charge contractée dans l'intérêt personnel de celui-ci. • Civ. 1re, 19 déc. 2012, n° 11-21.703 P : *RCA 2013, n° 199, note Delpérier; RGDA 2013. 378, note Mayaux.*

5. *Droit à récompense d'un époux.* Un organisme prêteur, bénéficiaire du contrat d'assurance souscrit lors de la conclusion d'un emprunt consenti à deux époux communs en biens, a seul droit à l'indémnité destinée à rembourser le prêt contracté par les époux, l'indemnité n'ayant jamais fait partie du patrimoine de la victime de l'accident. C'est dès lors à bon droit qu'une cour d'appel énonce que la dette de la communauté n'a pas été éteinte à l'aide de deniers propres du mari et que le patrimoine de celui-ci ne s'était pas appauvri, de sorte qu'aucun droit à récompense n'était né à son profit. • Civ. 1re, 1er déc. 1987 : *RGAT 1988. 533.*

6. *Contrat d'assurance-vie mixte avec valeur de rachat non dénoué lors de la dissolution de la communauté.* Encourt la cassation la décision selon laquelle ne doit pas récompense à la communauté le mari divorcé qui a reçu le capital d'une assurance-vie mixte postérieurement à l'assignation en divorce, alors que les primes ont été payées avec des fonds communs jusqu'à la dissolution de la communauté, si bien que la valeur de la police faisait partie de l'actif de celle-ci, et cela bien que les primes payées n'aient pas été disproportionnées par rapport au salaire du mari. • Civ. 1re, 31 mars 1992 : *RGAT 1993. 136, note Aubert; JCP 1993. II. 22059, note Aubry; ibid. I. 3718, note Bigot; Defrénois 1992, art. 25349, note Champenois; ibid. 1993, art. 35481, note Lucet et Vareille; RCA 1992. 246.* ♦ Viole les art. 1397, 1441 et 1442, al. 1er, C. civ., le premier dans sa rédaction antérieure à celle issue de la L. n° 2006-728 du 23 juin 2006, la cour d'appel qui, pour procéder au partage de la communauté après le divorce des époux, retient la valeur des contrats d'assurance-vie souscrits pendant la communauté à la date du jugement du divorce définitif, alors que la communauté avait été dissoute par le jugement homologuant le changement de régime matrimonial des époux pour le régime de la séparation de biens et qu'il devait donc être tenu compte dans les opérations de partage de la valeur des contrats au jour de la dissolution. • Civ. 1re, 15 mai 2013 : *RGDA 2013. 943, note Mayaux.*

7. *Contrat d'assurance-vie co-souscrit avec dénouement au second décès et avec valeur de rachat non dénoué lors de la dissolution de la communauté.* Le contrat s'étant poursuivi avec le conjoint survivant en qualité de seul souscripteur, il en résultait qu'il ne s'était pas dénoué au décès de l'épouse, que sa valeur constituait un actif de communauté et que la moitié de celle-ci devait être réintégrée à l'actif de la succession de la défunte. • Civ. 1re, 26 juin 2019, n° 18-21.383 P : *RGDA août-sept. 2019. 34, note Robineau; AJ fam 2019. 475, obs. Hilt; RCA 2019, n° 255 et étude 10, note Gayet; RTD civ. 2019. 636, note Grimaldi; bjda.fr 2019, n° 64, note Zalewski-Sicard.*

8. *Contrat d'assurance temporaire en cas de décès sans valeur de rachat non dénoué lors de la dissolution de la communauté.* En cas de révocation par un époux commun en biens de la désignation de son conjoint comme bénéficiaire du capital prévu par un contrat d'assurance-vie devant être versé en cas de décès du souscripteur, et de substitution d'un tiers, le bénéficiaire désigné en dernier lieu est réputé avoir droit, en application de l'art. L. 132-12, aux sommes stipulées au contrat à partir du jour de sa souscription. Toutefois, en vertu de l'art. 1437 C. civ., l'époux souscripteur est redevable envers la communauté des deniers communs ayant servi à acquitter une charge contractée dans son intérêt personnel. • Civ. 1re, 10 juill. 1996, n° 94-18.733 P : *RCA 1996. Étude 39, note Courtieu; RGDA 1996. 693, note Bigot; Defrénois 1997. 1080, note Champenois.*

9. *Contrat de retraite complémentaire sans valeur de rachat non dénoué lors de la dissolution de la communauté.* Ayant relevé que le contrat, au titre duquel les sommes étaient réclamées, ouvrait droit à une retraite complémentaire de cadre dont le bénéficiaire ne pouvait prétendre qu'à la cessation de son activité professionnelle, une cour d'appel, qui a ainsi caractérisé un propre par nature, a rejeté, à bon droit, la demande tendant à inclure dans l'actif de la communauté le montant des sommes litigieuses. • Civ. 1re, 30 avr. 2014, n° 12-21.484 P : *D. 2015. 1242, note Pierre; RGDA 2014. 352, note Mayaux; RTD civ. 2014. 936, note Vareille; AJ fam. 2014. 382, note Hilt; JCP N 2015. 1001, n° 11, note Simler.* ♦ V. égal. : • Civ. 1re, 1er févr. 2017, n° 16-11.599 : *RGDA 2017. 209, note Mayaux.* ♦ *Contra* : la valeur d'un contrat de retraite complémentaire souscrit par un époux, dont les cotisations ont été payées avec des fonds communs jusqu'à la dissolution de la communauté et dont les droits seront nécessairement attribués après la dissolution au souscripteur ou au bénéficiaire désigné, fait partie de l'actif de la communauté. Dès lors, il doit être tenu compte dans les opérations de partage de la valeur de ce contrat au jour de la dissolution de la communauté. • Civ. 1re, 23 mai 2006, n° 05-11.512 P : *JCP 2006. I. 193, n° 11, note Simler ; RTD civ. 2008. 141, note Vareille*.

10. Valeur du contrat prise en compte pour le calcul de la participation du bénéficiaire de l'allocation personnalisée d'autonomie. Un contrat d'assurance relevant des art. L. 132-12 et L. 132-13 se caractérise notamment par une créance que détient le souscripteur à l'égard d'un assureur qui s'oblige à lui verser, en cas de vie, un capital ou une rente. Ce contrat, auquel a souscrit le bénéficiaire de l'allocation personnalisée d'autonomie, doit être regardé, pour l'appréciation de ses ressources, comme relevant des biens non productifs de revenus, au sens des art. L. 132-1 et R. 132-1 CASF et comme relevant des biens et capitaux qui ne sont ni exploités ni placés au sens de l'art. R. 232-5 de ce code. Par suite, le calcul de sa participation doit tenir compte de la valeur de ce contrat prévue à l'art. L. 132-21 C. assur., conformément aux dispositions des art. R. 232-5 et R. 132-1 CASF, sans que puisse y faire obstacle le fait que les primes versées à l'assureur ont été placées par lui ou produisent des intérêts capitalisés, et que les sommes correspondantes sont provisoirement indisponibles. • CE 7 juin 2010 : *RGDA 2010. 1118, note Bigot*.

11. Nantissement. La suspension de la désignation initiale des bénéficiaires du contrat d'assurance sur la vie, par une clause de l'avenant de mise en gage de ce contrat, rend nécessairement inapplicables les dispositions de l'art. L. 132-12 C. assur. au versement des fonds à la banque en application de cet avenant, la banque, créancier gagiste, n'ayant en effet, nonobstant cette clause, pas été instituée pour autant comme bénéficiaire du contrat d'assurance sur la vie à la place des héritières. Dès lors, par suite du gage et pendant la durée de la suspension de la désignation des bénéficiaires, l'administration fiscale est en droit d'opposer aux héritières de la souscriptrice les dispositions de l'art. L. 132-11 C. assur., selon lequel lorsque l'assurance en cas de décès a été conclue sans désignation d'un bénéficiaire, le capital ou la rente garantis font partie du patrimoine ou de la succession du contractant. • Civ. 2e, 9 févr. 2012 : *RGDA 2012. 759, obs. Mayaux*.

Art. L. 132-13 *(L. n° 81-5 du 7 janv. 1981)* **Le capital ou la rente payables au décès du contractant à un bénéficiaire déterminé ne sont soumis ni aux règles du rapport à succession, ni à celles de la réduction pour atteinte à la réserve des héritiers du contractant.**

Ces règles ne s'appliquent pas non plus aux sommes versées par le contractant à titre de primes, à moins que celles-ci n'aient été manifestement exagérées eu égard à ses facultés.

BIBL. ▸ COURTIEU, *RCA 1996. Chron. 10* (prime unique) ; *RCA 2003. Chron. 2* (primes manifestement exagérées). – FRULEUX, *JCP N 2014, n° 1247* (régime fiscal des primes d'assurance-vie exagérées suite à rapport).

COMMENTAIRE

Puisque selon l'article L. 132-12, le capital ou la rente stipulés payables lors du décès de l'assuré à un bénéficiaire ne font pas partie de la succession de l'assuré, l'article L. 132-13 en déduit l'exclusion des règles du rapport à succession et de la réduction pour atteinte à la réserve des héritiers du souscripteur (I), tout en prévoyant une exception en cas de primes manifestement exagérées eu égard aux facultés du souscripteur (II).

I. LES EXCLUSIONS

L'exclusion du rapport concerne non seulement le capital ou la rente payables au décès du contractant assuré, mais aussi les primes versées par le souscripteur. L'assurance en cas de décès permet de la sorte de transmettre un capital ou une rente à un tiers ou d'avantager un héritier sans craindre une action des héritiers défavorisés.

On a dès lors pu s'interroger sur la conformité de cette règle à la Convention européenne des droits de l'homme ainsi qu'à la Constitution, en particulier au regard du principe d'égalité des citoyens devant la loi et de non-discrimination entre les héritiers réservataires. Mais la Cour de cassation a refusé de transmettre une question prioritaire de constitutionnalité portant sur cet article, en relevant notamment que les primes manifestement exagérées peuvent être réintégrées par le juge dans la succession (Civ. 2e, 19 oct. 2011 : *V. note 1*). De même, la Cour de cassation a écarté tout grief de non-conformité à la Convention européenne des droits de l'homme (Civ. 1re, 19 mars 2014 : *V. note 2*).

II. L'EXCEPTION

L'exclusion des règles du rapport et de la réduction connaît une importante exception relative aux sommes versées à titre de primes, lorsqu'elles sont manifestement exagérées par rapport aux facultés du contractant. Cette exception revêt une importance toute particulière depuis que la Cour de cassation a estimé que les contrats d'assurance-vie mixtes constituent bien des contrats d'assurance (Cass., ch. mixte, 23 nov. 2004 : *V. note 6*). La notion de primes manifestements exagérée est dès lors invoquée par les héritiers, afin de réintroduire les règles du rapport et de la réduction dans le débat qui les oppose aux bénéficiaires du contrat.

A. LA NOTION DE PRIMES MANIFESTEMENT DISPROPORTIONNÉES

L'article L. 132-13 n'apporte aucune précision sur le caractère manifestement disproportionné des primes. Il indique simplement que ce caractère doit être apprécié par rapport aux facultés du souscripteur. Il est donc revenu à la jurisprudence de déterminer les contours de cette notion. Sur ce point, si la Cour de cassation reconnaît aux juges du fond un pouvoir souverain pour apprécier le caractère manifestement exagéré des primes versées, il n'en demeure pas moins que la Haute Juridiction a déterminé des critères devant être pris en considération par les juge du fond (Civ. 2e, 4 juill. 2007 : *V. note 9*). Pour la Cour de cassation, le caractère exagéré des primes doit s'apprécier au moment de leur versement, au regard de l'âge, des situations patrimoniales et familiales du souscripteur (Cass., ch. mixte, 23 nov. 2004 : *V. note 6*), ainsi que de l'utilité (Civ. 1re, 19 mars 2014 : *V. note 2*). Les juge du fond doivent donc vérifier ces critères objectifs et subjectifs. Ainsi, l'âge avancé du souscripteur associé à un montant élevé de primes peut caractériser un tel excès (Civ. 1re, 1er juill. 1997 : *V. note 8*). Mais celui-ci peut également provenir d'une disproportion des primes par rapport au patrimoine du souscripteur (Civ. 1re, 10 oct. 2012 : *V. note 9*).

B. LA SANCTION DES PRIMES MANIFESTEMENT DISPROPORTIONNÉES

Lorsque les primes sont manifestement disproportionnées, le droit des libéralités s'applique et les héritiers du souscripteur peuvent demander l'application des règles du rapport ou de la réduction pour atteinte à la réserve. Cependant, conformément à l'article 857 du code civil, le rapport n'est dû que par le cohéritier à son cohéritier. Par conséquent, le bénéficiaire non héritier ne peut être tenu au rapport à la succession (Civ. 1re, 25 juin 2014 : *V. note 15*). Seule la réduction pour atteinte à la réserve est alors applicable. Mais aucune autre réduction ne peut être effectuée par les juges. Pour réduire le montant de la prime, ils doivent respecter les règles du droit des libéralités et vérifier que le montant de la prime a porté atteinte à la réserve (Civ. 2e, 3 nov. 2011 : *V. note 17*).

1. *QPC (non-transmission).* Les art. L. 132-12 et L. 132-13, qui prévoient que les règles du rapport à la succession et celles de réduction pour atteinte à la réserve des héritiers ne s'appliquent pas au capital ou à la rente payables, lors du décès d'une personne qui a contracté une assurance sur la vie, à un bénéficiaire déterminé, ni aux primes, à moins que celles-ci n'aient été manifestement exagérées eu égard à ses facultés, ne créent pas en eux-mêmes de discrimination entre les héritiers ni ne portent pas atteinte au principe d'égalité, les primes manifestement exagérées pouvant, par ailleurs, être réintégrées par le juge dans la succession. • Civ. 2e, 19 oct. 2011 : *D. 2012. 1980, obs. Groutel ; RCA 2012, no 21, note Pierre ; RGDA 2012. 386, obs. Mayaux.*

2. *Conventionnalité.* L'art. L. 132-13, en ce qu'il prévoit que les règles successorales du rapport et de la réduction ne s'appliquent pas aux sommes versées par le souscripteur d'un contrat d'assurance-vie à titre de primes, n'opère pas une distinction entre les héritiers réservataires selon qu'ils sont ou non bénéficiaires du contrat, dès lors qu'il ne soumet aucun d'eux à ces règles. Aussi, c'est sans violer les dispositions de la Convention de sauvegarde des droits de l'homme et des libertés fondamentales qu'une cour d'appel a débouté certains héritiers de leurs demandes de rapport et de réduction. • Civ. 1re, 19 mars 2014: *RCA 2014, no 208; ibid. Étude 5, note Pierre; ibid. 2015. Chron. 1, no 16, note Groutel.*

3. *Incidence de l'autorisation du juge des tutelles.* L'autorisation donnée par un juge des tutelles à un tuteur de placer, sur un contrat d'assurance sur la vie, des capitaux revenant à un majeur protégé, ne prive pas les créanciers du droit qu'ils tiennent de l'art. L. 132-13 C. ass. de revendiquer la réintégration, à l'actif de la succession, des primes versées par le souscripteur qui sont manifestement excessives au regard de ses facultés • Civ. 1re, 7 févr. 2018, no 17-10.818 P : *RCA 2018, no 118, ibid. 2018, Étude 4, note Gayet; JCP N 2018, no 1224, note Soreau.*

4. *Requalification en donation indirecte.* Viole l'art. 455 C. pr. civ., la cour d'appel qui rejette la demande de rapport à la succession de la somme perçue par le bénéficiaire au titre du montant des assurances sur la vie aux motifs que les demandeurs ne démontrent pas que c'est sous l'influence néfaste du bénéficiaire que le souscripteur a souscrit les contrats d'assurance sur la vie litigieux, lesquels ne sont pas soumis aux règles du rapport à succession par application de l'art. L. 132-13 C. assur., sauf à démontrer que les primes versées étaient disproportionnées au regard des facultés du souscripteur, ce qui n'était pas établi eu égard à l'importance du patrimoine du défunt, sans répondre aux conclusions des demandeurs qui soutenaient que les circonstances dans lesquelles le souscripteur, âgé de 93 ans et de santé déclinante, avait souscrit ces contrats d'assurance sur la vie dans les derniers mois de sa vie, révélaient la volonté du souscripteur de se dépouiller de manière irrévocable et partant, induisaient leur requalification en donations rapportables à la succession. • Civ. 1re, 28 févr. 2018, n° 17-13.269 : *RGDA 2018. 318, note S. Lambert.*

5. *Prescription.* Prive sa décision de base légale, la cour d'appel qui déclare irrecevables les demandes en ouverture des opérations de comptes, liquidation et partage d'une succession formée par un héritier à l'encontre de ses sœurs cohéritières et en rapport par celles-ci des primes qualifiées par lui de manifestement excessives versées sur cinq contrats d'assurance sur la vie dont elles étaient les bénéficiaires, sans vérifier, si, faute d'inclure les meubles meublants et les objets garnissant l'habitation de la défunte, le partage des liquidités effectué par le notaire n'avait pas été que partiel, de sorte qu'une partie de la masse successorale restait indivise, ce qui justifiait un partage complémentaire, qui est imprescriptible. • Civ. 1re, 24 mai 2018, n° 17-18.270 : *RGDA 2018. 357, note Mayaux; AJ fam. 2018. 411, obs. Levillain.*

6. *Appréciation du caractère manifestement exagéré des primes.* BIBL. Leduc et Pierre, *RCA 2005. Étude 3.* ♦ Il résulte de l'art. L. 132-13 que les règles du rapport à succession et celles de la réduction pour atteinte à la réserve des héritiers ne s'appliquent pas aux sommes versées par le contractant à titre de primes, à moins que celles-ci n'aient été manifestement exagérées eu égard à ses facultés. Un tel caractère s'apprécie au moment du versement, au regard de l'âge ainsi que des situations patrimoniale et familiale du souscripteur. • Cass., ch. mixte, 23 nov. 2004 : *D. 2004. IR 3191, et les ob s.; RCA 2005, n° 42 (1re et 3e esp.); RGDA 2005. 110, note Mayaux.* ♦ Conf. : • Civ. 2e, 17 févr. 2005 : *RGDA 2005. 480, note Bigot* • 24 févr. 2005 : *ibid.* • 10 avr. 2008, n° 06-16.725 P : *RLDC juin 2008, n° 3040, note Leandri; JCP N 2008. 1234, note Hovasse; RCA 2008, n° 207* • 23 oct. 2008 : *RCA 2008, n° 376, note Groutel.* ♦ ... Ainsi que de l'utilité du contrat pour celui-ci. • Civ. 1re, 19 mars 2014 : *préc. note 2* • 16 déc. 2020, n° 19-17.517 : *RGDA févr. 2021. 31, note Mayaux; AJ fam. 2021. 139, obs. Levillain; RCA 2021, n° 56, note Gayet; ibid. 2022, chron. 4, n° 9, note Groutel.* ♦ Les primes versées par le souscripteur d'un contrat d'assurance sur la vie ne sont rapportables à la succession ou soumises à réduction que si elles présentent un caractère manifestement exagéré eu égard aux facultés du souscripteur. Un tel caractère s'apprécie au moment du versement, au regard de l'âge, des situations patrimoniale et familiale du souscripteur, ainsi que de l'utilité du contrat pour celui-ci. • Civ. 2e, 16 déc. 2021, n° 20-11.805 : *RCA 2022, n° 59, note Pierre.*

7. *Date d'appréciation.* Le caractère exagéré des primes s'apprécie au moment du versement, au regard de l'âge, ainsi que des situations patrimoniale et familiale du souscripteur. Il en résulte qu'une condamnation ultérieure du souscripteur à la sanction du recel communautaire, emportant privation rétroactive de tout ou partie de son patrimoine, ne peut avoir d'incidence sur cette appréciation. • Civ. 1re, 30 sept. 2020, n° 19-13.129 : *RGDA déc. 2020. 47, note Mayaux.*

8. *Utilité de la souscription.* L'utilité de la souscription est l'un des critères devant être pris en compte pour évaluer le caractère exagéré ou non des primes versées. • Civ. 2e, 10 avr. 2008, n° 06-16.725 P : *D. 2008. AJ 1275; RCA 2008, n° 207* • 17 sept. 2009 : *RGDA 2009. 1227, note Mayaux* • 28 juin 2012 : *RGDA 2013. 150, note Mayaux* • Civ. 1re, 19 mars 2014 : *préc. note 2.* ♦ Ainsi, en relevant, pour débouter les demandeurs de leur demande de rapport à la succession, que le critère de l'utilité tenant à des fins fiscales et successorales devait être écarté puisque celui-ci était soutenu sur la base de la lettre du 8 août 2005 mise à mal par les informations familiales fournies ultérieurement dans le rapport médical de 2013, sans mieux s'expliquer sur l'utilité présentée par les contrats pour le souscripteur, au moment du versement des primes, une cour d'appel n'a pas donné de base légale à sa décision. • Civ. 2e, 16 déc. 2021, n° 20-11.805 : *préc. note 6.* ♦ Ainsi, après avoir constaté qu'à la date où le contrat d'assurance-vie avait été souscrit au profit de son conjoint, et à défaut, ses descendants, soit le 17 janv. 1989, la souscriptrice, née le 9 févr. 1928, mariée sous le régime de la communauté légale, ayant un enfant et trois petits-enfants, avait, nonobstant sa maladie, une espérance de vie démontrée, et que le montant de la cotisation initiale, soit 15 045 000 francs, correspondait à moins de 14 % du patrimoine des époux, une cour d'appel, qui a recherché l'utilité de présentée par le contrat pour la souscriptrice, a souverainement estimé, au regard des situations familiale et patrimoniale de la souscriptrice, que la prime n'était pas manifestement exagérée au sens de l'art. L. 132-13 • Civ. 1re, 8 juill. 2010 : *RGDA 2010. 1126, note Mayaux.* ♦ Ayant relevé qu'âgé de 78 ans lors du versement des primes litigieuses, le souscripteur dirigeait toujours ses entreprises et retenu que, compte tenu de son espérance de vie, de la nature de ses obligations familiales et de la possibilité de rachat en cas de difficultés de trésorerie, faculté dont il avait usé en rachetant en 2004, sans frais ni pénalité, l'un des deux contrats d'assurance, le contrat souscrit présentait pour le souscripteur une utilité certaine, tout en lui permettant, à raison de sa situation de fortune et de ses revenus, d'assurer ses obligations à l'égard de son épouse, une cour d'appel a souverainement estimé qu'au regard des situations patrimoniale et familiale du souscripteur, les primes versées n'étaient pas manifestement exagérées au sens de l'art. L. 132-13. • Civ. 1re, 17 juin 2009, nº 08-13.620 P : *D. 2009. 1824, note Huc-Beauchamps*. ♦ Ayant notamment retenu que les fonds investis présentaient toujours un caractère révocable, ainsi que le mettent en évidence les habitudes de gestion du souscripteur consistant à souscrire des contrats et à les restructurer sans cesse dans le cadre d'un choix personnel et constant de gestion de ses affaires et de valorisation de son patrimoine, qu'il pratiquait régulièrement depuis plus de vingt années, ou encore son souci de pouvoir faire face à tout moment à des dépenses imprévues, une cour d'appel a pu souverainement décider qu'à la date de leur versement sur les contrats d'assurance sur la vie, les primes ne présentaient pas un caractère manifestement exagéré et ne devaient pas être réintégrées à l'actif successoral. • Civ. 2e, 15 janv. 2015 : *D. 2015. 1240, note Pierre*. ♦ Inversement, justifie sa décision la cour d'appel qui, pour déclarer manifestement excessives des primes d'assurance-vie et ordonner de les rapporter intégralement à la succession, se fonde sur l'utilité de l'opération pour le souscripteur et sur l'âge de celui-ci, relevant souverainement que les primes litigieuses représentaient plus du tiers de l'actif du souscripteur qui, âgé de 84 ans, avait peu de chances de percevoir le service de la rente au terme du contrat alors qu'il aurait 92 ans, et qu'un deuxième versement était intervenu 4 jours avant son décès. • Civ. 1re, 1er juill. 1997, nº 95-15.674 P : *RCA 1997, nº 317 ; ibid. Chron. 25, note Courtieu ; D. 1998. 543, note Choisez ; RGDA 1997. 822, note Bigot ; JCP 1998. I. 133, chron. Le Guidec.*

9. Situation patrimoniale du souscripteur. Prive de base légale sa décision la cour d'appel qui, pour ordonner le rapport à la succession de la prime versée, se détermine sur la seule appréciation de l'utilité de la souscription, sans avoir égard à l'ensemble de la situation patrimoniale et à la situation familiale de la souscriptrice au moment du versement, la simple constatation de ce que le décès était intervenu moins d'un an après étant sans portée. • Civ. 1re, 4 mars 2015, nº 13-23.011 : *D. 2015. 1240, note Pierre*. ♦ Une cour d'appel a pu estimer, dans l'exercice de son pouvoir souverain d'appréciation, et par suite sans être tenue d'effectuer une recherche quant à l'utilité du contrat pour le souscripteur, que le montant de la prime, s'élevant à 70 000 francs, était manifestement exagéré eu égard aux facultés financières du souscripteur, qui disposait lors de la souscription du contrat d'une somme de 116 953 francs sur son compte, à laquelle s'ajoutaient ses ressources trimestriellement perçues s'élevant à 17 500 francs, soit 5 800 francs par mois. • Civ. 1re, 20 févr. 2001 : *RCA 2001, nº 167, obs. Groutel*. ♦ Ayant relevé que, au cours des années 1999 et 2000, les époux détenaient un patrimoine de plus de 18 000 000 francs et que leurs revenus déclarés pour l'année 1997 s'élevaient à 6 806 982 francs, une cour d'appel, qui n'avait pas à tenir compte de la cause du versement de la prime de 500 000 francs, en a déduit que celle-ci ne revêtait pas un caractère excessif. Cette appréciation de l'absence de caractère manifestement exagéré eu égard aux revenus des époux est souveraine. • Civ. 1re, 12 déc. 2006 : *RGDA 2007. 163, note Bigot*. ♦ Après avoir constaté que si le souscripteur ne disposait que d'une retraite modeste, il jouissait d'un patrimoine important puisqu'il devait recevoir une somme de 313 151 euros au moment de la liquidation de la communauté intervenue en avr. 1990 à la suite de son divorce, outre l'usufruit de deux maisons, une cour d'appel a relevé que, le 27 mai 1990, l'assuré avait souscrit deux contrats, pour lesquels il avait versé en tout, en une seule fois, une prime globale de 228 844,27 euros et que cette prime ne revêtait pas un caractère manifestement exagéré dès lors qu'il venait de recevoir une somme de 313 151 euros dans le cadre de la liquidation de la communauté. La cour d'appel a ainsi souverainement retenu qu'au regard de l'âge ainsi que de la situation patrimoniale et familiale du souscripteur, la prime versée ne présentait pas, au moment de son versement, un caractère manifestement exagéré. • Civ. 2e, 4 juill. 2007, nº 06-14.048 P : *RCA 2007, nº 332 ; Gaz. Pal. 2008. 1839, note Leducq ; RGDA 2007. 881 (2e esp.), note Mayaux*. ♦ Ayant constaté que le souscripteur avait placé l'équivalent en francs de la somme de 106 114,31 euros provenant de la vente d'un bien immobilier lui ayant rapporté 176 840, 85 euros alors que ses déclarations fiscales en 1995, 1996 et 1997 faisaient apparaître des revenus en francs équivalents à 21 043 euros, 18 682 euros et 19 752 euros et que des sommes provenant de cette vente avaient été employées dans les dépenses de ménage, une cour d'appel a souverainement estimé que le montant de la prime versée était manifestement exagéré au regard des situations personnelle et familiale de l'intéressé. • Civ. 1re, 10 oct. 2012, nº 11-14.018 P : *AJ fam. 2012. 626, obs. Levillain ; RGDA 2013. 170, note Douet.*

10. Intérêt des héritiers. L'intérêt des héritiers ne constitue pas un critère d'appréciation du caractère manifestement exagéré des primes. • Civ. 2e, 19 mai 2016, nº 15-19.458 : *RGDA 2016. 375, note Mayaux.*

11. Dépassement de la quotité disponible. Ne donne pas de base légale à sa décision au regard de l'art. L. 132-13 la cour d'appel qui, pour ordonner la réintégration des primes d'assurance-vie dans la succession, retient que la quotité disponible est dépassée, alors que ce motif est impropre à caractériser l'exagération manifeste des primes. • Civ. 2e, 24 févr. 2005 : *RGDA 2005. 480, note Bigot*. ♦ Conf. • Civ. 2e, 4 juill. 2007 : *RGDA 2007. 881, note Mayaux.*

12. Distinction en fonction de l'origine des fonds. C'est dans l'exercice de son pouvoir souverain d'appréciation qu'une cour d'appel, opérant à bon droit une distinction entre les sommes versées selon leur origine, a retenu que la prime litigieuse, remploi d'un précédent contrat d'assurance dont le souscripteur était bénéficiaire, ne présentait pas au moment de son versement un caractère manifestement exagéré. Seules les autres primes devaient être rapportées à la succession. • Civ. 2e, 6 oct. 2011 : *RGDA 2012. 395, note Mayaux ; RCA 2012, n° 183, note Huchet.*

13. Pouvoir des juges du fond. Les juges du fond apprécient souverainement le caractère exagéré des primes au regard des critères dégagés par la Cour de cassation. • Civ. 2e, 4 juill. 2007, n° 06-14.048 P : *RCA 2007, n° 332 ; Gaz. Pal. 2008. 1839, note Leducq ; RGDA 2007. 881 (2e esp.), note Mayaux* • Civ. 1re, 17 juin 2009, n° 08-13.620 P : *D. 2009. AJ 1824, note Huc-Beauchamps ; Gaz. Pal. 13 févr. 2010, p. 46, note Leducq* • 8 juill. 2010 : *RGDA 2010. 1126, note L. Mayaux* • 10 oct. 2012, n° 11-14.018 P : *AJ fam. 2012. 626, obs. Levillain ; RGDA 2012. 170, obs. Douet* • 18 mars 2015, n° 14-13.850 : *RGDA 2015. 263, note Schulz ; D. 2015. 1240, note Pierre* • Civ. 1re, 16 déc. 2020, n° 19-17.517 : *RGDA févr. 2021. 31, note Mayaux ; RCA 2021, n° 56, note Gayet.*

14. Rapport avec la qualification de donation. Le montant manifestement exagéré des primes versées, qui doit s'apprécier au regard de la situation – d'âge, d'état de santé, de ressources – du souscripteur, ne constitue que l'un des critères permettant aux services de l'administration fiscale de démontrer l'existence d'une donation indirecte. * Rép. min. 6 oct. 2003 : *Defrénois 2004. 469.*

15. Sommes rapportables. En cas de primes manifestement exagérées justifiant le rapport à la succession, seul le montant des primes versées doit être réintégré dans l'actif successoral en vue du rapport et de la réduction, à l'exclusion du capital versé. • Civ. 1re, 19 déc. 2012 : *RGDA 2013. 381, obs. Bigot* • 25 sept. 2013, n° 11-28.695. ♦ Le rapport à la succession prévu par l'art. L. 132-13 ne porte que sur les sommes versées par le contractant à titre de primes, lorsque celles-ci étaient manifestement exagérées eu égard à ses facultés. • Civ. 1re, 16 déc. 2020, n° 19-17.517 : *RGDA févr. 2021. 31, note Mayaux ; AJ fam. 2021. 139, obs. Levillain.* ♦ Toutefois, le bénéficiaire du contrat est sans intérêt à critiquer le chef de l'arrêt ordonnant le rapport à la succession des sommes figurant au crédit du contrat d'assurance-vie au jour du décès de la souscriptrice, qui ne lui fait pas grief dès lors qu'il résulte des énonciations de l'arrêt que leur montant était inférieur à celui de la prime versée. • Civ. 1re, 18 mars 2015 : *RGDA 2015. 263, note Schulz.* ♦ Par ailleurs, modifie l'objet du litige et viole l'art. 4 C. pr. civ. la cour d'appel qui ordonne le rapport des primes versées alors que les héritiers n'avaient pas demandé le rapport des primes versées mais des sommes perçues par le bénéficiaire au titre des contrats d'assurance. • Civ. 1re, 6 oct. 2010, n° 09-14.343 : *RGDA 2011. 184, note Mayaux ; RCA 2021, n° 56, note Gayet.*

16. Débiteurs du rapport. Aux termes de l'art. 857 C. civ., le rapport n'est dû que par le cohéritier à son cohéritier. Viole cet article la cour d'appel qui, après avoir estimé que les primes versées par le souscripteur sur divers contrats d'assurance-vie au profit de personnes morales étaient manifestement disproportionnées eu égard à ses facultés, en ordonne le rapport à la succession. • Civ. 1re, 25 juin 2014 : *RGDA 2014. 471, note Mayaux.* ♦ De même, une cour d'appel a exactement retenu que n'étant pas héritiers du souscripteur, ses petits-enfants, bénéficiaires d'un contrat d'assurance-vie, ne pouvaient être tenus du rapport à sa succession. • Civ. 1re, 19 nov. 2014, n° 13-25.680 : *RGDA 2015. 31, note Mayaux* • 8 mars 2017, n° 16-10.384 P : *RGDA 2017. 524, note Lambert ; AJ fam. 2017. 306, obs. Levillain.* ♦ Mais la qualité de réservataire est indifférente à l'obligation de rapport pesant sur tout héritier. • Civ. 2e, 10 sept. 2015, n° 14-20.017 P : *RCA 2015, n° 332, note Pierre ; Gaz. Pal. 15 déc. 2015, p. 36, note Leducq ; D. 2016. 736. chron. Lazerges-Cousquer et N. Touati ; AJ fam. 2015. 625, note Casey ; RGDA 2015. 484, note Pélissier ; RJPF 2015-11/28, note Sauvage ; D. 2016. 1161, note Pierre.*

17. Réduction. Viole les art. L. 132-13 C. assur. et 913 C. civ. la cour d'appel, qui, pour condamner le bénéficiaire à payer à l'héritier du souscripteur la somme de 50 000 euros, retient qu'au regard de l'âge, ainsi que de la situation patrimoniale et familiale du souscripteur, c'est à juste titre que le tribunal a estimé que la prime de 200 000 euros versée sur le contrat d'assurance sur la vie était manifestement exagérée au regard des facultés du souscripteur à hauteur de 50 000 euros, et qu'en conséquence il a condamné le bénéficiaire à verser cette somme à l'héritier du souscripteur, sans rechercher si la libéralité consentie au bénéficiaire avait porté atteinte à la réserve héréditaire de l'héritier du souscripteur. • Civ. 2e, 3 nov. 2011, n° 10-21.760 : *RGDA 2012. 400, obs. Mayaux.*

18. Recours au titre de l'allocation supplémentaire du Fonds national de solidarité. Viole les art. L. 815-12 et D. 815-2 CSS, dans leur rédaction antérieure à l'entrée en vigueur de l'Ord. n° 2004-605 du 24 juin 2004, et L. 132-13 C. assur., la cour d'appel qui, pour accueillir partiellement le recours d'une héritière contre une caisse de retraite entendant récupérer sur la succession des sommes versées au titre de l'allocation supplémentaire du Fonds national de solidarité, retient que l'actif successoral s'entend non pas du montant des primes d'assurance-vie versées par le souscripteur, mais du montant du capital décès servi au bénéficiaire de l'organisme d'assurance, alors que ce capital ne faisait pas partie de la succession de l'allocataire. • Civ. 2e, 16 juin 2016, n° 15-20.578 : *RGDA 2016. 485, note Mayaux.*

Art. L. 132-14 *(L. n° 2013-1117 du 6 déc. 2013, art. 41)* **« Sous réserve des dispositions des articles** *(L. n° 2017-1775 du 28 déc. 2017, art. 73-VIII, en vigueur le 1er janv.*

2019) **« L. 262, L. 263 B et L. 273 A du livre des procédures fiscales, de l'article 387 *bis* du code des douanes », de l'article L. 1617-5 du code général des collectivités territoriales et du II de l'article 128 de la loi n° 2004-1485 du 30 décembre 2004 de finances rectificative pour 2004, »** *(L. n° 81-5 du 7 janv. 1981)* **« le capital ou la rente garantis au profit d'un bénéficiaire déterminé ne peuvent être réclamés par les créanciers du contractant. » Ces derniers ont seulement droit au remboursement des primes, dans le cas indiqué par l'article L. 132-13, deuxième alinéa, en vertu soit de** *(Ord. n° 2016-131 du 10 févr. 2016, art. 6-II, en vigueur le 1er oct. 2016)* **« l'article 1341-2 » du code civil,** *(L. n° 85-98 du 25 janv. 1985, art. 221)* **« soit des articles L. 621-107 et L. 621-108 du code de commerce »** *[C. com., art. L. 632-1 et L. 632-2].*

Les dispositions issues de l'art. 41 de la L. n° 2013-1117 du 6 déc. 2013 s'appliquent aux avis à tiers détenteur, saisies à tiers détenteur, oppositions à tiers détenteur et oppositions administratives notifiés à compter du 8 déc. 2013 (L. préc., art. 41-IV).

Les mots « L. 263-0 A et L. 273 A du livre des procédures fiscales » sont remplacés, à compter d'une date fixée par décret et au plus tard le 1er janv. 2019, par les mots « L. 262, L. 263 B et L. 273 A du livre des procédures fiscales, de l'article 387 bis du code des douanes » (L. n° 2017-1775 du 28 déc. 2017, art. 73-VIII).

COMMENTAIRE

L'article L. 132-14 envisage la situation des créanciers du souscripteur. A partir de cet article et de son application jurisprudentielle, il est possible de distinguer les droits des créanciers en cours de contrat (I) et après l'échéance du contrat (II).

I. LES DROITS DES CRÉANCIERS EN COURS DE CONTRAT

En l'absence de nantissement du contrat, les créanciers du souscripteur ne disposent pas de droits sur la valeur de rachat du contrat. Ce principe d'insaisissabilité de la valeur de rachat (A) connaît néanmoins une exception en matière fiscale (B).

A. LE PRINCIPE

Interprétant l'article L. 132-14, la jurisprudence s'est opposée à ce qu'un créancier du souscripteur fasse valoir des droits sur la valeur de rachat du contrat, en expliquant que, tant que le contrat n'est pas dénoué, le souscripteur est seulement investi du droit personnel de faire racheter le contrat et de désigner ou modifier le bénéficiaire du contrat. En revanche, il n'est pas créancier de l'assureur. Partant, la Cour de cassation a pu ordonner la mainlevée d'avis à tiers détenteurs notifiés en cours de contrat par l'administration fiscale (Civ. 1re, 28 avr. 1998 : *V. note 1*). Une telle solution laissait bien entendre que la valeur de rachat du contrat était insaisissable.

Pour autant, par plusieurs réponses ministérielles de 1998 (Rép. min. n° 15507 du 31 août 1998 et n° 8872 du 3 sept. 1998 : BOI n° 238 du 28 déc. 1998 et JO Sénat 3 sept. 1998, p. 2829), l'Administration a expliqué que cet arrêt de 1998 n'avait pas fait référence à un principe d'insaisissabilité. La Cour de cassation n'aurait consacré qu'une indisponibilité temporaire n'empêchant pas de procéder à une saisie en cours de contrat.

Mais, par la suite, la Cour de cassation a eu l'occasion de contredire cette analyse en affirmant qu'aucune saisie ne pouvait être effectuée puisque la créance du souscripteur sur l'assureur n'était qu'éventuelle (Civ. 1re, 2 juill. 2002 : *V. note 1*). En somme, tant que le contrat n'est pas dénoué ou que la faculté de rachat n'a pas été exercée par le souscripteur, aucune saisie ne peut être réalisée.

B. L'EXCEPTION

Confronté au principe de l'insaisissabilité du contrat non dénué, le législateur est intervenu par la loi n° 2013-1117 du 6 décembre 2013, relative à la lutte contre la fraude fiscale et la grande délinquance économique et financière, pour apporter une exception à ce principe en matière fiscale. Dorénavant, l'article L. 113-14 prévoit que le principe d'insaisissabilité ne s'applique pas aux saisies administratives à tiers détenteurs (art. L. 262, L. 263 B et L. 273 A LPF ; art. 387 *bis* C. douanes ; art. L. 1617-5 CGCT ; art. 128 L. n° 2004-1485 du 30 déc. 2004).

II. LES DROITS DES CRÉANCIERS À L'ÉCHÉANCE DU CONTRAT

Conformément à l'article L. 132-14, « le capital ou la rente garantie au profit d'un bénéficiaire déterminé ne peuvent être réclamés par les créanciers du contractant ». Parce que le bénéficiaire dispose d'un droit propre et direct à l'encontre de l'assureur sur les sommes assurées, les créanciers du souscripteur ne peuvent exercer de droits sur la prestation de l'assureur versée au tiers bénéficiaire. Toutefois, le législateur leur a reconnu certains droits en cas de versement de primes manifestement exagérées par rapport aux facultés du souscripteur.

D'une part, les créanciers du souscripteur peuvent exercer l'action paulienne de l'article 1341-2 du code civil (anc. art. 1167 C. civ.), afin d'obtenir l'inopposabilité des versements de primes frauduleux. Pour cela, ils doivent démontrer la fraude du souscripteur, c'est-à-dire qu'il a sciemment aggravé son insolvabilité par des versements manifestement exagérés, par rapport à ses facultés, sur son contrat d'assurance-vie.

D'autre part, lorsque le souscripteur fait l'objet d'une procédure collective, les créanciers peuvent demander, sur le fondement des articles L. 632-1 et L. 632-2 du code de commerce (anc. art. L. 621-107 et L. 621-108 C. com.), la nullité des versements de primes effectués par le souscripteur pendant la période suspecte. Intervenus pendant cette période, ces versements pourront en outre être aisément perçus comme exagérés. ❑

1. ***Insaisissabilité de la valeur de rachat tant que le contrat n'est pas dénoué.*** La demande de rachat, en exécution de laquelle le souscripteur d'une police d'assurance sur la vie obtient de l'assureur le versement immédiat du montant de sa créance, par un remboursement qui met fin au contrat, constitue une révocation de la désignation du bénéficiaire. Selon l'art. L. 132-9, al. 2, tant que l'acceptation de ce dernier n'a point eu lieu, le droit de révoquer la stipulation en vertu de laquelle le bénéfice de l'assurance est attribué à un bénéficiaire déterminé n'appartient qu'au stipulant et ne peut, en conséquence, être exercé de son vivant par ses créanciers ni par ses représentants légaux. En conséquence, le droit de rachat est un droit exclusivement attaché à la personne du souscripteur que le syndic de la liquidation de ses biens ne peut exercer. • Com. 25 oct. 1994, n° 90-14.316 P : *RCA 1995, n° 144; ibid. Chron. 18, note Courtieu; RGAT 1995. 149, rapp. Rémery.* ♦ Il résulte des art. L. 132-8, L. 132-9, L. 132-12 et L. 132-14 que, tant que le contrat n'est pas dénoué, le souscripteur est seulement investi, sauf acceptation du bénéficiaire désigné, du droit personnel de faire racheter le contrat et de désigner ou modifier le bénéficiaire de la prestation. Il s'ensuit que nul créancier n'est en droit de se faire attribuer immédiatement ce que le souscripteur ne peut recevoir. Dès lors, justifie légalement sa décision la cour d'appel qui, pour ordonner la mainlevée de l'avis à tiers détenteur notifié en cours de contrat à l'assureur par l'administration des Impôts, retient que ce dernier n'était pas débiteur de son assuré à la date de l'avis. • Civ. 1re, 28 avr. 1998, n° 96-10.333 P : *RGDA 1998. 309, note Bigot; RCA 1998, n° 367, notes Courtieu et Raffray; Defrénois 1998, 36837, note Hovasse-Banguet; JCP G 1998. II. 10112, note Bigot; Gaz. Pal. 1999. 1. 95, note Favre-Rochex.* • Civ. 1re, 20 oct. 1998, n° 96-14.851 : *RGDA 1999. 418, note Kullmann.* ♦ Il résulte de l'art. L. 263 LPF que l'avis à tiers détenteur qui entraîne le transfert au profit du Trésor public des créances même conditionnelles ou à terme qu'au jour de sa notification le redevable possède à l'encontre du tiers détenteur, n'est pas applicable aux créances éventuelles. Il résulte des art. L. 132-8, L. 132-9, L. 132-12 et L. 132-14 C. assur. que tant que le contrat n'est pas dénoué, le souscripteur est seulement investi, sauf acceptation du bénéficiaire désigné du droit personnel de faire racheter le contrat et de désigner ou modifier le bénéficiaire de la prestation, de sorte qu'aucun créancier du souscripteur n'est en droit de se faire attribuer ce que ce dernier ne peut recevoir. • Civ. 1re, 2 juill. 2002, n° 99-14.819 P : *Gaz. Pal. 2003. 431, note Périer; JCP 2003. I. 184, n° 3, note Kullmann; RCA 2002, n° 346; RGDA 2002. 1013, note Kullmann.* ♦ Tant que le contrat n'est pas dénoué, nul créancier du souscripteur n'est en droit de se faire attribuer ce que ce dernier ne peut recevoir. • Civ. 2e, 10 févr. 2011, n° 10-12.172 : *RCA 2011, n° 195.* ♦ V. cep. : le 28 avr. 1998, la 1re chambre civile de la Cour de cassation a rejeté le pourvoi formé contre un arrêt qui avait déclaré irrecevable un avis à tiers détenteur pratiqué par un comptable public sur un contrat d'assurance-vie. Pour rejeter la mesure de saisie, elle définit les limites du droit dont le souscripteur est lui-même titulaire au cours de l'exécution du contrat. Elle estime que, pendant la durée d'exécution du contrat, le souscripteur ne détient pas d'autre droit que celui prévu à l'art. L. 132-9, qui lui appartient en propre, de faire racheter le contrat et d'en désigner ou modifier le bénéficiaire. La Cour de cassation considère donc que le souscripteur lui-même ne possède pas de créance de somme d'argent sur la compagnie. Appliquant ce principe, elle a décidé que la compagnie n'était pas débitrice du souscripteur à la date de l'avis à tiers détenteur, le créancier ne pouvant prétendre à plus de droits que ceux dont le souscripteur lui-même est investi. Mais la Cour de cassation ne fait pas référence à un principe d'insaisissabilité. Dès lors, cette indisponibilité temporaire n'empêche pas de procéder à une saisie en cours de contrat, l'assureur prenant acte de cet événement, ce qui permettrait l'appréhension des sommes lors du dénouement du contrat (hormis, bien entendu, le cas de décès de l'assuré reliquataire). En effet, l'art. 13, al. 2, de la L. du 9 juill. 1991 relative aux procédures d'exécution et les art. L. 262 et L. 263 LPF qui visent l'avis à tiers détenteur n'interdisent pas la saisie d'une créance affectée d'un terme ou d'une condition. * Rép. min. n° 15507 du 31 août 1998 et n° 8872 du 3 sept. 1998 : *RGDA 1998. 920.*

2. Recevabilité de la saisie après l'exercice de la faculté de rachat. Si, une fois réglée au souscripteur lui-même, la valeur de rachat d'un contrat d'assurance sur la vie fait partie de son patrimoine, et, par conséquent, de l'actif de sa liquidation judiciaire, lui seul peut, s'agissant d'un droit exclusivement attaché à sa personne, exercer la faculté de rachat qui met fin au contrat, de sorte que le paiement effectué sur sa demande et entre ses mains est, malgré son dessaisissement, libératoire pour l'assureur. • Com. 11 déc. 2012, n° 11-27.437 P : *D. 2013. 8* ; *RCA 2013, n° 102, obs. Leblond* ; *RGDA 2013. 392, obs. Bigot.*

Art. L. 132-15 Tout bénéficiaire peut, après avoir accepté la stipulation faite à son profit et si la cessibilité de ce droit a été expressément prévue ou avec le consentement du contractant *(L. n° 81-5 du 7 janv. 1981)* **« et de l'assuré », transmettre lui-même le bénéfice du contrat,** *(L. n° 2007-1775 du 17 déc. 2007, art. 10-I-5°, en vigueur le 18 déc. 2008)* **« par une cession dans la forme de l'article 1690 du code civil ».** – *Assur. L. 111-2.*

COMMENTAIRE

Dès lors qu'il dispose d'un droit propre et direct contre l'assureur, le bénéficiaire peut souhaiter transmettre le bénéfice du contrat à un tiers avant la réalisation du risque. Cela étant, un tel souhait du bénéficiaire pourrait contrarier la volonté du souscripteur qui l'a initialement désigné. Aussi, le législateur a conditionné la cession du bénéfice du contrat à la réunion de plusieurs conditions.

Tout d'abord, le bénéficiaire doit avoir accepté la stipulation faite à son profit.

Ensuite, la cessibilité du bénéfice du contrat doit avoir été expressément prévue dans le contrat. À défaut, la cession doit être autorisée par le souscripteur. Certes, l'article L. 132-2 prévoit que le consentement de l'assuré doit, à peine de nullité, être donné pour « toute cession ou constitution de gage et pour transfert du bénéfice du contrat souscrit sur sa tête par un tiers ». Toutefois, l'article L. 132-15 semble constituer une dérogation à cette règle et permettre à l'assuré de donner son accord, de façon anticipée par une clause contractuelle, à la cession du bénéfice du contrat.

Enfin, la cession du bénéfice du contrat d'assurance doit s'effectuer en respectant les formalités prévues par l'article 1690 du code civil pour la cession d'un droit sur un tiers. Par conséquent, la cession du droit du bénéficiaire doit être signifiée à l'assureur ou être acceptée par l'assureur dans un acte authentique. ❑

Art. L. 132-16 Le bénéfice de l'assurance contractée par un époux commun en biens en faveur de son conjoint, constitue un propre pour celui-ci.

Aucune récompense n'est due à la communauté en raison des primes payées par elle, sauf dans les cas spécifiés dans l'article L. 132-13, deuxième alinéa.

BIBL. ▸ BEAUQUIER, *RGAT 1982. 582* (contrats d'assurance entre époux). – HUBLOT et CHAVANNE, *JCP N 2011. 1010* (incidences des contrats d'assurance-vie lors de la dissolution de la communauté). – LUCET, *Defrénois 1993, art. 35481* (dissolution de la communauté).

COMMENTAIRE

Lorsqu'un époux souscrit un contrat d'assurance-vie au profit de son conjoint commun en biens, la qualification du produit du contrat peut être difficile au regard du seul droit des régimes matrimoniaux. En effet, en vertu de l'article 1401 du code civil, la communauté se compose activement des acquêts faits par les époux durant le mariage. Partant, le bénéfice du contrat d'assurance-vie pourrait être qualifié de bien commun, lorsque les primes ont été payées par la communauté. Mais les sommes versées par l'assureur pourraient également être qualifiées de biens propres par nature en vertu de l'article 1404 du code civil, ou de biens propres en raison de leur acquisition par donation en application de l'article 1405 du même code. Tranchant le débat, l'article L. 132-16 affirme que le bénéfice de l'assurance constitue un bien propre pour le conjoint bénéficiaire (I) et exclut, par principe, tout droit à récompense de la communauté (II). De telles dispositions sont de nature à favoriser les opérations de prévoyance entre conjoints.

I. LA QUALIFICATION DE BIEN PROPRE

La qualification de bien propre, issue de l'article L. 132-16, a un domaine doublement limité.

D'une part, elle ne s'applique qu'aux époux mariés sous un régime communautaire et, par extension, aux époux mariés sous le régime de la participation aux acquêts. En revanche, elle ne s'applique pas aux époux séparés de biens.

D'autre part, elle ne s'applique que pour des contrats d'assurance sur la vie ou en cas de décès souscrits par un époux au profit de son conjoint. Elle ne saurait donc s'appliquer ni au bénéfice d'un contrat d'assurance souscrit par un tiers au profit d'un des époux, ni au bénéfice d'un contrat d'assurance souscrit par un époux à son profit. Cette dernière hypothèse suscite de nombreuses discussions en doctrine (V. Bigot et al., *Les assurances de personnes*, LGDJ, 2007, n° 397 ; Groutel et al., *Traité du contrat d'assurance terrestre*, Litec, 2008, n° 2317). Certains auteurs mettent en avant la qualification de biens propres en s'appuyant notamment sur l'article 1404 du code civil, relatif aux biens propres par nature, et les travaux préparatoires de la loi du 13 juillet 1930 pour les contrats d'assurance-vie souscrits par un conjoint à son profit sur la tête de l'autre. D'autres retiennent la qualification de biens communs en expliquant que les dispositions de l'article L. 132-16 doivent être interprétées restrictivement. Si cette dernière solution a pu être retenue par la Cour de cassation à propos d'un contrat dénoué (Civ. 1re, 8 oct. 2008 : *V. note 5*), il n'est pas certain qu'elle demeure. En effet, plus récemment, la Cour de cassation a pu qualifier de bien propre un contrat de retraite complémentaire non dénoué lors de la dissolution de la communauté (Civ. 1re, 30 avr. 2014 : *V. note 5*). Cet arrêt pourrait marquer une évolution jurisprudentielle. Il est à noter qu'en revanche, la jurisprudence admet aisément que l'indemnité perçue au titre d'une assurance couvrant les accidents corporels constitue un bien propre (Civ. 1re, 1er mars 1972 : *V. note 6*). Cette indemnité est en effet destinée à réparer une atteinte à l'intégrité corporelle.

II. L'EXCLUSION D'UN DROIT À RÉCOMPENSE

L'article L. 132-16 ne se contente pas de retenir la qualification de bien propre, il écarte également tout droit de la communauté à récompense si elle a financé les primes (Civ. 1re, 8 mars 2005 : *V. note 2*). La qualification de bien propre est donc renforcée par l'absence de droit à récompense. Il y a ici une véritable faveur faite aux contrats d'assurance-vie entre conjoints. Toutefois, en cas de primes manifestement exagérées, au sens de l'article L. 132-13, la communauté retrouve un droit à récompense. En particulier, il ne faudrait pas que les primes aient nui, par leur montant exagéré, aux besoins fondamentaux de la communauté.

L'exclusion de tout droit à récompense pour la communauté ne concerne que les contrats d'assurance-vie souscrits par un époux au profit de son conjoint. Dès lors, si le bénéfice du contrat d'assurance souscrit par un époux sur sa tête au profit de son conjoint est finalement attribué à un enfant d'un premier lit en raison du décès de son conjoint non acceptant consécutif au sien, la communauté a droit à récompense si elle a payé les primes (Civ. 1re, 22 mai 2007 : *V. note 4*). Les dispositions de l'article L. 132-16 sont, dans une telle hypothèse, inapplicables. ❑

1. *Contrat d'assurance souscrit par un époux en faveur de son conjoint.* Le bénéfice de l'assurance sur la vie contractée par un époux commun en biens en faveur de son conjoint constitue un propre pour celui-ci, peu important que les primes aient été payées par la communauté. • Civ. 1re, 25 mai 2016, ☎ n° 15-14.737 : *JCP 2016, n° 882, note Casey; Gaz. Pal. 2016, n° 31, p. 58, note Vergara ; RCA 2016, n° 260, note Courtieu ; RGDA 2016. 432, note Robineau ; AJ fam. 2016. 393, obs. Hilt*. ♦ Comp. : viole l'art. 1437 C. civ., ensemble les art. 1096 du même code et L. 132-9 C. assur., la cour d'appel qui, pour décider que l'alimentation de deux comptes d'épargne de retraite complémentaire d'un époux par des revenus communs n'ouvre pas droit à récompense, retient que ces contrats désignant comme bénéficiaire en cas de décès le conjoint de l'adhérent pour l'un, Mme Y... pour l'autre, ils profitent au conjoint du souscripteur, alors que par l'effet du divorce Mme Y... ne pouvait plus être considérée comme l'épouse bénéficiaire et que la désignation du bénéficiaire en cas de décès du souscripteur est révocable par ce dernier. • Civ. 1re, 1er févr. 2017, ☎ n° 16-11.599 : *RGDA 2017.209, note Mayaux*.

2. *Absence de droit à récompense de la communauté.* Ayant relevé que le souscripteur avait souscrit un contrat d'assurance-vie au bénéfice de son épouse, une cour d'appel a exactement énoncé que, du fait de son décès, le produit du contrat d'assurance-vie était soumis au régime juridique dérogatoire prévu à l'art. L. 132-16 et en a déduit à bon droit que les dispositions de l'art. 1437 C. civ., selon lesquelles l'époux qui a tiré un profit personnel des biens de la communauté en doit récompense, ne s'appliquaient pas et qu'en conséquence aucune récompense n'était due à la communauté en raison des primes payées par elle. • Civ. 1re, 8 mars 2005, ☎ n° 03-10.854 P.

3. Absence de créance entre époux séparés de biens. La prétendue existence d'un transfert de valeurs entre les patrimoines d'époux séparés de biens était insuffisante à fonder le principe d'une créance entre eux. Ainsi, est justifié l'arrêt de la cour d'appel qui retient, pour décider que les primes versées par le souscripteur ne relèvent pas du régime des créances entre époux, que le contrat d'assurance sur la vie est constitutif d'une stipulation pour autrui qui confère au tiers bénéficiaire un droit direct contre l'assureur sans que le capital ne transite par le patrimoine du souscripteur qui ne détient donc aucune créance envers le bénéficiaire. • Civ. 1re, 17 nov. 2010, nº 09-16.964 P : *RGDA 2011. 181, note Mayaux.*

4. Contrat au profit d'un tiers en cas de prédécès du conjoint. Lorsqu'un conjoint survivant, marié sous le régime légal et désigné bénéficiaire en premier lieu de contrats d'assurance-vie, est décédé sans en avoir accepté le bénéfice, l'enfant d'un premier lit désigné bénéficiaire en dernier lieu et acceptant est, en application de l'art. L. 132-12 C. assur., réputé avoir droit aux sommes stipulées aux contrats à partir du jour de leur souscription. Il en résulte que les dispositions de l'art. L. 132-16 ne sont pas applicables et qu'en vertu de l'art. 1437 C. civ., la succession du souscripteur des contrats est redevable envers la communauté des deniers communs ayant servi à acquitter une charge contractée dans l'intérêt personnel de celui-ci. • Civ. 1re, 22 mai 2007, nº 05-18.516 P : *Gaz. Pal. 2008. 1838, note Leducq.* ♦ De même, prive sa décision de base légale la cour d'appel qui, affirme que la nature d'assurance-vie des contrats en cause souscrits par un époux au profit, en cas de décès de l'assuré, de « son conjoint, ses enfants nés ou à naître ou à défaut ses héritiers » n'est pas discutée et que, souscrits au moyen de deniers communs au profit du conjoint survivant, ils n'ouvrent pas droit à récompense au profit de la communauté, sauf primes excessives, ce qui n'est pas le cas, sans rechercher si, du fait du pré décès de son épouse, ces contrats n'avaient pas profité qu'à la fille du souscripteur de sorte que sa succession serait débitrice envers la communauté si des deniers communs avaient servi à acquitter une charge contractée dans l'intérêt personnel de celui-ci. • Civ. 1re, 19 déc. 2012, nº 11-21.703 P : *RCA 2013, nº 199, note Delpérier; RGDA 2013. 378, obs. Mayaux.*

5. Contrat d'assurance souscrit par un époux à son profit. Un contrat d'assurance-vie souscrit par un époux à son propre profit ayant donné lieu au versement d'un capital près d'un an avant l'assignation en divorce, ce capital était tombé en communauté et il n'y avait pas lieu à récompense au profit de celle-ci du chef des primes payées avec des fonds communs. • Civ. 1re, 8 oct. 2008, nº 06-13.744 : *Gaz. Pal., 11 juin 2009 nº 162, p. 11, obs. Casey.* ♦ Comp. : Ayant relevé que le contrat, au titre duquel les sommes étaient réclamées, ouvrait droit à une retraite complémentaire de cadre dont le bénéficiaire ne pouvait prétendre qu'à la cessation de son activité professionnelle, une cour d'appel, qui a ainsi caractérisé un propre par nature, a rejeté, à bon droit, la demande tendant à inclure dans l'actif de la communauté le montant des sommes litigieuses. • Civ. 1re, 30 avr. 2014, nº 12-21.484 P : *RGDA 2014. 352, note Mayaux; RTD civ. 2014. 936, note Vareille; D. 2015. 1242, note Pierre; AJ fam. 2014. 382, note Hilt; JCP N 2015. 1001, nº 11, note Simler.*

6. Indemnité perçue au titre d'une assurance contre les accidents. Si l'art. 71 de la L. du 13 juill. 1930 [C. assur., art. L. 132-16] est inapplicable au contrat d'assurance individuelle contre les accidents souscrit par un époux, une cour d'appel décide à bon droit que constitue un bien propre la somme perçue par cet époux au titre de son dommage corporel en exécution de ce contrat. Les primes d'une telle assurance, qui revêt le caractère d'un acte de prévoyance familial, doivent être regardées comme une charge résultant du mariage pour laquelle aucune récompense n'est due à la communauté, sauf si les primes acquittées étaient manifestement exagérées par rapport aux facultés de celle-ci. • Civ. 1re, 1er mars 1972, nº 69-13.650 P : *D. 1973. 57, note Besson; JCP 1973. II. 17311, note J. P.; RGAT 1972. 257.* ♦ Le capital versé au bénéficiaire au titre d'un contrat d'assurance garantissant le risque invalidité a, réparant une atteinte à l'intégrité physique, un caractère personnel de sorte qu'il constitue un bien propre par nature. • Civ. 1re, 17 nov. 2010, nº 09-72.316 P : *RGDA 2011.160, note Mayaux; D. 2011. Pan. 2624, note Revel; AJ fam. 2011. 112, note Hilt; Defrénois 2011. 380, note Champenois; JCP 2011, nº 340, note Pierre; ibid. nº 503, note Simler; Dr. fam. 2011, nº 8, note Beignier; RLDC 2010/78, nº 4108, note Le Gallou.*

Art. L. 132-17 *(L. nº 85-98 du 25 janv. 1985, art. 221)* **« L'article L. 624-6 du code de commerce » concernant les droits** *(L. nº 81-5 du 7 janv. 1981)* **« du conjoint » du débiteur en redressement judiciaire est sans application en cas d'assurance sur la vie contractée par un commerçant au profit** *(L. nº 81-5 du 7 janv. 1981)* **« de son conjoint ».** — *L'art. 624-6 du C. com. a été déclaré contraire à la Constitution par Cons. const. dans sa Décis. nº 2011-212 QPC du 20 janv. 2012 (JO 12 mai).*

COMMENTAIRE

Conformément à l'article L. 132-12, le bénéficiaire du contrat d'assurance-vie dispose d'un droit propre et direct à l'encontre de l'assureur. Il en résulte que, par principe, les créanciers du souscripteur ne disposent pas de droits sur le contrat et en particulier sur la prestation versée par l'assureur aux tiers bénéficiaires. Ainsi, si le souscripteur est un commerçant en redressement ou liquidation judiciaire, ses créanciers ne peuvent revendiquer les prestations versées par l'assureur au bénéficiaire.

Confortant cette solution lorsque le bénéficiaire est le conjoint d'un souscripteur commerçant, l'article L. 132-17 a pris le soin d'écarter l'application de l'article L. 624-6 du code de commerce, qui permet au mandataire judiciaire ou à l'administrateur de demander que les biens acquis par le conjoint du débiteur à l'aide de valeurs fournies par celui-ci soient réunis à l'actif.

La portée de cet article est néanmoins réduite depuis la décision du Conseil constitutionnel du 20 janvier 2012, qui a déclaré l'article L. 624-6 du code de commerce non conforme à la Constitution (Cons. const. n° 2011-212 QPC : *D. 2012. Pan. 2199, obs. F.-X. Lucas* ; *RTD com. 2012. 198, obs. Martin-Serf* ; *Rev. sociétés 2012. 192, obs. Roussel Galle*). ❑

Art. L. 132-18 *(L. n° 81-5 du 7 janv. 1981)* **Dans le cas de réticence ou fausse déclaration mentionné à l'article L. 113-8, dans le cas où l'assuré s'est donné volontairement** *(Abrogé par L. n° 2001-1135 du 3 déc. 2001)* ***« et consciemment »*** **la mort au cours du délai mentionné à l'article L. 132-7 ou lorsque le contrat exclut la garantie du décès en raison de la cause de celui-ci, l'assureur verse au contractant ou, en cas de décès de l'assuré, au bénéficiaire, une somme égale à la** *(Ord. n° 2015-378 du 2 avr. 2015, art. 6-1°, en vigueur le 1er janv. 2016)* **« valeur de rachat ou de transfert, lorsqu'elle existe, ou à défaut de la provision mathématique déterminée sur la base des paramètres prévus dans les conditions tarifaires » du contrat.**

COMMENTAIRE

L'article L. 132-18 impose à l'assureur de restituer au souscripteur ou au bénéficiaire du contrat une somme égale à la valeur de rachat ou à la provision mathématique dans deux grandes hypothèses.

La première concerne la réticence ou la fausse déclaration du risque sanctionnée par la nullité du contrat sur le fondement de l'article L. 113-8. Selon cet article, par dérogation à l'effet rétroactif de la nullité, les primes payées demeurent, par principe, acquises à l'assureur. Toutefois, l'article L. 113-8, alinéa 3, écarte cette règle d'exception pour les contrats d'assurance sur la vie. L'article L. 132-18 explicite et conforte cette disposition. L'assureur ne saurait conserver les primes perçues au titre de l'opération d'épargne.

La seconde est relative à l'exclusion de garantie pour suicide de l'assuré de l'article L. 132-7 ou pour une autre cause de décès. Si l'assureur démontre que les conditions de l'une de ces exclusions de garantie sont réunies, le contrat d'assurance en cas de décès est privé de tout effet. L'assureur n'est pas tenu de verser la prestation attendue. Mais, là encore, il ne saurait conserver la part des primes correspondant à la valeur de rachat ou à la provision mathématique. Cette valeur doit être restituée au bénéficiaire du contrat et non aux héritiers du cocontractant. ❑

Art. L. 132-19 Tout intéressé peut se substituer au contractant pour payer les primes. — *Assur. L. 111-2.*

COMMENTAIRE

Par principe, en assurance-vie, le débiteur de la prime est le souscripteur ou toute autre personne désignée par une clause contractuelle. Mais, de même que l'article 1342-1 du code civil prévoit que « le paiement peut être fait même par une personne qui n'y est pas tenue, sauf refus légitime du créancier », l'article L. 132-19 précise que toute personne intéressée peut payer la prime d'assurance. En effet, d'autres personnes que le souscripteur, comme le bénéficiaire ou les héritiers du souscripteur, peuvent avoir un intérêt économique ou même moral au maintien du contrat d'assurance-vie. À défaut d'intérêt, le *solvens* peut exercer une action en répétition de l'indu, sans que l'on puisse subordonner son action à une absence de faute de sa part (Civ. 1re, 17 févr. 2010 : *V. note ss. le présent art.*).

Par ailleurs, il est à noter qu'avant l'entrée en vigueur de la loi n° 2007-1775 du 17 décembre 2007, qui a réformé le régime de l'acceptation de l'article L. 132-9, le paiement des primes par le bénéficiaire pouvait être perçu comme une acceptation tacite du bénéfice du contrat. ❑

Paiement indu. L'absence de faute de celui qui a payé ne constitue pas une condition de mise en œuvre de l'action en répétition de l'indu, sauf à déduire, le cas échéant, de la somme répétée les dommages-intérêts destinés à réparer le préjudice résultant pour l'*accipiens* de la faute commise par le *solvens*. Dès lors, viole l'art. 1377 C. civ. la cour d'appel qui, pour débouter l'ex-épouse de sa demande formée à l'encontre de l'assureur, énonce que le paiement fait par erreur par une personne qui n'est pas débitrice n'ouvre pas droit à répétition lorsque l'*accipiens* n'a reçu que ce que lui devait son débiteur et que le *solvens* a payé sans prendre les précautions nécessitées par une prudence élémentaire et qu'en poursuivant spontanément le paiement des cotisations afférentes à un contrat d'assurance dont elle n'était ni titulaire ni bénéficiaire nommément désignée, sans vérifier les conséquences du divorce sur ses droits éventuels ni aviser l'assureur du divorce, l'ex-épouse avait commis une négligence certaine et manifeste de nature à la priver de tout droit à répétition des sommes perçues par l'assureur au titre de ce contrat. • Civ. 1re, 17 févr. 2010, n° 08-19.789 P : *D. 2010. 864, note Dissaux ; RGDA 2010. 317, note Mayaux ; RCA 2010, n° 167, note Bloch.*

Art. L. 132-20 *(L. n° 92-665 du 16 juill. 1992)* **« L'entreprise d'assurance ou de capitalisation »** *(L. n° 81-5 du 7 janv. 1981)* **n'a pas d'action pour exiger le paiement des primes.**

(L. n° 89-1014 du 31 déc. 1989) **« Lorsqu'une prime ou fraction de prime n'est pas payée dans les dix jours de son échéance, l'assureur adresse au contractant une lettre recommandée par laquelle il l'informe qu'à l'expiration d'un délai de quarante jours à dater de l'envoi de cette lettre le défaut de paiement, à l'assureur ou au mandataire désigné par lui, de la prime ou fraction de prime échue ainsi que des primes éventuellement venues à échéance au cours dudit délai, entraîne soit la résiliation du contrat en cas d'inexistence ou d'insuffisance de la valeur de rachat, soit la réduction du contrat. »**

L'envoi de la lettre recommandée par l'assureur rend la prime portable dans tous les cas.

(L. n° 92-665 du 16 juill. 1992) **« Le défaut de paiement d'une cotisation due au titre d'un contrat de capitalisation ne peut avoir pour sanction que la suspension ou la résiliation pure et simple du contrat et, dans ce dernier cas, la mise à la disposition du porteur de la valeur de rachat que ledit contrat a éventuellement acquise. »**

COMMENTAIRE

Dans les règles communes aux assurances de dommages et aux assurances de personnes, l'article L. 113-2 dispose que si, par principe, l'assuré est obligé de payer la prime ou cotisation aux époques convenues, cette règle ne s'applique pas aux assurances sur la vie. L'article L. 132-20 reprend cette règle et en énonce les conséquences. L'assureur ne dispose d'aucune action en paiement contre le souscripteur (I), mais le défaut de paiement a des conséquences sur le sort du contrat (II).

I. L'ABSENCE D'ACTION EN PAIEMENT

Selon le premier alinéa de l'article L. 132-20, l'assureur n'a pas d'action pour exiger le paiement des primes. Cette règle d'ordre public est justifiée par les spécificités du contrat d'assurance-vie. Ce contrat de prévoyance est un contrat de longue durée. Or il peut arriver que l'intérêt de ce contrat disparaisse avec le temps. Le souscripteur ne doit donc pas être sanctionné s'il ne paie plus les primes (Civ. 1re, 30 nov. 1976 : *V. note 6*). Cette règle a fait l'objet de précisions de la part de la jurisprudence.

D'une part, elle ne concerne que les contrats d'assurance-vie et est écartée pour les contrats mixtes garantissant contre le risque décès, mais aussi le risque maladie (Civ. 1re, 11 oct. 1988 : *V. note 2*) ou le risque invalidité (Civ. 1re, 19 mai 1987 : *V. note 2*). Cette dérogation concerne aussi bien les assurances individuelles que les assurances de groupe (Civ. 2e, 4 oct. 2012 : *V. note 3*). Dans de telles hypothèses, les dispositions de l'article L. 113-3 sont applicables.

D'autre part, l'absence d'action en paiement ne vaut que pour l'assureur. Par conséquent, si le souscripteur s'est engagé à l'égard d'un tiers, par exemple d'un organisme professionnel, à payer les primes, il est tenu de respecter son engagement (Civ. 1re, 14 déc. 1976 : *V. note 4*).

II. LES CONSÉQUENCES SUR LE CONTRAT

L'absence d'action en paiement de l'assureur ne signifie pas pour autant que le défaut de paiement ne donne lieu à aucune sanction. Bien au contraire, l'article L. 132-20 prévoit des sanctions spécifiques.

Ainsi, en cas de défaut de paiement de la prime dans les dix jours suivant son échéance, l'assureur peut envoyer au souscripteur une lettre recommandée avec accusé de réception par laquelle il l'informe qu'à l'expiration d'un délai de quarante jours, à dater de cet envoi, le défaut de paiement entraînera la résiliation ou la résolution du contrat. Cette formalité de l'envoi d'une lettre recommandée est une formalité substantielle (Civ. 2e, 25 oct. 2007 : *V. note 9*).

La résiliation du contrat intervient en cas d'insuffisance ou d'inexistence de la valeur de rachat. Ces derniers contrats sont visés par l'article L. 132-23. En revanche, la réduction du contrat s'applique à tous les contrats comportant une provision mathématique. Sont en particulier concernés les contrats d'assurance en cas de vie et les contrats d'assurance-vie entière en cas de décès. Dans une telle hypothèse, le risque n'est plus garanti pour le montant initial, mais pour un montant réduit. Mais l'assureur peut substituer le rachat à la réduction, si la valeur de rachat est trop faible, c'est-à-dire si elle est inférieure à la moitié du montant brut mensuel du salaire minimum de croissance (V. art. R. 132-2). ❑

I. DOMAINE

A. ASSURANCES CONCERNÉES

1. *Assurance contre les accidents corporels.* La règle selon laquelle l'assureur n'a pas d'action pour exiger le paiement des primes ne s'applique pas aux assurances contre les accidents corporels. • Civ., 6 mai 1934 : *RGAT 1934. 865* • 10 mai 1937 : *DH 1937. 348* • Civ. 1re, 20 mars 1963 : *Bull. civ. I, no 173 ; RGAT 1964. 58* • 22 janv. 1974, no 72-14.521 P : *RGAT 1975. 263* • 3 déc. 1974, no 73-12.626 P : *RGAT 1975. 427* • 2 déc. 1981, no 80-16.351 P : *D. 1982. IR 128 ; RGAT 1982. 380.*

2. *Assurance mixte collective.* S'analyse en une assurance mixte soumise aux dispositions de l'art. L. 113-3 le contrat d'assurance de groupe qui garantit non seulement le risque décès, mais aussi le risque maladie. • Civ. 1re, 11 oct. 1988 : *Bull. civ. I, no 277 ; RGAT 1989. 102, note Aubert.* ♦ Dans le même sens : • Civ. 1re, 1er déc. 1981 : *Bull. civ. I, no 257 ; D. 1982. IR 128 ; RGAT 1982. 169, note Besson ; JCP 1982. II. 19854, note Besson.* ♦ Un contrat d'assurance de groupe prévoyant, outre une assurance sur la vie, une assurance invalidité totale et définitive dans des conditions, qui, en ce qui concerne l'âge en particulier, n'étaient de surcroît pas les mêmes, est une assurance mixte échappant à la règle de l'art. L. 132-20. • Civ. 1re, 19 mai 1987 : *RGAT 1987. 444, obs. Aubert.*

3. *Assurance mixte individuelle.* Si aux termes de l'art. L. 132-20 C. assur., en matière d'assurance sur la vie, l'assureur n'a pas d'action pour exiger le paiement des primes, ce texte n'est pas applicable aux contrats d'assurances mixtes comportant d'autres garanties que celle du risque décès. • Civ. 1re, 20 oct. 1992 : *RCA 1993. 24.* ♦ Seul l'art. L. 113-3 C. assur. est applicable aux contrats d'assurance qui ne sont pas uniquement des assurances sur la vie et qui ont de ce fait un caractère mixte. Cet art., dont les dispositions sont d'ordre public comme celles de l'art. L. 132-20, n'est pas spécifique aux assurances de groupe et concerne les contrats d'assurance en général, parmi lesquels les contrats individuels ayant un caractère mixte comme en l'espèce, auxquels ne peuvent être appliquées des dispositions spécifiques aux contrats d'assurance sur la vie. Les formalités de résiliation du contrat édictées par l'art. L. 113-3 C. assur., seul applicable à ces contrats, sont impératives et différentes de celles de l'art. L. 132-20 du même code. • Civ. 2e, 4 oct. 2012, no 11-19.431 P : *D. 2012. 2391 ; RGDA 2013. 139, note Bigot ; Gaz. Pal. 30 nov. 2012, note Cerveau-Colliard ; RCA 2013, no 32, note Groutel.* ♦ *Contra* appliquant l'art. L. 132-20 C. assur. à un contrat couvrant le risque décès et celui d'invalidité. • Com. 26 mai 1999, no 96-21.054 P : *RCA 1999. 309, note Groutel.*

B. PERSONNES CONCERNÉES

4. *Engagement du souscripteur envers un tiers.* C'est à l'assureur seul que l'art. 75 de la L. du 13 juill. 1930 [C. assur., art. L. 132-20] interdit toute action en payement des primes d'assurance-vie. Doit, dès lors, être cassé l'arrêt qui refuse, sur le fondement de ce texte, à un conseil régional des notaires le droit de réclamer en justice à un notaire, qui avait adhéré au contrat d'assurance de groupe souscrit par cet organisme auprès d'une compagnie d'assurances et prévoyant au profit de ces officiers ministériels le versement d'une retraite complémentaire, le payement des cotisations que ce notaire s'était engagé à verser audit conseil. • Civ. 1re, 14 déc. 1976, no 74-13.856 P : *D. 1977. IR 461, obs. Berr et Groutel ; JCP 1977. II. 18717, note Besson.*

II. SANCTION

5. *Exclusion des règles de l'art. L. 113-3 C. assur.* Les dispositions des al. 2 à 4 de l'art. L. 113-3 ne sont pas applicables aux contrats d'assurances sur la vie et en cas de décès, qui ne peuvent être résiliés que conformément aux prescriptions de l'art. L. 132-20 C. assur. • Civ. 2e, 28 mai 2009 : *RGDA 2009. 857, note Abravanel-Jolly.*

6. *Exclusion du paiement forcé.* L'assuré qui a versé un acompte à un agent de la compagnie d'assurances ne peut être pour autant condamné à en verser le solde compte tenu du caractère facultatif du paiement de la prime en assurance-vie. • Civ. 1re, 30 nov. 1976, no 75-11.759 P : *D. 1977. IR 177, obs. Berr et Groutel.*

7. *Exclusion de la qualification de clause pénale.* Après avoir rappelé que le contrat prévoyait d'une part, qu'il serait résilié si les cotisations des deux premières années n'étaient pas payées et, d'autre part, que dès que le souscripteur aurait effectué deux versements annuels il pourrait recevoir la valeur de rachat ou de réduction du contrat, une cour d'appel a fait une exacte application des art. L. 132-20 et L. 132-23, al. 7, C. assur. [rédaction ant. L. n° 2007-1775 du 17 déc. 2007], en énonçant que ladite clause, qui n'était pas destinée à sanctionner l'inexécution du contrat par l'assuré, ne constituait pas une clause pénale. • Civ. 1re, 2 juill. 2002 : *RGDA 2002. 744, note Mayaux.*

8. *Résiliation du contrat.* Le défaut de paiement d'une prime d'assurance-vie est une cause de résiliation du contrat qui n'a pas à être constatée judiciairement. • Com. 26 mai 1999, n° 96-21.054 P : *RCA 1999, n° 309, obs. Groutel.* ♦ Le contrat ayant été résilié alors que la première prime avait été payée, l'assureur n'est pas tenu de la restituer faute de valeur de rachat. • Civ. 1re, 28 mars 2000, n° 97-14.951 P : *RCA 2000, n° 246 ; RGDA 2000. 569, note Kullmann.* ♦ L'encaissement sans réserves de l'assureur, après la date de résiliation du contrat, d'une prime venue à échéance avant ne peut constituer une renonciation à se prévaloir de la résiliation, la renonciation à un droit ne pouvant résulter que d'un acte manifestant sans équivoque la volonté de renoncer ; tel n'est pas le cas de l'encaissement que fait sans réserves l'assureur, après la date de la résiliation, d'une prime venue à échéance avant. • Civ. 1re, 18 févr. 2003 : *RGDA 2003. 338, note Favre-Rochex.*

III. FORMALITÉS

9. *Exigence d'une lettre recommandée.* Viole l'art. L. 132-20 la cour d'appel qui juge qu'un contrat retraite, objet d'une réduction, serait liquidé suivant les modalités contractuelles, alors qu'elle avait constaté que l'assureur ne justifiait pas de l'envoi d'une lettre recommandée. • Civ. 2e, 25 oct. 2007, n° 06-18.939 P : *RCA 2008, n° 36 ; RGDA 2008. 197, note Mayaux ; Gaz. Pal. 2009. Jurisp. 480, note Leducq.*

10. *Destinataire de la lettre recommandée.* L'administrateur judiciaire ne demeurant en fonction, après l'adoption du plan de cession, que pour passer les actes nécessaires à la réalisation de la cession ou exécuter la mission que lui confie le jugement, l'assureur impayé n'est pas tenu de lui adresser la mise en demeure prévue par l'art. L. 132-20. • Com. 6 oct. 2009, n° 07-15.325 P : *D. 2009. AJ 2484, obs. Lienhard ; RPC 2009, n° 161, note Roussel-Galle ; JCP 2010. 100, n° 6, note Pétel ; Gaz. Pal. 9 janv. 2010, p. 24, note Voinot ; RLDC déc. 2009, n° 3638, obs. Le Gallou.*

Art. L. 132-21 *(L. n° 2007-1775 du 17 déc. 2007, art. 2-I, en vigueur le 18 déc. 2008)* **« Le contrat précise les modalités de calcul de la valeur de rachat ou de la valeur de transfert et, le cas échéant, de la valeur de réduction. Pour le calcul de la valeur de réduction, il ne peut être prévu d'imputer sur la provision mathématique** *(Ord. n° 2015-378 du 2 avr. 2015, art. 6-2°, en vigueur le 1er janv. 2016)* **« déterminée sur la base des paramètres prévus dans les conditions tarifaires » du contrat une indemnité de réduction. »**

Dans la limite de la valeur de rachat *(L. n° 2003-775 du 21 août 2003, art. 108-XIV-1 ; Décr. n° 2004-346 du 21 avr. 2004 ; L. n° 2006-1770 du 30 déc. 2006, art. 65)* **« du contrat », l'assureur peut consentir des avances au contractant.**

(Ord. n° 2009-106 du 30 janv. 2009, art. 1er-4°, ratifiée par L. n° 2010-737 du 1er juill. 2010, art. 35-I) **« En cas de demande de rachat du contrat par le contractant, l'entreprise d'assurance ou de capitalisation lui verse la** *(Ord. n° 2014-696 du 26 juin 2014, art. 1er-2°)* **« valeur de rachat » du contrat dans un délai qui ne peut excéder deux mois.**

« En cas de demande de transfert du contrat par l'adhérent, l'entreprise d'assurance verse à l'organisme d'assurance d'accueil la valeur de transfert du contrat dans un délai et selon des modalités fixées par décret.

« Au-delà des délais mentionnés aux deux alinéas précédents, les sommes non versées produisent de plein droit intérêt au taux légal majoré de moitié durant deux mois, puis, à l'expiration de ce délai de deux mois, au double du taux légal. »

V. art. R. 132-1 s.

L'art. L. 263-0 A du LPF, issu de l'art. 41 de la L. n° 2013-1117 du 6 déc. 2013 relative à la lutte contre la fraude fiscale et la grande délinquance économique et financière, permet la saisie par les comptables publics des contrats d'assurance rachetables d'un redevable. Cette saisie de la valeur de rachat produit les effets d'un rachat partiel ou total du contrat d'assurance-vie (BOI-REC-FORCE, 28 août 2017).

BIBL. ▸ COURTIEU, *RCA 2008. Étude 1.* – KULLMANN, *RGDA 2008. 277.*

COMMENTAIRE

Lorsque le contrat d'assurance-vie comporte une provision mathématique, le souscripteur dispose d'un droit de créance sur l'assureur. Il peut en conséquence demander une avance (I) ou procéder à un rachat (II).

I. AVANCE SUR LE CONTRAT

Si l'article L. 132-21 prévoit que « l'assureur peut consentir des avances au contractant », il n'apporte aucune définition de la notion d'avance. Il est donc revenu à la jurisprudence de préciser la nature juridique des avances. Selon la Cour de cassation, l'avance constitue une mise à disposition des fonds investis moyennant le versement d'une indemnité et s'analyse comme un prêt à intérêt au sens de l'article 1905 du code civil (Civ. 1re, 2 déc. 2003 : *V. note 2*). Cette analyse de l'avance permet d'en préciser le régime.

Tout d'abord, dans la mesure où l'article L. 132-21 dispose que l'assureur « peut consentir » des avances, il faut en déduire que, par principe, il ne s'agit que d'une simple faculté pour l'assureur. Il n'est donc pas contraint de répondre favorablement à une demande d'avance. Toutefois, il est fréquent que le contrat d'assurance comporte des dispositions relatives aux avances et transforme ce qui n'est qu'une simple faculté en véritable obligation pour l'assureur.

Ensuite, une avance ne peut être demandée que si le contrat comporte une provision mathématique (Civ. 1re, 28 avr. 1987 : *V. note 1*) ou plus exactement une valeur de rachat. Son montant ne peut d'ailleurs aller au-delà de la valeur de rachat.

Enfin, puisque l'avance s'analyse comme un prêt à intérêt, il en résulte que le taux des intérêts conventionnels doit être fixé par écrit conformément à l'article 1907, alinéa 2, du code civil (Civ. 1re, 2 déc. 2003 : *V. note 2*).

II. RACHAT DU CONTRAT

A. CONDITIONS

Le droit de rachat permet au souscripteur de demander à l'assureur le versement de tout ou partie de la provision mathématique avant le terme du contrat. Par principe, le rachat constitue un droit exclusivement attaché à la personne du souscripteur. Il ne peut être exercé ni par ses créanciers, ni par un liquidateur judiciaire (Com. 25 oct. 1994 : *V. note 6*). Toutefois, le personnalisme n'est pas absolu. Plusieurs tempéraments, d'origine légale ou jurisprudentielle, sont apparus. Ainsi, lorsqu'une tutelle a été ouverte, il est possible d'effectuer un rachat avec l'autorisation du juge des tutelles (art. L. 132-4-1). Et lorsque le majeur est sous curatelle, il ne peut procéder à un rachat qu'avec l'assistance de son curateur (art. L. 132-4-1). Par ailleurs, le rachat peut être réalisé par un mandataire du souscripteur en vertu d'un mandat spécial (Civ. 2e, 5 juin 2008 : *V. note 5*). En outre, depuis la loi no 2007-1775 du 17 décembre 2007, si le bénéficiaire a accepté le bénéfice du contrat, le souscripteur ne peut exercer sa faculté de rachat sans l'accord du bénéficiaire (art. L. 132-9). Mais, parallèlement, la loi du 17 décembre 2007 a permis au créancier nanti de provoquer le rachat, même sans le consentement du bénéficiaire acceptant (art. L. 132-10).

En tout état de cause, le droit de demander un rachat n'est possible que pour les contrats comportant une provision mathématique. Mais, dans certains cas, il est également prohibé, alors que le contrat comporte une provision mathématique. Ces différentes hypothèses sont envisagées par l'article L. 132-23 du code des assurances.

B. EFFET DU RACHAT

Lorsque le rachat est demandé, l'assureur doit déterminer la valeur de rachat. Conformément à l'article L. 132-21-1, elle est égale à la différence entre la valeur actuelle des engagements respectivement pris par l'assureur et par les assurés, dans la limite du montant assuré en cas de décès. Les modalités de calcul pouvant être complexes, il est prévu par la loi que le contrat les rappelle. En outre, selon l'article L. 132-22, l'assureur doit communiquer, chaque année, au souscripteur le montant de la valeur de rachat et rappeler, en termes clairs et précis, ce que signifie l'opération de rachat.

L'assureur doit verser les sommes dans un délai de deux mois à compter de la demande. A défaut, il sera tenu de payer des intérêts moratoires au taux légal majoré de moitié pendant deux mois, puis au double du taux légal.

Si le souscripteur a demandé un rachat total, la demande de rachat entraîne la résiliation définitive et immédiate du contrat (Civ. 2e, 10 juin 2004 : *V. note 9*). La survenance du sinistre entre la date de la demande et celle du règlement ne saurait donc engager la garantie de l'assureur. ❑

Ancien art. L. 132-21 (L. no 85-608 du 11 juin 1985 ; L. no 92-665 du 16 juill. 1992) *Les modalités de calcul de la valeur de rachat* (L. no 2003-775 du 21 août 2003, art. 108-XIV-1 ; Décr. no 2004-346 du 21 avr. 2004) ***« du contrat ou de la valeur de transfert du plan d'épargne***

retraite populaire tel que défini à l'article » (L. n° 2006-1770 du 30 déc. 2006, art. 65-I-3°-a, en vigueur le 30 sept. 2007) « **L. 144-2** [rédaction antérieure : 108 de la loi n° 2003-775 du 21 août 2003 précitée] » ***et, le cas échéant, de la valeur de réduction sont déterminées par un règlement général mentionné dans la police et établi par l'entreprise d'assurance ou de capitalisation.*** – V. ce texte au **C. trav.**

Dès la signature du contrat, l'entreprise d'assurance ou de capitalisation informe le contractant que ce règlement général est tenu à sa disposition sur sa demande. L'entreprise d'assurance ou de capitalisation doit communiquer au contractant, sur la demande de celui-ci, le texte du règlement général.

Dans la limite de la valeur de rachat (L. n° 2003-775 du 21 août 2003, art. 108-XIV-1 ; Décr. n° 2004-346 du 21 avr. 2004) « ***du contrat*** » (Abrogé par L. n° 2006-1770 du 30 déc. 2006, art. 65-I-3°-b et VI, à compter du 9 nov. 2006) « ***ou de la valeur de transfert du plan d'épargne retraite populaire tel que défini à l'article 108 de la loi n° 2003-775 du 21 août 2003 précitée », l'assureur peut consentir des avances au contractant.***

L'entreprise d'assurance ou de capitalisation doit, à la demande du contractant, verser à celui-ci la valeur de rachat du contrat ou (L. n° 2006-1770 du 30 déc. 2006, art. 65-I-3°-c et VI, en vigueur le 9 nov. 2006) « ***à l'organisme d'assurance gestionnaire du plan d'accueil la valeur de transfert du plan d'épargne retraite populaire d'origine » dans un délai qui ne peut excéder deux mois. Au-delà de ce délai, les sommes non versées produisent de plein droit intérêt au taux légal majoré de moitié durant deux mois, puis, à l'expiration de ce délai de deux mois, au double du taux légal.***

I. AVANCE

1. Exigence d'une provision mathématique. L'avance consentie par l'assureur au moment même de la conclusion du contrat ne peut avoir la nature d'une avance au sens de ce texte, faute de provision mathématique à cette date. • Civ. 1re, 28 avr. 1987, n° 85-16.766 P : *RGAT 1987. 438, note Aubert.*

2. Exigence d'un taux d'intérêt fixé par écrit. L'avance, dont le principe est reconnu par l'art. L. 132-21 C. assur., constitue une mise à disposition des fonds investis moyennant le versement d'un intérêt et s'analyse comme un prêt à intérêt au sens de l'art. 1905 C. civ., de telle sorte que le taux conventionnel de cet intérêt doit être fixé par écrit lors de la signature du contrat conformément aux exigences de l'art. 1907, al. 2, C. civ. Il s'ensuit que la clause par laquelle une compagnie d'assurances se réserve le pouvoir de fixer seule et de faire varier unilatéralement le taux d'intérêt des avances est nulle, le taux d'intérêt n'étant ni déterminé, ni déterminable lors de la souscription. • Civ. 1re, 2 déc. 2003 : *RGDA 2004. 153, note Bigot.* ♦ Dès lors si la faculté d'obtenir de telles avances a été pour les souscripteurs des contrats une condition déterminante de leur engagement, l'annulation de ladite clause affecte l'équilibre de ceux-ci et leur résiliation est justifiée • Même arrêt.

3. Prescription. La prescription biennale de l'art. L. 114-1 s'applique au contrat d'assurance-vie et à l'acte d'avance sur police prévu à l'art. L. 132-21 qui dérive du contrat d'assurance. • Civ. 2e, 30 juin 2004 : *RGDA 2004. 991, note Mayaux.*

4. Recel de fonds. Dès lors que le conjoint ayant demandé à l'assureur le versement d'une avance avait donné son accord à la perception des fonds, aucune dissimulation ne pouvait être reprochée à l'auteur de la demande. La demande tendant à le faire déclarer coupable de recel de fonds ne pouvait de la sorte aboutir. • Civ. 1re, 15 mai 2013 : *RGDA 2013. 941, note Mayaux.*

II. RACHAT

5. Mandataire. L'exercice de la faculté de rachat par un mandataire du souscripteur nécessite un mandat spécial. • Civ. 2e, 5 juin 2008, n° 07-14.077 P : *D. 2008. 1765 ; JCP 2008. IV. 2220 ; RCA 2008, n° 342 ; ibid., Étude 12, note Martial-Braz.*

6. Liquidation judiciaire. Le droit de rachat, exclusivement attaché à la personne du souscripteur par l'art. L. 132-9, al. 2, ne peut être exercé par le syndic de la liquidation de ses biens. • Com. 25 oct. 1994, n° 90-14.316 P : *RCA 1995, n° 144 ; ibid., Étude 18, note Courtieu ; RGAT 1995. 149, rapp. Rémery.* ♦ Si une fois réglée au souscripteur, la valeur de rachat du contrat d'assurance fait partie de son patrimoine et de l'actif de sa liquidation judiciaire, lui seul peut, s'agissant d'un droit exclusivement attaché à sa personne, exercer la faculté de rachat qui met fin au contrat, de sorte que le paiement effectué sur sa demande et entre ses mains est, malgré son dessaisissement, libératoire pour l'assureur. • Com. 11 déc. 2012, n° 11-27.437 P : *RGDA 2013. 393, note Bigot ; RCA 2013, n° 102, note Leblond.*

7. Responsabilité de l'assureur. Commet une faute l'assureur qui paye la valeur de rachat du contrat à un tiers sans s'assureur que la demande émane du souscripteur. • Civ. 2e, 28 avr. 2011 : *RGDA 2011. 1086, note Bigot.* ♦ ... L'assureur qui, ne vérifiant pas la signature de l'auteur de la demande de rachat, accède à une demande de rachat présentée par l'épouse alors que le contrat avait été souscrit par l'époux. • Civ. 2e, 13 janv. 2012 : *RGDA 2012. 762, note Mayaux ; RCA 2012, n° 126.*

8. Calcul de la valeur de rachat. Dès lors que le délai de deux mois a été respecté, des modalités de calcul de la valeur de rachat conformes au règlement général mis à la disposition de l'assuré ne peuvent être remises en cause par le fait que le cours des valeurs rachetées a augmenté ou baissé avant la remise effective des fonds, l'aléa d'une hausse ou d'une baisse pesant sur le seul assureur. • Civ. 1re, 26 janv. 1999, n° 97-12.079 P : *RCA 1999, n° 118.*

9. Intérêts moratoires. Ne donne pas de base légale à sa décision la cour d'appel qui, pour refuser d'allouer à un assuré les intérêts moratoires prévus par l'art. L. 132-21 C. assur. au cas où l'assureur ne verse pas, dans un délai qui ne peut excéder 2 mois, la valeur de rachat du contrat d'assurance qui lui est réclamée par l'assuré, se réfère à une stipulation de la police selon laquelle le règlement des prestations avait lieu au siège social de l'assureur et que celui-ci réglait sur quittance. Le fait que l'assureur ait mis la somme représentant la valeur de rachat à la disposition de l'assuré en lui offrant la possibilité, soit d'adresser une quittance à l'assureur, soit de se rendre au siège social, établit que ce dernier n'a pas satisfait aux formalités imposées par l'art. L. 132-21. • Civ. 1re, 31 mars 1993 : *RCA 1993. 213.* ♦ La demande de rachat a pour conséquence d'entraîner la résiliation définitive et immédiate du contrat d'assurance, dès l'exercice du droit au rachat. La valeur de rachat déterminée à la date de la demande ne peut être remise en cause par le fait d'un retard pris par l'assureur dans la remise effective des fonds, comportement sanctionné uniquement, aux termes du texte susvisé, par des intérêts moratoires majorés à l'issue du délai de deux mois. • Civ. 2e, 10 juin 2004 : *RGDA 2004. 1017, note Bigot.*

10. Contrat au porteur. Le contrat ayant été établi au porteur, en l'absence de production du titre, l'obligation de l'assureur était sérieusement contestable, et le juge des référés ne pouvait condamner l'assureur à verser une provision sur la valeur de rachat. • Civ. 1re, 28 oct. 1997 : *RCA 1998, n° 67.*

Art. L. 132-21-1 *(Ord. n° 2015-378 du 2 avr. 2015, art. 6-3°, en vigueur le 1er janv. 2016)* **Pour tout contrat d'assurance sur la vie comportant une valeur de rachat ou de transfert et pour tout contrat de capitalisation, la valeur de rachat ou, le cas échéant, de transfert, lorsqu'elle existe, est égale à la différence entre la valeur actuelle des engagements respectivement pris par l'assureur et par les assurés, dans la limite, pour la valeur de rachat des contrats d'assurance sur la vie, du montant assuré en cas de décès.**

(L. n° 2019-486 du 22 mai 2019, art. 72-I) **« La valeur de rachat ou de transfert des engagements mentionnés au 1° de l'article L. 134-1 inclut le montant de la conversion des droits exprimés en parts de la provision de diversification mentionnée au même article L. 134-1.**

« La valeur de rachat ou de transfert des engagements mentionnés au 2° dudit article L. 134-1 correspond à la valeur liquidative des parts de provisions de diversification. A l'échéance, la valeur de rachat ne peut être inférieure au montant de la garantie exprimée en euros.

« Les modalités de détermination de la valeur de rachat ou de transfert mentionnée aux deuxième et troisième alinéas du présent article sont précisées par décret en Conseil d'État. »

La valeur de rachat ou de transfert des contrats d'assurance sur la vie ou de capitalisation est calculée en tenant compte, dans la détermination de l'engagement de l'assuré ou du souscripteur, de la partie des primes devant être versées par l'intéressé, représentative des frais d'acquisition du contrat, lorsque ces frais ont été portés en charge déductible par l'entreprise avant la fin de l'exercice à la clôture duquel la valeur de rachat est calculée. Toutefois, pour chaque contrat d'assurance sur la vie ou de capitalisation, la valeur de rachat ou de transfert ne peut être inférieure de plus de 5 % à la valeur de rachat ou de transfert qui serait calculée sans qu'elle tienne compte de la partie des primes mentionnée au présent alinéa. Le montant des frais à l'entrée et sur versement mis à la charge de l'intéressé au cours d'une année donnée ne peut excéder 5 % du montant des primes versées cette même année. *(L. n° 2016-1691 du 9 déc. 2016, art. 81)* **« Cette dernière limite ne s'applique pas aux formules de financement d'obsèques mentionnées à l'article L. 2223-33-1 du code général des collectivités territoriales pour lesquelles les chargements d'acquisition représentent chaque année un montant inférieur ou égal à 2,5 % du capital garanti. »**

Lorsque le mécanisme prévu au précédent alinéa n'est pas appliqué, la valeur de rachat ou de transfert peut être diminuée d'une indemnité dont le montant maximal est fixé par décret en Conseil d'État.

Pour les contrats d'assurance sur la vie ou de capitalisation, un arrêté du ministre chargé de l'économie fixe les règles de calcul actuariel qui leur sont applicables.

COMMENTAIRE

Outre la définition et les modalités de calcul de la valeur de rachat ou de transfert qu'il donne, l'article L. 132-21-1 reprend, depuis l'entrée en vigueur de l'ordonnance du 2 avril 2015 transposant la directive Solvabilité II, la règle de l'ancien article L. 132-22-1 encadrant les frais de souscription ou de versement.

Alors qu'initialement, le montant de ces frais n'était pas réglementé, le législateur les a indirectement plafonnés pour les contrats comportant une valeur de rachat ou de transfert en indiquant que pour chaque contrat d'assurance, la valeur de rachat ou de transfert ne peut être inférieure de plus de 5 % à la valeur de rachat ou de transfert calculée sans tenir compte des frais d'acquisition du contrat. Puis, par la suite, il a expressément prévu que le montant de ces frais d'acquisition dus au cours d'une année ne pouvait excéder 5 % du montant des primes versées sur cette même année.

Une exception à cette limitation est toutefois apparue nécessaire à l'occasion de la discussion du projet de loi relative à la transparence, à la lutte contre la corruption et à la modernisation de la vie économique (loi dite « Sapin II »). En effet, la limitation des frais d'acquisition ou de versement à 5 % du montant des primes s'appliquait aux contrats obsèques et les rend non viables économiquement pour les assureurs. Or, ces contrats permettent à leurs souscripteurs de faire en sorte que le coût de leurs obsèques ne pèse pas sur leurs héritiers ou leurs proches. Partant, un amendement a suggéré le rajout d'un nouvel alinéa à l'article L. 132-21-1 disposant que la limitation de 5 % ne s'applique pas aux formules de financement d'obsèques mentionnées à l'article L. 2223-33-1 du code général des collectivités territoriales pour lesquelles les chargements d'acquisition représentent chaque année un montant inférieur ou égal à 2,5 % du capital garanti. ❑

Art. L. 132-22 *(L. nº 2003-706 du 1er août 2003, art. 85-II-1, en vigueur le 1er juill. 2004) (Abrogé par L. nº 2014-617 du 13 juin 2014, art. 3-I-4º, à compter du 1er janv. 2016)* ***« Pour les contrats dont la provision mathématique est égale ou supérieure à un montant fixé par arrêté du ministre chargé de l'économie, »*** **L'entreprise d'assurance ou de capitalisation communique chaque année au contractant :**

– *(Ord. nº 2006-344 du 23 mars 2006)* **« le montant de la valeur de rachat ou, pour les contrats liés à la cessation d'activité professionnelle, de transfert » ;**

– le cas échéant, le montant de la valeur de réduction de son contrat ;

– le montant des capitaux garantis ;

– la prime du contrat.

(Abrogé par L. nº 2014-617 du 13 juin 2014, art. 3-I-4º, à compter du 1er janv. 2016) ***« Pour ces mêmes contrats, »*** **Elle communique également chaque année au contractant dans des conditions précisées par arrêté du ministre chargé de l'économie :**

– le rendement garanti et la participation aux bénéfices techniques et financiers de son contrat ;

(L. nº 2019-486 du 22 mai 2019, art. 72-I) **« – le rendement garanti moyen et le taux moyen de la participation aux bénéfices des contrats de même nature dont la souscription ou l'adhésion est ouverte à la date de communication de ces informations, le rendement garanti moyen et le taux moyen de la participation aux bénéfices des contrats de même nature qui ne sont plus ouverts à la souscription ou à l'adhésion à la date de communication de ces informations ainsi que le rendement garanti moyen et le taux moyen de la participation aux bénéfices de l'ensemble des contrats de même nature ;**

« – à compter du 1er janvier 2022, la manière dont la politique d'investissement prend en considération les facteurs environnementaux, sociaux et de gouvernance ainsi que la proportion des actifs détenus en représentation des engagements au titre des contrats de même catégorie respectant les modalités mentionnées aux 1º à 3º de l'article L. 131-1-2 ; »

– le taux moyen de rendement des actifs détenus en représentation des engagements au titre des contrats de même catégorie ;

— et, pour les contrats dont les garanties sont exprimées en unités de compte, les valeurs de ces unités de compte, leur évolution annuelle à compter de la souscription du contrat *(L. n° 2019-486 du 22 mai 2019, art. 72-I)* « , les frais prélevés par l'entreprise d'assurance au titre de chaque unité de compte, les frais supportés par l'actif en représentation de l'engagement en unités de compte au cours du dernier exercice connu et, le cas échéant, les rétrocessions de commission perçues au titre de la gestion financière des actifs représentatifs des engagements exprimés en unités de compte par l'entreprise d'assurance, par ses gestionnaires délégués, y compris sous la forme d'un organisme de placement collectif, ou par le dépositaire des actifs du contrat, ainsi que » les modifications significatives affectant chaque unité de compte. *(L. n° 2019-486 du 22 mai 2019, art. 72-I)* « Pour les contrats dont les garanties sont exprimées en unités de compte ou pour les engagements mentionnés à l'article L. 134-1, l'entreprise d'assurance met à disposition du contractant par tout support durable, à une fréquence au moins trimestrielle, les informations prévues *(Ord. n° 2019-766 du 24 juill. 2019, art. 7, en vigueur le 1er oct. 2019)* « aux deuxième et onzième » alinéas du présent article, ainsi que l'évolution de la valeur de rachat des engagements mentionnés à l'article L. 134-1. »

Ces montants ne peuvent tenir compte de participations bénéficiaires qui ne seraient pas attribuées à titre définitif.

L'entreprise d'assurance ou de capitalisation indique en termes précis et clairs dans cette communication *(L. n° 2019-486 du 22 mai 2019, art. 72-I)* « annuelle » ce que signifient les opérations de rachat, *(L. n° 2003-775 du 21 août 2003, art. 108-XIV-1)* « de transfert » et de réduction et quelles sont leurs conséquences légales et contractuelles. *(L. n° 2019-486 du 22 mai 2019, art. 72-I)* « Une fois par an, l'entreprise d'assurance est tenue de communiquer au contractant les informations concernant la possibilité et les conditions de transformation de son contrat. »

(Ord. n° 2014-696 du 26 juin 2014, art. 1er-4°) « Pour les contrats relevant du chapitre IV, l'entreprise d'assurance ou de capitalisation indique les modalités et conditions de rachat. »

(L. n° 2010-1330 du 9 nov. 2010, art. 112-I) « Pour les contrats liés à la cessation d'activité professionnelle, l'entreprise d'assurance ou de capitalisation fournit, dans cette communication *(L. n° 2019-486 du 22 mai 2019, art. 72-I)* « annuelle », une estimation du montant *(Ord. n° 2019-575 du 12 juin 2019, art. 1er, en vigueur le 1er sept. 2019)* « probable » de la rente viagère qui serait versée à l'assuré à partir de ses droits personnels. *(Ord. n° 2019-575 du 12 juin 2019, art. 1er, en vigueur le 1er sept. 2019)* « Cette estimation est également accompagnée d'évaluations réalisées dans un scénario moins favorable, en tenant compte des caractéristiques propres des engagements de retraite. Elle précise », le cas échéant, les conditions dans lesquelles l'assuré peut demander le transfert de son contrat auprès d'une autre entreprise d'assurance, d'une mutuelle ou d'une institution de prévoyance. Un arrêté précise les conditions d'application du présent alinéa. »

(L. n° 2014-617 du 13 juin 2014, art. 3-I-4°, en vigueur le 1er janv. 2016) « Pour les contrats comportant un terme, l'entreprise d'assurance ou de capitalisation adresse au contractant, un mois avant la date du terme, un relevé d'information spécifique. Ce relevé contient, outre les informations mentionnées aux alinéas précédents, le rappel en caractères très apparents de la date du terme du contrat, et, le cas échéant, de sa prorogation tacite, et du fait que la revalorisation cesse à compter de cette date, sauf stipulation contractuelle contraire.

« Le relevé spécifique mentionné au *(Ord. n° 2019-766 du 24 juill. 2019, art. 7, en vigueur le 1er oct. 2019)* « seizième » alinéa est adressé à nouveau par l'entreprise d'assurance ou de capitalisation au contractant un an après le terme du contrat si le contractant ne s'est pas manifesté depuis le terme. »

Le contrat fait référence à l'obligation d'information prévue aux alinéas précédents. *(L. n° 2014-617 du 13 juin 2014, art. 3-I-4°, en vigueur le 1er janv. 2016)* « L'entreprise d'assurance ou de capitalisation communique également au contractant la date d'échéance du contrat. »

(L. nº 2019-486 du 22 mai 2019, art. 72-I) **« L'entreprise d'assurance publie annuellement sur son site internet le rendement garanti moyen et le taux moyen de la participation aux bénéfices attribué pour chacun de ses contrats d'assurance-vie ou de capitalisation. Cette publication intervient dans un délai de 90 jours ouvrables à compter du 31 décembre de l'année au titre de laquelle ces revalorisations sont réalisées. Cette publication reste disponible pendant une durée minimale de cinq ans. Le support de communication mentionné au premier alinéa du présent article indique explicitement le chemin d'accès de cette publication sur le site internet. »**

(Ord. nº 2019-766 du 24 juill. 2019, art. 7, en vigueur 1er oct. 2019) **« Les dispositions du présent article ne s'appliquent pas aux contrats d'assurance de groupe en cas de vie ouverts sous la forme d'un plan d'épargne retraite mentionné à l'article L. 224-1 du code monétaire et financier. »**

COMMENTAIRE

L'obligation d'information de l'assureur ne s'arrête pas à la souscription du contrat d'assurance-vie. Bien au contraire, elle s'étend à l'exécution du contrat et le contrat d'assureur doit faire expressément référence à cette obligation. L'étendue de cette information a été fortement modifiée par la loi nº 2014-617 du 13 juin 2014 relative aux comptes bancaires inactifs et aux contrats d'assurance-vie en déshérence. Ces nouvelles dispositions sont entrées en vigueur le 1er janvier 2016.

I. L'OBLIGATION D'INFORMATION AVANT LE 1ER JANVIER 2016

A. LES CONTRATS CONCERNÉS

Avant le 1er janvier 2016, une information annuelle n'était due que pour les contrats dont la provision mathématique était égale ou supérieure à 2 000 euros. Mais, depuis la loi nº 2003-775 du 21 août 2003 portant réforme des retraites, cette information est due chaque année et non plus uniquement lorsque les contrats donnent lieu à versement de primes. Cette modification permet ainsi de renforcer la lutte contre les contrats en déshérence.

B. L'OBJET DE L'OBLIGATION

L'obligation d'information est explicitée par les articles L. 132-22 et A. 132-7 et porte sur :

– le montant de la valeur de rachat ou, pour les contrats liés à la cessation d'activité professionnelle, de transfert ;

– le cas échéant, le montant de la valeur de réduction ;

– le montant des capitaux garantis ;

– la prime du contrat ;

– le rendement garanti et la participation aux bénéfices techniques et financiers, c'est-à-dire selon l'article A. 132-7, II ;

– le taux d'intérêt garanti par le contrat et le taux correspondant au montant affecté aux provisions mathématiques du contrat provenant de la participation aux bénéfices ou des reprises de provision pour participation aux bénéfices ;

– le taux des frais prélevés par l'entreprise ;

– le taux des taxes et prélèvements sociaux ;

– le taux d'intérêt servi à l'assuré, net de frais et, le cas échéant, des taxes et des prélèvements sociaux prélevés lors de l'inscription des intérêts au contrat ;

– le taux moyen de rendement des actifs détenus en représentation des engagements au titre des contrats de même catégorie établi selon les modalités de l'article A. 132-7, III ;

– et, pour les contrats dont les garanties sont exprimées en unités de comptes :

* les valeurs de ces unités de compte sélectionnées ;
* l'évolution annuelle des unités de compte sélectionnées depuis la souscription du contrat ;
* le total des frais prélevés par l'entreprise d'assurance au titre de chaque unité de compte ;
* le total des frais supportés par l'unité de compte, au cours du dernier exercice connu ;
* le cas échéant, le produit de droits attachés à la détention de l'unité de compte conservé par l'entreprise d'assurance ;
* les modifications annuelles affectant chaque unité de compte sélectionnée constituée sous la forme d'une part ou d'une action d'un organisme de placement collectif.

Par ailleurs, l'assureur doit indiquer de façon claire et précise ce qui signifient les opérations de rachat, de transfert et de réduction et quelles sont leurs conséquences légales ou contractuelles. Il est d'ailleurs prévu, depuis l'ordonnance n° 2014-696 du 26 juin 2014 favorisant la contribution de l'assurance-vie au financement de l'économie, que l'assureur rappelle, pour les contrats soumis aux dispositions des articles L. 134-1 et suivants du code des assurances, les modalités et conditions de rachat.

Le manquement de l'assureur a cette obligation d'information peut engager sa responsabilité contractuelle.

II. L'OBLIGATION D'INFORMATION DEPUIS LE 1ER JANVIER 2016

Depuis le 1er janvier 2016, l'obligation d'information de l'assureur est doublement renforcée.

Dorénavant, l'obligation est due pour tous les contrats, peu importe le montant de la provision.

Par ailleurs, l'objet de cette obligation d'information a été étendu lorsque le contrat comporte un terme. Dans une telle hypothèse, l'assureur doit adresser, un mois avant le terme du contrat, un relevé d'information reprenant les informations dues chaque année et rappelant en caractères très apparents la date du terme du contrat et éventuellement de sa prorogation tacite et du fait que la revalorisation cesse à compter de cette date. Si le contractant ne se manifeste pas, l'assureur doit lui adresser, une nouvelle fois, ce document un an après le terme du contrat. ❑

Art. L. 132-22-1 *(Abrogé par Ord. n° 2015-378 du 2 avr. 2015, art. 6-4°, à compter du 1er janv. 2016) (L. n° 2005-1564 du 15 déc. 2005)* ***Pour chaque contrat d'assurance sur la vie ou de capitalisation, la valeur de rachat ou de transfert ne peut être inférieure de plus de 5 % à la valeur de rachat ou de transfert qui serait calculée sans que la provision mathématique ne tienne compte des chargements d'acquisition dudit contrat contenus dans les primes devant être versées par l'intéressé.*** *(L. n° 2014-617 du 13 juin 2014, art. 5, en vigueur le 1er janv. 2015)* ***« Le montant des frais à l'entrée et sur versement mis à la charge de ce dernier au cours d'une année donnée ne peut excéder 5 % du montant des primes versées cette même année. »*** — Dispositions applicables aux contrats souscrits à l'issue d'un délai de deux ans à compter de la publication [JO 16 déc.] de la L. n° 2005-1564 du 15 déc. 2005 (L. préc., art. 13-II).

BIBL. ▶ COURTIEU, *RCA 2006. Étude 2.*

Art. L. 132-22-2 *(Ord. n° 2009-106 du 30 janv. 2009, art. 1er-5°, ratifiée par L. n° 2010-737 du 1er juill. 2010, art. 35-I)* **Les sommes dues au titre d'une garantie de fidélité sont diminuées en cas de rachat avant le terme prévu par cette garantie selon des modalités fixées par décret.**

COMMENTAIRE

Depuis le 1er juillet 1993, les assureurs peuvent introduire dans leurs contrats des garanties de fidélité, afin de dissuader les souscripteurs de procéder à des rachats anticipés. Si elles sont soumises à la liberté contractuelle, elles doivent néanmoins, selon l'article R. 132-5-3, être explicitement décrites dans le contrat et clairement distinguées de la garantie qui en est l'objet principal.

Le plus souvent, cette garantie de fidélité prévoit l'attribution de la participation aux bénéfices aux seuls contractants ayant maintenu leur contrat au-delà de huit années. L'article L. 132-22-2, issu de l'ordonnance n° 2009-106 du 30 janvier 2009 portant sur la commercialisation des produits d'assurance sur la vie et sur des opérations de prévoyance collective et d'assurance, réglemente cette faculté. Il prévoit ainsi que les sommes dues au titre d'une garantie de fidélité sont diminuées en cas de rachat avant le terme prévu par cette garantie selon des modalités fixées par décret. L'article R. 132-5-3 précise ainsi, pour déterminer la valeur de rachat, qu'il ne faut pas tenir compte des éventuelles garanties de fidélité non exigibles par l'assuré au moment du rachat. ❑

Art. L. 132-23 *(L. n° 81-5 du 7 janv. 1981)* **Les assurances temporaires en cas de décès ainsi que les rentes viagères immédiates ou en cours de service ne peuvent comporter ni réduction ni rachat. Les assurances de capitaux de survie et de rente de survie, les assurances en cas de vie sans contre-assurance et les rentes viagères différées sans contre-assurance ne peuvent comporter de rachat.**

(L. n° 92-665 du 16 juill. 1992) « Les contrats d'assurance *(Abrogé par Ord. n° 2019-766 du 24 juill. 2019, art. 7, à compter du 1er oct. 2019)* « ***de groupe*** » en cas de vie dont les prestations sont liées à la cessation d'activité professionnelle *(L. n° 2006-1770 du 30 déc. 2006, art. 21, en vigueur le 31 déc. 2009)* « , y compris les contrats qui relèvent du régime de retraite complémentaire institué par la Caisse nationale de prévoyance de la fonction publique, » ne comportent pas de possibilité de rachat. *(L. n° 2010-1330 du 9 nov. 2010, art. 115)* « Les contrats qui relèvent du régime de retraite complémentaire institué par la Caisse nationale de prévoyance de la fonction publique peuvent prévoir, à la date *(L. n° 2013-672 du 26 juill. 2013, art. 50)* « de liquidation des droits individuels intervenant à partir de la date » de cessation d'activité professionnelle, une possibilité de rachat dans la limite de 20 % de la valeur des droits individuels résultant de ces contrats. » *(L. n° 2013-672 du 26 juill. 2013, art. 50)* « La convention d'assurance de groupe dénommée "complémentaire retraite des hospitaliers" peut également prévoir, à la date de liquidation des droits individuels intervenant à partir de la date de cessation d'activité professionnelle, une possibilité de rachat dans la limite de 20 % de la valeur des droits individuels garantis par la convention à la date de liquidation. Si une possibilité de rachat lui est ouverte, l'affilié reçoit, lorsqu'il demande la liquidation de ses droits, une information détaillant les options soumises à son choix, dont le contenu est fixé par arrêté du ministre chargé de l'économie. » Toutefois, ces contrats doivent prévoir une faculté de rachat intervenant lorsque se produisent l'un ou plusieurs des événements suivants : »

(L. n° 2005-1564 du 15 déc. 2005) « — expiration des droits de l'assuré aux allocations chômage *(L. n° 2016-1691 du 9 déc. 2016, art. 116-II)* « accordées consécutivement à une perte involontaire d'emploi », ou le fait pour un assuré qui a exercé des fonctions d'administrateur, de membre du directoire ou de membre de conseil de surveillance, et n'a pas liquidé sa pension dans un régime obligatoire d'assurance-vieillesse, de ne pas être titulaire d'un contrat de travail ou d'un mandat social depuis deux ans au moins à compter du non-renouvellement de son mandat social ou de sa révocation. » — *Les dispositions issues de l'art. 116 de la L. n° 2016-1691 du 9 déc. 2016 s'appliquent aux contrats en cours à la date de publication de ladite loi (L. préc., art. 116-III, JO 10 déc.).*

(L. n° 92-665 du 16 juill. 1992) « — cessation d'activité non salariée de l'assuré à la suite d'un jugement de liquidation judiciaire en application des dispositions *(L. n° 2007-1775 du 17 déc. 2007, art. 10-I-6°, en vigueur le 18 déc. 2008)* « du livre VI du code de commerce » *(L. n° 2010-1330 du 9 nov. 2010, art. 114-I-1°)* « ou toute situation justifiant ce rachat selon le président du tribunal de commerce auprès duquel est instituée une procédure de conciliation telle que visée à l'article L. 611-4 du code de commerce, qui en effectue la demande avec l'accord de l'assuré » ;

« — invalidité de l'assuré correspondant au classement dans les deuxième ou troisième catégories prévues à l'article L. 341-4 du code de la sécurité sociale ; »

(L. n° 2010-1330 du 9 nov. 2010, art. 114-I-2°) « — décès du conjoint ou du partenaire lié par un pacte civil de solidarité ;

« — situation de surendettement de l'assuré définie à l'article L. 330-1 *[nouv. art. L. 711-1, L. 713-1, L. 724-1, L. 733-15, L. 742-2]* du code de la consommation, sur demande adressée à l'assureur, soit par le président de la commission de surendettement des particuliers, soit par le juge lorsque le déblocage des droits individuels résultant de ces contrats paraît nécessaire à l'apurement du passif de l'intéressé. »

(Ord. n° 2006-344 du 23 mars 2006) « Les droits individuels résultant des contrats d'assurance de groupe en cas de vie dont les prestations sont liées à la cessation d'activité professionnelle *(L. n° 2006-1770 du 30 déc. 2006, art. 21, en vigueur le 31 déc. 2009)* « , y compris les contrats qui relèvent du régime de retraite complémentaire institué par la Caisse nationale de prévoyance de la fonction publique, » sont transférables, dans des conditions fixées par décret. »

(Ord. n° 2019-766 du 24 juill. 2019, art. 7, en vigueur le 1er oct. 2019) « Lorsque le contrat d'assurance de groupe en cas de vie est ouvert sous la forme d'un plan d'épargne retraite mentionné à l'article L. 224-1 du code monétaire et financier, les

dispositions du présent article s'appliquent sous réserve de celles du chapitre IV du titre II du livre II du code monétaire et financier. »

(L. nº 2007-1775 du 17 déc. 2007, art. 2-II) **« Pour les autres assurances sur la vie et pour les opérations de capitalisation, l'assureur ne peut refuser la réduction ou le rachat.** *(Ord. nº 2014-696 du 26 juin 2014, art. 1er-5º)* **« Toutefois, le contrat peut stipuler que les engagements relevant du chapitre IV ne sont pas rachetables durant une période qui ne peut excéder une durée fixée par décret en Conseil d'État, sauf lorsque se produisent l'un ou plusieurs des événements mentionnés aux troisième à septième alinéas. »**

« L'assureur peut d'office substituer le rachat à la réduction si la valeur de rachat est inférieure à un montant fixé par décret. »

COMMENTAIRE

L'article L. 132-23 envisage principalement le domaine de la faculté de rachat du contrat (I) et accessoirement la transférabilité des droits dans les contrats d'assurance de groupe (II).

I. LE DOMAINE DE LA FACULTÉ DE RACHAT

A. LES CONTRATS NON RACHETABLES

1. LE PRINCIPE

L'alinéa 1er de l'article L. 132-23 exclut du rachat et de la réduction deux catégories de contrats :

– les assurances temporaires en cas de décès, les rentes viagères immédiates ou en cours de service, les assurances de capitaux de survie ou de rente de survie, les assurances en cas de vie sans contre-assurance, ainsi que les rentes viagères différées sans contre-assurance ;

– les contrats d'assurance de groupe en cas de vie dont les prestations sont liées à la cessation d'activité professionnelle, certains d'entre eux pouvant néanmoins prévoir une possibilité de rachat dans la limite de 20 % de la valeur des droits individuels lors de la cessation d'activité professionnelle.

Ces exclusions sont justifiées par des considérations propres à chaque type de contrat. Ainsi, la faculté de rachat peut être écartée parce que le contrat constitue une opération de prévoyance et non un placement. De même, les contrats d'assurance de groupe en cas de vie n'offrent pas de faculté de rachat afin de se poursuivre jusqu'à la liquidation de la retraite. Enfin, l'exclusion de la faculté de rachat permet d'éviter le risque d'antisélection, c'est-à-dire qu'un assuré, qui estime que le risque garanti ne se produira pas compte tenu de son état de santé, demande le rachat.

2. LES EXCEPTIONS

Le législateur a prévu plusieurs exceptions à l'interdiction d'effectuer des rachats dans les contrats d'assurance de groupe en cas de vie dont les prestations sont liées à la cessation d'activité professionnelle. Ces exceptions sont justifiées par la survenance d'événements qui peuvent affecter la situation patrimoniale de l'assuré. Il s'agit de :

– l'expiration de ses droits aux allocations chômage ;

– la cessation d'activité non salariée à la suite d'un jugement de liquidation judiciaire ;

– l'état d'invalidité ;

– le décès du conjoint ou du partenaire lié par un pacte civil de solidarité ;

– la situation de surendettement.

B. LES CONTRATS RACHETABLES

Tous les autres contrats non mentionnés par l'article L. 132-23 sont par principe rachetables. La loi nº 2007-1775 du 17 décembre 2007 a en effet supprimé la possibilité offerte à l'assureur de refuser le rachat lorsque moins de 15 % des primes prévues ou moins de deux primes annuelles avaient été payées.

Mais, depuis l'ordonnance nº 2014-696 du 26 juin 2014, le contrat peut interdire le rachat pendant une période qui ne peut excéder huit années selon l'article R. 134-8. Cela étant, l'assuré peut encore procéder au rachat en cas de survenance de l'une des situations suivantes :

– l'expiration de ses droits aux allocations chômage ;

– la cessation d'activité non salariée à la suite d'un jugement de liquidation judiciaire ;

– l'état d'invalidité ;
– le décès du conjoint ou du partenaire lié par un pacte civil de solidarité ;
– la situation de surendettement.

II. LA TRANSFÉRABILITÉ DU CONTRAT

L'article L. 132-23 comporte une disposition spécifique aux contrats liés à la cessation d'activité professionnelle. Il indique que les droits individuels résultant de ces contrats d'assurance de groupe sont transférables dans les conditions fixées par décret. Ces dernières dispositions figurent aux articles D. 132-6 à D. 132-10.

La Cour de cassation a par ailleurs précisé que l'exigence relative à l'existence d'une clause de transférabilité dans les contrats d'assurance de groupe en cas de vie dont les prestations sont liées à la cessation d'activité professionnelle ne peut recevoir application que si les contrats concernés sont gérés en capitalisation (Civ. 1re, 4 mars 2003 : *V. note 3*). ❑

1. Refus du rachat du contrat. Application dans le temps de la L. 7 janv. 1981. Les dispositions de la L. du 7 janv. 1981, qui, modifiant l'art. L. 132-23, interdisent à l'assureur de refuser la réduction ou le rachat du contrat lorsqu'au moins deux primes annuelles ont été payées, sont d'application immédiate aux contrats en cours à la date de son entrée en vigueur, le 1er janv. 1982. • Civ. 2e, 19 févr. 2009, n° 08-12.140 P : *D. 2009. AJ 811 ; RGDA 2009. 540, note Kullmann.*

2. Période du rachat en cas de cessation d'activité professionnelle. En matière de contrat d'assurance de groupe en cas de vie, le rachat par l'assuré d'un contrat dont les prestations sont liées à la cessation d'activité professionnelle, que l'art. L. 132-23, al. 2, dans sa rédaction issue de la L. n° 2010-1330 du 9 nov. 2010, prévoit, par dérogation, pour les seuls événements particuliers qu'il vise, n'est autorisé qu'avant la liquidation des droits à la retraite de l'assuré. • Civ. 2e, 18 avr. 2019, n° 17-21.189 P : *D. 2019. 887 ; RGDA juin 2019. 43, note Mayaux.*

3. Clause de transférabilité. L'exigence relative à l'existence d'une clause de transférabilité dans les contrats d'assurance de groupe en cas de vie dont les prestations sont liées à la cessation d'activité professionnelle ne peut recevoir application qu'autant que les contrats concernés sont gérés en capitalisation. • Civ. 1re, 4 mars 2003 : *RCA 2003, n° 185.*

Décret n° 2008-284 du 26 mars 2008,

Relatif aux règles de provisionnement de certains régimes de retraite complémentaire constitués au profit des fonctionnaires et agents des collectivités locales et des établissements publics auprès d'entreprises régies par le code des assurances.

Art. 1er Les dispositions du présent décret s'appliquent aux engagements des entreprises d'assurance *(Décr. n° 2021-1759 du 22 déc. 2022)* « ou des fonds de retraite professionnelle supplémentaire » contractés en application de conventions conclues avant le 1er avril 2008, et aux actifs représentatifs de ces engagements, dans le cadre de contrats d'assurance de groupe garantissant les prestations de régimes de retraite complémentaire dont les affiliés sont des fonctionnaires et agents des collectivités locales et des établissements publics, leurs conjoints ou leurs bénéficiaires et qui, à la date d'entrée en vigueur du présent décret, ne sont pas régis par les dispositions du chapitre I du titre IV du livre IV du code des assurances et auxquels le bénéfice des dispositions du 1° *bis* de l'article 83 du code général des impôts, en vigueur jusqu'au 1er janvier 2004, avait été étendu avant cette date.

Art. 2 Les engagements et les actifs mentionnés à l'article 1er font l'objet de deux comptabilités auxiliaires d'affectation, différentes pour les droits acquis par des cotisations versées avant le 31 mars et à compter du 1er avril 2008. Pour chacune d'entre elles, il est établi un compte de résultat particulier et un compte de bilan particulier, où sont inscrits les actifs représentatifs des engagements mentionnés à l'article 1er et les provisions techniques constituées pour représenter ces engagements. Il est également établi un tableau des engagements reçus et donnés et une annexe comportant un inventaire des actifs représentatifs des engagements mentionnés à l'article 1er.

Ces documents sont établis par l'entreprise d'assurance à chaque fin d'exercice et font l'objet d'une certification par les commissaires aux comptes.

Art. 3 Les provisions techniques, distinctes pour les droits acquis avant le 31 mars 2008 et pour les droits acquis à compter du 1er avril 2008, figurant aux bilans mentionnés à l'article 2 sont les suivantes :

1° Provision technique spéciale pour les droits acquis par des cotisations versées à compter du 1er avril 2008, sur laquelle sont prélevées les prestations servies afférentes et à laquelle sont affectées les cotisations versées, nettes de chargements et de taxes, ainsi qu'une participation aux bénéfices, qui tient compte le cas échéant de transferts de la participation aux bénéfices au profit des droits acquis avant le 31 mars 2008 ;

2° Provision technique spéciale pour les droits acquis avant le 31 mars 2008 qui est égale à la valeur nette comptable des placements réalisés jusqu'à cette date sur laquelle sont prélevées les prestations servies afférentes et à laquelle s'ajoutent notamment :

— la participation aux bénéfices ;

— les transferts provenant de la participation aux bénéfices des droits acquis postérieurement à l'entrée en vigueur du présent décret.

Cette provision technique spéciale ne peut pas être inférieure au montant de la provision mathématique relative aux engagements pris par l'entreprise d'assurance relatifs aux droits acquis avant la date d'entrée en vigueur du présent décret, calculée en utilisant l'une des tables de mortalité prospectives prévues au 2° de l'article *(Décr. n° 2015-1780 du 28 déc. 2015, art. 1er-I-1°-b, en vigueur le 1er janv. 2016)* « A. 132-18 du code des assurances » et un taux d'actualisation égal *(Décr. n° 2015-1780 du 28 déc. 2015, art. 1er-I-1°)* « au taux prévu à l'article A. 441-4 du code des assurances » ;

3° Provision technique spéciale complémentaire qui est exigée pour les droits acquis à compter du 1er avril 2008 ; cette provision technique spéciale complémentaire est égale à la différence entre la provision mathématique théorique afférente à ces droits mentionnée à l'article 7 du présent décret et la *(Décr. n° 2021-1759 du 22 déc. 2022)* « somme de la provision technique spéciale mentionnée au 1° du présent article et des plus-values et moins-values latentes nettes sur les actifs affectés à la provision technique spéciale » ;

(Abrogé par Décr. n° 2021-1759 du 22 déc. 2022) « 4° Provisions pour risque d'exigibilité mentionnées au 6° de l'article R. 343-3 du code des assurances, calculées pour les engagements avant le 31 mars et à compter du 1er avril 2008, sur chaque portefeuille de titres et de placements qui fait l'objet d'une comptabilité auxiliaire ; »

5° Provision de gestion, mentionnée au 4° de l'article *(Décr. n° 2015-1780 du 28 déc. 2015, art. 1er-I-2°)* « R. 343-3 du code des assurances », pour les droits acquis avant le 31 mars 2008 et à compter du 1er avril 2008 ; les charges afférentes à la constitution de cette provision sont prises en compte dans le calcul du minimum de participation aux bénéfices, au titre des éléments de dépenses mentionnés au deuxième alinéa du I de l'article *(Décr. n° 2015-1780 du 28 déc. 2015, art. 1er-I-3°)* « A. 132-11 du code des assurances ». *(Décr. n° 2009-1705 du 30 déc. 2009, art. 1er-2°)* « Les provisions de gestion mentionnées au présent alinéa ne figurent pas dans les comptabilités auxiliaires d'affectation mentionnées à l'article 2 ; »

6° Réserve de capitalisation des droits acquis par des cotisations versées avant le 31 mars 2008 calculée sur le portefeuille de titres et de placements correspondant, et qui ne sera plus dotée à compter du 1er avril 2008.

Les dispositions de l'art. 1er du Décr. n° 2015-1780 du 28 déc. 2015 entrent en vigueur le 1er janv. 2016, à l'exception de celles du b du 1° du I et du b du II (Décr. préc., art. 2).

Art. 4 *(Abrogé par Décr. n° 2015-1780 du 28 déc. 2015, art. 1er-III, à compter du 1er janv. 2016) Le montant minimal de la marge de solvabilité afférente aux droits acquis par des cotisations versées avant le 1er avril 2008, telle que prévue à l'article R. 334-13 du code des assurances, est égal à 4 % du montant de la provision technique spéciale prévue au 2° de l'article 3 du présent décret pour ces droits.*

Le montant minimal de la marge de solvabilité afférente aux droits acquis par des cotisations versée à compter du 1er avril 2008 est égal à 4 % de la plus élevée des valeurs suivantes :

1. La provision mathématique théorique telle que définie à l'article 7 du présent décret et calculée après cessions en réassurance ;

2. 85 % de cette même provision calculée avant cessions en réassurance.

V. note ss. art. 3.

Art. 5 Chaque année, les entreprises régies par le code des assurances qui réalisent les opérations d'assurance relatives aux engagements mentionnés à l'article 1er communiquent à chaque affilié ou bénéficiaire, pour les droits acquis avant le 31 mars 2008 d'une part et pour les droits acquis à compter du 1er avril 2008 d'autre part, les éléments suivants :

— le nombre de points acquis, la valeur de service du point et, le cas échéant, le montant et la fréquence de service de la rente ;

— la durée de la rente garantie par l'entreprise d'assurance pour les droits acquis avant le 31 mars 2008.

Art. 6 *(Abrogé par Décr. nº 2021-1759 du 22 déc. 2022) Les contrats relevant du présent décret ne comportent pas de possibilité de rachat, sauf dans les cas prévus (Décr. nº 2011-389 du 12 avr. 2011) « du troisième au septième alinéa » de l'article L. 132-23 du code des assurances.*

Ces contrats prévoient, au bénéfice du participant qui ne remplit plus les conditions pour être affilié, une faculté de transfert vers un autre contrat d'assurance de groupe en cas de vie de même nature, dont les prestations sont liées à la cessation de l'activité professionnelle. La notice d'information mentionnée à l'article L. 132-5-3 du code des assurances précise cette faculté et en détaille les modalités d'exercice.

Art. 7 Les entreprises régies par le code des assurances qui réalisent les opérations d'assurance relatives aux engagements mentionnés à l'article 1er présentent chaque année à l'Autorité de contrôle mentionnée à l'article L. 310-12 du code des assurances un rapport sur la situation de ces engagements.

Ce rapport retrace notamment les réalisations en matière de rendement des actifs et l'évolution passée des paramètres techniques du régime.

Ce rapport établit, pour les droits acquis avant le 31 mars 2008 d'une part et pour les droits acquis à compter du 1er avril 2008 d'autre part, le montant de la provision mathématique théorique qui serait nécessaire pour assurer le service *(Décr. nº 2021-1759 du 22 déc. 2022)* « des prestations » immédiates et différées sur la base de la valeur de service à la date de l'inventaire, calculée en utilisant l'une des tables de mortalité prospectives prévues au 2º de l'article *(Décr. nº 2015-1780 du 28 déc. 2015, art. 1er-II, en vigueur le 1er janv. 2016)* « A. 132-18 du code des assurances » et un taux d'actualisation égal *(Décr. nº 2015-1780 du 28 déc. 2015, art. 1er-II-b)* « au taux prévu à l'article A. 441-4 du code des assurances » *(Décr. nº 2009-1705 du 30 déc. 2009, art. 1er-2º)* « ainsi que le montant de la provision de gestion mentionnée au 5º de l'article 3. »

Il fournit les données prospectives portant sur les paramètres techniques du régime qui devraient permettre, le 1er avril 2028 au plus tard, une couverture par les actifs de la provision mathématique théorique pour les droits acquis par des cotisations versées avant l'entrée en vigueur du présent décret. *(Décr. nº 2017-170 du 10 févr. 2017, art. 1er)* « Il fournit également les données permettant une couverture au plus tard le 31 décembre 2030. »

Ce rapport décrit en outre une trajectoire de convergence de ces engagements en indiquant le montant minimum du rapport entre *(Décr. nº 2021-1759 du 22 déc. 2022)* « la somme de la provision technique spéciale et des plus-values latentes et moins-values latentes nettes affectés à la provision technique spéciale » et la provision mathématique théorique qui, compte tenu des données mentionnées à l'alinéa précédent, devrait être atteint à la fin de chaque exercice.

V. note ss. art. 3.

Art. 8 Les dispositions du présent décret entrent en vigueur à compter du 1er avril 2008. Toutefois, les entreprises régies par le code des assurances qui réalisent les opérations d'assurance relatives aux engagements mentionnés à l'article 1er disposent à compter de cette date d'un délai de trois mois pour se mettre en conformité avec les dispositions du présent décret.

Art. L. 132-23-1 *(L. nº 2014-617 du 13 juin 2014, art. 3-5º, en vigueur le 1er janv. 2016)* **L'entreprise d'assurance dispose d'un délai de quinze jours, après réception de l'avis de décès et de sa prise de connaissance des coordonnées du bénéficiaire ou au terme prévu pour le contrat, afin de demander au bénéficiaire du contrat d'assurance sur la vie de lui fournir l'ensemble des pièces nécessaires au paiement.**

A réception de ces pièces, l'entreprise d'assurance verse, dans un délai qui ne peut excéder un mois, le capital ou la rente garantis au bénéficiaire du contrat d'assurance sur la vie.

Plusieurs demandes de pièces formulées par l'entreprise d'assurance ne peuvent concerner des pièces identiques ou redondantes.

(L. nº 2019-486 du 22 mai 2019, art. 72-I) **« Au-delà du délai de quinze jours mentionné au premier alinéa, le capital produit de plein droit intérêt au double du taux légal durant un mois puis, à l'expiration de ce délai d'un mois, au triple du taux légal. »**

Au-delà du délai prévu au deuxième alinéa, le capital non versé produit de plein droit intérêt au double du taux légal durant deux mois puis, à l'expiration de ce délai

de deux mois, au triple du taux légal. *(L. nº 2019-486 du 22 mai 2019, art. 72-I)* **« La période au cours de laquelle le capital a, le cas échéant, produit intérêt en application de l'avant-dernier alinéa s'impute sur le calcul de ce délai de deux mois. » Si, au-delà du délai de quinze jours mentionné au premier alinéa, l'entreprise a omis de demander au bénéficiaire l'une des pièces nécessaires au paiement, cette omission n'est pas suspensive du délai de versement mentionné au présent article.**

BIBL. ▶ COURTIEU, *RCA 2008. Étude 1.*

COMMENTAIRE

Initialement, aucun délai n'était imposé par loi pour effectuer le règlement de la prestation en assurance-vie. En règle générale, les contrats prévoyaient que le versement de la prestation devait s'effectuer dans un délai compris entre quinze et trente jours à compter de la remise des pièces nécessaires. En cas de non-respect de ce délai, le bénéficiaire pouvait, après mise en demeure, obtenir des intérêts de retard.

Mettant fin à la liberté contractuelle, la loi nº 2007-1775 du 17 décembre 2007 a imposé le respect d'un délai d'un mois à compter de la réception des pièces nécessaires au paiement. En l'absence de règlement dans ce délai, le capital non versé produit de plein droit intérêt au taux légal majoré de moitié durant deux mois puis, à l'expiration de ce délai de deux mois, au double du taux légal.

Renforçant ce dispositif, la loi nº 2014-617 du 13 juin 2014 a modifié, à compter du 1er janvier 2016, les dispositions de l'article L. 132-23-1. Dorénavant, l'assureur dispose d'un délai de quinze jours, à compter de la réception de l'avis de décès et de sa prise de connaissance des coordonnées du bénéficiaire ou du terme du contrat, pour demander à ce dernier l'ensemble des pièces nécessaires pour le paiement. Mais, il ne peut demander plusieurs fois des pièces identiques ou redondantes. Et s'il a oublié de demander un document nécessaire au paiement, cet oubli n'entraîne aucune suspension du délai de paiement. Comme dans la loi de 2007, l'assureur dispose d'un délai d'un mois à compter de la réception de ces pièces pour verser le capital ou la rente. La sanction a néanmoins été alourdie. A défaut, le capital non versé produit de plein droit intérêt au double du taux légal durant deux mois puis, à l'expiration de ce délai, au triple du taux légal. ☐

Art. L. 132-24 *(L. nº 81-5 du 7 janv. 1981)* **Le contrat d'assurance cesse d'avoir effet à l'égard du bénéficiaire qui a été condamné pour avoir donné volontairement la mort à l'assuré** *(L. nº 2007-1775 du 17 déc. 2007, art. 8-III)* **« ou au contractant ».**

Le montant de la *(Ord. nº 2015-378 du 2 avr. 2015, art. 6-1º, en vigueur le 1er janv. 2016)* **« valeur de rachat ou de transfert, lorsqu'elle existe, ou à défaut de la provision mathématique déterminée sur la base des paramètres prévus dans les conditions tarifaires » doit être versé par l'assureur au contractant ou à ses ayants cause à moins qu'ils ne soient condamnés comme auteurs ou complices du meurtre de l'assuré** *(L. nº 2007-1775 du 17 déc. 2007, art. 8-III)* **« ou du contractant ».**

Si le bénéficiaire a tenté de donner la mort à l'assuré, le contractant a le droit de révoquer l'attribution du bénéfice de l'assurance, même si le bénéficiaire avait déjà accepté la stipulation faite à son profit.

COMMENTAIRE

L'article L. 132-24 fait produire des effets distincts au meurtre et à la tentative de meurtre de l'assuré ou du contractant par le bénéficiaire. Tandis que le meurtre exclut la garantie de l'assureur (I), la tentative de meurtre offre au stipulant une faculté de révocation du bénéficiaire (II).

I. LE MEURTRE DE L'ASSURÉ OU DU CONTRACTANT

L'exclusion légale de garantie en cas de meurtre de l'assuré ou du contractant par le bénéficiaire est doublement justifiée :

– elle répond principalement à des considérations liées à l'ordre public et à la morale. De même que l'héritier condamné pour le meurtre du défunt est frappé d'indignité successorale (C. civ., art. 726), le bénéficiaire qui donne volontairement la mort à l'assuré ou au contractant ne doit pas pouvoir recevoir la prestation de l'assureur. Depuis la loi nº 2007-1775 du

17 décembre 2007, cette exclusion légale de garantie ne concerne plus le seul meurtre de l'assuré, elle s'applique également au meurtre du stipulant. Cette modification permet de sanctionner le bénéficiaire lorsque le stipulant n'a pas la qualité d'assuré ;

– elle est également justifiée par le caractère aléatoire du contrat d'assurance. En provoquant intentionnellement la mort de l'assuré, le bénéficiaire fausse l'aléa du contrat. L'assureur ne peut donc être tenu au versement de sa prestation.

A. LES CONDITIONS DE L'EXCLUSION LÉGALE

Plusieurs conditions sont nécessaires pour que l'exclusion légale s'applique :

– le décès de l'assuré ou du stipulant doit résulter d'un acte volontaire. L'exclusion légale ne s'applique donc pas en cas d'homicide involontaire ;

– le bénéficiaire doit avoir été condamné en qualité d'auteur, de coauteur ou de complice pour meurtre, assassinat ou empoisonnement. Depuis la loi n° 81-5 du 7 janvier 1981, une condamnation pénale du bénéficiaire est nécessaire pour le priver du bénéfice du contrat d'assurance. Il en résulte qu'en l'absence de poursuite ou même de décès du bénéficiaire avant l'issue de la procédure pénale, l'exclusion légale est écartée et l'assureur est tenu à garantie à l'égard du bénéficiaire ou éventuellement de ses héritiers.

B. LES EFFETS DE L'EXCLUSION LÉGALE

Avant la loi du 7 janvier 1981, l'article L. 132-24 prévoyait que le contrat d'assurance cessait d'avoir effet quand le bénéficiaire avait occasionné volontairement la mort de l'assuré. La jurisprudence en avait déduit que l'exclusion légale de garantie était opposable à tous les bénéficiaires même s'ils étaient innocents (TGI Paris, 3 juill. 1974 : *V. note ci-dessous*).

Depuis la loi du 7 janvier 1981, l'article L. 132-24 indique que le contrat d'assurance cesse d'avoir effet à l'égard du bénéficiaire condamné pour avoir volontairement donné la mort à l'assuré ou au contractant. Partant, plusieurs hypothèses doivent être distinguées :

– si le souscripteur a désigné **un bénéficiaire unique**, l'assureur doit, conformément à l'article L. 132-24, verser le montant de la valeur de rachat ou de transfert, lorsqu'elle existe, ou à défaut de la provision au contractant ou à ses ayants cause, sauf si ceux-ci ont été condamnés comme auteurs ou complices du meurtre ;

– si le souscripteur a désigné **plusieurs bénéficiaires conjoints**, l'article L. 132-24 n'apporte aucune précision sur l'attribution du capital ou de la provision. Tandis que certains auteurs estiment que le capital doit être versé aux bénéficiaires conjoints innocents à proportion de leurs droits et que la provision correspondant à la part du bénéficiaire condamné doit revenir au contractant ou à ses ayants cause (V. J. Bigot *et al.*, Traité du droit des assurances, *t. 4, Les assurances de personnes, LGDJ, 2007, n° 359; Lamy assurances 2016, n° 3929*), d'autres estiment que la quote-part de la provision correspondant au bénéficiaire condamné doit être attribuée aux autres bénéficiaires (V. M. Picard et A. Besson, Les assurances terrestres, *t. 1, LGDJ, 1982, n° 481*).

– si le souscripteur a désigné **un bénéficiaire de premier rang et un ou plusieurs bénéficiaires subséquents**, là encore l'article L. 132-24 n'apporte pas de réponse claire quant à l'attribution du capital ou de la provision. Pour certains auteurs, l'assureur doit verser sa prestation aux bénéficiaires subséquents innocents (V. J. Bigot *et alii., préc., n° 359*; Lamy assurances 2016, n° 3929). D'autres, en revanche, estiment que l'assureur ne doit verser que la provision aux bénéficiaires de second rang (V. M. Picard et A. Besson, *préc., n° 481*).

II. LA TENTATIVE DE MEURTRE DE L'ASSURÉ OU DU CONTRACTANT

La tentative de meurtre de l'assuré par le bénéficiaire du contrat offre au stipulant la possibilité de révoquer l'attribution du bénéfice de l'assurance malgré l'acceptation de celui-ci. Cette sanction répond à des considérations d'ordre moral et par le souhait de protéger le souscripteur d'une éventuelle récidive du bénéficiaire. En revanche, elle ne peut se justifier par le respect du caractère aléatoire du contrat, puisque l'acte du bénéficiaire n'a pas abouti.

A. CONDITIONS DE LA RÉVOCATION

Contrairement à l'exclusion légale pour meurtre de l'assuré ou contractant, la révocation du bénéficiaire pour tentative de meurtre sur la personne de l'assuré n'est pas subordonnée à la condamnation pénale.

Par ailleurs, la tentative de meurtre doit viser la personne de l'assuré. Rien n'est envisagé pour la tentative de meurtre du contractant lorsqu'il n'a pas la qualité d'assuré.

B. MISE EN ŒUVRE DE LA RÉVOCATION

La décision de révoquer le bénéficiaire appartient au seul contractant, même s'il n'a pas la qualité d'assuré. Alors que l'article L. 132-2 prévoit que le consentement de l'assuré est requis pour la désignation d'un tiers lorsqu'il n'a pas la qualité de contractant, l'article L. 132-24 n'impose pas de rechercher l'accord de l'assuré pour révoquer le bénéficiaire. Cette solution peut surprendre puisque l'assuré a été directement visé par la tentative de meurtre. ❑

Droits des bénéficiaires en sous-ordre. L'intervention volontaire et homicide du bénéficiaire, condamné pour complicité dans l'assassinat de l'assuré, anéantit le contrat à l'égard de tous les bénéficiaires, sauf versement de la provision mathématique aux bénéficiaires en sous-ordre. • TGI Paris, 3 juill. 1974 : *RGAT 1976. 73.*

Art. L. 132-25 *(L. nº 81-5 du 7 janv. 1981)* **Lorsque l'assureur n'a pas eu connaissance de la désignation d'un bénéficiaire, par testament ou autrement, ou de l'acceptation d'un autre bénéficiaire ou de la révocation d'une désignation, le paiement du capital ou de la rente garantis fait à celui qui, sans cette désignation, cette acceptation ou cette révocation, y aurait eu droit, est libératoire pour l'assureur de bonne foi.**

COMMENTAIRE

Transposant la règle de l'article 1342-3 du code civil, en vertu de laquelle « le paiement fait de bonne foi à un créancier apparent est valable », l'article L. 132-25 affirme que le paiement effectué de bonne foi par l'assureur au seul bénéficiaire connu de lui est libératoire. Il appartient alors au véritable bénéficiaire d'agir contre celui qui a reçu la prestation de l'assureur. ❑

Bonne foi de l'assureur. Ayant retenu que le souscripteur ne bénéficiait d'aucune mesure de protection juridique, de sorte que l'assureur ne disposait d'aucun élément objectif lui permettant de ne pas tenir compte des demandes successives de modification de la clause bénéficiaire du contrat d'assurance sur la vie et qu'aucun élément ne pouvait attirer son attention sur l'authenticité des documents en cause, une cour d'appel a pu en déduire que l'assureur avait payé de bonne foi le capital à des non-bénéficiaires. • Civ. 1re, 31 mars 2021, nº 19-18.951 : *RGDA mai 2021. 28, note Mayaux.*

Art. L. 132-26 **L'erreur sur l'âge de l'assuré n'entraîne la nullité de l'assurance que lorsque son âge véritable se trouve en dehors des limites fixées pour la conclusion des contrats par les tarifs de l'assureur.**

Dans tout autre cas, si par suite d'une erreur de ce genre, la prime payée est inférieure à celle qui aurait dû être acquittée, *(L. nº 81-5 du 7 janv. 1981)* **« le capital ou la rente garantis sont réduits » en proportion de la prime perçue et de celle qui aurait correspondu à l'âge véritable de l'assuré. Si au contraire, par suite d'une erreur sur l'âge de l'assuré, une prime trop forte a été payée, l'assureur est tenu de restituer la portion de prime qu'il a reçue en trop sans intérêt.** – *Assur. L. 113-8.*

COMMENTAIRE

Si l'article L. 113-8 prévoit que la fausse déclaration intentionnelle du risque est sanctionnée par la nullité du contrat, il réserve l'hypothèse de l'article L. 132-26 relative à l'erreur sur l'âge de l'assuré dans les contrats d'assurance-vie.

Cet article prévoit que l'erreur sur l'âge de l'assuré ne peut être une cause de nullité du contrat que lorsque l'âge véritable de l'assuré se trouve en dehors des limites fixées pour la conclusion des contrats par les tarifs de l'assureur. Ainsi, la Cour de cassation a pu écarter la nullité d'un contrat d'assurance, indiquant que l'assuré avait 52 ans alors qu'il avait en réalité 62 ans, dès lors que l'assureur avait reconnu qu'un tel contrat pouvait être établi moyennant le paiement d'une prime spéciale (Civ. 1re, 23 janv. 1967 : *V. note ci-dessous*).

Mais lorsque la nullité du contrat ne peut être prononcée, le contrat doit être adapté par une diminution de la prime ou de la prestation :

– si la prime payée est inférieure à celle qui aurait dû être payée, le montant de la prestation est réduit en proportion ;

– si, inversement, la prime payée est supérieure à celle qui aurait dû être payée, l'assureur doit restituer la fraction de la prime perçue en trop sans intérêt. ❑

Condition de la nullité. L'assureur ne peut se prévaloir de la nullité du contrat dès lors qu'il a reconnu qu'un tel contrat peut être établi moyennant une prime spéciale. • Civ. 1re, 23 janv. 1967 : *Bull. civ. I, n° 30 ; JCP 1967. II. 15358, note T.M. ; RGAT 1968. 62.*

Art. L. 132-27 *(L. n° 2010-737 du 1er juill. 2010, art. 35-II-1)* **Toutes les informations, y compris les communications à caractère publicitaire, relatives à un contrat d'assurance sur la vie ou à un contrat de capitalisation présentent un contenu exact, clair et non trompeur. Les communications à caractère publicitaire sont clairement identifiées comme telles.**

COMMENTAIRE

Créé par l'ordonnance n° 2009-106 du 30 janvier 2009, portant sur la commercialisation des produits d'assurance sur la vie et sur des opérations de prévoyance collective et d'assurance, l'article L. 132-27 a pour objectif de garantir une information exacte, claire et non trompeuse aux souscripteurs de contrats d'assurance-vie.

En ce sens, l'ordonnance de 2009 a appliqué aux produits d'assurance-vie certaines obligations relatives aux instruments financiers et aux services d'investissement, définies par la directive 2004/39/CE du Parlement européen et du Conseil du 21 avril 2004 concernant les marchés d'instruments financiers (Dir. MIF).

Initialement réservée aux contrats d'assurance comportant une valeur de rachat ou de transfert, c'est-à-dire aux produits substituables aux produits d'épargne traditionnels, cette obligation de qualité dans l'information a été étendue, par la loi de ratification n° 2010-737 du 1er juillet 2010, à tous les contrats d'assurancevie ou de capitalisation.

En parallèle, l'ACPR a adopté plusieurs recommandations pour la commercialisation des produits d'assurance-vie *[V. ces textes, App., v° Consommation]* :

– recommandation n° 2011-R-02 du 23 mars 2011, portant sur les communications à caractère publicitaire des contrats d'assurance-vie en unités de compte composées de titres obligataires et autres titres de créance ;

– recommandation n° 2011-R-03 du 6 mai 2011 sur la commercialisation de contrats d'assurance-vie en unités de compte constituées de titres de créance émis par une entité liée financièrement à l'organisme d'assurance ;

– recommandation n° 2015-R-01 du 12 février 2015 sur les communications à caractère publicitaire des contrats d'assurance-vie ;

– recommandation n° 2015-R-02 du 12 février 2015 sur la commercialisation des contrats d'assurance-vie liés au financement en prévision d'obsèques ;

– recommandation n° 2016-R-04 du 13 décembre 2016, portant sur la commercialisation des contrats d'assurance sur la vie en unités de compte constituées d'instruments financiers complexes. ❑

Art. L. 132-27-1 *(Abrogé par Ord. n° 2018-361 du 16 mai 2018, art. 2, à compter du 1er oct. 2018) (Ord. n° 2009-106 du 30 janv. 2009, art. 3-II, en vigueur le 1er juill. 2010, ratifiée par L. n° 2010-737 du 1er juill. 2010, art. 35-I)* ***I. — Avant la conclusion d'un contrat d'assurance individuel comportant des valeurs de rachat, d'un contrat de capitalisation, ou avant l'adhésion à un contrat mentionné à l'article L. 132-5-3 ou à l'article L. 441-1, l'entreprise d'assurance ou de capitalisation précise les exigences et les besoins exprimés par le souscripteur ou l'adhérent ainsi que les raisons qui motivent le conseil fourni quant à un contrat déterminé. Ces précisions, qui reposent en particulier sur les éléments d'information communiqués par le souscripteur ou l'adhérent concernant sa situation financière et ses objectifs de souscription, sont adaptées à la complexité du contrat d'assurance ou de capitalisation proposé.***

Pour l'application du premier alinéa, l'entreprise d'assurance ou de capitalisation s'enquiert auprès du souscripteur ou de l'adhérent de ses connaissances et de son expérience en matière financière.

Lorsque le souscripteur ou l'adhérent ne donne pas les informations mentionnées aux premier et deuxième alinéas, l'entreprise d'assurance ou de capitalisation le met en garde préalablement à la conclusion du contrat.

Un décret en Conseil d'État fixe les modalités d'application du premier alinéa.

II. — Les dispositions du I ne sont pas applicables à l'entreprise d'assurance lorsque la conclusion du contrat ou l'adhésion à celui-ci est faite sur présentation, proposition ou avec l'aide d'un intermédiaire mentionné à l'article L. 511-1.

Les dispositions du I de l'art. L. 132-27-1 C. assur. sont applicables à l'entreprise d'assurance ou à l'intermédiaire mentionné à l'art. L. 511-1 C. assur. avant la première conversion d'engagement consécutive à la transformation du contrat entrant dans le champ du 2º du I de l'art. 125-0 A CGI, lorsque la conversion d'engagement n'est pas consécutive à la conclusion d'un nouveau contrat ou d'une nouvelle adhésion (Ord. nº 2014-696 du 26 juin 2014, art. 3-III).

COMMENTAIRE

Créé par l'ordonnance nº 2009-106 du 30 janvier 2009, portant sur la commercialisation des produits d'assurance sur la vie et sur des opérations de prévoyance collective et d'assurance, l'article L. 132-27-1 codifie le devoir de conseil de l'assureur (I) et l'article avec le devoir de conseil de l'intermédiaire d'assurance (II).

I. LE DEVOIR DE CONSEIL DE L'ASSUREUR

A. DOMAINE DU DEVOIR DE CONSEIL

Le devoir de conseil de l'assureur a un domaine limité. Il est imposé à l'assureur pour les contrats de capitalisation ainsi que pour les contrats d'assurancevie individuels et les adhésions à un contrat d'assurance de groupe facultatif comportant des valeurs de rachat ou de transfert. Les contrats d'assurance de groupe à adhésion obligatoire ne sont donc pas concernés par cette disposition.

B. ÉTENDUE DU DEVOIR DE CONSEIL

Le devoir de conseil de l'assureur est également encadré dans son contenu. Avant la conclusion de ces contrats, il doit :

– préciser les besoins et les exigences exprimés par le souscripteur ou l'adhérent et les raisons qui motivent le conseil donné par rapport à la situation financière et ses objectifs de souscription ;

– s'enquérir auprès du souscripteur ou de l'adhérent de ses connaissances et de son expérience en matière financière ;

– mettre en garde le souscripteur ou l'adhérent lorsqu'il ne donne pas à l'assureur les informations demandées.

En outre, depuis le 1er octobre 2003, les assureurs, comme les intermédiaires d'assurances d'ailleurs, doivent respecter la recommandation de l'ACPR nº 2013-R-01 du 8 janvier 2013 sur le recueil des informations relatives à la connaissance du client dans le cadre du devoir de conseil en assurance-vie.

C. LES MODALITÉS D'EXÉCUTION

Quant aux modalités de communication, l'article R. 132-5-1-1 indique que, par principe, ces informations et mises en garde doivent être communiquées par écrit, avec clarté et précision, sur support papier ou tout autre support durable à la disposition du souscripteur et auquel il a facilement accès. Par exception, les informations peuvent être données verbalement lorsque le souscripteur le demande ou lorsqu'une couverture immédiate est nécessaire. Les informations sont alors transmises par écrit ou sur tout support durable après la conclusion du contrat.

Il est par ailleurs prévu des dispositions pour les contrats conclus à distance. Les informations précontractuelles doivent être conformes à l'article L. 112-2-1. Et lorsque le contrat a été conclu à la demande du souscripteur par des techniques de commercialisation à distance ne permettant pas la transmission des informations sur support papier ou sur un autre support durable, ces informations doivent être communiquées sur support papier ou tout autre support durable après la conclusion du contrat.

II. L'ARTICULATION AVEC LE DEVOIR DE CONSEIL DE L'INTERMÉDIAIRE

Lorsque le contrat d'assurance-vie ou de capitalisation est distribué par un intermédiaire d'assurance, l'article L. 132-27-1-II écarte tout cumul entre le devoir de conseil de l'assureur et celui de l'intermédiaire. Ces devoirs de conseil sont alternatifs et non cumulatifs. Lorsque le contrat est distribué par un intermédiaire d'assurance, l'assureur est libéré de son obligation. Il n'est tenu d'un devoir de conseil qu'en cas de distribution directe sans intermédiaire. ❑

Art. L. 132-27-2 *(L. n° 2014-617 du 13 juin 2014, art. 3-I-6°, en vigueur le 1er janv. 2016)* I. – Les sommes dues au titre des contrats d'assurance sur la vie et des bons ou contrats de capitalisation qui ne font pas l'objet d'une demande de versement des prestations ou du capital sont déposées à la Caisse des dépôts et consignations à l'issue d'un délai de dix ans à compter de la date de prise de connaissance par l'assureur du décès de l'assuré ou de l'échéance du contrat. Le dépôt intervient dans le mois suivant l'expiration de ce délai. *(L. n° 2019-486 du 22 mai 2019, art. 71-VII)* « A défaut d'échéance du contrat ou de prise de connaissance par l'assureur du décès de l'assuré, lorsque la date de naissance de l'assuré remonte à plus de cent vingt années et qu'aucune opération n'a été effectuée à l'initiative de l'assuré au cours des deux dernières années, l'assureur est tenu de rechercher le bénéficiaire et, si cette recherche aboutit, de l'aviser de la stipulation effectuée à son profit. Si cette recherche n'aboutit pas, les sommes dues au titre de ces contrats sont transférées à la Caisse des dépôts et consignations au terme d'un délai de dix ans à compter de la date du cent vingtième anniversaire de l'assuré, après vérification de sa date de naissance par l'assureur. » Les sommes dues au titre d'un contrat d'assurance temporaire en cas de décès ne font pas l'objet de ce dépôt lorsque le décès de l'assuré est intervenu antérieurement au 1er janvier 2015.

Le dépôt à la Caisse des dépôts et consignations des sommes dues au titre des contrats mentionnés au premier alinéa du présent I et comportant, en tout ou partie, des engagements exprimés en unités de compte mentionnés au second alinéa de l'article L. 131-1 ou affectés à l'acquisition de droits donnant lieu à la constitution d'une provision de diversification s'effectue en numéraire. La valeur de ces engagements ou de ces droits est celle atteinte à l'expiration du délai de dix ans mentionné au premier alinéa du présent I, sauf si les stipulations contractuelles prévoient une date antérieure.

Le souscripteur du contrat ou les bénéficiaires des sommes déposées à la Caisse des dépôts et consignations ne peuvent en obtenir le versement qu'en numéraire, nonobstant toute stipulation contraire. *(L. n° 2019-486 du 22 mai 2019, art. 71-VII)* « La Caisse des dépôts et consignations procède à la restitution des sommes sous la forme d'un capital. »

Les entreprises d'assurance, les institutions de prévoyance et les unions transmettent à la Caisse des dépôts et consignations les informations nécessaires, le cas échéant, au versement des sommes mentionnées au troisième alinéa au souscripteur du contrat ou à ses bénéficiaires.

Jusqu'à l'expiration du délai mentionné au III, elles conservent les informations et documents relatifs à l'encours des contrats à la date du dépôt prévu au deuxième alinéa du présent I, à la computation du délai mentionné au premier alinéa et au régime d'imposition applicable, ainsi que les informations et documents permettant d'identifier les souscripteurs et les bénéficiaires de ces contrats. Ces informations et documents sont transmis à la Caisse des dépôts et consignations à sa demande. Elles conservent également les informations et documents permettant d'apprécier qu'elles ont satisfait à leurs obligations en matière de contrats non réglés.

Le dépôt des sommes à la Caisse des dépôts et consignations en application du présent I est libératoire de toute obligation pour l'assureur et le souscripteur, à l'exception des obligations en matière de conservation d'informations et de documents prévues à l'avant-dernier alinéa. Ce caractère libératoire n'emporte cependant pas exonération de responsabilité pour les manquements commis antérieurement à ce dépôt.

II. – Six mois avant l'expiration du délai mentionné au premier alinéa du I du présent article, les entreprises d'assurance, les institutions de prévoyance et les unions mentionnées au I de l'article L. 132-9-3 informent le souscripteur ou les bénéficiaires du contrat, par tout moyen à leur disposition, de la mise en œuvre du présent article.

La Caisse des dépôts et consignations organise, dans le respect de la loi n° 78-17 du 6 janvier 1978 relative à l'informatique, aux fichiers et aux libertés, la publicité appropriée de l'identité des souscripteurs des contrats dont les sommes garanties ont fait l'objet du dépôt mentionné au I du présent article, afin de permettre aux souscripteurs ou aux bénéficiaires des contrats de percevoir les sommes qui leur sont dues. Ces derniers communiquent à la Caisse des dépôts et consignations les informations permettant de vérifier leur identité et de déterminer le montant des sommes qui leur sont dues.

Le notaire chargé d'établir l'actif successoral en vue du règlement de la succession pour laquelle il a été mandaté obtient, sur sa demande auprès de la Caisse des dépôts et consignations, le versement des sommes déposées en application du I et dues aux ayants droit du défunt, lorsque ces sommes entrent dans l'actif successoral. Le notaire restitue ces sommes aux ayants droit.

Le notaire joint à sa demande le mandat l'autorisant à agir au nom des ayants droit.

III. – Par dérogation au premier alinéa de l'article L. 518-24 du code monétaire et financier, les sommes déposées à la Caisse des dépôts et consignations en application du présent article et qui n'ont pas été réclamées par le souscripteur ou leurs bénéficiaires sont acquises à l'État à l'issue d'un délai de vingt ans à compter de la date de leur dépôt à la Caisse des dépôts et consignations.

Jusqu'à l'expiration de ce délai, la Caisse des dépôts et consignations détient, pour le compte des souscripteurs ou de leurs bénéficiaires, les sommes qui lui ont été déposées.

Pour chaque dépôt correspondant à un contrat d'assurance sur la vie ou à un bon ou contrat de capitalisation, le montant des sommes versées par la Caisse des dépôts et consignations à son souscripteur ou à ses bénéficiaires ou acquises à l'État ne peut être inférieur au montant des sommes déposées à la Caisse des dépôts et consignations, diminué, le cas échéant, des versements partiels réalisés par la Caisse des dépôts et consignations en application du présent article.

IV. – Un décret en Conseil d'État précise les modalités d'application du présent article.

V. art. R. 132-5-5 s.

COMMENTAIRE

Issu de la loi n° 2014-617 du 13 juin 2014 relative aux comptes bancaires inactifs et aux contrats d'assurance-vie en déshérence, l'article L. 137-27-2, applicable à compter du 1er janvier 2016, organise un transfert des fonds non réclamés à la Caisse des dépôts et consignations (CDC).

I. MISE EN ŒUVRE DU TRANSFERT DES FONDS

A. DÉLAI

Le transfert des fonds non réclamés s'effectue à l'issue d'un délai de dix ans suivant la prise de connaissance du décès de l'assuré ou de l'échéance du contrat par l'assureur. Le dépôt doit alors intervenir dans un délai d'un mois suivant l'expiration de ce délai de dix ans.

B. INFORMATIONS

Afin de préserver les droits du souscripteur et du bénéficiaire, il est prévu que l'assureur les informe de la mise en œuvre de ce transfert six mois avant l'expiration du délai de dix ans.

Lors du transfert, l'assureur doit communiquer à la Caisse des dépôts et consignations les informations nécessaires au versement, le cas échéant, des sommes au souscripteur du contrat ou à ses bénéficiaires.

II. EFFETS DU TRANSFERT DES FONDS

A. EFFET LIBÉRATOIRE POUR L'ASSUREUR ET LE SOUSCRIPTEUR

Par principe, le transfert des fonds à la Caisse des dépôts et consignations (CDC) libère l'assureur et le souscripteur de leurs obligations. Cet effet libératoire n'a toutefois pas une portée rétroactive et n'exonère pas l'assureur d'une éventuelle responsabilité pour des manquements antérieurs à ce dépôt.

Cela étant, l'effet libératoire ne dispense pas l'assureur de certaines obligations de conservation et d'information :

– il doit encore conserver pendant un délai de vingt ans les informations et documents relatifs à l'encours des contrats, à la computation du délai de dix ans, au régime d'imposition applicable, ainsi que les informations et documents permettant d'identifier les souscripteurs et bénéficiaires du contrat. Ces informations sont à la disposition de la Caisse des dépôts et consignations ;

– il doit également conserver les informations et documents attestant qu'il a bien exécuté ses obligations en matière de contrats non réglés.

B. OBLIGATIONS DE LA CDC

Une fois les fonds réceptionnés, la Caisse des dépôts et consignations doit organiser, en respectant les dispositions de la loi du 6 janvier 1978, relative à l'informatique et aux libertés, la publicité de l'identité des souscripteurs concernés, afin de leur permettre de percevoir les sommes dues.

Il est par ailleurs prévu par l'article 15 de la loi nº 2014-617 du 13 juin 2014 que la Caisse des dépôts et consignations publie chaque année :

– le nombre de dépôts, d'avoirs, de contrats d'assurance sur la vie et de bons ou contrats de capitalisation qui ont été déposés ;
– le montant déposé au cours de l'année ;
– le montant total des sommes détenues ;
– le montant versé aux titulaires, aux ayants droit ou aux bénéficiaires au cours de l'année.

La Caisse des dépôts et consignations conserve les fonds pendant un délai de vingt ans à compter de leurs dépôts, à l'issue duquel, ils sont transférés à l'État. ❑

Loi nº 2014-617 du 13 juin 2014,

Relative aux comptes bancaires inactifs et aux contrats d'assurance-vie en déshérence.

V. ss. art. R. 132-5-6, Décr. nº 2015-1092 du 28 août 2015, art. 6.

Art. 13 I. — Les dépôts et avoirs inscrits sur les comptes inactifs mentionnés à l'article L. 312-19 du code monétaire et financier sont versés à l'État si, à la date d'entrée en vigueur de la présente loi, un délai de trente ans s'est écoulé :

1º Pour les comptes inactifs mentionnés au 1º du I du même article, depuis la date de la dernière opération, hors inscription d'intérêts et débit par l'établissement tenant le compte de frais et commissions de toute nature ou versement de produits ou remboursement de titres de capital ou de créance ;

2º Pour les comptes inactifs mentionnés au 2º du même I, depuis le décès du titulaire du compte.

Leur transfert à l'État est effectué, en numéraire, dans l'année qui suit la date d'entrée en vigueur de la présente loi, par les établissements tenant les comptes sur lesquels ils sont inscrits.

Les avoirs en instruments financiers sont liquidés par l'établissement tenant le compte, nonobstant toute stipulation contraire, dans les meilleurs délais. Cet établissement ne peut être tenu responsable des effets de la liquidation sur la valeur des avoirs. Le produit de la liquidation est transféré à l'État dans le mois suivant la liquidation effective des titres lorsque la liquidation n'a pu être réalisée dans l'année qui suit l'entrée en vigueur de la présente loi.

L'avant-dernier alinéa du présent I ne s'applique pas aux droits d'associé et aux titres financiers mentionnés aux 1 et 2 du II de l'article L. 211-1 du code monétaire et financier non admis aux négociations sur un marché réglementé ou sur un système multilatéral de négociation.

II. — Les dépôts et avoirs inscrits sur les comptes inactifs mentionnés à l'article L. 312-19 du code monétaire et financier sont déposés à la Caisse des dépôts et consignations, dans les conditions prévues à l'article L. 312-20 du même code, si, à la date d'entrée en vigueur de la présente loi :

1º Pour les comptes inactifs mentionnés au 1º du I de l'article L. 312-19 dudit code, un délai compris entre dix ans et trente ans s'est écoulé depuis la date de la dernière opération, hors inscription d'intérêts et débit par l'établissement tenant le compte de frais et commissions de toute nature ou versement de produits ou remboursement de titres de capital ou de créance. *(L. nº 2015-990 du 6 août 2015, art. 140-II)* « Ce délai est compris entre vingt et trente ans pour les plans d'épargne-logement mentionnés au I de l'article L. 312-20 du code monétaire et financier » ;

2º Pour les comptes inactifs mentionnés au 2º du même I, un délai compris entre trois ans et trente ans s'est écoulé depuis le décès du titulaire du compte.

Le dépôt à la Caisse des dépôts et consignations est effectué, dans l'année qui suit l'entrée en vigueur de la présente loi, par les personnes tenant les comptes sur lesquels ils sont inscrits.

Par dérogation au III de l'article L. 312-20 du même code, les sommes déposées à la Caisse des dépôts et consignations et qui n'ont pas été réclamées par leurs titulaires ou leurs ayants droit sont acquises à l'État à l'issue d'un délai de trente ans à compter des événements mentionnés aux 1° et 2° du présent II.

III. — Lorsqu'à *[Lorsque, à]* la date d'entrée en vigueur de la présente loi, le titulaire d'un coffre-fort mis à disposition par un établissement de crédit, son représentant légal ou la personne habilitée par lui ne s'est pas manifesté, sous quelque forme que ce soit, pendant une durée de plus de trente ans et que les frais annuels de location ne sont plus acquittés depuis au moins un an, l'établissement de crédit procède à la recherche du titulaire éventuellement décédé dans les conditions prévues à l'avant-dernier alinéa du I de l'article L. 312-19. Il informe, par courrier recommandé et par tout autre moyen à sa disposition, ce titulaire, son représentant légal, la personne habilitée par lui ou, le cas échéant, ses ayants droit connus de l'établissement, dans un délai de trois mois, et lui indique les conséquences prévues par les trois derniers alinéas du présent III.

A l'issue d'un délai de six mois à compter de cette opération d'information, l'établissement est autorisé à procéder à l'ouverture du coffre-fort, en présence d'un huissier de justice qui dresse l'inventaire de son contenu, et, selon les cas, soit à liquider les titres déposés dans le coffre-fort dans les conditions définies au cinquième alinéa du I de l'article L. 312-20 du code monétaire et financier, soit à faire vendre judiciairement aux enchères publiques les biens déposés dans le coffre-fort.

Le produit de la vente, déduction faite des frais annuels de location impayés, à l'exclusion de toute pénalité et de tout intérêt de retard, et des frais liés à l'ouverture du coffre-fort et à la vente des biens, est acquis à l'État. L'établissement de crédit est autorisé, pour les objets d'une valeur estimée par une personne habilitée pour organiser et réaliser les ventes judiciaires de meubles aux enchères publiques, et inférieure à un seuil fixé par un arrêté du ministre chargé de l'économie, ainsi que pour les objets qui n'ont pu être vendus judiciairement aux enchères publiques après deux tentatives intervenues à six mois d'intervalle, soit à les détruire, soit à les conserver pour le compte du titulaire ou de ses ayants droit, soit, pour les biens pouvant présenter un intérêt culturel ou historique, à les transférer à un service public intervenant dans ces domaines. Dans ce dernier cas, la personne morale dont dépend ce service public devient propriétaire du bien transféré.

L'établissement de crédit ne peut être tenu pour responsable des effets de la vente sur la valeur des biens concernés.

IV. — Les sommes dues au titre des contrats d'assurance sur la vie ou des bons et contrats de capitalisation qui, à la date d'entrée en vigueur de la présente loi, n'ont pas été réclamées par leurs souscripteurs ou leurs bénéficiaires depuis au moins trente ans à compter de l'échéance du contrat ou de la date du décès de l'assuré sont acquises à l'État.

Leur transfert à l'État est effectué par l'organisme d'assurance dans l'année qui suit la date d'entrée en vigueur de la présente loi.

V. — Les sommes dues au titre des contrats d'assurance sur la vie ou des bons et contrats de capitalisation qui, à la date d'entrée en vigueur de la présente loi, n'ont pas été réclamées par leurs souscripteurs ou leurs bénéficiaires depuis au moins dix ans à compter de l'échéance du contrat ou de la date à laquelle l'organisme d'assurance a eu connaissance du décès de l'assuré et, au plus, trente ans à compter du décès de l'assuré ou du terme du contrat sont déposées à la Caisse des dépôts et consignations, dans les conditions prévues à l'article L. 132-27-2 du code des assurances ou à l'article L. 223-25-4 du code de la mutualité.

Le dépôt à la Caisse des dépôts et consignations est effectué par l'organisme d'assurance dans l'année qui suit la date d'entrée en vigueur de la présente loi.

Par dérogation au III des mêmes articles L. 132-27-2 et L. 223-25-4, les sommes déposées à la Caisse des dépôts et consignations et qui n'ont pas été réclamées par leurs souscripteurs ou leurs bénéficiaires sont acquises à l'État à l'issue d'un délai de trente ans à compter du décès de l'assuré ou de l'échéance du contrat.

VI. — Six mois avant le transfert à l'État mentionné au premier alinéa des I ou II ou avant le dépôt à la Caisse des dépôts et consignations mentionné au premier alinéa des II ou V l'établissement teneur de compte ou l'assureur informe, par courrier recommandé et par tout autre moyen à sa disposition, les titulaires et souscripteurs, leurs représentants légaux, leurs ayants droit ou les bénéficiaires des comptes ou contrats dont les dépôts et avoirs font l'objet des dispositions prévues aux mêmes alinéas de la mise en œuvre du présent article.

VII. — Dans un délai de six mois à compter de l'entrée en vigueur de la présente loi, l'établissement teneur de compte ou l'assureur informe les titulaires de comptes et les souscripteurs de contrats d'assurance sur la vie et de bons ou contrats de capitalisation des dispositions prévues, respectivement, aux articles L. 312-20 du code monétaire et financier, L. 132-27-2 du code des assurances et L. 223-25-4 du code de la mutualité.

VIII. — Un décret en Conseil d'État précise les modalités d'application des I à VII du présent article.

IX. — L'Autorité de contrôle prudentiel et de résolution contrôle le respect du présent article.

Elle remet, avant le 1er mai 2016, un rapport au Parlement décrivant, pour les années 2014 et 2015 :

1° Les actions menées pour contrôler le respect par les organismes d'assurance de leurs obligations de recherche et d'information des souscripteurs et des bénéficiaires de contrats d'assurance sur la vie ou de bons ou contrats de capitalisation ainsi que de l'obligation de reversement des sommes acquises à l'État en application de l'article L. 1126-1 du code général de la propriété des personnes publiques ;

2° L'évolution de l'encours et du nombre de contrats d'assurance sur la vie et de bons ou contrats de capitalisation non réglés.

Code monétaire et financier

Art. L. 312-19 I. — Les établissements de crédit mentionnés au titre Ier du livre V ainsi que les établissements de monnaie électronique et les établissements de paiement mentionnés au titre II du même livre recensent chaque année les comptes inactifs ouverts dans leurs livres.

Un compte est considéré comme inactif :

1° Soit à l'issue d'une période de douze mois au cours de laquelle les deux conditions suivantes sont remplies :

a) Le compte n'a fait l'objet d'aucune opération, hors inscription d'intérêts et débit par l'établissement tenant le compte de frais et commissions de toutes natures ou versement de produits ou remboursement de titres de capital ou de créance ;

b) Le titulaire du compte, son représentant légal ou la personne habilitée par lui ne s'est pas manifesté, sous quelque forme que ce soit, auprès de cet établissement ni n'a effectué aucune opération sur un autre compte ouvert à son nom dans les livres de l'établissement.

La période de douze mois est portée à cinq ans pour les comptes sur lesquels sont inscrits des titres financiers, les comptes sur livret, les comptes à terme et les comptes sur lesquels sont inscrits des avoirs et dépôts au titre des produits d'épargne mentionnés au titre II du livre II *(L. n° 2019-486 du 22 mai 2019, art. 94)* « , au titre des produits de l'épargne salariale mentionnés aux chapitres III et IV du titre III du livre III de la troisième partie du code du travail ainsi qu'au titre des produits de la participation affectés à un compte courant bloqué en vertu du 2° de l'article L. 3323-2 du même code ». Lorsque les sommes déposées sur un compte ou les titres inscrits en compte sont indisponibles pendant une certaine période en vertu de dispositions légales, de stipulations contractuelles ou de l'existence d'une sûreté conventionnelle, la période de cinq ans commence à courir au terme de la période d'indisponibilité ;

2° Soit, si son titulaire est décédé, à l'issue d'une période de douze mois suivant le décès au cours de laquelle aucun de ses ayants droit n'a informé l'établissement tenant le compte de sa volonté de faire valoir ses droits sur les avoirs et dépôts qui y sont inscrits.

Un compte qui remplit les conditions prévues au 1° en raison de l'application de dispositions légales ou réglementaires ou d'une décision de justice n'est pas un compte inactif au sens du présent article.

Pour l'application du 2°, les établissements mentionnés au premier alinéa du présent I mettent en œuvre, dans le respect de la loi n° 78-17 du 6 janvier 1978 relative à l'informatique, aux fichiers et aux libertés, des traitements de *(Ord. n° 2018-1125 du 12 déc. 2018, art. 11, en vigueur au plus tard le 1er juin 2019)* « données à caractère personnel » ayant pour finalité la recherche des titulaires décédés de comptes remplissant les conditions prévues au 1°. A cet effet, ils consultent chaque année, dans des conditions fixées par décret en Conseil d'État, les données figurant au répertoire national d'identification des personnes physiques et relatives au décès des personnes inscrites.

Lorsqu'un compte est considéré comme inactif, l'établissement tenant ce compte en informe par tout moyen à sa disposition le titulaire, son représentant légal, la personne habilitée par lui ou, le cas échéant, ses ayants droit connus de l'établissement et leur indique les conséquences qui y sont attachées en application du présent article et de l'article L. 312-20.

II. — Les établissements mentionnés au premier alinéa du I du présent article publient, chaque année, chacun pour ce qui le concerne, le nombre de comptes inactifs ouverts dans leurs livres et le montant total des dépôts et avoirs inscrits sur ces comptes.

III. — Le montant annuel des frais et commissions de toutes natures prélevés sur les comptes mentionnés aux 1° et 2° du I est plafonné.

IV. — Les conditions d'application du présent article sont déterminées par décret en Conseil d'État.

Art. L. 312-20 I. — Les dépôts et avoirs inscrits sur les comptes inactifs mentionnés à l'article L. 312-19 sont déposés à la Caisse des dépôts et consignations :

1° Pour les comptes inactifs mentionnés au 1° du I du même article L. 312-19, à l'issue d'un délai de dix ans à compter de la date de la dernière opération, hors inscription d'intérêts et débit par l'établissement tenant le compte de frais et commissions de toutes natures ou versement de produits ou remboursement de titres de capital ou de créance, ou à compter de la date de la dernière manifestation du titulaire du compte, de son représentant légal ou de la personne habilitée par lui ou à compter du terme de la période d'indisponibilité mentionnée au dernier alinéa du même 1°. Il est pris en compte la date la plus récente parmi les trois dates mentionnées à la première phrase du présent 1°. *(L. n° 2015-990 du 6 août 2015, art. 140-I)* « Pour les plans d'épargne-logement dont le titulaire ne détient aucun autre compte au sein du même établissement de crédit, le délai de dix ans est porté à vingt ans à compter de la date du dernier versement ; »

2° Pour les comptes inactifs mentionnés au 2° du I du même article L. 312-19, à l'issue d'un délai de trois ans après la date du décès du titulaire du compte.

(L. n° 2021-874 du 1er juill. 2021, art. 3-I) « Lorsqu'il dépose les dépôts et avoirs mentionnés au premier alinéa du présent I à la Caisse des dépôts et consignations, l'établissement lui communique les informations qu'il détient permettant de distinguer les personnes physiques et les personnes morales et, pour ces dernières, leur statut juridique. Les conditions d'application du présent alinéa sont déterminées par décret. »

Les établissements procédant aux dépôts mentionnés au premier alinéa du présent I publient, chaque année, chacun pour ce qui le concerne, le nombre de comptes dont les dépôts et avoirs sont ainsi déposés et le montant total des dépôts et avoirs ainsi déposés.

Les avoirs en instruments financiers sont liquidés par l'établissement tenant le compte, nonobstant toute stipulation contraire, dans les meilleurs délais à l'issue des périodes de dix ans ou de trois ans mentionnées, respectivement, aux 1° et 2° du présent I. Cet établissement ne peut être tenu responsable des effets de la liquidation sur la valeur des avoirs. Le produit de la liquidation est déposé à la Caisse des dépôts et consignations dans les trois mois qui suivent l'expiration des périodes de dix ans ou de trois ans mentionnées, respectivement, aux mêmes 1° et 2° ou, le cas échéant, dans le mois suivant la liquidation effective des titres lorsque la liquidation n'a pu être réalisée, pour des raisons indépendantes de la volonté de l'établissement, dans le délai de trois mois qui lui est accordé pour déposer le produit de cette liquidation à la Caisse des dépôts et consignations. Le titulaire du compte ou ses ayants droit ne peuvent en obtenir le versement qu'en numéraire. *(L. n° 2019-486 du 22 mai 2019, art. 71-IX)* « La Caisse des dépôts et consignations procède à la restitution des sommes sous la forme d'un capital. »

Les droits d'associé et les titres financiers mentionnés aux 1 et 2 du II de l'article L. 211-1 non admis aux négociations sur un marché réglementé ou sur un système multilatéral de négociation ne sont ni liquidés, ni déposés à la Caisse des dépôts et consignations.

Six mois avant l'expiration du délai mentionné au 1° du présent I, l'établissement tenant le compte informe, par tout moyen à sa disposition, son titulaire, son représentant légal, la personne habilitée par lui ou, le cas échéant, ses ayants droit connus de l'établissement de la mise en œuvre du présent article.

II. — Le dépôt, à la Caisse des dépôts et consignations, des sommes déposées sur un compte ou du produit de la liquidation des titres inscrits sur un compte dans les conditions prévues au I entraîne la clôture de ces comptes, nonobstant toute stipulation contractuelle contraire.

III. — Par dérogation au premier alinéa de l'article L. 518-24, les sommes déposées à la Caisse des dépôts et consignations en application du I du présent article et qui n'ont pas été réclamées par leurs titulaires ou par leurs ayants droit sont acquises à l'État à l'issue d'un délai :

1° De vingt ans à compter de la date de leur dépôt à la Caisse des dépôts et consignations en application du 1° du même I ;

2° De vingt-sept ans à compter de la date de leur dépôt à la Caisse des dépôts et consignations en application du 2° dudit I ;

(L. nº 2015-990 du 6 août 2015, art. 140-I) « 3° De dix ans à compter de la date de leur dépôt à la Caisse des dépôts et consignations en application du 1° du I pour les plans d'épargne-logement dont le titulaire ne détient aucun autre compte au sein du même établissement de crédit. »

Jusqu'à l'expiration de ces délais, les sommes déposées à la Caisse des dépôts et consignations sont détenues par celle-ci pour le compte des titulaires ou de leurs ayants droit.

IV. — Jusqu'à l'expiration des délais prévus au III du présent article, les établissements mentionnés au premier alinéa du I de l'article L. 312-19 sont tenus de conserver les informations et documents relatifs au solde des comptes à la date du dépôt prévu au I du présent article, à la computation des délais mentionnés au même I et au régime d'imposition applicable, ainsi que les informations et documents permettant d'identifier les titulaires de ces comptes et, le cas échéant, leurs ayants droit. Ces informations et documents sont transmis à la Caisse des dépôts et consignations à sa demande.

V. — Pour chaque dépôt correspondant à un compte, le montant des sommes versées par la Caisse des dépôts et consignations à son titulaire ou à ses ayants droit ou acquises par l'État ne peut être inférieur au montant des sommes déposées à la Caisse des dépôts et consignations, diminué, le cas échéant, des versements partiels réalisés par la Caisse des dépôts et consignations en application du III.

La Caisse des dépôts et consignations organise, dans le respect de la loi nº 78-17 du 6 janvier 1978 relative à l'informatique, aux fichiers et aux libertés, la publicité appropriée de l'identité des titulaires de compte dont les avoirs ont fait l'objet du dépôt mentionné au premier alinéa du I, afin de permettre à ces personnes ou à leurs ayants droit de percevoir les sommes qui ont été ainsi déposées et qui leur sont dues.

Les titulaires de compte ou les ayants droit communiquent à la Caisse des dépôts et consignations les informations permettant de vérifier leur identité et de déterminer le montant des sommes qui leur sont dues.

Le notaire chargé d'établir l'actif successoral en vue du règlement de la succession pour laquelle il a été mandaté obtient sur sa demande auprès de la Caisse des dépôts et consignations la communication des informations détenues par celle-ci en application du IV ainsi que le versement des sommes déposées en application du I, à charge pour lui de les restituer aux ayants droit du titulaire du compte.

Le notaire joint à sa demande le mandat l'autorisant à agir au nom des ayants droit.

VI. — Un coffre-fort mis à disposition par un établissement de crédit est considéré comme inactif lorsque son titulaire, le représentant légal de ce dernier ou la personne habilitée par lui ou l'un de ses ayants droit ne s'est pas manifesté, sous quelque forme que ce soit, ni n'a effectué aucune opération sur un compte ouvert à son nom dans les livres de l'établissement pendant une durée d'au moins dix ans et que, à l'issue de cette période de dix ans, les frais de location n'ont pas été payés au moins une fois.

Lorsqu'un coffre-fort est considéré comme inactif au sens du premier alinéa du présent VI, l'établissement de crédit procède à la recherche du titulaire éventuellement décédé dans les conditions prévues à l'avant-dernier alinéa du I de l'article L. 312-19. Il informe le titulaire, son représentant légal, la personne habilitée par lui ou, le cas échéant, ses ayants droit connus de l'établissement des conséquences prévues aux deux derniers alinéas du présent VI liées à l'inactivité du coffre-fort en application du présent article. Ces deux opérations de recherche et d'information sont renouvelées tous les cinq ans à compter de la date du premier impayé.

A l'expiration d'un délai de vingt ans à compter de la date du premier impayé mentionné au premier alinéa du présent VI, l'établissement est autorisé à procéder à l'ouverture du coffre-fort, en présence d'un huissier de justice qui dresse l'inventaire de son contenu, et, selon les cas, soit à liquider les titres déposés dans le coffre-fort dans les conditions définies au *(L. nº 2021-874 du 1er juill. 2021, art. 3-IV)* « sixième » alinéa du I du présent article, soit à faire vendre judiciairement aux enchères publiques les biens déposés dans le coffre-fort. Six mois avant l'expiration de ce délai, il informe, par courrier recommandé et par tout autre moyen à sa disposition, le titulaire, son représentant légal, la personne habilitée par lui ou, le cas échéant, ses ayants droit connus de l'établissement de la mise en œuvre du présent alinéa. Le produit de la vente, déduction faite des frais annuels de location impayés, à l'exclusion de toute pénalité et de tout intérêt de retard, et des frais liés à l'ouverture du coffre-fort et à la vente des biens, est acquis à l'État. L'établissement de crédit est autorisé, pour les objets d'une valeur estimée par une personne habilitée pour organiser et réaliser les ventes judiciaires de meubles aux enchères publiques, et inférieure à un seuil fixé par un arrêté du ministre chargé de l'économie, ainsi que pour les objets qui n'ont pu être vendus judiciairement aux enchères publiques après deux tentatives intervenues à six mois d'intervalle, soit à les détruire, soit à les conserver pour le compte du titulaire ou de ses ayants droit, soit, pour les biens pouvant présenter un intérêt culturel ou historique, à les transférer à un service public intervenant dans ces domaines. Dans ce dernier cas, la personne morale dont dépend ce service public devient propriétaire du bien transféré.

L'établissement de crédit ne peut être tenu pour responsable des effets de la vente sur la valeur des biens concernés.

VII. — Les conditions d'application du présent article sont déterminées par décret en Conseil d'État.

SECTION II LES ASSURANCES POPULAIRES

Art. L. 132-28 *(Ord. nº 2008-1271 du 5 déc. 2008, art. 4 et 5, en vigueur le 1er janv. 2010)* **I. — L'intermédiaire mentionné à l'article L. 511-1 établit des conventions avec les entreprises d'assurance ou de capitalisation proposant les contrats d'assurance individuels comportant des valeurs de rachat, les contrats de capitalisation, les contrats mentionnés à l'article L. 132-5-3 et à l'article L. 441-1 et en raison desquels il exerce son activité d'intermédiation.**

Ces conventions prévoient notamment :

1º Les conditions dans lesquelles l'intermédiaire mentionné à l'article L. 511-1 est tenu de soumettre à l'entreprise d'assurance ou de capitalisation les documents à caractère publicitaire préalablement à leur diffusion afin de vérifier leur conformité au contrat d'assurance ou de capitalisation et, le cas échéant, à la notice ou note ;

2º Les conditions dans lesquelles sont mises à disposition de l'intermédiaire par l'entreprise d'assurance ou de capitalisation les informations nécessaires à l'appréciation de l'ensemble des caractéristiques du contrat.

II. — Un décret en Conseil d'État précise les modalités d'application du I, notamment les cas et conditions dans lesquels l'obligation d'établir des conventions n'est pas justifiée compte tenu de la nature des contrats ou de leur mode de distribution.

COMMENTAIRE

Anciennement consacré aux assurances populaires supprimées par la loi nº 85-608 du 11 juin 1985, l'article L. 132-28 a été rétabli par l'ordonnance nº 2008-1721 du 5 décembre 2008 relative à la mise en place de codes de conduite et de conventions régissant les rapports entre les producteurs et les distributeurs, en matière de commercialisation d'instruments financiers, de produits d'épargne et d'assurance sur la vie.

Reprenant l'une des préconisations du rapport Delmas-Marsalet relatif à la commercialisation des produits financiers de novembre 2005, l'ordonnance a imposé aux assureurs et aux intermédiaires d'assurance, qui proposent des contrats d'assurance-vie individuels ou collectifs à adhésion facultative comportant des valeurs de rachat ou des contrats de capitalisation, la conclusion de conventions portant sur l'élaboration et la diffusion des documents publicitaires.

Le contenu de cette convention a été précisé par l'article R. 122-5-1 issu du décret nº 2010-40 du 11 janvier 2010. Ainsi, la convention doit organiser :

– la transmission par l'intermédiaire à l'entreprise d'assurance de tout projet de document à caractère publicitaire pour que cette dernière vérifie, dans un délai déterminé, sa conformité au contrat commercialisé et, éventuellement, à la note ou notice ;

– la transmission par l'assureur à l'intermédiaire des informations nécessaires à l'appréhension de l'ensemble des caractéristiques du contrat.

Selon l'article R. 132-5-2, issu du même décret de 2010, une telle convention n'est toutefois pas exigée lorsque l'intermédiaire n'a recours qu'aux documents à caractère publicitaire mis à sa disposition par l'entreprise d'assurance et lorsque cette dernière s'est engagée par écrit à transmettre à l'intermédiaire les informations nécessaires à l'appréciation de l'ensemble des caractéristiques du contrat. ❑

SECTION III PARTICIPATION DES ASSURÉS AUX BÉNÉFICES TECHNIQUES ET FINANCIERS

(Ord. nº 2015-378 du 2 avr. 2015, art. 6-5º, en vigueur le 1er janv. 2016)

Art. L. 132-29 Les entreprises d'assurance sur la vie ou de capitalisation *(Ord. nº 2017-484 du 6 avr. 2017, art. 1er-1º)* **« et les fonds de retraite professionnelle supplémentaire » font participer les assurés aux bénéfices techniques et financiers qu'***(Ord. nº 2017-484 du 6 avr. 2017, art. 1er-1º)* **« ils » réalisent, dans les conditions fixées par arrêté du ministre chargé de l'économie.**

COMMENTAIRE

Rétabli par l'ordonnance nº 2015-378 du 2 avril 2015 transposant la directive Solvabilité II, l'article L. 132-29, entré en vigueur le 1er janvier 2016, reprend la règle de l'ancien article L. 331-3 (initialement inscrite d'ailleurs à l'art. L. 132-29) en vertu de laquelle les entreprises d'assurance sur la vie doivent faire participer les assurés aux bénéfices techniques et financiers qu'elles réalisent. Cette règle est issue de l'article 4 de la loi de finances pour 1967 et ne s'applique qu'aux contrats conclus postérieurement (Civ. 1re, 17 mars 1998 : *V. note 1*). Depuis, cette règle a été étendue aux fonds de retraite professionnelle supplémentaire (FRPS) créés par l'ordonnance nº 2017-484 du 6 avril 2017 pour éviter les contraintes quantitatives imposées par Solvabilité 2.

I. JUSTIFICATION

Cette participation est justifiée par les règles prudentielles que la réglementation impose aux assureurs. Celles-ci limitent les taux d'intérêt que les assureurs sont autorisés à garantir. Or, en réalité, les gains réalisés sur le long terme par les assureurs sont supérieurs. Ils ne sauraient les conserver pour eux. Aussi doivent-ils redistribuer ces bénéfices aux assurés.

II. BÉNÉFICES DISTRIBUÉS

Les conditions de cette redistribution sont désormais déterminées par les articles A. 132-10 et suivants, issus d'un arrêté du 28 décembre 2015. Ces dispositions ne sont pas applicables aux contrats en unité de compte, également appelés contrats à capital variable, puisque ceux-ci varient en fonction de l'évolution du support.

Pour les autres contrats, la participation aux bénéfices est déterminée à partir d'un compte de participation aux résultats dont les éléments sont déterminés par l'article A. 132-11. L'assureur doit de la sorte redistribuer au minimum 90 % des bénéfices techniques, correspondant à la différence entre les différents frais imputés par l'assureur (frais de gestion, frais de versement, frais d'arbitrage…) et les frais réels auxquels il a été exposé. De même, l'assureur doit reverser au minimum 85 % des bénéfices financiers, correspondant à la plus-value procurée par le placement du capital des titulaires de contrats sur les marchés financiers.

III. RÉPARTITION DES BÉNÉFICES

Les dispositions du code des assurances ne déterminent pas les règles de répartition de cette participation aux bénéfices entre les différentes catégories de contrat. Cette répartition est librement organisée par l'assureur (Civ. 2e, 5 mars 2015 : *V. note 2*). Mais, lorsqu'elle est prévue, cette participation doit toujours comprendre les bénéfices techniques ainsi que les bénéfices financiers (Civ. 2e, 6 févr. 2014 : *V. note 2*). ❑

1. Application dans le temps. L'application immédiate d'une loi nouvelle ne pouvant être justifiée par sa seule nature d'ordre public, ne peuvent régir les effets à venir des contrats conclus antérieurement les dispositions de l'art. 4 de la loi de finances pour 1967, repris à l'art. L. 132-29, devenu l'art. L. 331-3 [redevenu l'art. L. 132-29], et de l'art. 1er de l'arrêté d'application du 27 janv. 1967, dont l'art. 2 dispose en outre qu'elles ne s'appliquent pas aux contrats en cours lors de leur entrée en vigueur. • Civ. 1re, 17 mars 1998, nº 96-12.183 P : *RCA 1998, nº 211 ; RGDA 1998. 307, note Favre-Rochex ; Gaz. Pal. 1998. 2. 565.*

2. Participation aux bénéfices techniques et financiers. Les entreprises d'assurance sur la vie ou de capitalisation doivent faire participer leurs assurés aux bénéfices à la fois techniques et financiers qu'elles réalisent. Dès lors, viole l'art. L. 331-3, dans sa rédaction applicable au litige, la cour d'appel qui, pour débouter les assurés de leur demande en paiement, énonce que la participation aux bénéfices visée à l'art. 4 des conditions générales des contrats selon lequel « il est créé un fonds de participation aux bénéfices alimenté par 75 % au moins de l'ensemble des bénéfices nets réalisés par la société d'assurance et revenant à la catégorie », s'entend de ceux réalisés par l'assureur sur le placement financier des fonds versés par les assurés au titre de l'épargne, à l'exclusion des bénéfices techniques. • Civ. 2e, 6 févr. 2014, n° 13-11.331 P : *RGDA 2014. 229, note Mayaux ; RDBF 2014, n° 54, note Djoudi ; RCA 2014, n° 172.* ♦ Une cour d'appel, qui n'avait pas à interpréter une clause qui n'était pas ambiguë, qui n'était pas liée par une pratique contractuelle antérieure et qui n'avait pas à répondre au moyen tiré de l'existence d'un usage, qui n'était qu'alléguée, a pu décider que l'assureur, en respectant par ailleurs le taux de rémunération minimum garanti de 4,5 %, avait pu, sans faute, fixer une répartition des bénéfices destinée à harmoniser la rémunération des adhérents des différentes générations du contrat. • Civ. 2e, 5 mars 2015, n° 14-13.130 : *RGDA 2015. 210, note Mayaux.*

SECTION IV LES ASSURANCES AYANT POUR OBJET L'ACQUISITION D'IMMEUBLES AU MOYEN DE CONSTITUTION DE RENTES VIAGÈRES

COMMENTAIRE

Si la loi n° 94-5 du 4 janvier 1994 a supprimé de l'article L. 310-1 la catégorie des entreprises ayant pour objet l'acquisition d'immeubles au moyen de la constitution de rentes viagères, elle a maintenu en les modifiant les dispositions des articles L. 132-30 et L. 132-31 pour les contrats en cours. Ces articles comportent plusieurs dispositions protectrices du crédirentier. Si elles ne sont pas respectées, le contrat est nul de nullité absolue.

Ainsi, il ressort de ces articles que l'estimation de la valeur des immeubles cédés doit être expressément mentionnée dans le contrat constitutif de rentes viagères et garantie sincère et véritable par un expert judiciaire.

De même, il est prévu que le crédirentier conserve pour le paiement de la rente le privilège du vendeur d'immeuble de l'article 2274, 1°, du code civil.

Art. L. 132-30 *(L. n° 94-5 du 4 janv. 1994)* **« Les contrats comportant des opérations d'acquisition d'immeubles au moyen de la constitution de rentes viagères sont soumis aux dispositions du présent article. »**

Les crédirentiers conservent individuellement pour le service de leurs rentes, même à l'encontre de toute convention contraire, *(Ord. n° 2021-1192 du 15 sept. 2021, art. 34-III)* **« l'hypothèque légale du 1° de l'article 2402 » du code civil sur l'immeuble cédé. S'il existe des héritiers en ligne directe des crédirentiers, ces derniers ne peuvent traiter avec l'assureur qu'après y avoir été autorisés par jugement rendu en chambre du conseil sur simple requête.**

L'estimation de la valeur actuelle, en pleine propriété, des immeubles cédés, est expressément stipulée aux contrats de rentes viagères et garantie sincère et véritable par un expert désigné par le tribunal judiciaire du ressort desdits immeubles. L'attestation de l'expert, suivie de sa signature, figure aux contrats.

Art. L. 132-31 **La nullité des contrats dans lesquels l'une des prescriptions de l'article L. 132-30 n'est pas observée peut être demandée par tout intéressé et par le ministère public.**

CHAPITRE III ACCÈS À L'ASSURANCE CONTRE LES RISQUES D'INVALIDITÉ OU DE DÉCÈS

(L. n° 2002-303 du 4 mars 2002)

Art. L. 133-1 *(L. n° 2016-41 du 26 janv. 2016, art. 190-IV)* **L'accès à l'assurance contre les risques d'invalidité ou de décès est garanti dans les conditions fixées aux articles L. 1141-1 à L. 1141-3, L. 1141-5 et L. 1141-6 du code de la santé publique.**

BIBL. ▸ COURTIEU, *RCA 2002. Chron. 14.*

COMMENTAIRE

Comme pour toute assurance, l'assureur de personne peut, par principe, procéder à la sélection des risques qu'il entend couvrir. Toutefois, depuis la loi n° 2002-303 du 4 mars 2002, relative aux droits des malades et à la qualité du système de santé, cette liberté est encadrée, d'une part, par l'interdiction d'utiliser des tests génétiques (I), d'autre part, par la consécration législative du recours à une convention nationale pour faciliter l'accès à l'assurance emprunteur pour les personnes présentant un risque aggravé en raison de leur état de santé (II). Ces dispositions figurent aux articles L. 1141 à L. 1141-3, L. 1141-5 et L. 1141-6 du code de la santé publique, auxquels renvoie l'article L. 133-1 du code des assurances (V. ces art. ss. art. L. 133-1).

I. LES TESTS GÉNÉTIQUES

Face au développement des tests génétiques, les assureurs se sont engagés dès 1994, puis une nouvelle fois en 1999, à ne pas demander des tests génétiques aux candidats à l'assurance et à ne pas en tenir compte si ceux-ci en apportaient spontanément.

Confortant cette règle de bonne conduite de la profession, l'article L. 1141-1 du code de la santé publique interdit désormais aux entreprises et organismes qui proposent une garantie des risques d'invalidité ou de décès de solliciter du candidat à l'assurance des tests génétiques, de lui poser des questions sur de tels tests ou encore de tenir compte des tests génétiques qu'il pourrait produire.

Les tests génétiques sont réservés au domaine médical et à la recherche scientifique. Il est d'ailleurs prévu par l'article 226-25 du code pénal que « le fait de procéder à l'examen des caractéristiques génétiques d'une personne à des fins autres que médicales ou de recherche scientifique [...] est puni d'un an d'emprisonnement et de 15 000 euros d'amende ».

II. LES RISQUES AGGRAVÉS

A. L'ACCÈS À L'ASSURANCE

Après la signature le 3 septembre 1991 de la convention Assurance et SIDA, encadrant l'accès à l'assurance décès des personnes atteintes du virus du SIDA, le Gouvernement avait chargé, en juin 1999, le comité Belorgey d'améliorer l'accès à l'assurance des personnes présentant un risque de santé aggravé. Les travaux de ce comité aboutirent à la conclusion, le 19 septembre 2001, d'une convention « visant à améliorer l'accès à l'emprunt et à l'assurance des personnes présentant un risque de santé aggravé ». Cette convention est restée en vigueur jusqu'au 31 décembre 2006, puis a été remplacée par la convention AERAS (s'Assurer et Emprunter avec un Risque Aggravé de Santé) signée le 6 juillet 2006 et entrée en vigueur le 6 janvier 2007. Depuis, un avenant a été conclu le 1er février 2011 pour améliorer la garantie du risque d'invalidité et l'effectivité de la convention. Il est entré en vigueur le 1er mars 2011 (V. cette conv. révisée, App., v° *Consommation*).

Cette convention a pour objectif de faciliter l'accès à l'assurance emprunteur aux personnes présentant un risque aggravé en raison de leur état de santé ou d'un handicap. Concrètement, en application de cette convention, il est prévu que si une demande d'assurance est refusée en raison d'un risque de santé, le dossier fait l'objet d'un nouvel examen plus personnalisé de « niveau 2 ». En cas de refus au « niveau 2 », le dossier est transmis à un « pool des risques très aggravés » si les conditions d'âge et de montant fixées par la convention sont respectées. Ainsi, le contrat d'assurance doit arriver à échéance avant le 71e anniversaire de l'emprunteur et le montant maximal doit être de 320 000 euros et pour les autres opérations immobilières et les prêts professionnels, le pool traite les demandes portant sur des prêts supérieurs à 320 000 euros.

B. LE DROIT À L'OUBLI

Modifiant une nouvelle fois la convention AERAS, un avenant a été signé le 2 septembre 2015, afin d'introduire le « droit à l'oubli ». Ce droit a été repris et aménagé par la loi n° 2016-41 du 26 janvier 2016 de modernisation de notre système de santé à l'article L. 1141-5 du code la santé publique.

Il en résulte que :

– les anciens malades du cancer sont dispensés de déclarer leur ancienne maladie dix ans après la date de fin du protocole thérapeutique, ce délai étant ramené à cinq ans pour les cancers survenus avant 18 ans ;

– une grille de référence doit être définie pour fixer pour chacune des pathologies les délais au-delà desquels aucune majoration de tarifs ou d'exclusion de garantie ne sera appliquée ou aucune information médicale ne sera recueillie pour les pathologies concernées. ❑

Code de la santé publique

TITRE IV. RÉPARATION DES CONSÉQUENCES DES RISQUES SANITAIRES
(L. nº 2002-303 du 4 mars 2002, art. 98)

Les dispositions du titre IV du livre Ier de la première partie du code de la santé publique issues de l'art. 98 de la L. nº 2002-303 du 4 mars 2002, à l'exception du chapitre Ier, de l'art. L. 1142-2 et de la section V du chapitre II [art. L. 1142-25 à L. 1142-27], s'appliquent aux accidents médicaux, affections iatrogènes et infections nosocomiales consécutifs à des activités de prévention, de diagnostic ou de soins réalisées à compter du 5 septembre 2001, même si ces accidents médicaux, affections iatrogènes et infections nosocomiales font l'objet d'une instance en cours à moins qu'une décision de justice irrévocable n'ait été prononcée (L. préc., art. 101, al. 1er, réd. L. nº 2002-1487 du 20 déc. 2002, art. 3).

CHAPITRE Ier. *ACCÈS À L'ASSURANCE CONTRE LES RISQUES D'INVALIDITÉ OU DE DÉCÈS*

SECTION I. *Tests génétiques*

Art. L. 1141-1 Les entreprises et organismes qui proposent une garantie des risques d'invalidité ou de décès ne doivent pas tenir compte des résultats de l'examen des caractéristiques génétiques d'une personne demandant à bénéficier de cette garantie, même si ceux-ci leur sont transmis par la personne concernée ou avec son accord. En outre, ils ne peuvent poser aucune question relative aux tests génétiques et à leurs résultats, ni demander à une personne de se soumettre à des tests génétiques avant que ne soit conclu le contrat et pendant toute la durée de celui-ci. — *Ces dispositions s'appliquent aux contrats en cours au 5 sept. 2001 (L. nº 2002-303 du 4 mars 2002, art. 101, al. 2).*

SECTION II. *Risques aggravés*

Art. L. 1141-2 *(L. nº 2007-131 du 31 janv. 2007, art. 1er)* Une convention nationale relative à l'accès au crédit des personnes présentant, du fait de leur état de santé ou de leur handicap, un risque aggravé est conclue entre l'État, les organisations professionnelles représentant les établissements de crédit *(Ord. nº 2013-544 du 27 juin 2013, art. 14-1º-a, en vigueur le 1er janv. 2014)* « , les sociétés de financement », les entreprises d'assurance, les mutuelles et les institutions de prévoyance ainsi que des organisations nationales représentant les malades et les usagers du système de santé agréées en vertu de l'article L. 1114-1 ou représentant les personnes handicapées. Cette convention a pour objet :

— de faciliter l'assurance des prêts demandés par les personnes présentant un risque aggravé en raison de leur état de santé ou d'un handicap ;

— d'assurer la prise en compte complète par les établissements de crédit *(Ord. nº 2013-544 du 27 juin 2013, art. 14-1º-b, en vigueur le 1er janv. 2014)* « ou les sociétés de financement » des garanties alternatives à l'assurance ;

— de définir des modalités particulières d'information des demandeurs, d'instruction de leur dossier et de médiation.

Toute personne présentant, du fait de son état de santé ou de son handicap, un risque aggravé bénéficie de plein droit de cette convention.

Les modifications apportées par l'Ord. nº 2013-544 du 27 juin 2013 aux art. 1141-2 et L. 1141-2-1 sont applicables dans les îles Wallis-et-Futuna (Ord. préc., art. 32).

L'Ord. nº 2013-544 du 27 juin 2013 relative aux établissements de crédit et aux sociétés de financement est ratifiée (L. nº 2014-1 du 2 janv. 2014, art. 18-2º).

Art. L. 1141-2-1 *(L. nº 2007-131 du 31 janv. 2007, art. 2)* La convention prévue à l'article L. 1141-2 définit notamment :

1º Les conditions d'âge des emprunteurs, l'objet, le montant et la durée des prêts ;

2º Les modalités d'information des demandeurs d'emprunt sur les dispositions relatives à l'accès au crédit et à l'assurance emprunteur ;

3º Les conditions dans lesquelles un demandeur d'emprunt peut se prévaloir, pendant un délai déterminé, d'une offre d'assurance, y compris pour un bien différent de celui visé par cette offre ;

4º La couverture des risques décès et invalidité, dans les cas où elle est requise ;

5º Les garanties de confidentialité des données à caractère personnel et de nature médicale ;

6º Un mécanisme de mutualisation, mis en œuvre par les entreprises d'assurance, les mutuelles *(Ord. nº 2013-544 du 27 juin 2013, art. 14-2º-a, en vigueur le 1er janv. 2014)* « , les institutions de prévoyance, les établissements de crédit et les sociétés de financement », permettant, sous condition de ressources des demandeurs d'emprunt, de limiter le coût additionnel résultant du risque aggravé pour l'assurance décès et invalidité des crédits professionnels et des crédits destinés à l'acquisition de la résidence principale ;

7° Les dispositifs d'études et de recherche permettant de recueillir, d'analyser et de publier les données disponibles sur la mortalité et la morbidité résultant des principales pathologies, en vue de fournir les éléments statistiques nécessaires à la tarification du risque ;

8° La procédure d'instruction des demandes d'emprunt et les modalités selon lesquelles la personne est informée des motifs des refus d'assurance ;

9° Un dispositif de médiation entre, d'une part, les personnes présentant un risque aggravé de santé et, d'autre part, les organismes d'assurance *(Ord. n° 2013-544 du 27 juin 2013, art. 14-2°-b, en vigueur le 1er janv. 2014)* « , les établissements de crédit et les sociétés de financement » ;

10° La composition et les modalités de fonctionnement d'une instance de suivi et de propositions associant les parties et chargée d'évaluer régulièrement la réalisation des objectifs et engagements de la convention.

V. notes ss. art. L. 1141-2.

V. art. D. 1141-2 CSPU ss. C. assur., art. L. 113-2.

Art. L. 1141-3 *(L. n° 2007-131 du 31 janv. 2007, art. 3)* La convention prévue à l'article L. 1141-2 est conclue pour une durée de trois ans.

La convention et ses avenants sont publiés au *Journal officiel.*

Pour celles de ses dispositions qui prévoient les conditions de collecte et d'utilisation ainsi que les garanties de confidentialité des données à caractère personnel de nature médicale, la convention fait l'objet, préalablement à sa conclusion, d'une consultation de la Commission nationale de l'informatique et des libertés, qui donne un avis sur sa conformité à la loi n° 78-17 du 6 janvier 1978 relative à l'informatique, aux fichiers et aux libertés.

A défaut d'accord, ou en cas de dénonciation, compromettant la mise en œuvre ou la pérennité du dispositif conventionnel, les conditions de collecte et d'utilisation et les garanties de confidentialité des données à caractère personnel de nature médicale sont fixées dans les six mois par décret en Conseil d'État, après avis de la Commission nationale de l'informatique et des libertés.

Au cas où la convention ne serait pas signée par l'une des organisations professionnelles mentionnées à l'article L. 1141-2, un décret peut, après consultation des signataires de la convention et de l'organisation professionnelle non signataire, étendre son application aux entreprises et organismes représentés par l'organisation non signataire.

A défaut de prorogation ou de renouvellement de la convention ou en cas de dénonciation de la convention, les dispositions énumérées à l'article L. 1141-2-1 sont fixées dans les six mois par décret en Conseil d'État. Ce décret prend effet à la date d'expiration de la convention. — *Les cinquième et sixième alinéas de l'art. L. 1141-3 s'appliquent à la convention en vigueur à la date de publication de la L. n° 2007-131 du 31 janv. 2007 (L. préc., art. 5, JO 1er févr.).*

Art. L. 1141-4 *(L. n° 2007-131 du 31 janv. 2007, art. 4)* L'instance de suivi et de propositions mentionnée au 10° de l'article L. 1141-2-1 adresse un rapport d'évaluation au Gouvernement et au Parlement au plus tard trois mois avant l'échéance de la convention.

Art. L. 1141-5 *(L. n° 2016-41 du 26 janv. 2016, art. 190-I)* La convention nationale mentionnée à l'article L. 1141-2 détermine les modalités et les délais au-delà desquels les personnes ayant souffert d'une pathologie cancéreuse ne peuvent, de ce fait, se voir appliquer une majoration de tarifs ou une exclusion de garanties pour leurs contrats d'assurance ayant pour objet de garantir le remboursement d'un crédit relevant de ladite convention. La convention prévoit également les délais au-delà desquels aucune information médicale relative aux pathologies cancéreuses ne peut être recueillie par les organismes assureurs dans ce cadre.

Sur la base des propositions établies et rendues publiques par l'institut mentionné à l'article L. 1415-2, la liste des pathologies et les délais mentionnés au premier alinéa du présent article sont fixés conformément à une grille de référence, définie par ladite convention, permettant de fixer, pour chacune des pathologies, les délais au-delà desquels aucune majoration de tarifs ou d'exclusion de garantie ne sera appliquée ou aucune information médicale ne sera recueillie pour les pathologies concernées.

Cette grille de référence est rendue publique.

(L. n° 2022-270 du 22 févr. 2022, art. 9-I) « Dans tous les cas, le délai au-delà duquel aucune information médicale relative aux pathologies cancéreuses et à l'hépatite virale C ne

peut être recueillie par les organismes assureurs ne peut excéder cinq ans à compter de la fin du protocole thérapeutique. »

Ces modalités et ces délais sont mis à jour régulièrement en fonction des progrès thérapeutiques et des données de la science.

Un décret en Conseil d'État définit les sanctions applicables en cas de manquement à la présente obligation.

Les candidats à l'assurance sont informés, dans des conditions prévues par décret, de l'interdiction prévue au présent article.

La convention prévoit l'extension des dispositifs prévus aux deux premiers alinéas aux pathologies autres que cancéreuses, notamment les pathologies chroniques, dès lors que les progrès thérapeutiques et les données de la science attestent de la capacité des traitements concernés à circonscrire significativement et durablement leurs effets.

Les signataires de la convention nationale mentionnée à l'art. L. 1141-2 CSP engagent, dans un délai de trois mois à compter de la promulgation de la L. n° 2022-270 du 28 févr. 2022, une négociation sur la possibilité d'appliquer :

1° Aux pathologies autres que cancéreuses, des délais au-delà desquels aucune information médicale ne peut être recueillie par les organismes assureurs ;

2° A davantage de pathologies autres que cancéreuses, les interdictions prévues dans le cadre de la grille de référence mentionnée au 2e al. de l'art. L. 1141-5 CSP.

Les signataires de la convention nationale mentionnée ci-dessus engagent, dans un délai de trois mois à compter de la promulgation de ladite loi, une négociation sur une hausse du montant mentionné au 1° de l'art. L. 1141-2-1 CSP.

L'instance de suivi et de propositions mentionnée au 10° de l'art. L. 1141-2-1 CSP adresse un rapport d'avancement au Gouvernement et au Parlement au plus tard neuf mois après la promulgation de ladite loi.

A défaut d'accord au terme des négociations mentionnées ci-dessus, les conditions d'accès à la convention sont fixées par décret en Conseil d'État au plus tard le 31 juill. 2022. Ces conditions sont fixées à un niveau au moins aussi favorable pour les candidats à l'assurance que celles en vigueur à la date de publication de ladite loi (L. préc., art. 9-II à V).

Art. L. 1141-6 *(L. n° 2016-41 du 26 janv. 2016, art. 190-I)* Les personnes atteintes ou ayant été atteintes d'une pathologie pour laquelle l'existence d'un risque aggravé de santé a été établi ne peuvent se voir appliquer conjointement une majoration de tarifs et une exclusion de garantie au titre de cette même pathologie pour leurs contrats d'assurance ayant pour objet de garantir le remboursement d'un crédit relevant de la convention nationale mentionnée à l'article L. 1141-2.

Loi n° 2016-41 du 26 janvier 2016,

De modernisation de notre système de santé.

Art. 190 *[...]*

II. — A défaut de mise en œuvre du premier alinéa de l'article L. 1141-5 et de l'article L. 1141-6 du code de la santé publique par la convention nationale mentionnée à l'article L. 1141-2 du même code avant le 31 mars 2016, les délais prévus et les modalités d'application des mêmes articles L. 1141-5 et L. 1141-6 sont fixés par décret. A défaut de définition par la convention nationale mentionnée à l'article L. 1141-2 des modalités d'extension du premier alinéa de l'article L. 1141-5 aux pathologies mentionnées au dernier alinéa du même article L. 1141-5 dans un délai de dix-huit mois à compter de la promulgation de la présente loi, ces modalités sont fixées par décret.

CHAPITRE IV ENGAGEMENTS DONNANT LIEU À CONSTITUTION D'UNE PROVISION DE DIVERSIFICATION

(Ord. n° 2014-696 du 26 juin 2014, art. 1er-6°)

COMMENTAIRE

Issus de l'ordonnance n° 2014-696 du 26 juin 2014, favorisant la contribution de l'assurance-vie au financement de l'économie, les articles L. 134-1 à L. 134-5 permettent aux assureurs de commercialiser des nouveaux contrats d'assurance-vie comportant une provision de diversification.

Alors que dans les contrats libellés en euros, l'assureur garantit le capital investi à tout moment et que, dans les contrats en unités de compte, l'assureur n'offre aucune garantie en montant, dans ces nouveaux contrats qualifiés « euro-croissance », l'assureur peut associer des supports en euros et en unités de compte à des supports donnant lieu à la constitution d'une provision de diversification pour absorber les fluctuations des actifs. Cela permet d'investir une partie des sommes sur des actifs plus risqués pour espérer obtenir une meilleure performance.

Concrètement, le contrat euro-croissance, individuel ou collectif, peut prendre la forme :
– d'un contrat monosupport, sans aucune garantie, ne comportant que des engagements exprimés en parts de provisions de diversification ;
– d'un contrat multisupport, avec une garantie égale ou inférieure à 100 % du montant investi net de frais et un terme d'au moins huit ans, comportant des engagements en parts de provision de diversification et des engagements en euros et en unités de compte. La rente ou le capital garantis sont alors exprimés en euros et en part de provisions de diversification.

Ces contrats bénéficient par ailleurs d'un privilège spécial au profit des souscripteurs, adhérents, assurés ou bénéficiaires. ❑

Art. L. 134-1 **Les entreprises d'assurance sur la vie sont autorisées à contracter, dans les conditions prévues au présent chapitre, des engagements en cas de vie ou en cas de décès, à l'exception d'engagements d'assurance temporaire en cas de décès.**

Ces engagements peuvent comprendre la garantie d'une rente ou *[d']***un capital à échéance dans des conditions précisées par un décret en Conseil d'État. Ils donnent lieu à la constitution d'une provision de diversification destinée à absorber les fluctuations des actifs en représentation.** *(L. nº 2019-486 du 22 mai 2019, art. 72-I)* **« Ils peuvent être exprimés selon l'une ou l'autre des deux modalités suivantes :**

« 1º La rente ou le capital garantis sont exprimés en euros et en parts de provisions de diversification ;

« 2º La rente ou le capital garantis sont exprimés uniquement en parts de provisions de diversification avant l'échéance et donnent lieu à une garantie à l'échéance exprimée en euros.

« Les engagements contractés selon les modalités prévues au 1º peuvent, avec l'accord des parties, être transformés en engagements définis au 2º. Lorsque cette transformation n'est pas consécutive à la conclusion d'un nouveau contrat, l'entreprise d'assurance ou l'intermédiaire informe le souscripteur ou l'adhérent des modifications apportées ou devant être apportées au contrat. Les dispositions de l'article 3 de l'ordonnance nº 2014-696 du 26 juin 2014 favorisant la contribution de l'assurance-vie au financement de l'économie ne sont pas applicables à cette transformation. »

Le versement de primes au titre d'un contrat d'assurance sur la vie peut donner lieu à la constatation d'engagements exprimés en euros, d'engagements exprimés en unités de compte et d'engagements donnant lieu à la constitution d'une provision de diversification.

Les entreprises d'assurance sur la vie peuvent contracter des engagements sous la forme de contrats de capitalisation dans les mêmes conditions.

V. art. R. 134-1 s. et A. 134-1 s.

Art. L. 134-2 **Par dérogation aux dispositions du code de commerce relatives aux comptes sociaux, l'entreprise d'assurance établit une ou plusieurs comptabilités auxiliaires d'affectation pour les engagements relevant du présent chapitre.**

(L. nº 2019-486 du 22 mai 2019, art. 72-I) **« Les engagements mentionnés aux 1º et 2º de l'article L. 134-1 peuvent être regroupés dans une même comptabilité auxiliaire d'affectation. »**

Art. L. 134-3 **En cas d'insuffisance de représentation des engagements** *(L. nº 2019-486 du 22 mai 2019, art. 72-I)* **« mentionnés au 1º de l'article L. 134-1 », l'entreprise d'assurance parfait cette représentation par apport d'actifs représentatifs de ses réserves ou de ses provisions autres que ceux représentatifs de ses engagements régle-**

mentés. Lorsque le niveau de la représentation *(L. n° 2019-486 du 22 mai 2019, art. 72-I)* **« de la provision de diversification des engagements mentionnés au même 1° » le permet, l'entreprise d'assurance réaffecte des actifs de celle-ci à la représentation d'autres réserves ou provisions.**

(L. n° 2019-486 du 22 mai 2019, art. 72-I) **« Pour les engagements mentionnés au 2° de l'article L. 134-1, s'il apparaît que la valeur des actifs en représentation de ces engagements n'est pas suffisante pour assurer la garantie à l'échéance, l'entreprise d'assurance constitue une provision pour garantie à terme. L'entreprise d'assurance assure la représentation de cette provision par un apport d'actifs équivalent. Lorsque le niveau de la représentation de cette provision le permet, l'entreprise d'assurance réaffecte des actifs de celle-ci à la représentation d'autres réserves ou provisions. »**

Art. L. 134-4 **Sans préjudice des droits des titulaires de créances nées de la gestion de ces opérations, aucun créancier de l'entreprise d'assurance autre que les souscripteurs, adhérents, assurés ou bénéficiaires au titre des opérations relevant du présent chapitre ne peut se prévaloir d'un quelconque droit sur les biens et droits résultant des enregistrements comptables établis en vertu de l'article L. 134-2, même sur le fondement du livre VI du code de commerce, des articles 2331 et** *(Ord. n° 2021-1192 du 15 sept. 2021, art. 34-III)* **« 2377 » du code civil, des articles L. 310-25,** *(Ord. n° 2017-1608 du 27 nov. 2017, art. 3)* **« L. 326-1 » à L. 327-6 et L. 441-8 du présent code, de l'article L. 932-24 du code de la sécurité sociale ou de l'article L. 212-23 du code de la mutualité.**

Art. L. 134-5 **Un décret en Conseil d'État précise les conditions d'application du présent chapitre.**

V. art. R. 134-1 s.

TITRE QUATRIÈME LES ASSURANCES DE GROUPE

CHAPITRE PREMIER DISPOSITIONS GÉNÉRALES RELATIVES AUX ASSURANCES DE GROUPE *(L. n° 2006-1770 du 30 déc. 2006, art. 65-I-5°).*

Les art. L. 140-1 à L. 140-6 ont été renumérotés L. 141-1 à L. 141-6 par l'art. 1er-III de la loi n° 2005-842 du 26 juill. 2005 (JO 27 juill.).

Art. L. 141-1 *(L. n° 89-1014 du 31 déc. 1989)* **Est un contrat d'assurance de groupe le contrat souscrit par une personne morale ou un chef d'entreprise en vue de l'adhésion d'un ensemble de personnes répondant à des conditions définies au contrat, pour la couverture des risques dépendant de la durée de la vie humaine, des risques portant atteinte à l'intégrité physique de la personne ou liés à la maternité, des risques d'incapacité de travail ou d'invalidité ou du risque de chômage.**

Les adhérents doivent avoir un lien de même nature avec le souscripteur.

En cas de décès de l'assuré dû à son suicide, V. l'art. L. 132-7.

BIBL. ▶ BERDOT, *RGAT 1980. 9* (réformes du 31 déc. 1989) ; *ibid. 1990. 775*. – LANDEL, *ibid. 1993. 9*. – PIEDNOIR, *RGDA 2011. 31* (efficacité des clauses « incapacité/invalidité » dans les contrats d'assurance emprunteur). – Colloque AIDA 19 nov. 1997, *RGDA 1998. 517*. – COURTIEU, *RCA 2005. Étude 5*.

COMMENTAIRE

Les articles L. 141-1 et suivants sont issus de la loi n° 89-1014 du 31 décembre 1989 portant adaptation du code des assurances à l'ouverture du marché européen, dite « loi Bérégovoy » ou loi Assurances. Ils organisent ce qui peut apparaître comme le régime de droit commun des assurances de groupe couvrant les risques dépendant de la vie humaine, les risques portant atteinte à l'intégrité physique de la personne ou liés à la maternité, les risques d'incapacité de travail ou d'invalidité ou encore le risque de chômage.

L'assurance de groupe constitue une opération tripartite entre un assureur, un souscripteur et un adhérent. Elle suppose un « lien de même nature » entre le souscripteur et les adhérents

(I) et établit un lien contractuel non seulement entre l'assureur et le souscripteur (II) mais aussi, dans certains cas, entre l'assureur et l'adhérent (III).

I. LE LIEN ENTRE LE SOUSCRIPTEUR ET LES ADHÉRENTS

Selon l'article L. 141-1, les adhérents au contrat d'assurance de groupe doivent avoir un lien de même nature avec le souscripteur et répondre aux conditions définies au contrat. Ces deux critères permettent de déterminer les contours de la notion de groupe propre à ce type de contrat d'assurance et révèlent que le groupe doit présenter une certaine cohérence.

Les différents adhérents doivent donc présenter un lien de droit de même nature avec le souscripteur. Si ce lien de droit n'existe pas ou disparaît, l'assureur ne peut être tenu à garantie (Civ. 2e, 21 oct. 2004 : *V. note 12*). Cette exigence ne correspond pas à une exclusion, mais bien à une condition de la garantie (Civ. 1re, 26 nov. 1991 : *V. note 13*). Il n'est donc pas nécessaire qu'elle soit rédigée en caractères très apparents. Concrètement, ce lien est de nature contractuelle. Il s'agit par exemple d'un contrat de travail pour un contrat de groupe conclu par une entreprise ou d'un contrat de prêt pour un contrat d'assurance emprunteur conclu par un établissement de crédit.

Par ailleurs, le contrat peut restreindre l'étendue du groupe en définissant **certaines conditions**. L'assureur peut de la sorte réserver le bénéfice de l'assurance à une catégorie de salariés ou de mandataires d'une entreprise (Civ. 1re, 3 oct. 1995 : *V. note 14*).

II. LE LIEN ENTRE LE SOUSCRIPTEUR ET L'ASSUREUR

Le contrat de groupe, à l'origine de l'opération tripartite, est souscrit par une personne morale ou un chef d'entreprise auprès d'une entreprise d'assurance.

Historiquement, les **chefs d'entreprise** ont été les premiers à souscrire de tels contrats au profit de leurs salariés. Juridiquement indéfinie, cette notion de chef d'entreprise peut être perçue largement et correspondre à tout employeur qu'il soit dirigeant d'une société commerciale ou d'une société civile ou même président d'une association.

Les contrats de groupe peuvent être également souscrits par des **personnes morales**. Ainsi, le contrat peut être directement souscrit au niveau de la profession par un organisme professionnel ou par une association sportive ou culturelle pour ses adhérents. Il est d'ailleurs fréquent que les assureurs de personne créent une association qui a la qualité de souscripteur auquel les assurés vont adhérer. Cette forme spécifique de souscription présente un réel intérêt pour l'assureur s'il entend apporter par la suite des modifications au contrat de groupe. En effet, dans une telle hypothèse, la modification est constatée par un avenant conclu entre l'assureur et l'association, puis portée à la connaissance des adhérents par l'association. Conformément à l'article L. 141-4, les adhérents ne peuvent qu'accepter ou se retirer du groupe.

III. LE LIEN ENTRE L'ADHÉRENT ET L'ASSUREUR

A. CONCEPTION UNITAIRE ET CONCEPTION PLURALE

En raison de sa dimension triangulaire, l'assurance de groupe a suscité des interrogations quant à sa nature juridique. En particulier, on s'est demandé s'il existait un seul contrat d'assurance liant l'assureur au souscripteur ou autant de contrats d'assurance qu'il y avait d'adhérents. Deux analyses ont été envisagées par la doctrine et par les tribunaux.

La première conception, dite **conception unitaire**, met en avant le rôle essentiel du souscripteur à l'initiative de l'opération et justifie l'attraction des adhérents dans l'opération collective par la théorie de la stipulation pour autrui. Celle-ci permet d'expliquer le droit direct de l'adhérent contre l'assureur.

La seconde conception, dite « **conception plurale** », est davantage orientée vers les membres du groupe. Selon cette analyse, il n'y a pas un seul contrat d'assurance, mais autant de contrats qu'il y a d'adhérents. Le contrat conclu entre l'organisme assureur et le souscripteur est alors perçu comme un contrat-cadre, dont l'objet est de définir les conditions des futurs contrats d'assurance conclus entre l'assureur et les différents adhérents.

B. CHOIX LÉGISLATIF

Face à cette controverse, le législateur a expressément pris position en faveur de la **conception plurale** pour certains contrats de groupe. En effet, selon l'article L. 141-6, pour les contrats de groupe de l'article L. 141-1, « le souscripteur est, tant pour les adhésions au contrat que pour l'exécution de celui-ci, réputé agir en tant que **mandataire** de l'entreprise d'assurance auprès de laquelle le contrat a été souscrit ». Dès lors, puisque le souscripteur ne peut être simultanément mandataire et stipulant, il faut admettre que le contrat d'assurance est directement conclu entre l'assureur et l'adhérent.

Mais, le domaine de cette analyse est réduit. En effet, la règle de l'article L. 141-6 ne concerne pas :

– les contrats d'assurance en cas de vie dont les prestations sont liées à la cessation d'activité professionnelle ;

– les contrats de groupe souscrits par un établissement de crédit ou une société de financement ayant pour objet la garantie de remboursement d'un emprunt ;

– les contrats régis par la loi n° 89-1009 du 31 décembre 1989, dite « loi Évin ou loi Prévoyance », renforçant les garanties offertes aux personnes assurées contre certains risques.

C. CHOIX JURISPRUDENTIEL

Pour les contrats exclus du domaine de l'article L. 141-6, il faut retenir la solution progressivement dégagée par la jurisprudence. Ainsi, après avoir affirmé que l'adhésion au contrat d'assurance de groupe, bien que conséquence d'une stipulation pour autrui, n'en crée pas moins un lien contractuel direct entre l'adhérent et l'assureur (Civ. 1re, 7 juin 1989 : *V. note 1*), la Cour de cassation a expressément précisé que le souscripteur était alors « un tiers par rapport **au contrat d'assurance liant l'assureur à l'adhérent assuré** » (Com. 13 avr. 2010 et Civ. 2e, 12 déc. 2013 : *V. note 1*). Par conséquent, la Cour de cassation paraît bien avoir consacré la conception plurale. Cette solution permet d'appliquer la législation sur les clauses abusives au contrat d'assurance unissant l'assureur à l'adhérent consommateur ou non professionnel (Civ. 1re, 22 mai 2008 : *V. note 3*) ou le principe de l'interprétation *in favorem* du droit de la consommation (Civ. 1re, 22 mai 2008 : *V. note 4*). Cela étant, la Cour de cassation a indiqué à propos d'un contrat de groupe à adhésion obligatoire que les règles du droit de la consommation et de l'interprétation *in favorem* ne pouvaient s'appliquer (Civ. 2e, 8 juill. 2010 : *V. note 4*).

Partant, il faudrait sans doute effectuer la distinction suivante :

– pour les contrats à adhésion facultative, la conception plurale devrait s'appliquer ;

– pour les contrats à adhésion obligatoire, la conception unitaire devrait prévaloir. ❑

I. LIEN ENTRE L'ASSUREUR ET L'ADHÉRENT ASSURÉ

A. LIEN CONTRACTUEL DIRECT

1. *Lien contractuel entre l'assureur et l'adhérent.* L'adhésion au contrat d'assurance de groupe, bien que conséquence d'une stipulation pour autrui, n'en crée pas moins un lien contractuel direct entre l'adhérent et l'assureur. • Civ. 1re, 7 juin 1989, n° 87-14.648 P : *RGAT 1989. 623, note Aubert* • 22 mai 2008, n° 05-21.822 P : *D. 2008. 1547, note Delpech ; ibid. 1954, note D. R. Martin ; ibid. 2447, note Goldie-Génicon ; ibid. 2009. 253, note Groutel ; RTD civ. 2008. 477-478, note Fages ; RGDA 2008. 709, note Bigot ; RCA 2008, n° 270, note Groutel ; RDC 2008. 1135, note D. Mazeaud.* ♦ ... Le souscripteur étant alors un tiers par rapport au contrat d'assurance liant l'assureur à l'adhérent assuré. • Com. 13 avr. 2010, n° 09-13.712 P : *D. 2010. 1208, note Delpech ; RGDA 2010. 745. note Kullmann ; RDC 2010. 1228, note Genicon* • Civ. 2e, 16 juin 2011 : *RGDA 2011. 1046, note Kullmann* • 28 mars 2013 : *RGDA 2013. 663, note Mayaux* • 12 déc. 2013 : *RGDA 2014. 122, note Mayaux.*

2. *Compensation.* Du fait de ce lien contractuel direct, chaque adhérent a droit, lorsqu'il a payé sa prime, aux prestations prévues au contrat. S'il est possible à l'assureur d'opposer individuellement à un adhérent déterminé son absence de paiement, il ne saurait compenser indistinctement sa dette envers certains par sa créance envers d'autres. • Civ. 1re, 7 juin 1989, n° 87-14.648 P : *RGAT 1989. 623, note Aubert.*

3. *Clauses abusives.* L'adhésion au contrat d'assurance de groupe, bien que conséquence d'une stipulation pour autrui, n'en crée pas moins, entre l'adhérent et l'assureur, qui l'agrée, un lien contractuel direct, de nature synallagmatique, dont les stipulations relèvent, comme telles, des dispositions de l'art. L. 132-1 C. consom. • Civ. 1re, 22 mai 2008 : *préc. note 1.*

4. *Interprétation in favorem.* Selon l'art. L. 133-2 C. consom., les clauses des contrats proposés par les professionnels aux consommateurs ou aux non-professionnels s'interprètent, en cas de doute, dans le sens le plus favorable au consommateur ou au non-professionnel. Viole cet article la cour d'appel qui ne donne pas à la clause d'un contrat d'assurance de groupe l'interprétation la plus favorable à l'adhérent. • Civ. 1re, 22 mai 2008 : *préc. note 1.* ♦ Mais, à propos d'un contrat d'assurance obligatoire, c'est à bon droit qu'une cour d'appel procède à l'interprétation souveraine d'une clause stipulée entre une institution de prévoyance et un employeur dont les rapports ne sont pas régis par le droit de la consommation. • Civ. 2e, 8 juill. 2010 : *RGDA 2010. 1087, note Mayaux.*

5. *Qualité d'assuré de l'adhérent.* L'adhérent à un contrat d'assurance de groupe, même lorsqu'il s'agit d'une assurance dite à adhésion obligatoire, ne peut se prévaloir de la qualité d'assuré que s'il réunit les conditions fixées par ce contrat et si sa demande est acceptée par l'assureur. Ne peut se prévaloir de la qualité d'assuré l'acquéreur d'un appartement qui, ayant contracté un prêt et déclaré adhérer à une assurance de groupe pour garantir le remboursement de ce prêt, a refusé de répondre dans le bulletin d'adhésion au questionnaire relatif à son état de santé. • Civ. 1re, 3 févr. 1981, n° 79-13.963 P : *D. 1982. 349, note Aubert ; ibid. IR 99, obs. Berr et Groutel.*

6. *Exécution du contrat.* Dès lors que l'emprunteur n'était pas partie au contrat d'assurance collective souscrit auprès de l'assureur par le prêteur, auquel la caution avait adhéré et qu'il n'était pas non plus bénéficiaire d'une éventuelle stipulation pour autrui qui lui aurait permis de solliciter le bénéfice de la garantie, seule la caution pouvait, en qualité d'assuré et de bénéficiaire du contrat d'assurance, exiger de l'assureur qu'il exécute les obligations mises à sa charge par le contrat. N'étant pas le cocontractant de l'assureur, l'emprunteur n'avait pas qualité pour invoquer un manquement au devoir d'information et de conseil dont l'assureur n'était tenu qu'à l'égard de l'assuré. • Civ. 2e, 2 févr. 2017, n° 16-12.837 : *RGDA 2017. 200, note Schulz.*

7. *Transmission des actions aux héritiers de l'adhérent.* L'action dont dispose l'adhérent à un contrat collectif d'assurance sur la vie noué au profit d'un tiers bénéficiaire, tendant à l'exécution par l'assureur des obligations que ce contrat lui assigne au profit de ce tiers, se transmet à ses héritiers. • Civ. 2e, 21 nov. 2019, n° 18-21.693 : *RGDA févr. 2020. 34, note Pélissier.*

B. GARANTIE DE L'ASSUREUR

8. *Adhérent en arrêt de travail lors de l'adhésion.* Doit sa garantie l'assureur qui avait accepté de garantir des arrêts de travail autres que celui déclaré par l'assuré au moment de son adhésion dès lors que l'assurance de groupe prévoyait la couverture non seulement de l'incapacité temporaire complète mais aussi de l'incapacité permanente totale ou partielle de travail, sans qu'il fût précisé que ces différentes incapacités ne devaient pas avoir la même origine. • Civ. 1re, 2 juill. 1991 : *RGAT 1991. 902, obs. Kullmann.*

9. *Risque né avant la résiliation du contrat.* Le contrat d'assurance de groupe ne peut prévoir ni la réduction du montant des garanties en fonction des résultats constatés, ni la suppression de la garantie des risques nés avant la résiliation de la police. Dès lors, est frappée de nullité la clause d'un contrat d'assurance de groupe aboutissant à supprimer les prestations dues au titre d'un risque réalisé avant la résiliation du contrat. • Civ. 1re, 12 juin 1990, n° 88-18.821 P : *D. 1990. IR 165 ; RGAT 1990. 619, obs. Aynès ; RCA 1990. 351.*

10. *Assurance garantissant un prêt-relais.* En matière de prêt-relais, la charge prévisible du débiteur n'est constituée que par les intérêts, le remboursement du capital résultant normalement du dénouement de l'opération de vente envisagée par l'emprunteur et, rien n'interdisant que les conventions laissent à la charge de l'assuré une partie du risque, la police peut stipuler clairement qu'en cas d'incapacité de travail l'engagement de l'assureur est limité aux intérêts venant à échéance postérieurement au quatre-vingt-dixième jour d'arrêt de travail. • Civ. 1re, 21 févr. 1989 : *Bull. civ. I, n° 86.*

C. OBLIGATIONS DE L'ADHÉRENT

11. *Débiteur des primes.* Ayant constaté qu'un bulletin d'adhésion à un contrat d'assurance de groupe mentionnait le nom d'un signataire qui avait régulièrement acquitté les primes tandis qu'une autre personne était l'assurée, c'est à bon droit qu'une cour d'appel décide que les appels de cotisations devaient être adressés non pas à l'assurée mais au contractant de l'assureur. • Civ. 1re, 13 nov. 1996, n° 94-18.731 P : *RCA 1997, n° 109, note Courtieu ; RGDA 1997. 221, note Mayaux ; Gaz. Pal. 1997. 1. Somm. 91, note Favre-Rochex.*

II. LIEN ENTRE LE SOUSCRIPTEUR ET L'ADHÉRENT

12. *Nécessité d'un lien de droit.* Il résulte de l'art. L. 140-1, al. 2, que le contrat d'assurance de groupe suppose l'existence d'un lien de droit entre l'adhérent et le souscripteur. • Civ. 2e, 21 oct. 2004 : *RCA 2004, n° 383 ; RGDA 2005. 90, note Mayaux.*

13. *Nature du lien de droit.* Ne constitue pas une clause d'exclusion, mais une condition de la garantie, la stipulation selon laquelle l'affiliation de l'adhérent prend effet à compter, soit du jour de l'entrée en fonctions de celui-ci dans les services de la société, soit du jour de la réception, par l'assureur, du bulletin individuel d'affiliation, selon que l'assureur a reçu ou non ce bulletin dans le délai de quinze jours suivant la date de prise de fonctions. • Civ. 1re, 26 nov. 1991, n° 88-19.727 : *RGAT 1992. 152.*

14. *Conditions énoncées par le contrat.* Méconnaît les dispositions du contrat d'assurance de groupe, la cour d'appel qui condamne l'assureur au paiement des prestations réclamées, alors que ce contrat stipulait des garanties en faveur des inspecteurs non salariés et des agents généraux d'encadrement de l'entreprise souscriptrice ayant réalisé au cours de l'exercice précédent une production conforme à l'objectif fixé, ce qui n'était pas le cas en l'espèce. • Civ. 1re, 3 oct. 1995, n° 93-14.245 P : *D. 1996. 186, obs. Berr.*

15. *Débiteur des prestations.* Le souscripteur n'est pas débiteur des prestations convenues et ne peut être tenu à paiement. • Com. 13 avr. 2010, n° 09-13.712 P : *D. 2010. 1208, note Delpech ; RGDA 2010. 745. note Kullmann ; RDC 2010. 1228, note Génicon* • Civ. 1re, 18 févr. 2003, n° 99-14.579 • Civ. 2e, 28 mars 2013 : *RGDA 2013. 663, note Mayaux ; RCA 2013, n° 241, note Courtieu.*

16. Obligation d'information et de conseil. Le banquier souscripteur d'une assurance de groupe est tenu envers les adhérents d'une obligation d'information et de conseil qui ne s'achève pas avec la remise de la notice. Ainsi doit-il informer l'emprunteur de l'existence, de la durée et du point de départ du délai de prescription prévu à l'art. L. 114-1. • Civ. 1re, 17 juin 2015, n° 14-20.257 P : *RCA 2015, n° 263, note Groutel ; RGDA 2015. 408, note Asselain ; LPA 30 oct. 2015, p. 10, note Lasserre Capdeville.*

Art. L. 141-2 *(L. n° 89-1014 du 31 déc. 1989)* **Les sommes dues par l'adhérent au souscripteur au titre de l'assurance doivent lui être décomptées distinctement de celles qu'il peut lui devoir, par ailleurs, au titre d'un autre contrat.**

COMMENTAIRE

Voir le commentaire commun sous l'article L. 141-3.

Art. L. 141-3 *(L. n° 89-1014 du 31 déc. 1989)* **Le souscripteur ne peut exclure un adhérent du bénéfice du contrat d'assurance de groupe que si le lien qui les unit est rompu ou si l'adhérent cesse de payer la prime.**

L'exclusion ne peut intervenir qu'au terme d'un délai de quarante jours à compter de l'envoi, par le souscripteur, d'une lettre recommandée de mise en demeure. Cette lettre ne peut être envoyée que dix jours au plus tôt après la date à laquelle les sommes dues doivent être payées.

Lors de la mise en demeure, le souscripteur informe l'adhérent qu« à l'expiration du délai prévu à l'alinéa précédent, le défaut de paiement de la prime est susceptible d'entraîner son exclusion du contrat.

Cette exclusion ne peut faire obstacle, le cas échéant, au versement des prestations acquises en contrepartie des primes ou cotisations versées antérieurement par l'assuré.

COMMENTAIRE

Les articles L. 141-2 et L. 141-3 abordent la délicate question du paiement de la prime dans les assurances de groupe. Sans donner une réponse précise ou complète, ils incitent à s'interroger sur la détermination du débiteur du paiement de la cotisation (I) et sur les sanctions attachées au défaut de paiement, avec en particulier la procédure d'exclusion de l'adhérent (II).

Sur ce point, il faut préciser que si la rupture du lien unissant l'adhérent au souscripteur peut entraîner son exclusion, au même titre que le défaut de paiement des primes, la procédure spécifique prévue aux alinéas 2 et 3 de l'article L. 141-3 ne s'applique que pour l'exclusion pour défaut de paiement (Civ. 2e, 8 juill. 2010 : *V. note 2*).

I. LE DÉBITEUR DE LA COTISATION

A. LES IMPRÉCISIONS LÉGISLATIVES

Par principe, le débiteur de la cotisation est le souscripteur du contrat d'assurance. Mais, cette solution traditionnelle est difficile à transposer à l'assurance de groupe, en raison de son organisation tripartite. Les articles L. 141-2 et L. 141-3 n'apportent d'ailleurs pas de réponse précise.

L'article L. 141-2 envisage « les sommes dues par l'adhérent au souscripteur » en indiquant qu'elles doivent faire l'objet d'un décompte distinct, afin de ne pas les confondre avec les sommes dues au titre d'un autre contrat. Ainsi, en assurance emprunteur, l'établissement de crédit doit distinguer les sommes dues au titre de l'assurance de celles dues au titre du prêt. Pour autant, cet article n'indique pas expressément que l'adhérent est le débiteur de la cotisation. Il envisage simplement l'hypothèse où l'adhérent supporte la charge définitive de la dette.

On retrouve cette idée à l'article L. 141-3 qui organise l'exclusion de l'adhérent lorsqu'il « cesse de payer la prime ». Là encore, il est impossible d'en déduire que l'adhérent est nécessairement le débiteur de la cotisation. Cet article ne sanctionne que l'adhérent qui n'a pas payé au souscripteur sa part de la cotisation globale due à l'assureur.

En définitive, seul l'article L. 141-6 pourrait donner une indication quant au débiteur de la cotisation, puisqu'il précise que, pour certains contrats de groupe, le souscripteur est le mandataire de l'assureur tant pour l'adhésion que l'exécution du contrat. Il en résulte que, pour ces contrats, l'adhérent est le débiteur de la cotisation, en sa qualité de cocontractant de l'assureur. Mais, pour les contrats non concernés par l'article L. 141-6, notamment les contrats d'assurance emprunteur et les contrats régis par la loi Évin du 31 décembre 1989, aucune réponse précise n'est donnée par les textes législatifs. Il faut dès lors se retourner vers la jurisprudence.

B. LES SOLUTIONS JURISPRUDENTIELLES

Au regard de la jurisprudence, on pourrait effectuer une distinction selon que l'adhésion présente un caractère facultatif ou obligatoire.

Si **l'adhésion est facultative**, la Cour de cassation estime que l'adhésion au contrat crée un lien contractuel direct entre l'adhérent et l'assureur, le souscripteur étant alors un tiers par rapport au contrat d'assurance liant l'assureur à l'adhérent (Com. 13 avr. 2010 et Civ. 2e, 12 déc. 2013 : *V. note 1 ss. art. L. 141-1*). Puisque le contrat d'assurance lie l'assureur à l'adhérent, il faut en déduire que l'adhérent est bien le débiteur de la cotisation, sauf si un tiers a accepté de la payer (Civ. 1re, 13 nov. 1996 : *V. note 11 ss. art. L. 141-1*).

Si **l'adhésion est obligatoire**, la jurisprudence semble écarter la conception plurale de l'assurance de groupe (Civ. 2e, 8 juill. 2010 : *V. note 2*). Le contrat d'assurance lierait l'assureur et le souscripteur. Celui-ci serait donc le débiteur de la cotisation et l'adhérent ne pourrait qu'être éventuellement tenu de verser une partie de cette cotisation globale au souscripteur. Il n'en irait différemment que si l'adhérent a pris un engagement exprès de verser la cotisation à l'assureur.

II. LES SANCTIONS DU DÉFAUT DE PAIEMENT

Si l'article L. 141-3 prévoit une procédure spécifique en cas de non-paiement de la cotisation par l'adhérent à l'assureur, aucune autre indication n'est donnée quant aux sanctions du défaut de paiement. Il faut donc articuler cette disposition spéciale avec les règles générales des articles L. 113-3 et L. 132-20.

A. LA SANCTION INITIÉE PAR L'ASSUREUR

1. L'ACTION EN PAIEMENT

Confronté au défaut de paiement des cotisations, l'assureur peut, conformément à l'article L. 113-3, envisager une action en paiement contre le débiteur, c'est-à-dire le souscripteur ou l'adhérent selon la nature du contrat.

Par exception, cette action est impossible lorsque le contrat d'assurance de groupe est un contrat d'assurance-vie ou de capitalisation. L'article L. 132-20 prévoit en effet que, dans une telle hypothèse, l'entreprise d'assurance ou de capitalisation n'a pas d'action pour exiger le paiement des primes.

Cela étant, en cas de contrat mixte, comportant une garantie vie et une garantie non-vie, la règle de l'article L. 132-20 est écartée et l'assureur dispose d'une action en paiement (Civ. 1re, 11 oct. 1988 : *V. note 2 ss. art. L. 132-20*).

2. LA RÉSILIATION DU CONTRAT

L'assureur de groupe peut également envisager une résiliation du contrat dans les conditions de l'article L. 113-3 ou L. 132-20 selon l'objet du contrat. Mais, il faut faire une distinction en fonction de la localisation du contrat d'assurance, en tenant compte du fait que, depuis la loi n° 2013-504 du 14 juin 2013, relative à la sécurisation de l'emploi, l'article L. 113-3, alinéa 5, interdit à l'assureur de suspendre ou de résilier le contrat lorsque l'adhésion résulte d'une obligation prévue par une convention de branche ou un accord professionnel ou interprofessionnel.

Si le contrat d'assurance **lie l'assureur au souscripteur** (conception unitaire), la résiliation est collective et va concerner tous les adhérents.

Si le contrat d'assurance **lie l'assureur à l'adhérent** (conception plurale), la résiliation est individuelle. Toutefois, dans la mesure où la procédure des articles L. 113-3 et L. 132-20 est proche de celle prévue par l'article L. 142-3, n peut hésiter sur l'articulation de ces différents textes. On pourrait ainsi envisager un transfert au profit du seul souscripteur de la procédure d'exclusion de l'adhérent mauvais payeur (V. J. Bigot, Traité de droit des assurances, *t. 4, Les assurances de personnes, LGDJ, 2007, n° 893*).

B. LA SANCTION INITIÉE PAR LE SOUSCRIPTEUR

1. L'ACTION EN PAIEMENT

Par principe, même si l'adhérent est le débiteur de la cotisation, le souscripteur ne dispose d'aucune action en paiement. La cotisation est due à l'assureur et seul l'assureur peut demander le paiement de la cotisation.

Par exception, le souscripteur dispose d'une telle action dans deux hypothèses :

– d'une part, lorsque l'adhérent s'est expressément engagé envers le souscripteur à payer les cotisations ;

– d'autre part, lorsque le souscripteur agit en qualité de mandataire de l'assureur, soit en vertu d'un mandat exprès, soit en vertu des dispositions de l'article L. 141-6.

2. L'EXCLUSION DE L'ADHÉRENT

L'article L. 142-3 reconnaît au souscripteur un véritable pouvoir de police, qui lui permet d'exclure du contrat un adhérent mauvais payeur.

Inspirée des articles L. 113-3 et L. 132-20, cette procédure spéciale s'applique non seulement aux contrats conclus après l'entrée en vigueur de la loi du 31 décembre 1989 fixée au 1er mars 1990, mais aussi aux contrats en cours à cette date (Civ. 1re, 18 déc. 2001 : *V. note 1*).

Le souscripteur doit tout d'abord mettre en demeure l'adhérent par lettre recommandée au plus tôt dix jours après la date d'échéance des cotisations. A défaut de paiement dans un délai de quarante jours, l'exclusion de l'adhérent pourra être prononcée. Cette exclusion n'est pas automatique, elle doit faire l'objet d'une notification du souscripteur. D'ailleurs, le souscripteur doit, lors de la mise en demeure, informer l'adhérent que le défaut de paiement de la cotisation « est susceptible d'entraîner son exclusion du contrat ». Mais, le souscripteur peut anticiper cette notification et indiquer dans la lettre de mise en demeure que le défaut de paiement entraînera l'exclusion de l'adhérent (Civ. 1re, 12 oct. 2004 : *V. note 3*).

L'exclusion n'a toutefois pas de portée rétroactive. Elle n'a d'effet que pour l'avenir. L'assureur reste tenu au versement des prestations acquises en contrepartie des primes ou cotisations versées antérieurement par l'assuré. ❑

1. Application de la loi dans le temps. L'art. L. 140-3 [C. assur., art. L. 141-3], issu de la loi du 31 déc. 1989, qui subordonne l'exclusion de l'adhérent à une assurance de groupe, en cas de non-paiement des primes, à l'envoi, par le souscripteur, d'une lettre recommandée de mise en demeure et à l'expiration de certains délais, s'applique, s'agissant de l'accomplissement d'une simple formalité, aux contrats en cours, dès lors que l'exclusion est notifiée après le 1er mars 1990, date de l'entrée en vigueur de cette loi. • Civ. 1re, 18 déc. 2001, n° 98-22.573 P : *RCA 2002, n° 155.* ♦ Conf. : • Civ. 2e, 8 sept. 2005, n° 03-21.175 P : *RCA 2005, nos 335 et 340, obs. Groutel ; RGDA 2005. 983, note Kullmann.*

2. Domaine de la procédure d'exclusion. Après avoir constaté que l'assureur avait exclu l'adhérent du bénéfice du contrat d'assurance de groupe à la suite de la perte de la qualité d'agent général, une cour d'appel retient exactement que le formalisme prévu par l'art. L. 141-3 C. assur., selon lequel l'exclusion ne peut intervenir qu'au terme d'un délai de quarante jours à compter de l'envoi, par le souscripteur, d'une lettre recommandée de mise en demeure, n'est requis que dans l'hypothèse d'un défaut de paiement de la prime, et que aux termes de l'al. 2 de ce texte, la lettre recommandée de mise en demeure ne peut être envoyée que dix jours au plus tôt après la date à laquelle les sommes dues doivent être payées. • Civ. 2e, 8 juill. 2010 : *JCP E 2010. 2120, n° 30, obs. Casson ; Gaz. Pal. 28 déc. 2010, p. 31, note Leduc ; RCA 2010, n° 296, note Groutel ; RGDA 2010. 1090, note Kullmann.* ♦ De même, justifie légalement sa décision la cour d'appel qui décide qu'il n'y a pas lieu d'utiliser la procédure de résiliation de l'art. L. 140-3, devenu L. 141-3 C. assur., après avoir relevé l'existence d'une stipulation prévoyant que la résiliation d'un prêt, consécutive à la déchéance du terme, et le non-paiement des cotisations entraînaient la cessation des garanties du contrat d'assurance. • Civ. 2e, 10 juill. 2008, n° 07-17.392 P : *D. 2008. AJ 2226 ; RCA 2008, n° 298, obs. Groutel ; JCP E 2009. 1623, n° 21, obs. Courtier.*

3. Modalités de l'exclusion du contrat. Il découle des dispositions de l'art. L. 140-3, al. 2 et 3 [C. assur., art. L. 141-3, al. 2 et 3], que le souscripteur peut, lors de la mise en demeure adressée à l'adhérent qui a cessé de payer la prime, informer simultanément celui-ci que le défaut de paiement au terme du délai légal entraînera son exclusion du contrat. • Civ. 1re, 12 oct. 2004 : *RCA 2005, n° 41, obs. Groutel ; RGDA 2005. 95, note Mayaux.*

Art. L. 141-4 *(L. n° 89-1014 du 31 déc. 1989)* **Le souscripteur est tenu :**

– de remettre à l'adhérent une notice établie par l'assureur qui définit les garanties et leurs modalités d'entrée en vigueur ainsi que les formalités à accomplir en cas de sinistre ;

(L. nº 2005-1564 du 15 déc. 2005) **« – d'informer par écrit les adhérents des modifications apportées à leurs droits et obligations, trois mois au minimum avant la date prévue de leur entrée en vigueur. »** – *Entrée en vigueur le 1er janv. 2006.*

La preuve de la remise de la notice à l'adhérent et de l'information relative aux modifications contractuelles incombe au souscripteur.

L'adhérent peut dénoncer son adhésion en raison de ces modifications.

Toutefois, la faculté de dénonciation n'est pas offerte à l'adhérent lorsque le lien qui l'unit au souscripteur rend obligatoire l'adhésion au contrat.

Les assurances de groupe ayant pour objet la garantie de remboursement d'un emprunt et qui sont régies par des lois spéciales ne sont pas soumises aux dispositions du présent article.

Les dispositions des art. L. 141-1 à L. 141-4 ci-dessus s'appliquent dans les territoires d'outre-mer et à Mayotte. – Elles sont applicables au plus tard le 1er mai 1990 (L. nº 89-1014 du 31 déc. 1989, art. 59 et 60).

Sur l'information des adhérents en matière d'assurance des activités sportives, V. ***C. sport****, art. L. 321-4 et L. 321-4-1 ; ... d'assurance des prêts à la consommation, V.* ***C. consom.****, art. L. 312-17 s. ; ... des prêts immobiliers, V.* ***C. consom.****, art. L. 313-10 s.*

BIBL. ▶ ASTEGIANO-LA RIZZA, *RGDA 2007. 464.* – COURTIEU, *RCA 1996. Chron. 25* (assurances sportives) ; *RCA 2007. Étude 6.* – POISSONIER, *LPA 2017, nº 150, p. 32* (Contrat de crédit à la consommation et contrat d'assurance : un vaste champ qui reste à explorer). – PAGNERRE et COUDREAU, *RGDA 2020. 6* (modification du contrat imposée par le souscripteur et l'assureur).

COMMENTAIRE

L'article L. 141-4, dont les dispositions ne sont pas applicables aux assurances emprunteurs, envisage l'information de l'adhérent lors de l'adhésion au contrat (I) et la modification du contrat par l'assureur (II).

I. L'INFORMATION LORS DE L'ADHÉSION AU CONTRAT

L'article L. 141-4 impose la remise d'une notice d'information établie par l'assureur à l'adhérent (A). Toutefois, ce formalisme informatif n'épuise pas l'obligation d'information. L'assureur et le souscripteur restent débiteurs d'une obligation générale d'information et de conseil (B).

A. LA NOTICE D'INFORMATION

1. RÉDACTION ET REMISE DE LA NOTICE

L'article L. 141-4 organise un partage de l'information entre l'assureur et le souscripteur. En ce sens, il est beaucoup plus précis que l'ancien article R. 140-5 qui disposait simplement que « la police doit comporter une clause prévoyant que le souscripteur tient à la disposition des assurés une notice résumant d'une manière très précise leurs droits et obligations ».

Ainsi, depuis la loi du 31 décembre 1989, il est prévu que l'**assureur** doit rédiger la notice et la remettre au souscripteur. Il en résulte que si l'assureur s'abstient de transmettre la notice au souscripteur, celui-ci n'est pas tenu de la réclamer et n'engage pas sa responsabilité (Civ. 2e, 15 mai 2008 : *V. note 1*). De même, puisque l'article met à la charge de l'assureur la rédaction de la notice, on peut fortement douter du maintien de la solution retenant la responsabilité du souscripteur envers l'assureur pour avoir remis une notice ne comportant pas toutes les clauses d'exclusion de la garantie (Civ. 1re, 9 avr. 1991 : *V. note 9*). Il n'incombe d'ailleurs pas au courtier, intermédiaire d'assurance, de vérifier la conformité de la notice au contrat d'assurance (Civ. 2e, 15 mai 2008 : *V. note 7*).

Une fois la notice remise au **souscripteur**, celui-ci doit la transmettre à l'adhérent avant ou au moment de son adhésion (Civ. 1re, 23 nov. 1999 : *V. note 6*). Le souscripteur supporte la charge de la preuve de la remise de la notice (Civ. 1re, 9 déc. 1992 : *V. note 8*) et il n'appartient pas au courtier de s'assurer de la remise effective à l'adhérent (Civ. 2e, 15 mai 2008 : *V. note 7*).

2. CONTENU DE LA NOTICE

Selon l'article L. 141-4, la notice doit définir les garanties et leurs modalités d'entrée en vigueur, ainsi que les formalités à accomplir en cas de sinistre. La notice doit donc être un résumé fidèle et complet des principales stipulations du contrat d'assurance.

Toutefois, l'article L. 141-4 n'impose pas l'insertion dans la notice des mentions visées par l'article R. 112-1. C'est pour cela que, dans un premier temps, la Cour de cassation a estimé que l'assureur n'était pas tenu d'informer les adhérents d'un contrat d'assurance de groupe des dispositions d'ordre public de l'article L. 114-1 (Civ. 1re, 27 mai 1997 : *V. note 4*). Mais, depuis, la Cour de cassation a effectué un revirement de jurisprudence et a appliqué, à un contrat d'assurance de groupe, la règle de l'article R. 112-1 et imposé à l'assureur de rappeler les dispositions légales concernant la prescription des actions dérivant du contrat d'assurance, sous peine d'inopposabilité à l'assuré de la prescription biennale (Civ. 2e, 2 juin 2005 : *V. note 4*).

3. PORTÉE DE LA NOTICE

La notice est un document majeur pour les adhérents puisqu'elle permet de les informer sur le contenu du contrat négocié par l'assureur et le souscripteur. Partant, les droits et obligations de l'adhérent s'apprécient par rapport à la notice et aux documents remis lors de la notice (Civ. 1re, 18 mars 2004 : *V. note 2*). Seules les conditions de garantie dont il a eu connaissance lors de l'adhésion sont opposables à l'adhérent (Civ. 1re, 26 nov. 1996 : *V. note 2*). En ce sens, si une contradiction apparaît entre la notice et le contrat, les clauses plus restrictives du contrat sont inopposables à l'adhérent (Civ. 1re, 27 févr. 1996 : *V. note 3*).

4. ARTICULATION AVEC LES AUTRES DOCUMENTS INFORMATIFS

Face à la multiplication des documents d'information, on peut s'interroger sur l'articulation de la notice avec la fiche d'information et la notice d'information de l'article L. 112-2 ou la note d'information de l'article L. 132-5-2.

En ce qui concerne, **les documents de l'article L. 112-2**, il faut observer qu'ils sont remis à « l'assuré ». Mais, cette terminologie est imprécise. En réalité, ces documents sont destinés au futur cocontractant de l'assureur, c'est-à-dire au souscripteur. Dès lors, si l'on retient la conception plurale de l'assurance de groupe, ces documents devraient être remis à l'adhérent en sa qualité de cocontractant de l'assureur. Ces documents pourraient faire doublon avec la notice de l'article L. 141-4. En revanche, si l'on retient la conception unitaire, ces documents devraient être transmis au souscripteur du contrat. Si la Cour de cassation n'a pas encore clairement pris position par rapport à cette question, elle a estimé qu'une cour d'appel avait pu déduire qu'un assureur avait rempli son obligation générale d'information et de conseil à l'égard de l'adhérent en constatant notamment que l'obligation précontractuelle de l'article L. 112-2, alinéa 2, avait été respectée (Civ. 2e, 13 sept. 2012 : *V. note 10*). Cette solution laisse donc entendre que le formalisme informatif de l'article L. 112-2 se cumule avec celui de l'article L. 141-4.

En ce qui concerne **les documents de l'article L. 132-5-2**, spécifiques aux assurances vie, la question a été tranchée par la loi n° 2005-1564 du 15 décembre 2005 qui a introduit un article L. 132-5-3 dans le code des assurances. Ainsi, pour les contrats à adhésion facultative comportant une valeur de rachat ou de transfert, l'assureur doit intégrer dans la notice de l'article L. 141-4 les informations de la note d'information de l'article L. 132-5-2. Il y a donc une application cumulative des textes, mais un seul document.

B. L'OBLIGATION GÉNÉRALE D'INFORMATION ET DE CONSEIL

Le respect du formalisme informatif épuise-t-il l'obligation d'information de l'assureur et du souscripteur ? La réponse à cette question impose de faire une distinction entre les obligations de l'assureur (1°) et celles du souscripteur (2°).

1. LES OBLIGATIONS DE L'ASSUREUR

Dans les assurances collectives, le souscripteur apparaît comme l'interlocuteur privilégié de l'adhérent. Cette situation pourrait justifier une limitation de l'obligation d'information de l'entreprise d'assurance à l'élaboration et à la transmission de la notice de l'article L. 141-4. Certains arrêts ont de la sorte affirmé que le devoir de conseil incombait au souscripteur, chargé de remettre la notice d'information, et non à l'assureur (Civ. 2e, 8 nov. 2007 : *V. note 10*). Mais cette solution n'est pas systématique, puisque d'autres décisions ont pu admettre l'existence d'une obligation générale d'information et de conseil de l'assureur à l'égard de l'adhérent (Civ. 2e, 13 sept. 2012 : *préc.*). Cette obligation varierait néanmoins en fonction des compétences de l'adhérent (Civ. 2e, 13 sept. 2012 : *préc.*). La reconnaissance d'une telle obligation d'information et de conseil à la charge de l'assureur est sans doute opportune, puisque le souscripteur du contrat est parfois un groupement bénévole ne disposant pas nécessairement des compétences pour informer et conseiller l'adhérent.

2. LES OBLIGATIONS DU SOUSCRIPTEUR

Parfois, la loi impose une obligation d'information spécifique à la charge du souscripteur. Il en est notamment ainsi pour les fédérations sportives (C. sport, art. L. 321-4 à L. 321-6). En dehors de ces hypothèses, la jurisprudence estime que le souscripteur est débiteur d'une obligation d'information et de conseil qui ne se réduit pas à la remise de la police, que ce soit substantiellement ou temporellement (Civ. 1re, 17 nov. 1998 : *V. note 14*).

II. LA MODIFICATION DU CONTRAT PAR L'ASSUREUR

Comme tout contrat d'assurance, le contrat d'assurance de groupe doit pouvoir être modifié, afin notamment de s'adapter à l'évolution du risque assuré. Mais, là encore, la dimension collective du contrat d'assurance justifie l'adoption de règles spécifiques. La modification du contrat ne doit pas aboutir à un éclatement de la garantie en fonction de l'accord ou du refus des adhérents. La Cour de cassation a d'ailleurs refusé de transmettre une question prioritaire de constitutionnalité faisant valoir que l'article L. 141-4 méconnaissait le principe de la liberté contractuelle au motif qu'une telle question ne présentait pas un caractère sérieux. Cet article ne fait pas échec à la liberté contractuelle des adhérents d'accepter ou de refuser la stipulation pour autrui faite à leur profit. En outre, cette liberté trouve nécessairement une limite dans le contrat-cadre négocié et conclu par le seul souscripteur dans l'intérêt du groupe qui passe avant les intérêts de chaque adhérent (Civ. 2e, 13 déc. 2012 : *V. note 15*).

Concrètement, lorsqu'une modification du contrat est envisagée, le souscripteur, en sa qualité d'interlocuteur privilégié des adhérents, doit les informer des modifications apportées à leurs droits et obligations au moins trois mois avant leur entrée en vigueur. Cette règle ne s'applique qu'aux modifications portant sur le contrat et non en cas de changement d'assureur supposant la disparition d'un contrat et la conclusion d'un nouveau (Civ. 1re, 18 juin 2002 : *V. note 18*). Une fois qu'il est informé, l'adhérent n'a pour seule alternative que d'accepter la modification ou de dénoncer son adhésion. Cette règle permet d'éviter à l'assureur des différences de régimes pour une garantie déterminée. Par ailleurs, lorsque l'adhésion est obligatoire, l'adhérent ne peut dénoncer son adhésion. La modification s'impose à lui. ❑

I. INFORMATION LORS DE L'ADHÉSION

A. NOTICE D'INFORMATION

1° RÉDACTION DE LA NOTICE

1. *Établissement et remise de la notice par l'assureur.* Il appartient à l'assureur de rédiger et d'adresser au souscripteur la notice d'information afin qu'il la remette à ses adhérents. • Civ. 2e, 15 mai 2008, n° 07-14.354 P : *D. 2008. 1481 ; RGDA 2008. 713, note Mayaux ; JCP 2008. IV. 2061* • 17 mars 2011 : *RGDA 2011. 796, obs. Astegiano-La Rizza.*

2. *Opposabilité des clauses contractuelles.* Il résulte de l'art. L. 140-1 C. assur. que la garantie dont peut se prévaloir l'adhérent d'un contrat d'assurance de groupe est celle que définissent les documents qui lui ont été remis lors de son adhésion. Ni l'assureur, ni le souscripteur du contrat d'assurance de groupe ayant obtenu l'adhésion de l'assuré ne peuvent lui opposer des clauses exclusives ou limitatives de garantie ne figurant pas dans les documents qui lui ont été remis lors de son adhésion, à moins qu'ils n'établissent les avoir, à ce moment, portées à sa connaissance. • Civ. 18 mars 2004, n° 03-11.273 P : *D. 2004. IR 1065 , et les obs. ; Gaz. Pal. 2004. 2481, note Leducq ; RGDA 2004. 485, note Mayaux.* ♦ Seules sont opposables à l'adhérent les conditions de garantie dont il a eu connaissance lors de son adhésion. • Civ. 1re, 26 nov. 1996 : *RCA 1997, n° 68.*

3. *Contradiction entre le contrat et la notice.* Les clauses du contrat qui sont plus restrictives que celles de la notice sont inopposables à l'adhérent. • Civ. 1re, 27 févr. 1996 : *RCA 1996, n° 193* • 23 juin 1998, n° 96-11.239 P : *D. 1999. Somm. 227, obs. Berr ; RCA 1998, n° 329 ; RGDA 1998. 761, note Fonlladosa* • 19 mai 1999 : *RCA 1999, n° 281 ; RGDA 1999. 667, note Kullmann.*

4. *Information sur la prescription.* L'inobservation des dispositions de l'art. R.* 112-1 prescrivant le rappel des dispositions légales concernant la prescription des actions dérivant du contrat d'assurance est sanctionnée par l'inopposabilité à l'assuré du délai de prescription édicté par l'art. L. 114-1. • Civ. 2e, 2 juin 2005, n° 03-11.871 P : *D. 2006. Pan. 1787, obs. Groutel ; JCP 2006. I. 135, n° 2, obs. Kullmann ; RCA 2005, n° 238 ; ibid. Étude 11, note Groutel ; RGDA 2005. 619, note Kullmann.* ♦ *Contra* auparavant : il n'appartient pas à l'assureur d'informer les adhérents à une assurance de groupe des dispositions d'ordre public de l'art. L. 114-1 C. assur. relatif à la prescription biennale. • Civ. 1re, 27 mai 1997, n° 94-20.213 : *RGDA 1997. 792, note Kullman.*

2° REMISE DE LA NOTICE

5. *Remise de la notice par le souscripteur.* Le souscripteur d'une assurance de groupe s'acquitte de son obligation d'information en annexant au contrat de prêt une notice définissant de façon claire et précise les risques garantis ainsi que toutes les modalités de la mise en jeu de l'assurance. • Civ. 1re, 17 juill. 2001, n° 98-18.242 P : *RCA 2001, n° 336 ; RGDA 2001. 993, note Kullmann* • Civ. 2e, 25 janv. 2007, n° 05-19.700 P : *D. 2007. 577, obs. Rondey ; ibid. 2008. 120, obs. Groutel ; RCA 2007. Étude 6, note Courtieu.* ♦ Le souscripteur d'un contrat d'assurance de groupe, débiteur vis-à-vis des adhérents du devoir d'information, ne s'acquitte de son obligation que par la remise à ceux-ci d'une notice résumant de façon très précise les droits et obligations de chacune des parties et l'obligation d'information pesant sur le souscripteur n'est pas remplie par la mention « lu et approuvé » portée sous une clause dactylographiée du bulletin d'adhésion selon laquelle l'adhérent déclarait connaître les conditions générales. • Civ. 1re, 3 févr. 1993, n° 91-12.463 P : *RGAT 1993. 334, obs. Kullmann ; RCA 1993, n° 183 ; ibid. Étude 16, note Groutel.* ♦ De même, l'obligation d'information pesant sur le souscripteur d'un contrat d'assurance de groupe à l'égard des adhérents n'est pas remplie par l'envoi de documents faisant référence à un nouveau contrat d'assurance ou informant l'adhérent qu'il peut prendre connaissance de la nouvelle police à son siège. • Civ. 1re, 9 déc. 1997, n° 95-16.923 P : *Gaz. Pal. 1998. 1. 253 ; RCA 1998, n° 172, note Courtieu ; RGDA 1998. 113, note Mayaux.* ♦ ... Ou par la remise des conditions générales et des conditions particulières de la police attestée par l'adhérent. • Civ. 2e, 25 janv. 2007 : *préc.* ♦ ... Ou par l'envoi, par une société de location, d'un contrat de location conforme au forfait souscrit, accompagné des conditions générales de location, prévoyant dans un article déterminé les assurances pouvant être souscrites. • Civ. 2e, 30 avr. 2014 : *RCA 2014, n° 244, comm. Groutel.* ♦ Mais l'obligation d'information et de conseil du souscripteur ne se limite pas à la remise de la notice, dès lors que celle-ci ne définit pas de façon claire et précise les risques garantis, ainsi que les modalités de mise en jeu de l'assurance. • Civ. 2e, 3 juin 2004 : *RCA 2004, n° 274 ; JCP E 2004. 1740, note Leveneur.*

6. *Moment de la remise de la notice.* Il appartient au souscripteur d'une assurance de groupe d'informer exactement, par une notice très précise, les adhérents, lors de leur adhésion, sur l'étendue de leurs droits et obligations. Cette information ne peut s'effectuer valablement que par la remise de cette notice avant ou au moment de l'adhésion. Le souscripteur est responsable des conséquences s'attachant à un manquement à ce devoir d'information. • Civ. 1re, 23 nov. 1999, n° 97-15.372 P.

7. *Intervention d'un intermédiaire.* L'obligation d'information pesant sur le souscripteur d'un contrat d'assurance de groupe ne peut être limitée par l'intervention d'un intermédiaire. • Civ. 1re, 9 déc. 1997, n° 95-16.923 P : *Gaz. Pal. 1998. 1. 253 ; RCA 1998, n° 172, note Courtieu ; RGDA 1998. 113, note Mayaux.* ♦ Le courtier n'est tenu ni de s'assurer de la conformité de la notice établie par l'assureur au contrat d'assurance en ce qui concerne les clauses d'exclusion, ni de vérifier que le souscripteur l'a effectivement remise à l'adhérent. • Civ. 2e, 15 mai 2008, n° 07-14.354 P : *RCA 2008, n° 237 ; RGDA 2008. 713, note Mayaux ; Gaz. Pal. 2009. Jurisp. 477, note Périer ; ibid. 3134, obs. Bury.*

8. *Preuve de la remise de la notice.* La preuve de la remise de la notice à l'adhérent peut résulter de l'apposition par l'adhérent de sa signature sur l'offre de crédit au-dessous d'une mention imprimée selon laquelle il reconnaissait avoir reçu une notice fournissant les extraits significatifs du contrat d'assurance de groupe (durée, définition des risques garantis et des risques exclus) dont il déclarait avoir pris connaissance. • Civ. 1re, 9 déc. 1992 : *RGAT 1993. 332, note Kullmann.* ♦ Justifie de la remise de la notice d'information l'arrêt qui relève l'erreur du souscripteur consistant à ne pas avoir vérifié les conditions d'âge maximum figurant au verso du contrat de crédit. • Civ. 1re, 8 oct. 1996 : *RGDA 1996. 901, note Maury.*

9. *Responsabilité du souscripteur à l'égard de l'assureur.* Engage sa responsabilité envers son assureur l'organisme de crédit souscripteur d'une assurance de groupe qui a remis à son client une notice d'information qui ne reproduisait pas une clause d'exclusion de garantie figurant dans les conditions générales du contrat d'assurance. • Civ. 1re, 9 avr. 1991 : *RGAT 1992. 150, obs. Kullmann.*

B. OBLIGATION D'INFORMATION ET DE CONSEIL

10. *Débiteur du devoir d'information et de conseil.* Le devoir de conseil incombe au souscripteur et non à l'assureur. • Civ. 2e, 8 nov. 2007 : *RGDA 2008. 192, note Mayaux.* ♦ L'obligation d'informer l'adhérent sur les garanties souscrites et les conditions de leur mise en œuvre incombe au seul souscripteur du contrat d'assurance de groupe. • Civ. 2e, 26 nov. 2020, n° 19-20.369 : *RGDA janv. 2021. 17, note Pimbert.* ♦ L'obligation d'informer l'adhérent sur les garanties souscrites et les conditions de leur mise en œuvre, et d'éclairer ce dernier sur l'adéquation des risques couverts à sa situation personnelle d'emprunteur ou à celle de celui qui cautionne ses engagements, incombe au seul établissement de crédit souscripteur du contrat d'assurance. C'est ainsi, à bon droit, qu'une cour d'appel a retenu qu'aucun devoir de conseil ou de mise en garde n'incombait à l'assureur de groupe. • Civ. 2e, 18 avr. 2019, n° 18-11.108 : *RGDA juin 2019. 40, note Mayaux ; RCA 2019, n° 230.* ♦ Comp. l'arrêt retenant qu'une cour d'appel a pu, dans l'exercice de son pouvoir souverain d'appréciation de la valeur et de la portée des éléments de preuve, déduire que l'assureur avait rempli son obligation générale d'information et de conseil à l'égard d'un adhérent à un contrat d'assurance de groupe. • Civ. 2e, 13 sept. 2012 : *RGDA 2013. 124, note Pélissier.* ♦ Ayant souverainement constaté qu'un courtier grossiste, intervenu dans la seule gestion administrative du contrat d'assurance sur délégation de l'assureur, n'avait ni proposé le contrat d'assurance ni participé à l'élaboration de la proposition d'assurance, une cour d'appel en a exactement déduit qu'il n'était débiteur à l'égard de l'assuré d'aucune obligation d'information et de conseil. • Civ. 2e, 23 mars 2017, n° 16-15.090 : *RCA 2017, n° 177, note Courtieu ; RGDA 2017. 380, note Bigot.*

11. Finalité du devoir d'information et de conseil. L'obligation d'information et de conseil incombant à l'intermédiaire d'assurance en matière d'assurance collective sur la vie est destinée à préserver les droits de l'adhérent. Une cour d'appel, dont les énonciations et constatations impliquaient que l'adhérent avait entendu se réserver la possibilité de modifier la désignation du bénéficiaire de son contrat d'assurance sur la vie, tout en faisant ressortir l'absence de lien de causalité entre la faute invoquée par le bénéficiaire dont la désignation avait été révoquée et l'allocation du capital restant dû au titre du contrat qu'elle sollicitait à ce titre, a pu retenir que l'association souscriptrice avait satisfait à ses obligations. • Civ. 2e, 18 avr. 2019, n° 18-11.049 : *RGDA juin 2019. 45, note Mayaux.*

12. Prescription de l'action contre l'assureur. L'action engagée contre l'assureur en raison d'un manquement à son obligation précontractuelle d'information et de conseil à l'égard de la personne qui souhaite adhérer à un contrat d'assurance ne dérive pas de celui-ci, et n'est dès lors pas soumise à la prescription biennale. • Civ. 1re, 30 janv. 2001, n° 98-18.145 P : *JCP 2001. II. 10609, note Maleville ; RCA 2001, n° 135 ; RGDA 2001. 53, note Kullmann.*

13. Étendue matérielle du devoir d'information et de conseil. L'employeur, souscripteur d'un contrat d'assurance de groupe garantissant le risque décès, manque à son obligation d'information et de conseil en s'abstenant d'attirer l'attention du salarié adhérent sur l'exclusion contractuelle de la garantie du risque suicide, la perte de chance de souscrire une garantie complémentaire couvrant ce risque constituant un préjudice en relation de causalité directe et certaine avec cette faute. • Civ. 2e, 15 déc. 2011 : *D. 2012. 150 ; RGDA 2012. 743, note Bigot ; RCA 2012, n° 81, note Groutel.* ♦ De même, manque à son devoir de conseil et d'information le vendeur d'immeuble souscripteur d'une assurance de groupe qui n'a pas suffisamment attiré l'attention d'un acheteur sur l'exclusion du risque d'invalidité totale permanente. • Civ. 1re, 26 nov. 1991 : *RGAT 1992. 148, obs. Kullmann.*

14. Étendue temporelle du devoir d'information et de conseil. L'employeur est tenu, en sa qualité de souscripteur d'une assurance de groupe, d'un devoir de renseignement et de conseil vis-à-vis de son salarié adhérent, devoir qui ne se limite pas à la phase d'adhésion au contrat. • Civ. 1re, 17 nov. 1998, n° 96-18.152 P : *RCA 1999, n° 22 ; RGDA 1999. 158, note Fonlladosa.*

II. MODIFICATION DU CONTRAT

A. INFORMATION LORS D'UNE MODIFICATION

15. QPC (non). L'art. L. 141-4, qui régit les assurances de groupe et qui prévoit que le souscripteur est tenu d'informer par écrit les adhérents des modifications apportées à leurs droits et obligations trois mois au minimum avant la date prévue de leur entrée en vigueur, d'une part, et d'autre part de leur faculté de dénoncer leur adhésion, ne fait pas échec au principe de leur liberté contractuelle d'accepter ou de refuser la stipulation pour autrui faite à leur profit. Par ailleurs, cette liberté trouve nécessairement sa limite dans le contrat-cadre négocié et conclu par le seul souscripteur dans l'intérêt du groupe qui passe avant les intérêts de chaque adhérent. • Civ. 2e, 13 déc. 2012 : *RGDA 2013. 358, note Mayaux.*

16. Application dans le temps. Si les modifications sont intervenues avant le 1er mai 1990, date d'entrée en vigueur de l'art. L. 140-4 C. assur., elles ne sont opposables à l'adhérent que s'il y a consenti. • Civ. 1re, 24 févr. 2004, n° 01-17.727 : *RGDA 2004. 488, note Mayaux.*

17. Information de l'adhérent. Selon l'art. L. 141-4 C. assur., le souscripteur est tenu d'informer par écrit les adhérents des modifications qu'il est prévu, le cas échéant, d'apporter à leurs droits et obligations. Il en résulte que seules sont opposables à l'adhérent les modifications ayant fait l'objet d'une information écrite avant la date de leur entrée en vigueur. • Civ. 2e, 7 mars 2019, n° 18-10.735 : *RCA 2019, n° 202 ; RGDA juill. 2019. 15, note Pélissier.* ♦ Il résulte de l'art. L. 141-4 que, sous réserve d'abus de droit, l'assureur et le souscripteur peuvent convenir de toute modification du contrat de groupe ; à charge pour le souscripteur d'en informer par écrit les adhérents trois mois au minimum avant la date prévue de son entrée en vigueur. Dès lors viole cet art. par refus d'application la cour d'appel, qui déclare abusive la suppression par l'assureur d'une unité du compte d'un contrat d'assurance sur la vie à adhésion facultative souscrit par un employeur au profit de ses salariés, alors qu'elle avait constaté que cette modification convenue entre le souscripteur et l'assureur avait été portée à la connaissance des adhérents au moins trois mois avant son entrée en vigueur. • Civ. 2e, 3 mars 2016, n° 15-13.027 P : *RCA 2016, n° 210, note Courtieu.* ♦ Selon l'art. L. 112-3, al. 5, C. assur., toute addition ou modification au contrat d'assurance de groupe primitif doit être constaté par un avenant signé des parties, souscripteur et assureur, et, selon l'art. L. 141-4, la preuve de la remise à l'adhérent de la notice et de l'information relative aux modifications contractuelles incombe au souscripteur, l'adhérent pouvant alors dénoncer son adhésion en raison de ces modifications. Encourt dès lors la cassation l'arrêt qui retient que l'avenant est inopposable à l'adhérent dans la mesure où il ne l'a pas signé. • Civ. 2e, 15 déc. 2011 : *RGDA 2012. 739, note Mayaux.*

18. Changement d'assureur. BIBL. Bernard, *D. 2003. Doctr. 441.* ♦ La modification des droits et obligations des adhérents, dont l'art. L. 140-4 C. assur. [devenu art. L. 141-4] prescrit au souscripteur d'informer ceux-ci, suppose la permanence du contrat auquel les adhésions individuelles ont été données. Ce texte ne peut s'appliquer dans le cas d'un changement d'assureur consécutif à la souscription d'un nouveau contrat à la suite de la résiliation du contrat d'origine. • Civ. 1re, 18 juin 2002, nº 01-00.050 P : *D. 2002. 2830, note Verdun ; JCP 2002. II. 10188, note Bigot; RCA 2002, nº 343, note Courtieu; RGDA 2002. 732, note Bigot.* ♦ Lorsque le souscripteur du contrat d'assurance de groupe décide, en conformité avec les prérogatives qui lui sont reconnues, de résilier le contrat d'assurance en cours pour en souscrire, avec un autre assureur, un nouveau qui comporte au moins les mêmes garanties, l'adhésion à ce nouveau contrat peut résulter de la seule acceptation tacite – éventuellement constituée par le silence conservé par l'assuré, adhérent au contrat antérieur – de la notification du changement d'assureur. • Même arrêt. ♦ Le devoir d'information et de conseil du souscripteur ne se limite pas à la phase d'adhésion au contrat non plus qu'à l'indication de la substitution d'un nouvel assureur. Le souscripteur doit informer et conseiller l'adhérent-assuré quant à la nécessité d'effectuer la déclaration de sinistre, dont il avait connaissance, auprès du nouvel assureur et, le cas échéant, d'assigner ce nouvel assureur en exécution du contrat d'assurance de groupe, avant l'intervention de la prescription. • Civ. 1re, 7 déc. 2004 : *RGDA 2005. 102, note Kullmann.* ♦ Comp. l'arrêt affirmant que la résiliation régulière du contrat entre l'assureur et le souscripteur d'une assurance de groupe produit, de plein droit, effet à l'égard des adhérents au contrat, nonobstant un éventuel défaut d'information de ceux-ci, et qu'aucune obligation de ce chef n'incombe à l'assureur. • Civ. 2e, 23 sept. 2004 : *RCA 2004, nº 354, obs. Groutel; RGDA 2005. 98, note Kullmann.*

B. RÉGIME DE LA MODIFICATION

19. Abus du droit de modification. Ayant retenu, dans l'exercice de son pouvoir souverain d'appréciation de l'ensemble des éléments soumis à son examen, que les adhérents, qui procédaient essentiellement par voie d'affirmations, n'établissaient pas que la modification du contrat d'assurance sur la vie collectif auquel ils avaient adhéré résultait d'une décision de l'assureur que celui-ci aurait imposée au souscripteur, ni que cette modification n'aurait pas été justifiée par le respect de règles prudentielles que les assureur et souscripteur n'auraient invoqué que pour dissimuler la poursuite d'un objectif tout autre, une cour d'appel a pu en déduire que les assureur et souscripteur n'avaient pas abusé du droit de modifier le contrat de groupe que leur conférait l'art. L. 114-4 C. assur. • Civ. 2e, 4 oct. 2018, nº 17-22.207 : *RGDA 2018. 570, note Mayaux.*

Art. L. 141-5 *(L. nº 81-5 du 7 janv. 1981)* **Par dérogation aux dispositions des articles L. 132-2 et L. 132-3, le représentant légal d'un majeur en tutelle peut adhérer au nom de celui-ci à un contrat d'assurance de groupe en cas de décès, conclu pour l'exécution d'une convention de travail ou d'un accord d'entreprise.** *— Cet art. reprend sans changement le texte de l'ancien art. L. 140-1 (L. nº 89-1014 du 31 déc. 1989, art. 16).*

COMMENTAIRE

L'article L. 141-5 apporte une dérogation à l'interdiction de souscrire une assurance en cas de décès sur la tête d'un majeur en tutelle énoncée par l'article L. 132-3.

Le domaine de cette dérogation est toutefois limité. En effet, il est prévu par ce texte que le représentant légal d'un majeur en tutelle peut adhérer au nom du majeur protégé à un contrat d'assurance de groupe en cas de décès, conclu pour l'exécution d'une convention de travail ou d'un accord d'entreprise. Cette disposition permet ainsi aux personnes handicapées travaillant dans des établissements spécialisés de bénéficier d'une protection sociale complémentaire.

Mais, en dehors de cette hypothèse, un majeur sous tutelle ne peut adhérer à une assurance de groupe comportant une garantie décès. Cette règle peut s'opposer à l'adhésion d'un majeur sous tutelle à une assurance emprunteur souscrite par un établissement de crédit. On peut toutefois s'interroger sur la réalité du *votum mortis* du banquier souscripteur et bénéficiaire du contrat.

Art. L. 141-6 *(L. nº 94-679 du 8 août 1994)* **Pour les contrats d'assurance de groupe au sens de l'article L. 141-1, autres que ceux qui sont régis par le titre Ier de la loi nº 89-1009 du 31 décembre 1989 renforçant les garanties offertes aux personnes assurées contre certains risques, et pour les contrats collectifs de capitalisation présentant les mêmes caractéristiques que les contrats de groupe au sens de l'article**

L. 141-1, le souscripteur est, tant pour les adhésions au contrat que pour l'exécution de celui-ci, réputé agir, à l'égard de l'adhérent, de l'assuré et du bénéficiaire, en tant que mandataire de l'entreprise d'assurance auprès de laquelle le contrat a été souscrit, à l'exception des actes dont l'adhérent a été préalablement informé, dans des conditions fixées par arrêté du ministre chargé de l'économie, que le souscripteur n'a pas pouvoir pour les accomplir.

En cas de dissolution ou de liquidation de l'organisme souscripteur, le contrat se poursuit de plein droit entre l'entreprise d'assurance et les personnes antérieurement adhérentes au contrat de groupe.

Le présent article ne s'applique pas aux contrats d'assurance en cas de vie dont les prestations sont liées à la cessation d'activité professionnelle, souscrits par une entreprise ou un groupe d'entreprises au profit de leurs salariés ou par un groupement professionnel représentatif d'entreprises au profit des salariés de celles-ci ou par une organisation représentative d'une profession non salariée ou d'agents des collectivités publiques au profit de ses membres. Il ne s'applique pas non plus aux contrats de groupe souscrits par un établissement de crédit *(Ord. n° 2013-544 du 27 juin 2013, art. 19, en vigueur le 1er janv. 2014)* **« ou une société de financement », ayant pour objet la garantie de remboursement d'un emprunt.** – *Dispositions applicables aux contrats souscrits antérieurement au 10 août 1994 (L. n° 94-679 du 8 août 1994, art. 5-II).*

COMMENTAIRE

En affirmant que, dans les assurances de groupe, le souscripteur est, tant pour les adhésions au contrat que pour l'exécution de celui-ci, réputé agir en tant que mandataire de l'assureur, l'article L. 141-6 paraît bien adopter la conception plurale de l'assurance de groupe (V. comm. ss. art. L. 141-1).

Toutefois, cette présomption de mandat ne concerne pas :

– les contrats d'assurance de groupe régis par la loi Évin n° 89-1009 du 31 décembre 1989 relative à la prévoyance complémentaire ;

– les contrats d'assurance de groupe emprunteurs ;

– les contrats d'assurance retraite souscrits par une entreprise, un groupe d'entreprises ou un groupement professionnel représentatif d'entreprises au profit de salariés, ou par une organisation représentative d'une profession non salariée ou d'agents de collectivités publiques au profit de ses membres.

En outre, l'entreprise d'assurance peut écarter cette présomption de mandat pour certains actes en informant expressément l'adhérent selon les modalités de l'article A. 141-1, c'est-à-dire la remise d'un document spécifique, distinct de tous les autres documents contractuels ou précontractuels, en double exemplaire, signé et daté de l'adhérent.

Lorsque la présomption joue, la Cour de cassation a pu affirmer, sur le fondement de cet article L. 141-6, que l'adhésion au contrat d'assurance de groupe, bien que conséquence d'une stipulation pour autrui, n'en crée pas moins un lien contractuel direct entre l'adhérent et l'assureur, le souscripteur étant alors un tiers par rapport au contrat d'assurance liant l'assureur à l'adhérent assuré (Civ. 2e, 16 juin 2011, et Civ. 2e, 28 mars 2013 : *V. note ss. art. L. 141-6*). Elle en a déduit notamment que le souscripteur ne pouvait être perçu comme le débiteur du paiement de la prestation garantie (Civ. 2e, 28 mars 2013 : *préc.*). ❑

1. Obligations du souscripteur. L'adhésion au contrat d'assurance de groupe, quoique conséquence d'une stipulation pour autrui, n'en crée pas moins un lien contractuel direct entre l'adhérent et l'assureur, le souscripteur étant alors un tiers par rapport au contrat d'assurance liant l'assureur à l'adhérent assuré. Il s'ensuit qu'une cour d'appel ayant exactement retenu qu'une personne ayant adhéré à des contrats de groupe d'assurance-vie souscrits auprès d'une compagnie d'assurance par une banque, cette dernière n'était pas débitrice des prestations convenues et ne pouvait être tenue à paiement. • Com. 13 avr. 2010, n° 09-13.712 P : *RGDA 2010. 745, note Kullmann ; RDC 2010. 1228, note Génicon ; D. 2010. 1208, note Delpech*. ♦ … Que viole l'art. L. 141-6 C. assur. l'arrêt qui, pour prononcer la résolution du contrat d'assurance sur la vie et condamner le souscripteur à rembourser le capital qui lui avait été confié, retient que l'assureur n'est que le gestionnaire administratif du contrat, et que le souscripteur avait manqué à ses obligations et commis des fautes qui engageaient sa responsabilité, alors que la qualité de gestionnaire administratif de l'assureur, par opposition à celle de gestionnaire des fonds, était sans conséquence sur sa qualité d'assureur partie au contrat d'assurance sur la vie en cette qualité. La qualité de gestionnaire administratif, par opposition à celle de gestionnaire des fonds, est sans conséquence sur la qualité d'assureur partie au contrat d'assurance sur la vie en cette qualité. • Civ. 2e, 16 juin 2011 : *RGDA 2011. 1046, obs. Kullmann.* ♦ ... Que viole l'art. L. 141-6 C. assur. l'arrêt qui condamne le souscripteur à payer une somme en exécution de la garantie, alors que le souscripteur d'un contrat d'assurance de groupe n'est pas débiteur envers le bénéficiaire du paiement de la prestation garantie. • Civ. 2e, 28 mars 2013 : *RGDA 2013. 663, note Mayaux; RCA 2013, no 241, note Courtieu* • Civ. 1re, 18 févr. 2003, no 99-14.579.

2. Assurance de groupe emprunteurs. Il résulte du second al. de l'art. L. 141-6 C. assur. que les dispositions du premier al. du même texte, selon lesquelles le souscripteur d'un contrat d'assurance de groupe est réputé agir, à l'égard de l'adhérent, de l'assuré et du bénéficiaire, en tant que mandataire de l'entreprise d'assurance auprès de laquelle le contrat a été souscrit, ne sont pas applicables aux contrats de groupe souscrits par un établissement de crédit ayant pour objet la garantie de remboursement d'un emprunt. • Civ. 2e, 16 juill. 2020, no 19-16.107 : *RGDA sept. 2020. 18, note Kullmann.*

Art. L. 141-7 *(L. no 2006-1770 du 30 déc. 2006, art. 25-I-1o)* « I. – » *(L. no 2005-1564 du 15 déc. 2005)* **Le conseil d'administration des associations souscriptrices de contrats d'assurance de groupe sur la vie ou de capitalisation dont le lien qui unit l'adhérent au souscripteur ne rend pas obligatoire l'adhésion au contrat est composé, pour plus de la moitié, de membres ne détenant ou n'ayant détenu au cours des deux années précédant leur désignation aucun intérêt ni aucun mandat dans l'organisme d'assurance signataire du contrat d'assurance de groupe, et ne recevant ou n'ayant reçu au cours de la même période aucune rétribution de la part de** *(L. no 2007-1775 du 17 déc. 2007, art. 8-IV)* « **ce même organisme** ». – *Entrée en vigueur dix-huit mois après la publication de la L. no 2005-1564 du 15 déc. 2005 (JO 16 déc.).*

(L. no 2016-1691 du 9 déc. 2016, art. 85) « **Les adhérents à ces contrats sont membres de droit de l'association souscriptrice ; ils disposent d'un droit de vote à l'assemblée générale et peuvent proposer à celle-ci une résolution.**

« **L'assemblée générale a seule qualité pour autoriser la modification des dispositions essentielles du contrat d'assurance de groupe souscrit par l'association.** – *V. art. R. 141-6.*

« **Un décret en Conseil d'État précise, pour ces associations, les droits des adhérents lors des assemblées générales.** »

(L. no 2006-1770 du 30 déc. 2006, art. 25-I-2o) « **II. – Le I ne s'applique pas au régime de retraite complémentaire institué par la Caisse nationale de prévoyance de la fonction publique.** »

(L. no 2013-672 du 26 juill. 2013, art. 50) « **III. – Le I ne s'applique pas à la convention d'assurance de groupe ayant pour objet la mise en œuvre du régime de la complémentaire retraite des hospitaliers, souscrite par le comité de gestion des œuvres sociales des établissements hospitaliers publics. Les affiliés à cette convention sont informés individuellement, trente jours au moins avant la date fixée pour la réunion de l'assemblée générale, de son ordre du jour. Ils sont destinataires du relevé des décisions votées par l'assemblée générale et peuvent, sur demande, obtenir communication de son procès-verbal.** »

(Ord. no 2019-766 du 24 juill. 2019, art. 5, en vigueur le 1er oct. 2019) « **IV. – L'assemblée générale adopte des règles de déontologie visant à prévenir et résoudre les conflits d'intérêt, dans des conditions précisées par décret en Conseil d'État.** »

BIBL. ▶ MARLY, *JCP E 2017, no 1237* (Loi Sapin II : aspects de droit des assurances).

COMMENTAIRE

Afin d'éviter que les associations souscriptrices de contrats d'assurance sur la vie ou de capitalisation soient sous le contrôle d'entreprises d'assurance, le législateur a encadré la composition des conseils d'administration (I) et le fonctionnement des assemblées générales (II) de ces associations proposant à titre facultatif l'adhésion à ces contrats. Ces dispositions ne s'appliquent toutefois pas à la retraite complémentaire de la PREFON (Caisse nationale de prévoyance de la fonction publique) et à la CRH (complémentaire retraite des hospitaliers) du CGOS (Comité de gestion des œuvres sociales des établissements hospitaliers).

I. LE CONSEIL D'ADMINISTRATION

Le conseil d'administration doit être composé, pour plus de la moitié, de membres strictement indépendants de la compagnie d'assurance. Concrètement, ces membres :

– ne doivent détenir ou avoir détenu au cours des deux années précédant leur désignation aucun intérêt ou mandat dans l'organisme d'assurance signataire du contrat d'assurance ;

– ne recevoir ou n'avoir reçu au cours des deux années précédant leur désignation aucune rétribution de la part de l'organisme d'assurance.

Par ailleurs, les articles R. 141-8 et R. 141-9 indiquent que les membres du conseil d'administration sont élus par l'assemblée générale et que leurs fonctions sont gratuites. Cependant, si les statuts le prévoient, le conseil d'administration peut allouer à ses membres des indemnités et avantages dans les limites fixées par l'assemblée générale. Le président du conseil d'administration doit alors informer l'assemblée générale du montant des indemnités et avantages accordés.

II. L'ASSEMBLÉE GÉNÉRALE

L'assemblée générale de l'association est composée de l'ensemble des adhérents aux contrats, qui sont membres de droit de l'association. Les règles de fonctionnement de cette assemblée sont précisées par les articles R. 141-1 à R. 141-9.

– **Droits de vote.** Chaque adhérent dispose d'une voix et peut donner procuration à un autre adhérent, à leur conjoint ou, si les statuts le permettent, à un tiers. Mais, un même adhérent ne peut disposer plus de 5 % des droits de vote. Le vote par correspondance est possible si les statuts le permettent.

– **Convocation de l'assemblée**. L'assemblée générale est convoquée au moins une fois par an. Elle peut également être convoquée à la demande d'un pourcentage minimal d'adhérents déterminé par les statuts de l'association, mais ce pourcentage ne peut excéder 10 %. Les statuts doivent préciser les modalités de convocation individuelle, mais elle doit intervenir au moins trente jours avant la date fixée pour la tenue de l'assemblée. La convocation contient classiquement l'ordre du jour et les projets de résolution.

– **Tenue de l'assemblée**. L'assemblée ne peut délibérer, à première convocation, que si mille adhérents ou 1/30e des adhérents sont présents, représentés ou ont voté par correspondance.

– **Résolutions votées**. Le conseil d'administration doit présenter au vote tous les projets de résolution présentés soixante jours avant la date de l'assemblée, par le dixième des adhérents ou par cent au moins, si le dixième est supérieur à cent.

– **Compétence spécifique**. L'assemblée générale est seule compétente pour autoriser la signature d'avenants aux contrats d'assurance de groupe souscrits par l'association. Elle peut néanmoins déléguer cette mission au conseil d'administration par une ou plusieurs résolutions et pour une durée qui ne peut excéder dix-huit mois. ❑

Loi n° 89-1009 du 31 décembre 1989,

Renforçant les garanties offertes aux personnes assurées contre certains risques (JO 2 janv. 1990).

BIBL. GÉN. ▶ BARTHÉLEMY et LAIGRE, La loi prévoyance, *JCP E 1990. II. 15725*. – BERDOT, L'assurance de groupe après les réformes législatives du 31 décembre 1991, *RGAT 1990. 775*. – BIGOT, Traité de droit des assurances, *t. 3., LGDJ 2002*. – BUGADA, Devoir d'information de l'employeur souscripteur d'un contrat d'assurance de groupe, *Dr. soc. 1999. 709* ✐. – CEZARO, Protection sociale d'entreprise et assurance, *Dr. soc. 2006. 165* ✐. – DEL SOL, Entreprise mutualiste d'assurance et prévoyance, *JCP E 2002. I. 413 ; ibid. 492*. – FERREIRA, HALLOPEAU et RAULT-DUBOIS, Vingt années d'application de la loi Évin, *SSL 2010, n° 1443, p. 5*. – GROUTEL, Les assureurs et le titre Ier de la loi n° 89-1009 du 31 décembre 1989 sur la « prévoyance complémentaire », *RCA 1990. Chron. 4*. – HALLOPEAU, Épargne, retraite, prévoyance d'entreprise, *2e éd., L'Argus de l'assurance, 2011*. – LAIGRE, La loi prévoyance, *Dr. soc. 1990. 370* ✐ ; La retraite collective d'entreprise après la loi du 8 août 1994, *Dr. soc. 1992. 141* ✐. – LANDEL, L'assurance de groupe à la lumière de la jurisprudence récente, *RGAT 1993. 9*. – LENOIR, Protection complémentaire : les dangers du développement concurrentiel, *Dr. soc. 1995. 753* ✐. – MORVAN, Les transferts d'entreprise et les régimes de protection sociale, *Dr. soc. 2005. 772* ✐ ; Protection sociale d'entreprise : droits acquis ou éventuels dans la tourmente de la restructuration, *Dr. soc. 2006. 279* ✐. – PAUFFIN DE SAINT MOREL, L'assurance de groupe, *D. 1997. Chron. 67* ✐. – PRÉTOT, *ALD 1991. 155*. – PIGNAUD,

Maintien de la garantie décès des salariés, *RGDA 2013. 287.* – ROULET, Pour une réforme de l'article 4 de la loi Évin, *Dr. soc. 2012. 1060*. – SAINT-JOURS, La protection sociale d'entreprise, *Dr. soc. 1992. 141*. – SARGOS, Droit au maintien des prestations et des garanties dans l'assurance de prévoyance collective, *JCP 2001. I. 363.*

TITRE Ier. DISPOSITIONS COMMUNES AUX OPÉRATIONS MISES EN ŒUVRE PAR LES ENTREPRISES RÉGIES PAR LE CODE DES ASSURANCES, PAR LES INSTITUTIONS DE PRÉVOYANCE RELEVANT DU TITRE III DU LIVRE IX DU CODE DE LA SÉCURITÉ SOCIALE ET DE LA SECTION IV DU CHAPITRE II DU TITRE II DU LIVRE VII DU CODE RURAL ET PAR LES MUTUELLES RELEVANT DU CODE DE LA MUTUALITÉ

(L. no 94-678 du 8 août 1994)

Art. 1er Les dispositions du présent titre s'appliquent aux opérations ayant pour objet la prévention et la couverture du risque décès, des risques portant atteinte à l'intégrité physique de la personne ou liés à la maternité ou des risques d'incapacité de travail ou d'invalidité ou du risque chômage.

Seuls sont habilités à mettre en œuvre les opérations de couverture visées au premier alinéa les organismes suivants :

a) Entreprises régies par le code des assurances ;

b) *(L. no 94-678 du 8 août 1994)* « Institutions de prévoyance relevant du titre III du livre IX du code de la sécurité sociale » ;

c) Institutions *(L. no 94-678 du 8 août 1994)* « de prévoyance » relevant de la section 4 du chapitre II du titre II du livre VII du code rural ;

d) Mutuelles relevant du code de la mutualité ;

(Ord. no 2018-470 du 12 juin 2018, art. 5) « *e)* Organismes visés aux articles L. 644-1 et L. 652-1 du code de la sécurité sociale pour les opérations mises en place dans le cadre des dispositions de l'article L. 144-1 du code des assurances. »

BIBL. ▸ REY, *Dr. soc. 1997. 60* (la couverture complémentaire et la vocation des caisses d'assurance maladie).

1. Assurance emprunteur. Ne figure pas au nombre des opérations de prévoyance complémentaire couvrant les risques énumérés par l'art. 1er, al. 1er, de la L. no 89-1009 du 31 déc. 1989, la souscription par un établissement de crédit d'un contrat d'assurance de groupe dont l'objet exclusif est de garantir à l'adhérent à ce contrat, en cas de survenance de l'un quelconque de ces risques, le remboursement du prêt qui lui a été consenti. • Civ. 2e, 21 déc. 2006, no 06-13.525 P : *Gaz. Pal. 2008. 4040, note Leducq ; RCA 2007, no 99 ; ibid., Repère 3, note Groutel ; RGDA 2007. 156, note Abravanel-Jolly.* ♦ V. déjà : • Civ. 1re, 13 janv. 2004, no 02-14.202 P : *D. 2004. IR 393 ; Gaz. Pal. 2004. 2481, note Leducq ; RCA 2004, no 111, obs. Groutel ; RGDA 2004. 482, note Kullmann.* ♦ *Contra*, en ce sens que l'art. 3 de la loi du 31 déc. 1989 sur les états pathologiques antérieurs est applicable à l'assurance-emprunteur : • Civ. 1re, 23 sept. 2003 : *RCA 2003, no 328, obs. Groutel ; RGDA 2004. 480, note Kullmann.*

2. Assurance du personnel collectivités locales. Un contrat « assurance du personnel collectivités locales » souscrit par une collectivité territoriale, ayant pour objet de garantir au seul bénéfice de la commune le versement ou le remboursement de charges lui incombant statutairement, n'entre pas dans le champ d'application de la loi du 31 déc. 1989. • Civ. 2e, 28 juin 2012, no 11-14.938 P : *RCA 2012, no 325, obs. Groutel ; D. 2013. 1992, obs. Groutel ; RGDA 2013. 970, note Sontag* • CE 28 janv. 2013 : *RGDA 2013. 970, note Sontag.* ♦ Mais les prestations liées à la réalisation d'un sinistre survenu pendant la période de validité d'une police d'assurance de prévoyance, en l'occurrence un contrat « assurance du personnel collectivités locales », ne peuvent être remises en cause par la résiliation ultérieure de celle-ci. Il s'ensuit que l'assureur doit garantir le paiement des prestations liées à des rechutes dont il n'est pas contesté qu'elles constituent la suite d'accidents de service survenus pendant la période de validité du contrat. • Civ. 2e, 13 janv. 2012 : *RGDA 2012. 779, note Mayaux.*

3. Institutions de prévoyance bénéficiaires d'une clause de désignation. Les « institutions de prévoyance » mentionnées à l'art. 1er de la L. no 89-1009 du 31 déc. 1989 sont des personnes morales de droit privé ayant un but non lucratif, administrées paritairement par les membres adhérents et qui font l'objet d'un agrément du ministre chargé de la sécurité sociale dans les conditions de l'art. L. 931-4 CSS. Elles peuvent, en application de l'art. L. 912-1 CSS, être désignées comme organisme gestionnaire unique d'un régime de prévoyance obligatoire pour tous les salariés de la branche par un accord professionnel ou interprofessionnel comportant une clause d'adhésion obligatoire pour les entreprises relevant de leur champ d'application. • CE 7 juill. 2000, no 198564 B • 19 mai 2008, no 298907.

4. Taxe sur les salaires. Ne peuvent être incluses dans l'assiette de la taxe sur les salaires due par la société au sens de l'art. 231 CGI, les cotisations versées selon les risques à des compagnies d'assurances ou des mutuelles, en application d'un régime de prévoyance institué par accord d'entreprise, qui apporte aux bénéficiaires, en complément des prestations assurées éventuellement par les régimes de base ou complémentaire de sécurité sociale, des garanties dans les matières suivantes : assurance décès, assurance accidents, rentes de veuve ou de veuf, rentes d'éducation, assurance invalidité et chirurgie-maladie-maternité. En effet, d'une part ces cotisations, qui ne sont pas versées directement entre les mains des salariés, ne constituent pas des « rémunérations effectivement payées » au sens du 2°) de l'art. 51 de l'annexe III au CGI, et, d'autre part, quel que soit l'objet desdites cotisations, elles ne constituent pas, non plus, des « avantages en nature », car il n'y a pas mise à la disposition des salariés pendant l'exécution du contrat de travail, d'un bien ou d'un service. • CE 26 nov. 1984 : *Lebon 391.*

5. *Créance privilégiée.* Les cotisations afférentes au contrat d'assurance ne constituent pas des rémunérations, indemnités ou créances énumérées aux art. 2101-4° C. civ., 128 de la loi du 25 janv. 1985 et L. 143-7 C. trav. En conséquence, les cotisations impayées d'un contrat « d'assurance complémentaire incapacité temporaire » ne peuvent être admises à titre privilégié au passif d'une procédure collective. • Com. 9 juin 1998 : *RJS 1998, n° 1225.*

6. *Fusion-absorption de la société souscriptrice.* Lorsque, au jour de la fusion-absorption, le salarié dont le contrat était précédemment rompu avait droit à titre exceptionnel au bénéfice de diverses prestations auprès de l'assureur en étant intégré à titre exceptionnel dans le régime des participants privés d'emplois, la société absorbante doit respecter l'engagement ainsi pris par la société absorbée envers ses salariés. Sa responsabilité est engagée pour négligence fautive dans le respect de ses obligations si elle ne démontre pas l'impossibilité dans laquelle elle se serait trouvée d'assurer au salarié la poursuite des mêmes garanties. • Soc. 19 janv. 1999 : *Dr. soc. 1999. 315, obs. Langlois ; RJS 1999, n° 411.*

7. *Opposabilité de la modification des règlements intérieurs des caisses.* Les dispositions de la L. n° 89-1009 du 31 déc. 1989 ne font pas obstacle à l'entrée en vigueur de la modification du règlement intérieur d'une caisse de retraite complémentaire modifiant les conditions de bénéfice d'une pension de retraite, qui intervient de plein droit du seul fait de l'intervention de l'arrêté ministériel d'approbation. • Soc. 11 avr. 2002, n° 01-00.707 P.

Art. 2 Lorsque des salariés sont garantis collectivement, soit sur la base d'une convention ou d'un accord collectif, soit à la suite de la ratification par la majorité des intéressés d'un projet d'accord proposé par le chef d'entreprise, soit par décision unilatérale de l'employeur, contre le risque décès, les risques portant atteinte à l'intégrité physique de la personne ou liés à la maternité ou les risques d'incapacité de travail ou d'invalidité, l'organisme qui délivre sa garantie prend en charge les suites des états pathologiques survenus antérieurement à la souscription du contrat ou de la convention ou à l'adhésion à ceux-ci, sous réserve des sanctions prévues en cas de fausse déclaration.

Aucune pathologie ou affection qui ouvre droit au service des prestations en nature de l'assurance maladie du régime général de sécurité sociale ne peut être exclue du champ d'application des contrats ou conventions visés au premier alinéa dans leurs dispositions relatives au remboursement ou à l'indemnisation des frais occasionnés par une maladie, une maternité ou un accident.

(L. n° 2013-504 du 14 juin 2013, art. 1er-III) « Le présent article est également applicable au titre des anciens salariés garantis en application de l'article L. 911-8 du code de la sécurité sociale. »

1. *Référendum.* Selon l'art. L. 911-1 CSS, lorsqu'elles ne sont pas déterminées par voie de conventions ou d'accords collectifs, des garanties collectives en complément de celles de la sécurité sociale ne peuvent être instaurées de manière obligatoire pour les salariés qu'à condition que les propositions de l'employeur aient été ratifiées par référendum à la majorité des intéressés, ce qui s'entend de la majorité des électeurs inscrits, ni un accord collectif ni une décision unilatérale de l'employeur ne pouvant subordonner l'entrée en vigueur d'un régime obligatoire à des exigences moindres. • Soc. 15 nov. 2011, n° 10-20.891 P.

2. *Pouvoir de gestion du comité d'entreprise.* Les activités sociales et culturelles se définissent par le caractère facultatif des avantages qu'elles procurent aux salariés : il ne peut y avoir activité sociale là où existe une obligation née de la loi ou d'un accord collectif. La ratification par la majorité des salariés d'un projet d'accord, proposé par l'employeur en vue d'assurer un régime collectif de protection sociale dans les conditions prévues par la loi du 31 déc. 1989, a fait perdre son caractère facultatif au régime de prévoyance précédemment en place, l'accord majoritaire des salariés par la voie du référendum ayant eu pour effet de donner force contractuelle à la proposition de l'employeur ; en conséquence, la gestion des cotisations n'entre plus dans le cadre des pouvoirs dont dispose le comité d'entreprise. • TGI Paris, 5 déc. 1994 : *RJS 1995, n° 665.*

3. *Responsabilité de l'employeur.* L'art. 7-4 de la convention collective nationale des experts comptables et des commissaires aux comptes du

9 déc. 1974 prévoit que les cabinets doivent souscrire, auprès d'un organisme habilité, un contrat assurant, pour l'ensemble des salariés comptant une ancienneté minimale d'un an dans le cabinet, des garanties décès, incapacité de travail et invalidité, sous réserve toutefois des cas d'expulsion au bénéfice de l'assurance, et tenant au caractère dangereux ou intentionnel de la cause du dommage. Ayant retenu que la salariée possédait à la date de la décision de placement en invalidité deuxième catégorie l'ancienneté requise et pouvait alors prétendre au versement de la rente invalidité, que l'employeur se trouvait dans l'obligation de procéder à une déclaration auprès de l'organisme de prévoyance, que le défaut de souscription par cet employeur du contrat d'assurance groupe prévue par la convention collective, dont les règles plus favorables s'imposaient à lui, ouvrait droit à indemnisation, une cour d'appel, qui a ainsi fait ressortir que la période d'arrêt maladie de la salariée ne devait pas être exclue pour le calcul de son ancienneté, a fait une exacte application du texte conventionnel. • Soc. 19 mars 2014, n° 12-24.976 P : *RGAT 2014. 257, note Asselain.*

4. Interdiction de sélectionner les risques. Si l'assureur reste libre d'accepter ou de refuser le groupe dont l'assurance lui est proposée, comme il demeure libre de fixer la tarification et le niveau des garanties, il ne peut en revanche opérer une sélection médicale en refusant d'assurer une ou plusieurs personnes du groupe ou de prendre en charge des risques dont la réalisation trouverait son origine dans l'état de santé antérieur de l'assuré. • TGI Paris, 1er juin 1995 : *RGAT 1995. 634, note J. Bigot.* ♦ L'art. 2 de la loi du 31 déc. 1989 oblige l'organisme qui délivre sa garantie à prendre en charge les suites des états pathologiques survenus antérieurement à la souscription du contrat et lui interdit d'exclure une pathologie ou affection ouvrant droit au service des prestations en nature de l'assurance maladie. Ces dispositions d'ordre public interdisent à l'assureur d'opérer une sélection médicale en refusant d'assurer une personne du groupe ou de prendre en charge des risques dont la réalisation trouve son origine dans l'état de santé antérieur de l'assuré. • Civ. 1re, 7 juill. 1998 : *RDSS 1998. 843, obs. Verkindt ; RGDA 1998. 748, obs. Kullmann.* ♦ Commet une faute l'assureur qui, en excluant de la garantie décès l'un des salariés placé en arrêt de travail pour longue maladie et décédé par la suite, viole le principe de non-sélection individuelle des risques résultant, en matière de prévoyance collective obligatoire, de l'art. 2 de la L. n° 89-1009 du 31 déc. 1989. • Civ. 1re, 13 févr. 2001, n° 98-12.478 P : *RCA 2001, n° 164; RGDA 2001. 373, note Fonlladosa.* ♦ En application des dispositions de l'art. 2, le législateur a entendu imposer aux assureurs la prise en charge des risques non encore réalisés à la date de la souscription du contrat, mais qui trouvent leur origine dans l'état de santé de l'assuré antérieur à la date d'effet du contrat. Il en résulte que, sous réserve, en cas de succession de contrats de prévoyance collective, de l'application des dispositions de l'art. 7, l'assureur ne peut refuser sa garantie aux assurés reconnus invalides postérieurement à la date de prise d'effet du contrat au motif que l'arrêt de travail est antérieur à cette prise d'effet. Par suite, dès lors que les agents d'un établissement public ne bénéficiaient pas d'une garantie collective en matière d'invalidité avant l'entrée en vigueur du contrat d'assurance, une cour administrative d'appel a commis une erreur de droit en jugeant que les stipulations du contrat en litige, qui permettaient à l'assureur de refuser la garantie invalidité aux agents lorsque la date initiale de l'arrêt de travail était antérieure à la date d'effet du contrat, ne méconnaissaient pas les dispositions d'ordre public de l'art. 2 de la loi du 31 déc. 1989. • CE 6 déc. 2017 A : *RGDA 2018. 47, note Asselain.*

Art. 3 Pour les opérations collectives autres que celles mentionnées à l'article 2 de la présente loi et pour les opérations individuelles, l'organisme qui a accepté une souscription ou une adhésion doit, sous réserve des sanctions prévues en cas de fausse déclaration, prendre en charge les suites d'états pathologiques survenus antérieurement à l'adhésion de l'intéressé ou à la souscription du contrat ou de la convention.

Toutefois, il peut refuser de prendre en charge les suites d'une maladie contractée antérieurement à l'adhésion de l'intéressé ou à la souscription du contrat ou de la convention à condition :

a) Que la ou les maladies antérieures dont les suites ne sont pas prises en charge soient clairement mentionnées dans le contrat individuel ou dans le certificat d'adhésion au contrat collectif ;

b) Que l'organisme apporte la preuve que la maladie était antérieure à la souscription du contrat ou à l'adhésion de l'intéressé au contrat collectif.

Dans les cas prévus à l'alinéa précédent, l'administration de la preuve s'effectue dans le respect des dispositions *(L. n° 92-1336 du 16 déc. 1992)* « des articles 226-13 et 226-14 » du code pénal relatives au secret professionnel.

Assurance emprunteur. V. la jurispr. citée ss. l'art. 1er, note 1.

Art. 4 Lorsque des salariés sont garantis collectivement, dans les conditions prévues à l'article 2 de la présente loi, en vue d'obtenir le remboursement ou l'indemnisation des frais occasionnés par une maladie, une maternité ou un accident, le contrat ou la convention doit prévoir, sans condition de période probatoire ni d'examen ou de questionnaire médicaux, les modalités et les conditions tarifaires des nouveaux contrats ou conventions par lesquels l'organisme maintient cette couverture :

1° Au profit des anciens salariés bénéficiaires d'une rente d'incapacité ou d'invalidité, d'une pension de retraite ou, s'ils sont privés d'emploi, d'un revenu de remplacement, sans condition de durée, sous réserve que les intéressés en fassent la demande dans les six mois qui suivent la rupture de leur contrat de travail *(L. n° 2013-504 du 14 juin 2013, art. 1er-III)* « ou, le cas échéant, dans les six mois suivant l'expiration de la période durant laquelle ils bénéficient à titre temporaire du maintien de ces garanties. » *(L. n° 2013-504 du 14 juin 2013, art. 1er-III, en vigueur le 1er janv. 2014)* « L'organisme adresse la proposition de maintien de la couverture à ces anciens salariés au plus tard dans le délai de deux mois à compter de la date de la cessation du contrat de travail ou de la fin de la période du maintien des garanties à titre temporaire ; »

2° Au profit des personnes garanties du chef de l'assuré décédé, pendant une durée minimale de douze mois à compter du décès, sous réserve que les intéressés en fassent la demande dans les six mois suivant le décès. *(L. n° 2013-504 du 14 juin 2013, art. 1er-III, en vigueur le 1er janv. 2014)* « L'employeur en informe l'organisme, qui adresse la proposition de maintien de la couverture à ces personnes dans le délai de deux mois à compter du décès. »

Le nouveau contrat ou la nouvelle convention doit prévoir que la garantie prend effet, au plus tard, au lendemain de la demande.

Les tarifs applicables aux personnes visées par le présent article peuvent être supérieurs aux tarifs globaux applicables aux salariés actifs dans des conditions fixées par décret. — *V. Décr. n° 90-769 du 30 août 1990, art. 1er.*

BIBL. ▶ LAUTRETTE et PIAU, Le maintien des obligations d'assurance en prévoyance collective (articles 4, 6, 7 et 7-1 de la loi Évin), *Dr. soc. 2007. 853* ✎. – PEANO, La résiliation de l'assurance de groupe après le sinistre, *RCA 1993. Chron. 12.* – ROULET, Pour une réforme de l'article 4 de la loi Évin, *Dr. soc. 2012. 1060* ✎. – SERIZAY, La portabilité des droits de protection sociale, *SSL 2008, n° 1366, p. 7.* – THIESSET, La portabilité de la prévoyance : un droit difficile à porter ?, *Gaz. Pal. 12 mai 2009, n° 132, p. 9.*

1. Maintien de la couverture à l'identique. Il ne peut être dérogé par voie de convention aux dispositions d'ordre public de la L. n° 89-1009 du 31 déc. 1989 qui prévoient le maintien à l'ancien salarié privé d'emploi de la couverture résultant de l'assurance de groupe souscrite par l'employeur pour la garantie des frais de santé. L'organisme ne saurait en conséquence respecter ses obligations en se contentant de maintenir au salarié la couverture sur la base du régime le plus proche de celui prévu par le contrat collectif et obligatoire. • Civ. 2e, 7 févr. 2008, ⚖ n° 06-15.006 P : *R. 2008. 327 ; RCA 2008, n° 151, note Courtieu ; D. 2008. 2703, obs. Bugada* ✎ *; RJS 5/2008, n° 601 ; RGDA 2009. 549, obs. Kullman.* ♦ V. égal. l'arrêt de renvoi rendu dans cette affaire. • Lyon, 13 janv. 2009 : *RJS 3/09, n° 282 ; JCP E 2009. 1430, obs. Delumeau.*

2. Bénéficiaires. L'art. 4 de la L. n° 89-1009 du 31 déc. 1989 prévoit le maintien de la couverture de l'organisme de prévoyance non seulement au profit des anciens salariés bénéficiaires d'une rente d'incapacité ou d'invalidité, mais aussi des anciens salariés privés d'emploi bénéficiant d'un revenu de remplacement. • Soc. 16 avr. 2008, ⚖ n° 06-44.361.

3. Devoir d'information de l'employeur sur les conditions du maintien de la garantie. Le souscripteur d'un contrat d'assurance de groupe a le devoir de faire connaître de façon précise à l'adhérent à ce contrat les droits et obligations qui sont les siens. Débiteur envers celui-ci d'un devoir d'information et de conseil, il est responsable des conséquences qui s'attachent à une information incomplète ayant induit l'assuré en erreur sur la nature, l'étendue ou le point de départ de ses droits. • Soc. 16 avr. 2008 : ⚖ *préc. note 2.*

4. Portabilité des garanties organisées par l'art. 14 de l'ANI du 11 janv. 2008. L'art. 14 de l'Accord national interprofessionnel du 11 janv. 2008 modifié par l'avenant n° 3 du 18 mai 2009, étendu par arrêté ministériel du 7 oct. 2009, n'a pas été rendu obligatoire, en l'absence d'arrêté d'élargissement, aux autres secteurs professionnels. Son champ d'application professionnel reste donc circonscrit à celui couvert par le Medef, la CGPME et l'UPA (secteurs de l'industrie, du commerce et des services), à l'exclusion du secteur agricole et de celui des professions libérales. • Versailles, 17e ch., 18 nov. 2011 : *RJS 2012, n° 656.* ♦ Les dispositions de l'art. 14 de l'Accord national interprofessionnel modifié, entrées en vigueur le 1er juill. 2009 pour les entreprises adhérentes d'un des syndicats signataires, ne pouvaient s'appliquer à un licenciement notifié antérieurement à l'entrée en vigueur du dispositif. • Soc. 23 mai 2012 : ⚖ *RJS 2012, n° 739.*

Art. 5 Lorsque des salariés sont garantis collectivement, dans les conditions prévues par l'article 2 de la présente loi, contre le risque décès, les risques portant atteinte à l'intégrité physique de la personne ou liés à la maternité ou les risques d'incapacité de travail ou d'invalidité, le contrat ou la convention doit prévoir le délai de préavis applicable à sa résiliation ou à son non-renouvellement ainsi que les modalités et les conditions tarifaires selon lesquelles l'organisme peut maintenir la couverture, sans condition de période probatoire ni d'examen ou de questionnaire médicaux, au profit des salariés concernés, sous réserve qu'ils en fassent la demande avant la fin du délai de préavis.

(L. n° 2013-504 du 14 juin 2013, art. 1er-III) « Le présent article est également applicable au titre des anciens salariés garantis en application de l'article L. 911-8 du code de la sécurité sociale. »

Art. 6 Pour les opérations collectives autres que celles mentionnées à l'article 2 de la présente loi et pour les opérations individuelles et sous réserve du paiement des primes ou cotisations et des sanctions prévues en cas de fausse déclaration, *(Ord. n° 2001-350 du 19 avr. 2001, art. 8)* « à compter de » l'adhésion de l'intéressé ou la souscription du contrat ou de la convention, l'organisme ne peut refuser de maintenir aux intéressés le remboursement ou l'indemnisation des frais occasionnés par une maladie, une maternité ou un accident. Les personnes visées sont celles qui sont affiliées au contrat collectif ou d'assurance de groupe ou mentionnées au contrat individuel ou à la convention tant que celles-ci le souhaitent, sans réduction des garanties souscrites, aux conditions tarifaires de la catégorie dont elles relèvent, avec maintien, le cas échéant, de la cotisation ou de la prime pour risque aggravé.

L'organisme ne peut ultérieurement augmenter le tarif d'un assuré ou d'un adhérent en se fondant sur l'évolution de l'état de santé de celui-ci.

Si l'organisme veut majorer les tarifs d'un type de garantie ou de contrat, la hausse doit être uniforme pour l'ensemble des assurés ou adhérents souscrivant ce type de garantie ou de contrat.

(Ord. n° 2001-350 du 19 avr. 2001, art. 8) « Après l'expiration d'un délai de deux ans suivant l'adhésion de l'intéressé ou la souscription du contrat ou de la convention, les mêmes dispositions sont applicables aux garanties contre les risques d'incapacité de travail ou d'invalidité, le risque chômage et, à titre accessoire à une autre garantie, contre le risque décès tant que l'assuré n'a pas atteint l'âge minimum requis pour faire valoir ses droits à une pension de vieillesse et sous réserve des sanctions pour fausse déclaration. »

Les dispositions du présent article ne sont applicables ni aux contrats ou conventions qui couvrent exclusivement le risque décès, ni à la garantie ou au contrat souscrit en application du troisième alinéa de l'article 4 de la présente loi.

Hausse des cotisations. Viole l'art. 6 de la loi du 31 déc. 1989 la cour d'appel qui retient la preuve de l'uniformité de la hausse des tarifs pour l'ensemble des adhérents ayant souscrit le même type de contrat à partir de la seule correspondance adressée à un assuré, à l'exclusion de tout autre document. • Civ. 2e, 10 juin 2004 : *D. 2004. IR 1860 ; RGDA 2004. 989, note Mayaux.*

Art. 6-1 *(Abrogé par L. n° 2019-1446 du 24 déc. 2019, art. 46-II) (L. n° 99-641 du 27 juill. 1999) A l'expiration de son droit aux prestations définies à l'article L. 861-3 du code de la sécurité sociale, toute personne ayant bénéficié de la prise en charge prévue au b de l'article L. 861-4 de ce code reçoit de l'organisme auprès duquel elle bénéficiait de cette prise en charge la proposition de prolonger son adhésion ou son contrat pour une période d'un an (Abrogé par L. n° 2005-1579 du 19 déc. 2005, art. 54-III) « , avec les mêmes prestations et » pour un tarif n'excédant pas un montant fixé par arrêté.*

(L. n° 2005-1579 du 19 déc. 2005, art. 54-III) « Les prestations prises en charge dans ce cadre sont identiques à celles définies à l'article L. 861-3 du code de la sécurité sociale, à l'exception de celles qui ne sont pas conformes aux règles définies à l'article L. 871-1 du même code.

« Cette disposition est applicable aux contrats et adhésions souscrits à partir du 1er janvier 2006. Les contrats et adhésions de prolongation en cours à cette date bénéficient jusqu'à leur terme en 2006 de l'exonération de taxe sur les conventions d'assurance mentionnée au premier alinéa de l'article L. 871-1 du code de la sécurité sociale. »

Les personnes dont le droit à la protection complémentaire en matière de santé ou au crédit d'impôt mentionné à l'art. L. 863-1 CSS, dans sa rédaction antérieure au 1er nov. 2019, arrive à expiration entre le 1er nov. 2019 et le 1er janv. 2020, ont le droit de se voir proposer les contrats respectivement prévus à l'art. 6-1 de la loi n° 89-1009 du 31 déc. 1989 renforçant les garanties offertes aux personnes assurées contre certains risques, dans sa rédaction antérieure à la L. n° 2019-1446 du 24 déc. 2019 (L. préc., art. 46-III).

Art. 6-2 *(Abrogé par L. n° 2019-1446 du 24 déc. 2019, art. 46-II) (L. n° 99-641 du 27 juill. 1999) Lorsqu'une personne obtient le bénéfice de la protection complémentaire définie à l'article L. 861-3 du code de la sécurité sociale alors qu'elle est déjà garantie par un organisme* *assureur contre les risques liés à une maladie, une maternité ou un accident dans les conditions prévues aux articles 2 et 3 de la présente loi, elle obtient à sa demande :*

1° Soit la résiliation totale de la garantie initialement souscrite si l'organisme assureur n'est pas inscrit sur la liste prévue à l'article L. 861-7 du code de la sécurité sociale ;

2° Soit la modification de la garantie initialement souscrite en une garantie établie en application des articles L. 861-1 et L. 861-3 du code de la sécurité sociale ; si la garantie initialement souscrite s'appliquait également à des risques différents de la garantie prévue par l'article L. 861-3, l'organisme assureur doit proposer au bénéficiaire de la protection complémentaire, pour la partie de son contrat initial qui excède cette protection, un contrat correspondant à des conditions tarifaires de droit commun.

Les cotisations ou primes afférentes aux contrats ou partie de contrat initiaux sont remboursées par les organismes qui les ont perçues au prorata de la durée du contrat restant à courir. Les dispositions du présent article ne s'appliquent pas aux garanties souscrites dans le cadre d'un accord collectif obligatoire d'entreprise.

1. *Absence d'atteinte à la liberté contractuelle.* La possibilité pour les bénéficiaires de la couverture maladie universelle antérieurement affiliés à un organisme de protection sociale complémentaire d'obtenir de plein droit la résiliation de la garantie souscrite auprès de cet organisme résulte de dispositions législatives. Par suite, le moyen tiré de ce que le décret attaqué aurait violé le principe de la liberté contractuelle est inopérant. Le gouvernement n'est en outre pas tenu de prendre des dispositions permettant d'indemniser le préjudice subi par les courtiers en assurance du fait de ces dispositions. • CE 8 nov. 2000, n° 218212 : *RJS 2001, n° 361.*

2. *Acquisition de la CMU.* La faculté de résiliation totale de la garantie initialement souscrite si l'organisme assureur n'est pas inscrit sur la liste des organismes participant à la CMU n'est pas soumise aux règles relatives à la résiliation du contrat d'assurance à l'échéance, et en particulier à l'obligation de respecter un délai de préavis de deux mois. • Civ. 2e, 15 mai 2008, n° 07-15.888 P : *RCA 2008, n° 239, obs. Groutel ; RGDA 2008. 729, note Bigot.*

Art. 6-3 *(Abrogé par L. n° 2019-1446 du 24 déc. 2019, art. 46-II) (L. n° 2001-1246 du 21 déc. 2001, art. 38-II) Lorsque les personnes mentionnées au (L. n° 2018-1203 du 22 déc. 2018, art. 52-VII, en vigueur le 1er nov. 2019) « huitième » alinéa de l'article L. 861-3 du code de la sécurité sociale acquièrent une protection complémentaire souscrite à titre individuel en matière de frais de soins de santé, aucune période probatoire ne peut leur être opposée. Elles bénéficient en outre de la procédure de dispense d'avance de frais, pour une durée d'un an à compter de l'expiration de leur droit aux prestations définies aux (L. n° 2005-1579 du 19 déc. 2005, art. 54-VII) « six » premiers alinéas de l'article L. 861-3 précité, dans les conditions prévues par décret, pour la part de ces mêmes dépenses prise en charge par les organismes visés au b de l'article L. 861-4 du code de la sécurité sociale.*

Art. 7 Lorsque des assurés ou des adhérents sont garantis collectivement contre les risques portant atteinte à l'intégrité physique de la personne ou liés à la maternité, le risque décès ou les risques d'incapacité ou d'invalidité, la résiliation ou le non-renouvellement du contrat ou de la convention est sans effet sur le versement des prestations immédiates ou différées, acquises ou nées durant son exécution. Le versement des prestations de toute nature se poursuit à un niveau au moins égal à celui de la dernière prestation due ou payée avant la résiliation ou le non-renouvellement, sans préjudice des révisions prévues dans le contrat ou la convention. De telles révisions ne peuvent être prévues à raison de la seule résiliation ou du seul non-renouvellement.

L'engagement doit être couvert à tout moment, pour tous les contrats ou conventions souscrits, par des provisions représentées par des actifs équivalents. — *V. Décr. n° 90-768 du 30 août 1990 ci-dessous.*

I. RÉSILIATION OU NON-RENOUVELLEMENT DU CONTRAT D'ASSURANCE DE GROUPE

1. *Détermination des conditions de la garantie.* Les dispositions de l'art. 7 de la L. du 31 déc. 1989 n'interdisent pas aux parties de définir les conditions d'acquisition de la garantie. Dès lors, si le bénéfice des prestations du contrat est subordonné à la double condition que le salarié subisse un arrêt de travail de plus de trois mois et qu'il continue d'être affilié et de cotiser pendant ce délai, son droit à prestation n'est pas né avant l'expiration de ce délai. L'organisme n'est donc pas tenu au maintien de cette garantie à la suite de la résiliation du contrat au cours de ce délai de franchise. • Civ. 2e, 22 janv. 2009, n° 07-21.093 P : *RJS 5/2009, n° 470 ; JCP E 2009. 1391, obs. Piau ; RGDA 2009. 564, note Mayaux.* ♦ L'art. 7 de la L. n° 89-1009 du 31 déc. 1989 selon lequel la résiliation ou le non-renouvellement du contrat ou de la convention est sans effet sur le versement des prestations immédiates ou différées, acquises ou nées durant son exécution, n'interdit pas aux parties de définir les conditions d'acquisition de la garantie. • Civ. 2e, 27 mars 2014, n° 13-14.656 : *RCA 2014, n° 282, note Courtieu.* ♦ V. égal. note 8.

2. *Sinistre pendant la suspension de la garantie.* Ayant relevé que l'accident de travail dont avait été victime un assuré était survenu pendant la période de suspension des garanties de l'assurance collective de prévoyance, ayant fait suite à la vaine mise en demeure adressée par l'assureur au souscripteur pour le règlement des cotisations impayées de l'assurance, une cour d'appel a décidé à bon droit qu'aucune prestation n'avait été acquise ou n'était juridiquement née avant la suspension ou la résiliation des garanties, de sorte que l'assuré ne pouvait se prévaloir des dispositions de l'art. 7 de la L. du 31 déc. 1989. • Civ. 2e, 30 juin 2016, n° 15-18.639 P : *RCA 2016, n° 287, note Courtieu ; RGDA 2016. 480, note Mayaux.*

A. PRESTATIONS IMMÉDIATES

3. *Maintien de la garantie.* Les prestations liées à la réalisation d'un sinistre survenu pendant la période de validité d'un contrat d'assurance de groupe ne peuvent être remises en cause par la résiliation ultérieure de cette police. • Civ. 2e, 30 juin 2004, n° 03-16.231 P : *RCA 2004, n° 355, note Groutel.*

4. *Clause de cessation automatique.* Doit être considérée comme non écrite la clause de cessation automatique, à compter de la résiliation du contrat, du paiement des prestations au titre d'un risque qui s'était réalisé avant cette résiliation. • Civ. 2e, 30 juin 2004 : *préc. note 3.*

5. *Clause privant du droit à revalorisation.* Les prestations liées à la réalisation d'un sinistre survenu pendant la période de validité d'une police d'assurance de groupe ne peuvent être remises en cause par la résiliation ultérieure de celle-ci. Doit en conséquence être réputée non écrite la clause d'une police d'assurance conduisant à priver les salariés du droit à revalorisation alors que le risque était déjà réalisé. • Civ. 2e, 8 mars 2006, n° 04-16.854 P : *RJS 5/2006, n° 773.*

B. PRESTATIONS DIFFÉRÉES

1° ARRÊT DE TRAVAIL OU INVALIDITÉ

6. *Double condition : maladie et prestations dues avant la résiliation.* Il résulte des art. 2 et 7 de la L. du 31 déc. 1989 que lorsque des salariés sont garantis collectivement contre les risques portant atteinte à l'intégrité physique de la personne ou liés à la maternité, le risque décès ou les risques d'incapacité ou d'invalidité, la résiliation ou le non-renouvellement du contrat ou de la convention de prévoyance sont sans effet sur le versement des prestations immédiates ou différées, acquises ou nées durant son exécution. Viole ces articles la cour d'appel qui déboute un salarié de sa demande en versement d'une rente pour inaptitude au motif que son inaptitude a été reconnue après la résiliation du contrat d'assurance, alors que l'inaptitude du salarié était consécutive à la maladie dont il était atteint depuis une date antérieure à la résiliation du contrat, et en raison de laquelle il avait perçu jusqu'à la déclaration d'inaptitude des indemnités journalières au titre de ce contrat de prévoyance, de sorte que l'attribution de la rente constituait une prestation différée relevant de l'exécution de ce même contrat. • Soc. 16 janv. 2007, n° 05-43.434 P : *RCA 2007, n° 138, note Groutel ; D. 2007. 1060, note G. François ; RJS 3/2007, n° 789.* ♦ Les juges du fond doivent donc rechercher, pour déterminer si la garantie de l'assureur est due, si l'admission d'une salariée à la retraite pour invalidité après la résiliation du contrat d'assurance de groupe n'est pas la conséquence de la maladie dont elle était atteinte antérieurement et au titre de laquelle elle avait perçu des indemnités avant la résiliation. • Civ. 1re, 16 oct. 2008 : *RGDA 2009. 199, note Mayaux.* ♦ Il résulte de l'art. 7 de la L. du 31 déc. 1989 que lorsque des assurés ou des adhérents sont garantis collectivement contre les risques portant atteinte à l'intégrité physique de la personne ou liés à la maternité, le risque décès ou les risques d'incapacité ou d'invalidité, la résiliation ou le non-renouvellement du contrat ou de la convention de prévoyance sont sans effet sur le versement des prestations immédiates ou différées, acquises ou nées durant son exécution. La rente invalidité est en conséquence due lorsque l'invalidité est la conséquence d'une maladie survenue pendant la période de validité du contrat. • Civ. 2e, 14 janv. 2010, n° 09-10.237 P : *Gaz. Pal. 9 juin 2010, p. 44, obs. Thiesset ; RJS 4/2010, n° 384 ; RGDA 2010. 388, note Mayaux.* ♦ En l'absence de prestations dues pendant la durée d'application du premier contrat, l'art. 7 de la L. du 31 déc. 1989 n'est pas applicable. Les invalidités, constatées lors de l'exécution du nouveau contrat souscrit auprès d'une autre compagnie d'assurance, devaient être prises en charge par cette dernière. • Civ. 2e, 13 janv. 2012 : *RGDA 2012. 779, note Mayaux.* ♦ Ayant retenu que la résiliation du contrat avait été prononcée avant que ne survienne l'état d'invalidité de l'assuré alors qu'aucune prestation n'était servie à cette date par l'assureur, une cour d'appel a exactement décidé que le droit à prestation de l'assuré n'était pas né à la date de la résiliation de la sorte que l'assureur n'était redevable d'aucune somme à son égard. • Civ. 2e, 21 mai 2015, n° 14-16.742 : *RGDA 2015. 412, note Lambert.* ♦ *Contra* : Les prestations en cas d'invalidité ou d'incapacité de travail sont dues lorsque ces événements sont postérieurs à l'expiration des garanties mais qu'ils trouvent leur source dans un fait générateur antérieur. • Civ. 2e, 17 avr. 2008, n° 07-12.064 P : *JCP 2008. II. 10112, note Mayaux ; RGDA 2008. 694, note Mayaux.* • 17 avr. 2008, n° 07-12.088 P : *JCP 2008. II. 10112, note Mayaux ; RGDA 2008. 694, note Mayaux.* • 23 oct. 2008 : *RGDA 2009. 523, note Mayaux.* • 13 janv. 2011 : *RGDA 2011. 531, note Mayaux ; RCA 2011, n° 118, note Courtieu.* ♦ Ainsi, le versement par anticipation d'un capital décès en cas d'invalidité absolue ou définitive, lorsque l'assuré est classé par la sécurité sociale en invalidité de 2e ou 3e catégorie, prévu par un contrat d'assurance de groupe constitue une prestation différée au sens de l'art. 7 de la L. du 31 déc. 1989. Il doit en conséquence être versé au salarié classé en invalidité à la suite d'une maladie connue avant la résiliation du contrat d'assurance. • Civ. 2e, 17 avr. 2008, n° 06-45.137 P : *JCP 2008. II. 10112, note Mayaux; RGDA 2008. 694, note Mayaux.* ♦ Comp. : Les prestations liées à la réalisation d'un sinistre survenu pendant la période de validité d'une police d'assurance de groupe ne peuvent être remises en cause par la résiliation ultérieure de celle-ci. Dès lors, des arrêts de travail postérieurs à la date de résiliation du contrat d'assurance engagent la garantie de l'assureur s'ils sont la conséquence d'une maladie diagnostiquée avant la résiliation. • Civ. 2e, 12 avr. 2012 : *RGDA 2013. 1097, note Asselain; RCA 2012, n° 216, note de Graëve.*

2° HOSPITALISATION

7. *Exclusion de la qualification de prestation différée.* Dès lors que l'événement ouvrant droit aux prestations était l'hospitalisation pour maladie ou accident et que le contrat stipulait que si la même maladie ou le même accident nécessitait plusieurs hospitalisations espacées de moins de trois mois, elles étaient considérées comme un seul et même événement assuré, la prise en charge de l'hospitalisation ne constituait pas une prestation différée au sens de l'art. 7 de la L. n° 89-1009 du 31 déc. 1989. • Civ. 2e, 24 mars 2016, n° 15-16.604 : *RGDA 2016. 262, note Mayaux.*

3° DÉCÈS

8. *Capital décès.* Le capital décès ne peut constituer une prestation différée au sens de l'art. 7 de la L. n° 89-1009 du 31 déc. 1989, seule la date de la mort de l'assuré, et non celle de son fait générateur, étant déterminante du droit au versement de la prestation d'assurance afférente au décès, en sorte qu'il importe peu que celui-ci soit consécutif à une maladie prise en charge pendant la période d'effet du contrat. • Civ. 1re, 22 mai 2001, n° 98-17.935 P : *D. 2001. 3391, note Choisez ; RCA 2001, n° 236, obs. Groutel; RGDA 2001. 728, note Kullmann* • Civ. 1re, 29 avr. 2003, n° 01-01.978 P : *Gaz. Pal. 2004. 510, note Favre-Rochex; RCA 2003, nos 212 et 213.* ♦ La garantie décès ne constitue pas une prestation différée, de sorte qu'il était indifférent que le décès fût intervenu des suites d'une maladie non professionnelle apparue pendant la période de garantie. • Civ. 2e, 4 févr. 2016, n° 14-27.249 P : *D. actu. 16 févr. 2016, obs. de Ravel d'Esclapon; RCA 2016, n° 165, note Courtieu; RGDA 2016. 147, note Mayaux.* ♦ L'assureur n'étant pas tenu, sauf stipulation contraire, de prendre en charge le décès d'un adhérent survenu après la résiliation de son contrat de groupe, la cour d'appel a violé les textes susvisés. • Civ. 1re, 8 juill. 2003 : *RCA 2003, n° 305, note Groutel.*

II. RUPTURE DU CONTRAT DE TRAVAIL

9. *Détermination des conditions de la garantie.* Sont valides les conditions de la garantie telles que celle fixant la cessation des garanties à la date d'effet de la retraite du régime général de la sécurité sociale. • Civ. 2e, 4 févr. 2016, n° 14-27.249 P : *préc. note 8.* ♦ V. égal. note 1.

10. *Maintien des garanties.* Lorsque des salariés sont garantis collectivement contre les risques portant atteinte à l'intégrité physique de la personne ou liés à la maternité, le risque décès ou les risques d'incapacité ou d'invalidité, la cessation de la relation de travail est sans effet sur le versement des prestations immédiates ou différées, acquises ou nées durant cette relation. • Civ. 2e, 17 avr. 2008, n° 07-12.064 P : *JCP 2008. II. 10112, note Mayaux; RGDA 2008. 694, note Mayaux* • Civ. 2e, 17 avr. 2008, n° 07-12.088 P : *JCP 2008. II. 10112, note Mayaux; RGDA 2008. 694, note Mayaux* • Civ. 2e, 5 mars 2015, n° 13-26.892 P : *RGDA 2015. 204, note Mayaux; RCA 2015, n° 162, note Courtieu.*

11. *Clause contractuelle contraire.* Les clauses du contrat d'assurance de prévoyance stipulant que « tout assuré cesse d'être garanti et perd la qualité d'assuré dès le jour où il n'appartient plus à la catégorie de personnels à laquelle le contrat s'applique » et qu'« en cas d'arrêt de travail d'un salarié, donnant lieu à un service des prestations de la sécurité sociale, les garanties en vigueur à la date de cet arrêt lui sont maintenues pendant une durée maximale de trois ans. Elles cessent obligatoirement au terme de ce délai et en tout état de cause, à la date de la rupture du contrat de travail de l'assuré » aboutissent à supprimer les prestations dues au titre d'un risque qui s'est réalisé avant la résiliation de la police d'assurance et ne peuvent être opposées au salarié si les prestations demandées ont pour origine des risques survenus pendant la période de garantie. Elles doivent être réputées non écrites. • Soc. 18 mars 2003, n° 01-41.669 : *RGDA 2003. 528, note Bigot.* ♦ Il ne peut être dérogé au principe du maintien des prestations par une disposition contractuelle. • Civ. 2e, 5 mars 2015, n° 13-26.892 P : *préc. note 10.*

12. *Naissance du droit à prestation.* Dès lors que le salarié assuré présentait une invalidité absolue et définitive correspondant à la définition de la police d'assurance et que son état de santé était consolidé antérieurement à la date de cessation des garanties, par l'effet de sa mise à la retraite, son droit à prestation était né pendant la période de validité du contrat. • Civ. 2e, 16 avr. 2015, n° 14-16.743 : *RGDA 2015. 306, note Mayaux.*

III. OBLIGATION DE PROVISIONNER

13. *Provisions destinées à garantir les engagements souscrits en cas de résiliation.* Aux termes de l'art. 7 de la L. n° 89-1009 du 31 déc. 1989, en cas de résiliation ou de non-renouvellement d'un contrat de prévoyance complémentaire, pour garantir le service de la rente au niveau atteint lors de la cessation du contrat, les assureurs sont tenus de constituer des provisions correspondant aux engagements. • Civ. 1re, 25 mars 2003, n° 99-13.546 P.

Art. 7-1 *(L. n° 2001-624 du 17 juill. 2001, art. 34)* Lorsque des assurés ou des adhérents sont garantis collectivement dans les conditions prévues à l'article 2, dans le cadre d'un ou de plusieurs contrats, conventions ou bulletins d'adhésion à un règlement comportant la couverture des risques décès, incapacité de travail et invalidité, la couverture du risque décès doit inclure une clause de maintien de la garantie décès en cas d'incapacité de travail ou d'invalidité. La résiliation ou le non-renouvellement du ou des contrats, conventions ou bulletins d'adhésion à un règlement sont en effet sur les prestations à naître au titre du maintien de garantie en cas de survenance du décès avant le terme de la période d'incapacité de travail ou d'invalidité telle que définie dans le contrat, la convention ou le bulletin d'adhésion couvrant le risque décès.

Cet engagement doit être couvert à tout moment par des provisions représentées par des actifs équivalents.

1. Application dans le temps. Les dispositions de l'art. 7-1 de la L. n° 89-1009 du 31 déc. 1989, mod. par la L. n° 2001-164 du 17 juill. 2001 ne sont entrées en vigueur qu'à compter du 1er janv. 2002, y compris pour les contrats, conventions ou bulletins d'adhésion à des règlements souscrits antérieurement et toujours en vigueur à cette date. Les dispositions transitoires prévues à l'art. 30-III de la L. du 31 déc. 1989 mod. par la L. du 17 juill. 2001 et qui concernent l'obligation pour l'assureur de maintenir les garanties en cas de résiliation ou de non-renouvellement d'un contrat, d'une convention ou d'un bulletin d'adhésion ne comportant pas d'engagement de maintien de la couverture décès au 31 déc. 2001, ne dérogent pas aux dispositions de l'art. 30-I de la L. du 31 déc. 1989 et ne concernent donc que les contrats en cours à la date d'entrée en vigueur de l'art. 7-1, soit à compter du 1er janv. 2002. Dès lors, ayant constaté que l'employeur avait résilié le contrat conclu avec l'institution de prévoyance, à effet du 31 déc. 2001, une cour d'appel a décidé à bon droit que les dispositions de l'art. 7-1 de la L. du 31 déc. 1989 ne trouvaient pas à s'appliquer à ce contrat. • Civ. 2e, 10 févr. 2011, n° 08-15.349 P.

2. Principe du maintien de la garantie décès en cas d'incapacité de travail ou d'invalidité. La résiliation ou le non-renouvellement du ou des contrats, conventions ou bulletins d'adhésion à un règlement sont sans effet sur les prestations à naître au titre du maintien de garantie en cas de survenance du décès avant le terme de la période d'incapacité de travail ou d'invalidité telle que définie dans le contrat, la convention ou le bulletin d'adhésion couvrant le risque décès. Dès lors, le décès de l'assuré, survenu le 26 mars 2004, étant consécutif à la maladie dont il était atteint et en raison de laquelle il percevait depuis nov. 2003 des indemnités journalières au titre du premier contrat de prévoyance souscrit auprès de l'assureur, les consorts étaient fondés à solliciter de cet assureur le paiement du capital-décès, qui constituait une prestation à naître au titre du maintien de garantie relevant de ce même contrat, nonobstant sa résiliation par l'employeur le 31 déc. 2003. • Civ. 2e, 25 juin 2009, n° 10-14.116 P : *D. 2009. AJ 1895.*

3. Condition du maintien de la garantie décès en cas d'incapacité de travail ou d'invalidité. L'art. 7-1 de la L. n° 89-1009 du 31 déc. 1989, qui prévoit le maintien de la garantie décès en cas d'incapacité de travail ou d'invalidité, n'exige ni que le décès soit consécutif à la maladie ou à l'invalidité dont le salarié était atteint, ni que la maladie ou l'invalidité ait été déclarée au premier assureur. Aussi, dès lors qu'une compagnie d'assurance ne contestait pas que le salarié était en incapacité de travail avant la résiliation du contrat de prévoyance souscrit auprès d'elle, ni que cet état s'était poursuivi, sans discontinuer, jusqu'à son décès, une cour d'appel a pu la condamner à régler aux ayants droit du salarié les prestations dues au titre de la garantie décès. • Civ. 2e, 11 déc. 2014, n° 13-25.777 P : *D. 2015. 9 ; RCA 2015, n° 105, note Courtieu ; ibid. Chron. 1, n° 10, note Groutel ; RGDA 2015. 110, note Mayaux.*

Art. 8 Pour les opérations collectives autres que celles mentionnées à l'article 2 de la présente loi, le souscripteur est, pour l'exécution du contrat ou de la convention, réputé agir à l'égard de l'assuré ou de l'adhérent pour le compte de l'organisme qui délivre sa garantie.

Art. 9 Les remboursements ou les indemnisations des frais occasionnés par une maladie, une maternité ou un accident ne peuvent excéder le montant des frais restant à la charge de l'assuré ou de l'adhérent après les remboursements de toute nature auxquels il a droit *(L. n° 99-641 du 27 juill. 1999)* « et avant la prise en charge instaurée par l'article L. 861-3 du code de la sécurité sociale ».

Un décret détermine les modalités d'application du présent article en cas de pluralité d'organismes garantissant l'assuré ou l'adhérent. — *V. Décr. n° 90-769 du 30 août 1990, art. 2.*

Art. 9-1 *(L. n° 2004-810 du 13 août 2004, art. 57-VII)* Par dérogation à l'article 6, lorsque la participation de l'assuré prévue au I de l'article *(L. n° 2015-1702 du 21 déc. 2015, art. 59-XII-J)* « L. 160-13 » du code de la sécurité sociale pour une spécialité inscrite sur les listes mentionnées aux premier et deuxième alinéas de l'article L. 162-17 du même code est augmentée, l'organisme peut décider, lors du renouvellement du contrat, que la part supplémentaire laissée à la charge de l'assuré n'est pas remboursée.

Art. 10 *(L. n° 2010-1330 du 9 nov. 2010, art. 26-II)* Les articles 2, 4, 7, 9 et 31 sont des dispositions d'ordre public et s'appliquent quelle que soit la loi régissant le contrat. — *Les dispositions issues de la L. n° 2010-1330 sont applicables aux pensions prenant effet à compter du 1er juill. 2010 (L. préc., art. 118-II).*

Art. 11 Aucun salarié employé dans une entreprise avant la mise en place, à la suite d'une décision unilatérale de l'employeur, d'un système de garanties collectives contre le risque décès, les risques portant atteinte à l'intégrité physique de la personne ou liés à la maternité ou les risques d'incapacité de travail ou d'invalidité ne peut être contraint à cotiser contre son gré à ce système.

BIBL. ▶ DUPEYROUX, *Dr. soc. 1996. 163* (l'art. 11 de la loi Évin et la théorie générale des accords collectifs de prévoyance).

1. Application aux salariés repris par la société absorbante. La généralité des termes de l'art. 11 ne permet pas d'exclure de son champ d'application les salariés dont l'ancienneté n'est pas contestée et dont les contrats de travail ont été repris par la société qui a absorbé leur entreprise. Par suite, l'employeur de la société absorbante doit rembourser les cotisations qu'il a retenues sur les salaires de ceux qui ont refusé d'adhérer à un contrat d'assurance de groupe en vigueur dans son entreprise, lorsque, d'une part, avant la reprise de leur entreprise, les salariés avaient la liberté d'adhérer ou non à une mutuelle de leur choix, et que, d'autre part, l'obligation d'adhérer au contrat d'assurance de groupe résultait d'une décision unilatérale du nouvel employeur et non des contrats de travail, ou d'un accord collectif auquel le document « explicitant » les effets de la location-gérance, signé par les membres du comité d'établissement, ne pouvait être assimilé. • Soc. 4 janv. 1996 : *Dr. soc. 1996. 163, obs. J.-J. Dupeyroux*. ♦ Les salariés dont le contrat de travail avait été transféré ne peuvent se voir imposer de cotiser au régime de prévoyance mis en place dans l'entreprise à la suite du changement intervenu dans la personne de l'employeur, dès lors que ce système de garanties collectives ne résultait que d'un engagement unilatéral de l'employeur. • Soc. 6 déc. 1994, n° 93-42.473.

2. Inapplication aux salariés embauchés postérieurement. Seuls les salariés employés dans l'entreprise avant la mise en place, à la suite d'une décision unilatérale de l'employeur, d'un système de garanties collectives ne peuvent être contraints de cotiser contre leur gré à ce système. Il appartient en conséquence aux juges de rechercher si le salarié n'a pas été embauché postérieurement à la mise en place du régime de prévoyance en question. • Soc. 25 mars 1997, n° 95-42.989. ♦ Lorsqu'un régime de prévoyance collective obligatoire a été mis en place par décision unilatérale de l'employeur, les salariés engagés postérieurement ne peuvent y renoncer. • Soc. 19 oct. 2005, n° 03-47.219 P : *RJS 2/2006, n° 85.*

Art. 12 Le souscripteur d'une convention ou d'un contrat conclu avec un organisme appartenant à l'une des catégories mentionnées à l'article 1er de la présente loi, en vue d'apporter à un groupe de personnes une couverture contre le risque décès, les risques portant atteinte à l'intégrité physique de la personne ou liés à la maternité ou des risques d'incapacité de travail ou d'invalidité, est tenu de remettre à l'adhérent une notice d'information détaillée qui définit notamment les garanties prévues par la convention ou le contrat et leurs modalités d'application.

Le souscripteur est également tenu d'informer préalablement par écrit les adhérents de toute réduction des garanties visées à l'alinéa précédent.

I. CHAMP D'APPLICATION DE L'OBLIGATION D'INFORMATION

1. Garanties concernées. L'art. 12 de la L. du 31 déc. 1989 ne distingue pas selon la nature obligatoire ou facultative des garanties qu'elle prévoit. L'employeur qui a souscrit une convention ou un contrat en vue d'apporter des garanties collectives a l'obligation de remettre à l'adhérent une notice d'information détaillée définissant les garanties prévues et leurs conditions d'application et ne saurait se fonder sur les art. 6 et 6-1 de cette loi pour se soustraire à une telle obligation. Le salarié doit en conséquence être indemnisé du préjudice découlant de l'absence de remise de ce document. • Soc. 4 avr. 2006, n° 04-43.454.

2. Révision des polices d'assurance. Le souscripteur d'un contrat d'assurance de groupe a le devoir de faire connaître de façon très précise à l'adhérent les droits et obligations qui sont les siens par suite de ce contrat et de ses avenants. Débiteur envers celui-ci d'un devoir d'information et de conseil, il est responsable des conséquences qui s'attachent à une information incomplète ayant conduit l'assuré à l'ignorance de l'étendue de ses droits à un moment utile. L'employeur qui a procédé à la révision défavorable des garanties souscrites sans en avertir le salarié doit en conséquence être condamné à réparer le préjudice né de la perte d'une chance de souscrire un contrat d'assurance complémentaire pour pallier cette perte. • Soc. 17 mars 2010 : *RJS 6/2010, n° 560.*

3. *Débiteur de l'obligation.* L'art. 12 de la L. n° 89-1009 du 31 déc. 1989 fait peser sur le seul souscripteur d'une convention ou d'un contrat conclu avec un organisme appartenant à l'une des catégories mentionnées à l'art. 1er de cette loi l'obligation de remettre à l'adhérent une notice d'information détaillée qui définit notamment les garanties prévues par la convention ou le contrat et leurs modalités d'application. L'organisme assureur ne saurait en conséquence être tenu pour responsable de la violation de cette obligation d'information. • Soc. 20 mars 2007, n° 05-13.130. ♦ La responsabilité de l'employeur ne peut être mise en cause lorsque celui-ci a satisfait à son obligation d'information et que la modification des modalités de calcul des prestations de prévoyance est imputable au seul organisme assureur. • Soc. 7 avr. 2009, n° 07-42.988.

4. *Remise de la notice.* Prive sa décision de base légale au regard de l'art. 12 de la L. n° 89-1009 du 31 déc. 1989 la cour d'appel qui, pour débouter l'adhérent de sa demande de dommages-intérêts dirigée contre le souscripteur, énonce que l'adhérent ne peut prétendre avoir ignoré l'existence et le contenu du contrat de prévoyance souscrit par son mandant jusqu'en 2004, puisque dans une lettre adressée à celui-ci le 4 août 2003, il indiquait avoir demandé verbalement à son responsable, en nov. 2001, de lui régler le capital invalidité qui lui était dû en vertu du contrat d'assurance collective, puis avoir demandé toujours verbalement à son président-directeur général d'intervenir auprès de la société d'assurance concernée, alors qu'il ne ressort pas de ces motifs que l'employeur avait satisfait à son obligation d'informer l'adhérent par la remise d'une notice détaillée définissant les garanties offertes par le contrat collectif de prévoyance. • Civ. 2e, 11 sept. 2014 : *D. 2014. 1823 ; RCA 2014, n° 389, note Groutel.*

5. *Compétence de l'adhérent.* Le manquement à son devoir d'information et de conseil de l'employeur souscripteur, par l'absence de remise d'une notice détaillée définissant les garanties offertes par le contrat collectif de prévoyance, ne saurait être excusée par le fait que le salarié, en qualité de cadre dirigeant, avait été étroitement associé aux discussions qui ont conduit au changement du contrat d'assurance de groupe. • Civ. 2e, 8 mars 2012 : *RGDA 2012. 789, obs. Bigot.*

II. SANCTION DE LA MÉCONNAISSANCE DE L'OBLIGATION D'INFORMATION

6. *Impossibilité pour le salarié de refuser l'adhésion.* L'inobservation par l'employeur des règles relatives à l'information des salariés, lors de leur embauche, prévues par l'art. 12 de la loi précitée en ce qui concerne notamment les garanties, ne leur ouvre pas le droit de refuser leur adhésion à un régime de prévoyance obligatoire, ni de demander leur radiation. • Soc. 19 oct. 2005, n° 03-47.219 P : *RJS 1/2006, n° 85.* ♦ L'inobservation par l'employeur des règles relatives à l'information des salariés, en ce qui concerne notamment les garanties, n'ouvre pas le droit aux salariés de demander l'inopposabilité du contrat souscrit par leur employeur et auquel ils sont tenus d'adhérer. • Soc. 20 mars 2007 : *JCP E 2007. 2530, n° 14, obs. Kessler.*

7. *Inopposabilité des modifications des garanties.* La remise de la notice définissant les nouvelles garanties est une condition déterminante de l'opposabilité des modifications apportées au contrat initial. • Civ. 2e, 16 juin 2011, n° 10-22.780. ♦ Faute de l'information de l'adhérent dans les conditions requises par l'art. 12 de la L. du 31 déc. 1989, la publication de la décision ministérielle approuvant la modification du règlement intérieur de l'institution de prévoyance ne suffit pas à rendre les modifications dudit règlement opposables aux adhérents. • Civ. 1re, 1er févr. 2000, n° 96-16.459 P.

8. *Sanction de la communication d'informations erronées.* L'employeur peut être tenu d'indemniser un salarié pour le préjudice résultant pour lui de l'absence d'une garantie dont il croyait légitimement pouvoir bénéficier lorsqu'il a communiqué au salarié des informations erronées sur l'étendue de ses droits. • Soc. 13 mai 2009 : *RJS 08/2009, n° 747.*

9. *Réparation de la perte d'une chance.* En n'informant pas le salarié de la modification apportée à ses droits résultant du nouvel accord de prévoyance, l'employeur ne respecte pas son obligation d'information prévue par l'art. 12 de la L. n° 89-1009 du 31 déc. 1989. Les juridictions sont donc fondées à ordonner en ce cas la réparation du préjudice résultant de la perte de chance par le salarié d'obtenir, par une souscription individuelle à un contrat de prévoyance, une garantie comparable à celle prévue par le contrat de groupe. Le montant de cette réparation ne peut cependant être équivalent au montant de la garantie invalidité prévue par ce dernier, la réparation d'une perte de chance devant être mesurée à la chance perdue et ne pouvant être égale à l'avantage qu'aurait procuré cette chance si elle s'était réalisée. • Soc. 18 mai 2011 : *D. 2011. 1955, note Robineau ; Dr. ouvrier 2011. 597, note Ginon ; RJS 7/2011, n° 641* • 4 nov. 2016, n° 15-24.148 : *RGDA 2016. 619, note Mayaux.*

Art. 15 Lorsque des salariés d'une entreprise bénéficient, *(L. nº 94-678 du 8 août 1994)* « dans le cadre de celle-ci, de garanties collectives mentionnées à l'article L. 911-2 du code de la sécurité sociale », l'organisme assureur est tenu de fournir chaque année au chef d'entreprise un rapport sur les comptes de la convention ou du contrat dont le contenu est fixé par décret. *(L. nº 98-546 du 2 juill. 1998)* « Ce rapport présente en termes clairs et précis la méthodologie et les bases techniques de chacune des catégories de provisions constituées par l'organisme assureur et comporte la justification de leur caractère prudent. » — *V. Décr. nº 90-769 du 30 août 1990, art. 3 s.*

....

TITRE IV. DISPOSITIONS TRANSITOIRES

Art. 29 I. — Les dispositions de l'article 9 sont applicables aux contrats ou conventions souscrits antérieurement à la date de publication de la présente loi.

II. — Les contrats ou conventions souscrits antérieurement à la date de publication de la présente loi devront, s'il y a lieu, être rendus conformes aux dispositions des trois premiers alinéas de l'article 4 et à celles de l'article 5 dans un délai d'un an suivant cette date et aux dispositions du dernier alinéa de l'article 4 dans un délai de sept ans suivant la même date.

III. — Les dispositions de l'article 6 sont applicables aux contrats ou conventions souscrits deux ans au moins avant la date de publication de la présente loi.

Ces dispositions deviendront applicables aux autres contrats ou conventions souscrits avant la date de publication de la présente loi lorsqu'un délai de deux ans se sera écoulé depuis la souscription de ces contrats.

IV. — Les dispositions des articles 2 et 3 sont applicables aux contrats ou conventions souscrits à partir de la date de publication de la présente loi.

V. — Par dérogation au second alinéa de l'article 7 de la présente loi, les organismes qui, pour les opérations ayant pour objet la couverture des risques portant atteinte à l'intégrité physique de la personne ou liés à la maternité, du risque décès ou des risques d'incapacité ou d'invalidité, n'ont pas, à la date de publication de la présente loi, pour les contrats ou conventions existants, les provisions correspondant à leur engagement, ou ne sont pas en mesure de les constituer intégralement à l'aide de leurs réserves, à l'exclusion des bénéfices non distribués, sont dispensés de l'obligation de provisionnement intégral des prestations immédiates ou différées acquises ou nées à cette date.

Ils disposent d'une période transitoire se terminant le 31 décembre 1996 pour constituer chaque année et au moins linéairement les provisions nécessaires à la couverture des prestations immédiates ou différées acquises ou nées après la date de publication de la présente loi au titre des contrats ou conventions existants.

Une indemnité de résiliation, correspondant à la fraction de l'engagement visé au premier alinéa de l'article 7 qui n'est pas couverte intégralement par des provisions, est due par le souscripteur en cas de résiliation ou de non-renouvellement du contrat ou de la convention. Toutefois, cette indemnité n'est pas exigible si un nouveau contrat ou une nouvelle convention souscrite en remplacement du contrat ou de la convention précédente prévoit la reprise intégrale des engagements relatifs au contrat ou à la convention initiale ; les provisions éventuellement constituées à cet effet sont alors intégralement transférées au nouvel organisme.

Un décret détermine les modalités d'application des trois précédents alinéas. — *V. Décr. nº 90-768 du 30 août 1990, art. 11 s.*

Un décret en Conseil d'État codifie, en tant que de besoin, les dispositions du titre Ier de la présente loi dans le code des assurances, dans le code de la sécurité sociale et dans le code de la mutualité.

Art. 30 *(L. nº 2001-624 du 17 juill. 2001, art. 34)* I. — Les dispositions de l'article 7-1 s'appliquent à compter du 1er janvier 2002, y compris aux contrats, conventions ou bulletins d'adhésion à des règlements souscrits antérieurement et toujours en vigueur à cette date.

II. — Par dérogation au second alinéa de l'article 7-1, pour les contrats, conventions ou bulletins d'adhésion souscrits avant le 1er janvier 2002 et en cours à cette date, les organismes mentionnés à l'article 1er peuvent répartir sur une période transitoire de dix ans au plus la charge que représente le provisionnement prévu au second alinéa de l'article 7-1 au titre des incapacités et invalidités en cours au 31 décembre 2001. Cette charge est répartie au moins linéairement sur chacun des exercices de la période transitoire selon des modalités déterminées par avenant au contrat, à la convention ou au bulletin d'adhésion, conclu au plus tard au 30 septembre 2002.

III. — En cas de résiliation ou de non-renouvellement d'un contrat, d'une convention ou d'un bulletin d'adhésion ne comportant pas d'engagement de maintien de la couverture décès au 31 décembre 2001, l'organisme assureur poursuit le maintien de cette couverture décès ; dans ce cas, une indemnité de résiliation, égale à la différence entre le montant des provisions techniques à constituer et le montant de provisions techniques effectivement constituées, au titre des incapacités et invalidités en cours au 31 décembre 2001, est due par le souscripteur.

Toutefois, cette indemnité n'est pas exigible si l'organisme assureur ne poursuit pas le maintien de cette couverture décès alors qu'un nouveau contrat, une nouvelle convention ou un nouveau bulletin d'adhésion est souscrit en remplacement du précédent et prévoit la reprise intégrale, par le nouvel organisme assureur, des engagements relatifs au maintien de la garantie décès du contrat, de la convention ou du bulletin d'adhésion initial ; dans ce cas, la contre-valeur des provisions effectivement constituées au titre du maintien de la garantie décès est transférée au nouvel organisme assureur.

Un décret précise en tant que de besoin les modalités d'application du présent article.

Décret nº 90-768 du 30 août 1990,

pris pour l'application des articles 7 et 29-V de la loi nº 89-1009 du 31 décembre 1989 renforçant les garanties offertes aux personnes assurées contre certains risques.

SECTION I.

Détermination des taux de couverture.

Art. 1er Les organismes mentionnés à l'article 1er de la loi du 31 décembre 1989 susvisée calculent chaque année le montant des provisions techniques théoriques suffisantes pour respecter l'engagement prévu à l'alinéa 1er de l'article 7 de ladite loi au titre des contrats ou conventions existant le 2 janvier 1990. Ces provisions techniques sont la somme :

1° Des provisions relatives au service des prestations immédiates ou différées, acquises ou nées avant le 2 janvier 1990 ;

2° Des provisions relatives au service des prestations immédiates ou différées, acquises ou nées à partir du 2 janvier 1990.

Les prestations considérées sont celles qui ne sont pas couvertes intégralement par des provisions affectées soit à des contrats stipulant la tenue d'un compte de résultat distinct établi en vue de l'attribution d'une participation aux résultats, soit à des sections financièrement distinctes prévues à l'article L. 732-7 du code de la sécurité sociale, soit à des risques faisant l'objet de comptes distincts mentionnés à l'article R. 321-2 du code de la mutualité.

Art. 2 Les bases de calcul des provisions techniques sont fixées par arrêté conjoint des ministres chargés des finances, de la sécurité sociale et de l'agriculture.

Jusqu'à la date de publication au *Journal officiel* de cet arrêté, les provisions sont au moins égales à un montant déterminé en fonction des éléments suivants :

1° Pour les différentes catégories de prestations dont le versement ne dépend que de la survie du bénéficiaire :

— table de mortalité TV 73/77 ;

— taux d'intérêt de 5 p. 100 ;

— frais de gestion de 3 p. 100 de chaque arrérage.

2° Pour les prestations dues au titre du risque incapacité, lorsque les versements peuvent s'échelonner sur plus de 365 jours et peuvent se poursuivre par des prestations d'invalidité :

— deux fois le montant annuel des prestations d'incapacité servies au cours de l'exercice.

3° Pour les prestations dues au titre du risque invalidité :

— six fois le montant annuel des prestations d'invalidité servies au cours de l'exercice.

Art. 3 A la date du 31 décembre 1989, du total de leur bilan, après affectation des résultats, les organismes soustraient les éléments suivants :

1° Le montant minimal de la marge de solvabilité ou de sécurité mentionné à l'article 13.

Le cas échéant :

2° La fraction des sommes inscrites aux comptes de capitaux propres et réserves correspondant à des bénéfices non distribués, dotées dans les comptes de résultats annuels successifs, qui excède le montant minimal de la marge de solvabilité ou de sécurité.

3° Les réserves destinées à la gestion administrative et à l'action sociale prévues par les statuts et règlements des organismes, les réserves relatives aux opérations de retraite effectuées dans le cadre de l'article L. 731-5 du code de la sécurité sociale et les provisions pour pertes et charges.

4° L'ensemble des réserves réglementées et des provisions techniques de toute nature duquel est soustrait le montant des seules provisions techniques relatives aux prestations visées à l'article 7 de la loi du 31 décembre 1989 qui ne sont pas couvertes intégralement par des provisions affectées dans les conditions déterminées au dernier alinéa de l'article 1er du présent décret.

5° Les dettes.

Art. 4 Le rapport entre le solde déterminé à l'article 3 du présent décret et le montant au 31 décembre 1989, des provisions techniques théoriques calculées conformément aux articles 1er et 2 du présent décret, exprimé en pourcentage, est dénommé taux global initial de couverture.

SECTION II.

Constitution des provisions techniques.

Art. 5 Les organismes mentionnés à l'article 1er de la loi du 31 décembre 1989 susvisée, dont le taux global initial de couverture est, à la date du 31 décembre 1989, au moins égal à 100 p. 100, constituent intégralement, à partir de l'exercice 1989, les provisions visées au 2e alinéa de l'article 7 de la loi précitée.

Art. 6 Les organismes mentionnés à l'article 1er de la loi précitée, dont le taux global initial de couverture est, à la date du 31 décembre 1989, inférieur à 100 p. 100, constituent partiellement, à l'aide du solde déterminé à l'article 3 du présent décret, au titre de l'exercice 1989, les provisions visées au 2e alinéa de l'article 7 de la loi précitée.

Ces provisions sont affectées aux contrats, sections, risques visés au dernier alinéa de l'article 1er du présent décret.

Art. 7 Le rapport entre les provisions techniques constituées à la fin d'un exercice et les provisions techniques théoriques calculées conformément aux articles 1er et 2 du présent décret à la fin du même exercice, est dénommé taux global de couverture.

Art. 8 Au 31 décembre 1990 et chaque année suivante, les organismes visés à l'article 6 du présent décret constituent les provisions techniques de sorte que le taux global de couverture des prestations immédiates ou différées, acquises ou nées avant le 2 janvier 1990, au titre de contrats ou conventions existant à cette date, ne puisse être inférieur aux taux global initial de couverture.

Art. 9 Les organismes visés à l'article 6 du présent décret constituent les provisions techniques de sorte que le taux global de couverture des prestations immédiates ou différées, acquises ou nées à partir du 2 janvier 1990, au titre de contrats ou conventions existant à cette date, augmente chaque exercice, à compter de l'exercice 1991, d'au moins un sixième de la différence entre 100 p. 100 et le taux global de couverture calculé à la date du 31 décembre 1990.

Art. 10 Les organismes visés à l'article 6 du présent décret porte en annexe au bilan, chaque année, aussi longtemps que l'engagement fixé au premier alinéa de l'article 7 de la loi du 31 décembre 1989 susvisée n'est pas provisionné intégralement, le montant :

1° Des provisions techniques théoriques ;

2° Des provisions techniques constituées, au titre des prestations visées, d'une part, au 1° et, d'autre part, au 2° de l'article 1er du présent décret.

Les organismes portent hors bilan le montant des provisions techniques non constituées.

SECTION III.

Indemnité de résiliation et transfert de provisions partiellement constituées.

Art. 11 L'indemnité de résiliation prévue à l'article 29-V, 3e alinéa, de la loi du 31 décembre 1989 susvisée, pour les contrats et conventions existant le 2 janvier 1990, est égale à la somme :

— du produit du montant des provisions techniques théoriques de l'exercice au titre des prestations immédiates ou différées, acquises ou nées avant le 2 janvier 1990 relatives au contrat ou à la convention résilié ou non renouvelé, par la différence entre 100 p. 100 et le taux de couverture de l'exercice précédent ;

— et du produit des provisions techniques théoriques de l'exercice au titre des prestations immédiates ou différées, acquises ou nées à partir du 2 janvier 1990, relatives au contrat ou à la convention résilié ou non renouvelé, par la différence entre 100 p. 100 et le taux de couverture de l'exercice précédent.

Pour chaque contrat, section, risque visés au dernier alinéa de l'article 1er du présent décret, qu'il s'agisse des prestations immédiates ou différées, acquises ou nées, avant ou à partir du 2 janvier 1990, les taux de couverture précités sont égaux au rapport entre les provisions techniques effectivement constituées et les provisions théoriques calculées conformément aux articles 1er et 2 du présent décret.

Art. 12 Les provisions dont le transfert au nouvel organisme est prévu à l'article 29-V, 3e alinéa, de la loi précitée sont égales aux provisions techniques constituées correspondant aux prestations servies au titre des contrats ou conventions existant le 2 janvier 1990 et relatives au contrat ou à la convention résilié ou non renouvelé.

A la prise d'effet du nouveau contrat ou de la nouvelle convention, le nouvel organisme constitue intégralement les provisions correspondant aux prestations visées au premier alinéa.

SECTION IV.

Autres dispositions.

Art. 13 Les marges de solvabilité ou de sécurité mentionnées à l'article 3 (1°) sont celles prévues au livre III, titre III, chapitre IV, du code des assurances et aux articles R. 311-1 et R. 322-7 du code de la mutualité.

Au 31 décembre 1989 et pour l'exercice 1990, le montant de la marge de sécurité est égal à 25 p. 100 des cotisations nettes de réassurance de l'exercice, au titre des opérations relevant de l'article 1er de la loi du 31 décembre 1989 susvisée, pour les institutions relevant de l'article L. 732-1 du code de la sécurité sociale et de l'article 1050 du code rural. Il ne peut être inférieur à un minimum égal à 10 p. 100 des cotisations brutes de réassurance.

Décret n° 90-769 du 30 août 1990,

pris pour l'application des articles 4, 9 et 15 de la loi n° 89-1009 du 31 décembre 1989 renforçant les garanties offertes aux personnes assurées contre certains risques.

Art. 1er *(Décr. n° 2017-372 du 21 mars 2017, art. 1er, en vigueur le 1er juill. 2017)* Les tarifs applicables aux personnes mentionnées à l'article 4 de la loi du 31 décembre 1989 susvisée sont plafonnés, à compter de la date d'effet du contrat ou de l'adhésion, selon les modalités suivantes :

1° La première année, les tarifs ne peuvent être supérieurs aux tarifs globaux applicables aux salariés actifs ;

2° La deuxième année, les tarifs ne peuvent être supérieurs de plus de 25 % aux tarifs globaux applicables aux salariés actifs ;

3° La troisième année, les tarifs ne peuvent être supérieurs de plus de 50 % aux tarifs globaux applicables aux salariés actifs.

Art. 2 Pour l'application du deuxième alinéa de l'article 9 de la loi du 31 décembre 1989 susvisée, les garanties de même nature contractées auprès de plusieurs organismes assureurs produisent leurs effets dans la limite de chaque garantie quelle que soit sa date de souscription. Dans cette limite, le bénéficiaire du contrat ou de la convention peut obtenir l'indemnisation en s'adressant à l'organisme de son choix.

Dans les rapports entre organismes assureurs, la contribution de chacun d'eux est déterminée en appliquant, au montant des frais à la charge de l'assuré ou de l'adhérent, le rapport existant entre l'indemnité que chaque organisme assureur aurait versée s'il avait été seul et le montant cumulé des indemnités qui auraient été à la charge de chaque organisme assureur s'il avait été seul.

Les dispositions du premier alinéa de l'article 9 de la loi du 31 décembre 1989 susvisée ainsi que celles du premier alinéa du présent article sont obligatoirement reproduites en caractères très apparents sur toute proposition, bulletin de souscription ou d'adhésion, conditions générales et notes d'information remis aux assurés ou adhérents.

Art. 3 Le rapport mentionné à l'article 15 de la loi du 31 décembre 1989 susvisée indique :

a) Le montant des cotisations ou primes brutes de réassurance ;

b) Le montant des prestations payées, brutes de réassurance ;

c) Le montant des provisions techniques brutes de réassurance le 1er janvier et le 31 décembre de l'exercice considéré ;

d) La quote-part :
— des produits financiers nets ;
— des commissions ;
— des autres charges ;
— des participations aux résultats ;
— du résultat de la réassurance ;
e) Le nombre de salariés garantis.

Art. 4 L'organisme assureur adresse le rapport mentionné à l'article 15 de la loi précitée au chef d'entreprise deux mois, au plus, après l'approbation des comptes et, au plus tard, le 31 août suivant la clôture de l'exercice considéré.

CHAPITRE II *[ABROGÉ]* RÈGLES PARTICULIÈRES AUX CONTRATS D'ASSURANCE SUR LA VIE DIVERSIFIÉS *(L. nº 2006-1770 du 30 déc. 2006, art. 65-I-5º).*

(Abrogé par Ord. nº 2014-696 du 26 juin 2004, art. 1er-7º)

Les engagements correspondant aux contrats relevant de ce chapitre, comprenant les art. L. 142-1 à L. 142-5, sont considérés, à compter du 28 juin 2014, comme des engagements relevant du chap. IV du tit. III du livre Ier (Ord. nº 2014-696 du 26 juin 2004, art. 1er-7º). — V. désormais art. L. 134-1 à L. 134-5.

Art. L. 142-1 à L. 142-5 *Abrogés par Ord. nº 2014-696 du 26 juin 2014, art. 1er-7º.*

CHAPITRE II PLANS D'ÉPARGNE RETRAITE DONNANT LIEU À L'ADHÉSION À UN CONTRAT D'ASSURANCE DE GROUPE

(Ord. nº 2019-766 du 24 juill. 2019, art. 6, en vigueur le 1er oct. 2019)

Art. L. 142-1 Les dispositions du présent chapitre sont applicables aux plans d'épargne retraite mentionnés à l'article L. 224-1 du code monétaire et financier qui donnent lieu à l'adhésion à un contrat d'assurance de groupe.

Art. L. 142-2 Les tarifs pratiqués au titre des plans d'épargne retraite sont établis d'après des paramètres de mortalité et de taux d'intérêt technique définis au contrat. Un arrêté du ministre chargé de l'économie fixe les modalités d'application du présent article, notamment le taux d'intérêt technique maximum utilisé.

Art. L. 142-3 I. — Le plan d'épargne retraite peut prévoir des garanties complémentaires :

1º En cas de décès de l'assuré avant ou après l'échéance mentionnée à l'article L. 224-1, une garantie prévoyant le versement d'un capital ou d'une rente viagère, au profit d'un ou plusieurs bénéficiaires expressément désignés par l'assuré ou, à défaut, à son conjoint ou à son partenaire lié par un pacte civil de solidarité, ainsi qu'une garantie prévoyant le versement d'une rente temporaire d'éducation versée à des enfants mineurs ;

2º En cas d'invalidité de l'assuré survenue après son adhésion, une garantie prévoyant le versement d'une rente d'invalidité à son bénéfice exclusif ;

3º En cas de perte d'autonomie de l'assuré survenue après son adhésion, une garantie prévoyant le versement d'un capital ou d'une rente viagère à son bénéfice exclusif, dans des conditions fixées par un arrêté du ministre chargé de l'économie ;

4º Une garantie prévoyant le versement de prestations de prévoyance complémentaire à l'exclusion des garanties mentionnées aux 1º à 3º du présent article. Ces garanties peuvent notamment prévoir la prise en charge des cotisations jusqu'à l'âge de la retraite en cas d'incapacité ou d'invalidité de l'assuré ;

5º Une garantie prévoyant le versement d'indemnités en cas de perte d'emploi subie de l'assuré, payables sous la forme d'une rente ou d'un capital versé en une fois ou de manière fractionnée ;

6° Une garantie portant sur la valeur de rachat de tout ou partie du contrat à l'échéance mentionnée à l'article L. 224-1 du code monétaire et financier ou en cas de décès de l'assuré.

Chacune des prestations servies au titre de la ou des garanties complémentaires mentionnées aux 1°, 2° et 5° ne peut avoir pour effet d'ouvrir à l'assuré des droits qui excéderaient ceux auxquels il aurait pu prétendre sans la réalisation du risque couvert par chacune de ces garanties. Les prestations servies au titre de la garantie complémentaire mentionnée au 3° ne peuvent avoir pour effet d'ouvrir à l'assuré des droits qui excéderaient le double de ceux auxquels il aurait pu prétendre sans la réalisation du risque couvert par cette garantie.

Les éventuels rachats effectués par l'assuré au titre des articles L. 224-4 et L. 224-5 du code monétaire et financier n'entraînent pas la mise en réduction des garanties complémentaires mentionnées aux 2°, 3° et 5°.

Les garanties complémentaires mentionnées aux 4° et au 5° peuvent être souscrites uniquement par des assurés :

— exerçant une activité professionnelle non salariée non agricole ou ayant exercé une telle activité et bénéficiant à ce titre d'une pension de vieillesse ;

— exerçant une activité de chef d'exploitation ou d'entreprise agricole, leurs conjoints et leurs aides familiaux, sous réserve qu'ils relèvent du régime d'assurance-vieillesse de base institué par le chapitre II du titre II du livre VII du code rural et de la pêche maritime.

Art. L. 142-4 Par dérogation aux dispositions du code de commerce relatives aux comptes sociaux, l'entreprise d'assurance établit une comptabilité auxiliaire d'affectation pour ses engagements mentionnés à l'article L. 142-1. Les engagements qui ne sont pas affectés à cette compatibilité auxiliaire d'affectation font l'objet d'un transfert vers celle-ci avant le 1er janvier 2023.

L'entreprise d'assurance veille à ce que ce transfert ne porte pas préjudice aux intérêts des assurés dont les engagements sont transférés.

Elle vérifie notamment que les actifs transférés permettent d'assurer une juste répartition des placements appréciés en valeur de réalisation, de la participation aux bénéfices distribuable et de la réserve de capitalisation au regard de la valorisation des engagements selon la méthode mentionnée au 2° de l'article L. 351-1. Lorsque l'horizon des engagements transférés permet un investissement de plus longue échéance que celui du portefeuille qui n'est pas transféré, elle veille toutefois à ce que les montants transférés des plus-values latentes, de la participation aux bénéfices distribuable et de la réserve de capitalisation reflète *[reflètent]* la différence entre l'horizon d'investissement du portefeuille transféré et de celui qui ne l'est pas.

Les conditions d'application du présent article aux engagements exprimés en parts de provision de diversification sont précisées par décret.

Les dispositions du présent article ne sont pas applicables aux engagements mentionnés à l'article L. 441-1 *(L. n° 2020-1525 du 7 déc. 2020, art. 120-I)* « , aux engagements relevant de la convention d'assurance de groupe dénommée "complémentaire retraite des hospitaliers" mentionnée à l'article L. 132-23 ainsi qu'aux engagements portés par un fonds de retraite professionnelle supplémentaire relevant de l'article L. 381-1. »

Art. L. 142-5 Sans préjudice des droits des titulaires de créances nées de la gestion de ces opérations, aucun créancier de l'entreprise d'assurance autre que les souscripteurs, adhérents, assurés ou bénéficiaires au titre des engagements relevant de la comptabilité auxiliaire d'affectation mentionnée à l'article L. 142-4 ne peut se prévaloir d'un quelconque droit sur les biens et droits résultant des enregistrements comptables de cette comptabilité sur le fondement des articles L. 310-25 et L. 326-1 à L. 327-6 du présent code, des articles 2331 et *(Ord. n° 2021-1192 du 15 sept. 2021, art. 34-III)* « 2377 » du code civil, du livre VI du code de commerce, des articles L. 222-1 et L. 212-23 du code de la mutualité ou de l'article L. 932-24 du code de la sécurité sociale.

L'actif mobilier résultant des enregistrements comptables de la comptabilité auxiliaire d'affectation mentionnée à l'article L. 142-4 est affecté par privilège au paiement des créances détenues par les souscripteurs, adhérents, assurés ou bénéficiaires au titre des contrats faisant l'objet de cette comptabilité. Ce privilège prime le privilège général institué à l'article L. 327-2, ainsi que les privilèges prévus aux articles 2331 et *(Ord. nº 2021-1192 du 15 sept. 2021, art. 34-III)* « 2377 » du code civil, au livre VI du code de commerce, aux articles L. 222-1 et L. 212-23 du code de la mutualité et à l'article L. 932-24 du code de la sécurité sociale.

Art. L. 142-6 En cas d'insuffisance de couverture des engagements faisant l'objet de la comptabilité auxiliaire d'affectation mentionnée à l'article L. 142-4 et sans préjudice d'éventuelles procédures sur le fondement du titre Ier du livre III, l'entreprise d'assurance et le ou les souscripteurs conviennent d'un plan de redressement permettant de rétablir la couverture de ces engagements par affectation de nouveaux actifs de l'entreprise d'assurance, dans des conditions convenues entre celle-ci et le ou les souscripteurs des contrats faisant l'objet de la comptabilité auxiliaire d'affectation. En cas de désaccord entre les parties, l'Autorité de contrôle prudentiel et de résolution détermine le montant et le calendrier d'affectation d'actifs par l'entreprise d'assurance.

L'élaboration du plan de redressement mentionné au premier alinéa tient compte de la situation particulière de l'entreprise d'assurance au titre de la comptabilité auxiliaire faisant l'objet dudit plan. Ce plan est tenu à la disposition des adhérents et est transmis à l'Autorité de contrôle prudentiel et de résolution.

Art. L. 142-7 I. – Avant le 1er janvier 2023, les entreprises d'assurance peuvent être autorisées, dans les conditions prévues au présent article, à transférer au sein de la comptabilité auxiliaire d'affectation mentionnée à l'article L. 142-4 tout ou partie de leur portefeuille d'engagements correspondant :

– aux contrats mentionnés aux 1°, 2°, 5° et 7° de l'article L. 224-40 du code monétaire et financier ;

– aux contrats à prestations définies dont l'exécution est liée à la cessation d'activité professionnelle, notamment ceux mentionnés aux l'article *[articles]* L. 137-11 et L. 137-11-2 du code de la sécurité sociale et ceux mentionnés au 3° de l'article 998 du code général des impôts ;

– aux contrats à cotisations définies visant à la constitution d'une prestation versée en rente viagère et correspondant à des avantages mentionnés à l'article 82 du code général des impôts.

Les conditions d'application du présent article aux engagements exprimés en parts de provision de diversification sont précisées par décret.

Le transfert des engagements correspondant à des plans d'épargne retraite populaire mentionnés à l'article L. 144-2 doit être autorisé par l'assemblée générale de l'association mentionnée au même article. Les règles applicables à ce transfert sont fixées par décret.

Les engagements mentionnés à l'article L. 441-1 du présent code, ainsi que les engagements relevant de la convention d'assurance de groupe dénommée "complémentaire retraite des hospitaliers" mentionnée à l'article L. 132-23, ne sont pas concernés par le présent article.

II. – L'Autorité de contrôle prudentiel et de résolution approuve le transfert mentionné au I s'il lui apparaît que ce transfert ne porte pas préjudice aux intérêts des créanciers et des assurés dont les engagements sont transférés.

Elle vérifie notamment que les actifs transférés permettent d'assurer une juste répartition des placements appréciés en valeur de réalisation, de la participation aux bénéfices distribuable et de la réserve de capitalisation au regard de la valorisation des engagements selon la méthode mentionnée au 2° de l'article L. 351-1. Lorsque l'horizon des engagements transférés permet un investissement de plus longue échéance que celui du portefeuille qui n'est pas transféré, l'Autorité veille toutefois à ce que les montants transférés des plus-values latentes, de la participation aux bénéfices distribuable et de la réserve de capitalisation reflète *[reflètent]* la différence entre l'horizon d'investissement du portefeuille transféré et de celui qui ne l'est pas.

L'approbation rend le transfert opposable aux assurés, souscripteurs et bénéficiaires de contrat ainsi qu'aux créanciers. Le transfert est opposable à partir de la date de publication au *Journal officiel* de la décision d'approbation mentionnée au premier alinéa du présent II.

Art. L. 142-8 La valeur de transfert des plans d'épargne retraite donnant lieu à l'adhésion à un contrat d'assurance de groupe dont les garanties sont exprimées en unités de rente est déterminée selon une méthode de calcul tenant compte du montant des droits acquis par le titulaire et du niveau de couverture des engagements de l'organisme d'assurance. Cette méthode de calcul est précisée par décret.

CHAPITRE III RETRAITE PROFESSIONNELLE SUPPLÉMENTAIRE

(Ord. nº 2006-344 du 23 mars 2006)

SECTION PREMIÈRE DISPOSITIONS GÉNÉRALES

(Ord. nº 2019-697 du 3 juill. 2019, art. 1er)

Art. L. 143-0 Les droits liés aux contrats de retraite professionnelle supplémentaire proposés par les fonds de retraite professionnelle supplémentaire ou par les entreprises d'assurance sont payables au bénéficiaire à compter au plus tôt de la date de liquidation de sa pension dans un régime obligatoire d'assurance-vieillesse auquel le bénéficiaire a cotisé ou de l'âge mentionné à l'article L. 161-17-2 du code de la sécurité sociale.

En cas de départ de l'entreprise du bénéficiaire du contrat, les droits à retraite restent acquis à ce dernier.

L'adhésion à un contrat mentionné à la présente section peut être subordonnée à une durée de présence minimale du bénéficiaire dans l'entreprise. L'acquisition des droits à retraite du même contrat peut être soumise à une condition de durée de cotisations. La somme de ces deux durées ne peut excéder trois ans.

L'acquisition des droits à retraite peut être soumise à une condition d'âge du bénéficiaire, sans que celui-ci puisse être supérieur à vingt et un ans.

Lorsque le bénéficiaire quitte l'entreprise avant d'avoir acquis des droits à retraite, la somme des cotisations versées par l'employeur et, le cas échéant, le bénéficiaire, leur est remboursée.

Les droits définitivement acquis après le départ de l'entreprise et avant la liquidation de la retraite sont revalorisés annuellement comme ceux des bénéficiaires qui sont encore dans l'entreprise ou selon le taux de revalorisation des prestations de pension servies.

L'assureur informe le bénéficiaire, chaque année et le cas échéant sur demande, sur les conséquences de son départ de l'entreprise *[,]* sur les droits qu'il a acquis et sur la valeur ou sur une évaluation des droits, ainsi que sur les conditions d'acquisition, d'utilisation et de traitement futurs des droits. Il communique, à sa demande et au maximum une fois par an, au bénéficiaire ayant quitté l'entreprise, ou s'il est décédé, à ses ayants droit, une information sur le montant des droits acquis ou sur une évaluation des droits effectuée au maximum douze mois avant la date de la demande, ainsi que sur les conditions d'utilisation et de traitement futur des droits.

Le présent article n'est pas applicable aux régimes relevant de l'article L. 137-11 du code de la sécurité sociale qui ont cessé au plus tard le 20 mai 2014 d'accepter de nouveaux affiliés actifs et restent fermés depuis au moins cette date à de nouvelles affiliations.

Pour les contrats de retraite professionnelle en cours d'exécution à la date de publication de l'Ord. nº 2019-697 du 3 juill. 2019, les dispositions de l'art. L. 143-0 s'appliquent aux droits afférents aux périodes d'emploi accomplies à compter du 1er janv. 2020 (Ord. préc., art. 6).

SECTION II OPÉRATIONS PRATIQUÉES PAR LES FONDS DE RETRAITE PROFESSIONNELLE SUPPLÉMENTAIRE *(Ord. n° 2019-697 du 3 juill. 2019, art. 1er).*

COMMENTAIRE

Les articles L. 143-1 à L. 143-9 sont issus de l'ordonnance n° 2006-344 du 23 mars 2006 relative aux retraites professionnelles complémentaires, qui a transposé en droit interne la directive n° 2003/641/CE du 3 juin 2003 concernant les activités de surveillance des institutions de retraite professionnelle (IRP). Ils permettent de soumettre les activités de retraite professionnelle supplémentaire des entreprises d'assurance au régime issu de cette directive. Depuis, ces règles ont été modifiées par l'ordonnance n° 2017-484 du 6 avril 2017 qui a créé les fonds de retraite professionnelle supplémentaire (FRPS).

Conformément à l'article L. 143-1, ces opérations de retraite professionnelle supplémentaire correspondent à des contrats d'assurance de groupe, dont les prestations sont liées à la cessation d'activité professionnelle et sont versées en complément des prestations servies par les régimes de base et complémentaires obligatoires.

I. SOUSCRIPTION DES CONTRATS

Ces contrats d'assurance de groupe peuvent être souscrits par plusieurs catégories de personnes.

En premier lieu, le contrat d'assurance peut être souscrit par un employeur ou un groupe d'employeurs au profit de leurs salariés ou anciens salariés, ou par un groupe professionnel représentatif d'employeurs au profit des salariés ou anciens salariés de ceux-ci, conformément à l'une des procédures visées par l'article L. 911-1 du code de la sécurité sociale, c'est-à-dire en application de conventions ou d'accords collectifs, de la ratification à la majorité des intéressés d'un projet proposé par le chef d'entreprise, ou d'une décision unilatérale du chef d'entreprise.

Plus précisément, ces personnes peuvent souscrire :

– des contrats à cotisation définie, dits « contrats article 83 » ou « PER entreprise » ou « plan d'épargne entreprise » ;

– des contrats à prestations définies relevant de l'article L. 137-11 du code de la sécurité sociale, anciennement dénommés « contrats article 39 » ;

– des contrats « indemnités de fin de carrière » ou IFC.

En second lieu, le contrat d'assurance peut être souscrit par une association mentionnée à l'article L. 144-1.

Ces associations peuvent souscrire des contrats dits « Madelin » pour les personnes exerçant une activité professionnelle agricole ou non ou des plans d'épargne retraite populaire.

II. ORGANISATION DE L'ENTREPRISE D'ASSURANCE

A. AGRÉMENT SPÉCIAL

Pour pratiquer les opérations de retraite professionnelle supplémentaire, l'entreprise d'assurance doit demander un agrément spécial dans les conditions de l'article L. 321-1 et, conformément à l'article L. 143-3, il ne peut être accordé qu'aux entreprises d'assurance agréées pour exercer les opérations d'assurance dépendant de la durée de la vie humaine.

Cet agrément vaut également pour les activités des entreprises d'assurance en tant qu'institution de retraite professionnelle dans un autre État membre de l'Union européenne ou dans un autre État partie à l'Espace économique européen.

B. RÈGLES COMPTABLES SPÉCIALES

L'entreprise d'assurance pratiquant des opérations de retraite professionnelle supplémentaire doit adopter des règles comptables spéciales, conformément à l'article L. 143-4. En ce sens, elle doit établir une comptabilité auxiliaire d'affectation unique pour l'ensemble des opérations de retraite professionnelle supplémentaire et d'institution de retraite professionnelle dans un autre État membre de l'Union européenne ou dans un autre État partie à l'Espace économique européen, sauf si l'Autorité de contrôle prudentiel et de résolution impose une comptabilité distincte pour ces deux types d'opération.

Il existe toutefois des exceptions à cette comptabilité d'affectation unique prévues par l'article L. 143-4, alinéa 2.

III. COMITÉ DE SURVEILLANCE

A. CONSTITUTION

Afin de veiller à la bonne exécution du contrat et à la représentation des intérêts des adhérents, un comité de surveillance est institué pour les contrats souscrits par un employeur, un groupement d'employeurs ou un groupe professionnel représentatif d'employeurs, dès lors qu'il excède cinq mille adhérents. La constitution d'un tel comité n'est toutefois pas prévue pour tous les contrats. Ainsi, l'article L. 143-2, alinéa 5, indique que cette règle ne s'applique pas aux contrats de retraite à prestations définies et aux contrats « indemnités de fin de carrière ».

B. COMPOSITION

La composition de ce comité de surveillance est paritaire. Il regroupe à parts égales des représentants des salariés et des employeurs. Ses règles de fonctionnement sont précisées par les articles R. 143-2 à R. 143-4.

En particulier, il est prévu :

– qu'une personne ne peut être membre de ce comité si elle a fait l'objet de l'une des condamnations ou mesures énoncées aux 1° à 3° de l'article L. 322-2 ;

– que le comité comporte, au titre des salariés, au moins une personne représentant les adhérents ayant déjà procédé à la liquidation de leurs droits et au moins une personne représentant les adhérents dont l'adhésion n'est plus obligatoire, mais n'ayant pas transféré leurs droits, sous réserve que le nombre de personnes ainsi représentées appartenant à chacune de ces catégories soit supérieur à cent adhérents ;

– que le règlement intérieur du comité détermine les possibilités pour ses membres de donner pouvoir, les conditions et délais de convocation ainsi que les conditions de délibérations de ce comité.

C. FONCTIONS

Ce comité de surveillance est notamment chargé d'émettre un avis sur le rapport de l'entreprise d'assurance indiquant sa politique de placement et les risques techniques et financiers y afférents. Ce rapport est établi et révisé au moins tous les trois ans.

Par ailleurs, il peut entendre le ou les commissaires aux comptes sur les comptes annuels. Les informations qu'il peut obtenir portent sur la comptabilité auxiliaire d'affectation requise par l'article L. 143-4.

IV. DROITS DE L'ADHÉRENT ASSURÉ

A. TRANSFÉRABILITÉ DES DROITS

Conformément à l'article L. 143-2, les droits individuels en cours de constitution relatifs aux contrats de retraite professionnelle complémentaire sont transférables vers un autre contrat de même nature, ainsi que, dans les conditions et les limites fixées par l'article D. 132-9, vers un plan d'épargne retraite populaire. De même, ces droits peuvent être transférés vers un contrat offrant des prestations de retraite professionnelle supplémentaire, mais n'ayant pas été souscrit dans le cadre de l'agrément spécial de l'article L. 143-1.

En ce qui concerne les modalités d'exercice de la clause de transférabilité, elles doivent être précisées par la notice d'information remise à l'adhérent, conformément aux règles des articles L. 1432 et D. 132-7. Mais, en tout état de cause, lorsque l'adhésion au contrat revêt un caractère obligatoire, déterminé dans le cadre d'une des procédures mentionnées à l'article L. 911-1 du code de la sécurité sociale, les droits individuels relatifs au contrat ne sont transférables que lorsque le participant n'est plus tenu d'y adhérer.

B. PRESTATIONS DE L'ASSUREUR

Les prestations prévues aux contrats sont versées en supplément des prestations servies par les régimes de base et complémentaires.

Il est en outre possible de prévoir des garanties complémentaires en cas de décès de l'adhérent avant ou après la cessation d'activité professionnelle, ainsi qu'en cas d'invalidité et d'incapacité. ❑

Art. L. 143-1 *(Ord. n° 2019-697 du 3 juill. 2019, art. 1er)* **« La présente section »** *(Ord. n° 2017-484 du 6 avr. 2017, art. 1er-2°)* **« s'applique aux opérations pratiquées par les fonds de retraite professionnelle supplémentaire dans le cadre de leur agrément admi-**

nistratif *(Abrogé par Ord. nº 2017-484 du 6 avr. 2017, art. 5-1º, à compter du 1er janv. 2023)* ***« et par les entreprises d'assurance dans le cadre de l'agrément administratif accordé pour les activités de retraite professionnelle supplémentaire »***. Peuvent être proposés, dans le cadre de cet agrément, les contrats ayant pour objet la fourniture de prestations de retraite liées à une activité professionnelle, versées en supplément des prestations servies par les régimes de base et complémentaires légalement obligatoires ou attribuées par référence à la perspective d'atteindre la retraite. Ces contrats sont souscrits : »

1º Par un employeur ou un groupe d'employeurs au profit de leurs salariés ou anciens salariés, ou par un groupe professionnel représentatif d'employeurs au profit des salariés ou anciens salariés de ceux-ci. Ils revêtent un caractère collectif déterminé dans le cadre d'une des procédures mentionnées à l'article L. 911-1 du code de la sécurité sociale ;

(L. nº 2006-1770 du 30 déc. 2006, art. 65-I-1º, en vigueur le 30 sept. 2007) « 2º Ou par une association mentionnée à l'article L. 144-1. »

Ordonnance nº 2017-484 du 6 avril 2017,

Relative à la création d'organismes dédiés à l'exercice de l'activité de retraite professionnelle supplémentaire et à l'adaptation des régimes de retraite supplémentaire en unités de rente.

Art. 4 *[...]*

II. — Jusqu'au 31 décembre 2022, les entreprises d'assurance dont l'ensemble des engagements est lié à un ou des contrats offrant les prestations mentionnées à l'article L. 143-1 du même code peuvent déposer à l'Autorité de contrôle prudentiel et de résolution une demande pour être agréées en tant que fonds de retraite professionnelle supplémentaire dans les conditions prévues par l'article L. 382-1 du même code.

Cette demande d'agrément et de soumission de l'ensemble des engagements de l'entreprise d'assurance à cet agrément est portée à la connaissance des créanciers de l'entreprise par un avis publié au *Journal officiel*, qui leur impartit un délai de deux mois pour présenter leurs observations. A compter de la date de cette publication, l'entreprise d'assurance concernée ainsi que l'ensemble des souscripteurs de contrats auprès de cette entreprise pour les contrats mentionnés au 2º de l'article L. 143-1 du même code font figurer cette demande, de manière apparente et distincte sur leur site internet, jusqu'à la date de la décision de l'Autorité de contrôle prudentiel et de résolution relative à cette demande.

L'Autorité de contrôle prudentiel et de résolution délivre l'agrément, approuve la soumission des engagements à cet agrément et constate la caducité de l'ensemble des autres agréments s'il lui apparaît que cela ne porte pas préjudice aux intérêts des créanciers et des assurés.

La décision d'approbation de l'Autorité de contrôle prudentiel et de résolution rend l'opération opposable aux assurés, souscripteurs et bénéficiaires de contrats ainsi qu'aux créanciers à partir de la date de sa publication au Journal officiel. Les souscripteurs ont la faculté de résilier le contrat dans le délai d'un mois suivant la date de cette publication et de demander le transfert des engagements relatifs à leurs contrats à une autre entreprise d'assurance, un fonds de retraite professionnelle supplémentaire, une mutuelle ou union, une mutuelle ou union de retraite professionnelle supplémentaire, une institution de prévoyance ou une institution de retraite professionnelle supplémentaire.

Les entreprises d'assurance qui recourent à la faculté prévue au présent II deviennent des fonds de retraite professionnelle supplémentaire en cas d'approbation par l'Autorité de contrôle prudentiel et de résolution.

Lorsque, en application du II de l'art. 4 de l'Ord. 2017-484 du 6 avr. 2017, une entreprise d'assurance change d'agrément pour devenir un fonds de retraite professionnelle supplémentaire et que ce changement d'agrément conduit à modifier la valeur inscrite au bilan des provisions techniques, notamment de la provision mathématique évaluée conformément à l'art. R. 343-4, la différence entre cette nouvelle valeur et la valeur comptable antérieure est, le cas échéant, constatée dans le compte de résultat du fonds de retraite professionnelle supplémentaire (Décr. nº 2017-1171 du 18 juill. 2017, art. 3-II).

[...]

IV. — A compter du 1er janvier 2023, une entreprise d'assurance ne peut plus souscrire de nouveaux contrats dans le cadre de l'agrément administratif accordé pour les activités de retraite professionnelle supplémentaire mentionné au premier alinéa de l'article L. 143-1 du même code, qui devient caduc.

V. — Un décret en Conseil d'État précise, en tant que de besoin, les modalités d'application du présent article.

Art. L. 143-2 Les prestations relatives aux contrats mentionnés à l'article L. 143-1 *(Abrogé par Ord. n° 2017-484 du 6 avr. 2017, art. 1er-3°)* *« sont payables à l'assuré à compter de la date de liquidation de sa pension dans un régime obligatoire d'assurance-vieillesse ou à l'âge fixé en application de l'article L. 351-1 du code de la sécurité sociale. Elles »* peuvent prévoir des garanties complémentaires en cas de décès de l'adhérent avant ou après la cessation d'activité professionnelle, ainsi qu'en cas d'invalidité et d'incapacité.

Les droits individuels en cours de constitution relatifs aux contrats mentionnés à l'article L. 143-1 sont transférables vers un autre contrat mentionné à l'article L. 143-1, ainsi que, dans des conditions et des limites fixées par décret, vers un plan d'épargne retraite populaire défini à l'article *(L. n° 2006-1770 du 30 déc. 2006, art. 65-I-4°, en vigueur le 30 sept. 2007)* « L. 144-2 ». Ces droits sont également transférables vers un contrat offrant les prestations mentionnées à l'article L. 143-1, mais n'ayant pas été souscrit dans le cadre de l'agrément administratif mentionné au premier alinéa de cet article *(Ord. n° 2017-484 du 6 avr. 2017, art. 1er-3°)* « et réciproquement ». La notice d'information précise les modalités d'exercice de la clause de transférabilité. Toutefois, lorsque l'adhésion à ces contrats revêt un caractère obligatoire déterminé dans le cadre d'une des procédures mentionnées à l'article L. 911-1 du code de la sécurité sociale, les droits individuels relatifs à ces contrats ne sont transférables que lorsque le participant n'est plus tenu d'y adhérer.

(Ord. n° 2017-484 du 6 avr. 2017, art. 1er-3°) « Il est institué, pour chaque contrat mentionné au 1° de l'article L. 143-1 dont le nombre des adhérents est supérieur à un seuil fixé par arrêté des ministres chargés de l'économie, de la sécurité sociale et de la mutualité, un comité de surveillance chargé de veiller à la bonne exécution du contrat et à la représentation des intérêts des adhérents. Ce comité est formé dans les six mois suivant le franchissement du seuil mentionné à la première phrase. Il est composé à parts égales de représentants des salariés et des employeurs. Les membres du comité de surveillance sont tenus au secret professionnel à l'égard des informations présentant un caractère confidentiel et données comme telles par les personnes consultées dans les conditions et sous les peines prévues aux articles 226-13 et 226-14 du code pénal. Le comité peut entendre le ou les commissaires aux comptes compétents, qui sont déliés de l'obligation du secret professionnel à l'égard du comité en ce qui concerne les comptes concernés. Lorsque, pour un même fonds de retraite professionnelle supplémentaire *(Abrogé par Ord. n° 2017-484 du 6 avr. 2017, art. 5-2°, à compter du 1er janv. 2023)* *« ou une même entreprise d'assurance »*, un même souscripteur a souscrit plusieurs contrats pour lesquels doit être instauré un comité de surveillance, les comités de surveillance de ces contrats peuvent être regroupés au sein d'un unique comité chargé de veiller à la bonne exécution de l'ensemble des contrats concernés et à la représentation des intérêts des adhérents de l'ensemble de ces contrats.

« Par dérogation à l'alinéa précédent, les missions du comité de surveillance peuvent être confiées à une autre instance qui se substitue à lui, à condition que cette instance soit représentative, à parts égales, des salariés et des employeurs du contrat concerné et sous réserve que les membres de cette instance soient tenus aux mêmes obligations de secret professionnel que celles prévues pour les membres d'un comité de surveillance. »

Les deuxième et troisième alinéas ne s'appliquent ni aux contrats à prestations définies bénéficiant du régime prévu au 2° et au 2° 0 *bis* de l'article 83 du code général des impôts, ni à ceux entrant dans le champ d'application *(Ord. n° 2019-697 du 3 juill. 2019, art. 1er)* « de l'article L. 137-11 et de l'article L. 137-11-2 » du code de la sécurité sociale. Ils ne s'appliquent pas non plus aux contrats ayant pour seul objet la prestation d'indemnités de départ en retraite mentionnées à l'article *(Ord. n° 2017-484 du 6 avr. 2017, art. 1er-3°)* « L. 1237-9 » du code du travail.

Art. L. 143-2-1 *(Ord. n° 2017-484 du 6 avr. 2017, art. 1er-4°)* Les actifs de chaque contrat relevant *(Ord. n° 2019-697 du 3 juill. 2019, art. 1er)* « de la présente section » et faisant l'objet d'une comptabilité auxiliaire d'affectation sont conservés par un ou plusieurs dépositaires distincts du fonds de retraite professionnelle supplémentaire *(Abrogé par Ord. n° 2017-484 du 6 avr. 2017, art. 5-1°, à compter du 1er janv. 2023)* *« ou de l'entreprise d'assurance »*, qui exercent à titre principal le service mentionné au 1° de l'article L. 321-2 du code monétaire et financier et sont agréés en France ou dans un autre État membre de l'Union européenne ou partie à l'accord sur l'Espace économique européen.

Les autres actifs du fonds de retraite professionnelle supplémentaire sont également conservés par un ou plusieurs dépositaires distincts du fonds, dans les mêmes conditions.

Art. L. 143-2-2 *(Ord. n° 2017-484 du 6 avr. 2017, art. 1er-4°)* La notice mentionnée à l'article L. 141-4 indique que le contrat souscrit est un contrat de retraite professionnelle supplémentaire relevant *(Ord. n° 2019-697 du 3 juill. 2019, art. 1er)* « de la présente section ». *(Ord. n° 2019-575 du 12 juin 2019, art. 1er)* « Un arrêté du ministre chargé de l'économie fixe la liste des informations minimales que contient cette notice. »

Lors de la liquidation de ses droits, le fonds de retraite professionnelle supplémentaire *(Abrogé par Ord. n° 2017-484 du 6 avr. 2017, art. 5-4°, à compter du 1er janv. 2023)* *« ou l'entreprise d'assurance »* informe chaque adhérent et bénéficiaire, dans des conditions définies par arrêté du ministre chargé de l'économie, du montant des prestations qui lui sont dues et des options de paiement correspondantes.

Le fonds de retraite professionnelle supplémentaire *(Abrogé par Ord. n° 2017-484 du 6 avr. 2017, art. 5-4°, à compter du 1er janv. 2023)* *« ou l'entreprise d'assurance »* établit et révise au moins tous les trois ans, globalement pour les opérations relevant *(Ord. n° 2019-697 du 3 juill. 2019, art. 1er)* « de la présente section », un rapport indiquant sa politique de placement et les risques techniques et financiers correspondants. *(Ord. n° 2019-575 du 12 juin 2019, art. 1er)* « Il précise également les méthodes d'évaluation des risques d'investissement, les techniques de gestion des risques mises en œuvre et la répartition stratégique des actifs eu égard à la nature et à la durée des engagements de retraite, ainsi que la manière dont la politique d'investissement prend en considération les facteurs environnementaux, sociaux et de gouvernance. » Ce rapport est mis à jour dans un délai de trois mois après tout changement majeur de la politique de placement. Il est mis à disposition du souscripteur, de l'adhérent et du bénéficiaire. Un arrêté du ministre chargé de l'économie précise le contenu du rapport et les autres informations qui, sur demande ou périodiquement, doivent être remises aux adhérents.

(Ord. n° 2019-575 du 12 juin 2019, art. 1er) « Dès qu'un évènement engendre une variation significative des provisions techniques, le fonds de retraite professionnelle supplémentaire ou l'entreprise d'assurance en informe par écrit les affiliés. »

Art. L. 143-2-3 *(Ord. n° 2019-575 du 12 juin 2019, art. 1er)* I. — Le dépositaire mentionné à l'article L. 143-2-1 est désigné au moyen d'un contrat écrit. Ce contrat prévoit la transmission au dépositaire des informations nécessaires à l'exercice de ses missions.

Le dépositaire agit d'une manière honnête, loyale, professionnelle et indépendante, dans l'intérêt des affiliés et des bénéficiaires du régime. Il ne peut exercer d'activités concernant le fonds de retraite professionnelle supplémentaire ou l'entreprise d'assurance qui seraient susceptibles de le placer en situation de conflit d'intérêts avec ce fonds ou cette entreprise, les affiliés ou les bénéficiaires, sauf s'il a séparé, sur le plan fonctionnel et hiérarchique, l'exécution de ses tâches de dépositaire de ses autres tâches qui pourraient s'avérer incompatibles et que les conflits d'intérêts potentiels sont identifiés, gérés, suivis et communiqués aux affiliés et aux bénéficiaires du contrat et au conseil d'administration ou au conseil de surveillance du fonds de retraite professionnelle supplémentaire ou de l'entreprise d'assurance.

II. — Le dépositaire mentionné au I :

1° Exécute les instructions du fonds de retraite professionnelle supplémentaire ou de l'entreprise d'assurance sous réserve qu'elles ne soient pas contraires aux dispositions législatives ou réglementaires applicables à cet organisme ou à ses statuts ;

2° S'assure que dans les opérations portant sur les actifs du fonds de retraite professionnelle supplémentaire ou de l'entreprise d'assurance la contrepartie lui soit remise dans les délais d'usage ;

3° Veille à ce que les revenus produits par les actifs du fonds de retraite professionnelle supplémentaire qu'il conserve reçoivent une affectation conforme aux dispositions législatives ou réglementaires applicables à l'organisme et à ses statuts.

III. — Les dispositions du II de l'article L. 214-24-8, du second alinéa de l'article L. 214-24-9 et de l'article L. 214-24-10 du code monétaire et financier s'appliquent à un dépositaire auquel a recours un fonds de retraite professionnelle supplémentaire ou une entreprise d'assurance dans le cadre de la gestion de contrats mentionnés à l'article L. 143-1 du présent code, sous réserve d'adaptations précisées par voie réglementaire.

Pour l'application des articles mentionnés au premier alinéa au fonds de retraite professionnelle supplémentaire, il y a lieu d'entendre :

1° "Fonds de retraite professionnelle supplémentaire" là où est mentionné : "FIA" ;

2° "Fonds de retraite professionnelle supplémentaire" là où est mentionné : "société de gestion de portefeuille" ;

3° "Affilié à un contrat garanti par le fonds de retraite professionnelle supplémentaire" là où est mentionné : "porteurs de parts ou actionnaires".

Art. L. 143-3 L'agrément mentionné à l'article L. 143-1 est délivré, sur demande de l'entreprise d'assurance, dans les conditions prévues à l'article L. 321-1. Il vaut également agrément pour les activités des entreprises d'assurance en tant qu'institution de retraite professionnelle dans un autre État membre de la Communauté européenne ou dans un autre État partie à l'accord sur l'Espace économique européen.

Cet agrément est également délivré aux entreprises mentionnées aux articles L. 321-7 à *(Ord. nº 2015-378 du 2 avr. 2015, art. 8-1º, en vigueur le 1er janv. 2016)* « L. 329-1 », dans les conditions respectivement prévues à ces articles.

L'agrément ne peut être accordé qu'aux entreprises d'assurance agréées pour exercer les opérations d'assurance dépendant de la durée de la vie humaine, y compris les opérations collectives mentionnées à l'article L. 441-1.

Cet art. est abrogé à compter du 1er janv. 2023 (Ord. nº 2017-484 du 6 avr. 2017, art. 5-5º).

A compter du 1er janv. 2018, aucune nouvelle demande d'agrément ou d'autorisation au titre des articles L. 143-3 et L. 143-8 ne peut plus être déposée (Ord. nº 2017-484 du 6 avr. 2017, art. 4-I).

L'agrément mentionné à l'art. L. 143-3 est, sur demande, accordé de droit aux entreprises d'assurance, à la date d'entrée en vigueur de l'ordonnance nº 2006-344 du 23 mars 2006, et conformément à l'art. L. 321-1 du même code, d'un agrément administratif pour les opérations d'assurance dépendant de la durée de la vie humaine, y compris les opérations collectives mentionnées respectivement à l'art. L. 441-1 dudit code (Ord. nº 2006-344 du 23 mars 2006, art. 7).

En application du II de l'art. 21 de la L. nº 2000-321 du 12 avr. 2000, le silence gardé par l'administration pendant six mois vaut rejet pour les demandes d'agrément des entreprises d'assurance pratiquant des opérations de retraite professionnelle supplémentaire (Décr. nº 2014-1280 du 23 oct. 2014, applicable pour les demandes présentées à compter du 12 nov. 2014).

Art. L. 143-4 Nonobstant les dispositions du code de commerce relatives aux comptes sociaux, l'entreprise d'assurance établit une comptabilité auxiliaire d'affectation *(Abrogé par Ord. nº 2009-106 du 30 janv. 2009, art. 1er-7º, ratifiée par L. nº 2010-737 du 1er juill. 2010, art. 35-I) « unique »* pour *(Ord. nº 2009-106 du 30 janv. 2009, art. 1er-7º)* « les opérations relevant *(Ord. nº 2019-697 du 3 juill. 2019, art. 1er)* « de la présente section » et des opérations mentionnées à l'article *(Ord. nº 2010-76 du 21 janv. 2010, art. 7-I)* « L. 310-14 ». Cette disposition peut s'appliquer individuellement à un contrat selon des conditions fixées par décret.

Les comptabilités auxiliaires d'affectation relatives à des opérations relevant *(Ord. nº 2019-697 du 3 juill. 2019, art. 1er)* « de la présente section », mentionnées aux articles L. 441-8, *(Ord. nº 2014-696 du 26 juin 2014, art. 1er-8º)* « L. 134-2 » et *(Abrogé par Ord. nº 2017-484 du 6 avr. 2017, art. 1er-5º)* « *, pour les contrats relevant du b du 1 du I de l'article 163 quatervicies du code général des impôts, celles mentionnées* » au VII

de l'article *(L. n° 2006-1770 du 30 déc. 2006, art. 65-I-4°, en vigueur le 30 sept. 2007)* **« L. 144-2 », sont établies séparément de la comptabilité auxiliaire d'affectation mentionnée à l'alinéa précédent.**

L'autorité de contrôle instituée à *(Ord. n° 2010-76 du 21 janv. 2010, art. 7-I)* **« l'article L. 612-1 du code monétaire et financier » peut également exiger que l'entreprise d'assurance établisse séparément de la comptabilité mentionnée au premier alinéa une comptabilité auxiliaire d'affectation pour les opérations mentionnées à l'article** *(Ord. n° 2010-76 du 21 janv. 2010, art. 7-I)* **« L. 310-14 ».**

(Abrogé par Ord. n° 2017-484 du 6 avr. 2017, art. 1er-5°) ***« Les actifs de chaque contrat sont conservés par un dépositaire unique distinct de l'entreprise d'assurance, qui exerce à titre principal le service mentionné au 1 de l'article L. 321-2 du code monétaire et financier, et qui est agréé en France, dans un autre État membre de la Communauté européenne ou dans autre État partie à l'accord sur l'Espace économique européen. »***

Cet art. est abrogé à compter du 1er janv. 2023 (Ord. n° 2017-484 du 6 avr. 2017, art. 5-5°).

A la fin de l'exercice 2022, les entreprises d'assurance sur la vie qui possèdent des engagements faisant l'objet d'une comptabilité auxiliaire d'affectation mentionnée aux premier et troisième alinéas de l'art. L. 143-4 du même code transfèrent ces engagements et les actifs correspondants à l'extérieur de cette compatibilité auxiliaire d'affectation ou les affectent à une nouvelle comptabilité auxiliaire d'affectation ne relevant plus de cet art. L. 143-4. Le ou les contrats correspondant aux engagements ainsi transférés à l'extérieur de la comptabilité auxiliaire d'affectation ou affectés à une nouvelle comptabilité auxiliaire d'affectation ne relèvent plus de l'agrément administratif accordé pour les activités de retraite professionnelle supplémentaire mentionné au premier alinéa de l'art. L. 143-1 (Ord. n° 2017-484 du 6 avr. 2017, art. 4-III).

Lorsque, en application du III de l'art. 4 de l'Ord. n° 2017-484 du 6 avr. 2017, une entreprise d'assurance transfère des engagements faisant l'objet d'une comptabilité auxiliaire d'affectation mentionnée aux 1er et 3e al. de l'art. L. 143-4 à l'extérieur de cette comptabilité auxiliaire d'affectation, l'entreprise d'assurance n'évalue plus les provisions mathématiques correspondantes selon les modalités prévues à l'art. R. 343-4. La différence du montant des provisions inscrites au bilan est, le cas échéant, constatée dans le compte de résultat de l'entreprise d'assurance. Les actifs qui sont réaffectés aux autres opérations de l'entreprise d'assurance sont inscrits au bilan de l'entreprise d'assurance pour leur valeur de réalisation déterminée conformément aux art. R. 343-11 et R. 343-12 de ce code. La différence entre cette valeur et la valeur comptable antérieure est, le cas échéant, constatée dans le compte de résultat de l'entreprise d'assurance (Décr. n° 2017-1171 du 18 juill. 2017, art. 3-III).

Art. L. 143-5 **En cas d'insuffisance de représentation des engagements faisant l'objet de la comptabilité auxiliaire d'affectation mentionnée aux premier, deuxième et troisième alinéas de l'article L. 143-4, et nonobstant toute procédure qui pourrait être engagée dans le cadre du titre Ier du livre III, l'entreprise d'assurance et le ou les souscripteurs conviennent d'un plan de redressement permettant de parfaire la représentation de ces engagements par affectation d'actifs représentatifs de réserves ou de provisions autres que ceux représentatifs de ses engagements réglementés. Lorsque la représentation des engagements du ou des contrats le rend possible, les actifs affectés à ce ou ces contrats ou leur contre-valeur sont réaffectés aux autres opérations de l'entreprise d'assurance dans des conditions convenues entre celle-ci et le ou les souscripteurs des contrats faisant l'objet de la comptabilité auxiliaire d'affectation. En cas de désaccord entre les parties, l'autorité de contrôle instituée à** *(Ord. n° 2010-76 du 21 janv. 2010, art. 7-I)* **« l'article L. 612-1 du code monétaire et financier » détermine le montant et le calendrier d'affectation d'actifs par l'entreprise d'assurance.**

L'élaboration du plan de redressement mentionné au premier alinéa tient compte de la situation particulière de l'entreprise d'assurance au titre de la comptabilité auxiliaire faisant l'objet dudit plan. Ce plan est tenu à la disposition des adhérents.

Cet art. est abrogé à compter du 1er janv. 2023 (Ord. n° 2017-484 du 6 avr. 2017, art. 5-5°).

Art. L. 143-6 *(Abrogé par Ord. n° 2017-484 du 6 avr. 2017, art. 1er-6°)* ***« La notice mentionnée à l'article L. 141-4 indique que le contrat souscrit est un contrat de retraite professionnelle supplémentaire relevant des dispositions du présent chapitre. »***

L'entreprise d'assurance établit et arrête, dans les mêmes conditions que ses comptes individuels, le rapport de gestion et les comptes annuels relatifs à la ou

aux comptabilités auxiliaires d'affectation mentionnées à l'article L. 143-4. Le ou les commissaires aux comptes de l'entreprise d'assurance certifient que ces comptes annuels sont réguliers et sincères. Ces documents sont remis à leur demande aux souscripteurs dans les six mois qui suivent la clôture de l'exercice précédent et sont tenus à la disposition des adhérents et bénéficiaires.

(Abrogé par Ord. n° 2017-484 du 6 avr. 2017, art. 1er-6°) ***« Lors de la liquidation de ses droits, l'entreprise d'assurance informe chaque adhérent ou bénéficiaire, dans des conditions définies par arrêté du ministre chargé de l'économie, sur le montant des prestations qui lui sont dues et sur les options de paiement correspondantes.***

« L'entreprise d'assurance établit et révise au moins tous les trois ans, globalement pour les opérations relevant du présent chapitre, un rapport indiquant sa politique de placement et les risques techniques et financiers y afférents. Ce rapport doit être mis à jour dans un délai de trois mois après tout changement majeur de la politique de placement. Il est remis, sur demande, au souscripteur *(L. n° 2014-1662 du 30 déc. 2014, art. 16-I)* ***«, à l'adhérent et au bénéficiaire ». Un arrêté du ministre chargé de l'économie précise les autres informations qui, sur demande ou périodiquement, doivent être remises aux adhérents. »***

Cet art. est abrogé à compter du 1er janv. 2023 (Ord. n° 2017-484 du 6 avr. 2017, art. 5-5°).

Art. L. 143-7 Sans préjudice des droits des titulaires de créances nées de la gestion de ces opérations, aucun créancier de l'entreprise d'assurance, autre que les adhérents, assurés ou bénéficiaires au titre des opérations relevant *(Ord. n° 2019-697 du 3 juill. 2019, art. 1er)* « de la présente section », ne peut se prévaloir d'un quelconque droit sur les biens et droits résultant de l'enregistrement comptable établi en vertu du premier alinéa de l'article L. 143-4, même sur le fondement du livre VI du code de commerce, des articles 2101 et 2104 du code civil, des articles L. 310-25, *(Ord. n° 2017-1608 du 27 nov. 2017, art. 3)* « L. 326-1 » à L. 327-6 et L. 441-8 du code des assurances, de l'article L. 932-24 du code de la sécurité sociale ou de l'article L. 212-23 du code de la mutualité.

Sous réserve de l'article L. 143-5, les adhérents, assurés ou bénéficiaires au titre des opérations relevant *(Ord. n° 2019-697 du 3 juill. 2019, art. 1er)* « de la présente section » et de l'article *(Ord. n° 2010-76 du 21 janv. 2010, art. 7-I)* « L. 310-14 » ne peuvent se prévaloir d'un quelconque droit sur les biens et droits résultant des autres opérations de l'entreprise d'assurance, même sur le fondement du livre VI du code de commerce, des articles *(Ord. n° 2017-484 du 6 avr. 2017, art. 1er-7°)* « 2331 et 2375 » du code civil, des articles L. 310-25, *(Ord. n° 2017-1608 du 27 nov. 2017, art. 3)* « L. 326-1 » à L. 327-6 et L. 441-8 du code des assurances, de l'article L. 932-24 du code de la sécurité sociale ou de l'article L. 212-23 du code de la mutualité.

Cet art. est abrogé à compter du 1er janv. 2023 (Ord. n° 2017-484 du 6 avr. 2017, art. 5-5°).

Art. L. 143-8 La soumission *(Ord. n° 2019-697 du 3 juill. 2019, art. 1er)* « à la présente section » *(Ord. n° 2017-484 du 6 avr. 2017, art. 1er-8°)* «, par des entreprises d'assurance, » de tout contrat offrant les prestations mentionnées à l'article L. 143-1, mais n'ayant pas été souscrit dans le cadre de l'agrément administratif mentionné au premier alinéa de cet article, est autorisée par l'Autorité de contrôle prudentiel et de résolution. La désignation des contrats concernés est portée à la connaissance des créanciers par un avis publié au *Journal officiel*, qui leur impartit un délai d'un mois pour présenter leurs observations.

L'Autorité dispose pour se prononcer d'un délai de deux mois à compter de l'expiration du délai imparti à l'alinéa précédent aux créanciers pour présenter leurs observations. L'Autorité peut également demander des documents complémentaires nécessaires à l'appréciation de l'opération, et, dans ce cas, le délai dont *(Ord. n° 2017-484 du 6 avr. 2017, art. 1er-8°)* « elle » dispose pour se prononcer court à partir de la date de production desdits documents.

(Ord. n° 2009-106 du 30 janv. 2009, art. 1er-8°, ratifiée par L. n° 2010-737 du 1er juill. 2010, art. 35-I) « Cette soumission est opposable aux assurés, créanciers, souscripteurs et bénéficiaires du ou des contrats à partir de la date de publication au *Journal officiel* de l'autorisation mentionnée au premier alinéa. A l'initiative du souscripteur,

un contrat peut ne plus relever des dispositions relevant de l'agrément administratif visé au premier alinéa de l'article L. 143-1 ; cette opération intervient après accord du comité de surveillance mentionné à l'article L. 143-2, lorsqu'il est institué et requiert l'approbation de l'Autorité de contrôle prudentiel et de résolution qui dispose pour se prononcer d'un délai de deux mois à compter du dépôt de la demande par l'entreprise d'assurance opérant dans le cadre de cet agrément. »

Pour l'application des dispositions du présent article, les mutuelles régies par le code de la mutualité et les institutions de prévoyance mentionnées à l'article L. 931-1 du code de la sécurité sociale et à l'article L. 727-2 du code rural et de la pêche maritime sont assimilées à des entreprises d'assurance agréées conformément aux dispositions de l'article L. 321-1.

Cet art. est abrogé à compter du 1er janv. 2023 (Ord. n° 2017-484 du 6 avr. 2017, art. 5-5°).

A compter du 1er janv. 2018, aucune nouvelle demande d'agrément ou d'autorisation au titre des articles L. 143-3 et L. 143-8 ne peut plus être déposée (Ord. n° 2017-484 du 6 avr. 2017, art. 4-I).

En application du II de l'art. 21 de la L. n° 2000-321 du 12 avr. 2000, le silence gardé par l'administration pendant deux mois vaut rejet pour les demandes de soumission, par les organismes d'assurances, d'un contrat de groupe d'assurance-vie aux dispositions régissant les prestations de retraite professionnelle supplémentaire (Décr. n° 2014-1280 du 23 oct. 2014, applicable pour les demandes présentées à compter du 12 nov. 2014).

Art. L. 143-9 *(Ord. n° 2017-484 du 6 avr. 2017, art. 1er-9°)* **Un décret en Conseil d'État précise les conditions d'application du présent chapitre, notamment les règles techniques et de garantie applicables aux opérations mentionnées à l'article L. 143-1, les modalités de constitution et de fonctionnement du comité de surveillance mentionné à l'article L. 143-2 et les possibilités d'inclusion du rapport mentionné à l'article L. 143-2-2 dans le rapport sur la solvabilité et la situation financière** *(Abrogé par Ord. n° 2017-484 du 6 avr. 2017, art. 5-6°, à compter du 1er janv. 2023)* ***« de l'entreprise d'assurance »*** **ou du fonds de retraite professionnelle supplémentaire concerné ainsi que les modalités de sa mise à disposition.**

CHAPITRE IV CONTRATS DE PRÉVOYANCE ET DE RETRAITE SUPPLÉMENTAIRE SOUSCRITS PAR DES ASSOCIATIONS

(L. n° 2006-1770 du 30 déc. 2006, art. 65-I-2°)

SECTION PREMIÈRE CONTRATS DE PRÉVOYANCE ET DE RETRAITE SUPPLÉMENTAIRE DES PROFESSIONS NON SALARIÉES

Art. L. 144-1 *(L. n° 2006-1770 du 30 déc. 2006, art. 65-I-2°, en vigueur le 30 sept. 2007 ; L. n° 2009-106 du 30 janv. 2009)* **Les contrats relevant de la présente section sont régis par l'article L. 141-1 et peuvent être souscrits par une association relevant de l'article L. 141-7 auxquels adhèrent :**

1° Soit exclusivement des personnes exerçant une activité professionnelle non salariée non agricole ou ayant exercé une telle activité et bénéficiant à ce titre d'une pension de vieillesse, sous réserve des dispositions de l'article *(L. n° 2017-1836 du 30 déc. 2017, art. 15)* **« L. 615-4 » du code de la sécurité sociale ;**

2° Soit exclusivement des chefs d'exploitation ou d'entreprise agricoles, leurs conjoints et leurs aides familiaux, sous réserve qu'ils relèvent du régime d'assurance-vieillesse de base institué par le chapitre II du titre II du livre VII du code rural et de la pêche maritime et qu'ils justifient de la régularité de leur situation vis-à-vis de ce régime.

Ces contrats ont pour objet l'acquisition et la jouissance de droits viagers personnels payables à l'adhérent à compter au plus tôt de la date de liquidation de sa pension dans un régime d'assurance-vieillesse ou de l'âge fixé en application de l'article L. 351-1 du code de la sécurité sociale ou, pour les contrats mentionnés au 1° du présent article, le versement de prestations de prévoyance complémentaire ou d'indemnités en cas de perte d'emploi subie. Le versement des primes ou cotisations dues au titre des contrats doit présenter un caractère régulier dans son montant et

sa périodicité *(L. nº 2010-1330 du 9 nov. 2010, art. 117)* **« et peut être entièrement cumulé avec une activité professionnelle, dans les conditions prévues à l'article L. 161-22 du code de la sécurité sociale ».**

COMMENTAIRE

Les contrats de prévoyance et de retraite supplémentaires des professions non salariées sont, conformément à l'article L. 144-1, des contrats d'assurance de groupe régis par les articles L. 141-1 et suivants. Ils sont assortis d'avantages fiscaux.

Mais la retraite supplémentaire des professions non salariées peut également être organisée par un contrat d'assurance de groupe soumis aux règles des articles L. 143-1 à L. 143-9, relatifs aux opérations de retraite professionnelle.

I. ADHÉRENTS AUX CONTRATS

A. ACTIVITÉ PROFESSIONNELLE NON SALARIÉE NON AGRICOLE

Peuvent adhérer à un contrat d'assurance de groupe regroupant exclusivement des personnes exerçant une activité professionnelle non salariée non agricole, et bénéficier en conséquence d'une déduction fiscale, plusieurs catégories de personnes :

– l'entrepreneur individuel dont les revenus sont imposables au titre des bénéfices industriels et commerciaux (BIC) ;

– le professionnel libéral dont les bénéfices sont imposés dans la catégorie des bénéfices non commerciaux ;

– l'associé personne physique qui exerce son activité par l'intermédiaire d'une société de personne et dont les revenus sont imposables au titre des BIC ou BNC ;

– le dirigeant non salarié d'une société soumise à l'impôt sur les sociétés, sauf les gérants minoritaires de SARL et les PDG de sociétés anonymes ;

– les conjoints collaborateurs de commerçant, artisan ou professionnel libéral.

Cependant, selon l'article L. 144-1, ces adhésions ne sont valables que si l'adhérent est à jour du paiement de ses cotisations à un régime obligatoire.

B. ACTIVITÉ PROFESSIONNELLE NON SALARIÉE AGRICOLE

Peuvent adhérer à un contrat d'assurance de groupe regroupant exclusivement des personnes exerçant une activité professionnelle non salariée agricole, et bénéficier en conséquence d'une déduction fiscale, plusieurs catégories de personnes :

– les chefs d'exploitation ou d'entreprise agricoles ;

– les conjoints des chefs d'exploitation ou d'entreprise agricoles ;

– les aides familiaux des chefs d'exploitation ou d'entreprise agricoles.

Mais ces personnes doivent justifier de la régularité de leur situation vis-à-vis du régime d'assurance-vieillesse obligatoire dont ils relèvent.

II. OBLIGATIONS CONTRACTUELLES

A. COTISATIONS

Selon l'article L. 144-1, le paiement des primes ou cotisations doit présenter un caractère régulier dans son montant et sa périodicité.

En ce qui concerne le **montant**, l'article R. 144-2 précise que les contrats souscrits en vue de garantir un revenu viager doivent comporter une clause permettant aux adhérents d'opter chaque année pour le versement d'une cotisation ou d'une prime dont le montant est compris entre un minimum, qui varie chaque année parallèlement au plafond prévu à l'article L. 241-3 du code de la sécurité sociale, et un maximum égal à quinze fois le montant annuel de la cotisation minimale.

En ce qui concerne la **périodicité** des versements, elle ne doit pas être supérieure à un an.

Par ailleurs, selon l'article R. 144-3, le contrat peut permettre aux adhérents de verser des **primes ou cotisations supplémentaires** au titre des années comprises entre la date de leur affiliation au régime de base obligatoire d'assurance-vieillesse et la date de leur adhésion au contrat. Le montant de la prime ou cotisation supplémentaire à verser au cours d'une année doit alors être égal à celui qui est fixé pour cette même année. En cas de non-paiement de cette cotisation supplémentaire, qui doit être versée au cours d'une année donnée, le versement de cette prime ou cotisation ne peut être reporté sur une autre année.

B. PRESTATIONS

Le contrat a pour objectif principal le versement d'une rente viagère aux professionnels non salariés, afin de compléter leur régime obligatoire de retraite. Mais il est admis qu'il puisse comporter une contre-assurance décès, garantissant le versement d'un capital équivalent au montant des cotisations versées par l'assuré ou le versement d'une rente viagère au profit du conjoint, des enfants à charge ou d'un autre tiers désigné par le contrat.

Par ailleurs, lorsque le contrat est souscrit pour des personnes exerçant une activité professionnelle non salariée non agricole, le contrat peut prévoir le versement de prestations de prévoyance complémentaire (indemnités journalières en cas d'arrêt de travail, prestations en nature, rente en cas d'invalidité permanente) ou d'indemnités en cas de perte d'emploi subie. Une cessation volontaire d'activité ne peut donc entraîner le versement d'une telle indemnité. ❑

SECTION II PLAN D'ÉPARGNE RETRAITE POPULAIRE

COMMENTAIRE

Les articles L. 144-2 à L. 144-4 réglementent les plans d'épargne retraite populaire (PERP) créés par la loi n° 2003-775 du 21 août 2003, dite « loi Fillon ».

I. ORGANISATION DU PERP

Le plan d'épargne retraite populaire repose sur un contrat d'assurance de groupe, souscrit par une association dénommée Groupement d'épargne retraite populaire (GERP) auprès d'une entreprise d'assurance, dont l'exécution est liée à la cessation d'activité professionnelle.

A. LES ADHÉRENTS

Le plan d'épargne retraite populaire constitue un produit d'épargne spécifique réservé à la retraite, offert à toute personne à titre privé, quel que soit son statut personnel. Il se différencie en cela des autres contrats d'assurance de groupe. Ainsi, les contrats à cotisation définie, dits « contrats article 83 » ou « PER entreprise » ou « plan d'épargne entreprise » et les contrats à prestations définies relevant de l'article L. 137-11 du code de la sécurité sociale, anciennement dénommés « contrats article 39 », sont réservés aux salariés. De même, les contrats dits « Madelin » sont accessibles uniquement aux personnes exerçant une activité professionnelle non salariée non agricole.

Cela étant, dans la mesure où le versement de cotisations au PERP permet d'obtenir une déduction fiscale, les adhérents aux PERP sont en général des personnes imposables à l'impôt sur le revenu.

B. LE GERP

Le Groupement d'épargne retraite populaire (GERP) est une association à titre gratuit relevant de l'article L. 141-7 du, dont les caractéristiques sont précisées par les articles L. 114-2 et R. 144-4 et suivants.

1. STATUTS

Le GERP doit déposer ses statuts à l'Autorité de contrôle prudentiel et de résolution (ACPR) et être inscrit sur un registre tenu par cette dernière. Ses statuts doivent d'ailleurs comporter des clauses types prévues par l'article R. 144-5 et son objet social doit être impérativement d'assurer la représentation des intérêts des adhérents dans la mise en place et la surveillance de la gestion d'un ou de plusieurs PERP.

2. ASSEMBLÉE GÉNÉRALE

En ce qui concerne le fonctionnement du GERP, des règles spécifiques ont été adoptées pour réglementer l'assemblée générale des adhérents. Tous les adhérents à un plan souscrit par l'association sont membres de droit de l'association et disposent d'un droit de vote à l'assemblée générale. Ils peuvent également proposer des résolutions.

Convoquée au moins une fois par an, cette assemblée est notamment chargée :

– d'approuver les comptes annuels du plan, le budget du plan établi par le comité de surveillance, ainsi que les comptes de l'association ;

– de procéder à la nomination du commissaire aux comptes ;

– de procéder à l'élection et au renouvellement des membres du comité de surveillance et, le cas échéant, d'approuver la désignation par le comité de surveillance ou par le conseil d'administration de l'association des personnalités qualifiées en qualité de membre de ce comité ;
– de procéder éventuellement à la révocation d'un membre du comité de surveillance ;
– de se prononcer sur les modifications essentielles à apporter, sur proposition du comité de surveillance et après avis de l'entreprise d'assurance, aux droits et obligations des adhérents au plan ;
– de décider de la reconduction du contrat souscrit auprès de l'entreprise d'assurance ou de choisir une nouvelle entreprise d'assurance.

3. COMPTABILITÉ

Sur le plan comptable, le GERP doit établir une comptabilité auxiliaire d'affectation par plan (art. R. 144-9) et pour chaque plan, il doit ouvrir des comptes d'espèces et de titres affectés au règlement des dépenses relatives au fonctionnement et aux missions du comité de surveillance et des dépenses relatives au fonctionnement de l'assemblée générale (art. R. 144-10).

C. LE COMITÉ DE SURVEILLANCE

Un comité de surveillance est institué pour chaque plan. Il est chargé de veiller à la bonne exécution du contrat par l'entreprise d'assurance et à la représentation des intérêts des adhérents. Cependant, si le groupement n'a souscrit qu'un seul plan, le conseil d'administration de l'association peut être le comité de surveillance de ce plan.

Le comité de surveillance doit être composé de personnes indépendantes de l'entreprise d'assurance. Ainsi, sa composition est soumise aux règles de l'article L. 141-7. En outre, il doit être composé pour moitié au moins de représentants des adhérents au plan.

Pour effectuer ses missions, le comité de surveillance dispose de prérogatives déterminées par les articles R. 144-14 à R. 144-17.

II. PRESTATIONS DU PERP

A. EN CAS DE VIE

1. PRINCIPE : LE VERSEMENT D'UNE RENTE VIAGÈRE

Par principe, le plan d'épargne retraite populaire a pour objectif le versement d'une rente viagère à l'adhérent à compter de son départ en retraite, c'est-à-dire de la date de liquidation de sa pension dans un régime obligatoire d'assurance-vieillesse ou de l'âge fixé en application de l'article L. 351-1 du code de la sécurité sociale.

D'ailleurs, selon l'annexe de l'article A. 132-4, le plan doit indiquer en caractères apparents que les sommes versées dans un PERP donnent lieu à des prestations versées sous forme de rente à partir de l'âge prévu de liquidation des droits et qu'un plan ne peut faire l'objet de rachat, sauf dans les cas prévus par à l'article L. 132-23 et pour l'acquisition de résidence principale de l'adhérent, en accession à la première propriété, à compter de son départ en retraite.

En cas d'invalidité de l'adhérent survenue après son adhésion au PERP, le contrat peut néanmoins prévoir le versement d'une rente d'invalidité à son bénéfice exclusif. Mais cette prestation ne peut avoir pour effet de lui accorder des droits qui excéderaient ceux auxquels il aurait pu prétendre sans invalidité.

2. TEMPÉRAMENT : UNE SORTIE EN CAPITAL

Une sortie en capital est possible dans trois hypothèses.

– **1re hypothèse** : Depuis, la loi n° 2010-1330 du 9 novembre 2010, le PERP peut prévoir le paiement d'un capital à la date de liquidation de la pension dans un régime obligatoire d'assurance-vieillesse ou à l'âge fixé à l'article L. 351-1 du code de la sécurité sociale, à condition que la valeur de rachat de cette garantie n'excède pas 20 % de la valeur de rachat du contrat.

– **2e hypothèse** : Une sortie en capital du plan, à compter de la liquidation de la pension dans un régime obligatoire d'assurance-vieillesse ou de l'âge fixé à l'article L. 351-1 du code de la sécurité sociale, est possible pour l'acquisition par l'adhérent de sa résidence principale en accession à la première propriété. La condition de la première occupation est précisée par l'article 244 *quater* J du code général des impôts. Ainsi, cette condition est remplie si l'adhérent n'a pas été propriétaire de sa résidence principale au cours des deux dernières années. Par ailleurs, cette condition de la première occupation n'est pas exigée :

– lorsque l'adhérent ou l'un des occupants du logement à titre principal est titulaire de la carte d'invalidité correspondant au classement dans la deuxième ou la troisième des catégories prévues à l'article L. 341-4 du code de la sécurité sociale ;

– lorsque l'adhérent ou l'un des occupants de la résidence à titre principal bénéficie de l'allocation aux adultes handicapés (AAH) ou de l'allocation d'éducation de l'enfant handicapé (AEEH) ;

– lorsque l'adhérent ou l'un des occupants de la résidence à titre principal est victime d'une catastrophe ayant conduit à rendre inhabitable de manière définitive sa résidence principale.

– **3e hypothèse** : Lorsque le montant de la rente viagère servie au dénouement du PERP n'excède pas 40 euros, l'assureur peut, en application des articles L. 160-5 et A. 160-2 à A. 160-4, procéder à son rachat. La liquidation des droits de l'adhérent s'effectue alors sous la forme d'un versement unique en capital.

B. EN CAS DE DÉCÈS

Conformément à l'article L. 144-2, I, le PERP peut prévoir des garanties complémentaires en cas de décès de l'adhérent avant ou après la date de mise en service de la rente viagère. Ces garanties prennent la forme d'une rente viagère versée à un ou plusieurs bénéficiaires expressément désignés par l'adhérent ou, à défaut, à son conjoint ou à ses enfants mineurs sous la forme d'une rente temporaire. Mais, ces garanties complémentaires ne peuvent avoir pour effet de transmettre des droits qui excéderaient ceux auxquels l'adhérent aurait pu prétendre en cas de vie. ❑

Art. L. 144-2 *(L. no 2006-1770 du 30 déc. 2006, art. 65-I-2o, en vigueur le 30 sept. 2007 ; Ord. no 2009-106 du 30 janv. 2009, art. 1er-10)* **I. – Le plan d'épargne retraite populaire est un contrat régi par l'article L. 141-1 dont l'exécution est liée à la cessation d'activité professionnelle et qui est souscrit par une association relevant de l'article L. 141-7 dénommée groupement d'épargne retraite populaire.**

Le contrat mentionné au premier alinéa a pour objet l'acquisition et la jouissance de droits viagers personnels payables à l'adhérent à compter au plus tôt de la date de liquidation de sa pension dans un régime obligatoire d'assurance-vieillesse ou de l'âge fixé en application de l'article L. 351-1 du code de la sécurité sociale. *(L. no 2010-1330 du 9 nov. 2010, art. 113)* **« Le contrat peut également prévoir le paiement d'un capital à cette même date, à condition que la valeur de rachat de cette garantie n'excède pas 20 % de la valeur de rachat du contrat. »**

Le contrat peut prévoir des garanties complémentaires en cas de décès de l'adhérent avant ou après la date de mise en service de la rente viagère acquise dans le cadre du plan. Les prestations servies au titre de ces garanties consistent en une rente viagère versée à un ou plusieurs bénéficiaires expressément désignés par l'adhérent ou, à défaut, à son conjoint ou en une rente temporaire d'éducation versée à des enfants mineurs. Ces garanties complémentaires ne peuvent avoir pour effet de transmettre des droits qui excéderaient ceux auxquels l'adhérent aurait pu prétendre en cas de vie. Le contrat peut également prévoir, en cas d'invalidité de l'adhérent survenue après son adhésion, le versement d'une rente d'invalidité à son bénéfice exclusif, sans que cette prestation puisse avoir pour effet de lui ouvrir des droits qui excéderaient ceux auxquels il aurait pu prétendre sans invalidité.

(L. no 2016-1691 du 9 déc. 2016, art. 116-I) **« Nonobstant les dispositions du deuxième alinéa du présent I, un adhérent peut demander le rachat d'un contrat à une entreprise d'assurances agréée en application de l'article L. 321-1 du présent code, ainsi qu'aux organismes d'assurance mentionnés à l'article L. 144-4, s'il satisfait aux conditions suivantes :**

« 1o La valeur de transfert du contrat est inférieure à 2 000 € ;

« 2o Pour les contrats ne prévoyant pas de versements réguliers, aucun versement de cotisation n'a été réalisé au cours des quatre années précédant le rachat ; pour les contrats prévoyant des versements réguliers, l'adhésion au contrat est intervenue au moins quatre années révolues avant la demande de rachat ;

« 3o Le revenu de son foyer fiscal de l'année précédant celle du rachat est inférieur à la somme, majorée le cas échéant au titre des demi-parts supplémentaires retenues

pour le calcul de l'impôt sur le revenu afférent audit revenu, prévue au II de l'article 1417 du code général des impôts. » — *Les dispositions issues de l'art. 116 de la L. nº 2016-1691 du 9 déc. 2016 s'appliquent aux contrats en cours à la date de publication de ladite loi (L. préc., art. 116-III, JO 16 déc.).*

Le plan d'épargne retraite populaire a également pour objet la constitution d'une épargne affectée à l'acquisition de la résidence principale de l'adhérent en accession à la première propriété mentionnée au premier alinéa du I de l'article 244 *quater* J du code général des impôts, à compter de la date de liquidation de sa pension dans un régime obligatoire d'assurance-vieillesse ou de l'âge fixé en application de l'article L. 351-1 du code de la sécurité sociale, payable, à cette échéance, par un versement en capital.

Les règles propres aux formes juridiques sous lesquelles sont constitués le plan d'épargne retraite populaire, le groupement d'épargne retraite populaire et l'entreprise d'assurance s'appliquent sous réserve des dispositions du présent article.

II. — Il est institué, pour chaque plan, un comité de surveillance chargé de veiller à la bonne exécution du contrat par l'entreprise d'assurance et à la représentation des intérêts des adhérents, selon des modalités définies par décret en Conseil d'État.

Il suit les règles applicables au conseil d'administration du groupement définies à l'article L. 141-7.

Lorsque le groupement mentionné au I du présent article souscrit un unique plan, le conseil d'administration de l'association peut valablement être le comité de surveillance dudit plan.

Le comité de surveillance peut demander, à tout moment, aux commissaires aux comptes et aux dirigeants de l'entreprise d'assurance tout renseignement sur la situation financière et l'équilibre actuariel de ce même plan. Les commissaires aux comptes sont alors déliés, à son égard, de l'obligation de secret professionnel.

Le comité de surveillance diligente les expertises nécessaires à sa mission et peut, à cette fin, mandater un expert indépendant pour effectuer tout contrôle sur pièces et sur place de la gestion administrative, technique et financière du plan.

L'entreprise d'assurance informe, chaque année, le comité de surveillance du montant affecté à la participation aux bénéfices techniques et financiers et le consulte sur les modalités de sa répartition entre les adhérents.

Les membres du comité de surveillance sont tenus au secret professionnel à l'égard des informations présentant un caractère confidentiel et données comme telles par les experts et les personnes consultées par lui dans les conditions et sous les peines prévues aux articles 226-13 et 226-14 du code pénal. Les experts et les personnes consultées par le comité de surveillance sont tenus au secret professionnel dans les mêmes conditions et sous les mêmes peines.

III. — L'entreprise d'assurance informe au moins une fois chaque trimestre le comité de surveillance du plan et lui remet, dans les six mois qui suivent la clôture de l'exercice précédent, un rapport annuel sur l'équilibre actuariel et la gestion administrative, technique et financière du plan. Ce rapport est transmis à l'autorité de contrôle instituée à *(Ord. nº 2010-76 du 21 janv. 2010, art. 7-I)* « l'article L. 612-1 du code monétaire et financier » accompagné de l'avis du comité de surveillance.

IV. — La gestion administrative du plan, comprenant notamment la tenue des comptes enregistrant les droits des adhérents ainsi que l'information de chaque adhérent sur ses droits, est effectuée par l'entreprise d'assurance ou par un tiers auquel l'entreprise d'assurance délègue cette gestion sous sa responsabilité.

V. — Les conditions d'exercice de la gestion financière du plan d'épargne retraite populaire par l'entreprise d'assurance et notamment le recours à la réassurance ou à la gestion déléguée sont déterminées par décret en Conseil d'État.

VI. — L'entreprise d'assurance exerce les droits de vote dans le seul intérêt des droits individuels des adhérents au titre du plan.

VII. — Nonobstant les dispositions du code de commerce relatives aux comptes sociaux, l'entreprise d'assurance établit, pour les opérations relevant du présent article, une comptabilité auxiliaire d'affectation. Ces procédures et cet enregistrement sont contrôlés et certifiés par le ou les commissaires aux comptes de l'entreprise d'assurance.

L'article *(Ord. nº 2014-696 du 26 juin 2014, art. 1er-9º)* « L. 134-4 » s'applique aux biens et droits résultant de l'enregistrement comptable établi en vertu du premier alinéa du présent VII.

Les actifs du plan d'épargne retraite populaire sont conservés par un dépositaire unique distinct de l'entreprise d'assurance, qui exerce à titre principal le service mentionné au 1 de l'article L. 321-2 du code monétaire et financier et qui est agréé en France, dans un autre État membre de la Communauté européenne ou dans un autre État partie à l'accord sur l'Espace économique européen.

VIII. — En cas d'insuffisance de représentation des engagements d'un plan d'épargne retraite populaire, l'article L. 143-5 *(Ord. nº 2017-484 du 6 avr. 2017, art. 5-7º, en vigueur le 12 janv. 2023)* « L. 381-2 » du présent code s'applique à la comptabilité auxiliaire d'affectation mentionnée au VII du présent article.

IX. — Les VII et VIII s'appliquent individuellement à chaque plan d'épargne retraite populaire géré par l'entreprise d'assurance et vérifiant des conditions de seuils. Ils s'appliquent collectivement à l'ensemble des plans gérés par l'entreprise d'assurance qui ne vérifient pas ces conditions de seuils. Si, pour un plan, ces conditions ne sont pas vérifiées pendant *(Ord. nº 2009-106 du 30 janv. 2009, art. 1er-10º)* « huit » années consécutives, les cotisations versées sur un contrat ne comptant plus un nombre minimum d'adhérents ne sont plus considérées comme des cotisations à un plan d'épargne retraite populaire. — *La période mentionnée au IX de l'art. L. 144-2 est appréciée à compter de la date de souscription du plan et s'applique à tous les plans souscrits postérieurement à la L. nº 2003-775 du 21 août 2003 portant réforme des retraites (L. nº 2010-737 du 1er juill. 2010, art. 35-III).*

Un décret en Conseil d'État détermine les seuils visés au premier alinéa du présent IX et les règles s'appliquant lors de leur franchissement.

X. — Le groupement d'épargne retraite populaire dépose ses statuts auprès de l'autorité instituée à *(Ord. nº 2010-76 du 21 janv. 2010, art. 7-I)* « l'article L. 612-1 du code monétaire et financier » et est inscrit sur un registre tenu par cette même autorité. Il ne peut être dissous que dans des cas et des conditions définis par décret en Conseil d'État.

L'objet de ce groupement est d'assurer la représentation des intérêts des adhérents dans la mise en place et la surveillance de la gestion de ce ou ces plans. Il ne peut pas participer directement à la présentation de ce ou ces mêmes plans.

XI. — Le contrat prévoit les modalités de financement du groupement d'épargne retraite populaire. Le groupement ne perçoit aucune cotisation de ses membres, à l'exception éventuelle d'un droit d'entrée.

XII. — L'assemblée générale décide, sur proposition du comité de surveillance, des modifications à apporter aux dispositions essentielles du plan souscrit par le groupement d'épargne retraite populaire.

Sauf en cas de faute grave, le changement de l'entreprise d'assurance ne peut intervenir qu'à l'issue d'un préavis d'au moins douze mois et dans les conditions stipulées au plan. Le choix de la nouvelle entreprise d'assurance fait l'objet d'une mise en concurrence et est soumis à l'assemblée générale au plan. Il emporte le transfert à la nouvelle entreprise d'assurance gestionnaire de l'ensemble des engagements et des actifs attachés au plan.

Le comité de surveillance examine l'opportunité, à son échéance, de reconduire le contrat souscrit auprès de l'entreprise d'assurance ou bien de le remettre en concurrence. La décision de reconduire le contrat souscrit auprès de l'entreprise d'assurance est soumise à l'approbation de l'assemblée générale. En cas de remise en concurrence, l'entreprise d'assurance sortante ne peut être exclue de la procédure de mise en concurrence.

Art. L. 144-3 *(L. nº 2006-1770 du 30 déc. 2006, art. 65-I-2º, en vigueur le 30 sept. 2007)* Un décret en Conseil d'État fixe les règles techniques et les conditions d'application du présent chapitre, notamment les clauses qui doivent obligatoirement figurer dans ces contrats et les statuts des associations.

Art. L. 144-4 *(L. nº 2006-1770 du 30 déc. 2006, art. 65-I-2º, en vigueur le 30 sept. 2007)* Pour l'application du présent chapitre, les mutuelles régies par le code de la mutualité et les institutions de prévoyance mentionnées à l'article L. 931-1 du code de la sécurité sociale et à l'article L. 727-2 du code rural et de la pêche maritime sont assimilées à des entreprises d'assurance agréées conformément à l'article L. 321-1 du présent code.

CHAPITRE V DISPOSITIONS PARTICULIÈRES RELATIVES À LA COASSURANCE DE CERTAINES OPÉRATIONS COLLECTIVES AVEC LES ORGANISMES D'ASSURANCE RELEVANT DU CODE DE LA SÉCURITÉ SOCIALE ET DU CODE DE LA MUTUALITÉ

(L. nº 2014-856 du 31 juill. 2014, art. 51-III)

Art. L. 145-1 Le présent chapitre s'applique aux contrats de groupe à adhésion obligatoire couvrant le risque décès, les risques portant atteinte à l'intégrité physique de la personne ou liés à la maternité, les risques d'incapacité de travail ou d'invalidité. Il s'applique également aux contrats de groupe à adhésion facultative couvrant ces mêmes risques, à l'exception de ceux visés par arrêté des ministres chargés de l'économie, de la sécurité sociale et de la mutualité.

Le contrat d'assurance de groupe par lequel un chef d'entreprise, dénommé "l'employeur", souscrit auprès d'une entreprise d'assurance un contrat au profit de ses salariés ou d'une ou plusieurs catégories d'entre eux en vue d'assurer la couverture d'engagements ou de risques est dit "opération collective à adhésion obligatoire" lorsque les salariés concernés sont tenus d'adhérer au contrat et "à adhésion facultative" lorsque les salariés ne sont pas tenus d'adhérer au contrat.

Le contrat d'assurance de groupe par lequel une personne morale souscrit auprès d'une entreprise d'assurance et au profit de ses membres qui y adhèrent librement un contrat collectif en vue d'assurer la couverture d'engagements ou de risques est dit "opération collective à adhésion facultative".

Pour l'application des dispositions générales relatives aux assurances de groupe du présent code dans le cadre d'opérations relevant du présent chapitre, la référence au souscripteur est remplacée par la référence à l'employeur ou, le cas échéant, à la personne morale, et la référence à l'adhérent est remplacée par la référence au salarié ou, le cas échéant, au membre de la personne morale.

Pour l'application de l'article L. 113-15, la référence à la police est remplacée par la référence au contrat collectif.

Pour l'application des articles L. 112-2, L. 112-3 et L. 113-2, la référence à l'assuré et la référence au souscripteur sont remplacées par la référence à l'employeur ou, le cas échéant, à la personne morale, à l'exception du quatrième alinéa de l'article L. 112-3 et des 2º, 3º et 4º de l'article L. 113-2, pour lesquels la référence à l'assuré est remplacée par la référence simultanée à l'employeur et au salarié ou, le cas échéant, à la personne morale et au membre de la personne morale.

Pour l'application de l'article L. 113-11, la référence à l'assuré est remplacée par la référence au salarié ou, le cas échéant, au membre de la personne morale ou au bénéficiaire.

L'art. 51 de la L. nº 2014-856 du 31 juill. 2014 n'est pas applicable aux contrats souscrits avant la publication de ladite loi (L. préc., art. 51-IV, JO 1er août).

COMMENTAIRE

Issus de la loi nº 2014-856 du 21 juillet 2014 relative à l'économie sociale et solidaire, les articles L. 145-1 et suivants ont pour objectif de faciliter la coassurance, pour les opérations collectives relatives à la santé et à la prévoyance, entre les entreprises d'assurances, les mutuelles et les institutions de prévoyance, en rapprochant certaines dispositions du code des assurances de celles contenues dans le code de la mutualité ou dans le code de la sécurité sociale.

Sont concernées par ces dispositions la couverture du risque décès, celle des risques portant atteinte à l'intégrité physique de la personne ou liés à la maternité, ainsi que la couverture des risques d'incapacité du travail ou d'invalidité. Dans ces domaines, la coassurance peut se révéler particulièrement utile, avec notamment la généralisation de la couverture santé pour les salariés, imposée par la loi n° 2013-504 du 14 juin 2013 relative à la sécurisation de l'emploi.

Afin de favoriser la coassurance inter-codes, l'article L. 145-1 apporte des précisions terminologiques :
– pour l'application des dispositions générales relatives aux assurances de groupe, la référence au souscripteur est remplacée par la référence à l'employeur, ou le cas échéant à la personne morale, et la référence à l'adhérent par la référence au salarié, ou le cas échéant au membre de la personne morale ;
– pour l'application de l'article **L. 113-15**, relatif à la durée du contrat, la référence à la police est remplacée par la référence au contrat collectif ;
– pour l'application de l'article **L. 112-2**, relatif à l'information précontractuelle, la référence à l'assuré et la référence au souscripteur sont remplacées par la référence à l'employeur, ou le cas échéant à la personne morale, ce qui fait ce dernier le destinataire de ces informations ;
– pour l'article **L. 112-3**, relatif aux différents documents remis lors de la conclusion du contrat, la référence à l'assuré et la référence au souscripteur sont remplacées par la référence à l'employeur, ou le cas échéant à la personne morale, sauf pour le quatrième alinéa, relatif au formulaire de déclaration des risques, pour lequel la référence à l'assuré est remplacée, selon l'article L. 145-9, par la référence au salarié, ou le cas échéant au membre de la personne morale ;
– pour l'article **L. 113-2**, relatif aux obligations nées du contrat, la référence à l'assuré et la référence au souscripteur sont remplacées par la référence à l'employeur, ou le cas échéant à la personne morale, sauf pour les 2° (répondre au formulaire de déclaration des risques), 3° (déclarer les circonstances nouvelles) et 4° (déclarer le sinistre), pour lesquels la référence à l'assuré est remplacée par la référence simultanée à l'employeur et au salarié, ou le cas échéant à la personne morale et au membre de la personne morale ;
– pour l'application de l'article **L. 113-11**, relatif aux clauses de déchéances prohibées, la référence à l'assuré est remplacée par la référence au salarié, ou le cas échéant au membre de la personne morale ou au bénéficiaire. ❑

Art. L. 145-2 **I. – Pour la couverture des opérations relevant du présent chapitre, une ou plusieurs entreprises d'assurance mentionnées à l'article L. 310-2 du présent code peuvent conclure un contrat de coassurance avec des mutuelles et unions mentionnées à l'article L. 211-1 du code de la mutualité et avec des institutions de prévoyance ou unions régies par le titre III du livre IX du code de la sécurité sociale. En application de ce contrat, tout assuré est garanti pendant une même durée et par un même contrat collectif par au moins deux organismes assureurs, chacun d'eux proportionnellement à la part, prévue au contrat de coassurance, qu'il accepte de couvrir.**

II. – Les organismes coassureurs désignent parmi eux un apériteur, dont ils précisent les missions dans le contrat de coassurance. L'apériteur assure le rôle d'interlocuteur unique du souscripteur du contrat pour la négociation de ses conditions et de son renouvellement. Il peut encaisser la totalité des cotisations ou primes et verser les prestations.

Le contrat détermine les modalités applicables en cas de modification ou de cessation de la coassurance, dans le respect de la garantie des droits des assurés.

Lorsqu'un contrat collectif à adhésion facultative relatif au remboursement ou à l'indemnisation des frais occasionnés par une maladie, une maternité ou un accident est coassuré avec au moins une mutuelle ou union mentionnée à l'article L. 211-1 du code de la mutualité, le montant des cotisations ne peut être modulé qu'en fonction du revenu, du régime de sécurité sociale d'affiliation, du lieu de résidence, du nombre d'ayants droit ou de l'âge des membres participants. Dans ce cas, les organismes coassureurs ne peuvent en aucun cas recueillir des informations médicales auprès des assurés du contrat ou des personnes souhaitant bénéficier d'une couverture, ni fixer les cotisations en fonction de l'état de santé. Ils ne peuvent, par ailleurs, instaurer de différences dans le niveau des prestations qu'en fonction des cotisations payées ou de la situation de famille des intéressés ou lorsque l'assuré choisit de recourir à un professionnel de santé, un établissement de santé ou un service de santé avec

lequel les organismes du contrat ou leurs fédérations ont conclu une convention dans les conditions mentionnées à l'article L. 863-8 du code de la sécurité sociale.

V. note ss. art. L. 145-1.

COMMENTAIRE

L'article L. 145-2 présente le principe de la coassurance entre des entreprises d'assurance et des mutuelles et unions du code de la mutualité ou des institutions de prévoyance ou unions du code de la sécurité sociale.

En application d'un tel contrat de coassurance, chaque coassureur garantit un même risque ou ensemble de risques, mais n'est tenu à l'égard de l'adhérent qu'à hauteur de sa part. Le contrat désigne un apériteur parmi les coassureurs. Il est l'interlocuteur unique du souscripteur pour la négociation des conditions du contrat et de son renouvellement. Il peut également encaisser les cotisations ou primes et verser les prestations.

Par ailleurs, afin d'harmoniser les dispositions applicables, l'article L. 145-2, II, reprend les dispositions de l'article L. 112-1 du code de la mutualité pour les contrats à adhésion facultative, réunissant une entreprise d'assurance et une mutuelle et couvrant les frais occasionnés par une maladie, une maternité ou un accident. Le droit des assurances se trouve aligné sur le droit de la mutualité. La même règle de coordination se retrouve, pour les institutions de prévoyance, à l'article L. 932-14-1 du code de la sécurité sociale.

Il en résulte que :

– le montant des cotisations ne peut être modulé qu'en fonction du revenu, du régime de sécurité sociale d'affiliation, du lieu de résidence, du nombre d'ayants droit ou de l'âge des membres participants ;

– il est interdit de recueillir des informations médicales auprès des assurés du contrat ou des personnes souhaitant bénéficier d'une couverture et de fixer les cotisations en fonction de l'état de santé ;

– il est interdit d'instaurer des différences dans le niveau des prestations en fonction de critères autres que ceux des cotisations payées, de la situation de famille ou du recours à un professionnel de santé, un établissement de santé ou un service de santé avec lequel les organismes du contrat ou leurs fédérations ont conclu une convention dans les conditions de l'article 863-8 du code de la sécurité sociale. ❑

Art. L. 145-3 La notice, mentionnée à l'article L. 141-4, établie par l'entreprise d'assurance et remise aux adhérents par le souscripteur, précise le contenu des clauses édictant des nullités, des déchéances ou des exclusions ou limitations de garantie ainsi que les délais de prescription.

V. note ss. art. L. 145-1.

COMMENTAIRE

L'article L. 145-3 détaille les informations devant figurer dans la notice établie par l'entreprise d'assurance et remise par le souscripteur à l'adhérent, en adoptant les dispositions des articles L. 221-6 du code de la mutualité et L. 932-6 du code de la sécurité sociale.

Ainsi, alors que l'article L. 141-4 indique simplement que la notice doit définir « les garanties et leurs modalités d'entrée en vigueur ainsi que les formalités à accomplir en cas de sinistre », l'article L. 145-3 précise qu'elle doit également préciser « le contenu des clauses édictant des nullités, des déchéances ou des exclusions ou limitations de garantie ainsi que les délais de prescription ».

L'assureur doit donc remettre deux notices au souscripteur, l'une à son profit en exécution de l'article L. 112-2, l'autre au profit de l'adhérent en exécution de l'article L. 145-3. ❑

Art. L. 145-4 Lorsque l'adhésion au contrat résulte d'une obligation prévue par une convention de branche ou un accord professionnel ou interprofessionnel, les deux premiers alinéas de l'article L. 113-8 ne s'appliquent pas.

V. note ss. art. L. 145-1.

COMMENTAIRE

Dérogeant au droit commun du contrat d'assurance, l'article L. 145-4 indique que lorsque l'adhésion est obligatoire en vertu d'une convention de branche, d'un accord professionnel ou d'un accord interprofessionnel, l'assureur ne peut se prévaloir des sanctions de la fausse déclaration intentionnelle du risque énoncées à l'article L. 113-8.

Cette règle reprend celle de l'article L. 932-7 du code de la sécurité sociale et se retrouve à l'article L. 221-14 du code de la mutualité. ❑

Art. L. 145-5 **Dans le cas des opérations collectives à adhésion obligatoire, l'article L. 113-9 ne s'applique pas.**

Dans le cas des opérations collectives à adhésion facultative, par dérogation au même article L. 113-9, l'omission ou la déclaration inexacte de la part de l'adhérent dont la mauvaise foi n'est pas établie n'entraîne pas la nullité de l'assurance. Si elle est constatée avant toute réalisation du risque, l'entreprise d'assurance a le droit de maintenir le contrat, moyennant une augmentation de prime acceptée par l'adhérent ; à défaut d'accord de celui-ci, l'adhésion au contrat prend fin dix jours après notification adressée à l'adhérent par lettre recommandée ; l'entreprise d'assurance restitue la portion de la prime payée pour le temps où l'assurance ne court plus. Dans le cas où la constatation n'a lieu qu'après un sinistre, l'indemnité est réduite en proportion du taux des primes payées par rapport au taux des primes qui auraient été dues si les risques avaient été complètement et exactement déclarés.

V. note ss. art. L. 145-1.

COMMENTAIRE

L'article L. 145-5 envisage les conséquences d'une fausse déclaration non intentionnelle du risque en distinguant les opérations collectives à adhésion obligatoire et les opérations collectives à adhésion facultative. On retrouve ici la règle de l'article L. 221-15 du code de la mutualité.

Lorsque l'adhésion au contrat est **obligatoire**, l'article L. 145-5 écarte expressément l'application de l'article L. 113-9. Il n'y a donc pas d'augmentation de la prime, de résiliation du contrat ou de modulation de l'indemnité.

Lorsque l'adhésion au contrat est **facultative**, l'article L. 145-5 déroge partiellement à l'article L. 113-9.

En effet, si l'irrégularité dans la déclaration est constatée **avant la survenance d'un sinistre**, l'entreprise d'assurance peut maintenir le contrat moyennant une augmentation de prime acceptée par l'adhérent. Mais, si ce dernier ne l'accepte pas, l'adhésion au contrat prend fin dix jours après notification adressée à l'adhérent par lettre recommandée et l'entreprise d'assurance doit restituer la fraction de la prime correspondant à la période non garantie. En somme, alors que l'article L. 113-9 offre une option à l'assureur entre le maintien du contrat et la résiliation du contrat, l'article L. 145-5 le prive de cette option. Le sort de l'adhésion dépend de l'attitude de l'adhérent.

Si l'irrégularité est constatée **après la survenance d'un sinistre**, la sanction est la même que celle prévue à l'article L. 113-9 : l'indemnité est réduite en proportion du taux des primes payées par rapport au taux des primes qui auraient été dues si les risques avaient été complètement et exactement déclarés. ❑

Art. L. 145-6 **Par dérogation à l'article L. 113-3, lorsque, pour la mise en œuvre des opérations relatives au présent chapitre, le souscripteur assure le précompte de la prime auprès des adhérents, à défaut de paiement d'une cotisation dans les dix jours de son échéance, la garantie ne peut être suspendue que trente jours après la mise en demeure du souscripteur.**

Dans la lettre de mise en demeure qu'elle adresse au souscripteur, l'entreprise d'assurance l'informe des conséquences que ce défaut de paiement est susceptible d'entraîner sur la poursuite de la garantie.

L'entreprise d'assurance a le droit de résilier le contrat collectif dix jours après le délai de trente jours mentionné au premier alinéa du présent article.

Le contrat collectif non résilié reprend effet à midi le lendemain du jour où ont été payées à celle-ci les cotisations arriérées et celles venues à échéance pendant la période de suspension ainsi que, éventuellement, les frais de poursuite et de recouvrement.

Sans préjudice des dispositions mentionnées à l'article L. 141-3, lorsque, dans le cadre d'une opération collective à adhésion facultative relative au présent chapitre,

le souscripteur n'assure pas le précompte de la prime auprès des adhérents, la procédure prévue aux quatre premiers alinéas du présent article est applicable au souscripteur qui ne paie pas sa part de la prime. Dans ce cas, l'entreprise d'assurance informe chaque adhérent de la mise en œuvre de cette procédure et de ses conséquences dès l'envoi de la lettre de mise en demeure mentionnée au deuxième alinéa et rembourse, le cas échéant, à l'adhérent la fraction de cotisation afférente au temps pendant lequel l'entreprise d'assurance ne couvre plus le risque.

V. note ss. art. L. 145-1.

COMMENTAIRE

Alors que les articles L. 113-3 et L. 141-3 déterminent les sanctions du défaut de paiement des primes par l'adhérent, l'article L. 145-6 s'intéresse aux conséquences du défaut de paiement des primes sur le souscripteur, en reprenant d'ailleurs les dispositions de l'article L. 221-8 du code de la mutualité. Dans cette optique, il effectue une distinction selon que le souscripteur assure ou non le précompte de la prime.

Si le souscripteur assure le précompte de la prime auprès des adhérents, l'assureur doit, en cas de défaut de paiement et par dérogation à l'article L. 113-3, mettre en demeure le souscripteur au moins dix jours après l'échéance de la prime. La garantie ne pourra alors être suspendue que trente jours après cette mise en demeure. En l'absence de régularisation, l'entreprise d'assurance peut résilier le contrat collectif dix jours après le début de la suspension de la garantie. En cas de paiement de la prime, le contrat collectif reprend effet le lendemain du paiement de l'intégralité des primes dues et, éventuellement, des frais de poursuite et de recouvrement.

Si le souscripteur n'assure pas le précompte de la prime dans le cadre d'une opération collective à adhésion facultative, la procédure de suspension et de résiliation est applicable au souscripteur lorsqu'il ne paye pas sa part de prime. La mise en œuvre de cette procédure met à la charge de l'assureur une obligation d'information à l'égard des adhérents. Il doit les informer du déclenchement de cette procédure et de ses conséquences. ❑

Art. L. 145-7 **Sans préjudice du second alinéa de l'article L. 141-6 du présent code, la garantie subsiste en cas de procédure de sauvegarde ou de redressement ou de liquidation judiciaires du souscripteur. En cas de résiliation du contrat en application de l'article L. 622-13 du code de commerce, la portion de prime afférente au temps pendant lequel l'entreprise d'assurance ne couvre plus le risque est restituée au débiteur.**

V. note ss. art. L. 145-1.

COMMENTAIRE

Lorsque le souscripteur fait l'objet d'une procédure de sauvegarde, de redressement ou de liquidation judiciaire, la garantie de l'assureur subsiste. Néanmoins, la résiliation du contrat peut être prononcée sur le fondement de l'article L. 622-13. En ce sens, l'entreprise d'assurance peut mettre en demeure l'administrateur de prendre position sur le sort du contrat. Celui-ci peut décider de mettre fin au contrat ou de le poursuivre. Mais, en l'absence de réponse, le contrat est résilié de plein droit. En cas de résiliation, la portion de prime ne couvrant plus le risque doit être restituée. ❑

Art. L. 145-8 *(Ord. nº 2017-1433 du 4 oct. 2017, art. 7, en vigueur le 1er avr. 2018) (L. nº 2019-733 du 14 juill. 2019, art. 1er, en vigueur le 1er déc. 2020)* **« Sans préjudice de l'article L. 113-15-2, » le souscripteur et l'entreprise d'assurance peuvent résilier le contrat tous les ans par notification à l'autre partie au moins deux mois avant la date d'échéance. Cette notification doit être faite par lettre recommandée ou, dans le cas où la résiliation est demandée par** *(L. nº 2019-733 du 14 juill. 2019, art. 1er, en vigueur le 1er déc. 2020)* **« le souscripteur », par lettre recommandée ou envoi recommandé électronique.**

Les dispositions issues de la L. nº 2019-733 du 14 juill. 2019 sont applicables aux contrats et adhésions en cours à cette date (Décr. nº 2020-1438 du 24 nov. 2020, art. 4).

Art. L. 145-9 **Pour l'application du cinquième alinéa de l'article L. 114-1 et de la deuxième occurrence à l'article L. 114-2, la référence à l'assuré est remplacée par la**

référence à l'employeur ou, le cas échéant, à la personne morale, au salarié ou, le cas échéant, au membre de la personne morale ou au bénéficiaire. Pour l'application du quatrième alinéa de l'article L. 112-3 et des deux derniers alinéas de l'article L. 114-1, la référence à l'assuré est remplacée par la référence au salarié ou, le cas échéant, au membre de la personne morale. A la première occurrence à l'article L. 114-2, la référence à l'assuré est remplacée par la référence à l'employeur ou, le cas échéant, à la personne morale.

Par dérogation à l'article L. 114-1, pour la mise en œuvre des opérations relevant du présent chapitre, la prescription est portée à cinq ans en ce qui concerne l'incapacité de travail.

V. note ss. art. L. 145-1.

COMMENTAIRE

L'article L. 145-9 apporte essentiellement des précisions sur la prescription et adapte les règles des articles L. 114-1 et L. 114-2 à l'opération collective en coassurance.

En premier lieu, l'article L. 145-9 modifie la terminologie de ces articles. Ainsi :

– pour le point de départ de « l'action de l'assuré » contre l'assureur ayant pour cause le recours d'un tiers (art. L. 114-1, al. 5), la référence à « l'assuré » est remplacée par la référence à l'employeur ou, le cas échéant, à la personne morale, au salarié ou, le cas échéant, au membre de la personne morale ou au bénéficiaire ;

– pour l'interruption de la prescription par l'envoi d'une lettre recommandée « par l'assuré à l'assureur » (art. L. 114-2), la référence à « l'assuré » est remplacée par la référence à l'employeur ou, le cas échéant, à la personne morale ou au bénéficiaire ;

– pour l'interruption de la prescription par l'envoi d'une lettre recommandée « par l'assureur à l'assuré » (art. L. 114-2), la référence à l'assureur est remplacée par la référence à l'employeur ou, le cas échéant, à la personne morale ;

– pour l'allongement de la prescription dans les contrats d'assurance sur la vie (art. L. 114-1, al. 6 et 7), la référence à l'assuré est remplacée par la référence au salarié ou, le cas échéant, au membre de la personne morale.

En second lieu, il précise que, par dérogation à l'article L. 114-1, la prescription est portée à cinq ans en ce qui concerne l'incapacité de travail. La prescription biennale du droit des assurances est dans cette hypothèse particulière écartée. On retrouve ce délai de prescription à l'article L. 221-11 du code de la mutualité et à l'article L. 932-13 du code de la sécurité sociale.

Au-delà, l'article L. 145-9 complète utilement l'article L. 145-1 en ce qui concerne la compréhension de l'article L. 112-3, alinéa 4, relatif aux questions posées par l'assureur avant la souscription du contrat, notamment par un formulaire de déclaration de risque. Pour cet article, la référence à l'assuré est remplacée par la référence au salarié ou, le cas échéant, au membre de la personne morale. ❑

TITRE CINQUIÈME *[ABROGÉ]* LE CONTRAT DE CAPITALISATION

(Abrogé par L. n° 92-665 du 16 juill. 1992)

Art. L. 150 à L. 150-4 *Abrogés par L. n° 92-665 du 16 juill. 1992.*

TITRE SIXIÈME DISPOSITIONS DIVERSES RELATIVES AUX CONTRATS D'ASSURANCE ET DE CAPITALISATION

CHAPITRE UNIQUE

SECTION PREMIÈRE RÉDACTION DU CONTRAT EN LANGUE FRANÇAISE

Néant.

SECTION II POLICES D'ASSURANCE SUR LA VIE OU BONS DE CAPITALISATION OU D'ÉPARGNE ÉGARÉS, DÉTRUITS OU VOLÉS

COMMENTAIRE

Les articles L. 160-1, L. 160-2 et R. 160-4 à R. 160-6 organisent une procédure en cas de perte, destruction ou vol d'un contrat d'assurance sur la vie ou d'un bon de capitalisation ou d'épargne à ordre ou au porteur, sachant que depuis la loi n° 2007-1775 du 17 décembre 2007, une police d'assurance sur la vie ne peut être ni à ordre ni au porteur (V. art. L. 132-6).

I. FORMALITÉS DE LA DÉCLARATION

Selon l'article L. 160-1, celui qui a été dépossédé par perte, destruction ou vol d'un contrat ou d'un bon de capitalisation ou d'épargne doit en faire déclaration au siège social de l'entreprise d'assurance, de capitalisation ou d'épargne par lettre recommandée ou envoi recommandé électronique avec avis de réception. Ces formalités pourraient paraître impératives et substantielles, mais la Cour de cassation a admis la validité d'une déclaration effectuée auprès de l'établissement de crédit par l'intermédiaire duquel des bons de capitalisation avaient été souscrits, en affirmant qu'« aucun texte ne prévoit la nullité de la déclaration prévue par l'article L. 160-1 du code des assurances au motif qu'elle n'aurait pas été adressée au siège social de l'entreprise d'assurances » et en relevant qu'en l'espèce, celle-ci n'avait pas contesté l'existence et la date de la déclaration (Civ. 2e, 14 juin 2006 : *V. note 1 ss. art. L. 160-1*).

L'entreprise d'assurance doit accuser réception de cette déclaration dans un délai de huit jours par lettre recommander et notifier dans le même temps à l'opposant qu'il doit acquitter à leur échéance les primes ou cotisations prévues, dans l'hypothèse où le tiers payeur ne s'en acquitterait pas. Ces paiements peuvent être requis afin de maintenir le contrat frappé d'opposition.

II. EFFETS DE LA DÉCLARATION

Une fois réalisée, la déclaration emporte opposition au paiement du capital et des accessoires. La possession du détenteur des originaux est alors équivoque et ne lui suffit pas pour établir la propriété sur les contrats ou bons de capitalisation (Civ. 1re, 22 mai 2008 : *V. note 2 ss. art. L. 160-1*). Deux situations peuvent être distinguées, selon qu'un tiers porteur se manifeste ou non dans un délai de deux ans suivant l'opposition.

A. UN TIERS PORTEUR SE MANIFESTE

Si un tiers porteur se manifeste, l'entreprise doit en aviser l'opposant dans un délai d'un mois par lettre recommandée avec avis de réception. Elle doit également en aviser le souscripteur originel du contrat, s'il est autre que l'opposant. Cet avis doit mentionner l'obligation d'introduire dans le délai d'un mois une action en revendication, à peine de mainlevée de l'opposition.

Dans le mois qui suit la réception de cette notification, l'opposant doit donc saisir la juridiction compétente et notifier cette action en justice, par lettre recommandée avec avis de réception, à l'entreprise, en indiquant la date de l'assignation ainsi que le nom de l'huissier qui l'a délivrée.

A défaut d'action en justice dans ce délai d'un mois, l'opposition est levée de plein droit et mention de cette mainlevée doit être faite sur le registre des oppositions, sauf si l'opposant justifie d'une cause légitime l'ayant empêché d'agir ou en cas de fraude.

B. AUCUN TIERS PORTEUR NE SE MANIFESTE

Si aucun tiers porteur ne se manifeste dans un délai de deux ans à compter du jour de l'opposition, l'opposant peut, sur production d'une simple lettre de l'entreprise attestant que l'opposition n'a pas été contredite et par l'intermédiaire d'un avocat (Cass., avis, 23 mars 1998 : *Bull. 1998, avis n° 5, p. 5*), demander au président du tribunal l'autorisation de se faire délivrer, à ses frais, un duplicata du contrat et exercer les droits qu'il comporte.

Selon l'article R. 160-6, le duplicata est alors substitué à l'original qui n'est plus opposable à l'entreprise, mais le porteur conserve à l'égard de toute autre personne les recours du droit commun. Cet article tend donc à distinguer les rapports avec l'émetteur et les rapports entre l'opposant et le tiers porteur :

– à l'égard de l'entreprise, le titulaire du duplicata est la seule personne qui peut obtenir le paiement du capital à l'échéance ;

– entre l'opposant et le tiers porteur, les recours relèvent du droit commun. ❑

Art. L. 160-1 **Quiconque prétend avoir été dépossédé par perte, destruction ou vol d'un contrat ou police d'assurance sur la vie, ou d'un bon ou contrat de capitalisation ou d'épargne, lorsque le titre est à ordre ou au porteur, doit en faire la déclaration à l'entreprise d'assurance, de capitalisation ou d'épargne, à son siège social,** *(Ord. nº 2017-1433 du 4 oct. 2017, art. 8-1º, en vigueur le 1er avr. 2018)* **« par lettre recommandée ou envoi recommandé électronique, avec avis de réception ». L'entreprise destinataire en accuse réception à l'envoyeur, en la même forme, dans les huit jours au plus tard de la remise ; elle lui notifie en même temps qu'il doit, à titre conservatoire et tous droits des parties réservés, acquitter à leur échéance les primes ou cotisations prévues, dans le cas où le tiers porteur ne les acquitterait pas, afin de conserver au contrat frappé d'opposition son plein et entier effet.**

La déclaration mentionnée à l'alinéa précédent emporte opposition au paiement du capital ainsi que de tous accessoires.

V. art. R. 160-4 s.

1. Modalités de l'opposition. Aucun texte ne prévoit la nullité de la déclaration prévue par l'art. L. 160-1 au motif qu'elle n'aurait pas été adressée au siège social de l'entreprise d'assurances. • Civ. 2e, 14 juin 2006, nº 02-17.868 P : *RGDA 2006. 751, note Bigot.*

2. Portée de l'opposition. Lorsque des bons de capitalisation sont déclarés perdus, volés ou détruits à l'assureur, le détenteur des originaux ne jouit pas d'une possession non équivoque susceptible de lui ouvrir le droit au paiement. • Civ. 1re, 22 mai 2008, nº 07-12.213 P : *D. 2008. 1624* • Civ. 2e, 26 mars 2006 : *Gaz. Pal. 2007. 1864, note Leducq ; RGDA 2006. 521, note Bigot.*

3. Contrat au porteur. Une partie qui affirme être le bénéficiaire d'un contrat de capitalisation souscrit au porteur doit être en mesure de fournir l'original du titre le représentant, ou, à défaut, doit engager la procédure d'opposition prévue à l'art. L. 160-1 C. assur. • Civ. 2e, 6 févr. 2014 : *D. 2014. 422 ; RCA 2014, nº 171 ; RGDA 2014. 225, note Kullmann.*

Art. L. 160-2 **Si le contrat frappé d'opposition vient à être présenté à l'entreprise, elle s'en saisit et en demeure séquestre jusqu'à ce qu'il ait été statué par décision de justice sur la propriété du titre ou que l'opposition soit levée.**

Il est délivré récépissé du contrat saisi au tiers porteur s'il justifie de son identité et de son domicile.

A défaut de cette justification, le contrat est restitué sans formalité à l'opposant.

SECTION III CONTRATS D'ASSURANCE LIBELLÉS EN MONNAIE ÉTRANGÈRE

COMMENTAIRE

Jusqu'à la loi nº 89-1014 du 31 décembre 1989, l'article L. 160-3 interdisait aux personnes physiques résidant sur le territoire de la République française et aux personnes morales pour leurs établissements en France de souscrire des contrats d'assurance directe ou de rente viagère libellés en monnaie étrangère, sauf autorisation de l'autorité administrative. Ces dispositions issues d'une loi du 17 avril 1942 avaient pour objectif de préserver la monnaie nationale et d'éviter des transferts d'épargne à l'étranger.

Transposant la directive 88/361/CEE du 24 juin 1988 relative à la libéralisation des mouvements de capitaux, la loi du 31 décembre 1989 a modifié l'article L. 160-3, lequel autorise désormais la souscription de contrats d'assurance et de capitalisation libellés en monnaie étrangère. ❑

Art. L. 160-3 *(L. nº 89-1014 du 31 déc. 1989)* **Les personnes physiques résidant sur le territoire de la République française et les personnes morales, pour les activités se rattachant à leur établissement en France, peuvent souscrire des contrats d'assurance et de capitalisation libellés en monnaie étrangère.** — *Disposition applicable dans les territoires d'outre-mer et à Mayotte. — Entrée en vigueur le 1er juill. 1990.*

Art. L. 160-4 **Des arrêtés du ministre de l'économie et des finances précisent en tant que de besoin les modalités d'application de la présente section.**

SECTION IV RACHAT PAR LES ENTREPRISES D'ASSURANCE SUR LA VIE DES RENTES INFÉRIEURES À UN CERTAIN MONTANT MINIMAL

Art. L. 160-5 **Nonobstant toutes dispositions contractuelles contraires, les entreprises d'assurance sur la vie peuvent, dans les conditions et suivant un barème fixé**

par arrêté du ministre de l'économie et des finances, procéder à la transformation ou au rachat des rentes qu'elles ont constituées et dont les quittances d'arrérages sont d'un montant inférieur à un montant minimal fixé par ledit arrêté.

V. art. A. 160-2 s.

COMMENTAIRE

En application des articles L. 160-5 et A. 160-2, une entreprise d'assurance peut procéder au rachat d'une rente lorsque son montant mensuel ne dépasse pas 40 euros. Lorsque les quittances d'arrérages sont versées selon une périodicité supérieure à un mois, le seuil de 40 euros est multiplié par le nombre de mois inclus dans la période de paiement.

Toutefois, selon l'article A. 160-4, si l'assuré perçoit d'un même assureur plusieurs rentes d'un montant inférieur à 40 euros mais pour une somme globale supérieure à 40 euros par mois, il doit être à même d'opter pour le rachat ou pour le regroupement de ces arrérages en une seule rente. ❑

SECTION V EFFET SUR LES CONTRATS D'ASSURANCE DE LA RÉQUISITION DES BIENS ET SERVICES

Art. L. 160-6 La réquisition de la propriété de tout ou partie d'un bien mobilier entraîne de plein droit, dans la limite de la réquisition, la résiliation ou la réduction des contrats d'assurance relatifs à ce bien, à compter de la date de dépossession de celui-ci. Toutefois, l'assuré a le droit d'obtenir de l'assureur qu'à la résiliation soit substituée la simple suspension des effets du contrat en vue de le remettre ultérieurement en vigueur sur les mêmes risques ou sur les risques similaires.

La réquisition de l'usage de tout ou partie d'un bien mobilier ou immobilier entraîne, de plein droit, la suspension des effets des contrats d'assurance relatifs à ce bien, dans la limite de la réquisition, et dans la mesure de la responsabilité de l'État telle qu'elle est définie à l'article 20 de l'ordonnance n° 59-63 du 6 janvier 1959.

La suspension prévue aux alinéas précédents ne modifie ni la durée du contrat, ni les droits respectifs des parties quant à cette durée. Elle prend effet à la date de dépossession du bien. Le contrat suspendu reprend ses effets, de plein droit, à partir du jour de la restitution totale ou partielle du bien requis, s'il n'a pas antérieurement pris fin pour une cause légale ou conventionnelle ; l'assuré doit, par lettre recommandée *(Ord. n° 2017-1433 du 4 oct. 2017, art. 8-2°, en vigueur le 1er avr. 2018)* **« ou par envoi recommandé électronique », aviser l'assureur de cette restitution dans le délai d'un mois à partir du jour où il en a eu connaissance. Faute de notification dans ce délai, le contrat ne reprend ses effets qu'à partir du jour où l'assureur a reçu de l'assuré notification de la restitution.**

V. art. R. 160-9 s.

COMMENTAIRE

L'article L. 160-6 envisage les conséquences de la réquisition de la propriété de biens mobiliers ou de l'usage d'un bien mobilier ou immobilier, effectuée en application des articles L. 2213-1 et suivants du code de la défense (qui ont remplacé les dispositions de l'Ord. n° 59-63 du 6 janv. 1959), sur le contrat d'assurance.

I. LA PORTÉE DE LA RÉQUISITION

A. LA RÉQUISITION DE LA PROPRIÉTÉ D'UN BIEN MOBILIER

Le principe : dans la mesure où la réquisition de la propriété d'un bien immobilier prive l'assuré de sa qualité de propriétaire du bien objet du contrat d'assurance, elle emporte de plein droit la **résiliation** ou la **réduction** du contrat d'assurance à compter de la dépossession. La réduction du contrat s'applique lorsque plusieurs biens sont assurés par un même contrat et lorsque la réquisition ne concerne pas tous les biens assurés.

Le tempérament : l'assuré peut toutefois obtenir de l'assureur une simple **suspension** des effets du contrat à la place de sa résiliation, en vue de le remettre ultérieurement en vigueur sur le même risque ou sur un risque similaire.

B. LA RÉQUISITION DE L'USAGE D'UN BIEN MOBILIER OU IMMOBILIER

La réquisition de l'usage d'un bien mobilier ou immobilier entraîne de plein droit la suspension des effets du contrat d'assurance dans la limite de la réquisition et dans la mesure de la responsabilité de l'État telle qu'elle est définie à l'article L. 2234-17 du code de la défense (anc. art. 20 de l'Ord. n° 59-63 du 6 janv. 1959).

II. LA SUSPENSION DES EFFETS DU CONTRAT

Lorsqu'elle s'applique, la suspension des effets du contrat n'a toutefois pas de conséquence sur la durée du contrat. Elle prend effet à compter de la date de la dépossession et se termine avec la restitution du bien, si le contrat n'a pas pris fin entre-temps pour une cause légale ou conventionnelle, par exemple l'arrivée du terme. Il appartient à l'assuré d'informer l'assureur par lettre recommandée ou par envoi recommandé électronique de la restitution du bien dans un délai d'un mois à compter du jour où il en a eu connaissance. Si l'assuré ne respecte pas ce délai, le contrat ne reprend ses effets qu'à partir du jour où l'assureur a reçu notification de la restitution. ❑

Art. L. 160-7 *(L. nº 93-1444 du 31 déc. 1993)* **« La réquisition de services, au sens de l'article 2 de l'ordonnance n° 59-63 du 6 janvier 1959 relative aux réquisitions de biens et de services, ainsi que dans le cas de logement ou de cantonnement, entraîne de plein droit la suspension des effets des contrats d'assurance de dommages, dans la limite de la réquisition, et dans la mesure de la responsabilité de l'État telle qu'elle est définie à l'article 20 de l'ordonnance n° 59-63 du 6 janvier 1959 précitée.**

« La suspension prévue à l'alinéa précédent ne modifie ni la durée du contrat ni les droits respectifs des parties quant à cette durée. Elle prend effet à la date d'entrée en vigueur de la réquisition de services. Le contrat suspendu reprend ses effets, de plein droit, à partir du jour de la fin de la réquisition de services, s'il n'a pas antérieurement pris fin pour une cause légale ou conventionnelle. L'assuré doit, par lettre recommandée *(Ord. nº 2017-1433 du 4 oct. 2017, art. 8-3º, en vigueur le 1er avr. 2018)* **« ou par envoi recommandé électronique », aviser l'assureur de la fin de la réquisition de services dans le délai d'un mois à partir du jour où il en a eu connaissance. Faute de notification dans ce délai, le contrat ne reprend ses effets qu'à partir du jour où l'assureur a reçu de l'assuré notification de la cessation de la réquisition.**

« L'État, le prestataire de services et l'assureur peuvent néanmoins décider que les contrats d'assurance de dommages continuent leurs effets et couvrent les risques liés à la réquisition, pour la durée déterminée par ces contrats. Dans ce cas, les dommages survenant à l'occasion d'une réquisition de services et couverts par un contrat d'assurance sont indemnisés par l'assureur. Nonobstant toute disposition contraire, le prestataire de services et l'assureur renoncent de ce fait à l'indemnisation par l'État de ces dommages. »

En cas de réquisition de services au sens de l'article 2 de l'ordonnance précitée, les contrats d'assurance de personnes continuent leurs effets de plein droit nonobstant toute clause contraire et sans que l'assureur puisse se prévaloir du droit de résiliation prévu à l'article L. 113-4. Lorsque l'État est responsable en application de l'article 20 de l'ordonnance précitée, l'assureur peut mettre en cause la responsabilité de l'État dans la mesure où l'aggravation du risque est imputable à la réquisition.

COMMENTAIRE

L'article L. 160-7 envisage les conséquences de la réquisition de services au sens de l'article L. 2213-3 du code de la défense (Ord. n° 59-63 du 6 janv. 1959, anc. art. 2) sur le contrat d'assurance. Avant la loi n° 93-1444 du 31 décembre 1993, les contrats d'assurance continuaient de plein droit et l'assuré pouvait donc demander l'indemnisation d'un dommage à l'assureur. Depuis l'adoption de cette loi, il faut faire une différence entre les assurances de dommages et les assurances de personnes.

I. LES ASSURANCES DE DOMMAGES

A. LE PRINCIPE : LA SUSPENSION DES EFFETS DU CONTRAT

Depuis la loi du 31 décembre 1993, la réquisition de services emporte de plein droit la suspension des effets des contrats d'assurance de dommages. Comme pour la réquisition d'un bien mobilier ou de l'usage d'un bien mobilier ou immobilier, la suspension du contrat prend effet à la date de la dépossession et n'a pas d'incidence sur la durée du contrat d'assurance. Par conséquent, le contrat reprend effet à la fin de la réquisition s'il n'a pas pris fin avant pour une cause légale ou conventionnelle.

Il appartient à l'assuré d'informer par lettre recommandée ou par envoi recommandé électronique l'assureur de la fin de la réquisition dans un délai d'un mois à compter du jour où il en a eu connaissance. Faute d'une telle notification, le contrat ne reprendra ses effets qu'à partir du jour où l'assureur aura reçu notification de la restitution.

B. LE TEMPÉRAMENT : LA POURSUITE DES EFFETS DU CONTRAT

Les parties peuvent toutefois convenir avec l'accord de l'État de la poursuite du contrat d'assurance. Dans une telle hypothèse, les dommages survenus à l'occasion de la réquisition sont garantis par l'assurance et l'assureur ainsi que l'assuré renoncent à tout recours contre l'État.

II. LES ASSURANCES DE PERSONNES

Par opposition à la solution retenue pour les assurances de dommages, la réquisition de services n'entraîne aucune suspension des effets du contrat d'assurance. Celui-ci se poursuit malgré la réquisition, nonobstant toute clause contraire et sans que l'assureur puisse se prévaloir du droit de résiliation pour aggravation du risque de l'article L. 113-4.

Si la responsabilité de l'État peut être recherchée en application de l'article L. 2234-17 du code de la défense (Ord. n° 59-63 du 6 janv. 1959, anc. art. 20), l'assureur peut mettre en cause la responsabilité de l'État dans la mesure où l'aggravation du risque est imputable à la réquisition.

Art. L. 160-8 *(L. n° 93-1444 du 31 déc. 1993)* **« Dans tous les cas autres que ceux prévus aux troisième et quatrième alinéas de l'article L. 160-7, l'assuré doit, par lettre recommandée** *(Ord. n° 2017-1433 du 4 oct. 2017, art. 8-4°, en vigueur le 1er avr. 2018)* **« ou par envoi recommandé électronique » et dans le délai d'un mois à partir du jour où il a eu connaissance de la dépossession ou de l'entrée en vigueur de la réquisition de services, en aviser l'assureur en précisant les biens sur lesquels porte la réquisition. A défaut de notification dans ce délai, l'assureur a droit, à titre de dommages-intérêts, à la fraction de prime correspondant au temps écoulé entre la date à laquelle l'assuré a eu connaissance de la dépossession ou de l'entrée en vigueur de la réquisition de services et la date à laquelle il en a avisé l'assureur. »**

En cas de résiliation, l'assureur doit, sous déduction éventuelle des dommages-intérêts prévus ci-dessus, restituer à l'assuré la portion de prime payée d'avance et afférente au temps où le risque n'est plus couru.

En cas de suspension, cette portion de prime est conservée par l'assureur au crédit de l'assuré et porte intérêt au taux des avances sur titres de la Banque de France à compter de la plus prochaine échéance.

En cas de réduction, la fraction de prime payée en excédent est également conservée par l'assureur au crédit de l'assuré ; elle porte intérêt dans les mêmes conditions et s'impute de plein droit sur les primes à échoir.

Si le contrat suspendu, ou réduit, prend fin pendant la réquisition, la portion de prime payée en trop est restituée à l'assuré avec les intérêts. Toutefois, elle s'impute de plein droit sur la somme due par l'assuré qui, au cours de la réquisition, aura fait garantir d'autres risques par l'assureur.

V. art. R. 160-11.

COMMENTAIRE

Le sort des primes en cas de réquisition varie avec celui du contrat.

Lorsque le contrat d'assurance est résilié, réduit ou suspendu, l'assuré doit par lettre recommandée ou par envoi recommandé électronique informer l'assureur de la réquisition, dans un délai d'un mois à compter de la connaissance de la dépossession ou de l'entrée en vigueur de la réquisition de services. A défaut de respecter ce délai, l'assureur peut conserver à titre de dommages et intérêts la fraction de la prime correspondant au temps écoulé entre la date à laquelle l'assuré a eu connaissance de la dépossession ou de l'entrée en vigueur de la réquisition de services et la date à laquelle il en a informé l'assureur.

Par ailleurs :

– lorsque le contrat est résilié, l'assureur restitue la portion de prime payée d'avance et correspondant à une période non garantie ;

– lorsque le contrat est suspendu, l'assureur conserve la portion de prime correspondant à cette période de suspension sur un compte d'attente. Cette fraction de prime produit des intérêts au taux légal. Elle sera restituée si le contrat prend fin par l'arrivée de son terme pendant la période de suspension. Néanmoins, elle ne sera pas restituée et s'imputera de plein droit sur les sommes dues par l'assuré si celui-ci a fait garantir d'autres risques par l'assureur ;

– lorsque le contrat est réduit, la solution est proche. La fraction de prime payée en excédent est conservée par l'assureur et produit des intérêts au taux légal. Elle s'impute de plein droit sur les primes à échoir. Mais, là encore, si le contrat prend fin par l'arrivée de son terme pendant la réquisition, la portion de prime payée en trop est restituée à l'assuré, sauf si celui-ci a fait garantir d'autres risques par l'assureur. Dans cette hypothèse, elle s'impute sur les sommes dues. ❑

SECTION V *BIS* EFFET SUR LES CONTRATS D'ASSURANCE SUR LA VIE DE LA CONFISCATION PÉNALE

(L. nº 2013-1117 du 6 déc. 2013, art. 22)

Art. L. 160-9 **La décision définitive de confiscation d'une somme ou d'une créance figurant sur un contrat d'assurance sur la vie, prononcée par une juridiction pénale, entraîne de plein droit la résolution judiciaire du contrat et le transfert des fonds confisqués à l'État.**

L'art. 22 de la L. nº 2013-1117 du 6 déc. 2013 est applicable à Saint-Barthélemy, à Saint-Pierre-et-Miquelon et dans les îles Wallis-et-Futuna (L. préc., art. 72-I).

COMMENTAIRE

L'article L. 160-9, issu de la loi nº 2013-1117 du 6 décembre 2013 relative à la lutte contre la fraude fiscale et la grande délinquance économique et financière, a pour objet de renforcer l'effectivité de la peine de confiscation portant sur des contrats d'assurance-vie.

Afin de lutter efficacement contre le blanchiment d'argent et les infractions générant des profits, le législateur a souhaité, dès 2010, accompagner la sanction pénale de la privation des profits réalisés illégalement.

Ainsi, la loi nº 2010-768 du 9 juillet 2010 visant à faciliter la saisie et la confiscation en matière pénale a permis la ***confiscation*** de biens incorporels, et donc des contrats d'assurance-vie, en indiquant à l'article 131-21, alinéa 8, du code pénal que « la peine complémentaire de confiscation s'applique dans les mêmes conditions à tous les droits incorporels, quelle qu'en soit la nature, divis ou indivis ».

Par ailleurs, cette loi a organisé une procédure spécifique permettant la saisie des avoirs figurant sur des contrats d'assurance-vie dès l'enquête de flagrance ou l'enquête préliminaire aux articles 706-153 et 706-155 du code de procédure pénale. Cela étant, cette procédure a simplement pour effet d'entraîner la suspension des facultés de rachat, de renonciation et de nantissement du contrat, ainsi que l'interdiction de toute acceptation du bénéficiaire du contrat dans l'attente du jugement définitif au fond. En d'autres termes, une telle saisie ne permet pas d'appréhender immédiatement les sommes placées sur le contrat d'assurance-vie. L'appréhension effective des sommes s'en trouve reportée au dénouement du contrat.

Craignant qu'une telle solution ne soit transposée à la procédure de confiscation et la prive dès lors de son effectivité, le législateur de 2013 a donc affirmé à l'article L. 160-9 que la décision définitive de confiscation de sommes investies ou de créances résultant de contrats d'assurance-vie prononcée par une juridiction pénale entraîne de plein droit la résolution judiciaire du contrat et le transfert des fonds à l'État. ❑

SECTION VI ASSURANCES SUR LA VIE À CAPITAL VARIABLE IMMOBILIER

(L. nº 2006-1770 du 30 déc. 2006, art. 67)

COMMENTAIRE

Les articles L. 160-10 à L. 160-20 envisagent la transformation de contrats d'assurance sur la vie exprimés en unités de compte référencées sur des SCI ou des SCPI en contrats d'assurance sur la vie exprimés en unités de compte référencées sur des parts d'OPCI (organismes de placement collectif immobilier). Ces OPCI peuvent, selon l'article L. 214-33 du code monétaire et financier, prendre la forme soit de sociétés de placement à prépondérance immobilière à capital variable (SPPICAV), soit de fonds de placement immobilier (FPI).

Cette transformation des contrats d'assurance sur la vie est requise lorsque les SCI ou les SCPI, qui constituent des unités de compte de ces contrats, décident d'adopter le régime des OPCI. L'adoption de ce régime entraîne substitution de cette unité de compte par l'unité de compte exprimée en parts d'OPCI.

Si le contrat d'assurance est un **contrat individuel**, l'entreprise d'assurance doit informer les souscripteurs du contrat de l'intention de la SCI ou de la SCPI d'adopter le régime d'OPCI. Chaque souscripteur dispose alors d'un délai de trente jours pour exprimer son opposition par écrit. Si une majorité de souscripteurs s'oppose à cette modification, la transformation en OPCI ne peut intervenir.

Si le contrat d'assurance est un **contrat de groupe**, il appartient à l'entreprise d'assurance d'informer le ou les souscripteurs ainsi que les adhérents de la transformation envisagée. Le ou les souscripteurs disposent d'un délai de trente jours pour exprimer leur opposition par écrit. En cas d'opposition du souscripteur ou de la majorité des souscripteurs, la modification ne peut intervenir.

En l'absence d'opposition majoritaire, la transformation peut donc intervenir. Plusieurs règles s'appliquent alors :

– l'assureur doit communiquer aux souscripteurs et aux adhérents les caractéristiques de l'unité de compte résultant de la substitution ;

– le souscripteur ou l'adhérent qui exerce sa faculté de rachat moins de deux mois après la substitution ne peut être tenu de verser l'indemnité de rachat envisagée par l'article L. 132-21-1, alinéa 5 ;

– aucun frais direct ou indirect pour les souscripteurs ou les adhérents ne peut être perçu à l'occasion de cette transformation. ❑

Art. L. 160-10 **Les sociétés civiles à objet strictement immobilier, autres que les sociétés civiles de placement immobilier, dont les parts sont intégralement détenues, directement ou indirectement, par des entreprises d'assurance au 1er janvier 2007 et dont une partie ou la totalité desdites parts constituent à la même date des unités de compte de contrats d'assurance sur la vie ou de capitalisation peuvent adopter le régime des sociétés de placement à prépondérance immobilière à capital variable prévu** *(Ord. n° 2013-676 du 25 juill. 2013, art. 37)* **« au sous-paragraphe 2 du paragraphe 3 de la sous-section 2 de la section II » du chapitre IV du titre Ier du livre II du code monétaire et financier, dans les conditions prévues à la présente section ainsi qu'au I de l'article** *(Ord. n° 2013-676 du 25 juill. 2013, art. 37)* **« L. 214-35 du même code ».**

Art. L. 160-11 **Pour les contrats d'assurance sur la vie et de capitalisation dont une unité de compte est constituée de parts d'une société mentionnée à l'article L. 160-10 ou par une société civile de placement immobilier et sous réserve des articles L. 160-14 et L. 160-15, l'adoption par une telle société du régime des organismes de placement collectif immobilier, dans les conditions définies à la présente section, entraîne substitution de cette unité de compte par l'unité de compte exprimée en parts d'organisme de placement collectif immobilier issue de l'adoption du nouveau régime. Cette substitution s'opère sans qu'il soit fait application du cinquième alinéa de l'article L. 112-3. Il en va de même, le cas échéant, des adaptations des dispositions des contrats, notamment celles relatives à l'éventuelle clause d'affectation au contrat d'assurance des sommes distribuées par la société mentionnée à l'article L. 160-10, dans la stricte mesure nécessaire exigée par l'adoption par ladite société du régime des sociétés de placement à prépondérance immobilière à capital variable. De telles adaptations sont soumises à l'autorisation préalable de l'autorité mentionnée à** *(Ord. n° 2010-76 du 21 janv. 2010, art. 7-I)* **« l'article L. 612-1 du code monétaire et financier » qui dispose d'un délai de deux mois pour se prononcer. L'autorité vérifie également, préalablement à la substitution et dans les mêmes délais, le maintien, dans le document d'information établi par la nouvelle société mentionné à l'article** *(Ord.*

n° 2013-676 du 25 juill. 2013, art. 37) « L. 214-53 » du code monétaire et financier, de l'orientation de gestion que retenait ladite société au regard des critères de destination et de localisation des actifs immobiliers.

Art. L. 160-12 La société mentionnée à l'article L. 160-10 se prononce sur l'adoption du régime des sociétés de placement à prépondérance immobilière à capital variable dans les conditions fixées par les statuts de ladite société.

Art. L. 160-13 L'entreprise d'assurance informe les souscripteurs de contrats d'assurance-vie et de capitalisation ne relevant pas de l'article L. 141-1 et comportant des unités de compte constituées de parts d'une société mentionnée à l'article L. 160-10 de l'intention de cette société d'adopter le régime mentionné à ce même article. Chaque souscripteur dispose d'un délai de trente jours pour exprimer son opposition par écrit. La société ne peut adopter le régime mentionné à ce même article en cas d'opposition dans ce délai d'une majorité de souscripteurs dont une part ou la totalité des droits est exprimée en des parts de telles sociétés.

Art. L. 160-14 Pour les contrats mentionnés à l'article L. 141-1 dont une unité de compte est constituée de parts d'une société mentionnée à l'article L. 160-10, l'entreprise d'assurance informe le ou les souscripteurs et les adhérents de l'intention de cette société d'adopter le régime mentionné à ce même article. Le ou les souscripteurs disposent d'un délai de trente jours pour exprimer leur opposition par écrit. La société ne peut adopter le régime mentionné à ce même article en cas d'opposition dans ce délai d'un ou de souscripteurs représentant une majorité des adhérents dont une part ou la totalité des droits est exprimée en des parts de telles sociétés.

Art. L. 160-15 La date prévue d'entrée en vigueur du régime des sociétés de placement à prépondérance immobilière à capital variable relatif à la société mentionnée à l'article L. 160-10 est postérieure d'au moins deux mois à l'expiration du délai de trente jours mentionné aux articles L. 160-13 et L. 160-14.

Art. L. 160-16 L'entreprise d'assurance communique aux souscripteurs et aux adhérents les caractéristiques principales de l'unité de compte résultant de la substitution mentionnée à l'article L. 160-11.

Art. L. 160-17 Pour les contrats d'assurance sur la vie ou de capitalisation, lorsque le souscripteur ou l'adhérent exerce sa faculté de rachat moins de deux mois après la substitution mentionnée à l'article L. 160-11, il ne peut lui être appliqué l'indemnité mentionnée *(L. n° 2019-486 du 22 mai 2019, art. 72-I)* « à l'avant-dernier » alinéa de l'article *(Ord. n° 2014-696 du 26 juin 2014, art. 1er-10°)* « L. 132-21-1 », nonobstant toute convention contraire.

L'art. 8-2° de l'Ord. n° 2015-378 du 2 avr. 2015 dispose que « A l'article L. 160-17, la référence : "L. 132-22-1" est remplacée par la référence : "L. 132-21-1" ». Or cette modification a déjà été faite par l'Ord. n° 2014-696 du 26 juin 2014 (Ord. préc., art. 1er-10°).

Art. L. 160-18 Lorsqu'une société mentionnée à l'article L. 160-10 ou une société civile de placement immobilier adopte le régime des sociétés de placement à prépondérance immobilière à capital variable dans les conditions définies à la présente section, cette opération n'entraîne aucun frais direct ou indirect pour les souscripteurs ou adhérents de contrats d'assurance-vie et de capitalisation dont une unité de compte est constituée de parts d'une telle société.

Art. L. 160-19 Le présent article s'applique aux organismes de placement collectif qui ont été créés conformément à l'article L. 160-10 du présent code *(Abrogé par L. n° 2016-1691 du 9 déc. 2016, art. 121-III)* ***« ou à l'article** (Ord. n° 2013-676 du 25 juill. 2013, art. 37)* ***« L. 214-119 » du code monétaire et financier, »*** et dont les parts ou actions constituent une unité de compte d'un contrat d'assurance sur la vie.

Il ne peut être versé de rétrocession de commission par le dépositaire mentionné à l'article *(Ord. n° 2013-676 du 25 juill. 2013, art. 37)* « L. 214-59 » du code monétaire et financier ou par la société mentionnée à l'article *(Ord. n° 2013-676 du 25 juill.*

2013, art. 37) « L. 214-61 » du même code au bénéfice de l'entreprise d'assurance proposant ledit contrat ou d'une entreprise appartenant au même *(Ord. nº 2015-378 du 2 avr. 2015, art. 8-3º, en vigueur le 1er janv. 2016)* « groupe au sens de l'article L. 356-1 » du présent code.

Art. L. 160-20 Un arrêté du ministre en charge de l'économie précise en tant que de besoin les conditions d'application de la présente section ainsi que les règles techniques applicables aux contrats d'assurance sur la vie à capital variable immobilier.

TITRE SEPTIÈME LES CONTRATS D'ASSURANCE MARITIME, AÉRIENNE ET AÉRONAUTIQUE, FLUVIALE ET LACUSTRE, SUR MARCHANDISES TRANSPORTÉES PAR TOUS MODES ET DE RESPONSABILITÉ CIVILE SPATIALE *(Ord. nº 2011-839 du 15 juill. 2011, art. 3).*

L'Ord. nº 2011-839 du 15 juill. 2011 s'applique aux contrats conclus ou renouvelés, tacitement ou non, à compter du 1er juill. 2012 (Ord. préc., art. 11).

RÉP. COM. vº *Assurances maritimes,* par BERR.

BIBL. GÉN. ▶ Sur la loi du 3 juill. 1967 et le décret du 19 janv. 1968 : LUREAU, *DMF 1968. 259.*

▶ Sur l'ordonnance du 15 juill. 2011 : NICOLAS, *DMF 2011. 783.* – TURGNÉ, *RGDA 2012. 1 ; ibid. 975* (nouveau cadre législatif de l'assurance transport).

CHAPITRE PREMIER DISPOSITIONS GÉNÉRALES

Art. L. 171-1 *(Ord. nº 2011-839 du 15 juill. 2011, art. 4-I)* **Est régi par le présent titre tout contrat d'assurance qui a pour objet de garantir :**

1º Les risques maritimes ;

2º Les risques aériens ou aéronautiques ;

3º Les risques relatifs à la responsabilité civile au titre d'une opération spatiale ;

4º Les risques relatifs au transport de marchandises par voie maritime, aérienne ou terrestre.

Le contrat d'assurance fluviale et lacustre est régi par les dispositions du présent titre, à l'exclusion des articles L. 172-5, L. 172-11, L. 172-17, L. 172-26, L. 173-7, L. 173-13 (4º), L. 173-21 (2º).

V. comm. ss. art. L. 111-1.

L'Ord. nº 2011-839 du 15 juill. 2011 s'applique aux contrats conclus ou renouvelés, tacitement ou non, à compter du 1er juill. 2012 (Ord. préc., art. 11).

COMMENTAIRE

Initialement, lors de la codification du droit des assurances, en 1976, le titre VII ne régissait que les assurances maritimes. Puis, une loi nº 92-665 du 16 juillet 1992 y a intégré les assurances fluviale et lacustre. Aucune précision n'était alors donnée sur le sort des assurances aériennes (V. comm. ss. art. L. 111-1) et spatiales.

Il a fallu attendre l'ordonnance nº 2011-839 du 15 juillet 2011, relative aux assurances en matière de transport, pour que le domaine du titre VII soit profondément modifié. Dorénavant, les assurances de transport ne sont plus fragmentées entre le droit des assurances terrestres et celui des assurances maritimes. Ainsi, les dispositions du titre VII, inspirées par le principe de la liberté contractuelle, s'appliquent :

– aux assurances maritimes ;
– aux assurances aériennes ou aéronautiques ;
– aux assurances de responsabilité civile relative aux opérations spatiales ;
– aux assurances de transport de marchandises par voie maritime, aérienne ou terrestre ;
– aux assurances fluviale et lacustre à l'exclusion de certains articles énumérés par l'article L. 171-1.

Cela étant, ainsi que l'indique l'article L. 111-1, l'exclusion des règles du droit des assurances terrestres pour les contrats soumis au titre VII n'est pas absolue. En effet, ces contrats demeurent soumis aux règles :

– de l'article L. 111-6 relatives à la notion de grands risques ;

– de l'article L. 112-2 relatives à l'obligation précontractuelle d'information et à la conclusion du contrat ;

– de l'article L. 112-4 relatives aux éléments de la police d'assurance ;

– de l'article L. 112-7 relatives à l'obligation d'informer le souscripteur du lieu d'établissement de l'assureur ;

– de l'article L. 113-4-1 relatives à l'obligation pour l'assureur qui renonce à garantir les créances détenues par son assuré sur un client situé en France de motiver sa décision. ❑

Art. L. 171-2 *(Ord. n° 2011-839 du 15 juill. 2011, art. 4-II)* **Ne peuvent être écartées par les parties au contrat les dispositions des articles L. 171-3, L. 172-2, L. 172-3, L. 172-6, L. 172-8, L. 172-9, L. 172-13 (deuxième alinéa), L. 172-17, L. 172-20, L. 172-22, L. 172-28, L. 172-31, L. 173-22-1, L. 175-7, L. 175-8, L. 175-9, L. 175-12, L. 175-13, L. 175-14 (premier, deuxième, quatrième et cinquième alinéas), L. 175-15, L. 175-16 (deuxième et troisième alinéas), L. 175-19, L. 175-22 (premier alinéa), L. 176-3 et L. 176-4 (deuxième et troisième alinéas).**

L'Ord. n° 2011-839 du 15 juill. 2011 s'applique aux contrats conclus ou renouvelés, tacitement ou non, à compter du 1er juill. 2012 (Ord. préc., art. 11).

COMMENTAIRE

Les assurances régies par le titre VII sont dominées par le principe de la liberté contractuelle, afin notamment de permettre une adaptation au marché mondial en constante évolution. Ainsi, alors que l'article L. 111-2 affirme que les dispositions relatives aux assurances terrestres sont impératives et énumère certains articles conférant une faculté aux parties, l'article L. 171-2 opère le raisonnement inverse. Par principe, les dispositions du titre VII peuvent être écartées, seules certaines d'entre elles limitativement énumérées sont d'ordre public.

Concrètement, ne peuvent être modifiées par les parties les dispositions des articles relatifs :

– à l'intérêt légitime et au principe indemnitaire (art. L. 171-3) ;

– à la sanction d'une déclaration inexacte des risques (art. L. 172-2 et L. 175-14, al. 1, 2, 4 et 5) ;

– à l'aggravation du risque (art. L. 172-3 et L. 175-15) ;

– à la surassurance frauduleuse (art. L. 172-6) ;

– aux assurances cumulatives (art. L. 172-8, L. 172-9, L. 175-8, L. 175-9 et L. 176-3) ;

– à l'exclusion des fautes intentionnelles ou inexcusables de l'assuré (art. L. 172-13, al. 2, et L. 175-22, al. 1er) ;

– à la cause du sinistre (art. L. 172-17) ;

– au défaut de paiement de la prime (art. L. 172-20, L. 173-22-1, L. 175-16, al. 2 et 3, et art. L. 176-4, al. 2 et 3) ;

– au redressement et à la liquidation judiciaire de l'assuré (art. L. 172-22) ;

– à la déclaration frauduleuse d'un sinistre (art. L. 172-28) ;

– à la prescription (art. L. 172-31) ;

– à la valeur agréée d'un aéronef (art. L. 175-7) ;

– à la direction du procès par l'assureur aviation (art. L. 175-12) ;

– à l'indemnisation par l'assureur aviation (art. L. 175-19). ❑

Art. L. 171-3 Tout intérêt légitime, y compris le profit espéré, peut faire l'objet d'une assurance.

Nul ne peut réclamer le bénéfice d'une assurance s'il n'a pas éprouvé un préjudice.
– Assur. L. 171-2.

COMMENTAIRE

Il est de principe que seul un intérêt légitime peut être assuré. Mais, l'article L. 171-3 précise en outre que nul ne peut réclamer le bénéfice d'une assurance s'il n'a éprouvé un préjudice. Cette règle rappelle le principe indemnitaire de l'article L. 121-1, sans pour autant être aussi précise. Cela étant, puisque le bénéfice de l'assurance est subordonné à un préjudice et puisque les articles L. 172-8 et L. 172-9 sanctionnent les assurances cumulatives, il est logique d'admettre que les assurances régies par le titre VII obéissent au principe indemnitaire (T. com. Lyon, 19 juin 1969 : *V. note 1*). ❑

1. Marchandise avariée. Bien que l'assurance maritime soit un contrat indemnitaire et que l'assuré ne doive pas en retirer un bénéfice ou un enrichissement, le prix réel de vente des marchandises avariées importe peu pour la fixation de l'indemnité, dès lors qu'il s'agit de produits dont le cours varie et qu'il est certain qu'un prix supérieur aurait été obtenu si les marchandises n'avaient pas présenté un défaut d'aspect à l'arrivée, constaté par l'expert. • T. com. Lyon, 19 juin 1969 : *DMF 1970. 478.*

2. Perte de la marchandise. La valeur assurée correspondant à la valeur de remplacement de la marchandise doit être considérée comme l'évaluation du préjudice subi du fait de la perte de cette marchandise, et il ne doit pas être tenu compte de la valeur facturée inférieure à la valeur assurée. • Aix-en-Provence, 6 mars 1980 : *DMF 1980. 652.*

3. Dommages et intérêts complémentaires. Après avoir condamné un assureur à verser à l'assuré diverses indemnités, les juges du fond ne sauraient accorder à ce dernier, outre les intérêts moratoires des sommes ainsi assurées, des dommages-intérêts complémentaires, sans préciser la faute de l'assureur qui justifierait cette condamnation. • Com. 13 mai 1969 : *Bull. civ. IV, n° 164.*

Art. L. 171-4 **L'assurance peut être contractée, soit pour le compte du souscripteur de la police, soit pour le compte d'une autre personne déterminée, soit pour le compte de qui il appartiendra.**

La déclaration que l'assurance est contractée pour le compte de qui il appartiendra vaut tant comme assurance au profit du souscripteur de la police que comme stipulation pour autrui au profit du bénéficiaire de ladite clause.

COMMENTAIRE

A l'instar de l'article L. 112-1, l'article L. 171-4 envisage les diverses modalités de souscription du contrat d'assurance.

Tout d'abord, il peut être souscrit par une personne pour son propre compte. Les qualités de souscripteur et d'assuré ne sont pas dissociées.

Ensuite, il peut être souscrit par une personne pour le compte d'une personne déterminée, en vertu notamment d'un mandat. Les qualités de souscripteur et d'assuré sont alors dissociées.

Enfin, il peut être souscrit par une personne pour le compte de qui il appartiendra. L'on retrouve alors les règles classiques d'une telle assurance, qui repose sur le mécanisme de la stipulation pour autrui (V. comm. ss. art. L. 112-1) :

– le souscripteur et le tiers désigné ont, par principe, tous les deux la qualité d'assuré. Ainsi, l'assurance souscrite par un commissionnaire de transport garantit non seulement sa propre responsabilité mais aussi la marchandise appartenant à un tiers (Com. 13 mars 1968 : *V. note 2*) ;

– l'assureur est en droit d'opposer à l'assuré pour compte les exceptions qu'il aurait pu opposer au souscripteur. De même, il peut opposer au souscripteur du contrat les exceptions opposables à l'assuré pour compte. Ainsi, la Cour de cassation a pu opposer au propriétaire d'un voilier souscripteur du contrat d'assurance la faute intentionnelle et inexcusable commise par le capitaine d'armement, gérant de la société ayant loué le bateau, et la qualité d'assuré pour compte (Com., 15 déc. 2009 : *V. note 2*) ;

– l'assuré pour compte dispose d'un droit d'action directe contre l'assureur, mais le souscripteur est également en droit d'exiger l'exécution du contrat d'assurance (Civ. 1re, 25 nov. 1997 et Com., 3 nov. 2010 : *V. note 3*),

– le souscripteur est le débiteur de la prime d'assurance, même si cette règle mentionnée à l'article L. 112-1 n'est pas expressément reprise à l'article L. 171-4. ❑

1. Bénéficiaire de l'assurance pour le compte de qui il appartiendra. Le bénéficiaire de l'assurance conclue « pour le compte de qui il appartiendra » est toute personne ayant un intérêt personnel à la conservation de la chose, et, plus largement encore, toute personne ayant un intérêt assurable. Il en est ainsi du propriétaire de marchandises placées en entrepôt après sinistre, bénéficiaire de l'assurance souscrite par le courtier maritime sur instructions du transporteur dont il est le représentant. • Rennes, 5 mars 1973 : *DMF 1973. 588.* ♦ ... De l'acquéreur de marchandises qui ont fait l'objet d'une police souscrite par le vendeur et garantissant le risque, qui s'est réalisé, du rejet de ces marchandises par les autorités sanitaires du pays destinataire, dès lors que, même si les parties étaient convenues de retarder le paiement du prix jusqu'au débarquement au port de destination, le transfert de propriété résultait, s'agissant de choses de genre, de la spécification intervenue à l'embarquement. • Com. 13 févr. 1978 : *Bull. civ. IV, n° 59.* ♦... De celui qui justifie avoir été le dernier propriétaire de la marchandise assurée et être l'ayant droit du souscripteur de la police. • T. com. Seine, 18 déc. 1967 : *DMF 1968. Somm. 693.* ♦... Du transporteur maritime en cas d'assurance conclue sur ses propres instructions par l'agent local et couvrant l'incendie des marchandises mises à terre après déchargement. • Com. 4 juin 1971 : *DMF 1971. 655, obs. Chauveau.*

2. Dualité de l'assurance pour compte. En souscrivant un avenant à sa police d'abonnement, le commissionnaire de transport couvre à la fois sa responsabilité de commissionnaire et la marchandise elle-même. Sont ainsi recevables l'action en responsabilité intentée par le destinataire contre le commissionnaire assuré et l'action en garantie de celui-ci contre l'assureur, dès lors que la garantie a été mise en œuvre dans le délai d'un an suivant le refus de la compagnie de couvrir le sinistre. • Com. 13 mars 1968 : *DMF 1968. 649, note Lureau.* ♦En outre, l'assureur est en droit d'opposer au propriétaire d'un voilier, adhérent d'un contrat d'assurance de groupe, la faute intentionnelle ou inexcusable du locataire du voilier assuré pour compte. • Com. 15 déc. 2009 : *DMF 2010. 441, note Turgné.*

3. Auteur de l'action contre l'assureur en assurance pour compte. Le souscripteur d'une police d'assurance pour le compte de qui il appartiendra, laquelle vaut comme stipulation pour autrui au profit de son bénéficiaire, a qualité pour exiger l'exécution du contrat d'assurance. Il en résulte que l'assignation par laquelle ce souscripteur réclame à l'assureur le paiement de l'indemnité d'assurance au bénéficiaire de la garantie interrompt la prescription biennale qui court à l'encontre de celui-ci. • Civ. 1re, 25 nov. 1997, n° 95-14.472 P : *DMF 1998. 806, note P.-Y. Nicolas.* ♦V. égal. : • Com. 3 nov. 2010 : *RGDA 2011. 216, note Turgné ; DMF 2011. 115, rapp. Rémery, note P.-Y. Nicolas.*

4. Assurance au porteur. Ayant relevé qu'un chargeur avait souscrit une assurance pour les risques maritimes et que les trois certificats d'assurance au porteur invoqués par les propriétaires successifs de la marchandise renvoyaient expressément à cette police, ce dont il résultait que c'était au preneur d'assurance et non à ses bénéficiaires qu'était due l'obligation d'information instituée par l'art. L. 112-2 C. assur., une cour d'appel en a déduit à bon droit que ces certificats ne pouvaient pas être considérés comme autonomes et que la stipulation de la police souscrite par le chargeur qui faisait de l'utilisation de conteneurs "High Ventilated" une condition expresse d'octroi de la garantie des assureurs pour le transport de cacao pouvait être opposée aux bénéficiaires de l'assurance. • Com. 3 mai 2011 : *DMF 2011. 613, rapp. Potocky, note P.-Y. Lucas.* ♦V. égal. l'arrêt d'appel : • Paris, 8 déc. 2009 : *DMF 2010. 271, note Ph. Delebecque.*

Art. L. 171-5 Le présent titre n'est pas applicable aux contrats d'assurance ayant pour objet de garantir les risques relatifs à la navigation de plaisance.

Ces contrats sont soumis aux dispositions des titres Ier, II et III du présent livre. Toutefois, les dispositions de l'article L. 124-3 ne font pas obstacle à l'application des règles concernant l'affectation de l'indemnité d'assurance à la constitution du fonds de limitation telles qu'elles sont prévues par les articles L. 173-23 et L. 173-24.

(Ord. n° 2011-839 du 15 juill. 2011, art. 4-III) **« Les contrats d'assurance aérienne et aéronautique souscrits par des personnes n'exerçant pas une activité commerciale ou à but lucratif sont soumis aux dispositions des titres Ier, II et III du présent livre.**

« Les contrats d'assurance aérienne et aéronautique souscrits par des personnes exerçant une activité commerciale ou à but lucratif au moyen exclusif d'aéronefs légers peuvent, sur option, être soumis aux dispositions des titres Ier, II et III du présent livre.

« L'article L. 175-10 est applicable à tout contrat d'assurance aérienne et aéronautique.

« Les modalités d'application du présent article sont précisées par décret. » — *V. art. D. 171-3.*

V. comm. ss. art. L. 111-1.

V. note ss. art. L 171-1.

BIBL. ▸ LAMI SOURZAC, *Gaz. Pal. 1997. 2. Doctr. 1537.*

COMMENTAIRE

Selon l'article L. 171-5, certaines assurances de transport demeurent soumises aux dispositions des trois premiers titres du livre Ier et ne sont pas, par principe, régies par les dispositions du titre VII.

I. LES RISQUES RELATIFS À LA NAVIGATION DE PLAISANCE

A. PRINCIPE

Afin de protéger le plaisancier, le législateur a pris le parti de soumettre les contrats d'assurance relatifs à la navigation de plaisance aux dispositions des assurances « terrestres » des titres I, II et III du livre Ier. Il est dès lors nécessaire de déterminer ce qu'il faut entendre par « navigation de plaisance », ce qui n'est guère facile puisqu'aucune définition n'est donnée par le législateur. Dans un arrêt du 11 mars 1997, la Cour de cassation semble avoir développé une analyse fondée non pas sur les caractéristiques du navire mais sur le caractère international et lucratif de la navigation (Com., 11 mars 1997 : *V. note 2*). Ainsi, la navigation de plaisance supposerait une absence de caractère international et un but non lucratif.

B. EXCEPTION

Cependant, si les dispositions du titre VII ne sont pas applicables aux assurances relatives à la navigation de plaisance, l'article L. 171-5 précise que les dispositions de l'article L. 124-3, relatives à l'action directe de la victime, ne font pas obstacle à l'application des règles des articles L. 173-23 et L. 173-24 relatives à l'affectation de l'indemnité d'assurance en cas de constitution d'un fond de limitation (Com. 11 déc. 2012 : *V. note 3*). Parce que les conditions de navigation sont les mêmes pour tous, les règles relatives à la réparation des dommages causés doivent être identiques pour tous les types de bâtiments. Ainsi, les propriétaires de navire peuvent limiter leur responsabilité et créer un fond forfaitaire de limitation de garantie dans les conditions de l'article L. 5121-6 du code des transports. L'indemnité d'assurance est alors versée au fond de limitation.

II. LES RISQUES AÉRIENS ET AÉRONAUTIQUES

A. ACTIVITÉ NON COMMERCIALE OU NON LUCRATIVE

Reprenant la logique de protection développée à propos des assurances relatives à la navigation de plaisance, l'article L. 171-5 soumet les contrats d'assurance aérienne ou aéronautique souscrits par des personnes n'exerçant pas une activité commerciale ou à but lucratif aux dispositions des assurances « terrestres » des trois premiers titres du livre Ier, plus protectrices des assurés.

Selon l'article D. 171-3, sont notamment concernés par cette règle les contrats d'assurance aérienne et aéronautique souscrits par des associations aéronautiques ou des fédérations aéronautiques pour leur compte ou au bénéfice de leurs membres.

B. ACTIVITÉ COMMERCIALE OU LUCRATIVE

Si, par principe, les contrats d'assurance aérienne et aéronautique souscrits par des personnes exerçant une activité commerciale ou à but lucratif sont soumis aux dispositions du titre VII du code des assurances, une dérogation existe lorsque ces personnes utilisent des aéronefs légers. Elles peuvent, sur option, soumettre le contrat d'assurance aux dispositions des trois premiers titres du livre Ier.

Le domaine de cette option est précisé par l'article D. 171-3, II. Selon cet article, sont considérés comme des aéronefs légers :

– les avions, y compris les hydravions et les avions amphibies, dont la masse maximale certifiée au décollage est inférieure ou égale à 5 700 kg ;

– tous les autres aéronefs, notamment les giravions, les convertibles, les aérostats, les aéronefs ultralégers motorisés, les planeurs et les aérodynes à décollage à pied, dont la masse maximale certifiée au décollage est inférieure ou égale à 2 700 kg.

C. TOUTES ACTIVITÉS

Par dérogation à toutes les exceptions excluant l'application des dispositions du titre VII à certains contrats d'assurance aérienne ou aéronautique, l'article L. 171-5, alinéa 5, indique que l'article L. 175-10 est applicable à tout contrat d'assurance aérienne et aéronautique. Cet article dispose que « dans les assurances de responsabilité, les conditions d'application de la garantie dans le temps sont déterminées par le contrat d'assurance ».

Partant, il résulte de la combinaison de ces deux articles que les règles édictées par l'article L. 124-5 sont toujours exclues pour les assurances aériennes et aéronautiques. Les parties ne sont pas obligées de se référer au fait dommageable ou à la réclamation pour déclencher la garantie assurantielle. Elles peuvent la rattacher à un autre événement. ❑

1. Navigation de plaisance. C'est à bon droit que les juges d'appel ont énoncé qu'en vertu de l'art. L. 171-5 les dispositions tant législatives que réglementaires incluses dans le titre VII du livre Ier de ce code, au nombre desquelles figure l'art. R. 172-4 [abrogé par Décr. du 22 déc. 1992] relatif au délai dans lequel la déclaration de délaissement doit être notifiée à l'assureur et qui régissent les contrats d'assurance maritime à l'exclusion des risques relatifs à la navigation de plaisance n'étaient pas applicables au contrat d'assurance litigieux dont l'objet était de garantir les risques d'utilisation d'un navire pour la navigation de plaisance. • Civ. 1re, 15 mai 1984, n° 82-11.405 P : *D. 1984. IR 387; Gaz. Pal. 1984. 2. Pan. 274; RGAT 1985. 39.* ♦ Les contrats d'assurance relatifs à la navigation de plaisance sont soumis à la loi du 13 juill. 1930. En conséquence, les pertes et dommages occasionnés par des cas fortuits ou causés par la faute de l'assuré sont à la charge de l'assureur sauf exclusion limitée contenue dans la police et sauf faute intentionnelle ou dolosive de l'assuré. • Aix-en-Provence, 27 avr. 1977 : *DMF 1979. 206.*

2. Rédaction des contrats d'assurance en français. Dans les contrats internationaux de droit privé, les parties choisissent librement la langue dans laquelle elles rédigent leurs accords. S'il est fait exception à ce principe dans les contrats d'assurance des risques français qui, selon l'art. L. 112-3, al. 1er, auquel l'art. L. 111-2 interdit de déroger, doivent être rédigés en français, cette loi de police se trouve, par application de l'art. L. 111-1, écartée dans les assurances maritimes, sauf lorsqu'il s'agit de couvrir les risques de la navigation de plaisance. Aussi, dès lors que le contrat d'assurance litigieux présentait un caractère international et qu'il n'était pas soutenu que la navigation en cause n'avait pas de but lucratif, l'arrêt d'une cour d'appel n'encourt pas le grief de manque de base légale invoqué au regard tant des textes du code des assurances que des dispositions générales sur l'emploi obligatoire de la langue française. • Com. 11 mars 1997, n° 95-13.926 P : *RCA 1997, n° 240 (2e esp.); DMF 1997. 364, rapp. Rémery; ibid. mars 1998, hors-série n° 2, p. 63, note Bonassies.*

3. Fonds de limitation. L'art. L. 171-5 prévoit que les dispositions de l'art. L. 124-3 du même code relatives à l'action directe de la victime en matière de navigation de plaisance ne font pas obstacle à l'application des règles concernant l'affectation de l'indemnité d'assurance à la constitution du fonds de limitation telles que prévues par les art. L. 173-23 et L. 173-24 C. assur. Il résulte de la combinaison de ces textes que les règles propres au contrat d'assurance maritime concernant l'affectation de l'indemnité d'assurance à la constitution du fonds de limitation sont applicables aux contrats ayant pour objet de garantir les risques relatifs à la navigation de plaisance dès lors qu'est constitué ce fonds. • Com. 11 déc. 2012, n° 10-28.728 : *RGDA 2013. 430, note Turgné.*

Art. L. 171-6 *Abrogé par L. n° 2005-1564 du 15 déc. 2005. — V. désormais l'art. L. 193-1. V. art. R. 171-1 s.*

CHAPITRE II RÈGLES COMMUNES AUX ASSURANCES MARITIME, FLUVIALE ET LACUSTRE ET SUR MARCHANDISES TRANSPORTÉES PAR TOUS MODES *(Ord. n° 2011-839 du 15 juill. 2011, art. 5-I).*

L'Ord. n° 2011-839 du 15 juill. 2011 s'applique aux contrats conclus ou renouvelés, tacitement ou non, à compter du 1er juill. 2012 (Ord. préc., art. 11).

SECTION PREMIÈRE CONCLUSION DU CONTRAT

Art. L. 172-1 *(Abrogé par Ord. n° 2011-839 du 15 juill. 2011, art. 10)* ***L'assurance ne produit aucun effet lorsque les risques n'ont pas commencé dans les deux mois de l'engagement des parties ou de la date qui a été fixée pour prise en charge.***

Cette disposition n'est applicable aux polices d'abonnement que pour le premier aliment.

V. art. R. 172-1 s.

Art. L. 172-2 **Toute omission ou toute déclaration inexacte de l'assuré de nature à diminuer sensiblement l'opinion de l'assureur sur le risque, qu'elle ait ou non influé sur le dommage ou sur la perte de l'objet assuré, annule l'assurance à la demande de l'assureur.**

Toutefois, si l'assuré rapporte la preuve de sa bonne foi, l'assureur est, sauf stipulation plus favorable à l'égard de l'assuré, garant du risque proportionnellement à la prime perçue par rapport à celle qu'il aurait dû percevoir, sauf les cas où il établit qu'il n'aurait pas couvert les risques s'il les avait connus.

La prime demeure acquise à l'assureur en cas de fraude de l'assuré. — *Assur. L. 171-2.*

COMMENTAIRE

Alors que l'article L. 113-2 n'impose à l'assuré que de répondre exactement aux questions posées par l'assureur, notamment dans le formulaire de déclaration du risque, l'article L. 172-19 oblige l'assuré à déclarer lors de la conclusion du contrat toutes les circonstances connues de lui de nature à faire apprécier par l'assureur le risque qu'il prend en charge.

Les assurances maritimes, fluviale et lacustre et les assurances de transport de marchandises reposent donc sur le principe de la déclaration spontanée et non sur celui du questionnaire fermé. Mais, elles se distinguent également des assurances « terrestres » soumises aux trois premiers titres du livre Ier par le régime des sanctions attachées à la déclaration irrégulière du risque.

I. LA NULLITÉ DU CONTRAT

A. ABSENCE DE PREUVE DE LA BONNE FOI DE L'ASSURÉ

Selon l'article L. 172-2, l'assureur peut demander la nullité du contrat, dès lors que l'omission ou la déclaration inexacte a diminué sensiblement son opinion sur le risque garanti et ce même si elle n'a pas eu une influence sur le sinistre.

Contrairement à la règle de l'article L. 113-8, l'assureur n'est pas tenu de rapporter la preuve de la mauvaise foi de l'assuré. Celui-ci est en quelque sorte présumé de mauvaise foi. Dès lors que l'assuré n'établit pas sa bonne foi, il ne peut échapper à la sanction de la nullité. La charge et le risque de la preuve pèsent donc sur l'assuré.

Par principe, la nullité du contrat a un effet rétroactif. Mais, si l'assureur établit la fraude de l'assuré, il peut conserver les primes à titre de sanction complémentaire.

B. PREUVE DE LA BONNE FOI DE L'ASSURÉ

La preuve de la bonne foi de l'assuré n'est toutefois pas un obstacle absolu à la nullité du contrat. En effet, le contrat peut toujours être annulé si l'assureur établit qu'il n'aurait pas couvert les risques s'il avait connu l'information dissimulée par l'assuré.

II. LA RÉDUCTION PROPORTIONNELLE DE PRIME

Si l'assuré démontre sa bonne foi et si l'assureur n'établit pas qu'il n'aurait pas couvert le risque s'il avait eu connaissance des éléments non déclarés, le contrat n'est pas annulé.

Selon l'article L. 172-2, si l'omission ou la fausse déclaration a diminué sensiblement l'opinion de l'assureur sur le risque, il y a eu lieu de procéder à une réduction de l'indemnité d'assurance par rapport à la prime qui aurait été perçue par l'assureur. Cette réduction proportionnelle de prime peut toutefois être écartée par une clause plus favorable pour l'assuré.

Contrairement à ce que prévoient les articles L. 172-3 ou L. 175-14, aucune distinction n'est faite selon que la découverte de l'omission ou de l'inexactitude dans la déclaration intervient avant ou après la réalisation du sinistre. L'on peut toutefois penser que si l'omission ou l'inexactitude dans la déclaration est découverte avant le sinistre, l'assureur peut demander une révision du montant de la prime.

I. COMPORTEMENTS SANCTIONNÉS

1. ***Dissimulation de faits survenus au jour de la conclusion du contrat.*** Seule l'omission ou la déclaration inexacte de circonstances de fait déjà survenues au jour de la conclusion de la police d'assurance fluviale, et qui sont de nature à diminuer sensiblement l'opinion de l'assureur sur le risque, annule l'assurance. Dès lors, viole les art. L. 172-2 et L. 172-19, la cour d'appel qui, pour prononcer la nullité du contrat d'assurance, retient que la société assurée aurait dû déclarer qu'elle devait financer la moitié de l'investissement de son unique moyen de production par un prêt à moyen terme et qu'une hypothèque fluviale devait être envisagée pour en garantir le remboursement, alors qu'elle avait constaté qu'à la date de la souscription de l'assurance, la société assurée n'avait pas conclu le prêt ni consenti d'hypothèque sur le bateau. • Com. 30 janv. 2019, n° 17-19.420 : *D. actu. 19 févr. 2019, note Bigot; RCA 2019, n° 120; RGDA mars 2019. 59, note Turgné.*

2. ***Dissimulation de l'identité de l'assuré.*** Constitue une fausse déclaration qui change le sujet du risque le fait pour l'assuré de se dissimuler sous le nom d'une personne qui agit pour lui, et de faire assurer les navires sous un autre nom que le leur. • Civ. 3 déc. 1919 : *DP 1920. 1. 7.*

3. ***Dissimulation d'un accident antérieur.*** Commet une réticence entraînant l'annulation du contrat l'assuré qui a laissé ignorer un accident survenu antérieurement, même s'il a pu estimer de bonne foi et sans faute de sa part n'avoir pas à dénoncer un événement aussi minime. • Civ., 8 mai 1935 : *DH 1935. 378.*

4. ***Dissimulation d'activité illicite.*** Un contrat d'assurance maritime, bien qu'excluant de la garantie les conséquences d'opérations de contrebande ou de commerce illicite, peut être déclaré nul en vertu de l'art. 348 anc. C. com., dès lors que l'assuré, n'ayant pas déclaré à l'assureur son intention de se livrer à un tel commerce, cette réticence avait diminué dans l'esprit de l'assureur l'opinion que celui-ci pouvait se faire du risque. Entraîne la nullité du contrat le fait pour le propriétaire d'un yacht – antiquaire connu – de faire assurer le corps et les facultés de son yacht soi-disant pour une croisière, en se bornant à indiquer qu'il voulait profiter du voyage pour se procurer des œuvres d'art, alors qu'il avait en réalité l'intention de se livrer et s'est en fait livré à l'exportation illicite d'œuvres d'art. • Com. 17 oct. 1972 : *Bull. civ. IV, n° 254; DMF 1973. 153.*

5. Dissimulation d'une charte-partie. Doit être considéré comme une réticence entraînant la nullité du contrat d'assurance le fait de ne pas avoir porté à la connaissance de l'assureur l'existence d'une charte-partie, les dispositions de cette charte étant susceptibles de modifier l'estimation du risque couvert par l'assureur et ses possibilités de recours contre le transporteur. Toutefois, lorsque la fraude de l'assuré n'est pas prouvée, il y a lieu d'ordonner la restitution de la prime payée par l'assuré. • Bordeaux, 7 janv. 1981 : *DMF 1981. 345.* ♦ Comp. : • Paris, 11 févr. 1993 : *DMF 1994. 259, note Latron.*

6. Dissimulation du décalage de travaux et de visites réglementaires. Commet une réticence l'armateur qui s'abstient de déclarer à l'assureur sur corps, lors de la conclusion du contrat d'assurance, que des visites réglementaires du navire et des travaux de sécurité, prescrits par les autorités maritimes, ont été différés. • T. arb. 11 avr. 1995 : *DMF 1997. 250, obs. Nicolas.*

II. COMPORTEMENTS NON SANCTIONNÉS

7. Date d'expédition terrestre. L'assuré n'est pas tenu de déclarer les faits qui n'intéressent pas l'opinion du risque, par exemple la date d'expédition terrestre. • Civ. 11 juin 1945 : *DMF 1949. 321.*

8. Défaut de renouvellement du permis de navigation. C'est dans l'exercice de son pouvoir souverain d'appréciation qu'une cour d'appel, se fondant sur une lettre de l'administrateur des affaires maritimes, retient que le défaut de renouvellement du permis de navigation d'un navire de pêche n'augmente pas le risque que l'assureur doit couvrir. • Com. 13 oct. 1998, n° 96-14.251 P : *D. 1998. IR 241 ; DMF 1998. 1010, rapp. Rémery, obs. Latron; RGDA 1999. 217, note Latron.* ♦ Comp. : • Com. 16 févr. 1999 : *DMF 1999. 428, obs. Rémery.*

9. Connaissances de l'assureur. L'assureur maritime ne peut invoquer la réticence de l'assuré lorsqu'il connaissait aussi bien que celui-ci l'état du navire, ou pouvait facilement se renseigner à son sujet. • Com. 28 févr. 1955 : *JCP 1955. II. 8689, note de Juglart; DMF 1955. 401.*

10. Changement de moyen de transport. Cet article, pas plus que l'art. L. 172-3, n'est applicable au cas où l'assureur sur facultés savait que la marchandise devait être déchargée en cours de route et réexpédiée à destination par un autre moyen de transport, et où il n'est pas établi que le choix d'un nouveau mode de transport ait entraîné une aggravation sensible du risque. • Aix-en-Provence, 10 nov. 1976 : *DMF 1977. 463.*

11. Nom du navire. Si le nom du navire fait partie des éléments que l'assuré est tenu de communiquer aux assureurs pour leur permettre d'apprécier le risque, l'obligation de l'assuré n'est pas la même lorsque le transport a été prévu comme devant être effectué par tel navire ou tel navire substitué. La perte de la cote indiquée par la charte-partie pendant la durée de cette charte ne peut être aisément connue de l'affréteur et du destinataire de la marchandise et il appartient aux assureurs de se renseigner eux-mêmes à cet égard. • Paris, 3 mai 1982 : *DMF 1982. 486.*

Art. L. 172-3 **Toute modification en cours de contrat, soit de ce qui a été convenu lors de sa formation, soit de l'objet assuré, d'où résulte une aggravation sensible du risque, entraîne la résiliation de l'assurance si elle n'a pas été déclarée à l'assureur dans les trois jours où l'assuré en a eu connaissance, jours fériés non compris, à moins que celui-ci n'apporte la preuve de sa bonne foi, auquel cas il est fait application des dispositions du deuxième alinéa de l'article L. 172-2.**

Si cette aggravation n'est pas le fait de l'assuré, l'assurance continue, moyennant augmentation de la prime correspondant à l'aggravation survenue.

Si l'aggravation est le fait de l'assuré, l'assureur peut, soit résilier le contrat dans les trois jours à partir du moment où il en a eu connaissance, la prime lui étant acquise, soit exiger une augmentation de prime correspondant à l'aggravation survenue. – *Assur. L. 171-2.*

COMMENTAIRE

A l'instar de l'article L. 113-2, l'article L. 172-3 impose à l'assuré de déclarer à l'assureur, dans la mesure où il les connaît, les aggravations de risques survenues au cours du contrat. Mais, les conséquences de cette aggravation diffèrent de ce qui est prévu par l'article L. 113-4.

En premier lieu, l'assuré doit déclarer toute modification de ce qui a été convenu lors de la formation du contrat ou de l'objet du contrat, entraînant une aggravation « sensible » du risque – ce qui paraît exiger une aggravation importante et non légère du risque –, dans un délai de trois jours après en avoir eu connaissance. A défaut, l'assureur peut obtenir la résiliation du contrat. Toutefois, si l'assuré apporte la preuve de sa bonne foi, la sanction de la résiliation est écartée et, si un sinistre est survenu, l'indemnité d'assurance sera simplement réduite en fonction de la prime qui aurait dû être perçue par l'assureur.

En second lieu, si la déclaration a été faite dans ce délai de trois jours ou si l'assuré n'a pas fait la déclaration dans le délai mais a apporté la preuve de sa bonne foi, il faut faire une distinction selon l'origine de l'aggravation du risque :

– si la modification n'est pas le fait de l'assuré, l'assurance continue moyennant une augmentation de la prime correspondant à l'aggravation survenue ;

– si la modification est le fait de l'assuré, l'assureur peut soit résilier le contrat trois jours au plus tard après qu'il en a eu connaissance, soit obtenir une augmentation de la prime correspondant à l'aggravation du risque. ❑

1. Changement de moyen de transport. Cet article, pas plus que l'art. L. 172-2, n'est applicable au cas où l'assureur sur facultés savait que la marchandise devait être déchargée en cours de route et réexpédiée à destination par un autre moyen de transport, et où il n'est pas établi que le choix d'un nouveau mode de transport ait entraîné une aggravation sensible du risque. • Aix-en-Provence, 10 nov. 1976 : *DMF 1977. 463.*

2. Transfert de l'assurance à l'acquéreur du navire. En présence d'un avenant de transfert du bénéfice de l'assurance du navire à son acquéreur qu'ils ont accepté en pleine connaissance de cause, les assureurs ne peuvent prétendre que ce transfert a constitué une aggravation du risque et que l'assuré a commis une réticence. • Aix-en-Provence, 22 févr. 1974 : *DMF 1974. 729.*

Art. L. 172-4 Toute assurance faite après le sinistre ou l'arrivée des objets assurés ou du navire transporteur est nulle, si la nouvelle en était connue, avant la conclusion du contrat, au lieu où il a été signé ou au lieu où se trouvait l'assuré ou l'assureur.

COMMENTAIRE

Traditionnellement perçu comme un contrat aléatoire, le contrat d'assurance ne peut être valablement conclu pour garantir un risque qui s'est déjà réalisé. Par conséquent, tout contrat d'assurance conclu après la perte ou l'arrivée des objets assurés est, par principe, nul.

Toutefois, l'article L. 172-4 apporte une précision propre aux assurances maritimes. Dès lors que la nouvelle du sinistre ou de l'arrivée des objets assurés ou du navire transporteur n'est pas parvenue, avant la conclusion du contrat, au lieu où le contrat a été signé ou au lieu où se trouvait l'assuré ou l'assureur, le contrat est valable. En revanche, la connaissance de l'information à ces endroits suffit pour retirer au contrat son caractère aléatoire et entraîner sa nullité. ❑

Preuve de la connaissance du sinistre. N'est pas nulle l'assurance sur facultés conclue postérieurement au sinistre lorsque l'ensemble des documents et faits de la cause ne fait pas apparaître de présomption que l'assuré ait eu connaissance des pertes déjà subies lors de la signature de la police. Il appartient à l'assureur de faire la preuve de cette connaissance. • Com. 16 janv. 1968 : *DMF 1968. 330, obs. P. L.*

D'après l'art. 8 de la police française d'assurance maritime sur facultés (imprimé de 1983), l'assurance ne peut produire ses effets s'il est établi qu'avant la souscription du contrat la nouvelle d'un sinistre concernant les marchandises assurées était parvenue au lieu de souscription de la police ou au lieu où se trouvait l'assuré sans qu'il soit besoin d'établir la preuve que l'assuré en avait personnellement connaissance. • Paris, 27 oct. 1988 : *DMF 1990. 248.*

Art. L. 172-5 L'assurance sur bonnes ou mauvaises nouvelles est nulle s'il est établi qu'avant la conclusion du contrat l'assuré avait personnellement connaissance du sinistre ou l'assureur de l'arrivée des objets assurés.

COMMENTAIRE

A l'instar de l'article L. 172-4, l'article L. 172-5 apporte une précision quant au caractère aléatoire du contrat d'assurance, en admettant l'assurance sur bonne ou mauvaise nouvelle, dès lors que l'assuré n'avait pas connaissance du sinistre ou l'assureur de l'arrivée des choses assurées avant la conclusion du contrat. En d'autres termes, les parties peuvent valablement prévoir dans le contrat l'éventuelle réalisation du risque ou extinction du risque, dès lors que la partie intéressée n'en a pas eu connaissance. En revanche, la connaissance personnelle du sinistre ou de l'arrivée des choses assurées entraîne la nullité du contrat. Mais il ne suffit pas que l'information soit arrivée au domicile de la partie intéressée, il faut également que celle-ci en ait eu personnellement connaissance (Com. 16 mars 1949 : *V. note ss. le présent art.*). ❑

Preuve de la connaissance du sinistre. L'assureur ne peut pas se soustraire à son obligation sous le prétexte que la nouvelle du sinistre est parvenue au domicile de l'assuré avant la conclusion d'une assurance s'il ne rapporte à l'appui de sa prétention la preuve de la connaissance du sinistre par l'assuré. • Com. 16 mars 1949 : *DMF 1949. 277.*

Art. L. 172-6 Si l'assureur établit qu'il y a eu fraude de la part de l'assuré ou de son mandataire, l'assurance contractée pour une somme supérieure à la valeur réelle de la chose assurée est nulle, et la prime lui reste acquise.

Il en est de même si la valeur assurée est une valeur agréée. – *Assur. L. 171-2, L. 173-6.*

COMMENTAIRE

Illustrant le caractère indemnitaire des contrats d'assurance de transport, l'article L. 172-6 sanctionne la surassurance frauduleuse par la nullité du contrat et la conservation des primes par l'assureur. Pour cela, l'assureur doit établir :
– la fraude de l'assuré ou de son mandataire ;
– une valeur assurée, qui peut être une valeur agréée, supérieure à la valeur réelle. ❑

Surassurance frauduleuse. Le contrat d'assurance contracté pour une somme excédant la valeur des choses assurées est nul. L'assureur, dispensé du paiement de toute indemnité, a cependant droit à la prime s'il y a eu dol ou fraude de l'assuré. Mais il perd ce droit et l'assurance produit son effet si l'assureur connaissait ou était à même de connaître l'exagération de l'évaluation et ne l'a ignorée que par une négligence qui lui est imputable à faute. • Req. 28 déc. 1936 : *JCP 1937. II. 188, note Chauveau.*

Art. L. 172-7 En l'absence de fraude, le contrat est valable à concurrence de la valeur réelle des choses assurées et, si elle a été agréée, pour toute la somme assurée.

COMMENTAIRE

Contraire au principe indemnitaire, comme la surassurance frauduleuse, la surassurance non frauduleuse est simplement corrigée. En ce sens, la valeur assurée est ramenée à la valeur réelle des choses assurées. Cependant, si la valeur des biens a été agréée, elles demeurent assurées pour le montant de la somme indiquée dans le contrat. Il est d'ailleurs expressément prévu à l'article L. 173-6 que « lorsque la valeur assurée du navire est une valeur agréée, les parties s'interdisent réciproquement toute autre estimation, réserve faite des dispositions des articles L. 172-6 et L. 172-26 ». Les dispositions de l'article L. 172-7 ne sont toutefois pas d'ordre public. ❑

Surassurance non frauduleuse. V. : • Req. 28 déc. 1936 : *cité note ss. art. L. 172-6.*

Art. L. 172-8 Les assurances cumulatives pour une somme totale supérieure à la valeur de la chose assurée sont nulles si elles ont été contractées dans une intention de fraude. – *Assur. L. 171-2.*

COMMENTAIRE

Commentaire commun aux articles L. 172-8 et L. 172-9.

Dans la mesure où un cumul d'assurances peut aboutir à un excès d'assurance contraire au principe indemnitaire, les articles L. 172-8 et L. 172-9 énoncent des règles destinées à lutter contre un tel excès en distinguant selon que les assurances ont été contractées avec ou sans intention frauduleuse. Mais, pour appliquer ces règles, il est nécessaire d'établir une situation de cumul d'assurance.

I. L'IDENTIFICATION D'UN CUMUL D'ASSURANCES

Les articles L. 172-8 et L. 172-9 n'apportent que peu de précisions sur la question de l'identification d'un cumul d'assurances. Ils indiquent simplement qu'il faut que plusieurs assurances aient été contractées et qu'elles se cumulent.

L'on peut en déduire qu'il faut une **pluralité de contrats** et qu'ils doivent présenter une **identité de risque** (Civ. 1re, 17 mars 1981 : *V. note ss. art. L. 172-9*) – plus qu'une identité de nature – et une **identité d'intérêt**.

Par ailleurs, l'on peut penser qu'une **pluralité d'assureurs** est nécessaire, sinon il faudrait appliquer le régime de la surassurance.

En revanche, sauf à transposer la jurisprudence de la Cour de cassation rendue à propos du cumul d'assurances de l'article L. 121-4, l'identité de souscripteurs n'est pas requise. En pratique, il peut d'ailleurs arriver que des marchandises soient assurées non seulement par leur expéditeur, mais aussi par un commissionnaire.

II. LE RÉGIME DES ASSURANCES CUMULATIVES

A. CUMUL FRAUDULEUX (ART. L. 172-8)

De même que la surassurance frauduleuse est sanctionnée par la nullité du contrat, les assurances cumulatives, contractées dans une intention de fraude, sont frappées de nullité. Cette règle est d'ordre public.

Pour prononcer une telle sanction, il est néanmoins nécessaire d'établir une situation de cumul d'assurances outre une intention frauduleuse. Sur ce point, l'article L. 172-8 n'apporte que peu de précisions. Il indique qu'il faut que plusieurs assurances aient été contractées et qu'elles se cumulent. L'on peut en déduire qu'elles doivent présenter une identité de risque (Civ. 1re, 17 mars 1981 : *préc.*) – plus qu'une identité de nature – et une identité d'intérêt. Par ailleurs, l'on peut penser qu'une pluralité d'assureurs est nécessaire, sinon il faudrait appliquer le régime de la surassurance. En revanche, sauf à transposer la jurisprudence de la Cour de cassation rendue à propos du cumul d'assurances de l'article L. 121-4, l'identité de souscripteurs n'est pas requise.

B. CUMUL NON FRAUDULEUX (ART. L. 172-9)

Lorsque les assurances cumulatives ont été contractées sans fraude, les contrats demeurent valables, à la condition que l'assuré les porte à la connaissance de l'assureur à qui il demande son règlement. Dans une telle hypothèse, contrairement à ce que prévoit l'article L. 121-4, l'assuré ne peut pas demander à un assureur le montant de sa garantie, à charge pour ce dernier d'exercer un recours en contribution contre les autres assureurs. La répartition proportionnelle s'effectue directement à l'égard de l'assuré. Concrètement, celui-ci doit s'adresser à chaque assureur et demander une indemnité proportionnelle au montant de la garantie souscrite. Depuis l'ordonnance du 15 juillet 2011, les deux alinéas de l'article L. 171-9 sont d'ordre public. Avant l'adoption de cette ordonnance, la règle proportionnelle ne l'était pas. ❑

Assurances cumulatives. Les dispositions de l'art. L. 121-4 sur l'effet des assurances cumulatives ne s'appliquent pas en matière d'assurance maritime et ne sauraient en outre être appliquées à une assurance dommages et à une assurance de responsabilité, contrats qui ne sont pas de même nature. • Paris, 4 juill. 1980 : *DMF 1981. 538, note Rohart.*

Art. L. 172-9 **Les assurances cumulatives contractées sans fraude pour une somme totale excédant la valeur de la chose assurée ne sont valables que si l'assuré les porte à la connaissance de l'assureur à qui il demande son règlement.** – *Assur. L. 171-2.*

Chacune d'elles produit ses effets en proportion de la somme à laquelle elle s'applique, jusqu'à concurrence de l'entière valeur de la chose assurée.

COMMENTAIRE

Voir le commentaire sous l'article L. 172-8. ❑

Identité d'intérêts. Les règles applicables aux assurances cumulatives ne jouent pas, faute d'identité d'intérêt, dès lors que la police souscrite pour le compte de qui il appartiendra par un entrepositaire s'analyse à l'égard de celui-ci en une assurance de responsabilité souscrite dans son intérêt et le couvrant vis-à-vis du propriétaire pour la perte de la marchandise dont il est dépositaire, alors que la police du transporteur était souscrite dans l'intérêt du propriétaire de la marchandise. • Civ. 1re, 17 mars 1981, n° 79-11.005 P : *DMF 1981. 652, note Guinchard et Noteenthou*; *D. 1983. IR 117, obs. Mercadal.*

Art. L. 172-10 **Lorsque la somme assurée est inférieure à la valeur réelle des objets assurés, sauf le cas de valeur agréée, l'assuré demeure son propre assureur pour la différence.**

COMMENTAIRE

Non contraire au principe indemnitaire, la sous-assurance, caractérisée par une valeur assurée inférieure à la valeur réelle des choses assurées, ne remet pas en cause la validité du contrat. L'assuré demeure simplement son propre assureur pour la différence, sauf en cas de valeur agréée. Concrètement, à défaut de valeur agréée, il faut effectuer une distinction selon que le sinistre a été total ou partiel. Mais, ces règles ne sont pas d'ordre public.

En cas de **sinistre total**, l'indemnité correspond au montant de la valeur assurée.

En cas de **sinistre partiel**, il faut appliquer la réduction proportionnelle de capitaux. L'indemnité correspond alors au montant du dommage multiplié par le montant de la valeur assurée et divisé par celui de la valeur assurable. ❑

Art. L. 172-10-1 *Ajouté par L. nº 89-1014 du 31 déc. 1989 ; abrogé par L. nº 94-5 du 4 janv. 1994.*

SECTION II OBLIGATIONS DE L'ASSUREUR ET DE L'ASSURÉ

Art. L. 172-11 L'assureur répond des dommages matériels causés aux objets assurés par toute fortune de mer ou par un événement de force majeure.

L'assureur répond également :

1° De la contribution des objets assurés à l'avarie commune, sauf si celle-ci provient d'un risque exclu par l'assurance ;

2° Des frais exposés par suite d'un risque couvert en vue de préserver l'objet assuré d'un dommage matériel ou de limiter le dommage.

BIBL. ▶ FRAIKIN et BOQUET, *DMF 1974. 447* (naufrage). – LUREAU, *DMF 1975. 259* (innavigabilité).

COMMENTAIRE

L'article L. 172-11 détermine quels sont les événements (I) et préjudices garantis par l'assureur de transport (II).

I. LES ÉVÉNEMENTS GARANTIS

Classiquement, l'assureur de transport garantit tous les dommages causés aux objets assurés sauf exclusion de garantie. Ainsi que l'affirme l'article L. 172-11, il couvre les dommages causés par toute fortune de mer ou par un événement de force majeur. Non définie par le législateur, la notion de « fortune de mer » renvoie au cas fortuit. A l'origine, cette notion permettait d'exclure de la garantie les conséquences de la faute de l'assuré et de préserver le caractère aléatoire de l'assurance. Mais, désormais, les contrats d'assurance peuvent garantir certaines fautes de l'assuré ou de ses préposés, ainsi que le prévoit d'ailleurs l'article L. 172-13.

II. LES PRÉJUDICES GARANTIS

L'assureur garantit tout d'abord les **dommages matériels** causés à l'objet assuré, lesquels doivent l'atteindre directement (Com. 11 avr. 2012 : *V. note 1*).

Ensuite, l'assureur répond de **la contribution des objets assurés à l'avarie commune**. Propre au droit maritime, les avaries communes sont envisagées à l'article L. 5133-3 du code des transports, qui indique qu'elles « sont décidées par le capitaine et constituées par les dommages, pertes et dépenses extraordinaires exposées pour le salut commun et pressant des intérêts engagés dans une expédition maritime ». Pour qu'il y ait avarie commune, il faut donc un acte volontaire nécessaire pour éviter un danger et préserver utilement un intérêt collectif. Il peut s'agir d'une avarie-dommage comme le jet de marchandises d'un navire ou d'une avarie-frais comme les indemnités d'assistance ou les frais de remorquage (Com. 13 déc. 1983 : *V. note 4*). Une fois caractérisée, l'avarie commune donne lieu à une contribution de toutes les personnes intéressées à l'expédition maritime selon les règles de l'article L. 5133-8 du code des transports. Ces contributions sont garanties par l'assureur.

Enfin, l'assureur répond des **frais exposés en vue de préserver l'objet assuré d'un dommage matériel ou de limiter le dommage**. Sont ainsi garantis les frais de prévention et de sauvetage, dès lors qu'ils sont la conséquence d'un risque couvert par l'assurance. ❑

1. Étendue de la garantie. En cas de fumigation injustifiée ayant causé des dommages aux marchandises transportées, l'assureur maritime sur facultés ne peut être condamné à indemniser les coûts de stockage, de manutention et de réexpédition de nouvelles marchandises que s'ils constituent des dommages et pertes matériels atteignant directement l'objet assuré ou s'ils étaient couverts à un autre titre par la police d'assurance. • Com. 11 avr. 2012 : *DMF 2012. 711, rapport Lecaroz et note P.-Y. Nicolas.*

2. *Preuve du sinistre.* Lorsque la police d'assurance facultés comporte une couverture « tous risques », y compris les risques de réfrigérateur, l'assureur ne peut valablement refuser d'indemniser les assurés dont la marchandise a subi des avaries et des manquants, alors que les constatations ont été effectuées à l'arrivée à destination dans les conditions prévues au contrat. • T. com. Paris, 2 mai 1979 : *DMF 1980. 419.* ♦ Lorsque la marchandise n'a pas été reçue par l'agent en douane du port de destination et n'a pas été prise en charge par les autorités portuaires, il faut considérer que celle-ci a été égarée et que, le sinistre étant déjà réalisé lors des opérations du débarquement, l'assureur sur facultés doit indemniser le titulaire de la police sans qu'il soit nécessaire de prouver qu'il y a eu vol dans les délais de la garantie prévue par la police. • Paris, 12 juin 1980 : *DMF 1980. 612.*

3. *Dépenses pour éviter une aggravation des avaries.* Lorsque le chargeur-vendeur, bénéficiaire de l'assurance, a pris des mesures, non seulement pour éviter un retard dans la livraison des marchandises, mais aussi par suite de la détresse du navire due à la faute du transporteur pour préserver la marchandise de nouvelles avaries et empêcher l'aggravation de celles déjà survenues, les dépenses en résultant, engagées conformément aux obligations imposées à l'assuré par les polices souscrites, doivent être indemnisées par les assureurs et cela dans la proportion des marchandises assurées par eux par rapport à la totalité de la cargaison ayant bénéficié de ces mesures de sauvetage. • Paris, 15 juin 1984 : *DMF 1985. 27.*

4. *Frais de remorquage.* Les assureurs doivent garantir l'armateur de la condamnation au paiement d'une facture de remorquage en haute mer, les frais de remorquage entrant dans le cadre de la garantie. • Com. 13 déc. 1983 : *DMF 1984. 542.* ♦ Sur la distinction entre une opération de déséchouement et une opération de remorquage : • T. com. Paris, 2 avr. 1979 : *DMF 1980. 354, obs. Legendre.*

Art. L. 172-12 La clause "Franc d'avarie" affranchit l'assureur de toutes avaries, soit communes, soit particulières, excepté dans les cas qui donnent ouverture au délaissement ; dans ces cas, l'assuré a l'option entre le délaissement et l'action d'avarie.

COMMENTAIRE

Plusieurs types de clauses peuvent être insérés dans le contrat afin de limiter la garantie de l'assureur.

I. LA CLAUSE « FRANC D'AVARIE »

Le contrat peut comporter une clause « Franc d'avarie ». Cette clause, expressément envisagée par l'article L. 172-12, écarte la garantie de l'assureur pour les avaries communes ou particulières.

Les avaries communes sont envisagées par l'article L. 5133-3 du code des transports, qui dispose qu'elles « sont décidées par le capitaine et constituées par les dommages, pertes et dépenses extraordinaires exposées pour le salut commun et pressant des intérêts engagés dans une expédition maritime ». Les avaries communes résultent donc d'un acte volontaire nécessaire pour éviter un danger et préserver utilement un intérêt collectif. Elles impliquent une contribution de toutes les personnes intéressées à l'expédition maritime selon les règles de l'article L. 5133-8 du code des transports.

Par opposition, les avaries particulières sont, selon l'article L. 5133-2 du code des transports, « toutes les avaries qui ne sont pas classées en avaries communes ». Elles sont supportées par le propriétaire de la chose qui a souffert le dommage ou par celui qui a exposé la dépense, sauf leurs éventuelles actions en responsabilité, en remboursement ou en indemnité.

Ces dommages ne sont donc pas garantis par l'assureur en cas de clause « Franc d'avarie ». Pour autant, cette clause ne s'applique pas pour les cas qui donnent ouverture au délaissement, tels que les naufrages, les échouements avec bris, la prise ou l'innavigabilité. Pour ces sinistres majeurs, l'assuré dispose d'une option entre le délaissement et l'action d'avarie.

II. LA CLAUSE « FAP SAUF »

Le contrat d'assurance peut comporter non pas une clause « Franc d'avarie » mais une clause « Franc d'avaries particulières sauf ». En vertu de cette clause, l'assureur ne garantit que les conséquences dommageables de certains événements déterminées par la police d'assurance. Il incombe alors à l'assuré d'établir la réalisation de l'un de ces événements et de son lien de causalité avec le sinistre (Com. 7 févr. 1984 : *V. note 3*). ❑

1. Assurance perte totale et délaissement. L'assureur sur corps ne répond pas de la perte du seul canot-lumière d'un navire équipé pour la pêche au lamparo en présence des termes formels de la police, signée par le propriétaire du bâtiment, qui dispose que le navire, les engins et le matériel sont assurés francs d'avaries particulières, les assureurs ne répondant que de la perte totale et du délaissement. • Montpellier, 3 oct. 1967 : *DMF 1968. 533.*

2. Assurance « FAP sauf ». Le contrat d'assurance est un contrat de droit strict, dans lequel les garanties assurées le sont en fonction de la convention des parties. L'assureur n'est donc pas responsable de l'échouement d'une drague au cours de son remorquage lorsque la police « FAP sauf » garantissait le risque de perte totale seulement au cas où elle serait accidentelle et à condition qu'un expert ait attesté que toutes les précautions avaient été prises en vue du remorquage – ce qui n'avait pas été fait – et alors que la cause exacte de l'échouement de la drague à l'origine du sinistre n'a pu être établie. • T. com. Marseille, 3 oct. 1969 : *DMF 1970. Somm. 366.* ♦ La clause « FAP sauf » ne couvre pas les avaries particulières résultant de l'arrêt du froid ou de la ventilation. Par ailleurs, elle couvre dans la police en cause les retards consécutifs à une avarie commune. En l'espèce sont donc couverts les dommages relatifs au retard consécutif à l'avarie commune (panne générale d'électricité) mais non les dommages existant au moment de la prise de remorque. • Ch. arb. marit. Paris, 29 mai 1981 : *DMF 1982. 122.* ♦ En présence de la couverture par la clause « FAP sauf » des seuls sinistres résultant de l'abordage, de l'échouement, de l'incendie, de l'explosion, du heurt ou de la collision du navire assuré contre un corps fixe, mobile ou flottant, le sinistre résultant du fait que le chalut et non le navire a croché sur le fond de la mer n'est pas couvert, bien que le chalutier ait été endommagé du fait de la tension des câbles du chalut qui a entraîné l'arrachement de la potence qui a fracturé le pavois tribord. • Amiens, 5 févr. 1993 : *DMF 1994. 55.*

3. Charge de la preuve. La garantie du dommage n'étant due, aux termes de la police, qu'en cas d'interruption d'une durée d'au moins quarante-huit heures consécutives dans l'équipement de réfrigération, est rejetée à bon droit la demande de l'assuré qui n'a pu apporter la preuve de cette interruption. • Com. 7 févr. 1984 : *DMF 1985. 50.*

Art. L. 172-13 Les risques assurés demeurent couverts, même en cas de faute de l'assuré ou de ses préposés terrestres, à moins que l'assureur n'établisse que le dommage est dû à un manque de soins raisonnables de la part de l'assuré pour mettre les objets à l'abri des risques survenus.

(Décr. n° 85-863 du 2 août 1985) **« L'assureur ne répond pas des fautes intentionnelles ou inexcusables de l'assuré. »** — *Assur. L. 171-2.*

BIBL. ▶ LUREAU, *DMF 1956. 511.* – BESSÉ, *ibid. 1968. 451.* – NICOLAS, *ibid. 1983. 259.*

COMMENTAIRE

A l'instar de ce qui est prévu pour les assurances terrestres, l'article L. 172-13 dispose que l'assureur est garant des dommages résultant d'une faute de l'assuré ou de ses préposés terrestres. Toutefois, cette obligation de garantie n'est pas illimitée. Elle peut être écartée en cas de manque de soins raisonnables de l'assuré (I) ou de fautes intentionnelles ou inexcusables de l'assuré (II).

I. LE MANQUE DE SOINS RAISONNABLES DE L'ASSURÉ

Conformément à l'article L. 172-13, alinéa 1er, qui n'est pas d'ordre public, l'assureur ne couvre pas les dommages dus à un manque de soins raisonnables de la part de l'assuré pour mettre les objets à l'abri des risques survenus. Pour exclure sa garantie, l'assureur, qui supporte la charge de la preuve (Com. 3 nov. 2010 : *V. note 12*), doit donc démontrer que l'assuré a fait preuve de négligence dans la préservation des objets. Cette négligence peut par exemple correspondre à un mauvais conditionnement des objets assurés (Com. 16 mars 1966 : *V. note 7*).

II. LA FAUTE INTENTIONNELLE OU INEXCUSABLE DE L'ASSURÉ

Selon l'article L. 172-13, alinéa 2, qui est d'ordre public, l'assureur ne garantit pas les fautes intentionnelles ou inexcusables de l'assuré. Alors que, pour les assurances terrestres, l'article L. 113-1 exclut du champ de la garantie les fautes intentionnelles et dolosives de l'assuré, l'article L. 172-13 n'écarte pas exactement les mêmes fautes qualifiées. En revanche, comme pour les assurances terrestres, la faute lourde de l'assuré peut être couverte par l'assureur.

A. LA FAUTE INTENTIONNELLE

Aucune définition de la faute intentionnelle n'est donnée par le code des assurances. En assurance terrestre, la jurisprudence retient traditionnellement une conception étroite de la faute intentionnelle en exigeant que l'assuré ait voulu le dommage tel qu'il s'est réalisé. Cette conception traditionnelle est néanmoins remise en cause par le développement d'une conception objective de la faute intentionnelle et d'une conception autonome de la faute dolosive (cf. commentaire sous art. L. 113-1 C. assur.). En assurance de transport, peu de décisions ont été rendues sur cette notion de faute intentionnelle. Par un arrêt inédit du 6 juillet 1999, la Cour de cassation a retenu la faute intentionnelle de l'armateur assuré, au motif que « le navire a[vait] été volontairement naufragé par le chef mécanicien à la demande de l'armateur » (Com. 6 juill. 1999). Cette formulation est un peu elliptique et ne reprend pas la formulation traditionnelle. L'on pourrait dès lors penser que la Cour de cassation entend ici se démarquer de la solution retenue en assurance terrestre et raisonner au cas par cas. Mais il est également permis de penser que la conception traditionnelle de la faute serait sous-jacente dans cet arrêt, dès lors que l'armateur a voulu le naufrage, c'est-à-dire le dommage tel qu'il est survenu.

B. LA FAUTE INEXCUSABLE

Jusqu'à la loi n° 84-1172 du 22 décembre 1984 et au décret du n° 85-863 du 2 août 1985, le droit des assurances maritimes excluait de la garantie la faute intentionnelle et la faute lourde de l'assuré. Depuis ces textes, l'exclusion de la faute lourde a été remplacée par celle de la faute inexcusable. Plus précise que la faute lourde, la faute inexcusable est définie par l'article L. 113-8 du code de commerce, relatif au transport de marchandises, comme « la faute délibérée qui implique la conscience de la probabilité du dommage et son acceptation téméraire sans raison valable ». En somme, la faute inexcusable suppose un acte commis avec témérité et conscience de la probabilité d'un dommage (Com. 13 mai 2014 : *V. note 7*).

A. FAUTE DE L'ASSURÉ

1. Moyen nouveau en cassation. Une compagnie d'assurances ne saurait invoquer pour la première fois devant la Cour de cassation le moyen par lequel elle impute à l'assuré une faute précise de nature à entraîner l'exclusion du risque en application d'une disposition de la police dès lors que, devant la cour d'appel, elle a seulement invoqué cette disposition sans préciser de faute. • Com. 13 mai 1969 : *Bull. civ. IV, n° 164.*

2. Caractères de la faute exclusive de garantie. N'a pas donné de base légale à sa décision l'arrêt qui a rejeté le moyen tiré par l'assureur de l'existence d'une faute de l'assuré au sens de l'art. L. 172-13 sans rechercher si la faute invoquée avait été commise par l'assuré et si elle répondait à la définition du texte susvisé. • Com. 3 févr. 1987, n° 84-11.891 P : *Gaz. Pal. 1987. 1. Pan. 99.*

3. Notion de faute intentionnelle. Ayant retenu, au vu des circonstances du naufrage et de témoignages, dont elle a souverainement apprécié la sincérité et la portée, que « le navire a été volontairement naufragé par le chef mécanicien à la demande de l'armateur », une cour d'appel en a exactement déduit que ce dernier a commis une faute intentionnelle dont l'assureur n'a pas à répondre par application des dispositions de l'art. L. 172-13, al. 2. • Com. 6 juill. 1999, n° 97-15.946 : *DMF 2000. 519, rapp. Rémery et note Latron.*

4. Remise des copies des connaissements à l'acheteur. Après avoir relevé que l'assuré, importateur, adressait des copies des connaissements à l'acheteur des marchandises à titre d'avis d'embarquement, une cour d'appel a retenu que, si un risque d'utilisation frauduleuse peut naître de cette pratique qui était ancienne et n'avait pas donné lieu à incident auparavant, il n'était que potentiel. Par ces constatations et appréciations, dont il résultait que la réalisation du risque était incertaine, que la société assurée n'avait eu ni l'intention de la provoquer, ni la conscience qu'elle résulterait probablement de la pratique mise en œuvre et que les assureurs n'établissaient pas que le dommage était dû à celle-ci, la cour d'appel a pu décider que l'assuré n'avait pas commis de faute intentionnelle ou inexcusable. • Com. 3 nov. 2010 : *DMF 2011. 115, rapp. Rémery, note Nicolas.*

5. Faute de navigation du skipper d'un voilier. Appréciant souverainement les éléments de preuve qui lui étaient soumis, une cour d'appel, retenant que le skipper locataire d'un voilier avait suivi une route très proche des côtes qu'aucune raison météorologique ou tactique ne pouvait expliquer, qu'il n'était pas contesté que son épouse était arrivée dans un hôtel avant que le voilier ne s'échoue, que les circonstances du sinistre permettaient de considérer qu'il avait l'intention de la retrouver et enfin qu'il avait méconnu, d'une part, les conditions de la course pour laquelle le navire était assuré, puisqu'il s'était dérouté, et, d'autre part, les règles élémentaires de navigation, puisqu'il avait mal apprécié le tirant d'eau et les risques liés à la configuration des lieux, a pu déduire l'existence d'une faute intentionnelle et inexcusable ayant causé l'échouage. • Com. 15 déc. 2009 : *DMF 2010. 44, note Turgné.*

6. Faute inexcusable du capitaine, du patron de pêche ou de l'armateur. Contrairement à la faute inexcusable du capitaine ou du patron de pêche, qui ne fait pas partie des risques exclus de la garantie de l'assurance sur corps, celle de l'armateur ne peut être assurée. Ainsi, l'armateur qui fait naviguer son navire malgré des entrées d'eau anormales, qui devaient être étalées par des pompes électriques dont le fonctionnement pouvait être affecté par une panne de courant, commet une faute inexcusable, exclusive de la garantie d'assurance. • Com. 5 janv. 1999, n° 96-20.716 P : *RCA 1999, n° 87 ; RGDA 1999. 469, note Latron ; DMF 1999. 312, rapp. Rémery, obs. Latron.* ♦ V. égal. l'arrêt d'appel : • Paris, 29 mai 1996 : *DMF 1996. 1107, obs. Nicolas.*

7. Défaut de validité des documents de bord. Ayant retenu que la cause du naufrage n'était pas établie et que le défaut de validité des documents de bord lié à des défaillances techniques ne démontrait pas qu'en prenant la mer dans ces conditions, l'assuré avait conscience de la probalité de la réalisation du risque, une cour d'appel a pu écarter la faute inexcusable de l'assuré. • Com. 13 mai 2014 : *RGDA 2014. 357, note Turgné ; DMF 2014. 760, note Miribel, rapp. Rémery ; RD transp. 2014, n° 44, note Ndendé.*

B. MANQUE DE SOINS RAISONNABLES

8. Négligence dans le conditionnement de fruits en vrac. Est justifié le refus de condamner l'assureur à réparer le préjudice causé par le « talage » de certains fruits dès lors que ceux-ci ont été mis en vrac dans des cartons, sans protection intérieure, et que, par suite d'un remplissage insuffisant des cartons les fruits se sont heurtés et blessés entre eux. • Com. 16 mars 1966 : *Bull. civ. III, n° 148 ; DMF 1966. 411.*

9. Retard dans la présentation du connaissement. Ne constitue pas un manque de soins raisonnables, au regard de la garantie « *contingency* » dans l'intérêt du vendeur, le retard du vendeur à présenter des connaissements à l'acheteur pour obtenir le paiement du prix de la marchandise et le transfert de propriété, dès lors que ces connaissements ne constituaient qu'une partie des documents requis pour le dénouement de la vente qui n'a pas eu lieu en raison de l'absence d'autres documents. • Com. 22 nov. 2011 : *DMF 2012. 418, rapp. Lecaroz, note P.-Y. Lucas.*

10. Négligence d'un tiers à l'origine du sinistre. Manque de base légale l'arrêt qui, tout en confirmant la décision des premiers juges déboutant le propriétaire d'un bien sinistré de son recours en garantie contre une compagnie d'assurances au motif que cette dernière ne couvrait pas le risque résultant du défaut d'entretien par le propriétaire qui était la seule cause du dommage, retient par ailleurs que le sinistre est la conséquence à la fois du défaut d'entretien par le propriétaire et de la négligence d'un tiers chargé de la vente du bien, sans rechercher si les conséquences de cette dernière négligence étaient ou non couvertes par la police d'assurance. • Com. 9 janv. 1979, n° 77-13.709 P : *DMF 1979. 270, note Rodière.*

11. Défaillances techniques. Ayant retenu que la cause du naufrage n'était pas établie et que les défaillances techniques ayant pu expliquer le non-renouvellement du permis de navigation et du certificat de franc-bord du navire n'était pas à l'origine du sinistre, une cour d'appel a pu écarter l'existence d'un manquement de soins raisonnables de la part de l'assuré au sens de l'art. L. 172-13 C. assur. • Com. 13 mai 2014 : *préc. note 7.*

12. Charge de la preuve. Les assureurs doivent établir, comme ils en ont la charge aux termes de l'art. L. 172-13, al. 1er, C. assur., que le dommage était dû à un manque de soins raisonnables de la part de l'assuré pour mettre les objets à l'abri des risques survenus. • Com. 3 nov. 2010 : *DMF 2011. 115, rapp. Rémery, note P.-Y. Nicolas.*

Art. L. 172-14 **Les risques demeurent couverts dans les mêmes conditions en cas de faute du capitaine ou de l'équipage, sauf ce qui est dit à l'article L. 173-5.**

BIBL. ▶ FRAIKIN et BOQUET, *DMF 1974. 447.*

COMMENTAIRE

Conformément à l'article L. 172-14, la faute du capitaine, anciennement connue sous le nom de baraterie, et celle de l'équipage sont garanties par l'assureur.

Ce principe connaît toutefois une exception pour les assurances de corps maritimes, fluviaux et lacustres, pour lesquels les conséquences de la faute intentionnelle du capitaine sont expressément écartées par l'article L. 173-5. Toutefois, depuis la loi n° 84-1172 du 22 décembre 1984 et le décret n° 85-863 du 2 août 1985, cette règle n'est plus d'ordre public. Le contrat peut donc couvrir la faute intentionnelle du capitaine.

Par opposition, en l'absence de disposition spécifique, la faute intentionnelle du capitaine est couverte par l'assureur dans les assurances sur facultés.

Faute de l'équipage et vice du navire. En l'état d'un concours de causes déterminantes du naufrage, entre les fautes de l'équipage et le vice propre du navire, les juges peuvent décider sans contradiction qu'en application de l'art. L. 172-14 le dommage résultant de la perte du navire ne se trouve pas entièrement couvert par l'assureur. • Com. 20 nov. 1974, n° 73-12.337 P : *DMF 1975. 267.*

Art. L. 172-15 **Les risques assurés demeurent couverts même en cas de changement forcé de route, de voyage ou de navire, ou en cas de changement décidé par le capitaine en dehors de l'armateur et de l'assuré.**

COMMENTAIRE

Certains événements peuvent modifier le risque assuré sans pour autant écarter la garantie de l'assureur. Tel est le cas du changement de route, de voyage ou de navire, ou encore du changement décidé par le capitaine sans l'avis de l'armateur ou de l'assuré. ❑

Remorquage à l'insu de l'assuré. Un remorquage qui est le fait des armateurs, tiers au contrat passé entre l'assureur et l'assuré, ayant été effectué à l'insu de ce dernier est sans incidence sur les risques assurés qui demeurent couverts même en cas de changement forcé de route, de voyage ou de navire ; en effet, ces événements, qui sont indépendants de la volonté de l'assuré, ne peuvent constituer une cause d'exonération des obligations de l'assureur. • Paris, 29 oct. 1984 : *DMF 1985. 613.*

Art. L. 172-16 *(Ord. nº 2011-839 du 15 juill. 2011, art. 5-II)* **Sauf convention contraire, l'assureur ne couvre pas les dommages et pertes subis par les biens assurés et résultant :**

1º De guerre civile ou étrangère, de mines et tous engins de guerre ;

2º De piraterie ;

3º De capture, prise ou détention par tous gouvernements ou autorités quelconques ;

4º D'émeutes, de mouvements populaires, de grèves et de lock-out, d'actes de sabotage ou de terrorisme ;

5º Des sinistres dus aux effets directs ou indirects d'explosion, de dégagement de chaleur, d'irradiation provenant de transmutations de noyaux d'atomes ou de radioactivité, ainsi que les sinistres dus aux effets de radiation provoqués par l'accélération artificielle des particules.

L'Ord. nº 2011-839 du 15 juill. 2011 s'applique aux contrats conclus ou renouvelés, tacitement ou non, à compter du 1er juill. 2012 (Ord. préc., art. 11).

BIBL. ▸ CHAUVEAU, *DMF 1949. 267* (risque de guerre).

COMMENTAIRE

A l'origine, l'ordonnance de Colbert de 1681 et le code de commerce de 1807 n'excluaient pas les risques de guerre de l'assurance maritime, tant ces risques étaient inhérents à l'activité maritime. Puis, à partir du milieu du XIXe siècle, les polices d'assurance commencèrent à exclure les risques de guerre et les risques assimilés. Ces exclusions se retrouvent désormais à l'article L. 172-16. Toutefois, elles ne sont pas d'ordre public et peuvent faire l'objet d'un rachat par l'assuré, moyennant le versement d'une surprime.

On peut remarquer que, au titre des exclusions, l'article L. 172-16 vise les actes de terrorisme. Sur ce point, il faut préciser que si l'article L. 126-2 impose une obligation de garantir les dommages matériels directs causés par des attentats ou des actes de terrorisme de toute nature dès lors qu'ils touchent des biens garantis par un contrat d'assurance couvrant les dommages d'incendie, l'article R. 126-2 exclut du champ d'application de cet article les contrats de biens couvrant les dommages subis par les corps de véhicules ferroviaires, aériens, maritimes, lacustres et fluviaux, ainsi que par les marchandises transportées. Par exception demeurent soumis à l'application de cet article L. 126-2 :

– les contrats d'assurance de biens couvrant les dommages subis par les corps de véhicules aériens destinés à une activité non commerciale ou à but non lucratif lorsque la valeur unitaire des corps déclarée au contrat est inférieure à 1 million d'euros ;

– les contrats d'assurance de biens couvrant les dommages subis par les corps de véhicules maritimes, lacustres ou fluviaux destinés à la navigation de plaisance lorsque la valeur unitaire des corps déclarée au contrat est inférieure à 1 million d'euros. ❑

Risque de guerre. L'échouement d'un navire de pêche français par suite de son arraisonnement par une puissance étrangère entre dans les garanties de la police sur corps et l'exclusion du risque de guerre ne saurait jouer lorsque échouement et arraisonnement ne peuvent être rattachés à un état latent ou avoué, de fait ou de droit, mais général de belligérance. Et la circonstance que, deux ans auparavant, un autre langoustier a été arraisonné par le même gouvernement, également au sujet d'un lieu de pêche, ne justifie pas la thèse d'un état d'hostilité entre les deux pays, au sens de la police. • T. com. Nantes, 12 déc. 1966 : *DMF 1966. 431 et 618.* ♦V. égal. sur le risque de guerre : • Com. 6 mai 1965 : *DMF 1965. 611, note Rodière.* ♦ *Adde* : • Paris, 7 févr. 1968 : *DMF 1969. 19, note Lureau.*

Art. L. 172-16-1 *(Ord. nº 2011-839 du 15 juill. 2011, art. 5-III)* **Sous réserve des dispositions de l'article L. 173-8, l'assureur ne couvre pas, sauf convention contraire, les dommages causés par l'objet assuré à d'autres biens ou personnes.**

V. note ss. art. L. 172-16.

COMMENTAIRE

Par principe, l'assureur ne garantit pas, sauf convention contraire, les dommages causés par l'objet assuré à d'autres biens ou personnes. Ce principe connaît néanmoins une importante exception, énoncée à l'article L. 173-8, qui dispose que l'assureur « corps » garantit le propriétaire du navire assuré lorsque sa responsabilité est engagée par un tiers en cas d'abordage du navire assuré avec un autre navire ou de heurts du navire assuré contre un bâtiment, corps fixe, mobile ou flottant.

Art. L. 172-17 **Lorsqu'il n'est pas possible d'établir si le sinistre a pour origine un risque de guerre ou un risque de mer, il est réputé résulter d'un événement de mer.** – *Assur. L. 171-2.*

COMMENTAIRE

Afin d'éviter de multiples discussions et recours en cas d'interrogations sur la cause d'un sinistre, l'article L. 172-17 énonce une présomption lorsqu'il est impossible de déterminer si le sinistre a pour origine un risque de guerre ou un risque de mer. Dans une telle hypothèse, le risque est réputé être un risque de mer, ce qui permet son assurabilité au titre des risques ordinaires. Il ne s'agit toutefois que d'une présomption simple qui peut être renversée par la preuve contraire.

Art. L. 172-18 **L'assureur n'est pas garant :**

***a)* des dommages et pertes matériels provenant du vice propre de l'objet assuré, sauf ce qui est dit à l'article L. 173-4 quant au vice caché du navire ;**

***b)* des dommages et pertes matériels résultant des amendes, confiscations, mises sous séquestre, réquisitions, mesures sanitaires ou de désinfection ou consécutifs à des violations de blocus, actes de contrebande, de commerce prohibé ou clandestin ;**

***c)* des dommages-intérêts ou autres indemnités à raison de toutes saisies ou cautions données pour libérer les objets saisis ;**

***d)* des préjudices qui ne constituent pas des dommages et pertes matériels atteignant directement l'objet assuré, tels que chômage, retard, différence de cours, obstacle apporté au commerce de l'assuré.**

BIBL. ▶ DE JUGLART, *DMF 1982, 3 et 67* (vice de la chose).

COMMENTAIRE

L'article L. 172-8, dont les dispositions ne sont pas d'ordre public, exclut du champ de la garantie plusieurs types de dommages.

I. VICE PROPRE DE L'OBJET ASSURÉ

Le vice propre est un défaut de l'objet assuré qui entraîne sa destruction ou sa détérioration plus ou moins rapide. Selon la jurisprudence, il s'agit d'une « tare qui l'affecte et la *[le]* prédispose à se détériorer par le seul fait du transport » (Rouen, 30 juin 1994 : *V. note 2*) ou « d'un défaut de la chose assurée indépendamment des accidents de mer que l'assurance a précisément pour but de couvrir » (T. com. Paris, 14 janv. 1974 : *V. note 3*). En somme, le vice propre est lié à la nature même de la chose. L'assureur ne garantit que les risques qui viennent de l'extérieure et non de la chose même.

Cette exclusion de garantie connaît néanmoins une exception en assurance sur corps, laquelle garantit, selon l'article L. 173-4, les vices cachés du navire.

II. ACTIVITÉ ILLICITE

Certains dommages ne peuvent être pris en charge par l'assureur en raison de leur origine illicite. Il en est ainsi, selon l'article L. 172-18-*b*, des dommages et pertes matériels résultant des amendes, confiscations, mises sous séquestre, réquisitions, mesures sanitaires ou de désinfection, ou consécutifs à des violations de blocus, actes de contrebande, de commerce prohibé ou clandestin.

Le respect de l'ordre public interdit logiquement aux parties d'introduire dans le contrat une clause contraire. D'ailleurs, les assureurs ont introduit dans les polices d'assurance des clauses sanctions, qui excluent expressément les dommages et pertes matériels résultant de la violation d'embargo décidée par les États ou les organisations internationales.

III. PERTES FINANCIÈRES

Plusieurs pertes financières sont exclues du champ de la garantie. Il s'agit :

– des dommages-intérêts et indemnités à raison de saisies ou cautions données pour libérer les objets saisis ;

– des préjudices n'atteignant pas directement l'objet assuré tels que chômage, retard, différence de cours, obstacle apporté au commerce de l'assuré. Cette liste n'est pas limitative. Ainsi, il a été jugé qu'en cas de fumigation injustifiée ayant causé des dégâts aux marchandises, l'assureur ne peut être condamné à indemniser le coût de stockage, de manutention et de réexpédition de nouvelles marchandises que s'ils constituent des préjudices matériels affectant directement l'objet assuré ou s'ils étaient couverts à un autre titre par la police d'assurance (Com. 11 avr. 2012 : *V. note 10*).

Ces préjudices sont par principe exclus en raison de leur importance financière. Mais, ils peuvent faire l'objet d'une couverture complémentaire spécifique. ❑

I. DOMMAGES PROVENANT D'UN VICE PROPRE

A. NOTION

1. *Cause immédiate du dommage.* Le vice propre doit, pour être exonératoire, être la cause immédiate sinon exclusive de la perte ou de l'avarie, lesquelles peuvent être provoquées ou aggravées par un élément extérieur ou une fortune de mer, le vice propre ne jouant alors qu'un rôle secondaire. • Rouen, 2 oct. 1969 : *D. 1969. Somm. 120 ; Gaz. Pal. 1970. 1. 13 ; DMF 1970. 208.* ♦ Ayant relevé que la cargaison de pommes avait fait l'objet d'un agréage aux termes duquel les fruits étaient de qualité saine, loyale et marchande au moment de l'embarquement sur le navire, qu'à l'escale de ce navire, l'examen par les services phyto-sanitaires et de répression des fraudes avait fait apparaître que, si 3,50 % des fruits étaient atteints d'échaudure, le lot était néanmoins « conforme », et que l'échaudure, qui atteignait 90 % de la marchandise lors de l'arrivée du navire à destination, avait été causée par les pannes des appareils frigorifiques, survenues au cours de la traversée maritime et ayant entraîné des variations de température hors de la limite de 0° à 1° qui devait être maintenue pendant le transport, puis ayant énoncé que les avaries constatées ne tenant pas uniquement à la nature des pommes, mais à la dégradation de l'appareil frigorifique, cette dernière circonstance, et non un vice propre de la marchandise, avait été à l'origine du dommage, même si celui-ci a été aggravé par le développement d'un germe qui se trouvait dans la marchandise transportée, une cour d'appel a pu estimer que le risque assuré – ruptures et variations de température – était la cause de l'avarie. • Civ. 1re, 27 mars 1990 : *DMF 1991. 314.*

2. *Vice prédisposant la marchandise à se détériorer.* Le vice propre de la marchandise est une tare qui l'affecte et la prédispose à se détériorer par le seul fait du transport. Si la qualité de la marchandise transportée (pomme de terre) et sa fragilité la prédisposaient à subir le dommage consécutif au fusarium (champignon occasionnant une pourriture), cette prédisposition n'est pas suffisante pour affirmer que la marchandise était originellement affectée d'un vice propre. Le développement de ce champignon n'était pas dû à une cause inhérente et inséparable de la nature de la cargaison de pommes de terre, à l'exclusion de la cause consécutive aux conditions de transport. • Rouen, 30 juin 1994 : *DMF 1995. 40, note Nicolas.*

3. *Vice préexistant à la mise en risque.* Le vice propre est un défaut de la chose assurée indépendamment des accidents de mer que l'assurance a précisément pour but de couvrir, mais, pour exclure le champ d'application de la police, il doit préexister à la mise en risque. Or les charançons ayant causé le dommage ne peuvent être classés dans la catégorie des vers et vermines indiqués comme vice propre par la police, car les dommages causés par le charançon ne peuvent l'être que lorsque cet insecte a atteint son stade définitif de développement. Et comme il est connu que la présence de charançons survient souvent après l'échauffement d'une marchandise mouillée par eau douce, le dommage causé par ces insectes est la conséquence de la mouille, événement assuré. • T. com. Paris, 14 janv. 1974 : *DMF 1974. 536.* ♦ Constituent un vice propre dont l'assureur des risques n'est pas garant les nombreux défauts de laminage affectant des bobines de tôles d'acier, aussi bien que les taches de rouille isolées constatées sur ces bobines, taches antérieures à leur emballage. • T. com. Marseille, 2 déc. 1986 : *DMF 1988. 162.*

4. *Exclusion des vices propres, vers et vermines.* L'assureur sur facultés n'est pas responsable des avaries à la marchandise transportée dues à la présence dans celle-ci de charançons, alors qu'une clause de la police française exclut en tous cas le « vice propre de la marchandise, vers et vermines ». En effet, le charançon doit, dans ses stades larvaire et adulte, être compris dans cette expression. • Paris, 14 janv. 1976 : *DMF 1976. 339.*

B. PREUVE

5. *Charge de la preuve.* S'il est certain que la preuve d'un vice propre de la marchandise est à la charge de l'assureur, une telle preuve est bien rapportée lorsque la Compagnie des experts a conclu formellement à l'oxydation par suite d'une infiltration d'eau à l'intérieur du conteneur sur les différents lieux de stockage, infiltration facilitée par une mauvaise étanchéité du conteneur. • Paris, 30 janv. 1979 : *DMF 1979. 282.* ♦ Mais, en présence d'une clause particulière par laquelle les assureurs couvrent également la perte pouvant résulter d'une rupture de canalisation ou d'une fausse manœuvre d'embarquement, il appartient à l'assuré d'apporter la preuve que la perte a été constatée avant les opérations de contrôle du service des douanes effectuées à l'arrivée, ainsi que celle d'une rupture de canalisation ou d'une fausse manœuvre au cours des opérations de pompage. • Paris, 20 avr. 1974 : *Gaz. Pal. 1974. 2. 611.*

6. *Expertises contradictoires.* Au cas d'avis d'experts contradictoires sur la cause des avaries à la marchandise transportée par mer et assurée (vice propre, défaut d'emballage ou désinfection) il y a lieu de considérer que les assureurs n'ont pas rapporté la preuve que le sinistre a sa cause dans un vice propre, dans un défaut d'emballage ou dans un des risques exclus par la police, dès lors que si des expertises ont été faites immédiatement après le sinistre elles ne sont pas convaincantes et que la troisième a été effectuée plusieurs années plus tard. Si la police prévoit, parmi les cas exceptés, les conséquences des mesures sanitaires et de désinfection, il faut entendre par là celles portant sur la chose elle-même à l'exclusion de celles concernant la désinfection des cales du navire. L'assureur de facultés est en conséquence responsable des avaries dues à l'acide chlorhydrique dégagé par le produit utilisé par l'armateur pour désinfecter les cales du navire transporteur. • Paris, 29 mai 1972 : *DMF 1972. 539.*

II. DOMMAGES DIVERS

7. *Commerce prohibé.* L'exercice de la pêche professionnelle à l'anchois en contravention avec l'arrêté du 21 mars 1994 constitue un commerce prohibé. • Com. 30 mars 2005, n° 03-17.046 P : *DMF 2005. 1006, rapp. de Monteynard, note Job et de Franciscis.*

8. *Comportement commercial de l'importateur.* Ne donne pas de base légale à sa décision la cour d'appel qui, sans faire aucune référence ni se livrer à aucune analyse des stipulations du contrat d'assurance ni apprécier ces stipulations au regard des règles gouvernant l'assurance maritime et sans prendre en compte les règles du transport maritime sous connaissement à ordre, exclut la garantie au motif qu'une assurance dommage ne couvre pas la disparition des marchandises qui ne sont pas la conséquence du transport, mais du comportement commercial de l'importateur qui a remis les marchandises sur présentation d'une simple photocopie des connaissements. • Com. 13 mars 2007 : *RGDA 2007. 672, note Turgné.*

9. *Embargo.* Constitue un embargo le blocage à l'importation d'une cargaison résultant, non d'une mesure individuelle, mais d'une décision générale prise en vertu de l'autorité de l'État, qui justifie le refus de l'assureur de couvrir le préjudice en application de la clause d'embargo stipulée à la police facultés, sans qu'il soit nécessaire de constater que l'embargo avait fait l'objet d'une publication régulière. • Com. 24 nov. 1998, n° 96-14.077 P : *D. 1999. Somm. 232, obs. Berr ; D. 2000. Somm. 299, obs. Mercadal ; RCA 1999, n° 88 ; DMF 1999. 307, rapp. Rémery, obs. Tantin.*

10. *Dommage n'atteignant pas directement l'objet assuré.* En cas de fumigation injustifiée ayant causé des dommages aux marchandises transportées, l'assureur maritime sur facultés ne peut être condamné à indemniser les coûts de stockage, de manutention et de réexpédition de nouvelles marchandises que s'ils constituent des dommages et pertes matériels atteignant directement l'objet assuré ou s'ils étaient couverts à un autre titre par la police d'assurance. • Com. 11 avr. 2012 : *DMF 2012. 711, rapport Lecaroz et note P.-Y. Nicolas.*

Art. L. 172-19 L'assuré doit :

1° Payer la prime et les frais, au lieu et aux époques convenus ;

2° Apporter les soins raisonnables à tout ce qui est relatif au navire ou à la marchandise ;

3° Déclarer exactement, lors de la conclusion du contrat, toutes les circonstances connues de lui qui sont de nature à faire apprécier par l'assureur le risque qu'il prend à sa charge ;

4° Déclarer à l'assureur, dans la mesure où il les connaît, les aggravations de risques survenues au cours du contrat.

COMMENTAIRE

L'article L. 172-19 présente les principales obligations à la charge de l'assuré ou du souscripteur.

I. LE PAIEMENT DES PRIMES

Il appartient au souscripteur, contractant de l'assureur, de payer les primes et les frais, au lieu et époque convenus. Ce paiement peut classiquement intervenir par le biais d'une compensation entre le souscripteur et l'assureur, dès lors que les conditions d'un tel paiement sont réunies. En particulier, la créance du souscripteur assuré ne doit pas être incertaine (Rennes, 24 janv. 1972 : *V. note 1*) ou inexistante (Rouen, 10 mars 1972 : *V. note 2*). Le défaut de paiement de la prime peut donner lieu aux sanctions de l'article L. 172-20.

II. LES SOINS RAISONNABLES

L'assuré doit apporter des soins raisonnables à tout ce qui est relatif au navire ou à la marchandise. A défaut, l'assuré encourt l'exclusion de garantie de l'article L. 172-13, alinéa 1er, laquelle n'est toutefois pas d'ordre public.

III. LA DÉCLARATION DES RISQUES

Par opposition aux dispositions de l'article L. 113-2, qui impose simplement au souscripteur de répondre aux questions posées par l'assureur relatives au risque à assurer lors la conclusion du contrat et de déclarer par la suite les circonstances nouvelles de nature à aggraver le risque ou d'en créer de nouveaux, l'article L. 172-19 oblige le souscripteur à déclarer lors de la conclusion du contrat toutes les circonstances de nature à faire apprécier le risque pour l'assureur et à déclarer les aggravations survenues en cours de contrat. Sur ce dernier point, la lecture combinée des articles L. 172-3 et L. 172-19 pourrait laisser penser que cette déclaration ne porte que sur les aggravations sensibles – et donc relativement importantes – des risques assurés.

Les assurances maritimes, fluviale et lacustre, ainsi que les assurances de transport de marchandises, reposent donc sur le principe de la déclaration spontanée et non sur celui du questionnaire fermé. Les manquements à cette obligation de déclaration sont sanctionnés selon les règles des articles L. 172-2 et L. 172-3. ❑

I. PAIEMENT DE LA PRIME

1. *Compensation – Créance sur l'assureur incertaine.* L'armateur assuré n'est pas fondé à prétendre régler les primes dues pour l'assurance de son navire par compensation avec les indemnités susceptibles d'être mises à la charge de l'assureur ou par prélèvement sur les sommes que le chantier naval pourrait être condamné à payer dès lors que la réalité des créances dont il se prévaut n'est pas établie. • Rennes, 24 janv. 1972 : *DMF 1972. 564.*

2. *Compensation – Créance sur l'assureur inexistante.* Lorsque, d'après la police d'assurance sur corps de navire de pêche, le non-paiement du 2e, 3e ou 4e quart de la prime entraîne suspension des garanties, l'assuré, qui n'a jamais payé le 4e quart des primes qui lui avait été réclamé et avait été informé de la suspension des garanties, ne peut se soustraire au paiement des primes dues en invoquant la compensation avec les indemnités d'assurance qui lui seraient dues. En effet, la créance des assureurs est certaine, liquide et exigible, alors que celle de l'assuré est inexistante et qu'au surplus il ne justifie pas dans les conditions stipulées par la police du coût des réparations faites aux navires assurés après sinistre. • Rouen, 10 mars 1972 : *DMF 1972. 597.*

II. SOINS RAISONNABLES

3. V. art. L. 172-13.

III. DÉCLARATION DES RISQUES

4. V. art. L. 172-2 et L. 172-3.

5. *Déclaration des salaires.* Sur des déclarations minorées de salaires servant de base au calcul des primes : • Civ. 22 nov. 1921 : *DP 1925. 1. 116* • 13 févr. 1923 : *ibid.* • 12 janv. 1925 : *ibid.*

Art. L. 172-20 **Le défaut de paiement d'une prime permet à l'assureur soit de suspendre l'assurance, soit d'en demander la résiliation.**

La suspension ou la résiliation ne prend effet que huit jours après l'envoi à l'assuré, à son dernier domicile connu de l'assureur, et par lettre recommandée, d'une mise en demeure d'avoir à payer. – *Assur. L. 171-2.*

COMMENTAIRE

Le défaut de paiement des primes donne lieu à une sanction plus sévère que celle prévue pour les assurances soumises au titre Ier du livre I du code des assurances. En effet, pour ces dernières, l'article L. 113-3 prévoit que, en cas de défaut de paiement de la prime, la garantie ne peut être suspendue que trente jours après l'envoi d'une mise en demeure à l'assuré et que le contrat d'assurance ne peut être résilié que dix jours après l'expiration de ce délai de trente jours.

Or, l'article L. 172-20 permet à l'assureur de suspendre l'assurance, soit même d'en demander directement la résiliation. La suspension ou la résiliation ne prend toutefois effet que huit jours après l'envoi au dernier domicile connu de l'assuré, et par lettre recommandée, d'une mise en demeure d'avoir à payer. Cette disposition est d'ordre public. ❑

1. Ordre public. Cette disposition est d'ordre public (C. assur., art. L. 171-2). V. cep. : • Rouen, 29 févr. 1972 : *Gaz. Pal. 1972. 2. 711* (qui admet qu'une simple lettre de rappel peut entraîner la suspension).

2. Rappel de la date d'échéance. Lorsqu'il est stipulé à la police corps que le non-paiement de la prime à l'échéance n'entraîne la suspension de la garantie que si la date de l'échéance a été, au moins huit jours à l'avance, rappelée à l'assuré, par l'assureur, celui-ci ne peut prétendre que la garantie est suspendue pour non-paiement de la prime, dès lors qu'il a adressé ce rappel à une personne autre que l'un des assurés qui ne justifie pas avoir reçu mandat de payer la prime pour les assurés. • Aix-en-Provence, 22 févr. 1974 : *DMF 1974. 729.*

Art. L. 172-21 *(Abrogé par Ord. nº 2011-839 du 15 juill. 2011, art. 10)* ***La suspension et la résiliation de l'assurance pour défaut de paiement d'une prime sont sans effet à l'égard des tiers de bonne foi, bénéficiaires de l'assurance en vertu d'un transfert antérieur à la notification de la suspension ou de la résiliation.***

En cas de sinistre, l'assureur peut, par une clause expresse figurant à l'avenant documentaire, opposer à ces bénéficiaires, à due concurrence, la compensation de la prime afférente à l'assurance dont ils revendiquent le bénéfice. – Assur. L. 171-2.

L'Ord. nº 2011-839 du 15 juill. 2011 s'applique aux contrats conclus ou renouvelés, tacitement ou non, à compter du 1er juill. 2012 (Ord. préc., art. 11).

1. Ordre public. Les dispositions de l'art. 25, al. 2, de la L. 3 juill. 1967, devenu l'art. L. 172-21 C. assur., s'imposent aux parties. • Com. 13 févr. 1978, ☎ nº 76-14.676 P.

2. Compensation. L'assureur ne peut invoquer contre le porteur de la police la compensation de sa dette avec le montant des primes dues par le souscripteur de cette police que s'il peut se prévaloir d'une clause en ce sens figurant expressément sur l'avenant documentaire. • Com. 13 févr. 1978 : *Bull. civ. IV, nº 59 ; JCP 1978. I. 6848.* ♦ Les assureurs peuvent opposer au tiers porteur de bonne foi de l'avenant d'aliment la compensation de la prime non réglée avec l'indemnité d'assurance réclamée par lui. Et ce tiers porteur (l'acheteur en CAF) ne saurait valablement prétendre qu'une telle clause n'est pas valable comme contraire au principe de la non-opposabilité des exceptions. • Paris, 21 déc. 1967 : *DMF 1968. 345, note Prodromidès.*

Art. L. 172-22 *(L. nº 89-1014 du 31 déc. 1989)* **« En cas de redressement ou de liquidation judiciaire » de l'assuré, l'assureur peut, si la mise en demeure n'a pas été suivie de paiement, résilier la police en cours, mais la résiliation est sans effet à l'égard du tiers de bonne foi, bénéficiaire de l'assurance, en vertu d'un transfert antérieur à tout sinistre et à la notification de la résiliation.**

En cas de retrait d'agrément, *(L. nº 89-1014 du 31 déc. 1989)* **« de redressement ou de liquidation judiciaire » de l'assureur, l'assuré a les mêmes droits.** – *Assur. L. 171-2.*

COMMENTAIRE

Propre à la situation du souscripteur en redressement judiciaire, l'article L. 172-22 précise que si, dans une telle situation, le souscripteur n'a pas acquitté la prime due, l'assureur peut résilier le contrat après mise en demeure.

Toutefois, par dérogation au principe de l'opposabilité des exceptions, cette résiliation est inopposable au tiers de bonne foi à qui la police a été transférée avant la notification de sa résiliation. ❑

Art. L. 172-23 **L'assuré doit contribuer au sauvetage des objets assurés et prendre toutes mesures conservatoires de ses droits contre les tiers responsables.**

Il est responsable envers l'assureur du dommage causé par l'inexécution de cette obligation résultant de sa faute ou de sa négligence.

COMMENTAIRE

Alors que le droit positif demeure encore réticent à l'idée d'imposer aux victimes une obligation de limiter leurs préjudices, l'article L. 172-23 reconnaît une telle obligation dans la mesure où l'assuré doit contribuer au sauvetage des objets assurés – et donc réduire comme il le peut le dommage causé par le sinistre (Com. 10 mars 2009 : *V. note 5*) – et prendre toutes mesures conservatoires de ses droits contre les tiers qui seraient responsables des dommages.

Cette obligation est néanmoins étroitement encadrée par la loi et la jurisprudence. Ainsi, il appartient à l'assureur de prouver la faute qu'il impute à l'assuré et non à celui-ci de démontrer que l'aggravation du dommage ne résulte pas de son fait fautif (Com. 10 mars 2009 : *préc.*). De même, si l'article L. 172-23 impose à l'assuré de conserver ses recours contre les tiers responsables, ce dernier n'est pas obligé de les exercer (Com. 13 mars 1968 : *V. note 3*). C'est à l'assureur d'exercer les recours (T. com. Lyon, 19 juin 1969 : *V. note 4*). ❑

I. CONSERVATION DES RECOURS

1. *Recours conservés.* A conservé les recours de l'assureur contre le transporteur l'assuré qui a, lors de l'arrivée du navire, fait procéder aux constatations contradictoires et a saisi l'assureur de sa réclamation longtemps avant l'expiration du délai de prescription. • Paris, 11 mars 1976 : *DMF 1976. 525.* ♦ Comp. : • T. com. Marseille, 16 avr. 1974 : *DMF 1975. 51.* ♦ L'assuré qui, à l'arrivée des marchandises à destination dans des conteneurs de construction récente et en bon état extérieur, a fait toutes réserves et provoqué l'expertise prévue par l'art. 106 C. com. s'est conformé aux dispositions de l'art. L. 172-23. • Aix-en-Provence, 10 nov. 1976 : *DMF 1977. 463.*

2. *Recours non conservés.* N'a pas conservé au profit de l'assureur ses droits et recours contre le transporteur maritime l'assuré négligent qui a notamment omis d'appeler le transporteur à l'expertise. • Montpellier, 17 nov. 1976 : *DMF 1977. 343.* ♦ Lorsque la réalité du transport maritime n'a pas été prouvée et que, d'ailleurs, l'assuré n'a pas pris en temps utile des recours contre le transporteur, l'assuré ne saurait bénéficier de l'assurance prévue par la police et son avenant. • Paris, 24 avr. 1981 : *DMF 1982. 162.* ♦ L'assureur sur facultés ne saurait être rendu responsable de la perte de la marchandise ou de ses avaries lorsque l'assuré, tenu par la police de prendre toutes mesures conservatoires pour sauvegarder tant ses droits et ses recours que ceux des assureurs contre le transporteur maritime et tous tiers responsables, n'en a rien fait et a laissé s'écouler le délai de la prescription annale. • T. com. Seine, 12 mai 1967 : *DMF 1968. 373.* ♦ La demande de l'assuré en réparation des avaries à la marchandise assurée est irrecevable si cet assuré a procédé à la constatation des avaries plus de quatre mois après leur arrivée à destination, alors que la police dispose que ces constatations doivent être faites dans les trente jours de l'arrivée à destination, à peine de déchéance. • T. com. Marseille, 22 févr. 1974 : *DMF 1974. 678.*

3. *Absence d'obligation d'exercer les recours.* L'obligation de l'assuré se borne à la conservation des recours ; il n'est pas obligé de les exercer. • Com. 13 mars 1968 : *DMF 1968. 649, note Lureau.* ♦ Il suffit qu'il ait formulé en temps utile les réserves à l'encontre du transporteur concernant les avaries à la marchandise. • Com. 27 nov. 1973, n° 72-11.642 P : *DMF 1974. 267, note Lureau.* ♦ L'assuré n'est pas tenu d'exercer un recours contre les tiers responsables des manquants assurés, alors que l'assureur connaissait parfaitement ce tiers – en l'espèce l'acconier – et a fait preuve de négligence en n'agissant pas lui-même dans les délais. • Aix-en-Provence, 5 févr. 1969 : *DMF 1969. 402, note Fraissinet.* ♦ Les assureurs ne peuvent se prévaloir, pour décliner leur garantie, de ce que l'assuré a laissé prescrire l'action contre le transporteur maritime, la souscription d'une police d'assurance tous risques ayant notamment pour objet, quant à l'assuré, d'éviter à celui-ci de prendre l'initiative d'une instance. • Com. 12 avr. 1976 : *D. 1976. IR 190 ; DMF 1976. 683.*

4. *Obligation de l'assureur d'exercer les recours.* C'est à l'assureur d'exercer les recours contre le transporteur maritime et le tiers responsable des avaries, et à l'assuré de prendre toutes mesures préventives ou conservatoires. Ce dernier remplit ses obligations en faisant à l'arrivée de la marchandise effectuer les expertises, en faisant des réserves auprès du transporteur maritime et en fournissant à l'assureur toutes les justifications utiles à l'exercice des poursuites nécessaires, de sorte que l'assureur ne peut se soustraire au paiement de l'indemnité d'assurance sous prétexte que l'action contre le transporteur est prescrite, ce dont il est seul responsable. • T. com. Lyon, 19 juin 1969 : *JCP 1970. II. 16170, note de Juglart ; DMF 1970. 478.*

II. MESURES DE SAUVETAGE

5. *Obligation de réduire le dommage.* Il appartient à l'assureur de prouver la faute qu'il impute à l'assuré qu'il estime responsable à son égard de ne pas avoir réduit comme il le pouvait le dommage causé par le sinistre. • Com. 10 mars 2009, n° 07-19.447 P : *RGDA 2009. 894, note Turgné ; DMF 2009. 681, note P.-Y. Nicolas.*

SECTION III RÈGLEMENT DE L'INDEMNITÉ

Art. L. 172-24 **Les dommages et pertes sont réglés en avarie, sauf faculté pour l'assuré d'opter pour le délaissement dans les cas déterminés par la loi ou par la convention.**

V. art. R. 172-4 s.

COMMENTAIRE

Selon l'article L. 172-24, en matière d'assurance maritime et d'assurance de transport de marchandises, le règlement de l'indemnité s'effectue traditionnellement en avarie et exceptionnellement, à la demande de l'assuré, en délaissement.

Le **règlement en avarie** suppose un calcul des différentes indemnités dues par l'assureur en appliquant les dispositions contractuelles. Elles varient selon le type d'assurance (assurance sur corps, assurance sur faculté ou assurance de responsabilité) et le type de préjudice. L'indemnité de l'assureur va donc correspondre au préjudice subi, en application du principe indemnitaire.

Le **règlement en délaissement** permet à l'assuré d'obtenir une indemnité correspondant à l'intégralité de la valeur assurée et non au seul préjudice subi, moyennant l'abandon à l'assureur du ou des biens assurés. Ainsi que le précise l'article L. 172-24, le délaissement ne peut être demandé que par l'assuré dans certains cas prévus par la loi aux articles L. 173-13 (assurance sur corps) et L. 173-20 (assurance sur facultés) ou par le contrat d'assurance. En dehors de ces hypothèses, le délaissement est impossible (Com. 8 mars 1965 : *V. note ci-dessous*).

Selon l'article R. 172-4, la demande de délaissement doit être faite par lettre recommandée ou par acte extrajudiciaire dans les trois mois suivant la connaissance de l'événement ou de l'expiration du délai qui le permet. En notifiant le délaissement, l'assuré doit par ailleurs déclarer toutes les assurances qu'il a contractées ou dont il a connaissance. Cette obligation permet à l'assureur de vérifier l'absence d'assurances cumulatives. ❑

Clauses de délaissement. Encourt la cassation l'arrêt qui a admis le délaissement sans se référer aux clauses du contrat qui limitent les cas dans lesquels ce délaissement peut être opéré. • Com. 8 mars 1965 : *DMF 1965. 400.* ♦ Comp. : • Paris, 29 mai 1987 : *DMF 1988. 170, note Achard.*

Art. L. 172-25 **L'assureur ne peut être contraint de réparer ou remplacer les objets assurés.**

COMMENTAIRE

Lorsque le dommage est réglé en avarie, l'assureur indemnise, selon les dispositions contractuelles, les différents préjudices subis par les objets assurés. En ce sens, il n'est tenu que de verser une indemnité pour réparer ou remplacer les choses sinistrées. Il ne saurait être contraint de les remplacer ou de les réparer. En revanche, il peut prendre une initiative en ce sens, par exemple en renvoyant les marchandises sinistrées à leur lieu de fabrication. ❑

Art. L. 172-26 **La contribution à l'avarie commune, qu'elle soit provisoire ou définitive, ainsi que les frais d'assistance et de sauvetage sont remboursés par l'assureur, proportionnellement à la valeur assurée par lui, diminuée, s'il y a lieu, des avaries particulières à sa charge.** – *Assur. L. 173-6.*

BIBL. ▶ PIERRON, *DMF 1977. 375.*

COMMENTAIRE

Parce que les avaries communes, les frais d'assistance et de sauvetage représentent des pertes ou des dépenses qui ont profité aux différentes personnes intéressées par le transport, ces dernières sont tenues d'y contribuer. Partant, les assureurs garantissent ces différents frais proportionnellement à la valeur assurée par eux, diminuée, s'il y a lieu, des avaries particulières à leur charge. ❑

Frais d'assistance et de sauvetage. Lorsque le chargeur-vendeur, bénéficiaire de l'assurance, a pris des mesures, non seulement pour éviter un retard dans la livraison des marchandises, mais aussi, par suite de la détresse du navire due à la faute du transporteur, pour préserver la marchandise de nouvelles avaries et empêcher l'aggravation de celles déjà survenues, les dépenses en résultant engagées conformément aux obligations imposées à l'assuré par les polices souscrites doivent être indemnisées par l'assurance dans la proportion des marchandises assurées par eux par rapport à la totalité de la cargaison ayant bénéficié de ces mesures de sauvetage. • Paris, 15 juin 1984 : *DMF 1985. 27, note Simon.*

Art. L. 172-27 **Le délaissement ne peut être ni partiel, ni conditionnel.**

Il transfère les droits de l'assuré sur les objets assurés à l'assureur, à charge par lui de payer la totalité de la somme assurée et les effets de ce transfert remontent entre les parties au moment où l'assuré notifie à l'assureur sa volonté de délaisser.

L'assureur peut, sans préjudice du paiement de la somme assurée, refuser le transfert de propriété.

COMMENTAIRE

Lorsque le règlement est en délaissement, il y a, par principe, **un transfert de la propriété** de la chose assurée à l'assureur moyennant le paiement de la totalité de la somme assurée. Le montant de l'indemnité d'assurance ne correspond donc pas au préjudice subi par l'assuré, mais à la valeur assurée. Les franchises contractuelles ne peuvent dès lors s'appliquer. Parce que le délaissement emporte transfert de propriété de la chose assurée, il doit être total et ne peut donc être ni partiel, ni conditionnel. La date du transfert de propriété n'est pas celle du règlement de l'indemnité, mais est rétroactivement fixée au jour de la notification par l'assuré de sa volonté de délaisser.

La détermination rétroactive de la date du transfert de propriété et donc du transfert des risques peut présenter des inconvénients pour l'assureur. Devenu propriétaire et gardien du bien assuré, l'assureur est responsable des dommages que ce bien pourrait causer à autrui. Aussi, l'article L. 172-27, alinéa 2, prévoit que l'assureur peut refuser le transfert de propriété. Le délaissement s'effectue alors **sans transfert de propriété**. ❑

Effets du délaissement non accepté. L'assureur sur corps remplit son obligation en payant à l'armateur la valeur d'assurance du navire assuré perdu sans transfert de propriété de l'épave, et il ne peut être tenu au-delà notamment par l'effet du délaissement qu'il n'a pas accepté. Et les frais nécessités par la tentative de renflouement de l'épave ayant été faits dans le seul intérêt de l'armement sont dus par celui-ci et non par l'assureur. • Rennes, 4 janv. 1966 : *DMF 1966. 540.*

Art. L. 172-28 L'assuré qui a fait de mauvaise foi une déclaration inexacte relative au sinistre est déchu du bénéfice de l'assurance. – *Assur. L. 171-2.*

COMMENTAIRE

Il incombe naturellement à l'assuré de déclarer le sinistre à l'assureur. Mais, si l'article L. 172-28 sanctionne d'une déchéance de garantie d'ordre public l'assuré qui effectue de mauvaise foi une déclaration inexacte de sinistre, aucun texte n'indique quel est le délai pour déclarer le sinistre. Il faut dès lors s'en remettre au contrat d'assurance. Si celui comporte un délai de déclaration du sinistre, l'assuré doit le respecter sous peine de déchéance de la garantie (Com. 11 mars 1980 : *V. note ci-dessous*). En revanche, si la police d'assurance ne mentionne aucun délai, le sinistre peut être déclaré à n'importe quelle date. Ainsi, selon les usages maritimes, le sinistre peut être déclaré en même temps que la demande de règlement (Paris, 5 juin 1985 : *V. note ci-dessous*). ❑

Déclaration tardive du sinistre. Faute d'avoir déclaré le sinistre dans les délais prévus par la police, l'assuré se trouve déchu du bénéfice de l'assurance. • Com. 11 mars 1980, n° 77-11.976 P. ♦ Mais en l'absence d'autre stipulation de la police, il est d'usage constant, en matière maritime, que l'assuré est en droit de déclarer la survenance d'un sinistre à l'assureur en même temps que la demande de règlement adressée à ce dernier. • Paris, 5 juin 1985 : *DMF 1987. 170* et *1988. 162.*

Art. L. 172-29 L'assureur qui a payé l'indemnité d'assurance acquiert, à concurrence de son paiement, tous les droits de l'assuré nés des dommages qui ont donné lieu à garantie.

BIBL. ▶ BÉRARD, *DMF 1956. 131.* – LUREAU, *ibid. 1952. 3.* – SAUVAGE, *ibid. 1960. 263.*

COMMENTAIRE

Si l'article L. 121-12 affirme expressément que « l'assureur qui a payé l'indemnité est subrogé (…) dans les droits et actions de l'assuré contre les tiers », l'article L. 172-29 indique simplement que « l'assureur qui a payé l'indemnité d'assurance acquiert (…) tous les droits de l'assuré nés des dommages ». Le terme de subrogation n'est donc pas expressément employé en assurance maritime et de transport de marchandises. Pour autant, la jurisprudence emploie systématiquement cette qualification de subrogation. Cela étant, si cet article prévoit une subrogation légale de l'assureur dans les droits de son assuré, ce n'est pas la seule voie à sa disposition pour exercer un recours contre le responsable du sinistre.

I. LA SUBROGATION LÉGALE

A. LES CONDITIONS DE LA SUBROGATION LÉGALE

Pour bénéficier de la **subrogation légale** dans les droits de son assuré, l'assureur doit prouver :

– qu'il a versé une indemnité à son assuré, ce qui peut être établi par la production de la quittance et de la dispache en l'absence de circonstance permettant de douter de la réalité du paiement (Com. 12 mars 2013 : *V. note 2*), mais ce constat ne s'impose pas toujours aux juges du fond (Com. 16 mars 2010 : *V. note 2*) ;

– que ce versement est intervenu en exécution du contrat d'assurance (Com. 14 janv. 2004 : *V. note 3*), ce qui suppose qu'en cas de contestation l'assureur produise le contrat d'assurance au titre duquel il prétend avoir payé l'indemnité d'assurance (Com. 8 mars 2011 : *V. note 4*). Interprétant cette dernière condition, la jurisprudence a estimé que l'assureur est légalement subrogé dans les droits de son assuré, alors même qu'il a versé l'indemnité après l'expiration du délai de prescription de l'action en garantie de l'assuré (Com. 26 janv. 2010 : *V. note 5*). L'assureur n'était pas tenu de payer l'indemnité, mais le versement correspond à une garantie contractuelle. Il doit pouvoir bénéficier de la subrogation légale contre le responsable du sinistre.

La subrogation légale profite par principe à l'assureur. Toutefois, si le paiement de l'indemnité a été effectué par un mandataire de l'assureur tenu avec lui ou pour lui à ce paiement, celui-ci est légalement subrogé dans les droits de l'assuré (Com. 10 oct. 1989 : *V. note 6*).

B. LES EFFETS DE LA SUBROGATION LÉGALE

Par l'effet de la subrogation, l'assureur peut se prévaloir de tous les droits et actions de son assuré contre les responsables du sinistre. Ces derniers sont en droit d'opposer toutes les exceptions et arguments contractuels qu'ils auraient pu opposer à l'assuré victime, comme une clause limitative de responsabilité (Paris, 21 juin 1972 : *V. note 11*) ou la prescription de l'action en responsabilité (Com. 11 avr. 2012 : *V. note 12*).

II. LA SUBROGATION CONVENTIONNELLE

En parallèle à cette subrogation légale, l'assureur peut encore invoquer à son profit une **subrogation conventionnelle** consentie par son assuré sur le fondement de la subrogation conventionnelle de l'article 1346-1 du code civil. Cette subrogation doit résulter de la volonté de l'assuré manifestée concomitamment ou antérieurement au paiement reçu (Com. 21 févr. 2012 : *V. note 8*). Cette solution traditionnelle n'a pas été remise en cause par la réforme du régime général des obligations réalisée par l'ordonnance n° 2016-131 du 10 février 2016. Cette subrogation conventionnelle présente un intérêt pour l'assureur puisqu'il n'a pas à prouver que le règlement a été effectué en exécution de ses obligations contractuelles (Com. 16 juin 2009 : *V. note 8*). Elle peut ainsi être utilisée en cas de geste commercial de l'assureur.

III. L'ENRICHISSEMENT SANS CAUSE

En l'absence de subrogation légale ou conventionnelle, l'assureur peut encore exercer un recours contre le responsable sur le fondement de la théorie de l'enrichissement sans cause. En effet, selon cette théorie, celui qui, par erreur, a payé la dette d'autrui de ses propres deniers, bien que non subrogé aux droits du créancier, a un recours contre le débiteur (Civ. 2e, 10 juill. 2008 : *V. note 10*). Partant, l'assureur qui a payé la dette du responsable par erreur dispose, en tout état de cause, d'un recours contre celui-ci. ❑

I. CONDITIONS DE LA SUBROGATION

A. ASSUREUR SUBROGÉ

1° SUBROGATION LÉGALE

1. *Nécessité d'un paiement.* La subrogation s'effectue de plein droit dès lors que le paiement a eu lieu et sans autre exigence à ce sujet. • T. com. Paris, 9 mars 1978 : *DMF 1978. 743.*♦ L'assureur, en particulier, est recevable à agir en justice, sans avoir à accomplir les formalités prévues à l'art. 1690 C. civ. concernant la cession de créance. • Com. 5 juill. 1994, ♣ n° 92-17.385 P : *DMF 1994. 760 et 1995. 352, obs. Y.T.*♦ V. aussi : • Montpellier, 26 oct. 1989 : *DMF 1991. 510, note Ollu.*♦ Par le seul effet du paiement de l'indemnité d'assurance fait antérieurement à son assignation introductive d'instance, l'assureur est subrogé. • Aix-en-Provence, 18 oct. 1988 : *DMF 1990. 49.*

2. *Preuve du paiement.* Ayant constaté que si l'assureur avait produit la quittance subrogative par laquelle l'assuré avait reconnu avoir reçu une somme au titre de l'indemnisation de son sinistre, les trois dispaches relatives à la police du navire de l'assuré correspondant au montant payé, ainsi qu'un récapitulatif du courtier d'assurance, il n'avait pour autant produit ni photocopies de chèques ou ordres de virement ni relevés qui prouveraient de manière incontestable l'effectivité des paiements par l'assuré, une cour d'appel a pu retenir, par une appréciation souveraine de la portée des éléments de preuve qui lui étaient soumis, que l'assureur n'avait pas rapporté la preuve du paiement emportant subrogation pour la somme qu'il réclamait. • Com. 16 mars 2010 : *DMF 2011. 34, note Hübner.* ♦ Comp. : appréciant souverainement la valeur et la portée des éléments de preuve qui lui étaient soumis, une cour d'appel a estimé qu'aucune circonstance particulière ne permettait de douter de la réalité du paiement suffisamment établi par la production de la quittance et de la dispache. • Com. 12 mars 2013 : *RGDA 2013. 716, note Turgné.*

3. Nécessité d'un paiement en exécution d'une obligation de garantie. A privé sa décision de base légale la cour d'appel ayant estimé que la subrogation légale devait produire tous ses effets en faveur des assureurs demandeurs sans rechercher si lesdits assureurs avaient effectué un paiement correspondant réellement à leurs obligations découlant du contrat d'assurance. • Com. 23 mai 1989 : *DMF 1990. 544.* ♦Est bien fondée la décision qui a retenu qu'une juridiction arbitrale avait décidé que la réalité des paiements faits par les assureurs n'était pas contestée et qu'il n'était pas établi que le sinistre fût dû à un vice de la marchandise, de sorte que les assureurs se trouvaient subrogés dans les droits des destinataires de la marchandise. • Com. 3 mars 1992 : *DMF 1992. 569.* ♦Mais prive sa décision de base légale la cour d'appel qui, pour déclarer recevable l'action des assureurs à l'encontre du commissionnaire de transport, après avoir relevé que les assureurs avaient produit un certificat d'assurance, l'original du connaissement, une dispache de règlement selon laquelle l'indemnité avait été versée et un acte de subrogation établi par l'acquéreur reconnaissant avoir été indemnisé par les assureurs, retient que les assureurs établissent l'indemnisation du destinataire, sans rechercher si les assureurs étaient tenus de verser cette indemnité en application de la police d'assurance. • Com. 14 janv. 2004, nº 02-11.589.

4. Preuve du paiement en exécution d'une obligation de garantie. La preuve du paiement en exécution de la garantie souscrite s'effectue par la production du contrat d'assurance au titre duquel l'assureur prétend avoir payé l'indemnité. • Com. 8 mars 2011 : *RGDA 2010. 840, note Turgné.* ♦V. égal. : • Civ. 2e, 9 févr. 2012 : *RGDA 2012. 830, note Turgné.*

5. Paiement après prescription de l'action de l'assuré contre l'assureur. L'assureur qui a payé l'indemnité contractuellement due à son assuré est légalement subrogé dans les droits de ce dernier, peu important que ce paiement intervienne alors que l'action de l'assuré contre l'assureur était prescrite. • Com. 26 janv. 2010 : *DMF 2010. 195, rapp. Potocki, note Delebecque.*

6. Paiement effectué par l'agent d'assurance. L'agent d'assurances maritimes qui paie une indemnité d'assurance pour le compte des assureurs, ses mandants, peut être légalement subrogé aux droits de l'assuré contre le responsable du dommage indemnisé si, en exécution du mandat général le liant aux assureurs, il était tenu avec eux ou pour eux au paiement de l'indemnité. • Com. 10 oct. 1989 : *DMF 1990. 556, note Nicolas.*

7. Subrogation et appel en garantie. Une partie assignée en justice est en droit d'en appeler une autre en garantie des condamnations qui pourraient être prononcées contre elle. Une telle demande en garantie est distincte de l'action directe prévue par le code des assurances. • Civ. 1re, 21 janv. 1997, nº 94-19.689 P. ♦L'assureur est légalement subrogé dans les droits de l'assuré au moment de sa condamnation à indemniser l'assuré sur le fondement du contrat d'assurance. • Com. 4 janv. 1994, nº 92-10.249 • 11 avr. 2012 : *DMF 2012. 711, rapp. Lecaroz, note P.-Y. Nicolas ; RGDA 2012. 1129, note Turgné.*

2º SUBROGATION CONVENTIONNELLE

8. Conditions. La subrogation conventionnelle de l'assureur dans les droits de l'assuré résulte de la volonté expresse de ce dernier, manifestée concomitamment ou antérieurement au paiement reçu de l'assureur. • Com. 21 févr. 2012, nº 11-11.145 P : *RGDA 2012. 824, note Turgné* • 16 juin 2009, nº 07-16.840 P : *Rev. dr. transp. 2009, nº 165, note Paulin ; RGDA 2009. 919, note Turgné* ♦... Qui n'a pas à établir que ce règlement a été fait en exécution de son obligation contractuelle de garantie. • Com. 16 juin 2009 : *préc.* • Com. 21 oct. 2020, nº 18-15.165 : *RGDA 2020. 28, note Pimbert.* ♦Après avoir énoncé exactement qu'aucune disposition ne subordonne la validité de la quittance subrogative à la mention de l'art. 1250 C. civ. et constaté que, par une quittance subrogative, la société assurée avait indiqué avoir reçu de sa compagnie d'assurance une certaine somme en règlement du sinistre dont elle avait été victime et déclaré la « subroger dans tous ses droits et actions contre le ou les tiers responsables, jusqu'à concurrence de la quittance et en vertu des art. L. 121-12 et L. 172-29 C. assur. », c'est dans l'exercice de son pouvoir souverain d'appréciation de la volonté exprimée par l'assuré, et sans dénaturation, qu'une cour d'appel a retenu que, nonobstant le visa des textes précités, la quittance subrogative emportait subrogation conventionnelle de l'assureur dans les droits de son assuré. • Com. 21 oct. 2020, nº 18-15.165 : *préc.*

B. ASSUREUR NON SUBROGÉ

9. Admission de la cession de droits et transports dans l'assurance de marchandises trans-

portées. L'assurance litigieuse couvrant le risque d'avaries et pertes subies par des marchandises transportées, il était loisible à l'assuré de consentir à son assureur la cession de ses droits et actions nés des dommages qui ont donné lieu à l'application de la garantie, puis à l'assureur d'agir en responsabilité contre le commissionnaire de transport et le transporteur sur le fondement de cette seule cession et non par voie de subrogation. • Com. 21 oct. 2020, n° 19-16.206 : *RGDA 2020. 30, note Kullmann ; Gaz. Pal. 1er déc. 2020. 19, note Touzain ; RDI 2020, 690, note Dessuet ; bjda.fr 2020, n° 72, note Rousselot.*

10. Recours à la théorie de l'enrichissement sans cause. En application du principe général du droit selon lequel nul ne peut s'enrichir injustement aux dépens d'autrui, celui qui, par erreur, a payé la dette d'autrui de ses propres deniers, bien que non subrogé aux droits du créancier, a un recours contre le débiteur. Dès lors, après avoir constaté qu'en vertu du contrat d'assurance de l'expéditeur, les dommages ne se trouvaient couverts qu'autant que l'entreposage des marchandises avait un caractère accessoire par rapport au transport et que les lettres de voiture et bordereaux d'expédition faisant apparaître que le transport s'était terminé au lieu d'entreposage, une cour d'appel a pu en déduire que les assureurs avaient indemnisé leur assuré, alors qu'ils n'étaient pas tenus de le faire, et qu'ils étaient recevables en leur demande à l'encontre de l'assureur du transporteur. • Civ. 2e, 10 juill. 2008 : *DMF 2008. 913, note Turgné.* ♦ Les coassureurs, bien que non subrogés dans les droits du créancier, et le destinataire des marchandises, qu'ils ont indemnisés par suite d'une erreur, disposent d'un recours à l'encontre des parties auxquelles la responsabilité du dommage peut être imputée. Un assureur dispose, en toute hypothèse, d'un recours fondé sur « le principe général du droit selon lequel nul ne peut s'enrichir injustement au détriment d'autrui », dont l'application a été étendue en matière de transport. • Aix-en-Provence, 25 mai 2011 : *DMF 2012. 111, note Turgné.*

II. EXERCICE DE L'ACTION SUBROGATOIRE

11. Clause limitative de responsabilité. La clause limitative de responsabilité du transporteur maritime insérée au connaissement est opposable à l'assureur sur facultés agissant en vertu de la subrogation. • Paris, 21 juin 1972 : *DMF 1972. 675.*

12. Prescription de l'action subrogatoire. L'action de l'assureur subrogé contre le transporteur maritime est recevable aussi longtemps que l'action de l'assuré contre ce transporteur n'est pas prescrite, et il ne peut être fait grief à l'assureur de ne pas avoir agi immédiatement après avoir réglé l'assuré. • Rouen, 13 oct. 1977 : *DMF 1978. 551.* ♦ Encourt la cassation l'arrêt qui déclare irrecevable comme prescrit l'appel en garantie de l'assureur au motif que son action n'avait pas été engagée dans le délai de prescription, alors que l'assureur était légalement subrogé dans les droits et actions de l'assuré qui avait assigné les tiers responsables du dommage avant l'expiration du délai de prescription. • Com. 11 avr. 2012 : *DMF 2012. 711, rapp. Lecaroz, note P.-Y. Nicolas ; RGDA 2012. 1129, note Turgné.*

III. CONCOURS DU SUBROGEANT ET DU SUBROGÉ

13. Action de l'assuré. L'assuré conserve un intérêt à agir contre le responsable dès lors qu'il réclame des indemnités supérieures à celles perçues de son assureur et correspondant à la partie non réparée de son préjudice. • Com. 22 févr. 1994, n° 92-10.706.

Art. L. 172-30 **Si un même risque a été couvert par plusieurs assureurs,** *(Ord. n° 2011-839 du 15 juill. 2011, art. 5-IV)* **« au titre d'un même contrat d'assurance, » chacun n'est tenu, sans solidarité avec les autres, que dans la proportion de la somme par lui assurée, laquelle constitue la limite de son engagement.**

L'Ord. n° 2011-839 du 15 juill. 2011 s'applique aux contrats conclus ou renouvelés, tacitement ou non, à compter du 1er juill. 2012 (Ord. préc., art. 11).

COMMENTAIRE

La technique de la coassurance est fréquemment utilisée en assurance maritime et de transport de marchandises, afin de diviser le risque entre plusieurs assureurs et de permettre la garantie de ces gros risques. La coassurance donne lieu à la rédaction d'un seul contrat d'assurance et à la désignation parmi les assureurs d'un apériteur qui agit en qualité de mandataire des autres assureurs.

Dans la mesure où la solidarité ne se présume pas (C. civ., art. 1310), la coassurance n'établit aucune solidarité entre les assureurs, sauf clause contraire. Toutefois, l'apériteur est tenu au paiement de la totalité de l'indemnité en cas de sinistre. Il lui appartiendra de réclamer par la suite à chaque coassureur sa contribution (Rouen, 2 oct. 1969 : *V. note 2*). ❑

BIBL. ▸ Bessé, *DMF 1960. 67.*

1. Engagements personnels et séparés des assureurs. Dès lors qu'il est indiqué dans les conditions particulières de la police que chaque compagnie est engagée personnellement et séparément en ce qui concerne la garantie donnée, et ce, jusqu'à concurrence du montant souscrit par chacune d'elles, la demande de condamnation solidaire des assureurs doit être rejetée. • T. com. Lyon, 19 juin 1969 : *DMF 1970. 478.*

2. *Engagement de l'apériteur.* Au cas où le risque a été couvert par plusieurs assureurs sur corps, si chacun des coassureurs ne peut être condamné qu'au prorata de la somme souscrite par lui, la règle du « respect de l'apériteur » s'impose cependant, de sorte que c'est à bon droit que cet apériteur a été condamné à payer à l'assuré la totalité de l'indemnité d'assurance sans solidarité avec les autres, auxquels il lui appartiendra de réclamer le montant de sa contribution. • Rouen, 2 oct. 1969 : *DMF 1970. 208.*

Art. L. 172-31 **Les actions nées du contrat d'assurance se prescrivent par deux ans.** *(Abrogé par Ord. nº 2011-839 du 15 juill. 2011, art. 5-V) « **La prescription court contre les mineurs et les autres incapables.** »*

V. art. R. 172-6.

V. note ss. art. L. 172-30.

COMMENTAIRE

Comme les assurances du titre Ier du livre Ier, les assurances maritimes et de transport de marchandises sont soumises à la prescription biennale. Cette règle est d'ordre public. Mais, alors que l'article L. 114-1 applique cette prescription de deux ans aux actions qui dérivent du contrat d'assurance, l'article L. 172-31 réserve cette prescription aux actions qui sont nées du contrat d'assurance. Cependant, cette différence terminologique ne devrait pas entraîner de différences de domaine. Ainsi, l'action en paiement de l'indemnité d'assurance est née – ou dérive – du contrat d'assurance et est donc soumise à la prescription biennale (Com. 19 oct. 1970 : *V. note 2*).

Mais, par opposition aux assurances soumises au titre Ier du livre Ier, l'assureur n'est pas tenu de rappeler dans le contrat les règles relatives à la prescription des actions nées du contrat d'assurance. En effet, depuis le décret nº 2012-849 du 4 juillet 2012, l'article R. 112-1 écarte une telle obligation pour les polices d'assurance relevant du titre VII du livre Ier.

Les différents **points de départ** de la prescription biennale de l'article L. 172-31 sont précisés par l'article R. 172-6.

En l'absence de précisions législatives, les **causes d'interruption et de suspension** de la prescription biennale sont celles du droit commun et éventuellement celles déterminées par le contrat (Com. 22 avr. 1997 : *V. note 6*). En effet, aucune règle n'interdit une modification contractuelle des causes de suspension ou d'interruption. Autrement dit, la règle de l'article L. 114-3 ne se retrouve pas en assurances maritimes et de transport de marchandises. ❑

A. DOMAINE DE LA PRESCRIPTION BIENNALE

1. *Action en responsabilité contre l'assureur.* L'action en responsabilité du réceptionnaire de la marchandise transportée par mer et de son transitaire contre l'assureur également français est régie, non par la Convention de Bruxelles sur les transports maritimes internationaux, mais, s'agissant d'un transport d'un port étranger à un port français, par la loi du 3 juill. 1967. Il en résulte que cette action est soumise, non pas à la prescription annale de la Convention, mais à la prescription biennale par application de l'art. L. 172-31. • Paris, 17 févr. 1975 : *DMF 1976. 45.*

2. *Action en paiement d'une indemnité.* L'action exercée par un armateur, tendant au paiement d'une indemnité destinée à compenser la différence du cours du change entre l'époque où les réparations de ses navires ont été effectuées et celle où le remboursement lui en avait été réglé est prescrite comme ayant été exercée plus de cinq ans (délai applicable à l'époque, art. 432 C. com.) après la date de souscription des contrats, une telle action qui tend à obtenir la réparation des conséquences dommageables du sinistre dérivant au sens de la loi du contrat d'assurance. • Com. 19 oct. 1970, nº 69-12.056 P.

B. RÉGIME DE LA PRESCRIPTION BIENNALE

3. *Point de départ du délai de prescription en assurance de responsabilité.* En matière d'assurance de responsabilité, hormis le cas où le tiers a été indemnisé par l'assuré, l'action formée par celui-ci contre son assureur dans le but d'obtenir la garantie des conséquences du fait dommageable a pour cause le recours d'un tiers et, en conséquence, ne se prescrit qu'à compter du jour de l'action en justice formée contre l'assuré. • Com. 2 mars 2010, nº 09-10.505 P : *DMF 2010. 380, rapp. Potocki, note Bonnaud ; RGDA 2010. 457, note Turgné.* ♦ Lorsque l'action de l'assuré a pour cause le recours d'un tiers, le délai de prescription de deux ans des actions nées d'un contrat d'assurance maritime court à partir de la date du recours du tiers, cause du préjudice éventuel subi par l'assuré. Faute d'avoir déclaré à l'assureur dans les délais prévus le sinistre objet du litige, l'assuré se trouve déchu du bénéfice de l'assurance qu'il avait souscrite. • Com. 11 mars 1980 : *JCP E. 1980. I. 8741 ; DMF 1980. 649.*

4. Point de départ du délai de prescription en assurance « contingency ». La police *contingency* ayant pour objet de couvrir certains frais additionnels engagés lors des dommages subis par le navire mais exclus des autres polices d'assurance souscrites pour ces mêmes dommages, il fallait, pour actionner la police *contingency*, que l'assuré ait connaissance de la prise en charge des frais d'avarie par la police corps et cette connaissance était nécessairement celle du principe de la prise en charge et non de l'étendue de celle-ci dès lors qu'en raison de la différence d'objet des contrats, cette étendue ne pouvait avoir une quelconque incidence sur la couverture des dommages additionnels. Le point de départ de l'assuré contre les assureurs *contingency* est donc la date à laquelle l'assuré a, de manière certaine, la connaissance du principe de la prise en charge par son assureur corps du dommage d'avarie. • Com. 10 mars 2009 : *DMF 2010. 481, note P.-Y. Nicolas.*

5. Interruption conventionnelle. L'art. L. 172-31 fixant impérativement le délai de prescription à deux ans pour les actions nées du contrat d'assurance ne fait pas obstacle à une interruption conventionnelle dudit délai de prescription telle que prévue par les conditions générales de la police souscrite. • Com. 8 déc. 1987 : *DMF 1990. 541.*

6. Causes d'interruption de la prescription. Par application des dispositions de l'art. L. 111-1, la règle posée à l'art. L. 114-2, suivant laquelle, en ce qui concerne le règlement de l'indemnité, l'envoi par l'assuré à l'assureur d'une lettre recommandée avec demande d'avis de réception interrompt la prescription de l'action en règlement du sinistre, ne s'étend pas aux assurances maritimes. La prescription biennale prévue, pour ces dernières, à l'art. L. 172-31 dudit code, n'est interrompue que par les causes légales ordinaires ou par celles qui peuvent être conventionnellement décidées par les parties. • Com. 22 avr. 1997, n° 95-14.980 P : *D. 1998. Somm. 323, obs. Mercadal ; RCA 1997, n° 240 (1re esp.) ; DMF 1997. 475, rapp. Rémery.*

7. Interruption de la prescription par le souscripteur d'une assurance pour compte. Le souscripteur d'une police d'assurance pour le compte de qui il appartiendra, laquelle vaut comme stipulation pour autrui au profit de son bénéficiaire, a qualité pour exiger l'exécution du contrat d'assurance. Il en résulte que l'assignation par laquelle ce souscripteur réclame à l'assureur le paiement de l'indemnité d'assurance au bénéficiaire de la garantie interrompt la prescription biennale qui court à l'encontre de celui-ci. • Civ. 1re, 25 nov. 1997, n° 95-14.472 P : *Gaz. Pal. 1998. 1. 244 ; RCA 1998, n° 139 ; RGDA 1998. 153, note Latron ; DMF 1998. 806, obs. Nicolas.*

8. Interruption à la suite d'une assignation en référé. En se déclarant incompétent en raison d'une contestation sérieuse, le juge des référés a rejeté la demande, de sorte que son ordonnance rendait non avenue l'interruption de prescription résultant de l'assignation et des actes subséquents de l'instance en référé. • Civ. 2e, 11 mars 2010 : *RGDA 2010. 444, note Turgné.*

9. Dépôt du dossier relatif au sinistre. Le simple fait de déposer le dossier relatif au sinistre ne suffit pas à paralyser le cours de la prescription, l'absence de contestation de la prétention émise ne pouvant pas tenir lieu de reconnaissance par l'assureur de son obligation d'indemniser l'assuré. • Paris, 13 juill. 1989 : *DMF 1991. 390.*

10. Report de la prescription. Le report de prescription est valable dès lors qu'il exprime une volonté commune non équivoque de prorogation de délai entre le responsable et l'assureur. • Com. 27 avr. 1993, n° 91-16.249. ♦ La preuve de ce report peut être rapportée par fax. • Com. 30 nov. 2010 : *RGDA 2011. 597, note Turgné.*

11. Ignorance de l'identité de l'assureur. L'assuré ayant été maintenu dans l'ignorance de l'existence de coassureurs, c'est à bon droit qu'une cour d'appel a estimé que le délai de la prescription ne courant pas contre celui qui n'avait pas été en mesure de connaître l'existence de l'assurance ou le nom de l'assureur, la fin de non-recevoir tirée de pareille prescription devait être rejetée. • Com. 4 janv. 1994 : *DMF 1994. 439, note Tassy et Tassel.* ♦ Conf. • Com. 8 nov. 2011 : *DMF 2012. 235, rapp. Lecaroz, note P.-Y. Nicolas ; RGDA 2012. 442, note Turgné.*

CHAPITRE III RÈGLES PARTICULIÈRES AUX ASSURANCES MARITIME, FLUVIALE ET LACUSTRE, ET SUR MARCHANDISES TRANSPORTÉES PAR TOUS MODES *(Ord. no 2011-839 du 15 juill. 2011, art. 6-I).*

L'Ord. no 2011-839 du 15 juill. 2011 s'applique aux contrats conclus ou renouvelés, tacitement ou non, à compter du 1er juill. 2012 (Ord. préc., art. 11).

SECTION PREMIÈRE ASSURANCES SUR CORPS MARITIMES, FLUVIAUX ET LACUSTRES *(Ord. no 2011-839 du 15 juill. 2011, art. 6-II).*

L'Ord. no 2011-839 du 15 juill. 2011 s'applique aux contrats conclus ou renouvelés, tacitement ou non, à compter du 1er juill. 2012 (Ord. préc., art. 11).

Art. L. 173-1 L'assurance des navires est contractée, soit pour un voyage, soit pour plusieurs voyages consécutifs, soit pour une durée déterminée.

COMMENTAIRE

Commentaire commun aux articles L. 173-1 à L. 173-3

L'assurance des navires, entendus comme des entités juridiques, peut être contractée, selon l'article L. 173-1, pour un voyage ou plusieurs voyages consécutifs ou pour une durée déterminée.

Lorsque **l'assurance est au voyage**, il est nécessaire de déterminer la notion de « *voyage* » pour connaître la durée de la garantie. Répondant à cette question, l'article L. 173-2 précise que l'assurance couvre le navire depuis le début du chargement jusqu'à la fin du déchargement, mais au plus tard quinze jours après l'arrivée du navire à destination. Il en résulte donc que l'arrivée du navire dans un autre lieu que celui prévu ne fait pas cesser la garantie. Par ailleurs, en cas de voyage sur lest, donc sans cargaison, l'assurance débute avec le démarrage du navire et cesse avec son amarrage à l'arrivée.

Lorsque **l'assurance est à temps** (C. assur., art. L. 173-3), le contrat est conclu pour une durée déterminée. La garantie prend effet et cesse aux dates convenues dans le contrat. Elle peut toutefois se prolonger par tacite reconduction. ❑

Notion de navire. La notion de navire de pêche ne comprend pas le chalut et le bateau. Le matériel de pêche ne peut être considéré comme faisant partie des agrès et apparaux car ce matériel n'a aucun lien avec le navire pour sa navigation et n'a d'autre but que de permettre une utilisation spéciale du bâtiment. • Amiens, 5 févr. 1993 : *DMF 1994. 55.*

Art. L. 173-2 Dans l'assurance au voyage, la garantie court depuis le début du chargement jusqu'à la fin du déchargement et au plus tard quinze jours après l'arrivée du navire à destination.

En cas de voyage sur lest, la garantie court depuis le moment où le navire démarre jusqu'à l'amarrage du navire à son arrivée.

COMMENTAIRE

Voir le commentaire sous l'article L. 173-1. ❑

Art. L. 173-3 Dans l'assurance à temps, les risques du premier et du dernier jour sont couverts par l'assurance.

Les jours se comptent de zéro à 24 heures, d'après l'heure du pays où la police a été émise.

COMMENTAIRE

Voir le commentaire sous l'article L. 173-1. ❑

Art. L. 173-4 L'assureur ne garantit pas les dommages et pertes résultant d'un vice propre du navire, sauf s'il s'agit d'un vice caché. – *Assur. L. 172-18.*

BIBL. ▶ BESSÉ, *DMF 1968. 451.*

COMMENTAIRE

Par principe, ainsi que l'indique l'article L. 172-18, les « *dommages et pertes matériels provenant du vice propre de l'objet assuré* » sont exclus de la garantie. Reprenant cette règle, l'article L. 173-4 précise que ces vices ne sont pas garantis, lorsque l'objet assuré est un navire, sauf s'il s'agit d'un vice caché. Le vice propre du navire correspond à tout défaut inhérent au navire, qu'il s'agisse d'un vice de construction, d'un défaut de réparation, d'un armement insuffisant ou d'une défectuosité des instruments (Rouen, 2 oct. 1969 : *V. note 1*). ❑

1. *Notion de vice propre.* Il faut entendre par vice propre du navire toute cause de perte ou d'avarie qui tient à l'état ou à l'équipement de celui-ci, tels que vice de construction, défaut de réparations, instruments défectueux, armement insuffisant, etc., en somme tout défaut inhérent au navire et susceptible de compromettre sa navigabilité, à l'exception des vices cachés que l'armateur est dans l'impossibilité de déceler. En effet, le vice propre suppose une certaine faute ou négligence de l'armateur ou de ses préposés à mettre ou à maintenir le navire en bon état de navigabilité, réserve faite de ce que la notion de navigabilité et, partant, de vice propre, est relative. • Rouen, 2 oct. 1969 : *D. 1969. Somm. 120 ; Gaz. Pal. 1970. 1. 13 ; DMF 1970. 208.*

2. Multiples causes du naufrage. Les juges du fond apprécient souverainement les éléments de preuve permettant d'établir qu'un naufrage était dû au mauvais état d'un bâtiment. Lorsqu'il est établi que le naufrage du navire ne se serait pas produit sans le concours des négligences du capitaine et du mécanicien relevées par la juridiction pénale et du vice propre du navire, cette perte ne résulte pas seulement, au sens de l'art. L. 173-4, du vice propre, de sorte que la garantie de l'assureur corps ne se trouve pas en l'espèce entièrement exclue. • Com. 20 nov. 1974, n° 73-12.039 P : *DMF 1975. 267 ; D. 1975. IR 25.*

3. Clause couvrant « l'avarie pour quelque cause que ce soit ». Ne constitue pas une dérogation aux conditions générales de la police d'assurance sur corps, qui excluent la couverture du vice propre de la chose assurée, la clause des conditions particulières couvrant l'« avarie pour quelque cause que ce soit ». En effet, cette expression est insuffisamment explicite pour permettre de dire que le vice propre est couvert, puisque, ni l'avenant (qui prévoit d'autres risques exceptionnellement couverts), ni la correspondance ne le mentionnent. • Com. 13 févr. 1963 : *DMF 1963. 280.*

Art. L. 173-5 L'assureur ne garantit pas les dommages et pertes causés par la faute intentionnelle du capitaine. – *Assur. L. 172-14.*

BIBL. ▸ BESSÉ, *DMF 1968. 451.* – LUREAU, *ibid. 1956. 511.* – NICOLAS, *ibid. 1983. 259.*

COMMENTAIRE

Si l'article L. 172-14 prévoit que le contrat d'assurance couvre les sinistres provoqués par la faute du capitaine ou de l'équipage, l'article L. 173-5 apporte un tempérament important en excluant de la garantie la faute intentionnelle du capitaine. Toutefois, depuis la loi n° 84-1172 du 22 décembre 1984 et le décret n° 85-863 du 2 août 1985, cette règle n'est plus d'ordre public. Le contrat peut donc couvrir la faute intentionnelle du capitaine. ❑

Art. L. 173-6 Lorsque la valeur assurée du navire est une valeur agréée, les parties s'interdisent réciproquement toute autre estimation, réserve faite des dispositions des articles L. 172-6 et L. 172-26.

COMMENTAIRE

La valeur assurée d'un navire peut être une valeur agréée. Parce qu'il s'agit d'une valeur déterminée par les parties, cette valeur s'impose à elles. Les parties ne peuvent procéder à une autre estimation de la valeur assurée. Ce principe comporte toutefois deux exceptions résultant des articles L. 172-6 et L. 172-26.

I. L'EXCEPTION DE L'ARTICLE L. 172-6 DU CODE DES ASSURANCES

En assurance terrestre, l'existence d'une valeur agréée n'interdit pas à l'assureur de se prévaloir des règles de la surassurance frauduleuse ou non frauduleuse des articles L. 121-3 et L. 121-4. Il appartient simplement à l'assureur de démontrer que la valeur du bien au jour du sinistre est inférieure à la valeur agréée. Le respect du principe indemnitaire commande cette solution.

En assurance maritime et de transport de marchandises, la règle est différente. Selon l'article L. 172-7 (V. comm. ss. cet art.), qui n'est toutefois pas d'ordre public, la valeur agréée du navire interdit à l'assureur de se prévaloir des règles de la surassurance non frauduleuse. Sauf clause écartant cette dernière disposition, il ne peut se prévaloir que des règles de la surassurance frauduleuse. Il doit pour cela démontrer la fraude de l'assuré ou de son mandataire à l'origine de cette surassurance.

II. L'EXCEPTION DE L'ARTICLE L. 172-26 DU CODE DES ASSURANCES

Selon l'article L. 172-26, l'assureur garantit la contribution de l'assuré aux avaries communes. L'indemnité d'assurance est calculée par rapport à la valeur de la chose assurée éventuellement diminuée des avaries particulières à la charge de l'assureur. En réservant les dispositions de l'article L. 172-26, lesquelles ne sont toutefois pas d'ordre public, l'article L. 173-6 indique ainsi que la valeur agréée n'est pas nécessairement retenue. ❑

Art. L. 173-7 L'assurance sur bonne arrivée ne peut être contractée, à peine de nullité, qu'avec l'accord des assureurs du navire.

Lorsqu'une somme est assurée à ce titre, la justification de l'intérêt assurable résulte de l'acceptation de la somme ainsi garantie.

L'assureur n'est tenu que dans les cas de perte totale ou de délaissement du navire à la suite d'un risque couvert par la police ; il n'a aucun droit sur les biens délaissés.

COMMENTAIRE

L'assurance sur bonne arrivée permet à l'assuré d'obtenir un capital complémentaire en cas de perte totale ou de délaissement du navire. Il lui permet de faire face aux difficultés liées au remplacement du navire.

Cette garantie complémentaire ne peut être souscrite, à peine de nullité, qu'avec l'accord des assureurs du navire. Cela étant, cette garantie est le plus souvent souscrite auprès de l'assureur du navire. ❑

Art. L. 173-8 **A l'exception des dommages aux personnes, l'assureur est garant du remboursement des dommages de toute nature dont l'assuré serait tenu sur le recours des tiers au cas d'abordage par le navire assuré ou de heurt de ce navire contre un bâtiment, corps fixe, mobile ou flottant.** – *Assur. L. 172-16, L. 173-25.*

COMMENTAIRE

Outre les dommages au navire, l'assurance corps garantit, à titre accessoire, la responsabilité du propriétaire du navire, lorsqu'elle est recherchée par des tiers victimes de dommages matériels causés par le navire. Cette garantie ne s'applique toutefois que dans deux circonstances spécifiques :

– l'abordage du navire assuré avec un autre navire, lequel est régi par les articles L. 5131-1 et suivants du code des transports et suppose un choc effectif entre deux navires ;

– le heurt du navire assuré contre un autre bâtiment, corps fixe, mobile ou flottant, lequel suppose simplement un contact matériel, la nature et la violence du choc n'ayant aucune incidence sur la garantie.

Puisqu'il s'agit d'une garantie de responsabilité, intégrée à titre accessoire, dans les polices sur corps, la victime dispose d'une action directe contre l'assureur du navire (Com. 3 févr. 1987 : *V. note 1*). ❑

1. Action du tiers victime contre l'assureur. Est recevable l'action directe exercée par EDF contre l'assureur du propriétaire d'un navire, qui, en coulant, avait endommagé un câble sous-marin, dès lors que l'art. L. 173-8 prévoit que l'assureur sur corps est garant du remboursement des dommages de toute nature, à l'exception des dommages aux personnes, dont l'assuré serait tenu sur recours des tiers au cas d'abordage par le navire assuré ou de heurt de ce navire contre un bâtiment, corps fixe, mobile ou flottant. • Com. 3 févr. 1987, ⚖ n° 84-11.891 P : *JCP E 1987. I. 16271 ; Gaz. Pal. 1987. 1. Pan. 98 ; DMF 1988. 306.*

2. Action du tiers assistant contre l'assureur. L'assurance sur corps n'étant pas une assurance de responsabilité, l'art. 11, point 1, du Règl. (CE) n° 44/2001 du 22 déc. 2000, qui prévoit la compétence du tribunal saisi de l'action de la personne lésée contre l'assuré n'est pas applicable. En revanche, le point 2 du même article, qui dispose que l'assureur peut être attrait devant le tribunal du lieu où la victime a son domicile en cas d'action directe intentée par elle contre l'assureur, lorsque l'action directe est possible, peut être mis en œuvre. Dès lors, ne donne pas de base légale à sa décision, la cour d'appel qui admet l'action du propriétaire français d'un chalutier contre l'assureur allemand d'un voilier qu'il avait remorqué, en retenant simplement que le propriétaire du chalutier peut invoquer le bénéfice de l'action directe prévue à l'art. L. 173-8 C. assur. sans rechercher quelle était la loi applicable à l'action directe et si celle-ci était possible au sens de ce texte. • Civ. 1re, 17 mai 2017, ⚖ n° 16-17.327 P : *RGDA 2017. 446, note Turgné ; JCP G 2017. 731, note Heuzé.* ♦ Comp. : doit être censurée pour violation des art. L. 173-23 C. assur. et 2102-8° C. civ. la cour d'appel qui déclare recevable l'action directe exercée par les sauveteurs d'un chalutier en vue d'obtenir de l'assureur du propriétaire du bateau le règlement de la somme représentant l'indemnité d'assistance prévue par les art. 9 s. de la loi du 7 juill. 1967, les dispositions de l'art. 2102-8° C. civ. étant limitées à l'indemnité réparant le dommage causé à un tiers par l'assuré et incombant à l'assureur en vertu d'un contrat garantissant la responsabilité de celui-ci et ne s'appliquant pas au contrat d'assurance dont bénéficiait le propriétaire du navire assisté, qui était, non une assurance de responsabilité, mais une assurance sur corps. • Com. 18 mars 1986, ⚖ n° 83-14.518 P : *D. 1986. IR 362 ; Gaz. Pal. 1986. Somm. 163 ; DMF 1986. 663.*

Art. L. 173-9 Dans l'assurance au voyage ou pour plusieurs voyages consécutifs, la prime entière est acquise à l'assureur, dès que les risques ont commencé à courir.

Art. L. 173-10 Dans l'assurance à temps, la prime stipulée pour toute la durée de la garantie est acquise en cas de perte totale ou de délaissement à la charge de l'assureur. Si la perte totale ou le cas de délaissement n'est pas à sa charge, la prime est acquise en fonction du temps couru jusqu'à la perte totale ou à la notification du délaissement.

Art. L. 173-11 Dans le règlement d'avaries, l'assureur ne rembourse que le coût des remplacements et réparations reconnus nécessaires pour remettre le navire en bon état de navigabilité, à l'exclusion de toute autre indemnité pour dépréciation ou chômage ou quelque autre cause que ce soit.

1. Renflouement à l'initiative de l'armateur. Lorsque le renflouement a été réalisé à l'initiative de l'armateur pour permettre de vérifier si sa remise en état était possible, l'assureur sur corps est fondé à imputer les frais de renflouement sur le montant de la valeur assurée qui constitue, sauf clause spéciale, la limite de ses engagements. • Rennes, 17 févr. 1969 : *DMF 1969. 673.*

2. Paramètres de l'indemnité d'assurance. Le montant de l'indemnité d'assurance en cas d'avaries au navire assuré doit être calculé compte tenu de ce qu'elles sont en partie dues à un défaut d'entretien de la coque depuis longtemps et à la carence de l'armement à prendre les mesures conservatoires qui s'imposaient. • T. com. Paris, 29 janv. 1974 : *DMF 1975. 50.*

3. Preuve du payement des réparations. L'assuré doit justifier avoir payé les réparations pour obtenir leur remboursement. • Paris, 17 mars 1976 : *DMF 1978. 328.*

Art. L. 173-12 Quel que soit le nombre d'événements survenus pendant la durée de la police, l'assuré est garanti pour chaque événement jusqu'au montant du capital assuré, sauf le droit pour l'assureur de demander après chaque événement un complément de prime.

Art. L. 173-13 Le délaissement du navire peut être effectué dans les cas suivants :

1° Perte totale ;

2° Réparation devant atteindre les trois quarts de la valeur agréée ;

3° Impossibilité de réparer ;

4° Défaut de nouvelles depuis plus de trois mois ; la perte est réputée s'être produite à la date des dernières nouvelles.

Coût des réparations. La faculté de délaissement est exclue, selon l'interprétation nécessaire d'une police d'assurance, lorsque le coût des réparations nécessaires pour remédier à des avaries garanties se trouve inférieur à la valeur du navire, et c'est par une disposition souveraine que la cour d'appel décide que la réparation des avaries garanties subies par le navire aurait été loin d'atteindre cette valeur. • Com. 10 oct. 1977 : *Bull. civ. IV, n° 220.* ♦ Le délaissement n'est pas possible lorsque l'innavigabilité ne résulte pas d'avaries imputables à des événements garantis par la police et que le coût des réparations couvertes par celle-ci est loin d'atteindre la valeur assurée. • Paris, 17 mars 1976 : *DMF 1978. 328.*

Art. L. 173-14 En cas d'aliénation ou d'affrètement coque-nue du navire, l'assurance continue de plein droit au profit du nouveau propriétaire ou de l'affréteur, à charge par lui d'en informer l'assureur dans le délai de dix jours et d'exécuter toutes les obligations dont l'assuré était tenu envers l'assureur en vertu du contrat.

Il sera toutefois loisible à l'assureur de résilier le contrat dans le mois du jour où il aura reçu notification de l'aliénation ou de l'affrètement. Cette résiliation ne prendra effet que quinze jours après sa notification.

L'aliénateur ou le fréteur reste tenu au paiement des primes échues antérieurement à l'aliénation ou à l'affrètement.

Art. L. 173-15 L'aliénation de la majorité des parts d'un navire en copropriété entraîne seule l'application de l'article L. 173-14.

Art. L. 173-16 Les dispositions de la présente section sont également applicables aux contrats d'assurance concernant le navire qui n'est assuré que pour la durée de son séjour dans les ports, rades ou autres lieux, qu'il soit à flot ou en cale sèche.

Elles sont applicables aux navires en construction.

SECTION II ASSURANCES SUR MARCHANDISES TRANSPORTÉES PAR TOUS MODES *(Ord. nº 2011-839 du 15 juill. 2011, art. 6-III).*

L'Ord. nº 2011-839 du 15 juill. 2011 s'applique aux contrats conclus ou renouvelés, tacitement ou non, à compter du 1er juill. 2012 (Ord. préc., art. 11).

BIBL. GÉN. ▶ TINAYRE, *BTL 1984. 301.*

Art. L. 173-17 **Les marchandises sont assurées, soit par une police n'ayant d'effet que pour un voyage, soit par une police** *(Ord. nº 2011-839 du 15 juill. 2011)* **« fonctionnant par déclaration d'aliment ».**

L'Ord. nº 2011-839 du 15 juill. 2011 s'applique aux contrats conclus ou renouvelés, tacitement ou non, à compter du 1er juill. 2012 (Ord. préc., art. 11).

BIBL. ▶ LUREAU, *DMF 1950. 263.* – BIGOT, *JCP 2008. I. 207.*

1. Naissance de la garantie. En cas d'assurance maritime sur police flottante, c'est le chargement des marchandises sur le navire qui donne vie à l'assurance, même si la police peut obliger l'assuré, sous peine de déchéance de son droit à indemnité, à faire les déclarations d'aliment dans un délai déterminé. • Com. 5 nov. 1951 : *DMF 1952. 129.*

2. Preuve de la déclaration d'aliment. Il appartient aux juges du fond d'apprécier souverainement les éléments soumis à leur examen comme preuve de déclaration d'aliment à une police d'abonnement. • Com. 26 janv. 1966 : *DMF 1966. 330, note Lureau.*

3. Déclaration d'aliment tardive. L'assuré qui, en vertu d'une police d'abonnement, est tenu d'effectuer sa déclaration d'aliments dans les huit jours au plus tard de la réception des avis de son courtier d'affrètement permettant d'y procéder et qui a fait une déclaration hors délai, alors qu'il avait connaissance du chargement de l'expédition, encourt la sanction de la déchéance et de la résiliation de cette police, selon les dispositions explicites de celle-ci. • Pau, 22 juin 1988 : *DMF 1990. 80.* ♦ Constatant qu'un assuré était en possession de la totalité des renseignements nécessaires dès le 1er avril, c'est à bon droit, et sans avoir à rechercher la date du chargement, qu'une cour d'appel retient que, ayant fait la déclaration le 19 avril, l'assuré n'a pas respecté le délai de huitaine prévu contractuellement. • Com. 13 mars 1990 : *D. 1990. IR 81.*

4. Omission de la déclaration d'aliment. La même sanction est également applicable au fait de l'omission volontaire de l'assuré de déclarer en aliments à la police la totalité des expéditions faites pour son compte, sans qu'il puisse se prévaloir de la renonciation implicite des assureurs à lui appliquer ladite sanction pour les déclarations omises au cours des années antérieures à celle du sinistre, une renonciation à un droit devant être expresse et sans équivoque, et les assureurs n'ayant aucune raison de suspecter les déclarations de leur assuré avant d'avoir procédé à l'examen de ses livres. • Com. 13 mars 1990 : *préc. note 3.*

Art. L. 173-17-1 *(Ord. nº 2011-839 du 15 juill. 2011, art. 6-V)* **L'assurance des marchandises transportées ne produit aucun effet lorsque les risques n'ont pas commencé dans les deux mois de l'engagement des parties ou de la date qui a été fixée pour prise en charge.**

Cette disposition n'est applicable aux polices fonctionnant par déclaration d'aliment que pour le premier aliment.

V. note ss. art. L. 173-17.

Art. L. 173-18 **Les marchandises sont assurées sans interruption, en quelque endroit qu'elles se trouvent, dans les limites du voyage défini par la police.**

1. Début du voyage. Sur le point de départ du voyage (magasins de l'expéditeur) : • Paris, 20 janv. 1986 : *DMF 1986. 375.*

2. Fin du voyage. Une cour d'appel interprète souverainement les termes ambigus d'une police sur facultés en déduisant, de ce que le contrat stipulait que les risques couverts finissaient au moment où les marchandises entraient dans les magasins destinataires, qu'un entrepôt douanier temporaire n'entrait pas dans ces prévisions, même si les locaux appartenaient au destinataire. • Com. 6 févr. 1985, nº 83-14.919 P : *Gaz. Pal. 1985. 2. Pan. 178.* ♦ Ayant relevé que la garantie était expressément limitée au transport « de magasin à magasin de Port-Saint-Louis à Alger et retour d'Alger à Saint-Louis », une cour d'appel a pu retenir que le vol, qui avait eu lieu pendant la mise en service à terre du véhicule n'entrait pas dans les prévisions du contrat d'assurances. • Com. 10 oct. 1989 : *DMF 1990. 547.*

3. Abandon du voyage. La décision unilatérale de l'armateur ou de son capitaine d'abandonner le voyage est sans effet sur les obligations de l'assureur à l'égard de l'assuré telles que déterminées par le contrat d'assurance sur facultés et par l'art. L. 173-18. • Paris, 29 oct. 1984 : *DMF 1985. 613.*

Art. L. 173-19 *(Abrogé par Ord. nº 2011-839 du 15 juill. 2011, art. 10)* ***Lorsqu'une partie du voyage est effectuée par voie terrestre, fluviale ou aérienne, les règles de l'assurance maritime sont applicables à l'ensemble du voyage.***

V. note ss. art. L. 173-17.

1. Risques terrestres garantis par une assurance maritime. Sauf convention contraire, les risques terrestres garantis par une police d'assurance maritime en considération du voyage de mer sont soumis aux règles de l'assurance maritime. • Civ. 12 nov. 1947 : *JCP 1948. II. 4475, note Veaux.*

2. Aggravation du dommage lors du transport terrestre. Lorsque des réserves ont été faites au port de débarquement de la marchandise sur l'état de l'emballage et lorsque la marchandise transportée cesse d'être commercialisable même si elle subit une seule rayure, le dommage donnant lieu à indemnisation est bien un dommage dû au transport maritime, sans qu'il soit besoin d'examiner l'aggravation éventuelle dudit dommage au cours du transport par route qui a suivi le transport maritime. • Rouen, 16 août 1979 : *DMF 1980. 678.*

3. Déchargement dans un port intermédiaire. Il en est ainsi, malgré l'imprécision des termes de l'avenant prévoyant un déchargement dans un port intermédiaire avec réexpédition. • Aix-en-Provence, 10 nov. 1976 : *DMF 1977. 463.*

4. Sinistre exclu des prévisions contractuelles. Sans méconnaître que les règles de l'assurance maritime sont applicables à l'ensemble d'un voyage dont une partie est effectuée par voie terrestre, fluviale ou aérienne, la cour d'appel a fait une exacte application du contrat d'assurance en retenant que la garantie était expressément limitée au transport de magasin à magasin, de sorte que le vol, qui avait eu lieu pendant la mise en service à terre du véhicule n'entrait pas dans les prévisions du contrat d'assurance. • Com. 10 oct. 1989 : *DMF 1990. 547.*

Art. L. 173-20 *(Ord. nº 2011-839 du 15 juill. 2011)* « **Le délaissement des marchandises peut être effectué dans les cas où elles sont :** »

1º Perdues totalement ;

2º Perdues ou détériorées à concurrence des trois quarts de leur valeur ;

3º Vendues en cours de route pour cause d'avaries matérielles des objets assurés par suite d'un risque couvert.

V. art. L. 172-24.

V. note ss. art. L. 173-17.

Perte des trois quarts de la valeur. Sur le délaissement pour perte des trois quarts de la valeur totale de la cargaison concernant un chargement de blé en vrac ayant subi un dommage par mouille : • Paris, 29 mai 1987 : *DMF 1988. 170, note Achard.*

Art. L. 173-21 **Il peut également avoir lieu dans les cas :**

1º D'innavigabilité du navire et si l'acheminement des marchandises, par quelque moyen de transport que ce soit, n'a pu commencer dans le délai de trois mois ;

2º De défaut de nouvelles du navire depuis plus de trois mois.

Perte sans nouvelles. Il n'y a pas lieu à délaissement pour perte sans nouvelles du navire transporteur de la marchandise assurée lorsqu'on sait pertinemment que le navire a effectivement péri corps et biens en un endroit connu. C'est donc valablement que les assureurs règlent la cargaison perdue en avarie. • T. com. Seine, 7 janv. 1963 : *DMF 1963. 415.*

Art. L. 173-22 **Au cas où l'assuré qui a contracté une** *(Ord. nº 2011-839 du 15 juill. 2011)* « **police fonctionnant par déclaration d'aliment** » **ne s'est pas conformé aux obligations prévues par décret, le contrat peut être résilié sans délai à la demande de l'assureur, qui a droit, en outre, aux primes correspondant aux expéditions non déclarées.**

Si l'assuré est de mauvaise foi, l'assureur peut exercer le droit de répétition sur les versements qu'il a effectués pour les sinistres relatifs aux expéditions postérieures à la première omission intentionnelle de l'assuré.

V. note ss. art. L. 173-17.

Art. L. 173-22-1 *(Ord. nº 2011-839 du 15 juill. 2011, art. 6-VIII)* **La suspension et la résiliation pour défaut de paiement d'une prime relative à des contrats d'assurance de biens couvrant les dommages subis par les marchandises transportées sont sans effet à l'égard des tiers de bonne foi, bénéficiaires de l'assurance en vertu d'un transfert antérieur à la notification de la suspension ou de la résiliation.**

En cas de sinistre, l'assureur peut, par une clause expresse figurant à l'avenant documentaire, opposer à ces bénéficiaires, à due concurrence, la compensation de la prime afférente à l'assurance dont ils revendiquent le bénéfice.

V. note ss. art. L. 173-17.

SECTION III ASSURANCES DE RESPONSABILITÉ CIVILE MARITIME, FLUVIALE ET LACUSTRE (*Ord. n° 2011-839 du 15 juill. 2011, art. 6-IX*).

L'Ord. n° 2011-839 du 15 juill. 2011 s'applique aux contrats conclus ou renouvelés, tacitement ou non, à compter du 1er juill. 2012 (Ord. préc., art. 11).

Art. L. 173-23 (*Ord. n° 2011-839 du 15 juill. 2011, art. 6-X*) **Le tiers lésé dispose, sous réserve des dispositions de l'article L. 173-24, d'un droit d'action directe à l'encontre de l'assureur garantissant la responsabilité civile de la personne responsable.**

L'assureur ne peut payer à un autre que le tiers lésé tout ou partie de la somme due par lui, tant que ce tiers n'a pas été désintéressé et dans cette mesure, sauf en cas d'affectation de l'indemnité d'assurance à la constitution du fonds de limitation, dans les termes de l'article 62 de la loi n° 67-5 du 3 janvier 1967 portant statut des navires et autres bâtiments de mer.

V. note ss. art. L. 173-17.

Assurance sur corps. Doit être censurée pour violation des art. L. 173-23 C. assur. et 2102-8° C. civ. la cour d'appel qui déclare recevable l'action directe exercée par les sauveteurs d'un chalutier en vue d'obtenir de l'assureur du propriétaire du bateau le règlement de la somme représentant l'indemnité d'assistance prévue par les art. 9 s. de la loi du 7 juill. 1967, les dispositions de l'art. 2102-8° C. civ. étant limitées à l'indemnité réparant le dommage causé à un tiers par l'assuré et incombant à l'assureur en vertu d'un contrat garantissant la responsabilité de celui-ci et ne s'appliquant pas au contrat d'assurance dont bénéficiait le propriétaire du navire assisté, qui était, non une assurance de responsabilité, mais une assurance sur corps. • Com. 18 mars 1986, n° 83-14.518 P : *D. 1986. IR 362 ; Gaz. Pal. 1986. Somm. 163 ; DMF 1986. 663.* ♦Comp. : L'assurance sur corps n'étant pas une assurance de responsabilité, l'art. 11, point 1, du Règl. (CE) n° 44/2001 du 22 déc. 2000, qui prévoit la compétence du tribunal saisi de l'action de la personne lésée contre l'assuré n'est pas applicable. En revanche, le point 2 du même article, qui dispose que l'assureur peut être attrait devant le tribunal du lieu où la victime a son domicile en cas d'action directe intentée par elle contre l'assureur, lorsque l'action directe est possible, peut être mis en œuvre. Dès lors, ne donne pas de base légale à sa décision, la cour d'appel qui admet l'action du propriétaire français d'un chalutier contre l'assureur allemand d'un voilier qu'il avait remorqué, en retenant simplement que le propriétaire du chalutier peut invoquer le bénéfice de l'action directe prévue à l'art. L. 173-8 C. assur. sans rechercher quelle était la loi applicable à l'action directe et si celle-ci était possible au sens de ce texte. • Civ. 1re, 17 mai 2017, n° 16-17.327 P : *RGDA 2017. 446, note Turgné ; JCP G 2017. 731, note Heuzé.*

Art. L. 173-24 **En cas de constitution d'un fonds de limitation, les créanciers dont le droit est sujet à limitation, dans les termes des articles 58 à 60 de la loi n° 67-5 du 3 janvier 1967 portant statut des navires et autres bâtiments de mer, n'ont pas d'action contre l'assureur.**

BIBL. ▶ VIALARD, *RCA 1995. Chron. 32.*

1. QPC (non-transmission). Les dispositions des art. L. 5121-1 s. C. transp. et l'art. L. 173-24 C. assur. portent-elles atteinte, en matière d'indemnisation de préjudice corporel résultant d'une activité de navigation de plaisance, au principe d'égalité devant la loi et les charges publiques énoncées aux art. 1er et 6 de la Déclaration des droits de l'homme et du citoyen de 1789, ainsi qu'au principe de responsabilité, qui découle de son art. 4 ? D'une part, la question, ne portant pas sur l'interprétation d'une disposition constitutionnelle dont le Cons. const. n'aurait pas encore eu l'occasion de faire application n'est pas nouvelle. D'autre part, la question posée ne présente pas un caractère sérieux en ce que le principe d'égalité ne s'oppose ni à ce que le législateur règle de façon différente des situations différentes ni à ce qu'il déroge à l'égalité pour des raisons d'intérêt général pourvu que, dans l'un et l'autre cas, la différence de traitement qui en résulte soit en rapport avec l'objet de la loi qui l'établit ; que l'activité de navigation, fût-elle de plaisance, exposant les personnes aux risques et périls de la mer à la différence des autres activités, le législateur a réglé de façon différente la situation des titulaires de créances maritimes pour mort ou lésions corporelles ; que la différence de traitement entre créances maritimes et autres créances est en rapport avec l'objet de la L. du 3 janv. 1967 portant statut des navires et autres bâtiments de mer et des art. L. 5121-1 s. C. transp. ; que le principe de responsabilité ne fait pas obstacle à ce que le législateur aménage, pour un motif d'intérêt général, les conditions dans lesquelles la responsabilité peut être engagée pourvu qu'il n'en résulte pas une atteinte disproportionnée aux droits des victimes d'actes fautifs; que répondant au motif d'intérêt général de la préservation et du développement des activités nautiques de loisir, le législateur n'a pas porté une atteinte disproportionnée aux droits des titulaires de créances maritimes en limitant leur indemnisation, tout en leur permettant d'obtenir réparation intégrale de la personne responsable, s'il est prouvé que le dommage résulte d'une faute inexcusable. • Com. 9 oct. 2014 : *D. 2014. 2557, note Delebecque ; RGDA 2014. 611, note Turgné; Rev. dr. transp. 2014, n° 59, note Ndendé; DMF 2014. 764, note Briand; RCA 2015, n° 28.*

2. Auteur de la limitation de responsabilité. Un bateau de plaisance ayant fait naufrage au cours d'une promenade en mer, il ne peut être reproché à l'arrêt, qui a accueilli l'action directe des ayants droit des victimes contre l'assureur, d'avoir refusé de faire application de la limitation de responsabilité prévue aux art. L. 173-23 s. Cette limitation de responsabilité n'est en effet applicable qu'aux personnes énumérées à l'art. 69 de la loi du 3 janv. 1967, parmi lesquelles ne figure pas l'assureur. • Com. 7 déc. 1982 : *Bull. civ. IV, n° 400; Gaz. Pal. 1983. 1. Somm. 73; DMF 1983. 595, note Lejean.* ♦ Selon l'art. 58 de la L. du 3 janv. 1967, qui est seule applicable à l'espèce où est en cause un navire battant pavillon français, sauf si une faute prouvée lui est personnellement imputable, le propriétaire d'un navire peut limiter sa responsabilité envers des cocontractants ou des tiers, si les dommages se sont produits à bord du navire ou s'ils sont en relation directe avec la navigation ou l'utilisation du navire. Selon l'art. 69 de cette loi, les dispositions du présent chapitre s'appliquent à l'affréteur, à l'armateur, à l'armateur-gérant ainsi qu'au capitaine ou à leurs préposés nautiques ou terrestres agissant dans l'exercice de leurs fonctions, de la même manière qu'au propriétaire lui-même. Il s'ensuit que l'assureur, ne figurant pas parmi les personnes énumérées par l'art. 69 de la L. du 3 janv. 1967 portant statut des navires et bâtiments de mer, battant pavillon français, devenu l'art. L. 5121-2 C. transp., ne bénéficie pas de la limitation de responsabilité prévue aux art. 58 s. de ladite loi, devenus les art. L. 5121-3 s. C. transp. • Civ. 2e, 12 avr. 2012 : *DMF 2012. 915, note Turgné.*

3. Nécessité d'un fonds de limitation. L'assureur de la responsabilité du propriétaire du navire ne peut invoquer le bénéfice de la limitation de responsabilité que si le fonds de limitation a été constitué. • Com. 11 déc. 2012 : *RGDA 2013. 423, note Turgné* (C. transp., art. L. 5121-3 et L. 5121-2) • Civ. 1re, 8 nov. 2017, n° 16-24.656 P : *D. 2018. 280, note Adeline ; RGDA 2018. 55, note Turgné.* ♦ Ainsi, prive sa décision de base légale la cour d'appel qui retient que la faculté ouverte par l'art. 58 de la L. du 3 janv. 1967 au propriétaire d'un navire de limiter sa responsabilité bénéficie également aux assureurs, sans rechercher si le propriétaire du navire avait limité sa propre responsabilité en constituant un fonds de limitation, dès lors que l'assureur, qui ne figure pas parmi les personnes bénéficiant de la limitation prévue aux art. 58 et 69 de la L. du 3 janv. 1967, devenus les art. L. 5121-3 et L. 5121-2 C. transp., ne peut en bénéficier qu'à cette condition. • Com. 11 déc. 2012 : *RGDA 2013. 423, note Turgné.* ♦ Mais il ne résulte pas de l'art. L. 173-24 C. assur. que l'assureur qui, après constitution du fonds de limitation, se borne à conclure qu'il ne peut être tenu au-delà de son montant, sans opposer une fin de non-recevoir à l'action directe formée à son encontre par des créanciers dont le droit est sujet à la limitation, renoncerait à celle-ci. • Com. 16 nov. 2010, n° 09-71.285 P.

4. Date de constitution du fonds de limitation. Il résulte de l'art. L. 173-24 C. assur. que la constitution d'un fonds de limitation de responsabilité, qui n'est soumise à aucun délai et peut intervenir postérieurement à l'assignation en paiement de l'indemnité d'assurance, fait perdre à la victime son droit d'agir directement contre l'assureur en paiement de cette indemnité, cette dernière ayant été affectée spécialement et exclusivement au fonds de limitation. Dès lors ayant constaté qu'à la date à laquelle elle statuait, un fonds de limitation avait été constitué pour le règlement des créances nées de l'abordage survenu entre les navires, la cour d'appel en a exactement déduit que l'action directe contre l'assureur du navire était irrecevable. • Com., 19 sept. 2018, n° 17-16.679 P : *D. actu. 3 oct. 2018, note Pellier; RGDA 2018. 518, note Turgné.*

Art. L. 173-25 L'assurance de responsabilité, qui a pour objet la réparation des dommages causés aux tiers par le navire et qui sont garantis dans les termes de l'article L. 173-8, ne produit d'effet qu'en cas d'insuffisance de la somme assurée par la police sur corps.

Art. L. 173-26 Quel que soit le nombre d'événements survenus pendant la durée de l'assurance de responsabilité, la somme souscrite par chaque assureur constitue, par événement, la limite de son engagement.

CHAPITRE IV RÈGLES SPÉCIALES AUX ASSURANCES FLUVIALE ET LACUSTRE *(Ord. n° 2011-839 du 15 juill. 2011, art. 7-I).*

L'Ord. n° 2011-839 du 15 juill. 2011 s'applique aux contrats conclus ou renouvelés, tacitement ou non, à compter du 1er juill. 2012 (Ord. préc., art. 11).

SECTION PREMIÈRE ASSURANCE SUR CORPS

Art. L. 174-1 **L'assurance sur corps garantit les pertes et dommages matériels atteignant le bateau et ses dépendances assurées et résultant de tous accidents de navigation ou événements de force majeure sauf exclusions formelles et limitées prévues au contrat d'assurance.**

1. Charge de la preuve de la cause du sinistre. C'est à la partie qui réclame le bénéfice de l'assurance de navigation fluviale d'établir que sont réunis les conditions requises par la police pour mettre en jeu la garantie. Dès lors, si l'assuré ne démontre pas que le sinistre déclaré était bien imputable à un choc, la garantie de l'assureur n'est pas due, faute d'accident de navigation prouvée. • Com. 16 déc. 2008 : *DMF 2009. 401, note Hübner.*

2. Accident de navigation. Constitue un accident de navigation, au sens de l'art. L. 174-1, le naufrage d'un bateau amarré à quai, serait-il dû à la rupture d'une canalisation. • Com. 5 avr. 2016, nº 14-24.571 P : *RGDA 2016. 333, note Turgné.*

3. Exclusion de garantie pour défaut d'entretien. Justifie légalement sa décision la cour d'appel qui affirme que l'assureur ne rapportait pas la preuve de l'existence d'un défaut d'entretien, exclusif de garantie, après avoir retenu que le seul fait qu'une canalisation d'arrivée d'eau se soit rompue par l'effet du gel ne révèle pas à lui seul l'existence d'un défaut d'entretien, le naufrage s'étant produit à l'issue d'une vague de froid particulièrement inhabituelle, et que l'expert, qui avait vérifié lors de sa visite du bateau, pompes, portes étanches et système d'alarme, n'avait relevé aucun défaut d'entretien. • Com. 5 avr. 2016 : *préc. note 2.*

Art. L. 174-2 **L'assureur ne garantit pas les pertes et les dommages lorsque le bateau entreprend le voyage dans un état le rendant impropre à la navigation ou insuffisamment armé ou équipé.**

De même, il ne garantit pas les pertes et dommages consécutifs à l'usure normale du bateau ou à sa vétusté.

Art. L. 174-3 **L'assureur répond de la contribution des biens assurés à l'avarie commune. De même, lorsque les marchandises à bord appartiennent toutes à l'assuré, l'assureur garantit les pertes qui auraient constitué une avarie commune si les marchandises avaient appartenu à un tiers.**

SECTION II ASSURANCE SUR MARCHANDISES TRANSPORTÉES

(Ord. nº 2011-839 du 15 juill. 2011, art. 7-II).

L'Ord. nº 2011-839 du 15 juill. 2011 s'applique aux contrats conclus ou renouvelés, tacitement ou non, à compter du 1er juill. 2012 (Ord. préc., art. 11).

Art. L. 174-4 **L'assurance** *(Abrogé par Ord. nº 2011-839 du 15 juill. 2011, art. 7-III)* **« *sur facultés* » garantit les pertes et dommages matériels causés aux marchandises par tous accidents de navigation ou événements de force majeure sauf exclusions formelles et limitées prévues au contrat d'assurance.**

L'Ord. nº 2011-839 du 15 juill. 2011 s'applique aux contrats conclus ou renouvelés, tacitement ou non, à compter du 1er juill. 2012 (Ord. préc., art. 11).

Charge de la preuve de l'exclusion de garantie. Il appartient aux assureurs invoquant l'exclusion de garantie contractuellement limitée de démontrer la réunion des conditions de fait de l'exclusion, à savoir, en l'espèce, de prouver que le dommage n'était pas dû à une variation de la température dirigée sous laquelle voyageaient les marchandises assurées. • Com. 27 juin 1995 : *DMF 1995. 727, rapp. Rémery.*

Art. L. 174-5 **L'assureur ne répond pas du dommage ou de la perte que l'expéditeur ou le destinataire, en tant que tel, a causés par faute intentionnelle ou inexcusable.**

Il ne répond pas du dommage consécutif au vice propre de la marchandise, résultant de sa détérioration interne, de son dépérissement, de son coulage, ainsi que de l'absence ou du défaut d'emballage, de la freinte de route ou du fait des rongeurs. Toutefois, l'assureur garantit le dommage consécutif au retard lorsque le voyage est anormalement retardé par un événement dont il répond.

SECTION III *[ABROGÉE]* ASSURANCE DE RESPONSABILITÉ

(Abrogée par Ord. nº 2011-839 du 15 juill. 2011, art. 10)

L'Ord. nº 2011-839 du 15 juill. 2011 s'applique aux contrats conclus ou renouvelés, tacitement ou non, à compter du 1er juill. 2012 (Ord. préc., art. 11).

Art. L. 174-6 ***L'assureur ne peut payer à un autre que le tiers lésé tout ou partie de la somme due, tant que ce tiers n'a pas été désintéressé jusqu'à concurrence de ladite somme des conséquences pécuniaires du fait dommageable ayant entraîné la responsabilité de l'assuré.***

CHAPITRE V ASSURANCES SUR CORPS ET DE RESPONSABILITÉ CIVILE AÉRIENNE ET AÉRONAUTIQUE

(Ord. nº 2011-839 du 15 juill. 2011, art. 8)

L'Ord. nº 2011-839 du 15 juill. 2011 s'applique aux contrats conclus ou renouvelés, tacitement ou non, à compter du 1er juill. 2012 (Ord. préc., art. 11).

SECTION PREMIÈRE DISPOSITIONS GÉNÉRALES

Art. L. 175-1 L'assurance sur corps des aéronefs est contractée, soit pour un vol, soit pour plusieurs vols, soit pour une durée déterminée par le contrat d'assurance.

Art. L. 175-2 En cas d'aliénation de l'aéronef et de la cessation d'exploitation de celui-ci, les garanties d'assurance cessent de plein droit pour ce qui concerne seulement l'aéronef aliéné à partir du lendemain, à zéro heure, du jour de l'aliénation.

En cas de poursuite de l'exploitation de l'aéronef, les garanties d'assurance continuent de plein droit. Toutefois, les parties peuvent résilier ces garanties dans le délai d'un mois à compter de la notification de l'aliénation. La résiliation prendra effet quinze jours après sa notification.

Les primes restent dues en proportion de la période courue depuis la date d'effet du contrat.

Le souscripteur doit informer l'assureur de la date d'aliénation.

Art. L. 175-3 L'aliénation de la majorité des parts d'un aéronef en copropriété entraîne l'application de l'article L. 175-2.

Art. L. 175-4 L'assurance est nulle s'il est établi qu'avant la conclusion du contrat l'assuré avait personnellement connaissance du sinistre.

Art. L. 175-5 En l'absence de fraude, le contrat est valable à concurrence de la valeur réelle des choses assurées et, si elle a été agréée, pour toute la somme assurée.

Art. L. 175-6 Lorsque la somme assurée est inférieure à la valeur réelle des objets assurés, sauf le cas de la valeur agréée, l'assuré demeure son propre assureur pour la différence.

Art. L. 175-7 Lorsque la valeur assurée de l'aéronef est une valeur agréée, les parties s'interdisent réciproquement toute autre estimation, sauf si l'assureur établit qu'il y a eu fraude de la part de l'assuré ou de son mandataire. Dans ce cas l'assurance de la chose assurée est nulle, et la prime reste acquise à l'assureur.

Art. L. 175-8 Quand plusieurs assurances contre un même risque sont contractées de manière frauduleuse, ces assurances sont nulles.

Art. L. 175-9 En assurance de biens, les assurances cumulatives contractées sans fraude pour une somme totale excédant la valeur de la chose assurée ne sont valables que si l'assuré les porte à la connaissance de l'assureur à qui il demande son règlement.

Chacune d'elles produit ses effets dans les limites des garanties du contrat et jusqu'à concurrence de l'entière valeur de la chose assurée.

En assurance de responsabilité, quand les assurances cumulatives sont contractées sans fraude, chacune d'elles produit ses effets en proportion et dans les limites des garanties du contrat.

Art. L. 175-10 Dans les assurances de responsabilité, les conditions d'application de la garantie dans le temps sont déterminées par le contrat d'assurance.

Art. L. 175-11 Le tiers lésé dispose d'un droit d'action directe à l'encontre de l'assureur garantissant la responsabilité civile de la personne responsable.

L'assureur ne peut payer à un autre que le tiers lésé tout ou partie de la somme due par lui, tant que ce tiers n'a pas été désintéressé, jusqu'à concurrence de ladite somme, des conséquences pécuniaires de l'événement ayant entraîné la responsabilité de l'assuré.

Art. L. 175-12 L'assureur qui prend la direction d'un procès intenté à l'assuré est censé aussi renoncer à toutes les exceptions dont il avait connaissance lorsqu'il a pris la direction du procès.

L'assuré n'encourt aucune déchéance ni aucune autre sanction du fait de son immixtion dans la direction du procès s'il avait intérêt à le faire.

Art. L. 175-13 Les actions nées du contrat d'assurance se prescrivent par deux ans.

SECTION II OBLIGATIONS DE L'ASSURÉ

Art. L. 175-14 L'assuré doit déclarer exactement, lors de la conclusion du contrat, toutes les circonstances connues de lui qui sont de nature à faire apprécier par l'assureur le risque qu'il prend à sa charge.

Toute omission ou toute déclaration inexacte de mauvaise foi de l'assuré de nature à diminuer sensiblement l'opinion de l'assureur sur le risque, qu'elle ait ou non influé sur le dommage ou sur la perte de l'objet assuré, annule l'assurance à la demande de l'assureur.

La preuve de la mauvaise foi de l'assuré incombe à l'assureur. D'un commun accord entre les parties contractantes, il peut être dérogé à cette règle.

En cas de mauvaise foi de l'assuré, la prime demeure acquise à l'assureur.

En cas de bonne foi de l'assuré, l'assureur est, sauf stipulation plus favorable à l'égard de l'assuré, garant du risque proportionnellement à la prime perçue par rapport à celle qu'il aurait dû percevoir, sauf les cas où il établit qu'il n'aurait pas couvert les risques s'il les avait connus. Sous cette dernière réserve, si la constatation a lieu avant tout sinistre, l'assureur peut soit maintenir le contrat, moyennant une augmentation de prime acceptée par l'assuré, soit résilier le contrat dix jours après notification adressée à l'assuré, en restituant la portion de prime payée pour le temps où l'assurance ne court plus. Dans le cas où la constatation n'a lieu qu'après un sinistre, l'indemnité est réduite en proportion du taux des primes payées par rapport au taux des primes qui auraient été dues si les risques avaient été complètement et exactement déclarés.

Art. L. 175-15 L'assuré doit déclarer à l'assureur, dans la mesure où il les connaît, les aggravations de risques survenues au cours du contrat.

Toute modification en cours de contrat, soit de ce qui a été convenu lors de sa formation, soit de l'objet assuré, d'où résulte une aggravation sensible du risque, entraîne la résiliation de l'assurance si elle n'a pas été déclarée à l'assureur dès que l'assuré en a eu connaissance et au plus tard dans le délai fixé par le contrat, qui ne peut être inférieur à cinq jours ouvrés. Si l'assuré est de bonne foi, il est fait application des dispositions du quatrième alinéa de l'article L. 175-14.

Si cette aggravation n'est pas le fait de l'assuré, hors les cas des risques de guerre et assimilés, l'assurance continue, moyennant augmentation de la prime acceptée par l'assuré et correspondant à l'aggravation survenue.

Si l'aggravation est le fait de l'assuré, l'assureur peut soit résilier le contrat dans le délai fixé par le contrat, qui ne peut être inférieur à cinq jours ouvrés, à partir du moment où il en a eu connaissance, la prime lui étant acquise au prorata de la période garantie avant résiliation, soit exiger une augmentation de prime correspondant à l'aggravation survenue.

Art. L. 175-16 L'assuré doit payer la prime et les frais, au lieu et aux époques convenus.

Le défaut de paiement de tout ou partie de la prime, à sa date d'exigibilité, permet à l'assureur soit de suspendre les garanties, soit d'en demander la résiliation.

La suspension ou la résiliation ne prend effet que trente jours après la notification par lettre recommandée à l'assuré, à son dernier domicile connu de l'assureur, d'une mise en demeure d'avoir à payer.

Dans l'assurance au vol ou pour plusieurs vols, la prime entière est acquise à l'assureur, dès que les risques ont commencé à courir.

Dans l'assurance à durée déterminée, la prime due à la date d'effet du contrat d'assurance pourra être fractionnée. Cependant, dans le cas où le montant d'un sinistre garanti est supérieur aux fractions de primes déjà réglées, l'assureur pourra exiger le paiement immédiat du solde de la prime.

En cas de fraude de l'assuré, la prime demeure acquise à l'assureur.

Art. L. 175-17 L'assuré doit apporter les soins raisonnables à tout ce qui est relatif à l'aéronef.

L'assuré doit contribuer au sauvetage des objets assurés et prendre toutes mesures conservatoires de ses droits contre les tiers responsables.

Il est responsable envers l'assureur du dommage causé par l'inexécution de cette obligation résultant de sa faute ou de sa négligence.

Art. L. 175-18 L'assuré doit déclarer dans les délais prévus au contrat d'assurance tout sinistre dont il a connaissance.

L'assureur peut prévoir une clause de déchéance totale ou partielle lorsque l'assuré a fait de mauvaise foi une déclaration inexacte relative au sinistre ou lorsque l'assuré a déclaré tardivement le sinistre. Dans cette dernière hypothèse, l'assureur doit prouver que ce retard lui a causé un préjudice.

SECTION III OBLIGATIONS DE L'ASSUREUR

Art. L. 175-19 Lors de la réalisation du risque, l'assureur doit exécuter dans le délai convenu la prestation déterminée par le contrat et ne peut être tenu au-delà.

Art. L. 175-20 Quel que soit le nombre d'événements survenus pendant la durée de la police d'assurance sur corps, l'assureur garantit pour chaque événement jusqu'au montant du capital assuré, sauf le droit pour l'assureur de demander après chaque événement un complément de prime à l'assuré dans le cadre d'une reconstitution de garantie.

Art. L. 175-21 Si un même risque a été couvert par plusieurs assureurs, au titre d'un même contrat d'assurance, chacun n'est tenu, sans solidarité avec les autres, que dans la proportion de la somme par lui assurée, laquelle constitue la limite de son engagement.

Art. L. 175-22 L'assureur ne garantit pas les dommages et pertes causés par la faute intentionnelle de l'assuré.

Cependant, les risques demeurent couverts en cas de faute non intentionnelle de l'assuré ainsi qu'en cas de toute faute de ses préposés.

Art. L. 175-23 L'assureur ne rembourse que le coût des remplacements et réparations reconnus nécessaires ; l'indemnité due par l'assureur à l'assuré ne peut pas dépasser le montant de la valeur de la chose assurée au moment du sinistre, sous réserve des dispositions de l'article L. 175-5.

Art. L. 175-24 L'assureur ne peut être contraint de réparer ou remplacer les objets assurés.

Art. L. 175-25 En cas d'indemnisation en perte totale, en perte réputée totale ou en perte totale négociée de l'aéronef, le produit du sauvetage de l'épave est acquis à l'assureur, sans nécessairement emporter transfert de propriété de l'épave à ce dernier.

Art. L. 175-26 En cas de perte totale, perte réputée totale ou perte totale négociée de l'aéronef, l'assureur a la faculté d'opter pour le transfert de propriété de l'aéronef.

Art. L. 175-27 Dans les assurances de responsabilité, l'assureur n'est tenu que si, à la suite d'un événement prévu au contrat, une réclamation amiable ou judiciaire est faite à l'assuré par le tiers lésé.

Art. L. 175-28 L'assureur peut stipuler qu'aucune reconnaissance de responsabilité, aucune transaction, intervenues en dehors de lui, ne lui sont opposables. L'aveu de la matérialité d'un fait ne peut être assimilé à la reconnaissance d'une responsabilité.

Art. L. 175-29 L'assureur qui a payé l'indemnité d'assurance acquiert, à concurrence de son paiement, tous les droits de l'assuré nés des dommages qui ont donné lieu à garantie.

CHAPITRE VI ASSURANCES DE RESPONSABILITÉ CIVILE RELATIVE À UNE OPÉRATION SPATIALE

(Ord. n° 2011-839 du 15 juill. 2011, art. 8)

L'Ord. n° 2011-839 du 15 juill. 2011 s'applique aux contrats conclus ou renouvelés, tacitement ou non, à compter du 1er juill. 2012 (Ord. préc., art. 11).

Art. L. 176-1 Les contrats d'assurance ayant pour objet de garantir la responsabilité civile relative à une opération spatiale sont régis par les dispositions des articles L. 175-4, L. 175-8, L. 175-11 à L. 175-15, L. 175-18, L. 175-19, L. 175-21, L. 175-22, L. 175-28 et L. 175-29 ainsi que par les dispositions du présent chapitre.

Art. L. 176-2 Les conditions d'application de la garantie dans le temps sont déterminées par le contrat d'assurance.

Art. L. 176-3 Quand les assurances cumulatives sont contractées sans fraude, chacune d'elles produit ses effets en proportion et dans les limites des garanties du contrat.

Art. L. 176-4 L'assuré doit payer la prime et les frais, au lieu et aux époques convenus.

Le défaut de paiement de tout ou partie de la prime, à sa date d'exigibilité, permet à l'assureur soit de suspendre les garanties, soit d'en demander la résiliation.

La suspension ou la résiliation ne prend effet que trente jours après la notification par lettre recommandée à l'assuré, à son dernier domicile connu de l'assureur, d'une mise en demeure d'avoir à payer.

Dans l'assurance à durée déterminée, la prime due à la date d'effet du contrat d'assurance pourra être fractionnée. Cependant, dans le cas où le montant d'un sinistre garanti est supérieur aux fractions de primes déjà réglées, l'assureur pourra exiger le paiement immédiat du solde de la prime.

En cas de fraude de l'assuré, la prime demeure acquise à l'assureur.

Art. L. 176-5 L'assureur n'est tenu que si, à la suite d'un événement prévu au contrat, une réclamation est faite à l'assuré par le tiers lésé ou, le cas échéant, par l'État en application de l'article 14 de la loi n° 2008-518 du 3 juin 2008 relative aux opérations spatiales.

TITRE HUITIÈME LOI APPLICABLE AUX CONTRATS D'ASSURANCE POUR LES RISQUES SITUÉS SUR LE TERRITOIRE D'UN OU *[DE]* PLUSIEURS ÉTATS PARTIES À L'ACCORD SUR L'ESPACE ÉCONOMIQUE EUROPÉEN ET POUR LES ENGAGEMENTS QUI Y SONT PRIS *(L. nº 92-665 du 16 juill. 1992 ; L. nº 94-5 du 4 janv. 1994).*

(L. nº 89-1014 du 31 déc. 1989)

BIBL. GÉN. ▶ LOUSSOUARN, *RGAT 1989. 291.* – FALLON, *ibid. 1989. 242.*

CHAPITRE PREMIER ASSURANCES DE DOMMAGES NON OBLIGATOIRES *(L. nº 92-665 du 16 juill. 1992).*

Art. L. 181-1 **1º Lorsque le risque est situé *(L. nº 94-5 du 4 janv. 1994)* « au sens de l'article L. 310-4 » sur le territoire de la République française et que le souscripteur y a sa résidence principale ou son siège de direction, la loi applicable est la loi française, à l'exclusion de toute autre.**

2º Lorsque le risque est situé *(L. nº 94-5 du 4 janv. 1994)* « au sens de l'article L. 310-4 » sur le territoire de la République française et que le souscripteur n'y a pas sa résidence principale ou son siège de direction, les parties au contrat d'assurance peuvent choisir d'appliquer soit la loi française, soit la loi du pays où le souscripteur a sa résidence principale ou son siège de direction.

De même, lorsque le souscripteur a sa résidence principale ou son siège de direction sur le territoire de la République française et que le risque n'y est pas situé *(L. nº 94-5 du 4 janv. 1994)* « au sens de l'article L. 310-4 », les parties au contrat d'assurance peuvent choisir d'appliquer soit la loi française, soit la loi du pays où le risque est situé.

3º Lorsque le souscripteur exerce une activité commerciale, industrielle ou libérale et que le contrat couvre deux ou plusieurs risques relatifs à ces activités situés sur le territoire de la République française et dans un ou plusieurs autres États membres *(L. nº 94-5 du 4 janv. 1994)* « de l'Espace économique européen », les parties au contrat peuvent choisir la loi d'un des États où ces risques sont situés ou celle du pays où le souscripteur a sa résidence principale ou son siège de direction.

4º Lorsque la garantie des risques situés dans le ou les États mentionnés aux 1º, 2º et 3º ci-dessus est limitée à des sinistres qui peuvent survenir dans un autre État membre *(L. nº 94-5 du 4 janv. 1994)* « de l'Espace économique européen », les parties au contrat d'assurance peuvent choisir la loi de l'État où se produit le sinistre.

5º *(L. nº 94-5 du 4 janv. 1994)* « Pour les grands risques tels qu'ils sont définis à l'article L. 111-6, les parties ont le libre choix de la loi applicable au contrat.

« Toutefois, le choix par les parties d'une loi autre que la loi française ne peut, lorsque tous les éléments du contrat sont localisés au moment de ce choix sur le territoire de la République française, faire obstacle à l'application des dispositions législatives et réglementaires auxquelles il ne peut être dérogé par contrat en application de l'article L. 111-2. »

Art. L. 181-2 **Lorsque les parties ont à exercer le choix de la loi applicable dans l'un des cas visés par l'article L. 181-1, ce choix doit être exprès ou résulter de façon certaine des clauses du contrat ou des circonstances de la cause.**

A défaut, le contrat est régi par la loi de celui, parmi les États qui entrent en ligne de compte aux termes de l'article précédent, avec lequel il présente les liens les plus étroits. Il est présumé que le contrat présente les liens les plus étroits avec l'État membre *(L. nº 94-5 du 4 janv. 1994)* « de l'Espace économique européen » où le risque est situé. Si une partie du contrat est séparable du reste du contrat et présente un lien plus étroit avec un autre des pays qui entrent en ligne de compte conformément à l'article précédent, il pourra être fait application à cette partie du contrat de la loi de cet autre pays.

Liens les plus étroits. Le contrat portant sur un risque pouvant survenir sur le territoire français, consécutif à une décision d'une autorité française (les services vétérinaires français) assuré par un souscripteur britannique auprès d'une compagnie britannique, mais pour le compte d'un bénéficiaire français, les liens les plus étroits de ce contrat sont avec la France et non la Grande-Bretagne. La loi française devait donc être applicable. • Paris, 19 sept. 1997 : *RGDA 1999. 208, note Heuzé.*

Art. L. 181-3 **Les articles L. 181-1 et L. 181-2 ne peuvent faire obstacle aux dispositions d'ordre public de la loi française applicables quelle que soit la loi régissant le contrat.**

Toutefois, le juge peut donner effet sur le territoire de la République française aux dispositions d'ordre public de la loi de l'État membre *(L. nº 94-5 du 4 janv. 1994)* **« de l'Espace économique européen » où le risque est situé ou d'un État membre qui impose l'obligation d'assurance, si, selon le droit de ces pays, ces dispositions sont applicables quelle que soit la loi régissant le contrat.**

Lorsque le contrat couvre des risques situés dans plusieurs États membres *(L. nº 94-5 du 4 janv. 1994)* **« de l'Espace économique européen », le contrat est considéré, pour l'application du présent article, comme constituant plusieurs contrats dont chacun ne se rapporte qu'à un seul État.**

Exclusion formelle et limitée du droit polonais. Est formelle et limitée et ne contrevient pas aux dispositions d'ordre public de l'art. L. 113-1 du code français des assurance, la clause qui exclut les conséquences de la négligence grave ou caractérisée désignée par l'art. 827, § 1, du code civil polonais comme la *razacego niedbalstwa.* • Com. 8 mars 2017, nº 15-13.384 : *RGDA 2017. 327, note Turgné.*

Art. L. 181-4 **Sous réserve des dispositions des articles L. 181-1 à L. 181-3 et pour le surplus, les règles générales de droit international privé en matière d'obligations contractuelles sont applicables.**

Action directe. Si l'action directe de la victime contre l'assureur du responsable est régie, en matière de responsabilité contractuelle comme en matière de responsabilité quasi délictuelle, par la loi du lieu du dommage, le régime juridique de l'assurance est soumis à la loi du contrat. • Civ. 1re, 20 déc. 2000, nº 98-15.546 P : *RGDA 2001. 330, note Landel ; ibid. 1065, note Heuzé.*

CHAPITRE II ASSURANCES DE DOMMAGES OBLIGATOIRES

(L. nº 92-665 du 16 juill. 1992).

Art. L. 182-1 **Les contrats destinés à satisfaire à une obligation d'assurance imposée par une loi française sont régis par le droit français.**

Les dispositions du titre VIII ci-dessus s'appliquent dans les territoires d'outre-mer et à Mayotte. — Elles entrent en vigueur à une date fixée par décret et au plus tard le 1er juill. 1990 (L. nº 89-1014 du 31 déc. 1989, art. 59 et 60).

BIBL. ▶ SÉNÉCHAL, *RDI 2010. 431* (directive « services » et avenir de l'assurance construction française).

CHAPITRE III ASSURANCE SUR LA VIE ET CAPITALISATION

(L. nº 92-665 du 16 juill. 1992).

Art. L. 183-1 **Lorsque l'engagement est pris,** *(L. nº 94-5 du 4 janv. 1994)* **« au sens de l'article L. 310-5 », sur le territoire de la République française, la loi applicable au contrat est la loi française, à l'exclusion de toute autre.**

Toutefois, si le souscripteur est une personne physique et est ressortissant d'un autre État membre *(L. nº 94-5 du 4 janv. 1994)* **« de l'Espace économique européen », les parties au contrat d'assurance peuvent choisir d'appliquer soit la loi française soit la loi de l'État dont le souscripteur est ressortissant.**

Art. L. 183-2 **Les dispositions de l'article L. 183-1 ne peuvent faire obstacle aux dispositions d'ordre public de la loi française applicables quelle que soit la loi régissant le contrat.**

Toutefois, le juge peut donner effet sur le territoire de la République française aux dispositions d'ordre public de la loi de l'État membre de l'engagement si le droit de cet État prévoit que ces dispositions sont applicables quelle que soit la loi régissant le contrat.

TITRE NEUVIÈME DISPOSITIONS PARTICULIÈRES AUX DÉPARTEMENTS DU BAS-RHIN, DU HAUT-RHIN ET DE LA MOSELLE ET DISPOSITIONS APPLICABLES À MAYOTTE, DANS LES ÎLES WALLIS-ET-FUTUNA ET DANS LES TERRES AUSTRALES ET ANTARCTIQUES FRANÇAISES *(Ord. nº 2011-839 du 15 juill. 2011, art. 9-I).*

L'Ord. nº 2011-839 du 15 juill. 2011 s'applique aux contrats conclus ou renouvelés, tacitement ou non, à compter du 1er juill. 2012 (Ord. préc., art. 11).

BIBL. GÉN. ▶ MARGEAT, *RGAT 1991. 519.*

CHAPITRE PREMIER DISPOSITIONS PARTICULIÈRES AUX DÉPARTEMENTS DU BAS-RHIN, DU HAUT-RHIN ET DE LA MOSELLE EN MATIÈRE D'ASSURANCE GÉNÉRALE *(L. nº 2005-1564 du 15 déc. 2005).*

Art. L. 191-1 **Le code des assurances est applicable aux risques situés dans les départements du Bas-Rhin, du Haut-Rhin et de la Moselle, sous réserve des dispositions ci-après.**

Art. L. 191-2 **Le risque est regardé comme situé dans lesdits départements :**

1º Si les biens sont situés dans ces départements, lorsque l'assurance est relative soit à des immeubles, soit à des immeubles et à leur contenu ;

2º Lorsque l'assurance est relative à des véhicules de toute nature immatriculés dans ces départements ;

3º Si le contrat a été souscrit dans ces départements, lorsqu'il s'agit d'un contrat d'une durée inférieure ou égale à quatre mois, relatif à des risques encourus au cours d'un déplacement, quelle que soit la branche concernée ;

4º Dans tous les autres cas que ceux qui sont visés ci-dessus, si le souscripteur a sa résidence principale dans ces départements ou si, le souscripteur étant une personne morale, l'établissement de cette personne morale auquel le contrat se rapporte est situé dans ces départements.

Comp., pour la libre prestation de services en assurance de dommages, art. L. 351-3.

Art. L. 191-3 **Ne peuvent être modifiées par convention les prescriptions du présent titre, sauf celles qui donnent aux parties une simple faculté et qui sont contenues dans les articles L. 191-7, L. 192-2 et L. 192-3.**

Art. L. 191-4 *(Abrogé par Cons. const. nº 2014-414 QPC du 26 sept. 2014, à compter du 28 sept. 2014)* ***Il n'y a pas lieu à résiliation ni à réduction par application de l'article L. 113-9 si le risque omis ou dénaturé était connu de l'assureur ou s'il ne modifie pas l'étendue de ses obligations ou s'il est demeuré sans incidence sur la réalisation du sinistre.***

I. DÉCLARATION D'INCONSTITUTIONNALITÉ

1. *QPC (transmission).* La question posée au sujet de l'art. L. 191-4 C. assur. présente un caractère sérieux en ce que la disposition, issue d'une L. nº 91-412 du 6 mai 1991 écartant dans les départements d'Alsace-Moselle l'application de la réduction proportionnelle des indemnités d'assurance dans le cas où le risque omis ou dénaturé n'a pas modifié l'étendue des obligations de l'assureur ou eu d'incidence sur la réalisation du sinistre, est susceptible de porter atteinte au principe d'égalité devant la loi tel qu'il est garanti par l'art. 6 de la Déclaration des droits de l'homme et du citoyen. Il y a lieu de la renvoyer au Conseil constitutionnel. • Civ. 2e, 26 juin 2014 : *D. 2014. 1495 ; RCA 2014, nº 322 ; RGDA 2014. 448, note Pélissier.*

2. *QPC (décision).* En aménageant, postérieurement à l'entrée en vigueur de la Constitution de 1946, les dispositions de droit local issues de la loi du 30 mai 1908, la L. du 6 mai 1991 a accru, par l'art. L. 191-4, la différence de traitement résultant de l'application de règles particulières dans les départements du Haut-Rhin, du Bas-Rhin et de la Moselle. Il s'ensuit que le principe fondamental reconnu par les lois de la République en matière de dispositions particulières applicables dans ces trois départements ne saurait faire obstacle à l'examen du grief tiré de ce que cette différence méconnaît le principe d'égalité devant la loi. Cette différence entre les dispositions législatives relatives au contrat d'assurance n'est justifiée ni par une différence de situation ni par un motif d'intérêt général en rapport direct avec l'objet de la loi. Elle méconnaît le principe d'égalité. Il s'ensuit que l'art. L. 191-4 doit être déclaré contraire à la Constitution. • Cons. const. 26 sept. 2014, n° 2014-414 QPC : *D. 2014. 1875 ; RGDA 2014. 552, note Pélissier ; RCA 2015, n° 32 ; ibid., n° 28, note Groutel.*

II. JURISPRUDENCE ANTÉRIEURE À LA DÉCLARATION D'INCONSTITUTIONNALITÉ

3. Risque omis sans incidence sur la réalisation du sinistre. Fait une exacte application de l'art. L. 113-9 C. assur. la cour d'appel qui, retenant que la déclaration inexacte faite par l'assuré sur la superficie de sa maison avait été sans incidence sur la survenance de l'incendie, décide qu'il n'y a pas lieu à réduction de l'indemnité d'assurance. • Civ. 2e, 3 sept. 2009, n° 08-16.726 P : *RCA 2009, n° 305, note Asselain ; RDI 2009. 661, obs. Porte.* ♦ Une cour d'appel ne pouvait appliquer la règle proportionnelle de l'art. L. 113-9 C. assur., alors qu'elle constatait que la déclaration inexacte faite lors de la souscription du contrat d'assurance n'avait eu aucune incidence sur la réalisation du sinistre. • Civ. 2e, 3 oct. 2013 : *RCA 2013, n° 395, note Groutel ; RGDA 2014. 23, note Asselain.*

4. Responsabilité du courtier. Le fait de ne pas transmettre à l'assureur les éléments contenus dans la lettre de son mandataire relatifs à la demande d'extension du contrat d'assurance constitue la faute du courtier ayant seule permis à l'assureur d'invoquer, fût-ce illégalement au regard des dispositions de l'art. L. 191-4 C. assur., particulières aux départements du Bas-Rhin, Haut-Rhin et de la Moselle, l'application de l'art. L. 113-9 C. assur. à l'origine du préjudice invoqué par l'assuré. • Civ. 1re, 7 déc. 2006 : *RGDA 2007. 244, note Langé.*

Art. L. 191-5 **En cas de manquement à une obligation lui incombant après la survenance du sinistre, l'assuré n'encourt la déchéance qu'en cas de faute lourde ou d'inexécution intentionnelle de sa part.**

Art. L. 191-6 **Chaque partie a le droit de résilier le contrat, après la réalisation du sinistre, dans le délai d'un mois qui suit la conclusion des négociations relatives à l'indemnité.**

L'assureur doit donner un préavis d'un mois. Il doit restituer à l'assuré la portion de prime payée d'avance et afférente à la période pour laquelle le risque n'a pas couru, période calculée à compter de la date d'effet de la résiliation.

Art. L. 191-7 **Sans préjudice des dispositions des articles L. 211-17 et L. 242-1, l'indemnité due à l'assuré porte intérêt au taux légal à partir de l'expiration du mois qui suit la déclaration du sinistre.**

Si le préjudice n'est pas encore complètement chiffré à cette date, l'assuré peut demander le versement d'une provision égale au montant du dommage déjà établi.

Le délai ne court pas tant que l'évaluation du dommage est retardée par la faute de l'assuré. — *Assur. L. 191-3.*

Règle supplétive. Aux termes de l'art. L. 191-3, les dispositions de l'art. L. 191-7 ne sont pas impératives. • Crim. 19 mars 1997 : *RGDA 1997. 745, note Favre-Rochex.*

CHAPITRE II DISPOSITIONS PARTICULIÈRES AUX DÉPARTEMENTS DU BAS-RHIN, DU HAUT-RHIN ET DE LA MOSELLE APPLICABLES AUX ASSURANCES NON FLUVIALES (*L. n° 2005-1564 du 15 déc. 2005*).

Art. L. 192-1 **Le délai prévu à l'article L. 114-1, alinéa 1er, est porté à cinq ans en matière d'assurance sur la vie.**

Information sur la prescription. L'obligation, prévue par l'art. R. 112-1 dans sa rédaction issue du Décr. n° 90-827 du 20 sept. 1990, de rappeler dans les contrats d'assurance les dispositions légales concernant la prescription des actions dérivant du contrat s'inscrivant dans le devoir général d'information de l'assureur lui impose de porter à la connaissance des assurés une disposition qui est commune à tous les contrats d'assurance, de sorte que cette obligation s'applique aux contrats d'assurance sur la vie, y compris à ceux souscrits pour des risques situés dans les départements du Bas-Rhin, du Haut-Rhin et de la Moselle. • Civ. 2e, 17 nov. 2016, n° 15-25.316 : *RGDA 2017. 32, note Pélissier ; RCA 2017, n° 63, note Groutel.*

Art. L. 192-2 **La suspension du contrat d'assurance prévue à l'article L. 121-11 prendra effet à partir du cinquième jour, à zéro heure, suivant celui de l'aliénation.** — *Assur. L. 191-3.*

Art. L. 192-3 Nonobstant les dispositions de l'article L. 122-4 et sauf stipulations expresses contraires, l'assureur est tenu de réparer, outre les dommages résultant de l'action du feu, d'une explosion ou de la foudre, ceux qui sont la conséquence inévitable de l'incendie ou sont causés par son extinction, la démolition et le déblaiement des locaux, le vol et la disparition d'objets assurés. – *Assur. L. 191-3.*

Art. L. 192-4 A l'égard de l'assurance des immeubles, le créancier hypothécaire qui a notifié son hypothèque à l'assureur ne peut se voir opposer tout fait quelconque ayant pour effet de mettre fin à la garantie ou de diminuer la couverture du risque qu'un mois après qu'il en a été avisé par l'assureur ou qu'il en a eu connaissance par un autre moyen.

L'alinéa précédent n'est pas applicable lorsque l'assurance prend fin par suite du redressement ou de la liquidation judiciaire de l'assureur ou par suite du défaut de paiement de la prime.

L'assureur qui est libéré de sa garantie à raison de l'inexécution par l'assuré de ses obligations, à l'exception de celle du paiement de la prime, reste tenu envers le créancier hypothécaire, même si l'hypothèque ne lui a pas été notifiée. Il en est de même lorsque l'assureur résilie le contrat après la survenance du sinistre.

L'assureur qui paie le créancier hypothécaire conformément aux dispositions de l'alinéa précédent est subrogé dans les droits de celui-ci. La subrogation ne peut porter préjudice aux droits des autres créanciers hypothécaires inscrits au même rang ou à un rang postérieur à l'égard desquels l'assureur reste tenu.

L'assureur doit prévenir immédiatement le créancier hypothécaire qui lui a notifié son hypothèque qu'il a été imparti à l'assuré pour le paiement de la prime un délai à l'expiration duquel l'assurance sera résiliée pour non-paiement de la prime.

L'assureur ne peut refuser la prime offerte par le créancier hypothécaire, alors même que l'assuré s'y opposerait.

Art. L. 192-5 Si le contrat impose la reconstruction du bâtiment sinistré, le paiement de l'indemnité n'est opposable au créancier hypothécaire qu'un mois après la notification par l'assureur de ce que le paiement se fera sans que l'affectation de l'indemnité à la reconstruction ne soit certaine. Jusqu'à l'expiration de ce délai, le créancier hypothécaire pourra s'opposer au paiement de l'indemnité d'assurance.

Art. L. 192-6 En cas de changement de domicile du créancier hypothécaire, la notification par lettre recommandée avec accusé de réception est valablement faite par l'assureur au dernier domicile connu du créancier hypothécaire.

Art. L. 192-7 Les dispositions des articles L. 192-3 à L. 192-5 et celles des articles 1127 et 1128 du code civil local sont également applicables aux créanciers privilégiés.

CHAPITRE III *[ABROGÉ]* DISPOSITIONS SPÉCIFIQUES À MAYOTTE

(Abrogé par Ord. n° 2015-378 du 2 avr. 2015, art. 9-2°, à compter du 1er janvier 2016)

Art. L. 193-1 *Le présent livre est applicable à Mayotte dans les conditions suivantes :*

1° Les références faites par des dispositions du présent code à d'autres articles du même code ne concernent que les articles applicables à Mayotte, le cas échéant, avec les adaptations prévues dans le présent titre;

2° En l'absence d'adaptation, les références faites par des dispositions du présent code applicables à Mayotte à des dispositions qui n'y sont pas applicables sont remplacées par les références aux dispositions ayant le même objet applicables localement.

(L. n° 2008-561 du 17 juin 2008, art. 25-IX-1°) ***« L'article L. 114-3 est applicable à Mayotte. »***

CHAPITRE IV DISPOSITIONS APPLICABLES DANS LES ÎLES WALLIS-ET-FUTUNA

(Ord. n° 2007-1801 du 21 déc. 2007, art. 4)

Art. L. 194-1 *(L. n° 2005-1564 du 15 déc. 2005)* Les titres Ier, II et III du présent livre, à l'exception des articles L. 112-7, L. 112-8, *(L. n° 2014-344 du 17 mars 2014,*

art. 65) « L. 112-10, L. 113-15-2, » L. 122-7, L. 125-1 à L. 125-6, L. 132-30 et L. 132-31, sont applicables dans les îles Wallis-et-Futuna dans leur rédaction en vigueur antérieurement à la promulgation de la loi n° 91-716 du 26 juillet 1991 portant diverses dispositions d'ordre économique et financier.

(L. n° 2014-344 du 17 mars 2014, art. 65) **« Les articles L. 112-10** *(L. n° 2019-733 du 14 juill. 2019, art. 1er, en vigueur le 1er déc. 2020)* **« L. 113-14, L. 113-15 » et L. 113-15-2 sont applicables dans les îles Wallis-et-Futuna** *(L. n° 2019-733 du 14 juill. 2019, art. 1er, en vigueur le 1er déc. 2020)* **« dans leur rédaction résultant de la loi n° 2019-733 du 14 juillet 2019 relative au droit de résiliation sans frais de contrats de complémentaire santé », à l'exception** *(L. n° 2019-733 du 14 juill. 2019, art. 1er, en vigueur le 1er déc. 2020)* **« du sixième » alinéa de l'article L. 113-15-2. »**

Les articles L. 122-7 et L. 125-1 à L. 125-6 sont applicables dans les îles Wallis-et-Futuna dans leur rédaction en vigueur le 1er juillet 2000, à l'exception du quatrième alinéa de l'article L. 125-6 et sous réserve des adaptations suivantes :

***a)* Dans le deuxième alinéa de l'article L. 125-5, les mots : "et les dommages mentionnés à l'article L. 242-1" sont supprimés ;**

***b)* Dans le deuxième alinéa de l'article L. 125-6, les mots : "Cette obligation ne s'impose pas non plus" sont remplacés par les mots : "L'obligation prévue au premier alinéa de l'article L. 125-2 ne s'impose pas" ;**

(Ord. n° 2019-738 du 17 juill. 2019, art. 29-II) **« L'article L. 127-4 est applicable dans les îles Wallis-et-Futuna dans sa rédaction résultant de l'ordonnance n° 2019-738 du 17 juillet 2019. »**

Les articles L. 160-6 à L. 160-8 ainsi que le titre VII du présent livre sont applicables dans les îles Wallis-et-Futuna dans leur rédaction en vigueur lors de la promulgation de la loi n° 89-1014 du 31 décembre 1989 précitée.

(Ord. n° 2015-1497 du 18 nov. 2015, art. 6-1°, en vigueur le 1er janv. 2016) **« Les articles L. 114-3, L. 132-21-1 et L. 132-29 sont applicables dans les îles Wallis-et-Futuna. »**

(Ord. n° 2011-839 du 15 juill. 2011, art. 9-II) **« Le titre VII du présent livre est applicable dans les îles Wallis-et-Futuna. »**

L'Ord. n° 2011-839 du 15 juill. 2011 s'applique aux contrats conclus ou renouvelés, tacitement ou non, à compter du 1er juill. 2012 (Ord. préc., art. 11).

Les dispositions de l'Ord. n° 2019-738 du 17 juill. 2019 s'appliquent aux demandes introduites à compter du 1er janv. 2020 (Ord. préc., art. 30).

Les dispositions issues de la L. n° 2019-733 du 14 juill. 2019 sont applicables aux contrats et adhésions en cours à cette date (Décr. n° 2020-1438 du 24 nov. 2020, art. 4).

CHAPITRE V DISPOSITIONS APPLICABLES DANS LES TERRES AUSTRALES ET ANTARCTIQUES FRANÇAISES

(Ord. n° 2011-839 du 15 juill. 2011, art. 9-III)

V. note ss. art. L. 194-1.

Art. L. 195-1 **Le titre VII du présent livre est applicable dans les Terres australes et antarctiques françaises.**

LIVRE DEUXIÈME ASSURANCES OBLIGATOIRES

Pour une liste des assurances obligatoires, V. App., v° Assurances obligatoires.

Compétence. Les litiges nés de la résiliation du contrat d'assurance entre un assureur et un particulier ne relèvent pas de la compétence de la juridiction administrative. La circonstance qu'une assurance soit une assurance rendue obligatoire par la loi n'a pas pour effet de confier à l'assureur une mission de service public et demeure sans incidence sur la répartition des compétences juridictionnelles. • CE 14 avr. 2006 : *RGDA 2006. 658, note Landel.*

Art. L. 200-1 *(L. n° 2005-1564 du 15 déc. 2005)* **Pour l'application du présent livre, les mots : "la France" et les mots : "en France" désignent la France métropolitaine et les collectivités territoriales régies par l'article 73 de la Constitution** *(Ord. n° 2008-698 du 11 juill. 2008, art. 2-1°)* **« ainsi que Saint-Barthélemy et Saint-Martin ». Sauf pour les dispositions qui concernent la libre prestation de services et la liberté d'établissement, ces mots désignent également** *(Abrogé par Ord. n° 2015-378 du 2 avr. 2015, art. 9-1°, à compter du 1er janv. 2016) (Ord. n° 2007-1801 du 21 déc. 2007, art. 4)* **«** ***Mayotte et*** **» Saint-Pierre-et-Miquelon.**

BIBL. ▶ LEMASSON, *RGDA 2011. 423* (droit commun de l'assurance obligatoire).

TITRE PREMIER L'ASSURANCE DES VÉHICULES TERRESTRES À MOTEUR ET DE LEURS REMORQUES ET SEMI-REMORQUES

CHAPITRE PREMIER L'OBLIGATION DE S'ASSURER

BIBL. GÉN. ▶ Loi du 29 févr. 1958 : PICARD, *RGAT 1959. 5.* ▶ Loi du 5 juill. 1985 : DREIFUS-NETTER, *RGAT 1986. 519.* – FAVRE-ROCHEX, *RGAT 1986. 321.* – GROUTEL, *Éd. techn. n° spécial 12 bis, J.-Cl. droit civil, 1985.* – LEDUC, *RCA 2015. Dossier 8.* – LEGRAND, *RGAT 1987. 8.* ▶ Loi du 31 déc. 1993 : H. GROUTEL, *RCA 1994. Chron. 8.*

SECTION PREMIÈRE PERSONNES ASSUJETTIES

Art. L. 211-1 **Toute personne physique ou toute personne morale autre que l'État, dont la responsabilité civile peut être engagée** *(L. n° 85-677 du 5 juill. 1985)* **« en raison de dommages subis par des tiers résultant d'atteintes aux personnes ou aux biens dans la réalisation desquels un véhicule** *(Abrogé par L. n° 2007-1774 du 17 déc. 2007, art. 1er-II-1°)* **«** ***terrestre à moteur, ainsi que ses remorques ou semi-remorques,*** **» est impliqué, » doit, pour faire circuler** *(L. n° 2007-1774 du 17 déc. 2007, art. 1er-II-1°)* **« celui-ci », être couverte par une assurance garantissant cette responsabilité,** *(L. n° 89-1014 du 31 déc. 1989)* **« dans les conditions fixées par décret en Conseil d'État ».** *(L. n° 2007-1774 du 17 déc. 2007, art. 1er-II-2°)* **« Pour l'application du présent article, on entend par "véhicule" tout véhicule terrestre à moteur, c'est-à-dire tout véhicule automoteur destiné à circuler sur le sol et qui peut être actionné par une force mécanique sans être lié à une voie ferrée, ainsi que toute remorque, même non attelée. »**

(L. n° 85-677 du 5 juill. 1985) **« Les contrats d'assurance couvrant la responsabilité mentionnée au premier alinéa du présent article doivent également couvrir la responsabilité civile de toute personne ayant la garde ou la conduite, même non autorisée, du véhicule, à l'exception des professionnels de la réparation, de la vente et du contrôle de l'automobile, ainsi que la responsabilité civile des passagers du véhicule objet de l'assurance.** *(L. n° 93-1444 du 31 déc. 1993)* **« Toutefois, en cas de vol d'un véhicule, ces contrats ne couvrent pas la réparation des dommages subis par les auteurs, coauteurs ou complices du vol. »**

« L'assureur est subrogé dans les droits que possède le créancier de l'indemnité contre la personne responsable de l'accident lorsque la garde ou la conduite du véhicule a été obtenue contre le gré du propriétaire.

« Ces contrats doivent être souscrits auprès d'une entreprise d'assurance agréée pour pratiquer les opérations d'assurance contre les accidents résultant de l'emploi de véhicules automobiles. »

(L. n° 99-505 du 18 juin 1999) **« Les membres de la famille du conducteur ou de l'assuré, ainsi que les élèves d'un établissement d'enseignement de la conduite des véhicules terrestres à moteur agréé, en cours de formation ou d'examen, sont considérés comme des tiers au sens du premier alinéa du présent article. »** – *Assur. L. 421-9, R. 211-45.*

COMMENTAIRE

I. LE DOMAINE DE L'OBLIGATION D'ASSURANCE

A. VÉHICULES

Modifié par la loi n° 2007-1774 du 17 décembre 2007 afin de le rendre conforme à la directive n° 72/166/CEE du 24 avril 1972, l'article L. 211-1 définit dorénavant les véhicules soumis à l'obligation d'assurance comme tout véhicule terrestre à moteur, c'est-à-dire tout véhicule automoteur destiné à circuler sur le sol et qui peut être actionné par une force mécanique sans être lié à une voie ferrée, ainsi que toute remorque, même non attelée.

Ne sont donc pas soumis à l'obligation d'assurance :

– les trains et tramways liés à une voie ferrée, mais l'article L. 211-2 semble aller au-delà puisqu'il exclut de l'obligation d'assurance *« les chemins de fer et les tramways »* ce qui paraît recouvrir les tramways, sur pneus non liés à une voie ferrée ;

– les avions et hydroglisseurs qui ne sont pas destinés à circuler sur le sol, même si les avions peuvent rouler sur le tarmac.

En revanche est soumis à l'obligation d'assurance tout engin à moteur destiné à transporter des personnes ou des choses tel que :

– les voitures et les motocyclettes ;

– les tondeuses à gazon dotées de quatre roues et d'un siège pour le pilote (Civ. 2e, 24 juin 2004), ce qui exclut *a contrario* les tondeuses à gazon dirigées par une personne à pied ;

– mais aussi, ainsi que l'a rappelé la Fédération française de l'assurance le 15 novembre 2017, les engins de déplacement personnel motorisés (gyropode, hoverboard, monowheel, hoverskate, trottinette électrique…). Cependant, cette question est parfois traitée différemment par la pratique. Ainsi, certains assureurs étendent la garantie responsabilité civile aux dommages accidentels causés par l'emploi de monoroues ou de trottinettes électriques. D'autres estiment en revanche que si la vitesse du véhicule excède 6 km/h, il s'agit d'un véhicule terrestre à moteur soumis à l'obligation d'assurance (Bloch, Assurance et nouvelles mobilités : le cas de la trottinette électrique, *RCA 2018. Alertes. 25*).

Par ailleurs, toutes les remorques doivent être assurées, même si elles sont détachées. Mais la sanction du défaut de déclaration d'une remorque a suscité des interrogations en pratique. Initialement, la jurisprudence estimait qu'un tel défaut de déclaration devait être sanctionné par la non-assurance. Désormais, l'article R. 211-4 dispose que les contrats d'assurance doivent spécifier les caractéristiques des remorques dont l'adjonction à un véhicule terrestre à moteur ne constitue pas, au sens des articles L. 113-4 et L. 113-9, une aggravation du risque couvert par le contrat garantissant ce véhicule. Il en résulte donc qu'en l'absence de clause spécifiant les caractéristiques des remorques, l'assurance du véhicule terrestre à moteur garantit les remorques sous réserve de l'application de la règle proportionnelle de prime (Civ. 1re, 9 nov. 1999 : note 1 ss. art. R. 211-4). Et lorsqu'une clause spécifie les caractéristiques des remorques, les sanctions des articles L. 113-8 et L. 113-9 sont susceptibles de s'appliquer dès lors que le souscripteur n'a pas déclaré une remorque n'entrant pas dans les prévisions contractuelles (Crim., 7 déc. 1999 : note 2 ss. art. R. 211-4). L'on pourrait toutefois hésiter sur l'application de l'article L. 113-8, dans la mesure où l'article R. 211-4 ne vise que l'article L. 113-9. Si la chambre criminelle de la Cour de cassation n'a pas eu une telle lecture restrictive, la deuxième chambre civile a semé le doute en affirmant que « l'adjonction de la remorque ne pouvait être sanctionnée que par la réduction de l'indemnité » (Civ. 1re, 23 mars 2004 : note 2 ss. art. R. 211-4).

B. SOUSCRIPTEUR

Par principe, l'obligation de souscrire l'assurance de responsabilité incombe à tout propriétaire d'un véhicule (Civ. 2e, 15 déc. 2005), et ce, qu'il soit une personne physique ou morale. A titre d'exception, l'État est dispensé de cette obligation de souscription, mais cette dispense n'emporte aucune conséquence sur le terrain de la responsabilité (Crim., 24 oct. 1989).

C. ASSURÉS

1. LES RESPONSABLES COUVERTS PAR L'ASSURANCE

Conformément aux articles L. 211-1 et R. 211-2, plusieurs personnes ont la qualité d'assuré au titre de l'assurance obligatoire. Il s'agit naturellement du **souscripteur**, propriétaire du véhicule, qui le met en circulation.

Mais cette assurance est également souscrite pour le compte du **gardien** ou du **conducteur** du véhicule autorisé ou non. Cela est logique, puisque la loi n° 85-677 du 5 juillet 1985 fait peser la responsabilité d'un accident de la circulation sur les conducteurs et les gardiens des véhicules impliqués sans effectuer de distinction.

Par ailleurs, l'assurance du véhicule doit couvrir la responsabilité des **passagers**. Si la responsabilité d'un passager peut être recherchée sur le fondement de la responsabilité de droit commun en cas de dommage causé par celui-ci, par exemple à la suite de l'ouverture d'une portière, l'assureur du véhicule est, de la sorte, tenu à garantie.

2. LES RESPONSABLES EXCLUS DE L'ASSURANCE

a. Les professionnels de l'automobile

L'assurance obligatoire souscrite par le propriétaire du véhicule ne couvre pas **la responsabilité des professionnels de l'automobile**. En effet, selon l'article R. 211-3, les professionnels de la réparation, de la vente et du contrôle doivent souscrire un contrat spécifique pour garantir leur responsabilité professionnelle. Ce contrat doit couvrir leur responsabilité mais aussi, plus largement, celle des personnes travaillant dans leur exploitation, celle des personnes ayant la garde ou la conduite du véhicule même non autorisées, ainsi que celle des passagers. Il en résulte notamment que le contrat d'assurance du garagiste couvre les dommages causés par un client conduisant un véhicule prêté par le professionnel (Civ. 1re, 25 oct. 1972 : note 4 ss. art. R. 211-3).

Jusqu'au décret n° 86-21 du 7 janvier 1986, l'article R. 211-3 ne précisait pas que la responsabilité des conducteurs et des gardiens non autorisés étaient couverte par l'assurance du garagiste. Mais la jurisprudence avait corrigé cet oubli (Civ. 1re, 28 nov. 1995 : note 3 ss. art. R. 211-3).

Selon l'article R. 211-3, alinéa 2, cette obligation d'assurance couvre non seulement la responsabilité que ces personnes peuvent encourir du fait de dommages causés aux tiers par les véhicules qui sont confiés au professionnel de l'automobile en raison de ses fonctions, mais aussi la responsabilité qu'elles peuvent encourir du fait de l'utilisation des véhicules dans le cadre de l'activité professionnelle. Si la lettre du texte a pu susciter quelques interrogations, la Cour de cassation a précisé que ces deux situations étaient distinctes et ne sont donc pas cumulatives. Par conséquent, l'assurance d'un garagiste peut s'appliquer pour garantir un véhicule qui lui a été confié, même s'il n'est pas utilisé dans le cadre professionnel (Crim., 7 févr. 1991 : note 2 ss. art. R. 211-3).

b. Les conducteurs dépourvus de permis de conduire

Selon l'article R. 211-10, le contrat d'assurance peut exclure la garantie de l'assureur lorsque, au moment du sinistre, le conducteur n'a pas l'âge requis ou ne possède pas les certificats en état de validité, exigés par la réglementation en vigueur pour la conduite du véhicule, sauf en cas de vol, de violence ou d'utilisation du véhicule à l'insu de l'assuré. Cette exclusion, qui ne peut exister qu'en vertu d'une clause du contrat d'assurance (Civ. 1re, 12 nov. 1986 : note 2 ss. art. R. 211-10), a donné lieu à une abondante jurisprudence qui en a précisé les contours.

Ainsi, l'exclusion s'applique lorsque le conducteur ne dispose pas **d'un permis de conduire adapté au véhicule**, par exemple pour la conduite d'une ambulance (Civ. 1re, 26 mai 1981 : note 6, ss. art. R. 211-10), et ce, qu'elle soit conduite à des fins personnelles ou professionnelles (Civ. 1re, 16 déc. 1991, note 6 ss. art. R. 211-10), ou d'un taxi même s'il est utilisé à des fins strictement personnelles (Civ. 1re, 7 avr. 1992 : note 7 ss. art. R. 211-10).

De même, l'exclusion s'applique lorsque le conducteur ne respecte pas **les conditions d'utilisation du véhicule**, par exemple le port de verres correcteurs imposé par le permis de conduire, et ce même si la clause d'exclusion ne fait pas expressément référence au défaut de port de verres correcteurs (Civ. 1re, 6 mai 1980 : note 9 ss. art. R. 211-10).

Par ailleurs, **l'opposabilité** de cette exclusion de garantie est étroitement encadrée par les textes :

– tout d'abord, elle est toujours inopposable aux victimes selon l'article R. 211-13-3°, ce qui impose à l'assureur d'indemniser les victimes puis de se retourner contre le souscripteur ;

– ensuite, elle est opposable au conducteur, sauf, selon l'article R. 211-10, alinéa 4, lorsque le certificat déclaré à l'assureur est sans validité pour des raisons tenant au lieu ou à la durée de la résidence de son titulaire, ce qui peut être le cas de conducteurs étrangers titulaires d'un permis étranger, dont la résidence prolongée en France a fait perdre sa validité au permis étranger ;

– enfin, elle est inopposable, selon l'article R. 211-10, alinéa 2, à l'assuré en cas de vol, de violence ou d'utilisation du véhicule à son insu, ce qui a pour conséquence de maintenir la garantie de l'assureur au profit du propriétaire souscripteur du véhicule, l'assureur ne pouvant dans cette hypothèse que se retourner contre le conducteur non autorisé.

D. BÉNÉFICIAIRES

Selon l'article L. 211-1, l'assurance obligatoire garantit les *« dommages subis par des tiers »*. Cette notion de tiers a été l'objet d'évolutions législatives et jurisprudentielles.

1. LES VICTIMES EXCLUES DE L'ASSURANCE

Initialement, l'article R. 211-8 excluait de nombreuses victimes du champ de l'assurance obligatoire des véhicules terrestres à moteur. Ainsi, les conjoints, ascendants ou descendants du souscripteur, du propriétaire, du gardien ou du conducteur ne pouvaient bénéficier de l'assurance lorsqu'ils étaient transportés dans le véhicule. Depuis le décret n° 93-1073 du 7 septembre 1983, la liste des victimes écartées du bénéfice de l'assurance obligatoire a été sensiblement réduite. Trois catégories de personnes sont ainsi visées :

– les **conducteurs du véhicule** : en conséquence, si le conducteur est le gardien du véhicule, il ne peut exercer d'action contre l'assureur du véhicule, ce qui est logique puisque le conducteur ne peut exercer d'action en responsabilité contre lui-même. En revanche, lorsque le conducteur n'est pas le gardien du véhicule, il peut éventuellement exercer une action en responsabilité contre le gardien du véhicule, mais il ne pourra pas agir contre l'assureur du véhicule. L'exclusion de garantie paraît alors discutable. Cela étant, il est toujours possible de souscrire une assurance spécifique pour garantir les dommages du conducteur (Civ. 2e, 10 juill. 2002 : note 7 ss. art. R. 211-8).

Par ailleurs, il convient, à la lumière de la jurisprudence, de faire une distinction entre le préjudice direct et le préjudice par ricochet du conducteur du véhicule. Ainsi, lorsque le conducteur est également le gardien du seul véhicule impliqué dans l'accident, il ne dispose d'aucune action contre l'assureur aussi bien pour son préjudice direct que pour son préjudice par ricochet consécutif par exemple au décès d'un passager (Civ. 2e, 7 déc. 2006, et Civ. 2e, 3 nov. 2011 : note 14 ss. art. L. 211-1 ; Civ. 1re, 13 juin 1995 : note 3 ss. art. R. 211-8). En revanche, lorsque le conducteur n'est pas le gardien du véhicule, il peut agir contre l'assureur du seul véhicule impliqué dans l'accident pour l'indemnisation de son préjudice par ricochet, puisque celui-ci ne se confond pas avec le préjudice personnel directement subi par le conducteur et n'est pas exclu par l'article R. 211-8 (Civ. 2e, 13 juill. 2000 : note 4 ss. art. R. 211-8). Cette distinction se retrouve pour la réparation des préjudices des ayants droit du conducteur en cas de décès de celui-ci. Alors que les ayants droit du conducteur non gardien bénéficient de l'assurance obligatoire (Crim., 7 avr. 2010 : note 5 ss. art. R. 211-8), ceux du conducteur gardien ne disposent d'aucune action contre l'assureur du véhicule (Civ. 2e, 7 févr. 2008 : note 6 ss. art. R. 211-8).

– les **personnes salariées ou travaillant pour un employeur**, puisqu'elles bénéficient de la législation sur les accidents du travail (Civ. 1re, 27 mai 1998 : note 9 ss. art. R. 211-8). Cette exclusion a donc pour justification l'indemnisation forfaitaire des salariés ou des préposés. A l'inverse, l'assurance obligatoire s'applique aux accidents de service régis par les règles du droit commun et dont est victime un agent titulaire d'une collectivité publique (Civ. 2e, 24 juin 1998 : note 18). Par ailleurs, puisque l'article L. 455-1-1 du code de la sécurité sociale permet aux victimes d'accidents du travail d'agir contre leur employeur pour obtenir une réparation complémentaire, lorsque l'accident survient sur une voie ouverte à la circulation publique et implique un véhicule terrestre à moteur conduit par l'employeur, un préposé ou une personne appartenant à la même entreprise que la victime, l'article R. 211-8-1°-d précise que, dans une telle hypothèse, le salarié peut agir contre l'assureur du véhicule.

– les **auteurs, coauteurs ou complices du vol du véhicule**, depuis la loi n° 93-1444 du 31 décembre 1993. Non prévue par la loi Badinter de 1985, cette exclusion a été introduite pour des considérations morales : il est en effet *« apparu choquant de mettre à la charge de l'ensemble des assurés l'indemnisation d'auteurs ou de complices du délit de vol de véhicule »* (Rapp. Deniaud, 7 déc. 1993 : *Doc. AN 1993, n° 769, p. 79*). Par extension, la jurisprudence a estimé que cette exclusion de garantie était opposable aux victimes par ricochet, puisque leur action en indemnisation procède du même fait (Civ. 2e, 17 janv. 2013 : note 22). En revanche, cette exclusion ne s'applique pas aux receleurs, puisque ces derniers n'y sont pas visés et que l'exclusion légale est d'application stricte (Civ. 2e, 13 mai 2004, note 23). En outre, cette exclusion ne concerne que l'assurance obligatoire des véhicules terrestres à moteur, elle ne peut donc être invoquée lorsque la garantie mise en œuvre est celle couvrant la responsabilité civile des parents d'un mineur, engagée sur le fondement de l'article 1242 du code civil (anc. art. 1384 C. civ. ; Crim., 8 févr. 2011).

2. LES VICTIMES BÉNÉFICIAIRES DE L'ASSURANCE

Parallèlement à cette détermination des victimes exclues de l'assurance obligatoire, le législateur a apporté quelques précisions quant aux tiers couverts par l'assurance obligatoire. Ainsi, les membres de la famille du conducteur peuvent bénéficier de la garantie de l'assureur et, depuis la loi n° 99-505 du 18 juin 1999, il en est de même pour les élèves des auto-écoles, aussi bien pendant les heures de cours que lors des examens.

En ce qui concerne les **passagers**, il est toutefois prévu, par l'article R. 211-10, que le contrat d'assurance peut exclure de la garantie les dommages subis par les personnes transportées lorsque le transport n'est pas effectué dans des conditions suffisantes de sécurité mentionnées à l'article A. 211-3. Cependant, l'article R. 211-13 prévoit que cette exclusion de garantie n'est pas opposable aux victimes et à leurs ayants droit.

E. DOMMAGES

L'assurance obligatoire couvre, par principe, toutes les atteintes aux biens ou aux personnes dans la réalisation desquelles un véhicule terrestre à moteur est impliqué. Mais, là encore, le législateur a apporté des précisions pour délimiter l'étendue de la garantie de l'assurance obligatoire.

1. LES DOMMAGES COUVERTS PAR L'ASSURANCE

Ainsi que le précise l'article R. 211-5, issu du décret n° 86-21 du 7 janvier 1986, l'assurance obligatoire couvre les dommages matériels et corporels résultant :

– des **accidents, incendies ou explosions causés par le véhicule, les accessoires et produits servant à son utilisation, les objets et les substances qu'il transporte**. La jurisprudence est venue préciser les notions d'accessoires et de substances transportées.

Pour que l'assurance obligatoire s'applique, il est nécessaire que l'accessoire, à l'origine du dommage, serve à *« l'utilisation »* du véhicule. Cette formulation est suffisamment large pour autoriser une dissociation entre la responsabilité de la loi de 1985 et la garantie de l'assurance obligatoire. Ainsi, la Cour de cassation a pu affirmer que les dommages consécutifs à la chute d'un piéton provoquée par un tuyau reliant la cuve à mazout d'un immeuble à un camion-citerne devaient être pris en charge par l'assureur du véhicule, alors même que le véhicule n'était pas utilisé dans sa fonction de déplacement et que la réparation relevait *a priori* de la responsabilité de droit commun (Civ. 1re, 4 avr. 1995 : note 2 ss. art. R. 211-5).

En ce qui concerne les substances transportées, la jurisprudence limite la garantie de l'assurance obligatoire aux substances chargées dans le véhicule. Il en résulte qu'elle ne s'applique pas aux dommages consécutifs à un dérapage sur de la boue provenant des roues d'un tracteur (Civ. 1re, 7 déc. 1982 : note 1 ss. art. R. 211-5). De même, il a été jugé que relève de l'assurance de responsabilité générale l'accident dû au simple fait de l'homme, caractérisé en l'espèce par une pulvérisation de désherbant sur des plantes de bruyère liée non à une défectuosité du pulvérisateur attelé au tracteur mais à une manipulation volontaire de son utilisateur (Civ. 1re, 9 déc. 1992, note 1 ss. art. R. 211-5).

– de **la chute des accessoires, objets, substances ou produits du véhicule**. Une nouvelle fois, l'application de cette disposition de l'article R. 211-5 révèle la distinction entre le domaine de l'assurance obligatoire et celui de la responsabilité spéciale issue de la loi Badinter du 5 juillet 1985. Ainsi, par un arrêt du 21 novembre 2013 rendu sur renvoi après cassation, la deuxième chambre civile de la Cour de cassation a affirmé que si, dans sa rédaction antérieure au décret du 7 janvier 1986, le champ d'application de l'assurance obligatoire était limité aux dommages résultant *« à l'occasion de la circulation des véhicules »*, il n'en est plus de même depuis l'adoption de ce décret. Par conséquent, il en résulte que les accidents causés par des accessoires ou la chute d'objets sont, depuis l'intervention de ce décret, garantis par l'assurance obligatoire même si le véhicule ne circule pas et que l'accident ne constitue pas un accident de la circulation (Civ. 2e, 21 nov. 2013 : note 2 ss. art. R. 211-5).

2. LES DOMMAGES EXCLUS DE L'ASSURANCE

a. Les exclusions de l'article R. 211-8

Certains dommages spécifiques sont exclus du champ de la garantie par l'article R. 211-8, mais ne sont pas, selon l'article R. 211-13, opposables aux victimes ou à leurs ayants droit. Ces exclusions ne sont pas obligatoires et doivent par conséquent faire l'objet d'une clause spécifique. Il s'agit :

– des dommages causés par des armes ou engins destinés à exploser par modification de structure du noyau de l'atome ou par tout combustible nucléaire, produit ou déchet radioactif ou par toute autre source de rayonnement ionisant et qui engagent la responsabilité exclusive de l'exploitant d'installation nucléaire ;

– des dommages atteignant les immeubles, choses ou animaux loués ou confiés au conducteur à n'importe quel titre. Concrètement sont écartés du champ de la garantie les dommages au véhicule lorsque celui-ci a été confié au conducteur par son propriétaire ;

– des dommages causés aux marchandises et objets transportés, sauf en ce qui concerne la détérioration des vêtements des personnes transportées, lorsque celle-ci est l'accessoire d'un accident corporel.

b. Les exclusions de l'article R. 211-11

A l'instar des exclusions de l'article R. 211-10, celles de l'article R. 211-11 sont inopposables aux victimes selon l'article R. 211-13 et doivent faire l'objet d'une clause spécifique. Ces exclusions écartent :

– les dommages causés par le véhicule lorsqu'il transporte des sources de rayonnements ionisants destinées à être utilisées hors d'une installation nucléaire, dès lors que lesdites sources auraient provoqué ou aggravé le sinistre ;

– les dommages causés par le véhicule lorsqu'il transporte des matières inflammables, explosives, corrosives ou comburantes et à l'occasion desquels lesdites matières auraient provoqué ou aggravé le sinistre, sauf en cas de transports d'huiles, d'essences minérales ou de produits similaires ne dépassant pas 500 kilogrammes ou 600 litres, y compris l'approvisionnement de carburants liquides ou gazeux nécessaires au moteur ;

– les dommages survenus au cours d'épreuves, courses, compétitions ou de leurs essais, soumis par la réglementation en vigueur à l'autorisation préalable des pouvoirs publics, ce qui peut concerner une simple séance de roulage en dehors de toute compétition (Civ. 2e, 27 mars 2014 : note 2 ss. art. R. 211-11).

Ces diverses exclusives sont par ailleurs soumises à un **formalisme spécifique**. En effet, l'article R. 211-12 précise que lorsque le contrat comporte l'une de ces exclusions, il doit rappeler que si les limitations d'emplois, justifiant ces exclusions, ne sont pas respectées, les peines de l'article L. 211-26 relatives à la conduite d'un véhicule terrestre à moteur en l'absence d'assurance, ainsi que la majoration des amendes prévue par l'article L. 211-27, alinéa 1er, sont applicables. Selon la jurisprudence, l'absence de rappel de ces dispositions est sanctionnée par la non-validité de la clause d'exclusion (Civ. 1re, 24 juill. 1973 : note 1 ss. art. R. 211-12). Mais l'article R. 211-12 n'impose pas la reproduction exacte de ses termes, le mot *« sanctions »* pouvant être employé en lieu et place de celui de *« peines »* (Civ. 1re, 6 janv. 1982 : note 2 ss. art. R. 211-12).

II. LE RECOURS DE L'ASSUREUR

Selon l'article L. 211-1, alinéa 3, l'assureur de responsabilité du véhicule dispose d'un recours subrogatoire contre le responsable de l'accident lorsque la garde ou la conduite du véhicule est obtenue contre le gré du propriétaire. La jurisprudence a donné toute sa force à cette règle en précisant que le recours de l'assureur contre le conducteur responsable ne pouvait être exercé que sur le fondement de l'article L. 211-1, alinéa 3, à l'exclusion du droit commun (Civ. 2e, 12 sept. 2013).

Par conséquent, ce recours ne peut être exercé que si les conditions de l'article L. 211-1, alinéa 3 sont réunies, et en particulier s'il est établi que *« la garde ou la conduite du véhicule a été obtenue contre le gré du propriétaire »* (Civ. 1re, 9 juin 1993), ce qui suppose de prouver non un simple défaut d'autorisation mais une opposition du propriétaire (Civ. 2e, 3 févr. 2005). Certains arrêts semblent toutefois être moins exigeants. Ainsi, il a été jugé que l'assureur pouvait exercer un recours contre le préposé qui s'était introduit dans un véhicule et avait mis le moteur en marche à l'insu du propriétaire (Civ. 2e, 3 juin 2004). En tout état de cause, si le conducteur a été condamné pour vol, le recours de l'assureur ne peut être écarté au motif que la garde ou la conduite du véhicule n'aurait pas été obtenue contre le gré du propriétaire (Crim., 19 juin 2007).

Par ailleurs, puisque le recours de l'assureur de responsabilité est fondé sur l'article L. 211-1, alinéa 3, qui prévoit une subrogation dans les droits du *« créancier de l'indemnité »*, c'est-à-dire de la victime, les règles de l'article L. 121-12 du code des assurances qui organisent une subrogation dans les droits de l'assuré et accordent une immunité à certaines personnes ne s'appliquent pas (Civ. 1re, 14 nov. 1995).

En outre, le recours de l'assureur contre le responsable de l'article L. 211-1, alinéa 3, ne doit pas être confondu avec le recours de l'article R. 211-13. Ce-dernier permetant à l'assureur d'exercer une action en remboursement contre les conducteurs autorisés faisant l'objet d'une exclusion de garantie (Civ. 1re, 17 nov. 1998). ❑

I. DOMAINE DE L'OBLIGATION D'ASSURANCE

A. VÉHICULES TERRESTRES À MOTEUR

1. *Véhicule en circulation.* L'art. 3, § 1, de la première directive [n° 72/166/CEE du 24 avr. 1972] doit être interprété en ce sens que relève de la notion de « circulation de véhicule » qui y figure toute utilisation d'un véhicule qui est conforme à la fonction habituelle de ce véhicule. Pourrait ainsi relever de ladite notion la manœuvre d'un tracteur dans la cour d'une ferme afin de faire entrer dans une grange la remorque dont ce tracteur est muni. • CJUE 4 sept. 2014 : *RGDA 2014. 506, note Landel.* ♦ Aucune disposition de la directive 2009/103 ne limite l'étendue de l'obligation d'assurance, et de la protection que cette obligation entend conférer aux victimes d'accidents causés par des véhicules automoteurs, aux cas d'utilisation de tels véhicules sur certains terrains et sur certaines voies. Le fait que le véhicule en cause circulait, lorsqu'il s'est renversé, sur un terrain de manœuvre militaire dont l'accès était interdit à tout véhicule non militaire, et dans une zone de ce terrain qui n'était pas adaptée à la circulation des véhicules à roues, n'est pas de nature à influer sur cette conclusion et, partant, à limiter l'obligation d'assurance qui découle de cette disposition. • CJUE 20 déc. 2017, n° C-334/16 : *RGDA 2018. 127, note Landel.* ♦ En revanche, l'art. 3, § 1, de la première directive [n° 72/166/CEE du 24 avr. 1972] doit être interprété en ce sens que ne relève pas de la notion de « circulation de véhicule », visée à cette disposition, une situation dans laquelle un tracteur agricole a été impliqué dans un accident alors que sa fonction principale, au moment de la survenance de cet accident, consistait non pas à servir de moyen de transport, mais à générer, en tant que machine de travail, la force motrice nécessaire pour actionner la pompe d'un pulvérisateur d'herbicide. • CJUE 28 nov. 2017, n° C-514/16 : *RGDA 2018.*

2. *Motocyclette.* Commet le délit prévu et réprimé par les art. L. 211-1 et L. 211-8 le motocycliste qui, circulant, même en dehors de la voie publique, s'expose à voir sa responsabilité civile engagée envers des tiers auxquels il est susceptible de causer des dommages à l'occasion de la conduite de sa motocyclette, alors qu'il n'est pas garanti contre ce risque par une assurance valable. • Crim. 15 févr. 1982 : *D. 1982. IR 206.* ♦ Méconnaît l'art. L. 211-1 l'arrêt qui, pour déclarer qu'un motocycliste n'était pas assujetti à l'obligation d'assurance, énonce qu'il évoluait en circuit fermé sur un terrain de moto-cross exploité par une association, hors de toute course, compétition sportive ou épreuve préparatoire. • Crim. 18 déc. 2001 : *RCA 2002, n° 152.*

3. *Tondeuse à gazon.* Ayant retenu que la tondeuse instrument du dommage était un engin à moteur doté de quatre roues lui permettant de circuler, équipé d'un siège sur lequel une personne prend place pour le piloter, une cour d'appel a exactement déduit que cet engin était un véhicule terrestre à moteur au sens de la L. du 5 juill. 1985, assujetti comme tel à l'assurance automobile obligatoire. • Civ. 2e, 24 juin 2004 : *BICC 1er nov. 2004, n° 1551 et la note ; D. 2005. Pan. 1321, obs. Groutel ; Gaz. Pal. 2004. 3752, note Sardin ; Dr. et patr. 12/2004. 82, obs. Chabas ; RGDA 2004. 967, note Landel.*

4. *Voiture pour enfants sur un manège.* Une voiture miniature réservée à des enfants en bas âge en dessous de 5 ans, assimilable à un jouet, n'est pas soumise à l'obligation de l'assurance automobile obligatoire. • Civ. 2e, 4 mars 2008, n° 96-12.242 P : *JCP G 1999. I. 137, n° 9, obs. Favre-Rochex ; RTD civ. 1998. 693, note Jourdain*.

5. *Véhicule immobilisé et accident de la circulation.* Le fait que le véhicule impliqué dans l'accident était à l'arrêt au moment de la survenance de celui-ci n'exclut pas, à lui seul, que l'utilisation de ce véhicule à ce moment puisse relever de sa fonction de moyen de transport et, en conséquence, de la notion de « circulation des véhicules » au sens de l'art. 3, § 1er, de la première directive. Ainsi, il y a lieu de considérer que l'action d'ouvrir la portière d'un véhicule constitue une utilisation de celui-ci qui est conforme à sa fonction de moyen de transport, dans la mesure où elle permet notamment l'embarquement et le débarquement des personnes ou le chargement et le déchargement de biens qui sont à transporter ou qui viennent d'être transportés au moyen de ce véhicule. Et cette conclusion n'est pas affectée par la circonstance que les véhicules en cause au principal étaient, au moment de l'accident, à l'arrêt et qu'ils se trouvaient sur un parking. • CJUE 15 nov. 2018, n° C-648/17 : *RGDA janv. 2019. 18, note Landel.* ♦ L'art. 3, premier al., de la Dir. 2009/103/CE du Parlement européen et du Conseil, du 16 sept. 2009, concernant l'assurance de la responsabilité civile résultant de la circulation de véhicules automoteurs et le contrôle de l'obligation d'assurer cette responsabilité, doit être interprété en ce sens que relève de la notion de « circulation des véhicules », visée à cette disposition, une situation, telle que celle en cause au principal, dans laquelle un véhicule, stationné dans un garage privé d'un immeuble utilisé conformément à sa fonction de moyen de transport, a pris feu, provoquant un incendie, lequel trouve son origine dans le circuit électrique de ce véhicule, et causé des dommages à cet immeuble, alors même que ledit véhicule n'a pas été déplacé depuis plus de 24 heures avant la survenance de l'incendie. • CJUE 20 juin 2019, n° C-100/18 : *BTL 2019, n° 3744, note Razafimaharavo; RGDA oct. 2019. 16, note Landel; RCA 2019, alerte 20, note Coulon et n° 228.* ♦ Ayant constaté que seul avait été heurté par un aéronef un tracteur de piste et que l'unique fonction de ce véhicule terrestre à moteur était d'assurer le déplacement sur la zone aéroportuaire de divers outils, tels que des groupes électrogènes, chariots à bagages, remorques et passerelles d'embarquement, qui lui sont attelés et dont il est dissociable, une cour d'appel en a exactement déduit que cette collision constituait un accident de la circulation au sens de l'art. 1er de la L. n° 85-677 du 5 juill. 1985. • Civ. 2e, 18 avr. 2019, n° 18-15.759 : *RGDA juin 2019. 37, note Landel; BTL 2019, n° 3736, note Razafimaharavo; RCA 2019, n° 187.* ♦L'art. 3, premier al., de la Dir. 2009/103 doit être interprété en ce sens que relève de la notion de « circulation des véhicules », visée à cette disposition, une situation dans laquelle un véhicule ayant effectué des manœuvres et/ou ayant été stationné dans un parking privé, conformément à sa fonction de moyen de transport, est impliqué dans un accident survenu sur ce parking. • CJUE 11 déc. 2019, n° C-431/18 : *RGDA févr. 2020. 27, note Landel.*

6. *Véhicule non utilisé garé sur un terrain privé.* Un véhicule qui est immatriculé et n'a donc pas été retiré régulièrement de la circulation, et qui est apte à circuler, répond à la notion de « véhicule », au sens de l'art. 1er, point 1, de la première directive, et ne cesse, par conséquent, pas de relever de l'obligation d'assurance énoncée à l'art. 3, § 1er, de cette directive, au seul motif que son propriétaire n'a plus l'intention de le conduire et l'immobilise sur un terrain privé. • CJUE 4 sept. 2018, n° C-80/17 : *D. actu. 18 sept. 2018, note Bigot; JCP 2018. 992, note Berlin; RGDA 2018. 467, note Landel; RCA 2018, Étude 13, par Groutel.* ♦V. précédemment : ne justifie pas sa décision la juridiction de proximité qui déclare le propriétaire d'un véhicule coupable de non-apposition du certificat d'assurance sur un véhicule automobile, sans répondre à l'un des chefs péremptoires des conclusions du prévenu qui faisait valoir que l'obligation de contracter une assurance et subsidiairement d'apposer la vignette ne s'imposait qu'à l'égard des véhicules appelés à circuler, ce qui n'était pas le cas du véhicule verbalisé, non utilisé à l'époque et garé sur un parking privé. • Crim. 2 sept. 2005 : *RCA 2005, n° 362, note Groutel.*

7. *Véhicule immobilisé et accident autre que de la circulation.* Ayant exactement retenu qu'il résulte de l'art. R. 211-5 C. assur., dans sa version applicable, que les accidents causés par les accessoires ou la chute d'objets sont garantis même si le véhicule ne circule pas et si l'accident ne constitue pas un accident de la circulation au sens de la L. du 5 juill. 1985, puis relevé que le dommage avait été causé, à un moment où l'engin n'était pas en mouvement, d'abord par la rupture d'une manille, accessoire de la pelleteuse, véhicule terrestre à moteur, en ce qu'elle sert à son chargement et ensuite par la manipulation du godet, c'est-à-dire par le véhicule en lui-même, une cour d'appel a, à juste titre, décidé que l'assureur du véhicule devait sa garantie. • Civ. 2e, 13 sept. 2018, n° 17-26.671 : *RGDA 2018. 506, note Landel; RCA 2018, n° 314, note Groutel.* ♦L'art. L. 211-1 impose à toute personne physique ou morale autre que l'État dont la responsabilité peut être engagée en raison de dommages subis par des tiers résultant d'atteintes aux personnes ou aux biens dans la réalisation desquelles un véhicule terrestre à moteur ainsi que ses remorques ou semi-remorques sont impliqués, pour faire circuler lesdits véhicules, d'être couverte par une assurance garantissant cette responsabilité dans les conditions fixées par décret en Conseil d'État, aucun élément de ce texte ne limitant son champ d'application aux seuls véhicules en mouvement. • Civ. 2e, 21 nov. 2013, n° 12-14.714 : *RCA 2014, n° 70, note Groutel.* ♦ *Contra*, dans la même affaire : viole les art. L. 211-1 et R. 211-5, la cour d'appel qui condamne l'assureur du véhicule à garantie tout en retenant que l'accident était survenu alors que le véhicule était immobile, lors d'une opération de déchargement du camion au moyen d'un appareil de levage étranger à la fonction de déplacement. • Civ. 2e, 28 mai 2009, n° 08-16.942 : *RCA 2009, n° 226, note Groutel; RGDA 2009. 776, note Landel.*

8. *Renvoi.* V. notes 12 à 15 ss. L. du 5 juill. 1985, art. 1er.

B. PERSONNES TENUES DE SOUSCRIRE UNE ASSURANCE

9. *État.* Fait une fausse application de l'art. L. 211-1 la juridiction du second degré qui, pour déclarer l'État tenu à garantie, expose que, si celui-ci est exempté de l'obligation de souscrire un contrat d'assurance par l'al. 1er de l'art. L. 211-1 il n'en est pas moins soumis, en vertu du deuxième al. du même art., à toutes les obligations qui pèsent sur le propriétaire d'un véhicule terrestre moteur, et notamment à celle de couvrir la responsabilité civile de tout conducteur ou gardien, même non autorisé, dudit véhicule. • Crim. 24 oct. 1989, n° 88-80.089 P : *RCA 1989, n° 396; RGAT 1990. 123.*

10. *Propriétaire.* L'obligation d'assurance incombe, en application de l'art. L. 211-1 C. assur., au propriétaire du véhicule et non au conducteur occasionnel. • Civ. 2e, 15 déc. 2005, n° 04-12.957.

11. Possibilité de limiter à l'assurance obligatoire. En matière d'assurance obligatoire des véhicules terrestres à moteur, la liberté de contracter de l'assureur se trouve limitée par l'obligation légale qui lui est faite de conclure ou de maintenir un contrat couvrant le risque obligatoire. Il s'ensuit donc qu'un assureur ne peut refuser de renouveler un contrat au motif que l'assuré souhaitait limiter la garantie au seul risque obligatoire et refusait de continuer à souscrire à la garantie « défense recours ». • Civ. 1re, 17 mai 1982, n° 81-10.335 P : *D. 1984. IR 33, obs. Berr et Groutel ; RGAT 1983. 75, note Besson ; JCP 1983. II. 20009, note Besson ; Gaz. Pal. 1982. 2. 591, note Roussel.*

12. Toute personne dont la responsabilité peut être recherchée. L'art. 3, § 1er de la première directive énonce de manière générale que c'est « la responsabilité civile relative à la circulation des véhicules ayant leur stationnement habituel sur son territoire [de chaque État membre] » qui doit être couverte par une assurance. Ni cette disposition, ni les autres dispositions des directives relatives à l'assurance obligatoire ne limitent la couverture de l'assurance obligatoire à la responsabilité civile d'une catégorie de personnes déterminée, telle que le conducteur du véhicule. En revanche, l'art. 2, § 1er, de la deuxième directive qui évoque « l'utilisation ou la conduite de véhicules », et l'art. 3 de cette directive, qui se réfère au conducteur ou à toute autre personne dont la responsabilité civile est engagée dans un sinistre et couverte par l'assurance obligatoire, donnent à penser que cette assurance porte sur la responsabilité civile résultant non seulement de la conduite des véhicules, mais également d'autres utilisations de ceux-ci et d'utilisations qui en sont faites par des personnes autres que le conducteur. • CJUE 15 nov. 2018, n° C-648/17 : *RGDA 2019. 18, note Landel.*

C. PERSONNES ASSURÉES

13. Conducteur ou gardien. L'assurance obligatoire des véhicules terrestres à moteur, prévue par l'art. L. 211-1, n'est pas limitée à la responsabilité civile du souscripteur du contrat. • Crim. 4 déc. 2001 : *RCA 2002, n° 109, note Groutel.* ♦ Les contrats d'assurance de responsabilité obligatoire prévus par l'art. L. 211-1 doivent couvrir la responsabilité civile de toute personne ayant la garde ou la conduite même non autorisée du véhicule, et les clauses d'exclusion de garantie qu'ils peuvent comporter sont limitativement prévues par le législateur. • Civ. 1re, 9 juill. 2003, n° 00-19.113 P : *Gaz. Pal. 2004. 512, note Favre-Rochex ; RCA 2003, n° 300, obs. Groutel.* ♦ Les contrats d'assurance prévus à l'art. L. 211-1 doivent couvrir la responsabilité civile, quel qu'en soit le fondement, de toute personne ayant la garde ou la conduite même non autorisée du véhicule. • Civ. 2e, 19 nov. 2009 : *RCA 2010, n° 64, note Groutel.*

D. BÉNÉFICIAIRES DE L'ASSURANCE

14. Souscripteur conducteur et gardien. Dès lors qu'il possède à la fois la qualité de conducteur et celle de gardien de son propre véhicule, et en l'absence d'un tiers débiteur d'une indemnisation à son égard, le souscripteur victime ne peut se prévaloir des dispositions de la L. du 5 juill. 1985 à l'encontre de son propre assureur pour obtenir l'indemnisation des dommages subis directement ou par ricochet. • Civ. 2e, 7 déc. 2006, n° 05-16.720 P : *RCA 2007, n° 85, note Groutel.* ♦ En sa qualité de conducteur, le souscripteur ne peut obtenir, de son propre assureur, la réparation des préjudices subis directement ou par ricochet. • Civ. 2e, 3 nov. 2011, n° 10-27.041 P : *RCA 2012, n° 45, note Groutel.* ♦ V. égal. note 3 ss. art. R. 211-8.

15. Souscripteur gardien et non conducteur. Le gardien d'un véhicule terrestre à moteur, victime d'un accident de la circulation, ne peut se prévaloir des dispositions de la L. du 5 juill. 1985 à l'encontre de son propre assureur, pour obtenir l'indemnisation de son dommage, en l'absence d'un tiers conducteur du véhicule, débiteur d'une indemnisation à son égard. • Civ. 2e, 13 juill. 2006, n° 05-17.095 P : *RCA 2006. Étude 12, note Groutel ; RTD civ. 2006. 780, note Jourdain ; JCP 2007. I. 115, n° 10, note Stoffel-Munck.*

16. Souscripteur non gardien et non conducteur. Les première, deuxième et troisième directives s'opposent à une réglementation nationale, qui permet de refuser à un piéton, sur le seul fondement de sa qualité de preneur d'assurance et de propriétaire du véhicule qui lui a causé des dommages corporels et matériels, le droit d'être indemnisé par l'assurance obligatoire de la responsabilité civile résultant de la circulation de véhicules automoteurs. • CJUE 14 sept. 2017, *Delgado-Mendes*, n° C-503/16 : *RGDA 2017. 536, note Parléani ; ibid. 552, note Landel.* ♦ En l'absence d'un tiers, conducteur de son véhicule et débiteur d'une indemnisation à son égard, le souscripteur, descendu de son véhicule, ne peut se prévaloir des dispositions de la L. du 5 juill. 1985 à l'encontre de son propre assureur pour obtenir l'indemnisation de son dommage. • Civ. 2e, 13 juill. 2006, n° 04-20.290 P : *RCA 2006. Étude 12, note Groutel ; RTD civ. 2006. 780, note Jourdain ; JCP 2007. I. 115, n° 10, note Stoffel-Munck.*

17. Application de la loi dans le temps. S'agissant de déterminer les victimes d'un accident de la circulation garanties par l'assurance automobile obligatoire, c'est la législation en vigueur au jour du sinistre qui est applicable. • Civ. 1re, 15 déc. 1998 : *RCA 1999, n° 78 ; RGDA 1999. 289, note Mayaux.*

18. Agent d'une collectivité publique. L'art. L. 211-1, qui prévoit une obligation d'assurance des dommages provoqués par un véhicule terrestre à moteur, a une portée générale, et s'applique dès lors aux accidents de service régis par les règles du droit commun et dont est victime un agent titulaire d'une collectivité publique, sans que puisse être opposée l'exception de l'art. R. 211-8, 1°, laquelle a pour justification une indemnisation forfaitaire des salariés ou préposés. • Crim. 15 févr. 1990, n° 89-80.930 P : *RCA 1990, n° 174 ; ibid., Chron. 8, note Groutel* • Civ. 2e, 24 juin 1998, n° 96-17.678 P : *RCA 1998, n° 326, note Groutel.*

19. Passagers membres de la famille du preneur d'assurance ou du conducteur. L'art. 3 de la deuxième directive (assurance automobile) exige que l'assurance obligatoire de la responsabilité civile résultant de la circulation des véhicules automoteurs couvre les dommages corporels causés aux passagers membres de la famille du preneur d'assurance ou du conducteur, transportés à titre gratuit, indépendamment de l'existence d'une faute de la part du conducteur du véhicule ayant provoqué l'accident, uniquement si le droit national de l'État membre concerné impose une telle couverture des dommages corporels causés dans les mêmes conditions aux autres passagers tiers. • CJCE 14 sept. 2000, n° C-348/98, *Mendes Ferreira et Companhia de Seguros Mundial Confiança SA : Rec. CJCE I-6711 ; D. 2000. 266.*

20. Membres de la famille proche des victimes. Les États membres sont tenus de garantir que l'indemnisation due, selon leur droit national de la responsabilité civile, à raison du préjudice immatériel subi par les membres de la famille proche des victimes d'accidents de la circulation soit couverte par l'assurance obligatoire à concurrence des montants minimaux déterminés à l'art. 1er, paragraphe 2, de la deuxième directive (assurance automobile). • CJUE 24 oct. 2013 : *RGDA 2014. 108, note Landel.*

21. Auteurs, coauteurs et complices d'un vol. Toute appropriation de la chose appartenant à autrui contre le gré de son propriétaire ou légitime détenteur caractérisant la soustraction frauduleuse constitutive d'un vol, une cour d'appel a, en excluant la garantie de l'assureur d'un véhicule volé pour les dommages subis par l'auteur du vol, exactement appliqué les dispositions de l'art. L. 211-1, al. 2, • Civ. 2e, 7 mai 2003 : *D. 2004. Somm. 915, obs. Groutel.* ♦ Mais l'art. L. 211-1, qui exclut les dommages subis par les auteurs, coauteurs ou complices du vol d'un véhicule, ne régit que l'assurance obligatoire des véhicules terrestres à moteur et ne s'applique pas à un contrat d'assurance garantissant la responsabilité civile des parents d'un mineur ; en effet, les dispositions d'ordre public de la L. du 5 juill. 1985 n'excluent pas la responsabilité des parents, recherchée comme civilement responsables. • Crim. 8 févr. 2011 : *D. 2012. 1980, obs. Groutel ; RCA 2011, n° 161, obs. Groutel ; RLDC 2011/83, n° 4264, note Alipoé et Ayewouadan ; RGDA 2011. 739, obs. Landel ; JCP 2011. 555, note Perdrix.*

22. Proches de l'auteur, du coauteur ou du complice d'un vol. L'exclusion de garantie prévue à l'art. L. 211-1, al. 2, est opposable aux victimes par ricochet dont l'action en indemnisation, bien que distincte par son objet de celle que la victime directe aurait pu exercer, n'en procède pas moins du même fait originaire considéré dans toutes ses circonstances. • Civ. 2e, 17 janv. 2013 : *D. 2013. 245 ; RCA 2013, n° 156, obs. Groutel ; RGDA 2013. 339, obs. Landel.*

23. Receleur. Les clauses excluant de la garantie légale obligatoire due par l'assureur d'un véhicule terrestre à moteur les dommages causés aux passagers sont d'application stricte. Dès lors, la personne, qui a pris place à bord d'un véhicule dont elle savait qu'il venait d'être volé, ne peut être considérée que comme receleur, qualification qui n'est pas prévue par l'art. L. 211-1, al. 2, et peut donc bénéficier de la garantie de l'assureur. • Civ. 2e, 13 mai 2004, n° 03-13.126 P : *RCA 2004, n° 270 ; RGDA 2004. 613, note Landel.*

II. EXISTENCE DE L'ASSURANCE

24. Autorité de la chose jugée au pénal – Principe. Les décisions de la juridiction pénale ayant, au civil, autorité de chose jugée à l'égard de tous, c'est à bon droit qu'une cour d'appel, pour déclarer un assureur tenu à garantir l'auteur d'un accident, alors qu'il soutenait que la police avait été résiliée, a retenu que la décision du tribunal correctionnel ayant relaxé l'auteur de l'accident, sur les poursuites pour défaut d'assurance dont il avait fait l'objet, avait l'autorité de la chose jugée. • Civ. 1re, 18 juin 1980 : *D. 1981. IR 174 (1re esp.), obs. Berr et Groutel.* ♦ V. aussi • Civ. 1re, 7 juin 1979 : *D. 1980. IR 178, obs. Berr et Groutel.*

25. Autorité de la chose jugée au pénal – Étendue. Viole les dispositions de l'art. 1351 C. civ. et le principe de l'autorité de la chose jugée au pénal la cour d'appel qui, pour faire droit à l'action en garantie formée par un assuré contre sa compagnie d'assurances, retient que le jugement de relaxe du chef de défaut d'assurance s'imposait au juge civil, alors que la décision de relaxe, qui était fondée sur le motif que la preuve du défaut d'assurance n'était pas rapportée, n'avait pas statué sur l'existence d'un contrat d'assurance invoqué dans l'instance civile. • Civ. 1re, 1er juill. 1980, n° P : *D. 1981. IR 174 (2e esp.), obs. Berr et Groutel ; RGAT 1981. 209, note Bigot.* ♦ En outre, l'attestation d'assurance, sur laquelle a été fondée une relaxe, ne constitue qu'une simple présomption d'assurance, et, en prononçant ladite relaxe, le juge pénal n'avait statué ni sur la validité du contrat d'assurance, ni sur son éventuelle suspension. • Civ. 1re, 2 mai 1984, n° 83-10.264 P : *D. 1986. IR 98, obs. Berr et Groutel ; RGAT 1985. 75, note Bigot.* ♦ Dès lors qu'une juridiction pénale, pour relaxer un prévenu du chef de conduite d'un véhicule sans assurance, s'est fondée uniquement sur le fait que, le jour de l'accident dans lequel était impliqué ce prévenu, la garantie du contrat d'assurance qu'il avait souscrit n'avait pas été suspendue à la suite d'une mise en demeure de payer la prime adressée par son assureur, une cour d'appel, saisie d'une demande de garantie dirigée contre l'assureur, décide justement que l'autorité de la chose ainsi jugée au pénal était limitée à l'exigibilité, au jour de l'accident, des garanties résultant des clauses de la police et ne s'étendait pas à la teneur desdites clauses. • Civ. 1re, 11 juin 1981, n° 80-12.305 P : *D. 1982. IR 382, obs. Berr et Groutel; RGAT 1982. 371.*

III. CUMUL D'ASSURANCES

26. *Assurance de responsabilité des commettants et asssurance automobile.* La garantie due par l'assureur de responsabilité civile du commettant n'est pas exclue lorsque le dommage est susceptible de relever aussi de la garantie du véhicule manœuvré par le préposé dont la faute a causé le dommage. • Civ. 2e, 8 mars 2018, n° 17-13.554 : *RGDA 2018. 253, note Landel; RCA 2018, n° 182, note Groutel.*

IV. RECOURS DE L'ASSUREUR

A. UTILISATION DU VÉHICULE CONTRE LE GRÉ DU PROPRIÉTAIRE

27. *Exclusivité du fondement de l'art. L. 211-1 C. assur.* L'assureur n'est subrogé dans les droits que possède le créancier de l'indemnité contre la personne responsable de l'accident que lorsque la garde ou la conduite du véhicule a été obtenue contre le gré du propriétaire. Il en résulte que l'assureur qui entend exercer un recours contre le conducteur d'un véhicule terrestre à moteur impliqué dans un accident de la circulation pour obtenir le remboursement des indemnités allouées aux victimes de cet accident ne peut agir que sur le fondement de l'art. L. 211-1, al. 3, à l'exclusion du droit commun. Dès lors, en accueillant les demandes de l'assureur à l'encontre du conducteur sur le fondement de l'art. 1382 C. civ., alors qu'elle constatait que le propriétaire du véhicule n'en avait pas été dépossédé contre sa volonté, la cour a violé par refus d'application l'art. L. 211-1, al. 3. • Civ. 2e, 12 sept. 2013 : *D. 2013. 2223 ; RCA 2013, n° 391, note Groutel; RGDA 2014. 113, note Landel* • 5 nov. 2020, n° 19-17.062 : *D. 2021. 222, note Gréau ; RGDA déc. 2020. 41, note Landel; RCA 2021, n° 35, note Groutel; ibid. 2022, chron. 4, n° 1, note Groutel; D. actu. 25 nov. 2020, note Bigot et Cayol; bjda.fr 2020, n° 72, note Casson.*

28. *Distinction avec le recours de l'art. R. 211-13 C. assur.* Le champ d'application du recours subrogatoire ouvert par l'art. L. 211-1, à l'encontre des conducteurs non autorisés, auxquels se trouve étendue l'obligation légale d'assurance, est distinct de celui de l'action en remboursement prévue par l'art. R. 211-13, dernier al., qui ne concerne, aux termes de l'art. R. 211-10, que les conducteurs autorisés faisant l'objet d'une exclusion contractuelle de garantie. • Civ. 1re, 17 nov. 1998, n° 96-17.461 P : *RCA 1999, n° 19; ibid. Chron. 2, note Groutel; RGDA 1999. 132, note Landel* • 23 sept. 2003 : *RCA 2003, n° 327, obs. Groutel; RGDA 2004. 88, note Landel.*

29. *Distinction avec le recours de l'art. L. 121-12 C. assur.* La subrogation prévue par l'art. L. 121-12, ainsi que l'immunité qui bénéficie aux personnes visées à ce texte, ne trouve application que lorsque l'assuré, dans les droits duquel l'assureur est subrogé, après indemnisation, a été la victime du dommage; elle ne s'applique pas dans le cas de l'art. L. 211-1 où le subrogeant n'est pas l'assuré mais la victime créancière d'indemnité contre le responsable de l'accident. • Civ. 1re, 14 nov. 1995 : *RGDA 1996. 129, note Landel.*

30. *Notion d'utilisation contre le gré du propriétaire.* Aux termes de l'art. L. 211-1, al. 3, l'assureur est subrogé dans les droits que possède le créancier de l'indemnité contre la personne responsable de l'accident lorsque la garde ou la conduite du véhicule a été obtenue contre le gré du propriétaire. Viole cet article la cour d'appel qui, pour accueillir le recours subrogatoire de l'assureur, se borne à énoncer que le propriétaire du véhicule n'en a pas autorisé la conduite, sans constater que cette conduite a été obtenue contre son gré. • Civ. 1re, 9 juin 1993, n° 91-11.323 P : *RCA 1993, n° 322.* ♦ Le recours subrogatoire distinct ouvert à l'assureur par l'art. L. 211-1, al. 3, C. assur., dans le seul cas où la garde ou la conduite du véhicule a été obtenue contre le gré du propriétaire, est subordonné à la preuve, qui incombe à l'assureur, que le propriétaire a exprimé un refus formel de confier la garde ou la conduite de son véhicule à un tiers non autorisé. • Civ. 2e, 3 févr. 2005, n° 04-10.342 P : *D. 2005. 459 ; RGDA 2005. 419, note Landel.* ♦ Ayant retenu qu'il résultait des faits que le préposé s'était introduit dans le véhicule non seulement sans l'accord de la victime mais aussi sans que celle-ci s'en rende compte, qu'il a ainsi pénétré dans la cabine du véhicule et a mis le moteur en route à l'insu du propriétaire, d'où il résultait que la garde et la conduite du véhicule de la victime avaient été obtenues par le préposé contre le gré du propriétaire, une cour d'appel a exactement déduit que l'action récursoire de l'assureur de ce véhicule, dirigée contre le commettant du conducteur responsable et son assureur, était recevable au regard des dispositions de l'art. L. 211-1 C. assur. • Civ. 2e, 3 juin 2004 : *RCA 2004, nos 250 et 271, note Groutel; RGDA 2004. 605, note Landel; Gaz. Pal. 2004. 3857, note Gréau.*

31. *Autorité de la chose jugée au pénal.* La déclaration de culpabilité du chef de vol, passée en force de chose jugée, exclut que la victime ait consenti à la soustraction de son véhicule, quand bien même elle aurait laissé son véhicule ouvert avec les clés sur le tableau de bord. Encourt la cassation l'arrêt d'appel qui déboute l'assureur du propriétaire du véhicule volé de son recours contre la personne responsable du mineur à l'origine de l'accident et son assureur en énonçant que la procédure pénale a établi que le propriétaire avait laissé son véhicule ouvert avec les clés sur le tableau de bord, de sorte que la condition posée par l'art. L. 211-1 C. assur. ne se trouvait pas remplie, la garde et la conduite de l'automobile n'ayant pas été obtenues contre le gré du propriétaire. • Crim. 19 juin 2007 : *RCA 2007, nº 284 ; RGDA 2007. 851, note Landel.*

32. Instance pénale. L'assureur du prévenu est sans qualité pour exercer, devant la juridiction pénale, une action récursoire contre la personne responsable de l'accident qui a obtenu la garde ou la conduite du véhicule contre le gré du propriétaire. • Crim. 27 mai 2014, nº 13-80.849 P : *RCA 2014, nºs 281 et 255 ; ibid. Étude 7, note Groutel ; RGDA 2014. 391, note Landel.*

B. AUTRES HYPOTHÈSES

33. Absence de recours de l'assureur du propriétaire contre l'assureur du locataire. Selon les art. L. 211-1 et R. 211-2, les contrats d'assurance doivent couvrir la responsabilité civile du souscripteur du contrat, du propriétaire du véhicule et de toute personne ayant la garde ou la conduite de ce dernier. Viole ces textes la cour d'appel qui, pour retenir la garantie de l'assureur du locataire au profit de l'assureur du propriétaire du véhicule, énonce que le contrat de location mettait à la charge du locataire la seule responsabilité des accidents corporels et matériels survenus au cours ou à l'occasion des opérations dont il se chargeait, alors que la convention invoquée ne pouvait priver d'effet, à l'encontre du gardien ou conducteur autorisé, la garantie d'assurance imposée à son profit par la loi. • Civ. 1re, 4 juill. 2000, nº 98-11.318 P : *RGDA 2000. 874, note Landel.*

34. Absence de recours contre l'ancien assuré. Tenu de payer pour le compte du responsable d'un accident en raison de la forclusion de son exception de non-garantie fondée sur la résiliation du contrat pour non-paiement de la prime, l'assureur ne peut exercer un recours contre son ancien assuré, non conducteur, dès lors qu'aucun lien de causalité n'est établi entre le préjudice allégué et la faute reproché à celui-ci. • Civ. 2e, 13 déc. 2012 : *RCA 2013, nº 98, note Groutel.*

Art. L. 211-1-1 *(L. nº 2020-105 du 10 févr. 2020, art. 102)* **Le contrat d'assurance prévu à l'article L. 211-1 prévoit que lorsque l'assuré d'un véhicule techniquement ou économiquement irréparable n'accepte pas la proposition d'indemnisation prévue à l'article L. 327-1 du code de la route, la résiliation du contrat d'assurance est conditionnée à la fourniture d'un justificatif de destruction du véhicule, de sa réparation ou de souscription d'un contrat auprès d'un nouvel assureur. Un décret précise la nature du justificatif et les modalités de mise en œuvre du présent article.**

L'assureur est tenu de rembourser à l'assuré la partie de prime ou de cotisation qui correspond à la période pendant laquelle le risque n'a pas couru, période calculée à compter de la date de cession du véhicule en vue de sa destruction.

Les dispositions du présent article sont d'ordre public et s'appliquent aux contrats en cours à compter du 1er juillet 2021.

Art. L. 211-2 **Les dispositions de l'article L. 211-1 ne sont pas applicables aux dommages causés par les chemins de fer et les tramways.** — *Assur. L. 214-3.*

COMMENTAIRE

De même que l'article 1er de la loi nº 86-677 du 5 juillet 1985 exclut de son champ d'application les victimes d'accidents de la circulation dans lesquels sont impliqués « des chemins de fer ou des tramways circulant sur des voies qui leur sont propres », l'article L. 211-2 écarte du champ de l'assurance obligatoire « les chemins de fer et les tramways ». Il n'y a toutefois aucune précision sur le fait que le train ou le tramway devrait circuler sur une voie qui lui est propre. Par conséquent, cette exclusion paraît bien concerner les tramways sur pneus non liés à une voie ferrée.

Art. L. 211-3 *Abrogé par L. nº 96-314 du 12 avr. 1996, art. 85-I, à compter du 1er janv. 1997. — V. art. A. 211-1.*

SECTION II ÉTENDUE DE L'OBLIGATION D'ASSURANCE

Art. L. 211-4 *(L. nº 94-5 du 4 janv. 1994)* **« L'assurance prévue à l'article L. 211-1 doit comporter une garantie de la responsabilité civile s'étendant à l'ensemble des territoires des États membres de la Communauté européenne ainsi qu'aux territoires de tout État tiers pour lequel les bureaux nationaux de tous les États membres de la Communauté européenne se portent individuellement garants du règlement des**

sinistres survenus sur leur territoire et provoqués par la circulation des véhicules ayant leur stationnement habituel dans cet État tiers ». Cette garantie, lorsqu'elle est appelée à jouer hors du territoire français, est accordée par l'assureur dans les limites et conditions prévues par la législation nationale de l'État sur le territoire duquel s'est produit le sinistre *(L. n° 91-716 du 26 juill. 1991)* **« ou par celle de l'État où le véhicule a son stationnement habituel lorsque la couverture d'assurance y est plus favorable. »**

(L. n° 2007-1774 du 17 déc. 2007, art. 1er-III-1°) **« Cette assurance ne peut être résiliée et sa prime ne peut être modifiée au motif d'un séjour du véhicule dans un État membre de la Communauté européenne autre que la France pendant la durée du contrat. »**

Cette assurance doit également comporter une garantie de la responsabilité civile en cas de sinistre survenant au cours du trajet reliant directement deux territoires où le traité instituant la Communauté économique européenne est applicable, lorsqu'il n'existe pas, pour le territoire parcouru, de bureau national d'assurance.

Dans ce cas, l'assureur n'est tenu de couvrir que les dommages dont peuvent être victimes les ressortissants des États mentionnés au premier alinéa du présent article, dans les conditions prévues par la législation nationale sur l'obligation d'assurance en vigueur dans l'État où le véhicule qui a causé l'accident a son stationnement habituel.

COMMENTAIRE

I. L'ÉTENDUE SPATIALE DE L'OBLIGATION D'ASSURANCE

Initialement, l'assurance automobile ne s'appliquait qu'en cas d'accident survenu sur le territoire d'immatriculation du véhicule assuré. Il fallait donc souscrire une extension de garantie pour couvrir les accidents survenus à l'étranger et cette souscription était obligatoire lorsque l'État de destination imposait une assurance automobile. Afin de simplifier la situation des conducteurs, un système international d'assurance de responsabilité civile a été mis en œuvre. Il s'agit du système dit de la carte verte dorénavant organisé par le Règlement général du Conseil des Bureaux du 30 mai 2002.

En application de ce système, le Bureau national, auquel adhère l'ensemble des assureurs d'un pays qui pratiquent l'assurance de responsabilité civile automobile, supervise la délivrance des cartes vertes qui prouvent l'assurance du véhicule à l'étranger et garantissent l'indemnisation des victimes d'accidents causés par des véhicules immatriculés à l'étranger sur leur territoire national.

Concrètement, si le Bureau national constate que l'assureur du véhicule est identifié et qu'un correspondant de cet assureur a été agréé dans le pays où l'accident s'est produit, il lui transmet toutes les informations utiles et toutes les demandes d'indemnisation en vue de sa gestion et de son règlement. Le correspondant se fera ultérieurement rembourser par l'assureur du véhicule immatriculé à l'étranger.

Mais, en l'absence de correspondant agréé ou s'il a décidé d'assurer le règlement de l'indemnité, le Bureau national se retournera ensuite contre l'assureur ou le bureau de l'État de l'auteur du sinistre.

C'est donc pour cela que l'article L. 211-4 indique que l'obligation d'assurance doit s'étendre à l'ensemble des territoires de la Communauté européenne ainsi qu'aux territoires de tout État tiers pour lequel les Bureaux nationaux de tous les États membres de la Communauté européenne se portent individuellement garants du règlement des sinistres survenus sur leur territoire et provoqués par la circulation des véhicules ayant leur stationnement habituel dans cet État tiers. Le lieu de stationnement correspond à l'État d'immatriculation du véhicule (CJCE 9 févr. 1984).

Et parce qu'un accident peut survenir à l'occasion d'un trajet entre deux territoires de la Communauté européenne, l'article L. 211-4 étend la garantie de la responsabilité à ces accidents survenus sur le territoire parcouru, dès lors qu'il n'existe pas de bureau national dans ce pays. Mais l'assureur du véhicule n'est tenu que de garantir les dommages des ressortissants d'un État membre de la Communauté européenne ou d'un État tiers pour lequel les Bureaux nationaux de tous les États membres de la Communauté européenne se portent individuellement garants du règlement des sinistres survenus sur leur territoire et provoqués par la circulation des véhicules ayant leur stationnement habituel dans cet État tiers.

II. LES CARACTÉRISTIQUES DE L'ASSURANCE EN DEHORS DU TERRITOIRE NATIONAL

En cas de sinistre à l'étranger, le conducteur responsable est donc couvert par son assureur et cette garantie « *est accordée dans les limites et conditions* » prévues par la législation du lieu du sinistre et celles de la législation de l'État où le véhicule à son stationnement habituel si elles sont plus favorables. Pour appliquer cet article, il est dès lors nécessaire de savoir ce qu'il faut entendre par « limites et conditions ». Certains auteurs ont de la sorte estimé que cette formule ne concernait que l'étendue des garanties et non le fonctionnement ou l'existence du contrat d'assurance, qui devait continuer à relever de sa loi propre. Puisque l'assurance obligatoire a pour finalité la protection des victimes, la compétence de la loi du lieu du sinistre devrait exclusivement concerner les rapports entre la victime et l'assureur (Landel, *RGDA 2016, 474*). Mais ce n'est pas la solution retenue par la Cour de cassation. En cas de sinistre à l'étranger, la loi du lieu de l'accident est susceptible de s'appliquer au contrat d'assurance. Ainsi, la Cour de cassation a estimé que le droit étranger pouvait s'appliquer à l'exception de nullité pour fausse déclaration intentionnelle (Civ. 2e, 18 juin 2002 ; Civ. 2e, 17 sept. 2009 ; Civ. 2e, 16 juin 2011) ou à l'inexistence de la garantie en raison de la faute intentionnelle commise par l'assuré (Civ. 2e, 8 sept. 2016). ❑

1. Notion de lieu de stationnement habituel. Lorsqu'un véhicule porte une plaque d'immatriculation régulièrement délivrée, il doit être considéré comme stationnant au sens de la directive (du 24 avr. 1972), sur le territoire de l'État d'immatriculation même si à l'époque considérée, l'autorisation d'utiliser le véhicule avait été retirée. • CJCE 9 févr. 1984 : *Rec. CJCE 689 ; RTD eur. 1984. 748, et Chron. Berr et Groutel, ibid. 643 ; Rev. crit. DIP 1984. 517, note Bigot ; RGAT 1985. 69, note Chapuisat.* ♦ De l'interprétation des art. 2, § 2 et 1, § 4, de la directive européenne n° 72-166, donnée par arrêt du 9 févr. 1984 de la Cour de justice des Communautés européennes, il ressort qu'un véhicule, du seul fait qu'il portait une plaque d'immatriculation qui, originairement, lui avait été régulièrement délivrée en Allemagne, devait être considéré comme y ayant toujours son lieu de stationnement habituel, et il s'ensuit que le Bureau central français est tenu de prendre en charge – éventuellement pour le compte de qui il appartiendra – les conséquences dommageables d'un accident causé en France par un véhicule volé portant une immatriculation de la République fédérale allemande. • Civ. 1re, 11 déc. 1984, n° 81-15.835 P : *RGAT 1985. 69.* ♦ ... Que le conducteur d'un véhicule volé en Suisse, État non membre de la communauté, mais qui a adhéré à la « convention interbureaux », résultant de cette directive, est censé avoir été couvert par une assurance valable dans le pays d'immatriculation du véhicule qu'il conduisait. • Civ. 1re, 22 avr. 1986, n° 84-12.130 P : *RGAT 1986. 189.*

2. Limites et conditions de garantie de la loi étrangère. Lorsque la garantie de l'art. L. 211-1 (dans sa rédaction antérieure à la loi du 26 juill. 1991) est appelée à jouer hors du territoire français, elle est accordée par l'assureur dans les limites et conditions prévues par la législation nationale de l'État sur le territoire duquel s'est produit le sinistre. Viole ce texte la cour d'appel qui a écarté l'application de la loi belge, laquelle, le cas échéant, aurait dû être faite d'office, et s'est fondée sur la circonstance qu'un véhicule avait été utilisé à l'insu de l'assuré pour décider qu'une compagnie d'assurances ne devait pas garantie en application d'une clause d'exclusion, telle que le permettait alors le code des assurances français. • Civ. 1re, 24 mai 1989 : *Bull. civ. I, n° 210 ; D. 1991. Somm. 68, obs. Berr ; RGAT 1989. 817.* ♦ Il résulte des dispositions de l'art. L. 211-4 que, pour un sinistre à l'étranger, l'assureur accorde sa garantie « dans les limites et conditions prévues par la législation nationale de l'État sur le territoire duquel s'est produit le sinistre ». Ainsi, l'accident s'étant produit en Allemagne, la loi allemande, qui dispose que « la libération totale ou partielle de l'assureur de son obligation de fournir la prestation vis-à-vis du souscripteur de l'assurance reste sans effet à l'égard du tiers victime envers lequel il demeurera tenu », doit s'appliquer. Dès lors, la loi allemande ne distinguant pas entre les causes de non-garantie, l'exception de nullité pour fausse déclaration intentionnelle ou réticence dolosive en fait partie et est inopposable aux tiers victimes. • Civ. 2e, 16 juin 2011 : *D. 2012. 1980, obs. Groutel ; RCA 2011, n° 336, obs. Groutel ; RGDA 2011. 989, obs. Landel.* ♦ Si la loi espagnole dispose que les « exceptions de garantie » ne sont pas opposables aux tiers, il convient de rechercher le sens de cette expression, et de vérifier spécialement si cette formule inclut la nullité du contrat pour fausse déclaration intentionnelle. • Civ. 1re, 18 juin 2002 : *RGDA 2002. 763, note Heuzé ; ibid. 966, note Landel.* ♦ Un accident étant survenu en Espagne, une cour d'appel ne peut refuser de prononcer la nullité du contrat d'assurance sans rechercher, comme elle y était invitée, si la loi espagnole ne prévoyait pas l'absence d'assurance en cas de dol ou de faute lourde du souscripteur, et si ces cas ne correspondent pas à la fausse déclaration intentionnelle du risque reprochée à celui-ci. • Civ. 2e, 17 sept. 2009 : *RCA 2009. 368, note Groutel.* ♦ Un accident étant survenu en Suisse, il convenait d'examiner la loi de cet État pour déterminer si l'assureur était fondé à opposer une non-garantie lorsque les dommages causés à la victime résultent d'un fait volontaire commis par le détenteur d'un véhicule volé. • Civ. 2e, 8 sept. 2016, n° 15-23.601 : *RGDA 2016. 474, note Landel.* ♦ Mais, encourt la cassation l'arrêt qui, pour écarter la garantie de l'assureur du véhicule à la suite d'un accident intervenu sur le sol marocain, retient que la loi marocaine impose de s'assurer pour les dommages causés à des tiers, transportés dans le véhicule assuré, et qu'elle ne considère pas comme tels le conjoint et les descendants de l'assuré dont la responsabilité est engagée, alors que la loi marocaine définissant le domaine de l'assurance obligatoire en matière de circulation des véhicules terrestres à moteur, ne peut avoir pour effet de réduire le champ de la garantie contractuellement prévue. Il incombait donc à la cour d'appel de rechercher si les victimes avaient la qualité de tiers au sens des stipulations de la police d'assurance. • Civ. 1re, 4 juill. 2012 : *D. 2012. 1989, obs. Groutel ; RCA 2012, no 322, obs. Groutel ; RGDA 2013. 82, obs. Landel.*

3. Portée de l'étendue territoriale de garantie. L'étendue territoriale de garantie prévue par l'art. L. 211-4 n'est prévue que pour l'assurance de responsabilité civile obligatoire édictée par l'art. L. 211-1 ; par suite, l'assureur peut opposer à son assuré la limitation de l'étendue territoriale de sa garantie prévue par la police d'assurance pour les dommages subis par son véhicule. • Civ. 1re, 30 oct. 1995, no 93-14.177 P : *RCA 1996, no 41 ; RGDA 1996. 117, note Landel.*

4. Prime unique. Les dispositions de l'art. 2 de la 3e Dir. 90/232/CEE du 14 mai 1990, relatives à la prime unique et à l'étendue territoriale de la couverture d'assurance, visent non seulement les rapports entre l'assureur et la victime mais également ceux entre l'assureur et l'assuré. En particulier, ces dispositions impliquent que, en contrepartie du paiement par l'assuré de la prime unique, l'assureur prend, en principe, en charge le risque de l'indemnisation des victimes d'un éventuel accident impliquant le véhicule assuré, et ce, quel que soit l'État membre de l'Union sur le territoire duquel ce véhicule est utilisé et où cet accident se produit. Il s'ensuit que ne correspond pas à la notion de « prime unique », au sens de l'art. 2 de la 3e Dir. préc., une prime qui varie selon que le véhicule assuré est appelé à circuler uniquement sur le territoire de l'État membre où ce véhicule a son stationnement habituel ou sur l'ensemble du territoire de l'Union. En effet, une telle variation revient, contrairement à ce que prévoit cet article, à subordonner l'engagement de l'assureur de prendre en charge le risque résultant de la circulation dudit véhicule en dehors de l'État membre de stationnement habituel au paiement d'un complément de prime. • CJUE 26 mars 2015, no C-556/13 : *RCA 2015. Étude 8, note Ciron ; RGDA 2015. 244, note Landel.*

Art. L. 211-4-1 *(L. no 2007-1774 du 17 déc. 2007, art. 1er-IV)* **Le véhicule est réputé avoir son lieu de stationnement habituel en France :**

1o Lorsqu'il porte une plaque d'immatriculation qui lui correspond et qui a été délivrée par les autorités françaises ;

2o Lorsque, bien que soumis à l'obligation d'immatriculation en France, il est dépourvu de plaque d'immatriculation ou porte une plaque qui ne lui correspond pas ou ne lui correspond plus et que l'accident survient sur le territoire français ;

3o Lorsqu'il n'est pas soumis à l'obligation d'immatriculation et que la personne qui en a la garde est domiciliée en France.

Art. L. 211-5 **Le décret en Conseil d'État mentionné à l'article L. 211-1 fixe les conditions d'application du présent titre, et notamment l'étendue de la garantie que doit comporter le contrat d'assurance, les modalités d'établissement et de validité des documents justificatifs prévus pour l'exercice du contrôle, ainsi que les obligations imparties aux utilisateurs de véhicules en circulation internationale munis d'une lettre de nationalité autre que la lettre française.**

Tout contrat d'assurance souscrit par une personne assujettie à l'obligation instituée à l'article L. 211-1 est, nonobstant toutes clauses contraires, réputé comporter des garanties au moins équivalentes à celles fixées dans le décret en Conseil d'État prévu à l'alinéa précédent.

COMMENTAIRE

L'article L. 211-5 complète l'article L. 211-1, qui indique que les conditions de l'assurance obligatoire sont fixées par un décret en Conseil d'État, en précisant que le décret fixe notamment l'étendue de la garantie, les modalités pour le contrôle de l'obligation d'assurance et les obligations des utilisateurs de véhicules en circulation internationale. Ces dispositions adoptées par décret se trouvent aux articles R. 211-2 et suivants.

Les garanties fixées par le décret constituent un minimum pour le contrat d'assurance. Celui-ci ne peut comporter des garanties plus restrictives que celles prévues par le décret. Ainsi, le contrat d'assurance d'un garagiste ne peut exclure de la garantie les dommages occasionnés par un client conduisant un véhicule prêté par le garagiste pendant l'immobilisation de son véhicule (Civ. 1re, 21 mars 1972).

Garanties contractuelles trop restrictives. Les dispositions de l'art. 2 du Décr. du 7 janv. 1959 [C. assur., art. R. 211-3], qui concernent les garagistes et les personnes pratiquant habituellement le courtage, la vente, la réparation, le dépannage ou le contrôle du bon fonctionnement des véhicules, doivent être substituées aux stipulations plus restrictives du contrat souscrit par l'assuré. Ainsi, pour condamner l'assureur à fournir sa garantie pour l'accident causé par un tiers en conduisant un camion appartenant à l'assuré, une cour d'appel a pu, après avoir relevé que le camion avait été prêté au tiers pour un dépannage et non loué, admettre que ce prêt entrait dans l'activité professionnelle du garagiste et satisfaisait donc aux conditions édictées par le texte précité. • Civ. 1re, 25 oct. 1972, ⚖ nº 71-10.967 P : *RGAT 1973. 247, note Besson.* ♦ Viole les dispositions de l'art. 2 du Décr. du 7 janv. 1959 [C. assur., art. R. 211-3] l'arrêt qui, pour déclarer que l'assureur d'un garagiste ne devait pas sa garantie pour l'accident causé par un client en conduisant, pendant l'immobilisation de son véhicule en cours de réparation, une voiture prêtée par ce garagiste, fait application de la clause de la police stipulant « prêt de véhicule risque exclu » et restreint ainsi, en vertu d'une disposition contractuelle, l'étendue de la garantie minima impérativement fixée par la loi. • Civ. 1re, 21 mars 1972, ⚖ nº 70-13.276 P : *RGAT 1972. 557.* ♦ La clause contractuelle ne garantissant que les véhicules de l'entreprise pour les prêts occasionnels à titre gracieux, et non les véhicules confiés, doit être réputée non écrite comme restreignant abusivement les garanties prévues par la loi sur l'assurance automobile obligatoire. • Crim. 6 mai 1998 : ⚖ *RGDA 1998. 718, note Landel.*

Art. L. 211-5-1 *(L. nº 2014-344 du 17 mars 2014, art. 63-I)* **Tout contrat d'assurance souscrit au titre de l'article L. 211-1 mentionne la faculté pour l'assuré, en cas de dommage garanti par le contrat, de choisir le réparateur professionnel auquel il souhaite recourir. Cette information est également délivrée, dans des conditions définies par arrêté, lors de la déclaration du sinistre.**

L'indication obligatoire prévue par l'art. L. 211-5-1 est applicable aux contrats souscrits postérieurement à la publication de la loi nº 2014-344 du 17 mars 2014 ainsi qu'aux contrats à reconduction tacite en cours, pour lesquels la mention doit figurer sur chaque avis d'échéance annuelle de prime ou de cotisation (L. nº 2014-344 du 17 mars 2014, art. 63-II).

COMMENTAIRE

Traditionnellement, certaines polices d'assurance orientaient les assurés, en cas de sinistre, vers un réparateur faisant partie d'un réseau agréé par l'assureur avec lequel il avait négocié des tarifs de réparation. Même s'il ne s'agissait pas d'une obligation, l'assuré pouvait se sentir contraint de s'adresser à ce réparateur. Afin de lutter contre cette pratique, l'article L. 211-5-1, issu de la loi Hamon du 17 mars 2014, prévoit que l'assuré est informé, par une stipulation contractuelle, de la possibilité de choisir le réparateur professionnel auquel il souhaite recourir en cas de dommage garanti. L'assuré peut donc préférer son propre garagiste au professionnel recommandé par la compagnie d'assurance.

Cette information donnée dans le contrat d'assurance doit en outre être rappelée par l'assurance lors de la déclaration du sinistre, selon des modalités fixées par arrêté.

En application de cette disposition, un arrêté a été adopté le 29 décembre 2014, qui prévoyait que l'obligation d'information pesait sur tout professionnel en contact avec l'assuré. En ce sens, les professionnels de l'automobile en contact avec l'assuré devaient délivrer cette information. Or, l'article L. 211-5-1 fait peser cette obligation d'information sur l'assureur. Allant au-delà de l'habilitation législative, l'arrêté du 29 décembre 2014 a été annulé par une décision du Conseil d'État du 17 février 2016 (CE 17 févr. 2016).

Un autre arrêté a alors été adopté le 17 juin 2016. Il prévoit que la faculté de choisir le réparateur professionnel auquel il souhaite recourir est rappelé de manière claire et objective dès le premier contact de l'assuré avec l'assureur en vue de la déclaration du sinistre. Si l'information est donnée oralement, un message électronique ou un SMS doit la confirmer dans les plus brefs délais. ❑

Nullité de l'Arr. du 29 déc. 2014. Il résulte des termes et de l'objet des dispositions de l'art. L. 211-5-1 que l'obligation d'information définie par celles-ci pèse, au moment de la déclaration de sinistre, sur l'assureur. Dès lors, d'une part, en prévoyant qu'une obligation d'information pesait sur « tout professionnel », d'autre part, en indiquant que cette obligation devait être accomplie dès la survenance du sinistre, les dispositions de l'Arr. du 29 déc. 2014 ont méconnu l'art. L. 211-5-1 et excédé, par suite, la portée de l'habilitation législative. En conséquence, l'Arr. du 29 déc. 2014 relatif aux modalités d'information de l'assuré au moment du sinistre sur la faculté de choisir le réparateur professionnel auquel il souhaite recourir prévue à l'art. L. 211-5-1 est annulé. • CE 17 févr. 2016 : ⚖ *RGDA 2016. 173, note Landel.*

Arrêté du 17 juin 2016,

Relatif aux modalités d'information de l'assuré au moment du sinistre sur la faculté de choisir le réparateur professionnel auquel il souhaite recourir prévue à l'article L. 211-5-1 du code des assurances.

Art. 1er La faculté pour l'assuré, prévue à l'article L. 211-5-1 du code des assurances, de choisir le réparateur professionnel auquel il souhaite recourir lui est rappelée de manière claire et objective dès le premier contact de l'assuré avec l'assureur en vue de la déclaration du sinistre.

Si le moyen de communication est oral, un écrit, notamment un message électronique ou un message textuel interpersonnel (SMS) spécifique, confirme dans les plus brefs délais cette information.

Art. 2 Le présent arrêté entre en vigueur le dernier jour du deuxième mois qui suit sa publication. – *En vigueur le 31 août 2016.*

Art. L. 211-5-2 *(L. nº 2020-1508 du 3 déc. 2020, art. 20-I)* **Sont nulles les clauses par lesquelles l'assureur interdit à l'assuré, en cas de dommage garanti par un contrat d'assurance souscrit au titre de l'article L. 211-1, la cession à des tiers des créances d'indemnité d'assurance qu'il détient sur lui.**

L'art. L. 211-5-2 C. assur. est applicable aux contrats en cours à la date de la publication de la L. nº 2020-1508 du 3 déc. 2020 (L. préc., art. 20-II).

Art. L. 211-6 **Est réputée non écrite toute clause stipulant la déchéance de la garantie de l'assuré en cas de condamnation pour conduite en état d'ivresse ou sous l'empire d'un état alcoolique** *(L. nº 2003-87 du 3 févr. 2003, art. 2)* **« ou pour conduite après usage de substances ou plantes classées comme stupéfiants ».**

V. art. A. 211-1-1 s.

COMMENTAIRE

Initialement, lors de la création de l'assurance obligatoire de responsabilité civile, les assureurs pouvaient insérer dans le contrat d'assurance une déchéance de garantie pour conduite en état d'ivresse. Cette solution autorisait donc une double sanction du responsable par application des dispositions pénales et par une absence d'assurance, mais il ne fallait pas que cette règle se retourne contre la victime. Aussi, alors que la qualification d'exclusion de garantie aurait dû être préférée à celle de déchéance, dans la mesure où la faute reprochée à l'assuré était antérieure au sinistre, le législateur a employé la qualification de déchéance, afin de la rendre inopposable aux victimes.

Ultérieurement, la loi du 9 juillet 1970 instituant un taux légal d'alcoolémie a interdit la déchéance de garantie en cas de condamnation pour conduite en état d'ivresse ou sous l'empire d'un état alcoolique. Cette disposition a été reprise à l'article L. 211-6, puis étendue à la conduite après usage de substances ou de plantes.

Pour autant, cette interdiction ne concerne que l'assurance obligatoire et non l'assurance facultative (Civ. 2e, 7 avr. 2011). Dans une telle hypothèse, il faut se référer aux dispositions contractuelles pour connaître l'étendue de l'exclusion de garantie. Ainsi, il a été jugé qu'un assureur ne pouvait se prévaloir d'une exclusion de garantie pour conduite sous l'empire d'un état alcoolique, dès lors que celui-ci était défini par référence à l'article L. 1 du code de la route, alors applicable, lequel fixait un seuil d'alcoolémie à 0,80 gramme d'alcool pur par litre de sang, et que le tribunal correctionnel avait relaxé la conductrice de la poursuite des faits contraventionnels de conduite sous l'empire d'un état alcoolique, puisque son alcoolémie retenue était de 0,50 gramme d'alcool pur par litre de sang (Civ. 2e, 30 juin 2005).

Par ailleurs, si l'article L. 211-6 interdit à l'assureur de se prévaloir d'une déchéance de garantie en cas de condamnation pour conduite en état d'ivresse ou sous l'empire d'un état alcoolique, il n'interdit pas à l'assureur de se prévaloir de la réduction proportionnelle de primes de l'article L. 113-9 en cas d'omission ou de déclaration inexacte relative à une telle condamnation (Civ. 2e, 8 déc. 2016). En effet, l'article L. 211-6 a pour objectif la protection de la victime contre l'insolvabilité de l'assuré et non celle de l'assuré contre le risque d'une sanction de l'assureur pour déclaration irrégulière du risque. ❑

1. *Domaine.* L'art. L. 211-6 ne concerne que l'assurance obligatoire des dommages causés aux tiers, visée par l'art. L. 211-1, et non l'assurance des dommages causés à son véhicule par le conducteur assuré. • Civ. 2e, 7 avr. 2011 : *D. 2011. 1805, note Vingian ; ibid. 2012. 1980, obs. Groutel ; RCA 2011, no 267, note Groutel ; RGDA 2011. 728, obs. Landel.*

2. *État d'ivresse.* Le contrat d'assurance automobile obligatoire ne peut pas prévoir que, dans certains cas et, en particulier, dans celui où le conducteur du véhicule était en état d'ivresse, l'assureur n'est pas tenu d'indemniser les dommages corporels et matériels causés à des tiers par le véhicule assuré. En revanche, le contrat d'assurance obligatoire peut prévoir que, dans de telles hypothèses, l'assureur disposera d'une action récursoire contre l'assuré. • CJCE 28 mars 1996, no C-129/94, *Rafaël Ruiz Bernaldez : Rec. CJCE I-1829 ; RCA 1996. Chron. 34, note Berr.* ♦ En vertu de l'art. L. 211-6, doit être réputée non écrite la clause excluant de la garantie souscrite au titre de l'obligation d'assurance des véhicules terrestres à moteur les dommages provoqués par un conducteur en état alcoolique. • Civ. 1re, 21 oct. 2003, no 01-14.429.

3. *Relaxe au pénal.* Justifie légalement sa décision la cour d'appel qui affirme que le jugement du tribunal correctionnel prive l'assureur du droit d'invoquer la clause d'exclusion en ce qu'il a nécessairement relaxé la conductrice de l'ensemble de la poursuite des faits contraventionnels de conduite sous l'empire d'un état alcoolique qui lui étaient reprochés, dès lors que l'alcoolémie retenue à l'encontre de la conductrice, égale à 0,50 gramme d'alcool pur par litre de sang, n'entrait pas dans les prévisions de la clause qui n'excluait formellement de la garantie que l'état alcoolique défini par référence à l'art. L. 1 C. route, alors applicable, lequel fixait un seuil d'alcoolémie à 0,80 gramme d'alcool pur par litre de sang. • Civ. 2e, 30 juin 2005, no 04-12.769.

4. *Incidence sur la réduction proportionnelle de l'art. L. 113-9.* Les dispositions de l'art. L. 211-6 réputant non écrite toute clause stipulant la déchéance de garantie de l'assuré en cas de condamnation pour conduite en état d'ivresse ou sous l'empire d'un état alcoolique n'ont pas pour effet d'interdire à l'assureur de se prévaloir, à l'égard de l'assuré, dans les conditions prévues par l'art. L. 113-9 du même code, d'une omission ou déclaration inexacte relative à une telle condamnation. • Civ. 2e, 8 déc. 2016, no 16-10.622 : *RGDA 2017. 119, note Landel.*

Art. L. 211-7 **Les dispositions du présent titre ne portent pas atteinte aux prescriptions réglementaires en vigueur, dans la mesure où ces prescriptions concernent des risques différents ou imposent des obligations plus étendues.**

COMMENTAIRE

Certaines activités automobiles font l'objet d'une réglementation spécifique, tel est notamment le cas du transport de marchandises radioactives ou dangereuses, du transport public de personnes, ou encore des épreuves et compétitions sur la voie publique. Afin de coordonner ces différentes dispositions avec celles du code des assurances, l'article L. 211-7 prévoit que les règles du titre Ier du Livre II, relatif à l'assurance des véhicules terrestres à moteur, ne portent pas atteinte à ces dispositions spécifiques qui concernent des risques différents ou imposent des obligations plus étendues. Il s'agit en somme d'une application classique du principe *specilia generalibus derogant*.

SECTION III FRANCHISES, EXCLUSIONS DE GARANTIE ET DÉCHÉANCES

V. art. R. 211-10 s. et A. 211-3.

Art. L. 211-7-1 *(L. no 2019-486 du 22 mai 2019, art. 209)* **La nullité d'un contrat d'assurance souscrit au titre de l'article L. 211-1 n'est pas opposable aux victimes ou aux ayants droit des victimes des dommages nés d'un accident de la circulation dans lequel est impliqué un véhicule terrestre à moteur ainsi que ses remorques ou semi-remorques.**

Dans une telle hypothèse, l'assureur qui garantit la responsabilité civile du fait de ce véhicule, de cette remorque ou de cette semi-remorque, est tenu d'indemniser les victimes de l'accident ou leurs ayants droit. L'assureur est subrogé dans les droits que possède le créancier de l'indemnité contre la personne responsable de l'accident, à concurrence du montant des sommes qu'il a versées.

Un décret en Conseil d'État fixe les autres exceptions de garantie qui ne sont pas opposables aux victimes ou à leurs ayants droit.

BIBL. ▸ **Inopposabilité de la nullité du contrat :** GROUTEL, *RCA 2017. Étude 13.* – BARBAUD, *RCA 2020. Étude 6.*

COMMENTAIRE

Conformément à l'article R. 211-13 du code des assurances, certaines exceptions ne sont pas opposables à la victime d'un accident de la circulation. Il s'agit des franchises, des déchéances, à l'exception de la suspension de la garantie pour non-paiement de la prime, de la réduction de l'indemnité pour fausse déclaration non intentionnelle du risque et des exclusions de garanties prévues par les articles R. 211-10 et R. 211-11 du code des assurances. Ce texte ne vise donc pas la nullité pour fausse déclaration intentionnelle du risque.

A l'occasion d'une question préjudicielle posée par la Cour suprême du Portugal, la Cour de justice de l'Union européenne fut amenée à se prononcer par un arrêt du 20 juillet 2017 sur la conformité de l'opposabilité d'une telle nullité aux textes européens. Par cet arrêt, la CJUE a estimé que cette nullité devait être inopposable aux victimes, précisant de surcroît que l'intervention d'un fonds de garantie n'a été conçue que comme une mesure de derniers recours, prévue uniquement dans le cas où les dommages ont été causés par un véhicule pour lequel il n'a pas été satisfait à l'obligation d'assurance. Partant, cet arrêt a pu être perçu comme annonciateur d'un « grand changement » en assurance automobile (H. Groutel, *RCA 2017, Étude 13*), puisque sa solution relative à la nullité du contrat pour fausse déclaration pourrait être transposée à d'autres exceptions comme la suspension de garantie pour non-paiement de la prime ou la suspension du contrat consécutive à l'aliénation du véhicule.

Issu de la loi PACTE du 22 mai 2019, l'article L. 211-7-1 réceptionne en droit français la solution de la Cour de justice de l'Union européenne du 20 juillet 2017, aux termes de laquelle l'assureur du véhicule ne peut opposer aux tiers victimes la nullité du contrat d'assurance pour fausse déclaration du risque (CJUE 20 juill. 2017). Cet article indique en outre qu'un décret en Conseil d'État déterminera les autres exceptions inopposables aux victimes.

Dans l'immédiat, la Cour de cassation a transposé la solution européenne pour les litiges non concernés par le nouvel article L. 211-7-1 (Civ. 2e, 29 août 2019 ; Civ. 2e, 16 janv. 2020). ❑

Jurisprudence ant. L. 22 mai 2019. La CJUE a dit pour droit (CJUE du 20 juill. 2017, n° C-287/16) que l'art. 3, § 1, de la Dir. 72/166/CEE du Conseil du 24 avr. 1972, concernant le rapprochement des législations des États membres relatives à l'assurance de la responsabilité civile résultant de la circulation de véhicules automoteurs, et au contrôle de l'obligation d'assurer cette responsabilité, et l'art. 2, § 1, de la deuxième Dir. 84/5/CEE du Conseil du 30 déc. 1983, concernant le rapprochement des législations des États membres relatives à l'assurance de la responsabilité civile résultant de la circulation des véhicules automoteurs, doivent être interprétés en ce sens qu'ils s'opposent à une réglementation nationale qui aurait pour effet que soit opposable aux tiers victimes la nullité d'un contrat d'assurance de responsabilité civile automobile résultant de fausses déclarations initiales du preneur d'assurance en ce qui concerne l'identité du propriétaire et du conducteur habituel du véhicule concerné ou de la circonstance que la personne pour laquelle ou au nom de laquelle ce contrat d'assurance est conclu n'avait pas d'intérêt économique à la conclusion dudit contrat. Il s'en déduit qu'interprétée à la lumière des dispositions des directives susvisées, la nullité édictée par l'art. L. 113-8 C. assur. n'est pas opposable aux victimes d'un accident de la circulation ou à leurs ayants droit. • Civ. 2e, 29 août 2019, n° 18-14.768 : *RGDA oct. 2019. 19, note Landel ; RCA 2019, n° 258 et repère 9, par Groutel ; bjda.fr 2019, n° 65, note Cayol* • Civ. 2e, 16 janv. 2020, n° 18-23.381 : *D. actu. 14 févr. 2020, note Bigot ; RCA 2020, n° 97 et Étude 6 par Barbaud ; ibid. 2022, chron. 4, n° 25, note Groutel ; RGDA avr. 2020. 27, note Landel.* ♦ La circonstance que la compagnie d'assurance a conclu le contrat sur la base d'omissions ou de fausses déclarations de la part du preneur d'assurance n'est pas de nature à lui permettre de se prévaloir de dispositions légales sur la nullité du contrat et de l'opposer au tiers victime afin de s'exonérer de son obligation découlant de l'art. 3, § 1, de la première directive d'indemniser ce dernier d'un accident causé par le véhicule assuré. • CJUE, 6e ch., 20 juill. 2017, *Fidelidade Companhia de Seguros,* n° C-287/16 : *RGDA 2017. 536. note Parleani ; ibid. 552, note Landel ; RCA 2017, étude 13 par Groutel.*

SECTION IV CONTRÔLE DE L'OBLIGATION D'ASSURANCE

Néant.
V. art. R. 211-14 s. et A. 211-4 s.

SECTION V DISPOSITIONS RELATIVES À L'ASSURANCE DES VÉHICULES EN CIRCULATION INTERNATIONALE ET DE CERTAINS AUTRES VÉHICULES

Néant.
V. art. R. 211-22 s.

SECTION VI PROCÉDURES D'INDEMNISATION

(Décr. nº 88-260 du 18 mars 1988)

Art. L. 211-8 **Les dispositions de la présente section s'appliquent, même lorsqu'elles sont transportées en vertu d'un contrat, aux victimes d'un accident de la circulation dans lequel est impliqué un véhicule terrestre à moteur ainsi que ses remorques ou semi-remorques, à l'exception des chemins de fer et des tramways circulant sur des voies qui leur sont propres.**

Comp. L. nº 85-677 du 5 juill. 1985, art. 1er, App., vº Responsabilité civile.

COMMENTAIRE

L'article L. 211-8, qui ouvre la section relative aux procédures d'indemnisation, reprend les dispositions de l'article 1er de la loi nº 86-677 du 5 juillet 1985. L'on retrouve ainsi les conditions d'application de cette loi, à savoir l'existence d'un accident de la circulation et l'implication d'un véhicule terrestre à moteur. En revanche, sont exclus les accidents de chemin de fer et de tramways circulant sur des voies qui leur sont propres. Ces différentes notions ont été explicitées par la jurisprudence à propos de l'application de l'article 1er de la loi du 5 juillet 1985 précitée. ❑

Dommage causé par un piéton. L'indemnisation des dommages causés par un piéton au conducteur d'un véhicule terrestre à moteur ne peut être fondée que sur les dispositions des art. 1382 s. C. civ., à l'exclusion de celles des art. L. 211-8 à L. 211-25 réglant les conditions de l'offre d'indemnisation de l'assureur ou du Fonds. • Civ. 2e, 15 mars 2007 : *RCA 2007, nº 205, note Groutel.*

Art. L. 211-9 *(L. nº 2003-706 du 1er août 2003, art. 83-I)* **Quelle que soit la nature du dommage, dans le cas où la responsabilité n'est pas contestée et où le dommage a été entièrement quantifié, l'assureur qui garantit la responsabilité civile du fait d'un véhicule terrestre à moteur est tenu de présenter à la victime une offre d'indemnité motivée dans le délai de trois mois à compter de la demande d'indemnisation qui lui est présentée. Lorsque la responsabilité est rejetée ou n'est pas clairement établie, ou lorsque le dommage n'a pas été entièrement quantifié, l'assureur doit, dans le même délai, donner une réponse motivée aux éléments invoqués dans la demande.**

Une offre d'indemnité doit être faite à la victime qui a subi une atteinte à sa personne dans le délai maximum de huit mois à compter de l'accident. En cas de décès de la victime, l'offre est faite à ses héritiers et, s'il y a lieu, à son conjoint. L'offre comprend alors tous les éléments indemnisables du préjudice, y compris les éléments relatifs aux dommages aux biens lorsqu'ils n'ont pas fait l'objet d'un règlement préalable.

Cette offre peut avoir un caractère provisionnel lorsque l'assureur n'a pas, dans les trois mois de l'accident, été informé de la consolidation de l'état de la victime. L'offre définitive d'indemnisation doit alors être faite dans un délai de cinq mois suivant la date à laquelle l'assureur a été informé de cette consolidation.

En tout état de cause, le délai le plus favorable à la victime s'applique.

En cas de pluralité de véhicules, et s'il y a plusieurs assureurs, l'offre est faite par l'assureur mandaté par les autres.

BIBL. ▸ GROUTEL, *RCA 2003. Chron. 26 ; ibid. 2005. Étude 18.*

COMMENTAIRE

L'article L. 211-9 institue deux procédures d'offre d'indemnité par l'assureur de responsabilité civile du véhicule, afin de permettre une indemnisation rapide de la victime. Tandis que la première prévoit une offre d'indemnité dans un délai de trois mois en réponse à une demande d'indemnisation présentée par la victime (I), la seconde impose à l'assureur une offre d'indemnité dans un délai maximal de huit mois (II).

I. L'OFFRE D'INDEMNITÉ DANS UN DÉLAI DE TROIS MOIS

La procédure d'offre d'indemnité dans un délai de trois mois a été intégrée dans le code des assurances par la loi nº 2003-706 du 1er août 2003, dite de sécurité financière, en application de la quatrième directive européenne nº 2000/26/CE du 16 mai 2000.

Le **domaine** de la procédure est déterminé par l'article L. 211-9. Ainsi, elle ne s'applique que lorsque la victime a présenté une demande d'indemnisation à l'assureur de responsabilité civile du véhicule. Mais elle s'applique aussi bien lorsque la victime a subi une atteinte à sa personne que lorsqu'elle a subi une atteinte à ses biens, puisque l'article L. 211-9 vise, sans plus de précisions, « le dommage » subi par la victime.

La **procédure** en elle-même impose à l'assureur de responsabilité civile du véhicule de répondre dans un délai de trois mois à compter de la demande d'indemnisation présentée par la victime. Cette réponse peut prendre deux formes :

– si la responsabilité n'est pas contestée et si le dommage a été entièrement quantifié, l'assureur doit présenter une offre d'indemnité ;

– en revanche, si la responsabilité est rejetée ou n'est pas clairement établie ou si là le dommage n'est pas entièrement quantifié, l'assureur doit donner une réponse motivée aux éléments invoqués dans la demande.

Cette obligation est assortie de **sanctions** spécifiques. Si l'assureur ne respecte pas le délai de trois mois, il encourt la sanction de l'article L. 211-13, c'est-à-dire le doublement du taux de l'intérêt légal à compter de l'expiration du délai et jusqu'au jour de l'offre ou du jugement devenu définitif. De même, si l'offre de l'assureur est considérée comme manifestement insuffisante, il est condamné, conformément à l'article L. 211-14, au versement au Fonds de garantie des assurances obligatoires de dommages d'une somme au plus égale à 15 % de l'indemnité allouée, sans préjudice des dommages et intérêts dus à la victime.

II. L'OFFRE D'INDEMNITÉ DANS UN DÉLAI DE HUIT MOIS

La procédure d'offre d'indemnité dans un délai de huit mois se distingue de la première procédure par le fait qu'elle ne suppose pas une demande de la victime et qu'elle ne s'applique que lorsque la victime a subi une atteinte à sa personne.

A. CONSTITUTIONNALITÉ DE LA PROCÉDURE D'OFFRE

La procédure, mettant à la charge de l'assureur une obligation de présenter une offre d'indemnisation suffisante sous peine de sanctions, a fait l'objet d'interrogation par rapport au droit au procès équitable de l'article 6, § 1, de la Convention européenne des droits de l'homme, dans la mesure où elle prive les compagnies d'assurances du libre choix entre une procédure de règlement judiciaire du conflit et une procédure amiable. Si l'offre est acceptée par la victime, l'assureur ne peut emprunter la voie judiciaire. Cependant la Cour de cassation n'a pas suivi ce raisonnement (Civ. 2e, 9 oct. 2003), et a notamment indiqué que la procédure d'offre du code des assurances « tend à favoriser l'indemnisation rapide des victimes d'accident de la circulation (...) sans priver pour autant celles-ci et les assureurs du droit à un procès équitable ». Elle permet en effet *« de soumettre à l'appréciation du juge l'étendue de la sanction légale du doublement des intérêts légaux en cas d'insuffisance ou d'absence d'offre »*.

B. LA PRÉSENTATION DE L'OFFRE

1. L'AUTEUR DE L'OFFRE

L'offre doit être présentée par l'assureur de responsabilité civile du véhicule impliqué dans l'accident de la circulation. Il s'agit d'une obligation, qui n'est pas écartée par l'introduction d'une procédure à l'initiative de la victime (Civ. 1re, 20 janv. 1993) ou par la contestation par l'assureur du lien de causalité entre le préjudice de la victime et l'accident en cause (Civ. 2e, 11 sept. 2008). En effet, conformément à l'article L. 211-20, l'assureur qui invoque une exception de garantie doit faire une offre pour le compte de qui il appartiendra.

Lorsque plusieurs véhicules sont impliqués dans un accident, l'article L. 211-9 prévoit que l'offre est faite par l'assureur mandaté par les autres. La désignation de l'interlocuteur unique peut naturellement se faire lors du règlement du sinistre, mais les assureurs ont préféré désigner par une convention générale l'assureur mandaté pour présenter l'offre à la victime. Depuis le 1er avril 2002, cette désignation est faite en vertu de la Convention d'indemnisation et de recours corporel automobile (IRCA), qui retient plusieurs critères pour déterminer l'assureur mandaté.

Ainsi, pour les victimes de petits dommages corporels (IPP inférieur à 5 %) se trouvant dans un véhicule, l'assureur mandaté est l'assureur du véhicule transporteur. Pour les piétons et cyclistes, l'assureur mandaté est celui du véhicule qui est entré en contact avec ces victimes. Mais si plusieurs véhicules sont entrés en contact avec cette victime et s'ils sont tous identifiés, l'assureur mandaté est celui qui garantit, parmi ces véhicules, celui portant le plus faible numéro minéralogique. Dans tous les autres cas (notamment lorsque les véhicules entrés en contact ne sont pas tous identifiés, lorsque aucun des véhicules entrés n'est garanti auprès d'une société adhérente à la convention, ou qu'aucun véhicule impliqué n'est entré en contact avec cette victime ou le véhicule la transportant), l'assureur mandaté est celui du véhicule, parmi les véhicules impliqués et garantis auprès d'une société adhérente à la convention, portant le plus faible numéro minéralogique.

Cela dit, cette convention n'est opposable qu'entre assureurs, la victime peut donc toujours se prévaloir des dispositions légales imposant à l'assureur de responsabilité du véhicule impliqué de faire une offre d'indemnisation (Civ. 2e, 15 nov. 2001).

2. LE DESTINATAIRE DE L'OFFRE

L'offre d'indemnité est faite à la victime qui a subi un dommage corporel. Il peut s'agir d'une victime conductrice ou non conductrice. Si elle est décédée, cette offre est présentée à ses héritiers et, s'il y a lieu, à son conjoint. Les héritiers sont désignés conformément aux règles des articles 734 et suivants du code civil. L'assureur doit alors faire une offre qui couvre tous les éléments indemnisables du préjudice sans que les héritiers n'aient à demander une indemnisation (Crim., 16 mai 2006). En revanche, pour les autres victimes, l'assureur n'est tenu de présenter une offre qu'en cas de réclamation.

Par ailleurs, l'offre doit en tout état de cause être faite à la victime d'un dommage corporel ou aux héritiers. En conséquence, ne sont pas régulières l'offre présentée directement à l'assureur de la victime s'il ne dispose pas de mandat (Civ. 2e, 11 octobre 2007) ou l'offre faite à l'avocat de la victime en dehors de la procédure judiciaire et en l'absence de mandat (Crim., 29 février 2000).

3. LE DÉLAI DE L'OFFRE

Par principe, l'offre d'indemnisation doit être présentée dans un délai maximal de huit mois à compter de l'accident. Mais si l'assureur n'a pas été informé de la consolidation de l'état de la victime dans les trois mois qui suivent l'accident, il peut présenter une simple offre provisionnelle dans le délai de huit mois. Il sera alors tenu de présenter une offre définitive dans un délai de cinq mois à compter du jour où il aura été informé de la consolidation de la victime.

Par ailleurs, le délai peut faire l'objet d'une **prorogation** ou d'une **suspension**. Plusieurs hypothèses sont ainsi envisagées par les articles R. 211-29 et suivants :

– **l'information de l'assureur quant à l'accident** : si l'assureur qui garantit la responsabilité civile du fait d'un véhicule terrestre à moteur n'a pas été avisé de l'accident dans le mois suivant l'accident, le délai de huit mois est suspendu à l'expiration de ce délai d'un mois jusqu'à la réception par l'assureur de cet avis (art. R. 211-29) ;

– **le décès de la victime** : si la victime d'un accident de la circulation décède plus d'un mois après le jour de l'accident, le délai de huit mois pour présenter l'offre aux héritiers ou au conjoint de la victime est prorogé du temps écoulé entre la date de l'accident et le jour du décès diminué d'un mois (art. R. 211-30) ;

– **la réponse incomplète ou inexistante à la demande d'information de l'assureur** : si l'assureur n'a reçu aucune réponse ou qui une réponse incomplète dans les six mois suivant la présentation de la correspondance par laquelle il demande à la victime, à ses héritiers ou à son conjoint les informations prévues par les articles R. 211-37 et R. 211-38, le délai de huit mois (art. R. 211-31) ou de cinq mois (art. R. 211-32) est suspendu à compter de l'expiration du délai de six semaines et jusqu'à la réception des renseignements demandés. Si la victime demeure en outre-mer ou à l'étranger, ce délai de six semaines est augmenté d'un mois (art. R. 211-35, al. 1er).

Ces règles doivent néanmoins être combinées avec celle de l'article R. 211-33. Ainsi, si la victime, les héritiers ou le conjoint ne fournissent qu'une partie des renseignements demandés, qui ne permet pas d'établir l'offre d'indemnité, l'assureur dispose d'un délai de quinze jours à compter de la réception de la réponse *«complète»* (il faut ici comprendre *«incomplète»*, il s'agit probablement d'une erreur de plume) pour présenter une nouvelle demande par laquelle il précise les éléments qui lui font défaut (art. R. 211-33).

Si l'assureur ne respecte pas ce délai de quinze jours, la suspension du délai de huit mois ou de cinq mois cesse à l'expiration d'un délai de quinze jours à compter de la réception de la réponse incomplète, lorsqu'elle est parvenue au-delà du délai de six semaines suivant la demande d'information initiale. Mais lorsque la réponse incomplète est parvenue dans le délai de six semaines et que l'assureur n'a pas demandé dans un délai de quinze jours à compter de sa réception les renseignements nécessaires, il n'y a pas de suspension de la garantie (art. R. 211-33, al. 2).

On le comprend, ces règles exigent un suivi minutieux de la part des assureurs. Pour simplifier :

– si l'assureur n'a pas reçu de réponse à sa première correspondance, la suspension du délai est automatique six semaine après ;

– si l'assureur a reçu une réponse incomplète à sa première correspondance, il doit impérativement demander les renseignements complémentaires dans les quinze jours qui suivent sinon le délai de l'offre n'est pas suspendu. Mais s'il a présenté une offre provisionnelle, il pourra demander les renseignements complémentaires une fois informé de la consolidation, et éventuellement bénéficier d'une suspension du délai.

– **la contestation de l'examen médical par la victime** : si la victime ne se soumet pas à l'examen médical ou élève une contestation quant au choix du médecin sans qu'un accord puisse intervenir avec l'assureur, la désignation, à la demande de l'assureur, d'un médecin à titre d'expert par le juge des référés proroge d'un mois le délai pour présenter l'offre (art. R. 211-34).

C. LE CONTENU DE L'OFFRE

L'offre présentée par l'assureur doit comprendre tous les éléments indemnisables du préjudice, y compris les éléments relatifs aux biens qui n'ont pas fait l'objet d'un règlement préalable (Civ. 2e, 3 juin 2004). Plus précisément, selon l'article R. 211-40, l'offre d'indemnité doit indiquer l'évaluation de chaque chef de préjudice. L'offre qui ne comprend pas tous les éléments indemnisables du préjudice est considérée comme manifestement insuffisante et équivaut à une absence d'offre (Civ. 2e, 20 nov. 2014 ; Civ. 2e, 10 juin 2004). ❑

1. Conventionnalité de la procédure d'offre. La procédure d'offre obligatoire d'indemnisation imposée aux assureurs par les art. L. 211-9 et L. 211-13, en ce qu'elle tend à favoriser l'indemnisation rapide des victimes d'accident de la circulation par voie transactionnelle sans priver pour autant celles-ci et les assureurs du droit à un procès équitable et en ce qu'elle permet de soumettre à l'appréciation du juge l'étendue de la sanction légale du doublement des intérêts légaux en cas d'insuffisance ou d'absence d'offre, n'est pas contraire aux dispositions de l'art. 6.1 Conv. EDH. • Civ. 2e, 9 oct. 2003 : *D. 2004. 371, note Poulet ; JCP 2004. I. 137, nos 4 s., obs. Favre-Rochex ; RCA 2004, no 5 ; RGDA 2004. 91, note Landel.*

I. CARACTÈRE OBLIGATOIRE DE L'OFFRE

2. Contestation de la responsabilité. La circonstance qu'une instance oppose la victime ou ses ayants droit à la personne tenue à réparation et à son assureur n'exonère pas ce dernier de son obligation de présenter une offre d'indemnité dans le délai imparti par l'art. L. 211-9, sous la sanction prévue par son art. L. 211-13. • Crim. 16 janv. 1992, no 90-86.793 P : *D. 1992. IR 158 ; RCA 1992, no 417 ; ibid., Chron. 35, note Groutel ; RGAT 1992. 546, note Landel.* ♦ L'introduction d'une procédure à l'initiative de la victime ne dispense pas l'assureur de faire, dans le délai requis, l'offre imposée par l'art. L. 211-9. • Civ. 1re, 20 janv. 1993, no 91-11.999 P : *D. 1993. IR 41 ; RCA 1993, no 125 ; RGAT 1993. 298, note Landel.* ♦ Une contestation sur la responsabilité du conducteur ne dispense pas l'assureur de faire une offre. • Civ. 2e, 15 oct. 2012 : *RGDA 2013. 335, obs. Landel.* ♦ La contestation sérieuse élevée par l'assureur sur le principe du droit à indemnisation de la victime, qui a convaincu les premiers juges, ne le dispensait pas de faire une offre. • Civ. 2e, 26 nov. 2020, no 19-18.817 : *RGDA févr. 2021. 24, note Landel.* ♦ L'obligation mise à la charge de l'assureur ne lui permet aucune appréciation quant au bien ou mal-fondé du principe de l'offre qu'il est tenu de faire. • Civ. 2e, 4 juin 1997 : *RCA 1997, no 262, note Groutel.* ♦ La contestation par l'assureur du lien de causalité entre le préjudice de la victime et l'accident en cause ne le dispense pas de faire, dans le délai requis, l'offre imposée par l'art. L. 211-9. • Civ. 2e, 11 sept. 2008 : *RCA 2008, no 324, obs. Groutel.*

3. Contestation de la date de consolidation. La circonstance que la victime ait contesté la date de consolidation retenue par l'expert ne dispensait pas l'assureur de faire une offre d'indemnisation. • Civ. 2e, 20 nov. 2020, no 19-16.016 : *RGDA févr. 2021. 24, note Landel ; D. actu. 6 janv. 2021, note R. Bigot et Cayol.*

4. Versement d'une provision. Le paiement d'une provision en exécution d'une ordonnance de référé n'exonère pas l'assureur de son obligation de présenter une offre. • Civ. 2e, 19 nov. 1998, no 96-16.128 P : *RCA 1999, no 11 ; JCP 1999. IV. 1001.* ♦ Il en est de même en cas de versement d'une provision amiable par l'assureur. • Crim. 23 janv. 1992, no 91-82-796 P : *RGAT 1992. 547* • 13 déc. 2011, no 11-82.013 P : *RGDA 2012. 702, obs. Landel.*

5. Aggravation de l'état de la victime. Faute de prévoir une distinction, les dispositions de l'art. L. 211-9 C. assur. sont applicables au dommage aggravé, ce dont il résulte que l'assureur est tenu de présenter à la victime une offre d'indemnisation dans un délai de cinq mois à compter de la date à laquelle il est informé de la consolidation de l'état aggravé de la victime. • Civ. 2e, 23 mai 2019, no 18-15.795 P : *D. 2019. 1169 ; RGDA juill. 2019.*

23, *note Landel; RCA 2019, n° 234, note Groutel.* ♦ L'invocation, par la victime, de l'aggravation de son état ne dispense pas l'assureur de présenter une offre définitive d'indemnisation dans le délai de cinq mois suivant la date de consolidation. • Crim. 22 févr. 2011 : *RCA 2011, n° 216.*

6. *Offre provisionnelle.* La circonstance que, dans l'ignorance des dates de consolidation, la compagnie d'assurances n'avait pas été en mesure de faire des offres indemnitaires sérieuses dans les huit mois de l'accident ne la dispensait pas de faire une offre provisionnelle. • Crim. 21 sept. 2010 : *RCA 2011, n° 12.*

II. DÉBITEUR DE L'OFFRE

7. *Dommage causé par un piéton.* L'indemnisation des dommages causés par un piéton au conducteur d'un véhicule terrestre à moteur ne peut être fondée que sur les dispositions des art. 1382 s. C. civ., à l'exclusion de celles de la L. n° 85-677 du 5 juill. 1985 et, par voie de conséquence, de celles des art. 12 à 27 de ladite loi codifiées sous les art. L. 211-8 à L. 211-25 réglant les conditions de l'offre d'indemnisation de l'assureur ou du fonds. • Civ. 2e, 15 mars 2007, n° 06-12.680 P.

8. *Dommage avec plusieurs véhicules impliqués.* L'assureur d'un véhicule impliqué dans un accident de la circulation doit présenter, dans un certain délai, une offre d'indemnité aux victimes d'une atteinte à leur personne du fait de cet accident à peine d'être condamné à payer des intérêts au double du taux légal à compter du terme de ce délai sur l'indemnité accordée par le juge ou sur celle tardivement offerte. Il s'ensuit que les victimes, parties tierces à la convention professionnelle d'indemnisation pour compte d'autrui, ont le droit de se voir proposer, sous les sanctions légales, une offre d'indemnité par tout assureur d'un véhicule terrestre à moteur tenu d'indemniser ces victimes. • Civ. 2e, 15 nov. 2001 : *RCA 2002, n° 58, note Groutel.* ♦ Pour rejeter la demande de condamnation d'un assureur à des intérêts de retard au double du taux légal, un arrêt retient qu'il avait donné mandat à l'assureur direct de faire des offres d'indemnisation à ses assurés en application du dernier al. de l'art. L. 211-9. En statuant ainsi, alors que les victimes n'avaient invoqué que les trois premiers al. de l'art. L. 211-9 et que l'assureur s'était borné à s'opposer à cette demande, la cour d'appel, qui s'est fondée sur l'al. 4 de ce texte et sur un courrier entre assureurs non spécialement invoqué par les parties, a violé l'art. 16 C. pr. civ. • Civ. 2e, 16 déc. 2010 : *RGDA 2011. 505, obs. Landel.*

9. *Offre présentée par l'avocat du responsable.* Ne satisfait pas aux exigences de la loi l'offre faite par voie de conclusions, prises par l'avocat du responsable, seule partie à l'instance, qui n'avait aucune obligation particulière à cet égard, et dont les conclusions n'expriment pas une offre d'indemnisation mais une contestation de la demande d'indemnisation de la victime. • Civ. 2e, 5 avr. 2007 : *RGDA 2007. 621, note Landel.*

III. DESTINATAIRE DE L'OFFRE

10. *Victime décédée.* L'assureur qui garantit la responsabilité civile du fait d'un véhicule terrestre à moteur doit, en cas de décès de la victime directe, présenter à ses héritiers, dans un délai maximal de huit mois à compter de l'accident, une offre d'indemnité, comprenant tous les éléments indemnisables du préjudice. • Crim. 16 mai 2006 : *RGDA 2006. 673, note Landel.* ♦ La qualité d'héritier procède des seules dispositions des art. 734 s. C. civ. • Même arrêt.

11. *Offre présentée à l'assureur de la victime.* Ne sont pas régulières les offres présentées à l'assureur de la victime qui, en l'absence d'un mandat, ne dispose pas du pouvoir de représenter celle-ci. • Civ. 2e, 11 oct. 2007, n° 06-14.611 P : *D. 2007. AJ 2731 ; LPA 11 avr. 2008, p. 8, note Bernard-Menoret; RGDA 2008. 106, note Landel; Gaz. Pal. 2009. 474, note Périer.* ♦ Ne donne pas de base légale à sa décision la cour d'appel qui retient que l'offre d'indemnisation avait été adressée à l'assureur de la protection juridique de la victime sans caractériser l'existence d'un mandat. • Civ. 2e, 21 mai 2015, n° 14-18.522 : *RGDA 2015. 348, note Landel.*

12. *Offre présentée à l'avocat de la victime en dehors d'une procédure judiciaire.* N'est pas régulière l'offre faite au conseil de la victime et non directement à cette dernière, dès lors que l'avocat ne dispose du pouvoir de représenter son client sans avoir à justifier d'un mandant que dans le cadre de la procédure judiciaire. • Crim. 29 févr. 2000 : *RCA 2000, n° 183.*

IV. FORME DE L'OFFRE

13. *Offre présentée par l'avocat de l'assureur.* Des offres par conclusions peuvent valoir offre d'indemnisation au sens des art. L. 211-9 et R. 211-40. • Civ. 2e, 19 nov. 1998, n° 96-16.128 P : *RCA 1999, n° 11; RGDA 1999. 126, note Landel.* ♦ Une offre peut être faite en cours d'instance par voie de conclusions. • Crim. 23 févr. 1999 : *RGDA 1999. 364, note Landel* • Civ. 2e, 20 oct. 2005 : *RCA 2006, n° 18, obs. Groutel; RGDA 2006. 118 (1re esp.), note Landel* • Civ. 2e, 27 avr. 2017, n° 16-50.020 : *RCA 2017, n° 184, note Groutel.* ♦ ... Dès lors que les offres d'indemnités sont définitives, peu important qu'elles soient présentées à titre subsidiaire. • Civ. 2e, 25 janv. 2007 : *RGDA 2007. 346, note Landel.* ♦ Il est alors tenu compte de la date de signification des conclusions contenant offre d'indemnisation pour apprécier le caractère tardif de l'offre. • Civ. 2e, 18 nov. 2010, n° 09-69.826 P : *D. 2010. 2910 ; RGDA 2011. 106, note Landel.*

14. *Offre à caractère occulte.* L'obligation faite à l'assureur, par l'art. L. 211-9, de présenter à la victime une offre d'indemnité est exclusive de toute proposition de caractère occulte, telle un échange de courriers confidentiels entre avocats, qui ne permet pas au juge de s'assurer de la régularité de l'offre. • Crim. 17 déc. 1997, n° 96-86.700 P : *RCA 1998, n° 241.*

V. DÉLAI POUR FORMULER L'OFFRE

15. Consolidation. Lorsque l'assureur n'est pas informé de la consolidation de l'état de la victime dans les trois mois suivant l'accident, il doit lui faire une offre d'indemnisation provisionnelle dans un délai de huit mois à compter de l'accident. L'offre définitive doit être faite dans un délai de cinq mois suivant la date à laquelle l'assureur a été informé de la consolidation. Si aucune offre n'a été faite dans ces délais, le montant de l'indemnité offerte par l'assureur ou allouée par le juge à la victime produit intérêt de plein droit au double du taux de l'intérêt légal à compter de l'expiration du délai imparti et jusqu'au jour de l'offre ou du jugement. Dès lors, prive sa décision de base légale la cour d'appel qui condamne une compagnie d'assurances à payer l'indemnité revenant à la victime avec intérêt au double du taux de l'intérêt légal, sans préciser la date à laquelle l'assureur avait été informé de la consolidation par le rapport d'expertise qui lui était opposable. • Civ. 2e, 7 avr. 2005, n° 03-17.394. ♦L'assureur ne doit les intérêts au double du taux légal qu'à compter de cinq mois après avoir eu connaissance du rapport de l'expert chargé de fixer la date de consolidation. • Civ. 2e, 5 juin 2008 : *RGDA 2008. 664, note Landel.* ♦Les juges du fond doivent donc rechercher la date à laquelle l'assureur a eu connaissance de la consolidation de l'état de la victime. • Civ. 2e, 21 févr. 2008 : *RGDA 2008. 354, note Landel.* ♦Mais l'assureur ne saurait se prévaloir de son ignorance jusqu'à l'assignation de la date de consolidation, dès lors que le médecin ayant établi un rapport – lequel lui était expressément destiné – était désigné par ses soins. • Civ. 2e, 25 juin 2009 : *RCA 2009, n° 284.*

16. Suspension du délai. Les réponses incomplètes de la victime quant au montant de ses revenus professionnels et l'insuffisance de justificatifs peuvent avoir pour effet de suspendre le délai de l'assureur pour faire une offre d'indemnité. • Civ. 2e, 28 juin 2012 : *RCA 2012, n° 302, note Groutel ; RGDA 2013. 90, obs. Landel.*

17. Preuve. Il appartient à l'assureur tenu de faire une offre d'établir qu'il a satisfait à cette obligation. • Civ. 2e, 24 févr. 2000, n° 98-10.775 P : *D. 2000. IR 79.* ♦Il incombe à l'assureur de prouver la formulation d'une proposition d'indemnisation dans le délai prévu par l'art. L. 211-9 • Crim. 4 juin 2013 : *RGDA 2013. 918, note Landel ; RGDA 2018. 470, note Landel.* ♦V. également : • Civ. 2e, 13 sept. 2018, n° 17-22.290 : RGDA 2018. 470, note Landel.

VI. CONTENU DE L'OFFRE

18. Préjudices indemnisables. L'assureur qui garantit la responsabilité civile du fait d'un véhicule terrestre à moteur a l'obligation de présenter dans un délai de huit mois à compter de l'accident à la victime qui a subi une atteinte à sa personne une offre d'indemnité qui comprend tous les éléments indemnisables du préjudice, y compris les éléments relatifs aux biens lorsqu'ils n'ont pas fait l'objet d'un règlement préalable. • Civ. 2e, 3 juin 2004, n° 01-16.708.

19. Préjudices connus. Ayant exactement décidé que l'offre de l'assureur ne pouvait porter sur des chefs de préjudice qu'il ignore et retenu que l'offre d'indemnisation de l'assureur, faite avant l'expiration du délai de cinq mois suivant la date à laquelle il avait été informé de la date de consolidation, avait porté sur les différents chefs de préjudice mentionnés dans le premier rapport d'expertise, que ce rapport ne mentionnait ni une incidence professionnelle ni une perte de gains professionnels futurs et que c'était seulement sur la base du second rapport d'expertise amiable déposé ultérieurement, établissant ces deux chefs de préjudice supplémentaires, que les juges du fond en avaient reconnu l'existence pour les indemniser, une cour d'appel a, à bon droit, débouté la victime de sa demande de doublement de l'intérêt légal. • Civ. 2e, 13 sept. 2018, n° 17-22.727 : *D. actu. 5 oct. 2018, note Bigot.*

VII. PORTÉE DE L'OFFRE

20. Pouvoir du juge. L'offre d'indemnité faite à la victime, qui a subi une atteinte à sa personne, par l'assureur qui garantit la responsabilité du fait d'un véhicule terrestre à moteur n'interdit pas au juge des référés de lui accorder une provision supérieure au montant de cette offre. • Civ. 2e, 15 mai 1992, n° 90-14.261 P : *D. 1992. IR 169 ; RCA 1992, n° 324.*

21. Offre « nulle ». Une offre nulle, par laquelle l'assureur informe la victime qu'il n'entend pas lui proposer d'indemnité, ne peut être considérée comme une offre au sens de l'art. L. 211-9. • Civ. 2e, 28 févr. 1996, n° 93-18.523 P : *RCA 1996, n° 172 ; ibid., Chron. 21, note Groutel ; RGDA 1996. 643, note Brousseau.*

22. Offre conditionnelle. Est une absence d'offre le fait pour l'assureur de subordonner son « offre » de verser des indemnités à la victime à la reconnaissance, par décision de justice, de la responsabilité de son assuré. • Civ. 2e, 23 sept. 1999, n° 97-21.741 P : *RCA 1999, n° 357 ; RGDA 1999. 1024, note Landel.*

23. Offre manifestement insuffisante. Le juge peut assimiler à une absence d'offre une offre manifestement insuffisante. • Civ. 2e, 4 mai 2000, n° 98-20.179 P : *RCA 2000, n° 229 ; RGDA 2000. 537, note Landel* • 10 avr. 2008 : *RCA 2008, n° 190 (2e esp.), obs. Groutel ; RGDA 2008. 669 (2e esp.), note Landel* • 9 déc. 2010, n° 09-72.393 P : *RCA 2011, n° 96, note Groutel ; RGDA 2011. 508, note Landel.* ♦L'offre manifestement insuffisante équivaut à l'absence d'offre. Tel est le cas d'une offre ne comprenant pas tous les éléments indemnisables du préjudice. • Civ. 2e, 20 nov. 2014, n° 13-25.216 : *RGDA 2015. 26, note Landel.*

24. Offre à la suite d'un premier rapport. L'assureur ayant, à la suite d'un premier rapport l'informant de la consolidation de l'état de la victime, fait dans le délai légal une offre qui n'était pas manifestement insuffisante, le dépôt d'un nouveau rapport d'expertise ne lui imposait pas de présenter une nouvelle offre. • Civ. 2e, 16 nov. 2010 : *RCA 2011, n° 319, note Groutel; RGDA 2011. 109, obs. Landel* • 17 mars 2011 : *RGDA 2011. 744, note Landel.* ♦ Le caractère suffisant et complet de l'offre faite sur la base d'un premier rapport d'expertise doit être apprécié à la date à laquelle l'offre a été faite. • Civ. 2e, 8 mars 2012 : *RGDA 2012. 695, note Landel* (expertise ultérieure concluant à une incapacité plus forte).

25. Offre incomplète. Une offre incomplète, qui ne comprend pas tous les éléments indemnisables du préjudice, dont l'évaluation est prévue à l'art. R. 211-40, équivaut à une absence d'offre. • Civ. 2e, 10 juin 2004 : *RGDA 2004. 616, note Landel.* ♦ Ainsi en est-il d'une offre portant sur les seuls préjudices moraux et les frais d'obsèques. • Civ. 2e, 10 juin 1999, n° 96-22.584 P : *RGDA 1999. 638, note Landel.* ♦ ... Ou de l'offre qui omet le poste tierce personne après consolidation. • Civ. 2e, 6 févr. 2014, n° 12-14.368. ♦ Une offre provisionnelle chiffrée, mais sans précisions sur tous les éléments indemnisables, ne saurait être considérée comme une offre au sens des art. L. 211-9 s. • Civ. 2e, 8 sept. 2005 : *RGDA 2005. 938, note Landel.* Mais, après avoir constaté que la victime n'avait jamais par le passé fait état d'un préjudice sexuel ni de préjudices liés à l'aménagement du logement ou du véhicule, et que les rapports d'expertise ne comportaient sur ces points aucune indication, une cour d'appel a souverainement déduit qu'il ne pouvait être reproché à l'assureur de ne pas avoir fait d'offre d'indemnisation de ces postes. • Civ. 2e, 16 oct. 2008 : *RGDA 2009. 175, note Landel.*

26. Offre avec des postes de préjudices réservés. Ne portent pas sur tous les éléments indemnisables du préjudice et sont manifestement insuffisantes des offres ne comportant des montants chiffrés que pour l'assistance par tierce personne et les postes de préjudice extra-patrimoniaux, les autres postes de préjudice patrimoniaux étant réservés dans l'attente de justificatifs et l'assureur n'ayant pas sollicité les informations requises en vue de suspendre le délai d'offre. • Civ. 2e, 16 juill. 2020, n° 19-14.982 : *RGDA 2020. 35, note Landel.* ♦ V. également : l'assureur ne peut opposer à la victime l'absence de renseignement sur la créance d'un organisme social pour se dispenser de faire une offre sur un élément du préjudice. Viole dès lors l'art. L. 211-13 la cour d'appel qui a retenu que l'offre de l'assureur était complète, bien qu'aucune offre n'eût été formulée au titre du préjudice professionnel. • Civ. 2e, 11 sept. 2014 : *RGDA 2014. 555, note Landel.*

27. Charge de la preuve. L'assureur doit préciser les données qui ont été portées à sa connaissance au moment où il a présenté son offre. • Civ. 2e, 3 mars 2011, n° 10-11.755.

28. Offre définitive sans offre provisionnelle. Dès lors qu'aucune offre, au moins provisionnelle, n'avait été faite dans les huit mois à compter de l'accident, l'assureur, qui avait fait parvenir une offre dans les cinq mois suivant le rapport d'expertise fixant la date de consolidation de la victime, n'avait pas fait une offre complète et suffisante dans les conditions de l'art. L. 211-9. En conséquence, les indemnités allouées à la victime devaient produire intérêt de plein droit au double du taux d'intérêt légal jusqu'au jour de l'arrêt devenu définitif. • Crim. 13 déc. 2011, n° 11-80.134 P : *RGDA 2012. 700, note Landel.* ♦ *Contra* : viole les art. L. 211-9 et L. 211-13 la cour d'appel qui, pour condamner l'assureur à payer le double des intérêts au taux légal jusqu'à la date du prononcé de son arrêt, retient qu'il est indifférent que l'assureur, qui n'avait pas fait d'offre provisionnelle, ait fait une offre dans les cinq mois de la date à laquelle il avait eu connaissance de la consolidation. • Civ. 2e, 8 mars 2012 : *RGDA 2012. 695, note Landel.*

29. Modification de l'offre. Aucun texte ou principe n'interdit à l'assureur de modifier l'offre d'indemnisation, tant qu'elle n'a pas été acceptée par la victime ou ses ayants droit, afin de tenir compte de l'évolution de la situation de la victime. • Civ. 2e, 2 juill. 2015, n° 14-21.562 P : *D. actu. 1er sept. 2015, note Kilgus ; RCA 2015, n° 290, note Groutel ; Gaz. Pal., 15 déc. 2015, p. 28, note Ehrenfeld ; Procédures 2016. Chron. 3, n° 11, note Raschel.*

VIII. ACCEPTATION DE L'OFFRE

30. Modalité de l'acceptation. L'offre d'indemnisation, tant en ce qui concerne l'étendue du droit à réparation que le montant des indemnités proposées, ne peut engager l'assureur que si elle est acceptée par la victime ou ses ayants droit. • Civ. 2e, 8 juin 2017, n° 16-17.767 : *RGDA 2017. 422, note Landel ; RCA 2017, n° 246, note Groutel ; Gaz. Pal. 17 oct. 2017. 66, note Ehrenfeld.* ♦ La saisine du juge des tutelles ne saurait établir l'acceptation sans équivoque par la victime de l'offre de l'assureur, dès lors que le tuteur ne peut transiger au nom de la personne protégée qu'après avoir fait approuver par le conseil de famille ou le juge des tutelles les clauses de la transaction. • Civ. 2e, 2 juill. 2015, n° 14-21.562 P : *préc. note 29.*

31. Autorité de la transaction. La L. du 5 juill. 1985 instituant un régime d'indemnisation en faveur des victimes d'accident de la circulation, d'ordre public, dérogatoire au droit commun, qualifie de transaction la convention qui se forme lors de l'acceptation par la victime de l'offre de l'assureur et cette transaction ne peut être remise en cause à raison de l'absence de concessions réciproques. • Civ. 2e, 16 nov. 2006, ⚖ n° 05-18.631 P : *RCA 2006, n° 372 ; ibid. Repère 12, note Groutel ; RGDA 2007. 565, note Poulet ; JCP 2007. II. 10032, note Mayaux ; Gaz. Pal. 14-15 mars 2007, p. 8 note Sardin ; RLDC 2007. 2439, note Baugard.* ♦ V. égal. : • Civ. 1re, 20 janv. 2010, ⚖ n° 08-19.627 P : *RCA 2010, n° 75.* ♦ La transaction qui s'opère en application des dispositions d'ordre public de la L. du 5 juill. 1985 en cas d'acceptation par la victime de l'offre d'indemnisation de l'assureur est soumise, concernant ses effets, aux dispositions de l'art. 2052 C. civ. Elle ne peut donc être attaquée pour cause d'erreur de droit, ni pour cause de lésion. • Civ. 2e, 5 mars 2015, ⚖ n° 14-13.441 : *RCA 2015, n° 174, note Groutel ; RGDA 2015. 249, note Landel.* ♦ L'assureur du conducteur d'un véhicule impliqué dans un accident étant subrogé dans les droits de son assuré, lui-même subrogé dans ceux d'une victime passager d'un autre véhicule, la transaction conclue par celle-ci avec l'assureur du conducteur est opposable à l'auteur du dommage. • Civ. 2e, 1er avr. 1999, ⚖ n° 96-19.804 P : *RCA 1999, n° 176 ; ibid. Chron. 15, note Groutel.*

32. *Autorité de la transaction conclue en application de la convention IRCA.* Les juges du fond ne peuvent écarter une transaction intervenue dans le cadre d'un mandat entre assureurs en la déclarant inopposable à la victime, alors que cette transaction, mise en œuvre en application des art. L. 211-8 s. C. assur., acceptée par l'assureur pour le compte de qui il appartiendra, fixait le montant du préjudice corporel de la victime, qu'elle visait tant les art. 2044 s. C. civ. que la L. du 5 juill. 1985 et qu'elle comportait la clause de dénonciation prévue par l'art. 19 de cette loi. • Crim. 2 déc. 2008, ⚖ n° 08-83.540 P : *RGDA 2009. 149, note Landel* • Crim. 16 déc. 2014, ⚖ n° 14-80.491 P : *RGDA 2015. 102, note Landel.*

Art. L. 211-10 **A l'occasion de sa première correspondance avec la victime, l'assureur est tenu, à peine de nullité relative de la transaction qui pourrait intervenir, d'informer la victime qu'elle peut obtenir de sa part, sur simple demande, la copie du procès-verbal d'enquête de police ou de gendarmerie et de lui rappeler qu'elle peut à son libre choix se faire assister d'un avocat et, en cas d'examen médical, d'un médecin.**

Sous la même sanction, cette correspondance porte à la connaissance de la victime les dispositions du *(L. n° 2003-706 du 1er août 2003, art. 83-II)* **« troisième » alinéa de l'article L. 211-9 et celles de l'article L. 211-12.**

COMMENTAIRE

Selon l'article L. 211-10, l'assureur doit, dès sa première correspondance avec la victime, respecter certaines obligations d'informations à l'égard de la victime. Ces obligations d'informations légales sont complétées par des obligations d'informations d'origine réglementaire.

I. LES OBLIGATIONS D'INFORMATIONS LÉGALES

A. LES INFORMATIONS

Tout d'abord, il doit l'informer de la possibilité d'obtenir, sur simple demande, la copie du procès-verbal d'enquête de la police ou de la gendarmerie. L'assureur doit également rappeler à la victime qu'elle peut se faire assister par un avocat et, en cas d'examen médical, d'un médecin. Si l'article L. 211-10 vise l'assistance d'un « avocat », le modèle type de la notice d'information aux victimes annexée à l'article A. 211-11 indique : « vous pouvez confier la défense de vos intérêts à toute personne de votre choix ; en cas de procès, un avocat doit vous représenter devant le tribunal de grande instance ». L'article A. 211-11 paraît de la sorte plus large. Pour autant, cette disposition réglementaire ne peut contrarier les dispositions légales de l'article L. 211-10 et de l'article 54 de la loi n° 71-1130 du 31 décembre 1971 qui réserve à certaines catégories de personnes le droit de donner des consultations juridiques ou de rédiger des actes sous seing privé pour autrui. Partant, la Cour de cassation a pu affirmer que si l'assistance de la victime comporte des prestations de conseil juridique, aucune des dispositions réglementaires n'autorise un tiers prestataire, autre qu'un professionnel du droit ou relevant d'une profession assimilée, à exercer, à titre habituel et rémunéré, une telle activité (Civ. 1re, 25 janv. 1997).

Ensuite, l'assureur doit rappeler à la victime que l'offre présentera un caractère provisionnel s'il n'est pas informé dans les trois mois de l'accident de la consolidation de l'état de la victime et que l'offre définitive d'indemnisation sera faite dans un délai de cinq mois suivant la date à laquelle l'assureur aura été informé de cette consolidation.

Enfin, l'assureur doit rappeler à la victime que si, en raison de son fait, les tiers payeurs ne peuvent pas faire valoir leurs droits contre l'assureur, ces derniers ont un recours contre la victime à concurrence de l'indemnité reçue de l'assureur au titre du même préjudice et dans les limites de l'article 31 de la loi n° 85-677 du 5 juillet 1985.

B. LA SANCTION

Si l'assureur ne respecte pas ces obligations légales, la transaction à intervenir pourra faire l'objet d'une action en nullité relative. Cependant, la Cour de cassation a précisé que la victime ne peut rechercher la nullité de la transaction si le défaut d'information n'a pas eu d'incidence sur le droit à indemnisation ni sur le montant de celle-ci. Tel est le cas lorsque l'assureur n'a pas informé la victime de la faculté qui lui était offerte d'obtenir une copie du procès-verbal d'enquête dès lors que ce dernier ne comportait aucun renseignement de nature à influer sur la fixation de celle-ci (Civ. 2e, 17 mars 2005).

II. LES OBLIGATIONS D'INFORMATIONS RÉGLEMENTAIRES

Les obligations d'informations d'origine réglementaire sont envisagées par les articles R. 211-39 et A. 211-11. Elles ont pour objectif d'apporter des précisions sur le déroulement de la procédure d'indemnisation et d'accompagner la victime vers la transaction.

Ainsi, l'article R. 211-39 prévoit que l'assureur doit rappeler à la victime le nom de la personne chargée de suivre le dossier de l'accident et les conséquences d'un défaut de réponse ou d'une réponse incomplète aux questions posées, c'est-à-dire une suspension de la prescription en application des articles R. 211-32 ou R. 211-33. Par ailleurs, l'assureur doit indiquer que la copie du procès-verbal d'enquête de police ou de gendarmerie lui sera délivrée sans frais si elle la demande.

De même, l'article R. 211-39 précise que la correspondance de l'assureur est accompagnée d'une notice relative à l'indemnisation des victimes d'accidents de la circulation. Un modèle type a été fixé par arrêté interministériel du 22 juin 1988 et figure en annexe à l'article A. 211-1.

1. *Défaut d'information.* Dès lors que le procès-verbal d'enquête ne comporte aucun renseignement de nature à influer sur la fixation de l'indemnisation, le défaut d'information est sans incidence sur le droit à indemnisation et sur le montant de celle-ci, de sorte que la victime n'est pas fondée en sa demande en nullité de la transaction. • Civ. 2e, 17 mars 2005 : *RGDA 2005. 635, note Landel; Gaz. Pal. 9 mai 2017, p. 72, note Ehrenfeld.*

2. *Personnes habilitées à assister la victime.* Si le modèle type de la notice, figurant en annexe de l'art. A. 211-1 C. assur., issu de l'arrêté du 20 nov. 1987, mentionne, au titre des « conseils utiles », que la victime peut confier la défense de ses intérêts à toute personne de son choix et devra se faire représenter par un avocat en cas de procès, aucune des dispositions réglementaires n'autorisent un tiers prestataire, autre qu'un professionnel du droit ou relevant d'une profession assimilée, à exercer, à titre habituel et rémunéré, une activité d'assistance à la victime pendant la phase non contentieuse de la procédure d'offre obligatoire, si elle comporte des prestations de conseil en matière juridique, au sens de l'art. 54 de la L. n° 71-1130 du 3 déc. 1971. • Civ. 1re, 25 janv. 2017, n° 15-26.353 P : *RCA 2017. 99; RGDA 2017. 189, note Landel; D. avocats 2017. 156, obs. Audran-Ly ; Gaz. Pal. 9 mai 2017. 72, note Ehrenfeld.*

3. *Personnes habilitées à assister la victime – QPC.* Seul un professionnel du droit ou relevant d'une profession assimilée est autorisé à exercer, à titre habituel et rémunéré, une activité d'assistance à la victime d'un accident de la circulation pendant la phase non contentieuse de la procédure d'offre obligatoire, dès lors que cette activité comporte des prestations de conseil en matière juridique. • Civ. 1re, 25 janv. 2017, n° 15-26.353 P. ♦ Une telle limitation à la liberté d'entreprendre est justifiée par la nécessité d'assurer le respect des droits de la défense, garantis par l'art. 16 Const., et n'est manifestement pas disproportionnée au regard de l'objectif poursuivi. Cette exigence d'une qualification professionnelle spécifique ne porte, en elle-même, aucune atteinte au droit d'obtenir un emploi. • Civ. 1re, 25 sept. 2019, n° 19-13.413 : *RGDA nov. 2019. 27, note Landel.*

Art. L. 211-10-1 *(L. n° 2020-105 du 10 févr. 2020, art. 103)* **A l'occasion de sa première correspondance avec la victime, l'assureur est tenu d'informer cette dernière de ses obligations prévues par le code de l'environnement en matière de cession d'un véhicule hors d'usage.**

Art. L. 211-11 Dès lors que l'assureur n'a pu, sans qu'il y ait faute de sa part, savoir que l'accident avait imposé des débours aux tiers payeurs visés à l'article 29 de la loi n° 85-677 du 5 juillet 1985 et à l'article L. 211-25, ceux-ci perdent tout droit à remboursement contre lui et contre l'auteur du dommage. Toutefois, l'assureur ne peut invoquer une telle ignorance à l'égard des organismes versant des prestations de sécurité sociale.

Dans tous les cas, le défaut de production des créances des tiers payeurs, dans un délai de quatre mois à compter de la demande émanant de l'assureur, entraîne

déchéance de leurs droits à l'encontre de l'assureur et de l'auteur du dommage. – *V. L. n° 85-677 du 5 juill. 1985, art. 48, App., v° Responsabilité civile.*

Dans le cas où la demande émanant de l'assureur ne mentionne pas la consolidation de l'état de la victime, les créances produites par les tiers payeurs peuvent avoir un caractère provisionnel. *(L. n° 2003-1199 du 18 déc. 2003, art. 8-III)* **« Il en est de même lorsque les prestations de sécurité sociale sont versées après avis de la commission départementale d'éducation spéciale ou de la commission technique d'orientation et de reclassement professionnel. »**

COMMENTAIRE

I. INFORMATION SUR L'IDENTITÉ DES TIERS PAYEURS

De même que l'assureur est tenu de donner certaines informations à la victime, cette dernière, ou si elle est décédée, ses héritiers ou son conjoint, doivent communiquer à l'assureur un certain nombre de données en application des articles R. 211-37 et R. 211-38. En particulier, ils doivent lui remettre la liste des tiers payeurs appelés à leur verser des prestations.

Si l'assureur n'a pu savoir, sans faute de sa part, que l'accident a donné lieu au versement de prestations indemnitaires par des tiers payeurs, ceux-ci perdent tout droit à remboursement contre l'assureur et l'auteur du dommage. Cependant, cette disposition ne s'applique pas pour les organismes versant des prestations de sécurité sociale.

II. INFORMATION SUR LES CRÉANCES DES TIERS PAYEURS

Dans la mesure où la charge définitive des prestations indemnitaires incombe au responsable, l'assureur doit être informé du montant de ces prestations. Cette information va lui permettre de déterminer les préjudices totaux qui sont à sa charge et de déduire le montant des prestations indemnitaires reçues par la victime de l'offre qui lui sera faite. Le tiers payeur exercera ensuite un recours subrogatoire contre l'assureur pour récupérer le montant de ces prestations indemnitaires.

Aussi, l'article L. 211-11 organise les modalités de production des créances des tiers payeurs auprès de l'assureur. Concrètement, dès que l'assureur a connaissance de l'intervention d'un tiers payeur, il peut lui en demander confirmation. Si le tiers payeur s'abstient de répondre dans un délai de quatre mois à compter de la date de réception de l'assureur (Civ. 2e, 1er juill. 1992), il est déchu de tous droits à l'encontre de l'assureur et de l'auteur du dommage.

Cela étant, selon la Cour de cassation, cette déchéance n'est opposable que dans la procédure d'indemnisation des articles L. 211-9 et suivants. Par conséquent, en l'absence de transaction entre la victime et l'assureur de la personne tenue à réparation, les tiers payeurs peuvent intervenir dans l'instance judiciaire pour demander le remboursement de leurs prestations (Crim., 5 déc. 1991 ; Civ. 2e, 10 déc. 2015). En outre, la déchéance est inopposable au tiers payeur, si les conditions et délais de la procédure d'offre d'indemnisation n'ont pas été respectés (Civ. 2e, 8 mars 2006 ; Civ. 2e, 4 oct. 2012).

Par ailleurs, ce délai de déclaration, sous peine de déchéance, n'est pas opposable aux tiers payeurs étrangers, dans la mesure où la loi étrangère détermine le régime juridique de la subrogation légale aux droits de la victime (Civ. 1re, 24 sept. 2014). ❑

1. Point de départ du délai. Le point de départ du délai imparti au tiers payeur pour produire sa créance auprès de l'assureur ne peut être que la date à laquelle il a reçu la lettre de ce dernier. • Civ. 2e, 1er juill. 1992 : *D. 1992. IR 231* .

2. Exclusion de la déchéance en l'absence de transaction. La déchéance prévue par l'art. 14 de la L. du 5 juill. 1985, devenu l'art. L. 211-11 n'est opposable aux tiers payeurs que dans le cadre de la procédure d'indemnisation organisée par les art. L. 211-9 s. Par conséquent, en l'absence de transaction entre la victime et l'assureur de la personne tenue à réparation, les tiers payeurs sont recevables selon le droit commun à intervenir dans l'instance pour demander le remboursement de leurs prestations. • Crim. 5 déc. 1991, n° 90-87.188 P : *RCA 1992, n° 89, obs. Groutel; RGAT 1992. 314* • 30 mars 1994, n° 92-84.572 P : *RCA 1994, n° 257* • Civ. 1re, 16 févr. 1994, n° 92-13.393 P : *RCA 1994, n° 175* • Civ. 2e, 10 juin 1999, n° 96-19.320 P : *RCA 1999, n° 323* • 24 févr. 2000 : *RCA 2000, n° 154* • 15 avr. 2010, n° 09-66.430 : *RCA 2010, n° 180, note Groutel* • 10 déc. 2015, n° 14-24.803 P : *RCA 2016, n° 81.*

3. Exclusion de la déchéance en cas de non-respect de la procédure d'indemnisation. Il résulte de l'art. L. 211-11 que la déchéance des droits des tiers payeurs à l'encontre de l'assureur de l'auteur du dommage, laquelle sanctionne le défaut de production de leurs créances dans le délai de quatre mois à compter de la demande de l'assureur de la personne tenue à réparation, ne leur est opposable que dans la mesure où les conditions et délais de la procédure d'indemnisation organisée par les L. 211-9 ont été respectés par l'assureur. • Civ. 2e, 8 mars 2006, n° 04-11.408 P : *Gaz. Pal. 2006. 3254 (1er arrêt), note Périer; RCA 2006, n° 160 (2 esp.); ibid. Étude 7, note Groutel; RGDA 2006. 439, note Landel.* ♦ Ainsi, l'assureur ne peut invoquer la déchéance des droits des tiers payeurs lorsqu'il signe une transaction avec la victime, sans que la preuve soit rapportée qu'il a avisé l'organisme tiers payeur de ce choix, qui entraînait la liquidation du préjudice corporel de cette victime. • Civ. 2e, 4 oct. 2012, n° 11-25.063 P : *D. 2012. 2392 ; Gaz. Pal. 30 nov. 2012, obs. Cerveau-Colliard; RGDA 2013. 93, obs. Landel.*

4. Tiers payeur monégasque. Dès lors que la loi monégasque applicable à la subrogation légale aux droits de la victime régit le régime juridique de celle-ci et notamment la recevabilité du recours subrogatoire, une cour d'appel a décidé, à bon droit, que l'assureur ne pouvait se prévaloir des dispositions de l'art. L. 211-11 C. assur. qui imposent aux tiers payeurs de produire leurs créances dans un délai de quatre mois à peine de déchéance. • Civ. 1re, 24 sept. 2014, n° 13-21.339 : *D. 2015. 1056, obs. Gaudemet-Tallon et Jault-Seseke ; RGDA 2014. 558, note Landel.* ♦ Dans le même sens : • Crim. 3 déc. 2019 : *RGDA janv. 2020. 34, note Landel.* ♦ Mais la loi du lieu de l'accident définit l'assiette du recours de l'organisme d'assurance sociale qui indemnise la victime de l'accident. Viole l'art. 3 C. civ. la cour d'appel qui, pour dire que l'assureur est mal fondé à prétendre limiter l'assiette du recours du tiers payeurs au montant des chefs de dommages dont les prestations de l'assureur-loi assurent la réparation (frais médicaux, arrêt de travail, IPP) susceptibles de revenir à la victime, retient que la loi monégasque n° 636 du 11 janv. 1958 consacre le droit pour l'assureur-loi de poursuivre le remboursement intégral des prestations servies à la victime, que, d'origine légale, il n'a pour limite que le montant des prestations mises par la loi à la charge de l'employeur. • Civ. 1re, 24 juin 2015, n° 13-21.468 P : *RGDA 2015. 406, note Landel.* ♦ *Contra* précédemment : c'est par une interprétation souveraine de la loi monégasque du 11 janv. 1958, et hors de toute dénaturation, qu'une cour d'appel a retenu que l'art. 13 de cette loi ouvre le recours pour l'intégralité des prestations exposées par l'assureur-loi pour le compte de la victime et dans la limite du montant des prestations mises par la loi à la charge de l'employeur. • Civ. 1re, 24 sept. 2014, n° 13-21.339 : *D. 2015. 1056, obs. Gaudemet-Tallon et Jault-Seseke ; RGDA 2014. 558, note Landel.*

5. Tiers payeur suisse. Il résulte de l'art. L. 211-11 que la déchéance des droits des tiers payeurs à l'encontre de l'assureur et de l'auteur du dommage, résultant du défaut de production de leurs créances dans un délai de quatre mois à compter de la demande de l'assureur de la personne tenue à réparation, ne leur est opposable que dans la procédure d'indemnisation organisée par les art. L. 211-9 s. Dès lors viole cet article la cour d'appel qui applique une déchéance de garantie alors que le tiers payeur avait, en déclarant sa créance, fait des réserves sur le montant des frais de reconversion professionnelle et sur la rente, puis engagé une procédure judiciaire pour en obtenir le remboursement, ce qui excluait que la transaction conclue postérieurement ait pu intervenir dans la procédure d'indemnisation organisée par les art. L. 211-9 s. • Civ. 2e, 10 déc. 2015, n° 14-24.803 : *RGDA 2016. 92, note Landel.*

Art. L. 211-12 Lorsque, du fait de la victime, les tiers payeurs n'ont pu faire valoir leurs droits contre l'assureur, ils ont un recours contre la victime à concurrence de l'indemnité qu'elle a perçue de l'assureur au titre du même chef de préjudice et dans les limites prévues à l'article 31 de la loi n° 85-677 du 5 juillet 1985. Ils doivent agir dans un délai de deux ans à compter de la demande de versement des prestations. – *V. L. n° 85-677 du 5 juill. 1985, art. 31, App., v° Recours des organismes sociaux.*

COMMENTAIRE

Si la victime ne communique pas les coordonnées des tiers payeurs, ces derniers, sauf s'ils versent des prestations de sécurité sociale, risquent de perdre tout droit à remboursement contre l'assureur de responsabilité civile et l'auteur du dommage. Aussi, pour que ces tiers payeurs puissent récupérer le montant des indemnités versées, l'article L. 211-12 prévoit que la victime s'expose à un recours de leur part à concurrence de l'indemnité qu'elle a perçue de l'assureur au titre du même chef de préjudice, dans les limites prévues à l'article 31 de la loi n° 85-677 du 5 juillet 1985.

Ce recours est soumis à certaines conditions :

– en application des règles traditionnelles du droit de la preuve, le tiers payeur doit prouver que, du fait de la victime, il n'a pas pu faire valoir ses droits contre l'assureur (Soc., 28 mars 2002) ;

– le recours doit être exercé dans un délai de deux ans à compter de la demande de versement de la prestation.

Preuve. Le recours contre la victime que l'art. L. 211-12 ouvre aux tiers payeurs leur impose de rapporter la preuve que, du fait de cette victime, ils n'ont pu faire valoir leurs droits contre l'assureur. • Soc. 28 mars 2002 : *RCA 2002, n° 231, note Groutel; RGDA 2002. 407, note Landel.*

Art. L. 211-13 **Lorsque l'offre n'a pas été faite dans les délais impartis à l'article L. 211-9, le montant de l'indemnité offerte par l'assureur ou allouée par le juge à la victime produit intérêt de plein droit au double du taux de l'intérêt légal à compter de l'expiration du délai et jusqu'au jour de l'offre ou du jugement devenu définitif. Cette pénalité peut être réduite par le juge en raison de circonstances non imputables à l'assureur.**

COMMENTAIRE

Si l'offre d'indemnisation n'est pas faite dans les délais imposés par l'article L. 211-9 – c'est-à-dire soit un délai de trois mois en cas de demande d'indemnisation de la victime, soit un délai de huit mois lorsque la victime a subi une atteinte à sa personne et n'a pas formulé de demande d'indemnisation –, l'assureur encourt une sanction spécifique, à savoir le versement d'intérêts de retard au double du taux de l'intérêt légal.

I. CONVENTIONNALITÉ ET CONSTITUTIONNALITÉ DE LA SANCTION

La sanction du doublement du taux de l'intérêt légal a d'abord fait l'objet d'interrogations sur le terrain de sa conformité à la **Convention européenne des droits de l'homme**, et plus particulièrement à son article 6, § 1. Mais de même qu'elle a estimé que la procédure d'offre obligatoire imposée aux assureurs ne privait pas les victimes et les assureurs du droit au procès équitable, elle a retenu que la procédure permettait de soumettre à l'appréciation du juge l'étendue de la sanction légale du doublement du taux de l'intérêt légal et n'était donc pas contraire à l'article 6, § 1, de ladite convention.

Ultérieurement, avec l'apparition du contrôle de constitutionnalité *a posteriori*, la sanction du doublement du taux de l'intérêt légal a fait l'objet d'interrogations sur le terrain de conformité à la **Constitution**, et plus particulièrement au principe constitutionnel de la nécessité des peines. Pour autant, la Cour de cassation a toujours refusé de transmettre au Conseil constitutionnel les questions prioritaires de constitutionnalité qui lui étaient présentées et soulevaient la conformité de l'article L. 211-13 au principe constitutionnel de la nécessité des peines. Ainsi, sans se prononcer sur la qualification de peine au sens de l'article 8 de la Déclaration des droits de l'homme et du citoyen, la deuxième chambre civile de la Cour de cassation a affirmé que la question ne présentait pas de caractère sérieux dès lors que le doublement du taux de l'intérêt légal n'est ni automatique, ni disproportionné, puisque le montant de la majoration du taux d'intérêt légal est proportionnel aux sommes en jeu et à la durée du manquement de l'assureur et peut être arrêté par la présentation d'une offre d'indemnisation régulière ou réduit par le juge en raison de circonstances non imputables à l'assureur (Civ. 2e, 3 févr. 2011). De façon plus directe, la chambre criminelle a écarté une telle question prioritaire de constitutionnalité en estimant que le doublement du taux de l'intérêt légal ne constitue pas une peine au sens de l'article 8 de la Déclaration des droits de l'homme et du citoyen (Crim., 20 sept. 2011).

II. LES CARACTÉRISTIQUES DE LA SANCTION

1. LE CHAMP D'APPLICATION

La sanction du doublement du taux de l'intérêt légal s'applique lorsque « l'offre n'a pas été faite dans les délais », ce qui vise non seulement l'hypothèse de l'offre tardive, mais aussi celle de l'absence d'offre de la part de l'assureur (Crim., 28 nov. 1991). Par ailleurs, l'article L. 211-13 n'effectue aucune distinction en fonction de la nature de l'offre, il s'applique donc indifféremment à l'offre provisionnelle et à l'offre définitive (Crim., 24 janv. 1996).

Quant aux personnes, la sanction ne pèse que sur l'assureur, seul tenu de faire une offre d'indemnité, et non sur l'assuré. Celui-ci ne peut donc être condamné solidairement au paiement de la pénalité du doublement de l'intérêt légal sur l'indemnité allouée à la victime (Civ. 2e, 3 juill. 2014).

2. LA DURÉE

Selon l'article L. 211-13, les intérêts de retard sont dus « à compter de l'expiration du délai et jusqu'au jour de l'offre ou du jugement définitif ».

Le point de départ des intérêts de retard est donc la date à laquelle l'offre aurait dû être présentée (Crim., 24 janv. 1996). Par exemple, pour l'offre définitive, les intérêts de retard débutent cinq mois après la connaissance par l'assureur de la date de consolidation de l'état de la victime (Civ. 2e, 5 juin 2008).

Le terme des intérêts de retard dépend de la présentation ou d'une offre d'indemnisation. Si l'assureur a présenté une offre d'indemnisation tardive, mais tenue pour suffisante, les intérêts de retard sont dus jusqu'à la date de cette offre (Civ. 2e, 22 mai 2013 ; Civ. 2e, 2 sept. 2016). En revanche, si l'assureur n'a pas présenté d'offre d'indemnisation suffisante, le terme des intérêts de retard est la date à laquelle la décision judiciaire fixant le montant de l'indemnisation allouée à la victime est devenue définitive, c'est-à-dire n'est plus susceptible d'un recours suspensif d'exécution (Civ. 2e, 8 juill. 2004 ; Crim., 9 avr. 2013).

3. L'ASSIETTE

L'assiette de la sanction varie selon que l'assureur a présenté ou non une offre. Si l'assureur a présenté une offre, l'assiette des intérêts de retard est le montant de l'offre et non celle allouée par le juge (Civ. 2e, 10 avr. 2008), dès lors que son caractère insuffisant n'est pas relevé (Civ. 2e, 12 avr. 2012 ; Civ. 2e, 23 mai 2013 ; Civ. 2e, 2 sept. 2016). En revanche, si aucune offre n'a été présentée par l'assureur, l'assiette des intérêts de retard est le montant alloué à titre de dommages et intérêts par le juge.

L'assiette de la pénalité correspond à l'intégralité de l'indemnité allouée à la victime à titre de dommages et intérêts (Civ. 2e, 20 avr. 2000), avant imputation de la créance des tiers payeurs (Civ. 2e, 13 mars 2003) et sans déduction des provisions éventuellement versées (Civ. 2e, 10 juin 1999). Par ailleurs, si le juge attribue une indemnité à la victime sous forme de rente viagère, le doublement de l'intérêt légal s'applique à la rente et non au capital servant de base au calcul de la rente (Civ. 2e, 9 oct. 2006).

4. LA RÉDUCTION

Le juge peut réduire le montant de la pénalité en raison de circonstances non imputables à l'assureur, mais il ne peut la supprimer (Crim., 23 janv. 1992). La réduction de la pénalité ne constitue toutefois qu'une simple faculté pour le juge (Crim., 6 nov. 1991). Les juges du fond disposent d'un pouvoir discrétionnaire pour apprécier si l'assureur peut bénéficier d'une réduction de la pénalité due. Il n'y a donc pas d'obligation de motivation en cas de refus (Civ. 2e, 16 janv. 2014). En revanche, en cas de réduction de la pénalité, les juges doivent s'expliquer sur la réduction effectuée (Civ. 2e, 10 avr. 2008), puisqu'elle doit être justifiée par des circonstances non imputables à l'assureur.

1. QPC (non-transmission). La question posée, au sujet de l'art. L. 211-13, ne présente pas un caractère sérieux en ce qu'au regard du principe constitutionnel de la nécessité des peines, la disposition prévue par l'art. L. 211-13, à supposer qu'elle soit une peine au sens de l'art. 8 de la Déclaration des droits de l'homme et du citoyen, n'est ni automatique ni disproportionnée, le montant de la majoration du taux de l'intérêt légal étant proportionnel aux sommes en jeu et à la durée du manquement de l'assureur et pouvant être arrêté par la présentation d'une offre d'indemnisation régulière ou réduit par le juge en raison de circonstances non imputables à l'assureur. • Civ. 2e, 3 févr. 2011 : *RCA 2011, no 97 ; RGDA 2011. 497, obs. Landel* • 8 juin 2011 : *RGDA 2011. 1003, obs. Landel.* ♦... Et qu'au regard du principe constitutionnel de la nécessité des peines et de leur individualisation dès lors que la majoration du taux d'intérêt légal en cas de retard de présentation de l'offre d'indemnisation de l'assureur ne constitue pas une peine au sens de l'art. 8 de la Déclaration des droits de l'homme et du citoyen. • Crim. 20 sept. 2011 : *RGDA 2012. 69, obs. Landel.*

2. Conventionnalité. La procédure d'offre obligatoire d'indemnisation imposée aux assureurs par les art. L. 211-9 et L. 211-13, en ce qu'elle tend à favoriser l'indemnisation rapide des victimes d'accident de la circulation par voie transactionnelle sans priver pour autant celles-ci et les assureurs du droit à un procès équitable et en ce qu'elle permet de soumettre à l'appréciation du juge l'étendue de la sanction légale du doublement des intérêts légaux en cas d'insuffisance ou d'absence d'offre, n'est pas contraire aux dispositions de l'art. 6.1 Conv. EDH. • Civ. 2e, 9 oct. 2003 : *D. 2004. 371, note Poulet ; JCP 2004. I. 137, nos 4 s., obs. Favre-Rochex ; RCA 2004, no 5 ; RGDA 2004. 91, note Landel.*

I. RÈGLES DE FOND

A. SANCTION DU DOUBLEMENT DE L'INTÉRÊT LÉGAL

3. Principe du doublement du taux de l'intérêt légal. En assortissant la condamnation qu'elle prononce des intérêts au double du taux légal depuis l'expiration du délai de 8 mois suivant l'accident jusqu'au jour où la décision deviendrait définitive, une cour d'appel, qui constate que l'assureur du prévenu n'avait fait aucune offre à la victime malgré l'existence d'un dommage résultant directement de l'accident, applique exactement les art. 12 et 16 de la L. no 85-677 du 5 juill. 1985 repris aux art. L. 211-9 et L. 211-13. • Crim. 28 nov. 1991, no 90-86.929 P : *D. 1992. IR 88 ; RCA 1992, no 18 ; ibid. Chron. 3, note Groutel* • 29 juin 2010, no 09-82.462 P : *D. 2010. AJ 1999 ; RCA 2010, no 268.* ♦... De même, lorsque la victime est coresponsable de l'accident. • Civ. 2e, 1er avr. 1999, n° 97-17.581 P : *RCA 1999, n° 174; ibid. Chron. 15, note Groutel.*

4. Débiteur de la sanction. Viole les art. L. 211-9 et L. 211-13 la cour d'appel qui condamne l'assuré solidairement avec l'assureur au paiement de la pénalité du doublement de l'intérêt au taux légal sur les indemnités qu'il alloue, alors que l'offre d'indemnisation incombe à l'assureur du véhicule impliqué et non à son assuré. • Civ. 2e, 3 juill. 2014, n° 13-20.931 P : *RGDA 2014. 460, note Landel; RCA 2014, n° 335, note Groutel; D. 2015. 517, note Lazerges-Cousquer et Touati ; ibid. 1246, note Bacache .*

5. Offre provisionnelle ou définitive. La sanction prévue par l'art. L. 211-13 s'applique sans distinction à l'offre provisionnelle et à l'offre définitive que l'assureur doit présenter en application de l'art. L. 211-9. • Crim. 24 janv. 1996, n° 94-85.550 P : *RCA 1996, n° 221; RGDA 1996. 639, note Landel* • 5 févr. 1997, n° 93-82.930 P : *RCA 1997, n° 300; RCA 2014, n° 335, note Groutel.*

6. Point de départ des intérêts. Si l'assureur n'a fait aucune offre provisionnelle, l'indemnité allouée par le juge produit intérêt entre la date à laquelle il aurait dû la faire et celle à laquelle il a présenté une offre définitive. • Crim. 24 janv. 1996, n° 94-85.550 P : *RCA 1996, n° 221; RGDA 1996. 639, note Landel* • 5 févr. 1997, n° 93-82.930 P : *RCA 1997, n° 300* • Civ. 2e, 15 janv. 2015, n° 13-11.941 : *RGDA 2015. 137, note Landel.* ♦ Le juge ne peut pas fixer la date à compter de laquelle les indemnités produiront intérêts de plein droit au double du taux de l'intérêt légal sans rechercher la date de consolidation de l'état de la victime. • Civ. 2e, 19 févr. 1997, n° 95-15.997 P : *RCA 1997, n° 164.* ♦ Lorsqu'un nouvel expert ayant mission de fixer la date de consolidation a été commis après le dépôt du rapport de l'expert sollicité par l'assureur, cette date ne peut pas être connue avant le dépôt du second rapport, de sorte que l'assureur ne doit les intérêts au double du taux légal qu'à compter de cinq mois après avoir eu connaissance du dernier rapport. • Civ. 2e, 5 juin 2008 : *RGDA 2008. 664, note Landel.*

7. Point d'arrivée des intérêts. Une pénalité dont l'assiette est fixée à la totalité des sommes allouées par le juge ne peut avoir pour terme que la date de la décision devenue définitive. En revanche, lorsque l'offre d'indemnité de l'assureur est tenue pour suffisante, sa date est retenue comme terme de la sanction et son montant constitue l'assiette de la sanction. • Civ. 2e, 23 mai 2013, n° 12-18.339 P : *RCA 2013, n° 222, note Groutel* • 2 sept. 2016, n° 15-24.524 : *RCA 2016, n° 336, note Groutel* • Crim. 27 sept. 2016, n° 15-83.309 P : *D. 2016. 2612, note Bouchet ; ibid. 2017. 24, obs. Brun, Gout et Quézel-Ambrunaz ; RCA 2016, n° 337.* ♦ Ainsi, la sanction du doublement du taux de l'intérêt légal a pour assiette l'indemnité offerte tardivement par l'assureur et doit s'appliquer pour la seule période comprise entre la date d'expiration du délai légal et le jour de présentation de l'offre. • Civ. 2e, 16 nov. 2006 : *RGDA 2007. 98, note Landel* • Crim. 19 avr. 2017, n° 16-83.343 P : *RCA 2017, n° 184, note Groutel.* ♦... Et viole l'art. L. 211-13 la cour d'appel qui, pour fixer leur montant, retient que les intérêts au taux majoré étaient dus jusqu'à la date de signification de l'arrêt, alors que l'offre d'indemnité avait été valablement faite à une date antérieure à cette signification. • Civ. 2e, 28 févr. 1996 : *RCA 1996, n° 172; ibid. Chron. 21, note Groutel; RGDA 1996. 642, note Brousseau.* ♦ De même, ne tire pas les conséquences légales de ses constatations la cour d'appel qui relève que l'assureur avait fait à la victime une offre d'indemnité à une certaine date et fixe le montant des intérêts portés au double de l'intérêt légal jusqu'au jour où l'arrêt sera devenu définitif. • Civ. 2e, 9 oct. 1996 : *RCA 1997, n° 20; RGDA 1997. 174, note Brousseau.* ♦ Encore, ne donne pas de base légale à sa décision au regard du texte précité la cour d'appel qui fixe jusqu'à la date où son arrêt sera devenu définitif la période pendant laquelle les intérêts seront doublés alors qu'elle avait relevé que l'assureur avait fait des offres par conclusions, sans rechercher en quoi elles ne pouvaient être considérées comme des offres d'indemnisation définitive au sens des art. L. 211-9 et R. 211-40. • Civ. 2e, 19 nov. 1998, n° 96-16.128 P : *RCA 1999, n° 11.* ♦ Cependant, les juges doivent constater que l'offre de l'assureur portait sur tous les éléments indemnisables du préjudice et n'était pas manifestement insuffisante. • Crim. 16 juin 2015, n° 14-81.461 : *D. 2016. 35, obs. Brun et Gout ; RCA 2015, n° 256, note Groutel.* ♦ Aussi justifie sa décision la cour d'appel qui, pour dire que les indemnités allouées à la victime produiront intérêt de plein droit au double du taux d'intérêt légal jusqu'au jour de l'arrêt devenu définitif, dès lors que, aucune offre au moins provisionnelle n'ayant été faire dans les huit mois à compter de l'accident, l'assureur n'avait pas fait une offre complète et suffisante dans les conditions de l'art. L. 211-9. • Crim. 13 déc. 2011, n° 11-80.134 P : *RGDA 2012. 700, note Landel.* ♦ *Contra* : viole les art. L. 211-9 et L. 211-13 la cour d'appel qui, pour condamner l'assureur à payer le double des intérêts au taux légal jusqu'à la date du prononcé de son arrêt, retient qu'il est indifférent que l'assureur, qui n'avait pas fait d'offre provisionnelle, ait fait une offre dans les cinq mois de la date à laquelle il avait eu connaissance de la consolidation. • Civ. 2e, 8 mars 2012 : *RGDA 2012. 695, note Landel.*

8. Notion de jugement définitif. Ayant retenu que la notion de décision « définitive », qui peut être attaquée par une voie de recours, doit être distinguée de celle de décision « irrévocable », qui ne peut plus être remise en cause par l'exercice d'une voie de recours ordinaire ou extraordinaire, c'est à bon droit qu'une cour d'appel, interprétant l'arrêt par lequel elle avait condamné, en application de l'art. L. 211-13, un assureur au paiement des intérêts au double du taux de l'intérêt légal, sur l'indemnité servie à la victime, jusqu'au jour de l'arrêt devenu définitif, a jugé que « le jugement définitif » s'entendait du jugement ayant force de chose jugée et que son arrêt devenu exécutoire de plein droit par sa notification avait force de chose jugée et était devenu définitif, nonobstant le pourvoi en cassation qui n'est pas suspensif. • Civ. 2e, 8 juill. 2004, n° 02-15.893 P. ♦ Viole l'art. L. 211-13 la cour d'appel qui arrête la pénalité pour absence d'offre à la date à laquelle un jugement a constaté que les indemnités provisionnelles versées étaient d'un montant supérieur à celui des dommages-intérêts alloués, alors que la sanction devait courir jusqu'à la date de la décision irrévocable statuant sur le préjudice. • Civ. 2e, 15 avr. 2010 : *RGDA 2010. 707, note Landel.* ♦ Cassation de l'arrêt qui a fait courir les intérêts jusqu'à l'arrêt de cassation, alors qu'un jugement est définitif lorsqu'il n'est susceptible d'aucun recours suspensif d'exécution ; tel est le cas de l'arrêt de cour d'appel statuant sur intérêts civils nonobstant le pourvoi. • Crim. 9 avr. 2013, n° 12-83.250 P.

9. *Anatocisme.* Les art. L. 211-9 et L. 211-13 ne dérogent pas aux dispositions de l'art. 1154 C. civ. qui s'appliquent, de manière générale, aux intérêts moratoires. • Crim. 2 mai 2012, n° 11-85.416 P : *D. 2012. 1479* ; *RGDA 2012. 1046, obs. Landel* • Civ. 2e, 22 mai 2014 : *RGDA 2014. 389, note Landel.*

B. ASSIETTE DU DOUBLEMENT DE L'INTÉRÊT LÉGAL

10. *Indemnité offerte par l'assureur.* La sanction du doublement du taux de l'intérêt légal a pour assiette l'indemnité offerte par l'assureur, non celle allouée par le juge. • Civ. 2e, 10 avr. 2008 : *RCA 2008, n° 190 (1re esp.), obs. Groutel ; RGDA 2008. 668 (1re esp.), note Landel* • 16 nov. 2006 : *RGDA 2007. 98, note Landel* • 3 juill. 2014 : *RGDA 2014. 460, note Landel ; RCA 2014, n° 335, note Groutel* • Civ. 2e, 15 janv. 2015, n° 13-11.941 : *RGDA 2015. 137, note Landel.* ♦ Ainsi, viole l'art. L. 211-13 la cour d'appel qui prend pour assiette des intérêts au taux majoré l'indemnité qu'elle fixe tout en retenant que l'assureur avait fait connaître à la victime l'ensemble de ses offres à une date antérieure. • Civ. 2e, 14 déc. 2000, n° 99-12.232 P : *RCA 2001, n° 113, note Groutel.* ♦ La sanction prévue par l'art. L. 211-13 C. assur. a pour assiette l'indemnité offerte par l'assureur avant imputation des créances des organismes sociaux déclarées à l'assureur et avant déduction des provisions éventuellement versées. • Civ. 2e, 3 juill. 2014, n° 13-20.931 P : *RGDA 2014. 460, note Landel ; RCA 2014, n° 335, note Groutel.* ♦ L'offre d'indemnisation doit seule servir d'assiette à la sanction légale du doublement du taux de l'intérêt légal, dès lors que son caractère insuffisant n'était pas relevé. • Civ. 2e, 12 avr. 2012, n° 11-15.997.

♦ Lorsque l'offre d'indemnité de l'assureur est tenue pour suffisante et que sa date est retenue comme terme de la sanction, son montant constitue l'assiette de la sanction. • Civ. 2e, 23 mai 2013, n° 12-18.339 P • Civ. 2e, 2 sept. 2016, n° 15-24.524 P : *RCA 2016, n° 336, note Groutel.* ♦ Dès lors qu'une offre est intervenue depuis la date d'expiration de ce délai, et à moins qu'elle ne soit manifestement insuffisante, les juges saisis par la victime, ne peuvent condamner l'assureur au doublement des intérêts légaux que sur les sommes offertes. • Crim. 19 avr. 2017, n° 16-83.343 : *RCA 2017, n° 184, note Groutel.* ♦ Mais le juge doit rechercher si l'offre présentée portait sur tous les éléments indemnisables du préjudice et n'était pas manifestement insuffisante. • Civ. 2e, 30 avr. 2014 : *RGDA 2014. 342, note Landel.* ♦ V. égal. • Civ. 2e, 20 nov. 2014 : *RGDA 2015. 26, note Landel.* ♦ Ayant constaté qu'une offre d'indemnisation avait été faite dans les termes de la loi, poste par poste, et souverainement appréciée, sans avoir à se référer à l'évaluation du préjudice fait par les premiers juges, que cette offre n'était pas manifestement insuffisante, une cour d'appel en a exactement déduit que la sanction du doublement des intérêts devait avoir pour assiette le montant des sommes offertes par l'assureur. • Civ. 2e, 3 mars 2016, n° 15-14.066 P : *RGDA 2016. 251, note Landel ; Procédures 2016. Chron. 3, n° 12, note Raschel.* ♦ La pénalité a pour assiette la totalité de l'indemnité allouée à la victime à titre de dommages et intérêts et non pas le solde restant dû après déduction des provisions déjà versées et imputation de la créance des organismes sociaux. • Crim. 27 sept. 2016, n° 15-83.309 P : *D. actu. 1er déc. 2016, note de Ravel d'Esclapon.*

11. *Totalité de l'indemnité allouée à la victime.* Le doublement s'applique à la totalité de l'indemnité allouée à la victime à titre de dommages-intérêts. • Civ. 2e, 20 avr. 2000, n° 98-11.540 P : *RCA 2000, n° 228* • 19 févr. 2004 : *RCA 2004, n° 135* • 15 avr. 2010 : *Gaz. Pal. 10 août 2010, p. 41, note Bernfeld ; RGDA 2010. 707, note Landel.* ♦ ... Avant imputation de la créance des organismes sociaux. • Civ. 2e, 13 mars 2003 : *JCP 2004. I. 137, nos 4 s., obs. Favre-Rochex ; Gaz. Pal. 2004. 512, note Favre-Rochex ; RCA 2003, n° 175* • 13 juill. 2006 : *RGDA 2006. 944, note Landel* • Crim. 18 sept. 2007, n° 06-88.171 P • 16 oct. 2007 : *RCA 2007, n° 355 (2e esp.)* • Civ. 2e, 15 janv. 2015, n° 13-11.941 : *RGDA 2015. 137, note Landel.* ♦ ... Et non pas au solde restant dû après déduction des provisions déjà versées. • Civ. 2e, 10 juin 1999, n° 96-22.584 P : *RCA 1999, n° 325 ; RGDA 1999. 638, note Landel* • 28 mars 2002 : *RCA 2002, n° 229* • 10 nov. 2005 : *RCA 2006, n° 21* • Civ. 2e, 7 déc. 2006 : *RGDA 2007. 99, note Landel* • Civ. 2e, 13 déc. 2018, n° 17-26.564 : *RCA 2019, n° 68, note Groutel.*

12. *Préjudices exclus de l'assiette.* Après avoir constaté que la victime n'avait jamais par le passé fait état d'un préjudice sexuel ni de préjudices liés à l'aménagement du logement ou du véhicule, et que les rapports d'expertise ne comportaient sur ces points aucune indication, une cour d'appel a souverainement déduit qu'il ne pouvait être reproché à l'assureur de ne pas avoir fait d'offre d'indemnisation de ces postes et exactement décidé qu'ils devaient être exclus de l'assiette du doublement de l'intérêt légal. • Civ. 2e, 16 oct. 2008 : *RGDA 2009. 175, note Landel.*

13. Indemnité sous forme de rente viagère. Une cour d'appel qui retient que l'indemnité due à la victime d'un accident de la circulation serait versée sous forme d'une rente viagère a appliqué à bon droit le doublement de l'intérêt légal à cette rente et non au capital servant de base à son calcul. • Civ. 2e, 9 oct. 1996, no 94-12.198 P : *RGDA 1997. 174, note Brousseau* • 28 janv. 1999, no 97-11.079 P : *RCA 1999, no 134, obs. Groutel; RGDA 1999. 367, note Landel* • 7 févr. 2008 : *RCA 2008, no 135, obs. Groutel; RGDA 2008. 354, note Landel.* ♦ Lorsque le préjudice est réparé sous la forme d'une rente, le doublement s'applique uniquement aux arrérages qui auraient été perçus à compter de l'expiration du délai de l'offre jusqu'au jour de celle-ci, si elle intervient, ou jusqu'à la décision définitive. • Crim. 19 juin 2007 : *RCA 2007, no 273, obs. Groutel* • Civ. 2e, 20 mai 2020, no 19-13.309 : *RGDA juill. 2020. 21, note Landel.*

C. RÉDUCTION DE LA PÉNALITÉ

14. Réduction et non-suppression de la pénalité. Selon l'art. L. 211-13, la pénalité prévue à l'encontre de l'assureur, lorsqu'une offre d'indemnité n'a pas été présentée à la victime dans les délais impartis, peut être réduite, mais non remise, par le juge en raison de circonstances non imputables à l'assureur. • Crim. 23 janv. 1992, no 91-82.796 P : *D. 1992. IR 231; RCA 1992, no 139; RGAT 1992. 546, note Landel.* ♦ L'art. L. 211-13 prévoit la réduction de la pénalité et non sa suppression. • Civ. 2e, 28 juin 1995 : *RCA 1995, no 299* • 5 nov. 1998, no 97-10.583 P : *RCA 1999, no 10; RGDA 1999. 128, note Landel.*

15. Notion de circonstances non imputables. Dès lors qu'elle relevait que le refus de la victime de se rendre à deux expertises était postérieur à la date à laquelle l'assureur disposait de toutes les précisions utiles pour former ses offres, une cour d'appel a méconnu le sens et la portée de l'article L. 211-13 C. assur. en estimant que le refus de la victime de se présenter à deux reprises devant l'expert désigné par le juge et le fait qu'elle ait laissé passé près de vingt ans avant de reprendre l'instance constituaient des circonstances non imputables à l'assureur. • Crim. 27 févr. 2018, no 17-81.130 : *RGDA 2018. 192, note Landel.*

II. RÈGLES DE PROCÉDURE

16. Charge de la preuve. Il appartient à l'assureur, tenu de faire une offre, d'établir qu'il a satisfait à cette obligation. Dès lors, viole l'art. L. 211-13 C. assur. et l'art. 1315 C. civ. l'arrêt qui rejette la demande de doublement des intérêts de la victime au motif qu'elle n'est justifiée par la production d'aucun document. • Civ. 2e, 24 févr. 2000 : *RCA 2000, no 153.* ♦ L'assureur doit préciser les données qui ont été portées à sa connaissance au moment où il a présenté son offre. • Civ. 2e, 3 mars 2011, no 10-11.755.

17. Demande nouvelle. Encourt la cassation l'arrêt qui déclare nouvelle et irrecevable la demande formulée pour la première fois en appel par la victime d'un accident de la circulation, tendant à bénéficier de la pénalité instituée par l'art. L. 211-13, alors que cette demande constituait le complément de sa demande d'indemnisation formée, en première instance, à titre principal. • Civ. 2e, 11 oct. 1995, no 93-18.894 P. ♦ Ni le fonds de garantie ni le prévenu n'ayant invoqué l'exception de demande nouvelle, à la supposer fondée, une cour d'appel ne peut relever cette exception d'office sans excéder ses pouvoirs. • Crim. 18 sept. 1996 : *RCA 1997, no 21.*

18. Office du juge. La victime n'ayant pas soutenu dans ses conclusions d'appel ni qu'aucune offre provisionnelle n'avait été faite dans les huit mois de l'accident, ni que l'offre définitive était manifestement insuffisante et incomplète, la cour d'appel, qui n'avait pas à procéder à une recherche qui ne lui était pas demandée, a légalement justifié sa décision en rejetant ses demandes. • Civ. 2e, 24 mai 2018, no 17-12.470 : *RGDA 2018. 349, note Landel; RCA 2018, no 240, note Landel.*

19. Incompétence du juge de l'exécution. La formule selon laquelle l'indemnité produit intérêts de plein droit au double du taux d'intérêt légal ne dispense pas, pour poursuivre le recouvrement forcé de ces intérêts doublés, alors qu'une question d'assiette est au surplus posée, d'une condamnation spécifique, laquelle ne peut être prononcée par le juge de l'exécution dont le rôle n'est pas de délivrer un titre exécutoire complémentaire. • Civ. 2e, 29 mars 2006 : *RCA 2006, no 188, note Groutel; RGDA 2006. 432, note Landel.*

20. Compétence du juge pénal. Le doublement de l'indemnité, en raison de la tardiveté de l'offre, peut être prononcé par le juge pénal. • Crim. 4 nov. 2014, no 13-86.797 P : *D. 2014. 2406; RGDA 2015. 24, note Landel.*

21. Mise en cause de l'assureur. La pénalité prévue à l'art. L. 211-13 ne peut être prononcée sans que l'assureur soit présent à l'instance ou y ait été mis en cause. • Crim. 10 août 1993 : *RGAT 1994. 154, note Landel* • Crim. 4 nov. 2014 : *préc. note 20.*

22. Autorité de la chose jugée. La demande de liquidation des différents chefs de préjudice corporel et la demande de paiement des intérêts majorés en raison de la tardiveté de l'offre d'indemnisation n'ont pas le même objet. • Civ. 2e, 22 mars 2012, no 10-25.184. ♦ La demande de la victime d'un accident de la circulation tendant à la condamnation de l'assureur au paiement des intérêts au double du taux légal, faute d'offre présentée dans le délai légal, n'a pas le même objet que celle tendant à l'indemnisation de son préjudice corporel. • Civ. 2e, 5 mars 2015, n° 14-10.842 P : *D. 2015. 624 ; RCA 2015, n° 173.*

23. Appréciation de la réduction de la pénalité. Dès lors qu'il n'est pas contesté que l'assureur n'a fait aucune offre, provisionnelle ou non, la réduction de pénalité édictée par l'art. L. 211-13 ne constitue pour les juges qu'une simple faculté. • Crim. 6 nov. 1991, n° 90-86.519 : *RGAT 1992. 104, note Landel.* ♦ Dans l'exercice de son pouvoir discrétionnaire, une cour d'appel a pu débouter un assureur de sa demande visant à obtenir la réduction de l'indemnité versée au titre de l'art. L. 211-13. • Civ. 2e, 16 janv. 2014, n° 13-11.340 P : *RGDA 2014. 160, note Landel ; D. 2014. Chron. 571, obs. Lazerges-Cousquer et Touati* . ♦ Mais, prive sa décision de base légale au regard des art. L. 211-9 et L. 211-13 la cour d'appel qui ne s'explique pas sur la réduction de la pénalité qu'elle a effectuée. • Civ. 2e, 10 avr. 2008, n° 07-11.836 : *RGDA 2008. 669, note Landel.*

Art. L. 211-14 **Si le juge qui fixe l'indemnité estime que l'offre proposée par l'assureur était manifestement insuffisante, il condamne d'office l'assureur à verser au fonds de garantie prévu par l'article L. 421-1 une somme au plus égale à 15 p. 100 de l'indemnité allouée, sans préjudice des dommages et intérêts dus de ce fait à la victime.** — *Assur. R. 421-37.*

COMMENTAIRE

L'article L. 211-14 prévoit une sanction spécifique en cas d'offre manifestement insuffisante proposée par l'assureur. Dans cette hypothèse, le juge, qui fixe l'indemnité, condamne d'office l'assureur à verser au Fonds de garantie des assurances obligatoires de dommages une somme au plus égale à 15 % de l'indemnité allouée.

Cette sanction peut se cumuler avec celles de l'article L. 211-13. En effet, selon la Cour de cassation, l'absence d'offre est assimilée à une offre manifestement insuffisante (Civ. 2e, 3 déc. 1997). Il en résulte que l'assureur peut être condamné au versement à la victime d'intérêts de retard au double du taux légal jusqu'au jour de la décision de justice définitive fixant le montant de l'indemnité et au versement au Fonds de garantie d'une somme au plus égale à 15 % du montant de l'indemnité.

Par ailleurs, l'article L. 211-14 précise que la condamnation au profit du Fonds de garantie est prononcée d'office « sans préjudice des dommages et intérêts dus de ce fait à la victime ». Deux lectures de cette disposition sont possibles. Ainsi, l'on peut soutenir que l'offre manifestement insuffisante entraîne nécessairement l'attribution de dommages et intérêts à la victime. Il s'agirait alors de véritables dommages et intérêts punitifs attribués à la victime, en plus de la somme attribuée au Fonds de garantie. Par opposition, l'on peut estimer que les dommages et intérêts alloués à la victime ont bien pour objectif de réparer un préjudice spécifique. Celle-ci devrait alors prouver une faute, un préjudice et un lien de causalité entre la faute et le préjudice. Cette dernière analyse a été en définitive retenue par la Cour de cassation (Civ. 2e, 5 avr. 2007). ❑

1. Office du juge. La victime n'ayant pas soutenu dans ses conclusions d'appel ni qu'aucune offre provisionnelle n'avait été faite dans les huit mois de l'accident, ni que l'offre définitive était manifestement insuffisante et incomplète, la cour d'appel, qui n'avait pas à procéder à une recherche qui ne lui était pas demandée, a légalement justifié sa décision en rejetant ses demandes. • Civ. 2e, 24 mai 2018, n° 17-12.470 : *RGDA 2018. 349, note Landel.*

2. Offre manifestement insuffisante. L'absence d'offre constitue une offre manifestement insuffisante, au sens de l'art. L. 211-14. • Civ. 2e, 3 déc. 1997, n° 96-11.046 P : *RCA 1998, n° 17 ; ibid. Chron. 2, note Groutel.*

3. Somme allouée au fonds de garantie. La cour d'appel, qui a souverainement apprécié que l'offre était manifestement insuffisante, a nécessairement fixé, faute d'évaluation moindre, à 15 % la somme allouée au fonds de garantie. • Crim. 24 juin 2003, n° 02-85.178 P : *RCA 2003, n° 264 ; ibid. Chron. 26, note Groutel.*

4. Dommages et intérêts alloués à la victime. En refusant d'accorder des dommages-intérêts à la victime pour sanctionner le défaut de présentation d'une offre d'indemnisation, au motif que celle-ci doit justifier d'un préjudice spécifique dû à cette absence d'offre, la cour d'appel a souverainement apprécié l'évaluation du préjudice né de l'insuffisance de l'offre. • Civ. 2e, 5 avr. 2007 : *RGDA 2007. 628, note Landel.*

Art. L. 211-15 **L'assureur doit soumettre au juge des tutelles ou au conseil de famille, compétents suivant les cas pour l'autoriser, tout projet de transaction concernant un mineur ou un majeur en tutelle. Il doit également donner avis sans formalité au juge**

des tutelles, quinze jours au moins à l'avance, du paiement du premier arrérage d'une rente ou de toute somme devant être versée à titre d'indemnité au représentant légal de la personne protégée.

Le paiement qui n'a pas été précédé de l'avis requis ou la transaction qui n'a pas été autorisée peut être annulé à la demande de tout intéressé ou du ministère public à l'exception de l'assureur.

Toute clause par laquelle le représentant légal se porte fort de la ratification par le mineur ou le majeur en tutelle de l'un des actes mentionnés à l'alinéa premier du présent article est nulle. – *Assur. L. 422-2.*

COMMENTAIRE

L'article L. 211-15 organise une protection spécifique des mineurs et des majeurs sous tutelle par la reconnaissance d'obligations ou d'interdictions. Par un raisonnement *a contrario*, il faut donc qu'elle ne concerne pas les autres majeurs protégés.

I. LES OBLIGATIONS

Deux obligations sont imposées à l'assureur.

D'une part, il doit **soumettre à l'autorisation du** juge des tutelles ou du conseil de famille tout projet de transaction concernant un mineur ou un majeur sous tutelle. Le terme de transaction doit ici être compris dans son sens spécifique à la loi de 1985, c'est-à-dire celui d'un accord intervenu entre l'assureur et la victime, même s'il n'y a pas eu de concessions réciproques au sens de l'article 2044 du code civil (Civ. 1re, 20 janv. 2010). L'initiative de la saisine du juge incombe donc à l'assureur et non au représentant légal du mineur ou du majeur sous tutelle.

D'autre part, l'assureur doit **informer** le juge des tutelles, au moins quinze jours à l'avance, du paiement du premier arrérage d'une rente ou de toute somme devant être versée au représentant légal de la personne protégée.

Le non-respect de ces dispositions est sanctionné par la nullité de la transaction (Civ. 1re, 9 janv. 2008) ou du paiement à la demande de toute personne intéressée, à l'exception de l'assureur ou du ministère public. Il s'agit donc d'une nullité absolue.

II. L'INTERDICTION

Le législateur sanctionne par la nullité toute clause par laquelle le représentant légal se porterait fort de la ratification par le mineur ou le majeur sous tutelle de la transaction ou du paiement de toute somme à titre d'indemnité au représentant légal, une fois la cause de l'incapacité disparue. L'objectif de cette disposition est d'éviter que le représentant légal ne se livre à des pressions illégitimes sur la personne anciennement protégée pour se décharger de toute responsabilité. ❑

1. Transaction concernant un mineur. Encourt la nullité la transaction fixant le préjudice extrapatrimonial d'un mineur et non autorisée par le juges des tutelles. • Civ. 1re, 9 janv. 2008, n° 06-16.783 P : *RGDA 2008. 361, note Landel.*

2. Transaction concernant un majeur sous tutelle. Viole les art. L. 211-15 C. assur. et 1134 C. civ. la cour d'appel qui, pour confirmer un jugement constatant l'accord des parties sur le montant des sommes dues au titre des frais de tierce personne à un majeur sous tutelle à la suite d'un accident de la circulation, retient qu'il ne s'agit pas d'une transaction, la victime n'ayant pas renoncé à un droit, ni fait aucune concession, mais d'une demande, acceptée par l'assureur de l'auteur de l'accident, du versement de ces sommes alors que la constatation dans le dispositif, de l'accord des parties, sans aucun motif dans le corps du jugement ne peut s'analyser qu'en un contrat judiciaire, et que la L. du 5 juill. 1985 instituant un régime d'indemnisation des victimes d'accident de la circulation, d'ordre public, dérogatoire du droit commun, qualifie de transaction la convention qui se forme entre la victime et l'assureur, de sorte que cet accord devait être soumis à l'autorisation du conseil de famille ou du juge des tutelles. • Civ. 1re, 20 janv. 2010, n° 08-19.627 P : *D. 2010. 383 ; ibid. 2115, obs. Lemouland ; RTD civ. 2010. 302, obs. J. Hauser ; RCA 2010, n° 75.*

Art. L. 211-16 **La victime peut, par lettre recommandée** (*Ord. n° 2017-1433 du 4 oct. 2017, art. 9, en vigueur le 1er avr. 2018*) **«, ou par envoi recommandé électronique » avec demande d'avis de réception, dénoncer la transaction dans les quinze jours de sa conclusion.**

Toute clause de la transaction par laquelle la victime abandonne son droit de dénonciation est nulle.

Les dispositions ci-dessus doivent être reproduites en caractères très apparents dans l'offre de transaction et dans la transaction à peine de nullité relative de cette dernière. – *Assur. L. 422-2, R. 422-8.*

COMMENTAIRE

I. LA SPÉCIFICITÉ DE LA NOTION DE TRANSACTION

En droit commun des contrats, la transaction est définie comme le « contrat par lequel les parties, par des concessions réciproques, terminent une contestation née, ou préviennent une contestation à naître » (art. 2044 C. civ.). Partant, certaines victimes ont tenté de remettre en cause la transaction conclue avec l'assureur au motif qu'elle ne comportait pas des concessions réciproques. En effet, la transaction résulte d'une offre présentée par l'assureur et acceptée sans discussion par la victime. Il n'y a donc pas de véritables concessions réciproques.

Cependant, la Cour de cassation n'a pas suivi l'argumentation des victimes et a mis en exergue les spécificités de la loi du 5 juillet 1985, qui institue un régime d'indemnisation, d'ordre public et dérogatoire au droit commun, en faveur des victimes d'accidents de la circulation. Elle qualifie de transaction « la convention qui se forme lors de l'acceptation par la victime de l'offre de l'assureur » et « cette transaction ne peut être remise en cause à raison de l'absence de concessions réciproques » (Civ. 2e, 16 nov. 2006).

Cette conception spécifique de la transaction dans la loi de 1985 précitée peut s'expliquer par l'existence de nombreuses dispositions protectrices de la victime, qui sanctionnent l'offre d'indemnisation tardive ou inexistante (art. L. 211-13 C. assur.) ou manifestement insuffisante (art. L. 211-14), ou qui permettent à la victime de dénoncer la transaction.

II. LA DÉNONCIATION DE LA TRANSACTION

La dénonciation de la transaction est un droit qui n'appartient qu'à la victime (Civ. 2e, 29 avr. 1997). Ce droit doit être exercé par lettre recommandée ou par envoi recommandé électronique avec demande d'avis de réception dans les quinze jours suivant la conclusion de la transaction. La victime ne peut être privée de ce droit par une clause de la transaction. Il est d'ailleurs prévu que l'offre de transaction et la transaction doivent reproduire ces diverses informations en caractères très apparents, sous peine de nullité de la transaction. Cette obligation d'information ne concerne toutefois que la transaction et l'offre de transaction, elle ne s'applique pas à l'offre d'indemnisation provisionnelle (Civ. 2e, 8 déc. 2016). Cette solution est pleinement justifiée dans la mesure où une telle offre n'a pour objectif que d'allouer une somme à la victime à valoir sur l'indemnité définitive. Il ne s'agit donc pas d'une offre de transaction, qui a pour effet de terminer une contestation née. ❑

1. Mentions relatives à la dénonciation. Si la transaction visée par l'art. L. 211-16 est celle qui concerne le montant de l'indemnisation allouée à la victime, elle s'applique aussi aux autres documents – protocole prévoyant un partage de responsabilité, procès-verbal d'accord provisionnel – qui constitue un ensemble incluant la responsabilité et le quantum. Dès lors que ces actes sont dépourvus des mentions obligatoires concernant la faculté de dénonciation, il y a lieu d'en prononcer la nullité relative, en tant qu'ils portent sur le partage de responsabilité entraînant insuffisance d'indemnisation et non sur l'expertise dont les conclusions sont admises par les parties. • TGI Nice, 15 mai 1995 : *RCA 1995, no 235, et Chron. 28, note Groutel.*

2. Offre provisionnelle. Les dispositions de l'art. L. 211-16 n'ont pas vocation à s'appliquer à une offre d'indemnisation provisionnelle, distincte de l'offre de transaction. • Civ. 2e, 8 déc. 2016, no 16-11.525 : *RGDA 2017. 124, note Landel.*

3. Auteur de la dénonciation. Le droit de dénoncer la transaction n'appartient qu'à la victime. • Civ. 2e, 29 avr. 1997, no 95-16.177 P : *RCA 1997, no 227.*

4. Absence de concessions réciproques. La L. du 5 juill. 1985 instituant un régime d'indemnisation en faveur des victimes d'accident de la circulation, d'ordre public, dérogatoire au droit commun, qualifie de transaction la convention qui se forme lors de l'acceptation par la victime de l'offre de l'assureur et cette transaction ne peut être remise en cause à raison de l'absence de concessions réciproques. • Civ. 2e, 16 nov. 2006, no 05-18.631 P : *RCA 2006, no 372 ; ibid. Repère 12, note Groutel ; RGDA 2007. 565, note Poulet ; JCP 2007. II. 10032, note Mayaux ; Gaz. Pal. 14-15 mars 2007, p. 8 note Sardin ; RLDC 2007. 2439, note Baugard.* ♦V. égal. : • Civ. 1re, 20 janv. 2010, no 08-19.627 P : *D. 2010. 2115, obs. Lemouland ; RTD civ. 2010. 302, obs. J. Hauser ; RCA 2010, no 75.*

5. Dommage matériel. L'art. L. 211-16 n'est pas applicable aux transactions passées par les victimes ayant déclaré n'avoir subi qu'un dommage matériel. • Civ. 2e, 15 avr. 1999, no 97-13.616 P : *RCA 1999, no 215.*

Art. L. 211-17 Le paiement des sommes convenues doit intervenir dans un délai d'un mois après l'expiration du délai de dénonciation fixé à l'article L. 211-16. Dans le cas contraire, les sommes non versées produisent de plein droit intérêt au taux légal majoré de moitié durant deux mois, puis, à l'expiration de ces deux mois, au double du taux légal. – *Assur. L. 191-7, L. 422-2.*

V. L. n° 85-677 du 5 juill. 1985, art. 48, App., v° Responsabilité civile.

COMMENTAIRE

Le paiement de l'indemnité arrêtée par la transaction doit intervenir dans un délai d'un mois après l'expiration du délai de quinze jours donné à la victime pour dénoncer la transaction. Là encore, une sanction spécifique a été prévue par le législateur au profit exclusif de la victime (Civ. 2e, 8 mars 2006). Si l'assureur ne respecte pas ce délai d'un mois, les sommes non versées produisent de plein droit intérêt au taux légal majoré de moitié pendant deux mois, puis après au double du taux légal. ❑

Bénéficiaire des intérêts majorés. Seule la victime peut prétendre au bénéfice d'intérêts majorés produits de plein droit sur sa créance en cas de non-paiement par l'assureur, dans le délai d'un mois, des sommes convenues dans la transaction. • Civ. 2e, 8 mars 2006, n° 03-20.258 P : *Gaz. Pal. 2006. 3257, note Périer ; RCA 2006, n° 161 ; ibid. Étude 7 (2e esp.), note Groutel.*

Art. L. 211-18 En cas de condamnation résultant d'une décision de justice exécutoire, même par provision, le taux de l'intérêt légal est majoré de 50 p. 100 à l'expiration d'un délai de deux mois et il est doublé à l'expiration d'un délai de quatre mois à compter du jour de la décision de justice, lorsque celle-ci est contradictoire et, dans les autres cas, du jour de la notification de la décision. – *C. assur. L. 422-2.*

COMMENTAIRE

L'article L. 211-18 prévoit une sanction spécifique en cas de non-paiement de l'indemnité fixée par une décision de justice exécutoire, même par provision, par l'assureur. Il est ainsi prévu une majoration de 50 % du taux de l'intérêt légal au bout de deux mois et un doublement de ce taux à l'issu d'un délai de quatre mois à compter de la décision de justice, lorsque celle-ci est contradictoire, ou sinon à compter du jour de la notification. ❑

Art. L. 211-19 La victime peut, dans le délai prévu par l'article *(L. n° 2008-561 du 17 juin 2008, art. 18-I)* **« 2226 » du code civil, demander la réparation de l'aggravation du dommage qu'elle a subi à l'assureur qui a versé l'indemnité.**

COMMENTAIRE

L'article L. 211-19 reconnaît à la victime un droit à réparation de l'aggravation de son dommage. Elle peut exercer ce droit contre l'assureur dans un délai de dix ans à compter de la date de consolidation de cette aggravation. Le dommage aggravé apparaît ainsi comme un dommage distinct de celui qui a fait l'objet de la transaction. Cette solution est opportune pour la victime, puisque cette dernière ne se heurtera pas à l'effet extinctif de la transaction. Cela étant, la mise en œuvre de cette disposition suppose de déterminer avec précision l'aggravation du dommage et les chefs de préjudice présents et futurs pris en compte par la transaction. ❑

Art. L. 211-20 Lorsque l'assureur invoque une exception de garantie légale ou contractuelle, il est tenu de satisfaire aux prescriptions des articles L. 211-9 à L. 211-17 pour le compte de qui il appartiendra ; la transaction intervenue pourra être contestée devant le juge par celui pour le compte de qui elle aura été faite, sans que soit remis en cause le montant des sommes allouées à la victime ou à ses ayants droit.

COMMENTAIRE

L'assureur de responsabilité du fait du véhicule peut opposer à la victime certaines exceptions légales ou contractuelles de garantie, comme la nullité du contrat, la suspension du contrat ou de la garantie, ou encore la réduction proportionnelle de l'indemnité (Civ. 1re, 26 nov. 1996).

Pour autant, dans une telle hypothèse, l'assureur est tenu de présenter une offre d'indemnisation pour le compte d'autrui à la victime, afin que cette dernière ne souffre pas d'un délai supplémentaire lié à l'étude de l'exception invoquée par l'assureur. Si ultérieurement le bien-fondé de l'exception est établi, l'assureur est de plein droit subrogé dans les droits de la victime (Civ. 1re, 26 nov. 1996) et peut demander le remboursement de la somme versée au véritable débiteur. Toutefois, cette obligation de présenter une offre d'indemnisation pour le compte de qui il appartiendra n'existe que si le contrat est encore en vigueur lors de la procédure d'offre. Ainsi, cette obligation cesse lorsque le contrat d'assurance a été précédemment annulé (Civ. 1re, 3 janv. 1996). ❑

1. Fondement textuel. S'agissant d'un accident de la circulation, la demande de paiement pour le compte de qui il appartiendra n'est pas fondée sur l'art. R. 421-8, mais sur l'art. 23 de la L. n° 85-677 du 5 juill. 1985, devenu l'art. L. 211-20. • Crim. 19 juin 2007 : *RCA 2007, n° 297, note Groutel ; RGDA 2007. 843, note Landel.*

2. Exception de garantie. En application de l'art. 23 de la L. du 5 juill. 1985, entré en vigueur postérieurement à la modification des art. R. 421-5, R. 421-6 et R. 421-8 par le Décr. n° 81-30 du 14 janv. 1981 et devenu l'art. L. 211-20, l'assureur, nonobstant la contestation afférente à l'exception de garantie légale ou contractuelle qu'il soulève, est tenu, s'il ne les a pas d'ores et déjà indemnisées, de payer aux victimes, pour le compte de qui il appartiendra, la somme qui leur est allouée par la juridiction correctionnelle. • Crim. 18 juin 2013, n° 12-85.364 : *RCA 2013, n° 325 ; ibid. Étude 7, note Groutel.* ♦ L'assureur étant, par application des dispositions combinées des art. L. 211-20 et R. 421-9 C. assur., tenu de payer aux victimes, pour le compte de qui il appartiendra, la somme qui leur est allouée par la juridiction des référés tant qu'il n'a pas été définitivement statué sur le bien-fondé de l'exception de garantie qu'il soulève, c'est à bon droit qu'une cour d'appel a retenu que la contestation élevée sur la garantie ne faisait pas obstacle à sa condamnation à exécuter cette obligation légale. • Civ. 2e, 29 juin 2017, n° 16-16.842 : *RCA 2017. 295, note Groutel.*

3. Réduction proportionnelle d'indemnité. L'assureur, tenu d'indemniser intégralement les victimes pour le compte de l'assuré auquel il a été admis à opposer la réduction proportionnelle de l'indemnité d'assurance, est de plein droit subrogé dans les droits de la victime, et peut donc agir contre le commettant de l'auteur du dommage en remboursement de la part d'indemnité excédant le montant de sa dette contractuelle. • Civ. 1re, 26 nov. 1996, n° 94-17.978 : *RGDA 1997. 182, note Brousseau.*

4. Contrat annulé. L'obligation pesant sur l'assureur de satisfaire aux prescriptions des art. L. 211-9 à L. 211-17 pour le compte de qui il appartiendra cesse lorsque le contrat d'assurance est annulé. • Civ. 1re, 3 janv. 1996 : *RCA 1996, n° 133 ; RGDA 1996. 337, note Favre-Rochex.*

Art. L. 211-21 Pour l'application des articles L. 211-9 à L. 211-17, l'État ainsi que les collectivités publiques, les entreprises ou organismes bénéficiant d'une exonération en vertu de l'article L. 211-2 sont assimilés à un assureur.

COMMENTAIRE

Les articles L. 211-1 et L. 211-2 excluent du champ de l'assurance obligatoire l'État ainsi que les personnes morales qui exploitent des chemins de fer et des tramways. Pour autant, cela ne signifie pas que l'État et ces personnes morales sont dispensés de la procédure d'offre en cas d'accident impliquant un véhicule terrestre à moteur dont ils sont propriétaires ou gardiens. Bien au contraire, l'article L. 211-21 envisage l'application de cette procédure à l'État, ainsi qu'aux collectivités publiques, entreprises ou organismes qui exploitent des chemins de fer et des tramways. Ces différentes personnes morales sont alors assimilées à un assureur. ❑

Art. L. 211-22 Les dispositions des articles L. 211-9, L. 211-10 et L. 211-13 à L. 211-19 sont applicables au *(L. n° 2003-706 du 1er août 2003, art. 81 A-I, 2)* **« Fonds de garantie des assurances obligatoires de dommages » institué par l'article L. 421-1, dans ses rapports avec les victimes ou leurs ayants droit ; toutefois, les délais prévus à l'article L. 211-9 courent contre le fonds à compter du jour où celui-ci a reçu les éléments justifiant son intervention.**

L'application des articles L. 211-13 et L. 211-14 ne fait pas obstacle aux dispositions particulières qui régissent les actions en justice contre le Fonds. Lorsque le fonds de garantie est tenu aux intérêts prévus à l'article L. 211-14, ils sont versés au Trésor public.

COMMENTAIRE

Lorsque le véhicule impliqué dans l'accident n'est pas assuré ou identifié, l'offre d'indemnité est présentée à la victime par le Fonds de garantie des assurances obligatoires de dommages. Ce dernier doit alors respecter les délais énoncés à l'article L. 211-9, mais uniquement à compter du jour où il a reçu les éléments justifiant son intervention. En cas d'offre tardive, il encourt la sanction de l'article L. 211-13 sans que les règles fixant l'assiette de la pénalité ne soient modifiées (Crim., 3 mai 2016). En cas d'offre manifestement insuffisante, l'article L. 211-14 peut s'appliquer, mais cette règle est adaptée, Ainsi, le Fonds de garantie doit verser une pénalité au plus égale à 15 % de l'indemnité allouée à la victime au Trésor public et peut être tenu de verser des dommages et intérêts à la victime, si cette dernière apporte la preuve d'un préjudice. Par ailleurs, le Fonds de garantie doit respecter l'obligation d'information de l'article L. 211-10 et les règles relatives à la transaction énoncées aux articles L. 211-15 et suivants.

1. Offres provisionnelle et définitive complètes et suffisantes. Ne justifie pas sa décision, la cour d'appel qui pour rejeter la demande de la victime en doublement du taux de l'intérêt légal, sans constater qu'une offre provisionnelle comprenant tous les éléments indemnisables du préjudice avait été présentée à la victime dans les huit mois de la date à laquelle le FGAO avait eu connaissance de son intervention, le paiement de provisions ne pouvant être assimilé à une offre, et sans indiquer en quoi l'offre définitive, présentée dans les cinq mois de la date à laquelle le fonds avait eu connaissance de la consolidation, présentait un caractère complet et suffisant. • Crim. 20 nov. 2018, n° 17-82.901 : *RGDA 2019. 21, note Landel.*

2. Assiette du doublement de l'intérêt légal. L'art. L. 211-22 ne fait aucune distinction entre le FGAO et les assureurs quant à l'assiette de la pénalité. Justifie dès lors sa décision la cour d'appel qui retient que l'assiette de calcul des intérêts au double du taux légal est constituée par la totalité de l'indemnité correspondant à l'offre contenue dans le courrier du FGAO sans qu'il y ait lieu de déduire les provisions versées et les créances des tiers payeurs, puisqu'il ne résulte d'aucune disposition expresse de l'art. L. 211-22 que les règles qui régissent le calcul de l'assiette de la pénalité en cause ne s'appliqueraient pas au FGAO, le caractère subsidiaire de son obligation n'ayant pas vocation à nuire aux victimes et n'étant opposable qu'aux tiers responsables ou à leurs assureurs. • Crim. 3 mai 2016, n° 14-84.246 P : *RGDA 2016. 366, note Landel ; RCA 2016, n° 264, note Groutel ; RCA 2016, n° 264, note Groutel.*

Art. L. 211-23 **Sous le contrôle de l'autorité publique, une publication périodique rend compte des indemnités fixées par les jugements et les transactions.**

Art. L. 211-24 **Un décret en Conseil d'État fixe les mesures nécessaires à l'application de la présente section. Il détermine notamment les causes de suspension ou de prorogation des délais mentionnés à l'article L. 211-9, ainsi que les informations réciproques que se doivent l'assureur, la victime et les tiers payeurs.**

V. art. R. 211-29 s.

Art. L. 211-25 **Les deux premiers alinéas de l'article 33 de la loi n° 85-677 du 5 juillet 1985 sont applicables aux assureurs.**

Lorsqu'il est prévu par contrat, le recours subrogatoire de l'assureur qui a versé à la victime une avance sur indemnité du fait de l'accident peut être exercé contre l'assureur de la personne tenue à réparation dans la limite du solde subsistant après paiements aux tiers visés à l'article 29 de la même loi du 5 juillet 1985. Il doit être exercé, s'il y a lieu, dans les délais impartis par la loi aux tiers payeurs pour produire leurs créances.

V. L. n° 85-677 du 5 juill. 1985, App., v° Responsabilité civile.

COMMENTAIRE

Repris de l'article 33, alinéa 3, de la loi n° 85-677 du 5 juillet 1985, l'article L. 211-25 a introduit, pour la première fois dans les assurances de personnes, la possibilité d'un recours subrogatoire de l'assureur contre l'assureur de la personne tenue à réparation. Il en résulte donc que la victime ne saurait cumuler des dommages et intérêts dus par le responsable et des prestations d'assurance versées par son assureur. Mais cette action, qui est nécessairement subrogatoire (Civ. 2e, 23 oct. 2008), n'est possible qu'en exécution d'une clause contractuelle et ne peut s'exercer que dans la limite du solde subsistant après paiement aux tiers visés à l'article 29 de la loi de 1985 précitée (Civ. 2e, 5 avr. 2007).

Ultérieurement, cette idée d'une subrogation de l'assureur de personnes a été reprise par une loi du 16 juillet 1992 qui a rajouté un second alinéa à l'article L. 131-2, en vertu duquel « dans les contrats garantissant l'indemnisation des préjudices résultant d'une atteinte à la personne, l'assureur peut être subrogé dans les droits du contractant ou des ayants droit contre le tiers responsable, pour le remboursement des prestations à caractère indemnitaire prévues par le contrat ».

1. Instance pénale. Il résulte de l'art. 388-1 C. pr. pén. qu'en cas de poursuites exercées du chef d'homicide ou de blessures involontaires, l'assureur de toute personne ayant subi un dommage quelconque à l'occasion de cette infraction est recevable, après avoir indemnisé l'assuré et dans la mesure de cette indemnisation, à intervenir à l'instance pour demander le remboursement des sommes versées. Aussi, encourt la cassation l'arrêt qui rejette la demande de l'assureur de la victime sans rechercher si la somme versée ne constituait pas, ainsi que le soutenait celui-ci dans ses conclusions demeurées sans réponse, une avance sur indemnité ouvrant droit, en vertu du contrat et conformément à l'art. 33, al. 3, de la L. du 5 juill. 1985, au recours subrogatoire de l'assureur dans la limite du solde subsistant après paiement des prestations visées à l'art. 29 de ladite loi. • Crim. 13 juin 1989, n° 88-80.523 P : *RCA 1989, n° 353.*

2. Action nécessairement subrogatoire. La seule action dont dispose l'assureur qui a versé des prestations à caractère indemnitaire pour des atteintes à la personne est une action subrogatoire contre le tiers responsable ou son assureur et non une action directe en remboursement contre son propre assuré. Admettre le contraire aboutirait d'ailleurs à contourner la limite posée par l'art. L. 211-25 et à permettre à l'assureur de recouvrer l'intégralité de la somme versée alors que le recours subrogatoire dont il dispose ne peut, lui, s'exercer que dans la limite du solde disponible après exercice du recours des tiers payeurs visés à l'art. 29 de la L. du 5 juill. 1985. • Civ. 2e, 23 oct. 2008, n° 07-18.234 P : *D. 2008. 2868 ; RGDA 2009. 142, note Landel.*

3. Étendue du recours subrogatoire. Selon l'art. 33 de la L. du 5 juill. 1985, le recours subrogatoire de l'assureur qui a versé à la victime une avance sur indemnité du fait de l'accident peut, lorsqu'il est prévu par contrat, être exercé contre l'assureur de la personne tenue à réparation, dans la limite du solde subsistant après paiement aux tiers visés à l'art. 29 de la loi. • Civ. 2e, 5 avr. 2007 : *RGDA 2007. 606, note Landel* • Crim. 3 juin 2009 : *RGDA 2009. 1175, note Landel* • 10 mai 1989, n° 88-84.486 P : *RCA 1989, n° 284 ; ibid. Chron. 24, note Groutel.* ♦ Aussi, encourt la cassation l'arrêt qui, statuant sur la réparation des préjudices moral et patrimonial subis par les ayants droit de la victime d'un accident mortel, alloue aux demandeurs une indemnité réparatrice de leur dommage patrimonial, en omettant d'imputer sur cette indemnité le montant de l'avance qu'un assureur leur avait consentie en exécution du contrat d'assurance. • Même arrêt. ♦ Et il en résulte que lorsque les conditions du remboursement sont remplies, le recours de l'assureur s'exerce non seulement sur le solde de la part d'indemnité réparant le préjudice économique de la victime ou de ses ayants droit et subsistant après paiement aux tiers, mais encore sur la part des indemnités de caractère personnel échappant au recours des tiers payeurs. • Civ. 2e, 5 avr. 2007 : *préc.*

SECTION VII PÉNALITÉS

(Décr. n° 88-260 du 18 mars 1988)

Art. L. 211-26 *(L. n° 2004-204 du 9 mars 2004, art. 59-II-2°)* **Les dispositions du code de la route réprimant la conduite d'un véhicule terrestre à moteur sans être couvert par une assurance garantissant sa responsabilité civile conformément aux dispositions de l'article L. 211-1 du présent code sont reproduites ci-après :**

Art. L. 324-2 I. — Le fait, y compris par négligence, de mettre ou de maintenir en circulation un véhicule terrestre à moteur ainsi que ses remorques ou semi-remorques sans être couvert par une assurance garantissant sa responsabilité civile conformément aux dispositions de l'article L. 211-1 du code des assurances est puni de 3 750 euros d'amende.

II. — Toute personne coupable de l'infraction prévue au présent article encourt également les peines complémentaires suivantes :

1° La peine de travail d'intérêt général, selon les modalités prévues à l'article 131-8 du code pénal et selon les conditions prévues aux articles 131-22 à 131-24 du même code ;

2° La peine de jours-amende dans les conditions fixées aux articles 131-5 et 131-25 du code pénal ;

3° La suspension, pour une durée de trois ans au plus, du permis de conduire, cette suspension ne pouvant pas être limitée à la conduite en dehors de l'activité professionnelle ;

4° L'annulation du permis de conduire avec interdiction de solliciter la délivrance d'un nouveau permis pendant trois ans au plus ;

5° L'interdiction de conduire certains véhicules terrestres à moteur, y compris ceux pour la conduite desquels le permis de conduire n'est pas exigé, pour une durée de cinq ans au plus ;

6° L'obligation d'accomplir, à ses frais, un stage de sensibilisation à la sécurité routière ;

7° La confiscation du véhicule dont le condamné s'est servi pour commettre l'infraction, s'il en est le propriétaire.

III. — L'immobilisation peut être prescrite dans les conditions prévues aux articles L. 325-1 à L. 325-3. – *Les dispositions de l'art. L. 324-2 C. route sont modifiées de plein droit par les modifications éventuelles de cet article (L. n° 2004-204 du 9 mars 2004, art. 59-III).*

COMMENTAIRE

I. LE DÉFAUT D'ASSURANCE

Le défaut de souscription d'une assurance de responsabilité civile obligatoire est pénalement sanctionné par l'article L. 324-2 du code de la route. Aux termes de cet article, dont les dispositions sont reproduites par l'article L. 211-26 du code des assurances, le défaut d'assurance constitue une contravention passible d'une amende de 3 750 €. En outre, le juge peut prononcer des peines complémentaires comme une peine de travail d'intérêt général, la suspension du permis de conduire pour une durée maximale de trois ans, l'annulation du permis de conduire avec l'interdiction de solliciter un nouveau permis pendant trois ans au plus, l'obligation d'accomplir un stage de sensibilisation ou la confiscation du véhicule.

Cependant, depuis la loi de modernisation de la justice du XXIe siècle du 18 novembre 2016, il est prévu par l'article L. 324-2-IV du code pénal que l'action publique peut être éteinte par le versement d'une amende forfaitaire d'un montant de 500 €. Ce montant est minoré à 400 € si l'amende est payée dans les quinze jours suivant la constatation de l'infraction et majoré à 1 000 € en l'absence de paiement dans les quarante-cinq jours. Toutefois, conformément à l'article 495-17 du code de procédure pénale, cette procédure de l'amende forfaitaire n'est pas applicable si l'infraction a été commise par un mineur ou par un récidiviste.

II. LA NON-JUSTIFICATION D'ASSURANCE

Cette sanction de l'article L. 324-2 du code pénal, reprise à l'article L. 211-26 du code des assurances, est par ailleurs complétée par des règles spécifiques sanctionnant la non-justification d'assurance. Ainsi :

– la non-présentation de l'attestation d'assurance aux autorités est sanctionnée par la peine d'amende prévue pour les contraventions de la deuxième classe (art. R. 211-14 C. assur.) ;

– la non-présentation de l'attestation d'assurance dans les cinq jours est sanctionnée par la peine d'amende prévue pour les contraventions de la quatrième classe (art. R. 211-14 C. assur.) ;

– la non-apposition du certificat d'assurance ou l'apposition d'un certificat d'assurance non valide sur le véhicule est sanctionnée par la peine d'amende prévue pour les contraventions de la deuxième classe (art. R. 211-21-5 C. assur.). ❑

Défaut d'assurance et contrat temporaire. Dès lors qu'elle constatait que la prévenue avait été destinataire d'un contrat temporaire portant un terme déterminé fixé entre les parties, une cour d'appel a justifié sa décision de la condamner pour circulation avec un véhicule terrestre à moteur sans assurance, à la suite d'un accident survenu très postérieurement. • Crim. 12 juill. 2016, n° 15-83.420 : *RGDA 2016. 477, note Landel.*

Art. L. 211-27 *(L. n° 85-1407 du 30 déc. 1985, art. 63 ; L. n° 94-5 du 4 janv. 1994 ; L. n° 2004-204 du 9 mars 2004, art. 59-II-1°)* **Les amendes** *(L. n° 2016-1547 du 18 nov. 2016, art. 35-I-1°)* **« forfaitaires, les amendes de composition pénale et les amendes » prononcées pour violation de l'obligation d'assurance prévue par l'article L. 211-1, y compris les amendes qu'une mesure de grâce aurait substituées à l'emprisonnement, sont affectées d'une majoration de 50 p. 100 perçue, lors de leur recouvrement, au profit du Fonds de garantie institué par l'article L. 420-1** *[art. L. 421-1]. – Entrée en* *vigueur des dispositions issues de la L. n° 2016-1547 du 18 nov. 2016 à une date fixée par décr. en Conseil d'État, et au plus tard le 31 déc. 2018 (L. préc., art. 35-V).*

Si la juridiction civile est saisie d'une contestation sérieuse, portant sur l'existence ou la validité de l'assurance, la juridiction pénale appelée à se prononcer sur les poursuites exercées pour violation de l'obligation d'assurance sursoit à statuer jusqu'à ce qu'il ait été jugé définitivement sur la contestation.

Les dispositions du présent article ne sont pas applicables lorsque l'assurance de la responsabilité civile concerne les véhicules ayant leur stationnement habituel sur le territoire d'un État visé à l'article L. 211-4 à l'exception de la France et de Monaco. – *Assur. L. 214-2, R. 211-12, R. 421-37.*

COMMENTAIRE

L'article L. 211-27 prévoit une peine civile au profit du Fonds de garantie des assurances obligatoires de dommages en cas de défaut d'assurance. L'amende prononcée pour méconnaissance de l'obligation d'assurance est majorée de 50 % pour alimenter le Fonds de garantie.

Parallèlement, les articles R. 421-27 et R 421-28 fixent la contribution des responsables de l'accident non bénéficiaires d'une assurance. Elle s'élève à 10 % des indemnités restant à leur charge, mais ce taux est ramené à 5 % lorsque l'accident a été provoqué par un véhicule utilisé par l'État ou un État étranger. ❑

Compétence du juge pénal. C'est vainement que, pour faire obstacle à l'autorité d'une décision de relaxe du chef de défaut d'assurance, un assureur invoque l'art. L. 211-8 [C. assur., art. L. 211-26] – lequel ne prescrit à la juridiction pénale, appelée à statuer sur le délit de défaut d'assurance, de surseoir à statuer que si une juridiction civile est elle-même saisie d'une contestation sérieuse portant sur l'existence ou la validité de l'assurance –, dès lors qu'en l'espèce la décision du tribunal correctionnel a été prononcée avant que la juridiction civile n'ait été saisie. • Civ. 1re, 18 juin 1980 : *D. 1981. IR 174 (1re esp.), obs. Berr et Groutel.* ♦ V. aussi • Civ. 1re, 7 juin 1979 : *D. 1980. IR 178, obs. Berr et Groutel.*

CHAPITRE II L'OBLIGATION D'ASSURER – LE BUREAU CENTRAL DE TARIFICATION

Art. L. 212-1 *(L. n° 91-716 du 26 juill. 1991)* **« Toute personne assujettie à l'obligation d'assurance qui, ayant sollicité la souscription d'un contrat auprès d'une entreprise d'assurance** *(L. n° 94-5 du 4 janv. 1994)* **« couvrant en France » les risques de responsabilité civile résultant de l'emploi de véhicules terrestres à moteur, se voit opposer un refus, peut saisir un bureau central de tarification dont les conditions de constitution et les règles de fonctionnement sont fixées par le décret en Conseil d'État prévu à l'article L. 211-1. »**

Le bureau central de tarification a pour rôle exclusif de fixer le montant de la prime moyennant laquelle l'entreprise d'assurance intéressée est tenue de garantir le risque qui lui a été proposé. Il peut, dans les conditions fixées par le décret en Conseil d'État susmentionné, déterminer le montant d'une franchise qui reste à la charge de l'assuré. *(L. n° 2015-990 du 6 août 2015, art. 21)* **« Il est tenu de statuer sur les demandes qui lui sont adressées. »** – *Assur. L. 214-2.*

V. art. R. 250-1 s.

COMMENTAIRE

Afin d'éviter que l'obligation d'assurance automobile soit privée de toute effectivité en raison du refus des assureurs de garantir le risque, le législateur a créé un Bureau central de tarification (BCT), organisme paritaire composé de représentants des assureurs et des assurés, ainsi que d'un président et d'un vice-président choisis parmi les conseillers d'État, les conseillers à la Cour de cassation et les conseillers maîtres à la Cour des comptes ou les professeurs des disciplines juridiques des universités.

I. SAISINE DU BCT

Le Bureau central de tarification peut être saisi par toute personne qui se voit opposer un refus d'assurance. La saisine du BCT s'effectue par lettre recommandée ou par envoi recommandé électronique avec demande d'avis de réception dans un délai de quinze jours à compter du refus de l'assureur sollicité.

Le refus de garantie, condition principale de la saisine du BCT, peut être exprès ou tacite. Lorsqu'il s'agit de la souscription d'un nouveau contrat, le refus est implicite si l'assureur est resté silencieux pendant plus de quinze jours après réception de la demande de souscription rédigée sur un formulaire spécial remis par l'assureur (art. A. 250-2) et adressée par lettre recommandée ou par envoi recommandé électronique avec demande d'avis de réception. De même, est assimilé à un refus le fait par l'assureur, saisi d'une telle demande de souscription, de subordonner son acceptation à la couverture de risques non mentionnés dans l'obligation d'assurance ou dont l'étendue excéderait les limites de l'obligation d'assurance.

Cependant, le refus de garantie de l'assureur ne permet pas toujours de saisir le Bureau central de tarification. Il en est ainsi lorsque l'assuré a fait usage de la faculté de résiliation offerte par l'article R. 113-10, alinéa 2, qui permet à l'assuré de résilier l'ensemble de ses contrats auprès d'un assureur ayant résilié l'un des contrats après la survenance d'un sinistre. Dans une telle hypothèse, l'assuré ne peut, pendant un délai d'un an, saisir le Bureau central de tarification d'un refus opposé par l'entreprise d'assurance qui le garantissait.

II. RÔLE DU BCT

Le rôle du Bureau central de tarification est étroitement. Il ne lui appartient pas de désigner l'assureur qui devra garantir l'assuré. Il doit uniquement fixer le montant de la prime en contrepartie de laquelle l'entreprise d'assurance choisie par le candidat à l'assurance va apporter sa garantie et peut éventuellement déterminer le montant d'une franchise qui reste à la charge de l'assuré.

Dans cette optique, le demandeur ainsi que les assureurs concernés sont tenus de fournir au Bureau central de tarification les éléments nécessaires pour prendre une décision, et notamment le tardif de l'entreprise d'assurance applicable au risque proposé (art. R. 250-4).

III. DÉCISION DU BCT

Les décisions du Bureau central de tarification sont prises à la majorité des membres présents, la voix du président étant prépondérante en cas de partage. La décision prise est notifiée à l'assuré et à l'assureur dans un délai de dix jours. Cependant le commissaire du Gouvernement qui assiste aux réunions du BCT peut demander un nouvel examen de l'affaire, soit immédiatement, soit dans un délai de trente jours suivant la décision. ❑

Art. L. 212-2 Est nulle toute clause des traités de réassurance tendant à exclure certains risques de la garantie de réassurance en raison de la tarification adoptée par le bureau central de tarification. – *Assur. L. 214-2.*

Art. L. 212-3 *(L. n° 91-716 du 26 juill. 1991)* **Toute entreprise d'assurance qui couvre le risque de responsabilité civile résultant de l'emploi de véhicules terrestres à moteur qui maintient son refus de garantir le risque dont la prime a été fixée par le bureau central de tarification est considérée comme ne fonctionnant plus conformément à la réglementation en vigueur.** *(L. n° 94-5 du 4 janv. 1994)* **« Elle encourt, selon le cas, soit le retrait des agréments prévus aux articles L. 321-1, L. 321-7** *(Abrogé par Ord. n° 2015-378 du 2 avr. 2015, art. 8-4°, à compter du 1er janv. 2016)* **«, L. 321-8 »** *(Ord. n° 2015-378 du 2 avr. 2015, art. 8-1°, en vigueur le 1er janv. 2016)* **« ou L. 329-1 », soit les sanctions prévues** *(Ord. n° 2015-378 du 2 avr. 2015, art. 8-5°, en vigueur le 1er janv. 2016)* **« à l'article L. 363-4 ». »** – *Assur. L. 214-2.*

COMMENTAIRE

La décision du Bureau central de tarification s'impose à l'assureur que le candidat à l'assurance avait sollicité en vain. Si l'entreprise d'assurance maintient son refus de garantie, alors que le BCT a déterminé le montant de la prime, elle est considérée comme ne fonctionnant plus conformément à la réglementation en vigueur. Elle encourt de ce fait soit le retrait de l'agrément administratif, soit les sanctions administratives que peut prononcer l'Autorité de contrôle prudentiel et de résolution sur le fondement de l'article L. 363-4. ❑

CHAPITRE III *[ABROGÉ]* CONTRIBUTION AU PROFIT DE LA SÉCURITÉ SOCIALE

(Abrogé par L. nº 2001-1246 du 21 déc. 2001)

Art. L. 213-1 et L. 213-2 *Abrogés.*

CHAPITRE IV DISPOSITIONS PARTICULIÈRES AUX DÉPARTEMENTS ET TERRITOIRES D'OUTRE-MER ET À MAYOTTE *(Ord. nº 92-255 du 4 mars 1992 ; L. nº 92-1441 du 31 déc. 1992).*

SECTION PREMIÈRE DISPOSITIONS PARTICULIÈRES AUX DÉPARTEMENTS D'OUTRE-MER

Art. L. 214-1 **Des décrets en Conseil d'État fixent la date d'entrée en vigueur, ainsi que les modalités d'application ou d'adaptation des chapitres Ier et II aux départements d'outre-mer** *(Ord. nº 2008-698 du 11 juill. 2008, art. 2-2º)* **« ainsi qu'à Saint-Barthélemy et à Saint-Martin ».** *— Assur. L. 214-3.*

V. art. R. 214-1 s.

SECTION II DISPOSITIONS PARTICULIÈRES AUX TERRITOIRES D'OUTRE-MER

Art. L. 214-2 *Abrogé par L. nº 2005-1564 du 15 déc. 2005.*

SECTION III DISPOSITIONS PARTICULIÈRES À MAYOTTE *(Ord. nº 92-255 du 4 mars 1992 ; L. nº 92-1441 du 31 déc. 1992).*

Art. L. 214-3 *Abrogé par L. nº 2005-1564 du 15 déc. 2005. — V. désormais l'art. L. 261-1.*

Art. L. 214-4 *Abrogé par Ord. nº 92-1067 du 1er oct. 1992, art. 15, à compter du 15 oct. 1992, ratifiée par L. nº 92-1441 du 31 déc. 1992.*

TITRE PREMIER *BIS* L'ASSURANCE HABITATION

(L. nº 2014-366 du 24 mars 2014, art. 21)

COMMENTAIRE

I. LES OBLIGATIONS D'ASSURANCE

Deux obligations d'assurance ont été édictées en matière d'habitation par le législateur.

La première concerne **les locataires de locaux à usage d'habitation ou à usage mixte professionnel et d'habitation principale** soumis à la loi nº 89-642 du 6 juillet 1989. L'article 7 de cette loi impose en effet au preneur de s'assurer contre les risques dont il doit répondre en sa qualité de locataire, c'est-à-dire essentiellement contre les risques de dégâts des eaux, d'explosion et d'incendie. Le locataire doit justifier de l'exécution de cette obligation lors de la remise des clefs, puis chaque année, par la remise d'une attestation de l'assureur ou de son représentant.

Si le locataire s'abstient de souscrire un contrat d'assurance, le propriétaire peut résilier le contrat ; mais il peut aussi, depuis la loi nº 2014-366 du 24 mars 2014 pour l'accès au logement et un urbanisme rénové (loi ALUR), souscrire une assurance pour le compte du locataire, dont le montant des primes est récupérable auprès du locataire. Il s'agit d'une assurance pour compte au sens de l'article L. 112-1 du code des assurances. Toutefois, elle n'emporte pas assurance au profit du propriétaire, elle est en effet limitée à la couverture de la responsabilité locative.

La seconde obligation d'assurance concerne **les copropriétaires et les syndicats de copropriétaires**. Conformément à l'article 9-1 de la loi nº 65-557 du 10 juillet 1965, issu de la loi ALUR de 2014, les copropriétaires occupants ou non occupants et les syndicats de copropriétaires doivent s'assurer contre les risques de responsabilité civile dont ils doivent répondre. A cet effet, il est prévu par l'article 18 de la loi de 1965 que le syndicat doit soumettre au vote de l'assemblée générale, à la majorité simple de l'article 24, la décision de souscrire un contrat d'assurance contre les risques de responsabilité dont le syndicat doit répondre. En cas de refus de l'assemblée générale, l'assurance peut être contractée par le syndic pour le compte du syndicat des copropriétaires, en application de l'article L. 112-1 du code des assurances.

II. L'OBLIGATION D'ASSURER

Afin de garantir l'effectivité de ces obligations d'assurance en cas de refus d'assurance, la loi ALUR a étendu la mission du **Bureau central de tarification** (BCT) à l'assurance de responsabilité civile des locataires et à la responsabilité civile des copropriétaires et des copropriétés. Le BCT, dont la composition et le fonctionnement sont réglementés aux articles R. 250-1 et suivants du Code des assurances, peut être saisi en cas de refus de garantie d'une entreprise d'assurance. Le BCT n'a pas pour mission de désigner l'entreprise d'assurance, il est simplement chargé de déterminer le montant de la prime et d'imposer en conséquence l'assurance à l'assureur choisi par l'assuré.

Mais le BCT peut, conformément à l'article R. 250-4-3 du code des assurances, décider l'application d'une franchise. Son montant ne peut excéder 1.000 euros par sinistre pour l'assurance de responsabilité des locataires et des copropriétaires, 5000 euros par sinistre pour l'assurance de responsabilité des syndicats de copropriétaires de moins de 10 lots et 10.000 euros par sinistre pour l'assurance de responsabilité des autres syndicats.

Si l'entreprise d'assurance maintient son refus après la décision du BCT, elle est considérée comme ne fonctionnant plus conformément à la réglementation en vigueur et encourt soit le retrait de l'agrément administratif, soit les sanctions administratives que peut prononcer l'Autorité de contrôle prudentiel et de résolution sur le fondement de l'article L. 363-4 du code des assurances. ❑

Art. L. 215-1 Toute personne assujettie à l'obligation d'assurance énoncée au *g* de l'article 7 de la loi n° 89-462 du 6 juillet 1989 tendant à améliorer les rapports locatifs et portant modification de la loi n° 86-1290 du 23 décembre 1986 ou tout bailleur souscrivant une assurance habitation pour le compte d'un locataire dans les conditions définies au même *g* qui, ayant sollicité la souscription d'un contrat auprès d'une entreprise d'assurance couvrant en France les risques dont elle doit répondre en sa qualité de locataire, se voit opposer un refus peut saisir le bureau central de tarification prévu à l'article L. 212-1.

Le bureau central de tarification fixe le montant de la prime moyennant laquelle l'entreprise d'assurance intéressée est tenue de garantir le risque qui lui a été proposé. Il peut, dans les conditions fixées par décret en Conseil d'État, déterminer le montant d'une franchise qui reste à la charge de l'assuré.

Toute entreprise d'assurance qui maintient son refus de garantir le risque dont la prime a été fixée par le bureau central de tarification est considérée comme ne fonctionnant plus conformément à la réglementation en vigueur. Elle encourt, selon le cas, soit le retrait des agréments prévus aux articles L. 321-1, L. 321-7, L. 321-8 ou L. 321-9, soit les sanctions prévues *(Ord. n° 2015-378 du 2 avr. 2015, art. 8-5°, en vigueur le 1er janv. 2016)* **« à l'article L. 363-4 ».**

V. art. R. 250-1 s.

Loi n° 89-462 du 6 juillet 1989,

Tendant à améliorer les rapports locatifs et portant modification de la loi n° 86-1290 du 23 décembre 1986.

Art. 7 Le locataire est obligé :

[...]

(L. n° 2014-366 du 24 mars 2014, art. 1er-I-10°) « *g)* De s'assurer contre les risques dont il doit répondre en sa qualité de locataire et d'en justifier lors de la remise des clés puis, chaque année, à la demande du bailleur. La justification de cette assurance résulte de la remise au bailleur d'une attestation de l'assureur ou de son représentant.

« Toute clause prévoyant la résiliation de plein droit du contrat de location pour défaut d'assurance du locataire ne produit effet qu'un mois après un commandement demeuré infructueux. Ce commandement reproduit, à peine de nullité, les dispositions du présent alinéa.

A défaut de la remise de l'attestation d'assurance et après un délai d'un mois à compter d'une mise en demeure non suivie d'effet, le bailleur peut souscrire une assurance pour compte du locataire, récupérable auprès de celui-ci.

« Cette mise en demeure doit informer le locataire de la volonté du bailleur de souscrire une assurance pour compte du locataire et vaut renoncement à la mise en œuvre de la clause prévoyant, le cas échéant, la résiliation de plein droit du contrat de location pour défaut d'assurance du locataire.

« Cette assurance constitue une assurance pour compte au sens de l'article L. 112-1 du code des assurances. Elle est limitée à la couverture de la responsabilité locative mentionnée au premier alinéa du présent *g*. Le montant total de la prime d'assurance annuelle, éventuellement majoré dans la limite d'un montant fixé par décret en Conseil d'État, est récupérable par le bailleur par douzième à chaque paiement du loyer. Il est inscrit sur l'avis d'échéance et porté sur la quittance remise au locataire.

« Une copie du contrat d'assurance est transmise au locataire lors de la souscription et à chaque renouvellement du contrat.

« Lorsque le locataire remet au bailleur une attestation d'assurance ou en cas de départ du locataire avant le terme du contrat d'assurance, le bailleur résilie le contrat souscrit pour le compte du locataire dans le délai le plus bref permis par la législation en vigueur. La prime ou la fraction de prime exigible dans ce délai au titre de la garantie souscrite par le bailleur demeure récupérable auprès du locataire. »

....

Art. 8-1 *(L. nº 2014-366 du 24 mars 2014, art. 1er-I-12º)* I. — La colocation est définie comme la location d'un même logement par plusieurs locataires, constituant leur résidence principale, et formalisée par la conclusion d'un contrat unique ou de plusieurs contrats entre les locataires et le bailleur *(L. nº 2015-990 du 6 août 2015, art. 82-I-3º)* « , à l'exception de la location consentie exclusivement à des époux ou à des partenaires liés par un pacte civil de solidarité au moment de la conclusion initiale du contrat ».

[...]

IV. — Les parties au contrat de bail d'une colocation peuvent convenir dans le bail de la souscription par le bailleur d'une assurance pour compte récupérable auprès des colocataires dans les conditions prévues au *g* de l'article 7. Les colocataires peuvent provoquer la résiliation de l'assurance pour compte récupérable dans les conditions fixées au même article.

....

Art. L. 215-2 Tout copropriétaire ou tout syndicat des copropriétaires, représenté par son syndic, assujetti à l'obligation d'assurance prévue à l'article 9-1 de la loi nº 65-557 du 10 juillet 1965 fixant le statut de la copropriété des immeubles bâtis, ayant sollicité la souscription d'un contrat auprès d'une entreprise d'assurance couvrant en France les risques mentionnés à ce même article et qui se voit opposer un refus, peut également saisir le bureau central de tarification mentionné à l'article L. 215-1 du présent code, qui fixe le montant de la prime moyennant laquelle l'entreprise d'assurance intéressée est tenue de garantir, dans des conditions prévues par décret en Conseil d'État, le risque qui lui a été proposé. Il peut, dans les conditions fixées par décret en Conseil d'État, déterminer le montant d'une franchise qui reste à la charge de l'assuré.

Dans ce cas, le dernier alinéa du même article L. 215-1 est applicable.

V. art. R. 250-1 s.

Loi nº 65-557 du 10 juillet 1965,

Fixant le statut de la copropriété des immeubles bâtis.

Art. 9-1 *(L. nº 2014-366 du 24 mars 2014, art. 58-I-1º)* Chaque copropriétaire est tenu de s'assurer contre les risques de responsabilité civile dont il doit répondre en sa qualité soit de copropriétaire occupant, soit de copropriétaire non occupant. Chaque syndicat de copropriétaires est tenu de s'assurer contre les risques de responsabilité civile dont il doit répondre.

Art. L. 215-3 **Est nulle toute clause des traités de réassurance tendant à exclure les risques mentionnés aux articles L. 215-1 et L. 215-2 de la garantie de réassurance en raison de la tarification adoptée par le bureau central de tarification.**

Art. L. 215-4 **Les conditions de constitution et les règles de fonctionnement du bureau central de tarification mentionné à l'article L. 215-1 sont fixées par décret en Conseil d'État.**

TITRE DEUXIÈME L'ASSURANCE DES ENGINS DE REMONTÉE MÉCANIQUE

CHAPITRE UNIQUE

COMMENTAIRE

I. L'OBLIGATION D'ASSURANCE

Afin d'assurer la protection des voyageurs empruntant des engins de remontée mécanique, le législateur a imposé aux exploitants de ces moyens de transport de souscrire une assurance de responsabilité civile, sous peine d'une sanction pénale de six mois d'emprisonnement et de 9 000 € d'amende et d'une sanction administrative de suspension par le préfet de l'autorisation d'exploitation.

A. LE DOMAINE DE L'ASSURANCE OBLIGATOIRE

Quant aux **personnes**, l'obligation d'assurance pèse sur les exploitants personnes physiques ou morales à l'exception de l'État, qui, traditionnellement, est son propre assureur.

Quant aux **engins de remontée mécanique**, l'obligation d'assurance concerne les chemins de fer funiculaires ou à crémaillère, les téléphériques, les remonte-pentes, et plus généralement tous les engins de remontée mécanique utilisant des câbles porteurs ou tracteurs. Plus précisément, conformément à l'article R. 220-1, cette obligation d'assurance s'applique aux dommages causés aux voyageurs par :

– les véhicules, cabines, sièges, sellettes et dispositifs de halage ;

– les véhicules et engins de secours ;

– les installations destinées à la sustentation, à la traction, à la direction et au freinage des véhicules et engins ;

– les ascenseurs lorsqu'ils sont l'accessoire des moyens de transport susmentionnés.

Quant aux dommages, l'obligation couvre par principe tous les dommages causés aux voyageurs de ces engins de remontée mécanique. Mais, le législateur a posé deux limites à l'article R. 220-3. Ainsi, l'assurance obligatoire ne couvre pas :

– les dommages causés à l'exploitant, à ses représentants s'il est une personne morale, aux salariés ou préposés de l'exploitant ainsi qu'aux personnes des services de contrôle ;

– les dommages résultant des effets directs ou indirects d'explosions, de dégagements de chaleur, d'irradiations, provenant de transmutatiosn de noyaux d'atomes ou de radioactivité, ainsi que des effets de radiation provoquée par l'accélération artificielle de particules ;

– les dommages causés par les actes de terrorisme ou de sabotage commis dans le cadre d'actions concertées de terrorisme ou de sabotage.

B. LES CARACTÉRISTIQUES DE L'ASSURANCE OBLIGATOIRE

Le législateur a déterminé certaines caractéristiques de l'assurance obligatoire.

Ainsi, en ce qui concerne **le montant de la garantie**, plusieurs dispositions protègent la victime. D'une part, si le contrat peut comporter un plafond de garantie pour les dommages matériels, il ne peut comporter une limitation de garantie pour l'indemnisation des dommages corporels (art. R. 220-4). D'autre part, si le contrat peut mentionner une franchise, cette dernière est inopposable aux victimes ou à leurs ayants droits. Il en est de même pour la réduction de l'indemnité en cas de fausse déclaration non intentionnelle.

Par ailleurs, en ce qui concerne **les autres clauses contractuelles**, l'article A. 220-3 indique, dans son annexe, quelles sont les clauses qui doivent être insérées dans l'assurance obligatoire de responsabilité civile. Cette annexe détermine les clauses d'exclusion de garantie.

II. L'OBLIGATION D'ASSURER

Afin d'assurer l'effectivité de l'obligation d'assurance, il est prévu que le candidat qui s'est vu opposer un refus par trois entreprises d'assurance peut saisir le **bureau de central de tarification** (BCT), dont les règles de composition et de fonctionnement sont arrêtées par les articles R. 250-1 et suivants. Le BCT a pour seule mission de déterminer le montant de la prime en contrepartie de laquelle l'entreprise d'assurance choisie par le requérant. Il est également prévu que le BCT peut déterminer le montant d'une franchise qui reste à la charge de l'assuré dans les conditions fixées par décret en Conseil d'État. Cela étant, aucune disposition en ce sens ne figure dans les articles R. 250-1 et suivants.

Si l'entreprise d'assurance maintient son refus après la décision du BCT, elle est considérée comme ne fonctionnant plus conformément à la réglementation en vigueur et encourt le retrait de l'agrément administratif.

III. LA PREUVE DE L'ASSURANCE

Selon l'article R. 220-8, l'exploitant d'un engin de remontée mécanique doit pouvoir justifier de la souscription de l'assurance obligatoire par la conservation à la station inférieure du moyen de transport d'une attestation d'assurance, dont les mentions sont déterminées par l'article A. 220-4. Ce document n'établit toutefois qu'une présomption de garantie. ❑

Art. L. 220-1 Toute personne physique ou morale autre que l'État, exploitant pour le transport des voyageurs, sous quelque régime juridique que ce soit, un chemin de fer funiculaire ou à crémaillère, un téléphérique, un remonte-pente ou tout autre engin de remontée mécanique utilisant des câbles porteurs ou tracteurs doit être couverte par une assurance garantissant sa responsabilité civile pour tous dommages causés par ce moyen de transport. – *Assur. L. 220-3.*

V. art. R. 220-1 s. et A. 220-3 s.

Art. L. 220-2 *Abrogé par L. nº 89-1014 du 31 déc. 1989, art. 46.*

Art. L. 220-3 Quiconque aura sciemment contrevenu aux dispositions de l'article L. 220-1 sera puni d'un emprisonnement de six mois et d'une amende de 9 000 € ou de l'une de ces deux peines seulement.

Dès la constatation du défaut d'assurance, le préfet suspendra l'autorisation d'exploitation, jusqu'à ce que la situation soit régularisée.

Art. L. 220-4 Aucune autorisation d'exploitation n'est accordée s'il n'est justifié de l'existence du contrat d'assurance mentionné à l'article L. 220-1.

Art. L. 220-5 *(L. nº 89-1014 du 31 déc. 1989)* **« Toute personne assujettie à l'obligation d'assurance qui n'a pu obtenir la souscription d'un contrat pour les risques mentionnés à l'article L. 220-1 auprès d'au moins trois des entreprises agréées dans la branche correspondante à ces risques peut saisir un bureau central de tarification dont les conditions de constitution et les règles de fonctionnement sont fixées par décret en Conseil d'État. »**

Le bureau central de tarification a pour rôle exclusif de fixer le montant de la prime moyennant laquelle les entreprises d'assurance auprès desquelles la souscription d'un contrat a été sollicitée, ainsi qu'il est dit à l'alinéa ci-dessus, sont tenues de garantir le risque qui leur a été proposé. Il peut, dans les conditions fixées par décret en Conseil d'État, déterminer le montant d'une franchise qui reste à la charge de l'assuré.

Toute entreprise d'assurance ayant maintenu son refus de garantir un risque dont la prime a été fixée par le bureau central de tarification est considérée comme ne fonctionnant plus conformément à la réglementation en vigueur et encourt le retrait de l'agrément administratif prévu à l'article L. 321-1.

Est nulle toute clause des traités de réassurance tendant à exclure de la garantie de réassurance certains risques faisant l'objet de la présente sanction.

V. art. R. 250-1 s.

Art. L. 220-6 *(L. nº 89-1014 du 31 déc. 1989)* **« Un décret en Conseil d'État » fixe les conditions d'application du présent chapitre, et notamment la nature et l'étendue de la garantie que doit comporter le contrat d'assurance.**

Art. L. 220-7 Tout contrat d'assurance couvrant la responsabilité civile de l'exploitant d'un des moyens de transport mentionnés à l'article L. 220-1 est, nonobstant toute clause contraire, réputé comporter des garanties au moins équivalentes à celles fixées dans le décret en Conseil d'État mentionné à l'article L. 220-6.

Art. L. 220-8 Des décrets en Conseil d'État pris dans les conditions prévues par le décret nº 60-406 du 26 avril 1960 relatif à l'adaptation du régime législatif et de l'organisation administrative des départements de la Guadeloupe, de la Guyane, de la Martinique et de la Réunion, fixent pour ces départements la date d'entrée en vigueur et les modalités d'application et d'adaptation du présent chapitre.

TITRE TROISIÈME L'ASSURANCE DE LA RESPONSABILITÉ CIVILE DES CHASSEURS

CHAPITRE UNIQUE

Art. L. 230-1 *Abrogé par L. nº 93-1444 du 31 déc. 1993, art. 20. – V. C. envir., art. L. 423-16 à L. 423-18. –* ***C. envir.***
V. art. A. 230-5 s.

TITRE QUATRIÈME L'ASSURANCE DES TRAVAUX DE CONSTRUCTION *(Ord. nº 2005-658 du 8 juin 2005, art. 3-I).*

(L. nº 78-12 du 4 janv. 1978)

RÉP. CIV. vº *Contrat d'entreprise*, par BOUBLI.

BIBL. GÉN. ▸ Ouvrages : AJACCIO, CASTON et PORTE, L'assurance construction, *Le Moniteur, 2e éd., août 2015.* - CHARBONNEAU et L. KARILA, Droit de la construction, responsabilité et assurance, *LexisNexis, 2e éd., 2011.* - PONCE, Droit de l'assurance construction, *Gualino, 3e éd., 2013.*

▸ **Articles** : BESSON, *RGAT 1979.5.* - BIGOT, *JCP 1978. I. 2923.* - DESSUET, *RDI 2011. 34* (l'impact du Grenelle sur l'assurance construction). - DURRY, *RDI 1979. 277.* - JESTAZ, *RTD civ. 1978. 431.* - MALINVAUD et JESTAZ, *JCP 1978. I. 2900.* - THIBIERGE, *Defrénois 1979, art. 31067* (commentaires de la loi du 4 janv. 1978). - DUBOIS, *RDI 1990. 106* . - HELLER, *ibid. 1990. 50* . - LEGUAY, *ibid. 1989. 72.* - PÉRINET-MARQUET, *ibid. 1989. 1* (assurance construction et droit communautaire). - DURRY, *ibid. 1984. 78.* - G.L., *ibid. 1989. 70 et 1990. 230* (convention de règlement assurance construction). - BIGOT, *RGAT 1983. 292.* - DURRY, *RDI 1986. 91.* - LEGUAY, *ibid. 1989. 75 et 483 ; ibid. 1990. 102* et *396* (fonds de compensation des risques de l'assurance construction). - DURRY, *ibid. 1983. 483* (police unique de chantier). - KARILA, PÉRINET-MARQUET et SAINT-ALARY HOUIN, *RDI 1998. 1* (champ d'application de l'assurance obligatoire). - LESAGE, *Gaz. Pal. 1998. 1. Doctr. 205.* - BIGOT, *Gaz. Pal. 1998. 1. Doctr. 699.* - DESSUET, *RDI 2010. 48* (l'influence de la crise sur l'assurance-construction). - LESAGE, *RGDA 2012. 305* (garantie automatique de l'assurance dommages-ouvrage) ; *ibid. 2013. 14* (déclaration du risque et des aggravations du risque dans le contrat d'assurance dommages-ouvrage). - MUSIAL, *RGDA 2013. 835* (sous-sols inondables).

▸ Sur la réforme issue de l'ordonnance du 8 juin 2005 : COURTIEU, *RCA 2005. Étude 14.* - PEISSE et ROULET, *Gaz. Pal. 2005. Doctr. 3896.* - CASTON, *ibid. Doctr. 3904.* - DESSUET, *ibid. Doctr. 3913.*

CHAPITRE PREMIER L'ASSURANCE DE RESPONSABILITÉ OBLIGATOIRE

BIBL. ▸ DESSUET, *RDI 2011. 482* (mise à jour 2011 des clauses types). - GROUTEL, *RCA 1990. Chron. 19.* - MALINVAUD et JESTAZ, *RDI 1985. 217* (notion de travaux de bâtiment). - R. MARTIN, *D. 1991. Chron. 133* (construction de maisons individuelles). - GROUTEL, *RCA 1991. Chron. 7* (attestation d'assurance). - LEGUAY et BERLY, *RDI 1989. 13* (absence d'ouvrage). – GROUTEL, *RCA 1991. Chron. 4.* – LEGUAY, *RDI 1991. 78*. – LAMBERT-FAIVRE, *D. 1992. Chron. 13* (date de réclamation de la victime). – BOUBLI, *RDI 1997. 371*. – LESAGE, *RGDA 2006. 605* (ordonnance du 8 juin 2005).

Art. L. 241-1 Toute personne physique ou morale, dont la responsabilité *(Ord. nº 2005-658 du 8 juin 2005, art. 3-II)* **« décennale » peut être engagée sur le fondement de la présomption établie par les articles 1792 et suivants du code civil, doit être couverte par une assurance.**

A l'ouverture de tout chantier, elle doit *(Abrogé par L. nº 2015-990 du 6 août 2015, art. 95-1º)* ***« être en mesure de »*** **justifier qu'elle a souscrit un contrat d'assurance la couvrant pour cette responsabilité.** *(L. nº 2014-790 du 10 juill. 2014, art. 14)* **« Tout candidat à l'obtention d'un marché public doit être en mesure de justifier qu'il a souscrit un contrat d'assurance le couvrant pour cette responsabilité. »**

Tout contrat d'assurance souscrit en vertu du présent article est, nonobstant toute stipulation contraire, réputé comporter une clause assurant le maintien de la garantie pour la durée de la responsabilité *(Ord. nº 2005-658 du 8 juin 2005, art. 3-III)* **« décennale » pesant sur la personne assujettie à l'obligation d'assurance.** – *V. art. L. 242-1, L. 243-2 s.*

V. art. R. 243-2 et A. 243-1.

COMMENTAIRE

Complété par les clauses types de l'annexe I de l'article A. 243-1, l'article L. 241-1 énonce les règles applicables à l'assurance obligatoire de responsabilité décennale.

I. L'OBLIGATION D'ASSURANCE

A. LES PERSONNES

1. LES PERSONNES ASSUJETTIES À L'OBLIGATION D'ASSURANCE

Toutes les personnes physiques ou morales dont la responsabilité décennale peut être engagée sur le fondement des articles 1792 et suivants du code civil doivent souscrire une assurance pour couvrir cette responsabilité.

Dès lors, sont soumis à l'obligation d'assurance **les constructeurs d'un ouvrage au sens de l'article 1792-1 du code civil**. Trois catégories de personnes sont visées par cet article :
– les personnes liées au maître de l'ouvrage par un contrat de louage d'ouvrage ; il s'agit en particulier des architectes, des entrepreneurs, des techniciens ou encore des contrôleurs techniques (art. L. 111-24 CCH) ;
– les personnes qui vendent, après achèvement, un ouvrage qu'elles ont construit ou fait construire ; cette seconde catégorie regroupe les vendeurs d'immeuble à construire (art. 1641-1 C. civ.), les marchands de biens, le lotisseur, mais aussi le vendeur non professionnel qui a construit son immeuble ou qui, après son achèvement, le revend pendant le délai de la garantie décennale ;
– les personnes qui, agissant en qualité de mandataire du propriétaire de l'ouvrage, ont accompli une mission assimilable à celle d'un locateur d'ouvrage ; il s'agit du promoteur immobilier envisagé par l'article 1831-1 du code civil.

Par ailleurs, l'obligation d'assurance pèse sur le **fabricant d'un EPERS** (élément pouvant engager la responsabilité solidaire) en application de l'article 1792-4 du code civil.

2. LES PERSONNES NON ASSUJETTIES À L'OBLIGATION D'ASSURANCE

Ces personnes sont expressément exclues du champ de l'obligation d'assurance. Tel est le cas de l'État lorsqu'il construit pour son compte, en vertu de l'article L. 243-1. Mais, d'autres personnes sont indirectement exclues par le fait qu'elles n'ont pas la qualité de constructeur. Tel est le cas en particulier des sous-traitants, même si en pratique les assureurs garantissent leurs assurés, qui interviennent en qualité de sous-traitant, comme s'ils étaient des constructeurs.

B. LES OUVRAGES

Jusqu'à l'ordonnance nº 2005-658, l'obligation d'assurance était conditionnée à la réalisation de « travaux de bâtiment » par l'assuré. Cette notion avait toutefois suscité des difficultés dans la mesure où elle n'était pas définie par le législateur. Même si la jurisprudence avait tenté de pallier ce silence des textes, il n'en demeurait pas moins qu'elle demeurait une cause d'incertitude quant au domaine de l'obligation d'assurance. L'ordonnance a donc abandonné ce critère. Il suffit donc qu'il y ait construction d'un ouvrage au sens de l'article 1792 du code civil. En outre, si le législateur n'a pas défini la notion d'ouvrage, il a indiqué, à l'article L. 243-1-1, que certains ouvrages ne sont pas soumis à l'obligation d'assurance.

C. LA PREUVE

Depuis la loi n° 2015-990 du 6 août 2015, les personnes soumises à l'obligation d'assurance ne doivent plus simplement « être en mesure de justifier » qu'elles ont souscrit un contrat d'assurance à l'ouverture du chantier. Ces personnes doivent dorénavant « justifier » de la souscription d'une telle assurance par la remise d'une attestation d'assurance réglementée par l'article L. 243-2, sachant que le défaut d'assurance est sanctionné par les règles de l'article L. 243-3.

II. LES CARACÉRISTIQUES DE LA GARANTIE

A. LES BÉNÉFICIAIRES DE LA GARANTIE

1. EN CAS DE VENTE

Par principe, l'assurance de responsabilité décennale va bénéficier **aux propriétaires successifs de l'immeuble**. En effet, selon la jurisprudence, ces derniers peuvent se prévaloir de la garantie décennale, qui accompagne en tant qu'accessoire l'immeuble, même s'ils ont eu connaissance des vices lors de la signature de l'acte de vente et même si aucune clause de cet acte ne prévoit un tel recours (Civ. 3e, 23 sept. 2009 : V. note 11). Autrement dit, le nouveau propriétaire de l'immeuble peut rechercher la garantie de l'assureur de responsabilité décennale du constructeur aussi bien lorsque le dommage s'est produit après la vente qu'avant celle-ci. Mais, si la première solution est logique, la seconde ne s'est pas toujours imposée pour la Cour de cassation. Bien au contraire, celle-ci a pu, par le passé, admettre que la vente d'un immeuble n'emportait pas de plein droit cession, au profit de l'acquéreur des droits et actions, à fin de dommages-intérêts qui ont pu naître au profit du vendeur en raison des dommages affectant l'immeuble antérieurement à la vente (Civ. 3e, 18 juin 1997 : *V. note 11*). Et cette solution antérieure pouvait s'expliquer aisément. Si le dommage s'est produit avant la vente, le vendeur a soit fait réparer les désordres, soit probablement accepté un prix minoré s'il n'a pas entrepris de réparations et consenti corrélativement une cession d'action au profit de l'acquéreur. Cette solution est aujourd'hui inversée, la Cour de cassation présume au contraire que l'acquéreur a payé un prix sans aucune réduction. Mais il ne s'agirait que d'une présomption simple.

En effet, à titre de tempérament, la Cour de cassation a indiqué que le **vendeur de l'immeuble** peut toujours agir contre le responsable et son assureur s'il justifie d'un préjudice personnel lui conférant un intérêt direct et certain (Civ. 3e, 23 sept. 2009 : *V. note 12*). Il appartient donc à l'ancien propriétaire de l'immeuble de démontrer qu'il a consenti un prix réduit en raison des dommages apparus avant la vente et de leur connaissance par l'acquéreur. De telles solutions jurisprudentielles peuvent en définitive inciter à l'insertion d'une clause dans le contrat de vente réglant les recours contre le constructeur responsable et donc son assureur de responsabilité.

2. EN CAS DE BAIL

Lorsque l'immeuble fait l'objet **d'un contrat de location**, il peut arriver, notamment en cas de bail commercial, que le locataire procède à des travaux de construction. Se pose alors la question du titulaire de l'action directe contre l'assureur de responsabilité décennale, dans la mesure où, si le preneur a procédé aux travaux de construction, le bailleur en est réputé propriétaire par application de la théorie de l'accession. Conformément à cette dernière analyse, la Cour de cassation a de la sorte pu estimer qu'il est de principe que le locataire, simple titulaire d'un droit de jouissance sur l'ouvrage, ne peut agir en responsabilité contre le constructeur. Seul le propriétaire peut exercer une telle action (Civ. 3e, 1er juill. 2009 : *V. note 13*).

Pour autant, il ne faudrait pas en déduire que le locataire ne peut jamais agir contre l'assureur de responsabilité décennale. Ainsi, la jurisprudence estime que le preneur peut agir contre l'assureur de responsabilité décennale lorsque le contrat de bail stipule que le locataire ne peut prétendre à aucune réparation pendant toute la durée du bail et qu'il a la charge entière et complète de toutes les réparations quelles qu'elles soient, même le clos et le couvert que la loi met à la charge du propriétaire. En effet, dans une telle situation, le preneur a reçu du bailleur un mandat permettant de satisfaire à une telle obligation et est donc recevable à agir contre l'assureur du constructeur en réparation des désordres de nature décennale affectant les bâtiments dont la conservation lui incombait (Civ. 3e, 12 avr. 2012 : *V. note 13*).

Par ailleurs, le locataire devrait également pouvoir agir contre l'assureur de responsabilité décennale si le contrat de bail stipule que l'ensemble des travaux réalisés par le preneur demeure sa propriété jusqu'au renouvellement ou à la fin du bail. Allant quelque peu en ce sens, la Cour de cassation a pu justifier, dans un arrêt de 2007, l'action du propriétaire contre l'assureur du constructeur responsable, au motif qu'il était devenu propriétaire des ouvrages réalisés en vertu telle clause d'accession (Civ. 3e, 4 avr. 2007 : *V. note 13*).

De même, en cas de **crédit-bail**, le preneur ne peut, même s'il est maître d'ouvrage délégué, agir contre le constructeur responsable et son assureur de responsabilité décennale. L'action doit être intentée par le crédit-bailleur, alors même que celui-ci n'est en définitive qu'un bailleur de fonds. Afin de contourner cette difficulté, il faut donc que le contrat de crédit-bail ait attribué au crédit-preneur la qualité de mandataire du bailleur pour la réparation des dommages (Civ. 3e, 8 sept. 2010 : *V. note 15*).

Lorsqu'un immeuble fait l'objet d'**un bail à construction**, la situation est quelque peu différente de celle du contrat de location classique. En effet, dans une telle hypothèse, le bailleur ne devient propriétaire des constructions réalisées par le preneur qu'à l'expiration du contrat. Par conséquent, seul le preneur peut, par principe, agir contre le constructeur et l'assureur de responsabilité décennale (Civ. 3e, 7 oct. 2014 : *V. note 14*). Et le simple fait que le bailleur ait commandé les travaux ne suffit pas à remettre en cause cette règle, puisque, dans une telle hypothèse, il convient de rechercher si les travaux n'ont pas été réalisés pour le compte du preneur et si, nonobstant la signature du bailleur, il n'y avait pas une relation contractuelle entre le constructeur et le preneur (Civ. 3e, 15 janv. 2003 : *V. note 14*).

B. LES DOMMAGES GARANTIS

L'assurance de responsabilité décennale couvre les dommages de nature décennale susceptibles d'engager les responsabilités des articles 1792 et suivants du code civil. Par conséquent, l'assurance de responsabilité décennale va couvrir les dommages qui compromettent la solidité de l'ouvrage, ceux qui l'affectent dans l'un de ses éléments constitutifs ou l'un de ses éléments d'équipement et le rendent impropre à sa destination. De même, l'assurance va garantir les dommages qui affectent la solidité des éléments d'équipement d'un ouvrage, lorsque ceux-ci font indissociablement corps avec les ouvrages de viabilité, de fondation, d'ossature, de clos ou de couvert. Par cet aspect, les domaines de l'assurance de responsabilité décennale et de la responsabilité décennale correspondent.

Cependant, conformément à l'annexe I de l'article A. 243-1, qui fixe les garanties minimales de l'assurance obligatoire, le contrat d'assurance garantit le paiement des « travaux de réparation », lesquels « comprennent également les travaux de démolition, déblaiement, dépose ou démontage éventuellement nécessaires ». Il en résulte que l'assurance obligatoire de responsabilité décennale ne couvre que les dommages matériels et non les dommages immatériels (Civ. 1re, 13 mars 1996 : *V. note 19*). Ces derniers peuvent néanmoins être garantis par l'assureur en vertu d'une garantie complémentaire facultative. La qualification de dommage matériel ou immatériel est dès lors importante pour déterminer si la garantie obligatoire s'applique. Apportant des précisions sur ce point, la jurisprudence a de la sorte indiqué que, si le déménagement des matériels existants qui s'impose pour la réalisation des travaux de réfection constitue un dommage matériel (Civ. 3e, 20 oct. 2010 : *V. note 17*), la construction de bâtiments provisoires ne peut être assimilée à des travaux de réfection réalisés sur l'ouvrage, et ne rentre donc pas dans le champ de la garantie de l'assurance obligatoire (Civ. 3e, 13 janv. 2010 : *V. note 21*). De même, constituent un dommage immatériel les frais de déménagement et de relogement du maître de l'ouvrage (Civ. 3e, 25 juin 2020 : *V. note 19*).

C. LES LIMITES ET EXCLUSIONS DE GARANTIE

Conformément aux articles L. 243-8 et A. 243-1, le contrat d'assurance de responsabilité décennale doit comporter des garanties au moins équivalentes à celles figurant dans les clauses-types de l'annexe I de l'article A. 243-1, et ne peut comporter de clauses qui auraient pour effet d'altérer d'une quelconque manière le contenu ou la portée de ces clauses. A partir de ces règles, la Cour de cassation a effectué une distinction entre les clauses limitant l'objet du contrat qui sont valables, et les clauses d'exclusion de garantie distinctes de celles visées par les clauses types qui sont réputées non écrites.

1. LA VALIDITÉ DE LIMITATION DE L'OBJET DU CONTRAT

La validité des clauses limitant l'objet du contrat a été affirmée par un arrêt de la Cour de cassation du 29 avril 1997 aux termes duquel « si le contrat d'assurance de responsabilité obligatoire que doit souscrire tout constructeur ne peut comporter des clauses et exclusions autres que celles prévues par l'annexe I de l'article A. 243-1 du code des assurances, la garantie de l'assureur ne concerne que le secteur d'activité professionnelle déclarée par le constructeur » (Civ. 1re, 29 avr. 1997 : *V. note 25*).

Il résulte donc de cette solution, ultérieurement reprise par la troisième chambre civile de la Cour de cassation (Civ. 3e, 17 déc. 2003 : *V. note 25*), que les parties peuvent limiter la garantie à l'activité déclarée par le constructeur, ce qui peut avoir des conséquences importantes pour le choix du constructeur maître de l'ouvrage. Aussi l'assureur engage-t-il sa responsabilité extracontractuelle à l'égard du maître de l'ouvrage s'il lui délivre une attestation ne faisant pas mention de l'activité déclarée par le constructeur (Civ. 3e, 17 déc. 2003 : *V. note 25*).

2. LES EXCLUSIONS ET LIMITATIONS DE GARANTIE PROHIBÉES

Les exclusions et déchéances de garanties sont étroitement déterminées par les clauses-types. Tout autre clause d'exclusion, de limitation ou de déchéance sera réputée non écrite. Cette règle connaît plusieurs déclinaisons en jurisprudence.

Tout d'abord, les clauses limitant la garantie en fonction des modalités d'exécution de l'activité déclarée sont réputées non écrites (Civ. 3e, 10 sept. 2008 : *V. note 33*). Autrement dit, si l'assureur peut limiter sa garantie aux activités déclarées par le constructeur, il ne peut pas limiter sa garantie par rapport aux modalités d'exécution de la prestation. La frontière entre ces deux règles risque toutefois d'être difficile à établir dans certains cas.

Ensuite, l'assureur ne peut limiter sa garantie en fonction de la forme du contrat conclu avec le maître de l'ouvrage. Autrement dit, l'activité déclarée doit être appréciée indépendamment de ses modalités juridiques d'exécution. Ainsi, le contrat d'assurance d'un entrepreneur ne peut exclure les activités exercées par l'assuré en qualité de constructeur de maisons individuelles (Civ. 3e, 17 juin 1992 : *V. note 32*). De même, l'activité de constructeur individuelle inclut la réalisation de travaux selon marchés (Civ. 3e, 21 janv. 2015 : *V. note 32*).

Enfin, il a été jugé que les clauses de techniques courantes doivent être réputées non écrites. Ces clauses limitent la garantie de l'assureur aux travaux réalisés selon des procédés traditionnels ou normalisés et conformes aux règles en vigueur, et aux travaux réalisés selon des procédés non traditionnels dès lors qu'ils ont fait l'objet d'un avis positif (Civ. 3e, 19 juin 2007 : *V. note 35*).

D. LES PLAFONDS DE GARANTIE ET FRANCHISES

1. LES PLAFONDS DE GARANTIE

A l'origine, les clauses types de l'annexe I de l'article A. 243-1 ne prévoyaient aucun plafond de garantie. La Cour de cassation en avait déduit que l'assureur ne peut invoquer efficacement un éventuel plafond de garantie mentionné dans une police d'assurance de responsabilité décennale (Civ. 1re, 25 mai 1992 : *V. note 38*).

Depuis la loi du 30 décembre 2006, le décret d'application du 22 décembre 2008 et l'arrêté du 19 novembre 2009, le code des assurances contient des dispositions relatives au plafond de la garantie, applicables aux contrats conclus après le 1er janvier 2009. Dorénavant, il faut faire une distinction en fonction de l'objet du contrat de construction. Ainsi, les plafonds de garantie demeurent illicites lorsque le constructeur construit un ouvrage destiné à l'usage d'habitation. En revanche, pour les autres constructions, l'assureur peut plafonner sa garantie à un montant minimum par ouvrage, qui ne peut être inférieur au coût total de la construction déclarée par le maître de l'ouvrage. Cette règle connaît toutefois deux exceptions. D'une part, le montant des garanties peut être plafonné à 150 millions d'euros si le coût total de la construction est supérieur à 150 millions d'euros. D'autre part, le montant des garanties peut être plafonné à un montant inférieur au coût total de la construction déclaré par le maître de l'ouvrage, si un contrat collectif a été souscrit et si celui-ci mentionne un plafond de garantie égal au coût total de la construction déclaré par le maître de l'ouvrage ou à 150 millions d'euros si le coût total de la construction est supérieur à 150 millions d'euros. Le contrat collectif apporte en effet un complément aux garanties individuelles souscrites par les intervenants (art. R. 243-1). Le contrat collectif va garantir le montant des travaux au-delà d'une franchise absolue définie aux conditions particulières et correspondant au plafond de garantie des contrats individuels souscrits par chacun des assurés.

2. LES FRANCHISES

Si les clauses types autorisent l'insertion d'une « franchise », elles précisent que cette franchise ne peut être couverte par une autre assurance – ce qui en fait un découvert obligatoire – et qu'elle ne peut être opposée aux bénéficiaires de l'indemnité. La franchise est de ce fait inopposable non seulement au bénéficiaire de l'indemnité, mais aussi à l'assureur de dommages ouvrage subrogé dans les droits du bénéficiaire (Civ. 1re, 4 mars 1986 : *V. note 39*). Il appartient en conséquence à l'assureur de responsabilité décennale de récupérer auprès du constructeur le montant de la franchise après le paiement de l'indemnité au tiers bénéficiaire. Le point de départ du délai de prescription de cette action en remboursement est le jour de ce paiement (Civ. 3e, 21 juin 2006 : *V. note 40*). Mais l'assureur ne peut réclamer le remboursement de cette franchise à son assuré si la responsabilité décennale de ce dernier n'est pas établie ou reconnue par lui (Civ. 1re, 19 juin 2001 : *V. note 40*).

E. LA GARANTIE DANS LE TEMPS

1. LE POINT DE DÉPART DE LA GARANTIE

a. Avant l'arrêté du 19 novembre 2009

Initialement, pour déterminer le point de départ de la garantie de l'assureur de responsabilité décennale, la Cour de cassation prenait en considération la déclaration réglementaire d'ouverture de chantier (Civ. 1re, 7 mai 2002 : *V. note 41*).

Puis, la Haute juridiction a abandonné ce critère pour retenir, en l'absence de clause contraire dans la police, le début du chantier (Civ. 1re, 29 avr. 2003 : *V. note 41*).

Ultérieurement, la Cour de cassation a une nouvelle fois précisé sa jurisprudence en indiquant qu'il résulte des articles L. 241-1 et A. 243-1, qui sont d'ordre public, et des clauses types applicables au contrat d'assurance de responsabilité décennale, que l'assurance de responsabilité couvre les travaux ayant fait l'objet d'une ouverture de chantier pendant la période de validité du contrat d'assurance, et que cette notion s'entend comme le commencement effectif des travaux confiés à l'assuré (Civ. 3e, 16 nov. 2011 : *V. note 41*). Le point de départ de la garantie a donc été fixé impérativement au jour du commencement effectif des travaux de l'assuré.

b. Depuis l'arrêté du 19 novembre 2009

Depuis la modification des clauses types en 2009, cette solution jurisprudentielle devrait être abandonnée. En effet, l'annexe I de l'article A. 243-1 prévoit désormais que le contrat d'assurance couvre les travaux ayant fait l'objet d'une ouverture de chantier pendant la période de validité fixée aux conditions particulières. Or, l'ouverture de chantier correspond à une date unique applicable pour l'ensemble de l'opération de construction. Elle correspond soit à la date de déclaration d'ouverture de chantier, mentionnée à l'article R. 424-16 du code de l'urbanisme, pour les travaux nécessitant la délivrance d'un permis de construire, soit, pour les autres travaux, à la date du premier ordre de service ou, à défaut, à la date effective de commencement des travaux.

Cette règle connaît toutefois deux tempéraments :

– lorsqu'un professionnel établit son activité postérieurement à la date unique, cette date s'entend pour lui comme la date à laquelle il commence effectivement ses prestations ;

– lorsqu'un professionnel exécute ses prestations antérieurement à la date unique et qu'à cette date il est en cessation d'activité, l'ouverture de chantier correspond pour lui à la date de signature de son marché ou, à défaut, à celle de tout acte pouvant être considéré comme le point de départ de sa prestation.

2. LA DURÉE DE LA GARANTIE

L'assurance de responsabilité décennale doit permettre au maître de l'ouvrage ou à son assureur de dommages-ouvrage d'agir contre l'assureur de responsabilité décennale aussi longtemps que la responsabilité du constructeur peut être engagée. Aussi, depuis la réforme effectuée par l'ordonnance du 8 juin 2005, l'article L. 241-1, alinéa 3, indique que le contrat d'assurance est réputé comporter une clause assurant le maintien de la garantie pour toute la durée de la responsabilité décennale du constructeur. Il résulte deux conséquences de cette règle :

D'une part, le mécanisme des clauses de réclamation de la victime, légalisé par la loi du 1er août 2003 à l'article L. 124-5 et permettant de limiter dans le temps la garantie de l'assureur de responsabilité, ne s'applique pas aux contrats d'assurance de responsabilité décennale. Ce constat est d'ailleurs renforcé par le dernier alinéa de l'article L. 124-5 qui prévoit que « les dispositions du présent article ne s'appliquent pas aux garanties d'assurance pour lesquelles la loi dispose d'autres conditions d'application de la garantie dans le temps ».

D'autre part, depuis la transformation de la gestion des assurances de responsabilité décennale en un système de capitalisation, il n'est plus nécessaire qu'une prime subséquente après la résiliation du contrat. Autrement dit, la garantie de l'assureur est due après la résiliation du contrat d'assurance pour les dommages trouvant leur origine entre le début de la garantie et l'expiration du contrat, même en l'absence de paiement d'une prime subséquente (Civ. 1re, 14 janv. 1992 : *V. note 46*).

III. LA MISE EN ŒUVRE DE LA GARANTIE

A. L'ACTION DIRECTE DU MAÎTRE DE L'OUVRAGE

L'action directe du maître de l'ouvrage ou de son assureur de dommages-ouvrage subrogé dans ses droits obéit aux règles traditionnelles de l'action directe dégagée par la jurisprudence.

En particulier, l'action directe ne peut valablement être exercée que si la responsabilité du constructeur peut être établie (Civ. 3e, 2 mars 2005 : *V. note 47*).

De même, l'action directe se prescrit par le même délai que l'action en responsabilité et ne peut être exercée au-delà de ce délai que tant que l'assureur de responsabilité décennale reste exposé au recours de son assuré (Civ. 2e, 17 févr. 2005 : *V. note 49*). Mais, l'action directe contre l'assureur de responsabilité décennale peut ne pas être prescrite en raison d'une interruption de la prescription, et donc recevable, alors que l'action en responsabilité peut être prescrite, l'action directe n'étant pas subordonnée à la mise en cause de l'assuré (Civ. 3e, 24 oct. 2007 : *V. note 48*).

B. LE RECOURS DE L'ASSUREUR DE RESPONSABILITÉ

Traditionnellement, la Cour de cassation estimait que l'assureur de responsabilité décennale était subrogé non pas dans les droits du maître de l'ouvrage, mais dans les droits de son assuré (Civ. 3e, 25 févr. 2009 : *V. note 54*). Il en résultait que l'assureur de responsabilité décennale ne pouvait agir à l'égard des coresponsables que sur le fondement de la responsabilité de droit commun (Civ. 3e, 8 juin 2011 : *V. note 54*). Cela avait pour conséquence de mettre en cause, au stade de la contribution à la dette, la garantie des assureurs de responsabilité de droit commun.

Cette solution, fort critiquable, a fait l'objet d'un revirement de jurisprudence par un arrêt du 8 novembre 2018, dans lequel la Cour de cassation a censuré l'arrêt d'une cour d'appel qui avait rejeté le recours en garantie formé par un maître d'œuvre de conception et un maître d'œuvre d'exécution, ainsi que leur assureur, à l'encontre de l'assureur de responsabilité décennale d'un autre constructeur, au motif que seule la responsabilité délictuelle de ce constructeur pouvait être recherchée par les autres constructeurs. Pour la Cour de cassation, cette analyse est erronée, la cour d'appel n'a pas pris en compte la nature des désordres, mais le fondement juridique de la responsabilité de l'assuré (Civ. 3e, 8 nov. 2018 : *V. note 55*). Cette décision, qui devra être confirmée, indique donc qu'au stade de la contribution à la dette, seule la garantie de l'assureur de responsabilité décennale peut être mobilisée dès lors que les désordres sont de nature décennale. ❑

I. DOMAINE DE L'OBLIGATION D'ASSURANCE

A. CONDITION RELATIVE AUX PERSONNES

1° PERSONNES TENUES DE S'ASSURER

1. *Entrepreneur.* L'absence de souscription d'une assurance obligatoire de responsabilité décennale par un entrepreneur prive dès l'ouverture du chantier le maître d'ouvrage de la sécurité procurée par l'assurance en prévision de sinistres et constitue un préjudice certain. • Civ. 3e, 23 nov. 2005 : *RCA 2006, n° 70, obs. Groutel.*

2. *Vendeur après achèvement.* Est réputé constructeur, selon l'art. 1792-1 C. civ., la personne qui vend après achèvement un ouvrage qu'elle a construit ou fait construire et aucun texte ne limite l'application de ces dispositions aux ventes intervenant immédiatement après achèvement. • Civ. 3e, 2 oct. 2002, n° 00-11.117 P : *RDI 2002. 517, note Benatar et Paineau* • 14 janv. 1998, n° 95-19.916 P : *RDI 1998. 262, note Malinvaud ; Defrénois 1999, art. 36977, note Périnet-Marquet.* ♦ Viole l'art. 1792-1, 2°, C. civ. la cour d'appel qui, pour rejeter l'action intentée par les acquéreurs d'un immeuble sur le fondement de l'art. 1792, retient que l'acquéreur d'un immeuble, que son vendeur a construit pour son compte personnel et a décidé de vendre après achèvement, ne dispose pas de l'action en garantie décennale. • Civ. 3e, 12 mars 1997, n° 95-12.727 P : *AJPI 1997. 864, note J.-P. Karila.*

3. *Promoteur.* Est condamné à bon droit envers des copropriétaires le président-directeur général d'une société de construction et gérant de la SCI venderesse des lots en copropriété, qui, n'ayant pas satisfait à l'obligation de s'assurer, avait mis les copropriétaires dans l'obligation de s'assurer à leurs frais pour se prémunir contre les sinistres visés par la loi alors qu'ils avaient déjà supporté le coût de l'assurance nécessairement inclus dans le prix prévu par le vendeur. • Crim. 4 nov. 1986, n° 86-90.644 P : *D. 1987. IR 1 ; JCP 1988. II. 21014, note Chétivaux-David.*

4. Constructeur de maisons individuelles. Est tenu de s'assurer le dirigeant de fait d'une société de construction de maisons individuelles. • Crim. 15 janv. 1991 : *RGAT 1991. 390 ; RCA 1991. 197.*

5. Fabricant d'EPERS. Est fondée à demander l'annulation de la décision du Bureau central de tarification rejetant sa demande de contestation de refus de garantie la société fabriquant des panneaux isothermes, dès lors qu'ils remplissaient les conditions fixées par les dispositions de l'art. 1792-4 C. civ. pour que la responsabilité de leur fabricant puisse être solidairement engagée du fait de désordres observés dans la construction d'un ouvrage. • CE 6 oct. 2004, *Sté Oxatherm : RDI 2004. 527, obs. Leguay.*

2° PERSONNES NON TENUES DE S'ASSURER

6. Coordonnateur SPS. Sous réserve de l'appréciation souveraine des juridictions compétentes, la responsabilité du coordonnateur vis-à-vis du maître d'ouvrage n'est pas susceptible d'être engagée sur le fondement des art. 1792 s. C. civ. Dès lors, l'art. L. 241-1, prévoyant que les personnes dont la responsabilité peut être engagée sur ce fondement doivent être couvertes par une assurance, est sans application. • CE 16 juin 1998 : *avis n° 362051.*

7. Sous-traitant. Les sous-traitants ne sont pas tenus des garanties légales. • Civ. 3e, 20 juin 1989, n° 88-10.939 P : *RGAT 1989. 868, note Bigot.*

8. Fabricant. L'obligation d'assurance ne s'applique pas aux fabricants de tuiles, lesquels ne sont pas fondés à demander l'annulation de la décision par laquelle le Bureau central de tarification de l'assurance construction s'est déclaré incompétent pour connaître d'un refus d'assurance. • CE 20 mars 1992, *Sté Tuileries de Perrignier : D. 1992. Somm. 412, obs. Terneyre ; RCA 1992. 210 ; RDI 1992. 356.* ♦ Rappr. : • Civ. 3e, 4 déc. 1984 : *RGAT 1985. 268.*

B. ANCIENNE CONDITION RELATIVE AUX TRAVAUX DE BÂTIMENT

9. Nullité de l'Arr. du 17 nov. 1978. Un arrêté du ministre de l'Économie ne peut donner une définition des travaux de bâtiment au sens des art. L. 241-1 et L. 242-2, en délimitant par là même l'étendue de l'obligation d'assurance et du régime de responsabilité édictés par la loi. • CE 30 nov. 1979, *Assoc. des jeunes architectes : Lebon 436 ; D. 1980. IR 117, note Delvolvé ; RGAT 1979. 483 ; RDI 1980. 30, obs. Durry ; AJPI 1980. 3. 224, note Moderne.*

10. Notion de travaux de bâtiment. Une police prévoyant la garantie des travaux de bâtiment, notamment des travaux de génie civil, couvre la construction d'un court de tennis. • Civ. 1re, 2 mai 1990 : *RGAT 1990. 585 ; RCA 1990, n° 307 ; ibid. Chron. 19, obs. Groutel ; RDI 1990. 514, obs. Dubois.* ♦ Comp. : • Civ. 1re, 23 juin 1992 : *RGAT 1992. 574 ; RCA 1992. 430.* ♦ V. égal., pour une station souterraine de métro : • Civ. 1re, 9 avr. 1991, n° 88-15.891 P : *D. 1993. 124, note Atias ; RGAT 1991. 608 ; RCA 1991. 272 ; RDI 1991. 362, obs. Dubois.* ♦ ... Pour une piscine découverte : • Civ. 1re, 14 juin 1989 : *RCA 1989. 327 ; RDI 1989. 482* • Civ. 3e, 17 déc. 2003 : *RGDA 2004. 130, note d'Hauteville.* ♦ ... Pour les pieux de fondation d'une station d'épuration : • Civ. 1re, 31 mai 1989 : *Bull. civ. I, n° 216 ; RCA 1989. 329 ; RDI 1989. 482, obs. Dubois.* ♦ ... Pour l'exutoire d'un bassin : • Rouen, 13 févr. 1997 : *RGDA 1997. 526, note Périnet-Marquet.* ♦ ... Pour un silo à grains : • Civ. 1re, 19 déc. 1989 : *RGAT 1990. 160 ; RCA 1990. 95 ; RDI 1990. 223, obs. Dubois.* ♦ ... Pour une véranda formant un ensemble composé d'une structure, d'un clos et d'un couvert : • Civ. 3e, 4 oct. 1989 : *Bull. civ. III, n° 179 ; RCA 1990. 201 ; RDI 1990. 224, obs. Leguay.* ♦ ... Pour un mur de soutènement : • Civ. 1re, 27 mai 1986 : *Bull. civ. I, n° 136* • 1er juill. 1986 : *RGAT 1986. 416* • 3 juill. 1990 : *JCP 1991. IV. 159 ; RGAT 1990. 854* • 26 févr. 1991, n° P : *JCP 1991. IV. 159 ; RGAT 1991. 402 ; RCA 1991. 229 ; ibid. Chron. 14, obs. Groutel ; RDI 1991. 362, obs. Dubois* • 14 janv. 1992 : *RGAT 1992. 338 ; RCA 1992. 161 ; RDI 1992. 351, obs. Dubois* • 31 mars 1993 : *RGAT 1993. 609 ; RCA 1993. 250* • Civ. 3e, 16 juin 1993 : *D. 1993. IR 167.*

II. ÉTENDUE DE LA GARANTIE

A. BÉNÉFICIAIRES DE LA GARANTIE

11. Propriétaires successifs de l'ouvrage. Les acquéreurs successifs d'un immeuble sont recevables à agir contre les constructeurs sur le fondement de la garantie décennale qui accompagne, en tant qu'accessoire, l'immeuble, nonobstant la connaissance, par les acquéreurs, des vices de celui-ci lors de la signature de l'acte de vente et l'absence, dans ce dernier, de clause leur réservant un tel recours à moins que le vendeur ne puisse invoquer un préjudice personnel lui conférant un intérêt direct et certain à agir. • Civ. 3e, 23 sept. 2009, n° 08-13.470 P : *RTD civ. 2010. 336, note Jourdain ; RDI 2010. 107, note Nési et Chauchis ; RDC 2010. 589, note Deshayes.* ♦ Les acquéreurs successifs d'un immeuble sont recevables à agir contre les constructeurs sur le fondement de la garantie décennale qui accompagne, en tant qu'accessoire, l'immeuble nonobstant la connaissance, par les acquéreurs, des vices de celui-ci lors de la signature de l'acte de vente, et l'absence, dans ce dernier, de clause prévoyant un tel recours. • Civ. 3e, 28 oct. 1975, n° 74-10.842. ♦ Contra : la vente de l'immeuble n'emporte pas de plein droit cession au profit de l'acquéreur des droits et actions à fin de dommages-intérêts qui ont pu naître au profit du vendeur en raison de dégradations causées à l'immeuble antérieurement à la vente. • Civ. 3e, 18 juin 1997, n° 95-18.254 P : *RTD civ. 1997, 964, note Gautier ; CCC 1997, n° 178, note Leveneur ; Defrénois 1998. 1008, note Delebecque.* ♦ Dans le même sens : • Civ. 3e, 4 déc. 2002, n° 01-02.383 P : *JCP 2003. II. 10058, note Jourdain ; Defrénois 2003, 245, note Libchaber* • Civ. 3e, 17 nov. 2004, n° 03-16.988 P • Civ. 3e, 31 janv. 2007, 05-15.790 P : *RDI 2007. 337, note Trébulle ; RDC 2007. 738, note Carval.*

12. Propriétaire originaire de l'ouvrage. Si l'action en garantie décennale se transmet en principe avec la propriété de l'immeuble aux acquéreurs, le maître d'ouvrage ne perd pas la faculté de l'exercer quand elle présente pour lui un intérêt direct et certain. • Civ. 3e, 21 mars 1979, n° 77-15.550 P • 31 mai 1995, n° 92-14.098 P. ♦ Après l'aliénation de son immeuble, le maître de l'ouvrage ne dispose de l'action en responsabilité décennale, qui est transmise aux acquéreurs successifs, que s'il a un intérêt direct et certain à agir. • Civ. 3e, 3 mai 2001 : *RDI 2001. 389, note Malinvaud .* V. égal. : • Civ. 3e, 23 sept. 2009, n° 08-13.470 P : *RTD civ. 2010. 336, note Jourdain ; RDI 2010. 107, note Nési et Chauchis ; RDC 2010. 589, note Deshayes.* ♦ Si l'action en garantie décennale se transmet aux acquéreurs avec la propriété de l'immeuble, le maître de l'ouvrage ne perd cependant pas la faculté d'exercer cette action dans la mesure où elle présente pour lui un intérêt direct et certain. • CE 7 oct. 1998, *Sté OTH Méditerranée SA : n° 156653.* ♦ Dès lors, ne donne pas de base légale à sa décision la cour d'appel qui déclare irrecevable l'action en garantie décennale exercée contre les locateurs d'ouvrage et leurs assureurs alors que le maître de l'ouvrage demandait paiement des réparations telles qu'évaluées par l'expert et sans rechercher s'il n'avait pas un intérêt direct et certain à agir contre les locateurs d'ouvrage. • Civ. 3e, 17 janv. 1996, n° 94-12.231 P : *RDI 1996. 218, note Malinvaud et Boubli .*

13. Bail. Le locataire n'est titulaire que d'un simple droit de jouissance sur l'ouvrage dont il n'a pas la propriété, ce qui ne lui permet pas de se prévaloir de la qualité de maître de l'ouvrage. Il ne dispose donc pas de l'action en garantie décennale que la loi attache à la propriété de l'ouvrage, et non à sa jouissance. • Civ. 3e, 1er juill. 2009, n° 08-14.714 P : *RDI 2009. 547, note Malinvaud et Leguay* • 23 oct. 2012 : *RDI 2013. 95, note L. Karila .* ♦ Mais, ayant constaté que le bail prévoyait que « le preneur prend la propriété louée dans l'état où elle se trouve actuellement, sans pouvoir prétendre à aucune réparation pendant toute la durée du bail. Il entretiendra, à ses frais, toute la clôture et la maintiendra en bon état, ainsi que les constructions existantes et celles qui pourront exister par la suite. Il aura la charge entière et complète de toutes les réparations quelles qu'elles soient, même le clos et le couvert que la loi met à la charge du propriétaire et dont le preneur déclare dégager entièrement la société bailleresse », une cour d'appel a retenu, par une interprétation souveraine, exclusive de dénaturation, que l'ambiguïté des termes du contrat de bail rendait nécessaire, que le preneur avait reçu du bailleur, par l'obligation ainsi mise à sa charge, un mandat permettant d'y satisfaire et qu'il était donc recevable à agir contre l'assureur du constructeur en réparation des désordres de nature décennale affectant les bâtiments dont la conservation lui incombait. • Civ. 3e, 12 avr. 2012 : *AJDI 2012. 860, note Zalewski ; JCP 2013. 400, n° 13, obs. J.-P. Karila.* ♦ Ayant relevé que le bail, résilié amiablement, comportait une clause d'accession selon laquelle les travaux de transformation ou d'amélioration faits par le preneur ne donneront lieu de la part du bailleur à une quelconque indemnité, et que le preneur ne pourra en fin de jouissance reprendre aucun élément ou matériel qu'il aura incorporé au bien loué, à l'occasion d'une amélioration ou d'un embellissement, si ces éléments ou matériaux ne peuvent être détachés sans être fracturés, détériorés, ou sans briser ou détériorer la partie du fonds à laquelle ils sont rattachés, une cour d'appel en a exactement déduit que le bailleur, devenu en application de cette clause propriétaire des constructions et ouvrages réalisés par le preneur, était titulaire d'une action directe contre l'assureur du constructeur responsable des désordres affectant l'ouvrage. • Civ. 3e, 4 avr. 2007, n° 06-11.154 : *RGDA 2007. 705, note Mayaux ; RCA 2007, n° 225, note Groutel.*

14. Bail à construction. Ayant retenu que la SCI, bailleur à construction, ne serait propriétaire de l'ouvrage qu'à l'expiration du bail à construction, d'une durée de trente ans, dont elle n'a pas mentionné la date de prise d'effet et que les travaux avaient été commandés par le propriétaire de l'ouvrage, une cour d'appel a pu en déduire que seul le propriétaire avait la qualité de maître de l'ouvrage et que la SCI était sans qualité pour agir sur le fondement des dispositions de l'art. 1792 C. civ. • Civ. 3e, 7 oct. 2014 : *RGDA 2014. 562, note Dessuet.* ♦ Prive de base légale sa décision la cour d'appel qui, pour déclarer une société, preneuse à construction, irrecevable en son action en responsabilité décennale, retient qu'en tant que simple locataire de l'immeuble, cette société n'a aucune qualité à agir sur ce fondement, l'action appartenant uniquement au propriétaire des locaux et signataire du marché, sans rechercher comme il lui était demandé si les travaux avaient été réalisés pour le compte de la société preneuse à construction, sur un terrain donné à bail pour la construction d'un supermarché qu'elle était chargée d'y édifier et si elle avait, nonobstant la signature du marché par le bailleur, une relation contractuelle avec le constructeur, qui lui avait adressé toutes les situations de travaux et n'avait contesté la recevabilité de l'action qu'en cause d'appel. • Civ. 3e, 15 janv. 2003 : *RDI 2003. 188, obs. Malinvaud*.

15. *Crédit-bail.* Ayant relevé que le crédit-preneur était intervenu aux opérations de construction en qualité de maître de l'ouvrage délégué et que le contrat de crédit-bail ayant été résilié, il n'avait jamais eu la faculté de bénéficier du transfert de propriété et de la garantie décennale, une cour d'appel, qui a énoncé à bon droit que le maître de l'ouvrage délégué, n'étant pas partie aux contrats de louage d'ouvrage, ne pouvait être bénéficiaire de la garantie légale de l'art. 1792 C. civ., ni se prévaloir des dispositions de l'art. 1134 du même code et que la présomption de l'art. 1792 ne bénéficiait pas au simple titulaire d'un droit de jouissance sur l'immeuble, et qui n'a pas constaté que la résiliation du crédit-bail avait mis fin au mandat du crédit-preneur mais souverainement retenu qu'il ne ressortait pas des stipulations contractuelles figurant dans le contrat de crédit-bail, relatives à la prise en charge des risques de l'opération et à la souscription des polices d'assurance, d'interprétation stricte, que le preneur avait la faculté d'exercer personnellement et à ses frais les recours éventuels contre le maître d'œuvre et les entreprises et qu'il agissait en justice en qualité de mandataire du bailleur pour la réparation des dommages, en a exactement déduit que les demandes du crédit-preneur étaient irrecevables pour défaut de qualité à agir. • Civ. 3e, 8 sept. 2010 : *RGDA 2011. 117, note Périer.*

B. DOMMAGES GARANTIS

1° DOMMAGES INDEMNISÉS

16. *Clause définissant les dommages matériels.* En présence d'une police ne garantissant que les « dommages matériels », contractuellement définis comme étant les « détériorations ou destructions d'une chose ou substance », une cour d'appel décide valablement que relève de cette garantie l'absence de sous-toiture et de ventilation de la chaufferie, bien qu'il s'agisse d'ouvrages non exécutés, dès lors que l'absence de ces éléments de la construction, qui étaient prévus au descriptif contractuel et sont indispensables, rend la toiture et la chaufferie impropres à leur destination. • Civ. 1re, 21 mai 1990 : *RGAT 1990. 587.*

17. *Déménagement des matériels existants.* La réparation des dommages matériels doit comprendre l'intégralité des sommes nécessaires à la réfection des ouvrages et, dans les cas d'ouvrages habités ou exploités, le coût des déménagements des matériels existants lorsqu'ils s'imposent pour la réalisation des travaux de réfection. • Civ. 3e, 20 oct. 2010 : *RCA 2011, no 21 ; RGDA 2011. 123, obs. Périer.*

2° DOMMAGES NON INDEMNISÉS

18. *Dommages relevant de la garantie de parfait achèvement.* L'assurance obligatoirement souscrite en vertu de l'art. L. 241-1 par toute personne physique ou morale dont la responsabilité peut être engagée sur le fondement de la présomption établie par les art. 1792 s. C. civ. à propos de travaux de bâtiment couvre exclusivement les désordres relevant de la garantie décennale. Ayant constaté que les désordres précités avaient fait l'objet de réserves lors de la réception des travaux et ne constituaient donc pas des vices cachés, une cour d'appel en a exactement déduit que l'assureur de la responsabilité décennale des constructeurs n'était pas tenu à garantie. • Civ. 1re, 3 févr. 1993 : *RGAT 1993. 305, note Bigot ; RCA 1993. 185.* ♦ Les dommages ayant fait l'objet de réserves lors de la réception ne sont pas couverts par l'assurance obligatoire de responsabilité décennale du constructeur. • Civ. 3e, 17 févr. 1999 : *RGDA 1999. 642, note Périnet-Marquet* • 2 févr. 2005, no 03-16.724. ♦ L'assurance de responsabilité obligatoire des constructeurs ne s'étend pas de plein droit à la garantie annale de parfait achèvement. • Civ. 1re, 18 janv. 2000 : *RCA 2000, no 132.*

19. *Dommages immatériels.* Il résulte des art. L. 241-1 et A. 243-1 que l'assurance obligatoire de la responsabilité du constructeur, qui garantit le paiement des travaux de réparation de l'ouvrage à la réalisation duquel l'assuré a contribué, ne s'étend pas, sauf stipulation contraire, aux dommages « immatériels », c'est-à-dire consécutifs aux désordres de l'ouvrage. • Civ. 1re, 13 mars 1996, no 93-20.177 P : *RCA 1996, no 195 ; RGDA 1996. 666, note Périnet-Marquet* • 14 mars 2000 : *RCA 2000, no 204 ; RGDA 2000. 543, note d'Hauteville* • Civ. 3e, 17 déc. 2003 : *RCA 2004, no 103.* ♦ A valablement interprété une clause ambiguë la cour d'appel qui a énoncé que la consommation anormale d'eau représentait un dommage immatériel résultant d'un risque décennal, exclu comme tel de la garantie conventionnelle. • Civ. 1re, 11 oct. 1988 : *RGAT 1988. 826 ; RCA 1989. 38.* ♦ Les frais de déménagement et de relogement constituent un dommage immatériel consécutif en ce que la privation de jouissance de la maison des maîtres de l'ouvrage durant les travaux les obligeait à déménager et à se reloger. • Civ. 3e, 25 juin 2020, no 19-15.153 : *RGDA juill. 2020. 23, note Dessuet.*

20. *Dommages au mobilier.* Prive de base légale sa décision la cour d'appel qui, pour condamner l'assureur du constructeur à payer, en sus de la réfection de l'ouvrage, l'indemnisation de la perte de meubles et de vêtements, retient qu'elle est consécutive aux dommages subis par la construction, sans rechercher si ces préjudices mobiliers étaient ou non couverts par la police décennale. • Civ. 3e, 3 juill. 1996 : *RDI 1996. 591, note Leguay*. ♦ La garantie de l'assurance de responsabilité obligatoire ne concerne que le paiement des travaux de réparation de l'immeuble. Encourt dès lors la cassation l'arrêt de la cour d'appel qui a décidé que l'assureur devait, au titre de l'assurance de responsabilité obligatoire, payer aux maîtres de l'ouvrage une somme au titre de la perte de leur mobilier détruit par l'incendie consécutif aux malfaçons affectant « l'insert ». • Civ. 1re, 29 févr. 2000, n° 97-19.143 P : *RGDA 2000. 547, note J.-P. Karila ; RCA 2000, n° 202 ; ibid. Chron. 14, note Courtieu ; JCP G 2000. II. 10299, rapp. Sargos.* ♦ *Contra* précédemment : l'assureur du constructeur en responsabilité décennale est tenu d'indemniser tous les dommages matériels se rattachant par un lien direct aux manquements reprochés à son assuré. • Civ. 3e, 12 juill. 1995 : *RGAT 1995. 927.*

21. Bâtiments provisoires. Ne constituent pas la réparation d'un préjudice matériel les sommes accordées pour la construction de bâtiments provisoires, qui ne peut être assimilée à des travaux de réparation réalisés sur l'ouvrage affecté de désordres lui-même. • Civ. 3e, 13 janv. 2010, n° 08-13.562 P : *D. 2010. AJ 324, obs. Berrah ; ibid. Chron. C. cass. 1103, note Nési ; D. 2011. 1926, note Groutel ; RDI 2010. 167, note Leguay ; RGDA 2010. 380, note Périer.* ♦ La construction de bâtiments provisoires ne peut être assimilée à des travaux de réfection réalisés sur l'ouvrage affecté de désordres ou à la remise en état des ouvrages ou éléments d'équipement de l'opération de construction endommagés à la suite d'un sinistre. • Civ. 3e, 15 janv. 2014 : *RGDA 2014. 162, note J.-P. et L. Karila ; RCA 2014, n° 129 ; JCP 2015. 741, n° 10, note J.-P. Karila.* ♦ Il en résulte que l'assureur de la responsabilité décennale peut imposer un plafond de garantie. • Civ. 3e, 14 avr. 2010, n° 09-10.515 P : *RDI 2010. 332, note G. L. ; D. 2010. Actu. 1209 ; ibid. 1926, note Groutel ; RCA 2010, n° 192 ; RDI 2010. 332, obs. Leguay ; RGDA 2010. 370, note Périer.*

C. ASTREINTE

22. Non-prise en charge. L'assureur n'a pas à prendre en charge la condamnation à une astreinte, qui a, par sa nature même, pour but de contraindre une partie à exécuter une décision judiciaire et ne figure pas dans la définition des risques professionnels de la construction garantis par le contrat. • Civ. 1re, 20 mars 1989, n° 87-13.774 P : *RCA 1989. 251 ; RDI 1989. 484.*

D. CONDITIONS DE LA GARANTIE

23. Déclaration du chantier. Le contrat d'assurance de responsabilité décennale peut valablement stipuler qu'en l'absence de déclaration du chantier, il n'y a pas d'assurance. • Civ. 1re, 5 déc. 2000, n° 98-14.102 P : *RCA 2001, n° 97 ; RGDA 2001. 82, note d'Hauteville ; RDI 2001. 36, note Durry.* ♦ Ayant relevé que le constructeur n'avait pas déclaré le chantier de l'immeuble du maître de l'ouvrage et n'avait pas cotisé pour celui-ci, et que le risque n'avait donc pas fait l'objet de la déclaration qui était la condition d'application du contrat, une cour d'appel, qui n'a pas retenu l'existence, dans la police, d'une stipulation spéciale faisant référence à l'art. L. 113-10, ni fait état de la réduction proportionnelle de l'indemnité d'assurance prévue par l'art. L. 113-9, en a déduit, à bon droit, que, compte tenu de l'absence de cotisation relative au chantier, l'omission de déclaration équivalait non pas à une déchéance de garantie, mais à une absence d'assurance, opposable au tiers lésé. • Civ. 3e, 17 déc. 2003, n° 02-16.096 P : *RGDA 2004. 475, note Kullmann.* ♦ Ayant constaté que le constructeur n'avait pas déclaré le chantier de l'immeuble maîtres de l'ouvrage, n'avait pas cotisé pour celui-ci et que le risque n'avait donc pas fait l'objet de la déclaration qui était la condition d'application du contrat, la cour d'appel, abstraction faite d'un motif erroné mais surabondant relatif au visa de l'art. L. 113-10, a exactement retenu que l'omission de déclaration équivalait à une absence d'assurance. • Civ. 3e, 4 nov. 2004, n° 03-13.821 P. ♦ V. cep. : ayant relevé qu'aux termes de l'art. L. 113-9 l'omission ou la déclaration inexacte de la part de l'assuré dont la mauvaise foi n'est pas établie entraîne, dans le cas où la constatation n'a lieu qu'après un sinistre, la réduction de l'indemnité en proportion du taux des primes payées par rapport au taux des primes qui auraient été dues si les risques avaient été complètement et exactement déclarés, et après avoir constaté qu'en l'absence de déclaration de la mission en cause par le constructeur et de paiement de cotisations afférentes à celle-ci, la réduction prévue par le texte ci-dessus devait être de 100 %, une cour d'appel a, sans dénaturation, et par des motifs non critiqués, légalement justifié sa décision. • Civ. 3e, 16 déc. 2003 : *RGDA 2004. 475, note Kullmann.*

24. Réalisation d'une étude technique. La clause qui subordonne l'acquisition de la garantie à la réalisation d'une étude technique ne constitue pas une exclusion de garantie. • Civ. 3e, 22 nov. 2018, n° 17-22.112 : *RGDA 2019. 27, note Karila ; RCA 2018, n° 55, note Groutel ; RDI 2019. 109, note Dessuet.*

E. LIMITATIONS ET EXCLUSIONS DE GARANTIE

1° LIMITATION AU SECTEUR D'ACTIVITÉ DÉCLARÉ

25. Principe de validité des clauses de limitation. Si le contrat d'assurance de responsabilité obligatoire que doit souscrire tout constructeur ne peut comporter des clauses et exclusions autres que celles prévues par l'annexe I de l'art. A. 243-1, la garantie de l'assureur ne concerne que le secteur d'activité professionnelle déclaré par le constructeur. • Civ. 1re, 29 avr. 1997, n° 95-10.187 P : *Gaz. Pal. 1997. 2. 664, note Lesage ; RGDA 1997. 1044, note J.-P. Karila* • 28 oct. 1997, n° 95-19.416 P : *Gaz. Pal. 1998. 1. 300, note Lesage ; RCA 1998, n° 65 ; ibid. Chron. 4, note Groutel ; RGDA 1997.*

1044, note J.-P. Karila • 1er déc. 1998 : *RCA 1999, n° 48 ; RGDA 1999. 374, note J.-P. Karila* • 18 déc. 2001, n° 98-19.584 P • Civ. 3e, 17 déc. 2003, n° 01-12.259 P : *D. 2004. IR 104, et les ob s.* ; *JCP 2004. II. 10091, note Pimbert ; Defrénois 2005. 67, obs. Périnet-Marquet ; RCA 2004, n° 83 (3 arrêts), obs. Durry ; RGDA 2004. 114 (4 esp.), note J.-P. Karila* • 28 sept. 2005 : *D. 2006. Pan. 1790, obs. Groutel* ; *Gaz. Pal. 2006. 3258, note Périer ; RCA 2005, n° 333.* ♦ Ainsi, l'activité de maçon n'emporte pas celle de couvreur. • Civ. 3e, 8 nov. 2006 : *RGDA 2007. 119, note Périer.* ♦ De même, l'activité de maçonnerie béton armé, plâtrerie, carrelage et revêtements matériaux durs, charpente bois, menuiserie bois ou PVC ou métallique, couverture zinguerie » ne concerne pas la pose de revêtements spéciaux et notamment de peinture « membrane » sur les parois d'une piscine. • Civ. 3e, 30 juin 2016, n° 15-18.206 P : *RDI 2016. 483, note Noguéro* ; *RCA 2016, n° 321, note Groutel ; RGDA 2016. 408, note L. Karila.* ♦ Ayant relevé que la société assurée avait déclaré exercer comme activité le métier de serrurier-vente et montage de cloisons amovibles et comme spécialité isolation industrielle et retenu que l'ouvrage fourni par elle consistait en des cloisons modulaires assemblées ayant pour fonction d'assurer l'isolation thermique et l'étanchéité des locaux industriels du maître de l'ouvrage, la cour d'appel, qui a constaté que les salles blanches n'étaient pas étanches aux contaminants extérieurs et qu'il ne pouvait y être maintenues une humidité et une température régulées a pu déduire, de ce seul motif, que les désordres étaient en rapport avec l'activité déclarée et que la garantie de l'assureur de responsabilité décennale était due. • Civ. 3e, 7 juin 2018, n° 17-16.050 : *RGDA 2018. 410, note L. Karila.* ♦ Ayant relevé que l'entrepreneur assuré avait déclaré les activités de travaux de gros œuvre, couverture-zinguerie, charpente-ossature, bois et plâtrerie-cloisons sèches, et que le devis de l'entrepreneur faisait état de la réfection de l'étanchéité de la copropriété, une cour d'appel a exactement retenu que ces travaux, qui concernaient la réfection totale de l'étanchéité de la toiture terrasse, constituaient une activité particulière et autonome prévue dans la définition des activités « bâtiments » sous la rubrique « étanchéité toitures terrasses », consistant en la mise en œuvre de matériaux bitumeux ou de synthèse, qui ne pouvait être assimilée à l'activité de couverture-zinguerie. • Civ. 3e, 22 nov. 2018, n° 17-23.334 : *RGDA 2019. 24, note L. Karila.*

26. *Identification stricte de l'activité garantie par référence aux déclarations de l'assuré.* Ayant relevé que le procédé Harnois permettait d'aménager les combles et d'effectuer une surévaluation de la toiture afin de rendre utilisable l'espace existant entre la couverture et les plafonds considéré *a priori* comme perdu par suppression d'une multitude de barres de fermettes en bois ou métalliques, créant un volume libre à toute circulation et accessible à toute forme d'aménagement, la surface supplémentaire ainsi constituée pouvant être aménagée en pièces d'habitation, une cour d'appel a exactement retenu qu'au regard de la réalisation de ce type de travaux, conformément à des techniques particulières nécessitant des compétences spécifiques que l'entrepreneur était supposé détenir à la date de la souscription de son contrat d'assurance, les parties avaient entendu limiter la garantie de l'assureur en sorte que le recours au procédé Harnois contenu dans la clause relative à l'objet du contrat ne constituait pas une simple modalité d'exécution de l'activité déclarée, mais cette activité elle-même. • Civ. 3e, 16 janv. 2020, n° 18-22.108 : *RGDA mars 2020. 25, note Karila* • Civ. 3e, 30 janv. 2019, n° 17-31.121 P : *D. 2019. 200* ; *RDI 2019. 222, obs. et note Roussel* ; *RCA 2019, n° 119, note Groutel ; RGDA mars 2019. 41, note J.-P. Karila.* ♦ Ayant constaté que l'entrepreneur avait souscrit une police garantissant ses responsabilités civile et décennale en déclarant l'activité n° 10 « Étanchéité sur supports horizontaux ou inclinés exclusivement par procédé Paralon » et constaté qu'il n'en contestait pas avoir mis en œuvre un procédé d'étanchéité Moplas sbs et non un procédé Paralon, la cour d'appel, qui en a exactement déduit qu'il ne pouvait se prévaloir de la garantie de son assureur, peu important que les deux procédés eussent trait à l'étanchéité, a, par ces seuls motifs, légalement justifié sa décision. • Civ. 3e, 8 nov. 2018, n° 17-24.488 : *RCA 2018, n° 53 ; RGDA 2018. 561, note Karila.* ♦ Ayant relevé que le constructeur avait souscrit un contrat d'assurance garantissant uniquement les travaux de techniques courantes correspondant aux activités déclarées de gros œuvre, plâtrerie-cloisons sèches, charpentes et ossature bois, couverture-zinguerie, plomberie-installation sanitaire, menuiserie-PVC et que le maître de l'ouvrage avait conclu avec le constructeur un contrat de construction de maison individuelle, garage, piscine, mur de clôture et restauration d'un cabanon en pierre, une cour d'appel en a déduit à bon droit que, l'activité construction de maison individuelle n'ayant pas été déclarée, les demandes en garantie formées par le maître de l'ouvrage devaient être rejetées. • Civ. 3e, 18 oct. 2018, n° 17-23.741 : *RCA 2019, n° 27 ; RGDA 2018. 554, note Karila.*

27. *Identification large de l'activité garantie par référence à l'objet de l'activité.* L'activité déclarée doit être appréciée indépendamment de la forme du contrat conclu avec le maître de l'ouvrage. Dès lors viole les art. L. 241-1, L. 243-8 et l'annexe A 243-1 C. assur. la cour d'appel qui a écarté la garantie de l'assureur au motif que l'assuré n'avait pas agi en qualité de contractant général au sens défini par le contrat dès lors que, s'il avait assumé la maîtrise d'œuvre de l'ensemble des travaux de rénovation, il n'avait réalisé que le lot « sanitaires », après avoir constaté que l'activé déclarée de contractant général incluait la maîtrise d'œuvre des opérations de rénovation et que cette activité était en relation avec les travaux à l'origine des désordres. • Civ. 3e, 18 févr. 2016, n° 14-29.268 : *RGDA 2016. 253, note Karila; Constr.-urb. 2016, n° 56, note Pagès-de Varenne.* ♦ L'activité de constructeur de maisons individuelles, pour laquelle une entreprise intervenant comme tel est assurée, intègre nécessairement la réalisation de fondations. Dès lors, la reprise éventuelle de celles-ci, ne constituant pas un secteur particulier du bâtiment devant faire l'objet d'une garantie spécifique, est également intégrée dans l'activité de constructeur de maisons individuelles. • Civ. 3e, 14 avr. 2010, n° 09-11.975 P : *RDI 2010. 327, note Noguéro ; D. 2010. AJ 1144 ; RCA 2010, n° 193 ; RGDA 2010. 1076, note Périer.* ♦ L'activité de constructeur de maisons individuelles inclut la réalisation de travaux selon marchés. • Civ. 3e, 21 janv. 2015, n° 13-25.268 : *RCA 2015, n° 137; RGDA 2015. 142, note Karila; RDI 2015. 137, note Malinvaud ; ibid. 188, note Roussel ; JCP N 2016. 1256, note Zalewski-Sicard; Constr.-urb. 2015, note Pagès-de Varenne.*

28. *Absence d'obligation de vérification de l'assureur.* Ayant relevé que, dans sa proposition d'assurance, l'entrepreneur avait demandé à être assuré pour son activité d'agencement et d'aménagement de lieux de vente, que, dans le questionnaire qui lui avait été soumis, il avait déclaré, en outre, certaines activités relevant de la construction de maisons à ossature bois, à l'exception de l'activité « charpente et ossature bois » et que la pose de fenêtres en PVC et celle du bardage n'entraient pas dans dans les activités « bois » déclarées et ayant retenu que l'assureur n'était pas tenu de vérifier l'exactitude des déclarations de l'assuré sur ses activités déclarées, un cour d'appel a pu en déduire que la garantie de l'assureur n'était pas due. • Civ. 3e, 14 sept. 2017 : *RGDA 2017. 547, note Asselain.*

29. *Obligation d'information de l'assureur.* L'assurance de responsabilité obligatoire dont l'existence peut influer sur le choix d'un constructeur étant imposée dans l'intérêt des maîtres d'ouvrage, il appartient à l'assureur, tenu d'une obligation de renseignement à l'égard de son assuré à qui il délivre une attestation nécessairement destinée à l'information des éventuels bénéficiaires de cette garantie, de fournir dans ce document les informations précises sur le secteur d'activité professionnelle déclaré. Dès lors, viole l'art. 1382 C. civ., ensemble les art. L. 241-1 et R. 243, al. 2, la cour d'appel qui déboute le maître d'ouvrage de son action délictuelle à l'encontre de l'assureur qui a délivré une attestation ne faisant pas mention de l'activité déclarée par le constructeur. • Civ. 3e, 17 déc. 2003 : *préc. note 25* • 29 mars 2006, n° 05-13.119 P • 11 mai 2006, n° 04-20.250 P • Civ. 3e, 27 janv. 2015, n° 13-26.591 : *RCA 2015, n° 138, note Groutel; RGDA 2015. 139, note Dessuet.* ♦ En revanche, aucune faute ne peut être reprochée à l'assureur, dès lors que l'attestation délivrée par l'assureur mentionne les seules activités couvertes. • Civ. 3e, 22 nov. 2018, n° 17-23.334 : *RGDA 2019. 26, note L. Karila.* ♦ Ainsi, ayant constaté qu'il résultait de l'attestation d'assurance délivrée par l'assureur que parmi les seules activités garanties se trouvaient les revêtements de sols et murs intérieurs en matériaux durs (marbre, carrelage, faïence) et que les travaux réalisés par le constructeur relevaient de l'activité revêtement de sols et murs extérieurs en matériaux durs et d'étanchéité qui ne faisaient pas partie des activités garanties, une cour d'appel a pu retenir que cette attestation énonçait clairement les activités pour lesquelles la garantie était acquise, et n'avait pu induire en erreur le maître de l'ouvrage ni l'assureur dommages-ouvrage, sur la portée de la garantie dont le constructeur bénéficiait. • Civ. 3e, 5 déc. 2012, n° 11-23.756 P : *RGDA 2013. 344, note L. Karila ; RCA 2013, n° 100, note Groutel.* ♦ En outre, l'assureur, qui fournit à son assuré une attestation, destinée à être présentée au maître de l'ouvrage, ne mentionnant aucune restriction quant aux activités déclarées, n'est plus recevable à opposer au tiers lésé les exceptions opposables à son assuré. • Civ. 3e, 3 mars 2004 : *Defrénois 2005. 68, obs. Périnet-Marquet; RCA 2004, n° 194, obs. Groutel ; RGDA 2004. 460, note Karila.*

30. *Opposabilité des conditions particulières.* Ayant relevé que l'assureur versait la photocopie des conditions particulières d'une assurance protection professionnelle des artisans du bâtiment concernant la société assurée pour les « activités garanties » de « maçonnerie béton armé, plâtrerie, carrelage et revêtements matériaux durs, charpente bois, menuiserie bois ou PVC ou métallique, couverture zinguerie », une cour d'appel a pu, sans violer l'art. 1165 C. civ., en déduire que l'assureur de responsabilité décennale, qui établissait que les activités garanties ne concernaient pas la pose de revêtements spéciaux et notamment de peinture « membrane » sur les parois d'une piscine, était fondé à opposer une non-garantie au maître de l'ouvrage. • Civ. 2e, 30 juin 2016, n° 15-18.206 : *RDI 2016. 483, note Noguéro ; RCA 2016, n° 321, note Groutel.*

31. *Maître d'œuvre.* La responsabilité encourue par le maître d'œuvre, qui a commis les fautes qui lui sont reprochées en outrepassant sa qualité d'architecte et en s'appropriant celle de maître d'ouvrage délégué, trouve son origine dans une activité étrangère au champ de la garantie souscrite. • Civ. 3e, 12 mai 2010 : *D. 2010. AJ 1417 ; RDI 2010. 379, note Boubli ; RGDA 2010. 1079, note Périer.*

2° LIMITATION À CERTAINES MODALITÉS JURIDIQUES D'INTERVENTION

32. *Construction de maisons individuelles.* Viole les art. L. 241-1, L. 243-8 et A. 243-1 ainsi que l'annexe I de ce dernier art. la cour d'appel qui, pour décider qu'un assureur ne doit pas sa garantie, retient que la police, souscrite en 1984 par un entrepreneur, comporte une clause parfaitement apparente d'exclusion de garantie pour les activités exercées par l'assuré en qualité de constructeur de maisons individuelles, alors qu'une telle clause, qui avait pour conséquence d'exclure de la garantie certains travaux de bâtiment réalisés par l'entrepreneur dans l'exercice de sa profession, faisait échec aux règles d'ordre public relatives à l'étendue de l'assurance de responsabilité obligatoire en matière de construction et devait, par suite, être réputée non écrite. • Civ. 3e, 17 juin 1992, n° 89-19.716 : *RGAT 1992. 568, note Périnet-Marquet.* ♦ V. égal. : • Civ. 1re, 15 déc. 1993, n° 91-10.437 : *RGAT 1994. 568, note Karila* • 29 juin 1994, n° 92-15.779 : *RGAT 1994. 825, note d'Hauteville.*

3° LIMITATION À CERTAINS MODES D'EXERCICE DE L'ACTIVITÉ DÉCLARÉE

33. Impossibilité de limiter la garantie en se fondant sur les modalités d'exécution de l'activité. Un assureur ne peut refuser à un constructeur la garantie résultant d'un contrat d'assurance obligatoire, en se fondant sur les modalités d'exécution de l'activité déclarée et non sur son objet. • Civ. 3e, 10 sept. 2008, n° 07-14.884 P : *RGDA 2008. 999, note J.-P. Karila.*

34. Possibilité de limiter la garantie en se fondant sur un procédé technique spécifique. Ayant relevé que le procédé Harnois permettait d'aménager les combles et d'effectuer une surélévation de la toiture afin de rendre utilisable l'espace existant entre la couverture et les plafonds considéré *a priori* comme perdu par suppression d'une multitude des barres de fermettes en bois ou métalliques, créant un volume libre à toute circulation et accessible à toute forme d'aménagement, la surface supplémentaire ainsi constituée pouvant être aménagée en pièces d'habitation, une cour d'appel a exactement retenu qu'au regard de la réalisation de ce type de travaux, conformément à des techniques particulières nécessitant des compétences spécifiques que l'entrepreneur était supposé détenir à la date de la souscription de son contrat d'assurance, les parties avaient entendu limiter la garantie de l'assureur de sorte que le recours au procédé Harnois contenu dans la clause relative à l'objet du contrat ne constituait pas une simple modalité d'exécution de l'activité déclarée, mais cette activité elle-même. • Civ. 3e, 16 janv. 2020, n° 18-22.108 : *RGDA mars 2020. 25, note Karila ; RDI 2020. 258, note Noguéro* • 30 janv. 2019, n° 17-31.121 : *RCA 2019, n° 119, note Groutel ; RGDA mars 2019. 41, note J.-P. Karila ; RDI 2019. 222, note Roussel*. ♦ Ayant constaté que l'entrepreneur avait souscrit une police garantissant ses responsabilités civile et décennale en déclarant l'activité n° 10 « Étanchéité sur supports horizontaux ou inclinés exclusivement par procédé Paralon » et constaté qu'il ne contestait pas avoir mis en œuvre un procédé d'étanchéité Moplas sbs et non un procédé Paralon, la cour d'appel, qui en a exactement déduit qu'il ne pouvait se prévaloir de la garantie de son assureur, peu important que les deux procédés eussent trait à l'étanchéité, a, par ces seuls motifs, légalement justifié sa décision. • Civ. 3e, 8 nov. 2018, n° 17-24.488 : *RCA 2018, n° 53 ; RGDA 2018. 561, note J.-P. Karila.*

4° EXCLUSION DE GARANTIE POUR USAGE DE PROCÉDÉS NON TRADITIONNELS

35. Clause réputée non écrite. La clause par laquelle l'assureur garantit les conséquences de la responsabilité incombant au constructeur pour les travaux de technique courante réalisés avec des matériaux et suivants des modes de construction, auxquels il est fait référence dans les documents techniques unifiés ou les normes françaises homologuées, ou plus généralement avec des matériaux et suivant des modes de construction traditionnels, ou selon des procédés ayant fait l'objet d'un avis technique accepté par l'association des assureurs de la construction, a pour conséquence d'exclure de la garantie certains travaux de bâtiment réalisés par l'assuré dans l'exercice de son activité d'entrepreneur, fait échec aux règles d'ordre public relatives à l'étendue de l'assurance de responsabilité obligatoire en matière de construction et doit, par suite, être réputée non écrite. • Civ. 3e, 19 juin 2007 : *RCA 2007, n° 285, note Groutel.* ♦ Déjà dans le même sens : • Civ. 3e, 25 janv. 1995, n° 93-13.576 P : *RCA 1995, n° 189* • 9 juill. 2003, n° 02-10.270 P : *RCA 2003, nos 272 et 273.*

5° AUTRES EXCLUSIONS DE GARANTIE

36. Exclusion de la réalisation de parois de soutènement autonome. Est réputée non écrite la clause prévoyant l'exclusion de la réalisation de parois de soutènement autonome, dans la mesure où elle a pour conséquence d'exclure de la garantie certains travaux de gros œuvre réalisés par l'assuré dans l'exercice de son activité d'entrepreneur et fait échec aux règles d'ordre public relatives à l'étendue de l'assurance de responsabilité obligatoire en matière de construction. • Civ. 3e, 5 nov. 2020, n° 18-18.341 : *RGDA déc. 2020. 45, note L. Karila ; RDI 2020. 689, note Charbonneau*

F. DÉCHÉANCE DE GARANTIE

37. Obligation pour l'assuré de garantir l'assureur de certaines réclamations. Ayant constaté que la police stipulait que le maître de l'ouvrage, vendeur en l'état futur d'achèvement, reconnaissait que le niveau du sous-sol inondable ne comportait pas, pour sa partie enterrée, de dispositifs aptes à s'opposer à toute remontée d'eau ou toute infiltration d'eau, renonçait à tout recours contre l'assureur pour toute conséquence dommageable qui pourrait résulter de l'infiltration d'eau dans ces locaux et s'engageait, en cas de vente de l'ouvrage assuré, à répercuter ces dispositions dans l'acte de vente et se portait garant vis-à-vis de l'assureur de toute réclamation pouvant émaner de ce fait de l'acquéreur, une cour d'appel en a déduit à bon droit, qu'en application de cette disposition claire du contrat, le maître de l'ouvrage devrit garantir et relever indemne l'assureur de responsabilité décennale des condamnations prononcées contre lui au bénéfice du syndicat des copriétaires. • Civ. 3e, 15 sept. 2016, n° 12-26.985 : *RCA 2016, n° 353, note Courtieu; RDI 2017. 105, obs. Dessuet*.

G. PLAFONDS DE GARANTIE ET FRANCHISE

38. Illicéité des plafonds de garantie. Les clauses types constituant l'annexe I de l'art. A. 243-1 précisant que ce contrat garantit le paiement des travaux de réparation de l'ouvrage et ne prévoyant pas, en ce qui concerne le coût des travaux, de limitation à cette garantie, l'assureur ne peut invoquer une limitation de garantie figurant dans une police d'assurance de responsabilité décennale. • Civ. 1re, 25 mai 1992 : *D. 1992. 469, note Dubois ; RGAT 1992. 566; RCA 1992. 338* • 12 mai 1993 : *D. 1993. IR 141.* ♦ L'assureur ne peut invoquer le plafond annuel de garantie prévu au contrat, qui, dans les assurances de responsabilité obligatoires relatives aux travaux du bâtiment, n'est pas opposable au tiers lésé. • Civ. 2e, 22 févr. 2007 : *RGDA 2007. 364, note Périer.*

39. Inopposabilité des franchises. La franchise obligatoire entre assureur et assuré est inopposable tant au tiers lésé, bénéficiaire de l'indemnité d'assurance, qu'à son assureur de dommages subrogé dans ses droits. • Civ. 1re, 4 mars 1986, n° 84-17.059 P : *RGAT 1986. 409; Gaz. Pal. 1987. 1. 52, note Berly.*

40. Action en remboursement de la franchise. L'action de l'assureur garantissant la responsabilité décennale, en remboursement du montant des franchises contractuelles payées aux assureurs dommages-ouvrage, ne peut être exercée contre l'assuré que postérieurement à son règlement à ces derniers, de sorte que la prescription ne peut commencer à courir qu'à compter de ce paiement. • Civ. 3e, 21 juin 2006, n° 04-19.002 P : *RCA 2006, n° 273, note Groutel.* ♦ Le recouvrement de la franchise suppose que la responsabilité décennale de l'assuré soit établie ou reconnue par lui. • Civ. 1re, 19 juin 2001, n° 98-23.438 P : *RCA 2001, n° 335, note Courtieu.*

H. GARANTIE DANS LE TEMPS

1° POINT DE DÉPART DE LA GARANTIE

41. Commencement effectif des travaux – Jurisprudence antérieure à l'arrêté du 19 nov. 2009. L'assurance de responsabilité couvre les travaux ayant fait l'objet d'une ouverture de chantier pendant la période de validité du contrat d'assurance. Cette notion s'entend comme le commencement effectif des travaux confiés à l'assuré. • Civ. 3e, 16 nov. 2011 : *RCA 2012, n° 80, note Groutel; RGDA 2012. 369, note J.-P. Karila; D. 2012. 1980, note Groutel* • 16 nov. 2017, n° 16-20.211 : *RCA 2018, n° 50, note Groutel* • 27 sept. 2006, n° 05-15.214 : *RCA 2006, n° 381, note Groutel; RGDA 2006. 957, note Karila.* ♦ Cette solution résulte des art. L. 241-1 et A. 253-1, qui sont d'ordre public, et des clauses types applicables au contrat d'assurance de responsabilité pour les travaux de bâtiment figurant à l'annexe I de cet art. • Civ. 3e, 16 nov. 2011 : *préc.* ♦ *Contra* : en l'absence d'une clause contraire de la police, seule la date du début des travaux de l'assuré, qui constitue pour lui le début du chantier, peut être retenue comme date de prise d'effet de la garantie. • Civ. 1re, 29 avr. 2003 : *RCA 2003, n° 211, obs. Courtieu; RGDA 2003. 511, note d'Hauteville.* ♦ Dans le même sens : • Civ. 3e, 13 nov. 2003, n° 01-02.428 : *RCA 2004, n° 105, obs. Groutel; RGDA 2004. 132, note d'Hauteville; Constr.-Urb. 2004, n° 27, obs. Pagès-de Varenne* • 18 févr. 2004, n° 02-18.414 : *D. 2004. IR 603 ; RCA 2004, n° 106, obs. Groutel; RGDA 2004. 471, note Karila.* ♦ V. par ailleurs, antérieurement, retenant la date de déclaration d'ouverture du chantier : • Civ. 1re, 7 mai 2002 : *Gaz. Pal. 2003. 433, note Courtieu; RCA 2002, n° 267.* ♦ **BIBL.** Courtieu, *RCA 2002. Chron. 20; ibid. 2004. Chron. 12.*

42. Clause de reprise du passé. Sauf clause de reprise du passé, l'assurance de responsabilité décennale obligatoire ne couvre, pour la durée de la responsabilité pesant sur l'assuré, que les seuls travaux ayant fait l'objet d'une ouverture de chantier pendant la période de validité du contrat d'assurance. • Civ. 3e, 25 janv. 2011 : *RGDA 2011. 781, note Périer.*

43. Dommages postérieurs à la date d'effet de la garantie. Encourt la cassation le jugement qui condamne l'assureur à garantir au motif que les dommages étaient survenus après la date d'effet de la police, alors que le chantier avait été ouvert avant cette date. • Civ. 1re, 10 janv. 1990 : *RGAT 1990. 151.*

44. Réception antérieure à la prise d'effet de la police, mais travaux postérieurs à la décision du BCT. Dès lors que le Bureau central de tarification a décidé qu'un assureur devait accorder pour certains travaux la garantie obligatoire prévue par l'art. L. 241-1 à une entreprise, une cour d'appel ne peut mettre cet assureur hors de cause au motif que les travaux avaient fait l'objet d'une réception avant la prise d'effet de la police, alors qu'ils avaient été réalisés après la décision du Bureau central de tarification, que l'entreprise avait fait valoir que l'assureur savait qu'ils étaient déjà terminés lorsque la police avait été signée et la prime réclamée, et qu'il y avait une contradiction entre la demande de paiement de la prime et la fixation d'un point de départ de la police rendant l'assurance sans cause. • Civ. 1re, 3 mai 1995, n° 93-15.768 P : *RGAT 1995. 548, note Périnet-Marquet.*

45. Fusion-absorption. L'assurance de responsabilité décennale souscrite par la société absorbante, même après une fusion-absorption, n'a pas vocation à couvrir, sauf stipulation contraire acceptée par l'assureur, la responsabilité décennale de la société absorbée du chef de travaux réalisés par celle-ci antérieurement à la fusion-absorption. Viole les art. L. 124-5, L. 241-1 et A. 243-1 C. assur., la cour d'appel qui retient que l'opération de fusion-absorption a été réalisée antérieurement à la couverture de risque par l'assureur, qu'il importe peu que la société absorbée n'ait jamais été assurée en garantie décennale dès lors qu'aux termes des conditions générales la garantie s'applique aux dommages survenus en cours de contrat et que, conformément aux dispositions de l'art. L. 124-5 C. assur., la garantie déclenchée par la réclamation couvre l'assuré contre les conséquences pécuniaires des sinistres dès lors que le fait dommageable est antérieur à la date d'expiration de la garantie. • Civ. 3e, 24 juin 2021, nº 20-16.785 : *RGDA août-sept. 2021. 29, note Mayaux; RCA 2021, nº 198, note Bertolaso; RDI 2021. 494, note Charbonneau* ✎. ♦ Selon l'art. 1134 C. civ., dans sa rédaction antérieure à celle issue de l'Ord. du 10 févr. 2016, les conventions légalement formées tiennent lieu de loi à ceux qui les ont faites. Il résulte de l'art. L. 236-3 C. com., dans sa version applicable à la cause, que, en cas de fusion entre deux sociétés par absorption de l'une par l'autre, la dette de responsabilité de la société absorbée est transmise de plein droit à la société absorbante. Toutefois, l'assurance de responsabilité de la société absorbante, souscrite avant la fusion, n'a pas vocation à garantir le paiement d'une telle dette, dès lors que le contrat d'assurance couvre, sauf stipulation contraire, la responsabilité de la seule société assurée, unique bénéficiaire, à l'exclusion de toute autre, même absorbée ensuite par l'assurée, de la garantie accordée par l'assureur en fonction de son appréciation du risque. • Civ. 3e, 26 nov. 2020, nº 19-17.824 : *RGDA janv. 2021. 81, note Mayaux; JCP 2021. 178, note Pimbert; ibid. Doct. 240, nº 5, note Virassamy; JCP E 1108, note Touzain; Dr. sociétés, 2021, nº 7, note Hamelin.*

2º DURÉE DE LA GARANTIE

46. Durée de la responsabilité. Le contrat d'assurance qu'est tenue de souscrire toute personne dont la responsabilité peut être engagée sur le fondement de la présomption établie par les art. 1792 s. C. civ. à propos des travaux de bâtiment couvre, pour la durée de la responsabilité pesant sur l'assuré, les travaux ayant fait l'objet d'une ouverture de chantier pendant la période de validité fixée aux conditions particulières. Il importe peu que le contrat ait été résilié antérieurement à la réception des travaux. • Civ. 1re, 14 janv. 1992, nº 90-10.137 P : *RGAT 1992. 325; RCA 1992. 162.* ♦ L'assurance de responsabilité décennale obligatoire ne couvre, pour la durée de la responsabilité pesant sur l'assuré, que les seuls travaux ayant fait l'objet d'une ouverture de chantier pendant la période de validité du contrat d'assurance. • Civ. 3e, 25 janv. 2011 : *RGDA 2011. 781, note Périer.*

III. MISE EN ŒUVRE DE LA GARANTIE

A. ACTION DIRECTE

47. Responsabilité de l'assuré. L'exercice de l'action directe par la victime contre l'assureur de l'auteur du dommage suppose l'établissement de la responsabilité de l'assuré à l'égard de la victime et du montant de la créance d'indemnisation de celle-ci contre l'assuré. • Civ. 3e, 2 mars 2005 : *RCA 2005, nº 168, note crit. Groutel.* ♦ Mais, la décision judiciaire qui condamne un assuré à raison de sa responsabilité constitue pour l'assureur qui a garanti celle-ci la réalisation, tant dans son principe que dans son étendue, du risque couvert. • Civ. 3e, 19 juin 1991 : *RGAT 1991. 878; RDI 1991. 363* ✎. ♦ Sur le cas de fraude de l'assuré : • Paris, 13 févr. 1987 : *Gaz. Pal. 1987. 1. 274, note Valléry-Radot.*

48. Action en responsabilité prescrite. Est recevable l'action de l'assureur dommages-ouvrage subrogé dans les droits et actions du maître de l'ouvrage, exercée directement à l'encontre de l'assureur de responsabilité des constructeurs, bien que l'action de l'assureur dommages-ouvrage subrogé soit prescrite à l'encontre de l'assuré, cette action directe n'étant pas subordonnée à la mise en cause de l'assuré. • Civ. 3e, 24 oct. 2007, nº 06-17.295 P : *D. 2007. 2872* ✎*; ibid. 2009. 253, obs. Groutel* ✎*; RGDA 2008. 124, note J.-P. Karila; JCP 2008. II. 10040, note Guyader.*

49. Prescription de l'action directe. L'action de la victime contre l'assureur de responsabilité, qui trouve son fondement dans le droit de la victime à réparation de son préjudice, se prescrit par le même délai que son action contre le responsable et ne peut être exercée contre l'assureur, au-delà de ce délai, que tant que celui-ci reste exposé au recours de son assuré. L'interruption de la prescription de l'action en responsabilité dirigée contre l'assuré est sans effet sur l'action directe dirigée contre l'assureur. • Civ. 2e, 17 févr. 2005, nº 03-16.590 P : *RGDA 2005. 433, note J.-P. Karila* • Civ. 3e, 18 déc. 2012 : *RCA 2013, nº 101, note Groutel.* ♦ Ainsi, ayant relevé que la réception des travaux était fixée au 14 sept. 1995, que le maître de l'ouvrage avait assigné l'architecte en référé-expertise le 10 sept. 2004 et son assureur de responsabilité sur le fondement de la garantie décennale le 5 mars 2009, une cour d'appel en a exactement déduit que l'action du maître de l'ouvrage à l'égard de l'assureur n'avait pas été diligentée dans les dix ans de la réception et qu'à défaut pour le maître de l'ouvrage d'avoir exercé son recours à l'encontre de l'assureur de l'architecte responsable, avant le 10 sept. 2006, son action était prescrite. • Civ. 3e, 15 mai 2013, nº 12-18.027 P : *RCA 2013, nº 274, note Groutel.*

50. Prescription et dualité de polices. L'assignation de l'assureur en sa seule qualité d'assureur dommages-ouvrage n'ayant pas interrompu le délai de prescription de l'action engagée pour le même ouvrage contre la même société, prise en sa qualité d'assureur de responsabilité civile décennale, cette action était prescrite. • Civ. 3e, 29 mars 2018, n° 17-15.042 : *D. 2018. 719 ; RDI 2018. 354, obs. Noguéro ; RTD civ. 2018. 642, obs. Barbier ; RCA 2018, n° 180, note Groutel ; RGDA 2018. 309, note Karila ; Procédures 2018, Chron. 4, n° 5, note V. Mazeaud ; RGDA 2013. 926, note J.-P. Karila ; RDI. 2013. 484, note L. Karila*. ♦ L'assignation en référé-expertise constitue une action en justice, au sens de l'art. L. 114-1 C. assur., qui fait courir le délai de prescription biennale de l'action de l'assuré contre son assureur lorsque celle-ci a pour cause le recours d'un tiers. Une cour d'appel, qui a relevé que les travaux réalisés par l'entreprise avaient été tacitement réceptionnés au plus tard le 30 nov. 2005 et que l'action directe à l'encontre de l'assureur avait été engagée le 15 sept. 2016, a constaté que l'entreprise avait été assignée en expertise commune le 19 avr. 2012. Il en résulte que le délai biennal durant lequel l'assureur de responsabilité décennale se trouve exposé au recours de son assuré, qui courait à compter de cette dernière date, était expiré au jour de l'action. • Civ. 3e, 19 mars 2020, n° 19-12.800 : *RGDA mai 2020. 39, note Karila*.

51. *Réception des travaux.* L'assurance obligatoire de la responsabilité du constructeur ne prend effet qu'après réception des travaux et se distingue de l'assurance de dommages souscrite au bénéfice de l'entrepreneur tenu de reprendre à ses frais les travaux défectueux avant livraison. Dès lors, les victimes de malfaçons ne disposent d'aucune action directe contre l'assureur de l'entrepreneur ayant abandonné le chantier. • Civ. 1re, 7 juin 1989, n° 87-11.532 P : *D. 1989. IR 202 ; JCP 1989. VI. 291 ; RGAT 1989. 595 ; RCA 1989. 325*. ♦ Rappr. : • Civ. 1re, 20 oct. 1992 : *RCA 1992. 473* • 6 janv. 1994, n° 90-19.612 P • 13 nov. 1996 : *RGDA 1997. 196, note Périnet-Marquet*. ♦ Mais, encourt la cassation l'arrêt qui, pour débouter un maître d'ouvrage de son action en réparation de malfaçons, fondée sur la garantie décennale et dirigée contre l'entrepreneur qui a abandonné le chantier avant l'achèvement des travaux, se borne à affirmer que la construction de l'immeuble n'est pas terminée et que la réception ne peut intervenir que lorsque l'ouvrage est achevé, ajoutant ainsi à la loi une condition qu'elle ne comporte pas. • Civ. 3e, 12 juill. 1989, n° 88-10.037 P : *D. 1989. IR 238 ; RDI 1990. 83, obs. Malinvaud et Boubli ; ibid. 104, obs. Dubois*. ♦ Dans le même sens : • Civ. 3e, 9 oct. 1991, n° 90-14.739 P : *D. 1991. IR 240 ; JCP 1991. IV. 426*.

52. *Défaut de paiement des primes.* Selon l'art. 1289 C. civ., la compensation ne s'opère qu'entre deux personnes qui se trouvent débitrices l'une de l'autre ; que si, aux termes de l'art. L. 112-6, l'assureur peut opposer au porteur de la police ou du tiers qui en invoque le bénéfice les exceptions opposables au souscripteur originaire, cette disposition n'autorise pas l'assureur de responsabilité à déduire de l'indemnité due à la victime le montant des primes échues à la date du sinistre et non réglées. Dès lors, un maître de l'ouvrage exerçant l'action directe en raison de désordres apparus dans la construction contre l'assureur du maître d'œuvre dont il n'était pas le débiteur ne peut se voir opposer par celui-ci la créance de primes qu'il avait sur l'assuré. • Civ. 1re, 28 avr. 1993 : *D. 1993. IR 141*.

B. ASSURANCES CUMULATIVES

53. *Assurance pour compte et assurance souscrite directement.* Une assurance de second rang, souscrite pour le compte du fabricant, venant en complément et après épuisement des garanties et franchises des polices souscrites par celui-ci pour son propre compte, la cour d'appel a pu en déduire qu'il n'existait aucun cumul d'assurances. • Civ. 3e, 15 mars 2006 : *RCA 2006, n° 207*.

C. RECOURS DE L'ASSUREUR DE RESPONSABILITÉ

54. *Fondement du recours.* L'assureur du maître d'œuvre se trouve, par l'effet du paiement effectué, subrogé dans les droits de son assuré mais non dans ceux du maître de l'ouvrage, et n'est dès lors pas fondé à se prévaloir de l'imprécision de l'attestation d'assurance délivrée par l'assureur de l'entreprise avec laquelle le maître dœuvre a été condamné *in solidum*. • Civ. 3e, 25 févr. 2009, n° 08-11.249 P : *RDI 2009. 311, note Dessuet ; RGDA 2009. 511, note J.-P. Karila*. ♦ Les personnes responsables de plein droit en application des art. 1792 s. C. civ., lesquelles ne sont pas subrogées après paiement dans le bénéfice de cette action réservée au maître de l'ouvrage et aux propriétaires successifs de l'ouvrage en vertu des articles précités, ne peuvent agir en garantie ou à titre récursoire contre les autres responsables tenus avec elles au même titre que sur le fondement de la responsabilité de droit commun applicable dans leurs rapports. • Civ. 3e, 8 juin 2011, n° 09-69.894 P : *RCA 2011, n° 361, note Groutel ; Constr.-Urb. 2011, n° 131, note Pagès-de Varenne*. ♦ Les constructeurs et leurs assureurs, qui ne sont pas subrogés dans les droits du maître d'ouvrage contre le fournisseur d'EPERS, disposent à l'encontre de celui-ci d'une action fondée sur les vices cachés de la chose vendue. • Civ. 3e, 28 janv. 2014 : *RGDA 2014. 234, note Pélissier*. ♦ Comp. : • Civ. 3e, 8 nov. 2018, n° 17-13.833 : *RCA 2018, n° 54 ; JCP 2019. 96, note J.-P. Karila ; RGDA 2018, note J.-P. Karila ; RDI 2019. 169, note Charbonneau*.

55. *Mobilisation de l'assurance de responsabilité décennale.* Viole les art. L. 124-3 et L. 241-1, la cour d'appel qui rejette le recours en garantie formé par des constructeurs et leur assureur contre l'assureur de responsabilité décennale d'un autre constructeur en prenant en compte, non la nature des désordres, mais le fondement juridique de la responsabilité de l'assuré, alors que l'assureur de responsabilité décennale d'un constructeur doit sa garantie pour les désordres relevant de la garantie décennale. • Civ. 3e, 8 nov. 2018, n° 17-13.833 : *RCA 2018, n° 54 ; JCP 2019. 96, note J.-P. Karila ; RDI 2019. 169, note Charbonneau*. ♦ *Contra*, précédemment écartant la mobilisation de l'assurance de responsabilité décennale : • Civ. 3e, 12 déc. 2001, n° 99-22.950 P : *RDI 2002. 86, note Malinvaud ; AJDI 2002. 305, note Giverdon ; D. 2003. 1328, note Giverdon.*

IV. SINISTRE

56. *Même origine ou cause technique.* Justifie sa décision la cour d'appel qui relève souverainement que les malfaçons imputables à une entreprise se rattachaient à une même origine ou cause technique et constituaient un seul et même sinistre auquel s'appliquait la limitation de garantie par sinistre prévue par la police. • Civ. 3e, 22 févr. 1989 : *RGAT 1989. 370.* ♦ De même, après avoir relevé que les deux éboulements survenus procédaient d'une seule origine, à savoir une faute de l'architecte analysée et caractérisée par une décision de justice antérieure devenue irrévocable, faute dont les dommages n'avaient été que les manifestations successives, une cour d'appel a estimé que ces deux évènements et leur incidence financière constituaient un seul et même sinistre auquel était applicable un seul et même plafond de garantie. • Civ. 1re, 6 déc. 1988 : *RGAT 1989. 89.*

Art. L. 241-2 **Celui qui fait réaliser pour le compte d'autrui des** *(Ord. n° 2005-658 du 8 juin 2005, art. 3-IV)* **« travaux de construction » doit être couvert par une assurance de responsabilité garantissant les dommages visés aux articles 1792 et 1792-2 du code civil et résultant de son fait.**

Il en est de même lorsque *(Ord. n° 2005-658 du 8 juin 2005, art. 3-V)* **« les travaux de construction sont réalisés » en vue de la vente.** — *Assur. L. 242-1 s., L. 243-2 s.*

COMMENTAIRE

Alors que l'article L. 241-1 indique que les personnes physique ou morale dont la responsabilité décennale peut être engagée sur le fondement des articles 1792 et suivants du code civil doivent souscrire une assurance de responsabilité décennale, ce qui renvoie à la définition du constructeur de l'article 1792 du code civil, l'article L. 241-2 précise expressément que deux catégories de constructeurs doivent obligatoirement souscrire une telle assurance. Il s'agit :
– des personnes qui font réaliser pour le compte d'autrui des travaux de construction, c'est-à-dire des promoteurs immobiliers ;
– des vendeurs d'immeuble à construire.

CHAPITRE II L'ASSURANCE DE DOMMAGES OBLIGATOIRE

Art. L. 242-1 *(L. n° 89-1014 du 31 déc. 1989)* **« Toute personne physique ou morale qui, agissant en qualité de propriétaire de l'ouvrage, de vendeur ou de mandataire du propriétaire de l'ouvrage, fait réaliser des** *(Ord. n° 2005-658 du 8 juin 2005, art. 3-VI)* **« travaux de construction », doit souscrire avant l'ouverture du chantier, pour son compte ou pour celui des propriétaires successifs, une assurance garantissant, en dehors de toute recherche des responsabilités, le paiement de la totalité des travaux de réparation des dommages de la nature de ceux dont sont responsables les constructeurs au sens de l'article 1792-1, les fabricants et importateurs ou le contrôleur technique sur le fondement de l'article 1792 du code civil.**

« Toutefois, l'obligation prévue au premier alinéa ci-dessus ne s'applique ni aux personnes morales de droit public *(L. n° 2008-735 du 28 juill. 2008, art. 45)* **« , ni aux personnes morales assurant la maîtrise d'ouvrage dans le cadre d'un contrat de partenariat conclu en application de l'article 1er de l'ordonnance n° 2004-559 du 17 juin 2004 sur les contrats de partenariat, » ni aux personnes morales exerçant une activité dont l'importance dépasse les seuils mentionnés au dernier alinéa de l'article** *(L. n° 94-5 du 4 janv. 1994)* **« L. 111-6 », lorsque ces personnes font réaliser pour leur compte des** *(Ord. n° 2005-658 du 8 juin 2005, art. 3-VI)* **« travaux de construction » pour un usage autre que l'habitation.**

« L'assureur a un délai maximal de soixante jours, courant à compter de la réception de la déclaration du sinistre, pour notifier à l'assuré sa décision quant au principe de la mise en jeu des garanties prévues au contrat.

« Lorsqu'il accepte la mise en jeu des garanties prévues au contrat, l'assureur présente, dans un délai maximal de quatre-vingt-dix jours, courant à compter de la réception de la déclaration du sinistre, une offre d'indemnité, revêtant le cas échéant

un caractère provisionnel et destinée au paiement des travaux de réparation des dommages. En cas d'acceptation, par l'assuré, de l'offre qui lui a été faite, le règlement de l'indemnité par l'assureur intervient dans un délai de quinze jours.

« Lorsque l'assureur ne respecte pas l'un des délais prévus aux deux alinéas ci-dessus ou propose une offre d'indemnité manifestement insuffisante, l'assuré peut, après l'avoir notifié à l'assureur, engager les dépenses nécessaires à la réparation des dommages. L'indemnité versée par l'assureur est alors majorée de plein droit d'un intérêt égal au double du taux de l'intérêt légal.

« Dans les cas de difficultés exceptionnelles dues à la nature ou à l'importance du sinistre, l'assureur peut, en même temps qu'il notifie son accord sur le principe de la mise en jeu de la garantie, proposer à l'assuré la fixation d'un délai supplémentaire pour l'établissement de son offre d'indemnité. La proposition doit se fonder exclusivement sur des considérations d'ordre technique et être motivée.

« Le délai supplémentaire prévu à l'alinéa qui précède est subordonné à l'acceptation expresse de l'assuré et ne peut excéder cent trente-cinq jours. »

(L. nº 94-5 du 4 janv. 1994) **« L'assurance mentionnée au premier alinéa du présent article » prend effet après l'expiration du délai de garantie de parfait achèvement visé à l'article 1792-6 du code civil. Toutefois, elle garantit le paiement des réparations nécessaires lorsque :**

Avant la réception, après mise en demeure restée infructueuse, le contrat de louage d'ouvrage conclu avec l'entrepreneur est résilié pour inexécution, par celui-ci, de ses obligations ;

Après la réception, après mise en demeure restée infructueuse, l'entrepreneur n'a pas exécuté ses obligations.

Toute entreprise d'assurance agréée dans les conditions fixées par l'article L. 321-1, même si elle ne gère pas les risques régis par les articles L. 241-1 et L. 241-2 ci-dessus, est habilitée à prendre en charge les risques prévus au présent article. – *C. assur. L. 125-5, L. 191-7, L. 243-2 s.*

Sur la notion de travaux de construction, V. ss. l'art. L. 241-1 ; ... les délais, V. ss. l'art. A. 243-1 (annexe II).

BIBL. ▶ BIGOT, *RGAT 1990. 25.* – HELLER, *RDI 1990. 445*. – LEGUAY, *ibid. 1990. 99* (assurance de dommages obligatoire). – COURTIEU, *RCA 1994. Chron. 32* (finalité de l'assurance). – KARILA, *RGAT 1987. 310* (contrat dommages-ouvrage). – AMBACHER, *RDI 1989. 23* (police constructeur non réalisateur). – DURRY, *RDI 1986. 224.* – LEGUAY, *ibid. 1988. 487* (dérogations à l'obligation d'assurance). – GROUTEL, *RCA 1990. Chron. 23* (existants). – S. C. CHÉTIVAUX-DAVID, *JCP 1985. I. 3175.* – LEGUAY et BERLY, *RDI 1989. 13* (théorie de l'absence d'ouvrage). – LEGUAY, *RDI 1987. 365* (dommages intermédiaires). – J.-CL. CHÉTIVAUX-DAVID, *JCP 1988. I. 3346 ; ibid. 1989. I. 3400* (réserves à la réception). – COURTIEU, *RCA 1995. Chron. 22* (inachèvement des travaux). – DUBOIS, *RDI 1990. 387*. – LEGUAY, *ibid. 1988. 488* (franchise). – BERTIN et CHEVALIER, *ibid. 1989. 228.* – DURRY, *ibid. 1982. 266 et 1984. 76.* – GROUTEL, *RCA 1990. Chron. 7* (expertise). – KARILA, *Gaz. Pal. 1984. 2. Doctr. 441.* – LEGUAY et DUBOIS, *RDI 1990. 509* (règlement des sinistres). – DAVIN, *RDI 1997. 377* (rôle de l'avocat). – CATTAN, *Gaz. Pal. 1999. 1. Doctr. 51.* – COURTIEU, *RCA 2004. Chron. 3* (assureur dommages-ouvrage et caution). – LESAGE, *RGDA 2005. 333.* – BIGOT, *JCP 2005. I. 148.* – LESAGE, *RGDA 2012. 305* (garantie automatique de l'assurance dommages-ouvrage) ; *ibid. 2013. 14* (déclaration du risque et des aggravations du risque dans le contrat d'assurance dommages-ouvrage).

COMMENTAIRE

Complété par les clauses types de l'annexe II de l'article A. 243-1, l'article L. 242-1 énonce les règles applicables à l'assurance obligatoire de dommages-ouvrage.

I. L'OBLIGATION D'ASSURANCE

A. LES PERSONNES

1. LES PERSONNES ASSUJETTIES À L'OBLIGATION D'ASSURANCE

Trois catégories de personnes physiques ou morales sont assujetties à l'obligation de souscrire une assurance de dommages-ouvrage. Il s'agit :

– du « propriétaire de l'ouvrage », qui peut être une société de construction ou un particulier, même si celui-ci construit lui-même sa maison (le « castor ») ;

– du « vendeur de l'ouvrage », ce qui vise en réalité non seulement le vendeur en l'état futur d'achèvement, mais aussi le crédit-bailleur de construction, le preneur à bail à construction ou encore le promoteur immobilier envisagé par l'article 1831-1 du code civil (Crim., 11 juin 1985) ;

– du « mandataire du propriétaire de l'ouvrage », qui peut être un administrateur de biens, un syndic de copropriété (Crim., 22 mai 1989) ou un maître d'ouvrage délégué.

2. LES PERSONNES NON ASSUJETTIES À L'OBLIGATION D'ASSURANCE

Trois catégories de personnes sont dispensées de souscrire une assurance de dommages-ouvrage. Il s'agit :

– des personnes morales de droit public ;

– des personnes morales de droit privé réalisant une activité importante et susceptibles donc d'assumer le préfinancement de la réparation des désordres ; ces personnes morales doivent remplir au moins deux des critères de l'article R. 111-1, par renvoi de l'article L. 242-1 *via* l'article L. 111-6, à savoir :

▶ afficher plus de 6,2 millions d'euros au total du dernier bilan ;

▶ avoir réalisé un chiffre d'affaires supérieur à 12,8 millions d'euros lors du dernier exercice ;

▶ avoir employé plus de 250 personnes lors du dernier exercice ;

– des personnes morales de droit privé assurant la maîtrise d'ouvrage dans le cadre d'un contrat de partenariat conclu avec l'État ou ses établissements.

Pour être dispensées de souscrire une assurance de dommages-ouvrage, ces personnes morales doivent néanmoins réaliser des travaux de construction pour un usage autre que l'habitation. Cette notion a été précisée par une réponse ministérielle publiée le 6 août 1990 indiquant que doivent être considérés comme des bâtiments d'habitation, « les bâtiments à usage de logements y compris les foyers tels que les foyers de jeunes travailleurs et les foyers pour personnes âgées ». En revanche, ne constituent pas des bâtiments d'habitation « les hôpitaux, les prisons, les écoles ou les casernes ». Quant aux « bâtiments partiellement affectés à l'habitation », ceux-ci devraient être couverts par une assurance de dommage-ouvrage pour leur ensemble dès lors qu'ils forment un ensemble technique que l'on ne peut diviser (Question 25290, *JOAN 6 août 1990, p. 3796*).

B. LES OUVRAGES

Avant l'ordonnance n° 2005-658 du 8 juin 2005, l'obligation d'assurance était conditionnée à la réalisation de « travaux de bâtiment » par l'assuré. Imprécise, cette notion été remplacée par celle de « travaux de construction » en 2005. Toute personne soumise à l'obligation d'assurance doit donc souscrire une assurance dommages-ouvrage dès lors qu'elle réalise des travaux de construction d'un ouvrage. Et, si le législateur n'a pas défini la notion d'ouvrage, il a indiqué, à l'article L. 243-1-1, que certains ouvrages ne sont pas soumis à l'obligation d'assurance (V. comm. ss. art. L. 243-1).

C. PREUVE

Depuis la loi n° 2015-990 du 6 août 2015, les personnes soumises à l'obligation d'assurance ne doivent plus simplement « être en mesure de justifier » qu'elles ont souscrit un contrat d'assurance à l'ouverture du chantier. Ces personnes doivent dorénavant « justifier » de la souscription d'une telle assurance par la remise d'une attestation d'assurance réglementée par l'article L. 243-2 (V. comm. ss. cet art.), sachant que le défaut d'assurance est sanctionné par les règles de l'article L. 243-3 (V. comm. ss. cet art.).

D. SANCTIONS

Le défaut de souscription d'une assurance de dommages-ouvrage peut faire l'objet de sanctions pénales selon les modalités de l'article L. 243-3 du code des assurances (V. comm. ss. cet art.).

Mais, le défaut de souscription d'une telle assurance peut aussi engager la responsabilité civile du maître de l'ouvrage ou de celui qui devait la souscrire. Ainsi, l'absence de souscription d'une assurance de dommages-ouvrage par un vendeur ou un promoteur (Crim., 11 juin 1985) cause un préjudice aux propriétaires successifs de l'immeuble, qui ne bénéficient pas du préfinancement des travaux avant la mise en œuvre de la responsabilité du constructeur responsable. Cette faute est bien à l'origine d'un préjudice.

En revanche, la jurisprudence refuse de retenir la responsabilité du maître de l'ouvrage à l'égard du constructeur pour défaut de souscription d'une assurance de dommages-ouvrage. La Cour de cassation estime ainsi que l'absence d'assurance n'est ni une cause des désordres, ni une cause exonératoire de la responsabilité de plein droit mise à la charge du locateur d'ouvrage (Civ. 3e, 30 mars 1994). Mais la Cour de cassation va plus loin dans cette logique. Prolongeant ce raisonnement, elle retient en effet que l'absence de mise en œuvre de l'assurance de dommages-ouvrage n'a pas pour effet d'exonérer le constructeur de sa responsabilité (Civ. 3e, 1er mars 2006) et qu'il en est de même pour la mise en œuvre tardive de l'assurance de dommages-ouvrage (Civ. 3e, 11 oct. 1995). En raisonnant de la sorte, la Cour de cassation laisse clairement entendre que le maître de l'ouvrage n'est pas tenu de minimiser son dommage à l'égard du constructeur responsable.

II. LES CARACTÉRISTIQUES DE LA GARANTIE

A. LES BÉNÉFICIAIRES DE LA GARANTIE

1. EN CAS DE VENTE

Selon les clauses types applicables aux contrats d'assurance de dommages-ouvrage (Art. A. 243-1, Annexe II), l'assuré est « le souscripteur et les propriétaires successifs de l'ouvrage au bénéfice desquels est souscrit le contrat ». Cette formulation est néanmoins maladroite. En effet, ainsi que l'a précisé la jurisprudence, il est de principe qu'en cas de vente, l'assurance de dommages-ouvrage est transmises aux propriétaires de l'ouvrage (Civ. 3e, oct. 2004) ou au syndicat des copropriétaires (Civ. 3e, 17 mars 1999). Le vendeur de l'ouvrage, souscripteur du contrat d'assurance, ne peut donc plus par principe invoquer le bénéfice de l'assurance après la vente. Seul le nouveau propriétaire peut agir contre l'assureur de dommages-ouvrage. Toutefois, la jurisprudence estime que s'il a réglé le montant des réparations d'un sinistre après la vente, il peut agir contre l'assureur dommages-ouvrage en sa qualité de subrogé dans les droits des propriétaires (Civ. 1re, 15 oct. 1991).

Par ailleurs, en cas de sinistre, l'indemnisation est, selon la jurisprudence traditionnelle, versée au propriétaire au moment du sinistre (Civ. 1re, 10 juin 1997). Partant, si l'ouvrage a été vendu avant le versement de l'indemnité, l'acquéreur ne peut réclamer l'indemnité d'assurance. Mais les parties au contrat de vente peuvent prévoir que, par exception, l'indemnité sera due à l'acquéreur. Cela étant, ces solutions ont été remises en cause par un arrêt de la Cour de cassation du 15 septembre 2016 aux termes duquel sauf clause contraire, l'acquéreur de l'immeuble a seul qualité à agir en paiement des indemnités d'assurance contre l'assureur garantissant les dommages à l'ouvrage, même si la déclaration de sinistre a été effectuée avant la vente (Civ. 3e, 15 sept. 2016). Cette solution en définitive de respecter le principe de l'affectation de l'indemnité à la réparation des désordres dégagée par la jurisprudence (Civ. 3e, 17 déc. 2003).

2. EN CAS DE CRÉDIT-BAIL

En cas de crédit-bail, la jurisprudence retient que le crédit-preneur est le bénéficiaire de l'assurance, dès lors que le crédit-bailleur ne revendique aucun droit sur cette indemnité et que le crédit-preneur a financé les travaux de remise en état (Civ. 1re, 17 juill. 2001). De même, la Cour de cassation a affirmé que même si le crédit-preneur a souscrit le contrat d'assurance de dommages-ouvrage en qualité de mandataire du crédit-bailleur, le contrat d'assurance peut bénéficier au crédit-preneur dès lors qu'il a intérêt à se prévaloir du contrat et que le crédit-bailleur n'entendait pas faire jouer la garantie à son profit (Civ. 1re, 12 févr. 2002).

B. LES DOMMAGES GARANTIS

L'article L. 242-1 prévoit d'une façon générale que l'assurance de dommages-ouvrage garantit « le paiement de la totalité des travaux de réparation des dommages de la nature de ceux dont sont responsables les constructeurs au sens de l'article 1792-1, les fabricants et importateurs ou le contrôleur technique sur le fondement de l'article 1792 du code civil ». Par ailleurs, les clauses types, annexées à l'article A. 243-1, prévoient que « le contrat a pour objet de garantir, en dehors de toute recherche de responsabilité, le paiement des travaux de réparation des dommages à l'ouvrage réalisé » et que « les travaux de réparation des dommages comprennent également les travaux de démolition, déblaiement, dépose ou démontage éventuellement nécessaires ». Il en résulte que l'assureur de dommages-ouvrage ne garantit que des désordres de nature décennale et ne prend en charge que les dommages matériels. Mais, le maître de l'ouvrage peut souscrire une garantie complémentaire pour les dommages immatériels.

En conséquence :

– Avant la réception de l'ouvrage, l'assurance de dommages-ouvrage est, selon l'alinéa 9 de l'article L. 242-1, susceptible d'intervenir après mise en demeure infructueuse de l'entrepreneur et résiliation du contrat de louage d'ouvrage avec l'entrepreneur pour inexécution. La mise en demeure de l'entrepreneur n'est toutefois pas requise lorsqu'elle est impossible ou inutile en raison de la disparition (Civ. 1re, 10 juill. 1995), de la cessation d'activité (Civ. 1re, 23 juin 1998) ou encore de la liquidation judiciaire de l'entrepreneur (Civ. 3e, 6 mars 2002). En outre, l'assignation de l'entrepreneur en référé (Civ. 1re, 14 oct. 1997) ou en résolution du contrat (Civ. 1re, 23 mai 2000) vaut mise en demeure.

Lorsque ces conditions sont réunies, l'assureur ne prend en charge que la réparation des désordres de nature décennale affectant les travaux (Civ. 3e, 8 mars 1995). En revanche, il ne garantit ni l'achèvement de l'ouvrage (Civ. 3e, 10 mai 1989) ni les dommages immatériels (Civ. 1re, 27 févr. 1994).

– Après la réception de l'ouvrage, l'assurance de dommages-ouvrage va couvrir la réparation des désordres de nature décennale (Civ. 1re, 3 juill. 1990) et ne va pas garantir les dommages immatériels (Civ. 1re, 18 févr. 2003). Cela étant, par exception, l'assureur de dommages-ouvrage est tenu de garantir, après mise en demeure infructueuse de l'entrepreneur, les dommages réservés à la réception (Civ. 1re, 4 juin 1991) et ce donc même s'ils ne relèvent pas de la responsabilité décennale des constructeurs. Si les clauses types de l'annexe II de l'article A. 243-1 indiquent que la mise en demeure doit se faire par lettre recommandée ou par envoi recommandé électronique avec demande d'avis de réception, la jurisprudence a précisé que la mise en demeure pouvait résulter d'une assignation en référé (Civ. 1re, 14 oct. 1997).

C. LES EXCLUSIONS DE GARANTIE

Conformément aux articles L. 243-8 et A. 243-1 du code des assurances, le contrat d'assurance de responsabilité décennale doit comporter des garanties au moins équivalentes à celles figurant dans les clauses types de l'annexe I de l'article A. 243-1 et ne peut comporter de clauses qui auraient pour effet d'altérer d'une quelconque manière le contenu ou la portée de ces clauses.

Ainsi sont exclus de la garantie les dommages résultant exclusivement :
- du fait intentionnel ou du dol du souscripteur ou de l'assuré ;
- des effets de l'usure normale, du défaut d'entretien ou de l'usage anormal ;
- de la cause étrangère.

D. LES PLAFONDS DE GARANTIE ET FRANCHISES

Avant la loi no 89-1014 du 31 décembre 1989, l'article L. 242-1 prévoyait que l'assurance de dommages-ouvrage garantissait « le paiement des travaux de réparation des dommages ». Depuis la loi du 31 décembre 1989, l'article L. 242-1 dispose que l'assurance de dommages-ouvrage garantit « le paiement de la totalité des travaux de réparation des dommages ». De prime abord, cette nouvelle formulation pourrait exclure l'application de plafonds de garantie ou de franchises. Pour autant, la lecture des clauses types invite à faire une distinction entre les plafonds de garantie et les franchises.

1. LES PLAFONDS DE GARANTIE

La modification des clauses types par l'arrêté du 19 novembre 2009, entrée en vigueur le 27 novembre 2009, a modifié le régime des plafonds de garantie.

Pour **les contrats conclus entre le 1er mars 2001 et le 27 novembre 2009**, les clauses de limitation de garantie au coût total de la construction revalorisée sont licites. Le plafond de garantie correspond donc au coût total de la construction au jour du sinistre et non au coût des travaux de réparation.

Pour **les contrats conclus depuis le 27 novembre 2009**, aucune limitation de garantie n'est possible pour les constructions destinées à un usage d'habitation. En revanche, pour les autres constructions, une limitation de garantie est possible dans les conditions de l'article R. 243-3 du code des assurances. En conséquence, la garantie peut être limitée au coût total de la construction déclarée aux conditions particulières ou à 150 millions d'euros si le coût total de la construction est supérieur à ce montant.

2. LES FRANCHISES

Depuis l'adoption de la loi du 31 décembre 1989, l'assurance de dommages-ouvrage garantit le paiement de la totalité des travaux de réparation. Il en résulte que le contrat d'assurance ne peut comporter une franchise. Prolongeant ce raisonnement et constatant que la clause type de l'assurance de dommages-ouvrage prévoyait déjà que la garantie couvrait le coût de l'ensemble des travaux, la Cour de cassation a finalement estimé que les contrats antérieurs à la loi de 1989 ne pouvaient comporter une franchise (Civ. 1re, 22 mai 1991).

E. L'AFFECTATION DE LA GARANTIE

Alors que les assurances de dommages obéissent au principe de la libre disposition de l'indemnité d'assurance par le créancier de l'assureur, dans les limites de l'article L. 121-17 du code des assurances, l'article L. 212-1 prévoit que l'assurance de dommages-ouvrage garantit « la totalité des travaux de réparation des dommages ». Interprétant cette disposition, la Cour de cassation a affirmé qu'il s'agissait d'une véritable dérogation au principe de libre disposition de l'indemnité d'assurance : l'indemnité versée par l'assureur dommages-ouvrage doit être affectée au paiement des travaux de réparation des dommages de nature décennale (Civ. 3e, 17 déc. 2003 : *V. note 60*). L'assureur peut dès lors exercer une action en répétition de l'indu, afin d'obtenir la restitution des indemnités non utilisées pour payer les réparations ou excédant le montant des réparations (Civ. 3e, 17 déc. 2003 : *V. note 62*). Sur le terrain de la charge de la preuve, certains assurés ont tenté de faire valoir qu'au regard de la jurisprudence traditionnelle, rendue au visa des articles 1353 (anc. art. 1315) et 1302-1 (anc. art. 1376) du code civil, la charge de la preuve du paiement indu incombe au demandeur en restitution. Mais, la Cour de cassation a retenu une solution inverse. Puisque l'assuré est tenu d'affecter l'indemnité d'assurance à la réparation des dommages de nature décennale, il lui appartient de démontrer qu'il a réalisé les travaux nécessaires à la réparation des dommages et quel en a été le coût (Civ. 3e, 4 mai 2016 : *V. note 62*). L'assureur ne supporte donc pas la preuve d'un fait négatif.

F. LA GARANTIE DANS LE TEMPS

1. DATE DE SOUSCRIPTION

L'article L. 242-1 prévoit que l'assurance dommages-ouvrage doit être souscrite avant l'ouverture du chantier. En pratique, l'on se réfère à la déclaration réglementaire d'ouverture des travaux (DROC). Puisque le maître de l'ouvrage est chargé de l'adresser à la mairie, il a nécessairement connaissance de la date y figurant.

2. PRISE D'EFFET DE LA GARANTIE

Ainsi que le prévoit l'article L. 242-1 dans son alinéa 8, l'assurance dommages-ouvrage prend effet après l'expiration du délai de la garantie de parfait achèvement de l'article 1792-6 du code civil. Par conséquent, l'assurance dommages-ouvrage prend effet à l'expiration d'un délai d'un an suivant la réception de l'ouvrage. Corrélativement, il en résulte que l'assurance de dommages-ouvrage n'a pas vocation à garantir la réparation des désordres réservés lors de la réception de l'ouvrage. Mais, ainsi qu'il a été déjà été observé, l'assurance dommages-ouvrage peut, à titre exceptionnel, intervenir avant l'expiration du délai de la garantie de parfait achèvement (cf. *supra* « Dommages garantis »).

3. DURÉE DE LA GARANTIE

La durée de la garantie est fixée par l'annexe II de l'article A. 243-1 mentionnant les clauses-types applicables aux contrats d'assurance de dommages-ouvrage. Il est ainsi indiqué qu'« elle prend fin à l'expiration d'une période de dix ans à compter de la réception ». Mais cette règle doit être articulée avec celles du droit de la prescription pour déterminer le délai pendant lequel le bénéficiaire de l'assurance peut rechercher la garantie de l'assureur. Ainsi, conformément aux règles de la prescription biennale, la Cour de cassation affirme que l'assurance de dommages-ouvrage peut être mise en œuvre au-delà de ce délai de dix ans, lorsque le bénéficiaire de la garantie a eu connaissance, après l'expiration de ce délai, d'un sinistre intervenu pendant le délai de dix ans (Civ. 3e, 19 mai 2016).

III. LA MISE EN ŒUVRE DE LA GARANTIE

La procédure d'indemnisation par l'assureur de dommages-ouvrage est étroitement encadrée par les clauses types de l'annexe II de l'article A. 243-1, dont les dispositions sont d'ordre public. Il en résulte que l'assuré doit respecter cette procédure reprise dans le contrat d'assurance. L'assuré ne peut donc saisir directement une juridiction aux fins de désignation d'un expert (Civ. 1re, 28 oct. 1997 : *V. note 50*) ou aux fins de condamnation de l'assureur de dommages-ouvrage (Civ. 1re, 19 mai 1999 : *V. note 50*).

A. LA DÉCLARATION DE SINISTRE

1. LES CONDITIONS DE LA DÉCLARATION DE SINISTRE

Si l'article L. 242-1 mentionne la déclaration de sinistre, pour faire de sa réception le point de départ des différents délais de la procédure d'indemnisation, il n'apporte aucune précision sur son contenu, sa forme et son délai. Ces différents points sont envisagés par les clauses types de l'annexe II de l'article A. 243-1 du code des assurances et par les règles du droit commun des assurances.

Quant au **contenu**, la déclaration de sinistre est réputée constituée dès lors qu'elle comporte un certain nombre de renseignements. Certains d'entre eux permettent d'identifier le risque garanti. Il s'agit du numéro du contrat d'assurance et, le cas échéant, de celui de l'avenant ; du nom du propriétaire de la construction endommagée et de l'adresse de la construction endommagée. D'autres renseignements concernent les travaux effectués sur l'ouvrage assuré. Il s'agit de la date de réception ou, à défaut, de la date de la première occupation des locaux, et de la date d'apparition des dommages ainsi que de leur description et localisation. Par ailleurs, si la déclaration de sinistre intervient pendant la période de parfait achèvement, l'assuré doit fournir la copie de la mise en demeure effectuée au titre de la garantie de parfait achèvement.

Quant à la **forme**, la déclaration de sinistre doit être faite par écrit, soit contre récépissé, soit par lettre recommandée avec demande d'avis de réception. Cette règle ressort d'une disposition des clauses types, insérée au début du paragraphe consacré aux obligations des parties, qui comporte un renvoi erroné au A (3°). Ce renvoi correspond à la première version des clauses types et n'a pas été modifié.

Quant au **délai**, aucune précision n'est apportée par les dispositions spéciales applicables à l'assurance dommages-ouvrage. Il faut donc se retourner vers les dispositions du droit commun et, plus particulièrement, vers celles de l'article L. 113-2, 4° du code des assurances. La déclaration doit être faite dès que l'assuré a eu connaissance du sinistre et au plus tard dans un délai fixé par le contrat qui ne peut être inférieur à cinq jours ouvrés.

2. LES EFFETS DE LA DÉCLARATION DE SINISTRE

Si toutes les conditions sont respectées, la déclaration de sinistre est réputée constituée et sa réception fera partir les délais de la procédure. L'assuré n'est pas tenu de produire d'autres documents et ne saurait donc être lié quant à l'étendue du sinistre par un devis remis à l'expert désigné par l'assureur (Civ. 3e, 20 oct. 2010 : *V. note 44*).

Si l'assuré fournit une déclaration dans les délais et suivant les formes requises mais en omettant des renseignements, il est prévu que l'assureur dispose d'un délai de dix jours à compter de la réception de la déclaration incomplète pour obtenir les informations complémentaires. L'assuré peut donc compléter sa déclaration initiale.

Si l'assuré fournit une déclaration selon les formes et le contenu prévus mais en ne respectant pas le délai de déclaration, aucune déchéance de garantie n'est possible. En effet, l'article L. 113-2 du code des assurances prévoit que la déclaration tardive du sinistre peut être sanctionnée par une déchéance de garantie, si une clause du contrat d'assurance la prévoit et si le retard dans la déclaration a causé un préjudice à l'assureur. Or, les clauses types, dont le contenu et la portée ne peuvent, selon l'article A. 243-1 du code des assurances, être altérés par une autre clause du contrat, ne mentionnent pas une telle déchéance. Partant, aucune déchéance de garantie pour déclaration tardive du sinistre ne peut être insérée dans le contrat.

Si l'assuré s'abstient de formuler une déclaration de sinistre, la garantie de l'assureur ne pourra, par principe, être due. Ainsi, l'assuré qui saisit directement une juridiction aux fins de désignation d'un expert, puis de condamnation de l'assureur de dommages-ouvrages, ne peut bénéficier de la garantie de cet assureur, dès lors qu'il s'est abstenu de faire une déclaration de sinistre (Civ. 3e, 5 nov. 2008 : *V. note 42*).

Mais si l'assuré ne respecte pas les règles de forme, la Cour de cassation a pu admettre une autre solution, quelque peu empreinte de contradiction. Ainsi, elle a pu confirmer la décision d'une cour d'appel qui avait retenu qu'une déclaration de sinistre effectuée par télécopie ne respectait pas les conditions d'exigence d'un écrit rappelé par l'annexe II de l'article A. 243-1, mais qu'il convenait de fixer le point de départ du délai de soixante jours dont dispose l'assureur pour prendre position à une date qu'il convenait de fixer à la date à laquelle l'assureur avait avisé l'assuré de sa décision de nommer l'expert amiable (Civ. 3e, 6 juin 2012 : *V. note 42*). Cette solution est contradictoire puisqu'elle retient l'irrégularité de la déclaration de sinistre, mais elle lui fait néanmoins produire des effets de droit.

Cela étant, cette solution se rapproche de celles qui ont retenu la renonciation de l'assureur à se prévaloir d'une déclaration de sinistre irrégulière pour écarter sa garantie. Mais la renonciation de l'assureur suppose une manifestation de volonté claire et dénuée d'ambiguïté. Ainsi, l'assureur qui, après avoir reçu une déclaration de sinistre par lettre simple, désigne un expert puis notifie le rapport de l'expert et prend position sur les garanties demandées, ne peut se prévaloir par la suite de l'absence de saisine initiale selon les formes prévues par l'article A. 243-1 du code des assurances (Civ. 3e, 12 janv. 2011 : *V. note 43*). En revanche, la seule présence de l'assureur dommages-ouvrage à l'expertise ordonnée par un juge des référés, saisi directement par les maîtres de l'ouvrage, ne constitue pas une manifestation de volonté non équivoque de l'assureur de renoncer à se prévaloir de l'absence de déclaration de sinistre (Civ. 3e, 10 févr. 2010 : *V. note 43*).

B. LA DÉSIGNATION DE L'EXPERT

1. LE PRINCIPE

Par principe, l'assureur doit, conformément aux clauses types applicables aux assurances dommages-ouvrage, désigner un expert dans un délai de soixante jours suivant la réception de la déclaration de sinistre, avec pour mission de rechercher et de rassembler les données strictement indispensables à la non-aggravation et à la réparation rapide des dommages garantis.

Dans la mesure où l'expert, personne morale ou physique, a été désigné par l'assureur, il peut faire l'objet d'une récusation par l'assuré. Si cette récusation n'a pas besoin d'être motivée, elle doit néanmoins être effectuée dans un délai de huit jours suivant la notification à l'assuré de la désignation de l'expert. Les délais d'instruction et de règlement du sinistre sont alors augmentés de dix jours. Le deuxième expert désigné par l'assureur peut à nouveau être récusé par l'assuré. Dans cette hypothèse, le troisième expert est désigné par le juge des référés et les délais d'instruction et de règlement du sinistre sont augmentés de trente jours.

L'expert désigné par l'assureur ou par le juge va rédiger deux rapports. Le premier – le rapport préliminaire – comporte l'indication descriptive et estimative des mesures conservatoires jugées nécessaires à la non-aggravation des dommages, compte tenu, s'il y a lieu, des mesures conservatoires prises par l'assuré, ainsi que les indications sommaires sur les circonstances et les caractéristiques techniques du sinistre. Le second rapport – le rapport d'expertise proprement dit – est exclusivement consacré à la description des caractéristiques techniques du sinistre et à l'établissement des propositions, descriptions et estimations, concernant les différentes mesures à prendre et les différents travaux à exécuter en vue de la réparation intégrale des dommages constatés.

2. LE TEMPÉRAMENT

L'assureur n'est pas toujours tenu de désigner un expert. En effet, un arrêté du 30 mai 1997 a modifié les clauses types et permis à l'assureur de ne pas mettre en place une expertise lorsqu'il évalue le dommage à un montant inférieur à 12 000 francs ou lorsqu'il estime que la mise en jeu de sa garantie est manifestement injustifiée. Afin d'adapter cette nouvelle règle au passage à l'euro, un arrêt du 7 février 2001 a substitué au montant de 12 000 francs celui de 1 800 euros.

Si l'assureur entend se prévaloir de cette faculté, il doit notifier à l'assuré son offre d'indemnité ou sa décision de refus de garantie dans un délai de quinze jours à compter de la réception de la déclaration de sinistre. Il doit en outre rappeler à l'assuré qu'en cas de contestation, il « peut obtenir la désignation d'un expert ». Interprétant cette disposition, la Cour de cassation a néanmoins indiqué que l'annexe II de l'article A. 243-1 du code des assurances ne prévoit qu'une simple possibilité pour l'assuré d'obtenir la désignation d'un expert et qu'aucune obligation ne pèse de ce chef sur l'assureur (Civ. 3e, 17 mars 2004 : *V. note 55*).

Si l'assureur ne respecte pas ce délai de quinze jours et refuse par la suite sa garantie dans le delai de soixante jours à compter de la réception de la déclaration de sinistre sans remettre un rapport d'expertise, sa décision ne sera pas valable et l'assuré sera en droit d'engager les dépenses nécessaires à la réparation des dommages (Civ. 3e, 16 déc. 2009).

C. LA POSITION DE PRINCIPE DE L'ASSUREUR

1. LES OBLIGATIONS DE L'ASSUREUR

L'assureur dispose d'un délai de soixante jours à compter de la réception de la déclaration de sinistre pour notifier sa décision quant au principe de la mise en jeu des garanties du contrat, au vu du rapport préliminaire de l'expert. L'assureur peut soit accepter, soit refuser sa garantie.

Si l'assureur accepte la mise en jeu de sa garantie, il doit indiquer le montant de l'indemnité destinée à financer les mesures conservatoires, en tenant compte des éventuelles dépenses qui ont pu être précédemment engagées par l'assuré lui-même. Si l'assureur rejette la demande d'indemnisation, il doit expressément motiver sa décision.

Par ailleurs, ainsi que le prévoient les clauses types depuis l'arrêté du 19 novembre 2009, l'assureur doit communiquer à l'assuré, au plus tard lors de la notification, le rapport préliminaire de l'expert. Avant l'arrêté de 2009, les clauses types exigeaient une communication préalable du rapport préliminaire à l'assuré. Il ne pouvait donc être transmis avec la prise de position de l'assureur. Alors même qu'aucune sanction n'était expressément envisagée par les textes, la Cour de cassation en avait déduit qu'en l'absence de communication préalable du rapport préliminaire, la décision de l'assureur ne pouvait être considérée comme valablement motivée et donc notifiée dans le délai imparti (Civ. 1re, 3 nov. 1993 : *V. note 56*). Cette solution a été contestée par les juges du fond, qui faisaient notamment valoir que la loi ne sanctionnait pas par la déchéance de l'assureur l'envoi concomitant du rapport préliminaire de l'expert. Néanmoins, elle a été maintenue par la Cour de cassation (Civ. 3e, 24 sept. 2013 : *V. note 56*) pour les contrats conclus avant l'arrêté de 2009.

2. LES SANCTIONS

a. L'acquisition automatique de la garantie

Les clauses types prévoient que, sur simple notification faite à l'assureur, la garantie est automatiquement acquise. En conséquence, l'assureur ne peut plus refuser sa garantie en contestant la nature décennale des désordres déclarés (Civ. 3e, 3 déc. 2003 : *V. note 71*), ni demander la nullité du contrat pour fausse déclaration intentionnelle (Civ. 3e, 28 janv. 2009 : *V. note 71*), ni opposer un plafond de garantie (Civ. 3e, 9 oct. 2013 : *V. note 67*) ou la prescription acquise avant l'expiration du délai de soixante jours (Civ. 3e, 26 nov. 2003 : *V. note 70*).

Mais, cette première sanction n'est pas sans limites.

La première limite porte sur les désordres garantis. Si l'assureur ne peut refuser sa garantie en contestant la nature des désordres déclarés, il n'en demeure pas moins que la garantie de l'assureur est limitée à l'objet assuré par les stipulations contractuelles (Civ. 3e, 30 juin 2016 : *V. note 72*). L'assureur peut donc toujours écarter sa garantie si la déclaration de sinistre concerne un ouvrage différent de celui vise dans la police d'assurance (Civ. 1re, 18 déc. 2002 : *V. note 72*).

La seconde limite concerne la prescription biennale. Si l'assureur ne peut plus opposer la prescription acquise avant l'expiration du délai de soixante jours, il peut toujours invoquer la prescription de l'action du maître de l'ouvrage née du non-respect de ce délai (Civ. 3e, 20 juin 2012 : *V. note 63*). L'expiration de ce délai de soixante jours fait en effet partir un nouveau délai de prescription de deux ans applicable à l'action du maître de l'ouvrage contre l'assureur de dommages-ouvrage. Cette prescription n'est pas interrompue par l'éventuel refus de garantie exprimé par l'assureur après l'expiration du délai de soixante jours. Le point de départ du délai de prescription est bien l'arrivée du terme de ce délai et non le refus ultérieur de garantie (Civ. 1re, 22 mai 2002 : *V. note 63*).

Par ailleurs, cette sanction de l'acquisition automatique de la garantie de l'assureur de dommages-ouvrage n'interdit pas à ce dernier d'exercer un recours subrogatoire contre les tiers à l'origine du dommage (Civ. 3e, 5 mai 2015). Et si l'expiration du délai de soixante jours interdit à l'assureur de dommages-ouvrage de contester le caractère décennal des dommages déclarés, il reste libre d'exercer ses recours subrogatoires à l'encontre des locataires d'ouvrage et de leurs assureurs aussi bien sur le fondement décennal pour les désordres relevant de la responsabilité décennale que sur le fondement de la responsabilité de droit commun des constructeurs pour les autres désordres (Civ. 3e, 13 juill. 2016).

b. Le financement des mesures conservatoires et de la réparation des dommages

Dès lors que la garantie de l'assuré est réputée acquise, le maître de l'ouvrage est, selon les clauses types, en droit d'engager les dépenses correspondant à l'exécution des mesures conservatoires nécessaires à la non-aggravation des dommages, dans la limite de l'estimation portée dans le rapport préliminaire de l'expert. Si l'assuré n'a pas pu avoir connaissance du rapport préliminaire de l'expert, il peut engager ces mêmes dépenses dans la limite de l'estimation qu'il a pu faire lui-même.

Allant au-delà des dispositions des clauses types, l'article L. 242-1 du code des assurances autorise l'assuré, après notification à l'assureur, à engager les dépenses nécessaires à la réparation des dommages.

c. *La majoration des intérêts*

Après avoir indiqué que l'assuré pouvait engager les dépenses nécessaires à la réparation des dommages, l'article L. 242-1 du code des assurances indique que « l'indemnité versée par l'assureur est alors majorée de plein droit d'un intérêt égal au double du taux de l'intérêt légal ». Littéralement, l'attribution d'intérêts majorés paraît subordonnée à l'engagement antérieur de dépenses par l'assuré. Mais la Cour de cassation n'a pas retenu cette analyse, affirmant que « la majoration de plein droit des intérêts n'est pas subordonnée à l'engagement préalable par l'assuré des dépenses nécessaires à la réparation des dommages » (Civ. 1re, 12 févr. 2001). La Cour de cassation a donc généralisé la sanction, afin sans doute de renforcer l'obligation de l'assureur de respecter les délais et de ne pas la conditionner aux capacités financières de l'assuré.

Par ailleurs, l'article L. 242-1 du code des assurances est muet sur la question du point de départ des intérêts majorés. Plusieurs dates ont été envisagées par les plaideurs (date de la déclaration du sinistre, date d'expiration du délai de soixante jours…), mais reprenant la solution de l'ancien article 1153 du code civil (nouv. art. 1231-6 C. civ.), la Cour de cassation a indiqué que les intérêts majorés étaient dus à compter de l'assignation délivrée à l'assureur (Civ. 3e, 25 mai 2011).

D. L'OFFRE D'INDEMNITÉ DE L'ASSUREUR

Par principe, l'assureur doit présenter une offre d'indemnité dans un délai maximal de quatre-vingt-dix jours suivant la réception de la déclaration de sinistre. Cette offre peut éventuellement présenter un caractère provisionnel, mais elle doit obligatoirement être ventilée entre les différents postes de dépense retenus et appuyée sur des justifications nécessaires. L'assureur doit en outre communiquer le rapport d'expertise préalablement ou au plus tard lors de cette notification.

Par exception, si l'assureur rencontre des difficultés exceptionnelles dues à l'importance ou à la nature du sinistre, il peut, en même temps qu'il notifie son accord sur le principe de la garantie, proposer à l'assuré la fixation d'un délai supplémentaire pour la détermination de son offre d'indemnité. Cette proposition doit être dûment motivée et ne peut reposer que sur des considérations d'ordre technique. Si l'assuré accepte cette proposition, le délai supplémentaire accordé à l'assureur ne peut excéder cent trente-cinq jours. Ce délai maximal se rajoute au délai initial. Par conséquent, l'assureur peut disposer jusqu'à deux cent vingt-cinq jours à compter de la réception de la déclaration de sinistre pour formuler une offre à l'assuré.

Le non-respect des délais ou la présentation d'une offre manifestement insuffisante est doublement sanctionné. L'assuré peut, après notification à l'assureur, engager les dépenses nécessaires à la réparation des dommages. L'indemnité versée par l'assureur sera en outre majorée de plein droit d'un intérêt égal au double du taux de l'intérêt légal.

E. LA RÉPONSE DE L'ASSURÉ

Les règles relatives à la réponse de l'assuré à l'offre d'indemnité de l'assureur sont envisagées non seulement par l'article L. 242-1 du code des assurances, mais aussi par les clauses types. Il apparaît tout d'abord que la réponse de l'assuré n'est pas enfermée dans un délai spécifique. Ensuite, l'assuré peut soit accepter l'offre, soit la refuser.

Les clauses types envisagent l'hypothèse d'un refus de l'assuré. Si l'assuré refuse l'offre et estime ne pas pouvoir différer l'exécution des travaux de réparation, il peut recevoir sur sa demande, de l'assureur, une avance au moins égale aux trois quarts du montant de l'indemnité qui lui a été notifiée. Cette avance doit lui être versée dans un délai maximum de quinze jours à compter de la réception par l'assureur de la demande de l'assuré. Si l'assureur ne respecte pas e délai de quinze jours, l'assuré est autorisé à engager les dépenses afférentes aux travaux de réparation qu'il entreprend dans la limite des propositions d'indemnisation qui lui ont été précédemment notifiées.

L'article L. 242-1 du code des assurances envisage l'hypothèse d'une acceptation de l'assuré. Si l'assuré accepte l'offre d'indemnisation, le versement doit intervenir dans un délai de quinze jours. Là encore, si l'assureur ne respecte pas ce délai, l'assuré peut, après l'avoir notifié à l'assureur engager les dépenses nécessaires à la réparation des dommages et l'indemnité versée par l'assureur, est majorée de plein droit d'un intérêt égal au double du taux de l'intérêt légal.

IV. LE RECOURS DE L'ASSUREUR DE DOMMAGES-OUVRAGE

Le recours subrogatoire de l'assureur de dommages-ouvrage contre le constructeur responsable et son assureur n'est pas expressément envisagé par l'article L. 242-1 du code des assurances et les clauses types. Celles-ci indiquent tout au plus que l'assureur est tenu de notifier à l'assuré la position définitive qu'il estime devoir tenir, au vu du rapport complémentaire, en ce qui concerne les recours subrogatoires fondés sur l'article L. 121-12 du code des assurances. L'assuré peut de la sorte se faire une idée sur la répartition des responsabilités.

A. LA PRESCRIPTION DU RECOURS SUBROGATOIRE

Le recours subrogatoire de l'assureur de dommages-ouvrage se prescrit selon le même délai que celui applicable à l'action en responsabilité du maître de l'ouvrage contre le constructeur. Ainsi, lorsque la responsabilité décennale d'un constructeur est en cause, le recours subrogatoire se prescrit par dix ans à compter de la réception de l'ouvrage. Dès lors, si l'assureur de dommages-ouvrage est assigné en réparation du sinistre par le maître de l'ouvrage, il a un intérêt à faire intervenir à l'instance les constructeurs afin d'éviter la prescription. Mais, si l'assureur de dommages-ouvrage assigné en justice peut toujours appeler en garantie des condamnations qui pourraient être prononcées contre lui les constructeurs et leurs assureurs (Civ. 3e, 7 avr. 2015), il ne peut par principe exercer un recours subrogatoire contre les responsables avant d'avoir indemnisé la victime. La Cour de cassation a néanmoins assoupli cette condition en admettant la subrogation par anticipation. Ainsi, le recours subrogatoire de l'assureur de dommages-ouvrage est recevable si elle est engagée avant l'expiration du délai de forclusion décennale et s'il paye l'indemnité due avant que le juge du fond ne statue sur l'action subrogatoire (Civ. 3e, 29 mars 2000). Le recours subrogatoire par anticipation est donc rétroactivement consolidé par le paiement de l'indemnité.

B. L'ÉTENDUE DU RECOURS SUBROGATOIRE

Par principe, le recours de l'assureur s'effectue dans la limite de l'indemnité contractuellement due à l'assuré. Par conséquent, l'assureur ne peut obtenir le remboursement des intérêts majorés qu'il a pu être tenu de verser en raison du non-respect des délais de la procédure d'indemnisation (Civ. 3e, 22 oct. 2014). Cependant, la jurisprudence estime que le recours de l'assureur peut aller au-delà du montant de l'indemnité versée à l'assuré et inclure les frais d'investigation nécessaires pour la recherche des causes du désordre (Civ. 3e, 9 févr. 2010). ❑

1. Définition. L'assurance dommages-ouvrage obligatoire est une assurance de choses qui garantit le paiement des travaux en dehors de toute recherche des responsabilités. • Civ. 3e, 18 févr. 2004 : *RCA 2004, no 156 ; RGDA 2004. 432, note J.-P. Karila* • 1er mars 2006 : *RGDA 2006. 445, note Périer.* • 11 mars 2009, no 08-10.905 P : *D. 2009. AJ 949 ; Gaz. Pal. 13 févr. 2010, p. 38, note Périer ; RDI 2009. 371, note Karila* • 4 juin 2009, no 08-12.661 P : *D. 2009. AJ 1695 ; Defrénois 2010, art. 39060, note Périnet-Marquet ; Gaz. Pal. 13 févr. 2010, p. 38, note Périer.* ♦ Rappr. : • Civ. 3e, 20 oct. 2010 : *D. 2011. 1926, obs. Groutel ; RCA 2011, no 30.*

2. Caractère. Le défaut de souscription de l'assurance dommages-ouvrage, laquelle n'est pas un accessoire indispensable de l'immeuble vendu, n'empêche pas la vente de l'ouvrage. L'acquéreur ne peut dès lors prétendre au versement d'une indemnité pour inexécution de l'obligation de délivrance. • Civ. 3e, 2 mars 2011 : *RGDA 2011. 761, note Karila.*

3. Cumul avec une assurance multirisques habitation. L'assureur multirisques habitation ne peut être condamné *in solidum* avec l'assureur dommages-ouvrage dont la garantie pour vice de construction couvre le coût de l'ensemble des travaux de la construction endommagée à la suite du sinistre. • Montpellier, 27 janv. 2009 : *Gaz. Pal. 2009. Somm. 2075.*

4. Application de la loi dans le temps. Portant réforme d'un statut légal d'ordre public soustrait à la volonté des parties, la L. du 31 déc. 1989 s'est appliquée immédiatement aux contrats d'assurance dommages-ouvrage antérieurement souscrits, dès la date de son entrée en vigueur, pour les sinistres déclarés après cette date. • Civ. 1re, 29 févr. 2000, no 97-19.680 P : *RCA 2000, no 166 ; RGDA 2000. 133, note J.-P. Karila* • 12 févr. 2002, no 98-23.000 P : *RCA 2002, no 238 ; RDI 2002. 303, note Durry* • Civ. 3e, 8 oct. 2008 : *RGDA 2009. 189, note J.-P. Karila.*

5. Assurance facultative. L'assurance facultative garantissant les dommages aux ouvrages avant réception n'est pas soumise aux dispositions des art. L. 242-1 et A. 243-1. • Civ. 3e, 10 nov. 1998, no 97-10.310 P : *RCA 1999, no 20 ; RGDA 1999. 371, note Karila.*

I. PERSONNES TENUES DE S'ASSURER

6. Syndic de copropriété. Est tenu de satisfaire à l'obligation d'assurance de la construction un syndic de copropriété ayant ordonné des travaux de réfection d'une toiture. • Crim. 22 mai 1989 : *RGAT 1989. 603.*

7. Responsabilité du promoteur. Encourt la cassation l'arrêt d'une cour d'appel qui refuse de réparer en le déclarant éventuel le préjudice causé aux copropriétaires d'une résidence immobilière par les infractions commises par le promoteur qui avait omis de contracter les assurances prévues par les art. L. 241-1 et L. 242-1. • Crim. 11 juin 1985, n° 84-93.481 P : *JCP 1988. II. 21044, note Bigot.*

8. Responsabilité pour défaut de souscription à l'égard des constructeurs. Le défaut de souscription de l'assurance obligatoire dommages-ouvrage par le maître de l'ouvrage n'est en lui-même ni une cause des désordres ni une cause exonératoire de la responsabilité de plein droit mise à la charge du locateur d'ouvrage par l'art. 1792 C. civ. • Civ. 3e, 30 mars 1994, n° 92-17.683 P : *RGAT 1994. 580, note J.-P. Karila* • 2 juill. 2002, n° 01-03.913 • 17 déc. 2003, n° 02-17.134 : *RDI 2004. 198, note Malinvaud*

9. Responsabilité pour défaut de mise en œuvre à l'égard des constructeurs. La non-utilisation de l'assurance dommages-ouvrage n'a pas pour effet d'exonérer les constructeurs de leur responsabilité légale. • Civ. 3e, 1er mars 2006, n° 04-20.399 P : *RGDA 2006. 457, note J.-P. Karila.*

10. Responsabilité pour mise en œuvre tardive à l'égard des constructeurs. La mise en œuvre tardive de l'assurance par le maître d'ouvrage n'est en elle-même ni une cause des désordres ni une cause d'exonération de la responsabilité de plein droit mise à la charge du locateur d'ouvrage par l'art. 1792 C. civ. • Civ. 3e, 11 oct. 1995 : *RGDA 1996. 136, note Bigot.*

11. Responsabilité du notaire. Un notaire chargé par une SCI de dresser les actes de vente a l'obligation de vérifier l'exactitude des déclarations de la venderesse faisant état de la souscription effective de contrats d'assurance ayant pour objet de garantir les acquéreurs contre les désordres pouvant affecter les biens acquis. • Civ. 1re, 7 févr. 1989 : *D. 1989. IR 105 ; RGAT 1989. 605 ; RCA 1989. 209 ; Defrénois 1989. 765, note Aubert ; RDI 1989. 235 ; ibid. 375.* ♦ Mais, ayant constaté que le vendeur avait souscrit une assurance dommages-ouvrage pour les trois premiers étages de la construction, une cour d'appel a pu en déduire, sans fonder sa décision exclusivement sur les compétences personnelles du client du notaire, que ce promoteur-constructeur ne pouvait légitimement prétendre ignorer l'obligation d'assurance à laquelle il était tenu et qui devait, nécessairement, couvrir l'intégralité des travaux de construction. Elle a ainsi pu considérer que le vendeur, par sa grave insouciance et son incurie, était à l'origine exclusive de son propre dommage, justifiant ainsi légalement sa décision d'exonérer le notaire de toute responsabilité. • Civ. 1re, 9 nov. 2004 : *RDI 2005. 19, obs. Dessuet* ♦ En outre, viole l'art. 1382 C. civ. la cour d'appel qui retient la responsabilité du notaire, alors que la faute de celui-ci, qui avait omis de vérifier l'existence d'une assurance dommages-ouvrage destinée à garantir, en dehors de toute recherche de responsabilité, le paiement de la totalité des travaux de réparation des dommages de la nature de ceux dont sont responsables les constructeurs sur le fondement de l'art. 1792 C. civ., ne pouvait être à l'origine des préjudices subis par les acquéreurs au titre des désordres ne relevant pas de cette garantie. • Civ. 1re, 9 avr. 2014 : *RGDA 2014. 272, note Dessuet.*

II. PERSONNES NON TENUES DE S'ASSURER

12. Souscription volontaire. Alors même qu'une commune n'était pas tenue de souscrire une assurance dommages-ouvrage en vertu des dispositions de l'art. L. 242-1 C. assur., il ressortait des pièces du dossier que cette commune et l'assureur avaient entendu se placer sous le régime défini par ces dispositions et par les textes pris pour leur application, en particulier l'art. A. 243-1 du même code définissant les clauses-types de ce contrat, qui figuraient dans le contrat en litige. Partant, ces dispositions devaient s'appliquer. • CE, 26 mars 2018, n° 40509 : *RGDA 2018. 255, note Karila.*

III. ÉTENDUE DES GARANTIES

A. BÉNÉFICIAIRES DE LA GARANTIE

13. Acquéreur de l'ouvrage. En cas de décès de l'assuré ou d'aliénation de la chose assurée, l'assurance continue de plein droit au profit de l'héritier ou de l'acquéreur, à charge pour celui-ci d'exécuter toutes les obligations dont l'assuré était tenu vis-à-vis de l'assureur en vertu du contrat. • Civ. 3e, 20 oct. 2004, n° 03-13.599 P : *RCA 2004, n° 381, note Courtieu ; RGDA 2005. 150, note Pagès-de Varenne* • 17 mars 1999, n° 97-15.800 P : *RGDA 1999. 650, note d'Hauteville* • 30 mars 1994, n° 92-11.996 P.

14. Souscription pour compte. L'assurance de dommages obligatoire est une assurance de choses bénéficiant au maître de l'ouvrage ou aux propriétaires successifs ou à ceux qui sont subrogés dans leurs droits, et ne constitue pas pour le constructeur, alors même qu'il aurait souscrit la police pour le compte du maître de l'ouvrage, une assurance de responsabilité. • Civ. 1re, 12 janv. 1999, n° 96-20.275 P : *RCA 1999, n° 112 ; ibid. Chron. 12, par Courtieu ; RGDA 1999. 369, note d'Hauteville.* ♦ L'assurance souscrite par la SCI maître de l'ouvrage n'était pas une assurance de responsabilité, mais une assurance de chose dont le bénéfice a été transmis au syndicat des copropriétaires de l'immeuble assuré, que celui-ci ne saurait être regardé comme étant un tiers lésé par des dommages dont la SCI serait responsable envers lui. L'action directe contre l'assureur lui est donc refusée. • Civ. 1re, 13 mars 1990 : *RCA 1990. 229.*

15. Propriétaire au moment du sinistre. Ayant constaté qu'il n'existait aucune convention entre l'ancien propriétaire de l'immeuble et l'adjudicataire quant au transfert éventuel du bénéfice de l'indemnité d'assurance due par l'assureur de dommages-ouvrage, et que le cahier des charges de la vente n'en faisait pas état, une cour d'appel décide justement que le bénéficiaire de l'indemnité est la personne qui était propriétaire au moment du sinistre. • Civ. 1re, 10 juin 1997, n° 95-15.523 P : *RCA 1997, n° 314, note Courtieu.* ♦ Seul le propriétaire du bien assuré au jour du sinistre peut bénéficier de l'assurance dommages-ouvrage. • Civ. 3e, 29 oct. 2003, n° 02-11.859. ♦ Ainsi, viole l'art. L. 242-1 la cour d'appel qui, ayant relevé que le vendeur était propriétaire de l'immeuble assuré à la date des déclarations de sinistre et que l'assureur dommages-ouvrage, assigné en paiement de l'indemnité d'assurance, ayant été condamné à lui payer une provision à valoir sur la réparation des préjudices matériels, a condamné le vendeur à restituer à l'assureur les indemnités provisionnelles, alors qu'elle n'avait pas constaté que le contrat de vente avait prévu le transfert de l'indemnité d'assurance en faveur de l'acquéreur. • Civ. 3e, 4 déc. 2007, n° 06-18.783. ♦ V. cep. l'arrêt affirmant que sauf clause contraire, l'acquéreur de l'immeuble a seul qualité à agir en paiement des indemnités d'assurance contre l'assureur garantissant les dommages à l'ouvrage, même si la déclaration de sinistre a été effectuée avant la vente. • Civ. 3e, 15 sept. 2016, n° 15-21.630 P : *RCA 2016, n° 351, note Groutel.*

16. Vendeur de l'ouvrage. Si le bénéfice de l'assurance « dommages-ouvrage » souscrite par le maître de l'ouvrage se transmet aux propriétaires successifs, le maître de l'ouvrage, qui, après la vente, a réglé le montant des réparations, peut cependant demander la garantie de l'assureur en qualité de subrogé dans les droits des propriétaires. • Civ. 1re, 15 oct. 1991, n° 88-15.626 P : *RGAT 1991. 872 ; RCA 1991. 443* • 21 févr. 1995, n° 91-16.046 P : *RCA 1995, n° 323 ; ibid. Chron. 41, par Courtieu* • 8 oct. 1996, n° 93-20.918 P : *RCA 1996, n° 404.* ♦ ... Et ce alors même qu'il aurait la qualité de promoteur. • Civ. 1re, 18 oct. 2000, n° 98-13.058 P : *RCA 2001, n° 28.* ♦ Sauf le cas de subrogation, le vendeur d'un immeuble après achèvement n'est plus fondé, après la vente, à invoquer le bénéfice de l'assurance de dommages qu'il a souscrite en exécution des prescriptions de l'art. L. 242-1. • Civ. 1re, 22 avr. 1992, n° 90-14.598 P : *RGAT 1992. 561 ; RCA 1992. 339.* ♦ V. égal. • Civ. 3e, 17 déc. 2014 : *RCA 2015, n° 104, note Groutel ; ibid. 2015, Chron. 1, n° 4, note Groutel ; RGDA 2015. 105, note J.-P. Karila ; JCP 2015. 741, n° 15, note J.-P. Karila.*

17. Vendeur en l'état futur d'achèvement. L'assurance dommages-ouvrage est une assurance de chose dont le bénéfice se transmet à l'acquéreur de l'immeuble et la conservation des pouvoirs du maître de l'ouvrage jusqu'à la réception des travaux n'est prévue qu'en cas de vente en l'état futur d'achèvement. • Civ. 3e, 22 févr. 1995, n° 93-14.616 P. ♦ Lorsque le dommage s'est manifesté avant toute réception, le vendeur en l'état futur d'achèvement a seul qualité pour déclarer le sinistre et percevoir l'indemnité destinée aux réparations qui s'imposaient. • Civ. 3e, 16 déc. 2009, n° 09-65.697 P : *RGDA 2010. 96, note Périer.*

18. Copropriété. Du fait de l'aliénation de l'immeuble, le syndicat des copropriétaires est le bénéficiaire de l'assurance dommages-ouvrage. • Civ. 3e, 17 mars 1999, n° 97-15.800 P : *RGDA 1999. 650, note d'Hauteville.* ♦ Aussi, c'est à bon droit qu'une cour d'appel retient que la collectivité des propriétaires indivis d'un immeuble, au prorata de leurs tantièmes de propriété réunis en syndicat, était au même titre que chaque copropriétaire l'assurée de l'assureur dommages-ouvrage, la police dommages-ouvrage étant une assurance de chose. • Civ. 3e, 6 juill. 2010 : *RGDA 2010. 1071, note J.-P. Karila.* ♦ Le copropriétaire qui justifie d'un préjudice découlant des désordres de construction affectant les parties communes et portant atteinte à la jouissance des parties privatives des lots lui appartenant a, en application de l'art. 15, al. 2, de la L. du 10 juill. 1965, qualité pour agir à l'encontre de l'assureur dommages-ouvrage. • Civ. 3e, 3 mars 2010, n° 07-21.950 P : *RCA 2010, n° 164 ; RGDA 2010. 364, note J.-P. Karila ; D. 2011. 1926, note Groutel.* ♦ Ayant constaté qu'à la date de la déclaration de sinistre auprès de l'assureur dommages-ouvrage, effectuée par le souscripteur de cette garantie, celui-ci n'était plus propriétaire de l'ouvrage qui avait déjà été réceptionné, ni des parties privatives qu'il avait vendues et relevé que les garanties de la police dommages-ouvrage avaient été transférées au syndicat des copropriétaires et aux acquéreurs et que le souscripteur n'avait pas qualité pour faire cette déclaration de sinistre, une cour d'appel a exactement déduit de ces seuls motifs que ses demandes au titre de cette garantie formée à l'encontre de l'assureur était irrecevables. • Civ. 3e, 17 déc. 2014, n° 13-22.494 P : *préc. note 16.*

19. Crédit-bail. C'est à bon droit qu'une cour d'appel, après avoir relevé que le crédit-preneur avait souscrit l'assurance dommages-ouvrage et l'intérêt qu'il avait à le faire, a décidé que le crédit-preneur avait la qualité d'assuré et qu'il avait droit à l'indemnité due en vertu du contrat d'assurance, dès lors qu'il avait financé les travaux de remise en état et que le crédit-bailleur ne revendiquait aucun droit sur cette indemnité. • Civ. 1re, 17 juill. 2001, n° 98-21.913 P : *RGDA 2001. 982, note J.-P. Karila.* ♦ Lorsque le crédit-preneur a souscrit le contrat d'assurance dommages-ouvrage, fût-ce en qualité de mandataire du crédit-bailleur, le contrat, qui doit produire effet à titre principal au profit de ce dernier, peut, à défaut, bénéficier au crédit-preneur, dès lors qu'il n'est pas relevé que celui-ci ne justifiait pas d'un intérêt à se prévaloir du contrat, ni que le crédit-bailleur entendait faire jouer la garantie à son profit. • Civ. 1re, 12 févr. 2002, n° 99-11.062 P : *RDI 2002. 128, note Leguay ; RCA 2002, n° 178, note Groutel.* ♦ Prive sa décision de base légale au regard des art. L. 241-10 et L. 121-10 la cour d'appel qui, pour dire que le cessionnaire d'un contrat de crédit-bail était irrecevable à agir, faute d'intérêt, contre l'assureur dommages-ouvrage, retient que si le bénéfice de l'assurance dommages-ouvrage se transmet aux acquéreurs successifs de l'ouvrage, ceux-ci ne peuvent prétendre être indemnisés à ce titre que pour autant qu'ils étaient déjà propriétaires au jour de la déclaration de sinistre ou, à tout le moins, lorsque les désordres sont apparus, ce qui n'est pas le cas du cessionnaire, puisque la première manifestation des désordres ainsi que la déclaration de sinistre sont antérieures de plusieurs années à l'acquisition par celui-ci de la qualité de propriétaire, sans rechercher, alors qu'elle n'avait pas constaté que le crédit-bailleur revendiquait un droit sur l'indemnité due en vertu du contrat d'assurance dommages-ouvrage, si la clause de l'acte de vente, aux termes de laquelle l'acquéreur fera son affaire personnelle de toute procédure afférente aux désordres affectant l'immeuble vendu, ne transférait pas à l'acquéreur le bénéfice de ce contrat. • Civ. 3e, 26 janv. 2010 : *RGDA 2010. 367, note Périer.*

B. DOMMAGES GARANTIS

1° AVANT LA RÉCEPTION

20. *Réparation des désordres de nature décennale.* L'art. L. 242-1 disposant que l'assurance dommages-ouvrage garantit le paiement des travaux de réparation des dommages de la nature de ceux dont sont responsables les constructeurs sur le fondement de l'art. 1792 C. civ. et que cette assurance, qui prend effet après l'expiration du délai de garantie de parfait achèvement, garantit toutefois le paiement des réparations nécessaires lorsqu'avant la réception, après mise en demeure restée infructueuse, le contrat conclu avec l'entrepreneur est résilié pour inexécution par celui-ci de ses obligations, une cour d'appel a légalement justifié sa décision en retenant que la garantie de l'assureur dommages-ouvrage était due pour les seuls désordres de nature décennale affectant les travaux avant leur réception et compte tenu de la résiliation du marché intervenue. • Civ. 3e, 8 mars 1995, nº 93-11.267 P : *RGDA 1996. 138, note Périnet-Marquet.* ♦ Il résulte des art. L. 242-1 et A. 243-1 que l'assurance obligatoire de dommages-ouvrage a pour seul objet de mettre à la charge de l'assureur le coût afférent à la remise en état des ouvrages ou éléments d'équipement de l'opération de construction endommagés à la suite d'un sinistre. Il en résulte que la garantie de l'assureur de dommages ne saurait s'étendre de plein droit au paiement de travaux qui ne répondent pas à la nécessité de réparer les conséquences d'un sinistre affectant des ouvrages ou éléments d'équipement déjà exécutés. Aussi, viole les art. L. 242-1 et A. 243-1 la cour d'appel qui, pour condamner l'assureur dommages-ouvrage à payer une somme déterminée, énonce que le jugement entrepris devait être confirmé en ce qu'il avait homologué le rapport d'expertise, alors que l'expert avait calculé cette somme en prenant en considération des dommages immatériels, des pénalités de retard et la réalisation d'ouvrages ou d'éléments d'équipement qui, indépendamment de tout sinistre, n'ont pas été exécutés par l'entrepreneur défaillant. • Civ. 1re, 27 avr. 1994 : *RGDA 1994. 1160, note J.-P. Karila.*

21. *Garantie des désordres et non de l'achèvement de la construction.* L'assurance dommages-ouvrage ne garantit que la réparation des désordres et non l'achèvement de la construction. La garantie ne peut, avant la réception, être acquise que lorsque, après une mise en demeure restée infructueuse, l'entrepreneur n'a pas exécuté son obligation de réparer. • Civ. 3e, 10 mai 1989 : *RGAT 1989. 583, note Bigot.* ♦ L'assurance obligatoire de dommages-ouvrage a pour seul objet de mettre à la charge de l'assureur le coût afférent à la remise en état des ouvrages ou des éléments d'équipement de l'opération de construction endommagés à la suite d'un sinistre. La garantie de l'assureur de dommages ne saurait s'étendre de plein droit au paiement de travaux qui ne répondent pas à la nécessité de réparer les conséquences d'un sinistre affectant des ouvrages ou éléments d'équipement déjà exécutés. L'assurance de dommages-ouvrage ne s'applique pas à la réalisation d'ouvrages ou d'éléments d'équipement qui, indépendamment de tout sinistre, n'ont pas été exécutés par l'entrepreneur défaillant. • Civ. 1re, 27 avr. 1994 : *préc.* • 2 févr. 1994, nº 91-21.370 P : *RGAT 1994. 561, note Périnet-Marquet ; RCA 1994, nº 199 ; ibid. 1995. Chron. 22, par Courtieu ; D. 1994. 521, rapp. Sargos.*

22. *Liquidation judiciaire emportant résiliation.* La garantie de l'assureur de dommages-ouvrage est engagée lorsque, après plusieurs mises en demeure restées infructueuses, l'entrepreneur n'a pas exécuté ses obligations et que, en raison de sa mise en liquidation des biens, le contrat d'entreprise s'est trouvé résilié. • Civ. 1re, 14 févr. 1989 : *RGAT 1989. 583 ; RCA 1989, nº 208 ; RDI 1989. 377.* ♦ La liquidation judiciaire de l'entrepreneur emporte résiliation du contrat de louage d'ouvrage. Dès lors, viole l'art. L. 242-1 la cour d'appel qui, pour rejeter la demande des maîtres de l'ouvrage contre un assureur de dommages, retient que si les maîtres de l'ouvrage avaient bien mis en demeure l'entrepreneur d'exécuter ses obligations et si cette mise en demeure était restée infructueuse, ils ne justifiaient pas d'une résiliation du contrat de louage d'ouvrage les liant à l'entrepreneur, tout en constatant que cet entrepreneur avait été mis en liquidation. • Civ. 1re, 3 mars 1998, nº 95-10.293 P : *RGDA 1998. 277, note J.-P. Karila ; Gaz. Pal. 1999. 1. 100, note Courtieu ; RCA 1998, nº 205.*

23. *Mise en demeure impossible ou inutile.* Prive sa décision de base légale au regard de l'art.

L. 242-1 la cour d'appel qui, pour écarter la demande du maître de l'ouvrage formée contre l'assureur dommages-ouvrage s'est bornée à énoncer qu'il ne justifiait d'aucune mise en demeure restée infructueuse de l'entrepreneur, sans rechercher, si du fait de la disparition de cet entrepreneur, la mise en demeure n'était pas devenue impossible et sans objet. • Civ. 1re, 10 juill. 1995, n° 93-13.027 P : *RCA 1995, n° 387.* ♦ Il ne peut être dérogé à l'obligation, prévue par l'art. L. 242-1, de mettre en demeure l'entrepreneur défaillant que si cette mise en demeure s'avère impossible ou inutile en raison de la cessation d'activité de l'entrepreneur. • Civ. 1re, 23 juin 1998, n° 95-19.340 P : *RCA 1998, n° 327.* ♦ Ayant retenu qu'il n'était pas discuté que les désordres imputables aux entrepreneurs étaient de la nature de ceux pour lesquels l'assurance dommages-ouvrage est obligatoire et que le maître de l'ouvrage faisait valoir à juste titre que, si les dommages étaient survenus avant la réception, il n'était plus nécessaire de mettre en demeure les entrepreneurs qui avaient fait l'objet tous les deux d'un jugement de liquidation judiciaire et qui, en tout état de cause, ne pouvaient plus exécuter leurs obligations, une cour d'appel a pu en déduire, tout en constatant que les ouvrages n'avaient pas fait l'objet d'une réception, que l'assureur dommages-ouvrage devait sa garantie au maître de l'ouvrage. • Civ. 3e, 6 mars 2002 : *RDI 2002. 236, obs. Malinvaud*.

24. Assignation valant mise en demeure. L'assignation de l'entreprise devant la juridiction des référés vaut mise en demeure au sens de l'art. L. 242-1. • Civ. 1re, 14 oct. 1997 : *RCA 1998, n° 33; RGDA 1998. 94, note Périnet-Marquet.* ♦ L'assignation en résolution d'un contrat constitue le débiteur en demeure. Dès lors, viole l'art. 1184 C. civ. l'arrêt qui, pour écarter la garantie dommages-ouvrage due par un assureur, avant réception, pour le cas où, après mise en demeure restée infructueuse, le contrat de louage d'ouvrage conclu avec l'entrepreneur est résilié pour inexécution par celui-ci de ses obligations, énonce que le seul fait que le contrat d'entreprise ait été ultérieurement résilié par une disposition du jugement, confirmée, ne saurait suppléer l'absence de mise en demeure de cet entrepreneur. • Civ. 1re, 23 mai 2000, n° 97-22.547 P.

25. Sommation valant mise en demeure. Ne tire pas les conséquences légales de ses constatations la cour d'appel qui met hors de cause un assureur dommages-ouvrage à propos de désordres de nature décennale avant réception, alors qu'elle avait relevé que le maître de l'ouvrage avait adressé une sommation d'avoir à continuer le chantier. • Civ. 3e, 10 déc. 2015, n° 14-17.351 : *RGDA 2016. 36, note L. Karila.*

26. Point de départ du délai de prescription. Selon l'art. L. 242-1, l'assurance dommages-ouvrage prend effet, avant la réception, après mise en demeure restée infructueuse, le contrat de louage d'ouvrage conclu avec l'entrepreneur étant résilié pour inexécution, par celui-ci, de ses obligations. Si, pour les désordres apparus après réception, il est jugé que le point de départ du délai biennal est le jour où le maître de l'ouvrage a eu connaissance des désordres. • Civ. 1re, 4 mai 1999, n° 97-13.198 P. ♦ Il en va différemment pour les désordres survenus avant réception, dès lors que c'est seulement lorsque, après mise en demeure, l'entreprise n'exécute pas ses obligations et que le contrat est résilié que la garantie de l'assureur dommages-ouvrage peut être recherchée pour les désordres de nature décennale. La formalité de la mise en demeure n'est pas requise quand elle s'avère impossible ou inutile, notamment en cas de cessation de l'activité de l'entreprise. • Civ. 1re, 23 juin 1998, n° 95-19.340 P. ♦ ... Ou de liquidation judiciaire emportant résiliation du contrat de louage d'ouvrage. • Civ. 1re, 3 mars 1998, n° 95-10.293 P. ♦ C'est cette circonstance qui constitue l'événement donnant naissance à l'action, au sens de l'art. L. 114-1 C. assur., et, partant, le point de départ du délai de la prescription biennale. Viole les art. L. 114-1 et L. 242-1 C. assur. la cour d'appel qui, alors qu'elle avait constaté que la résiliation du contrat n'était intervenue que le 24 juin 2008, date de l'ouverture de la liquidation judiciaire de l'entreprise, a fixé le point de départ du délai de deux ans à une date antérieure à celle de l'événement donnant naissance à l'action. • Civ. 3e, 13 févr. 2020, n° 19-12.281.

2° APRÈS LA RÉCEPTION

a. Pendant le délai de la garantie de parfait achèvement

27. Dommage réservé. L'assurance de dommages prend effet après l'expiration de la garantie de parfait achèvement et garantit le paiement des réparations nécessaires, lorsque, après réception et après mise en demeure infructueuse, l'entrepreneur n'a pas exécuté son obligation. • Civ. 3e, 23 avr. 1986, n° 84-15.559 P : *RGAT 1986. 389; JCP 1987. II. 20812, note Tomasin; RDI 1987. 59, note Malinvaud et Boubli.* ♦ La réception de l'ouvrage ayant eu lieu et la mise en demeure de procéder au parfait achèvement étant restée vaine, se trouvent remplies les seules conditions exigées en pareille hypothèse par l'art. L. 242-1, al. 2, *in fine* pour la mise en œuvre de la garantie de l'assureur, sans qu'il soit besoin d'attendre la résiliation du marché. • Civ. 1re, 4 juin 1991, n° 89-16.060 P : *D. 1991. 431, note Dubois; RDI 1989. 360, note Leguay; RGAT 1991. 591; RCA 1991, n° 404.* ♦ Après réception des travaux et avant l'expiration du délai de la garantie de parfait achèvement, la garantie de l'assureur est acquise lorsque, après mise en demeure restée infructueuse, l'entrepreneur n'a pas exécuté ses obligations. Prive sa décision de base légale au regard des art. 1134 C. civ. et L. 242-1 la cour d'appel qui a rejeté la demande formée à l'encontre de l'assureur dommages-ouvrage en relevant que des lettres avaient été adressées à l'entrepreneur et à l'architecte pour leur rappeler l'existence des désordres sans rechercher si ces lettres valaient mise en demeure et si, dans l'affirmative, il avait été remédié aux désordres dans le délai imparti par les conditions générales de la police. • Civ. 1re, 17 nov. 1993 : *RGAT 1994. 162, note d'Hauteville.* ♦ V. égal. : • Civ. 1re, 19 janv. 1994 : *RGAT 1994. 560, note Périnet-Marquet* • Civ. 3e, 1er déc. 2009 : *RDI 2010. 171, note Dessuet.*

28. Référé valant mise en demeure. Viole l'art. L. 242-1 la cour d'appel qui, pour écarter l'application de la garantie de l'assureur de dommages, se borne à relever que le maître de l'ouvrage ne produit pas la lettre de mise en demeure qu'il invoque, alors qu'elle avait constaté que celui-ci, qui l'invoquait comme valant mise en demeure, avait fait délivrer assignation à l'entrepreneur devant la juridiction des référés. • Civ. 1re, 14 oct. 1997 : *RGDA 1998. 94, note Périnet-Marquet.*

b. Après le délai de la garantie de parfait achèvement

29. Dommages réservés. Relèvent de l'assurance de dommages obligatoire des désordres (fissures) qui avaient fait l'objet de réserves lors de la réception des travaux mais dont la cause (vice de construction des fondations) n'avait pu être déterminée que grâce aux opérations d'expertise effectuées après l'expiration du délai de parfait achèvement. • Civ. 1re, 3 janv. 1991 : *RGAT 1991. 372 ; RCA 1991, n° 122.*

30. Dommages de nature décennale. L'assurance de dommages obligatoire garantit, en dehors de toute recherche des responsabilités, le paiement des travaux de réparation de la nature de ceux dont sont responsables les constructeurs au sens de l'art. 1792-1 C. civ. Relève par conséquent de cette assurance le dommage causé par l'effondrement d'un mur à la suite de travaux de rénovation de l'immeuble. • Civ. 1re, 3 juill. 1990 : *RGAT 1990. 854 ; RCA 1990, n° 392 ; RDI 1991. 77, obs. Dubois.* ♦ De même, rentrent dans la garantie les dommages nécessitant des travaux urgents pour limiter les arrivées d'eau et éviter les effondrements, qui sont de nature à compromettre la solidité de l'immeuble ou à le rendre impropre à sa destination. • Civ. 1re, 20 mars 1989 : *Bull. civ. I, n° 123 ; RGAT 1989. 581 ; RCA 1989, n° 250.* ♦ ... Les travaux de réfection d'une toiture destinés à remédier aux désordres causés par des infiltrations d'eau de pluie. • Crim. 30 mars 1989 : *RGAT 1989. 603.* ♦ ... Les défauts d'isolation phonique, la cour d'appel ayant retenu que ces désordres rendaient les appartements impropres à leur destination et déclaré la SCI venderesse responsable sur le fondement de la garantie décennale. • Civ. 3e, 1er avr. 1992 : *RGAT 1992. 557 ; RCA 1992, n° 297.*

31. Dommages aux éléments d'équipement. Une police dommages-ouvrage ne peut exclure de la garantie les éléments d'équipement pouvant, en cas de désordres les affectant, entraîner la responsabilité décennale des constructeurs. • Civ. 3e, 18 déc. 2013 : *RGDA 2014. 118, note J.-P. Karila ; RDI 2014. 120, note Dessuet ; RCA 2014, n° 95 ; JCP 2014. 733, nos 12 et 13, obs. J.-P. Karila.*

32. Travaux non prévus au devis initial. Viole les art. L. 242-1, L. 310-7 et A. 243-1, la cour d'appel qui, pour décider que l'assureur dommages-ouvrage ne devait sa garantie ni pour la ventilation de la « salle de détente » ni pour les drainages, relève que ces travaux n'avaient pas été prévus au devis descriptif et n'avaient pas été compris dans le marché des entreprises qui avaient servi d'assiette au calcul de la prime d'assurance, alors qu'il résultait des motifs du jugement confirmé que les travaux de ventilation de la « salle de détente » devaient permettre de remédier aux désordres relatifs à l'insuffisance d'aération de ce local et que les travaux de drainage, également préconisés par l'expert, étaient destinés à réparer les dommages provoqués par les « remontées d'humidité » en raison de la présence d'une nappe phréatique. • Civ. 1re, 3 févr. 1993, n° 90-13.263 P : *RGAT 1993. 305, note Bigot.*

33. Dommages immatériels. L'assureur ne peut être tenu, au titre de la garantie dommages-ouvrage, de couvrir les dommages immatériels. • Civ. 1re, 18 févr. 2003 : *RGDA 2003. 311, note Périnet-Marquet.*

34. Limitation du domaine de la garantie. La nature ou l'étendue des travaux de bâtiment concernés par un contrat d'assurance de dommages obligatoire ne peut être limitée par des conventions extrinsèques à la police relative à leur exécution. • Civ. 1re, 23 juin 1998, n° 96-14.658 P : *RCA 1998, n° 328 ; RDI 1998. 396, obs. Dubois ; RGDA 1998. 726, note d'Hauteville.*

35. Dommages aux existants – Jurisprudence antérieure à l'Ord. du 8 juin 2005. Ne rentrent pas dans le champ d'application d'une clause excluant les dommages aux « existants » les dommages trouvant leur origine dans la rupture partielle d'une poutre ancienne, dès lors qu'en raison de la réalisation de travaux de rénovation prenant appui sur cette poutre, celle-ci avait cessé d'être un élément indépendant pour constituer un matériau de l'ensemble issu de ces travaux. • Civ. 1re, 28 oct. 1991 : *RCA 1992, n° 37.* ♦ Comp. : viole les art. 1792 C. civ. et L. 242-1 la cour d'appel qui rejette la demande formée à l'encontre de l'assureur dommages-ouvrage, aux motifs que les garanties prévues au contrat d'assurance portaient exclusivement sur les travaux neufs, qu'aucune garantie n'ayant été accordée aux « existants », et que les dommages subis par le mur de fondation, lequel n'avait pas fait l'objet de travaux, n'étaient pas couverts par la police, alors que l'effondrement du mur avait son origine dans les travaux de rénovation de l'immeuble, ce dont il résultait que le dommage était de la nature de ceux dont les constructeurs sont responsables et que, par suite, il relevait de l'assurance obligatoire des travaux de bâtiment. • Civ. 1re, 3 juill. 1990 : *RGAT 1990. 854 ; RCA 1990, n° 392 ; ibid. Chron. 2, obs. Groutel ; RDI 1991. 77, note Dubois*.

36. Dommages aux équipements industriels – Jurisprudence antérieure à l'Ord. du 8 juin 2005. L'assurance obligatoire de dommages garantit le paiement de la totalité des travaux de réparation des dommages de nature décennale, et notamment de ceux qui rendent l'ouvrage impropre à sa destination, sans qu'il y ait lieu de distinguer selon que les techniques des travaux de bâtiment mises en œuvre concernent un local d'habitation ou un local industriel ou commercial. Dès lors, encourt la cassation l'arrêt qui déboute le maître de l'ouvrage de son action en garantie contre son assureur dommages-ouvrage, fondée sur un vice de l'équipement de ventilation et de désilage du silo qu'il avait fait édifier et qui le rendait impropre à sa destination, aux motifs que la notion d'équipement n'avait pas le même contenu selon qu'il s'agissait d'un local d'habitation ou industriel ou commercial, que la L. du 4 janv. 1978 avait eu essentiellement pour objet de garantir les personnes désireuses d'accéder à la propriété de leur logement, qu'il fallait interpréter restrictivement la notion d'équipement assurable et que seuls pouvaient bénéficier des procédures d'indemnisation les litiges relatifs à des malfaçons affectant des éléments d'équipement remplissant une fonction de construction, par opposition à ceux dont la fonction est purement industrielle. • Civ. 1re, 26 mars 1996, n° 93-20.229 P : *RCA 1996, n° 242 ; ibid. Chron. 26, note Groutel ; RGDA 1997. 191, note Karila ; RDI 1996. 380, note Malinvaud*. ♦ Comp. à propos de l'assurance de responsabilité décennale : • Civ. 3e, 6 nov. 1996 : *RGDA 1997. 502, note J.-P. Karila ; RDI 1997. 96, note Leguay* • 22 juill. 1998, n° 95-18.415 P : *JCP 1998. II. 10183, note Périnet-Marquet* • 4 nov. 1999, n° 98-12.510 P : *D. 2001. 650, note J.-P. Karila*.

C. MONTANT DE LA GARANTIE

37. Coût des travaux de remise en état. Ayant relevé que les garanties s'appliquaient avant la réception de l'ouvrage lorsque, après mise en demeure, le contrat de louage d'ouvrage conclu avec l'entrepreneur était résilié pour inexécution de ses obligations et que les quatre situations émises par l'entrepreneur correspondaient à l'état d'avancement des travaux à la date de l'abandon du chantier et justement retenu que le montant de la garantie était égal au coût des travaux de remise en état des ouvrages dans la limite du coût total prévisionnel de la construction, une cour d'appel en a exactement déduit que l'assureur dommages-ouvrage ne pouvait pas soutenir que la valeur de la chose assurée devait être ramenée au montant des sommes versées à l'entrepreneur. • Civ. 3e, 14 déc. 2011 : *RDI 2012. 232, note Dessuet ; RGDA 2012. 716, note J.-P. Karila*.

38. Plafond de garantie - Régime antérieur à l'Arr. du 19 nov. 2009. L'inefficacité des premiers travaux de reprise des désordres ne justifie pas la suppression du plafond contractuel de garantie. • Civ. 3e, 20 nov. 2011, n° 10-21.874 P : *RGDA 2012. 368, note J.-P. Karila ; RDI 2012. 295, note Roussel ; RCA 2012, n° 46 ; D. 2012. 1980, note Groutel*.

39. Franchise – Régime antérieur à la L. du 31 déc. 1989. La clause type de l'assurance obligatoire de dommages, telle qu'elle résulte de l'annexe II de l'art. A. 241-1 [A. 243-1], dispose que la garantie couvre le coût de l'ensemble des travaux et n'autorise aucune franchise, sauf l'hypothèse particulière, prévue aux art. L. 243-4 et R. 243-11, où l'assuré présente un risque anormalement grave. • Civ. 1re, 22 mai 1991, n° 89-18.604 P : *D. 1991. 431, note Dubois ; RGAT 1991. 593 ; RCA 1991, n° 405 ; RDI 1991. 361, obs. Leguay*.

40. TVA. Il appartient au maître de l'ouvrage victime, qui demande le paiement des travaux de réparation taxe à la valeur ajoutée incluse, de démontrer que ses activités professionnelles ne sont pas soumises à cette taxe et qu'il ne peut pas récupérer celle payée en amont. • Civ. 3e, 6 nov. 2007, n° 06-17.275 P. ♦ Viole l'art. 1149 C. civ. la cour d'appel qui, pour condamner l'assureur dommages-ouvrage à payer au maître de l'ouvrage une somme toutes taxes comprises, retient que l'assureur ne démontre pas en quoi la TVA ne serait pas applicable, alors qu'il appartient au maître de l'ouvrage, assujetti à l'impôt sur les bénéfices industriels et commerciaux, de démontrer que ses activités ne bénéficiaient pas de l'exonération de paiement de la TVA. • Civ. 3e, 8 oct. 2008 : *RGDA 2009. 189, note J.-P. Karila*. ♦ Prive de base légale sa décision la cour d'appel qui, pour assortir les provisions allouées de la TVA, retient que l'obligation de l'assureur dommages-ouvrage de supporter l'intégralité des mesures conservatoires qui ont dû être prolongées n'ait pas l'objet de contestation sérieuse, sans rechercher si le bénéficiaire de l'indemnité ne récupérait pas la TVA. • Civ. 3e, 23 mai 2012, n° 11-14.091 P : *D. 2012. 1479 ; RGDA 2013. 1065, note J.-P. et L. Karila*.

IV. MISE EN ŒUVRE DES GARANTIES

41. Computation des délais. L'al. 2 de l'art. 642 C. pr. civ. n'étant que l'expression, en matière procédurale, d'une règle de portée générale applicable à tout délai, quand bien même il s'agirait d'un délai préfix, s'applique aux dispositions de l'art. L. 242-1 qui prévoit que l'assureur a un délai maximal de soixante jours courant à compter de la réception de la déclaration de sinistre pour notifier à l'assuré sa décision quant au principe de la mise en œuvre des garanties prévues au contrat. • Civ. 3e, 18 févr. 2004, n° 02-17.976 P : *RGDA 2004. 441, note Beauchard ; D. 2004. 1206, note P. Julien ; D. 2005. 1317, note Groutel ; RDI 2004. 151, note Leguay ; Gaz. Pal. 24-25 mars 2004, p. 26, note Dessuet*.

A. DÉCLARATION DE SINISTRE

42. Absence de déclaration de sinistre. Ayant retenu, d'une part, que les maîtres de l'ouvrage avaient directement saisi une juridiction aux fins de désignation d'expert puis de condamnation de l'assureur de « dommages-ouvrage » obligatoire alors que, pour mettre en jeu cette garantie, l'assuré est tenu de faire, soit par écrit contre récépissé, soit par lettre recommandée avec demande d'avis de réception, une déclaration de sinistre à l'assureur, lequel doit alors désigner un expert, et relevé, d'autre part, sans dénaturation, qu'à la date du 7 sept. 1993, il n'y avait pas eu de réception tacite de l'ouvrage, une cour d'appel a pu en déduire que l'assureur ne pouvait être tenu à garantie au titre de la police « dommages-ouvrage ». • Civ. 3e, 5 nov. 2008 : *RGDA 2009. 181, note Périer.* ♦Mais, ayant exactement retenu que la déclaration de sinistre faite par télécopie ne remplissait pas les conditions d'exigence d'un écrit rappelées par l'art. A. 243-1, annexe II, une cour d'appel a pu en déduire que le délai dont l'assureur disposait pour prendre parti avait été ouvert à une date qu'il convenait de fixer, en fonction des éléments qui lui étaient soumis au jour de l'envoi par l'assureur de sa décision de nommer l'expert amiable. • Civ. 3e, 6 juin 2012, n° 11-15.567 P : *D. 2012. 1609 ; D. 2013. 1981, note Groutel ; RDI 2012. 458, note Dessuet ; RCA 2012, n° 279, note Groutel ; RGDA 2012. 1061, note J.-P. et L. Karila ; JCP 2013. 400, n° 8, obs. J.-P. Karila.*

43. Déclarations successives. Il n'y a pas lieu de distinguer entre sinistre nouveau et aggravation d'un sinistre ancien déclaré et à défaut de nouvelle déclaration de sinistre, la demande d'expertise pour les nouvelles fissures, présentée par le maître de l'ouvrage à l'encontre de l'assureur dommages-ouvrage, n'est pas recevable. • Civ. 3e, 14 mars 2012, n° 11-10.961 P : *RDI 2012. 357, note L. Karila ; RGDA 2012. 712, note J.-P. Karila ; RCA 2012, n° 179 ; JCP 2013. 400, n° 14, obs. J.-P. Karila.*

44. Fourniture d'un devis. Pour mettre en œuvre la garantie de l'assurance de dommage obligatoire, l'assuré est seulement tenu d'effectuer dans le délai de la garantie décennale une déclaration de sinistre comportant notamment la description et la localisation du dommage. • Civ. 3e, 20 oct. 2010 : *BICC 15 févr. 2011, n° 146 ; D. 2010. AJ 2579 ; AJDI 2010. 880, note Porcheron ; RDI 2010. 618, note G. L. ; RCA 2011, n° 29 ; RGDA 2011. 141, note J.-P. Karila.* ♦Viole dès lors l'art. L. 242-1 et l'annexe II A, 3°, de l'art. A. 243-1 une cour d'appel qui retient que l'assuré est lié, quant à l'étendue du sinistre, non par la déclaration de sinistre mais par le devis fourni à l'expert. • Même arrêt.

45. Prescription de l'action en exécution des garanties. L'assuré dispose, pour réclamer l'exécution des garanties souscrites, d'un délai de deux ans à compter de la connaissance qu'il a des désordres survenus dans les dix ans qui ont suivi la réception des travaux. • Civ. 3e, 19 mai 2016, n° 15-16.688 : *RGDA 2016. 370, note L. Karila ; Constr.-Urb. 2016, n° 108, note Pagès-de Varenne ; RCA 2016, n° 257, note Groutel* • Civ. 1re, 4 mai 1999, n° 97-13.198 P : *RCA 1999, n° 336, note Groutel.*

46. Renonciation de l'assureur à l'absence de déclaration. La présence de l'assureur dommages-ouvrage à l'expertise ordonnée par un juge des référés, saisi directement par les maîtres de l'ouvrage, ne constitue pas une manifestation de volonté non équivoque de cet assureur de renoncer à se prévaloir de l'absence de la déclaration de sinistre exigée par les art. L. 242-1 et A. 243-1 et son annexe II. • Civ. 3e, 10 févr. 2010, n° 09-65.186 P : *RDI 2010. 273, note Noguéro .* ♦ Mais, ayant, par motifs propres et adoptés, relevé que la société maître de l'ouvrage avait adressé à l'assureur dommages-ouvrage une lettre simple dénonçant les désordres pour lesquels elle sollicitait sa garantie et qu'au vu de cette lettre l'assureur avait désigné un expert puis notifié par une même lettre le rapport de l'expert et pris position sur les garanties demandées, une cour d'appel, devant laquelle la société assurée avait soutenu que l'assureur avait, en désignant expert et pris parti sur les garanties, reconnu avoir reçu une déclaration de sinistre valable, a pu, sans violer le principe de la contradiction ni modifier l'objet du litige, retenir que l'assureur qui avait notifié les rapports et sa position de refus de garantie ne pouvait, ensuite, se prévaloir de l'absence de saisine initiale par lettre recommandée avec accusé de réception ou par remise d'une déclaration contre récépissé. • Civ. 3e, 12 janv. 2011 : *RDI 2011. 176, note Dessuet .*

47. Prescription de l'action en exécution des garanties. L'assuré dispose, pour réclamer l'exécution des garanties souscrites, d'un délai de deux ans à compter de la connaissance qu'il a des désordres survenus dans les dix ans qui ont suivi la réception des travaux. • Civ. 3e, 19 mai 2016, n° 15-16.688 : *RGDA 2016. 370, note Karila ; Constr.-urb. 2016, n° 108, note Pagès-de Varenne ; RCA 2016, n° 257, note Groutel* • Civ. 1re, 4 mai 1999, n° 97-13.198 P : *RCA 1999, n° 336, note Groutel.* ♦ Mais, si pour les désordres apparus après réception, il est jugé que le point de départ du délai biennal est le jour où le maître de l'ouvrage a eu connaissance des désordres (• Civ. 1re, 4 mai 1999, n° 97-13.198), il en va différemment pour les désordres survenus avant réception, dès lors que c'est seulement lorsque, après mise en demeure, l'entreprise n'exécute pas ses obligations et que le contrat est résilié que la garantie de l'assureur dommages-ouvrage peut être recherchée pour les désordres de nature décennale. La formalité de la mise en demeure n'étant pas requise quand elle s'avère impossible ou inutile, notamment en cas de cessation de l'activité de l'entreprise (• Civ. 1re, 23 juin 1998, n° 95-19.340) ou de liquidation judiciaire emportant résiliation du contrat de louage d'ouvrage (• Civ. 1re, 3 mars 1998, n° 95-10.293), c'est cette circonstance qui constitue l'événement donnant naissance à l'action, au sens de l'art. L. 114-1 C. assur., et, partant, du point de départ du délai de la prescription biennale. • Civ. 3e, 13 févr. 2020, n° 19-12.281 : *RCA 2020, n° 123; ibid. 2022, chron. 4, n° 3, note Groutel; RGDA avr. 2020. 33, note J.-P. Karila; JCP 2020. 888, note Beignier et Ben Hadj Yahia.*

B. POSITION DE PRINCIPE DE L'ASSUREUR

48. Obligation de répondre. L'assureur dommages-ouvrages est tenu de répondre dans le délai de 60 jours à toute déclaration de sinistre, y compris lorsqu'il estime que les désordres sont identiques à ceux précédemment dénoncés. A défaut, il ne peut plus opposer la prescription biennale qui serait acquise à la date de la seconde déclaration. • Civ. 3e, 30 sept. 2021, n° 20-18.883 : *RGDA oct. 2021. 23, note Dessuet; D. actu. 15 oct. 2021, note Bigot et Cayol; RCA 2021, alerte n° 32, note Bertolaso; RDI 2021. 672, note Roussel*. ♦ L'assureur dommages-ouvrage est tenu de répondre dans le délai légal à toute déclaration de sinistre, et que, faute de le faire, il ne peut plus opposer la prescription biennale qui serait acquise à la date d'expiration de ce délai. • Civ. 3e, 26 nov. 2003, n° 01-12.469 P : *D. 2004. Somm. 911, obs. Groutel; RCA 2004, nos 49 et 108, obs. Durry; RGDA 2004. 447, note d'Hauteville; RDI 2004. 59, note Dessuet*. ♦ *Contra* : Les désordres objet d'une déclaration de sinistre étant exactement identiques à ceux objet d'une précédente déclaration de sinistre dont les assurés avaient été déjà indemnisés par le versement d'une somme qu'ils étaient forclos à contester, ils ne sont pas fondés en leur demande tendant à voir prendre en charge un dommage dont ils ont déjà obtenu réparation. • Civ. 3e, 10 oct. 2012, n° 11-17.496 P : *RDI 2012. 636, note Dessuet; RGDA 2013. 100, note L. Karila; RCA 2013, n° 29; JCP 2013. 400, n° 15, obs. J.-P. Karila.*

49. Prise de position sous réserve. L'assureur de dommages-ouvrage, qui reconnaît le caractère décennal des désordres et indique que les garanties obligations de la police dommages-ouvrage soumise à l'application des art. 1792 s. C. civ. pouvaient être engagées, sauf à attendre le rapport définitif et chiffré de l'expert pour faire une proposition d'indemnité, n'a pas pris un engagement définitif d'indemnisation. • Civ. 3e, 23 sept. 2020, n° 19-20.179 : *RGDA nov. 2020. 35, note L. Karila; RDI 2021. 37, note Dessuet*.

50. Primauté de la procédure contractuelle. Pour mettre en œuvre la garantie de l'assurance de dommages obligatoire, l'assuré est tenu de faire, soit par écrit contre récépissé, soit par lettre recommandée avec demande d'avis de réception, une déclaration de sinistre à l'assureur, lequel doit alors désigner un expert ou, en cas de récusation, en faire désigner un par le juge des référés. Les dispositions des art. L. 242-1 et A. 243-1, d'ordre public, interdisent à l'assuré de saisir directement une juridiction aux fins de désignation d'un expert. • Civ. 1re, 28 oct. 1997, n° 95-20.421 P : *Gaz. Pal. 1998. 1. 255; RCA 1998, n° 34; ibid. Chron. 1, par Groutel; JCP 1997. II. 22962, rapp. Sargos; RGDA 1998. 95, note Périnet-Marquet* • 4 déc. 2001, n° 98-23.121 P : *RDI 2002. 32, note Durry; RGDA 2002. 122, note d'Hauteville* • Civ. 3e, 16 déc. 2003 : *RGDA 2004. 111, note d'Hauteville* • 8 avr. 2014 : *RGDA 2014. 274, note Dessuet.* – **BIBL.** Courtieu, RCA 1998. Chron. 7. – Dubois, RDI 1998. 114. ♦ ... Avant la fin du délai de soixante jours. • Civ. 3e, 10 mai 2007, n° 06-12.467 P : *RCA 2007, n° 257; RGDA 2007. 636, note Périer.* ♦ ... Ou aux fins de condamnation de l'assureur de dommages. • Civ. 1re, 19 mai 1999 : *RCA 1999, n° 278, note Groutel; RGDA 1999. 1035, note d'Hauteville.* ♦ En outre, il ne résulte pas de la présence, sans réserves, de l'assureur dommages-ouvrage à l'expertise ordonnée en référé, que celui-ci avait renoncé sans équivoque à soulever l'irrecevabilité de la demande de son assurée qui l'a assigné devant le juge du fond. • Civ. 3e, 18 févr. 2004, n° 02-17.523 P : *Defrénois 2005. 64, note Périnet-Marquet* • 5 nov. 2008 : *RGDA 2009. 181, note Périer.* ♦ Comp. : dès lors que les dispositions de l'annexe II de l'art. A. 243-1 ne s'appliquent qu'aux seuls contrats souscrits en application de l'obligation d'assurance imposée par les dispositions du titre IV du livre II C. assur. et ne font au surplus pas obstacle à ce que l'assuré, dans le cadre d'un litige relatif à la responsabilité des constructeurs, saisisse le juge des référés sur le fondement de l'art. R. 532-1 CJA pour qu'il prescrive une expertise, la cour administrative d'appel, qui a fait application des dispositions de l'annexe II de l'art. A. 243-1 à une personne de droit public, a entaché son arrêt d'une erreur de droit. • CE 22 juin 2005 : *RGDA 2006. 954, note Bigot; JCP 2006. I. 135, n° 9, note J.-P. Karila.*

51. Destinataire. C'est à l'assuré, et non à un tiers, que l'assureur dommages-ouvrage doit notifier sa décision sur le principe de la mise en œuvre de sa garantie dans les soixante jours à compter de la déclaration de sinistre et, le cas échéant, faire une offre d'indemnité dans le délai de quatre-vingt-dix jours. • Civ. 1re, 23 mars 2004 : *RGDA 2004. 445, note d'Hauteville.*

52. Motivation du refus. Ayant constaté que la décision de refus de garantie notifiée par l'assureur dommages-ouvrage n'était pas motivée et ne répondait donc pas aux exigences légales, de sorte que l'assureur n'avait pas respecté le délai qui lui était imparti par l'art. L. 242-1, al. 3, une cour d'appel en a déduit à bon droit que les garanties prévues par la police étaient dues pour le sinistre considéré et que l'assurée pouvait engager les dépenses nécessaires à la réparation des dommages. • Civ. 1re, 10 janv. 1995, n° 93-12.127 P : *RGAT 1995. 109, note J.-P. Karila.*

53. *Refus non fondé sur la prescription.* L'assureur dommages qui a fondé son refus de garantie sur un autre motif que la prescription biennale de l'art. L. 114-1, qui aurait été acquise à la date de la déclaration de sinistre, n'est plus recevable à opposer cette prescription postérieurement à ce refus. • Civ. 3e, 22 sept. 2009 : *RCA 2009, no 369, note Groutel ; RDI 2009. 658, note Dessuet*.

54. *Refus sans recours préalable à l'expertise – Jurisprudence antérieure à l'Arr. du 30 mai 1997.* Ayant relevé que l'assureur avait notifié son refus de garantie, sans avoir fait procéder à la constatation des dommages par expertise, comme il en avait l'obligation en cas de sinistre, ainsi que l'imposait l'art. A. 243-1 dans sa rédaction applicable au litige, une cour d'appel, qui n'a pas tiré les conséquences légales de ses propres constatations, a violé l'art. 2 C. civ., ensemble les art. L. 242-1 et A. 243-1, et l'annexe II à ce dernier art., relative aux clauses types applicables aux contrats d'assurance dommages, dans leur rédaction antérieure à l'Arr. du 30 mai 1997. • Civ. 3e, 16 mars 2004 : *RGDA 2004. 451, note d'Hauteville.*

55. *Refus sans recours préalable à l'expertise – Jurisprudence postérieure à l'Arr. du 30 mai 1997.* En cas de contestation par l'assuré de la décision de l'assureur dommages-ouvrage de ne pas recourir à expertise lorsqu'il estime que la mise en œuvre de la garantie est manifestement injustifiée, l'annexe II de l'art. A. 243-1 ne prévoit qu'une simple possibilité pour l'assuré d'obtenir la désignation d'un expert, et qu'aucune obligation ne pèse de ce chef sur l'assureur. • Civ. 3e, 17 mars 2004, no 02-17.355 P : *D. 2004. IR 994, et les obs. ; Defrénois 2005. 70, obs. Périnet-Marquet ; RGDA 2004. 452, note d'Hauteville.*

56. *Communication du rapport préliminaire – Jurisprudence antérieure à l'Arr. du 19 nov. 2009.* L'assureur ne peut valablement notifier à son assuré, dans le délai qui lui est imparti, sa décision sur le principe de sa garantie, sans être en possession du rapport préliminaire établi par l'expert, et l'avoir préalablement communiqué à son assuré. • Civ. 1re, 3 nov. 1993, no 91-18.128 P : *RGAT 1994. 164, note J.-P. Karila.* ♦... Une notification simultanée du rapport et de la décision ne répondant pas aux prescriptions légales. • Civ. 3e, 18 févr. 2004, no 02-17.976 P : *D. 2004. IR 603 ; ibid. 1206, obs. P. Julien ; ibid. 2005. 1320, note Groutel ; RDI 2004. 151, obs. Leguay ; RLDA 2004/70, no 4403, obs. Mendak ; Gaz. Pal. 24-25 mars 2004, p. 26, note Dessuet ; JCP 2004. II. 10095, note Billemont ; Defrénois 2005. 70, note Périnet-Marquet* • 4 janv. 2006, no 05-13.727 P : *RDI 2006. 105, note Dessuet ; JCP 2006. I. 135, no 8, note J.-P. Karila* • 3 janv. 2006 : *RDI 2006. 105, note Dessuet ; JCP 2006. I. 135, no 8, note J.-P. Karila* • 18 déc. 2007 : *RDI 2008. 160, note Dessuet ; RGDA 2008. 113, note J.-P. Karila* • 27 mai 2010 : *RDI 2010. 455, obs. Dessuet ; RGDA 2010. 715, note Périer ; RDI 2010. 455, note Dessuet* • 12 janv. 2011 : *RDI 2011. 176, note Dessuet* • 24 sept. 2013 : *RDI 2014. 358, note L. Karila ; RCA 2013, no 392.*

57. *Portée de la reconnaissance de garantie à l'égard de l'assureur.* L'assureur qui, dans le délai de soixante jours, a accepté la mise en jeu de la garantie ne peut ultérieurement contester le caractère décennal des désordres. • Civ. 3e, 17 févr. 2015, no 13-20.199 : *RGDA 2015. 203, note J.-P. Karila ; RDI 2015. 192, note Dessuet*.

58. *Portée de la reconnaissance de garantie sur la prescription.* La reconnaissance par l'assureur du principe de sa garantie interrompt la prescription pour l'ensemble des dommages, matériels et immatériels, consécutifs aux désordres. Dès lors, viole l'art. L. 114-1 la cour d'appel qui, pour déclarer prescrite et irrecevable l'action engagée par un maître de l'ouvrage contre l'assureur dommages-ouvrage au titre de son préjudice immatériel, retient que les dommages immatériels n'ont fait l'objet d'aucune déclaration, ni d'aucun acte interruptif de la prescription antérieurement à l'assignation au fond, que s'agissant d'une garantie annexe et facultative, il ne peut être considéré que les dommages immatériels étaient implicitement et nécessairement inclus dans les déclarations de sinistre ou dans l'assignation en référé visant les seuls dommages matériels. • Civ. 3e, 17 sept. 2014 : *RGDA 2014. 510, note Dessuet ; RCA 2014, no 353, note Groutel ; RDI 2014. 647, note Noguéro*.

59. *Responsabilité de l'expert.* Les éventuels manquements de l'expert doivent être appréciés au regard de sa mission, laquelle, en matière d'assurance dommages-ouvrage, est limitée à la recherche et au rassemblement des données strictement indispensables à la non-aggravation et à la réparation rapide des dommages garantis. Aussi, ayant relevé qu'il ne résultait pas des pièces produites que l'affaissement du dallage ait été visible lors de son intervention, une cour d'appel a pu en déduire, sans dénaturation et par une appréciation souveraine des éléments de preuve qui lui étaient soumis, qu'il ne pouvait pas être reproché à l'expert d'avoir centré ses investigations sur les murs périphériques extérieurs qui présentaient les désordres les plus manifestes. • Civ. 3e, 15 janv. 2013 : *RGDA 2013. 655, note J.-P. Karila ; JCP 2014. 733, no 14, obs. J.-P. Karila.*

C. PAIEMENT DES RÉPARATIONS

60. *Affectation de l'indemnité.* L'indemnité versée par l'assureur dommages-ouvrage doit être affectée au paiement des travaux de réparation des dommages. • Civ. 3e, 17 déc. 2003, no 02-19.034 P : *Defrénois 2005. 72, note Périnet-Marquet ; RCA 2004, no 78 ; ibid. Chron. 6, par Groutel ; RGDA 2004. 102, note J.-P. Karila* • 12 avr. 2005 : *RCA 2005, no 194 ; RGDA 2005. 648, note Pagès-de Varenne ; RCA 2016, no 256, note Groutel.* ♦ Les dispositions de l'art. L. 242-1 C. assur. font seulement obligation à l'assuré d'affecter l'indemnité versée par son assureur à la réparation des dommages qu'il lui a déclarés. • CE 26 mars 2018, n° 405109 B : *AJDA 2018. 659* ; *RDI 2018.461, obs. Roussel.* ♦ Comp. : il résulte des art. L. 121-17 et L. 242-1 C. assur. que l'assuré est tenu d'utiliser l'indemnité versée par l'assureur en réparation d'un dommage causé à un immeuble bâti pour procéder à la remise en état effective de cet immeuble ou pour la remise en état de son terrain d'assiette. Par suite, l'assuré n'est pas fondé à demander à son assureur dommages-ouvrage le versement d'une indemnité excédant le montant total des dépenses de réparation qu'il a effectivement exposées et dont il doit justifier auprès de son assureur. • CE 5 juill. 2017, n° 396161 B : *AJDA 2017. 425* ; *RGDA 2017. 522, note J.-P. Karila.*

61. *Charge de la preuve de l'affectation de l'indemnité.* Il incombe à l'assuré de démontrer qu'il a réalisé les travaux nécessaires à la réparation des dommages et d'établir quel en avait été le coût. • 4 mai 2016, n° 14-19.804 P : *Constr.-Urb. 2016, n° 92, note Pagès-de Varenne ; RCA 2016, n° 256, note Groutel ; RGDA 2016. 418, note J.-P. Karila.*

62. *Répétition de l'indu.* L'assureur dommages-ouvrage est en droit d'obtenir la restitution de ce qu'il a versé au-delà de ce que la victime avait dû payer pour réparer ses dommages de nature décennale. • Civ. 3e, 17 déc. 2003, n° 01-17.608 P : *Gaz. Pal. 2004. 2487, note Périer ; Defrénois 2005. 72, obs. Périnet-Marquet ; RCA 2004, n° 81 ; ibid. Chron. 6, par Groutel ; RGDA 2004. 101, note J.-P. Karila* • Civ. 3e, 4 mai 2016, n° 14-19.804 : *préc. note 61.* ♦ Ayant relevé que le prix de vente de l'immeuble avait été fixé après déduction d'une somme correspondant à l'indemnité indexée, ce dont il résultait que le transfert s'était opéré pour la totalité de cette dernière, une cour d'appel en a exactement déduit que la demande en restitution d'indemnités versées formée par l'assureur dommages-ouvrage contre son assuré devait être rejetée. • Civ. 3e, 16 janv. 2013 : *RDI 2013. 165, note Dessuet* .

D. NON-RESPECT DES DÉLAIS

63. *Prescription de l'action du maître de l'ouvrage.* Les dispositions de l'art. L. 242-1, al. 3, ne privent pas l'assureur du droit d'invoquer la prescription biennale qui a commencé à courir à compter de l'expiration du délai de soixante jours suivant la réception de la déclaration de sinistre. • Civ. 1re, 16 juill. 1998, n° 96-14.934 P : *Gaz. Pal. 1999. 1. 51, note Cattan ; ibid. 1999. 1. 98, note Courtieu ; RCA 1998, n° 282 ; ibid. Chron. 18, par Groutel ; RGDA 1998. 728, note Périnet-Marquet* • 1er févr. 2000, n° 97-16.662 P : *RCA 2000, n° 167 ; ibid. Chron. 9, par Durry* • 27 mars 2001 : *RCA 2001, n° 234, note Groutel* • 10 déc. 2002 : *RCA 2003, n° 119, note Groutel* • Civ. 3e, 20 juin 2012 : *D. 2012. 1738* ; *D. 2013. 1981, note Groutel* ; *RCA 2012, n° 324, note Groutel ; RGDA 2013. 1069, note J.-P. et L. Karila ; JCP 2013. 400, n° 7, obs. J.-P. Karila ; Procédures, 2013, Chron. 2, n° 3, note Mazeaud.* ♦ ... Sans être interrompu par le refus de garantie ultérieur de l'assureur. • Civ. 1re, 22 mai 2002 : *Gaz. Pal. 2003. 435, note Courtieu ; RCA 2002, n° 268, note Groutel.* ♦ ... Ou à compter de la notification simultanée du rapport et de la position sur la garantie (régime ant. à l'Arr. du 19 nov. 2009). • Civ. 3e, 23 sept. 2014 : *RCA 2014, n° 387, note Groutel ; RDI 2014. 651, note Noguéro* .

64. *Silence non fautif.* Il ne saurait être reproché à un assureur de ne pas avoir répondu dans le délai de 60 jours à une réclamation présentée plus de deux ans après l'expiration de la garantie décennale, l'habilitation donnée au syndic pour poursuivre l'assureur étant inopérante. • Civ. 3e, 20 juin 2012 : *RDI 2012. 456, note Dessuet* ; *RCA 2012, n° 323, note Groutel ; RGDA 2013. 104, note J.-P. Karila ; D. 2013. 1981, note Groutel* ; *JCP 2013. 400, n° 8, obs. J.-P. Karila.*

65. *Non-respect par l'assuré de la procédure contractuelle.* Ayant exactement retenu, d'une part, que pour mettre en œuvre la garantie de l'assurance de dommages obligatoire, l'assuré est tenu de faire une déclaration de sinistre à l'assureur et que les art. L. 242-1 et A. 243-1 lui interdisent de saisir directement une juridiction aux fins de désignation d'un expert et, d'autre part, que l'obligation de l'assureur de notifier à l'assuré sa décision quant à la mise en œuvre de sa garantie dans les soixante jours de la réception de la déclaration de sinistre suppose que l'assuré n'ait pas, au préalable, engagé une instance pour solliciter la désignation d'un expert judiciaire, une cour d'appel, qui a relevé que les assurés n'avaient pas déclaré leur sinistre à l'assureur dommages-ouvrage avant de saisir le juge des référés pour expertise, en a déduit à bon droit que leurs demandes étaient irrecevables. • Civ. 3e, 8 avr. 2014 : *RGDA 2014. 274, note Dessuet.* ♦ *Contra* : dès lors que l'assureur de dommages du propriétaire d'un ensemble immobilier a reçu une déclaration de sinistre et que, dans le délai de soixante jours imparti par l'art. L. 242-1 et par l'annexe II de l'art. A. 243-1, il n'a pas notifié à son assuré le rapport préliminaire de l'expert et ne lui a fait aucune offre d'indemnité, une cour d'appel, statuant en référé, en déduit exactement que cet assureur doit sa garantie, nonobstant la circonstance que l'assuré avait obtenu la désignation d'un expert judiciaire en référé, puis saisi le juge du fond, ces éléments n'étant pas constitutifs d'une contestation sérieuse sur le principe de la garantie de l'assureur. • Civ. 1re, 7 janv. 1997, n° 94-21.636 P.

66. *Caractères limitatif et exclusif des sanctions.* L'art. L. 242-1 fixe limitativement les sanctions applicables aux manquements de l'assureur dommages-ouvrages à ses obligations. Viole cet art., la cour d'appel qui retient que les dommages immatériels peuvent être mis à la charge de l'assureur dommages-ouvrages s'ils découlent d'une faute de celui-ci, notamment à défaut d'offre d'indemnisation de nature à mettre fin aux désordres. • Civ. 3e, 17 oct. 2019, n° 18-11.103 : *RCA 2020, n° 49, note Groutel; RGDA janv. 2020. 53, note J.-P. Karila; bjda.fr 2019, n° 66, note Casu.* ♦ La sanction du non-respect du délai de soixante jours prévu à l'art. L. 242-1 C. assur. est limitative. Elle autorise l'assuré à préfinancer les travaux à ses frais moyennant une majoration de sa créance indemnitaire et ne se conjugue pas avec une cause de responsabilité. • Civ. 3e, 14 sept. 2017, n° 16-21.696 P : *RGDA 2018. 36, note J.-P. Karila; RCA 2017, n° 326; Gaz. Pal. 6 mars 2018. 65, note Cerveau-Colliard.* ♦ L'art. L. 242-1 fixe limitativement les sanctions applicables aux manquements de l'assureur dommages-ouvrage à ses obligations. Dès lors, viole l'art. L. 242-1 C. assur. la cour d'appel qui, pour condamner l'assureur dommages-ouvrage au paiement de dommages-intérêts au maître de l'ouvrage, énonce que l'assuré devait être indemnisé d'une partie des pertes d'exploitation qu'il avait subies compte tenu de la carence de la société d'assurance qui aurait dû financer les travaux dans les délais prévus tant par la loi que par la police d'assurance. • Civ. 1re, 17 juill. 2001, n° 98-21.913 P : *RGDA 2001. 982, note J.-P. Karila.* ♦ De même, justifie sa décision la cour d'appel qui rejette la demande de dommages-intérêts de l'assuré à raison que la perte locative qu'il avait subie trouvait sa cause dans le retard apporté par l'assureur à l'exécution de son obligation de préfinancement des travaux. • Civ. 3e, 7 mars 2007, n° 05-20.485 P : *R. 2007. 390; Gaz. Pal. 2008. 4030, note Périer; RCA 2007, n° 224, obs. Groutel; RGDA 2007. 631, note J.-P. Karila.* ♦ Encore, viole l'art. L. 242-1 C. assur., la cour d'appel qui accueille la demande d'indemnisation formée par les maîtres de l'ouvrage à l'encontre de l'assureur dommages-ouvrage au titre d'un trouble de jouissance. • 22 mai 2007, n° 06-13.821 : *RGDA 2007. 631, note J.-P. Karila.*

1° GARANTIE ACQUISE

67. *Garantie des dépenses nécessaires sans plafond contractuel.* Ayant justement énoncé qu'il se déduisait des dispositions de l'art. L. 242-1 que le silence gardé par l'assureur entraînait pour celui-ci, à l'expiration du délai et après la notification de l'assuré, l'obligation de garantir le coût total de la remise en état de l'immeuble, une cour d'appel a décidé à bon droit, d'une part, que, s'agissant non de l'application des clauses du contrat relatives à l'étendue de la garantie, mais d'une sanction légale, l'assureur ne peut se prévaloir de la limitation contractuelle de garantie et, d'autre part, que l'assureur peut être condamné à verser une indemnité provisionnelle fixée au vu de l'évaluation, par l'expert judiciaire, du coût de remise en état, peu important que l'assuré, après notification, n'ait pas encore engagé les dépenses nécessaires. • Civ. 1re, 18 juin 1996, n° 94-10.121 P : *RGDA 1996. 657, note J.-P. Karila.* ♦ L'assureur n'ayant pas respecté le délai de soixante jours ne peut opposer le plafond de garantie à son assuré. • Civ. 3e, 9 oct. 2013 : *RGDA 2014. 35, note J.-P. Karila; RCA 2014, n° 25, note Groutel; JCP 2014. 733, n° 16, obs. J.-P. Karila.*

68. *Non-respect des délais par l'apériteur.* La société apéritrice n'ayant pas respecté les dispositions de l'art. A. 243-1, la cour d'appel a pu en déduire que ce manquement interdisait aux coassureurs de se prévaloir d'une clause limitant leurs engagements à leurs parts respectives dans la coassurance. • Civ. 3e, 29 mars 2006 : *RCA 2006, n° 205, note Groutel; RGDA 2006. 951, note Bigot.*

69. *Garantie des dépenses nécessaires sans notification de celles-ci.* En exigeant de l'assuré qu'il notifie préalablement à l'assureur, pour que celui-ci soit tenu à garantie, les dépenses qu'il entendait engager pour mettre fin aux désordres en cause, alors que l'art. L. 242-1, dans sa rédaction résultant de la L. du 31 déc. 1989, et l'annexe II de l'art. A. 243-1, dans sa rédaction issue de l'Arr. du 13 juill. 1990, imposent seulement à l'assuré de notifier à l'assureur son intention d'engager les dépenses nécessaires à la réparation des dommages, une cour d'appel a violé ces textes. • Civ. 1re, 1er déc. 1998 : *RCA 1999, n° 47; RGDA 1999. 150, note d'Hauteville.*

70. *Inopposabilité de la prescription acquise.* L'assureur dommages-ouvrage est tenu de répondre dans le délai légal de soixante jours à toute déclaration de sinistre; faute de le faire, il ne peut plus opposer la prescription biennale qui serait acquise à la date d'expiration du délai. • Civ. 3e, 26 nov. 2003, n° 01-12.469 P : *D. 2004. Somm. 911, obs. Groutel; RCA 2004, nos 49 et 108, obs. Durry; RGDA 2004. 447, note d'Hauteville; RDI 2004. 59, note Dessuet.* ♦ V. égal. : • Civ. 1re, 4 mars 1997, n° 95-10.045 P : *Gaz. Pal. 1998. 1. 256; RCA 1997, n° 239; ibid. Chron. 17, par Groutel; Gaz. Pal. 1997. 1. 291; RDI 1997. 253, note Leguay* • Civ. 3e, 17 mars 1999 : *RCA 1999, n° 193, note Groutel.*

71. *Inopposabilité des causes de non-garantie.* L'assureur, qui n'a pas pris position sur le principe de la mise en œuvre de la garantie dans le délai légal, est déchu du droit de contester celle-ci, notamment en contestant la nature des désordres déclarés. • Civ. 3e, 3 déc. 2003, n° 01-12.461 P : *Defrénois 2005. 70, note Périnet-Marquet; RGDA 2004. 112, note d'Hauteville.* ♦ L'assureur dommages-ouvrage qui n'a pas répondu dans les soixante jours à la déclaration de sinistre faite par son assuré se prive de la faculté d'opposer à ce dernier toute cause de non-garantie et ne peut pas demander la nullité du contrat pour fausse déclaration intentionnelle. • Civ. 3e, 28 janv. 2009, n° 07-21.818 P : *D. 2009. AJ 429; ibid. Chron. 1236, obs. Nési; D. 2010. 1740, obs. Groutel; JCP 2009. Actu. 76, note*

Astegiano-La Rizza ; ibid. I. 138, n° 26, obs. Serinet ; ibid. E 2009. 1623, n° 13, obs. Courtieu ; RDC 2009. 1516, obs. Serinet ; Defrénois 2010, art. 39060, note Périnet-Marquet ; RDI 2009. 191, note Noblot ; RGDA 2009. 501, note J.-P. Karila • 22 juin 2011 : *RDI 2011. 577, obs. Leguay ; RGDA 2011. 1016, obs. Périer* • Civ. 3e, 5 mai 2015, n° 14-13.074 : *RGDA 2015. 298, note J.-P. Karila ; RCA 2015, n° 237, note Groutel.*

72. Garantie des seuls dommages matériels déclarés. L'engagement de l'assureur dommages-ouvrage ne peut porter que sur les désordres affectant la construction garantie. Si, à l'expiration du délai de soixante jours, l'assureur est tenu à garantie sans pouvoir discuter les dépenses nécessaires à la réparation des désordres déclarés, encore faut-il que ceux-ci affectent la construction faisant l'objet du contrat. • Civ. 1re, 18 déc. 2002, n° 99-16.551 P : *RGDA 2003. 315, note J.-P. Karila.* ♦ La sanction de l'assureur dommages-ouvrage, qui l'oblige à garantir les désordres déclarés, est limitée à l'objet assuré par les stipulations contractuelles. • Civ. 3e, 30 juin 2016, n° 14-25.150 P : *RDI 2016. 486, note Roussel ; Constr.-Urb. 2016, n° 122, note Pagès-de Varenne ; RCA 2016, n° 285, note Groutel.*

73. Garantie des seules dépenses nécessaires. L'assureur qui ne notifie pas à l'assuré, dans un délai maximal de soixante jours, courant à compter de la réception de la déclaration du sinistre, sa décision quant au principe de la mise en jeu des garanties prévues au contrat, ne peut plus contester le principe de sa garantie et doit indemniser l'assuré des dépenses nécessaires à la réparation des dommages résultant du sinistre déclaré. Dès lors, prive sa décision de base légale, la cour d'appel qui, pour condamner l'assureur dommages ouvrages à indemniser un syndicat des copropriétaires, retient, d'une part, que l'assureur n'a pas respecté le délai de soixante jours pour notifier sa décision quant au principe de la mise en jeu des garanties et qu'il doit indemniser tous les désordres dénoncés par le syndicat des copropriétaires, d'autre part, que le syndicat des copropriétaires a fait réaliser des travaux consistant, après suppression du mur de refend, en des confortations des structures existantes, renforcements de la poutre métallique et de ses appuis et traitements des recoupements au feu, sans rechercher si la suppression du mur de refend était nécessaire à la réparation du sinistre déclaré, dont elle avait relevé qu'il consistait en un « défaut de stabilité au feu de la poutre métallique située au RDC dans les locaux de la SCI » et un « défaut de reprises des structures existantes sur les structures neuves situées dans les locaux de la SCI ». • Civ. 3e, 8 déc. 2021, n° 20-18.540 : *D. actu.13 janv. 2022, note Roulet ; RCA 2022, n° 54, note Bertolaso.*

2° *MAJORATION DES INTÉRÊTS*

74. Domaine de la sanction. L'art. L. 242-1, al. 5, C. assur., qui sanctionne le retard ou le défaut par l'assureur de mise en œuvre de la garantie est inapplicable aux dommages immatériels qui ne relèvent pas des garanties d'assurance obligatoires. • Civ. 3e, 19 janv. 2017, n° 15-26.441 : *RGDA 2017. 192, note L. Karila ; RDI 2017. 198, note Roussel .*

75. Demande nouvelle. Les parties peuvent expliciter en appel les prétentions qui étaient virtuellement comprises dans les demandes et défenses soumises au premier juge et ajouter à celles-ci toutes les demandes qui en sont l'accessoire, la conséquence ou le complément. Dès lors, viole l'art. 566 C. pr. civ. la cour d'appel qui, pour rejeter la demande en paiement des intérêts au double du taux légal, retient qu'il s'agit d'une demande nouvelle, comme telle irrecevable, alors que la demande constituait le complément de celle formée en première instance à titre principal. • Civ. 3e, 9 oct. 2013 : *RGDA 2014. 35, note J.-P. Karila.*

76. Notification simultanée du rapport et de la position de l'assureur – Régime antérieur à l'Arr. du 19 nov. 2009. La majoration de plein droit des intérêts produits par l'indemnité d'assurance sanctionnant le non-respect par l'assureur du délai prévu à l'al. 3 de l'art. L. 242-1 est encourue en cas de notification simultanée par l'assureur du rapport d'expertise préliminaire et de sa décision sur le principe de sa garantie. • Civ. 3e, 4 déc. 2012 : *RCA 2013, n° 99, note Groutel ; RDI 2013. 106, note Dessuet .*

77. Engagement préalable des dépenses par l'assuré. La majoration de plein droit des intérêts n'est pas subordonnée à l'engagement préalable par l'assuré des dépenses nécessaires à la réparation des dommages. • Civ. 1re, 12 févr. 2002, n° 98-23.000 P : *RCA 2002, n° 239 ; RDI 2002. 303, note Durry* • Civ. 3e, 6 oct. 2004, n° 03-14.566 P : *RCA 2004, n° 391 ; RGDA 2004. 1037, note J.-P. Karila ; JCP 2005. II. 10037, note Ponce* • 21 juin 2006 : *RGDA 2006. 682, note Périer* • 10 oct. 2006 : *RGDA 2007. 117, note Périer .* • Civ. 3e, 25 mai 2011, n° 10-18.780 P : *D. 2012. 1980, obs. Groutel ; RDI 2011. 406, obs. Noguéro ; RCA 2011, n° 301 ; RGDA 2011. 1019, note Périer.*

78. Point de départ des intérêts majorés. Ayant relevé que conformément aux dispositions de l'art. 1153 C. civ. les intérêts moratoires courent à compter de la sommation de payer ou d'un acte équivalent, une cour d'appel en a déduit, à bon droit, que la somme due au titre de la réparation intégrale des dommages devait être augmentée des intérêts au double du taux de l'intérêt légal à compter de l'assignation délivrée à l'assureur. • Civ. 3e, 25 mai 2011 : *préc. note 76* ♦ Ne donne pas de base légale à sa décision, au regard de l'art. L. 242-1, ensemble l'art. 1153 C. civ., une cour d'appel qui fait courir les intérêts au double du taux légal, sans relever l'existence d'une mise en demeure. • Civ. 3e, 23 mai 2012, n° 11-14.091 P : *D. 2012. 1479 ; RGDA 2012. 1065, note J.-P. et*

L. Karila; RCA 2012, n° 253, note Groutel; JCP 2013. 400, n° 10, obs. J.-P. Karila.

79. *Débiteur des intérêts majorés.* Seul l'assureur dommages-ouvrage peut être condamné à supporter la majoration des intérêts au double du taux de l'intérêt légal prévue à l'art. L. 242-1. • Civ. 3e, 8 juin 2005, n° 03-20.922 P. ♦ Ainsi, ne satisfait pas aux exigences de l'art. 455 C. pr. civ. la cour d'appel qui condamne un constructeur à garantir l'assureur dommages-ouvrage de toutes les condamnations mises à sa charge, dont celle relative au doublement de l'intérêt légal, sans répondre aux conclusions soutenant que la condamnation de l'assureur au paiement du coût des travaux de reprise de la toiture avec intérêts au double du taux d'intérêt légal, à titre de sanction du non-respect par l'assureur dommages-ouvrage de son obligation légale de notifier sa garantie, ou son refus de garantie, dans le délai de deux mois à compter de la déclaration de sinistre, était une condamnation spécifique à l'assureur dommages-ouvrage et que le constructeur ne pouvait être condamné à supporter le coût de ces intérêts au double du taux légal qui n'étaient pas la conséquence d'un manquement à ses propres obligations. • Civ. 3e, 24 oct. 2012, n° 10-27.884 P : *RGDA 2013. 354, note Dessuet; RCA 2013, n° 30; JCP 2013. 400, n° 11, obs. J.-P. Karila.*

3° AUTRE SANCTION

80. *Sanction jurisprudentielle des délais de 10 et 15 jours.* Ayant relevé que la société d'assurance n'avait notifié ni dans les 10 jours de remarques sur la déclaration de sinistre ni dans les 15 jours de décision de ne pas recourir à expertise et que sa décision quant au principe de la mise en jeu des garanties prévues au contrat intervenait, en violation des prescriptions légales, sans rapport préliminaire établi par l'expert et préalablement communiqué à l'assuré, une cour d'appel en déduit exactement que, même si le sinistre déclaré intervenait avant réception des travaux, sans justification d'une mise en demeure restée infructueuse et d'une résiliation du contrat de louage d'ouvrage et même si sa décision était notifiée dans le délai de soixante jours prévu par l'art. L. 242-1, la société d'assurance était passible de la sanction figurant à l'al. 5 de ce texte permettant à l'assuré d'engager les dépenses nécessaires à la réparation des dommages. • Civ. 3e, 16 déc. 2009 : *RDI 2010. 167, note Dessuet ; RGDA 2010. 96, note Périer.*

E. INFORMATION SUR LE RECOURS SUBROGATOIRE

81. *Domaine de l'obligation d'information.* L'assureur dommages-ouvrage qui dénie sa garantie n'est pas tenu de rappeler à l'assuré, quand il lui notifie son refus de garantie, la position qu'il prend en ce qui concerne l'exercice du droit de subrogation. • Civ. 3e, 11 juill. 2019, n° 18-17.433 : *RCA 2019, n° 229, note Groutel.*

F. RESPONSABILITÉ DE L'ASSUREUR

82. *Obligation de préfinancer des travaux efficaces.* Viole les art. L. 121-1 et L. 242-1 la cour d'appel qui retient que l'assureur n'est pas tenu de garantir l'efficacité des travaux de reprise, alors que le maître de l'ouvrage ayant souscrit une assurance dommages-ouvrage est en droit d'obtenir le préfinancement des travaux de nature à mettre fin aux désordres. • Civ. 3e, 7 déc. 2005, n° 04-17.418 P : *D. 2006. Pan. 1789, obs. Groutel; Defrénois 2006. 1509, note Périnet-Marquet; RCA 2006, n° 101, note Groutel; RGDA 2006. 126, note J.-P. Karila; RDI 2006. 32, note Dessuet* • 20 juin 2007 : *RGDA 2007. 858, note Périer.* ♦ Ayant constaté que l'assureur dommages-ouvrage avait proposé à l'acceptation de son assuré non professionnel un rapport d'expertise unilatéral défectueux conduisant à un préfinancement imparfait qui, de plus, avait été effectué avec retard et que les travaux préconisés et exécutés n'avaient pas été suffisants, une cour d'appel, qui ne s'est pas fondée sur les stipulations du contrat d'assurance, a pu retenir que l'assureur n'avait pas rempli ses obligations contractuelles en ne préfinançant pas des travaux efficaces de nature à mettre fin aux désordres et attribuer au maître de l'ouvrage des dommages-intérêts compensant la perte d'exploitation. • Civ. 3e, 24 mai 2006, n° 05-11.708 P : *RCA 2006, n° 314, note Groutel; RGDA 2006. 686, note Périer.* ♦ Viole l'art. 1147 C. civ. la cour d'appel qui, pour débouter les maîtres de l'ouvrage de leur demande de dommages-intérêts en réparation de leurs troubles de jouissance à l'encontre de l'assureur dommages-ouvrage, retient que cette société n'est pas personnellement responsable des insuffisances de l'expert commis par elle-même, en l'absence de toute carence de sa part dans la lecture du rapport et dans la proposition d'indemnisation et que l'art. L. 242-1 fixe limitativement les sanctions applicables aux manquements de l'assureur dommages-ouvrage à ses obligations et ne met pas à la charge de l'assureur défaillant l'indemnisation du préjudice de jouissance des maîtres d'ouvrage, tout en constatant que sur la déclaration de sinistre l'assureur dommages-ouvrage avait mandaté son expert, qui avait rendu un rapport très succinct et dubitatif préconisant la reprise des coulures de suies, puis des reprises minimes, alors que l'expert judiciaire avait constaté que l'expert dommages-ouvrage n'avait relevé qu'un aspect éventuellement secondaire et aggravant des désordres qui ne venaient pas à l'évidence d'une absence d'arase, ce dont il résultait que l'assureur n'avait pas rempli ses obligations contractuelles en ne préfinançant pas des travaux efficaces de nature à mettre fin aux désordres. • Civ. 3e, 11 févr. 2009, n° 07-21.761 P : *R., p. 383; RCA 2009, n° 111, note Groutel; RDI 2009. 258, note Leguay ; Constr.-Urb. 2009, n° 63, note Pagès-de Varenne; D. 2009. AJ 629 ; ibid. Chron. 1237 , par Nési; D. 2010. 1740, obs. Groutel ; JCP 2009. Actu. 121, obs. Abravanel-*

Jolly; Gaz. Pal. 2009. 1321, note Brau-Vanot et Polère; ibid. 13 févr. 2010, p. 33, note Périer; Administrer 10/2009. 31, obs. Artz.

83. Charge de la preuve. Il incombe à l'assureur dommages-ouvrage, tenu d'une obligation de préfinancer les travaux de nature à remédier efficacement aux désordres, de rapporter la preuve de l'absence de lien de causalité entre son intervention et le dommage. • Civ. 3e, 29 juin 2017, n° 16-19.634 P : *RCA 2017, n° 287, note Groutel; Gaz. Pal. 19 déc. 2017. 76, note Cerveau-Colliard; RDI 2017. 416, note Bonardi* • Civ. 3e, 13 févr. 2020, n° 19-10.713 : *RCA 2020, n° 122.*

84. Responsabilité de l'assureur dommages-ouvrage à l'égard de l'assureur décennal. Hors le cas de fraude établie, l'assureur dommages-ouvrage, chargé par la loi de préfinancer la reprise des désordres qui affectent l'immeuble assuré, n'est pas tenu, à l'égard des participants à l'opération de construction responsables de ces désordres, de garantir l'efficacité des travaux qu'il finance, avec l'accord des autres parties, au vu du rapport de l'expert, lequel n'est pas son mandataire. • Civ. 1re, 18 déc. 2001 : *RGDA 2002. 124, note J.-P. Karila.* ♦ L'assureur en responsabilité de l'entrepreneur, sur qui pèsera la charge finale de la réparation des désordres relevant de l'art. 1792 C. civ., ne peut tirer argument des fautes éventuelles de l'assureur dommages-ouvrage dans l'exécution de son contrat ayant pu concourir à l'aggravation des dommages, alors qu'il incombait au premier de ces assureurs de prendre toute mesure utile pour éviter cette aggravation. • Civ. 3e, 1er mars 2006, n° 04-20.399 P : *RGDA 2006. 457, note J.-P. Karila; RCA 2006, n° 171, note Courtieu.* ♦ Justifie légalement sa décision la cour d'appel qui rejette la demande de dommages-intérêts présentée par un assureur de responsabilité d'un entrepreneur contre l'assureur dommages-ouvrage en relevant que cet assureur ne peut se prévaloir de la faute de l'assureur dommages-ouvrage ouvrant droit à garantie à son profit, l'assurance dommages-ouvrage étant une assurance de chose bénéficiant au maître de l'ouvrage et ne constituant pas, pour le constructeur une assurance de responsabilité, et que l'assureur de responsabilité peut faire cesser le préjudice en finançant lui-même les travaux de remise en état de l'ouvrage. • Civ. 3e, 1er mars 2006, n° 04-20.551 P : *RGDA 2006. 457, note J.-P. Karila; RCA 2006, n° 171, note Courtieu.* ♦ C'est à bon droit qu'une cour d'appel retient que les assureurs en responsabilité de l'architecte et de l'entrepreneur, auxquels incombait la charge finale de la réparation des désordres relevant de l'art. 1792 C. civ., devaient prendre toutes les mesures utiles pour éviter l'aggravation du sinistre et ne pouvaient pas se prévaloir des fautes de l'assureur dommages-ouvrage, qui auraient pu concourir à l'aggravation des désordres. • Civ. 3e, 9 avr. 2014, n° 13-15.555 P : *RGDA 2014. 345, note J.-P. Karila; RCA 2014, n° 243, note Groutel; ibid. 2015. Chron. 1, n° 5, note Groutel; RDI 2014. 419, note Dessuet ; ibid. 472, note Lévy.* ♦ Comp. : le recours subrogatoire de l'assureur dommages-ouvrage ne pouvant excéder la somme à laquelle l'assuré pouvait prétendre au titre de la réparation des désordres de nature décennale, même si, en raison du non-respect de ses obligations légales, l'assureur dommages-ouvrage avait été condamné à payer une somme supérieure, une cour d'appel a pu fixer contradictoirement la créance subrogatoire au montant hors taxes des travaux de réparation nécessaires dont elle a souverainement apprécié la valeur. • Civ. 3e, 22 oct. 2014 : *RGDA 2014. 595, note L. Karila.*

V. RECOURS DE L'ASSUREUR DE DOMMAGES-OUVRAGE

85. Principe de la subrogation. Il résulte des art. L. 242-1 et L. 121-12 que l'assurance de dommages est une assurance de chose bénéficiant au maître de l'ouvrage et aux propriétaires successifs ou à ceux qui sont subrogés dans leurs droits et que l'assureur, qui a pris en charge la réparation de dommages ayant affecté l'ouvrage de la nature de ceux dont sont responsables les constructeurs au sens de l'art. 1792-1 C. civ., se trouve subrogé dans les droits et actions du propriétaire à l'encontre des constructeurs. • CE 20 mars 2013 : *RGDA 2013. 651, note L. Karila; RDI 2013. 319, note Galland.*

86. Indifférence de l'affectation de l'indemnité à la reprise des désordres. Viole l'art. L. 121-12 en y ajoutant une condition qu'il ne prévoit pas une cour d'appel qui, pour limiter la recevabilité du recours subrogatoire de l'assureur dommages-ouvrage aux montants effectivement employés par le maître de l'ouvrage à la reprise des désordres, retient que l'assureur dommages-ouvrage ne peut avoir plus de droits que l'assuré qu'il a indemnisé, que les sommes versées en application de l'art. L. 121-17 doivent être affectées à la reprise des désordres et qu'à défaut, l'assureur possède une créance en remboursement à l'encontre de son assuré, alors que l'assureur qui a payé l'indemnité d'assurance est subrogé, jusqu'à concurrence de cette indemnité, dans les droits et actions de l'assuré contre les tiers qui, par leur fait, ont causé le dommage ayant donné lieu à la responsabilité de l'assureur. • Civ. 3e, 27 mai 2010, n° 09-14.107 P : *D. 2010. AJ 1553 ; RDI 2010. 393, note Noguéro ; RCA 2010, n° 227, note Groutel.* ♦ Si l'assuré est tenu, en application des dispositions de l'art. L. 121-17 C. assur., d'utiliser l'indemnité versée par l'assureur en réparation d'un dommage causé à un immeuble bâti pour procéder à la remise en état effective de cet immeuble ou pour la remise en état de son terrain d'assiette, la méconnaissance de cette obligation, qui ne concerne que la relation entre l'assureur et son assuré, est dépourvue d'incidence sur la recevabilité comme sur le bien-fondé de l'action subrogatoire de l'assureur à l'encontre du tiers responsable du dommage, régie par l'art. L. 121-12 de ce code. • CE

10 févr. 2017, n° 397630 : *RGDA 2017. 260, note J.-P. Karila.*

87. Indifférence du dépassement des délais légaux. Le dépassement des délais légaux ne rend pas impossible l'exercice d'un recours subrogatoire par l'assureur dommages-ouvrage contre les auteurs du dommage quel que soit le fondement juridique donné à cette action. • Civ. 3e, 5 mai 2015, n° 14-11.150 : *RGDA 2015. 296, note L. Karila ; RCA 2015, n° 237, note Groutel.* ♦ V. dans le même sens : • Civ. 3e, 16 nov. 2013, n° 11-26.780. ♦ Le non-respect des délais légaux prévus par l'art. L. 242-1 C. assur. ne limitant pas le recours subrogatoire de l'assureur dommages-ouvrage à la seule responsabilité décennale du constructeur, la cour d'appel, qui a constaté que l'assureur de dommages-ouvrage avait versé une indemnité au maître de l'ouvrage au titre des travaux réparatoires rendus nécessaires par la faute d'exécution du constructeur a, à bon droit, retenu que son recours à l'encontre de celle-ci devait être accueilli. • Civ. 3e, 28 janv. 2021, n° 19-17.499 : *RDI 2021. 235, note Charbonneau* .

88. Nécessité d'une indemnisation. Il appartient à la cour d'appel qui se prononce sur le recours subrogatoire de l'assureur dommages-ouvrage de rechercher si, au jour où elle statue, l'assureur dommages-ouvrage avait indemnisé son assuré. • Civ. 3e, 29 sept. 2016, n° 15-22.187 : *RCA 2016, n° 352, note Groutel.*

89. Subrogation par anticipation. Est recevable l'action engagée, avant l'expiration du délai de forclusion décennale, par un assureur contre les responsables des dommages dont il doit garantie, bien qu'il n'ait pas eu, au moment de la délivrance de son assignation, la qualité du subrogé de son assuré faute de l'avoir indemnisé, dès lors qu'il a payé l'indemnité due à son assuré avant que le juge du fond n'ait statué. • Civ. 3e, 29 mars 2000, n° 98-10.505 P : *RGDA 2001. 157, note Beauchard.* ♦ Une partie assignée en justice est en droit d'en appeler une autre en garantie des condamnations qui pourraient être prononcées contre elle, une telle action supposant que l'appelant en garantie ait déjà indemnisé le demandeur initial. Par ailleurs, est recevable l'action engagée par un assureur, avant l'expiration du délai de forclusion décennale, contre les responsables des dommages dont il doit garantie, bien qu'il n'ait pas eu, au moment de la délivrance de son assignation, la qualité de subrogé de son assuré faute de l'avoir indemnisé, dès lors qu'il a payé l'indemnité due à celui-ci avant que le juge du fond ait statué sur cette action. • Civ. 1re, 9 oct. 2001, n° 98-18.378 P : *RDA 2001. 976, note J.-P. Karila ; RDI 2002. 31, note Durry* . ♦ Conf. : • Civ. 3e, 21 janv. 2004 : *RGDA 2004. 454, note J.-P. Karila* • 8 sept. 2009, n° 08-17.012 P : *RCA 2009, n° 370, note Groutel* • 28 avr. 2011, n° 10-16.269 P • Civ. 2e, 7 avr. 2015, n° 14-12.212 : *RCA 2015, n° 213, note Groutel ; RGDA 2015. 293, note J.-P. Karila ; RDI 2015. 366, obs. Noguéro* • Civ. 3e, 1er oct. 2020, n° 19-19.305 : *RGDA 2020. 34, note Pimbert ; RCA 2021, n° 18, note Groutel ; ibid. 2022, chron. 4, n° 13, note Groutel* • Civ. 3e, 5 nov. 2020, n° 19-18.284 : *D. 2020. 2240* ; *RCA 2021, n° 38 ; RGDA janv. 2021. 7, note J.-P. Karila ; D. actu. 26 nov. 2020, notes R. Bigot et Cayol ; RCA 2022, chron. 4, n° 13, note Groutel.*

90. Interruption de la prescription par la subrogation par anticipation. Il résulte de la combinaison des art. L. 121-12 C. assur., 2244 C. civ., dans sa rédaction antérieure à celle issue de la L. du 17 juin 2008, et 126 C. pr. civ. que l'assignation en référé-expertise délivrée par l'assureur dommages-ouvrage interrompt le délai de forclusion décennale à l'égard des constructeurs et de leurs assureurs, bien qu'il n'ait pas eu, au moment de la délivrance de son assignation, la qualité de subrogé dans les droits de son assuré, dès lors qu'il a payé l'indemnité due à celui-ci avant que le juge du fond n'ait statué. • Civ. 3e, 14 janv. 2021, n° 19-21.358 : *RCA 2021, n° 77.* ♦ Commet une erreur de droit la cour administrative d'appel qui subordonne l'interruption du délai décennal par l'assureur dommages-ouvrage, à son propre profit, à la naissance de sa subrogation dans les droits de son assuré et donc au paiement de l'indemnité d'assurance, alors que la citation en justice, à laquelle l'assureur dommages-ouvrage avait procédé en demandant l'extension aux constructeurs de l'expertise, avait interrompu à son égard le délai de garantie décennale. • CE 12 mars 2014 : *RGDA 2014. 347, note J.-P. Karila ; RDI 2014. 417, note Roussel* ; *JCP 2015. 741, n° 11, note J.-P. Karila.*

91. Opposabilité du rapport d'expertise contractuelle. Les réalisateurs, les fabricants et le contrôleur technique, ainsi que les assureurs couvrant leur responsabilité professionnelle, qui peuvent être consultés pour avis par l'expert dans les conditions prévues à la clause type aussi souvent que cela lui paraît nécessaire, doivent l'être obligatoirement avant le dépôt, entre les mains de l'assureur de dommages du maître de l'ouvrage, du rapport préliminaire comme du rapport d'expertise. Il en résulte que les rapports de l'expert désigné en vertu de ces textes leur sont opposables ainsi qu'aux assureurs couvrant leur responsabilité professionnelle dès lors qu'ont été accomplies les formalités prescrites à leur égard. • Civ. 1re, 17 janv. 1990, n° 87-13.066 P : *RCA 1990, n° 134 ; ibid. Chron. 7, obs. Groutel ; RGAT 1990. 128, note Bigot ; RDI 1990. 228, note Leguay* . ♦ L'art. A. 243-1 et son annexe II relative aux clauses types applicables aux contrats d'assurance dommages organisent, à l'occasion de la mise en œuvre de l'assurance dommages-ouvrage opposant le maître de l'ouvrage à son assureur, une procédure spéciale d'expertise des désordres dans des conditions destinées à sauvegarder l'intérêt des constructeurs soumis à l'assurance obligatoire de leur responsabilité et de leurs assureurs respectifs, en leur permettant de faire valoir leur point de vue. Il en résulte que les rapports de l'expert ainsi désigné sont opposables à ces derniers, dès lors qu'ont été accomplies les formalités prescrites à leur égard. • Civ. 1re, 9 juin 1993, n° 91-17.006 P : *RGAT 1993. 821, note Périnet-Marquet.*

92. *Étendue du recours en cas dépassement des délais – montant.* Le recours subrogatoire de l'assureur dommages-ouvrage ne pouvant excéder la somme à laquelle l'assuré pouvait prétendre au titre de la réparation des désordres de nature décennale, même si, en raison du non-respect de ses obligations légales, l'assureur dommages-ouvrage avait été condamné à payer une somme supérieure, une cour d'appel a pu fixer contradictoirement la créance subrogatoire au montant hors taxes des travaux de réparation nécessaires dont elle a souverainement apprécié la valeur. • Civ. 3e, 22 oct. 2014 : *RGDA 2014. 595, note L. Karila ; RDI 2015. 87, note Dessuet ; JCP 2015. 741, n° 14, note J.-P. Karila.* ♦Comp. : ayant relevé que l'assureur dommages-ouvrage avait été condamné à payer au maître de l'ouvrage une somme correspondant au coût réel de travaux justement calculé par l'expert en présence des parties et retenu que ce coût correspondait à la réparation « invisible » adoptée judiciairement, une cour d'appel a pu en déduire, sans porter atteinte à l'autorité de chose jugée, que le coût ainsi judiciairement fixé s'imposait aux parties en cause et condamner les constructeurs responsables et leurs assureurs respectifs à régler le montant correspondant à l'assureur dommages-ouvrage subrogé dans les droits du maître de l'ouvrage assuré. • Civ. 3e, 20 oct. 2010 : *RGDA 2011. 131, note Périer.* ♦Ne donne pas de base légale à sa décision, la cour d'appel qui, pour exclure du remboursement les frais de location d'une nacelle, d'analyses et d'essais exposés lors de l'expertise dommages-ouvrage, retient que les frais de l'expertise amiable, engagés en exécution du contrat d'assurance dommages-ouvrage, n'étant pas compris dans l'indemnité payée à l'assuré, l'assureur ne bénéficie pas pour eux de la subrogation limitée au montant de cette indemnité, sans rechercher si ces dépenses n'avaient pas été exposées pour le compte de l'assuré et pour parvenir à la réparation des dommages de la nature de ceux dont sont responsables les constructeurs au sens de l'art. 1792-1 C. civ. • Civ. 3e, 6 déc. 2006, n° 05-17.553 P : *RGDA 2007. 113, note Périer.* ♦Ayant retenu que l'assureur demandait le remboursement de frais d'investigations rendus nécessaires par la recherche de la cause des désordres relevant de l'assurance dommages-ouvrage, une cour d'appel a pu condamner le constructeur au paiement de ces frais. • Civ. 3e, 9 févr. 2010, n° 09-13.283 : *JCP 2011. doctr. 398, n° 9, obs. J.-P. Karila.*

93. *Étendue du recours en cas dépassement des délais – nature de la responsabilité.* Ayant relevé que l'assureur dommages-ouvrage avait indemnisé son assurée après s'être vu interdire, par une ordonnance de référé, à titre de sanction pour inobservation du délai légal de soixante jours, d'opposer au maître de l'ouvrage un refus de garantie et retenu exactement qu'aucune disposition légale ou conventionnelle ne permettait de limiter en pareille circonstance son recours subrogatoire à la seule responsabilité décennale du constructeur et souverainement, par des motifs non critiqués, qu'étaient réunies les conditions de la mise en œuvre de la responsabilité contractuelle de l'entrepreneur, la cour d'appel en a déduit à bon droit que l'assureur dommages-ouvrage pouvait exercer son recours à hauteur de l'indemnité qu'il avait versée à son assurée au titre des dépenses nécessaires à la réparation des dommages et a légalement justifié sa décision de ce chef. • Civ. 3e, 13 juill. 2016, n° 15-22.961 : *Constr.-urb. 2016, n° 123, note Pagès-de Varenne ; RCA 2016, n° 320, note Groutel.*

94. *Recours contre l'assureur du sous-traitant.* Ayant relevé que la police souscrite par la société auprès de son assureur garantissait sa responsabilité en sa qualité de sous-traitant, en vertu de l'obligation contractuelle de droit commun à laquelle elle pouvait être tenue vis-à-vis du locateur d'ouvrage titulaire du marché ou d'un sous-traitant, une cour d'appel en a déduit à bon droit que la garantie de l'assureur ne pouvait être recherchée par l'assureur dommages-ouvrage qui ne pouvait agir que sur le fondement de la responsabilité délictuelle. • Civ. 3e, 11 juill. 2012 : *RGDA 2013. 110, note J.-P. Karila ; JCP 2013. 400, n° 12, obs. J.-P. Karila.*

VI. APPEL EN GARANTIE

95. *Distinction de l'action subrogatoire.* Il résulte de l'art. 334 C. pr. civ. qu'une partie assignée en justice est en droit d'appeler une autre en garantie des condamnations qui pourraient être prononcées contre elle, une telle action ne supposant pas que l'appelant en garantie ait déjà indemnisé le demandeur initial. Dès lors, viole cet article la cour d'appel qui, pour déclarer irrecevable la demande de garantie formée par l'assureur dommages-ouvrage contre les maîtres d'œuvre, retient que l'assureur, subrogé dans les droits de son assuré, ne peut exercer son action contre les constructeurs responsables que lorsqu'il a payé l'indemnité due à celui-ci et qu'il ne justifiait pas avoir indemnisé son assuré, alors que l'assureur dommages-ouvrage n'exerçait pas un recours subrogatoire mais formait une demande de garantie. • Civ. 3e, 8 déc. 2021, n° 20-18.540 : *RGDA janv.-févr. 2022. 27, note J.-P. Karila ; RCA 2022, n° 54, note Bertolaso.*

Recommandation de la Commission relative à la copropriété n° 18 du 17 juin 1998,

Sur le contrat d'assurance dommages-ouvrage relatif à un immeuble en copropriété.

La Commission

Considérant :

— Que l'article L. 242-1 du code des assurances dispose que :

Toute personne physique ou morale qui, agissant en qualité de propriétaire de l'ouvrage, de vendeur ou de mandataire du propriétaire de l'ouvrage, fait réaliser des travaux de bâtiment, doit souscrire avant l'ouverture du chantier, pour son compte ou pour celui des propriétaires successifs, une assurance garantissant, en dehors de toute recherche des responsabilités, le paiement de la totalité des travaux de réparation des dommages de la nature de ceux dont sont responsables les constructeurs au sens de l'article 1792-1, les fabricants et importateurs ou le contrôleur technique sur le fondement de l'article 1792 du code civil (...). – *V. ces art., App., v° Responsabilité civile.*

— Que l'article L. 243-2 du code des assurances dispose que :

(...)

Lorsqu'un acte intervenant avant l'expiration du délai de dix ans prévu à l'article 2270 du code civil a pour effet de transférer la propriété ou la jouissance du bien, quelle que soit la nature du contrat destiné à conférer ces droits, à l'exception toutefois des baux à loyer, mention doit être faite dans le corps de l'acte ou en annexe de l'existence ou de l'absence d'assurance.

— Que l'article L. 243-3 du code des assurances dispose que :

Quiconque contrevient aux dispositions des articles L. 241-1 à 242-1 du présent code sera puni d'un emprisonnement de six mois et d'une amende de 750 000 € ou de l'une de ces deux peines seulement.

Les dispositions de l'alinéa précédent ne s'appliquent pas à la personne physique construisant un logement pour l'occuper elle-même ou le faire occuper par son conjoint, ses ascendants, ses descendants ou ceux de son conjoint.

— Qu'aux termes de l'article A. 243-1 du code des assurances :

Tout contrat d'assurance souscrit pour l'application du titre IV du Livre II doit obligatoirement comporter les clauses figurant (...) à l'annexe II au présent article en ce qui concerne l'assurance de dommages.

— Que l'annexe II à l'article A. 243-1 du code des assurances énonce les clauses types applicables aux contrats d'assurances dommages, notamment en ce qui concerne la déclaration de sinistre et la procédure d'expertise.

— Qu'un arrêté du 30 mai 1997 (*JO* du 1er juin 1997, p. 8712-13) a modifié ces clauses types en ce qui concerne :

• le contenu minimum et obligatoire de la déclaration de sinistre ;

• les possibilités, pour l'assureur, de ne pas recourir à l'expertise pour l'indemnisation des petits sinistres.

— Que ces modifications sont applicables aux déclarations de sinistre effectuées depuis le 2 septembre 1997, même si les contrats d'assurance ont été souscrits antérieurement.

I. *PRINCIPES GÉNÉRAUX*

1. Sur le domaine de l'assurance dommages-ouvrage.

Rappelant :

— Que l'assurance prévue par l'article L. 242-1 du code des assurances est une assurance de choses destinée à permettre aux propriétaires successifs, dans le délai de la garantie décennale, de réparer les dommages subis par l'ouvrage ;

— Que l'assurance dommages-ouvrage représente un mécanisme de préfinancement qui intervient en dehors de toute recherche de responsabilités, lesquelles seront couvertes par l'assurance de responsabilité décennale obligatoire ;

— Que l'obligation de souscrire une assurance dommages-ouvrage pèse sur le maître de l'ouvrage (le souscripteur) et bénéficie au propriétaire dont l'immeuble subit le dommage (l'assuré), les qualités de souscripteur et d'assuré n'étant, selon le cas, ni incompatibles ni nécessairement liées ;

— Que l'obligation de souscrire une assurance dommages-ouvrage incombe au maître de l'ouvrage lors de l'édification de l'ouvrage, puis à la collectivité des copropriétaires constituant un syndicat, considéré comme maître de l'ouvrage, lorsque les travaux envisagés entrent dans le champ d'application des articles 1792 et suivants du code civil ;

— Que le syndic, représentant légal du syndicat, a la qualité de mandataire du maître de l'ouvrage au sens et pour l'application de l'article L. 242-1 du code des assurances ;

— Que le syndic soumet à l'assemblée générale, qui décide à la majorité de l'article 24, les conditions du contrat d'assurance dommages-ouvrage, et le cas échéant, de tous autres contrats d'assurance qui apparaîtraient nécessaires, les conditions essentielles de ces contrats ayant été préalablement notifiées aux copropriétaires, au plus tard en même temps que l'ordre du jour, en application de l'article 11 du décret du 17 mars 1967 pris pour l'application de la loi du 10 juillet 1965 ;

— Que doit également souscrire cette assurance le copropriétaire qui fait réaliser des travaux entrant dans le champ d'application des articles 1792 et suivants du code civil, tel est le cas par exemple du copropriétaire qui entend faire exécuter, à ses frais, des travaux affectant les parties communes, après obtention, si besoin est, des autorisations nécessaires ;

Recommande :

— Que le contrat d'assurance dommages-ouvrage soit remis, lors de la construction de l'immeuble, par le souscripteur au syndic à charge pour ce dernier de le conserver pendant la durée de la garantie décennale, et de le transmettre à son successeur, les contrats d'assurance faisant partie des documents et archives du syndicat mentionnés à l'article 18-2 de la loi du 10 juillet 1965 ;

— Que cette assurance soit souscrite préalablement à l'ouverture de tout chantier comportant des travaux de construction faisant appel aux techniques de travaux de bâtiment (Civ. 1re, 26 février 1991 : *Bull. civ. I, no 75* ; 9 avril 1991 : *Bull. civ. I, no 133*).

— Que le syndic informe les copropriétaires, lors de l'assemblée générale devant statuer sur ces travaux, du caractère obligatoire de cette assurance ;

— Que si ces travaux sont réalisés à l'initiative du syndicat, le syndic conserve la police et ses avenants pendant la durée de la garantie décennale ;

— Que les autorisations données à un copropriétaire de réaliser à ses frais des travaux de bâtiment affectant les parties communes, soient subordonnées à la justification de la souscription de la police dommages-ouvrage ;

— Que lors de l'établissement de l'état daté, qui doit être fourni au notaire à l'occasion de toute mutation de lot, le syndic indique les références des différentes polices et avenants dommages-ouvrage en cours de validité et concernant l'immeuble ;

2. Sur l'utilisation de l'indemnité versée par l'assureur dommages-ouvrage à la réparation matérielle de l'ouvrage.

Rappelant :

— Que l'indemnité versée par l'assureur dommages-ouvrage est destinée au paiement des travaux de réparation de l'ouvrage sinistré ;

— Que si cette indemnité n'est pas employée au financement des travaux de réparation, la responsabilité du syndicat pourrait être engagée, et le cas échéant, sur le fondement de son obligation de conseil, celle du syndic ;

— Que l'absence d'exécution des travaux nécessaires de réparation est de nature à entraîner une aggravation du sinistre, dont l'assureur pourrait refuser la prise en charge.

Recommande :

— Au syndic d'informer les copropriétaires de la perception de l'indemnité dès son versement par l'assureur ;

— Au syndic de rappeler aux copropriétaires concernés que l'indemnité d'assurance dommages-ouvrage est destinée à la réparation du dommage ;

— Au syndic de conserver la preuve de l'emploi de ces indemnités à la réparation de l'ouvrage sinistré, à toutes fins utiles.

II. *SUR LE CONTENU MINIMUM ET OBLIGATOIRE DE LA DÉCLARATION DE SINISTRE*

Constatant :

— Qu'en cas de dommages à l'ouvrage, l'assuré doit désormais adresser à l'assureur, en application de l'arrêté du 30 mai 1997 susvisé, une déclaration de sinistre comportant obligatoirement et au minimum les renseignements suivants :

— le numéro du contrat et, le cas échéant, celui de l'avenant ;
— le nom du propriétaire de la construction endommagée ;
— l'adresse de la construction endommagée ;
— la date de réception ou, à défaut, la date de la première occupation des locaux ;
— la date d'apparition des dommages ainsi que leur description et localisation.

— Que ce texte s'applique aussi bien à la propriété individuelle qu'à l'immeuble en copropriété, et dans ce cas tant aux parties privatives qu'aux parties communes ;

— Que si l'assuré n'a pas adressé ces renseignements à l'assureur, la déclaration de sinistre ne sera pas « réputée constituée », c'est-à-dire valablement faite ;

— Que si la déclaration de sinistre n'est pas « réputée constituée », les délais de notification et de règlement du sinistre ne peuvent commencer à courir ;

— Qu'en application de l'article L. 243-2 du code des assurances susvisé, le contrat d'assurance dommages-ouvrage doit être mentionné dans le corps de l'acte ou en annexe de l'acte transférant la propriété ou la jouissance d'un bien ;

— Que cependant l'article précité n'impose pas de mentionner, dans cet acte ou dans l'annexe de celui-ci, le numéro du contrat d'assurance ou de son avenant, la date de réception des travaux et la date de première occupation des locaux ;

— Que ces renseignements sont cependant nécessaires à la mise en œuvre du droit à indemnisation ;

— Que l'assuré, ne possédant pas généralement de compétences techniques particulières dans les domaines du bâtiment ou de l'expertise, ne pourra que relater une description sommaire du dommage ;

— Que l'appréciation du coût et de la gravité du sinistre pourra également s'avérer difficile pour l'assuré.

Recommande :

— Au maître de l'ouvrage, de remettre au premier syndic de l'immeuble une attestation de la réalité de la réception des travaux avec l'indication de la date de celle-ci *(Conformément à la recommandation n° 10 relative aux remises de documents techniques au syndic).*

— Au maître de l'ouvrage d'informer chacun des premiers acquéreurs de la date de réception des travaux lors de l'établissement du procès-verbal de livraison des locaux constituant les parties privatives et de la remise des clefs ;

— Au maître de l'ouvrage de remettre à chacun des premiers acquéreurs un modèle de déclaration de sinistre clair et précis, pouvant être aisément complété ;

— Aux rédacteurs d'actes de mentionner dans le corps ou en annexe de l'acte qui transfère la propriété ou la jouissance du bien immobilier :

* le numéro du contrat d'assurance et, le cas échéant, celui de l'avenant ;
* la date de réception ou, à défaut, la date de la première occupation des locaux.

— Aux rédacteurs d'actes et aux syndics concernés, lors des mutations ultérieures portant sur les lots, pour pallier l'omission éventuelle d'avenants aux contrats d'assurance, de demander systématiquement à l'assureur une notice récapitulative relative à l'assurance souscrite ;

— A l'assuré, syndicat ou copropriétaire, qui aura transmis à son assureur une déclaration de sinistre, de vérifier auprès de ce dernier que sa déclaration est complète ;

— A l'assureur, en cas de réception d'une déclaration de sinistre incomplète ou imprécise relative à un immeuble en copropriété, de mettre systématiquement en œuvre le délai de dix jours dont il dispose pour réclamer à l'assuré les éléments manquants, y compris après réception d'éléments complémentaires, cela pour permettre à l'assuré de compléter le plus rapidement possible sa déclaration ;

— Aux assurés de joindre à leur déclaration de sinistre tout document de nature à établir la réalité du dommage (devis, photographies, constats d'huissiers, rapports d'architecte...).

III. *SUR LA POSSIBILITÉ POUR L'ASSUREUR DE NE PAS RECOURIR À L'EXPERTISE POUR L'INDEMNISATION DE CERTAINS SINISTRES*

Constatant :

— Que l'assureur n'est plus tenu de recourir à l'expertise dans les circonstances suivantes :

• s'il évalue le dommage à un montant inférieur à 1 829,39 € (TTC)

ou

• s'il considère que la mise en jeu de la garantie est manifestement injustifiée.

— Que, lorsqu'il décide de ne pas recourir à une expertise, l'assureur notifie à l'assuré son offre d'indemnité ou sa décision de refus de garantie dans le délai de quinze jours à compter de la réception de la déclaration de sinistre réputée constituée ;

— Que si l'assuré conteste la position prise par l'assureur quant au montant de l'indemnité ou au refus d'application des garanties, il peut demander à l'assureur de désigner un expert.

Recommande :

— A l'assureur de respecter le délai légal de 15 jours pour faire connaître à l'assuré son offre d'indemnité ou son refus de garantie, afin de ne pas retarder la réparation du sinistre survenu dans un immeuble en copropriété ;

— A l'assureur, pour les raisons ci-dessus indiquées, lorsqu'il décide de ne pas recourir à une expertise, d'indiquer clairement à l'assuré qu'il peut contester cette position et lui demander de désigner un expert.

Art. L. 242-2 Dans les cas prévus par les articles 1831-1 à 1831-5 du code civil relatifs au contrat de promotion immobilière, ainsi que par les articles L. 222-1 à L. 222-5 du code de la construction et de l'habitation *[,]* **les obligations définies aux articles L. 241-2 et L. 242-1 incombent au promoteur immobilier.**

COMMENTAIRE

L'article L. 242-2 s'intéresse à la situation du promoteur par rapport aux assurances des travaux de construction. Dans la mesure où le promoteur immobilier est, selon l'article 1831-1 du code civil, le mandataire du maître de l'ouvrage, il doit souscrire une assurance de dommages-ouvrage pour le compte du maître de l'ouvrage.

Mais, même si l'article L. 242-2 du code des assurances se situe dans le chapitre relatif à l'assurance de dommages-ouvrage, il précise également que le promoteur doit souscrire une assurance de responsabilité décennale, dès lors que sa responsabilité est, toujours selon l'article 1831-1 du code civil, susceptible d'être recherchée sur le fondement des articles 1792 et 1792-2 du code civil. ❑

CHAPITRE III DISPOSITIONS COMMUNES

Art. L. 243-1 *(L. nº 89-1014 du 31 déc. 1989)* **Les obligations d'assurance ne s'appliquent pas à l'État lorsqu'il construit pour son compte.**

(Ord. nº 2020-71 du 29 janv. 2020, art. 7-I, en vigueur au plus tard le 1er juill. 2021) **« Des dérogations totales ou partielles peuvent être accordées par l'autorité administrative aux collectivités locales et à leurs groupements, ainsi qu'aux établissements publics, justifiant de moyens permettant la réparation rapide et complète des dommages. »**

COMMENTAIRE

L'article L. 243-1 rappelle que, par principe, l'État est son propre assureur. Il n'est donc assujetti ni à l'obligation de souscrire une assurance de dommages-ouvrage, ni à celle de souscrire une assurance de responsabilité décennale, tout du moins lorsqu'il construit pour son propre compte. A l'inverse, il est tenu de souscrire ces assurances s'il construit pour le compte d'autrui. ❑

Art. L. 243-1-1 *(Ord. nº 2005-658 du 8 juin 2005, art. 3-VII)* **I. — Ne sont pas soumis aux obligations d'assurance édictées par les articles L. 241-1, L. 241-2, et L. 242-1 les ouvrages maritimes, lacustres, fluviaux, les ouvrages d'infrastructures routières, portuaires, aéroportuaires, héliportuaires, ferroviaires, les ouvrages de traitement de résidus urbains, de déchets industriels et d'effluents, ainsi que les éléments d'équipement de l'un ou l'autre de ces ouvrages.**

Les voiries, les ouvrages piétonniers, les parcs de stationnement, les réseaux divers, les canalisations, les lignes ou câbles et leurs supports, les ouvrages de transport, de production, de stockage et de distribution d'énergie, *(L. nº 2008-735 du 28 juill. 2008, art. 49)* **« les ouvrages de stockage et de traitement de solides en vrac, de fluides et**

liquides, » les ouvrages de télécommunications, les ouvrages sportifs non couverts, ainsi que leurs éléments d'équipement, sont également exclus des obligations d'assurance mentionnées au premier alinéa, sauf si l'ouvrage ou l'élément d'équipement est accessoire à un ouvrage soumis à ces obligations d'assurance.

II. – Ces obligations d'assurance ne sont pas applicables aux ouvrages existants avant l'ouverture du chantier, à l'exception de ceux qui, totalement incorporés dans l'ouvrage neuf, en deviennent techniquement indivisibles.

BIBL. ▶ Travaux sur existants : DESSUET, *Gaz. Pal. 2006. Doctr. 1612.* – ROULET, *Gaz. Pal. 2006. Doctr. 1641.*

COMMENTAIRE

L'article L. 243-1-1 du code des assurances précise les contours de l'obligation de souscrire une assurance de dommages-ouvrage et de responsabilité décennale par rapport aux ouvrages à construire et aux ouvrages existants.

I. LES OUVRAGES À CONSTRUIRE

Depuis l'ordonnance du 8 juin 2005, le législateur impose la souscription d'une assurance de dommages-ouvrage et de responsabilité décennale pour la construction d'un ouvrage. Il ne limite plus ces obligations à la réalisation de travaux de bâtiment. Mais le législateur n'a pas défini positivement les ouvrages concernés par les obligations d'assurance. Il a utilisé le principe du « tout sauf ».

Le premier alinéa de l'article L. 243-1-1 exclut systématiquement certains ouvrages du domaine des obligations d'assurance. Ce sont des exclusions absolues. Il n'y a pas pour ces ouvrages d'obligations de souscrire une assurance de dommages-ouvrage ou de responsabilité décennale. Il s'agit d'ouvrages de génie civil, tels que les ouvrages maritimes, lacustres, fluviaux, les ouvrages d'infrastructure de transport ou les ouvrages traitant des résidus urbains ou des déchets industriels, ainsi que des éléments d'équipement de ces ouvrages.

Le deuxième alinéa de l'article L. 243-1-1 exclut certains ouvrages et éléments d'équipement du domaine des obligations d'assurance, lorsqu'ils ne sont pas l'accessoires d'un ouvrage soumis à une des obligations d'assurance des articles L. 241-1 et L. 242-1 du code des assurances. Il s'agit donc d'exclusions relatives. Sont principalement visés les VRD.

II. LES OUVRAGES EXISTANTS

Avant l'insertion de l'article L. 243-1-1 dans le code des assurances par l'ordonnance du 8 juin 2005, la Cour de cassation avait affirmé que l'assurance de responsabilité décennale ne couvrait pas les dommages aux ouvrages existants, sauf si ces derniers étaient indissociables de l'ouvrage neuf (Civ. 3e, 5 juill. 2006 : *V. note 2*). Cette solution constituait un revirement de jurisprudence. En effet, auparavant, la Cour de cassation avait estimé, par un arrêt du 29 février 2000, que la garantie de l'assurance de responsabilité décennale devait être retenue, même s'il n'y avait pas d'indissociabilité des travaux neufs par rapport aux ouvrages existants (Civ. 1re, 29 févr. 2000 : *V. note 2*). La Cour de cassation avait de la sorte précisé l'étendue de la garantie obligatoire couvrant la responsabilité décennale des constructeurs.

Depuis l'ordonnance du 8 juin 2005, le législateur a précisé le régime des ouvrages existants par rapport aux obligations d'assurance. La réforme est donc intervenue sur le champ de l'obligation d'assurance et non à proprement parler sur l'étendue de la garantie obligatoire. Il en résulte que, par principe, les obligations d'assurance ne s'appliquent pas aux ouvrages existants avant l'ouverture du chantier, mais que, par exception, elles s'appliquent aux ouvrages existants qui sont « totalement incorporés dans l'ouvrage neuf » et en deviennent « techniquement indivisibles ». La Cour de cassation a doublement interprété cette nouvelle disposition.

La première interprétation porte sur les dommages aux existants causés par des **éléments d'équipement**. Par un arrêt du 26 octobre 2017, la Cour de cassation a affirmé, à propos de l'incendie d'une maison provoquée par une cheminée à foyer fermé venant d'être installée, que « les dispositions de l'article L. 243-1-1 II du code des assurances ne sont pas applicables à un élément d'équipement installé sur existant » (Civ. 3e, 26 oct. 2017 : *V. note 3*). Ce raisonnement se fonde très probablement sur le fait que ce texte s'intéresse, tout du moins lorsqu'il s'intéresse à l'exception, aux ouvrages existants incorporés dans un ouvrage neuf et non aux ouvrages existants incorporés dans un élément d'équipement. Il importe donc peu de savoir si l'élément d'équipement était dissociable ou non de l'ouvrage existant. L'assurance obligatoire va pouvoir couvrir les dommages aux existants causés par des éléments d'équipement dissociables ou indissociables.

Cet arrêt est en réalité la suite logique d'une évolution jurisprudentielle intervenue par un arrêt du 15 juin 2017 (Civ. 3e, 15 juin 2017, no 16-19.640 P) qui a affirmé que « les désordres affectant des éléments d'équipement, dissociables ou non, d'origine ou installés sur existant, relèvent de la responsabilité décennale lorsqu'ils rendent l'ouvrage dans son ensemble impropre à sa destination ». Cette nouvelle solution, qui a été ultérieurement confirmée notamment à propos de la pose d'un insert (Civ. 3e, 14 sept. 2017, no 16-17.323 P), met donc un terme à l'ancienne distinction effectuée selon que l'élément d'équipement adjoint à l'existant relevait ou non de travaux de construction d'un ouvrage. Cette extension de la responsabilité décennale devait dès lors être suivie d'une modification de l'étendue de la garantie obligatoire.

La seconde interprétation porte sur les **notions d'incorporation et d'indivisibilité**. L'article L. 243-1-1 du code des assurances applique l'obligation d'assurance aux ouvrages existants qui, « totalement incorporés dans l'ouvrage neuf, en deviennent techniquement indivisibles ». L'on pourrait dès lors en déduire que l'obligation d'assurance est subordonnée à deux conditions, à savoir l'incorporation totale de l'existant dans les travaux neufs et l'indivisibilité subséquente de l'existant par rapport aux travaux neufs. Mais, la Cour de cassation a pu retenir une solution plus souple en estimant, à propos du renforcement des fondations d'une maison par la pose d'une ceinture de béton armé en périphérie des fondations fissurées, qu'« il existait une liaison physique entre la ceinture en béton armé réalisée autour de la maison et la totalité des murs extérieurs de la villa, à tel point que l'expert évoquait un "monolithisme" » (Civ. 3e, 14 sept. 2017 : *V. note 2*). Le monolithisme ainsi créé est donc perçu comme suffisant par rapport aux conditions d'incorporation et d'indivisibilité. Mais l'existant n'était pas réellement incorporé au neuf. Cette solution ne peut que profiter au maître de l'ouvrage. Toutefois, elle semble avoir été remise en cause par un arrêt du 25 juin 2020 (Civ. 3e, 25 juin 2020 : *V. note 2*). En l'espèce, le maître de l'ouvrage avait fait procéder à l'aménagement des combles de sa maison après modification de la charpente et création d'un plancher et de trois fenêtres de toit. Se plaignant de l'apparition d'infiltrations et de fissures à l'intérieur et à l'extérieur de l'immeuble, le maître de l'ouvrage a recherché la garantie de l'assureur de responsabilité décennale du constructeur. Mais, la cour d'appel a limité la condamnation de l'assureur au montant du coût des travaux de reprise de l'ouvrage neuf, en relevant que « l'ouvrage existant ne s'était pas trouvé totalement incorporé à l'ouvrage neuf et ne lui était pas devenu techniquement indivisible ». Le maître de l'ouvrage a alors formé un pourvoi en soutenant que la réalisation d'un ouvrage qui fait peser un risque d'effondrement à l'ensemble constitué de l'ouvrage neuf et de la structure préexistante implique une incorporation de cette dernière à celui-là. En rejetant le pourvoi, la Cour de cassation a donc écarté l'interprétation souple de la notion d'incorporation. ❑

1. Jurisprudence ant. à l'art. L. 243-1-1 C. assur. Le contrat d'assurance de responsabilité obligatoire ne garantit que le paiement des travaux de réparation de l'ouvrage à la réalisation duquel l'assuré a contribué et des ouvrages existants qui en sont indissociables. • Civ. 3e, 5 juill. 2006, no 05-16.277 : *RCA 2006, no 352, note Groutel; RGDA 2006. 706, note Karila.* ♦ *Contra* : Dès lors que la technique des travaux de bâtiment mise en œuvre par l'entrepreneur a provoqué des dommages de nature décennale dont les conséquences ont affecté aussi bien la partie nouvelle de la construction que la partie ancienne, c'est à bon droit qu'une cour d'appel a retenu que le contrat d'assurance de responsabilité obligatoire mettait à la charge de l'assureur l'obligation de garantir le paiement de la totalité des travaux de réparation nécessaires à la remise en état de l'ouvrage en son entier. • Civ. 1re, 29 févr. 2000, no 97-19.143 P : *RGDA 2000. 547, note J.-P. Karila; RCA 2000, no 202; ibid. Chron. 14, note Courtieu; JCP 2000. II. 10299, rapp. Sargos.*

2. Existants incorporés et indivisibles. Ayant relevé qu'en raison du coulage du béton contre le mur en pierre présentant de fortes aspérités, il existait une liaison physique entre la ceinture en béton armée réalisée autour de la maison et la totalité des murs extérieurs de la villa, à tel point que l'expert évoquait un « monolithisme », et que cette ceinture était impliquée dans l'aggravation des fissures existantes et l'apparition de nouvelles fissures, une cour d'appel a pu en déduire qu'il y avait lieu de faire application de la garantie obligatoire à tous les préjudices matériels, conformément à l'exception prévue à l'al. 3 de l'art. L. 243-1-1 qui vise les ouvrages existants, lesquels, totalement incorporés dans l'ouvrage neuf, en deviennent techniquement indivisibles. • Civ. 3e, 14 sept. 2017, no 16-23.030 : *RGDA 2017. 558, note Dessuet.* ♦ *Contra* : après avoir rappelé les dispositions de l'art. L. 243-1-1 II C. assur., une cour d'appel a exactement retenu que les dommages causés par répercussion à l'ouvrage existant ne relevaient de l'obligation d'assurance que si cet ouvrage était totalement incorporé à l'ouvrage neuf et en devenait techniquement indivisible. En l'espèce, elle a relevé que la modification de la charpente avait consisté à rigidifier le triangle supérieur des fermettes par la suppression des contre-fiches et l'ajout à chacune d'elles des renforts d'arbalétriers et des entraits et à la mise en place de jambettes et d'une sorte d'entrait retroussé. Elle a pu en déduire que l'ouvrage existant ne s'était pas trouvé totalement incorporé à l'ouvrage neuf et ne lui était pas devenu techniquement indivisible, de sorte que l'assureur de responsabilité décennale ne devait sa garantie que pour les travaux de reprise des désordres atteignant l'ouvrage neuf réalisé par son assuré. • Civ. 3e, 25 juin 2020, n° 19-15.153 : *RGDA juill. 2020. 23, note Dessuet.*

3. Élément d'équipement installé sur existant. Les dispositions de l'art. L. 243-1-1-II ne sont pas applicables à un élément d'équipement installé sur existant. Les désordres affectant des éléments d'équipement, dissociables ou non, d'origine ou installés sur existant, relèvent de la garantie décennale lorsqu'ils rendent l'ouvrage dans son ensemble impropre à sa destination. • Civ. 3e, 26 oct. 2017 : *RGDA 2017. 562, note Dessuet; RCA 2018, n° 51, note Groutel; RDI 2018. 41, obs. Charbonneau.*

Art. L. 243-2 **Les personnes soumises aux obligations prévues par les articles L. 241-1 à L. 242-1 du présent code doivent** *(Abrogé par L. n° 2015-990 du 6 août 2015, art. 95-2°)* **«*être en mesure de*» justifier qu'elles ont satisfait auxdites obligations.**

(L. n° 2014-344 du 17 mars 2014, art. 66; L. n° 2015-990 du 6 août 2015, art. 95-2°) **« Les justifications prévues au premier alinéa, lorsqu'elles sont relatives aux obligations prévues par les articles L. 241-1 et L. 241-2, prennent la forme d'attestations d'assurance, jointes aux devis et factures des professionnels assurés. Un arrêté du ministre chargé de l'économie fixe un modèle d'attestation d'assurance comprenant des mentions minimales. »**

Lorsqu'un acte intervenant avant l'expiration du délai de dix ans prévu à l'article *(L. n° 2008-561 du 17 juin 2008, art. 18-II)* **« 1792-4-1 » du code civil a pour effet de transférer la propriété ou la jouissance du bien, quelle que soit la nature du contrat destiné à conférer ces droits, à l'exception toutefois des baux à loyer, mention doit être faite dans le corps de l'acte ou en annexe de l'existence ou de l'absence** *(L. n° 2015-990 du 6 août 2015, art. 95-2°)* **« des assurances mentionnées au premier alinéa du présent article. L'attestation d'assurance mentionnée au deuxième alinéa y est annexée. »**

V. art. R. 243-2 et A. 243-1 s.

BIBL. ▸ DESSUET, *RGDA 2011. 379* (responsabilité du notaire).

COMMENTAIRE

I. LA JUSTIFICATION DE L'ASSURANCE

A. L'ATTESTATION D'ASSURANCE

Depuis la loi n° 2015-990 du 6 août 2015, les personnes tenues de souscrire une assurance de dommages-ouvrage ou une assurance de responsabilité décennale doivent justifier de la souscription d'une assurance et non plus être simplement en mesure de justifier de la souscription d'une telle assurance.

Mais, tandis que la forme de la justification n'est pas réglementée pour l'assurance de dommages-ouvrage, l'article L. 243-2 impose la production d'une attestation, jointe aux devis et factures, pour l'assurance de responsabilité décennale des professionnels. De surcroît, depuis un arrêt du 5 janvier 2016, la forme et le contenu de cette attestation sont encadrés par les articles A. 243-3 à A. 243-5 du code des assurances. Ces articles mentionnent quelles sont les informations qui doivent figurer dans les attestations d'assurance de responsabilité décennale.

Cependant, la jurisprudence n'a pas attendu cet arrêté pour préciser les contours de l'obligation de l'assureur de responsabilité décennale sollicité par son assuré pour obtenir une attestation d'assurance. En effet, dans la mesure où une telle attestation peut avoir une incidence sur le choix d'un entrepreneur par un maître d'ouvrage, la Cour de cassation avait précisé que les assureurs de responsabilité décennale devaient, dans ce document, fournir des informations précises, notamment sur le secteur d'activité professionnelle déclarée (Civ. 3e, 29 mars 2006 : *V. note 1*) et s'abstenir de fournir des renseignements de nature à égarer la clientèle de l'assuré quant à l'étendue des garanties offertes (Civ. 1re, 15 janv. 1991 : *V. note 1*).

B. LA RESPONSABILITÉ DE L'ASSUREUR

L'assureur de responsabilité décennale qui fournit une attestation imprécise ou incomplète engage sa responsabilité à l'égard du maître de l'ouvrage (par ex. : Civ. 3e, 29 mars 2006 :

V. note 1 ; Civ. 3e, 24 oct. 2012 : *V. note 2*). Mais la Cour de cassation a pu estimer que cette action en responsabilité ne pouvait être exercée par l'assureur d'un maître d'œuvre, qui avait indemnisé le maître de l'ouvrage, contre l'assureur de l'assureur de responsabilité décennale d'un colocateur d'ouvrage, dès lors que l'assureur du maître d'œuvre n'était subrogé que dans les droits de son assuré et non dans ceux du maître de l'ouvrage (Civ. 3e, 25 févr. 2009 : *V. note 3*). Cette solution révèle une certaine conception de la subrogation, puisque l'on pourrait invoquer la subrogation de droit commun de l'article 1346 du code civil (anc. art. 1251, 3° C. civ.) pour retenir la subrogation de l'assureur du maître d'œuvre dans les droits de la victime.

L'assureur de dommages-ouvrage peut également engager sa responsabilité à l'égard de l'acquéreur d'un bien auprès d'un vendeur en l'état futur d'achèvement. Mais encore faut-il que l'acquéreur puisse se prévaloir d'un préjudice causé par la faute de l'assureur. Or, il ressort de la jurisprudence de la Cour de cassation que la faute de l'assureur de dommages-ouvrage peut seulement entraîner pour lui l'obligation de fournir la garantie, objet de cette attestation. Par conséquent, si les conditions de mise en œuvre de la garantie ne sont pas réunies, la faute de l'assureur n'a causé aucun préjudice à la victime (Civ. 3e, 10 janv. 2012 : *V. note 5*).

II. L'INFORMATION EN CAS DE TRANSFERT DE PROPRIÉTÉ OU DE JOUISSANCE D'UN BIEN

En cas de transfert de propriété ou de jouissance d'un bien avant l'expiration du délai de dix ans de l'article 1792-4-1 du code civil, deux obligations d'information existent.

A. LE VENDEUR

En application de l'alinéa 1er de l'article L. 243-2 du code des assurances, le vendeur est tenu de justifier de la souscription d'une assurance de dommages-ouvrage et d'une assurance de responsabilité décennale, sans attendre la rédaction de l'acte authentique par le notaire. Par conséquent, si cette information n'est pas donnée, notamment lors de la signature d'un avant-contrat, la responsabilité du vendeur peut être mise en cause pour manquement à son obligation légale d'information (Civ. 3e, 18 févr. 2004 : *V. note 6*).

B. LE NOTAIRE

En application de l'alinéa 2 de l'article L. 243-2 du code des assurances, le notaire est tenu de mentionner, dans le corps de l'acte ou en annexe, l'existence des assurances obligatoires, de vérifier l'exactitude des déclarations du vendeur faisant état de la souscription effective de ces contrats (Civ. 1re, 18 mai 2009 : *V. note 7*) et même de vérifier personnellement l'efficacité de la police responsabilité décennale souscrite (Civ. 1re, 18 févr. 1997 : *V. note 7*). Cela étant, si le notaire doit indiquer clairement si les travaux relatifs au bien cédé sont garantis ou non par une assurance de dommages-ouvrage (Civ. 3e, 12 juin 2012 : *V. note 7*), il n'est pas tenu d'attirer spécialement l'attention des parties et notamment de l'acheteur sur les conséquences de cette absence d'assurance (Civ. 1re, 13 mars 2001 : *V. note 7*).

Par ailleurs, lorsque la responsabilité du notaire est engagée parce qu'il n'a pas attiré l'attention des acquéreurs d'un bien sur l'absence de souscription d'une assurance de dommages-ouvrage, le notaire ne peut être condamné à verser des dommages et intérêts équivalents au coût des réparations qui auraient été indemnisées par la police d'assurance si elle avait été souscrite. Il ne peut être condamné qu'à réparer le préjudice lié à la perte de chance de négocier un rabais sur le prix de vente (Civ. 1re, 30 mars 2013 : *V. note 8*).

En outre, si à une époque, la Cour de cassation a estimé que la responsabilité du notaire ne présentait pas de caractère subsidiaire par rapport à celle d'autres responsables (Civ. 1re, 4 janv. 2005 : *V. note 8*), elle retient désormais le caractère subsidiaire de la responsabilité du notaire qui ne saurait être assimilé à un constructeur (Civ. 3e, 10 oct. 2012 : *V. note 8*). ❑

I. ATTESTATION D'ASSURANCE

1. *Obligation de l'assureur – Principe.* Il appartient aux compagnies d'assurances sollicitées par leurs assurés en vue d'obtenir une attestation nécessairement destinée à être produite à leur propre clientèle de ne pas fournir de renseignements de nature à égarer celle-ci quant à l'étendue des garanties offertes. • Civ. 1re, 15 janv. 1991 : *RGAT 1991. 374 ; RCA 1991. 121 ; ibid. Chron. 7, obs. Groutel ; RDI 1991. 243*. ♦ L'assurance de responsabilité obligatoire dont l'existence peut influer sur le choix d'un constructeur étant imposée dans l'intérêt des maîtres d'ouvrage, il appartient à l'assureur, tenu d'une obligation de renseignement à l'égard de son assuré à qui il délivre une attestation nécessairement destinée à l'information des éventuels bénéficiaires de cette garantie, de fournir dans ce document les informations précises sur le secteur d'activité professionnelle déclaré. • Civ. 3e, 17 déc. 2003, n° 01-12.259 P :

RGDA 2004. 113, note J.-P. Karila • 22 sept. 2004, n° 02-13.847 P : *Defrénois 2006. 78, note Périnet-Marquet* • 29 mars 2006, n° 05-13.119 P • 11 mai 2006, n° 04-20.250 P. ♦ Comp. : l'assureur, qui fournit à son assuré une attestation destinée à être présentée au maître de l'ouvrage ne mentionnant aucune restriction quant aux activités déclarées, n'est plus recevable à opposer au tiers lésé les exceptions opposables à ce dernier. • Civ. 3e, 3 mars 2004, n° 02-19.122 P : *RGDA 2004. 460, note J.-P. Karila.*

2. *Obligation de l'assureur – Illustration.* La compagnie d'assurances, qui a délivré une attestation sans préciser que la garantie était suspendue pour défaut de paiement de la prime, engage sa responsabilité envers les tiers. • Civ. 3e, 17 oct. 1990 : *RCA 1990. 424.* ♦ Il en est de même de la compagnie d'assurance qui remet aux maîtres de l'ouvrage une attestation ne faisant pas état de la condition de paiement de la prime affectant la prise d'effet des garanties, cette omission ayant empêché les maîtres de l'ouvrage de mettre en œuvre, en application de l'art. L. 111-28 CCH, la faculté de résilier le contrat qui les liait au constructeur en raison de la non-souscription d'assurance à l'ouverture du chantier. • Civ. 3e, 5 mars 2020, n° 19-13.024 : *RCA 2020, n° 139, note Groutel; ibid. 2022, chron. 4, n° 2, note Groutel.* ♦ Commet une faute l'assureur qui, pendant la période de suspension de la garantie, délivre une attestation sans mentionner la mise en demeure adressée à son assuré ni préciser le risque de résiliation à l'expiration du délai de régularisation. • Civ. 3e, 24 oct. 2012, n° 11-16.012 P : *RGDA 2013. 344, note L. Karila; RDI 2012. 638, note Dessuet ; JCP 2013. 400, n° 16, obs. J.-P. Karila; Constr.-Urb. 2012, n° 172, note Pagès-de Varenne.* ♦ Mais, aucun texte légal ou réglementaire ne contraint l'assureur à vérifier la capacité juridique de l'assuré lors du renouvellement tacite du contrat ni lors de la délivrance des attestations. • Civ. 3e, 24 oct. 2012, n° 11-20.439 P : *RGDA 2013. 344, note L. Karila; JCP 2013. 400, n° 16, obs. J.-P. Karila; Constr.-Urb. 2012, n° 172, note Pagès-de Varenne.* ♦ De même, ayant constaté qu'il résultait de l'attestation d'assurance délivrée par l'assureur que parmi les seules activités garanties se trouvaient les revêtements de sols et murs intérieurs en matériaux durs (marbre, carrelage, faïence) et que les travaux réalisés par le constructeur relevaient de l'activité revêtement de sols et murs extérieurs en matériaux durs et d'étanchéité qui ne faisaient pas partie des activités garanties, une cour d'appel a pu retenir que cette attestation énonçait clairement les activités pour lesquelles la garantie était acquise, et n'avait pu induire en erreur le maître de l'ouvrage ni l'assureur dommages-ouvrage sur la portée de la garantie dont le constructeur bénéficiait. • Civ. 3e, 5 déc. 2012, n° 11-23.756 P : *RGDA 2013. 344, note L. Karila; RDI 2013. 108, note Dessuet .*

3. *Titulaire de l'action en responsabilité.* L'assureur du maître d'œuvre se trouve, par l'effet du paiement effectué, subrogé dans les droits de son assuré mais non dans ceux du maître de l'ouvrage, et n'est dès lors pas fondé à se prévaloir de l'imprécision de l'attestation d'assurance délivrée par l'assureur de l'entreprise avec laquelle le maître d'œuvre a été condamné *in solidum.* • Civ. 3e, 25 févr. 2009, n° 08-11.249 P : *RGDA 2009. 511, note J.-P. Karila; RCA 2009, n° 149, note Groutel; RDI 2009. 311, note Dessuet .*

4. *Compétence du juge des référés.* Le juge des référés est compétent pour statuer sur la demande adressée par le maître de l'ouvrage à un entrepreneur visant à lui délivrer une attestation d'assurance pour la garantie décennale. • Civ. 3e, 4 janv. 1991, n° 89-10.393 P : *RCA 1991. 120; ibid. Chron. 7, obs. Groutel; RDI 1991. 243 .*

5. *Préjudice causé à un tiers par l'assureur dommages-ouvrage.* Une cour d'appel, qui, tirant les conséquences légales de ses constatations, a exactement retenu que la faute de l'assureur dommages-ouvrage, ayant consisté à délivrer, avant la conclusion de la vente, une attestation d'assurance dommages-ouvrage erronée, devait, même si l'acquéreur en l'état futur d'achèvement avait contracté en considération de cette garantie, seulement entraîner son obligation à fournir la couverture objet de cette attestation et qui a relevé que les conditions de mise en œuvre de cette garantie n'étaient pas remplies, a pu en déduire que la faute commise par l'assureur dommages-ouvrage n'avait causé aucun préjudice à l'acquéreur en l'état futur d'achèvement, qui avait obtenu la résiliation du contrat de vente en raison de la gravité des manquements du vendeur à ses obligations. • Civ. 3e, 10 janv. 2012 : *RDI 2012. 174, note Noguéro ; RGDA 2012. 709, note Périer.*

II. TRANSFERT DE LA PROPRIÉTÉ DU BIEN

6. *Obligation du vendeur.* Encourt la cassation l'arrêt qui, pour imputer aux bénéficiaires d'une promesse unilatérale de vente d'un appartement le défaut de réalisation de la vente, retient que l'obligation pour le promettant de justifier de l'assurance dommages avant la rédaction de l'acte authentique de vente ne résulte ni de la loi ni de la promesse et que le promettant n'est tenu de justifier de l'assurance-dommages qu'au moment de l'acte translatif de propriété, mention devant en être alors faite dans le corps de l'acte ou en annexe, limitant ainsi la portée de l'art. L. 243-2 aux seules dispositions qui, s'ajoutant à l'obligation générale de justification de l'assurance qui pèse sur le vendeur, édictent des obligations particulières concernant l'établissement de l'acte de vente. • Civ. 3e, 23 avr. 1992, n° 90-13.553 P : *D. 1992. IR 189 .* ♦ La loi édicte une obligation générale de justification de l'assurance obligatoire et cette justification ne peut être tenue pour suffisante si elle n'est apportée qu'à la date de la signature de l'acte translatif de propriété. • Civ. 3e, 18 févr. 2004, n° 02-18.455 P : *Defrénois 2005. 73, obs. Périnet-Marquet; RCA 2004, n° 155.*

7. Obligations du notaire. Le notaire chargé de dresser un acte de vente est tenu, en application de l'art. L. 243-2, al. 2, C. assur., de faire mention, dans le corps de l'acte ou en annexe, de l'existence ou de l'absence des assurances prévues aux art. L. 241-1 s. du même code. • Civ. 1re, 8 juill. 1994, n° 92-15.036 P : *RCA 1994, n° 394 ; RGAT 1994. 1164, note d'Hauteville.* ♦Le notaire, qui est tenu à la fois d'une obligation d'efficacité juridique des actes reçus et d'un devoir de conseil à l'égard des parties, engage sa responsabilité en s'abstenant de faire mention des assurances obligatoires prévues aux art. L. 241-1 et L. 242-1 C. assur. et d'en vérifier l'exactitude. • Civ. 3e, 27 mai 2003 : *RGDA 2003. 741, note J.-P. Karila.* ♦Le notaire, en tant que rédacteur de l'acte, est tenu de prendre toutes dispositions utiles pour en assurer l'efficacité, notamment en ce qui concerne la protection des parties à l'acte. Il s'ensuit que, chargé de dresser un acte de vente et tenu, en application de l'art. L. 243-2, al. 2, C. assur., de faire mention dans le corps de l'acte ou en annexe, de l'existence des assurances prévues aux art. L. 241-1 s. du même code, le notaire a l'obligation de vérifier l'exactitude des déclarations du vendeur faisant état de la souscription effective de ces contrats. • Civ. 1re, 28 mai 2009, n° 08-15.813. ♦Il incombe au notaire de vérifier personnellement l'efficacité de la police responsabilité décennale souscrite, notamment lorsque la date d'effet de cette police n'était antérieure que de deux jours à la date d'achèvement des travaux. • Civ. 1re, 18 févr. 1997 : *RGDA 1997. 521, note Périnet-Marquet.* ♦... *A fortiori* si l'existence d'une telle assurance est une stipulation essentielle en considération de laquelle l'acheteur s'est décidé à acheter. • Civ. 1re, 7 mars 1995 : *RCA 1995, n° 346, obs. Courtieu ; RGAT 1995. 395, note d'Hauteville.* ♦Il incombe au notaire de préciser clairement si les travaux relatifs au bien cédé étaient garantis ou non par une assurance dommages-ouvrage. • Civ. 3e, 12 juin 2012 : *RDI 2012. 459, note Noguéro* ; *RCA 2012, n° 280.* ♦ Toutefois, dès lors que le notaire a, conformément aux prescriptions de l'art. L. 243-2, al. 2, mentionné dans l'acte de vente l'absence de souscription d'une assurance de dommages-ouvrage, il n'est pas tenu, en outre, d'appeler spécialement l'attention des parties sur les conséquences résultant nécessairement de cette absence d'assurance. • Civ. 1re, 13 mars 2001, n° 98-18.155 P : *RCA 2001, n° 193 ; RGDA 2002. 717, note d'Hauteville.*

8. Mise en œuvre de la responsabilité du notaire. Justifie légalement sa décision la cour d'appel qui, tout en retenant que le notaire avait manqué à son devoir de conseil et commis une faute à l'égard des acquéreurs des lots, en ayant omis de vérifier si la SCI avait souscrit les assurances obligatoires au titre des garanties dommages-ouvrage et décennale et en ayant manqué d'attirer l'attention des acquéreurs sur cette carence, a retenu que cette faute n'était pas en relation de causalité avec la reprise des travaux intéressant les terrasses et balcons, les préjudices de jouissance ou la dépréciation des lots, qu'aucune demande n'était formée au titre de la perte d'une chance de renoncer à l'acquisition projetée à cause des risques liés à l'absence d'assurances et que la perte d'une chance d'être indemnisé des désordres décennaux n'était pas démontrée dès lors que la garantie des assureurs des autres constructeurs pouvait être mise en œuvre. • Civ. 3e, 10 oct. 2012 : *RDI 2012. 638, note Dessuet* . ♦Comp. : la mise en œuvre de la responsabilité du notaire, qui n'a pas de caractère subsidiaire, n'est pas subordonnée à l'impossibilité d'obtenir réparation des coresponsables. • Civ. 1re, 4 janv. 2005 : *RDI 2005. 91, note Dessuet* . ♦V. égal. : les conséquences d'un manquement à un devoir d'information et de conseil ne peuvent s'analyser qu'en une perte de chance dès lors qu'il n'est pas certain que, mieux informé, le créancier de l'obligation d'information se serait trouvé dans une situation différente et plus avantageuse. Dès lors, prive sa décision de base légale la cour d'appel qui a retenu la responsabilité du notaire dont l'acte ne précisait pas si les travaux réalisés par les vendeurs étaient couverts par une assurance dommages-ouvrage, sans rechercher si mieux informés les acheteurs auraient renoncé à acquérir le bien litigieux ou l'auraient acquis à des conditions plus avantageuses. • Civ. 1re, 20 mars 2013 : *RDI 2013. 339, note Dessuet* .

Art. L. 243-3 Quiconque contrevient aux dispositions des articles L. 241-1 à L. 242-1 du présent code sera puni d'un emprisonnement de six mois et d'une amende de 75 000 € ou de l'une de ces deux peines seulement.

Les dispositions de l'alinéa précédent ne s'appliquent pas à la personne physique construisant un logement pour l'occuper elle-même ou le faire occuper par son conjoint, ses ascendants, ses descendants ou ceux de son conjoint.

BIBL. ▶ Responsabilité pénale : ZALEWSKI-SICARD, *Gaz. Pal. 10 mai 2016, p. 58.* – STEMMER et VIDAL-NAQUET, *JCP N 2000. 1548.* – Responsabilité civile : ZALEWSKI-SICARD, *Gaz. Pal. 23 févr. 2016, p. 66.*

COMMENTAIRE

L'article L. 243-3 du code des assurances prévoit une sanction pénale en l'absence de souscription d'une assurance obligatoire. Mais cette sanction n'est pas exclusive d'une sanction civile.

I. SANCTION PÉNALE

Le défaut de souscription d'une assurance de dommages-ouvrage ou de responsabilité pénale constitue un délit puni de six ans d'emprisonnement et/ou de 75 000 euros d'amende. Cette infraction constitue un délit instantané consommé par le défaut de souscription de l'assurance à l'ouverture du chantier. Il en résulte que la prescription ne saurait dépendre de la date à laquelle la victime a pu connaître l'infraction (Crim., 9 déc. 1992 : *V. note 2*).

Une interrogation demeure en ce qui concerne les syndics de copropriété. Ainsi, la Cour de cassation a pu confirmer le renvoi devant le tribunal correctionnel d'un syndic qui s'était abstenu de souscrire une assurance de dommages-ouvrage (Crim., 22 mai 1989 : *V. note 3*). Mais le tribunal correctionnel a relaxé le syndic, puisqu'il s'était borné à suivre la décision du conseil syndical et n'avait pas reçu de mandat de l'assemblée des copropriétaires de souscrire cette assurance (T. corr. Paris, 25 avr. 1990 : *V. note 3*). *A contrario*, il faudrait donc en déduire que le tribunal aurait condamné le syndic s'il avait reçu mandat de l'assemblée des copropriétaires. Cependant, cette analyse ne paraît pas partagée par toutes les juridictions ainsi qu'ont pu le constater certains auteurs (Stemmer et Vidal-Naquet, « Le syndic et l'assurance dommages-ouvrages », *JCP N 2000. 1548*). Dans une décision du 13 décembre 1999, le tribunal correctionnel de Marseille a pu écarter la responsabilité pénale d'un syndic en observant que le syndic de copropriété ne peut avoir la qualité de mandataire du propriétaire. Le syndic est le mandataire du syndicat des copropriétaires, lequel n'est pas le propriétaire de l'immeuble.

Par exception, la sanction pénale ne s'applique pas à la personne physique qui construit un logement pour l'occuper elle-même ou le faire occuper par son conjoint, ses ascendants, ses descendants ou ceux de son conjoint.

II. SANCTION CIVILE

A. RESPONSABILITÉ DU DIRIGEANT SOCIAL D'UNE ENTREPRISE DE CONSTRUCTION

Si le défaut de souscription de l'assurance de responsabilité décennale peut justifier la résiliation du contrat avec le constructeur par le maître de l'ouvrage (Civ. 3e, 5 mars 2020 : *V. note 4*), la doctrine et la jurisprudence se sont interrogées sur la possibilité d'engager la responsabilité du dirigeant d'une société de construction qui s'est abstenu de souscrire une telle assurance. En effet, la jurisprudence estime traditionnellement sur le fondement de l'article L. 223-22 (gérant de SARL) ou de l'article L. 225-251 du code de commerce (administrateur et directeur général d'une SA), que la responsabilité du dirigeant social à l'égard des tiers est subordonnée à la preuve d'une faute de gestion séparable ou détachable de ses fonctions. Or, la jurisprudence de la Cour de cassation n'a pas toujours retenu la même solution.

Ainsi, la chambre criminelle et la chambre commerciale ont toujours estimé que le défaut de souscription d'une assurance de responsabilité décennale engageait la responsabilité civile du dirigeant social à l'égard des tiers (Crim. 7 sept. 2004 ; Com, 28 sept. 2010 : *V. note 5*). En revanche, la troisième chambre civile a d'abord écarté la responsabilité personnelle du dirigeant social (Civ. 3e, 4 janv. 2006 : *V. note 5*), pour finalement rejoindre la solution des autres chambres de la Cour de cassation (Civ. 3e, 10 mars 2016 et Civ. 3e, 14 déc. 2017 : *V. note 5*).

B. LA RESPONSABILITÉ DU MAÎTRE DE L'OUVRAGE

Certains constructeurs ont tenté de s'exonérer partiellement de leur responsabilité en faisant valoir que le défaut de souscription d'une assurance de dommages-ouvrage par le maître de l'ouvrage était à l'origine d'une augmentation du coût de la réparation des dommages matériels et d'éventuels préjudices immatériels. Mais la Cour de cassation a rejeté cet argument par un arrêt de principe du 30 mars 1994 : le défaut de souscription de l'assurance obligatoire dommages-ouvrage par le maître de l'ouvrage n'est en lui-même ni une cause des désordres ni une cause exonératoire de la responsabilité de plein droit mise à la charge du locateur d'ouvrage par l'article 1792 du code civil (Civ. 3e, 30 mars 1994 : *V. note 9*).

I. SANCTION PÉNALE

1. *Assurance non obligatoire.* Le juge répressif ne peut déclarer le prévenu coupable d'une infraction sans en avoir caractérisé tous les éléments constitutifs. Méconnaît l'art. 593 C. pr. pén., ensemble l'art. L. 243-3 C. assur. et l'art. L. 111-34 CCH, la cour d'appel qui déclare les prévenus coupables d'avoir exercé une activité de constructeur sans être couverts par une assurance au titre de la garantie de parfait achèvement, alors que cette garantie ne figure pas parmi les garanties visées aux art. L. 241-1 à L. 242-1 C. assur., auxquels renvoient l'art. L. 243-3 du même code et l'art. L. 111-34 CCH • Crim. 22 févr. 2017, nº 15-87.417.

2. Délit instantané. Le délit prévu par l'art. L. 243-3 (défaut d'assurance de dommages obligatoires) est un délit instantané consommé par le défaut de souscription de l'assurance prescrite avant l'ouverture du chantier. Il en résulte que la prescription ne saurait dépendre de la date à laquelle la victime a pu connaître l'infraction. • Crim. 9 déc. 1992 : *RGAT 1993. 668, obs. Fortis.*

3. Syndic de copropriété. Est bien fondé l'arrêt de la chambre d'accusation qui renvoie sous l'inculpation d'avoir contrevenu aux dispositions légales relatives à l'assurance obligatoire de la construction un syndic de copropriété ayant ordonné des travaux de réfection d'une toiture, encore qu'il ait agi, non par négligence, mais en se fondant sur l'avis de plusieurs juristes, estimant que l'assurance n'était pas obligatoire en pareil cas. • Crim. 22 mai 1989 : *RGAT 1989. 603.* ♦ V. dans la même affaire la décision objet du pourvoi : • Paris, 25 mars 1988 : *RGAT 1988. 520, note Bigot.* ♦ ... Et la décision du tribunal correctionnel qui a suivi : • Trib. corr. Paris, 25 avr. 1990 : *RDI 1990. 392, note Leguay et Dubois.*

II. SANCTION CIVILE

4. Résiliation du contrat de construction. En application de l'art. L. 111-28 CCH, le maître de l'ouvrage dispose de la faculté de résilier le contrat qui le liait au constructeur, en raison de la non-souscription d'assurance à l'ouverture du chantier. • Civ. 3e, 5 mars 2020, nº 19-13.024 : *RGDA mai 2020. 37, note Dessuet.*

5. Responsabilité du dirigeant social (in societé in bonis). Le gérant d'une société qui ne souscrit pas au nom de celle-ci l'assurance de responsabilité décennale obligatoire commet le délit prévu par l'art. L. 243-3 et engage sa responsabilité civile à l'égard des tiers auxquels cette infraction a porté préjudice, quand bien même elle aurait été commise dans le cadre de ses fonctions de dirigeant social. • Crim. 7 sept. 2004 : *RGDA 2005. 162, note J.-P. Karila.* ♦ Le gérant d'une SARL qui commet une faute constitutive d'une infraction pénale intentionnelle, séparable comme telle de ses fonctions sociales, engageant sa responsabilité civile à l'égard des tiers à qui cette faute a porté préjudice, viole dès lors l'art. L. 223-22 C. com., ensemble l'art. L. 243-3 C. assur. ; la cour d'appel qui, pour rejeter la demande de dommages-intérêts formée à l'encontre de la gérante d'une SARL, retient que, même constitutif du délit prévu et réprimé par les art. L. 111-34 CCH et L. 243-3 C. assur., et caractérisant une abstention fautive imputable à la gérante, le défaut de souscription des assurances obligatoires de dommages et de responsabilité n'était pas séparable des fonctions de dirigeant, alors qu'il résultait de ses constatations que la gérante avait sciemment accepté d'ouvrir un chantier sans que la société fût couverte par une assurance. • Com. 28 sept. 2010 : *D. 2010. AJ 2290, obs. Lienhard ; ibid. Chron. 2617, obs. Salomon ; RDI 2010. 565, note Noguéro ; RCA 2011, nº 327, note Groutel ; Rev. sociétés 2011. 97, note Dondero ; RTD civ. 2010. 785, obs. Jourdain ; Dr. sociétés 2010, nº 255, note Roussille ; JCP E 2011. 1000, note Deboissy et Wicker.* ♦ Ayant retenu que le gérant d'une SARL, qui n'avait pas souscrit d'assurance décennale, avait commis une faute intentionnelle, constitutive d'une infraction pénale, une cour d'appel en a exactement déduit qu'il avait commis une faute séparable de ses fonctions sociales et engagé sa responsabilité personnelle. • Civ. 3e, 10 mars 2016, nº 14-15.326 P : *RGDA 2016. 255, note Asselain ; RDI 2016. 415, note Roussel ; D. 2016. 656, obs. Lienhard ; Rev. sociétés 2016. 379, obs. Pisoni ; JCP N 2016. 1227, note Storck ; ibid. 2016. 1257, note Zalewski-Sicard ; JCP E 2016. 1315, note Brignon ; Constr.-Urb. 2016, nº 58, note Pagès-de Varenne ; Gaz. Pal. 2016, nº 23, p. 76, note Leducq ; ibid., nº 17, p. 75, note Parmentier.* ♦ Commet une faute séparable de ses fonctions le gérant d'une société chargée de la construction d'un ouvrage qui s'abstient intentionnellement de souscrire l'assurance prévue par l'article L. 241-1 C. assur. • Civ. 3e, 14 déc. 2017, nº 16-24.492 : *RCA 2018, nº 79 ; RDI 2018. 173, obs. Noguéro.* ♦ *Contra*, jugeant que le défaut de souscription n'est pas séparable des fonctions de dirigeant et n'engage pas la responsabilité personnelle de celui-ci : • Civ. 3e, 4 janv. 2006 : *RGDA 2006. 619, note Kullmann ; BJS 2006. 726, note Messai-Bahri ; Rev. sociétés 2006. 548, note Poracchia.*

6. Responsabilité du dirigeant social – Société en procédure collective. Viole l'art. L. 651-2 C. com. dans sa rédaction antérieure à l'Ord. du 18 déc. 2008, ensemble le principe de proportionnalité, la cour d'appel qui retient le défaut de souscription d'assurance obligatoire comme faute du dirigeant ayant contribué à l'insuffisance d'actif à l'origine de sa condamnation à supporter les dettes sociales, sans rechercher si ce défaut d'assurance n'était pas postérieur à l'ouverture de la procédure collective. • Com. 15 juin 2011 : *RGDA 2011. 1094, note Pélissier.*

7. Préjudice réparable. Dès lors que les parties civiles demandaient, non pas la réparation de la perte d'une chance sérieuse d'être indemnisées des sinistres du fait du défaut d'assurance de responsabilité décennale, mais l'indemnisation de malfaçons et de divers préjudices qui ne résultaient pas directement des faits poursuivis, une cour d'appel a pu les débouter de leur demande de réparation. • Crim. 5 nov. 2014, nº 13-85.126 : *RCA 2015, nº 66 ; ibid. Chron. 1, nº 6, note Groutel.* ♦ Ayant constaté que la société de construction avait été condamnée à réparer l'intégralité du préjudice résultant des désordres identifiés par l'expert judiciaire, que les maîtres de l'ouvrage confirmaient avoir déclaré leur créance et avoir été admis au passif de la procédure collective dont cette société fait l'objet et n'invoquaient pas l'impossibilité de percevoir cette créance dont le montant était celui demandé dans la procédure sur les intérêts civils devant le juge pénal, une cour d'appel a pu en déduire que les parties civiles ne démontraient pas subir un préjudice résultant du défaut d'assurance. • Crim. 13 oct. 2015, n° 14-86.586 : *RGDA 2015. 565, note J.-P. Karila.* ♦ Le délit de faux et usage de fausse attestation d'assurance reproché au prévenu impliquait nécessairement l'absence de souscription de l'assurance obligatoire prévue par l'art. L. 241-1 C. assur. et a généré pour les parties civiles un préjudice direct constitué par la perte de chance d'être indemnisées. • Crim. 5 nov. 2019, n° 18-86.452 : *RCA 2020, n° 50.*

8. Lien de causalité. La remise par l'assureur de responsabilité décennale d'une attestation ne faisant pas état de la condition de paiement de la prime affectant la prise d'effet du contrat constitue une faute en lien de causalité avec le préjudice subi par les maîtres de l'ouvrage, du fait de l'inachèvement des travaux et des malfaçons affectant les travaux exécutés, dès lors qu'en application de l'art. L. 111-28 CCH, le maître de l'ouvrage disposait de la faculté de résilier le contrat qui le liait au constructeur, en raison de la non-souscription d'assurance à l'ouverture du chantier. • Civ. 3e, 5 mars 2020, n° 19-13.024 : *RGDA mai 2020. 37, note Dessuet.*

9. Responsabilité du maître de l'ouvrage pour défaut de souscription à l'égard des constructeurs. Le défaut de souscription de l'assurance obligatoire dommages-ouvrage par le maître de l'ouvrage n'est en lui-même ni une cause des désordres ni une cause exonératoire de la responsabilité de plein droit mise à la charge du locateur d'ouvrage par l'art. 1792 C. civ. • Civ. 3e, 30 mars 1994, n° 92-17.683 P : *RGAT 1994. 580, note J.-P. Karila* • 2 juill. 2002, n° 01-03.913 • 17 déc. 2003, n° 02-17.134 : *RDI 2004. 198, note Malinvaud.*

Art. L. 243-4 Toute personne assujettie à l'obligation de s'assurer qui, ayant sollicité la souscription d'un contrat auprès d'une entreprise d'assurance dont les statuts n'interdisent pas la prise en charge du risque en cause en raison de sa nature, se voit opposer un refus, peut saisir un bureau central de tarification dont les conditions de constitution et les règles de fonctionnement sont fixées par décret en Conseil d'État.

Le bureau central de tarification a pour rôle exclusif de fixer le montant de la prime moyennant laquelle l'entreprise d'assurance intéressée est tenue de garantir le risque qui lui a été proposé. Il peut déterminer le montant d'une franchise qui reste à la charge de l'assuré.

V. art. R. 250-1 s.

BIBL. ▶ DE BRESSON, *RDI 1989. 317.* – DURRY, *RCA 2003. Chron. 9.*

COMMENTAIRE

Les personnes assujetties à une obligation d'assurance peuvent rencontrer des difficultés à effectivement s'assurer auprès d'une compagnie d'assurance. Aussi, en cas de refus d'une compagnie d'assurance dont les statuts n'interdisent pas la prise en charge du risque en cause en raison de sa nature, le candidat à l'assurance peut saisir un bureau central de tarification (BCT). Le BCT est un organisme paritaire composé de représentants des assureurs et des assurés, ainsi que d'un président et d'un vice-président choisis parmi les conseillers d'État, les conseillers à la Cour de cassation et les conseillers maîtres à la Cour des comptes ou les professeurs des disciplines juridiques des universités.

I. SAISINE DU BCT

Le bureau central de tarification peut être saisi par toute personne qui se voit opposer un refus d'assurance. La saisine du BCT s'effectue par lettre recommandée ou par envoi recommandé électronique avec demande d'avis de réception dans un délai de quinze jours à compter du refus de l'assureur sollicité.

Le refus de garantie, condition principale de la saisie du BCT, peut être exprès ou tacite. Lorsqu'il s'agit de la souscription d'un nouveau contrat, le refus est implicite si l'assureur est resté silencieux pendant plus de quarante-cinq jours après réception de la demande de souscription rédigée sur un formulaire spécial remis par l'assureur (art. A. 250-2 C. assur.) et adressée par lettre recommandée ou par envoi recommandé électronique avec demande d'avis de réception. De même, est assimilé à un refus le fait par l'assureur, saisi d'une telle demande de souscription, de subordonner son acceptation à la couverture de risques non mentionnés dans l'obligation d'assurance ou dont l'étendue excéderait les limites de l'obligation d'assurance.

Cependant, le refus de garantie de l'assureur ne permet pas toujours de saisir le bureau central de tarification. Il en est ainsi lorsque l'assuré a fait usage de la faculté de résiliation offerte par l'article R. 113-10, alinéa 2 du code des assurances, qui permet à l'assuré de résilier l'ensemble de ses contrats auprès d'un assureur ayant résilié l'un des contrats après la survenance d'un sinistre. Dans une telle hypothèse, l'assuré ne peut, pendant un délai d'un an, saisir le bureau central de tarification d'un refus opposé par l'entreprise d'assurance qui le garantissait.

II. RÔLE DU BCT

A. INTERVENTION DU BCT

Le rôle du bureau central de tarification est étroitement déterminé. Il ne doit se prononcer que pour les refus d'assurance portant sur une assurance obligatoire. Tel est le cas lorsque la responsabilité du fabricant est susceptible d'être engagée sur le fondement de l'article 1792-4 du code civil (CE, 6 oct. 2004 : *V. note 1*), mais non lorsqu'elle ne peut être engagée que sur le fondement du droit commun (CE, 20 mars 1992 : *V. note 1*).

B. FIXATION DE LA PRIME

Il n'appartient pas au BCT de désigner l'assureur qui devra garantir l'assuré. Il doit uniquement fixer le montant de la prime en contrepartie de laquelle l'entreprise d'assurance choisie par le candidat à l'assurance va apporter sa garantie et peut éventuellement déterminer le montant d'une franchise qui reste à la charge de l'assuré.

Dans cette optique, le demandeur ainsi que les assureurs concernés sont tenus de fournir au bureau central de tarification les éléments nécessaires pour prendre une décision et notamment le tarif de l'entreprise d'assurance applicable au risque proposé (art. R. 250-4 C. assur.).

Mais, lorsque la demande porte sur une assurance relative à une construction à usage autre que l'habitation, l'assureur sollicité peut, avec l'accord de l'assujetti, demander au BCT de prendre en compte, en vue de la fixation du montant de la prime, des solutions concourant à l'assurabilité de l'ouvrage, sur la base, le cas échéant, du dispositif d'analyse mis en place par les intéressés. Dans ce cas, le BCT statue dans un délai maximal de douze mois à compter de la date de dépôt de la demande (art. R. 250-4-1 C. assur.).

III. DÉCISION DU BCT

Les décisions du bureau central de tarification sont prises à la majorité des membres présents, la voix du président étant prépondérante en cas de partage. La décision prise est notifiée à l'assuré et à l'assureur dans un délai de dix jours. Mais le commissaire du Gouvernement qui assiste aux réunions du BCT peut demander un nouvel examen de l'affaire soit immédiatement, soit dans un délai de trente jours suivant la décision. ❑

1. *Compétence du BCT.* L'obligation d'assurance ne s'applique pas aux fabricants de tuiles, lesquels ne sont pas fondés à demander l'annulation de la décision par laquelle le Bureau central de tarification (BCT) de l'assurance construction s'est déclaré incompétent pour connaître d'un refus d'assurance. • CE 20 mars 1992, *Sté Tuileries de Perrignier : D. 1992. Somm. 412, obs. Terneyre ; RCA 1992. 210 ; RDI 1992. 356*. ♦ Est fondée à demander l'annulation de la décision du BCT rejetant sa demande de contestation de refus de garantie, au motif qu'il n'était pas compétent pour en connaître, la société fabriquant des panneaux isothermes, dès lors qu'ils remplissaient les conditions fixées par les dispositions de l'art. 1792-4 C. civ. pour que la responsabilité de leur fabricant puisse être solidairement engagée du fait de désordres observés dans la construction d'un ouvrage. • CE 6 oct. 2004, *Sté Oxatherm : RDI 2004. 527, obs. Leguay*.

2. *Contrôle des décisions du BCT.* Les décisions du BCT relèvent du contrôle du Conseil d'État par la voie du recours pour excès de pouvoir. La demande tendant à ce que le Conseil d'État réforme la décision du BCT fixant le tarif et fixe lui-même le tarif n'est pas recevable. • CE 7 nov. 1984, *Sté COTEBA : Lebon 351, concl. Jeanneney ; RGAT 1985. 257 ; RDI 1985. 79, obs. Durry.*

3. *Refus licite d'imposer une assurance.* Dès lors qu'un projet en cours de construction depuis près de dix ans à la date à laquelle le BCT s'est prononcé, comportait le risque quasi certain d'engager la responsabilité décennale des constructeurs, la possibilité de l'assurer était exclue. • CE 29 janv. 2003, *SCI Le Village Regain : RCA 2003, n° 120 ; ibid. Chron. 9, note Durry.* ♦ En écartant, sur la base de l'instruction technique à laquelle il a procédé, la possibilité d'assurer un procédé lorsque son emploi conduit de façon certaine à un dommage, le BCT n'a pas commis d'erreur de droit. • CE 29 janv. 1988, *SARL Comptoir du bâtiment de Montamisé : Lebon 42, concl. Guillaume ; D. 1988. Somm. 262, obs. Llorens ; RGAT 1988. 76 et 833 ; RDI 1988. 321, obs. Leguay.*

4. *Refus illicite d'imposer une assurance.* Le seul fait de l'engagement des travaux ne rendant pas certaine la survenance d'un dommage, ni impossible l'évaluation de l'aléa, commet une erreur de droit le BCT qui écarte une demande de fixation de prime pour l'unique motif que les travaux avaient déjà commencé. • CE 19 janv. 1998, *SNC Grand-Littoral : RDI 1998. 118, obs. Leguay*.

5. Franchise – Régime ant. à la L. du 31 déc. 1989. La clause type de l'assurance obligatoire de dommages, telle qu'elle résulte de l'annexe II de l'art. A. 241-1 [A. 243-1], dispose que la garantie couvre le coût de l'ensemble des travaux et n'autorise aucune franchise, sauf l'hypothèse particulière, prévue aux art. L. 243-4 et R. 243-11, où l'assuré présente un risque anormalement grave. • Civ. 1re, 22 mai 1991, n° 89-18.604 P : *D. 1991. 431, note Dubois ; RGAT 1991. 593 ; RCA 1991. 405 ; RDI 1991. 361, obs. Leguay*.

Art. L. 243-5 Est nulle toute clause des traités de réassurance tendant à exclure certains risques de la garantie de réassurance en raison de la tarification adoptée par le bureau central de tarification.

COMMENTAIRE

Par principe, l'obligation d'assurer ne concerne que l'assureur direct et non le réassureur. Toutefois, le réassureur ne peut exclure, par une clause du traité de réassurance, les risques ayant fait l'objet d'une tarification par le BCT.

Art. L. 243-6 Toute entreprise d'assurance qui maintient son refus de garantir un risque dont la prime a été fixée par le bureau central de tarification est considérée comme ne fonctionnant plus conformément à la réglementation en vigueur et encourt le retrait de l'agrément administratif prévu par l'article L. 321-1 du présent code.

COMMENTAIRE

La décision du bureau central de tarification s'impose à l'assureur que le candidat à l'assurance avait sollicité en vain. Si l'entreprise d'assurance maintient son refus de garantie, alors que le BCT a déterminé le montant de la prime, elle est considérée comme ne fonctionnant plus conformément à la réglementation en vigueur. Elle encourt de ce fait le retrait de l'agrément administratif.

Art. L. 243-7 Les dispositions de l'article L. 113-16 et du deuxième alinéa de l'article L. 121-10 du présent code ne sont pas applicables aux assurances obligatoires prévues par le présent titre.

Les victimes des dommages prévus par la loi n° 78-12 du 4 janvier 1978 ont la possibilité d'agir directement contre l'assureur du responsable desdits dommages si ce dernier est en règlement judiciaire ou en liquidation de biens.

COMMENTAIRE

I. RÉSILIATION DU CONTRAT

Les assurances de construction obligatoires ont pour objectif d'apporter des garanties pour les désordres de nature décennale. Ces assurances doivent donc être maintenues tant qu'un tel sinistre peut apparaître ou tant que la responsabilité décennale d'un constructeur peut être recherchée. Certaines facultés traditionnelles de résiliation du contrat d'assurance paraissent dès lors inadaptées. Ainsi, l'article L. 243-7 du code des assurances écarte :

– la faculté de résiliation unilatérale reconnue, par l'article L. 113-16 du code des assurances, au souscripteur et à l'assureur en cas de survenance d'événement de nature à modifier la situation de l'assuré ;

– la faculté de résiliation unilatérale reconnue, par l'article L. 121-10 alinéa 2 du code des assurances, à l'assureur et à l'acquéreur ou l'héritier en cas d'aliénation de la chose assurée ou de décès de l'assuré.

II. ACTION DIRECTE

La jurisprudence puis le législateur en 2007 (art. L. 124-3, al. 1er, C. assur.) ont affirmé l'existence d'une action directe de la victime contre l'assureur de responsabilité du responsable. En outre, depuis un arrêt du 7 novembre 2000, la première chambre civile de la Cour de cassation considère que la recevabilité de cette action directe n'est pas subordonnée à l'appel en la cause de l'assuré par la victime.

Mais, dès la loi du 4 janvier 1978, l'article L. 243-7, alinéa 2, du code des assurances a expressément reconnu à la victime la possibilité d'agir directement contre l'assureur de responsabilité décennale si le constructeur est en redressement ou en liquidation judiciaire. Dans une telle hypothèse, la victime n'est tenue ni d'appeler en la cause l'assuré responsable (Civ. 3e, 7 sept. 2011 : *V. note 1*), ni de déclarer sa créance au passif de l'assuré (Civ. 3e, 29 janv. 2003 : *V. note 2*). ❑

1. Action directe. La recevabilité de l'action directe n'est pas subordonnée à l'appel en la cause de l'assuré par la victime. • Civ. 3e, 7 sept. 2011, nº 10-17.025. ♦ L'exercice de l'action directe contre l'assureur du responsable par le tiers victime dispense ce dernier, lorsque le responsable est en redressement judiciaire, de se soumettre à la procédure de vérification des créances, sauf dans la mesure où il entendrait faire valoir une créance de somme d'argent à l'encontre de l'assuré et sauf si cette mise en cause est inutile ou impossible, faisant ainsi ressortir que l'exercice de l'action directe n'impose ni la déclaration de créance au passif de l'assuré ni sa mise en cause lorsqu'elle est inutile ou impossible. • Civ. 3e, 29 janv. 2003 : *RTD com. 2005. 593, obs. Saint-Alary Houin*. ♦ La victime d'un dommage a un droit exclusif sur l'indemnité due par l'assureur de l'auteur responsable de ce dommage, et n'est pas tenue, dès lors, de se soumettre à la procédure de vérification de sa créance pour faire reconnaître dans son principe et dans son étendue la responsabilité de l'assuré ayant fait l'objet d'un redressement judiciaire et pour demander paiement à l'assureur par voie d'action directe. • Civ. 3e, 12 mai 2004, nº 01-12.293 P : *D. 2004. 1904*.

2. Subrogation. L'assureur de dommages subrogé peut engager l'action directe conformément à l'art. L. 124-3 contre l'assureur du responsable du dommage, même si aucune déclaration de créance au passif du redressement judiciaire de ce responsable n'a été faite. • Rouen, 13 févr. 1997 : *RGDA 1997. 526, note Périnet-Marquet.*

Art. L. 243-8 Tout contrat d'assurance souscrit par une personne assujettie à l'obligation d'assurance en vertu du présent titre est, nonobstant toute clause contraire, réputé comporter des garanties au moins équivalentes à celles figurant dans les clauses types prévues par l'article L. 310-7 *[devenu l'art. L. 111-4]* **du présent code.**

COMMENTAIRE

En application de l'article L. 243-8, les contrats d'assurances de dommages-ouvrage et de responsabilité décennale doivent comporter des garanties au moins équivalentes à celles figurant dans les clauses types imposée par arrêté du ministre de l'économie et des finances. Ces clauses types sont énoncées dans les annexes de l'article A. 243-1. Ce dernier article rappelle d'ailleurs qu'une clause contractuelle ne peut altérer d'une quelconque manière le contenu ou la portée des clauses types. Toute clause violant cette règle serait nulle (Civ. 1re, 29 juin 1994 : *V. note 1*) ou réputée non écrite (Civ. 3e, 17 juin 1992 : *V. note 3*; Civ. 3e, 4 févr. 2016 : *V. note 4*).

Ainsi, doit être écartée, la clause qui :

– exclut de la garantie de responsabilité décennale les activités exercées par l'assuré en qualité de constructeur de maisons individuelles (Civ. 3e, 17 juin 1992 : *V. note 3*) ;

– limite la garantie de responsabilité décennale aux seuls dommages affectant la structure de l'ouvrage (Civ. 3e, 4 févr. 2016 : *V. note 4*) ;

– limite la garantie de responsabilité décennale aux travaux de technique courante (Civ. 3e, 19 juin 2007 : *V. note 5*).

Mais, si les clauses-types déterminent impérativement l'étendue des garanties, elles n'interdisent pas d'opposer la réduction proportionnelle de primes de l'article L. 113-9 en cas de fausse déclaration non intentionnelle du risque (Civ. 3e, 25 nov. 2014 : *V. note 2*). Cette solution est logique, si l'article L. 243-8 limite la volonté des parties, il n'interdit pas l'application des règles du droit commun des assurances. ❑

1. Garantie minimale. Est nulle toute clause ayant pour effet d'altérer, d'une quelconque manière, le contenu ou la portée des clauses types. • Civ. 1re, 29 juin 1994 : *RGAT 1994. 825, note d'Hauteville.* ♦ Aucune stipulation du contrat ne peut avoir pour effet d'amoindrir, d'une manière quelconque, le contenu des garanties. • Civ. 1re, 10 déc. 1996 : *RCA 1997, nº 107 ; RGDA 1997. 189, note d'Hauteville.* ♦ En revanche, la garantie de l'assureur ne concerne que le secteur d'activité professionnelle déclaré par le constructeur. • Civ. 3e, 10 sept. 2008 : *D. 2008. 2348*.

2. Réduction proportionnelle d'indemnité. Les dispositions de l'art. L. 243-8 ne font pas obstacle à l'opposabilité de la réduction proportionnelle d'indemnité, prévue par l'art. L. 113-9, au tiers lésé ou à ses ayants droit. • Civ. 1re, 6 déc.

1994, n° 91-20.753 P : *RCA 1995, n° 67; ibid. Chron. 6, note Groutel; Gaz. Pal. 1995.1. 303, note Lesage.* ♦ Pourvoi contre : • Paris, 14 juin 1991 : *D. 1991. IR 193*. ♦ Dans le même sens : • Civ. 3e, 25 nov. 2014, n° 13-22.063 : *RCA 2015, n° 71, note Groutel; ibid. Chron. 1, n° 27, note Groutel; RDI 2015. 139, note Dessuet*.

3. Clause relative à la construction de maisons individuelles. Viole les art. L. 241-1, L. 243-8 et A. 243-1 ainsi que l'annexe I de ce dernier art. la cour d'appel qui, pour décider qu'un assureur ne doit pas sa gaavait pour conséquence d'exclure de la garantie certains travaux de bâtiment réalisés par l'entrepreneur dans l'exercice de sa profession, faisait échec aux règles d'ordre public relatives à l'étendue de l'assurance de responsabilité obligatoire en matière de corantie, retient que la police, souscrite en 1984 par un entrepreneur, comporte une clause parfaitement apparente d'exclusion de garantie pour les activités exercées par l'assuré en qualité de constructeur de maisons individuelles, alors qu'une telle clause, qui nstruction et devait, par suite, être réputée non écrite. • Civ. 3e, 17 juin 1992, n° 89-19.716 P : *RGAT 1992. 568, note Périnet-Marquet.* ♦ V. égal. : • Civ. 1re, 15 déc. 1993 : *RGAT 1994. 568, note J.-P. Karila* • 29 juin 1994 : *RGAT 1994. 825, note d'Hauteville.*

4. Clause limitative de responsabilité. Une clause limitative de responsabilité est valable dans une police dommages-ouvrage dans la mesure où elle est conforme aux clauses types figurant à l'annexe II de l'art. A. 243-1. • Civ. 1re, 25 mai 1992 : *D. 1992. 469, note Dubois ; RCA 1992. 338.* ♦ Mais elle n'est pas licite dans une police de responsabilité décennale dès lors que les clauses types figurant à l'annexe I du même article précisent qu'une telle police doit garantir le paiement des travaux de réparation de l'ouvrage et ne prévoient pas, en ce qui concerne le coût des travaux, de limitation à cette garantie. • Même arrêt. ♦ La clause limitant la garantie aux seuls dommages affectant la structure de l'ouvrage fait échec aux règles d'ordre public relatives à l'étendue de l'assurance de responsabilité obligatoire en matière de construction et doit, par suite, être réputée non écrite. • Civ. 3e, 4 févr. 2016, n° 14-29.790 P : *D. actu. 17 févr. 2016, note Cayol.*

5. Clause relative aux travaux de technique courante. La clause par laquelle l'assureur garantit les conséquences de la responsabilité incombant au constructeur pour les travaux de technique courante réalisés avec des matériaux et suivants des modes de construction, auxquels il est fait référence dans les documents techniques unifiés ou les normes françaises homologuées, ou plus généralement avec des matériaux et suivant des modes de construction traditionnels, ou selon des procédés ayant fait l'objet d'un avis technique accepté par l'association des assureurs de la construction, a pour conséquence d'exclure de la garantie certains travaux de bâtiment réalisés par l'assuré dans l'exercice de son activité d'entrepreneur, fait échec aux règles d'ordre public relatives à l'étendue de l'assurance de responsabilité obligatoire en matière de construction et doit, par suite, être réputée non écrite. • Civ. 3e, 19 juin 2007 : *RCA 2007, n° 285, note Groutel.* ♦ Déjà dans le même sens : • Civ. 3e, 25 janv. 1995, n° 93-13.576 P : *RCA 1995, n° 189* • 9 juill. 2003, n° 02-10.270 P : *RCA 2003, nos 272 et 273.*

6. Clause relative aux travaux exécutés en vertu d'un contrat de louage d'ouvrage. La clause d'un contrat d'assurance limitant la garantie des travaux réalisés à ceux effectués par l'entreprise en exécution d'un contrat de louage d'ouvrage doit être réputée non écrite comme faisant échec aux règles d'ordre public relatives à l'étendue de l'assurance de responsabilité obligatoire en matière de construction, dans le cas où les travaux réalisés par l'assuré sur l'immeuble l'ont été soit lors d'une vente sous condition suspensive, soit pour lui-même, avant la vente. • Civ. 3e, 2 mars 2005 : *RCA 2005, n° 167; RGDA 2005. 452, note J.-P. Karila.*

Art. L. 243-9 *(L. n° 2006-1771 du 30 déc. 2006, art. 145)* **Les contrats d'assurance souscrits par les personnes assujetties à l'obligation d'assurance de responsabilité** *(L. n° 2008-735 du 28 juill. 2008, art. 50)* **« ou de dommages » en vertu du présent titre peuvent, pour des travaux de construction destinés à un usage autre que l'habitation, comporter des plafonds de garantie.**

Un décret en Conseil d'État fixe les conditions dans lesquelles les montants de garantie peuvent être plafonnés, en fonction notamment du montant des ouvrages, de leur nature ou de leur destination, de la qualité du maître d'ouvrage et du constructeur et, le cas échéant, du niveau de la couverture d'assurance des différents intervenants à une même construction.

BIBL. ▶ COURTIEU, *RCA 2007, n° 69.* - DESSUET, *RDI 2007. 66* .

COMMENTAIRE

L'article L. 243-9, issu d'une loi du 30 décembre 2006, autorise les plafonds de garantie dans les assurances de responsabilité décennale et de dommages à l'ouvrage, mais uniquement pour les constructions destinées à un usage autre que l'habitation. Les annexes I, II et III de l'article A. 243-1 du code des assurances, dans sa version issue de l'arrêté du 19 novembre 2009, prévoient en conséquence que le montant de la garantie peut être limité au coût de la construction déclaré par le maître de l'ouvrage. Cette règle connaît deux exceptions.

La première exception concerne les constructions dont le coût est supérieur à 150 millions d'euros. Dans cette hypothèse, le montant de la garantie de l'assurance dommages-ouvrage et de l'assurance de responsabilité décennale peut être limité à 150 millions d'euros.

La seconde exception concerne les constructions pour lesquels les constructeurs ont fait appel à un contrat d'assurance collectif, en complément d'un ou plusieurs contrats d'assurance garantissant leur responsabilité. Dans cette hypothèse, le plafond de garantie de l'assurance de responsabilité décennale du constructeur peut être inférieur au coût de la construction ou à 150 millions d'euros si le coût de la construction est supérieur à 150 millions d'euros, dès lors que le contrat collectif comporte un plafond de garantie égal au coût de la construction ou à 150 millions d'euros si le coût de la construction est supérieur à 150 millions d'euros. Le plafond du contrat d'assurance individuel ne peut toutefois être inférieur au montant de la franchise absolue du contrat collectif. ❑

TITRE CINQUIÈME L'ASSURANCE DE RESPONSABILITÉ CIVILE MÉDICALE

(L. nº 2002-303 du 4 mars 2002)

BIBL. GÉN. ▶ RADÉ, *RCA 2002. Chron. 7, et 2003. Chron. 5.* – COURTIEU, *RCA 2003. Chron. 6 et 8.* – SARGOS, *JCP. II. 10166.*

CHAPITRE PREMIER L'OBLIGATION DE S'ASSURER

Art. L. 251-1 Ainsi qu'il est dit à l'article L. 1142-2 du code de la santé publique ci-après reproduit :

Art. L. 1142-2 Les professionnels de santé exerçant à titre libéral, les établissements de santé, services de santé et organismes mentionnés à l'article L. 1142-1, et toute autre personne morale, autre que l'État, exerçant des activités de prévention, de diagnostic ou de soins ainsi que les producteurs, exploitants et fournisseurs de produits de santé, à l'état de produits finis, mentionnés à l'article L. 5311-1, *(L. nº 2002-1577 du 30 déc. 2002, art. 1er-II)* « à l'exclusion du 5°, sous réserve des dispositions de l'article L. 1222-9, et des 11°, 14° et 15° », utilisés à l'occasion de ces activités, sont tenus de souscrire une assurance destinée à les garantir pour leur responsabilité civile ou administrative susceptible d'être engagée en raison de dommages subis par des tiers et résultant d'atteintes à la personne survenant *(L. nº 2002-1577 du 30 déc. 2002, art. 1er-II)* « dans le cadre de l'ensemble de cette activité.

(L. nº 2011-1977 du 28 déc. 2011, art. 146-III-1º) « Les professionnels de santé exerçant à titre libéral sont également tenus au paiement de la contribution mentionnée à l'article L. 426-1 du code des assurances. »

« Une dérogation à l'obligation d'assurance prévue au premier alinéa peut être accordée par arrêté du ministre chargé de la santé aux établissements publics de santé disposant des ressources financières leur permettant d'indemniser les dommages dans des conditions équivalentes à celles qui résulteraient d'un contrat d'assurance. » — *V. Arr. du 3 janv. 2003 (JO 8 janv.).*

Les contrats d'assurance souscrits en application *(L. nº 2002-1577 du 30 déc. 2002, art. 1er-II)* « du premier alinéa » peuvent prévoir des plafonds de garantie. Les conditions dans lesquelles le montant de la garantie peut être plafonné pour les professionnels de santé exerçant à titre libéral *(L. nº 2011-1977 du 28 déc. 2011, art. 146-III-2º)* « , notamment le montant minimal de ce plafond, » sont fixées par décret en Conseil d'État.

(L. nº 2009-879 du 21 juill. 2009, art. 75) « L'assurance des professionnels de santé, des établissements, services et organismes mentionnés au premier alinéa couvre leurs salariés agissant dans la limite de la mission qui leur est impartie, même si ceux-ci disposent d'une indépendance dans l'exercice de l'art médical. »

Le crédit-bailleur de produits de santé ou le loueur assimilable au crédit-bailleur ne sont pas tenus à l'obligation d'assurance prévue au premier alinéa.

En cas de manquement à l'obligation d'assurance prévue au présent article, l'instance disciplinaire compétente peut prononcer des sanctions disciplinaires.

COMMENTAIRE

L'article L. 251-1 du code des assurances, issu de la loi Kouchner du 4 mars 2002, reprend l'article L. 1142-2 du code de la santé publique relatif à l'obligation d'assurance de responsabilité des professionnels de santé et à l'étendue de la garantie obligatoire.

I. L'OBLIGATION D'ASSURANCE

A. LES PERSONNES TENUES DE S'ASSURER

Trois catégories de personnes sont tenues de souscrire une assurance de responsabilité médicale.

Il s'agit tout d'abord des **professionnels de santé exerçant à titre libéral**. *A contrario*, les professionnels de santé ayant un statut public et les professionnels de santé salariés du privé ne sont pas concernés par cette obligation. Toutefois, depuis une loi du 21 juillet 2009, ils bénéficient de la qualité d'assuré de l'assurance souscrite par l'établissement de santé (cf. *infra*).

Ensuite, sont assujettis à l'obligation d'assurance les établissements de santé publics ou privés. Initialement, la loi du 4 mars 2002 n'avait pas prévu de dérogation pour les gros établissements publics. Mais, devant les difficultés rencontrées par l'Assistance publique - Hôpitaux de Paris, la loi About du 30 décembre 2002 a modifié l'article L. 1142-2 et permis une dérogation à l'obligation d'assurance par arrêté du ministre chargé de la santé pour les établissements publics de santé disposant de ressources financières leur permettant d'indemniser les dommages dans des conditions équivalentes à celles qui résulteraient d'un contrat d'assurance. Cette nouvelle disposition a été très rapidement suivie d'effet, puisque par un arrêté du 3 janvier 2003, l'Assistance publique – Hôpitaux de Paris a été exonérée de l'obligation de souscrire une assurance pour la couverture de sa responsabilité civile ou administrative suite à des dommages subis par des tiers et résultant d'atteintes à la personne survenant dans le cadre de leur activité de prévention, de diagnostic ou de soins.

Sont également tenus de s'assurer les **organismes et personnes morales exerçant des activités de prévention, de diagnostic ou de soins**.

Enfin, l'obligation de souscrire une assurance de responsabilité s'étend aux **producteurs, exploitants et fournisseurs de produits de santé**, à l'état de produits finis, mentionnés à l'article L. 5111-1 du code de la santé publique.

Sont visés par ce renvoi :

– les médicaments, y compris les insecticides, acaricides et antiparasitaires à usage humain, les préparations magistrales, hospitalières et officinales, les substances stupéfiantes, psychotropes ou autres substances vénéneuses utilisées en médecine, les huiles essentielles et plantes médicinales, les matières premières à usage pharmaceutique ;

– les produits contraceptifs et contragestifs ;

– les biomatériaux et les dispositifs médicaux ;

– les dispositifs médicaux de diagnostic *in vitro* ;

– les organes, tissus, cellules et produits d'origine humaine ou animale, y compris lorsqu'ils sont prélevés à l'occasion d'une intervention chirurgicale ;

– les produits cellulaires à finalité thérapeutique ;

– le lait maternel collecté, qualifié, préparé et conservé par les lactariums ;

– les produits destinés à l'entretien ou à l'application des lentilles de contact ;

– les micro-organismes et toxines mentionnés à l'article L. 5139-1 du code de la santé publique ;

– les produits de tatouage ;

– les logiciels qui ne sont pas des dispositifs médicaux et qui sont utilisés par les laboratoires de biologie médicale, pour la gestion des examens de biologie médicale et lors de la validation, de l'interprétation, de la communication appropriée en application du 3° de l'article L. 6211-2 du code de la santé publique et de l'archivage des résultats ;

– les dispositifs à finalité non strictement médicale utilisés dans les laboratoires de biologie médicale pour la réalisation des examens de biologie médicale ;

– les logiciels d'aide à la prescription et les logiciels d'aide à la dispensation des médicaments, des produits contraceptifs et contragestifs, des biomatériaux et des dispositifs médicaux ou des produits destinés à l'entretien ou à l'application des lentilles de contact ou encore des produits cosmétiques ou de tatouage.

En revanche, ne sont pas visés par ce renvoi :

– les procédés et appareils destinés à la désinfection des locaux et des véhicules dans les cas prévus à l'article L. 3114-1 du code de la santé publique ;

– les lentilles oculaires non correctrices ;
– les produits cosmétiques ;
– les produits sanguins labiles sous réserve des dispositions de l'article L. 1222-9 du code de la santé publique, qui impose à l'Établissement français du sang de contracter une assurance couvrant sa responsabilité pour les risques encourus par les donneurs à raison des opérations de prélèvement.

Par ailleurs, ne sont pas assujettis à l'obligation de souscrire une assurance de responsabilité l'État, qui demeure par principe son propre assureur, et le crédit-bailleur de produits de santé, ainsi que le loueur assimilable au crédit-bailleur de produits de santé.

B. LA SANCTION DU DÉFAUT D'ASSURANCE

1. LA NATURE DES DOMMAGES

Le défaut d'assurance peut être sanctionné par une peine disciplinaire prononcée par l'instance disciplinaire compétente.

Par ailleurs, l'absence d'assurance peut être sanctionnée pénalement conformément à l'article L. 1142-25 du code de la santé publique. Le manquement à l'obligation d'assurance est ainsi puni de 45 000 euros d'amende et les personnes physiques encourent également la peine complémentaire d'interdiction d'exercer l'activité professionnelle ou sociale dans l'exercice de laquelle ou à l'occasion de l'exercice de laquelle l'infraction a été commise, selon les modalités de l'article 131-27 du code pénal. Cette interdiction est portée à la connaissance du directeur général de l'agence régionale de santé qui en informe les organismes d'assurance maladie.

2. LA LOCALISATION DES DOMMAGES

Certains contrats d'assurance limitent la portée géographique de la couverture d'assurance de responsabilité civile médicale aux dommages survenus en France métropolitaine ou dans les départements et territoires français d'outre-mer. La validité d'une telle clause de territorialité, contenue notamment dans des contrats couvrant la responsabilité civile de producteurs de produits de santé, a suscité des interrogations au regard du principe d'interdiction des discriminations en raison de la nationalité, posé par l'article 18 du TFUE, lorsque la victime est la ressortissante d'un État membre de l'Union européenne. Toutefois, par un arrêt du 11 juin 2020, la Cour de justice de l'Union européenne a validé une telle clause « dès lors qu'une telle situation ne relève pas, en l'état actuel du droit de l'Union, du domaine d'application de celui-ci » (CJUE 11 juin 2020 : *V. note*).

II. L'ÉTENDUE DE LA GARANTIE OBLIGATOIRE

A. LES PERSONNES ASSURÉES

Conformément à l'article L. 1142-2, alinéa 5, du code de la santé publique, l'assurance de responsabilité médicale obligatoire est une assurance pour compte au sens de l'article L. 112-1 du code des assurances. En ce sens, le souscripteur du contrat, qu'il s'agisse d'un professionnel de santé, d'un établissement de santé, d'un service de santé ou d'un organisme, a la qualité d'assuré.

Mais, depuis la loi du 21 juillet 2009, cette qualité d'assuré est également reconnue au salarié du souscripteur agissant dans la limite de la mission qui lui a été impartie et ce même s'il dispose d'une indépendance dans l'exercice de son art. Pour autant, cette solution ne présente un intérêt que si la responsabilité du salarié est susceptible d'être mise en œuvre. Or, par l'arrêt Costedoat du 25 février 2000, la Cour de cassation a exclu toute recherche de la responsabilité du préposé dès lors qu'il n'a pas excédé les limites de sa mission (Ass. plén., 25 févr. 2000, nº 97-17.378). Il est vrai que, par un arrêt du 13 novembre 2002 (nº 00-22.432), la première chambre civile de la Cour de cassation a admis le recours d'un établissement de santé contre un praticien salarié en raison de l'indépendance professionnelle dont bénéficient les médecins, même salariés, dans l'exercice de leur art. Ces derniers ne pouvaient donc bénéficier de la jurisprudence Costedoat. Mais, depuis deux arrêts du 9 novembre 2004, la première chambre civile est revenue sur cette solution en affirmant que le médecin salarié ou la sage-femme salariée, qui agit sans excéder les limites de la mission qui lui est impartie par l'établissement de santé privé, n'engage pas sa responsabilité à l'égard du patient (nºs 01-17.168 et 01-17.908). En outre, l'article L. 121-12, alinéa 3, du code des assurances interdit, par principe, tous recours de l'assureur de responsabilité du commettant contre le préposé. Le préposé dispose donc d'une double immunité. Certes, par un arrêt du 12 juillet 2007, la première chambre civile a affirmé, après avoir retenu l'irresponsabilité d'un médecin qui n'avait pas excédé les limites de sa mission, que « l'immunité édictée par l'article L. 121-12, alinéa 3, du code des assurances ne bénéficie qu'aux personnes visées au texte et ne fait pas obstacle à l'exercice, par l'assureur qui a indemnisé la victime, de son recours subrogatoire contre l'assureur de responsabilité de l'une de ces personnes » (Civ. 1re, 12 juill. 2007, n° 06-12.624). Par conséquent, la double immunité du préposé ne fait pas obstacle à un recours contre l'assureur du préposé. Mais, en l'occurrence, puisqu'il s'agit d'une assurance pour compte, l'assureur du préposé est le même que celui du commettant. Le recours ne sera donc pas mis en œuvre. Partant, la précision apportée par le législateur en 2009 paraît surtout pallier un éventuel abandon par la Cour de cassation de la solution de 2004 accordant le bénéfice de la jurisprudence Costedoat aux salariés d'établissements privés de santé.

B. LES DOMMAGES GARANTIS

Selon l'article L. 1142-2 du code de la santé publique, les personnes assujetties à l'obligation d'assurance doivent souscrire une assurance pour garantir leur responsabilité civile ou administrative susceptible d'être engagée en raison des dommages subis par des tiers et « résultant d'atteintes à la personne, survenant dans le cadre de l'ensemble de cette activité ».

Il en résulte que la garantie obligatoire paraît bien limitée à la réparation des dommages corporels subis par les victimes en lien direct avec l'acte ou la prestation médicale. Elle ne couvre donc pas la responsabilité civile exploitation du professionnel de santé, qui peut par exemple être mise en œuvre en cas de dommages causés par un problème d'entretien des locaux.

C. LE MONTANT DE LA GARANTIE

La loi est restée silencieuse sur la possibilité d'introduire une franchise dans le contrat d'assurance de responsabilité médicale. Aussi, dans le silence du droit spécial, il convient d'appliquer l'article L. 121-1, alinéa 2, du code des assurances et d'admettre la validité des clauses de franchises.

En revanche, l'article L. 1142-2 du code de la santé publique a expressément autorisé les plafonds de garantie, en prévoyant néanmoins la détermination par décret en Conseil d'État de plafonds minimaux pour les professionnels de santé exerçant à titre libéral. Conformément à l'article L. 1142-4 du code de la santé, auquel renvoie l'article R. 251-1 du code des assurances, ces plafonds minimaux sont de 8 millions d'euros par sinistre et de 15 millions d'euros par année d'assurance. ❑

Validité de la clause de territorialité. L'art. 18, 1er al., TFUE, consacrant l'interdiction de discrimination en raison de la nationalité, doit être interprété en ce sens qu'il ne trouve pas à s'appliquer à une clause, prévue dans un contrat conclu entre une compagnie d'assurances et un fabricant de dispositifs médicaux, limitant la portée géographique de la couverture d'assurance de responsabilité civile du fait de ces dispositifs aux dommages survenus sur le territoire d'un seul État membre, dès lors qu'une telle situation ne relève pas, en l'état actuel du droit de l'Union, du domaine d'application de celui-ci. • CJUE 11 juin 2020, n° C-581/18 : *RGDA sept. 2020. 52, note Pailler; RCA 2020, n° 161, note Groutel.*

Art. L. 251-2 *(L. n° 2002-1577 du 30 déc. 2002, art. 4)* **Constitue un sinistre, pour les risques mentionnés à l'article L. 1142-2 du code de la santé publique, tout dommage ou ensemble de dommages causés à des tiers, engageant la responsabilité de l'assuré, résultant d'un fait** *(L. n° 2003-706 du 1er août 2003, art. 80-V, 1°)* **« dommageable » ou d'un ensemble de faits** *(L. n° 2003-706 du 1er août 2003, art. 80-V, 1°)* **« dommageables » ayant la même cause technique, imputable aux activités de l'assuré garanties par le contrat, et ayant donné lieu à une ou plusieurs réclamations.**

Constitue une réclamation toute demande en réparation amiable ou contentieuse formée par la victime d'un dommage ou ses ayants droit, et adressée à l'assuré ou à son assureur.

Tout contrat d'assurance conclu en application de l'article L. 1142-2 du même code garantit l'assuré contre les conséquences pécuniaires des sinistres pour lesquels la première réclamation est formée pendant la période de validité du contrat, quelle que soit la date des autres éléments constitutifs du sinistre, dès lors que le fait *(L. n° 2003-706 du 1er août 2003, art. 80-V, 1°)* **« dommageable » est survenu dans le cadre des activités de l'assuré garanties au moment de la première réclamation.**

Le contrat d'assurance garantit également les sinistres dont la première réclamation est formulée pendant un délai fixé par le contrat, à partir de la date d'expiration ou de résiliation de tout ou partie des garanties, *(L. n° 2003-706 du 1er août 2003, art. 80-V, 2°)* **« dès lors que le fait dommageable est survenu pendant la période de validité du contrat et dans le cadre des activités garanties à la date de résiliation ou d'expiration des garanties, quelle que soit la date des autres éléments constitutifs du sinistre ». Ce délai ne peut être inférieur à cinq ans.**

Le dernier contrat conclu, avant sa cessation d'activité professionnelle ou son décès, par un professionnel de santé mentionné à la quatrième partie du code de la santé publique exerçant à titre libéral, garantit également les sinistres pour lesquels la première réclamation est formulée pendant un délai fixé par le contrat, à partir de la date de résiliation ou d'expiration de tout ou partie des garanties, dès lors que le fait *(L. n° 2003-706 du 1er août 2003, art. 80-V, 1°)* **« dommageable » est survenu pendant la période de validité du contrat ou antérieurement à cette période dans le cadre des activités de l'assuré garanties** *(L. n° 2003-706 du 1er août 2003, art. 80-V, 3°)* **« à la date de résiliation ou d'expiration des garanties, quelle que soit la date des autres éléments constitutifs du sinistre ». Ce délai ne peut être inférieur à dix ans. Cette garantie ne couvre pas les sinistres dont la première réclamation est postérieure à une éventuelle reprise d'activité. Le contrat ne peut prévoir pour cette garantie un plafond inférieur à celui de l'année précédant la fin du contrat.**

Le contrat ne garantit pas les sinistres dont le fait *(L. n° 2003-706 du 1er août 2003, art. 80-V, 1°)* **« dommageable » était connu de l'assuré à la date de la souscription.**

Lorsqu'un même sinistre est susceptible de mettre en jeu la garantie apportée par plusieurs contrats successifs, il est couvert en priorité par le contrat en vigueur au moment de la première réclamation, sans qu'il soit fait application des dispositions des *(L. n° 2003-706 du 1er août 2003, art. 80-V, 4°)* **« quatrième et cinquième » alinéas de l'article L. 121-4.** — *L'art. L. 251-2 s'applique aux contrats conclus ou renouvelés à compter de la date de publication de la loi n° 2002-1577 du 30 déc. 2002 (L. préc., art. 5, al. 1er).*

Sans préjudice de l'application des clauses contractuelles stipulant une période de garantie plus longue, tout contrat d'assurance de responsabilité civile garantissant les risques mentionnés à l'article L. 1142-2 du code de la santé publique, conclu antérieurement à cette date, garantit les sinistres dont la première réclamation est formulée postérieurement à cette date et moins de cinq ans après l'expiration ou la résiliation de tout ou partie des garanties, si ces sinistres sont imputables aux activités garanties à la date d'expiration ou de résiliation et s'ils résultent d'un fait dommageable survenu pendant la période de validité du contrat (L. n° 2002-1577 du 30 déc. 2002, art. 5, al. 2, mod. par L. n° 2003-706 du 1er août 2003, art. 80-VI).

Les dispositions issues de la loi n° 2003-706 du 1er août 2003 sont entrées en vigueur à l'issue d'un délai de trois mois à compter de sa publication [JO 2 août] (L. préc., art. 80-VII).

COMMENTAIRE

L'article L. 251-2 du code des assurances, issu de la loi About du 30 décembre 2002, limite la garantie dans le temps des assureurs de responsabilité médicale. Dans cette optique, cet article définit les notions de sinistre et de réclamation, impose un système de garantie en base réclamation et organise la succession de garanties. Ces nouvelles règles ont profondément modifié les règles antérieures d'origine jurisprudentielle. Le législateur a donc prévu des dispositions transitoires qui ont suscité un important contentieux.

I. LA NOTION DE SINISTRE

A. LE SINISTRE ISOLÉ

La définition du sinistre posée par l'article L. 251-2 reprend dorénavant celle qui est énoncée à l'article L. 124-1-1 du code des assurances issu de la loi de sécurité financière du 1er août 2003. Elle suscite en conséquence les mêmes observations. Le sinistre suppose ainsi un fait dommageable, un dommage et une réclamation de la victime.

L'expression « fait dommageable » a été substituée à celle de « fait générateur » lors de l'adoption de l'article L. 124-1-1 en 2003. Mais la jurisprudence ne fait pas de différence entre ces deux notions. En effet, par un arrêt rendu au visa de l'article L. 124-1-1, la Cour de cassation a précisé que « le fait dommageable est celui qui constitue la cause génératrice du dommage » (Civ. 3e, 12 oct. 2017 : *V. note 1 sous art. L. 124-1-1 C. assur.*).

La notion de réclamation fait l'objet d'une définition plus précise que dans les règles du droit commun. Mais elle ne se démarque pas fondamentalement de celle retenue par les articles L. 124-1 et L. 124-5 du code des assurances. Il s'agit de la demande en réparation amiable ou contentieuse formée par la victime d'un dommage ou ses ayants droit et adressée à l'assuré ou à son assureur.

B. LE SINISTRE SÉRIEL

L'article L. 251-2 institue une globalisation des sinistres sériels et reprend désormais la définition du sinistre sériel donnée par l'article L. 124-1-1. Ainsi, la qualification de sinistre sériel est subordonnée au constat que plusieurs faits dommageables ont la « même cause technique ». L'absence de définition de la notion de « cause technique » suscite dès lors les mêmes interrogations que pour l'application de l'article L. 124-1-1.

II. LA LIMITATION DE LA GARANTIE DANS LE TEMPS

A. LE PRINCIPE

L'apport majeur de la loi About du 30 décembre 2002 est la légalisation des clauses de réclamation de la victime dans l'assurance obligatoire de responsabilité médicale (sur la situation antérieure, V. comm. ss. art. L. 124-1). Mais le législateur de 2002 n'a pas choisi la solution qu'il choisira en 2003 pour les autres assurances de responsabilité professionnelle, puisqu'il a imposé que les contrats soient conclus en « base réclamation ».

Avant la loi du 30 décembre 2002, dès lors que les clauses de réclamation ont été réputées non écrites par la Cour de cassation, la garantie de l'assureur était due si le fait dommageable s'était produit pendant la période de garantie (Civ. 1re, 16 juill. 1970 : *V. note 9 ss. art. L. 124-1*). Depuis la loi de 2002, l'assureur qui garantit le dommage est celui qui garantit le risque au moment où la réclamation intervient quelle que soit la date des autres éléments du sinistre. Cette règle appelle plusieurs précisions.

B. LES PRÉCISIONS

1. *LES ACTIVITÉS GARANTIES*

Le contrat en vigueur lors de la réclamation de la victime s'appliquera uniquement si le fait dommageable rentre bien dans le cadre des activités garanties par le contrat. Il ne faut pas que le contrat en vigueur lors de la réclamation de la victime comporte des garanties inférieures en termes d'activités assurées et que le fait dommageable ne soit plus garanti.

2. *LA REPRISE DU PASSÉ INCONNU*

Le contrat en vigueur lors de la réclamation de la victime s'applique quelle que soit la date du fait dommageable. Il en résulte que le législateur a imposé une reprise du passé inconnu. L'article L. 251-2, alinéa 6, précise d'ailleurs que « le contrat ne garantit par les sinistres dont le fait dommageable était connu de l'assuré à la date de la souscription ». Il reste que la notion de « passé inconnu » est susceptible de difficultés d'application. Aussi, afin d'éviter les litiges entre assureurs, une convention sur la détermination du passé connu et du passé inconnu en assurance de responsabilité médicale a été adoptée par l'assemblée générale de la FFSA du 24 juin 2004 et à laquelle les sociétés d'assurances membres du GEMA ont adhéré. Cette convention a par la suite été amendée par l'assemblée générale de la FFSA le 18 décembre 2007. Il en résulte que l'assureur base réclamation ne peut se prévaloir de l'exclusion du passé connu que s'il apporte la preuve que l'assuré avait connaissance avant la prise d'effet du contrat de faits de nature à supprimer le caractère aléatoire d'une réclamation de la victime ou de ses ayants droit.

Pour faciliter cette preuve, la convention prévoit que la connaissance de l'un des critères suivants par l'assuré suffit à lui seul pour qualifier le passé de connu :

– une enquête pénale (y compris une plainte contre X) ou une enquête administrative ;
– la mise en place de l'entretien prévu par l'article L. 1142-4 du code de la santé publique
– une plainte ordinale contre le souscripteur du contrat
– la lettre informant l'assuré de la saisine de la commission régionale de conciliation et d'indemnisation.

Par ailleurs, la convention précise que la qualification de passé connu résulte également de la connaissance par l'assuré d'un dommage caractérisé en lien avec un fait particulier. Ce dernier s'entend comme un fait marquant et grave impliquant la conscience par l'assuré que ses conséquences dommageables sont susceptibles d'engager sa responsabilité. La date à prendre en considération pour apprécier l'existence d'un passé connu est celle de la prise d'effet de la garantie et non celle de la souscription du contrat. En outre, selon la convention, l'appréciation s'effectue en fonction de l'assuré en cause, sachant que la connaissance du passé par le préposé salarié ou l'agent hospitalier implique la connaissance du passé par l'employeur.

3. LA GARANTIE SUBSÉQUENTE

Le législateur a par ailleurs imposé une période de garantie subséquente d'un minimum de 5 ans. En conséquence, le contrat garantit les sinistres dont la première réclamation a été formulée pendant cette période de garantie subséquente consécutive à l'expiration ou à la résiliation de tout ou partie des garanties. La durée minimale de la garantie subséquente est par ailleurs portée à 10 ans pour le dernier contrat conclu par un professionnel de santé exerçant à titre libéral avant sa cessation d'activité professionnelle ou son décès. L'objectif de cette garantie subséquente prolongée est de pallier l'absence d'assurance liée à la cessation d'activité. Mais, si le professionnel de santé reprend son activité, la garantie subséquente ne couvrira pas les sinistres dont la première réclamation est postérieure à la reprise d'activité.

Par ailleurs, il peut arriver que la réclamation de la victime intervienne plus de dix années après la cessation d'activité du professionnel de santé. En effet, conformément à l'article 2226 du code civil, l'action en responsabilité née à raison d'un événement ayant entraîné un dommage corporel se prescrit par dix ans à compter de la consolidation du dommage initial ou aggravé. Or, la consolidation de la victime peut être tardive. Dans une telle hypothèse, l'article L. 1142-15 du code de la santé publique prévoit que l'Office national d'indemnisation des accidents médicaux (ONIAM) se substitue à l'assureur. Modifiant l'article L. 1142-15 du code de la santé publique, la loi du 30 décembre 2002 avait prévu que, dans cette hypothèse d'extinction de la période de garantie subséquente, l'ONIAM n'avait pas de recours subrogatoire contre le professionnel de santé. Mais la loi de finances pour 2012 du 28 décembre 2011 a supprimé cette dérogation au recours subrogatoire de l'ONIAM et permis un recours contre le fonds de garantie de l'article L. 426-1 du code des assurances. Cet article prévoit d'ailleurs que le fonds de garantie prend en charge l'intégralité de l'indemnisation en cas d'expiration du délai de validité de la couverture d'assurance mentionné à l'article L. 251-2 du code des assurances et que, dans ce dernier cas, le professionnel de santé doit au fonds le remboursement d'une somme égale au montant de la franchise qui était éventuellement prévue par ledit contrat d'assurance.

III. LA SUCCESSION DE GARANTIE

Lorsque deux contrats en base réclamation avec une période de garantie subséquente et une reprise du passé inconnu se succèdent, il y a un risque de chevauchement de garanties. La garantie du premier contrat peut être engagée si la réclamation est intervenue pendant la période de garantie subséquente et celle du second contrat peut être recherchée si le fait dommageable constitue un événement passé inconnu.

Le législateur a écarté les règles du cumul d'assurances de l'article L. 121-4 du code des assurances. Le bénéficiaire du contrat ne peut donc s'adresser à l'assureur de son choix. Le sinistre est couvert en priorité par le contrat en vigueur au moment de la première réclamation, c'est-à-dire par le nouvel assureur. Mais, comme il ne s'agit que d'une priorité, la garantie du premier assureur peut être appelée à titre subsidiaire. Cette règle s'applique dès lors que les contrats ont été souscrits après l'entrée en vigueur de la loi du 30 décembre 2002 ou même si le premier contrat a été renouvelé après cette entrée en vigueur et le second souscrit après (Civ. 2e, 21 févr. 2008 : *V. note 1*).

IV. LES DISPOSITIONS TRANSITOIRES

Avec l'adoption de ces nouvelles règles en 2002, d'inévitables problèmes d'application de la loi dans le temps devaient se poser. En particulier, il fallait déterminer quel était l'assureur tenu à garantie lorsque l'acte dommageable s'était produit avant le 31 décembre 2002, date d'entrée en vigueur de la loi.

L'article 5 de la loi du 30 décembre 2002 a tenté de régler ces délicats problèmes d'application de la loi dans le temps en affirmant :

– d'une part, dans son premier alinéa, que « l'article L. 251-2 du code des assurances s'applique aux contrats conclus ou renouvelés à compter de la date de publication de la présente loi »,

– d'autre part, dans son second alinéa, que « sans préjudice de l'application des clauses contractuelles stipulant une période de garantie plus longue, tout contrat d'assurance de responsabilité civile garantissant les risques mentionnés à l'article L. 1142-2 du code de la santé publique, conclu antérieurement à cette date, garantit les sinistres dont la première réclamation est formulée postérieurement à cette date et moins de cinq ans après l'expiration ou la résiliation de tout ou partie des garanties, si ces sinistres sont imputables aux activités garanties à la date d'expiration ou de résiliation et s'ils résultent d'un fait dommageable survenu pendant la période de validité du contrat ».

Ces dispositions ont donné lieu à un important contentieux opposant deux thèses. Selon la première thèse, l'article 5 organise un véritable régime transitoire et les contrats conclus en base fait générateur avant l'entrée en vigueur de la loi nouvelle doivent garantir, en tout état de cause et pendant cinq années après la résiliation de la police, les réclamations formulées postérieurement, dès lors que le fait dommageable est survenu pendant la période de validité du contrat. Autrement dit, pendant cinq ans, la loi ancienne devrait survivre à la loi nouvelle.

Selon la seconde thèse, la période de cinq ans envisagée par l'article 5 de la loi de 2002 est une période de garantie subséquente. Cette analyse repose sur une lecture combinée des deux alinéas de l'article 5. Ainsi, en vertu de l'alinéa 1er, la loi nouvelle s'applique à tous les contrats conclus ou renouvelés à compter de la date d'entrée en vigueur de la loi. Or, l'article L. 251-2, alinéa 7, du code des assurances prévoit qu'en cas de succession de contrats, le sinistre est couvert en priorité par le contrat en vigueur au moment de la première réclamation. Par conséquent, lorsqu'un sinistre est susceptible d'entraîner la mise en œuvre de la garantie d'un contrat en base fait générateur antérieur à l'entrée en vigueur de la loi, mais aussi celle d'un contrat en base réclamation postérieur à l'entrée en vigueur de la loi, le contrat en vigueur lors de la première réclamation doit s'appliquer. Par ailleurs, toujours selon cette seconde thèse, le législateur a mis en place, à l'article 5, alinéa 2 une garantie subséquente applicable aux contrats conclus avant l'entrée en vigueur de la loi, afin d'éviter un éventuel trou de garantie. Cette garantie ne doit être mise en œuvre qu'à titre subsidiaire.

Cette seconde analyse a été consacrée par la Cour de cassation dans un arrêt en date du 2 octobre 2008 (Civ. 2e, 2 oct. 2008 : *V. note 2*). Le nouveau contrat doit s'appliquer prioritairement. L'article 5 de la loi du 30 décembre 2002 n'a donc pas institué un régime transitoire en application duquel le système antérieur survivrait pendant une durée de cinq ans (Civ. 2e, 10 déc. 2009 : *V. note 2*). ☐

1. Succession de contrats postérieurs à l'entrée en vigueur de la L. du 30 déc. 2002. Selon l'art. L. 251-2, al. 7, rendu applicable par l'art. 5, al. 1er, de la L. n° 2002-1577 du 30 déc. 2002, relative à la responsabilité médicale, aux contrats conclus ou renouvelés à compter du 31 déc. 2002, lorsqu'un même sinistre est susceptible de mettre en œuvre la garantie apportée par plusieurs contrats successifs, il est couvert en priorité par le contrat en vigueur au moment de la première réclamation, sans qu'il soit fait application des dispositions des 4e et 5e al. de l'art. L. 121-4. Aussi, dès lors que le premier contrat a été renouvelé postérieurement à la date d'entrée en vigueur de la L. du 30 déc. 2002, la garantie subséquente de cinq ans attachée par l'art. 5, al. 2, de ladite loi aux seuls contrats conclus antérieurement au 31 déc. 2002 et non renouvelés depuis lors, ne saurait être utilement invoquée, seules les dispositions de l'art. L. 251-2, al. 3, étant applicables en l'espèce. • Civ. 2e, 21 févr. 2008, n° 07-14.293 P : *RGDA 2008. 447, note Bigot; Gaz. Pal. 2009. Jurisp. 468, note Périer; RDI 2009. 105, note Gavin-Millan-Oosterlynck; RGDA 2009. 235, note Bigot.*

2. Succession de contrats antérieurs et postérieurs à l'entrée en vigueur de la L. du 30 déc. 2002. Selon l'art. L. 251-2, al. 7, rendu applicable par l'art. 5, al. 1er, de la L. n° 2002-1577 du 30 déc. 2002 aux contrats conclus ou renouvelés à compter du 31 déc. 2002, lorsqu'un même sinistre est susceptible de mettre en œuvre la garantie apportée par plusieurs contrats successifs, il est couvert en priorité par le contrat en vigueur au moment de la première réclamation, sans qu'il soit fait application des dispositions des 4e et 5e al. de l'art. L. 121-4. Dès lors, viole ces textes la cour d'appel qui condamne le premier assureur dont le contrat avait été résilié à effet du 31 déc. 2002, tout en constatant que le chirurgien avait souscrit un nouveau contrat à compter du 1er janv. 2003 et que la première réclamation était postérieure à cette date. • Civ. 2e, 2 oct. 2008, n° 07-19.672 P : *D. 2008. 2503; ibid. 2009. Chron. C. cass. 770, obs. Nicolétis; JCP 2009. I. 133, n° 34, obs. Bigot; ibid. II. 10001, note Mayaux; Gaz. Pal. 2008. Jurisp. 4141, note Solassol; ibid. 2009. Jurisp. 468, note Périer; RLDC 2008. 3213, note Bugnicourt et Gaudin; RGDA 2009. 235, note Bigot.* ♦ Conf. : • Civ. 2e, 9 avr. 2009, n° 08-16.595 • 28 mai 2009 : *RGDA 2009. 875, note Bigot* • 25 juin 2009 : *RGDA 2009. 875, note Bigot* • 9 juill. 2009, n° 08-18.007 • 3 sept. 2009, n° 08-19.328 • 14 janv. 2010, n° 09-10.521 • 25 févr. 2010, n° 08-20.954 • 17 juin 2010, n° 09-67.517 • 13 janv. 2011, n° 10-30.292 • 7 juill. 2011, n° 09-72.903 • 24 mai 2012, n° 11-14.885.

♦ L'art. 5, al. 2, de la L. du 30 déc. 2002 n'a pas institué un régime transitoire en application duquel le système antérieur survivrait pendant une durée de cinq ans. • Civ. 2e, 10 déc. 2009, n° 09-10.291.

3. Passé connu. Il résulte de l'art. L. 1142-2 CSP et de l'art. L. 251-2 C. assur. que les contrats conclus par les établissements de santé publics aux fins de les garantir s'agissant des actions mettant en cause leur responsabilité mentionnés à l'art. L. 1142-2 CSP garantissent les sinistres pour lesquels la première réclamation est formée pendant la période de validité du contrat ou pendant une période subséquente d'une durée minimale de 5 ans, à l'exception des sinistres dont le fait dommageable était connu de l'établissement de santé à la date de souscription du contrat. Pour l'application de cette dernière règle, résultant du 6e alinéa de l'art. L. 251-2 C. assur., un fait dommageable subi par un patient doit être regardé comme connu de l'établissement à une certaine date si, à cette date, sont connue de ce dernier non seulement l'existence du dommage subi par le patient mais aussi celle d'un fait de nature à engager la responsabilité de l'établissement à raison de ce dommage. En l'espèce, cette connaissance n'était établie qu'à la date de communication à l'établissement de santé des conclusions de l'expert désigné par la commission régionale de conciliation et d'indemnisation. • CE 2 avr. 2021, n° 430491 : *RCA 2021, n° 115, note Bloch ; RGDA mai 2021. 37, note Maleville.* ♦ Ayant notamment relevé que l'accident thérapeutique survenu lors de l'accouchement constituait un fait marquant pour le centre hospitalier et que les graves dysfonctionnements constatés par l'équipe médicale dans la prise en charge lors de l'accouchement avaient conduit à l'adaptation des pratiques médicales en son sein, une cour administrative d'appel en a déduit, sans commettre d'erreur de droit, que la direction du centre hospitalier avait nécessairement eu connaissance avant la date de la souscription par le centre hospitalier de son contrat d'assurance de responsabilité de faits de nature à engager la responsabilité du centre hospitalier, de sorte que la garantie d'assurance prévue par le contrat passé avec l'assureur ne pouvait être actionnée. • CE 15 déc. 2021, n° 444541 : *RCA 2022, n° 57, note Bloch.* ♦ Ayant relevé qu'un gynécologue obstétricien avait eu connaissance, d'une part, des conséquences extrêmement graves pour l'enfant des circonstances de sa naissance, d'autre part, à compter des courriers itératifs de la mère de l'enfant exigeant la communication de son dossier médical, du risque d'une procédure judiciaire, et souverainement estimé qu'ainsi le fait générateur du dommage était connu de l'assuré lors de la souscription du contrat auprès de l'assureur, une cour d'appel, qui, à bon droit, ne s'est pas référée à la date de la réclamation, en a exactement déduit que l'assureur était fondée à se prévaloir de l'art. L. 251-2, al. 6, C. assur. • Civ. 2e, 5 oct. 2017, n° 16-14.218.

Art. L. 251-3 *(L. n° 2007-127 du 30 janv. 2007, art. 22-II)* **Pour les contrats souscrits par une personne assujettie à l'obligation d'assurance en vertu du présent titre, et sans préjudice des possibilités de résiliation mentionnées aux articles L. 113-3, L. 113-4, L. 113-6 et L. 113-9, en cas de résiliation ou de dénonciation de la tacite reconduction à l'initiative de l'assureur, dans les conditions prévues par la police, le délai de prise d'effet à compter de la notification à l'assuré ne peut pas être inférieur à trois mois.**

L'assuré est tenu au paiement de la partie de prime correspondant à la période pendant laquelle le risque a couru, période calculée jusqu'à la date d'effet de la résiliation. Le cas échéant, l'assureur doit rembourser à l'assuré, dans un délai de trente jours à compter de la date d'effet de la résiliation, la partie de prime correspondant à la période pendant laquelle le risque n'a pas couru, période calculée à compter de ladite date d'effet. A défaut de remboursement dans ces conditions, les sommes dues sont productives d'intérêts au taux légal.

COMMENTAIRE

La loi du 30 janvier 2007 ratifiant l'ordonnance du 26 août 2005 relative à l'organisation de certaines professions de santé a intégré l'article L. 251-3 dans le code des assurances afin de renforcer les garanties des assurés en matière d'assurance de responsabilité médicale.

En premier lieu, sans remettre en cause les facultés de résiliation prévues par l'article L. 113-3 en cas de défaut de paiement de la prime, l'article L. 113-4 en cas d'aggravation du risque, l'article L. 113-6 en cas de liquidation judiciaire de l'assureur et l'article L. 113-9 en cas de fausse déclaration non intentionnelle du risque, le législateur a imposé un délai minimal de préavis de trois mois en cas de résiliation ou de dénonciation de la tacite reconduction à l'initiative de l'assureur dans les conditions prévues par la police. Le législateur s'oppose de la sorte à la pratique qui tend à imposer un délai de préavis de deux mois pour dénoncer la tacite reconduction d'un contrat d'assurance. L'objectif est de permettre aux professionnels de rechercher dans de meilleures conditions un nouvel assureur.

En second lieu, le législateur a souhaité protéger les assurés en explicitant les conséquences financières d'une résiliation d'un contrat d'assurance de responsabilité civile médicale. En particulier, il a détaillé les conditions de remboursement des primes perçues correspondant à une période où le risque n'était plus assuré. Ainsi, l'assuré est tenu de payer la fraction de la prime jusqu'à la prise d'effet de la résiliation et l'assureur doit éventuellement rembourser, dans un délai de trente jours à compter de la date d'effet de la résiliation, la partie de la prime correspondant à la période non garantie. Le défaut de remboursement dans les délais est sanctionné par le versement d'intérêts au taux légal. ❑

CHAPITRE II L'OBLIGATION D'ASSURER – LE BUREAU CENTRAL DE TARIFICATION

Art. L. 252-1 Toute personne assujettie à l'obligation d'assurance prévue à l'article L. 1142-2 du code de la santé publique qui, ayant sollicité la souscription d'un contrat auprès d'une entreprise d'assurance couvrant en France les risques de responsabilité civile mentionnée au même article, se voit opposer deux refus, peut saisir un bureau central de tarification dont les conditions de constitution et les règles de fonctionnement sont fixées par décret en Conseil d'État.

Le bureau central de tarification a pour rôle exclusif de fixer le montant de la prime moyennant laquelle l'entreprise d'assurance intéressée est tenue de garantir le risque qui lui a été proposé. Il peut, dans les conditions fixées par décret en Conseil d'État, déterminer le montant d'une franchise qui reste à la charge de l'assuré.

Le bureau central de tarification saisit le représentant de l'État dans le département lorsqu'une personne assujettie à l'obligation d'assurance prévue à l'article L. 1142-2 du code de la santé publique présente un risque d'assurance anormalement élevé. Il en informe le professionnel concerné. Dans ce cas, il fixe le montant de la prime pour un contrat dont la durée ne peut excéder six mois.

Est nulle toute clause des traités de réassurance tendant à exclure certains risques de la garantie de réassurance en raison de la tarification adoptée par le bureau central de tarification.

COMMENTAIRE

Les personnes tenues de souscrire une assurance de responsabilité peuvent rencontrer des difficultés pour trouver une compagnie d'assurance qui accepte de les couvrir. Aussi, après deux refus, le candidat à l'assurance peut saisir un bureau central de tarification (BCT). Le BCT est un organisme paritaire composé de représentants des assureurs et des assurés, ainsi que d'un président et d'un vice-président choisis parmi les conseillers d'État, les conseillers à la Cour de cassation et les conseillers maîtres à la Cour des comptes ou les professeurs des disciplines juridiques des universités.

I. SAISINE DU BCT

Le bureau central de tarification peut être saisi par toute personne qui se voit opposer deux refus d'assurance. La saisine du BCT s'effectue par lettre recommandée ou par envoi recommandé électronique avec demande d'avis de réception dans un délai de quinze jours à compter du refus du dernier assureur sollicité. Le refus de garantie, condition principale de la saisie du BCT, peut être exprès ou tacite. Lorsqu'il s'agit de la souscription d'un nouveau contrat, le refus est implicite si l'assureur est resté silencieux pendant plus de quarante-cinq jours après réception de la demande de souscription adressée par lettre recommandée ou par envoi recommandé électronique avec demande d'avis de réception. De même, est assimilé à un refus le fait par l'assureur, saisi d'une telle demande de souscription, de subordonner son acceptation à la couverture de risques non mentionnés dans l'obligation d'assurance ou dont l'étendue excéderait les limites de l'obligation d'assurance.

Cependant, le refus de garantie de l'assureur ne permet pas toujours de saisir le bureau central de tarification. Il en est ainsi lorsque l'assuré a fait usage de la faculté de résiliation offerte par l'article R. 113-10, alinéa 2 du code des assurances, qui permet à l'assuré de résilier l'ensemble de ses contrats auprès d'un assureur ayant résilié l'un des contrats après la survenance d'un sinistre. Dans une telle hypothèse, l'assuré ne peut, pendant un délai d'un an, saisir le bureau central de tarification d'un refus opposé par l'entreprise d'assurance qui le garantissait.

II. RÔLE DU BCT

Le rôle du bureau central de tarification est étroitement déterminé. Il ne lui appartient pas de désigner l'assureur qui devra garantir l'assuré. Il doit uniquement fixer le montant de la prime en contrepartie de laquelle l'entreprise d'assurance choisie par le candidat à l'assurance va apporter sa garantie et peut éventuellement déterminer le montant d'une franchise qui reste à la charge de l'assuré.

Dans cette optique, le demandeur ainsi que les assureurs concernés sont tenus de fournir au bureau central de tarification les éléments nécessaires pour prendre une décision et notamment le tarif de l'entreprise d'assurance applicable au risque proposé (art. R. 250-4 C. assur.).

Conformément à l'article R. 250-4-2 du code des assurances, la franchise arrêtée par le bureau central de tarification varie selon la qualité du demandeur :
– si le demandeur est un professionnel de santé exerçant à titre libéral, le BCT peut appliquer une franchise fixe d'un montant maximum de 10 000 euros par sinistre dans la limite de 200 000 euros par année d'assurance, ou une franchise proportionnelle dont le montant maximum par sinistre est fixé à 20 % du montant de l'indemnité due dans la limite de 100 000 euros par année d'assurance ;
– si le demandeur est un autre assujetti à l'obligation d'assurance, le BCT peut appliquer une franchise fixe dont le montant maximum est fixé à 20 % du montant du plafond de garantie prévue au contrat, ou une franchise proportionnelle dont le montant maximum est fixé à 30 % du montant des indemnités dues, ou les deux à la fois.

III. DÉCISION DU BCT

Les décisions du bureau central de tarification sont prises à la majorité des membres présents, la voix du président étant prépondérante en cas de partage. La décision prise est notifiée à l'assuré et à l'assureur dans un délai de dix jours. Mais le commissaire du Gouvernement qui assiste aux réunions du BCT peut demander un nouvel examen de l'affaire soit immédiatement, soit dans un délai de trente jours suivant la décision. ❑

Art. L. 252-2 Toute entreprise d'assurance qui maintient son refus de garantir le risque dont la prime a été fixée par le bureau central de tarification institué à l'article L. 252-1 est considérée comme ne fonctionnant plus conformément à la réglementation en vigueur. Elle encourt, selon le cas, soit le retrait des agréments prévus aux articles L. 321-1, L. 321-7 *(Abrogé par Ord. nº 2015-378 du 2 avr. 2015, art. 8-4º)* **« , *L. 321-8* » et** *(Ord. nº 2015-378 du 2 avr. 2015, art. 8-1º, en vigueur le 1er janv. 2016)* **« L. 329-1 », soit les sanctions prévues** *(Ord. nº 2015-378 du 2 avr. 2015, art. 8-5º, en vigueur le 1er janv. 2016)* **« à l'article L. 363-4 ».**

COMMENTAIRE

La décision du bureau central de tarification s'impose à l'assureur que le candidat à l'assurance avait sollicité en vain. Si l'entreprise d'assurance maintient son refus de garantie, alors que le BCT a déterminé le montant de la prime, elle est considérée comme ne fonctionnant plus conformément à la réglementation en vigueur. Elle encourt de ce fait soit le retrait de l'agrément administratif, soit les sanctions administratives que peut prononcer l'Autorité de contrôle prudentiel et de résolution sur le fondement de l'article L. 363-4 du code des assurances. ❑

TITRE SIXIÈME *[ABROGÉ]* DISPOSITIONS SPÉCIFIQUES À MAYOTTE

(Abrogé par Ord. nº 2015-378 du 2 avr. 2015, art. 9-3º, à compter du 1er janv. 2016)

Art. L. 261-1 ***Le présent livre est applicable à Mayotte dans les conditions suivantes :***

1º Les références faites par des dispositions du présent code à d'autres articles du même code ne concernent que les articles applicables à Mayotte, le cas échéant, avec les adaptations prévues dans le présent titre ;

2° En l'absence d'adaptation, les références faites par des dispositions du présent code applicables à Mayotte à des dispositions qui n'y sont pas applicables sont remplacées par les références aux dispositions ayant le même objet applicables localement ;
3° Le titre IV est applicable à compter du 1er janvier 2012 ;
4° Le titre V est applicable à compter du 1er janvier 2009.

TITRE SEPTIÈME DISPOSITIONS APPLICABLES DANS LES ÎLES WALLIS-ET-FUTUNA

(Ord. n° 2007-1801 du 21 déc. 2007, art. 4)

Art. L. 271-1 **Le troisième alinéa de l'article L. 211-26, les articles L. 212-1 à L. 212-3 sont applicables dans les îles Wallis-et-Futuna dans leur rédaction en vigueur lors de la promulgation de la loi n° 91-716 du 26 juillet 1991 précitée.**

LIVRE TROISIÈME LES ENTREPRISES

L'Ord. n° 2010-76 du 21 janv. 2010 a été ratifiée par L. n° 2010-1249 du 22 oct. 2010, art. 12-I.

RÉP. SOCIÉTÉS, v° *Société et mutuelle d'assurance*, par NICOLAS.

BIBL. GÉN. ▸ BIGOT (DIR.), Traité tome 1 (entreprises et organismes d'assurance), *LGDJ, 3e éd., 2011*. – MARLY, *JCP E 2017, n° 1237* (Loi Sapin II : aspects de droit des assurances). – MONIN LAFIN et VALLÉE, Le contrôle ACPR des intermédiaires d'assurance et financiers, *L'Argus de l'assurance, avr. 2015*. – MOREAU, *RGAT 1990. 11* (autorités administratives). – OSTER, *RGDA 2012. 959* (droit de la concurrence et assurance). – PARLÉANI, *RGDA 2013. 551* (les assureurs peuvent-ils être banquiers ?).

Directive 2009/138/CE du Parlement européen et du Conseil du 25 novembre 2009,

Sur l'accès aux activités de l'assurance et de la réassurance et leur exercice (Solvabilité II) (refonte) (JOUE n° L 335 du 17 déc.).

Cette Dir. a été transposée dans le C. assur., le C. mut. et le CSS par l'Ord. n° 2015-378 du 2 avr. 2015 (JO 3 avr.), le Décr. n° 2015-513 du 7 mai 2015 (JO 10 mai), l'Arr. du 7 mai 2015 (JO 10 mai), le Décr. n° 2015-1857 du 30 déc. 2015 (JO 31 déc.) et l'Arr. du 30 déc. 2015 (JO 31 déc.).

L'ACPR consacre un site à l'application de la Dir. « Solvabilité II » (http://acpr.banque-france.fr/solvabilite2.html).

L'Autorité européenne des assurances et des pensions professionnelles publie régulièrement des normes techniques et des orientations relatives à cette Dir. (https://eiopa.europa.eu/publications/eiopa-guidelines).

Le Collège de l'ACPR a adopté le 17 déc. 2015 les notices « Solvabilité II » afin d'assurer la conformité de l'autorité aux orientations de l'EIOPA dont le contenu n'est pas repris par d'autres véhicules juridiques. Elles concernent : la note de couverture, les provisions techniques (y compris mesures "branches longues") 2015, la comptabilisation et la valorisation des actifs et passifs autres que les provisions techniques, les fonds propres, le calcul SCR en formule standard, le calcul de la solvabilité des groupes, les modèles internes, le système de gouvernance, l'évaluation interne des risques et de la solvabilité (ORSA), la communication d'informations à l'autorité de contrôle et d'informations à destination du public (RSR/ SFCR) (http://acpr.banque-france.fr/textes-de-reference).

L'Autorité de contrôle a également publié le 2 nov. 2016 une notice sur la désignation des "dirigeants effectifs" et des "responsables de fonctions clés" dans le régime "Solvabilité II". – V. Marly, RTDF 2016, n° 4, p. 97.

BIBL. ▸ ACPR, *Revue de l'ACPR, n° 23 de mai-juin 2015 (Dossier « Solvabilité II »)*. – AUCLAIR, *Rev. crit. DIP 2010. 606* (la directive 2009/138/CE du 25 nov. 2009). – CHELLY et ROBERT, Gérer les risques sous solvabilité 2, *L'Argus de l'assurance, 2013*. – DREYFFUS, Les grands principes de solvabilité, *L'Argus de l'assurance, 2013*. – GHUELDRE et VANESSON, *RGDA 2010. 611* (la directive Solvency II). – MARLY, *Banque et Dr. mai 2015. 78* (réforme solvabilité II) ; *JCP 2015. 1328, n° 6* (le déploiement de la réforme « Solvabilité 2 ») ; *ibid. 316* (l'ordonnance n° 2015-378 du 2 avr. 2015 transposant la directive Solvabilité II) ; *RTDF 2015, n° 1, p. 111* (l'avènement de la réforme « Solvabilité 2 » en droit français) ; *ibid. 2014, n° 4, p. 212* (solvabilité II : l'incidence du deuxième pilier sur la gouvernance des organismes d'assurance). – MORIN et THOUROT, Solvency 2 en 125 mots-clés, *Rev. Banque 2014*.

Règlement délégué (UE) 2015/35 de la Commission du 10 octobre 2014,

Complétant la directive 2009/138/CE du Parlement européen et du Conseil sur l'accès aux activités de l'assurance et de la réassurance et leur exercice (Solvabilité II) (JOUE L 12 du 17 janv. 2015).

Règlement de l'ANC n° 2015-11 du 26 novembre 2015,

Relatif aux comptes annuels des entreprises d'assurance.

Homologué par Arr. du 28 déc. 2015 [JO 30 déc. 2015 et 3 janv. 2016 (rect.]. – Disponible sur le site de l'Autorité des normes comptables (http://www.anc.gouv.fr/).

Règlement d'exécution (UE) 2015/2450 de la Commission du 2 décembre 2015,

Définissant des normes techniques d'exécution en ce qui concerne les modèles de communication d'informations aux autorités de contrôle en vertu de la directive 2009/138/CE du parlement et du Conseil (JOUE L 347 du 31 déc., p. 1).

Règlement d'exécution (UE) 2015/2451 de la Commission du 2 décembre 2015,

Définissant des normes techniques d'exécution en ce qui concerne les modèles et la structure de publication de certaines informations par les autorités de contrôle en vertu de la directive 2009/138/CE du Parlement européen et du Conseil (JOUE L 347 du 31 déc., p. 1224).

Règlement d'exécution (UE) 2015/2452 de la Commission du 2 décembre 2015,

Définissant des normes techniques d'exécution en ce qui concerne les procédures, les formats et les modèles pour le rapport sur la solvabilité et la situation financière en vertu de la directive 2009/138/CE du Parlement européen et du Conseil (JOUE L 347 du 31 déc., p. 1285).

Règlement d'exécution (UE)2016/869 de la Commission du 27 mai 2016,

Arrêtant les informations techniques devant servir au calcul des provisions techniques et des fonds propres de base aux fins des déclarations ayant une date de référence comprise entre le 31 mars et le 29 juin 2016, conformément à la directive 2009/138/CE du Parlement européen et du Conseil sur l'accès aux activités de l'assurance et de la réassurance et leur exercice (JOUE L 147 du 3 juin 2016).

Règlement d'exécution (UE) 2017/309 de la Commission du 23 février 2017,

Arrêtant les informations techniques devant servir au calcul des provisions techniques et des fonds propres de base aux fins des déclarations ayant une date de référence comprise entre le 31 décembre 2016 et le 30 mars 2017, conformément à la directive 2009/138/CE du Parlement européen et du Conseil sur l'accès aux activités de l'assurance et de la réassurance et leur exercice (JOUE L 53 du 28 févr. 2017).

Règlement d'exécution (UE) 2018/165 de la Commission du 31 janvier 2018,

Arrêtant les informations techniques devant servir au calcul des provisions techniques et des fonds propres de base aux fins des déclarations ayant une date de référence comprise entre le 31 décembre 2017 et le 30 mars 2018, conformément à la directive 2009/138/CE du Parlement européen et du Conseil sur l'accès aux activités de l'assurance et de la réassurance et leur exercice (JOUE L 31 du 3 févr. 2018).

Règlement délégué (UE) 2018/1221 de la Commission du 1er juin 2018,

Modifiant le règlement délégué (UE) 2015/35 en ce qui concerne le calcul des exigences réglementaires de capital relatives aux titrisations et aux titrisations simples, transparentes et standardisées détenues par les entreprises d'assurance et de réassurance (JOUE L 227 du 10 sept. 2018).

Art. L. 300-1 *(L. nº 2005-1564 du 15 déc. 2005)* I. — Pour l'application du présent livre :
a) Les mots : "France" et les mots : "territoire de la République française" désignent la France métropolitaine et les collectivités territoriales régies par

l'article 73 de la Constitution *(Ord. n° 2008-698 du 11 juill. 2008, art. 2-1°)* « ainsi que Saint-Barthélemy et Saint-Martin » ;

b) Les mots : "entreprises françaises" désignent les entreprises qui ont leur siège social en France métropolitaine ou dans les collectivités territoriales susmentionnées.

Sauf pour les dispositions qui concernent la libre prestation de services et la liberté d'établissement, ces mots désignent également *(Abrogé par Ord. n° 2015-378 du 2 avr. 2015, art. 9-1°, à compter du 1er janv. 2016) (Ord. n° 2007-1801 du 21 déc. 2007, art. 4)* « *Mayotte et* » Saint-Pierre-et-Miquelon.

II. — Par dérogation au I, pour l'application des dispositions du 1° de l'article L. 310-2, de l'article L. 310-6 et de l'article L. 310-10, les mots : "en France" désignent la France métropolitaine, les collectivités territoriales régies par l'article 73 de la Constitution *(Ord. n° 2008-698 du 11 juill. 2008, art. 2-1°)* « [,] Saint-Barthélemy et Saint-Martin », *(Abrogé par Ord. n° 2015-378 du 2 avr. 2015, art. 9-4°, à compter du 1er janv. 2016)* « *Mayotte,* » Saint-Pierre-et-Miquelon ainsi que les îles Wallis-et-Futuna.

Art. L. 300-2 *(Ord. n° 2015-1497 du 18 nov. 2015, art. 5, en vigueur le 1er janv. 2016)*
I. — Sont applicables dans les territoires de Saint-Barthélemy et de Saint-Pierre-et-Miquelon :

1° Les actes délégués prévus aux articles 17, 31, 35, 37, 50, 56, 75, 86, 92, 97, 99, 109 *bis*, 111, 114, 127, 130, 135, 143, 172, 210, 211, 216, 217, 227, 234, 241, 244, 245, 247, 248, 256, 258 et 260 de la directive 2009/138/CE du Parlement européen et du Conseil du 25 novembre 2009 (Solvabilité II) ;

2° Les mesures d'exécution prévues à l'article 77 *sexies* de la directive mentionnée au 1° ;

3° Les normes techniques de réglementation prévues aux articles 50, 58, 75, 86, 97, 111, 135, 143, 244, 245, 248 et 249 de la directive mentionnée au 1°, élaborées par l'Autorité européenne des assurances et des pensions professionnelles et adoptées par la Commission européenne conformément aux articles 10 à 14 du règlement (UE) n° 1094/2010 du Parlement européen et du Conseil du 24 novembre 2010 ;

4° Les normes techniques de réglementation prévues à l'article 213 de la directive mentionnée au 1°, élaborées respectivement par l'Autorité bancaire européenne, l'Autorité européenne des assurances et des pensions professionnelles, l'Autorité européenne des marchés financiers et adoptées par la Commission européenne conformément aux articles 10 à 14 du règlement (UE) n° 1093/2010 du Parlement européen et du Conseil du 24 novembre 2010, du règlement (UE) n° 1094/2010 du Parlement européen et du Conseil du 24 novembre 2010 et du règlement (UE) n° 1095/2010 du Parlement européen et du Conseil du 24 novembre 2010 ;

5° Les normes techniques d'exécution prévues aux articles 31, 35, 37, 44, 56, 58, 86, 109 *bis*, 111, 114, 211, 231, 237, 244, 245, 249 et 256 de la directive mentionnée au 1°, élaborées par l'Autorité européenne des assurances et des pensions professionnelles et adoptées par la Commission européenne conformément à l'article 15 du règlement (UE) n° 1094/2010 du Parlement européen et du Conseil du 24 novembre 2010.

II. — Pour l'application, dans les territoires de Saint-Barthélemy et de Saint-Pierre-et-Miquelon, des dispositions du présent titre et de celles figurant au I, les dispositions impliquant une décision de l'Autorité européenne des assurances et des pensions professionnelles ou la transmission de données à cette autorité ainsi que les dispositions relatives aux relations entre cette autorité et les entreprises établies dans ces territoires ne sont pas applicables à ceux-ci.

TITRE PREMIER DISPOSITIONS GÉNÉRALES ET CONTRÔLE DE L'ÉTAT

CHAPITRE PREMIER DISPOSITIONS GÉNÉRALES *(Ord. n° 2017-1608 du 27 nov. 2017, art. 2).*

SECTION PREMIÈRE DISPOSITIONS GÉNÉRALES *(L. n° 89-1014 du 31 déc. 1989).*

Art. L. 310-1 *(L. n° 94-5 du 4 janv. 1994)* Le contrôle de l'État s'exerce dans l'intérêt des assurés, souscripteurs et bénéficiaires de contrats d'assurance et de capitalisation. Sont soumises à ce contrôle :

1° les entreprises qui *(L. n° 94-679 du 8 août 1994)* **« sous forme d'assurance directe » contractent des engagements dont l'exécution dépend de la durée de la vie humaine, s'engagent à verser un capital en cas de mariage ou de naissance d'enfants, ou font appel à l'épargne en vue de la capitalisation et contractent à cet effet des engagements déterminés ;**

2° les entreprises qui *(L. n° 94-679 du 8 août 1994)* **« sous forme d'assurance directe » couvrent les risques de dommages corporels liés aux accidents et à la maladie ;**

3° les entreprises qui *(L. n° 94-679 du 8 août 1994)* **« sous forme d'assurance directe » couvrent d'autres risques y compris ceux liés à une activité d'assistance.**

(Ord. n° 2017-484 du 6 avr. 2017, art. 1er-10°) **« Les mutuelles et unions régies par le code** *[de]* **la mutualité, y compris les mutuelles et unions de retraite professionnelle supplémentaire mentionnées à l'article L. 214-1 de ce code, les institutions de prévoyance et unions régies par le titre III du livre IX du code de la sécurité sociale et par le II de l'article L. 727-2 du code rural et de la pêche maritime et les institutions de retraite professionnelle supplémentaire mentionnées à l'article L. 942-1 du code de la sécurité sociale ne sont pas soumises aux dispositions du présent code, sous réserve des dispositions de ce dernier auxquelles renvoient le code de la mutualité et le code de la sécurité sociale. »**

Sont également soumises au contrôle de l'État les entreprises agréées à la date du 1er janvier 1993 qui font appel à l'épargne en vue de la capitalisation sans souscrire d'engagements déterminés.

V. art. R. 310-1 s.

Décret n° 2015-513 du 7 mai 2015,

Pris pour l'application de l'ordonnance n° 2015-378 du 2 avril 2015 transposant la directive 2009/138/CE du Parlement européen et du Conseil sur l'accès aux activités de l'assurance et de la réassurance et leur exercice (solvabilité II).

Art. 19 Pour les entreprises d'assurance ne pratiquant pas les opérations mentionnées au 1° de l'article L. 310-1 du code des assurances, pour les entreprises de réassurance mentionnées à l'article L. 310-1-1 du code des assurances, pour les mutuelles ou unions régies par le livre II du code de la mutualité ne contractant pas d'engagements définis au *b* du 1° du I de l'article L. 111-1 du code de la mutualité et pour les institutions de prévoyance et leurs unions régies par le titre III du livre IX du code de la sécurité sociale ne pratiquant pas les opérations mentionnées au *a* de l'article L. 931-1 du code de la sécurité sociale, le montant de la réserve de capitalisation au bilan à la clôture du 31 décembre 2015 est viré au compte "autres réserves".

Pour les entreprises d'assurance agréées pour pratiquer à la fois les opérations mentionnées au 1° et au 2° de l'article L. 310-1 du code des assurances, les mutuelles ou unions agréées pour contracter à la fois des engagements définis au *a* et au *b* du 1° du I de l'article L. 111-1 du code de la mutualité et les institutions de prévoyance et leurs unions agréées pour pratiquer à la fois les opérations mentionnées aux *a* et *b* de l'article L. 931-1 du code de la sécurité sociale, et satisfaisant aux conditions de l'article R. 343-16 du code des assurances, le montant de réserve de capitalisation au bilan à la clôture du 31 décembre 2015 est viré au compte "autres réserves"

1. Contrat d'assurance sur la vie. Le contrat d'assurance dont les effets dépendent de la durée de la vie humaine comporte un aléa au sens des art. 1964 C. civ., L. 310-1 (1°) et R. 321-1 (20) C. assur. et constitue un contrat d'assurance sur la vie. • Cass., ch. mixte, 23 nov. 2004 : *D. 2004. IR 3191, et les ob s.* ; *D. 2005. 1905, note Beignier* ; *Defrénois 2005. 607, note J.-L. Aubert ; RCA 2005, n° 42 (4 arrêts), et Chron. 3, par Leduc et Pierre ; RGDA 2005. 110, note Mayaux ; Gaz. Pal. 2005. 1771, note Périer* • Civ. 2e, 12 mai 2005 : *RGDA 2005. 690, note Mayaux* • 8 sept. 2005 : *RGDA 2005. 1011, note Mayaux.* ♦ Viole ces textes l'arrêt qui, pour dire qu'un contrat est un contrat de capitalisation et non un contrat d'assurance sur la vie, retient que l'exécution de la prestation de l'assureur et le montant des sommes devant être servies par lui étaient indépendants de la durée de la vie de l'assuré. • Cass., ch. mixte, 23 nov. 2004 (4e esp.) : *préc.* – **BIBL.** Ghestin, *JCP 2005. I. 111.*

2. Organismes d'entraide. La réglementation des assurances ne s'applique qu'aux entreprises exerçant habituellement l'activité d'assureur et non aux organismes d'entraide régis par le code de la santé publique. • Civ. 1re, 19 oct. 1983, n° 83-13.609 P : *RGAT 1984. 374.*

3. *Sociétés mutualistes.* Les rapports contractuels résultant des adhésions à une société mutualiste régie par le code de la mutualité échappent aux dispositions de la L. du 13 juill. 1930. • Cass., ch. mixte, 18 févr. 1972, n° 70-12.469 P : *RGAT 1972. 379, note Besson.* ♦ Dans le même sens : • Civ. 1re, 9 nov. 1955 : *Bull. civ. I, n° 386; RGAT 1956. 56; Gaz. Pal. 1956. 1. 73* • Cass., ch. mixte, 18 juin 1971, n° 69-14.478 P : *RGAT 1972. 381* • Soc. 3 mai 1974 : *RGAT 1975. 228* • Civ. 1re, 12 nov. 1975 : *RGAT 1976. 365.*

4. *Institutions de prévoyance.* Les statuts des institutions de prévoyance, qui, établies avec l'autorisation du ministre du Travail en vue d'accorder des avantages s'ajoutant à ceux qui résultent de l'organisation de la sécurité sociale, ne sont pas des entreprises privées d'assurance soumises au contrôle de l'État par le Décr. du 14 juin 1938, déterminent les obligations et avantages des adhérents ainsi que les engagements pris ou les garanties données par les employeurs à l'égard de l'institution. • Soc. 26 févr. 1969 : *RGAT 1969. 508.* ♦ Les institutions de prévoyance établies avec l'autorisation du ministre du Travail en vue d'accorder des avantages s'ajoutant à ceux qui résultent de l'organisation de la sécurité sociale ne sont pas des entreprises privées d'assurance soumises aux dispositions de la L. du 13 juill. 1930. • Soc. 18 mars 1975 : *RGAT 1976. 65.* ♦ Les statuts des institutions de prévoyance, qui ne sont pas des entreprises privées d'assurance, déterminent les obligations et les avantages des adhérents. • Civ. 1re, 7 oct. 1981, n° 80-11.483 P.

5. *Caisses départementales d'assurance.* Est entachée d'excès de pouvoir et doit donc être annulée la décision du préfet qui refuse de limiter l'activité d'une caisse départementale des incendiés au seul domaine de l'assurance incendie, la caisse ayant demandé à garantir d'autres risques (dégâts des eaux, responsabilité civile, risques commerciaux et artisanaux). • TA Châlons-sur-Marne, 6 janv. 1976 : *RGAT 1977. 33.* ♦ Sur le statut des caisses : • CE 21 janv. 1921 : *DP 1922. 3. 24; S. 1921. 2. 33* • 23 déc. 1921 : *ibid.* • 19 févr. 1943 : *RGAT 1943. 121.*

6. *Droit européen.* En ne prenant pas les dispositions législatives, réglementaires et administratives nécessaires pour se conformer de manière complète aux directives communautaires (assurance non-vie et assurance-vie), et notamment en ne transposant pas lesdites directives pour ce qui concerne les mutuelles régies par le code de la mutualité, la République française a manqué aux obligations qui lui incombent en vertu desdites directives. • CJCE 16 déc. 1999, n° C-239/98, *Commission des Ctés européennes c/ République française : Rec. CJCE I-8944; RCA 2000. Chron. 3, note Berr.*

Art. L. 310-1-1 *(L. n° 94-679 du 8 août 1994; Ord. n° 2008-556 du 13 juin 2008, art. 1er-1°)* **I. — La réassurance est l'activité d'un organisme, autre qu'un véhicule de titrisation mentionné à l'article L. 310-1-2, qui consiste à accepter des** *(Ord. n° 2019-575 du 12 juin 2019, art. 2)* **« risques cédés, soit par une entreprise d'assurance, une autre entreprise de réassurance ou un fonds de retraite professionnelle supplémentaire, soit par des mutuelles, leurs unions ou une mutuelle ou union de retraite professionnelle supplémentaire, régies par le livre II du code de la mutualité, soit par des institutions de prévoyance, leurs unions ou une institution ou union de retraite professionnelle supplémentaire, régies par le titre III du livre IX du code de la sécurité sociale »** *(Ord. n° 2015-378 du 2 avr. 2015, art. 2-2°, en vigueur le 1er janv. 2016)* **«, soit par tout membre de l'association des souscripteurs dénommée "*Lloyd's*" ».**

La réassurance financière limitée (dite "réassurance finite") désigne la réassurance en vertu de laquelle la perte maximale potentielle du réassureur, découlant d'un transfert significatif à la fois des risques liés à la souscription et des risques liés à l'échéance des paiements, excède, à concurrence d'un montant important mais limité, les primes dues par la cédante sur toute la durée du contrat. Cette réassurance présente en outre l'une au moins des deux caractéristiques suivantes :

1° Elle prend en compte explicitement la valeur temporelle de l'argent;

2° Elle prévoit un partage contractuel qui vise à lisser dans le temps les répercussions économiques du risque réassuré en vue d'atteindre un niveau déterminé de transfert de risque.

II. — Les entreprises exerçant une activité de réassurance et dont le siège social est situé en France sont soumises au contrôle de l'État. — *Sur l'obligation pour ces entreprises de déclarer à l'ACPR leur indentifiant international d'entité juridique, V. Instr. ACPR n° 2015-I-12 du 21 avr. 2015 (https://acpr.banque-france.fr).*

III. — Outre les entreprises mentionnées à l'article L. 310-2, sont autorisées à exercer en France l'activité de réassurance les entreprises suivantes ne pratiquant pas l'assurance directe :

1° Les entreprises de réassurance ayant leur siège social en France et agréées dans les conditions définies à l'article L. 321-1-1 ;

2° Dans les conditions fixées par le titre VI du présent livre, les entreprises ayant leur siège social dans un autre État membre de la Communauté européenne ou dans un autre État partie à l'accord sur l'Espace économique européen et exerçant cette activité à partir soit de leur siège social, soit de leurs succursales régulièrement établies sur le territoire d'un État membre de la Communauté européenne ou d'un autre État partie à l'accord sur l'Espace économique européen ;

3° Les entreprises ayant leur siège social dans un État qui n'est pas partie à l'accord sur l'Espace économique européen, suivant les cas et dans les conditions fixés par décret en Conseil d'État. Ces conditions pourront prévoir l'obligation pour ces entreprises de garantir leurs engagements à l'égard des entreprises d'assurance réassurées agréées en France.

V. art. 19 du Décr. n° 2015-713 du 7 mai 2015, ss. art. L. 310-1.

Clause modulant le droit à commission du courtier. La stipulation, dans une convention de délégation de gestion de risques aggravés, d'une clause modulant le droit à commission du courtier grossiste délégataire, en considération des performances de sa gestion, pour l'inciter à remédier aux résultats déficitaires des secteurs qui lui sont confiés, participe des mécanismes de maîtrise du risque opérationnel dont l'assureur doit conserver le contrôle et n'a pas pour cause l'exercice illicite de l'activité d'assurance. • Civ. 1re, 18 févr. 2015, n° 13-28.278 P : *D. 2015. 432* ; *RGDA 2015. 217, note Bigot ; RCA 2015, n° 166, note Leblond ; AJCA 2015. 221, note Perdrix* ; *RLDA déc. 2015. 33, note do Carmo Silva.*

Art. L. 310-1-1-1 *(Ord. n° 2017-1180 du 19 juill. 2017, art. 6)* **L'article** *(Ord. n° 2020-1142 du 16 sept. 2020, art. 11-1°, en vigueur le 1er janv. 2021)* **« L. 22-10-36 du code de commerce est applicable** *[ancienne rédaction : L. 225-102-1 du code de commerce est applicable, dans les conditions prévues pour les sociétés mentionnées au 1° de son I,]* **» aux entreprises d'assurance et de réassurance mentionnées aux articles L. 310-1 et L. 310-1-1 qui revêtent la forme sociale de société anonyme et dont le total du bilan ou le chiffre d'affaires et le nombre de salariés excèdent, le cas échéant sur une base consolidée ou combinée, les seuils prévus** *(Ord. n° 2020-1142 du 16 sept. 2020, art. 11-1°, en vigueur le 1er janv. 2021)* **« par le décret mentionné au** *[ancienne rédaction : pour les sociétés mentionnées au 1° du I du]* **» même article.**

Cet article s'applique également aux sociétés mutuelles d'assurance, dans les conditions prévues pour les sociétés mentionnées *(Ord. n° 2020-1142 du 16 sept. 2020, art. 11-1°, en vigueur le 1er janv. 2021)* **« à l'article L. 225-102-1 du code de commerce** *[ancienne rédaction : au 2° de son I]* **», lorsque le total de leur bilan ou leur chiffre d'affaires et leur nombre de salariés excèdent, le cas échéant sur une base consolidée ou combinée, les seuils prévus pour les sociétés mentionnées** *(Ord. n° 2020-1142 du 16 sept. 2020, art. 11-1°, en vigueur le 1er janv. 2021)* **« au même article** *[ancienne rédaction : au 2° du I du même article]* **».**

Les dispositions de l'Ord. n° 2017-1180 du 19 juill. 2017 s'appliquent aux rapports afférents aux exercices ouverts à compter du 1er août 2017 (Ord. préc., art. 15).

Art. L. 310-1-1-2 *(L. n° 2019-486 du 22 mai 2019, art. 198-III et V, en vigueur au plus tard le 10 juin 2019)* **I. — Les entreprises mentionnées au 1° de l'article L. 310-1 et celles mentionnées au 1° du III de l'article L. 310-1-1 qui réassurent des engagements mentionnés au 1° de l'article L. 310-1 sont soumises aux dispositions du I de l'article L. 533-22 du code monétaire et financier, dans la mesure où elles investissent dans des actions admises aux négociations sur un marché réglementé, directement ou par l'intermédiaire soit d'une société de gestion de portefeuille mentionnée à l'article L. 532-9 du même code, à l'exception de celles qui gèrent exclusivement des FIA relevant du I de l'article L. 214-167 dudit code, des FIA relevant du IV de l'article L. 532-9 du même code, des FIA relevant du second alinéa du III de l'article L. 532-9 du même code ou qui gèrent d'autres placements collectifs mentionnés à l'article L. 214-191 du même code, soit d'une entreprise d'investissement qui fournit les services d'investissement mentionnés au 4° de l'article L. 321-1 du même code.**

Lorsque la politique d'engagement actionnarial mentionnée au I de l'article L. 533-22 du code monétaire et financier est mise en œuvre, y compris en matière de vote, par une société de gestion de portefeuille mentionnée à l'article L. 532-9 du

même code, à l'exception de celles qui gèrent exclusivement des FIA relevant du I de l'article L. 214-167 dudit code, ou par une entreprise d'investissement qui fournit les services d'investissement mentionnés au 4° de l'article L. 321-1 du même code, pour le compte d'une personne mentionnée au présent I, cette dernière indique sur son site internet l'endroit où la société de gestion de portefeuille ou l'entreprise d'investissement a publié les informations en matière de vote.

II. — Les entreprises mentionnées au premier alinéa du I publient la manière dont les principaux éléments de leur stratégie d'investissement en actions sont compatibles avec le profil et la durée de leurs passifs, en particulier de leurs passifs de long terme, et la manière dont ils contribuent aux performances de leurs actifs à moyen et à long termes.

Lorsqu'elles investissent sur la base d'un mandat de gestion de portefeuille ou de souscription à un placement collectif mentionné à l'article L. 214-1 du code monétaire et financier, par l'intermédiaire soit d'une société de gestion de portefeuille mentionnée à l'article L. 532-9 du même code, à l'exception de celles qui gèrent exclusivement des FIA relevant du I de l'article L. 214-167 dudit code, des FIA relevant du IV de l'article L. 532-9 du même code, des FIA relevant du second alinéa du III de l'article L. 532-9 du même code ou des autres placements collectifs mentionnés à l'article L. 214-191 du même code, soit d'une entreprise d'investissement fournissant des services mentionnés au 4° de l'article L. 321-1 du même code, ces entreprises publient les informations relatives à ce contrat.

Le contenu et les modalités de publicité des informations mentionnées au deuxième alinéa du présent II sont fixés par décret en Conseil d'État.

III. — Lorsqu'une personne soumise au présent article n'en respecte pas une ou plusieurs dispositions, toute personne intéressée peut demander au président du tribunal de lui enjoindre, le cas échéant sous astreinte, de les respecter.

Art. L. 310-1-1-3 *(L. n° 2019-1147 du 8 nov. 2019, art. 29-I)* Les entreprises mentionnées au 1° de l'article L. 310-1 et au 1° du III de l'article L. 310-1-1 qui réassurent des engagements mentionnés au 1° de l'article L. 310-1 sont soumises aux dispositions de l'article L. 533-22-1 du code monétaire et financier.

Les dispositions issues de la L. n° 2019-1147 du 8 nov. 2019 entrent en vigueur à compter de la date d'application de l'art. 3 du Règl. du Parlement européen et du Conseil sur la publication d'informations relatives aux investissements durables et aux risques en matière de durabilité et modifiant la directive (UE) 2016/2341 (L. préc., art. 29-V).

Art. L. 310-1-2 *(Ord. n° 2008-556 du 13 juin 2008, art. 18-1°)* I. — Un "véhicule de titrisation" est une entité juridique, dotée ou non de la personnalité morale, autre qu'un organisme d'assurance ou de réassurance, qui supporte des risques d'assurance qui lui sont cédés par un organisme d'assurance ou de réassurance et qui finance en totalité l'exposition à ces risques par l'émission de parts, d'actions, de titres de créances ou par un autre mécanisme de financement, dont les droits à remboursement sont subordonnés aux engagements de ce véhicule envers l'organisme lui ayant transféré des risques.

Aux fins du présent code, ce véhicule est :

1° Soit constitué sous la forme d'un organisme de titrisation régi par les dispositions de la section II du chapitre IV du titre Ier du livre II du code monétaire et financier ;

2° Soit un véhicule agréé par un autre État membre de *(Ord. n° 2015-378 du 2 avr. 2015, art. 2-3°, en vigueur le 1er janv. 2016)* « l'Union européenne » ou par un autre État partie à l'accord sur l'Espace économique européen, dans les conditions mentionnées *(Ord. n° 2015-378 du 2 avr. 2015, art. 2-3°, en vigueur le 1er janv. 2016)* « à l'article 211 de la directive 2009/138/UE du 25 novembre 2009 sur l'accès aux activités de l'assurance et de la réassurance et leur exercice ».

II. — Les contrats par lesquels un véhicule de titrisation assume un risque d'assurance ne constituent pas des contrats d'assurance au sens du livre Ier, ni une opération d'assurance au sens de l'article L. 310-2.

Les organismes de titrisation ou les compartiments d'organismes de titrisation mentionnés à l'art. L. 310-1-2, qui supportent des risques d'assurance agréés avant le 31 déc. 2015, sont soumis au droit de l'État membre de l'Espace économique européen qui a agréé le véhicule de titrisation. Toute nouvelle activité de ces véhicules de titrisation commencée après cette date est soumise à la législation nationale de ces États, dans ses dispositions issues de la transposition des § 1, 2 et 2 bis de l'art. 211 de la Dir. 2009/138/CE du Parlement européen et du Conseil du 25 nov. 2009, dite « Solvabilité II » (Ord. nº 2015-378 du 2 avr. 2015, art. 20).

Art. L. 310-2 *(Ord. nº 2006-344 du 23 mars 2006)* **« I. – »** *(L. nº 94-5 du 4 janv. 1994)* **Sous réserve des dispositions de l'article L. 310-10, les opérations** *(L. nº 94-679 du 8 août 1994)* **« d'assurance directe » définies à l'article L. 310-1 ne peuvent être pratiquées sur le territoire de la République française que :**

1º par les entreprises ayant leur siège social en France, à partir de leur siège ou de leurs succursales régulièrement établies dans un État membre *(Ord. nº 2015-378 du 2 avr. 2015, art. 2-4º, en vigueur le 1er janv. 2016)* **« de l'Union européenne », lorsqu'elles sont agréées conformément aux dispositions de l'article L. 321-1 ;**

2º par les entreprises étrangères ayant leur siège social dans un État membre *(Ord. nº 2015-378 du 2 avr. 2015, art. 2-4º, en vigueur le 1er janv. 2016)* **« de l'Union européenne », à partir de leur siège ou de leurs succursales régulièrement établies dans un État membre** *(Ord. nº 2015-378 du 2 avr. 2015, art. 2-4º, en vigueur le 1er janv. 2016)* **« de l'Union européenne », dans les conditions fixées par le titre VI du présent livre ;**

3º par les entreprises étrangères mentionnées à l'article L. 310-10-1, à partir de leurs succursales régulièrement établies en France, lorsqu'elles sont agréées conformément aux dispositions de l'article L. 321-7 ;

4º par les entreprises étrangères autres que celles mentionnées aux 2º et 3º ci-dessus, à partir de leurs succursales régulièrement établies en France, lorsqu'elles satisfont aux conditions fixées par l'article *(Ord. nº 2015-378 du 2 avr. 2015, art. 2-4º, en vigueur le 1er janv. 2016)* **« L. 329-1 » ;**

(Abrogé par Ord. nº 2015-378 du 2 avr. 2015, art. 2-4º, à compter du 1er janv. 2016) ***« 5º par les entreprises visées aux 1º et 2º ci-dessus, à partir de leurs succursales régulièrement établies dans les États parties à l'accord sur l'Espace économique européen non membres des Communautés européennes, dans les conditions fixées par le titre V du présent livre ainsi que, dans les mêmes conditions, par les entreprises mentionnées au 1º de l'article L. 310-10-1, à partir de leur siège social ou de leurs succursales régulièrement établies dans un État partie à l'accord sur l'Espace économique européen autre que la France. »***

(Ord. nº 2006-344 du 23 mars 2006) **« II. –** *(Ord. nº 2017-484 du 6 avr. 2017, art. 1er-11º)* **« Sans préjudice de l'article L. 143-1, les opérations mentionnées à cet article peuvent également » être pratiquées sur le territoire de la République française par les institutions mentionnées à l'article L. 370-1, dans les conditions fixées par le titre VII du présent livre.**

« III. – » Sont nuls les contrats souscrits en infraction au présent article. Toutefois, cette nullité n'est pas opposable, lorsqu'ils sont de bonne foi, aux assurés, aux souscripteurs et aux bénéficiaires. – *Assur. L. 310-27, L. 514-2.*

Sur l'obligation pour les entreprises mentionnées aux 1º, 3º et 4º de déclarer à l'ACPR leur identifiant international d'entité juridique, V. Instr. ACPR nº 2015-I-12 du 21 avr. 2015 (https://acpr.banque-france.fr).

Groupement d'intérêt économique. Ayant constaté que le contrat d'assurance a été conclu par un groupement d'intérêt économique ne figurant pas parmi les entreprises autorisées, en application de l'art. L. 310-2, à pratiquer l'assurance directe en France, et que le III de ce texte dispose que la nullité encourue ne peut être opposée à l'assuré de bonne foi, une cour d'appel, qui retient qu'une société d'assurance, venant aux droits d'un groupement d'intérêt économique, s'était acquittée de l'obligation dont elle était personnellement redevable envers un assuré de bonne foi, en a exactement déduit que, subrogée dans les droits de l'assuré, elle ne pouvait se voir opposer la nullité du contrat. • Com. 1er avr. 2014, nº 12-14.418 P : *RCA 2014, nº 247, note Groutel ; RGDA 2014. 285, obs. Kullmann ; RTD com. 2014. 393, obs. Bouloc ; RDC 2015. 542, note Leduc.*

Loi nº 2013-672 du 26 juillet 2013,

De séparation et de régulation des activités bancaires.

Art. 58 Les entreprises d'assurance mentionnées à l'article L. 310-2 du code des assurances pratiquant les opérations d'assurance-crédit transmettent chaque trimestre à la Banque de

France des informations statistiques sur le montant des encours de crédit client garantis et des encours de crédit client garantis pour les petites et moyennes entreprises ainsi que le nombre de risques souscrits.

La Banque de France agrège ces informations et les communique à l'Autorité de contrôle prudentiel et de résolution ainsi qu'au ministre chargé de l'économie et des finances, qui en organise la publicité.

Un décret en Conseil d'État précise les modalités d'application du présent article. *—V. C. assur., art. R. 344-6 à R. 344-10.*

Les dispositions de l'art. 58 de la L. n° 2013-672 du 26 juill. 2013 sont applicables dans les îles Wallis-et-Futuna (Ord. n° 2014-946 du 20 août 2014, art. 24-I).

Art. L. 310-2-1 *(L. n° 94-679 du 8 août 1994)* **Pour l'application du présent code, les États parties à l'accord sur l'Espace économique européen non membres** *(Ord. n° 2015-378 du 2 avr. 2015, art. 7-I-1°, en vigueur le 1er janv. 2016)* **« de l'Union européenne » sont assimilés, sous réserve de réciprocité, aux États membres** *(Ord. n° 2015-378 du 2 avr. 2015, art. 7-I-1°, en vigueur le 1er janv. 2016)* **« de l'Union européenne », sauf pour l'application de l'article L. 321-2.** *— Dispositions applicables à compter de l'entrée en vigueur de la décision du comité mixte n° 7-94 du 21 mars 1994 modifiant le protocole 47 et certaines annexes de l'accord sur l'Espace économique européen (L. n° 94-679 du 8 août 1994, art. 7-II).*

Art. L. 310-2-2 *(L. n° 2003-706 du 1er août 2003, art. 83-III)* **Toute entreprise d'assurance soumise au contrôle de l'État en vertu des dispositions du troisième alinéa (2°) de l'article L. 310-1 et ayant obtenu un agrément lui permettant de couvrir les risques de responsabilité civile résultant de l'emploi de véhicules terrestres à moteur, à l'exclusion de la responsabilité du transporteur, désigne librement dans chacun des États parties à l'accord sur l'Espace économique européen un représentant qui a pour mission de traiter et régler, dans l'État de résidence de la personne lésée, les sinistres résultant d'un accident de la circulation, dans lequel est impliqué un véhicule qu'elle assure, survenu sur le territoire d'un des États désignés ci-dessus, à l'exclusion de l'État de résidence de la personne lésée, et ayant causé des préjudices à cette personne.**

Le représentant a également pour mission de traiter et régler, dans l'État de résidence de la personne lésée, les sinistres résultant d'un accident dans lequel est impliqué un véhicule assuré par l'entreprise d'assurance qui l'a désigné, survenu sur le territoire d'un État tiers dont le bureau national d'assurance a adhéré au régime de la carte internationale d'assurance et ayant causé des préjudices à une personne résidant dans un État partie à l'accord sur l'Espace économique européen.

Le représentant doit résider ou être établi dans l'État où il a été désigné et être en mesure d'examiner l'affaire dans la ou les langues officielles de cet État. Il peut représenter une ou plusieurs entreprises d'assurance.

Les entreprises visées au premier alinéa du présent article notifient, par l'intermédiaire de l'organisme d'information prévu à l'article L. 451-1, aux organismes d'information de tous les États parties à l'accord sur l'Espace économique européen le nom et l'adresse du représentant chargé du règlement des sinistres qu'elles désignent dans chacun des États membres.

Accident subi à l'étranger par un Français. Aux termes des dispositions nouvelles des art. L. 310-2-2 et L. 424-1, la victime française d'un accident survenu sur le territoire de l'Union européenne doit saisir en France le représentant de l'assureur étranger en s'adressant au bureau central français et, en cas de carence de l'assureur, le fonds de garantie. Un accident étant survenu après l'entrée en vigueur de la loi du 1er août 2003, la requête en indemnisation présentée devant une commission d'indemnisation des victimes d'infraction est irrecevable. • TGI Bobigny, 10 oct. 2005 : *RCA 2006, n° 84.*

Art. L. 310-2-3 *(Ord. n° 2020-1595 du 16 déc. 2020, art. 2 et 7, en vigueur le 1er janv. 2021)* **I. — Lorsqu'une entreprise étrangère régulièrement établie dans un pays tiers a conclu un contrat en vertu du 2° du I de l'article L. 310-2 et ne se trouve plus dans une des situations prévues au I du même article, ce contrat d'assurance directe ou**

de réassurance ne peut donner lieu à un renouvellement, une prorogation ou une reconduction.

Ce contrat ne peut non plus donner lieu à de nouvelles opérations d'assurance directe ou de réassurance comprenant l'émission de primes. Toutefois, lorsque des contrats prévoient un paiement fractionné ou différé de primes ou, postérieurement à l'émission de ces primes, un ajustement éventuel, à titre de régularisation, du montant initialement payé, l'entreprise mentionnée au premier alinéa peut en exiger le paiement auprès de l'assuré dans les conditions prévues au deuxième alinéa de l'article L. 113-3. Il en est de même pour les opérations d'acceptation en réassurance des entreprises visées au premier alinéa.

II. – Sont nuls les contrats renouvelés, prorogés ou reconduits ou faisant l'objet d'opérations d'assurance directe ou de réassurance comprenant l'émission de primes par une entreprise mentionnée au I du présent article, à l'exclusion des opérations de paiement de prime mentionnées aux deux dernières phrases du second alinéa du même I.

Toutefois, cette nullité n'est pas opposable aux assurés, aux souscripteurs, aux adhérents et aux bénéficiaires des contrats.

III. – Les entreprises se trouvant dans la situation mentionnée au I du présent article en informent leurs assurés, souscripteurs ou adhérents suivant des modalités précisées par arrêté du ministre chargé de l'économie.

Art. L. 310-3 *(Ord. nº 2015-378 du 2 avr. 2015, art. 2-5º, en vigueur le 1er janv. 2016)* Dans le présent code :

1º L'expression : "État membre d'origine" désigne :

a) En matière d'assurance non-vie, l'État membre de l'Union européenne dans lequel est situé le siège social de l'entreprise d'assurance qui couvre le risque ;

b) En matière d'assurance-vie, l'État membre de l'Union européenne dans lequel est situé le siège social de l'entreprise d'assurance qui prend l'engagement ;

c) En matière de réassurance, l'État membre de l'Union européenne dans lequel est situé le siège social de l'entreprise de réassurance ;

2º L'expression : "État membre d'accueil" désigne l'État membre de l'Union européenne, autre que l'État membre d'origine, dans lequel une entreprise mentionnée à l'article L. 310-1 ou au 1º du III de l'article L. 310-1-1 a une succursale ou fournit des services. Pour l'assurance-vie et pour l'assurance non-vie, on entend par l'État membre dans lequel sont fournis des services, respectivement, l'État membre de l'Union européenne de l'engagement ou l'État membre de l'Union européenne où le risque est situé, lorsque cet engagement ou risque est couvert par une entreprise mentionnée à l'article L. 310-1 ou une succursale située dans un autre État membre de l'Union européenne ;

3º L'expression : "État de la succursale" désigne un État dans lequel est située la succursale d'une entreprise d'assurance ;

4º L'expression : "régime d'établissement" désigne le régime sous lequel une entreprise d'assurance couvre un risque ou prend un engagement situé dans un État membre à partir d'une succursale établie dans cet État ;

5º L'expression : "libre prestation de services" désigne l'opération par laquelle une entreprise d'un État membre couvre ou prend à partir de son siège social, ou d'une succursale située dans un État membre, un risque ou un engagement situé dans un autre de ces États, lui-même désigné comme "État de libre prestation de services" ;

6º L'expression : "entreprise étrangère" désigne une entreprise dont le siège social n'est pas situé sur le territoire de la République française ;

7º L'expression : "succursale" désigne toute agence ou succursale d'une entreprise d'assurance ou de réassurance qui est située sur le territoire d'un État membre autre que l'État membre d'origine ;

8º L'expression : "établissement" d'une entreprise d'assurance ou de réassurance désigne son siège social ou une de ses succursales ;

9º L'expression : "liens étroits" désigne une situation dans laquelle deux personnes physiques ou morales ou plus sont liées par un lien de contrôle ou une participation, ou une situation dans laquelle deux personnes physiques ou morales ou plus sont liées durablement à une même personne par un lien de contrôle ;

10° L'expression : "participation" désigne le fait de détenir, directement ou par un lien de contrôle, au moins 20 % des droits de vote ou du capital d'une entreprise. Est également regardé comme une participation par l'Autorité de contrôle prudentiel et de résolution le fait de détenir, directement ou indirectement, des droits de vote ou du capital dans une entreprise sur laquelle une influence notable est effectivement exercée ;

11° L'expression : "marché réglementé" désigne l'un des marchés suivants :

a) Dans le cas d'un marché situé dans un État membre, un marché réglementé tel que défini à l'article L. 421-1 du code monétaire et financier ;

b) Dans le cas d'un marché situé dans un pays tiers, un marché financier qui remplit les deux conditions suivantes :

i) Il est reconnu par l'État membre d'origine de l'entreprise d'assurance et satisfait à des exigences comparables à celles prévues par le chapitre Ier du titre II du livre IV du code monétaire et financier ;

ii) Les instruments financiers qui y sont négociés sont d'une qualité comparable à celle des instruments négociés sur le marché ou les marchés réglementés de l'État membre d'origine ;

12° L'expression : "entreprise financière" désigne l'une des entités suivantes :

a) Les établissements de crédit mentionnés au 1° de l'article L. 511-1 du code monétaire et financier, les établissements financiers mentionnés au 4° de l'article L. 511-21 du code monétaire et financier ou une entreprise de services auxiliaires au sens de l'article 4, point 18*[,]* du règlement 575/2013 du Parlement européen et du Conseil du 26 juin 2013 ;

b) Les entreprises d'assurance et de réassurance mentionnées aux articles L. 310-1 et L. 310-1-1 du code des assurances, les mutuelles et unions régies par le livre II du code la mutualité, les institutions de prévoyance et unions régies par le titre III du livre IX du code de la sécurité sociale ;

c) Les entreprises d'investissement mentionnées à l'article L. 531-4 du code monétaire et financier ;

d) Les compagnies financières holding mixtes mentionnées à l'article L. 517-4 du code monétaire et financier ;

13° L'expression : "externalisation" désigne un accord, quelle que soit sa forme, conclu entre une entreprise et un prestataire de services, soumis ou non à un contrôle, en vertu duquel ce prestataire de services exécute, soit directement, soit en recourant lui-même à l'externalisation, une procédure, un service ou une activité, qui serait autrement exécuté par l'entreprise elle-même.

Pour l'application des art. L. 322-1-3 et L. 322-1-5, le 10° de l'art. L. 310-3 est applicable dès la publication de l'Ord. n° 2015-378 du 2 avr. 2015 (Ord. préc., art. 25-I, JO 3 avr., reproduit ss. art. L. 322-1-3).

Art. L. 310-3-1 *(Ord. n° 2015-378 du 2 avr. 2015, art. 2-6°, en vigueur le 1er janv. 2016)* Les entreprises relevant du régime dit "Solvabilité II" sont :

1° Les entreprises mentionnées à l'article L. 310-1 et qui disposent d'un agrément pour l'exercice de leurs activités, ainsi que celles mentionnées au premier alinéa de l'article L. 321-10-3, qui ont rempli, à compter du 1er janvier 2012 et pendant trois exercices annuels consécutifs, l'une des conditions suivantes :

a) L'encaissement annuel de primes ou cotisations brutes émises par l'entreprise dépasse 5 millions d'euros ;

b) Le total des provisions techniques de l'entreprise, au sens défini au titre IV du livre III du présent code, brutes de cessions en réassurance ou à des véhicules de titrisation, dépasse 25 millions d'euros ;

c) Lorsque l'entreprise appartient à un groupe défini à l'article L. 356-1 ;

d) L'activité de l'entreprise comporte des opérations de réassurance qui :

— dépassent 500 000 euros d'encaissement de primes ou de cotisations brutes émises ou 2,5 millions d'euros de provisions techniques, au sens défini au titre IV du

livre III du présent code, brutes de cessions en réassurance ou à des véhicules de titrisation ;

– ou représentent plus de 10 % de son encaissement de primes ou cotisations brutes émises ou de ses provisions techniques, au sens défini au titre IV du livre III du présent code, brutes de cessions en réassurance ou à des véhicules de titrisation ;

2° Les entreprises mentionnées à l'article L. 310-1 qui, bien que ne satisfaisant pas aux conditions énoncées au 1°, disposent de l'agrément mentionné à l'article L. 321-1 pour des opérations de responsabilité civile, crédit ou caution ;

3° Les entreprises mentionnées au 1° du III de l'article L. 310-1-1 ou au deuxième alinéa de l'article L. 321-10-3 ;

4° Les succursales des entreprises agréées conformément à l'article L. 329-1 ;

5° Les entreprises sollicitant un agrément mentionné à l'article L. 321-1 en vue d'exercer des activités d'assurance ou de réassurance dont l'encaissement annuel des primes ou cotisations brutes émises ou le montant brut des provisions techniques, au sens défini au titre IV du livre III du présent code, brutes de cessions en réassurance ou à des véhicules de titrisation, dépasseront selon les prévisions, un des montants énoncés au 1° au cours des cinq exercices annuels suivants ;

6° Les entreprises qui, bien que ne satisfaisant à aucune des conditions énoncées aux 1°, 2°, 3°, 4° et 5° exercent les activités prévues à l'article L. 321-11 ;

7° Les unions mentionnées à l'article L. 322-26-3.

V. notes et textes cités en tête du livre III.

V. Instr. ACPR (http://acpr.banque-france.fr) :

- n° 2016-I-03 du 14 janv. 2016 définissant les modalités d'exemption de remise d'information sur les notations externes dans les états détaillés des placements et des dérivés ;

- n° 2016-I-04 du 14 janv. 2016 relative aux informations à communiquer à des fins de stabilité financière (Domaine Assurance) ;

- n° 2016-I-16 du 27 juin 2016 relative aux documents prudentiels annuels à communiquer par les organismes assujettis au contrôle de l'ACPR relevant du régime dit « Solvabilité II » ;

- n° 2016-I-19 du 27 juin 2016 relative aux modalités de déclaration des informations concernant les états S.16.01, S.19.01, S.20.01, S.21.01, S.29.03 et S.29.04 du règlement d'exécution (UE) n° 2015/2450 à communiquer par les organismes d'assurance et de réassurance relevant du régime dit « Solvabilité II » ;

- n° 2016-I-20 du 27 juin 2016 relative à l'amplitude des fourchettes de déclaration pour les états S.21.01 et S.21.03 du règlement d'exécution (UE) n° 2015/2450 à communiquer par les organismes d'assurance et de réassurance relevant du régime dit « Solvabilité II » ;

- n° 2016-I-25 du 13 déc. 2016 relative à la transmission à l'ACPR d'informations par les entreprises mentionnées au 4° de l'article L. 310-3-1 du C. assur. ;

- n° 2016-I-26 du 13 déc. 2016 sur la remise du rapport annuel obligatoire relatif aux contrats d'assurance-vie en déshérence ;

- n° 2017-I-08 du 19 juill. 2017 remplaçant l'instruction n° 2015-I-03 relative aux formulaires de nomination ou de renouvellement de dirigeant effectif ou de responsable de fonction clé des organismes d'assurance et de retraite professionnelle supplémentaire.

Art. L. 310-3-2 *(Ord. n° 2015-378 du 2 avr. 2015, art. 2-6°, en vigueur le 1er janv. 2016)* **Les entreprises ne relevant pas du régime dit "Solvabilité II" sont :**

1° Les entreprises mentionnées à l'article L. 310-1 ou au premier alinéa de l'article L. 321-10-3 qui ne sont pas des entreprises relevant du régime dit "Solvabilité II" au sens de l'article L. 310-3-1 ;

2° Les entreprises qui cessent de relever du régime dit "Solvabilité II" après que l'Autorité de contrôle prudentiel et de résolution a vérifié que :

***a)* Aucune des conditions énoncées au 1° de l'article L. 310-3-1 n'a été remplie au cours des trois derniers exercices annuels consécutifs ;**

***b)* Aucune des conditions énoncées au 1° de l'article L. 310-3-1 ne sera, selon ses prévisions, remplie au cours des cinq exercices annuels suivants.**

V. Instr. ACPR (http://acpr.banque-france.fr) :

- n° 2016-I-15 du 27 juin 2016 relative aux documents prudentiels annuels à communiquer par les organismes assujettis au contrôle de l'ACPR ne relevant pas du régime dit « Solvabilité II » ;

- n° 2017-I-02 du 16 févr. 2017 relative à la transmission à l'ACPR d'états trimestriels par les organismes d'assurance ne relevant pas du régime dit « Solvabilité II » ;

– *nº 2017-I-03 du 16 févr. 2017 relative aux documents prudentiels annuels à communiquer par les organismes assujettis au contrôle de l'ACPR ne relevant pas du régime dit « Solvabilité II » ;*
– *nº 2017-I-04 du 16 févr. 2017 relative à la transmission à l'ACPR de documents prudentiels par les organismes d'assurance et de réassurance ne relevant pas du régime dit « Solvabilité II ».*

Art. L. 310-3-3 *(Ord. nº 2017-484 du 6 avr. 2017, art. 1er-12º)* **Les fonds de retraite professionnelle supplémentaire ne sont pas des entreprises relevant du régime dit "Solvabilité II" définies à l'article L. 310-3-1, ni des entreprises ne relevant pas du régime dit "Solvabilité II" définies à l'article L. 310-3-2.**

Sous réserve des dispositions auxquelles renvoie le titre VIII du présent livre, les titres III et V du présent livre ne sont pas applicables aux fonds de retraite professionnelle supplémentaire.

Les fonds de retraite professionnelle supplémentaire sont soumis au contrôle de l'État.

Art. L. 310-4 *(L. nº 94-5 du 4 janv. 1994)* **Pour les opérations mentionnées aux 2º et 3º de l'article L. 310-1, est regardé comme État de situation de risque :**

1º L'État où les biens sont situés, lorsque l'assurance est relative soit à des immeubles, soit à des immeubles et à leur contenu dans la mesure où ce dernier est couvert par la même police d'assurance ;

2º L'État d'immatriculation, lorsque l'assurance est relative à des véhicules de toute nature ;

3º L'État où a été souscrit le contrat, s'il s'agit d'un contrat d'une durée inférieure ou égale à quatre mois, relatif à des risques encourus au cours d'un déplacement, quelle que soit la branche dont ceux-ci relèvent ;

4º Dans tous les autres cas que ceux mentionnés aux 1º, 2º et 3º ci-dessus, l'État dans lequel le souscripteur a sa résidence principale ou, si le souscripteur est une personne morale, l'État où est situé l'établissement de cette personne morale auquel le contrat se rapporte.

BIBL. ▸ SÉNÉCHAL, *RDI 2010. 431* (directive « services » et avenir de l'assurance construction française).

Art. L. 310-5 *(L. nº 94-5 du 4 janv. 1994)* **Pour les opérations mentionnées au 1º et au dernier alinéa de l'article L. 310-1, est regardé comme État de l'engagement l'État où le souscripteur a sa résidence principale ou, si le souscripteur est une personne morale, l'État où est situé le siège social ou l'établissement de cette personne morale auquel le contrat se rapporte.** – *Assur. L. 183-1.*

Art. L. 310-6 *(L. nº 89-1014 du 31 déc. 1989 ; L. nº 94-5 du 4 janv. 1994 ; Ord. nº 2008-556 du 13 juin 2008, art. 1er-2º)* **Une entreprise étrangère ne peut pratiquer sur le territoire de la République française l'une des opérations mentionnées à l'article L. 310-1 ou des opérations de réassurance que si elle satisfait aux dispositions de sa législation nationale.** – *Assur. L. 310-27.*

Art. L. 310-6-1 *Ajouté par L. nº 99-532 du 25 juin 1999 ; abrogé par Ord. nº 2008-556 du 13 juin 2008, art. 1er-3º.*

Art. L. 310-7 *(L. nº 89-1014 du 31 déc. 1989 ; L. nº 94-5 du 4 janv. 1994)* **Un décret en Conseil d'État détermine les conditions de constitution des entreprises soumises au contrôle de l'État en vertu de l'article L. 310-1** *(L. nº 2001-420 du 15 mai 2001, art. 136-I ; Ord. nº 2009-108 du 30 janv. 2009, art. 1er-1º)* **« et du 1º du III de l'article** *[L.]* **310-1-1 »** *(Ord. nº 2017-484 du 6 avr. 2017, art. 1er-13º)* **« et des fonds de retraite professionnelle supplémentaire ». Il précise les conditions dans lesquelles sont applicables** *(Ord. nº 2017-484 du 6 avr. 2017, art. 1er-13º)* **« à ces entreprises et** *[ces]* **fonds » les dispositions des articles L. 210-1 et suivants du code de commerce et des lois régissant les sociétés anonymes. Des dispositions particulières tiennent compte du caractère non commercial des sociétés d'assurance mutuelles.**

Le même décret fixe les obligations auxquelles les entreprises françaises et étrangères sont astreintes, les garanties qu'elles doivent présenter, les réserves et provisions techniques qu'elles doivent constituer, les règles générales de leur fonctionne-

ment *(Ord. n° 2001-766 du 29 août 2001, art. Ier-I)* **« , de leur contrôle interne » et de l'exercice du contrôle de l'État.** – *Assur. L. 322-26-6, L. 327-4.*

Art. L. 310-8 *Al. 1er abrogé par Ord. n° 2001-350 du 19 avr. 2001, art. 6-XXXII.*

(L. n° 94-5 du 4 janv. 1994) **Le ministre peut exiger la communication des documents à caractère contractuel ou publicitaire ayant pour objet une opération d'assurance ou de capitalisation.**

S'il apparaît qu'un document est contraire aux dispositions législatives ou réglementaires, le ministre peut en exiger la modification ou en décider le retrait après avis *(L. n° 2003-706 du 1er août 2003, art. 22-III, 1°)* **« du Comité consultatif du secteur financier ». En cas d'urgence, l'avis** *(L. n° 2003-706 du 1er août 2003, art. 22-III, 1°)* **« du Comité consultatif du secteur financier » n'est pas requis.** – *Assur. R. 322-45, R. 322-98.*

1. Portée du visa ministériel. Une clause abusive et léonine, contraire non seulement à la loi française mais également au droit européen, doit être considérée comme de nul effet alors même qu'elle a reçu le visa de l'autorité de tutelle. • T. com. Marseille, 15 déc. 1981 : *RGAT 1982. 338.*

2. Contrariété au droit européen. En maintenant en vigueur les dispositions combinées des art. L. 310-8 et A. 310-1 qui prévoient, de la part des entreprises d'assurance ou de capitalisation qui commercialisent pour la première fois en France un modèle de contrat d'assurance, la communication systématique au ministre chargé de l'économie et des finances d'une fiche d'information contenant des éléments relevant des conditions générales des polices d'assurance, la République française a manqué aux obligations qui lui incombent en vertu des troisièmes directives. • CJCE 11 mai 2000, n° C-296/98, *Commission des Ctés européennes c/ République française : Rec. CJCE I-3025.*

Art. L. 310-9 *(Ord. n° 2009-108 du 30 janv. 2009, art. 1er-1°)* **La présence d'opérations relevant de la réassurance financière limitée est explicitement mentionnée dans l'intitulé des contrats régissant ce type d'opérations.**

Art. L. 310-9-1 *(Ord. n° 2008-1271 du 5 déc. 2008, art. 2-1°; Ord. n° 2009-106 du 30 janv. 2009, art. 4, ratifiée par L. n° 2010-737 du 1er juill. 2010, art. 35-I)* **Le ministre chargé de l'économie peut après avis du comité consultatif de la législation et de la réglementation financières et à la demande d'un ou plusieurs organismes professionnels représentatifs mentionnés à l'article L. 132-9-2 homologuer par arrêté les codes de conduite que ces organismes ont élaborés en matière de commercialisation de contrats d'assurance individuels comportant des valeurs de rachat, de contrats de capitalisation et de contrats mentionnés à l'article L. 132-5-3 et à l'article L. 441-1.**

Art. L. 310-10 *(L. n° 89-1014 du 31 déc. 1989)* **Il est interdit de souscrire une assurance directe d'un risque concernant une personne, un bien ou une responsabilité situé sur le territoire de la République française auprès** *(L. n° 94-5 du 4 janv. 1994)* **« d'entreprises étrangères autres que celles visées à l'article L. 310-2.**

« Toutefois, les dispositions de l'alinéa ci-dessus ne sont pas applicables à l'assurance des risques liés aux transports maritimes et aériens. En outre, il peut être dérogé aux dispositions du précédent alinéa sur décision de l'Autorité de contrôle prudentiel et de résolution s'il est constaté qu'une couverture d'assurance d'un risque ne peut être trouvée auprès des entreprises d'assurance visées à l'article L. 310-2. » – *Assur. L. 310-26.*

Art. L. 310-10-1 *(Ord. n° 2015-378 du 2 avr. 2015, art. 7-I-2°, en vigueur le 1er janv. 2016)* **Les entreprises mentionnées au 3° du I de l'article L. 310-2 sont les entreprises étrangères ayant leur siège social dans la Confédération helvétique et mentionnées aux 2° et 3° de l'article L. 310-1.**

Pour l'application du présent livre, les entreprises mentionnées à l'alinéa précédent sont soumises aux mêmes dispositions que les entreprises qui ont leur siège social dans un État partie à l'accord sur l'Espace économique européen.

V. Instr. n° 2016-I-15 du 27 juin 2016 relative aux documents prudentiels annuels à communiquer par les organismes assujettis au contrôle de l'ACPR ne relevant pas du régime dit « Solvabilité II » (http://acpr.banque-france.fr).

Art. L. 310-11 *Abrogé par L. n° 2005-1564 du 15 déc. 2005.*

SECTION II AUTORITÉ DE CONTRÔLE PRUDENTIEL ET DE RÉSOLUTION
(Ord. n° 2010-76 du 21 janv. 2010, art. 8-I-1°).

(L. n° 89-1014 du 31 déc. 1989)

Art. L. 310-12 *(Ord. n° 2010-76 du 21 janv. 2010, art. 8-I-2°)* **L'Autorité de contrôle prudentiel et de résolution exerce sa mission dans les conditions prévues au chapitre II du titre Ier du livre VI du code monétaire et financier.** – *V. C. mon. fin., art. L. 612-1 s. – V. Charte de conduite d'une mission de contrôle sur place, ACPR, juin 2014 (https://acpr.banque-france.fr).*

Responsabilité. A l'occasion de l'exercice, par la Commission de contrôle des assurances, de ses missions de contrôle et de sanction des entreprises d'assurance, la responsabilité que peut encourir l'État pour les dommages causées par les insuffisances ou carences de la Commission ne se substitue pas à celle de ces entreprises vis-à-vis, notamment, de leurs clients. Dès lors, et eu égard à la nature des pouvoirs qui sont dévolus à la Commission de contrôle des assurances, elle ne peut être engagée qu'en cas de faute lourde. • CE 18 févr. 2002 : *RGDA 2002. 690, note Vincent ; RCA 2003, n° 19, note Guettier.*

Art. L. 310-12-1 *(Ord. n° 2010-76 du 21 janv. 2010, art. 8-I-3°)* **L'Autorité de contrôle prudentiel et de résolution veille à ce que les modalités de constitution et le fonctionnement des organes délibérants et des organes dirigeants des personnes mentionnées aux 1° à 3°** *(Ord. n° 2017-484 du 6 avr. 2017, art. 1er-14°)* **«, 5° et 9° à 11° du B » du I de l'article L. 612-2 du code monétaire et financier soient conformes aux dispositions qui les régissent.**

Art. L. 310-12-2 *(Ord. n° 2010-76 du 21 janv. 2010, art. 8-I-4°)* **L'Autorité de contrôle prudentiel et de résolution peut habiliter, sur leur demande, des prestataires chargés de labelliser les contrats ouverts à la souscription individuelle et les règlements éligibles à une participation des collectivités territoriales et de leurs établissements publics en application de l'article 88-2 de la loi n° 84-53 du 26 janvier 1984 portant dispositions statutaires relatives à la fonction publique territoriale.**

L'habilitation peut être retirée à la demande du prestataire ou si les conditions mises à son octroi ne sont plus satisfaites.

Lors de la demande de renouvellement de l'habilitation, l'Autorité apprécie l'activité du prestataire au vu d'un rapport que lui remet celui-ci. Elle peut refuser le renouvellement en cas d'insuffisances constatées dans l'activité faisant l'objet de l'habilitation.

Un décret en Conseil d'État fixe les conditions d'application du présent article.

Art. L. 310-12-3 *(Ord. n° 2015-378 du 2 avr. 2015, art. 2-7°, en vigueur le 1er janv. 2016)* **Dans les périodes d'extrême instabilité des marchés financiers, l'Autorité de contrôle prudentiel et de résolution prend en compte les éventuels effets procycliques de ses actions.**

Art. L. 310-12-4 *(Ord. n° 2015-378 du 2 avr. 2015, art. 2-7°, en vigueur le 1er janv. 2016)* **L'Autorité de contrôle prudentiel et de résolution examine et évalue les stratégies, les processus et les procédures de communication d'informations établis par les entreprises mentionnées à l'article L. 310-3-1 pour se conformer aux dispositions du titre V du présent livre.**

Cet examen et cette évaluation comprennent l'appréciation des exigences qualitatives relatives au système de gouvernance, l'appréciation des risques auxquels les entreprises concernées sont exposées ou pourraient être exposées et l'appréciation de leur capacité à mesurer ces risques compte tenu de l'environnement dans lequel elles opèrent.

L'Autorité examine et évalue si les entreprises concernées satisfont aux exigences du titre V du présent livre concernant notamment le système de gouvernance, les provisions techniques, les exigences de capital, les règles d'investissement, la quantité et la qualité des fonds propres et le cas échéant les modèles internes, intégraux ou partiels.

L'Autorité évalue l'adéquation des méthodes et pratiques mises en œuvre par les entreprises concernées en vue de détecter les éventuels aléas ou changements de la conjoncture économique qui pourraient avoir un impact défavorable sur la situation financière globale de l'entreprise concernée. Elle évalue la capacité de ces entreprises à surmonter ces éventuels aléas ou changements de la conjoncture économique.

L'Autorité définit la fréquence minimale et la portée des examens, évaluations et appréciations mentionnées aux alinéas précédents, en tenant compte de la nature, de l'ampleur et de la complexité des activités des entreprises concernées.

Art. L. 310-12-5 *(Ord. nº 2015-378 du 2 avr. 2015, art. 2-7º, en vigueur le 1er janv. 2016)* Après en avoir informé les autorités de l'État membre d'accueil, l'Autorité de contrôle prudentiel et de résolution peut procéder, elle-même ou par l'intermédiaire de personnes qu'elle mandate à cet effet, à des vérifications sur place des informations nécessaires au contrôle financier des succursales des entreprises d'assurance et de réassurance françaises.

Si*[,]* après avoir été informées par l'Autorité de contrôle prudentiel et de résolution de son intention de procéder aux vérifications mentionnées à l'alinéa précédent, les autorités de contrôle de l'État membre d'accueil lui indiquent qu'elles ne sont pas en mesure de participer à ces vérifications ou lui interdisent d'exercer son droit de procéder à ces dernières, l'Autorité peut saisir l'Autorité européenne des assurances et des pensions professionnelles conformément à l'article 19 du règlement nº 1094/2010 du Parlement européen et du Conseil du 24 novembre 2010.

Art. L. 310-12-6 *Abrogé par Ord. nº 2010-76 du 21 janv. 2010, art. 8-I-5º.*

Art. L. 310-13 *(Ord. nº 2010-76 du 21 janv. 2010, art. 8-I-7º)* L'Autorité de contrôle prudentiel et de résolution peut exiger la modification ou décider le retrait de tout document contraire aux dispositions législatives et réglementaires, à l'exception des documents à caractère contractuel ou publicitaire pour les entreprises mentionnées au 1º du III de l'article L. 310-1-1. Dans ce cas, elle statue dans les conditions prévues à l'article L. 612-35 du code monétaire et financier.

Elle vérifie que les publications auxquelles sont astreintes les entreprises mentionnées à l'article L. 310-1 et au 1º du III de l'article L. 310-1-1 et les sociétés de groupe d'assurance *(Ord. nº 2017-484 du 6 avr. 2017, art. 1er-15º)* « ainsi que les fonds de retraite professionnelle supplémentaire » sont régulièrement effectuées. Elle peut ordonner aux entreprises *(Ord. nº 2017-484 du 6 avr. 2017, art. 1er-15º)* « et *[aux]* fonds concernés » de procéder à des publications rectificatives dans le cas où des inexactitudes ou des omissions auraient été relevées.

Art. L. 310-13-1 *Abrogé par Ord. nº 2010-76 du 21 janv. 2010, art. 8-I-8º.*

Art. L. 310-14 *(Ord. nº 2006-344 du 23 mars 2006 ; Ord. nº 2010-76 du 21 janv. 2010, art. 8-I-6º)* Tout organisme d'assurance, projetant de fournir des services d'institutions de retraite professionnelle sur le territoire d'un autre État membre de la Communauté européenne ou d'un autre État partie à l'accord sur l'Espace économique européen le notifie, pour chaque service impliquant une entreprise d'affiliation distincte, à l'autorité de contrôle. L'autorité, à moins qu'elle n'ait des raisons de penser que les structures administratives ou la situation financière de l'organisme ne sont pas compatibles avec les opérations proposées dans l'autre État, communique à l'autorité compétente de l'autre État les documents permettant l'exercice de l'activité envisagée.

Lorsqu'elle est informée par l'autorité compétente de l'État dans lequel un organisme d'assurance propose des services d'institution de retraite professionnelle, que cet organisme a enfreint une disposition du droit social ou du droit du travail de cet État, l'autorité de contrôle instituée à l'article L. 310-12 prend les mesures nécessaires mentionnées à l'article L. 310-18 pour mettre fin à cette infraction.

Pour l'application des dispositions du présent article, les mutuelles régies par le code de la mutualité et les institutions de prévoyance mentionnées à l'article L. 931-1 du code de la sécurité sociale et à l'article L. 727-2 du code rural et de la pêche

maritime sont assimilées à des entreprises d'assurance agréées conformément aux dispositions de l'article L. 321-1.

Un décret en Conseil d'État fixe les conditions d'application du présent article, notamment les modalités du contrôle préalable et les délais dans lesquels l'autorité se prononce. Un arrêté du ministre chargé de l'économie précise le contenu de la notification mentionnée au précédent alinéa.

Cet art. est abrogé à compter du 1er janv. 2023 (Ord. n° 2017-484 du 6 avr. 2017, art. 5-5°).

Art. L. 310-15 à L. 310-23 *Abrogés par Ord. n° 2010-76 du 21 janv. 2010, art. 8-I-8°.*

Art. L. 310-24 *(Vacant)*

Art. L. 310-25 *(L. n° 85-98 du 25 janv. 1985 ; L. n° 94-5 du 4 janv. 1994 ; Ord. n° 2001-350 du 19 avr. 2001, art. 6-XIX)* **« Le redressement ou la liquidation judiciaires institués » par la loi n° 85-98 du 25 janvier 1985 précitée** *[C. com., liv. VI, tit. II (art. L. 620-1 s.)]* **ne peut** *[peuvent]* **être ouvert** *[ouverts]* **à l'égard d'une entreprise** *(Ord. n° 2008-556 du 13 juin 2008, art. 1er-12°)* **« mentionnée à l'article L. 310-1 » qu'à la requête de l'Autorité de contrôle prudentiel et de résolution ; le tribunal peut également se saisir d'office ou être saisi par le procureur de la République d'une demande d'ouverture de cette procédure après avis conforme de l'Autorité de contrôle prudentiel et de résolution.** *(Ord. n° 2001-350 du 19 avr. 2001, art. 6-XIX)* **« Les dispositions de l'article L. 326-4 sont applicables à la procédure de redressement judiciaire. »**

Le président du tribunal ne peut être saisi d'une demande d'ouverture du règlement amiable institué par les articles L. 611-3 à L. 611-6 du code de commerce à l'égard d'une entreprise susmentionnée, qu'après avis conforme de l'Autorité de contrôle prudentiel et de résolution.

(Ord. n° 2015-378 du 2 avr. 2015, art. 2-8°, en vigueur le 1er janv. 2016) **« Lorsqu'une procédure de liquidation judiciaire est ouverte à l'égard d'une entreprise mentionnée à l'article L. 310-1, l'Autorité de contrôle prudentiel et de résolution en informe sans délai les autorités compétentes des autres États membres de l'Union européenne.**

« Lorsqu'une procédure de liquidation judiciaire est ouverte à l'encontre d'une entreprise mentionnée à l'article L. 310-1, l'agrément de cette entreprise lui est retiré selon les modalités prévues à l'article L. 325-1. Dans ce cas, les dispositions des articles L. 326-4, L. 326-9 et L. 326-14 sont applicables. L'entreprise reste soumise au contrôle de l'Autorité de contrôle prudentiel et de résolution jusqu'à ce que l'ensemble des engagements résultant des contrats souscrits par l'entreprise ait été intégralement et définitivement réglé aux assurés et aux tiers bénéficiaires ou ait fait l'objet d'un transfert autorisé dans les conditions prévues à l'article L. 324-1.

« Le liquidateur peut, avec l'accord de l'Autorité de contrôle prudentiel et de résolution, poursuivre certaines activités de l'entreprise d'assurance concernée dans la mesure où cela est nécessaire et approprié pour les besoins de la liquidation. »

1. Assignation en redressement judiciaire. Une société d'assurance ne peut être assignée en redressement judiciaire par un assuré réclamant une indemnité et exposant que cette société se refusait à exécuter une décision judiciaire passée en force de chose jugée, cette demande étant irrecevable selon les dispositions de l'art. L. 326-1 [devenu l'art. L. 310-25]. • Paris, 15 mai 1987 : *RGAT 1988. 318.*

2. Distinction avec le retrait total d'agrément. Selon l'art. L. 326-2 C. assur., le retrait total de l'agrément emporte de plein droit dissolution de la société d'assurance, suivie de la liquidation effectuée par un mandataire de justice nommé par le président du tribunal compétent à la requête de la Commission de contrôle des assurances. Cette liquidation provoquée par le retrait d'agrément est distincte de la procédure de redressement ou de liquidation judiciaire prévue par l'art. L. 310-25 du même code à laquelle est soumise, à la requête de la Commission de contrôle des assurances ou sur avis conforme de cette Commission, la société d'assurance qui a cessé ses paiements. • Soc. 22 mars 1995, n° 93-42.531 P.

Art. L. 310-25-1 *(Ord. n° 2009-108 du 30 janv. 2009, art. 1er-9°)* **Les procédures de sauvegarde, de redressement et de liquidation judiciaires instituées par les titres II, III et IV du livre VI du code de commerce ne peuvent être ouvertes à l'égard d'une entreprise de réassurance mentionnée au 1° du III de l'article L. 310-1-1 qu'après avis de l'Autorité de contrôle.**

Le président du tribunal ne peut être saisi d'une demande d'ouverture de la procédure de conciliation instituée par le titre Ier du livre VI du code de commerce à l'égard d'une entreprise de réassurance mentionnée au 1° du III de l'article L. 310-1-1 qu'après avis de l'Autorité de contrôle.

Un décret en Conseil d'État précise les modalités selon lesquelles sont donnés les avis prévus aux premier et deuxième alinéas.

Art. L. 310-25-2 *(Ord. nº 2015-378 du 2 avr. 2015, art. 2-9º, en vigueur le 1er janv. 2016)* **Pour les entreprises d'assurance dont le siège social est situé sur le territoire d'un autre État membre de l'Union européenne, l'Autorité de contrôle prudentiel et de résolution peut demander aux autorités de contrôle de l'État membre d'origine des informations sur le déroulement de la procédure de liquidation.**

SECTION IV **SANCTIONS** *(L. nº 94-5 du 4 janv. 1994).*

Art. L. 310-26 *(L. nº 94-5 du 4 janv. 1994 ; L. nº 2009-526 du 12 mai 2009, art. 122-II)* **Toute infraction aux dispositions de l'article L. 310-10 sera punie d'une amende de 4 500 €. Le jugement sera publié aux frais des condamnés ou des entreprises civilement responsables.**

Art. L. 310-27 *(L. nº 94-5 du 4 janv. 1994)* **Le fait de pratiquer sur le territoire de la République une des opérations mentionnées aux 1º, 2º et 3º de l'article L. 310-1 sans se conformer aux dispositions des articles L. 310-2 et L. 310-6** *(Ord. nº 2020-1595 du 16 déc. 2020, art. 2 et 7, en vigueur le 1er janv. 2021)* **« ou aux dispositions du I de l'article L. 310-2-3 » est puni d'un emprisonnement de trois ans et d'une amende de 75 000 €.**

(Ord. nº 2008-556 du 13 juin 2008, art. 1er-13º) **« Le fait de pratiquer une des opérations mentionnées au I de l'article L. 310-1-1 sur le territoire de la République sans se conformer aux dispositions du III de l'article L. 310-1-1 est puni des mêmes peines. »**

Lorsqu'une personne physique a commis l'une des infractions prévues au précédent alinéa, la diffusion de la décision, dans les conditions prévues par l'article 131-35 du code pénal, peut être prononcée à titre de peine complémentaire.

(L. nº 2009-526 du 12 mai 2009, art. 125-III-1º) **« Les personnes morales déclarées responsables pénalement, dans les conditions prévues par l'article 121-2 du code pénal, des infractions définies au présent article encourent, outre l'amende suivant les modalités prévues par l'article 131-38 du code pénal, la peine prévue par le 4º de l'article 131-39 du même code. »**

Les personnes ayant souscrit de bonne foi un contrat auprès de l'entreprise dont la fermeture a été ordonnée par le tribunal bénéficient des mêmes privilèges et garanties que ceux réservés par le présent code aux souscripteurs et bénéficiaires de contrats en cas de liquidation d'une entreprise d'assurance.

Art. L. 310-28 *(Ord. nº 2004-1201 du 12 nov. 2004)* **« Le fait pour tout dirigeant d'une société de groupe d'assurance ou d'une société de groupe mixte d'assurance définie à l'article L. 322-1-2, d'une compagnie financière holding mixte définie à l'article** *(Ord. nº 2014-158 du 20 févr. 2014, art. 6)* **« L. 517-4 du code monétaire et financier »** *(Ord. nº 2008-556 du 13 juin 2008, art. 18-3º ; Ord. nº 2010-76 du 21 janv. 2010, art. 8-I-9º ; Ord. nº 2013-676 du 25 juill. 2013, art. 37)* **« , d'une société mentionnée à l'article L. 214-190 du code monétaire et financier, » ou d'une entreprise soumise au contrôle de l'État en vertu de l'article L. 310-1 ou** *(Ord. nº 2008-556 du 13 juin 2008, art. 1er-14º)* **« du II de l'article » L. 310-1-1 », après mise en demeure, de ne pas répondre aux demandes d'information de l'Autorité de contrôle prudentiel et de résolution, ou de mettre obstacle de quelque manière que ce soit à l'exercice par celle-ci de sa mission de contrôle, ou de lui communiquer sciemment des renseignements inexacts, est puni d'un emprisonnement** *(Ord. nº 2010-76 du 21 janv. 2010, art. 8-I-9º)* **« d'un an et d'une amende de 15 000 € ».** *(L. nº 99-532 du 25 juin 1999 ; L. nº 2005-1564 du 15 déc. 2005)* **« Les mêmes dispositions s'appliquent aux dirigeants des personnes morales et aux personnes physiques que l'Autorité de contrôle pruden-**

tiel et de résolution aura décidé de soumettre à son contrôle *(Ord. n° 2010-76 du 21 janv. 2010, art. 8-I, 9°)* « en application des 1° et 2° du II de l'article L. 612-2 du code monétaire et financier ». *(Ord. n° 2017-1608 du 27 nov. 2017, art. 3)* « Les entraves à l'action de l'Autorité de contrôle prudentiel et de résolution ou à l'exécution d'une décision prise en application des articles L. 612-33 et L. 612-34 du code monétaire et financier et de la section VI du chapitre II du titre Ier du livre III du présent code sont punies des mêmes peines. »

Le fait, pour les mêmes personnes, de faire des déclarations mensongères ou de procéder à des dissimulations frauduleuses dans tout document produit au ministre chargé de l'économie et des finances est puni des mêmes peines.

Est également puni des mêmes peines le fait, pour quiconque, à l'occasion d'activités régies par le présent code, de formuler des déclarations mensongères dans tout document porté à la connaissance du public ou de la clientèle.

CHAPITRE II MESURES DE PRÉVENTION ET DE GESTION DES CRISES

(Ord. n° 2017-1608 du 27 nov. 2017, art. 2)

SECTION PREMIÈRE DISPOSITIONS GÉNÉRALES

Art. L. 311-1 Les dispositions du présent chapitre s'appliquent aux personnes suivantes :

1° Les entreprises exerçant une activité d'assurance directe mentionnées à l'article L. 310-1, à l'exception de celles ne relevant pas du régime dit "Solvabilité II" mentionnées à l'article L. 310-3-2 ;

2° Les entreprises mentionnées à l'article L. 310-1-1 exerçant une activité de réassurance dont le siège social est situé en France ;

3° Les sociétés de groupe d'assurance mentionnées à l'article L. 322-1-2 ;

4° Les entités faisant partie d'un groupe d'assurance au sens de l'article L. 356-1, dans la mesure où elles fournissent des services indispensables aux activités du groupe ;

5° Les mutuelles et unions régies par le livre II du code de la mutualité, à l'exception de celles ne relevant pas du régime dit "Solvabilité II" mentionnées à l'article L. 211-11 du même code et les unions mutualistes de groupe mentionnées à l'article L. 111-4-2 du même code ;

6° Les institutions et unions de prévoyance régies par le titre III du livre IX du code de la sécurité sociale, à l'exception de celles ne relevant pas du régime dit "Solvabilité II" mentionnées à l'article L. 931-6 du même code, ainsi que les sociétés de groupe assurantiel de protection sociale mentionnées à l'article L. 931-2-2 du même code ;

7° Les organismes de retraite professionnelle supplémentaire mentionnés à l'article L. 381-1 du présent code, à l'article L. 214-1 du code de la mutualité et à l'article L. 942-1 du code de la sécurité sociale.

Art. L. 311-2 L'expression : "fonctions critiques" désigne les activités, services ou opérations d'une personne mentionnée à l'article L. 311-1 présentant les caractéristiques suivantes : elles sont fournies par cette personne à des tiers qui ne lui sont pas liés ; l'incapacité de cette personne à les poursuivre serait susceptible d'avoir un impact important sur la stabilité financière ou l'économie réelle ; cette personne ne peut pas être remplacée pour leur fourniture à un coût et dans un délai raisonnables.

Art. L. 311-3 Dans l'exercice des missions mentionnées au 4° du II de l'article L. 612-1 du code monétaire et financier et exercées pour le secteur de l'assurance, le collège de supervision et le collège de résolution de l'Autorité de contrôle prudentiel et de résolution prennent notamment en compte la nature des activités et le profil de risque de la personne concernée, sa forme juridique, la complexité de ses activités ainsi que, le cas échéant, le fait qu'elle fournisse des assurances obligatoires au sens du livre II du présent code.

Ils tiennent également compte de l'éventuelle incidence négative que la défaillance de la personne concernée et l'ouverture d'une procédure collective prévue au chapitre VI du titre II du livre III du présent code serait susceptible d'avoir sur les marchés financiers, sur d'autres entreprises d'assurance ou de réassurance, mutuelles ou institutions de prévoyance, sur des établissements de crédit ou des entreprises d'investissement, sur les conditions de financement ou sur l'ensemble de l'économie.

Art. L. 311-4 Un décret en Conseil d'État précise les conditions d'application de la présente section.

SECTION II DISPOSITIONS RELATIVES À L'ÉLABORATION, L'ÉVALUATION ET LA MISE EN ŒUVRE DES PLANS PRÉVENTIFS DE RÉTABLISSEMENT

Art. L. 311-5 I. — Sont soumises à l'obligation d'élaborer et de tenir à jour un plan préventif de rétablissement :

1° Les personnes mentionnées à l'article L. 311-1, dont le total des actifs, évalué conformément aux dispositions du titre V du livre III, a dépassé au moins une fois, au cours des trois derniers exercices annuels, un seuil fixé par arrêté du ministre chargé de l'économie ;

2° Les personnes mentionnées à l'article L. 311-1, soumises au contrôle de groupe par l'Autorité de contrôle prudentiel et de résolution en application de l'article L. 356-2, dont le total consolidé des actifs au niveau de l'entreprise mère supérieure en France, autre qu'une société de groupe mixte d'assurance, évalué conformément aux dispositions du titre V du livre III, a dépassé au moins une fois, au cours des trois derniers exercices annuels, un seuil fixé par arrêté du ministre chargé de l'économie.

Le seuil mentionné aux 1° et 2° est fixé en tenant compte de la taille significative des personnes concernées, au regard des objectifs de la résolution mentionnés au I de l'article L. 311-22.

Les personnes mentionnées au 1° élaborent des plans préventifs de rétablissement sur une base individuelle, sauf si ces personnes appartiennent à un groupe tenu d'élaborer un tel plan en application du premier alinéa. Les personnes mentionnées au premier alinéa de ce 2° élaborent des plans préventifs de rétablissement de groupe au niveau de l'entreprise mère supérieure en France.

Les personnes mentionnées aux *[au]* 1° et au premier alinéa de ce 2° qui font partie d'un groupe dont l'entreprise mère supérieure est située à l'étranger peuvent être exemptées par le collège de supervision de l'Autorité de contrôle prudentiel et de résolution de l'obligation d'élaborer et de tenir à jour un plan préventif de rétablissement. — *Les personnes soumises à l'obligation d'élaborer un plan préventif de rétablissement en application du I de l'art. L. 311-5 remettent ce plan au plus tard le 1er juill. 2019 (Décr. n° 2018-179 du 13 mars 2018, art. 6).*

II. — Le collège de supervision peut en outre demander, au terme d'une procédure contradictoire, à toute personne mentionnée à l'article L. 311-1 mais se trouvant en deçà des seuils mentionnés aux 1° et 2° du I, et dont l'activité viendrait à présenter un risque spécifique en cas de défaillance ou exerçant une fonction critique au sens de l'article L. 311-2, de lui soumettre un plan préventif de rétablissement.

III. — Le collège de supervision peut autoriser certaines des personnes mentionnées aux I et II, en tenant compte des caractéristiques mentionnées à l'article L. 311-3, à élaborer un plan préventif de rétablissement selon des modalités simplifiées. Il peut retirer cette autorisation à tout moment.

IV. — Le plan préventif de rétablissement individuel ou de groupe vise à faire face à une détérioration significative de la situation financière des personnes concernées ou du groupe concerné en cas de crise. Il prévoit un large éventail de mesures qui permettraient, dans ce contexte, d'assurer le rétablissement de ces personnes. Il veille à éviter ou à réduire les effets négatifs de cette crise sur le système financier, y compris dans le cas où d'autres entreprises d'assurance, mutuelles ou unions ou institutions de prévoyance ou groupes seraient susceptibles de mettre en œuvre leur propre plan au cours de la même période.

Ce plan définit plusieurs indicateurs à l'aune desquels peut être décidé la mise en œuvre des mesures de rétablissement. Les personnes concernées mettent en place un dispositif de suivi régulier de ces indicateurs.

Il prévoit les dispositifs permettant d'assurer la coordination et la cohérence de ces mesures au niveau de la personne concernée, et le cas échéant, au sein du groupe, ainsi que les procédures permettant d'assurer leur mise en œuvre rapide.

Ce plan ne tient pas compte d'un soutien public éventuel.

V. — Les plans préventifs de rétablissement sont soumis, pour leur adoption et à chacune de leurs modifications, à l'approbation du conseil d'administration ou du conseil de surveillance de la personne concernée, préalablement à leur transmission au collège de supervision.

Le contenu de ces plans, leur périodicité, les informations transmises au collège de supervision et leurs conditions d'élaboration et de mise à jour sont précisés par arrêté du ministre chargé de l'économie.

Art. L. 311-6 Le collège de supervision examine les plans préventifs de rétablissement individuels et de groupe, au terme d'une procédure contradictoire.

Si le collège estime qu'un plan présente des lacunes importantes, il notifie sa décision à la personne lui ayant soumis le plan et l'invite à lui soumettre, dans un délai de deux mois prorogeable d'un mois, un plan modifié permettant de remédier à ces lacunes.

Si le collège considère que le plan qui lui est soumis à l'issue de ce délai est toujours insuffisant, il peut enjoindre à la personne concernée de le compléter sur les points suivants :

1° La réduction de son profil de risque, y compris le risque de liquidité ;

2° L'adoption de mesures rapides de recapitalisation ou d'amélioration de la couverture des exigences prudentielles ;

3° L'accroissement de sa capacité de rétablissement des fonctions critiques et des activités représentant une source importante de revenus ou de bénéfices.

Le collège de supervision communique au collège de résolution les plans préventifs de rétablissement, tels qu'ils résultent de son examen.

Art. L. 311-7 Un décret en Conseil d'État précise les conditions d'application de la présente section, notamment les modalités d'examen des plans par le collège de supervision et d'exemption de leur présentation par le même collège. *— V. art. R. 311-1 à R. 311-6.*

SECTION III **DISPOSITIONS RELATIVES À L'ÉLABORATION DES PLANS PRÉVENTIFS DE RÉSOLUTION**

Art. L. 311-8 I. — Le collège de résolution établit des plans préventifs de résolution individuels ou de groupe pour les seules personnes tenues d'élaborer un plan préventif de rétablissement en application des dispositions du I de l'article L. 311-5. Il établit ces plans après avis du collège de supervision.

Ces plans prévoient les mesures de résolution susceptibles d'être mises en œuvre, en application de la section VI, lorsque sont réunies les conditions de déclenchement d'une procédure de résolution mentionnées au III de l'article L. 311-18. Ces mesures se fondent sur un éventail d'options et de scénarios incluant notamment la possibilité que la défaillance de la personne concernée soit circonscrite et individuelle ou qu'elle survienne dans le cadre d'une situation défavorable exceptionnelle affectant une part significative de l'assurance ou de la réassurance. Ces plans ne tiennent pas compte d'un soutien public éventuel.

Les plans préventifs de résolution de groupe couvrent le groupe dans son ensemble. Ils prévoient les mesures de résolution susceptibles d'être prises, en application de la section VI, à l'encontre de l'entreprise mère supérieure établie en France, de ses entreprises liées établies sur le territoire de la République française mentionnées à l'article L. 311-1 et, sous réserve des dispositions en matière de coopération avec les autorités de résolution de pays étrangers, des entités du groupe implantées dans ces pays.

II. – Les personnes mentionnées au premier alinéa du I apportent toute information nécessaire et prêtent tout concours utile, compte tenu des informations dont dispose déjà l'Autorité de contrôle prudentiel et de résolution, à l'élaboration et à la mise à jour de ces plans.

Le contenu de ces plans, leur périodicité, les informations transmises au collège de résolution et les conditions de leur élaboration et de leur mise à jour régulière sont précisés par arrêté du ministre chargé de l'économie.

Art. L. 311-9 Le collège de résolution communique au collège de supervision les plans qu'il a établis ou mis à jour en application de l'article L. 311-8.

Le collège de résolution communique, selon le cas, à la personne mentionnée au I de l'article L. 311-8 ou à l'entreprise mère de cette personne une synthèse des principales mesures prévues par le plan qui leur est applicable et qui ne peut être communiquée à des tiers sans l'accord du collège de résolution, en dehors des cas où la loi prévoit une telle communication.

Art. L. 311-10 Un décret en Conseil d'État précise les conditions d'application de la présente section. – *V. art. R. 311-1 à R. 311-6.*

SECTION IV DISPOSITIONS RELATIVES À L'ANALYSE DE LA RÉSOLVABILITÉ

Art. L. 311-11 *(Abrogé par L. n° 2019-486 du 22 mai 2019, art. 206-XX)* « I. – » Lors de l'élaboration des plans préventifs de résolution individuels ou de groupe et lors de chacune de leurs mises à jour, le collège de résolution évalue dans quelle mesure les personnes concernées peuvent, soit faire l'objet d'une procédure collective selon les modalités prévues aux articles L. 310-25 et L. 310-25-1 ainsi qu'au chapitre VI du titre II du livre III du présent code, aux articles L. 212-15 à L. 212-16 du code de la mutualité et aux articles L. 931-18 à L. 931-18-2 du code de la sécurité sociale, soit faire l'objet d'une ou plusieurs des mesures de résolution mentionnées à la section VI, tout en assurant la continuité des fonctions critiques et sans entraîner, dans la mesure du possible, d'effet négatif significatif sur le système financier.

Le collège de résolution procède à cette évaluation après avis consultatif du collège de supervision. Aux fins de cette évaluation, il n'est pas tenu compte d'un soutien public éventuel. Les critères à prendre en compte pour y procéder sont précisés par arrêté du ministre chargé de l'économie.

Cette évaluation est jointe au plan préventif de résolution.

L'art. L. 311-1 n'a pas de II (Ord. n° 2017-1608 du 29 nov. 2017, art. 2).

Art. L. 311-12 I. – Lorsque, au terme de l'évaluation prévue à l'article L. 311-11, le collège de résolution constate qu'il existe d'importants obstacles à ce qu'une personne mentionnée à l'article L. 311-5 puisse faire l'objet, soit d'une procédure collective, soit de mesures de résolution dans les conditions mentionnées à ce même article, il notifie ce constat à la personne concernée et en informe le collège de supervision.

II. – Dans un délai de quatre mois à compter de cette notification, la personne concernée propose au collège de résolution des mesures visant à réduire ou supprimer les obstacles signalés. Le collège de résolution se prononce sur ces mesures après avis du collège de supervision.

III. – Lorsque le collège de résolution estime que les mesures proposées ne permettent pas de réduire ou de supprimer les obstacles signalés, il peut, après avoir consulté le collège de supervision, prendre toute mesure nécessaire dans un délai qu'il fixe à l'égard de la personne concernée et notamment lui :

1° Enjoindre de réexaminer les dispositifs de financement au sein du groupe ainsi que la fongibilité des éléments de fonds propres au sein du groupe ;

2° Enjoindre de réexaminer les moyens mis en place, notamment la nécessité de conclure des contrats de service au sein du groupe ou avec des tiers, pour assurer l'exercice ou la fourniture de fonctions critiques ;

3° Enjoindre de réexaminer le niveau de concentration de ses expositions individuelles ou agrégées, à l'actif et au passif de son bilan ;

4° Imposer des obligations d'information ponctuelles ou régulières supplémentaires de l'Autorité de contrôle prudentiel et de résolution aux fins de la résolution ;

5° Enjoindre de se séparer de certains actifs ;

6° Enjoindre de limiter ou interrompre certaines activités en cours ou prévues, ainsi que de restreindre ou interdire le développement d'activités nouvelles ou existantes ou la vente de produits nouveaux ou existants ;

7° Enjoindre de réexaminer les mécanismes de réassurance au sein du groupe ;

8° Enjoindre à cette personne ou à une entité qu'elle contrôle directement ou indirectement, de modifier ses structures juridiques ou opérationnelles afin d'en réduire la complexité et de permettre, en cas d'application des mesures de résolution, la séparation juridique et opérationnelle des fonctions critiques des autres fonctions.

IV. — Lorsque le collège de résolution a procédé à la notification prévue au I, il diffère l'adoption du plan préventif de résolution individuel ou de groupe portant sur la personne concernée jusqu'à l'approbation des mesures correctrices proposées par cette personne en application du II ou jusqu'à l'adoption de mesures prévues au III.

V. — Les décisions prévues aux II et III interviennent au terme d'une procédure contradictoire.

Art. L. 311-13 Un décret en Conseil d'État précise les conditions d'application de la présente section. – *V. art. R. 311-7.*

SECTION V DISPOSITIONS COMPLÉMENTAIRES ET RELATIVES AUX MESURES DE PRÉVENTION

Art. L. 311-14 Le collège de supervision de l'Autorité de contrôle prudentiel et de résolution peut enjoindre à une personne mentionnée à l'article L. 311-5 de prévoir, dans le cadre du plan de rétablissement ou du plan de convergence soumis à l'Autorité en application, respectivement, des articles L. 352-7 et L. 385-8 du présent code, ainsi que dans le programme de rétablissement qui lui est soumis en application de l'article L. 612-32 du code monétaire et financier, d'appliquer une ou plusieurs mesures figurant dans le plan préventif de rétablissement mentionné à la section II.

Le collège de supervision informe sans délai le collège de résolution de toute mesure prise en application du présent article ainsi que de celles prises en application de l'article L. 612-33 du code monétaire et financier.

Art. L. 311-15 I. – Sous réserve que les obligations essentielles du contrat continuent d'être assurées, la mise en œuvre d'une mesure de prévention ou de gestion de crise mentionnée aux articles L. 311-12, L. 311-14 ou L. 311-30 du présent code ou aux articles L. 612-33 et L. 612-34 du code monétaire et financier, qui est prise à l'égard d'une personne mentionnée à l'article L. 311-1 partie à ce contrat, ou la survenance de tout événement directement lié à l'application d'une telle mesure, ne permet pas :

1° D'exercer les droits de résiliation, de suspension, de modification et de compensation attachés à ce contrat ;

2° De devenir propriétaire d'un élément du patrimoine de cette personne ou de toute entité du même groupe ayant conclu avec elle un contrat qui comporte des stipulations en matière de défauts croisés, d'en user ou d'en disposer ou de faire valoir une sûreté ;

3° De porter atteinte aux droits contractuels de cette personne, ou de toute entité appartenant au même groupe ayant conclu avec elle un contrat qui comporte des stipulations en matière de défauts croisés.

II. – Les dispositions du I s'appliquent également lorsque le contrat mentionné à son premier alinéa est conclu par :

1° Une entreprise liée de la personne concernée dont les obligations sont garanties par une entité du groupe à laquelle cette entité appartient ;

2° Une entité appartenant au même groupe que la personne concernée, dès lors que ce contrat comporte des stipulations en matière de défauts croisés.

III. – Les dispositions du présent article sont des lois de police au sens de l'article 9 du règlement (CE) n° 593/2008 du Parlement européen et du Conseil du 17 juin 2008. Toutefois, les dispositions du I n'affectent pas les droits réels, au sens de la loi applicable, prévus par un contrat mentionné au I, d'un créancier ou d'un tiers sur des biens corporels ou incorporels, meubles ou immeubles, appartenant à cette personne et qui se trouvent, au moment de la mise en œuvre de la procédure de résolution, sur le territoire d'un autre État membre de l'Union européenne ou partie à l'Espace économique européen.

Art. L. 311-16 Pour chacune des personnes mentionnées à l'article L. 311-1, les modalités selon lesquelles est fixée la rémunération des dirigeants effectifs, au sens des articles L. 322-3-2 du présent code, L. 211-13 du code de la mutualité et L. 931-7-1 du code de la sécurité sociale *(L. n° 2019-486 du 22 mai 2019, art. 206-XX)* « , et des catégories de personnel dont les activités professionnelles ont une incidence significative sur le profil de risque de l'organisme ou du groupe, y compris les preneurs de risques, les personnes exerçant une fonction de contrôle ainsi que tout salarié qui, au vu de ses revenus professionnels globaux, se trouve dans la même tranche de rémunération, » prévoient les conditions dans lesquelles les éléments de rémunération variable, y compris les éléments de rémunération attribués mais non versés, et les indemnités ou avantages dus ou susceptibles d'être dus en raison de la cessation ou du changement de fonctions de ces personnes, peuvent être réduits ou annulés en cas de mise en œuvre de l'une ou plusieurs des mesures de résolution prévues à la section VI.

Le collège de résolution s'assure que ces modalités sont de nature à garantir une participation financière effective des personnes concernées à la résolution.

Art. L. 311-17 Un décret en Conseil d'État précise les conditions d'application de la présente section.

SECTION VI DISPOSITIONS RELATIVES À LA PROCÉDURE DE RÉSOLUTION

SOUS-SECTION 1 CONDITIONS D'OUVERTURE D'UNE PROCÉDURE DE RÉSOLUTION

Art. L. 311-18 I. – Le collège de supervision et les membres mentionnés aux 1° et 2° du I de l'article L. 612-8-1 du code monétaire et financier peuvent saisir le collège de résolution de l'Autorité de contrôle prudentiel et de résolution de la situation d'une personne mentionnée à l'article L. 311-1 en vue de la mise en œuvre d'une ou plusieurs mesures de résolution. Toutefois, dans le cas prévu au 6° du II du présent article, seul le membre du collège de résolution mentionné au 2° du I de l'article L. 612-8-1 susmentionné peut saisir le collège de résolution.

Les personnes exerçant la direction effective au sens des articles L. 322-3-2 du présent code, L. 211-13 du code de la mutualité et L. 931-7-1 du code de la sécurité sociale, le conseil d'administration ou le conseil de surveillance saisissent sans délai le collège de supervision s'ils considèrent que la défaillance de la personne mentionnée au premier alinéa est avérée ou prévisible au sens du II. Le collège de supervision en informe le collège de résolution et lui fait connaître les mesures prises, le cas échéant, à l'égard de cette personne.

II. – La défaillance d'une personne mentionnée à l'article L. 311-1 est avérée ou prévisible si cette personne relève de l'une des conditions suivantes :

1° Elle est susceptible de ne plus respecter les conditions de son agrément prévues aux articles L. 321-10, L. 321-1-1 ou L. 382-2 du présent code, L. 211-8, L. 211-8-1 ou L. 214-7 du code de la mutualité et L. 931-4, L. 931-4-1 ou L. 942-7 du code de la sécurité sociale ;

2° Si, à la fin du délai mentionné à l'article L. 352-7, l'Autorité de contrôle prudentiel et de résolution estime que la mise en place du plan de rétablissement prévu à ce même article n'a pas permis d'enregistrer des progrès significatifs dans le rétablissement du niveau de fonds propres éligibles correspondant au capital de solvabilité requis mentionné aux articles L. 352-1 et L. 356-15 ou dans la réduction du profil de risque afin de garantir la couverture de capital de solvabilité requis ;

3° Pour les fonds de retraite professionnelle supplémentaire mentionnés à l'article L. 381-1 du présent code, les mutuelles et unions de retraite professionnelle supplémentaire mentionnées à l'article L. 214-1 du code de la mutualité et les institution de retraite professionnelle supplémentaire mentionnées à l'article L. 942-1 du code de la sécurité sociale, si l'Autorité de contrôle prudentiel et de résolution estime que la mise en place du plan de convergence mentionné à l'article L. 385-8 du présent code n'a pas permis, dans un délai cohérent avec l'horizon des mesures prévues par ce plan, d'enregistrer des progrès significatifs pour couvrir l'exigence de marge de solvabilité ;

4° Pour les groupes mentionnés aux deuxième et troisième alinéas de l'article L. 356-2, si le groupe ne couvre plus le minimum de capital de solvabilité requis du groupe sur une base consolidée ;

5° Une personne mentionnée à l'article L. 311-1 est susceptible de ne pas être en mesure de s'acquitter de ses dettes, autres que les engagements qu'elle a contractés à l'égard de ses assurés, souscripteurs, adhérents, membres participants ou bénéficiaires ou de ses autres engagements à l'échéance ;

6° Un soutien exceptionnel est susceptible d'être requis des pouvoirs publics.

III. — Dans les cas où il est saisi en application du I, le collège de résolution ne peut prendre de mesure de résolution que si l'ensemble des conditions suivantes est rempli :

1° Le collège de supervision ou le collège de résolution, lorsqu'il est saisi par les membres mentionnés aux 1° et 2° du I de l'article L. 612-8-1 du code monétaire et financier et après avis conforme du collège de supervision, a établi que la défaillance d'une personne mentionnée à l'article L. 311-1 est avérée ou prévisible au sens du II ;

2° Cette défaillance ne peut être évitée, dans un délai raisonnable, autrement que par la mise en œuvre d'une mesure de résolution ;

3° Une mesure de résolution est nécessaire au regard des objectifs de la résolution mentionnés au I de l'article L. 311-22, et dès lors que la procédure de liquidation judiciaire prévue au chapitre VI du titre II du livre III du présent code, à la section III du chapitre II du titre Ier du livre II du code de la mutualité et à la section V du chapitre Ier du titre III du livre IX du code de la sécurité sociale, ne permettrait pas d'atteindre ces objectifs dans la même mesure ;

4° La valeur des actifs de la personne concernée, évalués conformément à l'article L. 351-1, est supérieure à celle de ses passifs évalués conformément aux modalités prévues au même article.

L'adoption des mesures mentionnées à l'article L. 311-14 ne constitue pas une condition préalable à l'adoption d'une mesure de résolution.

Lorsque le collège de résolution constate que les conditions mentionnées aux 1° à 4° sont remplies, la personne concernée est considérée comme soumise à une procédure de résolution. Cette décision intervient au terme d'une procédure contradictoire, dont le délai total peut être réduit à 48 heures s'il s'avère qu'un délai plus important serait de nature à faire obstacle aux mesures de résolution que le collège de résolution envisage de prendre.

Lorsque des circonstances particulières d'urgence le justifient et que les conditions mentionnées au *[aux]* 1° à 4° sont remplies, le collège de résolution peut, à titre provisoire, ordonner sans procédure contradictoire des mesures conservatoires mentionnées aux articles L. 311-30 et L. 311-31. Une procédure contradictoire est alors immédiatement engagée aux fins de lever, d'adapter ou de confirmer ces mesures conservatoires.

IV. — Lorsque le collège de résolution ou, le cas échéant, le collège de supervision constate que les conditions mentionnées aux 1° et 2° du III sont réunies, il en informe sans délai :

1° Le ministre chargé de l'économie et, le cas échéant, le ministre chargé de la mutualité ou le ministre chargé de la sécurité sociale ;

2° Le collège de supervision ou, le cas échéant, le collège de résolution ;

3° Le fonds de garantie des assurances obligatoires de dommages, le fonds de garantie des assurés contre la défaillance de sociétés d'assurance de personnes, le fonds de garantie contre la défaillance des mutuelles et des unions pratiquant des opérations d'assurances ou le fonds paritaire de garantie des institutions de prévoyance ;

4° Le cas échéant, les autorités compétentes des États membres de l'Union européenne ou parties à l'Espace économique européen dans lesquels la personne a régulièrement établi une succursale, ainsi que les autorités de résolution de ces États ;

5° Le cas échéant, les autorités compétentes des autres États membres de l'Union européenne ou parties à l'Espace économique européen et les autorités compétentes d'autres États, dans les conditions prévues à l'article L. 311-57.

Art. L. 311-19 Sans préjudice des dispositions de l'article L. 325-1, le collège de résolution peut décider de prononcer le retrait total ou partiel de l'agrément de la personne soumise à une procédure de résolution, le cas échéant après mise en œuvre de mesures de résolution.

La décision de retrait total d'agrément de cette personne n'emporte pas de plein droit la dissolution de l'entreprise.

La liquidation judiciaire, régie par le chapitre VI du titre II du livre III du présent code, à la section III du chapitre II du titre Ier du livre II du code de la mutualité ou à la section V du chapitre Ier du titre III du livre IX du code de la sécurité sociale, est, sauf disposition contraire, ouverte à la seule requête du collège de résolution.

Art. L. 311-20 Les articles L. 632-1 à L. 632-4 du code de commerce ne sont pas applicables aux mesures décidées par le collège de résolution en application du présent chapitre ni aux actes effectués par les personnes qu'il désigne en application de l'article L. 311-29.

Art. L. 311-21 Un décret en Conseil d'État précise les conditions d'application de la présente sous-section. – *V. art. R. 311-8.*

SOUS-SECTION 2 DISPOSITIONS RELATIVES À LA MISE EN ŒUVRE D'UNE MESURE DE RÉSOLUTION

Art. L. 311-22 I. – Lorsqu'il met en œuvre une mesure de résolution à l'égard d'une personne mentionnée à l'article L. 311-1, le collège de résolution veille à assurer la continuité des fonctions critiques résultant de l'activité de cette personne, à éviter ou à réduire les effets négatifs sur la stabilité financière, à protéger les ressources de l'État d'un recours à des aides financières publiques exceptionnelles ainsi qu'à la protection des droits des assurés, souscripteurs, adhérents, membres participants et bénéficiaires des garanties.

Le collège de résolution assure un juste équilibre entre ces objectifs, en fonction de la nature et des circonstances propres à chaque situation et personne concernées.

II. – Lorsqu'il prend une mesure de résolution, le collège de résolution veille à ce que celle-ci soit mise en œuvre sans préjudice des règles de droit commun en matière de responsabilité civile et pénale des personnes physiques ou morales.

III. – Lorsque la personne soumise à une procédure de résolution fait partie d'un groupe mentionné aux deuxième et troisième alinéas de l'article L. 356-2, le collège de résolution met en œuvre les mesures de résolution de manière à en réduire au maximum l'incidence sur les autres entités du groupe et sur le groupe dans son ensemble.

IV. – Lorsque le collège de résolution met en œuvre une ou plusieurs des mesures de résolution ayant pour effet la substitution d'employeurs, les dispositions du premier alinéa de l'article L. 1224-2 du code du travail ne sont pas applicables.

V. – Lorsque la mise en œuvre d'une mesure de résolution n'a pu donner lieu à l'information ou à la consultation préalable du comité d'entreprise dans les conditions prévues à l'article L. 2323-2 du code du travail, cette instance est réunie par l'employeur dès que possible.

Art. L. 311-23 Le collège de résolution ne peut se voir opposer aucune disposition ou stipulation dont l'application aurait pour effet de faire obstacle à une mesure de résolution.

En particulier, le collège de résolution est dispensé de l'obligation d'obtenir l'autorisation ou l'accord de toute autorité publique française ou de toute personne privée que l'opération envisagée aurait nécessité si elle avait été réalisée en dehors d'une procédure de résolution. Sont incluses parmi les personnes privées, les détenteurs de titres de capital mentionnés au chapitre II du titre Ier du livre II du code monétaire et financier ou d'autres titres de propriété, les assurés, souscripteurs, adhérents, membres participants et bénéficiaires, les créanciers de la personne soumise à une procédure de résolution, ainsi que les personnes garantissant ou cautionnant ses engagements ou ses actifs.

Les autres obligations, notamment de déclaration, de consultation, d'enregistrement ou de publication, applicables lors de la mise en œuvre d'une mesure de résolution sont remplies, dès lors qu'elles continuent de s'imposer, et dès que les circonstances le permettent.

Les dispositions du présent article sont des lois de police au sens de l'article 9 du règlement (CE) n° 593/2008 du Parlement européen et du Conseil du 17 juin 2008.

Art. L. 311-24 Lorsque la mise en œuvre d'une mesure de résolution implique la délivrance d'une autorisation ou d'un agrément, le collège de supervision se prononce dans les plus brefs délais afin de ne pas compromettre la mise en œuvre de cette mesure.

Lorsque cette mesure implique la délivrance d'une autorisation aux fins d'établissement dans un État non partie à l'Espace économique européen, l'Autorité de contrôle prudentiel et de résolution met en œuvre tous moyens utiles pour permettre à l'autorité compétente de l'État concerné de se prononcer dans les plus brefs délais afin de ne pas compromettre la mise en œuvre de cette mesure de résolution.

Art. L. 311-25 Les articles L. 211-36-1 à L. 211-38 du code monétaire et financier ne font pas obstacle à l'application des mesures imposées en application des dispositions de la présente section.

Art. L. 311-26 Sans préjudice des articles L. 142-9, L. 612-17 et L. 632-1 A du code monétaire et financier, des articles L. 311-18, L. 311-58, L. 421-9-5 et L. 423-6 du présent code, de l'article L. 431-6 du code de la mutualité et de l'article L. 931-40 du code de la sécurité sociale, sont tenues au secret professionnel, dans les conditions et sous les peines prévues à l'article L. 641-1 du code monétaire et financier, toutes les personnes ayant directement ou indirectement contribué à l'exercice des missions définies au 4° du II de l'article L. 612-1 du même code, y compris les acquéreurs ou bénéficiaires potentiels.

Cette obligation ne s'applique pas lorsque l'autorité ou la personne qui a communiqué ces informations confidentielles a donné son consentement exprès et préalable à leur divulgation et aux seules fins pour lesquelles elle a donné son accord.

Art. L. 311-27 Le collège de résolution peut procéder au recouvrement des sommes correspondant au montant de toute dépense justifiée exposée pour la mise en œuvre d'une ou plusieurs mesures de résolution. Ces dépenses doivent avoir été raisonnables et exposées à bon escient.

Art. L. 311-28 Un décret en Conseil d'État précise les conditions d'application de la présente sous-section, notamment les modalités d'ouverture d'une procédure de résolution.

SOUS-SECTION 3 DISPOSITIONS RELATIVES À L'UTILISATION DE POUVOIRS DE POLICE ADMINISTRATIVE EN PROCÉDURE DE RÉSOLUTION

Art. L. 311-29 I. – Le collège de résolution peut décider de désigner un administrateur de résolution, auprès de la personne mentionnée à l'article L. 311-1, auquel sont transférés tous les pouvoirs d'administration, de direction et de représentation de cette personne. Le collège de résolution définit le mandat de l'administrateur de résolution qui dispose des biens meubles et immeubles de la personne concernée dans l'intérêt d'une bonne administration et dans le respect du mandat qui lui aura été fixé pour les besoins de la procédure de résolution.

La durée du mandat de l'administrateur de résolution ne peut excéder un an. Elle peut exceptionnellement être prorogée si les conditions de sa nomination restent remplies à l'issue de ce délai. Le collège de résolution peut seul, et à tout moment, modifier ou mettre fin à son mandat.

La rémunération de l'administrateur de résolution est fixée par le collège de résolution. Elle est prise en charge, ainsi que les frais engagés par cet administrateur, par la personne auprès de laquelle il est désigné.

II. — Lorsque le collège de résolution décide de désigner un administrateur de résolution, il suspend ou révoque le ou les personnes exerçant la direction effective conformément au 1° du I de l'article L. 311-30.

Nonobstant toute disposition ou stipulation contraire, l'administrateur de résolution prend toutes les mesures nécessaires pour favoriser les objectifs de la résolution prévues au I de l'article L. 311-22 et met en œuvre les mesures de résolution décidées par le collège de résolution.

Le collège de résolution définit, s'il y a lieu, les cas dans lesquels l'administrateur de résolution a l'obligation de le consulter et d'obtenir son accord préalable avant de prendre une décision ou de convoquer une assemblée générale ou une commission paritaire. Il peut exiger que l'administrateur de résolution élabore et lui communique, selon une fréquence qu'il détermine, des rapports sur la situation financière de la personne soumise à la procédure de résolution.

III. — L'administrateur de résolution peut demander au collège de résolution de formuler la requête mentionnée aux articles L. 310-25 et L. 310-25-1 du présent code, L. 212-15 et L. 212-15-1 du code de la mutualité et L. 931-18 et L. 931-18-1 du code de la sécurité sociale.

En cas d'ouverture d'une procédure collective prévue au chapitre VI du titre II du livre III du présent code, au chapitre II du titre Ier du livre II du code de la mutualité et au chapitre Ier du titre III du livre IX du code de la sécurité sociale, l'interdiction de payer toute créance née antérieurement au jugement d'ouverture ne s'applique pas au paiement de la créance correspondant à la rémunération de l'administrateur de résolution.

En cas d'ouverture ou de prononcé d'une liquidation judiciaire, la créance correspondant à la rémunération de l'administrateur de résolution est payée par privilège avant toutes les autres créances, à l'exception de celles qui sont garanties par le privilège établi aux articles L. 3253-2, L. 3253-4 et L. 7313-8 du code du travail et des frais de justice visés au II de l'article L. 641-13 du code de commerce. Elle n'est pas soumise à l'obligation de déclaration.

Art. L. 311-30 *(Abrogé par L. n° 2019-486 du 22 mai 2019, art. 206-XX)* «*I.* — » Le collège de résolution peut, à l'égard d'une personne mentionnée à l'article L. 311-1 soumise à une procédure de résolution, décider de :

1° Suspendre ou révoquer, toute personne exerçant la direction effective au sens des articles L. 322-3-2 du présent code, L. 211-13 du code de la mutualité et L. 931-7-1 du code de la sécurité sociale ;

2° S'opposer à la poursuite du mandat d'une ou *[de]* plusieurs personnes physiques, y compris les représentants des personnes morales, membres du conseil d'administration ou du conseil de surveillance ;

3° Enjoindre à cette personne de déposer, dans un délai que le collège de résolution fixe et qui ne peut être inférieur à un mois, une demande de transfert de tout ou partie de son portefeuille de contrats d'assurance, d'opérations ou de bulletins d'adhésion à des contrats ou règlements, dans les conditions prévues aux articles L. 324-1 du présent code, L. 212-11 du code de la mutualité et L. 931-16 du code de la sécurité sociale ;

4° Prononcer, après avoir constaté l'échec de la procédure de transfert mentionnée au 3°, le transfert d'office de tout ou partie du portefeuille de contrats d'assurance, d'opérations ou de bulletins d'adhésion à des contrats ou règlements détenus par cette personne, dans les conditions prévues à l'article L. 311-31 ;

5° Limiter ou interdire temporairement l'exercice de certaines opérations ou activités par cette personne, y compris l'acceptation de primes ou cotisations ;

6° Suspendre, restreindre ou interdire temporairement la libre disposition de tout ou partie des actifs de la personne contrôlée ;

7° Exiger de cette personne la cession d'activités ;

8° Ordonner à cette personne de suspendre, retarder ou limiter, pour tout ou partie de son portefeuille, le paiement des valeurs de rachat, la faculté d'arbitrages, le versement d'avances sur contrat ou la faculté de renonciation ;

9° Interdire ou limiter la distribution d'un dividende aux actionnaires, d'une rémunération des certificats mutualistes ou paritaires aux sociétaires, membres adhérents et participants de cette personne ;

10° Enjoindre à cette personne de modifier sa forme juridique dans un délai que le collège de résolution fixe.

L'art. L. 311-30 n'a pas de II (Ord. n° 2017-1068 du 29 nov. 2017, art. 2).

V. art. R. 311-11 et R. 311-12.

Art. L. 311-31 Le collège de résolution procède au transfert d'office prévu au 4° du I de l'article L. 311-30 dans les conditions mentionnées aux premier, deuxième et troisième alinéas du I de l'article L. 612-33-2 du code monétaire et financier. Dans cette procédure, l'Autorité de contrôle prudentiel est représentée par le collège de résolution. Cette décision libère la personne dont les contrats ont été transférés de tout engagement envers les assurés, souscripteurs de contrats, adhérents et bénéficiaires de prestations, membres participants et bénéficiaires de bulletins d'adhésion à un règlement ou à des contrats.

Ce transfert intervient dans des conditions permettant de garantir une juste et préalable indemnisation de cette personne. Il peut s'accompagner d'un transfert d'actifs, dont le niveau et la composition sont approuvés par le collège de résolution dans le cadre de la décision de transfert. – *V. art. R. 311-13.*

Art. L. 311-32 Les détenteurs de titres de capital mentionnés au chapitre II du titre Ier du livre II du code monétaire et financier ou d'autres titres de propriété ou créanciers de la personne soumise à une procédure de résolution dont les biens, droits et obligations ne sont pas transférés n'ont aucun droit, direct ou indirect, sur les biens, droits ou obligations transférés à l'acquéreur.

Art. L. 311-33 Les mesures de résolution mentionnées à la présente sous-section et à la sous-section 4 peuvent être mises en œuvre par le collège de résolution de manière séparée ou combinée.

Art. L. 311-34 Un décret en Conseil d'État précise les conditions d'application de la présente sous-section, notamment les conditions de nomination et d'établissement du mandat de l'administrateur mentionné à l'article L. 311-22 et les modalités du transfert d'office de portefeuilles. – *V. art. R. 311-9 et R. 311-10.*

SOUS-SECTION 4 DISPOSITIONS RELATIVES À LA MISE EN PLACE D'UN ÉTABLISSEMENT-RELAIS

Art. L. 311-35 I. – Le collège de résolution peut, après avoir constaté l'échec de la procédure de transfert mentionnée au 3° de l'article L. 311-30, décider de mettre en place un établissement-relais. Ce dernier est chargé de recevoir, de façon temporaire, en une ou plusieurs fois, en vue d'une cession dans des conditions qu'il fixe dans le respect des règles de concurrence, tout ou partie des engagements et des actifs d'une personne soumise à une procédure de résolution.

L'établissement-relais est une personne morale distincte de la personne soumise à la procédure de résolution, créée sous forme de société anonyme, dont le collège de résolution approuve la composition de l'actionnariat, la stratégie et le profil de risque. Le collège de résolution peut également décider de limiter l'exercice par cet établissement-relais de certaines activités.

L'établissement-relais doit disposer de l'agrément nécessaire à l'exercice de ses activités et est soumis à la surveillance du collège de supervision en application de l'article L. 612-1 du code monétaire et financier.

II. — La nature des engagements, le niveau et la composition des actifs que l'établissement-relais reçoit sont déterminés par le collège de résolution, lequel veille à ce que la valeur totale, évaluée conformément aux dispositions du chapitre Ier du titre V du livre III du présent code, des passifs et engagements transférés à cet établissement-relais ne soit pas supérieure à la valeur totale des actifs et des droits transférés.

Tout transfert d'actifs ou de passifs au profit de l'établissement-relais nécessite l'accord préalable de ce collège.

Dans l'exercice de ses missions, l'établissement-relais n'a aucune obligation ni aucune responsabilité à l'égard des détenteurs de titres de capital ou d'autres titres de propriété et des créanciers de la personne soumise à la procédure de résolution.

Art. L. 311-36 La décision du collège de résolution qui prononce le transfert du portefeuille de contrats d'assurance, d'opérations ou de bulletins d'adhésion à des contrats ou règlements au profit d'un établissement-relais est publiée au *Journal officiel*. Cette décision libère la personne soumise à la procédure de résolution de tout engagement envers les assurés, souscripteurs, membres participants, adhérents, employeurs, personnes morales souscriptrices, des contrats et règlements transférés. *– V. art. R. 311-11.*

Art. L. 311-37 Pendant la durée de la procédure de résolution, tout élément d'actif ou de passif acquis par l'établissement-relais peut être rétrocédé à son propriétaire initial, sans que ce dernier puisse s'y opposer, ou transféré à un tiers.

Ce nouveau transfert ne peut être décidé par le collège de résolution que lorsqu'il a été expressément prévu par l'acte de transfert initial. L'article L. 311-24 s'applique aux décisions relatives à des rétrocessions et des transferts prévus au premier alinéa.

Les décisions du collège de résolution relatives à des rétrocessions et à des transferts prévus au premier alinéa sont publiées au Journal officiel. Cette décision libère l'établissement-relais de tout engagement envers les assurés, souscripteurs, membres participants, adhérents, employeurs, personnes morales souscriptrices, des contrats et règlements transférés.

Art. L. 311-38 Sur décision du collège de résolution, l'établissement-relais est réputé constituer une continuation de la personne soumise à une procédure de résolution. Cet établissement continue d'exercer tout droit détenu précédemment par cette personne sur les biens, droits ou obligations transférés, sans préjudice des dispositions de l'article L. 311-22.

Nonobstant toute disposition ou stipulation contraire, les contrats transférés à l'établissement-relais se poursuivent de plein droit sans qu'aucun droit de résiliation ne puisse être exercé du seul fait de ce transfert ou de cette cession.

Art. L. 311-39 Le collège de résolution retire l'agrément de l'établissement-relais au plus tard à l'expiration d'un délai de deux ans à compter du dernier transfert réalisé en application du II de l'article L. 311-35. Le collège de résolution peut décider de prolonger ce délai d'une période d'un an reconductible si les circonstances le justifient. Lorsque le collège de résolution retire l'agrément de l'établissement-relais, ce dernier est liquidé en application des dispositions du chapitre VI du titre II du livre III.

Art. L. 311-40 Un décret en Conseil d'État précise les conditions d'application de la présente sous-section. *- V. art. R. 311-14 et R. 311-16.*

SOUS-SECTION 5 DISPOSITIONS RELATIVES AU RECOURS À UNE STRUCTURE DE GESTION DE PASSIFS

Art. L. 311-41 I. — Pour les personnes mentionnées aux 1°, 2° et 4° à 6° de l'article L. 311-1 soumises à une procédure de résolution, le collège de résolution peut décider de recourir à une ou plusieurs structures de gestion de passifs auxquelles sont transférées en une ou plusieurs fois, tout ou partie des portefeuilles de contrats d'assurance et d'opérations ainsi qu'une partie de ses actifs. Ces structures sont chargées de gérer les engagements d'assurance qu'elles se sont vues transférer en gestion extinctive et jusqu'à épuisement de ces engagements.

Le collège de résolution détermine la nature des engagements d'assurance ainsi que le niveau et la composition des actifs qui sont transférés à la structure de gestion de passifs.

II. — La structure de gestion de passifs est établie sous la forme d'un patrimoine fiduciaire régi par un contrat de fiducie relevant des dispositions du titre XIV du livre III du code civil, à l'exception des articles 2017, 2024 et 2027 de ce même code.

Le constituant de cette fiducie est la personne soumise à la procédure de résolution. Les fiduciaires sont une ou plusieurs entreprises d'assurance mentionnées à l'article L. 310-1, distinctes de la personne soumise à la procédure de résolution. Les bénéficiaires de la fiducie sont les fiduciaires.

V. art. R. 323-12.

Art. L. 311-42 I. — Lorsque le collège de résolution décide de recourir à une structure de gestion de passifs mentionnée à l'article L. 311-41, il peut :

1° Enjoindre à la personne soumise à la procédure de résolution de lui soumettre, dans un délai qu'il fixe et qui ne peut être inférieur à un mois, un projet de contrat de fiducie portant sur les engagements et les actifs déterminés par le collège de résolution ;

2° Enjoindre à la personne en résolution, après avoir constaté l'échec de la procédure mentionnée au 3° du I de l'article L. 311-30 ou du 1°, de conclure un contrat de fiducie avec un ou plusieurs fiduciaires-bénéficiaires qu'il aura désignés.

II. — Lorsque dans le cadre du 2° du I, le collège de résolution décide de mettre en place une structure de gestion de passifs, et après l'échec de la procédure prévue au 3° du I de l'article L. 311-30 ou du 1° du I du présent article, il lance un appel d'offres en vue de désigner une ou plusieurs personnes susceptibles de tenir les rôles de fiduciaires et de bénéficiaires.

Le collège de résolution retient l'offre qui lui paraît le mieux préserver l'intérêt des assurés, membres participants, souscripteurs, adhérents, employeurs, personnes morales souscriptrices et bénéficiaires de prestations, transférés à la structure de gestion de passifs, notamment au regard de la capacité des personnes candidates à réaliser une gestion efficace des engagements concernés par le contrat de fiducie.

III. — Le collège de résolution approuve le contrat de fiducie, toutes ses modifications ultérieures ainsi que la stratégie de gestion proposée par le fiduciaire. Il peut également, par dérogation à l'article 2023 du code civil, limiter certains des pouvoirs du fiduciaire envers le patrimoine fiduciaire ou en soumettre l'usage à une approbation préalable du collège de résolution.

Le collège de résolution, avant la conclusion du contrat ou son renouvellement, précise les restrictions applicables à la gestion des engagements d'assurance du patrimoine fiduciaire. Ces restrictions visent à assurer une gestion exclusivement extinctive des engagements d'assurance. A ce titre, le collège de résolution interdit la conclusion de nouveaux contrats d'assurance. Le collège de résolution peut autoriser le maintien de certaines opérations si elles sont nécessaires au respect des engagements ou utiles à l'assainissement de la personne en résolution.

IV. — Le contrat de fiducie de la structure de gestion de passifs stipule notamment que :

1° En cas d'insuffisance du patrimoine fiduciaire, le patrimoine des fiduciaires-bénéficiaires supporte l'intégralité du passif résultant du contrat de fiducie. Le contrat ne peut recourir aux dispositions du troisième alinéa de l'article 2025 du code civil ;

2° Toute modification du contrat de fiducie est soumise à l'approbation du collège de résolution ;

3° Le contrat de fiducie prend fin sur décision du collège de résolution et dans les cas prévus à l'article L. 311-47 ;

4° La fin du contrat de fiducie entraîne l'incorporation au patrimoine du ou des fiduciaires-bénéficiaires des engagements et des actifs composant le patrimoine fiduciaire ;

5° Conformément aux dispositions des I et II de l'article L. 311-51, il peut être procédé à la mise à disposition par le constituant, au profit du ou des fiduciaires, des données de gestion, d'une prestation de service ou d'une éventuelle assistance technique permettant la gestion extinctive des engagements transférés ;

6° L'ouverture d'une procédure de sauvegarde, de redressement judiciaire ou de liquidation judiciaire à l'égard du constituant n'affecte pas le patrimoine fiduciaire ou le contrat de fiducie ;

7° Si le patrimoine fiduciaire dégage un bénéfice imposable, les fiduciaires-bénéficiaires dédommagent le constituant du montant d'impôt sur les sociétés dont il est redevable au titre de ce bénéfice, en application de l'article 238 *quarter* *[quater]* F du code général des impôts ;

8° Si le patrimoine fiduciaire dégage des pertes ouvrant droit à un crédit d'impôt au profit du constituant, celui-ci ne dédommage le fiduciaire que si ce crédit d'impôt lui permet de réduire sa charge d'impôt à acquitter ;

9° Les modalités de rémunération du ou des fiduciaires.

Dans le cas où plusieurs fiduciaires-bénéficiaires sont désignés par le contrat, celui-ci prévoit :

1° Les modalités de répartition du patrimoine fiduciaire entre les fiduciaires-bénéficiaires lorsque le contrat prend fin, conformément au 4° ;

2° La façon dont les fiduciaires prennent les décisions portant sur le patrimoine fiduciaire ;

3° La façon dont ils se répartissent les actes relatifs à la gestion du patrimoine fiduciaire et dont ils s'en rendent mutuellement compte ;

4° Sans préjudice du 3°, les conditions dans lesquelles un fiduciaire-bénéficiaire peut mettre fin à son engagement ou être remplacé par une autre entreprise d'assurance ;

5° Les modalités de conservation du patrimoine fiduciaire applicables en cas de disparition d'un des fiduciaire-bénéficiaires, qui précisent qu'en cas de liquidation du dernier fiduciaire-bénéficiaire, le patrimoine fiduciaire est en totalité intégré au patrimoine de cette personne ;

6° Les conditions dans lesquelles les fiduciaires-bénéficiaires peuvent demander la fin du contrat de fiducie conformément aux dispositions du cinquième alinéa du I de l'article L. 311-47.

V. — Aux fins du I, le collège de résolution peut prévoir des critères portant sur la solvabilité ou le profil de risque du fiduciaire au moment de la conclusion du contrat de fiducie. Il peut également limiter certains des pouvoirs du ou des fiduciaires envers le patrimoine fiduciaire ou en soumettre l'usage à une approbation préalable du collège de résolution.

VI. — La conclusion de ce contrat intervient dans des conditions permettant de garantir une juste et préalable indemnisation de la personne mentionnée à l'article L. 311-1. Cette indemnisation peut s'accompagner d'un transfert d'actifs, dont le niveau et la composition sont approuvés par le collège de résolution dans le cadre de la décision de transfert.

V. art. R. 311-11 à R. 311-13.

Art. L. 311-43 Le fiduciaire rend régulièrement compte de la gestion de la structure de gestion de passifs au collège de résolution, selon des modalités définies par ce dernier. Par dérogation à l'article 2022 du code civil, le contrat de fiducie peut prévoir que le fiduciaire ne rend pas compte de sa mission au constituant.

Dans l'exercice de ses missions, le fiduciaire n'a aucune obligation ni aucune responsabilité à l'égard des détenteurs de titres de capital ou d'autres titres de propriété et des créanciers de la personne soumise à la procédure de résolution.

Art. L. 311-44 Chaque année, le fiduciaire évalue le montant des actifs et des passifs du patrimoine fiduciaire conformément aux dispositions du titre IV du livre III et du chapitre Ier du titre V du même livre III. Les résultats de ces évaluations sont communiqués au collège de résolution selon des modalités définies par ce dernier.

Art. L. 311-45 La décision du collège de résolution approuvant le contrat de fiducie mentionné au I de l'article L. 311-42 est publiée au *Journal officiel*. Par dérogation à l'article 2018-2 du code civil, cette publication rend opposable à tout débiteur la cession de sa créance résultant de la constitution de la fiducie.

Cette décision libère, pour la durée du contrat de fiducie ou jusqu'à ce que ce dernier s'achève en application de l'article L. 311-47, la personne soumise à la procédure de résolution de tout engagement envers les assurés, membres participants, souscripteurs employeurs, personnes morales souscriptrices des contrats transférés, adhérents et bénéficiaires de prestations relatives aux contrats transférés.

Art. L. 311-46 Sauf décision contraire du collège de résolution, la structure de gestion de passifs est réputée constituer une continuation de la personne soumise à une procédure de résolution au titre des droits et obligations qui lui sont transférés. Elle continue d'exercer tout droit détenu précédemment par cette personne sur les biens, droits ou obligations transférés.

Sans préjudice de toute disposition ou stipulation contraire, les contrats transférés à la structure de gestion de passifs se poursuivent de plein droit sans qu'aucun droit de résiliation ne puisse être exercé du seul fait de ce transfert.

Art. L. 311-47 I. — La structure de gestion de passifs mentionnée à l'article L. 311-41 prend fin sur décision du collège de résolution, lorsque l'une des conditions suivantes est remplie :

1° La structure de gestion de passifs a été déchargée de l'ensemble des engagements qui lui avaient été transférés ou y a satisfait ;

2° La structure de gestion de passifs ne dispose plus d'actifs ;

3° Une procédure de sauvegarde, de redressement judiciaire ou de liquidation judiciaire est ouverte à l'égard du dernier bénéficiaire du contrat de fiducie.

Le fiduciaire-bénéficiaire peut également soumettre une demande en ce sens au collège de résolution.

II. — Lorsque le collège de résolution décide de mettre fin à une structure de gestion de passifs, les engagements et les actifs du patrimoine fiduciaire sont intégralement incorporés au patrimoine du fiduciaire-bénéficiaire sans possibilité pour ce dernier de renoncer à certains actifs ou engagements. Cette décision est publiée au *Journal officiel*.

Art. L. 311-48 I. — Lorsque le collège de résolution estime qu'un des fiduciaires-bénéficiaires manque à ses obligations ou que sa situation financière s'est significativement dégradée et ne lui permet plus d'assurer ses engagements à l'égard du patrimoine fiduciaire qui lui a été transféré, il peut :

1° Enjoindre au fiduciaire bénéficiaire concerné de lui soumettre, dans un délai qu'il fixe et qui ne peut être inférieur à quatre mois, une demande de modification du contrat de fiducie emportant la reprise de ses droits et obligations nés du contrat de fiducie conclu avec la personne soumise à une procédure de résolution ;

2° Prononcer, après avoir constaté l'échec de la procédure mentionnée au 1°, la cession des droits et obligations nés du contrat de fiducie à un ou plusieurs fiduciaires-bénéficiaires qu'il désigne.

Le nouveau fiduciaire est désigné dans les conditions prévues au II. La décision du collège de résolution emporte de plein droit dessaisissement du fiduciaire-bénéficiaire initial et transfert des droits et obligations nés du contrat de fiducie du fiduciaire dans le chef de son remplaçant.

II. – Lorsque le collège de résolution décide de substituer un fiduciaire-bénéficiaire, et après l'échec de la procédure visée au 1° du I, il lance un appel d'offres visant à désigner une entreprise d'assurance mentionnée à l'article L. 310-1 susceptible de reprendre les droits et obligations nés du contrat de fiducie de la personne mentionnée au premier alinéa du I.

Le collège de résolution retient l'offre qui lui paraît le mieux préserver l'intérêt des assurés, membres participants, adhérents et bénéficiaires de prestations, employeurs, personnes morales souscriptrices, souscripteurs de contrats transférés à la structure de gestion de passifs, notamment au regard de la capacité des personnes candidates à réaliser une gestion efficace des engagements concernés par le contrat de fiducie.

III. – Aux fins du I, le collège de résolution peut prévoir des critères portant sur la solvabilité ou le profil de risque du fiduciaire-bénéficiaire au moment de la conclusion du contrat. Il peut également limiter certains des pouvoirs du ou des fiduciaires-bénéficiaires envers le patrimoine fiduciaire ou en soumettre l'usage à une approbation préalable du collège de résolution.

IV. – Le transfert de ces droits et obligations intervient dans des conditions permettant de garantir une juste et préalable indemnisation de la personne mentionnée au premier alinéa du I. Cette indemnisation peut s'accompagner d'un transfert d'actifs, dont le niveau et la composition sont approuvés par le collège de résolution dans le cadre de la décision de transfert.

V. – La décision du collège de résolution est publiée au *Journal officiel*. Cette décision est opposable aux autres fiduciaires-bénéficiaires et, par dérogation à l'article 2018-2 du code civil, cette publication rend opposable à tout débiteur la cession de sa créance résultant du transfert de la fiducie.

V. art. R. 311-11 à R. 311-13.

Art. L. 311-49 Un décret en Conseil d'État précise les conditions d'application de la présente sous-section.

SOUS-SECTION 6 DISPOSITIONS DE PROCÉDURE ET RESPECT DES DROITS DES ASSURÉS ET CRÉANCIERS

Art. L. 311-50 Un transfert de propriété de titres de capital mentionnés au chapitre II du titre Ier du livre II du code monétaire et financier ou d'autres titres de propriété, ainsi que des biens, droits ou obligations d'une personne soumise à une procédure de résolution ou d'un établissement-relais est réalisé au meilleur prix en fonction des circonstances, selon une procédure ouverte, transparente et non discriminatoire et dans le respect d'une valorisation effectuée en application de l'article L. 351-1. – *V. art. R. 311-11.*

Art. L. 311-51 I. – Le collège de résolution peut imposer à une personne mentionnée à l'article L. 311-1 ayant fait l'objet d'un transfert prévu aux 3° ou 4° de l'article L. 311-30, à l'article L. 311-35 ou à l'article L. 311-41 et à l'acquéreur qu'ils s'échangent des informations ou qu'ils se portent assistance pour les besoins du transfert.

Afin que ces transferts soient effectifs, le collège de résolution peut imposer à la personne soumise à une procédure de résolution, ou à toute entité du groupe auquel elle appartient, de fournir à l'acquéreur les services ou infrastructures qui lui sont nécessaires, à l'exclusion de toute forme de soutien financier.

Le collège de résolution prend également toute disposition permettant d'assurer la continuité des droits et engagements liés à l'activité transférée. Ces dispositions ont notamment pour objet d'assurer la substitution de l'acquéreur à la personne concernée dans toute procédure juridictionnelle relative à un élément qu'il a acquis.

II. – Lorsqu'une procédure de liquidation judiciaire est ouverte ou prononcée en application du chapitre VI du titre II du livre III du présent code, de la section III du chapitre II du titre Ier du livre II du code de la mutualité et de la section V du chapitre Ier du titre III du livre IX du code de la sécurité sociale à l'égard d'une personne soumise à une procédure de résolution, les offres de reprise sont soumises à l'approbation du collège de résolution. Ce dernier s'assure que ces offres prévoient, s'il y a lieu, le maintien des services ou infrastructures mentionnés au deuxième alinéa du I. En cas de demande de modification substantielle dans les objectifs et les moyens du plan de cession des actifs, le collège de résolution se prononce aux mêmes fins, à la demande du cessionnaire, avant que le tribunal ne statue.

Art. L. 311-52 I. — Lorsqu'il prononce le transfert d'une partie des biens, droits et obligations d'une personne soumise à une procédure de résolution au profit d'une autre entité ou d'une structure de gestion de passifs, le collège de résolution veille, sous réserve des dispositions de l'article L. 311-15, à la protection des contrats de garantie et des obligations garanties auxquels participe cette personne, ainsi qu'à la protection de ses contreparties.

Il en va de même lorsque le collège de résolution a prononcé le transfert d'une partie des biens, droits et obligations d'un établissement-relais au profit d'une autre personne.

II. — Les droits et obligations qui résultent d'un contrat de garantie financière avec transfert de propriété auquel participe une personne mentionnée à l'article L. 311-1 soumise à une procédure de résolution ne peuvent faire l'objet d'un transfert partiel ni être modifiés ou résiliés lorsque le collège de résolution met en œuvre les dispositions de la présente section. Sont concernés les droits et obligations qui peuvent être compensés ou, après déchéance de leur terme, être compensés ou convertis en un solde unique.

III. — Lorsque le collège de résolution prend une mesure de résolution, il veille, s'agissant des engagements couverts par un contrat de garantie, à ce que les dettes et créances du constituant de la garantie et du bénéficiaire de celle-ci, ainsi que les obligations financières garanties ne puissent pas être transférées séparément.

IV. — Les biens, droits et obligations qui constituent tout ou partie d'un mécanisme de financement structuré auquel participe une personne soumise à la procédure de résolution ne peuvent pas être partiellement transférés ni être modifiés ou résiliés par l'exercice d'une mesure de résolution.

Art. L. 311-53 I. — Lorsqu'il adopte une mesure de résolution à l'égard d'une personne mentionnée à l'article L. 311-1, le collège de résolution notifie sa décision :

1° Au ministre chargé de l'économie et, le cas échéant, au ministre chargé de la mutualité ou au ministre chargé de la sécurité sociale ;

2° Au collège de supervision ;

3° Au ou aux fonds concernés parmi lesquels le fonds de garantie des assurances obligatoires de dommages, le fonds de garantie des assurés contre la défaillance de sociétés d'assurance de personnes, le fonds de garantie contre la défaillance des mutuelles et des unions pratiquant des opérations d'assurances et le fonds paritaire de garantie des institutions de prévoyance ;

4° Le cas échéant, aux autorités compétentes des États partie à l'accord sur l'Espace économique européen dans lesquels la personne a régulièrement établi une succursale, ainsi que les autorités de résolution de ces États.

(L. nº 2019-486 du 22 mai 2019, art. 206-XX) « II. — » Le collège de résolution procède à la publication de sa décision ou d'un communiqué présentant, le cas échéant, les effets de la mesure de résolution pour les assurés ou de l'avis précisant les conditions et la durée des mesures prévues aux 8° et 9° du I de l'article L. 311-30, suivant des modalités précisées par un décret en Conseil d'État.

Lorsque les instruments financiers émis par la personne concernée par la décision ne sont pas admis à la négociation sur un marché réglementé, le collège de résolution veille à ce que les informations prévues au premier alinéa soient communiquées à l'assemblée générale ou à la commission paritaire de la personne sujette à la mesure.

Art. L. 311-54 L'annulation des mesures prises en application de la présente section n'affecte pas la validité des actes pris pour leur application lorsque la remise en cause de ces actes est de nature à porter atteinte aux intérêts des assurés, souscripteurs, employeurs, personnes morales souscriptrices, adhérents, membres participants et bénéficiaires, sauf en cas de fraude de ceux-ci. Dans ce cas, l'indemnisation des demandeurs est limitée à la compensation des pertes subies.

Art. L. 311-55 Un décret en Conseil d'État précise les conditions d'application de la présente sous-section. *- V. art. R. 311-17 à R. 311-20.*

SECTION VII COOPÉRATION ET ÉCHANGE D'INFORMATIONS

Art. L. 311-56 Par dérogation aux dispositions de la loi n° 68-678 du 26 juillet 1968 relative à la communication de documents et renseignements d'ordre économique, commercial, industriel, financier ou technique à des personnes physiques ou morales étrangères, le collège de résolution et le collège de supervision peuvent, pour l'accomplissement de leur mission de prévention et de résolution, échanger des informations couvertes par le secret professionnel avec :

1° Le ministre chargé de l'économie, le ministre chargé de la mutualité ou le ministre chargé de la sécurité sociale ;

2° La Banque de France, l'Institut d'émission des départements d'outre-mer et l'Institut d'émission d'outre-mer, dans les conditions prévues à l'article L. 631-1 du code monétaire et financier ;

3° L'Autorité des marchés financiers ;

4° Le fonds de garantie des assurances obligatoires de dommages, le fonds de garantie des assurés contre la défaillance de sociétés d'assurance de personnes, le fonds de garantie contre la défaillance des mutuelles et des unions pratiquant des opérations d'assurances et le fonds paritaire de garantie des institutions de prévoyance, dans les conditions prévues à l'article L. 631-1 du code monétaire et financier ;

5° Les personnes ou services visés au II de l'article L. 612-17 du code monétaire et financier, dans les conditions prévues à ce même article ;

6° Le Haut Conseil de stabilité financière, dans les conditions prévues à l'article L. 631-2-1 du code monétaire et financier ;

7° Les commissaires aux comptes, dans les conditions prévues à l'article L. 612-44 du code monétaire et financier ;

8° Tout *[Toute]* personne ayant manifesté un intérêt sérieux à l'acquisition du patrimoine ou à la reprise de l'activité d'une personne soumise à une procédure de résolution.

Art. L. 311-57 Par dérogation aux dispositions de la loi n° 68-678 du 26 juillet 1968 relative à la communication de documents et renseignements d'ordre économique, commercial, industriel, financier ou technique à des personnes physiques ou morales étrangères, le collège de résolution et le collège de supervision peuvent, pour l'accomplissement de leur mission de prévention et de résolution, échanger des informations couvertes par le secret professionnel avec :

1° Les autorités exerçant des fonctions homologues dans les autres États membres de l'Union européenne ou partie à l'Espace économique européen, pour l'accomplissement de leurs missions respectives ;

2° L'Autorité européenne des assurances et des pensions professionnelles mentionnée à l'article 1er du règlement (UE) *[n°]* 1094/2010 du Parlement européen et du Conseil ;

3° La Banque centrale européenne dans le cadre du Mécanisme de supervision unique institué par le règlement (UE) n° 1024/2013 du Conseil, et avec le Conseil de résolution unique institué par le règlement (UE) n° 806/2014 du Parlement européen et du Conseil ;

4° Les autorités de pays tiers remplissant des fonctions équivalentes en matière de résolution des organismes d'assurance, dans les conditions prévues aux articles L. 632-7, L. 632-13 et L. 632-15 du code monétaire et financier.

Art. L. 311-58 Le collège de résolution établit et met à jour les plans préventifs de résolution mentionnés à l'article L. 311-8 et procède, s'il y a lieu, à l'évaluation prévue à la section IV, après consultation des autorités de résolution des autres États concernés.

Art. L. 311-59 I. – Pour les personnes mentionnées à l'article L. 311-1 qui ont des filiales établies à l'étranger ainsi que pour les personnes mentionnées à l'article L. 311-1 appartenant à un groupe transfrontalier dans lequel l'une au moins des entités appartient au secteur de l'assurance et l'une au moins des entités appartient au secteur bancaire ou à celui des services d'investissement ou à un groupe transfrontalier soumis à la surveillance complémentaire des conglomérats financiers en vertu de l'article L. 633-1 du code monétaire et financier :

1° Lorsque le collège de résolution établit et met à jour un plan préventif de résolution de groupe, en application de l'article L. 311-8, il associe, le cas échéant, à ces travaux les autorités homologues compétentes, dans les conditions prévues à l'article L. 311-46 ;

2° Lorsqu'il procède à l'évaluation mentionnée à l'article L. 311-11, lorsqu'il adopte les mesures prévues au III de l'article L. 311-12 du même code, et lorsqu'il élabore le rapport prévu à l'article L. 311-14, le collège de résolution peut, le cas échéant, associer les autorités homologues compétentes, dans les conditions prévues à l'article L. 311-57 ;

3° Lorsque le collège de résolution met en œuvre à l'égard d'une personne mentionnée à l'article L. 311-1, soumise ou non à un contrôle de groupe par l'Autorité de contrôle prudentiel et de résolution en application de l'article L. 356-2, une ou plusieurs des mesures de résolution mentionnées aux sous-sections 3 et 4 de la section VI, il en informe, sans délai, les autorités compétentes des autres États membres de l'Union européenne ou parties à l'Espace économique européen et, le cas échéant, les autorités compétentes des autres États, dans les conditions prévues à l'article L. 311-57.

II. – Afin de faciliter la coopération, l'Autorité de contrôle prudentiel et de résolution peut constituer un collège regroupant l'ensemble des autorités homologues compétentes. Elle conclut avec les autres autorités concernées un accord de coordination portant sur la création et le fonctionnement de ce collège.

Art. L. 311-60 Pour les personnes mentionnées à l'article L. 311-1 qui sont des entités d'un groupe dont l'entreprise mère supérieure est établie à l'étranger, l'Autorité de contrôle prudentiel et de résolution coopère avec les autorités homologues compétentes dans les conditions prévues au I de l'article L. 311-57.

Afin de faciliter cette coopération, l'Autorité peut participer à des collèges regroupant les autorités homologues compétentes pour les entités du groupe établies à l'étranger. Elle peut conclure avec ces autres autorités concernées un accord de coordination portant sur la création et le fonctionnement de ces collèges.

Art. L. 311-61 Un décret en Conseil d'État précise les conditions d'application de la présente section. – *V. art. R. 311-21 à R. 311-26.*

TITRE DEUXIÈME RÉGIME ADMINISTRATIF

CHAPITRE PREMIER LES AGRÉMENTS

SECTION PREMIÈRE AGRÉMENT ADMINISTRATIF DES ENTREPRISES D'ASSURANCE ET DE RÉASSURANCE AYANT LEUR SIÈGE SOCIAL EN FRANCE *(Ord. n° 2008-556 du 13 juin 2008, art. 2-1°).*

Art. L. 321-1 *(L. n° 94-5 du 4 janv. 1994)* « Les entreprises mentionnées au 1° de l'article L. 310-2 » ne peuvent commencer leurs opérations qu'après avoir obtenu un agrément administratif *(L. n° 2003-706 du 1er août 2003, art. 29-II, 10° ; Ord. n° 2010-76 du 21 janv. 2010, art. 8-II, 1°)* « délivré par l'Autorité de contrôle prudentiel et de résolution mentionné à l'article L. 612-1 du code monétaire et financier ». *(L. n° 89-1014 du 31 déc. 1989)* « Toutefois, en ce qui concerne les opérations d'acceptation en réassurance, cet agrément n'est pas exigé. »

L'agrément est accordé sur demande de l'entreprise, pour les opérations d'une ou plusieurs branches d'assurance. L'entreprise ne peut pratiquer que les opérations pour lesquelles elle est agréée.

(L. nº 85-608 du 11 juin 1985 ; L. nº 94-5 du 4 janv. 1994) **« Aucun agrément ne peut être accordé à une même entreprise pour des opérations définies au 1º de l'article L. 310-1 et pour des opérations définies au 3º du même article.**

« Aucun agrément ne peut être accordé à une même entreprise pour des opérations définies au dernier alinéa de l'article L. 310-1 et pour des opérations définies aux 1º, 2º, 3º du même article.

« Aucun agrément ne peut être accordé à une entreprise tontinière pour des opérations autres que tontinières. »

(Ord. nº 2004-1201 du 12 nov. 2004 ; Ord. nº 2008-556 du 13 juin 2008, art. 2-2º) **« Avant l'octroi d'un agrément à une entreprise d'assurance qui est :**

« *a)* Soit une filiale d'une entreprise d'assurance ou de réassurance agréée dans un autre État membre ou partie à l'accord sur l'Espace économique européen ;

« *b)* Soit une filiale de l'entreprise mère d'une entreprise d'assurance ou de réassurance agréée dans un autre État membre ou partie à l'accord sur l'Espace économique européen ;

« *c)* Soit une entreprise contrôlée par une personne, physique ou morale, qui contrôle également une entreprise d'assurance ou de réassurance agréée dans un autre État membre ou partie à l'accord sur l'Espace économique européen,

« les autorités compétentes de l'autre État membre ou partie à l'accord sur l'Espace économique européen concerné sont consultées. »

(L. nº 2021-1308 du 8 oct. 2021, art. 42) **« Avant l'octroi d'un agrément à une entreprise d'assurance dont le programme d'activité prévoit qu'une partie des opérations sera fondée sur la libre prestation de services ou la liberté d'établissement dans un autre État membre et lorsque ce programme d'activité montre que les activités en question sont susceptibles d'avoir un effet significatif sur le marché de l'État membre d'accueil, l'Autorité de contrôle prudentiel et de résolution en informe l'Autorité européenne des assurances et des pensions professionnelles et l'autorité de contrôle de l'État membre d'accueil concerné.**

« L'information mentionnée à l'avant-dernier alinéa du présent article est suffisamment détaillée pour permettre une évaluation correcte de la situation par l'Autorité européenne des assurances et des pensions professionnelles et l'autorité de contrôle de l'État membre d'accueil. »

V. art. R. 321-1 s.

V. Instr. ACPR (http://acpr.banque-france.fr) :

– nº 2015-I-15 du 30 juin 2015 relative à la composition des dossiers d'agrément ou d'extension d'agrément administratif pour les organismes d'assurance ou de réassurance ;

– nº 2016-I-06 du 14 janv. 2016 relative à la composition du dossier de conclusion ou d'avenant à une convention de substitution ;

– nº 2016-I-19 du 27 juin 2016 relative aux modalités de déclaration des informations concernant les états S.16.01, S.19.01, S.20.01, S.21.01, S.29.03 et S.29.04 du règlement d'exécution (UE) nº 2015/2450 à communiquer par les organismes d'assurance et de réassurance relevant du régime dit « Solvabilité II ».

1. Sur la distinction entre les entreprises d'assurances et les sociétés mutualistes, V. notes ss. art. L. 111-1.

2. Protection juridique. Une société, qui pratique le recouvrement de créances, la protection juridique et la documentation d'ordre administratif, juridique et fiscal, ne peut pratiquer licitement la protection juridique, dès lors qu'elle n'a pas été agréée à cet effet. • Civ. 1re, 24 janv. 1990 : *RGAT 1990. 80, obs. Kullmann.* ♦ Un contrat se présentant sous la forme d'un feuillet double, dont les deux premières pages concernent un « contrat d'abonnement à indices variables » et les deux dernières un « mandat forfaitaire de recours et de défense amiable et judiciaire » à la nature d'un contrat d'assurance et encourt la nullité dès lors qu'il est conclu par une société qui ne satisfait pas aux conditions imposées par la loi aux sociétés se livrant aux opérations d'assurance. • Civ. 1re, 22 mai 1964 : *Bull. civ. I, nº 257 ; RGAT 1965. 49.* ♦ Comp. • Civ. 1re, 20 févr. 1962 : *Bull. civ. I, nº 113 ; RGAT 1963. 50,* (refusant la qualification de contrat d'assurance à un contrat de « défense » qui laissait le souscripteur libre de ne pas faire appel à la société).

Art. L. 321-1-1 *(Ord. nº 2008-556 du 13 juin 2008, art. 2-3º)* **I. — Les entreprises mentionnées au 1º du III de l'article L. 310-1-1 ne peuvent commencer leurs opéra-**

tions qu'après avoir obtenu un agrément administratif délivré par l'Autorité de contrôle prudentiel et de résolution.

Elles ne peuvent pratiquer que les opérations pour lesquelles elles sont agréées.

L'agrément est accordé sur demande de l'entreprise, pour la réassurance des opérations relevant soit du 1° de l'article L. 310-1, soit du 2° et du 3° de l'article L. 310-1, soit pour la réassurance de l'ensemble de ces opérations.

II. — Avant l'octroi d'un agrément à une entreprise de réassurance qui est :

1° Soit une filiale d'une entreprise d'assurance ou de réassurance agréée dans un autre État membre de la Communauté européenne ou dans un autre État partie à l'accord sur l'Espace économique européen ;

2° Soit une filiale de l'entreprise mère d'une entreprise d'assurance ou de réassurance agréée dans un autre État membre de la Communauté européenne ou dans un autre État partie à l'accord sur l'Espace économique européen ;

3° Soit une entreprise contrôlée par une personne, physique ou morale, qui contrôle également une entreprise d'assurance ou de réassurance agréée dans un autre État membre de la Communauté européenne ou dans un autre État partie à l'accord sur l'Espace économique européen,

l'Autorité de contrôle prudentiel et de résolution consulte les autorités compétentes de l'autre État membre de la Communauté européenne ou de l'État partie à l'accord sur l'Espace économique européen concerné.

(L. n° 2021-1308 du 8 oct. 2021, art. 42) « Avant l'octroi d'un agrément à une entreprise de réassurance dont le programme d'activité prévoit qu'une partie des opérations sera fondée sur la libre prestation de services ou la liberté d'établissement dans un autre État membre et lorsque ce programme d'activité montre que les activités en question sont susceptibles d'avoir un effet significatif sur le marché de l'État membre d'accueil, l'Autorité de contrôle prudentiel et de résolution en informe l'Autorité européenne des assurances et des pensions professionnelles et l'autorité de contrôle de l'État membre d'accueil concerné.

« L'information mentionnée à l'avant-dernier alinéa du présent II est suffisamment détaillée pour permettre une évaluation correcte de la situation par l'Autorité européenne des assurances et des pensions professionnelles et l'autorité de contrôle de l'État membre d'accueil. »

V. Instr. ACPR (http://acpr.banque-france.fr) :

– n° 2015-I-15 du 30 juin 2015 relative à la composition des dossiers d'agrément ou d'extension d'agrément administratif pour les organismes d'assurance ou de réassurance ;

– n° 2016-I-06 du 14 janv. 2016 relative à la composition du dossier de conclusion ou d'avenant à une convention de substitution ;

– n° 2016-I-19 du 27 juin 2016 relative aux modalités de déclaration des informations concernant les états S.16.01, S.19.01, S.20.01, S.21.01, S.29.03 et S.29.04 du règlement d'exécution (UE) n° 2015/2450 à communiquer par les organismes d'assurance et de réassurance relevant du régime dit « Solvabilité II ».

Art. L. 321-1-2 *(Ord. n° 2004-1201 du 12 nov. 2004)* L'Autorité de contrôle prudentiel et de résolution consulte l'autorité chargée de la surveillance des établissements de crédit ou des entreprises d'investissement *(Ord. n° 2008-556 du 13 juin 2008, art. 2-4°-a)* « de l'État membre concerné », lorsqu'elle se prononce sur une demande d'agrément présentée par une filiale d'un établissement de crédit agréé ou d'une entreprise d'investissement agréée dans un État membre ou dans un autre État partie à l'accord sur l'Espace économique européen ou *(Ord. n° 2008-556 du 13 juin 2008, art. 2-4°-b)* « par » une filiale de l'entreprise mère d'une entreprise d'investissement agréée ou d'un établissement de crédit agréé dans un État membre ou dans un autre État partie à l'accord sur l'Espace économique européen ou *(Ord. n° 2008-556 du 13 juin 2008, art. 2-4°-c)* « par une entreprise » contrôlée par une personne, physique ou morale, qui contrôle également une entreprise d'investissement agréée ou un établissement de crédit agréé dans un État membre ou dans un autre État partie à l'accord sur l'Espace économique européen.

Art. L. 321-2 *(Ord. n° 2015-378 du 2 avr. 2015, art. 3-I-1°, en vigueur le 1er janv. 2016)* « L'Autorité de contrôle prudentiel et de résolution informe la Commission européenne, l'Autorité européenne des assurances et des pensions professionnelles et les autorités de contrôle des autres États membres de toute décision d'agrément d'une entreprise d'assurance ou de réassurance contrôlée par une entreprise mère au sens de l'article L. 356-1, dont le siège social est établi dans un État non partie à l'accord sur l'Espace économique européen. Cette information précise la structure du groupe. »

(L. n° 91-716 du 26 juill. 1991 ; L. n° 94-5 du 4 janv. 1994) Sur demande de l'autorité compétente des communautés européennes fondée sur ce qu'il a été constaté que les entreprises d'assurance ayant leur siège social dans un État membre des communautés n'ont pas accès au marché d'un État non partie à l'accord sur l'Espace économique européen ou n'y bénéficient pas du même traitement que les entreprises qui y ont leur siège, l'Autorité de contrôle prudentiel et de résolution sursoit, pendant une durée de trois mois, à toute décision sur l'agrément d'une entreprise contrôlée par une entreprise ayant son siège dans ledit État. Le délai de trois mois peut être prorogé sur décision du Conseil des communautés.

Les dispositions de l'alinéa qui précède ne s'appliquent pas à la création d'une entreprise d'assurance contrôlée par une entreprise d'assurance déjà établie sur le territoire d'un État membre des communautés européennes.

Lorsque, pour une période de trois mois prorogeable par décision du Conseil des Communautés, la commission des Communautés européennes décide de faire surseoir à toute décision concernant l'agrément d'entreprises d'assurance qui sont des filiales directes ou indirectes d'entreprises relevant du droit d'un pays tiers, l'agrément accordé au cours de la période susvisée à de telles entreprises par l'autorité compétente d'un État partie à l'accord sur l'Espace économique européen non membre des Communautés européennes n'emporte, pendant cette période, aucun effet juridique sur le territoire de la République française, et notamment ne donne pas droit à l'entreprise concernée d'y effectuer des opérations d'assurance.

En application du II de l'art. 21 de la L. n° 2000-321 du 12 avr. 2000, le délai à l'expiration duquel la décision de rejet est acquise est fixé à six mois pour les demandes d'agrément des entreprises d'assurance (Décr. n° 2014-1280 du 23 oct. 2014, applicable pour les demandes présentées à compter du 12 nov. 2014).

Art. L. 321-3 *(Ord. n° 2008-556 du 13 juin 2008, art. 2-6°)* L'Autorité de contrôle prudentiel et de résolution informe la Commission européenne des difficultés que rencontrent les entreprises de réassurance ayant leur siège social en France pour s'établir et opérer dans un État non partie à l'accord sur l'Espace économique européen ou y exercer leur activité.

Art. L. 321-4 et L. 321-5 *Abrogés par L. n° 2003-706 du 1er août 2003, art. 30-A-VII.*

Art. L. 321-6 *Texte transféré ss. l'art. L. 322-2-3 par L. n° 94-5 du 4 janv. 1994.*

SECTION II AGRÉMENT ADMINISTRATIF DES ENTREPRISES AYANT LEUR SIÈGE SOCIAL DANS LA CONFÉDÉRATION HELVÉTIQUE

(Ord. n° 2015-378 du 2 avr. 2015, art. 7-II-1°).

Art. L. 321-7 *(L. n° 94-5 du 4 janv. 1994)* Les entreprises soumises au contrôle de l'État en vertu de l'article L. 310-1 et visées au 3° de l'article L. 310-2 ne peuvent commencer leurs opérations en régime d'établissement en France qu'après avoir obtenu un agrément administratif. Cet agrément n'est pas exigé pour ce qui concerne les opérations d'acceptation en réassurance.

L'agrément mentionné au premier alinéa du présent article est délivré conformément aux dispositions des deuxième et troisième alinéas de l'article L. 321-1. – *Assur. L. 125-6, L. 212-3, L. 310-2, L. 324-1, L. 325-1, L. 351-5, L. 352-1, L. 364-1.*

V. note ss. art. L. 321-10.

Art. L. 321-8 *Abrogé par Ord. n° 2015-378 du 2 avr. 2015, art. 7-II-2°, à compter du 1er janv. 2016.*

SECTION III *[ABROGÉE]* AGRÉMENT SPÉCIAL DES ENTREPRISES D'ASSURANCE DONT LE SIÈGE SOCIAL EST SITUÉ DANS UN ÉTAT NON PARTIE À L'ACCORD SUR L'ESPACE ÉCONOMIQUE EUROPÉEN

(Ord. nº 2008-556 du 13 juin 2008, art. 2-8º).

(Abrogée par Ord. nº 2015-378 du 2 avr. 2015, art. 3-I-2º, à compter du 1er janv. 2016)

Art. L. 321-9 *Abrogé par Ord. nº 2015-378 du 2 avr. 2015, art. 3-I-2º, à compter du 1er janv. 2016.*

SECTION IV AGRÉMENTS *(Ord. nº 2015-378 du 2 avr. 2015, art. 3-I-3º).*

Art. L. 321-10 *(Ord. nº 2015-378 du 2 avr. 2015, art. 3-I-4º, en vigueur le 1er janv. 2016)* **Pour accorder ou refuser les agréments administratifs prévus aux articles L. 321-1, L. 321-7 et L. 329-1, l'Autorité de contrôle prudentiel et de résolution vérifie que les conditions suivantes sont remplies :**

— les moyens techniques et financiers que l'entreprise propose de mettre en œuvre sont suffisants et adéquats au regard de son programme d'activité ;

— les personnes chargées de la diriger ou de l'administrer ainsi que, pour les entreprises mentionnées au 4º de l'article L. 310-2, le mandataire général, possèdent l'honorabilité, la compétence et l'expérience nécessaires à leurs fonctions, lesquelles sont appréciées suivant les conditions définies à l'article L. 322-2 ;

— la répartition de son capital et de la qualité des actionnaires ou, pour les sociétés mentionnées à l'article L. 322-26-1, les mutuelles et unions mentionnées à l'article L. 211-8 du code de la mutualité et les institutions de prévoyance ou unions mentionnées à l'article L. 931-4 du code de la sécurité sociale, les modalités de constitution du fonds d'établissement garantissent une gestion saine et prudente.

Pour les entreprises mentionnées à l'article L. 310-3-1, l'Autorité de contrôle prudentiel et de résolution exige en outre :

— qu'elles détiennent les fonds propres de base éligibles nécessaires pour atteindre le seuil plancher absolu du minimum de capital requis prévu à l'article L. 352-5 ;

— qu'elles démontrent qu'elles sont en mesure de détenir les fonds propres de base éligibles nécessaires pour détenir en permanence le minimum de capital requis prévu à l'article L. 352-5 ;

— qu'elles démontrent qu'elles sont en mesure de détenir les fonds propres éligibles nécessaires pour détenir en permanence le capital de solvabilité requis prévu à l'article L. 352-1 ;

— que leur système de gouvernance est conforme aux dispositions des articles L. 354-1 à L. 354-3.

L'octroi de l'agrément peut être subordonné au respect d'engagements souscrits par l'entreprise requérante.

L'Autorité de contrôle prudentiel et de résolution refuse l'agrément lorsque le bon exercice de sa mission de surveillance de l'entreprise est susceptible d'être entravé par l'existence de liens étroits entre l'entreprise requérante et d'autres personnes physiques ou morales. Elle refuse également l'agrément lorsque l'existence de dispositions législatives, réglementaires ou administratives d'un État qui n'est pas partie à l'accord sur l'Espace économique européen et dont relèvent une ou plusieurs de ces personnes, ou des difficultés tenant à l'application de ces dispositions, entravent le bon exercice de sa mission de surveillance.

La liste des documents à produire à l'appui d'une demande d'agrément présentée conformément aux dispositions des articles L. 321-1, L. 321-7 et L. 329-1 est, pour chaque type d'agrément, définie par l'Autorité de contrôle prudentiel et de résolution.

V. Instr. ACPR nº 2015-I-15 du 30 juin 2015 relative à la composition des dossiers d'agrément ou d'extension d'agrément administratif pour les organismes d'assurance ou de réassurance (http://acpr.banque-france.fr).

Art. L. 321-10-1 *(Ord. nº 2008-556 du 13 juin 2008, art. 2-9º)* **Pour accorder à une entreprise de réassurance l'agrément administratif prévu à l'article L. 321-1-1,** *(Ord. nº 2010-76 du 21 janv. 2010, art. 8-II-3º)* **« l'Autorité de contrôle prudentiel et de résolution » des entreprises d'assurance vérifie que les conditions suivantes sont remplies :**

1º L'entreprise limite son objet à l'activité de réassurance et aux opérations liées ;

2º Les moyens techniques et financiers que l'entreprise se propose de mettre en œuvre sont suffisants et adéquats au vu de son programme d'activité ;

3º Les personnes chargées de diriger l'entreprise possèdent l'honorabilité, la compétence et l'expérience nécessaires à leur fonction ;

(Ord. nº 2015-378 du 2 avr. 2015, art. 3-I-5º, en vigueur le 1er janv. 2016) **« 4º La répartition du capital de l'entreprise et la qualité de ses actionnaires ou, pour les sociétés mentionnées à l'article L. 322-26-1, les mutuelles et unions mentionnées à l'article L. 211-8-1 du code de la mutualité et les institutions de prévoyance ou unions mentionnées à l'article L. 931-4-1 du code de la sécurité sociale, les modalités de constitution du fonds d'établissement garantissent une gestion saine et prudente ;**

« 5º Le système de gouvernance est conforme aux dispositions des articles L. 354-1 à L. 354-3 ;

« 6º L'entreprise détient des fonds propres de base éligibles nécessaires pour atteindre le seuil plancher absolu du minimum de capital requis prévu à l'article L. 352-5 ;

« 7º L'entreprise démontre qu'elle est en mesure de détenir les fonds propres de base éligibles nécessaires pour détenir en permanence le minimum de capital requis prévu à l'article L. 352-5 ;

« 8º L'entreprise démontre qu'elle est en mesure de détenir les fonds propres éligibles nécessaires pour détenir en permanence le capital de solvabilité requis prévu à l'article L. 352-1.

« L'octroi de l'agrément peut être subordonné au respect d'engagements souscrits par l'entreprise requérante. »

(Ord. nº 2010-76 du 21 janv. 2010, art. 8-II-3º) **« L'Autorité de contrôle prudentiel et de résolution refuse l'agrément » lorsque l'exercice de la mission de surveillance de l'entreprise est susceptible d'être entravé soit par l'existence de liens directs ou indirects de capital ou de contrôle entre l'entreprise demandeuse et d'autres personnes physiques ou morales, soit par l'existence de dispositions législatives, réglementaires ou administratives d'un État qui n'est pas partie à l'accord sur l'Espace économique européen et dont relèvent une ou plusieurs de ces personnes.**

(Ord. nº 2015-378 du 2 avr. 2015, art. 3-I-5º, en vigueur le 1er janv. 2016) **« L'Autorité de contrôle prudentiel et de résolution » fixe la liste des documents à produire à l'appui d'une demande d'agrément présentée conformément aux dispositions de l'article L. 321-1-1.**

Les entreprises de réassurance ayant leur siège social en France qui ont été agréées ou habilitées à exercer des activités de réassurance avant le 10 déc. 2005, conformément aux dispositions du code des assurances, du code de la mutualité et du code de la sécurité sociale en vigueur jusqu'à cette date, sont réputées agréées conformément aux dispositions des art. L. 321-10-1 C. assur., L. 211-8-1 C. mut. et L. 931-4-1 CSS. Toutefois, elles sont tenues de se conformer aux dispositions issues de l'Ord. nº 2015-378 du 2 avr. 2015 relatives à l'exercice de l'activité de réassurance (Ord. préc., art. 24).

V. note ss. art. L. 321-10.

Art. L. 321-10-2 *(Ord. nº 2015-378 du 2 avr. 2015, art. 3-I-6º, en vigueur le 1er janv. 2016)* **Lorsque l'entreprise d'assurance ou de réassurance renonce expressément à un ou des agréments en s'engageant à ne plus souscrire de nouveaux contrats, ne fait pas usage d'un ou des agréments dans un délai d'un an à compter de la date de la publication au *Journal officiel* de la République française de la décision d'agrément ou a cessé d'exercer l'activité correspondant à un ou des agréments pendant deux exercices consécutifs, l'entreprise informe immédiatement l'Autorité de contrôle prudentiel et de résolution. L'Autorité constate sans délai la caducité du ou des agréments, qui est publiée au *Journal officiel* de la République française.**

En cas de transfert, par l'entreprise d'assurance ou de réassurance, de la totalité de son portefeuille de contrats appartenant à une branche ou à une sous-branche déterminée, l'Autorité de contrôle prudentiel et de résolution constate sans délai la caducité du ou des agréments correspondants, qui est publiée au *Journal officiel* de la République française.

Les modalités d'application du présent article sont précisées par décret en Conseil d'État.

Art. L. 321-10-3 *(Ord. nº 2015-378 du 2 avr. 2015, art. 3 art. 3-I-6º, en vigueur le 1er janv. 2016)* Une entreprise d'assurance dont la caducité de l'agrément a été constatée reste soumise au contrôle de l'Autorité de contrôle prudentiel et de résolution jusqu'à ce que l'ensemble des engagements résultant des contrats souscrits par l'entreprise ait été intégralement et définitivement réglé aux assurés et aux tiers bénéficiaires ou que la totalité de son portefeuille de contrats ait fait l'objet d'un transfert autorisé dans les conditions prévues à l'article L. 324-1.

Une entreprise de réassurance dont la caducité de l'agrément a été constatée après le 1er janvier 2016 reste soumise au contrôle de l'Autorité de contrôle prudentiel et de résolution jusqu'à ce que l'ensemble des engagements résultant des risques acceptés par l'entreprise ait été intégralement et définitivement réglé aux entreprises réassurées ou que la totalité de son portefeuille de contrats ait fait l'objet d'un transfert autorisé dans les conditions prévues à l'article L. 324-1-2.

Ordonnance nº 2015-378 du 2 avril 2015,

Transposant la directive 2009/138/CE du Parlement européen et du Conseil du 25 novembre 2009 sur l'accès aux activités de l'assurance et de la réassurance et leur exercice (Solvabilité II).

Art. 18 Les dispositions du présent titre font référence aux dispositions du code des assurances, du code monétaire et financier, du code de la mutualité et du code de la sécurité sociale, dans leur rédaction issue des articles 1er à 17 de la présente ordonnance.

Pour l'ensemble des dispositions du présent titre :

1º L'expression "entreprise relevant du régime dit "Solvabilité II" fait référence aux organismes d'assurance et de réassurance mentionnés aux articles L. 310-3-1 du code des assurances, L. 211-10 du code de la mutualité et L. 931-6 du code de la sécurité sociale, dans leur rédaction issue de la présente ordonnance ;

2º L'expression "entreprise ne relevant pas du régime dit "Solvabilité II" fait référence aux organismes d'assurance et de réassurance mentionnés aux articles L. 310-3-2 du code des assurances, L. 211-11 du code de la mutualité et L. 931-6-1 du code de la sécurité sociale, dans leur rédaction issue de la présente ordonnance.

....

Art. 26 I. — Les organismes d'assurance ou de réassurance relevant du code des assurances, du code de la mutualité et du code de la sécurité sociale, qui ont cessé, au 1er janvier 2016, de souscrire de nouveaux contrats d'assurance ou de réassurance et se contentent d'administrer leur portefeuille existant en vue de mettre un terme à leur activité peuvent, pour l'application de l'article L. 321-10-3 du code des assurances, être régis par les dispositions applicables qui leur sont applicables au 31 décembre 2015 jusqu'aux dates visées au II lorsqu'elles en ont informé l'Autorité de contrôle prudentiel et de résolution et que :

a) Soit l'organisme s'est engagé auprès de l'Autorité de contrôle prudentiel et de résolution à régler intégralement et définitivement ses engagements à l'égard des assurés, entreprises réassurées ou entreprises bénéficiaires, ou à transférer la totalité de son portefeuille dans les conditions prévues aux articles L. 324-1 ou L. 324-1-2 du code des assurances, aux articles L. 212-11 et L. 212-11-1 du code de la mutualité et aux articles L. 931-16 et L. 931-16-1 du code de la sécurité sociale, avant le 1er janvier 2019 ;

b) Soit l'organisme fait l'objet d'une mesure d'assainissement définie à l'article L. 323-8 du code des assurances, et un administrateur a été nommé.

II. — Les organismes d'assurance ou de réassurance mentionnés au *a* du I sont toutefois régis par les dispositions applicables aux entreprises relevant du régime dit "Solvabilité II" à compter du 1er janvier 2019 ou d'une date antérieure lorsque l'Autorité de contrôle prudentiel et de résolution estime que les progrès réalisés par l'entreprise dans le sens de l'extinction de ses engagements ne sont pas satisfaisants.

Les organismes d'assurance ou de réassurance mentionnés au *b* du I sont régis par les dispositions applicables aux entreprises relevant du régime dit "Solvabilité II" à compter du 1er janvier 2021 ou d'une date antérieure lorsque l'Autorité de contrôle prudentiel et de résolution estime que les progrès réalisés par l'organisme dans le sens de l'extinction de ses engagements ne sont pas satisfaisants.

III. — Les organismes d'assurance et de réassurance ne font l'objet des mesures transitoires visées aux I et II que si les conditions suivantes sont remplies :

a) L'organisme n'est pas soumis au contrôle de groupe en application de l'article L. 356-2 du code des assurances, ou s'il l'est, toutes les entités qui font partie du groupe ont cessé de souscrire de nouveaux contrats d'assurance ou de réassurance ;

b) L'organisme présente à l'Autorité de contrôle prudentiel et de résolution un rapport annuel exposant les progrès réalisés dans l'exécution des conditions mentionnées au I.

IV. — La liste des organismes d'assurance et de réassurance visés aux I et II est communiquée par les autorités compétentes aux autres États membres.

SECTION V **DISPOSITIONS RELATIVES À L'OUVERTURE D'UNE SUCCURSALE ET À L'EXERCICE DE LA LIBRE PRESTATION DE SERVICES**

(Ord. nº 2015-378 du 2 avr. 2015, art. 3-I-7º, en vigueur le 1er janv. 2016)

Art. L. 321-11 **L'Autorité de contrôle prudentiel et de résolution s'assure que toute entreprise d'assurance mentionnée à l'article L. 310-3-1 et qui projette d'ouvrir une succursale, d'exercer pour la première fois des activités en libre prestation de services sur le territoire d'un autre État membre de l'Union européenne ou de modifier la nature ou les conditions d'exercice de ces activités dispose d'un système de gouvernance et d'une situation financière adéquats au regard de l'activité envisagée. L'Autorité s'assure également que, dans le cas des succursales, ces dernières disposent d'un mandataire général possédant l'honorabilité, la compétence et l'expérience nécessaires à ses fonctions, lesquelles sont appréciées dans les conditions définies à l'article L. 322-2.**

Si elle estime que les conditions mentionnées à l'alinéa précédent sont remplies, l'Autorité de contrôle prudentiel et de résolution communique à l'autorité de contrôle de cet autre État membre les documents permettant l'exercice de l'activité envisagée.

Un décret en Conseil d'État définit les modalités d'application du présent article concernant notamment la notification de la demande par l'entreprise requérante et les modalités de communication de l'Autorité de contrôle prudentiel et de résolution avec les autres autorités de contrôle.

V. Instr. ACPR nº 2015-I-16 du 30 juin 2015 relative aux documents à produire dans le cadre de l'exercice d'une activité d'assurance dans un autre État de l'EEE (https://acpr.banque-france.fr).

Ordonnance nº 2015-378 du 2 avril 2015,

Transposant la directive 2009/138/CE du Parlement européen et du Conseil du 25 novembre 2009 sur l'accès aux activités de l'assurance et de la réassurance et leur exercice (Solvabilité II).

Art. 23 Les succursales d'entreprises d'assurance ayant leur siège social dans un État membre de l'Espace économique européen et qui ont commencé leurs activités avant le 1er juillet 1994, conformément aux dispositions du code des assurances en vigueur jusqu'à cette date, sont réputées avoir fait l'objet de la procédure de notification et de communication d'informations prévue aux articles L. 321-11 et L. 362-1 du code des assurances.

Les dispositions des articles L. 321-11 et L. 362-2 du code des assurances ne portent pas atteinte aux droits acquis par les entreprises d'assurance ayant opéré en vertu de la libre prestation de services avant le 1er juillet 1994.

Art. L. 321-11-1 **Lorsque l'Autorité de contrôle prudentiel et de résolution est informée par l'autorité de contrôle d'un État membre d'accueil, où une entreprise d'assurance ou de réassurance ayant son siège social en France opère en libre prestation de services ou en liberté d'établissement, que cette entreprise ne respecte pas les**

dispositions légales de cet État membre et n'a pas obtempéré à l'injonction de s'y conformer qui lui a été adressée par cette autorité, l'Autorité de contrôle prudentiel et de résolution prend, dans les plus brefs délais, toutes les mesures appropriées auprès de l'entreprise pour faire cesser cette situation irrégulière. Elle informe l'autorité de contrôle de cet autre État membre de ces mesures.

En cas de désaccord avec l'autorité de contrôle de l'État membre d'accueil, l'Autorité de contrôle prudentiel et de résolution peut saisir l'Autorité européenne des assurances et des pensions professionnelles conformément à l'article 19 du règlement (UE) nº 1094/2010 du 24 novembre 2010.

Art. L. 321-11-2 *(L. nº 2021-1308 du 8 oct. 2021, art. 42)* L'Autorité de contrôle prudentiel et de résolution informe l'Autorité européenne des assurances et des pensions professionnelles et l'autorité de contrôle de l'État membre d'accueil concerné lorsqu'elle détecte une détérioration des conditions financières d'exercice ou d'autres risques émergents découlant d'activités qui sont menées par une entreprise d'assurance ou de réassurance agréée en France et exerçant sous le régime de la libre prestation de services ou du libre établissement et qui sont susceptibles d'avoir un effet transfrontalier.

L'Autorité de contrôle prudentiel et de résolution peut informer l'autorité de contrôle de l'État membre d'origine concerné lorsqu'elle a des préoccupations sérieuses et justifiées concernant la protection des consommateurs et relatives à l'exercice en France d'activités d'assurance ou de réassurance sous le régime de la libre prestation de services ou du libre établissement par une entreprise agréée dans cet État membre.

L'Autorité de contrôle prudentiel et de résolution peut informer l'Autorité européenne des assurances et des pensions professionnelles de ces préoccupations et demander son assistance pour remédier à la situation.

Les informations mentionnées au présent article sont suffisamment détaillées pour permettre une évaluation correcte de la situation par l'Autorité européenne des assurances et des pensions professionnelles, l'autorité de contrôle de l'État membre d'accueil ou l'autorité de contrôle de l'État membre d'origine.

Art. L. 321-11-3 *(L. nº 2021-1308 du 8 oct. 2021, art. 42)* Dans les situations prévues aux deux derniers alinéas de l'article L. 321-1, à l'article L. 321-1-1 ou à l'article L. 321-11-2, l'Autorité de contrôle prudentiel et de résolution peut mettre en place une plateforme de collaboration avec les autorités de contrôle concernées pour renforcer l'échange d'informations et améliorer la collaboration entre ces autorités de contrôle.

Dans les mêmes situations, l'Autorité de contrôle prudentiel et de résolution peut demander à l'Autorité européenne des assurances et des pensions professionnelles de mettre en place une plateforme de collaboration lorsqu'une entreprise d'assurance ou de réassurance mène ou compte mener en France des activités qui sont basées sur la libre prestation de services ou la liberté d'établissement.

La mise en place d'une plateforme de collaboration mentionnée aux deux premiers alinéas du présent article tient compte de la surveillance exercée par les autorités compétentes de l'État membre de l'Union européenne où les entreprises d'assurance ou de réassurance ont leur siège social, qui sont seules chargées notamment de l'examen de leur situation financière, de leurs conditions d'exploitation, de leur solvabilité, de leur liquidité et de leur capacité à tenir à tout moment leurs engagements à l'égard de leurs assurés, adhérents, bénéficiaires et entreprises réassurées.

L'Autorité de contrôle prudentiel et de résolution communique les informations nécessaires au bon fonctionnement d'une plateforme de collaboration lorsque l'Autorité européenne des assurances et des pensions professionnelles en fait la demande, sans préjudice de l'article 35 du règlement (UE) nº 1094/2010 du Parlement européen et du Conseil du 24 novembre 2010 instituant une Autorité européenne de surveillance (Autorité européenne des assurances et des pensions professionnelles), modifiant la décision nº 716/2009/ CE et abrogeant la décision 2009/79/ CE de la Commission.

Art. L. 321-12 Toute entreprise d'assurance ayant son siège social en France, qui participe à la couverture d'un grand risque tel que défini à l'article L. 111-6 et situé dans l'Union européenne dans le cadre d'une opération de coassurance réalisée en libre prestation de services et dont l'un au moins des participants n'est pas établi dans le même État membre de l'Union européenne que l'apériteur est dispensée, si elle n'est pas apériteur, des obligations prévues au premier alinéa de l'article L. 321-11.

Les modalités et conditions d'application du présent article sont définies par décret en Conseil d'État.

CHAPITRE II RÈGLES DE CONSTITUTION ET DE FONCTIONNEMENT

SECTION PREMIÈRE DISPOSITIONS COMMUNES

Art. L. 322-1 *(Ord. nº 2008-556 du 13 juin 2008, art. 2-10º)* Les entreprises mentionnées à l'article L. 310-1 ayant leur siège social en France et les entreprises mentionnées au 1º du III de l'article L. 310-1-1 doivent être constituées sous forme de société anonyme, de société d'assurance mutuelle ou de société européenne.

Forme sociale. Une SARL n'est pas habilitée à pratiquer les opérations d'assurance. • Civ. 1re, 24 avr. 1979 : *RGAT 1980. 50.*

Art. L. 322-1-1 *(Ord. nº 2015-378 du 2 avr. 2015, art. 3-II-1º, en vigueur le 1er janv. 2016)* Le siège statutaire des entreprises d'assurance et de réassurance ayant leur siège social en France doit être situé sur le territoire de la République.

Le siège statutaire des entreprises étrangères d'assurance agréées en vertu des articles L. 321-7 ou L. 329-1 doit être situé sur le même territoire que leur siège social.

Art. L. 322-1-2 *(Ord. nº 2001-766 du 29 août 2001, art. 3)* Dans le présent code :

1º L'expression : "sociétés de groupe d'assurance" désigne les entreprises *(Ord. nº 2015-378 du 2 avr. 2015, art. 3-II-2º, en vigueur le 1er janv. 2016)* « mères au sens de l'article L. 356-1 » *(Ord. nº 2004-1201 du 12 nov. 2004 ; Ord. nº 2014-158 du 20 févr. 2014, art. 6)* « qui ne sont pas des compagnies financières holding mixtes au sens de l'article L. 517-4 du code monétaire et financier et » dont l'activité principale consiste à prendre et à gérer des participations au sens du *(Ord. nº 2015-378 du 2 avr. 2015, art. 7-II-3º, en vigueur le 1er janv. 2016)* « 10º de l'article L. 310-3 » dans des entreprises soumises au contrôle de l'État en application de l'article L. 310-1 ou de l'article L. 310-1-1, *(Ord. nº 2017-484 du 6 avr. 2017, art. 1er-16º)* « dans des entreprises d'assurance ou de réassurance dont le siège social est situé hors de France, ou dans des fonds de retraite professionnelle supplémentaire constitués sous forme de société anonyme, ou à nouer et à gérer des relations financières fortes et durables avec des mutuelles ou unions régies par le livre II du code de la mutualité, des mutuelles ou unions de retraite professionnelle supplémentaire mentionnées à l'article L. 214-1 du même code, des institutions de prévoyance ou unions régies par le titre III du livre IX du code de la sécurité sociale, des institutions de retraite professionnelle supplémentaire mentionnées à l'article L. 942-1 du même code, des sociétés d'assurance mutuelle, des fonds de retraite professionnelle supplémentaire constitués sous forme de société d'assurance mutuelle », ou des entreprises d'assurance ou de réassurance à forme mutuelle ou coopérative ou à gestion paritaire ayant leur siège social dans un État membre *(Ord. nº 2015-378 du 2 avr. 2015, art. 3-II-2º, en vigueur le 1er janv. 2016)* « de l'Union européenne » ou dans un autre État partie à l'accord sur l'Espace économique européen. L'un au moins de ces organismes est une entreprise soumise au contrôle de l'État en application de l'article L. 310-1 *(Ord. nº 2008-556 du 13 juin 2008, art. 2-12º)* « ou de l'article L. 310-1-1 » et ayant son siège social en France ;

(Ord. nº 2015-378 du 2 avr. 2015, art. 3-II-2º, en vigueur le 1er janv. 2016) « 2º L'expression : "sociétés de groupe mixtes d'assurance" désigne les entreprises mères

au sens du 1° de l'article L. 356-1 d'au moins une entreprise mentionnée à l'article L. 310-1 ou à l'article L. 310-1-1, ou *(Ord. n° 2017-484 du 6 avr. 2017, art. 1er-16°)* **« un fonds de retraite professionnelle supplémentaire, ou une mutuelle ou union régie par le livre II du code de la mutualité, ou une mutuelle ou union de retraite professionnelle supplémentaire mentionnée à l'article L. 214-1 du même code de la mutualité, ou une institution de prévoyance ou union régie par le titre III du livre IX du code de la sécurité sociale, ou une institution de retraite professionnelle supplémentaire mentionnée à l'article L. 942-1 du code de la sécurité sociale, autres que les entreprises mentionnées à l'article L. 310-1 ou à l'article L. 310-1-1, les fonds de retraite professionnelle supplémentaire, les mutuelles ou unions régies par le livre II du code de la mutualité, les mutuelles ou unions de retraite professionnelle supplémentaire mentionnées à l'article L. 214-1 du même code, les institutions de prévoyance ou unions régies par le titre III du livre IX du code de la sécurité sociale, les institutions de retraite professionnelle supplémentaire mentionnées à l'article L. 942-1 du même code », les entreprises d'assurance ou de réassurance dont le siège social est situé hors de France, les sociétés de groupe d'assurance définies au 1°, les unions mutualistes de groupe définies à l'article L. 111-4-2 du code de la mutualité et les sociétés de groupe assurantiel de protection sociale définies à l'article L. 931-2-2 du code de la sécurité sociale et les compagnies financières holding mixtes définies à l'article L. 517-4 du code monétaire et financier. »**

V. Instr. ACPR (https://acpr.banque-france.fr) :
– n° 2015-I-12 du 21 avr. 2015 relative à l'obligation pour les sociétés de groupe d'assurance et les sociétés de groupe mixte d'assurance mentionnées à l'art. L. 322-1-2 de déclarer à l'ACPR leur indentifiant international d'entité juridique ;
– n° 2016-I-16 du 27 juin 2016 relative aux documents prudentiels annuels à communiquer par les organismes assujettis au contrôle de l'ACPR relevant du régime dit « Solvabilité II ».

Société de groupe d'assurance mutuelle. L'activité des sociétés de groupe d'assurance mutuelle telle qu'elle résulte des art. L. 322-1-2, 1°, et L. 322-1-3 étant de nature civile, de telles sociétés sont en principe des sociétés civiles. Cependant, lorsque les dispositions statutaires relatives à l'objet d'une telle société prévoient expressément la possibilité d'effectuer des opérations commerciales non prévues aux art. L. 322-1-2, 1°, et L. 322-1-3, les juges du fond peuvent retenir, dès lors qu'il ne résulte pas de leurs constatations que ces opérations ne peuvent être effectuées qu'à titre d'accessoire de l'activité civile, que cette société a été constituée comme société commerciale. • Com. 5 mai 2009, n° 08-17.599 P : *D. 2009. AJ 1415 ; Dr. sociétés 2009, n° 157, note Mortier ; RTD com. 2009. 583, obs. Monsèrié-Bon ; BJS 2009. 973, note Teller ; Rev. sociétés 2009. 837, note Dom ; RGDA 2010. 486, note Jabaud.*

Art. L. 322-1-3 *(Ord. n° 2015-378 du 2 avr. 2015, art. 7-II-4°)* **Lorsque la société de groupe d'assurance a avec une entreprise des relations financières fortes et durables qui ne résultent pas de participations au sens du 10° de l'article L. 310-3, ces relations sont définies par une convention d'affiliation.**

Un organisme ne peut s'affilier à une société de groupe d'assurance définie à l'article L. 322-1-2, à une union mutualiste de groupe définie à l'article L. 111-4-2 du code de la mutualité ou à une société de groupe assurantiel de protection sociale définie à l'article L. 931-2-2 du code de la sécurité sociale que si ses statuts en prévoient expressément la possibilité et qu'il n'est pas déjà affilié à une société de groupe d'assurance, à une union mutualiste de groupe ou à une société de groupe assurantiel de protection sociale.

La société de groupe d'assurance peut décider de fonctionner sans capital social à la double condition de compter au moins deux entreprises affiliées *(Abrogé par Ord. n° 2015-1497 du 18 nov. 2015, art. 1er-1°) « , dont l'une au moins est une société d'assurance mutuelle, »* **et d'exercer effectivement une influence dominante au moyen d'une coordination centralisée sur les décisions, y compris financières, des entreprises affiliées. Si elle remplit ces conditions, la société de groupe d'assurance peut être dénommée "société de groupe d'assurance mutuelle".**

Les entreprises affiliées à une société de groupe d'assurance mutuelle ne peuvent être que :

– des mutuelles ou unions relevant du livre II du code de la mutualité ;

– des institutions de prévoyances *[prévoyance]* **ou unions relevant du titre III du livre IX du code de la sécurité sociale ;**

– des sociétés d'assurance mutuelle relevant du code des assurances ou des entreprises d'assurance ou de réassurance à forme mutuelle ou coopérative ou à gestion paritaire ayant leur siège social dans un autre État membre de l'Union européenne ou partie à l'accord sur l'Espace économique européen ;

– des sociétés de groupe d'assurance mutuelle définies au présent article, des unions mutualistes de groupe définies à l'article L. 111-4-2 du code de la mutualité ou des sociétés de groupe assurantiel de protection sociale définies à l'article L. 931-2-2 du code de la sécurité sociale.

(Ord. nº 2017-484 du 6 avr. 2017, art. 1er-17º) **« – des fonds de retraite professionnelle supplémentaire lorsqu'ils sont constitués sous forme de sociétés d'assurance mutuelle ;**

« – des mutuelles ou unions de retraite professionnelle supplémentaire mentionnées à l'article L. 214-1 du code de la mutualité ;

« – des institutions de retraite professionnelle supplémentaire mentionnées à l'article L. 942-1 du code de la sécurité sociale. »

(Ord. nº 2015-1497 du 18 nov. 2015, art. 1er-1º) **« Une société de groupe d'assurance mutuelle doit compter parmi ses affiliées, soit une société d'assurance mutuelle, soit une société de groupe d'assurance mutuelle. »**

Les conditions de fonctionnement des sociétés de groupe d'assurance mutuelle sont fixées par décret en Conseil d'État. – *V. art. R. 322-160 à R. 322-166.*

V. Instr. ACPR nº 2016-I-16 du 27 juin 2016 relative aux documents prudentiels annuels à communiquer par les organismes assujettis au contrôle de l'ACPR relevant du régime dit « Solvabilité II » (https://acpr.banque-france.fr).

Ordonnance nº 2015-378 du 2 avril 2015,

Transposant la directive 2009/138/CE du Parlement européen et du Conseil du 25 novembre 2009 sur l'accès aux activités de l'assurance et de la réassurance et leur exercice (Solvabilité II).

Art. 25 I. — Les articles L. 322-1-3 et L. 322-1-5 du code des assurances, les articles L. 111-4-1 et L. 111-4-2 du code de la mutualité ainsi que les articles L. 931-2-2 et L. 931-2-1 du code de la sécurité sociale entrent en vigueur dès la publication de la présente ordonnance *[JO 3 avr.]*.

Pour l'application de ces articles, le 10º de l'article L. 310-3 du code des assurances et le 1º de l'article L. 356-1 du même code sont applicables dès la publication de la présente ordonnance.

II. — Les sociétés de groupe d'assurance mutuelle et les unions mutualistes de groupe créées avant la date de publication de la présente ordonnance doivent, avant le 31 décembre 2017, soit se conformer aux dispositions, respectivement, de l'article L. 322-1-3 du code des assurances et de l'article L. 111-4-2 du code de la mutualité, soit se transformer respectivement en groupements d'assurance mutuelle mentionnés à l'article L. 322-1-5 du code des assurances ou en unions de groupe mutualistes visés à l'article L. 111-4-1 du code de la mutualité.

Sans préjudice des dispositions de l'article L. 356-2 du code des assurances, et jusqu'au 31 décembre 2017, les dispositions de la présente ordonnance relatives au contrôle des groupes ne sont applicables aux sociétés de groupe d'assurance mutuelle et aux unions mutualistes de groupe créées avant la date de publication de la présente ordonnance que si ces entités remplissent les conditions pour faire partie d'un groupe au sens de l'article L. 356-1 du code des assurances. [...]

Art. L. 322-1-3-1 *(L. nº 2019-486 du 22 mai 2019, art. 169-VI)* **Les statuts des sociétés de groupe d'assurance mutuelles peuvent préciser une raison d'être, constituée des principes dont la société se dote et pour le respect desquels elle entend affecter des moyens dans la réalisation de son activité.**

Art. L. 322-1-4 *(L. nº 2003-706 du 1er août 2003, art. 29-II, 11º)* **La conclusion par une entreprise d'une convention d'affiliation à une société de groupe d'assurance ou la résiliation de celle-ci font l'objet d'une déclaration préalable à l'Autorité de contrôle prudentiel et de résolution. Celle-ci dispose d'un délai dont la durée est fixée**

par décret en Conseil d'État à compter de la réception du dossier pour s'opposer à l'opération projetée si celle-ci apparaît contraire aux intérêts des assurés. Il en va de même lorsqu'une entreprise fait l'objet d'une mesure d'exclusion de la société de groupe d'assurance.

Un décret en Conseil d'État détermine les modalités d'application du présent article et précise les conditions de fonctionnement de ces sociétés de groupe d'assurance.

En application du II de l'art. 21 de la L. n° 2000-321 du 12 avr. 2000, et par exception à l'application du délai de deux mois prévu au premier alinéa du I de cet art., le délai à l'expiration duquel le silence gardé par l'administration vaut décision d'acceptation est fixé à trois mois pour les demandes d'affiliation, retrait ou exclusion d'un organisme d'assurance à une société de groupe d'assurances ou société de groupe d'assurance mutuelle (SGAM) (Décr. n° 2014-1281 du 23 oct. 2014, art. 1er, applicable aux demandes présentées à compter du 12 nov. 2014).

Art. L. 322-1-5 *(Ord. n° 2015-378 du 2 avr. 2015, art. 7-II-5°)* Les sociétés d'assurance mutuelle peuvent constituer un groupement d'assurance mutuelle, doté de la personnalité morale. Les statuts de ce groupement peuvent en prévoir l'ouverture à des organismes relevant des catégories suivantes :

1° Organismes régis par le titre III du livre IX du code de la sécurité sociale ou au II de l'article L. 727-2 du code rural et de la pêche maritime ;

2° Mutuelles et unions régies par le livre II du code de la mutualité, unions de groupe mutualiste définies à l'article L. 111-4-1 du code de la mutualité et unions mutualistes de groupe définies à l'article L. 111-4-2 du code de la mutualité ;

3° Sociétés d'assurances *[assurance]* mutuelles *[mutuelle]* et unions de sociétés d'assurance mutuelles *[mutuelle]* relevant du code des assurances ainsi que les sociétés de groupe d'assurance mutuelle et les groupements d'assurance mutuelle définis respectivement à l'article L. 322-1-3 et à l'article L. 322-1-5 du code des assurances ;

4° Autres organismes d'assurance à forme mutuelle ou coopérative ou à gestion paritaire dont le siège est situé dans un État membre de l'Union européenne ou dans un autre État partie à l'accord sur l'Espace économique européen ;

(Ord. n° 2017-484 du 6 avr. 2017, art. 1er-18°) « 5° Fonds de retraite professionnelle supplémentaire lorsqu'ils sont constitués sous forme de sociétés d'assurance mutuelle ;

« 6° Mutuelles ou unions de retraite professionnelle supplémentaire mentionnées à l'article L. 214-1 du code de la mutualité ;

« 7° Institutions de retraite professionnelle supplémentaire mentionnées à l'article L. 942-1 du code de la sécurité sociale. »

Pour l'application du 4°, est considérée comme entreprise d'assurance ou de réassurance à gestion paritaire toute entreprise d'assurance ou de réassurance dont le conseil d'administration ou l'organe assimilé prend ses décisions par la voie de délibérations de représentants des employeurs et de représentants des salariés.

Le groupement d'assurance mutuelle a pour objet de faciliter et de développer, en les coordonnant, les activités de ses membres qui demeurent, pour chacun d'entre eux, directement responsables de la garantie de leurs engagements. En aucun cas, les groupements de sociétés d'assurance mutuelle ne peuvent pratiquer des opérations d'assurance ou de réassurance.

Les personnes mentionnées du 1° au 4° ne peuvent adhérer à un groupement d'assurance mutuelle que si leurs statuts en prévoient expressément la possibilité. Le groupement ne peut exercer sur ses membres d'influence dominante au sens du 1° de l'article L. 356-1 ni établir de relations financières fortes et durables entre ses membres.

Un groupement d'assurance mutuelle peut être transformé en société de groupe d'assurance mutuelle au sens de l'article L. 322-1-3 sans donner lieu à dissolution ni à création d'une personne morale nouvelle.

Les conditions de fonctionnement du groupement d'assurance mutuelle sont fixées par décret en Conseil d'État.

Pour l'application de cet art., le 10° de l'art. L. 310-3 et le 1° de l'art. L. 356-1 sont applicables dès la publication de l'Ord. n° 2015-378 du 2 avr. 2015 (Ord. préc., art. 25-I, JO 3 avr. ; reproduit ss. art. L. 322-1-3).

Art. L. 322-2 *(L. nº 2005-1564 du 15 déc. 2005)* « I. – Nul ne peut *(Ord. nº 2015-378 du 2 avr. 2015, art. 3-II-3º, en vigueur le 1er janv. 2016)* « directement ou indirectement administrer ou diriger » une entreprise soumise au contrôle de l'État en vertu de l'article L. 310-1 ou de l'article L. 310-1-1, une société de groupe d'assurance définie à l'article L. 322-1-2, *(Ord. nº 2015-158 du 20 févr. 2014, art. 6)* « une compagnie financière holding mixte définie à l'article L. 517-4 du code monétaire et financier, » ni être membre d'un organe collégial de contrôle de ces entreprises, sociétés ou compagnies, ni disposer du pouvoir de signer pour leur compte *(Ord. nº 2015-378 du 2 avr. 2015, art. 3-II-3º, en vigueur le 1er janv. 2016)* « , ni être responsable d'une des fonctions clés mentionnées à l'article L. 354-1 », s'il a fait l'objet depuis moins de dix ans d'une condamnation définitive :

« 1º Pour crime ;

« 2º A une peine d'emprisonnement ferme ou d'au moins six mois avec sursis pour :

« *a)* L'une des infractions prévues au titre Ier du livre III du code pénal et pour les délits prévus par des lois spéciales et punis des peines prévues pour l'escroquerie et l'abus de confiance ;

« *b)* Recel ou l'une des infractions assimilées au recel ou voisines de celui-ci prévues à la section II du chapitre Ier du titre II du livre III du code pénal ;

« *c)* Blanchiment ;

« *d)* Corruption active ou passive, trafic d'influence, soustraction et détournement de biens ;

« *e)* Faux, falsification de titres ou autres valeurs fiduciaires émises par l'autorité publique, falsification des marques de l'autorité ;

« *f)* Participation à une association de malfaiteurs ;

« *g)* Trafic de stupéfiants ;

« *h)* Proxénétisme ou l'une des infractions prévues par les sections II et II *bis* du chapitre V du titre II du livre II du code pénal ;

« *i)* L'une des infractions prévues à la section III du même chapitre *(L. nº 2019-486 du 22 mai 2019, art. 206-XXIX)* « et à la section VI *bis* du chapitre III du même titre II » ;

« *j)* L'une des infractions à la législation sur les sociétés commerciales prévues au titre IV du livre II du code de commerce ;

« *k)* Banqueroute ;

« *l)* Pratique de prêt usuraire ;

(Ord. nº 2015-378 du 2 avr. 2015, art. 3-II-3º, en vigueur le 1er janv. 2016) « *m)* L'une des infractions à la législation sur les jeux *(Ord. nº 2019-1015 du 2 oct. 2019, art. 25, en vigueur le 1er janv. 2020)* « d'argent et de hasard et les casinos prévues aux articles L. 324-1 à L. 324-4, L. 324-10 et L. 324-12 à L. 324-14 *[ancienne rédaction : de hasard, casinos et loteries, prévues par les dispositions des articles L. 324-1 à L. 324-10]* » du code de la sécurité intérieure ; »

« *n)* Infraction à la législation et à la réglementation des relations financières avec l'étranger ;

« *o)* Fraude fiscale ;

(L. nº 2019-486 du 22 mai 2019, art. 206-XXIX) « *p)* L'une des infractions prévues aux articles L. 121-2 à L. 121-4, L. 121-8 à L. 121-10, L. 411-2, L. 413-1, L. 413-2, L. 413-4 à L. 413-9, L. 422-2, L. 441-1, L. 441-2, L. 452-1, L. 455-2, L. 512-4 et L. 531-1 du code de la consommation ; »

« *q)* L'une des infractions prévues au code monétaire et financier ;

(Ord. nº 2015-378 du 2 avr. 2015, art. 3-II-3º, en vigueur le 1er janv. 2016) « *r)* L'une des infractions prévues aux articles L. 8221-1, L. 8221-3, L. 8221-5 et L. 8224-1 du code du travail ; »

« *s)* Les atteintes aux systèmes de traitement automatisé prévues par le chapitre III du titre II du livre III du code pénal ;

(Ord. nº 2015-378 du 2 avr. 2015, art. 3-II-3º, en vigueur le 1er janv. 2016) « *t)* L'une des infractions à la législation ou à la réglementation applicable aux entreprises régies par le code des assurances, aux institutions de prévoyance régies par le titre III du

livre IX du code de la sécurité sociale, à leurs unions, aux sociétés de groupe assurantiel de protection sociale et aux mutuelles, unions et fédérations régies par le code de la mutualité ; »

« 3° A la destitution des fonctions d'officier public ou ministériel.

« II. – L'incapacité prévue au premier alinéa s'applique à toute personne à l'égard de laquelle a été prononcée une mesure définitive de faillite personnelle ou une autre mesure définitive d'interdiction dans les conditions prévues par le livre VI du code de commerce.

« III. – Sans préjudice des dispositions du deuxième alinéa de l'article 132-21 du code pénal, la juridiction prononçant la décision qui entraîne cette incapacité peut en réduire la durée.

« IV. – Les personnes exerçant une fonction, une activité ou une profession mentionnée au premier alinéa du I qui font l'objet de l'une des condamnations prévues aux I et II doivent cesser leur activité dans un délai d'un mois à compter de la date à laquelle la décision de justice est devenue définitive. Ce délai peut être réduit ou supprimé par la juridiction qui a rendu cette décision.

« V. – En cas de condamnation prononcée par une juridiction étrangère et passée en force de chose jugée pour une infraction constituant, selon la loi française, un crime ou l'un des délits mentionnés au I, le tribunal correctionnel du domicile du condamné déclare, à la requête du ministère public, après constatation de la régularité et de la légalité de la condamnation et l'intéressé ayant été dûment appelé en chambre du conseil, qu'il y a lieu à l'application de l'incapacité prévue au premier alinéa du I.

« Cette incapacité s'applique également à toute personne non réhabilitée ayant fait l'objet d'une faillite personnelle prononcée par une juridiction étrangère quand le jugement déclaratif a été déclaré exécutoire en France. La demande d'exequatur peut être, à cette fin seulement, formée par le ministère public devant le tribunal judiciaire du domicile du condamné.

« VI. – Le fait, pour une personne, de ne pas faire l'objet de l'incapacité prévue au présent article ne préjuge pas de l'appréciation, par l'autorité compétente, du respect des conditions nécessaires à l'agrément ou à l'autorisation d'exercice. »

(Ord. n° 2015-378 du 2 avr. 2015, art. 3-II-3°, en vigueur le 1er janv. 2016) « VII. – Les personnes appelées à diriger une entreprise, une société ou une compagnie mentionnée au premier alinéa du I ou à y exercer une des fonctions clés mentionnées à l'article L. 354-1 doivent posséder l'honorabilité, la compétence ainsi que l'expérience nécessaires à leurs fonctions.

« Les membres du conseil d'administration ou du conseil de surveillance des personnes mentionnées aux 1° *(Ord. n° 2017-484 du 6 avr. 2017, art. 1er-19°)* « , 2° et 9° » du B du I de l'article L. 612-2 du code monétaire et financier disposent de l'honorabilité, de la compétence et de l'expérience requises.

« Pour apprécier la compétence des intéressés, l'Autorité de contrôle prudentiel et de résolution tient compte de leur formation et de leur expérience de façon proportionnée à leurs attributions, notamment l'expérience acquise en tant que président d'un conseil ou d'un comité. L'autorité tient compte également, dans l'appréciation portée sur chaque personne, de la compétence, de l'expérience et des attributions des autres membres de l'organe auquel elle appartient. Lorsque des mandats ont été antérieurement exercés, la compétence est présumée à raison de l'expérience acquise. Pour les nouveaux membres, l'autorité tient compte des formations dont ils pourront bénéficier tout au long de leur mandat.

« VIII. – Lorsque l'Autorité de contrôle prudentiel et de résolution est amenée à se prononcer sur la qualité des actionnaires ainsi que sur l'honorabilité, la compétence et l'expérience des personnes qui dirigent effectivement l'entreprise ou qui sont responsables de fonctions clés au sens de l'article L. 322-3-2 et lorsque ces personnes exercent de telles fonctions auprès d'une autre entité du même groupe au sens de l'article L. 356-1, elle consulte les autorités compétentes de cette autre entité. Elle communique à ces autorités les informations utiles à l'exercice de leurs missions. »

(L. n° 2005-1564 du 15 déc. 2005) « **IX. –** » *(L. n° 94-5 du 4 janv. 1994)* « **Les dispositions du présent article sont applicables au mandataire général désigné par les entreprises opérant en régime d'établissement.** »

(L. n° 2013-672 du 26 juill. 2013, art. 39) « **X. – Un décret en Conseil d'État précise les conditions d'application du présent article.** »

V. note ss. art. L. 310-3-1.

Les modifications apportées à l'art. L. 322-2 par la L. n° 2013-672 du 26 juill. 2013 sont applicables dans les îles Wallis-et-Futuna (Ord. n° 2014-946 du 20 août 2014, art. 24-II-1°).

A compter de la publication de l'Ord. n° 2015-378 du 2 avr. 2015 (JO 3 avr.), l'Autorité de contrôle prudentiel et de résolution peut recevoir les notifications qui lui sont adressées en application du II de l'art. L. 612-23-1 C. mon. fin. et les examiner conformément aux dispositions des art. L. 322-2 et L. 322-3-2 C. assur., L. 211-13 et L. 114-21 C. mut. et L. 931-7-1 et L. 931-7-2 CSS. Elle dispose, pour s'opposer aux notifications :

– d'un délai de six mois, pour les notifications reçues avant le 31 août 2015 ;

– d'un délai courant jusqu'au 29 févr. 2016, pour les notifications reçues entre le 1er sept. 2015 et le 31 déc. 2015.

Les personnes, qui font l'objet de ces notifications, n'occupent leurs fonctions respectives qu'à compter du 1er janv. 2016 (Ord. préc., art. 19-III).

V. Instr. ACPR n° 2015-I-02 du 12 févr. 2015 relative au formulaire de nomination ou de renouvellement de dirigeant des organismes du secteur assurance mod. par Instr. n° 2017-I-10 du 15 juin 2017 (acpr.banque-france.fr).

Code monétaire et financier

Art. L. 612-23-1 *[...]*

(Ord. n° 2015-378 du 2 avr. 2015, art. 11-3°, en vigueur le 1er janv. 2016) « II. — Les organismes relevant du régime dit "Solvabilité II" mentionnés aux articles L. 310-3-1 du code des assurances, L. 211-10 du code de la mutualité et L. 931-6 du code de la sécurité sociale *(Ord. n° 2017-484 du 6 avr. 2017, art. 3-15°)* « , les fonds de retraite professionnelle supplémentaire mentionnés à l'article L. 381-1 du code des assurances, les mutuelles ou unions de retraite professionnelle supplémentaire mentionnées à l'article L. 214-1 du code de la mutualité et les institutions de retraite professionnelle supplémentaire mentionnées à l'article L. 942-1 du code de la sécurité sociale » notifient, dans un délai fixé par décret en Conseil d'État, à l'Autorité de contrôle prudentiel et de résolution la nomination et le renouvellement des personnes qui assurent la direction effective de l'organisme et des responsables des fonctions clés, mentionnés aux articles L. 322-3-2 du code des assurances, L. 211-13 du code de la mutualité et L. 931-7-1 du code de la sécurité sociale ainsi que de toute personne appelée à exercer des fonctions équivalentes.

« Les organismes ne relevant pas du régime dit "Solvabilité II" mentionnés aux articles L. 310-3-2 du code des assurances, L. 211-11 du code de la mutualité et L. 931-6-1 du code de la sécurité sociale notifient, dans un délai fixé par décret en Conseil d'État, à l'Autorité de contrôle prudentiel et de résolution la nomination et le renouvellement du directeur général et des directeurs généraux délégués, du directeur général unique, des membres du directoire ou du dirigeant ainsi que de toute personne appelée à exercer des fonctions équivalentes. »

....

Art. L. 322-2-1 *(L. n° 96-314 du 12 avr. 1996 ; L. n° 2003-706 du 1er août 2003, art. 89-II-1°)* **I. – Les sociétés d'assurance mutuelles et les caisses d'assurance et de réassurance mutuelles agricoles agréées, qui ont établi des comptes régulièrement approuvés au cours des deux derniers exercices, peuvent émettre des obligations, des titres participatifs et des** *(Ord. n° 2001-350 du 19 avr. 2001, art. 6-XX)* « **titres subordonnés** » **dans les conditions prévues par les articles L. 228-1, L. 228-5, L. 228-36 à L. 228-90 et L. 228-97 du code de commerce, et sous les sanctions prévues par les articles L. 242-10 et L. 242-30 dudit code et, pour les obligations, par les articles L. 245-8 à L. 245-12 (1° à 5°) et L. 245-13 à L. 245-17 dudit code.** *(Ord. n° 2009-80 du 22 janv. 2009, art. 17)* « **L'émission peut être effectuée par offre au public** » *(Abrogé par Ord. n° 2019-1067 du 21 oct. 2019, art. 17)* « ***et est alors soumise***

au contrôle de l'Autorité des marchés financiers dans les conditions prévues par le code monétaire et financier ».

Pour l'application de la loi n° 66-537 du 24 juillet 1966, le mot "actionnaires" désigne les "sociétaires". Les sanctions relatives aux conseil d'administration, directoire ou gérant de société prévues par les dispositions mentionnées à l'alinéa précédent s'appliquent aux personnes ou organes qui sont chargés de l'administration *(L. n° 2003-706 du 1er août 2003, art. 89-II, 2°)* « ou de la gestion » conformément aux statuts.

Préalablement à l'émission d'obligations, de titres participatifs ou de *(Ord. n° 2001-350 du 19 avr. 2001, art. 6-XX)* « titres subordonnés », toute société ou caisse concernée doit être inscrite au registre du commerce et des sociétés.

II. — Nonobstant l'article L. 228-41 du code précité, l'assemblée générale des sociétaires est seule habilitée à fixer les caractéristiques essentielles de l'émission d'obligations, de titres participatifs ou de *(Ord. n° 2001-350 du 19 avr. 2001, art. 6-XX)* « titres subordonnés ». Elle peut toutefois déléguer au conseil d'administration *(L. n° 2003-706 du 1er août 2003, art. 89-II, 3°)* « ou au directoire », dans le cadre ainsi défini, les pouvoirs nécessaires pour en arrêter les modalités pratiques. Il est rendu compte par le conseil d'administration *(L. n° 2003-706 du 1er août 2003, art. 89-II, 4°)* « ou par le directoire » à la plus prochaine assemblée générale de l'exercice de cette délégation. Les contrats d'émission ne peuvent en aucun cas avoir pour but de privilégier une catégorie de sociétaires, des personnes qui sont liées à la société par un contrat de travail, des dirigeants de droit ou de fait de celle-ci ou toute autre personne. Les contrats conclus en violation de cette disposition sont frappés de nullité absolue.

III. — En ce qui concerne la rémunération des titres participatifs, la partie variable ne peut être calculée par référence à un critère représentatif du volume d'activité de la société émettrice.

IV. — Un décret en Conseil d'État fixe les modalités d'application du présent article, notamment le contrôle exercé par l'Autorité de contrôle prudentiel et de résolution sur ces émissions.

Lorsque seuls leurs titres de créances sont admis aux négociations sur un marché réglementé, les sociétés d'assurance mutuelle mentionnées à l'art. L. 322-2-1 peuvent n'établir et ne publier leurs comptes consolidés selon les normes comptables internationales adoptées par règlement de la Commission européenne qu'à partir du premier exercice ouvert à compter du 1er janv. 2007 (Ord. n° 2005-861 du 28 juill. 2005, art. 1er-II).

Art. L. 322-2-2 *(L. n° 2003-706 du 1er août 2003, art. 54-II ; L. n° 2011-525 du 17 mai 2011, art. 139-I)* Les opérations autres que celles qui sont mentionnées aux articles L. 310-1 et L. 310-1-1 du présent code et à l'article L. 341-1 du code monétaire et financier *(L. n° 2013-504 du 14 juin 2013, art. 1er-VIII)* « , en particulier la mise en œuvre d'une action sociale, » ne peuvent être effectuées par les entreprises mentionnées aux articles L. 310-1 et L. 310-1-1 du présent code que si elles demeurent d'importance limitée par rapport à l'ensemble des activités de l'entreprise.

(L. n° 2013-504 du 14 juin 2013, art. 1er-VIII) « Lorsqu'elle se traduit par des réalisations sociales collectives, l'action sociale mentionnée au premier alinéa du présent article doit être confiée à une ou plusieurs personnes morales distinctes de l'assureur. »

Sanction de la règle de spécialité. A la supposer établie, la seule méconnaissance par une société d'assurance de la règle de spécialité, au respect de laquelle l'art. L. 322-2-2 dans sa rédaction alors en vigueur subordonne son activité, n'est pas de nature à entraîner la nullité des contrats qu'elle a conclus. • Com. 7 avr. 2009, n° 07-18.907 P : *D. 2009. AJ 1138 ; ibid. 2731, note Marly ; RLDC 2009, n° 3450, obs. Maugeri ; CCC 2009, n° 189 ; RTD civ. 2009. 321, obs. Fages ; Banque et Dr. 2009. 19, obs. Bonneau ; ibid. 127/2009, p. 40 obs. Marly ; JCP 2009. 273, n° 11, p. 41, obs. Serinet ; ibid. E 2009. 1947, note Marty ; ibid. 2020, n° 6, obs. Stoufflet ; RTD com. 2009. 608, obs. Bouloc ; Dr. et pr. 2009. Suppl. Droit du recouvrement, p. 18, note Putman ; RGDA 2009. 1282, note Kullmann.* ♦ V. aussi • ACPR, 24 févr. 2015, n° 2014-03 : *JCP 2015. 1328, n° 8, obs. Marly.*

Art. L. 322-2-3 *(L. n° 89-1014 du 31 déc. 1989 ; L. n° 94-5 du 4 janv. 1994)* Les entreprises soumises au contrôle de l'État par l'article L. 310-1 qui pratiquent l'assurance de protection juridique optent pour l'une des modalités de gestion suivantes :

– les membres du personnel chargés de la gestion des sinistres de la branche « protection juridique » ou de conseils juridiques relatifs à cette gestion ne peuvent exercer en même temps une activité semblable dans une autre branche pratiquée par l'entreprise qui les emploie, ni dans une autre entreprise ayant avec cette dernière des liens financiers, commerciaux ou administratifs ;

– les sinistres de la branche « protection juridique » sont confiés à une entreprise juridiquement distincte ;

– le contrat d'assurance de protection juridique prévoit le droit pour l'assuré de confier la défense de ses intérêts, dès qu'il est en droit de réclamer l'intervention de l'assurance au titre de la police, à un avocat ou à une personne qualifiée de son choix.

Les modalités d'application du présent article seront précisées par décret en Conseil d'État. – *Assur. R. 127-1.*

BIBL. ▶ CERVEAU, *RGAT 1990. 35* (intégration de la directive communautaire).

Art. L. 322-2-4 *Abrogé par Ord. nº 2015-378 du 2 avr. 2015, art. 7-II-6º, à compter du 1er janv. 2016.*

Art. L. 322-3 *(L. nº 2010-1249 du 22 oct. 2010, art. 30)* Sont exemptées des obligations mentionnées à l'article L. 823-19 du code de commerce :

1º Les personnes et entités contrôlées au sens de l'article L. 233-16 du même code lorsque la personne ou l'entité qui les contrôle s'est volontairement dotée d'un comité spécialisé au sens et selon les modalités de l'article L. 823-19 du même code ;

2º Les personnes et entités liées à une entreprise mère au sens du 1º de l'article *(Ord. nº 2015-378 du 2 avr. 2015, art. 7-II-7º, en vigueur le 1er janv. 2016)* « L. 356-1 » du présent code lorsque l'entreprise mère est elle-même soumise à ces obligations ou s'est volontairement dotée d'un comité spécialisé au sens et selon les modalités de l'article L. 823-19 du code de commerce.

Art. L. 322-3-1 *(Ord. nº 2014-158 du 20 févr. 2014, art. 6)* Au sein des entreprises d'assurance et de réassurance, à l'exception de celles mentionnées à l'article L. 322-3, le comité mentionné à l'article L. 823-19 du code de commerce assure également le suivi de la politique, des procédures et des systèmes de gestion des risques.

Toutefois, sur décision de l'organe chargé de l'administration ou de la surveillance, cette mission peut être confiée à un comité distinct, régi par *(Ord. nº 2016-315 du 17 mars 2016, art. 47-1º, en vigueur le 17 juin 2016)* « le premier alinéa et le 7º du II » du même article L. 823-19.

Les dispositions de l'art. L. 322-3-1 sont applicables dans les îles Wallis-et-Futuna (Ord. nº 2014-946 du 20 août 2014, art. 24-III-2º).

Art. L. 322-3-2 *(Ord. nº 2015-378 du 2 avr. 2015, art. 3-II-4º, en vigueur le 1er janv. 2016)* La direction effective des entreprises mentionnées à l'article L. 310-3-1 est assurée par au moins deux personnes qui doivent satisfaire aux conditions prévues à l'article L. 322-2.

Ces entreprises désignent en leur sein, ou le cas échéant au sein du groupe au sens de l'article L. 356-1, la personne responsable de chacune des fonctions clés mentionnées à l'article L. 354-1. Placés sous l'autorité du directeur général ou du directoire selon les cas, ces responsables exercent leurs fonctions dans les conditions définies par l'entreprise.

Le directeur général ou le directoire soumettent à l'approbation du conseil d'administration ou du conseil de surveillance des procédures définissant les conditions selon lesquelles les responsables de ces fonctions peuvent informer, directement et de leur propre initiative, le conseil d'administration ou le conseil de surveillance, lorsque surviennent des événements de nature à le justifier.

Le conseil d'administration ou le conseil de surveillance entend, directement et de sa propre initiative, chaque fois qu'il l'estime nécessaire et au moins une fois par an, les responsables des fonctions clés. Cette audition peut se dérouler hors la présence du directeur général ou du directoire si les membres du conseil d'administration ou du conseil de surveillance l'estiment nécessaire. Le conseil d'administration ou le conseil de surveillance peut renvoyer cette audition devant un comité spécialisé émanant de ce conseil.

La nomination et le renouvellement des personnes mentionnées aux deux premiers alinéas sont notifiés à l'Autorité de contrôle prudentiel et de résolution conformément à l'article L. 612-23-1 du code monétaire et financier.

Un décret en Conseil d'État précise les conditions d'application du présent article.

V. C. mon. fin., art. L. 312-23-1. – ***C. mon. fin.***

V. Instr. ACPR n° 2017-I-08 du 19 juill. 2017 remplaçant l'instruction n° 2015-I-03 relative aux formulaires de nomination ou de renouvellement de dirigeant effectif ou de responsable de fonction clé des organismes d'assurance et de retraite professionnelle supplémentaire (acpr.banque-france.fr/).

SECTION II SOCIÉTÉS ANONYMES D'ASSURANCE, DE CAPITALISATION ET DE RÉASSURANCE *(Ord. n° 2008-556 du 13 juin 2008, art. 2-13°).*

Art. L. 322-4 *(Ord. n° 2009-897 du 24 juill. 2009, art. 2)* **« Les modifications dans la répartition du capital des entreprises mentionnées au 1° de l'article L. 310-2 et au 1° du III de l'article L. 310-1-1 doivent être notifiées à l'Autorité de contrôle prudentiel et de résolution. Les prises ou extensions de participations, directes ou indirectes, dans ces entreprises doivent être autorisées par l'Autorité de contrôle prudentiel et de résolution. Lorsqu'une diminution ou cession de participation, directe ou indirecte, lui est notifiée, l'Autorité de contrôle prudentiel et de résolution vérifie que cette opération ne remet pas en cause les conditions auxquelles est subordonné l'agrément délivré à l'entreprise concernée. Un décret en Conseil d'État détermine les conditions d'application du présent alinéa et notamment les seuils de notification des opérations envisagées ainsi que les critères d'appréciation, par l'Autorité de contrôle prudentiel et de résolution, des opérations mentionnées à la deuxième phrase. » Ce régime vise à préserver les intérêts des assurés** *(Ord. n° 2008-556 du 13 juin 2008, art. 2-14°)* **« ou des entreprises réassurées » et à s'assurer que l'entreprise dispose d'une gestion saine et prudente. »** *(Ord. n° 2001-766 du 29 août 2001, art. 5)* **« Ces dispositions s'appliquent également aux prises, extensions ou cessions de participations dans des sociétés de groupe d'assurance dont le siège social est situé en France »** *(Abrogé par Ord. n° 2015-378 du 2 avr. 2015, art. 3-II-5°, à compter du 1er janv. 2016) (Ord. n° 2004-1201 du 12 nov. 2004 ; Ord. n° 2010-76 du 21 janv. 2010, art. 8-III, 1°)* ***« ainsi que dans des compagnies financières holdings mixtes dont le siège social est situé en France et appartenant à un conglomérat financier dont la surveillance est coordonnée par l'Autorité de contrôle dans les conditions prévues à l'article L. 633-2 du code monétaire et financier ».***

(L. n° 2001-420 du 15 mai 2001, art. 11) **« L'autorisation donnée à des opérations mentionnées au premier alinéa peut être subordonnée au respect d'engagements souscrits par une ou plusieurs des personnes ayant présenté une demande d'autorisation. »**

En cas de manquement aux prescriptions édictées par le décret en Conseil d'État visé au premier alinéa du présent article et sans préjudice des dispositions de l'article L. 233-14 du code de commerce, à la demande de l'Autorité de contrôle prudentiel et de résolution, du procureur de la République ou de tout actionnaire, le juge suspend, jusqu'à régularisation de la situation, l'exercice des droits de vote attachés aux actions ou parts sociales des entreprises visées au premier alinéa du présent article détenues irrégulièrement, directement ou indirectement.

V. art. R. 322-5 s.

Les notifications prévues au 1er al. de l'art. L. 322-4 et à l'art. R. 322-11-1 doivent être effectuées conformément au dossier type annexé à l'Instr. ACPR n° 2015-I-34 du 17 déc. 2015 (https://acpr.banque-france.fr).

Art. L. 322-4-1 *(L. n° 2005-1564 du 15 déc. 2005)* **« L'Autorité de contrôle prudentiel et de résolution informe la Commission européenne** *(Ord. n° 2015-378 du 2 avr. 2015, art. 3-II-6°, en vigueur le 1er janv. 2016)* **« [,] l'Autorité européenne des assurances et des pensions professionnelles et les autorités de contrôle des autres États membres »**

de toute prise de participation susceptible de conférer le contrôle d'une entreprise *(Ord. nº 2008-556 du 13 juin 2008, art. 2-15º)* **« mentionnée au 1º de l'article L. 310-2 ou au 1º du III de l'article L. 310-1-1 » à une entreprise dont le siège social est situé dans un État non partie à l'accord sur l'Espace économique européen. Le contrôle s'entend au sens des articles L. 233-3 et L. 233-16 du code de commerce. »**

Sur demande de l'autorité compétente des communautés européennes, dans les circonstances mentionnées au deuxième alinéa de l'article L. 321-2, l'Autorité de contrôle prudentiel et de résolution s'oppose, pendant une durée de trois mois, à toute prise de participation qui aurait les conséquences mentionnées à l'alinéa précédent. Le délai de trois mois peut être prorogé sur décision du Conseil des communautés.

Les dispositions de l'alinéa qui précède ne s'appliquent pas aux prises de participation susceptibles de conférer le contrôle d'une entreprise d'assurance mentionnée à l'article L. 310-1 à une entreprise déjà établie sur le territoire d'un État partie au traité sur l'Espace économique européen.

Art. L. 322-4-2 *(L. nº 2002-1303 du 29 oct. 2002, art. 3-III)* **Pour l'application de l'article L. 225-21 du code de commerce, les mandats d'administrateur d'une société anonyme appartenant à un groupe d'assurance contrôlé, au sens** *(Ord. nº 2015-378 du 2 avr. 2015, art. 7-8º, en vigueur le 1er janv. 2016)* **« de l'article L. 356-1 », par une société d'assurance mutuelle ou une société de réassurance mutuelle comptent pour un seul mandat.**

Art. L. 322-4-3 *(L. nº 2003-706 du 1er août 2003, art. 85-III, 1º)* **Les entreprises d'assurance indiquent dans le rapport annuel de gestion prévu à l'article L. 232-1 du code de commerce le montant et les modalités de répartition pour l'année écoulée de la participation aux bénéfices visée à l'article** *(Ord. nº 2015-378 du 2 avr. 2015, art. 8-6º, en vigueur le 1er janv. 2016)* **« L. 132-29 ».** *– Entrée en vigueur le 1er juill. 2004 (L. nº 2003-706 du 1er août 2003, art. 85-IV).*

Art. L. 322-4-4 *(L. nº 2013-672 du 26 juill. 2013, art. 39)* **En cas de cessation de mandat d'un ou plusieurs membres du conseil d'administration, à la suite d'une décision d'opposition prise par l'Autorité de contrôle prudentiel et de résolution en application de l'article L. 612-23-1 du code monétaire et financier, les entreprises mentionnées au 1º du III de l'article L. 310-1-1 et au 1º du I de l'article L. 310-2 du présent code et constituées sous forme de sociétés anonymes pourvoient les sièges vacants dans les conditions prévues à l'article L. 225-24 du code de commerce.**

Les dispositions des art. L. 322-4-4 à L. 322-4-7 sont applicables dans les îles Wallis-et-Futuna (Ord. nº 2014-946 du 20 août 2014, art. 24-III-1º).

Art. L. 322-4-5 *(L. nº 2013-672 du 26 juill. 2013, art. 39)* **En cas de cessation de mandat d'un ou plusieurs membres du conseil de surveillance, à la suite d'une décision d'opposition prise par l'Autorité de contrôle prudentiel et de résolution en application de l'article L. 612-23-1 du code monétaire et financier, les entreprises mentionnées au 1º du III de l'article L. 310-1-1 et au 1º du I de l'article L. 310-2 du présent code et constituées sous forme de sociétés anonymes pourvoient les sièges vacants dans les conditions prévues à l'article L. 225-78 du code de commerce.**

V. note ss. art. L. 322-4-4.

Art. L. 322-4-6 *(L. nº 2013-672 du 26 juill. 2013, art. 39)* **En cas de cessation de mandat d'un ou plusieurs administrateurs élus par les salariés, à la suite d'une décision d'opposition prise par l'Autorité de contrôle prudentiel et de résolution en application de l'article L. 612-23-1 du code monétaire et financier, les entreprises mentionnées au 1º du III de l'article L. 310-1-1 et au 1º du I de l'article L. 310-2 du présent code et constituées sous forme de sociétés anonymes pourvoient les sièges vacants dans les conditions prévues à l'article L. 225-34 du code de commerce.**

V. note ss. art. L. 322-4-4.

Art. L. 322-4-7 *(L. nº 2013-672 du 26 juill. 2013, art. 39)* **En cas de cessation de mandat du président du conseil d'administration, à la suite d'une décision d'opposition prise par l'Autorité de contrôle prudentiel et de résolution en application de l'article L. 612-23-1 du code monétaire et financier, les entreprises mentionnées au 1º du III de l'article L. 310-1-1 et au 1º du I de l'article L. 310-2 du présent code et constituées sous forme de sociétés anonymes peuvent pourvoir les sièges vacants dans les conditions prévues à l'article L. 225-17 du code de commerce.**

V. note ss. art. L. 322-4-4.

SECTION III ENTREPRISES NATIONALES D'ASSURANCE ET DE CAPITALISATION ET SOCIÉTÉS CENTRALES D'ASSURANCE

§ 1er CONSTITUTION

Art. L. 322-5 *(L. nº 92-665 du 16 juill. 1992)* **Sous réserve des dérogations résultant de la présente section, les entreprises d'assurance et de capitalisation nationalisées en application de l'article 1er de la loi nº 46-835 du 25 avril 1946 relative à la nationalisation de certaines sociétés d'assurances et à l'industrie des assurances en France ont le statut de sociétés commerciales.**

Art. L. 322-6 *Abrogé par L. nº 89-1014 du 31 déc. 1989, art. 35-I.*

Art. L. 322-7 à L. 322-10 *Abrogés par L. nº 92-665 du 16 juill. 1992, art. 2-II, à compter du 1er janv. 1997.*

Art. L. 322-11 *Abrogé par L. nº 89-1014 du 31 déc. 1989, art. 35-I.*

Art. L. 322-12 *(L. nº 92-665 du 16 juill. 1992)* **Les sociétés centrales d'assurance créées par la loi nº 73-8 du 4 janvier 1973 relative à la mise en œuvre de l'actionnariat du personnel dans les banques nationales et les entreprises nationales d'assurances ont notamment pour objet de détenir directement ou indirectement la totalité des actions des sociétés constituant les groupes d'entreprises nationales d'assurances, d'exercer les droits attachés à ces actions et de faire bénéficier de ces droits leurs propres actionnaires.**

Les dispositions des articles L. 225-25 et L. 225-49 du code de commerce ne sont pas applicables aux sociétés centrales d'assurance. Les dispositions de la même loi *[du même code]* **ne font pas obstacle à l'application de la présente section.**

Art. L. 322-13 *(L. nº 92-665 du 16 juill. 1992)* **Les sociétés centrales d'assurance sont des sociétés anonymes qui appartiennent au secteur public en vertu de la loi nº 46-835 du 25 avril 1946 précitée et de la loi nº 73-8 du 4 janvier 1973 précitée.**

§ 2 ADMINISTRATION

Art. L. 322-14 *(L. nº 89-1014 du 31 déc. 1989)* **Les entreprises nationales d'assurance mentionnées à l'article L. 322-5 peuvent être gérées par le conseil d'administration de la société centrale de leur groupe. Elles peuvent également avoir le même président-directeur général que la société centrale.**

La faculté prévue au premier alinéa ci-dessus est mise en œuvre sur décision de l'assemblée générale des actionnaires de l'entreprise nationale d'assurance.

Les conseils d'administration des sociétés centrales d'assurance mentionnées à l'art. L. 322-12 restent en fonctions jusqu'à leur renouvellement effectué conformément aux dispositions de la loi nº 83-675 du 26 juill. 1983 [V. ***C. sociétés****] relative à la démocratisation du secteur public. — Dans le cas où les assemblées générales des actionnaires des entreprises nationales d'assurance n'exercent pas l'option mentionnée à l'art. L. 322-14, les conseils d'administration des sociétés centrales continuent de gérer les entreprises nationales de leurs groupes jusqu'à la date de la première réunion des nouveaux conseils constitués conformément aux dispositions du 4 de l'art. 1er et de l'art. 6 de la loi nº 83-675 du 26 juill. 1983 susmentionnée (L. nº 89-1014 du 31 déc. 1989, art. 35-VI).*

V. art. R. 322-20.

Art. L. 322-15 Les conseils d'administration des sociétés centrales d'assurance comprennent, outre le président-directeur général :

a) Trois administrateurs représentant l'État, désignés par le ministre de l'économie et des finances ;

b) Un administrateur désigné par le ministre de l'économie et des finances en raison de sa compétence technique, après avis du *(L. nº 2003-706 du 1er août 2003, art. 22-III, 2º)* « Comité consultatif du secteur financier ». Un deuxième administrateur est désigné dans les mêmes conditions lorsque les actionnaires autres que l'État ne sont représentés que par un administrateur ;

c) Trois administrateurs représentant respectivement le personnel des employés, le personnel des cadres et inspecteurs et les agents généraux. Ces trois administrateurs sont désignés par le ministre chargé des affaires sociales sur proposition des organisations syndicales les plus représentatives ;

d) Trois administrateurs représentant les assurés, désignés par le ministre de l'économie et des finances sur proposition des organisations nationales de producteurs ou de consommateurs les plus qualifiées, par branche d'assurance, pour participer à la gestion des entreprises intéressées ;

e) Un ou deux administrateurs représentant les actionnaires autres que l'État, selon que la part de ces actionnaires dans le capital de la société centrale d'assurance ne dépasse pas ou dépasse 10 p. 100. L'un au moins de ces administrateurs représente les personnes physiques détentrices d'actions. Ces administrateurs sont élus selon des modalités fixées par décret en Conseil d'État.

Art. L. 322-16 à L. 322-21 *Abrogés par L. nº 89-1014 du 31 déc. 1989, art. 35-I.*

§ 3 DISTRIBUTION ET CESSION DES ACTIONS DES SOCIÉTÉS CENTRALES D'ASSURANCE

Art. L. 322-22 *(L. nº 89-1014 du 31 déc. 1989)* « Sous réserve des dispositions de l'article L. 322-13, les actions des sociétés centrales d'assurance peuvent » :

a) Soit être distribuées gratuitement à des membres du personnel des entreprises nationales d'assurance ;

b) Soit être *(L. nº 89-1014 du 31 déc. 1989)* « cédées à titre onéreux ».

Art. L. 322-23 *(L. nº 89-1014 du 31 déc. 1989)* « Un décret en Conseil d'État fixe les modalités des distributions gratuites d'actions prévues à l'article L. 322-22. » Lorsque les distributions gratuites d'actions sont effectuées au profit du personnel, il est tenu compte de l'ancienneté des salariés et de leurs responsabilités dans l'entreprise.

Art. L. 322-24 Les actions des sociétés centrales d'assurance sont nominatives.

Les actions cédées à titre onéreux ou gratuit conformément à l'article L. 322-22 sont négociables sur le marché financier au terme de délais et dans des conditions fixées par décret en Conseil d'État.

Al. 3 et 4 abrogés par L. nº 89-1014 du 31 déc. 1989, art. 35-II.

Art. L. 322-25 *Abrogé par L. nº 92-665 du 16 juill. 1992, art. 2-IV.*

§ 4 DISPOSITIONS DIVERSES

Art. L. 322-26 *Abrogé par L. nº 92-665 du 16 juill. 1992, art. 2-IV.*

SECTION IV SOCIÉTÉS D'ASSURANCE MUTUELLES

(L. nº 89-1014 du 31 déc. 1989)

BIBL. ▸ CHABANNES, *RGAT 1991. 793.* – SARDIN et BERNARD, *Procédures 1999. Chron. 4* (compétence des tribunaux de commerce).

SOUS-SECTION 1 DISPOSITIONS GÉNÉRALES *(L. nº 2014-856 du 31 juill. 2014, art. 54-I-1º).*

Art. L. 322-26-1 *(L. nº 89-1014 du 31 déc. 1989)* Les sociétés d'assurance mutuelles *(L. nº 2014-856 du 31 juill. 2014, art. 57-2º)* « sont des personnes morales de droit privé ayant » un objet non commercial. Elles sont constituées pour assurer les risques apportés par leurs sociétaires *(Ord. n° 2017-484 du 6 avr. 2017, art. 1er-20°)* « ou pour proposer la fourniture d'opérations mentionnées à l'article L. 143-1 ». Moyennant le paiement d'une cotisation fixe ou variable, elles garantissent à ces derniers le règlement intégral des engagements qu'elles contractent. Toutefois, les sociétés d'assurance mutuelles pratiquant les opérations d'assurance sur la vie ou de capitalisation ne peuvent recevoir de cotisations variables.

Ces sociétés fonctionnent sans capital social, dans des conditions fixées, pour l'ensemble des catégories mentionnées à l'article L. 322-26-4, par décret en Conseil d'État.

V. art. R. 322-42 s.

1. Contentieux salarial. N'a pas justifié sa décision la cour d'appel qui a déclaré la section du commerce du conseil des prud'hommes compétente pour connaître d'un différend entre une société mutuelle et un de ses salariés en retenant que cette société possédait en fait un capital social, que ses méthodes étaient celles d'une société commerciale, et que l'administration fiscale la soumettait à l'impôt sur les bénéfices industriels et commerciaux, alors que la mutuelle, qui n'est commerciale ni par sa forme ni par son objet n'a commis aucune violation de ses statuts ou des dispositions qui la régissent de nature à changer son caractère de société civile et que le litige relève de la section des professions diverses du conseil des prud'hommes. • Soc. 30 janv. 1967 : *RGAT 1967. 496.*

2. Contentieux assurantiel. Les sociétés d'assurances mutuelles ont un objet non commercial et échappent, dès lors, à la compétence des tribunaux de commerce même si elles accomplissent des actes qui, tels les assurances concernant le commerce de la mer visées par l'art. 633 C. com., sont réputés actes de commerce. • Civ. 1re, 22 oct. 1996 : *RCA 1996, n° 408 ; RGDA 1996. 941, note Bigot ; RTD com. 1997. 85, obs. Derruppé ; Gaz. Pal. 1997. 2. Somm. 434.* ♦ Le tribunal de commerce est incompétent pour statuer sur l'appel en garantie formé contre une société à forme mutuelle par un non-commerçant assigné au principal devant ce même tribunal. • Com. 1er déc. 1970 : *RGAT 1971. 492.* ♦ Dans le même sens : • Civ. 22 juin 1943 : *DC 1944. 83, note P. L.-P.* ♦ Sur l'incompétence du président du tribunal de commerce pour connaître d'une déclaration d'ordonnance commune formée par un adhérent contre une mutuelle artisanale, laquelle est une société civile : • Paris, 26 févr. 1982 : *D. 1983. 297, note Le Cannu.*

3. Droit de la concurrence. Le régime juridique des sociétés d'assurances mutuelles, comme le caractère non lucratif de leur activité, ne sont pas de nature à les exclure du champ d'application des dispositions relatives aux pratiques restrictives de concurrence dès lors qu'elles procèdent à une activité de service. • Com. 14 sept. 2010 : *RCA 2010, n° 337 ; RGDA 2010. 228, note Jabaud ; D. 2010. 2150, obs. Chevrier.*

Art. L. 322-26-1-1 *(L. n° 2014-856 du 31 juill. 2014, art. 57-3°)* Tout sociétaire a droit à une voix, sans qu'il puisse être dérogé à cette règle par les statuts.

Art. L. 322-26-1-2 *(L. n° 2019-486 du 22 mai 2019, art. 169-VI)* Les statuts des sociétés d'assurance mutuelles peuvent préciser une raison d'être, constituée des principes dont elles se dotent et pour le respect desquels elles entendent affecter des moyens dans la réalisation de leur activité.

Art. L. 322-26-2 *(L. n° 2003-706 du 1er août 2003, art. 89-I)* La société d'assurance mutuelle est administrée par un conseil d'administration. Toutefois, il peut être stipulé par les statuts de toute société d'assurance mutuelle que celle-ci est administrée par un directoire et un conseil de surveillance. L'introduction dans les statuts de cette stipulation, ou sa suppression, peut être décidée au cours de l'existence de la société.

Un décret en Conseil d'État fixe les conditions d'application du premier alinéa.

(L. n° 2014-856 du 31 juill. 2014, art. 57-4°) « Les sociétaires ou leurs délégués élisent en leur sein, au suffrage direct ou indirect, les administrateurs et les membres du conseil de surveillance, à l'exception de ceux qui sont élus par les salariés. Tout élu ou agent public peut siéger au conseil d'administration ou de surveillance d'une société d'assurance mutuelle en tant que représentant d'une personne morale de droit public elle-même sociétaire. »

Le conseil d'administration ou le conseil de surveillance comprend, outre les administrateurs et les membres du conseil de surveillance dont le nombre et le mode de désignation sont prévus par le présent code, un ou plusieurs administrateurs ou membres du conseil de surveillance élus par le personnel salarié. Leur nombre, qui est fixé par les statuts, ne peut être supérieur à quatre ni excéder le tiers de celui des autres administrateurs ou membres du conseil de surveillance. Lorsque le nombre des administrateurs ou des membres du conseil de surveillance élus par les salariés est égal ou supérieur à deux, les cadres et assimilés ont un siège au moins.

(L. nº 2019-486 du 22 mai 2019, art. 184-III) « Dans les sociétés d'assurance mutuelle employant, à la clôture de deux exercices consécutifs, au moins mille salariés permanents, les statuts prévoient qu'au moins deux administrateurs ou membres du conseil de surveillance sont élus par les salariés. »

Pour l'application du présent article, les modalités de désignation des administrateurs ou membres du conseil de surveillance élus par le personnel salarié sont fixées conformément aux dispositions des articles L. 225-28, L. 225-29, premier alinéa, et L. 225-30 à L. 225-34 du code de commerce.

Les statuts ne peuvent subordonner à quelque condition que ce soit l'élection au conseil d'administration ou au conseil de surveillance des sociétaires à jour de leurs cotisations.

Toute nomination intervenue en violation du présent article est nulle. Cette nullité n'entraîne pas celle des délibérations auxquelles a pris part l'administrateur ou le membre du conseil de surveillance irrégulièrement nommé.

Art. L. 322-26-2-1 *(L. nº 89-1014 du 31 déc. 1989)* Sont nulles, à effet du 1er juillet 1991, les clauses statutaires qui subordonnent à une condition de montant de cotisation la participation à l'assemblée générale ou à l'élection des membres de l'assemblée générale de sociétaires à jour de leurs cotisations.

Art. L. 322-26-2-2 *(L. nº 2010-1249 du 22 oct. 2010, art. 32-IV)* Les dispositions *(Abrogé par Ord. nº 2015-378 du 2 avr. 2015, art. 7-II-9º, à compter du 1er janv. 2016) (L. nº 2014-856 du 31 juill. 2014, art. 57-5º ; L. nº 2010-788 du 12 juill. 2010, art. 225-IV)* « ***des cinquième à dixième alinéas de l'article L. 225-102-1 et*** » des articles L. 225-251, L. 225-253 et L. 225-254 du code de commerce sont applicables aux sociétés d'assurance mutuelles.

Art. L. 322-26-2-3 *(Ord. nº 2008-1278 du 8 déc. 2008, art. 15-2º)* Par dérogation aux dispositions du *(Ord. nº 2016-315 du 17 mars 2016, art. 47-2º, en vigueur le 17 juin 2016)* « premier alinéa du II » de l'article L. 823-19 du code de commerce, le comité spécialisé mentionné à cet article peut comprendre deux membres au plus qui ne font pas partie du conseil d'administration ou du conseil de surveillance, mais qui sont désignés par lui à raison de leurs compétences.

Art. L. 322-26-2-4 *(Ord. nº 2015-378 du 2 avr. 2015, art. 7-II-10º, en vigueur le 1er janv. 2016)* A la clôture de chaque exercice comptable, le conseil d'administration ou, le cas échéant, le directoire des sociétés d'assurance mutuelles établit un rapport de gestion. Les dispositions de l'article L. 322-4-3 du présent code s'appliquent.

Les sociétés d'assurance mutuelles nomment un ou plusieurs commissaires aux comptes pour exercer les missions définies à la section II du chapitre III du titre II du livre VIII du code de commerce, dans des conditions définies par voie réglementaire.

La référence à l'art. L. 225-102-1 C. com. a été abrogée à compter du 22 juill. 2017 (Ord. nº 2017-1180 du 19 juill. 2017, art. 7).

Les dispositions de l'Ord. nº 2017-1180 du 19 juill. 2017 s'appliquent aux rapports afférents aux exercices ouverts à compter du 1er août 2017 (Ord. préc., art. 15).

Art. L. 322-26-2-5 *(L. nº 2021-1774 du 26 déc. 2021, art. 15-I)* Le conseil d'administration des sociétés d'assurance mutuelle mentionnées au premier alinéa de l'article L. 322-26-2, à l'exclusion de l'organe central mentionné à l'article L. 322-27-1, est composé en recherchant une représentation équilibrée des femmes et des hommes.

Les statuts prévoient les conditions dans lesquelles il est procédé à l'élection des sociétaires pour garantir au sein du conseil d'administration une part minimale de sièges pour les personnes de chaque sexe, au moins égale à 40 %.

Par dérogation au deuxième alinéa du présent article, lorsque la proportion de sociétaires participants d'un des deux sexes est inférieure à 25 %, la part de sièges dévolue aux membres de ce sexe est au moins égale à 25 %, dans la limite de 50 %.

L'électeur désigne, sous peine de nullité de son vote et sauf insuffisance du nombre de candidats d'un sexe, un nombre de candidats de chaque sexe conforme à la part de ce sexe indiquée aux trois premiers alinéas.

Les dispositions de l'art. L. 322-26-2-5 s'appliquent au titre du renouvellement des conseils d'administration intervenant à compter du 1er janv. 2027. Par dérogation, pour les sociétés d'assurance mutuelle dont la proportion de sociétaires participants d'un des deux sexes est inférieure à 25 %, les dispositions de l'art. L. 322-26-2-5 s'appliquent au titre du renouvellement des conseils d'administration intervenant à compter du 1er janv. 2030 (L. no 2021-1774 du 26 déc. 2021, art. 15-II).

Art. L. 322-26-3 *(L. no 89-1014 du 31 déc. 1989)* Il peut être établi, entre sociétés d'assurance mutuelles pratiquant des assurances de même nature, des unions ayant exclusivement pour objet de réassurer intégralement les contrats souscrits par ces sociétés d'assurance mutuelles et de donner à celles-ci leur caution solidaire.

Ces unions ne peuvent être constituées qu'entre sociétés d'assurance mutuelles s'engageant à céder à l'union, par un traité de réassurance, l'intégralité de leurs risques.

L'union a une personnalité civile distincte de celle des sociétés adhérentes.

Les unions de sociétés d'assurance mutuelles sont régies pour leur fonctionnement par les règles applicables aux sociétés d'assurance mutuelles, sous réserve des adaptations prévues par décret en Conseil d'État.

Les opérations pour lesquelles les unions se portent caution solidaire sont considérées comme des opérations d'assurance directe pour l'application du livre III du présent code.

V. art. R. 322-100, R. 322-107 s., R. 334-8.

Art. L. 322-26-4 *(L. no 89-1014 du 31 déc. 1989)* Les sociétés mutuelles d'assurance, les sociétés à forme tontinière et les sociétés ou caisses d'assurance et de réassurance mutuelles agricoles régies par l'article L. 771-1 du code rural et de la pêche maritime constituent des formes particulières de sociétés d'assurance mutuelles.

(Ord. no 2016-315 du 17 mars 2016, art. 47-3o, en vigueur le 17 juin 2016) « Les sociétés d'assurance mutuelles nomment un ou plusieurs commissaires aux comptes. Les dispositions du titre II du livre VIII du code de commerce leur sont applicables. »

V. art. R. 322-42 s.

Art. L. 322-26-4-1 *(L. no 2019-486 du 22 mai 2019, art. 176-II)* Les articles L. 210-10 à L. 210-12 du code de commerce, à l'exception du 5o de l'article L. 210-10, sont applicables aux sociétés d'assurance mutuelles.

Art. L. 322-26-5 *(L. no 85-703 du 12 juill. 1985 ; L. no 89-1014 du 31 déc. 1989)* En cas de dissolution non motivée par un retrait d'agrément d'une société d'assurance mutuelle, l'excédent de l'actif net sur le passif est dévolu, par décision de l'assemblée générale, soit à d'autres sociétés d'assurance mutuelles, soit à des associations reconnues d'utilité publique.

Art. L. 322-26-6 *(L. no 94-5 du 4 janv. 1994)* Les sociétés mutuelles et leurs unions ne peuvent accepter de risques en réassurance que dans les conditions fixées par le décret prévu à l'article L. 310-7.

Art. L. 322-26-7 *(L. no 2008-776 du 4 août 2008, art. 175)* I. – Des options peuvent être consenties dans les mêmes conditions qu'aux articles L. 225-177 à L. 225-179 *(Ord. no 2020-1142 du 16 sept. 2020, art. 11-2o, en vigueur le 1er janv. 2021)* « et L. 22-10-56 » du code de commerce par une entreprise contrôlée, directement ou indirectement, exclusivement ou conjointement, par des sociétés d'assurance mutuelles mentionnées aux articles L. 322-26-1 et L. 322-26-4 du présent code et appartenant au même périmètre de combinaison tel que défini par l'article L. 345-2,

aux salariés de ces entités ainsi qu'à ceux des entités contrôlées, directement ou indirectement, exclusivement ou conjointement, par ces sociétés d'assurance mutuelles.

II. – Des actions peuvent être attribuées dans les mêmes conditions que celles prévues *(Ord. nº 2020-1142 du 16 sept. 2020, art. 11-2º, en vigueur le 1er janv. 2021)* **« aux articles L. 225-197-1 et L. 22-10-59** *[ancienne rédaction : à l'article L. 225-197-1]* **» du code de commerce par une entreprise contrôlée, directement ou indirectement, exclusivement ou conjointement, par des sociétés d'assurance mutuelles mentionnées aux articles L. 322-26-1 et L. 322-26-4 du présent code et appartenant au même périmètre de combinaison tel que défini par l'article L. 345-2, aux salariés de ces entités ainsi qu'à ceux des entités contrôlées, directement ou indirectement, exclusivement ou conjointement, par ces sociétés d'assurance mutuelles.**

SOUS-SECTION 2 CERTIFICATS MUTUALISTES

(L. nº 2014-856 du 31 juill. 2014, art. 54-2º)

Art. L. 322-26-8 I. – En vue de l'alimentation de leur fonds d'établissement, les sociétés d'assurance mutuelles et les sociétés de groupe d'assurance mutuelles mentionnées au dernier alinéa de l'article L. 322-1-3 peuvent émettre des certificats mutualistes auprès :

1º De leurs sociétaires ;

(Ord. nº 2015-378 du 2 avr. 2015, art. 7-II-11º, en vigueur le 1er janv. 2016) « 2º Des sociétaires ou assurés des entreprises appartenant au même groupe d'assurance défini au 5º de l'article L. 356-1 ainsi qu'auprès de ces entreprises ;

« 3º De sociétés d'assurance mutuelles, de sociétés de groupe d'assurance mutuelles, de mutuelles et unions régies par le livre II du code de la mutualité, d'unions mutualistes de groupe mentionnées à l'article L. 111-4-2 du même code, d'institutions ou d'unions de prévoyance régis *[régies]* par le titre III du livre IX du code de la sécurité sociale et des sociétés de groupe assurantiel de protection sociale mentionnées à l'article L. 931-2-2 du code de la sécurité sociale. »

II. – L'émission des certificats mutualistes peut être réalisée par les sociétés d'assurance mutuelles agréées, les caisses d'assurance et de réassurance mutuelles agricoles agréées et les sociétés de groupe d'assurance mutuelles qui ont établi des comptes régulièrement approuvés au cours des deux derniers exercices, et sous les sanctions prévues aux articles L. 242-10 et L. 242-30 du code de commerce. Elles peuvent procéder à une offre au public, définie pour les titres financiers au chapitre Ier du titre Ier du livre IV du code monétaire et financier, dans les conditions fixées par le règlement général de l'Autorité des marchés financiers.

Les certificats mutualistes sont indivisibles et confèrent des droits identiques à leurs titulaires.

Préalablement à l'émission de certificats mutualistes, toute société ou caisse concernée doit être inscrite au registre du commerce et des sociétés.

L'assemblée générale des sociétaires ou des entreprises affiliées à la société de groupe d'assurance mutuelle est seule habilitée à fixer les caractéristiques essentielles de l'émission. Elle peut toutefois déléguer au conseil d'administration ou au directoire, dans le cadre ainsi défini, les pouvoirs nécessaires pour en arrêter les modalités pratiques. Il est rendu compte par le conseil d'administration ou par le directoire, à la plus prochaine assemblée générale, de l'exercice de cette délégation. Les contrats d'émission ne peuvent avoir pour but de privilégier une catégorie de sociétaires, des personnes qui sont liées à la société par un contrat de travail, des dirigeants de droit ou de fait de celle-ci ou toute autre personne. Les contrats conclus en violation de cette disposition sont frappés de nullité absolue.

Un décret en Conseil d'État fixe les modalités d'application du présent II, notamment la teneur ainsi que les conditions et la procédure d'approbation préalable par l'Autorité de contrôle prudentiel et de résolution de la résolution spéciale autorisant l'émission, proposée à l'assemblée générale.

III. – Toutes les informations, y compris les communications à caractère publicitaire, relatives à des certificats mutualistes présentent un contenu exact, clair et non trompeur. Les communications à caractère publicitaire sont clairement identifiées comme telles.

Les personnes mentionnées au I reçoivent, préalablement à la souscription, les informations leur permettant raisonnablement de comprendre la nature des certificats mutualistes proposés ainsi que les risques et inconvénients y afférents, afin d'être en mesure de prendre leurs décisions d'investissement en connaissance de cause.

Lorsque les certificats mutualistes sont placés auprès de personnes relevant des 1° ou 2° du I, les sociétés d'assurance mutuelles et les sociétés de groupe d'assurance mutuelles précisent les exigences et les besoins exprimés par ces personnes ainsi que les raisons qui motivent le conseil fourni quant à l'investissement proposé. Ces précisions, qui reposent en particulier sur les éléments d'information communiqués par ces personnes sur leur situation financière et leurs objectifs de souscription, sont adaptées aux spécificités des certificats mutualistes. Pour l'application de ces obligations, les sociétés d'assurance mutuelles et les sociétés de groupe d'assurance mutuelles s'enquièrent des connaissances et de l'expérience en matière financière de ces personnes. Lorsque ces dernières ne communiquent pas l'ensemble des éléments d'information susvisés, les sociétés d'assurance mutuelles et les sociétés de groupe d'assurance mutuelles les mettent en garde préalablement à la souscription.

IV. — Les certificats mutualistes sont inscrits sous forme nominative dans un registre tenu par l'émetteur et dans un compte-titres tenu soit par l'émetteur, soit par l'un des intermédiaires mentionnés aux 2° à 7° de l'article L. 542-1 du code monétaire et financier.

Le compte-titres est ouvert au nom d'un ou de plusieurs titulaires, propriétaires des certificats mutualistes qui y sont inscrits.

V. — La rémunération des certificats mutualistes est variable et fixée annuellement par l'assemblée générale lors de l'approbation des comptes. La part maximale des résultats du dernier exercice clos et des précédents exercices susceptible d'être affectée annuellement à la rémunération des certificats mutualistes est fixée par décret en Conseil d'État.

Art. L. 322-26-9 I. — Les certificats mutualistes ne sont remboursables qu'en cas de liquidation de l'émetteur et après désintéressement complet de tous les créanciers privilégiés, chirographaires et subordonnés. Le remboursement est effectué à la valeur nominale du certificat, réduite, le cas échéant, à due concurrence de l'imputation des pertes sur le fonds d'établissement. Les statuts peuvent prévoir, préalablement à cette réduction, l'imputation des pertes sur les réserves.

II. — Les certificats mutualistes ne peuvent être cédés que dans les conditions décrites au III et ne peuvent faire l'objet ni d'un prêt ni d'opérations de mise en pension.

III. — L'assemblée générale peut autoriser le conseil d'administration ou le directoire à racheter à leur valeur nominale des certificats mutualistes émis par l'entreprise, afin de les offrir à l'achat, dans un délai de deux ans à compter de leur rachat, aux personnes mentionnées au I de l'article L. 322-26-8, dans les conditions et selon les modalités suivantes :

1° Le montant de certificats mutualistes détenus par l'émetteur ne peut excéder 10 % du montant total émis, sauf dérogation accordée par l'Autorité de contrôle prudentiel et de résolution ;

2° Les rachats de certificats mutualistes sont effectués selon l'ordre d'arrivée des demandes des titulaires. Toutefois, sont prioritaires les demandes formulées dans les cas suivants :

a) Liquidation du titulaire ;

b) Demande d'un ayant droit en cas de décès du titulaire ;

c) Cas prévus au troisième à septième alinéa de l'article L. 132-23. Pour l'application de ces mêmes alinéas, la référence à l'assuré est remplacée par la référence au titulaire du certificat mutualiste ;

d) Perte par le titulaire du certificat de sa qualité de sociétaire de l'émetteur, ou de sociétaire ou assuré des entreprises appartenant au même groupe d'assurance défini au *(Ord. n° 2015-378 du 2 avr. 2015, art. 7-II-12°, en vigueur le 1er janv. 2016)* « 5° de l'article L. 356-1 » ;

3° L'assemblée générale arrête un programme annuel de rachats, qui fait l'objet d'une résolution spéciale préalablement soumise à l'approbation de l'Autorité de contrôle prudentiel et de résolution. Le programme définit la politique de l'entreprise en matière de rachat, les modalités des opérations de rachat et le nombre maximal de certificats mutualistes pouvant être rachetés et précise l'impact des rachats sur la solvabilité de l'entreprise ;

4° A défaut d'avoir été cédés dans les deux ans à compter de leur rachat, les certificats mutualistes sont annulés. L'annulation est compensée par une reprise d'un montant équivalent sur le fonds d'établissement. Cette reprise est constatée par le conseil d'administration ou le directoire, qui procède à la modification du montant du fonds d'établissement mentionné dans les statuts. Cette modification est mentionnée dans le rapport annuel présenté à l'assemblée générale ;

5° Les commissaires aux comptes présentent à l'assemblée générale d'approbation des comptes un rapport spécial sur les conditions dans lesquelles les certificats mutualistes ont été rachetés et utilisés au cours du dernier exercice clos ;

6° Les certificats mutualistes détenus par l'émetteur ne donnent pas droit à rémunération ;

7° Une nouvelle émission de certificats mutualistes ne peut être autorisée que si l'émetteur place de manière prioritaire les certificats mutualistes propres qu'il détient ;

8° Le conseil d'administration peut déléguer au directeur général ou, en accord avec ce dernier, à un ou plusieurs directeurs généraux délégués les pouvoirs nécessaires pour réaliser les opérations de rachat. Le directoire peut déléguer à son président ou, avec l'accord de ce dernier, à un ou plusieurs de ses membres les pouvoirs nécessaires pour réaliser ces opérations. Les personnes désignées rendent compte au conseil d'administration ou au directoire, dans les conditions prévues par eux, de l'utilisation faite de ces pouvoirs.

SECTION VI SOCIÉTÉS OU CAISSES D'ASSURANCES ET DE RÉASSURANCES MUTUELLES AGRICOLES

§ 1er DISPOSITIONS GÉNÉRALES

Art. L. 322-27 Les sociétés ou caisses d'assurances et de réassurances mutuelles agricoles restent régies pour leur constitution par l'article L. 771-1 du code rural et de la pêche maritime.

(L. n° 93-1444 du 31 déc. 1993) « Un décret en Conseil d'État fixe les modalités d'application du présent article et définit celles des opérations mentionnées à l'article L. 310-1 qu'elles peuvent être autorisées à pratiquer ; leur sociétariat peut être limité aux personnes exerçant une profession agricole ou connexe à l'agriculture, ou s'étendre à toutes autres catégories de personnes physiques ou morales prévues par leurs statuts. »

V. art. R. 322-118 s.

Art. L. 322-27-1 *(L. n° 2013-672 du 26 juill. 2013, art. 51)* L'organe central des sociétés ou caisses d'assurances et de réassurances mutuelles agricoles est une société anonyme d'assurance agréée en application de l'article L. 321-1 ou une société anonyme de réassurance agréée en application de l'article L. 321-1-1, dont la majorité absolue du capital social et des droits de vote est détenue conjointement, directement ou indirectement, par les sociétés ou caisses d'assurances et de réassurances mutuelles agricoles à compétence départementale ou régionale.

Groupama SA est l'organe central, au sens du premier alinéa du présent article, du réseau composé par les sociétés ou caisses d'assurances et de réassurances mutuelles agricoles.

La dénomination de société ou de caisse d'assurances ou de réassurances mutuelle agricole est réservée aux sociétés ou aux caisses qui procèdent à la cession ou à la

rétrocession en réassurance, directement ou indirectement, de risques qu'elles assurent auprès de l'organe central mentionné au premier alinéa.

Nouvel art. L. 322-27-1 (L. n° 2016-1691 du 9 déc. 2016, art. 52-I) ***L'organe central du réseau composé par les sociétés ou caisses d'assurances et de réassurances mutuelles agricoles est une caisse de réassurances mutuelle agricole à compétence nationale. Les sociétés et les caisses d'assurances et de réassurances mutuelles agricoles à compétence départementale ou régionale adhèrent à l'organe central et détiennent la majorité absolue des droits de vote à l'assemblée générale de ce dernier.***

La dénomination de société ou de caisse d'assurances ou de réassurances mutuelle agricole est réservée aux sociétés ou aux caisses qui procèdent à la cession ou à la rétrocession en réassurance, directement ou indirectement, de risques qu'elles assurent auprès de l'organe central mentionné au premier alinéa.

Par dérogation à l'article L. 322-26-2, le conseil d'administration de l'organe central mentionné au premier alinéa du présent article comprend, outre les administrateurs représentant les caisses d'assurances et de réassurances mutuelles agricoles adhérentes et ceux élus par le personnel salarié, des administrateurs élus par l'assemblée générale, sur proposition du conseil d'administration. Ces derniers administrateurs ne doivent, au cours des cinq derniers exercices, ni avoir exercé de mandat d'administrateur ou de membre du conseil de surveillance au sein d'une société ou d'une caisse appartenant au groupe pour lequel l'organe central établit des comptes combinés, au sens de l'article L. 345-2, ni avoir été employés par l'une de ces sociétés ou caisses. Un décret en Conseil d'État précise les règles applicables au nombre et à la proportion de ces administrateurs.

Sur la date d'entrée en vigueur, V., ci-dessous, L. n° 2016-1691 du 9 déc. 2016, art. 52, II, 2ᵉ al.

Loi nº 2016-1691 du 9 décembre 2016,

Relative à la transparence, à la lutte contre la corruption et à la modernisation de la vie économique.

Art. 52 *I. – Mod. art. L. 322-27-1.*

II. — L'organe central mentionné à l'article L. 322-27-1 du code des assurances, dans sa rédaction résultant de la présente loi, résulte de la modification statutaire de la forme et de l'objet social de Groupama SA approuvée par l'assemblée générale de cette société afin de transformer cette dernière en caisse de réassurances mutuelle agricole. Cette modification des statuts doit prendre effet dans un délai de dix-huit mois à compter de la promulgation de la présente loi.

L'article L. 322-27-1 du code des assurances, dans sa rédaction antérieure à la présente loi, est applicable jusqu'à la prise d'effet de la modification des statuts mentionnée au premier alinéa du présent II.

III. — La décision de l'assemblée générale de Groupama SA de modifier les statuts de cette société, dans les conditions mentionnées au II, n'entraîne pas la création d'une nouvelle personne morale.

Cette décision est opposable aux tiers sans qu'il soit besoin d'aucune formalité. Nonobstant toute disposition ou stipulation contraire, elle n'ouvre pas droit à un remboursement anticipé des titres financiers émis par la société Groupama SA ou à une quelconque modification de l'un des termes des conventions correspondantes. L'assemblée générale des obligataires prévue à l'article L. 228-65 du code de commerce n'est pas appelée à délibérer sur ces opérations.

IV. — Les actions de Groupama SA qui, à la date de prise d'effet de la modification des statuts de cette société dans les conditions mentionnées au II du présent article, sont détenues par des personnes morales remplissant les conditions pour être adhérentes à l'organe central prévu à l'article L. 322-27-1 du code des assurances, dans sa rédaction résultant de la présente loi, sont converties en certificats mutualistes émis par l'organe central.

Les actions de Groupama SA dont les détenteurs, à la date de prise d'effet de la modification des statuts de cette société, ne remplissent pas les conditions pour être adhérents à l'organe central prévu au même article L. 322-27-1, sont annulées et remboursées par l'organe central dans un délai de deux mois à compter de la date de l'inscription de cette modification au registre du commerce et des sociétés. Groupama SA adresse à ces détenteurs, avant cette date, une proposition financière d'un niveau ne pouvant être inférieur à la valeur actuelle des actions.

Pour l'application du présent IV, la valeur des titres de capital convertis ou remboursés est déterminée, en cas de contestation, dans les conditions prévues au I de l'article 1843-4 du code civil.

Art. L. 322-27-2 *(L. nº 2013-672 du 26 juill. 2013, art. 51)* **I. – L'organe central est chargé de veiller à la cohésion et au bon fonctionnement du réseau. Il exerce un contrôle administratif, technique et financier sur l'organisation et la gestion des organismes du réseau. Il fixe les orientations stratégiques de ce dernier, émet toutes instructions utiles à cet effet et veille à leur application effective. Il prend également toutes mesures nécessaires pour garantir la solvabilité et le respect des engagements de chacun des organismes du réseau comme de l'ensemble du groupe.**

II. – La nomination des directeurs généraux des organismes du réseau est soumise à l'approbation de l'organe central.

III. – Sans préjudice des pouvoirs de son conseil d'administration, dans le cas où un organisme du réseau prend des décisions non conformes aux dispositions législatives ou réglementaires relatives aux sociétés d'assurances et de réassurances ou aux instructions données par l'organe central, ce dernier peut révoquer le directeur général de l'organisme en question. L'organe central peut également, pour les mêmes motifs, procéder à la révocation collective des membres du conseil d'administration de cet organisme.

IV. – Sans préjudice des dispositions du III, dans le cas où un organisme à compétence locale du réseau prend des décisions portant atteinte à la cohésion et au bon fonctionnement de ce dernier, la société ou la caisse d'assurances ou de réassurances mutuelle agricole auprès de laquelle il se réassure peut, après avis de l'organe central, procéder à la révocation collective des membres de son conseil d'administration.

V. – Un décret en Conseil d'État précise les modalités d'application du présent article, notamment les conditions d'exercice des missions de l'organe central.

§ 2 ORGANISMES SOUMIS À L'AGRÉMENT ADMINISTRATIF

Néant.

§ 3 ORGANISMES DISPENSÉS DE L'AGRÉMENT ADMINISTRATIF

Néant.

SECTION VII TONTINES

Néant.

SECTION VIII SOCIÉTÉS EUROPÉENNES

(L. nº 2005-842 du 26 juill. 2005, art. 14-II)

Art. L. 322-28 **Sous réserve des dispositions de la présente section, la société européenne est régie par les dispositions du règlement (CE) nº 2157/2001 du Conseil du 8 octobre 2001 relatif au statut de la société européenne (SE), par les dispositions du chapitre IX du titre II du livre II du code de commerce et par les règles du présent code applicables aux sociétés anonymes non contraires à celles-ci.**

Art. L. 322-29 **Lorsqu'une entreprise d'assurance constituée sous forme de société européenne immatriculée en France envisage de transférer son siège statutaire hors de France, elle en informe l'Autorité de contrôle prudentiel et de résolution au plus tard le jour de la publication du projet de transfert.**

Sans préjudice des dispositions de l'article L. 229-4 du code de commerce *(Ord. nº 2010-76 du 21 janv. 2010, art. 8-III-2º)* **« l'Autorité de contrôle prudentiel et de résolution est compétente » pour s'opposer, conformément aux dispositions du 14 de l'article 8 et de l'article 19 du règlement (CE) nº 2157/2001 du Conseil du 8 octobre 2001 précité, au transfert de siège social d'une entreprise d'assurance**

constituée sous forme de société européenne immatriculée en France et dont résulterait un changement du droit applicable ainsi qu'à la constitution d'une société européenne par voie de fusion impliquant une entreprise d'assurance agréée en France. Cette décision est susceptible de recours devant le Conseil d'État.

CHAPITRE III MESURES DE SAUVEGARDE ET D'ASSAINISSEMENT

(Ord. nº 2015-378 du 2 avr. 2015, art. 3-III).

SECTION PREMIÈRE *[ABROGÉE]* RÈGLES GÉNÉRALES

(Abrogée par Ord. nº 2010-76 du 21 janv. 2010, art. 8-IV-2º)

Art. L. 323-1 *et* L. 323-1-1 *Abrogés par Ord. nº 2010-76 du 21 janv. 2010, art. 8-IV-2º.*

Art. L. 323-1-2 *Abrogé par L. nº 2003-706 du 1er août 2003, art. 32-V.*

Art. L. 323-2 *Abrogé par L. nº 2005-1564 du 15 déc. 2005. – V. désormais les art. L. 380-1 s.*

SECTION II

L'intitulé de la section II est supprimé à compter du 23 janv. 2010 (Ord. nº 2010-76 du 21 janv. 2010, art. 8-IV-3º).

Art. L. 323-3 *à* L. 323-7 *Abrogés par L. nº 89-1014 du 31 déc. 1989, art. 46, al. 2, et 60.*

Art. L. 323-8 **Les mesures d'assainissement mentionnées à la présente section sont les mesures prises, en France ou dans tout État membre, par une autorité administrative ou judiciaire, destinées à préserver ou rétablir la situation financière d'une entreprise d'assurance et qui affectent les droits préexistants des parties autres que l'entreprise d'assurance elle-même.**

Lorsqu'elles sont prises en France, ces mesures sont, lorsqu'elles affectent ces droits :

1º *(Ord. nº 2010-76 du 21 janv. 2010, art. 8-IV, 4º)* **« Les mesures mentionnées au** *[aux] (Ord. nº 2014-158 du 20 févr. 2014, art. 6)* **« 3º, 4º et 7º du I » de l'article L. 612-33 du code monétaire et financier ;**

« 2º La sanction prévue au 3º de l'article L. 612-39 du code monétaire et financier ou le retrait partiel d'agrément mentionné au 6º du même article ; »

3º *Abrogé par L. nº 2005-845 du 26 juill. 2005, art. 174-II, à compter du 1er janv. 2006.*

4º La procédure de redressement judiciaire mentionnée au livre VI du code de commerce ;

(Ord. nº 2017-1608 du 27 nov. 2017, art. 3) **« 5º Les mesures de résolution prévues à la section VI du chapitre II du titre Ier du livre III ».**

V. art. R. 323-11.

Les dispositions de l'art. 6 de l'Ord. nº 2014-158 du 20 févr. 2014 sont applicables dans les îles Wallis-et-Futuna (Ord. nº 2014-946 du 20 août 2014, art. 24-II-2º).

CHAPITRE IV TRANSFERT DE PORTEFEUILLE

SECTION PREMIÈRE RÈGLES GÉNÉRALES

Art. L. 324-1 *(L. nº 94-5 du 4 janv. 1994)* **Les entreprises d'assurance françaises et leurs succursales mentionnées au 1º de l'article L. 310-2 ainsi que les succursales françaises d'entreprises d'assurance mentionnées aux 3º et 4º du même article peuvent être autorisées, dans les conditions définies au présent article, à transférer tout ou partie de leur portefeuille de contrats, couvrant des risques ou des engagements situés sur le territoire d'un État membre** *(Ord. nº 2015-378 du 2 avr. 2015, art. 3-IV-1º, en vigueur le 1er janv. 2016)* **« de l'Union européenne » avec ses droits et obligations, à une ou plusieurs des entreprises d'assurance françaises ou de leurs**

succursales mentionnées au 1° de l'article L. 310-2, à une ou plusieurs entreprises *(Ord. n° 2015-378 du 2 avr. 2015, art. 3-IV-1°, en vigueur le 1er janv. 2016)* « dont l'État membre d'origine est membre de l'Union européenne » ou de leurs succursales établies sur le territoire de celles-ci ou à une ou plusieurs entrepri ses d'assurance établies dans l'État du risque ou de l'engagement et agréées dans cet État. Le présent article ne s'applique pas aux transferts de portefeuilles de contrats souscrits en libre prestation de services par les entreprises agréées conformément aux dispositions de l'article L. 321-7.

La demande de transfert est portée à la connaissance des créanciers par un avis publié au *Journal officiel*, qui leur impartit un délai de deux mois pour présenter leurs observations. L'Autorité de contrôle prudentiel et de résolution approuve le transfert s'il lui apparaît que le transfert ne préjudicie pas aux intérêts des créanciers et des assurés.

(Ord. n° 2015-378 du 2 avr. 2015, art. 3-IV-1°, en vigueur le 1er janv. 2016) « L'Autorité de contrôle prudentiel et de résolution n'approuve le transfert que si les autorités de contrôle de l'État d'établissement de l'entreprise cessionnaire attestent que celle-ci possède, compte tenu du transfert, la marge de solvabilité pour les entreprises mentionnées à l'article L. 310-3-2 ou, pour les entreprises mentionnées à l'article L. 310-3-1, les fonds propres éligibles nécessaires pour couvrir le capital de solvabilité requis visé à l'article L. 352-1. Toutefois, lorsque l'État membre d'origine de l'entreprise cessionnaire est membre de l'Union européenne, l'attestation mentionnée au présent alinéa est donnée par les autorités de contrôle de cet État.

« Lorsque le cédant est une succursale située dans un État membre de l'Union européenne, l'Autorité de contrôle prudentiel et de résolution recueille préalablement l'accord de l'autorité de contrôle de l'État où est située la succursale.

« Lorsque les risques ou les engagements transférés sont situés dans un État membre de l'Union européenne, l'Autorité de contrôle prudentiel et de résolution recueille préalablement l'accord de l'autorité de contrôle de l'État du risque ou de l'engagement.

« Le silence gardé par cette autorité de contrôle, à l'expiration d'un délai de trois mois suivant la réception des demandes de consultation précitées, vaut, pour l'Autorité de contrôle prudentiel et de résolution, accord tacite.

« Pour les transferts concernant les entreprises d'assurance-vie ou de capitalisation, cette approbation est, en outre, fondée sur les données relatives à la quote-part prévue à l'article L. 344-1. »

L'approbation rend le transfert opposable aux assurés, souscripteurs et bénéficiaires de contrat ainsi qu'aux créanciers *(Abrogé par L. n° 2015-990 du 6 août 2015, art. 107)* « ***, et écarte l'application du droit de surenchère prévu par l'article L. 141-19 du code de commerce*** ». Le transfert est opposable à partir de la date de publication au *Journal officiel* de *(L. n° 2003-706 du 1er août 2003, art. 29-II, 8°)* « la décision d'approbation mentionnée » au deuxième alinéa du présent article. Les assurés ont la faculté de résilier le contrat dans le délai d'un mois suivant la date de cette publication.

(Ord. n° 2006-344 du 23 mars 2006) « Les dispositions du présent article sont précisées par décret en Conseil d'État. »

En application du II de l'art. 21 de la L. n° 2000-321 du 12 avr. 2000, le silence gardé par l'administration pendant deux mois vaut rejet pour les demandes de transfert de portefeuilles par les sociétés d'assurance et de réassurance (Décr. n° 2014-1280 du 23 oct. 2014, art. 1er, applicable aux demandes présentées à compter du 12 nov. 2014).

En application de ce même art., et par exception à l'application du délai de deux mois prévu au premier al. du I de cet art., le délai à l'expiration duquel le silence gardé par l'administration vaut décision d'acceptation est fixé à trois mois pour les demandes d'autorisation préalable de transfert de portefeuilles de sociétés d'assurance et de réassurance (Décr. n° 2014-1281 du 23 oct. 2014, art. 1er, applicable aux demandes présentées à compter du 12 nov. 2014).

Il est également fixé à trois mois pour les demandes d'autorisation préalable de transfert de portefeuilles entre sociétés européennes, par des entreprises d'assurance (Décr. préc., art. 1er, applicable aux demandes présentées à compter du 12 nov. 2014).

1. Créanciers concernés. Les dispositions de ce texte sont applicables aux tiers dont les créances ont leur source dans le portefeuille cédé et qui possèdent ainsi une action directe contre le cessionnaire substitué au cédant et non pas aux créanciers extérieurs aux contrats transférés, la cession portant sur l'universalité que représente l'ensemble des contrats d'assurance, mais non sur le reste de l'actif ou du passif de la société cédante. • Paris, 24 janv. 1979 : *RGAT 1979. 184.*

2. *Preuve du transfert du contrat.* Sur la preuve qu'un contrat faisait bien partie du portefeuille cédé : • Civ. 1re, 7 avr. 1987 : *RGAT 1987. 398.* ♦ ... Et en cas de contradiction entre les termes de la convention de transfert et ceux de l'arrêté ministériel : • Civ. 1re, 18 nov. 2003 : *RGDA 2004. 201, note Bigot.* ♦ Sur la possibilité de condamner *in solidum* deux compagnies d'assurance, qui avaient acquis un portefeuille d'une société tierce, au motif qu'elles s'étaient volontairement entendues pour éluder leurs obligations notamment en refusant la communication des contrats : • Civ. 1re, 3 janv. 1991 : *RGAT 1991. 355, obs. Maurice.*

3. *Protection des intérêts des assurés.* Ne méconnaît pas les intérêts des assurés dont les contrats étaient transférés d'une société à une autre l'évaluation comptable des actifs à leur valeur de bilan et non à leur valeur actuelle et qui, en l'absence dans la législation française de dispositions prévoyant le « cantonnement des actifs », utilise à titre de référence les résultats d'une méthode « historique » de reconstitution globale des droits des assurés, dès lors que la marge de solvabilité de l'entreprise cessionnaire demeure supérieure, à l'issue du transfert, au montant réglementairement exigé. • CE 24 nov. 1989, *Union fédérale des consommateurs : Lebon 236; JCP 1990. IV. 55.* ♦ La circonstance que l'apport partiel d'actifs auquel a donné lieu le transfert de contrats d'assurance ait été réalisé à leur valeur comptable et non à leur valeur vénale ne démontre pas, par elle-même, que la répartition des actifs et des plus-values latentes qui leur sont attachées entre la société cédante et la société cessionnaire ait été réalisée dans des conditions inéquitables de nature à créer, pour les assurés de la société cédante, un préjudice; l'approbation du transfert de portefeuille n'est donc pas entachée d'une erreur d'appréciation. • CE 27 nov. 2000 : *RGDA 2001. 298, note Vincent.*

Art. L. 324-1-1 *(L. nº 94-5 du 4 janv. 1994)* **Pour l'application des dispositions de l'article L. 324-1,** *(Ord. nº 2015-378 du 2 avr. 2015, art. 3-IV-2º, en vigueur le 1er janv. 2016)* **« les mutuelles et unions mentionnées à l'article L. 211-8 du code de la mutualité et les institutions de prévoyance ou unions mentionnées à l'article L. 931-4 du code de la sécurité sociale » sont assimilées à des entreprises d'assurance agréées conformément aux dispositions de l'article L. 321-1.**

Art. L. 324-1-2 *(Ord. nº 2015-378 du 2 avr. 2015, art. 3-IV-1º, en vigueur le 1er janv. 2016)* **Les entreprises de réassurance mentionnées au 1º du III de l'article L. 310-1-1, ou leurs succursales, peuvent être autorisées, dans les conditions définies au second alinéa, à transférer tout ou partie de leur portefeuille de contrats ou de sinistres à payer à une ou plusieurs entreprises de réassurance ou d'assurance ayant leur siège social en France ou dans un autre État membre de l'Union européenne, à une ou plusieurs institutions de prévoyance ou unions régies par le titre III du livre IX du code de la sécurité sociale, à une ou plusieurs mutuelles ou unions régies par le livre II du code de la mutualité, ou à leurs succursales établies sur le territoire de l'Union européenne. Ce transfert n'est autorisé que si les autorités de contrôle de l'État où la cessionnaire a son siège social attestent que celle-ci possède, compte tenu du transfert, les fonds propres éligibles nécessaires pour couvrir le capital de solvabilité requis visé à l'article L. 352-1. L'Autorité de contrôle prudentiel et de résolution informe l'entreprise qui transfère le portefeuille de la réception de cette attestation.**

Le transfert mentionné au premier alinéa est opposable aux entreprises réassurées qui n'ont pas manifesté leur opposition dans un délai de trois mois suivant la notification, par l'entreprise ou la succursale transférant tout ou partie de son portefeuille de contrats ou de sinistres à payer, de ce transfert par lettre recommandée *(Ord. nº 2017-1433 du 4 oct. 2017, art. 10, en vigueur le 1er avr. 2018)* **«, ou par envoi recommandé électronique, » avec accusé de réception.**

V. 1re et 2e notes ss. art. L. 324-1.

Art. L. 324-2 **Lorsque les opérations de fusion ou de scission mentionnées à l'article L. 236-1 du code de commerce comportent des transferts de portefeuille de contrats réalisés dans les conditions prévues à l'article L. 324-1, les dispositions des articles L. 228-65, L. 228-73, L. 236-13, L. 236-14, L. 236-15, L. 236-18 et L. 236-21 dudit code ne sont pas applicables.**

V. 1re et 2e notes ss. art. L. 324-1.

Art. L. 324-3 Lorsque les opérations de fusion ou de scission ne comportent pas de transfert de portefeuille de contrats réalisé dans les conditions prévues à l'article L. 324-1, les entreprises qui sont régies par le présent livre sont tenues de produire à l'Autorité de contrôle prudentiel et de résolution une déclaration accompagnée de tous documents utiles exposant les buts et les modalités de l'opération projetée un mois avant sa réalisation définitive. *(L. nº 89-1014 du 31 déc. 1989)* « Durant ce délai, l'Autorité de contrôle prudentiel et de résolution peut s'opposer à l'opération si elle juge qu'elle n'est pas conforme à l'intérêt des assurés ou des créanciers ou qu'elle a pour conséquence de diminuer la valeur de réalisation des placements correspondant à des engagements pris envers les assurés, déterminée conformément aux dispositions de l'article L. 344-1 ; elle peut également demander les documents complémentaires » nécessaires à l'appréciation de l'opération ; dans ce dernier cas, le délai d'un mois pendant lequel l'Autorité de contrôle prudentiel et de résolution peut s'opposer à la poursuite de l'opération court de la date de production des documents demandés et la réalisation définitive de l'opération ne peut intervenir avant l'expiration du même délai.

Les entreprises constituées sous la forme de société anonyme restent, en outre, assujetties, pour les opérations de fusion ou de scission ne comportant pas de transfert de portefeuille de contrats, à l'ensemble des dispositions du livre II du code de commerce.

Art. L. 324-4 *Abrogé par L. nº 2005-1564 du 15 déc. 2005.*

SECTION II TRANSFERT D'OFFICE

Art. L. 324-5 *(L. nº 99-532 du 25 juin 1999)* Lorsqu'une entreprise fait l'objet d'une procédure de transfert d'office de portefeuille, l'Autorité de contrôle prudentiel et de résolution peut, si elle estime que les personnes physiques ou morales, autres que les mandataires et salariés d'entreprises d'assurance, par l'intermédiaire desquelles des contrats comportant la garantie de risques mentionnés *(L. nº 2003-706 du 1er août 2003, art. 81-A-VIII)* « aux articles L. 421-9 et L. 423-1 » ont été présentés ou souscrits ont eu un comportement ayant contribué aux difficultés de cette entreprise, décider à l'issue d'une procédure contradictoire que les personnes susmentionnées doivent reverser au cessionnaire du portefeuille ou, à défaut, au fonds de garantie tout ou partie des commissions ou rémunérations de toutes natures, directes ou indirectes, encaissées à l'occasion de la présentation ou de la souscription de ces contrats, au cours des dix-huit mois précédant le mois au cours duquel la procédure de transfert de portefeuille est lancée.

Un décret en Conseil d'État détermine les modalités d'application du présent article.

V. art. R. 324-5.

Art. L. 324-6 *Abrogé par L. nº 89-1014 du 31 déc. 1989, art. 46, al. 2.*

SECTION III RÈGLES RELATIVES À L'AFFECTATION COMPTABLE DES ACTIFS TRANSFÉRÉS AVEC UN PORTEFEUILLE DE CONTRATS

(L. nº 89-1014 du 31 déc. 1989)

Art. L. 324-7 Les actifs transférés avec un portefeuille de contrats par une entreprise d'assurance-vie ou de capitalisation sont affectés à une section comptable distincte du bilan de l'entreprise cessionnaire des contrats.

Pour le calcul de la participation aux bénéfices afférents à ces actifs *(L. nº 94-5 du 4 janv. 1994)* « prévue à l'article » *(Ord. nº 2015-378 du 2 avr. 2015, art. 8-6º, en vigueur le 1er janv. 2016)* « L. 132-29 », il n'est pas tenu compte de l'importance respective des fonds propres et des engagements pris envers les assurés figurant au bilan de l'entreprise.

CHAPITRE V RETRAIT DE L'AGRÉMENT ADMINISTRATIF

SECTION PREMIÈRE RÈGLES GÉNÉRALES

Art. L. 325-1 *(L. nº 2005-1564 du 15 déc. 2005)* **Sans préjudice des dispositions** *(Ord. nº 2010-76 du 21 janv. 2010, art. 8-V)* **« de l'article L. 612-39 », l'agrément administratif prévu aux articles L. 321-1,** *(Ord. nº 2008-556 du 13 juin 2008, art. 2-17º-a)* **« L. 321-1-1, » L. 321-7** *(Ord. nº 2006-344 du 23 mars 2006 ; Ord. nº 2015-378 du 2 avr. 2015, art. 3, en vigueur le 1er janv. 2016)* **« , L. 329-1 » et L. 143-3 peut être retiré par l'Autorité de contrôle prudentiel et de résolution en cas d'absence prolongée d'activité, de rupture de l'équilibre entre les moyens financiers de l'entreprise et son activité ou, si l'intérêt général l'exige, de changements substantiels affectant la répartition de son capital, la qualité des actionnaires ou la composition des organes de direction. Il peut également être retiré par l'Autorité de contrôle prudentiel et de résolution lorsque les engagements mentionnés au dernier alinéa de l'article L. 321-10** *(Ord. nº 2008-556 du 13 juin 2008, art. 2-17º-b)* **« et à l'avant-dernier alinéa de l'article L. 321-10-1 » ne sont plus respectés alors que la situation de l'entreprise justifie leur maintien.**

(Ord. nº 2015-378 du 2 avr. 2015, art. 3-V-b, en vigueur le 1er janv. 2016) **« L'Autorité de contrôle prudentiel et de résolution retire, dans des conditions précisées par un décret en Conseil d'État, le ou les agréments accordés à une entreprise mentionnée à l'article L. 310-3-1 lorsque cette dernière ne dispose plus du minimum de capital requis mentionné à l'article L. 352-5, si l'Autorité considère que le plan de financement présenté conformément à l'article L. 352-8 est manifestement insuffisant ou si, dans les trois mois qui suivent la constatation du défaut de couverture du minimum de capital requis, l'entreprise concernée ne se conforme pas au plan de financement approuvé par l'Autorité. »**

A compter du 1er janv. 2023, à la 1re phrase du 1er al., les mots : « L. 329-1 et L. 143-3 » sont remplacés par les mots : « et L. 329-1 » (Ord. nº 2017-484 du 6 avr. 2017, art. 5-8º).

Art. L. 325-1-1 *Abrogé par Ord. nº 2008-556 du 13 juin 2008, art. 2-18º.*

SECTION II *[ABROGÉE]* RÈGLES PARTICULIÈRES AUX ENTREPRISES PRATIQUANT LES OPÉRATIONS D'ASSURANCE OBLIGATOIRE EN MATIÈRE DE CIRCULATION DES VÉHICULES TERRESTRES À MOTEUR

(Abrogée par L. nº 89-1014 du 31 déc. 1989, art. 23)

Art. L. 325-2 *Abrogé par L. nº 89-1014 du 31 déc. 1989, art. 23.*

CHAPITRE VI LIQUIDATION

BIBL. ▶ BIGOT, *JCP 1998. I. 134 ; RGDA 1998. 11* (société d'assurance-vie).

SECTION PREMIÈRE RÈGLES GÉNÉRALES

Art. L. 326-1 *(Ord. nº 2001-350 du 19 avr. 2001, art. 6-XXI) (Ord. nº 2010-76 du 21 janv. 2010, art. 8-VI-1º)* **« La décision de l'Autorité de contrôle prudentiel et de résolution prononçant, dans les conditions mentionnées à l'article L. 325-1 ou à l'article L. 612-39 »** *(L. nº 2010-1249 du 22 oct. 2010, art. 12-IV-3º)* **« du code monétaire et financier »,** *(Ord. nº 2008-556 du 13 juin 2008, art. 2-19º)* **« le retrait total de l'agrément administratif d'une entreprise d'assurance emporte de plein droit, à dater de sa publication, si elle concerne une entreprise ayant son siège social en France, la dissolution de l'entreprise ou, si elle concerne une entreprise n'ayant pas son siège social en France, la liquidation de l'actif et du passif du bilan spécial de ses opérations en France ».**

Dans les deux cas, la liquidation judiciaire est ouverte à la requête de *(Ord. nº 2010-76 du 21 janv. 2010, art. 8-VI-1º)* **« l'Autorité de contrôle prudentiel et de**

résolution ». Elle est régie par le chapitre II du titre II du livre VI du code de commerce, sous réserve des dispositions du présent chapitre.

(Ord. n° 2010-76 du 21 janv. 2010, art. 8-VI-1°) « L'Autorité de contrôle prudentiel et de résolution » désigne un liquidateur, chargé de la vérification des créances d'assurance, ainsi que de l'inventaire des actifs directement liés aux passifs, tels que les créances à l'égard des assurés, des cédantes, des réassureurs et des co-assureurs.

Le tribunal compétent désigne parallèlement en tant que liquidateur, lors du jugement d'ouverture, un ou plusieurs mandataires de justice, qui peuvent être choisis en dehors de la liste des mandataires judiciaires au redressement et à la liquidation des entreprises. Ce liquidateur est chargé de l'inventaire des autres actifs et des opérations de liquidation.

Le tribunal désigne par la même décision un juge-commissaire chargé de contrôler les opérations de liquidation; ce juge est assisté, dans l'exercice de sa mission, par un ou plusieurs commissaires désignés par *(Ord. n° 2010-76 du 21 janv. 2010, art. 8-VI-1°)* « l'Autorité de contrôle prudentiel et de résolution ». – *Anc. art. L. 326-2 (Ord. n° 2017-1608 du 27 nov. 2017).*

V. art. L. 328-13 et R. 326-1 s.

BIBL. ▸ LANG, *RGDA 2010. 57* (l'ouverture de la liquidation judiciaire d'un organisme d'assurance dont les agréments ont été retirés et la condition de cessation des paiements).

1. Assurance de garantie des salaires. – jurisprudence antérieure à l'Ord. du 19 avr. 2001. Selon l'art. L. 326-2, le retrait total d'agrément prononcé à titre de sanction disciplinaire à l'encontre de la société d'assurance, qui a enfreint une disposition législative ou réglementaire la régissant, emporte de plein droit la dissolution de cette société, suivie de sa liquidation effectuée par un mandataire de justice nommé par le président du tribunal compétent à la requête de la Commission de contrôle des assurances. Décidée hors toute impossibilité de l'entreprise de faire face à son passif exigible avec son actif disponible, la liquidation provoquée par le retrait d'agrément est distincte des procédures collectives d'apurement du passif des entreprises. Il s'ensuit que l'assurance des salariés contre le risque de non-paiement, en cas de procédure de redressement ou de liquidation judiciaire de l'employeur, des sommes qui leur sont dues en exécution du contrat de travail, ne garantit pas les sommes dues par la société d'assurances dont l'agrément a été retiré à titre de sanction disciplinaire. • Soc. 13 sept. 2005, n° 03-45.786 P : *RCA 2005, n° 342.* ♦ Dans le même sens : • Soc. 22 mars 1995, n° 93-42.531 P.

2. Assurance de garantie des salaires. – jurisprudence postérieure à l'Ord. du 19 avr. 2001. La mise en œuvre de la garantie de l'AGS ne dépendant que de l'ouverture d'une procédure de sauvegarde, de redressement ou de liquidation judiciaire, doit être cassé l'arrêt qui exclut cette garantie pour les créances des salariés d'une entreprise d'assurances placée en liquidation judiciaire à la suite du retrait de son agrément, alors que, selon l'art. L. 326-2, dans sa rédaction alors applicable et résultant de l'ordonnance du 19 avr. 2001, cette procédure collective est soumise aux dispositions du C. com. • Soc. 15 juin 2010 : *BICC 1er nov. 2010, n° 1603; D. 2010. AJ 1721; JCP S 2010. Actu. 342, obs. Léger; RGDA 2010. 1151, note Bigot.*

Art. L. 326-2 *(Ord. n° 2017-1608 du 27 nov. 2017, art. 3)* **Lorsqu'il prononce, en application du deuxième alinéa de l'article L. 311-19, le retrait total de l'agrément d'une personne soumise à une procédure de résolution, le collège de résolution peut décider de suspendre la procédure de liquidation. Le collège dispose alors d'un délai maximum** *[maximal]* **de deux ans pour déclencher l'ouverture de cette procédure. Ce délai peut être prolongé d'un an si un délai supplémentaire est nécessaire ou approprié pour les besoins de la liquidation.**

Lorsque le collège de résolution décide de mettre fin à l'activité d'une personne soumise à une procédure de résolution, la dissolution est prononcée et la procédure de liquidation est ouverte dans les conditions prévues au troisième alinéa de ce même article L. 311-19 et conformément aux dispositions du présent chapitre. Cette décision du collège de résolution est publiée au *Journal officiel*.

Art. L. 326-3 *(Ord. n° 2001-350 du 19 avr. 2001, art. 6-XXII)* **Le juge-commissaire peut à tout moment faire effectuer des vérifications sur pièce et sur place par les commissaires.**

Art. L. 326-4 *(Ord. n° 2001-350 du 19 avr. 2001, art. 6-XXIII)* **En cas d'ouverture d'une procédure de liquidation judiciaire à l'égard d'une entreprise d'assurance, les**

assurés, souscripteurs, adhérents et bénéficiaires de contrats d'assurance ainsi que le fonds de garantie mentionné à l'article L. 423-1 sont, sans préjudice de l'article L. 113-2 ni des obligations contractuelles, dispensés de la déclaration prévue à l'article L. 622-24 du code de commerce. Un décret en Conseil d'État fixe les conditions d'application du présent article.

Art. L. 326-5 à L. 326-8 *Abrogés par Ord. n° 2001-350 du 19 avr. 2001, art. 6-XXIX.*

Art. L. 326-9 *Al. 1er à 4 abrogés par Ord. n° 2001-350 du 19 avr. 2001, art. 6-XXIX.*

(L. n° 99-532 du 25 juin 1999) « Le liquidateur procède, s'il y a lieu, à la restitution par préférence des primes versées par les personnes ayant exercé leur droit à renonciation en application de l'article L. 132-5-1. »

Art. L. 326-10 et L. 326-11 *Abrogés par Ord. n° 2001-350 du 19 avr. 2001, art. 6-XXIX.*

Art. L. 326-12 *(Ord. n° 2017-1608 du 27 nov. 2017, art. 3)* « En cas de dissolution d'une entreprise mentionnée au 2° ou au 3° de l'article L. 310-1 à la suite d'une décision de l'Autorité de contrôle prudentiel et de résolution prise en vertu *(L. n° 2019-486 du 22 mai 2019, art. 206-XX)* « des articles L. 326-1 ou L. 326-2 », tous les contrats souscrits par cette entreprise cessent de plein droit d'avoir effet le quarantième jour à midi, à compter de la publication au *Journal officiel* de la décision de l'Autorité prononçant cette décision. Les primes ou cotisations échues avant la date de cette décision entraînant la dissolution, et non payées à cette date, sont dues en totalité à l'entreprise, mais elles ne sont définitivement acquises à celle-ci qu'au prorata de la durée de la période garantie jusqu'au jour de la résiliation. Les primes ou cotisations venant à échéance entre la date de la décision de l'Autorité entraînant la dissolution et la date de résiliation de plein droit des contrats ne sont dues qu'au prorata de la durée de la période garantie. »

Toutefois, en ce qui concerne les contrats d'assurance maritime, un décret fixe les conditions dans lesquelles il peut être dérogé aux dispositions prévues au précédent alinéa. — *Assur. L. 113-6.*

1. *Primes échues avant le retrait d'agrément.* La prime échue avant la décision prononçant le retrait est due en totalité à l'entreprise. • Civ. 2e, 6 oct. 2011 : *RGDA 2012. 452, note Bigot; RCA 2012, n° 30.*

2. *Domaine de la compensation des dettes connexes.* L'exception de compensation entre des dettes connexes qu'autorise l'art. L. 622-7 C. com. n'est opposable, lorsque la liquidation est consécutive au retrait d'agrément d'un assureur, que pour les cotisations et primes échues pendant le délai de quarante jours séparant le prononcé de ce retrait d'agrément et la résiliation consécutive du contrat d'assurance. • Civ. 1re, 29 mai 2013, n° 11-28.819 P : *Gaz. Pal. 10 août 2013, p. 12, note Noguéro.*

Art. L. 326-13 *(L. n° 99-532 du 25 juin 1999)* Après la publication au *Journal officiel* de la décision *(Ord. n° 2010-76 du 21 janv. 2010, art. 8-VI-3°)* « de l'Autorité de contrôle prudentiel et de résolution » *(Ord. n° 2017-1608 du 27 nov. 2017, art. 3)* « entraînant la dissolution d'une entreprise », *(L. n° 2019-486 du 22 mai 2019, art. 206-XX)* « mentionnée au 1° et au dernier alinéa de l'article L. 310-1 » les contrats souscrits par l'entreprise demeurent régis par leurs conditions générales et particulières tant que la décision de *(Ord. n° 2010-76 du 21 janv. 2010, art. 8-VI-3°)* « l'Autorité de contrôle prudentiel et de résolution » prévue à l'alinéa suivant n'a pas été publiée au *Journal officiel*, mais le liquidateur peut, avec l'approbation du juge-commissaire, surseoir au paiement de toutes sommes dues au titre des contrats. Les primes encaissées par le liquidateur sont versées à un compte spécial qui fait l'objet d'une liquidation distincte.

(Ord. n° 2010-76 du 21 janv. 2010, art. 8-VI-3°) « L'Autorité de contrôle prudentiel et de résolution », à la demande du liquidateur et sur le rapport du juge-commissaire, peut fixer la date à laquelle les contrats cessent d'avoir effet, autoriser leur transfert en tout ou partie à une ou plusieurs entreprises, proroger leur échéance, décider la réduction des sommes payables en cas de vie ou de décès ainsi que des bénéfices attribués et des valeurs de rachat, de manière à ramener la valeur des engagements de l'entreprise au montant que la situation de la liquidation permet de couvrir.

Le versement des primes périodiques est suspendu dix jours après la nomination du liquidateur, et jusqu'à la publication de la décision de *(Ord. n° 2010-76 du 21 janv. 2010, art. 8-VI-3°)* « l'Autorité de contrôle prudentiel et de résolution » fixant la date à laquelle les contrats cessent d'avoir effet. En cas de transfert du portefeuille, les versements suspendus sont effectués au profit de l'entreprise cessionnaire, abattus du taux de réduction défini par *(Ord. n° 2010-76 du 21 janv. 2010, art. 8-VI-3°)* « l'Autorité de contrôle prudentiel et de résolution ». – *Assur. L. 113-6.*

Art. L. 326-14 A la requête de l'Autorité de contrôle prudentiel et de résolution, le tribunal peut prononcer la nullité d'une ou plusieurs opérations réalisées par les dirigeants d'une entreprise pourvue d'un liquidateur à la suite du retrait de l'agrément administratif, à charge pour l'Autorité de contrôle prudentiel et de résolution, d'apporter la preuve que les personnes qui ont contracté avec l'entreprise savaient que l'actif était insuffisant pour garantir les créances privilégiées des assurés et que l'opération incriminée devait avoir pour effet de diminuer cette garantie.

Art. L. 326-14-1 *(L. n° 2003-706 du 1er août 2003, art. 81-A-IX)* Lorsqu'une entreprise *(Ord. n° 2017-1608 du 27 nov. 2017, art. 3)* « est en liquidation à la suite » d'un retrait d'agrément dans le cadre des dispositions de l'article L. 421-9, l'Autorité de contrôle prudentiel et de résolution peut décider, le cas échéant, que les personnes physiques ou morales exerçant le courtage d'assurance par l'intermédiaire desquelles des contrats ont été souscrits auprès de cette entreprise doivent reverser à la liquidation une part des commissions encaissées à quelque titre que ce soit, à l'occasion de ces contrats, dans la limite du quart des commissions perçues depuis le 1er janvier de l'année précédant celle au cours de laquelle l'agrément est retiré. La même disposition s'applique aux mandataires non salariés de la même entreprise, qui n'étaient pas tenus de réserver à celle-ci l'exclusivité de leurs apports de contrats.

Art. L. 326-15 *Abrogé par L. n° 2005-1564 du 15 déc. 2005.*

SECTION II RÈGLES PARTICULIÈRES AUX ENTREPRISES PRATIQUANT LES OPÉRATIONS D'ASSURANCE OBLIGATOIRE EN MATIÈRE DE CIRCULATION DES VÉHICULES TERRESTRES À MOTEUR

Art. L. 326-16 *Abrogé par L. n° 89-1014 du 31 déc. 1989, art. 46.*

Art. L. 326-17 à L. 326-19 *Abrogés par L. n° 2003-706 du 1er août 2003, art. 81-A-X.*

SECTION III EFFETS DES PROCÉDURES DE LIQUIDATION DES ENTREPRISES DONT LE SIÈGE SOCIAL EST SITUÉ SUR LE TERRITOIRE D'UN ÉTAT MEMBRE DE L'UNION EUROPÉENNE AUTRE QUE LA FRANCE *(Ord. n° 2015-378 du 2 avr. 2015, art. 3-VI-1°).*

Art. L. 326-20 Sous réserve des dispositions des articles L. 326-21 à L. 326-29, les mesures d'assainissement définies à l'article L. 323-8 et les décisions concernant l'ouverture d'une procédure de liquidation prises par les autorités compétentes d'un État membre de *(Ord. n° 2015-378 du 2 avr. 2015, art. 3-VI-2°, en vigueur le 1er janv. 2016)* « l'Union européenne » autre que la France à l'égard d'une entreprise d'assurance ayant son siège sur le territoire de cet État produisent tous leurs effets sur le territoire de la République française sans aucune autre formalité, y compris à l'égard des tiers, dès qu'elles produisent leurs effets dans cet État. Ces dispositions s'appliquent également lorsque les mesures d'assainissement ou les décisions ouvrant une procédure de liquidation sont prises à l'égard d'une succursale d'une entreprise d'assurance dont le siège est situé en dehors de *(Ord. n° 2015-378 du 2 avr. 2015, art. 3-VI-2°, en vigueur le 1er janv. 2016)* « l'Union européenne ».

Il en est de même des décisions intervenant dans un État membre autre que la France dans le cadre d'une liquidation volontaire d'une entreprise d'assurance impliquant une intervention administrative ou judiciaire.

(Ord. nº 2015-378 du 2 avr. 2015, art. 3-VI-2º, en vigueur le 1er janv. 2016) « Les mesures d'assainissement définies à l'article L. 323-8 et les décisions ouvrant une procédure de liquidation prises par l'autorité publique française compétente à l'égard d'une entreprise ayant reçu l'agrément visé aux articles L. 321-1, L. 321-7 et L. 329-1 produisent tous leurs effets sur le territoire des autres États membres de l'Union européenne sous réserve des dispositions des articles L. 326-21 à L. 326-30. »

Art. L. 326-21 Par dérogation aux dispositions de l'article L. 326-20, les effets d'une mesure d'assainissement définie à l'article L. 323-8 ou d'une procédure de liquidation sur les contrats et les droits énumérés ci-après sont déterminés par les règles suivantes :

a) Les contrats de travail et les relations de travail sont exclusivement régis par la loi de l'État applicable à ce contrat ou à cette relation ;

b) Un contrat donnant le droit de jouir d'un bien immobilier ou de l'acquérir est exclusivement régi par la loi française si ce bien est situé sur le territoire de la République française ;

c) Les droits qu'une *(Ord. nº 2015-378 du 2 avr. 2015, art. 3-VI-3º, en vigueur le 1er janv. 2016)* « entreprise d'assurance dont le siège social est situé sur le territoire d'un État membre de l'Union européenne autre que la France » détient sur un bien immobilier, un navire ou un aéronef qui sont soumis à inscription sur un registre public tenu par une autorité publique française sont régis par la loi française.

Art. L. 326-22 L'adoption d'une mesure d'assainissement définie à l'article L. 323-8 ou l'ouverture d'une procédure de liquidation dans un autre État membre à l'égard d'une *(Ord. nº 2015-378 du 2 avr. 2015, art. 3-VI-3º, en vigueur le 1er janv. 2016)* « entreprise d'assurance dont le siège social est situé sur le territoire d'un État membre de l'Union européenne autre que la France » n'affecte pas les droits réels, au sens du droit applicable, d'un créancier ou d'un tiers sur des biens corporels ou incorporels, meubles ou immeubles, appartenant à l'entreprise d'assurance et qui se trouvent, au moment de l'ouverture d'une telle procédure, sur le territoire français.

Art. L. 326-23 L'adoption d'une mesure d'assainissement définie à l'article L. 323-8 ou l'ouverture d'une procédure de liquidation dans un État membre de *(Ord. nº 2015-378 du 2 avr. 2015, art. 3-VI-4º, en vigueur le 1er janv. 2016)* « l'Union européenne » autre que la France à l'égard d'une *(Ord. nº 2015-378 du 2 avr. 2015, art. 3-VI-3º, en vigueur le 1er janv. 2016)* « entreprise d'assurance dont le siège social est situé sur le territoire d'un État membre de l'Union européenne autre que la France » qui a acheté un bien n'affecte pas les droits du vendeur fondés sur une réserve de propriété, lorsque ce bien se trouvait, au moment de l'adoption des mesures ou de l'ouverture de la procédure, sur le territoire français.

Lorsqu'une telle entreprise vend un bien, l'adoption de mesures d'assainissement ou l'ouverture d'une procédure de liquidation à son égard dans un autre État membre ne fait pas obstacle à l'acquisition par l'acheteur de ce bien lorsqu'il se trouvait au moment de l'ouverture d'une telle procédure sur le territoire de la République française.

Art. L. 326-24 Les dispositions de la loi de l'État membre dans lequel la mesure d'assainissement a été prise ou la procédure de liquidation a été ouverte à l'égard d'une *(Ord. nº 2015-378 du 2 avr. 2015, art. 3-VI-3º, en vigueur le 1er janv. 2016)* « entreprise d'assurance dont le siège social est situé sur le territoire d'un État membre de l'Union européenne autre que la France » relatives à la nullité, à l'annulation ou à l'inopposabilité des actes préjudiciables à l'ensemble des créanciers ne sont pas applicables, si le bénéficiaire d'un tel acte apporte la preuve que ce dernier est soumis à la loi d'un autre État membre et que cette loi ne permet par aucun moyen d'attaquer cet acte dans l'affaire en cause.

Art. L. 326-25 L'adoption d'une mesure d'assainissement ou l'ouverture d'une procédure de liquidation dans un État membre de *(Ord. nº 2015-378 du 2 avr. 2015, art. 3-VI-4º, en vigueur le 1er janv. 2016)* « l'Union européenne » autre que la France n'affecte pas le droit d'un créancier d'invoquer la compensation de sa créance avec la créance de l'entreprise d'assurance, lorsque cette compensation est permise par la loi applicable à la créance de l'entreprise d'assurance.

Cette disposition ne fait pas obstacle à l'exercice des actions en nullité, en annulation ou en inopposabilité des actes préjudiciables à l'ensemble des créanciers prévues par la loi de l'État d'origine.

Art. L. 326-26 Sous réserve des dispositions de l'article L. 326-22, les effets de l'adoption d'une mesure d'assainissement ou de l'ouverture d'une procédure de liquidation sur les droits et obligations des participants à un marché réglementé sont régis exclusivement par la loi applicable audit marché.

Cette disposition ne fait pas obstacle à l'exercice des actions en nullité, en annulation ou en inopposabilité des actes préjudiciables à l'ensemble des créanciers prévues par la loi de l'État d'origine.

Art. L. 326-27 Lorsqu'une entreprise d'assurance aliène à titre onéreux, par un acte conclu après l'adoption d'une mesure d'assainissement ou l'ouverture d'une procédure de liquidation :

1° Un bien immobilier ;

2° Un navire ou un aéronef soumis à inscription sur un registre public ;

3° Des instruments financiers dont l'existence ou le transfert suppose une inscription en compte ;

La validité de cet acte est régie par la loi française si ce bien est situé sur le territoire de la République française ou si ce registre, ou ce compte, est tenu sous son autorité.

Art. L. 326-28 Les effets de la mesure d'assainissement ou de l'ouverture de la procédure de liquidation sur une instance en cours en France concernant un bien ou un droit dont l'entreprise d'assurance est dessaisie sont régis exclusivement par les dispositions du code de procédure civile.

Art. L. 326-29 L'administrateur ou le liquidateur désigné par l'autorité compétente d'un autre État membre est habilité à exercer sur le territoire de la République française tous les pouvoirs qu'il est habilité à exercer sur le territoire de cet État.

Dans l'exercice de ces pouvoirs, l'administrateur ou le liquidateur respecte la loi française, en particulier pour ce qui concerne les modalités de réalisation des biens ou l'information des salariés. Ces pouvoirs ne peuvent pas inclure des mesures d'exécution nécessitant l'emploi de la force ou le droit de statuer sur un litige ou un différend.

Des personnes chargées d'assister l'administrateur ou le liquidateur peuvent être désignées conformément à la législation de la loi de l'État membre d'origine.

Art. L. 326-30 *(Ord. n° 2008-556 du 13 juin 2008, art. 2-20°)* En cas de liquidation d'une entreprise de réassurance mentionnée au 1° ou au 2° du III de l'article L. 310-1-1, les engagements résultant des contrats souscrits par l'intermédiaire d'une succursale ou en libre prestation de services sont exécutés de la même façon que les engagements résultant des autres contrats de réassurance de cette entreprise.

CHAPITRE VII PRIVILÈGES

Art. L. 327-1 L'actif mobilier affecté à la représentation des provisions mathématiques *(Ord. n° 2015-378 du 2 avr. 2015, art. 3-VII-1°, en vigueur le 1er janv. 2016)* « au sens du titre IV du livre III » afférentes aux opérations d'assurances contre les accidents du travail est affecté par privilège au paiement des rentes correspondantes. Ce privilège prime le privilège général institué au premier alinéa de l'article L. 327-2.

V. art. R. 327-1.

Art. L. 327-2 L'actif mobilier des entreprises françaises soumises au contrôle de l'État par l'article L. 310-1 est affecté par un privilège général au règlement de leurs engagements envers les assurés et bénéficiaires de contrats *(L. n° 99-532 du 25 juin*

1999) « et au remboursement par préférence des primes payées par les personnes ayant exercé leur droit à renonciation en application de l'article L. 132-5-1 ». Ce privilège prend rang après le *(Ord. n° 2021-1192 du 15 sept. 2021, art. 34-III)* « 4° » de l'article 2331 du code civil.

(L. n° 94-5 du 4 janv. 1994) « Il en est de même de l'actif immobilier. Ce privilège prend rang après le 2° de l'article *(Ord. n° 2021-1192 du 15 sept. 2021, art. 34-III)* « 2377 » du code civil.

« Pour les entreprises étrangères mentionnées aux 3° et 4° de l'article L. 310-2, les actifs mobiliers et immobiliers représentant les provisions techniques *(Ord. n° 2015-378 du 2 avr. 2015, art. 3-VII-2°, en vigueur le 1er janv. 2016)* « au sens du titre IV du livre III » et les cautionnements sont affectés par un privilège spécial au règlement de leurs opérations d'assurance directes pour les contrats souscrits ou exécutés sur le territoire de la République française. » — *Assur. L. 441-8, R. 322-8, R. 322-74.*

Art. L. 327-3 *(L. n° 94-5 du 4 janv. 1994)* Lorsque les actifs d'une entreprise d'assurance sont insuffisants pour assurer la représentation de ses engagements réglementés, ou lorsque la situation financière de cette entreprise est telle que les intérêts des assurés et bénéficiaires de contrats sont susceptibles d'être compromis à brefs délais, les immeubles faisant partie du patrimoine de l'entreprise peuvent être grevés d'une hypothèque inscrite à la requête de l'Autorité de contrôle prudentiel et de résolution. Lorsque l'entreprise fait l'objet d'un retrait d'agrément, cette hypothèque est prise de plein droit en date du retrait d'agrément. — *Assur. R. 323-8.*

Art. L. 327-4 Pour les entreprises pratiquant les opérations mentionnées *(L. n° 94-5 du 4 janv. 1994)* « au 1° et au dernier alinéa » de l'article L. 310-1, la créance garantie par le privilège ou l'hypothèque légale est arrêtée au montant *(L. n° 99-532 du 25 juin 1999)* « des primes à rembourser par préférence en cas de renonciation » *(Ord. n° 2015-378 du 2 avr. 2015, art. 3-VII-3°, en vigueur le 1er janv. 2016)* « au contrat et de la provision mathématique mentionnée à l'article L. 343-1 et diminuée », s'il y a lieu, des avances sur polices, y compris les intérêts, et augmentée, le cas échéant, du montant du compte individuel de participation aux bénéfices, ouvert au nom de l'assuré, lorsque ces bénéfices ne sont pas payables immédiatement après la liquidation de l'exercice qui les a produits.

Pour les autres assurances, la créance garantie est arrêtée, en ce qui concerne les assurances directes, au montant des indemnités dues à la suite de sinistres et au montant des portions de primes payées d'avance ou provisions de primes correspondant à la période pour laquelle le risque n'a pas couru, les créances d'indemnités étant payées par préférence. Pour les indemnités dues sous forme de rentes, elle est arrêtée au montant de la provision mathématique.

Pour les opérations de réassurance de toute nature, elle est arrêtée au montant des provisions correspondantes telles qu'elles sont définies par le décret en Conseil d'État *(L. n° 94-5 du 4 janv. 1994)* « prévu à l'article L. 310-7 ».

Art. L. 327-5 Lorsqu'une entreprise française a constitué dans un pays étranger des garanties au profit de créanciers tenant leurs droits de contrats d'assurance exécutés dans ce pays, le privilège institué au premier alinéa de l'article L. 327-2 ne peut avoir pour effet de placer ces créanciers dans une situation plus favorable que celle des créanciers tenant leurs droits de contrats exécutés sur le territoire de la République française.

Art. L. 327-6 *Abrogé par L. n° 2005-1564 du 15 déc. 2005.*

CHAPITRE VIII SANCTIONS

Art. L. 328-1 *(L. n° 94-5 du 4 janv. 1994)* La méconnaissance des incapacités prévues à l'article L. 322-2 est punie d'un emprisonnement de trois ans et d'une amende de *(L. n° 2005-1564 du 15 déc. 2005)* « 375 000 euros ».

V. art. R. 328-1 s.

Art. L. 328-2 *(L. nº 94-5 du 4 janv. 1994)* Quiconque a été condamné en application de l'article L. 328-1 ne peut être employé à quelque titre que ce soit dans *(L. nº 94-679 du 8 août 1994)* « l'entreprise » dans laquelle il exerçait des fonctions de direction, de gestion, ou dont il était membre du conseil d'administration ou de surveillance ou dont il avait la signature, ni dans les filiales de cette entreprise soumises au contrôle de l'État en vertu de l'article L. 310-1.

Toute personne qui méconnaît l'interdiction prévue à l'alinéa précédent et son employeur sont punis des peines prévues à l'article L. 328-1.

Art. L. 328-3 *(L. nº 94-5 du 4 janv. 1994)* Les dispositions des articles L. 242-2, L. 242-6 (2º à 4º), L. 242-8, L. 242-25 et L. 242-28 du code de commerce sont applicables aux entreprises d'assurance, même lorsqu'elles n'en relèvent pas de plein droit.

(Ord. nº 2008-556 du 13 juin 2008, art. 2-21º) « Les dispositions qui précèdent s'appliquent aux entreprises de réassurance. »

Art. L. 328-4 *(L. nº 94-5 du 4 janv. 1994)* Les articles L. 626-2 à L. 626-5, L. 626-12 et L. 626-16 à L. 626-19 du code de commerce sont applicables à toute personne ayant directement ou indirectement le pouvoir d'engager une entreprise d'assurance, y compris notamment au mandataire général d'une entreprise étrangère d'assurance établie sur le territoire de la République française, même lorsqu'ils n'en relèvent pas de plein droit.

Art. L. 328-5 *(Ord. nº 2017-1608 du 27 nov. 2017, art. 3)* Toute infraction aux dispositions du 7º du I de l'article L. 311-30 et des articles L. 322-1, L. 322-2-2 et L. 322-4 du présent code ainsi que du 7º du I de l'article L. 612-33 du code monétaire et financier est punie des peines mentionnées à l'article L. 310-26.

Art. L. 328-6 à L. 328-11 *Abrogés par L. nº 94-5 du 4 janv. 1994.*

Art. L. 328-12 *Abrogé par L. nº 89-1014 du 31 déc. 1989, art. 46, al. 2.*

Art. L. 328-13 *(L. nº 85-98 du 25 janv. 1985)* En cas de liquidation effectuée dans les conditions prévues à l'article *(Ord. nº 2017-1608 du 27 nov. 2017, art. 3)* « L. 326-1 », les dispositions suivantes sont applicables :

1º Si la situation financière de l'entreprise dissoute à la suite du retrait total de l'agrément administratif fait apparaître une insuffisance d'actif par rapport au passif qui doit être réglé au cours de la liquidation, le tribunal peut, en cas de faute de gestion ayant contribué à cette insuffisance d'actif, décider à la demande du liquidateur ou même d'office que les dettes de l'entreprise seront supportées en tout ou partie, avec ou sans solidarité, par tous les dirigeants de droit ou de fait, rémunérés ou non, ou par certains d'entre eux.

L'action se prescrit par trois ans à compter du dépôt au greffe du quatrième rapport semestriel du liquidateur.

2º Les dirigeants qui se seront rendus coupables des agissements mentionnés aux articles L. 625-4 et L. 625-5 du code de commerce pourront faire l'objet des sanctions prévues au titre VI *[C. com., art. L. 625-1 à L. 625-10]* de ladite loi et être relevés des déchéances et interdictions dans les conditions prévues par l'article L. 625-10 du même code.

Action en paiement des dettes sociales. – jurisprudence antérieure à l'Ord. du 19 avr. 2001. En cas de liquidation d'une société d'assurance prévue à l'art. L. 326-2, l'action en paiement des dettes sociales contre ses dirigeants, organisée par l'art. L. 328-1, n'est régie ni par les dispositions de la L. nº 85-98 du 25 janv. 1985 ni subordonnée au prononcé préalable par le tribunal de la clôture des opérations de liquidation de la société d'assurance constatant l'arrêt des opérations en cours pour insuffisance d'actif au sens de l'art. L. 326-11, alors en vigueur. • Com. 7 juill. 2004 : *RGDA 2004. 1057, note Bigot.*

Art. L. 328-14 et L. 328-15 *Abrogés par L. nº 94-5 du 4 janv. 1994.*

Art. L. 328-15-1 *Ajouté par L. n° 89-1014 du 31 déc. 1989 ; abrogé par L. n° 94-5 du 4 janv. 1994.*

Art. L. 328-16 *Abrogé par L. n° 2005-1564 du 15 déc. 2005.*

Art. L. 328-17 *Abrogé par L. n° 94-5 du 4 janv. 1994.*

CHAPITRE IX SUCCURSALES D'ENTREPRISES D'ASSURANCE DONT LE SIÈGE SOCIAL EST SITUÉ DANS UN ÉTAT NON PARTIE À L'ACCORD SUR L'ESPACE ÉCONOMIQUE EUROPÉEN

(Ord. n° 2015-378 du 2 avr. 2015, art. 3-VIII, en vigueur le 1er janv. 2016)

Art. L. 329-1 **Les entreprises visées au 4° du I de l'article L. 310-2 ne peuvent pratiquer sur le territoire de la République française** *(Ord. n° 2015-1497 du 18 nov. 2015, art. 1er-2°, en vigueur le 1er janv. 2016)* **« des opérations mentionnées à l'article L. 310-1, qu'après avoir obtenu un agrément administratif de leur succursale » délivré conformément aux dispositions de l'article L. 321-1 et de l'article L. 321-10 et un agrément spécial portant acceptation d'un mandataire général. Ces agréments sont accordés par l'Autorité de contrôle prudentiel et de résolution. Ces entreprises peuvent être, en outre, astreintes à constituer un cautionnement ou des garanties si leur pays a pris ou prenait des mesures analogues à l'égard d'entreprises françaises.**

Selon des modalités spécifiques précisées par décret en Conseil d'État, les *(Ord. n° 2015-1497 du 18 nov. 2015, art. 1er-2°, en vigueur le 1er janv. 2016)* **« succursales d'entreprises mentionnées au 4° du I de l'article L. 310-2 respectent les dispositions des articles L. 322-3-2, L. 351-1, L. 351-2, L. 351-6, L. 352-1, L. 352-5, L. 353-1, L. 354-1 à L. 354-3 et L. 355-1 à L. 355-4 ».**

L'Autorité de contrôle prudentiel et de résolution peut appliquer aux *(Ord. n° 2015-1497 du 18 nov. 2015, art. 1er-2°, en vigueur le 1er janv. 2016)* **« succursales d' » entreprises mentionnées au 4° du I de l'article L. 310-2, les dispositions prévues à l'article** *[aux articles]* **L. 352-3, L. 351-3, L. 352-7 et L. 352-8.**

V. art. R. 329-1.

V. note ss. art. L. 321-10.

Art. L. 329-2 **Lorsqu'une entreprise mentionnée au 4° du I de l'article L. 310-2 possède des succursales établies dans plus d'un État membre, chaque succursale fait l'objet d'un traitement indépendant pour l'application des dispositions relatives aux mesures d'assainissement et de liquidation.**

Art. L. 329-3 **Les succursales d'entreprises étrangères établies sur le territoire de la République français***[e]* **mentionnées au 4° du I de l'article L. 310-2 nomment un ou plusieurs commissaires aux comptes. Ces derniers certifient les comptes annuels des succursales dans les conditions prévues au premier alinéa de l'article L. 823-9 du code de commerce.**

Art. L. 329-3-1 **Un décret en Conseil d'État précise les conditions d'application du présent chapitre.**

TITRE TROISIÈME RÉGIME PRUDENTIEL APPLICABLE AUX ENTREPRISES NE RELEVANT PAS DU RÉGIME DIT "SOLVABILITÉ II"

(Ord. n° 2015-378 du 2 avr. 2015, art. 7-III, en vigueur le 1er janv. 2016)

Art. L. 330-1 **Les dispositions du présent titre s'appliquent aux entreprises d'assurance ne relevant pas du régime dit "Solvabilité II", telles que mentionnées à l'article L. 310-3-2.**

Elles ne s'appliquent ni aux entreprises mentionnées à l'article L. 310-3-1 ni aux entreprises mentionnées aux 2° et 3° du premier alinéa de l'article L. 310-1, qui sont réassurées par une convention comportant la substitution de l'entreprise cédante pour l'exécution des engagements résultant des contrats d'assurance réassurés.

Un décret en Conseil d'État précise les modalités d'application du présent titre.

CHAPITRE PREMIER LES ENGAGEMENTS RÉGLEMENTÉS

Le présent chapitre ne comporte pas de dispositions législatives.
V. art. R. 331-1 s.

CHAPITRE II RÉGLEMENTATIONS DES PLACEMENTS ET AUTRES ÉLÉMENTS D'ACTIF

Le présent chapitre ne comporte pas de dispositions législatives.
V. art. R. 332-1 s.

CHAPITRE III REVENUS DES PLACEMENTS

Le présent chapitre ne comporte pas de dispositions législatives.

CHAPITRE IV SOLVABILITÉ DES ENTREPRISES

Art. L. 334-1 Les entreprises mentionnées à l'article L. 310-3-2 doivent à tout moment respecter une marge de solvabilité calculée selon des modalités définies par décret en Conseil d'État.

L'Autorité de contrôle prudentiel et de résolution peut exiger de l'entreprise une marge de solvabilité supplémentaire afin de lui permettre de satisfaire rapidement à l'ensemble des exigences de solvabilité. Le niveau de cette exigence supplémentaire de marge de solvabilité est déterminé selon des modalités définies par décret en Conseil d'État.

L'Autorité de contrôle prudentiel et de résolution peut, au cas par cas, revoir à la baisse les éléments constitutifs de la marge de solvabilité de ces entreprises dans des conditions fixées par décret en Conseil d'État.

CHAPITRE V MESURES DE SAUVEGARDE RELATIVES AUX ENTREPRISES D'ASSURANCE

Le présent chapitre ne comporte pas de dispositions législatives.

CHAPITRE VI CONTRÔLE INTERNE ET ÉTATS À PRODUIRE PAR LES ENTREPRISES

Art. L. 336-1 A la clôture de chaque exercice, le conseil d'administration ou le directoire établit un rapport de solvabilité écrit. Ce rapport expose les conditions dans lesquelles l'entreprise garantit, par la constitution des provisions techniques suffisantes, dont les modalités de calcul et les hypothèses retenues sont explicitées et justifiées, les engagements qu'elle prend à l'égard des assurés ou des entreprises réassurées, rappelle les orientations définies en matière de placements, présente et analyse les résultats obtenus et indique si la marge de solvabilité est constituée conformément à la réglementation applicable. Le rapport de solvabilité contient obligatoirement une analyse des conditions dans lesquelles l'entreprise est en mesure, à moyen et long terme, de faire face à l'ensemble de ses engagements.

Le rapport de solvabilité mentionné au premier alinéa est communiqué aux commissaires aux comptes et à l'Autorité de contrôle prudentiel et de résolution.

TITRE QUATRIÈME DISPOSITIONS COMPTABLES ET STATISTIQUES

(Ord. nº 2015-378 du 2 avr. 2015, art. 7-IV, en vigueur le 1er janv. 2016)

CHAPITRE PREMIER PRINCIPES GÉNÉRAUX

Art. L. 341-1 Les entreprises suivantes sont soumises, dans des conditions fixées par voie réglementaire, à l'obligation d'établir des comptes annuels, suivant les prescriptions comptables définies par l'Autorité des normes comptables :

1° Les entreprises françaises mentionnées à l'article L. 310-1, pour l'ensemble de leurs opérations, y compris celles de leurs succursales établies à l'étranger ;

2° Les succursales d'entreprises étrangères mentionnées à l'article L. 310-1, autres que celles dont le siège social se trouve dans un État membre de l'Union européenne, pour leurs opérations sur le territoire de la République française ou, lorsqu'elles sont soumises à une vérification de solvabilité globale exercée par l'Autorité de contrôle prudentiel et de résolution, pour les opérations effectuées dans l'ensemble des pays auxquels s'étend cette vérification ;

3° Les entreprises mentionnées au 1° du III de l'article L. 310-1-1.

Art. L. 341-2 Sous réserve de dispositions particulières prévues au présent code, les entreprises définies à l'article L. 341-1 sont soumises aux obligations comptables figurant aux articles L. 123-12 à L. 123-22 du code de commerce.

Art. L. 341-3 Sans préjudice des règles de publicité définies à l'article L. 232-23 du code de commerce, les entreprises mentionnées à l'article L. 341-1 *(Ord. nº 2015-1497 du 18 nov. 2015, art. 1er-3º, en vigueur le 1er janv. 2016)* « , les sociétés de groupe d'assurance mentionnées à l'article L. 322-1-2 et les groupements d'assurance mutuelle mentionnés à l'article L. 322-1-5 » sont tenues *[tenus]* de publier ou mettre à disposition, selon des modalités précisées par décret en Conseil d'État, leurs comptes annuels, le rapport de gestion sauf pour les succursales d'entreprises mentionnées au 2° de l'article L. 341-1 du présent code, le rapport des commissaires aux comptes sur les comptes annuels, ainsi que, le cas échéant, les comptes consolidés ou combinés, le rapport sur la gestion du groupe, le rapport des commissaires aux comptes sur les comptes consolidés ou combinés.

Lorsqu'une entreprise refuse de communiquer tout ou partie des documents demandés au titre de l'alinéa précédent, le président du tribunal compétent statuant en référé peut, à la demande de la personne concernée, lui ordonner, sous astreinte, de lui communiquer ces documents.

Art. L. 341-4 Dans l'exercice de ses missions, l'Autorité de contrôle prudentiel et de résolution peut autoriser ou prescrire à des entreprises mentionnées aux articles L. 341-1 et L. 345-2, de déroger à certaines dispositions concernant la date de clôture de l'exercice comptable, la tenue et la présentation des comptes, les modalités d'évaluation des actifs et des passifs. La liste de ces autorisations ou prescriptions ainsi que leurs modalités de mise en œuvre sont précisées par arrêté conjoint du ministre chargé de l'économie, du ministre chargé de la mutualité et du ministre chargé de la sécurité sociale.

L'Autorité de contrôle prudentiel et de résolution peut également prescrire à ces entreprises de mettre des valorisations figurant dans leurs comptes en conformité avec les dispositions de l'article L. 341-1.

CHAPITRE II DISPOSITIONS COMPTABLES PARTICULIÈRES

Le présent chapitre ne comprend pas de dispositions législatives.

CHAPITRE III PLAN ET ÉVALUATIONS COMPTABLES PARTICULIERS À L'ASSURANCE

SECTION PREMIÈRE ENGAGEMENTS ET PROVISIONS TECHNIQUES

Art. L. 343-1 Les provisions mathématiques constituées par les entreprises d'assurance-vie et de capitalisation sont calculées en tenant compte, dans la détermination de l'engagement de l'assuré ou du souscripteur, de la partie des primes devant être versée par l'intéressé représentative des frais d'acquisition du contrat, lorsque ces frais ont été portés en charge déductible par l'entreprise avant la fin de l'exercice à la clôture duquel la provision est constituée.

Toutefois, pour chaque contrat d'assurance sur la vie ou de capitalisation la provision mathématique ne peut être inférieure de plus de 5 % à la provision mathématique qui serait calculée sans tenir compte de la partie des primes mentionnée à l'alinéa précédent.

Un décret fixe, en tant que de besoin, les conditions d'application du présent article.

CHAPITRE IV CATÉGORIES D'ASSURANCE*[S]* ET ÉTATS À PRODUIRE

Art. L. 344-1 Les entreprises pratiquant des opérations d'assurance-vie ou de capitalisation, à la clôture de chaque exercice, incluent dans leur rapport de gestion la valeur des placements. Elles y incluent également la quote-part de ces placements correspondant aux engagements pris envers les assurés et bénéficiaires de contrats, telle qu'elle serait constatée en cas de transfert de portefeuille de contrats.

Les règles de calcul de cette quote-part sont fixées par décret en Conseil d'État.

CHAPITRE V COMPTES CONSOLIDÉS ET COMBINÉS

Le chapitre V, dans sa rédaction issue de l'Ord. nº 2015-378 du 2 avr. 2015, ne comporte pas d'art. L. 345-1 (Ord. préc., art. 7-IV).

Art. L. 345-2 Sous réserve de l'application des dispositions des deux premiers alinéas de l'article L. 233-17 du code de commerce sauf dans les cas où les entreprises listées ci-après sont sous le contrôle d'une société de groupe mixte d'assurance, les entreprises mentionnées à l'article L. 310-1 et ayant leur siège social en France, les entreprises mentionnées au 1° du III de l'article L. 310-1-1, les sociétés de groupe d'assurance définies à l'article L. 322-1-2 et les compagnies financières holding mixtes définies à l'article L. 517-4 du code monétaire et financier établissent et publient des comptes consolidés ou combinés. Ces comptes sont établis selon un règlement défini par l'Autorité des normes comptables. Toutefois, les entreprises sont dispensées de se conformer à ce règlement lorsqu'elles établissent et publient ces comptes selon les normes comptables internationales adoptées par règlement de la Commission européenne.

Lorsque au moins deux entités parmi les entreprises mentionnées à l'article L. 310-1 ou à l'article L. 310-1-1, les sociétés de groupe d'assurance définies à l'article L. 322-1-2, les compagnies financières holding mixtes définies à l'article L. 517-4 du code monétaire et financier, les mutuelles et les unions régies par les dispositions du livre II du code de la mutualité ainsi que les unions mutualistes de groupe définies à l'article L. 111-4-2 du même code, les institutions de prévoyance, les unions d'institutions de prévoyance et les sociétés de groupe assurantiel de protection sociale régies par le titre III du livre IX du code de la sécurité sociale ou par l'article L. 727-2 du code rural *[et de la pêche maritime]* constituent un ensemble dont la cohérence ne résulte pas de liens en capital, l'une d'elles établit et publie des comptes combinés. Pour ces entités, l'obligation d'établir des comptes combinés se substitue à l'obligation d'établir des comptes consolidés ou combinés en cas d'existence d'un groupe consolidé ou combiné au sein du périmètre de combinaison, sauf obligations réglementaires spécifiques, liées à l'émission de valeurs mobilières admises aux négociations sur un marché réglementé ou des titres de créances négociables.

Un décret en Conseil d'État détermine les conditions d'application du présent article.

V. Règl. CRC no 2000-05 du 7 déc. 2000 relatif aux règles de consolidation et de combinaison des entreprises régies par le code des assurances et des institutions de prévoyance régies par le code de la sécurité sociale ou par le code rural (http://www.anc.gouv.fr).

Art. L. 345-3 Sous réserve des dispositions prévues au présent chapitre, les comptes consolidés ou combinés mentionnés à l'article L. 345-2 sont établis suivant les règles fixées par les articles L. 233-16, L. 233-17-1 et L. 233-18 à L. 233-27 du code de commerce.

Les entreprises qui, sans y être tenues en raison de leur forme juridique ou de la taille de l'ensemble du groupe établissant des comptes consolidés ou combinés visés à l'article L. 345-2, publient des comptes consolidés ou combinés, se conforment aux dispositions des articles L. 233-16 et L. 233-18 à L. 233-27 aux dispositions du présent chapitre. En ce cas, lorsque leurs comptes annuels sont certifiés dans les conditions prévues à l'article L. 823-9 du code de commerce, leurs comptes consolidés ou combinés le sont dans les conditions du deuxième alinéa de cet article.

TITRE CINQUIÈME RÈGLES PRUDENTIELLES APPLICABLES AUX ENTREPRISES RELEVANT DU RÉGIME DIT "SOLVABILITÉ II"

(Ord. no 2015-378 du 2 avr. 2015, art. 4, en vigueur le 1er janv. 2016)

Art. L. 350-1 Sauf mention contraire, l'ensemble des dispositions du présent titre ne s'applique qu'aux entreprises d'assurance et de réassurance mentionnées à l'article L. 310-3-1.

Art. L. 350-2 Dans le présent titre :

1° L'expression : "entreprise captive d'assurance" désigne une entreprise mentionnée à l'article L. 310-1 qui est détenue soit par une entreprise financière, autre qu'une entreprise mentionnée à l'article L. 310-1 ou au 1° du III de l'article L. 310-1-1 ou qu'une entreprise participante au sens du 3° de l'article L. 356-1, soit par une entreprise non financière, et qui a pour objet la fourniture d'une couverture d'assurance portant exclusivement sur les risques de l'entreprise ou des entreprises auxquelles elle appartient, ou bien les risques d'une ou plusieurs autres entreprises du groupe dont elle fait partie ;

2° L'expression : "entreprise d'assurance d'un pays tiers" désigne une entreprise qui a son siège social en dehors de l'Union européenne et qui, si son siège social était situé en France, serait tenue d'obtenir un agrément en tant qu'entreprise mentionnée à l'article L. 310-1, conformément à l'article L. 321-1 ;

3° L'expression : "entreprise captive de réassurance" désigne une entreprise mentionnée au 1° du III de l'article L. 310-1-1 qui est détenue soit par une entreprise financière, autre qu'une entreprise mentionnée à l'article L. 310-1 ou au 1° du III de l'article L. 310-1-1 ou qu'une entreprise participante au sens du 3° de l'article L. 356-1, soit par une entreprise non financière, et qui a pour objet la fourniture d'une couverture de réassurance portant exclusivement sur les risques de l'entreprise ou des entreprises auxquelles elle appartient, ou bien les risques d'une ou plusieurs autres entreprises du groupe dont elle fait partie ;

4° L'expression : "entreprise de réassurance d'un pays tiers" désigne une entreprise qui a son siège social en dehors de l'Union européenne et qui, si son siège social était situé en France, serait tenue d'obtenir un agrément en tant qu'entreprise mentionnée au 1° du III de l'article L. 310-1-1, conformément à l'article L. 321-1-1.

CHAPITRE PREMIER VALORISATION DU BILAN PRUDENTIEL

SECTION PREMIÈRE DISPOSITIONS GÉNÉRALES SUR LA VALORISATION DU BILAN PRUDENTIEL

Art. L. 351-1 Les entreprises d'assurance et de réassurance valorisent leurs actifs et leurs passifs prudentiels comme suit :

1° Les actifs prudentiels sont valorisés au montant pour lequel ils pourraient être échangés dans le cadre d'une transaction conclue, dans des conditions de concurrence normales, entre des parties informées et consentantes ;

2° Les passifs prudentiels sont valorisés au montant pour lequel ils pourraient être transférés ou réglés dans le cadre d'une transaction conclue, dans des conditions de concurrence normales, entre des parties informées et consentantes. Lors de la valorisation des ces passifs prudentiels, aucun ajustement visant à tenir compte de la qualité de crédit propre à l'entreprise n'est effectué.

Un décret en Conseil d'État précise les méthodes et hypothèses de valorisation à utiliser pour l'application du présent article.

V. art. R. 351-1 s.

V. notices ACPR « Solvabilité II » du 17 déc. 2015 : note de couverture ; comptabilisation et valorisation des actifs et passifs autres que les provisions techniques (http://acpr.banque-france.fr/solvabilite2.htm).

SECTION II **PROVISIONS TECHNIQUES PRUDENTIELLES**

SOUS-SECTION 1 **DISPOSITIONS GÉNÉRALES SUR LA VALORISATION DES PROVISIONS TECHNIQUES PRUDENTIELLES**

Art. L. 351-2 **Les entreprises d'assurance et de réassurance établissent des provisions techniques prudentielles pour tous leurs engagements vis-à-vis des assurés, des bénéficiaires de contrats et des entreprises réassurées.**

La valeur des provisions techniques prudentielles, évaluée conformément à l'article L. 351-1, correspond au montant actuel que les entreprises devraient payer si elles transféraient immédiatement leurs engagements à une autre entité agréée pour pratiquer des opérations d'assurance ou de réassurance.

Le calcul des provisions techniques prudentielles utilise les informations fournies par les marchés financiers et les données généralement disponibles sur les risques de souscription, en cohérence avec ces informations et données.

Les provisions techniques prudentielles sont calculées d'une manière prudente, fiable et objective. Ce calcul peut comporter un ajustement égalisateur ou une correction pour volatilité.

V. notices ACPR « Solvabilité II » du 17 déc. 2015 : note de couverture ; provisions techniques (y compris mesures "branches longues") (http://acpr.banque-france.fr/solvabilite2.htm).

Art. L. 351-3 **Dans la mesure où le calcul des provisions techniques prudentielles des entreprises d'assurance et de réassurance ne satisfait pas aux dispositions de l'article L. 351-1, l'Autorité de contrôle prudentiel et de résolution peut exiger de ces entreprises qu'elles en relèvent le montant jusqu'au niveau déterminé en application de ces dispositions.**

Art. L. 351-3-1 **Un décret en Conseil d'État précise les conditions d'application de la présente sous-section.**

SOUS-SECTION 2 **MESURES TRANSITOIRES**

Art. L. 351-4 **Les entreprises d'assurance et de réassurance peuvent, sous réserve de l'approbation préalable de l'Autorité de contrôle prudentiel et de résolution, appliquer une mesure transitoire à la courbe des taux d'intérêt sans risque pertinente pour les engagements d'assurance et de réassurance admissibles.** – *V. Instr. ACPR n° 2015-I-07 du 29 mai 2015 relative aux demandes d'approbation pour l'utilisation de la mesure transitoire portant sur la courbe des taux d'intérêt sans risque pertinente (https://acpr.banque-france.fr).*

A compter de la publication de l'Ord. n° 2015-378 du 2 avr. 2015 (JO 3 avr.), l'Autorité de contrôle prudentiel et de résolution peut approuver l'application par une entreprise relevant du régime dit "Solvabilité II" des mesures transitoires sur les taux d'intérêt sans risque et sur les provisions techniques prévues, respectivement, par les art. L. 351-4 et L. 351-5. Pour donner cette approbation, elle se fonde sur les critères et règles définis au titre V du livre III du même code. Ses décisions prennent effet à compter du 1er janv. 2016 (Ord. préc., art. 19-I-2° et V). L'expression

« entreprise relevant du régime dit "Solvabilité II" » fait référence aux organismes d'assurance et de réassurance mentionnés aux art. L. 310-3-1 C. assur., L. 211-10 C. mut. et L. 931-6 CSS, dans leur rédaction issue de ladite ordonnance (Ord. préc., art. 18-1°).

Sans préjudice de l'application des dispositions de l'art. L. 356-15, les dispositions transitoires prévues aux art. L. 351-4, L. 351-5, L. 352-4 et L. 352-9 s'appliquent à la solvabilité au niveau du groupe (Ord. préc., art. 22).

V. Instr. ACPR n° 2015-I-07 du 29 mai 2015 relative aux demandes d'approbation pour l'utilisation de la mesure transitoire portant sur la courbe des taux d'intérêt sans risque pertinente (http://acpr.banque-france.fr/).

Art. L. 351-5 **Les entreprises d'assurance et de réassurance peuvent, sous réserve de l'approbation préalable de l'Autorité de contrôle prudentiel et de résolution, appliquer une déduction transitoire aux provisions techniques. Cette déduction peut être appliquée au niveau des groupes de risques homogènes.**

V. notes ss. art. L. 351-4.

V. Instr. ACPR n° 2015-I-06 du 29 mai 2015 relative aux demandes d'approbation pour l'utilisation de la mesure transitoire sur les provisions techniques (https://acpr.banque-france.fr).

Art. L. 351-5-1 **Un décret en Conseil d'État précise les conditions d'application de la présente sous-section.** – *V. art. R. 351-2 s.*

SECTION III FONDS PROPRES

Art. L. 351-6 **Les fonds propres prudentiels correspondent à la somme des fonds propres de base et des fonds propres auxiliaires.** — *V. Instr. ACPR n° 2015-I-05 du 29 mai 2015 relative aux demandes d'approbation de l'évaluation et du classement des éléments de fonds propres non listés (http://acpr.banque-france.fr).*

V. notices ACPR « Solvabilité II » du 17 déc. 2015 : note de couverture ; fonds propres (http://acpr.banque-france.fr/solvabilite2.htm).

Art. L. 351-7 **Lorsque les entreprises d'assurance et de réassurance, ou les entreprises mères mentionnées au 3° de l'article L. 356-15, ne détiennent plus suffisamment de fonds propres éligibles pour couvrir leur capital de solvabilité requis ou leur minimum de capital requis, les distributions relatives à certains éléments de fonds propres font l'objet de limitations. Ces limitations consistent, selon l'élément de fonds propres concerné, soit en une interdiction, soit en un report de ces distributions. Elles s'appliquent également au cas où la non-couverture du capital de solvabilité requis ou du minimum de capital requis serait causée par ces distributions.**

Est réputée non écrite toute stipulation prévoyant que le non-paiement des distributions, résultant notamment de l'application des limitations mentionnées au premier alinéa, est considéré comme un événement de défaut.

Art. L. 351-7-1 **Un décret en Conseil d'État précise les conditions d'application de la présente section.**

CHAPITRE II EXIGENCES DE CAPITAL RÉGLEMENTAIRE

SECTION PREMIÈRE CAPITAL DE SOLVABILITÉ REQUIS

Art. L. 352-1 **I. — Les entreprises d'assurance et de réassurance détiennent des fonds propres éligibles couvrant le capital de solvabilité requis. Le capital de solvabilité requis est calculé soit à l'aide de la formule standard, soit à l'aide d'un modèle interne intégral ou partiel approuvé par l'Autorité de contrôle prudentiel et de résolution.**

II. — Le conseil d'administration ou le directoire de l'entreprise donne son accord à la demande d'approbation du modèle interne mentionnée au I ainsi qu'à la demande d'approbation de toute modification majeure apportée ultérieurement à ce modèle, préalablement à leur transmission à l'Autorité de contrôle prudentiel et de résolution.

Le directeur général ou le directoire met en place des systèmes garantissant, de manière continue, le bon fonctionnement du modèle interne.

III. – L'Autorité de contrôle prudentiel et de résolution se prononce sur toute demande d'approbation d'un modèle interne intégral ou partiel dans un délai de six mois suivant la réception de la demande complète. Elle ne donne cette approbation que si elle a l'assurance que les systèmes d'identification, de mesure, de contrôle, de gestion et de déclaration des risques de l'entreprise d'assurance ou de réassurance sont adéquats et, en particulier, que le modèle interne satisfait aux règles définies au présent chapitre. Cette approbation peut être assortie de conditions, lorsque l'Autorité l'estime nécessaire.

Le rejet d'une demande d'approbation d'un modèle interne fait l'objet d'une décision motivée de l'Autorité de contrôle prudentiel et de résolution.

Après avoir approuvé leur modèle interne, l'Autorité de contrôle prudentiel et de résolution peut exiger des entreprises d'assurance et de réassurance, par décision motivée, qu'elles lui communiquent une estimation de leur capital de solvabilité requis calculé en application de la formule standard.

(L. nº 2021-1308 du 8 oct. 2021, art. 42) **« IV. – L'Autorité de contrôle prudentiel et de résolution informe l'Autorité européenne des assurances et des pensions professionnelles de toute demande d'approbation ou de modification majeure d'un modèle interne, conformément au paragraphe 1 de l'article 35 du règlement (UE) nº 1094/2010 du Parlement européen et du Conseil du 24 novembre 2010 instituant une Autorité européenne de surveillance (Autorité européenne des assurances et des pensions professionnelles), modifiant la décision nº 716/2009/CE et abrogeant la décision 2009/79/CE de la Commission. L'Autorité de contrôle prudentiel et de résolution peut requérir l'assistance technique de l'Autorité européenne des assurances et des pensions professionnelles pour l'examen de cette demande. »**

A compter de la publication de l'Ord. nº 2015-378 du 2 avr. 2015 (JO 3 avr.), l'Autorité de contrôle prudentiel et de résolution peut approuver l'utilisation d'un modèle interne, intégral ou partiel par une entreprise relevant du régime dit "Solvabilité II", conformément aux dispositions de l'article L. 352-1. Pour donner cette approbation, elle se fonde sur les critères et règles définis au titre V du livre III du même code. Ses décisions prennent effet à compter du 1er janv. 2016 (Ord. préc., art. 19-I-1º et V). L'expression « entreprise relevant du régime dit "Solvabilité II" » fait référence aux organismes d'assurance et de réassurance mentionnés aux articles L. 310-3-1 C. assur., L. 211-10 C. mut. et L. 931-6 CSS, dans leur rédaction issue de ladite ordonnance (Ord. préc., art. 18-1º). – V. égal. l'art. 21-II de l'Ord. préc., ss. art. L. 352-5.

V. Instr. ACPR nº 2015-I-29 du 21 déc. 2015 relative au reporting des modifications mineures du modèle interne à l'Autorité de contrôle prudentiel et de résolution (http://acpr.banque-france.fr).

V. notices ACPR « Solvabilité II » du 17 déc. 2015 : note de couverture; calcul du SCR en formule standard; modèles internes (http://acpr.banque-france.fr/solvabilite2.htm).

Art. L. 352-2 **Lorsque l'application de la formule standard s'avère inappropriée pour calculer le capital de solvabilité requis d'une entreprise d'assurance ou de réassurance dont le profil de risque s'écarte significativement des hypothèses qui sous-tendent le calcul suivant cette formule, l'Autorité de contrôle prudentiel et de résolution peut, par décision motivée, exiger de l'entreprise concernée qu'elle utilise un modèle interne pour calculer son capital de solvabilité requis ou les modules de risque pertinents de celui-ci.**

Art. L. 352-3 **I. – L'Autorité de contrôle prudentiel et de résolution peut, par décision motivée, imposer aux entreprises d'assurance et de réassurance une exigence de capital supplémentaire dans l'une des circonstances exceptionnelles suivantes, lorsqu'elle conclut de son processus de contrôle que :**

1º Le profil de risque de l'entreprise s'écarte significativement des hypothèses qui sous-tendent le calcul du capital de solvabilité requis selon la formule standard mentionnée à l'article L. 352-1 et que l'exigence de recourir à un modèle interne en vertu de l'article L. 352-2 est inappropriée ou s'est révélée inefficace ou jusqu'à ce qu'un tel modèle interne partiel ou intégral soit développé ;

2º Le profil de risque de l'entreprise s'écarte sensiblement des hypothèses qui sous-tendent le calcul du capital de solvabilité requis selon un modèle interne intégral ou un modèle interne partiel mentionné à l'article L. 352-1, parce que certains risques

quantifiables sont insuffisamment pris en compte et que le modèle n'a pas été adapté dans un délai lui permettant de mieux refléter le profil de risque ;

3° Le système de gouvernance de l'entreprise s'écartant significativement des normes prévues au chapitre IV du présent titre, l'entreprise n'est pas de ce fait en mesure de déceler, de mesurer, de contrôler, de gérer et de déclarer de manière adéquate les risques auxquels elle est ou pourrait être exposée et que l'application d'autres mesures n'est pas susceptible de remédier rapidement et suffisamment aux carences constatées ;

4° Le profil de risque d'une entreprise d'assurance ou de réassurance appliquant l'ajustement égalisateur ou la correction pour volatilité mentionnés à l'article L. 351-2, ou les mesures transitoires visées aux articles L. 351-4 et L. 351-5, s'écarte de façon significative des hypothèses sous-tendant ces ajustements, corrections et mesures transitoires.

Le capital de solvabilité requis, majoré de l'exigence de capital supplémentaire imposée, remplace le capital de solvabilité requis devenu inadéquat.

II. — Les décisions prises par l'Autorité de contrôle prudentiel et de résolution en vertu du I font l'objet de la procédure contradictoire prévue à l'article L. 612-35 du code monétaire et financier.

Art. L. 352-4 **Pour les entreprises d'assurance exerçant les opérations mentionnées aux articles L. 143-1 et L. 310-14, l'évaluation de leur solvabilité s'effectue, jusqu'au 31 décembre** *(Ord. n° 2017-484 du 6 avr. 2017, art. 1er-21°)* **« 2022 », selon des modalités fixées par un décret en Conseil d'État.**

Cet art. est abrogé à compter du 1er janv. 2023 (Ord. n° 2017-484 du 6 avr. 2017, art. 5-5°).

Sans préjudice de l'application des dispositions de l'art. L. 356-15, les dispositions transitoires prévues aux art. L. 351-4, L. 351-5, L. 352-4 et L. 352-9 s'appliquent à la solvabilité au niveau du groupe (Ord. n° 2015-378 du 2 avr. 2015, art. 22).

Art. L. 352-4-1 **Un décret en Conseil d'État précise les conditions d'application de la présente section.**

SECTION II MINIMUM DE CAPITAL REQUIS

Art. L. 352-5 **Les entreprises d'assurance et de réassurance détiennent des fonds propres de base éligibles couvrant le minimum de capital requis, lequel ne peut être inférieur à un seuil plancher absolu.**

Ordonnance n° 2015-378 du 2 avril 2015,

Transposant la directive 2009/138/CE du Parlement européen et du Conseil du 25 novembre 2009 sur l'accès aux activités de l'assurance et de la réassurance et leur exercice (Solvabilité II).

Art. 21 I. — Sans préjudice de l'application des articles L. 325-1 et L. 352-8 du code des assurances, les entreprises relevant du régime dit "Solvabilité II" qui remplissent les exigences de solvabilité qui leur sont applicables au 31 décembre 2015 mais ne détiennent pas un montant suffisant de fonds propres de base éligibles pour couvrir le minimum de capital requis mentionné à l'article L. 352-5 du même code, doivent se conformer aux dispositions de l'article L. 352-5 au plus tard le 31 décembre 2016. A défaut, l'Autorité de contrôle prudentiel et de résolution leur retire le ou les agréments, dans les conditions prévues à l'article L. 325-1 du même code.

II. — Sans préjudice de l'application des dispositions de l'article L. 352-7 du code des assurances, lorsqu'une entreprise relevant du régime dit "Solvabilité II" remplit les exigences de solvabilité qui lui sont applicables au 31 décembre 2015 mais ne respecte pas, durant l'année 2016, le capital de solvabilité requis à l'article L. 352-1 du même code, l'Autorité de contrôle prudentiel et de résolution exige de cette entreprise qu'elle prenne les mesures nécessaires pour disposer du niveau de fonds propres éligibles couvrant le capital de solvabilité requis ou réduire son profil de risque afin de garantir, au plus tard au 31 décembre 2017, le respect de l'exigence de capital de solvabilité.

L'entreprise concernée soumet tous les trois mois à l'Autorité de contrôle prudentiel et de résolution un rapport d'étape exposant les mesures prises et les progrès réalisés en vue de se conformer à l'exigence du capital de solvabilité requis.

L'expression « entreprise relevant du régime dit "Solvabilité II" » fait référence aux organismes d'assurance et de réassurance mentionnés aux art. L. 310-3-1 C. assur., L. 211-10 C. mut. et L. 931-6 CSS, dans leur rédaction issue de l'Ord. nº 2015-378 du 2 avr. 2015 (Ord. préc., art. 18-1º).

Art. L. 352-5-1 Un décret en Conseil d'État précise les conditions d'application de la présente section.

SECTION III ENTREPRISES EN SITUATION IRRÉGULIÈRE

Art. L. 352-6 Les entreprises d'assurance et de réassurance mettent en place des procédures leur permettant de détecter une détérioration de leur situation financière et d'en informer immédiatement l'Autorité de contrôle prudentiel et de résolution.

Art. L. 352-7 Les entreprises d'assurance ou de réassurance informent immédiatement l'Autorité de contrôle prudentiel et de résolution lorsqu'elles constatent que le capital de solvabilité requis n'est plus conforme aux dispositions de l'article L. 352-1 ou qu'il risque de ne plus l'être dans les trois prochains mois.

Elles soumettent à l'approbation de l'Autorité de contrôle prudentiel et de résolution un plan de rétablissement réaliste, dans un délai de deux mois à compter de la constatation du défaut de couverture du capital de solvabilité requis.

Lorsqu'un plan de rétablissement a été soumis à l'approbation de l'Autorité de contrôle prudentiel et de résolution, celle-ci s'abstient de délivrer l'attestation mentionnée au troisième alinéa de l'article L. 324-1 ou au premier alinéa de l'article L. 324-1-2, tant qu'elle estime que les droits des assurés et bénéficiaires des contrats d'assurance ou les obligations contractuelles des entreprises de réassurance sont menacés.

L'Autorité de contrôle prudentiel et de résolution exige de l'entreprise concernée qu'elle prenne les mesures nécessaires pour rétablir, dans un délai de six mois après la constatation du défaut de couverture du capital de solvabilité requis, le niveau de fonds propres éligibles couvrant le capital de solvabilité requis ou pour réduire son profil de risque afin de garantir la couverture du capital de solvabilité requis. L'autorité peut, le cas échéant, prolonger cette période de trois mois supplémentaires.

L'Autorité de contrôle prudentiel et de résolution peut demander à l'Autorité européenne des assurances et des pensions professionnelles de déclarer l'existence d'une situation défavorable exceptionnelle affectant des entreprises d'assurance ou de réassurance représentant une part significative du marché ou des activités concernées. L'Autorité de contrôle prudentiel et de résolution peut alors prolonger la période visée au quatrième alinéa.

Lorsque le délai a été prolongé en application du cinquième alinéa, l'entreprise concernée soumet tous les trois mois à l'Autorité de contrôle prudentiel et de résolution un rapport d'étape exposant les mesures prises et les progrès accomplis pour rétablir le niveau de fonds propres éligibles correspondant au capital de solvabilité requis ou pour réduire son profil de risque afin de garantir la couverture du capital de solvabilité requis. Si elle estime, au vu de ce rapport, qu'aucun progrès significatif n'a été enregistré, l'autorité interrompt la prolongation du délai.

Art. L. 352-8 Dès qu'elles constatent que le minimum de capital requis prévu par l'article L. 352-5 n'est plus couvert ou risque de ne plus l'être dans les trois prochains mois, les entreprises d'assurance ou de réassurance en informent immédiatement l'Autorité de contrôle prudentiel et de résolution.

Dans un délai d'un mois suivant la constatation du défaut de couverture du minimum de capital de solvabilité requis, les entreprises concernées soumettent à l'approbation de l'Autorité un plan de financement à court terme réaliste visant à ramener, dans un délai de trois mois après cette constatation, les fonds propres de base éligibles au moins au niveau du minimum de capital requis ou de réduire son profil de risque pour garantir la couverture du minimum de capital requis.

Lorsqu'un plan de financement à court terme a été soumis à l'approbation de l'Autorité de contrôle prudentiel et de résolution, celle-ci s'abstient de délivrer l'attestation mentionnée au troisième alinéa de l'article L. 324-1 ou au premier alinéa de l'article L. 324-1-2, aussi longtemps qu'elle juge que les droits des assurés et des bénéficiaires des contrats des entreprises d'assurance ou les obligations contractuelles des entreprises de réassurance sont menacés.

Art. L. 352-9 Les entreprises d'assurance et de réassurance qui appliquent les mesures transitoires énoncées à l'article L. 351-4 ou à l'article L. 351-5 informent immédiatement l'Autorité de contrôle prudentiel et de résolution dès qu'elles constatent qu'elles ne seraient pas en mesure de couvrir, sans l'application de ces mesures transitoires, le capital de solvabilité requis mentionné à l'article L. 352-1.

L'Autorité de contrôle prudentiel et de résolution exige alors de l'entreprise d'assurance ou de réassurance concernée qu'elle prenne les mesures nécessaires pour garantir le respect de l'exigence de capital de solvabilité à la fin de la période transitoire.

Dans les deux mois suivant la constatation mentionnée au premier alinéa, l'entreprise d'assurance ou de réassurance concernée soumet à l'Autorité de contrôle prudentiel et de résolution un plan exposant les mesures mises en œuvre progressivement afin de rétablir le niveau de fonds propres éligibles correspondant au capital de solvabilité requis ou de réduire son profil de risque, de sorte que l'exigence de capital de solvabilité requis soit garantie au terme de la période transitoire. L'entreprise concernée peut actualiser ce plan de mise en œuvre progressive durant la période transitoire.

Les entreprises d'assurance et de réassurance concernées présentent tous les ans à l'Autorité de contrôle prudentiel et de résolution un rapport exposant les mesures prises et les progrès accomplis pour garantir le respect de l'exigence de capital de solvabilité à la fin de la période transitoire.

Si l'Autorité de contrôle prudentiel et de résolution estime, au vu de ce rapport d'étape, que la perspective, pour l'entreprise, de respecter l'exigence de capital de solvabilité requis à la fin de la période transitoire n'est pas réaliste, elle lui retire l'autorisation d'appliquer la mesure transitoire.

Sans préjudice de l'application des dispositions de l'art. L. 356-15, les dispositions transitoires prévues aux art. L. 351-4, L. 351-5, L. 352-4 et L. 352-9 s'appliquent à la solvabilité au niveau du groupe (Ord. n° 2015-378 du 2 avr. 2015, art. 22).

Art. L. 352-10 Un décret en Conseil d'État précise les conditions d'application de la présente section.

CHAPITRE III INVESTISSEMENTS

Art. L. 353-1 Les entreprises d'assurance et de réassurance investissent l'ensemble de leurs actifs conformément au principe de la "personne prudente", dans des conditions définies par un décret en Conseil d'État.

CHAPITRE IV SYSTÈME DE GOUVERNANCE

Art. L. 354-1 Les entreprises d'assurance et de réassurance mettent en place un système de gouvernance garantissant une gestion saine et prudente de leur activité et faisant l'objet d'un réexamen interne régulier. Ce système de gouvernance repose sur une séparation claire des responsabilités et comprend un dispositif efficace de transmission des informations. Il est proportionné à la nature, à l'ampleur et à la complexité des opérations de l'entreprise.

Ce système de gouvernance comprend les fonctions clés suivantes : la fonction de gestion des risques, la fonction de vérification de la conformité, la fonction d'audit interne et la fonction actuarielle.

Les entreprises élaborent des politiques écrites relatives, au moins, à la gestion des risques, au contrôle interne, à l'audit interne et, le cas échéant, à l'externalisation mentionnée à l'article L. 310-3. Elles veillent à ce que ces politiques soient mises en œuvre.

Les entreprises prennent des dispositions permettant d'assurer la continuité et la régularité dans l'exercice de leurs activités, ce qui inclut l'élaboration de plans d'urgence. Elles mettent en œuvre, à cette fin, des dispositifs, des ressources et des procédures appropriés et proportionnés.

Un décret en Conseil d'État précise les conditions d'application du présent article. *— V. art. R. 354-1 s.*

V. notices ACPR « Solvabilité II » du 17 déc. 2015 : note de couverture ; système de gouvernance (http://acpr.banque-france.fr/solvabilite2.htm).

Art. L. 354-2 Les entreprises d'assurance et de réassurance mettent en place un système de gestion des risques.

Elles procèdent à une évaluation interne des risques et de la solvabilité.

Elles disposent d'un système de contrôle interne.

Un décret en Conseil d'État précise les conditions d'application du présent article. *— V. art. R. 354-2 s.*

Art. L. 354-3 Les entreprises d'assurance et de réassurance conservent l'entière responsabilité du respect des obligations qui leur incombent lorsqu'elles recourent à l'externalisation des fonctions ou des activités d'assurance ou de réassurance.

Elles s'abstiennent d'externaliser des activités ou des fonctions opérationnelles importantes ou critiques, lorsque cette externalisation serait susceptible de compromettre gravement la qualité du système de gouvernance de l'entreprise concernée, d'accroître indûment le risque opérationnel, de compromettre la capacité des autorités de contrôle à vérifier que l'entreprise concernée se conforme bien à ses obligations ou de nuire à la prestation continue d'un niveau de service satisfaisant à l'égard des assurés, souscripteurs et bénéficiaires de contrats et entreprises réassurées.

Les entreprises d'assurance et de réassurance informent préalablement, et en temps utile, l'Autorité de contrôle prudentiel et de résolution de leur intention d'externaliser des activités ou des fonctions importantes ou critiques ainsi que de toute évolution importante ultérieure concernant ces fonctions ou ces activités.

Les entreprises d'assurance et de réassurance qui externalisent une fonction ou une activité d'assurance ou de réassurance, prennent les dispositions garantissant que le prestataire de services coopère avec l'Autorité de contrôle prudentiel et de résolution, dans l'exercice de la fonction ou l'activité externalisée, et que l'entreprise, les personnes chargées du contrôle de ses comptes ainsi que l'Autorité de contrôle prudentiel et de résolution puissent avoir effectivement accès aux données afférentes aux fonctions ou aux activités externalisées.

Un décret en Conseil d'État précise les conditions d'application du présent article.

CHAPITRE V INFORMATIONS À FOURNIR À L'AUTORITÉ DE CONTRÔLE PRUDENTIEL ET DE RÉSOLUTION ET AU PUBLIC

SECTION PREMIÈRE INFORMATIONS À FOURNIR À L'AUTORITÉ DE CONTRÔLE PRUDENTIEL ET DE RÉSOLUTION

Art. L. 355-1 Sans préjudice des informations transmises en application de l'article L. 612-24 du code monétaire et financier, les entreprises d'assurance et de réassurance transmettent de manière régulière à l'Autorité de contrôle prudentiel et de résolution les informations nécessaires à l'exercice de son contrôle, dont notamment :

— le rapport sur la solvabilité et la situation financière mentionné à l'article L. 355-5 ;

— le rapport régulier au contrôleur ;

— les états quantitatifs annuels et trimestriels ;

— le rapport à l'autorité de contrôle sur l'évaluation interne des risques et de la solvabilité mentionnée au deuxième alinéa de l'article L. 354-2.

L'Autorité de contrôle prudentiel et de résolution peut limiter la communication régulière de ces informations ou en dispenser les entreprises, en fonction de leur périodicité ou de leur nature, dans des conditions définies par décret en Conseil d'État.

Ce même décret précise la nature des informations transmises, les modalités de leur approbation et les délais de leur transmission à l'Autorité jusqu'au 1er janvier 2020.

V. art. R. 355-1 s.

V. Instr. ACPR (http://acpr.banque-france.fr) :

– nº 2016-I-01 du 14 janv. 2016 relative à la composition du dossier de conclusion ou d'avenant à une convention de substitution ;

– nº 2016-I-02 du 14 janv. 2016 définissant les modalités d'exemption pour les organismes mentionnés à l'article 3 de l'instruction nº 2016-I-01 ;

– nº 2016-I-03 du 14 janv. 2016 définissant les modalités d'exemption de remise d'information sur les notations externes dans les états détaillés des placements et des dérivés ;

– nº 2016-I-04 du 14 janv. 2016 relative aux informations à communiquer à des fins de stabilité financière (Domaine Assurance) ;

– nº 2016-I-16 du 27 juin 2016 relative aux documents prudentiels annuels à communiquer par les organismes assujettis au contrôle de l'ACPR relevant du régime dit « Solvabilité II » ;

– nº 2016-I-17 du 27 juin 2016 relative à la transmission à l'ACPR de documents prudentiels par les organismes d'assurance et de réassurance relevant du régime dit « Solvabilité II » ;

– nº 2016-I-19 du 27 juin 2016 relative aux modalités de déclaration des informations concernant les états S.16.01, S.19.01, S.20.01, S.21.01, S.29.03 et S.29.04 du règlement d'exécution (UE) nº 2015/2450 à communiquer par les organismes d'assurance et de réassurance relevant du régime dit « Solvabilité II » ;

– nº 2016-I-20 du 27 juin 2016 relative à l'amplitude des fourchettes de déclaration pour les états S.21.01 et S.21.03 du règlement d'exécution (UE) nº 2015/2450 à communiquer par les organismes d'assurance et de réassurance relevant du régime dit « Solvabilité II » ;

– nº 2016-I-25 du 13 déc. 2016 relative à la transmission à l'ACPR d'informations par les entreprises mentionnées au 4º de l'article L. 310-3-1 du C. assur. ;

– nº 2016-I-26 du 13 déc. 2016 sur la remise du rapport annuel obligatoire relatif aux contrats d'assurance-vie en déshérence.

V. notices ACPR « Solvabilité II » du 17 déc. 2015 : note de couverture ; évaluation interne des risques et de la solvabilité (ORSA) ; communication d'informations à l'autorité de contrôle et informations à destination du public (RSR/SFCR) (http://acpr.banque-france.fr/solvabilite2.htm).

Art. L. 355-2 Sans préjudice des pouvoirs qui lui sont conférés par l'article L. 612-24 du code monétaire et financier, le secrétaire général de l'Autorité de contrôle prudentiel et de résolution peut demander aux entreprises d'assurance et de réassurance et aux entreprises mentionnées au I de l'article L. 356-21 de lui communiquer toute information relative aux contrats détenus par des intermédiaires ou aux contrats conclus avec des tiers. Il peut également exiger des informations de la part d'experts extérieurs.

Art. L. 355-3 L'Autorité de contrôle prudentiel et de résolution détermine la nature, la portée et le format des informations dont elle exige la communication de la part des entreprises d'assurance et de réassurance et des entreprises visées au I de l'article L. 356-21 lorsque des événements prédéfinis se produisent, dans les conditions prévues par arrêté du ministre chargé de l'économie.

Art. L. 355-4 Les entreprises d'assurance et de réassurance mettent en place les structures et systèmes appropriés permettant de répondre aux exigences énoncées aux articles L. 355-1, L. 355-2 et L. 355-3. En application des dispositions de l'article L. 354-1, elles élaborent des politiques écrites garantissant l'adéquation permanente aux exigences du présent titre des informations qu'elles communiquent à l'Autorité de contrôle prudentiel et de résolution.

SECTION II INFORMATIONS À DESTINATION DU PUBLIC

Art. L. 355-5 Sans préjudice des autres obligations d'information leur incombant, les entreprises d'assurance et de réassurance publient annuellement un rapport sur leur solvabilité et leur situation financière. En cas d'événement majeur affectant significativement la pertinence des informations contenues dans ce rapport, les entreprises d'assurance et de réassurance publient des informations relatives à la nature et aux effets de cet événement. – *V. notices ACPR « Solvabilité II » du 17 déc. 2015 : note de couverture ; communication d'informations à l'autorité de contrôle et informations à destination du public (RSR/SFCR) (http://acpr.banque-france.fr/solvabilite2.htm).*

Art. L. 355-6 Les entreprises d'assurance et de réassurance mettent en place des structures et systèmes appropriés permettant de répondre aux exigences énoncées à l'article L. 355-5. En application des dispositions de l'article L. 354-1, elles élaborent des politiques écrites garantissant l'adéquation permanente aux exigences du présent titre des informations publiées conformément à l'article L. 355-5.

Art. L. 355-7 Un décret en Conseil d'État précise les conditions d'application de la présente section.

SECTION III INFORMATIONS À FOURNIR À L'AUTORITÉ EUROPÉENNE DES ASSURANCES ET DES PENSIONS PROFESSIONNELLES

Art. L. 355-8 L'Autorité de contrôle prudentiel et de résolution transmet annuellement les informations suivantes à l'Autorité européenne des assurances et des pensions professionnelles concernant les entreprises d'assurance et de réassurance soumises à son contrôle :

a) Le montant moyen des exigences de capital supplémentaire par entreprise et la répartition des exigences de capital supplémentaire imposées par l'Autorité de contrôle prudentiel et de résolution durant l'année précédente, en pourcentage du capital de solvabilité requis et selon la ventilation suivante :

i) Pour l'ensemble des entreprises mentionnées à l'article L. 310-1 ou au 1° du III de l'article L. 310-1-1 ;

ii) Pour les entreprises mentionnées au 1° de l'article L. 310-1 ;

iii) Pour les entreprises mentionnées aux 2° et 3° de l'article L. 310-1 ;

iv) Pour les entreprises pratiquant à la fois les opérations mentionnées aux 1° et 2° de l'article L. 310-1 ;

v) Pour les entreprises mentionnées au 1° du III de l'article L. 310-1-1 ;

b) Pour chacune des publications prévues au *a*, la proportion d'exigences de capital supplémentaire imposées respectivement en vertu de l'article L. 352-3 ;

c) Le nombre d'entreprises d'assurance et de réassurance qui bénéficient de la limitation prévue au deuxième alinéa de l'article L. 355-1 ainsi que l'ensemble de leurs exigences en termes de capital, primes, provisions techniques et actifs, respectivement exprimés en pourcentage du volume total des exigences de capital, primes, provisions techniques et actifs des entreprises d'assurance et de réassurance ;

d) Le nombre de groupes qui bénéficient de la limitation prévue au deuxième alinéa du II de l'article L. 356-21 ainsi que l'ensemble de leurs exigences en termes de capital, primes, provisions techniques et actifs, respectivement exprimés en pourcentage du volume total des exigences de capital, primes, provisions techniques et actifs de l'ensemble des groupes.

CHAPITRE VI EXIGENCES SPÉCIFIQUES AUX GROUPES

SECTION PREMIÈRE DISPOSITIONS GÉNÉRALES

Art. L. 356-1 Pour l'application des dispositions du présent chapitre :

1° L'expression : "entreprise mère" désigne une entreprise qui contrôle de manière exclusive une entreprise au sens du II de l'article L. 233-16 du code de commerce. Cette seconde entreprise est dénommée : "entreprise filiale". Toute entreprise filiale d'une entreprise filiale est considérée comme filiale de l'entreprise mère. L'Autorité de contrôle prudentiel et de résolution considère également comme une entreprise mère, aux fins du présent chapitre, toute entreprise qui, selon elle, exerce effectivement une influence dominante sur une autre entreprise. Cette autre entreprise est une entreprise filiale ;

2° L'expression : "entreprise mère supérieure au niveau de l'Union" désigne une entreprise mère qui n'est pas une filiale d'une autre entreprise ayant son siège social dans l'Union européenne et l'expression : "entreprise mère supérieure en France" désigne une entreprise mère qui n'est pas une filiale d'une autre entreprise ayant son siège social en France ;

3° L'expression : "entreprise participante" désigne une entreprise mère au sens du 1° ou une autre entreprise qui détient une participation au sens de l'article L. 310-3 ou une entité liée à une autre entité du fait que leurs organes d'administration, de direction ou de surveillance sont composés en majorité des mêmes personnes ou qu'elles sont placées sous une direction unique en vertu d'un contrat ou de clauses statutaires ;

4° L'expression "entreprise liée" désigne une entreprise filiale au sens du 1° ou une autre entreprise dans laquelle est détenue une participation au sens de l'article L. 310-3 ou une entité liée à une autre entité du fait que leurs organes d'administration, de direction ou de surveillance sont composés en majorité des mêmes personnes ou qu'elles sont placées sous une direction unique en vertu d'un contrat ou de clauses statutaires ;

5° L'expression "groupe" désigne :

a) Soit un ensemble d'entreprises composé d'une entreprise participante, de ses filiales et des entités dans lesquelles l'entreprise participante ou ses filiales détiennent des participations ainsi que des entités liées du fait que leurs organes d'administration, de direction ou de surveillance sont composés en majorité des mêmes personnes ou qu'elles sont placées sous une direction unique en vertu d'un contrat ou de clauses statutaires ;

b) Soit un ensemble d'entreprises fondé sur l'établissement de relations financières fortes et durables entre ces entreprises, à condition :

– qu'une de ces entreprises exerce effectivement, au moyen d'une coordination centralisée, une influence dominante sur les décisions, y compris les décisions financières, des autres entreprises faisant partie du groupe ;

– et que l'établissement et la suppression de ces relations soient soumis à l'approbation préalable du contrôleur du groupe.

L'entreprise qui exerce la coordination centralisée dans le cas visé au b est considérée comme l'entreprise mère et les autres entreprises comme des filiales ;

6° L'expression "contrôleur du groupe" désigne l'autorité de contrôle unique désignée parmi les autorités de contrôle des États membres concernés, lorsqu'elle est responsable de la coordination et de l'exercice du contrôle du groupe conformément à l'article L. 356-6 ;

7° L'expression "collège de contrôleurs" désigne une structure permanente, mais souple, de coopération et de coordination visant à faciliter la prise de décisions relatives au contrôle d'un groupe ;

8° L'expression "transaction intragroupe" désigne toute transaction par laquelle une entreprise recourt directement ou indirectement à d'autres entreprises du même groupe ou à toute personne physique ou morale liée aux entreprises de ce groupe par des liens étroits, pour l'exécution d'une obligation, contractuelle ou non, à titre onéreux ou non.

A compter de la publication de l'Ord. n° 2015-378 du 2 avr. 2015 (JO 3 avr.), l'Autorité de contrôle prudentiel et de résolution peut déterminer le niveau et la portée du contrôle de groupe, en application des art. L. 356-1 à L. 356-10-1. Elle peut également identifier les autorités de contrôle exerçant la fonction de contrôleur de groupe, au sens du 6° de l'art. L. 356-1, sur la base des dispositions de l'art. L. 356-6. Ses décisions prennent effet à compter du 1er janv. 2016 (Ord. préc., art. 19-II-1°, 2°, et V).

V. notes et textes cités en tête du livre III.

V. Instr. ACPR (https://acpr.banque-france.fr) :
- n° 2015-I-29 du 21 déc. 2015 relative au reporting des modifications mineures du modèle interne à l'Autorité de contrôle prudentiel et de résolution ;
- n° 2016-I-04 du 14 janv. 2016 relative aux informations à communiquer à des fins de stabilité financière (Domaine Assurance).

V. notices ACPR « Solvabilité II » du 17 déc. 2015 : note de couverture ; calcul de la solvabilité des groupes (http://acpr.banque-france.fr/solvabilite2.htm).

SECTION II DISPOSITIONS RELATIVES AU CONTRÔLE DES GROUPES

SOUS-SECTION 1 DISPOSITIONS GÉNÉRALES

Art. L. 356-2 Les entreprises ayant leur siège social en France et faisant partie d'un groupe au sens de l'article L. 356-1 font l'objet d'un contrôle de groupe.

Ce contrôle de groupe s'applique aux entreprises d'assurance ou de réassurance qui sont des entreprises participantes dans au moins une entreprise d'assurance, une entreprise de réassurance, une entreprise d'assurance d'un pays tiers ou une entreprise de réassurance d'un pays tiers, conformément aux dispositions des sections II, III, IV, V et VI du présent chapitre.

Le contrôle de groupe s'applique aux entreprises d'assurance ou de réassurance dont l'entreprise mère est une société de groupe d'assurance définie à l'article L. 322-1-2 ou une union mutualiste de groupe définie à l'article L. 111-4-2 du code de la mutualité ou une société de groupe assurantiel de protection sociale définie à l'article L. 931-2-2 du code de la sécurité sociale ou une compagnie financière holding mixte mentionnée à l'article L. 517-4 du code monétaire et financier ayant son siège social dans l'Union européenne, conformément aux dispositions des sections II, III, IV, V et VI du présent chapitre.

Le contrôle de groupe s'applique aux entreprises d'assurance ou de réassurance dont l'entreprise mère est une société de groupe d'assurance ou une compagnie financière holding mixte, ayant son siège social hors de l'Union européenne ou une entreprise d'assurance ou de réassurance d'un pays tiers, conformément aux dispositions de la sous-section 2 de la section II du présent chapitre.

Le contrôle de groupe s'applique aux entreprises d'assurance ou de réassurance dont l'entreprise mère est une société de groupe mixte d'assurance mentionnée au 2° de l'article L. 322-1-2 du code des assurances.

L'Autorité de contrôle prudentiel et de résolution, en tant que contrôleur de groupe, peut décider, au cas par cas, de ne pas inclure une entreprise dans le contrôle de groupe mentionné au premier alinéa, dans les cas suivants :

1° Lorsque l'entreprise est située dans un État qui n'est pas membre de l'Union européenne où des obstacles de nature juridique empêchent le transfert des informations nécessaires ;

2° Lorsque l'entreprise ne présente qu'un intérêt négligeable au regard des objectifs du contrôle de groupe. Lorsque, toutefois, plusieurs entreprises du même groupe, prises individuellement, peuvent être exclues à ce titre, elles sont incluses dans le contrôle de groupe dès lors que, collectivement, elles présentent un intérêt non négligeable ;

3° Lorsque l'inclusion de l'entreprise est inappropriée ou pourrait constituer une source de confusion, au regard des objectifs du contrôle de groupe.

Lorsque, en vertu du *[des]* 2° ou 3°, l'Autorité de contrôle prudentiel et de résolution, en tant que contrôleur de groupe, estime qu'une entreprise d'assurance ou de réassurance ne devrait pas être incluse dans le contrôle du groupe, elle consulte les autres autorités concernées avant d'arrêter sa décision.

Lorsque, en vertu du *[des]* 2° ou 3°, l'Autorité de contrôle prudentiel et de résolution, en tant que contrôleur de groupe, exclut du contrôle de groupe une entreprise d'assurance ou de réassurance située dans un autre État membre, l'entreprise participante fournit à l'autorité de contrôle de cet État membre toute information que cette autorité est susceptible d'exiger en vue de faciliter le contrôle de l'entreprise exclue du contrôle de groupe.

Lorsque, en vertu du *[des]* 2° ou 3°, le contrôleur de groupe exclut une entreprise d'assurance ou de réassurance dont le siège social est situé en France du contrôle du groupe, l'Autorité de contrôle prudentiel et de résolution peut exiger de l'entreprise participante qu'elle lui fournisse toute information de nature à faciliter le contrôle de l'entreprise exclue.

Les informations transitoires que les entreprises participantes ou mères mentionnées respectivement au 2e ou au 3e al. de l'art. L. 356-2 doivent transmettre à l'Autorité de contrôle prudentiel et de résolution lors de l'ouverture de l'exercice 2016, en application de l'art. 375 du Règl. délégué (UE) n° 2015/35 de la Commission du 10 oct. 2014, sont approuvées par le directeur général ou le directoire des entreprises concernées ou par le dirigeant opérationnel mentionné à l'art. L. 211-14 C. mut. (Décr. n° 2015-513 du 7 mai 2015, art. 17-I).

V. note ss. art. L. 356-1.

V. Instr. ACPR (https://acpr.banque-france.fr) :
– n° 2015-I-27 du 17 déc. 2015 relative à la procédure d'autorisation par l'Autorité de contrôle prudentiel et de résolution de publication d'un rapport unique sur la solvabilité et la situation financière au niveau du groupe (« SFCR unique ») ;
– n° 2015-I-28 du 17 déc. 2015 relative à la procédure d'autorisation par l'Autorité de contrôle prudentiel et de résolution de procéder simultanément au niveau du groupe et au niveau de toute filiale du groupe à l'évaluation interne des risques et de la solvabilité (« ORSA unique ») ;
– n° 2015-I-29 du 21 déc. 2015 relative au reporting des modifications mineures du modèle interne à l'Autorité de contrôle prudentiel et de résolution ;
– n° 2016-I-16 du 27 juin 2016 relative aux documents prudentiels annuels à communiquer par les organismes assujettis au contrôle de l'ACPR relevant du régime dit « Solvabilité II ».

Art. L. 356-3 Lorsque l'entreprise d'assurance ou de réassurance participante, la société de groupe d'assurance, l'union mutualiste de groupe, la société de groupe assurantiel de protection sociale ou la compagnie financière holding mixte mentionnée à l'article L. 356-2 est elle-même une entreprise filiale d'une autre entreprise d'assurance ou de réassurance, d'une autre société de groupe d'assurance, d'une autre union mutualiste de groupe, d'une autre société de groupe assurantiel de protection sociale ou d'une autre compagnie financière holding mixte ayant son siège social dans l'Union européenne, les dispositions des sections II, III, IV, V et VI du présent chapitre s'appliquent seulement au niveau de l'entreprise mère supérieure au niveau de l'Union.

V. note ss. art. L. 356-1.

Art. L. 356-4 I. – Dans le cas prévu à l'article L. 356-3, l'Autorité de contrôle prudentiel et de résolution peut décider, après consultation du contrôleur du groupe et de l'entreprise mère supérieure au niveau de l'Union, d'appliquer également un contrôle de groupe au niveau de l'entreprise mère supérieure en France. Dans ce cas, l'autorité de contrôle prudentiel et de résolution notifie sa décision au contrôleur du groupe et à l'entreprise mère supérieure au niveau de l'Union.

Lorsque, en tant que contrôleur de groupe*[,]* l'Autorité de contrôle prudentiel et de résolution se voit notifier, par une autre autorité de contrôle, la décision de cette dernière d'appliquer également un contrôle de groupe au niveau de l'entreprise d'assurance ou de réassurance mère supérieure dans son État, l'autorité en informe le collège de contrôleurs.

II. – Les dispositions des sections II, III, IV, V et VI du présent chapitre s'appliquent à l'entreprise mère supérieure en France, sous réserve des dispositions suivantes :

a) L'Autorité de contrôle prudentiel et de résolution peut limiter le contrôle de groupe de l'entreprise mère supérieure en France à tout ou partie des dispositions des sections III, *(Ord. n° 2015-1497 du 18 nov. 2015, art. 1er-4°, en vigueur le 1er janv. 2016)* « IV, V et VI du présent chapitre » ;

b) Lorsque l'Autorité de contrôle prudentiel et de résolution décide d'appliquer les dispositions de la section III du présent chapitre à l'entreprise mère supérieure en France, elle applique à cette dernière la méthode de calcul de la solvabilité retenue au niveau du groupe par le contrôleur du groupe en ce qui concerne l'entreprise mère supérieure au niveau de l'Union ;

c) Lorsque l'Autorité de contrôle prudentiel et de résolution décide d'appliquer à l'entreprise mère supérieure en France les dispositions de la section II du présent chapitre et que l'entreprise mère supérieure au niveau de l'Union a obtenu l'autorisation de calculer, sur la base d'un modèle interne, le capital de solvabilité requis du groupe et le capital de solvabilité requis des entreprises d'assurance et de réassurance faisant partie du groupe, l'Autorité de contrôle prudentiel et de résolution applique cette même décision au niveau de l'entreprise mère supérieure en France ;

d) Dans le cas prévu au *c*, lorsque l'Autorité de contrôle prudentiel et de résolution considère que le profil de risque de l'entreprise mère supérieure en France s'écarte significativement du modèle interne approuvé, elle peut décider d'imposer à cette entreprise, en conséquence de l'application de ce modèle et aussi longtemps que cette entreprise ne répond pas de manière satisfaisante aux demandes de l'Autorité de contrôle prudentiel et de résolution, une exigence de capital supplémentaire en ce qui concerne le capital de solvabilité requis du groupe au niveau de cette entreprise ou, dans des circonstances exceptionnelles, si cette exigence de capital supplémentaire s'avérait inappropriée, exiger de cette entreprise qu'elle calcule le capital de solvabilité requis du groupe à son niveau résultant de l'application de la formule standard. L'Autorité de contrôle prudentiel et de résolution notifie ces décisions à l'entreprise mère supérieure en France et au contrôleur du groupe.

Lorsque, en tant que contrôleur de groupe, l'Autorité de contrôle prudentiel et de résolution se voit notifier, par une autorité de contrôle, la décision de cette dernière d'imposer une exigence de capital supplémentaire en ce qui concerne le capital de solvabilité requis du groupe au niveau de l'entreprise mère supérieure au niveau national ou d'exiger de cette entreprise qu'elle calcule le capital de solvabilité requis du groupe à son niveau résultant de l'application de la formule standard, l'Autorité en informe le collège de contrôleurs.

V. note ss. art. L. 356-1.

Art. L. 356-5 L'Autorité de contrôle prudentiel et de résolution peut décider de conclure un accord avec des autorités de contrôle d'autres États membres où se trouve une entreprise mère supérieure au niveau national, qui est une entreprise liée ou une entreprise participante d'une entreprise mère supérieure en France, en vue d'exercer un contrôle du groupe au niveau d'un sous-groupe couvrant plusieurs États membres.

L'accord mentionné au précédent alinéa doit préciser quelle entreprise est l'entreprise mère au niveau du sous-groupe couvrant plusieurs États membres. Lorsque cette entreprise a son siège social en France, l'Autorité de contrôle prudentiel et de résolution lui applique les dispositions de l'article L. 356-4.

L'Autorité de contrôle prudentiel et de résolution et les autres autorités de contrôle qui décident de conclure l'accord mentionné au premier alinéa notifient cet accord au contrôleur du groupe et à l'entreprise mère supérieure au niveau de l'Union.

Lorsque l'Autorité de contrôle prudentiel et de résolution a conclu l'accord mentionné au premier alinéa et lorsque l'entreprise mère au niveau du sous-groupe n'a pas son siège social en France, aucun contrôle de groupe ne peut être de surcroît effectué au niveau de l'entreprise mère supérieure en France en application de l'article L. 356-4.

Lorsque, en tant que contrôleur de groupe, l'Autorité de contrôle prudentiel et de résolution se voit notifier par des autorités de contrôle d'autres États membres l'accord qu'elles ont conclu entre elles en vue d'exercer un contrôle du groupe au niveau d'un sous-groupe couvrant plusieurs États membres, l'Autorité en informe le collège de contrôleurs.

V. note ss. art. L. 356-1.

Art. L. 356-6 I. – L'Autorité de contrôle prudentiel et de résolution exerce la fonction de contrôleur de groupe au sens du 6° de l'article L. 356-1 :

1° Lorsqu'elle est l'autorité de contrôle compétente pour toutes les entreprises d'assurance et de réassurance du groupe ;

2° Sous réserve de l'application des dispositions du II :

a) Lorsque, dans le cas mentionné au deuxième alinéa de l'article L. 356-2, l'entreprise participante est une entreprise d'assurance ou de réassurance qu'elle a agréée ;

b) Lorsque, dans le cas mentionné au troisième alinéa de l'article L. 356-2, l'une des conditions suivantes est remplie :

i) L'entreprise d'assurance ou de réassurance est agréée par l'Autorité de contrôle prudentiel de résolution ;

ii) L'entreprise mère a son siège social en France et une entreprise d'assurance ou de réassurance est agréée par l'Autorité de contrôle prudentiel et de résolution ;

iii) Il y a plusieurs sociétés de groupe d'assurance ayant leur siège social dans différents États membres et une entreprise d'assurance ou de réassurance dans au moins deux de ces États membres, et une entreprise d'assurance ou de réassurance agréée par l'Autorité de contrôle prudentiel et de résolution a le bilan dont le total est le plus élevé ;

iv) L'entreprise mère n'a pas son siège social en France, aucune des entreprises d'assurance ou de réassurance n'est agréée dans le même État membre que celui où l'entreprise mère a son siège social, et une entreprise d'assurance ou de réassurance agréée par l'Autorité de contrôle prudentiel et de résolution a le bilan dont le total est le plus élevé ;

c) Dans les autres cas, lorsque le groupe n'a pas d'entreprise mère et qu'une entreprise d'assurance ou de réassurance agréée par l'Autorité de contrôle prudentiel et de résolution a le bilan dont le total est le plus élevé.

II. — Dans des cas particuliers, l'Autorité de contrôle prudentiel et de résolution peut, conjointement avec les autres autorités de contrôle concernées, décider de déroger aux critères mentionnés au I, lorsque leur application apparaît inappropriée compte tenu de la structure du groupe et de l'importance relative des activités des entreprises d'assurance et de réassurance dans les différents États membres, et désigner une autre autorité de contrôle que celle désignée comme contrôleur du groupe en application des critères mentionnés au I. A cette fin, toute autorité de contrôle concernée peut exiger l'ouverture d'une discussion sur le point de savoir si les critères mentionnés au I sont appropriés. Cette discussion a lieu au maximum une fois par an.

L'Autorité de contrôle prudentiel et de résolution se concerte avec les autres autorités de contrôle concernées pour parvenir conjointement à une décision sur le choix du contrôleur du groupe au plus tard trois mois après la demande d'ouverture de la discussion. Avant de prendre leur décision, les autorités de contrôle donnent au groupe la possibilité d'exprimer son avis.

Pendant le délai de trois mois mentionné à l'alinéa précédent et avant qu'une décision conjointe soit prise, l'Autorité de contrôle prudentiel et de résolution peut saisir l'Autorité européenne des assurances et des pensions professionnelles conformément à l'article 19 du règlement (UE) n° 1094/2010 du Parlement européen et du Conseil du 24 novembre 2010. Dans ce cas, l'Autorité de contrôle prudentiel et de résolution, en concertation avec les autres autorités de contrôle concernées, diffère la décision conjointe en attendant une éventuelle décision de l'Autorité européenne des assurances et des pensions professionnelles. La décision conjointe se conforme à la décision de l'Autorité européenne des assurances et des pensions professionnelles. Elle s'impose à l'Autorité de contrôle prudentiel et de résolution.

L'Autorité de contrôle prudentiel et de résolution, si elle est désignée contrôleur du groupe, notifie au groupe et au collège de contrôleurs la décision conjointe avec sa motivation complète.

Si aucune décision conjointe n'a été prise, la fonction de contrôleur du groupe est exercée par l'autorité de contrôle définie conformément aux critères mentionnés au I.

V. note ss. art. L. 356-1.

Art. L. 356-7 Lorsqu'elle est contrôleur de groupe, l'Autorité de contrôle prudentiel et de résolution :

— coordonne la collecte et la diffusion des informations utiles ou essentielles, dans le fonctionnement courant comme dans les situations d'urgence, y compris la diffusion des informations importantes pour le contrôle exercé par une autorité de contrôle ;

— assure le contrôle prudentiel et l'évaluation de la situation financière du groupe ;

— évalue le respect par le groupe des règles relatives à la solvabilité, à la concentration des risques et aux transactions intragroupe conformément aux dispositions de la section III du présent chapitre ;

— évalue le système de gouvernance du groupe, conformément aux dispositions de la section IV du présent chapitre, ainsi que le respect par les entreprises participantes et mères mentionnées respectivement aux deuxième et troisième alinéas de l'article L. 356-2 des exigences d'honorabilité, de compétence et d'expérience applicables aux personnes mentionnées au II de l'article L. 356-18 ;

— planifie et coordonne, par des réunions régulières se tenant au moins une fois par an ou par tout autre moyen approprié, les activités de contrôle, dans le fonctionnement courant comme dans les situations d'urgence, en coopération avec les autorités de contrôle concernées, en tenant compte de la nature, de l'ampleur et de la complexité des risques inhérents à l'activité de toutes les entreprises faisant partie du groupe ;

— effectue les autres tâches et prend les autres mesures et décisions incombant au contrôleur du groupe, notamment la validation de tout modèle interne au niveau du groupe.

V. note ss. art. L. 356-1.

Art. L. 356-7-1 I. — Afin de faciliter l'exercice des tâches de contrôle du groupe mentionnées à l'article L. 356-7, l'Autorité de contrôle prudentiel et de résolution, en tant que contrôleur de groupe, constitue et préside le collège des contrôleurs mentionné au 7° de l'article L. 356-1.

II. — L'Autorité de contrôle prudentiel et de résolution participe, lorsqu'elle est concernée, aux collèges de contrôleurs présidés par une autre autorité de contrôle.

III. — L'Autorité de contrôle prudentiel et de résolution conclut avec les autres autorités de contrôle concernées un accord de coordination portant sur la création et le fonctionnement du collège des contrôleurs.

IV. — L'Autorité de contrôle prudentiel et de résolution veille à ce que la coopération, les échanges d'informations et les consultations entre les autorités de contrôle membres du collège des contrôleurs se déroulent conformément aux règles énoncées au présent chapitre.

Lorsque le contrôleur du groupe n'accomplit pas les tâches mentionnées à l'article L. 356-7 ou que les membres du collège des contrôleurs ne coopèrent pas selon les règles mentionnées au précédent alinéa, l'Autorité de contrôle prudentiel et de résolution peut saisir l'Autorité européenne des assurances et des pensions professionnelles conformément à l'article 19 du règlement (UE) n° 1094/2010 du Parlement européen et du Conseil du 24 novembre 2010.

V. note ss. art. L. 356-1.

A compter de la publication de l'Ord. n° 2015-378 du 2 avr. 2015 (JO 3 avr.), l'Autorité de contrôle prudentiel et de résolution peut constituer des collèges de contrôleurs et participer à ces collèges, conformément aux dispositions prévues à l'art. L. 356-7-1. Ses décisions prennent effet à compter du 1er janv. 2016 (Ord. préc., art. 19-II-3° et V).

Art. L. 356-8 L'Autorité de contrôle prudentiel et de résolution coopère étroitement avec les autorités de contrôle d'entreprises d'assurance ou de réassurance appartenant à un groupe d'autres États membres de l'Union européenne en particulier dans les cas où une entreprise d'assurance ou de réassurance appartenant à un groupe connaît des difficultés financières.

V. note ss. art. L. 356-1.

Art. L. 356-9 Lorsque les entreprises soumises au contrôle de groupe en application de l'article L. 356-2 ne se conforment pas aux exigences prévues à l'article L. 356-15, ou lorsque ces exigences sont respectées mais que la solvabilité risque néanmoins d'être compromise, ou lorsque les transactions intragroupe ou les concentrations de risques menacent la situation financière de ces entreprises, l'Autorité de contrôle prudentiel et de résolution prend les mesures nécessaires pour remédier dès que possible à cette situation, à l'égard des entreprises d'assurance et de réassurance et lorsqu'elle est contrôleur de groupe, à l'égard des sociétés de groupe d'assurance ou des unions mutualistes de groupe ou des sociétés de groupe assurantiel de protection sociale ou des compagnies financières holding mixtes mentionnées à l'article L. 517-4 du code monétaire et financier.

Lorsque l'Autorité de contrôle prudentiel et de résolution est le contrôleur d'un groupe dont l'entreprise mère a son siège social en France, elle informe les autorités de contrôle des entreprises d'assurance et de réassurance du groupe des mesures qu'elles a prises en application du premier alinéa.

Lorsque l'Autorité de contrôle prudentiel et de résolution est contrôleur d'un groupe dont l'entreprise mère a son siège social dans un autre État membre, elle informe les autorités de contrôle de cet État des conclusions qu'elle tire de l'analyse des cas visés au premier alinéa, en vue de permettre à ces autorités de prendre les mesures nécessaires.

Lorsque l'Autorité de contrôle prudentiel et de résolution est informée par le contrôleur de groupe des conclusions que ce dernier tire de l'analyse des cas visés au premier alinéa du présent article concernant un groupe dont l'entreprise mère a son siège social en France ou concernant les entreprises d'assurance et de réassurance du groupe ayant leur siège social en France, l'Autorité prend les mesures qu'elle estime nécessaires.

L'Autorité de contrôle prudentiel et de résolution coordonne, en tant que de besoin, les mesures qu'elle envisage de prendre avec celles adoptées par les autres autorités de contrôle concernées.

V. note ss. art. L. 356-1.

Art. L. 356-10 L'Autorité de contrôle prudentiel et de résolution coopère étroitement avec les autres autorités de contrôle pour veiller à ce que les mesures et sanctions prises à l'égard des entreprises mères soient effectives.

V. note ss. art. L. 356-1.

Art. L. 356-10-1 Un décret en Conseil d'État précise les conditions d'application de la présente sous-section.

V. note ss. art. L. 356-1.

SOUS-SECTION 2 DISPOSITIONS SPÉCIFIQUES AUX GROUPES AVEC UNE ENTREPRISE MÈRE AYANT SON SIÈGE SOCIAL EN DEHORS DE L'UNION EUROPÉENNE

Art. L. 356-11 Dans le cas mentionné au quatrième alinéa de l'article L. 356-2, l'Autorité de contrôle prudentiel et de résolution vérifie si les entreprises d'assurance et de réassurance sont soumises par l'autorité de contrôle de l'entreprise mère supérieure dont le siège social se situe en dehors de l'Union européenne à un contrôle équivalent à celui auquel ces entreprises sont soumises au niveau du groupe en application des dispositions des sections II, III, IV, V et VI du présent chapitre.

Si c'est le cas, l'Autorité de contrôle prudentiel et de résolution peut exercer un contrôle de sous-groupe dans les mêmes conditions que celles prévues aux articles L. 356-4 et L. 356-5 pour les groupes dont la mère supérieure est située dans l'Union européenne.

(Ord. nº 2015-1497 du 18 nov. 2015, art. 1er-5º, en vigueur le 1er janv. 2016) « Les articles L. 356-7-1 à L. 356-10-1 et le I de l'article L. 356-21 s'appliquent à la coopération avec les autorités de contrôle de pays tiers. »

A compter du 1er juill. 2015, l'Autorité de contrôle prudentiel et de résolution peut déterminer l'équivalence conformément à l'art. L. 356-11 et prendre les décisions mentionnées à l'art. L. 356-12. Ses décisions prennent effet à compter du 1er janv. 2016 (Ord. nº 2015-378 du 2 avr. 2015, art. 19-IV-1º et V).

Art. L. 356-12 Dans le cas mentionné au quatrième alinéa de l'article L. 356-2, lorsqu'elle estime que le contrôle de groupe effectué par l'autorité de contrôle de l'entreprise mère dont le siège social se situe en dehors de l'Union européenne n'est pas équivalent à celui prévu par les dispositions des sections II, III, IV, V et VI du présent chapitre, l'Autorité de contrôle prudentiel et de résolution exerce un contrôle de groupe sur l'entreprise mère supérieure au niveau de l'Union européenne. Elle peut exiger à cette fin, en accord avec les autres autorités de contrôle concernées de l'Union européenne, la constitution d'une société de groupe d'assurance ou d'une compagnie financière holding mixte ayant leur siège social dans l'Union européenne.

V. note ss. art. L. 356-11.

Art. L. 356-13 Par dérogation aux dispositions de l'article L. 356-11, lorsque le régime prudentiel d'un pays tiers a été reconnu temporairement équivalent par un acte délégué de la Commission européenne, l'Autorité de contrôle prudentiel et de résolution exerce néanmoins la fonction de contrôleur de groupe dans le cas où une filiale d'une entreprise d'assurance ou de réassurance ayant son siège social en France a un bilan total supérieur au bilan total de son entreprise mère dont le siège social se situe en dehors de l'Union européenne.

Art. L. 356-14 Un décret en Conseil d'État précise les conditions d'application de la présente sous-section.

SECTION III EXIGENCE DE CAPITAL RÉGLEMENTAIRE DES GROUPES

Art. L. 356-15 1° Le contrôle de la solvabilité du groupe est exercé conformément aux dispositions de la présente section et des sections II, IV, V et VI du présent chapitre ;

2° Dans le cas du contrôle de groupe mentionné au deuxième alinéa de l'article L. 356-2, l'entreprise d'assurance ou de réassurance participante veille à ce que le groupe dispose en permanence d'un montant de fonds propres éligibles au moins égal au capital de solvabilité requis du groupe ;

3° Dans le cas du contrôle de groupe mentionné au troisième alinéa de l'article L. 356-2, les entreprises d'assurance ou de réassurance et l'entreprise mère ayant son siège social en France veillent à ce que le groupe dispose en permanence d'un montant de fonds propres éligibles au moins égal au capital de solvabilité requis du groupe ;

4° Les exigences mentionnées aux 2° et 3° sont soumises au contrôle prudentiel du contrôleur du groupe ;

5° Lorsque l'Autorité de contrôle prudentiel et de résolution exerce la fonction de contrôleur de groupe en application de l'article L. 356-6 sans que l'entreprise mère soit située en France, elle désigne, après consultation du groupe ou des autorités de contrôle concernées, une entreprise d'assurance ou de réassurance du groupe ayant son siège social en France qu'elle considère comme l'entreprise mère mentionnée au 3° du présent article ;

6° Aux fins de l'application de la présente section les articles L. 352-6 et L. 352-7 s'appliquent, au niveau du groupe, aux entreprises mentionnées au 2° et au 3° et à l'Autorité de contrôle prudentiel et de résolution en tant que contrôleur de groupe ;

7° Dès que l'entreprise participante mentionnée au 2° ou l'entreprise mère mentionnée au 3° a constaté et informé l'Autorité de contrôle prudentiel et de résolution en tant que contrôleur de groupe que le capital de solvabilité requis du groupe n'est plus atteint ou qu'il risque de ne plus l'être dans les trois mois à venir, l'autorité en informe les autres autorités de contrôle au sein du collège des contrôleurs, lequel analyse la situation du groupe.

Lorsque une entreprise mentionnée au 2° ou 3° de l'art. L. 356-15 remplit les exigences de solvabilité ajustée qui lui sont applicables au 31 déc. 2015 mais ne respecte pas, pendant une période courant jusqu'au 31 déc. 2016, l'exigence de capital de solvabilité requis au niveau du groupe mentionné aux 2° ou 3° précités de l'art. L. 356-15, l'Autorité de contrôle prudentiel et de résolution exige de cette entreprise qu'elle prenne les mesures nécessaires pour disposer du niveau de fonds propres éligibles couvrant le capital de solvabilité requis au niveau du groupe ou réduire son profil de risque afin de garantir, au plus tard au 31 déc. 2017, le respect de l'exigence de capital de solvabilité au niveau du groupe. L'entreprise concernée soumet tous les trois mois à l'Autorité de contrôle prudentiel et de résolution un rapport d'étape exposant les mesures prises et les progrès réalisés en vue de se conformer à l'exigence de capital de solvabilité requis au niveau du groupe (Ord. nº 2015-378 du 2 avr. 2015, art. 22).

Art. L. 356-16 **L'Autorité de contrôle prudentiel et de résolution en tant que contrôleur de groupe peut imposer une exigence de capital supplémentaire s'ajoutant au capital de solvabilité requis du groupe, lorsqu'elle estime que le profil de risque du groupe n'est pas suffisamment pris en compte dans ce capital. L'autorité impose cette exigence dans les conditions prévues à l'article L. 352-3.**

Art. L. 356-17 **L'Autorité de contrôle prudentiel et de résolution exerce un contrôle sur la concentration de risques et des transactions intragroupe au niveau des groupes conformément aux dispositions des sections II, IV, V et VI du présent chapitre.**

Art. L. 356-17-1 **Un décret en Conseil d'État précise les conditions d'application de la présente section.**

SECTION IV **SYSTÈME DE GOUVERNANCE DES GROUPES**

Art. L. 356-18 **I. — Les entreprises participantes et mères mentionnées respectivement aux deuxième et troisième alinéas de l'article L. 356-2 mettent en place un système de gouvernance garantissant une gestion saine et prudente de l'activité au niveau du groupe et faisant l'objet d'un réexamen interne régulier. Ce système de gouvernance repose sur une séparation claire des responsabilités au niveau du groupe et comporte un dispositif efficace de transmission des informations. Il est proportionné à la nature, à l'ampleur et à la complexité des opérations du groupe.**

Ce système de gouvernance comprend les fonctions clés suivantes : la fonction de gestion des risques, la fonction de vérification de la conformité, la fonction d'audit interne et la fonction actuarielle.

Les entreprises mentionnées à l'alinéa précédent élaborent des politiques écrites relatives, au moins, à la gestion des risques, au contrôle interne, à l'audit interne et, le cas échéant, à l'externalisation mentionnée à l'article L. 310-3, au niveau du groupe. Elles veillent à ce que ces politiques soient mises en œuvre.

Les entreprises prennent des dispositions permettant d'assurer la continuité et la régularité dans l'exercice de leurs activités, ce qui inclut l'élaboration de plans d'urgence au niveau du groupe. Elles mettent en œuvre, à cette fin, des dispositifs, des ressources et des procédures appropriés et proportionnés.

II. — La direction effective des entreprises mentionnées au I est assurée par deux personnes au moins.

Ces entreprises désignent également au sein du groupe, au sens de l'article L. 356-1, la personne responsable de chacune des fonctions clés mentionnées au I.

Les personnes mentionnées aux deux précédents alinéas exercent leur activité au niveau du groupe *(Ord. nº 2015-1497 du 18 nov. 2015, art. 1er-6°, en vigueur le 1er janv. 2016)* **« dans les conditions prévues aux articles L. 322-2 et L. 322-3-2 pour les entreprises régies par le code des assurances, aux articles L. 114-21 et L. 211-13 du code de la mutualité pour les mutuelles et unions régies par le code de la mutualité et aux articles L. 931-7-1 et L. 931-7-2 du code de la sécurité sociale » pour les institutions, unions et sociétés de groupe assurantiel de protection sociale régies par le titre III du livre IX du code de la sécurité sociale.**

La nomination et le renouvellement de ces personnes sont notifiés à l'Autorité de contrôle prudentiel et de résolution dans les conditions prévues à l'article L. 612-23-1 du code monétaire et financier.

V. notices ACPR « Solvabilité II » du 17 déc. 2015 : note de couverture ; système de gouvernance ; désignation des dirigeants effectifs et des responsables de fonctions clés dans le régime Solvabilité II (http://acpr.banque-france.fr/solvabilite2.htm).

V. Instr. ACPR nº 2017-I-08 du 19 juill. 2017 remplaçant l'instruction nº 2015-I-03 relative aux formulaires de nomination ou de renouvellement de dirigeant effectif ou de responsable de fonc-

tion clé des organismes d'assurance et de retraite professionnelle supplémentaire (acpr.banque-france.fr/).

Art. L. 356-19 **Les entreprises participantes et mères mentionnées respectivement aux deuxième et troisième alinéas de l'article L. 356-2 :**

1° Mettent en place un système de gestion des risques au niveau du groupe. Ce système est appliqué de façon homogène dans toutes les entreprises faisant l'objet d'un contrôle de groupe en application de l'article L. 356-2, de sorte qu'il puisse être contrôlé au niveau du groupe ;

2° Procèdent à une évaluation interne des risques et de la solvabilité au niveau du groupe.

Lorsque le calcul de solvabilité est effectué au niveau du groupe sur la base des données consolidées, les entreprises mentionnées au premier alinéa fournissent à l'Autorité de contrôle prudentiel et de résolution en tant que contrôleur du groupe une analyse appropriée de la différence entre la somme des montants de capital de solvabilité requis pour toutes les entreprises d'assurance ou de réassurance liées appartenant au groupe et le capital de solvabilité requis pour le groupe sur une base consolidée.

Les entreprises mentionnées au premier alinéa peuvent, sous réserve de l'accord de l'Autorité de contrôle prudentiel et de résolution en tant que contrôleur du groupe, procéder simultanément, au niveau du groupe et au niveau de toute filiale du groupe, à l'évaluation interne mentionnée au deuxième alinéa de l'article L. 354-2. Elles peuvent rédiger un document unique englobant toutes ces évaluations.

Avant de donner l'accord prévu à l'alinéa précédent, l'Autorité de contrôle prudentiel et de résolution en tant que contrôleur du groupe consulte les membres du collège des contrôleurs et tient compte de leurs avis et de leurs réserves éventuelles.

Si les entreprises mentionnées au premier alinéa optent pour l'évaluation au niveau du groupe mentionnée au sixième alinéa, elles soumettent le document unique simultanément à toutes les autorités de contrôle concernées. Dans ce cas, les entreprises soumises au contrôle de groupe, en application de l'article L. 356-2, et qui sont incluses dans ce document, sont dispensées de la transmission des informations prévues à l'article L. 355-1. L'exercice de cette option n'exempte toutefois pas les filiales concernées de l'obligation de veiller au respect des exigences du deuxième alinéa de l'article L. 354-2 dans le cadre de l'évaluation précitée ;

3° Disposent d'un système de contrôle interne au niveau du groupe. Ce système est mis en œuvre de façon homogène dans toutes les entreprises faisant l'objet d'un contrôle de groupe en application de l'article L. 356-2, de sorte qu'il puisse être contrôlé au niveau du groupe ;

4° Recourent à l'externalisation de fonctions gérées au niveau du groupe, dans les conditions définies à l'article L. 354-3.

V. Instr. ACPR nº 2015-I-28 du 17 déc. 2015 relative à la procédure d'autorisation par l'Autorité de contrôle prudentiel et de résolution de procéder simultanément au niveau du groupe et au niveau de toute filiale du groupe à l'évaluation interne des risques et de la solvabilité (« ORSA unique ») (publié sur le site de l'ACPR : https://acpr.banque-france.fr).

Art. L. 356-20 **En tant que contrôleur du groupe, l'Autorité de contrôle prudentiel et de résolution exerce un contrôle sur les systèmes, les procédures et l'évaluation interne des risques et de la solvabilité du groupe mentionnés aux articles L. 356-18 et L. 356-19 conformément aux dispositions de la section II du présent chapitre.**

Art. L. 356-20-1 **Un décret en Conseil d'État précise les conditions d'application de la présente section.**

SECTION V INFORMATIONS À FOURNIR AUX AUTORITÉS DE CONTRÔLE PAR LES GROUPES

Art. L. 356-21 **I. – Le secrétaire général de l'Autorité de contrôle prudentiel et de résolution peut demander aux entreprises soumises au contrôle de groupe en application de l'article L. 356-2 ainsi qu'aux entreprises liées ou participantes ayant leur**

siège social en France et aux personnes physiques ayant des liens étroits avec ces entreprises toutes données ou informations pouvant présenter un intérêt aux fins du contrôle de groupe.

Le secrétaire général de l'Autorité de contrôle prudentiel et de résolution ne peut s'adresser directement aux entreprises du groupe au sens de l'article L. 356-1 ayant leur siège social en France pour obtenir les informations nécessaires que si ces informations ont été préalablement demandées aux entreprises soumises au contrôle de l'autorité et si ces dernières n'ont pas communiqué ces informations dans un délai raisonnable.

Les entreprises et les personnes mentionnées au premier alinéa peuvent échanger entre elles et avec les entreprises et personnes du même groupe ayant leur siège social dans un État membre de l'Union européenne toute information pouvant présenter un intérêt aux fins du contrôle des groupes. Les dispositions du présent alinéa ne font pas obstacle à l'application de la loi n° 78-17 du 6 janvier 1978 relative à l'informatique, aux fichiers et aux libertés.

II. — Sans préjudice des informations transmises en application des dispositions de l'article L. 612-24 du code monétaire et financier, les entreprises participantes et mères mentionnées respectivement au*[x]* deuxième et troisième alinéa*[s]* de l'article L. 356-2 transmettent de manière régulière à l'Autorité de contrôle prudentiel et de résolution en tant que contrôleur du groupe un ensemble d'informations au niveau du groupe, dont notamment :

— le rapport sur la solvabilité et la situation financière mentionné à l'article L. 356-23 ;

— le rapport régulier au contrôleur ;

— les états quantitatifs annuels et trimestriels ;

— le rapport à l'autorité de contrôle sur l'évaluation interne des risques et de la solvabilité mentionnée au 2° de l'article L. 356-19.

L'Autorité de contrôle prudentiel et de résolution en tant que contrôleur de groupe peut limiter la communication régulière de ces informations ou en dispenser les entreprises, en fonction de leur périodicité ou de leur nature, dans des conditions définies par décret en Conseil d'État.

Ce même décret précise la nature des informations transmises, les modalités de leur approbation et les délais de leur transmission à l'autorité jusqu'au 1er janvier 2020.

V. ACPR Instr. n° 2016-I-16 du 27 juin 2016 relative aux documents prudentiels annuels à communiquer par les organismes assujettis au contrôle de l'ACPR relevant du régime dit « Solvabilité II » (https://acpr.banque-france.fr).

V. notices ACPR « Solvabilité II » du 17 déc. 2015 : note de couverture ; évaluation interne des risques et de la solvabilité (ORSA) ; communication d'informations à l'autorité de contrôle et informations à destination du public (RSR/SFCR) (http://acpr.banque-france.fr/solvabilite2.htm).

Art. L. 356-22 Les entreprises participantes et mères mentionnées respectivement aux deuxième et troisième alinéa*[s]* de l'article L. 356-2 mettent en place au niveau du groupe des structures et systèmes appropriés permettant de répondre aux exigences énoncées aux articles L. 355-2, L. 355-3 et L. 356-21 ainsi qu'à l'article L. 612-24 du code monétaire et financier. En application des dispositions de l'article L. 356-18, elles élaborent des politiques écrites garantissant l'adéquation permanente des informations communiquées aux exigences du présent titre.

SECTION VI INFORMATIONS À FOURNIR AU PUBLIC PAR LES GROUPES

Art. L. 356-23 Sans préjudice des autres obligations d'information leur incombant, les entreprises participantes et mères mentionnées respectivement au*[x]* deuxième et troisième alinéa*[s]* de l'article L. 356-2 publient annuellement un rapport sur la solvabilité et la situation financière au niveau du groupe.

Elles sont soumises au niveau du groupe aux obligations de publication prévues à l'article L. 355-5.

Art. L. 356-24 Les entreprises participantes et mères mentionnées respectivement au*[x]* deuxième et troisième alinéa*[s]* de l'article L. 356-2 mettent en place des structures et systèmes appropriés au niveau du groupe permettant de répondre aux exigences énoncées à l'article L. 356-23. En application des dispositions de l'article L. 356-18, elles élaborent des politiques écrites garantissant l'adéquation permanente aux exigences du présent titre des informations publiées en application de l'article L. 356-23.

Art. L. 356-25 Les entreprises participantes et mères mentionnées respectivement au*[x]* deuxième et troisième alinéa*[s]* de l'article L. 356-2, qui souhaitent publier un rapport unique sur la solvabilité et la situation financière contenant les informations au niveau du groupe et pour toute filiale du groupe, sollicitent l'accord préalable de l'Autorité de contrôle prudentiel et de résolution en tant que contrôleur du groupe.

En cas de publication de ce rapport unique, les entreprises soumises au contrôle de groupe en application de l'article L. 356-2 et incluses dans ce rapport sont dispensées de la publication du rapport sur leur solvabilité et leur situation financière prévu à l'article L. 355-5.

V. Instr. ACPR nº 2015-I-27 du 17 déc. 2015 relative à la procédure d'autorisation par l'Autorité de contrôle prudentiel et de résolution de publication d'un rapport unique sur la solvabilité et la situation financière au niveau du groupe (« SFCR unique ») (https://acpr.banque-france.fr).

Art. L. 356-25-1 Un décret en Conseil d'État précise les conditions d'application de la présente section.

SECTION VII DISPOSITIONS RELATIVES À LA SURVEILLANCE COMPLÉMENTAIRE DES ENTITÉS RÉGLEMENTÉES APPARTENANT À UN CONGLOMÉRAT FINANCIER

Art. L. 356-26 Les entreprises mentionnées à l'article L. 310-1 et au 1º du III de l'article L. 310-1-1 appartenant à un conglomérat financier au sens de l'article L. 517-3 du code monétaire et financier font l'objet d'une surveillance complémentaire dans les conditions prévues par le chapitre VII du titre Ier du livre V du code monétaire et financier et par le chapitre III du titre III du livre VI du même code, sans préjudice des règles sectorielles mentionnées au 2º de l'article L. 517-2 du code monétaire et financier qui leur sont applicables.

TITRE SIXIÈME LIBRE ÉTABLISSEMENT ET LIBRE PRESTATION DE SERVICES COMMUNAUTAIRES

(L. nº 94-5 du 4 janv. 1994)

CHAPITRE PREMIER DÉFINITIONS

Art. L. 361-1 *Abrogé par Ord. nº 2015-378 du 2 avr. 2015, art. 5-1º, à compter du 1er janv. 2016.*

CHAPITRE II CONDITIONS D'EXERCICE

Art. L. 362-1 *(L. nº 94-5 du 4 janv. 1994)* Toute entreprise d'assurance *(Ord. nº 2015-378 du 2 avr. 2015, art. 5-2º, en vigueur le 1er janv. 2016)* « dont le siège social est situé sur le territoire d'un État membre de l'Union européenne » peut établir sur le territoire de la République française une succursale pratiquant les opérations mentionnées à l'article L. 310-1 pour lesquelles elle a reçu l'agrément des autorités de contrôle de son État d'origine, sous réserve que l'Autorité de contrôle prudentiel et de résolution ait préalablement reçu de ces dernières les informations requises. Un *(L. nº 2003-706 du 1er août 2003, art. 29-II, 7º)* « arrêté du ministre chargé de l'économie » fixe les modalités d'application du présent article et notamment les conditions dans lesquelles l'entreprise est informée par l'Autorité de contrôle prudentiel et de résolution de la réception de ces informations et de la date à laquelle elle peut commencer son activité.

(Ord. nº 2015-378 du 2 avr. 2015, art. 5-2º, en vigueur le 1er janv. 2016) « Les entreprises mentionnées au précédent alinéa sont représentées sur le territoire français par un mandataire général, dont les obligations sont déterminées par décret en Conseil d'État. »

V. art. 23 de l'Ord. nº 2015-378 du 2 avr. 2015 ss. art. L. 321-11.

Art. L. 362-2 *(L. nº 94-5 du 4 janv. 1994)* Toute entreprise d'assurance *(Ord. nº 2015-378 du 2 avr. 2015, art. 5-3º, en vigueur le 1er janv. 2016)* « dont le siège social est situé sur le territoire d'un État membre de l'Union européenne autre que la France » établie dans un État membre autre que la France peut couvrir ou prendre sur le territoire de la République française, en libre prestation de services à partir de cet établissement, des risques ou des engagements conformément aux agréments qui lui ont été accordés par les autorités de contrôle de son État d'origine, sous réserve que l'Autorité de contrôle prudentiel et de résolution ait préalablement reçu de ces dernières les informations requises. Un arrêté fixe les modalités d'application du présent article comme il est dit à l'article précédent.

V. art. 23 de l'Ord. nº 2015-378 du 2 avr. 2015 ss. art. L. 321-11.

Art. L. 362-3 *(L. nº 94-5 du 4 janv. 1994 ; L. nº 2007-1774 du 17 déc. 2007, art. 1er-V)* Toute entreprise d'assurance *(Ord. nº 2015-378 du 2 avr. 2015, art. 5-3º, en vigueur le 1er janv. 2016)* « dont le siège social est situé sur le territoire d'un État membre de l'Union européenne autre que la France » couvrant en libre prestation de services sur le territoire de la République française les risques de responsabilité civile résultant de l'emploi de véhicules terrestres à moteur désigne en France un représentant pour la gestion des sinistres à raison de ces risques à l'exclusion de la responsabilité civile du transporteur. Les missions du représentant sont fixées par décret en Conseil d'État.

Art. L. 362-4 *(L. nº 94-5 du 4 janv. 1994)* Les opérations réalisées conformément aux dispositions des articles L. 362-1 et L. 362-2 ne sont pas soumises aux dispositions des titres II à V du présent livre.

Un décret en Conseil d'État précise, en tant que de besoin, les obligations auxquelles sont astreintes pour des raisons d'intérêt général les entreprises mentionnées aux articles L. 362-1 et L. 362-2.

CHAPITRE III CONTRÔLE ET SANCTIONS

Art. L. 363-1 *(L. nº 94-5 du 4 janv. 1994)* En vue d'exercer le contrôle des entreprises d'assurance *(Ord. nº 2008-556 du 13 juin 2008, art. 4-2º)* « et de réassurance » *(Ord. nº 2015-378 du 2 avr. 2015, art. 5-3º, en vigueur le 1er janv. 2016)* « dont le siège social est situé sur le territoire d'un État membre de l'Union européenne autre que la France » et par dérogation aux dispositions de l'article 1er *bis* de la loi nº 68-678 du 26 juillet 1968 relative à la communication de documents et renseignements d'ordre économique, commercial, industriel, financier ou technique à des personnes physiques ou morales, les autorités de contrôle de l'État d'origine des entreprises peuvent exiger d'elles et de leurs succursales établies en France communication de toutes informations utiles à l'exercice de ce contrôle.

Sous la seule réserve d'en avoir préalablement informé l'Autorité de contrôle prudentiel et de résolution, les autorités de contrôle de l'État d'origine des entreprises peuvent procéder, par elles-mêmes ou par l'intermédiaire de personnes qu'elles mandatent à cet effet, à des contrôles sur place des succursales établies sur le territoire de la République française des entreprises d'assurance *(Ord. nº 2015-378 du 2 avr. 2015, art. 5-3º, en vigueur le 1er janv. 2016)* « dont le siège social est situé sur le territoire d'un État membre de l'Union européenne autre que la France ».

Art. L. 363-2 *(L. nº 94-5 du 4 janv. 1994)* Sur demande justifiée de l'autorité de contrôle de l'État d'origine des entreprises, l'Autorité de contrôle prudentiel et de résolution restreint ou interdit la libre disposition de tout ou partie de ceux des actifs des entreprises d'assurance *(Ord. nº 2008-556 du 13 juin 2008, art. 4-3º-a)* « ou de réassurance » *(Ord. nº 2015-378 du 2 avr. 2015, art. 5-3º, en vigueur le 1er janv. 2016)* « dont le siège social est situé sur le territoire d'un État membre de l'Union européenne autre que la France » qui sont localisés sur le territoire de la République française *(Ord. nº 2015-378 du 2 avr. 2015, art. 5-4º)* « et qui ont été désignés par l'autorité de contrôle de l'État membre d'origine comme devant faire l'objet de ces mesures ».

Lorsqu'elle est informée qu'une entreprise d'assurance *(Ord. nº 2008-556 du 13 juin 2008, art. 4-3º-b)* « ou de réassurance » *(Ord. nº 2015-378 du 2 avr. 2015, art. 5-3º, en vigueur le 1er janv. 2016)* « dont le siège social est situé sur le territoire d'un État membre de l'Union européenne autre que la France » opérant en France en libre prestation de services ou en libre établissement a fait l'objet d'un retrait d'agrément ou est en liquidation, l'Autorité de contrôle apporte son concours à l'autorité de contrôle de l'État d'origine et, à la demande de celle-ci, prend les mesures nécessaires pour protéger les intérêts des assurés, dans les conditions définies à l'article L. 323-1-1.

Art. L. 363-3 *(L. nº 94-5 du 4 janv. 1994)* Toute entreprise d'assurance *(Ord. nº 2008-556 du 13 juin 2008, art. 4-4º)* « ou de réassurance » *(Ord. nº 2015-378 du 2 avr. 2015, art. 5-3º, en vigueur le 1er janv. 2016)* « dont le siège social est situé sur le territoire d'un État membre de l'Union européenne autre que la France » opérant sur le territoire de la République française en régime d'établissement ou en libre prestation de services doit être en mesure de communiquer à tout moment tous documents et éléments d'information lui permettant de justifier qu'elle respecte les obligations qui s'imposent à elle en application du présent code. Elle est tenue de communiquer ces documents et informations à l'Autorité de contrôle prudentiel et de résolution, à la demande de celle-ci. Un arrêté précise, en tant que de besoin, les modalités d'application du présent article.

Art. L. 363-4 *(Ord. nº 2015-378 du 2 avr. 2015, art. 5-5º, en vigueur le 1er janv. 2016)* Lorsqu'une entreprise d'assurance ou de réassurance opérant sur le territoire de la République française en libre prestation de services ou en liberté d'établissement ne respecte pas les règles qui s'imposent à elle, l'Autorité de contrôle prudentiel et de résolution enjoint à l'entreprise concernée de mettre fin à cette situation irrégulière.

Si l'entreprise n'obtempère pas à l'injonction qui lui est ainsi adressée, l'Autorité de contrôle prudentiel et de résolution en informe l'autorité de contrôle de l'État membre d'origine de l'entreprise et lui demande de prendre toutes mesures appropriées pour que l'entreprise mette fin à cette situation irrégulière.

L'Autorité de contrôle prudentiel et de résolution peut, en outre, saisir l'Autorité européenne des assurances et des pensions professionnelles conformément à l'article 19 du règlement (UE) nº 1094/2010 du Parlement européen et du Conseil du 24 novembre 2010.

Si l'entreprise persiste à enfreindre les règles qui s'imposent à elle, l'Autorité de contrôle prudentiel et de résolution peut, si les circonstances l'exigent et après en avoir informé l'autorité de contrôle de l'État membre d'origine, prendre les mesures appropriées pour faire cesser cette situation irrégulière. Elle peut ainsi prononcer, dans les conditions fixées au IV de l'article L. 612-16, à l'article L. 612-38 et aux dixième et treizième alinéas de l'article L. 612-39 du code monétaire et financier, les sanctions prévues aux 1º à 3º et au neuvième alinéa de l'article L. 612-39. L'autorité peut également, dans les mêmes conditions, suspendre le mandataire général et interdire à l'entreprise de continuer de conclure des contrats d'assurance ou de réassurance sur le territoire de la République française.

En cas d'urgence, les mesures prévues au précédent alinéa peuvent être prises sans mise en œuvre préalable de la procédure définie aux deux premiers alinéas du présent article.

Un décret en Conseil d'État précise, en tant que de besoin, les conditions d'application du présent article.

Art. L. 363-5 *(Ord. n° 2015-378 du 2 avr. 2015, art. 5-6°, en vigueur le 1er janv. 2016)* Si, dans le cas où la France est l'État membre d'accueil, l'Autorité de contrôle prudentiel et de résolution estime que les activités d'une entreprise d'assurance ou de réassurance pourraient porter atteinte à sa solidité financière, elle en informe l'autorité de contrôle de l'État membre d'origine de l'entreprise.

CHAPITRE IV TRANSFERTS DE PORTEFEUILLE

Art. L. 364-1 *(Ord. n° 2015-378 du 2 avr. 2015, art. 5-7°, en vigueur le 1er janv. 2016)* « Le transfert de tout ou partie d'un portefeuille de contrats d'assurance conclus sur le territoire de la République française en régime d'établissement ou en libre prestation de services d'une entreprise d'assurance de l'Union européenne à un cessionnaire établi dans un État membre de l'Union européenne ou à un cessionnaire agréé conformément aux dispositions des articles L. 321-7 et L. 329-1 est opposable aux assurés, souscripteurs, bénéficiaires de contrats et créanciers pour autant que les dispositions de la première phrase du deuxième alinéa de l'article L. 324-1 aient été respectées et que l'Autorité de contrôle prudentiel n'ait pas fait opposition au transfert projeté. »

Le transfert est opposable à partir du jour où la décision des autorités compétentes des États concernés l'autorisant a été rendue publique par un avis inséré au Journal officiel. Toutefois, les assurés ont la faculté de résilier le contrat dans le délai d'un mois suivant la date de cette publication.

Sur le principe « silence vaut acceptation » de l'administration, V. 3e note ss. art. L. 324-1.

Art. L. 364-2 *(Ord. n° 2015-378 du 2 avr. 2015, art. 5-8°, en vigueur le 1er janv. 2016)* Lorsque, pour le transfert de risques ou d'engagements situés en France par une entreprise d'assurance dont le siège social est situé dans un autre État membre de l'Union européenne, l'Autorité de contrôle prudentiel et de résolution est consultée par l'autorité de contrôle de l'entreprise cédante, elle fait connaître son avis ou son accord dans les trois mois suivant la réception de la demande.

CHAPITRE V DISPOSITIONS RELATIVES À LA COASSURANCE

(Ord. n° 2015-378 du 2 avr. 2015, art. 5-9°, en vigueur le 1er janv. 2016)

Art. L. 365-1 Toute entreprise d'assurance dont le siège social est situé sur le territoire d'un État membre de l'Union européenne, qui participe à la couverture d'un grand risque tel que défini à l'article L. 111-6 situé en France, dans le cadre d'une opération de coassurance réalisée en libre prestation de services dont l'un au moins des participants n'est pas établi dans le même État membre de l'Union européenne que l'apériteur, est dispensée, si elle n'est pas l'apériteur, des obligations prévues aux articles L. 362-2 et L. 421-15.

Un décret en Conseil d'État détermine les modalités d'application du présent article.

TITRE SEPTIÈME PRESTATIONS DE SERVICES FOURNIES PAR UNE INSTITUTION DE RETRAITE PROFESSIONNELLE ÉTABLIE DANS UN AUTRE ÉTAT MEMBRE DE L'UNION EUROPÉENNE OU DANS UN AUTRE ÉTAT PARTIE À L'ACCORD SUR L'ESPACE ÉCONOMIQUE EUROPÉEN

(Ord. n° 2006-344 du 23 mars 2006)

SECTION PREMIÈRE PRESTATIONS DE SERVICE FOURNIES PAR UNE INSTITUTION DE RETRAITE PROFESSIONNELLE ÉTABLIE DANS UN AUTRE ÉTAT MEMBRE DE L'UNION EUROPÉENNE OU DANS UN AUTRE ÉTAT PARTIE À L'ACCORD SUR L'ESPACE ÉCONOMIQUE EUROPÉEN *(Ord. n° 2019-575 du 12 juin 2019, art. 3)*.

Art. L. 370-1 *(Ord. n° 2019-575 du 12 juin 2019, art. 3)* La présente section s'applique aux institutions de retraite professionnelle ayant leur siège social ou leur administration principale dans un autre État membre de l'Union européenne ou dans un autre État partie à l'accord sur l'Espace économique européen et proposant les opérations mentionnées au premier alinéa de l'article L. 381-1 du présent code et à l'article L. 3334-2 du code du travail.

Art. L. 370-2 *(Ord. nº 2019-575 du 12 juin 2019, art. 3)* « Sous réserve de l'obtention de l'agrément préalable de l'autorité compétente de leur État d'origine et de la communication par cette autorité à l'Autorité de contrôle prudentiel et de résolution des informations requises, définies par décret en Conseil d'État, les institutions mentionnées à l'article L. 370-1 peuvent proposer en France les opérations mentionnées au premier alinéa de l'article L. 381-1. Elles sont alors soumises aux dispositions *(Ord. nº 2019-697 du 3 juill. 2019, art. 1er)* « de la section II » du chapitre III du titre IV du livre Ier du présent code, à l'exception de ses articles L. 143-3 à L. 143-6 et du dernier alinéa de l'article L. 143-7. Ces institutions sont également soumises au droit social, au droit du travail, aux exigences d'information qui leur sont applicables ainsi qu'aux dispositions du livre Ier du présent code applicables aux opérations mentionnées au premier alinéa de l'article L. 381-1. » Aucun créancier de l'institution, autre que les adhérents, assurés ou bénéficiaires au titre des opérations définies *(Ord. nº 2019-575 du 12 juin 2019, art. 3)* « au premier alinéa de cet article L. 381-1 », ne peut se prévaloir d'un quelconque droit sur les biens et droits résultant de ces opérations, dans les conditions prévues au premier alinéa de l'article L. 143-7 *[nouvelle rédaction issue de l'Ord. nº 2017-484 du 6 avr. 2017, art. 5-9º, en vigueur le 1er janv. 2023) : « II de l'article L. 381-2 »]*.

Les institutions mentionnées à l'article L. 370-1 peuvent proposer en France un plan d'épargne pour la retraite collectif relevant de *(Ord. nº 2019-575 du 12 juin 2019, art. 3)* « l'article L. 3334-2 du code du travail. Elles sont alors soumises aux dispositions du chapitre IV du titre III du livre III de la troisième partie du code du travail », ainsi qu'au droit social, au droit du travail et aux exigences d'information qui sont applicables aux plans d'épargne pour la retraite collectifs. En particulier, les sommes ou valeurs inscrites aux comptes des participants auxdits plans ne peuvent servir qu'à l'acquisition des titres et parts mentionnées à *(Ord. nº 2019-575 du 12 juin 2019, art. 3)* « l'article L. 3332-15 du code du travail, conformément notamment à l'article L. 3334-12 de ce code ». Les conseils de surveillance respectent les dispositions prévues à l'article *(Ord. nº 2013-676 du 25 juill. 2013, art. 37)* « L. 214-164 » du code monétaire et financier et *(Ord. nº 2019-575 du 12 juin 2019, art. 3)* « à l'avant-dernier alinéa de l'article L. 3332-15 du code du travail et les transferts sont effectués, le cas échéant, conformément aux dispositions du chapitre V du titre III du livre III de la troisième partie du même code. »

Art. L. 370-3 *(Ord. nº 2019-575 du 12 juin 2019, art. 3)* « L'Autorité de contrôle prudentiel et de résolution, informée par les autorités compétentes de l'État où l'institution mentionnée à l'article L. 370-1 a son siège social ou son administration principale de l'intention de celle-ci de proposer un contrat mentionné au premier alinéa de l'article L. 381-1 du présent code ou à l'article L. 3334-2 du code du travail à une entreprise établie en France, indique dans un délai de six semaines aux autorités compétentes de cet État les dispositions relatives aux prestations de retraite définies par un arrêté des ministres en charge respectivement de l'économie, du travail et de la sécurité sociale, qui régissent l'activité de cette institution. »

Dès que l'institution de retraite professionnelle agréée dans cet État a été informée des dispositions mentionnées au premier alinéa, et au plus tard dans un délai de *(Ord. nº 2019-575 du 12 juin 2019, art. 3)* « six semaines » après que *(Ord. nº 2010-76 du 21 janv. 2010, art. 8-XI-1º)* « l'Autorité de contrôle prudentiel et de résolution a été informée » par les autorités compétentes de cet État, celle-ci peut fournir ses services sur le territoire de la République française, conformément à l'article L. 370-2.

En cas de modifications majeures des dispositions mentionnées à l'alinéa précédent, *(Ord. nº 2010-76 du 21 janv. 2010, art. 8-XI-1º)* « l'Autorité de contrôle prudentiel et de résolution » les indique aux autorités compétentes des États où sont situés les sièges sociaux ou l'administration principale des institutions mentionnées à l'article L. 370-1.

Art. L. 370-4 *(Ord. nº 2019-575 du 12 juin 2019, art. 3)* « Les institutions de retraite professionnelle mentionnées à l'article L. 370-1 sont soumises à la surveillance de l'Autorité de contrôle prudentiel et de résolution et, le cas échéant, d'autres autorités compétentes en France conformément aux dispositions législatives et réglementaires applicables aux opérations mentionnées à l'article L. 370-2. Ces autorités veillent à ce que ces institutions exercent leurs activités conformément aux dispositions du droit social et du droit du travail mentionnées à l'article L. 370-2 ainsi qu'au premier alinéa de l'article L. 370-3.

« Lorsqu'une institution de retraite professionnelle proposant sur le territoire de la République française les opérations mentionnées au premier alinéa de l'article L. 381-1 a enfreint l'une des dispositions mentionnées au premier alinéa, l'Autorité de contrôle prudentiel et de résolution, saisie le cas échéant par autorités compétentes, notifie cette infraction sans délai à l'autorité compétente de l'État dans lequel est agréée cette institution et lui demande de prendre, en lien avec elle, les mesures nécessaires pour mettre un terme à l'infraction. Si, passé un délai de deux mois après cette notification, l'infraction persiste, l'Autorité peut :

« 1º Interdire ou restreindre les activités de cette institution sur le territoire de la République française, y compris l'acceptation de primes ou le paiement des valeurs de rachat, la faculté d'arbitrages, le versement d'avances sur contrat ou la faculté de renonciation ou de transfert. Une telle mesure peut être prise notamment si l'institution :

« *a)* Ne protège pas de manière adéquate les intérêts des affiliés et des bénéficiaires ;

« *b)* Ne respecte plus ses règles ou conditions de fonctionnement ;

« *c)* Ne respecte pas les exigences du droit social et du droit du travail en vigueur sur le territoire de la République française en matière de régimes de retraite professionnelle ;

« 2º Prononcer à l'encontre de l'institution les sanctions disciplinaires mentionnées aux 1º à 3º de l'article L. 612-39 du code monétaire et financier, ainsi que la sanction pécuniaire mentionnée au même article. Pour la mise en œuvre de ces procédures, les dispositions du IV de l'article L. 612-15 et du dernier alinéa de l'article L. 612-43 ainsi que, le cas échéant, de l'article L. 612-28 du code monétaire et financier s'appliquent. L'Autorité peut décider de reporter sa décision à l'issue d'un délai qu'elle impartit à l'institution pour prendre toute mesure de nature à mettre fin à l'infraction.

« L'Autorité » peut saisir les autorités compétentes de l'État membre ou autre État partie à l'accord sur l'Espace économique européen dans lequel l'institution a son siège social ou son administration principale afin que celles-ci statuent sur l'établissement d'une comptabilité auxiliaire d'affectation pour les opérations de l'institution mentionnées *(Ord. nº 2019-575 du 12 juin 2019, art. 3)* « au premier alinéa de l'article L. 381-1 » du code des assurances et à l'article *(Ord. nº 2019-575 du 12 juin 2019, art. 3)* « L. 3334-2 » du code du travail.

L'autorité compétente de l'État membre ou autre État partie à l'accord sur l'Espace économique européen dans lequel l'institution a son siège social ou son administration principale peut adresser une demande à *(Ord. nº 2019-575 du 12 juin 2019, art. 3)* « l'Autorité de contrôle prudentiel et de résolution », tendant à l'interdiction de la libre disposition d'actifs de cette institution détenus par un établissement habilité à exercer les activités de conservation ou d'administration d'instruments financiers en application de l'article L. 542-1 du code monétaire et financier et ayant son siège social en France. *(Ord. nº 2019-575 du 12 juin 2019, art. 3)* « l'Autorité », sans préjudice du troisième alinéa de l'article L. 323-1-1, saisit le président du tribunal judiciaire territorialement compétent, afin qu'il se prononce, en référé, sur cette interdiction, lorsque celle-ci est nécessaire pour prévenir ou remédier à une irrégularité, y compris en matière de provisions techniques ou de couverture de ces provisions, qui porterait atteinte aux intérêts des affiliés et des bénéficiaires.

Un décret en Conseil d'État précise les conditions d'application du présent article, notamment les règles de placement et de couverture des engagements applicables aux institutions mentionnées à l'article L. 370-1.

Un arrêté du ministre chargé de l'économie détermine en outre la nature et le contenu des informations et des documents que les institutions mentionnées à l'article L. 370-1 sont tenues de communiquer sur demande aux autorités compétentes pour leur permettre d'exercer la surveillance prévue au premier alinéa.

Art. L. 370-5 *(Ord. nº 2019-575 du 12 juin 2019, art. 3)* Lorsque l'Autorité de contrôle prudentiel et de résolution constate des difficultés majeures à appliquer les dispositions du présent titre et du titre VIII du présent livre, elle en informe la Commission et l'Autorité européenne des assurances et des pensions professionnelles.

L'Autorité de contrôle prudentiel et de résolution communique à l'Autorité européenne des assurances et des pensions professionnelles les dispositions nationales de nature prudentielle relatives aux régimes de retraite professionnelle qui ne relèvent pas du droit social et du droit du travail applicables aux institution mentionnées à l'article L. 370-1.

SECTION II TRANSFERTS DE PORTEFEUILLE ENTRE FONDS DE RETRAITE PROFESSIONNELLE SUPPLÉMENTAIRE ET INSTITUTIONS DE RETRAITE PROFESSIONNELLE ÉTABLIES DANS UN ÉTAT MEMBRE DE L'UNION EUROPÉENNE OU DANS UN ÉTAT PARTIE À L'ACCORD SUR L'ESPACE ÉCONOMIQUE EUROPÉEN

(Ord. nº 2019-575 du 12 juin 2019, art. 3)

Art. L. 370-6 Les institutions de retraite professionnelle ayant leur siège social ou leur administration principale dans un autre État membre de l'Union européenne ou dans un autre État partie à l'accord sur l'Espace économique européen peuvent être autorisées, dans les conditions définies à la présente section, à transférer tout ou partie de leur portefeuille de contrats, couvrant des risques ou des engagements situés sur le territoire d'un État membre de l'Union européenne, avec les droits et obligations qui y sont attachés, à un ou plusieurs fonds de retraite professionnelle supplémentaire mentionnés à l'article L. 381-1.

Les fonds de retraite professionnelle supplémentaire peuvent être autorisés, dans les conditions définies à la présente section, à transférer tout ou partie de leur portefeuille de contrats, couvrant des risques ou des engagements situés sur le territoire d'un État membre de l'Union européenne, avec les droits et obligations qui y sont attachés, à une ou plusieurs institutions de retraite professionnelle ayant leur siège social ou leur administration principale dans un autre État membre de l'Union européenne ou dans un autre État partie à l'accord sur l'Espace économique européen.

Art. L. 370-7 Le transfert d'un portefeuille de contrats mentionné à l'article L. 370-6 est soumis à l'accord préalable des affiliés et des souscripteurs. Pour chaque contrat, cet accord prend la forme :

1° D'une décision soumise à l'assemblée générale lorsque le contrat est souscrit par une association ;

2° D'un accord du souscripteur mentionné au 1° de l'article L. 143-1 et des bénéficiaires, des salariés ou, le cas échéant, de leurs représentants, pour un contrat souscrit par un employeur ou un groupe d'employeurs.

En vue de recueillir l'accord mentionné au premier alinéa, l'institution de retraite professionnelle ou le fonds de retraite professionnelle supplémentaire cédant met à la disposition des affiliés et des bénéficiaires concernés et, s'il y a lieu, de leurs représentants, les informations sur les conditions du transfert.

Un décret en Conseil d'État précise les conditions d'application du présent article.

Art. L. 370-8 Dans le cas d'un transfert de portefeuille mentionné au premier alinéa de l'article L. 370-6, le dossier de demande est transmis par le fonds de retraite professionnelle supplémentaire à l'Autorité de contrôle prudentiel et de résolution. Dès réception de cette demande, l'Autorité la transfère sans délai à l'autorité compétente de l'État dans lequel est agréée l'institution de retraite professionnelle afin de recueillir son avis sur cette opération. Le silence gardé par cette autorité, à l'expiration d'un délai de huit semaines suivant la réception de la demande de consultation précitée, vaut accord tacite. La demande de transfert est simultanément portée à la connaissance des créanciers par un avis publié au *Journal officiel* de la République française. Cet avis leur impartit un délai de six semaines pour présenter leurs observations.

L'Autorité de contrôle prudentiel et de résolution se prononce dans les trois mois qui suivent la réception du dossier de demande complet. Le transfert est opposable à partir de la date de publication au *Journal officiel* de la République française de la décision d'approbation.

Dans les deux semaines qui suivent sa décision, l'Autorité informe l'autorité compétente de l'État dans lequel est agréée l'institution de retraite professionnelle de la décision qu'elle a prise concernant la demande de transfert.

Les vérifications effectuées par l'Autorité de contrôle prudentiel et de résolution aux fins de sa décision se limitent aux points suivants :

1° Le dossier de demande comporte au minimum les éléments fixés par décret en Conseil d'État ;

2° Les structures administratives, la situation financière du fonds de retraite professionnelle supplémentaire ainsi que l'honorabilité et la compétence ou l'expérience professionnelle de ses dirigeants sont compatibles avec le transfert proposé ;

3° Les intérêts à long terme des affiliés et des bénéficiaires du fonds de retraite professionnelle supplémentaire et des contrats transférés sont dûment protégés pendant et après le transfert ;

4° Les coûts du transfert ne sont pas supportés par les affiliés et les bénéficiaires de l'institution de retraite professionnelle ou par les affiliés et les bénéficiaires du fonds de retraite professionnelle supplémentaire ;

5° Les actifs à transférer sont suffisants et appropriés pour couvrir les engagements et les provisions techniques, ainsi que les autres obligations et droits à transférer, conformément aux règles applicables aux fonds de retraite professionnelle supplémentaire.

Si l'Autorité de contrôle prudentiel et de résolution refuse le transfert, elle communique au fonds de retraite professionnelle supplémentaire les raisons de ce refus dans les trois mois qui suivent la réception du dossier de demande complet mentionné au premier alinéa.

En cas d'absence de décision de l'Autorité de contrôle prudentiel et de résolution dans les trois mois qui suivent la réception de la demande par l'autorité mentionnée au premier alinéa, le fonds de retraite professionnelle supplémentaire peut commencer à gérer les contrats après avoir informé les souscripteurs qu'il se substitue à partir de cette date à l'institution de retraite professionnelle initiale. Le fonds de retraite professionnelle supplémentaire informe l'Autorité de cette procédure. Le transfert est porté à la connaissance des créanciers par un avis publié au *Journal officiel* de la République française.

Art. L. 370-9 Dans le cas d'un transfert de portefeuille mentionné au deuxième alinéa de l'article L. 370-6, l'Autorité de contrôle prudentiel et de résolution reçoit de l'autorité compétente de l'État dans lequel est agréée l'institution de retraite professionnelle le dossier fourni par cette institution. La demande de transfert est portée à la connaissance des créanciers par un avis publié au *Journal officiel* de la République française. Cet avis leur impartit un délai de six semaines pour présenter leurs observations.

L'Autorité de contrôle prudentiel et de résolution transmet son avis sur la demande de transfert dans les huit semaines qui suivent la réception du dossier à l'autorité compétente de l'État dans lequel est agréée l'institution de retraite professionnelle.

Les vérifications effectuées par l'Autorité de contrôle prudentiel et de résolution aux fins de son avis se limitent aux points suivants :

1° Si, dans le cas d'un transfert partiel des engagements, des provisions techniques et d'autres obligations et droits contractuels, ainsi que des actifs correspondants ou leurs équivalents monétaires, les intérêts à long terme des affiliés et des bénéficiaires de la partie restante des engagements sont dûment protégés ;

2° La préservation des droits individuels des affiliés et des bénéficiaires à la suite du transfert ;

3° Le caractère suffisant et approprié des actifs transférés en couverture des engagements et des provisions techniques, ainsi que des autres obligations et droits à transférer, conformément aux règles applicables aux fonds de retraite professionnelle supplémentaire.

Lorsque l'autorité compétente de l'État dans lequel est agréée l'institution de retraite professionnelle informe l'Autorité de contrôle prudentiel et de résolution de sa décision d'autoriser le transfert des contrats, cette autorisation est portée à la connaissance des créanciers par un avis publié au *Journal officiel* de la République française.

TITRE HUITIÈME FONDS DE RETRAITE PROFESSIONNELLE SUPPLÉMENTAIRE

(Ord. nº 2017-484 du 6 avr. 2017, art. 2)

CHAPITRE PREMIER DISPOSITIONS GÉNÉRALES

Art. L. 381-1 Les fonds de retraite professionnelle supplémentaire sont des personnes morales de droit privé ayant pour objet la couverture d'engagements de retraite professionnelle supplémentaire, telle que définie à l'article L. 143-1 *(Ord. nº 2019-575 du 12 juin 2019, art. 4)* « , d'engagements souscrits par une association mentionnée à l'article L. 144-2 ainsi que d'engagements de retraite supplémentaire pris au titre d'autres régimes d'assurance de groupe dont la liste est fixée par décret en Conseil d'État ».

Les fonds de retraite professionnelle supplémentaire limitent leur activité à la *(Ord. nº 2019-575 du 12 juin 2019, art. 4)* « couverture d'engagement de retraite » aux activités qui en découlent, notamment la couverture de garanties complémentaires mentionnées *(Ord. nº 2019-766 du 24 juill. 2019, art. 6, en vigueur le 1er oct. 2019)* « à l'article L. 142-3 ou » à l'article L. 143-2.

Les fonds de retraite professionnelle supplémentaire peuvent se voir transférer des risques provenant d'autres fonds de retraite professionnelle supplémentaire, de mutuelles ou d'unions de retraite professionnelle supplémentaire mentionnées à l'article L. 214-1 du code de la mutualité et d'institutions de retraite professionnelle supplémentaire mentionnées à l'article L. 942-1 du code de la sécurité sociale, lorsque le transfert est proportionnel. *(Ord. nº 2019-575 du 12 juin 2019, art. 4)* « Cette activité ne constitue pas une activité de réassurance au sens du I de l'article L. 310-1-1. »

Art. L. 381-2 I. – Un même fonds de retraite professionnelle supplémentaire peut couvrir plusieurs contrats relatifs à des engagements de retraite professionnelle supplémentaire et peut, par dérogation aux dispositions du code de commerce relatives aux comptes sociaux, établir une ou plusieurs comptabilités auxiliaires d'affectation pour les engagements de ces contrats. Cette disposition peut s'appliquer individuellement à un contrat.

Les comptabilités auxiliaires d'affectation relatives à des opérations du fonds de retraite professionnelle supplémentaire, mentionnées aux articles L. 134-2 et L. 441-8, sont établies séparément des comptabilités auxiliaires d'affectation mentionnées à l'alinéa précédent.

II. – Sans préjudice des droits des titulaires de créances nées de la gestion de ces opérations, aucun créancier du fonds de retraite professionnelle supplémentaire, autre que les adhérents, membres participants, participants, assurés ou bénéficiaires au titre des

opérations relevant de la couverture d'engagements de retraite professionnelle supplémentaire et faisant l'objet d'une comptabilité auxiliaire d'affectation en application du I, ne peut se prévaloir d'un quelconque droit sur les biens et droits résultant des enregistrements comptables établis dans le cadre de cette comptabilité auxiliaire d'affectation, même sur le fondement du livre VI du code de commerce, des articles 2331 et 2375 du code civil, des articles L. 310-25, *(Ord. nº 2017-1608 du 27 nov. 2017, art. 3)* **« L. 326-1 » à L. 327-6 et L. 441-8 du présent code, de l'article L. 932-24 du code de la sécurité sociale ou de l'article L. 212-23 du code de la mutualité.**

III. — En cas d'insuffisance de représentation des engagements faisant l'objet d'une comptabilité auxiliaire d'affectation mentionnée au premier alinéa du I, et nonobstant toute procédure qui pourrait être engagée dans le cadre de la section VII du chapitre V du présent titre, le fonds de retraite professionnelle supplémentaire et le ou les souscripteurs conviennent d'un plan de redressement permettant de parfaire la représentation de ces engagements par affectation d'actifs représentatifs de réserves ou de provisions autres que ceux représentatifs de ses engagements. Lorsque la représentation des engagements du ou des contrats le rend possible, les actifs affectés à ce ou ces contrats ou leur contre-valeur sont réaffectés aux autres opérations du fonds de retraite professionnelle supplémentaire dans des conditions convenues entre ce dernier et le ou les souscripteurs des contrats faisant l'objet de la comptabilité auxiliaire d'affectation. En cas de désaccord entre les parties, l'Autorité de contrôle prudentiel et de résolution détermine le montant et le calendrier d'affectation d'actifs par le fonds de retraite professionnelle supplémentaire.

L'élaboration du plan de redressement tient compte de la situation particulière du fonds de retraite professionnelle supplémentaire au titre de la comptabilité auxiliaire d'affectation faisant l'objet de ce plan.

Le plan de redressement est tenu à la disposition des adhérents.

Art. L. 381-3 **Les fonds de retraite professionnelle supplémentaire doivent être constitués sous la forme d'une société anonyme ou d'une société d'assurance mutuelle et obéissent aux règles de constitution et de fonctionnement communes ou propres à chacune de ces formes juridiques, notamment celles figurant au chapitre II du titre II du présent livre.**

Art. L. 381-4 **Les dispositions des titres Ier, III, IV et VI du livre Ier et du chapitre Ier du titre IV du livre IV applicables aux entreprises d'assurance sur la vie ou de capitalisation sont applicables aux contrats souscrits par les fonds de retraite professionnelle supplémentaire. Pour l'application de ces dispositions, les fonds de retraite professionnelle supplémentaire sont assimilés à des entreprises d'assurance sur la vie ou de capitalisation.**

Art. L. 381-5 **Les dispositions de l'article L. 310-25 et des chapitres III, VI, VII et VIII du titre II du présent livre, applicables aux entreprises d'assurance sur la vie ou de capitalisation, s'appliquent aux fonds de retraite professionnelle supplémentaire.**

Les fonds de retraite professionnelle supplémentaire constitués sous la forme d'une société anonyme sont dispensés du prélèvement prévu à l'article L. 232-10 du code de commerce.

Art. L. 381-6 **Sous réserve d'adaptations prévues par voie réglementaire, le titre IV du présent livre est applicable aux fonds de retraite professionnelle supplémentaire.**

Art. L. 381-7 **Sauf dispositions contraires, un décret en Conseil d'État précise les modalités d'application du présent titre.**

CHAPITRE II **AGRÉMENT**

SECTION PREMIÈRE **AGRÉMENT ADMINISTRATIF**

Art. L. 382-1 **I. — Les fonds de retraite professionnelle supplémentaire ne peuvent commencer leurs opérations qu'après avoir obtenu un agrément administratif délivré par l'Autorité de contrôle prudentiel et de résolution.**

L'agrément est accordé sur demande du fonds, pour des opérations *(Ord. nº 2019-575 du 12 juin 2019, art. 4)* **« mentionnées au premier alinéa de l'article L. 381-1 » et pour la couverture de garanties complémentaires mentionnées à l'article L. 143-2 qui en découlent. Le fonds ne peut pratiquer que les opérations pour lesquelles il a été agréé.**

II. – Les autorités compétentes de l'autre État membre de l'Union européenne ou partie à l'accord sur l'Espace économique européen concerné sont consultées avant l'octroi d'un agrément à un fonds de retraite professionnelle supplémentaire qui est :

1° Soit une filiale d'une entreprise d'assurance ou de réassurance agréée dans un autre État membre de l'Union européenne ou partie à l'accord sur l'Espace économique européen ;

2° Soit une filiale de l'entreprise mère d'une entreprise d'assurance ou de réassurance agréée dans un autre État membre de l'Union européenne ou partie à l'accord sur l'Espace économique européen ;

3° Soit une entreprise contrôlée par une personne, physique ou morale, qui contrôle également une entreprise d'assurance ou de réassurance agréée dans un autre État membre ou partie à l'accord sur l'Espace économique européen.

L'Autorité de contrôle prudentiel et de résolution consulte également l'autorité chargée de la surveillance des établissements de crédit ou des entreprises d'investissement de l'État membre de l'Union européenne ou partie à l'accord sur l'Espace économique européen concerné, lorsqu'elle se prononce sur une demande d'agrément présentée par une filiale d'un établissement de crédit agréé ou d'une entreprise d'investissement agréée dans un autre État membre de l'Union européenne ou partie à l'accord sur l'Espace économique européen ou par une filiale de l'entreprise mère d'une entreprise d'investissement agréée ou d'un établissement de crédit agréé dans autre un État membre de l'Union européenne ou partie à l'accord sur l'Espace économique européen ou par une entreprise contrôlée par une personne, physique ou morale, qui contrôle également une entreprise d'investissement agréée ou un établissement de crédit agréé dans un autre État membre de l'Union européenne ou partie à l'accord sur l'Espace économique européen.

III. – L'Autorité de contrôle prudentiel et de résolution informe la Commission européenne, l'Autorité européenne des assurances et des pensions professionnelles et les autorités de contrôle des autres États membres de l'Union européenne ou partie à l'accord sur l'Espace économique européen de toute décision d'agrément d'un fonds de retraite professionnelle supplémentaire contrôlé par une entreprise mère au sens de l'article L. 356-1, dont le siège social est établi dans un État non partie à l'accord sur l'Espace économique européen. Cette information précise la structure du groupe.

Au cours de l'année 2017, les agréments accordés par l'ACPR en application de l'art. L. 382-1 et les opérations de transfert autorisées par l'Autorité dans les conditions prévues à l'art. L. 384-1 le sont dans les mêmes conditions que si ces articles avaient été applicables à compter du 1er janv. 2017 (Ord. nº 2017-484 du 6 avr. 2017, art. 18).

V. art. R. 382-1 s.

Art. L. 382-2 **Pour accorder l'agrément administratif prévu à l'article L. 382-1, l'Autorité de contrôle prudentiel et de résolution vérifie que :**

1° Les moyens techniques et financiers que le fonds propose de mettre en œuvre sont suffisants et adéquats au regard de son programme d'activité ;

2° Les personnes chargées de diriger ou d'administrer le fonds possèdent l'honorabilité, la compétence et l'expérience nécessaires à leurs fonctions, appréciées suivant les conditions définies à l'article L. 322-2 ;

3° La répartition de son capital et la qualité des actionnaires ou, pour les fonds constitués sous forme de sociétés d'assurance mutuelle mentionnées à l'article L. 322-26-1, les mutuelles ou unions de retraite professionnelle supplémentaire mentionnées à l'article L. 214-1 du code de la mutualité et les institutions de retraite professionnelle supplémentaire mentionnées à l'article L. 942-1 du code de la sécurité sociale, les modalités de constitution du fonds d'établissement, garantissent une gestion saine et prudente ;

4° Le système de gouvernance est conforme à la section 4 du chapitre V du présent titre.

L'octroi de l'agrément peut être subordonné au respect d'engagements souscrits par le fonds requérant.

L'Autorité de contrôle prudentiel et de résolution refuse l'agrément lorsque le bon exercice de sa mission de surveillance du fonds est susceptible d'être entravé par l'existence de liens étroits entre le fonds requérant et d'autres personnes physiques ou morales. Elle refuse également l'agrément lorsque l'existence de dispositions législatives, réglementaires ou administratives d'un État qui n'est pas partie à l'accord sur l'Espace économique européen et dont relèvent une ou plusieurs de ces personnes, ou des difficultés tenant à l'application de ces dispositions, entravent le bon exercice de sa mission de surveillance.

La liste des documents à produire à l'appui d'une demande d'agrément présentée conformément à l'article L. 382-1 est définie par l'Autorité de contrôle prudentiel et de résolution.

V. Instr. ACPR n° 2017-I-07 du 19 juill. 2017 relative à la composition des dossiers d'agrément ou de transformation d'agrément administratif pour les fonds de retraite professionnelle supplémentaire, les institutions de retraite professionnelle supplémentaire ou les mutuelles (acpr.banque-france.fr).

Art. L. 382-3 I. — Lorsqu'un fonds de retraite professionnelle supplémentaire renonce expressément à son agrément en s'engageant à ne plus souscrire de nouveaux contrats, ne fait pas usage de son agrément dans un délai d'un an à compter de la date de la publication au *Journal officiel* de la décision d'agrément ou a cessé d'exercer l'activité correspondant à son agrément pendant deux exercices consécutifs, il informe immédiatement l'Autorité de contrôle prudentiel et de résolution. L'Autorité constate sans délai la caducité de l'agrément, qui est publiée au *Journal officiel*.

En cas de transfert par le fonds de la totalité de son portefeuille de contrats, l'Autorité de contrôle prudentiel et de résolution constate sans délai la caducité de son agrément, qui est publiée au *Journal officiel*.

II. — Un fonds de retraite professionnelle supplémentaire dont la caducité de l'agrément a été constatée reste soumis au contrôle de l'Autorité de contrôle prudentiel et de résolution jusqu'à ce que l'ensemble des engagements résultant des contrats souscrits par le fonds ait été intégralement et définitivement réglé aux assurés et aux tiers bénéficiaires ou que la totalité de son portefeuille de contrats ait fait l'objet d'un transfert autorisé dans les conditions prévues à l'article L. 384-1.

SECTION II OUVERTURE D'UNE SUCCURSALE ET EXERCICE DE LA LIBRE PRESTATION DE SERVICES

Art. L. 382-4 Tout fonds de retraite professionnelle supplémentaire projetant de fournir des services d'institution de retraite professionnelle sur le territoire d'un autre État membre de l'Union européenne le notifie, pour chaque fourniture de service impliquant *(Ord. n° 2019-575 du 12 juin 2019, art. 4)* « un organisme souscripteur distinct », à l'Autorité de contrôle prudentiel et de résolution. L'Autorité, à moins qu'elle n'ait des raisons de penser que les structures administratives ou la situation financière de l'organisme ne sont pas compatibles avec les opérations proposées dans l'autre État, communique à l'autorité compétente de l'autre État les documents permettant à cette dernière d'autoriser l'exercice de l'activité envisagée.

Lorsqu'elle est informée par l'autorité compétente de l'État dans lequel un fonds de retraite professionnelle supplémentaire propose des services d'institution de retraite professionnelle que cet organisme a enfreint une disposition du droit social ou du droit du travail de cet État, l'Autorité de contrôle prudentiel et de résolution prend les mesures nécessaires parmi celles mentionnées à l'article L. 612-33 du code monétaire et financier pour mettre fin à cette infraction.

V. art. R. 382-4.

CHAPITRE III RETRAIT D'AGRÉMENT

Art. L. 383-1 Sans préjudice de l'article L. 612-39 du code monétaire et financier, l'agrément administratif prévu à l'article L. 382-1 du présent code peut être retiré par l'Autorité de contrôle prudentiel et de résolution en cas d'absence prolongée d'activité, de rupture de l'équilibre entre les moyens financiers du fonds de retraite professionnelle supplémentaire et son activité ou, si l'intérêt général l'exige, de changements substantiels affectant la répartition de son capital, la qualité des actionnaires ou la composition des organes de direction. Il peut également être retiré par l'Autorité lorsque les engagements mentionnés à l'article L. 382-2 ne sont plus respectés alors que la situation du fonds justifie leur maintien.

L'Autorité de contrôle prudentiel et de résolution retire l'agrément accordé à un fonds de retraite professionnelle supplémentaire lorsque ce dernier ne dispose plus de la marge de solvabilité nécessaire à la couverture du fonds de garantie, si elle considère que le plan de financement présenté conformément à l'article L. 385-8 est manifestement insuffisant ou si, dans les trois mois qui suivent la constatation du défaut de couverture du fonds de garantie, le fonds de retraite professionnelle supplémentaire concerné ne se conforme pas au plan de financement approuvé par elle.

V. art. R. 383-1.

CHAPITRE IV TRANSFERT DE PORTEFEUILLE

SECTION PREMIÈRE TRANSFERT ENTRE ENTREPRISES D'ASSURANCE ET FONDS DE RETRAITE PROFESSIONNELLE SUPPLÉMENTAIRE

Art. L. 384-1 Les entreprises d'assurance et leurs succursales mentionnées au 1° de l'article L. 310-2 ainsi que les succursales françaises d'entreprises d'assurance mentionnées au 4° du même article peuvent être autorisées, dans les conditions définies à l'article L. 324-1, à transférer tout ou partie de leur portefeuille de contrats offrant les prestations mentionnées *(Ord. n° 2019-766 du 24 juill. 2019, art. 7, en vigueur le 1er oct. 2019)* « à l'article L. 381-1 » à un ou plusieurs fonds de retraite professionnelle supplémentaire, mutuelles ou unions de retraite professionnelle supplémentaire mentionnées à l'article L. 214-1 du code de la mutualité et institutions de retraite professionnelle supplémentaire mentionnées à l'article L. 942-1 du code de la sécurité sociale.

A compter de la date de publication au *Journal officiel* de l'avis prévu au deuxième alinéa de l'article L. 324-1, l'entreprise d'assurance concernée par cette demande de transfert, le ou les fonds de retraite professionnelle supplémentaire à qui le portefeuille de contrat concerné serait transféré et, pour les contrats mentionnés au 2° de l'article L. 143-1, l'ensemble des souscripteurs de contrats concernés par ce transfert font figurer cette demande de transfert de manière apparente et distincte sur leur site internet, jusqu'à la décision de l'Autorité de contrôle prudentiel et de résolution relative à cette demande.

A compter du 1er janvier 2023, les possibilités de transfert prévues au précédent alinéa ne sont possibles que dans le cadre de réorganisations juridiques des groupes auxquels appartiennent les entreprises d'assurance, auprès de qui ont été souscrits ces contrats ou dans les cas de réorganisations juridiques des personnes morales souscriptrices de ces contrats.

V. note ss. art. L. 382-1.

V. art. R. 384-1.

Art. L. 384-2 Les fonds de retraite professionnelle supplémentaire peuvent être autorisés, dans les conditions définies à l'article L. 324-1, à transférer tout ou partie de leur portefeuille de contrats à des entreprises d'assurance et leurs succursales mentionnées au 1° de l'article L. 310-2 ainsi qu'à des succursales françaises d'entreprises d'assurance mentionnées au 4° du même article, à des mutuelles ou unions régies par le livre II du code de la mutualité ou à des institutions de prévoyance, uniquement dans le cadre de réorganisations juridiques des groupes auxquels appartiennent ces fonds de retraite professionnelle supplémentaire ou dans les cas de réorganisations juridiques des personnes morales souscriptrices de ces contrats, ainsi que dans le cadre d'un plan de rétablissement, d'un plan de convergence ou d'un plan de financement à court terme mentionnés à l'article L. 385-8 et dans le cadre de mesures conservatoires prises en application de l'article L. 612-33 du code monétaire et financier.

SECTION II TRANSFERT ENTRE FONDS DE RETRAITE PROFESSIONNELLE SUPPLÉMENTAIRE

Art. L. 384-3 Les fonds de retraite professionnelle supplémentaire peuvent être autorisés, dans les conditions définies à l'article L. 324-1, à transférer tout ou partie de leur portefeuille de contrats à un ou plusieurs fonds de retraite professionnelle supplémentaire, mutuelles ou unions de retraite professionnelle supplémentaire mentionnées à l'article L. 214-1 du code de la mutualité et d'institutions de retraite professionnelle supplémentaire mentionnées à l'article L. 942-1 du code de la sécurité sociale.

Art. L. 384-4 I. – Lorsque les opérations de fusion ou de scission mentionnées à l'article L. 236-1 du code de commerce comportent des transferts de portefeuille de contrats réalisés dans les conditions prévues à l'article L. 384-3 du présent code, les articles L. 228-65, L. 228-73, L. 236-13, L. 236-14, L. 236-15, L. 236-18 et L. 236-21 du code de commerce ne sont pas applicables.

II. – Lorsque les opérations de fusion ou de scission ne comportent pas de transfert de portefeuille de contrats réalisé dans les conditions prévues à l'article L. 384-3, les fonds de retraite professionnelle supplémentaire sont tenus de fournir à l'Autorité de contrôle prudentiel et de résolution une déclaration accompagnée de tous documents utiles exposant les buts et les modalités de l'opération projetée un mois avant sa réalisation définitive. Durant ce délai, l'Autorité peut s'opposer à l'opération si elle juge qu'elle n'est pas conforme à l'intérêt des assurés ou des créanciers ou qu'elle a pour conséquence de diminuer la valeur de réalisation des placements correspondant à des engagements pris envers les assurés, déterminée conformément aux dispositions de l'article L. 344-1. Elle peut également demander les documents complémentaires nécessaires à l'appréciation de l'opération. Dans ce dernier cas, le délai d'un mois pendant lequel l'Autorité peut s'opposer à la poursuite de l'opération court à compter de la date de production des documents demandés et la réalisation définitive de l'opération ne peut intervenir avant l'expiration du même délai.

Les fonds de retraite professionnelle supplémentaire constitués sous la forme de société anonyme sont en outre assujettis, pour les opérations de fusion ou de scission ne comportant pas de transfert de portefeuille de contrats, à l'ensemble des dispositions du livre II du code de commerce.

SECTION III RÈGLES COMPTABLES RELATIVES AUX TRANSFERTS DE CONTRATS DE RETRAITE PROFESSIONNELLE SUPPLÉMENTAIRE

Art. L. 384-5 I. – Les actifs transférés avec un portefeuille de contrats de retraite professionnelle supplémentaire par une entreprise d'assurance sur la vie ou de capitalisation ou un fonds de retraite professionnelle supplémentaire sont affectés à une section comptable distincte du bilan de l'entreprise ou du fonds cessionnaire des contrats.

Pour le calcul de la participation aux bénéfices afférents à ces actifs prévue à l'article L. 132-29, il n'est pas tenu compte de l'importance respective des fonds propres et des engagements pris envers les assurés figurant au bilan de l'entreprise ou du fonds.

II. – Le I ne s'applique pas aux transferts de portefeuille de contrats de retraite professionnelle supplémentaire prévus à l'article L. 384-1 lorsque le ou les fonds de retraite professionnelle supplémentaire cessionnaires inscrivent les engagements relatifs aux contrats de retraite professionnelle supplémentaire transférés dans une comptabilité auxiliaire d'affectation mentionnée à l'article L. 381-2.

III. – Dans le cadre des opérations de transferts de portefeuille prévues aux articles L. 384-1 à L. 384-3, l'Autorité de contrôle prudentiel et de résolution peut, à la demande de l'entreprise ou du fonds cessionnaire des contrats, autoriser cette entreprise ou ce fonds à ne pas appliquer les dispositions prévues au I.

CHAPITRE V RÈGLES FINANCIÈRES ET PRUDENTIELLES

SECTION PREMIÈRE VALORISATION

Art. L. 385-1 Aux fins de la vérification du respect des exigences prévues à la section II du présent chapitre, les fonds de retraite professionnelle supplémentaire se fondent sur les comptes établis conformément à l'article L. 381-6.

SECTION II EXIGENCES DE SOLVABILITÉ

Art. L. 385-2 Les fonds de retraite professionnelle supplémentaire doivent à tout moment respecter une marge de solvabilité calculée selon des modalités définies par voie réglementaire. – *V. art. R. 385-1 s.*

Art. L. 385-3 Les fonds de retraite professionnelle supplémentaire effectuent chaque année un test de résistance destiné à évaluer leur capacité à faire face à leurs engagements à l'égard de leurs assurés, membres, adhérents et participants, notamment dans certains scénarios représentant des conditions détériorées de marché. – *V. art. R. 385-4.*

SECTION III INVESTISSEMENTS

Art. L. 385-4 Les fonds de retraite professionnelle supplémentaire investissent l'ensemble de leurs actifs conformément au principe de la "personne prudente", dans les conditions fixées à l'article L. 353-1 et sous réserve d'adaptations précisées par voie réglementaire.

SECTION IV SYSTÈME DE GOUVERNANCE

Art. L. 385-5 Le chapitre IV du titre V du présent livre s'applique aux fonds de retraite professionnelle supplémentaire, sous réserve d'adaptations précisées par voie réglementaire.

(Ord. n° 2019-575 du 12 juin 2019, art. 4) « Le système de gouvernance prend en considération les facteurs environnementaux, sociaux et de gouvernance liés aux actifs de placement lors des décisions de placement. »

SECTION V INFORMATIONS À FOURNIR À L'AUTORITÉ DE CONTRÔLE PRUDENTIEL ET DE RÉSOLUTION

Art. L. 385-6 I. – Les fonds de retraite professionnelle supplémentaire transmettent de manière régulière à l'Autorité de contrôle prudentiel et de résolution les informations nécessaires à l'exercice de son contrôle, dont notamment :

– le rapport sur la solvabilité et la situation financière mentionné à l'article L. 385-7 ;

– le rapport régulier au contrôleur ;

– des états quantitatifs annuels et, le cas échéant, trimestriels, selon un format et des modalités définis par l'Autorité de contrôle prudentiel et de résolution conformément au premier alinéa de l'article L. 612-24 du code monétaire et financier ;

– le rapport à l'autorité de contrôle sur l'évaluation interne des risques et de la solvabilité mentionnée au deuxième alinéa de l'article L. 354-2 ;

– les résultats des tests de résistance mentionnés à l'article L. 385-3.

II. – L'article L. 355-2 est applicable aux fonds de retraite professionnelle supplémentaire.

III. – Les fonds de retraite professionnelle supplémentaire mettent en place les structures et systèmes appropriés permettant de répondre aux exigences énoncées aux I et II. En application de l'article L. 354-1, ils élaborent des politiques écrites garantissant l'adéquation permanente aux exigences du présent titre des informations qu'ils communiquent à l'Autorité de contrôle prudentiel et de résolution.

SECTION VI INFORMATIONS À FOURNIR AU PUBLIC

Art. L. 385-7 Sans préjudice des autres obligations d'information leur incombant, les fonds de retraite professionnelle supplémentaire publient annuellement un rapport sur leur solvabilité et leur situation financière. En cas d'événement majeur affectant significativement la pertinence des informations contenues dans ce rapport, les fonds publient des informations relatives à la nature et aux effets de cet événement.

Les fonds de retraite professionnelle supplémentaire mettent en place des structures et systèmes appropriés permettant de répondre aux exigences énoncées à l'alinéa précédent. En application de l'article L. 354-1, ils élaborent des politiques écrites garantissant l'adéquation permanente aux exigences du présent chapitre des informations publiées.

Art. L. 385-7-1 *(L. nº 2019-486 du 22 mai 2019, art. 198-III et V, en vigueur au plus tard le 10 juin 2019)* I. – Les dispositions du I de l'article L. 533-22 du code monétaire et financier sont applicables aux fonds de retraite professionnelle supplémentaire, dans la mesure où ils investissent dans des actions admises aux négociations sur un marché réglementé, directement ou par l'intermédiaire soit d'une société de gestion de portefeuille mentionnée à l'article L. 532-9 du même code, à l'exception de celles qui gèrent exclusivement des FIA relevant du I de l'article L. 214-167 dudit code, des FIA relevant du IV de l'article L. 532-9 du même code, des FIA relevant du second alinéa du III de l'article L. 532-9 du même code ou qui gèrent d'autres placements collectifs mentionnés à l'article L. 214-191 du même code, soit d'une entreprise d'investissement qui fournit les services d'investissement mentionnés au 4º de l'article L. 321-1 du même code.

Lorsque la politique d'engagement actionnarial mentionnée au I de l'article L. 533-22 du code monétaire et financier est mise en œuvre, y compris en matière de vote, soit par une société de gestion de portefeuille mentionnée à l'article L. 532-9 du même code, à l'exception de celles qui gèrent exclusivement des FIA relevant du I de l'article L. 214-167 dudit code, des FIA relevant du IV de l'article L. 532-9 du même code, des FIA relevant du second alinéa du III de l'article L. 532-9 du même code ou qui gèrent d'autres placements collectifs mentionnés à l'article L. 214-191 du même code, soit par une entreprise d'investissement qui fournit les services d'investissement mentionnés au 4º de l'article L. 321-1 du même code, pour le compte d'une personne mentionnée au présent I, cette dernière indique sur son site internet l'endroit où la société de gestion de portefeuille ou l'entreprise d'investissement a publié les informations en matière de vote.

II. – Les II et III de l'article L. 310-1-1-2 sont applicables aux fonds de retraite professionnelle supplémentaire.

Art. L. 385-7-2 *(L. nº 2019-1147 du 8 nov. 2019, art. 29-I)* L'article L. 533-22-1 du code monétaire et financier est applicable aux fonds de retraite professionnelle supplémentaire.

Les dispositions issues de la L. nº 2019-1147 du 8 nov. 2019 entrent en vigueur à compter de la date d'application de l'art. 3 du Règl. du Parlement européen et du Conseil sur la publication d'informations relatives aux investissements durables et aux risques en matière de durabilité et modifiant la directive (UE) 2016/2341 (L. préc., art. 29-V).

SECTION VII MESURES DE SAUVEGARDE

Art. L. 385-8 Sans préjudice de la mise en œuvre des pouvoirs dont elle dispose aux termes des sections VI et VII du chapitre II du titre Ier du livre VI du code monétaire et financier, l'Autorité de contrôle prudentiel et de résolution peut exiger des fonds de retraite professionnelle supplémentaire un plan de rétablissement, un plan de convergence ou un plan de financement à court terme.

Au vu des résultats des tests de résistance mentionnés à l'article L. 385-3, des mesures proposées dans le cadre du plan de convergence exigé par l'Autorité ainsi que de tout élément d'informations que le fonds de retraite professionnelle supplémentaire fournit pour étayer la pertinence de ces mesures, l'Autorité peut exiger du fonds une marge de solvabilité plus importante que celle prescrite par la réglementation afin que le fonds soit en mesure de satisfaire à ses engagements dans certains des scénarios des tests. Le niveau de cette exigence supplémentaire de marge de solvabilité et les conditions dans lesquelles elle peut être exigée sont déterminés par voie réglementaire.

SECTION VIII DISPOSITIONS APPLICABLES AUX FONDS DE RETRAITE PROFESSIONNELLE SUPPLÉMENTAIRE APPARTENANT À UN GROUPE D'ASSURANCE ET À UN CONGLOMÉRAT FINANCIER

Art. L. 385-9 Les fonds de retraite professionnelle supplémentaire appartenant à un groupe au sens de l'article L. 356-1 font l'objet d'un contrôle de groupe dans les conditions prévues par le chapitre VI du titre V du livre III, sans préjudice des règles sectorielles qui leur sont applicables.

Les fonds de retraite professionnelle supplémentaire appartenant à un conglomérat financier au sens de l'article L. 517-3 du code monétaire et financier font l'objet d'une surveillance complémentaire dans les conditions prévues par les chapitres VII du titre Ier du livre V et III du titre III du livre VI du même code, sans préjudice des règles sectorielles mentionnées au 2° de l'article L. 517-2 de ce code qui leur sont applicables.

Pour l'application du premier alinéa, lorsque le fonds de retraite professionnelle supplémentaire est, au sens de l'article L. 356-1 du présent code, l'entreprise mère ultime du groupe auquel il appartient, le contrôle de groupe s'applique dans les conditions prévues au deuxième alinéa de l'article L. 356-2. A cette fin, le fonds de retraite professionnelle supplémentaire est assimilé, pour l'application du chapitre VI du titre V du livre III, à une entreprise d'assurance sur la vie relevant du régime dit "Solvabilité II" au sens de l'article L. 310-3-1.

SECTION IX FINANCEMENT

(Ord. n° 2019-575 du 12 juin 2019, art. 4)

Art. L. 385-10 Hormis à des fins de constitution de la marge de solvabilité mentionnée à l'article L. 385-2, les fonds de retraite professionnelle supplémentaire ne contractent pas d'emprunt et ne se portent pas caution pour des tiers.

L'Autorité de contrôle prudentiel peut toutefois autoriser un fonds de retraite professionnelle supplémentaire à contracter un emprunt à des fins de liquidité et à titre temporaire.

TITRE NEUVIÈME DISPOSITIONS APPLICABLES DANS LES ÎLES WALLIS-ET-FUTUNA

Art. L. 390-1 *(Ord. n° 2015-1497 du 18 nov. 2015, art. 6-2°, en vigueur le 1er janv. 2016)* Le présent livre est applicable dans les îles Wallis-et-Futuna, à l'exception de l'article L. 322-3-2 et des titres V, VI et VII.

Les dispositions du premier alinéa s'appliquent aux entreprises d'assurance établies dans les îles Wallis-et-Futuna, y compris à celles qui, par dérogation aux dispositions de l'article L. 310-3-1, sont susceptibles de relever du régime dit "Solvabilité II".

(Ord. n° 2020-1142 du 16 sept. 2020, art. 11-3°, en vigueur le 1er janv. 2021) « Les articles L. 310-1-1-1 et L. 322-26-7 sont applicables dans leur rédaction résultant de l'ordonnance n° 2020-1142 du 16 septembre 2020. »

(Ord. nº 2020-1595 du 16 déc. 2020, art. 4-II et 7, en vigueur le 1er janv. 2021) **« L'article L. 310-2 est applicable dans sa rédaction résultant de l'ordonnance nº 2017-484 du 6 avril 2017 relative à la création d'organismes dédiés à l'exercice de l'activité de retraite professionnelle supplémentaire et à l'adaptation des régimes de retraite supplémentaire en unités de rente.**

« Les articles L. 310-2-3 et L. 310-27 sont applicables dans leur rédaction résultant de l'ordonnance nº 2020-1595 du 16 décembre 2020 tirant les conséquences du retrait du Royaume-Uni de l'Union européenne en matière d'assurances, de placement collectifs et de plans d'épargne en actions. »

(L. nº 2021-1308 du 8 oct. 2021, art. 42) **« Les articles L. 321-1, L. 321-1-1, L. 321-11-2 et L. 321-11-3 sont applicables dans leur rédaction résultant de la loi nº 2021-1308 du 8 octobre 2021 portant diverses dispositions d'adaptation au droit de l'Union européenne dans le domaine des transports, de l'environnement, de l'économie et des finances. »**

(Ord. nº 2020-1142 du 16 sept. 2020, art. 11-3º, en vigueur le 1er janv. 2021) **« L'article L. 322-26-2-4 est applicable dans sa rédaction résultant de l'ordonnance nº 2017-1180 du 19 juillet 2017. »**

(L. nº 2016-1691 du 9 déc. 2016, art. 168-II) **« L'article L. 324-1 est applicable dans sa rédaction résultant de la loi nº 2015-990 du 6 août 2015 pour la croissance, l'activité et l'égalité des chances économiques. »**

LIVRE QUATRIÈME ORGANISATIONS ET RÉGIMES PARTICULIERS D'ASSURANCE

Art. L. 400-1 *(L. nº 2005-1564 du 15 déc. 2005)* **Pour l'application du présent livre, les mots : "en France", les mots : "la France", et les mots : "territoire de la République française" désignent la France métropolitaine et les collectivités territoriales régies par l'article 73 de la Constitution** *(Ord. nº 2008-698 du 11 juill. 2008, art. 2-1º)* **« ainsi que Saint-Barthélemy et Saint-Martin ».**

Sauf pour les dispositions qui concernent la libre prestation de services et la liberté d'établissement, ces mots désignent également *(Abrogé par Ord. nº 2015-378 du 2 avr. 2015, art. 9-1º, à compter du 1er janv. 2016) (Ord. nº 2007-1801 du 21 déc. 2007, art. 4)* **«** ***Mayotte et*** **» Saint-Pierre-et-Miquelon.**

COMMENTAIRE

Les collectivités territoriales régies par l'article 73 de la Constitution visées par l'article L. 400-1 du code des assurances sont la Guadeloupe, la Guyane, la Martinique, la Réunion et Mayotte. ❑

TITRE PREMIER ORGANISATIONS GÉNÉRALES D'ASSURANCE

CHAPITRE PREMIER COMITÉS CONSULTATIFS *(L. nº 2003-706 du 1er août 2003, art. 22-III-3º).*

SECTION PREMIÈRE ORGANISATION ET ATTRIBUTIONS

COMMENTAIRE

Utilisant la technique du code pilote et du code suiveur, les articles L. 411-1 à L. 411-3 du code des assurances reprennent les dispositions des articles L. 614-1 à L. 614-3 du code monétaire et financier relatifs au Comité consultatif du secteur financier et au Comité consultatif de la législation et de la réglementation financière.

Ces deux comités, créés par la loi nº 2003-706 du 1er août 2003, ont une compétence personnelle élargie à l'ensemble des établissements et entreprises du secteur financier, dont les entreprises d'assurances. Ces comités ont récupéré les compétences anciennement dévolues au Conseil national des assurances créé par la loi nº 46-835 du 25 avril 1946.

Ainsi, en ce qui concerne le secteur des assurances, le Comité consultatif du secteur financier étudie, de sa propre initiative ou sur saisine du ministre chargé de l'économie, de l'Autorité de contrôle prudentiel et de résolution, des organisations professionnelles, des organisations représentant la clientèle, les questions liées aux relations entre les entreprises d'assurance et leurs clients. Il peut également proposer, sous forme d'avis et de recommandations, des mesures dans ce domaine.

De son côté, le Comité consultatif de la législation et de la réglementation financière est saisi pour avis, par le ministre chargé de l'économie, pour se prononcer sur tout projet de loi, d'ordonnance, de règlement ou de directive communautaire. De même, il doit être saisi pour avis de tout projet de décret ou d'arrêté, autres que les mesures individuelles, dans le domaine des assurances. Enfin, il est saisi pour avis par le ministre chargé de l'économie des demandes d'homologation des codes de bonnes conduites élaborés par les organisations représentatives des professionnels du secteur de l'assurance en matière notamment de contrats d'assurance individuel comportant des valeurs de rachat, de contrats de capitalisation, de contrats d'assurance de groupe sur la vie à adhésion facultative comportant des valeurs de rachat ou de transfert, ou de contrats mentionnés à l'article L. 441-1 du code des assurances. ❑

Art. L. 411-1 *(L. nº 2003-706 du 1er août 2003, art. 22-III-4º)* **Les compétences du Comité consultatif du secteur financier sont fixées par l'article L. 614-1 du code monétaire et financier ci-après reproduit :**

Art. L. 614-1 *(L. nº 2003-706 du 1er août 2003, art. 22-II)* Le Comité consultatif du secteur financier est chargé d'étudier les questions liées aux relations entre, d'une part, les établissements de crédit, *(Ord. nº 2013-544 du 27 juin 2013, art. 5, en vigueur le 1er janv.*

2014) « les sociétés de financement, » *(L. n° 2013-100 du 28 janv. 2013, art. 18)* « les établissements de monnaie électronique, » *(Ord. n° 2009-866 du 15 juill. 2009, art. 15-XIX, en vigueur le 1er nov. 2009)* « les établissements de paiement, » les entreprises d'investissement et les entreprises d'assurance et, d'autre part, leurs clientèles respectives, et de proposer toutes mesures appropriées dans ce domaine, notamment sous forme d'avis ou de recommandations d'ordre général.

Le comité peut être saisi par le ministre chargé de l'économie, *(Ord. n° 2010-76 du 21 janv. 2010, art. 6)* « par l'Autorité de contrôle prudentiel et de résolution, » par les organisations représentant les clientèles et par les organisations professionnelles dont ses membres sont issus. Il peut également se saisir de sa propre initiative à la demande de la majorité de ses membres.

Le comité est composé en majorité, et en nombre égal, de représentants des établissements de crédit, *(Ord. n° 2013-544 du 27 juin 2013, art. 5, en vigueur le 1er janv. 2014)* « des sociétés de financement, » *(L. n° 2013-100 du 28 janv. 2013, art. 18)* « des établissements de monnaie électronique, » *(Ord. n° 2009-866 du 15 juill. 2009, art. 15-XIX, en vigueur le 1er nov. 2009)* « des établissements de paiement », des entreprises d'investissement, des entreprises d'assurance, des agents généraux et courtiers d'assurance, d'une part, et de représentants des clientèles, d'autre part.

La composition du comité, les conditions de désignation de ses membres et de son président ainsi que ses règles d'organisation et de fonctionnement sont fixées par décret.

(L. n° 2010-1249 du 22 oct. 2010, art. 45) « Le comité est chargé de suivre l'évolution des pratiques des établissements de crédit *(Ord. n° 2013-544 du 27 juin 2013, art. 5, en vigueur le 1er janv. 2014)* « , des sociétés de financement », *(L. n° 2013-100 du 28 janv. 2013, art. 18)* « des établissements de monnaie électronique » et des établissements de paiement en matière de tarifs pour les services offerts à leurs clients personnes physiques n'agissant pas pour des besoins professionnels. »

Art. L. 411-2 *(L. n° 2003-706 du 1er août 2003, art. 26-II)* **Les compétences du Comité consultatif de la législation et de la réglementation financières sont fixées par l'article L. 614-2 du code monétaire et financier ci-après reproduit :**

Art. L. 614-2 *(L. n° 2003-706 du 1er août 2003, art. 26-I)* Le Comité consultatif de la législation et de la réglementation financières est saisi pour avis par le ministre chargé de l'économie de tout projet de loi ou d'ordonnance et de toute proposition de règlement ou de directive communautaires avant son examen par le Conseil *(Ord. n° 2014-158 du 20 févr. 2014, art. 4)* « de l'Union européenne », traitant de questions relatives au secteur de l'assurance, au secteur bancaire, *(L. n° 2013-100 du 28 janv. 2013, art. 18)* « aux émetteurs de monnaie électronique, » *(Ord. n° 2009-866 du 15 juill. 2009, art. 15-XIX, en vigueur le 1er nov. 2009)* « aux prestataires de services de paiement » et aux entreprises d'investissement, à l'exception des textes portant sur l'Autorité des marchés financiers ou entrant dans les compétences de celle-ci.

Les projets de décret ou d'arrêté, autres que les mesures individuelles, intervenant dans les mêmes domaines ne peuvent être adoptés qu'après l'avis du Comité consultatif de la législation et de la réglementation financières. *(Ord. n° 2008-1271 du 5 déc. 2008, art. 1er)* « Il est également saisi pour avis par le ministre chargé de l'économie des demandes d'homologation des codes de conduite mentionnés à l'article L. 611-3-1. » Il ne peut être passé outre à un avis défavorable du comité sur ces projets qu'après que le ministre chargé de l'économie a demandé une deuxième délibération de ce comité.

La composition du comité, les conditions de désignation de ses membres et de son président ainsi que ses règles d'organisation et de fonctionnement sont fixées par décret.

Art. L. 411-3 *(L. n° 2003-706 du 1er août 2003, art. 27-II)* **Le régime des salariés membres des comités consultatifs est fixé par l'article L. 614-3 du code monétaire et financier ci-après reproduit :**

Art. L. 614-3 Les salariés membres du Comité consultatif du secteur financier ou du Comité consultatif de la législation et de la réglementation financières disposent du temps nécessaire pour assurer la préparation des réunions, et pour s'y rendre et y participer. Ce temps est assimilé à du travail effectif pour la détermination des droits aux prestations d'assurances sociales. Les salariés concernés doivent informer leur employeur lors de leur désignation et, pour chaque réunion, dès réception de la convocation.

Art. L. 411-4 *à* L. 411-6 *Abrogés par L. n° 2003-706 du 1er août 2003, art. 22-III, 5°.*

SECTION II FONCTIONNEMENT

Néant.

CHAPITRE II L'ÉCOLE NATIONALE D'ASSURANCES

Art. L. 412-1 *(L. nº 2002-1575 du 30 déc. 2002, art. 123)* **I. – Les frais de toute nature résultant du fonctionnement de l'École nationale d'assurances sont couverts au moyen de versements directs ou indirects, émanant des entreprises d'assurance, de leurs organismes professionnels ainsi que des fédérations et syndicats nationaux groupant les entreprises, les agents et les courtiers d'assurances. Le Conservatoire national des arts et métiers reçoit ces versements pour le compte de l'École nationale d'assurances.**

II. – Ces versements viennent en déduction de ceux qui sont dus au titre de la taxe d'apprentissage ou de la taxe de formation continue, en proportion des parts respectives de la formation initiale, de la formation continue et de l'apprentissage dans les activités de l'École nationale d'assurances que financent ces versements.

III. – Le présent article entrera en vigueur à compter de la promulgation d'un arrêté ministériel relatif à l'extension d'un avenant à la convention collective nationale des sociétés d'assurance portant financement de l'École nationale d'assurances, et, à défaut d'un tel avenant, à compter du 1er janvier 2004.

V. art. R. 412-1 s.

CHAPITRE III *[ABROGÉ]* LE COMITÉ DES ENTREPRISES D'ASSURANCE

(Abrogé par Ord. nº 2010-76 du 21 janv. 2010, art. 9-I)

L'Ord. nº 2010-76 du 21 janv. 2010 a été ratifiée par L. nº 2010-1249 du 22 oct. 2010, art. 12-I.

Art. L. 413-1 à L. 413-7 *Abrogés par Ord. nº 2010-76 du 21 janv. 2010, art. 9-I.*

TITRE DEUXIÈME LE FONDS DE GARANTIE

BIBL. ▸ KNETSCH, *RGDA 2012. 937* (l'État face à l'inassurabilité des risques).

CHAPITRE PREMIER LE FONDS DE GARANTIE DES ASSURANCES OBLIGATOIRES DE DOMMAGES *(L. nº 2003-706 du 1er août 2003).*

BIBL. ▸ BIGOT, *JCP 2003. I. 177.* – ABRAVANEL-JOLLY, *RCA 2004. Chron. 4.*

SECTION PREMIÈRE DISPOSITIONS GÉNÉRALES *(L. nº 2003-706 du 1er août 2003).*

Art. L. 421-1 *(L. nº 2007-1774 du 17 déc. 2007, art. 1er-VI)* **I. – Le fonds de garantie des assurances obligatoires de dommages indemnise, dans les conditions prévues aux 1 et 2 du présent I, les victimes ou les ayants droit des victimes des dommages nés d'un accident survenu en France dans lequel est impliqué un véhicule au sens de l'article L. 211-1.**

1. Le fonds de garantie indemnise les dommages résultant d'atteintes à la personne :

***a)* Lorsque le responsable des dommages est inconnu ;**

***b)* Lorsque le responsable des dommages n'est pas assuré, sauf par l'effet d'une dérogation légale à l'obligation d'assurance.**

(Abrogé par Ord. nº 2017-1609 du 27 nov. 2017, art. 1er, à compter du 1er juill. 2018) ***« c) Lorsque l'assureur du responsable est totalement ou partiellement insolvable, dans les situations non couvertes par les dispositions de la section VI du présent chapitre. »***

2. Le fonds de garantie indemnise les dommages aux biens, dans les conditions et limites fixées par un décret en Conseil d'État :

a) Lorsque le responsable des dommages est inconnu, sous réserve que l'accident ait causé une atteinte à la personne ;

b) Lorsque le responsable des dommages est identifié mais n'est pas assuré, sauf par l'effet d'une dérogation légale à l'obligation d'assurance.

(Abrogé par Ord. nº 2017-1609 du 27 nov. 2017, art. 1er, à compter du 1er juill. 2018) ***« c) Lorsque l'assureur du responsable est totalement ou partiellement insolvable, dans les situations non couvertes par les dispositions de la section VI du présent chapitre. »***

Dans le cas d'un accident impliquant un véhicule expédié d'un État membre de la Communauté européenne vers la France et survenant dans les trente jours suivant l'acceptation de la livraison du véhicule par l'acheteur, le fonds de garantie est tenu d'intervenir au titre du *b* des 1 et 2, quel que soit l'État membre sur le territoire duquel survient l'accident.

(Abrogé par Ord. nº 2017-1609 du 27 nov. 2017, art. 1er, à compter du 1er juill. 2018) ***« Lorsqu'il intervient au titre du c des 1 et 2 pour prendre en charge, pour le compte de l'entreprise en liquidation, le règlement des dommages mentionnés à l'article L. 211-1, le fonds de garantie ne peut exercer aucun recours contre les assurés et souscripteurs de contrats pour le recouvrement des indemnités qu'il a versées. »***

II. — Le fonds de garantie indemnise également, dans les conditions prévues aux 1 et 2 du présent II, les victimes ou les ayants droit des victimes de dommages nés d'un accident de la circulation causé, dans les lieux ouverts à la circulation publique, par une personne circulant sur le sol ou un animal.

1. Le fonds de garantie indemnise les dommages résultant d'atteintes à la personne :

a) Lorsque la personne responsable du dommage est inconnue ou n'est pas assurée ;

b) Lorsque l'animal responsable du dommage n'a pas de propriétaire ou que son propriétaire est inconnu ou n'est pas assuré.

2. Le fonds de garantie indemnise les dommages aux biens, dans les conditions et limites fixées par décret en Conseil d'État :

a) Lorsque la personne responsable du dommage est identifiée mais n'est pas assurée ;

b) Lorsque la personne responsable du dommage est inconnue, sous réserve que l'accident ait causé une atteinte à la personne ;

c) Lorsque le propriétaire de l'animal responsable du dommage n'est pas assuré ;

III. — Lorsque le fonds de garantie intervient au titre des I et II, les indemnités doivent résulter soit d'une décision juridictionnelle exécutoire, soit d'une transaction ayant reçu l'assentiment du fonds de garantie.

Lorsque le fonds de garantie intervient au titre des I et II, il paie les indemnités allouées aux victimes ou à leurs ayants droit qui ne peuvent être prises en charge à aucun autre titre lorsque l'accident ouvre droit à réparation. Les versements effectués au profit des victimes ou de leurs ayants droit et qui ne peuvent pas donner lieu à une action récursoire contre le responsable des dommages ne sont pas considérés comme une indemnisation à un autre titre.

IV. — Le fonds de garantie est également chargé de gérer et de financer, *(L. nº 2012-1510 du 29 déc. 2012, art. 78)* « pour les rentes allouées au titre des accidents survenus avant le 1er janvier 2013 », les majorations de rentes prévues à l'article 1er de la loi nº 74-1118 du 27 décembre 1974 relative à la revalorisation de certaines rentes allouées en réparation du préjudice causé par un véhicule terrestre à moteur et portant diverses dispositions d'ordre civil et à l'article 1er de la loi nº 51-695 du 24 mai 1951 portant majoration de certaines rentes viagères et pensions, au titre des états justificatifs certifiés. Les créances relatives aux majorations de rentes visées au présent alinéa se prescrivent dans un délai de quatre ans à partir du premier jour de l'année suivant celle au cours de laquelle les droits ont été acquis. Le fonds peut contrôler sur pièces et sur place l'exactitude des renseignements fournis par les organismes débirentiers.

(L. nº 2012-1510 du 29 déc. 2012, art. 78) « La gestion de cette mission par le fonds fait l'objet d'une comptabilité séparée des autres missions, selon des modalités fixées par arrêté du ministre chargé de l'économie. »

V. – Le fonds de garantie peut financer, selon des modalités et dans des limites fixées par décret en Conseil d'État, des actions visant à réduire le nombre des accidents de la circulation et à prévenir l'absence d'assurance de responsabilité civile automobile.

(L. nº 2016-1547 du 18 nov. 2016, art. 35-I-2º, en vigueur le 31 déc. 2018) **« Le fonds de garantie peut également mener directement, selon des modalités fixées par décret en Conseil d'État, des actions visant à limiter les cas de défaut d'assurance de responsabilité civile automobile. Pour mener ces actions, le fonds de garantie est autorisé à conserver pendant une durée de sept ans les informations communiquées par l'organisme d'information mentionné à l'article L. 451-1 relatives aux véhicules terrestres à moteur ne répondant pas à l'obligation d'assurance mentionnée à l'article L. 211-1. »** – *Ces dispositions entrent en vigueur à une date fixée par Décr. en Conseil d'État (L. nº 2016-1547 du 18 nov. 2016, art. 35-V). – V. Décr. nº 2018-644 du 20 juill. 2018, art. 3 (JO 24 juill.).*

VI. – Le fonds de garantie est l'organisme chargé des missions mentionnées aux articles L. 424-1 à L. 424-7.

V. art. R. 421-1 s.

V. Décr. nº 2020-414 du 8 avr. 2020 abrogeant le Décr. nº 2004-655 du 5 juill. 2004 et portant approbation des statuts du fonds de garantie des assurances obligatoires de dommages (JO 10 avr.).

BIBL. ▶ Actes volontaires : GROUTEL, *RCA 1989. Chron. 6 ; ibid. 1990. Chron. 15 et 17 ; ibid. 1992. Chron. 11.* ▶ Préjudice d'agrément : GROUTEL, *RCA 2004. Chron. 19.*

I. DOMAINE DE L'INDEMNISATION

A. DOMMAGES CAUSÉS PAR UN VÉHICULE TERRESTRE À MOTEUR

1. Fait volontaire. Il résulte des termes de l'art. L. 421-1 que l'obligation du Fonds de garantie contre les accidents est subordonnée à la condition que le fait générateur du dommage ait été de nature à être couvert par une assurance de responsabilité. • Crim. 6 juin 1990, nº 89-83.348 P : *D. 1990. IR 204 ; RCA 1990, nº 266 ; ibid. Chron. 15, note Groutel ; RGAT 1990. 846, note Chapuisat* • 8 août 1990, nº 88-80.386 P : *RCA 1990, nº 432.* ♦ Ce qui n'est pas le cas : ... lorsque le conducteur d'un véhicule heurte volontairement un autre véhicule. • Crim. 6 juin 1990 : *préc.* • Civ. 2e, 2 mars 1994, nº 92-18.818 P : *RCA 1994, nº 232 ; ibid. Chron. 16, note Groutel ; RGAT 1994. 1147, note Landel.* ♦ ... Ou une personne. • Civ. 2e, 6 déc. 1991, nº 88-19.990 P : *D. 1992. IR 13 ; RTD civ. 1992. 571, obs. Jourdain* • Crim. 23 mai 1991, nº 90-83.280 P : *D. 1992. 95, obs. Pradel ; RCA 1991, nº 358 ; RGAT 1991. 869.* ♦ ... Ou lorsque le conducteur d'un véhicule percute volontairement un autre véhicule qui est projeté sur le véhicule de la victime. • Civ. 2e, 22 janv. 2004, nº 01-11.665 P : *RCA 2004, nº 138, note Groutel ; RTD civ. 2004. 519, note Jourdain .* ♦ ... Ou lorsqu'un cyclomotoriste fait tomber une passante en lui arrachant son sac à main. • Crim. 8 août 1990 : *préc.* ♦ En pareil cas, le dommage est imputable à un fait volontaire et non à un accident de la circulation. • Crim. 6 févr. 1992 : *RCA 1992, nº 207, et Chron. 18, par Groutel ; RGAT 1992. 542, note Landel.* ♦ ... Mais la victime peut former une demande d'indemnisation devant une Commission d'indemnisation des victimes d'infractions. • Civ. 2e, 22 janv. 2004 : *préc.*

2. Responsable inconnu. S'il est relevé qu'une victime a été gravement blessée par trois véhicules, sans qu'il soit possible de savoir lequel lui a causé les atteintes mortelles, de cette constatation il résulte que le responsable du dommage est demeuré inconnu et que le Fonds de garantie automobile est tenu d'indemniser les ayants droit. • Civ. 2e, 29 nov. 1978, nº 77-10.793 P : *RGAT 1979. 393, note Besson.*

3. Dommage matériel. Doivent être indemnisées par le Fonds les pertes d'exploitation d'un commerce défoncé par un véhicule non assuré, dès lors que ce dommage est en relation de causalité directe avec l'accident. • Civ. 2e, 27 mars 2003 : *Gaz. Pal. 2004. 514, note Favre-Rochex ; RCA 2003, nº 192, obs. Groutel ; RGDA 2003. 504, note Landel.*

B. AUTRES DOMMAGES

4. Agression volontaire. Il résulte des art. L. 420-1 et R. 420-1 [C. assur., art. L. 421-1 et R. 421-1] qu'en matière d'atteinte à la personne survenue dans les lieux ouverts à la circulation publique, le Fonds de garantie n'est chargé d'indemniser la victime que si les dommages résultent d'un accident de la circulation et si le responsable n'est pas assuré, ce qui n'est pas le cas lorsqu'un piéton en agresse volontairement un autre dans une rue. • Civ. 1re, 5 juill. 1988, nº 86-18.417 P : *D. 1988. IR 209 ; RCA 1988, nº 57, et Chron. 6, par Groutel ; RGAT 1988. 813.*

5. Dommage résultant de la circulation sur le sol. Encourt la cassation l'arrêt qui, pour exclure l'indemnisation des dommages subis par la victime d'une chute survenue dans l'escalier d'accès à une bibliothèque municipale, retient qu'il n'était pas ouvert à la circulation publique des véhicules terrestres à moteur, alors qu'aux termes de l'art.

L. 421-1, al. 3, il suffit que le lieu du dommage soit ouvert à la circulation publique. • Civ. 2e, 27 mai 1999, n° 97-15.473 P : *RCA 1999, n° 284, note Groutel.* ♦ ... Ou le jugement qui écarte la garantie du Fonds pour les dommages corporels subis par un cycliste, blessé lors d'une chute causée par un ballon, lancé par des enfants non identifiés, alors qu'il n'était pas contesté que ceux-ci jouaient en un lieu ouvert à la circulation publique. • Civ. 2e, 15 sept. 2011, n° 10-24.313 P : *RCA 2012, n° 418, note Groutel; D. 2011. 2276, note de Ravel d'Esclapon ; D. 2012. 644, note Adida-Canac ; D. 2012. 1980, note Groutel ; RGDA 2012. 60, note Landel.* ♦ L'entrée d'un stade étant ouverte à la circulation publique, la victime d'un accident survenu dans un tel lieu peut invoquer, pour des dommages résultant des atteintes à sa personne causées par une autre personne, la garantie du FGAO. • Civ. 2e, 20 mars 2008 : *D. 2009. Pan. 253, obs. Groutel ; RCA 2008, n° 164* (1re esp.), obs. Groutel. ♦ Les atteintes à la personne causées accidentellement par l'altercation de deux autres personnes circulant sur le sol dans des lieux ouverts à la circulation publique relèvent de la compétence du FGAO. • Civ. 2e, 8 janv. 2009, n° 07-21.828 P : *RGDA 2009. 162, note Landel.* ♦ En revanche, ne relève pas de la compétence du FGAO l'accident survenu à une personne qui marchant dans l'eau a été heurté par un adolescent, dès lors que cet adolescent ne circulait pas sur le sol puisqu'il avait été projeté sur la victime par une vague violente qui lui avait fait perdre le contact avec le sol et la maîtrise de ses mouvements. • Civ. 1re, 4 avr. 1995, n° 91-19.417 P : *RCA 1995, n° 222, obs. Peano; RGAT 1995. 430, note Favre-Rochex.* ♦ V. par ailleurs, l'arrêt retenant que le fonds de garantie est tenue de garantir les conséquences d'un accident causé par une salve d'un fusil de chasse placé, chargé et armé, dans une camionnette stationnée sur un parking. • Civ. 2e, 6 déc. 1995, n° 93-20.170 P : *RGDA 1996. 332, note Landel.*

6. Dommages causés par un animal. La victime d'un accident, survenu dans des lieux ouverts à la circulation publique, peut invoquer la garantie du Fonds lorsque l'accident a été causé en tout ou en partie par un animal ou une chose appartenant à un tiers ou sous sa garde, et dans la mesure de sa responsabilité. • Cass., ch. mixte, 28 mai 1990, n° 89-80.655 P : *D. 1990. IR 151 ; RCA 1990, n° 226, et Chron. 11, par Groutel; RGAT 1990. 577, note Chapuisat* • Civ. 2e, 13 juill. 2006 : *RCA 2006, n° 339, obs. Groutel; RGDA 2006. 928, note Landel* • 10 avr. 2008 : *D. 2009. Pan. 253, obs. Groutel ; RCA 2008, n° 164 (2e esp), obs. Groutel.* ♦ Il en est ainsi lorsque un cyclomoteur a heurté un chien. • Cass., ch. mixte, 28 mai 1990 : *préc.* ♦ ... Ou lorsqu'une bicyclette a heurté un chien. • Cass., ch. mixte, 28 mai 1990 : *préc.* ♦ ... Ou lorsqu'un enfant, effrayé par deux chiens qui le poursuivaient, a fait une chute. • Civ. 2e, 13 juill. 2006 : *préc.* ♦ ... Ou lorsqu'un promeneur accompagné de son chien a été percuté par un autre chien que son propriétaire avait laissé divaguer et que, sous le choc, ce promeneur s'est cogné la tête sur son propre véhicule en stationnement. • Civ. 2e, 10 avr. 2008 : *préc.* ♦ ... Ou lorsqu'un véhicule a percuté un cheval divaguant sur la route. • Crim. 29 mars 1989, n° 88-82.711 P : *RCA 1989, n° 249, obs. Groutel.* ♦ En revanche, il a été jugé que si le Fonds de garantie est chargé de payer les indemnités allouées aux victimes d'accidents corporels, c'est à la condition que ces accidents résultent de la circulation sur le sol, et que tel n'est pas le cas lorsque la victime a été agressée par un chien même si, à ce moment, elle marchait dans la rue, le dommage trouvant sa cause, non pas dans un fait de circulation, mais dans la morsure d'un animal agressif. • Crim. 24 oct. 1991, n° 90-84.472 P : *RCA 1991, n° 442; RGAT 1992. 101, note Landel; RSC 1992. 752, obs. Levasseur.*

7. Incompétence de la CIVI. Les dommages garantis par le Fonds de garantie des assurances obligatoires de dommages sont exclus de la compétence de la commission d'indemnisation des victimes d'infraction. Il en est ainsi pour le dommage subi par un piéton renversé par un cycliste dont l'identité est demeurée inconnue. • Civ. 2e, 3 mars 2011 : *RCA 2011, n° 220, note Groutel.* ♦ ... Ou en cas d'atteinte causée par une personne circulant sur le sol dans un lieu ouvert à la circulation publique. • Civ. 2e, 16 juin 2011 : *RCA 2011, n° 329.* ♦ Les dommages susceptibles d'être indemnisés par le Fonds de garantie des assurances obligatoires de dommages (FGAO) sont exclus de la compétence de la commission d'indemnisation des victimes d'infractions (CIVI), peu important que le FGAO intervienne subsidiairement, en présence d'un assureur du responsable susceptible d'indemniser la victime. Après avoir constaté que l'accident de la circulation à l'origine du dommage de la victime s'était produit au Portugal, État partie à l'Union européenne, et avait impliqué un véhicule conduit par un ressortissant portugais et assuré au Portugal, une cour d'appel a exactement retenu que cet accident relevait de la compétence du FGAO, désigné comme organisme d'indemnisation par l'art. L. 421-1 C. assur., peu important la vocation subsidiaire de ce fonds en présence d'un assureur du responsable susceptible d'indemniser la victime, ce qui excluait la compétence de la CIVI telle qu'elle résulte de l'art. 706-3 C. pr. pén., une cour d'appel en a justement déduit que la requête en indemnisation présentée par les victimes auprès de la CIVI était irrecevable. • Civ. 3e, 24 sept. 2020, n° 19-12.992 : *RGDA 2020. 26, note Landel.* ♦ Les dommages susceptibles d'être indemnisés par le Fonds de garantie des assurances obligatoires de dommages (FGAO) en application des art. L. 421-1 à L. 421-7 C. assur. sont exclus de la compétence de la commission d'indemnisation des victimes d'infractions telle qu'elle résulte de l'art. 706-3 C. pr. pén., peu important que le FGAO intervienne subsidiairement, en présence d'un assureur du responsable susceptible d'indemniser la victime. • Civ. 2e, 26 nov. 2020, n° 19-21.014 : *RGDA janv. 2021. 26, note Landel.*

II. CONDITIONS DE L'INDEMNISATION

A. CARACTÈRE SUBSIDIAIRE DE L'INDEMNISATION

1° PRINCIPE

8. Affirmation du principe. Le Fonds de garantie contre les accidents, dont l'obligation est subsidiaire, n'est tenu d'indemniser la victime d'un accident de la circulation que dans la mesure où cette indemnisation n'incombe à aucune autre personne ou à aucun autre organisme. • Civ. 2e, 10 mai 1991, n° 90-11.250 P • 17 mars 1993, n° 91-16.350 P • Crim. 27 mai 1998, n° 97-85.658 P : *RCA 1999, n° 29* • Civ. 2e, 3 juin 2004, n° 02-14.920 P : *D. 2004. 1860 ; Gaz. Pal. 29 janv. 2005, p. 29, note Favre-Rochex* • Crim. 5 oct. 2010, n° 09-88.692 P : *D. 2011. Pan. 1926, obs. Groutel ; RCA 2011, n° 38, note Groutel.* ♦ ... Et, en cas d'indemnisation partielle à un autre titre, il ne prend en charge que le complément. • Civ. 1re, 31 janv. 1989, n° 87-11.009 P • Crim. 5 oct. 1994, n° 91-84.237 P.

9. Force du principe. Le principe de subsidiarité résultant de la loi ne peut faire l'objet d'une renonciation. • Civ. 2e, 4 déc. 1996 : *RCA 1997, n° 117, note Groutel; RGDA 1997. 172, note Landel.*

2° APPLICATION

a. Absence d'intervention du Fonds de garantie

10. Prestations sociales dues ou versées à la victime. L'obligation du Fonds de garantie n'a qu'un caractère subsidiaire, et si la victime ou ses ayants droit peuvent prétendre à une indemnisation partielle au titre des droits qu'ils tiennent d'une affiliation aux organismes sociaux, le Fonds de garantie ne prend en charge que le complément. • Civ. 1re, 21 févr. 1989, n° 85-14.196 P. ♦ Le Fonds de garantie automobile, substitué au responsable, ne peut être tenu de l'entier préjudice de la victime, alors qu'il résulte des énonciations de la décision des juges du fond que, à la suite de l'accident, ladite victime, assurée sociale, percevait une pension d'invalidité de la caisse régionale d'assurance maladie. • Civ. 2e, 20 juin 1979, n° 78-11.575 P : *RGAT 1980. 233.* ♦ Le principe de subsidiarité du rôle du Fonds de garantie automobile ne permet pas de mettre à sa charge les prestations versées à la victime ou à ses ayants droit par les organismes sociaux dont ils relèvent. • Civ. 1re, 15 déc. 1998 : *RCA 1999, n° 91 ; RGDA 1999. 356, note Landel* • Crim. 27 mai 1998, n° 97-85.658 P : *RCA 1999, n° 29.* ♦... Lesquels ne peuvent exercer aucun recours contre lui. • Crim. 26 févr. 1975, n° 79-90.204 P : *RGAT 1975. 546* • 1er avr. 2008, n° 07-80.675 P : *D. 2009. Pan. 253, obs. Groutel ; RCA 2008, n° 211, note Groutel ; RGDA 2008. 661, note Landel.* ♦ Encourt la cassation l'arrêt qui a débouté le fonds de sa demande tendant à ce que soient déduites, du poste d'indemnisation du déficit fonctionnel permanent, les sommes que la victime aurait dû percevoir au titre d'une rente accident du travail qui lui aurait été versée, si elle n'avait pas laissé s'éteindre son droit à indemnisation en ne se rendant pas aux convocations du médecin de la caisse primaire d'assurance maladie. • Crim. 5 oct. 2010, n° 09-88.692 P : *D. 2011. Pan. 1926, obs. Groutel ; RCA 2011, n° 38, note Groutel.* ♦ Mais, seules doivent être imputées, sur l'indemnité réparant l'atteinte à l'intégrité physique de la victime, les prestations versées par les tiers-payeurs qui ouvrent droit au profit de ceux-ci à un recours subrogatoire. • Crim. 3 mai 2016, n° 14-84.286 : *RCA 2016, n° 264, note Groutel.*

11. Prestations assurantielles dues ou versées à la victime. Les stipulations d'une police d'assurance-groupe, à laquelle l'employeur d'une victime avait adhéré en faveur de ce salarié, instituant un régime complémentaire d'indemnisation organisé en fonction du régime général de la sécurité sociale auquel il était strictement adapté et dont il améliorait le niveau des prestations, une cour d'appel est fondée à déduire que les avantages garantis présentaient, au même titre que les prestations de sécurité sociale, le caractère d'une indemnisation au sens de l'art. R. 420-13 [C. assur., art. R. 421-13]. • Soc. 21 déc. 1989, n° 83-16.631 P (arrêt n° 2). ♦ Il résulte des art. L. 121-12 et L. 420-1 [C. assur., art. L. 421-1] que, si l'assureur qui a payé est subrogé dans les droits de la victime contre le responsable et par conséquent son assureur, il ne dispose d'aucun droit semblable à l'encontre du Fonds de garantie automobile ; hormis le cas où la compagnie d'assurance aurait été conduite à payer pour le compte de qui il appartiendra dans les conditions et selon les procédures prévues par ces textes, puis aurait été reconnue ne pas devoir la somme versée, le Fonds de garantie automobile ne doit d'indemnisation qu'aux seules victimes. • Civ. 1re, 20 déc. 1988, n° 87-17.298 P : *RGAT 1989. 61, note Chapuisat.*

12. Prestations dues ou versées par un coauteur. L'obligation du Fonds de garantie automobile n'ayant qu'un caractère subsidiaire et le fonds n'intervenant pour assurer l'indemnisation de la victime qu'à défaut de toute autre personne, celui-ci ne peut être déclaré substitué à l'auteur de l'accident pour le règlement des indemnités dues à la victime, dès lors que l'indemnisation de celle-ci est susceptible d'être réclamée à un autre coauteur, ou civilement responsable de ce dernier et à son assureur, en raison de la participation de ce coauteur à la réalisation du dommage. • Civ. 2e, 14 févr. 1974, n° 72-13.504 P : *D. 1974. IR 122 ; RGAT 1975. 83.* ♦ Peu importe que la juridiction pénale n'ait prononcé de condamnation civile que contre l'un des coauteurs – qui se trouvait non assuré – puisque l'autre coauteur avait été pénalement condamné en même temps que ce dernier.

• Civ. 1re, 7 mars 1973, n° 72-10.201 P : *D. 1973. 289, note G. C.-M.* ♦ Aucun recours contre le Fonds de garantie automobile n'est ouvert à la partie condamnée à réparer en tout ou partie les dommages résultant d'un accident de la circulation. • Civ. 2e, 18 janv. 1989, n° 87-19.309 P. ♦ Aucun recours contre le Fonds de garantie, dont l'obligation n'est que subsidiaire, n'est ouvert à la partie condamnée à réparer en tout ou partie les dommages résultant d'un accident de la circulation. Encourt la cassation l'arrêt qui énonce que rien ne s'oppose au recours du conducteur d'un véhicule impliqué dans un accident de la circulation et de son assureur contre le coauteur non assuré responsable de l'accident, et qu'en cas d'insolvabilité de celui-ci, le Fonds de garantie se substituera à lui. • Civ. 2e, 27 nov. 1991, n° 90-18.237 P.

13. Implication d'un autre véhicule. Le Fonds de garantie ne peut être tenu d'indemniser la victime d'un accident de la circulation ou ses ayants droit, dès lors qu'un véhicule assuré est impliqué, en même temps qu'un véhicule non assuré, dans un accident de la circulation. • Civ. 2e, 3 oct. 1990, n° 89-15.264 P. ♦ Le Fonds de garantie automobile ne peut être déclaré tenu à réparation sans que les juges du fond aient recherché si un autre véhicule que celui dont le conducteur est demeuré inconnu était ou non impliqué dans l'accident. • Civ. 2e, 14 oct. 1987, n° 86-12.569 P : *RGAT 1988. 331, note Chapuisat.* ♦ Une cour d'appel, ayant retenu que plusieurs véhicules, identifiés et assurés, étaient impliqués dans l'accident, en déduit à bon droit que le Fonds de garantie doit être mis hors de cause. • Civ. 2e, 11 juill. 1988, n° 87-15.051 P : *D. 1988. IR 225.*

b. Intervention du Fonds de garantie

14. Prestations dues par le Fonds. Les préjudices personnels, dont une victime demandait la réparation, n'étant pas couverts par les prestations sociales, une cour d'appel a violé l'art. L. 420-1 [C. assur., art. L. 421-1] en refusant de condamner le Fonds de garantie à les indemniser, au motif que les prestations perçues étaient d'un montant supérieur à celui du préjudice total dont la victime pouvait demander l'indemnisation. • Civ. 2e, 24 nov. 1976, n° 75-11.833 P : *RGAT 1977. 210, note Bigot; RTD civ. 1977. 337, note Durry* • Civ. 1re, 9 juin 1978, n° 77-10.660 P : *RGAT 1979. 213.* ♦ Ayant constaté que le droit à une indemnité pour souffrance physique, sur laquelle la caisse de sécurité sociale ne peut exercer aucun recours, ne saurait être sérieusement contesté et que l'éventualité d'un préjudice esthétique n'est pas exclue, une cour d'appel en a déduit à bon droit que le Fonds de garantie devait verser à la victime une indemnité complémentaire réparant ces deux chefs de préjudice. • Civ. 2e, 2 févr. 1977, n° 75-12.246 P : *D. 1977. 523, note Groutel; RGAT 1978. 70.* ♦ Le recours des organismes sociaux sur l'indemnité mise à la charge du tiers responsable pour réparer le préjudice de caractère non personnel de la victime ayant un caractère prioritaire, en vertu des dispositions d'ordre public des art. L. 397 CSS [L. 376-1] et L. 470 [L. 454-1], l'indemnisation de la victime pour son préjudice complémentaire, qui ne pouvait être totalement assurée, par suite de la limitation de la garantie de la compagnie d'assurance, doit être prise en charge par le Fonds de garantie. • Civ. 2e, 18 mai 1989, n° 88-11.608 P : *D. 1989. IR 172; RCA 1989. 291.* ♦ En revanche, si une caisse artisanale de retraite a refusé d'attribuer une pension d'invalidité à la victime parce qu'elle n'avait pas versé de cotisations depuis son immatriculation, celle-ci ne peut prétendre à une indemnisation partielle à un autre titre, et dès lors, sans que soit méconnu le principe de subsidiarité, le Fonds de garantie doit prendre en charge la totalité de l'indemnité réparant l'incapacité partielle. • Civ. 1re, 29 janv. 1991, n° 89-14.992 P : *D. 1991. IR 49; RCA 1991, n° 160.*

3° MISE EN ŒUVRE

15. Invocation devant le juge pénal. Devant la juridiction pénale, saisie des poursuites exercées contre un automobiliste, le Fonds de garantie n'a pas la possibilité, en dépit de son intervention volontaire, d'exiger la mise en cause des conducteurs des autres véhicules éventuellement impliqués dans l'accident, cette juridiction n'ayant pas compétence pour statuer sur la responsabilité desdits conducteurs qui n'ont pas la qualité de prévenus; par suite, le Fonds est recevable à invoquer, devant la juridiction civile où il est assigné en paiement des indemnités, le caractère subsidiaire de son obligation, qui implique que le versement de ces indemnités peut être mis à la charge des conducteurs des autres véhicules éventuellement impliqués dans l'accident. • Civ. 1re, 18 juin 1991, n° 88-20.343 P : *D. 1991. IR 193; RCA 1991, n° 357, note Groutel; RGAT 1991. 585.*

16. L'obligation du Fonds de garantie n'est qu'une obligation subsidiaire et ce dernier n'intervient pour assurer l'indemnisation de la victime qu'à défaut de toute autre personne; il n'a donc pas à être maintenu dans la cause si cette indemnisation est susceptible d'être réclamée à une autre personne, en raison de l'implication de son véhicule. • Civ. 1re, 10 janv. 1990 : *RCA 1990, n° 133, et Chron. 6, par Groutel* • Civ. 2e, 4 janv. 1989, n° 87-18.373 P. ♦ Il n'importe pas que la victime puisse engager contre d'autres personnes et contre leurs assureurs, devant le juge civil, une action indemnitaire, cette éventualité n'équivalant pas à la prise en charge des indemnités revenant à la victime à un autre titre, au sens des art. L. 421-1 et R. 421-13 et ladite prise en charge devant être effective au moment où le juge pénal se prononce à l'égard du Fonds. • Crim. 15 mars 1990 : *RCA 1990, n° 133, et Chron. 6, par Groutel.* ♦ La possibilité d'une action n'équivaut pas à la prise en charge des indemnités revenant à la victime à un autre titre, au sens des art. L. 421-1 et R. 421-13, cette prise en charge devant être effective au moment où le juge pénal se prononce à l'égard du Fonds. • Crim. 25 janv. 1990, n° 87-92.011 P : *D. 1990. IR 81.*

B. AUTRES CONDITIONS DE L'INDEMNISATION

17. Accident survenu en France. Le Fonds de garantie indemnise, dans les conditions prévues aux 1 et 2 du I de l'art. L. 421-1, les victimes ou leurs ayants droit des dommages nés d'un accident dans lequel est impliqué un véhicule et survenu en France. • Civ. 2e, 18 nov. 2010 : *RCA 2011, n° 83; RGDA 2011. 104, note Landel.*

18. Qualité d'ayant droit de la victime. N'a pas la qualité d'ayant droit de la victime au sens de l'art. 15 de la L. du 31 déc. 1951 créant un fonds de garantie automobile l'employeur de celle-ci qui a versé diverses sommes à sa veuve. • Civ. 2e, 2 déc. 1971, n° 70-12.948 P : *D. 1972. Somm. 105; RGAT 1972. 407.*

Arrêté du 7 février 2014,

Portant création d'une comptabilité auxiliaire du fonds de garantie des assurances obligatoires de dommages pour les opérations résultant de l'extinction du financement des majorations légales de rentes.

Art. L. 421-2 *(L. n° 2003-706 du 1er août 2003, art. 81)* **Le fonds de garantie est une personne morale de droit privé.** *(Ord. n° 2017-1609 du 27 nov. 2017, art. 2, en vigueur le 1er juill. 2018)* **« Il regroupe les entreprises d'assurance qui couvrent les risques faisant l'objet d'une assurance obligatoire en matière d'assurance automobile et de chasse et en matière d'assurance de dommages prévue par l'article L. 242-1. »**

Les dispositions de l'Ord. n° 2017-1609 du 27 nov. 2017 s'appliquent aux contrats d'assurance conclus ou renouvelés à compter de la date d'entrée en vigueur de ladite ordonnance (Ord. préc., art. 15).

Art. L. 421-3 **Le fonds de garantie est subrogé dans les droits que possède le créancier de l'indemnité contre la personne responsable de l'accident ou son assureur. Il a droit, en outre, à des intérêts calculés au taux légal en matière civile et à des frais de recouvrement.**

(L. n° 85-677 du 5 juill. 1985) **« Lorsque le fonds de garantie transige avec la victime, cette transaction est opposable à l'auteur des dommages, sauf le droit pour celui-ci de contester devant le juge le montant des sommes qui lui sont réclamées du fait de cette transaction. Cette contestation ne peut avoir pour effet de remettre en cause le montant des indemnités allouées à la victime ou à ses ayants droit. »**

1. QPC sur l'art. L. 421-3, al. 2 (non-transmission). Saisie de la QPC suivante « L'art. L. 421-3, al. 2, C. assur. en tant qu'il n'autorise l'auteur du dommage qu'à contester *a posteriori* la transaction conclue entre le Fonds de garantie des assurances obligatoires de dommages (FGAO) et la victime sans avoir été invité à aucun des actes préalables à celle-ci, et notamment aux opérations d'expertise qui ont pu la précéder, alors que ladite transaction lui est opposable et qu'il est appelé à rembourser le FGAO des sommes convenues par celui-ci et la victime pour réparer le préjudice subi par cette dernière, méconnaît-il l'article 16 de la Déclaration des droits de l'Homme et du citoyen et le droit à l'égalité des armes ? », la Cour de cassation a affirmé qu'il n'y avait pas lieu à renvoi devant le Conseil constitutionnel, en affirmant, d'une part, que la question, ne portant pas sur l'interprétation d'une disposition constitutionnelle dont le Conseil constitutionnel n'aurait pas encore eu l'occasion de faire application, n'était pas nouvelle; d'autre part que la question posée ne présentait pas un caractère sérieux en ce que, en instaurant un dispositif rapide d'indemnisation des victimes d'accident de la circulation, qui oblige le FGAO intervenant à défaut de responsable identifié ou lorsque le responsable de l'accident n'est pas assuré à proposer, dans de stricts délais, à la victime ou à ses ayants droit une offre d'indemnité, le législateur réserve à l'auteur du dommage la possibilité de contester judiciairement la transaction conclue entre le FGAO et ceux-ci et de remettre en question tant le principe de sa responsabilité que le principe ou le montant des indemnités qui ont été allouées en exécution de cette transaction, de sorte que, replacé dans la situation qui aurait été la sienne si la victime avait agi directement à son encontre, il ne subit aucune atteinte à ses droits. • Civ. 2e, 25 juin 2015, n° 15-10.311 P : *RCA 2015, n° 277, note Groutel; RGDA 2015. 401, note Landel.* ♦ Sur la suite de cette affaire, V. • Civ. 2e, 10 déc. 2015, n° 15-10.311 : *RCA 2016, n° 102, note Groutel.*

2. Opposabilité de la transaction. Lorsque le Fonds de garantie a transigé avec la victime, cette transaction est opposable à l'auteur des dommages, sauf le droit pour celui-ci de contester devant le juge le montant des sommes qui lui ont été réclamées du fait de la transaction. Dès lors viole l'art. L. 421-3, al. 2, la cour d'appel qui retient que, conformément à cet article, l'opposabilité de la transaction conclue entre le Fonds et les ayants droit de la victime suppose que le conducteur du véhicule non assuré contre lequel le Fonds peut exercer une action récursoire ait, par application des dispositions de l'art. R. 421-12, été déclaré responsable par une décision de justice passée en force de chose jugée ou qu'il ait conclu lui-même une transaction avec la victime ou ses ayants droit. • Civ. 2e, 8 févr. 2006, n° 04-10.525 P : *Gaz. Pal. 2006. 3268, note Périer; RCA 2006, n° 150, note Groutel; RGDA 2006. 421 (2 esp.), note Landel* • 14 juin 2006 : *RCA 2006, n° 359, note Groutel; RGDA 2006. 664, note Landel.* ♦ V. par ailleurs à propos d'une transaction conclue entre l'assureur du véhicule, bien qu'il contestait sa garantie, et les victimes : • 17 janv. 2013 : *RCA 2013, n° 134, note Groutel; RGDA 2013. 634, note Landel.* ♦ *Contra* : si, selon les dispositions de l'art. L. 421-3, al. 2, le FGA peut conclure avec la victime une transaction qui est opposable à l'auteur des dommages, sauf le droit pour celui-ci de contester devant le juge le montant des sommes qui lui sont réclamées du fait de cette transaction, c'est à la condition que le conducteur du véhicule non assuré, contre lequel le FGA pourra exercer une action récursoire, ait, par application des dispositions de l'art. R. 421-12 du même code, été déclaré responsable par une décision de justice passée en force de chose jugée ou qu'il ait conclu lui-même une transaction avec la victime ou ses ayants droit. • Civ. 1re, 13 févr. 1996, n° 93-11.012 P : *RCA 1996, n° 153, et Chron. 15, par Groutel; RGDA 1996. 333, note Landel.*

3. Information sur la transaction. Constitue un droit fondamental, en vue d'un procès équitable, le droit d'être pleinement informé de la faculté de contester devant un juge une transaction opposée à celui qui n'y était pas partie. Dès lors, ayant retenu que les lettres recommandées adressées au responsable de l'accident par le Fonds de garantie, qui se bornaient à indiquer que le remboursement des sommes versées par le fonds était demandé conformément aux art. L. 421-3 et R. 421-16 et ne se référaient pas expressément à l'existence d'une transaction, n'informaient nullement leur destinataire du droit dont il disposait de contester devant le juge le montant des sommes qui lui étaient réclamées, du délai pendant lequel ce droit à contestation était ouvert et de son point de départ, une cour d'appel en a déduit, à bon droit, que le Fonds ne pouvait prétendre opposer une quelconque transaction au responsable de l'accident. • Cass., ass. plén., 29 mai 2009, n° 08-11.422 P : *BICC 1er oct. 2009. 7, rapp. Kamara et avis de Gouttes; D. 2009. AJ 1607, obs. Beaugendre; ibid. 2010. Pan. 54, obs. Gout; JCP 2009. 7, note S. Abravanel-Jolly; ibid. 369, n° 8, obs. Amrani-Mekki; RLDC 2009, n° 3529, obs. Bugnicourt.* ♦ Prive sa décision de base légale au regard des art. L. 421-3 et R. 421-16 C. assur., ensemble l'art. 1134 C. civ., la cour d'appel qui a condamné le responsable de l'accident sur recours subrogatoire du Fonds de garantie, sans rechercher si le FGAO avait porté à sa connaissance l'existence d'une transaction conclue avec la victime et si la lettre de ce fonds informait le responsable de son droit de contester devant le juge le montant des sommes qui lui étaient réclamées, du délai pendant lequel ce droit lui était ouvert et du point de départ de ce délai. • Civ. 2e, 17 janv. 2013 : *RCA 2013, n° 134, note Groutel; RGDA 2013. 634, note Landel.* ♦ *Contra* auparavant : dès lors que le Fonds a fait savoir, par lettres recommandées avec demande d'avis de réception, que les sommes en cause étaient réclamées conformément aux art. L. 421-3 et R. 421-16, le responsable a reçu l'information suffisante pour connaître l'existence d'une transaction et exercer son droit de contestation. • Civ. 2e, 14 juin 2006 : *RCA 2006, n° 359, note Groutel; RGDA 2006. 664, note Landel.* ♦ Ayant relevé que, dans le délai de trois mois qui lui était ouvert, le responsable avait contesté la transaction, une cour d'appel a pu en déduire qu'il avait été suffisamment informé de ses droits par le courrier de mise en demeure et n'a pas méconnu son droit à un procès équitable. • Civ. 2e, 10 déc. 2015, n° 15-10.311 : *préc. note 1.*

4. Absence de transaction opposable. En l'absence d'une transaction opposable, il appartient à la cour d'appel de se prononcer sur l'action récursoire dont elle était saisie par le fonds subrogé dans les droits du créancier d'indemnité. • Cass., ass. plén., 29 mai 2009, n° 08-11.422 P : *BICC 1er oct. 2009. 7, rapp. Kamara et avis de Gouttes; D. 2009. AJ 1607, obs. Beaugendre; ibid. 2010. Pan. 54, obs. Gout; JCP 2009. 7, note S. Abravanel-Jolly; ibid. 369, n° 8, obs. Amrani-Mekki; RLDC 2009, n° 3529, obs. Bugnicourt.* ♦ Mais les juges doivent, pour évaluer la créance du FGAO, se placer à la date de la subrogation ayant opéré transfert des droits des victimes à son profit, sans tenir compte du décès de la victime survenu postérieurement à ladite subrogation. • Civ. 2e, 11 juin 2015, n° 14-19.784 : *RGDA 2015. 401, note Landel.*

5. Compétence territoriale. L'action exercée par l'auteur d'un accident, par application de l'art. L. 421-3, al. 2, tendant à l'évaluation du dommage subi par la victime de l'accident, dans les droits de qui est subrogé le Fonds de garantie, relève de la « matière délictuelle », au sens de l'art. 46, al. 3, C. pr. civ., et peut être portée devant l'une des juridictions prévues par ce texte, ce qui autorise le demandeur à ne pas assigner le Fonds devant le tribunal de son siège social. • Civ. 1re, 2 juin 1992, n° 91-10.490 P.

Art. L. 421-4 **Le fonds de garantie est alimenté par des contributions des entreprises d'assurance, des automobilistes assurés et des responsables d'accidents d'automobiles non bénéficiaires d'une assurance.** *(Abrogé par L. n° 2013-1279 du 29 déc. 2013,* art. 62) *« Ces diverses contributions sont liquidées et recouvrées dans les conditions et sous les sanctions fixées par le décret en Conseil d'État prévu à l'article L. 421-6. »*

Art. L. 421-4-1 *(L. n° 2013-1279 du 29 déc. 2013, art. 62)* Les contributions pour l'alimentation du fonds de garantie mentionnées à l'article L. 421-4 sont ainsi définies :

1° La contribution des assurés est assise sur toutes les primes ou cotisations nettes qu'ils versent aux entreprises d'assurance pour l'assurance des risques de responsabilité civile résultant d'accidents causés par les véhicules terrestres à moteur et des remorques ou semi-remorques des véhicules lorsque le risque est situé sur le territoire de la République française. Elle est perçue par les entreprises d'assurance suivant les mêmes règles et sous les mêmes garanties et sanctions que la taxe sur les conventions d'assurance prévue à l'article 991 du code général des impôts. Elle est recouvrée mensuellement par le fonds de garantie ;

2° La contribution des entreprises d'assurance est proportionnelle aux primes ou cotisations du dernier exercice, accessoires et rappels compris et annulations déduites, relatives à l'assurance des véhicules terrestres à moteur et des remorques ou semi-remorques des véhicules lorsque le risque est situé sur le territoire de la République française. Elle est acquittée par les entreprises d'assurance suivant les mêmes règles et sous les mêmes garanties et sanctions que la taxe sur les conventions d'assurance prévue au même article 991. Elle est recouvrée mensuellement par le fonds de garantie ;

(Abrogé par Ord. n° 2017-1609 du 27 nov. 2017, art. 3, à compter du 1er juill. 2018) *« 3° La contribution des entreprises d'assurance au titre du financement de la mission définie à l'article L. 421-9 du présent code est proportionnelle aux primes ou cotisations du dernier exercice, accessoires et rappels compris et annulations déduites, relatives aux contrats dont la souscription est rendue obligatoire, à l'exception des garanties relatives à la responsabilité du transporteur maritime, fluvial et aérien, y compris ceux souscrits en application du règlement (CE) n° 2027/97 du Conseil, du 9 octobre 1997, relatif à la responsabilité des transporteurs aériens en cas d'accident, lorsque le risque est situé dans l'Union européenne. Elle est acquittée par les entreprises d'assurance suivant les mêmes règles et sous les mêmes garanties et sanctions que la taxe sur les conventions d'assurance prévue à l'article 991 du code général des impôts. Elle est recouvrée mensuellement par le fonds de garantie ;*

« 4° Lorsque le montant total des provisions inscrites au passif de la section "Opérations du fonds de garantie résultant de la défaillance d'entreprises d'assurance dommages" devient inférieur à 250 millions d'euros pendant une durée supérieure à six mois consécutifs, une contribution extraordinaire des entreprises d'assurance au titre de la section "Défaillance des entreprises d'assurance de dommage" est appelée. Son montant permet de ramener le montant total des provisions de la section considérée à ce seuil. Cette contribution extraordinaire est acquittée par les entreprises d'assurance sous les mêmes garanties que la taxe sur les conventions d'assurance prévue à l'article 991 du code général des impôts. Elle est recouvrée par le fonds de garantie.

« Les entreprises adhérentes disposent d'un délai d'un mois pour verser au fonds leur cotisation à compter de la réception de l'appel du fonds. Le fonds de garantie informe l'Autorité de contrôle prudentiel et de résolution de tout retard de versement de plus d'un mois ou de tout refus de versement d'une entreprise d'assurance, afin que l'autorité mette en œuvre, le cas échéant, les procédures de sanctions prévues à la section VII du chapitre II du titre Ier du livre VI du code monétaire et financier.

« Les cotisations versées au fonds de garantie par les entreprises dont l'adhésion au fonds a pris fin ne peuvent faire l'objet d'un reversement par celui-ci.

« La contribution extraordinaire est proportionnelle aux primes ou cotisations du dernier exercice, accessoires et rappels compris et annulations déduites, relatives aux contrats dont la souscription est rendue obligatoire, à l'exception des garanties relatives à la responsabilité du transporteur maritime, fluvial et aérien, y compris ceux souscrits en application du règlement (CE) n° 2027/97 du Conseil, du 9 octobre 1997, précité, lorsque le risque est situé dans l'Union européenne ; »

5° La contribution des responsables d'accidents causés par l'utilisation des véhicules définis au 1° du présent article, non bénéficiaires d'une assurance, est assise sur le montant total des indemnités mises à leur charge à titre de réparation des dommages résultant de ces accidents. Sont considérées comme bénéficiaires d'une assurance, au sens du présent article, les personnes dont la responsabilité civile est couverte par un contrat d'assurance dans les conditions prévues à l'article L. 211-1. Un tel bénéfice ne leur est toutefois acquis, au sens du présent article, que pour la part excédant la franchise prévue éventuellement par leur contrat en application de l'article L. 121-1.

En cas d'instance judiciaire, la décision doit faire apparaître si le responsable est ou non bénéficiaire d'une assurance.

La contribution est liquidée et recouvrée par les services de la direction générale des finances publiques, selon les mêmes règles, sous les mêmes garanties et sous les mêmes sanctions qu'en matière de droits d'enregistrement. Elle est perçue sur la notification faite à cette direction par le fonds de garantie.

La contribution doit être acquittée dans le délai d'un mois à compter de la réclamation adressée par la direction générale des finances publiques.

V. note ss. art. L. 421-2.

Art. L. 421-4-2 *(L. n° 2013-1279 du 29 déc. 2013, art. 62)* Le taux des contributions mentionnées à l'article L. 421-4-1 est fixé par arrêté du ministre chargé des assurances dans les limites suivantes :

1° Pour la contribution des assurés, ce taux est compris entre 0 % et 2 % des primes mentionnées au 1° du même article ;

2° Pour la contribution des entreprises d'assurance au titre de la section "automobile", ce taux est compris entre 0 % et *(L. n° 2018-1317 du 28 déc. 2018, art. 124)* « 14 % » de la totalité des charges de cette section ;

(Abrogé par Ord. n° 2017-1609 du 27 nov. 2017, art. 4, à compter du 1er juill. 2018)

« 3° Pour la contribution des entreprises d'assurance au titre de la section "Opérations du fonds de garantie résultant de la défaillance d'entreprises d'assurance dommages" prévue au 3° dudit article, ce taux est compris entre 0 % et 12 % de la totalité des charges de cette section ; »

4° Pour la contribution des responsables d'accidents non assurés, ce taux est fixé à 10 % des indemnités restant à leur charge. Toutefois, ce taux peut être ramené à 5 % lorsque l'accident a été provoqué par un véhicule utilisé par l'État ou par un État étranger. Il est également ramené à 5 % des indemnités restant à leur propre charge pour les bénéficiaires d'une assurance avec franchise.

V. note ss. art. L. 421-2.

Art. L. 421-5 Le fonds de garantie peut intervenir même devant les juridictions répressives et même pour la première fois en cause d'appel, en vue notamment de contester le principe ou le montant de l'indemnité réclamée, dans toutes les instances engagées entre les victimes d'accidents ou leurs ayants droit, d'une part, les responsables ou leurs assureurs, d'autre part. Il intervient alors à titre principal et peut user de toutes les voies de recours ouvertes par la loi.

Conditions de l'intervention volontaire. L'intervention volontaire du FGAO sur le fondement de l'art. L. 421-5 C. assur. est subordonnée à l'existence d'une instance opposant la victime d'un accident ou ses ayants droit, d'une part, et le responsable ou son assureur, d'autre part. Elle est irrecevable lorsque litige oppose seulement l'assureur à son assuré. • Civ. 2e, 5 nov. 2020, n° 19-21.631 : *D. 2020. 2239 ; RGDA déc. 2020. 39, note Landel ; RCA 2021, n° 41, note Groutel ; ibid. 2022, chron. 4, n° 24, note Groutel ; D. actu. 1er déc. 2020, note Bigot et Cayol.*

Art. L. 421-6 *(L. n° 89-1014 du 31 déc. 1989)* « Un décret en Conseil d'État fixe » les conditions d'application des articles L. 421-1 à L. 421-5 et notamment les bases et modalités juridiques de détermination des indemnités pouvant être dues par le fonds de garantie, les personnes exclues du bénéfice du fonds, les obligations et droits respectifs ou réciproques du fonds de garantie, de l'assureur, du responsable de l'accident, de la victime ou de ses ayants droit, les délais assignés pour l'exercice de ces droits ou la mise en jeu de ces obligations, les conditions de fonctionnement, d'intervention en justice du fonds de garantie, les conditions dans lesquelles il peut être exceptionnellement mis en cause, les modalités du contrôle exercé sur l'ensemble de la gestion du fonds par le ministre de l'économie et des finances *(Abrogé par L. n° 2013-1279 du 29 déc. 2013, art. 62)* «*, les taux et assiettes des contributions prévues à l'article L.* **421-4** ».

Art. L. 421-6-1 *(L. n° 2012-1510 du 29 déc. 2012, art. 78)* Il est instauré une contribution pour le financement de la mission prévue au IV de l'article L. **421-1**, à la charge des assurés et affectée au fonds de garantie. Cette contribution est assise sur toutes les primes ou cotisations nettes qu'ils versent aux entreprises d'assurance pour l'assurance des risques de responsabilité civile résultant d'accidents causés par les véhicules terrestres à moteur et des remorques ou semi-remorques des véhicules lorsque le risque est situé sur tout le territoire de la France métropolitaine, des départements d'outre-mer, du Département de Mayotte, de Saint-Barthélemy, de Saint-Martin et de Saint-Pierre-et-Miquelon. Elle est perçue par les entreprises d'assurance suivant les mêmes règles et sous les mêmes garanties et sanctions que la taxe sur les conventions d'assurance. Elle est recouvrée mensuellement par le fonds de garantie. Un décret fixe son montant dans la limite de 1 % de ces primes ou cotisations. Cette contribution s'applique aux primes émises à compter du 1er juillet 2013. – *Le taux de la contribution au Fonds de garantie des assurances obligatoires de dommages, prévu à l'art. L. 421-6-1, est fixé à 0,8 % (Décr. n° 2013-526 du 20 juin 2013, JO 22 juin).*

Art. L. 421-7 Lorsque l'auteur d'un accident n'est pas en mesure de justifier qu'il a été satisfait à l'obligation d'assurance instituée par l'article L. **211-1**, la victime et le fonds de garantie sont fondés à se prévaloir des mesures conservatoires prévues aux articles 48 à 57 *[anciens]* du code de procédure civile.

(L. n° 94-5 du 4 janv. 1994) « Toutefois, ces dispositions ne sont pas applicables lorsque l'assurance de la responsabilité civile concerne des véhicules ayant leur stationnement habituel sur le territoire d'un État visé à l'article L. **211-4** à l'exception de la France et de Monaco. »

SECTION II DISPOSITIONS SPÉCIALES AUX ACCIDENTS DE CHASSE SURVENUS EN FRANCE MÉTROPOLITAINE

Art. L. 421-8 *(L. n° 93-1444 du 31 déc. 1993)* Le fonds de garantie institué par l'article L. **421-1** est chargé d'indemniser les dommages corporels occasionnés par tous actes de chasse ou de destruction des animaux *(L. n° 2016-1087 du 8 août 2016, art. 157-III)* « susceptibles d'occasionner des dégâts » dans les parties du territoire où l'assurance instituée par l'article *(Ord. n° 2017-1609 du 27 nov. 2017, art. 5, en vigueur le 1er juill. 2018)* « L. **423-16** du code de l'environnement » est obligatoire, même si ces actes ne sont pas compris dans l'obligation d'assurance, dès lors qu'ils sont le fait d'un auteur demeuré inconnu, ou non assuré *(Abrogé par Ord. n° 2017-1609 du 27 nov. 2017, art. 5, à compter d'une date fixée par décret et au plus tard le 1er juill. 2018)* «*, ou que son assureur est totalement ou partiellement insolvable* ».

Les dépenses résultant de l'application de l'alinéa précédent sont couvertes par les contributions des sociétés d'assurances, des chasseurs assurés et des responsables d'accidents corporels de chasse non bénéficiaires d'une assurance, ainsi que par une majoration de 50 % des amendes, y compris celles qu'une mesure de grâce aurait substituées à l'emprisonnement, prononcées pour un acte de chasse effectué sans permis ou dans un lieu, un temps ou au moyen d'engins prohibés.

(L. n° 2013-1279 du 29 déc. 2013, art. 62) « Les contributions prévues pour l'alimentation du fonds de garantie sont fixées dans les conditions suivantes :

« 1° La contribution des assurés est fixée à une somme forfaitaire par personne garantie pour sa responsabilité civile résultant d'accidents de chasse ou de destruction des animaux *(L. n° 2016-1087 du 8 août 2016, art. 157-III)* « susceptibles d'occasionner des dégâts » ;

« 2° La contribution des entreprises d'assurance est proportionnelle aux sommes recouvrées par elles au titre de la contribution des assurés mentionnée au 1°.

« Elle est liquidée et recouvrée par les entreprises d'assurance suivant les mêmes règles et sous les mêmes garanties et sanctions que la taxe sur les conventions d'assurance prévue à l'article 991 du code général des impôts.

« Les taux et quotités des contributions mentionnées à ce même article sont fixés par arrêté du ministre chargé des assurances, dans les limites suivantes :

« *a)* Pour la contribution des assurés, ce montant est compris entre 0 € et la somme forfaitaire maximale de 0,38 € par personne garantie ;

« *b)* Pour la contribution des entreprises d'assurance, ce taux est compris entre 0 % et 12 % de la totalité des charges des opérations du fonds de garantie afférentes à la chasse et à la destruction des animaux *(L. n° 2016-1087 du 8 août 2016, art. 157-III)* « susceptibles d'occasionner des dégâts ». »

V. note ss. art. L. 421-2.

Principe de subsidiarité. Le Fonds de garantie prenant en charge l'indemnisation des dommages causés par des accidents de chasse selon les conditions prévues par l'art. 15 de la loi du 31 déc. 1951 [C. assur., art. L. 421-1 s.], il s'ensuit qu'il n'intervient pour indemniser la victime qu'à défaut de toute autre personne. Aussi doit-il être mis hors de cause dès lors que la responsabilité collective de plusieurs chasseurs a été retenue. • Civ. 2e, 19 mai 1976, n° 74-15.063 P : *JCP 1978. II. 18773, note Dejean de La Bâtie.* ♦ Le FGAO, dont l'obligation est subsidiaire, n'est tenu d'indemniser la victime d'un accident de chasse que dans la mesure où cette indemnisation n'incombe à aucune personne ou organisme. • Civ. 2e, 26 avr. 2007, n° 06-12.430 P : *RCA 2007, n° 264, obs. Groutel ; RGDA 2007. 702, note Landel.*

SECTION III DISPOSITIONS COMMUNES AUX ACCIDENTS D'AUTOMOBILE SURVENUS EN FRANCE MÉTROPOLITAINE ET DANS LES DÉPARTEMENTS D'OUTRE-MER, ET AUX ACCIDENTS DE CHASSE SURVENUS EN FRANCE MÉTROPOLITAINE

Néant.

SECTION IV ORGANISATION, FONCTIONNEMENT ET CONTRÔLE DU FONDS DE GARANTIE

Néant.

SECTION V RÉGIME FINANCIER DU FONDS DE GARANTIE

Art. L. 421-8-1 *(L. n° 85-677 du 5 juill. 1985)* **Les délais prévus à l'article L. 313-3 du code monétaire et financier ne courent à l'encontre du fonds de garantie qu'à compter du jour où celui-ci a reçu les éléments justifiant son intervention.**

V. art. R. 421-27 s.

Majoration du taux de l'intérêt légal. Viole l'art. 3 de la L. n° 75-619 du 11 juill. 1975 [art. L. 313-3 C. mon. fin.] la cour d'appel qui refuse de déclarer le fonds de garantie tenu au paiement de la majoration de l'intérêt légal de cinq points au motif que cet article concerne exclusivement les parties condamnées, et sans rechercher quel jour le fonds avait reçu les éléments justifiant son intervention. • Civ. 1re, 3 nov. 1993, n° 91-19.912 P : *RCA 1994, n° 67, obs. Groutel ; RGAT 1994. 149, note Landel.* ♦ *Contra* : l'art. 3 de la L. n° 75-619 du 11 juill. 1975 [art. L. 313-3 C. mon. fin.], qui majore le taux de l'intérêt légal à l'expiration d'un délai de deux mois à compter du jour où la décision de condamnation à une somme est devenue exécutoire, concernant exclusivement les parties condamnées, cette majoration ne saurait être appliquée au Fonds de garantie automobile dans le cas où, le responsable du dommage étant connu, l'action a été exercée et la condamnation prononcée contre ce responsable. • Civ. 2e, 5 déc. 1984 : *Bull. civ. II, n° 185.*

SECTION VI INTERVENTION DU FONDS EN CAS DE RETRAIT D'AGRÉMENT ADMINISTRATIF D'UNE ENTREPRISE D'ASSURANCE *(Ord. n° 2017-1609 du 27 nov. 2017, art. 6, en vigueur à une date fixée par décret et au plus tard le 1er juill. 2018).*

Ancien intitulé de la section VI : Intervention du fonds en cas de retrait d'agrément administratif d'entreprises d'assurances obligatoires.

Art. L. 421-9 *(Ord. nº 2017-1609 du 27 nov. 2017, art. 7, en vigueur le 1er juill. 2018)* « I. — Le Fonds de garantie des assurances obligatoires de dommages institué par l'article L. 421-1 est chargé de protéger les personnes assurées, souscriptrices, adhérentes ou bénéficiaires de prestations de contrats d'assurance dont la souscription est rendue obligatoire par les articles L. 211-1 ou L. 242-1, contre les conséquences du retrait d'agrément d'une entreprise d'assurance couvrant sur le territoire de la République française les risques de responsabilité civile résultant de l'emploi de véhicules terrestres à moteur et de leurs remorques et semi-remorques ou, en dehors de toute recherche des responsabilités, le paiement de la totalité des travaux de réparation des dommages de la nature de ceux dont sont responsables les constructeurs au sens de l'article 1792-1 du code civil, les fabricants et importateurs ou le contrôleur technique sur le fondement de l'article 1792 du même code.

« Ne sont couverts par le fonds de garantie que les sinistres garantis par le contrat *(L. nº 2021-1900 du 30 déc. 2021, art. 159-I)* « pour lesquels l'accident de la circulation ou le désordre survient avant la fin de la validité de la police d'assurance définie par le droit applicable et qui, pour les accidents de la circulation, donnent lieu » à une première réclamation de la part d'un tiers victime moins de cinq ans après cette date et qui sont survenus en France ou, pour les accidents survenus sur le territoire d'un État visé à l'article L. 211-4 autre que la France, sont provoqués par la circulation de véhicules et de leurs remorques et semi-remorques ayant leur stationnement habituel en France.

« Toutefois *(L. nº 2019-486 du 22 mai 2019, art. 206-XX)* « , sans préjudice des dispositions de l'article L. 311-31 », l'intervention du fonds de garantie est suspendue lorsque l'entreprise d'assurance fait l'objet d'une mesure de résolution, dans les conditions prévues à la section VI du chapitre II du titre Ier du livre III. Si l'agrément de l'assureur n'est pas rétabli, ne sont couverts que les sinistres garantis par le contrat *(L. nº 2021-1900 du 30 déc. 2021, art. 159-I)* « pour lesquels l'accident de la circulation ou le désordre survient avant la fin de la validité de la police d'assurance définie par le droit applicable et qui, pour les accidents de la circulation, donnent lieu » à une première réclamation de la part d'un tiers victime moins de cinq ans après cette date. »

II. — Sont exclus de toute indemnisation au titre de la présente section les contrats d'assurance :

1º Pour lesquels un assuré, un souscripteur, un adhérent, un bénéficiaire de prestations ou un tiers agissant pour le compte d'une de ces personnes a pu bénéficier d'informations sur la situation de l'entreprise défaillante ou d'avantages particuliers ;

(Ord. nº 2017-1609 du 27 nov. 2017, art. 7, en vigueur le 1er juill. 2018) « 2º Relatifs aux marchandises transportées, à la protection juridique ou à l'assistance aux personnes en difficulté, notamment au cours de déplacements ; »

3º Couvrant ou indemnisant des risques ou engagements situés hors de la Communauté européenne, ou couvrant ou indemnisant des tiers victimes ressortissants ou résidents de pays situés hors de la Communauté européenne ;

4º Souscrits par les personnes suivantes :

a) Administrateurs, dirigeants, associés personnellement responsables détenteurs, directement ou indirectement, d'au moins 5 % du capital de l'entreprise d'assurance, commissaires aux comptes et assurés ayant les mêmes qualités dans d'autres sociétés du groupe, administrateurs de la société d'assurance mutuelle ;

b) Tiers agissant pour le compte des assurés, souscripteurs de contrats, adhérents et bénéficiaires de prestations, cités au premier alinéa du I ;

c) Entreprises d'assurance relevant du présent code, institutions de prévoyance régies par le code de la sécurité sociale ou le code rural ainsi que les mutuelles régies par le code de la mutualité, sauf lorsqu'il s'agit de contrats souscrits au profit de leurs salariés ou de leurs clients ;

d) Sociétés entrant dans le périmètre de consolidation défini à l'article L. 233-16 du code de commerce dont relève l'entreprise d'assurance, sauf s'il s'agit de contrats souscrits au profit de leurs salariés ou de leurs clients ;

e) Établissements de crédit *(Ord. n° 2013-544 du 27 juin 2013, art. 19, en vigueur le 1er janv. 2014)* « , sociétés de financement » et personnes mentionnées à l'article L. 518-1 du code monétaire et financier, sauf pour les contrats souscrits pour le compte d'un emprunteur, d'un client ou de leurs salariés ;

5° Assurant les personnes morales et les personnes physiques, souscriptrices, adhérentes ou bénéficiaires, en ce qui concerne leurs activités professionnelles ; sont couverts en revanche les contrats souscrits au profit d'une personne physique, cliente ou adhérente hors du cadre de ses activités professionnelles ou au profit des salariés des personnes morales ou physiques mentionnées ci-dessus.

III. — Dans les cas prévus aux 1°, 4° et 5° du II, les personnes victimes d'un dommage dont l'assuré est responsable et qui ne se trouvent pas avec lui dans une situation contractuelle à raison de leur activité professionnelle sont indemnisées par le fonds.

Un décret en Conseil d'État détermine les modalités d'application du présent article.

Art. L. 421-9-1 I. — *(L. n° 2016-1691 du 9 déc. 2016, art. 47-I-1°)* « Lorsque l'Autorité de contrôle prudentiel et de résolution prend à l'égard d'une entreprise mentionnée au premier alinéa du I de l'article L. 421-9 *(Ord. n° 2017-1609 du 27 nov. 2017, art. 8, en vigueur le 1er juill. 2018)* « et agréée en France » la mesure conservatoire prévue au 14° du I de l'article L. 612-33 du code monétaire et financier, elle recourt au Fonds de garantie des assurances obligatoires de dommages. » *(Ord. n° 2017-1608 du 27 nov. 2017, art. 3)* « Lorsque le collège de résolution de l'Autorité prend à l'égard d'une entreprise mentionnée à l'article L. 311-1 du code monétaire et financier la mesure de résolution prévue au 4° du I de l'article L. 311-30 du présent code, il recourt au fonds de garantie des assurances obligatoires de dommages dans les mêmes conditions. »

Avant de prendre sa décision, l'Autorité de contrôle prudentiel et de résolution consulte par écrit le fonds de garantie en lui indiquant qu'elle envisage de recourir à lui. Le fonds dispose d'un délai de quinze jours pour adresser ses observations à l'Autorité et son représentant peut être reçu par celle-ci durant ce délai. A l'expiration de ce délai, ou d'un délai plus court fixé d'un commun accord entre le fonds de garantie et l'Autorité, cette dernière statue sur la saisine du fonds et lui notifie sa décision de recourir ou non à lui.

S'il conteste cette décision, le fonds peut, dans un délai de quinze jours à compter de celle-ci, saisir le ministre chargé de l'économie. Celui-ci peut alors, dans l'intérêt des assurés et des souscripteurs, adhérents et bénéficiaires des contrats et dans un délai de quinze jours, demander à l'Autorité une nouvelle délibération.

La décision de l'Autorité de recourir au fonds de garantie est immédiatement notifiée à l'entreprise concernée à l'issue de la procédure décrite ci-dessus.

(L. n° 2016-1691 du 9 déc. 2016, art. 47-I-1°) « II. — Dès cette notification, l'autorité communique au fonds de garantie l'appel d'offres qu'elle lance pour mettre en œuvre la mesure conservatoire mentionnée au 14° du I de l'article L. 612-33 du code monétaire et financier. »

III. — *(Abrogé par L. n° 2016-1691 du 9 déc. 2016, art. 47-I-1°)* « *L'Autorité retient la ou les offres qui lui paraissent le mieux préserver l'intérêt des assurés, souscripteurs de contrats, adhérents et bénéficiaires de prestations.*

« *La décision de l'Autorité qui prononce le transfert du portefeuille de contrats au profit de la ou des entreprises qu'il a désignées est publiée au Journal officiel de la République française. Cette décision libère l'entreprise cédante de tout engagement envers les assurés, souscripteurs de contrats, adhérents et bénéficiaires de prestations, dont les contrats ont été transférés en vertu des dispositions du présent article.* »

Lorsque la procédure de transfert du portefeuille n'a pas abouti, l'Autorité en informe le fonds de garantie.

IV. — *(Ord. n° 2017-1608 du 27 nov. 2017, art. 3)* « Dans le cadre de la procédure prévue au 14° du I de l'article L. 612-33 du code monétaire et financier, le transfert » de tout ou partie du portefeuille ou le constat de l'échec de la procédure de transfert emporte retrait, par l'Autorité, de tous les agréments administratifs de l'entreprise défaillante *(L. nº 2016-1691 du 9 déc. 2016, art. 47-I-1º)* « en application du II de l'article L. 612-33-2 du code monétaire et financier ». Le fonds de garantie accomplit, jusqu'à la nomination du liquidateur, les actes nécessaires à la gestion de la partie du portefeuille de contrats qui n'a pas été transférée. L'administrateur provisoire nommé, le cas échéant, par l'Autorité peut accomplir ces actes de gestion pour le compte du fonds de garantie.

Art. L. 421-9-2 *(L. nº 2003-706 du 1er août 2003, art. 81-A-VII)* En cas de transfert de portefeuille *(Ord. nº 2017-1609 du 27 nov. 2017, art. 9, en vigueur le 1er juill. 2018)* « prononcé en application du 14º du I de l'article L. 612-33 du code monétaire et financier », la partie des droits des assurés, souscripteurs de contrats, adhérents et bénéficiaires de prestations, éventuellement non couverte par le cessionnaire, est garantie par un versement du fonds de garantie au cessionnaire dans les limites fixées par décret en Conseil d'État et dans celles prévues par les contrats souscrits auprès de l'entreprise dont l'agrément a été retiré.

Lorsque la procédure de transfert de portefeuille n'a pas abouti *(Ord. nº 2017-1608 du 27 nov. 2017, art. 3)* « ou que l'Autorité de contrôle prudentiel et de résolution a pris une décision entraînant la liquidation de l'entreprise en vertu de l'article L. 311-19 », les droits des assurés, souscripteurs de contrats, adhérents et bénéficiaires de prestations nés avant la résiliation prévue à l'article L. 326-12 sont garantis par des versements, à leur profit, du fonds de garantie dans les limites prévues par décret en Conseil d'État. Ces versements ne peuvent, en tout état de cause, dépasser les conditions des contrats.

Art. L. 421-9-3 *(Ord. nº 2017-1609 du 27 nov. 2017, art. 10, en vigueur le 1er juill. 2018)* Le ministre chargé de l'économie, le président de l'Autorité de contrôle prudentiel et de résolution ainsi que les autorités de contrôle de l'État d'origine d'une entreprise d'assurance dont le siège social est situé sur le territoire d'un État membre de l'Union européenne autre que la France, ou leur représentant, peuvent, à leur demande, être entendus par le fonds de garantie ou son représentant.

L'Autorité de contrôle prudentiel et de résolution et les autorités de contrôle de l'État d'origine d'une entreprise d'assurance dont le siège social est situé sur le territoire d'un État membre de l'Union européenne autre que la France, ou leur représentant, entendent, à sa demande, le fonds de garantie ou son représentant pour toute question concernant une entreprise d'assurance.

Art. L. 421-9-4 *(Ord. nº 2017-1609 du 27 nov. 2017, art. 11, en vigueur le 1er juill. 2018)* « Lorsque le fonds de garantie prend en charge, pour le compte de l'entreprise en liquidation, le règlement des dommages mentionnés aux articles L. 211-1 et L. 242-1, le premier alinéa du III de l'article L. 421-1 est applicable. »

(L. nº 2003-706 du 1er août 2003, art. 81-A-VII) Le fonds de garantie est subrogé, dans les droits des assurés, souscripteurs de contrats, adhérents et bénéficiaires de prestations, à concurrence du montant des sommes qu'il a versées.

Le fonds de garantie est également subrogé dans les mêmes limites, dans les droits de l'entreprise *(Ord. nº 2017-1608 du 27 nov. 2017, art. 3)* « à l'égard de laquelle une procédure de liquidation a été ouverte à la requête de l'Autorité de contrôle prudentiel et de résolution », à concurrence des sommes exigibles en vertu de l'exécution des traités de réassurance en cours. Les versements des sommes dues à ce titre et dans les mêmes limites par les réassureurs sont effectués au profit du fonds de garantie. Nonobstant toute disposition légale ou toute clause contractuelle, aucune indivisibilité, résiliation ou résolution des traités de réassurance ne peut résulter du seul retrait d'agrément de l'entreprise cédante adhérente au fonds de garantie.

Le fonds de garantie peut engager toute action en responsabilité à l'encontre des dirigeants de droit ou de fait de l'entreprise d'assurance dont la défaillance a entraîné son intervention aux fins d'obtenir le remboursement de tout ou partie des sommes versées par lui. Le fonds peut également engager une action en responsabilité à l'encontre des personnes mentionnées au *a* du 4º du II de l'article L. 421-9, aux fins d'obtenir le remboursement de tout ou partie des sommes versées par lui. Il en informe l'Autorité de contrôle prudentiel et de résolution *(Ord. nº 2017-1609 du 27 nov. 2017, art. 11, en vigueur le 1er juill. 2018)* « ou les autorités de contrôle de l'État d'origine d'une entreprise d'assurance dont le siège social est situé sur le territoire d'un État membre de l'Union européenne autre que la France ». – *Le Fonds de garantie des assurances obligatoires de dommages, le Fonds de garantie des assurés contre la défaillance des sociétés d'assurance de personnes et le Fonds de garantie des dépôts peuvent exercer à l'encontre des dirigeants de droit ou de fait des établissements pour lesquels ils interviennent les actions en responsabilité visées par les dispositions du troisième al. des art. L. 421-9-4 et L. 423-5 C. assur. et du second al. de l'art. L. 312-6 C. mon. fin., même pour des faits antérieurs à la date d'entrée en vigueur des textes précités (L. nº 2003-706 du 1er août 2003, art. 86).*

En vue d'obtenir le remboursement de l'indemnisation des tiers victimes d'un dommage dont est responsable une personne morale ou une personne physique dans le cadre de ses activités professionnelles dont l'assureur a été l'objet de la procédure prévue à l'article L. 421-9-1, le fonds de garantie engage une action contre le responsable du dommage. *(Abrogé par Ord. nº 2017-1609 du 27 nov. 2017, art. 11, à compter du 1er juill. 2018)* « ***Lorsque le fonds de garantie prend en charge, pour le compte de l'entreprise en liquidation, le règlement des dommages mentionnés à l'article L. 211-1, le*** *(L. nº 2007-1774 du 17 déc. 2007, art. 2)* « ***premier alinéa du III*** » ***de l'article L. 421-1*** est ***applicable.*** »

Un décret en Conseil d'État détermine les modalités d'application du présent article.

Art. L. 421-9-5 *(L. nº 2003-706 du 1er août 2003, art. 81-A-VII)* Les membres du conseil d'administration du fonds de garantie, ainsi que toute personne qui, par ses fonctions, a accès aux documents et informations détenus par le fonds de garantie, sont tenus au secret professionnel dans les conditions et sous les peines prévues à l'article 226-13 du code pénal. Ce secret n'est opposable ni à l'autorité judiciaire agissant dans le cadre d'une procédure pénale, ni aux juridictions civiles statuant sur un recours formé à l'encontre d'une décision du fonds de garantie, ni à l'Autorité de contrôle prudentiel et de résolution.

Art. L. 421-9-6 *(L. nº 2003-706 du 1er août 2003, art. 81-A-VII)* Un décret en Conseil d'État précise :

1º Les conditions et les plafonds d'indemnisation par assuré, souscripteur, adhérent ou bénéficiaire, les modalités et délais d'indemnisation ainsi que les règles relatives à l'information de la clientèle. Le même décret fixe en outre un plafond pluriannuel global pour l'intervention du fonds pour les missions définies à l'article L. 421-9 *(Abrogé par Ord. nº 2017-1609 du 27 nov. 2017, art. 12, à compter du 1er juill. 2018)* « ***, à l'exclusion de celles définies aux articles L. 421-1 et L. 421-8*** » ;

2º Les délais de forclusion des demandes de versement présentées par les entreprises cessionnaires du portefeuille ou par les assurés, souscripteurs, adhérents ou bénéficiaires ;

3º Les modalités de définition des limites de garantie en cas de transfert de portefeuille de l'entreprise défaillante ;

(Abrogé par Ord. nº 2017-1609 du 27 nov. 2017, art. 12, à compter du 1er juill. 2018) « ***4º La liste des cautions obligatoires couvertes par le fonds de garantie, ainsi que les conditions d'indemnisation des bénéficiaires de contrats de cautionnement, notamment la franchise applicable et le pourcentage d'indemnisation versée par le fonds de garantie des sommes que l'entreprise d'assurance défaillante aurait dû payer en cas d'exécution de son engagement.*** »

Ce décret ne peut être modifié qu'après avis du fonds de garantie.

Art. L. 421-10 *(Ord. nº 2017-1609 du 27 nov. 2017, art. 13, en vigueur le 1er juill. 2018)* I. – La contribution des entreprises d'assurance, au titre du financement de l'intervention du fonds de garantie en cas de retrait d'agrément d'une entreprise d'assurance couvrant sur le territoire de la République française les risques relevant de l'assurance obligatoire des véhicules terrestres à moteur et de leurs remorques et semi-remorques, est répartie entre ces entreprises proportionnellement aux primes ou cotisations du dernier exercice, accessoires et rappels compris et annulations déduites, relatives aux contrats dont la souscription est rendue obligatoire par l'article L. 211-1, lorsque le risque est situé en France. Elle est acquittée par les entreprises d'assurance suivant les mêmes règles et sous les mêmes garanties et sanctions que la taxe sur les conventions d'assurance prévue à l'article 991 du code général des impôts. Elle est recouvrée annuellement par le fonds de garantie.

Le montant de la contribution des entreprises d'assurance est fonction des besoins de financement de la section du fonds de garantie dédiée à son intervention en cas de retrait d'agrément d'une entreprise d'assurance couvrant sur le territoire de la République française les risques relevant de l'assurance obligatoire des véhicules terrestres à moteur et de leurs remorques et semi-remorques, compte tenu des autres ressources dont cette section bénéficie. Cette contribution est comprise entre 0 % et 12 % de la totalité des charges du dernier exercice de cette section. Ce pourcentage est fixé par arrêté du ministre chargé de l'économie, compte tenu des besoins de financement mentionnés ci-dessus.

II. — Lorsque le solde de la réserve spéciale liée aux opérations résultant du retrait d'agrément d'une entreprise d'assurance couvrant sur le territoire de la République française les risques relevant de l'assurance obligatoire des véhicules terrestres à moteur et de leurs remorques et semi-remorques devient inférieur à 70 millions d'euros, une contribution extraordinaire des entreprises d'assurance est appelée. Son montant permet de ramener le solde de la réserve spéciale considérée à ce seuil. Cette contribution extraordinaire est acquittée par les entreprises d'assurance sous les mêmes garanties et sanctions que la taxe sur les conventions d'assurance prévue à l'article 991 du code général des impôts. Elle est recouvrée par le fonds de garantie.

La contribution extraordinaire est proportionnelle aux primes ou cotisations du dernier exercice, accessoires et rappels compris et annulations déduites, relatives aux contrats dont la souscription est rendue obligatoire par l'article L. 211-1, lorsque le risque est situé en France.

Les entreprises adhérentes disposent d'un délai de deux mois pour verser au fonds leur cotisation au titre de la contribution extraordinaire à compter de la réception de l'appel du fonds.

Les cotisations au titre de la contribution extraordinaire versées au fonds de garantie par les entreprises dont l'adhésion au fonds a pris fin ne peuvent faire l'objet d'un reversement par celui-ci.

III. — Un arrêté du ministre chargé de l'économie précise les modalités de gestion comptable des opérations du fonds de garantie liées au retrait d'agrément d'une entreprise d'assurance couvrant sur le territoire de la République française les risques relevant de l'assurance obligatoire des véhicules terrestres à moteur et de leurs remorques et semi-remorques, notamment les conditions de constitution ou de reprise de la réserve spéciale mentionnée au II. — *V. art. A. 421-5 s. (Arr. du 30 juin 2018, JO 1er juill.).*

Art. L. 421-10-1 *(Ord. n° 2017-1609 du 27 nov. 2017, art. 13, en vigueur le 1er juill. 2018)* I. — La contribution des entreprises d'assurance au titre du financement de l'intervention du fonds de garantie en cas de retrait d'agrément d'une entreprise d'assurance couvrant sur le territoire de la République française les risques relevant de l'assurance obligatoire en vertu de l'article L. 242-1 est calculée selon des modalités fixées par arrêté du ministre chargé de l'économie.

Cette contribution comporte deux parts :

1° Une première part qui est fonction de la différence entre les primes des dix derniers exercices, affectées de coefficients annuels, et les provisions techniques du dernier exercice, au sens de la directive 91/674/CEE du Conseil du 19 décembre 1991 concernant les comptes annuels et les comptes consolidés des entreprises d'assurance, relatives aux contrats dont la souscription est rendue obligatoire par l'article L. 242-1, lorsque le risque est situé en France. Le taux applicable à cette différence est compris entre 0 % et 10 % et les coefficients appliqués aux primes des dix derniers exercices sont compris entre 0 et 1 ;

2° Une seconde part qui est fonction des besoins de financement de la section du fonds de garantie dédiée à son intervention en cas de retrait d'agrément d'une entreprise d'assurance couvrant sur le territoire de la République Française les risques relevant de l'assurance obligatoire en vertu de l'article L. 242-1, compte tenu des autres ressources dont cette section bénéficie. Cette part est comprise entre 0 % et 12 % de la totalité des charges du dernier exercice de cette section. Ce pourcentage est fixé par arrêté du ministre chargé de l'économie, compte tenu des besoins financement mentionnés ci-dessus. Cette part de contribution est répartie entre les entreprises d'assurances proportionnellement aux primes ou cotisations du dernier exercice, accessoires et rappels compris et annulations déduites, relatives aux contrats dont la souscription est rendue obligatoire par l'article L. 242-1, lorsque le risque est situé en France.

Elle est acquittée par les entreprises d'assurance suivant les mêmes règles et sous les mêmes garanties et sanctions que la taxe sur les conventions d'assurance prévue à l'article 991 du code général des impôts. Elle est recouvrée annuellement par le fonds de garantie.

II. — Lorsque le solde de la réserve spéciale liée aux opérations résultant du retrait d'agrément d'une entreprise d'assurance couvrant sur le territoire de la République française les risques relevant de l'assurance obligatoire en vertu de l'article L. 242-1 devient inférieur à 30 millions d'euros, une contribution extraordinaire des entreprises d'assurance est appelée. Son montant permet de ramener le solde de la réserve spéciale considérée à ce seuil. Cette contribution extraordinaire est acquittée par les entreprises d'assurance sous les mêmes garanties et sanctions que la taxe sur les conventions d'assurance prévue à l'article 991 du code général des impôts. Elle est recouvrée par le fonds de garantie.

La contribution extraordinaire est proportionnelle aux primes ou cotisations du dernier exercice, accessoires et rappels compris et annulations déduites, relatives aux contrats dont la souscription est rendue obligatoire par l'article L. 242-1, lorsque le risque est situé en France.

Les entreprises d'assurance disposent d'un délai de deux mois pour verser au fonds leur cotisation au titre de la contribution extraordinaire à compter de la réception de l'appel du fonds.

Les cotisations au titre de la contribution extraordinaire versées au fonds de garantie par les entreprises d'assurance ne peuvent faire l'objet d'un reversement par celui-ci.

III. — Un arrêté du ministre chargé de l'économie précise les modalités de gestion comptable des opérations du fonds de garantie liées au retrait d'agrément d'une entreprise d'assurance couvrant sur le territoire de la République française les risques relevant de l'assurance obligatoire en vertu de l'article L. 242-1, notamment les conditions de constitution ou de reprise de la réserve spéciale mentionnée au II. — *V. art. A. 421-5 s. (Arr. du 30 juin 2018, JO 1er juill.).*

Art. L. 421-10-2 *(Ord. n° 2017-1609 du 27 nov. 2017, art. 13, en vigueur le 1er juill. 2018)* Les déclarations comportant l'indication des éléments à retenir pour l'assiette des contributions mentionnées aux articles L. 421-10 et L. 421-10-1, faites par les entreprises d'assurance auprès du fonds de garantie, doivent être conformes aux postes et informations figurant dans les états financiers des entreprises et certifiés par une ou plusieurs personnes habilitées à effectuer les contrôles légaux de leurs comptes annuels ou consolidés.

Le fonds de garantie peut contrôler sur pièces et sur place l'exactitude des informations ou renseignements fournis par les entreprises d'assurance.

Art. L. 421-10-3 *(Ord. n° 2017-1609 du 27 nov. 2017, art. 13, en vigueur le 1er juill. 2018)* Lorsqu'une entreprise d'assurance ou de réassurance opérant sur le territoire de la République française ne respecte pas les règles qui s'imposent à elle en vertu de la présente section, le fonds de garantie en informe l'Autorité de contrôle prudentiel et de résolution. Celle-ci exerce son contrôle et met en œuvre, le cas échéant, les procédures de sanctions, dans les conditions prévues par l'article L. 363-4 et par le chapitre II du titre Ier du livre VI du code monétaire et financier.

SECTION VII DISPOSITIONS PARTICULIÈRES AUX DÉPARTEMENTS D'OUTRE-MER

Néant.

SECTION VIII DISPOSITIONS PARTICULIÈRES AUX TERRITOIRES D'OUTRE-MER ET À MAYOTTE *(Ord. nº 92-1067 du 1er oct. 1992 ; L. nº 92-1441 du 31 déc. 1992).*

Art. L. 421-10 et L. 421-10-1 *Abrogés par L. nº 2005-1564 du 15 déc. 2005.*
V. art. R. 421-58 s.

SECTION IX DISPOSITIONS PARTICULIÈRES APPLICABLES AUX ACCIDENTS D'AUTOMOBILE SURVENUS À L'ÉTRANGER

Art. L. 421-11 *(L. nº 94-5 du 4 janv. 1994)* « Le Fonds de garantie est chargé de l'indemnisation des victimes d'accidents causés par les véhicules dont la circulation entraîne l'application d'une obligation d'assurance de la responsabilité civile et qui ont leur stationnement habituel en France métropolitaine ou à Monaco lorsque ces accidents surviennent sur le territoire d'un État visé à l'article L. 211-4 à l'exception de la France et de Monaco. »

L'intervention du fonds de garantie est subordonnée aux conditions ci-après :

Le responsable des dommages ne doit pas disposer de la garantie d'assurance obligatoire de responsabilité civile ;

L'indemnisation des victimes est effectuée dans les conditions prévues par la législation nationale de l'État sur le territoire duquel s'est produit l'accident.

V. art. R. 421-64 s.

Art. L. 421-12 Le fonds de garantie est également chargé de l'indemnisation des victimes lorsque l'accident causé par un véhicule mentionné à l'article L. 421-11 s'est produit pendant le trajet reliant directement deux territoires où le traité instituant la Communauté économique européenne est applicable.

L'intervention du fonds de garantie est, dans ce cas, subordonnée aux conditions prévues à l'article L. 421-11 ainsi qu'aux conditions suivantes :

– il doit n'exister pour le territoire parcouru aucun bureau national d'assurance ;

– les victimes doivent être ressortissantes *(L. nº 94-5 du 4 janv. 1994)* « d'un État visé à l'article L. 211-4 ».

L'indemnisation des victimes est, dans ce cas, effectuée dans les conditions prévues par la législation nationale sur l'obligation d'assurance en vigueur dans l'État où le véhicule qui a causé l'accident a son stationnement habituel.

Art. L. 421-13 Lorsqu'il intervient en vertu des articles L. 421-11 et L. 421-12, le fonds de garantie est subrogé dans les droits que possède le créancier de l'indemnité contre la personne responsable de l'accident.

Art. L. 421-14 Un décret en Conseil d'État fixe les conditions d'application de la présente section, notamment les modalités selon lesquelles est constatée la réunion des conditions entraînant l'intervention du fonds de garantie, les modalités de versement de l'indemnité aux victimes par l'intermédiaire des bureaux nationaux d'assurance, ainsi que les modalités de l'exercice par le fonds de garantie du droit de subrogation prévu à l'article L. 421-13. – *V. art. R. 421-64 s.*

Un décret en Conseil d'État fixe les conditions d'adaptation de la présente section dans les départements d'outre-mer *(Ord. nº 2008-698 du 11 juill. 2008, art. 2-3º)* « ainsi qu'à Saint-Barthélemy et à Saint-Martin ».

Art. L. 421-15 *(L. nº 91-716 du 26 juill. 1991)* **Toute entreprise d'assurance couvrant, sur le territoire de la République française, les risques de responsabilité civile résultant de l'emploi de véhicules terrestres à moteur adhère au bureau national d'assurance compétent sur le territoire de la République française.**

SECTION X DISPOSITIONS SPÉCIALES AUX CATASTROPHES TECHNOLOGIQUES

(L. nº 2003-699 du 30 juill. 2003, art. 18)

BIBL. ▶ BIGOT, *JCP 2003. I. 167.* – KULLMANN, *JCP 2004. I. 137, nos 15 s.* – GORY, *RGDA 2004. 21.*

Art. L. 421-16 *(Abrogé par L. nº 2019-486 du 22 mai 2019, art. 208)* ***Le fonds de garantie institué par l'article L. 421-1 est également chargé d'indemniser les dommages causés par une catastrophe technologique au sens de l'article L. 128-1.***

Toute personne dont l'habitation principale, sans être couverte par un contrat mentionné à l'article L. 128-2, a subi des dommages immobiliers causés par une catastrophe technologique est indemnisée de ces dommages par le fonds de garantie dans les conditions indiquées aux articles L. 128-2 et L. 128-3, dans la limite d'un plafond.

Un décret en Conseil d'État précise les conditions d'application du présent article. – V. art. R. 421-78.

SECTION XI DISPOSITIONS PARTICULIÈRES APPLICABLES AUX DOMMAGES IMMOBILIERS D'ORIGINE MINIÈRE

(L. nº 2003-699 du 30 juill. 2003, art. 19)

BIBL. ▶ BIGOT, *JCP 2003. I. 167.*

Art. L. 421-17 **I. — Toute personne propriétaire d'un immeuble ayant subi des dommages, survenus à compter du 1er septembre 1998, résultant d'une activité minière présente ou passée alors qu'il était occupé à titre d'habitation principale est indemnisée de ces dommages par le fonds de garantie. Toutefois, lorsque l'immeuble a été acquis par mutation et qu'une clause exonérant l'exploitant minier de sa responsabilité a été valablement insérée dans le contrat de mutation, seuls les dommages visés** *(Ord. nº 2011-91 du 20 janv. 2011, art. 4-2º, en vigueur le 1er mars 2011)* **« à l'article L. 155-5 du code minier » subis du fait d'un sinistre minier au sens dudit article, constaté par le représentant de l'État, sont indemnisés par le fonds.**

II. — L'indemnisation versée par le fonds assure la réparation intégrale des dommages visés au I, dans la limite d'un plafond. Lorsque l'ampleur des dégâts subis par l'immeuble rend impossible la réparation de ces désordres, la réparation intégrale doit permettre au propriétaire de l'immeuble sinistré de recouvrer dans les meilleurs délais la propriété d'un immeuble de consistance et de confort équivalents. Si ces dommages font l'objet d'une couverture d'assurance, l'indemnisation versée par le fonds vient en complément de celle qui est due à ce titre.

III. — Toute personne victime de tels dommages établit avec le fonds de garantie un descriptif des dommages qu'elle a subis. Le montant des indemnités versées par le fonds est mentionné au descriptif. Lorsque le montant de ces indemnités est inférieur à un montant précisé par décret en Conseil d'État, la victime est présumée avoir subi les dommages mentionnés au descriptif et les indemnités versées par le fonds de garantie sont présumées réparer lesdits dommages dans les conditions du II, si une expertise a été réalisée par un expert choisi par le fonds de garantie. Ces présomptions sont simples. En tout état de cause, le montant des indemnités versées à la victime lui reste acquis.

IV. — Sauf stipulations plus favorables, les indemnisations du fonds doivent être attribuées aux personnes victimes de tels dommages dans un délai de trois mois à compter de la date de remise du descriptif des dommages ou de la date de publication, lorsque celle-ci est postérieure, du constat de sinistre minier du représentant de l'État

prévu *(Ord. n° 2011-91 du 20 janv. 2011, art. 4-3°, en vigueur le 1er mars 2011)* **« au second alinéa de l'article L. 155-5 du code minier ».**

V. — Le fonds de garantie est subrogé dans les droits des personnes indemnisées à concurrence des sommes qu'il leur a versées.

CHAPITRE II LE FONDS DE GARANTIE DES VICTIMES DES ACTES DE TERRORISME ET D'AUTRES INFRACTIONS *(L. n° 90-589 du 6 juill. 1990).*

(Décr. n° 88-260 du 18 mars 1988)

SECTION PREMIÈRE INDEMNISATION DES VICTIMES DES ACTES DE TERRORISME ET D'AUTRES INFRACTIONS *(L. n° 2008-644 du 1er juill. 2008, art. 2-2°).*

Art. L. 422-1 *(L. n° 90-589 du 6 juill. 1990, art. 14)* **« Pour l'application de l'article L. 126-1, la réparation intégrale des dommages résultant d'une atteinte à la personne est assurée par l'intermédiaire du fonds de garantie des victimes des actes de terrorisme et d'autres infractions. »** *— V. notes ss. art. L. 422-4.*

Ce fonds, doté de la personnalité civile, est alimenté par un prélèvement sur les contrats d'assurance de biens dans *(L. n° 2013-1279 du 29 déc. 2013, art. 62)* **« les conditions suivantes.**

« Ce prélèvement est assis sur les primes ou cotisations des contrats d'assurance de biens qui garantissent les biens situés sur le territoire national et relevant des branches 3 à 9 de l'article R. 321-1, dans sa rédaction en vigueur à la date de publication de la loi n° 2013-1279 du 29 décembre 2013 de finances rectificative pour 2013, et souscrits auprès d'une entreprise mentionnée à l'article L. 310-2.

« Le montant de la contribution, compris entre 0 € et 6,50 €, est fixé par arrêté du ministre chargé des assurances. »

(L. n° 2019-1479 du 28 déc. 2019, art. 166) **« Cette contribution est recouvrée et contrôlée suivant les mêmes règles et sous les mêmes garanties et sanctions que la taxe sur les conventions d'assurance prévue à l'article 991 du code général des impôts. Les réclamations sont présentées, instruites et jugées selon les règles applicables à cette même taxe** *[ancienne rédaction : Cette contribution est perçue par les entreprises d'assurance suivant les mêmes règles et sous les mêmes garanties et sanctions que la taxe sur les conventions d'assurance prévue à l'article 991 du code général des impôts. Elle est recouvrée mensuellement par le fonds de garantie].*

« Le fonds de garantie » est subrogé dans les droits que possède la victime contre la personne responsable du dommage.

(L. n° 2014-896 du 15 août 2014, art. 27-II) **« Le fonds est également alimenté par des versements prévus au II de l'article 728-1 du code de procédure pénale. Lorsque ces versements sont effectués, la victime est alors directement indemnisée par le fonds à hauteur, le cas échéant, des versements effectués et, à hauteur de ces versements, l'avant-dernier alinéa du présent article n'est pas applicable. »** *— Le fonds de garantie est aussi subrogé dans les droits que possède la victime contre les personnes tenues à un titre quelconque d'assurer la réparation totale ou partielle de ce dommage, dans la limite du montant des prestations à la charge desdites personnes (L. n° 86-1020 du 9 sept. 1986, art. 9-II complété par L. n° 87-1060 du 30 déc. 1987, art. 111).*

V. art. R. 422-1 s.

Le I de l'art. 166 de la L. n° 2019-1479 du 28 déc. 2019 s'applique aux contributions pour lesquelles un fait générateur d'imposition intervient à compter du 1er janv. 2023 (L. préc., art. 166-VI).

BIBL. ▶ D'HAUTEVILLE, *RGAT 1991. 291.* – RENUCCI, *D. 1987. Chron. 197.*

1. Définition de l'acte de terrorisme. Constituent des actes de terrorisme les infractions spécifiées par la L. du 9 sept. 1986, lorsqu'elles sont en relation avec une entreprise individuelle ou collective ayant pour but de troubler gravement l'ordre public par l'intimidation ou la terreur ; la cour d'appel, qui a justement retenu qu'un tel acte implique un minimum d'organisation et qui a, dans l'exercice de son pouvoir souverain d'appréciation, relevé que l'acte non revendiqué dont avaient été victimes les concierges d'un établissement scolaire constituait une action isolée contre cet établissement et que son mode de perpétration ne révélait pas le professionnalisme de son ou ses auteurs, demeurés inconnus, en a exactement déduit que cet acte n'avait pas constitué un acte de terrorisme. • Civ. 1re, 17 oct. 1995, n° 93-14.837 P : *RCA 1996, n° 72.*

2. Qualité de victime d'acte de terrorisme. La qualité de victime d'une personne inscrite sur la liste unique des victimes d'acte de terrorisme établie par le parquet du tribunal de grande instance de Paris peut être contestée par le FGTI. • Civ. 2e, 8 févr. 2018, n° 17-10.456 : *RGDA 2018. 265, note Pélissier.* ♦ Le versement de provisions, en vertu de l'art. L. 422-2 C. assur., à la personne qui en fait la demande, à la suite d'un acte de terrorisme, ne prive pas le FGTI de la possibilité de contester ultérieurement sa qualité de victime. • Même arrêt.

3. Délais. Les art. L. 126-1 et L. 422-1 ne soumettant l'indemnisation des victimes d'actes de terrorisme à aucune condition de date, c'est sans excéder ses pouvoirs, ni violer les textes cités au moyen, qu'une commission d'indemnisation des victimes d'infractions, après avoir constaté que l'infraction commise en 1982 était en rapport avec le terrorisme, s'est déclarée incompétente et a dit que le Fonds de garantie des victimes d'actes de terrorisme et d'autres infractions, auquel les demandeurs devaient adresser leur requête, était seul compétent. • Civ. 2e, 23 juin 1993, n° 91-20.537 P : *RCA 1993, n° 362.*

4. Recours. Il résulte des dispositions combinées des art. L. 422-1 C. assur. et 706-11 C. pr. pén. que le Fonds de garantie des victimes d'actes de terrorisme et d'autres infractions ne peut exercer son recours que s'il justifie que les personnes dans les droits desquelles il est subrogé ont subi un préjudice découlant de l'infraction. • Crim. 24 nov. 2004 : *RCA 2005, n° 93.*

Art. L. 422-1-1 *(L. n° 2019-222 du 23 mars 2019, art. 64-V)* **Le fonds de garantie mentionné à l'article L. 422-1 peut requérir de toute administration ou tout service de l'État et des collectivités publiques, de tout organisme de sécurité sociale, de tout organisme assurant la gestion des prestations sociales, de tout employeur ainsi que des établissements financiers ou entreprises d'assurance susceptibles de réparer tout ou partie du préjudice la réunion et la communication des renseignements dont ceux-ci disposent ou peuvent disposer relatifs à l'exécution de leurs obligations éventuelles, sans que ne puisse lui être opposé le secret professionnel.**

Le fonds de garantie informe la victime mentionnée à l'article L. 126-1 avant toute réquisition susceptible de porter sur des renseignements relatifs à sa personne ou à sa situation et sollicite son accord préalable lorsque la réquisition est adressée à son employeur.

Les renseignements ainsi recueillis ne peuvent être utilisés à d'autres fins que l'instruction du dossier d'indemnisation et leur divulgation est interdite. Les personnes qui ont à connaître des documents et informations fournis au fonds de garantie sont tenues au secret professionnel dans les conditions et sous les peines prévues aux articles 226-13 et 226-14 du code pénal.

Art. L. 422-2 **Le fonds de garantie est tenu, dans un délai d'un mois à compter de la demande qui lui est faite, de verser une ou plusieurs provisions à la victime qui a subi une atteinte à sa personne ou, en cas de décès de la victime, à ses ayants droit, sans préjudice du droit pour ces victimes de saisir le juge des référés.**

(L. n° 2019-222 du 23 mars 2019, art. 64-V, en vigueur le 1er sept. 2020) **« Pour procéder à l'examen médical de la victime mentionnée à l'article L. 126-1, le fonds de garantie choisit un médecin spécialisé en évaluation des dommages corporels inscrit sur les listes des experts judiciaires dressées par les cours d'appel. »**

Le fonds de garantie est tenu de présenter à toute victime une offre d'indemnisation dans un délai de trois mois à compter du jour où il reçoit de celle-ci la justification de ses préjudices. Cette disposition est également applicable en cas d'aggravation du dommage.

Les articles L. 211-15 à L. 211-18 sont applicables à ces offres d'indemnisation. Les offres tardives ou manifestement insuffisantes peuvent ouvrir droit à des dommages et intérêts au profit de la victime.

(L. n° 2016-1827 du 23 déc. 2016, art. 60-II) **« Le fonds rembourse aux régimes d'assurance maladie les dépenses mentionnées au 1° et au *a* du 2° du II de l'article L. 169-10 du code de la sécurité sociale. »**

(L. n° 2019-222 du 23 mars 2019, art. 64-V, en vigueur le 1er avr. 2019) **« Le présent article s'applique lorsque la juridiction reconnaît le droit à indemnisation de la vic-**

time. En ce cas, le délai mentionné au *(L. n° 2019-222 du 23 mars 2019, art. 64-VI, en vigueur le 1er sept. 2020)* **« troisième » alinéa court à compter du jour où la décision de la juridiction est exécutoire. »**

Les dispositions de la L. n° 2016-1827 du 23 déc. 2016 sont applicables aux actes et prestations inscrits sur la liste prévue à l'article L. 162-1-7 CSS et à la délivrance de produits et prestations inscrits sur la liste mentionnée à l'article L. 165-1 CSS intervenus postérieurement au 14 juill. 2016 (L. préc., art. 60-VI).

1. Mentions relatives à la faculté de dénonciation. Ayant constaté que si les quittances que le Fonds faisait signer aux victimes mentionnaient que les règlements dont elles bénéficiaient étaient effectués en application de l'art. L. 422-2, elles ne comportaient pas les mentions obligatoires imposées par l'art. L. 211-16, auquel renvoie l'article précité, suivant lesquelles les victimes pouvaient, par lettre recommandée avec demande d'avis de réception, dénoncer l'offre d'indemnisation dans les quinze jours, une cour d'appel en a exactement déduit que, du fait de cette irrégularité, les victimes, qui n'avaient pas été en mesure d'apprécier la portée exacte de leur acceptation de l'offre faite par le Fonds, conservaient leur droit d'agir contre le tiers responsable pour obtenir une indemnisation complémentaire, la circonstance qu'elles n'aient pas, au préalable, agi en nullité de l'offre et remboursé le Fonds étant indifférente. • Civ. 1re, 15 juill. 1999, n° 97-10.268 P : *D. 2000. 283, note Pech-Le Gac ; RTD civ. 1999. 843, obs. Jourdain ; RCA 1999, n° 336, obs. Groutel.*

2. Contestation de la qualité de victime. Le versement de provisions, en vertu de ce texte, à la personne qui en fait la demande, à la suite d'un acte de terrorisme, ne prive pas le FGTI de la possibilité de contester ultérieurement sa qualité de victime. • Civ. 2e, 8 févr. 2018, n° 17-10.456 : *D. 2153, obs. Bacache, Guégan et Porchy-Simon ; RCA 2018, n° 167 ; ibid. Étude 7 par Knetsch ; JCP G 2018, n° 476, note Lienhard.*

Art. L. 422-3 **En cas de litige, le juge civil, si les faits générateurs du dommage ont donné lieu à des poursuites pénales, n'est pas tenu de surseoir à statuer jusqu'à décision définitive de la juridiction répressive.**

Les victimes des dommages disposent, dans le délai prévu à l'article *(L. n° 2008-561 du 17 juin 2008, art. 18-I)* **« 2226 » du code civil, du droit d'action en justice contre le fonds de garantie.**

Art. L. 422-4 *(L. n° 90-589 du 6 juill. 1990, art. 15)* **Les indemnités allouées en application des articles 706-3 à 706-14 du code de procédure pénale par la commission instituée par l'article 706-4 de ce code** *(L. n° 2008-644 du 1er juill. 2008, art. 2-1°)* **« ainsi que les indemnités et provisions prévues par l'article L. 422-7 du présent code » sont versées par le fonds de garantie des victimes des actes de terrorisme et d'autres infractions.** — *V. App., v° Victimes d'infractions.*

Les dispositions issues de la L. n° 2008-644 du 1er juill. 2008 sont applicables à toutes les décisions juridictionnelles rendues à compter du 1er oct. 2008 (L. préc., art. 14-II).

Le fonds de garantie peut intervenir devant les juridictions de jugement en matière répressive même pour la première fois en cause d'appel, en cas de constitution de partie civile de la victime ou de ses ayants droit contre le ou les responsables des faits. Il intervient alors à titre principal et peut user de toutes les voies de recours ouvertes par la loi (L. n° 86-1020 du 9 sept. 1986, art. 9-IV bis, ajouté par L. n° 87-588 du 30 juill. 1987, art. 103).

Les dispositions de l'art. 9 de la L. n° 86-1020 du 9 sept. 1986 [codifiées ci-dessus] sont applicables aux territoires d'outre-mer et à Mayotte pour les faits commis postérieurement au 31 déc. 1984 (L. n° 90-589 du 6 juill. 1990, art. 19).

Art. L. 422-5 *(L. n° 92-665 du 16 juill. 1992)* **Le fonds de garantie peut interjeter appel des décisions rendues par la commission instituée par l'article 706-4 du code de procédure pénale.**

Art. L. 422-6 *(L. n° 2019-1479 du 28 déc. 2019, art. 166)* **L'article L. 422-1, à l'exception de son cinquième alinéa, et les articles L. 422-1-1 à L. 422-5 sont applicables dans les îles Wallis-et-Futuna, en Polynésie française et en Nouvelle-Calédonie.**

Dans ces collectivités, la contribution prévue à l'article L. 422-1 est perçue par les entreprises d'assurance suivant les mêmes règles et sous les mêmes garanties et sanctions que la taxe sur les conventions d'assurance prévue à l'article 991 du code général des impôts. Elle est recouvrée mensuellement par le fonds de garantie.

Le I de l'art. 166 de la L. n° 2019-1479 du 28 déc. 2019 s'applique aux contributions pour lesquelles un fait générateur d'imposition intervient à compter du 1er janv. 2023 (L. préc., art. 166-VI).

SECTION II AIDE AU RECOUVREMENT DES DOMMAGES ET INTÉRÊTS POUR LES VICTIMES D'INFRACTIONS

(L. n° 2008-644 du 1er juill. 2008, art. 2-3°)

Art. L. 422-7 **Dans un délai de deux mois à compter de la réception de la demande d'aide au recouvrement formulée en application de l'article 706-15-1 du code de procédure pénale, le fonds de garantie accorde à la partie civile le paiement intégral des dommages et intérêts et des sommes allouées en application des articles 375 ou 475-1 du même code si leur montant total est inférieur ou égal à 1 000 €.**

Si le montant total des dommages et intérêts et des sommes allouées en application des articles 375 ou 475-1 du même code est supérieur à 1 000 €, le fonds accorde dans le même délai une provision correspondant à 30 % du montant desdits dommages et intérêts et sommes dans la limite d'un plafond de 3 000 €. Toutefois, le montant de cette provision ne peut pas être inférieur à 1 000 €.

Le fonds de garantie est subrogé dans les droits de la victime dans les conditions prévues par le premier alinéa de l'article 706-11 du même code. Pour les sommes à recouvrer supérieures à la provision versée, le fonds de garantie dispose d'un mandat.

Dispositions applicables à toutes les décisions juridictionnelles rendues à compter du 1er oct. 2008 (L. n° 2008-644 du 1er juill. 2008, art. 14-II).

Art. L. 422-8 **Le fonds de garantie peut exercer toutes voies de droit utiles pour obtenir des personnes responsables du dommage causé par l'infraction ou tenues à un titre quelconque d'en assurer la réparation totale ou partielle le paiement des dommages et intérêts et des sommes allouées en application des articles 375 ou 475-1 du code de procédure pénale.**

Le fonds de garantie peut se faire communiquer les renseignements nécessaires à l'exercice de sa mission d'aide au recouvrement dans les conditions prévues par le dernier alinéa de l'article 706-11 du même code.

Dispositions applicables à toutes les décisions juridictionnelles rendues à compter du 1er oct. 2008 (L. n° 2008-644 du 1er juill. 2008, art. 14-II).

Art. L. 422-9 **Les sommes à recouvrer par le fonds de garantie sont majorées d'une pénalité, au titre des frais de gestion, égale à un pourcentage des dommages et intérêts et des sommes allouées en application des articles 375 ou 475-1 du code de procédure pénale. Ce pourcentage est fixé par arrêté du ministre chargé des assurances.** – *Taux fixé à 30 % par Arr. du 28 nov. 2008, art. 1er (JO 4 déc.).*

Lorsque l'auteur de l'infraction a fait l'objet d'une obligation d'indemnisation de la victime dans le cadre d'une peine de sanction-réparation, d'un sursis probatoire ou d'une décision d'aménagement de peine ou de libération conditionnelle, la partie de la somme recouvrée sous le contrôle du procureur de la République ou du juge de l'application des peines et dans le respect des conditions fixées par ce dernier ou par son délégué ne sera assortie d'aucune pénalité au titre des frais de gestion.

Le fonds recouvre par ailleurs les frais d'exécution éventuellement exposés.

Dispositions applicables à toutes les décisions juridictionnelles rendues à compter du 1er oct. 2008 (L. n° 2008-644 du 1er juill. 2008, art. 14-II).

Art. L. 422-10 **Les sommes recouvrées par le fonds de garantie sont utilisées en priorité pour le remboursement au fonds de garantie des indemnités ou des provisions versées à la partie civile en application de l'article L. 422-7, des frais d'exécution éventuellement exposés et d'une partie des frais de gestion mentionnés à l'article L. 422-9 égale à un pourcentage des indemnités ou des provisions versées à la partie civile en application de l'article L. 422-7. Ce pourcentage est fixé par arrêté du ministre chargé des assurances.** – *Taux fixé à 70 % par Arr. du 28 nov. 2008, art. 2 (JO 4 déc.).*

Pour les sommes recouvrées par le fonds au-delà des indemnités, provisions ou frais mentionnés au précédent alinéa, le fonds perçoit, au titre du remboursement des frais de gestion mentionnés à l'article L. 422-9, un montant égal à ce même pourcentage de ces sommes. Le solde est versé à la partie civile.

Le montant total des frais de gestion perçus par le fonds ne peut en aucun cas dépasser le montant déterminé en application de l'article L. 422-9.

Dispositions applicables à toutes les décisions juridictionnelles rendues à compter du 1er oct. 2008 (L. nº 2008-644 du 1er juill. 2008, art. 14-II).

Art. L. 422-11 *(L. nº 2008-644 du 1er juill. 2008, art. 13-III-2º)* Les articles L. 422-7 à L. 422-10 sont applicables dans les îles Wallis-et-Futuna, en Polynésie française et en Nouvelle-Calédonie.

Pour l'application de l'article L. 422-7 dans les îles Wallis-et-Futuna, en Polynésie française et en Nouvelle-Calédonie, le montant des dommages et intérêts et des sommes allouées en application des articles 375 et 475-1 du code de procédure pénale est exprimé en monnaie locale, compte tenu de la contre-valeur dans cette monnaie.

CHAPITRE III LE FONDS DE GARANTIE DES ASSURÉS CONTRE LA DÉFAILLANCE DE SOCIÉTÉS D'ASSURANCE DE PERSONNES

(L. nº 99-532 du 25 juin 1999)

Art. L. 423-1 Les entreprises agréées en France soumises au contrôle de l'État en vertu de l'article L. 310-1, à l'exception de celles qui sont agréées pour des opérations citées au 3º du même article, *(Ord. nº 2017-484 du 6 avr. 2017, art. 1er-22º)* « ainsi que les fonds de retraite professionnelle supplémentaire » adhèrent à un fonds de garantie destiné à préserver les droits de leurs assurés, et des souscripteurs, adhérents et bénéficiaires de leurs contrats d'assurance-vie, de capitalisation, couvrant des dommages corporels, ou prévus *(Ord. nº 2017-484 du 6 avr. 2017, art. 1er-22º)* « aux articles L. 143-1 et L. 441-1 ».

Sont exclus de toute indemnisation par le fonds de garantie les contrats d'assurance, bons ou contrats de capitalisation et contrats visés à l'article L. 441-1, souscrits par les personnes suivantes :

a) Administrateurs, dirigeants, associés personnellement responsables détenteurs, directement ou indirectement, d'au moins 5 % du capital de l'entreprise *(L. nº 2019-486 du 22 mai 2019, art. 206-XI)* « ou du fonds de retraite professionnelle supplémentaire », commissaires aux comptes et assurés ayant les mêmes qualités dans d'autres sociétés du groupe ;

b) Tiers agissant pour le compte des assurés, souscripteurs de contrats, adhérents et bénéficiaires de prestations, cités au *a* ci-dessus ;

c) Entreprises d'assurance *(Ord. nº 2017-484 du 6 avr. 2017, art. 1er-22º)* « , fonds de retraite professionnelle supplémentaire, mutuelles et unions régies par le code la mutualité, y compris les mutuelles et unions de retraite professionnelle supplémentaire mentionnées à l'article L. 214-1 de ce code, institutions de prévoyance et unions régies par le titre III du livre IX du code de la sécurité sociale et par le II de l'article L. 727-2 du code rural et de la pêche maritime et institutions de retraite professionnelle supplémentaire mentionnées à l'article L. 942-1 du code de la sécurité sociale », sauf lorsqu'il s'agit de contrats souscrits au profit de leurs salariés ou de leurs clients ;

d) Sociétés entrant dans le périmètre de consolidation défini à l'article L. 233-16 du code de commerce dont relève l'entreprise d'assurance *(L. nº 2019-486 du 22 mai 2019, art. 206-XI)* « ou le fonds de retraite professionnelle supplémentaire », sauf s'il s'agit de contrats souscrits au profit de leurs salariés ou de leurs clients ;

e) Établissements de crédit *(Ord. nº 2013-544 du 27 juin 2013, art. 19, en vigueur le 1er janv. 2014)* « , sociétés de financement » et personnes mentionnées à l'article L. 518-1 du code monétaire et financier, sauf pour les contrats souscrits pour le compte d'un emprunteur, d'un client ou de leurs salariés ;

f) Organismes de placement collectifs ;

g) Organismes de retraite, sauf lorsqu'il s'agit de contrats souscrits pour le compte des salariés ou retraités de leurs adhérents.

Art. L. 423-2 I. — *(L. n° 2016-1691 du 9 déc. 2016, art. 47-I-2°)* « Lorsque l'Autorité de contrôle prudentiel et de résolution prend à l'égard d'une *(L. n° 2019-486 du 22 mai 2019, art. 206-XI)* « personne mentionnée au premier alinéa de l'article L. 423-1 » du présent code la mesure conservatoire prévue au 14° du I de l'article L. 612-33 du code monétaire et financier, elle recourt au fonds de garantie régi par le présent chapitre, après avoir consulté par écrit le président du directoire de ce fonds. » *(Ord. n° 2017-1608 du 27 nov. 2017, art. 3)* « Lorsque le collège de résolution de l'Autorité prend à l'égard d'une entreprise mentionnée à l'article L. 311-1 la mesure de résolution prévue au 4° du I de l'article L. 311-30, il recourt au fonds de garantie mentionné à l'article L. 423-1 dans les mêmes conditions. »

S'il conteste la décision de l'Autorité, le président du directoire peut, dans un délai de quinze jours à compter de celle-ci, saisir le ministre chargé de l'économie. Celui-ci peut alors, dans l'intérêt des assurés et des souscripteurs, adhérents et bénéficiaires des contrats et dans un délai de quinze jours, demander à l'Autorité une nouvelle délibération après avoir recueilli l'avis écrit d'un collège arbitral dont la composition est fixée par décret en Conseil d'État.

La décision de l'Autorité de contrôle prudentiel et de résolution de recourir au fonds de garantie est immédiatement notifiée à l'entreprise *(L. n° 2019-486 du 22 mai 2019, art. 206-XI)* « ou au fonds de retraite professionnelle supplémentaire concerné ». En cas de mise en œuvre de la procédure décrite à l'alinéa précédent, seule la nouvelle délibération de l'Autorité est notifiée à l'entreprise.

(L. n° 2016-1691 du 9 déc. 2016, art. 47-I-2°) « II. — Dès cette notification, l'autorité communique au fonds de garantie l'appel d'offres qu'elle lance pour mettre en œuvre la mesure conservatoire mentionnée au 14° du I de l'article L. 612-33 du code monétaire et financier. »

III. — *(Abrogé par L. n° 2016-1691 du 9 déc. 2016, art. 47-I-2°)* *« L'Autorité retient la ou les offres qui lui paraissent le mieux préserver l'intérêt des assurés, souscripteurs de contrats, adhérents et bénéficiaires de prestations, eu égard notamment à la solvabilité des entreprises candidates et aux taux de réduction des engagements qu'elles proposent.*

« La décision de l'Autorité qui prononce le transfert du portefeuille de contrats au profit de la ou des entreprises qu'elle a désignées et qui mentionne, le cas échéant, le taux de réduction pour chaque type de contrats transférés, est publiée au Journal officiel de la République française. Cette décision libère l'entreprise cédante de tout engagement envers les assurés, souscripteurs de contrats, adhérents et bénéficiaires de prestations, dont les contrats ont été transférés en vertu des dispositions du présent article. »

Lorsque la procédure de transfert du portefeuille n'a pas abouti, l'Autorité en informe le fonds de garantie.

IV. — Les engagements et les actifs transférés font l'objet d'une comptabilité distincte *(L. n° 2016-1691 du 9 déc. 2016, art. 47-I-2°)* « en application du II de l'article L. 612-33-2 du code monétaire et financier ». Les bénéfices éventuels dus à une sous-estimation des actifs ou à une surestimation des engagements dans le bilan de transfert reviennent aux assurés, souscripteurs de contrats, adhérents et bénéficiaires de prestations, dont les contrats ont été transférés.

V. — *(Ord. n° 2017-1608 du 27 nov. 2017, art. 3)* « Dans le cadre de la procédure prévue au 14° du I de l'article L. 612-33 du code monétaire et financier, le transfert » de tout ou partie du portefeuille ou le constat de l'échec de la procédure de transfert emporte retrait, par l'Autorité, de tous les agréments administratifs de l'entreprise défaillante *(L. n° 2019-486 du 22 mai 2019, art. 206-XI)* « ou du fonds de retraite professionnelle supplémentaire défaillant ». Le fonds de garantie accomplit, jusqu'à la nomination du liquidateur, les actes nécessaires à la gestion de la partie du portefeuille de contrats qui n'a pas été transférée. L'administrateur provisoire nommé, le cas échéant, par l'Autorité peut accomplir ces actes de gestion pour le compte du fonds de garantie.

Art. *[L.]* 423-3 En cas de transfert de portefeuille, la partie des droits des assurés, souscripteurs de contrats, adhérents et bénéficiaires de prestations éventuellement non couverte par le cessionnaire est garantie dans les limites prévues par décret en Conseil d'État par un versement du fonds de garantie au cessionnaire.

Lorsque la procédure de transfert de portefeuille n'a pas abouti *(Ord. nº 2017-1608 du 27 nov. 2017, art. 3)* « ou que l'Autorité de contrôle prudentiel et de résolution a pris une décision entraînant la liquidation de l'entreprise en vertu de l'article L. 311-19 », les droits des assurés, souscripteurs de contrats, adhérents et bénéficiaires de prestations sont garantis par un versement, à leur profit, du fonds de garantie, dans les limites prévues par décret en Conseil d'État.

Le fonds de garantie dispose d'un droit d'accès aux documents justificatifs du calcul de sa contribution, dont le montant est arrêté par l'Autorité de contrôle prudentiel et de résolution.

Art. *[L.]* 423-4 Le fonds de garantie est une personne morale de droit privé. Il est géré par un directoire agissant sous le contrôle d'un conseil de surveillance. Les membres du directoire et du conseil de surveillance doivent remplir les conditions énoncées à l'article L. 322-2.

Le conseil de surveillance exerce le contrôle permanent de la gestion du fonds de garantie. Il élabore les statuts et le règlement intérieur du fonds de garantie, qui sont homologués par un arrêté du ministre chargé de l'économie. Il élit en son sein son président. – *Statuts et règlement intérieur homologués par Arr. du 7 févr. 2000 (JO 18 févr.) mod par Arr. du 16 juin 2004 (JO 24 juin) et Arr. du 23 juin 2009 (JO 3 juill.).*

Le conseil de surveillance approuve les comptes et nomme les commissaires aux comptes. A la fin de chaque exercice, il est remis au ministre chargé de l'économie un exemplaire des comptes approuvés. Le fonds de garantie est soumis au contrôle de l'inspection générale des finances.

Le conseil de surveillance comprend douze membres désignés par *(L. nº 2019-486 du 22 mai 2019, art. 206-XI)* « les entreprises ou fonds de retraite professionnelle supplémentaire adhérents », chacun des membres représentant *(L. nº 2019-486 du 22 mai 2019, art. 206-XI)* « un » ou plusieurs de ces *(L. nº 2019-486 du 22 mai 2019, art. 206-XI)* « adhérents ». La composition du conseil de surveillance, précisée par les statuts du fonds de garantie, doit être représentative des différentes catégories d'entreprises d'assurance soumises au présent code *(L. nº 2019-486 du 22 mai 2019, art. 206-XI)* « et des fonds de retraite professionnelle supplémentaire ».

Les décisions du conseil de surveillance sont prises à la majorité simple. Chaque membre siégeant au conseil de surveillance dispose d'un nombre de voix dépendant de sa contribution financière totale au fonds de garantie et de celles des entreprises *(L. nº 2019-486 du 22 mai 2019, art. 206-XI)* « ou des fonds de retraite professionnelle supplémentaire » qui l'ont désigné comme leur représentant. En cas de partage égal des voix, le vote du président est prépondérant.

Le directoire est composé de trois membres nommés par le conseil de surveillance, qui confère à l'un d'eux la qualité de président. Les membres du directoire ne peuvent exercer en même temps des fonctions au sein des entreprises *(L. nº 2019-486 du 22 mai 2019, art. 206-XI)* « ou des fonds de retraite professionnelle supplémentaire adhérents, ni recevoir de rétribution de l'un d'eux. » Son président ne peut exercer ses fonctions qu'après agrément du ministre chargé de l'économie.

Le ministre chargé de l'économie ou son représentant ainsi que le président de l'Autorité de contrôle prudentiel et de résolution ou son représentant peuvent, à leur demande, être entendus par le conseil de surveillance et le directoire.

L'Autorité de contrôle prudentiel et de résolution entend le président du directoire du fonds de garantie pour toute question concernant une entreprise d'assurance *(L. nº 2019-486 du 22 mai 2019, art. 206-XI)* « ou un fonds de retraite professionnelle supplémentaire pour lequel » elle envisage de mettre en œuvre les dispositions du présent chapitre.

Le président du directoire est également entendu, à sa demande, par l'Autorité de contrôle prudentiel et de résolution.

Art. L. 423-5 Le fonds de garantie est subrogé dans les droits des assurés, souscripteurs de contrats, adhérents et bénéficiaires de prestations, à concurrence du montant des sommes qu'il a versées.

Le fonds de garantie est également subrogé dans les mêmes limites dans les droits de l'entreprise défaillante *(L. n° 2019-486 du 22 mai 2019, art. 206-XI)* « ou du fonds de retraite professionnelle supplémentaire défaillant » à concurrence des sommes exigibles en vertu de l'exécution des traités de réassurance en cours.

Le fonds de garantie peut engager toute action en responsabilité à l'encontre des dirigeants de droit ou de fait de l'entreprise d'assurance *(L. n° 2019-486 du 22 mai 2019, art. 206-XI)* « ou du fonds de retraite professionnelle supplémentaire » dont la défaillance a entraîné son intervention, aux fins d'obtenir le remboursement de tout ou partie des sommes versées par lui. Il en informe l'Autorité de contrôle prudentiel et de résolution. — *Le Fonds de garantie des assurances obligatoires de dommages, le Fonds de garantie des assurés contre la défaillance des sociétés d'assurance de personnes et le Fonds de garantie des dépôts peuvent exercer à l'encontre des dirigeants de droit ou de fait des établissements pour lesquels ils interviennent les actions en responsabilité visées par les dispositions du troisième al. des art. L. 421-9-4 et L. 423-5 et du second al. de l'art. L. 312-6 C. mon. fin., même pour des faits antérieurs à la date d'entrée en vigueur des textes préc. (L. n° 2003-706 du 1er août 2003, art. 86).*

Art. L. 423-6 Les membres du directoire et du conseil de surveillance du fonds de garantie, ainsi que toute personne qui par ses fonctions a accès aux documents et informations détenus par le fonds de garantie, sont tenus au secret professionnel dans les conditions et sous les peines prévues à l'article 226-13 du code pénal. Ce secret n'est opposable ni à l'autorité judiciaire agissant dans le cadre d'une procédure pénale, ni aux juridictions civiles statuant sur un recours formé à l'encontre d'une décision du fonds de garantie, ni à l'Autorité de contrôle prudentiel et de résolution.

Art. L. 423-7 Les *(L. n° 2019-486 du 22 mai 2019, art. 206-XI)* « adhérents » au fonds de garantie lui fournissent les ressources financières nécessaires à l'accomplissement de ses missions, dans des conditions fixées par décret en Conseil d'État. Le fonds de garantie peut en outre émettre des certificats d'association, nominatifs et non négociables, que souscrivent les *(L. n° 2019-486 du 22 mai 2019, art. 206-XI)* « adhérents » lors de leur adhésion.

Lorsque les pertes subies par le fonds de garantie ne peuvent être couvertes par les cotisations déjà appelées, les certificats d'association mentionnés au précédent alinéa ne peuvent plus faire l'objet d'une rémunération. Le nominal de chacun de ces certificats est alors réduit dans la proportion nécessaire pour absorber les pertes. Ces certificats d'association ne sont pas remboursables.

Le fonds de garantie peut emprunter auprès de ses adhérents. Il peut à cette fin constituer ou demander à ses adhérents de constituer pour son compte les garanties requises conventionnellement.

Le défaut d'adhésion ou l'absence de versement au fonds de garantie de la cotisation appelée sont passibles des sanctions prévues *(Ord. n° 2010-76 du 21 janv. 2010, art. 9-II, 3°, ratifiée par L. n° 2010-1249 du 22 oct. 2010, art. 12-I)* « par l'article L. 612-39 du code monétaire et financier » et de pénalités de retard versées directement au fonds de garantie selon des modalités définies par le règlement intérieur de celui-ci.

Art. L. 423-8 Un décret en Conseil d'État précise :

— les conditions et les plafonds d'indemnisation par assuré, souscripteur, adhérent ou bénéficiaire, les modalités et délais d'indemnisation ainsi que les règles relatives à l'information de la clientèle ;

— les modalités de définition des taux de réduction en cas de transfert de portefeuille de l'entreprise défaillante *(L. n° 2019-486 du 22 mai 2019, art. 206-XI)* « ou du fonds de retraite professionnelle supplémentaire défaillant » ;

— les caractéristiques des certificats d'association, ainsi que les conditions de leur rémunération ;

— le montant global des cotisations annuelles dues par les *(L. n° 2019-486 du 22 mai 2019, art. 206-XI)* « adhérents » ;

– les conditions dans lesquelles une partie de ces cotisations peut ne pas être versée au fonds de garantie moyennant la constitution de garanties appropriées ;

– la formule de répartition de ces cotisations annuelles, dont l'assiette est constituée du montant des *(Ord. nº 2001-350 du 19 avr. 2001, art. 6-XXVI)* « provisions techniques », pondérée par les cotisations déjà versées ainsi que par les indicateurs de la situation financière de chacun des adhérents, et notamment leur solvabilité, reflétant les risques objectifs que l'adhérent fait courir au fonds ;

– les conditions et les modalités de nomination des membres du conseil de surveillance, ainsi que la durée de leur mandat.

Ce décret ne peut être modifié qu'après avis du président du directoire du fonds de garantie.

V. art. R. 423-1 s.

CHAPITRE IV ORGANISME D'INDEMNISATION

(L. nº 2003-706 du 1er août 2003, art. 83-V)

Art. L. 424-1 Un organisme d'indemnisation indemnise les personnes lésées, résidant en France, ayant droit à indemnisation pour tout préjudice résultant d'accidents survenus sur le territoire métropolitain d'un État partie à l'Espace économique européen, autre que l'État français, et mettant en cause un véhicule ayant son stationnement habituel et étant assuré dans un des ces États.

Sans préjudice de la législation des pays tiers en matière de responsabilité civile et du droit international privé, les dispositions du présent article s'appliquent également aux personnes lésées résidant en France et ayant droit à indemnisation pour tout préjudice résultant d'accidents survenus dans un pays tiers dont le bureau national d'assurance a adhéré au régime de la carte internationale d'assurance, lorsque les accidents en question sont causés par la circulation de véhicules assurés et stationnés de façon habituelle dans un État membre de l'Union européenne.

Accident subi à l'étranger par un Français. Aux termes des dispositions nouvelles des art. L. 310-2-2 et L. 424-1, la victime française d'un accident survenu sur le territoire de l'Union européenne doit saisir en France le représentant de l'assureur étranger en s'adressant au bureau central français et, en cas de carence de l'assureur, le fonds de garantie. Un accident étant survenu après l'entrée en vigueur de la loi du 1er août 2003, la requête en indemnisation présentée devant une commission d'indemnisation des victimes d'infraction est irrecevable. • TGI Bobigny, 10 oct. 2005 : *RCA 2006, nº 84.*

Art. L. 424-2 Les personnes lésées peuvent présenter une demande à l'organisme d'indemnisation :

a) Si, dans un délai de trois mois à compter de la date à laquelle la personne lésée a présenté à l'entreprise d'assurance du véhicule dont la circulation a causé l'accident ou à son représentant chargé du règlement des sinistres une demande d'indemnisation, l'entreprise d'assurance ou son représentant chargé du règlement des sinistres n'a pas donné de réponse motivée aux éléments invoqués dans la demande ;

b) Si l'entreprise d'assurance n'a pas désigné de représentant chargé du règlement des sinistres sur le territoire métropolitain de la République française. Dans ce cas, les personnes lésées ne peuvent pas présenter une demande à l'organisme d'indemnisation si elles ont présenté une demande d'indemnisation directement à l'entreprise d'assurance du véhicule dont la circulation a causé l'accident et si elles ont reçu une réponse motivée dans un délai de trois mois à compter de la présentation de la demande ;

c) Si l'identification du véhicule de l'auteur de l'accident n'est pas possible, ou si, dans un délai de deux mois après l'accident, il est impossible d'identifier l'entreprise d'assurance qui accorde sa garantie.

Dans les cas prévus aux *a* et *b*, les personnes lésées ne peuvent toutefois pas présenter une demande à l'organisme d'indemnisation si elles ont engagé une action en justice directement à l'encontre de l'entreprise d'assurance.

Art. L. 424-3 L'organisme d'indemnisation intervient dans un délai de deux mois à compter de la date à laquelle la personne lésée lui présente une demande d'indemnisation. Il cesse son intervention si, dans ce délai de deux mois, l'entreprise d'assurance ou son représentant chargé du règlement des sinistres a donné une réponse motivée à la demande.

L'offre de l'organisme d'indemnisation a un caractère subsidiaire. Il paye les indemnités qui ne peuvent être prises en charge à aucun autre titre, allouées aux victimes ou à leurs ayants droit, lorsque l'accident ouvre droit à réparation. Les versements effectués au profit des victimes ou de leurs ayants droit et qui ne peuvent pas donner lieu à une action récursoire contre le responsable des dommages ne sont pas considérés comme une indemnisation à un autre titre.

Art. L. 424-4 L'organisme d'indemnisation qui a indemnisé la personne lésée est subrogé dans ses droits à l'encontre de l'organisme d'indemnisation de l'État où est situé l'établissement de l'entreprise d'assurance qui a produit le contrat pour le remboursement de la somme payée à titre d'indemnisation.

Art. L. 424-5 Lorsque l'organisme d'indemnisation a remboursé les sommes exposées par ses homologues des autres États parties à l'Espace économique européen, il est alors subrogé dans les droits de la personne lésée et de l'organisme qui l'a indemnisée à l'encontre de la personne ayant causé l'accident ou de l'entreprise d'assurance qui lui accorde sa garantie ou du fonds de garantie prévu à l'article L. 421-1.

Art. L. 424-6 Lorsqu'il intervient dans les conditions prévues aux articles L. 424-1, L. 424-2 et L. 424-3, l'organisme d'indemnisation se fait communiquer tous documents et informations utiles et prend les mesures nécessaires pour négocier le règlement des sinistres. Le droit applicable pour l'indemnisation de la personne lésée est le droit en vigueur sur le territoire de l'État de survenance de l'accident.

Art. L. 424-7 Lorsqu'il est intervenu dans les conditions prévues par le *c* de l'article L. 424-2, l'organisme d'indemnisation possède une créance :

a) Sur le fonds de garantie de l'État où l'accident a eu lieu dans le cas d'un véhicule d'un pays tiers ;

b) Sur le fonds de garantie de l'État où le véhicule a son stationnement habituel si l'entreprise d'assurance ne peut être identifiée ;

c) Sur le fonds de garantie de l'État où l'accident a eu lieu dans le cas d'un véhicule non identifié.

La créance de l'organisme d'indemnisation comprend, outre l'indemnité et les frais y afférents, les frais de sa gestion selon l'accord conclu entre les organismes d'indemnisation créés ou agréés par les États membres.

CHAPITRE V FONDS DE GARANTIE DES RISQUES LIÉS À L'ÉPANDAGE AGRICOLE DES BOUES D'ÉPURATION URBAINES OU INDUSTRIELLES

(L. nº 2006-1772 du 30 déc. 2006, art. 45)

Art. L. 425-1 *(L. nº 2006-1772 du 30 déc. 2006, art. 45)* I. – Un fonds de garantie des risques liés à l'épandage agricole des boues d'épuration urbaines ou industrielles est chargé d'indemniser les préjudices subis par les exploitants agricoles et les propriétaires des terres agricoles et forestières dans les cas où ces terres, ayant reçu des épandages de boues d'épuration urbaines ou industrielles, deviendraient totalement ou partiellement impropres à la culture en raison de la réalisation d'un risque sanitaire ou de la survenance d'un dommage écologique lié à l'épandage, dès lors que, du fait de l'état des connaissances scientifiques et techniques, ce risque ou ce dommage ne pouvait être connu au moment de l'épandage et dans la mesure où ce risque ou ce dommage n'est pas assurable par les contrats d'assurance de responsabilité civile du maître d'ouvrage des systèmes de traitement collectif des eaux usées domestiques ou, le cas échéant, de son ou ses délégataires, de l'entreprise de vidange, ou du maître d'ouvrage des systèmes de traitement des eaux usées industrielles, ci-après désignés par l'expression : "producteurs de boues", ou par les contrats d'assurance relatifs à la production et à l'élimination des boues.

La liste des branches industrielles visées par le présent article est définie par décret en Conseil d'État.

Le fonds assure l'indemnisation des dommages constatés dans la limite d'un montant maximum, sous réserve que l'épandage ait été effectué dans des conditions conformes à la réglementation en vigueur.

Le montant de l'indemnisation est fonction du préjudice subi et ne peut excéder, pour le propriétaire des terres, la valeur de celles-ci.

La gestion comptable et financière du fonds est assurée par la caisse centrale de réassurance dans un compte distinct de ceux retraçant les autres opérations qu'elle effectue. Les frais qu'elle expose pour cette gestion sont imputés sur le fonds.

La caisse est informée de tous les litiges liés à l'épandage agricole des boues d'épuration pris directement en charge par les assurances.

(Abrogé par L. n° 2016-1917 du 29 déc. 2016, art. 83-I) ***« II. — Le fonds mentionné au I est financé par une taxe annuelle due par les producteurs de boues et dont l'assiette est la quantité de matière sèche de boue produite. En outre, le fonds peut recevoir des avances de l'État dans la mesure où les dommages survenus excèdent momentanément la capacité d'indemnisation de ce dernier.***

« Le montant de la taxe est fixé par décret en Conseil d'État dans la limite d'un plafond de 0,5 € par tonne de matière sèche de boue produite.

« Les redevables procèdent à la liquidation de la taxe due au titre de l'année précédente lors du dépôt de leur déclaration de taxe sur la valeur ajoutée du mois de mars ou du premier trimestre de l'année civile.

« La taxe est recouvrée et contrôlée selon les mêmes procédures et sous les mêmes sanctions, garanties, sûretés et privilèges que la taxe sur la valeur ajoutée. Les réclamations sont présentées, instruites et jugées selon les règles applicables à cette même taxe. »

III. — Un décret en Conseil d'État précise les conditions d'application du présent article, notamment le montant maximal que peuvent atteindre les ressources du fonds.

V. art. R. 424-1 s.

Les dispositions de la L. n° 2016-1917 du 29 déc. 2016 s'appliquent aux opérations dont le fait générateur intervient à compter du 1er janv. 2017 (L. préc., art. 83-IV).

Constitutionnalité sous réserve d'interprétation (QPC). En asseyant la taxe sur la quantité de boue produite et non sur la quantité de boue épandue, le législateur a entendu, tout en assurant au fonds d'indemnisation des ressources suffisantes, éviter que la taxe ne dissuade les producteurs de boues de recourir à l'épandage. Ainsi, la différence instituée entre les boues susceptibles d'être épandues que le producteur a l'autorisation d'épandre et les autres déchets qu'il produit et qui ne peuvent être éliminés que par stockage ou par incinération est en rapport direct avec l'objet de la taxe. Toutefois, il n'en va pas de même des boues susceptibles d'être épandues mais que le producteur n'a pas l'autorisation d'épandre : si la taxe instituée par le paragraphe II de l'art. L. 425-1 était également assise sur les boues d'épuration que le producteur n'a pas l'autorisation d'épandre, elle entraînerait une différence de traitement sans rapport direct avec son objet et, par suite, contraire au principe d'égalité devant les charges publiques. Cette taxe ne saurait dès lors être assise que sur les boues d'épuration que le producteur a l'autorisation d'épandre. Sous cette réserve, les dispositions de l'art. L. 425-1 ne sont contraires ni au principe d'égalité devant les charges publiques ni à aucun autre droit ou liberté que la Constitution garantit. • Cons. const. 8 juin 2012, n° 2012-251 QPC : *Dr. fisc. 2012. Actu. 260 ; Constitutions 2012. 468, chron. Barilari*.

CHAPITRE VI FONDS DE GARANTIE DES DOMMAGES CONSÉCUTIFS À DES ACTES DE PRÉVENTION, DE DIAGNOSTIC OU DE SOINS DISPENSÉS PAR DES PROFESSIONNELS DE SANTÉ

(L. n° 2011-1977 du 28 déc. 2011, art. 146-I)

Art. L. 426-1 I. — Un fonds de garantie des dommages consécutifs à des actes de prévention, de diagnostic ou de soins dispensés par les professionnels de santé exerçant à titre libéral et mentionnés à l'article L. 1142-1 du code de la santé publique, lorsque ces dommages engagent leur responsabilité civile professionnelle, est chargé de régler, sans possibilité d'action récursoire contre les professionnels de santé concernés, pour la part de leur montant excédant le montant minimal du plafond fixé par le décret mentionné au troisième alinéa de l'article L. 1142-2 du même code ou, s'il est supérieur, du plafond de garantie prévu par le contrat d'assurance, les indemnisations fixées au titre de la réparation des préjudices subis par les victimes et, en cas de décès, par leurs ayants droit. Le fonds de garantie prend également en charge l'intégralité de ces indemnisations en cas d'expiration du délai de validité de la couverture d'assurance mentionné à l'article L. 251-2 du présent code. Dans ce dernier cas, le professionnel de santé doit alors au fonds remboursement d'une somme égale au montant de la franchise qui était éventuellement prévue par ledit contrat d'assurance.

(Ord. nº 2017-1609 du 27 nov. 2017, art. 14, en vigueur le 1er juill. 2018 ; Rectif., JO 2 déc.) « II. – Le fonds est également chargé d'indemniser les bénéficiaires des contrats souscrits par les professionnels de santé exerçant à titre libéral conformément à l'article L. 1142-2 du code de la santé publique, en cas de retrait d'agrément des entreprises d'assurance opérant en France.

« Ne sont couverts par le fonds que les sinistres survenus en France, relatifs à des dommages présentant le caractère de gravité prévu au II de l'article L. 1142-1 du code de la santé publique et garantis par le contrat, dont le fait dommageable intervient pendant la période de validité du contrat ou antérieurement à cette période et au plus tard à midi le quarantième jour suivant la décision de retrait de l'agrément de l'assureur et dont la réclamation est formulée dans les délais prévus à l'article L. 251-2 dans la limite de dix ans après le quarantième jour suivant la décision de retrait d'agrément. Sont exclus de toute indemnisation les contrats d'assurance mentionnés aux 1° à 4° du II de l'article L. 421-9.

« L'intervention du fonds est suspendue lorsque l'entreprise fait l'objet d'une mesure de résolution dans les conditions prévues à la section VI du chapitre II du titre Ier du livre III. Le fonds indemnise les sinistres dont le fait dommageable intervient au plus tard à midi le quarantième jour suivant la fin de la mesure de résolution si l'agrément n'est pas rétabli et dont la réclamation est formulée dans les délais prévus à l'article L. 251-2 dans la limite de dix ans après le quarantième jour suivant la fin de la mesure si l'agrément n'est pas rétabli.

« Dans les conditions de l'article L. 421-9-4, le fonds est subrogé, dans les droits des assurés, souscripteurs de contrats, adhérents, bénéficiaires de prestations et de l'entreprise dont l'agrément a été retiré, et peut engager toute action en responsabilité.

« III. – » Des conventions peuvent être conclues *(Ord. nº 2017-1609 du 27 nov. 2017, art. 14, en vigueur le 1er juill. 2018)* « pour l'application des I et II » à cet effet par le fonds avec les entreprises d'assurance concernées et l'office institué par l'article L. 1142-22 du code de la santé publique.

(Ord. nº 2017-1609 du 27 nov. 2017, art. 14, en vigueur le 1er juill. 2018) « IV. – » La gestion comptable, financière et administrative du fonds est assurée par la Caisse centrale de réassurance, mentionnée au chapitre Ier du titre III du présent livre IV, dans un compte distinct de ceux retraçant les autres opérations qu'elle effectue. Les frais qu'elle expose pour cette gestion sont imputés sur le fonds.

(Ord. nº 2017-1609 du 27 nov. 2017, art. 14, en vigueur le 1er juill. 2018) « V. – » Une contribution forfaitaire annuelle à la charge des professionnels de santé *(Ord. nº 2017-1609 du 27 nov. 2017, art. 14, en vigueur le 1er juill. 2018)* « mentionnées *[mentionnés]* au I et au II couvre l'intégralité des charges résultant, pour le fonds, des I et II ». Son montant est fixé par arrêté des ministres chargés de la santé et de l'économie entre 15 € et 25 € par an. Ce montant peut être modulé en fonction de la profession exercée.

Cette contribution est perçue par les organismes d'assurance et reversée au fonds dans des conditions fixées par décret en Conseil d'État.

Elle est recouvrée suivant les mêmes règles, sous les mêmes garanties et les mêmes sanctions que la taxe sur les conventions d'assurance prévue aux articles 991 et suivants du code général des impôts.

(Ord. n° 2017-1609 du 27 nov. 2017, art. 14, en vigueur le 1er juill. 2018) **« VI. — » Les transactions conclues par les organismes d'assurance auxquelles le fonds n'est pas partie ne lui sont pas opposables.**

(Ord. n° 2017-1609 du 27 nov. 2017, art. 14, en vigueur le 1er juill. 2018) **« VII. — » Un décret en Conseil d'État fixe les conditions d'application du présent article.** *(Ord. n° 2017-1609 du 27 nov. 2017, art. 14, en vigueur le 1er juill. 2018)* **« Ce décret précise notamment la franchise applicable et le pourcentage d'indemnisation versée par le fonds des sommes que l'entreprise d'assurance défaillante aurait dû payer en cas d'exécution de son engagement. »** — *V. art. R. 427-1 s.*

Les dispositions issues de l'art. L. 146-I de la L. n° 2011-1977 du 28 déc. 2011 sont applicables à tous les accidents médicaux consécutifs à des actes de prévention, de diagnostic ou de soins faisant l'objet d'une réclamation, au sens de l'art. L. 251-2, soit déposée à compter du 1er janv. 2012 en cas d'expiration du délai de validité de la couverture du contrat d'assurance mentionné au même art. L. 251-2, soit mettant en jeu un contrat d'assurance conclu, renouvelé ou modifié à compter du 1er janv. 2012 (L. préc., art. 146-IV).

BIBL. ▶ KNETSCH, *RGDA 2012. 937.*

Arrêté du 23 avril 2012,

Fixant la contribution des professionnels de santé au fonds de garantie des dommages consécutifs à des actes de prévention, de diagnostic ou de soins dispensés par eux.

Art. 1er Le montant de la contribution forfaitaire annuelle prévue au II de l'article L. 426-1 du code des assurances, à la charge des professionnels de santé exerçant à titre libéral mentionnés au I du même article, est fixé à :

25 euros pour les médecins exerçant les spécialités mentionnées à l'article D. 4135-2 du code de la santé publique ;

20 euros pour les autres médecins et les chirurgiens-dentistes ;

15 euros pour les sages-femmes, les pharmaciens, les infirmiers, les masseurs-kinésithérapeutes, les pédicures-podologues, les ergothérapeutes, les psychomotriciens, les orthophonistes, les orthoptistes, les audioprothésistes, les opticiens-lunetiers, les orthoprothésistes, les podo-orthésistes, les ocularistes, les épithésistes, les orthopédistes-orthésistes, les diététiciens et les biologistes médicaux.

Code de la santé publique

Fonds d'indemnisation des victimes contaminées par le virus de l'immunodéficience humaine

Art. L. 3122-1 Les victimes de préjudices résultant de la contamination par le virus d'immunodéficience humaine causée par une transfusion de produits sanguins ou une injection de produits dérivés du sang réalisée sur le territoire de la République française sont indemnisées dans les conditions définies ci-après.

Une clause de quittance pour solde valant renonciation à toute instance et action contre un tiers au titre de sa contamination ne fait pas obstacle à la présente procédure.

(L. n° 2004-806 du 9 août 2004, art. 119 ; L. n° 2008-1330 du 17 déc. 2008, art. 67-V) « La réparation intégrale des préjudices définis au premier alinéa est assurée par l'Office national d'indemnisation des accidents médicaux, des affections iatrogènes et des infections nosocomiales mentionné à l'article L. 1142-22. Un conseil d'orientation, composé notamment de représentants des associations concernées, est placé auprès du conseil d'administration de l'office. »

Les personnes qui ont à connaître des documents et informations fournis à l'office sont tenues au secret professionnel, dans les conditions et sous les peines prévues aux articles 226-13 et 226-14 du code pénal. — *[Anc. art. 47, I, II, III et VII, L. n° 91-1406 du 31 déc. 1991].*

Art. L. 3122-2 *(L. n° 2004-806 du 9 août 2004, art. 119)* Dans leur demande d'indemnisation, les victimes ou leurs ayants droit justifient de l'atteinte par le virus d'immunodéficience humaine et des transfusions de produits sanguins ou des injections de produits dérivés du sang.

La demande fait l'objet d'un accusé de réception.

Les victimes ou leurs ayants droit font connaître à l'office tous les éléments d'information dont elles disposent.

Dans un délai de trois mois à compter de la réception de la demande, qui peut être prolongé à la demande de la victime ou de ses ayants droit, l'office examine si les conditions d'indemnisation sont réunies; il recherche les circonstances de la contamination et procède à toute investigation sans que puisse lui être opposé le secret professionnel.

Lorsque les justifications mentionnées à l'alinéa premier du présent article ont été admises par l'office, celui-ci est tenu de verser dans un délai d'un mois une ou plusieurs provisions si la demande lui en a été faite. – *[Anc. art. 47, IV, L. nº 91-1406].*

Art. L. 3122-3 *(L. nº 2004-806 du 9 août 2004, art. 119)* La victime informe l'office des procédures juridictionnelles éventuellement en cours. Si une action en justice est intentée, la victime informe le juge de la saisine de l'office.

La victime ne dispose du droit d'action en justice contre l'office que si sa demande d'indemnisation a été rejetée, si aucune offre ne lui a été présentée dans le délai mentionné à l'article L. 3122-5 ou si elle n'a pas accepté l'offre qui lui a été faite. Cette action est intentée devant la cour d'appel de Paris. – *[Anc. art. 47, VI, VIII, L. nº 91-1406].*

L'acceptation de l'offre de l'office par la victime vaut transaction au sens de l'article 2044 du code civil.

La décision juridictionnelle rendue dans l'action en justice prévue au deuxième alinéa vaut désistement de toute action juridictionnelle en cours et rend irrecevable toute autre action juridictionnelle visant à la réparation de mêmes préjudices.

Art. L. 3122-4 *(L. nº 2004-806 du 9 août 2004, art. 119)* L'office est subrogé, à due concurrence des sommes versées dans les droits que possède la victime contre la personne responsable du dommage ainsi que contre les personnes tenues à un titre quelconque d'en assurer la réparation totale ou partielle dans la limite du montant des prestations à la charge desdites personnes. Toutefois, l'office ne peut engager d'action au titre de cette subrogation que lorsque le dommage est imputable à une faute.

L'office peut intervenir devant les juridictions de jugement en matière répressive même pour la première fois en cause d'appel en cas de constitution de partie civile de la victime ou de ses ayants droit contre le ou les responsables des préjudices définis à l'alinéa premier de l'article L. 3122-1. Il intervient alors à titre principal et peut user de toutes les voies de recours ouvertes par la loi.

Si les faits générateurs du dommage ont donné lieu à des poursuites pénales, le juge civil n'est pas tenu de surseoir à statuer jusqu'à décision définitive de la juridiction répressive. – *[Anc. art. 47, IX, L. nº 91-1406].*

Art. L. 3122-5 *(L. nº 2004-806 du 9 août 2004, art. 119)* L'office est tenu de présenter à toute victime mentionnée à l'article L. 3122-1 une offre d'indemnisation dans un délai dont la durée est fixée par décret et ne peut excéder six mois à compter du jour où l'office reçoit la justification complète des préjudices. Cette disposition est également applicable en cas d'aggravation d'un préjudice déjà couvert au titre du premier alinéa de l'article L. 3122-1.

L'offre indique l'évaluation retenue par l'office pour chaque chef de préjudice, nonobstant l'absence de consolidation, et notamment du fait de la séropositivité, ainsi que le montant des indemnités qui reviennent à la victime compte tenu, d'une part, des prestations énumérées à l'article 29 de la loi nº 85-677 du 5 juillet 1985 tendant à l'amélioration de la situation des victimes d'accident de la circulation et à l'accélération des procédures d'indemnisation et, d'autre part, des indemnités de toute nature reçues ou à recevoir d'autres débiteurs du chef du même préjudice. – *[Anc. art. 47, V, L. nº 91-1406].*

L'offre d'indemnisation adressée à la victime en application du premier alinéa est présentée par le directeur de l'Office national d'indemnisation des accidents médicaux, des affections iatrogènes et des infections nosocomiales *(Abrogé par L. nº 2008-1330 du 17 déc. 2008, art. 67-V) «, sur avis conforme de la commission d'indemnisation mentionnée à l'article L. 3122-1 ».*

Art. L. 3122-6 Sauf disposition contraire, les modalités d'application du présent chapitre sont fixées par décret en Conseil d'État.

Al. 2 abrogé par L. nº 2004-806 du 9 août 2004, art. 119.

....

SECTION I. *Indemnisation*
(Décr. n° 2010-251 du 11 mars 2010, art. 4)

Les dispositions du Décr. n° 2010-251 du 11 mars 2010 entrent en vigueur le premier jour du troisième mois suivant la publication de l'arrêté de nomination des membres du conseil d'orientation et au plus tard avant le 1er juill. 2010 (Décr. préc., art. 8).

Art. R. 3122-1 La demande d'indemnisation présentée au titre des préjudices définis à l'article L. 3122-1 comporte, outre la justification des préjudices, les éléments justificatifs mentionnés au premier alinéa de l'article L. 3122-2.

Cette demande est adressée à l'Office national d'indemnisation des accidents médicaux, des affections iatrogènes et des infections nosocomiales mentionné à l'article L. 1142-22, par lettre recommandée avec demande d'avis de réception.

L'office accuse réception de la demande.

Le cas échéant, il demande les pièces manquantes.

Il informe le demandeur sans délai, par lettre recommandée avec demande d'avis de réception, du caractère complet de sa demande au regard des justificatifs visés au premier alinéa de l'article L. 3122-2.

Art. R. 3122-2 Toute personne physique ou morale détenant des informations de nature à éclairer l'office sur les demandes d'indemnisation dont il est saisi est tenue, à la demande de l'office, de lui transmettre ces informations en application du quatrième alinéa de l'article L. 3122-2. Les informations médicales couvertes par le secret médical ne peuvent être transmises que par un médecin.

L'office communique ces informations au demandeur. Les informations de caractère médical lui sont transmises par ce médecin.

Art. R. 3122-3 Afin d'apprécier l'importance des dommages et de déterminer leur imputabilité, le directeur de l'office diligente, s'il y a lieu, une expertise.

Le médecin chargé de procéder à l'expertise est choisi, en fonction de sa compétence dans le ou les domaines concernés, sur la liste nationale des experts en accidents médicaux mentionnée à l'article L. 1142-10 ou une des listes instituées par l'article 2 de la loi n° 71-498 du 29 juin 1971 relative aux experts judiciaires ou, à titre exceptionnel, en dehors de ces listes.

L'office informe alors le demandeur, quinze jours au moins avant la date de l'examen, de l'identité et des titres du ou des médecins chargés d'y procéder et de la mission d'expertise qui lui *[leur]* est confiée.

L'office fait également savoir au demandeur qu'il peut se faire assister d'une personne de son choix.

L'expert adresse son projet de rapport au demandeur qui dispose alors d'un délai de quinze jours pour lui faire parvenir ses éventuelles observations.

Dans les trois mois suivant la date de sa désignation, l'expert adresse à l'office son rapport d'expertise comprenant sa réponse aux éventuelles observations du demandeur.

L'office adresse ce rapport sans délai au demandeur qui dispose d'un délai de quinze jours pour lui faire parvenir ses éventuelles observations.

Art. R. 3122-4 L'office national prend en charge le coût des expertises, sous réserve du remboursement exigible à l'occasion des actions subrogatoires visées à l'article L. 3122-4.

Art. R. 3122-5 L'office se prononce sur la demande d'indemnisation, par lettre recommandée avec demande d'avis de réception.

Les décisions rejetant totalement ou partiellement cette demande sont motivées.

En cas d'acceptation, le directeur de l'office présente au demandeur l'offre d'indemnisation arrêtée dans les conditions fixées à l'article L. 3122-5.

Art. R. 3122-6 La durée du délai défini au premier alinéa de l'article L. 3122-5 est fixée à six mois.

Ce délai est également applicable en cas d'aggravation d'un préjudice déjà couvert au titre du premier alinéa de l'article L. 3122-1.

Art. R. 3122-7 Le demandeur fait connaître à l'office par lettre recommandée avec demande d'avis de réception s'il accepte ou non l'offre d'indemnisation qui lui est faite.

Lorsque le demandeur accepte l'offre, l'office dispose d'un délai d'un mois pour verser la somme correspondante.

SECTION II. *Actions en justice*

SOUS-SECTION 1. *Actions contre l'office (Décr. nº 2005-1768 du 30 déc. 2005).*

Les art. R. 3122-18 à R. 3122-29 deviennent les art. R. 3122-8 à R. 3122-19 (Décr. nº 2010-251 du 11 mars 2010, art. 5, 1º).

Art. R. 3122-8 Le délai pour agir en justice devant la cour d'appel de Paris contre *(Décr. nº 2005-1768 du 30 déc. 2005)* « l'office » est de deux mois. Ce délai court à compter de la notification par lettre recommandée avec demande d'avis de réception de l'offre d'indemnisation ou du rejet de la demande.

A défaut d'offre ou de rejet de la demande, le point de départ du délai est fixé à l'expiration d'un délai de *(Décr. nº 2010-251 du 11 mars 2010, art. 5-2º)* « six » mois qui court à partir du jour où *(Décr. nº 2005-1768 du 30 déc. 2005)* « l'office » reçoit la justification complète des préjudices.

(Abrogé par Décr. nº 2010-251 du 11 mars 2010, art. 5-2º) (Décr. nº 2005-1768 du 30 déc. 2005) *« L'office » est présumé avoir cette justification s'il ne répond pas, en indiquant les pièces manquantes, dans les quinze jours, par lettre recommandée avec demande d'avis de réception, à la demande qui lui est adressée à cette fin et en la même forme par la partie qui l'a saisi. »*

Art. R. 3122-9 La notification de l'offre d'indemnisation ou du rejet de la demande par *(Décr. nº 2005-1768 du 30 déc. 2005)* « « l'office » mentionne le délai pour agir et les modalités selon lesquelles l'action peut être exercée devant la cour d'appel de Paris.

Art. R. 3122-10 Par dérogation aux dispositions du titre VI du livre II du *(Décr. nº 2008-484 du 22 mai 2008, art. 22)* « code de procédure civile », les actions intentées devant la cour d'appel de Paris contre *(Décr. nº 2005-1768 du 30 déc. 2005)* « l'office » sont engagées, instruites et jugées conformément aux dispositions des articles *(Décr. nº 2010-251 du 11 mars 2010, art. 5-3º)* « R. 3122-11 à R. 3122-19 ».

Art. R. 3122-11 La demande est formée par déclaration écrite remise en double exemplaire contre récépissé au greffe de la cour d'appel ou adressée à ce même greffe par lettre recommandée avec demande d'avis de réception.

La déclaration indique les nom, prénom, adresse du demandeur et l'objet de la demande.

Lorsque la déclaration ne contient pas l'exposé des motifs invoqués, le demandeur dépose cet exposé au greffe dans le mois qui suit le dépôt de la déclaration, à peine d'irrecevabilité de la demande.

Art. R. 3122-12 La déclaration ou l'exposé des motifs prévu à l'article *(Décr. nº 2010-251 du 11 mars 2010, art. 5-4º)* « R. 3122-11 » mentionne la liste des pièces et documents justificatifs produits. Les pièces et documents sont remis au greffe de la cour d'appel en même temps que la déclaration ou l'exposé des motifs. Le cas échéant, copie de l'offre d'indemnisation ou du rejet de la demande est jointe à la déclaration.

Art. R. 3122-13 Dès l'accomplissement des formalités par le demandeur, le greffe de la cour d'appel adresse *(Décr. nº 2005-1768 du 30 déc. 2005)* « à l'office », par lettre recommandée avec demande d'avis de réception, copie de la déclaration et, le cas échéant, de l'exposé des motifs prévus à l'article *(Décr. nº 2010-251 du 11 mars 2010, art. 5-4º)* « R. 3122-11 ».

Dans le mois de cette notification, *(Décr. nº 2005-1768 du 30 déc. 2005)* « l'office » transmet le dossier au greffe de la cour d'appel.

Art. R. 3122-14 Le premier président de la cour d'appel ou son délégué fixe les délais dans lesquels les parties à l'instance se communiquent leurs observations écrites et en déposent copie au greffe de la cour. Il fixe également la date des débats.

Le greffe notifie ces délais aux parties et les convoque à l'audience prévue pour les débats par lettre recommandée avec demande d'avis de réception.

Art. R. 3122-15 Les parties ont la faculté de se faire *(Décr. nº 2012-634 du 3 mai 2012, art. 19)* « assister ou représenter par un avocat ».

Art. R. 3122-16 Les notifications entre parties sont faites par lettre recommandée avec demande d'avis de réception ou par notification directe entre les avocats.

Art. R. 3122-17 Les débats ont lieu en chambre du conseil.

Art. R. 3122-18 Le greffe notifie l'arrêt de la cour d'appel par lettre recommandée avec demande d'avis de réception aux parties à l'instance et s'il y a lieu aux avocats.

Art. R. 3122-19 Les notifications prévues par lettre recommandée avec demande d'avis de réception *(Décr. nº 2010-251 du 11 mars 2010, art. 5-5º)* « aux articles R. 3122-8, R. 3122-11, R. 3122-13, R. 3122-14, R. 3122-16 et R. 3122-18 » peuvent également être faites par tout autre mode de notification écrite, contre récépissé.

SOUS-SECTION 2. *Actions contre les responsables des dommages*

Art. R. 3122-20 *(Décr. nº 2005-1768 du 30 déc. 2005)* « L'office » peut, pour exercer l'action subrogatoire prévue à l'article L. 3122-4, intervenir même pour la première fois en cause d'appel devant toute juridiction de l'ordre administratif ou judiciaire. Il intervient alors à titre principal et peut user de toutes les voies de recours ouvertes par la loi.

Art. R. 3122-21 Les greffes et secrétariats-greffes des juridictions des ordres administratif et judiciaire adressent *(Décr. nº 2005-1768 du 30 déc. 2005)* « à l'office », par lettre recommandée avec demande d'avis de réception, copie des actes de procédure saisissant celles-ci, à titre initial ou additionnel, de toute demande en justice relative à la réparation des préjudices définis au premier alinéa de l'article L. 3122-1.

Art. R. 3122-22 Dans le délai d'un mois à compter de la réception de la lettre mentionnée à l'article *(Décr. nº 2010-251 du 11 mars 2010, art. 5-6º)* « R. 3122-21 », *(Décr. nº 2005-1768 du 30 déc. 2005)* « l'office » indique au président de la juridiction concernée, s'il a été ou non saisi d'une demande d'indemnisation ayant le même objet et dans l'affirmative, l'état d'avancement de la procédure. Il fait en outre savoir s'il entend ou non intervenir à l'instance.

(Décr. nº 2005-1768 du 30 déc. 2005) « Lorsque la victime a accepté l'offre faite par l'office, le directeur adresse au président de la juridiction copie des documents sur lesquels est fondée la transaction. L'office » fait connaître le cas échéant l'état de la procédure engagée devant la cour d'appel de Paris en application des dispositions des articles de la sous-section 1 de la présente section et communique, s'il y a lieu, l'arrêt rendu par la cour.

Les parties sont informées par le greffe ou le secrétariat-greffe des éléments communiqués par *(Décr. nº 2005-1768 du 30 déc. 2005)* « l'office ».

Art. R. 3122-23 Copie des décisions rendues en premier ressort et, le cas échéant, en appel, dans les instances auxquelles *(Décr. nº 2005-1768 du 30 déc. 2005)* « l'office » n'est pas intervenu est adressée à celui-ci par le greffe ou le secrétariat-greffe.

Loi nº 2000-1257 du 23 décembre 2000,

De financement de la sécurité sociale pour 2001 (JO 24 déc.).

Indemnisation des victimes de l'amiante

Art. 53 I. — Peuvent obtenir la réparation intégrale de leurs préjudices :

1º Les personnes qui ont obtenu la reconnaissance d'une maladie professionnelle occasionnée par l'amiante au titre de la législation française de sécurité sociale ou d'un régime assimilé ou de la législation applicable aux pensions civiles et militaires d'invalidité ;

2º Les personnes qui ont subi un préjudice résultant directement d'une exposition à l'amiante sur le territoire de la République française ;

3º Les ayants droit des personnes visées aux 1º et 2º.

II. — Il est créé, sous le nom de « Fonds d'indemnisation des victimes de l'amiante », un établissement public national à caractère administratif, doté de la personnalité juridique et de l'autonomie financière, placé sous la tutelle des ministres chargés de la sécurité sociale et du budget.

Cet établissement a pour mission de réparer les préjudices définis au I du présent article.

Il est administré par un conseil d'administration composé de représentants de l'État, des organisations siégeant à la commission des accidents du travail et des maladies professionnelles de la Caisse nationale de l'assurance maladie des travailleurs salariés, des associations nationales d'aide aux victimes de l'amiante et de personnalités qualifiées. Il est présidé par un magistrat.

(L. nº 2001-1246 du 21 déc. 2001, art. 43-II) « Il emploie des agents régis par les titres II, III ou IV du statut général des fonctionnaires en position d'activité, de détachement ou de mise à disposition. Il emploie également des agents contractuels de droit public avec lesquels il peut conclure des contrats à durée déterminée ou indéterminée. Il peut également faire appel à des agents contractuels de droit privé pour occuper des fonctions exigeant une qualification particulière dans le domaine de l'indemnisation des préjudices ou des maladies profes-

sionnelles. Les agents contractuels employés par le Fonds d'indemnisation des victimes de l'amiante sont tenus au secret et à la discrétion professionnels dans les mêmes conditions que celles qui sont définies à l'article 26 de la loi n° 83-634 du 13 juillet 1983 portant droits et obligations des fonctionnaires. »

III. — Le demandeur justifie de l'exposition à l'amiante et de l'atteinte à l'état de santé de la victime.

Le demandeur informe le fonds des autres procédures relatives à l'indemnisation des préjudices définis au I éventuellement en cours. Si une action en justice est intentée, il informe le juge de la saisine du fonds.

Si la maladie est susceptible d'avoir une origine professionnelle et en l'absence de déclaration préalable par la victime, le fonds transmet sans délai le dossier à l'organisme concerné au titre de la législation française de sécurité sociale ou d'un régime assimilé ou de la législation applicable aux pensions civiles et militaires d'invalidité. Cette transmission vaut déclaration de maladie professionnelle. Elle suspend le délai prévu au IV du présent article jusqu'à ce que l'organisme concerné communique au fonds les décisions prises. En tout état de cause, l'organisme saisi dispose pour prendre sa décision d'un délai de trois mois, renouvelable une fois si une enquête complémentaire est nécessaire. Faute de décision prise par l'organisme concerné dans ce délai, le fonds statue dans un délai de trois mois.

Le fonds examine si les conditions de l'indemnisation sont réunies : il recherche les circonstances de l'exposition à l'amiante et ses conséquences sur l'état de santé de la victime ; il procède ou fait procéder à toute investigation et expertise utiles sans que puisse lui être opposé le secret professionnel ou industriel. Vaut justification de l'exposition à l'amiante la reconnaissance d'une maladie professionnelle occasionnée par l'amiante au titre de la législation française de sécurité sociale ou d'un régime assimilé ou de la législation applicable aux pensions civiles et militaires d'invalidité, ainsi que le fait d'être atteint d'une maladie provoquée par l'amiante et figurant sur une liste établie par arrêté des ministres chargés du travail et de la sécurité sociale.

(L. n° 2016-41 du 26 janv. 2016, art. 199-I-1°) « Vaut également justification du lien entre l'exposition à l'amiante et le décès la décision de prise en charge de ce décès au titre d'une maladie professionnelle occasionnée par l'amiante en application de la législation française de sécurité sociale ou d'un régime assimilé ou de la législation applicable aux pensions civiles et militaires d'invalidité. » — *Ces dispositions s'appliquent aux demandes d'indemnisation postérieures à l'entrée en vigueur la L. n° 2016-41 du 26 janv. 2016 (L. préc., art. 199-II).*

Dans les cas valant justification de l'exposition à l'amiante visés *(L. n° 2016-41 du 26 janv. 2016, art. 199-I-1°)* « aux quatrième et cinquième alinéas du présent III », le fonds peut verser une provision si la demande lui en a été faite, il est statué dans le délai d'un mois à compter de la demande de provision.

Le fonds peut requérir de tout service de l'État, collectivité publique, organisme assurant la gestion des prestations sociales, organisme assureur susceptibles de réparer tout ou partie du préjudice, la communication des renseignements relatifs à l'exécution de leurs obligations éventuelles.

Les renseignements ainsi recueillis ne peuvent être utilisés à d'autres fins que l'instruction de la demande faite au fonds d'indemnisation et leur divulgation est interdite. Les personnes qui ont à connaître des documents et informations fournis au fonds sont tenues au secret professionnel.

Le demandeur peut obtenir la communication de son dossier, sous réserve du respect du secret médical.

(L. n° 2010-1594 du 20 déc. 2010, art. 92-I-1°) « III *bis*. — Les droits à l'indemnisation des préjudices mentionnés au I se prescrivent par dix ans à compter de la date du premier certificat médical établissant le lien entre la maladie et l'exposition à l'amiante. Toutefois, le délai de prescription ne court :

« 1° Pour l'indemnisation des préjudices résultant de l'aggravation d'une maladie dont un certificat médical a déjà établi le lien avec l'exposition à l'amiante, que de la date du premier certificat médical constatant cette aggravation.

« 2° Pour l'indemnisation des ayants droit d'une personne décédée, quand son décès est lié à l'exposition à l'amiante, que de la date du premier certificat médical établissant le lien entre le décès et cette exposition. »

IV. — Dans les six mois à compter de la réception d'une demande d'indemnisation, le fonds présente au demandeur une offre d'indemnisation. Il indique l'évaluation retenue pour chaque chef de préjudice, ainsi que le montant des indemnités qui lui reviennent compte tenu des prestations énumérées à l'article 29 de la loi n° 85-677 du 5 juillet 1985 tendant à l'amélioration de la situation des victimes d'accidents de la circulation et à l'accélération des procédures d'indemnisation *[V. ce texte, App., v° Recours des organismes sociaux contre le responsable]*, et des indemnités de toute nature reçues ou à recevoir d'autres débiteurs du chef du même préjudice. Le fonds présente une offre d'indemnisation nonobstant l'absence de consolidation.

Une offre est présentée dans les mêmes conditions en cas d'aggravation de l'état de santé de la victime *(Abrogé par L. 2010-1594 du 20 déc. 2010, art. 92-I-2°)* « *ou si une indemnisation complémentaire est susceptible d'être accordée dans le cadre d'une procédure pour faute inexcusable de l'employeur* ».

L'acceptation de l'offre ou la décision juridictionnelle définitive rendue dans l'action en justice prévue au V vaut désistement des actions juridictionnelles en indemnisation en cours et rend irrecevable tout autre action juridictionnelle future en réparation du même préjudice. Il en va de même des décisions juridictionnelles devenues définitives allouant une indemnisation intégrale pour les conséquences de l'exposition à l'amiante.

V. — Le demandeur ne dispose du droit d'action en justice contre le fonds d'indemnisation que si sa demande d'indemnisation a été rejetée, si aucune offre ne lui a été présentée dans le délai mentionné au premier alinéa du IV ou s'il n'a pas accepté l'offre qui lui a été faite.

Cette action est intentée devant la cour d'appel dans le ressort de laquelle se trouve le domicile du demandeur.

(L. n° 2002-303 du 4 mars 2002, art. 21) « Celui-ci a la possibilité de se faire assister ou représenter par son conjoint, un ascendant ou un descendant en ligne directe, un avocat ou un délégué des associations de mutilés et invalides du travail les plus représentatives. »

VI. — Le fonds est subrogé, à due concurrence des sommes versées, dans les droits que possède le demandeur contre la personne responsable du dommage ainsi que contre les personnes ou organismes tenus à un titre quelconque d'en assurer la réparation totale ou partielle dans la limite du montant des prestations à la charge desdites personnes.

Le fonds intervient devant les juridictions civiles, y compris celles du contentieux de la sécurité sociale, notamment dans les actions en faute inexcusable, et devant les juridictions de jugement en matière répressive, même pour la première fois en cause d'appel, en cas de constitution de partie civile du demandeur contre le ou les responsables des préjudices; il intervient à titre principal et peut user de toutes les voies de recours ouvertes par la loi.

Si le fait générateur du dommage a donné lieu à des poursuites pénales, le juge civil n'est pas tenu de surseoir à statuer jusqu'à décision définitive de la juridiction répressive.

(L. n° 2010-1594 du 20 déc. 2010, art. 92-I-3°) « La reconnaissance de la faute inexcusable de l'employeur, à l'occasion de l'action à laquelle le fonds est partie, ouvre droit à la majoration des indemnités versées à la victime ou à ses ayants droit en application de la législation de sécurité sociale. L'indemnisation à la charge du fonds est alors révisée en conséquence. »

VII. — Le fonds est financé par une contribution de l'État, dans les conditions fixées par la loi de finances, et par une contribution de la branche accidents du travail et maladies professionnelles du régime général de la sécurité sociale dont le montant est fixé chaque année par la loi de financement de la sécurité sociale, sur la base d'un rapport d'activité du fonds établi par son conseil d'administration et transmis au Parlement et au Gouvernement *(L. n° 2002-1487 du 20 déc. 2002, art. 52-II)* « chaque année avant le 1er juillet ».

VIII. — *V. C. pr. pén., art. 706-3, App., v° Victimes d'infraction (indemnisation).*

Les dispositions de l'alinéa précédent ne remettent pas en cause la compétence juridictionnelle pour connaître, en appel ou en cassation, des décisions rendues avant la date de publication du décret mentionné au X du présent article par les commissions instituées par l'article 706-4 du code de procédure pénale.

IX. — Les demandes d'indemnisation des préjudices causés par l'exposition à l'amiante en cours d'instruction devant les commissions instituées par l'article 706-4 du code de procédure pénale à la date de publication du décret mentionné au X sont transmises au fonds d'indemnisation des victimes de l'amiante. Les provisions allouées en application du dernier alinéa de l'article 706-6 du code de procédure pénale sont remboursées par le fonds d'indemnisation des victimes de l'amiante au fonds de garantie des victimes des actes de terrorisme et d'autres infractions.

X. — Les modalités d'application du présent article sont fixées par décret en Conseil d'État. *— V. Décr. n° 2001-963 du 23 oct. 2001.*

Le délai fixé au IV est porté à neuf mois pendant l'année qui suit la publication du décret mentionné à l'alinéa précédent.

(Ord. n° 2009-537 du 14 mai 2009, art. 18) « XI. — Le fonds peut gérer, pour le compte de la Nouvelle-Calédonie, un dispositif d'indemnisation des victimes de l'amiante défini par

cette collectivité dans le cadre de ses compétences, dans des conditions fixées par une convention conclue entre le fonds et la Nouvelle-Calédonie. »

Le délai de prescription fixé au III bis de l'art. 53 de la loi de financement de la sécurité sociale pour 2001 (n° 2000-1257 du 23 déc. 2000) s'applique immédiatement en tenant compte du délai écoulé depuis l'établissement du premier certificat médical mentionné au même III bis. Toutefois, à cette fin, les certificats médicaux établis avant le 1er janv. 2004 sont réputés l'avoir été à cette même date.

Dans le délai de trois ans à compter du 1er janv. 2011, les auteurs d'une demande d'indemnisation rejetée avant l'entrée en vigueur de la présente loi au motif que les droits étaient prescrits, ou leurs ayants droits, peuvent demander au Fonds d'indemnisation des victimes de l'amiante de se prononcer à nouveau sur la demande, à condition qu'ils se désistent, le cas échéant, de leur action en cours à l'encontre de la décision de rejet.

Le fonds informe les auteurs des demandes mentionnées au deuxième alinéa du présent II des droits dont ils bénéficient en application de ce même II (L. n° 2010-1594 du 20 déc. 2010, art. 92-II).

BIBL. ▶ GUETTIER, L'État face aux contaminations liées à l'amiante, *AJDA 2001. 529*. – HARDY, La création d'un fonds d'indemnisation des victimes de l'amiante, *JCP E 2001. 605*.

1. *Conformité aux règles constitutionnelles.* • Cons. const. 19 déc. 2000, décis. n° 2000-437 DC : *Rec. Cons. const. 190 ; D. 2001. 1766, obs. Ribes ; Dr. soc. 2001. 270, note Prétot ; LPA 22 déc. 2000, n° 255, p. 5, chron. Schoettl ; ibid. 2001, n° 86-87, p. 4, note Castagnède ; RD publ. 2001. 267, note Spitz ; RFDC 2001. 129, obs. Philip ; ibid. 134, obs. Ribes ; RFFP 2001, n° 74, p. 257, chron. Prétot ; RJS 2001, n° 232 ; RTD civ. 2001. 226, obs. Molfessis ; TPS 2001, chron. n° 4, note Pellet.* ♦ Faute de toute incidence sur l'équilibre financier de la sécurité sociale, l'aménagement des conditions dans lesquelles le demandeur peut se faire assister en justice lorsqu'il agit à l'encontre des fonds d'indemnisation ne peut figurer dans une loi de financement de la sécurité sociale. • Cons. const. 18 déc. 2001, décis. n° 2001-453 DC : *JO 26 déc., p. 26582 ; Dr. soc. 2002. 191, note Prétot ; LPA 31 déc. 2001, n° 260, p. 4, chron. Schoettl ; RJS 2002, n° 212.*

2. *Respect du droit au recours.* En prévoyant que l'acceptation de l'offre d'indemnisation vaut désistement des actions engagées aux fins d'indemnisation et rend irrecevables les actions ultérieures aux mêmes fins, les dispositions de la loi ne méconnaissent pas le droit à un recours juridictionnel effectif dès lors que, tendant à la simplification des procédures et à la prévention de la double réparation d'un même préjudice, elles prévoient la réparation intégrale du préjudice subi, ouvrent aux intéressés un ensemble de voies de recours à l'encontre tant des décisions des fonds d'indemnisation que des juridictions saisies de leurs actions, et réservent la faculté de saisir le juge répressif. • Cons. const. 19 déc. 2000, décis. n° 2000-437 DC : *préc. note 1.* ♦ V. égal. • CE 26 févr. 2003, n° 241385 : *Envir. 2003. Comm. 72, obs. Benoît ; RJS 2003. 629, n° 943.*

3. *Contentieux.* La décision de reconnaissance d'une maladie professionnelle occasionnée par l'amiante au titre de la législation française de sécurité sociale ou d'un régime assimilé ou de la législation applicable aux pensions civiles et militaires, s'impose, avec tous ses effets, au fonds d'indemnisation des victimes de l'amiante (FIVA). • Civ. 2e, 25 oct. 2007, n° 06-21.392 P : *JCP S 2008, n° 1417, note Asquinazi-Bailleux.* ♦ Conf. par • Civ. 2e, 8 janv. 2009 : *JCP S 2009, n° 1181, note Vachet.* ♦ Comp • Civ. 2e, 7 mai 2009 : *JCP S 2009, n° 1428, note Asquinazi-Bailleux.*

4. *Évaluation du préjudice futur.* C'est dans l'exercice de son pouvoir souverain d'appréciation qu'une cour d'appel, après avoir évalué la perte de ressources résultant pour la veuve d'une victime, décédée des suites d'une maladie occasionnée par l'amiante, a fixé, à la date de sa décision, le préjudice économique futur de celle-ci, mis à la charge du FIVA, qui n'était ni hypothétique ni éventuel. • Civ. 2e, 10 févr. 2011 : *JCP S 2011, n° 1278, note Asquinazi-Bailleux ; RCA 2011. 178, obs. Groutel.*

5. *Assiette.* Les arrérages échus de la rente versée par le FIVA, en réparation du poste de préjudice fonctionnel permanent subi par une victime atteinte d'une maladie occasionnée par l'amiante, constituent l'assiette sur laquelle doivent être imputés les arrérages échus de la rente versée par un organisme social en réparation de ce même poste de préjudice, peu important que le service de cette dernière rente ait commencé postérieurement à celle versée par le Fonds. • Civ. 2e, 10 févr. 2011 : *JCP S 2011, n° 203, note Tauran ; JCP 2011, n° 1710, obs. Colonna et Renaux-Personnic.*

6. *Conséquence de l'attribution de l'allocation spécifique de cessation anticipée d'activité sur la demande de réparation à l'égard du FIVA.* Le salarié admis au bénéfice de l'allocation de cessation anticipée d'activité des travailleurs de l'amiante, prévue par l'art. 41 de la L. n° 98-1194 du 23 déc. 1998, accordée indépendamment de son état de santé, et qui présente sa démission à son employeur n'est pas fondé à obtenir réparation auprès du FIVA, d'une perte de revenus résultant de la mise en œuvre du dispositif légal. • Civ. 2e, 3 févr. 2011 : *D. 2011. 524 ; ibid. 2150, chron. Sommer, Leroy-Gissinger, Adida-Canac et Bouvier* • 3 févr. 2011 : *JCP 2011, n° 558, note Colonna et Renaux-Personnic ; JCP S 2011, n° 1175, note Tauran ; Gaz. Pal. 4 mars 2011, n° 63-64, p. 55, obs. Coursier.*

7. Rapports entre l'action devant les TASS et l'indemnisation par le FIVA. Le salarié atteint d'une maladie professionnelle ou ses ayants droit en cas de décès, qui ont accepté l'offre d'indemnisation des victimes de l'amiante, sont recevables, mais dans le seul but de faire reconnaître l'existence d'une faute inexcusable de l'employeur, à se maintenir dans l'action en recherche de faute inexcusable qu'ils ont préalablement engagée et qui est reprise par le FIVA. • Civ. 2e, 22 sept. 2011 : *JCP S 2012, n° 1010, obs. Asquinazi-Bailleux.* ♦ L'art. 53-IV de la loi du 23 déc. 2000 ne fait pas obstacle à l'exercice d'une action devant le TASS ayant pour seul objet la reconnaissance du caractère inexcusable de la faute commise par l'employeur. Le FIVA, saisi antérieurement d'une demande de prise en charge, ne saurait en conséquence refuser de signifier une offre de réparation du préjudice personnel de la victime au motif que celle-ci aurait dû en saisir la juridiction de la sécurité sociale. • Civ. 2e, 6 oct. 2011 : *JCP S 2012, n° 1264, obs. Asquinazi-Bailleux; ibid. 2011. 1514, obs. Plichon.* ♦ Il résulte de l'art. 53-IV, dernier al., de la L. n° 2000-1257 du 23 déc. 2000 que les décisions juridictionnelles devenues irrévocables allouant une indemnisation intégrale pour les conséquences de l'exposition à l'amiante emportent les mêmes effets que le désistement de la demande d'indemnisation présentée au Fonds ou de l'action en justice prévue au V du même art. et rendent irrecevable toute autre demande présentée au Fonds en réparation du même préjudice. La victime ne saurait en conséquence demander au FIVA la prise en charge du préjudice moral lorsque cette demande a été portée devant le TASS dont la décision est devenue irrévocable. • Civ. 2e, 7 févr. 2013 : *D. actu. 26 févr. 2013, obs. Marrocchella; RDSS 2013. 356, obs. Tauran*; *JCP S 2013, n° 1174, obs. Ledoux et Bouvet* (le FIVA ne saurait cependant rejeter une telle demande lorsque le TASS n'a pas statué sur le fond de la demande).

8. Prescription décennale. BIBL. Adida-Canac, *D. 2010. Chron. 2076*. ♦ Il résulte de l'art. 53 de la L. n° 2000-1257 du 23 déc. 2000, modifié par l'art. 92 de la L. n° 2010-1594 du 20 déc. 2010, que la demande d'indemnisation d'une victime d'une maladie liée à une exposition à l'amiante adressée au FIVA se prescrit par dix ans à compter de la date du premier certificat médical établissant le lien entre la maladie et l'exposition à l'amiante, l'aggravation ou le décès; il est tenu compte, dans la computation, du délai déjà écoulé depuis l'établissement du premier certificat médical, ce dernier étant réputé avoir été établi le 1er janv. 2004 lorsqu'il l'a été à une date antérieure. La cour d'appel ayant relevé que la maladie avait été diagnostiquée le 16 mai 2002, il en résulte que le point de départ du délai de prescription de dix ans applicable est le 1er janv. 2004. • Civ. 2e, 16 juin 2011 : *D. 2011. 1798, obs. Adida-Canac*; *JCP 2011, n° 991, note Colonna et Renaux-Personnic.*

9. Portée de l'acceptation de l'offre. L'acceptation de l'offre du FIVA par la victime ou ses ayants droit vaut désistement des actions juridictionnelles en indemnisation en cours et rend irrecevable toute autre action juridictionnelle future en réparation du même préjudice. • Civ. 2e, 25 oct. 2006 : *RCA 2007, n° 19.* ♦ Mais le maintien de la contestation, postérieurement à l'offre faite par le fonds en cours d'instance, s'analyse en une contestation de cette offre, de sorte que le recours reste recevable. • Civ. 2e, 16 nov. 2006 : *RCA 2007, n° 54, note Groutel.*

10. Après acceptation de l'offre, la victime ou ses ayants droit peuvent participer à une procédure, mais dans le seul but de faire reconnaître l'existence d'une faute inexcusable de l'employeur. • Cass., avis, 13 nov. 2006 : *Bull. civ., avis, n° 9; RCA 2006, n° 55, note Groutel.*

11. Retrait de l'offre après acceptation. Les règles spécifiques en matière d'indemnisation des victimes de l'amiante excluent la possibilité pour le fonds de retirer son offre après son acceptation. • Civ. 1re, 10 juill. 2007 : *RCA 2007, n° 319.*

12. Demande d'indemnisation à la cour d'appel. Lorsque l'offre n'a pas été acceptée, le demandeur est recevable à saisir la cour d'appel de toute demande d'indemnisation d'un chef de préjudice trouvant sa source dans la contamination par l'amiante. • Civ. 2e, 1er déc. 2005 : *RCA 2006, n° 52, note Groutel.* ♦ ... Quand bien même les pièces justificatives n'auraient pas été soumises antérieurement à l'appréciation du fonds dans le cadre de l'instruction de cette offre. • Civ. 2e, 15 mars 2007 : *RCA 2007, n° 185, obs. Groutel.* ♦ Une demande en justice non chiffrée n'est pas, de ce seul fait, irrecevable. • Civ. 2e, 14 déc. 2006 : *RCA 2007, n° 88.* ♦ V. égal. note ss. art. 28 du Décr. n° 2001-963 du 23 oct. 2001.

13. L'action ayant été engagée après le décès de leur auteur par les demandeurs en réparation du préjudice d'une seule et même personne, et l'un des ayants droit étant domicilié dans le ressort de la cour d'appel saisie, celle-ci ne peut se déclarer incompétente. • Civ. 2e, 4 juill. 2007 : *Bull. civ. II, n° 192; RCA 2007, n° 318.*

14. Délai pour agir. Le délai de deux mois, à partir de l'offre d'indemnisation du fonds, pour agir devant la cour d'appel est un délai préfix qui ne peut être suspendu durant la minorité de l'auteur de l'action. • Civ. 2e, 8 mars 2007 : *RCA 2007, n° 186, note Groutel.*

15. Intervention volontaire en appel. Lorsque la victime ou ses ayants droit sont recevables à saisir la cour d'appel, l'intervention volontaire d'une personne non présente devant le fonds d'indemnisation est recevable dès lors qu'elle ne soumet pas à la cour d'appel un litige nouveau. • Civ. 2e, 24 mai 2006 : *RCA 2006, n° 229, note Groutel.*

16. Faute inexcusable de l'employeur. La cour d'appel, devant laquelle est présentée une demande d'indemnisation complémentaire pour faute inexcusable de l'employeur en application de l'art. 53-IV, al. 2, de la L. n° 2000-1257 du 23 déc. 2000, doit surseoir à statuer sur cette demande et inviter son auteur ou le fonds à engager devant le tribunal des affaires de sécurité sociale compétent la procédure en reconnaissance de la faute inexcusable en vue d'obtenir la fixation de la réparation due en application du CSS. • Civ. 2e, 18 janv. 2006 : *RCA 2006, n° 118.*

17. Recours subrogatoire du fonds. Le fonds, recevable à continuer l'action en reconnaissance de faute inexcusable entreprise par les ayants droit de la victime, est recevable par là même à demander la fixation de la majoration de rente. • Civ. 2e, 31 mai 2006 : *RCA 2006, n° 337 (1re esp.) ; ibid. Étude 18, note Groutel.* ♦ Lorsqu'il a notifié une offre d'indemnisation et versé une provision, le fonds est recevable en son intervention volontaire dans le cadre de la procédure en reconnaissance de la faute inexcusable de l'employeur engagée par le salarié. • Civ. 2e, 31 mai 2006 : *RCA 2006, n° 337 (2e esp.) ; ibid. Étude 18, note Groutel.*

18. Si le fonds doit exercer son action subrogatoire quand son offre d'indemnisation a été acceptée, aucune disposition ne lui impose d'attendre cette acceptation, dès lors qu'il a versé à la victime ou à ses ayants droit une indemnité quelconque, fût-ce à titre provisionnel, pour en demander, par voie de subrogation, le remboursement aux personnes ou organismes tenus d'assurer l'indemnisation de la victime. • Civ. 2e, 15 févr. 2007 : *Bull. civ. II, n° 38 ; RCA 2007, n° 159, note Groutel.*

19. Imputation des prestations sociales. Comp. : • Civ. 2e, 26 oct. 2006 : *RCA 2007, n° 53, note Groutel* • 21 déc. 2006 : *RCA 2007, n° 89 (1re esp.), note Groutel* • 15 févr. 2007 : *RCA 2007, n° 89 (2e esp.), note Groutel* • 13 sept. 2007 : *Bull. civ. II, n° 216 ; RCA 2007, n° 353, note Groutel.*

Décret n° 2001-963 du 23 octobre 2001, *Relatif au fonds d'indemnisation des victimes de l'amiante institué par l'article 53 de la loi n° 2000-1257 du 23 décembre 2000 de financement de la sécurité sociale pour 2001.*

CHAPITRE Ier. *DISPOSITIONS RELATIVES À L'ORGANISATION ET AU FONCTIONNEMENT DU FONDS D'INDEMNISATION DES VICTIMES DE L'AMIANTE*

Art. 1er Le conseil d'administration du fonds d'indemnisation des victimes de l'amiante comprend, outre le président :

1° Cinq membres représentant l'État :

— le directeur de la sécurité sociale ou son représentant ;
— le directeur du budget ou son représentant ;
— le directeur du Trésor ou son représentant ;
— le directeur général de la santé ou son représentant ;
— le directeur général du travail ou son représentant ;

2° Huit représentants des organisations siégeant à la commission des accidents du travail et des maladies professionnelles prévue à l'article L. 221-4 du code de la sécurité sociale, dont le président de celle-ci, proposés, à l'exception de ce dernier, par lesdites organisations :

— un représentant du Mouvement des entreprises de France (MEDEF) ;
— un représentant de la Confédération générale des petites et moyennes entreprises (CGPME) ;
— un représentant de l'Union professionnelle et artisanale (UPA) ;
— un représentant de la Confédération générale du travail (CGT) ;
— un représentant de la Confédération générale du travail-Force ouvrière (CGT-FO) ;
— un représentant de la Confédération française démocratique du travail (CFDT) ;
— un représentant de la Confédération française des travailleurs chrétiens (CFTC) ;
— un représentant de la Confédération française de l'encadrement-Confédération générale des cadres (CFE-CGC) ;

3° Quatre membres proposés par les organisations nationales d'aide aux victimes de l'amiante ;

4° Quatre personnalités qualifiées dans les domaines de compétence du fonds :

— deux personnalités qualifiées possédant des connaissances particulières en matière d'amiante ;
— le directeur de la Caisse nationale de l'assurance maladie des travailleurs salariés ou son représentant ;
— un membre de l'inspection générale des affaires sociales.

Art. 2 *(Décr. n° 2011-1250 du 7 oct. 2011, art. 1er)* « Le président du conseil d'administration du fonds est nommé, pour une durée de trois ans renouvelable une fois, par décret pris sur proposition du ministre chargé de la sécurité sociale, du garde des sceaux, ministre de la justice, et du ministre chargé du budget. Il est choisi parmi les présidents de chambre ou les conseillers à la Cour de cassation en exercice ou honoraires, les présidents de tribunal administratif ou de cour administrative d'appel en exercice ou honoraires, les présidents de chambre de la Cour des comptes ou les conseillers maîtres de ces chambres en exercice ou honoraires, sur proposition, respectivement, du premier président de la Cour de cassation, du vice-président du Conseil d'État et du premier président de la Cour des comptes. »

(Décr. nº 2011-1577 du 17 nov. 2011) « La limite d'âge du président est fixée à soixante-sept ans. »

Le président a un suppléant nommé dans les mêmes conditions pour une période de trois ans renouvelable.

En cas d'empêchement définitif du président ou de son suppléant, un remplaçant est nommé dans les mêmes conditions que son prédécesseur pour la durée du mandat restant à courir.

Art. 3 Les membres du conseil d'administration mentionnés aux 2º, 3º et 4º de l'article 1er, à l'exception du président de la commission des accidents du travail et des maladies professionnelles et du directeur de la Caisse nationale de l'assurance maladie des travailleurs salariés, sont nommés pour un mandat de trois ans, renouvelable une fois, par arrêté du ministre chargé de la sécurité sociale et du ministre chargé du budget.

Ils ont chacun un suppléant nommé dans les mêmes conditions que le titulaire. Les suppléants ne siègent aux séances du conseil d'administration qu'en cas d'absence ou d'empêchement du titulaire.

En cas de vacance d'un siège, un remplaçant est nommé dans les mêmes conditions que son prédécesseur pour la durée du mandat restant à courir.

Art. 4 Les fonctions de membre du conseil d'administration ou de suppléant sont exercées à titre gratuit. Elles ouvrent droit aux indemnités pour frais de déplacement et de séjour dans les conditions prévues par le décret du 28 mai 1990 susvisé.

Par dérogation au premier alinéa, il est attribué une indemnité de fonction, non soumise à retenue pour pension civile de retraite, au président du conseil d'administration et à son suppléant ; le montant de ces indemnités est fixé par arrêté conjoint du ministre chargé du budget et du ministre chargé de la sécurité sociale.

Art. 5 Le conseil d'administration se réunit au moins trois fois par an sur convocation du président. La convocation du conseil est de droit lorsqu'elle est demandée par l'un des ministres chargés de la tutelle de l'établissement ou par un tiers au moins des membres du conseil.

Le président fixe l'ordre du jour où figurent obligatoirement les points ayant fait l'objet d'une demande formulée par un ministre de tutelle ou par un tiers au moins des membres du conseil.

Le conseil siège valablement si au moins la moitié de ses membres sont présents. Dans le cas contraire, une nouvelle séance se tient dans un délai d'un mois sans obligation de quorum.

Les délibérations sont prises à la majorité des membres présents. En cas de partage égal des voix, la voix du président est prépondérante.

Le directeur, l'agent comptable et le contrôleur budgétaire participent, avec voix consultative, aux travaux du conseil d'administration.

Art. 6 Le conseil d'administration a pour rôle :

1º De définir la politique d'indemnisation du fonds en fixant les orientations relatives aux procédures, aux conditions de reconnaissance de l'exposition à l'amiante, d'indemnisation et de versement des provisions aux victimes et aux conditions d'action en justice du fonds ;

2º D'adopter le règlement intérieur du fonds ;

3º D'adopter le budget, d'approuver le compte financier du fonds et de délibérer sur les emprunts et les encours maximaux de crédit de trésorerie ;

4º D'approuver le rapport annuel prévu au VII de l'article 53 de la loi du 23 décembre 2000 susvisée *[V. cet art. ci-dessus]* qui doit être adressé au Parlement et au Gouvernement avant le 1er juillet ;

5º D'arrêter les offres d'indemnisation proposées aux demandeurs et le montant des provisions à leur verser ;

6º De nommer les membres de la commission mentionnée à l'article 7 ;

7º D'autoriser le directeur à signer la convention de gestion prévue à l'article 9 et d'en contrôler l'application ;

8º D'approuver le formulaire visé à l'article 15 ;

9° D'accepter les dons et legs.

Il peut, en outre, à leur demande ou de sa propre initiative, donner aux ministres chargés de la tutelle du fonds des avis sur toute question relative à l'indemnisation des victimes de l'amiante.

Le conseil d'administration peut donner délégation au directeur pour prendre, dans le cadre des orientations et dans les limites qu'il définit, les décisions mentionnées au 5° ci-dessus. Lorsqu'un dossier individuel est susceptible d'avoir un retentissement particulier ou un impact financier important sur le fonds, le directeur en saisit le conseil d'administration.

A défaut d'approbation expresse déjà notifiée, les délibérations du conseil d'administration sont exécutoires à l'expiration d'un délai de vingt jours à compter de la réception par le ministre chargé de la sécurité sociale et le ministre chargé du budget des délibérations et des documents correspondants, à moins que l'un de ces ministres n'y fasse opposition dans ce délai. Lorsque l'une de ces autorités demande par écrit des informations ou des documents complémentaires, le délai est suspendu jusqu'à la production de ces informations ou documents.

(Décr. n° 2012-1247 du 7 nov. 2012, art. 171, en vigueur le 1er janv. 2013) « Toutefois, les délibérations portant sur le budget et le compte financier sont exécutoires dans les conditions prévues par le titre III du décret n° 2012-1246 du 7 novembre 2012 relatif à la gestion budgétaire et comptable publique. »

Art. 7 Une commission d'examen des circonstances de l'exposition à l'amiante est chargée d'examiner les dossiers de demande d'indemnisation dans les cas autres que ceux prévus à la deuxième phrase du quatrième alinéa du III de l'article 53 de la loi du 23 décembre 2000 susvisée *[V. cet art. ci-dessus]* et de se prononcer, dans le cadre des orientations définies par le conseil d'administration, sur le lien entre la maladie et l'exposition à l'amiante.

Il est rendu compte de l'activité de la commission lors de chaque séance du conseil d'administration. La commission informe le conseil lorsqu'un dossier est susceptible d'avoir un retentissement particulier.

La commission comprend, outre le président nommé par arrêté conjoint du ministre chargé de la sécurité sociale, du garde des sceaux, ministre de la justice, et du ministre chargé du budget ;

1° Deux personnes ayant des connaissances particulières dans l'appréciation du risque lié à l'exposition à l'amiante ;

(Décr. n° 2011-1250 du 7 oct. 2011) « 2° Deux professeurs des universités-praticiens hospitaliers ou praticiens hospitaliers justifiant d'une expérience professionnelle dans le domaine des pathologies liées à l'amiante. »

Les membres de la commission ont, chacun, *(Décr. n° 2011-1250 du 7 oct. 2011)* « deux suppléants désignés dans les mêmes conditions que le titulaire ».

Les membres de la commission sont nommés par le conseil d'administration pour une période de trois ans renouvelables. En cas de vacance, un remplaçant est nommé dans les mêmes conditions que son prédécesseur pour la durée du mandat restant à courir.

Le directeur du fonds d'indemnisation des victimes de l'amiante ou son représentant et, le cas échéant, un représentant du fonds contre les accidents de circulation et de chasse *[devenu fonds de garantie des assurances obligatoires de dommages]* assistent, en tant que de besoin, aux séances de la commission avec voix consultative.

Les décisions sont prises à la majorité des membres présents. En cas de partage égal des voix, la voix du président est prépondérante.

Une indemnité de fonction est attribuée aux membres de la commission d'examen des circonstances de l'exposition à l'amiante ; son montant est fixé par arrêté conjoint du ministre chargé de la sécurité sociale et du ministre chargé du budget. Les membres suppléants reçoivent une indemnité forfaitaire, dont le montant est fixé par le même arrêté, pour chaque réunion à laquelle ils suppléent les membres titulaires.

Art. 8 Le directeur du fonds est nommé par arrêté conjoint des ministres chargés de la sécurité sociale et du budget pris après avis du président du conseil d'administration.

Il exerce toutes les compétences qui ne sont pas attribuées à une autre autorité, et notamment :

1° Il prépare et exécute les délibérations du conseil d'administration, auquel il rend compte de sa gestion ;

2° Il prépare le budget et l'exécute ;

3° Il est l'ordonnateur des dépenses et des recettes du fonds ;

4° Il recrute le personnel de l'établissement ;

5° Il exerce l'autorité hiérarchique sur le personnel ;

6° Il représente l'établissement en justice et dans tous les actes de la vie civile ;

7° Il conclut les marchés publics et les contrats ;

8° Il prépare et présente au conseil d'administration le projet de rapport annuel prévu au VII de l'article 53 de la loi du 23 décembre 2000 susvisée *[V. cet art. ci-dessus]* ;

9° Il prépare la convention prévue à l'article 9 et la signe après y avoir été autorisé par le conseil d'administration dans les conditions prévues au 7° de l'article 6 ; il informe à chaque séance le conseil d'administration de l'exécution de la convention mentionnée à l'article 9.

Le directeur informe à chaque séance le conseil d'administration des modalités d'indemnisation, de l'état des procédures et du suivi des dossiers et des actions récursoires prévues au VI de l'article 53 de la loi du 23 décembre 2000 susvisée *[V. cet art. ci-dessus]*.

Le directeur peut déléguer sa signature dans les conditions prévues par le règlement intérieur du fonds.

Art. 9 Sans préjudice des compétences exercées par le conseil d'administration, le directeur et l'agent comptable par application du présent décret, une convention de gestion peut être conclue à titre transitoire avec le fonds contre les accidents de circulation et de chasse *[devenu fonds de garantie des assurances obligatoires de dommages]* institué par l'article L. 421-1 du code des assurances afin de lui confier, pour une durée d'un an, l'instruction des dossiers de demandes, la préparation des offres et toute autre mission notamment d'assistance juridique au fonds d'indemnisation des victimes de l'amiante.

Cette convention précise notamment les procédures et les délais de traitement des demandes par le fonds contre les accidents de circulation et de chasse *[devenu fonds de garantie des assurances obligatoires de dommages]*, les conditions dans lesquelles ce fonds transmet au fonds d'indemnisation des victimes de l'amiante toute information utile à l'exercice de sa mission, notamment d'ordre financier, statistique et comptable, les conditions de rémunération des prestations du fonds contre les accidents de circulation et de chasse *[devenu fonds de garantie des assurances obligatoires de dommages]* et les sanctions applicables en cas de non-respect des dispositions contractuelles.

Le directeur général du fonds contre les accidents de circulation et de chasse *[devenu fonds de garantie des assurances obligatoires de dommages]* ou son représentant peut, le cas échéant, assister, avec voix consultative, aux séances du conseil d'administration du fonds d'indemnisation des victimes de l'amiante.

Art. 10 *(Décr. n° 2012-1247 du 7 nov. 2012, art. 171, en vigueur le 1er janv. 2013)* « Le fonds est soumis aux dispositions des titres Ier et III du décret n° 2012-1246 du 7 novembre 2012 relatif à la gestion budgétaire et comptable publique. »

(Abrogé par Décr. n° 2012-1247 du 7 nov. 2012, art. 171, à compter du 1er janv. 2013) « L'agent comptable du fonds est nommé par arrêté conjoint des ministres chargés de la sécurité sociale et du budget. »

Des régies de recettes et d'avances peuvent être instituées conformément aux dispositions du décret du 20 juillet 1992 susvisé.

(Abrogé par Décr. n° 2012-1247 du 7 nov. 2012, art. 171, à compter du 1er janv. 2013) « Le fonds est soumis au contrôle financier dans les conditions prévues par le décret du 25 octobre 1935 susvisé. »

Art. 11 *(Abrogé par Décr. n° 2012-1247 du 7 nov. 2012, art. 171, à compter du 1er janv. 2013) « Les disponibilités excédant les besoins de trésorerie du fonds peuvent faire l'objet de placements en valeurs d'État et en valeurs garanties par l'État dans les conditions fixées par le ministre chargé de l'économie. »*

(Décr. n° 2009-882 du 21 juill. 2009, art. 3) « Les disponibilités excédant les besoins de trésorerie peuvent également être déposées, suivant les modalités fixées par la convention prévue à l'article L. 225-1-3 du code de la sécurité sociale, auprès de l'Agence centrale des organismes de sécurité sociale. Elles sont alors productives d'intérêts. »

Art. 12 Les dépenses du fonds comprennent :

1° Les indemnités et provisions versées au titre des préjudices pris en charge ;

2° Les frais de fonctionnement du fonds ;

3° Les frais de toute nature relatifs aux enquêtes et expertises mentionnées à l'article 18 ;

4° Les frais financiers, les remboursements et intérêts d'emprunts ;

5° Les frais exposés, le cas échéant, par le fonds contre les accidents de circulation et de chasse *[devenu fonds de garantie des assurances obligatoires de dommages]* visés à l'article 9.

Art. 13 Les recettes du fonds comprennent :

1° Les contributions mentionnées au VII de l'article 53 de la loi du 23 décembre 2000 susvisée *[V. cet art. ci-dessus]* ;

2° Les sommes perçues en application du VI de l'article 53 précité *[V. cet art. ci-dessus]* ;

3° Les produits des placements ;

4° Les emprunts ;

5° Les dons et legs ;

6° Toutes autres recettes autorisées par les lois et règlements.

Art. 14 Les modalités et la périodicité des versements des contributions mentionnées au VII de l'article 53 de la loi du 23 décembre 2000 susvisée *[V. cet art. ci-dessus]* sont déterminées par des conventions signées, respectivement, entre :

1° Le fonds d'indemnisation des victimes de l'amiante et l'État ;

2° Le fonds d'indemnisation des victimes de l'amiante, la branche des accidents du travail et des maladies professionnelles du régime général de la sécurité sociale et l'Agence centrale des organismes de sécurité sociale.

CHAPITRE II. *DISPOSITIONS RELATIVES À LA PROCÉDURE D'INDEMNISATION DES VICTIMES DE L'AMIANTE ET AUX DÉCISIONS DU FONDS*

Art. 15 I. — La demande d'indemnisation est présentée au fonds au moyen d'un formulaire conforme au modèle approuvé par le conseil d'administration ; elle est accompagnée des pièces justificatives qui y sont précisées, notamment d'un certificat médical attestant la maladie et de tous documents de nature à établir la réalité de l'exposition à l'amiante.

Toutefois, lorsque la maladie en conséquence de laquelle est présentée la demande d'indemnisation figure sur la liste établie en application de la deuxième phrase du quatrième alinéa du III de l'article 53 de la loi du 23 décembre 2000 susvisée *[V. cet art. ci-dessus]*, le demandeur est dispensé de produire les documents établissant l'exposition à l'amiante et présente seulement un certificat médical attestant cette maladie.

II. — Le demandeur précise si le préjudice est susceptible ou non d'avoir une origine professionnelle et, dans l'affirmative, produit, en sus des pièces justificatives prévues au I ci-dessus, un certificat médical attestant le lien possible entre l'affection et l'activité professionnelle.

III. — Par dérogation aux dispositions ci-dessus, lorsque l'origine professionnelle de la maladie a été reconnue, le demandeur joint seulement au formulaire la décision de la caisse primaire d'assurance maladie ou de l'organisation spéciale de sécurité sociale.

IV. — Le fonds accuse réception du dossier.

Au cas où il manque des pièces, le fonds invite, dans un délai de quinze jours, le demandeur à compléter son dossier. Dans ce cas, le délai prévu au premier alinéa du IV de l'article 53 de la loi du 23 décembre 2000 susvisée *[V. cet art. ci-dessus]* court à compter de la réception par le fonds des pièces demandées.

Art. 16 Lorsque, au vu des pièces justificatives, il apparaît que la maladie est susceptible d'avoir une origine professionnelle, le fonds saisit la caisse ou l'organisation spéciale de sécurité sociale compétente. Il lui transmet le dossier par envoi recommandé avec demande d'avis de réception ; le dossier doit comprendre notamment un certificat médical attestant le lien possible entre la maladie et l'exposition à l'amiante au titre d'une activité professionnelle.

Si, en raison de la complexité du dossier, une enquête complémentaire est nécessaire, la caisse ou l'organisation spéciale de sécurité sociale en avise le demandeur et le fonds.

Elle notifie sa décision au demandeur et informe le fonds de cette décision par lettre recommandée avec demande d'avis de réception. En cas de reconnaissance d'une maladie professionnelle, elle avise le fonds de l'évaluation de l'indemnisation accordée et des modalités de celle-ci, ainsi que, le cas échéant, de toute nouvelle fixation du montant des réparations.

Art. 17 Lorsque le lien entre la maladie et l'exposition à l'amiante n'est pas présumé établi en application de la deuxième phrase du quatrième alinéa du III de l'article 53 de la loi du 23 décembre 2000 susvisée *[V. cet art. ci-dessus]*, le dossier est transmis à la commission d'examen des circonstances de l'exposition à l'amiante.

Le demandeur est avisé de la date à laquelle la commission se réunira pour examiner les circonstances de l'exposition à l'amiante qu'il a subie.

La commission peut décider de procéder à l'audition du demandeur et celui-ci peut se faire assister ou représenter par une personne de son choix.

Art. 18 Les frais de toute nature relatifs aux enquêtes et expertises nécessaires à l'instruction des demandes d'indemnisation sont à la charge du fonds.

Art. 19 Lorsque le fonds recourt à une expertise médicale, le demandeur est convoqué, quinze jours au moins avant la date de l'examen, et informé de l'identité et des titres du médecin chargé d'y procéder, de l'objet, de la date et du lieu de l'examen. Il peut se faire assister d'un médecin de son choix.

Les frais de déplacement du demandeur et sa perte de salaire ou de gain sont à la charge du fonds.

Le rapport du médecin chargé de l'examen du demandeur doit être adressé dans les vingt jours au fonds, au demandeur par l'intermédiaire du médecin qu'il désigne et, le cas échéant, au médecin qui l'a assisté.

Art. 20 Le demandeur ou son représentant est informé, à sa demande, de l'état de la procédure. S'il est reçu par le directeur du fonds ou son représentant, il peut se faire assister par une personne de son choix.

Art. 21 Toute personne physique ou morale détenant des informations, notamment de caractère médical, de nature à éclairer le fonds d'indemnisation des victimes de l'amiante, et le cas échéant le fonds de garantie contre les accidents de circulation et de chasse en application de la convention de gestion, sur les demandes d'indemnisation dont il est saisi, est tenue, en application du III de l'article 53 de la loi du 23 décembre 2000 susvisée *[V. cet art. ci-dessus]*, de transmettre ces informations au fonds, et le cas échéant au fonds de garantie contre les accidents, sur demande de celui-ci.

Sous réserve des dispositions prévues au deuxième alinéa de l'article 29 ci-dessous, ces informations ne sont communicables qu'au demandeur.

Le fonds reçoit et transmet les informations de caractère médical par l'intermédiaire d'un médecin qu'il mandate à cet effet.

Si le demandeur sollicite des informations de caractère médical, elles lui sont communiquées par l'intermédiaire du médecin qu'il désigne.

Art. 22 L'offre d'indemnisation est notifiée par le directeur du fonds au demandeur par lettre recommandée avec demande d'avis de réception ; elle est accompagnée, le cas échéant, de la copie des décomptes produits par les personnes ou organismes débiteurs des prestations ou indemnités mentionnées au premier alinéa du IV de l'article 53 de la loi du 23 décembre 2000 susvisée *[V. cet art. ci-dessus]*.

Si les conditions d'indemnisation ne sont pas réunies, le fonds en fait part au demandeur par lettre recommandée avec demande d'avis de réception, en lui en indiquant les motifs, et en joignant l'avis de la commission d'examen des circonstances de l'exposition à l'amiante lorsqu'il a été recueilli.

La notification indique les délais et voies de recours contre les décisions du fonds.

Art. 23 Le demandeur fait connaître au fonds d'indemnisation des victimes de l'amiante par lettre recommandée avec demande d'avis de réception s'il accepte ou non l'offre d'indemnisation qui lui est faite.

Lorsque le demandeur accepte l'offre, le fonds dispose d'un délai de deux mois pour verser la somme correspondante.

CHAPITRE III. *DISPOSITIONS RELATIVES AUX ACTIONS INTENTÉES CONTRE LE FONDS D'INDEMNISATION DEVANT LES COURS D'APPEL*

Art. 24 Les actions contre les décisions du fonds sont exercées devant la cour d'appel dans le ressort de laquelle est situé le domicile du demandeur et, à défaut de domicile en France, devant la cour d'appel de Paris.

Art. 25 Le délai pour agir devant la cour d'appel est de deux mois. Ce délai court à partir de la notification, par lettre recommandée avec demande d'avis de réception, de l'offre d'indemnisation ou du constat établi par le fonds que les conditions d'indemnisation ne sont pas réunies.

Si, à l'expiration du délai prévu au IV de l'article 53 de la loi du 23 décembre 2000 susvisée *[V. cet art. ci-dessus]*, le demandeur n'a pas reçu notification de la décision du fonds, sa demande doit être considérée comme rejetée et le délai imparti pour saisir la cour d'appel court du jour où intervient cette décision implicite de rejet.

Art. 26 Par dérogation aux dispositions du titre VI du livre II du code de procédure civile, les actions intentées devant la cour d'appel sont engagées, instruites et jugées conformément aux dispositions ci-après.

Art. 27 La demande est formée par déclaration écrite remise en double exemplaire contre récépissé au greffe de la cour d'appel ou adressée à ce même greffe par lettre recommandée avec demande d'avis de réception.

La déclaration doit indiquer les nom, prénom et adresse du demandeur et préciser l'objet de la demande.

Lorsque la déclaration ne contient pas l'exposé des motifs invoqués, le demandeur doit déposer cet exposé au greffe dans le mois qui suit le dépôt de la déclaration, à peine d'irrecevabilité de la demande.

Art. 28 La déclaration ou l'exposé des motifs prévu à l'article 27 mentionne la liste des pièces et documents justificatifs produits. Les pièces et documents sont remis au greffe de la cour d'appel en même temps que la déclaration ou l'exposé des motifs. Copie de l'offre d'indemnisation ou du rejet de la demande est jointe à la déclaration.

La cour d'appel ne peut déclarer recevables certaines des pièces déposées par le demandeur, alors qu'il résulte de ses constatations qu'elles n'étaient pas jointes à la déclaration et qu'elles avaient été remises postérieurement à l'expiration du délai d'un mois suivant celle-ci. • Civ. 2e, 13 sept. 2007, ♔ no 06-20.337 P : *RCA 2007, no 354, note Groutel.* ♦ Dans le même sens : • Civ. 2e, 13 nov. 2008 : ♔ *RCA 2009, no 12, obs. Groutel.*

Art. 29 Dès l'accomplissement des formalités par le demandeur, le greffe de la cour d'appel adresse au fonds par lettre recommandée avec demande d'avis de réception copie de la déclaration et, le cas échéant, de l'exposé des motifs prévu à l'article 27.

Dans le mois de cette notification, le fonds transmet le dossier au greffe de la cour d'appel.

Art. 30 Le premier président de la cour d'appel ou son délégué fixe les délais dans lesquels les parties à l'instance doivent se communiquer leurs observations écrites et en déposer copie au greffe de la cour. Il fixe également la date des débats.

Le greffe notifie ces délais aux parties et les convoque à l'audience prévue pour les débats par lettre recommandée avec demande d'avis de réception.

Le premier président saisi à cet effet peut accorder une provision en tout état de la procédure, lorsque les conditions de l'indemnisation lui apparaissent réunies, mais que l'offre n'a pas été acceptée en raison de son montant.

Art. 31 Les dépens de la procédure restent à la charge du fonds.

Les parties ont la faculté de se faire *(Décr. no 2012-634 du 3 mai 2012, art. 20)* « assister ou représenter par un avocat ».

Les parties peuvent présenter des observations sur papier libre, celles du fonds d'indemnisation des victimes de l'amiante étant rédigées en double exemplaire dont l'un est remis ou adressé au demandeur et l'autre au greffe de la cour d'appel.

Art. 32 Les notifications entre parties sont faites par lettre recommandée avec demande d'avis de réception ou *(Décr. no 2012-634 du 3 mai 2012, art. 20)* « par notification directe entre avocats ».

Art. 33 Le greffe notifie les arrêts de la cour d'appel par lettre recommandée avec demande d'avis de réception aux parties à l'instance *(Décr. no 2012-634 du 3 mai 2012, art. 20)* « et à leurs avocats ».

Art. 34 Les notifications prévues par lettre recommandée avec demande d'avis de réception aux articles 27, 28, 29, 30, 32 et 33 peuvent également être faites par tout autre mode de notification écrite, contre récépissé.

Art. 35 *Abrogé par Décr. no 2004-836 du 20 août 2004, art. 43.*

CHAPITRE IV. *DISPOSITIONS RELATIVES AUX ACTIONS SUBROGATOIRES INTENTÉES PAR LE FONDS*

Art. 36 Dès l'acceptation de l'offre par le demandeur, le fonds exerce l'action subrogatoire prévue au VI de l'article 53 de la loi du 23 décembre 2000 susvisée *[V. cet art. ci-dessus]*. Il en va de même lorsque l'offre est présentée en cas d'indemnisation complémentaire prévue au deuxième alinéa du IV du même article 53.

Art. 37 Les greffes et secrétariats-greffes des juridictions des ordres administratif et judiciaire et les secrétariats des tribunaux des affaires de sécurité sociale adressent au fonds, par lettre recommandée avec demande d'avis de réception, copie des actes de procédure saisissant ceux-ci, à titre initial ou additionnel, de toute demande en justice relative à la réparation des préjudices résultant de l'exposition aux poussières d'amiante.

Art. 38 Dans le délai d'un mois à compter de la réception de la lettre mentionnée à l'article 37, le fonds indique au président de la juridiction concernée, par lettre simple, s'il a été ou non saisi d'une demande d'indemnisation ayant le même objet et, dans l'affirmative, l'état d'avancement de la procédure. Il fait en outre savoir s'il entend ou non intervenir à l'instance.

Lorsque la victime a accepté l'offre faite par le fonds, celui-ci adresse au président de la juridiction copie des documents par lesquels ont eu lieu l'offre et l'acceptation. Le fonds fait connaître le cas échéant l'état de la procédure engagée devant une cour d'appel en application du chapitre III du présent décret et communique, s'il y a lieu, l'arrêt rendu par la cour.

Les parties sont informées par le greffe ou le secrétariat-greffe ou le secrétariat du tribunal des affaires de sécurité sociale des éléments communiqués par le fonds.

Art. 39 Copie des décisions rendues en premier ressort et, le cas échéant, en appel, dans les instances auxquelles le fonds n'est pas intervenu est adressée à celui-ci par le greffe ou le secrétariat-greffe ou le secrétariat du tribunal des affaires de sécurité sociale.

Art. 40 Les dispositions des articles 37 à 39 sont applicables aux instances en cours à la date d'entrée en vigueur du présent décret.

CHAPITRE V. *DISPOSITIONS TRANSITOIRES*

Art. 41 Par dérogation aux dispositions de l'article 6, le budget du fonds pour 2001 est établi par arrêté conjoint du ministre chargé de la sécurité sociale et du ministre chargé du budget.

Art. 42 Lorsque les demandes d'indemnisation, en cours d'instruction à la date de publication du présent décret, devant les commissions instituées par l'article 706-4 du code de procédure pénale *[V. cet art., App., v° Victimes d'infraction (indemnisation)]* sont, en application du IX de l'article 53 de la loi du 23 décembre 2000 susvisée *[V. cet art. ci-dessus]*, transmises au fonds d'indemnisation des victimes de l'amiante, celui-ci en avise le demandeur par lettre recommandée avec demande d'avis de réception et l'invite à confirmer sa demande par écrit. Il est accusé réception de la demande. Le délai fixé au IV de l'article 53 de la loi du 23 décembre 2000 susvisée court à compter de la date de la confirmation de la demande.

TITRE TROISIÈME **ORGANISMES PARTICULIERS D'ASSURANCE**

CHAPITRE PREMIER **LA CAISSE CENTRALE DE RÉASSURANCE**

(Décr. n° 85-863 du 2 août 1985)

SECTION PREMIÈRE **DISPOSITIONS GÉNÉRALES**

Art. L. 431-1 à L. 431-3 *Abrogés par L. n° 92-665 du 16 juill. 1992, art. 11.*
V. art. R. 431-6 et R. 431-6-2.

Loi n° 92-665 du 16 juillet 1992, *portant adaptation au marché unique européen de la législation applicable en matière d'assurance et de crédit.* **Art. 11** I. — L'établissement public à caractère industriel et commercial, dénommé Caisse centrale de réassurance, apportera à une société anonyme créée à cet effet, également dénommée Caisse centrale de réassurance, appartenant au secteur public, l'ensemble des droits, biens et obligations attachés à son activité.

Cet apport ne donne lieu ni à indemnité, ni à perception d'impôts, droits ou taxes de quelque nature que ce soit, ni au versement de *(Ord. n° 2010-638 du 10 juin 2010)* « la contribution prévue à l'article 879 du code général des impôts ou d'honoraires » au profit d'agents de l'État.

II. — A la date de réalisation des apports, l'établissement public à caractère industriel et commercial dénommé Caisse centrale de réassurance est supprimé.

III. — Les articles L. 431-1, L. 431-2 et L. 431-3 du code des assurances sont abrogés.

SECTION II OPÉRATIONS EFFECTUÉES AVEC LA GARANTIE DE L'ÉTAT

§ 1er DISPOSITIONS COMMUNES

Néant.
V. art. R. 431-16-1 s.

§ 2 RISQUES EXCEPTIONNELS ET NUCLÉAIRES

Art. L. 431-4 **La caisse centrale de réassurance, agissant avec la garantie de l'État, est habilitée à pratiquer les opérations d'assurance ou de réassurance des risques résultant de faits à caractère exceptionnel, tels qu'états de guerre étrangère ou civile, atteintes à l'ordre public, troubles populaires, conflits du travail, lorsque ces risques naissent de l'utilisation de moyens de transport de toute nature,** *(L. nº 89-1014 du 31 déc. 1989)* **« ou se rapportent à des biens en cours de transport ou stockés ».**

V. art. R. 431-27 et R. 431-29.

Art. L. 431-5 *(L. nº 2021-1900 du 30 déc. 2021, art. 156-I)* **La garantie de l'État peut être octroyée à la caisse centrale de réassurance au titre de ses opérations de réassurance des risques couverts par l'assurance ou la garantie financière en application de l'article L. 597-7 du code de l'environnement.**

La garantie de l'État mentionnée au premier alinéa du présent article s'exerce dans la limite d'un plafond de 700 millions d'euros par installation nucléaire, au sens de l'article L. 597-2 du code de l'environnement, et par accident nucléaire. En cas de transport de substances nucléaires, le montant de cette garantie s'élève, pour un transport effectué sur le territoire de la République française, à 80 millions d'euros par accident nucléaire et, pour un transport international, au montant fixé par l'État d'expédition, de destination ou de transit de ces substances, dans la limite d'un plafond de 700 millions d'euros par accident nucléaire.

La garantie de l'État est rémunérée et ne peut couvrir, pour chaque opération de réassurance, plus de 60 % du risque total couvert par l'assurance ou la garantie financière en application de l'article L. 597-7 du code de l'environnement. Elle est octroyée par arrêté du ministre chargé de l'économie.

L'art. L. 431-5 entre en vigueur à la date d'entrée en vigueur du protocole portant modification de la Conv. de Paris du 29 juill. 1960 sur la responsabilité civile dans le domaine de l'énergie nucléaire, fait à Paris le 12 févr. 2004 (L. nº 2021-1900 du 30 déc. 2021, art. 156-II). — V. Décr. nº 2022-37 du 17 janv. 2022 portant publication du protocole portant modification de la Conv. du 29 juill. 1960 sur la responsabilité civile dans le domaine de l'énergie nucléaire, amendée par le protocole additionnel du 28 janv. 1964 et par le protocole du 16 nov. 1982, et du protocole portant modification de la Conv. du 31 janv. 1963 complémentaire à la Conv. de Paris du 29 juill. 1960 sur la responsabilité civile dans le domaine de l'énergie nucléaire, amendée par le protocole additionnel du 28 janv. 1964 et par le protocole du 16 nov. 1982, signés à Paris le 12 févr. 2004, qui entre en vigueur le 1er janv. 2022 (JO 19 janv.).

Art. L. 431-6 **Un décret en Conseil d'État fixe les modalités d'application des articles L. 431-4 et L. 431-5, notamment les conditions dans lesquelles sont établis les traités ou contrats et fixés les tarifs relatifs aux opérations mentionnées auxdits articles.**

Art. L. 431-7 **Un compte distinct ouvert dans les écritures de la caisse retrace l'ensemble des opérations d'assurance et de réassurance mentionnées aux articles L. 431-4 et L. 431-5.**

Art. L. 431-8 *Abrogé par L. nº 89-1014 du 31 déc. 1989, art. 46, al. 2.*

§ 3 RISQUES DE CATASTROPHES NATURELLES

Art. L. 431-9 **La caisse centrale de réassurance est habilitée à pratiquer les opérations de réassurance des risques résultant de catastrophes naturelles, avec la garantie de l'État, dans des conditions fixées par décret en Conseil d'État.**

Al. 2 abrogé par L. nº 90-509 du 25 juin 1990, art. 2-II.
V. art. R. 431-30 s.

Constitutionnalité (QPC). Les dispositions de l'art. L. 431-9 sont conformes à la Constitution. Eu égard à la nature particulière des risques assurés et à l'absence de tout plafond de garantie de la couverture dont bénéficient les assurés, en choisissant d'accorder la garantie de l'État à la seule caisse centrale de réassurance, tenue de réassurer tous les assureurs qui le demandent dès lors qu'ils remplissent les conditions légales et réglementaires, le législateur n'a méconnu ni le principe d'égalité ni la liberté d'entreprendre. • Cons. const. 27 sept. 2013, n° 2013-344 QPC : *RGDA 2014. 62, note Moreau.*

§ 4 RISQUES D'ATTENTATS

Art. L. 431-10 La caisse centrale de réassurance est habilitée à pratiquer, avec la garantie de l'État, les opérations de réassurance des risques résultant d'attentats ou d'actes de terrorisme.

SECTION III OPÉRATIONS DE GESTION

§ 1er FONDS NATIONAL DE GESTION DES RISQUES EN AGRICULTURE *(L. n° 2010-874 du 27 juill. 2010, art. 26-II-2°).*

Art. L. 431-11 La gestion comptable et financière du fonds national *(L. n° 2010-874 du 27 juill. 2010, art. 26-II-3°)* **« de gestion des risques en agriculture » mentionné à l'article L. 442-1 est assurée par la caisse centrale de réassurance dans un compte distinct de ceux qui retracent les autres opérations pratiquées par cet établissement.**

Les frais exposés par la caisse centrale de réassurance pour la gestion du fonds lui sont remboursés dans des conditions fixées par décret en Conseil d'État.

V. art. R. 431-33 s.

§ 2 FONDS DE GARANTIE DES CALAMITÉS AGRICOLES DANS LES DÉPARTEMENTS D'OUTRE-MER [,] À SAINT-BARTHÉLEMY ET À SAINT-MARTIN *(Ord. n° 2008-698 du 11 juill. 2008, art. 2-4°).*

Art. L. 431-12 *(Abrogé par L. n° 2022-298 du 2 mars 2022, art. 16, à compter du 1er janv. 2023)* ***La gestion comptable et financière du fonds de garantie des calamités agricoles*** *(Ord. n° 2008-698 du 11 juill. 2008, art. 2-5°)* ***« dans les collectivités territoriales mentionnées à l'article L. 442-2 » est assurée par la caisse centrale de réassurance dans un compte distinct de ceux qui retracent les autres opérations pratiquées par cet établissement.***

Les frais exposés par la caisse centrale de réassurance pour la gestion du fonds lui sont remboursés dans des conditions fixées par décret en Conseil d'État.

§ 3 *[ABROGÉ]* FONDS DE REVALORISATION DE CERTAINES RENTES ALLOUÉES EN RÉPARATION DU PRÉJUDICE CAUSÉ PAR UN VÉHICULE TERRESTRE À MOTEUR

Art. L. 431-13 *Abrogé par L. n° 96-314 du 12 avr. 1996, art. 85-II.*

§ 4 FONDS DE COMPENSATION DES RISQUES DE L'ASSURANCE DE LA CONSTRUCTION

Art. L. 431-14 Il est institué un fonds de compensation des risques de l'assurance de la construction chargé de contribuer, dans le cadre de conventions qui pourront être conclues à cet effet avec les entreprises d'assurance concernées, à l'indemnisation de sinistres affectant des bâtiments dont les chantiers ont été ouverts avant une date fixée par décret en Conseil d'État, à partir de laquelle les primes correspondantes ne seront plus perçues.

Le fonds pourra conclure des conventions avec les entreprises d'assurance afin de compenser les incidences financières de l'évolution des coûts de construction sur leurs garanties d'assurance décennale.

Le fonds contribue au financement d'actions de prévention des désordres et de promotion de la qualité dans la construction.

La gestion du fonds est confiée à la caisse centrale de réassurance.

Un décret en Conseil d'État fixe les conditions d'application du présent article.

V. art. R. 431-48 s.

BIBL. ▸ Bigot, *RGAT 1983. 292.* – Cordelier, *RDI 1988. 17.* – Durry, *ibid. 1983. 18 et 1986. 91.* – Leguay, *RDI 1989. 75.*

Code de l'environnement

TITRE VI (DU LIVRE V). PRÉVENTION DES RISQUES NATURELS

CHAPITRE Ier. *MESURES DE SAUVEGARDE DES POPULATIONS MENACÉES PAR CERTAINS RISQUES NATURELS MAJEURS*

Art. L. 561-1 Sans préjudice des dispositions prévues au 5° de l'article L. 2212-2 et à l'article L. 2212-4 du code général des collectivités territoriales, lorsqu'un risque prévisible de mouvements de terrain *(L. n° 2002-276 du 27 févr. 2002, art. 159-V)* « ou d'affaissements de terrain dus à une cavité souterraine » *(Abrogé par L. n° 2020-1721 du 29 déc. 2020, art. 224) « ou à une marnière »*, d'avalanches *(L. n° 2010-788 du 12 juill. 2010, art. 222-I-1°)* «, de crues torrentielles ou à montée rapide ou de submersion marine » menace gravement des vies humaines, *(L. n° 2003-699 du 30 juill. 2003, art. 60)* « l'État peut déclarer d'utilité publique l'expropriation par lui-même, les communes ou leurs groupements *(L. n° 2020-1721 du 29 déc. 2020, art. 224)* « et les établissements publics fonciers, » des biens exposés à ce risque, » dans les conditions prévues par le code de l'expropriation pour cause d'utilité publique et sous réserve que les moyens de sauvegarde et de protection des populations s'avèrent plus coûteux que les indemnités d'expropriation.

(L. n° 2002-276 du 27 févr. 2002, art. 159-V) « Ces dispositions ne s'appliquent pas aux cavités souterraines d'origine naturelle ou humaine résultant de l'exploitation passée ou en cours d'une mine. »

La procédure prévue par les articles *(Ord. n° 2014-1345 du 6 nov. 2014, art. 5-IV-7°, en vigueur le 1er janv. 2015)* « L. 521-1 à L. 521-8 » du code de l'expropriation pour cause d'utilité publique est applicable lorsque l'extrême urgence rend nécessaire l'exécution immédiate de mesures de sauvegarde.

Toutefois, pour la détermination du montant des indemnités qui doit permettre le remplacement des biens expropriés, il n'est pas tenu compte de l'existence du risque. *(L. n° 2003-699 du 30 juill. 2003, art. 60)* « Les indemnités perçues en application du quatrième alinéa de l'article L. 125-2 du code des assurances viennent en déduction des indemnités d'expropriation, lorsque les travaux de réparation liés au sinistre n'ont pas été réalisés et la valeur du bien a été estimée sans tenir compte des dommages subis. » – *[L. n° 95-101 du 2 févr. 1995, art. 11].*

Art. L. 561-2 Sans préjudice des dispositions de l'article *(Ord. n° 2014-1345 du 6 nov. 2014, art. 5-IV-7°, en vigueur le 1er janv. 2015)* « L. 322-1 » du code de l'expropriation pour cause d'utilité publique, les acquisitions d'immeubles peuvent ne donner lieu à aucune indemnité ou qu'à une indemnité réduite si, en raison de l'époque à laquelle elles ont eu lieu, il apparaît qu'elles ont été faites dans le but d'obtenir une indemnité supérieure au prix d'achat.

Sont présumées faites dans ce but, sauf preuve contraire, les acquisitions postérieures à l'ouverture de l'enquête publique préalable à l'approbation d'un plan de prévention des risques naturels prévisibles rendant inconstructible la zone concernée ou, en l'absence d'un tel plan, postérieures à l'ouverture de l'enquête publique préalable à l'expropriation. – *[L. n° 95-101 du 2 févr. 1995, art. 12].*

Art. L. 561-3 *(L. n° 2020-1721 du 29 déc. 2020, art. 224)* I. — Le fonds de prévention des risques naturels majeurs est chargé de financer les indemnités allouées en vertu des dispositions de l'article L. 561-1 ainsi que les dépenses liées à la limitation de l'accès et à la remise en état des terrains accueillant les biens exposés, le cas échéant en s'appuyant sur un établissement public foncier, afin de les confier après remise en état aux collectivités compétentes en matière d'urbanisme.

Il peut contribuer à l'acquisition amiable des biens couverts par un contrat d'assurance mentionné au premier alinéa de l'article L. 125-1 du code des assurances selon les conditions suivantes : acquisition d'un bien exposé à un risque prévisible de mouvements de terrain ou d'affaissements de terrain dus à une cavité souterraine, d'avalanches, de crues torrentielles ou à montée rapide, de submersion marine menaçant gravement des vies humaines, sous réserve que le prix de l'acquisition amiable s'avère moins coûteux que les moyens de sauvegarde et de protection des populations, ou à l'acquisition d'un bien sinistré à plus de la moitié de sa valeur et indemnisé en application de l'article L. 125-2 du même code. Il contribue également aux dépenses liées à la limitation de l'accès et à la remise en état des terrains accueillant les biens exposés.

En outre, il peut financer les dépenses de relogement des personnes exposées mentionnées aux deux premiers alinéas du présent I.

Pour la détermination du montant qui doit permettre l'acquisition amiable des biens exposés ou sinistrés, il n'est pas tenu compte de l'existence du risque.

Le fonds peut contribuer au financement de l'aide financière et des frais de démolition définis à l'article 6 de la loi n° 2011-725 du 23 juin 2011 portant dispositions particulières relatives aux quartiers d'habitat informel et à la lutte contre l'habitat indigne dans les départements et régions d'outre-mer.

Lorsqu'une mesure mentionnée au présent I est menée, aucune nouvelle construction de nature à engendrer une mise en danger de la vie humaine ne peut être opérée sur les terrains concernés.

II. — Le fonds peut contribuer au financement des études et actions de prévention des risques naturels majeurs dont les collectivités territoriales ou leurs groupements assurent la maîtrise d'ouvrage dans les communes couvertes par un plan de prévention des risques naturels prévisibles approuvé ou prescrit en application de l'article L. 562-1. Ces dispositions s'appliquent également aux études et actions réalisées sur le territoire de communes qui ne sont pas couvertes par un tel plan mais qui bénéficient à des communes couvertes par ce type de plan.

Le fonds peut contribuer, dans la zone du territoire français la plus exposée au risque sismique, aux études et travaux de prévention du risque sismique pour les bâtiments, équipements et installations nécessaires au fonctionnement des services départementaux *(L. n° 2021-1520 du 25 nov. 2021, art. 8-IV)* « et territoriaux » d'incendie et de secours et dont ces services assurent la maîtrise d'ouvrage, y compris lorsque les travaux portent sur des biens mis à disposition par les collectivités territoriales ou leurs groupements, ainsi que pour les immeubles domaniaux utiles à la gestion de crise, les établissements scolaires et les habitations à loyer modéré mentionnées au livre IV du code de la construction et de l'habitation.

Il peut contribuer aux opérations de reconnaissance et travaux de comblement des cavités souterraines menaçant gravement les vies humaines, dès lors que ce traitement est moins coûteux que l'expropriation prévue à l'article L. 561-1 du présent code sur des biens couverts par un contrat d'assurance mentionné au premier alinéa de l'article L. 125-1 du code des assurances.

III. — Le fonds contribue à la prise en charge des études et travaux de prévention rendus obligatoires par un plan de prévention des risques naturels prévisibles approuvé en application du 4° du II de l'article L. 562-1 du présent code. Il peut contribuer à la prise en charge des études de diagnostic de vulnérabilité dont la maîtrise d'ouvrage est assurée par une collectivité territoriale ou un groupement de collectivités territoriales et des travaux identifiés par l'étude, dans les programmes d'actions de prévention contre les inondations et dans la zone du territoire français la plus exposée au risque sismique, sur des biens couverts par un contrat d'assurance mentionné au premier alinéa de l'article L. 125-1 du code des assurances.

IV. — Le fonds prend en charge les études menées pour le compte de l'État pour l'évaluation des risques naturels et les mesures de prévention à mener pour prévenir ces risques ainsi que l'élaboration des plans de prévention des risques naturels prévisibles.

Il peut prendre en charge les actions d'information préventive sur les risques majeurs.

Il peut contribuer au financement des études et travaux de mise en conformité des digues domaniales de protection contre les crues et les submersions marines, ainsi que des digues dont la gestion a été transférée de l'État à une collectivité territoriale après le 1er janvier 2018.

V. — Les dispositions du présent article sont applicables aux départements et régions d'outre-mer.

VI. — Un décret fixe les modalités d'application du présent article, notamment le taux maximal des interventions du fonds prévues aux I à IV.

Il est créé à titre expérimental un dispositif dénommé « Mieux reconstruire après inondation », financé par le fonds de prévention des risques naturels majeurs mentionné à l'art. L. 561-3 C. envir. dans les communes désignées par arrêté du ministre chargé de la prévention des risques naturels parmi celles faisant l'objet, depuis moins d'un an, d'un arrêté portant reconnaissance de l'état de catastrophe naturelle à la suite d'inondations. L'expérimentation, au bénéfice de biens à usage d'habitation couverts par un contrat d'assurance mentionné au premier al. de l'art. L. 125-1 C. assur., est limitée à trois ans à compter de la désignation d'au moins une commune. Six mois avant la fin de l'expérimentation, le Gouvernement présente au Parlement un rapport d'évaluation établissant des propositions de prorogation ou d'arrêt du dispositif (L. n° 2020-1721 du 29 déc. 2020, art. 224-III).

Art. L. 561-4 A compter de la publication de l'arrêté d'ouverture de l'enquête publique préalable à l'expropriation réalisée en application de l'article L. 561-1, aucun permis de construire ni aucune autorisation administrative susceptible d'augmenter la valeur des biens à exproprier ne peut être délivré jusqu'à la conclusion de la procédure d'expropriation dans un délai maximal de cinq ans, si l'avis du Conseil d'État n'est pas intervenu dans ce délai.

La personne morale de droit public au nom de laquelle un permis de construire ou une autorisation administrative a été délivré en méconnaissance des dispositions du premier alinéa ci-dessus, ou en contradiction avec les dispositions d'un plan de prévention des risques naturels prévisibles rendues opposables, est tenue de rembourser *(L. n° 2020-1721 du 29 déc. 2020, art. 224)* « à l'État » le coût de l'expropriation des biens ayant fait l'objet de ce permis ou de cette autorisation. — *[L. n° 95-101 du 2 févr. 1995, art. 14].*

Art. L. 561-5 *(Abrogé par L. n° 2019-1479 du 28 déc. 2019, art. 179-II) Le Gouvernement présente au Parlement, en annexe à la loi de finances de l'année, un rapport sur la gestion du fonds de prévention des risques naturels majeurs.*

Un décret en Conseil d'État précise les modalités d'application du présent chapitre. — [L. n° 95-101 du 2 févr. 1995, art. 15].

....

SECTION II. *Fonds de prévention des risques naturels majeurs*

....

Art. R. 561-11 *(Décr. n° 2019-1379 du 18 déc. 2019, art. 7, en vigueur le 1er janv. 2020)* Lorsque le préfet estime que la délivrance d'un permis de construire ou d'une autorisation administrative susceptible d'augmenter la valeur des biens à exproprier doit donner lieu à un remboursement du coût de l'expropriation dans les conditions prévues au deuxième alinéa de l'article L. 561-4, il en informe l'autorité qui a délivré le permis ou l'autorisation en lui laissant un délai de trois mois pour faire connaître ses observations. A l'expiration de ce délai, le préfet indique, *(Abrogé par Décr. n° 2021-516 du 29 avr. 2021, art. 2) « après avis du Conseil d'orientation pour la prévention des risques naturels majeurs, »* le montant des sommes dues par la personne morale de droit public au nom de laquelle a été délivré le permis de construire ou l'autorisation administrative.

Il notifie ce montant à la personne morale de droit public concernée *(Abrogé par Décr. n° 2021-516 du 29 avr. 2021, art. 2) « et à la caisse centrale de réassurance »*. Lorsqu'il s'agit d'une collectivité territoriale, il lui rappelle que la dépense revêt le caractère d'une dépense obligatoire.

(Abrogé par Décr. n° 2021-516 du 29 avr. 2021, art. 2) « Le président du Conseil d'orientation pour la prévention des risques naturels majeurs peut saisir le ministre chargé de la prévention des risques naturels majeurs de tout cas où les dispositions du deuxième alinéa de l'article L. 561-4 lui paraîtraient applicables.

« Les dispositions du présent article sont également applicables lorsqu'une collectivité publique autre que l'État est tenue au remboursement prévu par le huitième alinéa du I de l'article L. 561-3. »

Art. D. 561-12-1 *(Décr. n° 2021-518 du 29 avr. 2021, art. 1er)* L'acquisition amiable, par une commune, un groupement de communes, un établissement public foncier ou l'État, de biens et de leurs terrains d'assiette sous réserve que les terrains acquis soient rendus inconstructibles dans un délai de trois ans, peut être prise en charge par le fonds de prévention des risques naturels majeurs.

Le financement par le fonds de prévention des risques naturels majeurs des acquisitions amiables mentionnées au I de l'article L. 561-3 est subordonné à la condition que le prix de ces acquisitions de biens exposés ou sinistrés n'excède pas le montant des éventuelles indemnités calculées conformément au quatrième alinéa de l'article L. 561-1.

La contribution du fonds au financement des expropriations de biens mentionnés à l'article L. 561-1 et des acquisitions amiables des biens mentionnés au I de l'article L. 561-3 s'effectue à raison de la totalité des dépenses éligibles. Toutefois, le financement des acquisitions amiables de biens sinistrés s'effectue dans la limite de 240 000 euros par bien acquis.

La contribution du fonds au financement des mesures nécessaires pour remettre en état les terrains, limiter l'accès à ces terrains ou empêcher toute occupation des biens expropriés ou acquis s'effectue à raison de 100 % des dépenses éligibles. Cette contribution n'est pas comprise dans le plafond de 240 000 euros relatif aux acquisitions amiables de biens sinistrés mentionné à l'alinéa précédent.

Lorsqu'une collectivité autre que l'État est devenue propriétaire, notamment par l'intermédiaire d'un établissement public foncier, et que les terrains acquis n'ont pas été rendus inconstructibles par la collectivité dans le délai de trois ans à compter de leur acquisition mentionnée au premier alinéa, elle est tenue de rembourser les sommes perçues, le cas échéant par l'intermédiaire de l'établissement public foncier, à l'État.

Les expropriations et acquisitions amiables effectuées par un établissement public foncier, et financées par le fonds de prévention des risques naturels majeurs sont conditionnées à la signature préalable par l'établissement public foncier d'une convention cadre avec l'État et de conventions opérationnelles avec les communes concernées ou leurs groupements. La convention cadre précise les modalités de versement à l'établissement public foncier et d'utilisation des crédits du fonds de prévention des risques naturels majeurs ainsi que les modalités d'intervention de l'établissement public foncier sur l'ensemble d'un secteur, notamment le volume global et les priorités d'intervention. Les conventions opérationnelles précisent notamment les délais de portage et les conditions de cession des biens à la collectivité compétente en matière d'urbanisme, après remise en état. Les contributions du fonds de prévention des risques naturels majeurs sont précisées dans le procès-verbal établi lors de la cession du bien à la commune ou au groupement, en application de la convention opérationnelle.

Art. D. 561-12-2 *(Décr. nº 2021-518 du 29 avr. 2021, art. 1er)* Le fonds de prévention des risques naturels majeurs peut prendre en charge les dépenses de prévention liées au relogement des personnes exposées ou sinistrées lorsque la décision d'évacuation a été prise par l'autorité publique compétente dans le cadre des pouvoirs qui lui sont conférés, pour répondre à la manifestation d'un risque mentionné à l'article L. 561-1.

Il peut être mis fin à cette prise en charge en cas de refus d'une proposition d'acquisition amiable du bien dans les conditions prévues par l'article L. 561-3 du code de l'environnement.

Art. D. 561-12-3 *(Décr. nº 2021-518 du 29 avr. 2021, art. 1er)* Le financement des études et actions de prévention ou de protection contre les risques naturels des collectivités territoriales mentionné au premier alinéa du II de l'article L. 561-3 est plafonné à :

— 50 % pour les études, 50 % pour les actions de prévention, et 40 % pour les actions de protection pour les communes où un plan de prévention des risques naturels prévisibles est approuvé ;

— 50 % pour les études, 40 % pour les actions de prévention et 25 % pour les actions de protection pour les communes où un plan de prévention des risques naturels prévisibles est prescrit ;

— 50 % pour les actions de prévention du risque sismique réalisées dans les zones de forte sismicité pour les communes où un plan de prévention des risques naturels prévisibles est approuvé ou prescrit.

Art. D. 561-12-4 *(Décr. nº 2021-518 du 29 avr. 2021, art. 1er)* La contribution du fonds prévue au deuxième alinéa du II de l'article L. 561-3 est limitée aux opérations ayant fait l'objet avant le 31 décembre 2027 d'un engagement au sens de l'article 30 du décret nº 2012-1246 du 7 novembre 2012 relatif à la gestion budgétaire et comptable publique correspondant au soutien du fonds de prévention des risques naturels majeurs.

Elle est plafonnée à 50 % du montant des études, travaux, ouvrages ou équipements de prévention, à l'exception de ceux concernant les habitations à loyer modéré mentionnées au livre IV du code de la construction et de l'habitation, pour lesquels elle est plafonnée à 35 %. Pour les établissements d'enseignement scolaire, ce plafond est porté à 60 %.

Art. D. 561-12-5 *(Décr. nº 2021-518 du 29 avr. 2021, art. 1er)* La contribution du fonds prévue au troisième alinéa du II de l'article L. 561-3 est plafonnée à 80 % du montant des opérations de reconnaissance, études ou travaux réalisés, déduction faite des éventuelles indemnités d'assurances perçues pour le même objet. La contribution du fonds ne peut toutefois pas dépasser 36 000 euros par bien ni être supérieure à 50 % de la valeur vénale du bien.

Art. D. 561-12-6 *(Décr. nº 2021-518 du 29 avr. 2021, art. 1er)* Les travaux de prévention et de protection relatifs aux infrastructures de transport et aux réseaux ne peuvent être pris en charge par le fonds mentionné à l'article L. 561-3 du code de l'environnement.

Art. D. 561-12-7 *(Décr. nº 2021-518 du 29 avr. 2021, art. 1er)* Déduction faite du montant des éventuelles indemnités perçues pour le même objet en application de l'article L. 125-2 du code des assurances, la contribution du fonds prévue au III du *[de l'article]* L. 561-3 est plafonnée à :

— 20 % des dépenses éligibles réalisées sur des biens utilisés dans le cadre d'activités professionnelles dans la limite de 10 % de la valeur vénale ou estimée de chaque bien ;

— 50 % du montant des études de diagnostic de la vulnérabilité des biens ;

— 80 % des dépenses éligibles réalisées sur des biens à usage d'habitation ou à usage mixte pour les études et travaux de prévention. La contribution du fonds ne peut toutefois pas dépasser 36 000 euros par bien ni être supérieure à 50 % de la valeur vénale du bien.

La valeur vénale ou estimée du bien est constatée à la date de réalisation de l'étude de diagnostic de vulnérabilité ou à la date d'approbation du plan.

Les listes des types de travaux de réduction de la vulnérabilité aux inondations et au risque sismique des biens à usage d'habitation et des biens utilisés dans le cadre d'activités professionnelles relevant de personnes physiques ou morales employant moins de vingt salariés éligibles au fonds sont fixées par arrêté du ministre chargé de la prévention des risques naturels.

Art. D. 561-12-8 *(Décr. nº 2021-518 du 29 avr. 2021, art. 1er)* Lorsqu'un plan de prévention des risques naturels prévisibles, prévu à l'article L. 562-1 du code de l'environnement, est annulé en raison d'un vice de forme ou de procédure par une juridiction administrative, les mesures prescrites par ce plan peuvent, à condition que la demande de subvention ait été présentée au plus tard à l'expiration du délai d'un an à compter de la date de lecture de la décision de justice prononçant l'annulation du plan, être financées par le fonds de prévention des risques naturels majeurs dans les mêmes conditions que celles prévues pour un plan de prévention des risques naturels approuvé.

Art. D. 561-12-9 *(Décr. nº 2021-518 du 29 avr. 2021, art. 1er)* La contribution du fonds prévue au IV de l'article L. 561-3 est plafonnée à 100 % de la dépense.

Par dérogation, pour les digues dont la gestion a été transférée de l'État à une collectivité territoriale après le 1er janvier 2018, sous réserve que l'engagement au sens de l'article 30 du décret nº 2012-1246 du 7 novembre 2012 relatif à la gestion budgétaire et comptable publique correspondant au soutien du fonds de prévention des risques naturels majeurs ait été pris par l'État avant le 31 décembre 2027, la contribution du fonds est plafonnée à 80 % de la dépense.

Art. D. 561-12-10 *(Décr. nº 2021-518 du 29 avr. 2021, art. 1er)* Les biens visés à l'article L. 561-3 sont les biens à usage d'habitation ou les biens utilisés dans le cadre d'activités professionnelles relevant de personnes physiques ou morales employant moins de vingt salariés et de leurs terrains d'assiette, à l'exception des biens exposés à un risque prévisible faisant l'objet d'une acquisition amiable dans les conditions fixées par le I de l'article L. 561-3 et ceux faisant l'objet d'études et travaux de prévention du risque sismique mentionnés au II de l'article L. 561-3. L'effectif salarié et le franchissement du seuil de vingt salariés sont déterminés selon les modalités prévues à l'article L. 130-1 du code de la sécurité sociale.

Art. D. 561-12-11 *(Décr. nº 2021-518 du 29 avr. 2021, art. 1er)* La demande de subvention est adressée au préfet du département dans le ressort duquel est situé le bien faisant l'objet de la mesure de prévention. Elle est présentée, selon les cas, par la commune ou le groupement de communes compétent ou par le propriétaire, le gestionnaire ou l'exploitant intéressé ou par son mandataire.

Un arrêté du ministre chargé de la prévention des risques naturels précise les renseignements et documents qui doivent être fournis à l'appui des demandes d'attribution et de paiement de la subvention.

CHAPITRE II GARANTIES PUBLIQUES POUR LE COMMERCE EXTÉRIEUR *(L. nº 2015-1786 du 29 déc. 2015, art. 103-I-A et VI, en vigueur le 31 déc. 2016)*.

RÉP. COM. vº *Assurance-crédit*, par CASSON.

SECTION PREMIÈRE DISPOSITIONS GÉNÉRALES

Art. L. 432-1 *(L. nº 2015-1786 du 29 déc. 2015, art. 103-I-B, en vigueur le 31 déc. 2016)* **Dans les conditions fixées au présent chapitre, le ministre chargé de l'économie est autorisé à accorder la garantie de l'État, pour les opérations concourant au dévelop-**

pement du commerce extérieur de la France, aux entreprises françaises exportatrices *(L. n° 2017-1775 du 28 déc. 2017, art. 84)* **« ainsi qu'aux personnes morales de droit étranger qu'elles contrôlent seules ou conjointement au sens de l'article L. 233-3 du code de commerce lorsque le recours à une entité de droit local est nécessaire, ou aux entreprises françaises » importatrices ou investissant à l'étranger ou, dans des conditions précisées par décret, pour des opérations de construction navale ou de construction d'engins spatiaux civils, à des entreprises françaises en concurrence avec une personne étrangère bénéficiant d'un soutien public, ou au bénéfice des établissements de crédit, aux sociétés de financement, aux entreprises d'assurance et de réassurance, aux mutuelles et institutions de prévoyance, de droit français ou étranger, ainsi qu'aux organismes mentionnés à l'article L. 214-1 du code monétaire et financier.** — *V. art. R. 442-8-13.*

Le ministre chargé de l'économie est également autorisé, dans les mêmes conditions, à accorder la garantie de l'État pour les opérations de gestion des opérations et garanties de couverture du risque monétaire de l'organisme mentionné au premier alinéa de l'article L. 432-2 du présent code.

(L. n° 2019-1479 du 28 déc. 2019, art. 201) **« La garantie de l'État prévue au présent article ne peut être accordée pour des opérations ayant pour objet la recherche, l'exploitation et la production de charbon ainsi que la production d'énergie à partir de charbon, sans préjudice des opérations ayant pour effet de réduire l'impact environnemental négatif d'installations de production d'énergie existantes sans augmenter la durée de vie ou la capacité de production.**

« La garantie de l'État prévue au présent article ne peut être accordée pour couvrir des prêts octroyés à des acheteurs étrangers en vue d'exporter des biens et services dans le cadre des opérations ayant pour objet la recherche, l'exploitation et la production d'hydrocarbures liquides ou gazeux par fracturation hydraulique ou par toute autre méthode non conventionnelle, telles que définies à l'article L. 111-13 du code minier.

« La garantie de l'État prévue au présent article ne peut être accordée pour couvrir des prêts octroyés à des acheteurs étrangers en vue d'exporter des biens et services dans le cadre des projets de production d'hydrocarbures liquides prévoyant un torchage de routine du gaz émis lors de l'exploitation du gisement » *(L. n° 2020-1721 du 29 déc. 2020, art. 199)* **« ou dans le cadre d'opérations d'exploitation de sables bitumineux, de schistes bitumineux et d'hydrocarbures de densité API *in situ* inférieure à 15.**

« A compter du 1er janvier 2025, la garantie de l'État prévue au présent article ne peut être accordée pour couvrir des prêts octroyés à des acheteurs étrangers en vue d'exporter des biens et services dans le cadre d'opérations ayant pour objet l'exploration de gisements ou l'exploitation d'hydrocarbures liquides dans le cadre de permis correspondant à des gisements non encore exploités.

« Au plus tard à compter du 1er janvier 2035, la garantie de l'État prévue au présent article ne peut être accordée pour couvrir des prêts octroyés à des acheteurs étrangers en vue d'exporter des biens et services dans le cadre d'opérations ayant pour objet l'exploration de gisements ou l'exploitation d'hydrocarbures gazeux dans le cadre de permis correspondant à des gisements non encore exploités. »

Un délai d'au moins quatre ans est observé entre l'entrée en vigueur de la loi de finances n° 2020-1721 du 29 déc. 2020 fixant l'échéance de fin effective de l'octroi de garanties publiques aux projets mentionnés au dernier al. de l'art. L. 432-1 dans sa rédaction résultant de ladite loi et cette fin effective, si celle-ci est antérieure au 1er janv. 2035. Avant le 30 sept. 2023, le Gouvernement remet au Parlement un rapport d'évaluation de la politique d'octroi de garanties publiques au commerce extérieur pour des projets d'exploration ou d'exploitation sur de nouveaux gisements gaziers, prenant en compte l'évolution des enjeux climatiques et industriels (L. préc., art. 199-II).

Art. L. 432-2 *(L. n° 2015-1786 du 29 déc. 2015, art. 103-I-C)* **« Un organisme est chargé par l'État de gérer et délivrer sous son contrôle, pour son compte et en son nom les garanties publiques pour le commerce extérieur prévues à l'article L. 432-1.**

« Ces garanties peuvent être accordées :

« 1° : » *(L. n° 2008-1443 du 30 déc. 2008, art. 121-II)* **« *a)* Pour** *(L. n° 2015-1786 du 29 déc. 2015, art. 103-I-C)* **« des » opérations d'assurance des risques commerciaux, politiques, monétaires** *(L. n° 2015-1786 du 29 déc. 2015, art. 103-I-C)* **« et catastrophiques », afférents à des opérations de nature à contribuer au développement du commerce extérieur de la France ou présentant un intérêt stratégique pour l'économie française à l'étranger ; »** – *V. art. R. 442-11-1.*

(L. n° 2005-1719 du 30 déc. 2005, art. 129) **« *a bis)* Pour** *(L. n° 2015-1786 du 29 déc. 2015, art. 103-I-C)* **« des » opérations d'assurance couvrant le risque de non-paiement des sommes dues par des entreprises à des établissements de crédit** *(Ord. n° 2013-544 du 27 juin 2013, art. 19, en vigueur le 1er janv. 2014)* **« , des société de financement »** *(L. n° 2015-1786 du 29 déc. 2015, art. 103-I-C)* **« , des entreprises d'assurance et de réassurance, des mutuelles et institutions de prévoyance de droit français ou étranger, ou des organismes mentionnés à l'article L. 214-1 du code monétaire et financier » dans le cadre d'opérations de commerce extérieur dans des conditions prévues par décret ;**

(L. n° 2015-1786 du 29 déc. 2015, art. 102) **« *a ter)* Pour ses opérations d'assurance couvrant les risques mentionnés au *a* et au *a bis* afférents à des opérations de financement de l'acquisition par des entreprises françaises de navires ou d'engins spatiaux civils produits en France par des entreprises françaises en concurrence avec une entreprise étrangère bénéficiant d'un soutien public à l'exportation, selon des conditions d'octroi et sous réserve du respect de critères définis par décret en Conseil d'État ; »**

(Abrogé par L. n° 2012-1510 du 29 déc. 2012, art. 84-III et IV, à compter du 1er janv. 2014) (L. n° 2001-1276 du 28 déc. 2001, art. 83) ***« b) Pour ses garanties spécifiques couvrant les risques de non-paiement, dans des conditions prévues par décret. »***

(Abrogé par L. n° 2015-1786 du 29 déc. 2015, art. 103-I-C) (L. n° 2001-1276 du 28 déc. 2001, art. 83 ; L. n° 2012-1510 du 29 déc. 2012, art. 84-IV) ***« c) Pour les opérations de gestion des droits et obligations afférents aux opérations et garanties mentionnées au a ; »***

(L. n° 2008-1443 du 30 déc. 2008, art. 121-III) **« *d)* Dans des conditions fixées par décret, pour des investissements à réaliser ou déjà réalisés par des entreprises françaises dans des pays étrangers lorsque ces investissements présentent un intérêt pour le développement de l'économie française et ont été agréés par le pays concerné. Le même décret détermine les conditions et les modalités de cette garantie. Dans le cas de pays étrangers qui ne sont pas liés au Trésor français par un compte d'opérations, cette garantie peut être subordonnée à la conclusion préalable d'un accord sur la protection des investissements. En cas de mise en jeu de la garantie, l'État peut prélever le montant correspondant à ladite garantie sur les crédits d'aide à verser au pays concerné » ;**

(L. n° 2013-1279 du 29 déc. 2013, art. 77) **« *e)* Pour** *(L. n° 2015-1786 du 29 déc. 2015, art. 103-I-C)* **« des » opérations de réassurance des entreprises habilitées à pratiquer en France des opérations d'assurance-crédit, au titre des opérations d'assurance des risques** *(L. n° 2017-1775 du 28 déc. 2017, art. 84)* **« politiques et » commerciaux à l'exportation d'une durée de paiement inférieure à deux ans que celles-ci réalisent vers des pays** *(L. n° 2020-289 du 23 mars 2020, art. 5)* **« étrangers » dans la limite globale de** *(L. n° 2020-473 du 25 avr. 2020, art. 15)* **« cinq milliards d'euros ». L'octroi de cette garantie est subordonné à la constatation d'une défaillance du marché de l'assurance-crédit.** *(L. n° 2015-1786 du 29 déc. 2015, art. 103-I-C)* **« L'État » n'est financièrement** *(L. n° 2015-1786 du 29 déc. 2015, art. 103-I-C)* **« exposé » au titre de ces opérations que pour autant que l'assureur-crédit, cosignataire du traité de réassurance, conserve une exposition au risque sur les entreprises bénéficiant du financement faisant l'objet de l'assurance-crédit. Un décret en Conseil d'État fixe les modalités d'application du présent *e*, notamment celles ayant trait à la constatation de la défaillance du marché ainsi que la part minimale de risque que l'assureur-crédit cosignataire du traité de réassurance conserve à sa charge** *[Dispositions déclarées non conformes à la Constitution par la décision du Cons. const. n° 2013-684 DC du 29 déc. 2013]* **» ;**
– *V. art. R. 442-8-9 s.*

2° Aux exportateurs pour les opérations prévues à l'article 53 de la loi n° 48-1516 du 26 septembre 1948, fixant l'évaluation des voies et moyens du budget général pour l'exercice 1948 et relative à diverses dispositions d'ordre financier.

La garantie de l'État peut être également accordée aux exportateurs pour les couvrir, dans les conditions fixées par des contrats conclus avec eux par le ministre de l'économie et des finances, d'une partie des pertes pouvant résulter des dépenses qu'ils engagent pour prospecter certains marchés étrangers, faire de la publicité et constituer des stocks en vue de développer les exportations à destination de ces marchés.

Les dispositions issues de l'art. 103 de la L. n° 2015-1786 du 29 déc. 2015 sont entrées en vigueur le 31 déc. 2016 (L. préc., art. 103-VI).

Le ministre chargé de l'économie est autorisé à accorder à l'organisme mentionné au 1er al. de l'art. L. 432-2 la garantie de l'État pour les opérations de gestion des opérations et garanties de couverture du risque monétaire conclues, avant l'entrée en vigueur de l'art. 103 de la L. n° 2015-1786 du 29 déc. 2015 (V. ci-dessous), par la Compagnie française d'assurance pour le commerce extérieur « COFACE », agissant pour le compte de l'État (L. n° 2016-1917 du 29 déc. 2016, art. 127).

Sur le montant de nouveaux risques couverts, V., ci-dessous, art. 104 de la L. n° 2015-1786 du 29 déc. 2015.

Loi n° 2015-1786 du 29 décembre 2015,

De finances rectificative pour 2015.

Art. 103 *[...]*

IV. — Le portefeuille des polices et de toutes autres garanties, les promesses de garanties et les contrats d'opérations d'assurance conclus et détenus par la Compagnie française d'assurance pour le commerce extérieur "COFACE" pour le compte de l'État, ainsi que tous autres droits, obligations, contrats et autorisations de toute nature en France et hors de France y afférents *(L. n° 2016-1917 du 29 déc. 2016, art. 47-III-1°)* « , à l'exception de ceux mentionnés au troisième alinéa du présent IV, » sont transférés à l'État et gérés, pour son compte, sous son contrôle et en son nom, par l'organisme mentionné au premier alinéa de l'article L. 432-2 du code des assurances.

(L. n° 2016-1917 du 29 déc. 2016, art. 47-III-2° et 3°) « Toutefois, pour une durée de trente jours à compter de la date d'effet de ce transfert, la Compagnie française d'assurance pour le commerce extérieur (COFACE) demeure chargée par l'État d'assurer à titre subsidiaire, en son nom et pour son compte, l'encaissement des recettes qui lui seraient versées au titre de ses activités exercées en application des articles L. 432-2 et L. 432-5 du code des assurances dans leur rédaction antérieure à l'entrée en vigueur du présent article prévue par le premier alinéa du VI du présent article. A cette fin, la Compagnie française d'assurance pour le commerce extérieur (COFACE) demeure habilitée à détenir et gérer, en vue de leur reversement à l'État, les disponibilités résultant de l'enregistrement comptable distinct prévu à l'article L. 432-4 du code des assurances dans sa rédaction antérieure à l'entrée en vigueur du présent article prévue par le premier alinéa du VI du présent article.

« Les conventions-cadres relatives aux instruments financiers à terme conclues par la Compagnie française d'assurance pour le commerce extérieur (COFACE), agissant pour le compte de l'État, pour les opérations de gestion des opérations et garanties de couverture du risque monétaire ainsi que les contrats financiers régis par ces conventions et accessoires y afférents sont transférés à l'organisme mentionné au premier alinéa de l'article L. 432-2 du code des assurances.

« Ces transferts sont sans incidence sur les droits et obligations afférents aux conventions et contrats financiers mentionnés aux premier et troisième alinéas du présent IV et n'entraînent notamment aucun droit à modification, à résiliation ou à indemnisation pour le cocontractant ni, le cas échéant, la mise en jeu de clauses de défaut ou d'exigibilité anticipée. Ils sont opposables à l'ensemble des assurés, des souscripteurs et des bénéficiaires de droits, des débiteurs d'obligations et des tiers. »

(L. n° 2016-1917 du 29 déc. 2016, art. 47-III-4°) « Ces transferts ne donnent » lieu, de la part de l'État et de l'organisme mentionné au premier alinéa de l'article L. 432-2 du code des assurances, au paiement d'aucun impôt, droit ou taxe de quelque nature que ce soit.

[...]

VI. — A l'exception du V, le présent article entre en vigueur à une date fixée par décret, et au plus tard le 31 décembre 2016. (…)

Art. 104 Le montant de nouveaux risques couverts, à compter du 1er janvier 2016, par la garantie de l'État prévue à l'article L. 432-2 du code des assurances et à l'article 84 de la loi n° 2012-1510 de finances rectificative pour 2012, diminué du montant des engagements pris en application de ces mêmes articles et éteints depuis la publication de la présente loi, ne peut excéder 35 milliards d'euros.

Arrêté du 23 octobre 2020,

Accordant la garantie de l'État à l'organisme mentionné à l'article L. 432-2 du code des assurances pour les opérations qui lui sont transférées en application de l'article 103 de la loi n° 2015-1786 du 29 décembre 2015 de finances rectificative pour 2015 modifié par l'article 47 de la loi n° 2016-1917 de finances pour 2017 et pour les opérations conclues par cet organisme pour le compte de l'État à terme fermes ou optionnelles sur les marchés des changes et des taux d'intérêt (JO 27 oct.).

Art. 1er En application de l'article 127 de la loi n° 2016-1917 de finances pour 2017, la garantie de l'État est accordée à l'organisme mentionné à l'article L. 432-2 du code des assurances pour les opérations de gestion des opérations et garanties de couverture du risque monétaire, du même type que celles visées à l'article 3 et à l'article 4, conclues par la Compagnie française d'assurance pour le commerce extérieur "COFACE" pour le compte de l'État et transférées à cet organisme en application de l'article 103 de la loi n° 2015-1786 du 29 décembre 2015 de finances rectificative pour 2015, tel que modifié par l'article 47 de la loi n° 2016-1917 de finances pour 2017.

Art. 2 En application du second alinéa de l'article L. 432-1 et de l'article R. 442-8-4 du code des assurances, la garantie de l'État est accordée à l'organisme mentionné à l'article L. 432-2 du code des assurances pour les opérations de gestion des opérations et garanties de couverture du risque monétaire qu'il conclut pour le compte de l'État, mentionnées aux articles 3 et 4.

Art. 3 Sont concernées les opérations à terme fermes ou optionnelles, traitées de gré à gré sur les marchés des changes à terme, de vente ou d'achat d'euros, de dollars américains, de livres sterling, de yens japonais, de francs suisses, de dollars australiens, de couronnes tchèques, de zlotys polonais, de forints hongrois, de couronnes danoises, de couronnes norvégiennes, de couronnes suédoises, de dollars de Singapour, de dollars de Hong Kong, de dollars canadiens, de rands sud-africains, de roubles russes, de réals *[réaux]* brésiliens, de roupies indiennes, de wons coréens, de dollars de Taiwan, de ringgits malaisiens, de roupies indonésiennes, de renmibis chinois, de livres turques, de lei roumains, de pesos mexicains, de pesos chiliens, de pesos colombiens, de dollar néozélandais, de shekel israélien, de bath thaïlandais, de peso philippin, de sol péruvien, de rial saoudien, de dirham des Emirats, de dirham marocain, de livre égyptienne, de tengué kazakh, de naira nigérian, de cedi ghanéen, de kuna croate, de dinar serbe ou couronne islandaise, ainsi que les opérations traitées de gré à gré pour des accords de taux futurs ou d'échanges de conditions d'intérêt sur les marchés de taux d'intérêt de ces devises, conclues par l'organisme mentionné à l'article L. 432-2 du code des assurances pour le compte de l'État dans le cadre de conventions-cadre*[s]* de place entre le 1er janvier 2020 et le 31 décembre 2020.

Art. 4 Sont également concernées les opérations d'achat ou de vente de contrats fermes de taux futurs, effectuées sur les marchés à terme réglementés, conclues par l'organisme mentionné à l'article L. 432-2 du code des assurances pour le compte de l'État entre le 1er janvier 2020 et le 31 décembre 2020.

Art. 5 Les obligations de paiement incombant à l'organisme mentionné à l'article L. 432-2 du code des assurances au titre des opérations mentionnées à l'article 3, des opérations mentionnées à l'article 1er du même type transférées à cet organisme et des opérations du même type conclues pour le compte de l'État par cet organisme jusqu'au 31 décembre 2017 sont garanties inconditionnellement par l'État dans la limite totale pour chacune des conventions-cadre*[s]* de place concernées :

— d'un encours net (achats diminués des ventes) de 500 millions d'euros en notionnel pour les opérations de change fermes ;

— d'un encours total (en valeur absolue) de 300 millions d'euros en notionnel sur les opérations de taux d'intérêt ; et

— d'un encours net (droits d'acheter diminués des droits de vendre) de 800 millions d'euros en notionnel pour les opérations d'achats et de ventes d'options de change.

Les obligations de paiement incombant à l'organisme mentionné à l'article L. 432-2 du code des assurances au titre des opérations mentionnées à l'article 4, des opérations mentionnées à l'article 1er du même type transférées à cet organisme et des opérations du même type conclues par pour le compte de l'État par cet organisme jusqu'au 31 décembre 2017 sont garanties inconditionnellement par l'État dans la limite d'un encours total (en valeur absolue) de 300 millions d'euros en notionnel.

Art. 6 L'organisme mentionné à l'article L. 432-2 du code des assurances respecte, avec chacune des contreparties avec lesquelles ont été conclues des conventions-cadre *[s]* au titre des opérations mentionnées à l'article 3 et *[des]* opérations mentionnées à l'article 1er du même type, et au titre des opérations mentionnées à l'article 4 et *[des]* opérations mentionnées à l'article 1er du même type, les montants de valorisation du portefeuille d'opérations pour le compte de l'État définis dans une lettre adressée par la directrice générale du Trésor, au-delà desquels cet organisme n'engage plus de nouvelles opérations avec la contrepartie concernée.

Art. L. 432-3 **La garantie de l'État est accordée après avis de la commission des garanties et du crédit au commerce extérieur, instituée par l'article 15 de la loi n° 49-874 du 5 juillet 1949,** *(L. n° 2015-1786 du 29 déc. 2015, art. 103-I-D, en vigueur le 31 déc. 2016)* **« dans des conditions précisées par décret.**

« Les dirigeants, les mandataires sociaux et les membres du conseil d'administration, du conseil de surveillance ou de l'organe délibérant en tenant lieu de la personne morale susceptible de détenir l'organisme mentionné au premier alinéa de l'article L. 432-2 ne peuvent pas intervenir dans le processus d'octroi des garanties publiques régi par le premier alinéa du présent article. Cette interdiction s'applique également aux dirigeants, aux mandataires sociaux et aux membres du conseil d'administration, du conseil de surveillance ou de l'organe délibérant en tenant lieu des filiales détenues, au sens de l'article L. 233-1 du code de commerce, par la personne morale précitée, à l'exclusion du directeur général de l'organisme mentionné au premier alinéa de l'article L. 432-2 du présent code.

« L'organisme mentionné au premier alinéa de l'article L. 432-2 met en œuvre les mesures nécessaires à la protection du secret de la défense nationale et des autres secrets dont il est dépositaire au titre des missions qui lui sont confiées par l'État et en contrôle l'application. »

Art. L. 432-4 *(L. n° 97-1239 du 29 déc. 1997) (L. n° 2015-1786 du 29 déc. 2015, art. 103-I-E)* **« L'organisme mentionné au premier alinéa de l'article L. 432-2 » établit, pour les opérations qu'***(L. n° 2015-1786 du 29 déc. 2015, art. 103-I-E)* **« il » effectue avec la garantie de l'État en application** *(L. n° 2012-1510 du 29 déc. 2012, art. 84-II)* **« des articles L. 432-2 et L. 432-5** *[du présent code]* **», un enregistrement comptable distinct. Une convention entre l'État et** *(L. n° 2015-1786 du 29 déc. 2015, art. 103-I-E)* **« l'organisme mentionné au premier alinéa de l'article L. 432-2 » précise** *(L. n° 2015-1786 du 29 déc. 2015, art. 103-I-E)* **« les objectifs fixés par l'État à l'organisme, les conditions de mise en œuvre des garanties publiques à l'exportation au nom, pour le compte et sous le contrôle de l'État, » les modalités selon lesquelles cet enregistrement est effectué ainsi que les conditions dans lesquelles il est contrôlé et certifié par un ou plusieurs commissaires aux comptes.** — *V. Décr. n° 2016-1091 du 11 août 2016 (JO 12 août).*

(L. n° 2015-1786 du 29 déc. 2015, art. 103-I-E) **« La convention mentionnée au premier alinéa du présent article emporte mandat à l'organisme mentionné au premier alinéa de l'article L. 432-2 d'assurer l'encaissement de recettes,** *(L. n° 2016-1918 du 29 déc. 2016, art. 130)* **« de procéder au recouvrement amiable et au recouvrement contentieux et à toute action permettant d'assurer la conservation des droits de l'État en France et à l'étranger avec faculté de délégation à des tiers habilités conformément aux législations concernées, d'assurer » le paiement de dépenses, dont les indemnisations de sinistres, et toutes opérations de maniement des fonds issus de son activité**

assurée au nom et pour le compte de l'État, qui demeure le titulaire des droits et obligations nés au titre de ces opérations. En particulier, les actifs figurant dans l'enregistrement comptable prévu au premier alinéa du présent article demeurent la propriété insaisissable de l'État. *(L. nº 2017-1775 du 28 déc. 2017, art. 84)* **« L'organisme mentionné au premier alinéa de l'article L. 432-2 peut déléguer tout ou partie des missions énumérées au présent alinéa à des entités de son groupe d'appartenance. »**

« Dans les cas où l'État est directement ou indirectement actionnaire de l'organisme mentionné au premier alinéa de l'article L. 432-2, l'article L. 225-38 du code de commerce ne s'applique pas aux conventions conclues avec cet organisme.

« L'organisme mentionné au premier alinéa de l'article L. 432-2 du présent code ne requiert pas l'obtention de l'agrément administratif mentionné à l'article L. 321-1. »

(L. nº 2017-1775 du 28 déc. 2017, art. 84) **« Lorsque l'organisme mentionné au premier alinéa de l'article L. 432-2 délègue à une entité de son groupe d'appartenance l'une au moins des missions énumérées au deuxième alinéa du présent article, une convention entre l'organisme susmentionné, l'entité délégataire et l'État prévoit les modalités de contrôle de l'État sur l'exécution des prestations de l'entité délégataire. »**

Les dispositions issues de l'art. 103 de la L. nº 2015-1786 du 29 déc. 2015 sont entrées en vigueur le 31 déc. 2016 (L. préc., art. 103-VI).

Art. L. 432-4-1 *(L. nº 2015-1786 du 29 déc. 2015, art. 103-I-F, en vigueur le 31 déc. 2016)* **Le président de l'organisme mentionné au premier alinéa de l'article L. 432-2 délègue l'ensemble de ses prérogatives de gestion opérationnelle de l'organisme précité au directeur général de cet organisme. Celui-ci est nommé, après avis du président de l'organisme précité, ou, le cas échéant, révoqué par le ministre chargé de l'économie.**

Le ministre chargé de l'économie désigne, auprès de l'organisme mentionné au premier alinéa de l'article L. 432-2, un représentant chargé de veiller à la mise en œuvre de la garantie de l'État ainsi qu'à l'exercice des responsabilités qui sont confiées par l'État à cet organisme. Ce représentant est chargé du contrôle de l'exécution de la convention prévue au premier alinéa de l'article L. 432-4. Il peut prendre connaissance, à tout moment, de la comptabilité de l'organisme mentionné au premier alinéa de l'article L. 432-2 ainsi que de tout document ou information nécessaire à l'exécution de sa mission. Il peut adresser des observations et recommandations au directeur général, qui lui fait connaître, dans un délai de quinze jours à compter de leur réception, les suites qui leur ont été données.

Art. L. 432-4-2 *(L. nº 2015-1786 du 29 déc. 2015, art. 103-I-F en vigueur le 31 déc. 2016)* **A l'occasion de la présentation du projet de loi de finances de l'année, le Gouvernement transmet aux commissions permanentes chargées des finances de l'Assemblée nationale et du Sénat un rapport sur** *(L. nº 2019-1479 du 28 déc. 2019, art. 201)* **« l'état de l'ensemble des garanties octroyées dans le domaine de l'énergie et » les opérations effectuées pour le compte de l'État par l'organisme mentionné au premier alinéa de l'article L. 432-2.**

(L. nº 2019-1479 du 28 déc. 2019, art. 201) **« Ce rapport comprend la liste détaillée des opérations ayant bénéficié de la garantie de l'État dans le domaine de l'énergie, réparties par type d'opérations mentionnées au même article L. 432-2 et par type de ressources. Il précise les volumes financiers engagés et la durée des garanties octroyées, les entreprises directement ou indirectement bénéficiaires, les pays dans lesquels ont lieu les opérations et leurs principaux impacts sociaux et environnementaux ainsi que, le cas échéant, les mesures visant à réduire au minimum, à atténuer ou à corriger ces impacts. »**

Art. L. 432-5 *(L. nº 2015-1786 du 29 déc. 2015, art. 103-I-G en vigueur le 31 déc. 2016)* **L'organisme mentionné au premier alinéa de l'article L. 432-2 gère et délivre également, sous le contrôle, pour le compte et au nom de l'État, les garanties prévues à l'article 84 de la loi nº 2012-1510 du 29 décembre 2012 de finances rectificative pour 2012.**

SECTION II ADMINISTRATION ET FONCTIONNEMENT

Néant.

SECTION III RISQUES GARANTIS

Néant.

SECTION IV DISPOSITIONS DIVERSES

Néant.

CHAPITRE III LA CAISSE NATIONALE DE PRÉVOYANCE

Art. L. 433-1 à L. 433-11 *Abrogés par L. nº 92-665 du 16 juill. 1992, art. 6 et 10.*

Loi nº 92-665 du 16 juillet 1992, *portant adaptation au marché unique européen de la législation applicable en matière d'assurance et de crédit.* **Art. 3** L'établissement public à caractère industriel et commercial dénommé Caisse nationale de prévoyance apportera à une société anonyme, créée à cet effet, relevant du code des assurances et appartenant au secteur public, l'ensemble des droits, biens et obligations attachés à son activité.

Ces apports ne donnent lieu ni à indemnité, ni à perception d'impôts, droits ou taxes de quelque nature que ce soit, ni au versement de *(Ord. nº 2010-638 du 10 juin 2010, art. 10-XIII)* « la contribution prévue à l'article 879 du code général des impôts ou d'honoraires » au profit d'agents de l'État.

Art. 4 A la date de réalisation des apports, l'établissement public à caractère industriel et commercial dénommé Caisse nationale de prévoyance est supprimé.

Pour les contrats souscrits avant le 1er août 1991, la garantie de l'État est maintenue en faveur de la société anonyme nouvelle.

....

Art. 6 Les articles L. 433-1 à L. 433-11 du code des assurances sont abrogés.
Al. 2 et 3. — V. C. assur., art. L. 111-1.

Art. 7 *V. C. assur., art. L. 441-11.*

....

Art. 10 Les articles 6 à 9 ci-dessus entrent en vigueur à la date de réalisation des apports mentionnée à l'article 4.

TITRE QUATRIÈME RÉGIMES PARTICULIERS D'ASSURANCE

CHAPITRE PREMIER DISPOSITIONS RELATIVES À CERTAINES OPÉRATIONS DE PRÉVOYANCE COLLECTIVE ET D'ASSURANCE

SECTION PREMIÈRE DISPOSITIONS GÉNÉRALES

Art. L. 441-1 *(L. nº 94-5 du 4 janv. 1994)* **Les entreprises d'assurance** *(Abrogé par Ord. nº 2009-106 du 30 janv. 2009, art. 2-1º, à compter du 1er juill. 2010, ratifiée par L. nº 2010-737 du 1er juill. 2010, art. 35-I)* **« *sur la vie* » sont autorisées à participer directement ou indirectement, notamment par la collecte de primes ou cotisations, par la constitution de capitaux payables en cas de vie, par la constitution et le service de retraites ou avantages viagers, à toute opération ayant pour objet l'acquisition ou la jouissance de droits en cas de vie dans laquelle un lien est établi entre la revalorisation des primes et celle des droits en cas de vie précédemment acquis et dont les actifs et les droits sont isolés de ceux des autres assurés et soumis aux conditions prévues au présent chapitre.**

(Ord. nº 2009-106 du 30 janv. 2009, art. 2-1º, en vigueur le 1er juill. 2010, ratifiée par L. nº 2010-737 du 1er juill. 2010, art. 35-I) **« Ces opérations constituent des engage-**

ments dont l'exécution dépend de la durée de la vie humaine au sens de l'article L. 310-1. »

V. art. R. 441-1 s.

Art. L. 441-2 *(Ord. nº 2009-106 du 30 janv. 2009, art. 2-2º, en vigueur le 1er juill. 2010, ratifiée par L. nº 2010-737 du 1er juill. 2010, art. 35-I)* **I. — Sous réserve des dispositions particulières du présent chapitre, les dispositions du livre Ier relatives aux assurances sur la vie s'appliquent aux opérations régies par le présent chapitre, à l'exception des articles L. 131-1, L. 131-2, L. 132-5-2, L. 132-5-3, L. 132-9, L. 132-9-1, L. 132-20 à L. 132-22-1, L. 132-30 et L. 132-31, des dispositions spécifiques aux assurances en cas de décès et** *(Ord. nº 2014-696 du 26 juin 2004, art. 1er-12º)* **« du chapitre IV du titre III ».** *(Abrogé par Ord. nº 2017-484 du 6 avr. 2017, art. 12-1º)* ***« Pour l'application de ces dispositions, la référence à la provision mathématique est remplacée en tant que de besoin par la référence à la provision mathématique théorique. »***

II. — Les opérations régies par le présent chapitre constituent des assurances de groupe au sens de l'article L. 141-1. Lorsque le lien qui unit l'adhérent au souscripteur rend obligatoire l'adhésion à la convention, ces opérations sont dites à adhésion obligatoire. Dans les autres cas, elles sont dites à adhésion facultative. Pour ces dernières, la faculté de renonciation s'exerce conformément à l'article L. 132-5-1.

(Ord. nº 2017-484 du 6 avr. 2017, art. 12-1º) **« La convention doit comporter des clauses tendant à définir, pour assurer la sécurité des parties et la clarté de la convention, son objet et les obligations respectives des parties.**

« Les conventions ainsi que toutes les informations relatives à celle-ci, y compris les communications à caractère publicitaire, doivent préciser, en caractères très apparents, selon un contenu exact, clair et non trompeur, si la valeur de service de l'unité de rente est susceptible de baisser, selon quelles modalités et dans quelles conditions.

« Les conventions conclues à compter du 1er juillet 2017 prévoient des possibilités de baisse de la valeur de service de l'unité de rente et de conversion, dans des limites précisées par voie réglementaire. »

III. — Les conventions relevant du présent chapitre ne peuvent comporter de rachat, sauf dans le cas des évènements énumérés à l'article L. 132-23. En ce cas, la valeur de rachat ne peut être inférieure à la valeur de transfert.

(Ord. nº 2017-484 du 6 avr. 2017, art. 12-1º) **« IV. — Une modification de la valeur de service ou de la valeur d'acquisition de l'unité de rente ou une modification des coefficients de surcote et de décote ne constitue pas une modification des droits et obligations au sens de l'article L. 141-4, à la différence d'une modification des barèmes liés à l'âge. »**

V. — Les conventions régies par le présent chapitre qui sont constitutives d'un plan d'épargne retraite populaire appliquent les dispositions de l'article L. 144-2.

Art. L. 441-3 *(Ord. nº 2009-106 du 30 janv. 2009, art. 2-2º, en vigueur le 1er juill. 2010, ratifiée par L. nº 2010-737 du 1er juill. 2010, art. 35-I)* **I. — Pour les opérations à adhésion facultative, la notice remise par le souscripteur à l'adhérent lors de l'adhésion inclut, outre les informations mentionnées au deuxième alinéa de l'article L. 141-4 :**

a) **La dénomination sociale et les coordonnées du souscripteur ;**

b) **Les stipulations essentielles de la convention** *(Ord. nº 2017-484 du 6 avr. 2017, art. 12-2º)* **« , notamment les possibilités de baisse de la valeur de service de l'unité de rente et de conversion de la convention qui peuvent être prévues conformément au II de l'article L. 441-2 » ;**

c) **La mention que les droits et obligations de l'adhérent peuvent être modifiés par des avenants à ladite convention ainsi que les modalités d'adoption de ces avenants par le souscripteur ;**

d) **Les conditions d'exercice de la faculté de renonciation ainsi qu'un** *(Ord. nº 2017-1433 du 4 oct. 2017, art. 11, en vigueur le 1er avr. 2018)* **« modèle de rédaction » destiné à faciliter l'exercice de cette faculté ;**

e) **Les modalités de la conversion de la convention en rentes viagères selon les conditions fixées par arrêté du ministre chargé de l'économie.**

(L. nº 2010-737 du 1er juill. 2010, art. 35-II-3-1º) « Un résumé des caractéristiques essentielles de la convention figure au début de cette notice, dans un format précisé par arrêté du même ministre qui en fixe également, de façon limitative, le contenu. Cet arrêté précise également l'ensemble des informations qui doivent figurer dans la notice, notamment les stipulations essentielles au sens du *b*. »

II. — Pour les opérations à adhésion facultative, le défaut de remise de la notice prévue au I du présent article entraîne de plein droit la prorogation du délai de renonciation prévu à l'article L. 132-5-1 *(Ord. nº 2014-696 du 26 juin 2014, art. 1er-13º)* « , dans les conditions prévues à l'alinéa 6 de l'article L. 132-5-2. »

(Abrogé par Ord. nº 2017-484 du 6 avr. 2017, art. 12-2º) *« III. — Pour les opérations à adhésion facultative, lorsque les droits acquis par l'adhérent sont représentés par une provision mathématique théorique égale ou supérieure à un montant fixé par arrêté du ministre chargé de l'économie, le souscripteur est tenu de communiquer, chaque année, à l'adhérent les informations suivantes :*

« a) Le montant de la prime ou cotisation versée au titre de l'adhésion au cours de l'année ;

« b) Les valeurs d'acquisition de l'unité de rente correspondant à la situation de l'adhérent au cours de l'année écoulée ;

« c) Le montant total des droits acquis exprimés en nombre d'unité de rente ;

« d) La valeur de service de l'unité de rente et l'âge à laquelle elle correspond ;

« (L. nº 2010-737 du 1er juill. 2010, art. 35-II-3-2º) « d bis) Le taux moyen de rendement des actifs ; »

« e) Lorsque la convention prévoit une réduction du nombre d'unités de rente en cas de cessation du paiement des primes ou cotisations, les conditions de cette réduction et le nombre d'unités de rente qui en résulte ;

« f) Pour les opérations dont les prestations sont liées à la cessation d'activité professionnelle, le montant de la valeur de transfert.

« Il est également indiqué que les comptes de la convention sont tenus à la disposition de l'adhérent sur simple demande. »

Art. L. 441-3-1 *(Ord. nº 2017-484 du 6 avr. 2017, art. 12-3º)* Pour l'ensemble des opérations régies par le présent chapitre, le souscripteur est tenu de communiquer chaque année à l'adhérent :

1º Le montant de la prime ou cotisation versée au titre de l'adhésion au cours de l'année ;

2º Les valeurs d'acquisition de l'unité de rente correspondant à la situation de l'adhérent au cours de l'année écoulée ;

3º Le montant total des droits acquis exprimés en nombre d'unités de rente ;

4º La valeur de service de l'unité de rente, l'âge à laquelle elle correspond et son évolution depuis l'année précédente, ainsi que les coefficients de surcote et de décote correspondant à une liquidation différée ou anticipée par rapport à l'âge de référence ;

5º Les principales informations techniques et financières de la convention, notamment celles permettant à l'adhérent d'apprécier la situation financière de la convention à laquelle il a adhéré ;

6º Pour les opérations dont les prestations sont liées à la cessation d'activité professionnelle, le montant de la valeur de transfert ;

7º Lorsque la convention prévoit une réduction du nombre d'unités de rente en cas de cessation du paiement des primes ou cotisations, les conditions de cette réduction et le nombre d'unités de rente qui en résulte ;

8º Lorsque la convention prévoit des possibilités de baisse de la valeur de service de l'unité de rente et de conversion, les conditions et les modalités de mise en œuvre de ces possibilités.

Art. L. 441-4 *(Ord. nº 2009-106 du 30 janv. 2009, art. 2-4º, en vigueur le 1er juill. 2010, ratifiée par L. nº 2010-737 du 1er juill. 2010, art. 35-I)* L'entreprise d'assurance ne peut exiger le paiement de primes ou de cotisations. En cas de cessation du paiement de primes ou de cotisations, la convention peut prévoir la déchéance des droits acquis

ou une réduction du nombre d'unités de rente inscrites au compte de l'adhérent dans des conditions fixées par décret.

Art. L. 441-5 *(Abrogé par Ord. nº 2009-106 du 30 janv. 2009, art. 2-5º, à compter du 1er juill. 2010, ratifiée par L. nº 2010-737 du 1er juill. 2010, art. 35-I)* ***Aucune indemnité ne peut être réclamée à l'État en raison de l'intervention de l'ordonnance nº 59-75 du 7 janv. 1959 relative à certaines opérations de prévoyance collective et d'assurance, codifiée au présent chapitre.***

Art. L. 441-6 *(Abrogé par Ord. nº 2009-106 du 30 janv. 2009, art. 2-5º, à compter du 1er juill. 2010, ratifiée par L. nº 2010-737 du 1er juill. 2010, art. 35-I)* ***Toute personne qui, même à titre d'intermédiaire, proposera la souscription de contrats ou conventions contrevenant aux dispositions du présent chapitre ou fera souscrire de tels contrats ou conventions sera punie d'une amende de 3 750 € et d'un emprisonnement de six mois ou de l'une de ces deux peines seulement.***

Art. L. 441-7 *(L. nº 94-5 du 4 janv. 1994)* **Un décret en Conseil d'État détermine les règles techniques et les conditions d'application du présent chapitre** *(Ord. nº 2017-484 du 6 avr. 2017, art. 12-4º)* **« , notamment les modalités selon lesquelles les informations prévues par l'article L. 441-3-1 peuvent être mises à disposition des adhérents et la possibilité d'inclure ces informations dans les rapports prévus aux articles L. 143-2-2 et L. 385-7 pour les conventions constitutives d'engagements relevant du chapitre III du titre IV du livre Ier, ou dans le rapport prévu au III de l'article L. 144-2 pour les conventions relevant de cet article ».**

SECTION II RÈGLES TECHNIQUES ET COMPTABLES

Art. L. 441-8 *(Ord. nº 2009-106 du 30 janv. 2009, art. 2-6º, en vigueur le 1er juill. 2010, ratifiée par L. nº 2010-737 du 1er juill. 2010, art. 35-I)* **« Lorsqu'une entreprise d'assurance pratique des opérations relevant de l'article L. 441-1, elle doit, pour chaque convention, tenir une comptabilité auxiliaire d'affectation. »**

L'actif correspondant à ces opérations est affecté au règlement des prestations liquidées ou non. Il est grevé à cet effet :

***a)* D'une hypothèque légale sur les immeubles qui prend rang à la date de son inscription ;**

***b)* D'un privilège mobilier et d'un privilège immobilier qui priment les privilèges respectivement prévus au premier et au deuxième alinéas de l'article L. 327-2.**

SECTION III *[ABROGÉE]* RÈGLES RELATIVES À L'AGRÉMENT PARTICULIER

(Abrogée par L. nº 83-453 du 7 juin 1983)

Art. L. 441-9 *Abrogé par L. nº 83-453 du 7 juin 1983, art. 6.*

SECTION IV DISPOSITIONS TRANSITOIRES

Art. L. 441-10 *(Ord. nº 2017-484 du 6 avr. 2017, art. 12-5º)* **I. — Les conventions de toute nature existant au 1er juillet 2017 et pratiquant ou prévoyant des opérations mentionnées à l'article L. 441-1 doivent être rendues conformes aux dispositions du présent chapitre avant le 31 décembre 2017.**

Sans préjudice du II, la mise en conformité des conventions existantes ne peut introduire de possibilité de baisse de la valeur de service de l'unité de rente.

Par dérogation à l'article L. 141-4, le souscripteur informe les adhérents des modifications de la convention ayant pour objet la mise en conformité mentionnée au premier alinéa dans le cadre de la première information annuelle prévue à l'article L. 441-3-1 suivant le 1er janvier 2018.

II. — Les conventions de toute nature existant au 1er juillet 2017 et pratiquant ou prévoyant des opérations mentionnées à l'article L. 441-1 peuvent faire l'objet de modifications visant à introduire des possibilités de baisse de la valeur de service de

l'unité de rente conformes au II de l'article L. 441-2, dans le respect de l'article L. 141-4.

Lorsqu'en application de l'article L. 141-4 un adhérent dénonce son adhésion en raison des modifications apportées à la convention à laquelle il a adhéré, ses droits acquis, à la date prévue pour l'entrée en vigueur de ces modifications, sont convertis, sur la base d'une équivalence actuarielle, en une rente viagère exprimée en euros et gérés à l'extérieur de la comptabilité auxiliaire d'affectation constituée pour la convention, en application de l'article L. 441-8. Cette possibilité de dénoncer son adhésion s'applique sans préjudice des autres possibilités de transférer ses droits vers une autre convention ou contrat.

SECTION V DISPOSITIONS PARTICULIÈRES À LA CAISSE NATIONALE DE PRÉVOYANCE

Art. L. 441-11 *Abrogé par L. nº 92-665 du 16 juill. 1992, art. 6.*

CHAPITRE II AUTRES RÉGIMES PARTICULIERS D'ASSURANCE

SECTION PREMIÈRE RÉGIME D'INDEMNISATION DES RISQUES EN AGRICULTURE *(L. nº 2010-874 du 27 juill. 2010, art. 26-II-4º).*

Art. L. 442-1 *(L. nº 2010-874 du 27 juill. 2010, art. 26-II-5º)* **Dans les conditions prévues au chapitre Ier du titre VI du livre III du code rural et de la pêche maritime, le Fonds national de gestion des risques en agriculture contribue au développement des assurances contre les risques agricoles ainsi qu'à l'indemnisation des calamités agricoles** *[nouvelle rédaction issue de la L. nº 2022-298 du 2 mars 2022, art. 16, en vigueur le 1er janv. 2023 : « dommages susceptibles d'être indemnisés au titre des articles L. 361-4-1 et L. 361-5 du même code »]* **et des pertes économiques liées à l'apparition d'un foyer de maladie animale ou végétale ou d'un incident environnemental.**

Lorsqu'elle résulte d'aléas climatiques débutant avant le 1er janv. 2023, l'indemnisation des pertes de récoltes ou de cultures demeure soumise au chapitre Ier du titre VI du livre III C. rur., dans sa rédaction antérieure à la L. nº 2022-298 du 2 mars 2022.

L'exploitant agricole qui dispose d'un contrat bénéficiant de l'aide prévue à l'art. L. 361-4 C. rur. conclu avant la date mentionnée ci-dessus peut demander, dans un délai de trois mois à compter de cette date, la mise en conformité de son contrat avec ladite loi, laquelle intervient, sous réserve de l'accord de l'exploitant, dans un délai de trente jours à compter de la réception de la demande par l'entreprise d'assurance, sauf si la campagne de production pour la culture considérée arrive à son terme au cours de ces délais. Tant que cette mise en conformité n'est pas intervenue, la situation de l'exploitant agricole reste régie par le chapitre Ier du titre VI du livre III C. rur., dans sa rédaction antérieure à ladite loi. En l'absence de demande de l'exploitant agricole, le contrat est mis en conformité avec ladite loi lors de son renouvellement, et au plus tard un an après l'entrée en vigueur de ladite loi.

Toutefois, si les conditions d'entrée en vigueur ne sont pas réunies, après concertation avec les parties prenantes, un décret peut reporter au 1er août 2023 la date d'entrée en vigueur prévue ci-dessus et prolonger de sept mois les dispositions transitoires prévues au-dessus (L. préc., art. 17).

Art. L. 442-2 **Comme il résulte de l'article L. 362-1 du code rural et de la pêche maritime, le fonds de garantie des calamités agricoles dans les départements d'outre-mer** *[,] (Ord. nº 2008-698 du 11 juill. 2008, art. 2-6º)* **« à Saint-Barthélemy et à Saint-Martin est chargé d'indemniser les dommages matériels causés aux exploitations agricoles de ces collectivités » par les calamités agricoles telles qu'elles sont définies par cette loi** *[ce code]*. **L'action de ce fonds concourt au développement de l'assurance contre les risques agricoles.** — *Assur. L. 431-12.*

Nouvel art. L. 442-2 (L. nº 2022-298 du 2 mars 2022, art. 16, en vigueur le 1er janv. 2023) ***La gestion des risques en agriculture en outre-mer est régie par le titre VII du livre III du code rural et de la pêche maritime.***

SECTION II RÉGIME OBLIGATOIRE D'ASSURANCE MALADIE, INVALIDITÉ ET MATERNITÉ DES EXPLOITANTS AGRICOLES ET DES MEMBRES NON SALARIÉS DE LEUR FAMILLE (AMEXA)

Art. L. 442-3 Comme il résulte des articles L. 731-30 et L. 731-32 du code rural et de la pêche maritime, les personnes assujetties au régime obligatoire d'assurance maladie, invalidité et maternité des exploitants agricoles et des membres non salariés de leur famille, peuvent être assurées par les entreprises mentionnées à l'article L. 310-1 du présent code lorsqu'elles agissent dans les conditions fixées à cet effet par le code rural et de la pêche maritime.

SECTION III ASSURANCE DES EXPLOITANTS AGRICOLES CONTRE LES ACCIDENTS DE LA VIE PRIVÉE, LES ACCIDENTS DU TRAVAIL ET LES MALADIES PROFESSIONNELLES

Art. L. 442-4 Comme il résulte de l'article L. 752-13 du code rural et de la pêche maritime, les personnes assujetties au régime obligatoire d'assurance des exploitants agricoles contre les accidents de la vie privée, les accidents du travail et les maladies professionnelles, peuvent être assurées par les entreprises mentionnées à l'article L. 310-1 du présent code lorsqu'elles agissent dans les conditions fixées à cet effet par le code rural et de la pêche maritime.

Art. L. 442-5 Comme il résulte de l'article L. 752-28 du code rural et de la pêche maritime, les personnes ayant la faculté de souscrire une assurance complémentaire contre les accidents de la vie privée, les accidents du travail et les maladies professionnelles peuvent le faire auprès des entreprises mentionnées à l'article L. 310-1 du présent code lorsqu'elles agissent dans les conditions fixées à cet effet par le code rural et de la pêche maritime.

SECTION IV RÉGIME OBLIGATOIRE D'ASSURANCE MALADIE ET MATERNITÉ DES TRAVAILLEURS INDÉPENDANTS NON AGRICOLES *(L. n° 2016-1827 du 23 déc. 2016, art. 50-VII, en vigueur le 1er janv. 2017).*

Art. L. 442-6 *(Abrogé par L. n° 2017-1836 du 30 déc. 2017, art. 15)* ***Comme il résulte de l'article L. 611-3 du code de la sécurité sociale, les entreprises mentionnées à l'article L. 310-1 peuvent être habilitées pour assurer l'encaissement des cotisations et le service des prestations pour le compte des caisses mutuelles régionales d'assurance maladie et maternité des travailleurs*** *(L. n° 2016-1827 du 23 déc. 2016, art. 50-VII, en vigueur le 1er janv. 2017)* ***« indépendants » non agricoles.***

CHAPITRE III DISPOSITIONS RELATIVES AUX ENGAGEMENTS DE CAUTION

(L. n° 2010-737 du 1er juill. 2010, art. 26-III)

Art. L. 443-1 Les entreprises d'assurance habilitées à pratiquer les opérations de caution ayant fourni un cautionnement, un aval ou une garantie, que ces derniers soient d'origine légale, réglementaire ou conventionnelle, disposent de plein droit et dans tous les cas d'un recours contre le client donneur d'ordre de l'engagement, ses coobligés et les personnes qui se sont portées caution et, pour les paiements effectués au titre de leur engagement, de la subrogation dans les droits du créancier prévue *(Ord. n° 2016-131 du 10 févr. 2016, art. 6-II, en vigueur le 1er oct. 2016)* « [à] l'article 1346 » du code civil.

BIBL. ▶ BERLY, *RDI 2011. 109* .

Caractère interprétatif. L'art. L. 443-1 a été introduit par l'art. 26 de la L. n° 2010-737 du 1er juill. 2010, qui a un caractère interprétatif. Dès lors, viole l'art. L. 443-1, ensemble l'art. L. 231-6 CCH la cour d'appel qui, pour débouter le garant de livraison de sa demande dirigée contre le constructeur en garantie des pénalités de retard qu'elle serait condamnée à régler et en remboursement des sommes versées au maître de l'ouvrage au titre du supplément de prix nécessaire à l'achèvement de l'immeuble en application de la garantie de livraison, retient que le garant de livraison qui a rempli une obligation qui lui était propre en application des dispositions de l'art. L. 231-6 CCH ne dispose pas du recours subrogatoire prévu par les art. 1251 et 2305 C. civ. • Civ. 3e, 12 sept. 2012, nº 11-13.309 P : *D. 2012. 2171 ; RDI 2012. 627, note Tomasin ; RGDA 2013. 77, note Pélissier ; RCA 2013, nº 383, note Groutel ; JCP N 2013. 1027, note Séverin ; Constr.-Urb. 2012, nº 166, note Sizaire ; JCP E 2013. 1314, nº 10, note Simler* • 24 sept. 2013 : *RGDA 2014. 57, obs. Pélissier ; RDI 2014. 36, obs. Périnet-Marquet*. ♦ De même, viole les art. L. 443-1 et L. 530-1, la cour d'appel qui, pour dire qu'un garant financier de courtiers en assurances est irrecevable à agir contre les établissements de crédit des sociétés victimes dont les chèques avaient été falsifiés par les courtiers, retient que la garantie financière professionnelle est une garantie autonome en vertu de laquelle le garant paie sa propre dette et que le garant financier, qui était tenu dans ses rapports avec les courtiers de la charge définitive de la dette qu'il a acquittée auprès des sociétés victimes à la suite de la défaillance des courtiers, a rempli une obligation qui lui est propre et n'a pas payé la dette d'autrui au sens de l'anc. art. 1251-3º C. civ. • Civ. 2e, 13 déc. 2018, nº 17-22.624 : *RCA 2019, nº 90 ; RGDA mars 2019. 55, note Mayaux.*

TITRE CINQUIÈME ORGANISME D'INFORMATION

(L. nº 2003-706 du 1er août 2003, art. 83-VI)

Art. L. 451-1 **Un organisme d'information est chargé d'informer les personnes résidant dans un État membre partie à l'accord sur l'Espace économique européen, lorsque celles-ci sont lésées dans un accident de la circulation :**

a) Survenu sur le territoire d'un de ces États, à l'exception de leur État de résidence, ou dans un État tiers dont le bureau national a adhéré au régime de la carte internationale d'assurance ;

b) Et mettant en cause un véhicule ayant son stationnement habituel sur le territoire de la République française et assuré auprès d'une entreprise mentionnée à l'article L. 451-2.

Lorsque ces personnes ou leur représentant en font la demande, l'organisme leur communique, dans des conditions fixées par décret en Conseil d'État, les informations suivantes :

1º La dénomination et l'adresse de l'entreprise d'assurance couvrant la responsabilité civile visée à l'article L. 211-1 à la date de l'accident ;

2º Le numéro du contrat d'assurance ;

3º Le numéro de carte internationale d'assurance ou du contrat d'assurance frontière, si le véhicule est couvert par l'un de ces documents ;

4º Le nom et l'adresse du représentant de cette entreprise dans leur pays de résidence ;

5º Pour les véhicules d'État bénéficiant de l'exonération prévue à l'article L. 211-1, les coordonnées des autorités chargées de l'indemnisation.

Si la personne lésée prouve qu'elle y a un intérêt légitime, l'organisme d'information lui communique le nom et l'adresse du propriétaire ou du conducteur habituel ou du détenteur déclaré du véhicule impliqué dans l'accident.

V. art. R. 451-2 s.

Art. L. 451-1-1 *(L. nº 2016-1547 du 18 nov. 2016, art. 35, en vigueur le 25 juill. 2018)* **I. — L'organisme d'information mentionné à l'article L. 451-1 est chargé de la mise en place d'un fichier des véhicules terrestres à moteur assurés conformément au chapitre Ier du titre Ier du livre II et des véhicules de l'État non soumis à cette obligation d'assurance, en vue de permettre, à partir des immatriculations, des données techniques et de la couverture d'assurance responsabilité civile desdits véhicules, l'information :**

1º Des personnes prévue à l'article L. 451-1 ;

2º De l'État dans le cadre de sa mission de contrôle de l'obligation d'assurance de responsabilité civile automobile prévue au chapitre Ier du titre Ier du livre II ;

(L. nº 2020-105 du 10 févr. 2020, art. 105, en vigueur le 1er janv. 2021) **« 2º *bis* De l'État dans le cadre de sa mission de lutte contre la gestion illégale des véhicules hors d'usage ; »**

3° Du fonds de garantie des assurances obligatoires de dommages dans le cadre de ses missions prévues au V de l'article L. 421-1.

D'autres organismes peuvent interroger l'organisme d'information à des fins de sécurisation de leurs activités, dans des conditions fixées par décret en Conseil d'État. *— Ces dispositions entrent en vigueur le 31 déc. 2018 (Décr. n° 2018-644 du 20 juill. 2018, art. 3).*

II. — Un fichier des véhicules susceptibles de ne pas satisfaire à l'obligation d'assurance prévue au chapitre Ier du titre Ier du livre II est mis en place sur la base des informations figurant dans le fichier prévu au I du présent article et dans les conditions fixées par décret en Conseil d'État.

Les dispositions issues de la L. n° 2016-1547 du 18 nov. 2016 entrent en vigueur à une date fixée par Décr. en Conseil d'État (L. préc., art. 3). — V. Décr. n° 2018-644 du 20 juill. 2018, art. 3 (JO 24 juill.).

Art. L. 451-1-2 *(L. n° 2016-1547 du 18 nov. 2016, art. 35, en vigueur le 31 déc. 2018)* L'organisme d'information mentionné à l'article L. 451-1 communique à l'État, selon des modalités fixées par décret en Conseil d'État, les informations relatives à l'ensemble des véhicules terrestres à moteur susceptibles de ne pas satisfaire à l'obligation d'assurance prévue au chapitre Ier du titre Ier du livre II.

Lorsque l'État en fait la demande dans le cadre de sa mission de contrôle de l'obligation d'assurance de responsabilité civile automobile, l'organisme d'information lui indique, selon des modalités fixées par décret en Conseil d'État, si le véhicule contrôlé répond à l'obligation d'assurance prévue au chapitre Ier du titre Ier du livre II ou s'il bénéficie de l'exonération prévue à l'article L. 211-1.

Pour permettre au fonds de garantie de répondre à ses missions prévues au V de l'article L. 421-1, l'organisme d'information lui communique, selon des modalités fixées par décret en Conseil d'État, les numéros d'immatriculation des véhicules susceptibles de ne pas satisfaire à l'obligation d'assurance prévue au chapitre Ier du titre Ier du livre II.

Sur l'entrée en vigueur de cet art., V. ndlr ss. art. L. 451-1-1.

Art. L. 451-2 *(L. n° 2016-1547 du 18 nov. 2016, art. 35, en vigueur le 25 juill. 2018)* « I. — » Toute entreprise d'assurance couvrant sur le territoire de la République française les risques de responsabilité civile résultant de l'emploi de véhicules terrestres à moteur, à l'exclusion de la responsabilité du transporteur, adhère à l'organisme d'information visé à l'article L. 451-1.

Toute entreprise d'assurance qui ne se conforme pas à cette obligation est considérée comme ne fonctionnant plus conformément à la législation en vigueur. Elle encourt, selon le cas, les sanctions prévues *(Ord. n° 2010-76 du 21 janv. 2010, art. 9-III, ratifiée par L. n° 2010-1249 du 22 oct. 2010, art. 12-I)* « aux articles L. 612-39 du code monétaire et financier, ou *(Ord. n° 2015-378 du 2 avr. 2015, art. 8-7°, en vigueur le 1er janv. 2016)* « L. 363-4 » du présent code ».

(L. n° 2016-1547 du 18 nov. 2016, art. 35, en vigueur le 25 juill. 2018) « Pour permettre à l'organisme d'information d'accomplir les missions prévues aux articles L. 451-1 à L. 451-1-2 et L. 451-3, les entreprises d'assurance mentionnées au deuxième alinéa du présent article lui communiquent, selon des modalités fixées par décret en Conseil d'État, pour tous les véhicules qu'elles assurent par un contrat de responsabilité civile automobile, les informations suivantes :

« 1° La dénomination et l'adresse de l'entreprise d'assurance couvrant la responsabilité civile mentionnée à l'article L. 211-1 ;

« 2° Le numéro du contrat d'assurance et sa période de validité ;

« 3° Le numéro d'immatriculation du véhicule.

« II. — Pour permettre à l'organisme d'information d'accomplir les missions prévues aux articles L. 451-1 à L. 451-1-2 et L. 451-3, l'État lui communique, selon des modalités fixées par décret en Conseil d'État, pour l'ensemble des véhicules dérogataires à l'obligation d'assurance prévue à l'article L. 211-1 :

« 1° Le numéro d'immatriculation du véhicule ;

« 2° Les coordonnées des autorités qui en sont responsables.

« III. – L'organisme d'information est tenu de conserver les informations mentionnées aux I et II du présent article pendant un délai de sept ans à compter de la fin du contrat d'assurance.

« Les entreprises d'assurance sont également tenues de conserver, pendant un délai de sept ans à compter de la fin du contrat d'assurance, le nom et l'adresse du propriétaire ou du conducteur habituel ou du détenteur déclaré du véhicule, pour permettre à l'organisme d'information de répondre à la demande de la personne lésée dans un accident de la circulation qui y a un intérêt légitime. Cette obligation repose sur l'entreprise d'assurance nouvelle en cas de transfert de portefeuille.

« Les organismes immatriculant les véhicules bénéficiant de la dérogation à l'obligation d'assurance prévue à l'article L. 211-1 sont tenus de conserver le nom et l'adresse du service gestionnaire de ces véhicules pendant un délai de sept ans à compter de la fin de leur immatriculation. »

Les dispositions issues de la L. n° 2016-1547 du 18 nov. 2016 entrent en vigueur à une date fixée par Décr. en Conseil d'État (L. préc., art. 35-V). – V. Décr. n° 2018-644 du 20 juill. 2018, art. 3-1°.

Les obligations de conservation et de communication des données mentionnées à l'art. L. 451-2 dans sa rédaction antérieure à celle résultant de l'art. 35 de la L. n° du 2016-1547 du 18 nov. 2016 [V. ci-dessous] demeurent applicables :

1° Aux contrats d'assurance dont les garanties de responsabilité civile automobile ont cessé antérieurement à l'entrée en vigueur du présent décret ;

2° Aux véhicules de l'État dérogataires à l'obligation d'assurance fixée à l'art. L. 211-1 dont l'immatriculation a pris fin antérieurement à l'entrée en vigueur dudit décret (Décr. n° 2018-644 du 20 juill. 2018, art. 4-II).

Ancien art. L. 451-2 *Toute entreprise d'assurance couvrant sur le territoire de la République française les risques de responsabilité civile résultant de l'emploi de véhicules terrestres à moteur, à l'exclusion de la responsabilité du transporteur, adhère à l'organisme d'information visé à l'article L. 451-1.*

Toute entreprise d'assurance qui ne se conforme pas à cette obligation est considérée comme ne fonctionnant plus conformément à la législation en vigueur. Elle encourt, selon le cas, les sanctions prévues aux articles L. 612-39 du code monétaire et financier, ou L. 363-4 du présent code.

Afin de permettre à l'organisme d'information de répondre aux demandes d'information prévues aux articles L. 451-1 et L. 451-3 pendant un délai de sept ans après l'accident, les entreprises d'assurance mentionnées à l'article L. 451-1 ont l'obligation de lui communiquer, si l'accident est survenu pendant la période de validité du contrat :

1° Le numéro du contrat d'assurance de responsabilité civile résultant de l'emploi de véhicules terrestres à moteur ayant leur stationnement habituel sur le territoire de la République française ;

2° Le numéro de carte internationale d'assurance ou du contrat d'assurance frontière, si le véhicule est couvert par l'un de ces documents ;

3° Si la personne lésée y a un intérêt légitime, le nom et l'adresse du propriétaire ou du conducteur habituel ou du détenteur déclaré du véhicule.

Les entreprises d'assurance sont tenues de conserver ces données, ainsi que les numéros d'immatriculation correspondants, pendant un délai de sept ans après l'expiration du contrat d'assurance. Cette obligation repose sur l'entreprise d'assurance nouvelle en cas de transfert de portefeuille.

Les organismes immatriculant les véhicules bénéficiant de la dérogation à l'obligation d'assurance prévue à l'article L. 211-1 sont tenus de conserver le nom et l'adresse du service gestionnaire de ces véhicules pendant un délai de sept ans après la fin de leur immatriculation.

Afin de permettre à l'organisme d'information de répondre aux demandes des personnes lésées dans un accident de la circulation mettant en cause un véhicule bénéficiant de l'exonération prévue à l'article L. 211-1, l'État répond aux demandes d'identification formulées par l'organisme d'information et lui communique les coordonnées des autorités chargées de l'indemnisation.

V. notes ss. art. L. 451-2.

Art. L. 451-3 En cas d'accident de la circulation mettant en cause un véhicule ayant son stationnement habituel sur le territoire de la République française, l'organisme d'information fournit les informations prévues aux 1° à 5° de l'article L. 451-1 aux entreprises d'assurance des personnes lésées, au fonds de garantie mentionné à l'article L. 421-1, à l'organisme d'indemnisation mentionné à l'article L. 424-1 et au bureau national d'assurance mentionné à l'article L. 421-15.

Art. L. 451-4 *(L. nº 2016-1547 du 18 nov. 2016, art. 35, en vigueur le 25 juill. 2018)* I. — Dans le cadre des missions prévues aux articles L. 451-1 à L. 451-1-2 et L. 451-3, l'organisme d'information mentionné à l'article L. 451-1 du présent code et les entreprises d'assurance, par son intermédiaire, ont accès, dans les conditions prévues à l'article L. 330-5 du code de la route, aux immatriculations et aux données techniques du fichier des pièces administratives et décisions prévu à l'article L. 330-1 du même code.

II. — Afin de répondre à la personne lésée qui a prouvé un intérêt légitime à obtenir de l'organisme d'information le nom et l'adresse du propriétaire ou du conducteur habituel ou du détenteur déclaré du véhicule impliqué dans l'accident, l'organisme d'information peut interroger le fichier des pièces administratives et décisions prévu à l'article L. 330-1 du code de la route, lorsque le véhicule n'est pas assuré.

Les dispositions issues de la L. nº 2016-1547 du 18 nov. 2016 entrent en vigueur à une date fixée par Décr. en Conseil d'État (L. préc., art. 35-V). — V. Décr. nº 2018-644 du 20 juill. 2018, art. 3.

Art. L. 451-5 *(L. nº 2016-1547 du 18 nov. 2016, art. 35, en vigueur le 31 déc. 2018)* Il est institué une commission de suivi, chargée de veiller au bon fonctionnement des fichiers prévus à l'article L. 451-1-1. Les membres de la commission sont désignés par voie réglementaire.

V. ndlr ss. art. L. 451-4.

TITRE SIXIÈME *[ABROGÉ]* DISPOSITIONS SPÉCIFIQUES À MAYOTTE

(Abrogé par Ord. nº 2015-378 du 2 avr. 2015, art. 9-6º, à compter du 1er janv. 2016)

Art. L. 461-1 *Abrogé par Ord. nº 2015-378 du 2 avr. 2015, art. 9-6º, à compter du 1er janv. 2016.*

TITRE SEPTIÈME DISPOSITIONS APPLICABLES DANS LES ÎLES WALLIS-ET-FUTUNA

(Ord. nº 2007-1801 du 21 déc. 2007, art. 4)

Art. L. 471-1 L'article L. 421-7 est applicable dans les îles Wallis-et-Futuna dans sa rédaction en vigueur lors de la promulgation de la loi nº 92-1441 du 31 décembre 1992 précitée.

LIVRE CINQUIÈME DISTRIBUTEURS D'ASSURANCES

(Ord. nº 2018-361 du 16 mai 2018, art. 4, en vigueur le 1er oct. 2018).

RÉP. COM. vº *Courtier*, par DURANTON.

BIBL. GÉN. ▶ Ordonnance nº 2018-361 du 16 mai 2018 : MARLY, *JCP E 2018, nº 1550* (de l'intermédiation à la distribution. – Le nouveau livre V du code des assurances).

▶ Loi du 15 déc. 2005 : BIGOT, *JCP 2006. I. 189*. – LANGÉ, *RGDA 2006. 859 ; JCP 2006. I. 135, nº 20 s.* – GOSSOU, *RGDA 2007. 21* (impact sur la bancassurance). – ROUSSEL, *RGDA 2007. 305* (conformité à la directive nº 2002/92 ?). – CHARTRAIN et GUILLOU, *RGDA 2007. 777* (intermédiation exercée par les mutuelles).

▶ Avant la loi du 15 déc. 2005 : PAUFFIN DE SAINT-MOREL, *RGAT 1985. 497* (distribution de l'assurance). – DE LA SIMONE, *RGAT 1984. 613* (compétence technique de l'agent général). – BIGOT, *RGAT 1987. 635*. – BOUT, *RGAT 1937. 642* (responsabilité du producteur d'assurance). – LE CAË, *Gaz. Pal. 1996. 1. Doctr. 245* (responsabilité de l'agent général). – MERCELAT, *Gaz. Pal. 1996. 1. Doctr. 388* (responsabilité des intermédiaires). – KULLMANN, *Gaz. Pal. 1997. 1. Doctr. 462* (responsabilité de l'assureur). – LE CAË, *Gaz. Pal. 1997. 2. Doctr. 1132* (responsabilité du sous-agent d'assurance). – GROUTEL, *RCA 2000. Chron. 18* (responsabilité des préposés et responsabilité de l'agent général).

Art. L. 500 *(L. nº 2005-1564 du 15 déc. 2005)* **Pour l'application du présent livre, les mots : "entreprise d'assurance" désignent les entreprises mentionnées à l'article L. 310-2 du présent code, les mutuelles ou les unions régies par le livre II du code de la mutualité, les institutions de prévoyance ou les unions régies par le titre III du livre IX du code de la sécurité sociale et les institutions régies par l'article L. 727-2 du code rural et de la pêche maritime.**

Art. L. 500-1 *(L. nº 2005-1564 du 15 déc. 2005)* **Pour l'application du présent livre, les mots : « en France » désignent la France métropolitaine, les collectivités territoriales régies par l'article 73 de la Constitution** *(Ord. nº 2008-698 du 11 juill. 2008, art. 2-1º)* **« ainsi que Saint-Barthélemy et Saint-Martin » et** *(Abrogé par Ord. nº 2015-378 du 2 avr. 2015, art. 9-1º, à compter du 1er janv. 2016) (Ord. nº 2007-1801 du 21 déc. 2007, art. 4)* ***« Mayotte et »*** **Saint-Pierre-et-Miquelon.**

TITRE PREMIER DISTRIBUTION D'ASSURANCES *(Ord. nº 2018-361 du 16 mai 2018, art. 4, en vigueur le 1er oct. 2018).*

CHAPITRE PREMIER CHAMP D'APPLICATION, DÉFINITIONS ET EXIGENCES PROFESSIONNELLES ET ORGANISATIONNELLES

(Ord. nº 2018-361 du 16 mai 2018, art. 4, en vigueur le 1er oct. 2018)

SECTION PREMIÈRE CHAMP D'APPLICATION ET DÉFINITIONS

Art. L. 511-1 **I. — La distribution d'assurances ou de réassurances est l'activité qui consiste à fournir des recommandations sur des contrats d'assurance ou de réassurance, à présenter, proposer ou aider à conclure ces contrats ou à réaliser d'autres travaux préparatoires à leur conclusion, ou à contribuer à leur gestion et à leur exécution, notamment en cas de sinistre.**

Est également considérée comme de la distribution d'assurances la fourniture d'informations sur un ou plusieurs contrats d'assurance selon des critères choisis par le souscripteur ou l'adhérent sur un site internet ou par d'autres moyens de communication et l'établissement d'un classement de produits d'assurance comprenant une comparaison des prix et des produits, ou une remise de prime, lorsque le souscripteur ou l'adhérent peut conclure le contrat directement ou indirectement au moyen du site internet ou par d'autres moyens de communication.

II. — Les activités suivantes ne sont pas considérées comme de la distribution d'assurances ou de réassurances au sens du I :

1º La fourniture d'informations à titre occasionnel dans le cadre d'une autre activité professionnelle lorsque :

a) Le fournisseur ne prend pas d'autres mesures pour aider à conclure ou à exécuter un contrat d'assurance ;

b) Ces activités n'ont pas pour objet d'aider le souscripteur ou l'adhérent à conclure ou à exécuter un contrat de réassurance ;

2° L'activité consistant exclusivement en la gestion, l'évaluation et le règlement des sinistres ;

3° La simple fourniture de données et d'informations sur des preneurs d'assurance potentiels à des intermédiaires d'assurance ou de réassurance, des entreprises d'assurance ou de réassurance, lorsque le fournisseur ne prend pas d'autres mesures pour aider le souscripteur ou l'adhérent à conclure un contrat d'assurance ou de réassurance ;

4° La simple fourniture d'informations sur des produits d'assurance ou de réassurance, sur un intermédiaire d'assurance ou de réassurance, une entreprise d'assurance ou de réassurance à des preneurs d'assurance potentiels, lorsque le fournisseur ne prend pas d'autres mesures pour aider le souscripteur ou l'adhérent à conclure un contrat d'assurance ou de réassurance.

III. — Est un distributeur de produits d'assurance ou de réassurance tout intermédiaire d'assurance ou de réassurance, tout intermédiaire d'assurance à titre accessoire ou toute entreprise d'assurance ou de réassurance.

Est un intermédiaire d'assurance ou de réassurance toute personne physique ou morale autre qu'une entreprise d'assurance ou de réassurance et son personnel et autre qu'un intermédiaire d'assurance à titre accessoire, qui, contre rémunération, accède à l'activité de distribution d'assurances ou de réassurances ou l'exerce.

Est un intermédiaire d'assurance à titre accessoire toute personne autre qu'un établissement de crédit, qu'une entreprise d'investissement ou qu'une société de financement qui, contre rémunération, accède à l'activité de distribution d'assurances ou l'exerce pour autant que les conditions suivantes soient remplies :

1° La distribution d'assurances ne constitue pas l'activité professionnelle principale de cette personne ;

2° La personne distribue uniquement des produits d'assurance qui constituent un complément à un bien ou à un service ;

3° Les produits d'assurance concernés ne couvrent pas de risques liés à l'assurance-vie ou de responsabilité civile, à moins que cette couverture ne constitue un complément au bien ou au service fourni dans le cadre de l'activité professionnelle principale de l'intermédiaire.

IV. — Pour l'activité de distribution d'assurances, l'employeur ou mandant est civilement responsable, conformément aux dispositions de l'article 1242 du code civil, du dommage causé par la faute, l'imprudence ou la négligence de ses employés ou mandataires agissant en cette qualité, lesquels sont considérés, pour l'application du présent article, comme des préposés, nonobstant toute convention contraire.

V. — Un décret en Conseil d'État précise les conditions d'application du présent article.

Ancien art. L. 511-1 *I. — L'intermédiation en assurance ou en réassurance est l'activité qui consiste à présenter, proposer ou aider à conclure des contrats d'assurance ou de réassurance ou à réaliser d'autres travaux préparatoires à leur conclusion. N'est pas considérée comme de l'intermédiation en assurance ou en réassurance l'activité consistant exclusivement en la gestion, l'estimation et la liquidation des sinistres.*

Est un intermédiaire d'assurance ou de réassurance toute personne qui, contre rémunération, exerce une activité d'intermédiation en assurance ou en réassurance.

II. — Les dispositions du second alinéa du I ne s'appliquent ni aux entreprises d'assurance et de réassurance, ni aux personnes physiques salariées d'une entreprise d'assurance ou de réassurance, ni aux personnes qui, pratiquant une activité d'intermédiation en assurance ou en réassurance, répondent à des conditions fixées par décret en Conseil d'État, ni aux personnes physiques salariées de ces personnes. Les conditions fixées par ce décret tiennent notamment à l'activité de l'intermédiaire, à la nature du contrat d'assurance et au montant de la prime ou de la cotisation.

III. — Pour cette activité d'intermédiation, l'employeur ou mandant est civilement responsable, dans les termes de (Ord. n° 2016-131 du 10 févr. 2016, art. 6-II-2° et 5°, en vigueur le 1er oct. 2016) ***« l'article 1242 » du code civil, du dommage causé par la faute, l'imprudence ou la négligence de ses employés ou mandataires agissant en cette qualité, lesquels sont considérés, pour l'application du présent article, comme des préposés, nonobstant toute convention contraire.***

IV. — Un décret en Conseil d'État précise les conditions d'application du présent article et détermine les catégories de personnes habilitées à exercer une activité d'intermédiation.

BIBL. ▶ BIGOT (dir.), Traité, tome 2, L'intermédiation en assurance, *LGDJ, 2e éd., 2009.* - COUTIN, GOSSOU et MONIN-LAFIN, L'intermédiation en assurance et financière, *L'Argus de l'assurance, 2012.* - LANDEL, L'intermédiation en assurance, *L'Argus de l'assurance, coll. Les fondamentaux, 2010.* - Dossier : *RCA 2013. Études 11 s.* (responsabilité civile : le fait du préposé).

I. INTERMÉDIATION

1. Auto-entrepreneur. L'auto-entrepreneur courtier d'assurance ne peut opter pour la dispense d'immatriculation au RCS prévue à l'art. L. 123-1-1 C. com. ; il est tenu à l'immatriculation au RCS (Avis CCRCS n° 2012-006 du 16 févr. 2012).

2. Auditeurs et consultants en risques et assurances. L'activité exercée par les auditeurs et consultants en risques et assurances doit être analysée au cas par cas, pour déterminer si l'intéressé sollicite ou recueille la souscription d'un contrat d'assurance ou l'adhésion à un tel contrat, s'il expose à un souscripteur les conditions de garantie ou s'il propose ou aide à conclure une opération d'assurance. Dans l'affirmative, il doit effectivement s'inscrire au registre des intermédiaires dans l'une des catégories énoncées au I de l'art. R. 512-2. * Rép. min. n° 111531, Min. Économie : *JOAN Q 24 avr. 2007, p. 3949.*

3. Syndics de copropriété. Ayant constaté que si les syndics de copropriété ont, pour le compte des copropriétés dont ils avaient la gestion, souscrit des contrats avec l'assureur, ils n'ont ni prospecté de clientèle, ni présenté, proposé ou aidé à conclure ces contrats d'assurance et n'ont pas davantage réalisé d'autres travaux préparatoires à leur conclusion, au sens de l'art. L. 511-1 C. assur., une cour d'appel a exactement déduit que les syndics de copropriété ne pouvaient être considérés comme des intermédiaires d'assurance et que les sommes versées par des agents généraux ayant cessé leur activité ne constituaient pas des commissions de courtage déductibles de l'indemnité compensatrice revenant à l'agent général sortant. • Civ. 1re, 13 févr. 2019, n° 18-15.634 P : *D. 2019. 1196, obs. Bacache, Grynbaum, Noguéro et Pierre ; RCA 2019, n° 140, note Groutel.*

4. Marché public d'assurance. La mission consistant à assister et à conseiller une personne publique afin de lui permettre de passer des marchés publics d'assurance et notamment de sélectionner les candidats dans le respect des dispositions du code des marchés publics n'a pas pour objet de présenter, de proposer ou d'aider à conclure un contrat d'assurance ou de réaliser d'autres travaux préparatoires à sa conclusion. Elle ne peut ainsi être regardée comme une mission d'intermédiation entrant dans le champ d'application de l'art. L. 511-1. Par suite, cette mission peut être régulièrement confiée à un cabinet d'avocats qui n'est pas enregistré au registre mentionné à l'art. L. 512-1. • CE 10 févr. 2014 : *RGDA 2014. 402, note Langé ; JCP 2014. 733, n° 22, obs. Langé ; JCP E 2014. 1152, note Denis.*

5. Offre d'un service d'intermédiation et offre d'un service d'assurance. Les dispositions combinées des art. 2, point 3, al. 2, et 4, § 1, de la Dir. 2002/92/CE du Parlement européen et du Conseil du 9 déc. 2002, sur l'intermédiation en assurance, doivent être interprétées en ce sens qu'elles s'opposent à ce qu'un salarié d'une entreprise d'assurance qui ne dispose pas des qualifications prévues à cette dernière disposition exerce, à titre occasionnel et non dans le cadre de son activité professionnelle principale, des activités d'intermédiation en assurance, lorsque ce salarié n'agit pas dans le cadre du rapport de subordination qui le lie à cette entreprise, mais que cette dernière exerce néanmoins une surveillance sur ses activités. • CJUE 17 oct. 2013 : *RGDA 2014. 242, note Langé ; JCP 2014. 733, n° 22, obs. Langé.*

6. Intermédiation et conseil en investissements financiers. L'art. 2, sous c), de la Dir. 2004/39/CE du 21 avr. 2004 (MIF 1) exclut du champ d'application de cette dernière les personnes qui fournissent un service d'investissement à titre accessoire dans le cadre d'une activité professionnelle, dès lors que celle-ci est régie par des dispositions législatives ou réglementaires ou par un code déontologique qui n'exclut pas la fourniture de ce service. Or, il y a lieu de constater que l'activité professionnelle d'un intermédiaire d'assurance consiste, conformément à l'art. 2, point 5, de la Dir. 2002/92CE (DIA 1), en l'intermédiation en assurance. Dans la mesure où un tel intermédiaire propose, parmi les produits d'assurance disponibles, un produit tel que l'assurance-vie en capital en cause au principal, il doit être considéré que les conseils relatifs au placement du capital visé par ce produit sont fournis à titre accessoire, dès lors qu'ils sont prodigués dans le cadre d'une activité d'intermédiation portant sur la conclusion d'un contrat d'assurance, activité qui est soumise à des dispositions législatives du droit de l'Union, à savoir celles de la dir. 2002/92. • CJUE, 31 mai 2018, n° C-542/16 : *RGDA 2018. 363, note Parleani.*

II. RESPONSABILITÉ

A. QUALITÉ DE MANDATAIRE OU D'EMPLOYÉ

1° AGENT GÉNÉRAL

a. Mandataire de l'assureur

7. *Mandataire réel.* L'agent général d'une compagnie d'assurance agit dans l'exercice de ses fonctions de mandataire rémunéré d'une société d'assurance quand il met à la disposition du public sa compétence technique en vue de la recherche et de la souscription de contrats d'assurance pour le compte de la société qu'il représente. • Civ. 1re, 21 nov. 1979, n° 78-13.774 P : *JCP 1981. II. 19511, note Pauffin de Saint-Morel ; RGAT 1980. 182, note A. B.* • 10 déc. 1996 : *RGDA 1997. 595, note Langé.* ♦ L'agent général d'une société d'assurance agit dans l'exercice de ses fonctions de mandataire rémunéré de cette société quand il met à la disposition du public sa compétence technique en vue de la recherche et de la souscription des contrats présentés par sa société les mieux adaptés à la situation et aux objectifs de son client. • Civ. 2e, 13 juin 2013 : *RCA 2013, n° 355 ; RGDA 2013. 1000, note Roussel.*

8. *Souscription de contrat.* V. • Civ. 2e, 13 juin 2013 : *préc. note 7.*

9. *Déclaration du risque.* Ne caractérise pas un prétendu mandat de l'assuré l'arrêt qui se borne à déclarer que l'agent général a pris la défense des intérêts du souscripteur et a fait pour lui une déclaration concernant l'appréciation du risque. • Civ. 1re, 21 nov. 1979, n° 78-13.774 P : *JCP 1981. II. 19511, note Pauffin de Saint-Morel ; RGAT 1980. 182, note A. B.* ♦ En rédigeant une proposition d'assurance destinée à la compagnie dont il est l'agent général, celui-ci agit dans l'exercice de ses fonctions de mandataire rémunéré de cette compagnie, laquelle est responsable des fautes qu'il commet en cette qualité. • Civ. 1re, 31 mars 1981, n° 79-15.707 P : *D 1982. IR 37, obs. Berr et Groutel.* ♦ L'agent général qui avait conseillé l'assuré puis avait lui-même rédigé et fait signer la proposition et enfin l'avait transmise à sa compagnie, en ayant connaissance de l'inexactitude des énonciations portées sur le document, a agi dans ses fonctions de mandataire de la compagnie, qui est responsable de ses fautes. • Civ. 1re, 8 juill. 1986, n° 85-10.089 P. ♦ *Contra* : ayant relevé que le questionnaire inséré dans la proposition d'assurance qui devait être soumise à la compagnie avait été rempli par l'agent général, une cour d'appel a ainsi implicitement reconnu que celui-ci n'avait pas pouvoir de conclure lui-même le contrat, et a pu considérer qu'il n'avait pas, en l'espèce, agi en qualité de mandataire de l'assureur et en déduire que les fautes commises, en ce faisant, n'avaient pu engager la responsabilité de ce dernier. • Civ. 1re, 2 avr. 1974, n° 73-10.250 P : *D. 1975. 665, obs. Berr et Groutel.* ♦ Ayant relevé que l'assuré avait signé la dernière page de la police d'assurance intitulée « information préalable à la souscription de votre contrat habitation » et que le formulaire ainsi complété précisait qu'au cours des échanges intervenus « vous nous avez exposé votre situation personnelle et communiqué les éléments préalables à la souscription de ce contrat. A partir de ces informations, et au regard de vos déclarations, besoins et exigences, nous avons établi un projet de contrat dont les conditions générales et les conditions particulières vous ont été remises », puis constaté que l'agent général n'avait pu effectuer une visite détaillée des lieux, que l'assuré avait signé sans la moindre réserve le contrat litigieux, sur lequel la valeur mobilière assurée apparaissait clairement, et qu'elle n'avait pas attiré l'attention de l'agent général sur la superficie réelle de la maison et la valeur inhabituelle des meubles la garnissant, une cour d'appel a pu en déduire que l'agent général n'avait commis aucune faute engageant la responsabilité de l'assureur. • Civ. 2e, 7 févr. 2019, n° 17-31.348 : *RCA 2019, n° 141.*

10. *Accompagnement vers les nouveaux contrats.* La cour d'appel qui a constaté qu'un agent général avait fait souscrire à un assuré un ensemble de contrats concernant des risques précédemment assurés auprès d'une autre compagnie et s'était engagé, afin d'éviter une double couverture, soit à faire résilier rétroactivement certaines polices, soit à régler les primes dues et à faire annuler certains contrats auprès de sa compagnie, peut retenir que cet agent général avait agi dans l'exercice de ses fonctions de mandataire rémunéré de la compagnie. • Civ. 1re, 10 déc. 1996 : *RGDA 1997. 595, note Langé.*

11. *Modification du contrat.* La remise à l'agent général, mandataire de la compagnie d'assurance, d'une proposition de modification d'un contrat d'assurance équivaut à la réception d'une lettre recommandée par la compagnie d'assurance. • Civ. 1re, 15 juin 1982, n° 81-12.885 P : *D. 1983. IR 45.*

12. *Encaissement des primes.* Alors que la police stipulait que la prime était portable soit au domicile de l'assureur soit à celui du mandataire désigné à cet effet, l'assuré qui ignorait qu'un agent général n'avait pas reçu mandat d'encaisser les primes pouvait légitimement croire qu'il était mandataire de l'assureur, celui-ci n'ayant jamais détrompé son assuré lors de l'envoi des avis de prime. • Civ. 1re, 19 juin 1990 : *RGAT 1990. 354.*

b. Abus de fonction

13. *Règle générale.* Le commettant ne s'exonère de sa responsabilité que si son préposé a agi hors des fonctions auxquelles il était employé, sans autorisation, et à des fins étrangères à ses attributions. • Cass., ass. plén., 19 mai 1988 : *Bull. ass. plén., n° 5 ; RGAT 1989. 148, obs. Pauffin de Saint-*

Morel. ♦ Pour mettre hors de cause la compagnie d'assurance, la juridiction pénale est tenue de rechercher si la personne qui présente des opérations d'assurance pour son compte s'était placée en dehors des fonctions auxquelles elle était employée et si elle avait agi en outre sans autorisation à des fins étrangères à ses attributions. • Crim. 25 avr. 1989 : *RGAT 1989. 902, note Pauffin de Saint-Morel.* ♦ Viole l'art. 1384, al. 5, C. civ. la cour d'appel qui déboute le souscripteur de sa demande en réparation, formée à l'encontre de l'assureur à raison du détournement de fonds effectué par son mandataire non salarié, sans en établir qu'à la date de la conclusion du contrat et de la remise des fonds, le souscripteur ne pouvait légitimement croire que le mandataire non salarié n'agissait pas à l'occasion de ses fonctions de mandataire de l'assureur. • Civ. 2e, 7 févr. 2013, nº 11-25.582 P : *D. 2014. 47, obs. Brun et Gout ; RGDA 2013. 1004, note Langé.* ♦ Mais, dès lors qu'un arrêt a constaté que l'intermédiaire avait la qualité d'agent général, mandataire de l'assureur, et retenu que ses agissements relevaient de l'abus de fonction, le grief tiré du défaut de recherche de la qualité de mandataire apparent est inopérant. • Civ. 2e, 24 mai 2012 : *RGDA 2012. 1163, note Langé ; JCP 2013. I. 400, nº 30, obs. Langé.*

14. Détournement de fonds. Abus de fonction écarté. Ayant constaté que l'agent général avait placé des bons de capitalisation et contrats de retraites émis par l'assureur, et qu'il avait détourné à son profit les sommes versées, les juges du fond ont pu déduire que l'assureur, qui ne pouvait s'exonérer de la responsabilité lui incombant, en application de l'art. L. 511-1, que si son agent général avait agi hors des fonctions auxquelles il était employé, sans autorisation et à des fins étrangères à ses attributions, était civilement responsable de l'agent général et devait indemniser les victimes des détournements. • Civ. 1re, 28 oct. 1997 : *D. 1999. Somm. 229, obs. Groutel ; RCA 1998, nº 31, note Groutel ; RGDA 1997. 1119, note Langé.* ♦ Ayant retenu que l'agent général avait fait signer au client une demande de souscription à un contrat d'assurance-vie pour un montant de 50 000 euros, à l'aide d'un document établi à l'en-tête de la compagnie d'assurance et présentant une apparence d'authenticité, renforcée par la mention de son identité en qualité d'intermédiaire de la compagnie d'assurance ; que le règlement par chèque à hauteur du montant souscrit à l'ordre d'une banque, et non à l'ordre de l'intermédiaire, n'était certes pas conforme au mode de règlement indiqué en gras sur l'exemplaire du contrat mais que cette banque était tout de même expressément désignée comme l'établissement habilité pour percevoir des règlements en espèces jusqu'à 3 000 euros et qu'une relation de confiance s'était instaurée entre le client et l'intermédiaire du fait de la souscription trois semaines auparavant d'un premier contrat du même type pour un montant de 45 734,11 euros, qui avait été validé par la compagnie ; que l'assuré pouvait difficilement envisager que la banque accepterait de verser à un tiers le produit d'un chèque libellé à son ordre et que l'ensemble de cette opération s'était déroulée dans le contexte particulier d'un démarchage ; qu'il ne pouvait être reproché à un particulier non averti et profane dans le domaine, nonobstant son âge et sa qualité professionnelle d'informaticien, d'avoir manqué de vigilance en ne s'inquiétant pas, dans un délai de quarante jours suivant la passation du prétendu contrat, de ne pas avoir reçu les documents y afférents ou de ne pas avoir détecté que la demande de souscription ne s'adossait pas à un placement financier proposé par la compagnie d'assurance ; qu'au demeurant, même si la victime avait pris attache avec l'assureur dans les quarante jours suivant la date de la pseudo-souscription, le détournement des fonds n'en aurait pas moins été consommé ; une cour d'appel a pu en déduire que l'intermédiaire avait agi dans ses fonctions de mandataire et que la compagnie d'assurance ne s'exonérait pas de sa responsabilité civile en tant que mandante. • Civ. 2e, 20 nov. 2014 : *RGDA 2015. 43, note Langé ; RCA 2015, nº 65.* ♦ V. égal. à propos d'un préposé de l'assureur qui avait agi au temps et sur le lieu de son travail et avait trouvé dans ses fonctions l'occasion et les moyens de réaliser le détournement à son profit personnel des sommes confiées au bénéfice de l'assureur, • Civ. 2e, 24 mai 2012 : *RGDA 2013. 208, note Roussel ; RCA 2012, nº 220, note Groutel.*

15. Détournement de fond. Abus de fonction retenu. Dès lors que l'agent général d'assurance qui a détourné des sommes remises par des souscripteurs a agi hors de ses fonctions, la responsabilité de la société d'assurance en tant que commettant n'est pas engagée. • Civ. 2e, 11 oct. 2007 : *RCA 2008, nº 35 ; RGDA 2008. 251, note Langé.* ♦ V. égal. à propos d'un inspecteur salarié : ne s'exonère pas de sa responsabilité civile la compagnie d'assurance dont un inspecteur salarié chargé de rechercher la conclusion de contrats de capitalisation a détourné partiellement à son profit des sommes remises par le souscripteur et a été pour cela condamné par une décision correctionnelle, dès lors que celui-ci a agi dans l'exercice de ses fonctions et avec autorisation conformément à ses attributions. • Cass., ass. plén., 19 mai 1988 : *préc. note 13.* ♦ ... Ou à propos d'un préposé de l'assureur qui avait agi hors du cadre de ses fonctions, sans autorisation et à des fins étrangères à ses attributions. L'abus de fonction a pu être retenu dès lors que l'assuré n'avait pu légitimement croire que le préposé agissait pour le compte de l'assureur. • Civ. 2e, 13 sept. 2012 : *RGDA 2013. 211, note Roussel ; RCA 2012, nº 363, note Groutel.*

c. Mandataire de l'assuré

16. Identification du mandat de l'assuré. La compagnie d'assurance n'est tenue qu'à la condition que le manquement de son agent ait été commis par celui-ci alors qu'il agissait en qualité de mandataire de la compagnie. Il n'en va pas ainsi lorsque l'agent qui a omis de se préoccuper de faire assurer une personne après résiliation de sa police était chargé de la presque totalité des intérêts de celle-ci et avait la qualité de mandataire, non de l'assureur, mais de l'assuré. • Civ. 1re, 7 mars 1989, n° 87-10.634 P : *D. 1989. IR 101 ; RGAT 1989. 895, obs. Pauffin de Saint-Morel.* ♦ Ayant relevé que l'assuré qui a pris l'initiative de « contacter » l'agent général avec l'intention précise de s'assurer auprès de sa compagnie et que c'était à sa demande que celui-ci avait rédigé la lettre de résiliation, une cour d'appel a pu en déduire que pour cet acte précis et dans de telles conditions, il avait agi comme mandataire de l'assuré et non de l'assureur. • Civ. 1re, 1er mars 1988 : *RGAT 1988. 383, obs. Pauffin de Saint-Morel.* ♦ En assumant en grande partie la gestion du sinistre pour l'assuré, l'agent général prend fait et cause pour lui et révèle ainsi l'existence d'un mandat de la part de l'assuré. Il en résulte, à la charge de l'agent, l'obligation de veiller à la mise en œuvre, dans des délais appropriés, des procédures permettant l'indemnisation de l'assuré. Faute d'avoir prévenu l'assuré de la prescription abrégée, il doit réparer le préjudice subi par l'assuré par suite du refus de l'assureur de payer l'indemnité d'assurance prescrite. • Civ. 1re, 12 déc. 1995 : *RCA 1996, n° 109 ; RGDA 1996. 498, note Langé.*

2° COURTIER D'ASSURANCE

a. Mandataire de l'assureur

17. Cumul de qualités. Un courtier d'assurance, s'il est en principe le mandataire conseil de l'assuré, peut aussi avoir, suivant les circonstances, la qualité de mandataire de l'assureur. • Civ. 1re, 22 oct. 1996, n° 94-15.613 P : *RCA 1997, n° 37.*

18. Charge de la preuve. Le courtier étant en principe le mandataire de l'assuré, il appartient à celui-ci de rapporter la preuve qu'il avait agi comme mandataire de la compagnie, notamment pour percevoir les primes. • Civ. 1re, 28 avr. 1971, n° 70-10.524 P : *RGAT 1972. 55.*

19. Remise de formulaires de proposition d'assurance. Est engagée envers un assuré, non sur le fondement d'un mandat apparent mais sur celui d'un mandat réel, la compagnie qui a fourni à un courtier des formulaires de proposition d'assurance à son en-tête et lui a adressé des directives pour que soit acceptée comme date d'effet du contrat la date demandée par le client. • Civ. 1re, 13 oct. 1981, n° 80-11.777 P : *RGAT 1982. 342.*

20. Remise de quittances de primes. En remettant à un assuré des quittances de primes à l'en-tête de la compagnie, un courtier peut être considéré comme disposant d'un mandat apparent ayant le même effet qu'un mandat réel et exprimant à la charge de l'assureur une renonciation sans équivoque à invoquer le caractère tardif du paiement des primes. • Civ. 1re, 6 juin 1990 : *RCA 1990. 355.*

21. Remise d'attestations d'assurance. En remettant à un courtier des attestations d'assurance et en l'autorisant à les délivrer aux souscripteurs, l'assureur confère à ce courtier la qualité de mandataire habilité à conclure un contrat et est tenu à garantie. • Civ. 1re, 16 juill. 1991 : *RGAT 1992. 191, note Langé.* ♦ En confiant à un courtier des attestations à son en-tête et lui laissant la possibilité de les délivrer, l'assureur lui a conféré la qualité d'un mandataire apparent, l'auteur pouvant croire légitimement à l'existence des pouvoirs donnés par l'assureur. • Crim. 30 oct. 1996 : *RGDA 1997. 605, note Langé.* ♦ Les juges du fond doivent rechercher si le client d'un courtier n'avait pas eu la croyance légitime que celui-ci représentait et engageait valablement la compagnie au nom de laquelle il lui avait délivré une attestation d'assurance et si les circonstances de cette délivrance le dispensaient de vérifier les limites des pouvoirs de ce courtier. • Civ. 1re, 20 janv. 1993 : *RGAT 1993. 394 ; RCA 1993. 146.*

22. Correspondant de l'assureur. Le fait qu'un courtier soit mentionné aux conditions particulières comme étant le « correspondant » de l'assureur, qu'il encaisse les primes pour le compte de la société d'assurances et qu'il ait accusé réception d'une lettre de résiliation, constitue des circonstances de nature à faire croire légitimement à l'assuré que ce courtier avait mandat de l'assureur de le représenter dans ses rapports avec l'assuré. • Civ. 1re, 4 juin 1991 : *RGAT 1991. 656, note Langé.* ♦ En présence d'un contrat d'assurance portant la mention du courtier et de son numéro de code chez l'assureur et alors que le courtier encaissait les primes et avait transmis une déclaration de sinistre précisant qu'elle concernait « notre assuré », une cour d'appel a valablement considéré que le courtier était apparu comme le mandataire de la compagnie avec l'accord tacite de celle-ci. En conséquence la déclaration de sinistre était valablement faite. • Civ. 1re, 28 juin 1983, n° 82-11.289 P.

23. Encaissement des primes. Dès lors qu'une cour d'appel constate qu'un agent général d'une compagnie n'a reçu aucun mandat spécial d'encaissement des primes pour une autre compagnie, que le contrat d'assurance stipulait en caractères apparents que le règlement devait obligatoirement être effectué à l'ordre de l'assureur, et qu'il n'y avait donc pas de mandat apparent, elle peut à bon droit retenir que l'agent général a agi en qualité de courtier, mandataire de l'assuré, et que la compagnie ne pouvait être tenue pour civilement responsable du détournement des sommes par son agent. • Civ. 1re, 9 mai 1996 : *RCA 1996, n° 296 ; RGDA 1996. 630, note Maurice.* ♦ V. acceptant l'existence d'un mandat. • Civ. 1re, 4 juin 1991 : *RGAT 1991. 656, note Langé* • 28 juin 1983, n° 82-11.289 P.

24. *Mandat tacite de l'assureur.* Est caractérisée l'existence d'un mandat tacite, abstraction faite de la référence à la notion de mandat apparent, lorsque, dès avant la conclusion du mandat écrit donné par une compagnie d'assurances à un courtier de procéder à l'acquisition d'usufruits en vue de la création d'un produit financier, ce courtier, agréé par la compagnie, a fait éditer une plaquette d'information et de souscription à ce nouveau produit en le présentant comme souscrit auprès de cette compagnie et que celle-ci a eu connaissance de la diffusion de cette plaquette et de la collecte de souscriptions et de fonds déjà effectuée. • Civ. 1re, 22 oct. 1996, n° 94-15.613 P.

b. Mandataire de l'assuré

25. *Déclaration du risque.* Le courtier qui remplit le questionnaire agit comme mandataire de l'assuré dont il se borne à reproduire les déclarations. • Civ. 1re, 15 mai 1990, n° 88-15.400 P.

26. *Obligation d'information et de conseil.* L'étendue de l'obligation d'information et de conseil du courtier, dont la preuve du respect incombe à celui-ci, est ajustée selon les connaissances et les besoins du client qui en est le créancier. • Civ. 2e, 17 janv. 2019, n° 17-31.408 : *AJ contrat 2019. 183, obs. Borius ; RCA 2019, n° 122.*

3° AUTRES MANDATAIRES

27. *Mandataire d'un courtier d'assurance.* Le mandataire d'une société de courtage exerce une activité d'intermédiaire en assurance et est, à ce titre, personnellement tenu envers ses clients d'un devoir d'information et de conseil qui ne s'achève pas avec la remise d'une notice d'information. • Civ. 2e, 7 juill. 2011, n° 10-21.719 P : *D. 2012. 644, note Adida-Canac et Bouvier ; RGDA 2011. 1133, note Roussel; RCA 2011, n° 379, note Groutel.*

28. *Établissement de crédit.* L'établissement de crédit qui propose à ses clients emprunteurs d'adhérer au contrat d'assurance de groupe, qu'il a souscrit à leur profit, n'agit pas comme mandataire de l'assureur et n'engage pas la responsabilité de ce dernier dans les conditions de l'art. L. 511-1 C. assur. • Civ. 2e, 18 avr. 2019, n° 18-11.108 : *RGDA juin 2019.40, note Mayaux; RCA 2019, n° 230.*

4° EMPLOYÉ

29. *Préposé licencié de l'assureur.* Est entaché de contradiction l'arrêt qui énonce, d'une part, qu'une personne avait pu légitimement croire en la qualité de mandataire d'une compagnie chez un ex-caissier principal, ignorant que celui-ci avait été licencié, et qui retient, d'autre part, temps que les circonstances de la remise des fonds, par des procédés clandestins et dans un café, étaient de nature à éveiller sa méfiance. Cette personne avait ainsi imprudemment pris un risque, une telle faute étant exclusive de la croyance légitime l'autorisant à ne pas mettre en question les pouvoirs de l'ex-caissier. • Civ. 1re, 16 juill. 1992 : *RGAT 1992. 917, obs. Langé.*

30. *Préposé d'établissement de crédit.* La responsabilité civile mise à la charge de l'assureur par l'art. 1384, al. 5, C. civ. ne concerne pas, en vertu de l'art. R. 512-3-1° C. assur., l'établissement de crédit souscripteur d'un contrat d'assurance de groupe ayant pour objet la garantie de remboursement d'un emprunt, lequel établissement est, en application de l'art. 1384, al. 5, C. civ., civilement responsable de ses préposés. Dès lors, viole ces textes la cour d'appel qui, après avoir rappelé que le prêteur ou les personnels concourant à l'octroi du prêt peuvent présenter à l'emprunteur le contrat d'assurance de groupe couvrant les risques décès-invalidité, en a déduit que le préposé de la banque avait dans l'exercice de cette mission la qualité de mandataire de la compagnie d'assurance et engageait la responsabilité de cette dernière dans les conditions de l'art. L. 511-1 C. assur., alors que seule pouvait se trouver engagée la responsabilité de la banque du fait de son préposé. • Civ. 1re, 8 juill. 2003, n° 00-14.416 P : *Gaz. Pal. 2004. 507, note Périer; RCA 2003, n° 274; RGDA 2003. 763, note Kullmann.*

B. FAUTE DU MANDATAIRE OU DE L'EMPLOYÉ

1° AUTEUR DE LA FAUTE

31. *Préposé de l'agent général.* Un agent général est responsable de son préposé qui a commis des faux à l'occasion et pendant le temps de son travail avec des moyens mis à sa disposition par l'agent. • Crim. 23 juin 1988 : *RGAT 1989. 149, obs. Pauffin de Saint-Morel.*

32. *Sous-agent.* La responsabilité d'une compagnie d'assurance, recherchée à raison de détournements de fonds commis par un sous-agent, ne peut être engagée du fait de son agent général que si ce dernier a commis à cet égard une faute. • Civ. 1re, 10 déc. 1996, n° 94-20.279 P : *RCA 1997, n° 106; RGDA 1997. 601, note Langé.*

2° DEVOIR D'INFORMATION, DE CONSEIL ET DE MISE EN GARDE

a. Existence

33. *Étendue temporelle.* Le devoir d'information et de conseil de l'agent d'assurance ne s'achève pas lors de la souscription du contrat. • Civ. 2e, 5 juill. 2006, n° 04-10.273 P : *RCA 2006, n° 277, note Groutel; RDC 2007. 308, note G. Viney.*

34. *Information et conseil sur l'étendue de la garantie.* Manque à son obligation de renseignement et de conseil l'agent général qui a donné une réponse erronée à l'assuré qui lui demandait des précisions sur l'étendue de la garantie accordée par le contrat. • Civ. 1re, 13 janv. 1987 : *D. 1987. Somm. 329, obs. Berr et Groutel; RGAT 1987. 155.* ♦ Commet une faute l'agent général qui n'a pas informé l'assuré des conditions de la garantie et spécialement de ce que le contrat, rédigé par lui, ne couvrait pas la responsabilité civile de ce souscripteur, son permis de conduire ne l'autorisant pas à conduire un vélomoteur ou une motocyclette. • Crim. 23 oct. 1986, n° 84-93.908 P : *RGAT 1987. 159.* ♦ Comp. : le rôle de conseil d'un agent général lors de l'établissement d'une proposition d'assurance ne lui fait pas obligation de contrôler la concordance du permis de conduire de l'assuré avec le type de véhicule qui fait l'objet de l'assurance. • Civ. 1re, 3 mai 1979 : *RGAT 1980. 185.* ♦ Commet une faute l'agent général qui confirme à l'assuré avant le sinistre qu'en dépit des mentions de la police la garantie des personnes transportées lui était acquise. • Civ. 1re, 13 janv. 1986 : *RGAT 1987. 157.* ♦ ... Qui ne signale pas à l'assuré les modifications intervenues dans les conditions générales d'un nouveau contrat contenant des exclusions de garantie plus strictes que celles qui figuraient dans un contrat initial. • Civ. 1re, 20 janv. 1987 : *RGAT 1987. 278.* ♦ Rappr. : • Civ. 2e, 25 juin 2015, n° 14-19.786 : *RCA 2015, n° 274; RGDA 2015. 395, note Pélissier.* ♦ ... Ou la réduction de garantie issue de la police souscrite en remplacement de la précédente. • Civ. 2e, 8 mars 2006 : *D. 2006. 1941, note Noguéro ; RCA 2006, n° 170, note Groutel ; RGDA 2006. 755 (2e esp.), note Langé ; RDC 2007. 308, note G. Viney.* ♦ ... Qui omet d'informer l'assuré que, nonobstant certaines mentions dans la police multirisque des agriculteurs qu'il avait souscrite, la garantie de réparation des bâtiments en cas de dommages consécutifs à une tempête de grêle ne lui était pas acquise. • Civ. 1re, 21 janv. 1997, n° 94-20.271 P : *RCA 1997, n° 171 ; ibid. Chron. 13, note Groutel ; Gaz. Pal. 1997. 2. Somm. 441.*

35. Information sur la résiliation du contrat. Commet une faute l'agent général qui encaisse la prime, alors que la police était résiliée pour défaut de paiement de celle-ci, sans rappeler à l'assuré cette résiliation. • Civ. 1re, 23 mai 2000 : *RCA 2000, n° 276.*

36. Conseil par rapport au sinistre. Commet une faute l'agent général qui n'examine pas avec son client quelles pouvaient être l'importance du sinistre et les suites à lui donner, alors même que l'assuré ne lui avait signalé par téléphone que des dommages peu importants pouvant être équivalents à la franchise. • Civ. 1re, 17 déc. 1991, n° 89-11.344 P : *RGAT 1992. 184, obs. Langé.*

37. Conseil et mise en garde sur le montant des garanties. Dès lors qu'elle constate que l'assureur d'une clinique avait été informé de l'importante augmentation de l'activité de cet établissement, une cour d'appel ne peut écarter la responsabilité de l'agent général sans rechercher si celui-ci avait attiré l'attention de l'assuré sur le montant de la garantie qui n'avait pas varié pour tenir compte des nouveaux risques déclarés. • Civ. 2e, 21 déc. 2006 : *D. 2008. Pan. 128, obs. Groutel ; RCA 2007, n° 143; RGDA 2007. 231, note Roussel.* ♦ Ayant relevé que, lorsque l'assuré avait signé l'avenant portant de 35 000 à 38 760 euros le montant de la garantie perte de fonds de commerce, l'agent général savait que ce fonds avait une valeur de 140 000 euros et ayant souverainement estimé qu'il était ainsi en mesure de constater l'insuffisance de la garantie, une cour d'appel a pu, par ces seuls motifs, estimer que l'agent général aurait dû mettre l'assuré en garde sur l'inadéquation de la garantie souscrite à sa situation. • Civ. 2e, 8 déc. 2016, n° 15-25.128 : *RGDA 2017. 150, note Langé.* ♦ Mais il appartient à l'assuré d'attirer l'attention de l'assureur sur la modification du risque éventuel causé par l'extension ou la modification des conditions d'exploitation du fonds appartenant à un tiers. • Civ. 2e, 5 févr. 2015, n° 13-24.856 : *RGDA 2015. 134, note Asselain.* ♦ En sa qualité de professionnel de l'assurance mettant sa compétence à la disposition du public, l'agent général est tenu d'une obligation de conseil envers une personne (bijoutier) ignorante des techniques de l'assurance, que l'inertie de l'agent général a privée du bénéfice d'une réévaluation demandée des garanties. • Civ. 1re, 28 oct. 1986 : *RGAT 1986. 610.*

38. Conseil sur une garantie complémentaire. Dans le cadre d'une opération d'assurance incluant la garantie du risque de vol du matériel informatique utilisé à titre professionnel, il incombe au courtier ou à l'assureur de proposer à l'assuré la souscription d'une garantie complémentaire destinée à couvrir les dommages professionnels consécutifs au risque ainsi garanti. • Civ. 2e, 21 déc. 2006 : *RCA 2007, n° 142.* ♦ En présence d'un contrat d'assurance multirisque habitation, dont les clauses disséminées dans les conditions générales et particulières ne sont ni claires ni précises sur l'étendue de la garantie aux propriétaires non occupants, il incombe à l'agent général de la compagnie d'assurance, tenu à une obligation d'information et de conseil, d'attirer l'attention des assurés sur l'intérêt de souscrire une garantie complémentaire pour les meubles et objets devant garnir l'habitation, en cas d'occupation future de la maison. • Civ. 2e, 14 juin 2012 : *RGDA 2012. 1160, note Bigot ; RCA 2012, n° 289.*

39. Conseil en cas de renonciation à la résiliation d'un contrat. L'agent général d'une compagnie d'assurance, qui réussit à convaincre une personne de résilier le contrat qui la liait à une autre compagnie d'assurance adresse lui-même la lettre de résiliation mais ne fait aucune diligence pour vérifier, alors que l'assuré a en définitive renoncé à changer d'assureur, s'il connaissait les conséquences de sa décision et avait régularisé sa situation, manque à son devoir de conseil et commet ainsi une faute dans l'exercice de ses fonctions, dont sa compagnie est civilement responsable. • Civ. 1re, 23 juin 1987 : *RGAT 1988. 379, obs. Pauffin de Saint-Morel.*

b. Limites

40. Information et conseil sur l'opération d'assurance. L'obligation d'information et de conseil, due par l'assureur à son client, porte sur l'opération d'assurance elle-même et non sur l'existence de dispositions législatives ou réglementaires ayant vocation à s'appliquer, non pas à raison du contrat d'assurance, mais à raison de la donation dont le contrat était le moyen. • Civ. 2e, 5 juill. 2006, n° 05-13.580 P : *RDC 2007. 308, note G. Viney; Gaz. Pal. 6 nov. 2007, p. 32, note Périer; RCA 2006, n° 356.*

41. Obligation de moyens. S'il appartient à l'assureur, dans l'exercice de son devoir d'information et de conseil, d'examiner l'ensemble des données de fait et de droit particulières à la situation de l'assuré, cette obligation ne saurait être qu'une obligation de moyens. • Civ. 1re, 7 mars 1989, n° 87-13.053 P : *RGAT 1989. 649, obs. Bout.*

42. Assuré déjà informé. Aucune négligence dans l'accomplissement de leur devoir de conseil ne peut être reprochée à un agent général et à un courtier, l'assuré prétendant ne pas avoir été éclairé sur la portée d'une clause alors qu'il avait antérieurement souscrit auprès d'une autre compagnie une police couvrant le même risque et dont le questionnaire était libellé dans les mêmes termes. • Civ. 1re, 12 janv. 1982, n° 80-16.006 P. ♦ Le devoir de conseil doit s'apprécier en fonction de la situation de l'assuré. On ne peut reprocher à des agents généraux de n'avoir pas fait souscrire une garantie « pertes d'exploitation » au propriétaire d'un magasin qui avait déjà connu, grâce à un contrat précédent, l'existence et l'utilité d'une telle garantie pour un autre magasin. • Civ. 1re, 10 déc. 1991 : *RGAT 1992. 183, note Langé.* ♦ De même, ayant relevé que l'assuré avait connaissance, par les conditions particulières du contrat, de son obligation de déclarer à l'assureur son effectif dès lors que celui-ci excédait une personne, qu'il avait déjà mis en œuvre cette obligation quand son effectif était passé de zéro à un salarié et qu'il n'avait pas signalé au courtier une nouvelle modification du nombre de ses salariés, une cour d'appel a pu en déduire que le courtier n'avait pas manqué à son devoir de conseil. • Civ. 3e, 22 oct. 2014, n° 13-25.430 P : *RGDA 2015. 21, note J.-P. Karila.*

43. Assuré suffisamment éclairé. L'assuré, qui a signé les conditions particulières de la police indiquant clairement les limites de garantie, a souscrit en parfaitement connaissance de cause une garantie limitée et n'avait pas lieu d'être mieux éclairé sur le montant de cette garantie. Dès lors, aucun manquement au devoir d'information et de conseil ne peut être reproché à l'assureur ou à son agent général. • Civ. 2e, 19 nov. 2015, n° 14-27.049 : *RGDA 2016. 27, note Pélissier.* ♦ Une société ayant souscrit un contrat d'assurance en parfaite connaissance de cause des risques qu'excluait la clause que lui opposait l'assureur, elle n'avait pas lieu d'être mieux éclairée sur cette stipulation et aucun manquement à son devoir de conseil ne pouvait être reproché à l'agent général. Celui-ci n'a pas à attirer l'attention de l'assuré sur une clause claire prévoyant un cas d'exclusion de la garantie souscrite. • Civ. 2e, 24 mars 2016, n° 15-15.075 : *RCA 2016, n° 207.*

44. Compétences de l'assuré. En sa qualité d'artisan, un assuré est à même d'apprécier l'évolution des prix consécutive à l'érosion monétaire et de veiller à faire modifier, en conséquence, ses polices d'assurance, l'agent n'étant pas tenu à un devoir de renseignement et de conseil particulier sur ce point. • Civ. 1re, 28 oct. 1991 : *RGAT 1992. 184, obs. Langé.* ♦ S'adressant à un professionnel de l'immobilier nécessairement au fait de l'intérêt qui s'attache à la souscription d'une assurance de dommages-ouvrage, l'agent général n'a à l'égard d'un syndic de copropriété qu'une obligation de conseil allégée par rapport à celle qu'il doit à un particulier profane en matière immobilière. • Civ. 2e, 10 avr. 2008 : *RGDA 2008. 763, note Langé.* ♦ Ayant constaté que la SCI était une professionnelle de la construction, qu'elle avait souscrit une garantie constructeur non réalisateur dont la définition impliquait qu'elle ne participe pas directement à l'acte de construire et qu'il ne résultait d'aucun élément du dossier qu'elle ait informé l'agent d'assurance de ce qu'elle interviendrait sur le chantier en qualité de maître d'œuvre, une cour d'appel a pu en déduire, sans inverser la charge de la preuve, qu'il ne pouvait être reproché à l'assureur ou à son mandataire d'avoir manqué à son obligation de conseil en ne l'avertissant pas qu'elle ne serait pas garantie au titre d'une telle activité. • Civ. 2e, 10 déc. 2015, n° 15-13.305 P : *RGDA 2016. 38, note J.-P. Karila; RCA 2016, n° 99; Constr.-Urb. 2016, n° 26, note Pagès de Varenne; JCP 2016. Doctr. 732, n° 8, note J.-P. Karila.*

45. Produit financier ne présentant pas de caractère spéculatif. Le conseiller en gestion de patrimoine qui intervient également en qualité de courtier d'assurance n'est pas tenu envers son client, même non averti, d'une obligation de mise en garde s'il lui propose d'investir ses capitaux dans des produits financiers qui, bien que soumis aux variations des marchés financiers, ne présentent pas de caractère spéculatif. • Com. 18 janv. 2017, n° 15-19.913 : *RGDA 2017. 320, note Lambert.*

46. Acceptation du risque d'une couverture insuffisante. Ayant constaté que la société assurée avait, en toute connaissance de cause, et malgré l'augmentation de son activité industrielle génératrice de risques accrus, maintenu un plafond de garantie de son assurance à un seuil très bas, moyennant une prime peu élevée, et qu'elle avait « accepté ce risque de couverture insuffisante qui avait toujours pour corollaire le maintien de primes qui, bien qu'indexées, restaient basses eu égard au risque couvert », une cour d'appel a pu en déduire que la société d'assurance n'avait pas manqué à son devoir de conseil vis-à-vis de son assuré en ne le mettant pas en garde contre son imprévoyance. • Civ. 1re, 2 juill. 1996 : *RGDA 1996. 910, note Bigot.*

3° OBLIGATION DE VÉRIFICATION

47. Obligation générale de vérification. Une obligation générale de vérification pèse sur l'agent général d'assurance au titre des devoirs de sa profession. S'il n'est pas tenu de vérifier l'exactitude des déclarations du souscripteur quant à l'étendue du risque, l'agent général répond néanmoins des conséquences de ses propres erreurs. Dès lors, prive sa décision de base légale au regard de l'art. 1147 C. civ. la cour d'appel qui retient que le fait, par l'agent d'assurance, d'avoir fait souscrire à des locataires une police d'assurance en qualité de propriétaire excluant les risques locatifs n'était pas constitutif d'une faute susceptible d'engager sa responsabilité civile, sans constater que l'indication erronée sur la qualité des souscripteurs était le fait de ces derniers. • Civ. 1re, 10 mai 2000 : *RCA 2000, n° 277 ; RGDA 2000. 960, note Roussel.* ♦ Une obligation générale de vérification pèse sur l'agent général d'assurance au titre des devoirs de sa profession. Elle exclut qu'il impute à faute à son mandant de ne pas l'avoir spécialement averti de la distorsion entre les contrats émis et la proposition d'assurance. • Civ. 1re, 28 avr. 1993, n° 91-16.779 P : *RCA 1993. 253.*

48. Déclarations de l'assuré. Il n'appartient pas à l'agent d'assurance de vérifier l'exactitude des déclarations de l'assuré. • Civ. 2e, 17 nov. 2016, n° 15-25.179 : *RCA 2017, n° 55.* ♦ Il n'appartient pas à l'agent général, mandataire de l'assureur, de vérifier l'exactitude des déclarations de l'assuré quant à la valeur déclarée du bien assuré, ni de le mettre en garde contre les conséquences d'une déclaration inexacte qu'il n'avait aucune raison de suspecter. • Civ. 1re, 1er févr. 2000 : *RCA 2000, n° 130 ; RGDA 2000. 608, note Fonlladosa.* ♦ L'agent général ne saurait être tenu pour responsable dès lors qu'il n'est pas démontré qu'il ait connu le caractère mensonger des déclarations reçues par lui. • Crim. 15 mars 1990 : *RCA 1990. 267.* ♦ Il n'incombe pas au mandataire de l'assureur de vérifier l'exactitude des déclarations du souscripteur quant à l'étendue du risque. En l'absence d'une faute dans la présentation d'une opération d'assurance, la compagnie est fondée à refuser sa garantie lorsque le souscripteur a commis des fausses déclarations intentionnelles. • Crim. 8 août 1989 : *RGAT 1989. 908.*

49. Vérification de l'identité du déclarant. La compagnie est responsable du fait de son agent qui n'avait pas vérifié l'identité du déclarant et signataire, lequel avait omis de déclarer cinq infractions routières commises moins de six mois avant la souscription de la police.• Civ. 1re, 3 mai 1984 : *RGAT 1985. 305, obs. Pauffin de Saint-Morel.*

50. Vérification de l'absence d'interruption de couverture du risque. En faisant résilier une police pour éviter une éventuelle double assurance sans vérifier personnellement qu'il n'y aurait pas interruption de la couverture des risques, un agent général est responsable du préjudice résultant de la situation de non-assurance dans laquelle s'est trouvée la victime d'un sinistre. • Civ. 1re, 8 déc. 1987 : *RGAT 1988. 133.*

4° AUTRES FAUTES

51. Faute d'abstention dans l'exécution du mandat. Une cour d'appel ne peut débouter un assuré de son action contre un agent général sans rechercher si celui-ci n'a pas commis, dans l'exécution du mandat qui lui avait été confié, une faute d'abstention de nature à engager sa responsabilité. • Civ. 1re, 2 juill. 1991 : *RGAT 1991. 931, note Langé.*

52. Faute de négligence. L'agent général a fait preuve de négligence et engage la responsabilité de sa compagnie en ayant incorporé le véhicule personnel du fils du dirigeant d'une auto-école dans la liste de la flotte assurée alors qu'il lui appartenait de lui faire remplir le questionnaire d'usage. • Civ. 1re, 27 sept. 1984 : *D. 1986. IR 289.*

53. Délivrance de documents contractuels. Constitue une faute de l'agent général dont la compagnie doit répondre la délivrance d'une attestation d'assurance portant la mention du numéro de la note de couverture et de la période de validité du contrat d'assurance, alors que la note de couverture n'a pas été aussitôt établie et que la compagnie n'en a pas été avisée, le souscripteur ayant pu croire qu'il était immédiatement assuré. • Civ. 1re, 7 juin 1979 : *Bull. civ. I, n° 94 ; D. 1980. IR 178, obs. Berr et Groutel.* ♦ Même solution pour l'agent général qui n'a pas fait établir les documents contractuels malgré des versements effectués par le souscripteur. • Crim. 7 oct. 1992 : *RCA 1993. 68.*

54. Omission de transmission des demandes de l'assuré. Un agent général manque à son obligation en ne transmettant pas fidèlement à la compagnie les demandes d'un souscripteur soucieux de couvrir l'ensemble des risques nés de l'exploitation d'un parc de loisirs et a laissé établir une police excluant les accidents survenus entre sportifs. Il engage à ce titre la responsabilité civile de sa compagnie. • Civ. 1re, 25 oct. 1977, n° 75-12.524 P : *RGAT 1978. 364.*

55. Omission volontaire dans la proposition d'assurance. En omettant volontairement de signaler un accident dans une proposition d'assurance, l'agent général engage la responsabilité de sa compagnie. • Civ. 1re, 31 mars 1981, n° 79-15.707 P : *D. 1982. IR 97, obs. Berr et Groutel ; RGAT 1981. 495.*

56. Transmission d'une proposition erronée. L'agent général dont il est établi qu'il avait nécessairement pris connaissance des mentions portées sur la carte grise d'un nouveau véhicule et qui a en parfaite connaissance de cause transmis à sa compagnie une demande d'avenant fallacieuse engage la responsabilité de sa mandante. • Civ. 1re, 28 avr. 1986 : *RGAT 1986. 234.* ♦ A violé l'art. L. 113-9 la cour d'appel qui a fait application de la réduction proportionnelle prévue par ce texte à un assuré qui avait omis de déclarer, dans la proposition d'assurance automobile, les suites pénales d'un accident de la circulation antérieur, alors que l'agent général de la compagnie, qui devait en répondre en vertu de l'art. L. 511-1, avait été informé par l'assuré de ces suites pénales antérieurement à l'établissement de la proposition d'assurance. • Civ. 1re, 11 oct. 1983, n° 82-12.357 P : *D. 1985. IR 187, obs. Berr et Groutel; RGAT 1984. 200.* ♦ Ayant retenu que l'agent général d'une compagnie d'assurance avait commis une faute en omettant volontairement de signaler un accident dans la proposition d'assurance qu'il avait fait signer au souscripteur, une cour d'appel en a justement déduit que la responsabilité de cette compagnie était engagée par application de l'art. L. 511-1. • Civ. 1re, 31 mars 1981, n° 79-15.707 P : *D. 1982. IR 97; RGAT 1981. 495.* ♦ Ayant retenu que l'agent général avait eu personnellement connaissance de sinistres antérieurs et avait eu l'imprudence ou la négligence de ne pas en informer son propre mandant, une cour d'appel en a exactement déduit, implicitement, qu'étaient applicables les dispositions de l'art. L. 511-1. Le contrat était donc valable et il n'y avait pas lieu de réduire le montant de l'indemnité. • Civ. 1re, 26 nov. 1996 : *RGDA 1997. 600, note Langé.*

57. Assuré se croyant assuré. Constitue une faute lourde le fait de laisser penser à l'assuré qu'il était régulièrement assuré, alors qu'une demande de transfert de garantie sur un nouveau véhicule n'avait pas été suivie d'effet. • Civ. 1re, 7 nov. 1972, n° 71-14.101 P : *RGAT 1972. 514.*

C. MISE EN ŒUVRE DE LA RESPONSABILITÉ

58. Actes intervenus pendant ou après l'exécution du contrat. Pour l'engagement de l'assureur résultant des actes de son agent général, il n'y a pas lieu de distinguer selon que ces actes sont intervenus pendant l'exécution du contrat d'assurance ou après la résiliation de celui-ci. • Civ. 1re, 4 nov. 2003 : *RCA 2004, nos 47 et 54, obs. Groutel; RGDA 2004. 342, note Langé.*

59. Actes intervenus à l'occasion d'une opération d'assurance avec l'assureur. Prive sa décision de base légale au regard de l'art. L. 511-1, III, C. assur. et de l'art. 1384, devenu 1242, C. civ., la cour d'appel qui condamne un assureur pour un détournement de fonds commis par un agent général, sans rechercher si les versements effectués étaient intervenus à l'occasion d'une opération d'assurance conclue avec l'assureur. • Civ. 1re, 15 mai 2019, n° 17-17.959 : *RCA 2019, n° 236.*

60. Déclaration irrégulière du risque : responsabilité ou représentation. Encourt la cassation l'arrêt qui, pour décider que le contrat d'assurance est nul pour fausse déclaration intentionnelle du risque, énonce que, si l'assureur peut être tenu à garantie en raison des fautes commises par son préposé, encore faut-il que ne soit pas établi un concert frauduleux entre celui-ci et l'assuré. • Civ. 1re, 7 oct. 1992, n° 90-16.111 P : *RGAT 1993. 385, note Langé; RCA 1993. 216, et Chron. 22, par Peano; JCP 1993. II. 22119, note Béhar-Touchais.* ♦ Lorsqu'un agent général s'est associé frauduleusement à la déclaration inexacte du risque par le souscripteur, la compagnie dont la responsabilité est engagée sur le fondement de l'art. L. 551-1, ne peut se prévaloir de la nullité du contrat d'assurance prévue par l'art. L. 113-8. • Civ. 1re, 6 janv. 1994 : *RCA 1994, n° 159; RGAT 1994. 903, note Langé.* ♦ Dans le même sens : • Civ. 1re, 4 avr. 1995, n° 92-20.112 P : *RCA 1995, n° 242; RGAT 1995. 310, note Favre-Rochex.* ♦ V. depuis, pour une autre analyse : un assureur ne peut se prévaloir, sur le fondement des art. L. 113-8 ou L. 113-9 de la nullité ou de la réduction proportionnelle lorsqu'il est établi que son agent général ou son préposé avait eu connaissance lors de la souscription du contrat de la déclaration fausse ou inexacte de l'assuré. • Civ. 1re, 23 nov. 1999, n° 97-15.319 P : *RGDA 2000. 49, note Favre-Rochex* • 19 mai 1999, n° 97-14.120 P : *RCA 1999, n° 282, et Chron. 18, par Groutel; RGDA 1999. 570, note Favre-Rochex.* ♦ Viole l'art. 455 C. pr. civ. la cour d'appel qui, pour annuler deux polices d'assurance, retient que la preuve de la fausse déclaration intentionnelle est rapportée, l'assuré ayant omis de déclarer avoir été opéré en répondant négativement à la question relative à l'existence d'interventions chirurgicales antérieurement subies, le contrat attirant par ailleurs son attention sur la production, en cas de réponse positive, de pièces médicales, sans répondre aux conclusions dont elle est saisie, dans lesquelles l'assuré soutenait que l'agent général ou ses préposés avaient eu connaissance, au moment de la souscription du contrat, des interventions chirurgicales en cause. • Civ. 2e, 9 avr. 2009 : *Gaz. Pal. 2009. Jurisp. 2505, note Noguéro; RCA 2009, n° 195, note Groutel.* ♦ L'assureur ne peut se prévaloir de la nullité du contrat d'assurance encourue en application de ce texte lorsque son mandataire a eu connaissance de la fausse déclaration du souscripteur, le principe selon lequel nul ne peut se prévaloir en justice de sa propre turpitude ne s'opposant pas à ce que la faute, la négligence ou l'imprudence du mandataire soit invoquée même par celui qui a fait la fausse déclaration. • Civ. 2e, 4 févr. 2010 : *RGDA 2010. 310, note Bigot* • 8 juill. 2010 : *RCA 2010, n° 299, et n° 338, note Groutel; RGDA 2010. 1016, note Mayaux.*

61. Lien de causalité. Ne caractérise pas l'absence de lien de causalité entre la faute imputée à l'agent général et le préjudice né de la perte d'une chance la cour d'appel qui déboute un assuré invoquant l'absence de transmission d'une demande d'augmentation des garanties en déclarant que celui-ci ne saurait soutenir qu'il aurait pu assurer son risque auprès d'un autre assureur s'il avait été informé à temps du refus de la compagnie. • Civ. 1re, 22 avr. 1992 : *RCA 1992. 299.*

62. Abus de fonction. Ayant constaté que d'une part, l'assureur pouvait ignorer l'existence des placements que le producteur salarié faisait souscrire, ce dont il s'évinçait qu'il avait nécessairement agi sans autorisation, et relevé, d'autre part, qu'il était exclu que les souscripteurs des placements ne se soient pas rendus compte que les opérations effectuées ne pouvaient s'inscrire dans le cadre des attributions de salariés de la compagnie d'assurance, une cour d'appel a pu écarter la responsabilité de l'assureur du fait son préposé. • Civ. 2e, 23 mars 2017, n° 16-13.180 : *RGDA 2017. 332, note Langé.* ♦ Mais, a légalement justifié sa décision, la cour d'appel qui, pour retenir la responsabilité d'un assureur sur le fondement de l'art. L. 511-1 C. assur. et de l'anc. art. 1384 C. civ., retient que l'auteur du détournement avait, lors de la souscription des contrats litigieux, agi en qualité de salarié d'une société de courtage, laquelle présentait, proposait ou aidait à conclure des contrats d'assurance pour le compte de l'assureur et relève qu'en se bornant à soutenir que l'auteur du détournement avait agi en qualité de conseiller ou courtier à titre personnel, l'assureur n'apporte pas la preuve, qui lui incombe, que le salarié aurait agi hors des fonctions auxquelles il était employé, sans autorisation et à des fins étrangères à ses attributions et qu'au contraire, celui-ci a trouvé dans l'exercice de son emploi auprès de la société de courtage l'occasion et les moyens de détourner les sommes qui lui avaient été remises. • Civ. 1re, 15 mai 2019, n° 17-21.643 : *RCA 2019, n° 235.*

63. Condamnation in solidum de l'assureur et de l'agent général. Le renvoi fait par l'art. L. 511-1 à l'art. 1384 C. civ. a pour seul objet de faire bénéficier le client de l'agent général, pris en qualité de mandataire de l'assureur, de la garantie de ce dernier. Il ne fait pas obstacle à ce que l'agent général puisse être déclaré responsable, *in solidum* avec l'assureur, du préjudice subi par son client. • Civ. 1re, 10 déc. 2002, n° 99-15.180 P : *D. 2003. 510, concl. Sainte-Rose ; JCP 2003. I. 184, n° 5, note Langé ; RCA 2003, n° 52, et Repères 2, par Groutel ; RGDA 2003. 129, note Langé.* ♦ L'assureur et l'agent général peuvent, comme le commettant et le préposé auteur d'une faute, être condamnés *in solidum* à réparer le dommage résultant de l'erreur commise par un agent général qui, lors de la présentation d'un contrat d'assurance, avait déclaré une surface développée de l'immeuble assuré inférieure à la réalité. • Civ. 1re, 16 mars 1983, n° 81-16.531 P : *D. 1985. IR 187, obs. Berr et Groutel ; RGAT 1984. 17.*

64. Responsabilité personnelle de l'agent général. Le renvoi de l'art. L. 511-1 à l'art. 1384 C. civ. ayant pour seul objet de faire bénéficier le client de l'agent général, pris en sa qualité de mandataire de l'assureur, de la garantie de ce dernier, ce dont il se déduit que l'agent général peut être déclaré personnellement responsable du préjudice subi par son client, sans qu'il soit nécessaire de mettre en cause l'assureur, ni de caractériser le mandat les liant, c'est à bon droit qu'une cour d'appel a retenu qu'un assuré était fondé à rechercher la responsabilité d'un agent général. • Civ. 2e, 17 nov. 2016, n° 15-24.452 : *RCA 2017, n° 54, note Groutel.*

65. Condamnation in solidum du courtier et de son mandataire. Le renvoi fait par l'art. L. 511-1 à l'art. 1384 C. civ. a, pour seul objet, de faire bénéficier le client du mandataire d'un courtier de la garantie de ce dernier et non d'exonérer ce mandataire de sa responsabilité personnelle à l'égard des tiers. • Civ. 2e, 7 juill. 2011, n° 10-21.719 P : *D. 2012. 644, note Adida-Canac et Bouvier ; RCA 2011, n° 379, note Groutel ; RGDA 2011. 1133, note Roussel.*

66. Demande nouvelle. Constitue une demande nouvelle irrecevable en appel la demande subsidiaire tendant à obtenir, non la garantie prévue au contrat, mais l'indemnisation du préjudice particulier consécutif à un fait étranger au contrat d'assurance, fondée sur la faute délictuelle imputée à l'agent général et sur la responsabilité de la compagnie du fait de celle-ci. • Civ. 1re, 7 févr. 1990 : *RCA 1990. 177.*

D. RECOURS DE L'ASSUREUR CONTRE L'AGENT GÉNÉRAL

67. Recours de l'assureur engagé par le contrat d'assurance. L'assureur ne peut se voir opposer la prescription biennale, son action étant exercée en vertu d'un droit propre en raison de la faute du mandataire et non d'une subrogation dans les droits de l'assuré. • Civ. 1re, 23 juin 1992 : *RGAT 1992. 628, note Langé ; RCA 1992. 387.*

68. Recours de l'assureur civilement responsable. V. • Civ. 1re, 10 déc. 2002 : *préc. note 63.* ♦ L'assureur tenu d'indemniser une personne, non en exécution d'un contrat dont celle-ci aurait revendiqué l'existence, mais comme civilement responsable de son agent fautif pour n'avoir pas transmis en temps voulu la proposition d'assurance dont il était saisi, dispose d'un recours contre cet agent général. • Civ. 1re, 15 nov. 1965 : *Bull. civ. I, n° 607 ; RGAT 1966. 174.*

69. Étendue du recours. La compagnie qui peut établir avec certitude qu'elle aurait rejeté une proposition d'assurance transmise par un agent général peut récupérer le montant des sommes qu'elle a dû verser à une victime. • Civ. 1re, 16 juin 1987 : *RGAT 1987. 487, note Pauffin de Saint-Morel.* ♦ La compagnie d'assurance s'étant trouvée contrainte, en raison des dispositions de l'art. L. 511-1, d'assumer la charge d'un sinistre qui ne correspondait, du fait de l'abus de mandat commis par son agent, à aucun contrat qui l'y obligeât, est fondée à réclamer à celui-ci la totalité du préjudice qu'il lui a ainsi causé. • Civ. 1re, 8 juill. 1986, n° 84-15.171 P : *RGAT 1986. 608, note Pauffin de Saint-Morel.* ♦ ... Et non seulement la différence entre le montant de la prime qu'elle avait encaissée et celle qu'elle aurait encaissée si l'affaire lui avait été présentée sous son vrai jour et si elle l'avait acceptée. • Civ. 1re, 16 oct. 1990 : *RGAT 1991. 428, obs. Langé.* ♦ Une société d'assurance condamnée à indemniser son assuré sur le fondement d'une attestation d'assurance ou d'une note de couverture délivrée irrégulièrement par son agent général ne peut réclamer à celui-ci que le préjudice qu'elle a subi du fait du dépassement du plafond de la garantie accordée à l'assuré. • Civ. 1re, 11 déc. 1990 : *RGAT 1991. 425, note Langé.* ♦ Après avoir déclaré un agent général coupable d'abus de confiance pour avoir détourné les primes d'un contrat d'assurance sur la vie souscrit à l'insu de l'assureur, une cour d'appel peut, dès lors que la prévention ne portait que sur le détournement des primes et non sur les conditions irrégulières de la souscription du contrat, condamner cet agent à indemniser le seul préjudice dont puisse se prévaloir la compagnie d'assurance, partie civile, correspondant au montant des primes dont elle a été frustrée, à l'exclusion du capital versé au bénéficiaire du contrat. • Crim. 23 janv. 1995 : *RCA 1995, n° 192, et Chron. 21, par Peano.* ♦ L'erreur commise par l'agent général dans la rédaction du contrat en ce qui concerne la superficie de l'immeuble assuré n'ayant privé son mandant que de l'encaissement d'un surcroît de prime, le recours en garantie de l'assureur est limité à la différence des primes. • Civ. 2e, 4 janv. 2006, n° 04-15.280 P : *Gaz. Pal. 2006. 3265, note Périer; RCA 2006, n° 144; ibid. Étude 5, note Groutel.*

SECTION II EXIGENCES PROFESSIONNELLES

Art. L. 511-2 I. — Les distributeurs de produits d'assurance et de réassurance et leur personnel dont les activités consistent à fournir des recommandations sur des contrats d'assurance ou de réassurance, à présenter, à proposer ou à aider à conclure ces contrats ou à réaliser d'autres travaux préparatoires à leur conclusion, possèdent, préalablement au commencement de leur activité, les connaissances et aptitudes appropriées leur permettant de mener à bien leurs missions et de satisfaire à leurs obligations de manière adéquate.

II. — Les intermédiaires d'assurance et de réassurance et le personnel des entreprises d'assurance et de réassurance ainsi que le personnel des intermédiaires d'assurance et de réassurance exerçant les activités mentionnées au I respectent les exigences en matière de formation et de développement professionnels continus, afin de maintenir un niveau de performance adéquat correspondant à la fonction qu'ils occupent et au marché concerné.

Ils doivent être en mesure de justifier par tout moyen du respect des exigences qui leur sont applicables ou qui sont applicables à leur personnel en matière de formation et de développement professionnels continus.

Un décret en Conseil d'État précise les modalités du présent II. — *Les dispositions du II entrent en vigueur le 23 févr. 2019 (Ord. n° 2018-361 du 16 mai 2018, art. 15).*

III. — Les personnes qui, au sein de la structure de direction des entreprises visées aux I et II, sont responsables de la distribution de produits d'assurance et de réassurance ainsi que toutes les autres personnes prenant directement part à la distribution d'assurances ou de réassurances possèdent des connaissances et des aptitudes professionnelles nécessaires à l'exercice de leurs tâches.

Les intermédiaires d'assurance et de réassurance attestent du respect de ces exigences applicables en matière de connaissances et d'aptitudes professionnelles, selon des modalités précisées par décret.

Art. L. 511-3 Les intermédiaires d'assurance et de réassurance, les personnes physiques qui travaillent pour une entreprise d'assurance ou de réassurance ou un intermédiaire d'assurance ou de réassurance, et qui sont responsables de l'activité de distribution d'assurances ou de réassurances, ainsi que le personnel qui prend directement part à cette activité, doivent posséder l'honorabilité nécessaire à leurs fonctions, cette condition étant vérifiée au regard des dispositions des I à VI de l'article L. 322-2 qui leurs sont applicables.

Les personnes responsables de la distribution d'assurances à titre accessoire satisfont également à cette exigence d'honorabilité.

SECTION III EXIGENCES ORGANISATIONNELLES

Art. L. 511-4 Afin de garantir le respect des exigences énoncées aux articles L. 511-2 et L. 511-3 par le personnel exerçant une activité de distribution d'assurances ou de réassurances, les entreprises d'assurance ou de réassurance approuvent, mettent en œuvre et actualisent régulièrement leurs politiques internes et leurs procédures internes appropriées. Elles créent en leur sein une fonction chargée d'assurer la bonne mise en œuvre des politiques et procédures approuvées et transmettent à l'Autorité de contrôle prudentiel et de résolution, à la demande de cette dernière, le nom de la personne responsable de cette fonction.

Ces entreprises créent, tiennent et mettent à jour des registres contenant tous les documents pertinents concernant l'application des dispositions des articles L. 511-2 et L. 511-3.

Art. L. 511-5 Dans le cadre de la procédure d'immatriculation, l'organisme qui tient le registre mentionné au I de l'article L. 512-1 échange de manière continue avec l'Autorité de contrôle prudentiel et de résolution et ses homologues dans les autres États membres, des informations pertinentes portant notamment sur l'honorabilité et les connaissances et aptitudes professionnelles des intermédiaires d'assurance ou de réassurance et les intermédiaires d'assurance à titre accessoire.

Cet organisme échange également avec les mêmes personnes des informations concernant les intermédiaires d'assurance ou de réassurance et les intermédiaires d'assurance à titre accessoire qui ont fait l'objet d'une sanction ou d'une autre mesure susceptible de conduire à leur radiation du registre.

Art. L. 511-6 Toutes les personnes tenues de recevoir ou de divulguer des informations en relation avec les dispositions du présent chapitre sont astreintes au secret professionnel dans les conditions prévues à l'article L. 612-17 du code monétaire et financier.

CHAPITRE II PRINCIPES GÉNÉRAUX RELATIFS À L'INTERMÉDIATION D'ASSURANCE *(Ord. n° 2018-361 du 16 mai 2018, art. 5, en vigueur le 1er oct. 2018).*

(L. n° 2005-1564 du 15 déc. 2005)

SECTION PREMIÈRE OBLIGATION D'IMMATRICULATION

Art. L. 512-1 I. – *(Ord. n° 2018-361 du 16 mai 2018, art. 5, en vigueur le 1er oct. 2018)* « Les intermédiaires d'assurance ou de réassurance et les intermédiaires d'assurance à titre accessoire définis à l'article L. 511-1 » doivent être immatriculés sur un registre unique des intermédiaires, qui est librement accessible au public. – *Registre mis en place à compter du 31 janv. 2007 et consultable à l'adresse* www.orias.fr *(Décr. n° 2006-1091 du 30 août 2006, art. 4-VII, et Arr. du 31 janv. 2007, art. 1er).*

Un décret en Conseil d'État précise les conditions d'immatriculation sur ce registre et détermine les informations qui doivent être rendues publiques. Il détermine également les modalités de sa tenue par un organisme doté de la personnalité morale et *(L. n° 2015-990 du 6 août 2015, art. 136)* « composé de membres issus des domaines de l'assurance, de la banque et de la finance ». – *Sur cet organisme, V. art. R. 512-3.*

Un commissaire du Gouvernement est désigné auprès de cet organisme. Sa mission et les modalités de sa désignation sont fixées par décret en Conseil d'État.

L'immatriculation, renouvelable chaque année, est subordonnée au paiement préalable, auprès de l'organisme mentionné au deuxième alinéa, de frais d'inscription annuels fixés par arrêté du ministre chargé de l'économie, dans la limite de 250 €. *– Le montant de ces frais est fixé à 30 €. Ils sont perçus pour chaque inscription dans l'une des catégories visées aux 1° à 4° de l'art. R. 511-2 au titre de laquelle un intermédiaire exerce (Arr. du 22 déc. 2011, art. 1er).*

Ces frais d'inscription sont recouvrés par l'organisme mentionné au deuxième alinéa, qui est soumis au contrôle général économique et financier de l'État. Leur paiement intervient au moment du dépôt de la demande d'inscription ou de la demande de renouvellement.

(L. nº 2019-486 du 22 mai 2019, art. 206-XXIX) **« Lorsque la demande de renouvellement est déposée sans le paiement correspondant, l'organisme mentionné au deuxième alinéa informe le redevable qu'à défaut de paiement dans les trente jours suivant cette information, la demande de renouvellement entraîne la radiation du registre. »**

II. — Les dispositions du présent article ne s'appliquent pas aux personnes physiques salariées d'un intermédiaire d'assurance ou de réassurance *(Ord. nº 2018-361 du 16 mai 2018, art. 5, en vigueur le 1er oct. 2018)* **« ou d'un intermédiaire d'assurance à titre accessoire ».**

En application du II de l'art. 21 de la L. nº 2000-321 du 12 avr. 2000, le silence gardé par l'administration pendant deux mois vaut rejet pour les demandes d'immatriculation sur le registre unique des intermédiaires pour les intermédiaires en assurance (Décr. nº 2014-1280 du 23 oct. 2014, art. 1er, applicable pour les demandes présentées à compter du 12 nov. 2014).

Sanction par l'ACPR. Sanctions à l'encontre de l'intermédiaire d'assurance pour manquement à l'obligation d'immatriculation à l'ORIAS : * Décis. ACP, CDS, 12 déc. 2012 : *nº 2012-02.*

Arrêté du 20 mai 2015, *Portant réglementation prudentielle et comptable en matière bancaire et financière en Nouvelle-Calédonie, en Polynésie française et dans les îles Wallis-et-Futuna.* **Art. 5** *[...]* II. — La mention du registre unique prévue au I de l'article L. 512-1 du code des assurances est remplacée par la mention du registre mentionné à :

1º L'article L. 745-11-5 du code monétaire et financier pour son application en Nouvelle-Calédonie ;

2º L'article L. 755-11-5 du même code pour son application en Polynésie française ;

3º L'article L. 765-11-5 du même code pour son application dans les îles Wallis-et-Futuna.

Arrêté du 9 juin 2016,

Relatif au registre unique prévu à l'article L. 512-1 du code des assurances et à l'article L. 546-1 du code monétaire et financier.

Art. 1er Les informations mentionnées à l'article R. 546-2 du code monétaire et financier comprennent :

1º Lorsque le demandeur est une personne physique, son identité, l'adresse de l'établissement où est exercée l'activité professionnelle, à défaut l'adresse du local d'habitation où l'entreprise est fixée et, le cas échéant, son enseigne et son nom commercial. Lorsque le demandeur n'est pas inscrit au registre du commerce et des sociétés, son identité est attestée par une copie de la carte d'identité ou du passeport ;

2º Lorsque le demandeur est une personne morale :

a) L'identité des personnes qui la dirigent et la gèrent ainsi que, lorsque l'activité faisant l'objet de l'inscription est exercée à titre accessoire à leur activité principale, l'identité de la ou des personnes au sein de la direction à laquelle ou auxquelles est déléguée la responsabilité de l'activité concernée ;

b) Le cas échéant, l'identité de la ou des personnes au sein de la direction à laquelle ou auxquelles est déléguée la responsabilité de l'activité concernée est attestée par une copie de la carte d'identité ou du passeport ;

c) L'adresse du siège social ;

d) La dénomination sociale et, le cas échéant, le sigle, l'enseigne et le nom commercial ;

3º La forme juridique, le numéro SIREN et :

a) Lorsque la personne est inscrite au registre du commerce et des sociétés, un extrait d'immatriculation datant de moins de trois mois ;

b) Lorsque la personne n'est pas inscrite au registre du commerce et des sociétés, une copie de la carte d'identité ou du passeport attestant l'identité des personnes physiques qui dirigent, gèrent ou administrent et/ou sont directement responsables de l'activité ;

4º La justification de la catégorie dans laquelle la personne demande son inscription :

a) Pour les personnes mentionnées au 1° du I de l'article R. 519-4 du même code, *(Arr. du 27 févr. 2017, art. 1er-1°)* « à l'article L. 547-1 et au I de l'article L. 548-2 » du même code, un extrait d'immatriculation au registre du commerce et des sociétés datant de moins de trois mois mentionnant l'activité de courtier en opérations de banque et en services de paiement, de conseiller en investissements participatifs ou d'intermédiaire en financement participatif, établi au nom de l'intéressé si l'activité d'intermédiation est exercée en nom propre et au nom de la société concernée dans le cas contraire ;

b) Pour les personnes mentionnées à l'article L. 541-1 du même code, l'attestation d'adhésion à une association agréée par l'Autorité des marchés financiers ;

(Arr. du 1er déc. 2021, art. 4, en vigueur le 1er avr. 2022) « *c)* Pour les personnes mentionnées aux 2° et 3° du I de l'article R. 519-4, un document attestant l'existence du ou des mandats d'intermédiaires en opérations de banque et en services de paiement. Pour les personnes mentionnées au 4° du I de l'article R. 519-4, un document attestant de l'existence de l'ensemble des mandats et précisant les catégories d'inscription du mandant au registre mentionné au I de l'article L. 512-1 du code des assurances » ;

d) Pour les personnes mentionnées à l'article L. 545-1, un document attestant l'existence d'un mandat exclusif ;

e) Pour les personnes mentionnées aux articles L. 547-1 ou L. 548-2 du même code, l'adresse de leur site internet ;

5° Le cas échéant, l'indication que l'activité concernée est exercée à titre principal ou à titre accessoire et la nature de l'activité principale ;

6° L'attestation d'assurance de responsabilité civile professionnelle prévue aux articles R. 519-16, L. 541-3, L. 547-5 et L. 548-5 du même code ou, pour les intermédiaires mentionnés aux 2°, 3° et 4° du I de l'article R. 519-4 du même code, tout document attestant que l'entière responsabilité des actes de l'intermédiaire est assumée par le ou les mandants dans les conditions prévues à l'article L. 519-3-4 du même code ou, pour les personnes mentionnées à l'article L. 545-1 du même code, tout document attestant que l'entière responsabilité des actes de l'agent lié est assumée par le mandant dans les conditions prévues à l'article L. 545-2 du même code ;

7° Pour les intermédiaires mentionnés aux 1°, 2° et 3° du I de l'article R. 519-4 du même code, qui demandent à exercer l'intermédiation pour des contrats de crédit immobilier au sens de l'article L. 313-1 du code de la consommation, dans sa rédaction résultant de l'ordonnance n° 2016-351 du 25 mars 2016, en régime de libre établissement ou de libre prestation de services dans un ou plusieurs États membres de l'Union européenne ou dans un autre État partie à l'accord sur l'Espace économique européen conformément à l'article L. 519-8 du code monétaire et financier, une attestation d'assurance de responsabilité civile professionnelle prévue à l'article R. 519-16 du même code couvrant les territoires des États sur lesquels il propose ses *[ils proposent leurs]* services ;

8° Pour les personnes mentionnées au I de l'article R. 519-4 du même code, l'attestation de garantie financière prévue à l'article R. 519-17 du même code ou, le cas échéant, une déclaration de l'intermédiaire par laquelle celui-ci atteste sur l'honneur ne pas encaisser de fonds ;

9° Le ou les documents permettant d'attester du respect des conditions de capacité professionnelle telles que définies aux articles R. 519-14 ou R. 548-3 du même code ou au règlement général de l'Autorité des marchés financiers pour les personnes mentionnées à l'article L. 541-1 du même code ;

(Arr. du 27 févr. 2017, art. 1er-2°) « 9° *bis* Pour les personnes mentionnées au II de l'article L. 548-2 du même code, l'indication que l'activité concernée est exclusive de celle mentionnée au I ; »

10° Pour les personnes mentionnées à l'article L. 547-1 du même code, l'attestation d'adhésion à une association agréée par l'Autorité des marchés financiers ou, en l'absence d'association agréée, un document de cette autorité attestant qu'elles remplissent les conditions de capacité professionnelle mentionnées au II de l'article L. 547-3 du même code ;

11° Pour les personnes mentionnées au I à l'article R. 519-4 du même code, et sans méconnaître le II du même article, l'indication qu'elles réalisent, au titre de chaque catégorie d'inscription, une ou plusieurs des opérations de banque mentionnées au II de l'article R. 519-4 du même code et/ou la fourniture de services de paiement, précisées ainsi qu'il suit :

— Fourniture de services de paiement,
— Crédits à la consommation,
— Regroupement de crédits,
— Crédits immobiliers,
— Prêts viagers hypothécaires,

— Autres activités ;

12° L'organisme mentionné à l'article L. 512-1 du code des assurances peut, en application des dispositions de l'article R. 546-5 du code monétaire et financier, demander, de manière complémentaire, la production d'un extrait d'acte de naissance ;

13° Le règlement des frais d'inscription *(Arr. du 6 févr. 2019)* « ainsi que la contribution mentionnée aux *k* et *l* du 4° du II de l'article L. 621-5-3 du code monétaire et financier, qui est reversée à l'Autorité des marchés financiers pour les conseillers en investissements financiers et les conseillers en financements participatifs » ;

(Arr. du 29 juin 2018, en vigueur le 1er oct. 2018) « 14° Le cas échéant, l'adresse du site internet de l'intermédiaire » ;

(Arr. du 1er déc. 2021, art. 4, en vigueur le 1er avr. 2022) « 15° Pour les intermédiaires mentionnés au I de l'article L. 519-11 du code monétaire et financier, un document de moins de deux mois attestant de leur adhésion à une association professionnelle agréée. »

Art. 2 Le renouvellement de l'immatriculation, mentionné à l'article L. 546-1 du code monétaire et financier, est effectué le 1er mars de chaque année. La demande de renouvellement est adressée par la personne immatriculée ou par le mandant au moins un mois avant l'expiration de l'immatriculation. Elle est accompagnée des éléments suivants :

1° L'identité du demandeur mentionné aux 1° et 2° de l'article 1er, son adresse, le cas échéant la forme juridique de la dénomination sociale, le sigle, l'enseigne et le nom commercial ;

2° Le numéro d'immatriculation et la ou les catégories concernées ;

3° Le cas échéant, dans les conditions prévues au 6° de l'article 1er, l'attestation d'assurance de responsabilité civile ;

4° Le cas échéant, dans les conditions prévues au 8° de l'article 1er, l'attestation de garantie financière ;

5° Le règlement des frais d'inscription *(Arr. du 6 févr. 2019)* « ainsi que la contribution mentionnée aux *k* et *l* du 4° du II de l'article L. 621-5-3 du code monétaire et financier, qui est reversée à l'Autorité des marchés financiers pour les conseillers en investissements financiers et les conseillers en financements participatifs » ;

(Arr. du 1er déc. 2021, art. 5, en vigueur le 1er avr. 2022) « 6° Pour les intermédiaires mentionnés au I de l'article L. 519-11 du code monétaire et financier, un document de moins de deux mois attestant de leur adhésion à une association professionnelle agréée. »

Art. 3 Le registre mentionné à l'article R. 546-4 du code monétaire et financier comporte les informations suivantes :

1° Le numéro d'immatriculation de la personne mentionnée au I de l'article L. 546-1 du même code ;

2° Dans le cas d'une personne physique, son identité, l'adresse de l'établissement où est exercée l'activité professionnelle, à défaut l'adresse du local d'habitation où l'entreprise est fixée, la forme juridique, le cas échéant, l'enseigne, le nom commercial et le numéro SIREN ;

3° Dans le cas d'une personne morale, l'identité de la ou des personnes physiques mentionnées au *a* du 2° de l'article 1er ou, le cas échéant, l'indication de celle à qui est déléguée la responsabilité de l'activité exercée, ainsi que l'adresse du siège social, la forme juridique, la dénomination sociale et, le cas échéant, le sigle, l'enseigne et le nom commercial ainsi que le numéro SIREN ;

4° L'activité et, le cas échéant, la ou les catégories à laquelle ou auxquelles appartient la personne mentionnée au I de l'article L. 546-1 du même code et si elle exerce la ou les activités concernées à titre principal, accessoire ou complémentaire à une autre activité professionnelle. Dans ce dernier cas, le registre indique la nature de l'activité principale exercée ;

5° Pour les personnes mentionnées au I de l'article R. 519-4 du même code, une mention indiquant si la personne est autorisée ou non à encaisser des fonds, selon qu'elle est couverte par une garantie financière ou qu'elle a déclaré ne pas encaisser de fonds ;

6° Le cas échéant, les États membres de l'Union européenne ou d'un autre État partie à l'accord sur l'Espace économique européen dans lesquels l'intermédiaire mentionné aux 1°, 2° ou 3° de l'article R. 519-4 a indiqué souhaiter exercer l'activité de crédit immobilier au sens de l'article L. 313-1 du code de la consommation, dans sa rédaction résultant de l'ordonnance n° 2016-351 du 25 mars 2016, en régime de libre prestation de services ou de liberté d'établissement ainsi que la catégorie d'exercice ;

7° Le nom de l'autorité compétente pour le contrôle de l'intermédiaire ;

8° La liste des intermédiaires habilités à exercer en France l'intermédiation pour des contrats de crédit immobilier au sens de l'article L. 313-3 du code de la consommation, dans sa rédaction résultant de l'ordonnance n° 2016-351 du 25 mars 2016, en régime de libre prestation de services et en libre établissement, conformément à l'article L. 519-9 du code monétaire et financier. Cette liste indique les nom et prénom, ou la dénomination sociale, l'adresse, le numéro d'immatriculation le cas échéant et l'autorité dont ces intermédiaires dépendent pour leur immatriculation, la catégorie d'exercice, la date d'autorisation d'exercice en France, le cas échéant, le nom et les coordonnées du ou des mandants ainsi que l'adresse du ou des établissements en France pour les intermédiaires exerçant en régime de libre établissement ;

9° Pour les personnes mentionnées au I de l'article R. 519-4 du même code, l'indication de la ou des opérations de banque réalisées ainsi que de la fourniture de services de paiement pour la ou les catégories d'inscription ;

10° Le cas échéant, le nom et les coordonnées du ou des mandants pour le ou les mandats au titre desquels l'intermédiaire exerce l'activité d'intermédiation ;

11° Pour les personnes mentionnées à l'article L. 541-1 du même code, le nom et les coordonnées de l'association agréée par l'Autorité des marchés financiers à laquelle elles adhèrent ;

12° Pour les personnes mentionnées aux articles L. 547-1 et L. 548-2 du même code, l'adresse de leur site internet *(Arr. du 29 juin 2018, en vigueur le 1er oct. 2018)* « et, le cas échéant, pour les personnes mentionnées aux articles L. 541-1, L. 545-1 et L. 546-1 » ;

(Arr. du 27 févr. 2017, art. 2) « 13° Pour les personnes mentionnées au II de l'article L. 548-2 du même code, une mention indiquant que la personne ne propose que des opérations de dons ; »

(Arr. du 1er déc. 2021, art. 6, en vigueur le 1er avr. 2022) « 14° Pour les personnes mentionnées à l'article L. 519-11 du même code, le nom et les coordonnées de l'association agréée par l'Autorité de contrôle prudentiel et de résolution à laquelle elles adhèrent. »

Art. 4 *Modification des art. A. 512-1 à A. 512-3 C. assur.*

Art. 5 L'arrêté du 1er mars 2012 relatif au registre unique prévu à l'article L. 512-1 du code des assurances et à l'article L. 546-1 du code monétaire et financier est abrogé.

Art. 6 I — Sous réserve des dispositions du II, les dispositions du présent arrêté entrent en vigueur le 1er juillet 2016.

II — Les dispositions du 11° de l'article 1er, des 3°, 5° et 9° de l'article 3 ainsi que celles des 3° et 5° de l'article A. 512-3 du code des assurances entrent en vigueur le 1er janvier 2017.

Art. L. 512-2 **Les entreprises soumises au contrôle de l'Autorité de contrôle prudentiel et de résolution, les autres entreprises mentionnées à l'article L. 310-2 ou les entreprises de réassurance, qui recourent aux services d'intermédiaires, doivent s'assurer que ceux-ci sont immatriculés conformément aux dispositions de l'article L. 512-1.**

Les entreprises qui recourent à des intermédiaires ressortissants d'un État membre de *(Ord. n° 2015-378 du 2 avr. 2015, art. 8-8°, en vigueur le 1er janv. 2016)* **« l'Union européenne » ou d'un autre État partie à l'accord sur l'Espace économique européen autre que la France et exerçant sur le territoire français en régime de libre prestation de services ou de libre établissement s'assurent auprès de l'organisme qui tient le registre prévu au I de l'article L. 512-1 que ceux-ci sont immatriculés conformément au droit de leur pays d'origine.**

(Ord. n° 2018-361 du 16 mai 2018, art. 5, en vigueur le 1er oct. 2018) **« L'organisme qui tient le registre mentionné au I de l'article L. 512-1 refuse l'immatriculation à un intermédiaire si les dispositions législatives, réglementaires ou administratives d'un pays tiers applicables à une ou à plusieurs personnes physiques ou morales avec lesquelles cet intermédiaire a des liens étroits au sens du 9° de l'article L. 310-3, ou des difficultés liées à la mise en œuvre de ces dispositions législatives, réglementaires et administratives, entravent le bon exercice de sa mission. »**

SECTION II AUTRES CONDITIONS D'ACCÈS ET D'EXERCICE

Art. L. 512-3 **I. — Lors de leur immatriculation ou du renouvellement de celle-ci, les intermédiaires** *(Ord. n° 2018-361 du 16 mai 2018, art. 5, en vigueur le 1er oct. 2018)* **« d'assurance ou de réassurance et les intermédiaires d'assurance à titre accessoire » sont tenus de transmettre à l'organisme qui tient le registre prévu au I de l'article**

L. 512-1 toute information nécessaire à la vérification des conditions relatives à l'accès à l'activité d'intermédiaire et à son exercice. Ils sont également tenus d'informer dans les meilleurs délais cet organisme lorsqu'ils ne respectent plus les conditions prévues à la présente section.

II. — Le non-respect par les intermédiaires d'assurance *(Ord. n° 2018-361 du 16 mai 2018, art. 5, en vigueur le 1er oct. 2018)* « ou de réassurance et les intermédiaires d'assurance à titre accessoire » des conditions prévues à la présente section entraîne leur radiation d'office du registre unique des intermédiaires par l'organisme mentionné au I de l'article L. 512-1. Cet organisme rend publique la radiation ainsi prononcée.

(L. n° 2019-486 du 22 mai 2019, art. 206-XXIX) « III. — L'organisme qui tient le registre prévu au I de l'article L. 512-1 peut également prononcer, outre l'avertissement et le blâme, la radiation d'office du registre unique des intermédiaires pour défaut d'information ou d'adéquation de l'immatriculation si, après une mise en garde ou une mise en demeure restée sans effet à l'issue d'un délai d'un mois à compter de leur notification, il a des raisons de douter de l'exactitude des informations transmises mentionnées au I du présent article ou de l'adéquation de l'immatriculation avec l'activité des intermédiaires. Cet organisme rend publique la radiation ainsi prononcée. »

SOUS-SECTION 1 CONDITIONS D'HONORABILITÉ

Art. L. 512-4 Sont soumis aux dispositions prévues aux I à VI de l'article L. 322-2 les intermédiaires *(Ord. n° 2018-361 du 16 mai 2018, art. 5, en vigueur le 1er oct. 2018)* « d'assurance ou de réassurance et les intermédiaires d'assurance à titre accessoire » personnes physiques qui exercent en leur nom propre, les personnes qui dirigent, gèrent ou administrent des intermédiaires personnes morales, les personnes qui sont membres d'un organe de contrôle, disposent du pouvoir de signer pour le compte ou sont directement responsables de l'activité d'intermédiation au sein de ces intermédiaires, ainsi que les salariés des entreprises d'assurance qui sont directement responsables de l'activité d'intermédiation.

SOUS-SECTION 2 CONDITIONS DE CAPACITÉ PROFESSIONNELLE

Art. L. 512-5 Sont déterminées par décret en Conseil d'État les conditions de capacité professionnelle que doivent remplir les intermédiaires *(Ord. n° 2018-361 du 16 mai 2018, art. 5, en vigueur le 1er oct. 2018)* « d'assurance ou de réassurance et les intermédiaires d'assurance à titre accessoire » personnes physiques qui exercent en leur nom propre, les personnes qui dirigent, gèrent ou administrent des intermédiaires personnes morales ou des entreprises d'assurance ou de réassurance, les personnes qui sont membres d'un organe de contrôle, disposent du pouvoir de signer pour le compte ou sont directement responsables de l'activité d'intermédiation au sein de ces intermédiaires ou entreprises, ainsi que les salariés de ces intermédiaires ou entreprises. Ce décret tient compte notamment de la nature de l'activité exercée par ces personnes et des produits distribués.

SOUS-SECTION 3 ASSURANCE DE RESPONSABILITÉ CIVILE

Art. L. 512-6 Tout intermédiaire *(Ord. n° 2018-361 du 16 mai 2018, art. 5, en vigueur le 1er oct. 2018)* « d'assurance ou de réassurance et tout intermédiaire d'assurance à titre accessoire » doit *[doivent]* souscrire un contrat d'assurance le *[les]* couvrant contre les conséquences pécuniaires de sa *[leur]* responsabilité civile professionnelle, sauf si cette assurance ou une garantie équivalente lui *[leurs]* est déjà fournie par une entreprise d'assurance ou de réassurance ou par un intermédiaire d'assurance ou de réassurance ou par une autre entreprise pour le compte desquels il agit *[ils agissent]* ou par lesquels il est mandaté *[ils sont mandatés]* ou si ces entreprises ou cet intermédiaire assument l'entière responsabilité des actes de cet intermédiaire *[ces intermédiaires]* .

Dans tous les cas, les intermédiaires doivent être en mesure de justifier à tout moment leur situation au regard de cette obligation.

Sanction par l'ACPR. Sanctions à l'encontre de l'intermédiaire d'assurance pour violation de l'art. L. 512-6 : * Décis. ACP, CDS, 12 déc. 2012 : *n° 2012-02.*

SOUS-SECTION 4 GARANTIE FINANCIÈRE

Art. L. 512-7 Tout intermédiaire *(Ord. n° 2018-361 du 16 mai 2018, art. 5, en vigueur le 1er oct. 2018)* « d'assurance ou de réassurance et tout intermédiaire d'assurance à titre accessoire » qui, même à titre occasionnel, encaisse *[encaissent]* des fonds destinés à être versés soit à une entreprise d'assurance, soit à des assurés, ou qui a *[ont]* recours à un mandataire non agent chargé de transmettre ces fonds, doit *[doivent]* souscrire une garantie financière spécialement affectée au remboursement de ces fonds aux assurés, sauf si ce mandataire peut justifier lui-même d'une telle garantie.

Cette garantie ne peut résulter que d'un engagement de caution délivré par un établissement de crédit *(Ord. n° 2013-544 du 27 juin 2013, art. 19, en vigueur le 1er janv. 2014)* « , une société de financement » ou par une entreprise d'assurance régie par le présent code.

L'obligation prévue par le présent article ne s'applique pas aux versements pour lesquels l'intermédiaire a reçu d'une entreprise d'assurance un mandat écrit le chargeant expressément de l'encaissement des primes ou cotisations et éventuellement du règlement des sinistres.

Dans tous les cas, les intermédiaires doivent être en mesure de justifier à tout moment leur situation au regard de cette obligation.

Auditeurs et consultants en risques et assurances. Dès lors qu'un auditeur ou un consultant en risques et assurances n'encaisse pas de fonds destinés à être versés à une entreprise d'assurance ou à des assurés, l'obligation de garantie financière ne s'applique pas. * Rép. min. n° 111531, Min. Économie : *JOAN Q 24 avr. 2007, p. 3949.*

SECTION III DISPOSITIONS GÉNÉRALES

Art. L. 512-8 Un décret en Conseil d'État précise les modalités d'application du présent chapitre et détermine les conditions de l'intermédiation.

CHAPITRE III RÈGLES SPÉCIALES À CERTAINES CATÉGORIES D'INTERMÉDIAIRES *(L. n° 2021-402 du 8 avr. 2021, en vigueur le 1er avr. 2022).*

(Ord. n° 2018-361 du 16 mai 2018, art. 6, en vigueur le 1er oct. 2018)

Art. L. 513-1 Les obligations mentionnées au présent livre ne s'appliquent pas aux intermédiaires d'assurance à titre accessoire lorsque l'ensemble des conditions suivantes sont remplies :

1° Le contrat d'assurance constitue un complément au bien ou au service fourni par un fournisseur et couvre :

a) Soit le risque de mauvais fonctionnement, de perte, y compris du vol, ou d'endommagement du bien ou de non-utilisation du service ;

b) Soit l'endommagement ou la perte de bagages*[,]* y compris le vol et les autres risques liés à un voyage ;

2° Le montant de la prime du contrat d'assurance calculé sur une année ne dépasse pas 600 € ;

3° Par dérogation au 2°, lorsque le contrat d'assurance constitue un complément à un service mentionné au 1° et que la durée de ce service est égale ou inférieure à trois mois, le montant de la prime par personne ne dépasse pas 200 €.

Art. L. 513-2 L'entreprise ou l'intermédiaire d'assurance qui exerce l'activité de distribution via un intermédiaire d'assurance à titre accessoire mentionné à l'article L. 513-1 fait en sorte que :

1° Des informations soient mises à la disposition du souscripteur éventuel ou de l'adhérent éventuel, avant la conclusion du contrat, sur l'identité et l'adresse de l'intermédiaire, ainsi que sur les procédures de réclamation ;

2° Des dispositions appropriées et proportionnées soient prises pour assurer le respect des dispositions de l'article L. 521-1 et *(L. n° 2019-486 du 22 mai 2019, art. 206-XXIX)* « pour que les exigences et les besoins du client soient pris en compte avant de proposer le contrat ; »

3° Le document d'information sur le produit d'assurance mentionné à l'article L. 112-2 soit fourni au souscripteur éventuel ou à l'adhérent éventuel avant la conclusion du contrat ;

4° Le souscripteur éventuel ou l'adhérent éventuel soit informé de la possibilité d'acheter séparément le bien ou le service fourni par le fournisseur.

Art. L. 513-3 *(L. n° 2021-402 du 8 avr. 2021, en vigueur le 1er avr. 2022)* I. — Aux fins de leur immatriculation au registre mentionné au I de l'article L. 512-1, les courtiers d'assurance ou de réassurance, personnes physiques et sociétés immatriculées au registre du commerce et des sociétés pour l'activité de courtage d'assurance, et leurs mandataires, personnes physiques non salariées et personnes morales, adhèrent à une association professionnelle agréée chargée du suivi de l'activité et de l'accompagnement de ses membres. Cette association professionnelle représentative offre à ses membres un service de médiation, vérifie les conditions d'accès et d'exercice de leur activité ainsi que leur respect des exigences professionnelles et organisationnelles et offre un service d'accompagnement et d'observation de l'activité et des pratiques professionnelles, notamment par la collecte de données statistiques.

Les courtiers ou sociétés de courtage d'assurance ou leurs mandataires exerçant des activités en France au titre de la libre prestation de services ou de la liberté d'établissement peuvent également adhérer à une association professionnelle agréée mentionnée au présent I.

II. — Ne sont pas soumises à l'obligation d'adhésion à une association professionnelle agréée prévue au I les personnes suivantes, y compris, le cas échéant, lorsqu'elles exercent le courtage d'assurance à titre de mandataire d'intermédiaire d'assurance :

1° Les établissements de crédit et sociétés de financement ;

2° Les sociétés de gestion de portefeuille ;

3° Les entreprises d'investissement ;

4° Les agents généraux d'assurance inscrits sous un même numéro au registre mentionné à l'article L. 512-1.

L'obligation d'adhésion à une association professionnelle agréée prévue au I du présent article n'est pas applicable aux mandataires d'intermédiaires d'assurance agissant en application des mandats délivrés par l'une des personnes mentionnées aux 1° à 3° du présent II.

Art. L. 513-4 *(L. n° 2021-402 du 8 avr. 2021, en vigueur le 1er avr. 2022)* La demande d'adhésion à l'association professionnelle agréée donne lieu à une réponse dans un délai de deux mois à compter de la date de réception par l'association d'un dossier complet. Dans le cas où l'association professionnelle agréée refuse une adhésion, elle motive sa décision. La décision de refus d'adhésion peut faire l'objet d'un recours devant le tribunal judiciaire dans le ressort duquel se trouve le siège de l'association.

L'association peut notifier sa décision de refus d'adhésion à l'Autorité de contrôle prudentiel et de résolution ainsi qu'aux autres associations professionnelles mentionnées au I de l'article L. 513-3.

Art. L. 513-5 *(L. n° 2021-402 du 8 avr. 2021, en vigueur le 1er avr. 2022)* I. — Les associations professionnelles mentionnées au I de l'article L. 513-3 sont agréées par l'Autorité de contrôle prudentiel et de résolution, qui vérifie leur représentativité, la compétence et l'honorabilité de leurs représentants légaux et de leurs administrateurs, l'impartialité de leur gouvernance, appréciée au regard de leurs procédures écrites, ainsi que leur aptitude à assurer l'exercice et la permanence de leurs missions au travers de moyens matériels et humains adaptés.

L'Autorité de contrôle prudentiel et de résolution peut retirer, selon des modalités prévues par décret, l'agrément d'une association professionnelle mentionnée au même I lorsque celle-ci ne satisfait plus aux conditions auxquelles était subordonné son agrément.

II. — Les associations mentionnées au I de l'article L. 513-3 établissent par écrit et font approuver par l'Autorité de contrôle prudentiel et de résolution, lors de leur agrément, les règles qu'elles s'engagent à mettre en œuvre pour l'exercice de leurs missions définies à la seconde phrase du premier alinéa du même I ainsi que les sanctions qu'elles sont susceptibles de prononcer à l'encontre des membres. Elles font également approuver par l'Autorité de contrôle prudentiel et de résolution toute modification ultérieure de ces règles.

Elles peuvent formuler à l'intention de leurs membres des recommandations relatives à la fourniture de conseils, aux pratiques de vente et à la prévention des conflits d'intérêts.

Elles établissent un rapport annuel sur leurs activités ainsi que sur celles de leurs membres sous une forme agrégée, qu'elles adressent à l'Autorité de contrôle prudentiel et de résolution.

Art. L. 513-6 *(L. n° 2021-402 du 8 avr. 2021, en vigueur le 1er avr. 2022)* I. — Une association mentionnée au I de l'article L. 513-3 peut mettre fin à l'adhésion d'un de ses membres à sa demande. Le retrait de la qualité de membre peut également être décidé d'office par l'association si le courtier, la société de courtage ou le mandataire ne remplit plus les conditions ou les engagements auxquels était subordonnée son adhésion, s'il n'a pas commencé son activité dans un délai de douze mois à compter de son adhésion, s'il n'exerce plus son activité depuis au moins six mois ou s'il a obtenu l'adhésion par de fausses déclarations ou par tout autre moyen irrégulier.

Tout retrait de la qualité de membre est notifié à l'organisme qui tient le registre mentionné au I de l'article L. 512-1.

Lorsqu'il est prononcé d'office, le retrait de la qualité de membre est notifié à l'Autorité de contrôle prudentiel et de résolution et prend effet à l'expiration d'une période dont la durée est déterminée par l'association.

Lorsque le retrait de la qualité de membre est prononcé d'office, l'association peut également décider d'informer de sa décision les autres associations professionnelles mentionnées au I de l'article L. 513-3.

La décision de retrait peut faire l'objet d'un recours devant le tribunal judiciaire dans le ressort duquel se trouve le siège de l'association.

II. — L'association professionnelle n'est pas compétente pour sanctionner les manquements de ses membres qui relèvent exclusivement de la compétence de l'Autorité de contrôle prudentiel et de résolution mentionnée à l'article L. 612-1 du code monétaire et financier.

Art. L. 513-7 *(L. n° 2021-402 du 8 avr. 2021, en vigueur le 1er avr. 2022)* I. — Les représentants légaux, les administrateurs ainsi que les personnels et préposés des associations mentionnées au I de l'article L. 513-3 du présent code sont tenus au secret professionnel dans le cadre des missions mentionnées au même I, dans les conditions et sous les peines prévues aux articles 226-13 et 226-14 du code pénal.

Ce secret ne peut être opposé ni à l'organisme qui tient le registre mentionné au I de l'article L. 512-1 du présent code, ni à l'Autorité de contrôle prudentiel et de résolution, ni à l'autorité judiciaire agissant dans le cadre soit d'une procédure pénale, soit d'une procédure de liquidation judiciaire ouverte à l'égard d'une personne mentionnée à l'article L. 612-2 du code monétaire et financier. L'Autorité de contrôle prudentiel et de résolution peut obtenir de l'association toute information nécessaire à l'exercice de sa mission.

II. — Par dérogation au I de l'article L. 612-17 du code monétaire et financier, l'Autorité de contrôle prudentiel et de résolution peut communiquer aux associations mentionnées au I du présent article des informations couvertes par le secret professionnel lorsque ces informations sont utiles à l'accomplissement par les associations des missions mentionnées au I de l'article L. 513-3 ou à l'organisme qui tient le registre mentionné au I de l'article L. 512-1 pour l'accomplissement de ses propres missions.

Ces informations ne peuvent être utilisées par les associations ou par l'organisme mentionnés au premier alinéa du présent II que pour l'accomplissement de leurs missions et seulement aux fins pour lesquelles elles ont été communiquées. Les informations transmises demeurent couvertes par le secret professionnel.

Art. L. 513-8 *(L. nº 2021-402 du 8 avr. 2021, en vigueur le 1er avr. 2022)* Les courtiers ou les sociétés de courtage d'assurance ou leurs mandataires informent l'association dont ils sont membres de toute modification des informations les concernant et de tout fait pouvant avoir des conséquences sur leur qualité de membre de l'association. Ils sont tenus d'informer dans les meilleurs délais l'association lorsqu'ils ne respectent pas les conditions ou les engagements auxquels était subordonnée leur adhésion.

Art. L. 513-9 *(L. nº 2021-402 du 8 avr. 2021, en vigueur le 1er avr. 2022)* Un décret en Conseil d'État précise les conditions et modalités d'application du présent chapitre.

CHAPITRE IV CONTRÔLE DES CONDITIONS D'ACCÈS ET D'EXERCICE DE L'ACTIVITÉ DE DISTRIBUTION *(Ord. nº 2018-361 du 16 mai 2018, art. 7, en vigueur le 1er oct. 2018).*

Art. L. 514 *(L. nº 99-532 du 25 juin 1999)* Les associations souscriptrices bénéficiant d'une dérogation aux règles *(L. nº 2005-1564 du 15 déc. 2005)* « d'exercice de l'intermédiation en assurance et qui se livrent à cette activité » sont tenues de déclarer à l'Autorité de contrôle prudentiel et de résolution leur activité et le type de produits qu'elles présentent. Elles informent celle-ci de toute modification dans la nature de leur activité ainsi que de la cessation de leur activité.

SECTION PREMIÈRE JUSTIFICATIONS EXIGÉES DES PERSONNES HABILITÉES À PRÉSENTER DES OPÉRATIONS D'ASSURANCE OU DE CAPITALISATION

Néant.
V. art. R. 514-1 s. et A. 514-1.

SECTION II MODALITÉS DE CONTRÔLE SPÉCIALES AUX CONDITIONS DE CAPACITÉ PROFESSIONNELLE

Néant.
V. art. R. 514-5 s.

SECTION III MODALITÉS DE CONTRÔLE SPÉCIALES AUX CONDITIONS D'HONORABILITÉ

Néant.

SECTION IV DISPOSITIONS DIVERSES ET PÉNALITÉS

Art. L. 514-1 Les infractions aux dispositions *(L. nº 2005-1564 du 15 déc. 2005)* « du chapitre II du titre Ier du livre V » sont punies d'un emprisonnement de deux ans et d'une amende de 6 000 €, ou de l'une de ces deux peines seulement.

Art. L. 514-2 *(L. nº 2009-526 du 12 mai 2009, art. 123-I)* Le fait de présenter en vue de leur souscription ou de faire souscrire des contrats pour le compte d'une entreprise soumise au contrôle de l'Autorité de contrôle prudentiel et de résolution, d'une autre entreprise mentionnée à l'article L. 310-2 ou d'une entreprise mentionnée à l'article L. 310-1-1 et non habilitée à pratiquer les opérations correspondantes sur le territoire de la République française est puni d'une amende de 3 000 €. En cas de récidive, une peine d'emprisonnement de six mois peut en outre être prononcée.

L'amende prévue au présent article est prononcée pour chacun des contrats proposés ou souscrits, sans que le total des amendes encourues puisse excéder 6 000 €.

Art. L. 514-3 *Abrogé par L. n° 89-1014 du 31 déc. 1989, art. 37-III.*

Art. L. 514-4 *(L. n° 2005-1564 du 15 déc. 2005)* I. – *(Ord. n° 2018-361 du 16 mai 2018, art. 7, en vigueur le 1er oct. 2018)* « Lorsque l'Autorité de contrôle prudentiel et de résolution a connaissance d'une information pouvant entraver le bon exercice de la mission de l'organisme chargé de la tenue du registre mentionné au I de l'article L. 512-1, ou lorsqu'elle a connaissance d'une infraction commise par un intermédiaire susceptible d'entraîner la radiation de ce registre, » ou lorsqu'elle fait usage de son pouvoir de sanction en application *(Ord. n° 2010-76 du 21 janv. 2010, art. 10-1°, ratifiée par L. n° 2010-1249 du 22 oct. 2010, art. 12-I)* « du I de l'article L. 612-41 du code monétaire et financier », elle en informe l'organisme chargé de la tenue de ce registre.

(Ord. n° 2018-361 du 16 mai 2018, art. 7, en vigueur le 1er oct. 2018) « Lorsque l'Autorité de contrôle prudentiel et de résolution a connaissance d'une information susceptible de relever de l'article L. 512-2, elle en informe, sans tarder, l'organisme chargé de la tenue de ce registre. »

(Ord. n° 2010-76 du 21 janv. 2010, art. 10-2°, ratifiée par L. n° 2010-1249 du 22 oct. 2010, art. 12-I) « II. – L'organisme chargé de la tenue du registre mentionné au I de l'article L. 512-1 communique toute information qui lui est demandée par l'Autorité de contrôle prudentiel et de résolution agissant dans le cadre de ses missions. »

III. – L'organisme mentionné au I de l'article L. 512-1 communique également, à son initiative, toute information utile *(Ord. n° 2010-76 du 21 janv. 2010, art. 10-3°, ratifiée par L. n° 2010-1249 du 22 oct. 2010, art. 12-I)* « à l'Autorité de contrôle prudentiel et de résolution ».

CHAPITRE V DISPOSITIONS SPÉCIALES CONCERNANT LA LIBERTÉ D'ÉTABLISSEMENT ET LA LIBRE PRESTATION DE SERVICES

(Ord. n° 2018-361 du 16 mai 2018, art. 8, en vigueur le 1er oct. 2018)

SECTION PREMIÈRE EXERCICE DE LA LIBRE PRESTATION DE SERVICES ET MANQUEMENT À DES OBLIGATIONS DANS LE CADRE DE CET EXERCICE

Art. L. 515-1 I. – Tout intermédiaire d'assurance ou de réassurance ou tout intermédiaire d'assurance à titre accessoire immatriculé en France qui envisage d'exercer une activité pour la première fois sur le territoire d'un autre État membre en vertu du régime de libre prestation de services transmet les informations suivantes à l'organisme qui tient le registre mentionné au I de l'article L. 512-1 :

1° Son nom, son adresse et son numéro d'immatriculation ;

2° L'État membre ou les États membres dans lesquels il envisage d'exercer son activité ;

3° Parmi les catégories d'intermédiaires, celle au titre de laquelle il entend exercer et, le cas échéant, le nom de toute entreprise d'assurance ou de réassurance qu'il représente ;

4° Les branches d'assurance concernées, s'il y a lieu.

II. – L'organisme qui tient le registre mentionné au I de l'article L. 512-1 communique les informations mentionnées au I, dans un délai d'un mois à compter de leur réception, à l'autorité compétente de l'État membre d'accueil. Cet organisme informe par écrit l'intermédiaire d'assurance ou de réassurance ou l'intermédiaire d'assurance à titre accessoire que l'autorité compétente de l'État membre d'accueil a reçu ces informations et qu'il peut commencer à exercer son activité dans cet État. Le cas échéant, cet organisme indique au même moment à l'intermédiaire que les informations concernant les dispositions d'intérêt général applicables à l'activité envisagée dans l'État membre d'accueil sont publiées par les autorités compétentes de cet État, et que l'intermédiaire doit respecter ces dispositions afin de pouvoir commencer à y exercer ses activités.

III. — En cas de changement de l'un des éléments d'information communiqués conformément au I, l'intermédiaire d'assurance ou de réassurance ou l'intermédiaire d'assurance à titre accessoire en avise par écrit, un mois au moins avant d'appliquer ce changement, l'organisme qui tient le registre mentionné au I de l'article L. 512-1. L'autorité compétente de l'État membre d'accueil est également informée de ce changement par cet organisme dès que possible, et au plus tard un mois à compter de la date de réception de cette information.

IV. — L'organisme qui tient le registre mentionné au I de l'article L. 512-1 accuse réception des informations mentionnées au I qui lui sont communiquées par l'autorité de l'État membre d'origine d'un intermédiaire d'assurance ou de réassurance ou d'un intermédiaire d'assurance à titre accessoire qui souhaite exercer son activité en France en vertu du régime de libre prestation de services.

Art. L. 515-2 I. — Si l'Autorité de contrôle prudentiel et de résolution constate qu'un intermédiaire d'assurance ou de réassurance ou un intermédiaire d'assurance à titre accessoire qui exerce des activités en France au titre de la libre prestation de services enfreint l'une des obligations prévues par les livres I et V, elle communique ces éléments à l'autorité compétente de l'État membre d'origine.

Si en dépit des mesures prises par l'État membre d'origine, ou si ces mesures s'avèrent insuffisantes ou qu'elles font défaut, l'intermédiaire d'assurance ou de réassurance ou l'intermédiaire d'assurance à titre accessoire persiste à agir d'une manière clairement préjudiciable aux intérêts des souscripteurs ou adhérents en France ou au bon fonctionnement des marchés de l'assurance et de la réassurance, l'Autorité de contrôle prudentiel et de résolution peut, après en avoir informé l'autorité compétente de l'État membre d'origine, prendre les mesures appropriées pour prévenir de nouvelles irrégularités, y compris, pour autant que cela soit absolument nécessaire, en demandant à l'organisme qui tient le registre mentionné au I de l'article L. 512-1, en application du I de l'article L. 514-4, de prendre les dispositions visant à empêcher l'intermédiaire concerné de distribuer de nouveaux contrats en France. Dans ce cas, l'Autorité en informe l'Autorité européenne des assurances et des pensions professionnelles et peut demander à cette dernière de lui prêter assistance conformément à l'article 19 du règlement (UE) n° 1094/2010.

II. — Sans préjudice des dispositions du I, l'Autorité de contrôle prudentiel et de résolution peut prendre des mesures appropriées pour prévenir ou sanctionner les irrégularités commises en France lorsqu'elle estime nécessaire d'engager une action immédiate pour protéger les droits des souscripteurs ou adhérents. Ces mesures incluent notamment la possibilité d'empêcher les intermédiaires d'assurance ou de réassurance et les intermédiaires d'assurance à titre accessoire de distribuer de nouveaux contrats en France.

III. — Toute mesure adoptée par l'Autorité de contrôle prudentiel et de résolution et par l'organisme qui tient le registre mentionné au I de l'article L. 512-1 au titre du présent article fait l'objet d'une décision motivée qui est communiquée par l'Autorité à l'intermédiaire d'assurance ou de réassurance ou à l'intermédiaire d'assurance à titre accessoire concerné. L'Autorité communique sans délai cette décision à l'autorité compétente de l'État membre d'origine, à l'Autorité européenne des assurances et des pensions professionnelles et à la Commission européenne.

IV. — Saisie par l'autorité compétente d'un autre État membre d'un manquement aux obligations prévues par la directive (UE) 2016/97 du Parlement européen et du Conseil du 20 janvier 2016 dans cet État de la part d'un intermédiaire d'assurance ou de réassurance ou d'un intermédiaire d'assurance à titre accessoire immatriculé en France exerçant des activités dans cet État au titre de la libre prestation de services, l'Autorité de contrôle prudentiel et de résolution prend, le cas échéant et dès que possible après examen des informations communiquées par son homologue, les mesures appropriées pour remédier à cette situation. Elle informe l'autorité compétente qui l'a saisie des mesures prises.

SECTION II EXERCICE DE LA LIBERTÉ D'ÉTABLISSEMENT ET MANQUEMENT À DES OBLIGATIONS DANS LE CADRE DE CET EXERCICE

Art. L. 515-3 I. — Tout intermédiaire d'assurance ou de réassurance ou tout intermédiaire d'assurance à titre accessoire immatriculé en France qui envisage d'établir une succursale ou une présence permanente sur le territoire d'un autre État membre en vertu du régime de libre établissement en informe l'organisme qui tient le registre mentionné au I de l'article L. 512-1 et transmet à ce dernier les informations suivantes :

1° Son nom, son adresse et son numéro d'immatriculation ;

2° L'État membre sur le territoire duquel il envisage d'établir une succursale ou d'assurer une présence permanente sous une autre forme juridique ;

3° Parmi les catégories d'intermédiaires, celle au titre de laquelle il entend exercer et, le cas échéant, le nom de toute entreprise d'assurance ou de réassurance qu'il représente ;

4° Les branches d'assurance concernées, s'il y a lieu ;

5° L'adresse, dans l'État membre d'accueil, pour toute correspondance concernant la communication de documents ;

6° Le nom de toute personne responsable de la gestion de la succursale ou de la présence permanente.

II. — Sauf si l'organisme qui tient le registre mentionné au I de l'article L. 512-1 a des raisons de douter de l'adéquation de la structure organisationnelle ou de la situation financière de l'intermédiaire d'assurance ou de réassurance ou de l'intermédiaire d'assurance à titre accessoire aux activités de distribution envisagées, il transmet, dans un délai d'un mois à compter de leur réception, les informations mentionnées au I à l'autorité compétente de l'État membre d'accueil, laquelle en accuse réception. Cet organisme informe par écrit l'intermédiaire d'assurance ou de réassurance ou l'intermédiaire d'assurance à titre accessoire que l'autorité compétente de l'État membre d'accueil a reçu ces informations.

Dans un délai d'un mois à compter de la réception de ces informations, l'organisme qui tient le registre mentionné au I de l'article L. 512-1 reçoit, de la part de l'autorité compétente de l'État membre d'accueil, communication des dispositions d'intérêt général applicables dans cet État. Cet organisme communique ces informations à l'intermédiaire et lui indique qu'il peut commencer à exercer ses activités dans l'État membre d'accueil, à condition qu'il respecte ces dispositions. Si l'intermédiaire d'assurance ou de réassurance ou l'intermédiaire d'assurance à titre accessoire n'a pas reçu communication de ces informations au terme du délai susmentionné, il peut établir la succursale et commencer à exercer ses activités.

III. — Lorsque l'organisme qui tient le registre mentionné au I de l'article L. 512-1 refuse de transmettre les informations mentionnées au I à l'autorité compétente de l'État membre d'accueil, il communique à l'intermédiaire d'assurance ou de réassurance ou à l'intermédiaire d'assurance à titre accessoire, dans un délai d'un mois à compter de la réception de toutes les informations mentionnées au I, les motifs de ce refus.

IV. — En cas de changement de l'un des éléments d'information communiqués conformément au I, l'intermédiaire d'assurance ou de réassurance ou l'intermédiaire d'assurance à titre accessoire en avise par écrit, un mois au moins avant d'appliquer ce changement, l'organisme qui tient le registre mentionné au I de l'article L. 512-1. Cet organisme informe l'autorité compétente de l'État membre d'accueil de ce changement, dès que possible, et au plus tard dans un délai d'un mois à compter de la date à laquelle il a reçu cette information.

V. — L'organisme qui tient le registre mentionné au I de l'article L. 512-1 accuse réception des informations mentionnées au I, qui lui sont transmises par l'autorité compétente de l'État membre d'origine de l'intermédiaire d'assurance ou de réassurance ou de tout intermédiaire d'assurance à titre accessoire qui envisage d'établir une succursale ou une présence permanente en France. Dans le délai d'un mois suivant la réception de ces informations, il communique à l'autorité susmentionnée les dispositions d'intérêt général applicables en France.

Art. L. 515-4 I. — Lorsque l'Autorité de contrôle prudentiel et de résolution constate qu'un intermédiaire d'assurance ou de réassurance ou qu'un intermédiaire d'assurance à titre accessoire enfreint les dispositions des chapitres V et VI du présent titre, du titre II du présent livre ainsi que celles des articles L. 112-2, L. 112-2-1 et L. 112-11, elle peut prendre les mesures appropriées en vue de mettre un terme aux infractions constatées.

II. – Si l'Autorité de contrôle prudentiel et de résolution estime qu'un intermédiaire d'assurance ou de réassurance ou un intermédiaire d'assurance à titre accessoire qui exerce des activités en France en régime de libre établissement enfreint l'une des obligations prévues par les livres Ier et V du présent code, et que le contrôle de cet intermédiaire ne lui incombe pas en application de l'article L. 515-5, elle informe de ses conclusions l'autorité compétente de l'État membre d'origine.

Si en dépit des mesures prises par l'État membre d'origine pour remédier à cette situation, ou si ces mesures s'avèrent insuffisantes ou qu'elles font défaut, l'intermédiaire d'assurance ou de réassurance ou l'intermédiaire d'assurance à titre accessoire persiste à agir d'une manière préjudiciable aux intérêts des souscripteurs ou adhérents en France ou au bon fonctionnement des marchés de l'assurance et de la réassurance, l'Autorité de contrôle prudentiel et de résolution peut, après en avoir informé l'autorité compétente de l'État membre d'origine, prendre les mesures appropriées pour prévenir de nouvelles irrégularités, y compris, pour autant que cela soit absolument nécessaire, en demandant à l'organisme qui tient le registre mentionné au I de l'article L. 512-1, en application du I de l'article L. 514-4, de prendre les dispositions visant à empêcher l'intermédiaire concerné de distribuer de nouveaux contrats en France. Dans ce cas, elle en informe l'Autorité européenne des assurances et des pensions professionnelles et peut demander à cette dernière de lui prêter assistance conformément à l'article 19 du règlement (UE) nº 1094/2010.

III. – Sans préjudice des dispositions du II, lorsqu'une action immédiate s'avère nécessaire afin de protéger les droits des souscripteurs ou adhérents et lorsque des mesures équivalentes de l'État membre d'origine sont insuffisantes ou font défaut, l'Autorité de contrôle prudentiel et de résolution ou l'organisme qui tient le registre mentionné au I de l'article L. 512-1 prend les mesures appropriées et non discriminatoires afin de prévenir ou de sanctionner des irrégularités commises en France. Ces mesures peuvent aller, le cas échéant, jusqu'à empêcher l'intermédiaire d'assurance ou de réassurance ou l'intermédiaire d'assurance à titre accessoire concerné de distribuer de nouveaux contrats en France.

IV. – Toute mesure adoptée par l'Autorité de contrôle prudentiel et de résolution ou par l'organisme qui tient le registre mentionné au I de l'article L. 512-1 au titre du présent article fait l'objet d'une décision motivée qui est communiquée par l'Autorité à l'intermédiaire d'assurance ou de réassurance ou à l'intermédiaire d'assurance à titre accessoire concerné. L'Autorité communique sans délai cette décision à l'autorité compétente de l'État membre d'origine, à l'Autorité européenne des assurances et des pensions professionnelles et à la Commission européenne.

V. – Saisie par l'autorité compétente d'un autre État membre d'un manquement aux obligations prévues par la directive (UE) 2016/97 du Parlement européen et du Conseil du 20 janvier 2016 de la part d'un intermédiaire d'assurance ou de réassurance ou *[d']*un intermédiaire d'assurance à titre accessoire immatriculé en France et exerçant des activités dans cet autre État au titre du libre établissement, l'Autorité de contrôle prudentiel et de résolution prend, le cas échéant et dès que possible après examen des informations communiquées par son homologue, les mesures appropriées pour remédier à cette situation. Elle informe l'autorité compétente qui l'a saisie des mesures prises.

SECTION III DISPOSITIONS RELATIVES À LA RÉPARTITION DES COMPÉTENCES ENTRE AUTORITÉS

Art. L. 515-5 I. – Si le lieu d'établissement principal d'un intermédiaire d'assurance ou de réassurance ou d'un intermédiaire d'assurance à titre accessoire immatriculé dans un autre État membre et exerçant ou susceptible d'exercer en France est situé sur le territoire national, l'Autorité de contrôle prudentiel et de résolution peut convenir avec l'autorité compétente de l'État membre d'origine de cet intermédiaire d'agir à l'égard de celui-ci comme si elle était l'autorité compétente de l'État membre d'origine en ce qui concerne l'application des dispositions du titre Ier du présent livre, à l'exception de la section I de son chapitre Ier et de son chapitre II, du titre II du même livre, des articles L. 112-2, L. 112-2-1 et L. 112-11 du présent code ainsi que de la section VII du chapitre II du titre Ier du livre VI du code monétaire et financier. Dans ce cas, l'Autorité de contrôle prudentiel et de résolution notifie sans tarder à l'intermédiaire d'assurance ou de réassurance ou à l'intermédiaire d'assurance à titre accessoire ainsi qu'à l'Autorité européenne des assurances et des pensions professionnelles la conclusion d'un tel accord.

L'Autorité de contrôle prudentiel et de résolution vérifie que les services fournis par un intermédiaire d'assurance ou de réassurance ou un intermédiaire d'assurance à titre accessoire exerçant en France au titre de la liberté d'établissement satisfont aux obligations prévues aux chapitres V et VI du présent titre, au titre II du présent livre, aux articles L. 112-2, L. 112-2-1 et L. 112-11 ainsi qu'aux dispositions réglementaires prises pour leur application.

L'Autorité peut examiner les modalités d'établissement de l'intermédiaire concerné et demander toute modification de celles-ci afin qu'elle soit à même de faire respecter les obligations mentionnées à l'alinéa précédent en ce qui concerne les services et les activités de l'établissement en France.

II. — Si le lieu d'établissement principal d'un intermédiaire d'assurance ou de réassurance ou d'un intermédiaire d'assurance à titre accessoire immatriculé au registre mentionné au I de l'article L. 512-1 est situé sur le territoire d'un autre État membre, l'Autorité de contrôle prudentiel et de résolution peut convenir avec l'autorité compétente de cet autre État que cette dernière agisse à l'égard de cet intermédiaire comme si elle était l'autorité compétente au regard de l'application des dispositions de cet État prises pour la transposition des chapitres IV, V, VI et VII de la directive (UE) 2016/97 du Parlement européen et du Conseil du 20 janvier 2016. Dans ce cas, l'Autorité de contrôle prudentiel et de résolution notifie sans tarder à l'intermédiaire d'assurance ou de réassurance ou à l'intermédiaire d'assurance à titre accessoire ainsi qu'à l'Autorité européenne des assurances et des pensions professionnelles la conclusion d'un tel accord.

SECTION IV MISE EN ŒUVRE DE POUVOIRS POUR DES RAISONS D'INTÉRÊT GÉNÉRAL

Art. L. 515-6 L'Autorité de contrôle prudentiel et de résolution ou l'organisme qui tient le registre mentionné au I de l'article L. 512-1 peut prendre des mesures appropriées et non discriminatoires pour sanctionner les irrégularités commises en France en méconnaissance de la législation nationale, pour autant que ces mesures soient absolument nécessaires. Ces mesures peuvent aller jusqu'à empêcher l'intermédiaire d'assurance ou de réassurance ou l'intermédiaire d'assurance à titre accessoire concerné de distribuer de nouveaux contrats en France.

L'Autorité de contrôle prudentiel et de résolution peut en outre prendre des mesures appropriées afin d'empêcher un distributeur de produits d'assurance établi dans un autre État membre d'exercer des activités en France au titre de la libre prestation de services ou, le cas échéant, de la liberté d'établissement, lorsque la localisation de ces activités est ciblée à titre exclusif ou principal en France dans le seul but de contourner les dispositions légales qui seraient applicables au distributeur de produits d'assurance concerné si ce dernier avait sa résidence ou son siège social en France et, en outre, lorsque ces activités compromettent gravement le bon fonctionnement des marchés de l'assurance et de la réassurance en France[,] eu égard à la protection des souscripteurs ou des adhérents.

Dans ce cas, l'Autorité de contrôle prudentiel et de résolution, après en avoir informé l'autorité compétente de l'État membre d'origine, peut prendre toutes les mesures appropriées à l'égard de ce distributeur afin de protéger les droits des souscripteurs ou des adhérents en France. L'Autorité peut saisir l'Autorité européenne des assurances et des pensions professionnelles et demander à cette dernière de lui prêter assistance conformément à l'article 19 du règlement (UE) n° 1094/2010 *[du 24 nov. 2010 instituant une Autorité européenne de surveillance]*.

CHAPITRE VI SURVEILLANCE DES PRODUITS ET EXIGENCES EN MATIÈRE DE GOUVERNANCE

(Ord. n° 2018-361 du 16 mai 2018, art. 9, en vigueur le 1er oct. 2018)

Art. L. 516-1 I. – Les entreprises d'assurance, ainsi que les intermédiaires lorsqu'ils conçoivent des produits d'assurance, élaborent, appliquent et mettent à jour*[,]* conformément au règlement délégué (UE) 2017/2358 de la Commission du 21 septembre 2017, un processus de validation de chaque produit d'assurance, ou les adaptations significatives apportées à un produit d'assurance existant, avant sa commercialisation ou sa distribution aux souscripteurs ou aux adhérents.

Ce processus de validation des produits est proportionné et approprié à la nature de chaque produit d'assurance. Il définit pour chaque produit un marché cible de souscripteurs ou d'adhérents, garantit que tous les risques pertinents liés à ce marché sont évalués et veille à ce que la stratégie de distribution prévue soit bien adaptée à ce marché cible. Ce processus intègre la définition des mesures appropriées tendant à la distribution adéquate du produit d'assurance dans le cadre du marché cible.

Les entreprises d'assurance, ainsi que les intermédiaires qui conçoivent des produits d'assurance, examinent régulièrement les produits d'assurance distribués, en tenant compte de tout événement qui pourrait affecter sensiblement le risque potentiel pesant sur le marché cible défini. Cet examen vise au minimum à évaluer si *[que]* le produit continue de correspondre aux besoins du marché cible défini et si *[que]* la stratégie de distribution prévue demeure appropriée.

Les entreprises d'assurance, ainsi que les intermédiaires qui conçoivent des produits d'assurance, mettent à la disposition des distributeurs toutes les informations nécessaires à l'appréciation de l'ensemble des caractéristiques du produit d'assurance et la connaissance du processus de validation du produit, y compris le marché cible défini du produit d'assurance.

II. – Lorsqu'un distributeur de produits d'assurance propose des produits qu'il ne conçoit pas lui-même, il se dote de dispositifs appropriés pour se procurer les informations mentionnées au dernier alinéa du I et pour comprendre les caractéristiques et le marché cible défini de chaque produit d'assurance.

Art. L. 516-2 Les obligations prévues à l'article L. 516-1 ne s'appliquent pas :

1° Aux produits d'assurance couvrant les risques mentionnés à l'article L. 111-6 ;

2° Aux contrats mentionnés au b de l'article L. 861-4 du code de la sécurité sociale.

TITRE DEUXIÈME INFORMATIONS À FOURNIR PAR LES DISTRIBUTEURS ET RÈGLES DE CONDUITE

(Ord. n° 2018-361 du 16 mai 2018, art. 10, en vigueur le 1er oct. 2018)

CHAPITRE PREMIER DISPOSITIONS APPLICABLES À L'ENSEMBLE DES CONTRATS D'ASSURANCE

SECTION PREMIÈRE PRINCIPES GÉNÉRAUX

Art. L. 521-1 I. – Les distributeurs de produits d'assurance agissent de manière honnête, impartiale et professionnelle*[,]* et ce, au mieux des intérêts du souscripteur ou de l'adhérent.

II. – Sans préjudice des dispositions des articles L. 121-1 à L. 121-5 du code de la consommation, toutes les informations, y compris les communications publicitaires adressées par le distributeur de produits d'assurance à un souscripteur éventuel ou à un adhérent éventuel[,] doivent être claires, exactes et non trompeuses. Les communications publicitaires doivent être clairement identifiables en tant que telles.

III. – Les distributeurs de produits d'assurance ne sont pas rémunérés ou ne rémunèrent pas ni n'évaluent les performances de leur personnel d'une façon qui contrevienne à leur obligation d'agir au mieux des intérêts du souscripteur ou de l'adhérent. Un distributeur de produits d'assurance ne prend en particulier aucune disposition sous forme de rémunération, d'objectifs de vente ou autre qui pourrait l'encourager ou encourager son personnel à recommander un produit d'assurance particulier à un souscripteur éventuel ou à un adhérent éventuel alors que ce distributeur pourrait proposer un autre produit d'assurance correspondant mieux aux exigences et aux besoins du souscripteur éventuel ou de l'adhérent éventuel.

SECTION II INFORMATIONS À FOURNIR

Art. L. 521-2 I. – Avant la conclusion d'un contrat d'assurance, l'intermédiaire d'assurance fournit au souscripteur éventuel ou à l'adhérent éventuel des informations relatives à son identité, à son adresse, à son immatriculation, aux procédures de réclamation et au recours à un processus de médiation, ainsi que, le cas échéant, à l'existence de liens financiers avec une ou plusieurs entreprises d'assurance. Il lui précise en outre s'il fournit un service de recommandation concernant les contrats d'assurance qu'il distribue.

II. – Avant la conclusion d'un contrat d'assurance, l'intermédiaire d'assurance doit :

1° Donner des indications quant à la fourniture de ce contrat :

a) S'il est soumis à une obligation contractuelle de travailler exclusivement avec une ou plusieurs entreprises d'assurance, l'intermédiaire l'indique au souscripteur éventuel ou à l'adhérent éventuel et l'informe du nom de ces entreprises d'assurance ;

b) S'il n'est pas soumis à une obligation contractuelle de travailler exclusivement avec une ou plusieurs entreprises d'assurance, mais qu'il n'est pas en mesure de fonder son analyse sur un nombre suffisant de contrats d'assurance offerts sur le marché, l'intermédiaire informe le souscripteur éventuel ou l'adhérent éventuel du nom des entreprises d'assurance avec lesquelles il peut travailler et travaille ;

c) S'il n'est pas soumis à une obligation contractuelle de travailler exclusivement avec une ou plusieurs entreprises d'assurance, lorsqu'il se prévaut d'un service de recommandation fondé sur une analyse impartiale et personnalisée, il est tenu d'analyser un nombre suffisant de contrats d'assurance offerts sur le marché, de façon à pouvoir recommander, en fonction de critères professionnels, le ou les contrats qui seraient les plus adaptés aux besoins du souscripteur éventuel ou de l'adhérent éventuel ;

2° Indiquer si, en relation avec ce contrat, il travaille :

a) Sur la base d'honoraires, c'est-à-dire sous la forme d'une rémunération payée directement par le souscripteur ou l'adhérent ;

b) Sur la base d'une commission, c'est-à-dire une rémunération incluse dans la prime d'assurance ;

c) Sur la base de tout autre type de rémunération, y compris tout avantage économique, proposé ou offert en rapport avec le contrat d'assurance ; ou

d) Sur la base d'une combinaison des types de rémunération mentionnés aux a, b et c ;

3° Lorsque le souscripteur ou l'adhérent doit payer des honoraires, l'intermédiaire d'assurance lui communique le montant de ceux-ci ou, lorsque cela n'est pas possible, leur méthode de calcul.

III. – Le souscripteur ou l'adhérent est informé des changements affectant l'une des informations mentionnées au II s'il effectue, au titre du contrat d'assurance après sa conclusion, des paiements autres que les primes en cours et les versements prévus.

IV. – Avant la conclusion d'un contrat d'assurance, l'intermédiaire d'assurance à titre accessoire fournit au souscripteur éventuel ou à l'adhérent éventuel des informations relatives à son identité, à son adresse, à son immatriculation, aux procédures de réclamation et au recours à un processus de médiation[,] ainsi que sur la nature de la rémunération perçue au titre de la distribution du contrat.

Code des assurances

TITRE II [ANCIEN]. INFORMATIONS À FOURNIR PAR LES INTERMÉDIAIRES
(L. n° 2005-1564 du 15 déc. 2005)
(Abrogé par Ord. n° 2018-361 du 16 mai 2018, art. 10, à compter du 1er oct. 2018)

CHAPITRE UNIQUE [ANCIEN].

BIBL. ▶ ABRAVANEL-JOLY, *RGDA 2007. 483*. - BERNIER, *RGDA 2007. 509*.

Ancien art. L. 520-1 *I. — Avant la conclusion d'un premier contrat d'assurance, l'intermédiaire mentionné à l'article L. 511-1 doit fournir au souscripteur éventuel des informations relatives notamment à son identité, à son immatriculation et aux procédures de recours et de réclamation, ainsi que, le cas échéant, à l'existence de liens financiers avec une ou plusieurs entreprises d'assurance.*

II. — Avant la conclusion de tout contrat, l'intermédiaire doit :

1° Donner des indications quant à la fourniture de ce contrat :

a) S'il est soumis à une obligation contractuelle de travailler exclusivement avec une ou plusieurs entreprises d'assurance, l'intermédiaire l'indique au souscripteur éventuel et l'informe que peut lui être communiqué, à sa demande, le nom de ces entreprises d'assurance ;

b) S'il n'est pas soumis à une obligation contractuelle de travailler exclusivement avec une ou plusieurs entreprises d'assurance, mais qu'il n'est pas en mesure de fonder son analyse sur un nombre suffisant de contrats d'assurance offerts sur le marché, l'intermédiaire informe le souscripteur éventuel qu'il peut lui être communiqué, à sa demande, le nom des entreprises d'assurance avec lesquelles il travaille ;

c) S'il n'est pas soumis à une obligation contractuelle de travailler exclusivement avec une ou plusieurs entreprises d'assurance et qu'il se prévaut d'un conseil fondé sur une analyse objective du marché, il est tenu d'analyser un nombre suffisant de contrats d'assurance offerts sur le marché, de façon à pouvoir recommander, en fonction de critères professionnels, le contrat qui serait adapté aux besoins du souscripteur éventuel ;

2° Préciser les exigences et les besoins du souscripteur éventuel ainsi que les raisons qui motivent le conseil fourni quant à un produit d'assurance déterminé. Ces précisions, qui reposent en particulier sur les éléments d'information communiqués par le souscripteur éventuel, sont adaptées à la complexité du contrat d'assurance proposé.

(Ord. n° 2009-106 du 30 janv. 2009, art. 3, en vigueur le 1er juill. 2010) *« III. — Avant la conclusion d'un contrat d'assurance individuel comportant des valeurs de rachat, d'un contrat de capitalisation, ou avant l'adhésion à un contrat mentionné à l'article L. 132-5-3 ou à l'article L. 441-1, l'intermédiaire est soumis au respect des dispositions de l'article L. 132-27-1, qui se substituent au 2° du II du présent article.*

« IV. — » Le souscripteur est, le cas échéant, tenu informé des changements affectant l'une des informations mentionnées au I et au 1° du II lors du renouvellement ou de la modification du contrat.

Un décret en Conseil d'État détermine les conditions d'application du présent article.

BIBL. ▶ Obligation de mise en garde : BIGOT, *JCP. I. 135*.

1. Sanction de l'ACPR. Sanctions à l'encontre de l'intermédiaire d'assurance pour violation de l'art. L. 520-1, I : • ACP, CDS, 12 déc. 2012, n° 2012-02. ♦ ... De l'art. L. 520-1, III : • ACPR, 20 juill. 2015, n° 2014-11 : *RTDF 2015, n° 3, p. 94, note Marly.*

2. Devoir de conseil. En retenant qu'un courtier d'assurance était tenu d'une obligation de conseil envers son client à l'occasion de la souscription, par son intermédiaire, de contrats d'assurance-vie conclu avant le 1er mai 2007, date d'entrée en vigueur de l'art. L. 520-1 C. ass., une cour d'appel n'a pas fait de cet article une application rétroactive mais seulement rappelé que ses dispositions avaient consacré le principe, reconnu dès avant cette date, de l'obligation de conseil de l'intermédiaire d'assurance. • Com., 23 sept. 2014, n° 13-22.763 : *RGDA 2014. 617, note Langé ; JCP G 2015. 741, n° 22, note Langé.* ♦ Ayant constaté que l'adéquation de la police souscrite à la situation de la société assurée avait été vérifiée au moyen d'un questionnaire écrit et précis, et retenu que l'ensemble des prescriptions à observer par l'assurée, qui n'étaient pas contradictoires, apparaissait clairement et lisiblement sur la police d'assurance et ses annexes, une cour d'appel, qui a estimé, dans l'exercice de son pouvoir souverain, qu'à leur seule lecture, l'assurée connaissait exactement les conditions auxquelles elle devait satisfaire pour que la garantie prenne effet, de sorte qu'elle n'avait pas à être mieux éclairée sur ces stipulations, a pu en déduire que le courtier n'avait pas manqué à son devoir d'information et de conseil. • Civ. 2e, 18 janv. 2018, n° 16-22.869 : *RGDA 2018. 158, note Pélissier.*

Ancien art. L. 520-2 *Les obligations prévues à l'article L. 520-1 ne s'appliquent pas à la présentation d'un contrat couvrant les risques mentionnés à l'article L. 111-6 ou d'un traité de réassurance.*

Art. L. 521-3 Lorsqu'elle distribue un contrat d'assurance, et avant la conclusion de ce contrat, l'entreprise d'assurance fournit au souscripteur éventuel ou *[à]* l'adhérent éventuel des informations relatives à son identité, à son adresse, à sa qualité d'entreprise d'assurance, aux procédures de réclamation et au recours à un processus de médiation. Elle informe également le souscripteur éventuel ou l'adhérent éventuel de la nature de la rémunération perçue par son personnel au titre de la distribution du contrat.

Le souscripteur ou l'adhérent est tenu informé des changements intervenus après la conclusion du contrat d'assurance et qui affectent l'information mentionnée à l'alinéa précédent, *(L. n° 2019-486 du 22 mai 2019, art. 206-XXIX)* «s'il effectue, au titre du contrat d'assurance après sa conclusion, des paiements» autres que les primes en cours et les versements prévus.

SECTION III RÈGLES DE CONDUITE

Art. L. 521-4 I. — Avant la conclusion de tout contrat d'assurance, le distributeur mentionné à l'article L. 511-1 précise par écrit, sur la base des informations obtenues auprès du souscripteur éventuel ou de l'adhérent éventuel, les exigences et les besoins de celui-ci et lui fournit des informations objectives sur le produit d'assurance proposé sous une forme compréhensible, exacte et non trompeuse *[,]* afin de lui permettre de prendre une décision en toute connaissance de cause.

Le distributeur conseille un contrat qui est cohérent avec les exigences et les besoins du souscripteur éventuel ou de l'adhérent éventuel et précise les raisons qui motivent ce conseil.

II. — Sans préjudice des dispositions du I, avant la conclusion d'un contrat spécifique, lorsque le distributeur d'assurance propose au souscripteur éventuel ou à l'adhérent éventuel un service de recommandation personnalisée, ce service consiste à lui expliquer pourquoi, parmi plusieurs contrats ou plusieurs options au sein d'un contrat, un ou plusieurs contrats ou options correspondent le mieux à ses exigences et à ses besoins.

III. — Les précisions mentionnées au I et au II du présent article et de l'article L. 522-5, qui reposent en particulier sur les éléments d'information communiqués par le souscripteur éventuel ou l'adhérent éventuel, sont adaptées à la complexité du contrat d'assurance proposé. Ces précisions sont communiquées au souscripteur éventuel ou à l'adhérent éventuel sous une forme compréhensible, exacte et non trompeuse *[,]* afin de lui permettre de comprendre la cohérence du contrat proposé avec ses exigences et ses besoins et de prendre une décision en toute connaissance de cause.

IV. — Avant la souscription ou l'adhésion à un contrat mentionné à l'article L. 522-1, le distributeur est soumis au respect des dispositions de l'article L. 522-5, par dérogation aux I et II du présent article.

Sur le devoir de conseil, V. supra ss. art. L. 521-2 : note 2 ss. anc. art. L. 520-1.

Art. L. 521-5 Les obligations prévues aux articles L. 521-2 à L. 521-4 ne s'appliquent pas à la présentation d'un contrat couvrant les risques mentionnés à l'article L. 111-6 ou d'un traité de réassurance.

Art. L. 521-6 La communication des informations fournies par le distributeur au souscripteur ou à l'adhérent en application des articles L. 521-2 à L. 521-4 et L. 522-1 à L. 522-6 est effectuée sur support papier.

Cette communication peut également être effectuée sur un support durable autre que le papier, sous réserve et par dérogation aux dispositions de l'article L. 111-10, que ce support soit approprié aux opérations commerciales entre le distributeur et le souscripteur et adhérent et que ce dernier ait choisi ce mode de communication après s'être vu proposé par le distributeur les deux modalités.

Les informations mentionnées au premier alinéa peuvent également, par dérogation aux dispositions de l'article L. 111-10, être fournies au moyen d'un site internet si elles sont adressées personnellement au souscripteur ou adhérent ou si les conditions suivantes sont remplies :

1° L'utilisation de ce moyen est appropriée aux opérations commerciales entre le distributeur et le souscripteur et adhérent ;

2° Le souscripteur ou l'adhérent a donné son accord à l'utilisation de ce moyen ;

3° Le distributeur a notifié par voie électronique au souscripteur ou adhérent l'adresse du site internet ainsi que l'endroit sur ce site où ces informations peuvent être trouvées ;

4° L'accès des informations susmentionnées sur le site internet est garanti pendant une durée raisonnable garantissant leur consultation possible par le souscripteur ou *[l']* adhérent.

Art. L. 521-7 Un décret en Conseil d'État précise les conditions d'application du présent chapitre.

CHAPITRE II EXIGENCES SUPPLÉMENTAIRES EN CE QUI CONCERNE LES CONTRATS DE CAPITALISATION ET CERTAINS CONTRATS D'ASSURANCE-VIE

SECTION PREMIÈRE PRÉVENTION DES CONFLITS D'INTÉRÊTS

Art. L. 522-1 En sus des obligations qui s'imposent à lui ou à elle en application des dispositions des articles L. 521-1, L. 521-2 et L. 521-3 et du règlement délégué (UE) 2017/2359 de la Commission du 21 septembre 2017, l'intermédiaire ou l'entreprise d'assurance qui exerce des activités de distribution des contrats d'assurance-vie individuel*[s]* comportant des valeurs de rachat, la souscription d'un contrat de capitalisation ou l'adhésion à un contrat mentionné à l'article L. 132-5-3 ou à l'article L. 441-1, met en œuvre des dispositifs organisationnels et administratifs efficaces en vue de prendre toutes les mesures appropriées destinées à empêcher que des conflits d'intérêts définis à l'article L. 522-2 ne portent atteinte aux intérêts de ses souscripteurs ou adhérents. Ces dispositifs sont proportionnés aux activités exercées, aux produits d'assurance vendus et adaptés aux types de distributeurs.

Art. L. 522-2 Dans l'exercice de leurs activités de distribution d'assurances, les intermédiaires et entreprises d'assurance prennent toutes les mesures appropriées pour détecter les conflits d'intérêts susceptibles de se poser entre eux-mêmes, y compris avec leurs dirigeants et leur*[s]* personnel*[s]* respectifs, avec toute personne directement ou indirectement liée à eux par une relation de contrôle, et avec leurs souscripteurs ou adhérents ou entre deux souscripteurs ou deux adhérents, lors de l'exercice d'activités de distribution d'assurances.

Lorsque les dispositifs mis en place par l'intermédiaire ou l'entreprise d'assurance conformément à l'article L. 522-1 pour gérer les conflits d'intérêts ne suffisent pas à garantir, avec un degré de certitude raisonnable, que le risque de porter atteinte aux intérêts du souscripteur éventuel ou de l'adhérent éventuel sera évité, l'intermédiaire ou l'entreprise d'assurance informe ces derniers, avant la conclusion de tout contrat d'assurance, de la nature générale ou des sources de ces conflits d'intérêts.

SECTION II INFORMATION À FOURNIR

Art. L. 522-3 Sans préjudice des dispositions des articles L. 521-1 et L. 521-2, l'intermédiaire ou l'entreprise d'assurance fournit au souscripteur éventuel ou à l'adhérent éventuel, avant la conclusion de tout contrat mentionné à l'article L. 522-1, les informations suivantes :

1° L'indication que lui sera ou non remise l'évaluation périodique de l'adéquation aux exigences et besoins des souscripteurs et adhérents des produits d'investissement recommandés telle que prévue à l'article L. 522-6 ;

2° Les informations sur les contrats et les stratégies d'investissement proposées comportant des orientations et des mises en garde appropriées sur les risques inhérents à ces contrats ou à certaines stratégies d'investissement proposées ;

3° Hormis les contrats mentionnés aux articles L. 144-1, L. 144-2 et L. 441-3, les informations sur tous les coûts et frais liés qui doivent être communiquées, y compris les coûts de distribution supplémentaires éventuels qui ne sont pas déjà inclus dans les coûts et frais précisés dans les documents d'informations clés prévus par le règlement (UE) n° 1286/2014 du Parlement européen et du Conseil du 26 novembre 2014, et notamment ceux qui ne sont pas causés par la survenance d'un risque du marché sous-jacent. L'ensemble de ces coûts et frais sont présentés *[est présenté]* de façon agrégée afin de permettre au souscripteur éventuel ou à l'adhérent éventuel de comprendre leur*[s]* effet*[s]* cumulé*[s]* sur le rendement de l'investissement. Si le souscripteur éventuel ou l'adhérent éventuel le demande, une ventilation des coûts de distribution supplémentaires lui est fournie.

Ces informations sont fournies au souscripteur ou à l'adhérent régulièrement, au minimum chaque année, pendant la durée de vie de l'investissement. Elles sont présentées sous une forme aisément compréhensible, exacte et non trompeuse, de telle sorte que les souscripteurs éventuels ou les adhérents éventuels soient en mesure de comprendre la nature et les risques du produit d'investissement fondé sur l'assurance qui leur est proposé et, partant, de prendre des décisions d'investissement en toute connaissance de cause.

Art. L. 522-4 Les intermédiaires ou les entreprises d'assurance sont regardés comme respectant les obligations définies au I de l'article L. 521-1, de l'article L. 522-1 ou de l'article L. 522-2 lorsqu'ils versent ou reçoivent des honoraires ou une commission, ou fournissent ou reçoivent un avantage non monétaire en lien avec la distribution d'un contrat mentionné à l'article L. 522-1, à toute partie ou par elle, à l'exclusion du souscripteur ou de l'adhérent ou de la personne agissant au nom du souscripteur ou de l'adhérent, dans les seuls cas où le paiement ou l'avantage :

1° N'a pas d'effet négatif sur la qualité du service fourni au souscripteur ou à l'adhérent ; et

2° Ne nuit pas au respect de l'obligation de l'intermédiaire ou de l'entreprise d'assurance d'agir d'une manière honnête, impartiale et professionnelle au mieux des intérêts de ses souscripteurs ou adhérents.

SECTION III RÈGLES DE CONDUITE

Art. L. 522-5 I. — Avant la souscription ou l'adhésion à un contrat mentionné à l'article L. 522-1, l'intermédiaire ou l'entreprise d'assurance ou de capitalisation précise par écrit les exigences et les besoins exprimés par le souscripteur éventuel ou l'adhérent éventuel, ainsi que les raisons justifiant le caractère approprié du contrat proposé. Il ou elle lui fournit des informations objectives sur le produit d'assurance proposé sous une forme *(L. n° 2019-486 du 22 mai 2019, art. 206-XXIX)* « compréhensible », exacte et non trompeuse*[,]* afin de lui permettre de prendre une décision en connaissance de cause.

L'intermédiaire ou l'entreprise d'assurance ou de capitalisation conseille un contrat qui est cohérent avec les exigences et les besoins du souscripteur éventuel ou de l'adhérent éventuel et précise les raisons qui motivent ce conseil. A cette fin, cet intermédiaire ou cette entreprise s'enquiert auprès du souscripteur ou de l'adhérent de sa situation financière et de ses objectifs d'investissement, ainsi que de ses connaissances et de son expérience en matière financière.

Les précisions mentionnées au premier alinéa sont adaptées à la complexité du contrat d'assurance ou de capitalisation proposé et permettent de déterminer le caractère approprié pour le souscripteur éventuel ou l'adhérent éventuel du contrat proposé.

(L. n° 2019-486 du 22 mai 2019, art. 72-I et 206-XXIX) « Pour les contrats dont les garanties sont exprimées en unités de compte, l'intermédiaire ou l'entreprise d'assurance ou de capitalisation communique avant la souscription ou l'adhésion à un contrat mentionné à l'article L. 522-1 une information détaillée précisant, pour chaque unité de compte, la performance brute de frais, la performance nette de frais et les frais prélevés, au cours d'une période définie par arrêté du ministre chargé de l'économie. Cette information mentionne notamment les éventuelles rétrocessions de commission perçues au titre de la gestion financière des actifs représentatifs des engagements exprimés en unités de compte par l'entreprise d'assurance, par ses gestionnaires délégués, y compris sous la forme d'un organisme de placement collectif,

ou par le dépositaire des actifs du contrat dans des conditions définies par arrêté du ministre chargé de l'économie.

« Lorsque l'intermédiaire ou l'entreprise conseille des lots de services ou de produits groupés, il vérifie le caractère approprié de l'offre groupée dans son ensemble. »

II. — Sans préjudice des dispositions du I, avant la souscription ou l'adhésion à un contrat mentionné à l'article L. 522-1, et lorsqu'un service de recommandation personnalisée est fourni par l'intermédiaire ou l'entreprise d'assurance ou de capitalisation au souscripteur éventuel ou à l'adhérent éventuel, ce service consiste à lui expliquer en quoi, parmi différents contrats ou différentes options d'investissement au sein d'un contrat, un ou plusieurs contrats ou options sont plus adéquats à ses exigences et besoins et en particulier plus adaptés à sa tolérance aux risques et à sa capacité à subir des pertes.

Art. L. 522-6 Lorsqu'un intermédiaire ou une entreprise d'assurance a informé le souscripteur ou l'adhérent qu'il ou elle procéderait à une évaluation périodique de l'adéquation des produits d'investissement recommandés, cette évaluation comporte une déclaration mise à jour sur la manière dont l'investissement fondé sur l'assurance répond aux préférences, aux objectifs et aux autres caractéristiques du souscripteur ou de l'adhérent.

Lorsque le souscripteur ou l'adhérent ne fournit pas les informations mentionnées à l'article L. 522-5, l'intermédiaire ou l'entreprise d'assurance ou de capitalisation le met en garde préalablement à la conclusion du contrat.

Art. L. 522-7 Un décret en Conseil d'État précise les modalités d'application de la présente section.

TITRE TROISIÈME DISPOSITIONS SPÉCIALES AUX COURTIERS ET SOCIÉTÉS DE COURTAGE D'ASSURANCE

(L. n° 89-1014 du 31 déc. 1989)

CHAPITRE UNIQUE

Art. L. 530-1 et L. 530-2 *Abrogés par L. n° 2005-1564 du 15 déc. 2005.*

Art. L. 530-2-1 Les personnes non assurées mais ayant effectué, à un courtier ou à une société de courtage *(L. n° 2005-1564 du 15 déc. 2005)* « immatriculés au registre mentionné à l'article L. 512-1 », des versements afférents à des contrats *(Abrogé par Ord. n° 2015-378 du 2 avr. 2015, art. 8-9°, à compter du 1er janv. 2016) « non régis par les dispositions de l'article L. 351-4 et »* faisant l'objet d'un engagement apparent de la part de l'une des entreprises mentionnées à l'article L. 310-1, seront garanties par ladite entreprise lorsque l'assurance de responsabilité civile du courtier ou de la société de courtage qui a reçu ces versements ne peut être actionnée.

L'assureur qui a donné sa garantie en application des dispositions de l'alinéa précédent est subrogé dans les droits et actions appartenant à l'assuré en vertu de celles de l'article *(L. n° 2005-1564 du 15 déc. 2005)* « L. 512-7 ».

Action contre l'assureur. L'art. L. 530-2-1 ne fait pas obligation à une personne non assurée, ayant procédé à des versements à un courtier, de mettre en œuvre la garantie financière de ce dernier avant toute action à l'encontre de la société d'assurances dont il a été le mandataire apparent. • Civ. 2e, 14 juin 2012 : *D. 2012. 1674 ; RCA 2012, n° 290, note Groutel ; RGDA 2013. 205, note Roussel.*

Art. L. 530-2-2 *Ajouté par L. n° 99-532 du 25 juin 1999 ; abrogé par L. n° 2005-1564 du 15 déc. 2005.*

Art. L. 530-3 Un décret en Conseil d'État détermine les conditions d'application du présent chapitre ainsi que les mesures complémentaires nécessaires pour garantir la protection des assurés.

V. aussi Constatation des usages du courtage d'assurances terrestres et Prot. du 29 mars 1998 concernant l'amélioration des rapports administratifs des entreprises d'assurance et des courtiers d'assurance, App., v° Courtiers d'assurances.

I. RESPONSABILITÉ DU COURTIER ENVERS L'ASSURÉ

A. FAUTE

1° DEVOIR D'INFORMATION ET DE CONSEIL

1. Principes. Le courtier doit être un guide sûr et un conseiller expérimenté, faute de quoi il encourt une responsabilité civile pour le préjudice causé à son client par la mauvaise exécution du mandat dont il avait été chargé. • Civ. 10 nov. 1964, n° 62-13.411 P : *GADA 254 ; JCP 1965. II. 13981, note P. P. ; RGAT 1965. 175, obs. A. B.* ♦ Le courtier, professionnel de l'assurance, a, à l'égard de son client, une obligation de conseil et d'exacte information. • Civ. 1re, 24 mai 1989 : *RGAT 1990. 910, note P.S.M.* ♦ Le courtier est tenu d'une obligation de conseil à l'égard de son client à laquelle il ne peut satisfaire en se contentant de lui apporter l'ensemble des informations précontractuelles et contractuelles dues au titre de son devoir de renseignement. • Com. 23 sept. 2014, n° 13-22.763 : *RGDA 2014. 617, note Langé ; RCA 2015, n° 34.*

2. Pluralité de courtiers. Le placement et la gestion des assurances ayant été confiés à deux courtiers, ceux-ci sont tenus d'une manière indivisible de l'obligation de conseil en l'absence de protocole prévu pour définir entre eux les modalités de gestion des assurances. • Civ. 1re, 5 févr. 1991 : *RCA 1991. 365.*

3. Opération complexe. Prive sa décision de base légale la cour d'appel qui déboute un souscripteur de son action en responsabilité contre un courtier sans rechercher si, indépendamment de l'information documentaire fournie sur le fonctionnement autonome de chacun des contrats, le souscripteur avait reçu du courtier et de l'assureur une information adaptée à la complexité d'une opération reposant sur la souscription cumulée de cinq contrats d'assurance de retraite complémentaire. • Civ. 1re, 4 juin 2014, n° 13-12.770 P : *RCA 2014, n° 324 ; JCP 2014. 864, note Mayaux.*

4. Adéquation du produit à la situation de l'assuré. Prive sa décision de base légale la cour d'appel qui déboute un souscripteur, qui avait souscrit des contrats d'assurance-vie pour se constituer un complément de retraite, de son action en responsabilité contre un courtier, sans rechercher si ce dernier, tenu d'un devoir de conseil sur les caractéristiques des produits d'assurance qu'il propose et sur leurs adéquation avec la situation personnelle et les attentes de ses clients, s'était acquitté de ses obligations préalablement à la signature du contrat. • Com. 13 avr. 2010 : *RCA 2010, n° 195.* ♦ Ayant relevé, d'une part, que le courtier, informé des objectifs de son client, joueur de rugby professionnel, n'avait réalisé aucune projection à long terme pour envisager la pérennité du système patrimonial mis en place à l'arrêt de sa carrière sportive, d'autre part, que le risque des placements, pour l'essentiel investis en unités de compte sur une durée de trente ans, n'a pas été évalué quand ils devaient garantir le remboursement *in fine* d'emprunts immobiliers contractés pour quinze à vingt ans, une cour d'appel a pu retenir que le courtier avait manqué à son obligation de conseil. • Com. 23 sept. 2014, n° 13-22.763 : *RGDA 2014. 617, note Langé ; RCA 2015, n° 34.*

5. Déclaration irrégulière du risque. En l'état de la multiplicité des contrats passés et de la complexité de la situation qui en résultait en ce qui concerne notamment la qualité de conducteur habituel, une cour d'appel a pu estimer que le manquement initial du courtier à son obligation de conseil avait été à l'origine des déclarations inexactes, lors même que cette inexactitude fût connue du souscripteur. • Civ. 1re, 10 déc. 1991 : *RGAT 1992. 189.* ♦ Est justifiée la décision condamnant un courtier à réparer une partie du dommage subi par son client du fait d'une fausse déclaration alors que la proposition avait été remplie par le courtier qui connaissait parfaitement la situation du souscripteur. Le courtier devait attirer l'attention de son client sur les conséquences d'une dissimulation. • Civ. 1re, 13 nov. 1985, n° 84-11.673 P : *D. 1986. 525, note Groutel.*

6. Refus d'assurance. Le courtier, qui a transmis une proposition à la compagnie, laquelle ne l'a pas acceptée, ce dont il n'a pas informé le souscripteur, qui, du fait de ce silence, n'a pas pu contracter une assurance auprès d'une autre compagnie, est responsable envers son client des sommes que celui-ci doit à sa victime. • Civ. 1re, 2 juin 1969 : *Bull. civ. I, n° 203 ; RGAT 1970. 161.*

7. Étendue de la garantie. Manque à son obligation de renseigner exactement l'assuré le courtier qui, par ses réticences propres à créer la confusion dans la définition des risques couverts, n'a pas permis à un fabricant d'aliments pour animaux d'être correctement couvert aussi bien pour les aliments destinés au bétail que pour ceux destinés aux chiens. • Civ. 1re, 26 avr. 1977 : *D. 1977. IR 462, obs. Berr et Groutel ; RGAT 1978. 219.* ♦ Encourt la cassation l'arrêt qui déboute la victime d'un vol de son action contre un courtier au motif que celui-ci n'avait pas été prévenu de ce que des avenants n'avaient pas été signés, alors que le courtier a, à l'égard de son client, une obligation de conseil et d'exacte information. • Civ. 1re, 6 nov. 1984, n° 83-14.020 P : *RGAT 1985. 313.*

8. Regroupement de polices. Ne satisfait pas à ses obligations le courtier habituel qui se borne à conseiller à son client le regroupement de ses polices sans vérifier si les radiations et les souscriptions de nouveaux contrats ont bien été effectuées. • Civ. 1re, 13 mai 1985, n° 84-10.741 P : *D. 1986. 525, note Groutel.*

9. Non-paiement de la prime. Commet une faute le courtier qui n'avertit pas son client de la situation irrégulière résultant du non-paiement d'une prime et qui le laisse dans la croyance d'une garantie illusoire de la part de l'assureur. • Civ. 1re, 24 mai 1965, n° 63-11.732 P : *RGAT 1966. 204, obs. A. B.* ♦ Manque à son devoir de conseil le courtier qui a omis d'aviser l'assuré que sa situation était irrégulière et qui l'a laissé croire à une garantie illusoire. • Civ. 1re, 23 févr. 1971 : *RGAT 1971. 499.*

10. Risque de déchéance. Manque à son obligation de conseil le courtier qui n'a pas informé son client de l'éventualité d'une déchéance pour déclaration tardive d'un sinistre. • Civ. 1re, 12 févr. 1991 : *RGAT 1991. 436, note Langé.*

11. Exclusion de garantie. En présence d'une clause peu explicite, pouvant être interprétée comme une simple limitation de garantie, le courtier qui ne fait aucune allusion à une clause d'exclusion en informant l'assuré des garanties qu'il vient d'obtenir pour lui manque à son devoir d'information et de conseil. • Civ. 1re, 27 nov. 1990 : *RCA 1991. 85.*

12. Informations erronées. Le courtier qui a induit son client en erreur, lui présentant comme des certitudes des renseignements n'offrant aucune garantie, doit réparer le préjudice causé par sa faute. • Com. 1er févr. 1966 : *Bull. civ. III, n° 65 ; RGAT 1967. 54.*

13. Refus de garantir le sinistre. Commet des fautes dont il est responsable le courtier qui a pris la direction du procès intenté à son client, notamment en constituant avoué et en donnant des instructions pour l'expertise et la défense des intérêts de la société et qui, bien qu'avisé d'un refus de couvrir le sinistre, n'a pas tenu l'assuré au courant de ce refus, lui laissant croire qu'il était inutile de faire également une déclaration à un autre assureur. • Civ. 1re, 1er févr. 1978, n° 75-14.706 P.

2° AUTRES OBLIGATIONS

14. Non-respect des instructions. Peut se prévaloir d'un manquement du courtier à son devoir l'assuré qui avait demandé une modification de sa police afin d'obtenir la couverture totale du risque et qui s'est vu opposer à juste titre la règle proportionnelle, aucune modification du montant du capital assuré n'ayant été effectuée. En outre, les termes de l'avenant rapprochés de ceux du contrat étaient peu clairs, de sorte que l'assuré, qui avait fait confiance au courtier, était fondé à ne pas en avoir compris la portée exacte. • Civ. 1re, 26 mai 1988 : *RGAT 1988. 565.* ♦ Est caractérisée l'inexécution du mandat donné à un courtier qui, ayant demandé l'établissement d'une police pour un transport de marchandises à une compagnie, avise le jour même son client que la garantie lui est acquise, de sorte que ce dernier pouvait escompter qu'il serait couvert, alors que la police d'assurance ne couvrait pas l'intégralité du parcours. • Civ. 1re, 13 oct. 1987 : *RGAT 1987. 618.*

15. Non-transmission d'un certificat à l'assureur. Constitue une faute du courtier l'omission d'adresser à la compagnie d'assurances un certificat de conformité d'un appareil d'alarme et le fait d'avoir affirmé que cet appareil était conforme alors qu'il n'avait jamais fonctionné. • Civ. 1re, 19 janv. 1983, n° 81-16.384 P.

16. Établissement du contrat. Le courtier qui n'a pas précisé à son client sa qualité d'agent ou de courtier et ses droits et obligations à l'égard des assureurs et qui n'a établi le contrat que postérieurement au sinistre doit indemniser son client du préjudice subi. • Civ. 1re, 26 avr. 1984 : *RGAT 1985. 420.*

17. Déclaration irrégulière. Est à bon droit condamné à indemniser son client le courtier qui, professionnel de l'assurance agissant comme mandataire de son client, a établi une proposition d'assurance dans laquelle il a affirmé à tort que celui-ci n'a pas encouru de résiliation dans le passé et a ainsi intentionnellement trompé le nouvel assureur. • Civ. 1re, 9 déc. 1986 : *RGAT 1987. 162.* ♦ Professionnel de l'assurance, le courtier a nécessairement conscience de l'importance que peuvent avoir pour l'assureur, appelé à évaluer les risques qu'il doit prendre en charge, les informations relatives aux précédents sinistres et à la qualité de l'assuré. Le préjudice résultant directement de la faute et de l'annulation du contrat d'assurance est égal au montant de l'indemnité que l'assureur aurait versée si le contrat n'avait pas été annulé. • Civ. 1re, 26 févr. 1991 : *RGAT 1991. 432.*

18. Transmission tardive d'un chèque. Constitue une faute du courtier la transmission tardive d'un chèque. • Civ. 1re, 31 mars 1987, n° 85-16.261 P : *RGAT 1988. 137.*

19. Vérification de l'acceptation par l'assureur. Le courtier doit vérifier si l'assureur auquel il a transmis une proposition d'assurance l'a bien acceptée. • Civ. 1re, 24 mars 1992 : *RGAT 1992. 411, obs. Langé.*

20. Vérification des renseignements donnés par un tiers. Le courtier, mandataire rémunéré de l'assuré, a l'obligation de vérifier l'exactitude des renseignements communiqués par un tiers et servant de base à la détermination du risque à garantir. • Civ. 3e, 4 nov. 1993, n° 91-17.087 P • 14 janv. 1998, n° 96-11.102 P : *RCA 1998, n° 145.*

B. ABSENCE DE FAUTE

21. Limites de la responsabilité des courtiers. L'autonomie de la garantie financière des courtiers instituée par l'art. L. 530-1, tendant à la sauvegarde des intérêts de l'assuré qui en est le bénéficiaire, ne fait pas obstacle à la transmission par celui-ci, par l'effet d'une cession ou d'une subrogation, du droit issu de cette garantie. • Civ. 3e, 21 oct. 2004 : *RCA 2005, n° 44 ; RGDA 2005. 508,* *note Langé; D. 2005. 692, note S. Cabrillac* ; *Defrénois 2005. 1226, note Barthez.*

22. *Limites du mandat.* Il appartient au courtier de conseiller au mieux son client sur l'étendue de la garantie à souscrire mais non pas, sauf mandat spécial, de rechercher d'autres contrats que ceux pour lesquels la garantie lui était demandée. • Civ. 1re, 4 mars 1986 : *RGAT 1986. 250.*

23. *Recherche d'un autre assureur.* Ne commet pas de faute en relation de causalité avec le dommage subi par un assuré du fait d'un incendie le courtier qui cherche un autre assureur pour la couverture d'un risque, dès qu'il a connaissance du refus de la proposition d'assurance faite au précédent assureur. • Civ. 1re, 11 janv. 1989, nº 87-12.371 P. ♦ Le courtier qui, après avoir tenté de placer un risque auprès de plusieurs compagnies, accepte, faute de mieux, que l'assureur actuel exclue à l'avenir le risque de vol ne commet aucune faute dans l'exercice de son mandat dès lors qu'il a évité à l'assuré une résiliation pour sinistre antérieur à laquelle l'assureur aurait été en droit de procéder. • Civ. 1re, 9 déc. 1992 : *RGAT 1993. 398.*

24. *Absence de lien de causalité.* L'erreur du courtier qui a consisté à délivrer une note de couverture rétroactive ayant été sans conséquence sur la non-garantie de l'assureur, l'événement entraînant la responsabilité de l'assuré n'étant pas assurable faute d'aléa, ne peut entraîner sa responsabilité. • Civ. 1re, 21 févr. 1989 : *RGAT 1989. 427, note Pauffin de Saint-Morel.*

25. *Absence de manquement au devoir de conseil.* Il ne saurait être reproché à un courtier d'avoir manqué à son devoir de conseil, dès lors que le client n'avait pu se méprendre sur la portée des diligences accomplies avec le concours du courtier, compte tenu des conditions dans lesquelles la proposition d'assurance avait été établie et transmise, celle-ci ne comportant ni date de prise d'effet ni calcul de la prime, de la vérification de la situation du risque par l'assureur et du « suivi » effectué par le courtier, qui, par lettre antérieure au sinistre, avait confirmé à son client que l'accord de l'assureur demeurait subordonné à l'avis favorable de l'inspecteur de la compagnie. • Civ. 1re, 10 déc. 1991 : *RGAT 1992. 189.* ♦ Il ne saurait être reproché à un courtier d'avoir manqué à son devoir de conseil en ne procédant pas à une évaluation de biens immobiliers pour laquelle il n'avait aucune compétence, dès lors que le propriétaire, qui les avait auparavant fait estimer par un expert, avait une parfaite connaissance de l'insuffisance de la garantie. • Civ. 1re, 19 janv. 1994 : *RCA 1994, nº 160.* ♦ Ayant relevé que l'assuré avait connaissance, par les conditions particulières du contrat, de son obligation de déclarer à l'assureur son effectif dès lors que celui-ci excédait une personne, qu'il avait déjà mis en œuvre cette obligation quand son effectif était passé de zéro à un salarié et qu'il n'avait pas signalé au courtier une nouvelle modification du nombre de ses salariés, une cour d'appel a pu en déduire, sans modifier l'objet du litige, que le courtier n'avait pas manqué à son devoir de conseil. • Civ. 3e, 22 oct. 2014 : *D. 2014. 2172* , *et les obs.*; *RCA 2015, nº 33*; *RDI 2014. 652, obs. Noguéro* .

26. *Absence de manquement par rapport à la prescription biennale.* Il ne saurait être reproché à un courtier d'avoir manqué de diligence en n'avisant pas son client de l'existence de la prescription biennale et des procédés à mettre en œuvre pour l'interrompre, dès lors que l'assuré, mandataire judiciaire, disposait des compétences nécessaires pour connaître de cette prescription spéciale, rappelée expressément aux conditions générales du contrat d'assurance, et qu'il était assisté d'un conseil professionnel du droit. • Civ. 2e, 24 oct. 2013, nº 12-27.000 P : *RCA 2014, nº 34; RGDA 2014. 236, note Langé.* ♦ Ne commet aucun manquement à son devoir de conseil et d'information le courtier auquel il était reproché de n'avoir fait aucun acte interruptif de prescription, alors que, l'assuré l'ayant assigné antérieurement à l'expiration du délai de prescription, il avait pu en déduire qu'il était déchargé du mandat de poursuivre le règlement d'un sinistre. • Civ. 1re, 24 mars 1992 : *RGAT 1992. 409; RCA 1992. 253.*

27. *Adéquation du produit à la situation de l'assuré.* Ne manque pas à ses obligations le courtier qui a fourni aux souscripteurs d'un contrat d'assurance-vie des informations exactes et adaptées à leur situation personnelle. • Civ. 2e, 11 juin 2015, nº 14-18.382 : *RGDA 2015. 420, note Langé; JCP 2016, nos 732 et 21, obs. Langé.*

II. RESPONSABILITÉ DE L'ASSUREUR

28. *Envoi d'une documentation incomplète.* Est justifiée la condamnation d'une compagnie d'assurance à garantir un courtier à concurrence de la moitié des condamnations prononcées contre lui en retenant à l'encontre de celle-ci la faute ayant consisté dans l'envoi au courtier d'une documentation incomplète. • Civ. 1re, 3 déc. 1974 : *D. 1975. IR 58.*

III. RESPONSABILITÉ DU COURTIER ENVERS L'ASSUREUR

29. *Paiement des primes.* Est à bon droit condamné à régler à une compagnie d'assurance le montant de primes dues par un assuré le courtier qui avait remis des notes de couverture sans percevoir les primes correspondantes à une société dont il était l'administrateur et dont il connaissait l'insolvabilité. • Civ. 1re, 20 janv. 1987 : *RGAT 1987. 289.*

30. *Résiliation du contrat.* La responsabilité du courtier envers l'assureur est engagée lorsque celui-ci, ayant établi un avenant de résiliation, le courtier n'a pas fait diligence pour le faire signer par l'assuré avant la survenance du sinistre, de sorte que l'assureur a été tenu à garantie. • Civ. 1re, 24 mars 1992 : *RGAT 1992. 413, note Langé; RCA 1992. 254.*

IV. RESPONSABILITÉ DE L'ASSURÉ ENVERS LE COURTIER

31. Résiliation. Le client d'un courtier d'assurance auquel il a confié le mandat exclusif de gérer pendant trois ans différents contrats sauf résiliation précédée d'un préavis de trois mois est responsable de la rupture de cette convention s'il change de courtier avant son expiration et sans aucun préavis. • Com. 26 mai 1992 : *RGAT 1993. 396.*

V. USAGES DU COURTAGE

32. Renvoi. V. App., vº *Courtiers d'assurance,* Constatation des usages du courtage d'assurance terrestre.

TITRE QUATRIÈME DISPOSITIONS SPÉCIALES AUX AGENTS GÉNÉRAUX D'ASSURANCE

(L. nº 2005-1564 du 15 déc. 2005)

CHAPITRE UNIQUE

Art. L. 540-1 Le contrat passé entre les entreprises d'assurance et leurs agents généraux, sans détermination de durée, peut toujours cesser par la volonté d'une des parties contractantes.

Néanmoins, la résiliation du contrat par la volonté d'un seul des contractants peut donner lieu à des dommages-intérêts qui sont fixés conformément à l'article 1780 du code civil.

Les parties ne peuvent renoncer à l'avance au droit éventuel de demander des dommages-intérêts en vertu des dispositions ci-dessus.

Art. L. 540-2 Le statut des agents généraux d'assurance et ses avenants sont, après avoir été négociés et établis par les organisations professionnelles intéressées, approuvés par décret. — *V. Décr. nº 96-902 du 15 oct. 1996 et, auparavant, Décr. nº 49-317 du 5 mars 1949 et Décr. nº 50-1608 du 28 déc. 1950, App., vº Agents généraux.*

TITRE CINQUIÈME DISPOSITIONS SPÉCIALES AUX MANDATAIRES NON AGENTS GÉNÉRAUX D'ASSURANCE

(L. nº 2005-1564 du 15 déc. 2005)

CHAPITRE UNIQUE

Art. L. 550-1 Pour l'application du I de l'article L. 512-1, les mandataires non agents généraux d'assurance, exerçant leur activité au nom et pour le compte d'une entreprise d'assurance et sous son entière responsabilité, et ne percevant ni les primes, ni les sommes destinées aux clients peuvent être immatriculés sur le registre des intermédiaires par l'entreprise qui les mandate. Cette entreprise vérifie sous sa responsabilité qu'ils remplissent les conditions relatives à l'accès à l'activité d'intermédiaire et à son exercice.

Dans ce cas, l'entreprise d'assurance est tenue de communiquer à l'organisme qui tient le registre prévu au I de l'article L. 512-1, à sa demande, toute information nécessaire à la vérification des conditions d'accès et d'exercice des mandataires non agents généraux d'assurance qu'elle a immatriculés.

Un décret en Conseil d'État précise les modalités d'application du présent article.

Clause de non-concurrence. Au regard du caractère exclusivement libéral de l'activité de mandataire d'assurance, la validité de la clause de non-concurrence n'est pas subordonnée à l'octroi d'une contrepartie financière. • Civ. 1re, 2 oct. 2013, nº 12-22.846 P : *D. 2013. 2622, note Bahurel ; RGDA 2014. 70, note Langé ; RCA 2014, nº 35.*

TITRE SIXIÈME DISPOSITIONS SPÉCIFIQUES À MAYOTTE

(Ord. nº 2007-1801 du 21 déc. 2007, art. 4)

Art. L. 561-1 Le présent livre est applicable à Mayotte dans les conditions suivantes :

1° Les références faites par des dispositions du présent code à d'autres articles du même code ne concernent que les articles applicables à Mayotte le cas échéant, avec les adaptations prévues dans le présent titre ;

2° En l'absence d'adaptation, les références faites par des dispositions du présent code applicables à Mayotte à des dispositions qui n'y sont pas applicables sont remplacées par les références aux dispositions ayant le même objet applicables localement ;

3° Le chapitre V du titre Ier n'est pas applicable.

TITRE SEPTIÈME *[ABROGÉ]* DISPOSITIONS APPLICABLES DANS LES ÎLES WALLIS-ET-FUTUNA

(Abrogé par Ord. nº 2015-378 du 2 avr. 2015, art. 9-7º, à compter du 1er janv. 2016)

Art. L. 571-1 ***Le chapitre Ier du titre Ier du présent livre est applicable dans les îles Wallis-et-Futuna dans sa rédaction en vigueur lors de la promulgation de la loi nº 89-1014 du 31 décembre 1989 précitée.***

DEUXIÈME PARTIE : RÉGLEMENTAIRE

(Décr. nº 76-667 du 16 juill. 1976)

LIVRE PREMIER LE CONTRAT

TITRE PREMIER RÈGLES COMMUNES AUX ASSURANCES DE DOMMAGES ET AUX ASSURANCES DE PERSONNES

(Décr. nº 2012-849 du 4 juill. 2012).

CHAPITRE PREMIER DISPOSITIONS GÉNÉRALES

Art. R. 111-1 *(Décr. nº 94-635 du 25 juill. 1994)* Une opération relevant des branches mentionnées aux 3, 8, 9, 10, 13 et 16 de l'article R. 321-1 est considérée comme couvrant un grand risque pour l'application de l'article L. 111-6 si le souscripteur remplit au moins deux des trois conditions suivantes :

1º Le total de son dernier bilan est supérieur à 6,2 millions d'*(Décr. nº 2015-513 du 7 mai 2015, art. 1er-1º, en vigueur le 1er janv. 2016)* « euros » ;

2º Le montant de son chiffre d'affaires du dernier exercice est supérieur à 12,8 millions d'*(Décr. nº 2015-513 du 7 mai 2015, art. 1er-1º, en vigueur le 1er janv. 2016)* « euros » ;

3º Le nombre de personnes qu'il a employées en moyenne au cours du dernier exercice est supérieur à 250.

Si le souscripteur fait partie d'un ensemble d'entreprises soumises à une obligation de consolidation comptable, les seuils mentionnés aux 1º, 2º et 3º ci-dessus sont appliqués sur une base consolidée. — *Assur. R. 310-6, R. 321-6.*

Art. R. 111-2 *(Décr. nº 2001-112 du 7 févr. 2001)* L'autorité administrative mentionnée à l'article L. 111-4 est le ministre chargé de l'économie et des finances.

Art. R. 111-3 *(Décr. nº 2017-627 du 26 avr. 2017, art. 1er)* Les installations d'énergies marines renouvelables mentionnées au *d* du 1º de l'article L. 111-6 sont les installations de production d'électricité à partir de sources d'énergies renouvelables telles que définies à l'article L. 211-2 du code de l'énergie, y compris les machines électrogènes et les autres ouvrages du producteur en aval du point de livraison au réseau public, situées en mer au-delà du rivage de la mer tel qu'il est défini à l'article L. 2111-4 du code général de la propriété des personnes publiques.

CHAPITRE II CONCLUSION ET PREUVE DU CONTRAT D'ASSURANCE – FORME ET TRANSMISSION DES POLICES

Art. R.* 112-1 *(Décr. nº 2006-740 du 27 juin 2006)* « Les polices d'assurance relevant des branches 1 à 17 de l'article R. 321-1 *(Décr. nº 2012-849 du 4 juill. 2012)* « , à l'exception des polices d'assurance relevant du titre VII du présent code, » doivent indiquer : »

— la durée des engagements réciproques des parties ;

— les conditions de la tacite reconduction, si elle est stipulée ;

— les cas et conditions de prorogation ou de résiliation du contrat ou de cessation de ses effets ;

— les obligations de l'assuré, à la souscription du contrat et éventuellement en cours de contrat, en ce qui concerne la déclaration du risque et la déclaration des autres assurances couvrant les mêmes risques ;

— les conditions et modalités de la déclaration à faire en cas de sinistre ;

— le délai dans lequel les indemnités sont payées ;

— pour les assurances autres que les assurances contre les risques de responsabilité, la procédure et les principes relatifs à l'estimation des dommages en vue de la détermination du montant de l'indemnité.

Elles doivent rappeler les dispositions des titres Ier et II du livre Ier de la partie législative du présent code concernant la règle proportionnelle, lorsque celle-ci n'est pas inapplicable de plein droit ou écartée par une stipulation expresse, et la prescription des actions dérivant du contrat d'assurance.

Les polices des *(Décr. nº 90-827 du 20 sept. 1990)* « sociétés d'assurance mutuelles » doivent constater la remise à l'adhérent du texte entier des statuts de la société.

Les polices d'assurance contre les accidents du travail doivent rappeler les dispositions légales relatives aux déclarations d'accidents et aux pénalités pouvant être encourues à ce sujet par les employeurs.

V. art. A. 113-1.

I. ÉTENDUE DE L'OBLIGATION D'INFORMATION

A. OBJET DE L'OBLIGATION

1. Information sur le risque d'expiration de la prescription. Hors circonstances particulières, l'assureur n'est pas tenu, à l'égard de l'assuré, d'une obligation particulière d'information relative au risque d'expiration du délai biennal de prescription. • Civ. 1re, 18 nov. 2003 : *RGDA 2004. 400, note Kullmann.*

2. Informations précises sur la prescription. La mention, se bornant à rappeler que « toutes actions dérivant du présent contrat sont prescrites par deux ans à compter de l'événement qui y a donné naissance dans les termes des articles L 114-1 et L. 114-2 C. assur. », sans autre précision, ne satisfait pas aux obligations prévues par l'art. R.* 112-1. • Civ. 3e, 28 avr. 2011 : *D. 2012. 1980, obs. Groutel ; RCA 2011. Étude 10, note Groutel ; RGDA 2011. 701, obs. Kullmann ; ibid. 972, obs. Mayaux ; Gaz. Pal. 30 juill. 2011. 6, note Noguéro.* ♦ V. égal. : • Civ. 2e, 3 sept. 2009, nº 08-13.094 P : *D. 2009. AJ 2165, obs. Lavric ; Gaz. Pal. 13 févr. 2010, p. 24, note Périer ; Procédures 2009, nº 410, note Croze ; RCA 2009, nº 311, note Groutel ; RDI 2009. 652, note Noguéro* • Civ. 3e, 16 nov. 2011 : *D. 2011. 2933 ; ibid. 2012. 1980, obs. Groutel ; RCA 2012, nº 86, note Groutel ; RGDA 2012. 337, note Kullmann ; Procédures. 2012. Étude 2, nº 4, note V. Mazeaud* • Civ. 2e, 22 oct. 2015, nº 14-21.292 : *Gaz. Pal. 15 déc. 2015, p. 25, note Noguéro ; RCA 2016, nº 26 (1re, esp.), note Groutel.* ♦ *Contra* auparavant : ayant constaté que les conditions générales de la police dommages-ouvrage stipulait que « toutes actions dérivant du présent contrat sont prescrites par deux ans à compter de l'événement qui y a donné naissance dans les termes des articles L. 114-1 et L. 114-2 C. assur. », une cour d'appel a exactement déduit que les dispositions relatives à la prescription biennale avaient été rappelées dans la police, de sorte que les dispositions de l'art. R. 112-1, al. 2, du même bdc selon lequel les polices d'assurances doivent rappeler la prescription des actions dérivant du contrat d'assurance avaient été respectées. • Civ. 2e, 10 nov. 2005, nº 04-15.041 P : *RCA 2006, nº 42, note Groutel ; RGDA 2006. 81, note Kullmann ; RDI 2006. 31, obs. Legay.*

3. Rappel des causes d'interruption. L'assureur doit rappeler dans le contrat d'assurance les causes d'interruption de la prescription biennale prévue à l'art. L. 114-2 C. assur. • Civ. 2e, 3 sept. 2009 : *préc. note 2* • Civ. 3e, 28 avr. 2011 : *préc. note 2* • 16 nov. 2011 : *préc. note 2* • Civ. 2e, 13 juin 2013 : *RCA 2013, nº 324, note Groutel* • 22 oct. 2015, nº 14-21.292 : *Gaz. Pal. 15 déc. 2015, p. 25, note Noguéro ; RCA 2016, nº 26 (1re esp.), note Groutel* • 23 nov. 2017, nº 16-26.671 : *RCA 2018, nº 55, note Groutel* ♦ ... Ainsi que les causes ordinaires d'interruption de la prescription. • Civ. 2e, 18 avr. 2013 : *RCA 2013, nº 242, note Groutel ; RGDA 2013. 884, note Kullmann ; Procédures 2014. Chron. 2, nº 7, note V. Mazeaud* • 4 févr. 2016, nº 15-14.649 • 18 avr. 2019, nº 18-14.404 : *RGDA juin 2019. 35, note Pimbert ; RCA 2019, nº 205, note Groutel.* ♦ Viole l'art. R. 112-1 la cour d'appel qui, pour déclarer irrecevable comme prescrite l'action en indemnisation des assurés, retient que la police précise les causes d'interruption de prescription tant ordinaires, à savoir « l'une des cause légales d'interruption de la prescription », que particulières, à savoir « la désignation d'un expert à la suite d'un sinistre, l'envoi d'une lettre recommandée avec accusé de réception par lui-même en cas de non-paiement de cotisation ou par l'assuré en ce qui concerne le règlement d'une indemnité », de sorte que les exigences de l'art. R. 112-1 sont remplies, alors que le contrat ne précisait pas les causes ordinaires d'interruption de la prescription. • Civ. 3e, 26 nov. 2015, nº 14-23.863 : *RGDA 2016. 87, note Pélissier ; Constr.-Urb. 2016, nº 10, note Pagès-de Varenne.* ♦ Ayant constaté que la clause du contrat d'assurance relative à la prescription ne précisait pas que la lettre recommandée avec demande d'avis de réception, pour être interruptive de prescription, doit concerner le règlement de l'indemnité, une cour d'appel en a exactement déduit que cette mention était insuffisante et que le délai de prescription était inopposable à l'assuré. • Civ. 2e, 7 avr. 2016, nº 15-14.154 : *RCA 2016, nº 247, note Groutel ; RGDA 2016. 300, note Asselain ; Gaz. Pal. 2016, nº 23, p. 68, note Noguéro.* ♦ Comp. auparavant : • Civ. 2e, 10 nov. 2005, nº 04-15.041 : *préc. note 2.*

4. Rappel du délai biennal. L'assureur doit rappeler dans le contrat d'assurance le délai biennal de la prescription. • Civ. 2e, 14 janv. 2010, nº 09-12.590. ♦ Le délai de prescription de l'art.

L. 114-1 n'étant pas rappelé dans les conditions particulières de la police signée par le souscripteur et l'assureur n'établissant pas avoir communiqué à son assuré les conditions générales comportant la clause relative au délai de prescription, un cour d'appel en a exactement déduit que le ce délai n'était pas opposable à l'assuré. • Civ. 3e, 20 oct. 2006, no 15-18.418 : *RGDA 2016. 604, note Asselain.*

5. Rappel des différents points de départ du délai de prescription. L'assureur doit rappeler dans le contrat d'assurance les différents points de départ du délai de prescription. • Civ. 2e, 28 avr. 2011, no 10-16.403 P : *RCA 2011. Étude 10, par Groutel ; RGDA 2011. 700, note Kullmann ; Gaz. Pal. 30 juill. 2011, p. 6, note Noguéro ; Procédures 2012. Étude 2, no 4, note V. Mazeaud* • 13 juin 2013 : *RCA 2013, no 324, note Groutel* • Civ. 1re, 18 juin 2014 : *RGDA 2014. 438, note Asselain* • 22 oct. 2015, no 14-21.292 : *Gaz. Pal. 15 déc. 2015, p. 25, note Noguéro ; RCA 2016, no 26 (1re esp.), note Groutel* • 10 déc. 2015, no 14-28.012 P : *D. actu. 4 janv. 2016, obs. Cayol ; RCA 2016, no 95, note Groutel ; Gaz. Pal. 2016, no 12, p. 62, note Noguéro* • 23 nov. 2017, no 16-26.671 : *préc. note 3.* ♦ En conséquence, viole l'art. R. 112-1 C. assur. la cour d'appel qui déclare une action prescrite alors que le contrat ne rappelait pas que, quand l'action de l'assuré contre l'assureur a pour cause le recours d'un tiers, le délai de la prescription court du jour où ce tiers a exercé une action en justice contre l'assuré ou a été indemnisé par ce dernier. • Civ. 3e, 18 oct. 2011 : *RGDA 2012. 337, note Kullmann ; Procédures 2012. Étude 2, no 4, note V. Mazeaud* • 13 juin 2013 : *RCA 2013, no 324, note Groutel.* • Civ. 2e, 10 déc. 2015, no 14-28.012 P.

B. DOMAINE DE L'OBLIGATION

6. Assurances vie soumises au Décr. no 90-827 du 20 sept. 1990, l'art. L. 310-1-5o C. assur. n'étant pas abrogé. L'obligation, prévue par l'art. R. 112-1 dans sa rédaction issue du Décr. no 90-827 du 20 sept. 1990, de rappeler dans les contrats d'assurance les dispositions légales concernant la prescription des actions dérivant du contrat s'inscrivant dans le devoir général d'information de l'assureur lui impose de porter à la connaissance des assurés une disposition qui est commune à tous les contrats d'assurance, de sorte que cette obligation s'applique aux contrats d'assurance sur la vie, y compris à ceux souscrits pour des risques situés dans les départements du Bas-Rhin, du Haut-Rhin et de la Moselle. • Civ. 2e, 17 nov. 2016, no 15-25.316 : *RGDA 2017. 32, note Pélissier ; RCA 2017, no 63, note Groutel.* ♦ Comp. auparavant : ayant retenu que les contrats d'assurance sur la vie souscrits en 1992 et 1993 ne comportent pas de mention quant à la prescription, que l'art. R. 112-1, dans sa rédaction issue du Décr. du 20 sept. 1990, dispose que les polices d'assurance des entreprises mentionnées au 5o de l'art. L. 310-1 doivent rappeler les dispositions des titres Ier et II du Livre 1er de la partie législative concernant notamment la prescription des actions dérivant du contrat d'assurance, qu'il s'ensuit que l'assurance sur la vie se trouve soumise aux dispositions de l'art. R. 112-1 et, partant, à l'obligation de mentionner les stipulations relatives à la prescription, une cour d'appel a déduit à bon droit qu'en l'absence de mention relative à la prescription dans les contrats d'assurance sur la vie, la fin de non-recevoir tirée de la prescription biennale devait être écartée. • Civ. 2e, 22 nov. 2012, no 11-22.352.

7. Assurances vie soumises au Décr. no 90-827 du 20 sept. 1990, l'art. L. 310-1-5o C. assur. étant abrogé. L'obligation d'information s'inscrit dans le devoir général d'information de l'assureur qui lui impose de porter à la connaissance des assurés une disposition qui est commune à tous les contrats d'assurance. En conséquence, cette obligation d'information doit également s'appliquer aux contrats d'assurance sur la vie. • Civ. 2e, 17 mars 2011 : *D. 2012. 1980, obs. Groutel ; RCA 2011. Étude 10, par Groutel ; RGDA 2011. 701, note Kullmann ; Procédures 2012. Étude 2, no 4, note V. Mazeaud ; RDI 2011. 347, note L. Karila* • 21 nov. 2013, no 12-27.124 • 13 juin 2013, no 12-21.276 : *RCA 2013, no 324, note Groutel.* ♦ Comp. auparavant : dès lors que l'art. R. 112-1, dans sa rédaction issue du Décr. du 20 sept. 1990, prévoit que les entreprises mentionnées au 5o de l'art. L. 310-1 doivent indiquer, notamment, les dispositions relatives à la prescription, que la L. du 4 janv. 1994, modifiant le code des assurances, en vue notamment de la transposition des Dir. nos 92/49/CE et 92/96/CE des 18 juin et 20 nov. 1992, a refondu l'art. L. 310-1 et, modifiant la classification des catégories des entreprises soumises au contrôle de l'État, a supprimé le 5o de sorte que ce qui relevait de cette catégorie se trouve englobé dans les 1re, 2e et 3e catégories, il s'ensuit que les contrats d'assurance-vie doivent, conformément aux dispositions de l'art. R. 112-1, mentionner les stipulations relatives à la prescription et que l'inobservation de cette disposition est sanctionnée par l'inopposabilité à l'assuré du délai de prescription édicté par l'art. L. 114-1 C. assur. • Civ. 2e, 7 mai 2009, no 08-16.500 : *RDI 2009. 490, note Noguéro* • 25 juin 2009, no 08-14.254.

C. CRÉANCIERS DE L'OBLIGATION

8. Indifférence des compétences de l'assuré. Le fait que l'assuré ait été informé de l'existence de la prescription biennale dans le cadre de sa profession ne saurait permettre à l'assureur d'échapper à l'obligation pesant sur lui. • Civ. 2e, 25 juin 2009, no 08-14.254. ♦ L'inobservation par l'assureur du formalisme prévu par l'art. R. 112-1 est sanctionnée par l'inopposabilité du délai de prescription biennale édicté par l'art. L. 114-1, quelle que soit la qualité de l'assuré. • Civ. 2e, 22 oct. 2015, no 14-21.909 : *RCA 2016, no 26 (2e esp.), note Groutel.*

II. RÉGIME DE L'OBLIGATION D'INFORMATION

A. EXÉCUTION

9. Conditions générales de la police d'assurance. Ayant constaté que l'assuré avait, en signant le contrat d'assurance, reconnu avoir eu communication des conditions générales de la police et relevé, par un motif non critiqué, que celles-ci comportent un paragraphe informant de façon précise et complète l'assuré sur le délai de prescription et ses causes d'interruption, une cour d'appel a exactement décidé que l'assureur avait rempli son obligation d'information, prévue à l'art. R. 112-1 C. assur. • Civ. 2e, 18 mai 2017, n° 16-18.526 : *RGDA 2017. 449, note Schulz.*

10. Renvoi à la police d'assurance de première ligne. Une cour d'appel, appréciant souverainement la portée de la clause de renvoi ambiguë, a retenu qu'elle était insuffisante pour faire rentrer dans le champ contractuel les stipulations du contrat de première ligne relatives à la prescription biennale et a décidé à bon droit, que l'inobservation par l'assureur du formalisme prévu par l'art. R. 112-1 C. assur. était sanctionnée par l'inopposabilité du délai de prescription biennale édicté par l'art. L. 114-1 C. assur. quelle que soit la qualité de l'assuré. • Civ. 2e, 22 oct. 2015, n° 14-21.909 : *RCA 2016, n° 26* (2e esp.), note Groutel.

B. LA PREUVE

11. Charge de la preuve. L'assureur doit rapporter la preuve de la remise à l'assuré des conditions générales ou d'une notice l'informant des délais de prescription des actions dérivant du contrat d'assurance. • Civ. 2e, 30 juin 2011, n° 10-23.223 : *RCA 2011, n° 309, note Groutel; RGDA 2012. 337, note Kullmann; Procédures 2012. Étude 2, n° 4, note V. Mazeaud.* ♦ Aux termes de l'art. R. 112-1 C. assur., les polices d'assurance doivent rappeler les dispositions des titres Ier et II, du livre Ier de la partie législative du code des assurances concernant la prescription des actions dérivant du contrat d'assurance. Il incombe à l'assureur de prouver qu'il a satisfait à ces dispositions, dont l'inobservation est sanctionnée par l'inopposabilité à l'assuré du délai de prescription édicté par l'art. L. 114-1 C. assur. Dès lors, inverse la charge de la preuve la cour d'appel qui pour déclarer irrecevable, comme prescrite, l'action des assurés contre leur assureur retient que, s'ils se prévalent du non-respect par l'assureur de l'art. R. 112-1 C. assur., ils ne produisent pas la police souscrite. • Civ. 2e, 18 avr. 2019, n° 18-13.938 : *RGDA juin 2019. 32, note Pimbert; RCA 2019, n° 205, note Groutel; RDI 2019. 348, note Noguéro ; Procédures 2019, chron. 5, n° 5, note Mazeaud* • Civ. 2e, 8 oct. 2020, n° 19-18.181 : *bjda.fr 2020, n° 72, note Néraudau et Guillot.*

C. SANCTION

12. Inopposabilité de la prescription biennale. L'inobservation des dispositions de l'art. R.* 112-1 prescrivant le rappel des dispositions légales concernant la prescription des actions dérivant du contrat d'assurance est sanctionnée par l'inopposabilité à l'assuré du délai de prescription édicté par l'art. L. 114-1. • Civ. 2e, 2 juin 2005, n° 03-11.871 P : *D. 2006. Pan. 1787, obs. Groutel ; JCP 2006. I. 135, n° 2, obs. Kullmann; RCA 2005, n° 238; ibid., Étude 11, note Groutel; RGDA 2005. 619, note Kullmann* • 3 sept. 2009 : *préc. note 2* • Civ. 3e, 16 nov. 2011 : *D. 2011. 2933 ; ibid. 2012. 1980, obs. Groutel ; RGDA 2012. 337, obs. Kullmann* • Civ. 2e, 22 oct. 2015 : *préc. note 8* • Civ. 2e, 25 oct. 2018, n° 17-26.549 : *RCA 2019, n° 34, note Groutel.* ♦ Rappr., dans une espèce où l'obligation de rappel avait été accomplie : • Civ. 2e, 10 nov. 2005 : *D. 2006. Pan. 1787, obs. Groutel; JCP 2006. I. 135, n° 2, obs. Kullmann; RCA 2006, n° 42, obs. Groutel.* ♦ Contra, jugeant que l'art. R.* 112-1 ne prévoit aucune sanction à la règle qu'il édicte et ne saurait faire obstacle à la prescription établie par l'art. L. 114-1 : • Civ. 1re, 22 janv. 2002 : *RGDA 2002. 382, note Kullmann; JCP 2003. I. 184, n° 1, note Kullmann.*

13. Non-application de la prescription de droit commun. L'assureur, n'ayant pas respecté les dispositions de l'art. R. 112-1 C. assur., ne peut pas opposer la prescription biennale à son assuré et ne peut pas prétendre à l'application de la prescription de droit commun. • Civ. 2e, 21 mars 2019, n° 17-28.021 P : *D. 2019. 583 ; RCA 2019, n° 177, note Groutel; RGDA juin 2019. 27, note Pélissier; RDI 2019. 288, note Noguéro ; JCP 2019. 749, n° 10, note Biliau; Procédures 2019, chron. 5, n° 6, note Mazeaud.*

Art. R. 112-2 *(Décr. n° 2015-513 du 7 mai 2015, art. 1er-2°, en vigueur le 1er janv. 2016)* **Les dispositions des deux premiers alinéas de l'article L. 112-2 ne sont pas applicables aux contrats garantissant les risques définis au deuxième alinéa de l'article L. 111-6.**

Art. R. 112-3 *(Décr. n° 2018-229 du 30 mars 2018, art. 1er)* **Le souscripteur atteste par écrit de la date de remise des documents mentionnés au deuxième alinéa de l'article L. 112-2 et de leur bonne réception.**

Preuve de la date de remise. – Jurispr. ant. au Décr. 30 mars 2018. L'emploi du participe passé dans la mention « les conditions générales… dont vous reconnaissez avoir reçu un exemplaire » montre que ces conditions générales ont été remises à l'assuré préalablement à la signature du contrat, dans les termes de l'art. L. 112-2 C. assur. En outre, si la mention en cause ne comporte pas la date de la remise des documents en dépit des dispositions de l'art. R. 112-3 C. assur., aucune sanction n'est prévue en cas de violation. Dès lors, une cour d'appel a pu déduire que malgré l'absence de précision de la date de remise des conditions générales à l'assuré, l'assureur avait remis ces documents avant la signature du contrat d'assurance et rempli son obligation d'information prévue à l'art. L. 112-2 C. assur. • Civ. 2e, 22 janv. 2009 : *RDI 2009. 369, obs. Noguéro ; RGDA 2009. 112, note Abravanel-Jolly.*

Art. R. 112-4 *(Décr. no 2005-1450 du 25 nov. 2005, art. 2)* Pour l'application de l'article L. 112-2-1, l'assureur communique au souscripteur les informations suivantes :

1o Les modalités de conclusion du contrat et de paiement de la prime ou cotisation.

Ces informations, dont le caractère commercial doit apparaître sans équivoque, sont fournies de manière claire et compréhensible par tout moyen adapté à la technique de commercialisation à distance utilisée.

2o En cas de communication par téléphonie vocale, le nom de l'assureur ainsi que le caractère commercial de l'appel sont indiqués sans équivoque au début de toute conversation avec le souscripteur. La personne en contact avec le souscripteur doit en outre préciser son identité et son lien avec l'assureur.

Sous réserve de l'accord formel du souscripteur, seules les informations mentionnées aux 2o, 3o et 5o du III de l'article L. 112-1-12-1 *[L. 112-2-1]* doivent lui être communiquées. Il est porté à la connaissance du souscripteur que les informations mentionnées aux 1o, 4o, 6o et 7o peuvent lui être fournies sur demande.

En outre, l'assureur est tenu de fournir l'ensemble des informations mentionnées au III de l'article L. 112-2-1 lorsqu'il remplit ses obligations en vertu de l'article *(Ord. no 2016-301 du 14 mars 2016, art. 2, en vigueur le 1er juill. 2016)* « L. 122-1 » du code de la consommation.

Art. R. 112-5 *(Décr. no 2005-1450 du 25 nov. 2005, art. 2)* L'absence matérielle des éléments d'information prévus au III de l'article L. 112-2-1 est punie de la peine d'amende prévue pour les contraventions de la cinquième classe.

Art. R. 112-6 *(Décr. no 2018-431 du 1er juin 2018, art. 1er, en vigueur le 1er oct. 2018)* Le document d'information normalisé sur le produit d'assurance mentionné au quatrième alinéa de l'article L. 112-2 comporte les informations suivantes :

1o Des précisions sur le type d'assurance ;

2o Un résumé de la couverture d'assurance, y compris les principaux risques assurés, les plafonds de garantie et, le cas échéant, la couverture géographique et un résumé des risques non couverts ;

3o Les modalités de paiement des primes et les délais de paiement ;

4o Les principales exclusions du champ des garanties ;

5o Les obligations lors de la souscription du contrat ou de l'adhésion ;

6o Les obligations pendant la durée du contrat ;

7o Les obligations en cas de sinistre ;

8o La durée du contrat, y compris les dates de début et de fin du contrat ;

9o Les modalités de résiliation du contrat.

Art. R. 112-7 *(Décr. no 2022-34 du 17 janv. 2022, en vigueur le 1er avr. 2022)* I. — Pour l'application du 1o du I de l'article L. 112-2-2 :

1o Les distributeurs informent au début de l'appel le souscripteur ou l'adhérent éventuel :

a) Que, conformément à la loi, les conversations téléphoniques font l'objet d'un enregistrement et, si un contrat d'assurance est conclu, d'une conservation durant une période de deux années à compter de la signature de ce contrat ;

b) De son droit à obtenir une copie de l'enregistrement ;

c) Que s'il ne souhaite pas être enregistré, la conversation téléphonique ne peut se poursuivre et que le distributeur est tenu d'y mettre fin immédiatement ;

2o Les distributeurs informent leurs salariés de l'existence du dispositif d'enregistrement prévu au présent article, de ses finalités ainsi que de la durée légale de conservation des enregistrements. Ils leur indiquent que leurs appels privés sont exclus de ce dispositif.

II. — Pour l'application du IV de l'article L. 112-2-2, et sans préjudice des enregistrements effectués par les distributeurs dans le cadre des dispositifs mentionnés aux articles L. 354-2 et L. 516-1 :

1° Les distributeurs s'assurent que l'enregistrement et la conservation des communications téléphoniques sont effectués dans des conditions garantissant leur intégrité et leur sécurité. Ils veillent également à leur caractère exploitable, ce qui implique que ces communications puissent être écoutées, copiées et exportées sans que leur enregistrement original ne puisse être modifié ou effacé, même lorsque le contrat n'est plus en vigueur à la suite notamment d'une renonciation ou d'une résiliation ;

2° Les distributeurs limitent strictement l'accès aux enregistrements aux seuls agents de l'Autorité de contrôle prudentiel et de résolution et aux agents mentionnés aux articles L. 511-3 et L. 511-21 du code de la consommation.

Ils communiquent sans délai les enregistrements à ces agents lorsque ces derniers en font la demande ;

3° Les distributeurs détruisent les enregistrements :

a) Sans délai, lorsque le souscripteur ou l'adhérent éventuel s'est explicitement opposé à la poursuite de la communication téléphonique ou à la proposition commerciale ;

b) En l'absence de réponse favorable à une proposition commerciale, dans un délai d'un mois à compter de la date de cette proposition, le souscripteur ou l'adhérent éventuel manifestant ainsi une absence d'intérêt ou son souhait de ne pas donner suite à cette proposition au sens du second alinéa du 1° du I de l'article L. 112-2-2.

III. — Pour l'application du V de l'article L. 112-2-2 :

1° Le contrat en cours s'entend de tout contrat d'assurance ou de tout contrat portant sur les opérations mentionnées aux articles L. 311-1 et L. 311-2 du code monétaire et financier en vigueur à la date de la prospection par voie téléphonique.

Sont regardés comme liés à ce contrat les parties à ce dernier et le distributeur qui l'a directement proposé ;

2° Un appel ne peut être regardé comme ayant été sollicité ou consenti lorsque :

a) Le souscripteur ou l'adhérent éventuel n'a pas été informé avant l'appel sollicité de l'identité du distributeur qui va l'appeler et, le cas échéant, de son numéro d'immatriculation au registre mentionné à l'article L. 512-1 du code des assurances ;

b) L'appel intervient au-delà d'un délai de trente jours suivant la date à laquelle le souscripteur ou l'adhérent éventuel a sollicité l'appel ou consenti à être appelé ;

c) La démarche expresse du souscripteur ou de l'adhérent éventuel mentionnée au premier alinéa du V de l'article L. 112-2-2 n'est pas intervenue avant l'appel téléphonique ;

d) Le consentement s'est manifesté au cours d'un appel téléphonique dont le souscripteur ou l'adhérent éventuel n'est pas à l'origine ou résulte uniquement d'une mention pré-rédigée sur un document par laquelle le souscripteur ou l'adhérent éventuel reconnaît, sans qu'aucun consentement exprès de sa part ne soit nécessaire, avoir sollicité un appel ou consenti à être appelé ;

3° Le distributeur se dote d'un dispositif permettant la conservation et l'archivage pendant une période de deux années de l'ensemble des pièces justificatives mentionnées au second alinéa du V de l'article L. 112-2-2.

Ce dispositif permet notamment d'identifier le souscripteur ou l'adhérent éventuel ayant sollicité l'appel ou consenti à être appelé, de déterminer la date et l'heure de cette sollicitation et de cet appel ainsi que l'ensemble des informations fournies au souscripteur ou à l'adhérent éventuel en vue de recueillir son accord exprès à être appelé.

Les distributeurs communiquent sans délai aux agents mentionnés au 2° du II les pièces justificatives lorsque ces agents en font la demande.

IV. — Le fait pour un distributeur de contrevenir à l'une des obligations prévues aux I à V de l'article L. 112-2-2 est puni de la peine d'amende prévue pour les contraventions de la 5e classe.

CHAPITRE III OBLIGATIONS DE L'ASSUREUR ET DE L'ASSURÉ

Art. R. 113-1 *(Décr. n° 92-1356 du 22 déc. 1992)* **La mise en demeure prévue au deuxième alinéa de l'article L. 113-3 résulte de l'envoi d'une lettre recommandée, adressée à l'assuré, ou à la personne chargée du paiement des primes, à leur dernier domicile connu de l'assureur.**

1. Envoi de la lettre recommandée. En attribuant un effet à la mise en demeure à compter de la réception de la lettre recommandée, alors que cette mise en demeure se trouve légalement régularisée par le seul envoi à l'assuré d'un pli recommandé, la cour d'appel a violé par fausse application les art. L. 113-3, al. 2, et R. 113-1. • Civ. 2e, 8 sept. 2005 : *RCA 2005, n° 339 ; ibid., Repère 10, note Groutel.*

2. Lettre recommandée sans avis de réception. L'envoi d'une lettre recommandée sans avis de réception est légalement suffisant. • Civ. 2e, 16 nov. 2006 : *RCA 2007, n° 35.*

3. Personne chargée du paiement des primes. L'art. R. 113-1 n'exige pas que la mention de la personne chargée du paiement des primes figure expressément dans la police. • Civ. 1re, 27 févr. 1996, n° 93-20.295 P : *RCA 1996, n° 189 ; RGDA 1996. 318, note Maurice.*

4. Notaire substitué à l'assuré décédé. Un assureur qui a été avisé du décès de l'assuré et de ce que le notaire chargé de la succession s'engageait à payer les primes, doit adresser à celui-ci la mise en demeure et ne peut invoquer la résiliation du contrat pour non-paiement des primes après une mise en demeure adressée au domicile de l'assuré. • Civ. 1re, 22 nov. 1994, n° 92-16.871 P : *RCA 1995, n° 27 ; RGAT 1995. 75, note Maurice.* ♦ Doit être sanctionnée la cour d'appel qui condamne l'assureur à indemnisation en dépit de la résiliation adressée au notaire se substituant à l'assuré pour régler les primes, sans avoir apprécié l'existence d'un mandat apparent. • Civ. 2e, 17 juin 2010 : *RGDA 2010. 1030, note A. Pélissier ; Gaz. Pal. 26 août 2010, p. 13, note Noguéro.*

Art. R.* 113-2 et R.* 113-3 *Abrogés par Décr. n° 92-1356 du 22 déc. 1992.*

Art. R.* 113-4 **A chaque échéance de prime, l'assureur est tenu d'aviser l'assuré, ou la personne chargée du paiement des primes, de la date de l'échéance et du montant de la somme dont il est redevable.**

Avis d'échéance erroné ou inexistant. L'exécution par l'assuré de son obligation de payer la prime à l'échéance convenue n'est pas subordonnée à la réception d'un avis d'échéance émis par l'assureur. • Civ. 1re, 21 janv. 1997 : *D. 1998. Somm. 48, obs. Berr ; RCA 1997, n° 144 ; RGDA 1997. 1032, note Chardin.* ♦ La mention erronée de la date de l'échéance portée sur l'avis et sur la mise en demeure ultérieure est sans incidence sur la date d'exigibilité de l'obligation de l'assuré. • Même arrêt.

Art. R.* 113-5 *Abrogé par Décr. n° 92-1356 du 22 déc. 1992.*

Art. R. 113-6 *(Décr. n° 2018-229 du 30 mars 2018, art. 2)* **« La résiliation d'un contrat d'assurance en vertu de l'article L. 113-16** *(Décr. n° 2020-1438 du 24 nov. 2020, art. 1er, en vigueur le 1er déc. 2020)* **« s'effectue selon l'une des modalités prévues à l'article L. 113-14 », si la résiliation est à l'initiative de l'assuré, ou de l'envoi d'une lettre recommandée avec demande d'avis de réception si elle est à l'initiative de l'assureur.**

« Cette lettre ou cet envoi indique la nature et la date de l'événement qu'elle invoque et donne toutes les précisions de nature à établir que la résiliation est en relation directe avec ledit événement. »

(Décr. n° 92-1356 du 22 déc. 1992) **« Lorsque cet événement est constitué ou constaté par une décision juridictionnelle ou lorsqu'il ne peut en être déduit d'effets juridiques qu'après une homologation ou un exequatur, la date retenue est celle à laquelle cet acte juridictionnel est passé en force de chose jugée. »**

Les dispositions issues du Décr. n° 2020-1438 du 24 nov. 2020 sont applicables aux contrats et adhésions en cours à cette date (Décr. préc., art. 4).

Art. R.* 113-7 à R.* 113-9 *Abrogés par Décr. n° 92-1356 du 22 déc. 1992.*

Art. R.* 113-10 **Dans le cas où une police prévoit pour l'assureur la faculté de résilier le contrat après sinistre, la résiliation ne peut prendre effet qu'à l'expiration d'un délai d'un mois à dater de la notification à l'assuré. L'assureur qui, passé le délai d'un mois après qu'il a eu connaissance du sinistre, a accepté le paiement d'une prime ou**

cotisation ou d'une fraction de prime ou cotisation correspondant à une période d'assurance ayant débuté postérieurement au sinistre ne peut plus se prévaloir de ce sinistre pour résilier le contrat.

Dans le cas prévu au premier alinéa ci-dessus, les polices doivent reconnaître à l'assuré le droit, dans le délai d'un mois de la notification de la résiliation de la police sinistrée, de résilier les autres contrats d'assurance qu'il peut avoir souscrits à l'assureur, la résiliation prenant effet un mois à dater de la notification à l'assureur.

La faculté de résiliation ouverte à l'assureur et à l'assuré, par application des deux précédents alinéas, comporte restitution par l'assureur des portions de primes ou cotisations afférentes à la période pour laquelle les risques ne sont plus garantis. — *Assur. R. 322-65.*

BIBL. ▸ **Portée de l'art. R. 132-1-8° C. consom. :** LEDUC, *RCA 2010. Étude 1* (la clause de résiliation après sinistre en péril ?).

1. Conditions de la résiliation. Le droit de résilier après sinistre en application de l'art. R.* 113-10 n'est pas soumis à d'autres conditions que la survenance de sinistres susceptibles d'engager la responsabilité de l'assuré sans qu'en soient exclus ceux faisant l'objet d'une assurance obligatoire. • Civ. 1re, 5 juin 1985 : *RGAT 1985. 542.* ♦ L'existence de dix-sept sinistres causés par les véhicules de la société assurée constitue un motif légitime de résiliation. • Même arrêt.

2. Contrôle de la résiliation. Prive sa décision de base légale, la cour d'appel qui, pour rejeter la demande en garantie d'un assuré contre son assureur, retient que le droit de résilier après sinistre en application de l'art. R. 113-10 C. ass. n'est pas soumis à d'autres conditions que la survenance de sinistres susceptibles d'entraîner la mise en œuvre de la garantie de l'assureur, ce dont il résultait qu'aucune faute ne pouvait être retenue à l'encontre de l'assureur pour avoir mis en œuvre cette faculté de résiliation, sans rechercher si l'assureur n'avait pas procédé à cette résiliation de manière abusive, le nombre de sinistres n'ayant pas augmenté, à seule fin de se dégager avant terme de ses obligations, pour apurer ses comptes en vue de sa cession à une autre compagnie d'assurance. • Civ. 2e, 18 janv. 2018, n° 16-26.494 : *D. 2018. 1279, obs. Noguéro ; RCA 2018, n° 120, note Groutel ; RDI 2018. 348, obs. Noguéro.*

3. Notification de la résiliation. Quand l'assureur insère à la police une clause de résiliation après sinistre moyennant notification à l'assuré par lettre recommandée, cette lettre ne vaut notification et, par suite, n'opère résiliation qu'autant qu'elle parvient effectivement à son destinataire si du moins celui-ci ne s'est pas dérobé à sa réception. • Soc. 20 janv. 1944 : *RGAT 1944. 159, note Besson.*

4. Suspension en référé de la résiliation. La licéité de la résolution du contrat d'assurance après sinistre n'est pas exclusive d'un dommage imminent. Dès lors, une cour d'appel a pu décider qu'il y avait lieu d'en suspendre les effets pour une durée qu'elle a souverainement retenue. • Civ. 2e, 6 févr. 2014 : *RGDA 2014. 247, note Schulz.*

5. Résiliation consécutive à un refus de garantie. Lorsqu'un assureur a résilié la police à effet du lendemain d'un accident après avoir opposé à l'assuré une non-assurance fondée sur la déclaration inexacte du risque, cette résiliation, alors que l'assureur connaissait la réticence de l'assuré, s'analyse en une reconnaissance implicite de la validité de l'assurance jusques et y compris l'accident et en une renonciation tacite au grief de non-assurance. • Civ. 1re, 27 janv. 1960 : *RGAT 1961. 52.*

Art. R. 113-11 *(Décr. n° 2014-1685 du 29 déc. 2014, art. 1er) (Décr. n° 2020-1438 du 24 nov. 2020, art. 1er, en vigueur le 1er déc. 2020)* « **I. —** » **Relèvent** *(Décr. n° 2020-1438 du 24 nov. 2020, art. 1er, en vigueur le 1er déc. 2020)* « **du premier alinéa** » **de l'article L. 113-15-2 les contrats d'assurance tacitement reconductibles suivants, couvrant les personnes physiques en dehors de leurs activités professionnelles :**

1° Les contrats relevant des branches mentionnées au 3 ou au 10 de l'article R. 321-1, incluant une garantie responsabilité civile automobile définie à l'article L. 211-1 ;

2° Les contrats relevant des branches mentionnées au 8, au 9 ou au 13 de l'article R. 321-1, incluant une garantie couvrant la responsabilité d'un propriétaire, d'un copropriétaire ou d'un occupant d'immeuble ;

3° Les contrats relevant des branches mentionnées au 9, au 13, au 16 *c* ou au 16 *j* de l'article R. 321-1, constituant un complément d'un bien ou d'un service vendu par un fournisseur ;

(Décr. n° 2020-1438 du 24 nov. 2020, art. 1er, en vigueur le 1er déc. 2020) « **4° Les contrats comportant des garanties pour le remboursement et l'indemnisation des frais occasionnés par une maladie, une maternité ou un accident et ne comportant aucune autre garantie, à l'exception, le cas échéant, des garanties couvrant les risques** *(Décr. n° 2022-388 du 17 mars 2022, art. 4)* « **de perte d'autonomie,** » **décès, incapacité de travail ou inva-**

lidité, ainsi que des garanties d'assistance, de protection juridique, de responsabilité civile, de nuptialité-natalité ou d'indemnités en cas d'hospitalisation.

« II. – Relèvent du cinquième alinéa de l'article L. 113-15-2 les contrats d'assurance tacitement reconductibles couvrant les personnes physiques, comportant des garanties pour le remboursement et l'indemnisation des frais occasionnés par une maladie, une maternité ou un accident et ne comportant aucune autre garantie, à l'exception, le cas échéant, des garanties couvrant les risques *(Décr. n° 2022-388 du 17 mars 2022, art. 4)* « de perte d'autonomie, » décès, incapacité de travail ou invalidité, ainsi que des garanties d'assistance, de protection juridique, de responsabilité civile, de nuptialité-natalité ou d'indemnités en cas d'hospitalisation. »

V. note ss. art. R. 113-6.

Les dispositions issues du Décr. n° 2022-388 du 17 mars 2022 s'appliquent aux contrats et adhésions en cours et à ceux conclus ou renouvelés à la date d'entrée en vigueur du présent Décr. (Décr. préc., art. 5-1°).

Art. R. 113-12 *(Décr. n° 2014-1685 du 29 déc. 2014, art. 1er)* I. – Pour les contrats mentionnés à l'article R. 113-11, lorsque sont remplies les conditions de résiliation prévues à l'article L. 113-15-2, l'assureur applique les dispositions de cet article :

1° Lorsque l'assuré dénonce la reconduction tacite du contrat en application de l'article L. 113-15-1, postérieurement à la date limite d'exercice du droit de dénonciation du contrat ;

2° Lorsque l'assuré demande la résiliation du contrat en se fondant sur un motif prévu par le code des assurances dont l'assureur constate qu'il n'est pas applicable ;

3° Ou lorsque l'assuré ne précise pas le fondement de sa demande de résiliation.

II. – Pour les contrats mentionnés à l'article R. 113-11, dès réception de la demande de résiliation, que cette demande émane de l'assuré ou qu'elle soit effectuée pour le compte de ce dernier par le nouvel assureur selon les modalités définies au III, l'assureur communique par tout support durable à l'assuré un avis de résiliation l'informant de la date de prise d'effet de la résiliation, en application du premier alinéa de l'article L. 113-15-2. Cet avis rappelle à l'assuré son droit à être remboursé du solde mentionné au *(Décr. n° 2020-1438 du 24 nov. 2020, art. 1er, en vigueur le 1er déc. 2020)* « quatrième » alinéa de l'article L. 113-15-2 dans un délai de trente jours à compter de cette date.

III. – L'assuré qui souhaite procéder à la résiliation de contrats visés *(Décr. n° 2020-1438 du 24 nov. 2020, art. 1er, en vigueur le 1er déc. 2020)* « aux sixième et septième alinéas » de l'article L. 113-15-2, en vue de contracter avec un nouvel assureur, en transmet la demande à ce dernier *(Décr. n° 2018-229 du 30 mars 2018, art. 2)* « sur support papier ou tout autre support durable ». Dans sa demande, l'assuré manifeste expressément sa volonté de résilier son contrat en cours et de souscrire un nouveau contrat auprès du nouvel assureur. Ce dernier doit être en mesure de justifier de la demande qui lui est adressée par l'assuré, avant de procéder aux formalités prévues à *(Décr. n° 2020-1438 du 24 nov. 2020, art. 1er, en vigueur le 1er déc. 2020)* « ces sixième et septième alinéas ».

Le nouvel assureur notifie alors au précédent assureur la résiliation du contrat de l'assuré par lettre recommandée *(Décr. n° 2018-229 du 30 mars 2018, art. 2)* « ou par envoi recommandé électronique ». La notification mentionne *(Décr. n° 2020-1438 du 24 nov. 2020, art. 1er, en vigueur le 1er déc. 2020)* « la référence » du contrat, le nom *(Décr. n° 2020-1438 du 24 nov. 2020, art. 1er, en vigueur le 1er déc. 2020)* « et l'adresse » du souscripteur, le nom du nouvel assureur choisi par l'assuré. Elle rappelle que le nouvel assureur s'assure de la continuité de la couverture de l'assuré durant l'opération de résiliation. La date de réception de la notification de résiliation est présumée être le premier jour qui suit la date d'envoi de cette notification telle qu'elle figure sur le cachet de la poste de la lettre recommandée ou, s'il s'agit d'une lettre recommandée électronique, sur la preuve de son dépôt selon les modalités prévues à l'article *(Décr. n° 2020-1438 du 24 nov. 2020, art. 1er, en vigueur le 1er déc. 2020)* « R. 53-2 du code des postes et télécommunications électroniques ».

Le nouveau contrat ne peut prendre effet avant la prise d'effet de la résiliation de l'ancien contrat.

Pour les contrats d'assurance mentionnés au 1° de l'article R. 113-11, lorsque l'assuré le lui demande, l'ancien assureur transmet dans les meilleurs délais, et au maximum dans un délai de quinze jours, au nouvel assureur le relevé d'information prévu à l'article 12 de l'annexe à l'article A. 121-1.

IV. – Lorsque, pour les contrats visés au *(Décr. n° 2020-1438 du 24 nov. 2020, art. 1er, en vigueur le 1er déc. 2020)* « sixième » alinéa de l'article L. 113-15-2, la demande de résiliation est adressée directement par l'assuré à l'ancien assureur, ce dernier l'informe, par tout support durable, dès réception de cette demande, de son droit à résiliation dans les conditions prévues à ce même *(Décr. n° 2020-1438 du 24 nov. 2020, art. 1er, en vigueur le 1er déc. 2020)* « sixième » alinéa.

(Décr. n° 2020-1438 du 24 nov. 2020, art. 1er, en vigueur le 1er déc. 2020) « V. – Pour les contrats mentionnés au cinquième alinéa de l'article L. 113-15-2 souscrits par un employeur au profit de ses salariés, l'obligation mentionnée à la deuxième phrase du deuxième alinéa de ce même article est réputée satisfaite si le droit de résiliation est mentionné sur l'avis annuel de cotisations ou lors de la communication annuelle prévue à la dernière phrase du premier alinéa de l'article L. 871-1 du code de la sécurité sociale. »

V. note ss. art. R. 113-6.

Art. R. 113-13 *(Décr. n° 2016-1559 du 18 nov. 2016, art. 1er)* En application du troisième alinéa de l'article L. 113-12-2, l'assureur ne peut résilier, pour cause d'aggravation du risque, le contrat d'assurance souscrit dans le cadre d'un contrat de crédit mentionné au 1° de l'article L. 313-1 du code de la consommation, que si les conditions suivantes sont réunies :

1° L'assuré pratique régulièrement une nouvelle activité sportive présentant un risque particulier pour sa santé ou sa sécurité, et figurant sur une liste fixée par arrêté du ministre chargé de l'économie ;

2° L'exercice de cette nouvelle activité conduit à rendre inexactes ou caduques les réponses faites par l'assuré en réponse aux questions relatives à sa pratique sportive posées par l'assureur lors de la conclusion du contrat, en application des dispositions du 2° de l'article L. 113-2 ;

3° L'assuré n'a pas déclaré cette nouvelle activité dans les conditions et délais définis au 3° du même article L. 113-2.

Art. R. 113-14 *(Décr. n° 2018-284 du 18 avr. 2018, art. 76, en vigueur le 1er oct. 2018)* Pour l'application de l'article L. 561-8 du code monétaire et financier aux contrats d'assurance sur la vie ou de capitalisation, lorsque l'entreprise d'assurance n'est pas en mesure de satisfaire aux obligations prévues aux articles L. 561-5 ou L. 561-5-1 du même code, elle procède à une nouvelle évaluation des risques liés au contrat et des raisons pour lesquelles elle n'a pas obtenu du client les informations nécessaires pour satisfaire ces obligations.

Elle met en garde le souscripteur en lui adressant une lettre recommandée ou un recommandé électronique avec demande d'avis de réception. Par ce courrier, elle l'informe qu'elle suspend les opérations liées au contrat et qu'elle sera tenue de résilier le contrat à l'expiration d'un certain délai. Elle fixe ce délai, qui ne peut être inférieur à trois mois, en tenant compte de sa connaissance actualisée de la relation d'affaires, notamment *[des]* les raisons mentionnées au premier alinéa, du risque évalué et de la nécessité de mettre fin au contrat dans un délai raisonnable si elle n'est toujours pas en mesure de satisfaire aux obligations précitées. Elle adresse copie de ce courrier, le cas échéant, au créancier nanti, par lettre recommandée ou par envoi recommandé électronique avec demande d'avis de réception.

A l'expiration du délai fixé au précédent alinéa, si le client ne lui a pas apporté les informations nécessaires, l'entreprise d'assurance procède :

– soit à la résiliation du contrat, confirmée au souscripteur par lettre recommandée ou par envoi recommandé électronique avec avis de réception. Elle donne lieu au versement de la valeur de rachat, calculée à la date de la résiliation ;

– soit au paiement des capitaux décès au bénéficiaire en cas de décès de l'assuré survenu avant la résiliation.

CHAPITRE IV COMPÉTENCE ET PRESCRIPTION

Art. R. 114-1 Dans toutes les instances relatives à la fixation et au règlement des indemnités dues, le défendeur *(Abrogé par Décr. n° 92-1356 du 22 déc. 1992)* « *(assureur ou assuré)* » est assigné devant le tribunal du domicile de l'assuré, de quelque espèce d'assurance qu'il s'agisse, sauf en matière d'immeubles ou de meubles par nature, auquel cas le défendeur est assigné devant le tribunal de la situation des objets assurés.

Toutefois, s'il s'agit d'assurances contre les accidents de toute nature, l'assuré peut assigner l'assureur devant le tribunal du lieu où s'est produit le fait dommageable.

1. Inexistence prétendue du contrat. Le tribunal de celui qui se prétend assuré est compétent même si l'assureur dénie l'existence de tout contrat d'assurance. • Civ. 1re, 16 mars 1976 : *Bull. civ. I, n° 99 ; D. 1976. Somm. 53 ; RGAT 1976. 345, note Besson.*

2. Assurance emprunteur. Lorsque le contrat litigieux est un contrat d'assurance de groupe garantissant le remboursement d'un emprunt, la juridiction du domicile de l'assuré est compétente. • Civ. 1re, 6 juin 2001 : *RCA 2001, n° 303 ; RGDA 2001. 793, note Beauchard.*

3. Action directe de la victime. Les règles de l'art. R. 114-1, impératives dans les litiges entre assureurs et assurés quand ils ont trait à la fixation et au règlement de l'indemnité, ne s'imposent pas à la victime exerçant l'action directe, et celle-ci peut aussi se prévaloir des règles des art. 42 s. NCPC. • Civ. 1re, 14 déc. 1983 : *Bull. civ. I, n° 296 ; RGAT 1984. 405.* ♦ La victime exerçant l'action directe peut se prévaloir soit des règles de compétence issues des art. 42 s. C. pr. civ., soit de celles de l'art. R. 114-1 C. assur., qui donne compétence au tribunal du domicile de l'assuré. Justifie légalement sa décision le juge du fond qui se déclare incompétent en déduisant de ses constatations et énonciations qu'aucun texte ne permettait de retenir la compétence territoriale de la juridiction dans le ressort de laquelle demeurait la victime. • Civ. 2e, 16 juill. 2020, n° 19-18.795 : *RGDA sept. 2020. 64, note Schulz ; RCA 2020, n° 195, note Groutel ; ibid. 2022, chron. 4, n° 6, note Groutel ; bjda.fr 2020, n° 71, note Casson.* ♦ Comp. avec l'arrêt inédit qui après avoir rappelé les principes admet toutefois la compétence du tribunal du lieu du domicile de la victime demanderesse. • Civ. 1re, 30 mai 2006 : *RCA 2006, n° 252 ; ibid., Repère 7, note Groutel ; RGDA 2006. 773, note Beauchard.*

4. Assurances d'immeubles et meubles par nature. Lorsque, par application de l'art. 15 C. civ., il est impossible de se conformer à la règle exceptionnelle relative aux assurances d'immeubles et de meubles par nature, il convient d'appliquer le principe même auquel cette règle déroge, principe édicté par l'art. 3 de la loi du 13 juill. 1930 [C. assur., art. R. 114-1], *in limine*, imposant, dans le domaine du règlement des indemnités d'assurance, la compétence du tribunal du domicile de l'assuré. • Civ. 1re, 21 févr. 1967 : *RGAT 1967. 344.*

5. Litige international. Le meuble assuré se trouvant en France au moment du sinistre, sont justifiés la compétence de la juridiction française au regard des dispositions impératives de l'art. R. 114-1 et, par voie de conséquence, le rejet de l'exception de litispendance internationale. • Civ. 1re, 17 juin 1997 : *RGDA 1999. 204, note Heuzé.* ♦ Selon l'art. 1er de la convention franco-suisse du 15 juin 1869, qui écarte l'application des privilèges de juridiction française ainsi que de toutes autres règles internes de compétence, fussent-elles d'ordre public, les contestations en matière civile entre Français et Suisses doivent être portées devant les juges naturels du défendeur ; viole ce texte la cour d'appel qui retient la compétence du juge français sur le fondement des art. 14 C. civ. et R. 114-1 C. assur., alors que le défendeur, assigné par un assuré français, était une compagnie d'assurance suisse ayant son siège à Zurich. • Civ. 1re, 4 déc. 1990, n° 89-12.714 P : *RCA 1991, n° 77 ; RGAT 1991. 80, note Margeat et Landel.* ♦ La directive européenne n° 84/641 du 10 déc. 1984 soumettant l'activité d'assistance à la réglementation concernant les assureurs de sorte que l'assureur domicilié sur le territoire d'un État membre peut être attrait devant les juridictions de l'État où il a son domicile en vertu des dispositions du règlement CE n° 44/2001 du 22 déc. 2000, c'est à bon droit qu'une société d'assistance a été assignée devant les juridictions françaises selon les règles internes, c'est-à-dire devant le tribunal de son domicile en application de l'art. R. 114-1. • Civ. 1re, 14 nov. 2006 : *RCA 2007. 97, note Groutel ; RGDA 2007. 249, note Beauchard.*

6. Assurance maritime. L'art. R. 114-1 ne détermine pas la compétence territoriale des tribunaux en matière d'assurances de dommages maritimes. • Com. 8 juin 1999 : *DMF 1999. 713, rapp. Rémery, obs. Latron ; RGDA 2000. 214, note Latron.*

TITRE DEUXIÈME RÈGLES RELATIVES AUX ASSURANCES DE DOMMAGES *(Décr. n° 2012-849 du 4 juill. 2012).*

CHAPITRE PREMIER DISPOSITIONS GÉNÉRALES

Néant.

CHAPITRE II LES ASSURANCES CONTRE L'INCENDIE

Néant.

CHAPITRE III LES ASSURANCES CONTRE LA GRÊLE ET LA MORTALITÉ DU BÉTAIL

Néant.

CHAPITRE IV LES ASSURANCES DE RESPONSABILITÉ

Art. R.* 124-1 Les polices d'assurance garantissant des risques de responsabilité civile doivent prévoir qu'en ce qui concerne cette garantie aucune déchéance motivée par un manquement de l'assuré à ses obligations commis postérieurement au sinistre ne sera opposable aux personnes lésées ou à leurs ayants droit. Elles ne doivent contenir aucune clause interdisant à l'assuré de mettre en cause son assureur ni de l'appeler en garantie à l'occasion d'un règlement de sinistre.

Les polices d'assurance contre les accidents du travail doivent spécifier que l'assureur ne peut opposer aucune déchéance aux victimes ou à leurs ayants droit.

Opposabilité des déchéances aux coauteurs. Viole l'art. R.* 124-1 la cour d'appel qui décide qu'une déchéance n'est pas opposable au coauteur du dommage, alors que l'inopposabilité ne profite qu'à la victime. • Civ. 1re, 13 févr. 1996 : *RGDA 1996. 430, note Rémy.*

Art. R. 124-2 *(Décr. nº 2004-1284 du 26 nov. 2004)* Le délai subséquent des garanties déclenchées par la réclamation mentionnée aux quatrième et cinquième alinéas de l'article L. 124-5 ne peut être inférieur à dix ans lorsque l'assuré, personne physique ou morale :

I. — Exerce l'une des professions suivantes :

1º Administrateur de biens ;

2º Administrateur judiciaire et mandataire judiciaire au redressement et à la liquidation des entreprises ;

3º Avocat inscrit à un barreau français ;

4º Avocat au Conseil d'État et à la Cour de cassation ;

5º Avoué près les cours d'appel ;

6º Commissaire aux comptes ;

7º Commissaire-priseur judiciaire ;

8º Constructeur d'un ouvrage mentionné aux articles L. 231-1 du code de la construction et de l'habitation et 1646-1, 1792-1, 1831-1 du code civil, ainsi que ses sous-traitants ;

9º Courtier d'assurance ;

10º Géomètre expert ;

11º Huissier de justice ;

12º Notaire ;

13º Syndic de copropriété ;

II. — Exerce l'une des activités suivantes :

1º Pratique du droit à titre accessoire par une personne pouvant se prévaloir de l'agrément prévu à l'article 54 de la loi du 31 décembre 1971 précitée ;

2º Expertise comptable ;

3º Expertise judiciaire ;

4º Ventes volontaires de meubles aux enchères publiques.

Art. R. 124-3 *(Décr. nº 2004-1284 du 26 nov. 2004)* Lorsque la garantie souscrite par une personne physique pour son activité professionnelle est la dernière garantie avant sa cessation d'activité professionnelle ou son décès, le délai prévu aux quatrième et cinquième alinéas de l'article L. 124-5 ne peut être inférieur à dix ans.

En cas de reprise de la même activité, ce délai est réduit à la durée comprise entre la date d'expiration ou de résiliation de la garantie et la date de reprise d'activité, sans que cette durée puisse être inférieure à cinq ans ou à la durée fixée contractuellement.

Art. R.* 124-4 *(Décr. nº 2004-1284 du 26 nov. 2004)* Le plafond applicable à la garantie déclenchée dans le délai subséquent mentionné aux quatrième et cinquième alinéas de l'article L. 124-5 est unique pour l'ensemble de la période, sans préjudice des autres termes de la garantie ou de stipulations contractuelles plus favorables. Il est spécifique et ne couvre que les seuls sinistres dont la garantie est déclenchée pendant cette période.

Il ne peut être inférieur à celui de la garantie déclenchée pendant l'année précédant la date de sa réalisation ou de son expiration. Il peut être reconstitué au gré des parties.

Le contrat précise les conditions d'application du plafond de garantie.

CHAPITRE V L'ASSURANCE DES RISQUES DE CATASTROPHES NATURELLES

(Décr. nº 85-864 du 2 août 1985)

Art. R. 125-1 à R. 125-11 *Abrogés par Décr. nº 92-1241 du 27 nov. 1992.*

V. art. L. 125-1 s. et A. 125-1 s.

CHAPITRE VI L'ASSURANCE CONTRE LES ACTES DE TERRORISME

(Décr. nº 88-261 du 18 mars 1988)

SECTION PREMIÈRE DOMMAGES CORPORELS

Néant.

SECTION II DOMMAGES MATÉRIELS

Art. R. 126-1 *(Abrogé par Décr. nº 2006-1202 du 29 sept. 2006)* ***Les contrats d'assurance de biens mentionnés à l'article L. 126-2 sont ceux qui relèvent des opérations d'assurance figurant aux 3 à 9 de l'article R. 321-1 ou qui couvrent les pertes d'exploitation résultant des sinistres affectant les biens assurés.***

Art. R. 126-2 *(Décr. nº 2006-1202 du 29 sept. 2006)* I. – Sont exclus du champ d'application de l'article L. 126-2 les contrats d'assurance de biens couvrant les dommages subis par les corps de véhicules ferroviaires, aériens, maritimes, lacustres et fluviaux ainsi que par les marchandises transportées.

Toutefois, restent soumis à l'application de l'article L. 126-2 :

1° Les contrats d'assurance de biens couvrant les dommages subis par les corps de véhicules aériens destinés à une activité non commerciale ou à but non lucratif lorsque la valeur unitaire des corps déclarée au contrat est inférieure à 1 million d'euros ;

2° Les contrats d'assurance de biens couvrant les dommages subis par les corps de véhicules maritimes, lacustres ou fluviaux destinés à la navigation de plaisance lorsque la valeur unitaire des corps déclarée au contrat est inférieure à 1 million d'euros.

II. – Lorsqu'ils concernent des grands risques définis au 2° de l'article L. 111-6, les contrats d'assurance de biens mentionnés au premier alinéa de l'article L. 126-2 peuvent stipuler, pour la réparation des dommages résultant d'actes de terrorisme ou d'attentats, des limites de franchise et de plafonds différentes de celles fixées au contrat au titre de la garantie incendie, sous les conditions suivantes :

1° Le montant de la garantie, net de franchise, pour les dommages résultant d'actes de terrorisme ou d'attentats, ne peut pas être inférieur à 20 % du montant de garantie, net de franchise, prévu par le contrat au titre de la garantie incendie et, en tout état de cause, 20 millions d'euros;

2° Le montant de la franchise, pour les dommages résultant d'actes de terrorisme ou d'attentats, ne peut pas être supérieur au double de celui prévu par le contrat au titre de la garantie incendie.

Ancien art. R. 126-2 *Les contrats d'assurance de biens ne peuvent stipuler, pour les dommages résultant d'actes de terrorisme ou d'attentats, de franchise ou de plafond autres que ceux qu'ils prévoient pour des dommages de même nature qui n'auraient pas pour origine un acte de terrorisme ou un attentat.*

(Décr. n° 2001-1337 du 28 déc. 2001) *« Toutefois, lorsqu'ils concernent des grands risques définis à l'article L. 111-6, les contrats d'assurance de biens mentionnés à l'article R. 126-1 peuvent déroger aux dispositions du premier alinéa dans les limites fixées par arrêté du ministre chargé de l'économie et des finances. Ces dérogations ne peuvent en aucun cas conduire à réduire le montant de la garantie, net de franchise, pour les dommages résultant d'actes de terrorisme ou d'attentats, à un montant inférieur aux montants suivants :*

« 1. Pour les marchandises transportées, 20 % du montant de garantie, net de franchise, prévu par le contrat pour des dommages de même nature qui n'auraient pas pour origine un acte de terrorisme ou un attentat ;

« 2. Pour les autres risques, 20 % du montant de garantie, net de franchise, prévu par le contrat pour des dommages de même nature qui n'auraient pas pour origine un acte de terrorisme ou un attentat et, en tout état de cause, 20 millions d'euros. »

Arrêté du 28 décembre 2001,

Déterminant les conditions minimales de garantie des dommages aux biens résultant d'un attentat ou d'un acte de terrorisme.

Art. 1er Pour les grands risques définis à l'article L. 111-6, les contrats d'assurance de biens mentionnés à l'article R. 126-1 ne peuvent stipuler, pour les dommages résultant d'actes de terrorisme ou d'attentat :

1. Un montant de garantie, net de franchise inférieur aux montants suivants :

— pour les marchandises transportées, 20 % du montant de garantie, net de franchise, prévu par le contrat pour des dommages de même nature qui n'auraient pas pour origine un acte de terrorisme ou un attentat ;

— pour les autres risques, 20 % du montant de garantie, net de franchise, prévu par le contrat pour des dommages de même nature qui n'auraient pas pour origine un acte de terrorisme ou un attentat et, en tout état de cause, 20 000 000 € ;

2. Une franchise supérieure au double de celle prévue par le contrat pour des dommages de même nature qui n'auraient pas pour origine un acte de terrorisme ou un attentat.

CHAPITRE VII L'ASSURANCE DE PROTECTION JURIDIQUE

(Décr. n° 90-697 du 1er août 1990)

Art. R. 127-1 *(Décr. n° 92-1356 du 22 déc. 1992)* **Les documents contractuels relatifs à l'assurance de protection juridique, mentionnés à l'article L. 127-2, doivent indiquer la modalité de gestion, prévue à l'article L. 321-6** *[reclassé ss. l'art. L. 322-2-3]*, **pour laquelle l'entreprise a opté.**

Si l'entreprise a opté pour celle prévue au premier tiret du premier alinéa de l'article L. 321-6, l'assuré doit, dès la première demande de mise en jeu de la garantie de protection juridique, être informé sans délai, par l'entreprise d'assurance, de l'adresse du ou des services assurant le traitement des sinistres de la branche Protection juridique.

Lorsque l'entreprise d'assurance a opté pour la modalité de gestion prévue au deuxième tiret du premier alinéa du même article, les documents contractuels doivent indiquer la dénomination et le siège de l'entreprise juridiquement distincte à qui est confiée la gestion des sinistres de la branche Protection juridique.

Lorsque l'entreprise d'assurance a opté pour la modalité de gestion prévue au troisième tiret du premier alinéa du même article, les documents contractuels indiquent, en caractères très apparents, que lorsque l'assuré est en droit de réclamer, au titre de la police, l'intervention de l'assurance de protection juridique, il a le droit de confier la défense de ses intérêts à un avocat ou à une personne qualifiée de son choix. Dès réception d'une déclaration de sinistre, l'assureur informe l'assuré qu'il bénéficie de ces mêmes dispositions législatives.

Art. R. 127-2 et R. 127-3 *Ajoutés par Décr. n° 90-697 du 1er août 1990 ; abrogés par Décr. n° 92-1356 du 22 déc. 1992.*

CHAPITRE VIII L'ASSURANCE DES RISQUES DE CATASTROPHES TECHNOLOGIQUES

(Décr. nº 2005-1466 du 28 nov. 2005)

Art. R. 128-1 L'état de catastrophe technologique est constaté en cas de survenance d'un accident rendant inhabitables plus de cinq cents logements. Le préfet désigne les services en charge du recueil des informations nécessaires au constat.

L'état de catastrophe technologique est constaté, dans un délai maximal de quinze jours, par un arrêté conjoint du ministre chargé de l'économie, du ministre chargé de la sécurité civile et du ministre chargé de l'environnement, publié au *Journal officiel* de la République française.

Art. R. 128-2 La réparation intégrale au titre de l'état de catastrophe technologique doit permettre au propriétaire des biens immobiliers désignés à l'article L. 128-2 d'être indemnisé sans plafond ni déduction de franchise.

La réparation intégrale doit permettre à son propriétaire, lorsque l'ampleur des dégâts subis par un immeuble rend impossible sa réparation, de recouvrer dans un secteur comparable la propriété d'un immeuble de consistance et de confort équivalents.

Dans les limites des valeurs déclarées ou des capitaux assurés au contrat, les biens mobiliers sont indemnisés à leur valeur de remplacement sans application des coefficients de vétusté prévus au contrat et sans déduction de la franchise contractuelle.

Art. R. 128-3 Les biens à usage professionnel placés dans les locaux à usage d'habitation ne sont pas indemnisables au titre des articles L. 128-1 et L. 128-2.

Art. R. 128-4 Lorsque le montant des indemnités versées à la victime en application des articles L. 128-1 à L. 128-3 :

1° Est inférieur à 2 000 euros, au titre de dommages autres que ceux affectant un véhicule terrestre à moteur ;

2° Est inférieur à 325 euros, au titre de dommages affectant un véhicule terrestre à moteur,

la victime est présumée avoir subi les dommages mentionnés au descriptif et les indemnités sont présumées réparer lesdits dommages dans les conditions fixées par les articles L. 128-1 à L. 128-3, même s'il n'a pas été procédé à une expertise.

Lorsque le montant de ces indemnités :

1° Est compris entre 2 000 euros et 100 000 euros, au titre de dommages autres que ceux affectant un véhicule terrestre à moteur ;

2° Est compris entre 325 euros et 6 500 euros, au titre de dommages affectant un véhicule terrestre à moteur,

la victime est présumée avoir subi les dommages mentionnés au descriptif et les indemnités sont présumées réparer lesdits dommages dans les conditions fixées par les articles L. 128-1 à L. 128-3, à condition qu'il ait été procédé au moins à une expertise par un expert choisi par son assureur ou le fonds de garantie.

Les montants mentionnés au présent article sont révisés en fonction des variations de l'indice du coût de la construction publié par l'Institut national de la statistique et des études économiques constatées entre la date de publication du décret nº 2005-1466 du 28 novembre 2005 et la date de publication de l'arrêté mentionné à l'article R. 128-1.

TITRE TROISIÈME RÈGLES RELATIVES AUX ASSURANCES DE PERSONNES ET AUX OPÉRATIONS DE CAPITALISATION

(Décr. nº 93-385 du 19 mars 1993).

CHAPITRE PREMIER CONTRATS D'ASSURANCE SUR LA VIE OU DE CAPITALISATION SE RÉFÉRANT À DES UNITÉS DE COMPTE

(Décr. nº 92-971 du 11 sept. 1992)

Art. R. 131-1 *(Décr. nº 2017-1105 du 23 juin 2017, art. 1er, en vigueur le 1er nov. 2017)* « I.– » Les unités de comptes visées à l'article L. 131-1 sont :

1° *(Décr. nº 2000-142 du 18 févr. 2000)* **« Les actifs énumérés aux 1°, 2°, 2° *bis*, 2° *ter*, 3°, 4°, 5° et 8° de l'article R. 332-2 » ;**

2° *(Décr. nº 2006-1542 du 6 déc. 2006, art. 3-1°-a, en vigueur le 1er juin 2007)* **« Dans les conditions fixées aux articles R. 131-2 à R. 131-4 », les parts ou actions visées au 9° *bis* de l'article R. 332-2 ;**

(Décr. nº 98-413 du 28 mai 1998) **3° Les parts visées au 7° de l'article R. 332-2 et les actions de sociétés commerciales** *(Décr. nº 2019-1172 du 14 nov. 2019, art. 1er)* **« qui satisfont aux conditions prévues à l'article 1-1 de la loi nº 85-695 du 11 juillet 1985 ;**

« 4° Les actions de sociétés commerciales mentionnées au 6° de l'article R. 332-2 à l'exclusion de celles mentionnées au 3° du I du présent article ; »

(Décr. nº 2005-875 du 25 juill. 2005, art. 18) **« 5° Les parts ou actions mentionnées au 7° *quater* de l'article R. 332-2. »**

(Décr. nº 2006-1542 du 6 déc. 2006, art. 3-1°-b, en vigueur le 1er juin 2007 ; Décr. nº 2013-687 du 25 juill. 2013, art. 23) **« 6° Dans des conditions fixées aux articles R. 131-5 et R. 131-6, les parts ou actions mentionnées au 9° *ter* de l'article R. 332-2 ;**

« 7° Dans des conditions fixées aux articles R. 131-5 et R. 131-6, les parts ou actions mentionnées au 9° *sexies* de l'article R. 332-2 » ;

(Décr. nº 2019-807 du 30 juill. 2019, art. 1er-II) **« 8° Les parts de fonds communs de placement d'entreprise mentionnés au VII de l'article L. 214-164 du code monétaire et financier, uniquement dans le cadre des plans d'épargne retraite d'entreprise mentionnés à l'article L. 224-9 du même code ; »**

(Décr. nº 2021-668 du 27 mai 2021, en vigueur le 1er juin 2021) **« 9° Les titres associatifs et les obligations émises par les fondations définis respectivement aux sous-sections 3 et 4 de la section II du chapitre III du titre Ier du livre II du code monétaire et financier. »**

(Décr. nº 2017-1105 du 23 juin 2017, art. 1er, en vigueur le 1er nov. 2017) **« II. – La structure des engagements du contrat respecte les règles suivantes :**

« 1° L'encours des engagements exprimés en unités de compte relevant *(Abrogé par Décr. nº 2019-1172 du 14 nov. 2019, art. 1er) « du 3° et »* **du 4° du I ne dépasse pas 10 % de l'ensemble de l'encours du contrat ;**

« 2° L'encours des engagements exprimés en unités de compte relevant *(Abrogé par Décr. nº 2019-1172 du 14 nov. 2019, art. 1er) « du 3°, »* **du 4° et du 5° du I ne dépasse pas 30 % de l'ensemble de l'encours du contrat ;**

« 3° Pour les contrats relevant du I *bis* de l'article 990-I du code général des impôts, les plafonds définis au 1° et au 2° sont portés à 33 % ;

« 4° L'encours des engagements exprimés en unités de compte relevant du 7° du I ne dépasse pas 30 % de l'ensemble de l'encours du contrat.

(Décr. nº 2021-668 du 27 mai 2021, en vigueur le 1er juin 2021) **« 5° L'encours des engagements exprimés en unités de compte relevant du 9° du I du présent article ne dépasse pas 10 % de l'ensemble de l'encours du contrat. La sélection de ces unités de comptes est réservée aux souscripteurs répondant à la condition définie au 1° de l'article R. 131-1-2. »**

« Pour l'appréciation des plafonds définis au 2° et au 3°, en ce qui concerne les unités de compte relevant du 5° du I, seule la quote-part de ces actions ou parts investie dans des placements autres que ceux mentionnés aux 1° et 2° du I est prise en compte.

« Les plafonds définis aux 1°, 2°, 3° et 4° sont appréciés lors du versement d'une prime ou de la réalisation d'un arbitrage. Si, en dehors de ces opérations, ces plafonds sont dépassés, le contrat est réputé respecter ces derniers.

« Par dérogation aux dispositions figurant aux 1°, 2°, 3° et 4°, une opération ayant pour conséquence de réduire l'écart au plafond lorsque celui-ci est dépassé est autorisée.

« III. – » Le contrat doit prévoir les modalités selon lesquelles, en cas de disparition d'une unité de compte, une autre unité de compte de même nature lui est substituée, par un avenant au contrat.

Les dispositions du Décr. nº 2017-1105 du 23 juin 2017 s'appliquent aux versements et arbitrages réalisés à compter du 1er nov. 2017 (Décr. préc., art. 4).

Les contrats conclus avant l'entrée en vigueur du Décr. nº 2019-1172 du 14 nov. 2019 et proposant des unités de compte constituées de parts ou d'actions mentionnées au 7º ter de l'art. R. 332-2 C. assur., ainsi que les nouvelles adhésions à ces contrats, peuvent exprimer le capital ou la rente garantis en unités de compte constituées de ces actifs dans le respect des conditions prévues à l'art. R. 131-1 C. assur. dans sa rédaction antérieure audit Décr. (Décr. préc., art. 2-I).

Obligations. Aux termes des art. L. 213-5 C. mon. fin. et L. 228-38 C. com., à la lumière desquels doivent être lus les art. R. 131-1 et R. 332-2 C. assur., les obligations sont des titres négociables qui, dans une même émission, confèrent les mêmes droits de créance pour une même valeur nominale. Viole les textes susvisés, en ajoutant à la loi une condition qu'elle ne comporte pas, la cour d'appel, qui pour affirmer que le produit litigieux n'était pas éligible à un contrat d'assurance-vie en unités de compte, retient que le détenteur n'avait pas droit au remboursement du nominal, alors que la qualification d'obligation n'est pas subordonnée à la garantie de remboursement du nominal du titre. • Civ. 2e, 23 nov. 2017, nº 16-22.620 P : *D. 2018. 270, note Storck et de Ravel d'Esclapon ; RGDA 2018. 52, note Mayaux.*

Art. R. 131-1-1 *(Décr. nº 2019-1172 du 14 nov. 2019, art. 1er)* **Les unités de compte définies à l'article L. 131-1-1 sont :**

1º Les parts ou actions de fonds professionnels à vocation générale mentionnés à l'article L. 214-144 du code monétaire et financier ;

2º Les parts ou actions de fonds professionnels de capital investissement mentionnés à l'article L. 214-159 du code monétaire et financier ;

3º Les parts ou actions de fonds professionnels spécialisés mentionnés à l'article L. 214-154 du code monétaire et financier, à condition que ceux-ci respectent, directement ou indirectement :

***a)* Le quota prévu au I de l'article L. 214-28 du même code. Les avances en compte courant mentionnées au dernier alinéa de l'article L. 214-154 du même code sont prises en compte pour le calcul dudit quota lorsqu'elles sont consenties à des sociétés remplissant les conditions pour être retenues dans ce quota ;**

***b)* Les limites fixées au troisième alinéa du II de l'article L. 214-160 relatives aux actifs numériques.**

Art. R. 131-1-2 *(Décr. nº 2019-1172 du 14 nov. 2019, art. 1er)* **La sélection des unités de compte mentionnées à l'article R. 131-1-1 est réservée :**

1º Soit aux souscripteurs ou adhérents considérés, après évaluation, comme possédant l'expérience, les connaissances et la compétence nécessaires pour prendre leurs propres décisions d'investissement et évaluer correctement les risques encourus ;

2º Soit aux souscripteurs ou adhérents qui affectent à l'acquisition de droits exprimés en ces unités de compte une prime supérieure ou égale à 100 000 euros ;

3º Soit, lorsque les parts ou actions des fonds visés aux 1º à 3º de l'article R. 131-1-1 ont reçu l'autorisation d'utiliser la dénomination "ELTIF" en application du règlement (UE) nº 2015/760 du Parlement européen et du Conseil du 29 avril 2015 relatif aux fonds européens d'investissement à long terme, aux souscripteurs ou adhérents qui affectent à l'acquisition de droits exprimés en ces unités de compte une prime supérieure ou égale à 10 000 euros.

L'encours des engagements exprimés en unités de compte sélectionnées en application du 1º, 2º ou 3º ne dépasse pas 50 % de l'encours du contrat. L'encours des engagements exprimés en unités de compte sélectionnées en application du 3º par des souscripteurs ou adhérents autres que ceux mentionnés au 1º et au 2º ne dépasse pas 10 % de l'ensemble de l'encours du contrat.

Ces plafonds sont appréciés lors du versement d'une prime ou de la réalisation d'un arbitrage. Si, en dehors de ces opérations, l'un de ces plafonds est dépassé, le contrat est réputé respecter ces derniers. Par dérogation, une opération ayant pour conséquence de réduire l'écart au plafond lorsque celui-ci est dépassé est autorisée.

Le contrat doit prévoir les modalités selon lesquelles, en cas de disparition d'une unité de compte, une autre unité de compte de même nature lui est substituée, par un avenant au contrat.

Art. D. 131-1-3 *(Décr. nº 2019-1172 du 14 nov. 2019, art. 1er)* **Afin de sélectionner une unité de compte mentionnée à l'article R. 131-1-1 en application du 1º de l'article R. 131-1-2, le souscripteur ou l'adhérent suit la procédure ci-après :**

1º Le souscripteur ou l'adhérent notifie sur support papier ou tout autre support durable à l'intermédiaire ou l'entreprise d'assurance ou de capitalisation son souhait d'être traité comme un client possédant l'expérience, les connaissances et la compétence nécessaires pour comprendre les risques qu'il encourt en sélectionnant des unités de compte composées de fonds d'investissement alternatifs ouverts à des professionnels et prendre ses propres décisions d'investissement, soit à tout moment, soit pour un arbitrage déterminé ;

2º L'entreprise ou l'intermédiaire d'assurance précise à l'intéressé, clairement et sur support papier ou tout autre support durable, les risques liés à la sélection d'unités de compte mentionnées à l'article R. 131-1-1 ;

3º Le souscripteur ou l'adhérent déclare sur support papier ou tout autre support durable, dans un document distinct du contrat, qu'il est conscient des conséquences de sa décision de sélectionner des unités de compte mentionnées à l'article R. 131-1-1.

L'art. D. 131-1-3 peut être modifié par Décr. (Décr. nº 2019-1172 du 14 nov. 2019, art. 2-II).

Art. R. 131-1-4 *(Décr. nº 2019-1172 du 14 nov. 2019, art. 1er)* **Préalablement à la sélection d'unités de compte par le souscripteur ou l'adhérent en application du 1º de l'article R. 131-1-2, l'entreprise ou intermédiaire d'assurance procède à une évaluation adéquate de sa compétence, de son expérience et de ses connaissances, de nature à lui procurer l'assurance raisonnable que le souscripteur ou l'adhérent est en mesure de prendre ses décisions d'investissement et de comprendre les risques qu'il encourt en sélectionnant des unités de compte composées de fonds d'investissement alternatifs ouverts à des professionnels.**

Dans le cadre de cette évaluation, au moins deux des critères suivants sont réunis :

1º La détention d'un portefeuille d'instruments financiers défini comme comprenant les dépôts bancaires et les instruments financiers d'une valeur supérieure à 500 000 euros ;

2º La réalisation d'opérations, chacune d'une taille significative telle que déterminée par le règlement général de l'Autorité des marchés financiers, sur des instruments financiers, à raison d'au moins dix par trimestre en moyenne sur les quatre trimestres précédents ;

3º L'occupation pendant au moins un an, dans le secteur financier, d'une position professionnelle exigeant une connaissance de l'investissement en instruments financiers.

Art. R. 131-2 **Dans le cas où le contrat se réfère à une part ou à une action de société immobilière non cotée** *(Décr. nº 2006-1542 du 6 déc. 2006, art. 3-2º, en vigueur le 1er juin 2007)* **« mentionnée au 2º de l'article R. 131-1 », l'assureur fixe, suivant des modalités précisées par arrêté du ministre chargé de l'économie et des finances, la valeur de cette action ou de cette part préalablement à la commercialisation du contrat et, par la suite, au moins une fois par an pendant la durée du contrat.** — *V. note ss. art. R. 131-1.*

V. art. A. 131-2.

Art. R. 131-3 *(Décr. nº 92-972 du 11 sept. 1992)* **Les sociétés non cotées à objet uniquement immobilier ou foncier** *[visées] (Décr. nº 2006-1542 du 6 déc. 2006, art. 3-3º, en vigueur le 1er juin 2007)* **« au 2º de » l'article R. 131-1 doivent répondre aux conditions suivantes :**

1º Les parts non cotées des sociétés civiles à objet uniquement foncier ne peuvent servir de valeur de référence unique d'un contrat.

2º Le patrimoine de la société immobilière non cotée, constitutive de l'unité de compte ou de chacune des sociétés immobilières ou foncières, dans le cas où le contrat se réfère à plusieurs unités de compte, doit être composé d'au moins cinq

immeubles d'une valeur minimale globale de 15 244 901,72 €, estimée selon les dispositions de l'article R. 131-2.

(Décr. nº 97-149 du 13 févr. 1997) « 3º Les actifs de la société immobilière ou foncière non cotée doivent être constitués à tout instant d'au moins 70 % de parts ou droits définis aux articles 9º et 9º *bis* de l'article R. 332-2. Le solde des placements de la société doit appartenir aux catégories visées aux 1º, 2º, 2º *bis* et 3º du même article. » — *V. note ss. art. R. 131-1.*

Art. R. 131-4 *(Décr. nº 97-149 du 13 févr. 1997)* En cours de contrat, l'assureur peut effectuer pour les contrats l'ayant prévu la substitution d'une unité de compte visée au 2º de l'article R. 131-1 au profit d'unités de compte de nature comparable si l'unité de compte initiale ne remplit plus les conditions définies au 2º de l'article R. 131-3 ou si l'assureur qui en fait la demande y est autorisé par l'Autorité de contrôle prudentiel et de résolution.

Les modalités d'application du présent article sont définies par arrêté du ministre *(Décr. nº 2019-1172 du 14 nov. 2019, art. 1er)* « chargé de l'économie ».

Art. R. 131-5 *(Décr. nº 2006-1542 du 6 déc. 2006, art. 3-4º, en vigueur le 1er juin 2007)* Seules sont admissibles en unités de compte les parts ou actions mentionnées au 6º ou au 7º de l'article R. 131-1 des organismes qui :

a) D'une part prévoient dans leur statut ou règlement, *(Décr. nº 2017-1104 du 23 juin 2017, art. 2)* « sans autre restriction que celle prévue à l'article L. 214-67-1 du code monétaire et financier, » le rachat des parts ou d'actions deux mois au plus tard après que le porteur en a effectué la demande ;

(Décr. nº 2013-687 du 25 juill. 2013, art. 23) « *b)* D'autre part, emploient au moins 20 % de leurs actifs immobiliers en immeubles construits, loués ou offerts à la location, dans les conditions définies aux articles R. 214-86 à R. 214-88 du code monétaire et financier. » — *V. note ss. art. R. 131-1.*

Art. R. 131-6 *(Décr. nº 2006-1542 du 6 déc. 2006, art. 3-4º, en vigueur le 1er juin 2007)* Pour les contrats d'assurance sur la vie ou de capitalisation dont des droits sont exprimés en unités de compte mentionnées au 6º ou au 7º de l'article R. 131-1, la somme versée selon les dispositions contractuelles est égale à la contrevaleur en devises ou en euros des parts ou actions, sur la base de la valeur de rachat de ces parts ou actions à la date prévue à cet effet par le contrat. Cette date ne peut être postérieure de plus de deux mois à la date de présentation à l'assureur de la demande de prestation. — *V. la note ss. anc. art. R. 131-1.*

Art. R. 131-7 *(Décr. nº 2015-513 du 7 mai 2015, art. 6-1º, en vigueur le 1er janv. 2016)* Pour les contrats d'assurances sur la vie ou de capitalisation dont la somme assurée est déterminée par rapport à une valeur de référence, les droits correspondants exprimés en unités de compte doivent être représentés à l'actif du bilan par des placements entrant dans la composition de cette valeur de référence et dans les proportions fixées par cette composition.

Art. R. 131-8 *(Décr. nº 2017-1104 du 23 juin 2017, art. 1er)* Les mesures prises par l'entreprise d'assurance en application du 2º du I et du 2º du II de l'article L. 131-4 n'ont d'effet qu'à l'égard des demandes d'opérations sur le contrat formulées postérieurement à la dernière date de centralisation des ordres de rachat par l'organisme de placement collectif concerné précédant sa décision de suspension ou de plafonnement temporaire des rachats de ses parts ou actions.

La demande d'opération sur le contrat non exécutée en tout ou partie en raison d'une mesure de restriction prise par l'entreprise d'assurance en application du 2º du I ou du 2º du II de l'article L. 131-4 est automatiquement reportée à la prochaine date de centralisation des ordres de l'organisme de placement collectif concerné lorsque celui-ci établit sa valeur liquidative plus d'une fois par semaine. Toutefois, si le contrat le prévoit, le souscripteur, l'adhérent ou le bénéficiaire peut s'opposer au report de la part non exécutée de sa demande d'opération. La demande d'opération sur le contrat non exécutée en tout ou partie est automatiquement annulée dans les autres cas. L'entreprise d'assurance informe *(Décr. n° 2018-229 du 30 mars 2018, art. 3)* « sur support papier ou tout autre support durable » et sans délai le souscripteur, l'adhérent ou le bénéficiaire du report ou de l'annulation de la part de sa demande d'opération non exécutée.

Lorsque l'entreprise d'assurance décide de restreindre les opérations dans les conditions prévues au I de l'article L. 131-4, elle ne peut appliquer aux souscripteurs, adhérents ou bénéficiaires une valeur liquidative inférieure à la dernière valeur liquidative publiée de l'organisme de placement collectif faisant l'objet d'une suspension du rachat de ses parts ou actions.

Lorsque l'entreprise d'assurance décide de restreindre les opérations sur le contrat dans les conditions prévues au II de l'article L. 131-4, elle applique un seuil de restriction dans les mêmes proportions pour chacun des souscripteurs, adhérents ou bénéficiaires concernés. Ce seuil de restriction ne peut être inférieur à celui auquel sont plafonnés temporairement les rachats des parts ou actions de l'organisme de placement collectif servant de référence aux garanties exprimées en unités de compte du contrat.

Art. R. 131-9 *(Décr. n° 2017-1104 du 23 juin 2017, art. 1er)* Lorsque l'entreprise d'assurance décide de restreindre les opérations sur le contrat dans les conditions prévues au 2° du II de l'article L. 131-4, elle exécute les demandes d'opérations, au maximum des possibilités de rachat des parts ou actions sur l'organisme de placement concerné et en prenant en compte sa propre capacité de compensation entre les demandes de souscription et de rachat, dans le délai prévu dans les conditions normales d'exécution du contrat. Chaque partie de l'opération est exécutée dans le délai et à la valeur liquidative prévus dans les conditions normales d'exécution du contrat.

Toutefois, lorsque la valeur liquidative de l'organisme de placement collectif est établie plus d'une fois par semaine, l'entreprise d'assurance peut déroger au précédent alinéa pendant une période n'excédant pas la durée de suspension ou de plafonnement des rachats des parts ou actions par l'organisme de placement collectif et au maximum une semaine, pouvant être renouvelée dans les mêmes conditions, selon les modalités suivantes :

1° La demande d'opération formulée par le souscripteur, l'adhérent ou le bénéficiaire des contrats concernés est exécutée à concurrence du taux global pour l'entreprise d'assurance des demandes d'opérations sur l'organisme de placement collectif concerné que celle-ci aurait obtenu, pour l'ensemble des souscripteurs, adhérents et bénéficiaires concernés, sur la période en appliquant le premier alinéa ;

2° L'unité de compte faisant l'objet de l'opération demandée est valorisée à la moyenne des valeurs liquidatives qui auraient été obtenues, par l'ensemble des souscripteurs, adhérents et bénéficiaires concernés, en appliquant le premier alinéa.

Art. R. 131-10 *(Décr. n° 2017-1104 du 23 juin 2017, art. 1er)* Lorsqu'elle prend l'une des mesures prévues au 2° du I et au 2° du II de l'article L. 131-4, l'entreprise d'assurance tient à la disposition des souscripteurs, adhérents et bénéficiaires, par tout moyen et au moins par une mention sur son site internet, l'information comprenant les éléments suivants :

1° La dénomination des unités de compte concernées ;

2° La description des mesures prises et leur durée prévue ou estimée ;

3° Les modalités de report et de révocabilité de la demande d'opération qui serait non exécutée en tout ou partie ;

4° Les modalités de règlement des opérations sur le contrat.

Lorsque l'adhérent ou le souscripteur détenteur d'un contrat dont les garanties sont exprimées dans les unités de compte concernées par l'une des mesures prévues au 2° du I et 2° du II de l'article L. 131-4 demande une opération sur une de ces unités de compte, l'entreprise d'assurance l'avise par tout moyen, lors de sa demande, de l'information mentionnée au premier alinéa. A défaut, ces mesures ne sont pas opposables à l'adhérent ou au souscripteur.

A l'issue de la période de mise en œuvre des mesures prévues au 2° du I et au 2° du II de l'article L. 131-4, l'entreprise d'assurance *(Décr. n° 2018-229 du 30 mars 2018, art. 3)* « fournit » à chaque adhérent, souscripteur ou bénéficiaire ayant demandé une opération à laquelle ces mesures étaient applicables un relevé détaillant les effets des mesures prises sur les opérations effectuées.

Art. R. 131-11 *(Décr. n° 2017-1104 du 23 juin 2017, art. 1er)* La notification à l'Autorité de contrôle prudentiel et de résolution de la décision par l'entreprise d'assurance de suspendre ou de restreindre les opérations sur le contrat dans les conditions prévues au 2° du II de l'article L. 131-4 décrit les raisons qui justifient sa décision en tenant compte des éléments d'appréciation prévus au dernier alinéa du II de cet article.

Elle est accompagnée des documents et informations dont la liste est fixée par l'autorité, après avis de la commission consultative mentionnée au I de l'article L. 612-14 du code monétaire et financier, et publiée au registre officiel de l'autorité sous forme électronique.

CHAPITRE II LES ASSURANCES SUR LA VIE ET LES OPÉRATIONS DE CAPITALISATION *(Décr. n° 93-382 du 19 mars 1993)*.

SECTION PREMIÈRE DISPOSITIONS GÉNÉRALES

Art. R. 132-1 *Abrogé par Décr. n° 94-635 du 25 juill. 1994 ; repris ss. l'art. R. 331-5.*

Art. R. 132-2 *(Décr. n° 85-1447 du 30 déc. 1985)* L'assureur peut d'office substituer le rachat à la réduction si la valeur de rachat du contrat est inférieure à la moitié du montant brut mensuel du salaire minimum de croissance applicable en métropole, calculé sur la base de la durée légale hebdomadaire du travail, en vigueur au 1er juillet précédant la date à laquelle la réduction est demandée.

Art. R. 132-3 *(Décr. n° 93-384 du 19 mars 1993)* Les contrats d'assurance en cas de vie (avec ou sans contre-assurance) ou de capitalisation doivent indiquer les frais prélevés par l'entreprise. Ces frais peuvent être libellés dans la monnaie du contrat ou calculés en pourcentage des primes, des provisions mathématiques, du capital garanti ou du rachat effectué.

Les autres contrats comportant des valeurs de rachat doivent indiquer les frais prélevés en cas de rachat.

(Abrogé par Décr. n° 2021-668 du 27 mai 2021, à compter du 1er juin 2021) « Ne sont pas concernés par les dispositions du présent article les contrats collectifs à adhésion obligatoire. »

Art. R. 132-3-1 *(Décr. n° 2015-1092 du 28 août 2015, art. 2-I-1°, en vigueur le 1er janv. 2016)* Les frais prélevés par l'entreprise d'assurance après la date de connaissance du décès de l'assuré, mentionnés au troisième alinéa de l'article L. 132-5, ne peuvent être supérieurs aux frais qui auraient été prélevés si le décès n'était pas survenu.

Pour les contrats d'assurance sur la vie mentionnés au quatrième alinéa de l'article L. 132-5 :

1° Le capital en euros garanti en cas de décès produit de plein droit intérêt dès la date du décès de l'assuré ;

2° A compter de la date de connaissance du décès, le capital en euros garanti en cas de décès produit de plein droit intérêt, net de frais, pour chaque année civile, au minimum à un taux égal au moins élevé des deux taux suivants :

a) La moyenne sur les douze derniers mois du taux moyen des emprunts de l'État français, calculée au 1er novembre de l'année précédente ;

b) Le dernier taux moyen des emprunts de l'État français disponible au 1er novembre de l'année précédente ;

3° Entre la date du décès et la date de connaissance du décès, lorsque les clauses contractuelles prévoient une revalorisation du capital en euros garanti en cas de décès, celles-ci s'appliquent, dès lors qu'elles entraînent une revalorisation du capital nette de frais ; à défaut, le 2° du présent article s'applique dès la date du décès de l'assuré.

Pour les engagements exprimés en unités de compte ou donnant lieu à la constitution d'une provision de diversification, la revalorisation du capital garanti en cas de décès intervient à compter de la date à laquelle la valeur en euros du capital garanti a été arrêtée.

Art. R. 132-4 *(Décr. nº 93-385 du 19 mars 1993)* Le contrat d'assurance sur la vie doit indiquer, outre les énonciations mentionnées dans l'article L. 112-4 :

1° Les nom, prénoms et date de naissance du ou des assurés ;

2° L'événement ou le terme duquel dépend l'exigibilité du capital ou de la rente garantis ;

3° Les délais et les modalités de règlement du capital ou de la rente garantis.

Le contrat de capitalisation doit indiquer :

1° Le montant du capital remboursable à l'échéance ;

2° La date de prise d'effet ainsi que la date d'échéance ;

3° Le montant et la date d'exigibilité des primes versées ;

4° Les délais et les modalités de règlement du capital.

(Décr. nº 95-390 du 12 avr. 1995) « Outre les énonciations prévues aux alinéas précédents, les seules données numériques permettant une valorisation en euros du contrat, qui peuvent être indiquées dans ce contrat, sont celles qui sont nécessaires au calcul des valeurs de rachat mentionnées à l'article L. 132-5-1. »

Lorsque les garanties d'un contrat d'assurance sur la vie ou de capitalisation sont référencées sur une ou plusieurs unités de compte, celles-ci doivent être également énoncées au contrat. Ledit contrat doit aussi préciser la date à laquelle les primes versées sont converties en ces unités de compte ainsi que, le cas échéant, les dates périodiques d'évaluation retenues pour déterminer en cours d'année les valeurs de ces dernières.

Art. R. 132-5 *(Décr. nº 2002-452 du 28 mars 2002)* Le plafond mentionné au dernier alinéa de l'article L. 132-7 ne peut être inférieur à 120 000 €.

Art. R. 132-5-1 *(Décr. nº 2010-40 du 11 janv. 2010, art. 3)* Les conventions mentionnées à l'article L. 132-28 sont établies par écrit à la demande des intermédiaires et prévoient notamment :

1° A la charge de l'intermédiaire d'assurance :

a) La soumission à l'entreprise d'assurance de tout projet de document à caractère publicitaire qu'il a établi, quel que soit son support, et de toute modification qu'il entend apporter à ce document, préalablement à sa diffusion ;

b) L'obligation de n'utiliser que les documents à caractère publicitaire approuvés par l'entreprise d'assurance ;

2° A la charge de l'entreprise d'assurance :

a) La vérification de la conformité au contrat d'assurance ou de capitalisation de tout projet ou modification de document à caractère publicitaire relatif à ce contrat et établi par l'intermédiaire, dans un délai fixé par la convention ;

b) La transmission et la mise à jour systématique, notamment sous forme de fiches de présentation, des informations nécessaires à l'appréciation de l'ensemble des caractéristiques du contrat, tant par l'intermédiaire que par la clientèle ; ces informations sont disponibles sur support papier ou tout autre support durable.

Art. R. 132-5-1-1 *Abrogé par Décr. nº 2018-431 du 1er juin 2018, art. 6, à compter du 1er oct. 2018.*

Art. R. 132-5-2 *(Décr. nº 2010-40 du 11 janv. 2010, art. 3)* I. — Les conventions prévues à l'article L. 132-28 ne sont pas exigées dès lors que l'intermédiaire n'a recours qu'aux documents à caractère publicitaire mis à sa disposition par l'entreprise d'assurance et que celle-ci s'est engagée par écrit à lui transmettre les informations mentionnées au *b* du 2° de l'article R. 132-5-1.

II. – L'établissement d'une telle convention n'est pas exigé en cas de commercialisation des contrats mentionnés à l'article L. 441-1 lorsque le lien qui unit l'adhérent au souscripteur rend obligatoire l'adhésion au contrat.

Art. R. 132-5-3 *(Décr. n° 2015-513 du 7 mai 2015, art. 6-2°, en vigueur le 1er janv. 2016)* L'indemnité mentionnée au quatrième alinéa de l'article L. 132-21-1 ne peut dépasser 5 % de la valeur actuelle des engagements respectivement pris par l'assureur et par les assurés du contrat mentionnée au premier alinéa de l'article L. 131-21-1 et doit être nulle à l'issue d'une période de dix ans à compter de la date d'effet du contrat.

Pour l'application du présent article, la valeur actuelle des engagements respectivement pris par l'assureur et par les assurés ne tient pas compte des éventuelles garanties de fidélité non exigibles par l'assuré au moment du rachat. Ces garanties doivent être explicitement décrites dans le contrat et clairement distinguées de la garantie qui en est l'objet principal.

Art. R. 132-5-4 *(Décr. n° 2015-1092 du 28 août 2015, art. 2-I-2°, en vigueur le 1er janv. 2016)* Le relevé d'information spécifique mentionné à l'article L. 132-22 est *(Décr. n° 2018-229 du 30 mars 2018, art. 4)* « fourni » au contractant dans l'année qui précède la date du terme du contrat et au plus tard un mois avant cette date. Les informations visées à l'article L. 132-22 peuvent faire l'objet d'un même document.

Pour les contrats à tacite reconduction, le relevé d'information spécifique est adressé dans les conditions prévues au premier alinéa avant chaque date de reconduction tacite.

Pour les contrats non reconduits, si le contractant ou le bénéficiaire ne s'est pas manifesté dans l'année qui suit la date du terme du contrat, le relevé d'information spécifique est à nouveau adressé dans le mois qui suit le premier anniversaire du terme du contrat.

Art. R. 132-5-5 *(Décr. n° 2015-1092 du 28 août 2015, art. 2-I-2°, en vigueur le 1er janv. 2016)* I. – Sans préjudice des obligations visées au dernier alinéa de l'article L. 132-8, pour l'application du premier alinéa de l'article L. 132-27-2, la date de prise de connaissance du décès de l'assuré par l'entreprise d'assurance, est la date à laquelle l'entreprise d'assurance est informée du décès, par l'obtention de l'acte de décès, intervenant notamment à la suite de la consultation du répertoire national d'identification des personnes physiques prévue à l'article L. 132-9-3.

II. – Pour l'application du I de l'article L. 132-27-2, est considérée comme l'échéance du contrat, celle prévue par la dernière reconduction tacite, s'il y a lieu.

III. – Les sommes libellées en devises étrangères sont converties en euros par les entreprises d'assurance dans les sept jours ouvrés précédant la date de dépôt à la Caisse des dépôts et consignations, sauf si les stipulations contractuelles prévoient une date antérieure, et déposées à la Caisse des dépôts et consignations, en euros et nettes de frais perçus au profit d'un tiers pour la conversion.

Les dépôts interviennent *[,]* le cas échéant, à une fréquence mensuelle.

IV. – Lors du dépôt des sommes à la Caisse des dépôts et consignations en application du I de l'article L. 132-27-2, l'entreprise d'assurance communique à la Caisse des dépôts et consignations par voie dématérialisée les informations suivantes :

1° Pour l'ensemble des dépôts :

a) Le nombre de contrats et bons de capitalisation concernés par le dépôt ;

b) Le total des sommes concernées ;

2° Pour chaque contrat et bon de capitalisation concerné par le dépôt :

a) Le type et numéro de contrat, de bon, de police ou d'adhésion ;

b) Le montant des sommes déposées ;

c) La devise d'origine ;

d) La date de connaissance du décès de l'assuré ou la date de l'échéance du contrat ou du bon de capitalisation.

Dans un délai de cinq jours ouvrés à compter de la réception des informations susmentionnées et des sommes correspondantes, la Caisse des dépôts et consignations délivre à l'entreprise d'assurance un justificatif de dépôt mentionnant la date de dépôt, le montant total des sommes déposées et les montants déposés au titre de chaque contrat ou bon. Le délai de vingt ans mentionné au III de l'article L. 132-27-2 court à compter de la date de dépôt des sommes à la Caisse des dépôts et consignations mentionnée par le justificatif.

V. – L'entreprise d'assurance communique également lors de ce dépôt, par voie dématérialisée, les informations qu'elle détient nécessaires à la publicité appropriée de l'identité des souscripteurs des contrats, mentionnée au II de l'article L. 132-27-2, et au versement des sommes au souscripteur du contrat ou aux bénéficiaires en application du I de l'article L. 132-27-2, à savoir :

1° Informations relatives au souscripteur ou à l'adhérent :

a) Pour les personnes physiques :

– état civil ;

– dernière adresse connue ;

b) Pour les personnes morales :

– dénomination ou raison sociale ;

– dernier siège social connu ;

2° Informations relatives à l'assuré :

a) Date du décès, s'il y a lieu ;

b) État civil ;

c) Dernière adresse connue ;

3° Informations relatives au(x) bénéficiaire(s) :

a) Dernier libellé connu de la clause bénéficiaire ;

b) Pour les personnes physiques :

– état civil ;

– dernière adresse connue ;

c) Pour les personnes morales :

– dénomination ou raison sociale ;

– dernier siège social connu.

VI. – 1° Les entreprises d'assurance, les institutions de prévoyance ou les unions mentionnées au I de l'article L. 132-9-3 conservent, jusqu'à l'expiration des délais fixés au III de l'article L. 132-27-2, les informations et les documents suivants relatifs au régime d'imposition applicable aux sommes transférées à la Caisse des dépôts et consignations :

a) Pour les sommes versées à la Caisse des dépôts et consignations issues de la fraction rachetable de chaque contrat mentionné au I de l'article 990 I du code général des impôts, la valeur de rachat au jour du décès de l'assuré qui correspond aux sommes, rentes ou valeurs dues à raison des primes versées à compter du 13 octobre 1998 ;

b) Pour les sommes versées à la Caisse des dépôts et consignations issues de la fraction non rachetable de chaque contrat mentionné au I de l'article 990 I du code général des impôts, le produit résultant de la multiplication du montant du capital-décès dû, diminué de la valeur de rachat au jour du décès de l'assuré, par le taux de mortalité qui correspond à l'âge de l'assuré lors de son décès dans la table de mortalité applicable à cette date ;

c) Pour les sommes versées à la Caisse des dépôts et consignations issues de chaque contrat mentionné au I de l'article 990 I du code général des impôts non rachetable, la prime annuelle ou le montant de la prime unique versée à la souscription du contrat, lorsque celle-ci est intervenue à compter du 13 octobre 1998 ;

d) Pour les sommes versées à la Caisse des dépôts et consignations et qui entrent dans le champ d'application du 1 du I de l'article 990 I *bis* du code général des impôts, la valeur de rachat au jour du décès de l'assuré des contrats d'assurance sur la vie dont ces sommes sont issues ;

e) Pour les sommes versées à la Caisse des dépôts et consignations issues de contrats d'assurance sur la vie ou des bons ou contrats de capitalisation mentionnés au I de l'article 990 I *bis* du code général des impôts qui comportent un terme, le montant des sommes dues au bénéficiaire au jour de l'échéance du contrat ;

f) Pour l'ensemble des sommes versées à la Caisse des dépôts et consignations issues de contrats mentionnés au I de l'article 990 I du code général des impôts et au I de l'article 990 I *bis* du code général des impôts, les conditions dans lesquelles la revalorisation du capital garanti est intervenue à compter du décès de l'assuré en application du troisième alinéa de l'article L. 132-5, pour chacun des contrats précités, ou celles dans lesquelles des intérêts ont été servis en application de l'article R. 132-3-1 ;

g) Pour la fraction des sommes ayant le caractère de produits attachés aux bons, contrats ou placements mentionnés au I de l'article 125-0 A du code général des impôts :

– la nature du contrat ;

– la date de souscription du contrat ;

– le montant des produits imposables et le montant des produits exonérés d'impôt sur le revenu ;

2° Les entreprises d'assurance, les institutions de prévoyance ou les unions mentionnées à l'article L. 132-9-3-1 communiquent à la Caisse des dépôts et consignations, sur sa demande, les informations et documents mentionnés au 1°.

Les sommes déposées à la Caisse des dépôts et consignations portent intérêt dans les conditions prévues à l'art. L. 518-23 C. mon. fin. (Décr. n° 2015-1092 du 28 août 2015, art. 2-II).

Art. R. 132-5-6 *(Décr. n° 2015-1092 du 28 août 2015, art. 2-I-2°, en vigueur le 1er janv. 2016)* I. – La publicité appropriée des souscripteurs des contrats mentionnée au deuxième alinéa du II de l'article L. 132-27-2 est organisée par la Caisse des dépôts et consignations sur la base des informations communiquées par les entreprises d'assurance, par l'intermédiaire d'un dispositif dématérialisé dédié, dans le respect de la loi n° 78-17 du 6 janvier 1978 relative à l'informatique, aux fichiers et aux libertés. Ce dispositif peut également servir à la transmission des demandes de restitution, accompagnées des documents et pièces justificatives requis.

La restitution des sommes par la Caisse des dépôts et consignations s'effectue sur la base des informations, documents et pièces justificatives qui lui auront été communiqués par les entreprises d'assurance et par les souscripteurs des contrats ou les bénéficiaires des sommes déposées. La procédure de restitution s'effectue, soit par le dispositif dématérialisé prévu au précédent alinéa, soit par tout autre moyen.

Lorsque les sommes ont été déposées à la Caisse des dépôts et consignations en raison du décès de l'assuré, la Caisse des dépôts et consignations procède aux prélèvements prévus au I de l'article 990 I ou au I de l'article 990 I *bis* du code général des impôts.

Lorsque les sommes ayant été déposées à la Caisse des dépôts et consignations en raison de l'échéance du contrat sont restituées au bénéficiaire du contrat, la Caisse des dépôts et consignations communique à ce dernier les informations dont elle dispose en vue de lui permettre de déterminer le régime fiscal applicable aux sommes ainsi restituées ou, sur option du bénéficiaire du contrat, elle procède au prélèvement prévu à l'article 125-0 A du code général des impôts.

Lorsque les sommes déposées à la Caisse des dépôts et consignations en raison de l'échéance du contrat sont restituées aux ayants droit du bénéficiaire du contrat, la Caisse des dépôts et consignations procède au prélèvement prévu au I de l'article 990 I *bis* du code général des impôts.

II. – Les sommes déposées à la Caisse des dépôts et consignations portent intérêt dans les conditions prévues à l'article L. 518-23 du code monétaire et financier.

V. note ss. art. R. 132-5-5.

Décret n° 2015-1092 du 28 août 2015,

Relatif aux comptes bancaires inactifs et aux contrats d'assurance-vie en déshérence.

Art. 2 I. — Le chapitre II du titre III du livre Ier du code des assurances est ainsi modifié : *[mod. des art. R. 132-3-1 à R. 132-3-6.]*

II. — Les sommes déposées à la Caisse des dépôts et consignations portent intérêt dans les conditions prévues à l'article L. 518-23 du code monétaire et financier.

……………………………………………………………………

Art. 6 I. — Par dérogation au I de l'article R. 312-20 du code monétaire et financier, les dépôts et avoirs mentionnés au II de l'article 13 de la loi *[nº 2014-617]* du 13 juin 2014 susvisée sont déposés à la Caisse des dépôts et consignations dans l'année qui suit l'entrée en vigueur de ladite loi, à des échéances fixées préalablement d'un commun accord entre la Caisse des dépôts et consignations et l'établissement. — *V. art. 13 de la L. nº 2014-617 du 13 juin 2014, ss. art. L. 132-27-2.*

II. — Le produit de la liquidation et des ventes mentionnées au III de l'article 13 de la loi du 13 juin 2014 susvisée est versé au comptable spécialisé du domaine dans le mois suivant la liquidation effective des titres ou la vente aux enchères publiques des biens déposés dans un coffre-fort.

III. — La remise à l'État des sommes dues au titre de contrats d'assurance sur la vie et de bons ou contrats de capitalisation *[,]* visés au IV de l'article 13 de la loi du 13 juin 2014 susvisée, est effectuée auprès du comptable spécialisé du domaine.

IV. — Le dépôt par l'organisme d'assurance auprès de la Caisse des dépôts et consignations des sommes dues au titre de contrats d'assurance sur la vie et de bons ou contrats de capitalisation en application du V de l'article 13 de la loi du 13 juin 2014 susvisée s'effectue dans les conditions prévues aux articles R. 132-5-5 et R. 132-5-6 du code des assurances et R. 223-11 et R. 223-12 du code de la mutualité.

Ce dépôt intervient au plus tard le 1er janvier 2017 à des échéances fixées préalablement d'un commun accord entre la Caisse des dépôts et consignations et l'organisme d'assurance.

Lors du dépôt de ces sommes à la Caisse des dépôts et consignations, l'organisme d'assurance complète l'information prévue au IV de l'article R. 132-5-5 du code des assurances et au IV de l'article R. 223-11 du code de la mutualité par l'information relative à la date du décès de l'assuré.

V. — Les informations mentionnées aux VI et VII de l'article 13 de la loi du 13 juin 2014 susvisée peuvent faire l'objet d'un même document.

L'information mentionnée au VII de l'article 13 de la loi du 13 juin 2014 doit être facilement accessible, par exemple en étant publiée par l'établissement teneur de compte ou l'organisme d'assurance, sur son site internet.

Art. R. 132-5-7 *(Décr. nº 2015-1669 du 14 déc. 2015, art. 1er, rect. JO 23 janv., en vigueur le 17 déc. 2015) (Décr. nº 2019-1437 du 23 déc. 2019, art. 8, en vigueur le 1er janv. 2020)* **« Lorsque le contractant a opté » irrévocablement pour la remise de titres, de parts ou d'actions en application du 2° ou du 3° de l'article L. 131-1** *(Décr. nº 2019-1437 du 23 déc. 2019, art. 8, en vigueur le 1er janv. 2020)* **« et a précisé par une mention expresse au contrat que cette option ne s'applique pas au bénéficiaire du contrat, il peut, à tout moment, adresser au bénéficiaire du contrat », par lettre recommandée** *(Décr. nº 2018-229 du 30 mars 2018, art. 4)* **« ou par envoi recommandé électronique », un avis l'informant de sa faculté d'opter pour la remise de ces titres, parts ou actions en cas d'exercice de la clause bénéficiaire et précisant les caractéristiques des titres, parts ou actions concernés.**

Cet avis est accompagné d'un formulaire de notification de l'option que le bénéficiaire doit adresser à l'assureur pour opter irrévocablement pour une remise de titres, parts ou actions mentionnés au *[aux]* **2° ou 3° de l'article L. 131-1. Un arrêté du ministre chargé de l'économie précise les mentions minimales devant figurer d'une part dans l'avis, d'autre part dans le formulaire de notification de l'option.**

La date de réception de l'avis relatif à l'exercice de l'option est présumée être le premier jour qui suit la date d'envoi de cet avis telle qu'elle figure sur le cachet de la poste de la lettre recommandée ou, s'il s'agit d'une lettre recommandée électronique, sur la preuve de son dépôt selon les modalités prévues à l'article 2 du décret nº 2011-144 du 2 février 2011 relatif à l'envoi d'une lettre recommandée par courrier électronique pour la conclusion ou l'exécution d'un contrat.

La notification de l'exercice de l'option par le bénéficiaire a lieu par lettre recommandée *(Décr. nº 2018-229 du 30 mars 2018, art. 4)* **« ou par envoi recommandé électronique adressé » à l'assureur et à laquelle est jointe une copie de l'avis envoyé par le contractant. Le bénéficiaire ne peut notifier l'exercice de l'option qu'à l'issue d'un délai de dix jours commençant à la réception de l'avis. A défaut de notification de l'exercice de l'option dans le délai de soixante jours, le bénéficiaire est réputé avoir**

refusé la remise en titres, parts ou actions. L'option est réputée être exercée à la date de réception de la notification par l'assureur. Ce dernier informe le contractant de l'exercice de l'option par le bénéficiaire.

(Décr. n° 2019-1437 du 23 déc. 2019, art. 8, en vigueur le 1er janv. 2020) « Lorsque le contractant a opté irrévocablement pour la remise de titres, de parts ou d'actions en application du 2° ou du 3° de l'article L. 131-1 et n'a pas précisé par une mention expresse au contrat que cette option ne s'applique pas au bénéficiaire du contrat, l'entreprise d'assurance joint au document adressé au bénéficiaire en application de l'article L. 132-23-1, un avis l'informant de ce que cette option s'appliquera également à lui en cas d'acceptation de la clause bénéficiaire. Le contenu de cet avis est précisé par arrêté du ministre chargé de l'économie. »

SECTION II LES ASSURANCES POPULAIRES

Néant.

SECTION III PARTICIPATION DES ASSURÉS AUX BÉNÉFICES TECHNIQUES ET FINANCIERS

Néant.

SECTION IV LES ASSURANCES AYANT POUR OBJET L'ACQUISITION D'IMMEUBLES AU MOYEN DE CONSTITUTION DE RENTES VIAGÈRES

Néant.

SECTION V TRANSFERT DES CONTRATS LIÉS À LA CESSATION D'ACTIVITÉ PROFESSIONNELLE

(Décr. n° 2006-1327 du 31 oct. 2006)

SOUS-SECTION 1 DISPOSITIONS GÉNÉRALES

Art. D. 132-6 La présente section s'applique aux contrats mentionnés au deuxième alinéa de l'article L. 132-23, y compris ceux souscrits dans le cadre *(Décr. n° 2017-1173 du 18 juill. 2017, art. 1er-1°)* « d'activités de retraite professionnelle supplémentaire définies aux articles L. 143-1 et L. 382-1 ». Elle ne s'applique pas aux contrats mentionnés au dernier alinéa de l'article L. 143-2, que ceux-ci aient ou non été souscrits dans le cadre de l'agrément administratif mentionné à l'article L. 143-1. — *Entrée en vigueur le 1er sept. 2007 (Décr. n° 2006-1327 du 31 oct. 2006, art. 2).*

Art. D. 132-7 I. — Le transfert des droits individuels en cours de constitution est de droit, sous réserve des dispositions prévues à la présente section.

II. — Le contrat comporte une clause permettant le transfert des droits individuels en cours de constitution. Cette clause est reproduite dans la notice mentionnée à l'article L. 141-4. Elle précise en particulier les modalités d'attribution des résultats techniques et financiers relatifs à la période écoulée depuis la dernière date de répartition de ces résultats jusqu'à la date de détermination de la valeur de transfert, les résultats ainsi attribués ne pouvant être inférieurs, pour les contrats qui en comportent, aux intérêts garantis par ledit contrat calculés *pro rata temporis*.

III. — La valeur de transfert des droits individuels en cours de constitution d'un adhérent du contrat d'origine est notifiée à l'adhérent demandant le transfert ainsi qu'à l'entreprise d'assurance du contrat d'accueil dans un délai de trois mois après la réception de ladite demande. Cette notification est accompagnée de l'indication des délais et modalités selon lesquelles l'adhérent peut renoncer au transfert. Lorsque la notification est effectuée en nombre d'unités de compte ou de parts de la provision mentionnée à l'article *(Décr. n° 2014-1008 du 4 sept. 2014, art. 6)* « L. 134-1 », il est précisé à titre indicatif à l'adhérent la dernière valeur de chacune de ces unités de compte ou parts et il lui est indiqué que cette valeur est susceptible d'évoluer à la hausse comme à la baisse jusqu'à la date de valeur retenue pour le transfert des sommes.

L'adhérent dispose d'un délai de quinze jours à compter de la date de notification de la valeur de transfert pour renoncer à ce transfert.

A compter de l'expiration du délai mentionné à l'alinéa précédent, l'entreprise d'assurance du contrat d'origine procède, dans un délai de quinze jours, au versement direct à l'entreprise d'assurance du contrat d'accueil d'une somme égale à la valeur de transfert, nette le cas échéant des seules indemnités de transfert mentionnées à l'article *(Décr. nº 2015-513 du 7 mai 2015, art. 10-I-1º, en vigueur le 1er janv. 2016)* « R. 132-5-3 ». Ce délai de quinze jours ne court pas tant que l'entreprise d'assurance du contrat d'accueil n'a pas notifié à l'entreprise d'assurance du contrat d'origine son acceptation du transfert.

IV. — A l'expiration du délai mentionné au dernier alinéa du III, les sommes non versées produisent de plein droit intérêt au taux légal majoré de moitié durant deux mois, puis à l'expiration de ce dernier délai, au double du taux légal. – *Entrée en vigueur le 1er sept. 2007 (Décr. nº 2006-1327 du 31 oct. 2006, art. 2).*

SOUS-SECTION 2 RÈGLES PARTICULIÈRES DE TRANSFERT

Art. D. 132-8 *(Décr. nº 2017-1173 du 18 juill. 2017, art. 1er-2º)* Les droits individuels en cours de constitution relatifs aux contrats offrant les prestations mentionnées à l'article L. 143-1, mais n'ayant pas été souscrits dans le cadre d'activités de retraite professionnelle supplémentaire définies à ce même article et à l'article L. 382-1, sont transférables vers un autre contrat mentionné à l'article L. 143-1, qu'il ait ou non été souscrit dans le cadre de l'agrément prévu aux mêmes articles, dans les conditions et sous les réserves prévues à la présente section.

Art. D. 132-9 I. — Le présent article s'applique aux contrats mentionnés au 1º de l'article L. 143-1, qu'ils aient ou non été souscrits dans le cadre de l'agrément *(Décr. nº 2017-1173 du 18 juill. 2017, art. 1er-3º)* « prévu au même article et à l'article L. 382-1 ».

II. — Les droits individuels relatifs à ces contrats ne sont transférables que lorsque l'adhérent n'est plus tenu d'y adhérer. L'adhérent ayant quitté l'entreprise d'affiliation n'est pas tenu de procéder au transfert de ses droits individuels.

III. — Le contrat peut prévoir que les adhérents d'un contrat relevant du *b* du 1 du I de l'article 163 *quatervicies* du code général des impôts ayant quitté l'entreprise d'affiliation peuvent continuer à effectuer des versements sur le contrat à titre facultatif, sous réserve qu'ils ne soient pas adhérents d'un autre contrat relevant du *b* du 1 du I du même article. Le contrat ne peut pas prévoir de frais spécifiques à cette catégorie d'adhérents. Le contrat peut toutefois prévoir que les frais afférents auxdites cotisations sont pris en charge en tout ou partie par l'entreprise d'affiliation pour les seuls adhérents dont l'adhésion est obligatoire.

IV. — Pour les demandes de transfert reçues durant l'année au cours de laquelle l'adhérent a quitté l'entreprise d'affiliation, la clause mentionnée au II de l'article D. 132-7 peut prévoir que le délai mentionné au premier alinéa du III du même article ne court qu'à compter du 1er janvier suivant la date de réception de la demande par l'entreprise d'assurance. – *Entrée en vigueur le 1er sept. 2007 (Décr. nº 2006-1327 du 31 oct. 2006, art. 2).*

Art. D. 132-10 *(Décr. nº 2011-389 du 12 avr. 2011, art. 2)* I. – Pour l'application du deuxième alinéa de l'article L. 143-2, les droits individuels relatifs à un contrat mentionné à l'article L. 143-1, souscrit ou non dans le cadre de l'agrément *(Décr. nº 2017-1173 du 18 juill. 2017, art. 1er-4º)* « prévu au même article et à l'article L. 382-1 », sont transférables vers un plan mentionné à l'article L. 144-2 dans les conditions et limites prévues à la présente section.

II. — Les institutions de prévoyance et unions régies par le titre III du livre IX du code de la sécurité sociale ainsi que les mutuelles régies par le code de la mutualité sont assimilées à des entreprises d'assurance pour l'application du présent article.

CHAPITRE IV ENGAGEMENTS DONNANT LIEU À CONSTITUTION D'UNE PROVISION DE DIVERSIFICATION

(Décr. nº 2019-1437 du 23 déc. 2019, art. 1er, en vigueur le 1er janv. 2020)

Les contrats comportant des engagements relevant du chapitre IV du titre III du livre Ier C. assur. en cours à la date d'entrée en vigueur du Décr. nº 2019-1437 du 23 déc. 2019 demeurent régis par les dispositions des art. R. 134-1 à R. 134-14 de ce code dans leur rédaction antérieure à l'entrée en vigueur dudit Décr.

De nouveaux contrats comportant des engagements régis par les dispositions des art. R. 134-1 à R. 134-14 du même code dans leur rédaction antérieure à l'entrée en vigueur du Décr. préc. peuvent être souscrits jusqu'au 1er oct. 2020 (Décr. préc., art. 9).

Art. R. 134-1 Le montant du capital garanti ou du capital constitutif de la rente garantie payable à échéance mentionnés à l'article L. 134-1 ne peut excéder un montant déterminé selon des tables de mortalité et des taux applicables à la tarification de cette garantie définis par arrêté du ministre chargé de l'économie.

Le contrat prévoit que la part de provision de diversification ne peut être inférieure à une valeur minimale qu'il définit. Cette valeur est strictement positive et exprimée en euros.

Un arrêté du ministre chargé de l'économie détermine une dénomination et les conditions minimales, s'agissant notamment de l'échéance et du niveau de garantie en capital, que les contrats d'assurance sur la vie et de capitalisation mentionnés à l'article L. 134-1 doivent respecter pour bénéficier de cette dénomination dans les actes et documents destinés aux tiers.

V. note ss. Chap. IV.

Art. R. 134-2 Les primes et les montants arbitrés ou transférés nets de frais prévus au 1° de l'article R. 134-3 ouvrent des droits individuels exprimés en nombre de parts de provision de diversification et, s'agissant des engagements relevant du 1° de l'article L. 134-1, en provision mathématique.

Le nombre de parts de provision de diversification est obtenu en divisant la provision de diversification par la valeur de la part, commune à l'ensemble des engagements.

Pour les engagements relevant du 1° de l'article L. 134-1, la provision mathématique est égale au montant de la garantie à terme actualisée à un taux défini par arrêté du ministre chargé de l'économie.

V. note ss. Chap. IV.

Art. R. 134-3 Le contrat précise les prélèvements de l'entreprise d'assurance et leurs modalités d'établissement et de perception. L'entreprise peut procéder uniquement à des prélèvements :

1° Sur les primes versées et les montants transférés ou arbitrés entrants ;

2° Sur les montants résultant de la conversion d'engagements mentionnée à l'article R. 134-4 ;

3° Sur la provision de diversification dès lors que la comptabilité auxiliaire d'affectation prévue à l'article L. 134-2 ne comprend pas d'engagements relevant du 1° de l'article L. 134-1 ;

4° Sur le nombre de parts de provision de diversification ;

5° Sur le solde du compte de participation aux résultats ou alternativement sur les performances de la gestion financière des actifs de la comptabilité auxiliaire d'affectation ;

6° Sur les prestations versées, et les montants arbitrés ou transférés sortants.

V. note ss. Chap. IV.

Art. R. 134-4 Un compte de participation aux résultats est établi. Son solde créditeur est affecté à :

1° La provision mathématique par revalorisation des garanties, dans des conditions définies par arrêté du ministre chargé de l'économie ;

2° La provision de diversification par attribution de nouvelles parts de provision de diversification ou par augmentation de la valeur de ces parts ;

3° La provision collective de diversification différée.

Le solde débiteur du compte de participation aux résultats est compensé par une reprise de la provision collective de diversification différée ou par une réduction de la valeur de la part de provision de diversification, dans la limite de sa valeur minimale.

Pour l'application de l'article R. 342-3, les affectations et les réaffectations d'actifs visant à parfaire la représentation des engagements d'une comptabilité auxiliaire d'affectation mentionnée à l'article L. 134-2 sont effectuées aux dates d'établissement du compte de participation aux résultats et après l'affectation de son solde.

La provision collective de diversification différée peut-être reprise à tout instant pour revaloriser la provision mathématique ou la provision de diversification, selon les modalités mentionnées ci-dessus.

Pour les engagements relevant du 1° de l'article L. 134-1, le contrat peut prévoir une conversion de parts de provision de diversification en provision mathématique, dans des conditions définies par arrêté du ministre chargé de l'économie.

V. note ss. Chap. IV.

Art. R. 134-5 La durée mentionnée au dixième alinéa de l'article L. 132-23 ne peut excéder la plus faible des durées entre l'échéance de la garantie et huit années.

Avant l'échéance mentionnée à l'article L. 134-1, la valeur de rachat ou de transfert des engagements relevant du 1° du même article correspond à la somme de la provision mathématique du souscripteur ou de l'adhérent et du produit de son nombre de parts de provision de diversification par la valeur de la part correspondante, diminuée, le cas échéant, de l'indemnité mentionnée à l'article R. 132-5-3.

Avant l'échéance mentionnée à l'article L. 134-1, la valeur de rachat ou de transfert des engagements relevant du 2° du même article correspond au produit du nombre de parts de provision de diversification du souscripteur ou de l'adhérent par la valeur de la part correspondante, diminuée, le cas échéant, de l'indemnité mentionnée à l'article R. 132-5-3.

V. note ss. Chap. IV.

Art. R. 134-6 Pour les engagements relevant du 1° de l'article L. 134-1, le montant des sommes dues par l'entreprise d'assurance à l'échéance de la garantie correspond à la valeur mentionnée au deuxième alinéa de l'article R. 134-5. Pour les engagements relevant du 2° de l'article L. 134-1, le montant des sommes dues par l'entreprise d'assurance à l'échéance de la garantie correspond au plus grand montant entre la valeur mentionnée au troisième alinéa de l'article R. 134-5 et la garantie.

Le contrat prévoit que, sauf décision contraire et expresse du souscripteur ou de l'adhérent, ce montant donne lieu au règlement d'une prestation ou à un arbitrage vers un support du contrat dont les caractéristiques sont fixées par un arrêté du ministre chargé de l'économie.

Trois mois avant l'échéance de la garantie, le souscripteur ou l'adhérent est informé sur support papier ou tout autre support durable de l'affectation des sommes à l'échéance ainsi que de la possibilité et des modalités de modification de cette affectation.

Pour les contrats offrant la possibilité d'une liquidation en rente, le montant de rente est calculé sur la base d'un capital constitutif correspondant au montant mentionné au premier alinéa et est exprimé en euros. A la date de passage en rente, la conversion des droits donne lieu à la constitution de la provision mentionnée au 1° de l'article R. 343-3, qui n'est plus gérée au sein d'une comptabilité auxiliaire d'affectation mentionnée à l'article L. 134-2.

V. note ss. Chap. IV.

Art. R. 134-7 Le contrat peut prévoir des garanties complémentaires. La provision mentionnée au 1° de l'article R. 343-3 correspondant à ces garanties n'est pas constituée au sein des comptabilités auxiliaires d'affectation mentionnées à l'article L. 134-2.

V. note ss. Chap. IV.

Art. R. 134-8 Les actifs afférents aux engagements affectés à une comptabilité auxiliaire d'affectation mentionnée à l'article L. 134-2 sont, par dérogation aux articles

R. 343-9 et R. 343-10, inscrits au bilan d'affectation prévu au *b* de l'article R. 342-1 à leur valeur de réalisation, déterminée conformément aux dispositions des articles R. 343-11 et R. 343-12.

V. note ss. Chap. IV.

Art. R. 134-9 Les provisions techniques correspondant aux opérations de l'entreprise d'assurance relevant de l'article L. 134-1 sont celles mentionnées aux 1°, 4°, 7°, 9°, 10° et 11° de l'article R. 343-3. Elles sont inscrites au bilan d'affectation prévu au *b* de l'article R. 342-1.

V. note ss. Chap. IV.

Art. R. 134-10 I. – Avant un premier versement de prime, un arbitrage ou un transfert vers des engagements mentionnés à l'article L. 134-1, les informations suivantes sont communiquées au souscripteur ou à l'adhérent, en caractères très apparents :

1° L'échéance de la garantie ;

2° Le montant exprimé en euros du capital ou de la rente garantis à échéance ;

3° Le cas échéant, une mention indiquant l'absence de garantie avant échéance ;

4° Le cas échéant, la durée pendant laquelle les engagements relevant du présent chapitre ne sont pas rachetables ;

5° Les modalités de dénouement de l'investissement à l'échéance mentionnées à l'article R. 134-6.

II. – Les informations suivantes sont également communiquées :

1° La valeur minimale de la part de provision de diversification exprimée en euros ;

2° Le cas échéant, le montant de la prime individualisée correspondant à des garanties complémentaires prévues à l'article R. 134-7 ;

3° Le délai de règlement, d'arbitrage ou de transfert, ainsi que le délai d'inscription des droits en compte après versement d'une prime.

V. note ss. Chap. IV.

Art. R. 134-11 Les dispositions du présent chapitre s'appliquent séparément à chaque comptabilité auxiliaire d'affectation établie en application de l'article L. 134-2.

V. note ss. Chap. IV.

TITRE QUATRIÈME LES ASSURANCES DE GROUPE

CHAPITRE PREMIER DISPOSITIONS GÉNÉRALES RELATIVES AUX ASSURANCES DE GROUPE

(*Décr. n° 2006-976 du 1er août 2006*)

SECTION PREMIÈRE ASSOCIATIONS SOUSCRIPTRICES

Art. R. 141-1 Le présent chapitre s'applique aux associations mentionnées à l'article L. 141-7.

Art. R. 141-2 Pour l'exercice des droits de vote à l'assemblée générale, les adhérents ont la faculté de donner mandat à un autre adhérent, à leur conjoint ou, si les statuts le permettent, à un tiers. Chaque adhérent dispose d'une voix.

Les mandataires peuvent remettre les pouvoirs qui leur ont été conférés à d'autres mandataires ou adhérents. Les statuts de l'association précisent le nombre de pouvoirs dont un même adhérent peut disposer, dans la limite de 5 % des droits de vote.

Les statuts ne peuvent pas prévoir de réserver la possibilité de voter aux seuls mandataires disposant d'un nombre minimum de pouvoirs.

Pouvoirs au président et pouvoirs en blanc. Ayant retenu que la pratique des pouvoirs en blanc ne viole aucun principe d'ordre public régissant les associations en droit privé, que le recours aux pouvoirs en blanc ne méconnaît pas davantage les dispositions de l'art. R. 141-2, qu'il est indéniable que le président est investi d'un mandat lorsqu'il reçoit un « pouvoir au président » de sorte qu'il est en droit et a même l'obligation de transférer les pouvoirs excédant le seuil des 5 % à un autre mandataire de son choix, qu'en revanche, il n'est pas expressément mandaté lorsqu'il reçoit un « pouvoir en blanc », mais que le nombre limité de pouvoirs en blanc adressés en vue de l'assemblée générale est très inférieur au seuil légal de 5 % et que les seuls pouvoirs en blanc n'ont pas eu d'influence sur l'issue du scrutin, une cour d'appel a exactement déduit que des adhérents à un contrat d'assurance de groupe n'étaient pas fondés à demander l'annulation des délibérations adoptées lors de l'assemblée générale des adhérents. • Civ. 2e, 21 mai 2015, ☎ nº 14-16.098 : *RGDA 2015. 357, note Mayaux; RCA 2015, nº 238, note Groutel.*

Art. R. 141-3 **Les statuts peuvent permettre aux adhérents de voter par correspondance.**

Décret nº 2020-418 du 10 avril 2020,

Portant adaptation des règles de réunion et de délibération des assemblées et organes dirigeants des personnes morales et entités dépourvues de personnalité morale de droit privé en raison de l'épidémie de covid-19 (JO 11 avr.).

CHAPITRE III. *Dispositions applicables à certaines personnes régies par le code des assurances*

Art. 9 Par dérogation à l'article R. 141-3 du code des assurances, le président du conseil d'administration d'une association souscriptrice de contrats d'assurance de groupe sur la vie ou de capitalisation mentionnée à l'article L. 141-7 du même code peut décider que le vote par correspondance ou que le vote électronique est possible, sous réserve que les modalités qu'il fixe à cet effet permettent de respecter le secret du vote et la sincérité du scrutin.

……………………………………………………………………………………

CHAPITRE IV. *Dispositions finales*

……………………………………………………………………………………

Art. 12 Les dispositions du présent décret sont applicables à Wallis-et-Futuna *(Décr. nº 2021-987 du 28 juill. 2021, art. 1er)* « dans sa rédaction résultant du décret nº 2021-987 du 28 juillet 2021 ».

Art. 13 Le présent décret est applicable aux assemblées et aux réunions des organes collégiaux d'administration, de surveillance et de direction tenues *(Décr. nº 2021-255 du 9 mars 2021, art. 2)* « jusqu'au » *(Décr. nº 2021-987 du 28 juill. 2021, art. 1er)* « 30 septembre 2021 ».

Les articles 1er, 3 à 5, 7 et 9 et 10 sont applicables à compter du 12 mars 2020.

Le 2º du I de l'article 8 est applicable aux assemblées dont la convocation intervient après l'entrée en vigueur du présent décret.

Art. R. 141-4 **L'assemblée générale est convoquée par le président du conseil d'administration, au moins une fois par an. Le président du conseil d'administration convoque une assemblée générale extraordinaire dans les cas prévus par les statuts, ou à la demande d'un pourcentage minimum d'adhérents déterminé par les statuts de l'association, ce pourcentage ne pouvant excéder 10 %.**

L'assemblée générale ne peut valablement délibérer que si mille adhérents ou un trentième des adhérents au moins sont présents, représentés ou ont fait usage de la faculté de vote par correspondance. Si, lors de la première convocation, l'assemblée n'a pas réuni ce quorum, une seconde assemblée est convoquée. Elle délibère alors valablement quel que soit le nombre de ses adhérents présents, représentés ou ayant fait usage de la faculté de vote par correspondance.

Art. R. 141-5 **Le conseil d'administration est tenu de présenter au vote de l'assemblée les projets de résolution qui lui ont été communiqués** *(Décr. nº 2007-1206 du 10 août 2007, art. 5-1º)* **« soixante » jours au moins avant la date fixée pour la réunion de l'assemblée par le dixième des adhérents au moins, ou par cent adhérents si le dixième est supérieur à cent.**

Les statuts précisent les modalités de convocation individuelle aux assemblées générales : cette convocation précède de trente jours au moins la date fixée pour la réunion de l'assemblée.

La convocation individuelle mentionne l'ordre du jour et contient les projets de résolution présentés par le conseil d'administration ainsi que ceux communiqués dans les délais mentionnés au premier alinéa.

Art. R. 141-6 *(Décr. nº 2017-868 du 9 mai 2017, art. 1er)* Pour l'application du troisième alinéa du I de l'article L. 141-7, les dispositions essentielles du contrat d'assurance de groupe sont les suivantes :

1º La définition des garanties offertes ;

2º La durée du contrat ;

3º Les modalités de versement des primes ;

4º Les frais et indemnités de toute nature prélevés par l'entreprise d'assurance, à l'exception des frais pouvant être supportés par une unité de compte ;

5º Le taux d'intérêt garanti et la durée de cette garantie, les garanties de fidélité et les modalités de calcul et d'attribution de la participation aux bénéfices ;

6º La liste des supports en unités de compte, sauf lorsque la modification est autorisée ou prévue par le contrat ;

7º Les conditions dans lesquelles la liste des supports en unités de compte peut évoluer ;

8º Les modalités de rachat, de transfert ou de versement des prestations du contrat ;

9º La faculté de procéder à des avances consentie par l'entreprise d'assurance.

L'assemblée générale peut déléguer au conseil d'administration, par une ou plusieurs résolutions et pour une durée qui ne peut excéder dix-huit mois, le pouvoir de signer un ou plusieurs avenants, dont la résolution définit l'objet, relatifs à des dispositions non essentielles du contrat d'assurance de groupe. Le conseil d'administration exerce ce pouvoir dans la limite de la délégation donnée par l'assemblée générale. En cas de signature d'un ou *[de]* plusieurs avenants, il en fait rapport à la plus prochaine assemblée générale.

Art. R. 141-7 Les statuts de l'association précisent les modalités d'obtention ou de consultation du procès-verbal de l'assemblée générale.

Art. R. 141-8 Les associations sont représentées par un président élu par leur conseil d'administration, dans les conditions définies par les statuts. Les membres de ce conseil sont élus par l'assemblée générale des adhérents.

Art. R. 141-9 Les fonctions de membre du conseil d'administration sont gratuites. Cependant, si les statuts le prévoient, le conseil d'administration peut décider d'allouer, dans les limites fixées par l'assemblée générale, des indemnités et avantages au titre de membre du conseil à ses administrateurs.

Le président du conseil d'administration informe chaque année l'assemblée générale du montant des indemnités et avantages alloués conformément au premier alinéa aux membres du conseil d'administration. Il informe également l'assemblée générale de toute rémunération versée par l'entreprise d'assurance à un ou à plusieurs membres du conseil d'administration et liée au montant de cotisations ou à l'encours des contrats souscrits par l'association.

Les art. R. 141-1 à R. 141-5 et R. 141-7 à R. 141-9 ci-dessus sont entrés en vigueur le 16 juin 2007 (Décr. nº 2006-976 du 1er août 2006, art. 2).

Art. R. 141-10 *(Décr. nº 2019-807 du 30 juill. 2019, art. 3, en vigueur le 1er oct. 2019)* L'assemblée générale de l'association adopte des règles de déontologie auxquelles seront tenus les membres du conseil d'administration, du bureau et du personnel salarié de l'association, ainsi que, le cas échéant, les membres des comités de surveillance des plans d'épargne retraite souscrits par celle-ci.

Les règles de déontologie ont pour objet de prévenir et de résoudre les conflits d'intérêts. Elles précisent les informations que les personnes qui pourraient être considérées comme étant en situation de conflit d'intérêts du fait de leur fonction actuelle ou passée, en raison notamment de leurs liens de toute nature, directs ou indirects, avec l'entreprise d'assurance, ses prestataires de service ou des organismes du même groupe, ou du fait d'activités connexes actuelles ou passées, doivent, sous leur responsabilité, porter à la connaissance du président du conseil d'administration et, le cas échéant, des présidents des comités de surveillance. Elles déterminent les cas et les conditions dans lesquels ces personnes doivent s'abstenir de participer aux délibérations, s'abstenir de voter ou proposer leur démission.

Ces règles précisent les obligations de diligence et de confidentialité des personnes mentionnées au premier alinéa dans l'exercice de leur fonction.

Ces règles définissent également les conditions dans lesquelles les membres du conseil d'administration, du bureau, et, le cas échéant, les membres des comités de surveillance des plans d'épargne retraite souscrits par l'association, communiquent au président de l'association ou au président de leurs comités respectifs des informations sur leur état civil, leur honorabilité, leur expérience et leurs qualifications professionnelles.

Les règles de déontologie précisent également, en tant que de besoin, les critères permettant d'apprécier si un membre du conseil d'administration ou d'un comité de surveillance répond aux conditions fixées au premier alinéa de l'article L. 141-7.

Art. R. 141-11 *(Décr. nº 2019-807 du 30 juill. 2019, art. 3, en vigueur le 1er oct. 2019)* Nul ne peut être membre du conseil d'administration ou du comité de surveillance d'une association souscriptrice ni, directement ou indirectement ou par personne interposée, administrer, diriger ou gérer à un titre quelconque l'association, ni disposer du pouvoir de signer pour le compte celle-ci s'il a fait l'objet de l'une des condamnations ou mesures mentionnées aux 1° à 3° de l'article L. 322-2.

CHAPITRE II PLANS D'ÉPARGNE RETRAITE DONNANT LIEU À L'ADHÉSION À UN CONTRAT D'ASSURANCE DE GROUPE

(Décr. nº 2019-1437 du 23 déc. 2019, art. 4, en vigueur le 1er janv. 2020)

Art. D. 142-1 Les engagements relevant de l'article L. 142-1 qui donnent lieu à constitution d'une provision de diversification sont constitués dans la comptabilité auxiliaire d'affectation mentionnée à l'article L. 134-2 et ne sont pas constitués dans celle mentionnée à l'article L. 142-4.

Art. D. 142-2 Pour l'application de l'article L. 142-7, lorsqu'un transfert d'engagements relevant de l'article L. 144-2 est effectué, la comptabilité auxiliaire d'affectation mentionnée au VII de cet article L. 144-2 continue d'être constituée au sein de la comptabilité auxiliaire d'affectation mentionnée à l'article L. 142-4.

Lorsque des contrats mentionnés à l'article L. 142-7 sont transférés et comportent des engagements donnant lieu à constitution d'une provision de diversification, ces derniers engagements ne font pas l'objet de l'inscription dans la comptabilité auxiliaire d'affectation mentionnée à l'article L. 142-4.

CHAPITRE III RETRAITE PROFESSIONNELLE SUPPLÉMENTAIRE

(Décr. nº 2006-740 du 27 juin 2006)

Art. R. 143-1 I. — Le présent chapitre s'applique aux opérations mentionnées à l'article L. 143-1.

II. — Les tarifs pratiqués par les entreprises d'assurance sont établis d'après des tables de mortalité et des taux définis par arrêté du ministre chargé de l'économie.

Art. R. 143-2 I. — Pour l'application de l'article L. 143-2, et sans préjudice de l'article *(Décr. nº 2014-1008 du 4 sept. 2014, art. 3-1º)* « L. 132-21-1 », la valeur de transfert d'un adhérent d'un contrat d'origine ne relevant pas de l'article L. 441-1 au contrat d'accueil ne peut être inférieure à la prime unique qui, à la date de calcul dudit transfert, conduirait par hypothèse à disposer dans le contrat d'origine des mêmes droits individuels que ceux de l'adhérent demandant le transfert.

Pour l'application de la règle mentionnée à l'alinéa précédent, la prime unique mentionnée au même alinéa est calculée en retenant les taux d'intérêt techniques et les tables utilisées lors de l'établissement du ou des tarifs pratiqués vis-à-vis de l'adhérent demandant le transfert, et il n'est pas tenu compte des éventuelles indemnités de transfert mentionnées à l'article *(Décr. nº 2017-1171 du 18 juill. 2017, art. 1er-1º)* « R. 132-5-3 », ni des éventuels prélèvements sur primes prévus au contrat.

II. — Pour les contrats ne relevant pas du troisième alinéa de l'article L. 143-1, le comité de surveillance mentionné au troisième alinéa de l'article L. 143-2 est composé à parts égales de représentants des salariés et des employeurs.

Nul ne peut être membre du comité de surveillance s'il a fait l'objet de l'une des condamnations ou mesures mentionnées aux 1º à 3º du I de l'article L. 322-2.

Le comité de surveillance élit son président par un scrutin à bulletin secret.

Au titre des salariés, le comité de surveillance est composé d'au moins une personne représentant les adhérents ayant déjà procédé à la liquidation de leurs droits en rentes viagères, et d'au moins une personne représentant les adhérents dont l'adhésion n'est plus obligatoire, mais n'ayant pas transféré leurs droits, sous réserve que le nombre de personnes ainsi représentées appartenant à chacune de ces catégories soit supérieur à un seuil précisé par arrêté du ministre chargé de l'économie.

Art. R. 143-3 Pour l'application de l'article L. 143-2, le règlement intérieur du comité détermine les possibilités pour ses membres de donner pouvoir, les conditions et les délais de convocation du comité ainsi que les conditions dans lesquelles ce comité délibère. Il prévoit en particulier que chacun de ses membres détient un droit de vote et qu'en cas d'égalité des suffrages le président du comité a voix prépondérante.

Le comité est réuni au moins une fois par an, sur convocation de son président ou d'au moins la moitié de ses membres. L'ordre du jour de la réunion est fixé par l'auteur de la convocation. Il est tenu un procès-verbal et un registre de présence des réunions du comité.

Art. R. 143-4 Le comité de surveillance :

a) Émet un avis sur le rapport prévu au dernier alinéa de l'article *(Décr. nº 2017-1171 du 18 juill. 2017, art. 1er-2º)* « L. 143-2-2 », lors de son établissement et à chaque modification de celui-ci ;

b) Peut entendre le ou les commissaires aux comptes mentionnés à l'article L. 143-6 sur les comptes mentionnés *(Décr. nº 2017-1171 du 18 juill. 2017, art. 1er-2º)* « à » cet article, dans les conditions prévues au même article.

Lorsque le comité de surveillance institué au niveau d'un contrat souhaite entendre le ou les commissaires aux comptes en application de l'article L. 143-2, les informations communiquées par ce ou ces derniers sont celles relatives à la comptabilité auxiliaire d'affectation dans laquelle sont enregistrées les opérations de ce contrat, et portent sur les comptes annuels issus de cette comptabilité même si celle-ci regroupe plusieurs contrats de retraite professionnelle supplémentaire.

Nouvel art. R. 143-4 (Décr. nº 2017-1171 du 18 juill. 2017, art. 4-2º, en vigueur le 1er janv. 2023) ***« Le comité de surveillance émet un avis sur le rapport prévu au dernier alinéa de l'article L. 143-2-2, lors de son établissement et à chaque modification de ce rapport. »***

Lorsque le comité de surveillance institué au niveau d'un contrat souhaite entendre le ou les commissaires aux comptes en application de l'article L. 143-2, les informations communiquées par ce ou ces derniers sont celles relatives à la comptabilité auxiliaire d'affectation dans laquelle sont enregistrées les opérations de ce contrat, et portent sur les comptes annuels issus de cette comptabilité même si celle-ci regroupe plusieurs contrats de retraite professionnelle supplémentaire.

Art. R. 143-5 *(Décr. nº 2015-513 du 7 mai 2015, art. 6-6º, en vigueur le 1er janv. 2016)* Le rapport mentionné *(Décr. nº 2017-1765 du 26 déc. 2017, art. 1er)* « au dernier » *(Décr. nº 2017-1171 du 18 juill. 2017, art. 1er-3º)* « alinéa de l'article L. 143-2-2 » est transmis à l'Autorité de contrôle prudentiel et de résolution.

(Décr. n° 2017-1171 du 18 juill. 2017, art. 1er-3°) « L'entreprise d'assurance ou le fonds de retraite professionnelle supplémentaire peut décider de remettre le rapport mentionné à l'alinéa précédent, sur demande, aux souscripteurs, adhérents et bénéficiaires ou de le faire figurer sur son site internet, à condition de l'indiquer de façon précise dans l'information annuelle transmise aux adhérents.

« Le rapport peut également être inclus dans le rapport sur la solvabilité et la situation financière de l'entreprise d'assurance ou du fonds de retraite professionnelle supplémentaire, si ce rapport est complété d'une partie décrivant la politique de placement. »

Art. D. 143-5-1 *(Décr. n° 2011-389 du 12 avr. 2011, art. 1er)* Il peut être fait application individuellement à un contrat des dispositions de l'article L. 143-4 dès que le nombre d'adhérents ou de personnes couvertes, hors réversion, par ce contrat excède le seuil de 5 000.

Art. R. 143-6 Les modalités techniques de mise en œuvre du présent chapitre sont précisées par arrêté du ministre chargé de l'économie.

CHAPITRE IV CONTRATS DE PRÉVOYANCE ET DE RETRAITE SUPPLÉMENTAIRES SOUSCRITS PAR DES ASSOCIATIONS

(Décr. n° 2011-1635 du 23 nov. 2011)

Les associations ayant souscrit un plan d'épargne retraite populaire avant la publication du Décr. n° 2011-1635 du 23 nov. 2011 ont jusqu'au 31 déc. 2012 pour, le cas échéant, se mettre en conformité avec les dispositions de ce même décret (Décr. préc., art. 2).

SECTION PREMIÈRE DISPOSITIONS GÉNÉRALES

Art. R. 144-1 I. — Nul ne peut être membre du conseil d'administration d'une association ou d'un comité de surveillance relevant du présent chapitre ni, directement ou indirectement ou par personne interposée, administrer, diriger ou gérer à un titre quelconque le groupement, ni disposer du pouvoir de signer pour le compte du groupement s'il a fait l'objet de l'une des condamnations ou mesures mentionnées aux 1° à 3° de l'article L. 322-2.

II. — L'association adopte, au plus tard six mois après la conclusion d'un contrat relevant du présent chapitre, des statuts conformes aux dispositions de ce chapitre.

SECTION II DISPOSITIONS PARTICULIÈRES AUX CONTRATS DE PRÉVOYANCE ET DE RETRAITE SUPPLÉMENTAIRE DES PROFESSIONS NON SALARIÉES

Art. R. 144-2 Les contrats mentionnés à l'article L. 144-1 souscrits en vue de garantir un revenu viager comportent une clause qui permet aux adhérents d'opter chaque année pour le versement d'une prime ou cotisation dont le montant annuel est compris entre un minimum qui varie chaque année parallèlement au plafond prévu à l'article L. 241-3 du code de la sécurité sociale et un maximum égal à quinze fois le montant annuel de la cotisation minimale.

Art. R. 144-3 Les contrats mentionnés à l'article L. 144-1 peuvent permettre aux adhérents de verser des primes ou cotisations supplémentaires au titre des années qui sont comprises entre la date de leur affiliation au régime de base obligatoire d'assurance-vieillesse et la date de leur adhésion au contrat. Le montant de la prime ou cotisation supplémentaire à verser au cours d'une année donnée doit être égal à celui de la prime ou cotisation qui est fixée pour cette même année en application de l'article R. 144-2.

En cas de non-paiement de la cotisation supplémentaire qui doit être versée au cours d'une année donnée, le versement de cette prime ou cotisation ne peut être reporté sur une autre année.

SECTION III DISPOSITIONS PARTICULIÈRES AU PLAN D'ÉPARGNE RETRAITE POPULAIRE

SOUS-SECTION 1 GOUVERNANCE DU PLAN

Art. R. 144-4 Les activités d'une association visée au I de l'article L. 144-2 résultant de ses missions au titre d'un plan d'épargne retraite populaire sont exercées distinctement de celles qui résultent des éventuels autres plans de même nature souscrits par l'association ainsi que, le cas échéant, de ses autres activités.

Art. R. 144-5 I. – Les statuts de l'association comportent au moins les clauses suivantes :

L'association a pour objet, en qualité de groupement d'épargne retraite populaire, de souscrire un ou plusieurs plans d'épargne retraite populaire pour le compte des adhérents et d'assurer la représentation des intérêts des adhérents et, à ces fins :

1° De mettre en place un comité de surveillance pour chaque plan souscrit, sous réserve du cas mentionné au premier alinéa de l'article R. 144-13 ;

2° D'organiser la consultation des adhérents ;

3° D'assurer le secrétariat et le financement de chaque comité de surveillance et de l'assemblée générale des adhérents.

L'association est tenue de mettre en œuvre les décisions, y compris celles d'ester en justice, prises, en application des dispositions des II, VIII, IX et XII de l'article L. 144-2 et des articles R. 144-8 et R. 144-14, par l'assemblée générale des adhérents aux plans et par les comités de surveillance desdits plans.

Tout adhérent d'un plan d'épargne retraite populaire souscrit par l'association est de droit membre de l'association et dispose d'un droit de vote à l'assemblée générale.

II. – Les statuts de l'association prévoient également :

1° Les conditions d'attribution d'une éventuelle rétribution aux membres du conseil d'administration et du bureau de l'association ;

2° Les modalités de dissolution de l'association par décision de l'assemblée générale de ses membres ;

3° Les modalités de fermeture d'un plan d'épargne retraite populaire ;

4° Le délai minimal séparant la date de réception par le conseil d'administration, dans les conditions prévues par l'article R. 141-5, d'une proposition de résolution émanant des adhérents de la date du vote de cette résolution par l'assemblée générale.

III. – L'association transmet, dans un délai de six mois après la conclusion d'un premier plan d'épargne retraite populaire, à l'Autorité de contrôle prudentiel et de résolution, en vue de son inscription sur le registre tenu par celle-ci, une copie de la publication au *Journal officiel* de la déclaration mentionnée à l'article 5 de la loi du 1er juillet 1901 relative au contrat d'association ainsi qu'un exemplaire de ses statuts et, si cette autorité le demande, un exemplaire de son règlement intérieur.

L'Autorité de contrôle prudentiel et de résolution transmet à l'association, dans un délai de deux mois suivant la réception de ces documents, son numéro d'enregistrement dans le registre mentionné au premier alinéa. Ce numéro devra, dans un délai de six mois à compter de sa date de notification, figurer sur les documents contractuels relatifs aux plans souscrits par l'association.

Les modifications apportées aux statuts, la dissolution de l'association ou sa cessation d'activité en qualité de groupement d'épargne retraite populaire sont portées à la connaissance de l'Autorité de contrôle prudentiel et de résolution dans un délai de trente jours à compter de la date d'approbation par l'assemblée générale extraordinaire.

Toute conclusion d'un nouveau plan et toute fermeture de plan est portée à la connaissance de cette autorité dans un délai de trente jours.

Art. R. 144-6 L'assemblée générale de l'association adopte des règles de déontologie auxquelles seront tenus les membres du conseil d'administration, du bureau et du personnel salarié de l'association, ainsi que les membres des comités de surveillance des plans souscrits par celle-ci. Ces règles sont remises à chaque adhérent lors de son adhésion à l'association.

Les règles de déontologie ont pour objet de prévenir et de résoudre les conflits d'intérêts. Elles précisent les informations que les personnes qui pourraient être considérées comme étant en situation de conflit d'intérêts dans leur fonction, en raison notamment de leurs liens de toute nature, directs ou indirects, avec l'entreprise d'assurance ou ses prestataires de service, doivent, sous leur responsabilité, porter à la connaissance du président du conseil d'administration ou du président du comité de surveillance. Elles déterminent les cas et les conditions dans lesquels ces personnes doivent s'abstenir de participer aux délibérations, s'abstenir de voter ou proposer leur démission.

Ces règles précisent les obligations de diligence et de confidentialité des personnes mentionnées au premier alinéa dans l'exercice de leur fonction.

Ces règles définissent également les conditions dans lesquelles les membres du conseil d'administration, du bureau et du personnel salarié de l'association, d'une part, et les membres des comités de surveillance des plans souscrits par l'association *[,]* d'autre part, communiquent au président de l'association ou au président de leurs comités respectifs des informations sur leur état civil, leur honorabilité, leur expérience et leurs qualifications professionnelles.

Les règles de déontologie précisent également, en tant que de besoin, les critères permettant d'apprécier si un membre du conseil d'administration ou d'un comité de surveillance répond aux conditions fixées au premier alinéa de l'article L. 141-7.

Art. R. 144-7 I. — Les statuts de l'association fixent les modalités de désignation et de révocation des membres du comité de surveillance des plans d'épargne retraite populaire souscrits par l'association, la durée et le caractère renouvelable de leur mandat ainsi que les modalités selon lesquelles il est procédé à des nominations à titre provisoire en cas de vacance par décès, par démission ou par révocation d'un ou plusieurs membres entre deux assemblées des adhérents. Ils prévoient la désignation d'un nombre minimal de membres élus, d'une part, parmi les adhérents dont les droits au titre du plan sont en cours de constitution et, d'autre part, parmi les adhérents dont les droits au titre du plan ont été liquidés, lorsque le nombre de ces derniers est supérieur à cent.

Les statuts de l'association prévoient qu'au moins un membre du conseil d'administration est membre du comité de surveillance de chaque plan souscrit par l'association.

II. — L'élection des membres du comité de surveillance d'un plan d'épargne retraite populaire représentant les adhérents de ce plan se déroule au scrutin secret. Les votes sont dépouillés et les résultats de ce dépouillement sont affichés au siège social de l'association dans un délai de quarante-huit heures.

III. — La liste des adhérents d'un plan d'épargne retraite populaire peut être consultée par les membres du comité de surveillance de ce plan ou, le cas échéant, par les membres du conseil d'administration de l'association.

Art. R. 144-8 I. — L'assemblée générale de l'association est convoquée au moins une fois par an dans les conditions prévues à l'article R. 141-4 afin, pour chacun des plans souscrits par l'association :

1° D'approuver les comptes annuels du plan sur le rapport des commissaires aux comptes de l'entreprise d'assurance et après avis du comité de surveillance ; à cet effet, le rapport des commissaires aux comptes et l'avis du comité de surveillance sont adressés au président de l'assemble générale quinze jours au moins avant la tenue de celle-ci ;

2° D'approuver le budget du plan établi par le comité de surveillance conformément au 1° de l'article R. 144-14, après avis de l'entreprise d'assurance ;

3° De procéder à l'élection et au renouvellement des membres élus du comité de surveillance et, le cas échéant, d'approuver la désignation par ce comité ou par le conseil d'administration de l'association des personnalités qualifiées en qualité de membres de ce comité. Cette assemblée peut également révoquer à tout moment tout membre de ce comité.

II. — L'assemblée générale de l'association est convoquée à titre extraordinaire pour statuer, s'agissant d'un ou de plusieurs plans souscrits par l'association, sur :

1° Les modifications essentielles à apporter, sur proposition du comité de surveillance et après avis de l'entreprise d'assurance, aux droits et obligations des adhérents au plan, notamment les modifications relatives aux frais prévus à l'article R. 144-25, la modification des modalités de revalorisation des rentes viagères et les modifications issues, le cas échéant, de la reprise des missions de l'association par une autre association. Le rapport de résolution relatif à ces modifications en expose les raisons et leurs effets sur les droits acquis et futurs des adhérents ;

2° La reconduction du contrat souscrit auprès de l'entreprise d'assurance. Le rapport de résolution relatif à cette reconduction expose les motifs qui ont conduit le comité de surveillance à proposer cette résolution ;

3° Le choix d'une nouvelle entreprise d'assurance. Le rapport de résolution correspondant expose les motifs qui ont conduit le comité de surveillance à proposer le changement de l'entreprise d'assurance, l'avis de ce dernier sur cette résolution ainsi que la procédure de sélection du nouvel organisme d'assurance gestionnaire et les motifs qui ont conduit le comité de surveillance à retenir le candidat proposé ;

4° Le plan de redressement mentionné à l'article L. 143-5 ;

5° La fermeture du plan, après avis de l'entreprise d'assurance. Le rapport de résolution correspondant comprend l'avis de l'entreprise d'assurance et prévoit les conditions de transfert des biens et droits enregistrés au titre dudit plan à un autre plan d'épargne retraite populaire.

III. — Les adhérents à un plan souscrit par l'association sont membres de droit de l'association ; ils disposent d'un droit de vote à l'assemblée générale et peuvent proposer une résolution à l'assemblée générale dans les conditions prévues à l'article R. 141-5.

Les résolutions présentées lors d'une assemblée ordinaire sont adoptées à la majorité simple des votes exprimés. Les résolutions présentées lors d'une assemblée extraordinaire sont adoptées à la majorité d'au moins les deux tiers des votes exprimés.

Art. R. 144-9 L'assemblée générale de l'association nomme un commissaire aux comptes titulaire et un suppléant choisis sur la liste mentionnée *(Ord. n° 2016-315 du 17 mars 2016, art. 46, en vigueur le 17 juin 2016)* « au I de l'article L. 822-1 » du code de commerce et qui exercent leurs fonctions dans les conditions prévues par l'article L. 612-1 de ce code.

Les comptes annuels de l'association, arrêtés par le conseil d'administration, certifiés par le commissaire aux comptes et établis selon des règles fixées par un règlement de l'Autorité des normes comptables, sont approuvés par l'assemblée générale sur le rapport de ce même commissaire aux comptes.

Pour les opérations afférentes à chaque plan et réalisées par l'association, il est établi une comptabilité auxiliaire d'affectation.

Art. R. 144-10 Pour chaque plan d'épargne retraite populaire souscrit par une association, sont ouverts des comptes d'espèces et de titres affectés au règlement des dépenses relatives au fonctionnement et aux missions du comité de surveillance et des dépenses relatives au fonctionnement de l'assemblée générale ou décidées par cette dernière. Il ne peut être opéré de prélèvements sur ces comptes qu'en règlement des charges exposées par l'association au titre du plan ou pour le reversement de sommes au plan.

Les mouvements d'espèces et de titres sur les comptes affectés à chaque plan mentionnés au premier alinéa sont effectués sous la responsabilité du président de l'association ou, le cas échéant, de son trésorier.

Les statuts ou le règlement intérieur de l'association prévoient les conditions de gestion des comptes mentionnés au premier alinéa et les conditions de prélèvements sur ces comptes.

Art. R. 144-11 L'association établit un budget annuel qui inclut notamment le budget annuel de chaque plan élaboré conformément au 1° de l'article R. 144-14.

Chaque plan d'épargne retraite populaire prévoit que le financement des activités de l'association relatives au plan est assuré, outre par les éventuels droits d'entrée versés à l'association par les adhérents au plan, par des prélèvements effectués par l'entreprise d'assurance sur les actifs du plan. Ces sommes sont déterminées en fonction du budget du plan approuvé en fin d'exercice pour l'exercice suivant. Le contrat prévoit que l'entreprise d'assurance gestionnaire du plan verse directement ces sommes sur les comptes affectés au plan mentionnés à l'article R. 144-10. Le contrat prévoit également que l'entreprise d'assurance verse dans les mêmes conditions les sommes correspondant à des dépenses conduisant à un dépassement du montant de dépenses prévu par le budget du plan sous réserve du respect des conditions et limites prévues dans ce même budget en application du 1° de l'article R. 144-14.

Art. R. 144-12 La dissolution de l'association ou sa cessation d'activité en qualité de groupement d'épargne retraite populaire au titre d'un plan souscrit par elle est prononcée par l'assemblée générale de l'association convoquée à titre extraordinaire. Dans ce cas, la résolution relative à cette dissolution ou à cette cessation d'activité prévoit les conditions dans lesquelles les missions de l'association au titre de chaque plan sont reprises par une autre association ayant la qualité de groupement d'épargne retraite populaire, et les conditions dans lesquelles les actifs et les passifs correspondants lui sont transférés.

La cessation d'activité de l'association en qualité de groupement d'épargne retraite populaire au titre d'un plan souscrit par elle peut également être prononcée par le tribunal judiciaire saisi par l'entreprise d'assurance, par le président de son comité de surveillance ou, à défaut, par au moins cent adhérents du plan lorsqu'ils constatent que l'association n'assure pas les missions qui lui sont confiées en qualité de groupement d'épargne retraite populaire. La reprise des activités de l'association au titre de ce plan par une autre association ayant la qualité de groupement d'épargne retraite populaire est organisée par l'entreprise d'assurance dans les conditions prévues à l'alinéa précédent.

Art. R. 144-13 I. — Lorsque l'association souscrit un unique plan, le conseil d'administration peut exercer les fonctions de comité de surveillance.

Un comité de surveillance distinct est formé dans les six mois qui suivent la signature d'un deuxième plan par l'association. Ce comité se dote d'un règlement intérieur.

Le conseil d'administration exerçant les fonctions de comité de surveillance ou le comité de surveillance est réuni au moins une fois par an, sur convocation de son président ou d'au moins le tiers de ses membres. L'ordre du jour de la réunion est fixé par l'auteur de la convocation. Il est tenu un procès-verbal et un registre de présence des réunions du comité.

II. — Le comité de surveillance est composé pour moitié au moins de représentants des adhérents à ce plan.

Art. R. 144-14 Le comité de surveillance d'un plan d'épargne retraite populaire :

1° Établit chaque année le budget du plan en précisant notamment les conditions et les limites dans lesquelles le comité de surveillance peut engager des dépenses au-delà des montants prévus ;

2° Émet un avis sur le rapport sur l'équilibre actuariel et la gestion administrative, technique et financière du plan prévu au III de l'article L. 144-2 ; il tient cet avis à la disposition des adhérents du plan et en adresse un exemplaire à l'entreprise d'assurance ;

3° Décide les expertises juridiques, comptables, actuarielles et financières du plan et en assure le suivi. Il désigne les personnes chargées de ces expertises, notamment du point de vue de leurs qualifications professionnelles et de leur indépendance à l'égard de l'entreprise d'assurance et veille au bon déroulement de ces expertises ;

4° Délibère sur les grandes orientations de la politique de placement décidées et mises en œuvre par l'entreprise d'assurance et sur son suivi ;

5° Examine les modalités de transfert du plan ou de mise en œuvre des dispositions du II de l'article R. 144-19 en cas de franchissement des seuils définis au II de ce même article ;

6° Élabore les propositions de modification du plan ;

7° Propose la reconduction ou le changement de l'entreprise d'assurance ;

8° Organise, le cas échéant, la mise en concurrence des entreprises d'assurance en vue de la gestion du plan ;

9° Émet un avis sur la proposition faite par l'entreprise d'assurance du plan de rémunération de l'épargne des adhérents du plan selon leur profil d'épargne et de risques biométriques, notamment au regard de la volatilité de la provision de diversification ou de la gestion des plus-values latentes ;

10° Émet un avis sur le traitement des réclamations des adhérents du plan par l'entreprise d'assurance.

Art. R. 144-15 Un membre du comité de surveillance est chargé de l'examen des comptes du plan. A ce titre :

1° Il prépare les délibérations du comité sur les questions relatives aux comptes du plan ;

2° Il soumet au comité les projets de mission de contrôle des comptes du plan ;

3° Il assure le suivi des missions d'expertise arrêtées par le comité en application du 3° de l'article R. 144-14, et lui présente les conclusions de ces missions.

Art. R. 144-16 Le comité de surveillance fait procéder à une étude actuarielle du plan lorsqu'il juge nécessaire d'évaluer les risques susceptibles d'affecter le plan. Cette étude porte en particulier sur :

1° Les frais et commissions prélevés, à quelque titre que ce soit et sur quelque support d'investissement que ce soit ;

2° La structure et les perspectives démographiques du plan ;

3° La politique d'investissement, la structure des placements du plan et l'adéquation entre ces placements et les engagements de l'entreprise d'assurance au titre du plan.

Il désigne à cet effet un actuaire agréé par une association reconnue par l'Autorité de contrôle prudentiel et de résolution et indépendante de l'entreprise d'assurance.

Art. R. 144-17 L'avis motivé du comité de surveillance sur le rapport de l'entreprise d'assurance prévu au III de l'article L. 144-2 comprend également la mention de tout changement, intervenu au cours de l'exercice écoulé, relatif à la composition ou au fonctionnement du comité de surveillance ou aux rétributions de ses membres.

Le rapport du ou des commissaires aux comptes de l'entreprise d'assurance sur les comptes annuels du plan et sur l'accomplissement de leur mission au titre du plan est joint à cet avis.

SOUS-SECTION 2 DISPOSITIONS TECHNIQUES SPÉCIFIQUES AU PLAN D'ÉPARGNE RETRAITE POPULAIRE

Art. R. 144-18 Un plan d'épargne retraite populaire peut notamment relever de l'un ou de plusieurs des types suivants :

1° Un plan consistant en l'acquisition d'une rente viagère différée ;

2° Un plan consistant en la constitution d'une épargne convertie en rente ;

3° Un plan régi par l'article L. 441-1 du présent code ou par l'article L. 222-1 du code de la mutualité ;

(Décr. n° 2014-1008 du 4 sept. 2014, art. 3-2°) « 4° Un plan relevant du chapitre IV du titre III du livre Ier pour lequel le capital garanti à l'échéance, constitutif de la rente garantie, est égal, à la date de versement, aux primes versées nettes de frais. »

Lorsque le plan relève du 3°, les dispositions des articles R. 441-13, R. 441-15, R. 441-26 à R. 441-28, des premier, troisième et quatrième alinéas de l'article R. 441-16 du présent code, des articles R. 222-5, R. 222-19, R. 222-55 et des premier, troisième et quatrième alinéas de l'article R. 222-6 du code de la mutualité ne s'appliquent pas.

Art. R. 144-18-1 *(Décr. nº 2015-513 du 7 mai 2015, art. 6-7º, en vigueur le 1er janv. 2016)* Pour l'ensemble des dispositions de la présente section relative aux règles techniques spécifiques au plan d'épargne retraite populaire, les mots : "provisions mathématiques", "provisions techniques", "provisions d'exigibilité" et "provisions pour participation aux bénéfices" doivent s'entendre au sens défini à l'article R. 343-3.

Art. R. 144-19 I. — Pour les plans ne relevant pas des articles *(Décr. nº 2014-1008 du 4 sept. 2014, art. 3-3º)* « L. 134-1 » ou L. 441-1 du présent code, ou de l'article L. 222-1 du code de la mutualité :

1º La réserve de capitalisation est constituée pour chaque portefeuille de titres et de placements qui fait l'objet d'une comptabilité auxiliaire d'affectation. *(Décr. nº 2015-513 du 7 mai 2015, art. 6-8º, en vigueur le 1er janv. 2016)* « Pour les entreprises mentionnées à l'article L. 310-3-2, elle n'est prise en compte pour la constitution » de la marge de solvabilité mentionnée à l'article L. 334-1 qu'à concurrence des exigences réglementaires minimales de marge générées par les engagements relatifs à ces plans telles que déterminées en application de l'article R. 334-11. Lorsqu'il est fait application collectivement à des plans gérés par une même entreprise d'assurance des dispositions des premier et troisième alinéas du VII de l'article L. 144-2, la réserve de capitalisation est répartie uniformément entre ces mêmes plans au prorata des provisions pour participation aux bénéfices et des provisions mathématiques relatives aux engagements exprimés en euros de chaque plan ;

2º La provision pour risque d'exigibilité est calculée sur chaque portefeuille de titres et de placements qui fait l'objet d'une comptabilité auxiliaire d'affectation. Lorsqu'il est fait application collectivement à des plans gérés par une même entreprise d'assurance des dispositions des premier et troisième alinéas du VII de l'article L. 144-2, cette provision est répartie uniformément entre ces mêmes plans au prorata des provisions pour participation aux bénéfices et des provisions mathématiques relatives aux engagements exprimés en euros de chaque plan.

II. — Il peut être fait application individuellement à chaque plan d'épargne retraite populaire, dès la souscription de ce plan, des dispositions des premier et troisième alinéas du VII de l'article L. 144-2.

Il est fait application individuellement à tout plan d'épargne retraite populaire de ces dispositions dès que le nombre d'adhérents et le montant des provisions techniques de ce plan, constatés à la clôture d'un exercice, excèdent des seuils respectivement de 2 000 adhérents et 10 millions d'euros.

Dans les autres cas, il est fait application collectivement de ces dispositions à l'ensemble des plans de même type gérés par une même entreprise d'assurance.

Lorsqu'un plan d'épargne retraite populaire passe d'une application collective à une application individuelle des dispositions des premier et troisième alinéas du VII de l'article L. 144-2, l'entreprise d'assurance soumet une proposition de liste d'actifs affectés au plan aux comités de surveillance des plans concernés par cette opération. Cette proposition d'affectation d'actifs est exécutoire de plein droit après accord des parties. Cette opération ne donne pas lieu à une réévaluation des actifs.

III. — La section VI du chapitre II du titre IV du livre III s'applique à chaque plan ou ensemble de plans dans les cas prévus au II du présent article proposé par une entreprise d'assurance relevant du code des assurances.

Lorsqu'il est fait application collectivement à des plans gérés par une même entreprise d'assurance des dispositions des premier et troisième alinéas du VII de l'article L. 144-2, les actifs détenus en représentation des engagements exprimés en euros relatifs à ces plans sont, notamment pour chaque arrêté des comptes des plans, réputés répartis uniformément entre ces mêmes plans au prorata, évalué à la même date, des provisions techniques relatives à des engagements exprimés en euros.

IV. — Lorsque les engagements d'une entreprise d'assurance au titre d'un plan d'épargne retraite populaire ne sont plus représentés de manière au moins équivalente par les actifs du plan, l'entreprise d'assurance et le comité de surveillance du plan élaborent un accord de représentation des engagements en appliquant les dispositions de l'article R. 342-3.

L'accord de représentation des engagements détermine notamment le montant et la nature des actifs faisant l'objet de ces changements d'affectation. Cet accord détermine également les éventuels chargements prélevés par l'entreprise d'assurance en contrepartie de l'affectation d'actifs au plan, ainsi que les conditions dans lesquelles l'entreprise d'assurance peut, lorsque le niveau de la représentation de ses engagements au titre du plan le permet, réaffecter en représentation de provisions ou de réserves autres que celles relatives aux plans d'épargne retraite populaire des actifs du plan choisis dans les catégories d'actifs définies au précédent alinéa, par changement d'affectation de ces actifs.

Le transfert collectif d'un plan d'épargne retraite populaire soumis à un plan de redressement n'affecte ni l'obligation, pour l'entreprise d'assurance d'origine, d'affecter au plan les actifs prévus, ni le droit de l'entreprise de les recouvrer dans les conditions prévues par cet accord.

Art. R. 144-20 I. – Pour chaque plan, le ou les commissaires aux comptes de l'entreprise d'assurance certifient que les comptes annuels du plan sont réguliers et sincères.

II. – Le ou les commissaires aux comptes sont convoqués à la réunion du comité de surveillance du plan au cours de laquelle ce dernier délivre un avis sur les comptes annuels du plan.

A cette occasion, le ou les commissaires aux comptes portent à la connaissance du comité de surveillance :

1° Les contrôles et vérifications auxquels ils ont procédé et les différents sondages effectués ;

2° Les postes du bilan et des autres documents comptables auxquels des modifications leur paraissent devoir être apportées, en faisant toutes observations utiles sur les méthodes d'évaluation utilisées pour l'établissement de ces documents ;

3° Les irrégularités et les inexactitudes qu'ils auraient découvertes ;

4° Les conclusions auxquelles conduisent les observations et rectifications ci-dessus sur les comptes annuels.

Art. R. 144-21 Toute rétrocession de commission perçue au titre de la gestion financière d'un plan par l'entreprise d'assurance, par ses gestionnaires délégués, y compris sous la forme d'un organisme de placement collectif, ou par le dépositaire des actifs du plan, est intégralement acquise au plan.

Tout plan d'épargne retraite populaire prévoit que l'entreprise d'assurance, ses éventuels gestionnaires délégués, y compris sous la forme d'un organisme de placement collectif, ne versent à des courtiers, intermédiaires ou contreparties, pour la gestion financière du plan, aucune forme de rémunération autre que les frais de courtage.

Art. R. 144-22 I. – L'entreprise d'assurance et ses éventuels mandataires pour la gestion financière du plan exercent les droits de vote attachés aux titres détenus pour la représentation des engagements de ce plan dans l'intérêt des droits à rentes des adhérents, que ces droits soient en cours de constitution ou en cours de service.

II. – Lorsque l'entreprise d'assurance délègue directement ou indirectement la gestion financière d'une part supérieure à 5 % des actifs détenus en représentation des engagements relatifs à ce plan à une entreprise d'investissement *(Décr. nº 2017-1253 du 9 août 2017, art. 10-1º, en vigueur le 3 janv. 2018)* « ou à une société de gestion de portefeuille », l'entreprise d'assurance en informe le comité de surveillance et lui transmet une copie du mandat de gestion ou du règlement ou des statuts de l'organisme de placement collectif correspondant.

III. – Ce mandat de gestion ou ce règlement, ces statuts ou tout autre convention ou contrat conclu entre l'entreprise d'assurance et le gestionnaire délégué prévoient que ce dernier accepte de se soumettre aux contrôles et aux expertises sur pièces et sur place diligentées par le comité de surveillance du plan, et que les dirigeants et les commissaires aux comptes du gestionnaire délégué sont tenus de répondre à toute demande de renseignement formulée par ce même comité.

Art. R. 144-23 Les traités de réassurance portant sur les engagements contractés au titre de ce plan prévoient que les cessionnaires acceptent de se soumettre aux contrôles et aux expertises sur pièces et sur place diligentés par le comité de surveillance du plan et que les dirigeants et les commissaires aux comptes des cessionnaires sont tenus de répondre à toute demande de renseignement formulée par ce comité.

Les conventions de substitution définies à l'article L. 211-5 du code de la mutualité ne peuvent porter sur tout ou partie des opérations mentionnées à l'article L. 144-2 du présent code.

Art. R. 144-24 Il est ouvert pour chaque adhérent, lors de son adhésion à un plan, un compte individuel où sont inscrits les primes et cotisations versées et leurs dates de versement ou, en cas de transfert, les montants transférés et leurs dates de transfert, ainsi que les provisions mathématiques, en distinguant la part de ces provisions relevant d'engagements exprimés en unités de compte de celle relevant d'engagements exprimés en euros, ainsi que, le cas échéant, le nombre de parts de provision technique de diversification acquises, ou, pour les plans mentionnés au 3° de l'article R. 144-18, le nombre d'unités de rente acquises, ventilé par année.

Le montant des droits individuels de chaque adhérent est la somme des provisions mathématiques et du montant de provision technique de diversification de l'adhérent, ou, pour les plans mentionnés au 3° de l'article R. 144-18, le produit du nombre d'unités de rente acquis par l'adhérent par la valeur d'acquisition de l'unité de rente nette de frais sur cotisation à la date d'évaluation.

Les situations de l'ensemble des comptes individuels sont arrêtées à la date de clôture de chaque exercice annuel.

Art. R. 144-25 Pour les opérations ne relevant pas *(Décr. n° 2014-1008 du 4 sept. 2014, art. 3-4°)* « du chapitre IV du titre III du livre Ier », l'entreprise d'assurance peut prélever des frais :

1° Sur les cotisations versées ou les montants transférés vers le ou hors du plan par les adhérents ;

2° Sur les montants résultant de conversions entre les droits exprimés en euros et ceux exprimés en unités de compte ;

3° Sur le montant des droits individuels des adhérents ;

4° Sur la performance de la gestion financière du plan ;

5° Sur les prestations versées au titre du plan ;

6° Sur une combinaison de ces éléments.

Le plan prévoit les modalités de détermination et de versement de ces prélèvements.

La part des prélèvements annuels sur les actifs du plan, y compris ceux effectués pour le comité de surveillance ou, le cas échéant, pour l'association souscriptrice du plan en qualité de groupement, est individualisée et indiquée aux adhérents au moins annuellement, en distinguant les prélèvements effectués au titre des engagements en unités de compte de ceux perçus au titre des autres engagements.

Si la ou les premières cotisations ou les montants transférés font l'objet d'une affectation ou de prélèvements particuliers supérieurs à ceux des années suivantes, cette affectation ou ces prélèvements font l'objet d'une information spécifique.

Art. R. 144-26 I. – Pour les plans consistant en la constitution d'une épargne convertie en rente et pour chaque adhérent dont les droits n'ont pas été liquidés, le rapport entre, d'une part, la valeur des capitaux garantis par l'entreprise d'assurance gestionnaire du plan à la date de liquidation prévue des droits acquis par l'adhérent et, d'autre part, la somme de cette même valeur, de la provision mathématique des droits de l'adhérent exprimés en unités de compte, déduction faite, le cas échéant, de la valeur des capitaux garantis par l'entreprise d'assurance gestionnaire du plan au titre d'une ou plusieurs unités de compte, et, pour les plans relevant *(Décr. n° 2014-1008 du 4 sept. 2014, art. 3-4°)* « du chapitre IV du titre III du livre Ier », de la valeur des parts de provision de diversification inscrites au compte de l'adhérent, ne peut être inférieur à un ratio fixé par arrêté du ministre de l'économie. Le contrat prévoit, le cas échéant, les conditions dans lesquelles les parts de provision de diversification ou d'unités de compte de l'adhérent sont d'office converties en provisions techniques relatives à des engagements de capital exprimé en euros afin de vérifier ce ratio.

Toutefois, le plan peut prévoir la possibilité pour l'adhérent de ne pas respecter ce ratio à condition qu'il en fasse *(Abrogé par Décr. nº 2018-229 du 30 mars 2018, art. 2)* « *par écrit* » la demande dans des conditions déterminées par arrêté du ministre chargé de l'économie.

II. — Lorsqu'un plan prévoit la possibilité pour un adhérent de demander la liquidation anticipée de ses droits en cas d'invalidité, le montant de la rente auquel celui-ci peut prétendre est déterminé en prenant en compte l'intégralité des droits individuels inscrits sur le compte de cet adhérent avant la date de reconnaissance de l'invalidité et d'après un taux d'intérêt et des tables de mortalité déterminées dans des conditions et limites fixées par arrêté du ministre chargé de l'économie.

III. — En cas de décès d'un adhérent, les droits individuels à inscrire au compte du ou des éventuels bénéficiaires sont déterminés sur la base des droits inscrits au compte de l'adhérent avant la date de connaissance de son décès.

Art. R. 144-27 I. — Les I à IV de l'article D. 132-7, l'article D. 132-8 et l'article D. 132-9 s'appliquent pour les modalités de transfert individuel des droits d'un adhérent à un autre plan.

II. — Dans le cas où le droit de transfert des provisions mathématiques ou des parts de provisions de diversification excède la quote-part de l'actif qui les représente, le contrat peut prévoir de réduire cette valeur de transfert à due concurrence sans que cette réduction puisse toutefois excéder 15 % de la valeur des droits individuels de l'adhérent relatifs à des engagements exprimés en euros.

Le plan peut également prévoir que la valeur de transfert est réduite d'une indemnité acquise au plan. Cette indemnité est déterminée dans des conditions et limites fixées par l'article *(Décr. nº 2015-513 du 7 mai 2015, art. 10-I-1º, en vigueur le 1er janv. 2016)* « R. 132-5-3 ».

Art. R. 144-28 Sous réserve du troisième alinéa du I de l'article L. 144-2, *(Décr. nº 2014-1008 du 4 sept. 2014, art. 3-5º)* « les II de l'article R. 134-10 et de l'article R. 134-11, ainsi que l'article R. 134-12 » s'appliquent à chaque comptabilité auxiliaire et il ne peut être stipulé aucune garantie de fidélité non exigible par l'assuré au moment du transfert ni aucun avantage gratuit.

Art. R. 144-29 Le rapport annuel mentionné au III de l'article L. 144-2 rend compte notamment :

a) Des nouvelles adhésions au plan, ainsi que des flux de cotisations et de prestations versées au cours de l'exercice ;

b) Des opérations relatives à la promotion et à la commercialisation du plan réalisées au cours de l'exercice ;

c) Des réclamations des adhérents du plan et de tout autre litige ou procédure engagée par l'entreprise d'assurance concernant la gestion du plan ;

d) De tout changement intervenu au cours de l'exercice écoulé concernant la gestion administrative du plan ;

e) Des frais et des commissions prélevés sur les actifs du plan ;

f) Des plus ou moins-values latentes, du résultat financier et du résultat technique du plan, ainsi que de la répartition des résultats techniques et financiers entre les adhérents ;

g) Pour chaque support d'investissement proposé dans le cadre du plan, de la composition, par grandes classes d'actifs, du portefeuille du support et de toute modification, intervenue au cours de l'exercice, des orientations et des instruments de sa gestion financière ;

h) De l'utilisation, par l'entreprise d'assurance ou par ses éventuels mandataires, des droits de vote attachés aux actifs détenus en représentation des engagements relatifs au plan.

Art. R. 144-30 Le transfert d'un plan d'épargne retraite populaire d'une entreprise d'assurance à une autre emporte transfert à la nouvelle entreprise d'assurance de l'ensemble des provisions techniques qui ont été constituées au titre du plan et des actifs représentant ces mêmes provisions. L'entreprise d'assurance d'origine arrête les comptes du plan à la date prévue pour ce transfert.

Si, lors de son transfert à une nouvelle entreprise d'assurance, le plan est dans la situation mentionnée à l'article L. 143-5, le plan de redressement mentionné à ce même article est élaboré ou modifié en concertation avec l'entreprise d'assurance à laquelle le plan est transféré.

Art. R. 144-31 Les modalités techniques de mise en œuvre du présent chapitre sont précisées par arrêté du ministre chargé de l'économie.

TITRE CINQUIÈME LE CONTRAT DE CAPITALISATION

CHAPITRE UNIQUE

SECTION PREMIÈRE *[ABROGÉE]* DISPOSITIONS GÉNÉRALES

(Abrogée par Décr. nº 93-385 du 19 mars 1993)

Art. R. 150-1 et R. 150-2 *Abrogés par Décr. nº 93-385 du 19 mars 1993.*

SECTION II *[ABROGÉE]* RACHAT

(Abrogée par Décr. nº 93-385 du 19 mars 1993)

Art. R. 150-3 *Abrogé par Décr. nº 93-385 du 19 mars 1993.*

SECTION III TIRAGES AU SORT

Art. R.* 150-4 En cas de tirage au sort, les sommes remboursées doivent être, soit égales, soit croissantes avec les tirages successifs, sans pouvoir dépasser le capital remboursable à l'échéance.

Les tirages ne peuvent avoir lieu plus d'une fois par mois.

Les conditions dans lesquelles s'effectuent les tirages au sort et la publicité donnée à leurs résultats sont fixées par décret pris après avis du conseil national des assurances.

Sens du terme « remboursable ». Aux termes d'une clause selon laquelle « en cas de tirage au sort, les sommes remboursées doivent être, soit égales, soit croissantes avec les tirages successifs, sans pouvoir dépasser le capital remboursable à l'échéance », le mot « remboursable » s'entend dans son acception large de paiement. Cette clause est validée par l'art. R. 150-4 qui règle les modalités des tirages au sort. • Paris, 9 févr. 1988 : *D. 1988. IR 65.*

Art. R. 150-5 Les tirages au sort qui servent à déterminer les contrats ou titres de capitalisation remboursables par anticipation doivent s'effectuer publiquement en présence d'un huissier, aux lieux fixés par les contrats, et dans les conditions prévues par lesdits contrats et par la présente section.

Tout bulletin de souscription doit mentionner en caractères gras que les titres ne peuvent être remboursés par anticipation que par tirage au sort effectué en présence d'un huissier.

Art. R. 150-6 Après chaque tirage, il est établi une liste complète des numéros ou des combinaisons de lettres *(Décr. nº 93-382 du 19 mars 1993)* « issus de ce tirage », ainsi que des numéros pouvant se déduire immédiatement des premiers par une méthode simple dont l'explication est donnée sur le titre et pouvant être, dès lors, considérés comme exclusivement désignés par le tirage de ces premiers numéros. Chaque tarif doit faire l'objet d'une liste distincte.

Art. R. 150-7 Un procès-verbal du tirage, comportant notamment la liste mentionnée à l'article R. 150-6, est établi, à l'issue du tirage, par l'huissier, en présence des personnes ayant assisté au tirage.

Art. R. 150-8 En cas de sortie d'un titre à un tirage, l'entreprise doit, avant toute démarche de ses représentants auprès du bénéficiaire, *(Décr. nº 2018-229 du 30 mars 2018, art. 6)* « informer ce dernier par support papier ou tout autre support durable » que son contrat avec l'entreprise a pris fin et qu'il lui sera payé, sans aucune retenue et sans aucune obligation de sa part, ni à l'égard de la personne qui fera le paiement, ni à l'égard de l'entreprise, la somme fixée par les conditions générales de son titre et reproduite dans *(Décr. nº 2018-229 du 30 mars 2018, art. 6)* « cette information ».

Art. R. 150-9 Après chaque tirage et dans un délai de huit jours, les entreprises doivent publier la liste prévue à l'article R. 150-6 et, en regard de celle-ci, une seconde liste indiquant les contrats ou titres effectivement remboursables. Cette dernière liste ne peut comporter d'autres numéros ou combinaisons de lettres que ceux figurant sur la première.

Dernier al. abrogé par Décr. nº 93-382 du 19 mars 1993.

Art. R. 150-10 *(Décr. nº 93-382 du 19 mars 1993)* Copie des deux listes mentionnées à l'article R. 150-9 doit être adressée à toute personne intéressée, sur sa demande.

Art. R. 150-11 Toute personne intéressée a droit, après chaque tirage, sur sa demande, à la délivrance d'une liste intégrale des titres sortis dans les séries qui l'intéressent et non encore remboursés.

Art. R. 150-12 *Abrogé par Décr. nº 93-382 du 19 mars 1993.*

Art. R. 150-13 Tous documents relatifs aux tirages au sort doivent contenir sommairement les indications suivantes :

1º Le nombre des tirages par an, ainsi que leurs dates et la durée des titres ;

2º Le mécanisme des tirages et les conditions de la publicité dans lesquelles ils s'effectuent ;

3º Les ressources qui alimentent les tirages lorsqu'ils ne sont pas garantis, la proportion des titres remboursés par anticipation à chaque tirage, avec la spécification de la méthode employée pour la désignation des titres par le sort ;

4º Les conditions que doit remplir le titre pour participer aux tirages et être payable.

Art. R. 150-14 Si les documents susmentionnés comportent l'énonciation de titres sortis au tirage, cette énonciation ne peut être faite que sous la forme d'une reproduction des deux listes prévues à l'article R. 150-9, chaque liste étant précédée de l'indication du tarif en question et de la date du tirage au cours duquel les numéros énoncés sont sortis.

Art. R. 150-15 *(Décr. nº 93-382 du 19 mars 1993)* « Toutefois, les entreprises qui procèdent à l'impression par tirages et par tarifs des listes mentionnées à l'article R. 150-9 et les communiquent gratuitement à tout intéressé qui le demande *(Abrogé par Décr. nº 2018-229 du 30 mars 2018, art. 6) « par lettre »* sont admises à insérer dans la presse des avis ne contenant, outre les indications prescrites par l'article R. 150-13, que la liste des contrats ou titres effectivement remboursables ou qu'un extrait régional de cette liste. »

Dans ce cas, la liste ou l'extrait régional est suivi de la mention ci-après imprimée en caractères très apparents :

"L'entreprise *(Décr. nº 2018-229 du 30 mars 2018, art. 6)* « fournit » gratuitement à tout intéressé, sur sa demande, la liste complète des numéros désignés par le sort avec, en regard, les numéros des titres effectivement remboursables".

Art. R. 150-16 *(Décr. nº 93-385 du 19 mars 1993 ; Décr. nº 2008-1549 du 31 déc. 2008)* Les dispositions du présent titre sont applicables dans les territoires de la Nouvelle-Calédonie, de la Polynésie française, des Terres australes et antarctiques françaises et de Wallis-et-Futuna.

SECTION IV *[ABROGÉE]* FACULTÉ DE DÉNONCIATION

(Abrogée par Décr. n° 93-385 du 19 mars 1993)

Art. R. 150-17 *et* R. 150-18 *Abrogés par Décr. n° 85-1447 du 30 déc. 1985.*

SECTION V *[ABROGÉE]* PARTICIPATION DES PORTEURS DE TITRES AUX BÉNÉFICES

(Abrogée par Décr. n° 93-382 du 19 mars 1993, à compter du 1er juill. 1993)

Art. R. 150-19 à R. 150-24 *Abrogés par Décr. n° 93-382 du 19 mars 1993, à compter du 1er juill. 1993.*

TITRE SIXIÈME DISPOSITIONS DIVERSES RELATIVES AUX CONTRATS D'ASSURANCE ET DE CAPITALISATION

CHAPITRE UNIQUE

SECTION PREMIÈRE RÉDACTION DU CONTRAT EN LANGUE FRANÇAISE

Art. R.* 160-1 *Abrogé par Décr. n° 92-1356 du 22 déc. 1992.*

SECTION II POLICES D'ASSURANCE SUR LA VIE OU BONS DE CAPITALISATION OU D'ÉPARGNE ÉGARÉS, DÉTRUITS OU VOLÉS

Art. R.* 160-2 *et* R.* 160-3 *Abrogés par Décr. n° 92-1356 du 22 déc. 1992.*

Art. R.* 160-4 S'il se manifeste un tiers porteur du contrat frappé d'opposition, l'entreprise en avise l'opposant dans le mois, par lettre recommandée *(Décr. n° 2018-229 du 30 mars 2018, art. 7)* « ou par envoi recommandé électronique » avec avis de réception ; elle doit également en aviser, dans la même forme, le souscripteur originel du contrat, s'il est autre que l'opposant.

Cet avis mentionne l'obligation d'introduire dans le mois une action en revendication, à peine de mainlevée de l'opposition.

Art. R.* 160-5 Dans le mois qui suit la réception de la lettre prévue à l'article R. 160-4, l'opposant doit saisir de son action la juridiction compétente et notifier, par lettre recommandée *(Décr. n° 2018-229 du 30 mars 2018, art. 7)* « ou par envoi recommandé électronique » avec avis de réception, à l'entreprise, l'introduction de cette demande en spécifiant la date de l'assignation et le nom de l'huissier qui l'a délivrée.

Faute par l'opposant d'avoir introduit et notifié son action dans ledit délai, l'opposition est levée de plein droit et mention de cette mainlevée est faite sur le registre des oppositions.

Toutefois, si l'opposant justifie d'une cause légitime l'ayant empêché d'agir ou en cas de fraude, il peut exercer son recours contre le tiers porteur et toute personne responsable de la fraude.

Art. R.* 160-6 Lorsque se sont écoulées deux années à compter du jour de l'opposition sans qu'un tiers porteur se soit révélé, l'opposant peut, sur production d'une simple lettre de l'entreprise attestant que l'opposition n'a pas été contredite, demander au président du *(Décr. n° 2019-966 du 18 sept. 2019, art. 1er, en vigueur le 1er janv. 2020)* « tribunal judiciaire », s'il s'agit d'un titre de capitalisation ou d'épargne, l'autorisation de se faire délivrer, à ses frais, un duplicata du contrat et exercer les droits qu'il comporte.

Au regard de l'entreprise, le duplicata est substitué à l'original qui ne lui est plus opposable, le porteur dépossédé conservant à l'égard de tous autres les recours du droit commun.

1. Demande d'autorisation de délivrance d'un duplicata. La demande d'autorisation de délivrance de duplicata doit être formée par un avocat, conformément à l'art. 813 NCPC, dès lors qu'elle relève de la compétence du président du tribunal de grande instance et non du tribunal d'instance. • Cass., avis, 23 mars 1998 : *D. 1998. IR 131 ; JCP 1998. 907 ; RGDA 1998. 900 ; Procédures 1998, n° 171, obs. Croze.*

2. Preuve de la délivrance du duplicata. La preuve de la délivrance d'un duplicata conformément aux dispositions de l'art. R. 160-6 ne peut se déduire ni des documents informels et internes de l'assureur mentionnant l'historique de l'opposition pour perte et du remploi de la valeur des bons sur le contrat souscrit, ni de la seule déclaration de l'assuré selon laquelle il avait formalisé l'opposition à paiement pour perte des titres et la demande en délivrance de duplicata en l'absence d'éléments de nature à corroborer cette affirmation. • Civ. 2e, 9 déc. 2010 : *RGDA 2011. 554, obs. Bigot.*

SECTION III CONTRATS D'ASSURANCE LIBELLÉS EN MONNAIE ÉTRANGÈRE

Art. R.* 160-7 et R.* 160-8 *Abrogés par Décr. n° 92-1356 du 22 déc. 1992.*

SECTION IV RACHAT PAR LES ENTREPRISES D'ASSURANCE SUR LA VIE DES RENTES INFÉRIEURES À UN CERTAIN MONTANT MINIMAL

Néant.

SECTION V EFFET SUR LES CONTRATS D'ASSURANCE DE LA RÉQUISITION DES BIENS ET SERVICES

Art. R.* 160-9 L'assuré qui désire obtenir de l'assureur qu'à la résiliation du contrat d'assurance, prévue par l'article L. 160-6, soit substituée la simple suspension du contrat, doit en faire la demande à l'assureur, par lettre recommandée *(Décr. n° 2018-229 du 30 mars 2018, art. 7)* « ou par envoi recommandé électronique » avec demande d'avis de réception, dans le délai d'un mois à partir du jour où il a eu connaissance de la dépossession.

Art. R. 160-10** *Abrogé par Décr. n° 94-700 du 10 août 1994.*

Art. R. 160-11** A défaut de notification faite conformément à l'article R. 160-9 et sous réserve de l'application des dispositions des alinéas 1 et 2 de l'article L. 160-8, la résiliation du contrat d'assurance prend effet à compter de la date de la dépossession du bien réquisitionné.

Art. R. 160-12** *Abrogé par Décr. n° 94-700 du 10 août 1994.*

SECTION VI *[ABROGÉE]*

(Abrogée par Décr. n° 92-1356 du 22 déc. 1992)

Art. R.* 160-13 à R.* 160-17 *Abrogés par Décr. n° 92-1356 du 22 déc. 1992.*

TITRE SEPTIÈME LES CONTRATS D'ASSURANCES MARITIME, AÉRIENNE ET AÉRONAUTIQUE, FLUVIALE ET LACUSTRE, SUR MARCHANDISES TRANSPORTÉES PAR TOUS MODES ET DE RESPONSABILITÉ CIVILE SPATIALE *(Décr. n° 2012-849 du 4 juill. 2012).*

CHAPITRE PREMIER DISPOSITIONS GÉNÉRALES

Art. R. 171-1 Ne peuvent être écartées par les parties au contrat les dispositions des articles R. 172-5 *(Décr. n° 2012-849 du 4 juill. 2012)* « , R. 172-6 et R. 175-1 ».

Art. R. 171-2 *Abrogé par Décr. n° 2012-849 du 4 juill. 2012.*

Art. D. 171-3 *(Décr. nº 2012-850 du 4 juill. 2012)* I. — Les contrats d'assurance aérienne et aéronautique souscrits par des associations aéronautiques ou des fédérations aéronautiques, pour leur compte ou au bénéfice de leurs membres, sont soumis aux dispositions des titres Ier, II et III du présent livre, en application du troisième alinéa de l'article L. 171-5.

II. — Sont des aéronefs légers au sens et pour l'application du quatrième alinéa de l'article L. 171-5, à l'exclusion des appareils à turboréacteurs, les véhicules aériens suivants :

1° Les avions, y compris les hydravions et les avions amphibies, dont la masse maximale certifiée au décollage est inférieure ou égale à 5 700 kilogrammes ;

2° Toutes les catégories d'aéronefs autres que celle visée au 1°, comprenant notamment les giravions, les convertibles, les aérostats, les aéronefs ultralégers motorisés, les planeurs et les aérodynes à décollage à pied, dont la masse maximale certifiée au décollage est inférieure ou égale à 2 700 kilogrammes.

CHAPITRE II RÈGLES COMMUNES AUX ASSURANCES MARITIME, FLUVIALE ET LACUSTRE, ET SUR MARCHANDISES TRANSPORTÉES PAR TOUS MODES *(Décr. nº 2012-849 du 4 juill. 2012)*.

SECTION PREMIÈRE CONCLUSION DU CONTRAT

Art. R. 172-1 La preuve du contrat d'assurance doit être faite par écrit.

Inutilité de la production de l'avenant. Aux termes des conditions générales de la police, la production de l'original de l'avenant d'application à la police souscrite par le chargeur est nécessaire pour la justification du droit d'agir de celui-ci contre l'assureur. Mais cette exigence est inspirée par un souci de protection des intéressés et ne peut être invoquée par l'assureur si en l'espèce la prescription échue le garantit contre toute autre action susceptible d'être engagée contre lui par le porteur de l'original. • Paris, 24 avr. 1981 : *DMF 1982. 162.*

Art. R. 172-2 *(Décr. nº 2012-849 du 4 juill. 2012)* Avant l'établissement de la police ou d'un avenant, la preuve de l'engagement des parties peut être établie *(Décr. nº 2018-229 du 30 mars 2018, art. 8)* « par tout moyen », notamment par arrêté d'assurance ou note de couverture.

Art. R. 172-3 La police d'assurance est datée du jour où elle est établie.

Elle indique :

— le lieu de souscription ;

— le nom et le domicile des parties contractantes, avec l'indication, le cas échéant, que celui qui fait assurer agit pour le compte d'autrui ;

— la chose ou l'intérêt assuré ;

— les risques assurés ou les risques exclus ;

— le temps et le lieu de ces risques ;

— la somme assurée ;

— la prime ;

— la clause à ordre ou au porteur, si elle a été convenue.

I. LIEU DE SOUSCRIPTION

1. Tribunal compétent. Les polices sur facultés, et la chose n'a pas changé avec l'imprimé de 1983, contiennent toujours une clause stipulant que l'assureur ne peut être assigné que devant le tribunal de commerce du lieu où la police a été souscrite. • Paris, 24 févr. 1986 : *DMF 1987. 592 et 1988. 163.*

II. RISQUES EXCLUS

2. Connaissance du risque exclu. C'est en vain qu'un assuré prétend n'avoir jamais connu l'exclusion du vice propre de la marchandise du risque assuré, dès lors que l'avenant qui lui a été remis portait référence à la police française facultés. Il lui incombait d'en réclamer le texte à son courtier. • Paris, 12 mars 1975 : *DMF 1975. 414.*

3. Interprétation d'une clause relative au vol. La clause aux termes de laquelle n'est pas couvert le risque de vol si les « colis » transportés ne comportent aucune marque d'effraction ne prive pas l'assuré de sa garantie lors du transport de son mobilier dans un « cadre » qui n'est pas un colis au sens de la police d'assurance. • Com. 3 nov. 1970 : *D. 1971. Somm. 51.* ♦ V. l'arrêt frappé de pourvoi : • Bordeaux, 20 déc. 1967 : *RGAT 1969. 86; JCP 1968. II. 15515, note de Juglart et du Pontavice.*

III. CONDITIONS GÉNÉRALES ET PARTICULIÈRES

4. *Hiérarchie.* Lorsque la police d'assurance sur corps précise que les conditions particulières dérogent à toutes clauses imprimées qui pourraient leur être contraires, la clause des conditions générales exemptant l'assureur des frais de remorquage nécessités par une panne de moteur qui ne serait pas la conséquence d'un événement de navigation est sans application en présence de la clause « tous risques », qui couvre toutes les avaries particulières survenues au moteur et les frais engagés pour ramener le navire au port. • Com. 16 avr. 1953 : *DMF 1953. 432.* ♦ Les clauses manuscrites ou conditions particulières de la police l'emportent sur les clauses imprimées ou conditions générales. C'est ainsi que l'assureur sur facultés est tenu des avaries résultant du vice propre, dès lors que, si les conditions générales excluent le vice propre, les conditions particulières additionnelles prévoient que « en outre, sont garantis les dommages ou pertes pouvant survenir aux facultés assurées du fait du vice propre ou d'un pourrissement inhérent à la nature de la marchandise ». • T. com. Seine, 19 déc. 1955 : *DMF 1956. 171, note de Grandmaison.* ♦ Mais s'il est exact que les conditions particulières de la police l'emportent sur les conditions générales, encore faut-il qu'en cas d'opposition aux conditions générales, les conditions particulières précisent, d'une façon expresse, catégorique et sans équivoque, le risque garanti, nonobstant son exclusion par les conditions générales. • Paris, 9 juill. 1959 : *DMF 1959. 738.*

5. *Pouvoir d'interprétation des juges du fond.* Une cour d'appel interprète souverainement une police d'assurance en ce que celle-ci avait d'imprécis par suite du défaut de concordance des conditions particulières avec les hypothèses prévues aux conditions générales. • Com. 5 nov. 1968 : *DMF 1969. 144, note Lureau.*

6. *Opposabilité des règles particulières au porteur de l'avenant.* Le porteur d'un avenant d'assurance est recevable en son action en responsabilité concernant les marchandises assurées contre l'assureur, lequel est, de son côté, fondé à lui opposer les règles particulières précisées dans la police. • Rouen, 20 janv. 1967 : *DMF 1967. 300.*

Art. R. 172-3-1 *(Décr. nº 2006-1091 du 30 août 2006)* **Les expéditions de marchandises effectuées pour le compte de tiers peuvent être couvertes par application sur des contrats d'assurance souscrits par des professionnels ou des auxiliaires du transport, en tant qu'ils sont chargés de leur transport, et fonctionnant par déclaration d'aliment.**

SECTION II OBLIGATIONS DE L'ASSUREUR ET DE L'ASSURÉ

Néant.

SECTION III RÈGLEMENT DE L'INDEMNITÉ

Art. R. 172-4 **Le délaissement est notifié à l'assureur par lettre recommandée** *(Décr. nº 2018-229 du 30 mars 2018, art. 8)* **« , par envoi recommandé électronique » ou par acte extrajudiciaire.**

Il doit intervenir dans les trois mois de la connaissance de l'événement qui y donne lieu, ou de l'expiration du délai qui le permet.

Art. R. 172-5 **En notifiant le délaissement, l'assuré informe l'assureur de toutes les assurances qu'il a contractées ou dont il a connaissance.** — *Assur. R. 171-1.*

Art. R. 172-6 *(Décr. nº 2012-849 du 4 juill. 2012)* **Le délai de prescription des actions nées du contrat d'assurance court :**

1º En ce qui concerne l'action en paiement de la prime, de la date d'exigibilité ;

2º En ce qui concerne l'action d'avarie, de la date de l'événement qui donne lieu à celle-ci ; pour la marchandise, de la date de l'arrivée du navire, de l'aéronef ou autre véhicule de transport, ou, à défaut, de la date à laquelle il aurait dû arriver ou, si l'événement est postérieur, de la date de cet événement ;

3º Pour l'action en délaissement, de la date de l'événement qui y donne droit ou, si un délai est fixé pour donner ouverture à l'action, de la date d'expiration de ce délai ;

4º Lorsque l'action de l'assuré a pour cause la contribution d'avarie commune ou la rémunération d'assistance, du jour du paiement ;

5º Lorsque l'action de l'assuré a pour cause le recours d'un tiers, du jour de l'action en justice à l'encontre de l'assuré ;

6º Pour l'action en répétition de toute somme payée en vertu du contrat d'assurance, de la date du paiement indu.

CHAPITRE III RÈGLES PARTICULIÈRES AUX ASSURANCES MARITIME, FLUVIALE ET LACUSTRE, ET SUR MARCHANDISES TRANSPORTÉES PAR TOUS MODES *(Décr. nº 2012-849 du 4 juill. 2012).*

SECTION PREMIÈRE ASSURANCES SUR CORPS MARITIMES, FLUVIAUX ET LACUSTRES *(Décr. nº 2012-849 du 4 juill. 2012).*

Art. R. 173-1 *Abrogé par Décr. nº 92-1356 du 22 déc. 1992.*

SECTION II ASSURANCES SUR MARCHANDISES TRANSPORTÉES PAR TOUS MODES *(Décr. nº 2012-849 du 4 juill. 2012).*

Art. R. 173-2 à R. 173-7 *Abrogés par Décr. nº 92-1356 du 22 déc. 1992.*

SECTION III ASSURANCES DE RESPONSABILITÉ CIVILE MARITIME, FLUVIALE ET LACUSTRE *(Décr. nº 2012-849 du 4 juill. 2012).*

Néant.

CHAPITRE IV RÈGLES SPÉCIALES AUX ASSURANCES FLUVIALE ET LACUSTRE

(Décr. nº 2012-849 du 4 juill. 2012)

Ce chapitre ne comporte pas de dispositions réglementaires.

CHAPITRE V ASSURANCES SUR CORPS ET DE RESPONSABILITÉ CIVILE AÉRIENNE ET AÉRONAUTIQUE

(Décr. nº 2012-849 du 4 juill. 2012)

SECTION PREMIÈRE DISPOSITIONS GÉNÉRALES

Art. R. 175-1 Le délai de prescription des actions nées du contrat d'assurance court :

1º En ce qui concerne l'action en paiement de la prime, de la date d'exigibilité ;

2º En ce qui concerne la réclamation de l'assuré ou du bénéficiaire de l'assurance pour le compte duquel le contrat a été souscrit en application de l'article L. 171-4, de la date de l'événement qui donne lieu à celle-ci ou du jour où l'assuré ou le bénéficiaire en a eu connaissance, s'il prouve qu'il l'a ignoré jusque-là ;

3º Lorsque l'action de l'assuré a pour cause le recours d'un tiers, du jour de l'action en justice à l'encontre de l'assuré ;

4º Pour l'action en répétition de toute somme payée en vertu du contrat d'assurance, de la date du paiement indu.

Art. R. 175-2 La preuve du contrat d'assurance doit être faite par écrit.

Art. R. 175-3 Avant l'établissement de la police ou d'un avenant, la preuve de l'engagement des parties peut être établie par *(Décr. nº 2018-229 du 30 mars 2018, art. 9)* « tout moyen », notamment par arrêté d'assurance ou note de couverture.

Art. R. 175-4 La police d'assurance est datée du jour où elle est établie.

Elle indique :

a) Le lieu de souscription ;

b) Le nom et le domicile des parties contractantes, avec l'indication, le cas échéant, que celui qui fait assurer agit pour le compte d'autrui ;

c) La chose ou l'intérêt assuré ;

d) Les risques assurés ou les risques exclus ;

e) Le temps et le lieu de ces risques ;

f) La somme assurée ;

g) La prime.

Art. R. 175-5 Les polices d'assurance garantissant des risques de responsabilité civile doivent prévoir qu'en ce qui concerne cette garantie aucune déchéance motivée par un manquement de l'assuré à ses obligations commis postérieurement au sinistre ne sera opposable aux personnes lésées ou à leurs ayants droit.

CHAPITRE VI ASSURANCES DE RESPONSABILITÉ CIVILE RELATIVE À UNE OPÉRATION SPATIALE

(Décr. nº 2012-849 du 4 juill. 2012)

Art. R. 176-1 Les contrats d'assurance ayant pour objet de garantir la responsabilité civile relative à une opération spatiale sont régis par les dispositions des articles R. 175-1 à R. 175-5.

TITRE NEUVIÈME DISPOSITIONS PARTICULIÈRES AUX DÉPARTEMENTS DU BAS-RHIN, DU HAUT-RHIN ET DE LA MOSELLE ET DISPOSITIONS APPLICABLES À MAYOTTE, DANS LES ÎLES WALLIS-ET-FUTUNA ET DANS LES TERRES AUSTRALES ET ANTARCTIQUES FRANÇAISES *(Décr. nº 2012-849 du 4 juill. 2012).*

CHAPITRE PREMIER DISPOSITIONS PARTICULIÈRES AUX DÉPARTEMENTS DU BAS-RHIN, DU HAUT-RHIN ET DE LA MOSELLE EN MATIÈRE D'ASSURANCE GÉNÉRALE

(Décr. nº 2012-849 du 4 juill. 2012)

Ce chapitre ne comporte pas de dispositions réglementaires.

CHAPITRE II DISPOSITIONS PARTICULIÈRES AUX DÉPARTEMENTS DU BAS-RHIN, DU HAUT-RHIN ET DE LA MOSELLE APPLICABLES AUX ASSURANCES NON FLUVIALES

(Décr. nº 2012-849 du 4 juill. 2012)

Ce chapitre ne comporte pas de dispositions réglementaires.

CHAPITRE III *[ABROGÉ]* DISPOSITIONS SPÉCIFIQUES À MAYOTTE

(Abrogé par Décr. nº 2015-513 du 7 mai 2015, art. 11-1º, à compter du 1er janv. 2016)
(Décr. nº 2012-849 du 4 juill. 2012)

Art. R. 193-1 *Abrogé par Décr. nº 2015-513 du 7 mai 2015, art. 11-1º, à compter du 1er janv. 2016.*

CHAPITRE IV DISPOSITIONS APPLICABLES DANS LES ÎLES WALLIS-ET-FUTUNA

(Décr. nº 2012-849 du 4 juill. 2012)

Art. R. 194-1 Le titre VII du présent livre est applicable dans les îles Wallis-et-Futuna.

CHAPITRE V DISPOSITIONS APPLICABLES DANS LES TERRES AUSTRALES ET ANTARCTIQUES FRANÇAISES

(Décr. nº 2012-849 du 4 juill. 2012)

Art. R. 195-1 Le titre VII du présent livre est applicable dans les Terres australes et antarctiques françaises.

LIVRE DEUXIÈME ASSURANCES OBLIGATOIRES

TITRE PREMIER L'ASSURANCE DES VÉHICULES TERRESTRES À MOTEUR ET DE LEURS REMORQUES ET SEMI-REMORQUES

CHAPITRE PREMIER L'OBLIGATION DE S'ASSURER

SECTION PREMIÈRE PERSONNES ASSUJETTIES

(Décr. nº 2021-133 du 9 févr. 2021, en vigueur le 1er juill. 2021)

Art. D. 211-1 En application de l'article L. 211-1-1, la résiliation du contrat d'assurance est conditionnée à la fourniture par l'assuré à son assureur, au plus tard dans un délai de quinze jours après que l'assureur a reçu notification par l'assuré de son intention de résilier le contrat, d'une des pièces justificatives suivantes :

1° En cas de cession pour destruction d'une voiture particulière, d'une camionnette ou d'un cyclomoteur à trois roues à un centre VHU agréé mentionné au 3° de l'article R. 543-155 du code de l'environnement, une copie du certificat de destruction du véhicule délivré à l'assuré en application du II de l'article R. 322-9 du code de la route ;

2° En cas de cession pour destruction d'un véhicule autre que ceux mentionnés au 1° à une installation de traitement de véhicules hors d'usage exploitée conformément au titre Ier du livre V du code de l'environnement, une copie du certificat de destruction du véhicule délivré à l'assuré en application des II et IV de l'article R. 322-9 du code de la route ;

3° En cas de réparation du véhicule, une copie du second rapport de l'expert en automobile mentionné au troisième alinéa de l'article L. 327-3 du code de la route, certifiant que le véhicule a fait l'objet des réparations touchant à la sécurité prévues par le premier rapport d'expertise et qu'il est en état de circuler dans des conditions normales de sécurité ;

4° En cas de souscription d'un nouveau contrat auprès d'un autre assureur, une copie d'un des documents justificatifs délivrés à l'assuré en application des articles R. 211-15 et R. 211-17.

A réception d'un des documents mentionnés aux 1° à 4°, l'assureur notifie par écrit à l'assuré le fait que le contrat d'assurance a été résilié. La notification mentionne la date d'effet de la résiliation.

SECTION II ÉTENDUE DE L'OBLIGATION D'ASSURANCE

BIBL. ▸ Groutel, *RCA 2007. Étude 14* (décret du 19 juill. 2007).

Art. R. 211-2 *(Décr. nº 86-21 du 7 janv. 1986)* Les contrats prévus à l'article L. 211-1 doivent couvrir, en plus de la responsabilité civile des personnes mentionnées à cet article, celle *(Abrogé par Décr. nº 2007-1118 du 19 juill. 2007)* « *du souscripteur du contrat et* » du propriétaire du véhicule.

Les garanties minimales fixées par le Décr. nº 86-21 du 7 janv. 1986 sont introduites dans les contrats prévus à l'art. L. 211-1 du code des assurances, y compris les contrats en cours, à compter du 8 janv. 1986 (Décr. préc., art. 10).

1. *Absence de recours de l'assureur du propriétaire contre l'assureur du locataire.* Selon les art. L. 211-1 et R. 211-2, les contrats d'assurance doivent couvrir la responsabilité civile du souscripteur du contrat, du propriétaire du véhicule et de toute personne ayant la garde ou la conduite de ce dernier. Viole ces textes la cour d'appel qui, pour retenir la garantie de l'assureur du locataire au profit de l'assureur du propriétaire du véhicule, énonce que le contrat de location mettait à la charge du locataire la seule responsabilité des accidents dès lors que la convention invoquée ne pouvait priver d'effet, à l'encontre du gardien ou conducteur autorisé, la garantie d'assurance imposée à son profit par la loi. • Civ. 1re, 4 juill. 2000, nº 98-11.318 P : *RGDA 2000. 874, note Landel.*

2. *Appel en garantie du propriétaire contre l'utilisateur.* Sont inopérants les motifs retenus par une cour d'appel qui, pour rejeter le recours en garantie formé par une coopérative, propriétaire d'un bourgoin dont l'un avait été impliqué dans un accident, contre l'entrepreneur de travaux agricoles chargé de la conduite de cet engin, retient que les dispositions impératives des art. L. 211-1 et

R. 211-2 imposent à l'assureur de couvrir la responsabilité civile du souscripteur du contrat, du propriétaire du véhicule et de toute personne en ayant la garde ou la conduite, sans tenir compte des stipulations du contrat de sous-traitance que la coopérative avait conclu avec l'entrepreneur de travaux. • Civ. 1re, 3 mars 1998, n° 96-10.343 P : *RCA 1998, n° 203, note Groutel ; RGDA 1998. 271, note Landel ; Gaz. Pal. 1998. 2. 569.*

Art. R. 211-3 *(Décr. n° 2007-1118 du 19 juill. 2007)* **« Les professionnels de la réparation, de la vente ou du contrôle de l'automobile sont tenus de s'assurer, pour leur propre responsabilité, celle des personnes travaillant dans leur exploitation, celle des personnes ayant la garde ou la conduite du véhicule, même sans y avoir été autorisées, ainsi que celle des passagers. »**

(Décr. n° 86-21 du 7 janv. 1986) **Cette obligation s'applique à la responsabilité civile que les personnes mentionnées au précédent alinéa peuvent encourir du fait des dommages causés aux tiers par les véhicules qui sont confiés au souscripteur du contrat en raison de ses fonctions et ceux qui sont utilisés dans le cadre de l'activité professionnelle du souscripteur du contrat.** – *V. note ss. art. R. 211-2.*

Ancien art. R. 211-3, al. 1er** (Décr. n° 86-21 du 7 janv. 1986) ***Les professionnels de la réparation, de la vente et du contrôle de l'automobile sont tenus de s'assurer pour leur propre responsabilité, celle des personnes travaillant dans leur exploitation, et celle des personnes ayant la garde ou la conduite du véhicule, ainsi que celle des passagers.***

BIBL. ▶ GROUTEL, *RCA 1989. Chron. 29.*

1. Salarié du garagiste. Est dépourvu de base légale l'arrêt qui condamne l'assureur de la responsabilité professionnelle d'un garagiste à réparer les conséquences dommageables d'un accident causé par le conducteur de l'un de ses véhicules sans rechercher si ce conducteur était bien le salarié du garagiste et si le véhicule était utilisé, lors de l'accident, dans le cadre de l'activité de garagiste, cette circonstance étant contestée par l'assureur. • Civ. 1re, 28 mai 1984 : *Bull. civ. I, n° 171 ; RGAT 1985. 79, note Chapuisat.*

2. Véhicule confié au garagiste. Pour que l'assureur du garagiste soit tenu de garantir un véhicule qui lui a été confié dans le cadre de son activité professionnelle, il n'est pas nécessaire qu'il soit utilisé dans ce même cadre. • Crim. 7 févr. 1991 : *RCA 1991, n° 271 ; RGAT 1991. 586, note Chapuisat.* ♦ La clause contractuelle ne garantissant que les véhicules de l'entreprise pour les prêts occasionnels à titre gracieux, et non les véhicules confiés, doit être réputée non écrite comme restreignant abusivement les garanties prévues par la loi sur l'assurance automobile obligatoire. • Crim. 6 mai 1998 : *RGDA 1998. 718, note Landel.*

3. Personne non autorisée. Il résulte de la combinaison des art. L. 211-11 et R. 211-3 que lorsque le propriétaire d'un véhicule l'a confié, en raison de ses fonctions, à un professionnel de la réparation, de la vente ou du contrôle de l'automobile, l'assurance obligatoire de la responsabilité de ce professionnel doit prendre en charge les dommages causés aux tiers par ce véhicule, même si la personne qui en avait la conduite n'était pas autorisée. • Civ. 1re, 28 nov. 1995, n° 93-15.331 P : *RCA 1996, n° 70 ; RGDA 1996. 335, note Brousseau.*

4. Véhicule prêté par le garagiste. Viole les dispositions de l'art. 2 du Décr. du 7 janv. 1959 [C. assur., art. R. 211-3] l'arrêt qui, pour déclarer que l'assureur d'un garagiste ne devait pas sa garantie pour l'accident causé par un client en conduisant, pendant l'immobilisation de son véhicule en cours de réparation, une voiture prêtée par ce garagiste, fait application de la clause de la police stipulant « prêt de véhicule risque exclu » et restreint ainsi, en vertu d'une disposition contractuelle, l'étendue de la garantie minima impérativement fixée par la loi. • Civ. 1re, 21 mars 1972, n° 70-13.276 P : *RGAT 1972. 557.* ♦ Les dispositions de l'art. 2 du Décr. du 7 janv. 1959 [C. assur., art. R. 211-3], qui concernent les garagistes et les personnes pratiquant habituellement le courtage, la vente, la réparation, le dépannage ou le contrôle du bon fonctionnement des véhicules, doivent être substituées aux stipulations plus restrictives du contrat souscrit par l'assuré. Ainsi, pour condamner l'assureur à fournir sa garantie pour l'accident causé par un tiers en conduisant un camion appartenant à l'assuré, une cour d'appel a pu, après avoir relevé que le camion avait été prêté au tiers pour un dépannage et non loué, admettre que ce prêt entrait dans l'activité professionnelle du garagiste et satisfaisait donc aux conditions édictées par le texte précité. • Civ. 1re, 25 oct. 1972, n° 71-10.967 P : *RGAT 1973. 247, note Besson.* ♦ Ayant constaté qu'un garagiste, qui avait acheté une voiture, l'a prêtée le jour même, non à des fins professionnelles mais en raison de relations personnelles, à un conducteur qui a renversé un piéton, une cour d'appel décide justement que les dispositions des art. 1er et 2 du Décr. du 7 janv. 1959 [C. assur., art. R. 211-3], relatives à l'assurance de la responsabilité civile des garagistes, sont sans application dans l'instance en dommages-intérêts introduite par la victime contre le conducteur et contre l'assureur du vendeur de l'automobile. • Civ. 1re, 25 févr. 1976, n° 74-14.460 P : *D. 1976. 597, note Berr et Groutel ; RGAT 1976. 489, note Besson.*

Art. R. 211-4 *(Décr. nº 93-581 du 26 mars 1993)* **Les contrats prévus à l'article L. 211-1 doivent spécifier les caractéristiques des remorques dont l'adjonction à un véhicule terrestre à moteur ne constitue pas, au sens des articles L. 113-4 et L. 113-9, une aggravation du risque couvert par le contrat garantissant ce véhicule.**

1. Absence de mention relative aux remorques. En l'absence de la mention prévue par l'art. R. 211-4, l'assurance du véhicule tracteur garantit ses remorques, sans préjudice de l'application de la réduction proportionnelle pour aggravation du risque. • Civ. 1re, 9 nov. 1999, nº 97-17.826 P : *D. 1999. 269 ; RCA 2000, nº 27 ; ibid. Chron. 1, note Groutel ; RGDA 2000. 102 (1re esp.), note Landel.*

2. Remorque dépassant le poids stipulé. Si elle n'entre pas dans les prévisions de la police, l'adjonction d'une remorque constitue une aggravation du risque ; l'absence de déclaration de la remorque ne peut être sanctionnée que par la nullité du contrat, en cas de mauvaise foi, ou par la réduction de l'indemnité, dans le cas contraire, conformément à l'art. L. 113-9. • Crim. 7 déc. 1999 : *RCA 2000, nº 131, obs. Groutel ; RGDA 2000. 102 (2e esp.), note Landel.* ♦ Comp. : • Civ. 1re, 23 mars 2004, nº 01-02.627 P : *RCA 2004, nº 192, obs. Groutel.*

Art. R. 211-4-1 *(Décr. nº 2007-1118 du 19 juill. 2007)* **Lorsqu'un train routier, tel que défini à l'article R. 311-1 du code de la route, est impliqué dans un accident de la circulation, la personne lésée peut exercer l'action directe au choix contre l'assureur du véhicule tracteur ou contre l'assureur de la remorque. L'assureur saisi de l'action doit garantir la responsabilité de l'ensemble du véhicule articulé à l'égard de la personne lésée, pour le compte de qui il appartiendra et dans les limites du contrat.**

L'assureur qui aura pris en charge l'indemnisation des personnes lésées, que ce soit l'assureur du véhicule à moteur ou celui de la remorque ou de la semi-remorque, disposera, le cas échéant, d'un droit de recours contre l'assureur de l'autre partie de l'ensemble articulé, ou contre toute autre partie qui porterait finalement la responsabilité des dommages.

Recours de l'assureur. L'article R. 211-4-1 a uniquement pour but de faciliter l'indemnisation des personnes lésées en leur offrant la possibilité de réclamer l'intégralité de celle-ci, soit à l'assureur du véhicule à moteur, soit à celui de la remorque. Le recours que ce texte ouvre à l'assureur, qui a pris en charge l'indemnisation pour le compte de qui il appartiendra contre l'assureur, de l'autre partie de l'ensemble routier, n'est pas soumis à un régime propre de responsabilité de plein droit et pour moitié, mais renvoie au droit commun de la responsabilité. • Civ. 2e, 23 nov. 2017, nº 16-21.664 P : *RGDA 2018. 31, note Landel ; RCA 2018, nº 49, note Groutel ; Gaz. Pal. 6 mars 2018. 62, note Ehrenfeld.*

Art. R. 211-5 *(Décr. nº 86-21 du 7 janv. 1986)* **« L'obligation d'assurance s'applique à la réparation des dommages corporels ou matériels résultant : »**

1º Des accidents, incendies ou explosions causés par le véhicule, les accessoires et produits servant à son utilisation, les objets et substances qu'il transporte ;

2º De la chute de ces accessoires, objets, substances ou produits. — *V. note ss. art. R. 211-2.*

1. Substances transportées. S'il résulte de l'art. R. 211-5 que l'obligation d'assurance des véhicules terrestres à moteur et de leurs remorques et semi-remorques s'applique à la réparation des dommages corporels ou matériels résultant, à l'occasion de la circulation, des accidents... causés par le véhicule, ... les objets ou substances qu'il transporte, il faut entendre par « substance transportée », celle qui a été volontairement chargée dans le véhicule. Tel n'est pas le cas de la boue qui a adhéré accidentellement aux roues des tracteurs-remorques d'un agriculteur. • Civ. 1re, 15 janv. 1980, nº 78-13.806 P : *D. 1981. IR 173, obs. Berr et Groutel ; RGAT 1980. 548, note Besson ; RTD civ. 1980. 776, obs. Durry.* ♦ Il faut entendre par substance transportée celle qui a été chargée dans le véhicule. Tel n'est pas le cas de la boue provenant des roues d'un tracteur. • Civ. 1re, 23 juin 1981, nº 80-13.754 P : *D. 1982. IR 383, obs. Berr et Groutel.* ♦ La boue déposée sur la chaussée par les roues d'un tracteur ne peut être considérée comme une substance transportée au sens de l'art. R. 211-5. • Civ. 1re, 7 déc. 1982, nº 78-13.806 P : *RGAT 1983. 378.* ♦ Relève d'une assurance de responsabilité générale l'accident qui est dû au simple fait de l'homme. Tel est le cas de la destruction accidentelle de plants de bruyère par l'effet de la projection sur ceux-ci d'un liquide désherbant au moyen d'un pulvérisateur attelé à un tracteur en mouvement, dès lors que cet accident n'est pas dû à une défectuosité de ce matériel mais a été provoqué par une manipulation volontaire de l'utilisateur de celui-ci. • Civ. 1re, 9 déc. 1992, nº 90-10.527 P : *RGAT 1993. 302, note Landel.*

2. Accessoires d'un véhicule en circulation ou non. Ayant exactement retenu qu'il résulte de l'art. R. 211-5, dans sa version applicable, que les accidents causés par les accessoires ou la chute d'objets sont garantis même si le véhicule ne circule pas et si l'accident ne constitue pas un accident de la circulation au sens de la L. du 5 juill. 1985 puis relevé que le dommage avait été causé, à un moment où l'engin n'était pas en mouvement, d'abord par la rupture d'une manille, accessoire de la pelleteuse, véhicule terrestre à moteur, en ce qu'elle sert à son chargement, et ensuite par la manipulation du godet, c'est-à-dire par le véhicule en lui-même, une cour d'appel a, à juste titre, décidé que l'assureur du véhicule devait sa garantie. • Civ. 2e, 13 sept. 2018, no 17-26.671 : *RGDA 2018. 506, note Landel.* ♦ Les accidents causés par les accessoires ou la chute d'objets sont, depuis l'intervention du décret de 1986, garantis même si le véhicule ne circule pas et si l'accident ne constitue pas un accident de la circulation au sens de la L. du 5 juill. 1985. L'assureur du véhicule devait donc sa garantie à raison du dommage imputable à un appareil de levage équipant le véhicule. • Civ. 2e, 21 nov. 2013 : *RGDA 2014. 32, note Landel; RCA 2014, no 70, note Groutel.* ♦ *Contra* dans la même affaire : viole les art. L. 211-1 et R. 211-5 la cour d'appel qui condamne l'assureur du véhicule à garantie tout en retenant que l'accident était survenu alors que le véhicule était immobile, lors d'une opération de déchargement du camion au moyen d'un appareil de levage étranger à la fonction de déplacement. • Civ. 2e, 28 mai 2009 : *RCA 2009, no 226, note Groutel; RGDA 2009. 776, note Landel.* ♦ V. égal. précédemment : le tuyau vidange d'un camion-citerne, posé sur le trottoir, constitue un accessoire de ce véhicule en stationnement sur la voie publique. • Civ. 1re, 4 avr. 1995, no 91-17.011 P : *RCA 1995, no 280; D. 1996. 113, note Dagorne-Labbe ; RGAT 1995. 378, note Landel* • 10 juin 1997, no 95-11.356 P : *D. 1997. IR 161 ; RCA 1997, no 348; RGDA 1997. 764, note Landel.* ♦ Dès lors que les blessures ont été provoquées par la projection d'un objet transporté et d'un tendeur élastique, accessoire nécessaire au transport autorisé sur le toit d'un véhicule terrestre à moteur, fût-il en stationnement sur la voie publique, moteur arrêté, la garantie de l'assureur est due. • Civ. 2e, 20 oct. 2005, no 04-15.418 P : *RCA 2005, no 361, obs. Groutel; RGDA 2006. 101, note Landel.* ♦ Un chargeur de batterie ne constitue pas un accessoire à la circulation d'un véhicule terrestre à moteur. • Civ. 2e, 3 mai 2006 : *RCA 2006, no 224; ibid. Étude 10, note Groutel; RGDA 2006. 429, note Landel.* ♦ V. encore : ayant exactement relevé qu'il résulte de l'art. R. 211-5 C. assur. dans sa rédaction issue du Décr. no 86-21 du 7 janv. 1986 que les accidents causés par les accessoires et chutes d'objets sont couverts par l'assurance automobile obligatoire et constaté que l'incendie litigieux avait pris naissance au niveau du câble électrique et de la prise encastrée dans la cellule frigorifique du véhicule assuré, constituant un accessoire nécessaire au transport et au stockage de produits frais, correspondant à l'utilisation habituelle de celui-ci, une cour d'appel en a justement déduit que l'assureur subrogé dans les droits de la société victime était fondé à solliciter la garantie de l'assureur automobile. • Civ. 2e, 4 juill. 2019, no 18-15.194 : *RGDA août-sept. 2019. 16, note Landel; RCA 2019, no 306, note Groutel.*

3. Objets à terre. Les dispositions de l'art. 4 du Décr. du 7 janv. 1959 [C. assur., art. R. 211-5], pris pour l'application de la L. du 27 févr. 1958 instituant une obligation d'assurance, visent nécessairement, pour être utiles, non seulement les dommages qui résultent de la chute même des objets transportés dans le véhicule assuré, mais aussi les dommages causés par ceux-ci une fois à terre. • Civ. 1re, 24 avr. 1967 : *RGAT 1967. 498.*

Art. R. 211-6 *Abrogé par Décr. no 83-482 du 9 juin 1983.*

Art. R. 211-7 *(Décr. no 2007-1118 du 19 juill. 2007)* **L'assurance doit être souscrite sans limitation de somme en ce qui concerne les dommages corporels et pour une somme au moins égale à celle fixée par arrêté du ministre chargé de l'économie, laquelle ne pourra être inférieure à 1 million d'euros, par sinistre et quel que soit le nombre de victimes, en ce qui concerne les dommages aux biens.**

Ancien art. R. 211-7 (Décr. no 93-581 du 26 mars 1993) ***L'assurance doit être souscrite sans limitation de somme en ce qui concerne les dommages corporels et pour une somme d'au moins*** (Décr. no 2001-95 du 2 févr. 2001) ***« 460 000 euros » par véhicule et par sinistre matériel, sans préjudice des dispositions de l'article L. 211-7.***

Droit européen. N'est pas conforme au droit communautaire une législation nationale qui prévoit des montants maximaux d'indemnisation inférieurs aux montants minimaux de garantie fixés par la deuxième directive lorsque, en l'absence de faute du conducteur du véhicule ayant provoqué l'accident, seule la responsabilité civile pour risque est engagée. • CJCE 14 sept. 2000, no C-348/98, *Mendes Ferreira et a. : Rec. CJCE I-6711.*

Art. R. 211-8 **Par dérogation aux dispositions qui précèdent, l'obligation d'assurance ne s'applique pas à la réparation :**

1o Des dommages subis :

***a)* Par la personne conduisant le véhicule ;**

b) et *c) Abrogés par Décr. n° 83-482 du 9 juin 1983.*

d) (Décr. n° 93-1073 du 7 sept. 1993) **« Par une personne salariée ou travaillant pour un employeur, à l'occasion d'un accident de travail. Toutefois, n'est pas comprise dans cette exclusion la couverture de la réparation complémentaire, prévue à l'article L. 455-1-1 du code de la sécurité sociale, pour les dommages consécutifs à un accident défini à l'article L. 411-1 du même code, subis par une personne salariée ou travaillant pour un employeur et qui est victime d'un accident dans lequel est impliqué un véhicule terrestre à moteur conduit par cet employeur, un de ses préposés ou une personne appartenant à la même entreprise que la victime, et survenu sur une voie ouverte à la circulation publique. »** — *Les contrats en cours garantissant la responsabilité civile du fait d'un véhicule terrestre à moteur sont réputés couvrir la réparation complémentaire offerte à la victime pour les accidents survenus à compter du 1er mars 1993 et remplissant les conditions définies à l'art. L. 455-1-1 CSS (Décr. n° 93-1073 du 7 sept. 1993, art. 2).*

2° *Abrogé par Décr. n° 83-482 du 9 juin 1983.*

3° *(Décr. n° 83-482 du 9 juin 1983)* **« Des dommages ou de l'aggravation des dommages causés par des armes ou engins destinés à exploser par modification de structure du noyau de l'atome ou par tout combustible nucléaire, produit ou déchet radioactif ou par tout** *[toute]* **autre source de rayonnements ionisants et qui engagent la responsabilité exclusive d'un exploitant d'installation nucléaire.**

« 4° Des dommages atteignant les immeubles, choses ou animaux loués ou confiés au conducteur à n'importe quel titre. »

5° Des dommages causés aux marchandises et objets transportés, sauf en ce qui concerne la détérioration des vêtements des personnes transportées, lorsque celle-ci est l'accessoire d'un accident corporel.

BIBL. ▶ Dommages subis par les préposés : GROUTEL, *RCA 1990. Chron. 8.*

I. DOMMAGES SUBIS PAR LE CONDUCTEUR

A. EXCLUSION DE L'ASSURANCE OBLIGATOIRE

1. Droit européen. Les première, deuxième et troisième directives doivent être interprétées en ce sens qu'elles ne s'opposent pas à une législation nationale qui exclut le droit pour le conducteur d'un véhicule automobile, responsable, par sa faute, d'un accident de la circulation à la suite duquel son conjoint, usager de ce véhicule, est décédé, d'être indemnisé du préjudice matériel qu'il a subi en raison de ce décès. • CJUE 7 sept. 2017, n° C-506/16 : *RGDA 2017. 552, note Landel.*

2. Préjudice direct du conducteur. Aux termes de l'art. 8 du Décr. du 7 janv. 1959 [C. assur., art. R. 211-8], l'obligation d'assurance ne s'applique pas à la réparation des dommages subis par la personne conduisant le véhicule, même si celle-ci n'en est en rien responsable. Doit dès lors être cassé, l'arrêt qui reconnaît le bénéfice de la garantie de l'assureur au garagiste qui, ayant procédé à une réparation, conduisait le véhicule pour un essai lors de l'accident dont l'entière responsabilité a été attribuée au propriétaire pour avoir lui-même procédé auparavant à une réparation sommaire qu'il n'avait pas révélée au garagiste. • Civ. 1re, 12 oct. 1976 : *Bull. civ. I, n° 289 ; D. 1977. IR 33 ; RGAT 1977. 371 ; RTD civ. 1977. 336, obs. Durry.* ♦ Les dommages subis par le conducteur sont exclus. • Civ. 1re, 24 sept. 1997 : *RCA 1998, n° 64 ; RGDA 1997. 1042, note Landel.*

3. Préjudice par ricochet du conducteur gardien. L'art. R. 211-8, qui dispose que l'obligation d'assurance ne s'applique pas à la réparation des dommages subis par la personne conduisant le véhicule, ne distingue pas selon la nature des dommages. • Civ. 1re, 13 juin 1995, n° 93-14.832 P : *RCA 1995, n° 320 ; ibid. Chron. 39, note Groutel ; RGAT 1995. 592, note Landel.*

4. Préjudice par ricochet du conducteur non gardien. Bien qu'un seul véhicule fût impliqué, le conducteur, dont il n'était pas discuté qu'il n'en était pas le gardien, avait droit à l'indemnisation de son préjudice par ricochet, qui ne se confond pas avec le préjudice personnel directement subi par lui. • Civ. 2e, 13 juill. 2000 : *RCA 2000, n° 340, obs. Groutel.*

5. Préjudice des ayants droit du conducteur non gardien. Dès lors que les dispositions de l'art. R. 211-8 ne s'appliquent pas aux ayants droit du conducteur, non gardien, une cour d'appel a justifié sa décision en déclarant opposable au Bureau central français la condamnation du commettant à la réparation du préjudice des parties civiles, celui-ci n'ayant pas transféré la garde du véhicule, seul impliqué dans l'accident, à la victime employé occasionnel non déclaré. • Crim. 7 avr. 2010 : *RGDA 2010. 699, note Landel.*

6. Préjudice des ayants droit du conducteur gardien. Il résulte des art. 1er et 6 de la L. du 5 juill. 1985, d'une part, que le conducteur d'un véhicule terrestre à moteur, dont il est aussi le gardien, victime d'un accident de la circulation, ne peut invoquer cette loi lorsque seul son véhicule est impliqué dans l'accident et, d'autre part, que l'exclusion de l'application de la loi peut être opposée aux ayants droit de ce conducteur. Dès lors, ne donne pas de base légale à sa décision la cour d'appel qui, pour condamner l'assureur du véhicule à payer, pour le compte de qui il appartiendra diverses sommes à l'épouse du conducteur décédé, agissant tant à titre personnel qu'en qualité d'administratrice légale de sa fille mineure, en réparation des préjudices moraux et économiques subis par elle et sa fille mineure du fait du décès de son époux, retient que, d'une part, la L. du 5 juill. 1985 ne peut être invoquée lorsque le véhicule terrestre à moteur dont la victime était le conducteur est seul impliqué dans l'accident, que, d'autre part, le préjudice par ricochet de l'épouse et de sa fille ne se confond pas avec le préjudice directement subi par le conducteur et n'est pas exclu par l'art. R. 211-8 C. assur., sans rechercher si le conducteur du véhicule seul impliqué dans l'accident en était également le gardien. • Civ. 2e, 7 févr. 2008, n° 07-10.534 : *RCA 2008, n° 134, note Groutel.* ♦ Dénature les termes clairs et précis du contrat d'assurance de dommages corporels du conducteur, la cour d'appel qui condamne l'assureur à prendre en charge le déficit fonctionnel temporaire et les souffrances endurées au motif que ces postes de préjudice n'entrent dans le cadre d'aucune exclusion, alors que selon les conditions générales du contrat d'assurance, les indemnités prises en charge au titre de la garantie « dommages corporels », énumérées sous la rubrique « l'indemnisation en cas de blessures » comprenaient seulement le « remboursement des frais médicaux et des pertes de revenus », « l'indemnisation de l'incapacité permanente », « la tierce personne », ainsi qu'un complément en cas d'aggravation et qu'il était prévu, s'agissant des accidents corporels causés par un tiers qu'« en cas de blessures vous bénéficiez à titre d'avance des prestations et indemnités prévues par votre contrat ». • Civ. 2e, 7 févr. 2019, n° 17-31.414 : *RGDA avr. 2019. 19, note Landel.*

B. APPLICATION D'UNE ASSURANCE FACULTATIVE

7. Étendue de la garantie. En matière d'assurance des dommages corporels du conducteur, laquelle ne relève pas de l'obligation légale d'assurance, la garantie des dommages corporels du conducteur s'exerce dans la limite des préjudices définis et des montants indiqués dans la police. • Civ. 2e, 10 juill. 2002 : *RGDA 2002. 970, note Landel.*

II. DOMMAGES SUBIS PAR LES PROCHES TRANSPORTÉS (AVANT DÉCR. DU 9 JUIN 1983)

8. Clause relative aux dommages subis par les proches transportés. Est formelle est limiter la clause définissant précisément et limitativement les passagers transportés exclus de la garantie et circonscrite à la seule hypothèse d'un sinistre engageant la responsabilité du conducteur ou de l'assuré. • Civ. 2e, 3 mars 2016, n° 15-12.836 : *RCA 2016, n° 208, note Groutel; RGDA 2016. 251, note Landel; Gaz. Pal. 2016, n° 23, p. 69, note Erhenfeld.*

III. DOMMAGES SUBIS PAR UN SALARIÉ

9. Proches du salarié. L'exclusion de garantie autorisée par l'art. R. 211-8, 1°, *d)* ne concerne que les dommages subis par des personnes bénéficiaires de la législation du travail, ce qui n'est pas le cas du frère et de la sœur d'un salarié accidenté. • Civ. 1re, 27 mai 1998 : *RCA 1998, n° 280; ibid. Chron. 21, note Groutel.*

10. Agent titulaire d'une collectivité publique. L'art. L. 211-1, qui prévoit une obligation d'assurance des dommages provoqués par un véhicule terrestre à moteur, a une portée générale, et s'applique dès lors aux accidents de service régis par les règles du droit commun et dont est victime un agent titulaire d'une collectivité publique, sans que puisse être opposée l'exception de l'art. R. 211-8, 1°, laquelle a pour justification une indemnisation forfaitaire des salariés ou préposés. • Crim. 15 févr. 1990, n° 89-80.930 P : *RCA 1990, n° 174; ibid. Chron. 8, note Groutel* • Civ. 2e, 24 juin 1998, n° 96-17.678 P : *RCA 1998, n° 326, note Groutel.*

IV. DOMMAGES CAUSÉS AUX MARCHANDISES ET OBJETS TRANSPORTÉS

11. Semi-remorque attelé à un tracteur. La Dir. 2009/103 du 16 déc. 2009 ne s'oppose pas à une interprétation de la règlementation nationale qui exclut de la couverture et, partant, de l'indemnisation, par l'assurance obligatoire de la responsabilité civile résultant de la circulation d'un tracteur routier, les dommages matériels causés par celui-ci à la semi-remorque qui y était attelée lorsque l'accident s'est produit. • CJUE 10 juin 2021, n° C-923/19 : *RGDA août-sept. 2021. 16, note Landel.*

SECTION III **FRANCHISES, EXCLUSIONS DE GARANTIE, DÉCHÉANCES ET RECOURS DE L'ASSUREUR** *(Décr. n° 86-21 du 7 janv. 1986).*

Art. R. 211-9 *Abrogé par Décr. n° 93-581 du 26 mars 1993.*

Art. R. 211-10 **Le contrat d'assurance peut, sans qu'il soit contrevenu aux dispositions de l'article L. 211-1, comporter des clauses prévoyant une exclusion de garantie dans les cas suivants :**

1° Lorsque au moment du sinistre, le conducteur n'a pas l'âge requis ou ne possède pas les certificats, en état de validité, exigés par la réglementation en vigueur pour la

conduite du véhicule, sauf en cas de vol, de violence ou d'utilisation du véhicule à l'insu de l'assuré ;

2° En ce qui concerne les dommages subis par les personnes transportées, lorsque le transport n'est pas effectué dans les conditions suffisantes de sécurité fixées par un arrêté conjoint du ministre de l'économie et des finances, du garde des sceaux, ministre de la justice, du ministre de l'intérieur, du ministre de la défense et du ministre chargé des transports.

Al. 2 abrogé par Décr. n° 93-581 du 26 mars 1993.

(Décr. n° 83-482 du 9 juin 1983) **« L'exclusion prévue au 1°** *(Décr. n° 93-581 du 26 mars 1993)* **« de l'alinéa précédent » ne peut être opposée au conducteur détenteur d'un certificat déclaré à l'assureur lors de la souscription ou du renouvellement du contrat, lorsque ce certificat est sans validité pour des raisons tenant au lieu ou à la durée de résidence de son titulaire, »** *(Décr. n° 86-21 du 7 janv. 1986)* **« ou lorsque les conditions restrictives d'utilisation, autres que celles relatives aux catégories de véhicules, portées sur celui-ci n'ont pas été respectées ».** — *V. note ss. art. R. 211-2.*

1. Caractère limitatif des exclusions légales. Les contrats d'assurance prévus par l'art. L. 211-1 C. assur. doivent couvrir la responsabilité civile de toute personne ayant la garde ou la conduite du véhicule et les clauses d'exclusion de garantie qu'ils peuvent comporter sont limitativement prévues par le législateur. • Civ. 2e, 5 juill. 2018, n° 16-21.776 : *RGDA 2018. 406, note Landel.* ♦ En matière d'assurance obligatoire des véhicules, les exclusions de garantie sont limitativement énumérées par les art. R. 211-10 et R. 211-11, qui ne mentionnent pas un simple changement de l'usage du véhicule. • Civ. 1re, 1er févr. 1983, n° 81-16.692 P. ♦... Ni l'inobservation des conditions d'utilisation du véhicule. • Civ. 1re, 19 nov. 1980, n° 79-13.447 P : *D. 1981. IR 458, obs. Berr et Groutel ; RGAT 1981. 207.* ♦... Ni le transport à titre onéreux de passagers. • Civ. 1re, 14 nov. 2001 : *RCA 2002, n° 76, note Groutel.* ♦... Ni l'emploi d'un véhicule personnel pour un déplacement professionnel. • Civ. 1re, 9 juill. 2003, n° 00-19.113 P : *RCA 2003, n° 300, note Groutel ; RGDA 2003. 724, note Landel ; JCP E 2004. 1003, note Courtieu.*

CONDITIONS DE L'EXCLUSION POUR ABSENCE DE PERMIS DE CONDUIRE

A. CLAUSE D'EXCLUSION

2. Nécessité d'une clause. Il résulte de l'art. R. 211-10 que, dans le contrat d'assurance automobile, l'exclusion de garantie pour le cas où le conducteur ne possède pas un permis de conduire régulier ne peut exister qu'en vertu d'une clause du contrat. • Civ. 1re, 12 nov. 1986, n° 85-11.181 P : *D. 1986. IR 441.* ♦V. aussi • Crim. 28 janv. 1975, n° 74-91.423 P : *D. 1976. 59, note Durry.*

3. Connaissance de la clause. Une clause d'exclusion de garantie doit avoir été portée à la connaissance de l'assuré au moment de son adhésion à la police ou, tout au moins, antérieurement à la réalisation du sinistre, pour lui être opposable. • Civ. 2e, 11 janv. 2007 : *RCA 2007, n° 139.*

B. ABSENCE DE PERMIS DE CONDUIRE

4. Date d'appréciation. Il convient de se placer au jour de l'accident pour déterminer s'il y a lieu à déchéance de la garantie pour absence de permis de conduire régulier du conducteur. • Civ. 1re, 4 mai 1964 : *Bull. civ. I, n° 226 ; RGAT 1965. 81.*

5. Suspension administrative du permis. La décision de relaxe qui peut intervenir sur la prévention d'infraction aux règles de la circulation routière n'a pas pour effet de rendre illégale la décision administrative de suspension prise conformément à la loi et aux règlements d'application, mais seulement de la priver d'effet pour l'avenir. • Civ. 2e, 7 mars 2019, n° 18-10.729 : *RGDA avr. 2019. 21, note Landel ; RCA 2019, n° 200.* ♦ Une mesure de suspension du permis de conduire, décidée par le préfet sur le fondement de l'art. L. 224-2 ou de l'art. L. 224-7 C. route, est illégale et constitue, en conséquence, une faute de nature à engager la responsabilité de l'État si elle a été prise alors que les conditions prévues par ces articles n'étaient pas réunies. Il appartient par suite au juge administratif, saisi par le conducteur d'un recours indemnitaire tendant à la réparation du préjudice que lui a causé la décision du préfet, de déterminer si les pièces au vu desquelles ce dernier a pris sa décision étaient de nature à justifier la mesure de suspension. Dans le cas où l'intéressé a été relaxé non au bénéfice du doute mais au motif qu'il n'a pas commis l'infraction, l'autorité de la chose jugée par la juridiction répressive impose au juge administratif d'en tirer les conséquences quant à l'absence de valeur probante des éléments retenus par le préfet. En dehors de cette hypothèse, la circonstance que la mesure de suspension doive être regardée comme non avenue, par application du deuxième al. de l'art. L. 224-9, eu égard à la décision rendue par le juge pénal, est par elle-même sans incidence sur la légalité de cette mesure et, par suite, sur l'engagement de la responsabilité de l'État. • CE 2 févr. 2011, n° 327760 B : *AJDA 2011. 247.*

6. Ambulance. Aux termes de l'art. R. 127 C. route [C. route, art. L. 221-10 s.], le conducteur d'une ambulance doit être en possession d'une attestation préfectorale délivrée après examen médical. Ce texte ne faisant aucune distinction selon que l'ambulance transporte ou non des blessés ou malades, doit être considérée comme n'étant pas titulaire d'un permis de conduire valable la personne qui, détentrice du seul permis de catégorie B, conduit une ambulance, même sans transporter des blessés ou des malades, dès lors qu'elle ne possède pas l'attestation précitée. • Civ. 1re, 26 mai 1981, n° 80-11.759 P : *D. 1983. IR 215, obs. Berr et Groutel; RGAT 1982. 84* • 8 nov. 1983, n° 82-13.630 P. ♦ Aucune distinction ne doit être faite selon que le conducteur conduisait l'ambulance à des fins strictement personnelles et non à des fins professionnelles. • Civ. 1re, 16 déc. 1981, n° 80-12.981 P : *D. 1983. IR 215, obs. Berr et Groutel; RGAT 1982. 374.*

7. Taxi. L'art. R. 127 C. route [C. route, art. L. 221-10 s.] n'établissant aucune distinction entre l'usage d'un taxi à des fins personnelles et l'usage à des fins professionnelles, l'exclusion doit jouer dès lors que le conducteur n'a pas le certificat médical qui doit accompagner le permis B, peu important que, au moment de l'accident, il ait conduit à des fins strictement personnelles. • Civ. 1re, 7 avr. 1992, n° 89-17.886 P : *RCA 1992, n° 295; RGAT 1992. 548, note Landel.*

8. Permis D. Doit être cassé, pour avoir refusé d'appliquer les clauses d'un contrat d'assurance qui exclut la garantie de la compagnie « lorsqu'au moment du sinistre le conducteur du véhicule assuré ne peut justifier être titulaire des certificats, en état de validité, exigés par la réglementation pour la conduite des véhicules », le jugement qui, tout en reconnaissant que, lors de l'accident, le conducteur du véhicule assuré ne possédait pas le permis D, exigé pour la conduite d'un véhicule comportant, outre le siège du conducteur, plus de huit places assises, condamne néanmoins la compagnie d'assurances à réparer le préjudice subi par la victime au motif que le permis D, bien qu'exigé par les règlements, n'aurait rien changé aux capacités personnelles de conduite de l'auteur de l'accident, établies par les permis B, C et E dont il était titulaire. • Civ. 1re, 12 juill. 1976, n° 75-11.381 P : *RGAT 1977. 218.* ♦ Un conducteur titulaire du permis D, qui a causé un accident, alors qu'il ne s'était pas soumis à la visite médicale imposée, dans le délai d'un an, nonobstant la validité de son permis reconnue par les textes antérieurs, ne peut soutenir que la validité de son permis a été rétroactivement prorogée par un examen médical subi postérieurement hors délai. • Civ. 1re, 4 mai 1964 : *préc. note 4.*

9. Verres correcteurs. Après avoir relevé que les conditions générales de la police excluait la garantie lorsque le conducteur ne pouvait justifier d'un permis de conduire en état de validité, une cour d'appel a énoncé que le préfet a le pouvoir, à raison de certaines incapacités physiques, de restreindre la validité du permis de conduire en la soumettant notamment à la condition de porter des verres correcteurs et que la conduite d'un véhicule au mépris de cette restriction équivaut à la conduite sans obtention d'un permis valable. Dès lors, ayant constaté qu'au moment de l'accident, le permis de conduire du conducteur, à défaut par celui-ci de porter des verres correcteurs, n'était pas valable, les juges d'appel en ont justement déduit que la clause d'exclusion de garantie était suffisamment formelle et limitée pour recevoir application, sans qu'il fut nécessaire que cette clause fit expressément référence à l'omission de port de verres correcteurs. • Civ. 1re, 6 mai 1980, n° 79-11.134 P : *D. 1980. IR 176, note Berr et Groutel.* ♦ Lorsqu'il est mentionné sur le permis de conduire, le port obligatoire de verres correcteurs constitue une condition de validité de ce permis. Le non-respect de cette obligation constitue donc une exclusion de garantie. • Civ. 1re, 27 nov. 1984, n° 83-14.836 P : *Gaz. Pal. 1985. 1. Pan. 84, note A. Piedelièvre.* ♦ Mais prive sa décision de base légale la cour d'appel qui décide que le conducteur ne bénéficie pas de la garantie de son assureur parce qu'il conduisait sans lunettes, sans avoir recherché si, compte tenu des constatations faites un mois après l'accident par la commission médicale spécialisée, reconnaissant son aptitude à conduire sans porter de tels verres, il n'était pas en état de conduire sans verres correcteurs au jour de l'accident, auquel cas, il aurait dû être réputé titulaire d'un permis de conduire en état de validité. • Civ. 1re, 22 juill. 1985, n° 84-11.946 P : *Gaz. Pal. 1985. 2. Somm. 308, note A. Piedelièvre.*

10. Effet d'une amnistie. L'amnistie de la peine de suspension de permis de conduire n'empêche pas l'assureur d'invoquer l'exclusion pour un accident survenu antérieurement. • Civ. 1re, 20 déc. 1988, n° 87-12.307 P : *RCA 1989, n° 134.*

C. CONDUCTEUR

11. Définition. C'est la personne qui, à la place qu'elle occupe, dispose de tous les organes de conduite que l'on doit considérer comme le conducteur du véhicule. Dès lors si elle n'a pas le permis de conduire, l'exclusion doit s'appliquer. • Crim. 1er mars 1988, n° 86-90.304 P.

D. PREUVE

12. Charge. L'assureur, qui invoque une exclusion de garantie, devant démontrer la réunion des conditions de fait de celle-ci, il lui appartient, s'il invoque le défaut de permis de conduire, de faire la preuve du fait allégué. • Civ. 1re, 6 oct. 1981, n° 80-10.231 P : *D. 1983. IR 217, obs. Berr et Groutel; RGAT 1982. 85, note Besson* • 27 oct. 1981, n° 80-15.076 P : *D. 1983. IR 217, obs. Berr et Groutel; JCP 1982. II. 19711, concl. Baudoin; RGAT 1982. 85, note Besson.*

13. Preuve de l'absence de permis du conducteur. Des juges du fond ont pu estimer, par une appréciation souveraine des éléments qui leur étaient fournis, que « la présence dans la voiture du propriétaire assuré, titulaire du permis de conduire, constitue une présomption que celle-ci était conduite par une personne munie du permis, présomption que ne détruit pas l'assureur par la production de la procédure pénale dont les éléments sont contradictoires ». • Civ. 1re, 6 mars 1973, n° 71-12.680 P. ♦ C'est sans violer les règles sur la preuve que, pour retenir la garantie d'un assureur à l'occasion d'un accident au cours duquel les trois occupants d'un véhicule ont été tués, les juges estiment qu'il était impossible de déterminer qui conduisait la voiture au moment de l'accident et que l'assureur ne saurait se prévaloir « de ce que l'une des victimes qui était dépourvue de permis de conduire ait pu se trouver au volant puisqu'il ne s'agit que d'une hypothèse d'ailleurs invraisemblable », admettant ainsi que les deux autres conducteurs occupants, étant titulaires d'un permis de conduire, le conducteur en possédait un. • Civ. 1re, 7 juin 1974, n° 72-14.761 P : *D. 1975. 425, note Berr et Groutel ; RTD civ. 1975. 729, obs. Durry.*

14. Autorité de la chose jugée au pénal. Si l'exclusion de garantie prévue au contrat porte sur l'absence de possession de « certificats exigés par la réglementation pour la conduite des véhicules », elle recouvre exactement les faits qui auraient été de nature à constituer l'infraction de l'art. L. 12 C. route [C. route, art. L. 221-2]. • Civ. 1re, 3 mars 1987 : *D. 1987. Somm. 332, obs. Groutel.* ♦ N'est pas fondé le moyen qui reproche à la cour d'appel d'avoir décidé qu'il y avait autorité, sur la question civile de la garantie du contrat, de la chose jugée par la juridiction pénale, laquelle, après avoir constaté qu'un examen médical établissait que le conducteur n'avait pas besoin de verres correcteurs pour conduire, avait relaxé celui-ci en disant que, dans de telles conditions, il conduisait avec un permis valable. • Même arrêt. ♦ Les juges du fond qui relèvent qu'un jugement pénal a relaxé l'auteur d'un accident poursuivi pour conduite sans permis, au motif que les permis de conduire dont il était titulaire au moment de l'accident étaient en état de validité, peuvent en déduire que l'autorité de la chose jugée s'oppose à ce que le défaut de permis soit à nouveau invoqué devant la juridiction civile dans une instance tendant à la réparation des suites de cet accident. • Civ. 1re, 14 janv. 1976, n° 74-12.618 P. ♦ ... Même si la relaxe a été prononcée au bénéfice du doute. • Civ. 1re, 30 oct. 1985, n° 84-13.271 P.

E. ABSENCE DE VOL, DE VIOLENCE OU D'UTILISATION À L'INSU DE L'ASSURÉ

15. Notion d'utilisation à l'insu de l'assuré. L'utilisation à l'insu ne vise pas seulement la simple appréhension du véhicule, mais comprend toutes les modalités et les formes d'utilisation de celui-ci, lorsqu'elles se produisent à l'insu de l'assuré. Ainsi, les juges du fond ont pu décider que le bénéfice de la garantie devait être maintenu à l'assuré qui avait établi qu'à son insu le véhicule avait été utilisé par son préposé selon des modalités anormales, en l'occurrence l'absence de port de verres correcteurs imposé par le permis de conduire de celui-ci. • Civ. 1re, 25 mai 1971, n° 69-13.896 P : *RGAT 1972. 249.* ♦ En effet, pour l'application d'une clause excluant la garantie lorsque le conducteur du véhicule assuré n'est pas titulaire des certificats en état de validité, doit être assimilé à l'hypothèse de l'utilisation du véhicule à l'insu de l'assuré le cas d'utilisation du véhicule au su de l'assuré par un conducteur dont le permis n'est, à l'insu de celui-ci, pas valable au regard de la réglementation en vigueur. • Civ. 1re, 27 mars 1984, n° 82-16.545 P : *RGAT 1985. 83.* ♦ De même, c'est justement que les juges du fond, après avoir relevé que l'assuré, qui avait donné l'ordre à ses préposés de charger une camionnette, n'avait pas permis, même tacitement, à l'auteur de l'accident, de déplacer le véhicule qu'il n'avait jamais conduit auparavant, en déduisent que, la camionnette ayant été utilisée à l'insu de l'assuré, l'assureur devait sa garantie en application des dispositions de l'art. 9-1° du Décr. du 7 janv. 1959 [C. assur., art. R. 211-10] applicable en la cause. • Civ. 1re, 20 déc. 1976, n° 75-13.582 P : *RGAT 1977. 216.* ♦ Par ailleurs, encourt la cassation l'arrêt qui, pour débouter un assuré de son action dirigée contre l'assureur à raison des dommages subis par son véhicule conduit à son insu par un tiers dépourvu d'un permis de conduire régulier, écarte le moyen invoquant l'art. 9 du Décr. du 7 janv. 1959 [C. assur., art. R. 211-10], au motif que cette disposition ne s'applique que si l'usage abusif du véhicule a constitué pour l'assuré un fait normalement imprévisible et inévitable et que tel n'était pas le cas en l'espèce, alors qu'une telle condition n'est pas prescrite par ce texte, lequel requiert seulement que le véhicule ait été utilisé « à l'insu » de l'assuré, c'est-à-dire dans l'ignorance de celui-ci. • Civ. 1re, 14 mai 1974, n° 73-10.282 P : *D. 1975. 119, note Berr et Groutel ; Gaz. Pal. 1975. 1. 371, note Margeat et Favre-Rochex.*

16. Bénéficiaire de la garantie en cas d'utilisation à l'insu de l'assuré. L'art. 9 du Décr. du 7 janv. 1959 [C. assur., art. R. 211-10], qui édicte que l'exclusion de garantie pouvant être stipulée dans un contrat d'assurance lorsque le conducteur ne possède pas de permis de conduire, ne peut jouer au cas notamment d'utilisation du véhicule à l'insu de l'assuré, n'a entendu, dans cette hypothèse, maintenir le bénéfice de la garantie qu'à l'assuré et aux personnes limitativement désignées dans la police, et non l'étendre, en dehors de cette énumération, au profit du conducteur dépourvu du permis de conduire et d'autorisation de se servir de la voiture. • Civ. 1re, 8 janv. 1974, n° 72-13.531 P : *D. 1975. 305, note Berr et Groutel.* ♦ V. égal. à propos d'un accident en Nouvelle-Calédonie donnant lieu à application du droit local : • Civ. 2e, 14 juin 2006, n° 04-20.830 P : *RCA 2006, n° 271 ; ibid. Étude 12, note Groutel* • Crim. 27 oct. 2015, n° 14-85.766 : *RCA 2016, n° 22, note Groutel.*

17. Circulation internationale. En ce qui concerne la réparation des dommages provoqués sur le territoire d'un État membre par un véhicule ayant son stationnement habituel sur le territoire d'un autre État membre, lorsque le conducteur de ce véhicule s'en est rendu maître par vol ou violence, les bureaux nationaux d'assurance ont l'obligation de traiter de telles demandes dans les limites et conditions fixées par leur propre législation nationale. • CJCE 21 juin 1984, nº 116/83, *Bureau belge des assureurs automobiles et Fantozzi : Rec. CJCE 2481.*

Art. R. 211-11 **Sont valables, sans que la personne assujettie à l'obligation d'assurance soit dispensée de cette obligation dans les cas prévus ci-dessous, les clauses des contrats ayant pour objet d'exclure de la garantie la responsabilité encourue par l'assuré :**

1° *(Décr. nº 83-482 du 9 juin 1983)* **« Du fait des dommages causés par le véhicule lorsqu'il transporte des sources de rayonnements ionisants destinés à être utilisées hors d'une installation nucléaire, dès lors que lesdites sources auraient provoqué ou aggravé le sinistre. »**

2° *Abrogé par Décr. nº 93-581 du 26 mars 1993.*

3° Du fait des dommages causés par le véhicule, lorsqu'il transporte des matières inflammables, explosives, corrosives ou comburantes et à l'occasion desquels lesdites matières auraient provoqué ou aggravé le sinistre ; toutefois la non-assurance ne saurait être invoquée du chef de transports d'huiles, d'essences minérales ou de produits similaires, ne dépassant pas 500 kilogrammes ou 600 litres, y compris l'approvisionnement de carburant liquide ou gazeux nécessaire au moteur ;

4° *(Décr. nº 93-581 du 26 mars 1993)* **« Du fait des dommages survenus au cours d'épreuves, courses, compétitions ou leurs essais, soumis par la réglementation en vigueur à l'autorisation préalable des pouvoirs publics. »**

1. Caractère limitatif des exclusions légales. V. note 1 ss. art. R. 211-10. ♦ La clause selon laquelle sont exclus de la garantie de responsabilité civile les dommages survenus lors de la participation comme concurrent - organisateur ou préposé de l'un d'eux - à des épreuves, essais libres sur circuits, courses, compétitions ou aux essais qui s'y rapportent ne limite pas l'exclusion aux dommages survenus au cours d'épreuves, courses, compétitions ou leurs essais, soumis par la réglementation en vigueur à l'autorisation préalable des pouvoirs publics, de sorte que son champ d'application est plus étendu que celui prévu par l'art. R. 211-11, 4°, C. assur. et n'est donc pas valable. • Civ. 2e, 5 juill. 2018, nº 16-21.776 : *RGDA 2018. 406, note Landel ; RCA 2018, 290, note Groutel.*

2. Séance de roulage sur un circuit fermé. Ayant constaté que le contrat d'assurance excluait de la garantie les dommages causés « au cours d'épreuves, courses, compétitions ou leurs essais de tous types », une cour d'appel a pu décider sans contradiction, hors de toute dénaturation, que les termes clairs et précis de cette clause formelle et limitée, valable, dès lors qu'elle ne faisait que reprendre les termes de l'art. R 211-11, 4°, s'appliquait aux dommages subis par l'assuré lors d'une séance de roulage sur un circuit automobile. • Civ. 2e, 27 mars 2014 : *RGDA 2014. 265, note Landel.*

3. Véhicule ouvreur. Ayant relevé qu'il n'était pas contesté que le conducteur ne figurait pas sur la liste des équipages autorisés à prendre le départ de la course automobile et retenu que, lors de l'accident, le véhicule qu'il conduisait circulait sur une route départementale en tant que véhicule ouvreur ou de parade sur un « parcours de liaison », itinéraire empruntant des voies ouvertes à la circulation publique et soumis au code de la route, c'est dans l'exercice de son pouvoir souverain qu'une cour d'appel a estimé que l'accident n'était pas survenu au cours d'une épreuve, course, compétition ou de leurs essais, pour en déduire à bon droit que les dommages n'étaient pas exclus de la garantie. • Civ. 2e, 14 déc. 2017, nº 16-25.760 : *RGDA 2018. 113, note Landel.*

Art. R. 211-12 **Le contrat d'assurance, lorsqu'il comporte l'une des exclusions de garantie prévues à l'article R. 211-11, doit rappeler que si les limitations d'emploi qui justifient cette exclusion ne sont pas respectées,** *(Décr. nº 86-1043 du 18 sept. 1986 ; Décr. nº 88-261 du 18 mars 1988, art. 3 ; Décr. nº 2007-1118 du 19 juill. 2007)* **« les peines prévues par l'article L. 211-26 et la majoration prévue par l'article L. 211-27, 1er alinéa », seront encourues.** – *Le Décr. du 18 sept. 1986 est entré en vigueur le 1er oct. 1986 (Décr. nº 86-1043 du 18 sept. 1986, art. 29).*

1. Sanction du défaut de rappel. L'absence de rappel entraîne la non-validité de la clause d'exclusion de garantie inscrite à la police d'assurance. • Civ. 1re, 14 avr. 1970, nº 68-14.169 P : *JCP 1971. II. 16687, note Bigot.* ♦ ... La garantie reste due. • Civ. 1re, 24 juill. 1973, nº 72-11.228 P.

2. Forme du rappel. L'art. R. 211-12 n'exige pas que les pénalités soient reproduites dans le contrat d'assurance. Elles peuvent être contenues dans les conditions générales, reçues par l'assuré, et auxquelles les conditions particulières de la police se réfèrent. • Civ. 1re, 10 juin 1981, nº 80-10.342 P :

D. 1982. IR 382, obs. Berr et Groutel • 3 mars 1981, n° 79-16.123 P : *D. 1982. IR 101, obs. Berr et Groutel.* ♦ En outre, l'art. R. 211-12 n'exige pas que la police précise leur nature. • Civ. 1re, 14 avr. 1982, n° 81-10.858 P. ♦ Par ailleurs, l'art. R. 211-12 n'exigeant pas la reproduction exacte de ses termes dans le contrat, peut être considéré comme conforme à ces prescriptions le contrat d'assurance employant le mot « sanctions » au lieu du mot « peines ». • Civ. 1re, 6 janv. 1982, n° 80-10.348 P : *D. 1982. IR 382, obs. Berr et Groutel.*

Art. R. 211-13 **Ne sont pas opposables aux victimes ou à leurs ayants droit :**

1° *(Décr. n° 93-581 du 26 mars 1993)* **« La franchise prévue à l'article L. 121-1 » ;**

2° Les déchéances, à l'exception de la suspension régulière de la garantie pour non-paiement de prime ;

3° La réduction de l'indemnité applicable conformément à l'article L. 113-9 ;

(Décr. n° 86-21 du 7 janv. 1986) **« 4° Les exclusions de garanties prévues aux articles R. 211-10 et R. 211-11. »** – *V. note ss. art. R. 211-2.*

Dans les cas susmentionnés, l'assureur procède au paiement de l'indemnité pour le compte du responsable.

Il peut exercer contre ce dernier une action en remboursement pour toutes les sommes qu'il a ainsi payées ou mises en réserve à sa place. – *Assur. R. 421-50.*

BIBL. ▸ Généralités : BESSON, *RGAT 1960. 5.* ▸ Exclusions des art. R. 211-10 et R. 211-11 : GROUTEL, *RCA 1991. Chron. 2 ; ibid. 1999. Chron. 2.*

I. INOPPOSABILITÉ DES EXCEPTIONS À LA VICTIME

1. Application de la loi dans le temps. Aux termes de l'art. 2 C. civ., « la loi ne dispose que pour l'avenir et n'a point d'effet rétroactif » ; en vertu de cette règle, les dispositions de l'art. R. 211-10, dans sa rédaction issue du Décr. n° 86-21 du 7 janv. 1986, si elles ont été rendues applicables, par l'art. 10 de celui-ci, aux contrats en cours, ne sauraient cependant régir les conséquences d'un accident antérieur à leur entrée en vigueur, de telle sorte qu'un assureur peut appliquer à celui-ci l'exclusion motivée par le défaut de port des verres correcteurs, lequel faisait perdre, à l'époque, sa validité au permis de conduire. • Crim. 11 oct. 1988 : *RCA 1989, n° 35, obs. Groutel.* ♦ ...Ou par l'absence de certificats, en état de validité, exigés par la réglementation en vigueur pour la conduite du véhicule, l'assureur peut opposer une telle clause au tiers qui en invoque le bénéfice, dès lors qu'il s'agit d'un sinistre antérieur au Décr. n° 86-21 du 7 janv. 1986, modifiant l'art. R. 211-13. • Civ. 1re, 16 juill. 1991, n° 88-12.095 P : *D. 1991. IR 202* • 4 nov. 1992 : *RCA 1993, n° 25* • Crim. 15 déc. 1987 : *D. 1988. IR 39.*

2. Application de la loi dans l'espace. L'art. R. 211-13, al. 1er, 4° C. assur., issu du Décr. n° 86-21 du 7 janv. 1986, en vertu duquel les exclusions de garantie, prises notamment de l'absence d'âge requis ou du défaut de permis de conduire du conducteur d'un véhicule terrestre à moteur, ne sont pas opposables à la victime, n'est pas applicable en Polynésie française. • Crim. 5 avr. 2016, n° 14-85.230 : *RCA 2016, n° 242, note Groutel ; RGDA 2016. 308, note Landel.*

3. Liste limitative. La liste des exceptions inopposables aux victimes est limitative ; dès lors, l'assureur peut opposer la suspension du contrat consécutive à l'aliénation du véhicule prévue par l'art. 19 *bis* de la L. du 13 juill. 1930 [C. assur., art. L. 121-11]. • Civ. 1re, 9 mars 1971, n° 69-12.731 P : *D. 1971. 609 ; RGAT 1971. 515 ; Gaz. Pal. 1971. 2. 493* • 27 mars 1973, n° 71-14.072 P : *RGAT 1973. 344 ; Gaz. Pal. 1973. 2. 515.*

4. Inopposabilité de la nullité pour fausse déclaration. La Cour de justice de l'Union européenne a dit pour droit (arrêt du 20 juill. 2017, n° C 287-16) que l'art. 3, § 1, de la Dir. 72/166/CEE du Conseil, du 24 avr. 1972, concernant le rapprochement des législations des États membres relatives à l'assurance de la responsabilité civile résultant de la circulation de véhicules automoteurs, et au contrôle de l'obligation d'assurer cette responsabilité, et l'art. 2, § 1, de la deuxième Dir. 84/5/CEE du Conseil, du 30 déc. 1983, concernant le rapprochement des législations des États membres relatives à l'assurance de la responsabilité civile résultant de la circulation des véhicules automoteurs, doivent être interprétés en ce sens qu'ils s'opposent à une réglementation nationale qui aurait pour effet que soit opposable aux tiers victimes la nullité d'un contrat d'assurance de responsabilité civile automobile résultant de fausses déclarations initiales du preneur d'assurance en ce qui concerne l'identité du propriétaire et du conducteur habituel du véhicule concerné ou de la circonstance que la personne pour laquelle, ou au nom de laquelle, ce contrat d'assurance est conclu n'avait pas d'intérêt économique à la conclusion dudit contrat. Il s'en déduit qu'interprétée à la lumière des dispositions des directives susvisées, la nullité édictée par l'art. L. 113-8 C. assur. n'est pas opposable aux victimes d'un accident de la circulation ou à leurs ayants droit. • Civ. 2e, 29 août 2019, n° 18-14.768 P : *D. 2019. 1652 ; RGDA oct. 2019. 19, note Landel ; RCA 2019, n° 258 et repère 9, note Groutel ; bjda.fr 2019, n° 65, note Cayol* • Civ. 2e, 16 janv. 2020, n° 18-23.381 : *D. actu. 14 févr. 2020, note Bigot ; RCA 2020, n° 97 et Étude 6, note Barbaud ; ibid. 2022, chron. 4, n° 25, note Groutel ; ibid. 2022, chron. 4, n° 25, note Groutel* • Crim. 8 sept. 2020, n° 19-84.983 : *RGDA oct. 2020. 22, note Landel; RCA 2020, n° 215, note Groutel; ibid. 2022, chron. 4, n° 25, note Groutel.* ♦ La circonstance que la compagnie d'assurance a conclu le contrat sur la base d'omissions ou de fausses déclarations de la part du preneur d'assurance n'est pas de nature à lui permettre de se prévaloir de dispositions légales sur la nullité du contrat et de l'opposer au tiers victime afin de s'exonérer de son obligation découlant de l'art. 3, § 1, de la première directive préc. d'indemniser ce dernier d'un accident causé par le véhicule assuré. • CJUE, 6e ch., 20 juill. 2017, *Fidelidade Companhia de Seguros*, n° C-287/16 : *RGDA 2017. 536. note Parleani; ibid. 552, note Landel; RCA 2017. Étude 13, note Groutel.*

5. *Domaine de l'inopposabilité.* Si les exclusions de garantie prévues aux art. R. 211-10 et R. 211-11 ne sont pas, en principe, opposables aux victimes ou à leurs ayants droit, il en est autrement à l'égard de la victime qui, souscripteur du contrat d'assurance et passager de son propre véhicule, s'est elle-même placée en connaissance de cause dans une situation exclusive de la garantie, en l'espèce le défaut de permis de conduire. • Crim. 8 nov. 1990, n° 88-86.418 P : *D. 1990. IR 296; RCA 1991, n° 40; ibid. Chron. 2, note Groutel; RGAT 1991. 109, note Chapuisat* • Civ. 1re, 6 juin 2001, n° 98-19.023 P : *D. 2002. Somm. 3176, obs. Groutel; RCA 2001, n° 275, obs. Groutel* • Crim. 7 janv. 2014 : *RCA 2014, n° 128, obs. Groutel; ibid. 2015. Chron. 1, n° 1, note Groutel; RGDA 2014. 158, obs. Landel.* ♦ L'obligation de l'assureur est sérieusement contestable lorsque le souscripteur du contrat d'assurance s'est lui-même placé en connaissance de cause dans une situation exclusive de la garantie (conducteur dépourvu de permis de conduire). • Civ. 2e, 20 nov. 1996 : *RCA 1997, n° 65, note Groutel; RGDA 1997. 179, note Brousseau.* ♦ Et dès lors que la clause de non-garantie est opposable au souscripteur du contrat, elle l'est aussi aux victimes par ricochet dont l'action en indemnisation, bien que distincte par son objet de celle de la victime directe, n'en procède pas moins du même fait originaire. • Crim. 7 janv. 2014 : *préc.* – **BIBL.** Courtieu, *RCA 1998. Chron. 7.*

6. *Incompétence du juge pénal.* Selon l'art. 385-1 C. pr. pén. dont les dispositions sont d'ordre public, l'exception fondée sur une cause de nullité ou sur une clause du contrat d'assurance et tendant à mettre l'assureur hors de cause n'est recevable devant la juridiction répressive que si elle est de nature à exonérer totalement l'assureur de son obligation de garantie à l'égard des tiers. Il en résulte que le juge pénal n'a pas compétence pour examiner l'exception fondée sur le défaut de permis de conduire du conducteur qui ne concerne que les rapports entre l'assureur et l'assuré. • Crim. 17 juin 1992 : *RGAT 1992. 851.*

II. RECOURS DE L'ASSUREUR

7. *Distinction avec le recours de l'art. L. 211-1 C. assur.* Le champ d'application du recours subrogatoire ouvert par l'art. L. 211-1, à l'encontre des conducteurs non autorisés, auxquels se trouve étendue l'obligation d'assurance, est distinct de celui de l'action en remboursement prévue par l'art. R. 211-13, dernier al., laquelle ne concerne, aux termes de l'art. R. 211-10, que les conducteurs autorisés faisant l'objet d'une exclusion contractuelle de garantie. • Civ. 1re, 17 nov. 1998, n° 96-17.461 P : *RCA 1999, n° 19; ibid. Chron. 2, note Groutel; RGDA 1999. 132, note Landel* • 23 sept. 2003 : *RCA 2003, n° 327, obs. Groutel; RGDA 2004. 88, note Landel.*

8. *Condition du recours.* Le recours de l'assureur contre le responsable est subordonné à la seule condition qu'il ait procédé au paiement pour le compte de celui-ci. • Civ. 1re, 31 mars 1998 : *RCA 1998, n° 204; RGDA 1998. 274, note Landel; Gaz. Pal. 1998. 2. 569.*

9. *Recours contre le conducteur responsable.* Ayant relevé que l'auteur de l'accident dépourvu de permis de conduire avait, lors du sinistre, la triple qualité de conducteur, de gardien et de responsable, l'assureur ne pouvait, après avoir indemnisé les victimes en raison de l'inopposabilité de l'exclusion, exercer un recours contre le propriétaire du véhicule, souscripteur du contrat. • Civ. 1re, 4 nov. 2003 : *RCA 2004, n° 48; RGDA 2004. 89, note Landel.*

10. *Point de départ de l'action en remboursement contre le conducteur.* Ayant relevé que l'assureur ne garantit pas les dommages survenus alors que le conducteur du véhicule assuré ne peut pas justifier être titulaire du permis de conduire en état de validité exigé par les règlements publics en vigueur pour la conduite du véhicule assuré, une cour d'appel retient à bon droit que l'événement qui a donné naissance à l'action engagée par l'assureur est l'arrêt de la Cour de cassation qui a définitivement consacré l'invalidité du permis de conduire du conducteur. • Civ. 2e, 22 oct. 2015, n° 14-25.383 : *RGDA 2015. 555, note Landel.*

11. *Recours contre le souscripteur responsable.* Les dispositions de l'art. R. 211-13, dernier al., ouvrant un recours à l'assureur contre le responsable de l'accident n'excluent pas la possibilité pour lui de réclamer, plutôt au souscripteur du contrat d'assurance, la réparation des conséquences de la faute contractuelle qu'il a éventuellement pu commettre; l'inopposabilité aux victimes de la réduction proportionnelle des obligations de l'assureur constitue, pour la part d'indemnité que celui-ci doit payer au-delà de cette réduction, une suite immédiate et directe à la non-déclaration par le souscripteur de l'aggravation du risque (déclaration inexacte sur le conducteur habituel du véhicule). • Civ. 1re, 25 mai 1988, n° 85-15.598 P : *D. 1988. IR* ♦ L'assureur qui, en présence d'une clause d'exclusion de garantie fondée sur le défaut de permis de conduire du conducteur du véhicule assuré, a été contraint d'indemniser les victimes auxquelles une telle clause n'est pas opposable, peut exercer contre l'assuré, à raison de sa faute contractuelle, une action en remboursement pour toutes les sommes qu'il a ainsi payées. • Civ. 2e, 8 févr. 2006 : RCA 2006, no 145 ; ibid. Étude 4, note Groutel ; RGDA 2006. 416, note Landel.

Art. R. 211-13-1 *Abrogé par Décr. no 93-581 du 26 mars 1993.*

SECTION IV CONTRÔLE DE L'OBLIGATION D'ASSURANCE

§ 1er L'ATTESTATION D'ASSURANCE (*Décr. no 85-879 du 22 août 1985*).

Art. R. 211-14 (*Décr. no 85-879 du 22 août 1985 ; Décr. no 97-635 du 31 mai 1997*) « Tout conducteur d'un véhicule mentionné à l'article L. 211-1 doit, dans les conditions prévues aux articles de la présente section, être en mesure de présenter un document faisant présumer que l'obligation d'assurance a été satisfaite. »

Cette présomption résulte de la production, aux fonctionnaires ou agents chargés de constater les infractions à la police de la circulation, d'un des documents dont les conditions d'établissement et de validité sont fixées par le décret en Conseil d'État prévu à l'article L. 211-1.

A défaut d'un de ces documents, la justification est fournie aux autorités judiciaires par tous moyens.

(*Décr. no 97-635 du 31 mai 1997*) « Sera puni de la peine d'amende prévue pour les contraventions de 2e classe tout conducteur d'un véhicule mentionné à l'article L. 211-1 et non soumis à l'obligation prévue à l'article R. 211-21-1 qui ne sera pas en mesure de présenter un des documents justificatifs prévus aux articles R. 211-15 et R. 211-17. » (*Décr. no 89-111 du 21 févr. 1989*) « Toutefois, ces dispositions ne sont pas applicables lorsque ce conducteur est passible de la sanction prévue à l'alinéa suivant. »

(*Décr. no 86-1043 du 18 sept. 1986*) « Sera punie de la peine d'amende prévue pour les contraventions de la 4e classe toute personne qui, invitée à justifier dans un délai de cinq jours de la possession d'un des documents mentionnés à l'alinéa précédent, n'aura pas présenté ce document avant l'expiration de ce délai. » – *Entrée en vigueur le 1er oct. 1986.*

Les documents justificatifs prévus au présent article n'impliquent pas une obligation de garantie à la charge de l'assureur.

V. art. A. 211-4 s.

BIBL. ▶ BESSON, *RGAT 1969. 474.*

1. Mentions de l'attestation. Toutefois, pour faire présumer que l'obligation d'assurance édictée par l'art. L. 211-1 a été satisfaite, l'attestation d'assurance doit contenir les mentions essentielles prescrites par les art. R. 211-15 et R. 211-16 du même code. • Crim. 2 avr. 1997, no 95-84.631 P : *RCA 1997, no 313, note Groutel ; RGDA 1997. 762, note Favre-Rochex.*

2. Portée de l'attestation. L'attestation d'assurance crée seulement une présomption d'assurance. • Civ. 1re, 23 juin 1971, no 67-10.959 P : *RGAT 1972. 89 (4e esp.), note Besson* • 29 janv. 1975, no 73-13.610 P : *RGAT 1976. 45 ; RTD civ. 1975. 728, obs. Durry* • 14 janv. 1976, no 74-14.674 P. ♦ ...Sans distinguer entre les rapports de l'assuré avec l'assureur ou avec les tiers. • Civ. 1re, 22 juin 1971, no 70-11.066 P : *RGAT 1972. 89 (3e esp.), note Besson.* ♦ Cette attestation constitue à la charge de l'assureur une présomption de garantie qui ne peut être détruite que par la preuve contraire. • Civ. 1re, 4 mai 1971, no 69-14.317 P : *RGAT 1972. 89 (2e esp.), note Besson* • 28 juin 1972, no 71-11.818 P. ♦ Il en va de même pour la carte verte en ce qui concerne les accidents survenus en France. • Civ. 1re, 14 mars 1984, no 83-10.591 P. ♦ Il appartient à l'assureur d'apporter la preuve que la garantie n'est pas acquise. • Civ. 1re, 23 juill. 1974, no 73-11.768 P.

3. Présomption combattue par la preuve contraire. Toute preuve contraire peut être rapportée. Dès lors, doit être cassé l'arrêt qui décide que l'assureur ne peut faire échec à la présomption qu'en faisant la preuve d'une cause de nullité du contrat. • Civ. 1re, 28 avr. 1971 : *RGAT 1972. 89 (1re esp.), note Besson.* ♦ La preuve contraire peut résulter de la constatation que le détenteur de l'attestation n'a pas eu la volonté de s'engager envers l'assureur. • Civ. 1re, 22 juin 1971, no 70-11.066 P : *RGAT 1972. 89 (3e esp.), note Besson.* ♦... Ou que l'attestation, délivrée par un agent d'assurances, l'avait été par pure complaisance pour permettre à un automobiliste de répondre aux réquisitions de la police de la route. • Civ. 1re, 19 mai 1969 : *Bull. civ. I, no 86 ; RGAT 1969. 526 (4e esp.), note Besson.* ♦ Une cour d'appel, qui constate souverainement qu'il n'existe pas de contrat d'assurance, n'a pas à s'attacher aux effets d'une attestation d'assurance. • Civ. 1re,

14 janv. 1976, n° 74-14.674 P. ♦ Manque de base légale la décision qui, en l'état de l'accident causé par l'acquéreur d'une voiture automobile, condamne l'assureur, qui soutenait que la police avait été suspendue du fait de cette vente, à fournir sa garantie au motif que le conducteur était en possession d'une attestation, sans rechercher si la présomption n'était pas détruite en raison des circonstances de la cause. • Civ. 1re, 29 janv. 1975, n° 73-13.610 P : *RGAT 1976. 45 ; RTD civ. 1975. 728, obs. Durry.*

4. Présomption combattue par la résiliation du contrat. L'attestation d'assurance ne constitue qu'une simple présomption, combattue par la résiliation du contrat par l'assureur, sauf à l'assuré d'établir l'irrégularité éventuelle de celle-ci. • Civ. 1re, 13 févr. 1996 : *RGDA 1996. 321, note Favre-Rochex.* ♦ Mais justifie sa décision la cour d'appel qui écarte l'exception de non-garantie de l'assureur en retenant que la lettre recommandée, valant mise en demeure et information quant à une éventuelle résiliation pour défaut de paiement des primes, ne saurait combattre utilement la présomption résultant de l'attestation d'assurance délivrée postérieurement à la mise en demeure. • Crim. 5 déc. 1991 : *RGAT 1992. 297, note Landel.*

5. Absence de présomption de paiement de la prime. Une attestation d'assurance, même si elle entraîne présomption de garantie, n'établit pas le paiement de la prime, et doit être cassée la décision qui déboute une compagnie d'assurances de sa demande en paiement de prime, au motif que l'assuré se trouvait garanti par la possession d'une attestation d'assurance qui lui avait été délivrée par l'assureur. • Civ. 1re, 29 oct. 1979, n° 78-13.756 P : *RGAT 1980. 218.*

6. Présomption limitée à l'assurance obligatoire. Si les attestations d'assurance délivrées en exécution de l'art. 1er de la loi du 27 févr. 1958 valent présomption qu'il existe un contrat d'assurance couvrant les dommages causés aux tiers, cette présomption ne s'applique pas aux dommages subis par l'assuré lui-même. • Civ. 1re, 4 mars 1975, n° 73-14.285 P : *JCP 1976. II. 18220, note Besson ; RGAT 1975. 543 ; RTD civ. 1976. 153, obs. Durry.*

7. Absence d'obligation d'exiger la restitution. Aucun texte n'impose à l'assureur, qui délivre une attestation en remplacement d'une autre, d'exiger de son client la restitution de cette dernière. • Civ. 1re, 1er oct. 1986, n° 85-10.742 P.

Art. R. 211-14-1 *(Décr. n° 2007-1118 du 19 juill. 2007)* Les dispositions de l'article R. 211-14 ne sont pas applicables aux conducteurs de véhicules ayant leur stationnement habituel au sens de l'article L. 211-4 sur le territoire d'un État, autre que la France et Monaco, visé au même article. Toutefois, tout conducteur dont le véhicule est immatriculé dans un État membre de l'Union européenne autre que la France ou immatriculé dans un État tiers mais en provenance d'un État membre doit être en mesure de produire, à l'occasion de contrôles de police effectués dans une finalité ne visant pas exclusivement à vérifier le respect de l'obligation d'assurance, un des documents justificatifs prévus aux articles R. 211-22 ou R. 211-23, ou de prouver par tout autre moyen qu'il est assuré.

Art. R. 211-15 Pour l'application de l'article R. 211-14, l'entreprise d'assurance doit délivrer, sans frais, un document justificatif pour chacun des véhicules couverts par la police.

Si la garantie du contrat s'applique à la fois à un véhicule à moteur et à ses remorques ou semi-remorques, un seul document justificatif peut être délivré, à la condition qu'il précise le type des remorques ou semi-remorques qui peuvent être utilisées avec le véhicule ainsi que, le cas échéant, leur numéro d'immatriculation.

(Décr. n° 2014-1725 du 30 déc. 2014, art. 4, en vigueur le 1er juill. 2015) « Pour les véhicules utilisés dans le cadre d'une activité de transport public particulier de personnes, si le document justificatif ne mentionne pas que la garantie du contrat couvre le transport de personnes effectué à titre onéreux, il est complété d'un justificatif qui en atteste. »

Pour les contrats d'assurance concernant les personnes mentionnées à l'article R. 211-3, le document justificatif doit être délivré par l'entreprise d'assurance en autant d'exemplaires qu'il est prévu par le contrat.

(Décr. n° 2007-1118 du 19 juill. 2007) « Le document justificatif doit mentionner :

« *a)* la dénomination et l'adresse de l'entreprise d'assurance ;

« *b)* les nom, prénoms et adresse du souscripteur du contrat ;

« *c)* le numéro de la police d'assurance ;

« *d)* la période d'assurance correspondant à la prime ou portion de prime payée ;

« *e)* les caractéristiques du véhicule, notamment son numéro d'immatriculation ou, à défaut, et, s'il y a lieu, le numéro du moteur.

« Par dérogation aux dispositions ci-dessus, le document justificatif délivré aux professionnels de la réparation, de la vente ou du contrôle de l'automobile, ne comporte pas les indications prévues au *e*. Il mentionne par ailleurs la profession du souscripteur et, en termes apparents, le mot : "Garage".

« Tout conducteur d'un véhicule qui présente aux autorités chargées du contrôle le document justificatif comportant les mentions précisées à l'alinéa précédent doit en outre être en mesure de justifier que la conduite du véhicule lui a été confiée par une des personnes mentionnées au premier alinéa de l'article R. 211-3. » – *Assur. R. 421-5.*

BIBL. ▶ GROUTEL, *RCA 2007. Étude 14* (décret du 19 juillet 2007).

Art. R. 211-16 La présomption qu'il a été satisfait à l'obligation d'assurance est établie par le document justificatif pour la période mentionnée sur ce document. *(Décr. nº 85-879 du 22 août 1985)* « Toutefois, cette présomption subsiste un mois à compter de l'expiration de cette période. » – *Entrée en vigueur le 1er juill. 1986.*

Domaine de la prolongation. Aux termes de l'art. R. 211-17, 6e al., la prolongation d'un mois de la présomption d'assurance mentionnée à l'art. R 211-16 ne s'applique pas à l'attestation provisoire d'assurance. • Crim. 18 mai 1994 : *RGAT 1994. 795, note Landel.* ♦ Après avoir constaté que postérieurement à une mise en demeure pour non-paiement de prime, le contrat avait été remis en vigueur par un paiement antérieur à l'accident, une cour d'appel a relevé que l'original de la carte verte tenait lieu d'attestation d'assurance et qu'il ne s'agissait pas d'une attestation provisoire. Dès lors, elle a pu en déduire qu'ayant été remise à l'assuré en application de l'art. R. 211-17, al. 4, cette attestation emportait présomption d'assurance pour la période qui y était mentionnée, majorée d'un mois à compter de l'expiration de cette période, de sorte que la garantie était acquise au jour de l'accident. • Crim. 17 juin 1998 : *RGDA 1999. 112, note Landel.*

Art. R. 211-17 Le document justificatif mentionné à l'article R. 211-15 est délivré dans un délai maximal de quinze jours à compter de la souscription du contrat et renouvelé lors du paiement des primes ou portions de prime subséquentes.

(Décr. nº 89-111 du 21 févr. 1989) « Faute d'établissement immédiat de ce document, l'entreprise d'assurance délivre sans frais, à la souscription du contrat ou en cours de contrat, une attestation provisoire qui établit la présomption d'assurance pendant la période qu'elle détermine, dont la durée ne peut excéder un mois. »

(Décr. nº 85-879 du 22 août 1985, en vigueur le 1er juill. 1986) « Sera puni de la peine d'amende prévue pour les contraventions de deuxième classe tout assureur qui aura refusé de délivrer un des documents justificatifs mentionnés au présent article. »

Cette attestation, qui est éventuellement établie en autant d'exemplaires que le document justificatif correspondant, doit mentionner :

– la dénomination et l'adresse de l'entreprise d'assurance ;
– les nom, prénoms et adresse du souscripteur du contrat ;
– la nature et le type du véhicule ou, en ce qui concerne les contrats d'assurance mentionnés à l'article R. 211-3, la profession du souscripteur ;
– la période pendant laquelle elle est valable.

La carte internationale d'assurance, dite « carte verte », délivrée par le bureau central français des sociétés d'assurances contre les accidents d'automobile, vaut comme document justificatif pendant sa période de validité. *(Décr. nº 85-879 du 22 août 1985)* « La présomption qu'il a été satisfait à l'obligation d'assurance, établie par la carte internationale d'assurance, subsiste un mois à compter de l'expiration de cette période. »

(Décr. nº 89-111 du 21 févr. 1989) « La prolongation d'un mois de la présomption mentionnée à l'article R. 211-16 ne s'applique pas à l'attestation provisoire mentionnée au deuxième alinéa. »

1. Attestation provisoire. L'attestation provisoire délivrée pour une période de 20 jours emporte présomption d'assurance. • Civ. 1re, 24 juill. 1978, nº 77-12.812 P. ♦ ... Mais ne fait plus présumer que la garantie est due pour un accident survenu à une date postérieure à sa période de validité. • Civ. 1re, 19 déc. 1973, nº 72-11.082 P : *RGAT 1974. 389; RTD civ. 1974. 827, obs. Durry* • Crim. 24 févr. 1987, nº 86-94.200 P • Civ. 1re, 13 oct. 1987 : *RGAT 1988. 45.*

2. « Carte verte ». Ayant relevé que le contrat d'assurance avait été remis en vigueur par un paiement antérieur à l'accident, les juges ont pu estimer que la « carte verte » établie à cette occasion n'était pas une attestation provisoire et qu'elle emportait présomption d'assurance pour la période de validité d'un mois qui y était mentionnée, majorée d'un mois à compter de son expiration. • Crim. 17 juin 1998 : *RGDA 1999. 112, note Landel.*

Art. R. 211-18 *(Décr. nº 89-111 du 21 févr. 1989)* « Pour l'utilisation des véhicules appartenant à l'État ou mis à sa disposition, non couverts par un contrat d'assurance et n'ayant pas fait l'objet d'une immatriculation spéciale, il est établi une attestation de propriété par l'autorité administrative compétente. »

Al. 2 abrogé par Décr. nº 97-635 du 31 mai 1997.

Aucune attestation ne peut être délivrée par une autorité qui n'aurait pas reçu délégation à cet effet.

Art. R. 211-19 Un arrêté conjoint du ministre de l'économie et des finances, du garde des sceaux, ministre de la justice, du ministre de l'intérieur, du ministre de la défense et du ministre chargé des transports fixe la forme en laquelle doivent être établis les documents prévus aux articles R. 211-15 et R. 211-18.

Art. R. 211-20 En cas de perte ou de vol des documents prévus à la présente section, l'assureur ou l'autorité compétente en délivre un duplicata sur la simple demande de la personne au profit de qui le document original a été établi.

Art. R. 211-21 *(Décr. nº 94-182 du 1er mars 1994)* « Les véhicules immatriculés dans un département ou un territoire français d'outre-mer ou à Mayotte, ainsi que les véhicules non soumis à immatriculation dont le lieu de stationnement habituel est situé dans un de ces départements ou territoires ou à Mayotte, sont soumis aux dispositions de la présente section lorsqu'ils circulent en France métropolitaine. »

Toutefois, en ce qui concerne ces véhicules, sont également admis, à titre de document justificatif, les documents prévus aux articles R. 211-22 et R. 211-23.

§ 2 LE CERTIFICAT D'ASSURANCE

(Décr. nº 85-879 du 22 août 1985)

Art. R. 211-21-1 *(Décr. nº 89-111 du 21 févr. 1989)* Tout souscripteur d'un contrat d'assurance prévu par l'article L. 211-1 doit apposer sur le véhicule automoteur assuré, dans les conditions fixées par un arrêté du ministre chargé de l'économie, le certificat d'assurance décrit aux articles R. 211-21-2 et R. 211-21-3, alinéa 2.

(Décr. nº 2001-251 du 22 mars 2001) « Les dispositions de l'alinéa 1er sont applicables aux véhicules à moteur dont le poids total autorisé en charge est inférieur ou égal à 3,5 tonnes, à l'exception des véhicules et matériels agricoles ou de travaux publics, des engins spéciaux et des véhicules circulant avec un certificat d'immatriculation spécial W. »

V. art. A. 211-9 s.

Portée du certificat. Ayant relevé que l'assureur ne rapportait pas la preuve de la non-garantie qu'il pouvait opposer à la présomption simple résultant du certificat d'assurance valide apposé sur le pare-brise du véhicule, une cour d'appel a pu en déduire que l'assureur devait sa garantie pour l'indemnisation des préjudices subis par la victime. • Civ. 2e, 28 févr. 2013 : *RGDA 2013. 631, note Landel.*

Art. R. 211-21-2 Pour l'application de l'article R. 211-21-1, toute entreprise d'assurance *(Décr. nº 92-308 du 31 mars 1992)* « pratiquant sur le territoire de la République française » doit délivrer sans frais un certificat pour chacun des véhicules couverts par le contrat, à l'exception toutefois des remorques.

Le certificat doit mentionner :

a) La dénomination de l'entreprise d'assurance ;

b) Un numéro permettant l'identification du souscripteur ;

c) Le numéro d'immatriculation du véhicule ;

d) *(Décr. nº 89-111 du 21 févr. 1989)* « Le numéro de moteur lorsque le véhicule n'est pas soumis à immatriculation » ;

e) *(Décr. nº 89-111 du 21 févr. 1989)* « Les dates de début et de fin de validité. »

Par dérogation au deuxième alinéa, le certificat délivré aux personnes mentionnées à l'alinéa 1er de l'article R. 211-3 ne doit comporter que les indications *a*, *b* et *e* ainsi qu'en termes apparents le mot "Garage".

Tout conducteur d'un véhicule sur lequel est apposé le certificat décrit à l'alinéa précédent doit en outre être en mesure de justifier aux autorités chargées du contrôle des documents justificatifs que la conduite du véhicule lui a été confiée par une des personnes mentionnées à l'alinéa 1er de l'article R. 211-3.

Art. R. 211-21-3 *(Décr. nº 89-111 du 21 févr. 1989)* « Le certificat mentionné à l'article R. 211-21-2 est délivré par l'entreprise d'assurance dans un délai maximal de quinze jours à compter de la souscription du contrat et renouvelé lors du paiement des primes ou portions de primes subséquentes.

« Faute d'établissement immédiat de ce document, l'entreprise d'assurance délivre, sans frais, à la souscription du contrat ou en cours de contrat, un certificat provisoire.

« Les dates de validité portées sur le certificat et le certificat provisoire sont les mêmes que celles portées sur l'attestation et l'attestation provisoire. »

En cas de perte ou de vol du certificat, l'assureur en délivre un double sur la demande justifiée du souscripteur du contrat.

Sera puni de la peine d'amende prévue pour les contraventions de deuxième classe tout assureur qui aura refusé de délivrer un certificat ou qui aura délivré un certificat non conforme aux dispositions fixées par le ministre de l'économie, des finances et du budget.

Art. R. 211-21-4 La prolongation d'un mois de la présomption mentionnée à l'article R. 211-16 s'applique au certificat.

La prolongation d'un mois de la présomption mentionnée à l'article R. 211-16 ne s'applique pas au certificat provisoire.

Art. R. 211-21-5 Sera puni de la peine d'amende prévue pour les contraventions de deuxième classe tout souscripteur d'un contrat d'assurance relatif à un véhicule mentionné à l'article R. 211-21-1 qui aura omis d'apposer sur le véhicule concerné le certificat prévu aux articles R. 211-21-2 et R. 211-21-3 ou aura apposé un certificat non valide. – *Entrée en vigueur le 1er juill. 1986.*

Réitération de l'infraction. Le souscripteur ne saurait se faire un grief de ce que le juge n'a pas répondu à l'exception qu'il avait présentée, faisant valoir qu'il avait déjà payé une amende pour des faits similaires commis quelques jours plus tôt, dès lors qu'il résulte des termes mêmes de la date retenue dans la prévention et de ses propres conclusions qu'il avait été précédemment verbalisé dans des circonstances de temps différentes, de sorte que l'infraction de défaut d'apposition d'un certificat d'assurance valide avait été réitérée au regard de l'art. R. 211-21-5. • Crim. 18 oct. 2016, nº 15-86.138 : *RGDA 2016. 610, note Landel.*

Art. R. 211-21-6 Les dispositions des articles R. 211-21-1 à R. 211-21-5 ne sont pas applicables dans les cas mentionnés au dernier alinéa de l'article R. 211-14 et aux personnes mentionnées aux articles R. 211-22 et R. 211-23.

Art. R. 211-21-7 *(Décr. nº 89-111 du 21 févr. 1989 ; Décr. nº 97-635 du 31 mai 1997)* Les véhicules visés au deuxième alinéa de l'article R. 211-21-1 utilisés par l'État doivent être équipés, lorsqu'ils ne font pas l'objet d'une immatriculation spéciale, d'un certificat d'assurance spécifique dont les caractéristiques sont fixées par le ministre chargé de l'économie.

SECTION V DISPOSITIONS RELATIVES À L'ASSURANCE DES VÉHICULES EN CIRCULATION INTERNATIONALE ET DE CERTAINS AUTRES VÉHICULES

BIBL. ▶ GROUTEL, *RCA 2007. Étude 14* (décret du 19 juillet 2007).

Art. R. 211-22** *(Décr. nº 2007-1118 du 19 juill. 2007)* « Satisfont à l'obligation d'assurance, lorsqu'elles sont munies d'une carte internationale d'assurance dite "carte verte" en état de validité, les personnes qui font pénétrer en France un véhicule qui n'a pas son lieu de stationnement habituel en France ou dans un État visé à l'article L. 211-4. »

La carte internationale d'assurance est délivrée au nom d'un bureau constitué pour l'émission de certificats d'assurance suivant la formule adoptée par le sous-comité des transports routiers du comité des transports intérieurs de la commission économique pour l'Europe.

Ancien art. R. 211-22, al. 1er** *Satisfont à l'obligation d'assurance, lorsqu'elles sont munies d'une carte internationale d'assurance dite « carte verte » en état de validité, les personnes résidant à l'étranger qui font pénétrer en France métropolitaine un véhicule non immatriculé ou immatriculé autrement que dans une série normale de France métropolitaine.*

BIBL. ▶ BESSON, *RGAT 1968. 153.* - BIGOT et RIPOLL, *RGAT 1979. 465.* - RIPOLL, *RGAT 1973. 489 et 1991. 783.*

1. Portée de la carte verte à l'étranger. La carte verte constitue un document d'assurance qui procure à son titulaire la garantie dans les limites qu'elle énonce, indépendamment du contrat national qui lui sert de base. C'est donc à bon droit que les juges du fond décident que, par le seul fait qu'il avait délivré une carte verte, l'assureur se trouvait engagé pour la période de validité de celle-ci. • Civ. 1re, 5 nov. 1974, n° 73-14.156 P : *D. 1975. 285, note Berr et Groutel; JCP 1975. II. 17954, note Besson; RTD civ. 1975. 123, obs. Durry; GADA, p. 48, obs. Berr et Groutel.* ♦ La « carte verte », indépendamment du contrat national qui lui sert de base, engage l'assureur qui l'a délivrée dès lors que l'accident, survenu dans un pays étranger, implique le véhicule désigné et est intervenu pendant la période visée par ce document. • Civ. 1re, 13 oct. 1999, n° 97-14.695 P : *RCA 2000, n° 28, obs. Groutel.*

2. Preuve de la carte verte. La preuve de la possession de la carte internationale d'assurances dite « carte verte » par le conducteur d'un véhicule étranger, qui a provoqué un accident en France, peut résulter de présomptions précises et concordantes. • Civ. 1re, 10 févr. 1971, n° 69-13.644 P : *D. 1971. 721, note Berr et Groutel* • 1er mars 1983, n° 81-16.778 P : *D. 1983. IR 255.*

Art. R. 211-23** *(Décr. n° 2007-1118 du 19 juill. 2007)* Les personnes qui ne sont munies ni d'un des documents prévus à la section IV du présent chapitre, ni de la carte internationale d'assurance mentionnée à l'article R. 211-22 doivent, pour être admises à faire circuler en France un véhicule qui n'a pas son lieu de stationnement habituel en France ou dans un État visé à l'article L. 211-4, avoir souscrit une assurance spéciale dite "assurance frontière".

L'assurance frontière ne peut prévoir de garantie que pour une période de trente jours ou de quatre-vingt-dix jours, renouvelable une seule fois dans les mêmes conditions que celles initialement souscrites.

Art. R. 211-24 *(Décr. n° 2007-1118 du 19 juill. 2007)* L'assurance frontière est souscrite soit auprès d'une entreprise d'assurance agréée pour les opérations d'assurance de responsabilité civile des véhicules terrestres automoteurs, soit auprès du groupement de coassurance "Assurance frontière" géré par le bureau central français.

La souscription de cette assurance est constatée, moyennant le paiement de la prime correspondante, par une attestation dont le modèle est fixé par le bureau central français.

Lorsqu'elle est souscrite auprès du groupement de coassurance "Assurance frontière", l'attestation peut être délivrée par l'administration des douanes qui peut effectuer l'encaissement des primes correspondantes.

(Abrogé par Décr. n° 2019-214 du 20 mars 2019) ***« Sur les encaissements effectués par l'administration des douanes, il est opéré un prélèvement, qui est rattaché au budget du ministère chargé du budget et sert à couvrir les dépenses de matériel et de personnel résultant des recouvrements. Les modalités d'application du présent alinéa sont déterminées par arrêté du ministre chargé de l'économie. »***

Art. R. 211-25** En ce qui concerne les véhicules appartenant à un État étranger, les justifications prévues à l'article R. 211-23 peuvent être remplacées par la production d'une attestation constatant que le véhicule appartient à cet État et désignant l'autorité ou l'organisme chargé de réparer les dommages pour le compte dudit État.

L'attestation doit mentionner que l'État auquel appartient le véhicule se porte garant du règlement, renonce à son immunité de juridiction et accepte l'application de la loi nationale ainsi que la compétence des tribunaux français.

Un décret fixe les modalités d'application du présent article.

Art. R. 211-26 En ce qui concerne les véhicules mentionnés aux articles R. 211-22 et R. 211-25, la présomption d'assurance résulte de la production, soit d'un des documents prévus à la section IV du présent chapitre, soit d'une carte internationale d'assurance en état de validité, soit d'un document justificatif de la souscription de l'assurance frontière, soit de l'attestation prévue à l'article R. 211-25.

Art. R. 211-27 *(Décr. nº 94-847 du 26 sept. 1994)* Les dispositions des articles R. 211-23 à R. 211-26 ne sont pas applicables aux personnes qui font pénétrer en France des véhicules ayant leur stationnement habituel sur le territoire d'un État, autre que la France, visé à l'article L. 211-4.

Elles ne sont pas non plus applicables aux personnes qui font pénétrer en France des véhicules en provenance de la Communauté européenne, du Saint-Siège, de Saint-Marin ou de Monaco et ayant leur stationnement habituel sur le territoire d'un pays tiers.

Art. R. 211-28** *Abrogé par Décr. nº 94-847 du 26 sept. 1994.*

SECTION VI PROCÉDURES D'INDEMNISATION

(Décr. nº 88-261 du 18 mars 1988)

Art. R. 211-29 Lorsque l'assureur qui garantit la responsabilité civile du fait d'un véhicule terrestre à moteur n'a pas été avisé de l'accident de la circulation dans le mois de l'accident, le délai prévu au premier alinéa de l'article L. 211-9 pour présenter une offre d'indemnité est suspendu à l'expiration du délai d'un mois jusqu'à la réception par l'assureur de cet avis.

V. art. A. 211-11.

Art. R. 211-30 Lorsque la victime d'un accident de la circulation décède plus d'un mois après le jour de l'accident, le délai prévu à l'article L. 211-9 pour présenter une offre d'indemnité aux héritiers et, s'il y a lieu, au conjoint de la victime est prorogé du temps écoulé entre la date de l'accident et le jour du décès diminué d'un mois.

Art. R. 211-31 Si, dans un délai de six semaines à compter de la présentation de la correspondance qui est prévue au premier alinéa de l'article L. 211-10 et par laquelle l'assureur demande les renseignements qui doivent lui être adressés conformément aux articles R. 211-37 ou R. 211-38, l'assureur n'a reçu aucune réponse ou qu'une réponse incomplète, le délai prévu au premier alinéa de l'article L. 211-9 est suspendu à compter de l'expiration du délai de six semaines et jusqu'à la réception *(Décr. nº 2018-229 du 30 mars 2018, art. 10)* « des » renseignements demandés.

Art. R. 211-32 Si l'assureur n'a reçu aucune réponse ou qu'une réponse incomplète dans les six semaines de la présentation de la correspondance par laquelle, informé de la consolidation de l'état de la victime, il a demandé à cette dernière ceux des renseignements mentionnés à l'article R. 211-37 qui lui sont nécessaires pour présenter l'offre d'indemnité, le délai prévu au quatrième alinéa de l'article L. 211-9 est suspendu à compter de l'expiration du délai de six semaines jusqu'à la réception de la réponse contenant les renseignements demandés.

Art. R. 211-33 Lorsque la victime, les héritiers ou le conjoint ne fournit qu'une partie des renseignements demandés par l'assureur dans sa correspondance et que la réponse ne permet pas, en raison de l'absence de renseignements suffisants, d'établir l'offre d'indemnité, l'assureur dispose d'un délai de quinze jours à compter de la réception de la réponse complète pour présenter à l'intéressé une nouvelle demande par laquelle il lui précise les renseignements qui font défaut.

Dans le cas où l'assureur n'a pas respecté ce délai, la suspension des délais prévus aux articles R. 211-31 et R. 211-32 cesse à l'expiration d'un délai de quinze jours à compter de la réception de la réponse incomplète, lorsque celle-ci est parvenue au-delà du délai de six semaines mentionné aux mêmes articles; lorsque la réponse incomplète est parvenue dans le délai de six semaines mentionné aux articles R. 211-31 et R. 211-32 et que l'assureur n'a pas demandé dans un délai de quinze jours à compter de sa réception les renseignements nécessaires, il n'y a pas lieu à suspension des délais prévus à l'article L. 211-9.

Suspension du délai. Les réponses incomplètes de la victime quant au montant de ses revenus professionnels et l'insuffisance de justificatifs peuvent avoir pour effet de suspendre le délai de l'assureur pour faire une offre d'indemnité. • Civ. 2e, 28 juin 2012 : *RCA 2012, no 302, note Groutel; RGDA 2013. 90, obs. Landel.*

Art. R. 211-34 Lorsque la victime ne se soumet pas à l'examen médical mentionné à l'article R. 211-43 ou lorsqu'elle élève une contestation sur le choix du médecin sans qu'un accord puisse intervenir avec l'assureur, la désignation, à la demande de l'assureur, d'un médecin à titre d'expert par le juge des référés proroge d'un mois le délai imparti à l'assureur pour présenter l'offre d'indemnité.

Art. R. 211-35 Lorsque la victime demeure outre-mer ou à l'étranger, les délais qui lui sont impartis en vertu des articles R. 211-31 et R. 211-32 sont augmentés d'un mois. Le délai imparti à l'assureur pour présenter l'offre d'indemnité est prorogé de la même durée.

Lorsqu'un tiers payeur demeure outre-mer ou à l'étranger, les délais prévus à l'article L. 211-9 sont augmentés d'un mois.

Art. R. 211-36 La computation des délais mentionnés à la présente section est faite conformément aux articles 641 et 642 du code de procédure civile.

Art. R. 211-37 La victime est tenue, à la demande de l'assureur, de lui donner les renseignements ci-après :

1° Ses nom et prénoms;

2° Ses date et lieu de naissance;

3° Son activité professionnelle et l'adresse de son ou de ses employeurs;

4° Le montant de ses revenus professionnels avec les justifications utiles;

5° La description des atteintes à sa personne accompagnée d'une copie du certificat médical initial et autres pièces justificatives en cas de consolidation;

6° La description des dommages causés à ses biens;

7° Les noms, prénoms et adresses des personnes à charge au moment de l'accident;

8° Son numéro d'immatriculation à la sécurité sociale et l'adresse de la caisse d'assurance maladie dont elle relève;

9° La liste des tiers payeurs appelés à lui verser des prestations;

10° Le lieu où les correspondances doivent être adressées.

Suspension du délai. Les réponses incomplètes de la victime quant au montant de ses revenus professionnels et l'insuffisance de justificatifs peuvent avoir pour effet de suspendre le délai de l'assureur pour faire une offre d'indemnité. • Civ. 2e, 28 juin 2012 : *RCA 2012, no 302, note Groutel; RGDA 2013. 90, obs. Landel.*

Art. R. 211-38 Lorsque l'offre d'indemnité doit être présentée aux héritiers de la victime, à son conjoint ou aux personnes mentionnées au deuxième alinéa de l'article L. 211-9, chacune de ces personnes est tenue, à la demande de l'assureur, de lui donner les renseignements ci-après :

1° Ses nom et prénoms;

2° Ses date et lieu de naissance;

3° Les nom et prénoms, date et lieu de naissance de la victime;

4° Ses liens avec la victime;

5° Son activité professionnelle et l'adresse de son ou de ses employeurs;

6° Le montant de ses revenus avec les justifications utiles;

7° La description de son préjudice, notamment les frais de toute nature qu'elle a exposés du fait de l'accident ;

8° Son numéro d'immatriculation à la sécurité sociale et l'adresse de la caisse d'assurance maladie dont elle relève ;

9° La liste des tiers payeurs appelés à lui verser des prestations ainsi que leurs adresses ;

10° Le lieu où les correspondances doivent être adressées.

A la demande de l'assureur, les mêmes personnes sont tenues de donner également ceux des renseignements mentionnés à l'article R. 211-37 qui sont nécessaires à l'établissement de l'offre.

Art. R. 211-39 La correspondance adressée par l'assureur en application des articles R. 211-37 et R. 211-38 mentionne, outre les informations prévues à l'article L. 211-10, le nom de la personne chargée de suivre le dossier de l'accident. Elle rappelle à l'intéressé les conséquences d'un défaut de réponse ou d'une réponse incomplète. Elle indique que la copie du procès-verbal d'enquête de police ou de gendarmerie qu'il peut demander en vertu de l'article L. 211-10 lui sera délivrée sans frais.

Cette correspondance est accompagnée d'une notice relative à l'indemnisation des victimes d'accidents de la circulation dont le modèle est fixé par arrêté conjoint du garde des sceaux, ministre de la justice, du ministre chargé des assurances et du ministre chargé de la sécurité sociale.

V. art. A. 211-11.

Art. R. 211-40 L'offre d'indemnité doit indiquer, outre les mentions exigées par l'article L. 211-16, l'évaluation de chaque chef de préjudice, les créances de chaque tiers payeur et les sommes qui reviennent au bénéficiaire. Elle est accompagnée de la copie des décomptes produits par les tiers payeurs.

L'offre précise, le cas échéant, les limitations ou exclusions d'indemnisation retenues par l'assureur, ainsi que leurs motifs. En cas d'exclusion d'indemnisation, l'assureur n'est pas tenu, dans sa notification, de fournir les indications et documents prévus au premier alinéa.

1. Offre incomplète. Une offre incomplète, qui ne comprend pas tous les éléments indemnisables du préjudice, équivaut à une absence d'offre. • Civ. 2e, 10 juin 2004 : *RGDA 2004. 616, note Landel.* ♦ V. toutefois, dans le cas où l'offre est complétée pendant l'instance : • Civ. 2e, 25 janv. 2007 : *RCA 2007, n° 115, note Groutel.* ♦ V. égal. note 25 ss. art. L. 211-9.

2. Offre provisionnelle. Les dispositions des art. L. 211-16 et R. 211-40 n'ont pas vocation à s'appliquer à une offre d'indemnisation provisionnelle, distincte de l'offre de transaction visée par le premier de ces textes et les créances des tiers payeurs, avant consolidation de l'état de santé de la victime, qui n'étaient pas connues ou seulement partiellement connues, ne peuvent être mentionnées dans l'offre, comme le prévoit l'art. R. 211-40 en ce qui concerne l'offre définitive. • Civ. 2e, 8 déc. 2016, n° 16-11.525 : *RGDA 2017. 124, note Landel.*

Art. R. 211-41 La demande adressée par l'assureur à un tiers payeur en vue de la production de ses créances indique les nom, prénoms, adresse de la victime, son activité professionnelle et l'adresse de son ou de ses employeurs. Elle rappelle de manière très apparente les dispositions des articles L. 211-11 et L. 211-12. A défaut de ces indications, le délai de déchéance prévu au deuxième alinéa de l'article L. 211-11 ne court pas.

Art. R. 211-42 Le tiers payeur indique à l'assureur pour chaque somme dont il demande le remboursement la disposition législative, réglementaire ou conventionnelle en vertu de laquelle cette somme est due à la victime.

Dans le cas prévu au troisième alinéa de l'article L. 211-11, les créances réclamées n'ont un caractère provisionnel que si le tiers payeur le précise expressément.

Art. R. 211-43 En cas d'examen médical pratiqué en vue de l'offre d'indemnité mentionnée à l'article L. 211-9, l'assureur ou son mandataire avise la victime, quinze jours au moins avant l'examen, de l'identité et des titres du médecin chargé d'y procéder, de l'objet, de la date et du lieu de l'examen, ainsi que du nom de l'assureur pour le compte duquel il est fait. Il informe en même temps la victime qu'elle peut se faire assister d'un médecin de son choix.

Art. R. 211-44 Dans un délai de vingt jours à compter de l'examen médical, le médecin adresse un exemplaire de son rapport à l'assureur, à la victime et, le cas échéant, au médecin qui a assisté celle-ci.

SECTION VII PÉNALITÉS

Art. R. 211-45 *Abrogé par Décr. n° 2005-320 du 30 mars 2005, art. 4.*

CHAPITRE II L'OBLIGATION D'ASSURER – LE BUREAU CENTRAL DE TARIFICATION

Art. R. 212-1 à R. 212-10 *Abrogés par Décr. n° 92-1241 du 27 nov. 1992.*

CHAPITRE III CONTRIBUTION AU PROFIT DE LA SÉCURITÉ SOCIALE

Art. R.* 213-1 et R.* 213-2 *Abrogés par Décr. n° 2002-657 du 29 avr. 2002, art. 1er.*

Art. R. 213-3 à R. 213-8 *Abrogés par Décr. n° 97-635 du 31 mai 1997.*

CHAPITRE IV DISPOSITIONS PARTICULIÈRES AUX DÉPARTEMENTS ET TERRITOIRES D'OUTRE-MER ET À MAYOTTE *(Décr. n° 94-182 du 1er mars 1994).*

SECTION PREMIÈRE DISPOSITIONS PARTICULIÈRES AUX DÉPARTEMENTS D'OUTRE-MER

Art. R. 214-1** Les dispositions du présent titre sont applicables dans les départements de la Guadeloupe, de la Guyane, de la Martinique et de la Réunion, sous réserve des dispositions de la présente section.

Art. R. 214-2** Les documents justificatifs prévus aux articles R. 211-15 à R. 211-21 ne sont exigibles, dans chacun des départements d'outre-mer, qu'en ce qui concerne les véhicules immatriculés dans ce département et les véhicules non soumis à immatriculation dont le lieu de stationnement habituel est situé dans ledit département.

Les dispositions du *(Décr. n° 93-581 du 26 mars 1993)* « cinquième » alinéa de l'article R. 211-17 ne sont pas applicables dans les départements d'outre-mer.

Le contrôle de l'obligation d'assurance est exercé conformément aux dispositions des articles R. 211-15 à R. 211-21. Toutefois, l'attestation d'assurance délivrée en vertu du présent chapitre doit comporter une mention spécifiant que ladite attestation n'est valable que dans le département où elle a été délivrée.

Art. R. 214-3 *(Décr. n° 2019-214 du 20 mars 2019)* Par dérogation au second alinéa de l'article R. 211-23, l'assurance frontière souscrite pour faire circuler en Guyane un véhicule qui n'a pas son lieu de stationnement habituel en France ou dans un État mentionné à l'article L. 211-4 peut prévoir une garantie pour une période de quinze jours à un an.

Art. R. 214-4** Les attributions exercées par le ministre de l'intérieur en vertu de l'article R. 211-1 et de l'article R. 211-18 sont dévolues au ministre chargé des départements et territoires d'outre-mer.

SECTION II DISPOSITIONS PARTICULIÈRES AUX TERRITOIRES D'OUTRE-MER

Néant.

SECTION III *[ABROGÉE]* DISPOSITIONS PARTICULIÈRES À MAYOTTE

(Abrogée par Décr. n° 2008-1549 du 31 déc. 2008)

Art. R. 214-5 *Abrogé par Décr. n° 2008-1549 du 31 déc. 2008.*

TITRE DEUXIÈME L'ASSURANCE DES ENGINS DE REMONTÉE MÉCANIQUE

CHAPITRE UNIQUE

Art. R. 220-1** L'obligation d'assurance instituée par l'article L. 220-1 s'applique :

a) Aux véhicules, cabines, sièges, sellettes et dispositifs de halage qui font partie des moyens de transport énumérés à l'article L. 220-1 et qui sont mis à la disposition du public ;

b) Aux véhicules et engins de secours correspondants ;

c) Aux installations destinées à la sustentation, à la traction, à la direction et au freinage des véhicules et engins mentionnés en *a* et *b* ci-dessus.

L'obligation d'assurance s'applique également aux ascenseurs lorsqu'ils sont l'accessoire des moyens de transport susmentionnés.

V. art. A. 220-3 s.

Art. R. 220-2** L'assurance doit garantir la réparation, tant aux usagers de l'installation qu'à toute autre personne, des dommages corporels ou matériels résultant :

1° Des accidents, incendies ou explosions causés par les matériels mentionnés à l'article R. 220-1, à l'occasion de leur exploitation, par les accessoires ou produits servant à cette exploitation et par les personnes, objets ou substances transportés ou halés ;

2° De la chute de ces personnes, matériels, accessoires, produits, objets ou substances.

Art. R. 220-3** Par dérogation aux dispositions qui précèdent, l'obligation d'assurance ne s'applique pas à la réparation :

a) Des dommages causés à l'exploitant, à ses représentants s'il est une personne morale et, pendant leur service, aux salariés ou préposés de l'exploitant ainsi qu'au personnel des services de contrôle ;

b) Des dommages résultant des effets directs ou indirects d'explosion, de dégagement de chaleur, d'irradiation provenant de transmutation de noyaux d'atomes ou de radioactivité, ainsi que des effets de radiations provoquées par l'accélération artificielle de particules ;

c) Des dommages causés par les actes de terrorisme ou de sabotage commis dans le cadre d'actions concertées de terrorisme ou de sabotage ;

d) Abrogé par Décr. n° 93-581 du 26 mars 1993.

Art. R. 220-4 *(Décr. n° 93-581 du 26 mars 1993)* L'assurance doit être souscrite sans limitation supérieure de somme en ce qui concerne les dommages corporels.

Art. R. 220-5 *Abrogé par Décr. n° 93-581 du 26 mars 1993.*

Art. R. 220-6** Ne sont pas opposables aux victimes ou à leurs ayants droit :

1° *(Décr. n° 93-581 du 26 mars 1993)* « La franchise prévue à l'article L. 121-1 » ;

2° La réduction de l'indemnité applicable conformément à l'article L. 113-9.

Dans les deux cas mentionnés ci-dessus, l'assureur procède au paiement de l'indemnité pour le compte de l'assuré responsable. Il peut exercer contre ce dernier une action en remboursement pour toutes les sommes qu'il a ainsi payées ou mises en réserve à sa place.

Art. R. 220-7** Un arrêté du ministre de l'économie et des finances fixe les clauses qui doivent être insérées dans les contrats d'assurance pour satisfaire aux prescriptions de la présente section.**

V. art. A. 220-3.

Art. R. 220-8** L'assureur doit délivrer sans frais à l'assuré, dans un délai de quinze jours à compter de la demande qui lui en est faite, un document justificatif pour chacun des moyens de transport couverts par le contrat.**

Ce document justificatif doit contenir les mentions fixées par arrêté conjoint du ministre de l'économie et des finances et du ministre chargé des transports.

Il doit être conservé à la station inférieure du moyen de transport et y être tenu à la disposition des agents de l'autorité publique.

Il n'implique qu'une présomption de garantie à la charge de l'assureur.

V. art. A. 220-4.

Art. R. 220-9 à R. 220-15 *Abrogés par Décr. nº 92-1241 du 27 nov. 1992.*

TITRE TROISIÈME L'ASSURANCE DE LA RESPONSABILITÉ CIVILE DES CHASSEURS

CHAPITRE UNIQUE

Art. R. 230-1 *Abrogé par Décr. nº 93-581 du 26 mars 1993.*

TITRE QUATRIÈME L'ASSURANCE DES TRAVAUX DE BÂTIMENT

(Décr. nº 78-1093 du 17 nov. 1978; Décr. nº 85-864 du 2 août 1985)

BIBL. ▸ COULON, *Constr.-Urb. 2009. Étude 20* (les conséquences du plafonnement de l'assurance-construction sur le dispositif Spinetta). – DESSUET, *RDI 2009. 61* (actualité de l'assurance des opérations complexes; *RDI 2009. 90* (le décret sur le plafonnement des polices en assurance-construction); *RDI 2010. 48* (l'influence de la crise sur l'assurance-construction); *RDI 2010. 72* (l'arrêté du 19 novembre 2009 : de nouvelles clauses types en matière d'assurance-construction obligatoire); *RGDA 2010. 13 et erratum* (assurance-construction obligatoire). – LEGUAY, *RDI 2009. 552* (plus de plafond de garantie en assurance dommages-ouvrage pour les ouvrages à usage d'habitation). – PÉRINET-MARQUET, *Defrénois 2010. 227* (plafonds de garantie applicables à l'assurance-construction).

Art. R. 243-1 *(Décr. nº 2008-1466 du 22 déc. 2008)* **Les personnes mentionnées aux articles L. 241-1 et L. 241-2 peuvent satisfaire à l'obligation d'assurance leur incombant en vertu de ces articles en recourant à un contrat d'assurance collectif, en complément d'un ou plusieurs contrats d'assurance garantissant individuellement leur responsabilité dans la limite des plafonds fixés dans ce ou ces contrats.**

Ce contrat d'assurance collectif peut être souscrit pour le compte de plusieurs personnes mentionnées à ces articles.

Les dispositions du décret nº 2008-1466 du 22 déc. 2008 ne s'appliquent qu'aux contrats d'assurance conclus ou aux ouvertures de chantiers intervenues après sa publication (Décr. préc., art. 3).

Art. R. 243-2 **Les justifications prévues à l'article L. 243-2 doivent être apportées, lors de la déclaration d'ouverture du chantier, à l'autorité compétente pour recevoir cette déclaration.**

(Décr. nº 2008-1466 du 22 déc. 2008) **« Les justifications prévues au présent article précisent le montant des garanties apportées par chacun des contrats souscrits par ou pour le compte des personnes mentionnées aux articles L. 241-1, L. 241-2, L. 242-1 et L. 242-2 ainsi que les modalités d'articulation de ces différentes garanties entre elles.**

« Lorsqu'il est recouru à un ou plusieurs contrats, auxquels s'appliquent les plafonds de garantie prévus à l'article R. 243-3, les justifications comportent en outre

la mention du montant du coût de construction de l'ouvrage déclaré préalablement par le maître de l'ouvrage. » — *V. note ss. art. R. 243-1.*

En outre, pendant l'exécution des travaux, le maître de l'ouvrage peut demander à tout intervenant à l'acte de construire de justifier qu'il satisfait aux obligations prévues par les articles L. 241-1 et L. 241-2.

V. art. A. 243-1.

Art. R. 243-3 *(Décr. n° 2008-1466 du 22 déc. 2008)* I. — Le montant de garantie du ou des contrats d'assurance mentionnés à l'article L. 243-9 doit couvrir les personnes mentionnées aux articles L. 241-1, L. 241-2, L. 242-1 et L. 242-2 à hauteur d'un montant minimum par ouvrage. Ce montant ne peut être inférieur, pour cet ouvrage, au coût total de construction déclaré par le maître de l'ouvrage, ou à 150 millions d'euros si ce coût est supérieur à 150 millions d'euros.

Lorsqu'il est recouru à un contrat d'assurance collectif mentionné à l'article R. 243-1, le total des garanties, tel qu'il résulte de ce contrat collectif et des contrats garantissant chacune des personnes assurées par le contrat collectif, doit couvrir le paiement des travaux de réparation des dommages engageant la responsabilité décennale d'une ou de plusieurs de ces personnes, à hauteur du coût total de construction déclaré par le maître de l'ouvrage, ou à 150 millions d'euros si ce coût est supérieur à 150 millions d'euros.

II. — Le montant du plafond de garantie mentionné au I peut être modifié par arrêté conjoint du ministre chargé de l'économie et du ministre chargé de la construction, en tenant compte de l'évolution du coût de la construction et des capacités économiques des marchés de l'assurance et de la réassurance.

V. note ss. art. R. 243-1.

Art. R. 243-4 à R. 243-14 *Abrogés par Décr. n° 92-1241 du 27 nov. 1992.*

TITRE CINQUIÈME DISPOSITIONS RELATIVES AU BUREAU CENTRAL DE TARIFICATION

(Décr. n° 92-1241 du 27 nov. 1992)

Art. R. 250-1 *(Décr. n° 96-1096 du 10 déc. 1996 ; Décr. n° 2003-168 du 28 févr. 2003 ; Décr. n° 2004-190 du 23 févr. 2004)* « Le président et les membres du Bureau central de tarification institué par les articles L. 125-6, L. 212-1, *(Décr. n° 2015-518 du 11 mai 2015, art. 1er-1°)* « L. 215-1, L. 215-2, » L. 220-5, L. 243-4 et L. 252-1 *(Décr. n° 2015-518 du 11 mai 2015, art. 1er-1°)* « , ainsi que leurs suppléants, » sont nommés pour une période de trois ans renouvelable, par arrêté du ministre chargé de l'économie *(Abrogé par Décr. n° 2015-518 du 11 mai 2015, art. 1er-1°)* ***« et des finances »***, sous réserve des dispositions de la dernière phrase *(Décr. n° 2015-518 du 11 mai 2015, art. 1er-1°)* « des 4° et 5° » du quatrième alinéa du présent article. »

(Décr. n° 2015-518 du 11 mai 2015, art. 1er-2°) « Le président et son suppléant sont choisis » parmi les conseillers d'État, les conseillers à la Cour de cassation, les conseillers maîtres à la Cour des comptes ou les professeurs des disciplines juridiques des universités *(Décr. n° 96-1096 du 10 déc. 1996)* « , en activité ou honoraires ».

(Décr. n° 2015-518 du 11 mai 2015, art. 1er-3°) « Le Bureau central de tarification est assisté par des rapporteurs, chargés de l'instruction des dossiers, saisis en tant que de besoin par le président et choisis sur une liste établie par arrêté du ministre chargé de l'économie, après avis du président du Bureau central de tarification. Lors des séances, les rapporteurs présentent leur rapport et répondent aux questions des membres mais ne participent pas aux délibérations du Bureau central de tarification. »

(Abrogé par Décr. n° 2015-518 du 11 mai 2015, art. 1er-4°) ***« Le président et les membres sont remplacés en cas d'empêchement par des suppléants nommés dans les mêmes conditions que les membres titulaires. »***

Le Bureau central de tarification comprend, outre le président :

1° Lorsqu'il statue en matière de risques de catastrophes naturelles en vertu de l'article L. 125-6, *(Décr. n° 2015-518 du 11 mai 2015, art. 1er-5°)* « un à » trois membres représentant les entreprises d'assurances opérant sur le territoire de la République française, nommés sur proposition des organismes professionnels, *(Décr. n° 2015-518 du 11 mai 2015, art. 1er-5°)* « un représentant » de la Caisse centrale de réassurance *(Abrogé par Décr. n° 2015-518 du 11 mai 2015, art. 1er-5°)* *« ou son représentant »*, membre de droit, et *(Décr. n° 2015-518 du 11 mai 2015, art. 1er-5°)* « un à trois » membres représentant les assurés, nommés sur proposition du collège des consommateurs du Conseil national de la consommation ;

2° Lorsqu'il statue en matière d'assurance des véhicules terrestres à moteur en vertu de l'article L. 212-1, *(Décr. n° 2015-518 du 11 mai 2015, art. 1er-6°)* « un à » six membres représentant les entreprises d'assurances pratiquant l'assurance automobile sur le territoire de la République française, nommés sur proposition des organismes professionnels, et *(Décr. n° 2015-518 du 11 mai 2015, art. 1er-6°)* « un à » six membres représentant les personnes assujetties à l'obligation d'assurance nommés sur proposition des organisations professionnelles à raison de un par l'assemblée permanente des présidents de chambres d'agriculture, un par *(Décr. n° 2019-56 du 30 janv. 2019, art. 4)* « CMA France », un par les organismes professionnels les plus représentatifs des transports publics routiers de voyageurs ou de marchandises et trois par le collège des consommateurs du Conseil national de la consommation ;

3° Lorsqu'il statue en matière d'assurance des engins de remontée mécanique et d'assurance des *(Décr. n° 2008-1466 du 22 déc. 2008)* « travaux de construction » en vertu des articles L. 220-5 et L. 243-4, *(Décr. n° 2015-518 du 11 mai 2015, art. 1er-7°)* « un à » six représentants des entreprises d'assurances opérant sur le territoire de la République française, nommés sur proposition des organismes professionnels, et *(Décr. n° 2015-518 du 11 mai 2015, art. 1er-7°)* « un à » six représentants des assujettis à l'obligation d'assurance, *(Décr. n° 2015-518 du 11 mai 2015, art. 1er-7°)* « nommés sur proposition des organisations professionnelles, à raison d' »un représentant des exploitants mentionnés à l'article L. 220-1, *(Abrogé par Décr. n° 2015-518 du 11 mai 2015, art. 1er-7°)* *« nommé sur proposition des organismes professionnels, »* et *(Décr. n° 2015-518 du 11 mai 2015, art. 1er-7°)* « de » cinq représentants des personnes soumises aux obligations prévues par les articles L. 241-1 à L. 242-1, à savoir notamment les architectes, les entrepreneurs, les fabricants de matériaux préfabriqués, les promoteurs constructeurs et les maîtres d'ouvrages industriels, *(Abrogé par Décr. n° 2015-518 du 11 mai 2015, art. 1er-7°)* *« nommés »* sur proposition des organisations les plus représentatives ; – *V. note ss. art. R. 243-2.*

(Décr. n° 96-1096 du 10 déc. 1996 ; Décr. n° 2003-168 du 28 févr. 2003 ; Décr. n° 2004-190 du 23 févr. 2004) « 4° Lorsqu'il statue en matière d'assurance obligatoire de responsabilité civile médicale définie à l'article L. 251-1, *(Décr. n° 2015-518 du 11 mai 2015, art. 1er-8°)* « un à » six membres représentant les entreprises d'assurance pratiquant sur le territoire de la République française l'assurance de responsabilité civile médicale prévue à ce même article, nommés sur proposition des organismes professionnels, et *(Décr. n° 2015-518 du 11 mai 2015, art. 1er-8°)* « un à » six membres représentant les assujettis à cette obligation d'assurance. Ces derniers sont nommés par arrêté du *(Décr. n° 2007-580 du 19 avr. 2007)* « ministre chargé de la sécurité sociale » pour une période de trois ans renouvelable *(Décr. n° 2015-518 du 11 mai 2015, art. 1er-8°)* « , sur proposition des organisations professionnelles à raison de : »

« *a)* Au moins un membre représentant les professionnels de santé exerçant à titre libéral sur proposition *(Décr. n° 2007-580 du 19 avr. 2007)* « de l'Union nationale des professionnels de santé » ;

« *b)* Au moins un membre sur proposition des organismes professionnels représentatifs des établissements de santé ;

« *c)* Au moins un membre sur proposition des organismes professionnels représentatifs des producteurs, exploitants et fournisseurs de produits de santé à l'état de produits finis mentionnés à l'article L. 5311-1 du code de la santé publique, à l'exclusion des 5°, 11°, 14° et 15° ; »

(Décr. n° 2015-518 du 11 mai 2015, art. 1er-9°) « 5° Lorsqu'il statue en vertu des articles L. 215-1 et L. 215-2 en matière d'assurance de responsabilité civile locative ou de responsabilité civile des copropriétaires ou des syndicats de copropriétaires, un à six

membres représentant les entreprises d'assurance opérant sur le territoire de la République française, sur proposition des organismes professionnels, et un à six membres représentant les assujettis aux obligations d'assurance mentionnées à ces articles. Les représentants des assujettis sont nommés par arrêté du ministre chargé du logement sur proposition des organisations représentatives des locataires ou des organisations représentatives des propriétaires, copropriétaires et syndicats de copropriété.

« Pour chacune des formations mentionnées aux 1° à 5° du présent article, le Bureau central de tarification comprend, outre son président, un nombre égal de représentants des assureurs et de représentants des assujettis. »

Les dispositions du Décr. nº 2015-518 du 11 mai 2015 entrent en vigueur à la date de la première réunion de chacune des formations mentionnées aux 1º à 5º de l'art. R. 250-1 dans leur composition résultant de l'art. 1er dudit décr. (Décr. préc., art. 5).

Les dispositions issues du Décr. nº 2019-56 du 30 janv. 2019 peuvent être modifiées par des actes pris dans les formes requises pour leur modification antérieure à l'entrée en vigueur dudit Décr. (Décr. préc., art. 9).

Art. R. 250-2 *(Décr. nº 96-1096 du 10 déc. 1996 ; Décr. nº 97-660 du 31 mai 1997 ; Décr. nº 2003-168 du 28 févr. 2003 ; Décr. nº 2004-190 du 23 févr. 2004)* **Ne peuvent être déférés au Bureau central de tarification le refus d'assurance des dommages aux biens ou contre les pertes d'exploitation comportant la garantie des dommages résultant de catastrophes naturelles prévue aux articles L. 125-1 et L. 125-2, ainsi que le refus d'assurer une personne assujettie à l'obligation d'assurance des véhicules à moteur en vertu de l'article L. 211-1,** *(Décr. nº 2015-518 du 11 mai 2015, art. 2-1º)* **« ou à l'obligation d'assurance de responsabilité civile des locataires, des bailleurs et des copropriétaires ou des syndicats de copropriétaires en vertu des articles L. 215-1 et L. 215-2** *[,]* **» ou à l'obligation d'assurance des engins de remontée mécanique en vertu de l'article L. 220-1, ou à l'obligation d'assurance des** *(Décr. nº 2008-1466 du 22 déc. 2008)* **« travaux de construction » en vertu des articles L. 241-1 à L. 242-1, ou à l'obligation d'assurance de responsabilité médicale en vertu de l'article L. 251-1, que si l'assurance a été sollicitée par lettre recommandée** *(Décr. nº 2018-229 du 30 mars 2018, art. 11)* **« ou par envoi recommandé électronique, » avec demande d'avis de réception au siège de l'entreprise d'assurance ou y a été déposée contre récépissé.** — *V. note ss. art. R. 243-2.*

Le Bureau central de tarification est saisi par lettre recommandée *(Décr. nº 2018-229 du 30 mars 2018, art. 11)* **« ou par envoi recommandé électronique, » avec demande d'avis de réception dans le délai de quinze jours, sous peine d'irrecevabilité, à compter du refus de l'assureur sollicité ou, dans les cas mentionnés aux articles L. 125-6, L. 220-5 et L. 252-1, du dernier assureur sollicité.**

Lorsqu'il s'agit de la souscription d'un contrat nouveau, est considéré comme un refus implicite d'assurance le silence gardé par l'assureur pendant plus de quinze jours après réception de la demande de souscription adressée en vertu des articles *(Décr. nº 2015-518 du 11 mai 2015, art. 2-2º)* **« L. 125-6, L. 212-1, L. 215-1, L. 215-2 ou L. 220-5 » et pendant plus de quarante-cinq jours après réception de la demande de souscription adressée en vertu de l'article** *[des articles]* **L. 243-4 ou L. 252-1.** — *Le délai de quarante-cinq jours s'applique aux demandes de souscription formulées après l'entrée en vigueur du Décr. nº 97-660 du 31 mai 1997 (Décr. préc., art. 3). — Le délai de quarante-cinq jours est ramené à un délai de quinze jours pendant les deux mois qui suivent l'entrée en vigueur du Décr. nº 2003-168 du 28 févr. 2003 (Décr. préc., art. 4, JO 2 mars).*

Est assimilé à un refus le fait par l'assureur, saisi d'une demande de souscription d'assurance, de subordonner son acceptation à la couverture de risques non mentionnés dans l'obligation d'assurance ou dont l'étendue excéderait les limites de l'obligation d'assurance.

Lorsqu'un assuré a fait usage du droit de résiliation prévu au deuxième alinéa de l'article R.* 113-10, il ne peut, pendant le délai d'un an, saisir le Bureau central de tarification du refus, opposé par l'entreprise d'assurance qui le garantissait, à une demande de souscription formulée en application des articles L. 125-1 et L. 125-2, L. 211-1, *(Décr. nº 2015-518 du 11 mai 2015, art. 2-3º)* **« L. 215-1, L. 215-2, L. 220-1, L. 241-1 à L. 242-1 et L. 252-1 ».** — *V. note ss. art. R. 250-1.*

Art. R. 250-3 Dans les cas prévus aux quatrième et cinquième alinéas de l'article L. 125-6, l'entreprise d'assurance ne peut saisir le Bureau central de tarification aux fins d'apporter au contrat d'assurance une dérogation aux dispositions du second alinéa de l'article L. 125-2 qu'après avoir notifié cette proposition de dérogation à l'assuré par lettre recommandée *(Décr. n° 2018-229 du 30 mars 2018, art. 11)* « ou par envoi recommandé électronique » avec avis de réception.

La dérogation peut porter soit sur l'exclusion d'un bien mentionné au contrat, soit sur le montant de la franchise qui en cas de sinistre demeure à la charge de l'assuré, soit sur l'un et l'autre de ces éléments du contrat. Le montant de la franchise objet de la dérogation peut être supérieur à celui mentionné dans les clauses types prévues à l'article L. 125-3 sans pouvoir excéder une limite fixée pour chaque catégorie de contrats par arrêté du ministre de l'économie et des finances.

Pour l'application de l'alinéa précédent, les contrats sont rangés en quatre catégories : dommages aux corps de véhicules terrestres à moteur, dommages aux biens à usage non professionnel, dommages aux biens à usage professionnel, pertes d'exploitation.

A peine d'irrecevabilité, la saisine du bureau doit intervenir dans un délai de vingt et un jours à compter de la date de notification de la proposition de dérogation à l'assuré.

Le Bureau central de tarification peut accorder la dérogation sollicitée s'il estime, compte tenu des circonstances de l'espèce, que les risques concernés présentent une gravité exceptionnelle.

Art. R. 250-4 La personne ou l'entreprise d'assurance qui sollicite l'intervention du Bureau central de tarification, ainsi que les assureurs concernés, sont tenus de fournir au Bureau central de tarification les éléments d'information relatifs à l'affaire dont il est saisi et qui lui sont nécessaires pour prendre une décision et notamment le tarif de l'entreprise d'assurance applicable au risque proposé.

Art. R. 250-4-1 *(Décr. n° 2008-1466 du 22 déc. 2008)* Dans le cas d'un refus d'assurance obligatoire en matière de construction pour un usage autre que l'habitation, l'assureur sollicité peut, avec l'accord de l'assujetti, demander au Bureau central de tarification de prendre en compte, en vue de la fixation du montant de la prime, des solutions concourant à l'assurabilité de l'ouvrage, sur la base, le cas échéant, du dispositif d'analyse et de maîtrise des risques de construction mis en place par les intéressés. Dans ce cas, le Bureau central de tarification statue dans un délai maximal de douze mois à compter de la date de dépôt de cette demande.

V. note ss. art. R. 243-1.

Art. R. 250-4-2 *(Décr. n° 2003-168 du 28 févr. 2003 ; Décr. n° 2008-1466 du 22 déc. 2008)* Lorsqu'il statue en matière d'assurance obligatoire de responsabilité médicale prévue à l'article L. 251-1 sur la saisine de professionnels de santé exerçant à titre libéral, le Bureau central de tarification peut décider l'application soit d'une franchise fixe dont le montant maximum est fixé à 10 000 € par sinistre dans la limite de 200 000 € par année d'assurance, soit d'une franchise proportionnelle dont le montant maximum par sinistre est fixé à 20 % du montant de l'indemnité due dans la limite de 100 000 € par année d'assurance.

Pour les autres assujettis à l'obligation d'assurance prévue à l'article L. 251-1, le Bureau central de tarification peut décider l'application d'une franchise fixe dont le montant maximum est fixé à 20 % du montant du plafond de garantie prévue au contrat ou d'une franchise proportionnelle dont le montant maximum est fixé à 30 % du montant des indemnités dues, ou des deux à la fois.

Art. R. 250-4-3 *(Décr. n° 2015-518 du 11 mai 2015, art. 3)* Lorsqu'il statue, en vertu des articles L. 215-1 et L. 215-2, en matière d'assurance de responsabilité civile des locataires et des bailleurs ou de responsabilité civile des copropriétaires, sur la saisine d'une personne assujettie aux obligations énoncées à ces articles, le Bureau central de tarification peut décider l'application d'une franchise dont le montant maximum par sinistre est fixé à 1 000 euros.

Lorsqu'il statue, en vertu de l'article L. 215-2, en matière d'assurance de responsabilité civile des syndicats de copropriétaires, sur la saisine d'une personne assujettie aux obligations énoncées à cet article, le Bureau central de tarification peut décider l'application d'une franchise dont le montant maximum est fixé à :

5 000 euros par sinistre pour les syndicats de copropriétaires mentionnés *(Décr. n° 2020-834 du 2 juill. 2020, art. 52-I)* « à l'article 41-8 » de la loi n° 65-557 du 10 juillet 1965 fixant le statut de la copropriété des immeubles bâtis ;

10 000 euros par sinistre pour les autres syndicats.

V. note ss. art. R. 250-1.

Art. R. 250-5 Les décisions du Bureau central de tarification sont prises à la majorité des membres présents. En cas de partage, la voix du président est prépondérante. *(Décr. n° 2015-518 du 11 mai 2015, art. 4)* « Pour chacune des formations mentionnées au *[aux]* 1° à 5° de l'article R. 250-1, quel que soit le nombre de membres nommés, le Bureau central de tarification ne peut régulièrement délibérer que s'il comprend, outre son président, au moins un représentant des assureurs et un représentant des assujettis.

« Lorsque l'entreprise d'assurance auprès de laquelle la souscription d'un contrat a été sollicitée est représentée par un membre du Bureau central de tarification, ce dernier se déporte. Par dérogation au premier alinéa du présent article, si ce déport conduit le président à délibérer avec un seul membre, la décision est régulière. »

La décision prise par le Bureau central de tarification est notifiée à l'assuré et à l'assureur dans un délai de dix jours.

V. note ss. art. R. 250-1.

Art. R. 250-6 *(Décr. n° 96-1096 du 10 déc. 1996 ; Décr. n° 97-660 du 31 mai 1997 ; Décr. n° 2004-190 du 23 févr. 2004)* Le Bureau central de tarification est assisté d'un commissaire du Gouvernement, suppléé éventuellement par un commissaire du Gouvernement adjoint, nommés par le ministre de l'économie et des finances.

Le commissaire du Gouvernement assiste à toutes les réunions. Il peut demander au bureau, soit immédiatement, soit dans les trente jours suivant une décision, un nouvel examen de l'affaire dans le délai qu'il fixera.

Art. R. 250-7 *Abrogé par Décr. n° 2008-1549 du 31 déc. 2008.*

TITRE CINQUIÈME *BIS* L'ASSURANCE DE LA RESPONSABILITÉ CIVILE MÉDICALE

(Décr. n° 2003-288 du 28 mars 2003)

Art. R. 251-1 *(Décr. n° 2011-2030 du 29 déc. 2011)* Les conditions dans lesquelles le montant de la garantie pour responsabilité civile médicale peut être plafonné pour les professionnels de santé exerçant à titre libéral sont fixées par l'article R. 1142-4 du code de la santé publique. – *Dispositions applicables aux contrats conclus, renouvelés ou modifiés à compter du 1er janv. 2012.*

TITRE SIXIÈME *[ABROGÉ]* DISPOSITIONS SPÉCIFIQUES À MAYOTTE

(Abrogé par Décr. n° 2015-513 du 7 mai 2015, art. 11-2°, à compter du 1er janv. 2016)
(Décr. n° 2008-1549 du 31 déc. 2008)

Art. R. 261-1 *Le présent livre est applicable à Mayotte dans les conditions suivantes :*

1° Les références faites par des dispositions du présent code à d'autres articles du même code ne concernent que les articles applicables à Mayotte, le cas échéant, avec les adaptations prévues dans le présent titre ;

2° En l'absence d'adaptation, les références faites par des dispositions du présent code applicables à Mayotte à des dispositions qui n'y sont pas applicables sont remplacées par les références aux dispositions ayant le même objet applicables localement ;

3° Les dispositions du présent livre faisant référence à la Communauté européenne ne sont applicables à Mayotte que dans les limites de la décision d'association prévue à l'article 187 du traité instituant la Communauté européenne ;

4° Le titre IV est applicable à compter du 1er janvier 2012 ;

5° Le titre V bis est applicable à compter du 1er janvier 2009 ;

6° Les 8° des articles R. 211-37 et R. 211-38 sont applicables à compter du 1er janvier 2011.

LIVRE TROISIÈME LES ENTREPRISES

TITRE PREMIER DISPOSITIONS GÉNÉRALES ET CONTRÔLE DE L'ÉTAT

CHAPITRE PREMIER DISPOSITIONS GÉNÉRALES *(Décr. nº 2004-693 du 15 juill. 2004).*

Art. R.* 310-1 à R.* 310-3 *Abrogés par Décr. nº 94-635 du 25 juill. 1994.*

SECTION PREMIÈRE DISPOSITIONS GÉNÉRALES APPLICABLES AUX ENTREPRISES D'ASSURANCE *(Décr. nº 2008-1154 du 7 nov. 2008).*

Art. R. 310-4 *(Décr. nº 2019-1235 du 27 nov. 2019, art. 5)* I. — Les informations relatives au contrat de mandat de gestion de portefeuille ou au contrat de souscription à un placement collectif mentionnées au II de l'article L. 310-1-1-2 sont les suivantes :

1° La manière dont ce contrat incite la société de gestion de portefeuille ou l'entreprise d'investissement à aligner sa stratégie et ses décisions d'investissement sur le profil et la durée des passifs de l'entreprise cocontractante, notamment de ses passifs de long terme ;

2° La manière dont ce contrat incite la société de gestion de portefeuille ou l'entreprise d'investissement à prendre des décisions d'investissement fondées sur des évaluations des performances à moyen et à long terme, financières et non financières, des sociétés dont des titres de capital sont détenus et à s'impliquer, en tant qu'actionnaire, à l'égard de ces sociétés afin d'améliorer leurs performances à moyen et à long terme ;

3° La manière dont la méthode et l'horizon temporel de l'évaluation des performances de la société de gestion de portefeuille ou de l'entreprise d'investissement et la rémunération des services de gestion d'actifs sont en adéquation avec le profil et la durée des passifs de l'entreprise cocontractante, notamment de ses passifs de long terme, et tiennent compte des performances absolues de long terme ;

4° La manière dont l'entreprise cocontractante contrôle les coûts de rotation du portefeuille de la société de gestion de portefeuille ou de l'entreprise d'investissement et la manière dont elle définit et contrôle la rotation ou le taux de rotation d'un portefeuille cible ;

5° La durée du contrat ; *[.]*

Lorsque le contrat avec la société de gestion de portefeuille ou l'entreprise d'investissement ne contient pas un ou plusieurs de ces éléments, l'entreprise cocontractante en précise les motifs.

II. — Les informations visées au premier alinéa du II de l'article L. 310-1-1-2 et celles visées au I du présent article sont mises à disposition gratuitement sur le site internet de l'entreprise à laquelle l'article L. 310-1-1-2 est applicable et sont mises à jour sur une base annuelle ou à la suite d'une modification substantielle. Les entreprises d'assurance et de réassurance publiant un rapport sur leur solvabilité et leur situation financière dans les conditions prévues à l'article L. 355-5, peuvent en outre y faire figurer ces informations.

Les personnes soumises à une obligation de communication ou de publication d'informations en application des art. 4, 5 et 6 du Décr. nº 2019-1235 du 27 nov. 2019 communiquent ou publient ces informations au plus tard trois mois après la publication dudit Décr. (Décr. préc., art. 9).

Art. R.* 310-5 Les titres de toute nature, les prospectus, les affiches, les circulaires, les plaques, les imprimés et tous les autres documents destinés à être distribués au public ou publiés par une entreprise *(Décr. nº 94-635 du 25 juill. 1994)* « mentionnée aux 1°, 3° et 4° de l'article L. 310-2 » doivent porter, à la suite du nom ou de la raison sociale, la mention ci-après en caractères uniformes : « entreprise régie par le code des assurances ». Ils ne doivent contenir aucune allusion au contrôle de l'État, ni aucune assertion susceptible d'induire en erreur sur la véritable nature de l'entreprise ou l'importance réelle de ses engagements. — *Assur. R. 328-1 s.*

Art. R. 310-6 *(Décr. nº 2017-1171 du 18 juill. 2017, art. 1er-4º)* **Les titres de toute nature, les prospectus, les affiches, les circulaires, les plaques, les imprimés et tous les autres documents destinés à être distribués au public ou publiés par un fonds de retraite professionnelle supplémentaire portent, à la suite du nom ou de la raison sociale, la mention ci-après en caractères uniformes : "fonds de retraite professionnelle supplémentaire régi par le code des assurances". Ils ne doivent contenir aucune allusion au contrôle de l'État, ni aucune assertion susceptible d'induire en erreur sur la véritable nature du fonds de retraite professionnelle supplémentaire ou l'importance réelle de ses engagements.**

Art. R. 310-6-1 *(Décr. nº 2015-513 du 7 mai 2015, art. 7-I-1º, en vigueur le 1er janv. 2016)* **Les entreprises agréées en France mentionnées à l'article L. 310-1 et au III de l'article L. 310-1-1** *(Décr. nº 2017-1171 du 18 juill. 2017, art. 1er-5º)* **« et les fonds de retraite professionnelle supplémentaire » doivent informer l'Autorité de contrôle prudentiel et de résolution du projet de modifications de leurs statuts, dans un délai de deux mois précédant la soumission de ce projet à l'assemblée générale.**

Par dérogation au précédent alinéa, lorsqu'un projet de modification de statuts prévoit la réduction de son capital social, l'entreprise doit, avant de soumettre cette modification à l'assemblée générale, obtenir l'accord de l'Autorité de contrôle prudentiel et de résolution qui statue dans un délai de deux mois.

Art. R. 310-7 *Abrogé par Décr. nº 2008-1154 du 7 nov. 2008.*

Art. R.* 310-8 *Abrogé par Décr. nº 91-603 du 27 juin 1991.*

Art. R.* 310-9 *Abrogé par Décr. nº 94-635 du 25 juill. 1994.*

Art. R.* 310-10 *Abrogé par Décr. nº 2010-217 du 3 mars 2010, art. 3-I.*

Art. R. 310-10-1 *(Décr. nº 94-635 du 25 juill. 1994)* **Pour l'application** *(Décr. nº 2015-513 du 7 mai 2015, art. 7-I-2º, en vigueur le 1er janv. 2016)* **« des titres Ier à V, les entreprises visées à l'article L. 310-10-1 » sont assimilées aux entreprises ayant leur siège social dans un État non communautaire partie à l'accord sur l'Espace économique européen.**

Art. R. 310-10-2 *Abrogé par Décr. nº 2008-1549 du 31 déc. 2008.*

SECTION II **DISPOSITIONS GÉNÉRALES APPLICABLES AUX ENTREPRISES DE RÉASSURANCE**

(Décr. nº 2008-1154 du 7 nov. 2008)

Art. R. 310-10-3 **Les titres de toute nature, les prospectus, les affiches, les circulaires, les plaques, les imprimés et tous les autres documents destinés à être distribués au public ou publiés par une entreprise mentionnée au 1º du III de l'article L. 310-1-1 ne doivent contenir aucune allusion au contrôle de l'État, ni aucune assertion susceptible d'induire en erreur sur la véritable nature de l'entreprise ou l'importance réelle de ses engagements.**

Art. R. 310-10-4 *Abrogé par Décr. nº 2017-1765 du 26 déc. 2017, art. 1er.*

CHAPITRE II **AUTORITÉ DE CONTRÔLE PRUDENTIEL ET DE RÉSOLUTION** *(Décr. nº 2010-217 du 3 mars 2010, art. 3-II-1º).*

(Décr. nº 2004-693 du 15 juill. 2004)

SECTION PREMIÈRE **DISPOSITIONS GÉNÉRALES** *(Décr. nº 2010-217 du 3 mars 2010, art. 3-II-2º).*

Art. R. 310-11 *(Décr. nº 2010-217 du 3 mars 2010, art. 3-II-4º)* **Les dispositions relatives à l'Autorité de contrôle prudentiel et de résolution sont applicables dans les conditions prévues au chapitre II du titre Ier du livre VI du code monétaire et financier.**

Art. R. 310-12 à R. 310-12-12 *Abrogés par Décr. nº 2010-217 du 3 mars 2010, art. 3-II-5º et 6º.*

SECTION II DISPOSITIONS RELATIVES À LA LIBRE PRESTATION DE SERVICES ET AU LIBRE ÉTABLISSEMENT DES ORGANISMES RELEVANT DU CODE DES ASSURANCES, DU CODE DE LA MUTUALITÉ ET DU CODE DE LA SÉCURITÉ SOCIALE *(Décr. nº 2010-217 du 3 mars 2010, art. 3-II-7º).*

La section II est abrogée à compter du 1er janv. 2023 (Décr. nº 2017-1171 du 18 juill. 2017, art. 4-1º).

Art. R. 310-13 à R. 310-17 *Abrogés par Décr. nº 2010-217 du 3 mars 2010, art. 3-II-8º.*

Art. R. 310-17-1 *(Décr. nº 2006-740 du 27 juin 2006 ; Décr. nº 2010-217 du 3 mars 2010, art. 3-II-9º)* **I. — Toute entreprise d'assurance disposant de l'agrément mentionné à l'article** *(Décr. nº 2006-976 du 1er août 2006)* **« L. 143-1 » et projetant de fournir des services d'institutions de retraite professionnelle sur le territoire d'un autre État membre de** *(Décr. nº 2015-513 du 7 mai 2015, art. 7-I-3º, en vigueur le 1er janv. 2016)* **« l'Union » européenne ou d'un autre État partie à l'accord sur l'Espace économique européen, conformément aux dispositions de l'article L. 310-14, notifie son projet à l'Autorité de contrôle prudentiel et de résolution, accompagné des documents dont la liste est fixée par arrêté du ministre chargé de l'économie.**

Si l'autorité de contrôle estime que les conditions mentionnées à ce même article L. 310-14 sont réunies, elle communique aux autorités compétentes de l'État d'accueil un dossier dont la composition est fixée par l'arrêté prévu à l'article L. 310-14, et avise l'entreprise d'assurance de cette communication.

Le délai de communication des informations aux autorités de l'État d'accueil court à compter de la réception, par l'Autorité de contrôle prudentiel et de résolution, d'un dossier complet. Il est de trois mois.

II. — Tout projet de modification substantielle de la nature ou des conditions d'exercice des activités autorisées conformément aux dispositions de l'article L. 310-14 est notifié à l'Autorité de contrôle prudentiel et de résolution.

Si l'Autorité de contrôle prudentiel et de résolution estime que les conditions mentionnées à ce même article L. 310-14 sont toujours remplies, elle communique de nouveau aux autorités compétentes de l'État d'accueil concerné, dans le délai d'un mois suivant la notification mentionnée à l'alinéa précédent, un dossier dont la composition est fixée par l'arrêté prévu à l'article *(Décr. nº 2015-513 du 7 mai 2015, art. 7-I-3º, en vigueur le 1er janv. 2016)* **« L. 310-14 », et avise l'entreprise d'assurance de cette communication. La modification envisagée peut intervenir dès réception de cet avis par l'entreprise.**

III. — Lorsque l'Autorité de contrôle prudentiel et de résolution refuse de communiquer aux autorités compétentes de l'État membre concerné le dossier mentionné aux deuxièmes alinéas des I et II du présent article, elle en avise l'entreprise d'assurance concernée et lui fait connaître, dans les délais mentionnés au troisième alinéa du I et au deuxième alinéa du II, les raisons de ce refus. Elle en avise également en tant que de besoin les autorités compétentes de l'État membre concerné.

V. note en tête de section.

Art. R. 310-17-2 *(Décr. nº 2006-740 du 27 juin 2006)* **Lorsque** *(Décr. nº 2010-217 du 3 mars 2010, art. 3-II-10º)* **« l'Autorité de contrôle prudentiel et de résolution » exerce la faculté mentionnée au troisième alinéa de l'article L. 143-4, elle en informe l'autorité compétente de l'État dans lequel l'entreprise d'assurance fournit des services d'institution de retraite professionnelle.**

V. note en tête de section.

En application du II de l'art. 21 de la L. nº 2000-321 du 12 avr. 2000, le silence gardé par l'administration pendant trois mois vaut rejet pour les demandes d'autorisation d'exercice d'activité de retraite professionnelle supplémentaire en libre établissement ou en libre prestation de services par des entreprises d'assurance (Décr. nº 2014-1280 du 23 oct. 2014, applicable pour les demandes présentées à compter du 12 nov. 2014).

Art. R. 310-17-3 *(Décr. nº 2006-740 du 27 juin 2006)* **Par dérogation aux dispositions de l'avant-dernier alinéa de l'article L. 310-1, les dispositions des articles R. 310-17-1 et 2** *[R. 310-17-2]* **et de l'article** *(Décr. nº 2015-513 du 7 mai 2015, art. 10-I-7º, en vigueur le 1er janv. 2016)* **« R. 342-14 » s'appliquent aux mutuelles et unions régies par le code de la mutualité, et aux institutions de prévoyance régies par le titre III du livre IX du code de la sécurité sociale.** – *V. note en tête de section.*

SECTION III **MESURES DE POLICE ET SANCTIONS SPÉCIFIQUES AUX ORGANISMES RELEVANT DU CODE DES ASSURANCES, DU CODE DE LA MUTUALITÉ ET DU CODE DE LA SÉCURITÉ SOCIALE** *(Décr. nº 2010-217 du 3 mars 2010, art. 3-II-11º).*

Art. R. 310-18 à R. 310-18-4 *Abrogés par Décr. nº 2010-217 du 3 mars 2010, art. 3-II-12º.*

Art. R. 310-19 **Lorsque l'Autorité de contrôle décide, en application de** *(Décr. nº 2010-217 du 3 mars 2010, art. 3-II-13º)* **« l'article L. 612-33 du code monétaire et financier », d'engager vis-à-vis d'une entreprise la procédure de transfert d'office de son portefeuille de contrats, bulletins ou adhésions, cette décision est portée à la connaissance de l'ensemble des entreprises d'assurance par un avis publié au *Journal officiel*. Cet avis fait courir un délai de quinze jours pendant lesquels les entreprises qui accepteraient de prendre en charge le portefeuille en cause doivent se faire connaître à l'Autorité.**

L'entreprise désignée par l'Autorité de contrôle pour prendre en charge le portefeuille de contrats d'assurances transféré est avisée de cette désignation par lettre recommandée avec demande d'avis de réception.

La décision qui prononce le transfert en fixe les modalités et la date de prise d'effet.

Art. R. 310-20 et R. 310-21 *Abrogés par Décr. nº 2004-693 du 15 juill. 2004, art. 1-I.*

SECTION IV **SANCTIONS** *(Décr. nº 2004-693 du 15 juill. 2004).*

(Décr. nº 94-635 du 25 juill. 1994)

Art. R. 310-22 **Le fait pour tout dirigeant d'une entreprise soumise au contrôle de l'État en vertu de l'article L. 310-1** *(Décr. nº 2017-1171 du 18 juill. 2017, art. 1er-6º)* **« et d'un fonds de retraite professionnelle supplémentaire » de méconnaître les obligations ou interdictions résultant des articles R. 310-5** *(Décr. nº 2017-1171 du 18 juill. 2017, art. 1er-6º)* **« , R. 310-6 » et** *(Décr. nº 2010-217 du 3 mars 2010, art. 3-II-14º)* **« R. 612-26 du code monétaire et financier » est puni de la peine d'amende prévue pour les contraventions de la cinquième classe.**

(Décr. nº 2008-1154 du 7 nov. 2008) **« Le fait pour tout dirigeant d'une entreprise soumise au contrôle de l'État en vertu du 1º du III de l'article L. 310-1-1 de méconnaître les obligations ou interdictions résultant des articles R. 310-10-3** *[C. assur.]* **et** *(Décr. nº 2010-217 du 3 mars 2010, art. 3-II-14º)* **« R. 612-26 du code monétaire et financier » est puni de la peine d'amende prévue pour les contraventions de la cinquième classe. »**

La récidive de la contravention prévue au présent article est réprimée conformément à l'article 132-11 du code pénal.

SECTION V **PROCÉDURES JUDICIAIRES ET DE CONCILIATION**

(Décr. nº 2015-513 du 7 mai 2015, art. 2, en vigueur le 1er janv. 2016)

Art. R. 310-23 **Lorsqu'une procédure de liquidation est ouverte en application de l'article L. 310-25, le liquidateur informe sans délai et individuellement par une note**

écrite chaque créancier connu qui a sa résidence habituelle, son domicile ou son siège social dans un État membre autre que la France.

Le contenu et le format de la note sont fixés par arrêté du ministre chargé de l'économie.

CHAPITRE III MESURES DE PRÉVENTION ET DE GESTION DES CRISES

(Décr. nº 2018-179 du 13 mars 2018, art. 1er)

SECTION PREMIÈRE DISPOSITIONS RELATIVES À L'ÉLABORATION, L'ÉVALUATION ET LA MISE EN ŒUVRE DES PLANS PRÉVENTIFS DE RÉTABLISSEMENT

Art. R. 311-1 Le collège de supervision de l'Autorité de contrôle prudentiel et de résolution notifie aux personnes tenues d'établir un plan préventif de rétablissement en application des dispositions de l'article L. 311-5, les résultats de son examen prévu à l'article L. 311-6, dans un délai de six mois à compter de la réception de ce plan. Cette notification intervient après avis du collège de résolution. Le silence gardé par le collège de supervision à l'issue de ce délai vaut approbation du plan.

Les personnes soumises à l'obligation d'élaborer un plan préventif de rétablissement en application du I de l'art. L. 311-5 remettent ce plan au plus tard le 1er juill. 2019 (Décr. nº 2018-179 du 13 mars 2018, art. 6).

Art. R. 311-2 Dans le cadre de l'examen prévu à l'article L. 311-6, le collège de supervision s'assure que le plan préventif de rétablissement satisfait aux prescriptions du IV de l'article L. 311-5 et des dispositions règlementaires prises pour son application. Il évalue notamment la capacité de ce plan à maintenir ou à rétablir la viabilité et la situation financière des personnes concernées ou du groupe auquel elles appartiennent.

Le collège de supervision vérifie que le plan et les différentes mesures qu'il prévoit peuvent être mises en œuvre de manière rapide et efficace dans des situations de crise et en évitant, dans toute la mesure du possible, tout effet négatif significatif sur le système financier et ce, y compris dans l'hypothèse où d'autres organismes d'assurance seraient également conduits à mettre en œuvre un plan préventif de rétablissement au cours de la même période.

Art. R. 311-3 Les personnes tenues d'élaborer un plan préventif de rétablissement informent dans les meilleurs délais le collège de supervision lorsqu'elles adoptent, dans le cadre de la mise en œuvre de ce plan, une mesure de rétablissement qui y est prévue. Elles informent également ce collège, le cas échéant, de leur décision de s'abstenir de prendre une telle décision alors qu'elles pourraient y être conduites au vu des indicateurs mentionnés au IV de l'article L. 311-5.

Art. R. 311-4 I. — En application du dernier alinéa du I de l'article L. 311-5, les personnes mentionnées à ce même I qui sont soumises à l'obligation d'élaborer et de tenir à jour un plan préventif de rétablissement peuvent demander au collège de supervision à en être exemptées lorsqu'elles constituent des entités d'un groupe dont l'entreprise mère est située à l'étranger et qui est elle-même soumise à une telle obligation en vertu des exigences qui lui sont applicables. Le collège décide, au regard de la teneur de ces exigences, s'il y a lieu ou non d'autoriser l'exemption. Il évalue à cette fin si les conditions suivantes sont satisfaites par le plan de l'entreprise mère qui lui a été communiqué :

1° Le plan comporte *a minima* les éléments prévus au IV de l'article L. 311-5 ;

2° Le plan est mis à jour selon une fréquence suffisante ainsi qu'après tout changement substantiel du profil de risque du groupe ou de l'entité susmentionnée ;

3° Le plan prend suffisamment en compte les risques et les spécificités de l'entité ;

4° Le plan est soumis pour son adoption et à chacune de ses modifications à l'approbation des organes d'administration du groupe et de l'entité du groupe ;

5° Les éléments du plan ayant un impact sur l'entité susmentionnée peuvent être traduits, sur demande du collège de supervision, par l'entité ou le groupe.

II. – Le collège de supervision se prononce sur la demande d'exemption mentionnée au I dans les quatre mois suivant la réception du dossier complet de l'entité. Ce dossier comporte les éléments suivants :

1° La dernière version du plan de rétablissement préventif du groupe ;

2° La politique de mise à jour du plan de rétablissement préventif du groupe ;

3° Le dispositif d'approbation des mises à jour du plan de rétablissement préventif du groupe par les organes d'administration du groupe et des entités du groupe.

III. – Si après avoir délivré l'autorisation mentionnée au I, le collège de supervision estime qu'au moins une des conditions énoncées au même I n'est plus satisfaite, il en informe l'entité. Cette dernière dispose d'un délai de deux mois pour faire connaître ses observations. A l'issue de ce délai, le collège de supervision peut suspendre l'autorisation qu'il avait accordée s'il estime qu'au moins une des conditions du I n'est plus vérifiée.

Art. R. 311-5 Lorsqu'une personne mentionnée à l'article L. 311-1 franchit un seuil qui lui est applicable, parmi ceux mentionnés au I de l'article L. 311-5, elle en informe le collège de supervision dans le mois suivant ce franchissement. Cette personne dispose d'un délai d'un an, à compter de la date de clôture trimestrielle constatant le dépassement du seuil, pour élaborer un plan préventif de rétablissement dans les conditions prévues à l'article L. 311-5.

Art. R. 311-6 Lorsqu'en application du II de l'article L. 311-5, le collège de supervision demande à une personne d'élaborer un plan préventif de rétablissement, cette personne dispose d'un délai de dix-huit mois pour élaborer ce plan. Ce délai peut être réduit jusqu'à six mois par le collège de supervision si ce dernier estime que cette personne est susceptible, à l'échéance d'un an, de ne plus respecter les conditions de son agrément prévues à l'article L. 321-10 pour les organismes agréés en assurance, à l'article L. 321-10-1 pour les organismes agréés en réassurance ou à l'article L. 382-2 pour les organismes de retraite professionnelle supplémentaire.

SECTION II DISPOSITIONS RELATIVES À L'ANALYSE DE LA RESOLVABILITÉ

Art. R. 311-7 Un arrêté du ministre chargé de l'économie précise les éléments d'ordre financier et organisationnel concernant la personne en cause et l'incidence de sa situation sur le système financier et l'économie réelle, sur lesquels le collège de résolution doit se fonder pour analyser la resolvabilité d'une personne concernée, aux fins de l'évaluation mentionnée au I de l'article L. 311-11, y compris lorsque cette évaluation porte sur plusieurs entités d'un groupe.

SECTION III DISPOSITIONS RELATIVES À LA PROCÉDURE DE RÉSOLUTION

SOUS-SECTION 1 CONDITIONS D'OUVERTURE D'UNE PROCÉDURE DE RÉSOLUTION

Art. R. 311-8 I. – Lorsque le collège de résolution constate que les conditions mentionnées au 1° à 4° du III de l'article L. 311-18 sont remplies pour une personne mentionnée à l'article L. 311-1, il en informe sans délai cette personne selon les modalités précisées à l'article R. 612-9 du code monétaire et financier.

Lorsqu'en application du dernier alinéa du même III, le collège de résolution prend à titre provisoire des mesures conservatoires énumérées aux articles L. 311-29 et L. 311-30, il en informe la personne concernée. Celle-ci dispose d'un délai de cinq jours ouvrables pour faire connaître par écrit ses observations. Le collège de résolution statue sur le maintien des mesures conservatoires dans un délai de deux semaines suivant la réception de ces observations.

II. – La condition prévue au 2° du III de l'article L. 311-18 s'apprécie au jour de l'ouverture d'une procédure de résolution. A cet effet, le collège de résolution peut demander à la personne concernée et au collège de supervision de lui transmettre sans délai toute information utile relative à la réalisation de cette condition.

SOUS-SECTION 2 DISPOSITIONS RELATIVES À L'UTILISATION DE POUVOIRS DE POLICE ADMINISTRATIVE EN PROCÉDURE DE RÉSOLUTION

Art. R. 311-9 Le mandat de l'administrateur de résolution mentionné au I de l'article L. 311-29 tient compte de la situation de la personne en résolution. Il précise les pouvoirs transférés à cet administrateur, l'étendue de sa mission, ainsi que, le cas échéant, les décisions de l'administrateur soumises à l'accord préalable du collège de résolution.

Le mandat précise également la durée de la mission et les conditions de rémunération de l'administrateur en résolution, en tenant compte notamment de la nature et de l'importance de la mission ainsi que des pratiques de la profession.

Dans l'hypothèse où le mandat de l'administrateur est susceptible de prendre fin alors que la procédure de résolution est toujours ouverte, le collège de résolution peut décider de prolonger ce mandat pour une durée inférieure ou égale à la durée initiale de ce dernier.

Art. R. 311-10 Lorsque le collège de résolution suspend, restreint ou interdit temporairement la libre disposition de tout ou partie des actifs d'une personne soumise à une procédure de résolution, en application du 6° de l'article L. 311-30, il peut prescrire, selon les modalités prévues à l'article R. 612-9 du code monétaire et financier, à toute entité émettrice ou dépositaire de refuser l'exécution de toute opération portant sur des comptes ou des titres appartenant à la personne en cause, ainsi que le paiement des intérêts et dividendes relatifs à ces titres, ou subordonner l'exécution de ces opérations au visa préalable de l'Autorité de contrôle prudentiel et de résolution.

Le collège de résolution peut exiger que tous les fonds, titres et valeurs détenus ou possédés par la personne en cause soient, dans les délais et conditions qu'il fixe, transférés à la Caisse des dépôts et consignations pour y être déposés dans un compte bloqué ouvert au nom de la personne contrôlée. Ce compte ne peut être débité sur ordre de son titulaire que sur autorisation expresse du collège ou de toute personne désignée par lui, et seulement pour un montant déterminé.

SOUS-SECTION 3 DISPOSITIONS RELATIVES AUX TRANSFERTS DE PORTEFEUILLES DE CONTRATS D'ASSURANCE

Art. R. 311-11 Sans préjudice des dispositions de l'article L. 311-29, toute indemnisation versée en contrepartie d'un transfert réalisé en application des 3° et 4° de l'article L. 311-30, de l'article L. 311-36, de l'article L. 311-42, de l'article L. 311-48 ou de l'article L. 311-50 est versée par l'acquéreur :

1° Aux propriétaires des titres de capital mentionnés au chapitre II du titre Ier du livre II du code monétaire et financier ou des autres titres de propriété qui ont été transférés à l'acquéreur ;

2° A la personne soumise à une procédure de résolution, lorsque cette personne cède une partie de son patrimoine ;

3° A l'entreprise d'assurance cédant son engagement sur le patrimoine fiduciaire dans le cas d'un transfert réalisé conformément à l'article L. 311-48.

Art. R. 311-12 Lorsque le collège de résolution prend, à l'égard d'une personne mentionnée au I de l'article L. 311-1, l'injonction prévue au 3° de l'article L. 311-30, au 1° du I de l'article L. 311-42 et au 1° du I de l'article L. 311-48, il est régulièrement informé par la personne concernée, et selon les modalités qu'il a définies, des opérations relatives au transfert de portefeuille de contrats d'assurance.

Art. R. 311-13 Lorsque le collège de résolution lance l'appel d'offres dans le cadre des mesures prévues à l'article L. 311-31, au II de l'article L. 311-42 et au II de l'article L. 311-48 en vue du transférer un portefeuille de contrats d'assurance, la personne concernée met à la disposition des candidats au transfert les éléments mentionnés au I de l'article R. 612-31-2 du code monétaire et financier.

La personne mentionnée aux 1°, 2°, 3°, 4°, 5° ou 6° de l'article L. 311-1 met en outre à la disposition des candidats au transfert les éléments mentionnés au II de l'article R. 612-31-2 du code monétaire et financier. La personne mentionnée au 7° du même article L. 311-1 met en outre à la disposition des candidats au transfert les éléments mentionnés au III de l'article R. 612-31-2 du code monétaire et financier.

Les dossiers de candidature à une reprise totale ou partielle qui sont adressés à l'Autorité de contrôle prudentiel et de résolution comprennent les éléments mentionnés au IV de l'article R. 612-31-2 du code monétaire et financier.

Lorsque l'appel d'offres est ouvert conformément aux dispositions du II de l'article L. 311-42 ou du II de l'article L. 311-48, le collège de résolution informe les candidats au transfert des restrictions suivantes :

1° Les restrictions imposées dans la gestion des engagements d'assurance du patrimoine fiduciaire et notamment l'éventuel maintien de certaines opérations ;

2° Les restrictions imposées dans la gestion des actifs du patrimoine fiduciaire.

SOUS-SECTION 4 DISPOSITIONS RELATIVES À LA MISE EN PLACE D'UN ÉTABLISSEMENT-RELAIS

Art. R. 311-14 La décision du collège de résolution de prolonger, en application de l'article L. 311-39, le délai de retrait de l'agrément de l'établissement-relais, se fonde sur une évaluation de la situation de l'établissement-relais et des conditions et perspectives du marché justifiant la prolongation de l'activité de cet établissement.

Art. R. 311-15 Lorsque l'agrément de l'établissement-relais est retiré dans les conditions prévues à l'article L. 311-39, tout boni de liquidation revient aux détenteurs de titres de capital de cet établissement.

Art. R. 311-16 Lorsque les patrimoines de plusieurs personnes soumises à une procédure de résolution ont été transférés au même établissement-relais, la procédure de liquidation mentionnée au chapitre VI du titre II du livre III s'applique séparément au patrimoine de chacune de ces personnes et non à l'établissement-relais lui-même.

Les patrimoines concernés sont individualisés dans la comptabilité de l'établissement-relais. Ils font l'objet d'une liquidation séparée sans que les créanciers au titre de l'un des patrimoines transférés puissent se prévaloir des actifs détenus par l'établissement-relais et qui sont issus du transfert du patrimoine d'une autre personne.

SOUS-SECTION 5 DISPOSITIONS DE PROCÉDURE ET RESPECT DES DROITS DES ASSURÉS ET CRÉANCIERS

Art. R. 311-17 Les mesures prises par le collège de résolution en application des articles L. 311-29 à L. 311-48 sont opposables aux tiers sans autre formalité, dès leur publication sur le site internet de l'Autorité de contrôle prudentiel et de résolution. La date et l'heure de la publication y sont mentionnées.

L'Autorité garantit l'accès effectif du public à ce site ainsi que la continuité de la mise en ligne des informations susmentionnées pendant toute la durée du délai de recours. Elle assure la conservation et l'archivage des mesures publiées sur son site internet.

Art. R. 311-18 Pour l'application de l'article L. 311-50, le collège de résolution présente aux acquéreurs potentiels les modalités et le calendrier du transfert de titres mis en œuvre dans le cadre de la procédure prévue à cet article. Il veille à ce que tous les acquéreurs potentiels qui l'ont informé de leur intérêt disposent du même niveau d'information sur l'opération.

Art. R. 311-19 Les services et infrastructures mentionnés au I de cet article L. 311-51 sont fournis à l'acquéreur :

1° Aux conditions prévues par un accord conclu entre la personne soumise à une procédure de résolution et l'acquéreur, lorsqu'ils ont été fournis, aux termes de cet accord, immédiatement avant l'application d'une mesure de résolution ;

2° En l'absence d'un tel accord ou lorsque cet accord a expiré, aux conditions du marché, à la suite de l'intervention du collège de résolution prévue au I de l'article L. 311-51.

Art. R. 311-20 Lorsqu'il envisage de prendre une mesure de résolution à l'encontre d'une personne mentionnée au I de l'article L. 311-1, le collège de résolution :

1° Indique les motifs de cette décision, y compris le constat établissant que la personne remplit toujours les conditions de déclenchement d'une procédure de résolution ;

2° Précise la mesure qu'il envisage de prendre, y compris, le cas échéant, la demande d'ouverture d'une procédure de liquidation judiciaire ou toute autre mesure prise en application du chapitre VI du titre II du livre III.

SECTION IV COOPÉRATION ET ÉCHANGE D'INFORMATIONS

Art. R. 311-21 Lorsqu'il décide le transfert d'office d'un portefeuille de contrats d'assurance conclus sur le territoire d'un ou de plusieurs États membres de l'Espace économique européen, en application de l'article L. 311-31, de l'article L. 311-36, du II de l'article L. 311-42 ou du II de l'article L. 311-48, le collège de résolution en avise les autorités compétentes des pays dans lesquels ces contrats d'assurance ont été conclus et, le cas échéant, l'autorité compétente de l'État dans lequel est agréé l'organisme cessionnaire.

Lorsque l'organisme cessionnaire est originaire d'un État membre de l'Espace économique européen, le collège de résolution s'assure auprès des autorités compétentes de cet État que l'organisme possède, compte tenu du transfert, les fonds propres éligibles nécessaires pour la couverture de son capital de solvabilité requis et de son minimum de capital requis.

La décision de transfert et le nom de l'organisme cessionnaire font l'objet d'une publication au Journal officiel, à la diligence de l'Autorité de contrôle prudentiel et de résolution.

Art. R. 311-22 Dans l'exercice de leurs pouvoirs, le collège de supervision et le collège de résolution évaluent les effets potentiels de la divulgation des informations relatives à la personne concernée ou à la procédure de résolution. Ils apprécient, en particulier, les effets que pourraient avoir la divulgation des informations contenues dans le plan préventif de rétablissement mentionné à l'article L. 311-5 et dans le plan préventif de résolution mentionné à l'article L. 311-8.

En fonction de cette évaluation, les collèges veillent à ce que les cessionnaires, les candidats cessionnaires, les fiduciaires et les établissements-relais concernés se dotent de procédures qui permettent de limiter les risques de divulgation d'informations susceptibles de nuire à la procédure de résolution.

Art. R. 311-23 Les accords de coopération conclus en application de l'article L. 311-59 et de l'article L. 311-60 avec les autorités compétentes de supervision ou les autorités de résolution sont autorisés par le collège de supervision ou le collège de résolution, en fonction de leurs compétences respectives et du contenu de ces accords tels que soumis à l'évaluation prévue à l'article R. 311-22.

Art. R. 311-24 Le collège de résolution fixe les modalités de fonctionnement du collège d'autorités compétentes prévu au II de l'article L. 311-59. Lorsqu'il coordonne les activités d'une des formations de ce collège, le collège de résolution :

1° Établit, après avoir consulté les autres membres de ce collège, les modalités et procédures écrites de fonctionnement de ce collège ;

2° Informe les membres de la tenue des réunions prévues du collège afin qu'ils puissent demander à y participer ;

3° Détermine les membres et, le cas échéant, les observateurs invités à assister à des réunions spécifiques du collège, en veillant à l'adéquation de la composition du collège avec les sujets à l'ordre du jour. La participation des membres du collège d'autorités compétentes est toutefois de droit lorsque l'ordre du jour comporte des questions relevant d'une décision collective ou concernant une entité d'un groupe située dans leurs États respectifs.

Art. R. 311-25 Lorsque les modalités de transmission des informations aux fonds mentionnés au 3° du IV de l'article L. 311-18 ne garantissent pas un niveau approprié de confidentialité, le collège de supervision ou le collège de résolution établit des procédures de communication appropriées assurant le niveau de confidentialité requis.

Art. R. 311-26 La publication de la décision du collège de résolution mentionnée à l'article L. 311-53 est accompagnée d'une copie de cette décision. Cette dernière précise la date d'entrée en vigueur de la mesure de résolution adoptée.

TITRE DEUXIÈME RÉGIME ADMINISTRATIF

CHAPITRE PREMIER LES AGRÉMENTS

SECTION PREMIÈRE AGRÉMENT ADMINISTRATIF DES ENTREPRISES DONT LE SIÈGE SOCIAL EST EN FRANCE *(Décr. nº 2008-1154 du 7 nov. 2008).*

SOUS-SECTION 1 DISPOSITIONS RELATIVES AUX ENTREPRISES D'ASSURANCE *(Décr. nº 2008-1154 du 7 nov. 2008).*

Art. R.* 321-1 L'agrément administratif prévu par l'article L. 321-1 est accordé par l'Autorité de contrôle prudentiel et de résolution. Pour l'octroi de cet agrément, les opérations d'assurance sont classées en branches et sous-branches de la manière suivante :

1. Accidents (y compris les accidents de travail et les maladies professionnelles) :
a) Prestations forfaitaires ;
b) Prestations indemnitaires ;
c) Combinaisons ;
d) Personnes transportées.
2. Maladie :
a) Prestations forfaitaires ;
b) Prestations indemnitaires ;
c) Combinaisons.
3. Corps de véhicules terrestres (autres que ferroviaires) :
Tout dommage subi par :
a) Véhicules terrestres à moteur ;
b) Véhicules terrestres non automoteurs.
4. Corps de véhicules ferroviaires :
Tout dommage subi par les véhicules ferroviaires.
5. Corps de véhicules aériens :
Tout dommage subi par les véhicules aériens.
6. Corps de véhicules maritimes, lacustres et fluviaux :
Tout dommage subi par :
a) Véhicules fluviaux ;
b) Véhicules lacustres ;
c) Véhicules maritimes.
7. Marchandises transportées (y compris les marchandises, bagages et tous autres biens) :
Tout dommage subi par les marchandises transportées ou bagages, quel que soit le moyen de transport.
8. Incendie et éléments naturels :
Tout dommage subi par les biens (autres que les biens compris dans les branches 3, 4, 5, 6 et 7) lorsqu'il est causé par :
a) Incendie ;
b) Explosion ;
c) Tempête ;

d) Éléments naturels autres que la tempête ;
e) Énergie nucléaire ;
f) Affaissement de terrain.
9. Autres dommages aux biens :
Tout dommage subi par les biens (autres que les biens compris dans les branches 3, 4, 5, 6 et 7) lorsque ce dommage est causé par la grêle ou la gelée, ainsi que par tout événement, tel le vol, autre que ceux compris dans la branche 8.
10. Responsabilité civile véhicules terrestres automoteurs :
Toute responsabilité résultant de l'emploi de véhicules terrestres automoteurs (y compris la responsabilité du transporteur).
11. Responsabilité civile véhicules aériens :
Toute responsabilité résultant de l'emploi de véhicules aériens (y compris la responsabilité du transporteur).
12. Responsabilité civile véhicules maritimes, lacustres et fluviaux :
Toute responsabilité résultant de l'emploi de véhicules fluviaux, lacustres et maritimes (y compris la responsabilité du transporteur).
13. Responsabilité civile générale :
Toute responsabilité autre que celles mentionnées sous les numéros 10, 11 et 12.
14. Crédit :
a) Insolvabilité générale ;
b) Crédit à l'exportation ;
c) Vente à tempérament ;
d) Crédit hypothécaire ;
e) Crédit agricole.
15. Caution :
a) Caution directe ;
b) Caution indirecte.
16. Pertes pécuniaires diverses :
a) Risques d'emploi ;
b) Insuffisance de recettes (générale) ;
c) Mauvais temps ;
d) Pertes de bénéfices ;
e) Persistance de frais généraux ;
f) Dépenses commerciales imprévues ;
g) Perte de la valeur vénale ;
h) Pertes de loyers ou de revenus ;
i) Pertes commerciales indirectes autres que celles mentionnées précédemment ;
j) Pertes pécuniaires non commerciales ;
k) Autres pertes pécuniaires.
17. Protection juridique.
(Décr. nº 88-456 du 27 avr. 1988) « 18. Assistance :
« Assistance aux personnes en difficulté, notamment au cours de déplacements. »
(Décr. nº 84-349 du 9 mai 1984) « 20. Vie-Décès :
« Toute opération comportant des engagements dont l'exécution dépend de la durée de la vie humaine *(Décr. nº 94-635 du 25 juill. 1994)* « autre que les activités visées aux branches 22, 23 et 26 ».
« 21. Nuptialité-Natalité :
« Toute opération ayant pour objet le versement d'un capital en cas de mariage ou de naissance d'enfants.
« 22. Assurances liées à des fonds d'investissement :
« Toutes opérations comportant des engagements dont l'exécution dépend de la durée de la vie humaine et liées à un fonds d'investissement.
« Les branches mentionnées aux 20, 21 et 22 comportent la pratique d'assurances complémentaires au risque principal, notamment celles ayant pour objet des garanties en cas de décès accidentel ou d'invalidité.
« 23. Opérations tontinières :

« Toutes opérations comportant la constitution d'associations réunissant des adhérents en vue de capitaliser en commun leurs cotisations et de répartir l'avoir ainsi constitué soit entre les survivants, soit entre les ayants droit des décédés.

« 24. Capitalisation :

« Toute opération d'appel à l'épargne en vue de la capitalisation et comportant, en échange de versements uniques ou périodiques, directs ou indirects, des engagements déterminés quant à leur durée et à leur montant.

« 25. Gestion de fonds collectifs :

« Toute opération consistant à gérer les placements et notamment les actifs représentatifs des réserves d'entreprises autres que celles mentionnées à l'article L. 310-1 et qui fournissent des prestations en cas de vie, en cas de décès ou en cas de cessation ou de réduction d'activités.

« 26. *(Abrogé par Décr. n° 94-635 du 25 juill. 1994) « Prévoyance collective :* »

« Toute opération à caractère collectif définie à la section I du chapitre Ier du titre IV du livre IV. »

27. Abrogé par Décr. n° 93-866 du 25 juin 1993.

28. Abrogé par Décr. n° 94-635 du 25 juill. 1994.

30. Abrogé par Décr. n° 90-815 du 14 sept. 1990, art. 2. – Assur. R. 126-1.

Sur le maintien de l'agrément des entreprises antérieurement agréées pour pratiquer les opérations des branches mentionnées aux 18 à 24 de l'art. R. 321-1 dans son ancienne rédaction, V. Décr. n° 84-349 du 9 mai 1984, art. 2 (JO 12 mai).

Art. R. 321-1-1 *(Décr. n° 2015-513 du 7 mai 2015, art. 3-I-1°, en vigueur le 1er janv. 2016)* Chaque activité exercée par une entreprise d'assurance pratiquant à la fois les risques mentionnés au 1° et au 2° de l'article L. 310-1 fait l'objet d'une gestion distincte, organisée de telle sorte que l'activité d'assurance-vie et l'activité d'assurance non-vie soient séparées.

Lorsqu'une entreprise d'assurance non-vie a des liens financiers, commerciaux ou administratifs avec une entreprise d'assurance-vie, l'Autorité de contrôle prudentiel et de résolution veille à ce que les comptes des entreprises concernées ne soient pas faussés par des conventions passées entre ces entreprises ou par tout arrangement susceptible d'influencer la répartition des frais et des revenus.

Art. R.* 321-2 *(Décr. n° 2005-1185 du 19 sept. 2005)* Lorsqu'en application de l'article L. 321-1-2, l'Autorité de contrôle prudentiel et de résolution consulte l'autorité *(Décr. n° 2015-513 du 7 mai 2015, art. 7-II-1°, en vigueur le 1er janv. 2016)* « chargée de la surveillance des établissements de crédit ou d'investissement de l'État membre concernée », cette autorité dispose d'un délai d'un mois pour formuler ses observations. A sa demande, ce délai peut être prorogé d'un mois.

Art. R.* 321-3 Toute entreprise obtenant l'agrément administratif pour un risque principal appartenant à une branche mentionnée aux 1 à 18 de l'article R. 321-1 peut également garantir des risques compris dans une autre branche sans que l'agrément administratif soit exigé pour ces risques, lorsque ceux-ci sont liés au risque principal, concernent l'objet couvert contre le risque principal et sont garantis par le contrat qui couvre le risque principal.

(Décr. n° 90-815 du 14 sept. 1990) « Toutefois, les risques compris dans les branches mentionnées aux 14, 15 et 17 de l'article R. 321-1 ne peuvent être considérés comme accessoires à d'autres branches.

« Néanmoins, le risque compris dans la branche 17 peut être considéré comme accessoire à la branche 18 lorsque les conditions énoncées au premier alinéa sont remplies et que le risque principal ne concerne que l'assistance *(Décr. n° 2015-513 du 7 mai 2015, art. 3-I-2°, en vigueur le 1er janv. 2016)* « fournie aux personnes en difficulté au cours de déplacements, d'absences de leur domicile ou de leur résidence habituelle ».

« Ce même risque peut également être considéré comme accessoire dans les mêmes conditions lorsqu'il concerne des litiges ou des risques qui résultent de l'utilisation de navires de mer ou qui sont en rapport avec cette utilisation. »

Art. R. 321-4 *(Décr. n° 2004-221 du 12 mars 2004)* Toute décision de refus d'agrément administratif, total ou partiel, doit être motivée et notifiée par l'Autorité de contrôle prudentiel et de résolution à l'entreprise concernée, après que cette dernière a été mise préalablement en demeure par lettre recommandée de présenter ses observations par écrit dans un délai de quinzaine.

L'entreprise peut se pourvoir devant le Conseil d'État dans les deux mois de la notification du refus d'agrément, total ou partiel, ou de la décision implicite de rejet résultant de l'absence de notification à l'expiration d'un délai de six mois *(Décr. n° 2015-513 du 7 mai 2015, art. 3-I-3°, en vigueur le 1er janv. 2016)* « à compter de la réception » d'un dossier régulièrement constitué de demande d'agrément. Ce délai de six mois est prorogé lorsque l'Autorité sursoit à une décision d'agrément en application des dispositions de l'article L. 321-2.

Sur le rejet implicite par l'administration en raison de son silence de la demande d'agrément des entreprises d'assurance, V. note ss. art. L. 321-2.

Pour les demandes d'agrément de fonds de retraite professionnelle supplémentaire déposées au cours de l'exercice 2017, le délai de six mois prévu à l'art. R. 321-4 est porté à neuf mois (Décr. n° 2017-1171 du 18 juill. 2017, art. 3-I).

V. Instr. ACPR n° 2015-I-05 du 29 mai 2015 relative aux demandes d'approbation de l'évaluation et du classement des éléments de fonds propres non listés (http://acpr.banque-france.fr).

Art. R. 321-4-1 *(Décr. n° 2015-513 du 7 mai 2015, art. 3-I-4°, en vigueur le 1er janv. 2016)* Toute décision d'octroi ou de refus d'agrément administratif est notifiée par l'Autorité de contrôle prudentiel et de résolution à l'Autorité européenne des assurances et des pensions professionnelles.

Art. R. 321-5 *(Décr. n° 90-815 du 14 sept. 1990)* Les entreprises agréées pour pratiquer les branches mentionnées aux 20 et 22 de l'article R. 321-1 peuvent être autorisées à réaliser directement, à titre d'assurance accessoire faisant partie d'un contrat d'assurance sur la vie et moyennant paiement d'une prime ou cotisation distincte, des assurances complémentaires contre les risques d'atteintes corporelles incluant l'incapacité de travail professionnelle, de décès accidentel ou d'invalidité à la suite d'accident ou de maladie. Dans ce cas, le contrat doit préciser que ces garanties complémentaires prennent fin au plus tard en même temps que la garantie principale.

***Al. 2** abrogé par Décr. n° 91-617 du 28 juin 1991.*

SOUS-SECTION 2 DISPOSITIONS RELATIVES AUX ENTREPRISES DE RÉASSURANCE

(Décr. n° 2008-1154 du 7 nov. 2008)

Art. R. 321-5-1 L'agrément administratif prévu à l'article L. 321-1-1 est accordé par l'Autorité de contrôle prudentiel et de résolution. Pour l'octroi de cet agrément, les opérations de réassurance sont classées en activités de la manière suivante :

1. Non-vie : réassurance des risques de même nature que ceux couverts par les entreprises mentionnées aux 2° et 3° de l'article L. 310-1 ;

2. Vie : réassurance des risques de même nature que ceux couverts par les entreprises mentionnées au 1° de l'article L. 310-1.

Art. R. 321-5-2 Lorsqu'en application de l'article L. 321-1-2 l'Autorité de contrôle prudentiel et de résolution consulte l'autorité *(Décr. n° 2015-513 du 7 mai 2015, art. 7-II-1°, en vigueur le 1er janv. 2016)* « chargée de la surveillance des établissements de crédit ou d'investissement de l'État membre concernée », cette autorité dispose d'un délai d'un mois pour formuler ses observations. A sa demande, ce délai peut être prorogé d'un mois.

Art. R. 321-5-3 Toute décision de refus d'agrément administratif, total ou partiel, doit être motivée et notifiée par l'Autorité de contrôle prudentiel et de résolution à l'entreprise concernée, après que cette dernière a été mise préalablement en demeure par lettre recommandée de présenter ses observations par écrit dans un délai de quinzaine.

L'entreprise peut se pourvoir devant le Conseil d'État dans les deux mois de la notification du refus d'agrément, total ou partiel, ou de la décision implicite de rejet résultant de l'absence de notification à l'expiration d'un délai de six mois *(Décr. nº 2015-513 du 7 mai 2015, art. 3-I-3º, en vigueur le 1er janv. 2016)* « à compter de la réception » d'un dossier régulièrement constitué de demande d'agrément. Ce délai de six mois est prorogé lorsque l'Autorité sursoit à une décision d'agrément en application des dispositions de l'article L. 321-2.

En application du II de l'art. 21 de la L. nº 2000-321 du 12 avr. 2000, le silence gardé par l'administration pendant six mois vaut rejet pour les demandes d'agrément des entreprises de réassurance (Décr. nº 2014-1280 du 23 oct. 2014, applicable pour les demandes présentées à compter du 12 nov. 2014).

Art. R. 321-5-4 *(Décr. nº 2015-513 du 7 mai 2015, art. 3-5º, en vigueur le 1er janv. 2016)* Toute décision d'octroi ou de refus d'agrément administratif est notifiée par l'Autorité de contrôle prudentiel et de résolution à l'Autorité européenne des assurances et des pensions professionnelles.

SECTION II AGRÉMENT ADMINISTRATIF DES ENTREPRISES D'ASSURANCE NON COMMUNAUTAIRES DONT LE SIÈGE SOCIAL EST SITUÉ DANS UN ÉTAT MEMBRE DE L'ESPACE ÉCONOMIQUE EUROPÉEN *(Décr. nº 2008-1154 du 7 nov. 2008).*

Art. R.* 321-6 *(Décr. nº 94-635 du 25 juill. 1994)* L'agrément administratif prévu à l'article L. 321-7 est délivré dans les conditions prévues aux articles R. 321-1, R. 321-3 et R. 321-5, et refusé dans les conditions de l'article R. 321-4.

Art. R. 321-6-1 et R.* 321-7 *Abrogés par Décr. nº 94-635 du 25 juill. 1994.*

Art. R.* 321-8 et R.* 321-9 *Abrogés par Décr. nº 2015-513 du 7 mai 2015, art. 7-II-2º, à compter du 1er janv. 2016.*

SECTION III *[ABROGÉE]* AGRÉMENT SPÉCIAL DES ENTREPRISES D'ASSURANCE DONT LE SIÈGE SOCIAL EST SITUÉ DANS UN ÉTAT NON MEMBRE DE L'ESPACE ÉCONOMIQUE EUROPÉEN *(Décr. nº 2008-1154 du 7 nov. 2008).*

(Abrogée par Décr. nº 2015-513 du 7 mai 2015, art. 7-II-5º, à compter du 1er janv. 2016)

Art. R. 321-10 à R. 321-12 *Abrogés par Décr. nº 2015-513 du 7 mai 2015, art. 7-II-5º, à compter du 1er janv. 2016.*

SECTION IV CONDITIONS DES AGRÉMENTS *(Décr. nº 94-635 du 25 juill. 1994).*

SOUS-SECTION 1 DISPOSITIONS RELATIVES AUX ENTREPRISES D'ASSURANCE *(Décr. nº 2008-1154 du 7 nov. 2008).*

Art. R.* 321-13 *Abrogé par Décr. nº 94-635 du 25 juill. 1994.*

Art. R. 321-14 *(Décr. nº 94-635 du 25 juill. 1994)* L'agrément administratif est donné par branche aux entreprises mentionnées aux 1º, 3º et 4º de l'article L. 310-2.

Cet agrément couvre la branche entière, sauf si l'entreprise ne désire garantir que les opérations relevant d'une ou plusieurs sous-branches.

Pour les entreprises mentionnées au 4º de l'article L. 310-2, l'Autorité de contrôle prudentiel et de résolution peut, dans les conditions prévues à l'article R. 321-4, restreindre l'agrément à une ou plusieurs opérations.

Art. R.* 321-15 *(Décr. nº 94-635 du 25 juill. 1994)* Le mandataire général des succursales d'entreprises mentionnées au 3º de l'article L. 310-2 établies régulièrement en France doit être doté par l'entreprise intéressée de pouvoirs suffisants pour engager celle-ci à l'égard des tiers et pour la représenter vis-à-vis des autorités et juridictions françaises.

(Abrogé par Décr. nº 2015-513 du 7 mai 2015, art. 7-II-3º, à compter du 1er janv. 2016) ***« Ce mandataire général est assimilé à un dirigeant pour l'application de l'article R. 321-17-1. »***

Art. R. 321-16 *(Décr. nº 94-635 du 25 juill. 1994)* **Pendant les** *(Décr. nº 2015-513 du 7 mai 2015, art. 3-I-6º, en vigueur le 1er janv. 2016)* **« trois exercices » suivant la délivrance des agréments mentionnés aux articles L. 321-1, L. 321-7 et** *(Décr. nº 2015-513 du 7 mai 2015, art. 3-I-8º et 10-I-8º, en vigueur le 1er janv. 2016)* **« L. 329-1 », l'entreprise doit présenter à l'Autorité de contrôle prudentiel et de résolution, pour chaque semestre, un compte rendu d'exécution du programme d'activités mentionné à l'article L. 321-10. Si l'activité de l'entreprise n'est pas conforme au programme d'activités, l'Autorité prend les mesures utiles en vue de la protection des intérêts des assurés.** *(Décr. nº 2010-217 du 3 mars 2010, art. 3-II-15º)* **« Sans préjudice de la mise en œuvre, le cas échéant, des mesures prévues aux sections VI et VII du chapitre II du titre Ier du livre VI du code monétaire et financier, l'Autorité peut faire application des dispositions de l'article L. 325-1 du présent code. »**

Art. R.* 321-17 **Tous les documents accompagnant les demandes d'agrément doivent être rédigés ou traduits en langue française.**

Art. R. 321-17-1 *Abrogé par Décr. nº 2015-513 du 7 mai 2015, art. 3-I-7º, à compter du 1er janv. 2016.*

Art. R.* 321-18 **L'agrément administratif est donné par** *(Décr. nº 2008-1154 du 7 nov. 2008)* **« décision publiée » au *Journal officiel*.**

Art. R.* 321-19 à R. 321-21 *Abrogés par Décr. nº 2015-513 du 7 mai 2015, art. 3-I-7º, à compter du 1er janv. 2016.*

Art. R. 321-22 *(Décr. nº 94-635 du 25 juill. 1994)* **Une entreprise dont tous les agréments** *(Abrogé par Décr. nº 2015-513 du 7 mai 2015, art. 7-II-4º, à compter du 1er janv. 2016)* ***« ont cessé de plein droit d'être valables ou »*** **ont fait l'objet** *(Décr. nº 2008-1154 du 7 nov. 2008)* **« de décisions » constatant leur caducité** *(Décr. nº 2015-513 du 7 mai 2015, art. 7-II-4º, en vigueur le 1er janv. 2016)* **« en application de l'article L. 321-10-2 » soumet à l'approbation de l'Autorité de contrôle prudentiel et de résolution,** *(Décr. nº 2015-513 du 7 mai 2015, art. 7-II-4º, en vigueur le 1er janv. 2016)* **« dans un délai de un mois à partir de la date de publication au *Journal officiel* de la République française de » son dernier agrément** *(Abrogé par Décr. nº 2015-513 du 7 mai 2015, art. 7-II-4º, à compter du 1er janv. 2016)* ***« a cessé de plein droit d'être valable ou a fait l'objet*** *(Décr. nº 2008-1154 du 7 nov. 2008)* ***« d'une décision » constatant sa caducité »*****, un programme de liquidation précisant notamment les délais prévisibles et les conditions financières de la liquidation, ainsi que les moyens en personnel et en matériels mis en œuvre pour la gestion des engagements résiduels. Lorsque la gestion des engagements résiduels est déléguée à un tiers, le projet de contrat de délégation et un dossier décrivant la qualité du délégataire et de ses dirigeants, son organisation, sa situation financière et les moyens mis en œuvre sont communiqués à l'Autorité, qui peut** *(Abrogé par Décr. nº 2010-217 du 3 mars 2010, art. 3-II-17º-a)* ***«, en application du dernier alinéa de l'article L. 310-12, »*** **réaliser tous contrôles sur pièces et sur place du délégataire, jusqu'à liquidation intégrale des engagements.**

Si l'Autorité estime que le programme de liquidation présenté par l'entreprise n'est pas conforme aux intérêts des assurés, elle ne l'approuve pas et peut demander la présentation d'un nouveau programme, dans les délais et conditions qu'elle prescrit.

En l'absence de programme de liquidation, ou lorsque le programme présenté n'a pas été approuvé, ou lorsque l'entreprise ne respecte pas le programme approuvé, l'Autorité prend *(Décr. nº 2010-217 du 3 mars 2010, art. 3-II-17º-b)* **« toutes mesures prévues à la section VI du chapitre II du titre Ier du livre VI du code monétaire et financier qu'elle juge nécessaires ; elle peut également faire usage des pouvoirs de sanction prévus à la section VII du chapitre II du titre Ier du livre VI du même code. »**

Art. R. 321-23 *Abrogé par Décr. n° 2015-513 du 7 mai 2015, art. 7-II-2°, à compter du 1er janv. 2016.*

Art. R. 321-24 *Abrogé par Décr. n° 94-635 du 25 juill. 1994.*

SOUS-SECTION 2 DISPOSITIONS RELATIVES AUX ENTREPRISES DE RÉASSURANCE (*Décr. n° 2008-1154 du 7 nov. 2008*)

Art. R. 321-25 **Le mandataire général des succursales d'entreprises mentionnées au 3° du III de l'article L. 310-1-1 établies régulièrement en France doit être doté par l'entreprise intéressée de pouvoirs suffisants pour engager celle-ci à l'égard des tiers et pour la représenter vis-à-vis des autorités et juridictions françaises.**

Art. R. 321-26 **Pendant les** *(Décr. n° 2015-513 du 7 mai 2015, art. 3-I-8°, en vigueur le 1er janv. 2016)* **« trois exercices » suivant la délivrance de l'agrément mentionné à l'article L. 321-1-1, l'entreprise doit présenter chaque année à l'Autorité de contrôle un compte rendu d'exécution du programme d'activités mentionné à l'article L. 321-10-1. Si l'activité de l'entreprise n'est pas conforme au programme d'activités, l'Autorité de contrôle prend les mesures utiles en vue de la protection des intérêts des entreprises réassurées.** *(Décr. n° 2010-217 du 3 mars 2010, art. 3-II-18°)* **« Sans préjudice de la mise en œuvre, le cas échéant, des mesures prévues aux sections VI et VII du chapitre II du titre Ier du livre VI du code monétaire et financier, l'Autorité peut faire application des dispositions de l'article L. 325-1 du présent code. »**

Art. R. 321-27 **Tous les documents accompagnant les demandes d'agrément doivent être rédigés ou traduits en langue française.**

Art. R. 321-28 *Abrogé par Décr. n° 2015-513 du 7 mai 2015, art. 7-II-2°, à compter du 1er janv. 2016.*

Art. R. 321-29 **L'agrément administratif est donné par décision publiée au *Journal officiel*.**

Art. R. 321-30 et R. 321-31 *Abrogés par Décr. n° 2015-513 du 7 mai 2015, art. 7-II-2°, à compter du 1er janv. 2016.*

SECTION V DISPOSITIONS RELATIVES À L'OUVERTURE D'UNE SUCCURSALE ET L'EXERCICE DE LA LIBRE PRESTATION DE SERVICES DES ORGANISMES RELEVANT DU CODE DES ASSURANCES, DU CODE DE LA MUTUALITÉ ET DU CODE DE LA SÉCURITÉ SOCIALE (*Décr. n° 2010-217 du 3 mars 2010, art. 3-II-20°*).

Art. R. 321-32 *(Décr. n° 2015-513 du 7 mai 2015, art. 3-I-9°, en vigueur le 1er janv. 2016)* **I. — Toute personne soumise au contrôle de l'Autorité de contrôle prudentiel et de résolution en vertu du B du I de l'article L. 612-2 du code monétaire et financier, à l'exception des entreprises mentionnées au 1° du III de l'article L. 310-1-1 du présent code, et projetant d'ouvrir une succursale ou d'exercer des activités en libre prestation de services, conformément aux dispositions de l'article L. 321-11, notifie son projet à l'Autorité de contrôle prudentiel et de résolution, accompagné des documents dont la liste est fixée par l'Autorité dans les conditions mentionnées à l'article R. 612-21 du code monétaire et financier.**

Si l'Autorité estime que les conditions mentionnées à l'article à L. 321-11 sont réunies, elle communique aux autorités compétentes de l'État membre d'accueil les documents mentionnés au précédent alinéa à l'exception de ceux relatifs à la compétence et à l'honorabilité du mandataire général en ce qui concerne les succursales. Elle communique également aux autorités compétentes de l'État membre d'accueil une attestation certifiant que l'entreprise dispose du capital de solvabilité requis et du minimum de capital requis.

L'Autorité de contrôle prudentiel et de résolution avise des communications prévues au deuxième alinéa la personne demanderesse, qui peut alors commencer ses activités dans les délais et conditions fixés par un arrêté du ministre chargé de l'économie.

Le délai de communication aux autorités de l'État membre d'accueil, des informations mentionnées au deuxième alinéa, court à compter de la réception par l'Autorité de contrôle prudentiel et de résolution d'un dossier complet. Ce délai est de trois mois pour une demande d'établissement d'une succursale et d'un mois pour une demande d'exercice en libre prestation de services.

II. — Tout projet de modification de la nature ou des conditions d'exercice des activités en liberté d'établissement ou en libre prestation de services autorisées conformément aux dispositions de l'article L. 321-11 est notifié à l'Autorité de contrôle prudentiel et de résolution, accompagné de ceux des documents mentionnés au premier alinéa du I qui sont affectés par le projet de modification. Cette notification est effectuée un mois au moins avant d'effectuer la modification.

Lorsque la personne opère en régime de liberté d'établissement, elle communique également son projet de modification, de manière simultanée, aux autorités compétentes de l'État membre de l'Union européenne sur le territoire duquel est située sa succursale.

Si l'Autorité estime que les conditions mentionnées à l'article L. 321-11 sont toujours remplies, elle communique aux autorités compétentes de l'État membre concerné, dans le délai d'un mois suivant la notification visée au précédent alinéa, les documents mentionnés à ce même alinéa, à l'exception, le cas échéant, des documents relatifs à la compétence et à l'honorabilité du mandataire général en ce qui concerne les succursales, ainsi que de l'attestation mentionnée au deuxième alinéa du I. Elle avise l'entreprise concernée de cette communication. La modification envisagée peut intervenir dès réception de cet avis par la personne demanderesse.

III. — Lorsque l'Autorité de contrôle prudentiel et de résolution refuse de communiquer aux autorités compétentes de l'État membre concerné les informations visées au deuxième alinéa des I et II, elle en avise la personne demanderesse et lui fait connaître, dans les délais mentionnés au troisième alinéa du I et au deuxième alinéa du II, les motifs de ce refus. L'Autorité de contrôle prudentiel et de résolution communique, le cas échéant à la Commission européenne, le nombre et le type de communications refusées en application du présent alinéa.

IV. — Lorsque l'Autorité de contrôle prudentiel et de résolution a exigé un programme de rétablissement dans les conditions mentionnées à l'article L. 612-32 du code monétaire et financier, elle s'abstient de communiquer aux autorités compétentes de l'État membre concerné les informations mentionnées au deuxième alinéa du I et du II tant qu'elle considère que la situation de la demanderesse n'est pas rétablie.

V. note ss. art. L. 321-11.

En application du II de l'art. 21 de la L. nº 2000-321 du 12 avr. 2000, le silence gardé par l'administration pendant trois mois vaut rejet pour les demandes d'autorisation d'exercice d'activité en libre établissement dans un autre État membre par des entreprises d'assurance. Ce délai est de un mois pour les demandes d'autorisation d'exercice d'activité en libre prestation de services (Décr. nº 2014-1280 du 23 oct. 2014, applicable aux demandes présentées à compter du 12 nov. 2014).

V. Instr. ACPR nº 2015-I-16 du 30 juin 2015 relative aux documents à produire dans le cadre de l'exercice d'une activité d'assurance dans un autre État de l'EEE (http://acpr.banque-france.fr).

SECTION VI DISPOSITIONS RELATIVES À L'EXERCICE DE CERTAINES OPÉRATIONS DE COASSURANCE PAR LES ENTREPRISES D'ASSURANCE

(Décr. nº 2015-513 du 7 mai 2015, art. 3-I-10º, en vigueur le 1er janv. 2016)

Art. R. 321-33 Pour permettre aux entreprises d'assurance qui sont parties à une opération de coassurance de bénéficier de la dispense prévue à l'article L. 321-12, l'opération doit réunir les critères suivants :

1º Le risque est couvert par un contrat unique moyennant une prime globale pour une même durée ;

2° Les assureurs ne sont pas solidaires entre eux ;

3° L'un des assureurs est désigné en tant qu'apériteur : ce dernier doit assumer pleinement le rôle directeur qui lui revient et notamment celui de déterminer les conditions d'assurance et de tarification.

Art. R. 321-34 Pour les entreprises d'assurance bénéficiant de la dispense prévue à l'article L. 321-12, les provisions techniques définies au titre IV du livre III, que chacune de ces entreprises doit constituer pour les opérations de coassurance correspondantes, sont au moins égales au montant calculé par l'apériteur, suivant les règles de l'État membre où ce dernier est établi.

Art. R. 321-35 Les entreprises d'assurance ayant leur siège social en France et participant aux opérations visées à l'article L. 321-12 en tant qu'apériteurs transmettent aux autres assureurs participants à ces opérations des éléments statistiques faisant apparaître l'importance des opérations de coassurance européenne auxquelles ils participent.

CHAPITRE II RÈGLES DE CONSTITUTION ET DE FONCTIONNEMENT

SECTION PREMIÈRE DISPOSITIONS COMMUNES

SOUS-SECTION 1 DISPOSITIONS RELATIVES AUX ENTREPRISES D'ASSURANCE
(Décr. nº 2008-1154 du 7 nov. 2008).

Art. R. 322-1 *(Décr. nº 94-635 du 25 juill. 1994)* Toute entreprise d'assurance doit, lorsqu'elle sollicite un agrément pour la branche de protection juridique conformément aux dispositions des articles L. 321-1, L. 321-7 et *(Décr. nº 2015-513 du 7 mai 2015, art. 10-I-9º, en vigueur le 1er janv. 2016)* « L. 329-1 », indiquer, lors de la présentation des documents prévus à ces quatre articles, la modalité de gestion adoptée, parmi celles qui sont énoncées à l'article L. 322-2-3.

Lorsque l'entreprise choisit de confier les sinistres de la branche de protection juridique à une entreprise juridiquement distincte, conformément aux dispositions du deuxième tiret du premier alinéa de l'article L. 322-2-3, elle doit adresser copie des statuts de cette entreprise à l'Autorité de contrôle prudentiel et de résolution.

Si cette entreprise juridiquement distincte a des liens de la nature de ceux qui sont définis *(Décr. nº 2010-217 du 3 mars 2010, art. 3-II-22º)* « à l'article L. 612-26 du code monétaire et financier » avec une autre entreprise qui pratique l'assurance d'une ou plusieurs autres branches mentionnées à l'article R. 321-1, l'entreprise qui sollicite l'agrément doit s'assurer et, en outre, attester :

1° Que les membres de son personnel chargés de la gestion des sinistres ou des conseils juridiques relatifs à cette gestion n'exercent pas la même activité pour le compte de l'autre entreprise ;

2° Que ses dirigeants ne sont pas aussi des dirigeants de l'autre entreprise.

V. Instr. ACPR nº 2015-I-34 du 17 déc. 2015 relative aux informations à transmettre à l'Autorité de contrôle prudentiel et de résolution dans le cadre de l'acquisition ou l'extension de participation dans une entreprise d'assurance, de réassurance ou dans une société de groupe d'assurance (https://acpr.banque-france.fr).

Art. R. 322-1-1 *(Décr. nº 94-635 du 25 juill. 1994)* Lorsqu'une entreprise agréée dans la branche de protection juridique désire opter pour une autre modalité de gestion que celle qu'elle a précédemment choisie, elle est tenue d'en informer *(Décr. nº 2013-672 du 26 juill. 2013, art. 24)* «l'Autorité de contrôle prudentiel et de résolution ».

La nouvelle modalité choisie prend effet un mois après sa notification *(Décr. nº 2017-1765 du 26 déc. 2017, art. 1er)* « à l'Autorité de contrôle prudentiel et de résolution », sauf opposition par *(Décr. nº 2017-1765 du 26 déc. 2017, art. 1er)* « cette dernière » dans le même délai pour un motif de nature à remettre en cause la décision d'agrément.

Les deuxième et troisième alinéas de l'article R. 322-1 sont applicables.

Art. R. 322-1-2 *(Décr. nº 94-635 du 25 juill. 1994)* Pour l'application des dispositions du deuxième tiret du premier alinéa de l'article L. 322-2-3, l'entreprise juridiquement distincte à qui est confiée la gestion des sinistres de la branche de protection juridique est soit une entreprise régie par le code des assurances, soit une société civile, soit une société commerciale, soit un groupement d'intérêt économique.

Art. R.* 322-2 Les entreprises soumises au contrôle de l'État par l'article L. 310-1 ne peuvent avoir d'autre objet que celui de pratiquer les opérations mentionnées à l'article R. 321-1, ainsi que celles qui en découlent directement, à l'exclusion de toute autre activité commerciale.

Elles peuvent faire souscrire des contrats d'assurance pour le compte d'autres entreprises agréées avec lesquelles elles ont conclu un accord à cet effet.

Art. R.* 322-3 Il est interdit, pour les opérations autres que celles mentionnées au 21 de l'article R. 321-1, de stipuler ou de réaliser l'exécution de contrats ou l'attribution de bénéfices par la voie de tirage au sort. – *Assur. R. 328-1 s.*

Art. R.* 322-4 Lorsqu'une entreprise pratique une ou plusieurs des branches ou sous-branches mentionnées à l'article R. 321-1 *(Abrogé par Décr. nº 2008-1154 du 7 nov. 2008) « dans un département d'outre-mer ou »* dans l'un des territoires de la Nouvelle-Calédonie, de la Polynésie française, de Saint-Pierre-et-Miquelon, des Terres australes et antarctiques françaises ou de Wallis-et-Futuna, elle doit obtenir l'habilitation, par le préfet ou le chef de territoire, d'un agent spécial, personne physique, préposé à la direction de toutes les opérations qu'elle pratique dans ce département ou territoire.

L'acceptation de l'agent spécial ne peut être refusée par le préfet ou le chef de territoire que pour des motifs touchant à l'honorabilité ou à la qualification technique.

SOUS-SECTION 2 DISPOSITIONS RELATIVES AUX ENTREPRISES DE RÉASSURANCE

(Décr. nº 2008-1154 du 7 nov. 2008)

Art. R. 322-4-1 Les entreprises mentionnées au 1º du III de l'article L. 310-1-1 doivent limiter leur objet à l'activité de réassurance et aux opérations liées. Cette exigence peut inclure une fonction de détention de participations dans le secteur financier au sens *(Décr. nº 2015-513 du 7 mai 2015, art. 10-I-10º, en vigueur le 1er janv. 2016)* « du 3º de l'article L. 517-2 du code monétaire et financier ».

SECTION II SOCIÉTÉS ANONYMES D'ASSURANCE, DE CAPITALISATION ET DE RÉASSURANCE *(Décr. nº 2008-1154 du 7 nov. 2008)*.

SOUS-SECTION 1 DISPOSITIONS RELATIVES AUX ENTREPRISES D'ASSURANCE *(Décr. nº 2008-1154 du 7 nov. 2008)*.

Art. R. 322-5 *(Décr. nº 91-603 du 27 juin 1991)* Les entreprises françaises soumises au contrôle de l'État par l'article L. 310-1 et constituées sous la forme de société anonyme doivent avoir un capital social, non compris les apports en nature, au moins égal à *(Décr. nº 2001-95 du 2 févr. 2001)* « 800 000 euros » pour pratiquer les opérations entrant dans les branches mentionnées aux 10 à 15, et aux 20, 21, 22, 24, 25 *(Décr. nº 93-866 du 25 juin 1993)* « et 28 » de l'article R. 321-1 ainsi que les opérations de réassurance.

Les mêmes entreprises doivent, pour pratiquer des opérations entrant dans d'autres branches que celles énumérées à l'alinéa précédent, avoir un capital social, non compris les apports en nature, au moins égal à *(Décr. nº 2001-95 du 2 févr. 2001)* « 480 000 euros ».

Chaque actionnaire doit verser, avant la constitution définitive, la moitié au moins du montant des actions en numéraire souscrites par lui.

Art. R. 322-6 *(Décr. n° 2008-1437 du 22 déc. 2008, art. 1er-1°)* **Le report de charge constitué en vertu de l'article** *(Décr. n° 2015-513 du 7 mai 2015, art. 10-I-11°, en vigueur le 1er janv. 2016)* **« R. 343-6 » est déduit du bénéfice distribuable mentionné à l'article L. 232-11 du code de commerce. Il est également déduit du bénéfice défini au deuxième alinéa de l'article L. 232-12 du même code.** – *Dispositions applicables aux comptes des organismes d'assurance à compter de l'exercice comptable 2008 (Décr. n° 2008-1437 du 22 déc. 2008, art. 13).*

Art. R.* 322-7 **Le rapport spécial des commissaires aux comptes prévu au troisième alinéa de l'article L. 225-40 et au troisième alinéa de l'article L. 225-88 du code de commerce doit contenir, outre les mentions énumérées aux articles 92 ou 117 du décret n° 67-236 du 23 mars 1967 sur les sociétés commerciales, l'indication du montant des sommes versées aux personnes mentionnées, selon le cas,** *(Décr. n° 91-603 du 27 juin 1991)* **« à l'article** *[aux articles]* **101 ou 143** *[C. com., art. L. 225-38 ou L. 225-86]* **» de ladite loi à titre de rémunérations ou commissions pour les contrats d'assurance ou de capitalisation souscrits par leur intermédiaire.**

Art. R.* 322-8 **Dans les prospectus, affiches, circulaires, notices, annonces ou documents quelconques relatifs aux emprunts des entreprises mentionnées à l'article R. 322-5, il doit être rappelé de manière explicite qu'un privilège est institué au profit des assurés par l'article L. 327-2 et indiqué que le prêteur, même s'il est assuré, ne bénéficie d'aucun privilège pour les intérêts et le remboursement de cet emprunt. Cette mention doit figurer également en caractères apparents sur les titres d'emprunt.**

Il est porté chaque année dans les charges de l'entreprise une somme constante destinée au paiement des intérêts et au remboursement des emprunts ou à la constitution de la réserve pour l'amortissement des emprunts. *(Décr. n° 92-716 du 23 juill. 1992)* **« Cette obligation ne s'applique pas aux titres et emprunts subordonnés** *(Abrogé par Décr. n° 2015-513 du 7 mai 2015, art. 7-II-6°, à compter du 1er janv. 2016)* ***«, pour autant qu'ils entrent dans la constitution de la marge de solvabilité en application des articles R. 334-3 et R. 334-11 du présent code».*** **»** – *Assur. R. 328-1 s.*

Art. R. 322-9 *(Décr. n° 2008-1154 du 7 nov. 2008)* **Les prospectus, affiches, circulaires, notices, annonces ou documents quelconques, ainsi que les polices émis par les sociétés anonymes mentionnées à la présente section doivent indiquer, au-dessous de la mention du montant du capital social, la portion de ce capital déjà versée.**

SOUS-SECTION 2 DISPOSITIONS RELATIVES AUX ENTREPRISES DE RÉASSURANCE

(Décr. n° 2008-1154 du 7 nov. 2008)

Art. R. 322-10 **Les entreprises mentionnées au 1° du III de l'article L. 310-1-1 constituées sous la forme de société anonyme doivent avoir un capital social, non compris les apports en nature, au moins égal à 800 000 euros.**

Chaque actionnaire doit verser, avant la constitution définitive, la moitié au moins du montant des actions en numéraire souscrites par lui.

Art. R.* 322-11 *Abrogé par Décr. n° 2008-1154 du 7 nov. 2008.*

SOUS-SECTION 3 DISPOSITIONS RELATIVES AUX ENTREPRISES D'ASSURANCE ET DE RÉASSURANCE *(Décr. n° 2008-1154 du 7 nov. 2008).*

Art. R. 322-11-1 *(Décr. n° 2009-1223 du 12 oct. 2009, art. 5)* **« I. – Toute opération permettant à une personne, agissant seule ou de concert avec d'autres personnes, au sens des dispositions de l'article L. 233-10 du code de commerce, d'acquérir, d'étendre, de diminuer ou de cesser de détenir, directement ou indirectement,** *(Abrogé par Décr. n° 2017-1765 du 26 déc. 2017, art. 1er)* ***« au sens des dispositions de l'article L. 233-4 du code de commerce, »*** **une participation dans une entreprise mentionnée au 1° de l'article L. 310-2 ou au 1° du III de l'article L. 310-1-1 du présent code doit**

faire l'objet, de la part de cette ou de ces personnes et préalablement à sa réalisation, de la notification à l'Autorité de contrôle prudentiel et de résolution prévue au premier alinéa de l'article L. 322-4, lorsqu'une de ces *(Décr. nº 2017-1765 du 26 déc. 2017, art. 1er)* **« trois » conditions est remplie :**

« 1° La fraction de droits de vote *(Décr. nº 2015-513 du 7 mai 2015, art. 3, en vigueur le 1er janv. 2016)* **« ou des parts de capital » détenue par cette ou ces personnes passe au-dessus ou en dessous des seuils du dixième, du cinquième, du tiers ou de la moitié ;**

« 2° L'entreprise devient ou cesse d'être une filiale de cette ou de ces personnes ; » *(Décr. nº 2017-1765 du 26 déc. 2017, art. 1er)* **« 3° L'opération permet à cette ou** *[à]* **ces personnes d'exercer une influence notable sur la gestion de cette entreprise. »**

(Décr. nº 2009-1223 du 12 oct. 2009, art. 5) **« Pour l'application de la présente section, les fractions des droits de vote sont calculées conformément aux dispositions** *(Décr. nº 2017-1765 du 26 déc. 2017, art. 1er)* **« de l'article L. 233-4, » des I et IV de l'article L. 233-7 et de l'article L. 233-9 du code de commerce. Il n'est pas tenu compte des droits de vote** *(Décr. nº 2015-513 du 7 mai 2015, art. 3, en vigueur le 1er janv. 2016)* **« ou des actions » que des établissements de crédit** *(Décr. nº 2017-1253 du 9 août 2017, art. 10, en vigueur le 3 janv. 2018)* **« [,] des sociétés de gestion de portefeuille ou des entreprises d'investissement » détiennent à la suite de la prise ferme ou du placement garanti d'instruments financiers, au sens des 6-1 ou 6-2 de l'article D. 321-1 du code monétaire et financier, pour autant que ces droits ne soient pas exercés ni utilisés autrement pour intervenir dans la gestion de l'émetteur et à condition qu'ils soient cédés dans un délai d'un an après l'acquisition.** *(Décr. nº 2017-1765 du 26 déc. 2017, art. 1er)* **« La participation en capital est calculée en additionnant, s'il y a lieu, la participation directe et la ou les participations indirectes détenues dans le capital de l'entreprise. Les participations indirectes sont calculées en multipliant entre elles les fractions détenues dans le capital de chaque entité intermédiaire ainsi que dans le capital de l'entreprise. »**

« L'Autorité de contrôle prudentiel et de résolution établit une liste des informations qu'il *[elle]* **estime nécessaires pour procéder à l'évaluation prévue à l'article R. 322-11-2 et qui doivent lui être communiquées dans le cadre de la notification prévue au premier alinéa de l'article L. 322-4. Cette liste est accessible sur le site** *(Décr. nº 2015-513 du 7 mai 2015, art. 3, en vigueur le 1er janv. 2016)* **« de l'Autorité ».**

« Les informations ainsi demandées sont proportionnées et adaptées à la nature du candidat acquéreur et de l'acquisition envisagée. *(Décr. nº 2015-513 du 7 mai 2015, art. 3, en vigueur le 1er janv. 2016)* **« L'Autorité » ne demande pas d'informations qui ne sont pas pertinentes dans le cadre de cette évaluation.**

« Les opérations mentionnées au premier alinéa sont seulement portées à la connaissance immédiate de l'Autorité de contrôle prudentiel et de résolution lorsqu'elles sont conclues entre des personnes relevant du droit d'un ou de plusieurs États membres de *(Décr. nº 2015-513 du 7 mai 2015, art. 3, en vigueur le 1er janv. 2016)* **« l'Union européenne » ou d'un autre État partie à l'accord sur l'Espace économique européen et appartenant au groupe de celles qui détiennent déjà un pouvoir de contrôle effectif sur l'entreprise assujettie** *(Décr. nº 2015-513 du 7 mai 2015, art. 3, en vigueur le 1er janv. 2016)* **« et lorsque l'entreprise qui acquiert une participation est soumise au contrôle de la même autorité que l'entreprise qui cesse de détenir une participation ». »**

II. — *(Décr. nº 2005-1185 du 19 sept. 2005)* **« Les dispositions du paragraphe I s'appliquent également aux opérations de prise, d'extension ou de cession de participation, directes ou indirectes, dans des sociétés de groupe d'assurance définies à l'article L. 322-1-2 et dont le siège social est situé en France. »**

III. — *Abrogé par Décr. nº 2009-1223 du 12 oct. 2009, art. 5.*

V. 2e note ss. art. L. 322-4.

Art. R. 322-11-2 *(Décr. nº 2015-513 du 7 mai 2015, art. 3, en vigueur le 1er janv. 2016)*
I. – L'Autorité de contrôle prudentiel et de résolution accuse réception par écrit dans un délai de deux jours *(Décr. nº 2017-1765 du 26 déc. 2017, art. 1er)* **« ouvrés », après**

sa réception, de la notification d'une opération d'acquisition ou d'extension de participation mentionnée au I de l'article R. 322-11-1.

L'Autorité de contrôle prudentiel et de résolution dispose d'un délai de soixante jours *(Décr. nº 2017-1765 du 26 déc. 2017, art. 1er)* « ouvrés », à compter de la date de l'accusé de réception de la notification, pour procéder à l'évaluation de cette dernière. L'Autorité informe le candidat acquéreur de la date d'expiration de la période d'évaluation au moment de la délivrance de l'accusé de réception.

L'Autorité peut fixer un délai maximal pour la conclusion de la prise ou de l'extension de participation envisagée et, le cas échéant, le proroger.

Lorsque l'Autorité a été saisie de plusieurs notifications d'opérations concernant la même entreprise, elle procède à leur examen conjoint dans des conditions assurant une égalité de traitement entre les candidats.

II. — L'Autorité de contrôle prudentiel et de résolution peut le cas échéant, pendant la période d'évaluation, et au plus tard le cinquantième jour *(Décr. nº 2017-1765 du 26 déc. 2017, art. 1er)* « ouvré » de la période d'évaluation, demander par écrit des informations complémentaires au candidat acquéreur. Elle accuse réception par écrit de la transmission de ces informations complémentaires par le candidat acquéreur.

La période d'évaluation est suspendue pour une durée n'excédant pas vingt jours *(Décr. nº 2017-1765 du 26 déc. 2017, art. 1er)* « ouvrés », entre la date de la demande et la réception de la réponse du candidat acquéreur, cette durée pouvant être portée à trente jours *(Décr. nº 2017-1765 du 26 déc. 2017, art. 1er)* « ouvrés », lorsque l'une des deux conditions suivantes est remplie :

1° Le candidat acquéreur est établi hors de l'Union européenne ou relève d'une réglementation distincte de la réglementation européenne ;

2° Le candidat acquéreur est une personne physique ou morale de l'Union européenne qui n'est pas soumise à la réglementation européenne relative aux entreprises d'assurance, de réassurance, aux établissements de crédit, aux sociétés de gestion de portefeuille ou aux *(Abrogé par Décr. nº 2017-1253 du 9 août 2017, art. 10-3º, en vigueur le 3 janv. 2018) « autres »* entreprises d'investissement.

L'Autorité peut demander des informations complémentaires ou des clarifications. Ces demandes ne peuvent toutefois donner lieu à une nouvelle prolongation de la période d'évaluation.

III. — Lorsqu'elle procède à l'évaluation prévue au I, l'Autorité apprécie, aux fins de s'assurer que l'entreprise visée par l'opération envisagée dispose d'une gestion saine et prudente et en tenant compte de l'influence probable du candidat acquéreur sur cette entreprise, le caractère approprié du candidat acquéreur et la solidité financière de l'opération envisagée, en appliquant l'ensemble des critères suivants :

1° La réputation du candidat acquéreur ;

2° La réputation et l'expérience de toute personne qui, à la suite de l'opération envisagée, assurera la direction des activités de l'entreprise au sens de l'article L. 321-10 ;

3° La solidité financière du candidat acquéreur, compte tenu notamment du type d'activités exercées et envisagées au sein de l'entreprise visée par l'opération envisagée ;

4° La capacité de l'entreprise à satisfaire et à continuer à satisfaire aux obligations prudentielles du présent code et du code monétaire et financier qui lui sont applicables, et en particulier le point de savoir si le groupe auquel elle appartiendra possède une structure qui permet d'exercer un contrôle effectif, d'échanger réellement des informations entre autorités de contrôle et de déterminer le partage des responsabilités entre autorités de contrôle ;

5° L'existence de motifs raisonnables de soupçonner qu'une opération ou une tentative de blanchiment de capitaux ou de financement du terrorisme est en cours ou a eu lieu en relation avec l'opération envisagée ou que cette opération pourrait en augmenter le risque.

IV. — Avant toute décision, l'Autorité de contrôle prudentiel et de résolution consulte sans délai les autorités compétentes mentionnées aux articles L. 321-1, L. 321-1-1 et L. 321-1-2, dont relève le candidat acquéreur, afin d'obtenir toute

information essentielle ou pertinente en vue de l'évaluation prévue au I, lorsque l'une des conditions suivantes est remplie :

1° Le candidat acquéreur est une entreprise d'assurance ou de réassurance, un établissement de crédit, une société de gestion de portefeuille ou une *(Abrogé par Décr. n° 2017-1253 du 9 août 2017, art. 10-3°, en vigueur le 3 janv. 2018) « autre »* **entreprise d'investissement agréés dans un État membre de l'Union européenne ou agréés dans un secteur financier autre que celui dans lequel l'acquisition est envisagée ;**

2° Le candidat acquéreur est l'entreprise mère d'une entité visée au 1° ;

3° Le candidat acquéreur est une personne physique ou morale contrôlant une entité visée au 1°.

La décision prise par l'Autorité de contrôle prudentiel et de résolution sur cette opération mentionne les avis ou réserves formulés, le cas échéant, par les autorités compétentes consultées.

V. — L'Autorité de contrôle prudentiel et de résolution ne peut s'opposer à la prise ou à l'extension de participation envisagée que s'il existe des motifs raisonnables de le faire sur la base des critères fixés au III, ou si les informations fournies par le candidat acquéreur, en application du cinquième alinéa du I de l'article R. 322-11-1, sont incomplètes.

Dans le cas où l'Autorité décide de ne pas autoriser l'opération envisagée, elle en informe, par écrit, le candidat acquéreur, au plus tard dans un délai de deux jours *(Décr. n° 2017-1765 du 26 déc. 2017, art. 1er)* **« ouvrés » avant la fin de la période d'évaluation, en indiquant les motifs de cette décision. L'Autorité doit rendre publics les motifs de cette décision, à la demande du candidat acquéreur.**

En application du II de l'art. 21 de la L. n° 2000-321 du 12 avr. 2000, et par exception à l'application du délai de deux mois prévu au premier al. du I de cet art., pour les demandes de modification de la répartition du capital (prise ou augmentation de participation), le délai à l'expiration duquel le silence gardé par l'administration vaut décision d'acceptation est fixé à soixante jours ouvrables, avec possibilité d'une suspension qui ne peut excéder vingt jours ouvrables mais peut être portée à trente jours ouvrables si le candidat acquéreur est établi hors de l'Union européenne ou relève d'une réglementation non communautaire ou si le candidat est une personne qui n'est pas soumise à une surveillance (Décr. n° 2014-1281 du 23 oct. 2014, art. 1er, applicable aux demandes présentées à compter du 12 nov. 2014).

Art. R. 322-11-3 *(Décr. n° 2009-1223 du 12 oct. 2009, art. 6)* **Dans un délai de deux jours ouvrables après réception de la notification d'une opération de cession ou de diminution de participation mentionnée à l'article R. 322-11-1, l'Autorité de contrôle prudentiel et de résolution en accuse réception par écrit au déclarant.**

L'Autorité de contrôle prudentiel et de résolution dispose d'un délai de soixante jours ouvrables à compter de la réception de cet accusé de réception pour faire savoir au déclarant et à l'entreprise visée par l'opération envisagée que, compte tenu du besoin de garantir une gestion saine et prudente et d'assurer la protection des intérêts des assurés, cette opération remet en cause les conditions auxquelles est subordonné l'agrément.

En application du II de l'art. 21 de la L. n° 2000-321 du 12 avr. 2000, et par exception à l'application du délai de deux mois prévu au premier al. du I de cet art., le délai à l'expiration duquel le silence gardé par l'administration vaut décision d'acceptation est fixé à soixante jours ouvrables pour les demandes de modification de la répartition du capital (cession de participation) (Décr. n° 2014-1281 du 23 oct. 2014, art. 1er, applicable pour les demandes présentées à compter du 12 nov. 2014).

Art. R. 322-11-4 *(Décr. n° 2015-513 du 7 mai 2015, art. 3-II-3°, en vigueur le 1er janv. 2016)* **Les entreprises mentionnées au 1° de l'article L. 310-2 et au 1° du III de l'article L. 310-1-1 communiquent à l'Autorité de contrôle prudentiel et de résolution, au moins une fois par an, l'identité des actionnaires ou associés qui possèdent, directement ou indirectement, au moins 10 % des droits de vote ou du capital de l'entreprise ainsi que le montant de ces participations, tel qu'il résulte notamment des données communiquées à l'assemblée générale annuelle des actionnaires ou associés, ou des obligations d'information des sociétés cotées sur un marché reconnu.**

Elles informent l'Autorité, dès qu'elles en ont connaissance, des acquisitions ou cessions de participation dans leur capital qui font franchir les seuils mentionnés à l'article R. 322-11-1.

Art. R. 322-11-5 *(Décr. n° 2009-1223 du 12 oct. 2009, art. 5-3°)* Toute personne envisageant de déposer un projet d'offre publique à l'Autorité des marchés financiers en application du chapitre III du titre III du livre IV du code monétaire et financier, en vue d'acquérir une quantité déterminée de titres d'une entreprise d'assurance ou de réassurance agréée en France, peut en informer préalablement le président de l'Autorité de contrôle prudentiel et de résolution huit jours ouvrables avant le dépôt de ce projet d'offre ou son annonce publique si elle est antérieure.

Art. R. 322-11-6 *(Décr. n° 2014-1357 du 13 nov. 2014, art. 2-1°, en vigueur le 1er janv. 2015)* Lorsque, en application du VII de l'article L. 322-2, l'Autorité de contrôle prudentiel et de résolution tient compte, dans l'appréciation portée sur chaque membre du conseil d'administration ou de surveillance, de la compétence, de l'expérience et des attributions des autres membres de l'organe auquel il appartient, elle s'assure que ceux-ci disposent collectivement des connaissances et de l'expérience nécessaires en matière de marchés de l'assurance et de marchés financiers, de stratégie de l'entreprise et de son modèle économique, de son système de gouvernance, d'analyse financière et actuarielle et d'exigences législatives et réglementaires applicables à l'entreprise d'assurance, appropriées à l'exercice des responsabilités dévolues au conseil d'administration ou au conseil de surveillance.

SECTION III ENTREPRISES NATIONALES D'ASSURANCE ET DE CAPITALISATION ET SOCIÉTÉS CENTRALES D'ASSURANCE

§ 1er CONSTITUTION

Art. R.* 322-12 et R.* 322-13 *Abrogés par Décr. n° 90-158 du 19 févr. 1990.*

Art. R.* 322-14 et R.* 322-15 *Abrogés par Décr. n° 87-917 du 10 nov. 1987.*

§ 2 ADMINISTRATION

Art. R.* 322-16 *Abrogé par Décr. n° 90-158 du 19 févr. 1990.*

Art. R. 322-17 à R. 322-19 *Abrogés par Décr. n° 93-234 du 22 févr. 1993.*

Art. R.* 322-20 *(Décr. n° 89-351 du 2 juin 1989)* Dans le conseil d'administration des sociétés centrales d'assurances, les personnalités mentionnées au 2° du deuxième alinéa de l'article 5 de la loi n° 83-675 du 26 juillet 1983 *[relative à la démocratisation du secteur public ; V. **C. sociétés**]* sont nommées par décret sur proposition du ministre de l'économie et des finances.

Ces personnalités sont au nombre de six, dont une désignée, après consultation des organisations syndicales représentatives parmi les agents généraux d'assurance du groupe concerné.

Art. R.* 322-21 à R.* 322-25 *Abrogés par Décr. n° 90-158 du 19 févr. 1990.*

Art. R. 322-26 *Abrogé par Décr. n° 94-582 du 12 juill. 1994, art. 9, sauf en ce qui concerne les territoires d'outre-mer.*

Art. R.* 322-27 à R.* 322-29 *Abrogés par Décr. n° 84-302 du 24 avr. 1984.*

§ 3 DISTRIBUTION ET CESSION DES ACTIONS DES SOCIÉTÉS CENTRALES D'ASSURANCE

Art. R.* 322-30 à R.* 322-36 *Abrogés par Décr. n° 90-158 du 19 févr. 1990.*

§ 4 DISPOSITIONS DIVERSES

Art. R. 322-37 à R. 322-39 *Abrogés par Décr. nº 93-234 du 22 févr. 1993.*

Art. R.* 322-40 *Abrogé par Décr. nº 90-158 du 19 févr. 1990.*

Art. R.* 322-41 *Abrogé par Décr. nº 87-917 du 10 nov. 1987.*

SECTION IV SOCIÉTÉS D'ASSURANCE MUTUELLES *(Décr. nº 91-1050 du 30 sept. 1991).*

SOUS-SECTION 1 CONSTITUTION *(Décr. nº 2005-7 du 3 janv. 2005).*

Art. R.* 322-42 *(Décr. nº 91-1050 du 30 sept. 1991)* **Les sociétés d'assurance mutuelles définies à l'article L. 322-26-1 ainsi que les sociétés mentionnées à l'article L. 322-26-4 fonctionnent dans les conditions énoncées à la présente section sous réserve des dispositions particulières des sections V, VI et VII du présent chapitre.**

Art. R.* 322-43 **Les excédents de recettes des sociétés d'assurance** *(Décr. nº 91-1050 du 30 sept. 1991)* **« mutuelles » pratiquant une ou plusieurs des branches mentionnées aux** *(Décr. nº 88-456 du 27 avr. 1988)* **« 1 à 18 » de l'article R. 321-1 sont répartis entre les sociétaires dans les conditions fixées par les statuts, sous réserve des dispositions du premier alinéa de l'article** *(Décr. nº 97-248 du 14 mars 1997)* **« R. 322-73 ».**

Art. R.* 322-44 *(Décr. nº 91-1050 du 30 sept. 1991 ; Décr. nº 94-799 du 9 sept. 1994 ; Décr. nº 2001-95 du 2 févr. 2001)* **Sous réserve des dispositions des articles R. 322-99 et R. 322-158, les sociétés d'assurance mutuelles doivent avoir un fonds d'établissement au moins égal à :**

– 400 000 euros pour pratiquer les opérations mentionnées aux 10 à 15, 20, 21, 22, 24, 25 de l'article R. 321-1 ainsi que les opérations de réassurance ;

– 240 000 euros pour pratiquer les opérations entrant dans d'autres branches que celles énumérées ci-dessus.

Art. R. 322-45 *(Décr. nº 94-799 du 9 sept. 1994)* **Les sociétés d'assurance mutuelles régies par la présente section doivent faire figurer dans leurs statuts et dans tous les documents à caractère contractuel ou publicitaire ayant pour objet une opération d'assurance ou de capitalisation la mention ci-après imprimée en caractères uniformes : "Société d'assurance mutuelle", ou, pour les organismes mentionnés à l'article L. 771-1 du code rural et de la pêche maritime : "Caisse d'assurance mutuelle agricole" ou "Caisse de réassurance mutuelle agricole" complétée, s'il y a lieu, par la mention : "à cotisations variables" lorsque ce régime de cotisations est appliqué aux sociétaires.**

Art. R.* 322-46 *(Décr. nº 91-1050 du 30 sept. 1991)* **Les sociétés mentionnées à la présente section peuvent se former soit par acte authentique, soit par acte sous seing privé fait en double original quel que soit le nombre des signataires de l'acte.** *– Assur. R. 322-90.*

Art. R.* 322-47 **Les projets de statuts doivent :**

1º Indiquer l'objet, la durée, le siège, la dénomination de la société et la circonscription territoriale de ses opérations, déterminer le mode et les conditions générales suivant lesquels sont contractés les engagements entre la société et les sociétaires, et préciser *(Décr. nº 91-1050 du 30 sept. 1991)* **« les branches d'assurance garanties directement ou acceptées en réassurance » ;**

2º *(Décr. nº 94-799 du 9 sept. 1994)* **« Fixer le nombre minimal d'adhérents, qui ne peut être inférieur à 500 ; ce nombre minimal est fixé à sept pour les organismes mentionnés à l'article 1235** *[devenu art. L. 771-1]* **du code rural et de la pêche maritime » ;**

3° Fixer le montant minimal des cotisations versées par les adhérents au titre de la première période annuelle et préciser que ces cotisations doivent être intégralement versées préalablement à la déclaration prévue à l'article R. 322-51 ;

4° Indiquer le mode de rémunération de la direction *(Décr. n° 2005-7 du 3 janv. 2005)* « ou du directoire » et, s'il y a lieu, des administrateurs *(Décr. n° 2005-7 du 3 janv. 2005)* « ou des membres du conseil de surveillance » en conformité des dispositions de l'article R. 322-55 ;

5° *(Décr. n° 94-799 du 9 sept. 1994)* « Prévoir la constitution d'un fonds d'établissement destiné à faire face aux dépenses des cinq premières années et à garantir les engagements de la société, et préciser que le fonds d'établissement devra être intégralement versé en espèces préalablement à la déclaration prévue à l'article R. 322-51 ou au dépôt des statuts en mairie pour les organismes mentionnés à l'article 1235 *[devenu art. L. 771-1]* du code rural et de la pêche maritime » ;

6° *(Décr. n° 99-37 du 19 janv. 1999)* « Préciser si, en vue de l'alimentation ultérieure du fonds d'établissement, chaque nouvel adhérent devra lors de la souscription du premier contrat d'assurance s'acquitter d'un droit d'entrée ou droit d'adhésion » ;

7° Prévoir le mode de répartition des excédents de recettes ;

8° *(Décr. n° 91-1050 du 30 sept. 1991)* « Prévoir, pour les sociétés pratiquant les opérations mentionnées aux 20 à *(Décr. n° 94-799 du 9 sept. 1994)* « 26 » de l'article R. 321-1, le versement de cotisations fixes ; »

9° *Abrogé par Décr. n° 91-1050 du 30 sept. 1991. – Assur. R. 322-90.*

Art. R.* 322-48 Dans les projets de statuts, il ne peut être stipulé aucun avantage particulier au profit des fondateurs. – *Assur. R. 322-90.*

Art. R.* 322-49 *(Décr. n° 86-971 du 8 août 1986)* Les projets de statuts peuvent prévoir la constitution d'un fonds social complémentaire destiné à procurer à la société les éléments de solvabilité dont elle doit disposer pour satisfaire à la réglementation en vigueur. Ce fonds est alimenté par des emprunts contractés en vue de financer un plan d'amélioration de l'exploitation ou un plan de développement à moyen ou long terme. Les sociétaires peuvent être tenus de souscrire aux emprunts dans les conditions prévues à l'article *(Décr. n° 97-248 du 14 mars 1997)* « R. 322-80-1 ». – *Assur. R. 322-77-1, R. 322-90.*

Art. R.* 322-50 Le texte entier des projets de statuts doit être reproduit sur tout document destiné à recevoir les adhésions. – *Assur. R. 322-90.*

Art. R.* 322-51 Lorsque les conditions prévues aux articles R. 322-47 à R. 322-50 sont remplies, les signataires de l'acte primitif ou leurs fondés de pouvoirs le constatent par une déclaration devant notaire.

A cette déclaration sont annexés :

1° La liste nominative dûment certifiée des adhérents contenant leurs nom, prénoms, qualité et domicile, et s'il y a lieu, la dénomination et le siège social des sociétés adhérentes, le montant des valeurs assurées par chacun d'eux et le chiffre de leurs cotisations ;

2° L'un des doubles de l'acte de société, s'il est sous seing privé, ou une expédition s'il est notarié et s'il a été passé devant un notaire autre que celui qui reçoit la déclaration ;

3° L'état des cotisations versées par chaque adhérent ;

4° L'état des sommes versées pour la constitution du fonds d'établissement ;

5° Un certificat du notaire constatant que les fonds ont été versés préalablement à la déclaration prévue au présent article. – *Assur. R. 322-90.*

Art. R.* 322-52 La première assemblée générale, qui est convoquée à la diligence des signataires de l'acte primitif, vérifie la sincérité de la déclaration mentionnée à l'article R. 322-51, elle nomme les membres du premier conseil d'administration *(Décr. n° 2005-7 du 3 janv. 2005)* « ou du premier conseil de surveillance » et, pour la première année, *(Décr. n° 91-1050 du 30 sept. 1991)* « les commissaires aux comptes » prévus par l'article R. 322-67.

Le procès-verbal de la séance constate l'acceptation des membres du conseil d'administration et des commissaires *[aux comptes]* présents à la réunion.

La société n'est définitivement constituée qu'à partir de cette acceptation. – *Assur. R. 322-90.*

SOUS-SECTION 2 DIRECTION ET ADMINISTRATION

(Décr. nº 2005-7 du 3 janv. 2005)

BIBL. ▸ Gouvernance des sociétés d'assurance mutuelles : JADAUD, *RGDA* 2005. 584.

§ 1er SOCIÉTÉS D'ASSURANCE MUTUELLES À CONSEIL D'ADMINISTRATION ET DIRECTION GÉNÉRALE

Les statuts des sociétés d'assurance mutuelles devront être en conformité avec les dispositions du décret nº 2005-7 du 3 janv. 2005 au plus tard le 1er janv. 2006 (Décr. préc., art. 4-II).

Art. R. 322-53 I. – Lorsque la société est administrée par un conseil d'administration, celui-ci est composé de trois membres au moins, non compris les membres élus par les salariés, conformément aux dispositions de l'article L. 322-26-2. Les statuts fixent le nombre maximum des membres du conseil.

Toutefois, en cas de décès, de démission *(Décr. nº 2014-1357 du 13 nov. 2014, art. 2-2º, en vigueur le 1er janv. 2015)* « , de révocation, ou de cessation de mandat à la suite d'une décision d'opposition de l'Autorité de contrôle prudentiel et de résolution » du président du conseil d'administration et si le conseil n'a pu le remplacer par un de ses membres, il peut nommer, sous réserve des dispositions du IV de l'article R. 322-55-2, un administrateur supplémentaire qui est appelé aux fonctions de président.

II. – Le conseil d'administration élit parmi ses membres un président qui est, à peine de nullité de la nomination, une personne physique. Le conseil peut décider de lui allouer une indemnité dans les conditions prévues à l'article R. 322-55-1 pour les administrateurs. Les statuts peuvent prévoir de lui allouer une rémunération dont le montant est déterminé par le conseil d'administration.

Le président est nommé pour une durée qui ne peut excéder celle de son mandat d'administrateur. Il est rééligible. Le conseil d'administration peut le révoquer à tout moment. Toute disposition contraire est réputée non écrite.

III. – Le président du conseil d'administration organise et dirige les travaux de celui-ci, dont il rend compte à l'assemblée générale. Il veille au bon fonctionnement des organes de la société et s'assure, en particulier, que les administrateurs sont en mesure de remplir leur mission.

Le rapport sur le contrôle interne de la société mentionné au III de l'art. R. 322-53 est exigible lors de l'assemblée générale qui sera appelée à statuer sur les comptes de l'exercice 2005 (Décr. nº 2005-7 du 3 janv. 2005, art. 4-I).

Art. R. 322-53-1 I. – Le conseil d'administration détermine les orientations de l'activité de la société et veille à leur mise en œuvre. Sous réserve des pouvoirs expressément attribués à l'assemblée générale et dans la limite de l'objet social, il se saisit de toute question intéressant la bonne marche de la société et règle par ses délibérations les affaires qui la concernent.

Dans les rapports avec les tiers, la société est engagée même par les actes du conseil d'administration qui ne relèvent pas de l'objet social, à moins qu'elle ne prouve que le tiers savait que l'acte dépassait cet objet ou qu'il ne pouvait l'ignorer compte tenu des circonstances, étant exclu que la seule publication des statuts suffise à constituer cette preuve.

Le conseil d'administration procède aux contrôles et vérifications qu'il juge opportuns. Le président ou le directeur général de la société est tenu de communiquer à chaque administrateur tous les documents et informations nécessaires à l'accomplissement de sa mission.

Le conseil d'administration peut conférer à un ou plusieurs de ses membres ou à des tiers, sociétaires ou non, tous mandats spéciaux pour un ou plusieurs objets déterminés.

Il peut décider la création de comités chargés d'étudier les questions que lui-même ou son président soumet, pour avis, à leur examen. Il fixe la composition et les attributions des comités qui exercent leur activité sous sa responsabilité.

Le déplacement du siège social dans le même département ou dans un département limitrophe peut être décidé par le conseil d'administration, sous réserve de ratification de cette décision par la prochaine assemblée générale ordinaire.

II. — Le conseil d'administration peut, dans la limite d'un montant total qu'il fixe, autoriser le directeur général à donner des cautions, avals ou garanties au nom de la société. Cette autorisation peut également fixer, par engagement, un montant au-delà duquel la caution, l'aval ou la garantie de la société ne peut être donné. Lorsqu'un engagement dépasse l'un ou l'autre des montants ainsi fixés, l'autorisation du conseil d'administration est requise dans chaque cas.

La durée des autorisations prévues à l'alinéa précédent ne peut être supérieure à un an, quelle que soit la durée des engagements cautionnés, avalisés ou garantis.

Par dérogation aux dispositions qui précèdent, le directeur général peut être autorisé à donner, à l'égard des administrations fiscales et douanières, des cautions, avals ou garanties au nom de la société, sans limite de montant.

Le directeur général peut déléguer le pouvoir qu'il a reçu en application des alinéas précédents.

Si les cautions, avals ou garanties ont été donnés pour un montant total supérieur à la limite fixée pour la période en cours, le dépassement ne peut être opposé aux tiers qui n'en ont pas eu connaissance, à moins que le montant de l'engagement invoqué n'excède, à lui seul, l'une des limites fixées par la décision du conseil d'administration prise en application des dispositions précédentes.

Art. R. 322-53-2 *(Décr. nº 2015-513 du 7 mai 2015, art. 7-II-7º, en vigueur le 1er janv. 2016)* I. — La direction générale de la société est assumée, sous le contrôle du conseil d'administration et dans le cadre des orientations arrêtées par celui-ci, par une personne physique nommée par le conseil et portant le titre de directeur général. Cependant, si les statuts de la société le prévoient, la direction générale peut être assumée par le président du conseil d'administration.

Sur proposition du directeur général, le conseil d'administration peut nommer une ou plusieurs personnes physiques chargées d'assister le directeur général, avec le titre de directeur général délégué.

Lorsque le directeur général assume les fonctions de président du conseil d'administration, la société nomme au moins un directeur général délégué.

Les statuts fixent le nombre maximum des directeurs généraux délégués, lequel ne peut dépasser cinq.

Avant sa nomination, la personne pressentie pour exercer les fonctions de directeur général ou de directeur général délégué est tenue de déclarer l'ensemble des activités professionnelles et fonctions électives qu'elle entend conserver. Le conseil d'administration se prononce sur la compatibilité de la poursuite de l'exercice de ces activités ou fonctions avec les fonctions de directeur général ou de directeur général délégué. Ultérieurement, il se prononce également sur les autres activités ou fonctions que le directeur général ou le directeur général délégué entend exercer.

II. — Le directeur général est révocable à tout moment par le conseil d'administration. Il en est de même, sur proposition du directeur général, des directeurs généraux délégués. Si la révocation est décidée sans juste motif, elle peut donner lieu à dommages-intérêts, sauf lorsque le directeur général assume les fonctions de président du conseil d'administration.

Lorsque le directeur général cesse ou est empêché d'exercer ses fonctions, les directeurs généraux délégués conservent, sauf décision contraire du conseil, leurs fonctions et leurs attributions jusqu'à la nomination du nouveau directeur général.

Au cas où le directeur général ou le directeur général délégué aurait conclu avec la société un contrat de travail, sa révocation n'a pas pour effet de résilier ce contrat.

Nomination et révocation du directeur général. En vertu de l'art. R. 322-53-2, lorsque la société d'assurance mutuelle est administrée par un conseil d'administration et une direction générale, le conseil d'administration a compétence pour nommer et révoquer le directeur général. N'est pas conforme à cette règle la disposition du traité d'adhésion d'une société de réassurance mutuelle prévoyant que la désignation et la révocation du directeur général des sociétés adhérentes sont soumises à l'agrément du directeur général et du conseil d'administration de la société de réassurance mutuelle. En effet, alors même que le préambule du traité d'adhésion stipule qu'il ne peut « avoir pour effet d'amputer les prérogatives du conseil d'administration de l'adhérent, qui reste seul responsable de sa gestion vis-à-vis de ses sociétaires », il résulte de ces stipulations du traité que les conseils d'administration des adhérents de la société requérante ne disposent pas d'une compétence exclusive pour nommer et révoquer les directeurs généraux. • CE 20 mai 2015, n° 383653 : *RGDA 2015. 364, note Jadaud.*

Art. R. 322-53-3 **Sans préjudice des dispositions de l'article R. 322-53-2, le directeur général est investi des pouvoirs les plus étendus pour agir en toute circonstance au nom de la société. Il exerce ces pouvoirs dans la limite de l'objet social et sous réserve de ceux que la loi attribue expressément à l'assemblée générale et au conseil d'administration.**

Il représente la société dans ses rapports avec les tiers. La société est engagée même par les actes du directeur général qui ne relèvent pas de l'objet social, à moins qu'elle ne prouve que le tiers savait que l'acte dépassait cet objet ou qu'il ne pouvait l'ignorer compte tenu des circonstances, étant exclu que la seule publication des statuts suffise à constituer cette preuve.

Les dispositions des statuts ou les décisions du conseil d'administration limitant les pouvoirs du directeur général sont inopposables aux tiers.

(Décr. n° 2015-513 du 7 mai 2015, art. 7-II-8°, en vigueur le 1er janv. 2016) **« En accord avec le directeur général, le conseil d'administration détermine l'étendue et la durée des pouvoirs conférés aux directeurs généraux délégués.**

« Les directeurs généraux délégués disposent, à l'égard des tiers, des mêmes pouvoirs que le directeur général. »

§ 2 SOCIÉTÉS D'ASSURANCE MUTUELLES À CONSEIL DE SURVEILLANCE ET DIRECTOIRE

Les statuts des sociétés d'assurance mutuelles devaient être en conformité avec les dispositions du décret n° 2005-7 du 3 janv. 2005 au plus tard le 1er janv. 2006 (Décr. n° 2005-7 du 3 janv. 2005, art. 4-II).

Art. R. 322-54 **I. — Lorsque le contrôle de la société est confié à un conseil de surveillance, celui-ci est composé de trois membres au moins. Les statuts fixent le nombre maximum des membres du conseil qui ne peut excéder dix-huit. Les membres élus par les salariés conformément aux dispositions de l'article L. 322-26-2, dont le nombre doit figurer dans les statuts, ne sont pas pris en compte pour la détermination du nombre minimal et du nombre maximal de membres du conseil de surveillance.**

II. — Le conseil de surveillance élit en son sein un président et au moins un vice-président qui sont chargés de convoquer le conseil et d'en diriger les débats. A peine de nullité de leur nomination, le président et le ou les vice-présidents du conseil de surveillance sont des personnes physiques. Ils exercent leurs fonctions pendant la durée du mandat du conseil de surveillance. Ils sont rééligibles.

(Décr. n° 2006-287 du 13 mars 2006) **« III. — Aucun membre du conseil de surveillance ne peut faire partie du directoire. Si un membre du conseil de surveillance est nommé au directoire, son mandat au conseil prend fin dès son entrée en fonction. »**

Art. R. 322-54-1 **I. — Le conseil de surveillance exerce le contrôle permanent de la gestion de la société par le directoire.**

Les statuts peuvent subordonner à l'autorisation préalable du conseil de surveillance la conclusion des opérations qu'ils énumèrent. Toutefois, la cession

d'immeubles par nature, la cession totale ou partielle de participations, la constitution de sûretés, ainsi que les cautions, avals et garanties font l'objet d'une autorisation du conseil de surveillance dans des conditions déterminées au II.

A toute époque de l'année, le conseil de surveillance opère les vérifications et les contrôles qu'il juge opportuns et peut se faire communiquer les documents qu'il estime utiles à l'accomplissement de sa mission. Une fois par trimestre au moins, le conseil de surveillance reçoit du directoire un rapport sur la marche de la société. Après la clôture de chaque exercice et dans un délai de trois mois, le conseil de surveillance vérifie et contrôle les comptes annuels présentés par le directoire.

Le conseil de surveillance présente à l'assemblée générale prévue à l'article R. 322-62 ses observations sur le rapport du directoire ainsi que sur les comptes de l'exercice.

Le conseil de surveillance peut conférer à un ou plusieurs de ses membres tous mandats spéciaux pour un ou plusieurs objets déterminés.

Il peut décider la création en son sein de commissions dont il fixe la composition et les attributions et qui exercent leur activité sous sa responsabilité, sans que lesdites attributions puissent avoir pour objet de déléguer à une commission les pouvoirs qui sont attribués au conseil de surveillance lui-même par la loi ou les statuts ni pour effet de réduire ou de limiter les pouvoirs du directoire.

Le déplacement du siège social dans le même département ou dans un département limitrophe peut être décidé par le conseil de surveillance, sous réserve de ratification de cette décision par la prochaine assemblée générale ordinaire.

II. — Le conseil de surveillance peut, dans la limite d'un montant total qu'il fixe, autoriser le directoire à donner des cautions, avals ou garanties au nom de la société. Cette autorisation peut également fixer, par engagement, un montant au-delà duquel la caution, l'aval ou la garantie de la société ne peut être donné. Lorsqu'un engagement dépasse l'un ou l'autre des montants ainsi fixés, l'autorisation du conseil de surveillance est requise dans chaque cas.

La durée des autorisations prévues à l'alinéa précédent ne peut être supérieure à un an, quelle que soit la durée des engagements cautionnés, avalisés ou garantis.

Par dérogation aux dispositions qui précèdent, le directoire peut être autorisé à donner, à l'égard des administrations fiscales et douanières, des cautions, avals ou garanties au nom de la société, sans limite de montant.

Le directoire peut déléguer le pouvoir qu'il a reçu en application des alinéas précédents.

Si des cautions, avals ou garanties ont été donnés pour un montant total ou supérieur à la limite fixée pour la période en cours, le dépassement ne peut être opposé aux tiers qui n'en ont pas eu connaissance, à moins que le montant de l'engagement invoqué n'excède, à lui seul, l'une des limites fixées par la décision du conseil de surveillance.

III. — Le conseil de surveillance peut également, dans la limite d'un montant qu'il fixe pour chaque opération, autoriser le directoire à céder des immeubles par nature, à céder totalement ou partiellement des participations et à constituer des sûretés. Lorsqu'une opération dépasse le montant ainsi fixé, l'autorisation du conseil de surveillance est requise dans chaque cas.

Le directoire peut déléguer le pouvoir qu'il a reçu en application de l'alinéa précédent.

L'absence d'autorisation est inopposable aux tiers, à moins que la société ne prouve que ceux-ci en avaient eu connaissance ou ne pouvaient l'ignorer.

Art. R. 322-54-2 I. — Lorsque la société d'assurance mutuelle est dirigée par un directoire, celui-ci est composé de deux à cinq membres au plus. Le nombre des membres du directoire est fixé par les statuts ou, à défaut, par le conseil de surveillance. Les membres du directoire sont nommés par le conseil de surveillance qui confère à l'un d'eux la qualité de président.

II. — Les statuts déterminent la durée du mandat des membres du directoire dans les limites comprises entre deux et six ans. A défaut de disposition statutaire, la durée du mandat est de quatre ans. En cas de vacance, le remplaçant est nommé pour le temps qui reste à courir jusqu'au renouvellement du directoire.

III. — Avant sa nomination, la personne pressentie pour exercer les fonctions de membre du directoire est tenue de déclarer l'ensemble des activités professionnelles et fonctions électives qu'elle entend conserver. Le conseil de surveillance se prononce sur la compatibilité de la poursuite de l'exercice de ces activités ou fonctions avec les fonctions de membre du directoire. Ultérieurement, il se prononce également sur les autres activités ou fonctions que le membre du directoire entend exercer.

IV. — Les membres du directoire peuvent être révoqués par l'assemblée générale ainsi que, si les statuts le prévoient, par le conseil de surveillance. Si la révocation est décidée sans juste motif, elle peut donner lieu à dommages-intérêts.

Au cas où l'intéressé aurait conclu avec la société un contrat de travail, la révocation de ses fonctions de membre du directoire n'a pas pour effet de résilier ce contrat.

V. — Si un siège de membre du directoire est vacant, le conseil de surveillance doit le pourvoir dans le délai de deux mois.

A défaut, tout intéressé peut demander au président du tribunal judiciaire, statuant en référé, de procéder à cette nomination, à titre provisoire. La personne ainsi nommée peut, à tout moment, être remplacée par le conseil de surveillance.

Art. R. 322-54-3 I. — Le directoire exerce ses fonctions sous le contrôle du conseil de surveillance.

Le directoire est investi des pouvoirs les plus étendus pour agir en toute circonstance au nom de la société ; il les exerce dans la limite de l'objet social et sous réserve de ceux expressément attribués par la loi au conseil de surveillance et aux assemblées de sociétaires.

Dans les rapports avec les tiers, la société est engagée même par les actes du directoire qui ne relèvent pas de l'objet social, à moins qu'elle ne prouve que le tiers savait que l'acte dépassait cet objet ou qu'il ne pouvait l'ignorer compte tenu des circonstances.

Les dispositions des statuts limitant les pouvoirs du directoire sont inopposables aux tiers. Le directoire délibère et prend ses décisions dans les conditions fixées par les statuts.

Une fois par trimestre au moins, le directoire présente un rapport sur la marche de la société au conseil de surveillance. Après la clôture de chaque exercice et dans un délai de trois mois, le directoire lui présente, aux fins de vérification et de contrôle, les comptes annuels.

II. — Le président du directoire représente la société dans ses rapports avec les tiers.

Toutefois, les statuts peuvent habiliter le conseil de surveillance à attribuer le même pouvoir de représentation à un ou plusieurs autres membres du directoire, qui portent alors le titre de directeur général. Les dispositions des statuts limitant le pouvoir de représentation de la société sont inopposables aux tiers.

Sauf clause contraire des statuts, les membres du directoire peuvent, avec l'autorisation du conseil de surveillance, répartir entre eux les tâches de la direction. Toutefois, cette répartition ne peut en aucun cas avoir pour effet de retirer au directoire son caractère d'organe assurant collégialement la direction de la société.

III. — Lorsqu'une opération exige l'autorisation du conseil de surveillance et que celui-ci la refuse, le directoire peut soumettre le différend à l'assemblée générale des sociétaires qui décide de la suite à donner au projet.

§ 3 DISPOSITIONS COMMUNES AUX SOCIÉTÉS D'ASSURANCE MUTUELLES À CONSEIL D'ADMINISTRATION ET DIRECTION GÉNÉRALE ET À CONSEIL DE SURVEILLANCE ET DIRECTOIRE

Les statuts des sociétés d'assurance mutuelles devaient être en conformité avec les dispositions du Décr. n° 2005-7 du 3 janv. 2005 au plus tard le 1er janv. 2006 (Décr. préc., art. 4-II).

Art. R. 322-55 I. — Le terme mandataire mutualiste désigne toute personne physique, autre que l'administrateur mentionné à l'article R. 322-53 ou le membre du conseil de surveillance mentionné à l'article R. 322-54, adhérente à une société d'assurance mutuelle ou représentante d'une personne morale adhérente à une société d'assurance mutuelle, qui apporte à celle-ci, en dehors de tout contrat de travail, un concours personnel et bénévole, dans le cadre du ou des mandats pour lesquels elle a été statutairement désignée ou élue.

II. — Les sociétés d'assurance mutuelle proposent à leurs administrateurs ou aux membres de leur conseil de surveillance, lors de leur première année d'exercice, un programme de formation à leurs fonctions et aux responsabilités mutualistes.

Art. R. 322-55-1 I. — Les fonctions d'administrateur, de membre du conseil de surveillance et de mandataire mutualiste sont gratuites.

Cependant, si les statuts le prévoient, le conseil d'administration ou le conseil de surveillance peut décider d'allouer des indemnités à ses membres, dans des limites fixées par l'assemblée générale, et de rembourser leurs frais de déplacement, de séjour et de garde d'enfants.

Le conseil d'administration ou le conseil de surveillance peut également décider d'allouer, dans les mêmes conditions, aux mandataires mutualistes des indemnités au titre des contraintes afférentes aux missions qui leur ont été confiées dans l'exercice de leur mandat et de rembourser leurs frais de déplacement, de séjour et de garde d'enfants.

Le présent article est applicable aux agents publics dans les conditions fixées par les dispositions statutaires ou réglementaires qui les régissent.

Le président du conseil d'administration ou du conseil de surveillance informe chaque année l'assemblée générale du montant des rémunérations et indemnités effectivement allouées, des frais remboursés et des avantages de toute nature versés, durant l'exercice, à chaque mandataire social et aux mandataires mutualistes par la société, par les sociétés qu'elle contrôle au sens de l'article L. 233-16 du code de commerce ou par la société qui contrôle, au sens du même article, la société dans laquelle le mandat est exercé. Ces rémunérations, indemnités, frais et avantages sont portés en charges d'exploitation de la société de laquelle ils proviennent. Les rémunérations, indemnités et avantages *(Décr. n° 2018-821 du 27 sept. 2018, art. 5)* « sont pris en compte pour la détermination de l'assiette des cotisations définie à » l'article L. 242-1 du code de la sécurité sociale.

II. — Le conseil d'administration ou le conseil de surveillance détermine la rémunération du directeur général *(Décr. n° 2015-513 du 7 mai 2015, art. 7-II-9°, en vigueur le 1er janv. 2016)* « , des directeurs généraux délégués » ou des membres du directoire et fixe les modalités de leur contrat de travail s'il s'agit de dirigeants salariés.

Aucune rémunération liée de manière directe ou indirecte au montant des cotisations de la société ne peut être allouée, à quelque titre que ce soit, à un administrateur ou à un dirigeant salarié.

Les dispositions précédentes ne font pas obstacle à l'institution d'un intéressement collectif des salariés de l'entreprise dans les conditions prévues par l'ordonnance n° 86-1134 du 21 octobre 1986 modifiée relative à l'intéressement et à la participation des salariés aux résultats de l'entreprise et à l'actionnariat.

III. — Les sociétés d'assurance mutuelles ne peuvent en aucun cas attribuer à forfait leur gestion à quelque personne ou à quelque organisme que ce soit.

Art. R. 322-55-2 I. — Les administrateurs ou les membres du conseil de surveillance sont choisis parmi les sociétaires à jour de leurs cotisations, à l'exception de ceux qui sont élus par les salariés. Si, en cours de mandat, un administrateur ou membre du conseil de surveillance cesse d'être sociétaire, il est réputé démissionnaire d'office s'il n'a pas régularisé sa situation dans le délai de trois mois. Toutefois, les statuts peuvent déroger aux dispositions qui précèdent lorsque la qualité de sociétaire est statutairement conditionnée à l'exercice d'une activité professionnelle déterminée.

En aucun cas le nombre d'administrateurs ou de membres du conseil de surveillance non sociétaires ne peut dépasser un tiers de la totalité des membres du conseil.

Les commissaires aux comptes veillent, sous leur responsabilité, à l'observation des dispositions qui précèdent.

La durée des fonctions d'administrateur ou de membre du conseil de surveillance est déterminée par les statuts, sans pouvoir excéder six ans. Les fonctions d'un administrateur ou d'un membre du conseil de surveillance prennent fin à l'issue de la réunion de l'assemblée générale ordinaire des sociétaires ayant statué sur les comptes de l'exercice écoulé et tenue dans l'année au cours de laquelle expire le mandat dudit administrateur ou membre du conseil de surveillance.

Les administrateurs et les membres du conseil de surveillance sont rééligibles, sauf stipulation contraire des statuts. Ils peuvent être révoqués à tout moment par l'assemblée générale ordinaire.

II. — Sous réserve des dispositions de l'article L. 322-26-2, il est interdit aux administrateurs, membres du conseil de surveillance et mandataires mutualistes de faire partie du personnel rétribué par la société d'assurance mutuelle, l'union de sociétés d'assurance mutuelles, la société de réassurance mutuelle ou la société de groupe d'assurance mutuelle ou de recevoir, à l'occasion de l'exercice de leurs fonctions, toute rémunération ou avantage autre que ceux prévus *(Décr. nº 2017-206 du 20 févr. 2017, art. 2)* « aux articles R. 322-53, R. 322-55-1 et R. 322-120-3 ». — *Ces dispositions entrent en vigueur à la prise d'effet de la modification des statuts mentionnée au premier alinéa du II de l'art. 52 de la L. nº 2016-1691 du 9 déc. 2016 qui doit prendre effet dans un délai de dix-huit mois à compter de la promulgation de ladite loi soit le 9 juin 2018 (Décr. préc., art. 3).*

Les dispositions de l'alinéa précédent ne s'appliquent pas au président du conseil d'administration lorsqu'il exerce les fonctions de directeur général de la société d'assurance mutuelle dans le cas prévu à l'article R. 322-53-2.

Les statuts de la société peuvent également déroger à ces dispositions sans pour autant que le nombre des administrateurs ou membres du conseil de surveillance liés à la société par un contrat de travail ne puisse dépasser 10 % des membres du conseil en fonction.

Les administrateurs, membres du conseil de surveillance et mandataires mutualistes ne peuvent exercer de fonctions donnant lieu à une rémunération de la société d'assurance mutuelle, de l'union, de la société de réassurance mutuelle ou de la société de groupe d'assurance mutuelle qu'à l'expiration d'un délai d'un an à compter de la fin de leur mandat.

La nullité des nominations intervenues en méconnaissance des dispositions du présent article n'entraîne pas celle des délibérations auxquelles l'administrateur, le membre du conseil de surveillance ou le mandataire mutualiste irrégulièrement nommé a pris part.

III. — Une personne morale sociétaire peut être nommée administrateur ou membre du conseil de surveillance. Lors de sa nomination, elle est tenue de désigner un représentant permanent qui est soumis, dans l'exercice de ses fonctions, aux mêmes conditions et obligations et qui encourt les mêmes responsabilités civile et pénale que s'il était administrateur ou membre du conseil de surveillance en son nom propre, sans préjudice de la responsabilité solidaire de la personne morale qu'il représente.

Lorsque la personne morale révoque son représentant, elle est tenue de pourvoir en même temps à son remplacement.

IV. — En cas de vacance par décès *(Décr. nº 2014-1357 du 13 nov. 2014, art. 2-3º, en vigueur le 1er janv. 2015)* « , par démission ou par cessation de mandat à la suite d'une décision d'opposition de l'Autorité de contrôle prudentiel et de résolution » d'un ou plusieurs sièges de membre du conseil d'administration ou du conseil de surveillance, ce conseil peut, entre deux assemblées générales, procéder à des nominations à titre provisoire.

Lorsque le nombre des membres du conseil est devenu inférieur au minimum légal, les administrateurs restants ou le directoire doivent convoquer immédiatement l'assemblée générale ordinaire en vue de compléter l'effectif du conseil d'administration ou du conseil de surveillance.

Lorsque le nombre des membres du conseil d'administration ou du conseil de surveillance est devenu inférieur au minimum statutaire sans toutefois être inférieur au minimum légal, le conseil d'administration ou le conseil de surveillance doit procéder à des nominations à titre provisoire en vue de compléter son effectif dans le délai de trois mois à compter du jour où se produit la vacance.

Les nominations effectuées par le conseil, en vertu des dispositions du présent IV, sont soumises à ratification de la prochaine assemblée générale ordinaire. A défaut de ratification, les délibérations prises et les actes accomplis antérieurement par le conseil n'en demeurent pas moins valables.

Lorsque le conseil néglige de procéder aux nominations requises ou si l'assemblée n'est pas convoquée, tout intéressé peut demander en justice la désignation d'un mandataire chargé de convoquer l'assemblée générale, à l'effet de procéder aux nominations ou de ratifier les nominations prévues au troisième alinéa.

V. – En cas d'empêchement temporaire ou de décès du président, le conseil d'administration ou le conseil de surveillance peut déléguer un administrateur ou un membre du conseil de surveillance dans les fonctions de président.

En cas d'empêchement temporaire, cette délégation est donnée pour une durée limitée. Elle est renouvelable. En cas de décès, elle vaut jusqu'à l'élection du nouveau président.

Art. R. 322-55-3 I. – Les statuts doivent prévoir, pour l'exercice des fonctions d'administrateur ou de membre du conseil de surveillance, une limite d'âge s'appliquant soit à l'ensemble des administrateurs ou des membres du conseil de surveillance, soit à un pourcentage déterminé d'entre eux.

A défaut de disposition expresse dans les statuts, le nombre des administrateurs ou des membres du conseil de surveillance ayant dépassé l'âge de soixante-dix ans ne peut être supérieur au tiers des administrateurs ou des membres du conseil de surveillance en fonctions.

Toute nomination intervenue en violation des dispositions prévues à l'alinéa précédent est nulle.

A défaut de disposition expresse dans les statuts prévoyant une autre procédure, lorsque la limitation statutaire ou légale fixée pour l'âge des administrateurs ou des membres du conseil de surveillance est dépassée, l'administrateur ou le membre du conseil de surveillance le plus âgé est réputé démissionnaire d'office.

II. – Les statuts doivent prévoir pour l'exercice des fonctions de président du conseil d'administration et de président ou vice-président du conseil de surveillance une limite d'âge qui, à défaut d'une disposition expresse, est fixée à soixante-cinq ans.

Toute nomination intervenue en violation des dispositions prévues à l'alinéa précédent est nulle.

Lorsqu'un président de conseil d'administration ou un président ou un vice-président du conseil de surveillance atteint la limite d'âge, il est réputé démissionnaire d'office.

III. – Les statuts doivent prévoir pour l'exercice des fonctions de directeur général *(Décr. nº 2015-513 du 7 mai 2015, art. 7-II-10º, en vigueur le 1er janv. 2016)* « , de directeur général délégué » ou de membre du directoire une limite d'âge qui, à défaut d'une disposition expresse, est fixée à soixante-cinq ans.

Toute nomination intervenue en violation des dispositions prévues à l'alinéa précédent est nulle.

Lorsqu'un directeur général *(Décr. nº 2015-513 du 7 mai 2015, art. 7-II-10º, en vigueur le 1er janv. 2016)* « , un directeur général délégué » ou un membre du directoire atteint la limite d'âge, il est réputé démissionnaire d'office, au plus tard lors de l'assemblée générale qui approuve les comptes de l'exercice.

Art. R. 322-55-4 I. – Les statuts de la société déterminent les règles relatives à la convocation et aux délibérations du conseil d'administration ou du conseil de surveillance.

1º Lorsqu'il ne s'est pas réuni depuis plus de deux mois, le tiers au moins des membres du conseil d'administration peut demander au président de convoquer celui-ci sur un ordre du jour déterminé. Le directeur général peut également demander au président de convoquer le conseil d'administration sur un ordre du jour déterminé.

Le président est lié par les demandes qui lui sont adressées en vertu des deux alinéas précédents.

2° Le président du conseil de surveillance doit convoquer le conseil à une date qui ne peut être postérieure à quinze jours lorsqu'un membre au moins du directoire ou le tiers au moins des membres du conseil de surveillance lui présentent une demande motivée en ce sens.

Si la demande est restée sans suite, ses auteurs peuvent procéder eux-mêmes à la convocation, en indiquant l'ordre du jour de la séance.

II. — Le conseil d'administration ou le conseil de surveillance ne délibère valablement que si la moitié au moins de ses membres sont présents. Toute clause contraire est réputée non écrite.

(Décr. nº 2021-1400 du 29 oct. 2021, art. 1er) « Sauf clause contraire des statuts, sont réputés présents les membres qui participent à la réunion par des moyens de visioconférence ou de télécommunication. Ces moyens de visioconférence ou de télécommunication doivent satisfaire à des caractéristiques techniques permettant l'identification des membres et garantissant leur participation effective à la réunion du conseil d'administration ou du conseil de surveillance, dont les délibérations sont retransmises de façon continue. Ces moyens transmettent au moins le son de la voix des participants et satisfont à des caractéristiques techniques permettant la retransmission continue et simultanée des délibérations. »

A moins que les statuts ne prévoient une majorité plus forte, les décisions sont prises à la majorité des membres du conseil d'administration ou du conseil de surveillance.

(Décr. nº 2021-1400 du 29 oct. 2021, art. 1er) « Les statuts peuvent prévoir que les décisions relevant des attributions propres du conseil d'administration ou du conseil de surveillance en matière de nomination à titre provisoire, d'autorisation de donner des cautions, avals et garanties, de modification des statuts visant à les mettre en conformité avec les dispositions législatives et réglementaires et de convocation de l'assemblée générale, ainsi que les décisions de transfert du siège social dans le même département ou dans un département limitrophe peuvent être prises par consultation écrite des administrateurs. »

Sauf disposition contraire des statuts, la voix du président de séance est prépondérante en cas de partage.

Les administrateurs ou les membres du conseil de surveillance, ainsi que toute personne appelée à assister aux réunions du conseil d'administration ou du conseil de surveillance, sont tenus à la discrétion à l'égard des informations présentant un caractère confidentiel et données comme telles par le président du conseil d'administration ou par le président du conseil de surveillance.

III. — Il est tenu un registre de présence qui est signé par les administrateurs ou les membres du conseil de surveillance participant à la séance du conseil d'administration ou du conseil de surveillance et qui mentionne le nom des présents. *(Abrogé par Décr. nº 2021-1400 du 29 oct. 2021, art. 1er) « Le vote par procuration est interdit. »*

(Décr. nº 2021-1400 du 29 oct. 2021, art. 1er) « Sauf clause contraire des statuts, un administrateur peut donner, par écrit, mandat à un autre administrateur de le représenter à une séance du conseil d'administration.

« Chaque administrateur ne peut disposer, au cours d'une même séance, que d'une seule des procurations reçues par application de l'alinéa précédent. »

Les délibérations du conseil d'administration ou du conseil de surveillance sont constatées par des procès-verbaux établis sur un registre spécial tenu au siège social et coté et paraphé soit par un juge du *(Décr. nº 2019-913 du 30 août 2019, art. 4-1º, en vigueur le 1er janv. 2020)* « tribunal judiciaire », soit par le maire de la commune du siège social ou un adjoint au maire, dans la forme ordinaire et sans frais.

Toutefois, les procès-verbaux peuvent être établis sur des feuilles mobiles numérotées sans discontinuité, paraphées dans les conditions prévues à l'alinéa précédent et revêtues du sceau de l'autorité qui les a paraphées. Dès qu'une feuille a été remplie, même partiellement, elle doit être jointe à celles précédemment utilisées. Toute addition, suppression, substitution ou interversion de feuilles est interdite.

(Décr. nº 2021-1400 du 29 oct. 2021, art. 1er) « Le registre spécial peut être tenu et les procès-verbaux établis sous forme électronique. Dans ce cas, les procès-verbaux sont signés au moyen d'une signature électronique dans les conditions prévues à l'article 1367 du code civil. Les procès-verbaux sont datés de façon électronique par un moyen d'horodatage offrant toute garantie de preuve. »

IV. — Le procès-verbal de la séance indique le nom des administrateurs ou des membres du conseil de surveillance présents ou réputés présents au sens du II, excusés ou absents. Il fait état de la présence ou de l'absence des personnes convoquées à la réunion du conseil d'administration ou du conseil de surveillance en vertu d'une disposition légale et de la présence de toute autre personne ayant assisté à tout ou partie de la réunion. Il fait également état de la survenance éventuelle d'un incident technique relatif à une visioconférence *(Décr. nº 2021-1400 du 29 oct. 2021, art. 1er)* « ou à l'usage des moyens de télécommunication », lorsque cet incident a perturbé le déroulement de la séance.

Le procès-verbal est revêtu de la signature du président de séance et d'au moins un administrateur ou un membre du conseil de surveillance. En cas d'empêchement du président de séance, il est signé par deux administrateurs ou membres du conseil de surveillance au moins.

(Décr. nº 2021-1400 du 29 oct. 2021, art. 1er) « Le registre de présence peut être tenu sous forme électronique. Dans ce cas, le registre est signé au moyen d'une signature électronique dans les conditions prévues à l'article 1367 du code civil. Le registre est daté de façon électronique par un moyen d'horodatage offrant toute garantie de preuve. »

V. — Les copies ou extraits de procès-verbaux des délibérations sont valablement certifiés par le président du conseil d'administration ou du conseil de surveillance, le directeur général *(Décr. nº 2015-513 du 7 mai 2015, art. 7-II-11º, en vigueur le 1er janv. 2016)* « , les directeurs généraux délégués » ou un membre du directoire *(Décr. nº 2021-1400 du 29 oct. 2021, art. 1er)* « , l'administrateur délégué temporairement dans les fonctions de président ou un fondé de pouvoir habilité à cet effet. »

Au cours de la liquidation de la société, ces copies ou extraits sont valablement certifiés par un seul liquidateur.

(Décr. nº 2021-1400 du 29 oct. 2021, art. 1er) « La certification peut se faire au moyen d'une signature électronique dans les conditions prévues à l'article 1367 du code civil. »

VI. — Il est suffisamment justifié du nombre des administrateurs ou des membres du conseil de surveillance en exercice ainsi que de leur présence à une séance par la production d'une copie ou d'un extrait du procès-verbal.

Art. R. 322-55-5 I. — 1º Un administrateur ou un membre du conseil de surveillance de société d'assurance mutuelle, d'union de sociétés d'assurance mutuelles, de société de réassurance mutuelle ou de société de groupe d'assurance mutuelle ne peut appartenir simultanément à plus de cinq conseils d'administration ou de cinq conseils de surveillance de sociétés d'assurance mutuelles, d'unions de sociétés d'assurance mutuelles, de sociétés de réassurance mutuelles, de sociétés de groupe d'assurance mutuelles ou de sociétés anonymes ayant leur siège sur le territoire français.

2º Dans le décompte des mandats mentionnés au I ne sont pris en compte que pour un seul mandat ceux détenus dans des sociétés *(Décr. nº 2017-1765 du 26 déc. 2017, art. 1er)* « appartenant à un groupe d'assurance au sens de l'article L. 356-1 ».

3º Toute personne qui se trouve en infraction avec les dispositions du présent article doit, dans les trois mois suivant sa nomination, se démettre de l'un de ses mandats. A l'expiration de ce délai et à défaut de démission expresse, elle est réputée s'être démise de son mandat le plus récent et doit restituer les indemnités perçues sans que soit, de ce fait, remise en cause la validité des délibérations auxquelles elle a pris part.

II. — Une personne physique ne peut pas exercer simultanément plus d'un mandat de directeur général ou de membre du directoire d'une société d'assurance mutuelle, d'une union de sociétés d'assurance mutuelles, d'une société de réassurance mutuelle, d'une société de groupe d'assurance mutuelle ou d'une société anonyme ayant son siège sur le territoire français.

Par dérogation aux dispositions du précédent alinéa :

1° Un deuxième mandat peut être exercé dans une société ou union faisant partie d'un même ensemble soumis à l'obligation d'établir des comptes consolidés ou combinés en application de l'article L. 345-2 ;

2° Une personne physique exerçant un mandat de directeur général ou de membre de directoire dans une société d'assurance mutuelle, une union de sociétés d'assurance mutuelles, une société de réassurance mutuelle ou une société de groupe d'assurance mutuelle peut également exercer un mandat de directeur général, de membre du directoire ou de directeur général unique dans une autre société ou union dès lors que les titres de celles-ci ne sont pas admis aux négociations sur un marché réglementé ;

3° Une personne physique exerçant un mandat de directeur général ou de membre de directoire dans une société d'assurance mutuelle, une union de sociétés d'assurance mutuelles, une société de réassurance mutuelle ou une société de groupe d'assurance mutuelle peut également exercer un mandat de directeur général ou de membre du directoire dans une autre société d'assurance mutuelle, union de sociétés d'assurance mutuelles, société de réassurance mutuelle ou société de groupe d'assurance mutuelle dès lors que lesdites sociétés ou unions décident, par un vote de leurs conseils d'administration respectifs, d'établir entre elles la convention mentionnée à l'article R. 345-1-2. Cette dérogation n'est valable que durant deux ans à compter de la plus récente de ces délibérations. Elle n'est pas renouvelable pour ces sociétés ou unions.

III. — Sans préjudice des dispositions des articles *[de l'article]* L. 322-4-2 et des I et IV du présent article, une personne physique exerçant un mandat au sein d'une société d'assurance mutuelle, d'une union de sociétés d'assurance mutuelles, d'une société de réassurance mutuelle ou d'une société de groupe d'assurance mutuelle ne peut exercer plus de cinq mandats de directeur général, de membre du directoire, de directeur général unique, d'administrateur ou de membre du conseil de surveillance de sociétés d'assurance mutuelles, d'unions de sociétés d'assurance mutuelles, de sociétés de réassurance mutuelles, de sociétés de groupe d'assurance mutuelles ou de sociétés anonymes ayant leur siège sur le territoire français. Pour l'application de ces dispositions, l'exercice de la direction générale par un administrateur est décompté pour un seul mandat.

IV. — Toute personne physique qui se trouve en infraction avec les dispositions du présent article doit se démettre de l'un de ses mandats dans les trois mois de sa nomination. A l'expiration de ce délai et à défaut de démission expresse, elle est réputée s'être démise de son mandat le plus récent et doit restituer les rémunérations et indemnités qu'elle a perçues au titre de ce mandat, sans que soit, de ce fait, remise en cause la validité des délibérations auxquelles elle a pris part.

Art. R. 322-56 I. — 1° Les administrateurs et le directeur général sont responsables civilement et pénalement des actes de leur gestion, conformément aux dispositions législatives en vigueur. Les membres du directoire sont soumis à la même responsabilité que les administrateurs.

2° Outre l'action en réparation du préjudice subi personnellement, les sociétaires peuvent intenter une action sociale en responsabilité contre les administrateurs et le directeur général ou contre les membres du directoire. Les demandeurs sont habilités à poursuivre la réparation de l'entier préjudice subi par la société d'assurance mutuelle, à laquelle, le cas échéant, des dommages et intérêts sont alloués.

Cette action sociale peut être intentée individuellement. Les sociétaires peuvent également, dans un intérêt commun, décider de charger à leurs frais un ou plusieurs d'entre eux de les représenter pour soutenir, tant en demande qu'en défense, une action sociale. Dans ce cas, le nombre des sociétaires qui soutiennent l'action doit être au moins égal au vingtième du nombre total de sociétaires, sans toutefois pouvoir être inférieur à cinq ni devoir nécessairement être supérieur à cent.

3° L'action en responsabilité contre les administrateurs, le directeur général ou les membres du directoire, tant sociale qu'individuelle, se prescrit par trois ans à compter du fait dommageable ou, s'il a été dissimulé, de sa révélation. Toutefois, lorsque le fait est qualifié de crime, l'action se prescrit par dix ans.

II. – Les membres du conseil de surveillance sont responsables des fautes commises dans l'exécution de leur mandat. Ils n'encourent aucune responsabilité en raison des actes de la gestion et de leur résultat. Ils peuvent être déclarés civilement responsables des délits commis par les membres du directoire si, en ayant eu connaissance, ils ne les ont pas révélés à l'assemblée générale. Les dispositions des articles L. 225-253 et L. 225-254 du code de commerce leur sont applicables.

Art. R. 322-57 I. – Toute convention intervenant directement ou par personne interposée entre la société d'assurance mutuelle et l'un de ses administrateurs, membre du conseil de surveillance, membre du directoire ou dirigeants salariés doit être soumise à l'autorisation préalable du conseil d'administration ou du conseil de surveillance.

Il en est de même des conventions auxquelles une des personnes visées à l'alinéa précédent est indirectement intéressée.

Sont également soumises à autorisation préalable les conventions intervenant entre la société d'assurance mutuelle et une entreprise, si l'un des administrateurs, membre du conseil de surveillance, membre du directoire ou dirigeants salariés de la société d'assurance mutuelle est propriétaire, associé indéfiniment responsable, gérant, administrateur, membre du conseil de surveillance ou, de façon générale, dirigeant de cette entreprise.

Lorsque le conseil d'administration ou le conseil de surveillance de la société d'assurance mutuelle est composé, pour plus du tiers de ses membres, d'administrateurs, de membres du conseil de surveillance, de membres du directoire, de dirigeants ou d'associés d'une seule personne morale de droit privé ne relevant pas des dispositions du présent code, les conventions intervenant entre cette personne morale et un administrateur, un membre du conseil de surveillance, un membre du directoire ou un dirigeant salarié de la société d'assurance mutuelle sont soumises aux dispositions du premier alinéa.

II. – Les dispositions du I ne sont pas applicables aux conventions portant sur des opérations courantes et conclues à des conditions normales.

Cependant, ces conventions sont communiquées par l'intéressé au président du conseil d'administration ou au président du conseil de surveillance. La liste et l'objet desdites conventions sont communiqués par le président aux membres du conseil d'administration, aux membres du conseil de surveillance et aux commissaires aux comptes.

III. – L'administrateur, le membre du conseil de surveillance, le membre du directoire ou le dirigeant salarié intéressé est tenu d'informer le conseil, dès qu'il a connaissance d'une convention à laquelle le I du présent article est applicable. Il ne peut, lorsqu'il s'agit d'un administrateur ou d'un membre du conseil de surveillance, prendre part au vote sur l'autorisation sollicitée.

IV. – L'assemblée générale est, chaque année, appelée à statuer sur :

1° Un rapport spécial des commissaires aux comptes sur toutes les conventions autorisées aux termes du I du présent article ;

2° Un rapport spécial des commissaires aux comptes concernant les contrats d'assurance de toute nature souscrits auprès de la société par ses administrateurs, ses membres du conseil de surveillance, ses membres du directoire, ses dirigeants salariés et leurs conjoints, ascendants et descendants. Le président du conseil d'administration ou du conseil de surveillance communique ces contrats aux commissaires aux comptes en indiquant ceux qui ont été souscrits à des conditions préférentielles par rapport à celles pratiquées pour les autres sociétaires. Pour l'établissement de leur rapport qui doit notamment préciser ces conditions préférentielles, les commissaires aux comptes analysent les caractéristiques des contrats souscrits, notamment, pour l'assurance-vie, les sommes versées par la société dans l'année par bénéficiaire ainsi que les conditions de rémunération obtenues par lui.

V. — Les conventions autorisées par le conseil d'administration ou le conseil de surveillance, qu'elles aient été ou non approuvées par l'assemblée générale, produisent leurs effets à l'égard des tiers, sauf lorsqu'elles sont annulées dans le cas de fraude.

Même en l'absence de fraude, les conséquences, préjudiciables à la société, des conventions désapprouvées peuvent être mises à la charge de l'intéressé et, éventuellement, des autres membres du conseil d'administration, du conseil de surveillance ou du directoire.

VI. — Sans préjudice de la responsabilité de l'administrateur, du membre du conseil de surveillance, du membre du directoire ou du dirigeant salarié intéressé, les conventions mentionnées au I du présent article et conclues sans autorisation préalable du conseil d'administration ou du conseil de surveillance peuvent être annulées si elles ont eu des conséquences dommageables pour la société.

L'action en nullité se prescrit par trois ans à compter de la date de la convention. Toutefois, si la convention a été dissimulée, le point de départ du délai de la prescription est reporté au jour où elle a été révélée.

La nullité peut être couverte par un vote de l'assemblée générale intervenant sur rapport spécial des commissaires aux comptes exposant les circonstances en raison desquelles la procédure d'autorisation n'a pas été suivie. Le ou les intéressés ne prennent pas part au vote.

VII. — A peine de nullité du contrat et, en ce qui concerne les administrateurs ou les membres du conseil de surveillance élus par les salariés, sous réserve des dispositions de l'article L. 313-1 du code de la construction et de l'habitation, il est interdit aux administrateurs, membres du conseil de surveillance, membres du directoire et dirigeants salariés de contracter, sous quelque forme que ce soit, des emprunts auprès de la société ou de se faire consentir par celle-ci un découvert en compte courant ou autrement, ainsi que de faire cautionner ou avaliser par elle leurs engagements envers les tiers.

La même interdiction s'applique aux conjoints, ascendants et descendants des personnes mentionnées au présent article ainsi qu'à toute personne interposée.

§ 4 L'ASSEMBLÉE GÉNÉRALE DES SOCIÉTÉS D'ASSURANCE MUTUELLES *(Décr. n° 2005-7 du 3 janv. 2005)*.

BIBL. ▶ JADAUD, *RGDA 2003. 423.*

Art. R. 322-58 *(Décr. n° 91-1050 du 30 sept. 1991)* « Les statuts déterminent la composition de l'assemblée générale. Cette dernière se compose soit de tous les sociétaires à jour de leurs cotisations, soit de délégués élus par ces sociétaires. Pour l'application de cette seconde faculté, les sociétaires peuvent être répartis en groupements suivant la nature du contrat souscrit ou selon des critères régionaux ou professionnels. Le nombre de ces délégués ne peut être fixé à moins de cinquante.

(Décr. n° 2021-1400 du 29 oct. 2021, art. 2) « Les statuts peuvent prévoir que les membres de l'assemblée générale peuvent participer à celle-ci par des moyens de visioconférence ou de télécommunication permettant l'identification et la participation effective des sociétaires selon les modalités prévues par les articles R. 225-97 et R. 225-98 du code de commerce. Ils sont alors réputés présents pour le calcul du quorum et de la majorité.

« Les statuts peuvent rendre applicables aux sociétaires, dans les conditions qu'ils prévoient, les dispositions relatives au vote à distance par correspondance ou par voie électronique » *(Décr. n° 91-1050 du 30 sept. 1991)* « prévues pour les actionnaires par l'article L. 225-107 du code de commerce et par les articles R. 225-75, R. 225-77, R. 225-79 et R. 225-81 du code de commerce. Pour l'application de ces dispositions, il y a lieu d'entendre le "sociétaire" là où est mentionné l'"actionnaire" et le formulaire de vote par correspondance est conforme au modèle annexé au présent code. Pour toute procuration d'un sociétaire sans indication de mandataire, le président émet un vote favorable à l'adoption des projets de résolution présentés ou agréés par le conseil d'administration, et un vote défavorable à l'adoption de tous les autres projets de résolution. Pour émettre tout autre vote, le sociétaire doit faire choix d'un mandataire qui accepte de voter dans le sens indiqué par le mandant. » – *V. **C. sociétés et C. com.***

(Décr. nº 2021-1400 du 29 oct. 2021, art. 2) « Les statuts peuvent prévoir la possibilité de recourir au vote par voie électronique pendant l'assemblée générale dans le respect du secret du vote et de la sincérité du scrutin. »

La liste des sociétaires pouvant prendre part à une assemblée générale est arrêtée au quinzième jour précédant cette assemblée par les soins du conseil d'administration. Tout sociétaire peut, par lui-même ou par un mandataire, prendre connaissance de cette liste au siège social.

Tout membre de l'assemblée générale peut s'y faire représenter par un autre sociétaire ou, si les statuts le permettent, par un tiers. Les statuts peuvent interdire de confier ce mandat à une personne employée par la société ; ils doivent fixer le nombre maximal de pouvoirs susceptibles d'être confiés à un même mandataire, sans que ce nombre puisse être supérieur à cinq.

Toutefois, ce nombre peut être augmenté dans la mesure nécessaire, pour que la réalisation du quorum réglementaire le plus faible ne nécessite pas la présence effective de plus de cent mandataires.

(Décr. nº 91-1050 du 30 sept. 1991) « Les statuts doivent alors indiquer le montant maximal de pouvoirs susceptibles d'être confiés à un même mandataire au-delà des cinq mandats réglementaires. »

Le sociétaire ou le tiers porteur de pouvoirs doit les déposer au siège de la société et les y faire enregistrer cinq jours au moins avant la réunion de l'assemblée générale, faute de quoi ces pouvoirs sont nuls et de nul effet.

(Décr. nº 91-1050 du 30 sept. 1991) « Tout sociétaire a droit à une voix et une seule, sans qu'il puisse être dérogé à cette règle par les statuts. » – *Assur. R. 322-90 et R. 322-156.*

ANNEXE I À L'ARTICLE R. 322-58

FORMULAIRE DE VOTE PAR CORRESPONDANCE OU PAR PROCURATION	Cadre réservé Identifiant :
ATTENTION : choisissez 1 ou 2 ou 3	ATTENTION Dans limite réception

1 Vous faites confiance au président et vous l'autorisez à voter en votre nom : dater et signer ce formulaire sans cocher de case

OU

2 Vous souhaitez vous exprimer sur les résolutions : vous devez cocher une case par ligne, dater et signer

	Oui	Non / abstention	Je ne sais pas je donne pouvoir au président
1re résolution			
2e résolution			
3e résolution			
Nº résolution			
	Je fais confiance au président qui votera en mon nom	Je m'abstiens ce qui signifie que je vote contre	Je donne procuration à M.
Si des amendements ou des résolutions nouvelles étaient présentées à l'assemblée.			

OU

3 Vous souhaitez qu'un autre sociétaire de la société ou un tiers vote pour vous à l'assemblée mettez son nom, datez et signez sans cocher de case

Nom de mon représentant :

(La mention "ou un tiers" ne peut figurer au présent cadre que si les statuts en prévoient la possibilité)

Article R. 322-58 du code des assurances (extrait) :

Pour toute procuration d'un sociétaire sans indication de mandataire, le président émet un vote favorable à l'adoption des projets de résolution présentés ou agréés par le conseil d'administration et un vote défavorable à l'adoption de tous les autres projets de résolution. Pour émettre tout autre vote, le sociétaire doit faire choix d'un mandataire qui accepte de voter dans le sens indiqué par le mandant.

Tout membre de l'assemblée générale peut se faire représenter par un autre sociétaire ou, si les statuts le permettent, par un tiers. Les statuts peuvent interdire de confier ce mandat à une personne employée par la société ; ils doivent fixer le nombre maximal de pouvoirs susceptibles d'être confiés à un même mandataire, sans que ce nombre puisse être supérieur à cinq.

Toutefois, ce nombre peut être augmenté dans la mesure nécessaire pour que la réalisation du quorum réglementaire le plus faible ne nécessite pas la présence effective de plus de cent mandataires. Les statuts doivent alors indiquer le montant maximal de pouvoirs susceptibles d'être confiés à un même mandataire au-delà des cinq mandats réglementaires.

Nom, prénom, adresse

Fait à

Le

Signature

V. la jurisprudence citée ss. art. R. 322-72.

1. Validité de la règle de composition de l'assemblée générale. Les dispositions de la deuxième phrase du 1er al. de l'art. R. 322-58, justifiées par l'exigence d'un bon fonctionnement des assemblées générales, ne portent atteinte, contrairement à ce qui est soutenu, ni à la liberté d'entreprendre, ni à la liberté du commerce et de l'industrie, ni à la liberté contractuelle ; l'ACPR en a fait une exacte application en mettant en demeure la société requérante de modifier ses statuts pour mettre fin à la participation simultanée de sociétaires et de délégués à son assemblée générale. • CE 20 mai 2015, n° 383655 : *RGDA 2015. 370, note Jadaud.*

2. Composition de l'assemblée générale. Selon la deuxième phrase du 1er al. de l'art. R. 322-58, l'assemblée générale des sociétés d'assurance mutuelles « se compose soit de tous les sociétaires à jour de leurs cotisations, soit de délégués élus par ces sociétaires ». Ces dispositions prévoient, de manière alternative, deux modes possibles de composition de l'assemblée générale d'une société d'assurance mutuelle, sans ouvrir de possibilité de les combiner. • CE 20 mai 2015 : *préc. note 1.*

Décret n° 2020-418 du 10 avril 2020,

Portant adaptation des règles de réunion et de délibération des assemblées et organes dirigeants des personnes morales et entités dépourvues de personnalité morale de droit privé en raison de l'épidémie de covid-19 (JO 11 avr.).

CHAPITRE III. *Dispositions applicables à certaines personnes régies par le code des assurances*

....

Art. 10 Par dérogation à l'article R. 322-58 du code des assurances et sur décision du conseil d'administration, du directoire ou du conseil de surveillance, les sociétaires et les délégués peuvent voter par correspondance ou par procuration selon les modalités prévues au second alinéa de ce même article.

Le conseil d'administration, le directoire ou le conseil de surveillance peut décider que :

1° La limite du nombre de pouvoirs susceptibles d'être confiés à un même mandataire prévue au quatrième alinéa de ce même article peut être portée à dix ;

2° Le vote électronique est possible sous réserve que les modalités qu'il fixe à cet effet permettent de respecter le secret du vote et la sincérité du scrutin.

CHAPITRE IV. *Dispositions finales*

....

Art. 12 Les dispositions du présent décret sont applicables à Wallis-et-Futuna *(Décr. n° 2021-987 du 28 juill. 2021, art. 1er)* « dans sa rédaction résultant du décret n° 2021-987 du 28 juillet 2021 ».

Art. 13 Le présent décret est applicable aux assemblées et aux réunions des organes collégiaux d'administration, de surveillance et de direction tenues *(Décr. n° 2021-255 du 9 mars 2021, art. 2)* « jusqu'au » *(Décr. n° 2021-987 du 28 juill. 2021, art. 1er)* « 30 septembre 2021 ».

Les articles 1er, 3 à 5, 7 et 9 et 10 sont applicables à compter du 12 mars 2020.

Le 2° du I de l'article 8 est applicable aux assemblées dont la convocation intervient après l'entrée en vigueur du présent décret.

Art. R.* 322-59 **Les statuts indiquent les conditions dans lesquelles est faite la convocation aux assemblées générales : cette convocation doit faire l'objet d'une insertion dans un journal habilité à recevoir les annonces légales dans le département du siège social et précéder de quinze jours au moins la date fixée pour la réunion de l'assemblée.**

La convocation doit mentionner l'ordre du jour ; l'assemblée ne peut délibérer que sur les questions figurant à cet ordre du jour.

L'ordre du jour ne peut contenir que les propositions du conseil d'administration *(Décr. n° 2005-7 du 3 janv. 2005)* **« , du directoire ou du conseil de surveillance » et celles qui lui auront été communiquées** *(Décr. n° 2020-1 du 2 janv. 2020, art. 1er)* **« vingt-cinq » jours au moins avant la réunion de l'assemblée générale avec la signature d'un dixième des sociétaires au moins** *(Décr. n° 2020-1 du 2 janv. 2020, art. 1er)* **« , pour les sociétés de moins de mille sociétaires, de cent sociétaires au moins pour les sociétés de mille à dix mille sociétaires, d'un centième des sociétaires au moins pour les sociétés de dix mille à cent mille sociétaires, et de mille sociétaires au moins pour les sociétés de plus de cent mille sociétaires. »**

Tous les sociétaires qui en auront fait la demande devront être informés de la réunion de chaque assemblée générale *(Abrogé par Décr. n° 2018-229 du 30 mars 2018, art. 12)* ***« par une lettre affranchie à leurs frais et expédiée »*** **dans le délai imparti pour la convocation de cette assemblée.** – *Assur. R. 322-90, R. 322-102.*

Art. R.* 322-60 **Dans toutes les assemblées générales, il est tenu une feuille de présence. Elle contient les nom et domicile des membres présents ou représentés.**

Cette feuille, dûment émargée par les sociétaires ou leurs mandataires, et certifiée exacte par le bureau de l'assemblée, doit être déposée au siège social et communiquée à tout requérant. – *Assur. R. 322-90.*

Art. R.* 322-61 **Tout sociétaire peut, dans les quinze jours qui précèdent la réunion d'une assemblée générale, prendre, au siège social, communication par lui-même ou par un mandataire, du bilan, du compte d'exploitation générale et du compte général de pertes et profits qui seront présentés à l'assemblée générale ainsi que tous les documents qui doivent être communiqués à l'assemblée.** – *Assur. R. 322-90.*

Art. R.* 322-62 **Il est tenu chaque année au moins une assemblée générale** *(Décr. n° 2021-1400 du 29 oct. 2021, art. 3)* **« au plus tard » au cours du trimestre fixé par les statuts** *(Décr. n° 91-1050 du 30 sept. 1991)* **« et dans les conditions fixées par ces derniers ». A cette assemblée sont présentés par le conseil d'administration** *(Décr. n° 2005-7 du 3 janv. 2005)* **« ou le directoire les comptes annuels de l'exercice écoulé.**

« Le conseil d'administration, le directoire ou le conseil de surveillance » peut, à toute époque, convoquer l'assemblée générale.

(Décr. n° 2021-1400 du 29 oct. 2021, art. 3) **« La date prévue par les statuts pour la réunion de l'assemblée générale conformément au premier alinéa du présent article**

peut être reportée à la demande motivée du conseil d'administration ou du directoire par ordonnance du président du tribunal compétent. » – *Assur. R. 322-90.*

Art. R.* 322-63 *(Décr. nº 91-1050 du 30 sept. 1991)* L'assemblée générale délibère valablement si les sociétaires présents, représentés ou ayant fait usage de la faculté de vote par correspondance, sont au nombre du quart au moins du nombre total des sociétaires. A défaut, une nouvelle assemblée est convoquée dans les formes et délais prescrits par l'article R. 322-59 ; cette assemblée délibère valablement quel que soit le nombre des membres présents, représentés ou ayant fait usage de la faculté de vote par correspondance. – *Assur. R. 322-90.*

Art. R.* 322-64 L'assemblée générale qui doit délibérer sur la nomination des membres du premier conseil d'administration *(Décr. nº 2005-7 du 3 janv. 2005)* « ou du premier conseil de surveillance » et sur la sincérité de la déclaration faite, aux termes de l'article R. 322-51, par les signataires de l'acte primitif, est composée de tous les sociétaires ayant adhéré préalablement à la constitution définitive de la société.

(Décr. nº 91-1050 du 30 sept. 1991) « Elle délibère valablement si les sociétaires présents, représentés ou ayant fait usage de la faculté de vote par correspondance, forment la majorité.

« A défaut, » elle ne peut prendre qu'une délibération provisoire ; dans ce cas, une nouvelle assemblée générale est convoquée. Deux avis, publiés à huit jours d'intervalle, au moins un mois à l'avance, dans l'un des journaux habilités à recevoir les annonces légales dans le département du siège social, font connaître aux sociétaires les résolutions provisoires adoptées par la première assemblée, et ces résolutions deviennent définitives si elles sont *(Décr. nº 91-1050 du 30 sept. 1991)* « approuvées par la nouvelle assemblée qui délibère valablement si le nombre des sociétaires présents, représentés ou ayant fait usage de la faculté de vote par correspondance, atteint au moins le cinquième du nombre total des sociétaires ». – *Assur. R. 322-90.*

Art. R.* 322-65 L'assemblée générale délibérant comme il est dit ci-après peut modifier les statuts dans toutes leurs dispositions. Elle ne peut, toutefois, ni changer la nationalité de la société, ni réduire ses engagements, ni augmenter les engagements des sociétaires résultant des contrats en cours, sauf en cas d'accroissement des impôts et taxes dont la récupération sur les sociétaires n'est pas interdite et sous réserve des dispositions de l'alinéa suivant.

Les modifications statutaires tendant à remplacer la cotisation fixe par une cotisation variable sont applicables aux contrats en cours, nonobstant toute clause contraire, un mois au moins après la notification faite aux assurés dans les formes prévues à l'article R. 322-66. Toutefois, dans le mois qui suit cette notification, l'assuré a le droit de résilier les contrats qu'il a souscrits à la société, dans les conditions fixées par les deuxième et troisième alinéas de l'article R.* 113-10.

(Décr. nº 2005-7 du 3 janv. 2005) « L'assemblée générale ne délibère valablement que si le nombre de ses membres présents, représentés ou ayant fait usage de la faculté de vote par correspondance lorsque celle-ci est prévue par les statuts, est au moins égal au tiers du total des membres.

« Si, lors de la première convocation, l'assemblée générale n'a pas réuni le quorum fixé à l'alinéa précédent, une seconde assemblée générale peut être convoquée qui délibère valablement si le nombre de ses membres présents, représentés ou ayant fait usage de la faculté de vote par correspondance lorsque celle-ci est prévue par les statuts, représente au moins le quart du total des membres. A défaut de ce dernier quorum, cette deuxième assemblée peut être prorogée à une date postérieure de deux mois au plus à celle de laquelle elle avait été convoquée. Elle statue alors à la majorité des deux tiers des membres présents, représentés ou ayant fait l'usage de leur vote par correspondance. »

Dans les assemblées générales mentionnées au présent article, les résolutions, pour être valables, doivent toujours réunir les deux tiers au moins des voix des sociétaires

(Décr. nº 91-1050 du 30 sept. 1991) « présents, représentés ou ayant fait usage de la faculté de vote par correspondance ».

Art. R.* 322-66 Toute modification des statuts est portée à la connaissance des sociétaires soit par remise du texte contre reçu, soit par *(Décr. nº 2018-229 du 30 mars 2018, art. 12)* « lettre recommandée ou par envoi recommandé électronique », soit, au plus tard, *(Décr. nº 91-1050 du 30 sept. 1991)* « avec le premier avis d'échéance ou récépissé de cotisations qui leur est adressé. » Cette modification est également mentionnée sur les avenants aux contrats en cours.

Les modifications des statuts non notifiées à un sociétaire dans les formes prévues au précédent alinéa, ne lui sont pas opposables.

Art. R. 322-66-1 *(Décr. nº 2002-943 du 26 juin 2002)* La décision de s'affilier à une société de groupe d'assurance ou de résilier cette affiliation est prise en assemblée générale de chaque société d'assurance mutuelle statuant dans les conditions prévues à l'article R. 322-65. La même assemblée générale procède aux éventuelles modifications des statuts liées à cette décision et à l'approbation de la convention d'affiliation décrite à l'article R. 322-165.

Art. R.* 322-67 L'assemblée générale nomme pour six exercices un ou plusieurs commissaires aux comptes.

Ne peuvent être nommés commissaires aux comptes d'une société régie par la présente section :

1° Les fondateurs et administrateurs *(Décr. nº 2005-7 du 3 janv. 2005)* « , membres du conseil de surveillance ou membres du directoire » de la société, ainsi que leurs parents et alliés jusqu'au quatrième degré inclusivement ;

2° Les personnes et les conjoints des personnes qui reçoivent de celles mentionnées au 1° ci-dessus ou de la société un salaire ou une rémunération quelconque à raison de fonctions autres que celle de commissaire aux comptes ;

3° Les sociétés de commissaires dont l'un des associés se trouve dans une des situations prévues au *[aux]* 1° ou 2° ci-dessus.

Les commissaires aux comptes ne peuvent être nommés administrateurs *(Décr. nº 2005-7 du 3 janv. 2005)* « , membres du conseil de surveillance ou membres du directoire » ou directeurs des sociétés qu'ils contrôlent moins de cinq années après la cessation de leurs fonctions. La même interdiction est applicable aux associés d'une société de commissaires aux comptes.

Art. R.* 322-68 Les sociétaires et l'assemblée générale sont substitués respectivement aux actionnaires et aux assemblées d'actionnaires pour l'application de la section VI du chapitre IV du titre Ier *[C. com., liv. II, titre II, sect. V (art. L. 225-218 à L. 225-242)]* de la loi nº 66-537 du 24 juillet 1966 sur les sociétés commerciales et de la section VI du chapitre IV du titre Ier du décret nº 67-236 du 23 mars 1967 sur les sociétés commerciales aux sociétés régies par la présente section. – *V. **C. sociétés** et **C. com.***

Le droit de récuser un ou plusieurs commissaires aux comptes et le droit de demander en justice la désignation d'un expert chargé de présenter un rapport sur une ou plusieurs opérations de gestion sont ouverts aux sociétaires admis à faire partie de l'assemblée générale et représentant au moins le dixième de ceux-ci.

Le président du *(Décr. nº 2019-966 du 18 sept. 2019, art. 1er, en vigueur le 1er janv. 2020)* « tribunal judiciaire » statue en référé sur les requêtes en justice des sociétaires relatives au contrôle des commissaires aux comptes.

Art. R.* 322-69 Les commissaires aux comptes sont convoqués, en même temps que les administrateurs *(Décr. nº 2005-7 du 3 janv. 2005)* « ou les membres du directoire », à la réunion du conseil d'administration *(Décr. nº 2005-7 du 3 janv. 2005)* « ou du directoire » qui arrête les comptes de l'exercice écoulé. Ils sont également convoqués, au plus tard lors de la convocation des sociétaires, à toutes les assemblées générales.

Les commissaires aux comptes ne peuvent convoquer l'assemblée générale qu'après avoir vainement requis sa convocation du conseil d'administration *(Décr. n° 2005-7 du 3 janv. 2005)* « ou du directoire » par lettre recommandée avec demande d'avis de réception. Si les commissaires aux comptes sont en désaccord sur l'opportunité de convoquer l'assemblée, l'un d'eux peut demander au président du tribunal judiciaire, statuant en référé, l'autorisation de procéder à cette convocation, les autres commissaires et le président du conseil d'administration *(Décr. n° 2005-7 du 3 janv. 2005)* « ou du directoire » dûment appelés.

La communication aux commissaires aux comptes de documents détenus par des tiers qui ont accompli des opérations pour le compte de la société est autorisée par le président du tribunal judiciaire statuant en référé.

Art. R.* 322-70 Le montant des honoraires des commissaires aux comptes est fixé d'un commun accord entre ceux-ci et la société.

Le président du *(Décr. n° 2019-966 du 18 sept. 2019, art. 1er, en vigueur le 1er janv. 2020)* « tribunal judiciaire » du lieu du siège social, statuant en référé, est compétent pour connaître de tout litige tenant à la fixation du montant des honoraires.

SOUS-SECTION 3 OBLIGATIONS DES SOCIÉTAIRES ET DE LA SOCIÉTÉ *(Décr. n° 2005-7 du 3 janv. 2005).*

Art. R.* 322-71 Le sociétaire ne peut être tenu en aucun cas, sauf par application des dispositions du premier alinéa de l'article R. 322-65, ni au-delà de la cotisation inscrite sur sa police dans le cas d'une société à cotisations fixes, ni au-delà du montant maximal de cotisation indiqué sur sa police dans le cas d'une société à cotisations variables.

Le montant maximal de cotisation prévu dans ce dernier cas ne peut être inférieur à une fois et demie le montant de la cotisation normale nécessaire pour faire face aux charges probables résultant des sinistres et aux frais de gestion.

Le montant de la cotisation normale doit être indiqué sur les polices délivrées à leurs sociétaires par les sociétés à cotisations variables.

Les fractions du montant maximal de cotisation que les assurés des sociétés à cotisations variables peuvent, le cas échéant, avoir à verser en sus de la cotisation normale, sont fixées par le conseil d'administration *(Décr. n° 2005-7 du 3 janv. 2005)* « ou le directoire ».

Les dispositions du présent article ne s'appliquent pas aux sociétés pratiquant une ou plusieurs des branches mentionnées *(Décr. n° 91-1050 du 30 sept. 1991 ; Décr. n° 94-799 du 9 sept. 1994)* « aux 20 à 26 de l'article R. 321-1 ».

1. Montant maximal de cotisation inscrit dans la police. L'indication devant figurer dans la police du montant maximal de cotisation peut résulter de l'indication d'un pourcentage précis affecté à un élément connu de l'assuré, tel son chiffre d'affaires. • Civ. 1re, 24 janv. 1995, n° 92-15.474 P : *RCA 1995, n° 193.* ♦ S'il n'est pas exigé que le montant maximal de la cotisation soit indiqué en chiffres dans la police, il est nécessaire qu'elle comporte des éléments précis et connus de l'assuré lui permettant de déterminer ce montant. • Civ. 1re, 28 nov. 1995 : *RGDA 1996. 272, note Bigot.*

2. Principe du complément de cotisation. Encourt la cassation l'arrêt qui retient qu'une mutuelle ne peut se prévaloir ni de ses statuts ni des dispositions des art. R.* 322-71 à R.* 322-93 pour réclamer la révision du montant d'une cotisation définitive d'un exercice écoulé, alors que la cotisation prévue pour un exercice n'est que provisoire et que le conseil d'administration d'une société à cotisations variables peut demander des fractions du montant maximal de la cotisation pour les exercices antérieurs à la résiliation du contrat par le sociétaire. • Civ. 1re, 25 mars 1991 : *D. 1991. IR 117.*

3. Appel du complément de cotisation. La faculté d'appeler des compléments de cotisations suppose, pour sa mise en œuvre, que la société ait connaissance du montant des sinistres qu'elle sera tenue de garantir au titre de l'exercice considéré. • Civ. 1re, 15 janv. 2002, n° 99-11.704 P : *RCA 2002, n° 163 ; RGDA 2002. 373, note Bigot.* ♦ L'approbation des comptes d'un exercice n'interdit pas à une mutuelle de réclamer au cours des années suivantes un rappel pour un exercice antérieur, alors que les charges de ce dernier ne sont pas définitivement connues et qu'elles ne le seront exactement qu'au bout de plusieurs années. Il importe peu que l'assuré ait résilié sa police et la prescription biennale court, non de la date d'échéance de la cotisation normale, mais de celle de la délibération du conseil d'administration qui a déterminé le montant du rappel. • Bourges, 30 sept. 1964 : *RGAT 1965. 51, note Besson.* ♦ Dans le même sens : • Rouen, 7 juill. 1965 : *RGAT 1966. 201, note Besson.*

Art. R.* 322-72 **Le conseil d'administration** *(Décr. n° 2005-7 du 3 janv. 2005)* **« ou le directoire » décide de l'admissibilité et de la tarification de tout risque prévu par les statuts, sous réserve de l'application des lois et règlements en vigueur. Aucun traitement préférentiel ne peut être accordé à un sociétaire.**

(Décr. n° 2017-1765 du 26 déc. 2017, art. 1er) **« Le conseil d'administration fixe, à l'issue de l'assemblée générale ordinaire approuvant les comptes annuels, le montant du droit d'entrée ou droit d'adhésion applicable jusqu'à l'assemblée générale ordinaire d'approbation des comptes suivante. »**

(Décr. n° 2015-513 du 7 mai 2015, art. 7-II-12°, en vigueur le 1er janv. 2016) **« Pour les entreprises mentionnées à l'article L. 310-3-2 et régies par la présente section, ce montant ne peut dépasser le rapport entre d'une part la marge de solvabilité mentionnée aux articles R. 334-5, R. 334-13 et R. 334-19 et d'autre part le nombre de sociétaires constaté à la clôture de l'exercice sur lequel portent les comptes approuvés. Toutefois, lorsque la marge de solvabilité effectivement constituée est inférieure au montant minimal réglementaire, le premier terme de ce rapport est majoré du montant de cette insuffisance.**

« Pour les entreprises mentionnées à l'article L. 310-3-1 et régies par la présente section, ce montant ne peut dépasser le rapport entre d'une part le capital de solvabilité requis mentionné à l'article L. 352-1 et d'autre part le nombre de sociétaires constaté à la clôture de l'exercice sur lequel portent les comptes approuvés. Toutefois, lorsque les fonds propres éligibles mentionnés à l'article L. 351-6 sont insuffisants pour couvrir le capital de solvabilité requis, le premier terme de ce rapport est majoré du montant de cette insuffisance. »

Ancien art. R.* 322-72 ***Le conseil d'administration*** (Décr. n° 2005-7 du 3 janv. 2005) ***« ou le directoire » décide de l'admissibilité et de la tarification de tout risque prévu par les statuts, sous réserve de l'application des lois et règlements en vigueur. Aucun traitement préférentiel ne peut être accordé à un sociétaire.***

(Décr. n° 99-37 du 19 janv. 1999) ***« Il fixe, à l'issue de l'assemblée générale ordinaire approuvant les comptes annuels, le montant du droit d'entrée ou droit d'adhésion applicable jusqu'à l'assemblée générale ordinaire d'approbation des comptes suivante. Ce montant ne peut dépasser le rapport entre*** (Décr. n° 2002-360 du 14 mars 2002) ***« d'une part la marge de solvabilité mentionnée aux articles R. 334-5, R. 334-13 et R. 334-19 et la solvabilité ajustée mentionnée aux articles R. 334-41 à R. 334-44 et d'autre part » le nombre de sociétaires constaté à la clôture de l'exercice sur lequel portent les comptes approuvés. Toutefois, lorsque la marge de solvabilité effectivement constituée est inférieure au montant minimal réglementaire, le premier terme de ce rapport est majoré du montant de cette insuffisance. »***

1. Cotisation par groupements. Si aux termes de l'art. R.* 322-72, aucun traitement préférentiel ne peut être accordé à un sociétaire, cette disposition n'interdit pas à une société d'assurance à forme mutuelle, à cotisations variables, de prévoir dans ses statuts la possibilité pour son conseil d'administration de fixer le montant des cotisations et des compléments de cotisations en tenant compte de la répartition des sociétaires, telle qu'elle est prévue par l'art. R.* 322-58, en groupements selon la nature du contrat d'assurance souscrit ou selon des critères régionaux ou professionnels. • Civ. 1re, 28 avr. 1993, n° 91-18.562 P : *RCA 1993. 289; RGAT 1993. 769, note Bigot* • 24 janv. 1995, n° 92-15.474 P : *RCA 1995, n° 118* • 28 nov. 1995 : *RGDA 1996. 272, note Bigot.* ♦ Encourt la cassation l'arrêt qui a conclu à l'illégalité d'une délibération d'un conseil d'administration qui a décidé, d'une part un appel complémentaire de cotisation de 25 % pour le groupement ayant présenté un déficit permanent au cours des trois derniers exercices, d'autre part une ristourne de cotisation de 7 % pour le groupement ayant présenté un excédent permanent au cours de la même période. • Civ. 1re, 28 avr. 1993 : *préc.*

2. Notion de groupement. Les juges du fond apprécient souverainement si une association constitue ou non un groupement satisfaisant au critère régional ou professionnel au sens de l'art. R.* 322-58. • Civ. 1re, 13 mai 1998, n° 96-17.308 P : *RCA 1998, n° 334; Gaz. Pal. 1999. 1. 90, note Favre-Rochex.*

Art. R.* 322-73 **Il ne peut être procédé à des répartitions d'excédents de recettes qu'après constitution des réserves et provisions prescrites par les lois et règlements en vigueur, après amortissement intégral des dépenses d'établissement et après que**

les dispositions réglementaires concernant la marge de solvabilité *(Décr. n° 2002-360 du 14 mars 2002 ; Décr. n° 2017-1765 du 26 déc. 2017, art. 1er)* « ou le capital de solvabilité requis de la société et, le cas échéant, du groupe, ont été satisfaites ». *(Décr. n° 2008-1437 du 22 déc. 2008, art. 1er)* « Le report de charge constitué en vertu de l'article *(Décr. n° 2015-513 du 7 mai 2015, art. 10, en vigueur le 1er janv. 2016)* « R. 343-6 » est déduit des excédents de recettes à répartir ainsi établis. » – *Dispositions de la dernière phrase applicables aux comptes des organismes d'assurance à compter de l'exercice comptable 2008 (Décr. n° 2008-1437 du 22 déc. 2008, art. 13).*

L'Autorité de contrôle prudentiel et de résolution peut s'opposer à une affectation d'excédents aux réserves libres.

Art. R.* 322-74 *(Décr. n° 86-971 du 8 août 1986)* Les excédents distribuables en application des articles R. 322-77 et R. 322-106 sont affectés par priorité à des remboursements anticipés de l'emprunt mentionné à l'article R. 322-49 proportionnels aux souscriptions de chaque sociétaire.

Lorsque la société prend l'initiative de radier un sociétaire, celui-ci peut demander à être immédiatement remboursé de sa contribution à cet emprunt. Il en est de même lorsque le sociétaire fait usage du droit prévu au deuxième alinéa de l'article R.* 113-10. – *Assur. R. 322-43.*

Art. R.* 322-75 En cas de force majeure résultant d'intempéries ou d'épizooties d'un caractère exceptionnel, *(Décr. n° 91-1050 du 30 sept. 1991)* « un décret pris sur le rapport du ministre de l'économie et des finances et du ministre de l'agriculture » peut autoriser une ou plusieurs sociétés régies par la présente section, après épuisement de leurs ressources disponibles, à n'effectuer immédiatement qu'un règlement partiel des sinistres dus à ces causes. Les sociétés qui ont obtenu cette autorisation doivent affecter par priorité tous les excédents de recettes constatés ultérieurement, au paiement du solde de l'indemnité restant dû à chaque ayant droit.

Les dispositions du présent article ne s'appliquent pas aux sociétés pratiquant une ou plusieurs des branches mentionnées *(Décr. n° 91-1050 du 30 sept. 1991 ; Décr. n° 94-799 du 9 sept. 1994)* « aux 20 à 26 de l'article R. 321-1 ».

Art. R.* 322-76 *(Décr. n° 91-1050 du 30 sept. 1991)* « Dans le cas où, du fait de pertes constatées dans les documents comptables, l'actif net devient inférieur à la moitié du montant du fonds d'établissement », le conseil d'administration *(Décr. n° 2005-7 du 3 janv. 2005)* « ou le directoire » est tenu de provoquer la réunion de l'assemblée générale délibérant comme il est dit à l'article R. 322-65, à l'effet de statuer sur la question de savoir s'il y a lieu de prononcer la dissolution de la société.

SOUS-SECTION 4 EMPRUNTS, TITRES PARTICIPATIFS ET CERTIFICATS MUTUALISTES *(Décr. n° 2015-204 du 23 févr. 2005, art. 1er-1°).*

(Décr. n° 97-248 du 14 mars 1997)

BIBL. ▶ Commentaire du décret du 14 mars 1997 : TEMPELAERE, *RGDA* 1997. 995.

Art. R. 322-77 Les sociétés d'assurance mutuelles ne peuvent emprunter que pour financer le développement des activités d'assurance ou renforcer leur marge de solvabilité *(Décr. n° 2015-513 du 7 mai 2015, art. 7-II-13°, en vigueur le 1er janv. 2016)* « , pour les entreprises mentionnées à l'article L. 310-3-2, ou leurs fonds propres éligibles, pour les entreprises mentionnées à l'article L. 310-3-1, » et dans les conditions et selon les modalités définies par les articles R. 322-78 à R. 322-80-1, sous réserve des dispositions de l'article R. 322-105.

Art. R. 322-78 Dans tous les prospectus, affiches, circulaires, notices, annonces ou documents quelconques relatifs aux emprunts des sociétés, il doit être rappelé de manière explicite qu'un privilège est institué au profit des assurés par l'article L. 327-2 et indiqué que le prêteur, même s'il est assuré, ne bénéficie d'aucun privilège pour les intérêts et le remboursement de cet emprunt. Cette mention doit figurer également en caractères apparents sur les titres d'emprunts.

Il est porté chaque année dans les charges de l'entreprise une somme constante destinée au paiement des intérêts et au remboursement des emprunts ou à la constitution de la réserve pour amortissement des emprunts. Sur autorisation de l'Autorité de contrôle prudentiel et de résolution, il peut, pendant les cinq années suivant la date d'émission de l'emprunt, être dérogé à cette obligation. Celle-ci ne s'applique pas aux emprunts contractés pour la constitution et, éventuellement, l'alimentation du fonds social complémentaire, ni aux titres et emprunts subordonnés *(Abrogé par Décr. nº 2015-513 du 7 mai 2015, art. 7-II-6º, à compter du 1er janv. 2016)* ***«, pour autant qu'ils entrent dans la constitution de la marge de solvabilité en application des articles R. 334-3 et R. 334-11 du présent code».***

Art. R. 322-79 I. — Toute émission d'obligations, de titres participatifs ou de titres subordonnés *(Abrogé par Décr. nº 2017-1765 du 26 déc. 2017, art. 1er)* ***« remboursables »*** dans les conditions et limites prévues à l'article L. 322-2-1 *(Décr. nº 2015-204 du 23 févr. 2015, art. 1er-2º)* « et toute émission de certificats mutualistes dans les conditions prévues à l'article L. 322-26-8 » doit être autorisée par l'assemblée générale délibérant comme il est dit à l'article R. 322-63 et faire l'objet d'une résolution spéciale dont la teneur est préalablement soumise à l'approbation de l'Autorité de contrôle prudentiel et de résolution. Celle-ci se prononce, en veillant à la sauvegarde des intérêts des assurés, au vu d'un dossier comportant une présentation détaillée des objectifs poursuivis, des caractéristiques des titres émis, des conséquences de l'émission sur la situation financière de l'entreprise concernée, ainsi que, le cas échéant, une description précise des cas de remboursement anticipé.

A l'expiration d'un délai de deux mois à dater du dépôt du texte de la résolution et du dossier mentionné ci-dessus et en l'absence de décision expresse de l'Autorité, l'autorisation est considérée comme accordée. En cas de décision expresse, celle-ci est communiquée à l'assemblée générale.

(Décr. nº 2015-204 du 23 févr. 2015, art. 1er-2º) « La résolution de l'assemblée générale mentionnée au premier alinéa fixe les caractéristiques essentielles de l'émission des titres mentionnés à l'article *[aux articles]* L. 322-2-1 et L. 322-26-8, en particulier le montant maximal de l'émission et la ou les monnaies dans laquelle ou lesquelles l'émission est libellée, les modalités de remboursement, le montant des frais d'émission et, pour les titres mentionnés à l'article L. 322-2-1, la durée minimale et, le cas échéant, maximale de l'emprunt, le plafond de la rémunération susceptible d'être acquittée par l'entreprise au titre de l'emprunt. »

Pour les titres participatifs, la résolution fixe également l'assiette de la rémunération pour la partie variable. Pour les titres subordonnés, elle précise la clause de subordination et les modalités de remboursement, notamment en cas de liquidation de la société.

L'émission doit être réalisée en une ou plusieurs fois dans le délai de quinze mois à compter de l'adoption de la résolution par l'assemblée générale des sociétaires. *(Décr. nº 2015-204 du 23 févr. 2015, art. 1er-2º-c ; Décr. nº 2015-513 du 7 mai 2015, art. 20-II)* « Ce délai peut être porté à vingt-quatre mois pour les certificats mutualistes. »

Le conseil d'administration *(Décr. nº 2005-7 du 3 janv. 2005)* « ou le directoire » rend compte à la prochaine assemblée générale de la mise en œuvre de la résolution.

II. — Les dispositions des sections III et III *bis* du chapitre V du décret nº 67-236 du 23 mars 1967, à l'exception de celles qui concernent exclusivement les sociétés commerciales, sont applicables aux émissions effectuées dans les conditions prévues à l'article L. 322-2-1.

Art. R. 322-80 Tout emprunt destiné à l'alimentation du fonds d'établissement prévu à l'article R. 322-44 ou, sauf dans le cas prévu à l'article R. 322-79, au financement du développement des opérations d'assurance et de la production nouvelle doit être autorisé préalablement par l'assemblée générale délibérant comme il est dit à l'article R. 322-65.

Art. R. 322-80-1 Sauf dans le cas prévu à l'article R. 322-79, tout emprunt destiné à la constitution et, éventuellement, à l'alimentation du fonds social complémentaire doit être autorisé par l'assemblée générale délibérant comme il est dit à l'article R. 322-63 et faire l'objet d'une résolution spéciale dont la teneur doit être préalablement soumise à l'approbation de l'Autorité de contrôle prudentiel et de résolution, qui se prononce au vu de l'un des plans mentionnés à l'article R. 322-49. Ce plan doit être obligatoirement joint au texte de la résolution. A l'expiration d'un délai de deux mois à dater du dépôt du texte de la résolution et du document mentionné ci-dessus, et en l'absence de décision expresse de l'Autorité, l'autorisation est considérée comme accordée. La résolution détermine quels sociétaires doivent souscrire à l'emprunt, sans que cette obligation puisse porter sur les sociétaires dont les contrats étaient en cours au moment où les statuts ont été modifiés. La participation des sociétaires déjà adhérents de la société au moment où celle-ci décide d'émettre un emprunt ne peut être supérieure à 10 % de leur cotisation annuelle.

(Décr. nº 2018-229 du 30 mars 2018, art. 12) « Il est remis un titre » à tout sociétaire ayant souscrit à un emprunt pour constitution ou alimentation du fonds social complémentaire *(Abrogé par Décr. nº 2018-229 du 30 mars 2018, art. 12)* ***« doit être établi dans la forme prévue par arrêté du ministre de l'économie et des finances ».***

La société est tenue d'informer au moins une fois par an chaque sociétaire du montant et de l'échéance de sa créance au titre de l'emprunt pour fonds social complémentaire.

Art. R. 322-80-2 *(Décr. nº 2015-204 du 23 févr. 2015, art. 1er-3º)* La part maximale des résultats du dernier exercice clos et des précédents exercices susceptible d'être affectée annuellement à la rémunération des certificats mutualistes est égale à 10 % de la somme des résultats des trois derniers exercices clos.

Toutefois, si par application de la règle ci-dessus énoncée, les certificats mutualistes ne peuvent pas être rémunérés alors que le résultat du dernier exercice clos est positif, la part maximale des résultats pouvant être affectée à la rémunération des certificats est égale à 25 % du résultat du dernier exercice clos.

Par dérogation aux dispositions qui précèdent, une société de groupe d'assurance mutuelle peut, dans la limite de 95 % du résultat du dernier exercice clos, affecter à la rémunération des certificats mutualistes qu'elle a émis l'intégralité de la rémunération qu'elle a reçue au titre des certificats mutualistes ou paritaires souscrits auprès de ses membres.

SOUS-SECTION 5 RÉASSURANCE *(Décr. nº 2005-7 du 3 janv. 2005)*

Art. R.* 322-81 *(Décr. nº 91-1050 du 30 sept. 1991 ; Décr. nº 94-799 du 9 sept. 1994)* « Sous réserve des dispositions des articles R. 322-96 et R. 322-120, 1º, les sociétés d'assurances mutuelles » peuvent accepter des risques en réassurance, si leurs statuts les y autorisent.

Art. R.* 322-82 Les sociétés réassurées ne peuvent faire partie de la société à laquelle elles se réassurent, au même titre que les autres sociétaires, que si une disposition expresse des statuts de cette dernière société les y autorise.

Dans ce cas, les statuts déterminent les conditions de participation des sociétés réassurées aux assemblées générales.

(Décr. nº 94-799 du 9 sept. 1994) « Toutefois, les statuts des sociétés ayant pour objet exclusif la réassurance peuvent attribuer à chacune des sociétés réassurées un nombre de voix aux assemblées générales déterminé en fonction des cotisations cédées ou en fonction du nombre des adhérents de la société réassurée. Chaque société réassurée dispose toutefois d'au moins une voix. Le quorum requis pour la validité des délibérations doit alors être atteint à la fois en nombre de sociétés réassurées et en nombre de voix dont elles disposent. »

1. Admission d'une société réassurée en qualité de sociétaire. Les dispositions de l'art. R. 322-82, se bornant à prescrire une autorisation expresse des statuts d'une société de réassurance pour que puissent être admises des sociétés réassurées par elle parmi ses sociétaires, ne font pas obstacle à ce que les statuts habilitent le conseil d'administration à décider une telle admission. • CE 20 mai 2015, nº 383655 : *RGDA 2015. 370, note Jadaud.*

2. Validité de la faculté de déroger au principe « un sociétaire, une voix ». La faculté offerte aux sociétés exerçant à titre exclusif une activité de réassurance de déroger à la règle « un sociétaire, une voix » et de fonder ainsi sur l'importance et le volume des risques réassurés le nombre des voix des sociétés réassurées aux assemblées générales de leur réassureur répond au souci de prendre en compte la spécificité de l'activité de réassurance, qui s'exerce entre professionnels. En revanche, participent nécessairement aux assemblées générales des sociétés qui ne pratiquent pas à titre exclusif la réassurance les sociétaires non professionnels et les sociétaires professionnels. La différence de situation entre ces deux catégories de sociétés justifie que le pouvoir réglementaire ait établi des règles de fonctionnement différentes pour l'une et l'autre. La différence de traitement qui en résulte est en rapport direct avec l'objet de la réglementation qui l'établit. Le moyen tiré, de ce que la possibilité de déroger à la règle « un sociétaire, une voix », ouverte par l'art. R. 322-82 aux sociétés ayant pour objet exclusif la réassurance, méconnaîtrait le principe d'égalité, ne peut qu'être écarté. • CE 20 mai 2015 : *préc. note 1.*

Art. R.* 322-83 **Tout traité de réassurance***[,]* **par lequel une société régie par la présente section cède à une ou** *[à]* **plusieurs entreprises ses risques dans une proportion qui dépasse 90 p. 100 du total des cotisations afférentes aux risques réassurés, doit être soumis à l'approbation d'une assemblée générale délibérant comme il est dit à l'article R. 322-65 et convoquée** *(Décr. nº 2018-229 du 30 mars 2018, art. 12)* **« par lettre recommandée ou par envoi recommandé électronique adressé » à chaque sociétaire et mentionnant le motif de l'approbation demandée à l'assemblée ; dans ce cas, tout sociétaire a le droit de résilier son engagement dans un délai de trois mois à dater de la notification qui lui aura été faite dans les formes prévues au présent article.**

Les dispositions du présent article ne s'appliquent pas aux sociétés pratiquant une ou plusieurs des branches mentionnées *(Décr. nº 91-1050 du 30 sept. 1991 ; Décr. nº 94-799 du 9 sept. 1994)* **« aux 20 à 26 de l'article R. 321-1 ».**

Art. R.* 322-84 *(Décr. nº 2002-943 du 26 juin 2002)* **Il peut être formé, entre sociétés d'assurance mutuelle ou leurs unions ou entre entreprises affiliées par convention à une même société de groupe d'assurance mutuelle, des sociétés de réassurance mutuelles ayant pour objet la réassurance des sociétés qui en font partie.**

Ces sociétés de réassurance sont soumises aux dispositions de la présente section. Toutefois, elles sont valablement constituées lorsqu'elles réunissent au moins sept sociétés adhérentes, ce nombre minimum n'étant pas requis lorsqu'elles ne comprennent que des entreprises relevant d'une même société de groupe d'assurance mutuelle ; leurs statuts fixent, sans être tenus par un minimum, le montant de leur fonds d'établissement ; l'assemblée générale est composée de toutes les sociétés adhérentes.

1. *Validité de l'exigence d'un nombre minimal d'adhérents.* Les dispositions de l'art. R. 322-84, qui poursuivent un objectif d'intérêt général tenant à la protection du marché des assurances et des assurés, ne portent pas d'atteinte disproportionnée à la liberté d'entreprendre ni à la liberté du commerce et de l'industrie. Par ailleurs, les dispositions de l'art. R. 322-84 ne portent pas atteinte au principe d'égalité en établissant une différence entre les sociétés de réassurance mutuelles et les sociétés de groupe d'assurance mutuelle. En effet, il résulte de l'art. L. 322-1-3 que les sociétés de groupe d'assurance mutuelle, qui peuvent « décider de fonctionner sans capital social à condition de compter au moins deux entreprises affiliées et dont l'une au moins est une société d'assurance mutuelle », ont pour objet la mise en place de « liens de solidarité financière importants et durables » entre les membres affiliés, le champ et l'étendue de cette coopération commune étant librement définis dans la convention d'affiliation. La différence de situation entre ces sociétés et les sociétés de réassurance mutuelles, tenant tant à leur objet qu'à leur mode de fonctionnement, justifie que le législateur ait prévu pour les premières des règles de constitution moins contraignantes que pour les secondes. Dès lors, la différence de traitement qui en résulte est en rapport direct avec l'objet de la réglementation qui l'établit. • CE 20 mai 2015, nº 383653 : *RGDA 2015. 364, note Jadaud.*

2. *Respect de l'exigence d'un nombre minimal d'adhérents.* L'exigence d'un nombre minimal d'adhérents vise à garantir la mutualisation des risques pris par les sociétés de réassurance mutuelles. La poursuite de cet objectif justifie que ce seuil soit respecté non seulement au moment de la constitution de la société mais également à tout moment, sans qu'y fasse obstacle la circonstance que le code des assurances n'impose pas de dissoudre les sociétés de réassurance mutuelles qui ne respecteraient pas cette condition. • CE 20 mai 2015, nº 383653 : *préc. note 1.*

SOUS-SECTION 6 PUBLICITÉ *(Décr. nº 2005-7 du 3 janv. 2005).*

Art. R.* 322-85 Dans le mois de la constitution de toute *(Décr. nº 91-1050 du 30 sept. 1991)* « société d'assurance mutuelle », une expédition de l'acte constitutif, de ses annexes et une copie certifiée des délibérations prises par l'assemblée générale prévue à l'article R. 322-52 sont déposées en double exemplaire au greffe du tribunal judiciaire du siège social.

Ces mêmes documents doivent être déposés, dans le même délai, au ministère de l'économie et des finances.

Art. R.* 322-86 Dans le même délai d'un mois, un extrait des documents mentionnés à l'article R. 322-85 est publié dans l'un des journaux habilités à recevoir les annonces légales dans le département du siège social. Il est justifié de l'insertion par un exemplaire du journal certifié par l'imprimeur et enregistré dans les trois mois de sa date. – *Assur. R. 322-102.*

Art. R.* 322-87 L'extrait doit contenir la dénomination adoptée par la société et l'indication du siège social, la désignation des personnes autorisées à gérer, administrer et signer pour la société, et, en outre, le nombre d'adhérents, le montant *(Décr. nº 91-1050 du 30 sept. 1991)* « des cotisations versées » au-dessous desquels la société ne pouvait être valablement constituée, l'époque où la société a été constituée, celle où elle doit finir et la date du dépôt au greffe du tribunal judiciaire.

(Décr. nº 91-1050 du 30 sept. 1991) « Il indique également le montant et le mode de constitution du fonds d'établissement et, s'il y a lieu, le montant du droit d'entrée. »

L'extrait des actes et pièces déposés est signé, pour les actes publics, par le notaire et, pour les actes sous seing privé, par les membres du conseil d'administration *(Décr. nº 2005-7 du 3 janv. 2005)* « ou du directoire ».

Art. R.* 322-88 Sont soumis aux formalités ci-dessus prescrites, tous actes et délibérations ayant pour objet la modification des statuts ou la continuation de la société au-delà du terme fixé pour sa durée, ou la dissolution de la société avant ce terme.

Art. R.* 322-89 Toute personne a le droit de prendre communication des pièces déposées au greffe du *(Décr. nº 2019-966 du 18 sept. 2019, art. 1er, en vigueur le 1er janv. 2020)* « tribunal judiciaire » ou même de s'en faire délivrer à ses frais expédition ou extrait par le greffier ou par le notaire détenteur de la minute.

Toute personne peut également exiger qu'il lui soit délivré, au siège de la société, une copie certifiée des statuts, moyennant paiement d'une somme qui ne peut excéder *(Décr. nº 2001-95 du 2 févr. 2001)* « 1,5 euro ».

SOUS-SECTION 7 NULLITÉS *(Décr. nº 2005-7 du 3 janv. 2005).*

Art. R.* 322-90 *(Décr. nº 91-1050 du 30 sept. 1991)* Sans préjudice des dispositions des articles R. 322-106-1, R. 322-117, R. 322-124 et R. 322-159, toute société mentionnée à la présente section constituée en violation des articles R. 322-46 à R. 322-64 est nulle.

Toutefois, ni la société ni les sociétaires ne peuvent se prévaloir vis-à-vis des tiers de bonne foi des nullités ci-dessus prévues.

Domaine de la nullité. La nullité édictée par l'art. R.* 322-90 sanctionne uniquement l'inobservation des règles relatives à la constitution des sociétés d'assurance mutuelles. Aucune disposition ne sanctionnant par la nullité l'inobservation des formalités liées à la convocation et à la tenue des assemblées générales ainsi qu'à la communication des documents aux sociétaires, une cour d'appel en a déduit à bon droit que ces formalités ne sont prescrites à peine de nullité qu'en cas de grief. • Com. 20 mars 2012 : *RGDA 2012. 860, note Jadaud.*

Art. R.* 322-91 Lorsque la société est ainsi annulée, les fondateurs auxquels la nullité est imputable et les administrateurs *(Décr. nº 2005-7 du 3 janv. 2005)* « ou les membres du directoire » en fonctions au moment où elle a été encourue sont responsables solidairement envers les tiers et envers les sociétaires du dommage résultant de cette annulation.

Si, pour couvrir la nullité, une assemblée générale devait être convoquée, l'action en nullité n'est plus recevable à partir de la date de la convocation régulière de cette assemblée.

L'action en nullité de la société ou des actes et délibérations postérieurs à sa constitution est éteinte lorsque la cause de la nullité a cessé d'exister avant l'introduction de la demande ou, en tout cas, du jour où le tribunal statue sur le fond en première instance. Nonobstant la régularisation, les frais des actions en nullité intentées antérieurement sont à la charge des défendeurs.

Le tribunal saisi d'une action en nullité peut, même d'office, fixer un délai pour couvrir les nullités.

L'action en responsabilité, pour les faits dont la nullité résultait, cesse également d'être recevable, lorsque la cause de la nullité a cessé d'exister, soit avant l'introduction de la demande, soit au jour où le tribunal statue sur le fond en première instance, soit dans un délai imparti pour couvrir la nullité, et, en outre, que trois ans se sont écoulés depuis le jour où la nullité était encourue.

Les actions en nullité ci-dessus mentionnées sont prescrites par cinq ans.

Art. R.* 322-92 A partir du jour où a été notifié *[notifiée]* à une société régie par la présente section *(Décr. nº 2004-221 du 12 mars 2004)* « la décision de l'Autorité de contrôle prudentiel et de résolution » lui accordant l'agrément administratif mentionné à l'article L. 321-1, l'action en nullité prévue à l'article R. 322-91 ne peut plus être intentée que par l'Autorité de contrôle prudentiel et de résolution.

SOUS-SECTION 8 **SOCIÉTÉS MUTUELLES D'ASSURANCE** *(Décr. nº 91-1050 du 30 sept. 1991 ; Décr. nº 2005-7 du 3 janv. 2005).*

Art. R.* 322-93 Les sociétés mutuelles d'assurance mentionnées à *(Décr. nº 91-1050 du 30 sept. 1991)* « l'article L. 322-26-4 » sont des associations qui :

1º Garantissent à leurs membres, moyennant le versement d'une cotisation variable, le règlement intégral de leurs engagements en cas de réalisation des risques dont elles ont pris la charge ;

2º Ont un caractère régional ou professionnel ;

3º Ne rémunèrent aucun intermédiaire en vue de l'acquisition des contrats ;

4º N'attribuent aucune rémunération à leurs gérants ou administrateurs ;

5º Répartissent intégralement leurs excédents de recettes entre leurs membres dans les conditions fixées par les statuts. — *Assur. R. 322-106-1.*

Art. R.* 322-94 Les sociétés mutuelles d'assurance sont régies par les dispositions de la section IV du présent chapitre, sous réserve des dérogations prévues *(Décr. nº 91-1050 du 30 sept. 1991)* « aux articles R. 322-95 à R. 322-106-1 ».

Art. R.* 322-95 *(Décr. nº 91-1050 du 30 sept. 1991)* « Les sociétés mutuelles d'assurance » ne peuvent pratiquer les opérations d'assurance autres que celles mentionnées aux *(Décr. nº 91-1050 du 30 sept. 1991)* « 1 à 18 » de l'article R. 321-1, sous réserve des dispositions de l'article R. 322-96.

Art. R.* 322-96 Les sociétés mutuelles d'assurance *(Décr. nº 91-1050 du 30 sept. 1991)* « peuvent » prévoir dans leurs statuts la possibilité d'accepter en réassurance des risques de même nature que ceux qui font l'objet de leur garantie directe, à la condition de limiter le montant des cotisations acceptées en réassurance au quart de leurs cotisations d'assurance directe. — *Assur. R. 322-81.*

Art. R.* 322-97 *(Décr. nº 84-787 du 14 août 1984)* « Les sociétés mutuelles d'assurance à caractère régional doivent limiter leur circonscription territoriale à la région de leur siège social ainsi qu'aux départements d'autres régions s'ils sont limitrophes du département du siège social. Ces sociétés ne peuvent assurer que des risques situés dans ladite circonscription. »

Les sociétés mutuelles d'assurance à caractère professionnel ne peuvent grouper que des membres exerçant la même profession ou des professions connexes, lesquelles doivent être déterminées par leurs statuts ; elles ne peuvent assurer que des risques se rattachant à l'exercice de ces professions.

Perte d'emploi. L'adhérent d'une société mutuelle d'assurance à caractère professionnel qui remplissait lors de son adhésion la qualité de fonctionnaire n'a ni changé l'objet du risque ni diminué l'opinion que l'assureur s'en faisait s'il vient à être par la suite dépouillé de cette qualité. • Crim. 13 nov. 1986 : *RGAT 1987. 67.*

Art. R.* 322-98 Les sociétés mutuelles d'assurance *(Décr. nº 91-1050 du 30 sept. 1991)* « doivent faire figurer dans leurs statuts et dans tous les documents » *(Décr. nº 94-799 du 9 sept. 1994)* « à caractère contractuel ou publicitaire ayant pour objet une opération d'assurance ou de capitalisation » la mention ci-après, imprimée en caractères uniformes : « société mutuelle d'assurance à cotisations variables ».

Art. R.* 322-99 Le fonds d'établissement des sociétés mutuelles d'assurance, dont le montant est fixé par les statuts sans condition de montant minimal, est constitué uniquement par des versements dits « droits d'adhésion » effectués par les adhérents en vue de permettre la constitution définitive de la société. — *Assur. R. 322-44.*

Art. R.* 322-100 Il peut être prélevé sur ce fonds les sommes représentant la contribution de la mutuelle à la constitution du fonds d'établissement des « unions » prévues *(Décr. nº 91-1050 du 30 sept. 1991)* « à l'article L. 322-26-3 ».

Art. R.* 322-101 *(Décr. nº 91-1050 du 30 sept. 1991)* « Les sociétés mutuelles d'assurance » ne peuvent être valablement constituées que si elles réunissent au moins trois cents membres.

Des dérogations à cette règle peuvent être accordées par l'Autorité de contrôle prudentiel et de résolution aux sociétés mutuelles ayant exclusivement pour objet l'assurance maritime.

Art. R.* 322-102 L'assemblée générale des sociétés mutuelles d'assurance se compose de tous les membres à jour de leurs cotisations. Les statuts peuvent limiter le nombre des pouvoirs susceptibles d'être confiés à un même mandataire.

Les insertions prévues aux articles R. 322-59 et R. 322-86 peuvent être effectuées dans un journal corporatif par les sociétés à caractère professionnel.

Art. R.* 322-103 Les commissaires aux comptes font un rapport à l'assemblée générale sur les dépenses exposées pour le compte de la société par les administrateurs et dont le remboursement a été obtenu ou demandé par eux.

Art. R.* 322-104 *(Décr. nº 91-1050 du 30 sept. 1991)* Les gérants ou administrateurs ne peuvent recevoir que le remboursement, sur justifications, des débours effectivement exposés par eux pour le compte de la société.

Art. R.* 322-105 *(Décr. nº 91-1050 du 30 sept. 1991)* « Sous réserve des dispositions de l'article L. 322-2-1, les sociétés mutuelles d'assurance ne peuvent emprunter que pour constituer : »

1º Si leurs statuts le prévoient, le fonds social complémentaire ;

2º Les cautionnements qu'elles peuvent avoir à former à l'étranger.

Al. 2 abrogé par Décr. nº 91-1050 du 30 sept. 1991.

Art. R.* 322-106 Il ne peut être procédé à des répartitions d'excédents de recettes qu'après constitution des réserves prescrites par les lois et règlements en vigueur, après remboursement, le cas échéant, des emprunts contractés et après que les dispositions réglementaires concernant la marge de solvabilité *(Décr. nº 2002-360 du 14 mars 2002)* « et la solvabilité ajustée » aient *[ont]* été satisfaites.

Les premiers excédents de recettes doivent être employés, par priorité, à des remboursements proportionnels des droits d'adhésion versés en vue de la constitution de la société.

Aucune dépense d'établissement à amortir ne peut être inscrite à l'actif du bilan. — *Assur. R. 322-77-1.*

Art. R. 322-106-1 *(Décr. nº 91-1050 du 30 sept. 1991)* Sans préjudice des nullités prévues à l'article R. 322-90, est nulle toute société mutuelle d'assurance constituée contrairement aux dispositions des articles R. 322-93, R. 322-95 à R. 322-97, R. 322-99, R. 322-101 et R. 322-105.

Toutefois, ni la société ni les sociétaires ne peuvent se prévaloir vis-à-vis des tiers de bonne foi des nullités ci-dessus prévues.

SOUS-SECTION 9 FUSION DE SOCIÉTÉS D'ASSURANCE MUTUELLES

(Décr. nº 2014-12 du 8 janv. 2014)

Art. R. 322-106-2 Les opérations de fusion entre sociétés d'assurance mutuelles sont régies par les dispositions de la présente sous-section, sans préjudice des dispositions des articles L. 324-1 et L. 324-3 relatives au transfert de portefeuille.

Art. R. 322-106-3 Une ou plusieurs sociétés d'assurance mutuelles peuvent, par voie de fusion, transmettre leur patrimoine à une société d'assurance mutuelle existante ou à une nouvelle société d'assurance mutuelle qu'elles constituent.

La fusion est décidée par l'assemblée générale de chacune des sociétés intéressées, délibérant dans les conditions prévues à l'article R. 322-65.

La fusion entraîne la dissolution sans liquidation de la ou des sociétés qui disparaissent et la transmission universelle de leur patrimoine à la société absorbante ou nouvelle, dans l'état où il se trouve à la date de réalisation définitive de l'opération.

La fusion prend effet :

1º En cas de création d'une société nouvelle, à la date de dépôt des documents mentionnés à l'article R. 322-85 au greffe du tribunal judiciaire du siège social ;

2º En cas de fusion avec une société existante, à la date de la dernière assemblée générale ayant approuvé l'opération, sauf si le projet de fusion prévoit que l'opération prend effet à une autre date, laquelle ne doit être ni postérieure à la date de clôture de l'exercice en cours de la société absorbante ni antérieure à la date de clôture du dernier exercice clos de la ou des sociétés qui transmettent leur patrimoine.

Lorsque la fusion est réalisée par voie de création d'une société d'assurance mutuelle nouvelle, le projet de statuts de la société nouvelle est approuvé par l'assemblée générale de chacune des sociétés qui disparaissent, délibérant dans les conditions prévues à l'article R. 322-65. Il n'y a lieu ni à l'approbation de l'opération par l'assemblée générale de la société nouvelle ni à l'application de l'article R. 322-51.

Art. R. 322-106-4 Lorsque les opérations de fusion comportent un transfert de portefeuille dans les conditions prévues à l'article L. 324-1 et qu'une ou plusieurs des sociétés participant à la fusion ont émis des titres dans les conditions de l'article L. 322-2-1, les dispositions de l'article L. 324-2 sont applicables.

Art. R. 322-106-5 Le projet de fusion est arrêté par le conseil d'administration ou le directoire de chacune des sociétés d'assurance mutuelles qui participent à la fusion.

Il contient les indications suivantes :

1º La forme, la dénomination et le siège social de toutes les sociétés participantes et, le cas échéant, de la société nouvellement créée ;

2º Les motifs, buts et conditions de la fusion ;

3º La désignation et l'évaluation de l'actif et du passif, dont la transmission à la société d'assurance mutuelle absorbante ou nouvelle est prévue ;

4º Les dates auxquelles ont été arrêtés les comptes des sociétés participantes utilisés pour établir les conditions de l'opération ;

5º La date à partir de laquelle les opérations des sociétés qui disparaissent seront considérées comme accomplies par la société absorbante ou nouvelle ;

6º La mention que les sociétaires des sociétés absorbées ou fusionnées acquièrent de plein droit la qualité de sociétaire de la société absorbante ou nouvelle ;

7º Les droits accordés aux porteurs de titres émis dans les conditions de l'article L. 322-2-1 ;

8º La date d'effet de l'opération et les conditions suspensives.

Art. R. 322-106-6 Le projet de fusion est déposé au greffe du tribunal judiciaire du siège social de chacune des sociétés participantes.

Le projet de fusion fait l'objet d'un avis, inséré par chacune des sociétés participant à l'opération, dans un journal habilité à recevoir des annonces légales du département du siège social. Au cas où l'une au moins de ces sociétés fait une offre au public de titres financiers *(Décr. nº 2019-1097 du 28 oct. 2019, art. 14)* «, autre que celles mentionnées au 1° ou au 2° de l'article L. 411-2 du code monétaire et financier ou à l'article L. 411-2-1 du même code», l'avis est en outre inséré au *Bulletin des annonces légales obligatoires*.

Cet avis contient les indications suivantes :

1° La dénomination sociale suivie, le cas échéant, de son sigle, la forme, l'adresse du siège, le numéro unique d'identification de l'entreprise attribué lors de l'inscription au répertoire des entreprises et, le cas échéant, la mention RCS suivie du nom de la commune où se trouve le greffe où elle est immatriculée, pour chacune des sociétés participant à l'opération ;

2° La dénomination sociale suivie, le cas échéant, de son sigle, la forme, l'adresse du siège de la société nouvelle qui résulte de l'opération de fusion ;

3° L'évaluation de l'actif et du passif dont la transmission à la société absorbante ou nouvelle est prévue ;

4° La date d'effet du projet ainsi que les date et lieu du dépôt prescrit par le premier alinéa du présent article ;

5° La mention selon laquelle, par l'effet de la fusion, les sociétaires de la ou des sociétés d'assurance mutuelles absorbées ou fusionnées deviendront sociétaires de la société absorbante ou nouvelle.

Le dépôt au greffe et la publicité prévus au présent article ont lieu un mois au moins avant la date de la première assemblée générale appelée à statuer sur l'opération.

Art. R. 322-106-7 Le conseil d'administration ou le directoire de chacune des sociétés d'assurance mutuelles participant à la fusion établit un rapport écrit qui est mis, avec le projet de fusion et les comptes certifiés des deux exercices précédents, à la disposition des sociétaires au siège des sociétés participantes. Ce rapport explique et justifie la fusion du point de vue juridique et économique. Il expose également les méthodes d'évaluation retenues pour l'actif et le passif des sociétés participant à la fusion et les conséquences de la fusion sur la solvabilité de la société absorbante ou nouvellement créée.

Art. R. 322-106-8 Les sociétaires d'une société d'assurance mutuelle absorbée ou fusionnée acquièrent de plein droit la qualité de sociétaire de la société absorbante ou nouvelle.

Art. R. 322-106-9 La société d'assurance mutuelle absorbante ou nouvelle est débitrice des créanciers qui n'ont pas le statut de sociétaires de la ou des sociétés absorbées en lieu et place de celles-ci, sans que cette substitution emporte novation à leur égard. Cette disposition ne fait pas obstacle à l'application des conventions autorisant ces créanciers à exiger le remboursement immédiat de leur créance en cas d'absorption de la société débitrice.

Art. R. 322-106-10 Les formalités de publicité prévues à l'article R. 322-85, à l'exception de celles concernant la décision d'approbation de l'opération par l'assemblée générale de la société nouvelle, et aux articles R. 322-86 à R. 322-88 sont applicables aux opérations de fusion. Lorsque les sociétés absorbées ont procédé à l'émission d'obligations, de titres participatifs ou de titres subordonnés dans les conditions prévues à l'article L. 322-2-1, elles procèdent en outre aux inscriptions modificatives au registre du commerce et des sociétés.

La fusion devient opposable aux tiers à compter de la réalisation de l'ensemble des formalités prévues au premier alinéa.

Art. R. 322-106-11 A peine de nullité, les sociétés participant à une opération de fusion sont tenues de déposer au greffe du tribunal judiciaire une déclaration dans laquelle, d'une part, elles relatent tous les actes accomplis en vue d'y procéder et, d'autre part, elles certifient que l'opération a été réalisée conformément aux lois et règlements en vigueur.

SECTION V **UNIONS DE SOCIÉTÉS D'ASSURANCE MUTUELLES** *(Décr. n° 91-1050 du 30 sept. 1991).*

Art. R.* 322-107 *(Décr. n° 91-1050 du 30 sept. 1991)* **Les unions de sociétés d'assurance mutuelles mentionnées à l'article L. 322-26-3 sont régies par les dispositions de la section IV du présent chapitre, à l'exception des articles R. 322-93 à R. 322-106-1, ainsi que par la présente section.**

Art. R.* 322-108 *Abrogé par Décr. n° 91-1050 du 30 sept. 1991.*

Art. R.* 322-109 **Les unions de** *(Décr. n° 91-1050 du 30 sept. 1991)* **« sociétés d'assurance mutuelles » ne sont valablement constituées que si elles groupent un nombre de sociétés adhérentes au moins égal à quatre.** – *Assur. R. 322-117.*

Art. R.* 322-110 **Les statuts des unions doivent prévoir que :**

1° Les membres du conseil d'administration *(Décr. n° 2005-7 du 3 janv. 2005)* **« ou du conseil de surveillance » des unions sont choisis obligatoirement parmi les gérants** *(Décr. n° 2005-7 du 3 janv. 2005)* **« , administrateurs ou membres du conseil de surveillance » des sociétés qui en font partie ;**

2° Les assemblées générales sont composées de toutes les sociétés faisant partie de l'union, représentées chacune exclusivement par un de ses gérants *(Décr. n° 2005-7 du 3 janv. 2005)* **« , administrateurs ou membres du conseil de surveillance » dûment mandaté ;**

3° La convocation à l'assemblée générale doit être faite par *(Décr. n° 2018-229 du 30 mars 2018, art. 12)* **« lettre recommandée ou par envoi recommandé électronique adressé » aux sociétés faisant partie de l'union, quinze jours au moins avant la date fixée pour la réunion de l'assemblée ;**

4° *Abrogé par Décr. n° 91-1050 du 30 sept. 1991.*

5° Les questions communiquées par trois sociétés au moins faisant partie de l'union, vingt jours au plus tard avant la réunion de l'assemblée générale, doivent être inscrites à l'ordre du jour.

Art. R.* 322-111 **L'union est chargée, pour le compte et à la place de la** *(Décr. n° 91-1050 du 30 sept. 1991)* **« société d'assurance mutuelle réassurée », de faire,** *(Décr. n° 2010-217 du 3 mars 2010, art. 3-II-26°)* **« à l'Autorité de contrôle prudentiel et de résolution, les différentes communications prescrites par les articles L. 310-8 et R. 310-6-1 », de tenir à son siège les livres de comptabilité, registres ou fichiers prévus par le titre IV du présent livre, de mettre à la disposition des** *(Décr. n° 2010-217 du 3 mars 2010, art. 3-II-26°)* **« contrôleurs tous les documents utiles à l'exercice de leur mission » et de produire les comptes et les états dont la publication et le dépôt auprès de l'Autorité de contrôle prudentiel et de résolution sont imposés par la réglementation en vigueur. L'union doit constituer et représenter dans les conditions fixées par le titre III du présent livre l'intégralité des dettes, réserves et provisions afférentes aux engagements souscrits par la** *(Décr. n° 91-1050 du 30 sept. 1991)* **« société réassurée ».**

Toutes les écritures comptables afférentes aux engagements pris par la *(Décr. n° 91-1050 du 30 sept. 1991)* **« société réassurée » doivent apparaître dans la comptabilité de l'union.**

La *(Décr. n° 91-1050 du 30 sept. 1991)* **« société réassurée » est tenue d'établir un compte d'exploitation générale et un compte général de pertes et profits dans les conditions et suivant la forme fixées par arrêté du ministre de l'économie et des finances.**

Art. R.* 322-112 **L'établissement et le dépôt de la demande d'agrément d'une** *(Décr. n° 91-1050 du 30 sept. 1991)* **« société d'assurance mutuelle » peuvent être effectués**

par l'union auprès de laquelle les fondateurs de cette société se proposent de contracter un traité de réassurance dans les conditions prévues à l'article R. 322-116.

Art. R.* 322-113 Les polices d'assurance délivrées par les *(Décr. n° 91-1050 du 30 sept. 1991)* « sociétés d'assurance mutuelles réassurées » auprès d'une union doivent contenir en caractères très apparents la désignation et l'adresse de cette union et reproduire la clause du traité de réassurance par laquelle l'union déclare se porter dans tous les cas caution solidaire des engagements de la *(Décr. n° 91-1050 du 30 sept. 1991)* « société d'assurance mutuelle ».

Les conditions générales de ces polices doivent être soumises par l'union au ministre de l'économie et des finances dans les conditions prévues par l'article *(Décr. n° 94-799 du 9 sept. 1994)* « L. 310-8 ». Elles doivent préciser que si l'agrément accordé à l'union lui est retiré, la police sera résiliée le dixième jour à midi à compter de la date de la publication au *Journal officiel* de *(Décr. n° 2004-221 du 12 mars 2004)* « la décision » prononçant le retrait d'agrément, la portion de cotisation afférente à la période non garantie étant alors restituée à l'assuré.

Art. R.* 322-114 Les unions de *(Décr. n° 91-1050 du 30 sept. 1991)* « sociétés d'assurance mutuelles » ne peuvent procéder à des répartitions d'excédents de recettes qu'en se conformant aux dispositions *(Décr. n° 97-248 du 14 mars 1997)* « des articles R. 322-73 et R. 322-74 » et, en outre, qu'après avoir remboursé la contribution versée, le cas échéant, en vue de la constitution du fonds d'établissement de l'union, par les sociétés qui en font partie.

Art. R.* 322-115 *Abrogé par Décr. n° 91-1050 du 30 sept. 1991.*

Art. R.* 322-116 Le traité de réassurance contracté par une *(Décr. n° 91-1050 du 30 sept. 1991)* « société d'assurance mutuelle auprès d'une union constituée dans les termes de l'article L. 322-26-3 » doit spécifier que celle-ci se porte caution solidaire, vis-à-vis des assurés et des tiers, de l'intégralité des engagements de la mutuelle ; il doit s'étendre à l'ensemble des opérations pratiquées par ladite société et ne peut être limité à l'une des branches qu'elle pratique.

Al. 2 abrogé par Décr. n° 91-1050 du 30 sept. 1991.

Art. R.* 322-117 *(Décr. n° 91-1050 du 30 sept. 1991)* Sans préjudice des nullités prévues à l'article R. 322-90, est nulle toute union de sociétés d'assurance mutuelles constituée contrairement aux dispositions de l'article R. 322-109.

Toutefois, ni l'union ni les sociétés d'assurance mutuelles ne peuvent se prévaloir vis-à-vis des tiers de bonne foi des nullités ci-dessus prévues.

Art. R. 322-117-1 *(Décr. n° 94-799 du 9 sept. 1994)* Les sociétés d'assurance mutuelles autres que celles visées aux sections VI et VII du présent chapitre ne sont pas tenues d'obtenir l'agrément administratif prévu à l'article L. 321-1 lorsque les conditions suivantes sont réunies :

1° Avant de commencer leurs opérations, elles ont souscrit auprès d'une union de mutuelles un traité de réassurance dans les conditions définies aux articles R. 322-107 à R. 322-117 ;

2° Ce traité substitue intégralement l'union aux sociétés réassurées, sur l'ensemble de leurs opérations, pour la constitution des garanties prévues par la réglementation des assurances et l'exécution des engagements d'assurance pris par les sociétés réassurées ;

3° Elles ont obtenu de l'Autorité de contrôle prudentiel et de résolution un accord préalable constatant explicitement la dispense d'agrément. Cet accord se fonde sur la conformité du traité et des statuts aux dispositions de la présente section et sur la situation financière de l'union.

Les opérations effectuées en application dudit traité de réassurance par une union de mutuelles qui se substitue, dans les conditions définies au présent article, aux sociétés qu'elle réassure, sont considérées au regard des dispositions du présent code comme des opérations d'assurance directe de l'union de mutuelles.

Par dérogation à l'article R. 322-47, le nombre d'adhérents d'une société réassurée dans les conditions définies à l'alinéa précédent ne peut être inférieur à 7. Le nombre total d'adhérents des sociétés réassurées auprès d'une union de mutuelles dans les conditions de l'alinéa précédent ne peut être inférieur à 2 000.

Toute modification du traité de réassurance est soumise à autorisation préalable de l'Autorité de contrôle prudentiel et de résolution.

Les sociétés réassurées visées au premier alinéa du présent article sont dispensées de l'obligation de constituer un fonds d'établissement et une marge de solvabilité. Elles ne sont pas soumises à l'obligation de désigner un commissaire aux comptes.

En application du II de l'art. 21 de la L. n° 2000-321 du 12 avr. 2000, le silence gardé par l'administration pendant deux mois vaut rejet pour les demandes de soumission du traité de réassurance par les mutuelles et unions en cas de réassurance totale (Décr. n° 2014-1280 du 23 oct. 2014, applicable pour les demandes présentées à compter du 12 nov. 2014).

En application de ce même art., et par exception à l'application du délai de deux mois prévu au premier al. du I de cet art., le délai à l'expiration duquel le silence gardé par l'administration vaut décision d'acceptation est fixé à trois mois pour les demandes d'autorisation préalable de modification du traité de réassurance par les sociétés d'assurance mutuelle (sam) adhérant à une union de sociétés d'assurance mutuelles (Décr. n° 2014-1281 du 23 oct. 2014, art. 1er, applicable pour les demandes présentées à compter du 12 nov. 2014).

Art. R. 322-117-2 *(Décr. n° 94-799 du 9 sept. 1994)* Les statuts des sociétés réassurées dans les conditions définies à l'article R. 322-117-1 doivent contenir une clause qui prévoit la substitution de l'union de mutuelles aux sociétés réassurées et le nom de cette union.

Ils peuvent prévoir que les tarifs sont fixés par l'union qui est substituée aux sociétés réassurées dans les conditions définies à l'article R. 322-117-1.

Art. R. 322-117-3 *(Décr. n° 94-799 du 9 sept. 1994 ; Décr. n° 2010-217 du 3 mars 2010, art. 3-II-27°)* L'union de mutuelles qui est substituée aux sociétés réassurées dans les conditions définies à l'article R. 322-117-1 est tenue d'informer l'Autorité de contrôle prudentiel et de résolution de la conclusion, de l'expiration, de la résiliation ou de la modification d'un tel traité au plus tard deux mois avant la prise d'effet de ce traité, de sa résiliation, de son expiration ou des modifications envisagées.

Les sociétés réassurées visées au premier alinéa de l'article R. 322-117-1 sont tenues, au plus tard deux mois avant la prise d'effet de la résiliation ou de l'expiration du traité :

– soit de justifier qu'elles ont conclu un nouveau traité se substituant au traité résilié, et ayant obtenu l'accord de l'Autorité de contrôle prudentiel et de résolution ;

– soit de justifier qu'elles ont obtenu l'agrément administratif, conformément aux dispositions des articles R. 321-1 et suivants ;

– soit de justifier qu'elles ont obtenu, dans les conditions prévues à l'article R. 322-117-5 du *[présent]* code, l'autorisation de transfert de leur portefeuille de contrats à une ou plusieurs entreprises agréées.

Si elles ne peuvent apporter l'une des justifications prévues ci-dessus, elles sont tenues de cesser toute souscription et tout renouvellement de contrat à compter de la date d'effet de la résiliation ou de l'expiration du traité ; à compter de cette date, il peut être mis fin à tout moment, par *(Décr. n° 2004-221 du 12 mars 2004)* « décision de l'Autorité de contrôle prudentiel et de résolution », aux opérations des sociétés concernées ; la décision mettant fin aux opérations produit les mêmes effets qu'une décision de retrait d'agrément administratif.

Art. R. 322-117-4 *(Décr. n° 94-799 du 9 sept. 1994)* Les contrats d'assurance souscrits par les sociétés réassurées visées au premier alinéa de l'article R. 322-117-1 doivent indiquer, en caractères très apparents, les nom et adresse de l'union de mutuelles qui est substituée aux sociétés réassurées conformément aux dispositions du même article, et mentionner l'engagement formel de cette société de prendre les lieu et place des sociétés réassurées. Le respect des dispositions de l'article L. 310-8 incombe à l'union de mutuelles.

Art. R. 322-117-5 *(Décr. nº 94-799 du 9 sept. 1994)* Les transferts de portefeuille visés à l'article L. 324-1 du code, relatifs à des sociétés réassurées dans les conditions définies à l'article R. 322-117-1, sont effectués par l'union de mutuelles substituée aux sociétés réassurées conformément aux dispositions du même article, qui agit pour le compte des sociétés auxquelles elle est substituée. L'avis et l'arrêté de transfert de portefeuille mentionnés à l'article L. 324-1 comportent en annexe la liste des sociétés d'assurance mutuelles concernées par le transfert.

Art. R. 322-117-6 *(Décr. nº 94-799 du 9 sept. 1994)* Lorsqu'une société visée à la présente section, antérieurement agréée conformément aux dispositions de l'article R. 321-1, souscrit un traité de réassurance et obtient l'accord de l'Autorité de contrôle prudentiel et de résolution dans les conditions prévues à l'article R. 322-117-1, *(Décr. nº 2010-217 du 3 mars 2010, art. 3-II-28º)* « celle-ci » constate, par décision publié *[publiée]* au *Journal officiel*, la caducité de l'ensemble des agréments.

SECTION VI SOCIÉTÉS OU CAISSES D'ASSURANCES ET DE RÉASSURANCES MUTUELLES AGRICOLES

§ 1er DISPOSITIONS GÉNÉRALES

Art. R. 322-118 *(Décr. nº 94-799 du 9 sept. 1994)* Le décret en Conseil d'État mentionné à l'article L. 322-27 est pris sur le rapport du ministre chargé de l'économie et des finances et du ministre chargé de l'agriculture.

Art. R. 322-119 La réglementation des entreprises d'assurance résultant du présent code est, dans les conditions et sous les réserves prévues à la présente section, applicable aux organismes mentionnés à *(Décr. nº 2014-70 du 29 janv. 2014, art. 1er)* « l'article L. 771-1 du code rural et de la pêche maritime ».

(Décr. nº 94-799 du 9 sept. 1994) « Ces organismes se conforment aux règles de constitution et de fonctionnement prescrites pour les entreprises d'assurance *(Décr. nº 97-248 du 14 mars 1997 ; Décr. nº 2014-70 du 29 janv. 2014, art. 1er)* « à la section IV, sous-sections 1, 2, 3, 4, 5, 7 et 9 du présent chapitre », sous réserve des dispositions particulières de la présente section. »

Des décrets ou des arrêtés précisent, en tant que de besoin, les modalités d'application de la présente section aux organismes intéressés.

Art. R. 322-119-1 *(Décr. nº 94-799 du 9 sept. 1994)* Les organismes mentionnés à *(Décr. nº 2014-70 du 29 janv. 2014, art. 1er)* « l'article L. 771-1 du code rural et de la pêche maritime » sont dispensés pour leur constitution des formalités prévues aux articles R. 322-51 et R. 322-52.

Leur constitution prend effet à compter du dépôt de leurs statuts à la mairie de la commune du siège social, fait conformément aux dispositions de l'article *(Décr. nº 2014-70 du 29 janv. 2014, art. 1er)* « R. 2131-1 du code du travail ».

Dans le mois du dépôt de leurs statuts, ces organismes doivent publier dans un des journaux habilités à recevoir les annonces légales dans le département de leur siège social un extrait contenant la dénomination de la société ou de la caisse, l'indication du siège social, la désignation des personnes autorisées à gérer et à administrer la société ou la caisse, la durée pour laquelle la société ou la caisse a été constituée, la date et le lieu de dépôt des statuts, le montant et le mode de constitution du fonds d'établissement. Il est justifié de l'insertion par un exemplaire du journal conservé au siège social de la société ou de la caisse.

Sont soumis aux formalités de dépôt et de publicité ci-dessus prescrites tous actes et délibérations ayant pour objet la modification des statuts ou la continuation de la société ou de la caisse au-delà du terme fixé pour sa durée ou la dissolution de la société ou la caisse avant ce terme *(Décr. nº 2014-70 du 29 janv. 2014, art. 1er)* « ou la fusion de la société ou de la caisse avec une autre société ou caisse entrant dans le champ d'application de la présente section. »

Toute personne peut prendre communication des statuts déposés en mairie et s'en faire délivrer une copie à ses frais.

Toute personne peut obtenir au siège de la société ou de la caisse une copie certifiée des statuts.

Art. R. 322-119-2 *(Décr. n° 94-799 du 9 sept. 1994)* Par dérogation aux dispositions de l'article R. 322-59, alinéa 1er, les convocations aux assemblées générales sont *(Décr. n° 2018-229 du 30 mars 2018, art. 12)* « communiquées aux sociétaires » *(Décr. n° 2021-1400 du 29 oct. 2021, art. 4)* « par courrier postal ou électronique » ou par annonces, quinze jours au moins avant la date de la réunion, dans au moins deux journaux de la presse quotidienne ou hebdomadaire diffusés dans la circonscription de la société ou de la caisse.

Les dispositions du sixième alinéa de l'article R.* 322-58 ne sont pas applicables si les statuts stipulent qu'un sociétaire ne peut se faire représenter que par un autre sociétaire.

Art. R. 322-119-3 *(Décr. n° 2014-70 du 29 janv. 2014, art. 1er-4°)* Le dépôt du projet de fusion prévu à l'article R. 322-106-6 est effectué à la mairie de la commune du siège social de chacune des sociétés ou caisses participantes.

Les formalités prévues à la première phrase de l'article R. 322-106-10 ne sont pas applicables aux organismes mentionnés à l'article L. 771-1 du code rural et de la pêche maritime. En cas de fusion par création d'une société ou caisse nouvelle, la fusion prend effet à la date du dépôt des statuts de la société ou caisse à la mairie de son siège social.

La déclaration prévue à l'article R. 322-106-11 est déposée à la mairie de la commune où est établi le siège de la société ou caisse absorbante ou nouvelle.

Art. R. 322-120 *(Décr. n° 94-799 du 9 sept. 1994)* « Les organismes mentionnés à *(Décr. n° 2014-70 du 29 janv. 2014, art. 1er)* « l'article L. 771-1 du code rural et de la pêche maritime » sont soumis aux prescriptions suivantes :

« 1° Ils doivent avoir pour objet de pratiquer soit exclusivement des opérations d'assurance, soit exclusivement des opérations de réassurance » ;

2° Ils ne peuvent pratiquer des opérations d'assurances autres que celles mentionnées *(Décr. n° 94-799 du 9 sept. 1994)* « au 2° et au 3° » de l'article L. 310-1 ;

3° Ils garantissent, moyennant le paiement d'une cotisation fixe ou variable, le règlement intégral des engagements pris à l'égard de leurs adhérents, en cas de réalisation des risques faisant l'objet de ces engagements ;

(Décr. n° 2014-70 du 29 janv. 2014, art. 3) « 4° La cession ou la rétrocession en réassurance des risques qu'ils assurent ou réassurent ne peut être effectuée qu'auprès d'organismes entrant dans le champ d'application de la présente section et ayant, d'après leurs statuts, une compétence départementale ou régionale s'il s'agit de la réassurance d'un organisme de caractère local, ou de l'organe central défini à l'article L. 322-27-1 s'il s'agit de rétrocessions effectuées par un organisme de caractère départemental ou régional. »

(Décr. n° 94-799 du 9 sept. 1994) « Les dispositions des articles R. 322-83 et R. 322-84 ne sont pas applicables aux organismes mentionnés ci-dessus. »

Art. R. 322-120-1 *(Décr. n° 2014-70 du 29 janv. 2014, art. 3-2°)* En cas de révocation d'un directeur général ou de révocation collective des membres du conseil d'administration d'un organisme du réseau mentionnées aux III et IV de l'article L. 322-27-2, l'organe central désigne à titre provisoire les personnes chargées d'exercer leurs fonctions jusqu'à la désignation de nouveaux titulaires et en informe l'Autorité de contrôle prudentiel et de résolution.

Art. R. 322-120-2 *(Décr. n° 2014-70 du 29 janv. 2014, art. 3-2°)* En application des dispositions de l'article L. 322-27-2, l'organe central est notamment chargé :

1° De représenter les organismes du réseau auprès de l'Autorité de contrôle prudentiel et de résolution ;

2° D'approuver les statuts des organismes du réseau ainsi que les modifications devant y être apportées ;

3° De prendre toute mesure utile au développement du réseau, notamment en acquérant ou en détenant les participations stratégiques ;

4° De veiller à l'application des dispositions législatives et réglementaires propres aux organismes du réseau ;

5° De s'assurer que les rétrocessions en réassurance des organismes du groupe qu'il réassure sont suffisantes pour assurer leur solvabilité et le respect de leurs engagements ;

6° D'organiser des missions d'audit et de contrôle au sein du réseau ;

7° De fixer les instructions comptables nécessaires à l'établissement des comptes de chaque entité ainsi qu'à l'établissement des comptes consolidés et combinés du réseau ;

8° De définir l'organisation du dispositif de contrôle interne ainsi que la politique de gestion des risques des organismes du réseau.

Art. R. 322-120-3 *(Décr. n° 2017-206 du 20 févr. 2017, art. 1er)* Le nombre des administrateurs de l'organe central mentionné à l'article L. 322-27-1, qui sont, en vertu des dispositions du troisième alinéa de ce même article, élus par l'assemblée générale sur proposition du conseil d'administration, est d'au moins un quart du total des administrateurs de cet organe central, sans pouvoir excéder un tiers de ce total.

Les statuts de l'organe central peuvent prévoir la possibilité pour le conseil d'administration d'allouer à ces administrateurs une rémunération pour l'exercice de leur mandat, dont le montant est déterminé par ce conseil dans les limites fixées par l'assemblée générale.

Les dispositions du Décr. n° 2017-206 du 20 févr. 2017 entrent en vigueur à la prise d'effet de la modification des statuts mentionnée au premier alinéa du II de l'art. 52 de la L. n° 2016-1691 du 9 déc. 2016 qui doit prendre effet dans un délai de dix-huit mois à compter de la promulgation de ladite loi (Décr. préc., art. 3). — V. l'art. 52 ss. nouvel art. L. 322-27-1.

Art. R. 322-121** Sont considérés pour l'application de la présente section comme présentant le caractère de risques agricoles :

— les risques auxquels sont exposés les personnes physiques ou morales qui exercent exclusivement ou principalement une des professions agricoles ou connexes à l'agriculture telles que ces professions sont définies *(Décr. n° 2014-70 du 29 janv. 2014, art. 1er-5°)* « aux articles L. 722-1 à L. 722-7 du code rural et de la pêche maritime » ;

— les risques auxquels sont exposés les membres du personnel employé par ces personnes physiques ou morales ;

— les risques auxquels sont exposés les membres de la famille des personnes physiques mentionnées ci-dessus, lorsqu'ils vivent avec elles sur leur exploitation ;

— les risques portant sur des biens affectés à l'exercice d'une profession agricole ou connexe à l'agriculture.

Art. R.* 322-122 Les sociétés ou caisses mentionnées à l'article L. 322-27 sont soumises, sous l'autorité de l'Autorité de contrôle prudentiel et de résolution, à la surveillance permanente *(Décr. n° 2010-217 du 3 mars 2010, art. 3-II-29°)* « de ses contrôleurs », exercée en collaboration avec les agents habilités à cet effet par le ministre de l'agriculture.

Art. R. 322-123 *(Décr. n° 94-799 du 9 sept. 1994)* « Entrent dans le champ d'application de la présente section, notamment en ce qui concerne les modalités de contrôle et les règles de gestion financière, outre les organismes pratiquant des opérations d'assurance directe, y compris les opérations mentionnées à l'article R. 322-135, les sociétés ou caisses mentionnées à l'article L. 322-27 ayant pour objet exclusif la réassurance. »

En sont exclus, par dérogation aux dispositions de l'article R. 322-119, lorsque les opérations ci-après définies constituent leur activité exclusive :

— les organismes qui, moyennant le versement d'une contribution après sinistre, promettent à leurs adhérents, en cas de mortalité du bétail, une prestation éventuellement limitée en fonction des ressources desdits organismes ;

— les organismes parfois dénommés cotises ou consorces qui ont pour objet la mise en œuvre de mesures de prévention et de protection contre certaines maladies du bétail, notamment la tuberculose des bovins ;

— les organismes dont l'objet est d'acheter à leurs adhérents la viande d'animaux victimes d'accidents et soumis à l'abattage ;

— les organismes dont les adhérents s'engagent à apporter une contribution en nature à ceux des adhérents qui ont été victimes d'un incendie de produits agricoles.

D'autre part, sont exclus jusqu'à nouvel ordre du champ d'application de la présente section les organismes dont l'activité exclusive consiste, moyennant le versement d'une contribution variable, à promettre à leurs adhérents, lorsqu'ils sont victimes de calamités agricoles qui ne constituent pas des risques techniquement assurables, une prestation proportionnée aux ressources de l'organisme. Un décret fixe en tant que de besoin les conditions dans lesquelles lesdits organismes sont assujettis au contrôle de l'État sur les entreprises d'assurance.

Art. R. 322-124** Sont nuls les organismes entrant dans le champ d'application de la présente section qui ont été créés contrairement aux dispositions législatives et réglementaires régissant leur constitution.

(Décr. nº 91-1050 du 30 sept. 1991) « Toutefois, ni les sociétés ou caisses d'assurances et de réassurances mutuelles agricoles, ni les sociétaires ne peuvent se prévaloir de ces nullités vis-à-vis des tiers de bonne foi. » — *Assur. R. 322-90.*

Art. R. 322-125** Les organismes entrant dans le champ d'application de la présente section doivent, dans les conditions prévues aux articles R. 322-126 à R. 322-137, soit obtenir l'agrément administratif prévu à l'article L. 321-1, soit souscrire un traité de réassurance portant sur l'ensemble de leurs opérations.

§ 2 ORGANISMES SOUMIS À L'AGRÉMENT ADMINISTRATIF

Art. R. 322-126** Les organismes entrant dans le champ d'application de la présente section et ayant demandé l'agrément administratif sont soumis à toutes les mesures de contrôle instituées par la réglementation des entreprises d'assurance.

Art. R. 322-127 et R. 322-128 *Abrogés par Décr. nº 2014-70 du 29 janv. 2014, art. 2.*

Art. R. 322-129 et R.** 322-130** *Abrogés par Décr. nº 94-799 du 9 sept. 1994.*

Art. R. 322-131 Pour l'application des dispositions prévues à l'article *(Décr. nº 2014-70 du 29 janv. 2014, art. 1er)* « R. 612-26 du code monétaire et financier », les renseignements et documents relatifs à la situation desdits organismes doivent être mis à la disposition des *(Décr. nº 2010-217 du 3 mars 2010, art. 3-II-30º)* « contrôleurs » dans les services du siège ou, le cas échéant, aux sièges des sociétés ou caisses ayant souscrit auprès desdits organismes un traité de réassurance dans les conditions définies à l'article R. 322-132.

§ 3 ORGANISMES DISPENSÉS DE L'AGRÉMENT ADMINISTRATIF

Art. R. 322-132 Les organismes qui, en vertu des dispositions de la présente section, sont soumis à la réglementation des entreprises d'assurance, ne sont pas tenus d'obtenir l'agrément administratif prévu à l'article L. 321-1 et sont dispensés d'observer les règles de gestion qui leur seraient normalement applicables, lorsque, avant de commencer leurs opérations, ils ont souscrit auprès d'une société ou caisse assujettie aux dispositions de la présente section et agréée à cet effet *(Décr. nº 2003-519 du 18 juin 2003 ; Décr. nº 2014-70 du 29 janv. 2014, art. 3-3º)* « ou, lorsqu'il s'agit de la réassurance d'une caisse régionale, auprès de l'organe central défini à l'article L. 322-27-1 » un traité de réassurance substituant ladite société ou caisse à l'organisme réassuré, pour la constitution des garanties prévues par la réglementation susmentionnée et l'exécution des engagements d'assurance pris par l'organisme réassuré. Ce traité doit porter sur l'ensemble des opérations pratiquées par l'organisme réassuré. — *Assur. R. 334-8.*

(Décr. n° 94-799 du 9 sept. 1994) « Ces organismes sont notamment dispensés de l'obligation de constituer un fonds d'établissement et une marge de solvabilité.

« Leurs statuts peuvent prévoir que les tarifs sont fixés par la société ou caisse auprès de laquelle ces organismes sont réassurés dans les conditions définies au premier alinéa du présent article. »

(Décr. n° 2005-7 du 3 janv. 2005) « Ces organismes ne sont pas soumis à l'obligation de désigner un commissaire aux comptes mentionnée à l'article R. 322-67, ni à l'obligation de désigner un directeur général mentionnée à l'article R. 322-53-2. *(Décr. n° 2014-70 du 29 janv. 2014, art. 2)* « Les dispositions des III à VI de l'article R. 322-55-4, de l'article R. 322-106-7 et de l'article R. 322-106-11 ne leur sont pas applicables. »

En application du II de l'art. 21 de la L. n° 2000-321 du 12 avr. 2000, et par exception à l'application du délai de deux mois prévu au premier alinéa du I de cet art., le délai à l'expiration duquel le silence gardé par l'administration vaut décision d'acceptation est fixé à trois mois pour les demandes d'autorisations préalables des sociétés ou caisses d'assurance ou de réassurance mutuelles agricoles (Décr. n° 2014-1281 du 23 oct. 2014, art. 1er, applicable pour les demandes présentées à compter du 12 nov. 2014).

Art. R. 322-133 Le réassureur est tenu d'informer l'Autorité de contrôle prudentiel et de résolution de la conclusion ou de la résiliation d'un tel traité ou de toute modification portant sur la clause qui prévoit la substitution du réassureur à l'organisme réassuré, deux mois avant la prise d'effet de ce traité, ou de sa résiliation, ou des modifications envisagées.

L'organisme réassuré est tenu, dans les deux mois précédant la prise d'effet de la modification ou résiliation :

– soit de justifier qu'il a conclu un nouveau traité se substituant au traité résilié ;

– soit de demander l'agrément administratif et de justifier que sa situation financière présente des garanties suffisantes pour lui permettre de remplir ses engagements.

Dans ce dernier cas, il peut être autorisé par l'Autorité de contrôle prudentiel et de résolution à poursuivre provisoirement ses opérations jusqu'à ce qu'il soit statué sur sa demande d'agrément.

S'il ne peut apporter l'une des justifications prévues ci-dessus, il peut être procédé au transfert de son portefeuille de contrats à un autre organisme mentionné à la présente section dans les conditions prévues à l'article L. 324-1.

A défaut, il peut être mis fin à ses opérations *(Décr. n° 2014-70 du 29 janv. 2014, art. 2-3°)* « par décision de l'Autorité de contrôle prudentiel et de résolution ». Les règles applicables à cet effet sont celles qui sont fixées par la réglementation en vigueur pour le retrait de l'agrément administratif.

(Décr. n° 2004-221 du 12 mars 2004) « La décision » mettant fin aux opérations produit les effets de *(Décr. n° 2004-221 du 12 mars 2004)* « la décision » portant retrait de l'agrément administratif.

V. note ss. art. R. 322-132.

Art. R. 322-134** La souscription d'un traité de réassurance, dans les conditions prévues à l'article R. 322-132, par un organisme ayant obtenu l'agrément administratif, a pour effet de suspendre la validité de cet agrément.

En cas de résiliation dudit traité ou de modification de la clause prévoyant la substitution du réassureur à l'organisme réassuré, l'agrément ne sera remis en vigueur et l'organisme intéressé ne pourra poursuivre ses opérations à ce titre qu'avec l'autorisation de l'Autorité de contrôle prudentiel et de résolution, qui pourra notamment exiger qu'il présente des garanties suffisantes pour lui permettre de remplir ses engagements.

S'il ne peut présenter ces garanties, et s'il n'a pas souscrit, dans les deux mois précédant la prise d'effet de la résiliation ou modification, un nouveau traité se substituant à l'ancien, il sera procédé au transfert de son portefeuille, ou mis fin à ses opérations, dans les conditions fixées aux trois derniers alinéas de l'article R. 322-133.

Art. R. 322-135** Les opérations effectuées en application du traité conclu par la société ou caisse qui se substitue à l'organisme dispensé de l'agrément administratif, sont considérées comme des opérations d'assurance directe au regard des dispositions du présent code.

Art. R. 322-136** Les organismes de réassurance agréés peuvent, à l'actif du bilan, affecter à la représentation de la provision pour sinistres restant à payer correspondant aux opérations mentionnées à l'article R. 322-135 des espèces en banque, ou en caisse au siège, ainsi que leurs créances nettes sur les sociétés ou caisses ayant effectué les cessions donnant lieu auxdites opérations.

Le montant de ces affectations peut être au plus égal au douzième de l'encaissement fait au titre des opérations susmentionnées pendant l'exercice inventorié, sans pouvoir excéder 5 p. 100 du montant de la provision en cause.

Art. R. 322-137** *(Décr. nº 91-617 du 28 juin 1991)* « Le respect des dispositions de l'article *(Décr. nº 94-799 du 9 sept. 1994)* « L. 310-8 » incombe au réassureur agréé. »

Les contrats d'assurance souscrits par les organismes dispensés de l'agrément administratif doivent indiquer, en caractères très apparents, les nom et adresse du réassureur agréé et mentionner l'engagement formel de ce dernier de prendre les lieu et place de l'assureur direct.

Art. R. 322-138 *(Décr. nº 94-799 du 9 sept. 1994)* Les transferts de portefeuille visés à l'article L. 324-1 du code, relatifs à des organismes visés à l'article R. 322-132, sont effectués par la société ou caisse mentionnée à l'article R. 322-132, qui agit pour le compte des organismes auxquels elle est substituée dans les conditions prévues aux articles R. 322-132 à R. 322-137. L'avis et l'arrêté de transfert de portefeuille, mentionnés à l'article L. 324-1, mentionnent dans ce cas, en annexe, les organismes concernés par le transfert. *(Décr. nº 2014-70 du 29 janv. 2014, art. 2)* « Ces formalités ne sont pas applicables aux transferts de portefeuille entre organismes mentionnés à l'article R. 322-132 auxquels est substituée la même société ou la caisse mentionnée à l'article R. 322-132 dans les conditions prévues aux articles R. 322-132 à R. 322-137. »

SECTION VII TONTINES

Art. R.* 322-139 Les sociétés à forme tontinière *(Décr. nº 91-1050 du 30 sept. 1991)* « mentionnées à l'article L. 322-26-4 » réunissent leurs adhérents en groupes distincts dénommés associations et répartissent, à l'expiration de chacune de ces associations, les fonds provenant de la capitalisation en commun de leurs cotisations, déduction faite de la partie affectée aux frais de gestion *(Décr. nº 99-688 du 3 août 1999)* « et d'acquisition statutaires », entre les survivants des associations en cas de vie ou entre les ayants droit des décédés des associations en cas de décès, en tenant compte de l'âge des adhérents et de leurs versements.

Les sociétés régies par la présente section doivent faire figurer à la suite de leur dénomination, dans leurs statuts, contrats ou titres émis par elles et autres documents de toute nature destinés à être distribués au public ou publiés, la mention ci-après en caractères uniformes : "société à forme tontinière". – *Assur. R. 322-159.*

Art. R.* 322-140 *(Décr. nº 91-1050 du 30 sept. 1991)* A l'exception des 3º et 8º de l'article R. 322-47, des articles R. 322-71 *(Décr. nº 97-248 du 14 mars 1997)* « R. 322-73 à R. 322-76, » R. 322-81, R. 322-83, R. 322-84 et R. 322-93 à R. 322-106-1, les dispositions de la section IV du présent chapitre sont applicables aux sociétés à forme tontinière, sous réserve des dérogations prévues à la présente section.

Art. R.* 322-141 *Abrogé par Décr. nº 94-799 du 9 sept. 1994.*

Art. R.* 322-142 Les fonds provenant des souscriptions doivent être intégralement versés aux associations sous la seule déduction des frais de gestion *(Décr. nº 99-688 du 3 août 1999)* « et d'acquisition » statutaires.

Al. 2 abrogé par Décr. nº 99-688 du 3 août 1999.

Les fonds de chaque association doivent être gérés séparément et ne peuvent se confondre à aucun égard avec ceux des autres associations.

Art. R.* 322-143 Les fonds des associations doivent être placés, au plus tard, dans le délai d'un mois à dater du recouvrement.

La date de l'achat et le prix des valeurs sont justifiés au moyen du bordereau *(Décr. nº 91-1050 du 30 sept. 1991)* « de l'intermédiaire habilité », qui doit mentionner, d'autre part, les associations au profit desquelles les valeurs ont été acquises.

(Décr. nº 91-1050 du 30 sept. 1991) « Les produits et les revenus ainsi que les remboursements » doivent être placés dans les mêmes conditions.

Art. R.* 322-144 *(Décr. nº 2015-513 du 7 mai 2015, art. 7-II-14º, en vigueur le 1er janv. 2016)* « Pour les sociétés à forme tontinière relevant de l'article L. 310-3-2 et dont la marge de solvabilité n'atteint pas le montant minimal réglementaire ainsi que pour les sociétés à forme tontinière relevant de l'article L. 310-3-1 et dont les fonds propres éligibles sont insuffisants pour couvrir l'une des deux exigences mentionnées aux articles L. 352-1 et L. 352-5, l'Autorité de contrôle prudentiel et de résolution peut exiger que les valeurs appartenant aux associations formées par lesdites sociétés soient déposées, aussitôt après leur acquisition ou, le cas échéant, inscrites en compte soit à la Caisse des dépôts et consignations, soit à la Banque de France, au nom de l'entreprise, avec désignation des associations auxquelles elles appartiennent, reproduite sur les récépissés de dépôt ou certificats constatant l'indisponibilité des valeurs. »

Ces valeurs ne peuvent être réalisées qu'à l'époque de la liquidation des associations ou en cas de remplois. Cette réalisation et ces remplois ne peuvent être effectués que sur visa préalable *(Décr. nº 91-1050 du 30 sept. 1991)* « de l'Autorité ».

Ce visa ne peut être délivré qu'au vu d'une décision du conseil d'administration de l'entreprise indiquant le nombre et la nature des titres à aliéner, ainsi que la nature des titres de remploi. La valeur des titres de remploi doit être au moins égale à la valeur des titres aliénés.

Les titres de remploi doivent être déposés, aussitôt après leur acquisition, dans les conditions prévues ci-dessus.

Art. R.* 322-145 Les associations en cas de survie ou en cas de décès que créent les sociétés à forme tontinière ne peuvent être valablement constituées que si elles comprennent au moins deux cents membres.

Art. R.* 322-146 Aucune association en cas de survie ne peut avoir une durée inférieure à dix ans ni supérieure à vingt-cinq ans, comptés à partir du 1er janvier de l'année au cours de laquelle elle a été ouverte.

La durée pendant laquelle une association en cas de survie demeure ouverte doit être inférieure d'au moins cinq ans à sa durée totale.

Art. R.* 322-147 L'ouverture et la constitution de chaque association en cas de survie ainsi que la clôture des listes d'inscription à ladite association doivent être constatées par délibérations du conseil d'administration de la société.

Art. R.* 322-148 Pour une même société à forme tontinière, l'association en cas de décès doit être unique. Toutefois, une seconde association dite de contre-assurance, obligatoirement distincte de la première, peut être constituée dans le but exclusif de compenser la perte pouvant résulter du décès des sociétaires pour les souscripteurs aux associations en cas de survie formées par la société.

Art. R.* 322-149 Les cotisations revenant aux associations en cas de décès sont calculées en tenant compte de l'âge des sociétaires à l'époque de leur échéance et suivant un tarif établi sur une table de mortalité spécifiée par les statuts. Elles sont proportionnelles au montant, déterminé au moyen dudit tarif, de la somme probable à obtenir lors de la répartition.

Art. R.* 322-150 A l'expiration de chaque association, une délibération du conseil d'administration de l'entreprise arrête la répartition entre les ayants droit. Une copie de cette délibération, certifiée par le directeur de l'entreprise et par deux membres du conseil d'administration spécialement désignés à cet effet par le conseil, est adressée à l'Autorité de contrôle prudentiel et de résolution avec un état nominatif de la répartition en double exemplaire.

Art. R.* 322-151 Dans les associations en cas de survie, la répartition porte sur l'intégralité de l'avoir de l'association. Elle est effectuée entre les ayants droit au prorata du montant de leur souscription. Toutefois, les bénéficiaires dont les droits auraient été réduits par suite de la cessation de paiement des annuités dues par les souscripteurs ne participent à la répartition que sur les bases spécifiées par les statuts de l'entreprise.

Les droits des bénéficiaires sont ramenés à l'égalité proportionnelle au moyen de barèmes de répartition établis d'après une table de mortalité et, s'il y a lieu, un taux d'intérêt spécifiés par les statuts et tenant compte de l'âge des sociétaires ainsi que du mode et de l'époque des versements.

La répartition prévue à l'article R. 322-150 ne peut être arrêtée qu'au vu des certificats de vie des sociétaires survivants ou des actes de décès desdits sociétaires, s'ils sont décédés après la date fixée aux contrats pour l'expiration de l'association, sous réserve des délais fixés par les statuts pour la production desdites pièces.

Art. R.* 322-152 A la fin de chaque année, l'intégralité de l'avoir de chaque association en cas de décès est répartie entre les ayants droit des sociétaires décédés au cours de l'année, sous la seule déduction des prélèvements qui pourraient être spécifiés par les statuts en conformité du 9° de l'article R. 322-155.

Al. 2 abrogé par Décr. n° 84-349 du 9 mai 1984.

La répartition est effectuée au prorata des sommes correspondant à chaque cotisation, conformément à l'article R. 322-149.

Pour l'association dite de contre-assurance, la répartition est effectuée au prorata des sommes versées sur les souscriptions aux associations en cas de survie.

La répartition ne peut être arrêtée qu'au vu des pièces justifiant du décès des sociétaires, sous réserve des délais fixés par les statuts pour la production desdites pièces.

Art. R.* 322-153 Chaque association en cas de survie doit être liquidée dans l'année qui suit son expiration.

Les associations en cas de décès doivent être liquidées à la fin de chaque année.

Art. R. 322-154 *(Décr. n° 91-1050 du 30 sept. 1991)* Les sociétés à forme tontinière ne peuvent avoir pour objet de garantir à leurs adhérents que la liquidation d'une association leur procurera une somme déterminée à l'avance. – *Assur. R. 322-159.*

Art. R.* 322-155 Les statuts des sociétés à forme tontinière doivent spécifier, sous réserve des prescriptions contenues dans le présent livre :

1° Les conditions de formation et de durée des associations en cas de survie et des associations en cas de décès ;

2° La cessation, en cas de décès du sociétaire, du versement des annuités que le souscripteur aurait encore à faire aux associations en cas de survie ;

3° La réduction des droits acquis au bénéficiaire s'il y a eu cessation des versements du souscripteur aux associations en cas de survie, sous la condition de justifier de l'existence du sociétaire et du paiement d'une fraction de la souscription totale, sans que les statuts puissent fixer cette fraction à plus de trois dixièmes ;

4° Les bases de répartition pour les contrats ainsi réduits, avec exclusion ou non du partage des intérêts et bénéfices ;

5° Les délais et les formes dans lesquels la société est tenue d'aviser les intéressés de l'expiration des associations en cas de survie ;

6° Les délais pour la production des pièces et justifications réglementaires à l'appui des liquidations d'associations, ainsi que l'affectation des sommes non retirées par les ayants droit, dans un délai déterminé, à partir du 31 décembre de l'année pendant laquelle a eu lieu la répartition ;

7° L'affectation des fonds des associations en cas de survie, qui ne pourraient être liquidées par suite du décès ou de la forclusion de tous leurs membres, ainsi que des associations en cas de décès qui ne pourraient être liquidées par suite de l'absence de décès ;

8° Le mode de paiement des cotisations aux associations en cas de décès, qui doivent être exigibles d'avance au début de chaque année, sauf la première, qui peut être payée à l'échéance choisie par le souscripteur et qui doit alors être réduite d'un quart, de la moitié ou des trois quarts, selon que le versement de la cotisation a lieu dans le deuxième, le troisième ou le quatrième trimestre de l'année ;

9° La quotité des prélèvements qui pourraient être affectés à la constitution d'une provision en faveur des survivants des associations en cas de décès ;

10° Les conditions dans lesquelles la société, en cas de dissolution non motivée par un retrait d'agrément, peut procéder à la liquidation par anticipation des associations en cours, en vertu d'une délibération spéciale de *(Décr. nº 84-349 du 9 mai 1984)* « l'assemblée générale des souscripteurs ».

Art. R.* 322-156 *(Décr. nº 91-1050 du 30 sept. 1991)* La participation aux assemblées générales s'effectue dans les conditions prévues à l'article R.* 322-58. Toutefois, pour l'élection de délégués, les groupements de sociétaires s'effectuent sur la base des associations.

Art. R.* 322-157 *Abrogé par Décr. nº 91-1050 du 30 sept. 1991.*

Art. R.* 322-158 Les sociétés à forme tontinière doivent avoir un fonds d'établissement au moins égal à *(Décr. nº 2001-95 du 2 févr. 2001)* « 160 000 euros ». – *Assur. R. 322-44.*

Art. R.* 322-159 *(Décr. nº 91-1050 du 30 sept. 1991)* Sans préjudice des nullités prévues à l'article R. 322-90, est nulle toute société à forme tontinière constituée contrairement aux dispositions des articles R. 322-139 et R. 322-154.

Toutefois, ni la société à forme tontinière ni les adhérents ne peuvent se prévaloir vis-à-vis des tiers de bonne foi des nullités ci-dessus prévues.

SECTION VIII LES SOCIÉTÉS DE GROUPE D'ASSURANCE MUTUELLE ET LES CONVENTIONS D'AFFILIATION

(Décr. nº 2002-943 du 26 juin 2002)

Art. R. 322-160 I. – La constitution des sociétés de groupe d'assurance mutuelle mentionnées au troisième alinéa de l'article L. 322-1-3 est soumise aux dispositions des articles R. 322-46 et R. 322-52 du présent code.

II. – Les signataires de l'acte de constitution de la société mentionné à l'article R. 322-46 ou leurs fondés de pouvoirs constatent sa création par une déclaration devant notaire. A cette déclaration sont annexés :

a) La liste dûment certifiée des entreprises signataires mentionnant, pour chacune d'elles, leur dénomination, leur siège social, le montant de leurs engagements techniques et leurs chiffres d'affaires par branche ;

b) Un exemplaire des statuts ;

c) Les documents prévus aux 2°, 4° et 5° de l'article R. 322-51.

III. – Les dispositions des articles R. 322-85 à R. 322-89 relatives à la publicité sont applicables aux sociétés régies par la présente section.

Art. R. 322-161 *(Décr. nº 2015-513 du 7 mai 2015, art. 7-II-15°)* I. – Les statuts des sociétés de groupe d'assurance mutuelle doivent fixer les conditions d'admission, de retrait ou d'exclusion des entreprises affiliées à la société de groupe d'assurance mutuelle.

Ils doivent prévoir que l'admission, le retrait ou l'exclusion d'une entreprise affiliée par convention fait l'objet d'une déclaration préalable auprès de l'Autorité de contrôle prudentiel et de résolution, accompagnée d'un dossier dont celle-ci fixe la composition. L'Autorité peut, dans un délai de trois mois à compter de la réception du dossier, s'opposer à l'opération, si celle-ci apparaît contraire aux intérêts des assurés des entreprises affiliées, par une décision motivée adressée à la ou aux personnes intéressées par lettre recommandée avec accusé de réception. A défaut d'opposition de l'Autorité, l'opération peut être réalisée à l'expiration de ce délai.

Ces statuts doivent également :

a) Fixer, sans être tenus par un minimum, le montant de leur fonds d'établissement;

b) Prévoir que l'assemblée générale est composée de toutes les entreprises affiliées, représentées chacune exclusivement par un de ses dirigeants, administrateurs ou membres du conseil de surveillance dûment mandaté ou par un représentant directement nommé soit par l'assemblée générale, soit par des délégués eux-mêmes nommés par l'assemblée générale ou le cas échéant la commission paritaire de l'entreprise affiliée ;

c) Déterminer le nombre de voix dont dispose chacune de ces entreprises ;

d) Déterminer les modalités de l'exercice effectif de l'influence dominante de la société de groupe d'assurance mutuelle sur les décisions, y compris financières, des entreprises affiliées.

II. — Les statuts doivent conférer à la société de groupe d'assurance mutuelle des pouvoirs de contrôle à l'égard des entreprises affiliées, y compris en ce qui concerne leur gestion. Ils peuvent notamment, à condition que les statuts des entreprises affiliées le permettent :

a) Subordonner à l'autorisation préalable du conseil d'administration ou du conseil de surveillance de la société de groupe d'assurance mutuelle la conclusion par ces entreprises d'opérations énumérées par les statuts, notamment l'acquisition ou la cession d'immeubles par nature, l'acquisition ou la cession totale ou partielle d'actifs ou de participations, la constitution de sûretés et l'octroi de cautions, avals ou garanties ;

b) Prévoir des pouvoirs de sanction de la société de groupe d'assurance mutuelle à l'égard des entreprises affiliées.

III. — Les statuts peuvent prévoir que toute entreprise demandant son admission à la société de groupe d'assurance mutuelle modifie au préalable ses propres statuts afin de reconnaître à la société de groupe d'assurance mutuelle le droit de demander la convocation de son assemblée générale ou le cas échéant de la commission paritaire et de proposer lors de celles-ci l'élection de nouveaux candidats aux fonctions d'administrateur ou de membre du conseil de surveillance.

IV. — Les dispositions du 4° de l'article R. 322-47 et de l'article R. 322-48 sont applicables aux statuts des sociétés de groupe d'assurance mutuelle.

Les art. R. 322-161 et R. 322-162 sont entrés en vigueur le lendemain de la publication du Décr. n° 2015-513 du 7 mai 2015 (Décr. préc., art. 22).

En application du II de l'art. 21 de la L. n° 2000-321 du 12 avr. 2000, et par exception à l'application du délai prévu au premier al. du I de cet art., le silence gardé par l'administration pendant trois mois vaut décision d'acceptation pour les demandes d'affiliation, retrait ou exclusion d'un organisme d'assurance à une société de groupe d'assurances ou société de groupe d'assurance mutuelle (SGAM) (Décr. n° 2014-1281 du 23 oct. 2014, art. 1er, applicable pour les demandes présentées à compter du 12 nov. 2014).

V. Instr. ACPR n° 2015-I-17 relative à la composition du dossier de déclaration préalable à l'affiliation, au retrait ou à l'exclusion d'une société de groupe d'assurance mutuelle (SGAM), une union mutualiste de groupe (UMG) ou une société de groupe assurantiel de protection sociale (SGAPS) (http://acpr.banque-france.fr).

Art. R. 322-162 *(Décr. n° 2015-513 du 7 mai 2015, art. 7-II-15°)* Les sociétés de groupe d'assurance mutuelle peuvent être administrées par un conseil d'administration et un directeur général ou par un conseil de surveillance et un directoire, dans les conditions fixées à la sous-section 2 de la section IV du présent chapitre.

Par dérogation au premier alinéa, le conseil d'administration de la société de groupe d'assurance mutuelle est composé, selon des modalités déterminées par ses statuts, de membres nommés par l'assemblée générale, dont le nombre ne peut être inférieur à cinq.

V. notes ss. art. R. 322-161.

Art. R. 322-163 I. — Il est tenu chaque année au moins une assemblée générale dans les conditions prévues par les statuts. A cette assemblée sont présentés par le conseil d'administration le bilan, le compte de résultat et l'annexe de l'exercice écoulé.

L'assemblée générale peut, en outre, être convoquée, à toute époque, par le conseil d'administration.

II. — 1° La convocation à l'assemblée générale doit être faite par lettre recommandée adressée aux entreprises affiliées par convention, quinze jours au moins avant la date fixée pour la réunion de l'assemblée, en mentionnant l'ordre du jour ; l'assemblée ne peut délibérer que sur les questions figurant à cet ordre du jour.

2° L'ordre du jour comporte les propositions du conseil d'administration et celles qui lui auront été communiquées par toute entreprise affiliée par convention vingt jours au moins avant la réunion de l'assemblée générale.

III. — Toute entreprise affiliée par convention peut, dans les quinze jours qui précèdent la réunion d'une assemblée générale, prendre, au siège social, communication par elle-même ou par un mandataire, du bilan, du compte de résultat et de l'annexe de la société de groupe d'assurance mutuelle qui seront présentés à l'assemblée générale ainsi que tous les documents qui doivent être communiqués à l'assemblée parmi lesquels doivent se trouver le bilan, les comptes de résultat technique et non technique et l'annexe de chacune des entreprises affiliées par convention à la société de groupe d'assurance mutuelle.

IV. — L'assemblée générale délibère valablement si les entreprises affiliées par convention présentes ou représentées sont au nombre de la moitié au moins à la fois du nombre total d'entreprises affiliées et des voix dont elles disposent. A défaut, une nouvelle assemblée est convoquée dans les formes et délais prescrits par les statuts ; cette assemblée délibère valablement quel que soit le nombre des membres présents ou représentés.

V. — L'assemblée générale, à condition de délibérer à la majorité des deux tiers au moins, en nombre et en voix, des entreprises affiliées par convention, peut modifier les statuts dans toutes leurs dispositions à l'exception de la nationalité de la société ; elle peut, dans les mêmes conditions, autoriser la fusion de la société avec une autre société de groupe d'assurance mutuelle.

VI. — Les dispositions prévues aux articles R. 322-67 à R. 322-70 sont applicables aux sociétés de groupe d'assurance mutuelle.

Les dispositions de l'article R. 322-68 se référant aux sociétaires s'appliquent aux entreprises affiliées par convention, le droit de récusation prévu au deuxième alinéa étant ouvert à ces entreprises à condition qu'elles représentent, en nombre ou en voix, le dixième de l'ensemble.

VII. — Dans le cas prévu à l'article R. 322-76, l'assemblée générale délibère dans les conditions fixées au V.

VIII. — Toute décision d'emprunter doit être autorisée par l'assemblée générale délibérant dans les conditions prévues au V et faire l'objet d'une résolution spéciale dont la teneur est préalablement soumise à l'approbation de l'Autorité de contrôle prudentiel et de résolution. Celle-ci se prononce, en veillant à la sauvegarde des intérêts des assurés des entreprises affiliées par convention, au vu d'un dossier comportant une présentation détaillée des objectifs poursuivis, des conséquences de l'emprunt sur la situation financière de la société et des entreprises affiliées, ainsi que, le cas échéant, une description précise des cas de remboursement anticipé.

A l'expiration d'un délai de deux mois à compter du dépôt du texte de la résolution et du dossier mentionné ci-dessus et en l'absence de décision expresse de l'Autorité, l'autorisation est considérée comme accordée. En cas de décision expresse, celle-ci est communiquée à l'assemblée générale.

IX. — Les dispositions de l'article R. 322-54-3 sont applicables aux sociétés de groupe d'assurance mutuelle.

Art. R. 322-164 Toute société de groupe d'assurance mutuelle constituée en violation des articles R. 322-160 à R. 322-163 est nulle.

Les dispositions du deuxième alinéa de l'article R. 322-90 et celles de l'article R. 322-91 lui sont alors applicables.

Art. R. 322-165 Les dispositions du deuxième alinéa *(Abrogé par Décr. nº 2017-1765 du 26 déc. 2017, art. 1er) « du 1º »* du I de l'article R. 322-161 sont applicables aux sociétés de groupe d'assurance mentionnées à l'article L. 322-1-3 qui n'ont pas la qualité de sociétés de groupe d'assurance mutuelle définies au troisième alinéa de cet article.

V. notes ss. art. R. 322-161.

Art. R. 322-166 I. — La convention d'affiliation mentionnée au premier alinéa de l'article L. 322-1-3 contient la description des liens, des obligations, des engagements et des modalités de partage des coûts ou de toute autre forme de coopération entre une société de groupe d'assurance et l'entreprise affiliée. Elle doit comporter l'engagement de celle-ci de subordonner son retrait éventuel au respect des conditions posées au deuxième alinéa *(Abrogé par Décr. nº 2017-1765 du 26 déc. 2017, art. 1er) « du 1º »* du I de l'article R. 322-161.

II. — Les conventions d'affiliation, leurs modifications et leur résiliation éventuelle doivent être approuvées par les assemblées générales de la société de groupe d'assurance et de l'entreprise affiliée.

SECTION IX DISPOSITIONS SPÉCIFIQUES AUX ENTREPRISES D'ASSURANCE ET DE RÉASSURANCE RELEVANT DU RÉGIME DIT "SOLVABILITÉ II"

(Décr. nº 2015-513 du 7 mai 2015, art. 3-II-4º, en vigueur le 1er janv. 2016)

Art. R. 322-167 L'exigence de compétence mentionnée au VII de l'article L. 322-2 s'apprécie conformément à l'article 258 du règlement délégué (UE) nº 2015/35 de la Commission du 10 octobre 2014, sans préjudice des dispositions de l'article R. 322-11-6.

Art. R. 322-168 Le directeur général, le ou les directeurs généraux délégués et les membres du directoire dirigent effectivement l'entreprise au sens de l'article L. 322-3-2.

Le conseil d'administration ou le conseil de surveillance peut également désigner comme dirigeant effectif une ou plusieurs personnes physiques, qui ne sont pas mentionnées à l'alinéa précédent, notamment le président du conseil d'administration. Ces personnes doivent disposer d'un domaine de compétence et de pouvoirs suffisamment larges sur les activités et les risques de l'entreprise, faire preuve d'une disponibilité suffisante au sein de l'entreprise pour exercer ce rôle, et être impliquées dans les décisions ayant un impact important sur l'entreprise, notamment en matière de stratégie, de budget ou de questions financières. Le conseil d'administration ou le conseil de surveillance peut leur retirer cette fonction.

Le conseil d'administration ou le conseil de surveillance définit les cas dans lesquels les dirigeants effectifs sont absents ou empêchés, de manière à garantir la continuité de la direction effective de l'entreprise.

CHAPITRE III MESURES DE SAUVEGARDE ET D'ASSAINISSEMENT

(Décr. nº 2015-513 du 7 mai 2015, art. 3-III).

SECTION PREMIÈRE *[ABROGÉE]* RÈGLES GÉNÉRALES

(Abrogée par Décr. nº 2015-513 du 7 mai 2015, art. 7-II-16º, à compter du 1er janv. 2016)

SOUS-SECTION 1 *[ABROGÉE]* **DISPOSITIONS RELATIVES AUX ENTREPRISES D'ASSURANCE** *(Décr. n° 2008-1154 du 7 nov. 2008).*

Art. R. 323-1 à R. 323-3 *Abrogés par Décr. n° 2015-513 du 7 mai 2015, art. 7-II-16°, à compter du 1er janv. 2016.*

Art. R. 323-4 et R. 323-5 *Abrogés par Décr. n° 2010-217 du 3 mars 2010, art. 3-II-36° et 37°.*

Art. R. 323-6 *Abrogé par Décr. n° 2005-8 du 5 janv. 2005, art. 1er-VII.*

Art. R. 323-7 *Abrogé par Décr. n° 94-635 du 25 juill. 1994.*

Art. R.* 323-8 *Abrogé par Décr. n° 2015-513 du 7 mai 2015, art. 7-II-16°, à compter du 1er janv. 2016.*

Art. R.* 323-9 *Abrogé par Décr. n° 2010-217 du 3 mars 2010, art. 3-II-39°.*

Art. R. 323-10 *Abrogé par Décr. n° 2015-513 du 7 mai 2015, art. 7-II-16°, à compter du 1er janv. 2016.*

SOUS-SECTION 2 *[ABROGÉE]* **DISPOSITIONS RELATIVES AUX ENTREPRISES DE RÉASSURANCE**

(Décr. n° 2008-1154 du 7 nov. 2008)

Art. R. 323-10-1 à R. 323-10-5 *Abrogés par Décr. n° 2015-513 du 7 mai 2015, art. 7-II-16°, à compter du 1er janv. 2016.*

Art. R. 323-10-6 *Abrogé par Décr. n° 2010-217 du 3 mars 2010, art. 3-II-45°.*

Art. R. 323-10-7 et R. 323-10-8 *Abrogés par Décr. n° 2015-513 du 7 mai 2015, art. 7-II-16°, à compter du 1er janv. 2016.*

SECTION II **MESURES D'ASSAINISSEMENT DES ENTREPRISES DONT LE SIÈGE SOCIAL EST SITUÉ DANS UN ÉTAT MEMBRE DE L'UNION EUROPÉENNE** *(Décr. n° 2015-513 du 7 mai 2015, art. 3-III-2°).*

(Décr. n° 2005-8 du 5 janv. 2005)

Art. R.* 323-11 Lorsqu'elle décide de mettre en œuvre l'une des mesures d'assainissement définies à l'article L. 323-8, *(Décr. n° 2015-513 du 7 mai 2015, art. 3-III-3°, en vigueur le 1er janv. 2016)* « l'Autorité de contrôle prudentiel et de résolution » :

1° En informe d'urgence les autorités compétentes des autres États membres de *(Décr. n° 2015-513 du 7 mai 2015, art. 7-II-17°, en vigueur le 1er janv. 2016)* « l'Union européenne » ou parties à l'accord sur l'Espace économique européen ;

2° Procède à la publication de cette décision au *Journal officiel* de la République française ainsi qu'au *Journal officiel de l'Union européenne.*

Cette publication précise le nom et les coordonnées des autorités compétentes pour les besoins des mesures d'assainissement. Elle indique également la législation qui est applicable à ces mesures d'assainissement en vertu des dispositions des articles L. 326-20 à L. 326-29.

Cette publication n'est pas requise lorsque les mesures d'assainissement affectent exclusivement les droits des actionnaires, associés ou employés d'une entreprise d'assurance considérés en tant que tels. Dans ce cas, *(Décr. n° 2015-513 du 7 mai 2015, art. 3-III-3°, en vigueur le 1er janv. 2016)* « l'Autorité de contrôle prudentiel et de résolution » prend les dispositions nécessaires à une information rapide des seuls intéressés ;

3° Notifie sa décision aux créanciers connus dans les conditions définies à l'article R. 326-1. Lorsqu'un administrateur provisoire a été nommé, il lui appartient de procéder à cette publication.

Art. R. 323-12 *(Décr. n° 2018-179 du 13 mars 2018, art. 2)* I. — La participation d'une entreprise d'assurance à un contrat de fiducie formée dans un objectif d'assainisse-

ment en application de l'article L. 311-41 est évaluée aux fins de l'article R. 351-1 comme une participation dont la valorisation, conformément à l'article 13 du règlement n° 2015/35 de la Commission du 10 octobre 2014, correspond à la valeur nette de la quote-part du patrimoine fiduciaire sur laquelle la responsabilité du fiduciaire-bénéficiaire est engagée.

II. — Lorsque, à la suite de la mesure de résolution prévue à l'article L. 311-41, une entreprise d'assurance a le statut de fiduciaire-bénéficiaire, elle évalue le capital de solvabilité requis prévu à l'article R. 352-2 comme la somme des éléments suivants :

1° Le montant correspondant à la somme de neuf pour mille de la somme des provisions techniques mentionnées à l'article R. 343-3 et 1,65 pour cent de la somme des provisions techniques mentionnées à l'article R. 343-7 ;

2° Le capital de solvabilité requis calculé conformément aux règles définis à l'article R. 352-2, sans tenir compte de la participation au contrat de fiducie.

III. — Lorsque, à la suite de la mesure de résolution prévue à l'article L. 311-41, une entreprise d'assurance a le statut de fiduciaire-bénéficiaire, le groupe visé à l'article L. 356-2, auquel le fiduciaire appartient, évalue son capital de solvabilité requis prévu au 1° de l'article L. 356-15 comme la somme des éléments suivants :

1° Le montant mentionné au 1° du II ;

2° Le capital de solvabilité requis du groupe mentionné à l'article L. 356-15, sans tenir compte de la participation au contrat de fiducie.

CHAPITRE IV TRANSFERT DE PORTEFEUILLE

SECTION PREMIÈRE RÈGLES GÉNÉRALES

Art. R. 324-1 *Abrogé par Décr. n° 2015-513 du 7 mai 2015, art. 3-IV, à compter du 1er janv. 2016.*

Art. R.* 324-2 et R.* 324-3 *Abrogés par Décr. n° 94-635 du 25 juill. 1994.*

SECTION II TRANSFERT D'OFFICE *(Décr. n° 90-495 du 20 juin 1990).*

Art. R. 324-4 *Abrogé par Décr. n° 2017-293 du 6 mars 2017, art. 1er. — V. C. mon. fin., art. R. 612-31-3.*

> **Code monétaire et financier**
>
> **Art. R. 612-31-3** *(Décr. n° 2017-293 du 6 mars 2017, art. 2)* Lorsqu'elle décide le transfert d'office d'un portefeuille de contrats d'assurance conclus sur le territoire d'un ou de plusieurs États membres de l'Espace économique européen, en application du 14° de l'article L. 612-33, l'Autorité de contrôle en avise les autorités compétentes de ces différents États.
>
> Lorsque l'entreprise cessionnaire est originaire d'un État membre de l'Espace économique européen, l'Autorité de contrôle prudentiel et de résolution s'assure auprès des autorités compétentes de cet État membre que l'entreprise possède, compte tenu du transfert, les fonds propres éligibles nécessaires pour la couverture de son capital de solvabilité requis et son minimum de capital requis.
>
> La décision de transfert et le nom de l'entreprise cessionnaire font l'objet d'une publication au *Journal officiel*, à la diligence de l'Autorité de contrôle prudentiel et de résolution.

Art. R. 324-5 *(Décr. n° 99-718 du 3 août 1999)* **La décision de l'Autorité de contrôle prudentiel et de résolution prévue à l'article L. 324-5 est prononcée après** *(Décr. n° 2018-179 du 13 mars 2018, art. 2)* **« les mesures prévues au 14° de l'article L. 612-33 du code monétaire et financier, au 4° de l'article L. 311-30, à l'article L. 311-35 ou à l'article L. 311-42 du présent code, » à l'issue du contrôle auquel l'Autorité peut soumettre une personne** *(Abrogé par Décr. n° 2018-179 du 13 mars 2018, art. 2)* ***« physique ou morale »*** **conformément** *(Décr. n° 2010-217 du 3 mars 2010, art. 3-II-49°)* **« aux 1 et 2 du II de l'article L. 612-2 du code monétaire et financier ».**

Art. R.* 324-6 et R.* 324-7 *Abrogés par Décr. n° 90-495 du 20 juin 1990.*

CHAPITRE V RETRAIT DE L'AGRÉMENT ADMINISTRATIF

SECTION PREMIÈRE RÈGLES GÉNÉRALES

Art. R.* 325-1 *Abrogé par Décr. nº 90-815 du 14 sept. 1990.*

Art. R. 325-2 *(Décr. nº 2015-513 du 7 mai 2015, art. 3-V-1º, en vigueur le 1er janv. 2016)* **Lorsque l'agrément est retiré en vertu des dispositions de l'article L. 325-1 ou des 6º ou 7º de l'article L. 612-39 du code monétaire et financier ou lorsque l'Autorité de contrôle prudentiel et de résolution a constaté la caducité des agréments en application de l'article L. 321-10-2, elle informe sans délai les autorités compétentes concernées des autres États membres.**

Lorsque l'Autorité de contrôle prudentiel et de résolution est informée par une autorité de contrôle d'un État membre de la caducité ou du retrait de l'agrément d'une entreprise d'assurance ou de réassurance, elle prend les mesures appropriées pour empêcher l'entreprise concernée de commencer de nouvelles opérations sur le territoire français.

(Décr. nº 2018-612 du 16 juill. 2018, art. 1er) **« Lorsqu'une entreprise fait l'objet d'une mesure de résolution, dans les conditions prévues à la section VI du chapitre II du titre Ier du livre III du présent code, ou d'un retrait d'agrément prononcé par l'Autorité de contrôle prudentiel et de résolution, en application des dispositions de l'article L. 311-19 ou L. 325-1 du présent code ou de l'article L. 612-39 du code monétaire et financier, ou par l'autorité de contrôle d'un autre État membre, l'Autorité de contrôle prudentiel et de résolution en informe dans les meilleurs délais et avec les précisions appropriées le fonds de garantie des assurances obligatoires de dommages mentionné à l'article L. 421-1 du présent code ou le fonds de garantie des dommages consécutifs à des actes de prévention, de diagnostic ou de soins dispensés par les professionnels de santé mentionné à l'article L. 426-1 du présent code. »**

Art. R.* 325-3 *Abrogé par Décr. nº 90-815 du 14 sept. 1990.*

Art. R.* 325-4 *(Décr. nº 90-815 du 14 sept. 1990)* **Avant de procéder au retrait d'agrément prévu à l'article L. 325-1** *(Décr. nº 2010-217 du 3 mars 2010, art. 3-II-51º-a)* **« du présent code ou aux 6 ou 7 de l'article L. 612-39 du code monétaire et financier », dans le cas d'une entreprise** *(Décr. nº 94-635 du 25 juill. 1994)* **« agréée conformément aux dispositions de l'article L. 321-7 »,** *(Décr. nº 2010-217 du 3 mars 2010, art. 3-II-51º-a)* **« l'Autorité de contrôle prudentiel et de résolution » consulte l'autorité de contrôle de l'État où est situé le siège social de cette entreprise.**

Toutefois, *(Décr. nº 2010-217 du 3 mars 2010, art. 3-II-51º-b)* **« l'Autorité de contrôle prudentiel et de résolution » peut suspendre l'activité de l'entreprise sur le territoire de la République française avant l'issue de cette consultation. Dans ce cas, elle en informe immédiatement l'autorité de contrôle étrangère intéressée.**

Art. R.* 325-5 *(Abrogé par Décr. nº 2015-513 du 7 mai 2015, art. 3-V-2º, à compter du 1er janv. 2016) (Décr. nº 84-349 du 9 mai 1984 ; Décr. nº 90-815 du 14 sept. 1990 ; Décr. nº 94-635 du 25 juill. 1994)* ***L'Autorité de contrôle prudentiel et de résolution fait connaître ses observations à l'autorité de contrôle d'un État non communautaire membre de l'Espace économique européen qui la consulte à l'occasion du retrait d'un agrément précédemment accordé dans cet État à une entreprise française visée au 1º de l'article L. 310-2*** *(Décr. nº 2008-1154 du 7 nov. 2008)* ***« ou au 1º du III de l'article L. 310-1-1 » du code des assurances.***

Art. R.* 325-6 *Abrogé par Décr. nº 90-815 du 14 sept. 1990.*

Art. R.* 325-7 *(Décr. nº 90-815 du 14 sept. 1990)* **Si le retrait d'agrément mentionné à l'article L. 325-1** *(Décr. nº 2010-217 du 3 mars 2010, art. 3-II-52º)* **« du présent code ou aux 6 ou 7 de l'article L. 612-39 du code monétaire et financier » concerne une entreprise** *(Décr. nº 94-635 du 25 juill. 1994)* **« visée au 4º de l'article L. 310-2 » et qui fait l'objet d'une vérification de solvabilité globale exercée par l'Autorité de contrôle prudentiel et de résolution, l'autorité qui prononce le retrait d'agrément informe les**

autorités de contrôle des États membres *(Décr. n° 94-635 du 25 juill. 1994)* « de l'Espace économique européen » sur le territoire desquels l'entreprise est agréée.

Art. R.* 325-8 En cas de retrait d'agrément d'une entreprise étrangère par l'autorité de contrôle de son siège social, l'Autorité de contrôle prudentiel et de résolution procède au retrait de l'agrément précédemment accordé à la succursale française de cette entreprise *(Décr. n° 94-635 du 25 juill. 1994)* « en application des articles L. 321-7 ou *(Décr. n° 2015-513 du 7 mai 2015, art. 10-I-8°, en vigueur le 1er janv. 2016)* « L. 329-1 ».

Art. R.* 325-9 *Abrogé par Décr. n° 2015-513 du 7 mai 2015, art. 7-II-19°, à compter du 1er janv. 2016.*

Art. R. 325-10 *(Décr. n° 2015-513 du 7 mai 2015, art. 3-V-3°, en vigueur le 1er janv. 2016)* Lorsqu'une entreprise fait l'objet d'un retrait ou d'une constatation de caducité de l'agrément administratif par l'Autorité de contrôle prudentiel et de résolution ou par l'autorité de contrôle d'un autre État membre, l'Autorité de contrôle prudentiel et de résolution prend, le cas échéant avec le concours des autorités de contrôle des États membres sur le territoire desquels l'entreprise opère, toutes mesures propres à sauvegarder les intérêts des assurés, souscripteurs et bénéficiaires de contrats prévues par les articles L. 612-30 à L. 612-39 du code monétaire et financier. Lorsque ces mesures consistent en la suspension, restriction ou interdiction temporaire de la libre disposition de tout ou partie des actifs de cette entreprise en application du 4° de l'article L. 612-33 du code monétaire et financier, l'Autorité de contrôle prudentiel et de résolution en informe au préalable les autorités de contrôle des États membres d'accueil concernées et leur demande de prendre les mêmes mesures.

Art. R.* 325-11 *(Décr. n° 84-349 du 9 mai 1984)* Toute décision de retrait de l'agrément administratif *(Décr. n° 2010-217 du 3 mars 2010, art. 3-II-54°)* « décidée en application de l'article L. 325-1 *(Décr. n° 2015-513 du 7 mai 2015, art. 3-V-4°, en vigueur le 1er janv. 2016)* « est notifiée » à l'entreprise concernée par lettre recommandée avec demande d'avis de réception ou remise contre récépissé », si cette décision s'applique à une entreprise *(Décr. n° 94-635 du 25 juill. 1994)* « agréée conformément aux dispositions des articles L. 321-1, *(Décr. n° 2008-1154 du 7 nov. 2008)* « L. 321-1-1, » L. 321-7 ou *(Décr. n° 2015-513 du 7 mai 2015, art. 3-V-4°, en vigueur le 1er janv. 2016)* « L. 329-1 ».

Art. R.* 325-12 *(Décr. n° 90-815 du 14 sept. 1990)* Préalablement au retrait de l'agrément administratif *(Décr. n° 2010-217 du 3 mars 2010, art. 3-II-55°)* « décidé en application de » l'article L. 325-1, l'Autorité de contrôle prudentiel et de résolution notifie au président du conseil d'administration de l'entreprise concernée, par lettre recommandée avec demande d'avis de réception ou remise contre récépissé, les faits relevés à l'encontre de l'entreprise et l'invite à présenter ses observations écrites dans un délai de quinze jours.

Al. 2 abrogé par Décr. n° 2010-217 du 3 mars 2010, art. 3-II-55°.

Art. R.* 325-13 *(Décr. n° 2018-612 du 16 juill. 2018, art. 1er)* « I. – » *(Décr. n° 2005-8 du 5 janv. 2005)* La décision de retrait de l'agrément administratif fait l'objet d'une publication au *Journal officiel* de la République française ainsi qu'au *Journal officiel de l'Union européenne.*

Cette publication est assurée *(Décr. n° 2010-217 du 3 mars 2010, art. 3-II-56°)* « par l'Autorité de contrôle prudentiel et de résolution ». *(Décr. n° 2008-1154 du 7 nov. 2008)* « S'agissant des entreprises mentionnées à l'article L. 310-2, » elle précise *(Décr. n° 2018-179 du 13 mars 2018, art. 2)* « si l'entreprise est soumise à une procédure de résolution et, le cas échéant » le nom et les coordonnées des autorités compétentes pour les besoins de la liquidation et, le cas échéant, du ou des liquidateurs désignés. Elle indique également *(Décr. n° 2018-179 du 13 mars 2018, art. 2)* « , le cas échéant, » la législation qui est applicable à cette liquidation en vertu des dispositions des articles L. 326-20 à L. 326-29.

(Décr. n° 2018-612 du 16 juill. 2018, art. 1er) « II. – Dès qu'elle est informée du retrait de l'agrément d'une entreprise mentionnée au 2° du I de l'article L. 310-2 par l'autorité de contrôle de l'État où est situé le siège social de cette entreprise, l'Autorité de contrôle prudentiel et de résolution en informe, avec les précisions appropriées, les personnes assurées, souscriptrices, adhérentes ou bénéficiaires de prestations de contrats d'assurance souscrits auprès de cette entreprise, par un avis publié au *Journal officiel* de la République française ainsi que sur son site internet.

« Cet avis précise notamment la date de la décision de retrait de l'agrément. Le cas échéant, il indique le nom et les coordonnées des autorités compétentes pour la liquidation et du ou des liquidateurs désignés, ainsi que la législation qui est applicable à cette liquidation. »

Art. R.* 325-14 *(Décr. n° 90-815 du 14 sept. 1990)* Les dispositions de la présente section sont applicables dans les territoires *(Abrogé par Décr. n° 2018-179 du 13 mars 2018, art. 2)* « *de la Polynésie française,* » des Terres australes et antarctiques françaises et *(Décr. n° 2018-179 du 13 mars 2018, art. 2)* « « à Wallis-et-Futuna ».

SECTION II *[ABROGÉE]* RÈGLES PARTICULIÈRES AUX ENTREPRISES PRATIQUANT LES OPÉRATIONS D'ASSURANCE OBLIGATOIRE EN MATIÈRE DE CIRCULATION DES VÉHICULES TERRESTRES À MOTEUR

(Abrogée par Décr. n° 90-815 du 14 sept. 1990)

Art. R.* 325-15 à R.* 325-18 *Abrogés par Décr. n° 90-815 du 14 sept. 1990.*

CHAPITRE VI LIQUIDATION

SECTION PREMIÈRE RÈGLES GÉNÉRALES

Art. R.* 326-1 *(Décr. n° 2018-179 du 13 mars 2018, art. 2)* « I. – Lorsqu'est ouverte à la requête de l'Autorité de contrôle prudentiel et de résolution, de la commission des sanctions ou du collège de résolution de cette autorité, la liquidation d'une entreprise mentionnée à l'article L. 310-1, chaque souscripteur de contrat en est avisé, dans un délai de vingt jours à compter du lendemain du jour de la publication au *Journal officiel* de la République française de la décision de l'Autorité, par le liquidateur ou, en attendant la désignation de celui-ci, par la personne qui était investie dans l'entreprise des pouvoirs de direction générale ou par son représentant.

« En cas de dissolution d'une entreprise mentionnée à l'article L. 310-1, dans les conditions prévues à l'article L. 326-2, le délai de vingt jours mentionné à l'alinéa précédent court à compter du lendemain de la publication de la décision mentionnée au deuxième alinéa de l'article L. 326-2. »

Cet avis, qui rappelle la législation applicable, est adressé par lettre recommandée au dernier domicile connu du souscripteur.

Lorsque le souscripteur du contrat n'est pas l'assuré ou le bénéficiaire du contrat, l'information est aussi adressée aux assurés ou bénéficiaires connus.

Cet avis rappelle les dispositions des articles *(Décr. n° 2018-179 du 13 mars 2018, art. 2)* « L. 326-1, » L. 326-2 et L. 326-4. Il indique, s'il y a lieu, l'autorité auprès de laquelle les souscripteurs, assurés, adhérents et bénéficiaires de contrats peuvent présenter leurs observations relatives aux créances et précise, le cas échéant, les délais pour ce faire et les conséquences d'une non-observation des délais.

Les avis individuels doivent être préparés sous la responsabilité des administrateurs de l'entreprise ou, dans le cas d'une entreprise étrangère, sous la responsabilité du mandataire général prévu à l'article *(Décr. n° 2015-513 du 7 mai 2015, art. 3-VI, en vigueur le 1er janv. 2016)* « L. 329-1 », dès que l'injonction en est adressée par l'autorité *(Décr. n° 2018-179 du 13 mars 2018, art. 2)* « mentionnée ci-dessus ».

Lorsque le créancier d'assurance connu a sa résidence habituelle, son domicile ou son siège statutaire dans un État membre de *(Décr. n° 2015-513 du 7 mai 2015, art. 3-VI, en vigueur le 1er janv. 2016)* « l'Union européenne » ou partie à l'accord sur l'Espace économique européen autre que la France, l'avis est également rédigé dans la langue officielle ou l'une des langues officielles de cet État.

II. – Lorsque *(Décr. n° 2018-179 du 13 mars 2018, art. 2)* « la décision mentionnée aux articles L. 326-1 ou L. 326-2 » concerne une entreprise visée aux 2° et 3° de l'article L. 310-1, l'avis mentionné au I reproduit le premier alinéa de l'article L. 326-12 et précise la date à laquelle le contrat souscrit cessera de produire effet.

III. – Lorsque *(Décr. n° 2018-179 du 13 mars 2018, art. 2)* « la décision mentionnée aux articles L. 326-1 ou L. 326-2 » concerne une entreprise mentionnée au 1° de l'article L. 310-1, l'avis mentionné au I reproduit le texte des articles L. 326-9 et L. 326-13.

Le cas échéant, chaque souscripteur de contrat, assuré ou bénéficiaire connu est informé, dans les mêmes conditions, des décisions prises par l'Autorité de contrôle en application du deuxième alinéa de l'article L. 326-13. Lorsque la décision de l'Autorité a pour effet de fixer la date à laquelle les contrats cessent d'avoir effet, cette information intervient au plus tard vingt jours avant la date de cessation des effets du contrat.

Art. R.* 326-2 Le décret mentionné à l'article L. 326-12 est pris sur le rapport du ministre de l'économie et des finances et du ministre chargé des transports.

SECTION II RÈGLES PARTICULIÈRES AUX ENTREPRISES PRATIQUANT LES OPÉRATIONS D'ASSURANCE OBLIGATOIRE EN MATIÈRE DE CIRCULATION DES VÉHICULES TERRESTRES À MOTEUR

Art. R.* 326-3 *Abrogé par Décr. n° 91-603 du 27 juin 1991.*

SECTION III EFFET DES PROCÉDURES DE LIQUIDATION DES ENTREPRISES D'ASSURANCE DONT LE SIÈGE SOCIAL EST SITUÉ DANS UN ÉTAT MEMBRE DE L'UNION EUROPÉENNE AUTRE QUE LA FRANCE *(Décr. n° 2015-513 du 2 avr. 2015, art. 7-II-20°).*

(Décr. n° 2005-8 du 5 janv. 2005)

Art. R. 326-4 En cas de mise en œuvre d'une mesure d'assainissement ou d'ouverture d'une procédure de liquidation d'une *(Décr. n° 2015-513 du 7 mai 2015, art. 7-II-21°, en vigueur le 1er janv. 2016)* « entreprise d'assurance dont le siège social est situé dans un État membre de l'Union européenne », la nomination d'un administrateur ou d'un liquidateur par l'État membre d'origine est établie par la présentation d'une copie certifiée conforme à l'original de l'acte qui le nomme ou de tout autre certificat établi par les autorités compétentes de cet État. Ce document est accompagné de sa traduction en français.

CHAPITRE VII PRIVILÈGES

Art. R.* 327-1 Pour les opérations de réassurance, le montant des provisions correspondant à la créance garantie par le privilège ou l'hypothèque légale mentionnés aux articles L. 327-1, L. 327-2 et L. 327-3 est arrêté à un montant égal à la différence entre le montant des provisions techniques *(Décr. n° 2015-513 du 7 mai 2015, art. 7-II-22°, en vigueur le 1er janv. 2016)* « , au sens défini au titre IV du livre III du présent code, » qui figurent au passif du dernier bilan du cessionnaire au titre de ses acceptations et le montant de toutes créances nettes dudit cessionnaire sur le cédant, telles qu'elles figurent au même bilan au titre des acceptations.

CHAPITRE VIII SANCTIONS

Art. R. 328-1 *(Décr. n° 94-635 du 25 juill. 1994 ; Décr. n° 2008-1154 du 7 nov. 2008)* Est puni de la peine d'amende prévue pour les contraventions de cinquième classe le fait pour tout dirigeant d'une entreprise soumise au contrôle de l'État en vertu de l'article L. 310-1 ou du 1° du III de l'article L. 310-1-1 :

1° De méconnaître les obligations ou interdiction résultant des articles R. 321-17-1, R. 321-28, R. 322-3, R. 322-8 (1er alinéa), *(Décr. n° 97-248 du 14 mars 1997)* « R. 322-73 (1er alinéa), » R. 326-1, R. 331-1, R.* 332-1 *(Décr. n° 2015-513 du 7 mai 2015, art. 7-II-23°, en vigueur le 1er janv. 2016)* « et R. 329-4 » ;

2° *Abrogé par Décr. n° 2017-1765 du 26 déc. 2017, art. 1er.*

3° De ne pas respecter les obligations qui lui incombent en matière de tenue de la comptabilité, enregistrement des opérations, conservation des pièces comptables et présentation des comptes annuels.

En cas de récidive, la peine d'amende prévue pour la récidive des contraventions de la cinquième classe est applicable.

Art. R.* 328-2 Pour l'application des pénalités énumérées au présent chapitre, sont considérés comme dirigeants d'entreprise le président directeur général, le président, les administrateurs, les directeurs généraux, les directeurs généraux adjoints, les directeurs, les membres du conseil de surveillance et du directoire, les gérants, et tout dirigeant de fait d'une entreprise française, et, dans le cas d'une entreprise étrangère, le mandataire général ou son représentant légal.

CHAPITRE IX SUCCURSALES D'ENTREPRISES D'ASSURANCE DONT LE SIÈGE SOCIAL EST SITUÉ DANS UN ÉTAT NON PARTIE À L'ACCORD SUR L'ESPACE ÉCONOMIQUE EUROPÉEN

(Décr. n° 2015-513 du 7 mai 2015, art. 3-VII, en vigueur le 1er janv. 2016)

Art. R. 329-1 L'agrément administratif prévu à l'article L. 329-1 est délivré aux succursales d'entreprises mentionnées au 4° de l'article L. 310-2, dans les conditions prévues aux articles R. 321-1, R. 321-3, R. 321-5, R. 321-14, R. 321-16 à R. 321-18, si cette entreprise est habilité*[e]* à exercer les opérations d'assurance en vertu de la législation nationale dont elle dépend et si elle s'engage à établir au siège de la succursale une comptabilité propre à l'activité qu'elle y exerce, ainsi qu'à y tenir tous les documents relatifs aux affaires traitées. Cet agrément est refusé dans les conditions de l'article R. 321-4.

Art. R. 329-2 Le mandataire général des succursales d'entreprises mentionnées au 4° de l'article L. 310-2, s'il est une personne physique, doit résider sur le territoire d'un État membre. Si le mandataire est une personne morale, le siège social de celle-ci doit être établi sur le territoire d'un État membre, et la personne physique nommément désignée pour la représenter doit satisfaire aux conditions prévues aux alinéas qui suivent et assumer en cette qualité la responsabilité de l'exécution des obligations qui lui incombent.

Lorsque le mandataire général est un préposé salarié ou un mandataire rémunéré à la commission de l'entreprise, ses fonctions de mandataire général ne lui font pas perdre cette qualité.

Le mandataire général, s'il est une personne physique, ou son représentant s'il est une personne morale, doit produire, en ce qui concerne sa qualification et son expérience professionnelle, les informations définies par l'Autorité de contrôle prudentiel et de résolution.

Toute modification affectant les informations mentionnées au précédent alinéa doit être communiquée à l'Autorité de contrôle prudentiel et de résolution qui peut, le cas échéant, récuser le mandataire.

Le mandataire général doit être doté par l'entreprise concernée de pouvoirs suffisants pour engager celle-ci à l'égard des tiers et pour la représenter vis-à-vis des autorités et juridictions françaises. Pour les dispositions du présent code applicables aux succursales d'entreprises mentionnées au 4° de l'article L. 310-2, il y a lieu d'entendre : "mandataire général" là où est mentionné : "directeur général".

L'entreprise ne peut retirer à son mandataire général les pouvoirs qu'elle lui a confiés avant d'avoir désigné son successeur. Le mandataire général demeure investi de cette fonction tant que son remplaçant n'a pas été désigné et, s'il y a lieu, accepté par l'Autorité de contrôle prudentiel et de résolution. En cas de décès du mandataire général, ou de la personne physique nommément désignée pour le représenter, l'entreprise doit désigner son successeur dans le délai le plus bref.

Art. R. 329-3 Dans les conditions prévues par le présent chapitre, l'Autorité de contrôle prudentiel et de résolution autorise les succursales d'entreprises mentionnées au 4° de l'article L. 310-2, à transférer tout ou partie de leur portefeuille de contrats à une entreprise cessionnaire établie sur le territoire français, lorsque l'Autorité atteste que l'entreprise cessionnaire dispose, compte tenu du transfert, de fonds propres éligibles suffisants pour couvrir le capital de solvabilité requis visé à l'article L. 352-1.

Dans les conditions prévues par le présent chapitre, l'Autorité de contrôle prudentiel et de résolution autorise les succursales d'entreprises mentionnées au 4° de l'article L. 310-2, à transférer tout ou partie de leur portefeuille de contrats à une entreprise d'assurance ayant son siège dans un autre État membre, lorsque les autorités de contrôle de cet État membre attestent que l'entreprise cessionnaire dispose, compte tenu du transfert, de fonds propres éligibles suffisants pour couvrir le capital de solvabilité requis visé à l'article L. 352-1.

Dans les conditions prévues par le présent chapitre, l'Autorité de contrôle prudentiel et de résolution autorise les succursales d'entreprises mentionnées au 4° de l'article L. 310-2, à transférer tout ou partie de leur portefeuille de contrats à une succursale établie sur le territoire d'un État membre d'une entreprise dont le siège social est situé dans un État non partie à l'accord sur l'espace économique européen, l'Autorité de contrôle prudentiel et de résolution atteste ou s'assure que les autorités de contrôle de l'État membre de la succursale de l'entreprise cessionnaire, ou le cas échéant celles de l'État membre visé au sixième alinéa du III de l'article R. 329-4 attestent :

a) Que la succursale de l'entreprise cessionnaire dispose, compte tenu du transfert, de fonds propres éligibles suffisants pour couvrir le capital de solvabilité requis ; et

b) Que le droit de l'État membre de la succursale de l'entreprise cessionnaire permet un tel transfert.

Dans les cas visés aux précédents alinéas, lorsque la succursale cédante est située sur le territoire français, l'Autorité de contrôle prudentiel et de résolution n'autorise le transfert qu'après avoir reçu l'accord des autorités de contrôle de l'État membre où le risque est situé ou de l'État membre de l'engagement, lorsque celui-ci n'est pas l'État membre où est située la succursale cédante.

Lorsque l'Autorité de contrôle prudentiel et de résolution est consultée sur un transfert de portefeuille, elle fait connaître son avis ou son accord aux autorités de contrôle de l'État membre d'origine de la succursale cédante dans les trois mois suivant la réception de la demande.

Le transfert autorisé par l'Autorité de contrôle prudentiel et de résolution conformément aux précédents alinéas fait l'objet d'une mesure de publicité dans les conditions prévues à l'article L. 324-1.

Ce transfert est opposable de plein droit aux assurés, souscripteurs et bénéficiaires de contrats ainsi qu'à toute personne ayant des droits ou obligations découlant des contrats transférés.

Art. R. 329-4 I. – Les succursales d'entreprises mentionnées au 4° de l'article L. 310-2 constituent des provisions techniques adéquates pour couvrir les obligations d'assurance et de réassurance souscrites sur le territoire français, calculées conformément aux dispositions de la section I du chapitre Ier du titre V du présent livre à l'exception des articles L. 351-4 et L. 351-5 et évaluent leurs actifs et engagements conformément aux modalités prévues à la section II du chapitre Ier du titre V du présent livre, et déterminent leurs fonds propres conformément aux dispositions de la section III du chapitre Ier du titre V du présent livre.

II. – Les succursales *(Décr. nº 2017-1765 du 26 déc. 2017, art. 1er)* « d'entreprises » mentionnées au 4° de l'article L. 310-2 disposent d'un montant de fonds propres éligibles constitué par les éléments visés à l'article R. 351-26.

Le capital de solvabilité requis et le minimum de capital requis sont calculés conformément aux dispositions du chapitre II du titre V du présent livre.

Toutefois, aux fins du calcul du capital de solvabilité requis et du minimum de capital requis, seules sont prises en considération, tant pour l'assurance-vie que pour l'assurance non-vie, les opérations réalisées par la succursale concernée.

Le montant éligible des fonds propres de base exigé pour couvrir le minimum de capital requis et le seuil plancher absolu de ce minimum de capital requis sont constitués conformément au quatrième alinéa de l'article R. 351-26.

Le montant éligible des fonds propres de base ne peut être inférieur à la moitié du seuil plancher absolu exigé à l'article R. 352-29.

Le quart du seuil plancher absolu exigé à l'article R. 352-29 doit, à titre de sûreté, être déposé ou inscrit en compte à la Caisse des dépôts et consignations ou à la Banque de France. Ce dépôt est comptabilisé dans les fonds propres de base éligibles destinés à couvrir le minimum de capital requis.

Les actifs représentatifs du capital de solvabilité requis doivent être localisés en France jusqu'à concurrence du minimum de capital requis et, pour le surplus, à l'intérieur de l'Union européenne.

III. – Une succursale d'entreprise mentionnée au 4° de l'article L. 310-2 qui a obtenu également l'agrément d'une ou de plusieurs autorités de contrôle des États membres peut demander à bénéficier des avantages suivants qui ne peuvent être accordés que conjointement :

a) Le capital de solvabilité requis visé au II du présent article est calculé en fonction de l'ensemble de l'activité qu'elles exercent à l'intérieur de l'Union européenne ;

b) Le dépôt exigé au titre sixième alinéa du II n'est effectué que dans l'un des États membres concernés ;

c) Les actifs représentatifs du minimum de capital requis sont localisés dans l'un des États membres où elles exercent leur activité.

Dans le cas mentionné au *a*, seules les opérations réalisées par l'ensemble des succursales établies à l'intérieur de l'Union européenne sont prises en considération pour ce calcul.

La demande visant à bénéficier des avantages précités est déposée auprès des autorités de contrôle des États membres concernés. Cette demande comporte l'indication de l'autorité de contrôle de l'État membre qui devra vérifier à l'avenir la solvabilité des succursales établies au sein de l'Union européenne pour l'ensemble de leurs opérations. Le choix de l'autorité fait par l'entreprise doit être motivé.

Lorsqu'elle a été choisie dans le cadre de la procédure susmentionnée, l'Autorité de contrôle prudentiel et de résolution ne peut octroyer les avantages prévus aux alinéas précédents du III qu'avec l'accord de toutes les autorités de contrôle concernées.

Lorsqu'elle n'est pas l'Autorité choisie dans le cadre de la procédure susmentionnée, l'Autorité de contrôle prudentiel et de résolution informe les autres autorités de contrôle concernées de sa décision concernant l'octroi des avantages précités.

Ces avantages prennent effet à la date à laquelle l'autorité de contrôle choisie informe les autres autorités de contrôle qu'elle vérifiera la solvabilité des succursales établies à l'intérieur de l'Union européenne pour l'ensemble de leurs opérations.

L'autorité de contrôle choisie obtient des autorités de contrôle des autres États membres les informations nécessaires pour vérifier la solvabilité globale des succursales établies sur leur territoire.

A la demande d'une ou de plusieurs autorités de contrôle des États membres concernées, les avantages accordés en vertu du III sont supprimés simultanément par l'ensemble des autorités de contrôle des États membres concernées.

Pour l'application des articles L. 352-7 et L. 352-8, dans le cas d'une entreprise qui peut bénéficier des avantages prévus au III, lorsque l'Autorité de contrôle prudentiel et de résolution est l'autorité de contrôle choisie conformément au septième alinéa du III, elle est assimilée à l'autorité de contrôle de l'État membre sur le territoire duquel se trouve le siège social de l'entreprise établie dans l'Union européenne.

Au cas où elle procède au retrait de l'agrément, l'Autorité de contrôle prudentiel et de résolution en informe les autorités de contrôle des autres États membres où l'entreprise exerce son activité, lesquelles prennent les mesures appropriées.

Si cette décision de retrait est prise conformément au deuxième alinéa de l'article L. 352-1, l'Autorité de contrôle prudentiel et de résolution ainsi que les autorités de contrôle des États membres qui ont donné leur accord conformément au III procèdent au retrait de leur agrément.

Si l'autorité de contrôle d'un autre État membre choisie conformément au huitième alinéa du III procède au retrait de l'agrément en raison de l'inadéquation de la solvabilité globale mentionnée au deuxième alinéa du III, l'Autorité de contrôle prudentiel et de résolution procède au retrait d'agrément de la succursale.

Art. R. 329-5 Les commissaires aux comptes des succursales d'entreprises mentionnées au 4° de l'article L. 310-2 sont désignés par le mandataire général mentionné à l'article R. 329-2.

TITRE TROISIÈME RÉGIME PRUDENTIEL APPLICABLE AUX ENTREPRISES NE RELEVANT PAS DU RÉGIME DIT "SOLVABILITÉ II" *(Décr. n° 2015-513 du 7 mai 2015, art. 8-1°, en vigueur le 1er janv. 2016).*

CHAPITRE PREMIER LES ENGAGEMENTS RÉGLEMENTÉS

(Décr. n° 2015-513 du 7 mai 2015, art. 8-2°, en vigueur le 1er janv. 2016)

Art. R. 331-1 Pour les entreprises mentionnées à l'article L. 310-3-2, les éléments mentionnés à l'article R. 343-1 constituent des engagements réglementés pour l'application des dispositions du présent titre.

Art. R. 331-2 Les dispositions du présent chapitre sont applicables dans les territoires des Terres australes et antarctiques françaises et dans les îles de Wallis-et-Futuna.

Art. R. 331-3 Le cinquième alinéa de l'article R. 343-5 et l'article R. 343-6 ne s'appliquent aux entreprises mentionnées à l'article L. 310-3-2 que dans le cas où ces entreprises satisfont, avant dotation à la provision pour risque d'exigibilité, à la représentation de leurs engagements réglementés et à la couverture de l'exigence minimale de marge de solvabilité.

CHAPITRE II RÉGLEMENTATION DES PLACEMENTS ET AUTRES ÉLÉMENTS D'ACTIF

SECTION PREMIÈRE ÉLÉMENTS D'ACTIF ADMIS EN REPRÉSENTATION DES ENGAGEMENTS RÉGLEMENTÉS

SOUS-SECTION 1 DISPOSITIONS APPLICABLES AUX ENTREPRISES D'ASSURANCE *(Décr. n° 2008-1154 du 7 nov. 2008).*

Art. R. 332-1 *(Décr. n° 2015-513 du 7 mai 2015, art. 8-3°-a, en vigueur le 1er janv. 2016)* Les engagements réglementés mentionnés à l'article R. 331-1 doivent, à toute époque, être représentés par des actifs équivalents.

Ces actifs doivent être localisés sur le territoire d'un État membre de l'Union Européenne.

Les engagements pris dans une monnaie doivent être couverts par des actifs congruents, c'est-à-dire libellés ou réalisables dans cette monnaie. – *Assur. R. 328-1 s.*

Art. R. 332-1-1 *(Décr. n° 90-700 du 8 août 1990)* I. — Par dérogation aux dispositions du 2° de l'article R. 332-1, les entreprises d'assurance peuvent, à concurrence de 20 p. 100 de leurs engagements, ne pas couvrir ceux-ci par des actifs congruents.

II. — Les entreprises peuvent également ne pas représenter leurs provisions techniques par des actifs congruents si, pour satisfaire aux dispositions de l'article R. 332-1, elles doivent détenir dans une monnaie des éléments d'actifs d'un montant ne dépassant pas 7 p. 100 des éléments d'actifs existant dans l'ensemble des autres monnaies.

Art. R. 332-1-2 *(Décr. n° 2015-513 du 7 mai 2015, art. 8-3°-b, en vigueur le 1er janv. 2016)* Les entreprises d'assurance doivent procéder en permanence à une évaluation de leurs risques financiers en effectuant notamment des simulations de l'impact de la variation des taux d'intérêt et des cours boursiers sur leur actif et leur passif et des estimations comparées de l'exigibilité de leur passif et de la liquidité de leur actif. Les résultats de cette évaluation sont déterminés et présentés selon des principes généraux définis par l'Autorité de contrôle prudentiel et de résolution.

Les mutuelles et unions régies par *[le]* livre II du code de la mutualité et les institutions de prévoyance et leurs unions régies par le titre III du livre IX du code de la sécurité sociale ne sont soumises aux dispositions du précédent alinéa que si elles sont agréées pour d'autres branches que les branches 1 et 2, ou si leurs cotisations nettes de réassurance encaissées en branches 1 et 2 au cours du dernier exercice connu dépassent 10 millions d'euros ou si elles versent des prestations d'incapacité ou d'invalidité dont la durée est supérieure à un an.

Art. R. 332-2 *(Décr. n° 2008-1154 du 7 nov. 2008)* En application des dispositions de l'article R. 332-1 et sous réserve des dérogations prévues à ce même article, à l'article R. 332-1-1 ainsi qu'aux articles R. 332-3-3 à R. 332-10, *(Décr. n° 2015-513 du 7 mai 2015, art. 8-3°-c, en vigueur le 1er janv. 2016)* « les entreprises d'assurance mentionnées à l'article L. 310-3-2 » représentent leurs engagements réglementés mentionnés à l'article R. 331-1 par les actifs suivants :

A. — Valeurs mobilières et titres assimilés :

1° Obligations et autres valeurs émises ou garanties par l'un des États membres de l'Organisation de coopération et de développement économique (OCDE) ainsi que les titres émis par la caisse d'amortissement de la dette sociale instituée par l'article 1er de l'ordonnance n° 96-50 du 24 janvier 1996 ; obligations émises ou garanties par un organisme international à caractère public dont un ou plusieurs États membres de la Communauté européenne font partie ; obligations émises ou garanties par les collectivités publiques territoriales d'un État membre de l'OCDE ;

(Décr. n° 2013-717 du 2 août 2013, art. 1er-II-1°) « 2° Les valeurs et titres assimilés, autres que celles et ceux mentionnés au 1° et négociés sur un marché reconnu, qui suivent :

« *a)* Obligations émises par une société commerciale ;

« *b)* Obligations, parts ou actions émises par un organisme de *(Décr. n° 2018-1004 du 19 nov. 2018, art. 9)* « financement » régi par la sous-section 5 de la section II du chapitre IV du titre Ier du livre II du code monétaire et financier ou par un organisme de droit étranger ayant un objet équivalent ;

« *c)* Titres participatifs ; »

2° *bis* *(Décr. n° 2016-805 du 16 juin 2016, art. 1er)* « Titres négociables à court terme » rémunérés à taux fixe ou indexé sur un taux usuel sur les marchés interbancaire, monétaire ou obligataire et émis par des personnes morales autres que les États membres de l'OCDE ayant leur siège social sur le territoire de ces États ou des *(Décr. n° 2013-717 du 2 août 2013, art. 1er-II-1°)* « organismes de *(Décr. n° 2018-1004 du 19 nov. 2018, art. 9)* « financement » régis par la sous-section 5 de la section II du chapitre IV du titre Ier du livre II du code monétaire et financier », dont des titres sont négociés sur un marché reconnu ;

2° *ter* *(Décr. n° 2016-805 du 16 juin 2016, art. 1er)* « Titres négociables à moyen terme » répondant aux conditions mentionnées à l'article R. 332-14-1 et émis par des personnes morales autres que les États membres de l'OCDE ayant leur siège social sur le territoire de ces États et dont des titres sont négociés sur un marché reconnu ;

(Décr. n° 2011-1418 du 31 oct. 2011 ; Décr. n° 2013-717 du 2 août 2013, art. 1er-II-1°) « 2° *quater* Obligations, parts ou actions émises par un organisme de *(Décr. n° 2018-*

1004 du 19 nov. 2018, art. 9) « financement » régi par la *(Décr. n° 2013-687 du 25 juill. 2013, art. 23)* « sous-section 5 de la section II » du chapitre IV du titre Ier du livre II du code monétaire et financier, respectant les règles prévues à l'article R. 332-14-2 ; »

3° Actions des sociétés d'investissement à capital variable et parts de fonds communs de placement dont l'objet est limité à la gestion d'un portefeuille de valeurs mentionnées aux 1°, 2°, 2° *bis* et 2° *ter* du présent article, dans les conditions fixées par l'article R. 332-14 ;

4° Actions et autres valeurs mobilières, négociées sur un marché reconnu, autres que celles visées aux 3°, 5°, 5° *bis*, 8° et 9° *bis* ;

5° Actions des entreprises d'assurance, de réassurance, de capitalisation ayant leur siège social sur le territoire de l'un des États membres de l'OCDE ;

5° *bis* Actions des entreprises d'assurance, de réassurance, de capitalisation autres que celles visées au 5° ;

(Décr. n° 2013-717 du 2 août 2013, art. 1er-II-1°) « 6° Les valeurs et titres assimilés autres que les valeurs mentionnées aux 2°, 2° *bis*, 2° *ter*, 2° *quater*, 3°, 4°, 5°, 5° *bis*, 7° *bis*, 8°, 9° *bis* et 12° *bis* qui suivent :

« *a)* Titres de créances négociables, obligations, actions, parts et droits émis par des sociétés commerciales ;

« *b)* Titres de créances négociables, obligations, parts ou actions émises par un organisme de *(Décr. n° 2018-1004 du 19 nov. 2018, art. 9)* « financement » régi par la sous-section 5 de la section II du chapitre IV du titre Ier du livre II du code monétaire et financier ;

« *c)* Obligations, titres participatifs *(Décr. n° 2015-204 du 23 févr. 2015, art. 1er-4°)* « , certificats mutualistes, le cas échéant certificats paritaires, » et titres subordonnés émis par les sociétés d'assurance mutuelles, les mutuelles, unions et fédérations régies par le code de la mutualité et les institutions de prévoyance régies par le titre III du livre IX du code de la sécurité sociale ayant leur siège social sur le territoire de l'un des États membres de l'OCDE ; »

7° Parts des fonds communs de placement à risques de l'article *(Décr. n° 2013-687 du 25 juill. 2013, art. 23)* « L. 214-28 » du code monétaire et financier, parts des fonds communs de placement dans l'innovation de l'article *(Décr. n° 2011-922 du 1er août 2011, art. 22-2°-a)* « L. 214-30 » du même code et parts des fonds d'investissement de proximité de l'article *(Décr. n° 2011-922 du 1er août 2011, art. 22-2°-a)* « L. 214-31 » du même code ;

7° *bis* Actions des sociétés d'investissement à capital variable et parts de fonds communs de placement des articles *(Décr. n° 2013-687 du 25 juill. 2013, art. 23)* « L. 214-160 » et *(Décr. n° 2013-687 du 25 juill. 2013, art. 23)* « L. 214-161 » du code monétaire et financier, actions ou parts *(Décr. n° 2013-687 du 25 juill. 2013, art. 23)* « de placements collectifs relevant de l'article L. 214-154 » du code monétaire et financier *(Décr. n° 2013-717 du 2 août 2013, art. 1er-II-1°)* « autres que celles mentionnées au 7° *quinquies* », actions ou parts d'organismes de placement collectif en valeurs mobilières relevant de l'article L. 214-35 du code monétaire et financier dans sa rédaction antérieure au 2 août 2003 ;

7° *ter* Parts ou actions *(Décr. n° 2013-687 du 25 juill. 2013, art. 23)* « de fonds professionnels à vocation générale mentionnés à l'article R. 214-190 » du code monétaire et financier ;

7° *quater* Parts ou actions *(Décr. n° 2013-687 du 25 juill. 2013, art. 23)* « de fonds de fonds alternatifs mentionnés à l'article R. 214-186 du code monétaire et financier et des placements collectifs mentionnés au III de l'article L. 214-24 du même code » ;

(Décr. n° 2013-717 du 2 août 2013, art. 1er-II-1°) « 7° *quinquies* Parts *(Décr. n° 2014-1530 du 17 déc. 2014, art. 3-1°)* « ou actions » des *(Décr. n° 2014-1530 du 17 déc. 2014, art. 3-1°)* « fonds professionnels spécialisés » mentionnés à l'article L. 214-154 du code monétaire et financier, respectant les règles prévues à l'article R. 332-14-2, *(Décr. n° 2014-1530 du 17 déc. 2014, art. 3-1°)* « à l'exception du septième alinéa du II de cet article ; »

8° Actions des sociétés d'investissement à capital variable et parts des fonds communs de placement, autres que celles mentionnées aux 3° et 7° à 7° *(Décr. n° 2013-717 du 2 août 2013, art. 1er-II-1°)* « ***quinquies*** », dans les conditions fixées par l'article R. 332-14 ;

Les marchés reconnus mentionnés aux 2°, 2° *bis*, 2° *ter* et 4° du présent article sont les marchés réglementés des États parties à l'accord sur l'Espace économique européen ou les marchés de pays tiers membres de l'OCDE en fonctionnement régulier. Les autorités compétentes de ces pays doivent avoir défini les conditions de fonctionnement du marché, d'accès à ce marché et d'admission aux négociations et imposé le respect d'obligations de déclaration et de transparence.

B. — Actifs immobiliers :

9° Droits réels immobiliers afférents à des immeubles situés sur le territoire de l'un des États membres de l'OCDE *(Décr. n° 2013-687 du 25 juill. 2013, art. 23)* « et actions de sociétés d'épargne forestière relevant du paragraphe 4 de la sous-section 2 de la section II du chapitre IV du titre Ier du livre II du code monétaire et financier » ;

9° *bis* Parts ou actions des sociétés à objet strictement immobilier, parts des sociétés civiles à objet strictement foncier, ayant leur siège social sur le territoire de l'un des États membres de l'OCDE, dans les conditions fixées par l'article R. 332-15 ;

9° *ter* Parts ou actions d'organismes de placement collectif immobilier relevant *(Décr. n° 2013-687 du 25 juill. 2013, art. 23)* « du paragraphe 3 de la sous-section 2 de la section II du chapitre IV du titre Ier du livre II du code monétaire et financier, autres que ceux mentionnés au 9° *sexies* » ;

9° *quater Abrogé par Décr. n° 2013-687 du 25 juill. 2013, art. 23.*

9° *quinquies* Parts ou actions *(Décr. n° 2013-687 du 25 juill. 2013, art. 23)* « d'organismes professionnels de placement collectif immobilier relevant du sous-paragraphe 2 du paragraphe 1er de la sous-section 3 de la section II » du chapitre IV du titre Ier du livre II du code monétaire et financier ;

9° *sexies* Parts ou actions d'organismes de placement collectif immobilier mentionnés *(Décr. n° 2013-687 du 25 juill. 2013, art. 23)* « à l'article R. 214-120 du code monétaire et financier, lorsqu'ils exercent la dérogation prévue à ce même article » du même code.

C. — *(Décr. n° 2013-717 du 2 août 2013, art. 1er-II-1°)* « Prêts, dépôts et titres assimilés : »

10° Prêts obtenus ou garantis par les États membres de l'OCDE, par les collectivités publiques territoriales et les établissements publics des États membres de l'OCDE ;

11° Prêts hypothécaires aux personnes physiques ou morales ayant leur domicile ou leur siège social sur le territoire de l'un des États membres de l'OCDE, dans les conditions fixées par l'article R. 332-12 ;

12° Autres prêts ou créances représentatives de prêts consentis aux personnes physiques ou morales ayant leur domicile ou leur siège social sur le territoire de l'un des États membres de l'OCDE, dans les conditions fixées par l'article R. 332-13 ;

(Décr. n° 2013-717 du 2 août 2013, art. 1er-II-1°) « 12° *bis* Obligations, parts ou actions émises par un organisme de *(Décr. n° 2018-1004 du 19 nov. 2018, art. 9)* « financement » régi par la sous-section 5 de la section II du chapitre IV du titre Ier du livre II du code monétaire et financier, dont l'actif est composé exclusivement de valeurs mentionnées au 10° ou au 11° du présent article et des actifs mentionnés aux 2°, 3° et 4° du II de l'article R. 332-14-2, et respectant les règles prévues aux III, V, VI et VII de l'article R. 332-14-2 ; »

(Décr. n° 2015-513 du 7 mai 2015, art. 8-3°-c, en vigueur le 1er janv. 2016) « 12° *ter* Autres prêts d'une durée totale d'au moins deux ans, non assortis de garanties, bénéficiant d'une qualité de crédit suffisante et consentis aux personnes visées aux cinquième et sixième alinéas de l'article R. 332-13, par une entreprise autre que l'entreprise d'assurance. Les mutuelles et unions régies par le livre II du code de la mutualité, ainsi que les institutions de prévoyance régies par le titre III du livre IX du code de la sécurité sociale ne peuvent pas représenter leurs engagements réglementés par les actifs visés au présent alinéa » ;

13° Dépôts, dans les conditions fixées par l'article R. 332-16.

D. – Dispositions communes :

Les intérêts courus des placements énumérés au présent article sont assimilés auxdits placements.

Lorsqu'un instrument financier à terme a été souscrit dans les conditions définies à l'article R. 332-45 et qu'il est lié à un titre ou à un groupe de titres de même nature, parmi ceux mentionnés au paragraphe A du présent article, les primes ou soultes versées ou reçues pour la mise en place de l'instrument sont assimilées audit titre ou groupe de titres de même nature, dans la limite de la part restant à amortir et, pour les primes ou soultes versées au titre d'opérations de gré à gré, du montant des garanties reçues dans les conditions de l'article R. 332-56.

Les actifs représentatifs des provisions techniques sont évalués nets des dettes contractées pour l'acquisition de ces mêmes actifs.

Les actifs donnés en garantie d'un engagement particulier ne sont pas admissibles en représentation des autres engagements. Par exception, les actifs remis en garantie d'opérations de taux sur instruments financiers à terme mentionnées aux articles R. 332-45 et R. 332-46 sont admis en représentation à hauteur des plus-values latentes enregistrées sur les actifs visés à l'article *(Décr. nº 2015-513 du 7 mai 2015, art. 10-I-3º, en vigueur le 1er janv. 2016)* « R. 343-9 » auxquels ces instruments financiers à terme sont liés.

V. Instr. ACPR nº 2013-I-18 du 12 déc. 2013 relative aux demandes d'approbation des programmes de prêts non garantis octroyés par les entreprises d'assurance (http://acpr.banque-france.fr/).

Art. R. 332-2-1 *(Décr. nº 2008-711 du 17 juill. 2008, art. 2-2º)* Lorsqu'une entreprise investit, directement ou indirectement, dans *(Décr. nº 2013-717 du 2 août 2013, art. 1er-II-2º)* « des titres de créances négociables, » des obligations, des parts ou actions mentionnées au 2º *(Décr. nº 2013-717 du 2 août 2013, art. 1er-II-2º)* « , au 2º *quater* ou au 6º » du A de l'article R. 332-2 ainsi que dans des titres de créances négociables mentionnés au 2º *bis* du A du même article, émis par un véhicule de titrisation *(Décr. nº 2011-1418 du 31 oct. 2011)* « mentionné à l'article L. 310-1-2, » supportant des risques d'assurance transférés par cette même entreprise ou une entreprise appartenant au même périmètre de combinaison ou de consolidation tel que défini par l'article L. 345-2, le montant de ces investissements est déduit des actifs admis en représentation des engagements réglementés.

Art. R. 332-3 *(Décr. nº 2002-970 du 4 juill. 2002)* « Rapportée à la base de dispersion constituée par la différence entre le montant total des engagements réglementés mentionnés à l'article R. 331-1, toutes monnaies confondues, et le montant total des actifs mentionnés aux articles R. 332-3-4 à R. 332-10, toutes monnaies confondues, la valeur au bilan d'une *(Décr. nº 2015-513 du 7 mai 2015, art. 8-3º-d, en vigueur le 1er janv. 2016)* « entreprise d'assurance mentionnées *[mentionnée]* à l'article L. 310-3-2 » de chacune des catégories d'actif *[actifs]* énumérées ci-après *(Décr. nº 2006-740 du 27 juin 2006, en vigueur le 1er juin 2007)* « admis en représentation des engagements réglementés » ne peut excéder, sauf dérogation accordée *[au]* cas par cas par *(Décr. nº 2008-1154 du 7 nov. 2008)* « l'Autorité de contrôle » : »

(Décr. nº 2013-717 du 2 août 2013, art. 1er-II-3º) « 1º 65 % pour l'ensemble des valeurs mentionnées du 4º au *[aux]* 8º et 9º *quinquies* de l'article R. 332-2 et des prêts mentionnés au troisième alinéa du 1º de l'article R. 332-13, dont 10 % au maximum pour l'ensemble formé par :

« *a)* Les actions d'entreprises étrangères d'assurance mentionnées au 5º *bis* de l'article R. 332-2 ;

« *b)* Les actions et parts mentionnées aux 6º, 7º à 7º *quater* et au 9º *quinquies* de l'article R. 332-2 ;

« *c)* Les obligations et titres de créances négociables mentionnés au 6º de l'article R. 332-2 lorsqu'ils sont émis par un organisme de *(Décr. nº 2018-1004 du 19 nov. 2018, art. 9)* « financement » ou une société commerciale ;

« *d)* Les prêts mentionnés au premier alinéa du présent 1º ; »

2° 40 p. 100 pour les actifs immobiliers mentionnés aux *(Décr. n° 2006-1542 du 6 déc. 2006, art. 3-8°-b, en vigueur le 1er juin 2007 ; Décr. n° 2013-687 du 25 juill. 2013, art. 23)* « 9° à 9° *ter* et 9° *sexies* » de l'article R. 332-2 ;

(Décr. n° 2013-717 du 2 août 2013, art. 1er-II-3°) « 3° 10 % pour l'ensemble des valeurs mentionnées, d'une part, aux 10°, 11° et 12° de l'article R. 332-2, à l'exception des prêts mentionnés aux troisième et quatrième alinéas du 1° de l'article R. 332-13, et, d'autre part, au 12° *bis* de l'article R. 332-2 ;

« 4° 5 % pour l'ensemble des valeurs constituées par :

« *a)* Les obligations, parts ou actions mentionnées au 2° du A de l'article R. 332-2 ainsi que les titres de créances négociables mentionnés au 2° *bis* du A du même article, émis par un véhicule de titrisation mentionné à l'article L. 310-1-2 ;

« *b)* Les obligations, parts ou actions mentionnées au 2° *quater* du A de l'article R. 332-2 ; »

(Décr. n° 2014-1530 du 17 déc. 2014, art. 3-2°) « *c)* Les parts ou actions mentionnées au 7° *quinquies* de l'article R. 332-2 ;

« *d)* Les prêts mentionnés au 12° *ter* de l'article R. 332-2 ; »

(Décr. n° 2015-513 du 7 mai 2015, art. 20-I, en vigueur le 1er janv. 2016) « *e)* Les prêts mentionnés au quatrième alinéa du 1° de l'article R. 332-13. »

(Décr. n° 2013-717 du 2 août 2013, art. 1er-II-3°) « Sur demande de l'entreprise et après accord de l'Autorité de contrôle prudentiel et de résolution, cette limite peut être relevée. Un arrêté du ministre chargé de l'économie fixe la valeur maximale du relèvement que peut accorder l'Autorité de contrôle prudentiel et de résolution ; »

(Décr. n° 2008-711 du 11 juill. 2008, art. 2-3°) « 5° » *(Décr. n° 2002-970 du 4 juill. 2002)* « 0,5 % pour le montant total des primes ou soultes mentionnées au second alinéa du paragraphe D de l'article R. 332-2. »

V. art. A. 134-3.

V. note ss. art. R. 131-1.

Art. R. 332-3-1 *(Décr. n° 2005-875 du 25 juill. 2005, art. 21-1°)* « Rapportée à la base de dispersion définie » *(Décr. n° 84-1023 du 14 nov. 1984 ; Décr. n° 90-981 du 5 nov. 1990)* à l'article R. 332-3, la valeur au bilan d'une *(Décr. n° 2015-513 du 7 mai 2015, art. 8-3°, en vigueur le 1er janv. 2016)* « entreprise d'assurance mentionnées *[mentionnée]* à l'article L. 310-3-2 » des actifs mentionnés ci-après *(Décr. n° 2006-740 du 27 juin 2006, en vigueur le 1er juin 2007)* « admis en représentation des engagements réglementés » ne peut excéder, sauf dérogation accordée *[au]* cas par cas par *(Décr. n° 2008-1154 du 7 nov. 2008)* « l'Autorité de contrôle » :

1° *(Décr. n° 2000-142 du 18 févr. 2000)* « 5 p. 100 pour l'ensemble des valeurs émises, *(Décr. n° 2008-1154 du 7 nov. 2008)* « créances, » prêts obtenus ou garantis par un même organisme et des dépôts placés auprès de cet organisme », à l'exception :

a) *(Décr. n° 96-581 du 27 juin 1996)* « Des valeurs émises ou garanties, ou des prêts obtenus, par un État membre de l'OCDE ainsi que des titres émis par la caisse d'amortissement de la dette sociale instituée par l'article 1er de l'ordonnance n° 96-50 du 24 janvier 1996 relative au remboursement de la dette sociale » ;

b) Des actions des sociétés d'investissement à capital variable et des parts des fonds communs de placement visées au 3° de l'article R. 332-2, dont le portefeuille est exclusivement composé des valeurs mentionnées ci-dessus.

(Décr. n° 2005-875 du 25 juill. 2005, art. 21-2°) « Le ratio de 5 % mentionné au deuxième alinéa peut atteindre 10 %, à condition que la valeur totale des titres émis *(Décr. n° 2008-1154 du 7 nov. 2008)* « , des créances » et des prêts obtenus ou garantis par l'ensemble des organismes dont les émissions, prêts ou garanties de prêt sont admis au-delà du ratio de 5 % n'excède pas 40 % de la base de dispersion définie à l'article R. 332-3. »

(Décr. n° 2015-513 du 7 mai 2015, art. 8-3°-e, en vigueur le 1er janv. 2016) « Pour l'application des présentes dispositions, les entreprises d'assurance détenant des actions des sociétés d'investissement à capital variable et des parts de fonds communs de placement doivent être en mesure de démontrer qu'elles respectent le présent

article comme si elles détenaient elles-mêmes directement, au prorata de leur participation, les valeurs détenues par ces organismes ; »

2° 10 p. 100 pour un même immeuble *(Décr. n° 2006-1542 du 6 déc. 2006, art. 3-9°-a, en vigueur le 1er juin 2007 ; Décr. n° 2013-687 du 25 juill. 2013, art. 23)* « ou pour les valeurs mentionnées au *[aux]* 9° *bis* à 9° *ter* et 9° *sexies* de l'article R. 332-2 » ;

(Décr. n° 2013-717 du 2 août 2013, art. 1er-II-4°) « 3° 1 % pour les valeurs mentionnées aux 2° *quater*, 6°, 7°, 7° *bis*, 7° *ter*, 7° *quinquies*, *(Décr. n° 2014-1530 du 17 déc. 2014, art. 3-3°)* « 9 *quinquies*, 12 *bis* et 12° *ter* de l'article R. 332-2 » et les prêts mentionnés aux troisième et quatrième alinéas du 1° de l'article R. 332-13, respectivement émises ou obtenus par une même société, un même organisme ou un même compartiment *(Décr. n° 2014-1530 du 17 déc. 2014, art. 3-3°)* « d'une société ou d'un organisme ».

(Décr. n° 2000-142 du 18 févr. 2000 ; Décr. n° 2004-1202 du 8 nov. 2004 ; Décr. n° 2005-875 du 25 juill. 2005, art. 21-3° et 4°) « Une entreprise ne peut affecter à la représentation de ses engagements réglementés plus de 50 % des actions émises par une même société mentionnée au 5° de l'article R. 332-2. »

V. art. A. 134-3.

V. note ss. art. R. 131-1.

Art. R. 332-3-2 *(Décr. n° 84-1023 du 14 nov. 1984)* 1° Les provisions techniques des *(Décr. n° 2015-513 du 7 mai 2015, art. 8-3°-f, en vigueur le 1er janv. 2016)* « entreprises d'assurance mentionnées à l'article L. 310-3-2 opérant à la fois sur le territoire français et sur le territoire monégasque » doivent être représentées dans les conditions prévues par la réglementation française ; toutefois, les actifs admis en représentation desdites provisions peuvent comprendre, à concurrence de 5 p. 100 du montant de celles-ci, des placements mobiliers ou immobiliers monégasques sur autorisation donnée conjointement, pour chaque entreprise ou pour chaque cas, par l'Autorité de contrôle prudentiel et de résolution de la République française et par le ministre d'État de la principauté de Monaco ;

2° Pour ce qui concerne les opérations réalisées dans les départements et territoires d'outre-mer et à Mayotte, l'Autorité de contrôle prudentiel et de résolution peut, sur proposition du représentant de l'État dans la collectivité concernée, consentir des dérogations aux règles de l'article R. 332-3. *(Décr. n° 93-234 du 22 févr. 1993)* « Elle » peut de même, à titre exceptionnel, accorder aux entreprises des dérogations à la réglementation de contrôle.

3° La limitation prévue *(Décr. n° 93-234 du 22 févr. 1993)* « au 2° de l'article R. 332-3 » pour les actifs immobiliers est ramenée à 10 p. 100 pour la représentation des provisions techniques afférentes aux opérations tontinières, sauf dérogation accordée par l'Autorité de contrôle prudentiel et de résolution ; cette même limitation ne s'applique pas pour la représentation des provisions techniques afférentes aux opérations d'acquisition d'immeubles au moyen du versement de rentes viagères.

Art. R. 332-3-3 *(Décr. n° 2008-1154 du 7 nov. 2008)* Les provisions relatives aux affaires cédées à une entreprise d'assurance ou de réassurance ayant son siège social en France ou dans un autre État membre ou autre État partie à l'accord sur l'Espace économique européen peuvent être représentées sans condition par une créance sur cette entreprise.

Les provisions techniques relatives aux affaires cédées par une entreprise d'assurance à une entreprise d'assurance ou de réassurance ayant son siège social dans un État non partie à l'Espace économique européen peuvent être représentées par une créance sur cette entreprise, à concurrence du montant garanti conformément aux dispositions de l'article R. 332-17.

(Décr. n° 2008-1437 du 22 déc. 2008, art. 6) « La fraction des provisions techniques relatives aux affaires transférées à un véhicule de titrisation mentionné à l'article L. 310-1-2 peut être représentée par une créance sur ce véhicule.

« Toutefois, si un véhicule de titrisation n'est plus en mesure de respecter à tout moment ses engagements, les créances sur ce véhicule de titrisation ne sont admises en représentation des engagements relatifs aux affaires cédées à ce véhicule que sur autorisation de l'Autorité de contrôle et dans les limites fixées par celle-ci. » – *Dispositions des deux derniers al. applicables aux comptes des organismes d'assurance à compter de l'exercice comptable 2008 (Décr. nº 2008-1437 du 22 déc. 2008, art. 13).*

Art. R. 332-3-4 *(Décr. nº 84-1023 du 14 nov. 1984)* **Sont admises en représentation des engagements réglementés les créances nettes sur la Caisse centrale de réassurance afférentes aux opérations dans lesquelles cet établissement intervient avec la garantie de l'État.**

Sont également admises les créances nettes sur les fonds suivants :

– fonds de garantie prévu par la législation sur les accidents du travail ;

– fonds de garantie mentionné à l'article L. 421-1 ; – *L'art. L. 420-1 a été renuméroté L. 421-1 par l'art. 3 du Décr. nº 88-260 du 18 mars 1998.*

– fonds de compensation des risques de l'assurance de la construction *(Décr. nº 91-603 du 27 juin 1991)* **« mentionné à l'article L. 431-14 » ;**

(Décr. nº 2009-1620 du 23 déc. 2009) **« – fonds de garantie universelle des risques locatifs créé par l'article L. 313-20 du code de la construction et de l'habitation. »**

Art. R.* 332-4 *(Décr. nº 84-1023 du 14 nov. 1984)* **« Sont admises en représentation des provisions techniques correspondant aux branches mentionnées aux** *(Décr. nº 84-349 du 9 mai 1984, art. 2)* **« 20, 21, 22, 24 et 25 » de l'article R. 321-1 » :**

– les avances sur contrats ;

– les primes ou cotisations *(Décr. nº 95-1133 du 23 oct. 1995)* **« , relatives à ces branches, » restant à recouvrer, de trois mois de date au plus,** *(Décr. nº 90-981 du 5 nov. 1990)* **« dans la limite d'un plafond défini par arrêté du ministre chargé de l'économie et des finances. Ce plafond est fixé en fonction de l'incidence, aux termes de la réglementation, du non-recouvrement éventuel de ces primes ou cotisations sur le montant des engagements réglementés ».**

– Abrogé par Décr. nº 83-327 du 21 avr. 1983.

Art. R. 332-5 *(Décr. nº 2015-513 du 7 mai 2015, art. 8-3º-g, en vigueur le 1er janv. 2016)* **Les placements admis en représentation des provisions mathématiques des contrats d'assurances sur la vie ou de capitalisation à capital variable, dans lesquels la somme assurée est déterminée par rapport à une valeur de référence, ne sont pas soumis aux limitations prévues aux articles R. 332-3 et R. 332-3-1.**

Art. R. 332-6 *(Décr. nº 95-153 du 7 févr. 1995)* **La provision pour primes non acquises constituée au titre d'un contrat par une entreprise pratiquant les opérations mentionnées au 2º ou au 3º de l'article L. 310-1 peut être représentée, jusqu'à concurrence de 25 p. 100 de son montant, par les frais d'acquisition reportés au titre de ce contrat, nets des commissions des réassureurs reportées au titre de ce même contrat.**

La provision pour primes non acquises constituée par ces mêmes entreprises peut être représentée, jusqu'à 25 p. 100 de son montant, par des primes *(Décr. nº 95-1133 du 23 oct. 1995)* **« relatives aux mêmes opérations, » émises et non encore encaissées ou des primes restant à émettre, nettes d'impôt, de taxes et de commissions, et de trois mois de date au plus.**

Art. R. 332-7 *(Décr. nº 84-1023 du 14 nov. 1984)* **Pour la représentation des provisions techniques correspondant aux branches mentionnées aux 4 à 7, 11 et 12 de l'article R. 321-1 :**

1º *Abrogé par Décr. nº 90-981 du 5 nov. 1990 ;*

2º Par dérogation aux dispositions de l'article R. 332-6, les primes ou cotisations sont admises dans les conditions fixées par arrêté du ministre chargé de l'économie et des finances ;

3º Par dérogation aux dispositions des articles R. 332-3-3 et R. 332-8, les créances sur les réassureurs sont admises dans les conditions déterminées par arrêté du ministre chargé de l'économie et des finances.

Art. R. 332-7-1 *(Décr. n° 88-456 du 27 avr. 1988 ; Décr. n° 90-981 du 5 nov. 1990)* Pour la représentation des provisions techniques correspondant à la branche mentionnée au 18° de l'article R. 321-1, les avances faites aux transporteurs sont admises dans la limite de 10 p. 100 du montant défini à l'article R. 332-3.

Art. R. 332-8 *(Décr. n° 84-1023 du 14 nov. 1984)* Les provisions techniques afférentes aux acceptations en réassurance peuvent être représentées à l'actif par les créances nettes détenues sur les cédants au titre desdites acceptations.

Art. R. 332-9 *(Décr. n° 90-981 du 5 nov. 1990) (Décr. n° 2015-513 du 7 mai 2015, art. 8-3°-h, en vigueur le 1er janv. 2016)* « Les entreprises d'assurance mentionnées à l'article L. 310-3-2 » peuvent représenter les engagements afférents aux opérations réalisées *(Décr. n° 94-635 du 25 juill. 1994)* « par leurs succursales situées hors du territoire des communautés européennes », par les éléments d'actif admis par les législations des pays où elles opèrent et localisés sur le territoire de ces pays.

Il en est de même lorsque les engagements réglementés des entreprises établies en France résultent d'opérations réalisées en libre prestation de services au sens *(Décr. n° 94-635 du 25 juill. 1994)* « du 4° de l'article L. 310-3 » et que le pays de situation du risque ou de l'engagement » subordonne l'exercice de ces opérations à agrément.

Les cautionnements ou garanties qui pourraient être exigés par lesdits pays ou par les sociétés cédantes desdits pays peuvent être représentés dans les conditions énumérées au premier alinéa.

Art. R. 332-10 *(Décr. n° 84-1023 du 14 nov. 1984)* Les dépôts de garantie mentionnés au 3° de l'article *(Décr. n° 2015-513 du 7 mai 2015, art. 10-I-12°, en vigueur le 1er janv. 2016)* « R. 343-1 » peuvent être représentés à l'actif par les créances de l'entreprise sur les déposants.

SOUS-SECTION 2 DISPOSITIONS APPLICABLES AUX ENTREPRISES DE RÉASSURANCE

(Décr. n° 2008-1154 du 7 nov. 2008)

Art. R. 332-10-1 *(Abrogé par Décr. n° 2015-513 du 7 mai 2015, art. 8-3°-i, à compter du 1er janv. 2016) Les entreprises de réassurance doivent procéder avec une régularité suffisante à une évaluation de leurs risques financiers en effectuant notamment des simulations de l'impact de la variation des taux d'intérêt et des cours boursiers sur leur actif et leur passif et des estimations comparées de l'exigibilité de leur passif et de la liquidité de leur actif.*

Art. R. 332-10-2 *(Abrogé par Décr. n° 2015-513 du 7 mai 2015, art. 8-3°-i, à compter du 1er janv. 2016) Les entreprises de réassurance mentionnées au 1° du III de l'article L. 310-1-1 représentent leurs engagements réglementés par des actifs qui tiennent compte de la nature, du montant et de la durée de ces engagements, de manière à garantir la liquidité, la sécurité, le rendement, la congruence et le caractère suffisant des placements qu'elles réalisent.*

Elles veillent en particulier à ce que les actifs soient diversifiés et correctement répartis et leur permettent de réagir convenablement à des fluctuations de la situation économique et en particulier à l'évolution des marchés financiers et immobiliers ou à des catastrophes majeures. Les entreprises évaluent l'incidence de conditions de marché irrégulières sur leurs actifs et diversifie leurs actifs de façon à réduire cette incidence.

Elles veillent également à ce que les placements en actifs non négociés sur un marché financier réglementé soient, en toutes circonstances, maintenus à des niveaux prudents.

Ces entreprises peuvent investir dans des instruments financiers à terme dans la mesure où ces derniers contribuent à réduire les risques d'investissement ou à permettre une gestion efficace du portefeuille. Ces instruments sont évalués de manière prudente, en tenant compte des actifs sous-jacents, et sont inclus dans l'évaluation des actifs de l'institution. Les entreprises doivent également éviter une exposition excessive aux risques liés à une contrepartie unique et à d'autres opérations dérivées.

Art. R. 332-10-3 *(Abrogé par Décr. n° 2015-513 du 7 mai 2015, art. 8-3°-i, à compter du 1er janv. 2016) I. — Lorsqu'elle estime que la politique d'investissement d'une entreprise de réassurance ne répond plus aux conditions mentionnées à l'article R. 332-10-2, ou si la maîtrise par l'entreprise de ses risques financiers est insuffisante, l'Autorité de contrôle peut exiger que cette entreprise représente ses engagements réglementés afférents aux opérations réalisées dans les États membres de l'OCDE par des actifs dans les conditions suivantes :*

1° Rapportée au montant total des engagements mentionnés à l'article R. 331-36, toutes monnaies confondues, la valeur des actifs libellés dans des devises autres que celles dans lesquelles sont établis les engagements réglementés est limitée à 30 % ;

2° Rapportée à ce même montant, la somme des valeurs des actifs visés aux 6° à 7° quater de l'article R. 332-2, des prêts mentionnés au troisième alinéa du 1° de l'article R. 332-13 et des actifs non listés à l'article R. 332-2 est limitée à 30 % ;

3° Rapportée à ce même montant, la valeur au bilan des actifs émis, prêtés ou garantis par un même organisme ou un même groupe ne peut excéder respectivement 5 % et 10 %, sauf dérogation accordée au cas par cas par l'Autorité de contrôle prudentiel et de résolution.

Toutefois, le ratio de 5 % susmentionné peut atteindre 10 %, à condition que la valeur totale des titres émis et des prêts obtenus ou garantis par les organismes ou groupes dont les émissions, prêts ou garanties de prêt sont admis au-delà de 5 % n'excède pas 40 % de la base de dispersion définie au présent article.

II. — Lorsque l'entreprise de réassurance doit représenter ses engagements réglementés dans les conditions prévues au I, les provisions techniques relatives aux affaires cédées à une entreprise d'assurance ou de réassurance peuvent également être représentées sans condition par une créance sur cette entreprise.

SECTION II **RÉGLEMENTATIONS PARTICULIÈRES CONCERNANT CERTAINS ÉLÉMENTS D'ACTIFS DES ENTREPRISES D'ASSURANCE** *(Décr. n° 2008-1154 du 7 nov. 2008).*

Art. R. 332-11 *(Décr. n° 84-1023 du 14 nov. 1984)* Les entreprises ne peuvent acquérir d'immeubles grevés de droits réels représentant plus de 65 p. 100 de leur valeur, ni consentir de droits réels sur leurs immeubles, sauf autorisation accordée à titre exceptionnel par l'Autorité de contrôle prudentiel et de résolution.

Art. R. 332-12 *(Décr. n° 90-981 du 5 nov. 1990)* Les prêts hypothécaires mentionnés au 11° de l'article R. 332-2 doivent être garantis par une hypothèque de premier rang prise sur un immeuble situé sur le territoire de l'un des États membres de l'OCDE ou sur un navire. L'ensemble des privilèges et hypothèques en premier rang ne doit pas excéder 65 p. 100 de la valeur vénale de l'immeuble ou du navire constituant la garantie du prêt, estimée au jour de la conclusion du contrat.

Art. R. 332-13 *(Décr. n° 90-981 du 5 nov. 1990)* 1° Les prêts mentionnés au 12° de l'article R. 332-2 doivent avoir une durée totale d'au moins deux ans et satisfaire aux conditions suivantes :

Ils doivent être garantis par une caution donnée par un établissement de crédit *(Décr. n° 2014-1315 du 3 nov. 2014, art. 7-6°)* « , une société de financement » ou une entreprise d'assurances *(Décr. n° 2000-142 du 18 févr. 2000)* « n'appartenant pas au même groupe que le prêteur ou l'emprunteur et agréés par l'un des États parties à l'accord sur l'Espace économique européen », ou un nantissement de valeurs répondant aux conditions fixées par l'article R. 332-17, dans la limite de 75 p. 100 du montant nominal desdites valeurs. *(Décr. n° 2000-142 du 18 févr. 2000)* « Sont considérées comme appartenant au même groupe, au sens du présent article, les sociétés entrant dans le même périmètre de consolidation ou d'établissement des comptes combinés mentionnés au troisième alinéa de l'article L. 345-2 ».

Toutefois, les prêts peuvent ne pas être assortis de garantie, lorsque l'emprunteur est soit une société dont l'un des États membres de l'OCDE ou un de ses établissements publics détient plus de la moitié du capital, soit une société dont les actions sont *(Décr. nº 2000-142 du 18 févr. 2000)* « négociées sur un marché reconnu tel que défini au dernier alinéa du A de l'article R. 332-2 ».

(Décr. nº 2014-1530 du 17 déc. 2014, art. 3-4º) « Les prêts peuvent également ne pas être assortis de garanties lorsqu'ils bénéficient d'une qualité de crédit suffisante et sont consentis, dans le cadre d'un programme approuvé par l'Autorité de contrôle prudentiel et de résolution, à :

« *a)* Des personnes morales de droit privé des États membres de l'Union européenne, exerçant à titre principal une activité commerciale, industrielle, agricole, artisanale ou immobilière, à l'exclusion des activités financières et des organismes de placements collectifs autres que les organismes de placement collectif immobilier ;

« *b)* Des personnes morales de droit privé des États membres de l'Union européenne ayant pour objet, exclusivement ou, selon le cas, principalement en plus de la réalisation d'une activité commerciale, industrielle, agricole, artisanale ou immobilière, à l'exclusion des activités financières, de détenir directement ou indirectement une ou plusieurs participations dans le capital de personnes morales mentionnées au *a*, ou, exclusivement, de financer, au bénéfice d'un État membre de l'Union européenne, d'une collectivité publique territoriale ou d'un établissement public d'un État membre de l'Union européenne ou d'une personne mentionnée au *a*, l'exportation, l'acquisition ou l'exploitation de biens d'équipements ou d'infrastructures.

« L'approbation de l'Autorité de contrôle prudentiel et de résolution tient notamment compte de l'adéquation du système d'analyse et de mesure des risques de crédit mis en place par l'entreprise d'assurance. Le contenu de ce système et les critères de sélection des opérations de crédit admissibles sont précisés par un arrêté du ministre chargé de l'économie. »

(Décr. nº 2015-513 du 7 mai 2015, art. 8-3º-j, en vigueur le 1er janv. 2016) « Les quatrième à septième alinéas du présent 1º ne s'appliquent pas aux mutuelles et unions régies par le livre II du code de la mutualité, ainsi qu'aux institutions de prévoyance et unions régies par le titre III du livre IX du code de la sécurité sociale. »

2º Les créances représentatives des prêts de titres sont admises en représentation des engagements réglementés si elles ont fait l'objet d'un cautionnement en espèces ou d'une caution donnée par un établissement de crédit *(Décr. nº 2014-1315 du 3 nov. 2014, art. 7-6º)* « , une société de financement » ou une entreprise d'assurance agréés par l'un des États membres de *(Décr. nº 2015-513 du 7 mai 2015, art. 8-3º-j, en vigueur le 1er janv. 2016)* « l'Union » européenne, ou d'un nantissement de valeurs répondant aux conditions fixées par l'article R. 332-17.

V. note ss. art. R. 332-2.

Art. R. 332-14 *(Décr. nº 2006-921 du 26 juill. 2006)* En application des dispositions des 3º et 8º de l'article R. 332-2, sont admissibles en représentation des engagements réglementés les parts ou actions d'organismes de placement collectif en valeurs mobilières relevant *(Décr. nº 2013-687 du 25 juill. 2013, art. 23)* « de la section I et de placements collectifs relevant du paragraphe 1er de la sous-section 2 de la section II du chapitre IV du titre Ier du livre II du code monétaire et financier » ; sont également admissibles les parts ou actions des organismes de placement collectif en valeurs mobilières régis par les réglementations des États membres de *(Décr. nº 2015-513 du 7 mai 2015, art. 8-3º-k, en vigueur le 1er janv. 2016)* « l'Union » européenne et des autres États parties de l'accord sur l'Espace économique européen, pour autant que ces règles soient conformes à la *(Décr. nº 2015-513 du 7 mai 2015, art. 8-3º-k, en vigueur le 1er janv. 2016)* « directive nº 2009/65/CE du Parlement européen et du Conseil du 13 juillet 2009 portant coordination des dispositions législatives, réglementaires et administratives concernant certains organismes de placement collectif en valeurs mobilière *[mobilières]* modifiée par la directive européenne 2014/91/UE du 23 juillet 2014 pour ce qui est des fonctions de dépositaire, des politiques de rémunération et des sanctions ».

(Décr. nº 2021-262 du 9 mars 2021) « Toutefois, les parts ou actions des organismes de placement collectif en valeurs mobilières régis par la réglementation du Royaume-Uni et souscrites avant le 1er janvier 2021 en tant qu'actifs constituant des unités de

compte mentionnées à l'article R. 131-1 demeurent admissibles en représentation des engagements réglementés. »

Art. R. 332-14-1 *(Décr. nº 2000-142 du 18 févr. 2000)* Les *(Décr. nº 2016-805 du 16 juin 2016, art. 1er)* « titres négociables à moyen terme » mentionnés au 2° *ter* de l'article R. 332-2 doivent répondre aux conditions suivantes :

a) Provenir d'une émission au moins égale à 30 millions d'euros ;

b) Être valorisés par au moins deux organismes distincts et non liés financièrement, ni entre eux ni avec l'entreprise d'assurance détentrice des bons ;

c) Faire sur cette base l'objet d'un cours publié au moins une fois tous les quinze jours et tenu à la disposition du public en permanence ;

d) Comporter une clause de liquidité émanant de l'émetteur ou d'un garant et qui doit garantir que les actifs pourraient être rachetés à un cours cohérent avec le cours publié, c'est-à-dire prenant en compte la variation de taux d'intérêt entre les dates de publication du cours et de transaction. – *Dispositions applicables aux titres acquis à compter de l'entrée en vigueur du Décr. nº 2000-142 du 18 févr. 2000.*

Art. R. 332-14-2 *(Décr. nº 2013-717 du 2 août 2013, art. 1er-II-6°)* I. – Les organismes de *(Décr. nº 2018-1004 du 19 nov. 2018, art. 9)* « financement » mentionnés au 2° *quater* de l'article R. 332-2 et les *(Décr. nº 2014-1530 du 17 déc. 2014, art. 3-5°)* « fonds professionnels spécialisés » mentionnés au 7° *quinquies* de l'article R. 332-2 sont des fonds de prêts à l'économie.

II. – L'actif des fonds de prêts à l'économie est composé, à l'exclusion de tout autre élément :

(Décr. nº 2014-1530 du 17 déc. 2014, art. 3-6°) « 1° De créances sur des États membres de l'Union européenne, de titres de créances émis par des États membres de l'Union européenne, ou de créances ou de titres de créances garanties par des États membres de l'Union européenne ;

« 1° *bis* De créances sur, ou de titres de créances émis par, des collectivités publiques territoriales ou des établissements publics des États membres de l'Union européenne ;

« 1° *ter* De créances sur, ou de titres de créances émis par, des entreprises individuelles disposant d'un numéro SIREN ou des personnes morales de droit privé des États membres de l'Union européenne, exerçant à titre principal une activité commerciale, industrielle, agricole, artisanale ou immobilière, à l'exclusion des activités financières et des organismes de placements collectifs autres que les organismes de placement collectif immobilier ;

« 1° *quater* De créances sur, ou de titres de créances émis par, des personnes morales de droit privé des États membres de l'Union européenne ayant pour objet exclusivement, ou selon les cas, principalement en plus de la réalisation d'une activité commerciale, industrielle, agricole, artisanale ou immobilière, à l'exclusion des activités financières, de détenir directement ou indirectement une ou plusieurs participations dans le capital de personnes morales mentionnées au 1° *ter*, ou de financer, au bénéfice d'une personne mentionnée au 1°, *[au]* 1° *bis* ou au 1° *ter* l'exportation, l'acquisition ou l'exploitation de biens d'équipements ou d'infrastructures ;

« 1° *quinquies* De droits constitutifs du bénéfice d'une fiducie dont l'actif est exclusivement composé de créances mentionnées au 1°, 1° *bis* ou au 1° *ter*.

« Les droits, créances ou titres de créances mentionnées *[mentionnés]* aux 1°, *[au]* 1° *bis*, 1° *ter*, 1° *quater* et 1° *quinquies* ont une maturité résiduelle déterminée, d'au moins deux ans, n'excédant pas la maturité des parts, actions et obligations émises par le fonds, la société ou le compartiment considéré selon le cas, *(Décr. nº 2018-1004 du 19 nov. 2018, art. 9)* « et sont acquis ou, dans le cas de créances résultant de l'octroi de prêt, octroyées, » dans un délai de trois ans au plus suivant l'émission initiale, dans le cas d'une société de *(Décr. nº 2018-1004 du 19 nov. 2018, art. 9)* « financement », des actions de la société ou, lorsque cette dernière est à compartiments, des actions émises au titre du compartiment considéré ou, le cas échéant, des obligations émises par la société ou ce compartiment ou, dans le cas d'un fonds commun de *(Décr. nº 2018-1004 du 19 nov. 2018, art. 9)* « financement », des parts de copropriété du fonds ou du compartiment ou, le cas échéant, des obligations émises par le fonds ou le compartiment considéré. »

2° De sommes momentanément disponibles et en instance d'affectation ou des sommes ou valeurs conservées à titre de réserve ou de garantie ;

3° D'actifs qui lui sont transférés au titre de la réalisation ou de la constitution des sûretés, garanties et accessoires attachés aux créances ou titres de créances admissibles *(Décr. n° 2014-1530 du 17 déc. 2014, art. 3-7°)* « y compris des titres de capital dans les conditions visées à l'article L. 214-169 du code monétaire et financier » ;

4° D'actifs qui lui sont transférés au titre des engagements qu'il prend au travers de contrats financiers mentionnés au III du présent article.

(Décr. n° 2014-1530 du 17 déc. 2014, art. 3-8°) « III. — Les fonds de prêts à l'économie ne peuvent conclure des contrats financiers que s'ils ont pour unique objet la couverture du risque de variation ou de volatilité de taux d'intérêt ou de change, ou la gestion de la différence de l'écart de périodicité entre les flux engendrés, d'une part, par les titres et créances détenus et, d'autre part, par les obligations et parts émises. »

IV. — L'actif d'un fonds de prêts à l'économie est géré par une société de gestion *(Décr. n° 2017-1253 du 9 août 2017, art. 10-4°, en vigueur le 3 janv. 2018)* « de portefeuille » *(Décr. n° 2014-1530 du 17 déc. 2014, art. 3-9°)* « relevant de l'article L. 532-9 du code monétaire et financier ». Une personne morale répondant aux conditions mentionnées au II de l'article L. 214-183 du code monétaire et financier est désignée dépositaire de la trésorerie et des créances du fonds.

V. — Le passif d'un fonds de prêts à l'économie peut être composé d'obligations, de parts ou d'actions, émises en euros, dès lors que, économiquement, le risque de crédit associé à la détention de ces titres n'est pas subdivisé en tranches. Un arrêté du ministre chargé de l'économie précise les structures de passif garantissant une allocation des pertes équitables entre les détenteurs de parts et d'obligations pendant la durée du fonds.

(Décr. n° 2018-1004 du 19 nov. 2018, art. 9) « Les fonds professionnels spécialisés mentionnés au dernier alinéa de l'article R. 214-203-1 du code monétaire et financier, ainsi que les organismes de financement mentionnés à l'article R. 214-231-1 du même code, sont réputés respecter les dispositions du précédent alinéa lorsque leur règlement ou leurs statuts prévoient que toute perte en capital sera allouée de manière égale entre les porteurs de parts, les actionnaires et les porteurs de titres de créance au prorata de leurs droits respectifs, y compris lorsque des catégories de parts ou actions donnent lieu à des droits différents sur tout ou partie de l'actif du fonds ou de ses produits. »

VI. — Le fonds de prêts à l'économie ne peut, en dehors des obligations qu'il a émises, recourir à l'emprunt ni effectuer *(Décr. n° 2014-1530 du 17 déc. 2014, art. 3-10°)* « , en qualité de cédant, » d'opérations de cession temporaire d'instruments financiers.

VII. — La société chargée de la gestion du fonds transmet annuellement à l'entreprise d'assurance qui a souscrit les obligations, parts ou actions, avant la clôture annuelle de son exercice comptable, un rapport sur la gestion du fonds et sur le suivi du risque de crédit de l'ensemble et de chacun des actifs sous-jacents du fonds. Ce rapport est notamment utilisé par l'entreprise d'assurance pour déterminer s'il y a lieu de considérer que le fonds de prêts à l'économie ne sera pas en mesure de respecter ses engagements, soit pour le paiement des intérêts, soit pour le remboursement du principal. La société chargée de la gestion du fonds s'assure que les stipulations des contrats permettent de disposer des informations suffisantes à l'établissement de ce rapport.

VIII. — *(Décr. n° 2014-1530 du 17 déc. 2014, art. 3-11°)* « La valeur de réalisation des obligations, parts et actions émises par le fonds de prêts à l'économie font l'objet d'une détermination trimestrielle » par la société chargée de la gestion du fonds, selon la méthodologie décrite dans le règlement du fonds. La valorisation est certifiée annuellement par un expert indépendant, non lié financièrement, ni avec la société chargée de la gestion, ni avec l'entreprise d'assurance.

Art. R. 332-15 *(Décr. nº 90-981 du 5 nov. 1990)* En application des dispositions du 9º *bis* de l'article R. 332-2, les entreprises sont autorisées à détenir les parts ou actions de sociétés à objet strictement immobilier, à l'exclusion de sociétés ayant une activité de marchand de biens et de sociétés en nom collectif, sauf dérogations accordées antérieurement à l'entrée en vigueur du décret nº 90-981 du 5 novembre 1990. Le patrimoine de ces sociétés ne peut être composé que d'immeubles bâtis ou de terrains situés sur le territoire de l'un des États membres de l'OCDE, de parts ou actions des sociétés répondant à ces mêmes conditions.

Les entreprises sont également autorisées à détenir les parts des sociétés civiles à objet strictement foncier dont l'activité est limitée à la gestion directe de biens fonciers situés sur le territoire de l'un des États membres de l'OCDE ou les parts des groupements ayant pour seule activité la gestion de biens fonciers répondant à ces mêmes conditions. Les biens constitutifs du patrimoine doivent faire l'objet d'une exploitation. Les massifs forestiers doivent être assurés contre l'incendie.

Art. R. 332-16 *(Décr. nº 2015-513 du 7 mai 2015, art. 8-3º-l, en vigueur le 1er janv. 2016)* Les valeurs mobilières et titres assimilés, les parts ou actions des sociétés immobilières ou foncières doivent faire l'objet soit d'une inscription en compte, ou d'un dépôt, auprès d'un intermédiaire habilité, soit d'une inscription nominative dans les comptes de l'organisme émetteur, à condition que celui-ci soit situé dans un État membre de l'Union européenne.

Les actes de propriété des actifs immobiliers, les actes et les titres consacrant les prêts ou créances sont conservés sur le territoire français. Si la législation du pays dans lequel l'actif est situé ne le permet pas, un écrit mentionnant les droits de l'entreprise sur ces actifs et dont la valeur probante est reconnue par la législation française est conservé sur le territoire français.

Les comptes de dépôt visés au 13º de l'article R. 332-2 doivent être ouverts auprès d'un établissement de crédit agréé dans un État membre. Leur terme ne doit pas dépasser un an ou leur préavis de retrait trois mois. Les comptes doivent être libellés au nom de l'entreprise d'assurance ou de la succursale établie en France et ne peuvent être débités qu'avec l'accord respectivement d'un dirigeant de l'entreprise ou du mandataire général de la succursale ou encore d'une personne désignée par eux à cet effet.

Art. R. 332-17 *(Décr. nº 90-981 du 5 nov. 1990 ; Décr. nº 2000-142 du 18 févr. 2000)* « La garantie des créances sur les réassureurs mentionnée à l'article R. 332-3-3 est constituée par le nantissement des valeurs visées aux 1º, *(Décr. nº 2011-1418 du 31 oct. 2011)* « 2º, 2º *bis*, 2º *ter*, 2º *quater* », 3º, 4º, 8º et 9º *bis* de l'article R. 332-2. Ces valeurs sont déposées sur un compte gagé *(Décr. nº 2015-513 du 7 mai 2015, art. 8-3º-m, en vigueur le 1er janv. 2016)* « au sens de l'article L. 211-20 du code monétaire et financier ».

(Décr. nº 84-1023 du 14 nov. 1984) Les valeurs reçues en nantissement sont évaluées conformément aux dispositions du 2º de l'article *(Décr. nº 2015-513 du 7 mai 2015, art. 10-I-4º, en vigueur le 1er janv. 2016)* « R. 343-10 ». Pour l'estimation des valeurs mentionnées au 1º de l'article R. 332-2, la fraction courue du coupon est prise en compte.

(Décr. nº 2000-142 du 18 févr. 2000) « Pour l'application des dispositions des articles R. 332-3 et R. 332-3-1, les valeurs reçues en nantissement des réassureurs sont assimilées à des valeurs figurant à l'actif du bilan de l'entreprise cédante. »

(Décr. nº 94-635 du 25 juill. 1994) « A la demande d'une entreprise, l'Autorité de contrôle prudentiel et de résolution peut, par dérogation aux dispositions du premier alinéa du présent article, l'autoriser, pour une durée déterminée, à constituer la garantie mentionnée à l'article R. 332-3-3 dans des limites fixées par arrêté du ministre chargé de l'économie et des finances, par une caution ou un engagement équivalent pris par un établissement de crédit *(Décr. nº 2014-1315 du 3 nov. 2014, art. 7-7º)* « ou une société de financement », dès lors que la nature et la forme de l'engagement ainsi que la qualité du garant répondent aux conditions fixées par le même arrêté. »

Art. R. 332-18 *Abrogé par Décr. n° 2015-513 du 7 mai 2015, art. 8-3°-n, à compter du 1er janv. 2016.*

SECTION III *[ABROGÉE]* ESTIMATION DES ÉLÉMENTS D'ACTIF

(Abrogée par Décr. n° 2015-513 du 7 mai 2015, art. 8-3°-n, à compter du 1er janv. 2016)

Art. R. 332-19 à R. 332-21 *Abrogés par Décr. n° 2015-513 du 7 mai 2015, art. 8-3°-n, à compter du 1er janv. 2016.*

Art. R.* 332-22 *Abrogé par Décr. n° 94-481 du 8 juin 1994.*

Art. R.* 332-23 à R. 332-30 *Abrogés par Décr. n° 2015-513 du 7 mai 2015, art. 8-3°-n, à compter du 1er janv. 2016.*

Art. R.* 332-31 et R.* 332-32 *Abrogés par Décr. n° 90-981 du 5 nov. 1990.*

SECTION IV COMMISSIONS ET FRAIS D'ACQUISITION À AMORTIR

Art. R. 332-33 *Abrogé par Décr. n° 2015-513 du 7 mai 2015, art. 8-3°-n, à compter du 1er janv. 2016.*

Art. R. 332-34 *Abrogé par Décr. n° 95-153 du 7 févr. 1995.*

Art. R. 332-35 *(Décr. n° 2015-513 du 7 mai 2015, art. 8-3°-o, en vigueur le 1er janv. 2016)* **Le montant de l'écart entre les montants de provisions mathématiques inscrites au bilan conformément à l'article L. 343-1 et le montant des provisions mathématiques qui seraient à inscrire si les chargements d'acquisition n'étaient pas pris en compte dans les engagements des assurés ainsi que le calcul des frais d'acquisition reportés doivent pouvoir être justifiés à tout moment auprès de l'Autorité de contrôle prudentiel et de résolution. Les frais d'acquisition reportés sont admis en représentation des provisions techniques.**

Art. R. 332-36 *Abrogé par Décr. n° 83-328 du 21 avr. 1983.*

SECTION V *[ABROGÉE]* RÈGLES PARTICULIÈRES À CERTAINES ENTREPRISES D'ASSURANCE ÉTRANGÈRES *(Décr. n° 2008-1154 du 7 nov. 2008).*

(Abrogée par Décr. n° 2015-513 du 7 mai 2015, art. 8-3°-p, à compter du 1er janv. 2016)

Art. R. 332-37 à R. 332-44 *Abrogés par Décr. n° 2015-513 du 7 mai 2015, art. 8-3°-p, à compter du 1er janv. 2016.*

SECTION VI INSTRUMENTS FINANCIERS À TERME DES ENTREPRISES D'ASSURANCE *(Décr. n° 2008-1154 du 7 nov. 2008).*

(Décr. n° 2002-970 du 4 juill. 2002)

Art. R. 332-45 **Une entreprise d'assurance peut utiliser un instrument financier à terme au sens de l'article L. 211-1 du code monétaire et financier, lié à un placement ou à un groupe de placements détenu ou à détenir si sont remplies durant toute l'opération les conditions suivantes :**

a) Le placement ou le groupe de placements est détenu ou a été acquis à terme avec une échéance antérieure à la date d'échéance ou d'exercice de cet instrument ;

b) Le placement ou le groupe de placements est identique ou assimilable au sous-jacent de cet intrument, et de montant au moins égal au montant notionnel de cet instrument ;

c) Pour les contrats d'échange, le sous-jacent visé au b est celui que l'entreprise s'engage à échanger ;

d) L'instrument financier à terme permet, en adéquation avec les engagements de l'entreprise, une gestion efficace et prudente du placement ou du groupe de placements détenus, visant à titre principal au maintien de sa valeur ou de son rendement.

Art. R. 332-46 Une entreprise d'assurance peut utiliser un instrument financier à terme en anticipation de placement si sont remplies durant toute l'opération les conditions suivantes :

a) L'entreprise détient ou recevra avant la date d'échéance ou d'exercice de cet instrument un montant de liquidités au moins égal au montant notionnel de l'instrument. Lorsque l'instrument financier à terme n'emporte pour l'entreprise aucune obligation financière exigible à la date d'exercice ou ultérieurement, les liquidités peuvent être à recevoir de façon probable ;

b) L'opération a pour objet de diminuer l'aléa des conditions de placement futur, en adéquation avec les engagements de l'entreprise.

Sont assimilées à des liquidités détenues les actions des sociétés d'investissement à capital variable et parts de fonds communs de placement mentionnés aux 3° et 8° de l'article R. 332-2 et classés dans la catégorie des OPCVM *(Décr. n° 2013-687 du 25 juill. 2013, art. 23)* « et des FIA » monétaires, définie par l'Autorité des marchés financiers.

Lorsque les liquidités sont à recevoir à une échéance supérieure à un an, les créances découlant de l'opération à terme doivent être intégralement garanties dans les conditions prévues à l'article R. 332-56.

Art. R. 332-47 Une entreprise d'assurance peut utiliser un instrument financier à terme de taux ou de devise lié à une dette financière si sont remplies durant toute l'opération les conditions suivantes :

a) L'emprunt contracté ou la dette émise est identique ou assimilable au sous-jacent de cet instrument ;

b) Pour les contrats d'échange, le sous-jacent visé au *a* est celui que l'entreprise s'engage à échanger ;

c) L'emprunt contracté ou la dette émise par l'entreprise est de montant au moins égal au montant notionnel de cet instrument ;

d) L'instrument financier à terme permet une gestion efficace et prudente de cette dette en adéquation avec les placements de l'entreprise.

Art. R. 332-48 Sauf dérogation expresse de l'Autorité de contrôle prudentiel et de résolution, une entreprise d'assurance ne peut utiliser d'instrument financier à terme que dans les cas prévus par les articles R. 332-45, R. 332-46 et R. 332-47.

Toute opération financière à terme ne respectant plus les conditions fixées à ces articles doit être dénouée dans un délai de trois mois, et fait l'objet d'une analyse détaillée dans *(Décr. n° 2006-287 du 13 mars 2006)* « le rapport prévu à l'article *(Décr. n° 2015-513 du 7 mai 2015, art. 10-I-13°, en vigueur le 1er janv. 2016)* « L. 336-1 ».

En application du II de l'art. 21 de la L. n° 2000-321 du 12 avr. 2000, et par exception à l'application du délai de deux mois prévu au premier al. du I de cet art., le délai à l'expiration duquel le silence gardé par l'administration vaut décision d'acceptation est fixé à trois mois pour les demandes d'autorisation pour les organismes d'assurance d'utiliser des instruments financiers à terme (Décr. n° 2014-1281 du 23 oct. 2014, art. 1er, applicable pour les demandes présentées à compter du 12 nov. 2014).

Art. R. 332-49 Une entreprise d'assurance ne peut procéder à des ventes d'option que dans les cas suivants :

a) Vendre une option précédemment acquise dans le cadre défini par les articles R. 332-45 à R. 332-48 ;

b) Vendre une option lorsque l'entreprise d'assurance achète simultanément une option similaire, à la seule différence du prix d'exercice ;

c) Vendre une option d'achat à la condition que le sous-jacent soit un placement déjà détenu, à l'exclusion de tout placement à détenir comme de toute anticipation de placement.

Art. R. 332-50 *(Abrogé par Décr. nº 2015-513 du 7 mai 2015, art. 8-3º-q, à compter du 1er janv. 2016)* ***Les modalités d'enregistrement et de comptabilisation des opérations mentionnées aux articles R. 332-45 à R. 332-48 sont fixées par règlement de l'Autorité des normes comptables.***

Art. R. 332-51 Sauf dérogation accordée au cas par cas par l'Autorité de contrôle prudentiel et de résolution, notamment au regard d'une modification globale des conditions de marché, la somme des valeurs de réalisation positives de l'ensemble des instruments financiers à terme conclus de gré à gré avec l'ensemble des contreparties ne peut excéder 10 % de la base de dispersion définie au premier alinéa de l'article R. 332-3.

Les valeurs de réalisation positives peuvent être compensées avec des valeurs de réalisation négatives vis-à-vis d'une même contrepartie s'il existe entre les parties à l'opération une convention de compensation bilatérale conforme à l'article R. 332-56.

Art. R. 332-52 Sauf dérogation accordée au cas par cas par l'Autorité de contrôle prudentiel et de résolution, le montant des liquidités à recevoir qui proviennent d'actifs mentionnés aux 1°, 2°, 2° *bis* et 2° *ter* du A de l'article R. 332-2 et qui font l'objet d'opérations d'anticipation de placement dans des titres de même nature ne peut excéder 20 % de la base de dispersion définie au premier alinéa de l'article R. 332-3.

Dans les cas autres que prévus au premier alinéa, le montant des liquidités à recevoir faisant l'objet d'opérations d'anticipation de placement ne peut excéder 5 % de la base de dispersion.

Lorsque l'instrument financier à terme n'emporte pour l'entreprise aucune obligation financière exigible à la date d'exercice ou ultérieurement, les limitations du présent article ne s'appliquent pas.

Art. R. 332-53 Une entreprise d'assurance ne peut souscrire d'instruments financiers à terme que :

1. Sur les marchés reconnus au sens du dernier alinéa du A de l'article R. 332-2 ;
2. De gré à gré, auprès :

a) Des établissements de crédit et entreprises d'investissement ayant leur siège social sur le territoire de l'un des États membres de la Communauté européenne ou parties à l'accord sur l'Espace économique européen ;

b) Des organismes mentionnés à l'article L. 518-1 du code monétaire et financier ;

c) Des établissements de crédit ou entreprises d'investissement de pays tiers assujettis à des règles prudentielles considérées comme équivalentes par l'Autorité de contrôle prudentiel et de résolution ;

d) D'entreprises d'assurance, de réassurance ou d'autres organismes, sur accord de l'Autorité de contrôle prudentiel et de résolution.

Art. R. 332-54 La somme des valeurs de réalisation positives de l'ensemble des contrats conclus avec une même société ou plusieurs sociétés appartenant au même groupe au sens de l'article R. 332-13 est prise en compte dans le plafond mentionné au 1° de l'article R. 332-3-1.

Les valeurs de réalisation positives peuvent être compensées avec des valeurs de réalisation négatives des instruments financiers à terme conclus avec un même organisme, s'il existe entre les parties à l'opération une convention de compensation bilatérale conforme à l'article R. 332-56.

Art. R. 332-55 La somme des valeurs de réalisation positives des contrats financiers à terme conclus de gré à gré avec une même société ou plusieurs sociétés appartenant au même groupe au sens de l'article R. 332-13 ne peut excéder 0,5 % de la base de dispersion définie au premier alinéa de l'article R. 332-3.

Les valeurs de réalisation positives peuvent être compensées avec des valeurs de réalisation négatives des instruments financiers à terme conclus avec un même organisme s'il existe entre les parties à l'opération une convention de compensation bilatérale conforme à l'article R. 332-56.

Art. R. 332-56 Les montants prévus aux articles R. 332-54 et R. 332-55 sont calculés net de la valeur des garanties reçues en application d'une convention-cadre admissible.

Est admissible une convention-cadre qui remplit l'ensemble des conditions suivantes :

a) Elle respecte les principes généraux d'une convention-cadre de place nationale ou internationale ;

b) Elle prévoit de façon explicite la compensation entre valeurs de réalisation positives et négatives ;

c) Elle prévoit que la garantie prend la forme de remises en pleine propriété, opposables aux tiers sans formalité, d'espèces, de valeurs mentionnées au 1° du A de l'article R. 332-2, ou de parts ou d'actions d'organismes de placement collectif en valeurs mobilières *(Décr. nº 2013-687 du 25 juill. 2013, art. 23)* « ou de FIA » mentionnés au 3° de cet article dont le portefeuille est exclusivement composé des valeurs mentionnées au 1° de cet article ;

d) Elle prévoit que les lois ou règlements régissant la contrepartie, notamment en cas d'insolvabilité, ne font pas obstacle à la mise en œuvre des modalités de résiliation, d'évaluation et de compensation, en application notamment *(Décr. nº 2009-295 du 16 mars 2009)* « des articles L. 211-36 et L. 211-36-1 » du code monétaire et financier.

La liste des conventions-cadres qui remplissent ces conditions est déterminée par un arrêté du ministre chargé de l'économie.

Art. R. 332-57 L'Autorité de contrôle prudentiel et de résolution peut, pour apprécier les limites fixées à la présente section, prendre en compte les instruments financiers utilisés par les organismes :

a) Dans lesquels, d'une part, l'entreprise a investi un montant supérieur à 0,5 % de la base de dispersion définie au premier alinéa de l'article R. 332-3 et dans lesquels, d'autre part, le groupe auquel appartient l'entreprise d'assurance dispose de plus de 50 % du capital ou des parts ;

b) Ou bien dans lesquels l'entreprise a investi un montant supérieur à 5 % de la base de dispersion.

Les dispositions du présent article s'appliquent notamment aux organismes visés aux 3° et 8° de l'article R. 332-2. Elles ne s'appliquent pas aux actifs mis en représentation de contrats d'assurance-vie ou de capitalisation, en unités de compte, dont l'assureur n'assume pas le risque de placement.

Art. R. 332-58 L'entreprise d'assurance utilisant des instruments financiers à terme effectue, au moins une fois par mois, des projections concernant la composition de son portefeuille de placements afin de prendre en compte l'impact sur celle-ci de ses opérations sur instruments financiers à terme.

Ces projections sont établies pour les échéances d'un mois, trois mois, six mois, un an, et annuellement jusqu'à l'échéance maximale des instruments financiers à terme utilisés, en distinguant l'impact des opérations qui n'emportent aucune obligation pour l'entreprise.

SECTION VII RÈGLES PARTICULIÈRES AUX CONTRATS DE RETRAITE PROFESSIONNELLE SUPPLÉMENTAIRE

(Décr. nº 2006-740 du 27 juin 2006)

Art. R. 332-59 à R. 332-63 *Abrogés par Décr. nº 2015-513 du 7 mai 2015, art. 8-3°-q, à compter du 1er janv. 2016.*

Art. R. 332-63-1 *(Décr. nº 2015-46 du 22 janv. 2015, art. 1er)* Lorsque, dans le cadre des opérations mentionnées à l'article L. 143-1, les entreprises d'assurance mentionnées à l'article L. 310-1 utilisent des références à des notations de crédit émises par des agences de notation de crédit au sens de l'article 3, paragraphe 1, point *b*, du règlement (CE) nº 1060/2009 du Parlement européen et du Conseil du 16 septembre 2009 sur les agences de notation de crédit dans leurs politiques d'investissement, l'Autorité de contrôle prudentiel et de résolution, en tenant compte de la nature, de l'ampleur et de la complexité de ces opérations, surveille l'adéquation des processus d'évaluation du crédit de l'entreprise, évalue l'utilisation de références à des notations de crédit et, le cas échéant, encourage l'atténuation des effets de telles références, en vue de réduire le recours exclusif et mécanique à de telles notations de crédit.

SECTION VIII DISPOSITIONS PARTICULIÈRES AUX TERRITOIRES D'OUTRE-MER

Art. R. 332-64 *(Décr. nº 84-1023 du 14 nov. 1984 ; Décr. nº 2002-970 du 4 juill. 2002 ; Décr. nº 2006-740 du 27 juin 2006 ; Décr. nº 2008-1549 du 31 déc. 2008)* Les dispositions du présent chapitre sont applicables dans les territoires d'outre-mer.

SECTION IX DISPOSITIONS SPÉCIFIQUES AUX ACTIFS DES COMPTABILITÉ*[S]* AUXILIAIRE*[S]* D'AFFECTATION

(Décr. nº 2015-513 du 7 mai 2015, art. 8-3º-r, en vigueur le 1er janv. 2016)

Art. R. 332-65 Pour les entreprises mentionnées à l'article L. 310-3-2, les dispositions du présent chapitre, et notamment de l'article R. 332-1-1 et des articles R. 332-3 et R. 332-3-1 s'appliquent séparément à chaque portefeuille de titres et de placements faisant l'objet d'un enregistrement comptable distinct, conformément à l'article R. 342-1.

Art. R. 332-66 Dans le cadre des opérations relatives à une comptabilité auxiliaire mentionnées à l'article R. 342-1, l'entreprise mentionnée à l'article L. 310-3-2 ne peut conclure des contrats constituant des instruments financiers à terme au sens de l'article L. 211-1 du code monétaire et financier que dans les cas et les conditions prévues aux articles R. 332-45 à R. 332-58 du présent code et à condition que ces contrats aient pour seul objet la gestion financière de ces mêmes opérations, à l'exclusion de toute autre opération de l'entreprise d'assurance.

CHAPITRE III *[ABROGÉ]* REVENU DES PLACEMENTS

(Abrogé par Décr. nº 2015-513 du 7 mai 2015, art. 2-4º, à compter du 1er janv. 2016)

Art. R.* 333-1 et R.* 333-2 *Abrogés par Décr. nº 2015-513 du 7 mai 2015, art. 2-4º, à compter du 1er janv. 2016.*

Art. R. 333-3 *Abrogé par Décr. nº 2008-1549 du 31 déc. 2008.*

CHAPITRE IV SOLVABILITÉ DES ENTREPRISES

(Décr. nº 84-349 du 9 mai 1984)

SECTION PREMIÈRE LA MARGE DE SOLVABILITÉ – DISPOSITIONS COMMUNES

Art. R. 334-1 *Al. 1er abrogé par Décr. nº 2002-360 du 14 mars 2002.*

(Décr. nº 2002-360 du 14 mars 2002) « Les sociétés anonymes soumises aux dispositions de l'article L. 334-1 sont dispensées du prélèvement prescrit par l'article L. 232-10 du code de commerce. »

Al. abrogé par Décr. nº 2015-513 du 7 mai 2015, art. 8-5º-a, à compter du 1er janv. 2016.

Art. R. 334-1-1 *(Décr. nº 2003-1236 du 22 déc. 2003)* Les montants en euros mentionnés aux articles *(Décr. nº 2015-513 du 7 mai 2015, art. 10-I-14º, en vigueur le*

1er janv. 2016)* « R. 334-7, R. 334-9, R. 334-9-1 et R. 334-15 » sont révisés annuellement en fonction de l'évolution de l'indice européen des prix à la consommation publié par Eurostat pour l'ensemble des États membres.

Chaque année, *(Décr. nº 2008-1154 du 7 nov. 2008)* « l'Autorité de contrôle » communique les nouveaux montants en euros calculés en fonction de l'évolution de cet indice et arrondis au multiple de 100 000 € supérieur.

Si la variation de l'indice depuis la dernière adaptation est inférieure à 5 %, ces montants ne sont pas révisés.

Art. R. 334-1-2 *(Décr. nº 2008-1154 du 7 nov. 2008)* L'Autorité de contrôle ne peut refuser un contrat de réassurance conclu par une entreprise d'assurance mentionnée au 1º de l'article L. 310-2 avec une entreprise d'assurance mentionnée au 1º de l'article L. 310-2 ou de réassurance mentionnée au 1º de l'article L. 310-1-2 ou avec une autre entreprise d'assurance ou de réassurance ayant son siège social dans un autre État membre ou un autre État partie à l'Espace économique européen, pour des motifs directement liés à la solidité financière de cette entreprise d'assurance ou de réassurance.

Art. R. 334-2 *Abrogé par Décr. nº 2015-513 du 7 mai 2015, art. 8-5º-d, à compter du 1er janv. 2016.*

SECTION II LA MARGE DE SOLVABILITÉ DES ENTREPRISES D'ASSURANCE DE DOMMAGES

§ 1er CONSTITUTION DE LA MARGE DE SOLVABILITÉ

Art. R. 334-3 *(Décr. nº 2008-1154 du 7 nov. 2008)* I. — La marge de solvabilité mentionnée à l'article L. 334-1 est constituée, après déduction des pertes, de la part des frais d'acquisition non admise en représentation des engagements réglementés et des autres éléments incorporels, par les éléments suivants :

1. Le capital social versé ou le fonds d'établissement constitué ; toutefois, les actions de préférence définies à l'article L. 228-11 du code de commerce ne sont admises que si elles remplissent les conditions fixées par arrêté du ministre chargé de l'économie relatives notamment aux droits financiers attachés et aux versements correspondants, lesquels doivent pouvoir être suspendus et ne sont pas dans ce cas reportés à un exercice ultérieur ;

2. Les réserves de toute dénomination, réglementaires ou libres, ne correspondant pas aux engagements *(Abrogé par Décr. nº 2015-513 du 7 mai 2015, art. 8-5º-b, à compter du 1er janv. 2016)* *« , y compris la réserve de capitalisation »* ;

3. Le report *(Décr. nº 2015-513 du 7 mai 2015, art. 8-5º-c, en vigueur le 1er janv. 2016)* « du bénéfice, des excédents ou de la perte », déduction faite des dividendes à verser au titre du dernier exercice ;

4. L'emprunt ou les emprunts pour fonds social complémentaire *(Décr. nº 2015-513 du 7 mai 2015, art. 8-5º-c, en vigueur le 1er janv. 2016)* « ou pour fonds de développement » ; toutefois, à partir de la moitié de la durée d'un emprunt, celui-ci n'est retenu dans la marge de solvabilité que pour sa valeur progressivement réduite chaque année d'un montant constant égal au double du montant total de cet emprunt divisé par le nombre d'années de sa durée.

II. — La marge de solvabilité peut également être constituée par :

1. Les fonds effectivement encaissés provenant de l'émission de titres ou emprunts subordonnés, ainsi que d'actions de préférence définies à l'article L. 228-11 du code de commerce autres que celles à caractère non cumulatif mentionnées au 1 du I ;

Ces titres et emprunts subordonnés et actions de préférence doivent répondre aux conditions, notamment de durée et de remboursements, qui sont fixées par arrêté du ministre chargé de l'économie. Ces fonds sont admis jusqu'à concurrence de 50 % de l'exigence de marge de solvabilité ou de la marge de solvabilité, le montant le plus faible étant retenu. Toutefois, la prise en compte de ceux de ces fonds qui proviennent de titres ou emprunts à durée déterminée n'est admise qu'à concurrence de 25 % de cette marge. Tout remboursement effectué irrégulièrement peut, conformément aux dispositions *(Décr. n° 2010-217 du 3 mars 2010, art. 3-II-61°)* « de la section VI ou de la section VII du chapitre II du titre Ier du livre VI du code monétaire et financier, donner lieu à des mesures de police ou de sanction » par l'*(Décr. n° 2015-513 du 7 mai 2015, art. 8-5°-c, en vigueur le 1er janv. 2016)* « Autorité de contrôle prudentiel et de résolution » ;

2. La réserve pour fonds de garantie prévue à l'article R. 423-16, à hauteur de la part de cotisation versée par l'entreprise et non utilisée par le fonds ;

(Décr. n° 2015-513 du 7 mai 2015, art. 8-5°-c, en vigueur le 1er janv. 2016) « 3. Les réserves constituées en application des articles L. 111-6 et L. 431-1 du code de la mutualité, y compris la part de cotisation versée par la mutuelle ou l'union et non utilisée par le système fédéral de garantie ou le fonds de garantie mentionné à l'article L. 431-1 du code de la mutualité. »

III. — Sur demande et justification de l'entreprise et avec l'accord de l'Autorité de contrôle, la marge de solvabilité peut également être constituée par :

(Décr. n° 2015-513 du 7 mai 2015, art. 8-5°-c, en vigueur le 1er janv. 2016) « 1. La moitié de la fraction non versée du capital social ou de la part restant à rembourser de l'emprunt pour le fonds d'établissement, dès que la partie versée atteint 25 % de ce capital ou de ce fonds, à concurrence, pour les entreprises d'assurance régies par le présent code, de 50 % de la marge de solvabilité ou de l'exigence minimale de marge de solvabilité, le montant le plus faible étant retenu, et, pour les mutuelles et unions régies par le livre II du code de la mutualité et les institutions de prévoyance et unions régies par le titre III du livre IX du code de la sécurité sociale, de la moitié de la part restant à rembourser de l'emprunt pour fonds d'établissement ; »

2. Les rappels de cotisations que les sociétés d'assurance mutuelle *(Décr. n° 2015-513 du 7 mai 2015, art. 8-5°-c, en vigueur le 1er janv. 2016)* « ou les mutuelles et unions régies par le livre II du code de la mutualité » à cotisations variables peuvent exiger de leurs sociétaires *(Décr. n° 2015-513 du 7 mai 2015, art. 8-5°-c, en vigueur le 1er janv. 2016)* « ou de leurs membres participants et honoraires » au titre de l'exercice, à concurrence de la moitié de la différence entre les cotisations maximales et les cotisations effectivement appelées, dans la limite de 50 % de la marge de solvabilité ou de l'exigence minimale de marge, le montant le plus faible étant retenu ;

3. Les plus-values pouvant résulter de la sous-estimation d'éléments d'actif et de la surestimation d'éléments de passif, dans la mesure où de telles plus-values n'ont pas un caractère exceptionnel ;

4. Les plus-values latentes sur les instruments financiers à terme mentionnés aux articles R. 332-45 et R. 332-46 lorsque les opérations correspondantes sont négociées sur un marché reconnu au sens du dernier alinéa du A de l'article R. 332-2 ou réalisées de gré à gré dans la mesure où elles sont garanties dans les conditions prévues à l'article R. 332-56.

Les moins-values latentes sur instruments financiers à terme non provisionnées sont déduites des éléments énumérés au 3 et au 4 du III.

IV. — La marge de solvabilité est diminuée des éléments suivants :

a) Les actions *(Abrogé par Décr. n° 2015-513 du 7 mai 2015, art. 8-5°-b, à compter du 1er janv. 2016)* *(Décr. n° 2015-204 du 23 févr. 2015, art. 1er-5°)* « *ou les certificats mutualistes* » propres *(Décr. n° 2015-204 du 23 févr. 2015, art. 1er-5°)* « détenu *[détenues]* » directement par l'entreprise d'assurance ;

b) Les participations que l'entreprise d'assurance détient dans un établissement de crédit *(Décr. n° 2014-1315 du 3 nov. 2014, art. 7-8°)* « , une société de financement » *(Décr. n° 2015-513 du 7 mai 2015, art. 8-5°-c, en vigueur le 1er janv. 2016)* « , une entreprise d'investissement *(Décr. n° 2017-1253 du 9 août 2017, art. 10-5°, en vigueur le 3 janv. 2018)* « , une société de gestion de portefeuille » ou un établissement financier » ;

c) Les créances subordonnées que l'entreprise d'assurance détient sur les entreprises mentionnées au *b* dans lesquelles elle détient une participation ;

(Décr. n° 2015-513 du 7 mai 2015, art. 8-5°-c, en vigueur le 1er janv. 2016) « *d)* Les certificats mutualistes ou paritaires émis et détenus directement par l'entreprise d'assurance. »

Toutefois, les éléments mentionnés au *[aux]* *b* et *c* peuvent ne pas être déduits lorsque les participations mentionnées à ces alinéas sont détenues de manière temporaire en vue d'apporter un soutien financier à ces entreprises.

(Abrogé par Décr. nº 2015-513 du 7 mai 2015, art. 8-5º-c, à compter du 1er janv. 2016) (Décr. nº 2014-1315 du 3 nov. 2014, art. 7-8º) ***« En outre, l'entreprise n'est pas tenue d'effectuer les déductions mentionnées au b et au c lorsqu'elle est soumise à une surveillance complémentaire en application de l'article L. 334-3 ou de l'article L. 334-4 et qu'elle respecte les exigences complémentaires en fonds propres calculées selon les modalités fixées par l'arrêté des ministres chargés de l'économie, de la sécurité sociale et de la mutualité prévu à l'article L. 517-8 du code monétaire et financier. »***

V. — Lorsqu'elle estime que l'appréciation du report *(Décr. nº 2015-513 du 7 mai 2015, art. 8-5º-c, en vigueur le 1er janv. 2016)* « du bénéfice, de l'excédent ou de » la perte mentionnée au 3 du I est susceptible d'être faussée par l'existence d'un contrat de réassurance financière limitée souscrit par l'entreprise, l'Autorité de contrôle peut limiter la prise en compte de ce report, en vue d'y intégrer les charges futures attendues au titre de ce contrat. Le cas échéant, le montant de la marge de solvabilité est ajusté au terme du contrat de réassurance financière limitée, en fonction du report cumulé effectivement constaté.

En application du II de l'art. 21 de la L. nº 2000-321 du 12 avr. 2000, le silence gardé par l'administration pendant deux mois vaut rejet pour les demandes de prise en compte d'éléments pour le calcul des marges de solvabilité des entreprises d'assurance (Décr. nº 2014-1280 du 23 oct. 2014, applicable pour les demandes présentées à compter du 12 nov. 2014).

Art. R. 334-4 *Abrogé par Décr. nº 2015-513 du 7 mai 2015, art. 8-5º-d, à compter du 1er janv. 2016.*

§ 2 EXIGENCE MINIMALE DE MARGE DE SOLVABILITÉ *(Décr. nº 2003-1236 du 22 déc. 2003).*

Art. R. 334-5 Pour les *(Décr. nº 2015-513 du 7 mai 2015, art. 8-5º-e, en vigueur le 1er janv. 2016)* « entreprises mentionnées à l'article L. 310-3-2 », *(Décr. nº 2003-1236 du 22 déc. 2003)* « l'exigence minimale de marge de solvabilité est déterminée soit par rapport au montant annuel des primes ou cotisations, soit par rapport à la charge moyenne annuelle des sinistres. Cette exigence minimale de marge est égale » au plus élevé des résultats obtenus par application des deux méthodes suivantes.

a) Première méthode (calcul par rapport aux primes).

(Décr. nº 2003-1236 du 22 déc. 2003) « La base des primes est calculée à partir des primes ou cotisations brutes émises ou des primes ou cotisations brutes acquises, le chiffre le plus élevé étant retenu. Les primes ou cotisations nettes d'annulation et de taxes pour les branches 11, 12 et 13 énumérées à l'article R. 321-1 sont majorées de 50 %. Les primes ou cotisations émises dans le cadre des affaires directes au cours du dernier exercice, accessoires compris, sont agrégées. Il est ajouté à ce montant le total des primes acceptées en réassurance au cours du dernier exercice. »

De cette somme sont déduits, d'une part, le total des primes ou cotisations annulées au cours du dernier exercice, d'autre part, le total des impôts et taxes afférents aux primes ou cotisations précitées.

Le montant obtenu *(Décr. nº 2015-513 du 7 mai 2015, art. 8-5º-e, en vigueur le 1er janv. 2016)* « est multiplié par 18 % ».

Le résultat déterminé par application de la première méthode est *(Décr. nº 2015-513 du 7 mai 2015, art. 8-5º-e, en vigueur le 1er janv. 2016)* « calculé en multipliant le montant obtenu » à l'alinéa précédent par le rapport existant, *(Décr. nº 2003-1236 du 22 déc. 2003)* « pour les trois derniers exercices », entre le montant des sinistres demeurant à la charge de l'entreprise après cession en réassurance et le montant des sinistres brut de réassurance, sans que ce rapport puisse être inférieur à 50 %.

(Décr. nº 2008-1154 du 7 nov. 2008) « Sous réserve de l'accord de l'Autorité de contrôle, des méthodes statistiques peuvent être utilisées pour l'affectation des primes ou cotisations. »

b) Deuxième méthode (calcul par rapport à la charge moyenne annuelle des sinistres).

Au total des sinistres payés pour les affaires directes au cours des trois derniers exercices, sans déduction des sinistres à la charge des cessionnaires et rétrocessionnaires, sont ajoutés, d'une part, les sinistres payés au titre des acceptations en réassurance ou en rétrocession au cours des mêmes exercices, d'autre part, les provisions pour sinistres à payer constituées à la fin du dernier exercice, tant pour les affaires directes que pour les acceptations en réassurance. *(Décr. nº 2003-1236 du 22 déc. 2003)* « Pour les branches 11, 12 et 13 énumérées à l'article R. 321-1, les sinistres, provisions et recours sont majorés de 50 %. »

De cette somme sont déduits, d'une part, les recours encaissés au cours des trois derniers exercices, d'autre part, les provisions pour sinistres à payer constituées au commencement du deuxième exercice précédant le dernier exercice, tant pour les affaires directes que pour les acceptations en réassurance.

Le tiers du montant ainsi obtenu *(Décr. nº 2015-513 du 7 mai 2015, art. 8-5º-e, en vigueur le 1er janv. 2016)* « est multiplié par 26 % ».

Le résultat déterminé par application de la deuxième méthode est *(Décr. nº 2015-513 du 7 mai 2015, art. 8-5º-e, en vigueur le 1er janv. 2016)* « calculé en multipliant le montant obtenu » à l'alinéa précédent, par le rapport existant, *(Décr. nº 2003-1236 du 22 déc. 2003)* « pour les trois derniers exercices », entre le montant des sinistres demeurant à la charge de l'entreprise après cession en réassurance et le montant des sinistres brut de réassurance, sans que ce rapport puisse être inférieur à 50 %.

(Décr. nº 88-456 du 27 avr. 1988) « Pour la branche mentionnée au 18 de l'article R. 321-1 *(Décr. nº 2015-513 du 7 mai 2015, art. 8-5º-e,en vigueur le 1er janv. 2016)* « du présent code et de l'article R. 211-2 du code de la mutualité », le montant des sinistres payés entrant dans le calcul du résultat déterminé par application de la seconde méthode est le coût résultant pour l'entreprise des interventions effectuées en matière d'assistance, y compris les coûts d'assistance directs internes. »

Lorsqu'une entreprise pratique principalement un ou plusieurs des risques *(Décr. nº 91-398 du 25 avr. 1991)* « crédit, » tempête, grêle, gelée, il est tenu compte pour le calcul de la charge moyenne annuelle des sinistres des sept derniers exercices sociaux au lieu des trois derniers. *– Assur. art. R. 331-35.*

(Décr. nº 2003-1236 du 22 déc. 2003) « Si les calculs des *a* et *b* donnent un résultat inférieur à l'exigence minimale de marge de l'exercice précédent, l'exigence de marge de solvabilité est au moins égale à celle de l'exercice précédent multipliée par le rapport entre les provisions techniques pour sinistres à payer à la fin du dernier exercice et le montant des provisions techniques pour sinistres à payer au début du dernier exercice. Dans ces calculs, les provisions techniques sont calculées déduction faite de la réassurance, ce rapport ne pouvant cependant pas être supérieur à un. »

(Décr. nº 2008-1154 du 7 nov. 2008) « En outre, pour la prise en compte de la réassurance financière limitée dans le ratio de réassurance mentionné au dernier alinéa du *a* et au dernier alinéa du *b*, l'Autorité de contrôle se fonde sur le transfert de risque effectif. »

(Décr. nº 2008-711 du 17 juill. 2008, art. 2-5º) « Sur demande et justification de l'entreprise auprès de l'Autorité de contrôle, et avec l'accord de celle-ci, les montants récupérables au titre des risques transférés à un véhicule de titrisation mentionné à l'article L. 310-1-2 peuvent être assimilés à des cessions en réassurance pour le calcul du rapport mentionné au dernier alinéa du *a* et au dernier alinéa du *b*.

« L'Autorité de contrôle tient compte du transfert de risque effectif pour apprécier l'ampleur de la réduction d'exigence de marge de solvabilité autorisée au titre de chaque opération réalisée avec un véhicule de titrisation. Elle tient également compte de la capacité de ce véhicule à respecter à tout moment ses engagements. »

En application du II de l'art. 21 de la L. nº 2000-321 du 12 avr. 2000, le silence gardé par l'administration pendant deux mois vaut rejet pour les demandes d'exigence minimale de solvabilité des entreprises d'assurance (Décr. nº 2014-1280 du 23 oct. 2014, applicable pour les demandes présentées à compter du 12 nov. 2014).

Art. R. 334-6 *Abrogé par Décr. n° 2015-513 du 7 mai 2015, art. 8-5°-d, à compter du 1er janv. 2016.*

§ 3 LE FONDS DE GARANTIE

Art. R. 334-7 *(Décr. n° 2015-513 du 7 mai 2015, art. 8-5°-f, en vigueur le 1er janv. 2016)* Le fonds de garantie des entreprises mentionnées à l'article L. 310-3-2 agréées pour pratiquer une ou plusieurs des branches mentionnées aux 1 à 18 des articles R. 321-1 du présent code, R. 211-2 du code de la mutualité et R. 931-2-1 du code de la sécurité sociale est égal au tiers de l'exigence minimale de marge de solvabilité définie à l'article R. 334-5.

Ce fonds ne peut être inférieur à 2 500 000 euros. Toutefois, il ne peut être inférieur à 3 700 000 euros pour les entreprises pratiquant tout ou partie des risques compris dans l'une des branches mentionnées aux 10 à 15 des articles R. 321-1 du présent code et R. 211-2 du code de la mutualité. Pour les entreprises constituées sous la forme de sociétés d'assurance mutuelle, ainsi que pour leurs unions, pour les mutuelles et unions régies par le livre II du code de la mutualité, et pour les institutions de prévoyance et unions régies par le titre III du livre IX du code de la sécurité sociale, ces derniers montants sont respectivement fixés à 1 900 000 et 2 800 000 euros. Lorsqu'une entreprise est agréée pour pratiquer des opérations entrant dans plusieurs branches, seule est prise en considération pour le calcul du fonds de garantie la branche à laquelle correspond le montant le plus élevé.

Art. R. 334-7-1 *Abrogé par Décr. n° 2003-1236 du 22 déc. 2003.*

Art. R. 334-8 Les dispositions de l'article R. 334-7 ne sont pas applicables *(Décr. n° 91-603 du 27 juin 1991)* « aux sociétés d'assurance mutuelles intégralement réassurées par une union mentionnée à l'article L. 322-26-3 », ainsi qu'aux sociétés ou caisses d'assurances mutuelles agricoles dispensées de l'agrément administratif dans les conditions prévues par l'article R. 322-132.

Art. R. 334-9 Les dispositions de l'article R. 334-7 concernant le montant minimal du fonds de garantie *(Décr. n° 91-603 du 27 juin 1991)* « ne sont pas applicables aux sociétés d'assurance mutuelles qui remplissent simultanément les conditions suivantes » :

a) Leurs statuts prévoient la possibilité de procéder à des rappels de cotisation ;

b) Elles ne garantissent pas les risques de responsabilité civile, sauf si ces risques constituent une garantie accessoire dans les conditions prévues par l'article R. 321-3, ni les risques entrant dans les branches mentionnées aux 14 et 15 de l'article R. 321-1 *(Décr. n° 2015-513 du 7 mai 2015, art. 8-5°-g, en vigueur le 1er janv. 2016)* « du présent code et de l'article R. 211-2 du code de la mutualité » ;

c) Le montant annuel de leurs cotisations émises, accessoires compris et annulations déduites, ne dépasse pas *(Décr. n° 2003-1236 du 22 déc. 2003 ; Avis ACP, JO 8 mai 2012)* « 6 200 000 € » ;

d) La moitié au moins de leurs cotisations est versée par des personnes physiques. *(Décr. n° 2003-1236 du 22 déc. 2003)* « Toutefois, après notification à l'Autorité de contrôle et avec son accord, ces sociétés d'assurance mutuelle ne bénéficient plus des dispositions dérogatoires du présent article dès lors qu'elles satisfont aux dispositions des articles R. 334-3, R. 334-5 et R. 334-7. »

Art. R. 334-9-1 *(Décr. n° 2015-513 du 7 mai 2015, art. 8-5°-h, en vigueur le 1er janv. 2016)* Les dispositions de l'article R. 334-7 concernant la *[le]* montant minimal du fonds de garantie ne sont pas applicables aux mutuelles et unions régies par le livre II du code de la mutualité qui remplissent simultanément les conditions suivantes :

a) Leurs statuts prévoient la possibilité de procéder à des rappels de cotisation ou à des réductions de prestations. Lorsque les statuts de la mutuelle ou de l'union sont modifiés en application du quatrième alinéa de l'article R. 212-9 du code de la mutualité, le membre participant ou la personne morale souscriptrice du contrat collectif *a*, dans le mois qui suit la notification des modifications statutaires de la mutuelle ou de l'union, le droit de résilier le ou les bulletins d'adhésion et le ou les contrats collectifs souscrits. Dans ce cas, la faculté de résiliation ouverte au membre participant et à la personne morale souscriptrice du contrat collectif comporte restitution par la mutuelle ou l'union des portions de cotisation afférentes à la période pour laquelle les risques ne sont plus garantis ;

b) Le montant annuel des cotisations émises, accessoires compris et annulations déduites ne dépasse pas 5 000 000 euros ;

c) Elles ne couvrent pas les risques relevant de la branche mentionnée au 15 de l'article R. 211-2 du code de la mutualité ;

d) Lorsqu'elles pratiquent des opérations relevant des branches mentionnées aux 1, 2, 17, 18 et 16 a de l'article R. 211-2 du code de la mutualité, la moitié au moins de leurs cotisations est versée par leurs membres participants ou honoraires.

Art. R. 334-10 *Abrogé par Décr. nº 2015-513 du 7 mai 2015, art. 8-5º-d, à compter du 1er janv. 2016.*

SECTION III LA MARGE DE SOLVABILITÉ DES ENTREPRISES D'ASSURANCE SUR LA VIE

§ 1er CONSTITUTION DE LA MARGE DE SOLVABILITÉ

Art. R. 334-11 *(Décr. nº 2008-1154 du 7 nov. 2008)* I. — La marge de solvabilité mentionnée à l'article L. 334-1 est constituée, après déduction des pertes, de la part des frais d'acquisition non admise en représentation des engagements réglementés et des autres éléments incorporels, par les éléments suivants :

1. Le capital social versé ou le fonds d'établissement constitué ; toutefois, les actions de préférence définies à l'article L. 228-11 du code de commerce ne sont admises que si elles remplissent les conditions fixées par arrêté du ministre chargé de l'économie relatives notamment aux droits financiers attachés et aux versements correspondants, lesquels doivent pouvoir être suspendus et ne sont pas dans ce cas reportés à un exercice ultérieur ;

2. Les réserves de toute dénomination, réglementaires ou libres, ne correspondant pas aux engagements, y compris la réserve de capitalisation ;

3. Le report *(Décr. nº 2015-513 du 7 mai 2015, art. 8-5º-i, en vigueur le 1er janv. 2016)* « du bénéfice, des excédents ou de la perte », déduction faite des dividendes à verser au titre du dernier exercice ;

« 4. Pour les mutuelles et unions régies par le livre II du code de la mutualité et les institutions de prévoyance et unions régies par le titre III du livre IX du code de la sécurité sociale, le ou les emprunts pour fonds de développement. Toutefois, à partir de la moitié de la durée d'un emprunt, celui-ci n'est retenu dans la marge de solvabilité que pour sa valeur progressivement réduite chaque année d'un montant constant égal au double du montant total de cet emprunt divisé par le nombre d'années de sa durée. »

II. — La marge de solvabilité peut également être constituée par :

1. Les fonds effectivement versés provenant de l'émission de titres ou emprunts subordonnés, ainsi que d'actions de préférence définies à l'article L. 228-11 du code de commerce autres que celles à caractère non cumulatif mentionnées au 1 du I. Ces titres et emprunts subordonnés et actions de préférence doivent répondre aux conditions, notamment de durée et de remboursements, qui sont fixées par arrêté du ministre chargé de l'économie. Ces fonds sont admis jusqu'à concurrence de 50 % de l'exigence de marge de solvabilité ou la marge de solvabilité, le montant le plus faible étant retenu. Toutefois, la prise en compte de ceux de ces fonds qui proviennent de titres ou emprunts à durée déterminée n'est admise qu'à concurrence de 25 % de cette marge. Tout remboursement effectué irrégulièrement peut, conformément aux dispositions *(Décr. nº 2010-217 du 3 mars 2010, art. 3-II-64º)* « de la section VI ou de la section VII du chapitre II du titre Ier du livre VI du code monétaire et financier, donner lieu à des mesures de police ou de sanction » par l'Autorité de contrôle.

2. La réserve pour fonds de garantie prévue à l'article R. 423-16, à hauteur de la part de cotisation versée par l'entreprise et non utilisée par le fonds.

(Décr. nº 2015-513 du 7 mai 2015, art. 8-5º-i, en vigueur le 1er janv. 2016) « 3. Les réserves constituées en application des articles L. 111-6 et L. 431-1 du code de la mutualité, y compris la part de cotisation versée par la mutuelle ou l'union et non utilisée par le système fédéral de garantie ou le fonds de garantie mentionné à l'article L. 431-1 du code de la mutualité. »

III. — Sur demande et justification de l'entreprise et avec l'accord de l'Autorité de contrôle, la marge de solvabilité peut également être constituée par :

(Décr. nº 2015-513 du 7 mai 2015, art. 8-5º-i, en vigueur le 1er janv. 2016) « 1. La moitié de la fraction non versée du capital ou de la part restant à rembourser de l'emprunt pour fonds d'établissement, dès que la partie versée atteint 25 % de ce capital ou de ce fonds, à concurrence, pour les entreprises d'assurance régies par le présent code, de 50 % de la marge de solvabilité ou de l'exigence de marge de solvabilité, le montant le plus faible étant retenu et, pour les mutuelles et unions régies par le livre II du code de la mutualité et les institutions de prévoyance et unions régies par le titre III du livre IX du code de la sécurité sociale, de la moitié de la part restant à rembourser de l'emprunt pour fonds d'établissement*[;]* »

2. Les plus-values pouvant résulter de la sous-estimation d'éléments d'actif *(Décr. nº 2015-513 du 7 mai 2015, art. 8-5º-i, en vigueur le 1er janv. 2016)* « et de la surestimation d'élément *[éléments]* de passif » dans la mesure où de telles plus-values n'ont pas un caractère exceptionnel ;

3. Les plus-values latentes sur les instruments financiers à terme mentionnés aux articles R. 332-45 et R. 332-46, dès lors que les opérations correspondantes sont négociées sur un marché reconnu au sens du dernier alinéa du A de l'article R. 332-2 ou réalisées de gré à gré dans la mesure où elles sont garanties dans les conditions prévues à l'article R. 332-56 ;

(Abrogé par Décr. nº 2015-513 du 7 mai 2015, art. 8-5º-i, à compter du 1er janv. 2016) ***« 4. Jusqu'au 31 décembre 2009, un montant représentant 50 % des bénéfices futurs de l'entreprise. Le montant des bénéfices futurs est obtenu en multipliant le bénéfice annuel estimé de l'entreprise par le facteur qui représente la durée résiduelle moyenne des contrats. »***

Les moins-values latentes sur instruments financiers à terme non provisionnées sont déduites des éléments énumérés au 2 et au 3.

(Abrogé par Décr. nº 2015-513 du 7 mai 2015, art. 8-5º-i, à compter du 1er janv. 2016) ***« Un arrêté du ministre chargé de l'économie fixe les modalités de calcul du facteur mentionné au 4 ainsi que les éléments constitutifs du bénéfice annuel estimé. »***

IV. — La marge de solvabilité disponible est diminuée des éléments suivants :

a) Les actions *(Abrogé par Décr. nº 2015-513 du 7 mai 2015, art. 8-5º-i, à compter du 1er janv. 2016) (Décr. nº 2015-204 du 23 févr. 2015, art. 1er-5º)* ***« ou les certificats mutualistes »*** propres *(Décr. nº 2015-204 du 23 févr. 2015, art. 1er-5º)* « détenus *[détenues]* » directement par l'entreprise d'assurance ;

b) Les participations que l'entreprise d'assurance détient dans un établissement de crédit *(Décr. nº 2014-1315 du 3 nov. 2014, art. 7-9º)* « , une société de financement » *(Décr. nº 2015-513 du 7 mai 2015, art. 8-5º-i, en vigueur le 1er janv. 2016)* « , une entreprise d'investissement *(Décr. nº 2017-1253 du 9 août 2017, art. 10-6º, en vigueur le 3 janv. 2018)* « , une société de gestion de portefeuille » ou un établissement financier » ;

c) Les créances subordonnées que l'entreprise d'assurance détient sur les entreprises mentionnées au *b* dans lesquelles elle détient une participation ;

(Décr. nº 2015-513 du 7 mai 2015, art. 8-5º-i, en vigueur le 1er janv. 2016) « *d)* Les certificats mutualistes ou paritaires émis et détenus directement par l'entreprise d'assurance. »

Toutefois, les éléments mentionnés aux *b* et *c* peuvent ne pas être déduits lorsque les participations mentionnées à ces alinéas sont détenues de manière temporaire en vue d'apporter un soutien financier à ces entreprises.

(Abrogé par Décr. nº 2015-513 du 7 mai 2015, art. 8-5º-i, à compter du 1er janv. 2016) (Décr. nº 2014-1315 du 3 nov. 2014, art. 7-9º) ***« En outre, l'entreprise n'est pas tenue d'effectuer les déductions mentionnées au b et au c lorsqu'elle est soumise à une surveillance complémentaire en application de l'article L. 334-3 ou de l'article L. 334-4 et qu'elle respecte les exigences complémentaires en fonds propres calculées selon les modalités fixées par l'arrêté des ministres chargés de l'économie, de la sécurité sociale et de la mutualité prévu à l'article L. 517-8 du code monétaire et financier. »***

V. – Lorsqu'elle estime que l'appréciation du report *(Décr. nº 2015-513 du 7 mai 2015, art. 8-5º-i, en vigueur le 1er janv. 2016)* **« du bénéfice, de l'excédent ou de la perte » mentionnée au 3 du I est susceptible d'être faussée par l'existence d'un contrat de réassurance financière limitée souscrit par l'entreprise, l'Autorité de contrôle peut limiter la prise en compte de ce report, en vue d'y intégrer les charges futures attendues au titre de ce contrat. Le cas échéant, le montant de la marge de solvabilité est ajusté au terme du contrat de réassurance financière limitée, en fonction du report cumulé effectivement constaté.**

En application du II de l'art. 21 de la L. nº 2000-321 du 12 avr. 2000, le silence gardé par l'administration pendant deux mois vaut rejet pour les demandes de prise en compte d'éléments pour le calcul des marges de solvabilité des entreprises d'assurance (Décr. nº 2014-1280 du 23 oct. 2014, applicable pour les demandes présentées à compter du 12 nov. 2014).

Art. R. 334-12 *Abrogé par Décr. nº 2015-513 du 7 mai 2015, art. 8-5º-d, à compter du 1er janv. 2016.*

§ 2 EXIGENCE MINIMALE DE MARGE DE SOLVABILITÉ *(Décr. nº 2003-1236 du 22 déc. 2003).*

Art. R. 334-13 *(Décr. nº 2003-1236 du 22 déc. 2003)* **Pour les** *(Décr. nº 2015-513 du 7 mai 2015, art. 8-5º-j, en vigueur le 1er janv. 2016)* **« entreprises mentionnées à l'article L. 310-3-2 », l'exigence minimale de marge de solvabilité est déterminée, en fonction des branches exercées, en application des dispositions suivantes :**

a) Pour les branches 20 et 21 *(Décr. nº 2015-513 du 7 mai 2015, art. 8-5º-j, en vigueur le 1er janv. 2016)* **« mentionnées aux articles R. 321-1 du présent code, R. 211-2 du code de la mutualité et R. 931-2-1 du code de la sécurité sociale », à l'exception des** *(Décr. nº 2015-513 du 7 mai 2015, art. 8-5º-j, en vigueur le 1er janv. 2016)* **« assurances ou garanties complémentaires », l'exigence minimale de marge est calculée par rapport aux provisions mentionnées aux 1º et 4º de l'article** *(Décr. nº 2015-513 du 7 mai 2015, art. 10-I-2º, en vigueur le 1er janv. 2016)* **« R. 343-3 » et aux capitaux sous risque. Ce montant est égal à la somme des deux résultats suivants :**

Le premier résultat est obtenu en multipliant un nombre représentant 4 % de la somme des provisions mentionnées aux 1º et 4º de l'article *(Décr. nº 2015-513 du 7 mai 2015, art. 10-I-2º, en vigueur le 1er janv. 2016)* **« R. 331-3 », relatives aux opérations d'assurances directes sans déduction des cessions en réassurance et aux acceptations en réassurance, par le rapport existant, pour le dernier exercice, entre le montant des provisions mathématiques après cessions en réassurance et le montant des provisions mathématiques brut de réassurance, sans que ce rapport puisse être inférieur à 85 %.**

Le second résultat est obtenu en multipliant un nombre représentant 0,3 % des capitaux sous risque par le rapport existant, pour le dernier exercice, entre le montant des capitaux sous risque après cession et rétrocession en réassurance et le montant des capitaux sous risque brut de réassurance sans que ce rapport puisse être inférieur à 50 %.

Pour les assurances temporaires en cas de décès d'une durée maximale de trois années, le facteur multiplicateur des capitaux sous risque est égal à 0,1 %. Il est fixé à 0,15 % desdits capitaux pour les assurances temporaires en cas de décès dont la durée est supérieure à trois années mais n'excède pas cinq années.

Le capital sous risque est égal au risque décès, déduction faite de la provision mathématique du risque principal ;

b) **Pour les** *(Décr. n° 2015-513 du 7 mai 2015, art. 8-5°-j, en vigueur le 1er janv. 2016)* **« assurances ou garanties complémentaires » à des contrats comportant des engagements résultant d'opérations classées aux branches 20, 21 et 22, l'exigence minimale de marge est égale à l'exigence minimale de marge de solvabilité des entreprises d'assurance, telle que prévue par l'article R. 334-5 ;**

c) **Pour la branche 23** *(Décr. n° 2015-513 du 7 mai 2015, art. 8-5°-j, en vigueur le 1er janv. 2016)* **« mentionnée à l'article R. 321-1 du présent code », l'exigence minimale de marge est égale à 1 % des avoirs des associations tontinières ;**

d) **Pour la branche 24** *(Décr. n° 2015-513 du 7 mai 2015, art. 8-5°-j, en vigueur le 1er janv. 2016)* **« mentionnée aux articles R. 321-1 du présent code, R. 211-2 du code de la mutualité et R. 931-2-1 du code de la sécurité sociale », à l'exception des opérations de capitalisation exprimées en unités de compte, l'exigence minimale de marge est égale au résultat obtenu en multipliant un nombre représentant 4 % des provisions techniques relatives aux opérations d'assurances directes et aux acceptations brutes de réassurance par le rapport mentionné au premier résultat défini au *a* ;**

(Décr. n° 2015-513 du 7 mai 2015, art. 8-5°-j, en vigueur le 1er janv. 2016) **« Pour les mutuelles et unions régies par le livre II du code de la mutualité, par dérogation au précédent alinéa, l'exigence minimale de marge est égale au résultat obtenu en multipliant un nombre représentant 4 % de la somme des seules provision mathématique et provision de gestion relatives aux opérations d'assurances directes et aux acceptations brutes de réassurance par le rapport mentionné au premier résultat défini au *a*[;] »**

e) *(Décr. n° 2015-513 du 7 mai 2015, art. 8-5°-j, en vigueur le 1er janv. 2016)* **« Pour la branche 22 mentionnée aux articles R. 321-1 du présent code, R. 211-2 du code de la mutualité et R. 931-2-1 du code de la sécurité sociale, à l'exception des assurances ou garanties complémentaires, pour la branche 24 mentionnée aux articles R. 321-1 du présent code, R. 211-2 du code de la mutualité et R. 931-2-1 du code de la sécurité sociale, lorsqu'il s'agit des opérations de capitalisation exprimées en unités de compte et pour la branche 25 mentionnée aux articles R. 321-1 du présent code, R. 211-2 du code de la mutualité et R. 931-2-1 du code de la sécurité sociale, l'exigence minimale de marge est égale : »**

1. Lorsque l'entreprise assume un risque de placement, à un nombre représentant 4 % des provisions techniques relatives aux opérations d'assurances directes et d'acceptations brutes de réassurance multiplié par le rapport mentionné au premier résultat défini au *a* ;

2. Lorsque l'entreprise n'assume pas de risque de placement, à un nombre représentant 1 % des provisions techniques des contrats multiplié par le rapport mentionné au premier résultat du *a*, à la condition que le montant destiné à couvrir les frais de gestion prévus dans ces contrats soit fixé pour une période supérieure à cinq années ;

(Décr. n° 2015-513 du 7 mai 2015, art. 8-5°-j, en vigueur le 1er janv. 2016) **« 3. Lorsque la mutuelle ou l'union régie par le livre II du code de la mutualité n'assume pas de risque de placement, et pour les contrats mentionnés à l'article L. 222-2 du code de la mutualité qui prévoient que les frais de gestion ne sont pas fixés pour une période supérieure à cinq ans, à un montant équivalent à 25 % des dépenses de gestion nettes relatives à ces opérations pour le dernier exercice ;**

« 4. Lorsque l'entreprise assume un risque de mortalité, le montant de l'exigence minimale de marge est obtenu en ajoutant à l'un ou l'autre des résultats déterminés par application des dispositions des trois alinéas précédents un nombre représentant 0,3 % des capitaux sous risque, multiplié par le rapport existant, pour le dernier exercice, entre le montant des capitaux sous risque après cessions et rétrocessions en réassurance et le montant des capitaux sous risque brut de réassurance, sans que ce rapport puisse être inférieur à 50 % ; »

f) *(Décr. n° 2004-571 du 14 juin 2004)* **« Pour la branche 26** *(Décr. n° 2015-513 du 7 mai 2015, art. 8-5°-j, en vigueur le 1er janv. 2016)* **« mentionnée aux articles R. 321-1 du présent code, R. 211-2 du code de la mutualité et R. 931-2-1 du code de la sécurité**

sociale », le montant minimal réglementaire de la marge est égal à un montant de 4 % de la plus élevée des valeurs suivantes :

« 1. La provision mathématique théorique mentionnée à l'article R. 441-21 calculée après cessions en réassurance ;

« 2. 85 % de cette même provision calculée avant cessions en réassurance. »

(Décr. n° 2015-513 du 7 mai 2015, art. 8-5°-j, en vigueur le 1er janv. 2016) « Pour les mutuelles ou unions régies par le livre II du code de la mutualité, par dérogation aux alinéas précédents du *f*, l'exigence minimale de marge est égale à un nombre représentant 4 % de la provision technique spéciale mentionnée à l'article R. 222-8 du code de la mutualité, dans la limite de la provision mathématique théorique mentionnée à l'article R. 222-16 du même code.

« Pour les institutions de prévoyance et unions régies par le titre III du livre IX du code de la sécurité sociale, par dérogation aux alinéas précédents du *f*, l'exigence minimale de marge est égale à un nombre représentant 4 % de la provision technique spéciale mentionnée à l'article R. 932-4-4 du code de la sécurité sociale, dans la limite de la provision mathématique théorique mentionnée à l'article R. 932-4-25 du même code. »

(Décr. n° 2008-1154 du 7 nov. 2008) « En outre, pour la prise en compte de la réassurance financière limitée dans le ratio de réassurance mentionné aux deuxième et troisième alinéas du *a* et au 3 du *e*, l'Autorité de contrôle se fonde sur le transfert de risque effectif ».

(Décr. n° 2008-711 du 17 juill. 2008, art. 2-6°) « Sur demande et justification de l'entreprise auprès de l'Autorité de contrôle, et avec l'accord de celle-ci, les montants récupérables au titre des risques transférés à un véhicule de titrisation mentionnés à l'article L. 310-1-2 peuvent être assimilés à des cessions en réassurance pour le calcul du rapport mentionné aux deuxième et troisième alinéas du *a* et au 3 du *e*.

« L'Autorité de contrôle tient compte du transfert de risque effectif pour apprécier l'ampleur de la réduction d'exigence de marge de solvabilité autorisée au titre de chaque opération réalisée avec un véhicule de titrisation. Elle tient également compte de la capacité de ce véhicule à respecter à tout moment ses engagements. »

En application du II de l'art. 21 de la L. n° 2000-321 du 12 avr. 2000, le silence gardé par l'administration pendant deux mois vaut rejet pour les demandes d'exigence minimale de solvabilité des entreprises d'assurance (Décr. n° 2014-1280 du 23 oct. 2014, applicable pour les demandes présentées à compter du 12 nov. 2014).

Art. R. 334-13-1 *(Décr. n° 2006-740 du 27 juin 2006)* Lorsqu'un contrat mentionné à l'article R. 342-1 prévoit que les frais de gestion ne sont pas fixés pour une période supérieure à cinq ans, et lorsque l'entreprise d'assurance n'assume pas un risque de placement, l'exigence minimale de marge de solvabilité est fixée à un montant équivalant à 25 % des dépenses de gestion nettes relatives à ces opérations pour le dernier exercice.

Art. R. 334-13-2 *(Décr. n° 2006-921 du 26 juill. 2006)* Au titre de la provision de diversification visée à l'article *(Décr. n° 2015-513 du 7 mai 2015, art. 10-I-2°, en vigueur le 1er janv. 2016)* « R. 343-3 », l'exigence mentionnée à l'article R. 334-13 est fixée à 1 % de ladite provision. Pour l'application de l'article R. 334-13-1, les frais de gestion sont pris en compte à hauteur de la quote-part de la provision de diversification dans les provisions constituées au titre de la comptabilité auxiliaire.

Toutefois, lorsque l'entreprise d'assurance garantit une valeur minimale de provision de diversification, l'exigence minimale réglementaire relative à la part de la provision de diversification faisant l'objet de ladite garantie est calculée dans les conditions définies au 1 du *e* de l'article R. 334-13.

Art. R. 334-14 *(Abrogé par Décr. n° 2015-513 du 7 mai 2015, art. 8-5°-d, à compter du 1er janv. 2016) Pour les entreprises (Décr. n° 94-635 du 25 juill. 1994) « visées au 4° de l'article L. 310-2 », (Décr. n° 2003-1236 du 22 déc. 2003) « le montant de l'exigence minimale de marge de solvabilité » est calculé, conformément aux dispositions de l'article R. 334-13, à partir, suivant le cas, des provisions techniques et des capitaux sous risque,*

des primes ou cotisations et des sinistres, ou des avoirs résultant des opérations réalisées par cette entreprise sur le territoire de la République française.

Les éléments constitutifs de la marge doivent être localisés sur le territoire de la République française au moins jusqu'à concurrence du fonds de garantie mentionné à l'article R. 334-16 et pour le surplus *(Décr. n° 95-1133 du 23 oct. 1995)* ***« à l'intérieur de l'Espace économique européen ».***

§ 3 LE FONDS DE GARANTIE

Art. R. 334-15 *(Décr. n° 2015-513 du 7 mai 2015, art. 8-5°-k, en vigueur le 1er janv. 2016)* **Le fonds de garantie des entreprises mentionnées à l'article L. 310-3-2 agréées pour pratiquer une ou plusieurs des branches mentionnées aux 20 à 28 des articles R. 321-1 du présent code, R. 211-2 du code de la mutualité et R. 931-2-1 du code de la sécurité sociale est égal au tiers de l'exigence minimale de marge de solvabilité définie à l'article R. 334-13, sans pouvoir être inférieur à 3 700 000 euros pour les entreprises constituées sous la forme de société anonyme et 2 800 000 euros pour les entreprises constituées sous la forme de société d'assurance mutuelle, les mutuelles et unions régies par le livre II du code de la mutualité, les institutions de prévoyance et leurs unions régies par le titre III du livre IX du code de la sécurité sociale, et les sociétés à forme tontinière.**

A concurrence de ces seuils ou de la moitié du fonds, si cette moitié est supérieure à ces seuils, le fonds est constitué par les éléments mentionnés aux 1, 2 et 3 du I, au 1 du II et au 1 du III de l'article R. 334-11.

Art. R. 334-15-1 *(Décr. n° 2015-513 du 7 mai 2015, art. 8-5°-l, en vigueur le 1er janv. 2016)* **Les dispositions de l'article R. 334-15 concernant le montant minimal du fonds de garantie ne sont pas applicables aux mutuelles et unions régies par le livre II code de la mutualité qui :**

a) **Soit garantissent exclusivement des prestations en cas de décès lorsque le montant en capital n'excède pas 150 % du plafond mensuel de la sécurité sociale ou lorsque ces prestations sont servies en nature ;**

b) **Soit remplissent cumulativement les conditions suivantes :**

— leurs statuts prévoient la possibilité de procéder à des rappels de cotisations ou à des réductions de prestations. Lorsque les statuts de la mutuelle ou de l'union sont modifiés en application du quatrième alinéa de l'article R. 212-9 du code de la mutualité, le membre participant ou la personne morale souscriptrice du contrat collectif a, dans le mois qui suit la notification des modifications statutaires de la mutuelle ou de l'union, le droit de résilier le ou les bulletins d'adhésion et le ou les contrats collectifs souscrits. Dans ce cas, la faculté de résiliation ouverte au membre participant et à la personne morale souscriptrice du contrat collectif comporte restitution par la mutuelle ou l'union des portions de cotisation afférentes à la période pour laquelle les risques ne sont plus garantis ;

— le montant des cotisations émises, accessoires compris et annulations déduites, ne dépasse pas 5 000 000 euros annuellement.

Art. R. 334-16 *Abrogé par Décr. n° 2015-513 du 7 mai 2015, art. 8-5°-d, à compter du 1er janv. 2016.*

SECTION IV LA MARGE DE SOLVABILITÉ DES ENTREPRISES MIXTES EXERÇANT À LA FOIS LES OPÉRATIONS MENTIONNÉES AUX 1° ET 2° DE L'ARTICLE L. 310-1 *(Décr. n° 2015-513 du 7 mai 2015, art. 8-5°-o, en vigueur le 1er janv. 2016).*

(Décr. n° 95-1133 du 23 oct. 1995)

§ 1er CONSTITUTION DE LA MARGE DE SOLVABILITÉ

Art. R. 334-17 **La marge de solvabilité** *(Décr. n° 2002-360 du 14 mars 2002)* **« mentionnée à l'article L. 334-1 » est constituée, après déduction des pertes, de la part**

des frais d'acquisition non admise en représentation des engagements réglementés et des autres éléments incorporels, par les éléments suivants :

a) (Décr. n° 2003-1236 du 22 déc. 2003) « Les éléments définis aux 1, 2, 3 du I, 1 et 2 du II et 1 et 3 du III de l'article R. 334-11 *(Décr. n° 2005-1185 du 19 sept. 2005)* « en tenant compte des déductions prévues au I de cet article » ;

« *b)* L'élément défini au 2 du III de l'article R. 334-11 ;

« *c)* L'élément défini au 4 du I de l'article R. 334-3, dans la limite du montant de la fraction dommage *(Décr. n° 2015-513 du 7 mai 2015, art. 8-5°-m, en vigueur le 1er janv. 2016)* « ou non-vie pour les mutuelles et unions du livre II du code de la mutualité et pour les institutions de prévoyance et unions régies par le titre III du livre IX du code de la sécurité sociale » définie au second alinéa de l'article R. 334-19 ; »

(Abrogé par Décr. n° 2015-513 du 7 mai 2015, art. 8-5°-n, à compter du 1er janv. 2016) ***« d) L'élément défini au 4 du III de l'article R. 334-11, dans la limite du montant de la fraction vie définie au troisième alinéa de l'article R. 334-19. »***

(Décr. n° 2002-970 du 4 juill. 2002) « Les moins-values latentes sur instruments financiers à terme non provisionnées sont déduites des éléments énumérés ci-dessus. »

Art. R. 334-18 *Abrogé par Décr. n° 2015-513 du 7 mai 2015, art. 8-5°-d, à compter du 1er janv. 2016.*

§ 2 EXIGENCE MINIMALE DE MARGE DE SOLVABILITÉ *(Décr. n° 2003-1236 du 22 déc. 2003).*

Art. R. 334-19 *(Décr. n° 2015-513 du 7 mai 2015, art. 8-5°-m et p, en vigueur le 1er janv. 2016)* L'exigence minimale de marge de solvabilité des entreprises mentionnés à l'article L. 310-3-2 et agrées pour pratiquer simultanément au moins deux ou plusieurs branches mentionnées soit aux 1 et 2, soit aux 20 à 26 des articles R. 321-1 du présent code, R. 211-2 du code de la mutualité et R. 931-2-1 du code de la sécurité sociale est égale à la somme des deux éléments ci-après, dénommés respectivement fraction dommage, ou non-vie pour les mutuelles et unions régies par le livre II du code de la mutualité et pour les institutions de prévoyance et unions régies par le titre III du livre IX du code de la sécurité sociale, et fraction vie.

Le montant minimal de la fraction dommage ou non-vie pour les mutuelles et unions régies par le livre II du code de la mutualité et pour les institutions de prévoyance et unions régies par le titre III du livre IX du code de la sécurité sociale est calculé dans les conditions définies à l'article R. 334-5, sur la base des primes et sinistres afférents aux affaires directes et aux acceptations relevant des branches 1 et 2 définies aux articles R. 321-1 du présent code, R. 211-2 du code de la mutualité et R. 931-2-1 du code de la sécurité sociale.

Le montant minimal de la fraction vie est calculé dans les conditions définies à l'article R. 334-13, sur la base des provisions techniques, des capitaux sous risque, des primes ou cotisations, des sinistres et des avoirs afférents aux affaires directes et aux acceptations relevant des branches 20 à 26 des articles R. 321-1 du présent code, R. 211-2 du code de la mutualité et R. 931-2-1 du code de la sécurité sociale.

Art. R. 334-20 *Abrogé par Décr. n° 2015-513 du 7 mai 2015, art. 8-5°-d, à compter du 1er janv. 2016.*

§ 3 LE FONDS DE GARANTIE

Art. R. 334-21 Le fonds de garantie des entreprises mentionnées *(Décr. n° 2015-513 du 7 mai 2015, art. 8-5°-q, en vigueur le 1er janv. 2016)* « à l'article L. 310-3-2 » est égal au tiers *(Décr. n° 2003-1236 du 22 déc. 2003)* « de l'exigence minimale de marge de solvabilité définie » à l'article R. 334-19, sans pouvoir être inférieur aux seuils définis *(Décr. n° 2015-513 du 7 mai 2015, art. 10-I-15°, en vigueur le 1er janv. 2016)* « à l'article R. 334-15 ».

A concurrence de ces seuils ou de la moitié dudit fonds si cette moitié est supérieure auxdits seuils, le fonds est constitué par les éléments mentionnés au *a* de l'article R. 334-17.

(Abrogé par Décr. n° 2015-513 du 7 mai 2015, art. 8-5°-q, à compter du 1er janv. 2016) *« Pour les entreprises mentionnées au 4° de l'article L. 310-2, le cautionnement initial déposé conformément à l'article R. 321-12 s'impute sur le fonds de garantie. »*

SECTION V *[ABROGÉE]* VÉRIFICATION DE SOLVABILITÉ GLOBALE DES ENTREPRISES D'ASSURANCE *(Décr. n° 2008-1154 du 7 nov. 2008).*

(Abrogée par Décr. n° 2015-513 du 7 mai 2015, art. 8-5°-r, à compter du 1er janv. 2016)

Art. R. 334-22 à R. 334-24 *Abrogés par Décr. n° 2015-513 du 7 mai 2015, art. 8-5°-r, à compter du 1er janv. 2016.*

Art. R. 334-25 *Abrogé par Décr. n° 88-456 du 27 avr. 1988.*

SECTION VI *[ABROGÉE]* DISPOSITIONS RELATIVES À LA MARGE DE SOLVABILITÉ DES ENTREPRISES DE RÉASSURANCE

(Abrogée par Décr. n° 2015-513 du 7 mai 2015, art. 8-5°-r, à compter du 1er janv. 2016)

§ 1er *[ABROGÉ]* CONSTITUTION DE LA MARGE DE SOLVABILITÉ

Art. R. 334-26 *Abrogé par Décr. n° 2015-513 du 7 mai 2015, art. 8-5°-r, à compter du 1er janv. 2016.*

§ 2 *[ABROGÉ]* EXIGENCE DE MARGE DE SOLVABILITÉ

Art. R. 334-27 et R. 334-28 *Abrogés par Décr. n° 2015-513 du 7 mai 2015, art. 8-5°-r, à compter du 1er janv. 2016.*

SECTION VII DISPOSITIONS TRANSITOIRES RELATIVES À LA MARGE DE SOLVABILITÉ *(Décr. n° 2008-1154 du 7 nov. 2008).*

Art. R. 334-29 *Abrogé par Décr. n° 93-469 du 23 mars 1993.*

Art. R. 334-30 **Les entreprises françaises agréées à la date du 23 juillet 1976 pour pratiquer une ou plusieurs des branches mentionnées aux 1 à 17 de l'article R. 321-1, et dont au 31 juillet 1978 le montant annuel des primes ou cotisations émises, accessoires compris et annulations déduites, n'atteint pas le sextuple du montant minimal du fonds de garantie, peuvent être dispensées par l'Autorité de contrôle prudentiel et de résolution de toute obligation concernant le montant du fonds de garantie, jusqu'à la clôture de l'exercice au cours duquel le total annuel des primes ou cotisations définies comme il est dit ci-dessus dépasse le sextuple du montant minimal du fonds de garantie.**

Art. R. 334-31 **Nonobstant les dispositions de la présente section, les entreprises agréées ne peuvent obtenir une extension d'agrément pour pratiquer d'autres branches mentionnées aux 1 à 18 de l'article R. 321-1 que si elles justifient que leur marge de solvabilité est au moins égale au montant réglementaire.**

Art. R. 334-32 *(Décr. n° 93-469 du 23 mars 1993)* **Les entreprises mentionnées à l'article R. 310-10-1, agréées à la date du 4 juillet 1993 pour pratiquer sur le territoire de la République française une ou plusieurs des branches mentionnées à l'article R. 321-1, et qui satisfont aux dispositions réglementaires permanentes relatives aux provisions techniques, à la marge de solvabilité et au fonds de garantie** *(Décr. n° 94-635 du 25 juill. 1994)* **« ainsi que les entreprises visées au 1° de l'article L. 310-10-1, qui satisfont aux mêmes dispositions », peuvent obtenir de l'Autorité de contrôle prudentiel et de résolution la suppression des mesures restrictives, telles qu'hypo-**

thèques, dépôts ou cautionnements, qui leur avaient été imposées en vertu de la réglementation qui leur était précédemment applicable.

Art. R. 334-33 à R. 334-35 *Abrogés par Décr. nº 91-603 du 27 juin 1991.*

Art. R. 334-36 *Abrogé par Décr. nº 93-469 du 23 mars 1993.*

Art. R. 334-37 *Abrogé par Décr. nº 91-603 du 27 juin 1991.*

Art. R. 334-38 *Abrogé par Décr. nº 2010-217 du 3 mars 2010, art. 3-II-65º.*

SECTION VIII DISPOSITIONS PARTICULIÈRES AUX TERRITOIRES D'OUTRE-MER *(Décr. nº 2008-1154 du 7 nov. 2008).*

Art. R. 334-39 *(Décr. nº 2002-360 du 14 mars 2002 ; Décr. nº 2008-1549 du 31 déc. 2008)* Les dispositions du présent chapitre à l'exception de la section VIII sont applicables dans les territoires de la Nouvelle-Calédonie, de la Polynésie française, des Terres australes et antarctiques françaises et de Wallis-et-Futuna.

SECTION IX *[ABROGÉE]* DISPOSITIONS RELATIVES À LA SURVEILLANCE COMPLÉMENTAIRE DES GROUPES D'ASSURANCES *(Décr. nº 2008-1154 du 7 nov. 2008).*

(Abrogée par Décr. nº 2015-513 du 7 mai 2015, art. 8-5º-r, à compter du 1er janv. 2016)

Art. R. 334-40 à R. 334-46 *Abrogés par Décr. nº 2015-513 du 7 mai 2015, art. 8-5º-r, à compter du 1er janv. 2016.*

SECTION X *[ABROGÉE]* DISPOSITIONS RELATIVES À LA SURVEILLANCE COMPLÉMENTAIRE DES ENTITÉS RÉGLEMENTÉES APPARTENANT À UN CONGLOMÉRAT FINANCIER *(Décr. nº 2008-1154 du 7 nov. 2008).*

(Abrogée par Décr. nº 2015-513 du 7 mai 2015, art. 8-5º-r, à compter du 1er janv. 2016)
(Décr. nº 2005-1185 du 19 sept. 2005)

Art. R. 334-47 *Abrogé par Décr. nº 2010-217 du 3 mars 2010, art. 3-II-68º.*

Art. R. 334-48 *Abrogé par Décr. nº 2015-513 du 7 mai 2015, art. 8-5º-r, à compter du 1er janv. 2016.*

Art. R. 334-49 à R. 334-52 *Abrogés par Décr. nº 2014-1315 du 3 nov. 2014, art. 7-15º.*

CHAPITRE V MESURES DE SAUVEGARDE RELATIVES AUX ENTREPRISES D'ASSURANCE

(Décr. nº 2015-513 du 7 mai 2015, art. 8-6º, en vigueur le 1er janv. 2016)

Art. R. 335-1 Lorsque l'Autorité de contrôle prudentiel et de résolution exige d'une entreprise d'assurance un programme de rétablissement en application de l'article L. 612-32 du code monétaire et financier, celui-ci doit notamment comporter, pour les trois prochains exercices sociaux, une description détaillée des éléments suivants et être accompagné des justificatifs s'y rapportant :

1º Une estimation prévisionnelle des frais de gestion, notamment des frais généraux courants et des commissions ;

2º Un plan détaillant les prévisions de recettes et de dépenses, tant pour les affaires directes que pour les acceptations et les cessions en réassurance ;

3º Un bilan prévisionnel ;

4º Une estimation des ressources financières devant servir à la couverture des engagements et de l'exigence de marge de solvabilité ;

5º La politique générale en matière de réassurance.

Art. R. 335-2 I. – Au vu du programme de rétablissement mentionné à l'article R. 335-1 ou à défaut de communication de ce programme dans le délai d'un mois après la demande, l'Autorité de contrôle prudentiel et de résolution peut exiger d'une entreprise d'assurance une marge de solvabilité renforcée, supérieure à l'exigence minimale de marge mentionnée, selon les cas, à l'article R. 334-5, à l'article R. 334-13 ou à l'article R. 334-19. Toutefois, le niveau total de marge de solvabilité exigé ne peut être supérieur au double de l'exigence minimale de marge mentionnée aux articles R. 334-5 ou R. 334-13. L'Autorité peut également mettre en œuvre les mesures mentionnées à l'article R. 334-2, dans les conditions prévues par cet article.

II. – L'Autorité de contrôle prudentiel et de résolution peut limiter la réduction de la marge de solvabilité prévue aux quatrièmes alinéas des *a* et *b* des articles R. 334-5, R. 334-13 ou R. 334-19 lorsque :

1° Le contenu ou la qualité du programme de réassurance a subi des modifications sensibles depuis le dernier exercice ;

2° Ou lorsque le programme de réassurance ne prévoit aucun transfert de risques ou un transfert insignifiant.

III. – Lorsqu'elle constate que les éléments constitutifs de la marge de solvabilité d'une entreprise d'assurance ont connu une baisse d'au moins 33 % au cours du dernier exercice clos par rapport à la moyenne de ces éléments constitutifs de la marge constatée au cours des quatre exercices précédant le dernier exercice, ou lorsqu'elle estime que les résultats du test d'exigibilité mentionné à l'article R. 336-7 font apparaître un risque de solvabilité, l'Autorité de contrôle prudentiel et de résolution peut :

1° Soit demander à l'entreprise de déduire des éléments constitutifs de la marge de solvabilité tout ou partie du montant de la moins-value latente nette globale constatée sur les placements mentionnés à l'article R. 343-9 ;

2° Soit demander à l'entreprise de déduire tout ou partie du montant de la moins-value latente nette globale constatée sur les actifs mentionnés à l'article R. 343-10 et non provisionné par la provision pour risque d'exigibilité ;

3° Soit mettre en œuvre de manière appropriée une combinaison des mesures précédentes.

Art. R. 335-3 Lorsqu'elle estime que les résultats du test d'exigibilité mentionné à l'article R. 336-7 font apparaître un risque de solvabilité, l'Autorité de contrôle prudentiel et de résolution peut déduire des éléments constitutifs de la marge le report de charge constitué en vertu de l'article R. 343-6.

Art. R. 335-4 Lorsque la marge de solvabilité d'une entreprise mentionnée à l'article L. 310-3-2 n'atteint pas le montant réglementaire, l'Autorité de contrôle prudentiel et de résolution, sans préjudice de la mise en œuvre des pouvoirs dont elle dispose aux termes des sections VI et VII du chapitre II du titre Ier du livre VI du code monétaire et financier, exige un plan de redressement, qui doit être soumis à son approbation dans le délai d'un mois.

L'Autorité de contrôle prudentiel et de résolution désigne un contrôleur qui doit être tenu informé en permanence par l'entreprise de l'élaboration du plan de redressement. L'entreprise rend compte de la mise en œuvre des décisions et mesures contenues dans le plan à ce contrôleur, qui veille à son exécution.

Art. R. 335-5 Lorsque la marge de solvabilité d'une entreprise mentionnée à l'article L. 310-3-2 n'atteint pas le fonds de garantie, ou si le fonds n'est pas constitué réglementairement, l'Autorité de contrôle prudentiel et de résolution, sans préjudice de la mise en œuvre des pouvoirs dont elle dispose aux termes des sections VI et VII du chapitre II du titre Ier du livre VI du code monétaire et financier, exige un plan de financement à court terme, qui doit être soumis à son approbation dans le délai d'un mois.

L'Autorité de contrôle prudentiel et de résolution désigne un contrôleur qui doit être tenu informé en permanence par l'entreprise de l'élaboration du plan de financement à court terme. L'entreprise rend compte de la mise en œuvre des décisions et mesures contenues dans le plan à ce contrôleur, qui veille à son exécution.

Art. R. 335-6 Lorsque l'Autorité de contrôle prudentiel et de résolution suspend, restreint ou interdit temporairement la libre disposition de tout ou partie des actifs d'une entreprise d'assurance, en application de l'article L. 612-33 du code monétaire et financier, elle peut en outre faire inscrire sur les immeubles de cette entreprise l'hypothèque mentionnée aux articles L. 327-3 du présent code, L. 212-24 du code de la mutualité et L. 931-23 du code de la sécurité sociale.

CHAPITRE VI CONTRÔLE INTERNE ET ÉTATS À PRODUIRE PAR LES ENTREPRISES *(Décr. nº 2015-513 du 7 mai 2015, art. 8-7º-a).*

(Décr. nº 2002-970 du 4 juill. 2002)

SECTION PREMIÈRE DISPOSITIONS GÉNÉRALES

Art. R. 336-1 *(Décr. nº 2015-513 du 7 mai 2015, art. 8-7º-b, en vigueur le 1er janv. 2016)* Les entreprises mentionnées à l'article L. 310-3-2 sont tenues de mettre en place un dispositif permanent de contrôle interne.

Le conseil d'administration ou le conseil de surveillance approuve, au moins une fois par an, un rapport sur le contrôle interne, qui est transmis à l'Autorité de contrôle prudentiel et de résolution.

La première partie de ce rapport détaille les conditions de préparation et d'organisation des travaux du conseil d'administration ou du conseil de surveillance et, le cas échéant, les limitations apportées par le conseil d'administration aux pouvoirs du directeur général dans l'exercice de ses fonctions.

Toutefois, les entreprises dont les titres financiers sont admis aux négociations sur un marché réglementé ne sont pas tenues de fournir ces éléments lorsqu'elles transmettent à l'Autorité de contrôle prudentiel et de résolution le rapport mentionné, selon les cas, à l'article L. 225-37 ou à l'article L. 225-68 du code de commerce.

La seconde partie de ce rapport détaille :

a) Les objectifs, la méthodologie, la position et l'organisation générale du contrôle interne au sein de l'entreprise, les mesures prises pour assurer l'indépendance et l'efficacité du contrôle interne et notamment la compétence et l'expérience des équipes chargées de le mettre en œuvre, ainsi que les suites données aux recommandations des personnes ou instances chargées du contrôle interne ;

b) Les procédures permettant de vérifier, d'une part, que les activités de l'entreprise sont menées selon les politiques et stratégies établies par les organes dirigeants, d'autre part, la conformité des opérations d'assurance ou de réassurance aux dispositions législatives et réglementaires ;

c) Les méthodes utilisées pour assurer la mesure, l'évaluation et le contrôle des placements, concernant en particulier l'évaluation de la qualité des actifs et de la gestion actif-passif, le suivi des opérations sur instruments financiers à terme et l'appréciation des performances et des marges des intermédiaires financiers utilisés ;

d) Le dispositif interne de contrôle de la gestion des placements, ce qui inclut la répartition interne des responsabilités au sein du personnel, les personnes chargées d'effectuer les transactions ne pouvant être également chargées de leur suivi, les délégations de pouvoir, la diffusion de l'information, les procédures internes de contrôle ou d'audit ;

e) Les procédures et dispositifs permettant d'identifier, d'évaluer, de gérer et de contrôler les risques liés aux engagements de l'entreprise et de détenir des capitaux suffisants pour ces risques, ainsi que les méthodes utilisées pour vérifier la conformité des pratiques en matière d'acceptation et de tarification du risque, de cession en réassurance et de provisionnement des engagements réglementés à la politique de l'entreprise dans ces domaines, définie dans les rapports mentionnés à l'article L. 336-1 et à l'article R. 336-5 ;

f) Les mesures prises pour assurer le suivi de la gestion des sinistres, le suivi des filiales, la maîtrise des activités externalisées et des modes de commercialisation des produits de l'entreprise et les risques qui pourraient en résulter.

V. Instr. ACPR n° 2015-I-22 du 2 oct. 2015 relative au questionnaire sur les pratiques commerciales et la protection de la clientèle (http://acpr.banque-france.fr).

Art. R. 336-2 *(Décr. n° 2006-287 du 13 mars 2006)* **Le conseil d'administration ou le conseil de surveillance fixe, au moins annuellement, les lignes directrices de la politique de placement. Il se prononce en particulier sur les modalités de choix des intermédiaires financiers, sur la gestion actif-passif, sur la qualité des actifs et sur les opérations sur instruments financiers à terme.**

A cet effet, il s'appuie sur le rapport de solvabilité mentionné à l'article *(Décr. n° 2015-513 du 7 mai 2015, art. 10-I-13°, en vigueur le 1er janv. 2016)* **« L. 336-1 » qui, dans une partie distincte relative aux placements, présente les résultats obtenus pour chaque portefeuille et chaque catégorie de placements, détaille les opérations mentionnées aux articles R. 332-45 à R. 332-48 et réalisées au cours de la période écoulée et fixe, pour ces opérations, les limites aux risques de marché, de contrepartie et de liquidité encourus sur les opérations à venir.**

Le conseil d'administration ou le directoire peut modifier les limites visées à l'alinéa précédent. Dans ce cas, il rend compte de ces modifications sans délais à l'Autorité de contrôle prudentiel et de résolution et dans le prochain rapport de solvabilité.

Art. R. 336-3 **Lorsqu'elle utilise pour la première fois des instruments financiers à terme, l'entreprise d'assurance en informe préalablement l'Autorité de contrôle prudentiel et de résolution.**

Art. R. 336-4 **L'entreprise effectue un suivi permanent des opérations mentionnées aux articles R. 332-45 à R. 332-48. Elle tient à cet effet un relevé quotidien des positions prises pour chaque catégorie de placement sous-jacent, échéance par échéance.**

Le système de suivi doit permettre :

a) **Une évaluation sans délai des valeurs de réalisation ;**

b) **Le respect à tout moment des limites internes mentionnées à l'article R. 336-2 ;**

c) **Le contrôle à tout moment du respect par les gestionnaires de ces limites et des procédures internes nécessaires à l'accomplissement des dispositions du présent article.**

Art. R. 336-5 *(Décr. n° 2004-221 du 12 mars 2004)* **Le conseil d'administration ou de surveillance approuve au moins annuellement les lignes directrices de la politique de réassurance.**

Un rapport relatif à la politique de réassurance lui est soumis annuellement.

Ce rapport décrit :

a) **Les orientations prises par l'entreprise en matière de cessions en réassurance, en particulier en ce qui concerne la nature et le niveau de protection visé et le choix des entreprises cessionnaires ;**

b) **Les critères qualitatifs et quantitatifs sur lesquels l'entreprise se fonde pour s'assurer de l'adéquation de ses cessions en réassurance avec les risques souscrits ;**

c) **Les orientations de la politique de réassurance concernant les risques souscrits au cours de l'exercice suivant le dernier exercice clos ainsi que les principales cessions de réassurance ;**

d) **L'organisation concernant la définition, la mise en œuvre et le contrôle du programme de réassurance ;**

e) **Les méthodes d'analyse et de suivi qu'utilise l'entreprise en ce qui concerne le risque de contrepartie lié à ses opérations de cessions en réassurance ainsi que les conclusions résultant de l'emploi de ces méthodes.**

Après son approbation, ce rapport peut être inclus dans le rapport de solvabilité mentionné à l'article *(Décr. n° 2015-513 du 7 mai 2015, art. 10-I-13°, en vigueur le 1er janv. 2016)* **« L. 336-1 ».**

(Abrogé par Décr. n° 2015-513 du 7 mai 2015, art. 8-7°-c, à compter du 1er janv. 2016) ***« Les dispositions du présent article sont applicables aux entreprises mentionnées au 1° de l'article L. 310-2*** *(Décr. n° 2008-1154 du 7 nov. 2008)* ***«, aux entreprises mentionnées au 1° du III de l'article L. 310-1-1, » ainsi qu'aux succursales des entreprises étrangères***

mentionnées aux 3° et 4° de l'article L. 310-2. Pour ces dernières, le mandataire général représentant la société est substitué au conseil d'administration ou de surveillance. »

Art. R. 336-6 *(Décr. n° 2015-513 du 7 mai 2015, art. 8-7°-d en vigueur le 1er janv. 2016)* **Les entreprises doivent transmettre chaque année à l'Autorité de contrôle prudentiel et de résolution, selon des modalités définies par cette dernière, le compte rendu détaillé annuel de leurs opérations et tous états, tableaux ou documents de nature à permettre de contrôler leur situation financière, l'exécution de leurs opérations, l'encaissement des primes ou cotisations, le règlement des sinistres, l'évaluation et, pour les entreprises mentionnées aux 1° et 2° de l'article L. 341-1** *[du présent code]*, **à l'article L. 211-8 du code de la mutualité et à l'article L. 931-4 du code de la sécurité sociale, la représentation des provisions et des réserves.**

Les informations mentionnées au premier alinéa doivent être approuvées par le directeur général ou le directoire ou, dans le cas des mutuelles et unions régies par le code de la mutualité, par le conseil d'administration.

Les entreprises doivent communiquer à l'Autorité de contrôle prudentiel et de résolution, à sa demande, tous renseignements et documents permettant d'apprécier la valeur des immeubles, prêts, titres ou créances figurant dans leur bilan à quelque titre que ce soit et sous quelque forme que ce soit ainsi que tous autres renseignements sur les opérations que l'Autorité estime nécessaires à l'exercice de son contrôle.

V. Instr. ACPR (http://acpr.banque-france.fr) :
- n° 2016-I-15 du 27 juin 2016 relative aux documents prudentiels annuels à communiquer par les organismes assujettis au contrôle de l'ACPR ne relevant pas du régime dit « Solvabilité II » ;
- n° 2017-I-03 du 16 févr. 2017 relative aux documents prudentiels annuels à communiquer.

Art. R. 336-7 *(Décr. n° 2015-513 du 7 mai 2015, art. 8-7°-d en vigueur le 1er janv. 2016)* **Les entreprises mentionnées à l'article L. 310-3-2 effectuent chaque année un test d'exigibilité destiné à évaluer leur capacité à faire face à leurs engagements à l'égard des assurés et des entreprises réassurées dans des conditions détériorées de marché. Les modalités de ce test sont fixées par l'Autorité de contrôle prudentiel et de résolution.** – *V. note ss. art. R. 336-6.*

Art. R. 336-8 *(Décr. n° 2015-513 du 7 mai 2015, art. 8-7-d en vigueur le 1er janv. 2016)* **Dès lors que les états, tableaux ou documents mentionnés à l'article R. 336-6 sont fondés sur des données comptables, les soldes des comptes utilisés par l'entreprise doivent s'y raccorder, par voie directe ou par regroupement.** – *V. note ss. art. R. 336-6.*

TITRE QUATRIÈME **DISPOSITIONS COMPTABLES ET STATISTIQUES**

CHAPITRE PREMIER **PRINCIPES GÉNÉRAUX**

Art. R. 341-1 *Abrogé par Décr. n° 2015-513 du 7 mai 2015, art. 9-1°, à compter du 1er janv. 2016.*

Art. R. 341-2 *(Décr. n° 2015-513 du 7 mai 2015, art. 9-2°, en vigueur le 1er janv. 2016)* **Sous réserve des dispositions du présent code et des adaptations rendues nécessaires par les prescriptions comptables de l'Autorité des normes comptables qui leur sont applicables, les entreprises mentionnées à l'article L. 341-1 sont soumises aux dispositions des articles R. 123-172 à R. 123-180, R. 123-184 à R. 123-189, R. 123-191, R. 123-198 et R. 123-199 du code de commerce.**

Art. R. 341-3 *(Décr. n° 2015-513 du 7 mai 2015, art. 9-3°, en vigueur le 1er janv. 2016)* **Un arrêté du ministre chargé de l'économie peut, en tant que de besoin, prescrire des modalités spécifiques de suivi extracomptable des placements, des contrats, des sinistres et des opérations de réassurance, de coassurance et de coréassurance.**

Art. R. 341-4 *(Décr. n° 2015-513 du 7 mai 2015, art. 9-4°, en vigueur le 1er janv. 2016)* **Sauf dérogation autorisée par l'Autorité de contrôle prudentiel** *[et de résolution]* **en**

application de l'article L. 341-4, l'exercice comptable commence le 1er janvier et finit le 31 décembre de chaque année. Exceptionnellement, le premier exercice comptable des entreprises françaises qui commencent leurs opérations au cours d'une année civile peut être clôturé à l'expiration de l'année suivante.

Art. R. 341-5 *Abrogé par Décr. nº 2015-513 du 7 mai 2015, art. 9-1º, à compter du 1er janv. 2016.*

Art. R. 341-6 *Abrogé par Décr. nº 2001-51 du 17 janv. 2001.*

Art. R. 341-7 *(Décr. nº 2015-513 du 7 mai 2015, art. 9-5º, en vigueur le 1er janv. 2016)* **Les opérations en devises et les documents comptables y afférant sont définies et tenues** *[définis et tenus]* **dans chacune des devises utilisées, selon les prescriptions comptables de l'Autorité des normes comptables. Toutefois, les entreprises dont les opérations en devises ne sont pas significatives peuvent tenir leurs documents comptables uniquement en euros.**

Les comptes annuels sont établis en euros. Pour l'établissement des comptes annuels, les opérations en devises sont converties en euros d'après les cours de change constatés à la date de la clôture des comptes ou, à défaut, à la date antérieure la plus proche.

Art. R. 341-8 *(Décr. nº 2015-513 du 7 mai 2015, art. 9-6º, en vigueur le 1er janv. 2016)* **Sauf si elle les publie en application de l'article L. 341-3, l'entreprise met à disposition les comptes annuels, le rapport de gestion, le rapport des commissaires aux comptes sur les comptes annuels ainsi que le cas échéant les comptes consolidés ou combinées** *[combinés]*, **le rapport sur la gestion du groupe et le rapport des commissaires aux comptes sur les comptes consolidés ou combinés à toute personne qui en fait la demande, moyennant le paiement d'une somme qui ne peut dépasser le montant fixé par un arrêté du ministre chargé de l'économie.**

L'Autorité de contrôle prudentiel et de résolution peut demander que les comptes annuels lui soient communiqués avant d'être soumis à l'assemblée générale ou le cas échéant à la commission paritaire pour les institutions de prévoyance et unions régies par le titre III du livre IX du code de la sécurité sociale, à partir de la date à laquelle ils doivent être tenus à la disposition des commissaires aux comptes.

Art. R. 341-9 *(Décr. nº 2015-513 du 7 mai 2015, art. 9-7º, en vigueur le 1er janv. 2016)* **Toute entreprise mentionnée à l'article L. 310-1 ou au 1º du III de l'article L. 310-1-1 est tenue de mettre en place des procédures d'élaboration et de vérification de l'information financière et comptable nécessaire à l'établissement des comptes annuels. Ces procédures sont décrites dans un rapport soumis annuellement à l'approbation du conseil d'administration ou du conseil de surveillance et transmis à l'Autorité de contrôle prudentiel et de résolution.**

Pour les entreprises mentionnées à l'article L. 310-3-2, les mutuelles et unions mentionnées à l'article L. 211-11 du code de la mutualité et les institutions de prévoyance et unions mentionnées à l'article L. 931-6-1 du code de la sécurité sociale, le rapport mentionné au premier alinéa peut être intégré dans le rapport mentionné à l'article R. 336-1 du présent code.

Art. R. 341-10 *Abrogé par Décr. nº 94-635 du 25 juill. 1994.*

CHAPITRE II **DISPOSITIONS COMPTABLES PARTICULIÈRES**

(Décr. nº 2015-513 du 7 mai 2015, art. 9-8º).

Le Décr. nº 94-482 du 8 juin 1994 modifiant le C. assur. en vue de la transposition de la Dir. (CE) nº 91-674 du 19 déc. 1991 concernant les comptes sociaux et comptes consolidés des entreprises d'assurance a abrogé les art. R. 342-1 à R. 342-25 et les sections I à V correspondantes du C. assur. (Décr. préc., art. 1er). Par la suite, le Décr. nº 2006-740 du 27 juin 2006 crée dans le présent chap. une section VI comprenant les art. R. 342-1 à R. 342-9 (Décr. préc., art. 1er-10º).

SECTION VI DISPOSITIONS SPÉCIFIQUES RELATIVES AUX COMPTABILITÉS AUXILIAIRES D'AFFECTATION

(Décr. nº 2006-740 du 27 juin 2006)

Art. R. 342-1 La présente section s'applique aux contrats *(Décr. nº 2014-1008 du 4 sept. 2014, art. 5-1º)* « ou engagements » pour lesquels il est tenu une comptabilité auxiliaire d'affectation ne relevant pas de l'article L. 441-8 *(Décr. nº 2015-513 du 7 mai 2015, art. 9-9º, en vigueur le 1er janv. 2016)* « du code des assurances, de l'article L. 222-1 du code de la mutualité ou de l'article L. 932-24 du code de la sécurité sociale ». Il est établi, pour chaque comptabilité auxiliaire :

a) Un compte de résultat d'affectation ;

b) Un compte de bilan d'affectation, où sont inscrits les actifs du ou des contrats *(Décr. nº 2014-1008 du 4 sept. 2014, art. 5-1º)* « ou afférents aux engagements » et ses provisions techniques ;

c) Une annexe comportant un inventaire des actifs du ou des contrats *(Décr. nº 2014-1008 du 4 sept. 2014, art. 5-1º)* « ou afférents aux engagements » et un état récapitulatif des opérations mentionnées aux articles R. 342-3 et R. 342-4 ;

d) Un tableau des engagements reçus et donnés.

Ces documents sont établis et arrêtés par l'entreprise d'assurance à chaque fin d'exercice dans les mêmes conditions que ses comptes individuels.

(Décr. nº 2014-1008 du 4 sept. 2014, art. 5-1º) « Lorsqu'un contrat relevant de l'article L. 144-2 *(Abrogé par Décr. nº 2017-1171 du 18 juill. 2017, art. 1er-7º)* ***« ou de l'article L. 143-1 »*** comporte des engagements relevant de l'article L. 134-1 et prévoit l'acquisition de droits individuels relatifs à des engagements ne donnant pas lieu à la constitution d'une provision de diversification, ces droits font l'objet d'un enregistrement comptable distinct au sein de la comptabilité auxiliaire d'affectation mentionnée au VII de l'article L. 144-2 *(Abrogé par Décr. nº 2017-1171 du 18 juill. 2017, art. 1er-7º)* ***« ou à l'article L. 143-4 »***. »

(Décr. nº 2017-1171 du 18 juill. 2017, art. 1er-7º) « Lorsqu'un contrat relevant de l'article L. 143-1 pour lequel il est tenu une comptabilité auxiliaire d'affectation comporte des engagements relevant de l'article L. 134-1 et prévoit l'acquisition de droits individuels relatifs à des engagements ne donnant pas lieu à la constitution d'une provision de diversification, ces droits font l'objet d'un enregistrement comptable distinct au sein de cette comptabilité auxiliaire d'affectation. »

Art. R. 342-2 *Abrogé par Décr. nº 2015-513 du 7 mai 2015, art. 9-10º, à compter du 1er janv. 2016.*

Art. R. 342-3 *(Décr. nº 2017-1171 du 18 juill. 2017, art. 1er-8º)* Lorsque les engagements de l'entreprise d'assurance ou du fonds de retraite professionnelle supplémentaire au titre d'une comptabilité auxiliaire d'affectation ne sont plus représentés de manière au moins équivalente par les actifs de ce contrat ou relatifs à ces engagements, l'entreprise d'assurance ou le fonds de retraite professionnelle supplémentaire parfait cette représentation en procédant à l'affectation aux engagements relatifs à cette comptabilité auxiliaire d'actifs représentatifs de ses réserves ou de ses provisions, autres que ceux représentatifs de ses engagements réglementés. Ces actifs sont obligatoirement choisis dans les catégories de placements mentionnés à l'article R. 342-4.

Ce changement d'affectation d'actifs emporte affectation à la comptabilité auxiliaire du produit des droits attachés à ces actifs, y compris les produits correspondant aux éventuels avoirs fiscaux et autres crédits d'impôts attachés à la détention de ces mêmes actifs. Les actifs ainsi affectés à la comptabilité auxiliaire sont inscrits au bilan mentionné à l'article R. 342-1 pour leur valeur de réalisation déterminée conformément aux articles R. 343-11 et R. 343-12. La différence entre cette valeur et la valeur comptable antérieure est, le cas échéant, constatée dans le compte de résultat de l'entreprise d'assurance.

Lorsque le niveau de la représentation de ses engagements au titre de la comptabilité auxiliaire d'affectation le permet, l'entreprise d'assurance ou le fonds de retraite professionnelle supplémentaire peut réaffecter en représentation de réserves ou de provisions autres que celles relatives à cette comptabilité auxiliaire d'affectation des actifs représentatifs des engagements du contrat choisis dans les catégories d'actifs définies au premier alinéa. Les actifs ainsi réaffectés sont inscrits au bilan pour leur valeur de réalisation, déterminée conformément aux articles R. 343-11 et R. 343-12. La différence entre cette valeur et la valeur comptable antérieure inscrite dans le compte de bilan d'affectation est, le cas échéant, constatée dans le compte de résultat mentionné à l'article R. 342-1. La valeur de réalisation cumulée des actifs ainsi réaffectés, à la date de cette réaffectation, ne peut excéder la valeur de réalisation des actifs affectés à cette comptabilité auxiliaire d'affectation au titre du premier alinéa à la date de cette affectation.

Art. R. 342-4 *(Décr. n° 2017-1171 du 18 juill. 2017, art. 1er-9°)* **« Les placements détenus par l'entreprise d'assurance ou par le fonds de retraite professionnelle supplémentaire en représentation d'engagements autres que ceux relatifs aux contrats ou engagements mentionnés à l'article R. 342-1 ne peuvent changer d'affectation pour être affectés à ces derniers qu'à condition de relever de l'une des catégories de placements définies aux 1° à 5°, 8° et 13° de l'article R. 332-2. Les mêmes dispositions s'appliquent aux placements d'un contrat ou d'engagements qui changent d'affectation et sont affectés en représentation d'autres engagements de l'entreprise d'assurance, y compris ceux relatifs à d'autres contrats ou engagements mentionnés à l'article R. 342-1 ou à l'article L. 441-1. »**

L'enregistrement comptable des opérations mentionnées au premier alinéa est identique à celui qui résulte d'une opération de cession d'actifs pour le portefeuille de placements d'origine et d'une opération concomitante d'acquisition d'actifs pour le portefeuille de placements d'accueil. – *Sur la dérogation temporaire à ces dispositions, V., ci-dessous, Décr. n° 2016-959 du 13 juill. 2016.*

Décret n° 2016-959 du 13 juillet 2016,

Relatif aux transferts d'actifs vers des engagements donnant lieu à constitution d'une provision de diversification.

Art. 1er Sous réserve des dispositions de l'article 3, les entreprises d'assurance peuvent transférer vers une comptabilité auxiliaire d'affectation établie pour des engagements donnant lieu à constitution d'une provision de diversification mentionnés à l'article L. 134-1 du code des assurances, des actifs qui ne sont pas en représentation d'engagements en unités de compte mentionnés à l'article L. 131-1 du même code et qui ne font pas l'objet d'une comptabilité auxiliaire d'affectation mentionnée *(Décr. n° 2019-1437 du 23 déc. 2019, art. 3, en vigueur le 1er janv. 2020)* « à l'article L. 134-2 ou à l'article L. 142-4 du même code ». Par dérogation aux dispositions *(Décr. n° 2019-1437 du 23 déc. 2019, art. 3, en vigueur le 1er janv. 2020)* « des articles R. 134-8 et R. 342-4 » du même code, les actifs ainsi transférés sont inscrits *(Décr. n° 2019-1437 du 23 déc. 2019, art. 3, en vigueur le 1er janv. 2020)* «, lors de ce transfert, » dans la comptabilité auxiliaire susmentionnée sur la base de leur valeur déterminée en application des articles R. 343-9 et R. 343-10 du même code. *(Décr. n° 2019-1437 du 23 déc. 2019, art. 3, en vigueur le 1er janv. 2020)* « Les valorisations ultérieures de ces actifs sont effectuées conformément aux dispositions de l'article R. 134-8 du même code. »

La faculté mentionnée au premier alinéa ne peut être exercée que sous réserve que les actifs de la comptabilité générale présentent dans leur ensemble une plus-value latente, laquelle résulte de la différence entre, d'une part, la valeur totale des actifs de l'entreprise d'assurance, hors actifs en représentation des engagements exprimés en unités de compte et hors actifs faisant l'objet d'une comptabilité auxiliaire d'affectation, évalués en application des articles R. 343-11 et R. 343-12 du code des assurances et, d'autre part, la valeur totale de ces mêmes actifs évalués en application des articles R. 343-9 et R. 343-10 du même code.

(Décr. n° 2019-1437 du 23 déc. 2019, art. 3, en vigueur le 1er janv. 2020) «Le transfert des actifs mentionné au premier alinéa donne lieu, en contrepartie, au transfert réciproque, à partir de la comptabilité auxiliaire d'affectation, d'actifs dont la valeur totale évaluée en

application des articles R. 343-11 et R. 343-12 égale celle des actifs transférés en application du premier alinéa évaluée en application des articles R. 343-9 et R. 343-10. »

Par dérogation aux dispositions du 10° de l'article R. 343-3 du code des assurances, un montant équivalent à la plus-value latente que présentent les actifs transférés est inscrit à la provision collective de diversification différée de la comptabilité auxiliaire mentionnée à ce même article.

Art. 2 Le montant maximal que les entreprises d'assurance peuvent annuellement inscrire à la provision collective de diversification différée, en application des dispositions du dernier alinéa de l'article 1er, ne peut excéder un pourcentage de la plus-value latente que présentent dans leur ensemble les actifs de la comptabilité générale.

Ce pourcentage est la moins élevée des deux valeurs suivantes :

1° Le montant des prestations versées lors de l'exercice correspondant aux engagements exprimés en euros, divisé par la valeur totale des actifs de l'entreprise d'assurance, hors actifs en représentation des engagements exprimés en unités de compte et hors actifs faisant l'objet d'une comptabilité auxiliaire d'affectation, évalués en application des articles R. 343-9 et R. 343-10 du code des assurances ;

2° Le montant des primes versées lors de l'exercice, y compris les sommes investies au titre des conversions et des arbitrages, correspondant à des engagements donnant lieu à constitution d'une provision de diversification, divisé par la valeur totale des actifs de l'entreprise d'assurance, hors actifs en représentation des engagements exprimés en unités de compte et hors actifs faisant l'objet d'une comptabilité auxiliaire d'affectation, évalués en application des articles R. 343-9 et R. 343-10 du code des assurances.

Art. 3 La mise en œuvre de la faculté mentionnée à l'article 1er, lorsqu'elle porte sur des actifs faisant l'objet d'une identification distincte en application de stipulations contractuelles prévues au bénéfice d'une association souscriptrice d'un contrat de groupe régie par le chapitre Ier du titre IV du livre Ier du code des assurances, nécessite l'accord de l'assemblée générale de cette association.

Les actifs mentionnés à l'alinéa précédent sont alors inscrits dans une comptabilité auxiliaire d'affectation réservée à cette association.

Art. 4 Les entreprises d'assurance qui exercent la faculté mentionnée à l'article 1er en informent les souscripteurs et les adhérents concernés.

Elles fournissent annuellement à ces souscripteurs et adhérents une information sur la portée des transferts d'actifs effectués en application de cet article 1er lors du dernier exercice clos *(Décr. n° 2019-1437 du 23 déc. 2019, art. 3, en vigueur le 1er janv. 2020)* « au cours duquel cette faculté a été exercée ».

Un arrêté du ministre chargé de l'économie précise le contenu et les modalités des informations mentionnées aux alinéas précédents.

Art. 5 *Mod. C. assur, art. R. 134-5, R. 134-9 et R. 134-14.*

Art. 6 *(Décr. n° 2019-1437 du 23 déc. 2019, art. 3, en vigueur le 1er janv. 2020)* La faculté mentionnée à l'article 1er peut être exercée tant que, à l'ouverture de chaque exercice comptable depuis l'entrée en vigueur du présent décret, le TEC 10 publié par la Banque de France est inférieur au taux de rendement récurrent de l'actif général constaté sur l'exercice précédent.

Les modalités de calcul du taux de rendement récurrent de l'actif général sont précisées par un arrêté du ministre chargé de l'économie.

Arrêté du 13 juillet 2016,

Relatif aux obligations d'information des organismes d'assurance prenant des engagements donnant lieu à constitution d'une provision de diversification.

Art. 1er I. — Les entreprises d'assurance sur la vie qui dotent la provision collective de diversification différée en application des dispositions prévues *(Arr. du 12 avr. 2017, art. 1er-1°)* « par l'article premier » du décret n° 2016-959 du 13 juillet 2016 relatif aux possibilités temporaires de transfert d'actifs vers des engagements donnant lieu à constitution d'une provision de diversification, informent individuellement par tout support durable l'ensemble des souscripteurs et des adhérents concernés tant de l'exercice de cette faculté que du fait qu'elle s'exerce sans préjudice des stipulations contractuelles en vigueur. Cette information fait l'objet d'une information dédiée sur un *(Arr. du 12 avr. 2017, art. 1er-2°)* « support individualisé » au plus tard trois mois après l'exercice de cette faculté.

II. — L'information comprend la mention obligatoire suivante :

"Notre organisme a décidé de mettre en œuvre le mécanisme temporaire de transfert d'actifs présentant des "plus-values latentes" du fonds euros vers les fonds euro-croissance, autorisé par le décret n° 2016-959 du 13 juillet 2016 relatif aux possibilités temporaires de transfert d'actifs vers des engagements donnant lieu à constitution d'une provision de diversification et l'arrêté du 13 juillet 2016 relatif aux possibilités temporaires de transfert d'actifs vers des engagements donnant lieu à constitution d'une provision de diversification. Un actif présente une plus-value latente lorsque sa vente dans les conditions de marché actuelles, si elle avait lieu aujourd'hui, générerait un gain financier par rapport à sa valeur inscrite dans les comptes de notre organisme.

"Ce mécanisme *(Abrogé par Arr. du 26 déc. 2019, art. 1er-V, à compter du 1er janv. 2020)* « , *applicable jusqu'au 31 décembre 2018 inclus,* » vise à faciliter le développement des fonds euro-croissance par le biais du transfert, dans les limites fixées par ce décret, d'une partie des plus-values latentes présentes sur le fonds euros, mais non attribuées à ce jour à la communauté des assurés de ce fonds.

"Chaque année, vous serez tenus informés du pourcentage des plus-values latentes du fonds euros ainsi transférées vers les fonds euro-croissance, ainsi que du rapport entre les plus-values latentes du fonds euros et la valeur inscrite dans nos comptes des actifs de ce même fonds, avant et après application du mécanisme de transfert.

"L'impact du mécanisme de transfert sur les rendements futurs, à la baisse ou à la hausse, tant du fonds euros que des fonds euro-croissance, dépendra en particulier de l'ampleur de la collecte future dans les fonds euro-croissance et ne peut être précisément déterminé à l'avance."

III. — L'information mentionnée au I du présent article reste accessible sur le site internet de l'organisme d'assurance pendant la durée de la mise en œuvre des possibilités temporaires de transfert d'actifs vers des engagements donnant lieu à constitution d'une provision de diversification.

(Arr. du 26 déc. 2019, art. 1er-V, en vigueur le 1er janv. 2020) « IV. — Le taux de rendement récurrent de l'actif général mentionné à l'article 6 du décret n° 2016-959 du 13 juillet 2016 modifié relatif aux transferts d'actifs vers des engagements donnant lieu à constitution d'une provision de diversification est égal au rapport :

« — de la somme des postes 2a et 2b diminuée de la somme des postes 9a et 9b du compte technique de l'assurance-vie figurant à l'article 422-4 du règlement n° 2015-11 du 26 novembre 2015 de l'Autorité des normes comptables relatif au cadre comptable des entreprises d'assurance, déduction faite des éléments correspondant à des placements mentionnés aux *a*, *b* et *c* du I de l'article R. 344-1 du code des assurances ou relevant d'une comptabilité auxiliaire d'affectation prévue à l'article L. 142-4 du même code ;

« — au montant moyen, au cours de l'exercice, des placements, autres que ceux mentionnés aux *a*, *b* et *c* du I de l'article R. 344-1 du code des assurances ou relevant d'une comptabilité auxiliaire d'affectation prévue à l'article L. 142-4 du même code. »

Art. 2 I. — En application des dispositions prévues *(Arr. du 12 avr. 2017, art. 2)* « par l'article 4 » du décret n° 2016-959 du 13 juillet 2016 relatif aux possibilités temporaires de transfert d'actifs vers des engagements donnant lieu à constitution d'une provision de diversification, les entreprises d'assurance sur la vie qui exercent la faculté de doter la provision collective de diversification différée fournissent annuellement et individuellement après la clôture de l'exercice par tout support durable à l'ensemble de leurs souscripteurs et de leurs adhérents concernés :

1° Une information présentant le rapport composé, au numérateur, de la différence entre, d'une part, la valeur du total des actifs de l'entreprise d'assurance, hors actifs en représentation des engagements exprimés en unités de compte et hors actifs faisant l'objet d'une comptabilité auxiliaire d'affectation, évalués conformément aux articles R. 343-11 et R. 343-12 du code des assurances, diminuée de la valeur totale de ces mêmes actifs évalués conformément aux articles R. 343-9 et R. 343-10 du code des assurances, appréciée avant application du mécanisme temporaire de dotation pour le dernier exercice et, d'autre part, cette même valeur, appréciée après application des dispositions de l'article premier du décret précité, et, au dénominateur, la valeur du total des actifs de l'entreprise d'assurance, hors actifs en représentation des engagements exprimés en unités de compte et hors actifs faisant l'objet d'une comptabilité auxiliaire d'affectation, évalués conformément aux articles R. 343-11 et R. 343-12 du code des assurances, diminuée de la valeur totale de ces mêmes actifs évalués conformément aux articles R. 343-9 et R. 343-10 du code des assurances, appréciée avant application du mécanisme temporaire de dotation pour le dernier exercice ;

2° Une information présentant le rapport, établi avant application des dispositions de l'article premier du décret précité, entre d'une part la valeur du total des actifs de l'entreprise d'assurance, hors actifs en représentation des engagements exprimés en unités de compte et hors actifs faisant l'objet d'une comptabilité auxiliaire d'affectation, évalués conformément aux articles R. 343-11 et R. 343-12 du code des assurances, diminuée de la valeur totale de ces mêmes actifs évalués conformément aux articles R. 343-9 et R. 343-10 du code des assurances, et d'autre part la valeur du total de ces mêmes actifs, évalués conformément aux articles R. 343-9 et R. 343-10 du code des assurances ;

3° Une information présentant la différence entre le rapport déterminé au 2° et le même rapport, établi après application des dispositions de l'article premier du décret précité.

II. — L'information mentionnée au I figure de manière apparente et distincte tant sur le site internet de l'entreprise d'assurance-vie que dans le rapport annuel. Elle indique également le montant de la collecte des contrats qui comportent des engagements donnant lieu à la constitution de provision de diversification au titre du dernier exercice.

Art. 3 et 4 *Mod. C. assur., art. A. 132-5-3.*

Art. 5 *(Abrogé par Arr. du 26 déc. 2019, art. 1er-V, à compter du 1er janv. 2020) Les articles 1er et 2 du présent arrêté sont applicables jusqu'au 31 décembre 2019 inclus.*

Art. R. 342-5 Les actifs *(Décr. nº 2014-1008 du 4 sept. 2014, art. 5-4º)* « qui font l'objet d'un enregistrement comptable distinct tel que prévu à l'article R. 342-1 » sont conservés par un dépositaire unique. Ce dépositaire ouvre au nom de l'entreprise d'assurance, pour les opérations financières liées à la gestion financière *(Décr. nº 2014-1008 du 4 sept. 2014, art. 5-4º)* « de ces actifs », un compte espèce *[espèces]* et un compte de titres propres *(Décr. nº 2014-1008 du 4 sept. 2014, art. 5-4º)* « à chaque comptabilité auxiliaire d'affectation » ainsi que tout compte nécessaire à la tenue des positions sur les marchés d'instruments financiers à terme.

Le dépositaire assure la conservation des actifs *(Abrogé par Décr. nº 2014-1008 du 4 sept. 2014, art. 5-4º) « des contrats qui font l'objet d'un enregistrement comptable distinct tel que prévu à l'article R. 342-1 »*, dépouille les ordres de l'entreprise d'assurance concernant les opérations sur les titres et placements *(Abrogé par Décr. nº 2014-1008 du 4 sept. 2014, art. 5-4º) « de ce ou ces contrats »*, y compris ceux relatifs aux changements d'affectation de titres mentionnés aux articles R. 342-3 et R. 342-4 et exerce les droits de souscription et d'attribution attachés aux titres et aux valeurs *(Abrogé par Décr. nº 2014-1008 du 4 sept. 2014, art. 5-4º) « de ce ou de ces contrats »*.

Art. R. 342-6 La participation aux bénéfices techniques et financiers est calculée séparément pour chaque portefeuille de titres et de placements qui fait l'objet d'un enregistrement comptable distinct, dans des conditions fixées par arrêté du ministre chargé de l'économie.

Art. R. 342-7 Le produit des droits attachés aux actifs *(Décr. nº 2014-1008 du 4 sept. 2014, art. 5-5º)* « qui font l'objet d'un enregistrement comptable distinct tel que prévu à l'article R. 342-1 » est intégralement pris en compte, y compris les produits correspondant aux éventuels autres crédits d'impôts attachés à la détention de ces mêmes actifs, dans la limite de leur récupération.

Art. R. 342-8 *Abrogé par Décr. nº 2015-513 du 7 mai 2015, art. 9-10º, à compter du 1er janv. 2016.*

Art. R. 342-9 *(Décr. nº 2017-1171 du 18 juill. 2017, art. 1er-10º)* L'entreprise d'assurance ou le fonds de retraite professionnelle supplémentaire peut conclure des traités de réassurance ou de transfert de risque portant sur les engagements contractés au titre d'un contrat ou d'engagements mentionnés à l'article R. 342-1, à condition que ces opérations portent exclusivement sur tout ou partie de la différence entre le montant des prestations effectivement versées au titre de ce contrat ou de ces engagements et celui des prestations correspondant aux provisions mathématiques au sens de l'article R. 343-3 avant cession et que l'ensemble de ces opérations portent *[porte]* sur un engagement total inférieur à 10 % de ces provisions mathématiques.

Art. R. 342-9-1 *(Décr. nº 2017-1171 du 18 juill. 2017, art. 1er-11º)* Les provisions techniques correspondant aux opérations des fonds de retraite professionnelle supplémentaire faisant l'objet d'une comptabilité auxiliaire d'affectation mentionnée à l'article L. 381-2 sont celles mentionnées aux 1º à 7º, 9º et 10º de l'article R. 343-3.

Les provisions mentionnées à l'alinéa précédent, à l'exception de celles mentionnées au 4º de l'article R. 343-3, ainsi que les actifs correspondant aux opérations précédemment citées sont inscrits dans le compte mentionné au *b* de l'article R. 342-1.

SECTION VII RÈGLES PARTICULIÈRES AUX CONTRATS DE RETRAITE PROFESSIONNELLE SUPPLÉMENTAIRE

(Décr. nº 2015-513 du 7 mai 2015, art. 9-12º, en vigueur le 1er janv. 2016)

La section VII est abrogée à compter du 1er janv. 2023 (Décr. nº 2017-1171 du 18 juill. 2017, art. 4-1º).

Art. R. 342-10 Les dispositions de la présente section s'appliquent à chaque comptabilité mentionnée à l'article L. 143-4 *[du présent code]*, aux opérations mentionnées à l'article L. 222-6 du code de la mutualité et à l'article L. 932-43 du code de la sécurité sociale. *— V. note en tête de section.*

Art. R. 342-11 Rapporté au montant total des engagements faisant l'objet de la comptabilité auxiliaire d'affectation, l'ensemble des valeurs émises, prêts obtenus ou garantis et dépôts placés auprès des organismes d'un même groupe au sens de l'article L. 356-1 et admis en représentation de ces engagements réglementés ne peut dépasser 10 %. *— V. note en tête de section.*

Art. R. 342-12 Les organismes d'assurance peuvent, à concurrence de 30 % de leurs engagements relatifs à chaque comptabilité mentionnée à l'article L. 143-4 du présent code ou à l'article L. 222-6 du code de la mutualité ou à l'article L. 932-43 du code de la sécurité sociale le cas échéant, ne pas couvrir ceux-ci par des actifs congruents. *— V. note en tête de section.*

Art. R. 342-13 Les provisions techniques correspondant aux opérations de l'organisme d'assurance au titre des contrats ou garanties relevant de l'article L. 143-1 du présent code, de l'article L. 222-3 du code de la mutualité et de l'article L. 932-40 du code de la sécurité sociale sont celles mentionnées aux 1º, 2º, 3º, 4º, 6º et 7º de l'article R. 343-3 du présent code et, pour les entreprises d'assurance régies par le présent code uniquement, celles mentionnées aux 9º et 10º de l'article R. 343-3.

Les provisions mentionnées à l'alinéa précédent, à l'exception de celles mentionnées au 4º de l'article R. 343-3, ainsi que les actifs correspondant aux opérations précédemment citées, sont inscrits dans le compte mentionné au *b* de l'article R. 342-1.

V. note en tête de section.

Art. R. 342-14 L'opération mentionnée à l'article L. 143-8 obéit, sous réserve de l'application des dispositions de l'article R. 342-4, aux règles qui suivent :

1º Pour les contrats relevant de l'article L. 441-1 du présent code, de l'article L. 222-1 du code de la mutualité, de l'article L. 932-24 du code de la sécurité sociale, de l'article L. 134-1 du présent code ou du *b* du 1 du I de l'article 163 *quatervicies* du code général des impôts, la soumission au chapitre III du titre IV du livre Ier n'entraîne pas de changement d'affectation des actifs représentant les engagements inscrits dans la comptabilité auxiliaire, laquelle relève, à compter de la publication de l'autorisation mentionnée à l'article L. 143-8, du deuxième alinéa de l'article

L. 143-4 du présent code ou du deuxième alinéa de l'article L. 222-6 du code de la mutualité ou du deuxième alinéa de l'article L. 932-43 du code de la sécurité sociale ;

2° Pour les contrats autres que ceux mentionnés au précédent alinéa prévoyant que les engagements sont représentés par des actifs faisant l'objet d'une identification distincte pour satisfaire à des stipulations contractuelles, les actifs et les provisions faisant l'objet de cette identification distincte sont inscrits dans le compte mentionné au *b* de l'article R. 342-1 et relevant du premier alinéa de l'article L. 143-4 du présent code ou du premier alinéa de l'article L. 222-6 du code de la mutualité ou du premier alinéa de l'article L. 932-43 du code de la sécurité sociale ;

3° Pour les autres contrats, sont inscrits au compte mentionné au *b* de l'article R. 342-1 et relevant du premier alinéa de l'article L. 143-4 du présent code ou du premier alinéa de l'article L. 222-6 du code de la mutualité ou du premier alinéa de l'article L. 932-43 du code de la sécurité sociale :

a) Les actifs affectés à la représentation des provisions mathématiques relatives aux engagements exprimés en unités de compte du contrat, évalués selon les dispositions de l'article R. 343-13, ainsi que ces provisions ;

b) Les provisions mentionnées au 1° de l'article R. 343-3, autres que celles mentionnées au *a* relatives aux engagements de ce contrat, brutes de réassurance, ainsi que les provisions mentionnées au 7° du même article ;

c) Au titre des provisions techniques mentionnées au 2° ou au 3° de l'article R. 343-3, la somme, lorsqu'elle est positive et dans la limite de ces provisions, respectivement des dotations annuelles à ces provisions, nettes de reprises, prises en compte dans la limite des dix dernières années et intervenues depuis la souscription du contrat, pondérées par le rapport calculé à chaque fin d'exercice entre les provisions mathématiques du contrat et les provisions mathématiques constituées au titre des opérations ne relevant pas des 1° et 2° du présent article ;

d) Au cas où n'est pas constituée la provision pour risque d'exigibilité au titre des opérations ne relevant pas du 1° du présent article des actifs dont la valeur, déterminée conformément aux articles R. 343-9 et R. 343-10, est égale à la somme des provisions inscrites au titre des *b* et *c*. En outre, le rapport entre la valeur de ces actifs et la valeur du total des actifs de l'entreprise d'assurance à l'exception de ceux mentionnés aux 1°, 2° et *a* du 3° du présent article, évaluées toutes deux conformément aux articles R. 343-11 et R. 343-12, doit être au moins égal au rapport entre la valeur de ces actifs et la valeur du total des actifs de l'entreprise d'assurance ne couvrant pas des engagements mentionnés aux 1°, 2° et *a* du 3° du présent article, évaluées conformément aux articles R. 343-9 et R. 343-10 ;

e) Au cas où est constituée la provision pour risque d'exigibilité au titre des opérations ne relevant pas du 1° du présent article, des actifs dont la valeur, déterminée conformément aux articles R. 343-9 et R. 343-10, est égale à la somme des provisions techniques inscrites au titre des *b* et *c*. En outre, le rapport entre la valeur de ces actifs et la valeur du total des actifs de l'entreprise d'assurance à l'exception de ceux mentionnés aux 1°, 2° et *a* du 3° du présent article, évaluées toutes deux conformément aux articles R. 343-11 et R. 343-12, doit être au moins égale *[égal]* au rapport entre la valeur de ces actifs et la valeur du total des actifs de l'entreprise d'assurance ne couvrant pas des engagements mentionnés aux 1°, 2° et *a* du 3° du présent article, évaluées conformément aux articles R. 343-9 et R. 343-10. Conformément à l'article R. 331-5-1 appliqué à la comptabilité auxiliaire mentionnée au premier alinéa de l'article L. 143-4 du présent code ou au premier alinéa de l'article L. 222-6 du code de la mutualité ou au premier alinéa de l'article L. 932-43 du code de la sécurité sociale, l'organisme d'assurance constitue, le cas échéant, au sein de cette comptabilité la provision mentionnée au 6° de l'article R. 343-3. L'organisme calcule et effectue, le cas échéant à la suite de cette opération, la reprise de la provision mentionnée au 6° de l'article R. 343-3 constituée au titre des opérations ne relevant pas du 1° du présent article ou des articles L. 143-4 du présent code, L. 222-6 du code de la mutualité ou L. 932-43 du code de la sécurité sociale.

Pour les inscriptions en compte mentionnées aux alinéas précédents, les calculs sont effectués par rapport à la date de l'autorisation mentionnée à l'article L. 143-8.

Les actifs sont inscrits sans modification de leur valeur déterminée conformément aux dispositions des articles R. 343-9 et R. 343-10 lorsqu'il s'agit d'engagements exprimés en euros, et selon les dispositions de l'article R. 343-13 et R. 343-13 lorsqu'il s'agit d'engagements exprimés en unités de compte. Toutefois, à la suite de la constitution de la provision mentionnée au 6° de l'article R. 343-3 conformément au présent *e*, des actifs sont affectés à la comptabilité auxiliaire conformément à l'article R. 342-4.

V. note en tête de section.

CHAPITRE III PLAN ET ÉVALUATIONS COMPTABLES PARTICULIERS À L'ASSURANCE

(Décr. nº 2015-513 du 7 mai 2015, art. 9-13°, en vigueur le 1er janv. 2016)

SECTION PREMIÈRE ENGAGEMENTS ET PROVISIONS TECHNIQUES

SOUS-SECTION 1 DISPOSITIONS GÉNÉRALES

Art. R. 343-1 Les entreprises mentionnées à l'article L. 310-1 ou au 1° du III de l'article L. 310-1-1 doivent être en mesure de justifier de l'évaluation des éléments suivants :

1° Les provisions techniques suffisantes pour le règlement intégral de leurs engagements vis-à-vis des assurés, des souscripteurs et bénéficiaires de contrats et des entreprises réassurées ;

2° Les postes du passif correspondant aux autres créances privilégiées ;

3° Les dépôts de garantie des agents, des assurés et des tiers, s'il y a lieu ;

4° Une réserve d'amortissement des emprunts pour les entreprises d'assurance du présent code, les mutuelles et unions relevant du 1° du I de l'article L. 111-1 du code de la mutualité et les institutions de prévoyance et unions pratiquant les opérations mentionnées aux *a*, *b* et *c* de l'article L. 931-1 du code de la sécurité sociale ;

5° Une provision de prévoyance en faveur des employés et agents destinée à faire face aux engagements pris par l'entreprise envers son personnel et ses collaborateurs.

Les provisions techniques mentionnées au 1° sont évaluées, sans déduction des cessions en réassurance cédées à des entreprises agréées ou non.

Les éléments mentionnés aux 1° à 5° constituent, pour l'application des dispositions prévues aux articles L. 134-3, *(Abrogé par Décr. nº 2017-1171 du 18 juill. 2017, art. 4-3°, à compter du 1er janv. 2023)* « L. 143-5, » L. 327-3 *(Décr. nº 2017-1171 du 18 juill. 2017, art. 1er-12°)* « , L. 381-2 », R. 134-14, R. 342-3, R. 344-1, R. 441-7 et R. 441-21, des engagements réglementés.

Art. R. 343-2 Lorsque les garanties d'un contrat sont exprimées dans une monnaie déterminée, les engagements de l'entreprise d'assurance mentionnés à l'article R. 343-1 sont libellés dans cette monnaie.

Lorsque les garanties d'un contrat ne sont pas exprimées dans une monnaie déterminée, les engagements d'une entreprise d'assurance sont libellés dans la monnaie du pays où le risque est situé. Toutefois, cette entreprise peut choisir de libeller ses engagements dans la monnaie dans laquelle la prime est exprimée si, dès la souscription du contrat, il paraît vraisemblable qu'un sinistre sera payé, non dans la monnaie du pays de situation du risque, mais dans la monnaie dans laquelle la prime a été libellée.

Si un sinistre a été déclaré à l'assureur et si les prestations sont payables dans une monnaie déterminée autre que celle résultant de l'application des dispositions précédentes, les engagements de l'entreprise d'assurance sont libellés dans la monnaie dans laquelle l'indemnité à verser par cette entreprise a été fixée par une décision de justice ou bien par accord entre l'entreprise d'assurance et l'assuré.

Lorsqu'un sinistre est évalué dans une monnaie connue d'avance de l'entreprise d'assurance mais différente de celle qui résulte de l'application des dispositions des précédents alinéas, les entreprises d'assurance peuvent libeller leurs engagements dans cette monnaie.

Art. R. 343-2-1 Les dispositions du présent chapitre sont applicables dans les Terres australes et antarctiques françaises et dans les îles Wallis-et-Futuna.

SOUS-SECTION 2 PROVISIONS TECHNIQUES DES OPÉRATIONS D'ASSURANCES SUR LA VIE, D'ASSURANCE NUPTIALITÉ-NATALITÉ ET DE CAPITALISATION

Art. R. 343-3 Les provisions techniques correspondant aux opérations d'assurance sur la vie, d'assurance nuptialité-natalité et de capitalisation, sont les suivantes :

1° Provision mathématique : différence entre les valeurs actuelles des engagements respectivement pris par l'assureur et par les assurés. Pour des contrats faisant intervenir une table de survie ou de mortalité, les montants des provisions mathématiques doivent inclure une estimation des frais futurs de gestion qui seront supportés par l'assureur pendant la période de couverture au-delà de la durée de paiement des primes ou de la date du prélèvement du capital constitutif ; l'estimation de ces frais est égale au montant des chargements de gestion prévus dans les conditions tarifaires de la prime ou du capital constitutif et destinés à couvrir les frais de gestion ;

2° Provision pour participation aux bénéfices : montant des participations aux bénéfices attribuées aux bénéficiaires de contrats lorsque ces bénéfices ne sont pas payables immédiatement après la liquidation de l'exercice qui les a produits ;

3° Réserve de capitalisation : réserve destinée à parer à la dépréciation des valeurs comprises dans l'actif de l'entreprise et à la diminution de leur revenu ;

4° Provision de gestion : provision destinée à couvrir les charges de gestion future des contrats non couvertes par ailleurs ;

5° Provision pour aléas financiers : provision destinée à compenser la baisse de rendement de l'actif ;

6° Provision pour risque d'exigibilité : provision destinée à faire face aux engagements dans le cas de moins-value de l'ensemble des actifs mentionnés à l'article R. 343-10. La provision à constituer est évaluée dans les conditions définies à l'article R. 343-5 ;

7° Provision pour frais d'acquisition reportés : provision destinée à couvrir les charges résultant du report des frais d'acquisition constaté ;

8° Provision pour égalisation : provision destinée à faire face aux fluctuations de sinistralité afférentes aux opérations d'assurance de groupe contre le risque décès ;

9° Provision de diversification : pour les engagements relevant de l'article L. 134-1, provision destinée à absorber les fluctuations des actifs affectés à ces engagements et sur laquelle les souscripteurs ou adhérents détiennent des droits individualisés sous forme de parts ; *(Abrogé par Décr. n° 2019-1437 du 23 déc. 2019, art. 2, à compter du 1er janv. 2020)* ***« Cette provision est abondée par tout ou partie des primes versées par les souscripteurs ou adhérents et par la part des résultats de la comptabilité auxiliaire d'affectation correspondante qui n'est pas affectée sous forme de provision mathématique ou de provision collective de diversification différée. Elle peut être également abondée par la reprise de la provision collective de diversification différée. Elle est réduite par imputation des pertes, par imputation des frais, par prélèvements au titre des prestations servies et par conversion des parts des souscripteurs ou adhérents en provision mathématique. »***

10° Provision collective de diversification différée : pour les engagements relevant de l'article L. 134-1, provision destinée au lissage de la valeur de rachat des contrats ; *(Abrogé par Décr. n° 2019-1437 du 23 déc. 2019, art. 2, à compter du 1er janv. 2020)* ***« Cette provision peut être abondée, dans les limites et conditions définies par arrêté du ministre chargé de l'économie, par la part des résultats qui n'est pas affectée sous forme de provision mathématique ou de provision de diversification. Cette provision est reprise et donne lieu à une dotation de même montant à la provision de diversification, dans les conditions prévues par arrêté du ministre chargé de l'économie. »*** *— Sur la dérogation temporaire à ces dispositions, V. Décr. n° 2016-959 du 13 juill. 2016, ss. art. R. 342-4.*

(Décr. n° 2019-1437 du 23 déc. 2019, art. 2, en vigueur le 1er janv. 2020) **« 11° Provision pour garantie à terme : pour les engagements relevant du 2° de l'article L. 134-1, provision destinée à faire face à une insuffisance d'actifs au regard des garanties à échéance contractées. »**

Un engagement ne peut être provisionné qu'au titre d'une seule des catégories mentionnées au présent article.

Sous réserve des dispositions du présent code relatives à l'évaluation des provisions mentionnées aux alinéas 1°, 2°, 6°, 9° *(Décr. nº 2019-1437 du 23 déc. 2019, art. 2, en vigueur le 1er janv. 2020)* « *[,]* 10° et 11°, dont les modalités de calcul sont précisées par arrêté du ministre chargé de l'économie », les provisions sont *(Décr. nº 2019-1437 du 23 déc. 2019, art. 2, en vigueur le 1er janv. 2020)* « évaluées » selon les prescriptions comptables de l'Autorité des normes comptables.

Art. R. 343-4 Les provisions techniques mentionnées au 1° de l'article R. 343-1, correspondant aux opérations mentionnées aux articles L. 143-1 du présent code, L. 222-3 du code de la mutualité ou L. 932-40 du code de la sécurité sociale, sont évaluées chaque année par un actuaire et *(Décr. nº 2017-1171 du 18 juill. 2017, art. 1er-13º)* « revues par la fonction actuarielle qui vérifie que les provisions respectent les dispositions du présent code qui sont applicables à celles-ci, qu'elles sont constituées de façon suffisamment prudente, en tenant compte, le cas échéant, d'une marge adéquate pour les écarts défavorables, et que les méthodes et les bases de calcul de ces provisions techniques restent de façon générale constantes d'un exercice à l'autre ». *(Abrogé par Décr. nº 2017-1171 du 18 juill. 2017, art. 1er-13º) « L'actuaire ou le ou les commissaires aux comptes vérifie que les provisions respectent les dispositions du présent code qui sont applicables à celles-ci, qu'elles sont constituées de façon suffisamment prudente, en tenant compte, le cas échéant, d'une marge adéquate pour les écarts défavorables, et que les méthodes et les bases de calcul de ces provisions techniques restent de façon générale constantes d'un exercice à l'autre. »* Une modification de ces méthodes peut toutefois être justifiée, dans le respect des dispositions du présent code, par un changement des données juridiques, démographiques ou économiques sur lesquelles se fondent ces hypothèses.

V. note ss. art. 4-II de l'Ord. nº 2017-484 du 6 avr. 2017, ss. C. assur., art. L. 143-1.

Art. R. 343-5 La provision pour risque d'exigibilité est constituée lorsque les placements mentionnés à l'article R. 343-10, à l'exception des valeurs amortissables que l'entreprise d'assurance a la capacité et l'intention de détenir jusqu'à leur maturité, se trouvent en situation de moins-value latente nette globale. Une moins-value latente nette globale est constatée lorsque la valeur nette comptable de ces placements est supérieure à la valeur globale de ces mêmes placements évalués de la manière suivante :

a) Pour les valeurs mobilières cotées et les titres cotés mentionnés au *a* de l'article R. 343-11, la valeur retenue est le cours moyen calculé sur les trente derniers jours précédant le jour de l'inventaire ou, à défaut, le dernier cours coté avant cette date ;

b) Pour les actions de sociétés d'investissement à capital variable et les parts de fonds communs de placement mentionnés au *c* de l'article R. 343-11, la valeur retenue est la moyenne des prix de rachat publiés au cours des trente derniers jours précédant le jour de l'inventaire ou, à défaut, le dernier prix de rachat publié avant cette date ;

c) Pour les autres actifs, leur valeur est évaluée selon les règles prévues à l'article R. 343-11.

La dotation annuelle à la provision pour risque d'exigibilité au titre de l'exercice est égale au tiers du montant de la moins-value latente nette globale constatée sur les placements mentionnés au premier alinéa, sans que cette dotation puisse conduire à ce que le montant total de la provision inscrite au bilan au titre de l'exercice excède le montant de la moins-value nette globale constatée sur ces placements.

Pour les calculs mentionnés aux alinéas précédents, les valeurs mentionnées aux *a*, *b* et *c* prennent en compte les plus et moins-values latentes des opérations sur instruments financiers à terme ayant comme sous-jacent les actifs mentionnés au premier alinéa. Les moins-values latentes sont prises en compte à hauteur de la partie excédant la valeur des titres ou espèces donnés en garantie.

Art. R. 343-6 La charge constituée par la dotation à la provision pour risque d'exigibilité mentionnée à l'article R. 343-5 peut être étalée dans des conditions précisées par arrêté du ministre chargé de l'économie. Le report de charge consécutif à cet étalement ne peut toutefois pas conduire à ce que la charge totale relative au provisionnement de la moins-value latente globale mentionnée à l'article R. 343-5 pour un exercice donné soit supportée sur plus de huit exercices consécutifs, à compter de l'exercice où cette moins-value latente globale a été constatée.

Lorsqu'une provision pour risque d'exigibilité est constituée dans une comptabilité auxiliaire d'affectation établie en vertu du présent code, le report de la charge est constaté dans les comptes de l'entreprise et n'affecte pas cette comptabilité auxiliaire.

SOUS-SECTION 3 PROVISIONS TECHNIQUES DES AUTRES OPÉRATIONS D'ASSURANCE

Art. R. 343-7 Les provisions techniques correspondant aux autres opérations d'assurance sont les suivantes :

1° Provision mathématique des rentes : valeur actuelle des engagements de l'entreprise en ce qui concerne les rentes et accessoires de rentes mis à sa charge ;

2° Provision pour primes non acquises : provision destinée à constater, pour l'ensemble des contrats en cours, la part des primes émises et des primes restant à émettre se rapportant à la période comprise entre la date de l'inventaire et la date de la prochaine échéance de prime ou, à défaut, du terme du contrat ;

3° Provision pour risques en cours : provision destinée à couvrir, pour l'ensemble des contrats en cours, la charge des sinistres et des frais afférents aux contrats, pour la période s'écoulant entre la date de l'inventaire et la date de la première échéance de prime pouvant donner lieu à révision de la prime par l'assureur ou, à défaut, entre la date de l'inventaire et le terme du contrat, pour la part de ce coût qui n'est pas couverte par la provision pour primes non acquises ;

4° Provision pour sinistres à payer : valeur estimative des dépenses en principal et en frais, tant internes qu'externes, nécessaires au règlement de tous les sinistres survenus et non payés, y compris les capitaux constitutifs des rentes non encore mises à la charge de l'entreprise. Pour les garanties décennales d'assurance construction, le montant total des provisions pour sinistres à payer afférentes ne peut être inférieur à la somme du coût total des sinistres qui se sont manifestés jusqu'à la date d'inventaire et une estimation du coût des sinistres non encore manifestés et qui devraient se manifester d'ici à l'expiration de la période de prescription décennale ;

5° Provision pour risques croissants : provision pouvant être exigée pour les opérations d'assurance contre les risques de maladie et d'invalidité et égale à la différence des valeurs actuelles des engagements respectivement pris par l'assureur et par les assurés ;

6° Provision pour égalisation :

a) Provision destinée à faire face aux charges exceptionnelles afférentes aux opérations garantissant les risques dus à des éléments naturels, le risque atomique, les risques de responsabilité civile dus à la pollution, les risques spatiaux, les risques liés au transport aérien et les risques liés aux attentats et au terrorisme, et évaluée dans les conditions fixées par l'article 2 de la loi nº 74-1114 du 27 décembre 1974, par le décret nº 75-768 du 13 août 1975, le décret nº 86-741 du 14 mai 1986 et l'article 39 *quinquies* G du code général des impôts ;

b) Provision destinée à compenser en assurance-crédit la perte technique éventuelle apparaissant à la fin de l'exercice, à l'exclusion des opérations d'assurance-crédit à l'exportation pour le compte et avec la garantie de l'État ;

c) Provision destinée à faire face aux fluctuations de sinistralité afférentes aux opérations d'assurance de groupe contre les risques de dommages corporels ;

7° Provision pour risque d'exigibilité : provision destinée à faire face aux engagements dans le cas de moins-value de l'ensemble des actifs mentionnés à l'article R. 343-10. La provision à constituer est évaluée dans les conditions définies à l'article R. 343-5.

Sous réserve des dispositions du présent code pour l'évaluation des provisions mentionnées aux 4°, 6° et 7°, les provisions sont évaluées selon les prescriptions comptables de l'Autorité des normes comptables.

SOUS-SECTION 4 PROVISIONS TECHNIQUES DES OPÉRATIONS DE RÉASSURANCE

Art. R. 343-8 Les provisions techniques correspondant aux opérations de réassurance acceptées sont les suivantes :

1° Provision mathématique : différence entre les valeurs actuelles des engagements respectivement pris par le réassureur et par les entreprises réassurées ;

2° Provision mathématique des rentes : valeur actuelle des engagements de l'entreprise en ce qui concerne les rentes et accessoires de rentes mis à sa charge ;

3° Provision pour frais d'acquisition reportés : provision destinée à couvrir les charges résultant du report des frais d'acquisition ;

4° Provision pour primes non acquises : fraction de primes qui correspond à la durée restant à courir pour un contrat ou un ensemble de contrats après la clôture de l'exercice considéré et jusqu'au terme de la garantie ;

5° Provision pour sinistres à payer : valeur estimative des dépenses en principal et en frais, tant internes qu'externes, nécessaires au règlement de tous les sinistres survenus et non payés, y compris les capitaux constitutifs des rentes non encore mises à la charge de l'entreprise ;

6° Provision pour risques croissants : provision pouvant être exigée pour les opérations de réassurance contre les risques de maladie et d'invalidité et égale à la différence des valeurs actuelles des engagements respectivement pris par le réassureur et par l'assureur ;

7° Provision pour participation aux bénéfices :

a) Montant à la charge de l'entreprise qui réassure au titre des participations aux bénéfices attribuées par l'entreprise réassurée aux bénéficiaires de contrats lorsque ces bénéfices ne sont pas payables immédiatement après la liquidation de l'exercice qui les a produits ;

b) Montant à la charge de l'entreprise qui réassure au titre des bénéfices correspondant au contrat qui la lie à l'entreprise réassurée ;

8° Réserve de capitalisation : réserve destinée à parer à la dépréciation des valeurs comprises dans l'actif de l'entreprise et à la diminution de leur revenu ;

9° Provision de gestion : destinée à couvrir les charges de gestion future des contrats non couvertes par ailleurs ;

10° Provision pour risque d'exigibilité : provision destinée à faire face aux engagements dans le cas de moins-value de l'ensemble des actifs mentionnés à l'article R. 343-10. La provision à constituer est évaluée dans les conditions définies à l'article R. 343-5 ;

11° Provision pour risques en cours : provisions constituées en sus de la provision pour primes non acquises pour couvrir les risques à assumer par l'entreprise de réassurance après la clôture de l'exercice, de manière à pouvoir faire face à toutes les demandes d'indemnisation et à tous les frais liés aux garanties en cours excédant le montant des primes non acquises et des primes restant à émettre nettes de primes restant à annuler, relatives à ces garanties, jusqu'à la date de la première échéance de prime pouvant donner lieu à révision de la prime par le réassureur ou, à défaut, jusqu'au terme du contrat ;

12° Provision pour égalisation :

a) Provision destinée à faire face aux charges exceptionnelles afférentes aux opérations garantissant les risques dus à des éléments naturels, le risque atomique, les risques de responsabilité civile dus à la pollution, les risques spatiaux, les risques liés au transport aérien, et les risques liés aux attentats et au terrorisme, et évaluée dans les conditions fixées par l'article 2 de la loi n° 74-1114 du 27 décembre 1974, par le décret n° 75-768 du 13 août 1975, le décret n° 86-741 du 14 mai 1986 et l'article 39 *quinquies* G du code général des impôts ;

b) Provision destinée à compenser en assurance-crédit la perte technique éventuelle apparaissant à la fin de l'exercice, à l'exclusion des opérations d'assurance-crédit à l'exportation pour le compte et avec la garantie de l'État ;

c) Provision destinée à faire face aux fluctuations de sinistralité afférentes aux opérations de réassurance de groupe contre les risques de décès ou de dommages corporels et aux opérations d'assurance de groupe contre le risque décès ;

13° Provisions justifiées par les spécificités des contrats lorsqu'ils sont émis hors de l'Union européenne.

Sous réserve des dispositions du présent code pour l'évaluation des provisions mentionnées aux 1°, 5°, 10° et 12°, les provisions sont évaluées selon les prescriptions comptables de l'Autorité des normes comptables.

SECTION II ESTIMATION DES ÉLÉMENTS D'ACTIFS

Art. R. 343-9 Les valeurs amortissables énumérées aux 1°, 2°, 2° *bis* et 2° *ter* de l'article R. 332-2, autres que les obligations et les parts indexées, les parts de fonds communs de créance et les titres participatifs, sont inscrites à leur prix d'achat hors intérêts courus à la date d'acquisition. Les modalités de détermination de ce prix d'achat, de l'amortissement, sur la durée résiduelle des titres, de la différence entre leur prix d'achat et leur prix de remboursement ainsi que les modalités de dépréciation à constater à l'inventaire, lorsqu'il y a lieu de considérer que le débiteur ne sera pas en mesure de respecter ses engagements, soit pour le paiement des intérêts, soit pour le remboursement du principal, sont définies dans un règlement de l'Autorité des normes comptables.

Le présent article s'applique également aux obligations indexées sur le niveau général des prix d'un pays ou d'un ensemble de pays dont la devise est celle dans laquelle sont libellées ces obligations, avec garantie de remboursement au pair. Ces obligations sont soit émises par une personne morale de droit privé ayant son siège social sur le territoire d'un État membre de l'Organisation de coopération et de développement économiques et négociées sur un marché reconnu, soit émises ou garanties par un État, un organisme ou une collectivité publics mentionnés au 1° du A de l'article R. 332-2, soit celles dont le débiteur est un établissement public national de l'un des États membres de l'Union européenne.

Par dérogation aux dispositions des précédents alinéas, les obligations convertibles en actions, lorsqu'elles présentent à l'achat un taux actuariel négatif, ce taux étant calculé sans prise en compte de l'exercice de l'option, peuvent être comptabilisées conformément à l'article R. 343-10.

Art. R. 343-10 A l'exception des valeurs inscrites conformément à l'article R. 343-9, les placements sont inscrits au bilan sur la base du prix d'achat ou de revient, hors intérêts courus le cas échéant. Les modalités de détermination de ce prix d'achat ou de revient ainsi que celles relatives à la détermination des dépréciations, lesquelles ne sont constatées que lorsqu'elles présentent un caractère durable, sont définies dans un règlement de l'Autorité des normes comptables.

Art. R. 343-11 Les valeurs énumérées à l'article R. 332-2 et les autres placements financiers et immobiliers font l'objet, aux fins notamment d'effectuer le calcul prévu au premier alinéa de l'article R. 344-1, d'une évaluation sur la base de leur valeur de réalisation, dans les conditions ci-après :

a) Les valeurs mobilières cotées et les titres cotés de toute nature sont retenus pour le dernier cours coté au jour de l'inventaire ;

b) Les titres non cotés et les prêts sont retenus pour leur valeur vénale correspondant au prix qui en serait obtenu dans des conditions normales de marché et en fonction de leur utilité pour l'entreprise ;

c) Les actions de sociétés d'investissement à capital variable et les parts de fonds communs de placement sont retenues pour le dernier prix de rachat publié au jour de l'inventaire ;

(Décr. nº 2021-1248 du 28 sept. 2021) « *d)* Sauf dans le cas où une autre valeur résulte d'une expertise effectuée en vertu des dispositions prévues à l'article L. 341-4, les immeubles et les parts ou actions des sociétés immobilières ou foncières non inscrites à la cote d'une bourse de valeurs d'un État membre de l'Organisation de coopération et de développement économiques sont retenus pour leur valeur vénale. La valeur vénale correspond au prix de vente qui en serait obtenu, au jour de l'inventaire, lors d'une transaction conclue dans des conditions normales de marché, net des coûts de sortie. Elle est évaluée sur la base d'une revue quinquennale approfondie. Elle fait l'objet d'une actualisation annuelle ; »

e) Les autres placements sont retenus pour leur valeur comptable déterminée conformément aux articles R. 343-9 et R. 343-10, sauf dans le cas où une autre valeur résulte d'une expertise effectuée en vertu des dispositions prévues à l'article L. 341-4.

Pour les titres inscrits en comptabilité hors coupon couru en application des articles R. 343-9 et R. 343-10, il y a lieu de déduire de l'évaluation prévue au présent article les proratas d'intérêt courus depuis la dernière échéance jusqu'à la date de l'inventaire.

Art. R. 343-12 La valeur de réalisation des instruments financiers à terme est :

a) Pour les instruments financiers à terme échangés sur des marchés reconnus au sens du dernier alinéa du A de l'article R. 332-2, la valeur de la dernière cotation ;

b) Pour les instruments échangés de gré à gré, le coût de remplacement, évalué par au moins deux organismes n'entrant pas dans le même périmètre de consolidation ou d'établissement des comptes combinés, mentionnés aux articles L. 345-2 du présent code, L. 212-7 du code de la mutualité et L. 931-34 du code de la sécurité sociale. Un des organismes peut être l'entreprise elle-même, sauf opposition de l'Autorité de contrôle prudentiel et de résolution. Les organismes habilités à cette évaluation sont les établissements de crédit, les entreprises d'investissement ou, sur accord de l'Autorité de contrôle, des organismes spécialisés.

Art. R. 343-13 Par dérogation aux dispositions des articles R. 343-9 et R. 343-10, les placements admis en représentation des contrats d'assurance sur la vie ou de capitalisation à capital variable, dans lesquels la somme assurée est déterminée par rapport à une valeur de référence, font l'objet d'une estimation séparée et sont inscrits au bilan pour leur valeur au jour de l'inventaire.

Par dérogation aux dispositions des articles R. 343-9 et R. 343-10, lors de l'inventaire, toutes les valeurs détenues par les entreprises pratiquant la branche 23 sont estimées conformément aux dispositions de l'article R. 343-11.

SECTION III REVENU DES PLACEMENTS

Art. R. 343-14 Dans le cas des entreprises agréées pour pratiquer les opérations mentionnées au 1º de l'article L. 310-1 *(Décr. nº 2017-1171 du 18 juill. 2017, art. 1er-14º)* « et les fonds de retraite professionnelle supplémentaire », en cas de vente de valeurs évaluées conformément à l'article R. 343-9, à l'exception des obligations à taux variable, des versements ou des prélèvements sont effectués sur la réserve de capitalisation prévue à l'article R. 343-3.

Lorsqu'un instrument financier à terme est utilisé dans les conditions définies à l'article R. 332-45, et qu'il est lié à un titre ou un groupe de titres mentionnés au premier alinéa, la valeur de réalisation de cet instrument au dénouement est prise en compte dans le prix de vente de ce titre ou de ce groupe de titres.

Le montant de ces versements ou prélèvements est calculé, selon des modalités précisées par arrêté du ministre chargé de l'économie, en fonction du prix de vente des titres et de l'incidence fiscale potentielle de la cession.

Art. R. 343-15 Les entreprises d'assurance sur la vie, d'assurance nuptialité-natalité ou de capitalisation doivent maintenir le revenu net de leurs placements à un montant au moins égal à celui des intérêts dont sont créditées les provisions mathématiques.

Art. R. 343-16 Par dérogation à l'article R. 343-14, pour les entreprises pratiquant à la fois les opérations mentionnées au 1° et au 2° de l'article L. 310-1 dont le montant des provisions techniques relatives aux opérations mentionnées au 1° de l'article L. 310-1, calculées conformément aux dispositions en vigueur au 31 décembre 2015, représentait moins de 10 % du montant total des provisions techniques de l'entreprise, calculée à cette même date et selon les mêmes dispositions, les ventes de valeurs évaluées conformément à l'article R. 343-9 ne donnent lieu à aucun prélèvement ou versement sur la réserve de capitalisation.

CHAPITRE IV CATÉGORIES D'ASSURANCE*[S]* ET ÉTATS À PRODUIRE

Art. R. 344-1 *(Décr. n° 2017-1171 du 18 juill. 2017, art. 1er-15°)* I. — La quote-part mentionnée à l'article L. 344-1 est un pourcentage de la valeur de l'ensemble des placements appartenant à l'entreprise ou au fonds de retraite professionnelle supplémentaire et des autres actifs affectables à la représentation des engagements réglementés, évalués conformément à l'article R. 343-11. Pour les entreprises mentionnées à l'article L. 310-3-1 et les fonds de retraite professionnelle supplémentaire, les autres actifs comprennent les créances sur les assurés et les réassureurs ainsi que les frais d'acquisition reportés. Ce pourcentage est au moins égal au résultat obtenu en divisant par cette valeur la somme des montants suivants :

a) Actifs correspondant aux opérations mentionnées à l'article L. 134-2, à l'article *(Décr. n° 2017-1765 du 26 déc. 2017, art. 1er)* « L. 144-2 », à l'article L. 143-1 et faisant l'objet d'une comptabilité auxiliaire d'affectation, et à l'article L. 441-1, évalués conformément à l'article R. 343-11 ;

b) Placements affectés à la représentation des contrats d'assurance sur la vie ou de capitalisation en unités de compte définis au deuxième alinéa de l'article L. 131-1 et évalués selon les prescriptions de l'Autorité des normes comptable*[s]*, ainsi que les placements affectés aux contrats de retraite professionnelle dont les droits sont exprimés en unités de compte et qui ne font pas l'objet d'une comptabilité auxiliaire d'affectation en application de l'article L. 381-2 ;

c) Actifs mentionnés au premier alinéa des articles L. 324-7 et L. 384-4, évalués conformément à l'article R. 343-11 ;

d) Montant des provisions techniques brutes de réassurance constituées au titre des opérations pratiquées par l'entreprise d'assurance pour les branches 20 à 26 de l'article R. 321-1 ou par le fonds de retraite professionnelle supplémentaire, autres que celles mentionnées aux *a* et *b*, et diminué du montant des actifs mentionnés au *c*, évalués conformément aux articles R. 343-9 et R. 343-10 ;

e) Un pourcentage, défini au II, de la différence entre, d'une part, la valeur évaluée conformément à l'article R. 343-11 et, d'autre part, celle évaluée conformément aux articles R. 343-9 et R. 343-10, de l'ensemble des placements appartenant à l'entreprise ou au fonds de retraite professionnelle supplémentaire et de ceux des autres actifs affectables à la représentation des engagements réglementés, autres que ceux mentionnés aux *a*, *b* et *c*. Pour les entreprises mentionnées à l'article L. 310-3-1 et les fonds de retraite professionnelle supplémentaire, les autres actifs comprennent les créances sur les assurés et les réassureurs ainsi que les frais d'acquisition reportés.

II. — Le pourcentage mentionné au *e* du I est égal à 85 % du quotient A/B, avec :

A. — Montant moyen des provisions techniques brutes de réassurance constituées au titre de l'ensemble des opérations pratiquées par l'entreprise autres que celles mentionnées aux *a* et *b* du I ou relatives à des contrats collectifs en cas de décès ou, pour les entreprises mixtes, à des opérations relevant des branches 1 ou 2 de l'article R. 321-1, ou, pour les fonds de retraite professionnelle supplémentaire, à des garanties complémentaires mentionnées au premier alinéa de l'article L. 143-2, et diminué du montant moyen des actifs mentionnés au *c* du I, évalués conformément aux articles R. 343-9 et R. 343-10 ;

B. – Montant moyen de l'ensemble des placements appartenant à l'entreprise ou au fonds de retraite professionnelle supplémentaire et de ceux des autres actifs affectables à la représentation des engagements réglementés, autres que ceux mentionnés aux *a*, *b* et *c* du I, évalués conformément aux articles R. 343-9 et R. 343-10. Pour les entreprises mentionnées à l'article L. 310-3-1 et les fonds de retraite professionnelle supplémentaire, les autres actifs comprennent les créances sur les assurés et les réassureurs ainsi que les frais d'acquisition reportés.

Le montant moyen mentionné à l'alinéa précédent est obtenu en divisant par deux la somme des montants inscrits dans les comptes à l'ouverture et à la clôture de l'exercice.

III. – Les placements, actifs et provisions mentionnés au présent article ne comprennent pas ceux qui sont constitués par l'entreprise ou le fonds de retraite professionnelle supplémentaire dans le cadre des opérations effectuées par ses établissements situés à l'étranger.

IV. – En cas de transfert de portefeuille, la valeur des actifs transférés ne peut excéder celle qui résulte de leur évaluation conformément à l'article R. 343-11.

Art. R. 344-2 à R. 344-4 *Abrogés par Décr. n° 2015-513 du 7 mai 2015, art. 9-15°, à compter du 1er janv. 2016.*

Art. D. 344-5 *(Décr. n° 2011-467 du 27 avr. 2011, art. 1er)* **I. – Les données relatives à la protection sociale complémentaire, mentionnées** *(Décr. n° 2014-1316 du 3 nov. 2014, art. 5)* **« au cinquième alinéa de l'article L. 612-24 » du code monétaire et financier, sont regroupées dans les états suivants** *(Décr. n° 2021-74 du 26 janv. 2021)* **« , tels qu'établis par décision de l'Autorité de contrôle prudentiel et de résolution » :**

(Décr. n° 2021-74 du 26 janv. 2021) **« FR1401 » Personnes assurées, couvertes et bénéficiaires par type de garanties ;**

(Décr. n° 2021-74 du 26 janv. 2021) **« FR1402 » Primes et prestations par type de garanties ;**

(Décr. n° 2021-74 du 26 janv. 2021) **« FR1403 » Frais de soins et indemnités journalières payés au cours de l'exercice ;**

(Décr. n° 2021-74 du 26 janv. 2021) **« FR1301 Compte de résultat par catégorie (vie et dommages corporels) ;**

« FR1302 Compte de résultat par catégorie (mixtes et dommages corporels) ;

« FR1303 Compte de résultat par catégorie (non-vie et dommages corporels) ;

« FR1404 » *(Décr. n° 2012-454 du 4 avr. 2012)* **« Compléments frais de gestion des garanties "frais de soins", gestion déléguée d'un régime obligatoire santé, CMU, ACS et taxe sur les conventions d'assurance des contrats santé. »**

(Décr. n° 2015-1857 du 30 déc. 2015, art. 3-1°, en vigueur le 1er janv. 2016) **« Ces états sont établis annuellement. »** *(Abrogé par Décr. n° 2021-74 du 26 janv. 2021) «* ***Leur contenu est fixé en annexe du présent article.*** *»*

II. – Les modalités de transmission des états mentionnés au I à l'Autorité de contrôle prudentiel et de résolution sont définies par *(Décr. n° 2015-1857 du 30 déc. 2015, art. 3-2°, en vigueur le 1er janv. 2016)* **« cette Autorité ».**

III. – Les données collectées ne peuvent être communiquées que dans les conditions fixées par l'article 7 *bis* de la loi n° 51-711 du 7 juin 1951 sur l'obligation, la coordination et le secret en matière de statistiques. – *V. L. n° 51-711 du 7 juin 1951, JO 8 juin.*

Les dispositions du Décr. n° 2021-74 du 26 janv. 2021 sont applicables à compter de la remise des états statistiques relatifs à l'exercice 2020 (Décr. préc., art. 3).

Les dispositions du Décr. n° 2012-454 du 4 avr. 2012 sont applicables à compter de la remise, au 30 avr. 2012, des états relatifs à l'exercice 2011 (Décr. préc., art. 3).

V. note ss. art. R. 336-6.

V. Instr. ACPR n° 2016-I-16 du 27 juin 2016 relative aux documents prudentiels annuels à communiquer par les organismes assujettis au contrôle de l'ACPR relevant du régime dit « Solvabilité II » (https://acpr.banque-france.fr).

ANNEXE

ANNEXE À L'ARTICLE D. 344-5 DU CODE DES ASSURANCES, À L'ARTICLE D. 114-11 DU CODE DE LA MUTUALITÉ ET À L'ARTICLE D. 931-37 DU CODE DE LA SÉCURITÉ SOCIALE

(Abrogée par Décr. nº 2021-74 du 26 janv. 2021)

(Décr. nº 2015-1857 du 30 déc. 2015)

V. annexe.

Art. R. 344-6 *(Décr. nº 2015-1431 du 5 nov. 2015, art. 1er, en vigueur le 1er janv. 2016)* **Les informations statistiques relatives aux encours de crédit garantis et aux risques souscrits mentionnées à l'article 58 de la loi nº 2013-672 du 26 juillet 2013 de séparation et de régulation des activités bancaires sont transmises à la Banque de France par les entreprises d'assurance mentionnées à l'article L. 310-2 pratiquant les opérations d'assurance-crédit dans le mois suivant la fin de chaque trimestre et dans les conditions définies ci-après.**

Les dispositions du Décr. nº 2015-1431 du 5 nov. 2015 sont applicables dans les îles Wallis-et-Futuna (Décr. préc., art. 2).

Art. R. 344-7 *(Décr. nº 2015-1431 du 5 nov. 2015, art. 1er, en vigueur le 1er janv. 2016)* **Les informations relatives aux opérations réalisées sur le territoire national par les assurés situés en France sont transmises sous la forme de l'état suivant pour chacune des sections "x" dont le code de "1" à "18" est défini en annexe au présent article sur la base de la nomenclature des activités prévue par le décret nº 2007-1888 du 26 décembre 2007 portant approbation des nomenclatures d'activités et de produits françaises :**

AU DERNIER jour du trimestre	NOMBRE DE RISQUES SOUSCRITS SUR LES OPÉRATIONS réalisées sur le territoire national par les assurés situés en France		ENCOURS BRUTS GARANTIS SUR LES OPÉRATIONS réalisées sur le territoire national par les assurés situés en France (en euros)	
	Total	Dont risques de PME	Total	Dont risques de PME
Section « x »				

Pour l'élaboration de l'état ci-dessus, les risques à mentionner s'entendent des risques portant sur les entreprises clientes d'assurés situées en France et relevant de chaque section codifiée "1" à "18" selon le tableau annexé au présent article.

Pour l'élaboration du même état, les PME s'entendent des petites et moyennes entreprises définies par le décret nº 2008-1354 du 18 décembre 2008 permettant de déterminer la catégorie d'appartenance d'une entreprise pour les besoins de l'analyse statistique et économique. Lorsqu'une partie des données nécessaires à la détermination de l'appartenance à cette catégorie est indisponible, les déclarants peuvent servir les états précités sur le fondement du seul critère de chiffre d'affaires ou, à défaut, sur le fondement des données du dernier exercice comptable connu.

V. note ss. art. R. 344-6.

ANNEXE À L'ARTICLE R. 344-7

CODE DE SECTION	DIVISIONS DE NAF RÉV. 2 - niveau 88 considérées	INTITULÉS DES DIVISIONS
1	01-03	Agriculture, sylviculture et pêche
2	05-09	Industries extractives
	35	Production et distribution d'électricité, de gaz, de vapeur et d'air conditionné
	36-39	Production et distribution d'eau ; assainissement, gestion des déchets et dépollution
3	10-12	Fabrication de denrées alimentaires, de boissons et de produits à base de tabac

CODE DE SECTION	DIVISIONS DE NAF RÉV. 2 - niveau 88 considérées	INTITULÉS DES DIVISIONS
4	13-15	Fabrication de textiles, industries de l'habillement, industrie du cuir et de la chaussure
5	16-18	Travail du bois, industries du papier et imprimerie
6	19	Cokéfaction et raffinage
	20	Industrie chimique
	21	Industrie pharmaceutique
7	22-23	Fabrication de produits en caoutchouc et en plastique ainsi que d'autres produits minéraux non métalliques
8	24-25	Métallurgie et fabrication de produits métalliques à l'exception des machines et des équipements
9	26	Fabrication de produits informatiques, électroniques et optiques
	27	Fabrication d'équipements électriques
	28	Fabrication de machines et équipements n.c.a.
10	29-30	Fabrication de matériels de transport
11	31-33	Autres industries manufacturières; réparation et installation de machines et d'équipements
12	41-43	Construction
13	45-47	Commerce ; réparation d'automobiles et de motocycles
14	49-53	Transports et entreposage
15	58-63	Information et communication
16	64-66	Activités financières et d'assurance
17	69-75	Activités scientifiques et techniques
18	55-56	Hébergement et restauration
	68	Activités immobilières
	77-82	Activités de services administratifs et de soutien
	84-88	Administration publique, enseignement, santé humaine et action sociale
	90-99	Autres activités de services

Art. R. 344-8 *(Décr. n° 2015-1431 du 5 nov. 2015, art. 1er, en vigueur le 1er janv. 2016)* **Les informations relatives aux opérations réalisées en dehors du territoire national par les assurés situés en France prennent la forme suivante pour chacun des pays de destination des opérations définis à l'article R. 344-9 :** – *V. note ss. art. R. 344-6.*

AU DERNIER jour du trimestre	NOMBRE DE RISQUES SOUSCRITS SUR LES OPÉRATIONS réalisées en dehors du territoire national par les assurés situés en France	ENCOURS BRUTS GARANTIS SUR LES OPÉRATIONS réalisées en dehors du territoire national par les assurés situés en France (en euros)
Pays de destination des opérations		

Art. R. 344-9 *(Décr. nº 2015-1431 du 5 nov. 2015, art. 1er, en vigueur le 1er janv. 2016)* Les pays de destination des opérations mentionnés à l'article 4 sont les pays figurant dans la liste des pays établie selon la norme internationale des codes des noms de pays et de leurs subdivisions ISO 3166.

Pour les besoins de cette collecte statistique, le territoire dénommé "France" (identifiée sous le code "FR") inclut :

– la France métropolitaine, les collectivités régies par les articles 73 et 74 de la Constitution, la Nouvelle-Calédonie ainsi que les Terres australes et antarctiques françaises et l'île de Clipperton ;

– la principauté de Monaco (identifiée sous le code "MC").

V. note ss. art. R. 344-6.

Art. R. 344-10 *(Décr. nº 2015-1431 du 5 nov. 2015, art. 1er, en vigueur le 1er janv. 2016)* La Banque de France effectue le traitement statistique des informations reçues et procède à leur agrégation.

Elle communique chaque trimestre les données agrégées à l'Autorité de contrôle prudentiel et de résolution ainsi qu'au ministre chargé de l'économie. Ce dernier détermine les conditions de publication de ces données agrégées en concertation avec les acteurs concernés.

La Banque de France peut utiliser ces données agrégées pour l'exercice de ses missions.

V. note ss. art. R. 344-6.

CHAPITRE V COMPTES CONSOLIDÉS ET COMBINÉS

(Décr. nº 2015-513 du 7 mai 2015, art. 9-16º, en vigueur le 1er janv. 2016)

Art. R. 345-1 Sous réserve des dispositions du présent chapitre et des prescriptions comptables définies par l'Autorité des normes comptables, les comptes consolidés ou combinés mentionnés à l'article L. 345-2 sont établis suivant les règles fixées par les articles R. 233-2 à R. 233-15 du code de commerce.

Art. R. 345-1-1 Constituent un ensemble soumis à l'obligation d'établir des comptes combinés, deux ou plusieurs entreprises mentionnées aux articles L. 310-1 ou L. 310-1-1, sociétés de groupe d'assurance mentionnées à l'article L. 322-1-2, mutuelles ou unions régies par le livre II du code de la mutualité ou unions mutualistes de groupe définies à l'article L. 111-4-2 du même code, institutions de prévoyance ou unions régies par le titre III du livre IX du code de la sécurité sociale ou par l'article L. 727-2 du code rural, sociétés de groupe assurantiel de protection sociale définies à l'article L. 931-2-2 du code de la sécurité sociale, se trouvant dans l'un des cas suivants :

1º Ces entités ont, en vertu d'un accord conclu entre elles, soit une direction commune, soit des services communs assez étendus pour engendrer un comportement commercial, technique ou financier commun ;

2º Ces entités ont entre elles des liens de réassurance importants et durables en vertu de dispositions contractuelles, statutaires ou réglementaires.

Art. R. 345-1-2 La désignation de l'entité chargée d'établir et de publier des comptes combinés fait l'objet d'une convention écrite entre toutes les entités dont la cohésion ne résulte pas de liens en capital et appartenant à l'ensemble soumis à l'obligation d'établir les comptes combinés. Cet accord engage de plein droit toutes les entreprises sur lesquelles l'une des parties à l'accord exerce un contrôle exclusif, un contrôle conjoint ou une influence notable.

A défaut d'un accord préalable à la date de clôture de l'exercice, cette entité est :

a) Dans le cas mentionné au 1º de l'article R. 345-1-1, l'entité ayant encaissé en moyenne, au cours des cinq derniers exercices, le montant de primes ou de cotisations le plus élevé ;

b) Dans le cas où l'obligation d'établir des comptes combinés ne découle que du 2° de l'article R. 345-1-1, le cessionnaire et, dans le cas où plusieurs cessionnaires interviennent, celui qui a accepté en moyenne, au cours des trois derniers exercices, le montant le plus élevé de primes ou cotisations cédées par les entités de l'ensemble soumis à obligation d'établir des comptes combinés.

Toutefois, par dérogation aux dispositions du précédent alinéa, lorsqu'une entité faisant partie d'un ensemble d'entités tel que défini à l'article R. 345-1-1 est incluse par intégration globale dans les comptes consolidés d'une entité elle-même soumise à une obligation de consolidation en application de l'article L. 345-2, l'entité tenue d'établir et de publier des comptes combinés est l'entité consolidante. Cette obligation se confond dans ce cas avec l'obligation d'établir des comptes consolidés. Les comptes consolidés incluent alors les comptes des entités faisant partie de l'ensemble précité.

Art. R. 345-1-3 Lorsque l'entité désignée conformément aux dispositions du premier alinéa de l'article R. 345-1-2 est une entreprise mentionnée aux articles L. 310-1 ou L. 310-1-1, une société de groupe d'assurance mentionnée à l'article L 322-1-2, une mutuelle ou union régie par le livre II du code de la mutualité, une union mutualiste de groupe mentionnée à l'article L. 111-4-2 du même code, une institution de prévoyance ou union régie par le titre III du livre IX du code de la sécurité sociale, une société de groupe assurantiel de protection sociale définie à l'article L. 931-2-2 du même code, l'accord est transmis à l'Autorité de contrôle prudentiel et de résolution dans un délai de quinze jours à compter de sa signature. Il est porté dans le même délai à la connaissance des commissaires aux comptes de toutes les entités incluses dans le périmètre de la combinaison.

Art. R. 345-1-4 Lorsque le commissaire aux comptes d'une entreprise mentionnée aux articles L. 310-1 ou L. 310-1-1, d'une société de groupe d'assurance mentionnée à l'article L. 322-1-2, d'une mutuelle ou d'une union régie par le livre II du code de la mutualité, d'une union mutualiste de groupe mentionnée à l'article L. 111-4-2 du même code, d'une institution de prévoyance ou d'une union régie par le titre III du livre IX du code de la sécurité sociale, ou d'une société de groupe assurantiel de protection sociale définie à l'article L. 931-2-2 du même code constate, d'une part, l'existence d'éléments constitutifs d'une obligation d'établissement et de publication de comptes combinés, d'autre part, l'absence de mise en œuvre de cette obligation, il saisit l'Autorité de contrôle prudentiel et de résolution conformément aux dispositions de l'article L. 612-44 du code monétaire et financier.

TITRE CINQUIÈME RÉGIME PRUDENTIEL APPLICABLE AUX ENTREPRISES RELEVANT DU RÉGIME DIT "SOLVABILITÉ II"

(Décr. n° 2015-513 du 7 mai 2015, art. 4, en vigueur le 1er janv. 2016)

Art. R. 350-1 L'Autorité de contrôle prudentiel et de résolution peut déterminer, après avis de la commission consultative mentionnée au I de l'article L. 612-14 du code monétaire et financier, des dossiers types pour les demandes prévues dans le présent titre, comprenant notamment la liste, le format et les modalités de transmission des informations qui lui sont nécessaires. Ces dossiers types sont publiés au registre officiel de l'Autorité sous forme électronique. – *V. notes ss. art. L. 351-4 à L. 351-6, L. 356-19, L. 356-25 et R. 352-12.*

Art. R. 350-2 Pour l'application des dispositions du présent titre aux mutuelles et unions régies par le livre II du code de la mutualité, il y a lieu d'entendre : "règlement mutualiste ou bulletin d'adhésion" là où est mentionné dans le présent code : "contrat", "les risques mentionnés aux *a* et *b* du 1° de l'article L. 111-1 du code de la mutualité" là où est mentionné : "les risques mentionnés au 1° et au 2° de l'article L. 310-1" et "les opérations d'assurance mentionnées au 1° de l'article L. 111-1 du code de la mutualité et de réassurance mentionnées à l'article L. 111-1-1 du même code" là où est mentionné : "les opérations d'assurance mentionnées à l'article L. 310-1 et de réassurance mentionnées à l'article L. 310-1-1".

Pour l'application des dispositions du présent titre aux institutions de prévoyance et unions régies par le titre III du livre IX du code de la sécurité sociale, il y a lieu d'entendre : "bulletin d'adhésion à un règlement ou contrat collectif" là où est mentionné dans le présent code : "contrat", "les risques mentionnés aux *a* et *b* de l'article L. 931-1 du code de la sécurité sociale" là où est mentionné : "les risques mentionnés au 1° et au 2° de l'article L. 310-1" et "les opérations d'assurance mentionnées à l'article L. 931-1 du code de la sécurité sociale et de réassurance mentionnées à l'article L. 931-1-1 du même code" là où est mentionné : "les opérations d'assurance mentionnées à l'article L. 310-1 et de réassurance mentionnées à l'article L. 310-1-1".

CHAPITRE PREMIER VALORISATION DU BILAN PRUDENTIEL

(Décr. n° 2015-513 du 7 mai 2015, art. 4, en vigueur le 1er janv. 2016)

SECTION PREMIÈRE DISPOSITIONS GÉNÉRALES SUR LA VALORISATION DU BILAN PRUDENTIEL

Art. R. 351-1 Les méthodes et les hypothèses à utiliser lors de la valorisation des actifs et des passifs prudentiels sont définies aux articles 7 à 16 du règlement délégué (UE) n° 2015/35 de la Commission du 10 octobre 2014.

Un arrêté du ministre chargé de l'économie précise l'application du principe de matérialité ainsi que les modalités de reconnaissance et de valorisation des actifs et passifs prudentiels relatifs aux avantages accordés au personnel, aux paiements fondés sur des actions, aux impôts différés et aux instruments financiers à terme.

V. notes ss. art. L. 351-1.

SECTION II PROVISIONS TECHNIQUES PRUDENTIELLES

SOUS-SECTION 1 DISPOSITIONS GÉNÉRALES SUR LA VALORISATION DES PROVISIONS TECHNIQUES PRUDENTIELLES

Art. R. 351-2 I. — La valeur des provisions techniques prudentielles, mentionnées à l'article L. 351-2, est égale à la somme de la meilleure estimation et de la marge de risque.

II. — La meilleure estimation correspond à la moyenne pondérée par leur probabilité des flux de trésorerie futurs compte tenu de la valeur temporelle de l'argent estimée sur la base de la courbe des taux sans risque pertinente, soit la valeur actuelle attendue des flux de trésorerie futurs.

Le calcul de la meilleure estimation est fondé sur des informations actualisées et crédibles et des hypothèses réalistes et fait appel à des méthodes actuarielles et statistiques adéquates, applicables et pertinentes.

La projection en matière de flux de trésorerie utilisée dans le calcul de la meilleure estimation tient compte de toutes les entrées et sorties de trésorerie nécessaires pour faire face aux engagements d'assurance et de réassurance, pendant toute la durée de ceux-ci.

La meilleure estimation est calculée brute, sans déduction des créances découlant des contrats de réassurance et des véhicules de titrisation. Le montant de ces créances est calculé séparément, conformément à l'article R. 351-12.

L'ensemble des contrats qui donnent naissance aux engagements précités à prendre en compte est défini à l'article 17 du règlement délégué (UE) n° 2015/35 de la Commission du 10 octobre 2014. Les frontières de ces contrats sont définies à l'article 18 du même règlement.

Les exigences relatives à la qualité des données et aux conditions dans lesquelles des approximations sont autorisées sont définies aux articles 19 à 21 du même règlement.

Les hypothèses à utiliser pour le calcul des provisions techniques prudentielles sont définies aux articles 22 à 26 du même règlement.

Les modalités de projections des flux de trésorerie sont définies aux articles 28 à 36 du même règlement.

La courbe des taux sans risques pertinente est définie aux articles 43 à 61 du même règlement.

III. — La marge de risque est calculée de manière à garantir que la valeur des provisions techniques prudentielles mentionnées à l'article L. 351-2 est équivalente au montant qu'une entreprise agréée pour pratiquer les opérations d'assurance ou de réassurance demanderait pour reprendre et honorer les engagements d'assurance et de réassurance.

IV. — Les entreprises d'assurance et de réassurance procèdent à une évaluation séparée de la meilleure estimation et de la marge de risque.

Cependant, lorsque de futurs flux de trésorerie liés aux engagements d'assurance et de réassurance peuvent être, de manière fiable, répliqués au moyen d'instruments financiers pour lesquels il existe une valeur de marché fiable observable, la valeur des provisions techniques prudentielles mentionnées à l'article L. 351-2, liées à ces futurs flux de trésorerie, est déterminée à l'aide de la valeur de marché de ces instruments financiers. Dans ce cas, il n'est pas nécessaire de procéder à un calcul séparé de la meilleure estimation et de la marge de risque.

L'article 40 du règlement délégué (UE) n° 2015/35 de la Commission du 10 octobre 2014 précise les circonstances dans lesquelles un calcul séparé de la meilleure estimation et de la marge de risque n'est pas nécessaire.

Lorsqu'elles procèdent à une évaluation séparée de la meilleure estimation et de la marge de risque, les entreprises d'assurance et de réassurance calculent la marge de risque en déterminant le coût que représente la mobilisation d'un montant de fonds propres éligibles égal au capital de solvabilité requis nécessaire pour faire face à leurs engagements pendant toute la durée de ceux-ci. Pour cette évaluation de la marge de risque, le capital de solvabilité requis n'inclut pas les exigences de capital supplémentaire imposées par l'Autorité de contrôle prudentiel et de résolution, en application de l'article L. 352-3.

Le taux du coût du capital est le taux utilisé pour déterminer le coût que représente la mobilisation de ce montant de fonds propres éligibles. Ce taux est le même pour toutes les entreprises d'assurance et de réassurance et est révisé périodiquement.

Le taux du coût du capital utilisé est égal au taux supplémentaire, s'ajoutant au taux d'intérêt sans risque pertinent, que supporterait une entreprise détenant un montant de fonds propres éligibles, mentionnés à l'article L. 351-6, égal au capital de solvabilité requis qui est nécessaire pour faire face aux engagements d'assurance et de réassurance pendant toute la durée de ceux-ci.

Le taux du coût du capital est fixé à l'article 39 du règlement délégué (UE) n° 2015/35 de la Commission du 10 octobre 2014.

Les modalités de calcul de la marge de risque sont définies aux articles 37 et 38 du même règlement.

Les méthodes de simplification pour le calcul des provisions techniques prudentielles, de la marge de risque ainsi que les conditions préalables à leur utilisation sont définies aux articles 56 à 61 du même règlement.

V. note ss. art. L. 351-2.

Art. R. 351-2-1 Pour les entreprises mentionnées à l'article L. 310-3-1 qui sont agréées pour pratiquer les opérations mentionnées au 1° de l'article L. 310-1, le calcul de la meilleure estimation visée au II de l'article R. 351-2 tient compte des versements et des prélèvements qui seraient effectués sur la réserve de capitalisation constituée à la date de calcul, conformément aux dispositions de l'article R. 343-14, pendant toute la durée des engagements d'assurance liés à des opérations mentionnées au 1° de l'article L. 310-1.

Le cas échéant, la valeur actuelle attendue, estimée sur la base de la courbe des taux sans risque pertinente, du montant de la réserve de capitalisation subsistant à l'issue de la durée des engagements mentionnés à l'alinéa précédent est intégrée à la réserve de réconciliation, au sens du vi du a de l'article 69 du règlement délégué (UE) n° 2015/35 de la Commission du 10 octobre 2014 et fait partie des éléments de fonds propres de base classés au niveau 1.

Aux fins du contrôle de l'application des dispositions prévues au présent article, l'Autorité de contrôle prudentiel et de résolution détermine le format d'états quantitatifs spécifiques.

Art. R. 351-3 La détermination de la courbe des taux d'intérêt sans risque pertinente mentionnée à l'article R. 351-2 utilise des informations tirées d'instruments financiers pertinents et reste cohérente avec ces informations. Cette détermination tient compte des instruments financiers pertinents pour les échéances auxquelles les marchés de ces instruments financiers, à l'instar des marchés obligataires, sont profonds, liquides et transparents. Pour les échéances auxquelles les marchés des instruments financiers pertinents ou des obligations ne sont plus profonds, liquides et transparents, la courbe des taux d'intérêt sans risque pertinente est extrapolée.

La partie extrapolée de la courbe des taux d'intérêt sans risque pertinente se fonde sur des taux à terme convergents sans à-coups depuis un taux, ou un ensemble de taux à terme, pour les échéances les plus longues auxquelles il est possible d'observer l'instrument financier pertinent et les obligations libellés, sur un marché profond, liquide et transparent, jusqu'au taux à terme ultime.

Art. R. 351-4 I. – Les entreprises d'assurance et de réassurance peuvent appliquer un ajustement égalisateur de la courbe des taux d'intérêt sans risque pertinente pour calculer la meilleure estimation d'un portefeuille d'engagements d'assurance ou de réassurance-vie, y compris les rentes découlant de contrats d'assurance ou de réassurance non-vie, sous réserve de l'accord de l'Autorité de contrôle prudentiel et de résolution, lorsque les conditions suivantes sont remplies :

1° Les entreprises d'assurance et de réassurance ont assigné un portefeuille d'actifs fait d'obligations ou d'autres titres ayant des caractéristiques similaires en flux de trésorerie, en couverture de la meilleure estimation du portefeuille d'engagements d'assurance ou de réassurance et conservent cet assignement jusqu'à l'échéance de ces obligations, sauf à vouloir maintenir l'équivalence des flux de trésorerie escomptés entre actifs et passifs si ces flux ont sensiblement changé ;

2° Le portefeuille d'engagements d'assurance ou de réassurance auquel l'ajustement égalisateur est appliqué et le portefeuille assigné d'actifs sont identifiés, gérés et organisés séparément des autres activités des entreprises, et le portefeuille assigné d'actifs ne peut être utilisé pour couvrir les pertes résultant d'autres activités des entreprises ;

3° Les flux de trésorerie escomptés du portefeuille assigné d'actifs répondent dans la même monnaie, point par point, aux flux de trésorerie escomptés du portefeuille d'engagements d'assurance ou de réassurance et aucune rupture d'équivalence ne donne lieu à des risques qui sont réels par rapport aux risques inhérents à l'activité d'assurance ou de réassurance auquel l'ajustement égalisateur s'applique ;

4° Les contrats sous-jacents du portefeuille d'engagements d'assurance ou de réassurance ne donnent pas lieu au versement de primes futures ;

5° Les risques de souscription liés au portefeuille d'engagements d'assurance ou de réassurance sont uniquement le risque de longévité, le risque de dépenses, le risque de révision et le risque de mortalité ;

6° Lorsque le risque de souscription lié au portefeuille d'engagements d'assurance ou de réassurance inclut le risque de mortalité, la meilleure estimation du portefeuille des engagements d'assurance ou de réassurance ne doit pas augmenter de plus de 5 % dans le cadre d'un choc de risque de mortalité calibré conformément à l'article R. 352-2 ;

7° Les contrats sous-jacents des portefeuilles d'engagements d'assurance ou de réassurance ne comprennent pas d'options pour les assurés, souscripteurs et bénéficiaires de contrats, hormis une option de rachat si la valeur de rachat n'excède pas la valeur des actifs, évaluée conformément à l'article L. 351-1, couvrant les engagements d'assurance ou de réassurance à la date où s'exerce l'option de rachat ;

8° Les flux de trésorerie des actifs constituant le portefeuille assigné d'actifs sont fixes et ne peuvent être modifiés par les émetteurs des titres ni par des tiers ;

9° Les engagements d'assurance ou de réassurance d'un contrat d'assurance ou de réassurance ne sont pas divisés en différentes parties lors de la composition du portefeuille des engagements d'assurance ou de réassurance aux fins du présent I.

L'entreprise d'assurance ou de réassurance peut utiliser des actifs dont les flux de trésorerie sont fixes, sous réserve d'une indexation sur l'inflation, pourvu que ces actifs correspondent aux flux de trésorerie du portefeuille d'engagements d'assurance ou de réassurance qui sont fonction de l'inflation.

Dans le cas où les émetteurs ou des tierces parties ont le droit de modifier les flux d'un actif de manière telle que l'investisseur reçoive une indemnisation suffisante pour lui permettre d'obtenir les mêmes flux de trésorerie en réinvestissant dans des actifs d'un niveau de qualité de crédit équivalent ou meilleur, le droit de modifier les flux de trésorerie n'exclut pas que l'actif soit éligible au portefeuille assigné conformément au 8°.

II. — Les entreprises d'assurance et de réassurance qui appliquent l'ajustement égalisateur à un portefeuille d'engagements d'assurance ou de réassurance ne peuvent revenir à une méthode qui ignore l'ajustement égalisateur. Si une entreprise d'assurance et de réassurance qui applique l'ajustement égalisateur n'est plus en mesure de remplir les conditions prévues au I, elle en informe immédiatement l'Autorité de contrôle prudentiel et de résolution et prend les mesures nécessaires permettant d'en assurer le respect. Si cette entreprise n'est pas en mesure de respecter ces conditions dans un délai de deux mois, elle cesse d'appliquer l'ajustement égalisateur à chacun de ses engagements d'assurance ou de réassurance et ne peut appliquer à nouveau un tel ajustement qu'à l'issue d'un délai de vingt-quatre mois supplémentaires.

L'ajustement égalisateur n'est pas appliqué aux engagements d'assurance ou de réassurance lorsque la courbe des taux d'intérêt sans risque pertinente utilisée pour calculer la meilleure estimation des engagements fait intervenir une correction pour volatilité en vertu de l'article R. 351-6 ou une mesure transitoire sur les taux d'intérêt sans risque en vertu de l'article L. 351-4.

A compter de la publication du Décr. n° 2015-513 du 7 mai 2015 (JO 10 mai), l'Autorité de contrôle prudentiel et de résolution peut approuver l'application par une entreprise de l'ajustement égalisateur à la courbe des taux d'intérêt sans risque pertinente, conformément aux dispositions prévues aux art. R. 351-4 et R. 351-5. Les décisions prises par l'Autorité de contrôle prudentiel et de résolution prennent effet à compter du 1er janv. 2016 (Décr. préc., art. 16-I-6° et III). L'expression « entreprise » fait référence aux organismes d'assurance et de réassurance mentionnés aux art. L. 310-3-1 C. assur., L. 211-11 C. mut. et L. 931-6 CSS (Décr. préc., art. 15).

Art. R. 351-5 I. — Dans chaque monnaie, l'ajustement égalisateur visé à l'article R. 351-4 est calculé conformément aux principes suivants :

1° L'ajustement égalisateur doit être égal à la différence entre les montants suivants :

a) Le taux annuel effectif, calculé comme le taux unique d'actualisation qui, s'il était appliqué aux flux de trésorerie du portefeuille d'engagements d'assurance ou de réassurance, donnerait une valeur égale à la valeur calculée conformément à l'article L. 351-1 du portefeuille assigné d'actifs ;

b) Le taux annuel effectif, calculé comme le taux unique d'actualisation qui, s'il était appliqué aux flux de trésorerie du portefeuille d'engagements d'assurance ou de réassurance, donnerait une valeur égale à la valeur de la meilleure estimation du portefeuille d'engagements d'assurance ou de réassurance pour laquelle la valeur temporelle de l'argent est prise en compte en suivant la courbe des taux d'intérêt sans risque pertinente ;

2° L'ajustement égalisateur ne peut pas inclure la marge fondamentale reflétant les risques assumés par l'entreprise d'assurance ou de réassurance ;

3° Sous réserve des dispositions du 1°, la marge fondamentale doit être augmentée, le cas échéant, de manière à ce que l'ajustement égalisateur pour les actifs dont la qualité est inférieure à celle d'une valeur d'investissement ne dépasse pas l'ajustement égalisateur pour les actifs de bonne qualité et de même durée et de même catégorie ;

4° Le recours à des évaluations externes de crédit dans le calcul de l'ajustement égalisateur doit être conforme aux spécifications visées aux articles 4 à 6 du règlement (UE) n° 2015/35 de la Commission du 10 octobre 2014.

II. – Pour l'application du 2° du I, la marge fondamentale est :

1° Égale à la somme des éléments suivants :

a) De la marge de crédit correspondant à la probabilité de défaut des actifs ; et

b) De la marge de crédit correspondant à la perte attendue d'une dégradation des actifs ;

2° Pour les expositions sur les administrations centrales et les banques centrales des États membres, supérieure ou égale à 30 % de la moyenne à longue échéance de la marge par rapport au taux de la courbe fondamentale des taux d'intérêt sans risque d'actifs de même durée, de même qualité de crédit et de même catégorie, telle qu'elle s'observe sur les marchés financiers ;

3° Pour les actifs autres que les expositions sur les administrations centrales et les banques centrales des États membres, supérieure ou égale à 35 % de la moyenne à longue échéance de la marge par rapport au taux de la courbe fondamentale des taux d'intérêt sans risque d'actifs de même durée, de même qualité de crédit et de même catégorie, telle qu'elle s'observe sur les marchés financiers.

La probabilité de défaut visée au *a* du 1° est fondée sur des statistiques de défaut à longue échéance qui sont pertinents pour l'actif en question, selon sa durée, sa qualité de crédit et sa catégorie.

Lorsqu'aucune *[Lorsque aucune]* marge de crédit fiable ne peut être tirée des statistiques de défaut mentionnées au précédent alinéa, la marge fondamentale est égale à la part de la moyenne à longue échéance de la marge par rapport au taux de la courbe fondamentale que fixent les 2° et 3°.

V. note ss. art. R. 351-4.

Art. R. 351-6 I. – Les entreprises d'assurance et de réassurance peuvent appliquer une correction pour volatilité de la courbe des taux d'intérêt sans risque pertinente à utiliser pour calculer la meilleure estimation mentionnée à l'article R. 351-2.

Pour chaque monnaie concernée, la correction pour volatilité de la courbe des taux d'intérêt sans risque pertinente est fonction de l'écart entre le taux d'intérêt qu'il serait possible de retirer des actifs inclus dans un portefeuille de référence dans cette monnaie et les taux de la courbe des taux d'intérêt sans risque pertinente correspondante dans cette monnaie.

Le portefeuille de référence dans une monnaie est représentatif des actifs qui sont libellés dans cette monnaie et dans lesquels les entreprises d'assurance et de réassurance ont investi pour couvrir la meilleure estimation des engagements d'assurance et de réassurance libellés dans cette monnaie.

II. – Le montant de la correction pour volatilité des taux d'intérêt sans risque correspond à 65 % de l'écart "monnaies" du risque corrigé.

L'écart "monnaies" du risque corrigé est égal à la différence entre l'écart mentionné au deuxième alinéa du I et la part de cet écart imputable à une évaluation réaliste des pertes attendues sur les actifs et du risque de crédit imprévu ou de tout autre risque pesant sur ces actifs.

La correction pour volatilité n'est applicable qu'aux taux d'intérêt sans risque de la courbe pertinente qui ne sont pas calculés au moyen d'une extrapolation en application de l'article R. 351-3.

Lorsque l'entreprise d'assurance ou de réassurance applique une correction pour volatilité, l'extrapolation de la courbe des taux d'intérêt sans risque pertinente se fonde sur les taux d'intérêt sans risque ainsi corrigés.

III. — *(Décr. nº 2020-940 du 29 juill. 2020)* « Pour chaque pays concerné, la correction pour volatilité des taux d'intérêt sans risque dans la monnaie de ce pays, mentionnée au II, est, avant application du facteur de 65 %, augmentée de la différence entre l'écart "pays" du risque corrigé et le double de l'écart "monnaie" du même risque corrigé, lorsque cette différence est positive et que l'écart "pays" du risque corrigé est supérieur à 85 points de base. » L'augmentation de la correction pour volatilité s'applique au calcul de la meilleure estimation pour engagements d'assurance et de réassurance de produits vendus sur le marché de ce pays. L'écart "pays" du risque corrigé est calculé de la même manière que l'écart "monnaies" du risque corrigé de ce pays, mais sur la base d'un portefeuille de référence qui est représentatif du portefeuille d'actifs dans lesquels les entreprises d'assurance et de réassurance ont investi pour couvrir la meilleure estimation des engagements d'assurance et de réassurance de produits vendus sur le marché de l'assurance de ce pays et libellés dans la monnaie de ce pays.

La correction pour volatilité ne s'applique pas aux engagements d'assurance si la courbe des taux d'intérêt sans risque pertinente à utiliser pour calculer la meilleure estimation de ces obligations fait intervenir l'ajustement égalisateur prévu à l'article R. 351-4.

Par dérogation à l'article R. 352-2, le capital de solvabilité requis ne couvre pas le risque de perte de fonds propres de base découlant d'une variation de la correction pour volatilité.

Art. R. 351-7 Les entreprises d'assurance et de réassurance utilisent les informations techniques élaborées en application de l'article 77 *sexies* de la directive 2009/138/CE du 25 novembre 2009 modifiée pour calculer la meilleure estimation mentionnée au II de l'article R. 351-2, l'ajustement égalisateur mentionné à l'article R. 351-5 et la correction pour volatilité mentionnée à l'article R. 351-6.

En ce qui concerne les monnaies et les marchés nationaux pour lesquels la correction pour volatilité visée à l'article R. 351-6 n'est pas prévue dans les actes d'exécution mentionnés au paragraphe 2 de l'article 77 *sexies* de la directive 2009/138/CE, aucune correction pour volatilité n'est appliquée à la courbe des taux d'intérêts sans risque pertinente à utiliser pour calculer la meilleure estimation.

Art. R. 351-8 L'Autorité de contrôle prudentiel et de résolution fournit, chaque année, jusqu'au 1er janvier 2021, à l'Autorité européenne des assurances et des pensions professionnelles les informations suivantes :

a) La disponibilité des garanties à longue échéance des produits d'assurance sur le marché français et les pratiques des entreprises d'assurance et de réassurance en tant qu'investisseurs à long terme ;

b) Le nombre d'entreprises d'assurance et de réassurance qui appliquent l'ajustement égalisateur, la correction pour volatilité, la prolongation du délai de rétablissement conformément à l'article L. 352-7, le sous-module "risque sur actions" fondé sur la durée et les mesures transitoires énoncées aux articles L. 351-4 et L. 351-5 ;

c) En les anonymisant, les effets au niveau national sur la situation financière des entreprises d'assurance et de réassurance de l'ajustement égalisateur, de la correction pour volatilité, du mécanisme d'ajustement symétrique de l'exigence de capital pour actions, du sous-module "risque sur actions" fondé sur la durée et des mesures transitoires mentionnées aux articles L. 351-4 et L. 351-5 ;

d) L'effet sur les pratiques d'investissement des entreprises d'assurance et de réassurance de l'ajustement égalisateur, de la correction pour volatilité, du mécanisme d'ajustement symétrique de l'exigence de capital pour actions et du sous-module "risque sur actions" fondé sur la durée, et si ces derniers procurent ou non à ces entreprises un allègement de fonds propres indu ;

e) L'effet de toute prolongation du délai de rétablissement conformément à l'article L. 352-7 sur les efforts déployés par les entreprises d'assurance et de réassurance pour rétablir le niveau de fonds propres éligibles couvrant le capital de solvabilité requis ou réduire le profil de risque en vue de garantir le respect de l'exigence de capital de solvabilité ;

f) Lorsque les entreprises d'assurance et de réassurance appliquent les mesures transitoires mentionnées aux articles L. 351-4 et L. 351-5, le respect, par ces entreprises, des plans de mise en œuvre graduelle mentionnés à l'article L. 352-9 et les perspectives d'une réduction de la dépendance à l'égard de ces mesures transitoires, y compris des mesures qui ont été prises ou devraient être prises par les entreprises et l'Autorité de contrôle prudentiel et de résolution.

Art. R. 351-9 Les entreprises d'assurance et de réassurance tiennent compte, outre les dispositions de l'article R. 351-2, des éléments suivants lorsqu'elles calculent leurs provisions prudentielles au sens de l'article L. 351-2 :

1° Toutes les dépenses qui seront engagées aux fins d'honorer les engagements d'assurance et de réassurance. Ces dépenses sont déterminées selon les modalités fixées à l'article 31 du règlement délégué (UE) n° 2015/35 de la Commission du 10 octobre 2014 ;

2° L'inflation, y compris celle affectant les frais et les sinistres ;

3° L'ensemble des paiements aux assurés, aux bénéficiaires de contrats et aux entreprises réassurées, y compris les participations discrétionnaires que les entreprises mentionnées à l'article L. 310-3-1 prévoient de verser dans l'avenir, que ces paiements soient ou non garantis contractuellement, à moins qu'ils ne relèvent du second alinéa de l'article R. 351-21. Ces participations discrétionnaires futures sont déterminées selon les modalités fixées à l'article 24 du règlement délégué (UE) n° 2015/35 de la Commission du 10 octobre 2014.

Art. R. 351-10 Lorsqu'elles calculent leurs provisions techniques prudentielles, au sens de l'article L. 351-2, les entreprises d'assurance et de réassurance tiennent compte de la valeur des garanties financières et de toute option inclues *[incluses]* dans leurs contrats.

Toute hypothèse retenue par ces entreprises d'assurance et de réassurance concernant la probabilité que les assurés, souscripteurs, bénéficiaires de contrats et entreprises réassurées exercent les options qui leur sont offertes, y compris les droits de réduction et de rachat, doit être réaliste et fondée sur des informations actuelles et crédibles. Elle tient compte, soit explicitement, soit implicitement, de l'impact que pourraient avoir d'éventuels changements des conditions financières et non financières sur l'exercice de ces options.

Les modalités d'application de cet article sont fixées aux articles 26 et 32 du règlement délégué (UE) n° 2015/35 de la Commission du 10 octobre 2014.

Art. R. 351-11 Lorsqu'elles calculent leurs provisions techniques prudentielles au sens de l'article L. 351-2, les entreprises d'assurance et de réassurance segmentent leurs engagements en groupes de risques homogènes et, au minimum, par lignes d'activité telles que définies à l'article 55 du règlement délégué (UE) n° 2015/35 de la Commission du 10 octobre 2014.

Art. R. 351-12 Lorsqu'elles calculent les créances découlant des contrats de réassurance et des véhicules de titrisation, les entreprises d'assurance et de réassurance se conforment aux articles L. 351-2 et R. 351-2 à R. 351-11. Elles tiennent compte du décalage temporel qui existe entre les recouvrements et les paiements directs.

Le résultat de ce calcul est ajusté afin de tenir compte des pertes probables pour défaut de la contrepartie. Cet ajustement est fondé sur une évaluation de la probabilité de défaut de la contrepartie et de la perte moyenne en résultant, soit la perte en cas de défaut.

Les modalités de calcul de cet ajustement sont définies aux articles 42 et 57 du règlement délégué (UE) n° 2015/35 de la Commission du 10 octobre 2014.

Art. R. 351-13 Les entreprises d'assurance et de réassurance doivent mettre en place des processus et procédures internes de nature à garantir le caractère approprié, l'exhaustivité et l'exactitude des données utilisées dans le calcul de leurs provisions techniques prudentielles mentionnées à l'article L. 351-2.

Lorsque, dans des circonstances particulières, définies à l'article 19 du règlement délégué (UE) nº 2015/35 de la Commission du 10 octobre 2014, les entreprises d'assurance et de réassurance ne disposent pas de suffisamment de données d'une qualité appropriée pour appliquer une méthode actuarielle fiable à un ensemble ou à un sous-ensemble de leurs engagements, ou de créances découlant de contrats de réassurance et de véhicules de titrisation, des approximations adéquates, y compris par approches au cas par cas, peuvent être utilisées pour le calcul de la meilleure estimation.

Art. R. 351-14 Les entreprises d'assurance et de réassurance mettent en place des processus et procédures en vue d'assurer une comparaison régulière de leurs meilleures estimations et des hypothèses sous-tendant le calcul de ces dernières avec les données tirées de l'expérience.

Lorsque cette comparaison met en évidence un écart systématique entre les données tirées de l'expérience et les calculs des meilleures estimations de l'entreprise, celle-ci apporte les ajustements appropriés aux méthodes actuarielles utilisées ou aux hypothèses retenues.

Art. R. 351-15 A la demande de l'Autorité de contrôle prudentiel et de résolution, les entreprises d'assurance et de réassurance démontrent le caractère approprié du niveau de leurs provisions techniques prudentielles mentionnées à l'article L. 351-2, ainsi que l'applicabilité et la pertinence des méthodes qu'elles appliquent et l'adéquation des données statistiques sous-jacentes qu'elles utilisent.

SOUS-SECTION 2 MESURES TRANSITOIRES

Art. R. 351-16 I. — Dans chaque monnaie, le calcul de l'ajustement mentionné à l'article L. 351-4 correspond à une fraction de la différence entre :

1º Le taux d'intérêt déterminé par l'entreprise d'assurance ou de réassurance conformément aux dispositions *(Abrogé par Décr. nº 2017-1765 du 26 déc. 2017, art. 1er)* *« du présent code »* en vigueur au 31 décembre 2015 ; et

2º Le taux annuel effectif, calculé comme le taux unique d'actualisation qui, s'il était appliqué aux flux de trésorerie du portefeuille d'engagements d'assurance et de réassurance admissibles, donnerait une valeur égale à la valeur de la meilleure estimation du portefeuille d'engagements d'assurance et de réassurance admissibles pour laquelle la valeur temporelle de l'argent est prise en compte en suivant la courbe des taux d'intérêt sans risque pertinente mentionnée à l'article R. 351-2.

La fraction mentionnée au premier alinéa diminue d'une manière linéaire à la fin de chaque année, pour passer de 100 % au 1er janvier 2016 à 0 % au 1er janvier 2032.

Lorsque les entreprises d'assurance et de réassurance appliquent la correction pour volatilité visée à l'article R. 351-6, la courbe des taux d'intérêt sans risque pertinente mentionnée au 2º est la courbe des taux d'intérêt sans risque pertinente définie à l'article R. 351-6.

II. — Les engagements d'assurance et de réassurance admissibles sont ceux qui satisfont aux exigences suivantes :

a) Les contrats donnant naissance aux engagements d'assurance et de réassurance ont été conclus avant le 1er janvier 2016, à l'exclusion des renouvellements de contrats qui ont été effectués à cette date ou ultérieurement ;

b) Jusqu'au 31 décembre 2015, les provisions techniques constituées pour les engagements d'assurance et de réassurance ont été déterminées conformément aux dispositions *(Abrogé par Décr. nº 2017-1765 du 26 déc. 2017, art. 1er)* *« des articles du présent code »* en vigueur au 31 décembre 2015 ;

c) L'article R. 351-4 n'est pas appliqué aux engagements d'assurance et de réassurance.

III. — Les entreprises d'assurance et de réassurance qui appliquent les mesures prévues à l'article L. 351-4 :

a) N'appliquent pas l'article L. 351-5 ;

b) Signalent, dans le rapport sur leur solvabilité et leur situation financière mentionné à l'article L. 355-5, qu'elles appliquent la courbe des taux d'intérêt sans risque transitoire et quantifient l'incidence qu'aurait sur leur situation financière la décision de ne pas appliquer cette mesure transitoire.

IV. — Les entreprises d'assurance et de réassurance qui, sous réserve de l'approbation préalable de l'Autorité de contrôle prudentiel et de résolution, appliquent l'ajustement mentionnée au I postérieurement au 1er janvier 2016 peuvent utiliser la fraction mentionnée au I, qui est calculée de la même façon que si l'ajustement avait été appliqué à partir du 1er janvier 2016.

V. — L'Autorité de contrôle prudentiel et de résolution se prononce sur l'ajustement mentionné au présent article dans un délai de trois mois.

Par dérogation aux dispositions des art. R. 351-16 et R. 351-17, l'Autorité de contrôle prudentiel et de résolution se prononce sur les approbations prévues à cet art. :

a) dans un délai de six mois, pour les demandes reçues avant le 30 sept. 2015 ;

b) dans un délai courant jusqu'au 31 mars 2016 pour les demandes reçues entre le 1er oct. 2015 et le 31 déc. 2015.

Pour donner ces approbations, elle se fonde sur les critères et règles définis au titre V du livre III C. assur. (Décr. no 2015-513 du 7 mai 2015, art. 16-I-6o).

Les décisions prises par l'Autorité de contrôle prudentiel et de résolution prennent effet à compter du 1er janv. 2016 (Décr. no 2015-513 du 7 mai 2015, art. 16-III).

V. Instr. ACPR no 2015-I-07 du 29 mai 2015 relative aux demandes d'approbation pour l'utilisation de la mesure transitoire portant sur la courbe des taux d'intérêt sans risque pertinente (publiée sur le site de l'ACPR : https://acpr.banque-france.fr).

Art. R. 351-17 I. — La déduction transitoire mentionnée à l'article L. 351-5 correspond à une fraction de la différence entre les deux montants suivants :

a) Les provisions techniques après déduction des créances découlant des contrats de réassurance et des véhicules de titrisation, calculées conformément à l'article L. 351-2, à la date du 1er janvier 2016 ; et

b) Les provisions techniques après déduction des créances découlant des contrats de réassurance, calculées conformément aux dispositions *(Abrogé par Décr. no 2017-1765 du 26 déc. 2017, art. 1er) « du présent code »* en vigueur au 31 décembre 2015.

La fraction déductible maximale diminue d'une manière linéaire à la fin de chaque année, pour passer de 100 % au 1er janvier 2016 à 0 % au 1er janvier 2032.

Lorsque les entreprises d'assurance et de réassurance appliquent au 1er janvier 2016 la correction pour volatilité visée à l'article R. 351-6, le montant visé au 1o est calculé avec la correction pour volatilité applicable à cette date.

II. — Sous réserve de l'approbation préalable ou à l'initiative de l'Autorité de contrôle prudentiel et de résolution, les montants des provisions techniques, intégrant le cas échéant le montant de la correction pour volatilité, entrant dans le calcul de la déduction transitoire peuvent être recalculés tous les vingt-quatre mois ou plus fréquemment si le profil de risque de l'entreprise a sensiblement changé.

III. — L'Autorité de contrôle prudentiel et de résolution peut limiter la déduction transitoire si son application est susceptible de se traduire par de moindres exigences en matière de ressources financières applicables à l'entreprise que celles qui sont calculées conformément aux dispositions *(Abrogé par Décr. no 2017-1765 du 26 déc. 2017, art. 1er) « du présent code »* en vigueur au 31 décembre 2015.

IV. — Les entreprises d'assurance et de réassurance qui appliquent la déduction transitoire :

a) N'appliquent pas l'article L. 351-4 ;

b) Dans le cas où elles ne respecteraient pas l'exigence de capital de solvabilité requis sans l'application de la déduction transitoire, présentent chaque année à l'Autorité de contrôle prudentiel et de résolution un rapport exposant les mesures prises et les progrès accomplis pour rétablir à la fin de la période transitoire définie au I un niveau de fonds propres éligibles couvrant le capital de solvabilité requis ou pour réduire leur profil de risque afin d'assurer de nouveau la couverture du capital de solvabilité requis ;

c) Signalent dans le rapport sur leur solvabilité et leur situation financière mentionné à l'article L. 355-5 qu'elles appliquent la déduction transitoire aux provisions techniques et quantifient l'incidence qu'aurait sur leur situation financière la décision de ne pas appliquer cette déduction transitoire.

V. — Les entreprises d'assurance et de réassurance qui, sous réserve de l'approbation préalable de l'Autorité de contrôle prudentiel et de résolution, appliquent la déduction transitoire postérieurement au 1er janvier 2016 peuvent utiliser la part déductible maximale visée au I qui est calculée de la même façon que si la déduction transitoire avait été appliquée à partir du 1er janvier 2016.

VI. — L'Autorité de contrôle prudentiel et de résolution se prononce sur la déduction transitoire mentionnée au présent article dans un délai de trois mois.

V. notes ss. art. R. 351-16.

SECTION III FONDS PROPRES

Art. R. 351-18 Les fonds propres de base mentionnés à l'article L. 351-6 se composent des éléments suivants :

1° L'excédent des actifs par rapport aux passifs prudentiels, évalués conformément aux sections I et II du présent chapitre ;

2° Les passifs subordonnés.

L'excédent mentionné au 1° est diminué du montant de ses propres actions que l'entreprise d'assurance ou de réassurance détient.

Le cas échéant, les fonds propres de base sont ajustés en tenant compte des dispositions de l'article 68 du règlement délégué (UE) n° 2015/35 de la Commission du 10 octobre 2014.

V. notes ss. art. L. 351-6.

Art. R. 351-19 Les fonds propres auxiliaires mentionnés à l'article L. 351-6 sont constitués d'éléments, autres que les fonds propres de base, qui peuvent être appelés pour absorber des pertes.

Les fonds propres auxiliaires peuvent inclure les éléments suivants, dans la mesure où il ne s'agit pas d'éléments de fonds propres :

a) La fraction non versée du capital social ou le fonds initial qui n'a pas été appelé ;

b) Les lettres de crédit et les garanties ;

c) Tout autre engagement, juridiquement contraignant, reçu par les entreprises d'assurance et de réassurance.

Dans le cas d'une mutuelle ou union à cotisations variables régie par le livre II du code de la mutualité ou d'une société d'assurance mutuelle à cotisations variables, les fonds propres auxiliaires peuvent également inclure toute créance future que cet organisme peut détenir sur ses membres par voie de rappel de cotisations au cours des douze mois à venir.

Lorsqu'un élément des fonds propres auxiliaires a été payé ou appelé, il est assimilé à un actif prudentiel au sens de l'article L. 351-1 et cesse de faire partie des fonds propres auxiliaires.

Art. R. 351-20 Les montants des éléments des fonds propres auxiliaires à prendre en considération pour déterminer les fonds propres prudentiels au sens de l'article L. 351-6 sont soumis à l'approbation préalable de l'Autorité de contrôle prudentiel et de résolution.

Le montant attribué à chaque élément de fonds propres auxiliaires reflète la capacité d'absorption des pertes de l'élément concerné et est fondé sur des hypothèses prudentes et réalistes. Lorsqu'une valeur nominale fixe est attachée à un élément de fonds propres auxiliaires, le montant de cet élément est égal à sa valeur nominale, pourvu que celle-ci reflète convenablement sa capacité d'absorption des pertes.

L'Autorité de contrôle prudentiel et de résolution approuve l'un ou l'autre des éléments suivants :

a) Un montant monétaire pour chaque élément de fonds propres auxiliaires ;

b) Une méthode de calcul du montant de chaque élément de fonds propres auxiliaires. Dans ce cas l'approbation par l'Autorité du montant ainsi calculé est donnée pour une période déterminée.

Pour chaque élément de fonds propres auxiliaires, l'Autorité fonde son approbation sur l'évaluation des éléments suivants :

a) Le statut des contreparties concernées, eu égard à leur capacité et à leur disposition à payer. Le statut des contreparties est précisé à l'article 63 du règlement délégué (UE) nº 2015/35 de la Commission du 10 octobre 2014 ;

b) La possibilité de récupération des fonds, compte tenu de la forme juridique de l'élément considéré et de toute circonstance qui pourrait empêcher qu'il soit payé ou appelé avec succès. La récupération des fonds se fait selon les modalités fixées à l'article 64 du même règlement;

c) Toute information sur l'issue des appels émis dans le passé par l'entreprise pour des fonds propres auxiliaires semblables, dans la mesure où cette information peut être raisonnablement utilisée pour estimer l'issue attendue de futurs appels.

Des précisions quant à ces informations sont données à l'article 65 du même règlement.

Les modalités relatives à la demande d'approbation des fonds propres auxiliaires sont définies à l'article 62 du même règlement.

Les modalités de validation du montant des fonds propres auxiliaires, ainsi que la durée de reconnaissance de ce montant sont définies à l'article 66 du même règlement.

A compter de la publication du Décr. nº 2015-513 du 7 mai 2015 (JO 10 mai), l'Autorité de contrôle prudentiel et de résolution peut approuver des fonds propres auxiliaires d'une entreprise ou d'une société de groupe d'assurance intermédiaire, conformément aux dispositions prévues à l'art. R. 351-20. Les décisions prises par l'Autorité de contrôle prudentiel et de résolution prennent effet à compter du 1er janv. 2016 (Décr. préc., art. 16-I-1º et III). L'expression « entreprise » fait référence aux organismes d'assurance et de réassurance mentionnés aux art. L. 310-3-1 C. assur., L. 211-11 C. mut. et L. 931-6 CSS (Décr. préc., art. 15).

Art. R. 351-21 Les fonds excédentaires sont constitués de bénéfices accumulés qui n'ont pas encore été rendus disponibles pour distribution aux assurés, aux souscripteurs, aux bénéficiaires de contrats et aux entreprises réassurées.

Ces fonds excédentaires ne sont pas considérés comme des engagements d'assurance et de réassurance dans la mesure où ils satisfont aux critères énoncés au 1º de l'article R. 351-23.

Art. R. 351-22 I. – Les éléments de fonds propres sont classés en trois niveaux. Ce classement est fonction, à la fois, de leur caractère de fonds propres de base ou de fonds propres auxiliaires et des caractéristiques de disponibilité permanente et de subordination suivantes :

a) L'élément est disponible, ou peut être appelé sur demande, pour absorber complètement des pertes, que ce soit dans le cadre d'une exploitation continue ou en cas de liquidation ;

b) En cas de liquidation, le montant total de l'élément est disponible pour l'absorption des pertes et le remboursement de l'élément est refusé à son détenteur, jusqu'à ce que tous les autres engagements, y compris les engagements d'assurance et de réassurance vis-à-vis des assurés, des souscripteurs et des bénéficiaires des contrats d'assurance, et des entreprises réassurées aient été honorés.

II. – Pour évaluer dans quelle mesure les éléments de fonds propres présentent les caractéristiques définies aux *a* et *b*, à un moment donné et pour l'avenir, il importe de prendre dûment en considération la durée de l'élément, en particulier s'il a une durée déterminée ou non. Lorsque l'élément de fonds propres a une durée déterminée, sa durée relative, en comparaison de la durée des engagements d'assurance et de réassurance de l'entreprise, est prise en considération.

Est également pris en considération le fait de savoir si l'élément est exempt de toute obligation de ou incitation à rembourser son montant nominal, de charges fixes obligatoires et de contraintes.

Art. R. 351-23 I. – Les éléments des fonds propres de base sont classés au niveau 1 lorsqu'ils présentent de fait les caractéristiques mentionnées aux *a* et *b* du I de l'article R. 351-22, compte tenu des facteurs mentionnés au II de l'article R. 351-22.

La liste et les critères de classification des fonds propres classés au niveau 1 sont définis aux articles 69, 70 et 71 du règlement délégué (UE) n° 2015/35 de la Commission du 10 octobre 2014.

II. – Les éléments des fonds propres de base sont classés au niveau 2 lorsqu'ils présentent de fait la caractéristique mentionnée au *b* du I de l'article R. 351-22, compte tenu des facteurs mentionnés au II de l'article R. 351-22.

Les éléments des fonds propres auxiliaires sont classés au niveau 2 lorsqu'ils présentent de fait les caractéristiques exposées aux *a* et *b* du I de l'article R. 351-22, compte tenu des facteurs visés au II de l'article R. 351-22.

La liste et les critères de classification des fonds propres de base classés au niveau 2 sont définis aux articles 72 et 73 du règlement délégué (UE) n° 2015/35 de la Commission du 10 octobre 2014.

La liste et les critères de classification des fonds propres auxiliaires classés au niveau 2 sont définis aux articles 74 et 75 du même règlement.

III. – Tout élément des fonds propres de base ou auxiliaires qui ne relève pas des I et II est classé au niveau 3.

La liste et les critères de classification des fonds propres de base classés au niveau 3 sont définis aux articles 76 et 77 du règlement délégué (UE) n° 2015/35 de la Commission du 10 octobre 2014.

La liste des fonds propres auxiliaires classés au niveau 3 est définie à l'article 78 du même règlement.

Art. R. 351-24 Les entreprises d'assurance et de réassurance doivent classer leurs éléments de fonds propres sur la base des critères définis à l'article R. 351-23.

A cette fin, elles se réfèrent, le cas échéant, à la liste des éléments de fonds propres mentionnés aux articles 69 à 79 du règlement délégué (UE) n° 2015/35 de la Commission du 10 octobre 2014.

Lorsqu'un élément de fonds propres ne relève pas de cette liste, il est évalué et classé par les entreprises conformément au premier alinéa du présent article. Cette évaluation et ce classement sont soumis à l'approbation de l'Autorité de contrôle prudentiel et de résolution. La demande soumise à l'Autorité doit être préalablement approuvée par le directeur général ou le directoire de l'entreprise. L'Autorité se prononce dans un délai de trois mois. – *V. Instr. ACPR n° 2015-I-05 du 29 mai 2015 relative aux demandes d'approbation de l'évaluation et du classement des éléments de fonds propres non listés (publiée sur le site de l'ACPR : https://acpr.banque-france.fr/).*

A compter de la publication du Décr. n° 2015-513 du 7 mai 2015 (JO 10 mai), l'Autorité de contrôle prudentiel et de résolution peut approuver le classement des éléments de fonds propres réalisé par les entreprises, conformément aux dispositions prévues à l'art. R. 351-24 (Décr. préc., art. 16-I-3°). L'expression « entreprise » fait référence aux organismes d'assurance et de réassurance mentionnés aux art. L. 310-3-1 C. assur., L. 211-11 C. mut. et L. 931-6 CSS (Décr. préc., art. 15).

Par dérogation aux dispositions de l'art. R. 351-24, l'Autorité de contrôle prudentiel et de résolution se prononce sur les approbations prévues à cet art. :

a) dans un délai de six mois, pour les demandes reçues avant le 30 sept. 2015 ;

b) dans un délai courant jusqu'au 31 mars 2016 pour les demandes reçues entre le 1er oct. 2015 et le 31 déc. 2015.

Pour donner ces approbations, elle se fonde sur les critères et règles définis au titre V du livre III C. assur. (Décr. préc., art. 16-I-6°).

Les décisions prises par l'Autorité de contrôle prudentiel et de résolution prennent effet à compter du 1er janv. 2016 (Décr. préc., art. 16-III).

Art. R. 351-25 Sans préjudice de l'article R. 351-24, les classements suivants sont appliqués aux fins de la présente section :

1° Les fonds excédentaires mentionnés à l'article R. 351-21 sont classés au niveau 1 ;

2° Les lettres de crédit et les garanties détenues en fiducie par un fiduciaire indépendant au bénéfice de créanciers d'assurance et fournies par des établissements de crédit sont classées au niveau 2 ;

3° Toute créance future que les mutuelles ou unions régies par le livre II du code de la mutualité ou sociétés d'assurance mutuelle à cotisations variables de propriétaires de navires, qui assurent uniquement les risques classés sous les branches 6, 12 et 17 mentionnées à l'article R. 321-1 ou sous la branche 17 mentionnée à l'article R. 211-2 du code de la mutualité, peuvent détenir sur leurs membres par voie de rappel de cotisations durant les douze mois à venir est classée au niveau 2.

Conformément au deuxième alinéa *(Décr. n° 2017-1765 du 26 déc. 2017, art. 1er)* « du II » de l'article R. 351-23, toute créance future que les mutuelles ou unions à cotisations variables régies par le livre II du code de la mutualité ou sociétés d'assurance mutuelle à cotisations variables peuvent détenir sur leurs membres par voie de rappel de cotisations durant les douze mois à venir et qui n'est pas couverte par le 3° est classée au niveau 2 lorsqu'elle présente de fait les caractéristiques mentionnées aux *a* et *b* du I de l'article *(Décr. n° 2017-1765 du 26 déc. 2017, art. 1er)* « R. 351-22, compte tenu des facteurs mentionnés au II de cet article ».

Art. R. 351-26 Concernant la conformité au capital de solvabilité requis, les montants éligibles des éléments de niveau 2 et de niveau 3 sont soumis à des limites quantitatives. Ces limites sont définies à l'article 82 du règlement délégué (UE) n° 2015/35 de la Commission du 10 octobre 2014.

Concernant la conformité au minimum de capital requis, le montant des éléments de fonds propres de base éligibles pour couvrir le minimum de capital requis qui sont classés au niveau 2 est soumis à des limites quantitatives. Ces limites sont précisées à l'article 82 du même règlement.

Le montant des fonds propres prudentiels mentionnés à l'article R. 351-18 éligibles pour couvrir le capital de solvabilité requis mentionné à l'article L. 352-1 est égal à la somme du montant des éléments de niveau 1, du montant éligible des éléments de niveau 2 et du montant éligible des éléments de niveau 3.

Le montant des fonds propres de base éligible pour couvrir le minimum de capital requis mentionné à l'article L. 352-5 est égal à la somme du montant des éléments de niveau 1 et du montant éligible des éléments de fonds propres de base classés au niveau 2.

Art. R. 351-27 I. – Sans préjudice de l'application des dispositions de l'article R. 351-23, les éléments de fonds propres de base sont inclus dans les fonds propres de base de niveau 1 pour une durée maximale de dix ans après le 1er janvier 2016, si ces éléments :

a) Ont été émis avant le 18 janvier 2015 ;

b) Au 31 décembre 2015, pouvaient être utilisés, conformément aux dispositions du chapitre IV du titre III du livre III du présent code en vigueur à cette date, aux dispositions de la section II du chapitre II du titre Ier du livre II du code de la mutualité en vigueur à cette date et aux dispositions de *[des articles]* R. 931-10-1 à R. 931-10-11-3 du code de la sécurité sociale en vigueur à cette date, comme élément constitutif de la marge de solvabilité, calculée selon les mêmes dispositions, à concurrence maximale de 50 % de la marge de solvabilité disponible ou de l'exigence minimale de marge, le montant le plus faible étant retenu ;

c) Sinon, ne seraient pas classés au niveau 1 ou au niveau 2 conformément à l'article R. 351-23.

II. – Sans préjudice de l'article R. 351-23, les éléments de fonds propres de base sont inclus dans les fonds propres de base de niveau 2 pour une durée maximale de dix ans après le 1er janvier 2016 si ces éléments :

a) Ont été émis avant le 18 janvier 2015 ;

b) Au 31 décembre 2015, pouvaient être utilisés, conformément aux dispositions du chapitre IV du titre III du livre III en vigueur à cette date, comme élément constitutif de la marge de solvabilité, calculée selon les mêmes dispositions, à concurrence maximale de 25 % de la marge de solvabilité disponible ou de l'exigence minimale de marge, le montant le plus faible étant retenu.

III. — Lorsqu'un élément de fonds propres est considéré, du fait de l'application des limites quantitatives de ces dispositions, comme non éligible au titre des dispositions applicables au 31 décembre 2015, l'Autorité de contrôle prudentiel et de résolution considère cet élément comme satisfaisant aux critères du I, le cas échéant du II, du présent article.

Sans préjudice des dispositions de l'art. L. 356-15, les dispositions transitoires prévues à l'art. R. 351-27 s'appliquent à la solvabilité au niveau du groupe (Décr. nº 2015-513 du 7 mai 2015, art. 18, en vigueur le 1er janv. 2016).

Art. R. 351-28 I. — Il est interdit aux entreprises mentionnées à l'article L. 351-7 de procéder à une distribution relative à l'un des éléments mentionnés aux i et ii du a de l'article 69 du règlement délégué (UE) nº 2015/35 de la Commission du 10 octobre 2014, classé au niveau 1 tel que prévu à l'article R. 351-23, en cas de non-couverture du capital de solvabilité requis ou lorsque cette distribution est d'une ampleur telle que le capital de solvabilité requis ne serait plus couvert après la distribution.

Par dérogation aux dispositions du précédent alinéa, en cas de non-couverture du capital de solvabilité requis ou dans l'hypothèse où la distribution serait d'une ampleur telle que le capital de solvabilité requis ne serait plus couvert, les entreprises mentionnées à l'article L. 351-7 peuvent procéder à une distribution si les trois conditions suivantes sont réunies :

a) L'Autorité de contrôle prudentiel et de résolution a accepté, exceptionnellement, qu'il soit dérogé à l'interdiction de la distribution ;

b) La distribution ne détériore pas davantage la solvabilité de l'entreprise ; et

c) Le minimum de capital requis de l'entreprise est couvert après la distribution.

II. — Pour les éléments mentionnés aux i et ii du a de l'article 72 du règlement délégué (UE) nº 2015/35 de la Commission du 10 octobre 2014, classés au niveau 2 tel que prévu à l'article R. 351-23, les entreprises mentionnées à l'article L. 351-7 reportent les distributions relatives à ces éléments en cas de non-couverture du capital de solvabilité requis ou dans l'hypothèse où les distributions seraient d'une ampleur telle que le capital de solvabilité requis ne serait plus couvert.

Par dérogation aux dispositions du précédent alinéa, en cas de non-couverture du capital de solvabilité requis ou dans l'hypothèse où la distribution serait d'une ampleur telle que le capital de solvabilité requis ne serait plus couvert, les entreprises mentionnées à l'article L. 351-7 peuvent procéder à une distribution si les trois conditions suivantes sont réunies :

a) L'Autorité de contrôle prudentiel et de résolution a accepté, exceptionnellement, qu'il soit dérogé au report de la distribution ;

b) La distribution ne détériore pas davantage la solvabilité de l'entreprise ; et

c) Le minimum de capital requis de l'entreprise est couvert après la distribution.

III. — Pour l'application du I et du II, lorsque la non-couverture du minimum de capital requis intervient avant la non-couverture du capital de solvabilité requis, il y a lieu d'entendre : "minimum de capital requis" là où est mentionné : "capital de solvabilité requis".

IV. — Les autres cas prévus à l'article L. 351-7 pour lesquels est réputée non écrite toute stipulation prévoyant que le non-paiement des distributions est considérée comme un événement de défaut sont ceux prévus au l du 1 de l'article 71 et au g du 1 de l'article 73 du règlement délégué (UE) nº 2015/35 de la Commission du 10 octobre 2014.

CHAPITRE II EXIGENCES DE CAPITAL RÉGLEMENTAIRE

(Décr. nº 2015-513 du 7 mai 2015, art. 4, en vigueur le 1er janv. 2016)

Art. R. 352-1 Pour le présent chapitre :

1º L'expression : "risque de souscription" désigne le risque de perte ou de changement défavorable de la valeur des engagements d'assurance, en raison d'hypothèses inadéquates en matière de tarification et de provisionnement ;

2° L'expression : "risque de marché" désigne le risque de perte, ou de changement défavorable de la situation financière, résultant, directement ou indirectement, de fluctuations affectant le niveau et la volatilité de la valeur de marché des actifs, des passifs et des instruments financiers ;

3° L'expression : "risque de crédit" désigne le risque de perte, ou de changement défavorable de la situation financière, résultant de fluctuations affectant la qualité de crédit d'émetteurs de valeurs mobilières, de contreparties ou de tout débiteur, auquel les entreprises d'assurance et de réassurance sont exposées sous forme de risque de contrepartie, de risque lié à la marge ou de concentration du risque de marché ;

4° L'expression : "risque opérationnel" désigne le risque de perte résultant de procédures internes, de membres du personnel ou de systèmes inadéquats ou défaillants, ou d'événements extérieurs ;

5° L'expression : "risque de liquidité" désigne le risque, pour les entreprises d'assurance et de réassurance, de ne pas pouvoir réaliser leurs investissements et autres actifs en vue d'honorer leurs engagements financiers au moment où ceux-ci deviennent exigibles ;

6° L'expression : "risque de concentration" désigne toutes les expositions au risque qui sont assorties d'un potentiel de perte suffisamment important pour menacer la solvabilité ou la situation financière des entreprises d'assurance et de réassurance ;

7° L'expression : "techniques d'atténuation du risque" désigne toutes les techniques qui permettent aux entreprises d'assurance et de réassurance de transférer tout ou partie de leurs risques à une autre partie ;

8° L'expression : "effets de diversification" désigne la réduction de l'exposition au risque qu'entraîne le fait, pour les entreprises et les groupes d'assurance et de réassurance, de diversifier leurs activités, dès lors que le résultat défavorable d'un risque peut être compensé par le résultat plus favorable d'un autre risque, lorsque ces risques ne sont pas parfaitement corrélés ;

9° L'expression : "distribution de probabilité prévisionnelle" désigne une fonction mathématique qui affecte à un ensemble exhaustif d'événements futurs mutuellement exclusifs une probabilité de réalisation ;

10° L'expression : "mesure de risque" désigne une fonction mathématique qui affecte un montant monétaire à une distribution de probabilité prévisionnelle donnée et qui augmente de façon monotone avec le niveau d'exposition au risque sous-tendant cette distribution de probabilité prévisionnelle.

Art. R. 352-1-1 Les sociétés anonymes soumises aux dispositions du présent titre sont dispensées du prélèvement prescrit par l'article L. 232-10 du code de commerce.

SECTION PREMIÈRE CAPITAL DE SOLVABILITÉ REQUIS

SOUS-SECTION 1 DISPOSITIONS GÉNÉRALES

Art. R. 352-2 Le capital de solvabilité requis est calculé comme suit :

1° Ce calcul se fonde sur l'hypothèse d'une continuité de l'exploitation de l'entreprise concernée ;

2° Le capital de solvabilité requis est calibré de manière à garantir que tous les risques quantifiables auxquels l'entreprise d'assurance ou de réassurance est exposée soient pris en considération. Il couvre le portefeuille en cours, ainsi que le nouveau portefeuille dont la souscription est attendue dans les douze mois à venir. Pour ce qui concerne le portefeuille en cours, il couvre seulement les pertes non anticipées.

Le capital de solvabilité requis correspond à la valeur en risque des fonds propres de base de l'entreprise d'assurance ou de réassurance, avec un niveau de confiance de 99,5 % à l'horizon d'un an ;

3° Le capital de solvabilité requis couvre au minimum les risques suivants :

a) Le risque de souscription en non-vie ;

b) Le risque de souscription en vie ;

c) Le risque de souscription en santé ;

d) Le risque de marché ;

e) Le risque de crédit ;

f) Le risque opérationnel, qui comprend les risques juridiques, mais ne comprend ni les risques découlant des décisions stratégiques, ni les risques de réputation ;

4° Lorsqu'elles calculent leur capital de solvabilité requis, les entreprises d'assurance et de réassurance tiennent compte de l'impact des techniques d'atténuation des risques, sous réserve que le risque de crédit et les autres risques inhérents à l'emploi de ces techniques soient pris en considération de manière adéquate dans le capital de solvabilité requis.

Art. R. 352-3 Les entreprises d'assurance et de réassurance calculent leur capital de solvabilité requis au moins une fois par an et transmettent le résultat de ce calcul à l'Autorité de contrôle prudentiel et de résolution selon les modalités prévues à l'article L. 355-1.

Les entreprises d'assurance et de réassurance détiennent des fonds propres éligibles qui couvrent le dernier capital de solvabilité requis transmis.

Les entreprises d'assurance et de réassurance surveillent en permanence le montant de leurs fonds propres éligibles et leur capital de solvabilité requis.

Si le profil de risque d'une entreprise d'assurance ou de réassurance s'écarte significativement des hypothèses qui sous-tendent le dernier capital de solvabilité requis transmis, cette entreprise recalcule sans délai son capital de solvabilité requis et le transmet à l'Autorité de contrôle prudentiel et de résolution.

Lorsque des éléments semblent indiquer que le profil de risque d'une entreprise d'assurance ou de réassurance a changé significativement depuis la date de la dernière transmission du capital de solvabilité requis, l'Autorité de contrôle prudentiel et de résolution peut exiger de cette entreprise qu'elle recalcule le capital de solvabilité requis.

SOUS-SECTION 2 FORMULE STANDARD

Art. R. 352-4 Le capital de solvabilité requis calculé selon la formule standard est la somme des éléments suivants :

a) Le capital de solvabilité requis de base prévu à l'article R. 352-5 ;

b) L'exigence de capital pour risque opérationnel prévue à l'article R. 352-8 ;

c) L'ajustement prévu à l'article R. 352-9 visant à tenir compte de la capacité d'absorption de pertes des provisions techniques prudentielles mentionnées à l'article L. 351-2 et des impôts différés.

V. notices ACPR « Solvabilité II » du 17 déc. 2015 : note de couverture ; calcul du SCR en formule standard (http://acpr.banque-france.fr/solvabilite2.htm).

Art. R. 352-5 I. – Le capital de solvabilité requis de base se compose de modules de risque individuels qui sont agrégés.

Il comprend au moins les modules de risque suivants :

a) Le risque de souscription en non-vie ;

b) Le risque de souscription en vie ;

c) Le risque de souscription en santé ;

d) Le risque de marché ;

e) Le risque de contrepartie.

Les modalités d'agrégation des différents modules de risques, ainsi que la composante du capital de solvabilité de base relative au risque sur les actifs incorporels, sont précisées à l'article 87 du règlement délégué (UE) n° 2015/35 de la Commission du 10 octobre 2014.

Pour le calcul des modules mentionnés aux *a*, *b* et *c*, les opérations d'assurance et de réassurance sont affectées au module de risque de souscription qui reflète le mieux la nature technique des risques sous-jacents.

Le périmètre des risques de souscription est défini à l'article 113 du règlement délégué (UE) n° 2015/35 de la Commission du 10 octobre 2014.

II. – Les coefficients de corrélation appliqués aux fins de l'agrégation des modules de risque mentionnés au I ainsi que le calibrage des exigences de capital pour chaque module de risque aboutissent à un capital de solvabilité requis global satisfaisant aux principes énoncés à l'article R. 352-2.

III. – Chacun des modules de risque mentionnés au I est calibré sur la base d'une mesure de la valeur en risque, avec un niveau de confiance de 99,5 % à l'horizon d'un an.

S'il y a lieu, il est tenu compte des effets de diversification dans la conception de chaque module de risque.

Pour toutes les entreprises d'assurance et de réassurance, la même conception et les mêmes spécifications sont utilisées pour les modules de risque, tant pour le capital de solvabilité requis de base que pour tout calcul simplifié prévu à l'article R. 352-10.

IV. – En ce qui concerne les risques résultant de catastrophes, des spécifications géographiques peuvent, s'il y a lieu, être utilisées aux fins du calcul des modules "risque de souscription en vie", "risque de souscription en non-vie" et "risque de souscription en santé".

V. – Sous réserve de l'accord de l'Autorité de contrôle prudentiel et de résolution, les entreprises d'assurance et de réassurance peuvent, lorsqu'elles calculent les modules "risque de souscription en vie", "risque de souscription en non-vie" et "risque de souscription en santé" remplacer, dans la conception de la formule standard, un sous-ensemble des paramètres précisés à l'article 218 du règlement délégué (UE) n° 2015/35 de la Commission du 10 octobre 2014 par des paramètres qui sont propres à l'entreprise concernée.

Ces paramètres sont calibrés sur la base des données internes de l'entreprise concernée ou de données directement pertinentes pour les opérations de cette entreprise, sur la base de méthodes standardisées.

Avant de donner son accord, l'Autorité de contrôle prudentiel et de résolution vérifie l'exhaustivité, l'exactitude et le caractère approprié des données utilisées.

Les modalités d'application du V sont précisées aux articles 218 à 220 du règlement délégué (UE) n° 2015/35 de la Commission du 10 octobre 2014.

A compter de la publication du Décr. n° 2015-513 du 7 mai 2015 (JO 10 mai), l'Autorité de contrôle prudentiel et de résolution peut approuver des paramètres propres à une entreprise, conformément aux dispositions prévues à l'art. R. 352-5. Les décisions prises par l'Autorité de contrôle prudentiel et de résolution prennent effet à compter du 1er janv. 2016 (Décr. préc., art. 16-I-4° et III). L'expression « entreprise » fait référence aux organismes d'assurance et de réassurance mentionnés aux art. L. 310-3-1 C. assur., L. 211-11 C. mut. et L. 931-6 CSS (Décr. préc., art. 15).

Art. R. 352-6 I. – Le capital de solvabilité requis de base est calculé comme suit :

1° Le module "risque de souscription en non-vie" reflète le risque découlant des engagements d'assurance non-vie, compte tenu des périls couverts et des procédés appliqués dans l'exercice de cette activité.

Il tient compte de l'incertitude pesant sur les résultats des entreprises d'assurance et de réassurance dans le cadre de leurs engagements d'assurance et de réassurance existants, ainsi que du nouveau portefeuille dont la souscription est attendue dans les douze mois à venir.

Son calcul résulte d'une combinaison des exigences de capital applicables au minimum aux sous-modules correspondant aux risques de perte ou de changement défavorable de la valeur des engagements d'assurance résultant :

a) De fluctuations affectant la date de survenance, la fréquence et la gravité des événements assurés, ainsi que la date et le montant des règlements de sinistres, soit le risque de primes et de réserve en non-vie ;

b) De l'incertitude importante, liée aux événements extrêmes ou exceptionnels, qui pèse sur les hypothèses retenues en matière de prix et de provisionnement, soit le risque de catastrophe en non-vie.

Les modalités de calcul et les paramètres à utiliser pour le calcul du module "risque de souscription en non-vie" sont précisés aux articles 114 à 135 du règlement délégué (UE) n° 2015/35 de la Commission du 10 octobre 2014 ;

2° Le module "risque de souscription en vie" reflète le risque découlant des engagements d'assurance-vie, compte tenu des périls couverts et des procédés appliqués dans l'exercice de cette activité.

Son calcul résulte de la combinaison des exigences de capital applicables au minimum aux sous-modules correspondant aux risques de perte ou de changement défavorable de la valeur des engagements d'assurance résultant :

a) De fluctuations affectant le niveau, l'évolution tendancielle ou la volatilité des taux de mortalité, lorsqu'une augmentation de ces taux entraîne une augmentation de la valeur des engagements d'assurance, soit le risque de mortalité ;

b) De fluctuations affectant le niveau, l'évolution tendancielle ou la volatilité des taux de mortalité, lorsqu'une baisse de ces taux entraîne une augmentation de la valeur des engagements d'assurance, soit le risque de longévité ;

c) De fluctuations affectant le niveau, l'évolution tendancielle ou la volatilité des taux d'invalidité, de maladie et de morbidité, soit le risque d'invalidité-morbidité ;

d) De fluctuations affectant le niveau, l'évolution tendancielle ou la volatilité des dépenses encourues pour la gestion des contrats d'assurance et de réassurance, soit le risque de dépenses en vie ;

e) De fluctuations affectant le niveau, l'évolution tendancielle ou la volatilité des taux de révision applicables aux rentes, sous l'effet d'un changement de l'environnement juridique ou de l'état de santé de la personne assurée, soit le risque de révision ;

f) De fluctuations affectant le niveau ou la volatilité des taux de cessation, d'échéance, de renouvellement et de rachat des polices, soit le risque de cessation ;

g) De l'incertitude importante, liée aux événements extrêmes ou irréguliers, qui pèse sur les hypothèses retenues en matière de prix et de provisionnement, soit le risque de catastrophe en vie.

Les modalités de calcul et les paramètres à utiliser pour le calcul du module "risque de souscription en vie" sont précisés aux articles 136 à 143 du règlement délégué (UE) n° 2015/35 de la Commission du 10 octobre 2014 ;

3° Le module "risque de souscription en santé" reflète le risque découlant de la souscription d'engagements d'assurance santé, qu'il s'exerce ou non sur une base technique similaire à celle de l'assurance-vie, compte tenu des périls couverts et des procédés appliqués dans l'exercice de cette activité.

Il couvre au minimum les risques de perte, ou de changement défavorable de la valeur des engagements d'assurance résultant :

a) De fluctuations affectant le niveau, l'évolution tendancielle ou la volatilité des dépenses encourues pour la gestion des contrats d'assurance et de réassurance ;

b) De fluctuations affectant la date de survenance, la fréquence et la gravité des événements assurés, ainsi que la date et le montant des règlements de sinistres au moment du provisionnement ;

c) De l'incertitude importante, liée aux épidémies majeures et à l'accumulation inhabituelle de risques qui se produit dans ces circonstances extrêmes, qui pèse sur les hypothèses retenues en matière de prix et de provisionnement.

Les modalités de calcul et les paramètres à utiliser pour le calcul du module "risque de souscription en santé" sont précisés aux articles 144 à 163 du règlement délégué (UE) n° 2015/35 de la Commission du 10 octobre 2014 ;

4° Le module "risque de marché" reflète le risque lié au niveau ou à la volatilité de la valeur de marché des instruments financiers ayant un impact sur la valeur des actifs et des passifs de l'entreprise concernée. Il reflète de manière appropriée toute inadéquation structurelle entre les actifs et les passifs, en particulier au regard de leur duration.

Il est calculé comme résultant de la combinaison des exigences de capital applicables au minimum aux sous-modules suivants :

a) La sensibilité de la valeur des actifs, des passifs et des instruments financiers aux changements affectant la courbe des taux d'intérêt ou la volatilité des taux d'intérêt, soit le risque de taux d'intérêt. Les modalités de calcul et les paramètres à utiliser pour le calcul du risque de taux d'intérêt sont précisés aux articles 165 à 167 du règlement délégué (UE) n° 2015/35 de la Commission du 10 octobre 2014 ;

b) La sensibilité de la valeur des actifs, des passifs et des instruments financiers aux changements affectant le niveau ou la volatilité de la valeur de marché des actions, soit le risque sur actions. Les modalités de calcul et les paramètres à utiliser pour le calcul du risque sur actions sont précisés aux articles 168, 169 et 171 du même règlement ;

c) La sensibilité de la valeur des actifs, des passifs et des instruments financiers aux changements affectant le niveau ou la volatilité de la valeur de marché des actifs immobiliers, soit le risque sur actifs immobiliers. Les modalités de calcul et les paramètres à utiliser pour le calcul du risque sur actifs immobiliers sont précisés à l'article 174 du même règlement ;

d) La sensibilité de la valeur des actifs, des passifs et des instruments financiers aux changements affectant le niveau ou la volatilité des marges de crédit ("spreads") par rapport à la courbe des taux d'intérêt sans risque, soit le risque lié à la marge. Les modalités de calcul et les paramètres à utiliser pour le calcul du risque lié à la marge sont précisés aux articles 175 à 181 du même règlement ;

e) La sensibilité de la valeur des actifs, des passifs et des instruments financiers aux changements affectant le niveau ou la volatilité des taux de change, soit le risque de change. Les modalités de calcul et les paramètres à utiliser pour le calcul du risque de change sont précisés à l'article 188 du même règlement ;

f) Les risques supplémentaires supportés par l'entreprise d'assurance ou de réassurance du fait soit d'un manque de diversification de son portefeuille d'actifs, soit d'une exposition importante au risque de défaut d'un seul émetteur de valeurs mobilières ou d'un groupe d'émetteurs liés, soit les concentrations du risque de marché. Les modalités de calcul et les paramètres à utiliser pour le calcul des concentrations du risque de marché sont précisés aux articles 182 à 187 du même règlement.

Les modalités d'agrégation des différents sous-modules du risque de marché sont précisées à l'article 164 du même règlement ;

5° Le module "risque de contrepartie" reflète les pertes possibles que pourrait entraîner le défaut inattendu, ou la détérioration de la qualité de crédit, des contreparties et débiteurs de l'entreprise d'assurance ou de réassurance durant les douze mois à venir. Le module "risque de contrepartie" couvre les contrats d'atténuation des risques, tels que les accords de réassurance, les titrisations et les instruments dérivés, et les paiements à recevoir des intermédiaires, ainsi que tout autre risque de crédit ne relevant pas du sous-module "risque lié à la marge". Il prend en compte, de manière appropriée, les garanties ou autres sûretés détenues par l'entreprise ou pour son compte, et les risques qui y sont liés.

Pour chaque contrepartie, le module "risque de contrepartie" tient compte de l'exposition globale au risque de contrepartie encouru par l'entreprise concernée à l'égard de cette contrepartie, indépendamment de la forme juridique de ses obligations contractuelles envers cette entreprise.

Les modalités de calcul et les paramètres à utiliser pour le calcul du risque de contrepartie sont précisés aux articles 189 à 202 du règlement délégué (UE) n° 2015/35 de la Commission du 10 octobre 2014.

II. — Lorsque le calcul d'un module ou d'un sous-module du capital de solvabilité requis est fondé sur l'impact d'un scénario, les modalités d'application de ce calcul sont définies à l'article 83 du règlement délégué (UE) n° 2015/35 de la Commission du 10 octobre 2014.

Les modalités d'utilisation d'une évaluation externe du crédit pour le calcul d'un module ou d'un sous-module du capital de solvabilité requis sont définies aux articles 3 à 6 du même règlement.

Les modalités de prise en compte des fonds d'investissement et des autres expositions indirectes sont définies à l'article 84 du même règlement.

La prise en compte des techniques d'atténuation des risques, ainsi que les modalités d'application de ces techniques sont définies aux articles 208 à 215 du même règlement.

Art. R. 352-7 Le sous-module "risque sur actions" mentionné au 4° du I de l'article R. 352-6 calculé selon la formule standard comprend un mécanisme d'ajustement symétrique de l'exigence standard de capital pour actions qui sert à couvrir le risque découlant des variations de niveau du cours des actions. Il tient également compte des dispositions de l'article R. 352-12.

L'ajustement symétrique de l'exigence standard de capital pour actions, calibrée conformément au III de l'article R. 352-5, qui couvre le risque découlant des variations de niveau du cours des actions est fonction du niveau actuel d'un indice approprié du cours des actions et de la moyenne pondérée de cet indice. La moyenne pondérée est calculée sur une période appropriée, qui est la même pour toutes les entreprises d'assurance et de réassurance.

L'ajustement symétrique de l'exigence standard de capital pour actions qui couvre le risque découlant des variations de niveau du cours des actions ne peut pas entraîner l'application d'une exigence de capital pour actions qui soit supérieure, ou inférieure, de plus de dix points de pourcentage à l'exigence standard de capital pour actions.

Les modalités de calcul de cet ajustement symétrique sont précisées à l'article 172 du règlement délégué (UE) n° 2015/35 de la Commission du 10 octobre 2014.

Art. R. 352-8 L'exigence de capital pour risque opérationnel reflète les risques opérationnels, dans la mesure où ceux-ci ne sont pas déjà pris en considération dans les modules de risque mentionnés à l'article R. 352-5. Cette exigence est calibrée conformément au 2° de l'article R. 352-2.

Dans le cas des contrats d'assurance-vie où le risque d'investissement est supporté par l'assuré, le souscripteur ou le bénéficiaire du contrat, le calcul de l'exigence de capital pour risque opérationnel tient compte du montant des dépenses annuelles encourues aux fins de ces engagements d'assurance.

Dans le cas des opérations d'assurance et de réassurance autres que celles mentionnées au précédent alinéa, le calcul de l'exigence de capital pour risque opérationnel tient compte du volume de ces opérations, en termes d'encaissement de primes et de provisions techniques prudentielles mentionnées à l'article L. 351-2 qui sont constituées pour faire face aux engagements d'assurance et de réassurance correspondants. L'exigence de capital pour risque opérationnel ne dépasse alors pas 30 % du capital de solvabilité requis de base afférent aux opérations d'assurance et de réassurance concernées.

Les modalités de calcul de l'exigence de capital pour risque opérationnel sont précisées à l'article 204 du règlement délégué (UE) n° 2015/35 de la Commission du 10 octobre 2014.

Art. R. 352-9 L'ajustement visant à tenir compte de la capacité d'absorption des pertes des provisions techniques prudentielles au sens de l'article L. 351-2 et des impôts différés, mentionné à l'article R. 352-4, reflète la compensation potentielle de pertes non anticipées par une baisse simultanée, soit des provisions techniques prudentielles, soit des impôts différés, ou une combinaison des deux.

Cet ajustement tient compte de l'effet d'atténuation des risques inhérent à la participation discrétionnaire future des contrats d'assurance, dans la mesure où les entreprises d'assurance et de réassurance peuvent démontrer qu'elles ont la possibilité de réduire cette participation pour couvrir des pertes non anticipées au moment où celles-ci surviennent. L'effet d'atténuation des risques inhérent à la participation discrétionnaire future n'excède pas la somme des provisions techniques et des impôts différés afférents à cette participation discrétionnaire future.

Pour l'application du précédent alinéa, la valeur de la participation discrétionnaire future calculée dans des circonstances défavorables est comparée à la valeur de cette participation calculée selon les hypothèses sous-tendant le calcul de la meilleure estimation.

Les modalités d'application du présent article sont précisées aux articles 205 à 207 du règlement délégué (UE) n° 2015/35 de la Commission du 10 octobre 2014.

Art. R. 352-10 Les entreprises d'assurance et de réassurance peuvent procéder à un calcul simplifié pour un sous-module ou module de risque spécifique, dès lors que la nature, l'ampleur et la complexité des risques auxquels elles sont confrontées le justifient et qu'il serait disproportionné d'exiger de ces entreprises qu'elles se conforment au calcul standard.

Les calculs simplifiés sont calibrés conformément au 2° de l'article R. 352-2.

Les conditions d'application du principe de proportionnalité sont définies à l'article 88 du règlement délégué (UE) n° 2015/35 de la Commission du 10 octobre 2014.

Les méthodologies simplifiées de calcul de l'exigence en capital du sous-module mortalité mentionnée au *a* du 2° du I de l'article R. 352-6 sont définies à l'article 91 du même règlement.

Les méthodologies simplifiées de calcul de l'exigence en capital du sous-module longévité mentionnée au *b* du 2° du I de l'article R. 352-6 sont définies à l'article 92 du même règlement.

Les méthodologies simplifiées de calcul de l'exigence en capital du sous-module incapacité-invalidité mentionnée au *c* du 2° du I de l'article R. 352-6 sont définies à l'article 93 du même règlement.

Les méthodologies simplifiées de calcul de l'exigence en capital du sous-module catastrophe vie mentionnée au *g* du 2° du I de l'article R. 352-6 sont définies à l'article 96 du même règlement.

Les méthodologies simplifiées de calcul de l'exigence en capital du sous-module risque lié à la marge mentionnée au *d* du 4° du I de l'article R. 352-6 sont définies à l'article 104 du même règlement.

Les méthodologies simplifiées de calcul du risque de contrepartie mentionné au 5° du I de l'article R. 352-6 sont définies aux articles 107 à 112 du même règlement.

Les modalités d'application du présent article spécifiques aux entreprises captives d'assurance mentionnées à l'article L. 350-2 sont définies aux articles 89, 90, 103, 105 et 106 du même règlement.

Art. R. 352-11 Lorsque le calcul du capital de solvabilité requis selon la formule standard s'avère inapproprié pour une entreprise d'assurance ou de réassurance, parce que le profil de risque de cette entreprise s'écarte significativement des hypothèses qui sous-tendent cette formule de calcul, l'Autorité de contrôle prudentiel et de résolution peut, par décision motivée, exiger de cette entreprise qu'elle remplace un sous-ensemble de paramètres utilisés dans le calcul selon la formule standard par des paramètres propres à cette entreprise au moment de calculer, conformément au V de l'article R. 352-5, les modules "risque de souscription en vie", "risque de souscription en non-vie" et "risque de souscription en santé". Ces paramètres propres sont calculés de façon à garantir que l'entreprise se conforme au 2° de l'article R. 352-2.

Art. R. 352-12 Les entreprises d'assurance-vie qui :

a) Exercent les activités de fourniture de retraite professionnelle mentionnées à l'article 7 de l'ordonnance n° 2006-344 du 23 mars 2006 ;

b) Ou sont agréées par l'Autorité de contrôle prudentiel et de résolution et fournissent des prestations de retraite versées en référence à la mise à la retraite, ou à l'approche de la mise à la retraite, si les primes versées au titre de ces prestations bénéficient d'une déduction d'impôt accordée aux souscripteurs ou aux adhérents ;

Et à condition :

i) Que tous les actifs et engagements correspondant à ces activités soient cantonnés, gérés et organisés séparément des autres activités des entreprises d'assurance sans aucune possibilité de transfert ;

ii) Que les activités de l'entreprise mentionnées aux *a* et *b* ne soient exercées sur le territoire français ;

iii) Et que la durée moyenne des engagements de l'entreprise correspondan activités excède une moyenne de douze ans.

Peuvent être autorisées par l'Autorité de contrôle prudentiel et résolution à appliquer au calcul du capital de solvabilité requis un sous-module "risque sur actions" qui est calibré en usant d'une mesure de la valeur en risque, sur une période donnée adaptée à la période habituellement observée de conservation des placements en actions par l'entreprise concernée en assurant aux souscripteurs ou aux adhérents des contrats un niveau de protection équivalent au niveau prévu à l'article R. 352-2, sous réserve que l'approche prévue au présent article ne soit utilisée que pour des actifs et engagements mentionnés au point i. Lors du calcul du capital de solvabilité requis, ces actifs et engagements sont pleinement pris en compte dans l'évaluation des effets de diversification, sans préjudice de la nécessité de préserver les intérêts des assurés, souscripteurs et bénéficiaires des contrats dans d'autres États membres.

Il n'est recouru aux dispositions des précédents alinéas que lorsque l'entreprise concernée, au regard de sa gestion des actifs et des engagements, dispose d'un niveau de solvabilité et de liquidité ainsi que de stratégies, de processus et de procédures de déclaration de nature à garantir, en permanence, qu'elle est en mesure de conserver des placements en actions pendant une période correspondant à la période durant laquelle elle conserve habituellement ses placements en actions. L'entreprise doit être en mesure de démontrer à l'Autorité de contrôle prudentiel et de résolution que cette condition est vérifiée pour assurer aux bénéficiaires et souscripteurs de contrats un niveau de protection équivalent à celui prévu à l'article R. 352-2.

Les entreprises d'assurance et de réassurance ne reviennent pas à l'approche décrite à l'article R. 352-6, sauf dans des circonstances dûment justifiées et à condition que l'Autorité de contrôle prudentiel et de résolution l'autorise.

Les modalités de calcul et les paramètres à utiliser pour le calcul du sous-module "risque sur actions" fondé sur la durée sont précisés à l'article 170 du règlement délégué (UE) n° 2015/35 de la Commission du 10 octobre 2014.

L'Autorité de contrôle prudentiel et de résolution se prononce sur l'autorisation mentionnée au premier alinéa dans un délai de trois mois.

A compter de la publication du Décr. n° 2015-513 du 7 mai 2015 (JO 10 mai), l'Autorité de contrôle prudentiel et de résolution peut approuver l'utilisation par une entreprise du sous-module "risque sur actions" fondé sur la durée, conformément aux dispositions prévues à l'art. R. 352-12 (Décr. préc., art. 16-I-5°). L'expression « entreprise » fait référence aux organismes d'assurance et de réassurance mentionnés aux art. L. 310-3-1 C. assur., L. 211-11 C. mut. et L. 931-6 CSS (Décr. préc., art. 15).

Par dérogation aux dispositions de l'art. R. 352-12, l'Autorité de contrôle prudentiel et de résolution se prononce sur les approbations prévues à cet art. :

a) dans un délai de six mois, pour les demandes reçues avant le 30 sept. 2015 ;

b) dans un délai courant jusqu'au 31 mars 2016 pour les demandes reçues entre le 1er oct. 2015 et le 31 déc. 2015.

Pour donner ces approbations, elle se fonde sur les critères et règles définis au titre V du livre III du C. assur. (Décr. préc., art. 16-I-6°).

Les décisions prises par l'Autorité de contrôle prudentiel et de résolution prennent effet à compter du 1er janv. 2016 (Décr. préc., art. 16-III).

V. Instr. ACPR n° 2015-I-05 du 29 mai 2015 relative aux demandes d'approbation de l'évaluation et du classement des éléments de fonds propres non listés (http://acpr.banque-france.fr).

V. égal., Instr. ACPR n° 2015-I-04 du 29 mai 2015 relative aux demandes d'approbation pour l'utilisation des dispositions sur le risque actions fondées sur la durée (http://acpr.banque-france.fr/).

SOUS-SECTION 3 MODÈLE INTERNE

Art. R. 352-13 Les entreprises d'assurance et de réassurance accompagnent toute demande d'approbation d'un modèle interne d'une documentation établissant que ce modèle satisfait aux exigences énoncées aux articles R. 352-18 à R. 352-23.

Les entreprises d'assurance et de réassurance peuvent utiliser des modèles internes partiels pour calculer un ou plusieurs des éléments suivants :

a) Un ou plusieurs des modules ou sous-modules de risque du capital de solvabilité requis de base mentionnés aux articles R. 352-5 et R. 352-6 ;

b) L'exigence de capital pour risque opérationnel définie à l'article R. 352-8 ;

c) L'ajustement prévu à l'article R. 352-9.

Une modélisation partielle peut, en outre, être appliquée à l'ensemble de l'activité de l'entreprise d'assurance et de réassurance concernée, ou seulement à une ou plusieurs de ses unités opérationnelles majeures.

Lorsque la demande d'approbation concerne un modèle interne partiel, les exigences énoncées aux articles R. 352-18 à R. 352-23 sont adaptées afin de tenir compte du périmètre limité du modèle.

L'intégration de modèles internes partiels dans le calcul du capital de solvabilité requis se fait conformément à l'article 239 du règlement délégué (UE) n° 2015/35 de la Commission du 10 octobre 2014.

V. notices ACPR « Solvabilité II » du 17 déc. 2015 : note de couverture ; modèles internes (http://acpr.banque-france.fr/solvabilite2.htm).

Art. R. 352-14 Un modèle interne partiel n'est approuvé par l'Autorité de contrôle prudentiel et de résolution que lorsqu'il satisfait aux exigences énoncées à l'article R. 352-13 et aux conditions suivantes :

a) Son périmètre limité est dûment justifié par l'entreprise concernée ;

b) Le capital de solvabilité requis qui en résulte reflète mieux le profil de risque de l'entreprise concernée et, en particulier, satisfait aux exigences énoncées aux articles L. 352-1, R. 352-2 et R. 352-3 ;

c) Sa conception est conforme aux exigences énoncées aux articles L. 352-1, R. 352-2 et R. 352-3, de manière à permettre sa pleine intégration à la formule standard de calcul du capital de solvabilité requis.

Lorsqu'elle évalue une demande d'utilisation d'un modèle interne partiel ne couvrant que certains sous-modules d'un module de risque donné ou que certaines unités opérationnelles de l'entreprise d'assurance ou de réassurance en ce qui concerne un module de risque donné, ou l'un et l'autre pour partie, l'Autorité de contrôle prudentiel et de résolution peut exiger de cette entreprise qu'elle soumette un plan de transition réaliste en vue d'étendre le périmètre de son modèle.

Ce plan de transition expose la façon dont l'entreprise projette d'étendre le périmètre de son modèle à d'autres sous-modules ou unités opérationnelles, en vue de garantir que ce modèle couvre une part prédominante de ses opérations en ce qui concerne le module de risque donné.

Art. R. 352-15 Dans le cadre de la procédure d'approbation initiale d'un modèle interne, l'Autorité de contrôle prudentiel et de résolution approuve la politique écrite de modification du modèle interne de l'entreprise. Les entreprises concernées peuvent modifier leur modèle interne conformément à cette politique.

Cette politique comprend une spécification des modifications mineures et des modifications majeures du modèle interne.

Les modifications majeures du modèle interne, ainsi que les changements apportés à cette politique, sont systématiquement soumis à l'autorisation préalable de l'Autorité de contrôle prudentiel et de résolution, conformément à l'article L. 352-1.

Les modifications mineures du modèle interne ne sont pas soumises à l'autorisation préalable de l'Autorité de contrôle prudentiel et de résolution, dans la mesure où elles sont élaborées conformément à cette politique.

V. Instr. ACPR n° 2015-I-29 du 21 déc. 2015 relative au reporting des modifications mineures du modèle interne à l'Autorité de contrôle prudentiel et de résolution (http://acpr.banque-france.fr).

Art. R. 352-16 Une fois reçue l'approbation sollicitée conformément à l'article L. 352-1, les entreprises d'assurance et de réassurance ne reviennent pas à la formule standard pour calculer l'ensemble de leur capital de solvabilité requis ou une partie quelconque de celui-ci, sauf circonstances dûment justifiées et sous réserve de l'approbation de l'Autorité de contrôle prudentiel et de résolution.

Art. R. 352-17 Si, après avoir reçu de l'Autorité de contrôle prudentiel et de résolution l'approbation nécessaire à l'utilisation d'un modèle interne, une entreprise d'assurance ou de réassurance cesse de se conformer aux exigences énoncées aux articles R. 352-18 à R. 352-23, elle présente sans délai à l'Autorité de contrôle prudentiel et de résolution un plan de retour à la conformité à ces exigences dans un délai raisonnable ou démontre sans délai que la non-conformité n'a qu'un effet négligeable.

Lorsque l'entreprise d'assurance ou de réassurance ne met pas en œuvre le plan mentionné à l'alinéa précédent, l'Autorité de contrôle prudentiel et de résolution peut exiger d'elle qu'elle en revienne à la formule standard pour calculer son capital de solvabilité requis, conformément aux articles R. 352-4 à R. 352-11.

Art. R. 352-18 Les entreprises d'assurance et de réassurance démontrent à l'Autorité de contrôle prudentiel et de résolution qu'elles utilisent largement leur modèle interne et que celui-ci joue un rôle important dans leur système de gouvernance, en particulier :

a) Dans leur système de gestion des risques mentionné à l'article L. 354-2 et dans leurs processus décisionnels ;

b) Dans leurs processus d'évaluation et d'allocation du capital économique et du capital de solvabilité, y compris l'évaluation mentionnée à l'article L. 354-2.

Ces entreprises démontrent en outre que la fréquence à laquelle le capital de solvabilité requis est calculé à l'aide du modèle interne est cohérente avec la fréquence à laquelle leur modèle interne est utilisé aux autres fins mentionnées au premier alinéa.

Il incombe au directeur général ou au directoire de garantir l'adéquation permanente de la conception et du fonctionnement du modèle interne et de veiller à ce que ce modèle continue à refléter de manière adéquate le profil de risque de l'entreprise d'assurance ou de réassurance concernée.

Les modalités d'application du présent article sont fixées aux articles 223 à 227 du règlement délégué (UE) n° 2015/35 de la Commission du 10 octobre 2014.

Art. R. 352-19 I. — Le modèle interne et, en particulier, le calcul de la distribution de probabilité prévisionnelle qui le sous-tend satisfont aux critères fixés aux 1° à 8° du présent article.

1° Les méthodes utilisées pour calculer la distribution de probabilité prévisionnelle sont fondées sur des techniques actuarielles et statistiques adéquates, applicables et pertinentes et elles sont cohérentes avec les méthodes utilisées pour calculer les provisions techniques prudentielles conformément à la section II du chapitre Ier du présent titre.

Les méthodes utilisées pour calculer la distribution de probabilité prévisionnelle sont fondées sur des informations actuelles crédibles et sur des hypothèses réalistes.

Les entreprises d'assurance et de réassurance sont en mesure de justifier, auprès de l'Autorité de contrôle prudentiel et de résolution, les hypothèses qui sous-tendent leur modèle interne ;

2° Les données utilisées aux fins du modèle interne sont exactes, exhaustives et appropriées.

Les entreprises d'assurance et de réassurance concernées actualisent au moins une fois par an les séries de données qu'elles utilisent aux fins du calcul de la distribution de probabilité prévisionnelle ;

3° Aucune méthode particulière n'est prescrite pour le calcul de la distribution de probabilité prévisionnelle.

Indépendamment de la méthode de calcul retenue, la capacité du modèle interne à classer les risques est suffisante pour garantir qu'il est largement utilisé et qu'il joue un rôle important dans le système de gouvernance de l'entreprise d'assurance ou de réassurance concernée, et notamment dans son système de gestion des risques et ses processus décisionnels, ainsi que dans l'allocation de son capital conformément à l'article R. 352-18.

Le modèle interne couvre tous les risques importants auxquels l'entreprise d'assurance ou de réassurance concernée est exposée. Il couvre au minimum les risques répertoriés à l'article R. 352-2 ;

4° Pour ce qui concerne les effets de diversification, les entreprises d'assurance et de réassurance peuvent tenir compte dans leur modèle interne des dépendances existant au sein de catégories de risques données, ainsi qu'entre catégories de risques, sous réserve que l'Autorité de contrôle prudentiel et de résolution juge adéquat le système utilisé pour mesurer ces effets de diversification ;

5° Les entreprises d'assurance et de réassurance peuvent tenir pleinement compte de l'effet des techniques d'atténuation du risque dans leur modèle interne, pour autant que le risque de crédit et les autres risques découlant de l'utilisation des techniques d'atténuation du risque soient pris en considération de manière adéquate dans le modèle interne ;

6° Les entreprises d'assurance et de réassurance évaluent avec précision, dans leur modèle interne, les risques particuliers liés aux garanties financières et à toute option contractuelle lorsqu'ils ne sont pas négligeables. Elles évaluent également les risques liés aux options offertes à l'assuré, au souscripteur ou au bénéficiaire du contrat, ainsi qu'aux options contractuelles qui sont offertes aux entreprises d'assurance ou de réassurance. À cet effet, elles tiennent compte de l'impact que pourraient avoir d'éventuels changements des conditions financières et non financières sur l'exercice de ces options ;

7° Les entreprises d'assurance et de réassurance peuvent tenir compte, dans leur modèle interne, des décisions futures de gestion qu'elles pourraient raisonnablement mettre en œuvre dans des circonstances particulières. Dans ce cas, l'entreprise concernée tient compte du temps nécessaire à la mise en œuvre de ces décisions ;

8° Les entreprises d'assurance et de réassurance tiennent compte, dans leur modèle interne, de tous les paiements aux assurés, aux souscripteurs et aux bénéficiaires des contrats qu'elles s'attendent à devoir effectuer, que ces paiements soient ou non contractuellement garantis.

II. – Les normes de qualité statistique sont précisées aux articles 228 à 237 du règlement délégué (UE) n° 2015/35 de la Commission du 10 octobre 2014.

Art. R. 352-20 Les entreprises d'assurance et de réassurance peuvent, à des fins de modélisation interne, se référer à un autre horizon temporel ou utiliser une autre mesure du risque que ceux prévus à l'article R. 352-2, à condition que les résultats produits par leur modèle interne leur permettent de procéder à un calcul du capital de solvabilité requis garantissant aux assurés, souscripteurs et bénéficiaires des contrats un niveau de protection équivalent à celui prévu à l'article R. 352-2.

Si possible, les entreprises déterminent directement leur capital de solvabilité requis à partir de la distribution de probabilité prévisionnelle générée par leur modèle interne, sur la base de la mesure de la valeur en risque prévue à l'article R. 352-2.

Lorsque les entreprises ne peuvent déterminer directement leur capital de solvabilité requis à partir de la distribution de probabilité prévisionnelle générée par leur modèle interne, l'Autorité de contrôle prudentiel et de résolution peut autoriser l'emploi d'approximations dans le processus de calcul du capital de solvabilité requis, pour autant que ces entreprises soient en mesure de lui démontrer que les assurés, souscripteurs et bénéficiaires des contrats bénéficient d'un niveau de protection équivalent à celui prévu à l'article R. 352-2.

L'Autorité de contrôle prudentiel et de résolution peut exiger des entreprises d'assurance et de réassurance qu'elles appliquent leur modèle interne à des portefeuilles de référence pertinents, en utilisant des hypothèses fondées sur des données externes plutôt qu'internes, afin de contrôler le calibrage du modèle interne et de vérifier que ses spécifications correspondent bien aux pratiques du marché généralement admises.

Les modalités d'application du présent article sont fixées à l'article 238 du règlement délégué (UE) n° 2015/35 de la Commission du 10 octobre 2014.

Art. R. 352-21 Les entreprises d'assurance ou de réassurance examinent, au moins une fois par an, les origines et les causes des profits et pertes enregistrés par chacune de leurs unités opérationnelles majeures.

Elles démontrent à l'Autorité de contrôle prudentiel et de résolution comment la catégorisation des risques retenue dans leur modèle interne explique les origines et les causes de ces profits et pertes. La catégorisation des risques et l'attribution des profits et des pertes reflètent le profil de risque des entreprises d'assurance ou de réassurance.

Les modalités d'application du présent article sont fixées à l'article 240 du règlement délégué (UE) n° 2015/35 de la Commission du 10 octobre 2014.

Art. R. 352-22 Les entreprises d'assurance et de réassurance mettent en place un cycle régulier de validation de leur modèle, qui comprend un suivi du fonctionnement du modèle interne, un contrôle de l'adéquation permanente de ses spécifications et une confrontation des résultats qu'il produit aux données tirées de l'expérience.

Le processus de validation du modèle comporte un procédé statistique efficace de validation du modèle interne permettant aux entreprises d'assurance et de réassurance de démontrer à l'Autorité de contrôle prudentiel et de résolution que les exigences de capital en résultant sont appropriées.

Les méthodes statistiques utilisées servent à vérifier le caractère approprié de la distribution de probabilité prévisionnelle par rapport non seulement à l'historique des pertes, mais aussi à toutes les données et informations nouvelles non négligeables y afférentes.

Le processus de validation du modèle comporte une analyse de la stabilité du modèle interne et, en particulier, un test de la sensibilité des résultats qu'il produit à une modification des hypothèses fondamentales qui le sous-tendent. Il comprend également une évaluation de l'exactitude, de l'exhaustivité et du caractère approprié des données utilisées dans le modèle interne.

Ce processus de validation et ses paramètres sont précisés aux articles 241 et 242 du règlement délégué (UE) n° 2015/35 de la Commission du 10 octobre 2014.

Art. R. 352-23 Les entreprises d'assurance et de réassurance établissent une documentation décrivant les détails de la conception et du fonctionnement de leur modèle interne.

Cette documentation démontre que l'entreprise satisfait aux articles R. 352-18 à R. 352-22. Elle fournit une description détaillée de la théorie, des hypothèses et des fondements mathématiques et empiriques qui sous-tendent le modèle interne. Elle mentionne toutes les circonstances dans lesquelles le modèle interne ne fonctionne pas efficacement.

Ces entreprises assurent le suivi documentaire de toute modification majeure apportée à leur modèle interne, conformément à l'article R. 352-15.

Les exigences en matière de documentation sont fixées aux articles 243 à 246 du règlement délégué (UE) n° 2015/35 de la Commission du 10 octobre 2014.

Art. R. 352-24 L'utilisation d'un modèle ou de données provenant d'un tiers n'exonère pas les entreprises d'assurance et de réassurance des exigences applicables au modèle interne mentionnées aux articles R. 352-18 à R. 352-23.

Les modalités d'application du présent article sont fixées à l'article 247 du règlement délégué (UE) n° 2015/35 de la Commission du 10 octobre 2014.

SOUS-SECTION 4 EXIGENCE DE CAPITAL SUPPLÉMENTAIRE

Art. R. 352-26 L'exigence de capital supplémentaire mentionnée aux 1° et 2° de l'article L. 352-3 est calculée de façon à garantir que l'entreprise se conforme à l'article L. 352-1.

L'exigence de capital supplémentaire mentionnée au 3° du I de l'article L. 352-3 est proportionnée aux risques importants découlant des carences qui ont justifié la décision de l'Autorité de contrôle prudentiel et de résolution de l'imposer.

L'exigence de capital supplémentaire mentionnée au 4° du I de l'article L. 352-3 est proportionnée aux risques importants découlant de l'écart mentionné au même article.

Dans les cas mentionnés aux 2° et 3° du I de l'article L. 352-3, l'Autorité de contrôle prudentiel et de résolution veille à ce que l'entreprise mette en œuvre les moyens nécessaires pour remédier aux carences qui ont conduit à lui imposer une exigence de capital supplémentaire.

L'Autorité de contrôle prudentiel et de résolution réexamine l'exigence de capital supplémentaire mentionnée à l'article L. 352-3 au moins une fois par an. Elle décide de mettre fin à cette exigence une fois que l'entreprise a remédié aux carences qui ont conduit à sa mise en œuvre.

SOUS-SECTION 5 MESURES TRANSITOIRES

Art. R. 352-27 I. — Sous réserve de l'application des dispositions des articles L. 352-1, R. 352-2 et R. 352-5, les règles suivantes s'appliquent :

a) Jusqu'au 31 décembre 2017, les paramètres standards à utiliser pour calculer le sous-module de risque de concentration et le sous-module de risque lié à la marge selon la formule standard sont les mêmes, pour les expositions sur les administrations centrales et les banques centrales des États membres qui sont libellées et financées dans la monnaie nationale de tout État membre, que ceux qui s'appliqueraient à de pareilles expositions libellées et financées dans leur monnaie nationale ;

b) En 2018, les paramètres standard à utiliser pour calculer le sous-module de risque de concentration et le sous-module de risque lié à la marge selon la formule standard sont réduits de 80 % pour les expositions sur les administrations centrales et les banques centrales des États membres qui sont libellées et financées dans la monnaie nationale de tout autre État membre ;

c) En 2019, les paramètres standard à utiliser pour calculer le sous-module de risque de concentration et le sous-module de risque lié à la marge selon la formule standard sont réduits de 50 % pour les expositions sur les administrations centrales et les banques centrales des États membres qui sont libellées et financées dans la monnaie nationale de tout autre État membre ;

d) A partir du 1er janvier 2020, les paramètres standard à utiliser pour calculer le sous-module de risque de concentration et le sous-module de risque lié à la marge selon la formule standard ne sont pas réduits pour les expositions sur les administrations centrales et les banques centrales des États membres qui sont libellées et financées dans la monnaie nationale de tout autre État membre.

II. — Sans préjudice des articles L. 352-1, R. 352-2 et R. 352-5, lors du calcul du sous-module de risque sur actions selon la formule standard sans l'option prévue à l'article R. 352-12, les paramètres standards à utiliser pour les actions mentionnées à l'article 173 du règlement délégué (UE) n° 2015/35 de la Commission du 10 octobre 2014, lorsque ces actions ont été acquises directement par l'entreprise au plus tard le 1er janvier 2016, ou indirectement lorsque l'entreprise a réalisé un investissement au plus tard le 1er janvier 2016 dans des actions de sociétés d'investissement à capital variable ou des parts fonds communs de placement, équivalent aux moyennes pondérées :

a) Du paramètre standard à utiliser pour le calcul du sous-module de risque sur actions conformément à l'article R. 352-12 ;

b) Et du paramètre standard à utiliser pour le calcul du sous-module de risque sur actions selon la formule standard sans l'option prévue à l'article R. 352-12.

Le coefficient affecté au paramètre visé au *b* s'accroît d'une manière au moins linéaire à la fin de chaque année, de 0 % pour l'année commençant le 1er janvier 2016 jusqu'à 100 % à compter du 1er janvier 2023.

Sans préjudice des dispositions de l'art. L. 356-15, les dispositions transitoires prévues à l'art. R. 352-27 s'appliquent à la solvabilité au niveau du groupe (Décr. n° 2015-513 du 7 mai 2015, art. 18, en vigueur le 1er janv. 2016).

Art. R. 352-28 I. — Au cours de la période transitoire mentionnée à l'article L. 352-4, le capital de solvabilité requis mentionné à l'article L. 352-1 est calculé en prenant en considération tous les risques quantifiables auxquels est exposée l'entreprise, à l'exception des risques relatifs aux opérations mentionnées aux articles L. 143-1 et L. 310-14 *[du C. assur.]*, à l'article L. 222-3 du code de la mutualité et à l'article L. 932-40 du code de la sécurité sociale pour lesquelles il est établi une ou plusieurs comptabilités auxiliaires d'affectation conformément à l'article L. 143-4 du code des assurances, à l'article L. 222-6 du code de la mutualité et à l'article L. 932-43 du code de la sécurité sociale. Pour chacune des comptabilités auxiliaires d'affectation relatives à ces opérations, il est calculé une exigence minimale de marge, conformément aux dispositions du titre III du livre III en vigueur au 31 décembre 2015.

Pour chacune des comptabilités auxiliaires d'affectation relatives à des opérations mentionnées aux articles L. 143-1 et L. 310-14 du code des assurances, à l'article L. 222-3 du code de la mutualité et à l'article L. 932-40 du code de la sécurité sociale, la marge de solvabilité est égale à la différence entre la contre-valeur des actifs affectés aux contrats relevant de cette comptabilité auxiliaire d'affectation, évaluée selon les dispositions des articles R. 343-9 et R. 343-10 lorsqu'il s'agit d'engagements exprimés en euros, selon les dispositions des articles R. 343-13 lorsqu'il s'agit d'engagements exprimés en unités de compte et selon les dispositions des articles R. 343-11 et R. 343-12 lorsqu'il s'agit d'engagements donnant lieu à la constitution d'une provision de diversification, et le montant des engagements faisant l'objet de cette comptabilité auxiliaire d'affectation, sous réserve de l'application des dispositions prévues à l'article L. 143-5 du code des assurances, à l'article L. 222-7 du code de la mutualité et à l'article L. 932-44 du code de la sécurité sociale, et complétée, le cas échéant, par les éléments énumérés au III du *[de l'article]* R. 334-11 du code des assurances, et dans les conditions mentionnées par cet article.

II. — Au cours de la période transitoire mentionnée à l'article L. 352-4, la solvabilité des entreprises exerçant des opérations mentionnées aux articles L. 143-1 et L. 310-14 du code des assurances, à l'article L. 222-3 du code de la mutualité et à l'article L. 932-40 du code de la sécurité sociale est égale à la différence entre :

a) La somme de la ou des marges de solvabilité des opérations mentionnées aux articles L. 143-1 et L. 310-14 *[du C. assur.]*, à l'article L. 222-3 du code de la mutualité et à l'article L. 932-40 du code de la sécurité sociale, constituées pour chaque comptabilité auxiliaire d'affectation selon les modalités du second alinéa du I du présent article, et des fonds propres éligibles de l'entreprise pour l'ensemble de ces autres opérations, calculés selon les dispositions de la section III du chapitre III du titre V du livre III du présent code ; et

b) La somme de la ou des exigences minimales de marge des opérations mentionnées aux articles L. 143-1 et L. 310-14 *[du C. assur.]*, à l'article L. 222-3 du code de la mutualité et à l'article L. 932-40 du code de la sécurité sociale et du capital de solvabilité requis au titre de l'ensemble des autres opérations de l'entreprise.

III. — Aux fins du contrôle de l'application des dispositions prévues aux I et II, les différentes comptabilités auxiliaires d'affectation relatives aux opérations mentionnées aux articles L. 143-1 et L. 310-14 *[du C. assur.]*, à l'article L. 222-3 du code de la mutualité et à l'article L. 932-40 du code de la sécurité sociale et la solvabilité des entreprises exerçant ce type d'opérations font l'objet d'une transmission d'informations à l'Autorité de contrôle prudentiel et de résolution sous la forme d'états quantitatifs spécifiques dont le format est défini par l'Autorité.

SECTION II MINIMUM DE CAPITAL REQUIS

Art. R. 352-29 I. — Le minimum de capital requis est calculé conformément aux principes suivants :

a) Il est calculé d'une manière claire et simple, et de telle sorte que ce calcul puisse faire l'objet d'une vérification ;

b) Il correspond à un montant de fonds propres de base éligibles endeçà duquel les assurés, souscripteurs et bénéficiaires des contrats et les entreprises réassurées seraient exposés à un niveau de risque inacceptable si l'entreprise d'assurance ou de réassurance était autorisée à poursuivre son activité ;

c) La fonction linéaire, mentionnée au II, utilisée pour le calculer est calibrée selon la valeur en risque des fonds propres de base de l'entreprise d'assurance ou de réassurance concernée, avec un niveau de confiance de 85 % à l'horizon d'un an ;

d) Il a un seuil plancher absolu :

i) De 2 500 000 euros pour les entreprises d'assurance non-vie, y compris les entreprises captives d'assurance, sauf dans le cas où tout ou partie des risques mentionnés dans l'une des branches mentionnées aux 10 à 15 de l'article R. 321-1 ou au 15 de l'article R. 211-2 du code de la mutualité sont couverts, auquel cas il ne peut être inférieur à 3 700 000 euros ;

ii) De 3 700 000 euros pour les entreprises d'assurance-vie, y compris les entreprises captives d'assurance ;

iii) De 3 600 000 euros pour les entreprises de réassurance, sauf dans le cas des entreprises captives de réassurance, auquel cas ce seuil plancher ne peut être inférieur à 1 200 000 euros ;

iv) Correspondant à la somme des montants énoncés aux points i et ii pour les entreprises d'assurance pratiquant à la fois les risques mentionnés au 1° et au 2° de l'article L. 310-1.

II. – Sous réserve des dispositions du III, le minimum de capital requis est calculé comme la fonction linéaire d'un ensemble ou d'un sous-ensemble des variables suivantes : provisions techniques prudentielles de l'entreprise mentionnées à l'article L. 351-2, primes souscrites, capital sous risque, impôts différés et dépenses administratives. Les variables utilisées sont mesurées déduction faite de la réassurance.

III. – Sans préjudice du d du I, le minimum de capital requis est compris entre 25 % et 45 % du capital de solvabilité requis de l'entreprise, ce capital étant calculé conformément à la sous-section 2 de la section I du présent chapitre et incluant tout capital supplémentaire imposé conformément à l'article L. 352-3.

L'Autorité de contrôle prudentiel et de résolution peut exiger, jusqu'au 31 décembre 2017 au plus tard, qu'une entreprise d'assurance ou de réassurance applique les pourcentages prévus au premier alinéa exclusivement pour le capital de solvabilité requis de l'entreprise calculé conformément à la sous-section 2 de la section I du présent chapitre.

IV. – Les entreprises d'assurance et de réassurance calculent leur minimum de capital requis au moins une fois par trimestre et transmettent le résultat de ce calcul à l'Autorité de contrôle prudentiel et de résolution, selon les modalités prévues à l'article L. 355-1.

V. – Les modalités d'application du présent article sont précisées aux articles 248 à 253 du règlement délégué (UE) n° 2015/35 de la Commission du 10 octobre 2014.

SECTION III ENTREPRISES EN SITUATION IRRÉGULIÈRE

Art. R. 352-30 Lorsque l'Autorité de contrôle prudentiel et de résolution suspend, restreint ou interdit temporairement la libre disposition de tout ou partie des actifs d'une entreprise en application du 4 de l'article L. 612-33 du code monétaire et financier, et que cette mesure est prise parce que l'entreprise d'assurance ou de réassurance ne se conforme pas aux dispositions de la section II du chapitre Ier du présent titre, elle en informe au préalable les autorités de contrôle des États membres d'accueil concernées.

Lorsque l'Autorité de contrôle prudentiel et de résolution suspend, restreint ou interdit temporairement la libre disposition de tout ou partie des actifs d'une entreprise en application du 4 de l'article L. 612-33 du code monétaire et financier, et que cette mesure est prise parce que, dans des circonstances exceptionnelles, l'Autorité estime que la situation financière de l'entreprise concernée va continuer à se détériorer en dépit des mesures visées au troisième alinéa de l'article L. 352-7, elle en informe au préalable les autorités de contrôle des États membres d'accueil concernées et leur demande de prendre les mêmes mesures.

Lorsque l'Autorité de contrôle prudentiel et de résolution suspend, restreint ou interdit temporairement la libre disposition de tout ou partie des actifs d'une entreprise en application du 4 de l'article L. 612-33 du code monétaire et financier, et que cette mesure est prise lorsque le minimum de capital requis n'est plus conforme aux dispositions de l'article L. 352-5, ou lorsqu'il risque de ne plus l'être dans les trois prochains mois, elle en informe au préalable les autorités de contrôle des États membres d'accueil concernées et leur demande de prendre les mêmes mesures.

Art. R. 352-31 La durée de prolongation mentionnée au quatrième alinéa de L. 352-7 est déterminée compte tenu de tous les facteurs pertinents précisés à l'article 289 du règlement délégué (UE) n° 2015/35 de la Commission du 10 octobre 2014. Cette prolongation ne peut excéder sept ans.

Art. R. 352-32 La demande visée au cinquième alinéa de l'article L. 352-7 est effectuée si les conditions suivantes sont réunies :

a) Il est improbable que des entreprises d'assurance ou de réassurance représentant une part significative du marché ou des lignes d'activité affectées puissent respecter les exigences mentionnées au *(Décr. n° 2017-1765 du 26 déc. 2017, art. 1er)* « quatrième » alinéa de l'article L. 352-7 ;

b) La situation financière d'entreprises d'assurance ou de réassurance représentant une part significative du marché ou des lignes d'activité affectées subit les effets graves ou préjudiciables d'une baisse imprévue, prononcée et abrupte des marchés financiers, ou d'un contexte durable de faibles taux d'intérêt, ou d'un événement catastrophique porteur de graves incidences.

Art. R. 352-33 Lorsque l'Autorité de contrôle prudentiel et de résolution exige d'une entreprise d'assurance ou de réassurance un programme de rétablissement en application de l'article L. 612-32 du code monétaire et financier, ou un plan de rétablissement en application de l'article L. 352-7, ou un plan de financement à court terme en application de l'article L. 352-8, celui-ci doit notamment comporter, pour les trois prochains exercices, une description détaillée des éléments suivants et être accompagné des justificatifs s'y rapportant :

1° Une estimation prévisionnelle des frais de gestion, notamment des frais généraux courants et des commissions ;

2° Un plan détaillant les prévisions de recettes et de dépenses pour les affaires directes, les acceptations en réassurance et les cessions en réassurance ;

3° Un bilan prévisionnel valorisé conformément au titre IV du livre III et un bilan prévisionnel valorisé conformément à l'article L. 351-1 ;

4° Une estimation des ressources financières devant servir à la couverture des provisions techniques prudentielles ainsi que du capital de solvabilité requis et du minimum de capital requis ;

5° Le cas échéant, la politique écrite générale en matière de réassurance ou de rétrocession.

Art. R. 352-34 Lorsque les entreprises mentionnées à l'article L. 310-3-1, qui sont agréées pour pratiquer les opérations mentionnées au 1° de l'article L. 310-1, ne détiennent plus suffisamment de fonds propres éligibles pour couvrir leur capital de solvabilité requis ou leur minimum de capital requis ou qu'elles ont informé l'Autorité de contrôle prudentiel et de résolution, conformément aux dispositions prévues aux articles L. 352-7 et L. 352-8, qu'elles risquaient de se trouver dans une telle situation dans les trois prochains mois, elles peuvent, par dérogation aux dispositions prévues au chapitre III du titre IV du présent livre, dans la limite et jusqu'au rétablissement de leur couverture de minimum de capital requis et de capital solvabilité requis, transférer tout ou partie de leur réserve de capitalisation au compte "autres réserves".

Art. R. 352-34-1 Lorsque l'Autorité de contrôle prudentiel et de résolution suspend, restreint ou interdit temporairement la libre disposition de tout ou partie des actifs d'une entreprise d'assurance, en application du 4° de l'article L. 612-33 du code monétaire et financier, elle peut en outre faire inscrire sur les immeubles de cette entreprise l'hypothèque mentionnée à l'article L. 327-3 du présent code, à l'article L. 212-24 du code de la mutualité ou à l'article L. 931-23 du code de la sécurité sociale.

SECTION IV ENTREPRISES D'ASSURANCE MIXTES

Art. R. 352-35 I. — Sans préjudice des articles L. 352-1 et L. 352-5, les entreprises d'assurance pratiquant à la fois les risques mentionnés au 1° et au 2° de l'article L. 310-1 calculent :

a) Un montant notionnel du minimum de capital requis en vie, pour ce qui concerne leurs activités d'assurance ou de réassurance-vie, calculé comme si l'entreprise concernée n'exerçait que ces activités ; et

b) Un montant notionnel du minimum de capital requis en non-vie, pour ce qui concerne leurs activités d'assurance ou de réassurance non-vie, calculé comme si l'entreprise concernée n'exerçait que ces activités.

Ces montants notionnels sont calculés conformément à l'article 252 du règlement délégué (UE) n° 2015/35 de la Commission du 10 octobre 2014, sous réserve des cas d'application prévus à l'article 253 du même règlement.

II. — Au minimum, les entreprises d'assurance mentionnées au I du présent article couvrent les exigences suivantes par un montant équivalent d'éléments de fonds propres de base éligibles :

a) Le montant notionnel du minimum de capital requis en vie, pour l'activité vie ;

b) Le montant notionnel du minimum de capital requis en non-vie, pour l'activité non-vie.

Les obligations financières minimales visées aux alinéas précédents, se rapportant à l'activité d'assurance-vie et à l'activité d'assurance non-vie, ne peuvent être supportées par l'autre activité.

Les entreprises d'assurance établissent un document dans lequel les éléments de fonds propres de base éligibles couvrant chaque montant notionnel du minimum de capital requis mentionné au I sont clairement identifiés conformément à l'article R. 351-26.

Si le montant des éléments de fonds propres de base éligibles affectés à l'une des activités ne suffit pas à couvrir les obligations financières minimales mentionnées au premier alinéa, les entreprises d'assurance peuvent, sauf opposition de l'Autorité de contrôle prudentiel et de résolution, utiliser les éléments explicites de fonds propres éligibles encore disponibles pour l'une ou l'autre activité.

Lorsque ce transfert ne permet pas à l'entreprise d'assurance de couvrir ses obligations financières minimales, l'Autorité de contrôle prudentiel et de résolution applique à l'activité déficitaire les mesures prévues par l'article L. 352-8 quels que soient les résultats obtenus dans l'autre activité.

Aussi longtemps que sont remplies les obligations financières minimales mentionnées au présent II et sous réserve d'en informer l'Autorité de contrôle prudentiel et de résolution, l'entreprise peut utiliser, pour couvrir le capital de solvabilité requis mentionné à l'article L. 352-1, les éléments explicites de fonds propres éligibles encore disponibles pour l'une ou l'autre activité.

CHAPITRE III INVESTISSEMENTS

(Décr. n° 2015-513 du 7 mai 2015, art. 4, en vigueur le 1er janv. 2016)

Art. R. 353-1 I. — Pour l'ensemble du portefeuille d'actifs, les entreprises d'assurance et de réassurance n'investissent que dans des actifs et instruments présentant des risques qu'elles peuvent identifier, mesurer, suivre, gérer, contrôler et déclarer de manière adéquate ainsi que prendre en compte de manière appropriée dans l'évaluation de leur besoin global de solvabilité conformément à l'article R. 354-3.

Tous les actifs sont investis de façon à garantir la sécurité, la qualité, la liquidité et la rentabilité de l'ensemble du portefeuille. En outre, la localisation de ces actifs doit permettre de garantir leur disponibilité.

Les actifs détenus aux fins de la couverture des provisions techniques prudentielles mentionnées à l'article L. 351-2 sont également investis d'une façon adaptée à la nature et à la durée de leurs engagements d'assurance et de réassurance. Ces actifs sont investis au mieux des intérêts de tous les assurés, souscripteurs et bénéficiaires des contrats, compte tenu de tout objectif relatif à sa politique d'investissement publié par l'entreprise.

En cas de conflit d'intérêts, les entreprises d'assurance ou les entités qui gèrent leur portefeuille d'actifs, veillent à ce que l'investissement soit réalisé au mieux des intérêts des assurés, souscripteurs et bénéficiaires des contrats.

II. – Lorsque les prestations afférentes au contrat d'assurance sur la vie ou au contrat de capitalisation à capital variable comprennent une garantie de performance financière ou toute autre prestation garantie, les actifs détenus pour couvrir les provisions techniques prudentielles mentionnées à l'article L. 351-2 supplémentaires correspondantes sont soumis aux dispositions du III.

III. – Sans préjudice des dispositions du I, pour les actifs autres que ceux relevant du II, les deuxième à cinquième alinéas du présent III sont applicables.

L'utilisation d'instruments dérivés est possible dans la mesure où ils contribuent à réduire les risques ou favorisent une gestion efficace du portefeuille.

Les investissements et les actifs qui ne sont pas admis à la négociation sur un marché financier réglementé sont maintenus à des niveaux prudents.

Les actifs font l'objet d'une diversification appropriée de façon à éviter une dépendance excessive vis-à-vis d'un actif, d'un émetteur ou d'un groupe d'entreprises donnés ou d'une zone géographique donnée et à éviter un cumul excessif de risques dans l'ensemble du portefeuille.

Les investissements dans des actifs émis par un même émetteur ou par des émetteurs appartenant à un même groupe n'exposent pas les entreprises d'assurance à une concentration excessive de risques.

Art. R. 353-2 Afin de garantir une cohérence entre les secteurs et d'éliminer les divergences d'intérêts entre, d'une part, les sociétés qui reconditionnent les prêts dans des valeurs mobilières négociables et d'autres instruments financiers et, d'autre part, les entreprises d'assurance ou de réassurance qui investissent dans ces valeurs ou ces instruments, les exigences quantitatives et qualitatives que doivent respecter les entreprises investissant dans ces valeurs mobilières ou instruments sont mentionnées aux articles 254 à 257 du règlement délégué (UE) nº 2015/35 de la Commission du 10 octobre 2014.

Art. R. 353-3 En ce qui concerne les entreprises d'assurance et de réassurance qui investissent dans des valeurs mobilières négociables ou d'autres instruments financiers reposant sur des emprunts reconditionnés qui ont été émis avant le 1er janvier 2011, les exigences mentionnées à l'article R. 353-2 s'appliquent uniquement si des expositions sous-jacentes ont été remplacées ou complétées par de nouvelles expositions après le 31 décembre 2014.

Sans préjudice des dispositions de l'art. L. 356-15, les dispositions transitoires prévues à l'art. R. 353-3 s'appliquent à la solvabilité au niveau du groupe (Décr. nº 2015-513 du 7 mai 2015, art. 18).

Art. R. 353-4 Les entreprises d'assurance ne peuvent consentir de droits réels sur leurs immeubles, sauf autorisation accordée à titre exceptionnel par l'Autorité de contrôle prudentiel et de résolution.

Art. R. 353-5 Les dispositions de l'article R. 332-16 s'appliquent aux entreprises d'assurance mentionnées à l'article L. 310-3-1.

CHAPITRE IV SYSTÈME DE GOUVERNANCE

(Décr. nº 2015-513 du 7 mai 2015, art. 4, en vigueur le 1er janv. 2016)

Art. R. 354-1 Les entreprises d'assurance et de réassurance réexaminent les politiques écrites mentionnées à l'article L. 354-1 au moins une fois par an. Ces politiques sont soumises à l'approbation préalable du conseil d'administration ou du conseil de surveillance selon les cas. Elles sont adaptées pour tenir compte de tout changement important affectant le système ou le domaine concerné.

Pour chacune des attributions de l'organe d'administration, de gestion et de contrôle prévues par le règlement délégué (UE) n° 2015/35 de la Commission du 10 octobre 2014, les politiques écrites précisent si elle incombe au conseil d'administration ou au directeur général ou, le cas échéant, au conseil de surveillance ou au directoire, sans préjudice des autres dispositions du présent titre.

V. note ss. art. L. 354-1.

Art. R. 354-2 I. – Le système de gestion des risques mentionné à l'article L. 354-2 comprend les stratégies, processus et procédures d'information nécessaires pour déceler, mesurer, contrôler, gérer et déclarer, en permanence, les risques, aux niveaux individuel et agrégé, auxquels les entreprises sont ou pourraient être exposées ainsi que les interdépendances entre ces risques.

Ce système est intégré à la structure organisationnelle et aux procédures de prise de décision de l'entreprise et dûment pris en compte par les personnes qui dirigent effectivement l'entreprise ou qui sont responsables des fonctions clés mentionnées à l'article L. 354-1.

Il couvre les risques à prendre en considération dans le calcul du capital de solvabilité requis conformément à l'article R. 352-2 ainsi que les risques n'entrant pas ou n'entrant pas pleinement dans ce calcul.

Il couvre, au minimum, la souscription et le provisionnement, la gestion actif-passif, les investissements, en particulier dans les instruments financiers à terme, la gestion du risque de liquidité et de concentration, la gestion du risque opérationnel ainsi que la réassurance et les autres techniques d'atténuation du risque. Ces domaines sont également précisés par les politiques écrites mentionnées à l'article L. 354-1.

II. – Lorsque les entreprises d'assurance ou de réassurance appliquent l'ajustement égalisateur mentionné à l'article R. 351-4 ou la correction pour volatilité mentionnée à l'article R. 351-6, elles établissent un plan de liquidité comportant une prévision des flux de trésorerie entrants et sortants au regard des actifs et passifs faisant l'objet de ces ajustements et corrections.

Art. R. 354-2-1 I. – En ce qui concerne la gestion des actifs et des passifs, les entreprises d'assurance et de réassurance évaluent régulièrement la sensibilité de leurs provisions techniques prudentielles et de leurs fonds propres aux hypothèses sous-tendant l'extrapolation de la courbe des taux d'intérêt sans risque pertinente mentionnée à l'article R. 351-3.

II. – En cas d'application de l'ajustement égalisateur mentionné à l'article R. 351-4, les entreprises évaluent régulièrement la sensibilité de leurs provisions techniques prudentielles et de leurs fonds propres éligibles aux hypothèses sous-tendant le calcul de l'ajustement égalisateur, y compris le calcul de la marge fondamentale mentionné à l'article R. 351-5, et les effets potentiels d'une vente forcée d'actifs sur leurs fonds propres éligibles. Elles évaluent également la sensibilité de leurs provisions techniques prudentielles et de leurs fonds propres éligibles aux modifications de la composition du portefeuille assigné d'actifs ainsi que les conséquences d'une réduction de l'ajustement égalisateur à zéro.

III. – En cas d'application de la correction pour volatilité mentionnée à l'article R. 351-6, les entreprises évaluent régulièrement la sensibilité de leurs provisions techniques prudentielles et de leurs fonds propres éligibles aux hypothèses sous-tendant le calcul de la correction pour volatilité et les conséquences potentielles d'une vente forcée d'actifs sur leurs fonds propres éligibles ainsi que les conséquences d'une réduction de la correction pour volatilité à zéro.

IV. – Les entreprises soumettent chaque année les évaluations mentionnées aux I, II et III à l'Autorité de contrôle prudentiel et de résolution dans le cadre de la communication d'informations mentionnée à l'article L. 355-1. Dans le cas où la réduction de l'ajustement égalisateur ou de la correction pour volatilité à zéro aurait pour effet le défaut de couverture du capital de solvabilité requis, l'entreprise soumet également une analyse des mesures qu'elle pourrait prendre en vue de rétablir le niveau de fonds propres éligibles correspondant au capital de solvabilité requis ou de réduire le profil de risque afin de garantir la conformité du capital de solvabilité requis.

V. — Lorsque la correction pour volatilité mentionnée à l'article R. 351-6 est appliquée, la politique écrite en matière de gestion du risque mentionnée à l'article L. 354-1 définit les critères d'application de la correction pour volatilité.

Art. R. 354-2-2 En ce qui concerne le risque d'investissement, les entreprises d'assurance et de réassurance doivent être en capacité de démontrer qu'elles satisfont aux dispositions du chapitre III du présent titre.

Art. R. 354-2-3 Les entreprises d'assurance et de réassurance structurent la fonction de gestion des risques mentionnée à l'article L. 354-1 de façon à faciliter la mise en œuvre du système de gestion des risques.

Art. R. 354-2-4 Lorsque les entreprises d'assurance et de réassurance utilisent des évaluations externes du crédit pour le calcul des provisions techniques prudentielles et du capital de solvabilité requis, elles vérifient, dans le cadre de leur gestion des risques, le bien-fondé de ces évaluations en recourant, le cas échéant, à des évaluations supplémentaires.

Art. R. 354-2-5 La fonction de gestion des risques des entreprises d'assurance et de réassurance qui utilisent un modèle interne partiel ou intégral approuvé conformément aux articles L. 352-1 et R. 352-14 recouvre les tâches de conception, de mise en œuvre, de test et de validation du modèle interne, de suivi documentaire de ce modèle et de toute modification qui lui est apportée ainsi que d'analyse de la performance de ce modèle interne et de production de rapports de synthèse concernant cette analyse.

La fonction de gestion des risques a notamment pour objet d'informer le directeur général ou le directoire de la performance du modèle interne et de suggérer les améliorations qui peuvent y être apportées. Elle fournit également au directeur général ou au directoire un état d'avancement des actions visant à remédier aux faiblesses qui ont pu être détectées. Tous ces éléments sont transmis au conseil d'administration ou conseil de surveillance par le directeur général ou le directoire.

Art. R. 354-3 L'évaluation interne des risques et de la solvabilité mentionnée à l'article L. 354-2 porte au moins sur :

a) Le besoin global de solvabilité, compte tenu du profil de risque spécifique, des limites approuvées de tolérance au risque et de la stratégie commerciale de l'entreprise ;

b) Le respect permanent des exigences de capital mentionnées au chapitre II du présent titre et des exigences concernant les provisions techniques prudentielles prévues à la section II du chapitre Ier du présent titre ;

c) L'écart entre le profil de risque de l'entreprise et les hypothèses qui sous-tendent le capital de solvabilité requis prévu à l'article R. 352-2, calculé à l'aide de la formule standard conformément à la sous-section 2 de la section I du chapitre II du présent titre, ou avec un modèle interne partiel ou intégral conformément à la sous-section 3 de la section I du chapitre II du présent titre.

Art. R. 354-3-1 Afin d'évaluer le besoin global de solvabilité mentionné à l'article R. 354-3, les entreprises mettent en place des procédures qui sont proportionnées à la nature, à l'ampleur et à la complexité des risques inhérents à leur activité et qui leur permettent d'identifier et d'évaluer les risques auxquels elles sont exposées, ou auxquels elles pourraient être exposées. Les entreprises démontrent la pertinence des méthodes qu'elles utilisent pour cette évaluation.

Art. R. 354-3-2 Les entreprises d'assurance et de réassurance appliquant l'ajustement égalisateur mentionné à l'article R. 351-4, la correction pour volatilité mentionnée à l'article R. 351-6 ou les mesures transitoires mentionnées aux articles L. 351-4 et L. 351-5 évaluent leur conformité aux exigences de capital mentionnées à l'article R. 354-3, tant en tenant compte que sans tenir compte de ces ajustements, corrections et mesures transitoires.

Art. R. 354-3-3 Lorsqu'un modèle interne est utilisé, l'évaluation interne des risques et de la solvabilité permet de réconcilier les mesures internes des risques avec le capital de solvabilité requis.

Art. R. 354-3-4 L'évaluation interne des risques et de la solvabilité fait partie intégrante de la stratégie commerciale des entreprises d'assurances et de réassurance. Ces entreprises en tiennent systématiquement compte dans leurs décisions stratégiques.

Les entreprises procèdent à cette évaluation interne au moins une fois par an et en cas d'évolution notable de leur profil de risque.

Elles informent l'Autorité de contrôle prudentiel et de résolution des conclusions de chaque évaluation interne des risques et de la solvabilité, dans le cadre des informations qu'elles doivent fournir à cette autorité en application de l'article L. 355-1.

Art. R. 354-4 Le système de contrôle interne mentionné à l'article L. 354-2 comprend au minimum des procédures administratives et comptables, un cadre de contrôle interne, des dispositions appropriées en matière d'information à tous les niveaux de l'entreprise et une fonction de vérification de la conformité mentionnée à l'article L. 354-1.

Art. R. 354-4-1 La fonction de vérification de la conformité mentionnée à l'article L. 354-1 a notamment pour objet de conseiller le directeur général ou le directoire ainsi que le conseil d'administration ou le conseil de surveillance, sur toutes les questions relatives au respect des dispositions législatives, réglementaires et administratives afférentes à l'accès aux activités de l'assurance et de la réassurance et à leur exercice.

Cette fonction vise également à évaluer l'impact possible de tout changement de l'environnement juridique sur les opérations de l'entreprise concernée, ainsi qu'à identifier et évaluer le risque de conformité.

Art. R. 354-5 La fonction d'audit interne mentionnée à l'article L. 354-1 évalue notamment l'adéquation et l'efficacité du système de contrôle interne et les autres éléments du système de gouvernance. Cette fonction est exercée d'une manière objective et indépendante des fonctions opérationnelles.

Les conclusions et recommandations de l'audit interne, ainsi que les propositions d'actions découlant de chacune d'entre elles, sont communiquées au conseil d'administration ou au conseil de surveillance par le directeur général ou le directoire. Le directeur général ou le directoire veille à ce que ces actions soient menées à bien et en rend compte au conseil d'administration ou au conseil de surveillance.

Art. R. 354-6 La fonction actuarielle mentionnée à l'article L. 354-1 a pour objet de coordonner le calcul des provisions techniques prudentielles, de garantir le caractère approprié des méthodologies, des modèles sous-jacents et des hypothèses utilisés pour le calcul des provisions techniques prudentielles, d'apprécier la suffisance et la qualité des données utilisées dans le calcul de ces provisions, de superviser ce calcul dans les cas mentionnés à l'article R. 351-13 et de comparer les meilleures estimations aux observations empiriques.

Elle fournit un avis sur la politique globale de souscription et sur l'adéquation des dispositions prises en matière de réassurance. Elle contribue à la mise en œuvre effective du système de gestion des risques mentionnée à l'article L. 354-2, concernant en particulier la modélisation des risques sous-tendant le calcul des exigences de capital prévu aux sections I et II du chapitre II du présent titre et l'évaluation interne des risques et de la solvabilité mentionnée à l'article L. 354-2.

Elle informe le conseil d'administration ou le conseil de surveillance de la fiabilité et du caractère adéquat du calcul des provisions techniques prudentielles, dans les conditions prévues à l'article L. 322-3-2 *[du C. assur.]* et aux articles L. 211-13 du code de la mutualité et L. 931-7-1 du code de la sécurité sociale.

Art. R. 354-6-1 La fonction actuarielle requiert des personnes qui l'exercent un degré de connaissance des mathématiques actuarielles et financières correspondant à la nature, à l'ampleur et à la complexité des risques inhérents à l'activité des entreprises d'assurance ou de réassurance et qui peuvent démontrer une expérience pertinente au regard des normes professionnelles et autres normes applicables.

Art. R. 354-7 I. – Sont considérées comme des activités ou fonctions opérationnelles importantes ou critiques au sens de l'article L. 354-3, les fonctions clés mentionnées à l'article L. 354-1 et celles dont l'interruption *(Décr. nº 2017-1765 du 26 déc. 2017, art. 1er)* « , une fois externalisées, » est susceptible d'avoir un impact significatif sur l'activité de l'entreprise, sur sa capacité à gérer efficacement les risques*[,]* ou de remettre en cause les conditions de son agrément au regard des éléments suivants :

a) Le coût de l'activité externalisée ;

b) L'impact financier, opérationnel et sur la réputation de l'entreprise de l'incapacité du prestataire de service d'accomplir sa prestation dans les délais impartis ;

c) La difficulté de trouver un autre prestataire ou de reprendre l'activité en direct ;

d) La capacité de l'entreprise à satisfaire aux exigences réglementaires en cas de problèmes avec le prestataire ;

e) Les pertes potentielles pour les assurés, souscripteurs ou bénéficiaires de contrats ou les entreprises réassurées en cas de défaillance du prestataire.

II. – Ne sont pas considérées comme des activités ou fonctions opérationnelles importantes ou critiques les tâches consistant notamment en :

a) La fourniture à l'entreprise de services de conseil et d'autres services ne faisant pas partie des activités couvertes par son agrément, y compris la fourniture de conseils juridiques, la formation de son personnel, les services de facturation et la sécurité des locaux et du personnel de l'entreprise ;

b) L'achat de prestations standards, y compris des services fournissant des informations de marché ou des flux de données sur les prix.

Art. R. 354-8 Pour les entreprises d'assurance et de réassurance qui concluent des contrats de réassurance financière limitée ou qui exercent des activités de réassurance financière limitée mentionnées à l'article L. 310-1-1 *[C. assur.]* et aux articles L. 111-1-1 du code de la mutualité et L. 931-1-1 du code de la sécurité sociale, le système de gestion des risques qu'elles mettent en place, conformément à l'article L. 354-2 *[C. assur.]* , doit permettre de déceler, de mesurer, de surveiller, de gérer, de contrôler et de signaler de manière appropriée les risques découlant de ces contrats ou activités.

CHAPITRE V INFORMATIONS À FOURNIR À L'AUTORITÉ DE CONTRÔLE PRUDENTIEL ET DE RÉSOLUTION ET AU PUBLIC

(Décr. nº 2015-513 du 7 mai 2015, art. 4, en vigueur le 1er janv. 2016)

SECTION PREMIÈRE INFORMATIONS À FOURNIR À L'AUTORITÉ DE CONTRÔLE PRUDENTIEL ET DE RÉSOLUTION

SOUS-SECTION 1 DISPOSITIONS GÉNÉRALES

Art. R. 355-1 Les informations transmises à l'Autorité de contrôle prudentiel et de résolution en application de l'article L. 355-1 sont préalablement approuvées :

a) Pour le rapport sur la solvabilité et la situation financière, par les organes mentionnés au premier alinéa de l'article R. 355-7 ;

b) Pour le rapport régulier au contrôleur, par le conseil d'administration ou le conseil de surveillance ;

c) Pour les états quantitatifs annuels et trimestriels, par le directeur général ou le directoire ;

d) Pour le rapport à l'autorité de contrôle sur l'évaluation interne des risques et de la solvabilité, par le conseil d'administration ou le conseil de surveillance.

Les états remis périodiquement à l'Autorité de contrôle prudentiel et de résolution, autres que ceux définis aux alinéas précédents et que l'Autorité détermine conformément au premier alinéa de l'article L. 612-24 du code monétaire et financier, sont préalablement approuvés par le directeur général ou le directoire.

V. note ss. art. L. 356-19.

Art. R. 355-1-1 Dès lors que les états, tableaux ou documents mentionnés à l'article L. 355-1 sont fondés sur des données comptables, les soldes des comptes utilisés par l'entreprise doivent s'y raccorder, par voie directe ou par regroupement.

Art. R. 355-2 Les exigences en termes de contenu, de délai et de modalités de transmission des informations mentionnées à l'article L. 355-1 sont précisées aux articles 290 à 297, 300, 301, 303 et 304 à 314 du règlement délégué (UE) n° 2015/35 de la Commission du 10 octobre 2014.

Art. R. 355-3 En application du sixième alinéa de l'article L. 355-1, et sans préjudice des dispositions de l'article R. 352-29, l'Autorité de contrôle prudentiel et de résolution peut limiter la communication régulière des informations à des fins de contrôle dont la périodicité est inférieure à un an, lorsque la fourniture de ces informations représenterait une charge disproportionnée pour l'entreprise compte tenu de la nature, de l'ampleur et de la complexité des risques inhérents à son activité.

Concernant les entreprises soumises au contrôle de groupe en application de l'article L. 356-2, l'Autorité de contrôle prudentiel et de résolution peut limiter la communication régulière des informations à des fins de contrôle dont la périodicité est inférieure à un an, lorsque ces entreprises en font la demande. Cette demande doit démontrer que la communication régulière des informations à cette périodicité n'est pas appropriée compte tenu de la nature, de l'ampleur et de la complexité des risques inhérents à l'activité du groupe. Elle doit être déposée auprès de l'Autorité de contrôle prudentiel et de résolution au moins sept mois avant le début de la *(Décr. n° 2017-1765 du 26 déc. 2017, art. 1er)* « première période concernée » sur laquelle portent ces informations. Dans ce cas, l'Autorité statue sur cette demande trois mois avant le début de la période concernée.

Dans le cas où l'Autorité de contrôle prudentiel et de résolution n'est pas contrôleur de groupe, elle consulte le contrôleur de groupe et tient compte de l'avis et des réserves exprimés, le cas échéant, par ce dernier.

Pour l'application des dispositions du présent article, l'ensemble des organismes bénéficiant d'une dispense de communication ne peut représenter plus de 20 % des primes brutes d'assurance non-vie émises par l'ensemble des entreprises mentionnées à l'article L. 310-1 ou au 1° du III de l'article L. 310-1-1, des mutuelles et unions régies par le livre II du code de la mutualité et des institutions de prévoyance et leurs unions régies par le titre III du livre IX du code de la sécurité sociale et 20 % des provisions techniques brutes d'assurance-vie des mêmes organismes.

Lorsqu'elle détermine l'éligibilité des entreprises concernées aux dispenses mentionnées au présent article, l'Autorité de contrôle prudentiel et de résolution accorde une priorité aux plus petites entreprises.

V. Instr. ACPR (https://acpr.banque-france.fr) :

– n° 2016-I-01 du 14 janv. 2016 relative à la composition du dossier de conclusion ou d'avenant à une convention de substitution ;

– n° 2016-I-02 du 14 janv. 2016 définissant les modalités d'exemption pour les organismes mentionnés à l'article 3 de l'instruction n° 2016-I-01.

Art. R. 355-4 En application du sixième alinéa de l'article L. 355-1, et sans préjudice des dispositions de l'article L. 612-24 du code monétaire et financier, l'Autorité de contrôle prudentiel et de résolution peut limiter ou dispenser les entreprises d'assurance ou de réassurance de la communication régulière d'informations ligne à ligne, lorsque :

a) La fourniture de ces informations représenterait une charge disproportionnée compte tenu de la nature, de l'ampleur et de la complexité des risques inhérents à l'activité de l'entreprise ;

b) La fourniture de ces informations n'est pas nécessaire au contrôle effectif de l'entreprise ;

c) La dispense ne nuit pas à la stabilité des systèmes financiers concernés dans l'Union ;

d) L'entreprise est en mesure de fournir des informations de façon *ad hoc* ; et

e) Pour les entreprises soumises au contrôle de groupe en application de l'article L. 356-2, la fourniture de ces informations s'avérerait inappropriée compte tenu de la nature, de l'ampleur et de la complexité des risques inhérents à l'activité du groupe et compte tenu de l'objectif de stabilité financière au niveau de l'Union. Dans ce cas, lorsque l'Autorité de contrôle prudentiel et de résolution n'est pas contrôleur de groupe, elle consulte le contrôleur de groupe et tient dûment compte de l'avis et des réserves exprimés le cas échéant par ce dernier.

Pour l'application des dispositions du présent article, l'ensemble des organismes bénéficiant d'une dispense de communication ne peuvent représenter plus de 20 % des primes brutes émises d'assurance non-vie émises par l'ensemble des entreprises mentionnées à l'article L. 310-1 ou au 1° du III de l'article L. 310-1-1, des mutuelles et unions régies par le livre II du code de la mutualité et des institutions de prévoyance et leurs unions régies par le titre III du livre IX du code de la sécurité sociale et 20 % des provisions techniques brutes d'assurance-vie des mêmes organismes.

Lorsqu'elle détermine l'éligibilité des entreprises concernées aux limitations mentionnées au présent article, l'Autorité de contrôle prudentiel et de résolution accorde une priorité aux plus petites entreprises.

Art. R. 355-5 Dans la mise en œuvre des dispositions des articles R. 355-3 et R. 355-4, l'Autorité de contrôle prudentiel et de résolution évalue si la fourniture d'informations représente, pour les entreprises d'assurance ou de réassurance, une charge disproportionnée, eu égard à la nature, à l'ampleur et à la complexité des risques auxquels les entreprises sont exposées, et ce, compte tenu au moins :

a) Du volume des primes, des provisions techniques et des actifs de l'entreprise ;

b) De la volatilité des sinistres et des indemnisations couverts par l'entreprise ;

c) Des risques de marché auxquels les investissements de l'entreprise donnent lieu ;

d) Du niveau de concentration du risque ;

e) Du nombre total de branches d'assurance-vie et non-vie pour lesquelles l'agrément est accordé ;

f) Des effets potentiels de la gestion des actifs de l'entreprise sur la stabilité financière au niveau de l'Union ;

g) Des systèmes et structures de l'entreprise lui permettant de communiquer des informations aux fins du contrôle et de la politique écrite garantissant en permanence le caractère adéquat de ces informations ;

h) De l'adéquation du système de gouvernance de l'entreprise ;

i) Du niveau des fonds propres couvrant le capital de solvabilité requis et le minimum de capital requis ;

j) Du fait que l'entreprise est ou non une entreprise captive d'assurance ou de réassurance couvrant uniquement les risques associés au groupe commercial ou industriel auquel elle appartient.

V. Instr. ACPR n° 2016-I-01 et n° 2016-I-02 du 14 janv. 2016 (https://acpr.banque-france.fr).

SOUS-SECTION 2 DISPOSITIONS TRANSITOIRES

Art. R. 355-6 I. — Jusqu'au 1er janvier 2020, les entreprises d'assurance ou de réassurance transmettent à l'Autorité de contrôle prudentiel et de résolution le rapport sur la solvabilité et la situation financière, le rapport régulier au contrôleur et les états quantitatifs annuels mentionnés à l'article L. 355-1 selon le calendrier suivant :

a) Au plus tard 20 semaines après la clôture de l'exercice de l'entreprise, pour les exercices clos entre le 30 juin 2016 et le 1er janvier 2017 ;

b) Au plus tard 18 semaines après la clôture de l'exercice de l'entreprise, pour les exercices clos entre le 2 janvier 2017 et le 1er janvier 2018 ;

c) Au plus tard 16 semaines après la clôture de l'exercice de l'entreprise, pour les exercices clos entre le 2 janvier 2018 et le 29 juin 2019 ;

d) Au plus tard 14 semaines après la clôture de l'exercice de l'entreprise, pour les exercices clos entre le 30 juin 2019 et le 1er janvier 2020.

II. — Jusqu'au 1er janvier 2020, les entreprises d'assurance ou de réassurance transmettent à l'Autorité de contrôle prudentiel et de résolution les états quantitatifs trimestriels mentionnés à l'article L. 355-1 selon le calendrier suivant :

a) Au plus tard 8 semaines après la fin du trimestre, pour les exercices trimestriels clos entre le 1er janvier 2016 et le 1er janvier 2017 ;

b) Au plus tard 7 semaines après la fin du trimestre, pour les exercices trimestriels clos entre le 2 janvier 2017 et le 1er janvier 2018 ;

c) Au plus tard 6 semaines après la fin du trimestre, pour les exercices trimestriels clos entre le 2 janvier 2018 et le *(Décr. no 2017-1765 du 26 déc. 2017, art. 1er)* « 1er janvier 2019 » ;

d) Au plus tard 5 semaines après la fin du trimestre, pour les trimestres clos entre le *(Décr. no 2017-1765 du 26 déc. 2017, art. 1er)* « 2 janvier 2019 » et le 1er janvier 2020.

III. — A compter du 1er janvier 2020, les délais de transmission des informations mentionnées aux I et II sont prévus par l'article 312 du règlement délégué (UE) no 2015/35 de la Commission du 10 octobre 2014.

SECTION II INFORMATIONS À DESTINATION DU PUBLIC

SOUS-SECTION 1 DISPOSITIONS GÉNÉRALES

Art. R. 355-7 Le rapport sur la solvabilité et la situation financière mentionnée à l'article L. 355-5 est approuvé par le conseil d'administration ou le conseil de surveillance. Il contient les informations suivantes, soit in extenso, soit par référence directe et précise à des informations équivalentes, tant dans leur nature que dans leur portée, à celles publiées en application d'autres dispositions législatives ou réglementaires :

a) Une description de l'activité et des résultats de l'entreprise ;

b) Une description du système de gouvernance et une appréciation de son adéquation au profil de risque de l'entreprise ;

c) Une description, effectuée séparément pour chaque catégorie de risque, de l'exposition au risque, des concentrations de risque, de l'atténuation du risque et de la sensibilité au risque ;

d) Une description, effectuée séparément pour les actifs, les provisions techniques prudentielles et les autres passifs, des bases et méthodes utilisées aux fins de leur évaluation, assortie d'une explication de toute différence majeure existant avec les bases et méthodes utilisées aux fins de leur évaluation dans les états financiers ;

e) Une description de la façon dont le capital est géré, comprenant au moins les éléments suivants :

i) La structure des fonds propres ;

ii) Les montants du capital de solvabilité requis et du minimum de capital requis ;

iii) L'option exposée à l'article R. 352-12 utilisée le cas échéant pour le calcul du capital de solvabilité requis ;

iv) Des informations permettant de bien comprendre les principales différences existant entre les hypothèses sous-jacentes de la formule standard et celles de tout modèle interne utilisé par l'entreprise pour calculer son capital de solvabilité requis ;

v) En cas de manquement à l'exigence de minimum de capital requis ou de manquement grave à l'exigence de capital de solvabilité requis, survenu durant la période examinée, le montant de l'écart constaté, même si le problème a été résolu par la suite, assorti d'une explication relative à son origine et à ses conséquences, ainsi qu'à toute mesure corrective qui aurait été prise.

Dans le cas où l'ajustement égalisateur mentionné à l'article R. 351-4 est appliqué, la description visée au *d* inclut une description de l'ajustement égalisateur et du portefeuille d'obligations, une description des actifs du portefeuille assigné auxquels s'applique l'ajustement égalisateur ainsi qu'une quantification des effets d'une annulation de l'ajustement égalisateur sur la situation financière de l'entreprise.

La description visée au *d* comprend également une déclaration indiquant si la correction pour volatilité mentionnée à l'article R. 351-6 est utilisée par l'entreprise concernée ainsi qu'une quantification des effets d'une annulation de la correction pour volatilité sur la situation financière de l'entreprise.

La description visée au i du *e* comprend une analyse de tout changement important survenu par rapport à la précédente période examinée et une explication de toute différence importante observée, dans les états financiers, dans la valeur des éléments considérés, ainsi qu'une brève description de la transférabilité du capital.

Lorsque les entreprises d'assurance ou de réassurance appliquent une mesure transitoire à la courbe des taux d'intérêt sans risque pertinente pour les engagements d'assurance et de réassurance admissibles, telle que mentionnée à l'article L. 351-4, elles signalent dans leur rapport sur la solvabilité et la situation financière mentionné à l'article L. 355-5, l'application de cette mesure transitoire, conformément au *b* du III de l'article R. 351-16. Elles quantifient également l'incidence sur leur situation financière de la décision de ne pas appliquer cette mesure transitoire.

Lorsque les entreprises d'assurance ou de réassurance appliquent une déduction transitoire aux provisions techniques telle que visée à l'article L. 351-5, elles signalent dans leur rapport sur la solvabilité et la situation financière visé à l'article L. 355-5 l'application de cette déduction transitoire, conformément au *c* du IV de l'article R. 351-17. Elles quantifient également l'incidence sur leur situation financière de la décision de ne pas appliquer cette déduction transitoire.

Les exigences relatives au contenu du rapport sur la solvabilité et la situation financière, au délai de transmission et aux modalités de transmission sont définies aux articles 290 à 297, 300, 301 et 303 du règlement délégué (UE) n° 2015/35 de la Commission du 10 octobre 2014.

Un arrêté du ministre chargé de l'économie précise les informations détaillées que doivent fournir les entreprises dans le cadre du rapport sur la solvabilité et la situation financière.

V. notes ss. art. L. 351-4 et L. 351-5.

Art. R. 355-8 La publication du capital de solvabilité requis mentionnée à l'article R. 355-7 indique, de manière séparée, le montant calculé conformément aux dispositions du chapitre II du présent titre et le montant de toute exigence de capital supplémentaire imposée conformément à l'article L. 352-3, ou l'effet des paramètres propres que l'entreprise d'assurance ou de réassurance est tenue d'utiliser en vertu de l'article R. 352-11. Ces indications sont assorties d'une explication sur les raisons qui ont conduit l'Autorité de contrôle prudentiel et de résolution à imposer de telles exigences et paramètres.

Jusqu'à l'exercice se terminant au plus tard le 31 déc. 2020, les informations mentionnées à l'art. R. 355-8 concernant l'exigence de capital supplémentaire imposée conformément à l'art. L. 352-3, ou l'effet des paramètres propres que l'entreprise est tenue d'utiliser en vertu de l'art. R. 352-11 n'ont pas à faire l'objet d'une publication séparée (Décr. n° 2015-513 du 7 mai 2015, art. 17-II, en vigueur le 1er janv. 2016).

Art. R. 355-9 L'Autorité de contrôle prudentiel et de résolution peut autoriser les entreprises d'assurance ou de réassurance à ne pas publier une information dans leur rapport sur la solvabilité et la situation financière mentionné à l'article L. 355-5, dans les deux cas suivants :

a) La publication de cette information conférerait aux concurrents de l'entreprise concernée un avantage indu important ;

b) L'entreprise est tenue au secret ou à la confidentialité en raison d'obligations l'engageant à l'égard d'assurés, souscripteurs ou bénéficiaires de contrats, d'entreprises réassurées ou de toute autre relation avec une contrepartie. Ces obligations ne sauraient toutefois avoir pour seule fin de soustraire l'entreprise à son obligation de publier les informations correspondantes dans son rapport sur la solvabilité et la situation financière.

La demande de non-publication doit être déposée auprès de l'Autorité de contrôle prudentiel et de résolution au moins cinq mois avant la fin *(Décr. nº 2017-1765 du 26 déc. 2017, art. 1er)* « du premier exercice concerné » sur lequel porte le rapport sur la solvabilité et la situation financière. Dans ce cas, l'Autorité statue avant la fin de l'exercice concerné.

A titre exceptionnel, une demande peut être déposée après la date mentionnée à l'alinéa précédent et au moins deux mois avant la date de publication du rapport sur la solvabilité et la situation financière. Pour être recevable, cette demande doit motiver les raisons pour lesquelles elle n'a pas pu être remise avant cette date.

En tout état de cause, le dépôt d'une telle demande ne peut être invoqué par l'entreprise pour ne pas publier le rapport sur la solvabilité et la situation financière dans les délais prévus.

Lorsque la non-publication d'une information est autorisée par l'Autorité de contrôle prudentiel et de résolution, l'entreprise concernée l'indique dans son rapport sur sa solvabilité et sa situation financière et en explique les raisons.

Les dispositions du présent article ne s'appliquent pas aux informations mentionnées au *e* de l'article R. 355-7.

Les conditions dans lesquelles l'autorisation mentionnée au premier alinéa cesse d'être valable sont définies à l'article 299 du règlement délégué (UE) nº 2015/35 de la Commission du 10 octobre 2014.

Art. R. 355-10 Sont au moins considérés comme des événements majeurs, au sens de l'article L. 355-5, les événements présentant l'une des caractéristiques suivantes :

a) Lorsqu'un écart par rapport au minimum de capital requis est observé et que l'Autorité de contrôle prudentiel et de résolution considère que l'entreprise ne sera pas en mesure de lui soumettre un plan réaliste de financement à court terme mentionné à l'article L. 352-8 ou que l'Autorité n'obtient pas ce plan dans un délai d'un mois à compter de la date à laquelle l'écart a été observé ;

b) Lorsqu'un écart important par rapport au capital de solvabilité requis est observé et que l'Autorité de contrôle prudentiel et de résolution n'obtient pas de plan réaliste de rétablissement mentionné à l'article L. 352-7 dans un délai de deux mois à compter de la date à laquelle l'écart a été observé.

En ce qui concerne le cas mentionné au *a*, l'Autorité de contrôle prudentiel et de résolution exige de l'entreprise concernée qu'elle publie sans délai le montant de l'écart constaté, assorti d'une explication sur son origine et ses conséquences ainsi que sur toute mesure corrective qui aurait été prise. Si, en dépit de la présentation d'un plan de financement à court terme initialement considéré comme réaliste par l'Autorité de contrôle prudentiel et de résolution, un écart par rapport au minimum de capital requis n'a pas été corrigé trois mois après qu'il a été constaté, cet écart fait l'objet d'une publication à l'expiration de ce délai, assortie d'une explication sur son origine et ses conséquences ainsi que sur les mesures correctives déjà prises et sur toute nouvelle mesure corrective prévue.

En ce qui concerne le cas mentionné au *b*, l'Autorité de contrôle prudentiel et de résolution exige de l'entreprise concernée qu'elle publie sans délai le montant de l'écart constaté, assorti d'une explication sur son origine et ses conséquences ainsi que sur toute mesure corrective qui aurait été prise. Si, en dépit de la présentation d'un plan de rétablissement initialement considéré comme réaliste par l'Autorité de contrôle prudentiel et de résolution, un écart important par rapport au capital de solvabilité requis n'a pas été corrigé six mois après qu'il a été constaté, cet écart fait l'objet d'une publication à l'expiration de ce délai, avec une explication sur son origine et ses conséquences ainsi que sur les mesures correctives prises et sur toute nouvelle mesure corrective prévue.

L'article 302 du règlement délégué (UE) nº 2015/35 de la Commission du 10 octobre 2014 précise les modalités des publications incombant aux entreprises dans les cas prévus au présent article.

Art. R. 355-11 Les entreprises d'assurance ou de réassurance peuvent décider de publier dans le rapport mentionné à l'article L. 355-5 toutes informations ou explications relatives à leur solvabilité et à leur situation financière autres que celles dont la publication est déjà exigée en application des articles L. 355-5, R. 355-7, R. 355-8, R. 355-9 et R. 355-10, dans des conditions qui sont précisées par l'article 298 du règlement délégué (UE) nº 2015/35 de la Commission du 10 octobre 2014.

SOUS-SECTION 2 DISPOSITIONS TRANSITOIRES

Art. R. 355-12 Jusqu'au 1er janvier 2020, les entreprises d'assurance ou de réassurance publient les informations annuelles mentionnées à l'article L. 355-5 selon le calendrier suivant :

a) Au plus tard 20 semaines après la clôture de l'exercice de l'entreprise, pour les exercices clos entre le 30 juin 2016 et le 1er janvier 2017 ;

b) Au plus tard 18 semaines après la clôture de l'exercice de l'entreprise, pour les exercices clos entre le 2 janvier 2017 et le 1er janvier 2018 ;

c) Au plus tard 16 semaines après la clôture de l'exercice de l'entreprise, pour les exercices clos entre le 2 janvier 2018 et le 29 juin 2019 ;

d) Au plus tard 14 semaines après la clôture, pour les exercices clos entre le 30 juin 2019 et le 1er janvier 2020.

A compter du 1er janvier 2020, les délais de publication du rapport sur la solvabilité et la situation financière sont précisés par l'article 300 du règlement délégué (UE) nº 2015/35 de la Commission du 10 octobre 2014.

CHAPITRE VI EXIGENCES SPÉCIFIQUES AUX GROUPES

(Décr. nº 2015-513 du 7 mai 2015, art. 4, en vigueur le 1er janv. 2016)

SECTION PREMIÈRE DISPOSITIONS GÉNÉRALES RELATIVES AU CONTRÔLE DES GROUPES

Art. R. 356-1 I. — La composition du collège des contrôleurs mentionné à l'article L. 356-7-1 inclut le contrôleur du groupe, les autorités de contrôle de tous les États membres dans lesquels les entreprises d'assurance et de réassurance filiales ont leur siège social et l'Autorité européenne des assurances et des pensions professionnelles conformément à l'article 21 du règlement (UE) nº 1094/2010 du 24 novembre 2010.

L'Autorité de contrôle prudentiel et de résolution en tant que contrôleur de groupe peut également autoriser à participer au collège des contrôleurs les autorités de contrôle dont dépendent les succursales importantes et les entreprises liées, y compris de pays tiers. Toutefois, cette participation se limite uniquement à ce qu'exige un échange efficace des informations.

Le bon fonctionnement du collège des contrôleurs peut exiger que certaines activités soient menées par un nombre réduit d'autorités de contrôle au sein de celui-ci.

II. — L'Autorité de contrôle prudentiel et de résolution participe au collège des contrôleurs mentionné à l'article L. 356-7-1 pour les entreprises d'assurance et de réassurance filiales soumises à son contrôle.

L'Autorité de contrôle prudentiel et de résolution peut également participer au collège des contrôleurs mentionné à l'article L. 356-7-1 lorsqu'elle contrôle une succursale importante ou une entreprise liée. Toutefois, cette participation se limite uniquement à ce qu'exige un échange efficace des informations.

III. – Les modalités de participation des autorités de contrôle des succursales importantes et des entreprises liées sont précisées à l'article 354 du règlement délégué (UE) n° 2015/35 de la Commission du 10 octobre 2014.

Art. R. 356-2 I. – Les accords de coordination mentionnés au III de l'article L. 356-7-1 précisent les procédures appliquées par les autorités de contrôle concernées :

1° Pour les décisions relatives aux demandes d'approbation de modèles internes et au niveau d'exigences de capital supplémentaire, conformément aux articles R. 356-20 et *[à]* R. 356-21 ;

2° Pour les décisions relatives à la désignation du contrôleur de groupe ;

3° Pour l'information donnée par le contrôleur de groupe lorsque le capital de solvabilité requis du groupe n'est plus atteint ou qu'il risque de ne plus l'être dans les trois mois à venir.

Sans préjudice des droits et obligations conférés au contrôleur du groupe et aux autres autorités de contrôle, les accords de coordination peuvent confier des tâches supplémentaires au contrôleur du groupe, à d'autres autorités de contrôle ou à l'Autorité européenne des assurances et des pensions professionnelles lorsqu'il en résulte un contrôle plus efficace du groupe et que les activités de contrôle des membres du collège des contrôleurs, pour ce qui relève de leur responsabilité individuelle, ne s'en trouvent pas entravées.

Le contenu des accords de coordination est précisé à l'article 355 du règlement délégué (UE) n° 2015/35 de la Commission du 10 octobre 2014.

II. – En cas de divergence de vues concernant ces accords de coordination, l'Autorité de contrôle prudentiel et de résolution peut saisir l'Autorité européenne des assurances et des pensions professionnelles conformément à l'article 19 du règlement (UE) n° 1094/2010 du 24 novembre 2010.

Lorsque l'Autorité de contrôle prudentiel et de résolution est contrôleur du groupe, elle arrête sa décision finale en se conformant à la décision de l'Autorité européenne des assurances et des pensions professionnelles. Elle transmet sa décision aux autres autorités de contrôle concernées.

III. – L'Autorité de contrôle prudentiel et de résolution en tant que contrôleur du groupe transmet à l'Autorité européenne des assurances et des pensions professionnelles les informations pertinentes en vue de lui permettre d'effectuer un examen approfondi du fonctionnement des collèges des contrôleurs et des difficultés qu'ils rencontrent.

Art. R. 356-3 I. – Afin d'assurer que toutes les autorités concernées disposent des mêmes informations pertinentes disponibles, sans préjudice de leurs responsabilités respectives et indépendamment du fait qu'elles soient établies ou non dans le même État membre, l'Autorité de contrôle prudentiel et de résolution échange avec les autres autorités de contrôle concernées ces informations afin de permettre et de faciliter l'exercice de leurs tâches de contrôle. A cette fin, l'Autorité de contrôle prudentiel et de résolution communique sans délai toute information pertinente dès qu'elle devient disponible ou à la demande d'autres autorités, notamment :

1° Les informations concernant des actions du groupe et des autorités de contrôle ;

2° Les informations fournies par le groupe ;

3° Les informations prévues par l'article 357 du règlement délégué (UE) n° 2015/35 de la Commission du 10 octobre 2014.

II. – Si une autorité de contrôle a omis de communiquer à l'Autorité de contrôle prudentiel et de résolution des informations pertinentes, ou si les demandes de coopération présentées par l'Autorité, en particulier d'échange d'informations pertinentes, ont été rejetées ou n'ont pas été suivies d'effet dans un délai de deux semaines, l'Autorité peut saisir l'Autorité européenne des assurances et des pensions professionnelles.

III. – L'Autorité de contrôle prudentiel et de résolution en tant que contrôleur de groupe transmet aux autorités de contrôle concernées et à l'Autorité européenne des assurances et des pensions professionnelles les informations concernant la structure juridique du groupe, son système de gouvernance et sa structure opérationnelle.

IV. — L'Autorité de contrôle prudentiel et de résolution convoque sans délai une réunion de toutes les autorités compétentes concernées, au moins dans les cas suivants :

1° Quand elle a connaissance de l'existence d'une violation sérieuse de l'exigence relative au capital de solvabilité requis ou d'une violation de l'exigence relative au minimum de capital requis, de la part d'une entreprise d'assurance ou de réassurance ;

2° Quand elle constate un écart important par rapport au capital de solvabilité requis au niveau du groupe, calculé sur la base des données consolidées, ou au capital de solvabilité requis du groupe sur une base agrégée, selon la méthode de calcul appliquée conformément aux articles R. 356-19 à R. 356-22 ;

3° Lorsque toute autre circonstance exceptionnelle se produit ou s'est produite.

Art. R. 356-4 I. — Sans préjudice des dispositions de l'article L. 356-7, l'Autorité de contrôle prudentiel et de résolution consulte au sein du collège des contrôleurs, les autorités de contrôle concernées sur toute décision importante pour les tâches de contrôle de ces autorités, relative :

1° Aux modifications de la structure de l'actionnariat, de l'organisation ou de la gestion des entreprises d'assurance ou de réassurance d'un groupe, requérant l'approbation ou l'autorisation des autorités de contrôle ;

2° A la décision relative à la prolongation du délai de rétablissement mentionné à l'article L. 352-7 ;

3° Aux principales sanctions et mesures exceptionnelles prises par les autorités de contrôle, y compris l'application d'une exigence de capital supplémentaire s'ajoutant au capital de solvabilité requis conformément à l'article L. 352-3 et l'application de toute limitation de l'utilisation d'un modèle interne pour le calcul du capital de solvabilité requis conformément aux dispositions du chapitre II *[de la]* section I.

Dans les cas de consultations prévues aux 2° et 3°, l'Autorité de contrôle prudentiel et de résolution, lorsqu'elle n'est pas contrôleur du groupe, consulte toujours le contrôleur du groupe.

L'Autorité consulte en outre les autres autorités concernées avant de prendre toute décision fondée sur les informations reçues d'autres autorités de contrôle.

II. — Sans préjudice des dispositions de l'article L. 356-7, l'Autorité de contrôle prudentiel et de résolution peut décider de ne pas consulter les autres autorités de contrôle en cas d'urgence ou lorsque cette consultation risquerait de compromettre l'efficacité de ses décisions. Dans ce cas, elle en informe sans délai les autres autorités concernées.

Art. R. 356-5 Lorsque l'Autorité de contrôle prudentiel et de résolution est contrôleur de groupe en application de l'article L. 356-6 sans que l'entreprise mère soit située en France, elle peut inviter l'autorité de contrôle de l'État membre où l'entreprise mère a son siège social, à demander à l'entreprise mère toutes les informations utiles à l'exercice de ses droits et obligations de coordination, tels que définis à l'article L. 356-7, et à lui communiquer ces informations.

Lorsque l'Autorité de contrôle prudentiel et de résolution en tant que contrôleur de groupe a besoin des informations mentionnées au I de l'article L. 356-21, qui ont déjà été fournies à une autre autorité de contrôle, elle s'adresse, dans la mesure du possible, à cette dernière afin d'éviter toute duplication dans la communication d'informations aux diverses autorités participant au contrôle.

Art. R. 356-5-1 Lorsque l'Autorité de contrôle prudentiel et de résolution demande à une autorité compétente d'un autre État membre de procéder, en application du premier alinéa de l'article L. 632-12 du code monétaire et financier, à des contrôles sur place d'une entreprise d'assurance ou de réassurance ou d'une personne qui lui est liée selon l'une des modalités prévues à l'article L. 612-26 du même code, ou lorsque l'Autorité répond à la demande d'une autorité compétente d'un autre État membre de procéder, en application du troisième alinéa de l'article L. 632-12 du même code à des contrôles sur place d'une entreprise d'assurance ou de réassurance ou d'une personne qui lui est liée selon les modalités prévues à l'article L. 612-26 du même code, elle informe des mesures prises le contrôleur de groupe, lorsque cette fonction est exercée par une autre autorité compétente.

Art. R. 356-5-2 Lorsqu'une demande de l'Autorité de contrôle prudentiel et de résolution à une autorité compétente d'un autre État membre de procéder, en application du premier alinéa de l'article L. 632-12 du code monétaire et financer, à des contrôles sur place d'une entreprise d'assurance ou de réassurance ou d'une personne qui lui est liée selon l'une des modalités prévues à l'article L. 612-26 du même code n'a pas été suivie d'effets dans un délai de deux semaines suivant cette demande, ou lorsque l'Autorité se voit, en pratique, empêchée d'exercer son droit de participer à cette vérification, elle peut saisir l'Autorité européenne des assurances et des pensions professionnelles conformément à l'article 19 du règlement (UE) n° 1094/2010 du Parlement européen et du Conseil du 24 novembre 2010.

SECTION II DISPOSITIONS SPÉCIFIQUES AUX GROUPES AVEC UNE ENTREPRISE MÈRE AYANT SON SIÈGE SOCIAL EN DEHORS DE L'UNION EUROPÉENNE

Art. R. 356-6 I. — L'équivalence du contrôle de groupe exercé par une autorité de contrôle d'un pays tiers à celui mentionné à l'article L. 356-11 peut être déterminée par un acte délégué de la Commission pris en application des paragraphes 3 et 5 de l'article 260 de la directive 2009/138/CE du Parlement européen et du Conseil du 25 novembre 2009 (solvabilité II).

II. — Lorsqu'aucun *[Lorsque aucun]* acte délégué n'a été adopté par la Commission, l'Autorité de contrôle prudentiel et de résolution, si elle devait être désignée comme contrôleur de groupe en application des critères énoncés au I de l'article L. 356-6, vérifie, à la demande de l'entreprise mère ou de l'une des filiales d'assurance ou de réassurance agréées dans l'Union européenne, ou de sa propre initiative, si le contrôle de groupe du pays tiers est équivalent.

A cette fin, l'Autorité de contrôle prudentiel et de résolution, assistée par l'Autorité européenne des assurances et des pensions professionnelles, consulte les autres autorités de contrôle concernées avant de se prononcer sur l'équivalence, en application des critères énoncés à l'article 380 du règlement délégué (UE) n° 2015/35 de la Commission du 10 octobre 2014. Cette décision ne peut pas contredire une décision prise antérieurement à l'égard du pays tiers concerné, à moins qu'il ne soit nécessaire de prendre en compte des modifications significatives apportées au contrôle de groupe du pays tiers et à celui établi par les dispositions de la sous-section 1 de la présente section.

La décision prise par l'Autorité de contrôle prudentiel et de résolution en vertu du précédent alinéa peut, dans un délai de trois mois à compter de sa notification, en cas de désaccord, faire l'objet de la part d'une autre autorité de contrôle d'une saisine de l'Autorité européenne des assurances et des pensions professionnelles conformément à l'article 19 du règlement (UE) n° 1094/2010 du Parlement européen et du Conseil du 24 novembre 2010.

Lorsque l'Autorité de contrôle prudentiel et de résolution est en désaccord avec la décision prise par une autre autorité de contrôle sur l'équivalence du contrôle de groupe d'un pays tiers, elle peut, conformément à l'article 19 du règlement (UE) n° 1094/2010 du Parlement européen et du Conseil du 24 novembre 2010, saisir l'Autorité européenne des assurances et des pensions professionnelles dans un délai de trois mois à compter de la notification de cette décision.

III. — L'Autorité de contrôle prudentiel et de résolution peut décider, en l'absence d'un contrôle équivalent pour le pays tiers de l'entreprise mère supérieure, de procéder à une nouvelle vérification de l'existence d'un contrôle équivalent à un niveau inférieur où existe une entreprise mère dans un autre pays tiers, qu'il s'agisse d'une société de groupe d'assurance, d'une compagnie financière holding mixte, d'une entreprise d'assurance ou d'une entreprise de réassurance. Dans ce cas, l'Autorité explique sa décision aux entreprises d'assurance et de réassurance du groupe.

A compter du 1er juill. 2015, l'Autorité de contrôle prudentiel et de résolution peut déterminer l'équivalence, en tant que de besoin, conformément aux dispositions prévues à l'art. R. 356-6. Elle se prononce au regard des critères et règles définis au titre V du livre III C. assur. Les décisions prises par l'Autorité de contrôle prudentiel et de résolution prennent effet à compter du 1er janv. 2016 (Décr. nº 2015-513 du 7 mai 2015, art. 16-II-3º et III).

Art. R. 356-7 I. — Pour l'application de l'article L. 356-12, les entreprises d'assurance ou de réassurance appliquent soit les principes généraux et méthodes mentionnés aux articles L. 356-6 à L. 356-10 et L. 356-15 à L. 356-24 au niveau de l'entreprise mère du pays tiers selon les modalités prévues au II, soit l'une des méthodes énoncées au III.

II. — Aux seules fins du calcul de la solvabilité du groupe, l'entreprise mère du pays tiers est considérée comme une entreprise d'assurance ou de réassurance soumise aux mêmes conditions que celles définies à la section III du chapitre Ier du présent titre en ce qui concerne les fonds propres éligibles à la couverture du capital de solvabilité requis, et à l'une des exigences suivantes :

a) Un capital de solvabilité requis déterminé conformément aux principes de l'article R. 356-16 s'il s'agit d'une société de groupe d'assurance ou d'une compagnie financière holding mixte ;

b) Un capital de solvabilité requis déterminé conformément aux principes de l'article R. 356-23 s'il s'agit d'une entreprise d'assurance ou de réassurance d'un pays tiers.

III. — Sur autorisation de l'Autorité de contrôle prudentiel et de résolution et le cas échéant à sa demande, les entreprises d'assurance ou de réassurance peuvent appliquer d'autres méthodes garantissant un contrôle approprié au niveau du groupe. Ces méthodes sont approuvées par le contrôleur du groupe si cette fonction est exercée par une autre autorité de contrôle.

Si l'Autorité de contrôle prudentiel et de résolution en tant que contrôleur de groupe est saisie par une autre autorité de contrôle souhaitant appliquer d'autres méthodes garantissant un contrôle approprié des entreprises d'assurance et de réassurance appartenant à un groupe, elle approuve ou non ces méthodes, après consultation des autres autorités de contrôle concernées.

Les méthodes choisies sont communiquées aux autres autorités de contrôle concernées ainsi qu'à la Commission.

A compter du 1er juill. 2015, l'Autorité de contrôle prudentiel et de résolution peut prendre les décisions mentionnées à l'art. R. 356-7. Elle se prononce au regard des critères et règles définis au titre V du livre III C. assur. Les décisions prises par l'Autorité de contrôle prudentiel et de résolution prennent effet à compter du 1er janv. 2016 (Décr. nº 2015-513 du 7 mai 2015, art. 16-II-5º et III).

SECTION III EXIGENCE DE CAPITAL RÉGLEMENTAIRE DES GROUPES

Art. R. 356-8 Les articles R. 356-9 à R. 356-22 s'appliquent aux entreprises participantes et mères mentionnées respectivement aux deuxième et troisième alinéas de l'article L. 356-2.

Aux fins du calcul de solvabilité mentionné au premier alinéa de l'article R. 356-10, l'entreprise mère mentionnée au troisième alinéa de l'article L. 356-2 est traitée comme une entreprise d'assurance ou de réassurance soumise aux règles fixées aux chapitre Ier, section III, et chapitre II, section I, du présent titre et aux articles L. 352-1 à L. 352-1-3 et R. 352-2 à R. 352-24 en ce qui concerne le capital de solvabilité requis et les fonds propres éligibles à sa couverture.

Art. R. 356-9 L'Autorité de contrôle prudentiel et de résolution en tant que contrôleur de groupe veille à ce que les calculs permettant de vérifier le respect des exigences mentionnées aux 2º et 3º de l'article L. 356-15, soient réalisés au moins une fois par an par l'entreprise mentionnée au premier alinéa de l'article R. 356-8 *(Décr. nº 2017-1765 du 26 déc. 2017, art. 1er)* « ou par l'entreprise désignée conformément au 5° de l'article L. 356-15 ». Les données nécessaires à ces calculs et les résultats obtenus sont fournis à l'Autorité par cette entreprise.

L'entreprise mentionnée au premier alinéa de l'article R. 356-8 *(Décr. n° 2017-1765 du 26 déc. 2017, art. 1er)* « ou par l'entreprise désignée conformément au 5° de l'article L. 356-15 » surveille en permanence le montant du capital de solvabilité requis du groupe. Lorsque le profil de risque du groupe s'écarte significativement des hypothèses qui sous-tendaient le dernier capital de solvabilité requis transmis par le groupe, ce capital est recalculé sans délai et notifié à l'Autorité de contrôle prudentiel et de résolution en tant que contrôleur du groupe.

Lorsque des éléments semblent indiquer que le profil de risque du groupe a changé significativement depuis la date de la dernière transmission du capital de solvabilité requis du groupe, l'Autorité de contrôle prudentiel et de résolution en tant que contrôleur du groupe peut exiger que ce capital soit recalculé.

Art. R. 356-10 Le calcul de la solvabilité au niveau du groupe d'entreprises d'assurance et de réassurance est effectué selon la première méthode mentionnée à l'article R. 356-19, fondée sur les données consolidées.

Toutefois, l'Autorité de contrôle prudentiel et de résolution en tant que contrôleur du groupe peut décider, après consultation des autres autorités de contrôle concernées et du groupe lui-même, d'appliquer à ce groupe la seconde méthode mentionnée à l'article R. 356-22, fondée sur la déduction et l'agrégation, ou une combinaison des première et seconde méthodes, si l'application exclusive de la première méthode est inappropriée.

Le choix de la méthode se fait en fonction des critères énoncés à l'article 328 du règlement délégué (UE) n° 2015/35 de la Commission du 10 octobre 2014.

Des régimes spécifiques sont prévus à l'article 329 du même règlement pour le calcul de la solvabilité au niveau du groupe de certaines entreprises liées.

(Décr. n° 2017-1171 du 18 juill. 2017, art. 1er-16°) « Lorsqu'ils appartiennent à un groupe mentionné à l'article L. 356-2, les fonds de retraite professionnelle supplémentaire sont intégrés dans le calcul de la solvabilité au niveau du groupe selon les modalités prévues au *e* du 1 de l'article 335 et au *c* de l'article 336 du règlement précité. » *(Décr. n° 2017-1765 du 26 déc. 2017, art. 1er)* « Les conditions de prise en compte des plus-values et moins-values latentes sont précisées par arrêté du ministre chargé de l'économie. »

A compter du 1er juill. 2015, l'Autorité de contrôle prudentiel et de résolution peut déterminer, en tant que contrôleur de groupe, au sens défini à l'art. L. 356-1 le choix de la méthode de calcul de la solvabilité du groupe, conformément aux dispositions prévues à l'art. R. 356-10. Elle se prononce au regard des critères et règles définis au titre V du livre III C. assur. Les décisions prises par l'Autorité de contrôle prudentiel et de résolution prennent effet à compter du 1er janv. 2016 (Décr. n° 2015-513 du 7 mai 2015, art. 16-II-2°, 5°, et III).

Art. R. 356-11 I. – Le calcul de la solvabilité du groupe tient compte de la part proportionnelle détenue par l'entreprise mentionnée au premier alinéa de l'article R. 356-8 dans ses entreprises liées.

Cette part proportionnelle correspond :

a) Lorsque la première méthode est utilisée, aux pourcentages retenus pour l'établissement des comptes consolidés ; ou

b) Lorsque la seconde méthode est utilisée, à la fraction du capital souscrit qui est détenue, directement ou indirectement, par l'entreprise mentionnée au premier alinéa de l'article R. 356-8.

Toutefois, indépendamment de la méthode utilisée, lorsque l'entreprise liée est une entreprise filiale qui ne dispose pas de fonds propres éligibles suffisants pour couvrir son capital de solvabilité requis, la totalité du déficit de solvabilité de la filiale est prise en compte.

Lorsque, de l'avis des autorités de contrôle, la responsabilité de l'entreprise mentionnée au premier alinéa de l'article R. 356-8 détenant une part de capital est limitée strictement à cette part de capital, l'Autorité de contrôle prudentiel et de résolution en tant que contrôleur du groupe peut néanmoins permettre qu'il soit tenu compte du déficit de solvabilité de la filiale sur une base proportionnelle.

II. — L'Autorité de contrôle prudentiel et de résolution en tant que contrôleur du groupe détermine, après consultation des autres autorités concernées et du groupe lui-même, la part proportionnelle qui est prise en considération dans les cas suivants :

a) Lorsqu'il n'y a pas de lien en capital entre certaines des entreprises appartenant à un groupe ;

b) Lorsqu'une autorité de contrôle a établi que le fait de détenir, directement ou indirectement, des droits de vote ou du capital dans une entreprise est assimilable à une participation car elle estime qu'une influence notable est effectivement exercée sur cette entreprise ;

c) Lorsqu'une autorité de contrôle a établi qu'une entreprise est l'entreprise mère d'une autre entreprise, car elle estime que la première exerce effectivement une influence dominante sur la seconde.

Art. R. 356-12 I. — Le double emploi des fonds propres éligibles en couverture du capital de solvabilité requis des différentes entreprises d'assurance ou de réassurance prises en compte dans le calcul est interdit.

A cet effet, lors du calcul de la solvabilité du groupe, si les méthodes décrites aux articles R. 356-19 à R. 356-22 ne le prévoient pas, les montants suivants sont exclus :

a) La valeur de tout actif de l'entreprise mentionnée au premier alinéa de l'article R. 356-8 qui correspond au financement de fonds propres éligibles couvrant le capital de solvabilité requis d'une de ses entreprises d'assurance ou de réassurance liées ;

b) La valeur de tout actif d'une entreprise d'assurance ou de réassurance liée à l'entreprise mentionnée au premier alinéa de l'article R. 356-8 qui correspond au financement de fonds propres éligibles couvrant le capital de solvabilité requis de cette dernière ;

c) La valeur de tout actif d'une entreprise d'assurance ou de réassurance liée à l'entreprise mentionnée au premier alinéa de l'article R. 356-8 qui correspond au financement de fonds propres éligibles couvrant le capital de solvabilité requis de toute autre entreprise d'assurance ou de réassurance liée à l'entreprise mentionnée au premier alinéa de l'article R. 356-8.

II. — Sans préjudice du I, les éléments suivants ne peuvent être pris en compte dans le calcul que dans la mesure où ils sont éligibles à la couverture du capital de solvabilité requis de l'entreprise liée concernée :

a) Les fonds excédentaires relevant du second alinéa de l'article R. 351-21, d'une entreprise d'assurance-vie ou de réassurance liée de l'entreprise mentionnée au premier alinéa de l'article R. 356-8 pour laquelle la solvabilité du groupe est calculée ;

b) Les fractions souscrites mais non versées du capital d'une entreprise d'assurance ou de réassurance liée à l'entreprise mentionnée au premier alinéa de l'article R. 356-8 pour laquelle la solvabilité du groupe est calculée.

Toutefois, les éléments suivants doivent dans tous les cas être exclus du calcul :

i) Les fractions souscrites mais non versées du capital qui représentent une obligation potentielle incombant à l'entreprise mentionnée au premier alinéa de l'article R. 356-8 ;

ii) Les fractions souscrites mais non versées du capital de l'entreprise mentionnée au premier alinéa de l'article R. 356-8 qui représentent une obligation potentielle incombant à une entreprise d'assurance ou de réassurance liée ;

iii) Les fractions souscrites mais non versées du capital d'une entreprise d'assurance ou de réassurance liée qui représentent une obligation potentielle incombant à une autre entreprise d'assurance ou de réassurance liée de la même entreprise mentionnée au premier alinéa de l'article R. 356-8.

III. — Lorsque les autorités de contrôle considèrent que certains fonds propres éligibles pour couvrir le capital de solvabilité requis d'une entreprise d'assurance ou de réassurance liée, autres que ceux mentionnés au II, ne peuvent être effectivement rendus disponibles pour couvrir le capital de solvabilité requis de l'entreprise d'assurance ou de réassurance participante pour laquelle la solvabilité du groupe est calculée, ces fonds propres ne peuvent être inclus dans le calcul que dans la mesure où ils sont éligibles pour couvrir le capital de solvabilité requis de l'entreprise liée.

IV. — La somme des fonds propres mentionnés aux II et III ne peut pas dépasser le capital de solvabilité requis de l'entreprise d'assurance ou de réassurance liée.

V. — Les fonds propres éligibles d'une entreprise d'assurance ou de réassurance liée de l'entreprise mentionnée au premier alinéa de l'article R. 356-8 pour laquelle la solvabilité du groupe est calculée, lorsqu'ils sont soumis à l'approbation préalable de l'autorité de contrôle de l'entreprise liée conformément à l'article R. 351-20, ne peuvent être inclus dans le calcul que dans la mesure où ils ont été dûment approuvés par cette autorité.

Les conditions de la disponibilité au niveau du groupe des fonds propres éligibles des entreprises liées sont définies à l'article 330 du règlement délégué (UE) nº 2015/35 de la Commission du 10 octobre 2014.

Art. R. 356-13 Dans le calcul de la solvabilité du groupe, il n'est tenu compte d'aucun élément de fonds propres éligibles en couverture du capital de solvabilité requis qui proviendrait d'un financement réciproque entre l'entreprise mentionnée au premier alinéa de l'article R. 356-8 et :

a) Une entreprise liée ;

b) Une entreprise participante ;

c) Une autre entreprise liée à l'une quelconque de ses entreprises participantes.

Dans le calcul de la solvabilité du groupe, il n'est tenu compte d'aucun élément de fonds propres éligibles à la couverture du capital de solvabilité requis d'une entreprise d'assurance ou de réassurance liée à l'entreprise mentionnée au premier alinéa de l'article R. 356-8 pour laquelle la solvabilité du groupe est calculée lorsque l'élément en question provient d'un financement réciproque avec une autre entreprise liée à cette entreprise.

Le financement réciproque est réputé exister au moins lorsqu'une entreprise d'assurance ou de réassurance, ou l'une quelconque de ses entreprises liées, détient des parts dans une autre entreprise qui, directement ou indirectement, détient des fonds propres éligibles en couverture du capital de solvabilité requis de la première entreprise, ou lorsqu'elle accorde des prêts à cette autre entreprise.

Art. R. 356-14 Les actifs et passifs sont évalués conformément à l'article L. 351-1.

Les modalités de calcul de la meilleure estimation des provisions techniques prudentielles mentionnées à l'article L. 351-2, sur la base des données consolidées, sont fixées à l'article 339 du règlement délégué (UE) nº 2015/35 de la Commission du 10 octobre 2014.

Au niveau du groupe, le calcul de la marge de risque est effectué conformément à l'article 340 du même règlement.

Art. R. 356-15 Lorsque l'entreprise mentionnée au premier alinéa de l'article R. 356-8 possède plusieurs entreprises d'assurance ou de réassurance liées, il est tenu compte de chacune d'elles dans le calcul de la solvabilité du groupe.

Lorsque l'entreprise d'assurance ou de réassurance liée a son siège social dans un autre État membre, le calcul tient compte, en ce qui concerne cette entreprise liée, du capital de solvabilité requis et des fonds propres éligibles pour le couvrir, tels que définis dans cet autre État membre.

Art. R. 356-16 I. — Pour le calcul de la solvabilité du groupe d'une entreprise mentionnée au premier alinéa de l'article R. 356-8 qui détient, par l'intermédiaire d'une société de groupe d'assurance, d'une union mutualiste de groupe, d'une société de groupe assurantiel de protection sociale ou d'une compagnie financière holding mixte, une participation dans une entreprise d'assurance ou de réassurance liée ou dans une entreprise d'assurance ou de réassurance d'un pays tiers, la situation de cette société de groupe d'assurance, de cette union mutualiste de groupe, de cette société de groupe assurantiel de protection sociale ou de cette compagnie financière holding mixte est prise en compte.

Aux seules fins de ce calcul, la société de groupe d'assurance intermédiaire, l'union mutualiste de groupe intermédiaire, la société de groupe assurantiel de protection sociale intermédiaire ou la compagnie financière holding mixte intermédiaire est traitée comme une entreprise d'assurance ou de réassurance soumise aux règles édictées à la section I du chapitre II du présent titre en ce qui concerne le capital de solvabilité requis, et aux mêmes conditions que celles énoncées à la section III du chapitre Ier du présent titre en ce qui concerne les fonds propres éligibles en couverture du capital de solvabilité requis.

II. — Dans les cas où une société de groupe d'assurance intermédiaire, une union mutualiste de groupe, une société de groupe assurantiel de protection sociale ou une compagnie financière holding mixte intermédiaire détient des créances subordonnées ou d'autres fonds propres éligibles soumis aux limites prévues par l'article R. 351-26, ils sont considérés comme des fonds propres éligibles à concurrence des montants résultant de l'application des limites prévues au même article à l'encours total des fonds propres éligibles au niveau du groupe rapporté au capital de solvabilité requis au niveau du groupe.

Les fonds propres éligibles d'une société de groupe d'assurance intermédiaire, d'une union mutualiste de groupe intermédiaire, d'une société de groupe assurantiel de protection sociale intermédiaire ou d'une compagnie financière holding mixte intermédiaire qui nécessiteraient l'approbation préalable d'une autorité de contrôle conformément à l'article R. 351-20, s'ils étaient détenus par une entreprise d'assurance ou de réassurance, ne peuvent être pris en compte dans le calcul de la solvabilité du groupe que dans la mesure où ils ont été dûment approuvés par le contrôleur du groupe.

A compter de la publication du Décr. n° 2015-513 du 7 mai 2015 (JO 10 mai), l'Autorité de contrôle prudentiel et de résolution peut approuver des fonds propres auxiliaires d'une entreprise ou d'une société de groupe d'assurance intermédiaire, conformément aux dispositions prévues à l'art. R. 356-16. Les décisions prises par l'Autorité de contrôle prudentiel et de résolution prennent effet à compter du 1er janv. 2016 (Décr. préc., art. 16-I-1° et III). L'expression « entreprise » fait référence aux organismes d'assurance et de réassurance mentionnés aux art. L. 310-3-1 C. assur., L. 211-11 C. mut. et L. 931-6 CSS (Décr. préc., art. 15).

Art. R. 356-17 Pour le calcul de la solvabilité du groupe d'une entreprise mentionnée au premier alinéa de l'article R. 356-8 qui est une entreprise participante d'un établissement de crédit, d'une entreprise d'investissement ou d'un établissement financier, cette entreprise applique l'une des deux méthodes définies par arrêté du ministre chargé de l'économie. La méthode choisie est appliquée d'une manière constante dans le temps.

L'Autorité de contrôle prudentiel et de résolution en tant que contrôleur du groupe peut toutefois décider, pour un groupe particulier, à la demande de l'entreprise mentionnée à l'article R. 356-8 ou de sa propre initiative, de déduire toute participation d'une entreprise mentionnée au premier alinéa des fonds propres éligibles en couverture de la solvabilité du groupe.

A compter du 1er juill. 2015, l'Autorité de contrôle prudentiel et de résolution peut décider, en tant que contrôleur de groupe, au sens défini à l'art. L. 356-1 de déduire toute participation, conformément aux dispositions prévues à l'art. R. 356-17. Elle se prononce au regard des critères et règles définis au titre V du livre III C. assur. Les décisions prises par l'Autorité de contrôle prudentiel et de résolution prennent effet à compter du 1er janv. 2016 (Décr. n° 2015-513 du 7 mai 2015, art. 16-II-1° et III).

Art. R. 356-18 Lorsque l'Autorité de contrôle prudentiel et de résolution en tant que contrôleur de groupe ne dispose pas des informations nécessaires au calcul de la solvabilité du groupe d'une entreprise mentionnée au premier alinéa de l'article R. 356-8 relativement à une entreprise liée ayant son siège social dans un État membre ou dans un pays tiers, la valeur comptable de cette entreprise dans l'entreprise mentionnée au premier alinéa de l'article R. 356-8 est déduite des fonds propres éligibles à la couverture de la solvabilité du groupe.

Dans ce cas, aucune plus-value latente associée à cette participation n'est considérée comme un élément des fonds propres éligibles à la couverture de la solvabilité du groupe.

Art. R. 356-19 I. – Le calcul de la solvabilité du groupe de l'entreprise mentionnée au premier alinéa de l'article R. 356-8 est effectué sur la base des données consolidées.

La solvabilité du groupe est égale à la différence entre les fonds propres éligibles en couverture du capital de solvabilité requis, calculés sur la base de données consolidées et le capital de solvabilité requis au niveau du groupe, calculé sur la base de données consolidées.

Les règles énoncées à la section III du chapitre Ier et à la section I du chapitre II du présent titre s'appliquent au calcul des fonds propres éligibles en couverture du capital de solvabilité requis et du capital de solvabilité requis au niveau du groupe sur la base de données consolidées.

La classification au niveau du groupe des éléments de fonds propres des entreprises liées s'effectue conformément aux modalités fixées à l'article 331 du règlement délégué (UE) nº 2015/35 de la Commission du 10 octobre 2014.

Lorsqu'un élément de fonds propres provient d'une entreprise liée d'un pays tiers, l'entreprise participante classe l'élément de fonds propres en fonction des critères établis par l'article 332 du même règlement.

Lorsqu'un élément de fonds propres provient d'une société de groupe d'assurance, d'une union mutualiste de groupe, d'une société de groupe assurantiel de protection sociale, d'une société de groupe d'assurance intermédiaire, d'une union mutualiste de groupe intermédiaire, d'une société de groupe assurantiel de protection sociale intermédiaire ou de la filiale d'une entreprise de services auxiliaires, l'entreprise participante classe l'élément de fonds propres en fonction des critères établis à l'article 333 du même règlement.

La classification relative aux éléments de fonds propres des entreprises ayant pour objet des activités financières non règlementées et des entreprises liées est établie conformément à l'article 334 du même règlement.

Les données consolidées à prendre en compte pour le calcul de la solvabilité du groupe sont fixées par l'article 335 du même règlement.

II. – Le capital de solvabilité requis au niveau du groupe sur la base de données consolidées est calculé selon la formule standard ou selon un modèle interne approuvé, en conformité avec les principes généraux énoncés respectivement aux articles L. 352-1, *(Décr. nº 2017-1765 du 26 déc. 2017, art. 1er)* « L. 352-2, » R. 352-2 à R. 352-12-1 pour la formule standard, et aux articles L. 352-1, *(Décr. nº 2017-1765 du 26 déc. 2017, art. 1er)* « L. 352-2, » R. 352-2 à R. 352-3 et R. 352-13 à R. 352-25 pour un modèle interne.

Le capital de solvabilité requis du groupe sur une base consolidée est au moins égal à la somme du minimum de capital requis, mentionné à l'article R. 352-29, de l'entreprise d'assurance ou de réassurance participante dans le cas mentionné au deuxième alinéa de l'article L. 356-15 et de la part proportionnelle du minimum de capital requis des entreprises d'assurance et de réassurance liées.

Ce minimum est couvert par les fonds propres de base éligibles fixés par le IV de l'article R. 351-26.

Afin de déterminer si ces fonds propres éligibles permettent d'assurer la couverture du minimum de capital de solvabilité requis du groupe sur une base consolidée, les principes énoncés aux articles R. 356-11 à R. 356-18 s'appliquent.

En cas de non-couverture de ce minimum de capital de solvabilité requis du groupe sur une base consolidée, l'entreprise mentionnée au premier alinéa de l'article R. 356-8 et l'Autorité de contrôle prudentiel et de résolution en tant que contrôleur de groupe appliquent les dispositions des deux premiers alinéas de l'article L. 352-8.

Le capital de solvabilité requis au niveau du groupe sur la base de données consolidées est calculé selon les modalités fixées à l'article 336 du règlement délégué (UE) nº 2015/35 de la Commission du 10 octobre 2014. Il est tenu compte du risque de change tel que prévu à l'article 337 du même règlement délégué.

Lorsqu'une combinaison de la première méthode et de la seconde méthode est décidée par le contrôleur du groupe en vertu de l'article R. 356-10, l'article 341 du même règlement s'applique.

Lorsque le calcul du capital de solvabilité requis au niveau du groupe sur la base de données consolidées relève d'un modèle interne, la procédure et les critères applicables sont explicités aux articles 343 à 346 du même règlement.

En application de la formule standard et sous réserve de l'accord de l'Autorité de contrôle prudentiel et de résolution en tant que contrôleur de groupe tel que prévu à l'article 356 du même règlement, le capital de solvabilité requis au niveau du groupe peut être calculé en se fondant sur des paramètres spécifiques au groupe concerné conformément à l'article 338 de ce règlement.

L'application d'un modèle interne pour le calcul du capital de solvabilité requis au niveau du groupe sur la base de données consolidées est soumise à la procédure préalable prévue à l'article 343 du même règlement.

Le retrait de la demande est soumis à l'information du contrôleur de groupe et du collège des contrôleurs conformément à l'article 343 du même règlement.

L'examen de la demande est effectué conformément aux articles 344 et 345 du même règlement.

Art. R. 356-20 I. — Les entreprises mentionnées au premier alinéa de l'article R. 356-8 peuvent demander pour le compte du groupe et des entreprises liées concernées à l'Autorité de contrôle prudentiel et de résolution en tant que contrôleur de groupe l'autorisation de calculer, sur la base d'un modèle interne, le capital de solvabilité requis du groupe sur une base consolidée et le capital de solvabilité requis d'entreprises d'assurance et de réassurance du groupe. *(Décr. nº 2021-1487 du 15 nov. 2021, art. 1er)* « L'Autorité de contrôle prudentiel et de résolution informe les autres membres du collège des contrôleurs ainsi que l'Autorité européenne des assurances et des pensions professionnelles de la réception de la demande et leur transmet sans délai la demande complète, y compris la documentation présentée par l'entreprise. L'Autorité de contrôle prudentiel et de résolution peut solliciter l'assistance technique de l'Autorité européenne des assurances et des pensions professionnelles pour l'examen de cette demande. »

L'Autorité de contrôle prudentiel de résolution coopère avec les autorités de contrôle concernées pour décider d'accorder ou non cette autorisation et, le cas échéant, pour en définir les conditions. Elle s'efforce de parvenir, avec les autorités de contrôle concernées, à une décision conjointe dans un délai de six mois à compter de la réception de la demande complète.

Lorsque l'Autorité de contrôle prudentiel et de résolution et les autres autorités de contrôle concernées sont parvenues à cette décision conjointe, l'Autorité notifie cette décision motivée à l'entreprise mentionnée au premier alinéa de l'article R. 356-8 et aux entreprises d'assurance et de réassurance concernées ayant leur siège social en France.

II. — L'Autorité de contrôle prudentiel et de résolution en tant que contrôleur de groupe diffère sa décision si, au cours de la période de six mois mentionnée au I, elle ou une autre autorité de contrôle concernée saisit l'Autorité européenne des assurances et des pensions professionnelles en application de l'article 19 du règlement (UE) nº 1094/2010 du Parlement européen et du Conseil du 24 novembre 2010. La décision finale prise par l'Autorité européenne des assurances et des pensions professionnelles s'impose à l'Autorité de contrôle prudentiel et de résolution qui la notifie à l'entreprise mentionnée au premier alinéa de l'article R. 356-8 et aux entreprises d'assurance et de réassurance concernées ayant leur siège social en France et l'applique.

Si l'Autorité européenne des assurances et des pensions professionnelles ne rend pas de décision *(Décr. nº 2021-1487 du 15 nov. 2021, art. 1er)* « conformément à l'article 19, paragraphe 3, du règlement (UE) nº 1094/2010 du Parlement européen et du Conseil du 24 novembre 2010 » l'Autorité de contrôle prudentiel et de résolution en tant que contrôleur de groupe prend une décision définitive. Elle la notifie à l'entreprise mentionnée au premier alinéa de l'article R. 356-8 et aux entreprises d'assurance et de réassurance concernées ayant leur siège social en France, et en transmet une copie aux autres autorités concernées.

III. — A défaut de décision conjointe de l'Autorité de contrôle prudentiel et de résolution en tant que contrôleur de groupe et des autres autorités de contrôle concernées au cours de la période de six mois mentionnée au I, l'Autorité de contrôle prudentiel et de résolution se prononce elle-même sur la demande. Elle tient dûment compte de l'avis et des réserves exprimés par les autorités de contrôle concernées. Elle notifie à l'entreprise mentionnée au premier alinéa de l'article R. 356-8 et aux entreprises d'assurance et de réassurance concernées ayant leur siège social en France la décision motivée et en transmet une copie aux autres autorités de contrôle concernées.

A compter de la publication du Décr. nº 2015-513 du 7 mai 2015 (JO 10 mai), l'Autorité de contrôle prudentiel et de résolution peut approuver l'utilisation d'un modèle interne par un groupe, conformément aux dispositions prévues aux art. R. 356-20 à R. 356-20-3. Les décisions prises par l'Autorité de contrôle prudentiel et de résolution prennent effet à compter du 1er janv. 2016 (Décr. préc., art. 16-I-2º et III).

Art. R. 356-20-1 I. — Lorsque l'Autorité de contrôle prudentiel et de résolution est informée par le contrôleur de groupe lorsqu'il s'agit d'une autorité de contrôle d'un autre État membre d'une demande d'autorisation de calculer, sur la base d'un modèle interne, le capital de solvabilité requis du groupe sur une base consolidée et le capital de solvabilité requis d'entreprises d'assurance et de réassurance ayant leur siège social en France, elle coopère avec le contrôleur de groupe et les autres autorités de contrôle concernées pour décider d'accorder ou non cette autorisation et, le cas échéant, pour en définir les conditions. Elle s'efforce de parvenir, avec le contrôleur de groupe et les autres autorités de contrôle concernées, à une décision conjointe dans un délai de six mois à compter de la réception de la demande complète.

Lorsque l'Autorité de contrôle prudentiel et de résolution et les autres autorités de contrôle concernées sont parvenues à cette décision conjointe, l'Autorité notifie cette décision motivée aux entreprises d'assurance et de réassurance concernées ayant leur siège social en France.

II. — Au cours de la période de six mois mentionnée au premier alinéa du présent article, l'Autorité de contrôle prudentiel et de résolution peut saisir l'Autorité européenne des assurances et des pensions professionnelles en application de l'article 19 du règlement (UE) nº 1094/2010 du Parlement européen et du Conseil du 24 novembre 2010. La décision finale prise par l'Autorité européenne des assurances et des pensions professionnelles ou par le contrôleur de groupe en cas de rejet par le conseil des autorités de surveillance de la décision proposée par le groupe d'experts de l'Autorité européenne des assurances et des pensions professionnelles en application de l'article 44, paragraphe 1, troisième alinéa, du règlement (UE) nº 1094/2010 du Parlement européen et du Conseil du 24 novembre 2010, s'impose à l'Autorité de contrôle prudentiel et de résolution qui la notifie à l'entreprise mentionnée au premier alinéa de l'article R. 356-8 et aux entreprises d'assurance et de réassurance concernées ayant leur siège social en France et l'applique.

III. — A défaut de décision conjointe des autorités de contrôle, la décision prise par le contrôleur de groupe s'impose à l'Autorité de contrôle prudentiel et de résolution qui la notifie à l'entreprise mentionnée à l'article R. 356-8 et aux entreprises d'assurance et de réassurance concernées ayant leur siège social en France et l'applique.

V. note ss. art. R. 356-20.

Art. R. 356-20-2 Lorsque l'Autorité de contrôle prudentiel et de résolution considère que le profil de risque d'une entreprise d'assurance ou de réassurance soumise à son contrôle s'écarte significativement des hypothèses qui sous-tendent le modèle interne approuvé au niveau du groupe, elle peut imposer à cette entreprise, conformément à l'article L. 352-3 et aussi longtemps que l'entreprise ne répond pas de manière satisfaisante aux exigences de l'Autorité de contrôle prudentiel et de résolution, une exigence de capital supplémentaire s'ajoutant à son capital de solvabilité requis tel qu'il résulte de l'application dudit modèle.

Dans des circonstances exceptionnelles, lorsque cette exigence de capital supplémentaire s'avérerait inappropriée, l'Autorité de contrôle prudentiel et de résolution peut exiger de l'entreprise concernée qu'elle calcule son capital de solvabilité requis sur la base de la formule standard mentionnée à l'article L. 352-1. Conformément aux 1° et 3° du I de l'article L. 352-3, l'Autorité de contrôle prudentiel et de résolution peut imposer une exigence de capital supplémentaire s'ajoutant au capital de solvabilité requis de cette entreprise d'assurance ou de réassurance résultant de l'application de la formule standard.

L'Autorité de contrôle prudentiel et de résolution transmet sa décision aux autres membres du collège des contrôleurs.

V. note ss. art. R. 356-20.

Art. R. 356-20-3 Les modalités de la demande d'autorisation et de son examen par le contrôleur du groupe mentionné aux articles R. 356-20 et R. 356-20-1 sont précisés aux articles 347, 348 et 349 du règlement délégué (UE) n° 2015/35 de la Commission du 10 octobre 2014.

Afin de pouvoir utiliser un modèle interne conformément aux articles R. 356-20 et R. 356-20-1, les entreprises du groupe doivent remplir les critères énoncés à l'article 350 du règlement délégué (UE) n° 2015/35 de la Commission du 10 octobre 2014.

V. note ss. art. R. 356-20.

Art. R. 356-21 Pour déterminer si le capital de solvabilité requis du groupe calculé sur la base des données consolidées conformément à l'article R. 356-19 reflète de manière appropriée le profil de risque du groupe, l'Autorité de contrôle prudentiel et de résolution en tant que contrôleur de groupe accorde une attention particulière à tous les cas où les circonstances mentionnées au I de l'article L. 352-3 sont susceptibles de se présenter au niveau du groupe et notamment aux cas où :

a) Un risque spécifique existant au niveau du groupe ne serait, du fait qu'il est difficilement quantifiable, pas suffisamment pris en compte par la formule standard ou par le modèle interne utilisé ;

b) Une exigence de capital supplémentaire s'ajoutant à leur capital de solvabilité requis est imposée aux entreprises d'assurance ou de réassurance européennes liées par les autorités de contrôle concernées, en application des critères mentionnés à l'article L. 352-3 et à l'article R. 356-20-2.

Pour déterminer si le capital de solvabilité requis du groupe calculé sur une base agrégée conformément à l'article R. 356-22 reflète de manière adéquate le profil de risque du groupe, l'Autorité de contrôle prudentiel et de résolution, après avis des autorités de contrôle concernées, accorde une attention particulière aux risques spécifiques existant au niveau du groupe qui, parce qu'ils sont difficilement quantifiables, ne seraient pas suffisamment pris en compte.

Les modalités de détermination de l'exigence de capital supplémentaire au niveau du groupe sont précisées aux articles 276 à 287 du règlement délégué (UE) n° 2015/35 de la Commission du 10 octobre 2014.

Art. R. 356-22 I. – La solvabilité du groupe de l'entreprise mentionnée au premier alinéa de l'article R. 356-8 calculée selon la méthode fondée sur la déduction et l'agrégation est égale à la différence entre :

a) Les fonds propres éligibles du groupe sur une base agrégée, tels que définis au II du présent article ;

b) Et la somme de la valeur des entreprises d'assurance ou de réassurance liées dans l'entreprise mentionnée au premier alinéa de l'article R. 356-8 et du capital de solvabilité requis du groupe sur une base agrégée tel que défini au III du présent article.

II. – Les fonds propres éligibles du groupe sur une base agrégée correspondent à la somme :

a) Des fonds propres éligibles à la couverture du capital de solvabilité requis de l'entreprise mentionnée au premier alinéa de l'article R. 356-8 ; et

b) De la part proportionnelle de cette entreprise dans les fonds propres éligibles à la couverture du capital de solvabilité requis des entreprises d'assurance ou de réassurance liées.

III. – Le capital de solvabilité requis du groupe sur une base agrégée correspond à la somme :

a) Du capital de solvabilité requis de l'entreprise mentionnée au premier alinéa de l'article R. 356-8 ; et

b) De la part proportionnelle du capital de solvabilité requis des entreprises d'assurance ou de réassurance liées.

IV. – Lorsque la participation dans les entreprises d'assurance ou de réassurance liées correspond, intégralement ou partiellement, à une propriété indirecte, la valeur dans l'entreprise mentionnée au premier alinéa de l'article R. 356-8 des entreprises d'assurance ou de réassurance liées intègre la valeur de cette propriété indirecte, compte tenu des intérêts successifs pertinents, et les éléments mentionnés au *b* du II, et au *b* du III, comprennent les parts proportionnelles correspondantes, respectivement, des fonds propres éligibles pour couvrir le capital de solvabilité requis des entreprises d'assurance ou de réassurance liées et du capital de solvabilité requis de ces entreprises liées.

V. – Dans le cas où une entreprise mentionnée au premier alinéa de l'article R. 356-8 et ses entreprises liées demandent l'autorisation de calculer leur capital de solvabilité requis sur la base d'un modèle interne, les articles R. 356-20 à R. 356-20-3 s'appliquent.

VI. – Pour le calcul, conformément au présent article, de la solvabilité du groupe d'une entreprise mentionnée au premier alinéa de l'article R. 356-8 qui est une entreprise participante d'une entreprise d'assurance ou de réassurance d'un pays tiers, cette entreprise est regardée, aux seules fins de ce calcul, comme une entreprise d'assurance ou de réassurance liée.

Art. R. 356-23 I. – Lorsque le pays tiers dans lequel une entreprise d'assurance ou de réassurance de pays tiers mentionnée au VI de l'article R. 356-22 a son siège social soumet celle-ci à un régime d'agrément et lui impose un régime de solvabilité au moins équivalent à celui établi par les chapitres Ier, II et III du présent titre, le calcul de la solvabilité du groupe tient compte, en ce qui concerne cette entreprise, du capital de solvabilité requis et des fonds propres éligibles pour le couvrir, tels que définis par le pays tiers concerné.

II. – L'équivalence du régime de solvabilité du pays tiers à celui établi par les chapitres Ier, II et III du présent titre peut être déterminée par un acte délégué de la Commission pris en application des paragraphes 4 et 5 de l'article 227 de la directive 2009/138/CE du Parlement européen et du Conseil du 25 novembre 2009 (solvabilité II).

Si aucun acte délégué n'a été adopté, l'Autorité de contrôle prudentiel et de résolution en tant que contrôleur du groupe vérifie, à la demande de l'entreprise mentionnée au premier alinéa de l'article R. 356-8, ou de sa propre initiative, si le régime du pays tiers est au moins équivalent. Pour ce faire, l'Autorité de contrôle prudentiel et de résolution, assistée par l'Autorité européenne des assurances et des pensions professionnelles consulte les autres autorités de contrôle concernées avant de se prononcer sur l'équivalence conformément à l'article 379 du règlement délégué (UE) n° 2015/35 de la Commission du 10 octobre 2014. Cette décision ne peut pas contredire une décision prise antérieurement à l'égard du pays tiers concerné, à moins qu'il ne soit nécessaire de prendre en compte des modifications significatives apportées au régime de solvabilité du pays tiers et à celui établi par les articles des chapitres Ier, II et III du présent titre.

La décision prise par l'Autorité de contrôle prudentiel et de résolution en vertu du précédent alinéa peut, dans un délai de trois mois à compter de sa notification, en cas de désaccord, faire l'objet de la part d'une autre autorité de contrôle d'une saisine de l'Autorité européenne des assurances et des pensions professionnelles conformément à l'article 19 du règlement (UE) n° 1094/2010 du Parlement européen et du Conseil du 24 novembre 2010.

Lorsque l'Autorité de contrôle prudentiel et de résolution est en désaccord avec la décision prise par une autre autorité de contrôle en tant que contrôleur de groupe sur l'équivalence du régime de solvabilité d'un pays tiers, elle peut, conformément à l'article 19 du règlement (UE) n° 1094/2010 du Parlement européen et du Conseil du 24 novembre 2010, saisir l'Autorité européenne des assurances et des pensions professionnelles dans un délai de trois mois à compter de la notification de cette décision.

A compter du 1er juill. 2015, l'Autorité de contrôle prudentiel et de résolution peut déterminer l'équivalence, en tant que de besoin, conformément aux dispositions prévues à l'art. R. 356-6 et R. 356-23. Elle se prononce au regard des critères et règles définis au titre V du livre III C. assur. Les décisions prises par l'Autorité de contrôle prudentiel et de résolution prennent effet à compter du 1er janv. 2016 (Décr. n° 2015-513 du 7 mai 2015, art. 16-II-3° et III).

Art. R. 356-24 I. — Les règles énoncées aux articles R. 356-26 et R. 356-27 s'appliquent, selon les modalités prévues à l'article R. 356-25, à toute entreprise d'assurance ou de réassurance ayant son siège social en France qui est la filiale d'une entreprise mentionnée au premier alinéa de l'article R. 356-8, lorsque toutes les conditions suivantes sont réunies :

a) La filiale est incluse dans le contrôle du groupe et l'Autorité de contrôle prudentiel et de résolution, en tant que contrôleur de groupe, n'a pas pris à son égard la décision mentionnée à l'article L. 356-2 ;

b) Les procédures de gestion des risques et les mécanismes de contrôle interne de l'entreprise mentionnée au premier alinéa de l'article R. 356-8 couvrent la filiale et l'Autorité de contrôle de prudentiel et de résolution estime que la gestion prudente de cette filiale par l'entreprise mentionnée au premier alinéa de l'article R. 356-8 est satisfaisante ;

c) L'entreprise mentionnée au premier alinéa de l'article R. 356-8 a reçu l'accord mentionné à l'article L. 356-19 ;

d) L'entreprise mentionnée au premier alinéa de l'article R. 356-8 a reçu l'accord mentionné à l'article L. 356-25 ;

e) L'entreprise mentionnée au premier alinéa de l'article R. 356-8 a demandé l'autorisation que sa filiale soit assujettie aux articles R. 356-26 et R. 356-27 et sa demande a fait l'objet d'une décision favorable prise conformément à la procédure prévue à l'article R. 356-25.

II. — Les règles énoncées aux articles R. 356-26 et R. 356-27 s'appliquent, selon les modalités prévues à l'article R. 356-25, à toute entreprise d'assurance et de réassurance ayant son siège social en France qui est la filiale d'une entreprise participante ayant son siège social dans un autre État membre, lorsque toutes les conditions suivantes sont réunies :

a) La filiale est incluse dans le contrôle du groupe et l'autorité de contrôle de l'État membre dans lequel l'entreprise participante est établie, en tant que contrôleur de groupe, n'a pas pris à son égard une décision similaire à celle mentionnée à l'article L. 356-2 ;

b) Les procédures de gestion des risques et les mécanismes de contrôle interne de l'entreprise participante couvrent la filiale et l'Autorité de contrôle de prudentiel et de résolution et le contrôleur de groupe estiment que la gestion prudente de la filiale par l'entreprise participante est satisfaisante ;

c) L'entreprise participante a reçu de la part du contrôleur de groupe un accord similaire à celui mentionné à l'article L. 356-19 ;

d) L'entreprise participante a reçu de la part du contrôleur de groupe un accord similaire à celui mentionné à l'article L. 356-25 ;

e) L'entreprise participante a demandé auprès du contrôleur de groupe, l'autorisation que la filiale soit assujettie à des règles similaires à celles mentionnées dans les articles R. 356-26 et R. 356-27 et sa demande a fait l'objet d'une décision favorable.

III. – Lorsque l'Autorité de contrôle prudentiel et de résolution décide d'appliquer à l'entreprise mère supérieure en France les dispositions de la section III du présent chapitre conformément à l'article L. 356-4, cette entreprise n'est pas autorisée à demander l'autorisation d'assujettir l'une quelconque de ses filiales aux articles R. 356-26 et R. 356-27.

L'Autorité de contrôle prudentiel et de résolution ne peut pas prendre ou maintenir la décision mentionnée au I de l'article L. 356-4, lorsque l'entreprise mère supérieure en France est une filiale d'une entreprise mère supérieure dans l'Union qui a obtenu l'autorisation d'assujettir cette filiale aux articles R. 356-26 et R. 356-27.

IV. – Les conditions mentionnées aux I et II sont précisées par l'article 351 du règlement délégué (UE) nº 2015/35 de la Commission du 10 octobre 2014.

Art. R. 356-25 I. – L'entreprise mentionnée à l'article R. 356-8 ou l'entreprise participante mentionnée au II de l'article R. 356-24 adresse à l'Autorité de contrôle prudentiel et de résolution, pour le compte de l'entreprise d'assurance ou de réassurance filiale ayant son siège social en France mentionnée à l'article R. 356-24, la demande d'autorisation d'assujettissement aux règles énoncées aux articles R. 356-26 et R. 356-27.

L'Autorité de contrôle prudentiel et de résolution en informe les autres autorités de contrôle membres du collège des contrôleurs et leur communique la demande complète sans délai.

II. – Dans le cas mentionné au I de l'article R. 356-24, l'Autorité de contrôle prudentiel et de résolution se prononce, dans un délai de trois mois suivant la communication de la demande complète au collège de contrôleurs, sur la demande d'autorisation sollicitée et, le cas échéant, en définit les conditions.

Dans le cas mentionné au II de l'article R. 356-24, l'Autorité de contrôle prudentiel et de résolution coopère étroitement avec le contrôleur de groupe en vue de décider s'il convient ou non d'accorder l'autorisation sollicitée et, le cas échéant, d'en définir les conditions. Elle s'efforce de parvenir, avec le contrôleur du groupe, à une décision conjointe sur cette demande dans un délai de trois mois suivant la communication de la demande complète au collège de contrôleurs. Cette décision conjointe s'impose à l'Autorité de contrôle prudentiel et de résolution.

Lorsque l'Autorité de contrôle prudentiel et de résolution et, le cas échéant, le contrôleur de groupe ont adopté la décision mentionnée au précédent alinéa, elle notifie cette décision motivée à l'entreprise demanderesse.

III. – Dans le cas mentionné au II de l'article R. 356-24 et au cours de la période de trois mois mentionnée au deuxième alinéa du II du présent article, l'Autorité de contrôle prudentiel et de résolution peut saisir l'Autorité européenne des assurances et des pensions professionnelles conformément à l'article 19 du règlement (UE) nº 1094/2010 du Parlement européen et du Conseil du 24 novembre 2010. *(Décr. nº 2021-1487 du 15 nov. 2021, art. 2)* « La décision finale prise par l'Autorité européenne des assurances et des pensions professionnelles ou, si celle-ci ne rend pas de décision, par le contrôleur de groupe, s'impose à l'Autorité de contrôle prudentiel et de résolution. » Celle-ci la notifie à l'entreprise demanderesse et l'applique.

IV. – Dans le cas mentionné au II de l'article R. 356-24 et à défaut de décision conjointe de l'Autorité de contrôle prudentiel et de résolution et du contrôleur de groupe au cours de la période de trois mois mentionnée au premier alinéa du II, la décision prise par le contrôleur de groupe s'impose à l'Autorité de contrôle prudentiel et de résolution. Cette dernière la notifie à l'entreprise demanderesse et l'applique.

Art. R. 356-25-1 I. – Lorsque l'Autorité de contrôle prudentiel et de résolution en tant que contrôleur de groupe est informée par une autorité de contrôle d'un autre État membre d'une demande d'assujettissement d'une filiale ayant son siège social dans cet État membre, aux règles énoncées aux articles R. 356-26 et R. 356-27, elle se concerte avec cette autorité de contrôle en vue de décider s'il convient ou non d'accorder l'autorisation demandée et, le cas échéant, d'en définir les conditions. Elle s'efforce de parvenir avec l'autorité de contrôle concernée à une décision conjointe sur la demande dans un délai de trois mois suivant la communication de la demande complète au collège des contrôleurs.

Cette décision conjointe s'impose à l'Autorité de contrôle prudentiel et de résolution.

II. — L'Autorité de contrôle prudentiel et de résolution en tant que contrôleur de groupe diffère sa décision si, au cours de la période de trois mois mentionnée au I, elle ou l'autre autorité de contrôle concernée saisit l'Autorité européenne des assurances et des pensions professionnelles conformément à l'article 19 du règlement (UE) n° 1094/2010 du Parlement européen et du Conseil du 24 novembre 2010. La décision finale prise par l'Autorité européenne des assurances et des pensions professionnelles s'impose à l'Autorité de contrôle prudentiel et de résolution. En cas de rejet par le conseil des autorités de surveillance de la décision proposée par le groupe d'experts de l'Autorité européenne des assurances et des pensions professionnelles en application de l'article 44 du règlement (UE) n° 1094/2010 du Parlement européen et du Conseil du 24 novembre 2010, l'Autorité de contrôle prudentiel et de résolution prend une décision définitive.

III. — A défaut de décision conjointe de l'Autorité de contrôle prudentiel et de résolution en tant que contrôleur de groupe et de l'autre autorité de contrôle concernée au cours de la période de trois mois mentionnée au I, l'Autorité de contrôle prudentiel et de résolution se prononce elle-même sur la demande, en prenant dûment en compte au cours de cette période l'avis et les réserves exprimés par l'autorité de contrôle concernée ainsi que les réserves exprimées par les autres autorités de contrôle au sein du collège des contrôleurs.

L'Autorité explique, dans sa décision, toute divergence importante par rapport aux réserves exprimées par l'autorité de contrôle concernée. Elle transmet une copie de cette décision à la filiale et à l'autre autorité de contrôle concernée.

Art. R. 356-25-2 Lorsque l'Autorité de contrôle prudentiel et de résolution n'est pas contrôleur de groupe et *(Décr. n° 2017-1765 du 26 déc. 2017, art. 1er)* « lorsqu'elle est » informée par une autorité de contrôle concernée d'un autre État membre d'une demande d'assujettissement d'une filiale ayant son siège social dans cet État membre aux règles énoncées aux articles R. 356-26 et R. 356-27, elle peut émettre des réserves au contrôleur de groupe, à défaut de décision conjointe prise avec les autres autorités de contrôle concernées au cours d'une période de trois mois et en l'absence de saisine par l'une de ces autorités de l'Autorité européenne des assurances et des pensions professionnelles conformément à l'article 19 du règlement (UE) n° 1094/2010 du Parlement européen et du Conseil du 24 novembre 2010.

Art. R. 356-26 I. — Sans préjudice des articles R. 356-20 à R. 356-20-3, le capital de solvabilité requis d'une filiale mentionnée à l'article R. 356-24 est calculé conformément aux dispositions du présent article.

II. — Lorsque le capital de solvabilité requis d'une filiale mentionnée à l'article R. 356-24 est calculé sur la base d'un modèle interne approuvé au niveau du groupe et que l'Autorité de contrôle prudentiel et de résolution considère que le profil de risque de la filiale s'écarte significativement de ce modèle, elle peut, en application des dispositions mentionnés aux articles L. 352-3 et R. 352-26 et aussi longtemps que cette filiale ne répond pas de manière satisfaisante aux exigences de l'Autorité de contrôle prudentiel et de résolution, proposer d'établir une exigence de capital supplémentaire s'ajoutant au capital de solvabilité requis de cette filiale résultant de l'application de ce modèle ou, dans des circonstances exceptionnelles où l'exigence de capital supplémentaire ne serait pas appropriée, exiger de l'entreprise qu'elle calcule son capital de solvabilité requis sur la base de la formule standard.

L'Autorité de contrôle prudentiel et de résolution discute de sa proposition au sein du collège des contrôleurs et en communique les raisons à la filiale et au collège des contrôleurs.

III. – Lorsque le capital de solvabilité requis de la filiale mentionnée à l'article R. 356-24 est calculé sur la base de la formule standard et que l'Autorité de contrôle prudentiel et de résolution considère que le profil de risque de cette filiale s'écarte significativement des hypothèses qui sous-tendent cette formule, elle peut, dans des circonstances exceptionnelles et aussi longtemps que cette filiale ne répond pas de manière satisfaisante aux exigences de l'Autorité de contrôle prudentiel et de résolution, proposer que la filiale remplace un sous-ensemble de paramètres utilisés dans le calcul selon la formule standard par des paramètres propres à cette entreprise lors du calcul des modules "risque de souscription en vie", "risque de souscription en non-vie", et "risque de souscription en santé", dans les conditions prévues à l'article R. 352-11, ou, dans les cas mentionnés à l'article L. 352-3, lui imposer une exigence de capital supplémentaire s'ajoutant à son capital de solvabilité requis.

L'Autorité de contrôle prudentiel et de résolution discute de sa proposition au sein du collège des contrôleurs et en communique les raisons à ce collège.

IV. – L'Autorité de contrôle prudentiel et de résolution s'efforce de parvenir à une décision avec les autres autorités de contrôle du collège des contrôleurs sur ses propositions mentionnées aux II ou III ou sur d'autres mesures éventuelles. Cette décision s'impose à l'Autorité qui la notifie à la filiale concernée.

V. – Lorsque l'Autorité de contrôle prudentiel et de résolution est en désaccord avec la proposition de décision du contrôleur du groupe, elle peut, dans un délai d'un mois à compter de cette proposition, saisir l'Autorité européenne des assurances et des pensions professionnelles conformément à l'article 19 du règlement (UE) n° 1094/2010 du Parlement européen et du Conseil du 24 novembre 2010.

L'Autorité de contrôle prudentiel et de résolution diffère sa décision en attendant une éventuelle décision de l'Autorité européenne des assurances et des pensions professionnelles. Si cette autorité s'est prononcée, l'Autorité de contrôle prudentiel et de résolution arrête sa décision en se conformant à celle de l'Autorité européenne des assurances et des pensions professionnelles.

L'Autorité de contrôle prudentiel et de résolution notifie sa décision à la filiale et la transmet au collège des contrôleurs.

A compter du 1er juill. 2015, l'Autorité de contrôle prudentiel et de résolution peut soumettre les entreprises d'assurance et de réassurance aux dispositions des art. R. 356-26 et R. 356-27, conformément aux dispositions prévues à l'art. R. 356-24. Elle se prononce au regard des critères et règles définis au titre V du livre III C. assur. Les décisions prises par l'Autorité de contrôle prudentiel et de résolution prennent effet à compter du 1er janv. 2016 (Décr. n° 2015-513 du 7 mai 2015, art. 16-II-4° et III).

Art. R. 356-26-1 Lorsque une *[Lorsqu'une]* autorité de contrôle d'un autre État membre transmet à l'Autorité de contrôle prudentiel et de résolution une proposition similaire à celles mentionnées aux II ou III de l'article R. 356-26 à l'égard d'une filiale ayant son siège social dans cet État membre, l'Autorité de contrôle prudentiel et de résolution s'efforce de parvenir à une décision avec les autres autorités de contrôle du collège des contrôleurs sur cette proposition ou sur d'autres mesures éventuelles. Cette décision s'impose à l'Autorité de contrôle prudentiel et de résolution.

Lorsque l'Autorité de contrôle prudentiel et de résolution, en tant que contrôleur de groupe, est en désaccord avec l'autorité de contrôle d'un autre État membre au sujet d'une proposition similaire à celles mentionnées aux II ou III de l'article R. 356-26 à l'égard d'une filiale ayant son siège social dans cet État membre, elle peut, dans un délai d'un mois à compter de la transmission de cette proposition, saisir l'Autorité européenne des assurances et des pensions professionnelles conformément à l'article 19 du règlement (UE) n° 1094/2010 du Parlement européen et du Conseil du 24 novembre 2010.

La décision prise conformément à celle de l'Autorité européenne des assurances et des pensions professionnelles s'impose à l'Autorité de contrôle prudentiel et de résolution.

Art. R. 356-27 I. – En cas de non-conformité au capital de solvabilité requis d'une filiale mentionnée à l'article R. 356-24 et sans préjudice des dispositions de l'article

L. 352-7, l'Autorité de contrôle prudentiel et de résolution communique sans délai au collège des contrôleurs le plan de rétablissement mentionné au deuxième alinéa de l'article L. 352-7 qui lui a été soumis par cette filiale.

L'Autorité s'efforce de parvenir à une décision avec les autorités de contrôle au sein du collège des contrôleurs sur sa proposition relative à l'approbation du plan de rétablissement, dans un délai de quatre mois à compter du premier constat de non-conformité au capital de solvabilité requis.

A défaut d'une telle décision, l'Autorité statue sur le plan de rétablissement en tenant dûment compte de l'avis et des réserves exprimés par les autres autorités de contrôle au sein du collège des contrôleurs.

II. — Si l'Autorité de contrôle prudentiel et de résolution détecte une détérioration de la situation financière d'une filiale mentionnée à l'article R. 356-24, conformément à l'article L. 352-6, elle notifie sans délai au collège des contrôleurs les mesures qu'elle propose de prendre. Sauf dans les cas de situations d'urgence mentionnées à l'article 353 du règlement délégué (UE) n° 2015/35 de la Commission du 10 octobre 2014, elle discute des mesures à prendre au sein du collège des contrôleurs.

L'Autorité s'efforce de parvenir, dans un délai d'un mois à compter de la notification des mesures mentionnées à l'alinéa précédent, à une décision avec les autorités de contrôle au sein du collège des contrôleurs sur ces mesures.

A défaut d'une telle décision, l'Autorité décide des mesures à adopter, en tenant dûment compte de l'avis et des réserves exprimés par les autres autorités de contrôle au sein du collège des contrôleurs.

III. — En cas de défaut de couverture du minimum de capital requis d'une filiale mentionnée à l'article R. 356-24 et sans préjudice des articles L. 352-8 et R. 352-30, l'Autorité de contrôle prudentiel et de résolution communique sans délai au collège des contrôleurs le plan de financement à court terme mentionné au deuxième alinéa de L. 352-8 soumis par la filiale. Elle informe les autorités de contrôle au sein du collège des contrôleurs de toute mesure prise pour faire appliquer le minimum de capital requis au niveau de la filiale.

IV. — L'Autorité de contrôle prudentiel et de résolution peut saisir l'Autorité européenne des assurances et des pensions professionnelles conformément à l'article 19 du règlement (UE) n° 1094/2010 du Parlement européen et du Conseil du 24 novembre 2010 lorsqu'elle est en désaccord avec le contrôleur de groupe sur l'un des points suivants :

a) L'approbation du plan de rétablissement ou la prolongation du délai de rétablissement ;

b) L'approbation des mesures proposées en application du II.

L'Autorité de contrôle prudentiel et de résolution ne peut pas saisir l'Autorité européenne des assurances et des pensions professionnelles lorsque :

a) Les délais de quatre mois mentionné au I ou d'un mois mentionné au II a expiré ;

b) Le collège des contrôleurs a dégagé un accord sur les décisions mentionnées au I ou au II ;

c) En présence d'une situation d'urgence telle que mentionnée au II.

L'Autorité de contrôle prudentiel et de résolution diffère sa décision en attendant une éventuelle décision de l'Autorité européenne des assurances et des pensions professionnelles. Sa décision se conforme à celle de l'Autorité européenne des assurances et des pensions professionnelles.

L'Autorité de contrôle prudentiel et de résolution notifie la décision à la filiale et la transmet aux autorités de contrôle au sein du collège des contrôleurs.

V. note ss. art. R. 356-26.

Art. R. 356-27-1 I. — Lorsque une *[Lorsqu'une]* autorité de contrôle concernée d'un autre État membre communique à l'Autorité de contrôle prudentiel et de résolution un plan de rétablissement d'une filiale ayant son siège social dans cet État membre dans les conditions similaires à celles mentionnées au I de l'article R. 356-27, l'Autorité de contrôle prudentiel et de résolution s'efforce de parvenir à une décision avec les autorités de contrôle au sein du collège des contrôleurs sur l'approbation du plan de rétablissement, dans un délai de quatre mois à compter du premier constat de non-conformité au capital de solvabilité requis.

II. – Lorsque *[Lorsqu'une]* une autorité de contrôle concernée d'un autre État membre notifie à l'Autorité de contrôle prudentiel et de résolution une détérioration de la situation financière d'une filiale ayant son siège social dans cet État membre dans les conditions similaires à celles mentionnées au II de l'article R. 356-27, et en l'absence de situation d'urgence, l'Autorité de contrôle prudentiel et de résolution s'efforce de parvenir dans un délai d'un mois à compter de la notification de la détérioration à une décision avec les autorités de contrôle au sein du collège des contrôleurs sur les mesures proposées par l'autorité de contrôle concernée.

III. – L'Autorité de contrôle prudentiel et de résolution en tant que contrôleur de groupe peut saisir l'Autorité européenne des assurances et des pensions professionnelles conformément à l'article 19 du règlement (UE) n° 1094/2010 du Parlement européen et du Conseil du 24 novembre 2010 lorsqu'elle est en désaccord avec l'autorité de contrôle concernée sur l'un des points suivants :

a) L'approbation du plan de rétablissement ou la prolongation du délai de rétablissement ;

b) L'approbation des mesures proposées en application du II.

L'Autorité de contrôle prudentiel et de résolution en tant que contrôleur de groupe ne peut pas saisir l'Autorité européenne des assurances et des pensions professionnelles lorsque :

a) Les délais de quatre mois mentionné au I ou d'un mois mentionné au II ont expiré ;

b) Le collège des contrôleurs a dégagé un accord sur les décisions mentionnées au I ou au II ;

c) En présence d'une situation d'urgence telle que mentionnée au II.

Art. R. 356-28 I. – Les règles énoncées aux articles R. 356-26 et R. 356-27 cessent d'être applicables aux filiales mentionnées au I de l'article R. 356-24 dans les cas suivants :

a) La condition mentionnée au *a* du I de l'article R. 356-24 n'est plus respectée ;

b) La condition mentionnée au *b* du I de l'article R. 356-24 n'est plus respectée et le groupe ne rétablit pas le respect de cette condition dans un délai approprié ;

c) Les conditions mentionnées aux *c* et *d* du I de l'article R. 356-24 ne sont plus respectées.

Dans le cas mentionné au a, lorsque l'Autorité de contrôle prudentiel et de résolution en tant que contrôleur de groupe décide, après avoir consulté le collège des contrôleurs, de ne plus inclure la filiale dans le contrôle du groupe qu'elle effectue, elle le notifie à l'entreprise mentionnée au premier alinéa de l'article R. 356-8.

Il incombe à l'entreprise mentionnée au premier alinéa de l'article R. 356-8 de veiller à ce que les conditions énoncées aux *b, c* et *d* du I de l'article R. 356-24 soient respectées en permanence. A défaut, l'entreprise en informe sans délai l'Autorité de contrôle de prudentiel et de résolution, en tant que contrôleur de groupe. Cette entreprise présente un plan visant à rétablir le respect de la condition concernée dans un délai approprié.

L'Autorité de contrôle prudentiel et de résolution en tant que contrôleur de groupe vérifie au moins une fois par an que les conditions énoncées aux *b, c* et *d* de l'article R. 356-24 continuent d'être respectées. Lorsque la vérification fait apparaître des déficiences à cet égard, l'Autorité de contrôle prudentiel et de résolution en tant que contrôleur de groupe impose à l'entreprise de présenter un plan visant à rétablir le respect de la ou des conditions concernées dans un délai approprié.

Lorsque, après avoir consulté le collège des contrôleurs, l'Autorité de contrôle prudentiel et de résolution en tant que contrôleur de groupe estime que le plan mentionné aux deux alinéas précédents est insuffisant ou qu'il s'avère qu'il n'est pas mis en œuvre dans le délai convenu, elle en conclut que les conditions mentionnées aux *b, c* et *d* du I de l'article R. 356-24 ne sont plus respectées.

II. — Les règles prévues par les articles R. 356-26 et R. 356-27 s'appliquent à nouveau à l'entreprise mentionnée au premier alinéa de l'article R. 356-8 lorsque cette dernière a présenté une nouvelle demande d'assujettissement à ces règles et obtenu une réponse favorable conformément à la procédure prévue à l'article R. 356-25.

Art. R. 356-28-1 Les règles énoncées aux articles R. 356-26 et R. 356-27 cessent d'être applicables aux filiales mentionnées au II de l'article R. 356-24 dans les cas suivants :

a) La condition mentionnée au *a* du II de l'article R. 356-24 n'est plus respectée ;

b) La condition mentionnée au *b* du II de l'article R. 356-24 n'est plus respectée et le groupe ne rétablit pas le respect de cette condition dans un délai approprié ;

c) Les conditions mentionnées aux *c* et *d* du II de l'article R. 356-24 ne sont plus respectées.

L'entreprise mère doit notifier sans délai à l'Autorité de contrôle prudentiel et de résolution le fait que les conditions énoncées aux *b, c* et *d* de l'article R. 356-24 ne sont plus respectées. Elle présente un plan visant à rétablir le respect de la ou les *[des]* conditions concernées dans un délai approprié.

Lorsqu'elle a de sérieux doutes concernant le respect permanent des conditions mentionnées aux *b, c* et *d* du II de l'article R. 356-24, l'Autorité de contrôle prudentiel et de résolution peut demander au contrôleur de groupe de procéder aux vérifications du respect de ces conditions.

Art. R. 356-28-2 Lorsque, conformément à l'article R. 356-26-1, une filiale ayant son siège social dans un autre État membre a été autorisée à être assujettie à des règles similaires à celles mentionnées aux articles R. 356-26 et R. 356-27, l'Autorité de contrôle prudentiel et de résolution en tant que contrôleur de groupe informe immédiatement l'autorité de contrôle de cet État membre de sa décision éventuelle de ne plus inclure cette entreprise dans le contrôle du groupe, après consultation du collège des contrôleurs. Elle notifie cette décision à l'entreprise mentionnée au premier alinéa de l'article R. 356-8.

Lorsque, conformément à l'article R. 356-26-1, une filiale ayant son siège social dans un autre État membre a été autorisée à être assujettie à des règles similaires à celles mentionnées aux articles R. 356-26 et R. 356-27, il incombe à l'entreprise mentionnée au premier alinéa de l'article R. 356-8 de veiller à ce que les conditions mentionnées aux *b, c* et *d* du I de l'article R. 356-24 soient respectées en permanence. Si ce n'est pas le cas, cette entreprise en informe sans délai l'Autorité de contrôle prudentiel et de résolution et l'autorité de contrôle de l'État membre concerné. L'entreprise concernée présente un plan visant à rétablir le respect de la ou les *[des]* conditions dans un délai approprié.

L'Autorité de contrôle prudentiel et de résolution en tant que contrôleur de groupe vérifie au moins une fois par an que les conditions mentionnées aux *b, c* et *d* du I de l'article R. 356-24 continuent d'être respectées. Elle procède également à cette vérification à la demande de l'autorité de contrôle concernée, lorsque cette dernière a de sérieux doutes concernant le respect permanent de ces conditions.

Lorsque la vérification fait apparaître des déficiences, l'Autorité de contrôle prudentiel et de résolution, en tant que contrôleur de groupe, impose à l'entreprise mentionnée au premier alinéa de l'article R. 356-8 de présenter un plan visant à rétablir le respect de la ou les *[des]* conditions concernées dans un délai approprié.

Lorsque, après avoir consulté le collège des contrôleurs, l'Autorité de contrôle prudentiel et de résolution en tant que contrôleur de groupe estime que le plan visé au deuxième ou au quatrième alinéa est insuffisant ou qu'il s'avère qu'il n'est pas mis en œuvre dans le délai convenu, elle en conclut que les conditions visées aux *b, c* et *d* de l'article R. 356-24 ne sont plus respectées. Elle en informe sans délai l'autorité de contrôle concernée.

Art. R. 356-29 Les entreprises mentionnées au premier alinéa de l'article R. 356-8 *(Décr. n° 2017-1765 du 26 déc. 2017, art. 1er)* « ou les entreprises désignées conformément au 5° de l'article L. 356-15 » communiquent au moins une fois par an à l'Autorité de contrôle prudentiel et de résolution toute concentration de risques importante au niveau du groupe.

L'Autorité de contrôle prudentiel et de résolution en tant que contrôleur de groupe identifie, après avoir consulté les autres autorités concernées ainsi que le groupe, et en tenant compte du groupe concerné et de sa structure de gestion des risques, le type de risque que les entreprises d'assurance et de réassurance du groupe déclarent en toutes circonstances.

Pour identifier les concentrations de risques significatives à déclarer, l'Autorité de contrôle prudentiel et de résolution en tant que contrôleur de groupe, après avoir consulté les autres autorités concernées et l'entreprise mentionnée au premier alinéa de l'article R. 356-8 *(Décr. nº 2017-1765 du 26 déc. 2017, art. 1er)* « ou l'entreprise désignée conformément au 5º de l'article L. 356-15 », impose des seuils appropriés fondés sur le capital de solvabilité requis, sur les provisions techniques ou sur les deux.

Lors du contrôle des concentrations de risques, l'Autorité de contrôle prudentiel et de résolution en tant que contrôleur de groupe veille particulièrement au risque possible de contagion dans le groupe, au risque de conflit d'intérêts et au niveau ou au volume des risques.

La détermination des concentrations de risques importantes est précisée par l'article 376 du règlement délégué (UE) nº 2015/35 de la Commission du 10 octobre 2014.

Art. R. 356-30 Les entreprises mentionnées au premier alinéa de l'article R. 356-8 *(Décr. nº 2017-1765 du 26 déc. 2017, art. 1er)* « ou les entreprises désignées conformément au 5º de l'article L. 356-15 » communiquent au moins une fois par an à l'Autorité de contrôle prudentiel et de résolution toutes les transactions intragroupe significatives effectuées par les entreprises d'assurance et de réassurance du groupe, y compris celles effectuées avec une personne physique ayant des liens étroits avec une entreprise du groupe. Les transactions intragroupe très significatives sont déclarées sans délai.

L'Autorité de contrôle prudentiel et de résolution en tant que contrôleur de groupe identifie, après avoir consulté les autres autorités concernées ainsi que l'entreprise mentionnée au premier alinéa de l'article R. 356-8 *(Décr. nº 2017-1765 du 26 déc. 2017, art. 1er)* « ou l'entreprise désignée conformément au 5º de l'article L. 356-15 », et en tenant compte du groupe concerné et de sa structure de gestion des risques, le type de transactions intragroupe que les entreprises d'assurance et de réassurance du groupe déclarent en toutes circonstances.

Pour identifier les transactions intragroupe significatives à déclarer, l'Autorité de contrôle prudentiel et de résolution en tant que contrôleur de groupe, après avoir consulté les autres autorités concernées et le groupe, impose des seuils appropriés fondés sur le capital de solvabilité requis, sur les provisions techniques ou sur les deux.

Lors du contrôle des transactions intragroupe, l'Autorité de contrôle prudentiel et de résolution, en tant que contrôleur de groupe veille particulièrement au risque possible de contagion dans le groupe, au risque de conflit d'intérêts et au niveau ou au volume des risques.

La détermination des transactions intragroupe significatives est précisée par l'article 377 du règlement délégué (UE) nº 2015/35 de la Commission du 10 octobre 2014.

Art. R. 356-30-1 Dans les cas mentionnés aux deuxième et troisième alinéas de l'article L. 356-2, lorsque l'entreprise d'assurance ou de réassurance participante, la société de groupe d'assurance, l'union mutualiste de groupe mentionnée à l'article L. 111-4-2 du code de la mutualité, la société de groupe assurantiel de protection sociale mentionnée à l'article L. 931-2-2 du code de la sécurité sociale ou la compagnie financière holding mixte est, soit *[est soit]* une entreprise liée d'une entité réglementée mentionnée au 1º de l'article L. 517-2 du code monétaire et financier ou d'une compagnie financière holding mixte mentionnée à l'article L. 517-4 du même code, assujettie à une surveillance complémentaire conformément à l'article L. 517-6 du même code, soit elle-même une entité réglementée ou une compagnie financière holding mixte assujettie à la même surveillance, l'Autorité de contrôle prudentiel et de résolution peut, après consultation des autres autorités de contrôle concernées, décider de ne pas effectuer le contrôle de la concentration de risques mentionné à l'article R. 356-29, le contrôle des transactions intragroupe mentionné à l'article R. 356-30 ou les deux, au niveau de cette entreprise d'assurance ou de réassurance participante, de cette société de groupe d'assurance, de cette union mutualiste de groupe, de cette société de groupe assurantiel de protection sociale ou de cette compagnie financière holding mixte.

Art. R. 356-31 Dans le cas mentionné au cinquième alinéa de l'article L. 356-2, l'Autorité de contrôle prudentiel et de résolution exerce un contrôle général des transactions entre les entreprises d'assurance ou de réassurance ayant pour entreprise mère une société de groupe mixte d'assurance et cette dernière et ses entreprises liées. Les dispositions des articles L. 356-9 et L. 356-10, L. 356-21, *(Décr. n° 2017-1765 du 26 déc. 2017, art. 1er)* « R. 356-3, R. 356-5 à R. 356-5-2 » et R. 356-30 *[du C. assur.]* ainsi que des articles *(Décr. n° 2017-1765 du 26 déc. 2017, art. 1er)* « L. 632-1 » et L. 612-26 du code monétaire et financier sont applicables, dans la mesure où ils sont nécessaires à l'exercice de ce contrôle général.

SECTION IV SYSTÈME DE GOUVERNANCE DES GROUPES

Art. R. 356-33 Les entreprises participantes et mères mentionnées respectivement aux deuxième et troisième alinéas de l'article L. 356-2 réexaminent les politiques écrites mentionnées au troisième alinéa de l'article L. 356-18 au moins une fois par an. Ces politiques sont soumises à l'approbation préalable du conseil d'administration ou du conseil de surveillance selon les cas. Elles sont adaptées pour tenir compte de tout changement important affectant le système ou le domaine concerné.

Pour chacune des attributions de l'organe d'administration, de gestion et de contrôle prévues par le règlement délégué (UE) n° 2015/35 de la Commission du 10 octobre 2014, les politiques écrites précisent si elle incombe au conseil d'administration ou au directeur général ou, le cas échéant, au conseil de surveillance ou au directoire des entreprises participantes et mères mentionnées respectivement aux deuxième et troisième alinéas de l'article L. 356-2, sans préjudice des autres dispositions du présent titre.

Art. R. 356-34 Le système de gestion des risques mentionné à l'article L. 356-19 comprend les stratégies, processus et procédures d'information nécessaires pour déceler, mesurer, contrôler, gérer et déclarer, en permanence, les risques auxquels le groupe est ou pourrait être exposé ainsi que les interdépendances entre ces risques.

Ce système est intégré à la structure organisationnelle et aux procédures de prise de décision du groupe et dûment pris en compte par les personnes qui dirigent effectivement le groupe ou qui sont responsables des fonctions clés mentionnées au deuxième alinéa de l'article L. 356-18.

Art. R. 356-35 Le système de gestion des risques couvre les risques à prendre en considération dans le calcul du capital de solvabilité requis conformément aux articles R. 356-19 à R. 356-22, ainsi que les risques n'entrant pas ou n'entrant pas pleinement dans ce calcul.

Ce système couvre, au minimum, la souscription et le provisionnement, la gestion actif-passif, les investissements, en particulier dans les contrats financiers, la gestion du risque de liquidité et de concentration, la gestion du risque opérationnel ainsi que la réassurance et les autres techniques d'atténuation du risque. Ces domaines sont également précisés par les politiques écrites mentionnées au troisième alinéa de l'article L. 356-18.

En cas d'application de l'ajustement égalisateur mentionné à l'article R. 351-4 ou de la correction pour volatilité mentionnée à l'article R. 351-6, les entreprises participantes et mères mentionnées respectivement aux deuxième et troisième alinéas de l'article L. 356-2 établissent un plan de liquidité comportant une prévision des flux de trésorerie entrants et sortants au regard des actifs et passifs faisant l'objet de ces ajustements et corrections.

Art. R. 356-36 I. – En ce qui concerne la gestion des actifs et des passifs, les entreprises participantes et mères mentionnées respectivement aux deuxième et troisième alinéas de l'article L. 356-2 évaluent régulièrement la sensibilité des provisions techniques prudentielles et des fonds propres du groupe aux hypothèses sous-tendant l'extrapolation de la courbe des taux d'intérêt sans risque pertinente mentionnée à l'article R. 351-3.

II. – En cas d'application de l'ajustement égalisateur mentionné à l'article R. 351-4, les entreprises participantes et mères mentionnées respectivement aux deuxième et troisième alinéas de l'article L. 356-2 évaluent régulièrement la sensibilité des provisions techniques prudentielles et des fonds propres éligibles du groupe aux hypothèses sous-tendant le calcul de l'ajustement égalisateur, y compris le calcul de la marge fondamentale mentionné à l'article R. 351-5, et les effets potentiels d'une vente forcée d'actifs sur leurs fonds propres éligibles. Elles évaluent également la sensibilité des provisions techniques prudentielles et des fonds propres éligibles du groupe aux modifications de la composition du portefeuille assigné d'actifs ainsi que les conséquences d'une réduction de l'ajustement égalisateur à zéro.

III. – En cas d'application de la correction pour volatilité mentionnée à l'article R. 351-6, les entreprises participantes et mères mentionnées respectivement aux deuxième et troisième alinéas de l'article L. 356-2 évaluent régulièrement la sensibilité des provisions techniques prudentielles et des fonds propres éligibles du groupe aux hypothèses sous-tendant le calcul de la correction pour volatilité et les conséquences potentielles d'une vente forcée d'actifs sur leurs fonds propres éligibles ainsi que les conséquences d'une réduction de la correction pour volatilité à zéro.

IV. – Les entreprises participantes et mères mentionnées respectivement aux deuxième et troisième alinéas de l'article L. 356-2 soumettent chaque année les évaluations mentionnées aux I, II et III du présent article à l'Autorité de contrôle prudentiel et de résolution dans le cadre de la communication d'informations mentionnée à l'article L. 356-21. Dans le cas où la réduction de l'ajustement égalisateur ou de la correction pour volatilité à zéro aurait pour effet le défaut de couverture du capital de solvabilité requis au niveau du groupe, l'entreprise soumet également une analyse des mesures qu'elle pourrait prendre en vue de rétablir le niveau de fonds propres éligibles correspondant au capital de solvabilité requis ou de réduire le profil de risque afin de garantir la conformité du capital de solvabilité requis du groupe.

V. – En cas d'application de la correction pour volatilité mentionnée à l'article R. 351-6, la politique écrite en matière de gestion du risque mentionnée à l'article L. 356-18 définit les critères d'application de la correction pour volatilité.

Art. R. 356-37 En ce qui concerne le risque d'investissement, les entreprises participantes et mères mentionnées respectivement aux deuxième et troisième alinéas de l'article L. 356-2 doivent être en capacité de démontrer qu'elles satisfont au niveau du groupe aux dispositions du chapitre III du présent titre.

Art. R. 356-38 La fonction de gestion des risques au niveau du groupe mentionnée à l'article L. 356-18 est structurée de façon à faciliter la mise en œuvre du système de gestion des risques mentionné à l'article L. 356-19.

Art. R. 356-39 En cas d'utilisation des évaluations externes du crédit pour le calcul des provisions techniques prudentielles et du capital de solvabilité requis, les entreprises participantes et mères mentionnées respectivement aux deuxième et troisième alinéas de l'article L. 356-2 vérifient, dans le cadre de leur gestion des risques au niveau du groupe, le bien-fondé de ces évaluations en recourant, le cas échéant, à des évaluations supplémentaires.

Art. R. 356-40 La fonction de gestion des risques mentionnée à l'article R. 356-38 des groupes qui utilisent pour le calcul de la solvabilité du groupe un modèle interne partiel ou intégral approuvé conformément aux articles R. 356-20 à R. 356-20-3 recouvre les tâches de conception, de mise en œuvre, de test et de validation du modèle interne, de suivi documentaire de ce modèle interne et de toute modification qui lui est apportée ainsi que d'analyse de la performance de ce modèle et de production de rapports de synthèse concernant cette analyse.

La fonction de gestion des risques a notamment pour objet d'informer le directeur général ou le directoire de l'entreprise participante ou mère mentionnée respectivement aux deuxième et troisième alinéas de l'article L. 356-2 de la performance du modèle interne et de suggérer les améliorations qui peuvent y être apportées. Elle fournit également au directeur général ou au directoire un état d'avancement des actions visant à remédier aux faiblesses qui ont pu être détectées. Tous ces éléments sont transmis au conseil d'administration ou conseil de surveillance par le directeur général ou le directoire.

Art. R. 356-41 L'évaluation interne des risques et de la solvabilité mentionnée à l'article L. 356-19 porte au moins sur :

a) Le besoin global de solvabilité, compte tenu du profil de risque spécifique, des limites approuvées de tolérance au risque et de la stratégie commerciale du groupe ;

b) Le respect permanent des exigences de capital au niveau du groupe ;

c) L'écart entre le profil de risque du groupe et les hypothèses qui sous-tendent le capital de solvabilité requis calculé conformément aux articles R. 356-19 à R. 356-22.

Art. R. 356-42 I. — Afin d'évaluer le besoin global de solvabilité mentionné à l'article R. 356-41, les entreprises participantes et mères mentionnées respectivement aux deuxième et troisième alinéas de l'article L. 356-2 mettent en place des procédures qui sont proportionnées à la nature, à l'ampleur et à la complexité des risques inhérents à l'activité du groupe et qui leur permettent d'identifier et d'évaluer les risques auxquels le groupe est exposé, ou pourrait être exposé. Ces entreprises démontrent la pertinence des méthodes qu'elles utilisent pour cette évaluation.

II. — Lorsque le calcul de solvabilité est mené au niveau du groupe selon la première méthode mentionnée à l'article R. 356-19, les entreprises participantes et mères mentionnées respectivement aux deuxième et troisième alinéas de l'article L. 356-2 fournissent au contrôleur du groupe une analyse appropriée de la différence entre la somme des différents montants de capital de solvabilité requis pour toutes les entreprises d'assurance ou de réassurance liées appartenant au groupe et le capital de solvabilité requis pour le groupe calculé sur une base consolidée.

Art. R. 356-43 En cas d'application de l'ajustement égalisateur mentionné à l'article R. 351-4, de la correction pour volatilité mentionnée à l'article R. 351-6 ou des mesures transitoires mentionnées aux articles L. 351-4 et L. 351-5, les entreprises participantes et mères mentionnées respectivement aux deuxième et troisième alinéas de l'article L. 356-2 évaluent la conformité du groupe aux exigences de capital mentionnées à l'article R. 356-41 tant en tenant compte que sans tenir compte de ces ajustements, corrections et mesures transitoires.

Art. R. 356-44 Lorsqu'un modèle interne est utilisé pour le calcul de la solvabilité du groupe, l'évaluation interne des risques et de la solvabilité permet de réconcilier les mesures internes des risques avec le capital de solvabilité requis.

Art. R. 356-45 L'évaluation interne des risques et de la solvabilité fait partie intégrante de la stratégie commerciale du groupe. Il en est tenu systématiquement compte dans les décisions stratégiques du groupe.

Les entreprises participantes et mères mentionnées respectivement aux deuxième et troisième alinéas de l'article L. 356-2 procèdent à l'évaluation mentionnée à l'article L. 356-19 au moins une fois par an et en cas d'évolution notable du profil de risque du groupe.

Elles informent l'Autorité de contrôle prudentiel et de résolution des conclusions de chaque évaluation interne des risques et de la solvabilité, dans le cadre des informations qu'elles doivent fournir à cette autorité en application de l'article L. 356-21.

Art. R. 356-46 L'Autorité de contrôle prudentiel et de résolution en tant que contrôleur de groupe se prononce sur l'autorisation prévue au cinquième alinéa de l'article L. 356-19 dans un délai de cinq mois.

Art. R. 356-47 Lorsque l'entreprise participante ou mère mentionnée respectivement au deuxième ou troisième alinéa de l'article L. 356-2 applique l'option prévue au cinquième alinéa de l'article L. 356-19, elle transmet une version traduite des éléments du document unique mentionné au septième alinéa de l'article L. 356-19 qui correspondent à toute filiale du groupe pour laquelle l'autorité de contrôle de l'État membre où cette filiale a son siège social l'exige après avoir préalablement consulté l'entreprise participante ou mère, le collège de contrôleurs et l'Autorité de contrôle prudentiel et de résolution en tant que contrôleur de groupe.

L'Autorité de contrôle prudentiel et de résolution peut exiger que les éléments du document unique mentionné au septième alinéa de l'article L. 356-19 qui correspondent à une entreprise filiale soumise à son contrôle lui soient transmis en français, après avoir préalablement consulté l'entreprise participante ou mère mentionnée respectivement au deuxième ou troisième alinéa de l'article L. 356-2, le collège de contrôleurs et le contrôleur de groupe.

V. note ss. art. L. 356-19.

Art. R. 356-48 Le système de contrôle interne mentionné au 3° de l'article L. 356-19 comprend au minimum des procédures administratives et comptables, un cadre de contrôle interne, des dispositions appropriées en matière d'information à tous les niveaux du groupe et une fonction de vérification de la conformité mentionnée à l'article L. 356-18.

Il comprend également :

a) Des mécanismes adéquats en ce qui concerne la solvabilité du groupe, permettant d'identifier et de mesurer tous les risques importants encourus et de rattacher d'une manière appropriée les fonds propres éligibles aux risques ;

b) Des procédures saines de déclaration et de comptabilité pour contrôler et gérer les transactions intragroupe ainsi que la concentration de risques.

V. note ss. art. L. 356-19.

Art. R. 356-48-1 La fonction de vérification de la conformité mentionnée au deuxième alinéa de l'article L. 356-1 a notamment pour objet de conseiller le directeur général ou le directoire ainsi que le conseil d'administration ou le conseil de surveillance de l'entreprise participante ou mère mentionnée respectivement au deuxième ou troisième alinéa de l'article L. 356-2, sur toutes les questions relatives au respect des dispositions législatives, réglementaires et administratives afférentes à l'accès aux activités de l'assurance et de la réassurance et à leur exercice.

Cette fonction vise également à évaluer l'impact possible de tout changement de l'environnement juridique sur les opérations du groupe concerné, ainsi qu'à identifier et évaluer le risque de conformité.

Art. R. 356-49 La fonction d'audit interne mentionnée à l'article L. 356-18 évalue notamment l'adéquation et l'efficacité du système de contrôle interne du groupe et les autres éléments du système de gouvernance du groupe. Cette fonction est exercée d'une manière objective et indépendante des fonctions opérationnelles.

Les conclusions et recommandations de l'audit interne, ainsi que les propositions d'actions découlant de chacune d'entre elles, sont communiquées au conseil d'administration ou au conseil de surveillance par le directeur général ou le directoire de l'entreprise participante ou de l'entreprise mère mentionnée respectivement aux deuxième et troisième alinéas de l'article L. 356-2. Le directeur général ou le directoire veille à ce que ces actions soient menées à bien et en rend compte au conseil d'administration ou au conseil de surveillance de ces entreprises.

Art. R. 356-50 La fonction actuarielle mentionnée au deuxième alinéa de l'article L. 356-18 a pour objet, au niveau du groupe, de coordonner le calcul des provisions techniques prudentielles, de garantir le caractère approprié des méthodologies, des modèles sous-jacents et des hypothèses utilisés pour le calcul des provisions techniques prudentielles, d'apprécier la suffisance et la qualité des données utilisées dans le calcul de ces provisions, de superviser ce calcul dans les cas visés à l'article R. 351-13 et de comparer les meilleures estimations aux observations empiriques.

Elle fournit un avis sur la politique globale de souscription et sur l'adéquation des dispositions prises en matière de réassurance au niveau du groupe. Elle contribue à la mise en œuvre effective du système de gestion des risques mentionné à l'article L. 356-18, concernant en particulier la modélisation des risques sous-tendant le calcul des exigences de capital et l'évaluation interne des risques et de la solvabilité mentionnée à l'article L. 356-19.

Elle informe le conseil d'administration ou le conseil de surveillance de l'entreprise participante ou de l'entreprise mère mentionnée respectivement aux deuxième et troisième alinéas de l'article L. 356-2 de la fiabilité et du caractère adéquat du calcul des provisions techniques prudentielles, dans les conditions prévues à l'article L. 356-18.

L'article R. 354-6-1 est applicable aux personnes responsables de la fonction actuarielle mentionnée au deuxième alinéa de l'article L. 356-18.

Art. R. 356-50-1 Les articles 258 à 275 du règlement délégué (UE) n° 2015/35 de la Commission du 10 octobre 2014 sont applicables au niveau du groupe.

SECTION V INFORMATIONS À FOURNIR AUX AUTORITÉS DE CONTRÔLE PAR LES GROUPES

SOUS-SECTION 1 DISPOSITIONS GÉNÉRALES

Art. R. 356-51 Les informations au niveau du groupe transmises à l'Autorité de contrôle prudentiel et de résolution en application du II de l'article L. 356-21 sont préalablement approuvées :

a) Pour le rapport sur la solvabilité et la situation financière, par les organes mentionnés au premier alinéa de l'article R. 356-55 ;

b) Pour le rapport régulier au contrôleur, par le conseil d'administration ou le conseil de surveillance de l'entreprise participante ou mère mentionnée respectivement au deuxième ou troisième alinéa de l'article L. 356-2 ;

c) Pour les états quantitatifs annuels et trimestriels, par le directeur général ou le directoire de la même entreprise ;

d) Pour le rapport à l'autorité de contrôle sur l'évaluation interne des risques et de la solvabilité, par le conseil d'administration ou le conseil de surveillance de la même entreprise.

Les états remis périodiquement à l'Autorité de contrôle prudentiel et de résolution, autres que ceux définis aux alinéas précédents et que l'Autorité détermine conformément au premier alinéa de l'article L. 612-24 du code monétaire et financier, sont préalablement approuvés par le directeur général ou le directoire de l'entreprise participante ou mère mentionnée respectivement au deuxième ou troisième alinéa de l'article L. 356-2.

Les exigences en termes de contenu, de délai et de modalités de transmission des informations mentionnées à l'article L. 356-21 sont précisées aux articles 290 à 297, 300, 301, 303 et 304 à 314 du règlement délégué (UE) n° 2015/35 de la Commission du 10 octobre 2014.

Art. R. 356-52 En application du sixième alinéa du II de l'article L. 356-21, l'Autorité de contrôle prudentiel et de résolution en tant que contrôleur de groupe peut, après consultation des membres du collège des contrôleurs, limiter la communication régulière des informations à des fins de contrôle au niveau du groupe dont la périodicité est inférieure à un an, lorsque la fourniture de ces informations représenterait une charge disproportionnée pour le groupe compte tenu de la nature, de l'ampleur et de la complexité des risques inhérents à son activité.

V. Instr. ACPR (https://acpr.banque-france.fr) :
– n° 2016-I-01 du 14 janv. 2016 relative à la composition du dossier de conclusion ou d'avenant à une convention de substitution ;

– n° 2016-I-02 du 14 janv. 2016 définissant les modalités d'exemption pour les organismes mentionnés à l'article 3 de l'instruction n° 2016-I-01.

Art. R. 356-53 En application du sixième alinéa du II de l'article L. 356-21, l'Autorité de contrôle prudentiel et de résolution en tant que contrôleur de groupe peut, après consultation des membres du collège des contrôleurs, limiter ou dispenser de la communication régulière d'informations ligne à ligne au niveau du groupe, lorsque :

a) La fourniture de ces informations représenterait une charge disproportionnée compte tenu de la nature, de l'ampleur et de la complexité des risques inhérents à l'activité du groupe ;

b) La fourniture de ces informations n'est pas nécessaire au contrôle effectif du groupe ;

c) La dispense ne nuit pas à la stabilité des systèmes financiers concernés dans l'Union ; et

d) Le groupe est en mesure de fournir des informations de façon *ad hoc*.

Art. R. 356-53-1 Dans la mise en œuvre des dispositions des articles R. 356-52 et R. 356-53, l'Autorité de contrôle prudentiel et de résolution évalue si la fourniture d'informations représente une charge disproportionnée pour les groupes, eu égard à la nature, à l'ampleur et à la complexité des risques auxquels le groupe est exposé, et ce compte tenu, au moins :

a) Du volume des primes, des provisions techniques et des actifs du groupe ;

b) De la volatilité des sinistres et des indemnisations couverts par les entreprises du groupe ;

c) Des risques de marché auxquels les investissements des entreprises du groupe donnent lieu ;

d) Du niveau de concentration des risques ;

e) Des effets potentiels de la gestion des actifs du groupe sur la stabilité financière ;

f) Des systèmes et structures au niveau du groupe lui permettant de communiquer des informations aux fins du contrôle et de la politique écrite garantissant en permanence le caractère adéquat de ces informations ;

g) De l'adéquation du système de gouvernance au niveau du groupe ;

h) Du niveau des fonds propres couvrant le capital de solvabilité requis et le minimum de capital requis.

V. Instr. ACPR (https://acpr.banque-france.fr) :

– n° 2016-I-01 du 14 janv. 2016 relative à la composition du dossier de conclusion ou d'avenant à une convention de substitution ;

– n° 2016-I-02 du 14 janv. 2016 définissant les modalités d'exemption pour les organismes mentionnés à l'article 3 de l'instruction n° 2016-I-01.

SOUS-SECTION 2 DISPOSITIONS TRANSITOIRES

Art. R. 356-54 I. – Jusqu'au 1er janvier 2020, les entreprises participantes et mères mentionnées respectivement aux deuxième et troisième alinéas de l'article L. 356-2 transmettent à l'Autorité de contrôle prudentiel et de résolution en tant que contrôleur de groupe le rapport sur la solvabilité et la situation financière le rapport régulier au contrôleur et les états quantitatifs annuels mentionnés au II de l'article L. 356-21 selon le calendrier suivant :

a) Au plus tard 26 semaines après la clôture de l'exercice de l'entreprise, pour les exercices clos entre le 30 juin 2016 et le 1er janvier 2017 ;

b) Au plus tard 24 semaines après la clôture de l'exercice de l'entreprise, pour les exercices clos entre le 2 janvier 2017 et le 1er janvier 2018 ;

c) Au plus tard 22 semaines après la clôture de l'exercice de l'entreprise, pour les exercices clos entre le 2 janvier 2018 et le 29 juin 2019 ;

d) Au plus tard 20 semaines après la clôture de l'exercice de l'entreprise, pour les exercices clos entre le 30 juin 2019 et le 1er janvier 2020.

II. – Jusqu'au 1er janvier 2020, les entreprises participantes ou mères mentionnées respectivement aux deuxième et troisième alinéas de l'article L. 356-2 transmettent à l'Autorité de contrôle prudentiel et de résolution en tant que contrôleur

de groupe les états quantitatifs trimestriels mentionnés au II de l'article L. 356-21 selon le calendrier suivant :

a) **Au plus tard 14 semaines après la fin du trimestre, pour les exercices trimestriels clos entre le 1er janvier 2016 et le 1er janvier 2017 ;**

b) **Au plus tard 13 semaines après la fin du trimestre, pour les exercices trimestriels clos entre le 2 janvier 2017 et le 1er janvier 2018 ;**

c) **Au plus tard 12 semaines après la fin du trimestre, pour les exercices trimestriels clos entre le 2 janvier 2018 et le** *(Décr. nº 2017-1765 du 26 déc. 2017, art. 1er)* **« 1er janvier 2019 » ;**

d) **Au plus tard 11 semaines après la fin du trimestre, pour les trimestres clos entre le** *(Décr. nº 2017-1765 du 26 déc. 2017, art. 1er)* **« 2 janvier 2019 » et le 1er janvier 2020.**

III. — A compter du 1er janvier 2020, les délais de transmission des informations mentionnées aux I et II sont prévus par l'article 373 du règlement délégué (UE) nº 2015/35 de la Commission du 10 octobre 2014.

SECTION VI INFORMATIONS À FOURNIR AU PUBLIC PAR LES GROUPES

SOUS-SECTION 1 DISPOSITIONS GÉNÉRALES

Art. R. 356-55 **Le rapport sur la solvabilité et la situation financière au niveau du groupe mentionné à l'article L. 356-23 est approuvé par le conseil d'administration ou le conseil de surveillance de l'entreprise participante ou mère mentionnée respectivement au***[x]* **deuxième ou troisième alinéa***[s]* **de l'article L. 356-2. Il contient les informations mentionnées à l'article R. 355-7 qui sont applicables au niveau du groupe.**

Ce rapport contient en outre des informations sur la structure juridique du groupe, son système de gouvernance et sa structure organisationnelle, avec notamment une présentation de toutes les filiales, entreprises liées significatives et succursales importantes qui se rattachent au groupe.

Les exigences relatives au contenu du rapport sur la solvabilité et la situation financière au niveau du groupe, de délai de transmission et des modalités de transmission sont définies aux articles 356 à 362 du règlement délégué (UE) nº 2015/35 de la Commission du 10 octobre 2014.

Un arrêté du ministre chargé de l'économie précise les informations détaillées que doivent fournir les entreprises concernées dans le cadre du rapport sur la solvabilité et la situation financière au niveau du groupe.

Art. R. 356-56 **La publication du capital de solvabilité requis du groupe mentionnée à l'article R. 355-7, telle que figurant dans le rapport mentionné à l'article R. 356-55, indique, de manière séparée, le montant calculé conformément aux dispositions L. 356-15 et le montant de toute exigence de capital supplémentaire imposée conformément à l'article L. 356-16, ou l'effet des paramètres spécifiques que l'entreprise participante ou mère mentionnée respectivement au deuxième ou troisième alinéas de l'article L. 356-2 est tenue d'utiliser en vertu de l'article R. 356-19. Ces indications sont assorties d'une explication sur les raisons qui ont conduit l'Autorité de contrôle prudentiel et de résolution à imposer de telles exigences et paramètres.**

Jusqu'à l'exercice se terminant au plus tard le 31 déc. 2020, les dispositions mentionnées à l'art. R. 356-56 concernant l'exigence de capital supplémentaire imposée conformément à l'art. L. 356-16, ou l'effet des paramètres spécifiques que l'entreprise participante ou mère mentionnée respectivement au 2e ou 3e al. de l'art. L. 356-2 est tenue d'utiliser en vertu de l'art. R. 356-19 n'ont pas à faire l'objet d'une publication séparée (Décr. nº 2015-513 du 7 mai 2015, art. 17-II, en vigueur le 1er janv. 2016).

Art. R. 356-57 **L'Autorité de contrôle prudentiel et de résolution en tant que contrôleur de groupe peut autoriser les entreprises participantes et mères mentionnées respectivement aux deuxième et troisième alinéas de l'article L. 356-2 à ne pas publier une information dans le rapport sur la solvabilité et la situation financière au niveau du groupe mentionné à l'article L. 356-23, dans les conditions prévues à l'article R. 355-9. Les conditions dans lesquelles cette autorisation cesse d'être valable**

sont définies à l'article *(Décr. n° 2017-1765 du 26 déc. 2017, art. 1er)* « 361 » du règlement délégué (UE) n° 2015/35 de la Commission du 10 octobre 2014.

Art. R. 356-57-1 Sont au moins considérés comme des événements majeurs au sens de l'article L. 355-5, pour l'application du second alinéa de l'article L. 356-23, les événements présentant l'une des caractéristiques suivantes :

a) Lorsqu'un écart par rapport au minimum de capital de solvabilité requis du groupe est observé et que l'Autorité de contrôle prudentiel et de résolution en tant que contrôleur de groupe considère que les entreprises participantes ou mères mentionnées respectivement aux deuxième et troisième alinéas de l'article L. 356-2 ne seront pas en mesure de lui soumettre un plan réaliste de financement à court terme mentionné à l'article L. 352-8 ou que l'Autorité n'obtient pas ce plan dans un délai d'un mois à compter de la date à laquelle l'écart a été observé ;

b) Lorsqu'un écart important par rapport au capital de solvabilité requis du groupe est observé et que l'Autorité de contrôle prudentiel et de résolution en tant que contrôleur de groupe n'obtient pas de plan de rétablissement réaliste mentionné à l'article L. 352-7 dans un délai de deux mois à compter de la date à laquelle l'écart a été observé.

En ce qui concerne le cas mentionné au a, l'Autorité de contrôle prudentiel et de résolution en tant que contrôleur de groupe exige de l'entreprise concernée qu'elle publie sans délai le montant de l'écart constaté, assorti d'une explication sur son origine et ses conséquences et ainsi que sur toute mesure corrective qui aurait été prise. Si, en dépit de la présentation d'un plan de financement à court terme initialement considéré comme réaliste par l'Autorité, un écart par rapport au minimum de capital de solvabilité requis du groupe n'a pas été corrigé trois mois après qu'il a été constaté, cet écart fait l'objet d'une publication à l'expiration de ce délai, assortie d'une explication sur son origine et ses conséquences ainsi que sur les mesures correctives déjà prises et sur toute nouvelle mesure corrective prévue.

En ce qui concerne le cas mentionné au b, l'Autorité de contrôle prudentiel et de résolution en tant que contrôleur de groupe exige de l'entreprise concernée qu'elle publie sans délai le montant de l'écart constaté, assorti d'une explication sur son origine et ses conséquences ainsi que sur toute mesure corrective qui aurait été prise. Si, en dépit de la présentation d'un plan de rétablissement initialement considéré comme réaliste par l'Autorité, un écart important par rapport au capital de solvabilité requis du groupe n'a pas été corrigé six mois après qu'il a été constaté, cet écart fait l'objet d'une publication à l'expiration de ce délai, assortie d'une explication sur son origine et ses conséquences, ainsi que sur les mesures correctives prises et sur toute nouvelle mesure corrective prévue.

L'article 363 du règlement délégué (UE) n° 2015/35 de la Commission du 10 octobre 2014 précise les modalités des publications incombant aux entreprises dans les cas prévus au présent article.

Art. R. 356-58 Les entreprises participantes et mères mentionnées respectivement aux deuxième et troisième alinéas de l'article L. 356-2 peuvent décider de publier dans le rapport mentionné à l'article L. 356-23 toutes informations ou explications relatives à leur solvabilité et à leur situation financière dont la publication n'est pas déjà exigée en application des articles L. 356-23, *[et]* R. 356-55 à R. 356-57, dans des conditions qui sont précisées par l'article 298 du règlement délégué (UE) n° 2015/35 de la Commission du 10 octobre 2014.

Art. R. 356-59 Le rapport unique sur la solvabilité et la situation financière au niveau du groupe contient les éléments suivants :

a) Les informations au niveau du groupe qui doivent être publiées conformément aux articles L. 356-23, L. 356-24 et R. 356-55 à R. 356-58 ;

b) Les informations relatives à toute entreprise d'assurance et de réassurance du groupe qui doivent être identifiables individuellement et publiées conformément à la section II du chapitre V du présent titre.

V. note ss. art. L. 356-25.

Art. R. 356-60 La demande, que peuvent présenter les entreprises participantes et mères mentionnées respectivement aux deuxième et troisième alinéas de l'article L. 356-2, en vue d'obtenir l'autorisation mentionnée à l'article L. 356-25 doit être déposée auprès de l'Autorité de contrôle prudentiel et de résolution en tant que contrôleur de groupe au moins cinq mois avant la fin *(Décr. n° 2017-1765 du 26 déc. 2017, art. 1er)* « du premier exercice concerné sur lequel porte » le rapport sur la solvabilité et la situation financière unique au niveau du groupe. L'Autorité se prononce dans un délai de cinq mois, après avoir consulté les membres du collège des contrôleurs et en tenant compte de l'avis et des réserves exprimés par ces derniers.

Toutefois, lorsqu'un rapport unique sur la solvabilité et la situation financière au niveau du groupe contient une omission substantielle au regard des exigences mentionnées à la section II du chapitre V du présent titre pour une entreprise soumise à son contrôle, l'Autorité de contrôle prudentiel et de résolution en tant que contrôleur de groupe peut exiger que cette entreprise publie les informations complémentaires nécessaires.

Les dispositions relatives au rapport unique sur la solvabilité et la situation financière au niveau du groupe sont précisées aux articles 365 à 370 du règlement délégué (UE) n° 2015/35 de la Commission du 10 octobre 2014.

V. note ss. art. L. 356-25.

SOUS-SECTION 2 DISPOSITIONS TRANSITOIRES

Art. R. 356-61 Jusqu'au 1er janvier 2020, les entreprises participantes et mères mentionnées respectivement aux deuxième et troisième alinéas de l'article L. 356-2 publient le rapport annuel sur la solvabilité et la situation financière au niveau du groupe mentionné à l'article L. 356-23 selon le calendrier suivant :

a) Au plus tard 26 semaines après la clôture de l'exercice de l'entreprise, pour les exercices clos entre le 30 juin 2016 et le 1er janvier 2017 ;

b) Au plus tard 24 semaines après la clôture de l'exercice de l'entreprise, pour les exercices clos entre le 2 janvier 2017 et le 1er janvier 2018 ;

c) Au plus tard 22 semaines après la clôture de l'exercice de l'entreprise, pour les exercices clos entre le 2 janvier 2018 et le 29 juin 2019 ;

d) Au plus tard 20 semaines après la clôture de l'exercice de l'entreprise, pour les exercices clos entre le 30 juin 2019 et le 1er janvier 2020.

A compter du 1er janvier 2020, les délais de publication de ce rapport sont précisés à l'article 300 du règlement délégué (UE) n° 2015/35 de la Commission du 10 octobre 2014.

TITRE SIXIÈME LIBRE ÉTABLISSEMENT ET LIBRE PRESTATION DE SERVICES COMMUNAUTAIRES

(Décr. n° 94-635 du 25 juill. 1994)

CHAPITRE PREMIER DÉFINITIONS

Néant.

CHAPITRE II CONDITIONS D'EXERCICE

Art. R. 362-1 Le représentant pour la gestion des sinistres mentionné à l'article L. 362-3 réunit les informations nécessaires à la constitution et à la gestion des dossiers d'indemnisation. Il représente l'entreprise d'assurance auprès des personnes qui ont subi un préjudice et règle les sinistres. Il représente également cette entreprise vis-à-vis des autorités et juridictions françaises pour le règlement des sinistres.

Art. R. 362-2 *(Décr. n° 2015-513 du 7 mai 2015, art. 5-1°, en vigueur le 1er janv. 2016)* Si le mandataire général mentionné à l'article L. 362-1 est une personne physique, il doit avoir son domicile et résider sur le territoire français. Il doit être doté par l'entreprise intéressée de pouvoirs suffisants pour engager celle-ci à l'égard des tiers et pour la représenter vis-à-vis des autorités et juridictions françaises. Il remplit les exigences de compétence et d'honorabilité mentionnées à l'article L. 322-2.

Si le mandataire général mentionné à l'article L. 362-1 est une personne morale, le siège social de celle-ci doit être établi sur le territoire français et la personne physique nommément désignée pour la représenter doit satisfaire aux conditions prévues à l'alinéa précédent et assumer, en cette qualité, la responsabilité de l'exécution par le mandataire général des obligations qui lui incombent.

Le présent article s'applique au mandataire général du Lloyd's de Londres.

CHAPITRE III CONTRÔLE ET SANCTIONS

Art. R. 363-1 *(Décr. nº 2015-513 du 7 mai 2015, art. 5-2º, en vigueur le 1er janv. 2016)* L'Autorité de contrôle prudentiel et de résolution communique à la Commission européenne, le cas échéant, les mesures prises en application des deuxième et quatrième alinéas de l'article L. 363-4.

CHAPITRE IV TRANSFERTS DE PORTEFEUILLE

Art. R. 364-1 *(Décr. nº 2008-1154 du 7 nov. 2008)* Lorsque l'Autorité de contrôle a exigé d'une entreprise d'assurance ou de réassurance un programme de rétablissement *(Décr. nº 2015-513 du 7 mai 2015, art. 10-I-16º, en vigueur le 1er janv. 2016)* « conformément à l'article L. 612-32 du code monétaire et financier », et que cette entreprise se propose de reprendre tout ou partie du portefeuille d'une entreprise ayant son siège social dans un autre État membre ou un autre État partie à l'accord sur l'Espace économique européen, *(Décr. nº 2010-217 du 3 mars 2010, art. 3-II-78º)* « elle s'abstient » de communiquer aux autorités compétentes le certificat de solvabilité nécessaire pour qu'elles puissent approuver le transfert de portefeuille.

CHAPITRE V DISPOSITIONS RELATIVES À LA COASSURANCE

(Décr. nº 2015-513 du 7 mai 2015, art. 5-3º, en vigueur le 1er janv. 2016)

Art. R. 365-1 Pour permettre aux entreprises d'assurance parties à une opération de coassurance de bénéficier de la dispense prévue à l'article L. 365-1, l'opération doit réunir les conditions suivantes :

1º Le risque est couvert par un contrat unique moyennant une prime globale pour une même durée ;

2º Les assureurs ne sont pas solidaires entre eux ;

3º L'un des assureurs est désigné en tant qu'apériteur : ce dernier doit assumer son rôle directeur et déterminer notamment à ce titre les conditions d'assurance et de tarification.

Art. R. 365-2 L'Autorité de contrôle prudentiel et de résolution collabore étroitement avec la Commission européenne en vue d'examiner les difficultés qui pourraient surgir dans la mise en œuvre de l'article L. 365-1, concernant notamment l'exercice du rôle directeur dévolu à l'apériteur et les conditions de la participation des assureurs à la couverture du risque.

TITRE SEPTIÈME LES INSTITUTIONS DE RETRAITE PROFESSIONNELLE ÉTABLIES DANS UN AUTRE ÉTAT MEMBRE DE L'UNION EUROPÉENNE OU DANS UN AUTRE ÉTAT PARTIE À L'ACCORD SUR L'ESPACE ÉCONOMIQUE EUROPÉEN *(Décr. nº 2019-576 du 12 juin 2019, art. 1er).*

(Décr. nº 2006-740 du 27 juin 2006)

SECTION PREMIÈRE PRESTATIONS DE SERVICE FOURNIES PAR UNE INSTITUTION DE RETRAITE PROFESSIONNELLE ÉTABLIE DANS UN AUTRE ÉTAT MEMBRE DE L'UNION EUROPÉENNE OU DANS UN AUTRE ÉTAT PARTIE À L'ACCORD SUR L'ESPACE ÉCONOMIQUE EUROPÉEN *(Décr. nº 2019-576 du 12 juin 2019, art. 1er)*.

Art. R. 370-1 Les opérations mentionnées à l'article L. 370-2 sont soumises au présent titre. Les articles R. 143-2 à R. 143-5 s'appliquent à ces opérations.

Art. R. 370-2 Les dispositions du 1° de l'article R. 332-3-1 s'appliquent à la partie des actifs de l'institution qui correspondent aux opérations mentionnées à l'article L. 370-2.

En outre, l'ensemble des valeurs émises, prêts obtenus ou garantis et dépôts placés auprès des organismes d'un même *(Décr. nº 2015-513 du 7 mai 2015, art. 10-I-17°, en vigueur le 1er janv. 2016)* « groupe au sens de l'article L. 356-1 » ne peut dépasser 10 % de ladite partie d'actifs.

Art. R. 370-3 Rapportée à la base de dispersion définie à l'article R. 332-3 et appliquée à la partie des actifs de l'institution qui correspondent aux opérations mentionnées à l'article L. 370-2, la valeur au bilan des actions et parts mentionnées aux 6°, 7° à 7° *quater* de l'article R. 332-2 et de toute autre valeur qui n'est pas admise aux négociations sur un marché réglementé ne peut dépasser 30 %.

Art. R. 370-4 Les institutions mentionnées à l'article L. 370-1 peuvent, à concurrence de 30 % des engagements relatifs à ces opérations, ne pas couvrir ceux-ci par des actifs congruents.

Art. R. 370-5 Lorsqu'une institution mentionnée à l'article L. 370-1 propose des services ne relevant pas de l'article L. 370-2, *(Décr. nº 2010-217 du 3 mars 2010, art. 3-II-79°)* « l'Autorité de contrôle prudentiel et de résolution », et sans préjudice du deuxième alinéa de l'article L. 370-4, en informe sans délai l'autorité compétente de l'État dans lequel est agréée l'institution.

Le présent article ne s'applique pas aux opérations mentionnées au titre VI.

Art. R. 370-6 Lorsque l'autorité de contrôle décide de l'ouverture d'une procédure disciplinaire dans le cadre de l'article L. 370-4, elle en informe sans délai l'autorité compétente de l'État concerné. Cette procédure se déroule dans les conditions prévues à la section III du chapitre II du titre Ier du livre III.

Art. R. 370-7 Pour l'application du premier alinéa de l'article L. 370-3, *(Décr. nº 2010-217 du 3 mars 2010, art. 3-II-80°)* « par décision de l'Autorité de contrôle prudentiel et de résolution » les informations transmises à l'Autorité de contrôle prudentiel et de résolution. – *Rédaction incorrecte issue du Décr. nº 2010-217 du 3 mars 2010.*

SECTION II TRANSFERTS DE PORTEFEUILLE ENTRE UN FONDS DE RETRAITE PROFESSIONNELLE SUPPLÉMENTAIRE ET UNE INSTITUTION DE RETRAITE PROFESSIONNELLE ÉTABLIE DANS UN AUTRE ÉTAT MEMBRE DE L'UNION EUROPÉENNE OU DANS UN AUTRE ÉTAT PARTIE À L'ACCORD SUR L'ESPACE ÉCONOMIQUE EUROPÉEN

(Décr. nº 2019-576 du 12 juin 2019, art. 1er)

Art. R. 370-8 I. — L'accord du souscripteur mentionné au 2° de l'article L. 370-7 est constitué, lorsque le contrat est souscrit par un groupe d'employeurs, par l'accord de ce groupe, dès lors que ce dernier représente la majorité des bénéficiaires des engagements de retraite liés à des employeurs dont les sociétés ne sont pas en liquidation.

Lorsque l'accord du souscripteur ne peut être recueilli du fait que les sociétés des employeurs concernés sont en liquidation ou ont disparu, seul l'accord des bénéficiaires recueilli conformément au III constitue l'accord prévu au 2° de l'article L. 370-7.

II. – L'accord des salariés mentionné au 2° de l'article L. 370-7 est constitué :

1° Par l'accord du comité social et économique mentionné à l'article L. 2311-2 du code du travail, lorsque ce comité a été mis en place dans les entreprises concernées. Lorsque ce n'est pas le cas, l'accord des salariés est recueilli dans les conditions et suivant les modalités définies aux articles R. 2232-10 à R. 2232-12 du même code ;

2° Lorsque le contrat est souscrit par un groupe d'employeurs, par l'accord des salariés d'employeurs représentant la majorité des bénéficiaires liés à des employeurs dont les sociétés ne sont pas en liquidation.

III. – L'accord des bénéficiaires des engagements de retraite mentionné au 2° de l'article L. 370-7 est présumé acquis lorsque ces bénéficiaires sont majoritairement des salariés d'employeurs souscripteurs du contrat et que l'accord de ces salariés a été recueilli dans les conditions mentionnées au II.

Lorsqu'en revanche ceux des bénéficiaires qui ne sont pas salariés des employeurs souscripteurs représentent plus de la moitié des bénéficiaires totaux, leur accord est recueilli par un vote à la majorité simple des suffrages exprimés par l'ensemble des bénéficiaires. Cette consultation peut être réalisée par correspondance ou par vote électronique.

Art. R. 370-9 Le dossier mentionné au 1° de l'article L. 370-8 comporte les éléments suivants :

1° L'accord écrit intervenu entre le fonds de retraite professionnelle supplémentaire et l'institution de retraite professionnelle, lequel doit préciser les conditions du transfert ;

2° La description des principales caractéristiques des contrats transférés ;

3° La description des engagements et des provisions techniques à transférer, des autres obligations et droits attachés à ces engagements ainsi que la liste des actifs correspondants ou leur valorisation ;

4° La désignation et le lieu du siège, respectivement, du fonds de retraite professionnelle supplémentaire et de l'institution de retraite professionnelle, ainsi que la désignation des États membres dans lesquels chacun d'eux est enregistré ou agréé ;

5° La désignation et le lieu du siège, dont relève l'employeur souscripteur ou le groupe d'employeurs mentionnés au 1° de l'article L. 143-1 ou l'association souscriptrice et le nom de ces derniers ;

6° La preuve de l'accord préalable mentionné à l'article L. 370-7 ;

7° Le cas échéant, la désignation des États membres dont la législation en matière de droit social et de droit du travail relative aux régimes de retraite professionnelle est applicable aux contrats transférés.

Art. R. 370-10 I. – Lorsqu'une opération de transfert mentionnée au premier alinéa de l'article L. 370-6 conduit un fonds de retraite professionnelle supplémentaire à fournir des services de retraite professionnelle sur le territoire d'un autre État membre de l'Union européenne ou dans un autre État partie à l'accord sur l'Espace économique européen, l'Autorité de contrôle prudentiel et de résolution transmet à ce fonds les informations mentionnées au I de l'article R. 382-5 qui lui ont été communiquées par l'autorité compétente de l'État dans lequel l'institution de retraite professionnelle ayant transféré un portefeuille de contrats est agréée. Cette transmission intervient dans le délai d'une semaine suivant la réception par l'Autorité de ces informations.

II. – Lorsqu'une opération de transfert mentionnée au second alinéa de l'article L. 370-6 conduit une institution de retraite professionnelle à proposer en France des opérations mentionnées à l'article L. 370-1, l'Autorité de contrôle prudentiel et de résolution transmet les informations mentionnées au I de l'article R. 382-5 à l'autorité compétente de l'État membre dans lequel est agréée cette institution. Cette transmission intervient dans un délai de quatre semaines après la réception de la notification de la décision par laquelle l'autorité compétente de l'État membre dans lequel est agréée cette institution de retraite professionnelle autorise le transfert.

TITRE HUITIÈME FONDS DE RETRAITE PROFESSIONNELLE SUPPLÉMENTAIRE

(*Décr. nº 2017-1171 du 18 juill. 2017, art. 1er-17º*)

CHAPITRE PREMIER DISPOSITIONS GÉNÉRALES

Art. R. 381-1 (*Décr. nº 2019-576 du 12 juin 2019, art. 2*) Les autres régimes d'assurance de groupe mentionnés au premier alinéa de l'article L. 381-1 sont les suivants :

1º Le régime institué par la Caisse nationale de prévoyance de la fonction publique mentionné à l'article L. 132-23 ;

2º La convention dénommée "complémentaire retraite des hospitaliers" mentionné*[e]* à l'article L. 132-23 ;

3º Les autres régimes de groupe à adhésion facultative ayant pour objet la couverture d'engagements de retraite régis par le présent code ou le code de la mutualité.

CHAPITRE II AGRÉMENT

SECTION PREMIÈRE AGRÉMENT ADMINISTRATIF

Art. R. 382-1 Les articles R. 321-4, R. 321-4-1, R. 321-17, R. 321-18 et R. 321-22 sont applicables pour l'agrément des fonds de retraite professionnelle supplémentaire.

Pour l'application de ces dispositions, la référence à l'article L. 321-2 est remplacée par la référence à l'article L. 382-1 et la référence à l'article L. 321-10-2 est remplacée par la référence à l'article L. 382-3.

Art. R. 382-2 Les fonds de retraite professionnelle supplémentaire agréés conformément à l'article L. 382-1 peuvent réaliser directement, à titre d'assurance accessoire faisant partie d'un contrat relevant de l'agrément prévu au I de l'article L. 382-1 et visant uniquement à garantir le paiement des prestations de celui-ci, des opérations d'assurance complémentaire contre les risques d'atteintes corporelles incluant l'incapacité de travail professionnelle, de décès accidentel ou d'invalidité à la suite d'accident ou de maladie. Dans ce cas, le contrat doit préciser que ces garanties complémentaires prennent fin au plus tard en même temps que la garantie principale.

Art. R. 382-3 Pendant les trois exercices suivant la délivrance des agréments mentionnés à l'article L. 382-1, le fonds de retraite professionnelle supplémentaire présente à l'Autorité de contrôle prudentiel et de résolution, pour chaque semestre, un compte rendu d'exécution du programme d'activités mentionné à l'article L. 382-2. Si l'activité du fonds n'est pas conforme au programme d'activités, l'Autorité prend les mesures utiles en vue de la protection des intérêts des assurés. Sans préjudice de la mise en œuvre, le cas échéant, des mesures prévues aux sections VI et VII du chapitre II du titre Ier du livre VI du code monétaire et financier, l'Autorité peut faire application de l'article L. 383-1 du présent code.

SECTION II OUVERTURE D'UNE SUCCURSALE ET EXERCICE DE LA LIBRE PRESTATION DE SERVICES

Art. R. 382-4 I. — Tout fonds de retraite professionnelle supplémentaire disposant de l'agrément mentionné à l'article L. 382-1 et projetant de fournir des services d'institutions de retraite professionnelle sur le territoire d'un autre État membre de l'Union européenne, conformément à l'article L. 382-4, notifie son projet à l'Autorité de contrôle prudentiel et de résolution, accompagné des documents dont la liste est fixée par l'Autorité dans les conditions mentionnées à l'article R. 612-21 du code monétaire et financier.

(*Décr. nº 2019-576 du 12 juin 2019, art. 2*) « Le dossier de notification comporte :

« 1º La désignation de l'État membre ou des États membres d'accueil identifiés, le cas échéant, par l'organisme souscripteur ou l'association mentionnée à l'article L. 141-7 ;

« 2° Le nom de l'organisme souscripteur ou de l'association mentionnée à l'article L. 141-7 et le lieu de leur siège ;

« 3° Les principales caractéristiques du régime de retraite à gérer. »

Si l'Autorité de contrôle prudentiel et de résolution estime que les conditions mentionnées à ce même article L. 382-4 sont réunies, elle communique aux autorités compétentes de l'État membre d'accueil les documents mentionnés au précédent alinéa, à l'exception de ceux relatifs à la compétence et à l'honorabilité du mandataire général en ce qui concerne les succursales, et avise le fonds de retraite professionnelle supplémentaire de cette communication. Ce dernier peut alors commencer ses activités *(Décr. n° 2019-576 du 12 juin 2019, art. 2)* « dès la réception de l'information prévue au I de l'article R. 382-5 ou au plus tard six semaines après avoir été avisé de la transmission de son dossier à l'autorité compétente de l'État membre d'accueil ».

Le délai de communication des informations aux autorités de l'État membre d'accueil court à compter de la réception, par l'Autorité de contrôle prudentiel et de résolution, d'un dossier complet. Il est de trois mois.

II. — Tout projet de modification substantielle de la nature ou des conditions d'exercice des activités autorisées conformément à l'article L. 382-4 est notifié à l'Autorité de contrôle prudentiel et de résolution.

Si l'Autorité de contrôle prudentiel et de résolution estime que les conditions mentionnées à ce même article L. 382-4 sont toujours remplies, elle communique de nouveau aux autorités compétentes de l'État membre d'accueil concerné, dans le délai d'un mois suivant la notification mentionnée à l'alinéa précédent, les documents mentionnés au premier alinéa du I, à l'exception de ceux relatifs à la compétence et à l'honorabilité du mandataire général en ce qui concerne les succursales, et avise le fonds de retraite professionnelle supplémentaire de cette communication. La modification envisagée peut intervenir dès réception de cet avis par le fonds.

III. — Lorsque l'Autorité de contrôle prudentiel et de résolution refuse de communiquer aux autorités compétentes de l'État membre concerné le dossier mentionné aux deuxièmes alinéas des I et II, elle en avise le fonds de retraite professionnelle supplémentaire concerné et lui fait connaître, dans les délais mentionnés aux derniers alinéas des I et II, les raisons de ce refus. Elle en avise également en tant que de besoin les autorités compétentes de l'État membre concerné.

Art. R. 382-5 *(Décr. n° 2019-576 du 12 juin 2019, art. 2)* I. — Lorsque l'autorité compétente de l'État membre d'accueil communique à l'Autorité de contrôle prudentiel et de résolution, à la fois, les dispositions de la législation de cet État membre en matière de droit social et de droit du travail relatives aux régimes de retraite professionnelle, les règles de gestion de ces régimes ainsi que les exigences en matière d'information de la clientèle qui s'appliquent à l'activité transfrontalière, l'Autorité de contrôle prudentiel et de résolution transmet ces informations au fonds de retraite professionnelle supplémentaire dans un délai qui n'excède pas six semaines à partir de la communication mentionnée au dernier alinéa du I de l'article R. 382-4. Si, à l'expiration de ce délai, l'Autorité de contrôle prudentiel et de résolution n'a pas reçu de l'État membre d'accueil l'information mentionnée au présent alinéa, elle en informe le fonds de retraite professionnelle supplémentaire concerné.

II. — Lorsqu'une autorité compétente d'un autre État membre informe l'Autorité de contrôle prudentiel et de résolution d'une modification importante des informations mentionnées au I, l'Autorité communique cette modification au fonds de retraite professionnelle supplémentaire concerné.

CHAPITRE III RETRAIT D'AGRÉMENT

Art. R. 383-1 *(Décr. n° 2018-612 du 16 juill. 2018, art. 1er)* « Les premier et deuxième alinéas de l'article R. 325-2, les articles R. 325-10 à R. 325-12 et le I de l'article R. 325-13 » sont applicables pour le retrait d'agrément des fonds de retraite professionnelle supplémentaire.

Pour l'application de ces dispositions :

1° Il y a lieu d'entendre : "fonds de retraite professionnelle supplémentaire" là où sont mentionnées : "entreprises mentionnées à l'article L. 310-2", "entreprises" ou "entreprises d'assurance ou de réassurance" ;

2° La référence à l'article L. 321-1 est remplacée par la référence à l'article L. 382-1, la référence à l'article L. 321-10-2 est remplacée par la référence à l'article L. 382-3 et la référence à l'article L. 325-1 est remplacée par la référence à l'article L. 383-1.

CHAPITRE IV TRANSFERT DE PORTEFEUILLE

Art. R. 384-1 Lorsque, dans le cas d'une opération de transfert de portefeuille de contrats mentionnée à l'article L. 384-1, le ou les fonds de retraite professionnelle supplémentaire cessionnaires sont sous le contrôle exclusif ou conjoint des entreprises d'assurance *(Décr. n° 2017-1765 du 26 déc. 2017, art. 1er)* « *[,]* mutuelles, unions ou institutions de prévoyance », les actifs et passifs apportés dans le cadre de cette opération sont inscrits au bilan du ou des fonds cessionnaires sur la base de leur valeur comptable dans les bilans des entreprises *(Décr. n° 2017-1765 du 26 déc. 2017, art. 1er)* « , mutuelles, unions ou institutions de prévoyance cédantes ».

CHAPITRE V RÈGLES FINANCIÈRES ET PRUDENTIELLES

SECTION PREMIÈRE EXIGENCES DE SOLVABILITÉ

SOUS-SECTION 1 CONSTITUTION DE LA MARGE DE SOLVABILITÉ

Art. R. 385-1 I. — La marge de solvabilité mentionnée à l'article L. 385-2 est constituée, après déduction des pertes, de la part des frais d'acquisition reportés dépassant les 25 % du montant de la provision pour primes non acquises et des autres éléments incorporels, par les éléments suivants :

1° Le capital social versé ou le fonds d'établissement constitué. Toutefois, les actions de préférence définies à l'article L. 228-11 du code de commerce ne sont admises que si elles remplissent les conditions, fixées par arrêté du ministre chargé de l'économie, relatives notamment aux droits financiers attachés et aux versements correspondants, lesquels doivent pouvoir être suspendus et ne sont pas dans ce cas reportés à un exercice ultérieur ;

2° Les réserves de toute dénomination, réglementaires ou libres, ne correspondant pas aux engagements, y compris la réserve de capitalisation ;

3° Le report du bénéfice, des excédents ou de la perte, déduction faite des dividendes à verser au titre du dernier exercice ;

(Décr. n° 2017-1765 du 26 déc. 2017, art. 1er) « 4° Pour les mutuelles ou unions de retraite professionnelle supplémentaire mentionnées à l'article L. 214-1 du code de la mutualité ou les institutions de retraite professionnelle supplémentaire mentionnées à l'article L. 942-1 du code de la sécurité sociale, le ou les emprunts pour fonds de développement. Toutefois, à partir de la moitié de la durée d'un emprunt, celui-ci n'est retenu dans la marge de solvabilité que pour sa valeur progressivement réduite chaque année d'un montant constant égal au double du montant total de cet emprunt divisé par le nombre d'années de sa durée. »

(Décr. n° 2019-576 du 12 juin 2019, art. 2) « La marge de solvabilité disponible est diminuée du montant de ses propres actions détenues directement par le fonds. »

II. — La marge de solvabilité peut également être constituée par :

1° Les fonds effectivement versés provenant de l'émission de titres ou emprunts subordonnés, ainsi que d'actions de préférence définies à l'article L. 228-11 du code de commerce autres que celles à caractère non cumulatif mentionnées au 1° du I. Ces titres et emprunts subordonnés et actions de préférence doivent répondre à des conditions, notamment de durée et de remboursement, fixées par arrêté du ministre chargé de l'économie. Ces fonds sont admis jusqu'à concurrence de 50 % de l'exigence de marge de solvabilité ou de la marge de solvabilité, le montant le plus faible étant retenu. Toutefois, la prise en compte de ceux de ces fonds qui proviennent de titres ou emprunts à durée déterminée n'est admise qu'à concurrence de 25 % de cette marge. Tout remboursement effectué irrégulièrement peut, conformément aux sections VI ou VII du chapitre II du titre Ier du livre VI du code monétaire et financier, donner lieu à des mesures de police ou de sanction par l'Autorité de contrôle prudentiel et de résolution ;

2° La réserve pour fonds de garantie prévue à l'article R. 423-16, à hauteur de la part de cotisation versée par l'entreprise et non utilisée par le fonds ;

3° Les réserves constituées en application de l'article L. 111-6 *(Décr. n° 2017-1765 du 26 déc. 2017, art. 1er)* « et de l'article L. 431-1 du code de la mutualité, y compris la part de cotisation versée par la mutuelle de retraite professionnelle supplémentaire et non utilisée par le système fédéral de garantie ou le fonds de garantie mentionné au même article L. 431-1 ».

III. — Sur demande et justification du fonds de retraite professionnelle supplémentaire et avec l'accord de l'Autorité de contrôle prudentiel et de résolution, la marge de solvabilité peut également être constituée par :

1° La moitié de la fraction non versée du capital ou de la part restant à rembourser de l'emprunt pour fonds d'établissement, dès que la partie versée atteint 25 % de ce capital ou de ce fonds, à concurrence de 50 % de la marge de solvabilité ou de l'exigence de marge de solvabilité, le montant le plus faible étant retenu ;

2° Les plus-values pouvant résulter de la sous-estimation d'éléments d'actif dans la mesure où de telles plus-values n'ont pas un caractère exceptionnel ;

3° Les plus-values latentes sur les instruments financiers à terme mentionnés aux articles R. 332-45 et R. 332-46, dès lors que les opérations correspondantes sont négociées sur un marché reconnu au sens du dernier alinéa du A de l'article R. 332-2 ou réalisées de gré à gré dans la mesure où elles sont garanties dans les conditions prévues à l'article R. 332-56 ;

Les moins-values latentes sur instruments financiers à terme non provisionnées sont déduites des éléments énumérés aux 2° et 3° du présent III.

(Décr. n° 2017-1765 du 26 déc. 2017, art. 1er) « Les conditions de prise en compte des plus-values et moins-values latentes sont précisées par arrêté du ministre chargé de l'économie.»

IV. — La marge de solvabilité disponible est diminuée des éléments suivants :

1° Les actions propres détenues directement par le fonds de retraite professionnelle supplémentaire ;

2° Les participations que le fonds de retraite professionnelle supplémentaire détient dans un établissement de crédit, une société de financement, une entreprise d'investissement ou un établissement financier ;

3° Les créances subordonnées que le fonds de retraite professionnelle supplémentaire détient sur les entreprises mentionnées au 2° dans lesquelles il détient une participation ;

4° Les certificats mutualistes ou paritaires émis et détenus directement par le fonds de retraite professionnelle supplémentaire.

Toutefois, les éléments mentionnés aux 2° et 3° peuvent ne pas être déduits lorsque les participations qui y sont mentionnées sont détenues de manière temporaire en vue d'apporter un soutien financier à ces entreprises.

V. — Lorsqu'elle estime que l'appréciation du report du bénéfice, de l'excédent ou de la perte mentionnée au 3° du I est susceptible d'être faussée par l'existence d'un contrat de réassurance financière limitée souscrit par le fonds de retraite professionnelle supplémentaire, l'Autorité de contrôle prudentiel et de résolution peut limiter la prise en compte de ce report, en vue d'y intégrer les charges futures attendues au titre de ce contrat. Le cas échéant, le montant de la marge de solvabilité est ajusté au terme du contrat de réassurance financière limitée, en fonction du report cumulé effectivement constaté.

V. art. A. 385-1.

V. notice ACPR du 19 juill. 2017 sur l'admissibilité des plus-values latentes en constitution de la marge de solvabilité pour les organismes de retraite professionnelle supplémentaire (FRPS/MRPS/URPS/IRPS) (acpr.banque-france.fr).

SOUS-SECTION 2 EXIGENCE MINIMALE DE MARGE DE SOLVABILITÉ

Art. R. 385-2 I. – L'exigence minimale de marge de solvabilité est déterminée, en fonction de la nature et du type des prestations garanties proposées dans les contrats, en application des dispositions suivantes :

1° Pour les garanties exprimées en euros, à l'exception des assurances ou garanties complémentaires en cas d'incapacité et d'invalidité, l'exigence minimale de marge de solvabilité est calculée par rapport aux provisions mentionnées aux 1° et 4° de l'article R. 343-3 et aux capitaux sous risque. Ce montant est égal à la somme des deux résultats suivants :

– le premier résultat est obtenu en multipliant un nombre représentant 4 % de la somme des provisions mentionnées aux 1° et 4° de l'article R. 343-3, relatives aux opérations d'assurance directe sans déduction des cessions en réassurance et aux acceptations en réassurance, par le rapport existant, pour le dernier exercice, entre le montant des provisions mathématiques après cessions en réassurance et le montant des provisions mathématiques brut de réassurance, sans que ce rapport puisse être inférieur à 85 % ;

– le second résultat est obtenu en multipliant un nombre représentant 0,3 % des capitaux sous risque par le rapport existant, pour le dernier exercice, entre le montant des capitaux sous risque après cession et rétrocession en réassurance et le montant des capitaux sous risque brut de réassurance sans que ce rapport puisse être inférieur à 50 %.

Pour les assurances temporaires en cas de décès d'une durée maximale de trois années, le facteur multiplicateur des capitaux sous risque est égal à 0,1 %. Il est fixé à 0,15 % de ces capitaux pour les assurances temporaires en cas de décès dont la durée est supérieure à trois années mais n'excède pas cinq années.

Le capital sous risque est égal au risque décès, déduction faite de la provision mathématique du risque principal ;

2° Pour les assurances ou garanties complémentaires en cas d'incapacité et d'invalidité mentionnées à l'article L. 143-2, l'exigence minimale de marge de solvabilité est égale à l'exigence minimale de marge des entreprises d'assurance prévue par l'article R. 334-5 ;

3° Pour les garanties exprimées en unités de compte, l'exigence minimale de marge de solvabilité est égale :

a) Lorsque le fonds de retraite professionnelle supplémentaire assume un risque de placement, à un nombre représentant 4 % des provisions techniques relatives aux opérations d'assurances directes et d'acceptations brutes de réassurance multiplié par le rapport mentionné au premier résultat défini au 1° ;

b) Lorsque le fonds de retraite professionnelle supplémentaire n'assume pas de risque de placement, à un nombre représentant 1 % des provisions techniques des contrats multiplié par le rapport mentionné au premier résultat défini au 1°, à la condition que le montant destiné à couvrir les frais de gestion prévus dans ces contrats soit fixé pour une période supérieure à cinq années ;

c) Lorsque le fonds de retraite professionnelle supplémentaire n'assume pas de risque de placement et pour les contrats qui prévoient que les frais de gestion ne sont pas fixés pour une période supérieure à cinq ans, à un montant équivalent *[équivalant]* à 25 % des dépenses de gestion nettes relatives à ces opérations pour le dernier exercice ;

d) Lorsque le fonds de retraite professionnelle supplémentaire assume un risque de mortalité, au montant obtenu en ajoutant à l'un ou l'autre des résultats déterminés par application des *a* à *c* un nombre représentant 0,3 % des capitaux sous risque, multiplié par le rapport existant, pour le dernier exercice, entre le montant des capitaux sous risque après cessions et rétrocessions en réassurance et le montant des capitaux sous risque brut de réassurance, sans que ce rapport puisse être inférieur à 50 % ;

4° Pour les garanties exprimées en parts de provision de diversification mentionnée au 9° de l'article R. 343-3, l'exigence minimale de marge de solvabilité est fixée à

l'Espace économique européen ainsi que des titres émis par la Caisse d'amortissement de la dette sociale.

III. – Rapportée au montant total des engagements mentionnés à l'article R. 343-1, la valeur au bilan des droits réels immobiliers relatifs à un même immeuble ou des parts ou actions d'une même société civile de placement immobilier ou d'une même société d'épargne forestière ne peut pas dépasser 5 %.

IV. – Rapportée au montant total des engagements mentionnés à l'article R. 343-1, la valeur au bilan de l'ensemble des titres émis par un véhicule de titrisation mentionné à l'article L. 310-1-2 ou par tout véhicule similaire relevant d'un État qui n'est pas partie à l'accord sur l'Espace économique européen ne peut dépasser 5 %.

Art. R. 385-8 Les fonds de retraite professionnelle supplémentaire peuvent, à concurrence de 30 % de leurs engagements, ne pas couvrir ceux-ci par des actifs congruents.

Art. R. 385-9 Pour le respect des exigences mentionnées aux articles R. 385-5 à R. 385-8, les fonds de retraite professionnelle supplémentaire procèdent à une mise en transparence de toute ligne d'actif dont la valeur comptable excède 1 % du bilan.

Le cumul des valeurs comptables des actifs qui ne sont pas mis en transparence ne peut pas excéder 5 % du bilan.

Pour l'application du deuxième alinéa, les fonds de retraite professionnelle supplémentaire procèdent à une mise en transparence des lignes d'actifs dont la valeur comptable inférieure à 1 % du bilan est la plus importante.

Lorsque la seule information disponible pour un groupe d'actifs mis en transparence est la valeur de réalisation, les fonds de retraite professionnelle supplémentaire considèrent, pour vérifier le respect des exigences de représentation des engagements mentionnées à l'article R. 385-5, que la répartition des actifs en valeur comptable au sein de ce fonds est la même que celle en valeur de réalisation.

Art. R. 385-10 Les placements représentant les engagements exprimés en unités de compte ou les engagements donnant lieu à constitution d'une provision de diversification ne sont pas soumis aux limitations prévues aux articles R. 385-6 à R. 385-9.

Art. R. 385-11 Les provisions relatives aux risques transférés à un fonds de retraite professionnelle supplémentaire, à une entreprise d'assurance, à une entreprise de réassurance *(Décr. nº 2017-1765 du 26 déc. 2017, art. 1er)* « , à une mutuelle ou union régie par le livre II du code de la mutualité ou à une institution de prévoyance ou union régie par le titre III du livre IX du code de la sécurité sociale » peuvent être représentées sans condition par une créance sur ce fonds *(Décr. nº 2017-1765 du 26 déc. 2017, art. 1er)* « , cette entreprise, cette mutuelle ou union ou cette institution ».

Par dérogation au premier alinéa, les provisions techniques relatives aux risques transférés par un fonds de retraite professionnelle supplémentaire à une entreprise d'assurance ou de réassurance ayant son siège dans un État qui n'est pas partie à l'accord sur l'Espace économique européen non reconnu comme équivalent en application de l'article 172 de la directive 2009/138/CE du Parlement européen et du Conseil du 25 novembre 2009 sur l'accès aux activités de l'assurance et de la réassurance et leur exercice (Solvabilité II) peuvent être représentées par une créance sur cette entreprise, à concurrence du montant garanti conformément à l'article R. 332-17.

Art. R. 385-12 Les fonds de retraite professionnelle supplémentaire peuvent consentir des prêts non assortis de garanties, dans les conditions prévues aux quatrième à septième alinéas du 1º de l'article R. 332-13.

Art. R. 385-13 Les articles R. 332-45 à R. 332-58 sont applicables aux fonds de retraite professionnelle supplémentaire.

Art. R. 385-14 I. – Le chapitre VIII du titre Ier du règlement délégué (UE) 2015/35 de la Commission du 10 octobre 2014 complétant la directive 2009/138/CE du Parlement européen et du Conseil sur l'accès aux activités de l'assurance et de la réassurance et leur exercice (Solvabilité II), dans sa rédaction en vigueur à la date de publication du décret n° 2017-1171 du 18 juillet 2017 fixant les règles applicables aux fonds de retraite professionnelle supplémentaire, est applicable aux fonds de retraite professionnelle supplémentaire, à l'exception des 3 et 4 de l'article 257.

Pour l'application de l'alinéa précédent, il y a lieu d'entendre : "exigence minimale de marge de solvabilité" là où est mentionné : "capital de solvabilité requis".

Art. R. 385-15 Lorsque les fonds de retraite professionnelle supplémentaire utilisent des références à des notations de crédit émises par des agences de notation de crédit au sens du *b* du 1 de l'article 3 du règlement (CE) n° 1060/2009 du Parlement européen et du Conseil du 16 septembre 2009 sur les agences de notation de crédit, l'Autorité de contrôle prudentiel et de résolution, en tenant compte de la nature, de l'ampleur et de la complexité de ces opérations, surveille l'adéquation des processus d'évaluation du crédit de l'entreprise, évalue l'utilisation de références à des notations de crédit et, le cas échéant, encourage l'atténuation des effets de telles références, en vue de réduire le recours exclusif et mécanique à de telles notations de crédit.

SECTION III SYSTÈME DE GOUVERNANCE

Art. R. 385-16 I. — Les articles R. 354-2-1, R. 354-3-2 et R. 354-3-3 ne sont pas applicables aux fonds de retraite professionnelle supplémentaire.

II. — Pour l'application de l'article R. 354-3 aux fonds de retraite professionnelle supplémentaire, il y a lieu d'entendre :

1° "Exigences de solvabilité mentionnées à la section II du chapitre V du titre VIII du livre III" là où sont mentionnées : "exigences de capital mentionnées au chapitre II du présent titre" ;

2° "Exigences concernant les provisions techniques prévues à la section I du chapitre V du titre VIII du livre III" là où sont mentionnées : "exigences concernant les provisions techniques prudentielles prévues à la section II du chapitre Ier du présent titre" ;

3° "L'exigence minimale de marge de solvabilité résultant du calcul prévu à la section II du chapitre V du titre VIII du livre III" là où sont mentionnées : "les hypothèses qui sous-tendent le capital de solvabilité requis prévu à l'article R. 352-2, calculé à l'aide de la formule standard conformément à la sous-section 2 de la section I du chapitre II du présent titre, ou avec un modèle interne partiel ou intégral conformément à la sous-section 3 de la section I du chapitre II du présent titre".

III. — Le chapitre IX du titre Ier du règlement délégué (UE) 2015/35 de la Commission du 10 octobre 2014 complétant la directive 2009/138/CE du Parlement européen et du Conseil sur l'accès aux activités de l'assurance et de la réassurance et leur exercice (Solvabilité II), dans sa rédaction en vigueur à la date de publication du décret n° 2017-1171 du 18 juillet 2017 fixant les règles applicables aux fonds de retraite professionnelle supplémentaire, est applicable aux fonds de retraite professionnelle supplémentaire, à l'exception des 2 à 4 de l'article 260, du *d* du 1 et du 4 de l'article 272 et des articles 263 à 265.

Pour l'application de l'alinéa précédent, il y a lieu d'entendre :

1° "Exigence minimale de marge de solvabilité" là où est mentionné : "capital de solvabilité requis" ;

2° "Respect de la section I du présent chapitre" là où est mentionné : "respect de l'article 75 de la directive 2009/138/CE" ;

3° "Exigences énoncées à la section I du présent chapitre" là où sont mentionnées : "exigences énoncées aux articles 75 à 86 de la directive 2009/138/CE".

Art. R. 385-16-1 *(Décr. n° 2019-576 du 12 juin 2019, art. 2)* En complément des prescriptions mentionnées à l'article R. 354-3, le rapport sur l'évaluation interne des risques et de la solvabilité d'un fonds de retraite professionnelle supplémentaire mentionné au I de l'article L. 385-6 comporte :

1° Une description des modalités d'intégration de l'évaluation interne des risques dans le processus de gestion ainsi que des procédures de prise de décision du fonds ;

2° Une évaluation de l'efficacité du système de gestion des risques ;

3° Pour les contrats mentionnés au 1° de l'article L. 143-1, une description des dispositions prises par le fonds pour prévenir les conflits d'intérêts avec l'entreprise souscriptrice lorsqu'il externalise des fonctions clés à cette entreprise ;

4° Une évaluation des besoins globaux de financement du fonds, y compris une description du plan de redressement mentionné au V de l'article R. 441-7-4 le cas échéant ;

5° Une évaluation des risques auxquels peuvent être exposés les affiliés et les bénéficiaires en ce qui concerne le versement de leurs prestations de retraite et l'efficacité de toute mesure corrective. Cette évaluation tient compte, le cas échéant, des mécanismes de réduction des prestations, y compris celles susceptibles d'affecter les prestations de retraite accumulées suivant des modalités précisées par ce rapport ;

6° Une évaluation qualitative des mécanismes protégeant les prestations de retraite, notamment, le cas échéant, les garanties, les clauses ou tout autre type de soutien financier apporté par l'organisme souscripteur, une entreprise d'assurance ou de réassurance ou un autre régime de retraite ;

7° Une évaluation qualitative des risques opérationnels ;

8° Si les facteurs environnementaux, sociaux et de gouvernance sont pris en compte dans le cadre des décisions de placement, une évaluation des risques nouveaux ou émergents qui leur sont liés, notamment ceux liés au changement climatique, à l'utilisation des ressources et à l'environnement, les risques sociaux ainsi que ceux liés à une dépréciation des actifs consécutive à une évolution du cadre réglementaire.

Art. R. 385-16-2 *(Décr. nº 2019-576 du 12 juin 2019, art. 2)* I. — Une même personne peut être responsable, au sein d'un fonds de retraite professionnelle supplémentaire, de plusieurs des fonctions clés mentionnées à l'article L. 354-1, à l'exception de la fonction d'audit interne qui est indépendante des autres fonctions clés.

(Décr. nº 2019-1437 du 23 déc. 2019, art. 5, en vigueur le 1er janv. 2020) « Lorsque le responsable d'une fonction clé exerce une activité au sein d'une entreprise ou d'une association ayant souscrit un contrat avec le fonds de retraite professionnelle supplémentaire, cette activité ne peut avoir de lien ni avec la souscription des contrats conclus avec le fonds de retraite professionnelle supplémentaire ni avec leur suivi technique et financier. Les politiques écrites de gestion des risques et de contrôle interne mentionnées à l'article L. 354-1 décrivent la façon dont ce risque de conflit d'intérêt est prévenu et contrôlé. »

II. — Le responsable d'une fonction clé transmet ses observations et recommandations au conseil d'administration ou au conseil de surveillance du fonds de retraite professionnelle supplémentaire, lequel détermine les suites qu'elles appellent.

Il informe l'Autorité de contrôle prudentiel et de résolution d'une situation dans laquelle le conseil d'administration ou le conseil de surveillance du fonds ne prend pas en temps utile les mesures correctives appropriées dans l'un des cas suivants :

1° Lorsque ce responsable a constaté qu'il existait un risque élevé pour le fonds de retraite professionnelle supplémentaire de ne pas respecter une obligation légale ou règlementaire importante, ce qui pourrait avoir des incidences significatives sur les intérêts des affiliés et des bénéficiaires et qu'il en a fait part au conseil d'administration ou au conseil de surveillance du fonds ;

2° Lorsque ce responsable a constaté une infraction significative aux dispositions applicables au fonds de retraite professionnelle supplémentaire et à ses activités dans le cadre de l'exercice de sa fonction clé et qu'il en a fait part au conseil d'administration ou au conseil de surveillance du fonds.

III. — La fonction clé de gestion des risques prend en compte les risques environnementaux, sociaux et en matière de gouvernance liés au portefeuille d'investissements et à la gestion de celui-ci. Elle prend également en considération les risques encourus à cet égard par les affiliés et les bénéficiaires, le cas échéant.

SECTION IV INFORMATIONS À FOURNIR À L'AUTORITÉ DE CONTRÔLE PRUDENTIEL ET DE RÉSOLUTION

Art. R. 385-17 I. – Les articles R. 355-1, R. 355-1-1 et R. 355-6 sont applicables aux fonds de retraite professionnelle supplémentaire.

Pour l'application de l'alinéa précédent, la référence à l'article L. 355-1 est remplacée par la référence à l'article L. 385-6 et la référence à l'article R. 355-7 est remplacée par la référence à l'article R. 385-18.

II. – Les résultats des tests de résistance mentionnés à l'article L. 385-3 sont approuvés par le conseil d'administration ou le conseil de surveillance préalablement à leur transmission à l'Autorité de contrôle prudentiel et de résolution.

III. – Le chapitre XIII du titre Ier du règlement délégué (UE) 2015/35 de la Commission du 10 octobre 2014 complétant la directive 2009/138/CE du Parlement européen et du Conseil sur l'accès aux activités de l'assurance et de la réassurance et leur exercice (Solvabilité II), dans sa rédaction en vigueur à la date de publication du décret n° 2017-1171 du 18 juillet 2017 fixant les règles applicables aux fonds de retraite professionnelle supplémentaire, est applicable aux fonds de retraite professionnelle supplémentaire, à l'exception du *d* du 1 de l'article 304, des *c* et *f* du 3 de l'article 308, du 6 de l'article 309 et du *c* du 1, du *c* du 2 et des 3 et 4 de l'article 311.

Pour l'application de l'alinéa précédent, il y a lieu d'entendre :

1° "Exigence minimale de marge de solvabilité" là où est mentionné : "capital de solvabilité requis" ;

2° "Fonds de garantie" là où est mentionné : "minimum de capital requis" ;

3° "Principes de valorisation énoncés à la section I du chapitre V du titre VIII du livre III" là où sont mentionnés : "principes de valorisation énoncées aux articles 75 à 86 de la directive 2009/138/CE".

SECTION V INFORMATIONS À FOURNIR AU PUBLIC

Art. R. 385-18 Le rapport sur la solvabilité et la situation financière mentionné à l'article L. 385-7 est approuvé par le conseil d'administration ou le conseil de surveillance. Il contient les informations suivantes, soit *in extenso*, soit par référence directe et précise à des informations équivalentes, tant dans leur nature que dans leur portée, à celles publiées en application d'autres dispositions législatives ou réglementaires :

1° Une description de l'activité et des résultats du fonds de retraite professionnelle supplémentaire ;

2° Une description du système de gouvernance et une appréciation de son adéquation au profil de risque du fonds de retraite professionnelle supplémentaire ;

3° Une description, effectuée séparément pour chaque catégorie de risque, de l'exposition au risque, des concentrations de risque, de l'atténuation du risque et de la sensibilité au risque ;

4° Une description, effectuée séparément pour les actifs, les provisions techniques et les autres passifs, des bases et méthodes utilisées aux fins de leur évaluation, assortie d'une explication de toute différence majeure existant avec les bases et méthodes utilisées aux fins de leur évaluation dans les états financiers ;

5° Une description de la façon dont le capital est géré, comprenant au moins les éléments suivants :

a) La structure des fonds propres ;

b) Les montants de l'exigence minimale de marge de solvabilité et du fonds de garantie ;

c) En cas de manquement au fonds de garantie ou de manquement grave à l'exigence minimale de marge de solvabilité, survenu durant la période examinée, le montant de l'écart constaté, même si le problème a été résolu par la suite, assorti d'une explication relative à son origine et à ses conséquences ainsi qu'à toute mesure corrective qui aurait été prise. Cette description comprend une analyse de tout changement important survenu par rapport à la précédente période examinée et une explication de toute différence importante observée, dans les états financiers, dans la valeur des éléments considérés, ainsi qu'une brève présentation de la transférabilité du capital ;

(Décr. n° 2019-576 du 12 juin 2019, art. 2) « 6° Les comptes annuels, avec un niveau de détail suffisant permettant de tenir compte de chaque régime de retraite géré par le fonds ;

« 7° Le cas échéant, des comptes annuels et des rapports annuels pour chaque régime de retraite. »

Un arrêté du ministre chargé de l'économie précise les informations détaillées que doivent fournir les fonds dans le cadre du rapport sur la solvabilité et la situation financière.

Art. R. 385-19 I. – Les articles R. 355-9 et R. 355-12 sont applicables aux fonds de retraite professionnelle supplémentaire.

Pour l'application de ces dispositions :

1° Il y a lieu d'entendre : "fonds de retraite professionnelle supplémentaire" là où sont mentionnées : "entreprises d'assurance ou de réassurance" ;

2° La référence à l'article L. 355-5 est remplacée par la référence à l'article L. 385-7 et la référence à l'article R. 355-7 est remplacée par la référence à l'article R. 385-18.

II. – Le chapitre XII du titre Ier du règlement délégué (UE) 2015/35 de la Commission du 10 octobre 2014 complétant la directive 2009/138/CE du Parlement européen et du Conseil sur l'accès aux activités de l'assurance et de la réassurance et leur exercice (Solvabilité II), dans sa rédaction en vigueur à la date de publication du décret n° 2017-1171 du 18 juillet 2017 fixant les règles applicables aux fonds de retraite professionnelle supplémentaire, est applicable aux fonds de retraite professionnelle supplémentaire, à l'exception du 5 de l'article 295, des *d* à *g* du 2 de l'article 296 et du *f* du 1, des *c* et *d* du 2 et des 3 et 4 de l'article 297.

Pour l'application de l'alinéa précédent, il y a lieu d'entendre :

1° "Exigence minimale de marge de solvabilité" là où est mentionné : "capital de solvabilité requis" ;

2° "Fonds de garantie" là où est mentionné : "minimum de capital requis".

Art. R. 385-20 Sont au moins considérés comme des événements majeurs, au sens de l'article L. 385-7, les événements présentant l'une des caractéristiques suivantes :

a) Lorsqu'un écart par rapport au fonds de garantie est observé et que l'Autorité de contrôle prudentiel et de résolution n'est pas rendue destinataire d'un plan de financement à court terme mentionné à l'article L. 385-8 dans un délai d'un mois à compter de la date à laquelle l'écart a été observé.

Dans ce cas, l'Autorité de contrôle prudentiel et de résolution exige du fonds de retraite professionnelle supplémentaire concerné qu'il publie sans délai le montant de l'écart constaté, assorti d'une explication sur son origine et ses conséquences ainsi que sur toute mesure corrective qui aurait été prise. Si, en dépit de la présentation d'un plan de financement à court terme initialement approuvé par l'Autorité de contrôle prudentiel et de résolution, un écart par rapport au fonds de garantie n'a pas été corrigé trois mois après qu'il a été constaté, cet écart fait l'objet d'une publication à l'expiration de ce délai, assortie d'une explication sur son origine et ses conséquences ainsi que sur les mesures correctives déjà prises et sur toute nouvelle mesure corrective prévue ;

b) Lorsqu'un écart important par rapport à l'exigence minimale de marge de solvabilité est observé et que l'Autorité de contrôle prudentiel et de résolution n'est pas rendue destinataire d'un plan de rétablissement mentionné à l'article L. 385-8 dans un délai d'un mois à compter de la date à laquelle l'écart a été observé.

Dans ce cas, l'Autorité de contrôle prudentiel et de résolution exige du fonds de retraite professionnelle supplémentaire concerné qu'il publie sans délai le montant de l'écart constaté, assorti d'une explication sur son origine et ses conséquences ainsi que sur toute mesure corrective qui aurait été prise. Si, en dépit de la présentation d'un plan de rétablissement initialement approuvé par l'Autorité de contrôle prudentiel et de résolution, un écart important par rapport à l'exigence minimale de marge de solvabilité n'a pas été corrigé six mois après qu'il a été constaté, cet écart fait l'objet d'une publication à l'expiration de ce délai, avec une explication sur son origine et ses conséquences ainsi que sur les mesures correctives prises et sur toute nouvelle mesure corrective prévue.

Art. R. 385-21 Les fonds de retraite professionnelle supplémentaire peuvent décider de publier dans le rapport sur la solvabilité et la situation financière mentionné à l'article L. 385-7 toutes informations ou explications relatives à leur solvabilité et à leur situation financière autres que celles dont la publication est déjà exigée en application des articles L. 385-7 et R. 385-18 à R. 385-20, dans des conditions précisées par l'article 298 du règlement délégué (UE) 2015/35 de la Commission du 10 octobre 2014 complétant la directive 2009/138/CE du Parlement européen et du Conseil sur l'accès aux activités de l'assurance et de la réassurance et leur exercice (Solvabilité II) dans sa rédaction en vigueur à la date de publication du décret nº 2017-1171 du 18 juillet 2017 fixant les règles applicables aux fonds de retraite professionnelle supplémentaire.

SECTION VI MESURES DE SAUVEGARDE

Art. R. 385-22 I. — Lorsque la marge de solvabilité d'un fonds de retraite professionnelle supplémentaire n'atteint pas le montant réglementaire, l'Autorité de contrôle prudentiel et de résolution exige un plan de rétablissement, qui doit être soumis à son approbation dans un délai d'un mois.

II. — Lorsque la marge de solvabilité d'un fonds de retraite professionnelle supplémentaire n'atteint pas le fonds de garantie, ou si le fonds n'est pas constitué réglementairement, l'Autorité de contrôle prudentiel et de résolution exige un plan de financement à court terme, qui doit être soumis à son approbation dans un délai d'un mois.

III. — Lorsque l'Autorité de contrôle prudentiel et de résolution exige un plan de rétablissement ou un plan de financement à court terme, elle désigne un contrôleur qui est tenu régulièrement informé par le fonds de retraite professionnelle supplémentaire de l'élaboration du plan. Le fonds rend compte de la mise en œuvre des décisions et mesures contenues dans le plan à ce contrôleur, qui veille à l'exécution du plan.

Art. R. 385-23 I. — Lorsque l'Autorité de contrôle prudentiel et de résolution exige d'un fonds de retraite professionnelle supplémentaire un programme de rétablissement en application de l'article L. 612-32 du code monétaire et financier, un plan de rétablissement en application de l'article L. 385-8 du présent code ou un plan de financement à court terme en application de ce même article, celui-ci doit notamment comporter, pour les trois prochains exercices, une description détaillée des éléments suivants et être accompagné des justificatifs s'y rapportant :

1° Une estimation prévisionnelle des frais de gestion, notamment des frais généraux courants et des commissions ;

2° Un plan détaillant les prévisions de recettes et de dépenses pour les affaires directes, les acceptations et les cessions dans le cadre des opérations de transfert de risque mentionnées à l'article L. 381-1 ;

3° Un bilan prévisionnel ;

4° Une estimation des ressources financières devant servir à la couverture des provisions techniques et de l'exigence de marge de solvabilité ;

5° Le cas échéant, la politique écrite générale en matière de transfert de risque ou de rétrocession.

Art. R. 385-24 Lorsque l'Autorité de contrôle prudentiel et de résolution suspend, restreint ou interdit temporairement la libre disposition de tout ou partie des actifs d'un fonds de retraite professionnelle supplémentaire *(Décr. nº 2017-1765 du 26 déc. 2017, art. 1er)* « , d'une mutuelle ou union de retraite professionnelle supplémentaire ou d'une institution de retraite professionnelle supplémentaire » en application de l'article L. 612-33 du code monétaire et financier, elle peut en outre faire inscrire sur les immeubles de ce fonds *(Décr. nº 2017-1765 du 26 déc. 2017, art. 1er)* « , cette mutuelle ou union ou cette institution » l'hypothèque mentionnée à l'article L. 327-3 du présent code *(Décr. nº 2017-1765 du 26 déc. 2017, art. 1er)* « , à l'article L. 212-24 du code de la mutualité et à l'article L. 931-23 du code de la sécurité sociale ».

Art. R. 385-25 I. – Lorsque, dans le cadre des résultats aux tests de résistance mentionnés à l'article L. 385-3, un fonds de retraite professionnelle supplémentaire présente, pour l'un des exercices projetés et l'un des scénarios mentionnés aux *a* et *b* de l'article R. 385-4, une différence négative entre sa marge de solvabilité constituée à l'une des dates et le maximum de son exigence minimale de marge de solvabilité et de son fonds de garantie à la même date, l'Autorité de contrôle prudentiel et de résolution exige un plan de convergence destiné à assurer que le fonds sera en mesure de disposer d'une marge de solvabilité suffisante à l'horizon considéré, pour tous les scénarios prévus à l'article R. 385-4. Ce plan de convergence est soumis à l'approbation de l'Autorité de contrôle prudentiel et de résolution dans un délai de trois mois.

Au vu notamment de ce plan de convergence ou à défaut de communication de ce dernier dans un délai de trois mois après la demande, l'Autorité de contrôle prudentiel et de résolution peut exiger du fonds de retraite professionnelle supplémentaire une marge de solvabilité renforcée, supérieure à l'exigence minimale de marge mentionnée à l'article R. 385-2. Le niveau total de marge de solvabilité exigé ne peut excéder la somme de l'exigence minimale de marge à la date du dernier arrêté, des exigences de marge complémentaires à l'exigence minimale de marge requises le cas échéant par l'Autorité au titre de l'exercice précédent et du maximum, sur les différentes années de projection, du résultat de la division par la durée, exprimée en nombre d'années, de la différence entre le maximum de son exigence minimale de marge de solvabilité et de fonds de garantie, à la fin de l'exercice projeté pour le scénario considéré, et la marge de solvabilité constituée à cette même date pour le même scénario.

II. – Le III de l'article R. 385-22 et l'article R. 385-23 s'appliquent aux plans de convergence exigés en application du I.

III. – Pour décider de fixer, une marge de solvabilité renforcée dans les cas mentionnés au dernier alinéa du I, l'Autorité de contrôle prudentiel et de résolution tient compte des éléments contenus dans le rapport sur l'évaluation interne des risques et de la solvabilité mentionné à l'article L. 385-6.

TITRE NEUVIÈME DISPOSITIONS APPLICABLES DANS LES ÎLES WALLIS-ET-FUTUNA

(Décr. nº 2010-217 du 3 mars 2010, art. 10-1º)

Art. R. 391-1 Le présent livre dans sa rédaction issue du décret nº 2010-217 du 3 mars 2010 est applicable dans les îles Wallis-et-Futuna, à l'exception de la section II du chapitre III *(Décr. nº 2015-707 du 22 juin 2015, art. 18-I-1º)* « du titre II, des articles R. 324-4 et R. 334-48, » de la section X du chapitre IV et des titres V, VI et VII.

(Décr. nº 2019-1235 du 27 nov. 2019, art. 5) « L'article R. 310-4 est applicable dans sa rédaction issue du décret nº 2019-1235 du 27 novembre 2019 portant transposition des dispositions réglementaires de la directive (UE) 2017/828 du 17 mai 2017 modifiant la directive 2007/36/CE en vue de promouvoir l'engagement à long terme des actionnaires. »

(Décr. nº 2017-1253 du 9 août 2017, art. 18-1º, en vigueur le 3 janv. 2018) « Les articles R. 322-11-1, R. 322-11-2, R. 332-14-2, R. 334-3 et R. 334-11 y sont applicables dans leur rédaction issue du décret nº 2017-1253 du 9 août 2017. »

(Décr. nº 2015-707 du 22 juin 2015, art. 18-I-2º ; Décr. nº 2017-1253 du 9 août 2017, art. 18-1º, en vigueur le 3 janv. 2018) « Les articles R. 323-10, R. 324-5, R. 332-13, R. 334-17, R. 334-26, R. 334-28, R. 334-41, R. 334-43 et R. 336-1 y sont applicables dans leur rédaction issue du décret nº 2014-1315 du 3 novembre 2014 portant

diverses dispositions d'adaptation au droit de l'Union européenne en matière financière et relatif aux sociétés de financement ;

« Les articles R. 322-11-6, R. 322-53, R. 322-55-2 y sont applicables dans leur rédaction issue du décret n° 2014-1357 du 13 novembre 2014 relatif au contrôle de l'honorabilité et de la compétence des dirigeants et des membres des organes collégiaux dans les organismes d'assurance, les établissements de crédit, les sociétés de financement, les entreprises d'investissement autres que les sociétés de gestion de portefeuille, les compagnies financières holding, les compagnies financières holding mixtes et les entreprises mères de société de financement. »

Les personnes soumises à une obligation de communication ou de publication d'informations en application des art. 4, 5 et 6 du Décr. n° 2019-1235 du 27 nov. 2019 communiquent ou publient ces informations au plus tard trois mois après la publication dudit Décr. (Décr. préc., art. 9).

LIVRE QUATRIÈME ORGANISATIONS ET RÉGIMES PARTICULIERS D'ASSURANCE

TITRE PREMIER ORGANISATIONS GÉNÉRALES D'ASSURANCE

CHAPITRE PREMIER LE COMITÉ CONSULTATIF DU SECTEUR FINANCIER ET LE COMITÉ CONSULTATIF DE LA LÉGISLATION ET DE LA RÉGLEMENTATION FINANCIÈRES

Art. R. 411-1 à R. 411-3 *Abrogés par Décr. n° 2010-217 du 3 mars 2010, art. 3-III-1°.*

CHAPITRE II L'ÉCOLE NATIONALE D'ASSURANCES

Art. R.* 412-1 **Une école nationale d'assurances, créée par le conseil national des assurances en liaison avec les organismes syndicaux les plus représentatifs de l'assurance, est instituée pour la formation des techniciens, du personnel et des agents de l'assurance.** — *V. Arr. du 26 déc. 2006 ss. art. R. 412-2.*

Cette école coordonne l'action et l'enseignement des divers organismes qui ont pour but de dispenser l'enseignement de l'assurance.

Art. R.* 412-2 **Les sommes versées par les entreprises d'assurance au titre de leur contribution aux frais de fonctionnement de l'école nationale d'assurances viennent en déduction de celles qui seraient éventuellement dues au titre de la taxe d'apprentissage ou de la taxe de formation continue selon une proportion fixée chaque année par arrêté conjoint du ministre de l'économie et des finances et du ministre de l'éducation.** — *Pour 1994, déductibilité à raison de 60,5 % des sommes dues au titre de la taxe d'apprentissage et à raison de 39,5 % de celles dues au titre de la formation continue (Arr. du 19 sept. 1994, JO 7 oct.) ; ... pour 1995, respectivement 60,01 % et 39,99 % (Arr. du 6 nov. 1995, JO 16 nov.) ; ... pour 1996, respectivement 60,57 % et 39,43 % (Arr. du 25 oct. 1996, JO 30 oct.) ; ... pour 1997, respectivement 59,05 % et 40,95 % (Arr. du 30 oct. 1997, JO 1er nov.) ; ... pour 1998, respectivement 64,76 % et 35,24 % (Arr. du 2 nov. 1998, JO 10 nov.) ; ... pour 1999, respectivement 68,22 % et 31,78 % (Arr. du 29 nov. 1999, JO 2 déc.) ; ... pour 2000, respectivement 66,93 % et 33,07 % (Arr. du 16 nov. 2000, JO 19 nov.) ; ... pour 2001, respectivement 69,89 % et 30,11 % (Arr. du 30 août 2001, JO 7 sept.) ; ... pour 2002, respectivement 71,70 % et 28,30 % (Arr. du 29 août 2002, JO 20 sept.) ; ... pour 2003, respectivement 70,64 % et 29,36 % (Arr. du 8 sept. 2003, JO 23 oct.).*

Arrêté du 26 décembre 2006,

Relatif à l'organisation et au fonctionnement de l'École nationale d'assurances, institut du Conservatoire national des arts et métiers.

Art. 1er L'École nationale d'assurances est un institut du Conservatoire national des arts et métiers.

Art. 2 L'École nationale d'assurances a pour objet :

— de dispenser un enseignement supérieur direct et à distance dans les domaines de l'assurance et de la finance ;

— de mener des actions de recherche fondamentale et appliquée dans les domaines de l'assurance et de la finance ;

— d'assurer dans ces domaines des actions de conseil et de service.

Ces activités sont susceptibles d'être réalisées avec le concours d'organismes extérieurs, dans des conditions fixées par conventions passées entre ces derniers et le Conservatoire national des arts et métiers.

Art. 3 Sous l'autorité de l'administrateur général du Conservatoire national des arts et métiers, l'école est dirigée par un directeur, assisté d'une commission technique dont la composition est fixée par le règlement intérieur de l'école. L'administrateur général nomme les membres de cette commission. Celle-ci désigne en son sein son président, qui est choisi parmi les personnalités extérieures. L'agent comptable du conservatoire ou son représentant assiste aux séances avec voix consultative.

Art. 4 La commission technique se réunit au moins deux fois par an sur convocation de l'administrateur général. Elle doit être convoquée si le président de la commission ou un tiers de ses membres le demande. L'ordre du jour des réunions est arrêté par l'administrateur général sur proposition du président de la commission.

Art. 5 La commission technique est consultée sur les programmes d'activité de l'école ainsi que sur la prévision annuelle des charges et des produits. Elle est tenue informée des conventions visées au dernier alinéa de l'article 2 ci-dessus.

Elle adopte le règlement des études fixant notamment les conditions d'admission des élèves en formation continue, les conditions d'organisation du contrôle des connaissances ainsi que les règles de délivrance des diplômes qui lui sont propres. Elle est tenue informée de la nomination des professeurs.

La commission technique adopte le règlement intérieur de l'école, qui est approuvé par le conseil d'administration du Conservatoire national des arts et métiers.

Art. 6 Le directeur de l'école est nommé par l'administrateur général après avis de la commission technique de l'école.

Un directeur adjoint et un secrétaire général peuvent être nommés par l'administrateur général, sur proposition du directeur de l'école.

Les personnels vacataires ou contractuels de l'école sont nommés par l'administrateur général, sur proposition du directeur de l'école.

L'administrateur général peut déléguer au directeur de l'école sa signature en matière de nomination du personnel enseignant vacataire.

Art. 7 L'école organise des examens et délivre sous la signature de l'administrateur général du Conservatoire national des arts et métiers les diplômes et certificats qui lui sont propres, dans les conditions fixées à l'article 5 ci-dessus.

Ces diplômes et certificats peuvent être délivrés aux élèves de l'école et aux élèves des organismes ayant passé avec le Conservatoire national des arts et métiers une convention prévue à l'article 2 ci-dessus.

Art. 8 L'administrateur général du Conservatoire national des arts et métiers détermine les moyens mis à la disposition de l'école.

Art. 9 L'administrateur général, en vertu du dernier alinéa de l'article 19 du décret du 22 avril 1988 susvisé *[nº 88-413, relatif au Conservatoire des arts et métiers]*, peut déléguer sa signature au directeur de l'école pour la gestion des crédits qui sont affectés à l'école.

Art. 10 Les produits et les charges de l'école sont retracés dans un centre de responsabilité au sein du Conservatoire national des arts et métiers.

Les produits comprennent notamment :

— les droits de scolarité, de bibliothèque et d'examen ;

— les subventions de l'État, des collectivités publiques, des personnes privées, des établissements ou des groupements professionnels, des organismes internationaux ;

— les dons et legs ;

— les remboursements des services rendus par l'école ;

— les contrats de recherche ;

— la taxe d'apprentissage ;

— les produits divers.

Les charges comprennent notamment :

— la rémunération des personnels affectés à l'école et des enseignants de l'école ;

— la rémunération des corrections des travaux, des jurys d'examen des élèves et des documents pédagogiques utilisés par l'école ;

— le financement des conventions qui peuvent être passées pour assurer des prestations de services, notamment en matière de formation ;

— l'acquisition des matériels ou fournitures nécessaires à l'activité de l'école ;

— les frais divers de fonctionnement ;

— les frais de publication des études et travaux effectués par l'école ;

— la participation aux charges générales du Conservatoire national des arts et métiers.

Art. 11 La commission technique en place à la date de publication du présent arrêté demeure en fonction jusqu'à la désignation des membres de la commission technique dans les conditions prévues à l'article 3 ci-dessus et exerce les compétences dévolues à celle-ci.

Art. 12 L'arrêté du 2 novembre 1994 relatif à l'organisation et au fonctionnement de l'École nationale d'assurances, institut du Conservatoire national des arts et métiers, est abrogé.

CHAPITRE III LE COMITÉ DES ENTREPRISES D'ASSURANCE

Art. R. 413-1 à R. 413-4 *Abrogés par Décr. n° 2010-217 du 3 mars 2010, art. 3-III-1°.*

TITRE DEUXIÈME LES FONDS DE GARANTIE *(Décr. n° 2004-176 du 17 févr. 2004).*

CHAPITRE PREMIER LE FONDS DE GARANTIE DES ASSURANCES OBLIGATOIRES DE DOMMAGES *(Décr. n° 2004-176 du 17 févr. 2004).*

SECTION PREMIÈRE DISPOSITIONS APPLICABLES AUX ACCIDENTS DE LA CIRCULATION SURVENUS EN FRANCE MÉTROPOLITAINE, DANS LES DÉPARTEMENTS D'OUTRE-MER ET À MAYOTTE *(Décr. n° 94-182 du 1er mars 1994).*

§ 1er DISPOSITIONS COMMUNES À L'INDEMNISATION DES DOMMAGES RÉSULTANT D'ATTEINTES À LA PERSONNE ET DES DOMMAGES AUX BIENS *(Décr. n° 86-452 du 14 mars 1986).*

Art. R. 421-1 *(Décr. n° 81-30 du 14 janv. 1981)* **Sont prises en charge par le fonds de garantie, conformément aux dispositions de la présente section, les indemnités dues aux victimes d'accidents** *(Décr. n° 86-452 du 14 mars 1986)* **« mentionnés à l'article L. 421-1 » ou à leurs ayants droit à la condition que ces accidents soient survenus en France métropolitaine** *(Décr. n° 94-182 du 1er mars 1994)* **« , à Mayotte » ou dans les départements d'outre-mer.**

(Décr. n° 2007-1118 du 19 juill. 2007) **« Ne sont pas prises en charge par le fonds de garantie les indemnités dues aux victimes d'accidents dans lesquels sont impliqués des véhicules terrestres à moteur ainsi que les remorques ou semi-remorques de ces véhicules ayant leur stationnement habituel sur le territoire d'un État, autre que la France, visé à l'article L. 211-4, lorsque l'indemnisation de ces victimes incombe au bureau central français pour leur totalité ou en partie. »**

Le bureau central français est le bureau national d'assurance constitué en France dans les conditions mentionnées au deuxième alinéa de l'article R. 211-22.

Les dispositions des articles R. 421-5 à R. 421-9 sont applicables aux refus de prise en charge opposés par le bureau central français.

Non-prise en charge des dépens. Ne sont prises en charge par le FGAO que les indemnités dues aux victimes d'accidents. Les dépens ne figurent pas aux rang des charges que le FGAO est tenu d'assurer. • Civ. 2e, 14 juin 1995, n° 91-22.073 P : *RCA 1995, n° 322* • 6 mars 2008 : *D. 2009. Pan. 253, obs. Groutel ; RCA 2008, nos 179 et 180, note Groutel ; RGDA 2008. 342, note Landel* • 4 nov. 2010 : *RCA 2011, n° 82.* ♦ Le FGAO paie les indemnités dues aux victimes ou à leurs ayants droit qui ne peuvent être prises en charge à aucun autre titre lorsque l'accident ouvre droit à réparation. En raison du caractère subsidiaire de cette mission, le FGAO ne peut être condamné au paiement des dépens, qui ne figurent pas au rang des charges qu'il est tenu d'assurer. • Civ. 2e, 3 nov. 2011, n° 10-19.572 P : *D. 2012. 1980, obs. Groutel ; RCA 2012, n° 31, note Groutel* • Civ. 2e, 5 févr. 2015, n° 14-16.015 : *RCA 2015, n° 167* • 10 déc. 2015, n° 14-25.046 : *RCA 2016, n° 100.*

§ 2 DISPOSITIONS APPLICABLES À L'INDEMNISATION DES DOMMAGES RÉSULTANT D'ATTEINTES À LA PERSONNE *(Décr. n° 86-452 du 14 mars 1986).*

Art. R. 421-2 *(Décr. n° 81-30 du 14 janv. 1981)* **Sont exclus du bénéfice du fonds de garantie :**

1° *(Décr. n° 83-482 du 9 juin 1983 ; Décr. n° 86-452 du 14 mars 1986)* **« Lorsque les dommages sont nés d'un accident dans lequel est impliqué un véhicule terrestre à moteur, les dommages causés au conducteur. »**

2° Lorsque les dommages ont été causés par un animal ou par une chose autre qu'un véhicule terrestre à moteur :

a) Le propriétaire ou la personne qui a la garde de l'animal ou de la chose au moment de l'accident ;

b) Le conjoint, les ascendants et descendants des personnes mentionnées au *a* ci-dessus et dont la responsabilité est engagée du fait de l'accident ainsi que les représentants légaux de la personne morale propriétaire de l'animal ou de la chose.

3° Dans les cas autres que ceux mentionnés au *[aux]* 1° et 2° ci-dessus l'auteur de l'accident, son conjoint, ses ascendants et descendants.

(Décr. nº 86-452 du 14 mars 1986) « En cas de vol du véhicule impliqué dans l'accident, de vol de l'animal ou de la chose qui a causé l'accident, sont également exclus du bénéfice du fonds de garantie les complices du vol et, d'une manière générale, toutes les personnes transportées dans le véhicule ou sur l'animal. Cette exclusion n'est applicable que si le fonds de garantie apporte la preuve de la connaissance du vol du véhicule ou de l'animal par les personnes transportées. »

Toutefois, les personnes désignées au présent article peuvent invoquer la garantie du fonds lorsque l'accident a été causé en tout ou en partie par la circulation d'un tiers ou d'une chose ou d'un animal appartenant à un tiers ou sous sa garde et dans la mesure de sa responsabilité. — *Comp. C. assur., art. L. 211-1.*

Art. R. 421-3 *(Décr. nº 81-30 du 14 janv. 1981)* Si l'auteur d'un accident corporel est inconnu, le procès-verbal ou le rapport dressé ou établi par les agents de la force publique et relatif à cet accident doit mentionner expressément cette circonstance.

Dans le cas où l'auteur est connu et sur les déclarations que celui-ci est tenu de faire, le même document indique obligatoirement si ledit auteur est assuré contre les accidents. Dans l'affirmative, il précise le nom et l'adresse de l'entreprise d'assurance ainsi que le numéro de la police.

Toute omission volontaire de déclaration ou fausse déclaration faite de mauvaise foi sera punie *(Décr. nº 86-452 du 14 mars 1986)* « de l'amende prévue pour les contraventions de troisième classe ».

Si un ou plusieurs des renseignements prévus au second alinéa sont ignorés de l'auteur de l'accident au moment de l'établissement du procès-verbal ou du rapport, cette circonstance est mentionnée ainsi que l'engagement qui doit avoir été pris par ledit auteur de faire parvenir ces renseignements sous huitaine. Dans ce cas, il est dressé ultérieurement un procès-verbal ou rapport complémentaire.

Un exemplaire de tout procès-verbal ou rapport relatif à un accident corporel causé par un auteur inconnu ou non assuré est transmis au fonds de garantie dans les dix jours de sa date par les autorités de police ou de gendarmerie.

Responsable de l'accident inconnu. Dès lors qu'une cour d'appel, statuant sur la demande de réparation de dommages formée par un piéton contre deux automobilistes, relève qu'il n'était pas possible de déterminer lequel des deux véhicules avait heurté la victime, il s'ensuit que le responsable des dommages demeurait inconnu. • Civ. 2e, 7 nov. 1984, nº 83-15.031 P : *RGAT 1985. 253.*

Art. R. 421-4 *(Décr. nº 86-452 du 14 mars 1986)* Lorsqu'un contrat d'assurance a été souscrit pour garantir les conséquences pécuniaires de la responsabilité civile de l'auteur de dommages résultant d'atteintes aux personnes nés d'un accident mentionné à l'article L. 421-1, le fonds de garantie ne peut être appelé *(Abrogé par Décr. nº 2018-612 du 16 juill. 2018, art. 2)* « ***, sauf insolvabilité de l'assureur,*** » à payer l'indemnité allouée à la victime ou à ses ayants droit qu'en cas de nullité du contrat, de suspension du contrat ou de la garantie, de non-assurance ou d'assurance partielle, opposables à la victime ou à ses ayants droit.

Dans le cas où, par suite de l'insuffisance du montant de la garantie stipulée au contrat, une part de l'indemnité due à la victime ou à ses ayants droit pour les dommages ci-dessus mentionnés reste à la charge du responsable, l'assureur de ce dernier, après avoir recueilli en cas de règlement transactionnel l'accord du fonds de garantie, verse pour le compte de ce dernier le reliquat de l'indemnité et l'avise de ce versement.

1. Réduction proportionnelle inopposable à la victime. Il résulte de l'art. R. 211-13, 3°, que la réduction de l'indemnité prévue par l'art. L. 113-9 n'est pas opposable aux victimes ou à leurs ayants droit ; aussi une cour d'appel ne peut-elle décider que le Fonds de garantie devait « rester dans la cause » alors qu'elle constatait que la compagnie d'assurances n'établissait pas la mauvaise foi de l'assuré et que, par conséquent, il incombait à ladite compagnie de payer l'indemnité pour le compte de son assuré. • Civ. 1re, 25 avr. 1990, n° 88-19.526 P : *RCA 1990, n° 265 ; RGAT 1991. 105.*

2. Garantie de l'assureur insuffisante. Lorsque la garantie due par l'assureur est insuffisante pour réparer en totalité les dommages résultant d'atteintes à la personne des victimes, cet assureur n'est tenu de verser le reliquat de l'indemnité revenant aux victimes que pour le compte du Fonds de garantie automobile. Dès lors, viole l'art. R. 420-4 [C. assur., art. R. 421-4] la cour d'appel qui, pour condamner l'assureur, *in solidum* avec son assuré, à rembourser à la CPAM la totalité de ses prestations malgré la limitation contractuelle de garantie, retient que l'assureur est tenu, en vertu de cet article, de régler la totalité des indemnités accordées aux victimes, *in solidum* avec son assuré, la part d'indemnité excédant la garantie de l'assureur étant versée pour le compte du Fonds de garantie automobile, alors que la CPAM ne disposait d'aucune action contre le Fonds de garantie automobile. • Civ. 2e, 22 févr. 1989, n° 87-15.473 P.

Art. R. 421-5 *(Décr. n° 81-30 du 14 janv. 1981)* **Lorsque l'assureur entend invoquer la nullité du contrat d'assurance, sa suspension ou la suspension de la garantie, une non-assurance ou une assurance partielle opposables à la victime ou à ses ayants droit, il doit, par lettre recommandée** *(Décr. n° 2018-229 du 30 mars 2018, art. 13)* **« ou par envoi recommandé électronique, » avec demande d'avis de réception, le déclarer au fonds de garantie et joindre à sa déclaration les pièces justificatives de son exception ; il doit en aviser en même temps et dans les mêmes formes la victime ou ses ayants droit en précisant le** *(Décr. n° 86-452 du 14 mars 1986)* **« numéro du contrat ».**

Si l'assureur entend contester l'existence du contrat d'assurance, nonobstant la présentation par le responsable de l'accident du document justificatif mentionné à l'article R. 211-15, il doit, d'une part, le déclarer sans délai au fonds de garantie par lettre recommandée *(Décr. n° 2018-229 du 30 mars 2018, art. 13)* **« ou par envoi recommandé électronique, » avec demande d'avis de réception et, d'autre part, en aviser en même temps et dans les mêmes formes la victime ou ses ayants droit.**

I. EXCEPTION DE NON-GARANTIE

1. Inopposabilité de la non-garantie – Droit européen. La circonstance que la compagnie d'assurance a conclu le contrat sur la base d'omissions ou de fausses déclarations de la part du preneur d'assurance n'est pas de nature à lui permettre de se prévaloir de dispositions légales sur la nullité du contrat et de l'opposer au tiers victime afin de s'exonérer de son obligation découlant de l'art. 3, § 1, de la première directive [72/166/CEE du 24 avr. 1972] d'indemniser ce dernier d'un accident causé par le véhicule assuré. • CJUE 20 juill. 2017, n° C-287/16 : *RGDA 2017. 536. note Parléani ; ibid. 552, note Landel ; RCA 2017. Étude 13, obs. Groutel.* ♦ Il résulte des art. 182 à 188 du Traité instituant la Communauté européenne, devenus les art. 198 à 204 du Traité sur le fonctionnement de l'Union européenne, tels qu'interprétés par la Cour de Justice des Communautés européennes (CJCE 12 févr. 1992, n° C-260/90), et de la Décis. n° 2001/822/CE du Conseil du 27 nov. 2001 relative à l'association des pays et territoires d'outre-mer à la Communauté européenne, que, sauf dispositions expresses, ni les dispositions du traité, ni le droit qui en est dérivé ne sont automatiquement applicables aux pays et territoires d'outre-mer bénéficiant d'un régime d'association à l'Union européenne, au nombre desquels se trouve la Nouvelle-Calédonie. Dès lors, est inopérant le grief qui soutient l'application de la décision de la CJUE du 20 juill. 2017, *Fidelidade*, n° C287-16, précisant la portée de certaines dispositions du droit de l'Union européenne codifiées par la Dir. n° 2009/103/CE du 16 sept. 2009, dont le champ d'application ne s'étend pas aux pays et territoires d'Outre-mer. • Crim., 30 nov. 2021, n° 20-86.700 : *RGDA janv.-févr. 2022. 24, note Landel.* ♦ Ayant notamment relevé que l'accident thérapeutique survenu lors de l'accouchement constituait un fait marquant pour le centre hospitalier et que les graves dysfonctionnements constatés par l'équipe médicale dans la prise en charge de lors de l'accouchement avaient conduit à l'adaptation des pratiques médicales en son sein, une cour administrative d'appel en a déduit, sans commettre d'erreur de droit, que la direction du centre hospitalier avait nécessairement eu connaissance avant la date de la souscription par le centre hospitalier de son contrat d'assurance de responsabilité de faits de nature à engager la responsabilité du centre hospitalier, de sorte que la garantie d'assurance prévue par le contrat passé avec l'assureur ne pouvait être actionnée. • CE 15 déc. 2021, n° 444541 : *RCA 2022, n° 57, note Bloch.*

2. Champ d'application. Les formalités de l'art. R. 421-5, al. 1er, s'appliquent dans tous les cas d'assurance de responsabilité civile sans distinction, qu'elles relèvent ou non d'un régime d'assurance obligatoire de dommages. Ainsi, dès lors que l'assureur de responsabilité civile du père de l'auteur des dommages corporels n'avait pas accompli la procédure d'information et de justification de l'exception de non-assurance qu'il entendait invoquer à l'encontre des ayants droit de cette victime, une cour d'appel a exactement déduit que cette exception n'était pas opposable à ces derniers et au FGAO. • Civ. 2e, 13 janv. 2012 : *RCA 2012, no 130, note Groutel; D. 2013. 1981, note Groutel ; RGDA 2012. 690, note Landel* • 25 juin 2015, no 14-19.786 : *RCA 2015, no 274; RGDA 2015. 395, note Pélissier; RGDA 2015. 473, note Landel.* ♦ Les formalités de l'art. R. 421-5 s'imposent, notamment, à l'assureur qui entend invoquer une assurance partielle résultant du plafonnement de sa garantie. • Civ. 2e, 27 avr. 2017, no 16-12.315 : *RGDA 2017. 376, note Landel.* ♦ Il résulte de l'art. R. 421-1, al. 4, C. assur. que les dispositions des art. R. 421-5 à R. 421-9 du même code sont applicables aux refus de prise en charge opposés par le BCF, sans qu'il soit opéré de distinction entre le refus total et le refus partiel. • Civ. 2e, 23 mai 2019, no 18-15.795 : *RGDA juill. 2019. 23, note Landel; RCA 2019, no 234, note Groutel.*

3. Envoi de lettres recommandées. Pour rendre opposable au FGAO la décision à intervenir, l'assureur, qui a payé pour le compte de qui il appartiendra et qui agit en application de l'art. R. 421-8 doit avoir procédé à l'envoi des lettres recommandées avec demande d'avis de réception prévues par l'art. R. 421-5. • Civ. 2e, 7 févr. 2013 : *D. 2013. 433 ; RCA 2013, no 162, note Groutel; RGDA 2013. 638, obs Landel.* ♦ L'envoi de lettres ordinaires au Fond de garantie automobile par une compagnie d'assurance pour informer cet organisme qu'elle refuse de couvrir son assuré ne peut avoir pour effet de faire courir contre le Fonds le délai de trois mois qui lui est imparti pour contester l'exception invoquée. • Civ. 1re, 19 déc. 1973, no 72-12.887 P : *D. 1975. 140, note Berr et Groutel.*

4. Destinataire de la lettre recommandée. Dans le cas où la victime est placée sous tutelle, l'avis que doit lui délivrer, en application de l'art. R. 421-5, l'assureur souhaitant invoquer la nullité du contrat doit être adressé à son tuteur. • Crim. 10 mars 2015, no 13-87.189 P : *D. 2015. 1569, obs. Lemouland ; RCA 2015, no 195 (1re esp.), note Groutel; RGDA 2015. 251, note Landel.* ♦ Le refus de prise en charge n'a pas à être notifié à d'autres victimes. • Civ. 1re, 2 févr. 2017, no 15-26.518 P : *RCA 2017, no 149, note Groutel; RGDA 2017. 258, note Landel; Gaz. Pal. 9 mai 2017, 74, note Ehrenfeld.*

5. Concomitance des déclarations au Fonds et à la victime. Aux termes de l'art. R. 420-5, devenu l'art. R. 421-5, l'assureur qui entend exciper d'une cause de non-garantie « opposable à la victime » doit en aviser celle-ci par lettre recommandée avec demande d'avis de réception en même temps que le Fonds de garantie lui-même, et, en ne le faisant pas, il s'interdit d'invoquer l'opposabilité aux victimes de son exception de non-garantie. • Civ. 1re, 27 mars 1990 : *RCA 1990, no 227, et Chron. 11, par Groutel; RGAT 1990. 346* • Civ. 1re, 1er déc. 1993, no 91-21.784 P : *RCA 1994, no 68, note Groutel* • 4 nov. 2003 : *RCA 2004, no 123, note Groutel; RGDA 2004. 86, note Landel.* ♦ Lorsque l'assureur entend invoquer la nullité du contrat d'assurance, sa suspension ou la suspension de la garantie, une non-assurance ou une assurance partielle opposables à la victime ou à ses ayants droit, il doit, par lettre recommandée avec accusé de réception, le déclarer au Fonds de garantie et joindre à sa déclaration les pièces justificatives de son exception. Il doit en aviser en même temps et dans les mêmes formes la victime ou ses ayants droit en précisant le numéro du contrat. • Civ. 2e, 7 déc. 2006, no 05-18.442 P : *RCA 2007, no 105; ibid. Étude 5, note Groutel; RGDA 2007. 85, note Landel* • 21 déc. 2006 : *RCA 2007, no 105, et Étude 5, par Groutel* • 28 juin 2007 : *RCA 2007, no 296, note Groutel* • 7 févr. 2008 : *D. 2009. Pan. 253, obs. Groutel ; RCA 2008, no 117; RGDA 2008. 346, note Landel* • Crim. 24 juin 2008, no 07-86.521 P : *D. 2009. Pan. 253, obs. Groutel ; RCA 2008, no 307, note Groutel; RGDA 2008. 933, note Landel* • Civ. 2e, 12 déc. 2013, no 12-24.836 P : *RCA 2014, no 100, note Groutel* • Civ. 2e, 25 juin 2015, no 14-19.786 : *RCA 2015, no 274; RGDA 2015. 395, note Pélissier; RGDA 2015. 473, note Landel.* ♦ V. égal. à propos de l'art. R. 420-12 C. assur. de la Polynésie française (correspondant à l'art. R. 421-5 C. assur.) : • Civ. 2e, 6 mars 2014, no 12-21.215 P : *RCA 2014, no 213, note Groutel; ibid. 2015, Chron 1, no 3, note Groutel; RGDA 2014. 268, note Landel* • Crim. 10 mars 2015, no 14-80.293 P : *RCA 2015, no 195 (2e esp.), note Groutel; Gaz. Pal. 1er sept. 2013, p. 21, note Ehrenfeld* • 8 déc. 2015, no 15-80.338 P : *D. actu. 20 janv. 2016, obs Priou-Alibert.* ♦ Dès lors, viole l'art. R. 421-5 la cour d'appel qui retient que les dispositions de cet article ont été respectées, alors que, datée du 2 mars 2000, la lettre adressée à la victime n'était pas concomitante à celle adressée au Fonds le 8 févr. 2000. • Civ. 2e, 7 déc. 2006, no 05-20.030 P : *Gaz. Pal. 6 nov. 2007, p. 24, note Leducq; RCA 2007, no 105, et Étude 5, par Groutel; RGDA 2007. 85, note Landel.* ♦ De même, méconnaît le sens et la portée de l'art. R. 421-5 la cour d'appel qui, pour mettre à la charge du Fonds de garantie l'indemnisation de la victime, énonce, après avoir constaté que l'assureur avait avisé le Fonds de garantie par lettre recommandée du 7 juin 2005, puis les victimes par lettres recommandées du 21 juillet suivant du fait qu'il entendait invoquer la nullité du contrat d'assurance, que, si l'art. R. 421-5 prévoit que l'assureur doit aviser la victime en même temps que le Fonds de garantie, ce texte ne fixe aucun délai précis et relève qu'aucune partie ne démontre qu'une information tardive lui aurait causé grief. Il résultait en effet de ces constatations que l'assureur n'avait pas satisfait aux exigences de l'art. R. 421-5 relatives à la concomitance des avis à donner au Fonds de garantie et aux victimes. • Crim. 24 juin 2008 : *préc.*

6. Identité de formes de l'information au Fonds et à la victime. Ayant retenu que l'assureur avait adressé aux parents de la victime des lettres recommandées ne mentionnant pas le numéro du contrat d'assurance et ne les avait donc pas avisés dans les mêmes formes que le Fonds de garantie des assurances obligatoires, une cour d'appel a pu déclarer irrecevable l'exception de non-garantie invoquée par l'assureur. • Crim. 1er sept. 2015, nº 14-83.357 : *RGDA 2015. 473, note Landel.*

7. Déclaration à un mandataire. Ne répond pas aux exigences de l'art. R. 421-5 la déclaration de l'exception de non-assurance faite à l'assureur de protection juridique de la victime, dont il n'est pas justifié qu'elle ait été transmise par lettre recommandée avec accusé de réception, l'avis adressé ultérieurement à celle-ci, qui n'a pas été concomitant de la déclaration au Fonds de garantie, étant tardif. • Crim. 14 oct. 1998 : *RGDA 1999. 119, note Landel.* ♦ ... Ou faite uniquement au conseil des ayants droit de la victime. • Civ. 2e, 12 déc. 2013 : *D. 2014. 571, chron. Lazerges-Cousquer et Touati ; RGDA 2014. 111, note Landel ; RCA 2014, nº 100, note Groutel.* ♦ ..l Ou au conseil de la victime. • Crim. 21 mars 2017, nº 16-81.377 : *RGDA 2017. 314, note Landel.*

8. Déclaration à l'assureur de la victime. L'art. R. 421-5 impose à l'assureur, qui entend décliner sa garantie, d'aviser les victimes elles-mêmes et non leur assureur. • Crim. 8 déc. 2015, nº 15-80.338 : *RCA 2016, nº 101, note Groutel.*

9. Pièces justificatives. L'art. R. 421-5 n'exige pas que les pièces justificatives envoyées au fonds de garantie soient jointes à l'avis adressé à la victime. • Civ. 2e, 7 juill. 2011, nº 10-24.264 P : *D. 2012. 1980, obs. Groutel ; RCA 2011, nº 378, note Groutel ; RGDA 2011. 994, note Landel.*

10. Non-respect des formalités. L'assureur qui n'a pas respecté les exigences d'information prévues par l'art. R. 421-5 C. assur. est irrecevable à se prévaloir d'une exception de non-garantie aux victimes, sans qu'il soit besoin pour celles-ci de rapporter la preuve d'un grief. • Crim. 1er sept. 2015, nº 14-83.357 : *RCA 2015, nº 341, note Groutel* • 8 déc. 2015, nº 15-80.338 P : *D. actu. 20 janv. 2016, obs Priou-Alibert ; RCA 2016, nº 101, note Groutel* • Crim., 21 mars 2017, nº 16-81.377 : *RGDA 2017. 314, note Landel.* ♦ L'inopposabilité à la victime ou à ses ayants droit et au Fonds de garantie de l'exception de non-garantie soulevée par l'assureur qui n'a pas respecté les formalités de l'art. R. 420-12 C. assur. de la Polynésie française (correspondant à l'art. R. 421-5), n'est pas subordonnée à l'existence d'un grief. • Crim. 10 mars 2015, nº 14-80.293 P : *préc. note 5.* ♦ *Contra* auparavant : N'encourt pas la cassation l'arrêt qui déclare l'exception de non-garantie soulevée par l'assureur opposable au FGAO, même s'il avait informé le Fonds de garantie, le 8 juin 2011, puis la victime, le 31 janv. 2012, de son intention de s'en prévaloir, dès lors que le Fonds de garantie, qui avait été régulièrement attrait à l'instance et qui avait pu s'expliquer sur l'exception de non-assurance régulièrement présentée avant toute défense au fond, ne justifiait d'aucune atteinte qui aurait pu être portée à ses droits par le non-respect du formalisme qu'il invoquait. • Crim. 18 juin 2013, nº 12-85.364 : *RCA 2013, nº 325 ; ibid. Étude 7, note Groutel ; RCA 2016, nº 101, note Groutel.*

11. Inefficacité d'une réitération. La réitération de la formalité de l'art. R. 421-5 ne peut régulariser l'absence initiale d'accomplissement des diligences prescrites par ce texte. • Crim. 8 déc. 2015, nº 15-80.338 P : *D. actu. 20 janv. 2016, obs Priou-Alibert ; RCA 2016, nº 101, note Groutel.* ♦ Mais le fait d'avoir indiqué, de manière informelle en réponse à deux correspondances interrogatives du FGAO, que le contrat d'assurance était résilié ne privait pas l'assureur du droit de procéder postérieurement à la double déclaration lui permettant de se prévaloir de cette résiliation. • Civ. 2e, 8 juin 2017, nº 16-17.319 P : *D. 2017. 2224, obs. Bacache, Guégan-Lécuyer et Porchy-Simon ; RGDA 2017. 483, note Landel ; RCA 2017, nº 259, note Groutel ; Gaz. Pal. 17 oct. 2017. 64, note Cerveau-Colliard.* ♦ Le fait d'avoir mentionné l'absence de prorogation du contrat d'assurance du fait du non-accomplissement des formalités nécessaires à cette fin au FGAO ne privait pas l'assureur du droit de procéder postérieurement à la double déclaration lui permettant de se prévaloir de l'absence de garantie. • Crim., 15 mai 2018, nº 17-82.335 : *RCA 2018, nº 230, note Groutel.*

II. INEXISTENCE DU CONTRAT

12. Résiliation du contrat. Ayant retenu que l'assureur n'avait aucunement contesté l'existence du contrat d'assurance couvrant le véhicule impliqué dans l'accident mais invoqué la suspension puis la résiliation de ce contrat, une cour d'appel en a exactement déduit que l'assureur avait valablement procédé à la double déclaration dans les formes prescrites par l'art. R. 421-5, al. 1, C. assur., qui n'exige pas qu'elle soit faite sans délai. • Civ. 2e, 8 juin 2017, nº 16-17.319 P : *RGDA 2017. 483, note Landel ; RCA 2017, nº 259, note Groutel.* ♦ Viole l'art. R. 421-5, al. 1er, la cour d'appel qui retient que l'assureur contestait l'existence du contrat d'assurance, ce qui est régi par l'al. 2 de l'art. R. 421-5 C. assur., lequel n'exige pas que l'assureur joigne à sa déclaration les pièces justificatives de ses dires, alors qu'elle constatait par ailleurs qu'un contrat d'assurance était intervenu entre les parties mais qu'il avait été régulièrement résilié. • Civ. 2e, 12 déc. 2019, nº 18-11.355 : *RGDA févr. 2020. 32, note Landel ; RCA 2020, nº 78, note Groutel.* ♦ Méconnaît les art. 385-1, al. 1er, C. pr. pén. et R. 421-4 C. assur., la cour d'appel qui, pour déclarer irrecevable l'exception de non-assurance soulevée par l'assureur, affirme que l'assureur ne pouvait, en tant que professionnel de l'assurance, se contenter d'attendre sa mise en cause par l'avocat de la victime pour se conformer à l'ensemble des exigences énoncées par l'art. R. 421-5 C. assur. et ne pouvait tenter de justifier son intervention tardive par le fait qu'il n'aurait pas eu connaissance des circonstances de l'accident ni de l'existence de blessés, alors qu'il résultait de ses propres constatations que l'exception de non-assurance avait été soulevée avant toute défense au fond. • Crim. 1er juin 2021, n° 20-80.609 : *RCA 2021, n° 165, note Coyault.*

13. Fausse attestation d'assurance. L'obligation de l'art. R. 421-5, al. 2, s'applique même lorsque l'attestation afférente au véhicule impliqué est arguée de faux ou que sa régularité est contestée. • Civ. 2e, 13 sept. 2018, n° 17-17.949 : *RGDA 2018. 497, note Landel.*

Art. R. 421-6 *(Décr. n° 81-30 du 14 janv. 1981)* **Si le fonds de garantie entend contester le bien-fondé d'une des exceptions mentionnées à l'article R. 421-5, invoquée par l'assureur, ou s'il n'est pas en mesure de prendre une décision définitive à ce sujet, il doit, dans un délai de trois mois à compter de la réception de la déclaration, en aviser l'assureur ainsi que la victime ou ses ayants droit. Il leur donne également son avis sur la recevabilité à son encontre d'une demande d'indemnisation de la victime ou de ses ayants droit pour le cas où l'exception invoquée par l'assureur serait reconnue fondée.**

BIBL. ▶ Retard du fonds : GROUTEL, *RCA 1993. Chron. 38.*

I. CONTESTATION DANS LE DÉLAI

1. Recevabilité de la contestation. Viole l'art. 14, al. 2, du décret du 7 janv. 1959 une cour d'appel qui décide que le Fonds de garantie automobile est forclos en sa contestation du moyen de nullité d'une police soulevé en son temps par une compagnie d'assurances, dès lors que cet organisme, en formulant des réserves dans le délai prescrit, avait par là même contesté le bien-fondé de l'exception invoquée par l'assureur. • Civ. 1re, 6 mai 1980, n° 78-14.650 P : *RGAT 1981. 78.*

II. CONTESTATION HORS DÉLAI

2. Irrecevabilité de la contestation. Il résulte de l'art. R. 421-6, qui impartit un délai de trois mois au Fonds de garantie contre les accidents pour faire connaître qu'il entend contester le bien-fondé de l'exception de non-assurance invoquée par l'assureur, que, après expiration dudit délai, le Fonds de garantie n'est plus recevable à discuter le moyen invoqué par l'assureur. • Civ. 1re, 6 oct. 1993, n° 90-14.665 P : *RCA 1993, n° 388, et Chron. 38, par Groutel* • Civ. 1re, 7 janv. 1970 (2e arrêt) : *D. 1970. 263, note P. P. ; RGAT 1970. 544, note Besson ; GADA, p. 184, obs. Berr et Groutel.*

3. Tempérament à l'irrecevabilité. La contestation du Fonds de garantie peut être accueillie passé le délai de trois mois qui suit l'avis à lui adressé par l'assureur pour l'aviser qu'il refuse de prendre le sinistre en charge, si l'assureur lui avait caché une révélation de nature à modifier son acceptation du bien-fondé de l'exception. • Civ. 1re, 23 oct. 1974 : *Bull. civ. I, n° 277 ; D. 1975. 514, note Berr et Groutel.*

4. Conséquence sur la procédure en référé. A violé l'art. 14 du Décr. du 7 janv. 1959 [C. assur., art. R. 421-6] la cour d'appel qui a déclaré recevable l'action de la victime devant le juge des référés fondée sur l'art. 16 du Décr. du 7 janv. 1959 [C. assur., art. R. 421-8] et a condamné l'assureur à payer pour le compte de qui il appartiendra, alors que le Fonds de garantie n'avait déclaré contester l'exception invoquée par celui-ci qu'après l'expiration du délai de trois mois. • Civ. 1re, 7 janv. 1970 : *préc. note 2 (1er arrêt).* ♦ Toutefois, après avoir relevé qu'une compagnie d'assurances avait bien été informée des réserves du Fonds de garantie automobile dans le délai de trois mois, une cour d'appel retient, à bon droit, que l'inobservation de ce délai, à l'égard de la victime seule, ne saurait préjudicier à celle-ci. • Civ. 1re, 6 juin 1979, n° 77-13.100 P : *D. 1980. IR 179, obs. Berr et Groutel ; RGAT 1980. 86.* ♦ Mais la procédure devant le juge des référés, instaurée par l'art. 16 du Décr. du 7 janv. 1959 [C. assur., art. R. 421-8], en vue du règlement rapide des indemnités allouées à la victime d'un accident de la circulation par l'assureur pour le compte de qui il appartiendra et en dehors de toute appréciation des moyens soulevés par cet assureur pour échapper à l'obligation de garantie, est indépendante de l'action directe dont dispose, en vertu de l'art. 53 de la L. du 13 juill. 1930, devant le tribunal de droit commun, ladite victime contre le même assureur, pour faire établir son obligation à couvrir le sinistre et obtenir paiement des indemnités qui lui sont dues. Dès lors, cette action peut être exercée sans que la victime soit tenue de produire les justifications exigées par l'art. 16 préc. • Civ. 1re, 7 janv. 1970 : *préc. note 2 (2e arrêt).*

Art. R. 421-7 *(Décr. n° 81-30 du 14 janv. 1981)* **Lorsque, dans l'hypothèse prévue à l'article R. 421-6, la demande d'indemnité est portée devant une juridiction autre qu'une juridiction répressive, la victime ou ses ayants droit doivent, en cas d'action dirigée soit contre l'assureur, soit contre le responsable, mettre en cause, suivant le cas, le responsable ou l'assureur.**

Art. R. 421-8 *(Décr. nº 81-30 du 14 janv. 1981)* **Si la demande d'indemnité a été portée devant une juridiction répressive ou si une transaction approuvée par le fonds de garantie est intervenue avec le responsable de l'accident, la victime ou ses ayants droit peuvent demander à l'assureur le paiement des sommes qui leur seraient versées par le fonds si le règlement était effectué par ce dernier, à la condition de justifier :**

1º Que le fonds de garantie leur a fait connaître, conformément à l'article R. 421-6 :

***a*) Qu'il conteste le bien-fondé de l'exception invoquée par l'assureur ou qu'il n'est pas en mesure de prendre une décision définitive à ce sujet;**

***b*) Qu'en l'absence de garantie de l'assureur ils seraient admis à bénéficier de la garantie dudit fonds.**

2º Que le montant de l'indemnité a été fixé par une décision de justice exécutoire opposable au fonds ou par une transaction approuvée par lui.

L'assureur est alors tenu de procéder au paiement des sommes susmentionnées pour le compte de qui il appartiendra. S'il n'exécute pas cette obligation, il peut y être contraint par une ordonnance rendue par le juge des référés à la requête de la victime ou de ses ayants droit.

Lorsque le bien-fondé de l'exception par lui opposée est reconnu soit par accord avec le fonds de garantie, soit judiciairement par une décision définitive opposable à cet organisme, cet assureur peut réclamer au fonds de garantie le remboursement des sommes qu'il a payées pour le compte de celui-ci après établissement de l'insolvabilité totale ou partielle du responsable dans les conditions prévues à l'article R. 421-13.

En cas d'instance judiciaire, pour rendre opposable au fonds de garantie la décision à intervenir, l'assureur doit lui adresser une copie de l'acte introductif d'instance.

BIBL. ▸ Spécificité du paiement pour le compte de qui il appartiendra : GROUTEL, *RCA 1992. Chron. 15.*

I. CONDAMNATION DE L'ASSUREUR

1. Vérification des conditions. Encourt la cassation l'arrêt de la cour d'appel qui condamne l'assureur au paiement d'une provision sur le fondement de l'art. R. 421-8 sans vérifier si les conditions d'application définies par cet article étaient réunies en l'espèce, la Cour de cassation ne pouvant s'assurer de la légalité de sa décision. • Crim. 29 juin 2004, nº 03-83.352 P : *RGDA 2004. 954, note Landel.*

2. Bénéficiaires. Seules les victimes d'un accident ou leurs ayants droit peuvent réclamer par voie de référé le paiement pour le compte de qui il appartiendra des sommes qui leur seraient versées par le Fonds de garantie automobile si le règlement était effectué par ce dernier. Dès lors, viole l'art. R. 420-8 [C. assur., art. R. 421-8] la cour d'appel qui condamne l'assureur de l'auteur d'un accident à rembourser à l'assureur de la victime la somme versée à cette dernière en exécution du contrat d'assurance, cet assureur n'ayant pas été directement victime de l'accident. • Civ. 1re, 6 oct. 1982, nº 81-14.271 P : *RGAT 1983. 373.* ♦ Une caisse primaire d'assurance maladie ne saurait intervenir pour demander et obtenir de l'assureur la garantie de l'assuré, pour le compte de qui il appartiendra, de sa condamnation. • Crim. 5 mai 1987 : *D. 1987. IR 136* • Civ. 1re, 14 nov. 1995, nº 93-11.750 P : *RCA 1996, nº 71.* ♦ Il en est de même pour la Caisse des dépôts et consignations intervenant comme organisme de sécurité sociale. • Crim. 26 oct. 1999, nº 98-84.676.

3. Avis du fonds de garantie. A violé l'art. 14 du Décr. du 7 janv. 1959 [C. assur., art. R. 421-6] la cour d'appel qui a déclaré recevable l'action de la victime devant le juge des référés fondée sur l'art. 16 du décret du 7 janv. 1959 [C. assur., art. R. 421-8] et a condamné l'assureur à payer pour le compte de qui il appartiendra, alors que le Fonds de garantie n'avait déclaré contester l'exception invoquée par celui-ci qu'après l'expiration du délai de trois mois. • Civ. 1re, 7 janv. 1970 (1er arrêt) : *D. 1970. 263, note P. P.; RGAT 1970. 544, note Besson; GADA, p. 184, obs. Berr et Groutel.* ♦ Toutefois, après avoir relevé qu'une compagnie d'assurance avait bien été informée des réserves du fonds de garantie automobile dans le délai de trois mois, une cour d'appel retient, à bon droit, que l'inobservation de ce délai, à l'égard de la victime seule, ne saurait préjudicier à celle-ci. • Civ. 1re, 6 juin 1979, nº 77-13.100 P : *D. 1980. IR 179, obs. Berr et Groutel; RGAT 1980. 86.*

4. Caractère définitif de la décision. Si la victime a le droit de demander au juge des référés de condamner l'assureur de l'auteur de l'accident, bien qu'il ait dénié sa garantie, à payer pour le compte de qui il appartiendra, c'est à la condition pour la victime de justifier que le montant de l'indemnité a été fixé par une décision judiciaire définitive opposable au Fonds. • Civ. 1re, 21 mars 1972, nº 70-13.605 P. ♦ Doit être cassé l'arrêt qui alloue à la victime les dommages-intérêts fixés par un jugement pénal assorti de l'exécution provisoire, mais frappé d'un appel encore pendant. • Civ. 1re, 15 avr. 1975, n° 73-11.636 P.

5. Existence d'un contrat. Justifient légalement l'application de l'art. 16 du Décr. du 7 janv. 1959 [C. assur., art. R. 421-8] les juges du fond qui constatent que, dans une lettre qu'il avait adressée au Fonds de garantie automobile, un assureur avait expressément reconnu qu'il assurait le véhicule ayant causé le dommage et qu'ainsi la condition posée par l'art. 14 du même décr. [C. assur., art. R. 421-4] à savoir la souscription d'une police pour satisfaire à l'obligation d'assurance, se trouvait réalisée. • Civ. 1re, 15 févr. 1977, n° 76-10.794 P. ♦ Il résulte des dispositions combinées des art. R. 421-5, al. 2, R. 421-6 et R. 421-8, dans leur rédaction issue du Décr. du 14 janv. 1981, que l'assureur peut être condamné à payer à la victime ou à ses ayants droit, pour le compte de qui il appartiendra, l'indemnité fixée par la juridiction répressive, alors même qu'il conteste l'existence du contrat d'assurance nonobstant la présentation, par le responsable de l'accident, d'une attestation d'assurance. • Crim. 7 oct. 1992, n° 91-86.008 P : *RCA 1993, n° 102, et Chron. 8, par Groutel ; RGAT 1993. 117, note Landel.*

6. Annulation du contrat prononcée. Il résulte de la combinaison des art. R. 421-5 et R. 421-8 que l'assureur ne peut être tenu de payer pour le compte de qui il appartiendra à la victime ou à ses ayants droit les sommes auxquelles le Fonds serait tenu si le règlement était effectué par lui, que lorsqu'il entend invoquer la nullité du contrat d'assurance ou une exception de non-assurance opposable aux intéressés. Tel n'est pas le cas lorsque la nullité du contrat a déjà été prononcée par une décision définitive de la juridiction civile. • Crim. 21 juin 1995, n° 94-80.644 P : *D. 1996. Somm. 184, obs. Groutel ; RGDA 1995. 916, note Landel.*

7. Obligation éventuelle du Fonds de garantie. La procédure instaurée par l'art. 16 du Décr. du 7 janv. 1959 suppose qu'au cas où l'exception soulevée serait ultérieurement reconnue fondée, l'assureur pourra, les conditions légales étant remplies, réclamer au Fonds le remboursement des sommes provisionnellement versées. Par conséquent, encourt la cassation la décision qui fait droit à la demande de la victime, alors que l'assureur, pour contester son obligation à garantie, soutenait que l'accident était un accident du travail, ce qui impliquait qu'au cas où ce moyen serait ultérieurement reconnu fondé, la réparation d'un tel accident du travail échappant aux règles de droit commun, le Fonds de garantie automobile se trouverait nécessairement hors de cause. • Civ. 1re, 7 févr. 1973 : *Bull. civ. I, n° 48.* ♦ En présence d'un coauteur, le Fonds de garantie n'est pas tenu de payer la victime, puisque celle-ci peut être indemnisée entièrement par l'effet de la solidarité ; aussi l'assureur qui a contesté sa garantie ne peut être condamné pour le compte de qui il appartiendra. • Civ. 1re, 9 mars 1973, n° 71-14.353 P : *D. 1973. 289, note G.C.M.*

8. Intérêts moratoires, frais et dépens. Si une cour d'appel a pu condamner l'assureur à payer, pour le compte de qui il appartiendra, outre les indemnités allouées au principal, les intérêts moratoires qui se rattachent à ces indemnités, elle a, en le condamnant à payer les frais et dépens qui ne sont pas prévus dans les opérations que le Fonds de garantie automobile est tenu d'effectuer, violé l'art. 15 de la L. du 31 déc. 1951. • Civ. 1re, 14 janv. 1976, n° 74-11.823 P. ♦ V. aussi, au sujet des intérêts moratoires : • Civ. 1re, 12 déc. 1977, n° 76-15.455 P : *RGAT 1978. 401, note Bigot.* ♦ ... Et des frais et dépens. • Civ. 1re, 9 mai 1972, n° 71-11.950 P.

9. Compétence juridictionnelle. La juridiction pénale, devant laquelle l'assureur a été mis en cause, est compétente pour prononcer une telle condamnation. • Crim. 7 oct. 1992 : *préc. note 5.* ♦ Comp. : il résulte l'art. R. 420-9, devenu l'art. R. 421-9 que seul le juge des référés peut, lorsque sont remplies les conditions mentionnées au 1 de l'art. R. 421-8, condamner l'assureur, en cas de contestation de la validité du contrat d'assurance, à payer à la victime, pour le compte de qui il appartiendra, les sommes qui lui ont été allouées en application des art. 515, 771 et 808 à 811 C. pr. civ. et qui lui seraient versées par le Fonds de garantie si le règlement était effectué par ce dernier. • Civ. 1re, 14 nov. 1995, n° 93-11.750 P : *RCA 1996, n° 71.*

10. Accident de la circulation. S'agissant d'un accident de la circulation, la demande de paiement pour le compte de qui il appartiendra n'est pas fondée sur l'art. R. 421-8 C. assur. mais sur l'art. 23 de la L. n° 85-677 du 5 juill. 1985, devenu l'art. L. 211-20. • Crim. 19 juin 2007 : *RCA 2007, n° 297, note Groutel ; RGDA 2007. 843, note Landel.* ♦ En application de l'art. 23 de la L. du 5 juill. 1985, entré en vigueur postérieurement à la modification des art. R. 421-5, R. 421-6 et R. 421-8 C. assur. par le Décr. n° 81-30 du 14 janv. 1981 et devenu l'art. L. 211-20 dudit code, l'assureur, nonobstant la contestation afférente à l'exception de garantie légale ou contractuelle qu'il soulève, est tenu, s'il ne les a pas d'ores et déjà indemnisées, de payer aux victimes, pour le compte de qui il appartiendra, la somme qui leur est allouée par la juridiction correctionnelle. • Crim. 18 juin 2013 : *RCA 2013, n° 325, et Étude 7, par Groutel.*

II. RECOURS DE L'ASSUREUR

11. Principe du recours. Il résulte de l'art. 16 du Décr. du 7 janv. 1959 [art. R. 421-8 C. assur.] que, lorsque l'assureur qui, à la suite d'un accident corporel, a soulevé une exception de non-garantie, a été amené à procéder au paiement pour le compte de qui il appartiendra de l'indemnité fixée par la juridiction répressive, il peut en réclamer le remboursement lorsque le bien-fondé de l'exception par lui opposée est reconnu. • Civ. 1re, 7 juin 1974, n° 73-12.014 P : *D. 1975. 286, note Berr et Groutel.* ♦ L'assureur qui s'est acquitté, pour le compte de qui il appartiendra, ne peut, étant ensuite déclaré non tenu à garantie, obtenir de la victime le remboursement des sommes versées, le paiement indu ayant, en réalité, bénéficié au Fonds de garantie automobile à l'encontre duquel existait le recours ouvert en pareil cas. • Civ. 1re, 9 mars 2004, n° 01-16.269 P : *RGDA 2004. 421, note Landel.*

12. Décision judiciaire définitive. La décision judiciaire définitive au sens de l'art. R. 420-15 [C. assur., art. R. 421-8] dans sa rédaction antérieure au Décr. du 14 janv. 1981, étant celle par laquelle le juge, en tranchant une contestation, se trouve désormais dessaisi de tout pouvoir de juridiction à son sujet, rien ne s'oppose à ce que l'assureur sollicite dans la même instance la reconnaissance du bien-fondé de l'exception de non-garantie et le remboursement de la somme avancée. • Civ. 1re, 11 oct. 1988, n° 86-18.351 P : *RGAT 1989. 63* • 3 mai 1995, n° 92-14.662 P : *RGAT 1995. 601, note Landel ; D. 1996. Somm. 184, obs. Groutel*. ♦ Aux termes de l'art. R. 420-8 [C. assur., art. R. 421-8], dans sa rédaction applicable en la cause du Décr. du 14 janv. 1981, le recours de l'assureur, qui a dénié sa garantie, contre le Fonds de garantie automobile est subordonné à la double condition de l'insolvabilité du responsable de l'accident et de la reconnaissance du bien-fondé de l'exception de non-garantie, soit amiablement par le Fonds lui-même, soit judiciairement par une décision définitive qui lui soit opposable. Ce texte n'exigeant ni qu'il s'agisse d'une décision irrévocable ni même d'une décision exécutoire, rien ne s'oppose, l'interdiction de citer le Fonds en justice prévue à l'art. R. 420-14, dernier al. [C. assur., art. R. 421-14, dernier al.] ne s'appliquant qu'à la victime ou à ses ayants droit, à ce que l'assureur, dans le même temps qu'il assigne l'assuré et la victime pour faire statuer sur l'exception de non-garantie, assigne également le Fonds de garantie automobile. La cour d'appel qui, sur l'assignation du Fonds par la compagnie d'assurance, doublée de l'intervention volontaire du Fonds, a reconnu le bien-fondé de l'exception de non-garantie et constaté l'insolvabilité du responsable n'a donc pas méconnu le caractère subsidiaire de l'obligation de ce Fonds. • Civ. 1re, 28 avr. 1987, n° 85-12.190 P : *D. 1988. Somm. 154, obs. Groutel ; RGAT 1988. 46.*

13. Formalités de l'art. R. 421-5. Pour rendre opposable au FGAO la décision à intervenir, l'assureur, qui a payé pour le compte de qui il appartiendra et qui agit en application de l'art. R. 421-8, doit avoir procédé à l'envoi des lettres recommandées avec demande d'avis de réception prévues par l'art. R. 421-5. • Civ. 2e, 7 févr. 2013 : *RCA 2013, n° 162, note Groutel ; RGDA 2013. 638, note Landel.*

14. Étendue du recours. Lorsque est reconnu le bien-fondé de l'exception qu'il a opposée, l'assureur peut réclamer au Fonds de garantie le remboursement des sommes qu'il a payées pour lui ; ce droit à remboursement, consacré par le code des assurances, étant indépendant de la subrogation légale prévue par l'art. 1251, 3°, C. civ., le Fonds de garantie ne doit pas rembourser à l'assureur les intérêts au taux légal sur les sommes versées par ce dernier aux victimes. • Civ. 1re, 25 févr. 1992, n° 89-11.261 P : *RCA 1992, n° 160, et Chron. 15, par Groutel ; RGAT 1992. 309, note Landel.* ♦ V. auparavant : • Civ. 1re, 28 avr. 1987 : *préc. note 12.*

Art. R. 421-9 *(Décr. n° 81-30 du 14 janv. 1981)* **Si la demande d'indemnité a été portée devant une juridiction civile dans les conditions prévues à l'article R. 421-7, la victime ou ses ayants droit peuvent, lorsque sont remplies les conditions mentionnées au 1° de l'article R. 421-8, demander à l'assureur le paiement des sommes qui leur ont été allouées en application des articles** *(Décr. n° 2019-1333 du 11 déc. 2019, art. 14)* **« 514, » 515,** *(Décr. n° 2019-1333 du 11 déc. 2019, art. 14)* **« 789, 834 à 837 » du code de procédure civile, et qui leur seraient versées par le fonds de garantie si le règlement était effectué par ce dernier.**

(Décr. n° 83-482 du 9 juin 1983) **« L'assureur est alors tenu de procéder au paiement des sommes susmentionnées pour le compte de qui il appartiendra. S'il n'exécute pas cette obligation, il peut y être contraint par une ordonnance rendue par le juge des référés à la requête de la victime ou de ses ayants droit. »**

Compétence du juge des référés. Il résulte des art. R. 420-8 et R. 420-9 [C. assur., art. R. 421-8 et R. 421-9] que, si la demande d'indemnité a été portée devant une juridiction civile, la victime ou ses ayants droit peuvent demander à l'assureur le paiement des sommes qui leur ont été allouées à titre de provision, notamment par voie de référé si les conditions mentionnées au 1° de l'article R. 420-8 [C. assur., art. R. 421-8] sont réunies. L'une de ces conditions tient à la circonstance que l'assureur ayant contesté sa garantie, le Fonds de garantie automobile ait, de son côté, contesté le bien-fondé de cette attitude ou fait connaître qu'il n'était pas en mesure de prendre une décision définitive à ce sujet. Il en résulte que le juge des référés, informé de cette situation, ne saurait décliner sa compétence au motif qu'il y aurait contestation sérieuse au sujet de l'application du contrat d'assurance. • Civ. 1re, 23 févr. 1988, n° 86-13.157 P : *D. 1989. Somm. 241, obs. Groutel.* ♦ Il résulte de l'art. R. 420-9, devenu l'art. R. 421-9, que seul le juge des référés peut, lorsque sont remplies les conditions mentionnées au 1 de l'art. R. 421-8, condamner l'assureur, en cas de contestation de la validité du contrat d'assurance, à payer à la victime, pour le compte de qui il appartiendra, les sommes qui lui ont été allouées en application des art. 515, 771 et 808 à 811 C. pr. civ. et qui lui seraient versées par le Fonds de garantie si le règlement était effectué par ce dernier. • Civ. 1re, 14 nov. 1995, n° 93-11.750 P : *RCA 1996, n° 71.*

Art. R. 421-10 *(Décr. n° 81-30 du 14 janv. 1981)* **Le règlement intérieur mentionné à l'article R. 421-25 précise les obligations des entreprises d'assurance pour l'application des articles R. 421-4 à R. 421-9.**

Art. R. 421-11 *(Décr. n° 86-452 du 14 mars 1986)* **Toute transaction ayant pour objet de fixer ou de régler les indemnités dues par les responsables non assurés de dommages résultant des atteintes à la personne nés d'un accident mentionné à l'article L. 421-1 doit être notifiée au fonds de garantie par le débiteur de l'indemnité dans un délai d'un mois par lettre recommandée** *(Décr. n° 2018-229 du 30 mars 2018, art. 13)* **« ou par envoi recommandé électronique, » avec demande d'avis de réception, sous peine de l'amende prévue pour les contraventions de troisième classe.**

Art. R. 421-12 *(Décr. n° 81-30 du 14 janv. 1981)* **Lorsque le responsable des dommages est inconnu, la demande des victimes ou de leurs ayants droit tendant à la réparation des dommages qui leur ont été causés doit être adressée au fonds de garantie dans le délai** *(Décr. n° 86-452 du 14 mars 1986)* **« de trois ans » à compter de l'accident.**

Lorsque le responsable des dommages est connu, la demande d'indemnité doit être adressée au fonds de garantie *(Décr. n° 86-452 du 14 mars 1986)* **« dans le délai d'un an » à compter soit de la date de la transaction, soit de la date de la décision de justice passée en force de chose jugée.**

En outre, les victimes ou leurs ayants droit doivent, dans le délai de *(Décr. n° 86-452 du 14 mars 1986)* **« cinq ans » à compter de l'accident :**

***a*) Si le responsable est inconnu, avoir réalisé un accord avec le fonds de garantie ou exercé contre celui-ci l'action prévue à l'article R. 421-14 ;**

***b*) Si le responsable est connu, avoir conclu une transaction avec celui-ci ou intenté contre lui une action en justice.**

Les délais prévus aux alinéas précédents ne courent que du jour où les intéressés ont eu connaissance du dommage, s'ils prouvent qu'ils l'ont ignoré jusque-là.

Lorsque l'indemnité consiste dans le service d'une rente ou le paiement échelonné d'un capital, la demande d'indemnité doit être adressée au fonds de garantie dans le délai d'un an à compter de la date de l'échéance pour laquelle le débiteur n'a pas fait face à ses obligations.

Ces différents délais sont impartis à peine de forclusion, à moins que les intéressés ne prouvent qu'ils ont été dans l'impossibilité d'agir avant l'expiration desdits délais.

I. POINT DE DÉPART DES DÉLAIS

1. *Point de départ du délai de trois ans.* Le point de départ du délai de trois ans imparti par l'art. R. 420-19, devenu l'art. R. 420-12 [C. assur., art. R. 421-12], n'est pas lié à une décision judiciaire, comme l'est celui d'un an prévu par le 2e al. de ce même art., mais est déterminé par la date de la connaissance du dommage. • Civ. 1re, 6 mars 1984, n° 83-11.104 P : *RGAT 1985. 75.*

2. *Point de départ du délai de cinq ans.* Il est nécessaire, pour que le Fonds de garantie automobile puisse indemniser la victime lorsque le responsable de l'accident est connu, que celle-ci ait conclu une transaction avec ce dernier ou l'ait assigné dans le délai de trois ans à compter de l'accident, à moins qu'elle prouve n'avoir eu connaissance du dommage que postérieurement. Est sans incidence à cet égard la date à laquelle elle a su que tout recours contre l'assureur était sans espoir. • Civ. 1re, 14 févr. 1989, n° 86-15.909 P • Civ. 1re, 9 juin 1982, n° 81-11.479 P : *D. 1984. IR 35, obs. Berr et Groutel ; RGAT 1983. 375.* ♦ ... Ou la date à laquelle la victime a pu connaître son état définitif. • Civ. 2e, 25 janv. 2007 : *RCA 2007, n° 144, note Groutel.* ♦ ... Ou la date à laquelle il a été établi que le responsable n'était pas valablement assuré. • Civ. 1re, 9 mai 1996 : *RCA 1996, n° 294.*

II. INTERRUPTION DU DÉLAI

3. *Assignation de l'assureur.* Viole l'art. R. 420-12 [C. assur., art. R. 421-12] l'arrêt qui retient que l'assignation de l'assureur en référé pour la désignation d'un expert et le versement d'une provision a interrompu le délai pour agir pendant toute la durée de l'instance, alors que, pour être interruptive du délai de forclusion, l'action en justice doit être intentée contre le responsable de l'accident. • Civ. 1re, 17 nov. 1998 : *RGDA 1999. 116, note Landel.*

III. IMPOSSIBILITÉ D'AGIR

A. IMPOSSIBILITÉ D'AGIR RETENUE

4. Aide juridictionnelle. Pour écarter la forclusion de trois ans, une cour d'appel ne peut se borner à relever que la victime avait obtenu l'aide judiciaire, sans rechercher la date de la notification de la décision du bureau d'aide judiciaire et le délai qui s'était écoulé entre cette notification et l'engagement de l'instance. • Civ. 2e, 20 avr. 1988, nº 86-15.131 P.

5. Information pénale contre X. Les délais de forclusion relatifs au recours contre le Fonds de garantie automobile sont suspendus par l'impossibilité d'agir dans laquelle se trouve la victime. Aussi, lorsqu'une information pénale a été ouverte contre X... à la suite d'un accident de la circulation dont l'auteur est resté inconnu, le délai de forclusion ne saurait courir avant que n'intervienne une ordonnance de non-lieu, la victime demeurant jusqu'à cette date dans l'impossibilité de justifier que le responsable de l'accident n'a pu être identifié. • Civ. 2e, 9 nov. 1971, nº 70-11.933 P : *D. 1972. 60 ; RGAT 1972. 404.*

6. Amnésie de la victime. Doit être relevée de la forclusion édictée par l'art. R. 421-12 la victime frappée d'amnésie à la suite de l'accident qui en a, un certain temps, ignoré l'existence. • Civ. 2e, 21 déc. 2006 : *RGDA 2007. 89, note Landel.*

B. IMPOSSIBILITÉ D'AGIR ÉCARTÉE

7. Méconnaissance du défaut d'assurance. Encourt la cassation l'arrêt qui décide qu'une victime n'est pas forclose à agir contre le Fonds de garantie automobile au motif que n'ayant appris qu'au cours du procès contre l'auteur responsable que celui-ci n'était pas assuré elle s'était trouvée dans l'impossibilité d'agir, alors que plus de trois ans s'étaient écoulés entre l'accident et l'assignation par elle de l'auteur responsable. • Civ. 1re, 20 déc. 1988, nº 86-18.878 P : *D. 1989. IR 9.* ♦ Rappr. : • Civ. 1re, 9 mai 1996 : *préc. note 1.*

8. Méconnaissance du refus de garantie de l'assureur. Si la victime connaissait, par le rapport de police, le nom et l'adresse du conducteur de la voiture automobile en cause, le fait que la compagnie d'assurance, qui faisait valoir ne plus être assureur du véhicule au moment de l'accident, et que le Fonds de garantie automobile, qui invoquait la prescription triennale de l'art. R. 420-19 [C. assur., art. R. 421-19], n'a pas fait connaître à la victime sa position, n'avait pas mis celle-ci dans l'impossibilité de les assigner dans les trois ans qui ont suivi l'accident. • Civ. 1re, 9 mars 1982, nº 81-10.208 P : *D. 1984. IR 35, obs. Berr et Groutel ; RGAT 1982. 529.* ♦ Le point de départ du délai de forclusion institué par l'art. R. 420-19 [C. assur., art. R. 421-12] étant la date de l'accident et non celle du refus de garantie de l'assureur, dès lors qu'une victime avait connu immédiatement l'auteur et les circonstances de l'accident, elle ne se trouvait pas dans l'impossibilité d'agir. • Civ. 1re, 9 juin 1982, nº 81-11.479 P : *D. 1984. IR 35, obs. Berr et Groutel ; RGAT 1983. 375.* ♦ Rappr. : • Civ. 1re, 14 févr. 1989 : *préc. note 1.*

9. Méconnaissance de l'existence d'un responsable. Les ayants droit d'une victime qui admettent avoir eu connaissance de sa mort en 1990, mais reconnaissent ainsi n'avoir rien tenté avant 1998 pour en connaître la cause, ne démontrent pas que leur ignorance de l'existence d'un responsable les a mis dans l'impossibilité d'agir contre le Fonds de garantie. • Civ. 2e, 1er déc. 2005 : *RGDA 2006. 107, note Landel.*

10. Connaissance tardive du classement sans suite de la plainte de la victime. La circonstance que la victime, qui avait adressé le 27 janv. 2014 au FGAO une demande tendant à la réparation de ses dommages, n'ait été avisée que le 15 sept. 2014 de la décision prise le 13 oct. 2010 par le procureur de la République de classer sans suite sa plainte, n'était pas de nature à caractériser son impossibilité d'agir avant l'expiration du délai de trois ans qui avait commencé à courir à compter de la date de l'accident. • Civ. 2e, 14 juin 2018, nº 17-18.492 : *RCA 2018, nº 261, note Groutel.*

11. Prise en charge des intérêts de la victime par un avocat. Ayant relevé qu'un conducteur avait, quelques mois après un accident, confié la charge de ses intérêts à un avocat qui avait entrepris certaines démarches en vue de l'indemnisation de son client, une cour d'appel a pu déduire que la victime n'avait pas été dans l'impossibilité d'agir avant l'expiration du délai de trois ans prévu par l'art. R. 420-12 [C. assur., art. R. 421-12], délai qui court à compter de l'accident. • Civ. 1re, 8 nov. 1994, nº 92-20.642 P : *RCA 1995, nº 41 ; RGAT 1995. 95, note Landel.* ♦ Ayant relevé, d'une part, que l'avis de classement sans suite avait été adressé par le parquet à la victime environ deux ans après l'accident de sorte que l'intéressé disposait encore d'un délai de presque trois ans pour agir à l'encontre du FGAO, d'autre part que la victime avait confié la défense de ses intérêts à un avocat qui avait entrepris certaines démarches en vue de son indemnisation, ainsi que l'établissait la correspondance en réponse adressée par le FGAO à cet avocat, une cour d'appel a pu en déduire que la victime n'avait pas été dans l'impossibilité d'agir avant l'expiration du délai de cinq ans prévu à l'art. R. 421-12 C. ass., délai qui court à compter de l'accident. • Civ. 2e, 29 mars 2018, nº 17-15.268 : *RGDA 2018. 306, note Landel.*

IV. PORTÉE DES DÉLAIS

12. Absence d'incidence sur la subrogation du FGAO. Les dispositions de l'art. R. 421-12 C. ass. régissent seulement les conditions des demandes d'indemnités adressées au FGAO par une victime ou ses ayants droit et ne peuvent faire obstacle à la subrogation du FGAO dans les droits du créancier de l'indemnité contre l'auteur de l'accident lorsqu'il a remboursé à l'assureur les sommes que ce dernier avait versées, pour le compte de qui il appartiendra, à une victime ou à ses ayants droit. • Civ. 2e, 14 juin 2018, n° 17-16.950 : *RGDA 2018. 408, note Landel.* ♦ Ayant relevé, d'une part, que l'avis de classement sans suite avait été adressé par le parquet à la victime environ deux ans après l'accident de sorte que l'intéressé disposait encore d'un délai de presque trois ans pour agir à l'encontre du FGAO, d'autre part que la victime avait confié la défense de ses intérêts à un avocat qui avait entrepris certaines démarches en vue de son indemnisation, ainsi que l'établissait la correspondance en réponse adressée par le FGAO à cet avocat, une cour d'appel a pu en déduire que la victime n'avait pas été dans l'impossibilité d'agir avant l'expiration du délai de cinq ans prévu à l'art. R. 421-12 C. ass., délai qui court à compter de l'accident. • Civ. 2e, 29 mars 2018, n° 17-15.268 : *RGDA 2018. 306, note Landel.*

Art. R. 421-13 *(Décr. n° 86-452 du 14 mars 1986)* **Les victimes d'accidents ou leurs ayants droit doivent adresser au fonds de garantie leurs demandes d'indemnité par lettre recommandée** *(Décr. n° 2018-229 du 30 mars 2018, art. 13)* **« ou par envoi recommandé électronique, » avec demande d'avis de réception. A l'appui de leur demande, ils sont tenus de justifier :**

1° Soit qu'ils sont français ;

— Soit qu'ils ont leur résidence principale sur le territoire de la République française ;

— Soit qu'ils sont ressortissants d'un État ayant conclu avec la France un accord de réciprocité et qu'ils remplissent les conditions fixées par cet accord ;

— Soit, enfin, pour les accidents dans lesquels sont impliqués des véhicules définis à l'article R. 421-1, deuxième alinéa, qu'ils sont ressortissants d'un État membre de la Communauté économique européenne autre que la France, du Saint-Siège, de Saint-Marin ou de Monaco, ou qu'ils ont leur résidence principale dans un de ces États.

2° Que l'accident ouvre droit à réparation à leur profit dans les termes de la législation française sur la responsabilité civile et qu'il ne peut donner droit à indemnisation complète à aucun titre. Si la victime ou ses ayants droit peuvent prétendre à une indemnisation partielle à un autre titre, le fonds de garantie ne prend en charge que le complément. Pour permettre de déterminer le préjudice complémentaire de la victime ou de ses ayants droit, les tiers payeurs, définis par la loi n° 85-677 du 5 juillet 1985, doivent faire connaître au fonds de garantie le montant des versements effectués au profit de ceux-ci, au plus tard dans un délai de quatre mois à compter de la demande émanant du fonds.

Les réclamants doivent également justifier soit que le responsable de l'accident n'a pu être identifié, soit qu'il n'est pas assuré *(Abrogé par Décr. n° 2018-612 du 16 juill. 2018, art. 2)* ***« ou que son assureur est totalement ou partiellement insolvable »*** **après la fixation de l'indemnité par une transaction ou une décision de justice exécutoire.**

(Abrogé par Décr. n° 2018-612 du 16 juill. 2018, art. 2) ***« L'insolvabilité de l'assureur résulte du retrait de l'agrément administratif. »*** — Assur. R. 421-67.

1. Date d'appréciation des conditions. Selon l'art. R. 421-13, les victimes d'accident survenu en France, dont le responsable est inconnu, ou leurs ayants droit doivent adresser au Fonds de garantie leur demande d'indemnité à l'appui de laquelle ils sont tenus de justifier soit qu'ils sont Français, soit qu'ils ont leur résidence principale sur le territoire de la République française, soit qu'ils sont ressortissants d'un État ayant conclu avec la France un accord de réciprocité dont ils remplissent les conditions. Les conditions requises par cet article, notamment celle de la nationalité, doivent être appréciées au jour de la demande. • Civ. 2e, 24 oct. 2002, n° 01-11.217 P : *RCA 2003, n° 25, obs. Groutel ; RGDA 2003. 72, note Landel.*

2. Dommage causé par un responsable connu. Si une décision définitive a condamné un prévenu à verser une indemnité à la victime, il appartient à celle-ci de satisfaire aux formalités édictées en pareil cas par les art. R. 420-13 et R. 420-14 anc. [C. assur., art. R. 421-13 et R. 421-14] en adressant au Fonds de garantie, par lettre recommandée avec demande d'avis de réception, une demande d'indemnité accompagnée d'une expédition du jugement à lui opposable et des autres pièces justificatives. • Civ. 1re, 27 nov. 1990, n° 88-10.591 P : *D. 1991. 337, note Couzinet ; RCA 1991, n° 41, et Chron. 1, par Groutel ; RGAT 1991. 105.*

3. Dommage causé par un animal. Une cour d'appel, après avoir exactement énoncé que les ayants droit de la victime devaient, pour invoquer la garantie du Fonds, établir que l'accident avait été causé par une chose ou un animal appartenant à un tiers dont la responsabilité était engagée, justifie légalement sa décision en estimant que cette preuve n'a pas été rapportée. • Civ. 1re, 25 févr. 1992 : *RCA 1992, no 208; RGAT 1992. 307, note Landel.*

4. Dommage causé par un responsable inconnu. Il appartient au Fonds de garantie, en présence d'un véhicule demeuré inconnu, de détruire la présomption de responsabilité qui pèse sur lui, en tant que substitué au gardien de celui-ci. • Civ. 2e, 17 janv. 1973, no 71-13.944 P : *D. 1973. IR 53.*

Art. R. 421-14 *(Décr. no 81-30 du 14 janv. 1981)* **Les demandes d'indemnités doivent obligatoirement être accompagnées d'une expédition de la décision de justice intervenue ou d'une copie certifiée conforme de l'acte portant règlement transactionnel pour la fixation définitive de l'indemnité.**

A défaut d'accord du fonds de garantie avec la victime ou ses ayants droit soit sur la transaction intervenue, soit sur la fixation de l'indemnité lorsque le responsable des dommages est inconnu ou lorsque la décision de justice invoquée est inopposable au fonds de garantie, soit sur l'existence des diverses conditions d'ouverture du droit à indemnité, la victime ou ses ayants droit saisissent *(Décr. no 2019-913 du 30 août 2019, art. 4-1o, en vigueur le 1er janv. 2020)* **« le tribunal judiciaire ». Le litige peut être porté devant la juridiction du lieu où l'accident s'est produit.**

En dehors de ces cas mentionnés à l'alinéa précédent et des contestations auxquelles peut donner lieu l'application des dispositions du dernier alinéa de l'article R. 421-15, le fonds de garantie ne peut être cité en justice par la victime ou ses ayants droit, notamment en déclaration de jugement commun pour l'application de l'article L. 421-1.

Art. R. 421-15 *(Décr. no 81-30 du 14 janv. 1981)* **Le fonds de garantie peut intervenir même devant les juridictions répressives et même pour la première fois en cause d'appel, en vue, notamment, de contester le principe ou le montant de l'indemnité réclamée, dans toutes les instances engagées entre les victimes d'accidents corporels ou leurs ayants droit, d'une part, les responsables ou leurs assureurs, d'autre part. Il intervient alors à titre principal et peut user de toutes les voies de recours ouvertes par la loi. En aucun cas, cette intervention ne peut motiver une condamnation conjointe ou solidaire du fonds de garantie et du responsable.**

Sous réserve des dispositions du quatrième alinéa du présent article, la victime ou ses ayants droit doivent adresser sans délai au fonds de garantie, par lettre recommandée *(Décr. no 2018-229 du 30 mars 2018, art. 13)* **« ou par envoi recommandé électronique, » avec demande d'avis de réception, une copie de tout acte introductif d'instance ayant pour objet de saisir la juridiction compétente d'une demande d'indemnité dirigée contre un défendeur dont il n'est pas établi que la responsabilité civile est couverte par une assurance.**

Tout acte introductif d'instance, dont une copie doit être adressée au fonds de garantie en application de l'alinéa précédent, doit contenir les précisions suivantes : date et lieu de l'accident, nature du véhicule ou agent ou instrument du dommage, autorité ayant dressé le procès-verbal ou le rapport mentionné à l'article R. 421-3, montant de la demande en ce qui concerne la réparation des dommages *(Décr. no 86-452 du 14 mars 1986)* **« résultant d'atteintes à la personne » ou, à défaut, nature et gravité de ces dommages. Il doit, en outre, mentionner d'après les indications contenues dans le procès-verbal ou le rapport précité ou celles recueillies ultérieurement, notamment celles fournies par l'assureur en application du premier alinéa de l'article R. 421-5 :**

Soit que la responsabilité civile du défendeur n'est pas couverte par un contrat d'assurance ;

Soit que l'assureur, dont les nom et adresse doivent être précisés ainsi que le *(Décr. no 86-452 du 14 mars 1986)* **« numéro du contrat », entend contester sa garantie ou invoquer la limitation de celle-ci ;**

Soit que le demandeur ne possède aucun des deux renseignements ci-dessus, les éléments lui permettant de douter de l'existence d'une assurance couvrant les dommages dont il est demandé réparation devant être mentionnés le cas échéant.

Les dispositions des deux alinéas qui précèdent ne sont pas applicables lorsque la demande d'indemnité est portée devant une juridiction répressive. Dans ce cas, la victime ou ses ayants droit doivent, dix jours au moins avant l'audience retenue pour les débats, aviser le fonds de garantie par lettre recommandée *(Décr. n° 2018-229 du 30 mars 2018, art. 13)* **« ou par envoi recommandé électronique, avec demande d'avis de réception, » de leur constitution de partie civile ou de l'éventualité de cette constitution. Cet avis doit mentionner, outre les diverses indications prévues au troisième alinéa du présent article, les nom, prénoms et adresse de l'auteur des dommages et, le cas échéant, du civilement responsable ainsi que la juridiction saisie de l'action publique et la date de l'audience.**

Les notifications effectuées dans les conditions prévues aux alinéas précédents ont pour effet, même si le fonds de garantie n'est pas intervenu à l'instance, de rendre opposable à celui-ci la décision rendue sur la demande d'indemnité. Toute mention inexacte contenue dans les notifications est sanctionnée, en cas de mauvaise foi, par la déchéance du recours éventuel du demandeur contre le fonds de garantie.

BIBL. ▶ Appel du fonds de garantie : GROUTEL, *RCA 1990. Chron. 31.*

I. IMMUNITÉ DU FONDS DE GARANTIE

1. Interdiction de condamner le Fonds de garantie. En aucun cas l'intervention du Fonds de garantie automobile ne peut motiver sa condamnation. • Cass., ch. mixte, 28 mai 1990, n° 88-86.030 P : *D. 1990. IR 151*. ♦ Conf. : • Crim. 1er avr. 2008, n° 07-80.675 P : *RCA 2008, n° 211, note Groutel* • Crim. 10 juin 2008 : *D. 2009. Pan. 253, obs. Groutel ; RCA 2008, n° 308, note Groutel* • Crim. 13 janv. 2009 : *RCA 2009, n° 90.* ♦ ... Conjointe ou solidaire de celui-ci et du responsable. • Civ. 1re, 28 avr. 1987, n° 85-12.190 P : *JCP 1989. II. 21216, note Barreau ; RGAT 1988. 46 ; D. 1988, somm. 153, obs. Groutel* • 15 déc. 1998 : *RCA 1999, n° 91 ; RGDA 1999. 356, note Landel* • Civ. 2e, 22 janv. 2004 : *RCA 2004, n° 124, note Groutel ; RGDA 2004. 418, note Landel* • 6 mars 2008 : *RCA 2008, n° 179, note Groutel ; RGDA 2008. 342, note Landel.* ♦ ... Et en disant « engagée la garantie du FGA », partie intervenante, ce qui équivalait à une condamnation de cet organisme, une cour d'appel, qui devait se borner à déclarer opposable sa décision, a méconnu ce principe. • Crim. 18 avr. 1991, n° 90-83.283 P : *RCA 1991, n° 230 ; RGAT 1991. 583, note Chapuisat.* ♦ ... De même, en condamnant le Fonds de garantie en le disant « tenu à garantie » alors qu'elle aurait dû se borner à lui déclarer sa décision opposable, une cour d'appel viole l'art. R. 421-15. • Cass., ch. mixte, 28 mai 1990 : *préc. (arrêt n° 2).* ♦ Aux termes de l'art. R. 421-15, en aucun cas, l'intervention du FGAO dans les instances engagées entre les victimes d'accidents corporels ou leurs ayants droit, d'une part, et les responsables ou leurs assureurs, d'autre part, ne peut motiver une condamnation conjointe ou solidaire du fonds de garantie et du responsable. Selon l'art. L. 211-22, al. 2, C. assur., l'application au FGAO de l'art. L. 211-13 prévoyant la pénalité du doublement du taux de l'intérêt légal lorsque l'offre n'a pas été faite dans les délais impartis à l'art. L. 211-9, ne fait pas obstacle aux dispositions particulières qui régissent les actions en justice contre le Fonds. Il en résulte que le FGAO ne peut être condamné à cette pénalité au cours des instances susmentionnées mais seulement au cours de celles introduites par la victime ou ses ayants droit à l'encontre du Fonds dans les conditions prévues par l'art. R. 421-14 C. assur. • Civ. 2e, 6 févr. 2020, n° 18-19.518 : *RCA 2020, n° 125, note Groutel ; ibid. 2022, chron. 4, n° 25, note Groutel ; RGDA mars 2020. 18, note Landel.*

2. Opposabilité de la condamnation du responsable. Les juges du fond doivent se borner à déclarer leur décision opposable au Fonds de garantie. • Cass., ch. mixte, 28 mai 1990 : *préc. note 1 (arrêt n° 2).* ♦ Il n'appartient pas aux tribunaux de condamner le Fonds de garantie conjointement ou solidairement avec le responsable, mais de lui déclarer opposables les condamnations prononcées contre celui-ci. • Civ. 2e, 22 janv. 2004 : *RCA 2004, n° 124, note Groutel ; RGDA 2004. 418, note Landel* • Civ. 1re, 15 janv. 1991, n° 87-19.135 P • 27 juin 1995 : *RGAT 1995. 914, note Landel.* ♦ Une cour d'appel qui fixe le préjudice global des victimes et le montant des créances de la Caisse et se borne à déclarer sa décision opposable au Fonds de garantie n'a pas à rappeler dans celle-ci, ni le caractère subsidiaire de l'obligation du Fonds, ni le droit, qu'il tient de la loi, de ne verser aux ayants droit de la victime que la part du préjudice qui n'est pas indemnisée par la sécurité sociale. • Civ. 2e, 7 juin 1989, n° 87-14.834 P.

3. Renonciation à la succession du responsable. Si les ayants droit du responsable ont renoncé à la succession de celui-ci, les règles applicables sont, dès lors, celles des successions vacantes ; par conséquent, c'est contre la succession représentée par son curateur et non contre le Fonds de garantie automobile, auquel elle doit seulement être déclarée opposable, qu'est prononcée la condamnation. • Civ. 1re, 31 janv. 1989, n° 87-11.009 P : *D. 1989. IR 41 ; RGAT 1989. 350.*

II. ÉTENDUE DES DROITS DU FONDS

A. PRÉTENTIONS

4. Défaut d'assurance. Selon l'art. L. 420-5 [C. assur., art. L. 421-5], le Fonds de garantie automobile peut intervenir dans toutes les instances engagées entre les victimes d'accidents ou leurs ayants droit, d'une part, les responsables ou leurs assureurs, d'autre part, en vue notamment de contester le principe ou le montant de l'indemnité réclamée ; cette énumération n'étant pas limitative, le Fonds doit être admis à intervenir dans lesdites procédures toutes les fois qu'il y a intérêt, ce qui est le cas lorsqu'il s'agit de contester le défaut d'assurance du prévenu. • Crim. 28 avr. 1987, n° 85-92.490 P : *D. 1988. Somm. 149, obs. Berr et Groutel ; RGAT 1988. 491.* ♦ V. aussi • Crim. 15 oct. 1975, n° 74-93.064 P : *D. 1976. 446, note Durry.*

5. *Accident du travail.* Le Fonds de garantie, légalement habilité à intervenir pour contester le principe ou le montant de l'indemnité réclamée, est fondé à faire constater, s'il y a lieu, par le juge saisi que le fait dommageable a le caractère d'un accident du travail dont la réparation incombe à ce titre à un organisme de sécurité sociale. • Crim. 14 mars 1972, n° 71-91.174 P : *RGAT 1973. 245.*

6. *Prescription biennale.* Les droits du Fonds de garantie automobile ne dérivant pas du contrat d'assurance, mais étant déterminés par la loi, qui ne le subroge pas aux droits des assurés, c'est à bon droit qu'une cour d'appel décide qu'il ne peut invoquer la prescription biennale de l'art. L. 114-1 à la place du responsable de l'accident à l'encontre de l'assureur agissant en remboursement de sommes versées. • Civ. 1re, 9 juin 1982, n° 81-13.582 P : *D. 1984. IR 39, obs. Berr et Groutel ; RGAT 1983. 376.* ♦ … Et, au regard du régime propre de prescription, prévu par ce texte, pour toutes actions dérivant du contrat d'assurance et de ce seul contrat, seuls l'assureur, l'assuré ou ceux qui sont subrogés dans leurs droits peuvent se prévaloir de la prescription abrégée qu'il institue. • Civ. 1re, 13 nov. 1991, n° 87-19.787 P : *RCA 1992, n° 78, note Groutel.*

7. *Condamnation coresponsable.* Il résulte du principe selon lequel nul ne plaide par procureur que le Fonds de garantie est irrecevable à demander la condamnation de conducteurs impliqués, au lieu et place de la victime d'un accident de la circulation. Aussi, en l'absence de toute prétention de celle-ci en ce sens contre les coresponsables de l'accident et leur assureur, le Fonds, dont l'obligation est subsidiaire, ne peut demander que sa mise hors de cause. • Civ. 2e, 29 nov. 2001, n° 00-10.549 P : *RCA 2002, n° 57.*

B. VOIE DE RECOURS

8. *Fondement textuel.* Les art. L. 420-5 et R. 420-15 [C. assur., art. L. 421-5 et R. 421-15] ayant une rédaction presque identique, et prévoyant l'un et l'autre que le Fonds de garantie peut exercer toutes voies de recours, en visant à bon droit le second de ces textes, qui s'applique à la procédure civile, plutôt que le premier, un arrêt ne contient aucune erreur matérielle et une requête en rectification ne peut être accueillie. • Civ. 2e, 4 janv. 1990, n° 89-16.935 P.

9. *Portée de l'appel du Fonds de garantie.* Compte tenu de l'indivisibilité du litige sur l'exception de nullité du contrat d'assurance soulevée par l'assureur, l'appel formé par le Fonds de garantie remet nécessairement en question, à l'égard de toutes les parties qui ont été citées devant la juridiction du second degré, la chose jugée en première instance quant à la validité du contrat d'assurance. • Crim. 12 mai 1987, n° 86-90.193 P : *D. 1988. Somm. 149, obs. Berr et Groutel.* ♦ En l'absence d'appel du prévenu, le recours du Fonds de garantie ne peut avoir d'effet sur le montant des condamnations mises par le tribunal à la charge dudit prévenu. • Crim. 25 juill. 1989 : *RCA 1989, n° 358, et Chron. 31, par Groutel.* ♦ V. aussi • Crim. 28 avr. 1970, n° 69-93.060 P : *D. 1970. 589* • 1er févr. 1982, n° 80-90.537 P. ♦ Mais si la juridiction du second degré, saisie d'un appel du Fonds de garantie contre les accidents, ne peut, en l'absence de recours du prévenu lui-même, diminuer le montant des indemnités mises par le tribunal à la charge de ce dernier au profit de la partie civile, elle n'en doit pas moins, à la demande du Fonds et dans les rapports de cet organisme avec la victime, statuer à nouveau sur l'évaluation du dommage de celle-ci. • Crim. 20 juin 1991, n° 90-80.756 P : *RCA 1991, n° 356 ; RGAT 1991. 867.* ♦ V. aussi • Crim. 14 mars 1963, n° 61-93.785 P : *D. 1963. Somm. 90 ; JCP 1964. II. 13971, note Meurisse* • 6 nov. 1984, n° 82-94.284 P : *D. 1985. IR 158* • 20 juin 1991, n° 90-81.146 P.

Art. R. 421-16 *(Décr. n° 86-452 du 14 mars 1986)* « Sans préjudice de l'exercice résultant de la subrogation légale du fonds de garantie dans les droits que possède le créancier de l'indemnité contre l'auteur de l'accident ou l'assureur, le fonds de garantie a le droit de réclamer également au débiteur de l'indemnité : d'une part, des intérêts qui sont calculés au taux légal depuis la date du paiement des indemnités lorsque celles-ci ont été fixées judiciairement, ou depuis la mise en demeure adressée par le fonds de garantie lorsque les indemnités ont été fixées par une transaction ; d'autre part, une allocation forfaitaire qui est destinée à couvrir les frais de recouvrement et dont le montant est fixé sur les bases que détermine un décret pris sur proposition du ministre chargé du budget. »

(Décr. n° 81-30 du 14 janv. 1981) Le cas échéant, le fonds de garantie recouvre également sur le débiteur de l'indemnité la contribution mentionnée au *(Décr. n° 2018-612 du 16 juill. 2018, art. 2)* « 4° » de l'article R. 421-27.

(Décr. nº 86-452 du 14 mars 1986) « Lorsque l'auteur des dommages entend user du droit de contestation prévu par l'article L. 421-3, il doit porter son action devant le tribunal compétent dans un délai de trois mois à compter de la mise en demeure de remboursement adressée par le fonds de garantie.

« La mise en demeure prévue aux alinéas ci-dessus résulte de l'envoi par le fonds d'une lettre recommandée avec demande d'avis de réception. » – *Assur. R. 421-54.*

Art. R. 421-17 *(Décr. nº 81-30 du 14 janv. 1981)* Sont interdites les conventions par lesquelles des intermédiaires se chargeraient, moyennant émoluments convenus au préalable, de faire obtenir aux victimes d'accidents corporels ou à leurs ayants droit une indemnisation du fonds de garantie.

Au cas d'inobservation de cette prohibition, il sera fait, s'il échet, application des dispositions de la loi du 3 avril 1942 proscrivant les pactes sur le règlement des indemnités dues aux victimes d'accidents dans les conditions prévues par la loi. – *V. cette loi au* **C. civ.**

§ 3 DISPOSITIONS APPLICABLES À L'INDEMNISATION DES DOMMAGES AUX BIENS *(Décr. nº 86-452 du 14 mars 1986).*

Art. R. 421-18 *(Décr. nº 86-452 du 14 mars 1986)* « 1. Les dommages aux biens pris en charge par le fonds de garantie en application du 2e alinéa de l'article R. 421-1 sont tous ceux qui résultent d'un accident dans lequel est impliqué un véhicule terrestre à moteur en circulation, ainsi que ses remorques et semi-remorques, lorsque l'auteur des dommages est identifié.

« Sont, dans ce cas, exclus du bénéfice du fonds de garantie les dommages subis par le véhicule impliqué dans l'accident ainsi que les dommages aux biens du conducteur de ce même véhicule.

« Lorsque le véhicule impliqué dans l'accident a été volé, sont exclus du bénéfice du fonds de garantie les complices du vol et, d'une manière générale, toutes les personnes transportées dans le véhicule. Cette exclusion n'est applicable que si le fonds de garantie apporte la preuve de la connaissance du vol par les personnes transportées.

« Lorsque l'auteur des dommages demeure inconnu, le fonds prend également en charge tous les dommages aux biens à condition que le conducteur du véhicule accidenté, ou toute autre personne, ait été victime d'une atteinte à sa personne ayant entraîné son décès, ou une hospitalisation d'au moins sept jours suivie d'une incapacité temporaire égale ou supérieure à un mois, ou une incapacité permanente partielle d'au moins 10 p. 100. »

(Décr. nº 81-30 du 14 janv. 1981) Toutefois, les personnes désignées au présent article peuvent invoquer la garantie du fonds lorsque l'accident a été causé par un autre véhicule terrestre à moteur, dans la mesure de la responsabilité de celui qui a la garde de ce véhicule.

Lorsqu'un contrat d'assurance a été souscrit pour garantir les conséquences pécuniaires de la responsabilité civile découlant de l'emploi du véhicule qui a causé les dommages matériels, le fonds de garantie ne peut être appelé à indemniser la victime ou ses ayants droit qu'en cas de nullité du contrat, de suspension du contrat ou de la garantie de non-assurance ou d'assurance partielle, opposables à la victime ou à ses ayants droit. L'assureur doit déclarer sans délai au fonds de garantie les accidents pour lesquels il entend invoquer une de ces exceptions. Il doit en aviser la victime ou ses ayants droit en précisant le numéro de la police.

2. Les dispositions des articles R. 421-13 à R. 421-16 sont applicables à l'indemnisation des dommages matériels.

3. *(Décr. nº 97-635 du 31 mai 1997)* « Le fonds de garantie ne prend pas en charge les dommages matériels subis par l'État. »

(Décr. nº 2004-176 du 17 févr. 2004) « 4. Lorsque le fonds de garantie indemnise en vertu du cinquième alinéa de l'article L. 421-1 les dommages aux biens résultant des accidents mentionnés aux troisième et quatrième alinéas du même article, et lorsque le responsable des dommages est inconnu ou que l'animal n'est pas identifié, le fonds

ne prend en charge ces dommages qu'à la condition que le conducteur du véhicule accidenté ou toute autre personne ait été victime d'une atteinte à son intégrité physique ayant entraîné son décès, ou une hospitalisation d'au moins sept jours suivie d'une incapacité temporaire égale ou supérieure à un mois ou d'une incapacité permanente partielle d'au moins 10 %. »

1. Notion de dommage aux biens. Les dispositions des art. L. 421-1 et R. 421-18 ne distinguent pas entre les catégories de préjudices consécutifs aux dommages aux biens. Viole ces articles la cour d'appel qui énonce que le dommage matériel résultant, pour la victime d'un accident de la circulation, du règlement d'une indemnité de résiliation anticipée à l'organisme de crédit lui ayant vendu son véhicule est constitutif d'un préjudice financier non pris en charge au titre des dommages matériels. • Civ. 2e, 13 juill. 1999, n° 97-13.210 P : *RCA 1999, n° 347.*

2. Responsable inconnu. L'application des dispositions de l'al. 6 de l'art. R. 421-18 n'exclut pas l'application des dispositions de l'al. 4 du même article et celles de l'art. L. 421-1, al. 2, du même code relatives aux conditions d'indemnisation, par le fonds de garantie automobile, des dommages aux biens, lorsque l'auteur de ces dommages demeure inconnu. • Civ. 1re, 21 févr. 1995, n° 91-15.525 P : *RCA 1995, n° 145 ; RGAT 1995. 373, note Landel.*

Art. R. 421-19 *(Décr. n° 2007-1118 du 19 juill. 2007)* **L'indemnisation des dommages aux biens par le fonds de garantie ne peut excéder par sinistre la somme fixée par arrêté du ministre chargé de l'économie.**

(Décr. n° 2010-923 du 3 août 2010, art. 1er) **« Lorsque l'accident de la circulation est causé par un animal identifié mais sans propriétaire, l'indemnisation des dommages aux biens par le fonds de garantie, mentionnée au *d* du 2 du II de l'article L. 421-1, supporte un abattement de 500 euros par véhicule. »**

L'art. 1er du Décr. n° 2010-923 du 3 août 2010 s'applique aux dommages nés d'accidents de la circulation survenus à compter de l'entrée en vigueur dudit décret (Décr. préc., art. 2).

Ancien art. R. 421-19 (Décr. n° 81-30 du 14 janv. 1981 ; Décr. n° 86-452 du 14 mars 1986) ***L'indemnisation des dommages aux biens par le fonds de garantie supporte un abattement de*** (Décr. n° 2001-95 du 2 févr. 2001) ***« 300 euros » par victime et ne peut excéder la somme de*** (Décr. n° 2001-95 du 2 févr. 2001) ***« 460 000 euros » par événement.***

Les espèces, valeurs mobilières et objets considérés comme précieux ne donnent pas lieu à indemnisation.

L'indemnisation des dommages occasionnés à des effets personnels ne peut excéder (Décr. n° 2001-95 du 2 févr. 2001) ***« 970 euros » par victime.***

Abattement. L'al. 3 de l'art. R. 421-19, qui fixe un plafond de 970 euros, ne déroge pas aux dispositions de l'al. 1er, selon lequel l'indemnisation supporte un abattement de 300 euros. • Civ. 2e, 5 juill. 2006, n° 03-19.654 P : *RCA 2006, n° 285, note Groutel ; RGDA 2006. 931, note Landel.*

Art. R. 421-20 *(Décr. n° 86-452 du 14 mars 1986)* **1. Lorsque l'auteur des dommages est identifié, toute victime de dommages aux biens doit, sous peine de déchéance de ses droits à l'égard du fonds de garantie, adresser au fonds une déclaration accompagnée de l'état descriptif des dommages et des justifications relatives à l'identité de l'adversaire, à sa responsabilité et à l'absence ou à l'insuffisance d'assurance ou de garantie de la personne présumée responsable des dommages. Cette déclaration doit être adressée au fonds dans le délai de six mois à compter du jour où la victime a eu connaissance de l'absence ou de l'insuffisance de garantie de la personne présumée responsable des dommages, notamment par le refus de prise en charge du sinistre par l'assureur de cette personne et, au plus tard, dans le délai de douze mois à compter du jour de l'accident, sauf si la victime est en mesure de rapporter la preuve qu'ayant fait elle-même ou par mandataire des diligences nécessaires pour obtenir la prise en charge de ses dommages par un assureur, il ne lui a pas été possible dans ce délai de douze mois de déterminer si une garantie d'assurance pouvait ou non jouer à son profit.**

Toutefois, la déchéance prévue à l'alinéa précédent n'est pas opposable à la victime de l'accident qui a subi à la fois des dommages atteignant sa personne et ses biens ou encore lorsque l'auteur des dommages est inconnu.

Lorsque l'auteur des dommages est inconnu, toute victime de dommages aux biens doit, sous peine de déchéance de ses droits à l'égard du fonds de garantie, dans le

délai de trois ans à compter de l'accident, faire une déclaration accompagnée de l'état descriptif des dommages et établir que les conditions prévues à l'article R. 421-18 sont réunies.

2. La demande d'indemnité doit être adressée au fonds de garantie dans le délai d'un an à compter soit de la date de la transaction, soit de la date de la décision de justice passée en force de chose jugée.

En outre, les victimes ou leurs ayants droit doivent, dans le délai de cinq ans à compter de l'accident, avoir conclu une transaction avec l'auteur de celui-ci ou intenté contre lui une action en justice ou, si l'auteur est inconnu, avoir réalisé un accord avec le fonds ou exercé contre celui-ci l'action prévue à l'article R. 421-14.

Les délais prévus aux deux alinéas précédents ne courent que du jour où les intéressés ont eu connaissance du dommage, s'ils prouvent qu'ils l'ont ignoré jusque-là.

Ces délais sont impartis à peine de forclusion, à moins que les intéressés ne prouvent qu'ils ont été dans l'impossibilité d'agir avant l'expiration de ces délais.

3. Les dispositions des articles R. 421-4 à R. 421-11 sont applicables à l'indemnisation des dommages aux biens de la victime d'un accident qui a subi également des dommages atteignant sa personne.

1. Conformité du délai de déclaration au droit de l'Union. Les règles de procédure instituées par les art. R. 421-18 à R. 421-20 C. assur. concernant l'indemnisation des dommages aux biens par le FGAO, et notamment le délai de six mois imparti, à peine de déchéance, à la victime, à compter du jour où elle a eu connaissance du défaut d'assurance de la personne présumée responsable, pour adresser sa déclaration au Fonds, qui favorisent la rapidité et l'efficacité de son intervention, ne rendent pas pratiquement impossible ou excessivement difficile l'exercice du droit à indemnisation que la victime tire de la Dir. 2009/103/CE du Parlement européen et du Conseil du 16 sept. 2009 et lui confèrent un niveau de protection correspondant à celui qu'elle prescrit. • Civ. 2e, 10 nov. 2021, n° 19-22.949 : *RGDA déc. 2021. 39, note Landel.*

2. Respect du délai de déclaration. Viole l'art. R. 421-20, la cour d'appel qui, pour dire le FGAO redevable envers la victime d'une somme en réparation du sinistre, énonce qu'aucune forclusion ne peut être opposée à la victime qui a respecté les dispositions de l'art. R. 421-20 qui précise que la demande d'indemnisation doit être adressée dans le délai d'un an à compter de la date de la décision de justice passée en force de chose jugée, sans vérifier si la victime avait respecté l'obligation de déclaration de sa créance au FGAO dans le délai de 6 mois à compter de la connaissance de l'absence de garantie prévue par l'art. R. 421-20, 1, à peine de déchéance de ses droits. • Civ. 2e, 22 nov. 2018, n° 17-27.485 : *RCA 2019, n° 91, note Groutel.*

3. Point de départ du délai de déclaration. Le délai pendant lequel la victime de dommages matériels doit saisir le Fonds de garantie automobile de sa réclamation court du jour où elle a eu connaissance de l'absence ou de l'insuffisance de garantie de l'auteur présumé de l'accident, et cette connaissance peut résulter de la notification faite par un assureur à la compagnie d'assurances mandataire de la victime de son refus de garantie du sinistre causé par l'auteur du dommage. • Civ. 1re, 19 déc. 1983, n° 82-13.732 P : *RGAT 1985. 75.* ♦ La date à laquelle la victime a eu connaissance de l'absence ou de l'insuffisance de garantie de la personne présumée responsable des dommages constitue un fait juridique susceptible d'être prouvé par tout moyen et qu'aucune disposition légale ne subordonne cette connaissance à l'existence de poursuites pénales et d'une condamnation définitive du chef de défaut d'assurance. • Civ. 2e, 10 nov. 2021, n° 19-22.949 : *RGDA déc. 2021. 39, note Landel.*

4. Domaine du délai de déclaration. Les délais de forclusion institués par l'art. R. 421-20 ne concernent que la recevabilité des demandes de la victime à l'égard du Fonds et sont étrangers à l'action de nature délictuelle exercée par le Fonds, subrogé dans les droits de la victime, contre le responsable de l'accident. • Civ. 2e, 25 nov. 2004, n° 03-18.279 P : *D. 2005. IR 241* ; *RCA 2005, n° 77.*

SECTION II DISPOSITIONS APPLICABLES AUX ACCIDENTS DE CHASSE

Art. R. 421-21 *(Décr. n° 81-30 du 14 janv. 1981)* **Les indemnités dues en vertu des dispositions de** *(Décr. n° 94-1023 du 29 nov. 1994)* **« l'article L. 421-8 du code des assurances » aux victimes** *(Décr. n° 86-452 du 14 mars 1986)* **« d'accidents qui donnent naissance à des dommages résultant d'une atteinte à la personne » ou à leurs ayants droit sont prises en charge par le fonds de garantie conformément aux dispositions de la présente section et à la condition que ces accidents soient survenus sur le territoire de la France métropolitaine et des départements d'outre-mer, à l'exception du département de la Guyane.**

Art. R. 421-22 *(Décr. n° 86-452 du 14 mars 1986)* Est exclu du bénéfice du fonds de garantie l'auteur d'un accident de chasse ou de destruction des animaux nuisibles, sauf si celui-ci peut apporter la preuve que la responsabilité d'une autre personne est engagée. La garantie du fonds est acquise dans la mesure de cette responsabilité.

Art. R. 421-23 *(Décr. n° 81-30 du 14 janv. 1981)* Tout auteur *(Décr. n° 86-452 du 14 mars 1986)* « d'un accident qui donne naissance à des dommages résultant d'atteintes à la personne » survenu au cours d'un acte de chasse ou de destruction des animaux nuisibles doit présenter, le cas échéant, son permis et faire connaître à l'agent de la force publique qui dresse le procès-verbal ou établit *(Décr. n° 94-1023 du 29 nov. 1994)* « le rapport relatif à l'accident, la ou les assurances autres que celles prévues par l'article L. 421-8 du code des assurances » qui seraient de nature à couvrir les dommages causés. Il doit également préciser le nom et l'adresse de la ou des entreprises d'assurances ainsi que le numéro *(Décr. n° 86-452 du 14 mars 1986)* « du ou des contrats ». Toute omission volontaire de déclaration ou fausse déclaration faite de mauvaise foi sera punie d'une amende *(Décr. n° 86-452 du 14 mars 1986)* « prévue pour les contraventions de troisième classe ».

Les renseignements résultant soit des mentions figurant sur le permis de chasser en vertu des dispositions du dernier alinéa de *(Décr. n° 94-1023 du 29 nov. 1994)* « l'article L. 421-8 du code des assurances », soit de la déclaration prévue ci-dessus, doivent être obligatoirement indiqués sur le procès-verbal ou le rapport relatif à l'accident. Si un ou plusieurs des renseignements faisant l'objet de la déclaration prévue à l'alinéa précédent sont ignorés de l'auteur de l'accident au moment de l'établissement du procès-verbal ou du rapport, cette circonstance est mentionnée ainsi que l'engagement qui doit avoir été pris par ledit auteur de faire parvenir ces renseignements sous huitaine. Dans ce cas, il est dressé ultérieurement un procès-verbal ou un rapport complémentaire.

Si l'auteur *(Décr. n° 86-452 du 14 mars 1986)* « d'un accident qui donne naissance à des dommages résultant d'atteintes à la personne » est inconnu, le procès-verbal ou le rapport relatif à cet accident doit mentionner expressément cette circonstance.

Un exemplaire de tout procès-verbal ou rapport relatif à un accident corporel causé par un auteur inconnu ou non assuré est transmis au fonds de garantie dans les dix jours de sa date par les autorités de police ou de gendarmerie.

Art. R. 421-24 *(Décr. n° 81-30 du 14 janv. 1981)* Lorsqu'un contrat d'assurance a été souscrit pour garantir les conséquences pécuniaires de la responsabilité civile de l'auteur d'un accident résultant d'actes de chasse ou de destruction d'animaux nuisibles, les dispositions des articles R. 421-4 à R. 421-10 sont applicables aux droits et obligations du responsable, de la victime, de l'assureur et du fonds de garantie.

Les dispositions des articles R. 421-12 à R. 421-17 sont applicables à l'indemnisation par le fonds de garantie des *(Décr. n° 86-452 du 14 mars 1986)* « dommages de chasse résultant d'atteintes à la personne » mentionnés à *(Décr. n° 94-1023 du 29 nov. 1994)* « l'article L. 421-8 du code des assurances », étant précisé qu'en matière d'accidents de chasse l'interdiction de citation en justice mentionnée par l'article R. 421-14 s'applique aux citations pour l'application de *(Décr. n° 94-1023 du 29 nov. 1994)* « l'article L. 421-8 du code des assurances » et que, dans la même matière, le rapport mentionné au 3e alinéa de l'article R. 421-15 est celui qui est prévu par l'article R. 421-23.

Toutefois, le bénéfice du fonds n'est donné que lorsqu'il est justifié que la victime a la nationalité française ou a sa résidence principale sur le territoire de la République française ou est ressortissant d'un État ayant conclu avec la France un accord de réciprocité et remplit les conditions fixées par cet accord.

La contribution que le fonds peut recouvrer, le cas échéant, sur le débiteur de l'indemnité est, en matière de chasse, celle prévue au 2° de l'article R. 421-38.

Toute transaction ayant pour objet de fixer ou de régler les indemnités dues par les responsables non assurés d'accidents corporels de chasse ou de destruction des animaux nuisibles définis à *(Décr. n° 94-1023 du 29 nov. 1994)* « l'article L. 421-8 du code des assurances » doit être notifiée au fonds de garantie par le débiteur de l'indemnité dans un délai d'un mois par lettre recommandée *(Décr. nº 2018-229 du 30 mars 2018, art. 13)* « ou par envoi recommandé électronique, avec demande d'avis de réception, » sous peine *(Décr. nº 86-452 du 14 mars 1986)* « de l'amende prévue pour les contraventions de troisième classe ».

SECTION II *BIS [ABROGÉE]* DISPOSITIONS RELATIVES À L'INTERVENTION DU FONDS EN CAS DE DÉFAILLANCE D'ENTREPRISES PRATIQUANT L'ASSURANCE OBLIGATOIRE DE DOMMAGES

(Abrogée par Décr. nº 2018-612 du 16 juill. 2018, art. 2)
(Décr. nº 2004-176 du 17 févr. 2004)

§ 1er *[ABROGÉ]* INTERVENTION DU FONDS

Art. R. 421-24-1 *Lorsque, par suite du retrait d'agrément d'une entreprise d'assurances de dommages, le fonds de garantie prend en charge l'indemnisation des dommages résultant d'atteintes à la personne et des dommages aux biens assurés au titre des garanties d'assurance dont la souscription est rendue obligatoire, cette prise en charge s'effectue dans les conditions et limites de garantie prévues par les contrats d'assurance souscrits auprès de cette entreprise. Lorsque le bénéficiaire de la garantie est l'assuré et sauf dans le cas des dommages aux personnes et aux biens causés par un accident dans lequel est impliqué un véhicule terrestre à moteur, cette prise en charge est limitée à 90 % de l'indemnité qui aurait été attribuée à l'assuré ou à ses ayants droit par l'assureur défaillant.*

Le fonds est substitué à l'assureur pour les obligations et droits mentionnés à l'article R. 211-13.

Le liquidateur désigné par l'autorité de contrôle prudentiel et de résolution en application (Décr. nº 2018-179 du 13 mars 2018, art. 2) *« des articles L. 326-1 et L. 326-2 » saisit le fonds de garantie des demandes de prise en charge des assurés, souscripteurs de contrat, adhérents et bénéficiaires des prestations prévues au contrat dès qu'il a connaissance de celles-ci.*

Il effectue, sur demande et pour le compte du fonds, les enquêtes et formalités nécessaires à l'exercice des actions prévues au dernier alinéa de l'article R. 211-13 ainsi que, le cas échéant, à l'exercice des recours contre les coresponsables et les personnes mentionnées aux troisième et quatrième alinéas de l'article L. 421-9-4. Les sommes récupérées par le fonds à la suite de ces recours lui sont directement versées et viennent en déduction de sa créance sur la liquidation.

Le fonds a la possibilité de prendre en charge les indemnisations dues au titre de la garantie décennale jusqu'à l'expiration de la garantie.

Décret nº 2004-176 du 17 février 2004, *relatif au fonds de garantie des assurances obligatoires de dommages [...].* **Art. 9** Le fonds de garantie prend en charge les indemnités dues par les entreprises défaillantes aux personnes assurées, souscriptrices, adhérentes ou bénéficiaires de prestations de contrats d'assurance au titre des garanties rendues obligatoires par une disposition législative ou réglementaire lorsque la liquidation de l'entreprise était encore en cours au 1er août 2003.

Pour les liquidations ouvertes avant le 19 avril 2001, les missions confiées par la présente section au liquidateur désigné par l'Autorité de contrôle prudentiel et de résolution sont exercées par le liquidateur désigné par le tribunal.

Pour ces liquidations, le liquidateur transmet au fonds avant le 1er juillet 2004 un état récapitulatif des personnes assurées, souscriptrices, adhérentes ou bénéficiaires de prestations non réglées par l'entreprise défaillante. Le détail des créances fixées au passif de l'entreprise défaillante détenues par ces personnes des provisions versées et des transactions conclues mais n'ayant pas fait l'objet du règlement total de son montant à l'assuré est porté sur cet état. Il en est adressé copie à l'Autorité de contrôle prudentiel et de résolution. Lorsque les créances ne sont fixées au passif que postérieurement au 30 juin 2004, le liquidateur doit en aviser le fonds de garantie dans un délai de deux mois à compter de leur fixation.

Le fonds dispose à réception de l'état d'un délai de deux mois pour mettre à la disposition du liquidateur désigné par l'Autorité de contrôle prudentiel et de résolution les sommes nécessaires au paiement des indemnités, déduction faite du montant des éventuelles provisions déjà versées aux assurés par le liquidateur. A titre exceptionnel, l'Autorité de contrôle prudentiel et de résolution peut, sur la demande du fonds de garantie, lui accorder une prolongation de ce délai, qui ne saurait être supérieure à trois mois. Le montant des sommes versées est inscrit au passif de la liquidation et le fonds bénéficie de l'ensemble des droits prévus par l'article L. 421-9-4 et par la présente section.

Art. R. 421-24-2 *Lorsque tout ou partie du portefeuille des contrats a fait l'objet d'un transfert de portefeuille au titre de l'article L. 421-9-2, l'entreprise bénéficiaire du transfert présente au fonds de garantie une demande de versement correspondant à la partie des engagements du cessionnaire non couverte par l'actif transféré. Le montant de cette demande est calculé sur la base des engagements arrêtés à la date de publication au Journal officiel de la République française de l'arrêté prononçant le transfert de portefeuille et des actifs accompagnant ce transfert. L'entreprise cessionnaire présente cette demande dans un délai de quatre mois suivant la publication de cette décision. Elle adresse copie de celle-ci à l'autorité de contrôle. Dans un délai de deux mois à compter de la date de la réception de ce document, le fonds, après avoir vérifié que les contrats sont couverts par la garantie et contrôlé le montant garanti par contrat, notifie à l'entreprise cessionnaire le montant de la somme qui lui est due, compte tenu des dispositions du premier alinéa de l'article R. 421-24-1. Ce montant est versé à l'entreprise cessionnaire en une seule fois. A titre exceptionnel, l'Autorité de contrôle peut, sur la demande du fonds de garantie, lui accorder un délai supplémentaire, qui ne saurait être supérieur à trois mois.*

Il est ouvert entre l'entreprise cessionnaire et le fonds de garantie un compte de liquidation des engagements transférés dont les modalités d'organisation et de fonctionnement sont déterminées par arrêté du ministre chargé de l'économie.

Lorsque la clôture du compte de liquidation fait apparaître un résultat positif, le fonds de garantie reçoit une fraction de ce solde égale à la proportion des engagements qu'il a couverts par le versement prévu au premier alinéa.

Art. R. 421-24-3 *Sont couverts par le fonds de garantie dans les limites fixées à l'article L. 421-9 les engagements de caution octroyés par une entreprise d'assurance agréée en France et soumise au contrôle de l'État en vertu de l'article L. 310-1 au titre :*

1° De l'article 1799-1 du code civil, de l'article 1er de la loi n° 71-584 du 16 juillet 1971 tendant à réglementer les retenues de garantie en matière de marchés de travaux définis par l'article 1779 (3°) du code civil et des articles 13-1 et 14 de la loi n° 75-1334 du 31 décembre 1975 modifiée relative à la sous-traitance ;

2° De l'article L. 124-8 et de l'article L. 763-9 du code du travail ;

3° De l'article L. 530-1 du code des assurances ;

4° Des articles L. 231-2 (k) et L. 231-1 (g) du code de la construction et de l'habitation et des articles L. 222-3 (h), R. 222-9 et R. 222-11 du même code ;

5° Des articles L. 261-11 (d) et R. 261-17 à R. 261-24 du code de la construction et de l'habitation et des articles 6 et 15 de la loi n° 84-595 du 12 juillet 1984 définissant la location-accession à la propriété immobilière ;

6° De l'article R. 141-2 du code rural ;

7° De l'article 3 (2°) de la loi n° 70-9 du 2 janvier 1970 réglementant les activités relatives à certaines opérations portant sur les immeubles et les fonds de commerce ;

8° De l'article 27 (alinéa 2) de la loi n° 71-1130 du 31 décembre 1971 portant réforme de certaines professions judiciaires et juridiques ;

9° De l'article 7-1 de la loi n° 82-1153 du 30 décembre 1982 d'orientation des transports intérieurs ;

10° De l'article L. 519-4 du code monétaire et financier ;

11° Des articles 4 (c), 9 (b), 11 et 12 de la loi n° 92-645 du 13 juillet 1992 fixant les conditions d'exercice des activités relatives à l'organisation et à la vente de voyages ou de séjours ;

12° De l'article L. 522-11 du code de commerce ;

13° De l'article 6 du décret n° 86-567 du 14 mars 1986 relatif au transport routier de marchandises ;

14° Des articles 7-2, 8, 9 et 10 du décret n° 86-608 du 14 mars 1986 relatif aux activités d'auxiliaires de transport de marchandises par voie terrestre ;

15° De l'article 3 (2°) du décret n° 89-273 du 26 avril 1989 portant application du décret du 9 janvier 1852 modifié sur l'exercice de la pêche maritime en ce qui concerne la première mise en marche des produits de la pêche maritime et les règles relatives aux communications d'informations statistiques ;

16° De l'article 9-2 du décret n° 98-58 du 28 janvier 1998 relatif aux conditions d'attribution de la carte d'identité de commerçant étranger ;

17° De l'arrêté du 9 mars 1994 relatif aux fonds communs de créances ;

18° De l'article 16 de l'arrêté du 6 mai 1995 relatif aux aérodromes et autres emplacements utilisés par les hélicoptères.

L'indemnisation par le fonds de garantie est limitée à 90 % du coût qui aurait été effectivement supporté par l'assureur défaillant au titre de l'exécution de ses engagements, sans que la fraction non indemnisée puisse être inférieure à 3 000 euros.

§ 2 *[ABROGÉ]* RELATIONS ENTRE LE LIQUIDATEUR ET LE FONDS DE GARANTIE

Art. R. 421-24-4 *Le liquidateur désigné par l'autorité de contrôle dans les conditions prévues* (Décr. n° 2018-179 du 13 mars 2018, art. 2) *« aux articles L. 326-1 et » L. 326-2 gère, avec l'accord du fonds de garantie, les dossiers relatifs à l'indemnisation des dommages couverts par une assurance dont la souscription est rendue obligatoire ou nés d'un accident dans lequel sont impliqués les véhicules terrestres à moteur assurés auprès de l'entreprise en liquidation. Il doit, sur demande du fonds, lui fournir toutes explications ou lui communiquer tous documents relatifs à ces dossiers.*

Les frais et dépenses de toute nature afférents à cette gestion sont à la charge de la liquidation.

Art. R. 421-24-5 *Le liquidateur désigné par l'Autorité de contrôle prudentiel et de résolution ne peut acquiescer à une décision de justice, conclure une transaction ou opposer une exception au tiers lésé, qu'après avoir obtenu l'accord du fonds de garantie.*

Art. R. 421-24-6 *Dans un délai de deux mois à compter de la réception de la demande du liquidateur désigné par l'Autorité de contrôle, le fonds de garantie met à la disposition de ce dernier sur le compte de la liquidation des opérations d'assurances les sommes nécessaires au paiement des indemnités et leur montant est inscrit au passif de la liquidation. À titre exceptionnel, l'Autorité de contrôle prudentiel et de résolution peut, sur la demande du fonds de garantie, lui accorder un délai supplémentaire, qui ne saurait être supérieur à trois mois.*

§ 3 *[ABROGÉ]* ACTIONS EN JUSTICE CONTRE LE FONDS DE GARANTIE

Art. R. 421-24-7 *Pour la détermination du principe ou de l'étendue de leur droit à indemnisation, les tiers lésés ne peuvent citer le fonds de garantie en justice, notamment en déclaration de jugement commun. Il en est de même des assurés pour leurs actions en revendication de garantie lorsque cette décision ou cette transaction concerne un contrat pris en charge par le fonds.*

§ 4 *[ABROGÉ]* COMPTABILISATION DES OPÉRATIONS DU FONDS DE GARANTIE

Art. R. 421-24-8 *Les dépenses et les recettes afférentes à l'intervention du fonds en application des dispositions de l'article L. 421-9 sont retracées dans une section spécifique de ses comptes intitulée "Opérations du fonds de garantie résultant de la défaillance d'entreprises d'assurance dommages". A cette section du bilan du fonds est affectée l'intégralité de la provision pour défaillance d'entreprises d'assurance et des actifs représentant cette provision inscrits au bilan du fonds.*

SECTION III **ORGANISATION, FONCTIONNEMENT ET CONTRÔLE DU FONDS DE GARANTIE** (Décr. n° 81-30 du 14 janv. 1981).

Art. R. 421-25** (Décr. n° 2004-176 du 17 févr. 2004) L'adhésion au fonds des entreprises mentionnées à l'article L. 421-2 ne prend fin qu'en cas de retrait, de cessation ou de caducité de l'agrément.

Il est interdit aux entreprises adhérentes au fonds de garantie d'utiliser cette adhésion ou le fait que des contrats d'assurance sont couverts par le fonds de garantie à des fins publicitaires, sans préjudice des dispositions législatives ou réglementaires relatives à l'information contractuelle due aux assurés.

Art. R. 421-25-1 *(Décr. nº 2016-852 du 27 juin 2016, art. 1er-1º)* « Le fonds de garantie est administré par un conseil d'administration composé de douze membres. Il comprend :

« 1º Sept représentants des entreprises d'assurance pratiquant sur le territoire de la République française l'assurance de dommage et couvrant les risques faisant l'objet d'une obligation d'assurance en vertu d'une disposition législative ou réglementaire ;

« 2º Deux membres désignés par arrêté du ministre chargé de l'économie, respectivement sur la proposition de la Fédération française des clubs automobiles et de la Fédération nationale des transporteurs routiers ;

« 3º Un représentant des assurés et bénéficiaires désigné par arrêté du ministre chargé de l'économie après consultation du Conseil national de la consommation ;

« 4º Une personnalité qualifiée désignée par arrêté du ministre chargé de l'économie en raison de ses compétences financières ;

« 5º Un représentant des organismes de prévention routière désigné par arrêté du ministre chargé de l'économie. »

Le conseil élit son président parmi ses membres.

Le conseil désigne le directeur général du fonds.

La durée du mandat du président, des administrateurs et du directeur général est fixée par les statuts régissant le fonds et ne peut excéder cinq ans.

(Décr. nº 2016-852 du 27 juin 2016, art. 1er-2º) « Le conseil ne délibère valablement, sur première convocation, que si sept au moins de ses membres sont présents ; sur seconde convocation, aucun quorum n'est requis. »

Les statuts du fonds de garantie sont approuvés par décret pris sur le rapport du ministre chargé de l'économie.

Un règlement intérieur, soumis à l'approbation du ministre chargé de l'économie avant application, fixe les rapports du fonds de garantie et des entreprises, notamment les modalités de la participation des entreprises dans les instances du fonds et des recours pour le compte du fonds.

Art. R. 421-26** Le fonds de garantie est soumis au contrôle du ministre de l'économie et des finances. Un commissaire du Gouvernement désigné par le ministre de l'économie et des finances exerce au nom du ministre un contrôle sur l'ensemble de la gestion du fonds. Il peut assister à toutes les réunions du conseil d'administration ou des comités qui seraient institués par ce conseil. Il peut se faire présenter tous livres et documents comptables.

Les décisions prises par ou au nom de l'un quelconque des organismes mentionnés à l'alinéa précédent sont exécutoires dans un délai de quinze jours francs à dater de la décision, si le commissaire du Gouvernement ne signifie pas, soit qu'il approuve immédiatement, soit qu'il s'oppose à la décision. Toutefois, le délai ci-dessus est ramené à cinq jours en ce qui concerne les décisions ne comportant pas un engagement financier pour le fonds.

SECTION IV **RÉGIME FINANCIER DU FONDS DE GARANTIE** *(Décr. nº 81-30 du 14 janv. 1981)*.

§ 1

Le titre du paragraphe 1 est supprimé (Décr. nº 2004-176 du 17 févr. 2004).

Art. R. 421-27 *(Décr. nº 94-1023 du 29 nov. 1994 ; Décr. nº 2004-176 du 17 févr. 2004)* Pour l'application des dispositions de l'article L. 421-4, les contributions prévues pour l'alimentation du fonds de garantie sont assises et recouvrées dans les conditions suivantes :

(Abrogé par Décr. n° 2018-612 du 16 juill. 2018, art. 2) « 1° La contribution des entreprises d'assurances au titre de la section "Opérations du fonds de garantie résultant de la défaillance d'entreprises d'assurance dommages" prévue à l'article (Décr. n° 2007-1118 du 19 juill. 2007) « R. 421-24-8 » est proportionnelle aux primes ou cotisations du dernier exercice, accessoires et rappels compris et annulations déduites, relatives aux contrats dont la souscription est rendue obligatoire, à l'exception des garanties relatives à la responsabilité du transporteur maritime, fluvial et aérien, y compris ceux souscrits en application du règlement (CE) n° 2027/97 du Conseil du 9 octobre 1997, lorsque le risque est situé dans la Communauté européenne. Elle est liquidée et recouvrée par le fonds de garantie qui peut prévoir le versement d'acomptes.

« 2° Lorsque le montant total des provisions inscrites au passif de la section "Opérations du fonds de garantie résultant de la défaillance d'entreprises d'assurance dommages" devient inférieur à 250 millions d'euros pendant une durée supérieure à six mois consécutifs, une contribution extraordinaire des entreprises d'assurance au titre de la section Défaillance des entreprises d'assurance de dommage est appelée. Son montant doit permettre de faire revenir durablement le montant total des provisions de la section considérée au-dessus de ce seuil. Cette contribution extraordinaire est liquidée et recouvrée par le fonds de garantie. Les entreprises adhérentes disposent d'un délai d'un mois pour verser au fonds leur cotisation à compter de la réception de l'appel du fonds. Le fonds de garantie informe l'Autorité de contrôle prudentiel et de résolution de tout retard de versement de plus d'un mois ou de tout refus de versement d'une entreprise d'assurance, afin que l'Autorité mette en œuvre, le cas échéant, les procédures de sanctions prévues (Décr. n° 2010-217 du 3 mars 2010, art. 3-III-2°) « à la section VII du chapitre II du titre Ier du livre VI du code monétaire et financier ». Les cotisations versées au fonds de garantie par les entreprises dont l'adhésion au fonds a pris fin ne peuvent faire l'objet d'un reversement par celui-ci. La contribution extraordinaire est proportionnelle aux primes ou cotisations du dernier exercice, accessoires et rappels compris et annulations déduites, relatives aux contrats dont la souscription est rendue obligatoire, à l'exception des garanties relatives à la responsabilité du transporteur maritime, fluvial et aérien, y compris ceux souscrits en application du règlement (CE) n° 2027/97 du Conseil du 9 octobre 1997, lorsque le risque est situé dans la Communauté européenne. Elle est liquidée et recouvrée par le fonds de garantie. »

3° La contribution des entreprises d'assurance est proportionnelle aux primes ou cotisations du dernier exercice, accessoires et rappels compris et annulations déduites, relatives à l'assurance des véhicules terrestres à moteur et des remorques ou semiremorques des véhicules lorsque le risque est situé sur le territoire de la République française. Elle est liquidée et recouvrée par le fonds de garantie qui peut prévoir le versement d'acomptes.

4° La contribution des responsables d'accidents causés par l'utilisation des véhicules définis au 3° ci-dessus, non bénéficiaires d'une assurance, est assise sur le montant total des indemnités mises à leur charge à titre de réparation des dommages résultant de ces accidents. Sont considérées comme bénéficiaires d'une assurance, au sens du présent article, les personnes dont la responsabilité civile est couverte par un contrat d'assurance dans les conditions prévues par l'article L. 211-1. Un tel bénéfice ne leur est toutefois acquis, au sens du présent article, que pour la part excédant la franchise prévue éventuellement par leur contrat en application de l'article L. 121-1.

En cas d'instance judiciaire, la décision doit faire apparaître si le responsable est ou non bénéficiaire d'une assurance.

La contribution est liquidée et recouvrée par les services de la *(Décr. n° 2014-551 du 27 mai 2014, art. 2)* « direction générale des finances publiques », selon les mêmes règles, sous les mêmes garanties et sous les mêmes sanctions qu'en matière de droits d'enregistrement. Elle est perçue sur la notification faite à la *(Décr. n° 2014-551 du 27 mai 2014, art. 2)* « direction générale des finances publiques » par le fonds de garantie.

La contribution doit être acquittée dans le délai d'un mois à compter de la réclamation adressée par la *(Décr. n° 2014-551 du 27 mai 2014, art. 2)* « direction générale des finances publiques ».

5° La contribution des assurés est assise sur toutes les primes ou cotisations nettes d'annulation qu'ils versent aux entreprises d'assurance pour l'assurance des risques de responsabilité civile résultant d'accidents causés par les véhicules définis au 3° ci-dessus. Elle est perçue par les entreprises d'assurance et recouvrée mensuellement par le fonds de garantie. Celui-ci peut prévoir le versement d'acomptes.

Art. R. 421-28 *(Décr. nº 94-1023 du 29 nov. 1994)* **Les taux des contributions mentionnées à l'article R. 421-27 sont fixés par arrêté du ministre chargé des assurances dans la limite des montants maximaux ci-après :**

(Abrogé par Décr. nº 2018-612 du 16 juill. 2018, art. 2) (Décr. nº 2004-176 du 17 févr. 2004) ***« – contribution des entreprises d'assurance au titre de la section "Opérations du fonds de garantie résultant de la défaillance d'entreprises d'assurance dommages" prévue au 1° de l'article R. 421-27 : 12 % de la totalité des charges de cette section ; »***

« – contribution des entreprises d'assurance au titre de la section automobile : 12 % de la totalité des charges de cette section » ;

(Décr. nº 97-635 du 31 mai 1997) **« – contribution des responsables d'accidents non assurés : 10 % des indemnités restant à leur charge. Toutefois, ce taux est ramené à 5 % lorsque l'accident a été provoqué par un véhicule utilisé par l'État ou un État étranger pour lequel a été fournie l'attestation prévue à l'article R. 211-25. Il est également ramené à 5 % des indemnités restant à leur propre charge pour les bénéficiaires d'une assurance avec franchise » ;**

– contribution des assurés : 2 p. 100 des primes mentionnées au 3° de l'article R. 421-27.

Art. R. 421-29 à R. 421-36 *Abrogés par Décr. nº 94-1023 du 29 nov. 1994.*

Art. R. 421-37** *(Décr. nº 2017-1523 du 3 nov. 2017, art. 10)* **« Sous réserve des règles édictées à l'alinéa suivant, »** *(Décr. nº 88-261 du 18 mars 1988)* **« les comptables publics, consignataires des extraits de jugements et d'arrêts, recouvrent, dans les mêmes conditions que les amendes, la majoration de 50 p. 100 instituée au profit du fonds de garantie par le premier alinéa de l'article** *(Décr. nº 2005-8 du 5 janv. 2005)* **« L. 211-27 » et les sommes dues par l'assureur en cas d'offre manifestement insuffisante constatée par le juge en application de l'article L. 211-14. »**

(Décr. nº 2017-1523 du 3 nov. 2017, art. 10) **« La majoration de 50 % affectant les amendes forfaitaires et les amendes de composition pénale, instituée au profit du fonds de garantie, est encaissée par un comptable de la direction générale des finances publiques dans les mêmes conditions que lesdites amendes. »**

(Décr. nº 94-1023 du 29 nov. 1994) **« Les encaissements ainsi effectués sont versés trimestriellement au fonds de garantie. »**

Les dispositions issues du Décr. nº 2017-1523 du 3 nov. 2017 entrent en vigueur :

1° le premier jour du mois suivant la publication au Journal officiel de l'arrêté prévu par l'art. D. 45-21 C. pr. pén., en tant qu'elles concernent les amendes forfaitaires ;

2° le 1er janv. 2018, en tant qu'elles concernent les amendes de composition pénale (Décr. préc., art. 11-II).

Art. R. 421-37-1 *(Abrogé par Décr. nº 2018-612 du 16 juill. 2018, art. 2) (Décr. nº 2004-176 du 17 févr. 2004)* ***L'intervention cumulée du fonds au titre de la section "Opérations du fonds de garantie résultant de la défaillance d'entreprises d'assurance dommages" ne peut excéder 700 millions d'euros à compter de l'ouverture de l'exercice comptable 2004.***

§ 2

Le titre du paragraphe 2 est supprimé (Décr. nº 2004-176 du 17 févr. 2004).

Art. R. 421-38** **Pour l'application des dispositions** *(Décr. nº 94-847 du 26 sept. 1994)* **« de l'article L. 421-8 du code des assurances », les contributions prévues pour l'alimentation du fonds de garantie sont assises dans les conditions suivantes :**

1° La contribution des entreprises d'assurance est proportionnelle aux sommes recouvrées par elles au titre de la contribution des assurés mentionnée au 3° ci-dessous.

2° *(Décr. nº 94-847 du 26 sept. 1994)* « La contribution des responsables, non bénéficiaires d'une assurance, d'accidents qui donnent naissance à des dommages résultant d'atteintes à la personne, est assise sur le montant total des indemnités mises à leur charge à titre de réparation des dommages résultant de ces accidents. » Sont considérées comme bénéficiaires d'une assurance au sens du présent article les personnes dont la responsabilité civile résultant d'accidents de chasse ou de destruction des animaux nuisibles est couverte par un contrat d'assurance. En cas d'instance judiciaire, la décision doit faire apparaître si le responsable est ou non bénéficiaire d'une assurance. La décision de justice ou la transaction doit opérer le cas échéant une ventilation entre les indemnités dues à titre de réparation des *(Décr. nº 86-452 du 14 mars 1986)* « dommages résultant d'atteintes à la personne et celles qui sont dues à titre de réparation de dommages aux biens ».

3° La contribution des assurés est fixée à une somme forfaitaire par personne garantie pour sa responsabilité civile résultant d'accidents de chasse ou de destruction des animaux nuisibles.

(Décr. nº 81-30 du 14 janv. 1981) « Ces contributions sont liquidées et recouvrées selon les modalités prévues en matière d'accidents de la circulation en application des dispositions de l'article R. 421-27. »

Art. R. 421-39** Les taux et quotités des contributions mentionnées à l'article R. 421-38 sont *(Décr. nº 94-1023 du 29 nov. 1994)* « fixés par arrêté du ministre chargé des assurances », dans la limite des montants maximaux ci-après :

Contribution des entreprises d'assurance : 12 p. 100 de la totalité des charges des opérations du fonds de garantie afférentes à la chasse et à la destruction des animaux nuisibles ;

Contribution des *(Décr. nº 86-452 du 14 mars 1986)* « responsables, non assurés, d'accidents qui donnent naissance à des dommages résultant d'atteintes à la personne » : 10 p. 100 des indemnités restant à leur charge. Toutefois ce taux est ramené à 5 p. 100 lorsque l'accident résulte d'une opération de destruction des animaux nuisibles effectuée en vertu des articles 393 à 395 du code rural *[C. rur., art. L. 227-6 à L. 227-9, devenus art. L. 427-1 à L. 427-10 C. envir.]* ;

Contribution des assurés : somme forfaitaire maximale de *(Décr. nº 83-482 du 9 juin 1983)* « 2,50 F *[0,38 €]* » par personne garantie.

Art. R. 421-40 et R. 421-41 *Abrogés par Décr. nº 94-1023 du 29 nov. 1994.*

Art. R. 421-42 *(Décr. nº 94-1023 du 29 nov. 1994)* Les comptables publics, consignataires des extraits des jugements et d'arrêts ainsi que des décisions de transaction intervenues conformément aux dispositions du décret nº 66-136 du 4 mars 1966 recouvrent, dans les mêmes conditions que les amendes, la majoration de 50 p. 100 instituée au profit du fonds de garantie par le deuxième alinéa de l'article L. 421-8 du code des assurances. Les encaissements effectués au titre de cette majoration sont versés trimestriellement au fonds de garantie.

Art. R. 421-43** La comptabilité du fonds de garantie doit permettre de faire apparaître pour chaque exercice la totalité des recettes et des charges afférentes aux opérations effectuées en application de *(Décr. nº 94-1023 du 29 nov. 1994)* « l'article L. 421-8 du code des assurances », afin que le résultat effectif de ces opérations puisse être dégagé et leur équilibre assuré.

§ 3

Le titre du paragraphe 3 est supprimé (Décr. nº 2004-176 du 17 févr. 2004).

Art. R. 421-44** Les opérations effectuées par le fonds de garantie comprennent :

En recettes :

(Décr. nº 2018-612 du 16 juill. 2018, art. 2) « *a)* Le produit des contributions prévues par les articles L. 421-4-1, L. 421-6-1, L. 421-8, L. 421-10 et L. 421-10-1 » ;

b) Les recouvrements effectués sur les débiteurs d'indemnités ;

c) Le produit des placements de fonds et les intérêts servis sur les fonds en compte courant ;

d) Les remboursements et réalisations de valeurs mobilières et immobilières ;

e) Toute autre ressource qui pourrait être attribuée au fonds de garantie.

En dépenses :

a) Les indemnités et frais versés au titre des sinistres à la charge du fonds ;

b) Les frais de fonctionnement et d'administration de toute nature du fonds ;

c) Les frais engagés au titre des recours ;

d) Le coût des placements de fonds.

Art. R. 421-45** Il est ouvert dans les écritures de la Caisse des dépôts et consignations un compte de dépôt intitulé : fonds de garantie (art. L. 421-1 *(Décr. nº 94-1023 du 29 nov. 1994)* « et L. 421-8 » du code des assurances).

Toutes les opérations concernant ce compte sont ordonnées par le représentant qualifié du fonds.

Le compte porte intérêt au taux servi pour la rémunération des fonds déposés à la Caisse des dépôts et consignations par les organismes dont cet établissement gère les comptes ; les recettes et les dépenses y sont inscrites avec les dates de valeur déterminées suivant les mêmes règles que pour les autres comptes de dépôt tenus par la Caisse des dépôts et consignations.

Les achats ou souscriptions de valeurs mobilières effectués dans les conditions fixées à l'article R. 421-47 ainsi que les aliénations desdites valeurs sont opérés sur l'initiative du représentant qualifié du fonds.

Ils font l'objet d'ordres d'achat ou de vente adressés à la Caisse des dépôts et consignations qui en assure l'exécution.

La Caisse des dépôts et consignations conserve gratuitement les valeurs composant le portefeuille du fonds et reçoit, aux diverses échéances, les arrérages et intérêts. Elle encaisse, lorsqu'il y a lieu, les sommes provenant du remboursement total ou partiel des titres ainsi que des lots et primes attribués.

Art. R. 421-46** Le compte prévu à l'article R. 421-45 comporte :

En recettes :

1º Les sommes versées par le fonds de garantie ou à son compte par les services de la *(Décr. nº 2014-551 du 27 mai 2014, art. 2)* « direction générale des finances publiques » ;

2º Les revenus et arrérages ainsi que le produit des remboursements des valeurs composant le portefeuille déposé à la Caisse des dépôts et consignations au nom du fonds.

En dépenses :

1º Les sommes mises par la Caisse des dépôts et consignations à la disposition du fonds au vu d'une décision de retrait prise par son représentant qualifié ;

2º Le montant des achats de valeurs mobilières acquises dans les conditions fixées à l'article R. 421-47.

Art. R. 421-47** L'excédent des ressources du fonds de garantie sur ses dépenses courantes est placé en valeurs mobilières et immobilières mentionnées à l'article R. 332-2.

SECTION V INTERVENTION DU FONDS EN CAS DE RETRAIT D'AGRÉMENT ADMINISTRATIF D'UNE ENTREPRISE D'ASSURANCE *(Décr. nº 2018-612 du 16 juill. 2018, art. 3)*.

Art. R. 421-48 et R. 421-49 *Abrogés par Décr. nº 94-1023 du 29 nov. 1994.*

§ 1 INTERVENTION DU FONDS DE GARANTIE

(Décr. nº 2018-612 du 16 juill. 2018, art. 3)

Art. R. 421-50 Lorsque, à la suite du retrait d'agrément d'une entreprise d'assurance, le fonds de garantie prend en charge l'indemnisation des dommages résultant d'atteintes à la personne et des dommages aux biens assurés au titre des garanties d'assurance dont la souscription est rendue obligatoire par les articles L. 211-1 ou L. 242-1, cette prise en charge s'effectue dans les conditions et limites de garantie prévues par les contrats d'assurance souscrits auprès de cette entreprise.

Sauf dans le cas des dommages aux personnes et aux biens causés par un accident dans lequel est impliqué un véhicule terrestre à moteur, cette prise en charge est limitée à 90 % de l'indemnité qui aurait été attribuée à l'assuré ou à ses ayants droit par l'assureur dont l'agrément a été retiré.

Le fonds de garantie est substitué à l'assureur pour les obligations et droits mentionnés à l'article R. 211-13.

En vue d'obtenir le remboursement des sommes qu'il a versées, le fonds de garantie exerce toutes les actions ou accomplit toutes les réclamations nécessaires auprès du liquidateur désigné par l'Autorité de contrôle prudentiel et de résolution dans les conditions prévues aux articles L. 326-1 et L. 326-2, du liquidateur désigné par les autorités compétentes de l'État d'origine d'une entreprise d'assurance dont le siège social est situé sur le territoire d'un État membre de l'Union européenne autre que la France, ou du fonds de garantie chargé dans cet État d'origine de la protection des personnes assurées, souscriptrices, adhérentes ou bénéficiaires de prestations de contrats d'assurance contre les conséquences du retrait d'agrément d'une entreprise d'assurance.

Art. R. 421-51 Lorsque tout ou partie du portefeuille des contrats a fait l'objet d'un transfert de portefeuille en application de l'article L. 421-9-2, l'entreprise bénéficiaire du transfert présente au fonds de garantie une demande de versement correspondant à la partie des engagements du cessionnaire non couverte par l'actif transféré. Le montant de cette demande est calculé sur la base des engagements arrêtés à la date de publication au *Journal officiel* de la République française de l'arrêté prononçant le transfert de portefeuille et des actifs accompagnant ce transfert. L'entreprise cessionnaire présente cette demande dans un délai de quatre mois suivant la publication de cette décision. Elle adresse copie de celle-ci à l'Autorité de contrôle prudentiel et de résolution. Dans un délai de deux mois à compter de la date de la réception de ce document, le fonds, après avoir vérifié que les contrats sont couverts par la garantie et contrôlé le montant garanti par contrat, notifie à l'entreprise cessionnaire le montant de la somme qui lui est due, dans la limite prévue au deuxième alinéa de l'article R. 421-50. Ce montant est versé à l'entreprise cessionnaire en une seule fois. A titre exceptionnel, l'Autorité de contrôle prudentiel et de résolution peut, sur demande du fonds de garantie, accorder à ce dernier un délai supplémentaire qui ne saurait être supérieur à trois mois.

Art. R. 421-52 Le cumul des interventions du fonds de garantie effectuées, en application des dispositions de l'article L. 421-9, à compter de l'ouverture de l'exercice comptable 2004, ne peut excéder 700 millions d'euros.

§ 2 RELATIONS ENTRE LE LIQUIDATEUR ET LE FONDS DE GARANTIE

(Décr. n° 2018-612 du 16 juill. 2018, art. 3)

Art. R. 421-53 Le liquidateur désigné par l'Autorité de contrôle prudentiel et de résolution en application des articles L. 326-1 et L. 326-2, ou par les autorités compétentes de l'État d'origine d'une entreprise d'assurance dont le siège social est situé sur le territoire d'un État membre de l'Union européenne autre que la France, saisit le fonds de garantie des demandes de prise en charge des assurés, souscripteurs, adhérents ou bénéficiaires de prestations prévues au contrat d'assurance dès qu'il a connaissance de celles-ci.

Le liquidateur effectue, sur demande et pour le compte du fonds de garantie, les enquêtes et formalités nécessaires à l'exercice des actions prévues au dernier alinéa de l'article R. 211-13 ainsi que, le cas échéant, à l'exercice des recours contre les coresponsables et les personnes mentionnées aux quatrième et cinquième alinéas de l'article L. 421-9-4. Les sommes récupérées par le fonds à la suite de ces recours lui sont directement versées et viennent en déduction de sa créance sur la liquidation.

Art. R. 421-54 Le liquidateur mentionné à l'article R. 421-53 gère, avec l'accord du fonds de garantie, les dossiers relatifs à l'indemnisation des dommages couverts par une assurance, dont la souscription est rendue obligatoire par les articles L. 211-1 ou L. 242-1, et qui sont assurés auprès de l'entreprise en liquidation. Il doit, sur demande du fonds, lui fournir toutes explications ou lui communiquer tous documents relatifs à ces dossiers.

Les frais et dépenses de toute nature afférents à cette gestion sont à la charge de la liquidation.

Le liquidateur ne peut acquiescer à une décision de justice, conclure une transaction ou opposer une exception au tiers lésé qu'après avoir obtenu l'accord du fonds de garantie.

Art. R. 421-55 La prise en charge des personnes assurées, souscriptrices, adhérentes ou bénéficiaires de prestations de contrats d'assurance souscrits auprès d'une entreprise d'assurance dont l'agrément a été retiré, s'effectue dans les délais fixés :

1° Aux articles L. 211-9 et L. 211-17, dans le cas où le fonds prend en charge l'indemnisation des dommages mentionnés à l'article L. 211-1 ;

2° A l'article L. 242-1, dans le cas où le fonds prend en charge l'indemnisation des dommages mentionnés à cet article.

§ 3 ACTIONS EN JUSTICE CONTRE LE FONDS DE GARANTIE

(Décr. n° 2018-612 du 16 juill. 2018, art. 3)

Art. R. 421-56 Pour la détermination du principe ou de l'étendue de leur droit à indemnisation, les tiers lésés ne peuvent citer le fonds de garantie en justice, notamment en déclaration de jugement commun. Il en est de même des assurés pour leurs actions en revendication de garantie lorsque cette décision ou cette transaction concerne un contrat pris en charge par le fonds.

SECTION VI DISPOSITIONS PARTICULIÈRES AUX DÉPARTEMENTS D'OUTRE-MER *(Décr. n° 81-30 du 14 janv. 1981).*

Art. R. 421-57 *(Décr. n° 81-30 du 14 janv. 1981)* Ne sont pas applicables dans le département de la Guyane les dispositions de la section II, ainsi que celles des dispositions de la section IV relative au régime financier du fonds de garantie qui concernent les accidents de chasse.

SECTION VII DISPOSITIONS PARTICULIÈRES AUX TERRITOIRES D'OUTRE-MER *(Décr. n° 94-182 du 1er mars 1994 ; Décr. n° 2008-1549 du 31 déc. 2008).*

Art. R. 421-58 *(Décr. n° 81-30 du 14 janv. 1981)* Sont applicables dans les territoires de la Nouvelle-Calédonie, de la Polynésie française, des Terres australes et antarctiques françaises et de Wallis-et-Futuna :

La section V du présent chapitre ;

Les sections I et IV du présent chapitre, dans la mesure où elles concernent les accidents causés par des véhicules définis à l'article R. 421-1, 2e alinéa.

Nouvelle-Calédonie. L'art. R. 421-58, dans sa rédaction issue du Décr. n° 81-30 du 14 janv. 1981, publié le 16 mars 1981 au *Journal officiel* de la Nouvelle-Calédonie, rend applicable en Nouvelle-Calédonie les art. R. 420-1 à R. 420-70 C. assur., dans leur rédaction issue du même décret. Le Décr. n° 88-261 du 18 mars 1988 ayant seulement recodifié à droit constant les dispositions réglementaires concernées et maintenu expressément l'art. R. 421-58, les art. R. 421-1 et R. 421-5 sont applicables en Nouvelle-Calédonie. • Civ. 2e, 12 déc. 2013 : *D. 2014. 571, chron. Lazerges-Cousquer et Touati ; RCA 2014, n° 101.*

Art. R. 421-59 *(Décr. nº 81-30 du 14 janv. 1981)* Est applicable au seul territoire de Wallis-et-Futuna l'article L. 421-7 relatif aux mesures conservatoires édictées au profit de la victime ou du fonds de garantie.

Art. R. 421-60** Dans les limites et conditions fixées par les dispositions législatives et réglementaires mentionnées à l'article L. 421-10 et aux articles R. 421-58 et R. 421-59, le fonds de garantie prend en charge les indemnités dues aux victimes d'accidents survenus dans les territoires mentionnés à l'article R. 421-58.

Toutefois, ne sont pas pris en charge :

a) Les dommages causés par des véhicules terrestres à moteur pour lesquels l'assurance en matière de circulation n'est pas obligatoire au regard de la réglementation de ces territoires ;

b) Les dommages causés par un auteur identifié ayant satisfait à l'obligation d'assurance en vigueur dans le territoire considéré et qui ne seraient pas supportés par le fonds de garantie en métropole lorsque l'obligation d'assurance y a été respectée.

Des dérogations aux dispositions du *b* ci-dessus peuvent être admises par arrêté conjoint du ministre chargé des départements et territoires d'outre-mer et du ministre de l'économie et des finances, en fonction des conditions particulières de la circulation automobile ou du régime d'indemnisation des victimes d'accidents automobiles dans les territoires d'outre-mer susmentionnés.

La prise en charge du fonds de garantie ne s'applique qu'aux conséquences d'accidents survenus après la date d'entrée en vigueur prévue par l'article R. 421-63.

Art. R. 421-61** La contribution des assurés prévue au 3° de l'article R. 421-27 est perçue sur les primes et cotisations définies audit article et émises dans les territoires d'outre-mer mentionnés à la présente section postérieurement à la date de son entrée en vigueur.

La contribution des responsables d'accidents non bénéficiaires d'une assurance, prévue au 2° de l'article R. 421-27, est perçue à l'occasion des accidents survenus dans les territoires d'outre-mer mentionnés à la présente section, postérieurement à cette même date.

Art. R. 421-62** Les comptables publics, consignataires des extraits de jugements et d'arrêts, recouvrent, dans les mêmes conditions que les amendes, la majoration de 50 p. 100 instituée au profit du fonds de garantie par l'article L. 421-10, deuxième alinéa.

(Décr. nº 94-1023 du 29 nov. 1994) « Les encaissements au titre de cette majoration sont versés trimestriellement au fonds de garantie. »

Art. R. 421-63 *(Décr. nº 81-30 du 14 janv. 1981)* Les dispositions des articles R. 421-58 à R. 460-62 *[art. R. 421-58 à R. 421-62]* entrent en vigueur dans le territoire de Wallis-et-Futuna le premier jour du trimestre civil suivant la date d'entrée en vigueur dans le territoire de l'obligation d'assurance de la responsabilité civile en matière de circulation automobile.

Art. R. 421-63-1 *Abrogé par Décr. nº 2008-1549 du 31 déc. 2008.*

SECTION VIII **DISPOSITIONS PARTICULIÈRES APPLICABLES AUX ACCIDENTS D'AUTOMOBILE SURVENUS À L'ÉTRANGER** *(Décr. nº 81-30 du 14 janv. 1981)*.

Art. R. 421-64** Pour l'application des articles L. 421-11 et L. 421-12, le fonds de garantie rembourse au bureau central français les sommes versées par cet organisme à l'occasion de l'indemnisation des victimes d'accidents ou de leurs ayants droit par un bureau national d'assurance étranger dans les conditions fixées par accord conclu entre les bureaux nationaux d'assurance.

Les modalités de ce remboursement sont fixées aux articles R. 421-65 à R. 421-67.

Art. R. 421-65** Le bureau central français doit indiquer au fonds de garantie soit qu'il n'existe pas de garantie d'assurance, soit, s'il en existe une, les raisons pour lesquelles le jeu de cette garantie est refusé en tout ou partie.

(Décr. nº 81-30 du 14 janv. 1981) « Le bureau central français transmet au fonds de garantie les indications relatives à l'identification de l'auteur, à la responsabilité, aux dommages subis par les victimes et notamment » :

a) La date et le lieu de l'accident ;

b) Le numéro d'immatriculation et la lettre de nationalité du véhicule ;

c) Le nom et le domicile du conducteur et du propriétaire du véhicule au moment de l'accident et, si le responsable est une autre personne, le nom et le domicile de celle-ci ;

d) L'identité des victimes et de leurs ayants droit ;

e) Le numéro du document justificatif d'assurance ;

f) Le nom de l'entreprise d'assurance qui a délivré la police et le numéro de cette police.

Art. R. 421-66** Le bureau central français doit justifier auprès du fonds de garantie du paiement effectué auprès du bureau national d'assurance étranger en adressant au fonds de garantie la quittance signée par la ou les victimes ou leurs ayants droit ou tout acte pouvant en tenir lieu, ainsi qu'un décompte certifié conforme des dépenses réellement exposées à l'occasion de l'accident.

Art. R. 421-67** *(Décr. nº 86-452 du 14 mars 1986)* Sauf dans les cas prévus aux articles R. 421-68 et R. 421-69, le Bureau central français doit également justifier *(Décr. nº 2018-612 du 16 juill. 2018, art. 3)* « du retrait d'agrément » de l'assureur du responsable *(Abrogé par Décr. nº 2018-612 du 16 juill. 2018, art. 3)* ***« dans les conditions prévues au dernier alinéa de l'article R. 421-13 ».***

Art. R. 421-68** Lorsqu'un contrat d'assurance a été souscrit pour garantir les conséquences pécuniaires de la responsabilité civile découlant de l'emploi du véhicule qui a causé l'accident et si l'assureur invoque une exception pour refuser sa garantie ou en réduire l'étendue, le fonds de garantie doit satisfaire à l'obligation de remboursement prévue à l'article R. 421-64.

Dans le cas prévu à l'alinéa précédent, l'assureur doit déclarer au fonds de garantie l'exception invoquée dans le délai maximal de six mois à compter de la date à laquelle il a eu connaissance des faits motivant cette exception. Le fonds de garantie peut, dans le délai de six mois à compter de la date de cette déclaration, contester le bien-fondé de l'exception invoquée.

Si le fonds de garantie use de son droit de contestation, l'assureur lui rembourse les sommes mises à la charge du fonds de garantie en vertu du premier alinéa du présent article. Si l'assureur n'effectue pas ce remboursement, il peut y être contraint par ordonnance rendue par le juge des référés à la requête du fonds de garantie.

1. *Contestation du bien-fondé de l'exception de garantie.* L'art. R.** 421-68, al. 2, offre une simple faculté et laisse ouvert au FGAO le droit d'agir en justice pour contester le bien-fondé de l'exception de non-garantie invoquée. • Civ. 2e, 4 juill. 2013 : *RGDA 2013. 909, note Landel ; RCA 2013, nº 315 ; ibid. Étude 7, note Groutel.*

2. *Prescription de l'action.* Lorsqu'il agit en justice, le FGAO n'exerce pas un recours subrogatoire mais l'action fondée sur le droit propre que le confère l'art. R. 421-68, ce dont il résulte que la prescription est régie par la loi française. • Civ. 2e, 29 juin 2017, nº 16-13.924 P : *RGDA 2017. 486, note Landel ; RCA 2017, nº 258, note Groutel ; Gaz. Pal. 19 déc. 2017. 71, note Ehrenfeld.*

Art. R. 421-69** Le fonds de garantie rembourse au bureau central français pour le compte de l'État les sommes dues par celui-ci pour les accidents dont il est responsable dans les pays mentionnés au premier alinéa de l'article L. 211-4. Une convention passée par l'État avec le fonds de garantie et le bureau central français, et approuvée par arrêté du ministre de l'économie et des finances, fixe les conditions d'application du présent article, notamment les modalités de remboursement de ces sommes au fonds de garantie.

Art. R. 421-70 *(Décr. n° 81-30 du 14 janv. 1981)* Sous réserve des dispositions de la présente section, les sections I et III et les paragraphes I et III de la section IV du présent chapitre sont applicables à l'indemnisation des accidents d'automobile survenus à l'étranger.

Art. R. 421-71 *(Décr. n° 2003-1237 du 22 déc. 2003)* Lorsqu'il est saisi en qualité d'organisme d'indemnisation au sens de l'article L. 424-1, le fonds de garantie des assurances obligatoires de dommages informe immédiatement :

a) L'entreprise d'assurance du véhicule dont la circulation a causé l'accident ou son représentant chargé du règlement des sinistres ;

b) L'organisme d'indemnisation de l'État membre d'établissement de l'entreprise d'assurance qui a souscrit le contrat ;

c) Si elle est identifiée, la personne ayant causé l'accident, du fait qu'il a reçu une demande d'indemnisation de la part de la personne lésée et qu'il va y répondre, dans un délai de deux mois à compter de la présentation de cette demande.

SECTION IX DISPOSITIONS RELATIVES AU FINANCEMENT D'ACTIONS VISANT À RÉDUIRE LE NOMBRE DES ACCIDENTS DE LA CIRCULATION ET À PRÉVENIR LA NON-ASSURANCE DE RESPONSABILITÉ CIVILE AUTOMOBILE

(Décr. n° 2004-176 du 17 févr. 2004)

Art. R. 421-72 Le financement des actions mentionnées *(Décr. n° 2018-644 du 20 juill. 2018, art. 1er, en vigueur le 31 déc. 2018)* « au premier alinéa du V » de l'article L. 421-1 est décidé par le conseil d'administration du fonds de garantie, dans la limite d'un plafond annuel de cinq millions d'euros.

(Décr. n° 2018-644 du 20 juill. 2018, art. 1er, en vigueur le 31 déc. 2018) « En application du second alinéa du V de l'article L. 421-1, le fonds de garantie peut mener toute action de sensibilisation ou d'information directement auprès du propriétaire d'un véhicule susceptible de ne pas satisfaire à l'obligation d'assurance mentionnée à l'article L. 211-1. »

SECTION X DISPOSITIONS PARTICULIÈRES APPLICABLES AUX DOMMAGES IMMOBILIERS D'ORIGINE MINIÈRE

(Décr. n° 2004-348 du 22 avr. 2004)

Art. R. 421-73 Les propriétaires susceptibles de bénéficier des dispositions de l'article L. 421-17 adressent au fonds de garantie une demande d'indemnité, par lettre recommandée *(Décr. n° 2018-229 du 30 mars 2018, art. 13)* « ou un envoi recommandé électronique, » avec demande d'accusé de réception, dans un délai de six mois à compter de la survenance des dommages.

Toutefois, pour les dommages survenus entre le 1er septembre 1998 et le 23 avril 2004, le délai de six mois ne court qu'à compter de cette dernière date.

Art. R. 421-74 Les propriétaires intéressés doivent joindre à leur demande d'indemnité les pièces et informations suivantes :

1. Une copie certifiée conforme de l'acte de mutation immobilière par lequel ils ont acquis l'immeuble endommagé, *(Décr. n° 2012-1462 du 26 déc. 2012, art. 35, en vigueur le 1er janv. 2013)* « accompagnée de la réponse donnée par le service de la publicité foncière à une demande de renseignements » ou d'un extrait du feuillet du livre foncier délivré par le *(Décr. n° 2019-966 du 18 sept. 2019, art. 1er, en vigueur le 1er janv. 2020)* « tribunal judiciaire » dans le ressort duquel est situé l'immeuble, permettant d'établir l'origine de propriété ;

2. Une description détaillée de l'immeuble avant les dommages et des dommages subis du fait de l'activité minière ;

3. Tout document probant sur l'usage de l'immeuble à la date d'apparition des dommages ;

4. Une déclaration sur l'honneur indiquant s'ils ont perçu ou s'ils sont susceptibles de percevoir une ou plusieurs contributions ayant le même objet que l'indemnité sollicitée, ainsi que la désignation des personnes qui les leur ont accordées. Dans le même document, ils indiquent si d'autres procédures relatives à l'indemnisation des mêmes dommages sont en cours et ils s'engagent sur l'honneur à reverser, dans la limite de l'indemnité perçue, toute indemnité dont ils pourraient bénéficier au terme de toute procédure en cours ou à venir visant à l'indemnisation de ces dommages.

Art. R. 421-75 I. – Lorsqu'il est saisi d'une demande d'indemnité, le fonds de garantie en informe le responsable présumé des dommages, le préfet, la juridiction saisie si une action en justice a été intentée par le propriétaire intéressé et les personnes désignées dans la déclaration sur l'honneur mentionnée à l'article précédent.

Il fait procéder, dans un délai maximal d'un mois et à ses frais, à une expertise. A cette fin, il mandate un ou plusieurs experts compétents en matière immobilière. Ces derniers peuvent se faire assister par des personnes compétentes dans d'autres domaines.

Pour chaque immeuble, les experts ont pour mission :

– d'établir avec le propriétaire intéressé un descriptif des dommages de toute nature affectant l'immeuble ;

– d'indiquer la ou les causes des dommages et, en cas de pluralité de causes, de dire dans quelle proportion chacune d'elles a contribué à la réalisation des dommages ;

– d'évaluer le coût des travaux nécessaires pour mettre fin aux désordres et rendre l'immeuble conforme à sa destination ;

– d'évaluer la somme nécessaire pour recouvrer, dans un secteur comparable, la propriété d'un immeuble de consistance et de confort équivalents, sans tenir compte du risque.

II. – Pour les immeubles grevés d'une clause mentionnée au premier alinéa du II de l'article 75-2 du code minier, valablement insérée dans un contrat de mutation immobilière conclu antérieurement au 17 juillet 1994 avec une collectivité territoriale, un établissement public en relevant ou une personne physique non professionnelle, les experts ont en outre pour mission :

– de préciser si les dommages sont directs et substantiels ;

– de dire s'ils ont pour cause déterminante un sinistre minier au sens du dernier alinéa du II de l'article 75-2 du code minier ;

– de vérifier, si un arrêté prononçant l'état de sinistre minier a été publié, que l'immeuble est situé dans le périmètre délimité par l'arrêté.

Art. *[R.]* 421-76 Après la remise par le ou les experts du descriptif des dommages et des autres conclusions de l'expertise, le fonds de garantie verse, dans un délai maximal de trois mois à compter de la date de cette remise ou, pour les immeubles mentionnés au II de l'article R. 421-75 situés dans le périmètre du sinistre minier, de la date de publication de l'arrêté prononçant l'état de sinistre minier, dans la limite d'un plafond de 300 000 €, le montant de l'indemnité allouée au demandeur au titre des dommages mentionnés au I de l'article L. 421-17.

Le demandeur est présumé avoir subi les dommages mentionnés au descriptif établi par l'expert et l'indemnité versée par le fonds de garantie est présumée réparer ces dommages dans les conditions du II de l'article L. 421-17 du code des assurances lorsque le montant de l'indemnité est inférieur à 100 000 €.

Si les dommages ne remplissent pas les conditions prévues au I de l'article L. 421-17, le fonds de garantie rejette la demande d'indemnité dans un délai de trois mois à compter de la date de remise du rapport d'expertise, par lettre recommandée avec demande d'accusé de réception.

Art. *[R.]* 421-77 Pour les immeubles mentionnés au II de l'article R. 421-75 situés dans le périmètre du sinistre minier, lorsque la remise en l'état de l'immeuble sur le même terrain n'est pas possible et que, par suite, en application des dispositions du

II de l'article L. 421-17 du code des assurances, l'indemnisation permet au propriétaire de l'immeuble sinistré de recouvrer la propriété d'un immeuble de consistance et de confort équivalents, elle s'accompagne de la remise à l'État à titre gratuit de l'immeuble sinistré.

SECTION XI DISPOSITIONS SPÉCIALES AUX CATASTROPHES TECHNOLOGIQUES

(Décr. nº 2005-1466 du 28 nov. 2005)

Art. R. 421-78 Le plafond mentionné à l'article L. 421-16 est de 100 000 euros. Ce montant est révisé en fonction des variations de l'indice du coût de la construction publié par l'Institut national de la statistique et des études économiques constatées entre la date de publication du décret nº 2005-1466 du 28 novembre 2005 et la date de publication de l'arrêté mentionné à l'article R. 128-1.

CHAPITRE II LE FONDS DE GARANTIE DES VICTIMES DES ACTES DE TERRORISME ET D'AUTRES INFRACTIONS *(Décr. nº 90-1211 du 21 déc. 1990).*

(Décr. nº 88-261 du 18 mars 1988)

Art. R. 422-1 *(Décr. nº 90-1211 du 21 déc. 1990)* « Le fonds de garantie des victimes des actes de terrorisme et d'autres infractions » *(Décr. nº 89-800 du 27 oct. 1989)* institué par l'article L. 422-1 est géré par un conseil d'administration qui comprend :

1º Un président nommé par arrêté conjoint du ministre chargé de l'économie et des finances et du garde des sceaux, ministre de la justice, parmi les membres en activité ou honoraires du Conseil d'État ayant au moins atteint le grade de conseiller d'État ou parmi les membres en activité ou honoraires de la Cour de cassation ayant au moins atteint le grade de conseiller ou d'avocat général ;

2º Un représentant du ministre chargé de l'économie et des finances, nommé par arrêté ;

3º Un représentant du ministre de la justice, nommé par arrêté ;

4º Un représentant du ministre de l'intérieur, nommé par arrêté ;

5º Un représentant du ministre chargé de la sécurité sociale, nommé par arrêté ;

6º Trois personnes ayant manifesté leur intérêt pour les victimes d'actes de terrorisme *(Décr. nº 90-1211 du 21 déc. 1990)* « et d'autres infractions », nommées par arrêté conjoint du ministre chargé de l'économie et des finances, du ministre de la justice, du ministre de l'intérieur et du ministre chargé de la sécurité sociale ;

7º Un professionnel du secteur de l'assurance, nommé par arrêté du ministre chargé de l'économie et des finances.

Le président et les membres du conseil d'administration ont chacun un suppléant nommé dans les mêmes conditions.

Le président, les membres du conseil d'administration et les suppléants sont nommés pour une période de trois ans renouvelable.

En cas de vacance, un remplaçant est nommé dans les mêmes conditions que son prédécesseur pour la durée du mandat restant à courir.

(Décr. nº 90-1211 du 21 déc. 1990) « Le conseil d'administration se réunit sur convocation de son président aussi souvent que l'intérêt des victimes l'exige et au moins une fois par trimestre. »

Art. R. 422-2 Les statuts du fonds de garantie sont approuvés par arrêté conjoint du garde des sceaux, ministre de la justice, et du ministre chargé des assurances. – *V. Arr. du 3 juill. 1991 (JO 13 juill.).*

Art. R. 422-3 Le fonds de garantie est soumis au contrôle du ministre chargé des assurances qui nomme un commissaire du Gouvernement pour exercer en son nom un contrôle sur l'ensemble de la gestion du fonds. Le commissaire du Gouvernement peut assister à toutes les réunions du conseil d'administration *(Décr. nº 2017-643 du 27 avr. 2017, art. 2)* « ou des comités institués par ce conseil ». Il peut se faire présenter tous les livres et documents comptables.

Les décisions prises par le conseil d'administration ou par les autorités auxquelles il accorde délégation sont exécutoires dans un délai de quinze jours à dater de la décision si le commissaire du Gouvernement ne signifie pas soit qu'il approuve immédiatement, soit qu'il s'oppose à la décision. Toutefois, le délai ci-dessus est ramené à cinq jours en ce qui concerne les décisions ne comportant pas un engagement financier pour le fonds.

Les dispositions du Décr. nº 2017-643 du 27 avr. 2017 peuvent être modifiées par décret en Conseil d'État (Décr. préc., art. 7).

Art. R. 422-4 *(Décr. nº 2017-643 du 27 avr. 2017, art. 3)* Les opérations du fonds sont comptabilisées conformément aux règles applicables aux entreprises d'assurance.

V. note ss. art. R. 422-3.

Art. R. 422-5 *(Décr. nº 2017-643 du 27 avr. 2017, art. 4)* « Les opérations effectuées par le fonds de garantie comprennent, en recettes, le produit de la contribution prévue à l'article L. 422-1, les indemnités obtenues des responsables et les recouvrements effectués sur les débiteurs d'indemnités, les revenus des fonds placés et les bénéfices sur remboursements et réalisation d'actifs, les versements du budget de l'État, les dons et legs ainsi que toute autre ressource qui pourrait être attribuée au fonds de garantie. » Elles comprennent, en dépenses, les indemnités et frais versés au titre des sinistres pris en charge, les frais de fonctionnement, de recours et de placement exposés et les pertes sur réalisation d'actifs.

Les avoirs disponibles du fonds de garantie font l'objet des placements mentionnés à l'article R. 332-2 suivant les limitations prévues aux articles R. 332-3 et R. 332-3-1. Toutefois, pour le calcul de ces limitations, le montant de chacune des catégories de placements est rapporté au montant des avoirs disponibles du fonds.

V. note ss. art. R. 422-3.

Art. R. 422-6 *(Décr. nº 89-800 du 27 oct. 1989)* Dès la survenance d'un acte de terrorisme, le procureur de la République ou l'autorité diplomatique ou consulaire compétente informe sans délai le Fonds de garantie des circonstances de l'événement et de l'identité des victimes. En outre, toute personne qui s'estime victime d'un acte de terrorisme peut saisir directement le Fonds de garantie.

Le Fonds de garantie assiste les victimes dans la constitution de leur dossier d'indemnisation. *(Décr. nº 2017-643 du 27 avr. 2017, art. 5)* « Il les informe de toutes les pièces justificatives et renseignements à fournir, qui comprennent notamment l'indication :

« 1º Des demandes de réparation ou d'indemnité présentées par ailleurs et, en particulier, des actions en dommages et intérêts qui ont été engagées ainsi que des sommes qui leur ont été versées en réparation du préjudice ;

« 2º Le cas échéant, des organismes publics ou privés dont elles relèvent ou auprès desquels elles sont assurées et qui sont susceptibles de les indemniser de tout ou partie du préjudice subi. »

V. note ss. art. R. 422-3.

Art. R. 422-7 *(Décr. nº 90-1211 du 21 déc. 1990)* « En cas d'examen médical pratiqué sur la victime d'un acte de terrorisme à la demande du fonds de garantie, celui-ci l'informe » quinze jours au moins avant la date de l'examen de l'identité et des titres du médecin chargé d'y procéder, de l'objet, de la date et du lieu de l'examen. Il lui fait savoir également qu'elle peut se faire assister d'un médecin de son choix.

(Décr. nº 2020-1452 du 27 nov. 2020, art. 7) « Dans les trente jours de cet examen, le médecin envoie un pré-rapport au fonds de garantie, à la victime et, le cas échéant, à leurs avocats et au médecin qui a assisté la victime. Ils disposent d'un délai de trente jours à compter de sa réception, pour formuler leurs observations écrites.

« Le rapport définitif du médecin doit faire mention des suites données aux observations des parties. Il doit être adressé dans un délai de vingt jours au fonds de garantie, à la victime et, le cas échéant, à leurs avocats et au médecin qui a assisté la victime. Ce délai court à compter de la réception des dernières observations.

« Si le dommage de la victime n'est pas consolidé, le médecin se prononce dans son rapport sur son état santé actuel et sur ses perspectives d'évolution. Il propose à la victime une nouvelle date d'examen, à laquelle la consolidation est susceptible d'être intervenue. »

Art. R. 422-8 *(Décr. nº 90-1211 du 21 déc. 1990)* « L'offre d'indemnisation des dommages résultant d'une atteinte à la personne faite à la victime d'un acte de terrorisme » *(Décr. nº 89-800 du 27 oct. 1989)* indique l'évaluation retenue par le Fonds pour chaque chef de préjudice et le montant des indemnités qui reviennent à la victime compte tenu des prestations énumérées à l'article 29 de la loi nº 85-677 du 5 juillet 1985 et des indemnités de toute nature reçues ou à recevoir d'autres débiteurs du chef du même préjudice. Elle est accompagnée, le cas échéant, de la copie des décomptes produits par les personnes ou organismes débiteurs de ces prestations ou indemnités. Elle comporte les mentions prévues par l'article L. 211-16.

V. L. nº 85-677 du 5 juill. 1985, art. 29, App., vº Recours des organismes sociaux.

Légalité. Sur le refus d'abrogation de l'art. R. 422-8, V. : • CE 24 janv. 2018, nº 401826 : *RGDA 2018. 163, note Landel.*

Art. R. 422-9 *(Décr. nº 90-1211 du 21 déc. 1990)* Les indemnités ou provisions allouées en application des articles 706-3 à 706-14 du code de procédure pénale sont versées par le fonds de garantie dans les conditions prévues à l'article R. 50-24 du même code.

Art. R. 422-10 *(Décr. nº 2017-643 du 27 avr. 2017, art. 6)* Les articles R. 422-1 à R. 422-9 sont applicables dans les îles Wallis-et-Futuna, en Polynésie française et en Nouvelle-Calédonie, *(Décr. nº 2020-1452 du 27 nov. 2020, art. 11, en vigueur le 1er janv. 2021)* « dans leur rédaction résultant du décret nº 2020-1452 du 27 novembre 2020. » — *V. note ss. art. R. 422-3.*

Les dispositions issues du Décr. nº 2020-1452 du 27 nov. 2020 s'appliquent aux instances en cours à la date du 1er janv. 2021 (Décr. préc., art. 12).

CHAPITRE III FONDS DE GARANTIE DES ASSURÉS CONTRE LA DÉFAILLANCE DE SOCIÉTÉS D'ASSURANCE DE PERSONNES

(Décr. nº 99-688 du 3 août 1999)

Art. R. 423-1 Le fonds de garantie des assurés institué par l'article L. 423-1 ne peut refuser l'adhésion d'une entreprise d'assurance mentionnée au même article, agréée dans les conditions prévues aux articles L. 321-1, L. 321-7 ou *(Décr. nº 2015-513 du 7 mai 2015, art. 10-I-8º, en vigueur le 1er janv. 2016)* « L. 329-1 » *(Décr. nº 2017-1171 du 18 juill. 2017, art. 1er-18º)* « , ni d'un fonds de retraite professionnelle supplémentaire agréé dans les conditions prévues à l'article L. 382-1 ».

L'adhésion au fonds ne prend fin qu'en cas de retrait, de cessation ou de caducité de l'agrément.

Art. R. 423-2 Les assurés, souscripteurs de contrats, adhérents et bénéficiaires de prestations relevant des branches d'assurances 1, 2, 20 à 26 définies à l'article R. 321-1 souscrits auprès d'entreprises adhérentes *(Décr. nº 2017-1171 du 18 juill. 2017, art. 1er-19º)* « au fonds de garantie des assurés bénéficient de ce fonds.

« Les assurés, souscripteurs de contrats, adhérents et bénéficiaires de prestations relevant des activités de retraite professionnelle supplémentaire souscrits auprès de fonds de retraite professionnelle supplémentaire adhérents au fonds de garantie des assurés bénéficient de ce fonds. »

Il est interdit d'utiliser à des fins publicitaires le fait que des contrats d'assurance sont couverts par le mécanisme de garantie institué à l'article L. 423-1.

Art. R. 423-3 Le collège institué à l'article L. 423-2 est composé du directeur général du Trésor ou son représentant, du président de l'Autorité de contrôle prudentiel et de résolution et du président du conseil de surveillance du fonds de garantie des assurés, ou de leurs représentants.

Art. R. 423-4 L'Autorité de contrôle prudentiel et de résolution peut retenir un taux de réduction différent par ensemble de contrats présentant les mêmes caractéristiques. Tous les contrats d'un même ensemble ont le même taux de réduction.

Si l'Autorité de contrôle prudentiel et de résolution décide le transfert de tout ou partie des contrats à une ou plusieurs entreprises, elle fait procéder, aux frais de l'entreprise défaillante, à l'évaluation des actifs de cette dernière, afin de procéder à leur attribution. L'Autorité de contrôle prudentiel et de résolution notifie à chaque entreprise cessionnaire la liste des actifs accompagnant le transfert de portefeuille.

Si l'Autorité de contrôle prudentiel et de résolution estime que les taux de réduction proposés sont excessifs, elle peut, sur le fondement de l'évaluation mentionnée à l'alinéa précédent, demander aux entreprises ayant répondu à l'appel d'offres d'améliorer leur offre dans un délai qu'elle fixe. En l'absence de réponse satisfaisante, elle peut rejeter leur candidature.

(Décr. n° 2006-740 du 27 juin 2006) « Si l'entreprise défaillante pratiquait les opérations relevant de l'article L. 441-1, de l'article *(Décr. n° 2014-1008 du 4 sept. 2014, art. 3-3°)* « L. 134-1 », de l'article L. 143-1, ainsi que de l'article L. 144-2 du code des assurances, les actifs affectés à ces opérations sont attribués aux cessionnaires des engagements correspondants. »

Art. R. 423-5 L'entreprise cessionnaire présente au fonds de garantie des assurés la demande de versement prévue au premier alinéa de l'article L. 423-3 dont elle calcule le montant sur la base des engagements arrêtés à la date de publication au *Journal officiel* du transfert de portefeuille et des actifs accompagnant ce transfert. Dans un délai de deux mois à compter de la date de la réception de cette demande, le fonds, après avoir vérifié que les contrats sont couverts par la garantie et contrôlé le montant garanti par contrat, notifie à l'entreprise cessionnaire le montant de la somme qui lui est due et qu'il lui verse en une seule fois.

A titre exceptionnel, l'Autorité de contrôle prudentiel et de résolution peut, sur la demande du fonds de garantie, lui accorder une prolongation, qui ne saurait être supérieure à trois mois, du délai prévu à l'alinéa précédent.

Les sommes dues par le fonds de garantie et non versées portent intérêt aux taux éventuellement prévus dans les contrats transférés à compter de la date d'expiration du délai imparti au fonds pour en effectuer le versement.

L'entreprise cessionnaire informe chaque assuré, souscripteur de contrats, adhérent ou bénéficiaire de prestations, du montant de la reconstitution, effectuée par le fonds, de la provision attachée à son contrat.

Le cas échéant, le fonds de garantie dispose d'un délai de deux mois à compter de la date de versement prévue au présent article pour présenter à l'entreprise cessionnaire une demande de reversement.

Art. R. 423-6 Le liquidateur demande au fonds de garantie des assurés le versement prévu au deuxième alinéa de l'article L. 423-3, qu'il calcule sur la base des engagements arrêtés à la date de cessation des effets des contrats, déterminée dans les conditions prévues aux articles L. 326-12 et L. 326-13. Dans un délai de deux mois à compter de la date de réception de cette demande, le fonds, après avoir vérifié que les contrats sont couverts par la garantie et contrôlé le montant garanti par contrat, procède à un versement en une seule fois au profit de chaque assuré, souscripteur de contrats, adhérent ou bénéficiaire de prestations contre la remise par celui-ci d'un récépissé du versement.

A titre exceptionnel, l'Autorité de contrôle prudentiel et de résolution peut, sur la demande du fonds de garantie, lui accorder une prolongation, qui ne saurait être supérieure à trois mois, du délai prévu à l'alinéa précédent.

Le fonds met en œuvre la garantie, selon la même procédure, si le liquidateur présente une demande complémentaire de versement en apportant la preuve que des assurés, souscripteurs de contrats, adhérents ou bénéficiaires de prestations concernés n'ont pas été en mesure de présenter à temps les contrats susceptibles de bénéficier de la garantie.

Les sommes dues par le fonds de garantie et non versées portent intérêt au taux légal, à compter de la date d'expiration du délai imparti au fonds pour en effectuer le versement.

Le cas échéant, le fonds de garantie dispose d'un délai de deux mois à compter de la date de versement prévue au premier alinéa du présent article pour présenter à l'assuré, souscripteur de contrats, adhérent ou bénéficiaire de prestations concerné une demande de reversement.

Art. R. 423-7 L'ensemble des provisions représentatives des droits résultant des contrats d'assurance, des bons ou contrats de capitalisation, afférentes à un même assuré, souscripteur ou bénéficiaire de contrats d'assurance et de capitalisation, est reconstitué :

1° Intégralement pour les prestations dues et échues à la date de notification mentionnée au I de l'article L. 423-2 ;

2° Intégralement pour les prestations des contrats des branches 1 et 2 mentionnées à l'article R. 321-1 dues et échues entre la date de notification prévue au I de l'article L. 432-2 et la date de publication du transfert des contrats ou de cessation des effets des contrats ;

3° Jusqu'à concurrence d'un montant de provisions techniques de 70 000 euros pour les prestations déterminées par le ou les contrats à devoir ou à échoir après la date de notification prévue au I de l'article L. 423-2, sauf pour les prestations mentionnées au 4° ;

4° Jusqu'à concurrence d'un montant de provisions techniques de 90 000 euros pour les rentes d'incapacité ou d'invalidité et les rentes résultant de contrats d'assurance en cas de décès, à devoir ou à échoir après la date de notification prévue au I de l'article L. 423-2, sans préjudice des dispositions prévues au 2°.

Art. R. 423-8 Dès la notification prévue au I de l'article L. 423-2, l'entreprise défaillante informe chaque assuré, souscripteur de contrats, adhérent ou bénéficiaire de prestations de la procédure en cours.

Les formalités à remplir par l'entreprise cessionnaire du portefeuille de contrats pour bénéficier du versement par le fonds de la garantie prévu au premier alinéa de l'article L. 423-3 sont précisées par le règlement intérieur du fonds de garantie. Celles qui devront être accomplies par le liquidateur en vue de permettre le versement de cette garantie aux assurés, souscripteurs de contrats, adhérents ou bénéficiaires de prestations sont également précisées par ce même règlement intérieur.

Art. R. 423-9 L'assuré, le souscripteur de contrats, l'adhérent, le bénéficiaire de prestations ou l'entreprise cessionnaire qui conteste une décision du fonds de garantie des assurés saisit la juridiction compétente du lieu de son domicile ou de son siège social.

Art. R. 423-10 Pour l'élection des membres du conseil de surveillance du fonds de garantie des assurés, chaque entreprise adhérente dispose d'un nombre de voix proportionnel à la part de ses cotisations dans le montant global prévu au premier alinéa de l'article R. 423-13.

Au moins un tiers des membres du conseil de surveillance représentent des sociétés anonymes d'assurance et au moins un tiers représentent des sociétés d'assurance mutuelles.

Les membres du conseil de surveillance du fonds de garantie sont élus pour une durée de cinq ans renouvelable.

En cas de démission ou de décès d'un membre, il est procédé à une nouvelle désignation pour la durée du mandat restant à courir.

Les statuts du fonds de garantie des assurés précisent en tant que de besoin les dispositions du présent article.

Art. R. 423-11 Les statuts du fonds de garantie des assurés déterminent la composition du directoire, la durée du mandat de ses membres, les conditions de leur remplacement, ainsi que les modalités de convocation et de réunion des membres des organes dirigeants du fonds.

Son règlement intérieur fixe les conditions de fonctionnement du fonds, de versement des sommes dues aux assurés, souscripteurs de contrats, adhérents ou bénéficiaires de prestations, ou aux entreprises cessionnaires, et de recouvrement des cotisations des entreprises adhérentes et des pénalités de retard prévues à l'article L. 423-7, ainsi que les règles relatives à la tenue de la comptabilité du fonds.

Art. R. 423-12 Les décisions du fonds de garantie des assurés sont communiquées au ministre chargé de l'économie.

Art. R. 423-13 Sous réserve des dispositions de l'article R. 423-15, le fonds doit disposer en permanence d'un montant global de ressources égal à 0,05 % du total des provisions mathématiques constatées au 31 décembre de l'année précédente pour l'ensemble des entreprises mentionnées à l'article L. 423-1. Le montant global est constitué par les entreprises adhérentes, après déduction des ressources propres du fonds qui comprennent les produits financiers, pour moitié par des cotisations versées au fonds et pour moitié par des cotisations non versées prenant la forme de réserves pour fonds de garantie.

Le fonds de garantie notifie à chaque entreprise adhérente le montant de sa cotisation annuelle qui correspond à sa quote-part du montant global prévu au premier alinéa. Cette quote-part est égale au pourcentage que représentent ses provisions techniques constatées au 31 décembre de l'année précédente, après un abattement des trois quarts pour les provisions des contrats en unités de compte, dans les provisions techniques de l'ensemble des entreprises adhérentes calculées avec le même abattement.

La cotisation annuelle d'une entreprise ne peut être inférieure à 15 000 euros. Cette cotisation minimale est calculée, s'il y a lieu, pour l'ensemble des sociétés entrant dans le périmètre de consolidation d'un même groupe. Elle ne s'applique pas aux entreprises ayant moins de trois années d'activité au 1er janvier de l'année de calcul de la cotisation.

Si le montant de sa cotisation de l'année est supérieur à celui de l'année précédente, chaque entreprise procède en une seule fois au versement au fonds et à la dotation à la réserve pour un montant égal à cette différence. Lorsque cette différence est négative, elle donne lieu, la même année, pour moitié à sa restitution par le fonds à l'entreprise concernée et pour moitié à une reprise par l'entreprise sur la réserve pour fonds de garantie.

Les entreprises adhérentes disposent d'un délai de 10 jours ouvrés pour verser au fonds leur cotisation à compter de la réception de la notification prévue au deuxième alinéa. Le fonds de garantie informe l'autorité de contrôle de tout retard de versement de plus d'un mois ou de tout refus de versement d'une entreprise d'assurance, afin que l'autorité mette en œuvre, le cas échéant, les procédures de sanctions prévues *(Décr. n° 2010-217 du 3 mars 2010, art. 3-III-3°)* « à la section VII du chapitre II du titre Ier du livre VI du code monétaire et financier ». L'Autorité peut également engager une procédure de sanction si elle constate que l'entreprise n'a pas doté la réserve pour fonds de garantie du montant prévu.

Les cotisations versées au fonds de garantie par les entreprises dont l'adhésion au fonds a pris fin ne peuvent faire l'objet d'un reversement par celui-ci.

Art. R. 423-14 Si le fonds de garantie des assurés intervient dans les conditions prévues à l'article L. 423-3, il utilise par priorité ses ressources disponibles, avant d'appeler, en tant que de besoin, les réserves pour fonds de garantie prévues à l'article R. 423-13.

Si la mise en jeu de la garantie du fonds excède le montant global prévu au premier alinéa de l'article R. 423-13, le fonds emprunte les sommes nécessaires à la préservation des droits des assurés, souscripteurs de contrats, adhérents ou bénéficiaires de prestations, dans la limite d'une fois ce montant global.

Art. R. 423-15 En cas d'intervention du fonds de garantie des assurés dans les conditions prévues à l'article L. 423-3, les entreprises reconstituent, au cours des trois années suivantes, le montant des sommes versées par le fonds par un versement complémentaire au fonds égal, pour chacune de ces trois années, au tiers des ressources disponibles utilisées par le fonds et, le cas échéant, par une dotation complémentaire de leur réserve pour fonds de garantie égale, pour chacune des trois années, au tiers du montant de cette réserve appelé par le fonds.

Art. R. 423-16 *(Décr. nº 2017-1171 du 18 juill. 2017, art. 1er-20º)* Les réserves pour fonds de garantie sont admises comme éléments constitutifs de la marge de solvabilité des entreprises et des fonds de retraite professionnelle supplémentaire adhérents dans les conditions prévues aux articles R. 334-3, R. 334-11, R. 334-17 et R. 385-1, à hauteur de la part de cotisation versée par l'entreprise ou le fonds de retraite professionnelle supplémentaire et non utilisée par le fonds de garantie.

Les certificats d'association éventuellement émis dans les conditions prévues à l'article L. 423-7 viennent en diminution de la marge de solvabilité des entreprises et des fonds de retraite professionnelle supplémentaire qui les souscrivent.

Art. R. 423-17 Le règlement intérieur du fonds de garantie des assurés détermine les conditions dans lesquelles celui-ci emprunte auprès de ses adhérents.

Chaque emprunt doit être remboursé dans un délai maximal de six ans à compter de la date de sa souscription.

La quote-part de chaque entreprise adhérente dans les emprunts du fonds vient en diminution de sa marge de solvabilité.

Art. R. 423-18 Une *(Décr. nº 2005-50 du 26 janv. 2005)* « provision » est constituée dans la comptabilité du fonds de garantie des assurés pour enregistrer les cotisations versées par les entreprises adhérentes, les produits financiers générés par ces cotisations, et toutes autres ressources du fonds, sous déduction de ses frais de gestion.

Le montant de cette provision est investi dans :

1º Des valeurs cotées sur un marché réglementé d'instruments financiers d'un État membre de l'Union européenne, à l'exclusion des valeurs émises par une entreprise adhérente au fonds de garantie ;

2º Des valeurs émises ou garanties par un État membre de l'Union européenne ;

3º Des liquidités ;

4º Des actions de sociétés d'investissement à capital variable et des parts de fonds communs de placement détenant exclusivement des actifs relevant des 1º, 2º et 3º *(Décr. nº 2005-8 du 5 janv. 2005)* « sans que soient prohibées les valeurs émises par des entreprises adhérentes au fonds de garantie dès lors que le montant total de ces valeurs n'excède pas 15 % de la valeur d'actif de chacun de ces organismes de placement collectif ».

Les placements sont comptabilisés au prix d'achat et les moins-values provisionnées ligne par ligne.

La provision ne peut être investie à hauteur de plus de 5 % dans des valeurs émises par un même organisme, à l'exception des valeurs émises ou garanties par un État membre de l'Union européenne.

Les liquidités doivent représenter à tout instant au moins 20 % des actifs du fonds.

Les valeurs et liquidités du fonds de garantie sont déposées auprès d'établissements de crédit ou d'entreprises d'investissement régulièrement habilités par un État membre de l'Union européenne. Aucun de ces établissements ou entreprises ne peut détenir plus de *(Décr. nº 2005-8 du 5 janv. 2005)* « 25 % » du montant de la provision.

La comptabilité du fonds doit permettre de distinguer le montant des cotisations versées par les entreprises adhérentes, le montant cumulé des produits financiers des cotisations et les autres ressources du fonds.

CHAPITRE IV FONDS DE GARANTIE DES RISQUES LIÉS À L'ÉPANDAGE AGRICOLE DES BOUES D'ÉPURATION URBAINES OU INDUSTRIELLES

(Décr. nº 2009-550 du 18 mai 2009)

SECTION PREMIÈRE DISPOSITIONS GÉNÉRALES

Art. R. 424-1 Les boues d'épuration, urbaines ou industrielles, dont l'épandage agricole donne lieu à l'intervention du fonds de garantie prévu à l'article L. 425-1 sont les suivantes :

1° Boues issues des stations de traitement des eaux usées domestiques, déclarées ou autorisées au titre de la rubrique 2.1.1.0 de la nomenclature prévue à l'article R. 214-1 du code de l'environnement ;

2° Boues issues du traitement des eaux industrielles, produites par des installations classées pour la protection de l'environnement appartenant aux branches répertoriées C10 (industrie alimentaire) et C17 (industrie du papier et de la cartonnerie) de la nomenclature des activités françaises établie en application du décret nº 92-1129 du 2 octobre 1992. La liste des rubriques de la nomenclature des installations classées pour la protection de l'environnement, relevant de ces branches, est fixée par un arrêté pris par le ministre chargé de l'environnement ;

3° Matières assimilables à des boues domestiques, non issues d'installations visées aux 1° et 2°, dont l'épandage est déclaré ou autorisé au titre de la rubrique 2.1.3.0 de la nomenclature prévue à l'article R. 214-1 du code de l'environnement.

Art. R. 424-2 Les ressources du fonds de garantie des risques liés à l'épandage agricole des boues d'épuration urbaines ou industrielles comprennent :

1° Le produit de la taxe instituée au II de l'article L. 425-1 ;

2° Les produits nets des fonds placés ;

3° Les avances de l'État mentionnées au II de l'article L. 425-1 ;

4° Toute autre ressource éventuelle.

Art. R. 424-3 Les ressources du fonds de garantie des risques liés à l'épandage agricole des boues d'épuration urbaines ou industrielles sont destinées à couvrir :

1° Les indemnités versées aux exploitants agricoles et aux propriétaires des terres agricoles et forestières mentionnées au premier alinéa du I de l'article L. 425-1 ;

2° Les frais exposés par la Caisse centrale de réassurance pour la gestion du fonds de garantie ;

3° Le remboursement des avances de l'État ;

4° Les frais relatifs aux expertises et investigations scientifiques ordonnées par la Commission nationale d'expertise du fonds prévue à l'article R. 424-12 et les indemnités et remboursements de frais dus, le cas échéant, aux membres de cette commission ;

5° Les frais bancaires et financiers ;

6° Les dépenses afférentes au développement et à l'exploitation des outils informatiques permettant d'assurer la traçabilité des épandages et la tenue du registre des producteurs de boues et d'épandage ;

Le montant des frais exposés au titre du 6° au cours d'une année donnée, pris en charge par le fonds, ne peut excéder chaque année 10 % des sommes recouvrées au titre de la taxe prévue au II de l'article L. 425-1 lors de l'année précédente.

Art. R. 424-4 La matière sèche, dont le poids est l'assiette de la taxe prévue au II de l'article L. 425-1, est constituée à partir des boues ou matières assimilables mentionnées à l'article R. 424-1, dont sont déduits les réactifs incorporés pour la production et le traitement. Le montant de la taxe est fixé à 0,50 € par tonne de matière sèche produite.

Le montant maximal du fonds de garantie des risques liés à l'épandage agricole des boues d'épuration urbaines ou industrielles est fixé à 45 millions d'euros.

Illégalité de l'assiette de la taxe. Il résulte de la réserve d'interprétation, dont la décision du Conseil constitutionnel n° 2012-251 QPC du 8 juin 2012 a assorti la déclaration de conformité à la Constitution du paragraphe II de l'art. L. 425-1 C. assur., que la taxe instituée par cet article doit exclusivement être assise sur les boues d'épuration urbaines ou industrielles que le producteur a l'autorisation d'épandre. Conformément à cette réserve d'interprétation, ces dispositions législatives doivent être entendues comme impliquant que les producteurs de boues d'épuration ne peuvent se voir réclamer cette taxe qu'à raison des boues qu'ils ont l'autorisation d'épandre et dans la limite des seules quantités prévues par cette autorisation. L'art. R. 424-4, qui reprend les termes de l'art. L. 425-1, ne limite pas l'assiette de la taxe aux seules boues qui font l'objet d'une autorisation préfectorale d'épandage. Il en va de même de l'instruction 3P-1-10 du 20 avr. 2010 de la directrice de la législation fiscale, qui a pour objet de commenter les dispositions de l'art. 302 *bis* ZF CGI. Dès lors, les requérants sont fondés à soutenir que les décisions de refus implicite opposées à leurs demandes tendant à l'abrogation de l'art. R. 424-4 et de l'instruction 3P-1-10 du 20 avr. 2010 sont illégales, dans la mesure où elles se rapportent aux dispositions qui étendent l'assiette de la taxe au-delà des seules boues qui font l'objet d'une autorisation d'épandage. Mais, il n'appartient pas au Conseil d'État, statuant au contentieux, de prononcer l'abrogation des dispositions contestées. • CE 20 mars 2013 : *Dr. fisc. 2013, n° 347.*

SECTION II DISPOSITIONS RELATIVES À LA GESTION DU FONDS DE GARANTIE DES RISQUES LIÉS À L'ÉPANDAGE AGRICOLE DES BOUES D'ÉPURATION URBAINES OU INDUSTRIELLES

Art. R. 424-5 La gestion comptable et financière du fonds de garantie des risques liés à l'épandage agricole des boues d'épuration urbaines ou industrielles est assurée par la Caisse centrale de réassurance selon les règles qui lui sont applicables sous réserve des dispositions de la présente section. Cette gestion fait l'objet d'une comptabilité distincte de celle des autres opérations pratiquées par la caisse. Le président du conseil d'administration de la Caisse centrale de réassurance arrête les comptes du fonds pour l'exercice écoulé, après consultation du conseil de gestion mentionné à l'article R. 424-8, selon les modalités prévues à l'article R. 424-10.

Art. R. 424-6 Les avoirs disponibles du fonds de garantie des risques liés à l'épandage agricole des boues d'épuration urbaines ou industrielles sont placés par la Caisse centrale de réassurance en actifs mentionnés à l'article R. 332-2. Lorsque les montants capitalisés par le fonds sont inférieurs à 15 millions d'euros, les avoirs sont placés en actifs visés aux 1° à 3° de cet article. Lorsque ces montants atteignent 15 millions d'euros, l'actif du fonds est soumis aux règles mentionnées aux articles R. 332-3 et R. 332-3-1. Pour le calcul de ces limitations, le montant de chacune des catégories d'actifs est rapporté au montant des avoirs disponibles du fonds.

Art. R. 424-7 Le contrôle des opérations effectuées par la Caisse centrale de réassurance pour le compte du fonds de garantie des risques liés à l'épandage agricole des boues urbaines ou industrielles est exercé par les commissaires aux comptes de la Caisse centrale de réassurance.

Art. R. 424-8 Il est institué un conseil de gestion du fonds de garantie des risques liés à l'épandage agricole des boues d'épuration urbaines ou industrielles. Ce conseil est présidé par le président du conseil d'administration de la Caisse centrale de réassurance.

Ce conseil comprend en outre :

1° Un représentant du ministre chargé de l'environnement ;

2° Un représentant du ministre chargé de l'agriculture ;

3° Un représentant du ministre chargé de l'économie ;

4° Un représentant du ministre chargé du budget.

Le secrétariat du conseil est assuré par la Caisse centrale de réassurance.

Art. R. 424-9 Le conseil de gestion du fonds de garantie des risques liés à l'épandage agricole des boues d'épuration urbaines ou industrielles est réuni au moins une fois par an, sur convocation de son président, à l'initiative de celui-ci ou à la demande de l'un des ministres chargés respectivement de l'environnement, de l'agriculture, de l'économie ou du budget.

Art. R. 424-10 Le conseil de gestion est consulté sur les projets de comptes annuels du fonds. Il peut être consulté par saisine conjointe des ministres chargés de l'environnement, de l'agriculture, de l'économie et du budget sur toute question se rapportant à l'objet du fonds.

Il est informé des opérations menées par le fonds. Le président du conseil d'administration de la Caisse centrale de réassurance transmet chaque année aux ministres chargés de l'environnement, de l'agriculture, de l'économie et du budget un rapport sur la gestion du fonds retraçant les opérations effectuées.

SECTION III DISPOSITIONS RELATIVES À L'INSTRUCTION DES DEMANDES D'INDEMNISATION

Art. R. 424-11 Les exploitants agricoles et les propriétaires de terres agricoles et forestières transmettent les demandes d'indemnisation de dommages causés par l'épandage agricole des boues d'épuration au préfet, qui en accuse réception. La composition du dossier de demande d'indemnisation est fixée par arrêté du ministre chargé de l'environnement.

Les personnes mentionnées au premier alinéa ont la possibilité de grouper leur demande pour une ou plusieurs parcelles les concernant.

S'il estime que la demande est incomplète, le préfet invite les demandeurs à compléter leur dossier. Lorsque celui-ci est complet, le préfet en accuse réception et le transmet au ministre chargé de l'environnement, en vue de la saisine de la Commission nationale d'expertise prévue à l'article R. 424-12. Le préfet accompagne cette transmission d'observations, comportant une appréciation sur les renseignements et déclarations figurant dans le dossier.

A l'occasion de l'accusé de réception, le préfet informe le demandeur de la transmission de son dossier au ministre, de la teneur de ses observations ainsi que de la procédure devant conduire à la décision prévue à l'article R. 424-14.

Art. R. 424-12 I. – Une commission nationale d'expertise, présidée par le ministre chargé de l'environnement ou son représentant, émet un avis sur l'éligibilité des demandes à une indemnisation par le fonds de garantie, au regard des conditions mentionnées à l'article L. 425-1.

Elle peut être en outre consultée par le ministre chargé de l'environnement sur les projets de textes réglementaires relatifs aux boues d'épuration mentionnées à l'article R. 424-1. Les statistiques nationales annuelles concernant la production et l'épandage des boues lui sont communiquées par le ministre chargé de l'environnement.

II. – Outre son président, cette commission comprend :

1° Le ministre chargé de l'agriculture ou son représentant ;

2° Le ministre chargé de l'économie ou son représentant ;

3° Le président du conseil d'administration de la Caisse centrale de réassurance ou son représentant ;

4° Un maire désigné sur proposition de l'Association des maires de France ;

5° Une personnalité désignée sur proposition du Syndicat professionnel du recyclage en agriculture ;

6° Une personnalité désignée sur proposition de la Fédération professionnelle des entreprises de l'eau ;

7° Un représentant de l'ensemble des branches industrielles concernées par le fonds désigné sur proposition de la FENARIVE ;

8° Une personnalité désignée sur proposition de la Fédération française des sociétés d'assurances ;

9° Deux personnalités désignées sur proposition de l'Assemblée permanente des chambres d'agriculture ;

10° Une personnalité désignée sur proposition de la Fédération nationale de la propriété rurale ou son représentant ;

11° Une personnalité désignée sur proposition du Centre national de la propriété forestière ou son représentant ;

12° Cinq personnalités désignées en raison de leurs compétences administratives, techniques ou scientifiques.

III. — Les membres de la Commission nationale d'expertise mentionnés aux 4° à 11° du II sont nommés pour une durée de cinq ans renouvelable par arrêté du ministre chargé de l'environnement. Leur mandat prend fin si le titulaire perd la qualité au titre de laquelle il avait été nommé. Il est alors procédé à une nouvelle nomination. Un suppléant est nommé selon les mêmes dispositions pour chaque titulaire.

Le ministre chargé de l'environnement nomme les personnalités mentionnées au 12° en tenant compte des compétences requises par l'expertise des dossiers de demande d'indemnisation.

Les membres de la commission non issus de l'administration sont remboursés par le fonds de leurs frais de déplacement sur la base des tarifs applicables aux agents de la fonction publique. Les experts mentionnés au 12° du II peuvent en outre prétendre à des indemnités d'expertise dont les montants sont définis par arrêté conjoint des ministres chargés de l'environnement et de l'économie.

Le secrétariat général de la commission est assuré par le ministère chargé de l'environnement.

Art. R. 424-13 I. — La commission est informée de la possibilité de couverture par les assurances des risques et dommages mentionnés au premier alinéa du I de l'article L. 425-1. Elle peut demander la réalisation des investigations scientifiques complémentaires et expertises qu'elle juge nécessaires à l'émission de son avis.

II. — L'avis de la commission tient notamment compte des éléments suivants :

1° Le respect de la réglementation pour les épandages en cause ;

2° L'origine des préjudices ;

3° Les connaissances scientifiques liées à ces risques au moment de la réalisation des épandages ;

4° L'existence sur le marché de l'assurance de produits susceptibles de couvrir le dommage dont l'indemnisation est demandée ;

5° L'aptitude des terres endommagées à la poursuite d'activités agricoles ou sylvicoles ou, au contraire, leur inaptitude temporaire ou définitive.

Au vu de l'ensemble de ces éléments, la commission se prononce sur la prévisibilité du risque, le caractère assurable du préjudice, ainsi que son caractère indemnisable.

Elle transmet son avis motivé aux ministres chargés respectivement de l'agriculture, de l'économie et de l'environnement.

Art. R. 424-14 Au vu de l'avis rendu par la Commission nationale d'expertise, les ministres chargés respectivement de l'environnement et de l'économie soit rejettent la demande d'indemnisation par une décision conjointe et motivée, soit décident la poursuite de l'instruction de la demande. Dans ce dernier cas, le ministre chargé de l'environnement saisit à cette fin le préfet, lequel engage la phase d'évaluation du préjudice et en informe les demandeurs.

Si les ministres ne se sont pas prononcés dans les six mois suivant l'accusé de réception du dossier prévu à l'article R. 424-11, soit en rejetant la demande, soit en décidant la poursuite de l'instruction, la demande est réputée rejetée.

Art. R. 424-15 Le service des domaines transmet une estimation de la valeur des terres agricoles ou forestières concernées par la demande d'indemnisation, au cas où le dommage ne se serait pas produit, dans les deux mois après sa saisine par le préfet.

Les améliorations de toute nature, telles que plantations, installations diverses, acquisitions de marchandises, qui auraient été faites à la ou les parcelles concernées ne donnent lieu à aucune indemnité si, en raison de l'époque à laquelle ces améliorations ont eu lieu, ou de toutes autres circonstances, il apparaît qu'elles ont été faites dans le but d'obtenir une indemnité plus élevée.

Art. R. 424-16 Le préfet fait procéder à l'évaluation des préjudices subis par les exploitants.

Pour l'évaluation de ces préjudices, il est fait application du barème prévu à l'article D. 361-14 du code rural et de la pêche maritime ainsi que des principes énoncés à l'article *(Décr. nº 2011-2089 du 30 déc. 2011)* « D. 361-27 » du même code. Cette évaluation est basée sur le dernier barème en vigueur à la date du dépôt du dossier de demande d'indemnisation.

Le préfet adresse ses propositions aux ministres chargés respectivement de l'environnement et de l'économie dans un délai de trois mois à compter de sa saisine telle que mentionnée à l'article R. 424-14.

Art. R. 424-17 Au vu des propositions du préfet, les ministres chargés de l'environnement et de l'économie statuent définitivement sur la demande, par arrêté conjoint, et fixent, si celle-ci est reconnue fondée, le montant des préjudices pris en charge par le fonds de garantie, compte tenu des disponibilités de ce dernier. Si l'arrêté conjoint n'est pas intervenu dans un délai de six mois à compter de la décision de poursuivre l'instruction, la demande est réputée rejetée.

Un arrêté conjoint des mêmes ministres détermine les sommes prélevées sur le fonds de garantie au titre du 6º de l'article R. 424-3.

La Caisse centrale de réassurance, pour le compte du fonds, transfère les sommes mentionnées au premier alinéa au contrôleur budgétaire et comptable ministériel placé auprès du ministre chargé de l'économie. Ce dernier les met à la disposition du *(Décr. nº 2014-551 du 27 mai 2014, art. 2)* « directeur départemental ou, le cas échéant, régional des finances publiques » de chaque département concerné. Le préfet du département concerné engage et ordonnance les sommes à verser au titre des indemnisations. Les reliquats éventuels des crédits ainsi affectés et restés non utilisés sont reversés au fonds.

CHAPITRE VI FONDS DE GARANTIE UNIVERSELLE DES RISQUES LOCATIFS

(Décr. nº 2009-1620 du 23 déc. 2009)

Art. R. 426-1 Les opérations relatives, d'une part, aux compensations versées aux entreprises d'assurance en application du premier alinéa du IV de l'article L. 313-20 du code de la construction et de l'habitation et, d'autre part, aux garanties de loyer et de charges au profit des bailleurs, mentionnées au deuxième alinéa du même IV, qui ne souscrivent pas de contrats d'assurance contre le risque de loyers impayés sont retracées dans deux sections comptables au sein du fonds de garantie universelle des risques locatifs mentionné au I du même article L. 313-20.

Chacune de ces sections retrace de façon distincte les comptes de l'Union des entreprises et des salariés pour le logement, de l'État et de chaque collectivité territoriale, de chaque entreprise d'assurance ou de chaque bailleur participant au dispositif. Les comptes annuels de chacune des sections prennent la forme d'un bilan, d'un compte de résultat et d'une annexe.

Les comptes de chacune de ces sections sont certifiés par le commissaire aux comptes de l'Union des entreprises et des salariés pour le logement dans le cadre d'une mission distincte de la mission générale de commissariat aux comptes exercée auprès de l'union. Les mouvements entre le compte de l'État au sein d'une section et le compte de l'État au sein de l'autre section sont effectués par l'Union des entreprises et des salariés pour le logement sur demande écrite conjointe des commissaires du Gouvernement auprès de l'union.

Art. R. 426-2 Le fonds de garantie universelle des risques locatifs doit être à tout moment en mesure de procéder au règlement intégral de ses engagements vis-à-vis, d'une part, des entreprises d'assurance proposant des contrats d'assurance contre le risque de loyers impayés respectant le cahier des charges mentionné au g de l'article L. 313-3 du code de la construction et de l'habitation et, d'autre part, des bailleurs mentionnés au deuxième alinéa du IV de l'article L. 313-20 du même code.

Art. R. 426-3 I. – Les provisions techniques mentionnées aux 2°, 2° *bis* et 4° de l'article R. 331-6 sont constituées au sein du fonds de garantie universelle des risques locatifs. Ces provisions doivent être suffisantes pour assurer le règlement intégral des engagements mentionnés à l'article R. 426-2.

II. – Pour ce qui concerne la section du fonds de garantie relative aux compensations, les provisions tiennent notamment compte :

1° Du nombre de logements et du montant des loyers concernés par les contrats d'assurance faisant l'objet d'un engagement de la part de l'Union des entreprises et des salariés pour le logement à l'égard des entreprises d'assurance au titre des locataires éligibles ;

2° De la définition des compensations de dommages, telle qu'elle résulte des dispositions du cahier des charges mentionné au *g* de l'article L. 313-3 du code de la construction et de l'habitation et des conventions particulières conclues entre l'Union des entreprises et des salariés pour le logement et les entreprises d'assurance.

III. – Pour ce qui concerne la section du fonds de garantie relative aux garanties de loyer et de charges, les provisions tiennent notamment compte :

1° Du nombre de logements et du montant des loyers faisant l'objet d'un engagement de la part de l'Union des entreprises et des salariés pour le logement à l'égard des bailleurs au titre des locataires éligibles ;

2° De la définition de la garantie de loyer et charges, telle qu'elle résulte des conventions particulières conclues entre l'Union des entreprises et des salariés pour le logement et les bailleurs.

Art. R. 426-4 L'Union des entreprises et des salariés pour le logement doit être à tout moment en mesure de justifier l'évaluation des provisions mentionnées à l'article R. 426-3.

Ces provisions sont évaluées chaque année pour le compte de l'union par un actuaire, membre d'une association d'actuaires reconnue par l'Autorité de contrôle prudentiel et de résolution, qui vérifie que les provisions sont constituées de façon suffisamment prudente, en tenant compte notamment de la probabilité des sinistres, du coût moyen des sinistres, du taux de recouvrement estimé sur les sinistres indemnisés ainsi que des éléments énumérés au II et au III de l'article R. 426-3.

Art. R. 426-5 Les provisions mentionnées à l'article R. 426-3 doivent, à tout moment, être représentées par des actifs équivalents situés sur le territoire d'un État membre de la Communauté européenne ou d'un autre État partie à l'accord sur l'Espace économique européen.

Les actifs admis en représentation des engagements du fonds de garantie universelle des risques locatifs sont les suivants :

1° Les obligations et autres valeurs émises ou garanties par un État membre de la Communauté européenne ou par un autre État partie à l'accord sur l'Espace économique européen ;

2° Les titres émis par la Caisse d'amortissement de la dette sociale instituée par l'article 1er de l'ordonnance n° 96-50 du 24 janvier 1996 relative au remboursement de la dette sociale ;

3° Les parts ou actions des organismes de placement collectif en valeurs mobilières *(Décr. n° 2013-687 du 25 juill. 2013, art. 23)* « ou des placements collectifs relevant des paragraphes 1er, 2 et 6 de la sous-section 2, du paragraphe 2 ou du sous-paragraphe 1er du paragraphe 1er de la sous-section 3 de la section II du chapitre IV du titre Ier du livre II du code monétaire et financier » qui sont investis et exposés à plus de 90 % de leur actif sur :

a) Les titres mentionnés aux 1° et 2° ;

b) *(Décr. n° 2011-922 du 1er août 2011, art. 22-4°-a)* « Les instruments du marché monétaire mentionnés au » *(Décr. n° 2013-687 du 25 juill. 2013, art. 23)* « 2° du I de l'article L. 214-20 » du code monétaire et financier et dont la rémunération ne dépend pas, directement ou indirectement, de la valeur d'un ou plusieurs instruments financiers à terme ;

c) Les dépôts ou liquidités *(Décr. n° 2011-922 du 1er août 2011, art. 22-4°-b)* « mentionnés aux » *(Décr. n° 2013-687 du 25 juill. 2013, art. 23)* « 4° et 6° du I de l'article L. 214-20 » du code monétaire et financier ;

4° Les versements à venir de l'État, mentionnés à la dernière phrase du troisième alinéa du IV de l'article L. 313-20 du code de la construction et de l'habitation, qui correspondent à la prise en charge de la part des sinistres de loyers impayés qui lui incombe en application de l'article 85 de la loi n° 2007-1824 du 25 décembre 2007 de finances rectificative pour 2007 ;

5° Les dépôts auprès d'un établissement de crédit agréé dans un État membre de la Communauté européenne ou dans un autre État partie à l'accord sur l'Espace économique européen ;

6° Les engagements irrévocables de versements à première demande souscrits par les associés collecteurs de l'Union des entreprises et des salariés pour le logement, ces engagements étant garantis par un nantissement de créances à hauteur de 150 % de leur montant total.

Art. R. 426-6 Lorsqu'elle constate que la valeur des actifs mentionnés à l'article R. 426-5 du fonds de garantie universelle des risques locatifs est inférieure aux provisions, l'Union des entreprises et des salariés pour le logement procède, dans un délai maximal de trois mois, à des versements exceptionnels à ce fonds.

Art. R. 426-7 Les actifs du fonds de garantie universelle des risques locatifs, à l'exception de ceux mentionnés au 4° de l'article R. 426-5, sont soit inscrits en compte auprès d'un établissement de crédit agréé dans un État membre de la Communauté européenne ou dans un autre État partie à l'accord sur l'Espace économique européen, soit inscrits nominativement dans les comptes de l'organisme émetteur.

Les revenus ou les produits de la vente des actifs du fonds de garantie universelle des risques locatifs sont acquis à ce fonds.

Art. R. 426-8 En cas de liquidation de la première section du fonds de garantie relative aux compensations, et après déduction des engagements résiduels de l'Union des entreprises et des salariés pour le logement, le montant du solde, y compris les produits financiers sur les sommes apportées au fonds, des comptes de l'Union des entreprises et des salariés pour le logement, de l'État ainsi que des entreprises d'assurances participant au dispositif et, le cas échéant, des collectivités territoriales est remboursé respectivement à l'Union des entreprises et des salariés pour le logement, à l'État, aux entreprises d'assurance participant au dispositif et aux collectivités territoriales.

En cas de liquidation de la deuxième section du fonds de garantie relative aux opérations de garanties de loyers et de charges, et après déduction des engagements résiduels de l'Union des entreprises et des salariés pour le logement, le montant du solde, y compris les produits financiers sur les sommes apportées au fonds, des comptes de l'Union des entreprises et des salariés pour le logement, de l'État ainsi que des entreprises d'assurance participant au dispositif et, le cas échéant, des collectivités territoriales est remboursé respectivement à l'Union des entreprises et des salariés pour le logement, à l'État, aux entreprises d'assurance participant au dispositif et aux collectivités territoriales.

Les modalités d'application des alinéas précédents sont fixées par des conventions conclues par l'Union des entreprises et des salariés pour le logement, respectivement avec l'État, représenté par le ministre chargé du logement, chaque collectivité territoriale et chaque entreprise d'assurance ou chaque bailleur participant au dispositif.

Art. R. 426-9 L'Autorité de contrôle prudentiel et de résolution contrôle sur pièces et sur place les opérations réalisées par le fonds de garantie universelle des risques locatifs. L'Union des entreprises et des salariés pour le logement lui communique, à sa demande, tous éléments financiers, comptables ou statistiques relatifs aux opérations mentionnées à l'article R. 426-1. L'autorité de contrôle transmet ses rapports à l'union ainsi qu'au ministre chargé de l'économie, au ministre chargé du budget et au ministre chargé du logement.

L'Autorité de contrôle prudentiel et de résolution peut adresser à l'Union des entreprises et des salariés pour le logement une recommandation portant sur la gestion et le fonctionnement du fonds. Elle transmet également cette recommandation au ministre chargé de l'économie, au ministre chargé du budget et au ministre chargé du logement. L'Union des entreprises et des salariés pour le logement inscrit, dans les meilleurs délais, l'examen de cette recommandation à l'ordre du jour de son conseil de surveillance. Elle adresse la délibération correspondante, dans les quinze jours suivant son adoption, à l'Autorité de contrôle prudentiel et de résolution ainsi qu'aux ministres précités.

Art. R. 426-10 Lorsqu'elle estime que les droits des entreprises d'assurance sont menacés par l'insuffisante qualité des actifs mobilisés en application de l'article R. 426-5 ou leur insuffisante adéquation aux besoins de liquidité du fonds, l'autorité de contrôle prudentiel et de résolution peut, après avoir mis l'Union des entreprises et des salariés pour le logement en mesure de faire valoir ses observations, limiter les engagements admis au titre du 6° du même article. L'Union des entreprises et des salariés pour le logement peut demander annuellement à l'Autorité de contrôle de réexaminer sa décision. L'autorité de contrôle se prononce dans un délai de trois mois à compter de cette demande après avoir mis l'Union des entreprises et des salariés pour le logement en mesure de faire valoir ses observations.

L'absence de confirmation explicite de la limitation prévue au premier alinéa, au terme de ce délai de trois mois, vaut levée de cette limitation.

Art. R. 426-11 Le comité d'audit institué auprès du conseil de surveillance de l'Union des entreprises et des salariés pour le logement vérifie le respect des dispositions comptables applicables au fonds de garantie universelle des risques locatifs, en particulier celles relatives au calcul des provisions, ainsi que la sincérité des informations fournies au conseil de surveillance. Il veille également à la qualité du contrôle interne exercé sur les opérations du fonds. Il formule, le cas échéant, toute proposition d'amélioration du fonctionnement du fonds.

Le conseil de surveillance de l'Union des entreprises et des salariés pour le logement arrête et approuve les comptes de chacune des sections du fonds dans les mêmes conditions que ceux de l'union et examine le rapport du comité d'audit. La délibération du conseil de surveillance y afférente et le rapport du comité d'audit sont transmis à l'Autorité de contrôle prudentiel et de résolution.

CHAPITRE VII FONDS DE GARANTIE DES DOMMAGES CONSÉCUTIFS À DES ACTES DE PRÉVENTION, DE DIAGNOSTIC OU DE SOINS DISPENSÉS PAR DES PROFESSIONNELS DE SANTÉ

(Décr. n° 2012-548 du 23 avr. 2012)

SECTION PREMIÈRE DISPOSITIONS GÉNÉRALES

Art. R. 427-1 Les ressources du fonds institué à l'article L. 426-1 comprennent :

1° Le produit de la contribution forfaitaire annuelle instituée au *(Décr. n° 2018-612 du 16 juill. 2018, art. 4)* « V » de l'article L. 426-1 ;

2° Les produits nets des placements ;

3° Toute autre ressource éventuelle.

Art. R. 427-2 *(Décr. nº 2018-612 du 16 juill. 2018, art. 4)* Les ressources mentionnées à l'article R. 427-1 sont destinées à couvrir :

1° Au titre de l'indemnisation mentionnée au I de l'article L. 426-1 :

a) Les charges d'indemnisation ;

b) Les frais exposés par la Caisse centrale de réassurance ;

c) Les frais relatifs aux procédures et aux transactions auxquelles le fonds est partie ;

2° Au titre de l'indemnisation mentionnée au II de l'article L. 426-1 :

a) Les charges d'indemnisation ;

b) Les frais exposés par la Caisse centrale de réassurance ;

c) Les frais relatifs aux procédures et aux transactions auxquelles le fonds est partie ;

3° Les frais bancaires et financiers ;

4° Les indemnités de remboursement de frais éventuellement dues aux membres du conseil de gestion du fonds mentionnés aux 4° et 5° de l'article R. 427-7.

Art. R. 427-3 La contribution forfaitaire annuelle instituée au *(Décr. nº 2018-612 du 16 juill. 2018, art. 4)* « V » de l'article L. 426-1 est due au titre de tout contrat d'assurance conclu en application du premier alinéa de l'article L. 1142-2 du code de la santé publique et souscrit auprès d'une entreprise mentionnée à l'article L. 310-2 du présent code.

Cette contribution est perçue par l'entreprise d'assurance à l'occasion de l'émission des primes ou cotisations recouvrées par elle chaque année. Elle est versée par l'entreprise d'assurance, en même temps que la taxe sur les conventions d'assurance, au service des impôts compétent pour recevoir le produit de cette taxe.

Le service des impôts reverse sans délai le montant de la contribution forfaitaire au fonds de garantie mentionné à l'article R. 427-1.

Pour les contrats conclus ou renouvelés avant le 31 juill. 2012, la contribution forfaitaire annuelle mentionnée à l'article R. 427-3 peut être perçue par l'entreprise d'assurance et versée par elle au service des impôts dans un délai d'un an à compter de cette même date (Décr. nº 2012-548 du 23 avr. 2012, art. 3).

SECTION II DISPOSITIONS RELATIVES À LA GESTION DU FONDS DE GARANTIE DES DOMMAGES CONSÉCUTIFS À DES ACTES DE PRÉVENTION, DE DIAGNOSTIC OU DE SOINS DISPENSÉS PAR DES PROFESSIONNELS DE SANTÉ

Art. R. 427-4 La gestion comptable et financière du fonds est assurée par la Caisse centrale de réassurance selon les règles qui lui sont applicables sous réserve des dispositions de la présente section.

Art. R. 427-5 La gestion mentionnée à l'article R. 427-4 fait l'objet d'une comptabilité distincte de celle des autres opérations pratiquées par la caisse.

Les avoirs disponibles du fonds sont placés par la Caisse centrale de réassurance en actifs mentionnés à l'article R. 332-2.

Lorsque les avoirs capitalisés par le fonds sont d'un montant inférieur à 15 millions d'euros, ces avoirs sont placés en actifs mentionnés aux 1° à 3° de l'article R. 332-2. Lorsque ces avoirs sont d'un montant supérieur ou égal à 15 millions d'euros, l'actif du fonds est soumis aux règles mentionnées aux articles R. 332-3 et R. 332-3-1. Pour l'application des règles figurant à ces articles, le montant de chacune des catégories d'actifs est rapporté au montant des avoirs disponibles du fonds.

Art. R. 427-6 Le contrôle des opérations effectuées par la Caisse centrale de réassurance pour le compte du fonds est exercé par les commissaires aux comptes de la Caisse centrale de réassurance.

Art. R. 427-7 Il est institué un conseil de gestion du fonds mentionné à l'article L. 426-1. Ce conseil est présidé par le président du conseil d'administration de la Caisse centrale de réassurance.

Ce conseil comprend en outre :

1° Le directeur général du Trésor ou son représentant ;

2° Le directeur de la sécurité sociale ou son représentant ;

3° Le directeur du budget ou son représentant ;

4° Deux représentants des entreprises d'assurance et un représentant des entreprises de réassurance nommés par arrêté du ministre chargé de l'économie ;

5° Trois représentants des professionnels de santé libéraux mentionnés à l'article L. 426-1, nommés par arrêté du ministre chargé de la santé.

Les membres du conseil mentionnés aux 4° et 5° sont nommés pour une durée de trois ans. Leur mandat est renouvelable. Toutefois, ce mandat prend fin si son titulaire perd la qualité au titre de laquelle il a été nommé. Il est alors procédé à une nouvelle nomination pour la durée du mandat restant à courir. Il en va de même en cas de décès ou de démission.

Art. R. 427-8 Le conseil de gestion se réunit au moins une fois par an sur convocation de son président, à l'initiative de celui-ci ou bien à la demande du ministre chargé de l'économie ou du ministre chargé de la santé.

Le secrétariat du conseil de gestion est assuré par la Caisse centrale de réassurance.

Art. R. 427-9 Le conseil de gestion est consulté sur les projets de comptes annuels du fonds.

Il peut être consulté par les ministres chargés de l'économie ou de la santé sur toute question se rapportant à l'objet du fonds.

Il est informé des opérations menées par le fonds.

Art. R. 427-10 Le président du conseil d'administration de la Caisse centrale de réassurance arrête les comptes du fonds pour l'exercice écoulé après consultation du conseil de gestion mentionné à l'article R. 427-7 selon les modalités prévues à l'article R. 427-9.

Art. R. 427-11 Pour la prise en charge des dépenses d'indemnisation qui lui incombent en application *(Décr. n° 2018-612 du 16 juill. 2018, art. 4)* « des I et II » de l'article L. 426-1, des conventions sont conclues entre le fonds et d'une part *(Décr. n° 2018-612 du 16 juill. 2018, art. 4)* « des » entreprises d'assurance concernées, d'autre part l'office institué à l'article L. 1142-22 du code de la santé publique.

SECTION III DISPOSITIONS RELATIVES À L'INTERVENTION DU FONDS EN CAS DE RETRAIT D'AGRÉMENT D'ENTREPRISES PRATIQUANT L'ASSURANCE DE RESPONSABILITÉ CIVILE MÉDICALE

(Décr. n° 2018-612 du 16 juill. 2018, art. 5)

Art. R. 427-12 Lorsque, à la suite du retrait d'agrément d'une entreprise d'assurance, le fonds prend en charge, au titre du II de l'article L. 426-1 du présent code, l'indemnisation des dommages mentionnés à l'article L. 1142-2 du code de la santé publique et qui sont assurés au titre des garanties d'assurance dont la souscription est rendue obligatoire pour les professionnels de santé exerçant à titre libéral par l'article L. 251-1 du présent code, cette prise en charge s'effectue dans les conditions et limites de garantie prévues par les contrats d'assurance souscrits auprès de cette entreprise. Elle est limitée à 90 % de l'indemnité qui aurait été attribuée à l'assuré ou à ses ayants droit par l'assureur dont l'agrément a été retiré.

En vue d'obtenir le remboursement des sommes qu'il a versées, le fonds exerce toutes les actions ou accomplit toutes les réclamations nécessaires auprès du liquidateur désigné par l'Autorité de contrôle prudentiel et de résolution dans les conditions prévues aux articles L. 326-1 et L. 326-2 du présent code, du liquidateur désigné par les autorités compétentes de l'État d'origine d'une entreprise d'assurance dont le siège social est situé sur le territoire d'un État membre de l'Union européenne autre que la France, ou de l'organisme chargé dans cet État d'origine de la protection des personnes assurées, souscriptrices, adhérentes ou bénéficiaires de prestations de contrats d'assurance contre les conséquences du retrait d'agrément d'une entreprise d'assurance.

En cas de dépassement du délai mentionné au cinquième alinéa de l'article L. 251-2 du présent code ou des plafonds de garantie mentionnés à l'article L. 1142-2 du code de la santé publique, le fonds peut intervenir au titre du I de l'article L. 426-1 du présent code.

Art. R. 427-13 Le liquidateur désigné par l'Autorité de contrôle prudentiel et de résolution en application des articles L. 326-1 et L. 326-2, ou par les autorités compétentes de l'État d'origine d'une entreprise d'assurance dont le siège social est situé sur le territoire d'un État membre de l'Union européenne autre que la France, saisit le fonds des demandes de prise en charge des bénéficiaires des contrats d'assurance souscrits par les professionnels de santé exerçant à titre libéral dès qu'il a connaissance de celles-ci.

Le cas échéant, le liquidateur effectue, sur demande et pour le compte du fonds, les enquêtes et formalités nécessaires à l'exercice des recours contre les coresponsables et les personnes mentionnées aux quatrième et cinquième alinéas de l'article L. 421-9-4. Les sommes récupérées par le fonds à la suite de ces recours lui sont directement versées et viennent en déduction de sa créance sur la liquidation.

Art. R. 427-14 Le liquidateur mentionné à l'article R. 427-13 du présent code gère, avec l'accord du fonds, les dossiers relatifs à l'indemnisation des dommages couverts par une assurance dont la souscription est rendue obligatoire par l'article L. 1142-2 du code de la santé publique et assurés auprès de l'entreprise en liquidation. Il doit, sur demande du fonds, lui fournir toutes explications ou lui communiquer tous documents relatifs à ces dossiers.

Les frais et dépenses de toute nature afférents à cette gestion sont à la charge de la liquidation.

Le liquidateur ne peut acquiescer à une décision de justice, conclure une transaction ou opposer une exception au tiers lésé qu'après avoir obtenu l'accord du fonds.

Art. R. 427-15 Pour la détermination du principe ou de l'étendue de leur droit à indemnisation, les tiers lésés ne peuvent citer le fonds en justice, notamment en déclaration de jugement commun. Il en est de même des assurés pour leurs actions en revendication de garantie lorsque cette décision ou cette transaction concerne un contrat pris en charge par le fonds.

TITRE TROISIÈME ORGANISMES PARTICULIERS D'ASSURANCE

CHAPITRE PREMIER LA CAISSE CENTRALE DE RÉASSURANCE

(Décr. nº 85-864 du 2 août 1985)

SECTION PREMIÈRE DISPOSITIONS GÉNÉRALES

Art. R. 431-1 à R. 431-5 *Abrogés par Décr. nº 93-176 du 5 févr. 1993.*

Art. R. 431-6 *Abrogé par Décr. nº 2005-312 du 25 mars 2005.*

Art. R. 431-6-1 *Abrogé par Décr. nº 93-176 du 5 févr. 1993.*

Art. R. 431-6-2 *(Décr. nº 93-176 du 5 févr. 1993 ; Décr. nº 94-582 du 12 juill. 1994)* Le mandat de membre du conseil d'administration représentant l'État est gratuit, sans préjudice du remboursement par la société des frais exposés pour l'exercice dudit mandat.

Art. R. 431-7 à R. 431-15 *Abrogés par Décr. nº 93-176 du 5 févr. 1993.*

SECTION II OPÉRATIONS EFFECTUÉES AVEC LA GARANTIE DE L'ÉTAT

§ 1er DISPOSITIONS COMMUNES

Art. R. 431-16 *Abrogé par Décr. n° 93-176 du 5 févr. 1993.*

Art. R. 431-16-1 *(Décr. n° 93-176 du 5 févr. 1993)* **Pour les opérations effectuées avec la garantie de l'État, les conditions particulières, notamment tarifaires, des traités de réassurance et des contrats d'assurance sont fixées par la Caisse centrale de réassurance selon les usages et méthodes de la réassurance et de l'assurance.**

Art. R. 431-16-2 *(Décr. n° 93-176 du 5 févr. 1993)* **La garantie de l'État au titre des articles L. 431-4, L. 431-5, L. 431-9 et L. 431-10 du présent code donne lieu, de la part de la Caisse centrale de réassurance, au versement d'une rémunération. Les conditions et modalités de l'engagement, de la mise en jeu et de la rémunération de la garantie font l'objet d'une convention passée entre le ministre chargé de l'économie et des finances et la Caisse centrale de réassurance.**

Art. R. 431-16-3 *(Décr. n° 93-176 du 5 févr. 1993)* **Les opérations bénéficiant de la garantie de l'État sont retracées au sein de comptes distincts ouverts dans les livres de la Caisse centrale de réassurance, à raison d'un compte pour les opérations effectuées au titre des articles L. 431-4 et L. 431-5, un compte pour les opérations effectuées au titre de l'article L. 431-9 et un compte pour les opérations effectuées au titre de l'article L. 431-10.**

Chacun de ces comptes fait apparaître de manière détaillée l'ensemble des provisions, produits, charges, pertes et profits, relatifs aux opérations concernées, y compris une quote-part des provisions, produits, charges, pertes et profits non directement affectables.

Une convention passée entre le ministre chargé de l'économie et des finances et la Caisse centrale de réassurance fixe les modalités de fonctionnement de ces comptes, notamment les règles d'affectation des provisions, produits, charges, pertes et profits.

Art. R. 431-16-4 *(Décr. n° 93-176 du 5 févr. 1993)* **I. — Le bilan de la Caisse centrale de réassurance comporte trois comptes de réserve correspondant à chacune des catégories d'opérations bénéficiant de la garantie de l'État, intitulés respectivement :**

a) **Réserve spéciale pour risques exceptionnels et nucléaires ;**

b) **Réserve spéciale pour risques de catastrophes naturelles ;**

c) **Réserve spéciale pour risques d'attentats.**

II. — Le bénéfice non distribué de l'exercice après dotation aux réserves légales et réglementées est affecté en priorité aux comptes de réserve définis au I du présent article jusqu'à concurrence, pour chaque compte de réserve, du montant de la contribution de la catégorie d'opérations concernée au résultat affectable de l'exercice. Cette contribution est égale, pour chacune des catégories d'opérations concernées, au solde bénéficiaire de l'exercice tel qu'il ressort de chacun des comptes distincts définis à l'article R. 431-16-3 du présent code, après déduction de la quote-part de dividendes et de la dotation aux réserves légales et réglementées.

III. — Les réserves définies au présent article ne peuvent être distribuées ou réaffectées qu'après approbation du ministre chargé de l'économie et des finances. La perte d'un exercice ne peut leur être imputée que dans la limite, pour chaque compte de réserve, du montant de la contribution de la catégorie d'opérations concernée à la perte de l'exercice. Cette contribution est égale, pour chacune des catégories d'opérations concernées, au solde déficitaire de l'exercice, tel qu'il ressort de chacun des comptes distincts définis à l'article R. 431-16-3 du présent code.

§ 2 RISQUES EXCEPTIONNELS ET NUCLÉAIRES

Art. R. 431-17 à R. 431-26 *Abrogés par Décr. n° 93-176 du 5 févr. 1993.*

Art. R. 431-27 La Caisse centrale de réassurance constitue une provision spéciale pour charges exceptionnelles afférentes aux opérations garantissant les risques mentionnés à l'article L. 431-4.

Cette provision est alimentée par un prélèvement sur les primes égal à 0,10 p. 100 de l'estimation de la somme des valeurs garanties par la Caisse centrale de réassurance au cours de l'exercice considéré, sans que ce prélèvement puisse excéder le tiers du montant des primes nettes conservées correspondant aux opérations visées ci-dessus.

Ce prélèvement cesse d'être obligatoire lorsque la provision spéciale pour charges exceptionnelles atteint un montant égal à la moyenne des cinq risques les plus élevés garantis.

Le montant de la provision inscrite dans le compte distinct ouvert dans les écritures de la Caisse centrale de réassurance, en application de l'article L. 431-7, est affecté à la provision spéciale pour charges exceptionnelles.

Art. R. 431-28 *Abrogé par Décr. n° 93-176 du 5 févr. 1993.*

Art. R. 431-29 Les dispositions du présent paragraphe sont applicables dans les territoires de la Nouvelle-Calédonie, de la Polynésie française, des Terres australes et antarctiques françaises et de Wallis-et-Futuna.

§ 3 RISQUES DE CATASTROPHES NATURELLES

Art. R. 431-30 La Caisse centrale de réassurance est habilitée à couvrir en réassurance, avec la garantie de l'État, les risques résultant des effets des catastrophes naturelles mentionnées aux deux premiers alinéas de l'article L. 125-1.

Art. R. 431-31 La Caisse centrale de réassurance ne peut apporter sa couverture au titre de l'article R. 431-30 que si les conditions suivantes sont remplies :

a) Les biens et activités sont situés en France métropolitaine *(Décr. n° 93-176 du 5 févr. 1993)* « ou dans les départements d'outre-mer » ;

b) L'état de catastrophe naturelle a été constaté par un arrêté interministériel pris en application de l'article L. 125-1 ;

c) La garantie contre les effets des catastrophes naturelles incluse dans les contrats d'assurance est conforme à celle définie par les clauses types mentionnées à l'article L. 125-3 ;

d) Les biens ou activités concernés sont garantis contre les effets des catastrophes naturelles par une entreprise d'assurance *(Décr. n° 93-176 du 5 févr. 1993)* « pratiquant en France les risques correspondants ».

Si la condition prévue au *c* n'est pas remplie, la Caisse centrale de réassurance peut, par dérogation aux dispositions de l'alinéa ci-dessus, apporter sa couverture au titre de l'article R. 431-30 avec l'accord du ministre chargé de l'économie et des finances.

Art. R. 431-32 *Abrogé par Décr. n° 93-176 du 5 févr. 1993.*

§ 4 RISQUES D'ATTENTATS

Néant.

SECTION III OPÉRATIONS DE GESTION

§ 1er FONDS NATIONAL DE GARANTIE DES CALAMITÉS AGRICOLES

Art. R. 431-33 Les opérations financières et comptables du Fonds national de garantie des calamités agricoles sont effectuées par le *(Décr. n° 93-176 du 5 févr. 1993)* « président du conseil d'administration de la Caisse centrale de réassurance », assisté d'une commission comprenant trois représentants du ministre chargé de l'économie et des finances et trois représentants du ministre de l'agriculture.

Dans le cadre de ces opérations, le *(Décr. n° 93-176 du 5 févr. 1993)* « président du conseil d'administration de la Caisse centrale de réassurance » :

Fournit à la commission nationale des calamités agricoles, sur sa demande, les éléments comptables et financiers qui sont nécessaires à l'accomplissement de sa mission ;

Arrête les comptes du fonds pour l'exercice écoulé ;

Adresse au ministre chargé de l'économie et des finances et au ministre de l'agriculture ainsi qu'à la commission nationale, des calamités agricoles, un rapport sur les opérations dudit exercice ;

Propose, le cas échéant, l'exercice de poursuites contre les sinistrés ayant indûment perçu une indemnisation, ou contre les tiers responsables du sinistre, et met à exécution les actions nécessaires au recouvrement desdites indemnités ou des sommes dues par des tiers responsables, après avis du ministre chargé de l'économie et des finances.

Art. R. 431-34 Le contrôle des opérations effectuées par la Caisse centrale de réassurance pour le compte du Fonds national de garantie des calamités agricoles est exercé dans les mêmes conditions que celui qui porte sur les autres opérations de ladite caisse.

Art. R. 431-35 Les avoirs disponibles du Fonds national de garantie des calamités agricoles sont placés par la Caisse centrale de réassurance en actifs mentionnés à l'article R. 332-2. Ces actifs sont soumis aux limitations prévues aux articles R. 332-3 et R. 332-3-1 ; toutefois, pour le calcul de ces limitations, le montant de chacune des catégories d'actifs est rapporté au montant des avoirs disponibles du fonds.

Art. R. 431-36 Les frais exposés par la Caisse centrale de réassurance pour la gestion du Fonds national de garantie des calamités agricoles lui sont remboursés sur justifications après l'expiration de chaque exercice.

Des avances sur ces remboursements peuvent lui être allouées.

Art. R. 431-37 Les opérations du Fonds national de garantie des calamités agricoles sont retracées tant en recettes qu'en dépenses dans une comptabilité distincte tenue par la Caisse centrale de réassurance.

Un arrêté du ministre chargé de l'économie et des finances détermine la liste et la forme des comptes retraçant ces opérations, ainsi que la manière dont leurs résultats sont centralisés.

Art. R. 431-38 Pour l'application du 1° de l'article 13 de la loi n° 64-706 du 10 juillet 1964 *[C. rur., art. L. 361-19, 1°]*, la Caisse centrale de réassurance est chargée de dresser les statistiques dont la connaissance apparaît nécessaire pour mener à bien l'action d'information et de prévention confiée au Fonds national de garantie des calamités agricoles.

§ 2 FONDS DE GARANTIE DES CALAMITÉS AGRICOLES DANS LES DÉPARTEMENTS D'OUTRE-MER

Néant.

§ 3 FONDS DE REVALORISATION DE CERTAINES RENTES ALLOUÉES EN RÉPARATION DU PRÉJUDICE CAUSÉ PAR UN VÉHICULE TERRESTRE À MOTEUR

Art. R. 431-39 à R. 431-47 *Abrogés par Décr. n° 90-125 du 6 févr. 1990, art. 5.*

§ 4 FONDS DE COMPENSATION DES RISQUES DE L'ASSURANCE DE LA CONSTRUCTION

Art. R. 431-48 Le fonds de compensation institué par l'article L. 431-14 contribue, dans le cadre des conventions prévues audit article, à l'indemnisation de sinistres affectant des bâtiments dont les chantiers ont été ouverts avant le 1er janvier 1983.

Art. R. 431-49 Pour les sinistres déclarés avant le 1er janvier 1983 et non réglés à cette date, la contribution du fonds de compensation est limitée à la prise en charge de 95 p. 100 au plus des insuffisances éventuelles du montant total des provisions pour sinistres à payer constituées au 31 décembre 1982, augmentées de leurs produits, par rapport au montant total des règlements correspondants.

Pour les sinistres déclarés à compter du 1er janvier 1983, la contribution du fonds s'opère en tenant compte des provisions pour risques en cours ou assimilées éventuellement constituées par les entreprises d'assurance.

La compensation des incidences financières de l'évolution des coûts de la construction prévue au deuxième alinéa de l'article L. 431-14 s'opère en tenant compte du rendement des placements des entreprises d'assurance.

Art. R. 431-50 Le fonds de compensation des risques de l'assurance de la construction fait l'objet, dans les écritures de la Caisse centrale de réassurance, d'une comptabilité spéciale.

Les frais de gestion du fonds sont couverts par un prélèvement de la caisse centrale de réassurance sur les recettes du fonds.

Art. R. 431-51 Il est institué auprès du *(Décr. nº 93-176 du 5 févr. 1993)* « président du conseil d'administration de la Caisse centrale de réassurance », pour la gestion du fonds de compensation, un comité consultatif présidé par un magistrat de la Cour des comptes ayant au moins le grade de conseiller-maître et composé du *(Décr. nº 93-176 du 5 févr. 1993)* « président du conseil d'administration de la Caisse centrale de réassurance » et de trois représentants de l'État nommés, l'un par le ministre chargé de l'économie et des finances, l'autre par le secrétaire d'État chargé du budget, le troisième par le ministre chargé de l'urbanisme.

Siègent au comité cinq représentants des entreprises d'assurance nommés par le ministre chargé de l'économie et des finances sur proposition des organisations professionnelles des entreprises d'assurance et dix représentants des assurés nommés par le ministre chargé de l'urbanisme, dans les conditions suivantes :

1° Six représentants proposés par les organisations professionnelles du bâtiment, soit :
– un au titre des entreprises artisanales ;
– un au titre des autres entreprises ;
– deux au titre des concepteurs, dont un architecte ;
– un au titre des contrôleurs techniques ;
– un au titre des fabricants de matériaux visés à l'article 1792-4 du code civil.

2° Quatre représentants des maîtres d'ouvrage, dont deux sont proposés par des organisations professionnelles des maîtres d'ouvrage publics et privés et deux par les organisations de consommateurs.

Art. R. 431-52 Le comité est obligatoirement consulté sur les conventions prévues à l'article L. 431-14, ainsi que sur les comptes annuels du fonds.

Art. R. 431-53 Un plan de financement des actions prévues au troisième alinéa de l'article L. 431-14 est présenté au comité par le *(Décr. nº 93-176 du 5 févr. 1993)* « président du conseil d'administration de la Caisse centrale de réassurance » et soumis pour approbation aux ministres intéressés.

Art. R. 431-54 *(Décr. nº 93-176 du 5 févr. 1993)* « Le président du conseil d'administration de la Caisse centrale de réassurance » peut soumettre au comité des affaires d'ordre général ou individuel sur lesquelles il veut solliciter son avis.

Art. R. 431-55 Le comité se réunit sur convocation de son président, à l'initiative de ce dernier ou à la demande du *(Décr. nº 93-176 du 5 févr. 1993)* « président du conseil d'administration de la Caisse centrale de réassurance ». Il peut faire appel à des rapporteurs. Le secrétariat du comité est assuré par la Caisse centrale de réassurance.

Art. R. 431-56 *(Décr. nº 93-176 du 5 févr. 1993)* « Le président du conseil d'administration de la Caisse centrale de réassurance » présente chaque année au ministre chargé de l'économie et des finances, après accord du comité, un rapport sur la gestion du fonds.

Art. R. 431-57 Les avoirs disponibles du fonds de compensation des risques de l'assurance de la construction sont placés par la Caisse centrale de réassurance en actifs mentionnés à l'article R. 332-2. Ces actifs sont soumis aux limitations prévues aux articles R. 332-3 et R. 332-3-1 ; toutefois, pour le calcul de ces limitations, le montant de chacune des catégories d'actifs est rapporté au montant des avoirs disponibles du fonds.

Art. R. 431-58 Le contrôle des opérations ainsi que l'approbation des comptes du fonds sont effectués dans les mêmes conditions que pour les autres activités de la Caisse centrale de réassurance.

Art. R. 431-59 Les entreprises artisanales mentionnées au *(Décr. n° 93-176 du 5 févr. 1993)* « septième alinéa » de l'article L. 431-14 sont définies au premier alinéa de l'article 1er du décret n° 62-235 du 1er mars 1962 modifié par l'article 1er du décret n° 76-879 du 21 septembre 1976, et pour les départements du Bas-Rhin, du Haut-Rhin et de la Moselle, à l'article 3 du décret n° 73-942 du 3 octobre 1973.

Définition de l'entreprise artisanale. L'art. 1635 *bis* AB CGI définit les cotisations perçues au profit du FAC « conformément à l'art. L. 431-14 C. assur. » sans poser aucune dérogation au règlement d'application de cet article qui précise que les entreprises artisanales dont les primes et cotisations donnent lieu à des versements au taux de 8,5 % sont celles définies au premier al. de l'art. 1er du Décr. du 1er mars 1962, modifié. La loi fiscale reprend ainsi la définition de l'entreprise artisanale retenue en droit commun, lequel ne subordonne pas la qualité d'artisan au respect de l'obligation d'une inscription au répertoire des métiers. • Com. 18 avr. 2000, n° 97-18.596.

CHAPITRE II *[ABROGÉ]* LA COMPAGNIE FRANÇAISE D'ASSURANCE POUR LE COMMERCE EXTÉRIEUR (COFACE)

(Abrogé par Décr. n° 94-376 du 14 mai 1994)

Art. R. 432-1 à R. 432-48** *Abrogés par Décr. n° 94-376 du 14 mai 1994, art. 2. – V. art. R. 442-1 s.*

CHAPITRE III *[ABROGÉ]* LA CAISSE NATIONALE DE PRÉVOYANCE

(Abrogé par Décr. n° 93-385 du 19 mars 1993)

Art. R. 433-1 à R. 433-16 *Abrogés par Décr. n° 93-385 du 19 mars 1993.*

TITRE QUATRIÈME RÉGIMES PARTICULIERS D'ASSURANCE

CHAPITRE PREMIER DISPOSITIONS RELATIVES À CERTAINES OPÉRATIONS DE PRÉVOYANCE COLLECTIVE ET D'ASSURANCE

SECTION PREMIÈRE DISPOSITIONS GÉNÉRALES

Art. R. 441-1** *(Décr. n° 93-385 du 19 mars 1993)* « Les entreprises d'assurance » qui sont habilitées à réaliser des opérations comportant des engagements dont l'exécution dépend de la durée de la vie humaine, ne peuvent réaliser les opérations prévues *(Décr. n° 95-391 du 12 avr. 1995)* « à l'article L. 441-1 » qu'en se conformant aux dispositions du présent chapitre.

Art. R. 441-2 *(Décr. n° 2010-933 du 24 août 2010)* Le contrat comporte, outre les énonciations mentionnées à l'article L. 112-4 :

1° Les nom, prénoms et date de naissance du ou des assurés ;

2° L'événement ou le terme duquel dépend l'exigibilité du capital ou de la rente garantis ;

3° Les délais et les modalités de règlement du capital ou de la rente garantis.

Art. R. 441-2-1 *(Décr. nº 2017-1172 du 18 juill. 2017, art. 1er-1º, en vigueur le 1er sept. 2017)* Lorsque la convention prévoit des possibilités de baisse de la valeur de service de l'unité de rente, cette baisse ne peut intervenir que lorsque le rapport entre, d'une part, la somme de la provision technique spéciale et des plus-values et moins-values latentes nettes sur les actifs affectés à la provision technique spéciale et, d'autre part, la provision mathématique théorique est inférieur à 0,95 à la date de fin d'exercice ou lorsqu'il est inférieur à 1 depuis trois exercices.

Pour l'application du premier alinéa, il n'est pas tenu compte des exercices clôturés avant le 1er janvier 2017, ni des exercices clôturés avant l'introduction dans la convention de possibilités de baisse de la valeur de service de l'unité de rente.

La baisse mentionnée au premier alinéa ne peut être mise en œuvre qu'à la condition que :

a) Une diminution annuelle de la valeur de service de l'unité de rente ne conduise pas à ce que le rapport, à la fin de l'exercice précédant la date à laquelle la décision de diminution de la valeur de service a été prise, entre, d'une part, la somme de la provision technique spéciale et des plus-values ou moins-values latentes nettes sur les actifs affectés à la provision technique spéciale et, d'autre part, la provision mathématique théorique dépasse 1,05 ;

b) La valeur de service de l'unité de rente n'ait pas diminué de plus d'un tiers au cours des soixante derniers mois.

Art. R. 441-2-2 *(Décr. nº 2017-1172 du 18 juill. 2017, art. 1er-1º, en vigueur le 1er sept. 2017)* I. — Les informations techniques et financières prévues *(Décr. nº 2018-229 du 30 mars 2018, art. 14)* « au 5º » du I de l'article L. 441-3-1 comprennent les éléments suivants :

1º Le montant de la provision mathématique théorique calculée au 31 décembre de l'exercice clos ;

2º Le montant des provisions techniques mentionnées aux 1º à 3º de l'article R. 441-7 à cette même date ;

3º Le rapport entre, d'une part, la somme de la provision technique spéciale et des plus-values et moins-values latentes nettes sur les actifs affectés à la provision technique spéciale et, d'autre part, la provision mathématique théorique à cette même date et à la date de clôture des neuf exercices qui la précèdent, sans inclure les exercices clôturés avant le 1er janvier 2017 ;

4º Une mention expliquant de façon claire et non ambiguë si, au regard des conditions prévues par la convention, en application de l'article L. 441-2, une baisse de la valeur de service de la convention est susceptible d'être appliquée dans les douze mois à venir, selon quelles modalités et dans quelle proportion ;

5º L'évolution de la valeur de service au cours des cinq derniers exercices ainsi que son évolution cumulée sur cette période.

II. — Le souscripteur peut décider de faire figurer les informations mentionnées au I sur son site internet et renvoyer de façon précise à ce dernier dans la communication annuelle qu'il fournit à l'ensemble des adhérents en application de l'article L. 441-3-1.

III. — Lorsque l'entreprise d'assurance ou le fonds de retraite professionnelle supplémentaire inclut les informations mentionnées au I dans son rapport sur la solvabilité et la situation financière, le souscripteur peut renvoyer de façon précise à ce dernier dans la communication annuelle qu'il fournit à l'ensemble des adhérents en application de l'article L. 441-3-1.

Pour les conventions relevant du chapitre III du titre IV du livre Ier pour lesquelles l'entreprise d'assurance ou le fonds de retraite professionnelle supplémentaire établit un rapport, en application de l'article L. 143-2-2, et y inclut les informations mentionnées au I, ou pour les conventions relevant de l'article L. 144-2 pour lesquelles l'entreprise d'assurance établit un rapport, en application du III de l'article L. 144-2, et y inclut les informations mentionnées au I, le souscripteur peut renvoyer de façon précise à ce dernier rapport dans sa communication annuelle.

A compter du 1er janv. 2018, dans le cadre de la première information annuelle aux adhérents, le souscripteur communique, selon les modalités prévues à l'art. R. 441-2-2, le rapport, au 31 déc.

2017, entre, d'une part, la provision technique spéciale et, d'autre part, la provision mathématique théorique, calculée selon le chapitre Ier du titre IV du livre IV dans sa rédaction antérieure au Décr. no 2017-1172 du 18 juill. 2017 (Décr. préc., art. 2-IV ; Décr. no 2017-1765 du 26 déc. 2017, art. 7).

Art. R. 441-3** Toute personne qui, même à titre d'intermédiaire, proposera la souscription de contrats ou conventions contrevenant aux dispositions du présent chapitre, ou fera souscrire de tels contrats ou conventions, sera punie de la peine d'amende prévue pour les contraventions de la 5e classe.

En cas de récidive, la peine d'amende sera celle prévue pour les contraventions de la 5e classe en récidive.

SECTION II RÈGLES TECHNIQUES ET COMPTABLES

Art. R. 441-4** La pratique des opérations d'assurance collective prévues par *(Décr. no 95-391 du 12 avr. 1995)* « l'article L. 441-1 » est autorisée sous la condition que ces opérations comportent une prestation déterminée dans les conditions fixées par le présent chapitre.

Art. R. 441-5 *(Décr. no 95-391 du 12 avr. 1995)* Les opérations mentionnées à l'article R. 441-4 sont réalisées en application de conventions qui doivent indiquer les modalités de fonctionnement du régime y compris dans les cas de conversion prévus *(Décr. no 2017-1172 du 18 juill. 2017, art. 1er-2o, en vigueur le 1er sept. 2017)* « aux articles R. 441-24 et R. 441-26 ».

Art. R. 441-6** *Abrogé par Décr. no 2004-571 du 14 juin 2004.*

Art. R. 441-7 *(Décr. no 2017-1172 du 18 juill. 2017, art. 1er-3o, en vigueur le 1er sept. 2017)* Les provisions techniques des opérations prévues à l'article L. 441-1 sont les suivantes :

1o La provision technique spéciale, sur laquelle sont prélevées les prestations servies et les chargements de gestion, dans les limites prévues par la convention, et à laquelle sont affectées les cotisations versées, nettes des chargements inclus dans les cotisations et de taxes, ainsi que la totalité des produits et charges financiers générés par les actifs affectés à la provision technique spéciale, y compris les produits correspondant aux éventuels *(Abrogé par Décr. no 2017-1765 du 26 déc. 2017, art. 1er) « avoirs fiscaux et autres »* crédits d'impôts attachés à la détention de ces mêmes titres et placements et le solde des produits et charges financiers reçus des réassureurs au titre de la revalorisation de la part de provision technique spéciale cédée. Cette provision est capitalisée à un taux nul ;

2o La provision technique spéciale complémentaire, à laquelle sont affectés les actifs mentionnés au dernier alinéa de l'article R. 441-21 et sur laquelle sont prélevées les prestations servies, dans le cas où les prélèvements sur la provision technique spéciale ne permettraient pas de payer ces prestations ;

3o La provision technique spéciale de retournement, à laquelle peuvent être affectés, dans les conditions prévues au III de l'article R. 441-7-1, des actifs précédemment affectés à la provision technique spéciale complémentaire et sur laquelle sont prélevées les prestations servies, dans le cas où les prélèvements sur la provision technique spéciale et la provision technique spéciale complémentaire ne permettraient pas de payer ces prestations.

Les engagements mentionnés aux 1o à 3o sont à toute époque représentés par les actifs qui font l'objet d'une comptabilité auxiliaire d'affectation telle que prévue à l'article L. 441-8, selon les conditions prévues :

a) Au chapitre III du titre V du livre III pour les entreprises mentionnées à l'article L. 310-3-1 ;

b) Au chapitre II du titre III du même livre pour les entreprises mentionnées à l'article L. 310-3-2. Les articles R. 332-3 et R. 332-3-1 s'appliquent séparément à chaque portefeuille de titres et de placements qui fait l'objet d'une comptabilité auxiliaire d'affectation telle que prévue à l'article L. 441-8 ;

c) A la section III du chapitre V du titre VIII du même livre pour les fonds de retraite professionnelle supplémentaire. Les articles R. 385-6 à R. 385-8 s'appliquent séparément à chaque portefeuille de titres et de placements qui fait l'objet d'une comptabilité auxiliaire d'affectation telle que prévue à l'article L. 441-8.

Art. R. 441-7-1 *(Décr. nº 2017-1172 du 18 juill. 2017, art. 1er-4º, en vigueur le 1er sept. 2017)* I. — Lorsque, en application du dernier alinéa de l'article R. 441-21, les engagements de l'entreprise d'assurance au titre d'une convention ne sont plus représentés de manière au moins équivalente par les actifs relatifs à cette convention et qu'une baisse de la valeur de service de l'unité de rente n'est pas autorisée par la convention dans les conditions prévues par l'article L. 441-2, l'entreprise d'assurance parfait ce déficit de représentation de la provision mathématique théorique par la somme de la provision technique spéciale, des plus-values et moins-values latentes sur les actifs affectés à la provision technique spéciale et la provision technique spéciale de retournement en procédant à l'affectation aux engagements relatifs à cette convention d'actifs représentatifs de réserves ou de provisions de l'entreprise d'assurance autres que ceux représentatifs de ses engagements réglementés. Ces actifs sont choisis dans le respect du principe de la "personne prudente" mentionné à l'article L. 353-1 et sont affectés à la provision technique spéciale complémentaire de cette convention.

II. — Lorsque, en application du dernier alinéa de l'article R. 441-21, les engagements de l'entreprise d'assurance au titre d'une convention ne sont plus représentés de manière au moins équivalente par les actifs relatifs à cette convention et qu'une baisse de la valeur de service de l'unité de rente est autorisée par la convention dans les conditions prévues par l'article L. 441-2, l'entreprise d'assurance parfait cette représentation par affectation d'actifs, dans les conditions prévues au I, à concurrence du montant du déficit de représentation qui subsiste après la prise en compte de la variation de la provision mathématique théorique résultant de la baisse de valeur de service de l'unité de rente que l'entreprise d'assurance aura décidée pour l'année à venir et de la dotation à la provision technique spéciale de retournement dans les conditions prévues au III.

Lorsque l'entreprise d'assurance ne décide aucune baisse de valeur de service de l'unité de rente pour l'année à venir, elle parfait la représentation de l'ensemble des engagements de la convention, dans les conditions prévues au I.

III. — Lorsqu'elle décide, pour une convention donnée, une baisse de la valeur de service de l'unité de rente, l'entreprise d'assurance évalue le montant de la variation de la provision mathématique théorique résultant de cette baisse.

L'entreprise d'assurance réaffecte à la provision technique spéciale de retournement mentionnée au 3º de l'article R. 441-7, constituée au titre de cette convention, une partie des actifs apportés en représentation des engagements de la convention en application du I, le cas échéant les actifs acquis pour les remplacer à la suite de la vente de ces derniers, pour un montant équivalent à celui évalué au premier alinéa du présent III, dans la limite du total des actifs affectés à la provision technique spéciale complémentaire de la convention.

Lorsque le montant de la variation mentionnée au premier alinéa du présent III est supérieur à la valeur nette comptable du total des actifs affectés à la provision technique spéciale complémentaire de la convention avant la réaffectation prévue à l'alinéa précédent, l'entreprise d'assurance parfait cet écart dans la limite de la différence du produit de 0,05 par le montant de la provision mathématique théorique, avant la baisse concernée de la valeur de service de l'unité de rente, et de la somme des actifs affectés à la provision technique spéciale complémentaire avant la réaffectation prévue à l'alinéa précédent. A cet effet, l'entreprise d'assurance affecte directement à la provision technique spéciale de retournement des actifs représentatifs de ses réserves ou de ses provisions autres que ceux représentatifs de ses engagements réglementés.

IV. — Les actifs affectés à la provision technique spéciale de retournement en application du III et, le cas échéant, les actifs acquis pour les remplacer à la suite de la vente de ces derniers sont réaffectés à la représentation de réserves ou de provisions autres que celles relatives à la convention concernée lorsque l'entreprise d'assurance décide une hausse de la valeur de service de l'unité de rente de la convention concernée, pour un montant d'actifs équivalent au montant de la variation de la provision mathématique théorique résultant de cette hausse, dans la limite du total des actifs apportés à la provision technique spéciale de retournement.

V. — Les changements d'affectation d'actifs prévus au I, au dernier alinéa du III et au IV n'emportent pas affectation à la convention du produit des droits attachés à ces actifs, y compris les produits correspondant aux éventuels *(Abrogé par Décr. nº 2017-1765 du 26 déc. 2017, art. 1er) « avoirs fiscaux et autres »* crédits d'impôts attachés à la détention de ces mêmes actifs. Les produits et charges financiers générés par les actifs ainsi affectés à la provision technique spéciale complémentaire ou à la provision technique spéciale de retournement sont enregistrés, au gré de leur constatation comptable, dans le compte de résultat de l'entreprise d'assurance.

Les actifs ainsi affectés à la provision technique spéciale complémentaire ou à la provision technique spéciale de retournement sont inscrits au bilan mentionné à l'article R. 441-12 pour leur valeur de réalisation, déterminée conformément aux articles R. 343-11 et R. 343-12. La différence entre cette valeur et la valeur comptable antérieure est constatée dans le compte de résultat de l'entreprise d'assurance.

VI. — Lorsque, pour une convention donnée, la somme du montant de la provision technique spéciale, de la provision technique spéciale complémentaire, de la provision technique spéciale de retournement et des plus-values et moins-values latentes nettes sur les actifs affectés à la provision technique spéciale devient supérieure au montant de la provision mathématique théorique, l'entreprise d'assurance réaffecte en représentation de réserves ou de provisions autres que celles relatives à cette convention des actifs qui en application du I avaient été affectés à la provision technique spéciale complémentaire et, le cas échéant, les actifs acquis avec le produit de la vente de ces derniers, dans la limite de la différence positive entre la somme précitée et la provision mathématique théorique.

VII. — Les actifs réaffectés à la représentation de réserves ou de provisions autres que celles relatives à la convention concernée en application des IV et VI sont inscrits au bilan de l'entreprise d'assurance pour leur valeur nette comptable, déterminée conformément aux articles R. 343-9 et R. 343-10.

Au 1er sept. 2017, les entreprises d'assurance réaffectent, en représentation des réserves ou de provisions autre que celles relatives aux conventions régies par le chapitre Ier du titre IV du livre IV du code des assurances, l'intégralité des montants apportés au titre de provisions techniques spéciales complémentaires, selon les modalités prévues au dernier alinéa de l'art. R. 441-7-1 du même code dans sa rédaction antérieure au Décr. nº 2017-1172 du 18 juill. 2017 (V. ci-dessous) (Décr. préc., art. 2-II).

Au 1er sept. 2017, si l'application du chapitre Ier du titre IV du livre IV du même code conduit à constater que, pour une convention donnée, le rapport entre, d'une part, la somme de la provision technique spéciale et des plus-values et moins-values latentes nettes sur les actifs affectés à la provision technique spéciale et, d'autre part, la provision mathématique théorique est inférieur à 1, l'entreprise d'assurance concernée parfait ce déficit selon les modalités prévues à l'art. R. 441-7-1 dans sa rédaction issue du Décr. nº 2017-1172 du 18 juill. 2017 (Décr. préc., art. 2-III).

Art. R. 441-7-2 *(Abrogé par Décr. nº 2017-1172 du 18 juill. 2017, art. 1er-5º, à compter du 1er sept. 2017) (Décr. nº 2004-571 du 14 juin 2004)* ***Les placements détenus par l'entreprise d'assurance en représentation d'engagements autres que ceux relatifs aux opérations relevant du présent chapitre ne peuvent changer d'affectation et être affectés à ces dernières opérations qu'à condition de relever de l'une des catégories de placements définies aux 1º et 2º de l'article R. 131-1. Les mêmes dispositions s'appliquent aux placements d'une convention relevant du présent chapitre qui changent d'affectation et sont affectés en représentation d'autres engagements de l'entreprise d'assurance.***

L'enregistrement comptable des opérations mentionnées au premier alinéa est identique à celui qui résulte d'une opération de cession d'actifs pour le portefeuille de placements d'origine et d'une opération concomitante d'acquisition d'actifs pour le portefeuille de placements d'accueil.

Art. R. 441-7-3 *(Décr. nº 2004-571 du 14 juin 2004)* Les actifs représentatifs des engagements relatifs à plusieurs conventions, lorsqu'ils ne font pas l'objet d'un enregistrement comptable distinct pour chacune de ces conventions, sont, notamment pour chaque arrêté des comptes mentionnés à l'article *(Décr. nº 2017-1765 du 26 déc. 2017, art. 1er)* « R. 441-12 », réputés répartis uniformément entre ces mêmes conventions au prorata, évalué à la même date, des provisions techniques mentionnées aux 1° *(Décr. nº 2017-1172 du 18 juill. 2017, art. 1er, en vigueur le 1er sept. 2017)* « à 3° » de l'article R. 441-7. *(Abrogé par Décr. nº 2017-1172 du 18 juill. 2017, art. 1er, à compter du 1er sept. 2017)* ***« La provision pour risque d'exigibilité est répartie entre ces mêmes conventions selon les mêmes règles. »***

Art. R. 441-7-4 *(Décr. nº 2017-1172 du 18 juill. 2017, art. 1er-7°, en vigueur le 1er sept. 2017)* I. — Lorsque, pour une entreprise d'assurance n'appartenant pas à un groupe au sens de l'article L. 356-1, les engagements constitués au titre des opérations régies par le présent chapitre représentent, à la date du 31 décembre 2017, plus de 80 % de l'ensemble des provisions techniques au sens du titre IV du livre III, constituées au niveau de l'entreprise d'assurance, l'article R. 441-7-1 et le dernier alinéa de l'article R. 441-21 ne s'appliquent pas.

II. — Pour les conventions conclues à partir du 1er septembre 2017 auprès d'une entreprise d'assurance n'appartenant pas à un groupe au sens de l'article L. 356-1 et agréée pour l'exercice des opérations régies par le présent chapitre depuis moins d'un exercice, cette entreprise peut ne pas appliquer l'article R. 441-7-1 et le dernier alinéa de l'article R. 441-21 dès lors qu'un an après le début de l'exercice des opérations prévues par la convention les engagements constitués au titre des opérations régies par le présent chapitre représentent plus de 80 % de l'ensemble des provisions techniques au sens du titre IV du livre III, constituées au niveau de l'entreprise d'assurance.

III. — Les entreprises d'assurance satisfaisant les conditions des I ou II informent les souscripteurs de l'ensemble des conventions régies par le présent chapitre que l'article R. 441-7-1 et le dernier alinéa de l'article R. 441-21 ne s'appliquent pas et les raisons de leur non-application.

Les souscripteurs de chaque convention en informent l'ensemble des adhérents dans le cadre de l'information annuelle prévue à l'article L. 441-3-1.

IV. — Lorsque, pour une convention assurée par une entreprise d'assurance satisfaisant les conditions des I ou II, la somme du montant de la provision technique spéciale constituée au titre de la convention et des plus-values et moins-values latentes nettes sur les actifs affectés à la provision technique spéciale est inférieure au montant de la provision mathématique théorique, l'entreprise d'assurance peut décider de procéder à l'affectation d'actifs à cette convention dans les conditions mentionnées au I de l'article R. 441-7-1.

Elle informe le souscripteur de la convention de son choix, en en expliquant les raisons. Le souscripteur de la convention en informe l'ensemble des adhérents dans le cadre de l'information annuelle prévue à l'article L. 441-3-1.

(Décr. nº 2019-576 du 12 juin 2019, art. 3) « V. — Lorsqu'un fonds de retraite professionnelle supplémentaire couvre des risques au titre d'une convention satisfaisant aux conditions mentionnées au I ou au II et que la somme du montant de la provision technique spéciale constituée au titre de cette convention et des plus-values et moins-values latentes nettes des actifs affectés à cette provision est inférieure au montant de la provision mathématique théorique, le fonds élabore, dans les six mois suivant la constatation de cette situation, un plan de redressement assorti d'un calendrier, pour permettre un retour à la situation dans laquelle la somme de la provision technique spéciale et des plus-values et moins-values latentes nettes des actifs affectés à la provision technique spéciale est supérieure à la provision mathématique théorique. Ce plan est transmis à l'Autorité de contrôle prudentiel et de résolution dans un délai de trente jours à compter de son adoption.

« Le plan mentionné au premier alinéa tient compte de la situation particulière du fonds, notamment de la structure de ses actifs et de ses passifs, de son profil de risque, de sa situation de liquidité, de la répartition par âge des affiliés titulaires de droits aux prestations de retraite et de la spécificité des engagements qu'il a pris.

« Si le fonds ne prévoit pas de collecter de nouvelles primes et se trouve dans la situation mentionnée au premier alinéa, le plan de redressement prévoit de demander le transfert des engagements du fonds à un autre fonds de retraite professionnelle supplémentaire ou à un organisme d'assurance.

« Lorsqu'un fonds de retraite professionnelle supplémentaire se trouve dans la situation mentionnée au premier alinéa et qu'il fournit des services de retraite professionnelle sur le territoire d'un autre État membre de l'Union européenne ou d'un État partie à l'accord sur l'Espace économique européen, conformément à l'article L. 382-4, le plan de redressement est élaboré dans un délai d'un mois à partir de la constatation de cette situation et prévoit une sortie de cette situation dans un délai d'un an. Si à l'issue de ce dernier délai, la situation n'est pas rétablie, l'Autorité de contrôle prudentiel et de résolution prend toute mesure utile pour mettre fin à cette situation, en veillant à préserver l'intérêt des assurés et bénéficiaires. »

Art. R. 441-7-5 *(Décr. n° 2017-1172 du 18 juill. 2017, art. 1er-8°, en vigueur le 1er sept. 2017)* Les entreprises réassurant proportionnellement de manière uniforme les engagements d'une convention appliquent à ce titre les articles R. 441-7 à R. 441-7-3, R. 441-12 et R. 441-21.

Pour l'application de ces articles, il y a lieu d'entendre : "le traité" là où est mentionnée : "la convention", "le réassureur" là où est mentionnée : "l'entreprise d'assurance" et "la cédante" là où sont mentionnés : "les bénéficiaires".

Art. R. 441-8** Il est ouvert, pour chacun des bénéficiaires participants ou retraités, un compte individuel où sont portés les cotisations versées et le nombre d'unités de rentes correspondantes, ventilés par année. Par participant, il faut entendre toute personne versant des cotisations ou pour le compte de laquelle il en est versé.

Art. R. 441-9** Il ne peut être stipulé aucun avantage gratuit pour les opérations prévues au présent chapitre.

Art. R. 441-10 et R.** 441-11** *Abrogés par Décr. n° 95-391 du 12 avr. 1995, à compter du 1er mai 1995.*

Art. R. 441-12** *(Décr. n° 2004-571 du 14 juin 2004)* Pour chaque convention relevant de l'article L. 441-1, il est tenu une comptabilité auxiliaire d'affectation. Il est établi, pour chaque convention, un compte de résultat d'affectation et un compte de bilan d'affectation, où sont inscrits les actifs représentatifs des engagements de la convention et les provisions techniques mentionnées aux 1°, 2° et 3° de l'article R. 441-7, ainsi qu'un tableau des engagements reçus et donnés, une annexe comportant un inventaire des actifs représentatifs des engagements de la convention et un état récapitulatif des opérations mentionnées aux articles R. 441-7-1 *(Abrogé par Décr. n° 2017-1765 du 26 déc. 2017, art. 1er)* « et R. 441-7-2 ». Ces documents sont arrêtés par l'entreprise d'assurance à chaque fin d'exercice. Ils précisent que les informations qu'ils contiennent ont été ou non certifiées par les commissaires aux comptes de l'entreprise d'assurance. Ils sont tenus à la disposition des bénéficiaires qui en font la demande.

Pour les conventions souscrites avant la date d'entrée en vigueur du décret n° 2004-571 du 14 juin 2004, les entreprises d'assurance sont tenues de se conformer aux dispositions de ce décret au plus tard au 1er juin 2005 (Décr. préc., art. 11).

Art. R. 441-13** Les opérations collectives définies à l'article R. 441-4 donnent lieu à la souscription de conventions entre l'entreprise d'assurance et un intermédiaire *(Décr. n° 2011-1635 du 23 nov. 2011)* « au sens de l'article L. 511-1 », mandataire de ladite entreprise, qui peut collecter les cotisations et peut effectuer le service des prestations pour le compte de cette entreprise.

Al. 2 à 6 abrogés par Décr. n° 2011-1635 du 23 nov. 2011.

Les cotisations versées par les cotisants ne peuvent faire l'objet d'aucune redistribution de la part de l'intermédiaire.

Le service des prestations effectué par l'intermédiaire ne peut comporter une redistribution desdites prestations sur des bases différentes de celles fixées dans la convention mentionnée au premier alinéa du présent article.

Art. R. 441-14** La convention d'opérations collectives doit définir le mode de détermination des cotisations annuelles.

Elle doit contenir, en outre, les indications relatives à la détermination du nombre d'unités de rente correspondant à ladite cotisation.

La convention est complétée par un certificat individuel de souscription comportant les mêmes indications pour chacun des adhérents et fixant l'âge d'entrée en jouissance de la retraite pour chacun des bénéficiaires.

Art. R. 441-15** *(Décr. nº 95-391 du 12 avr. 1995)* « Le nombre de participants *(Décr. nº 2017-1172 du 18 juill. 2017, art. 1er-9º, en vigueur le 1er sept. 2017)* « , y compris non cotisants et retraités, » à une convention ne peut être inférieur à 1 000. »

Cet effectif doit être réuni dans un délai de trois ans à partir de l'entrée en vigueur de ladite convention.

Art. R. 441-16** En cas de cessation du paiement des cotisations, la convention peut prévoir la déchéance des droits acquis si le participant ne justifie pas du versement d'au moins *(Décr. nº 95-391 du 12 avr. 1995)* « deux » annuités.

Elle peut également prévoir une réduction du nombre d'unités de rente inscrites au compte d'un participant en application de l'article R. 441-18 :

– lorsque l'intéressé a payé les primes ou cotisations afférentes à plus de trois années, mais n'a pas effectué des versements réguliers jusqu'à l'âge de l'entrée en jouissance, cette réduction ne peut avoir pour effet de réduire la prestation à un montant inférieur au produit du nombre d'unités de rente inscrites avant réduction par la moyenne des valeurs de service de l'unité de rente fixées pour les années au cours desquelles il a effectué ses versements ;

– lorsqu'à l'âge de l'entrée en jouissance le participant ne peut faire état d'un nombre minimal d'années fixé par la convention depuis son adhésion ;

– lorsque le participant demande une anticipation de la date de l'entrée en jouissance ;

– lorsque le participant use de la possibilité d'obtenir une réversion prévue à titre facultatif par la convention.

La convention peut également prévoir une majoration du nombre d'unités de rente inscrites au compte du participant en application de l'article R. 441-18 précité lorsque l'intéressé ajourne la date de l'entrée en jouissance.

Art. R. 441-17** Le nombre d'unités de rente, éventuellement ajusté comme il est dit à l'article R. 441-16, qui doit être inscrit chaque année au compte individuel de chacun des bénéficiaires, est égal au quotient de la cotisation, nette de chargements et taxes, par la valeur d'acquisition de l'unité de rente.

(Décr. nº 2004-571 du 14 juin 2004) « La valeur d'acquisition de l'unité de rente peut dépendre de l'âge du bénéficiaire. »

Art. R. 441-18** Le montant de la prestation est égal, pour chaque bénéficiaire, au produit du nombre d'unités de rente inscrites à son compte par la valeur de service de l'unité de rente déterminée pour la convention à laquelle il a adhéré.

Art. R. 441-19 *(Décr. nº 2017-1172 du 18 juill. 2017, art. 1er-10º, en vigueur le 1er sept. 2017)* La valeur d'acquisition de l'unité de rente et sa valeur de service sont fixées chaque année par l'assureur dans les conditions prévues par la convention et sous réserve du respect des conditions prévues à l'article R. 441-23, de telle sorte que si le rapport, évalué à la date de fin de l'exercice précédent, entre, d'une part, la somme de la provision technique spéciale et des plus-values et moins-values latentes nettes sur les actifs affectés à la provision technique spéciale et, d'autre part, la provision mathématique théorique est inférieur à 1,1, alors le rapport entre les cotisations nettes de chargements perçues dans l'année et la provision mathématique théorique des nouveaux droits de l'année est supérieur à 1.

Les conditions d'évaluation de la provision mathématique théorique des nouveaux droits mentionnée au premier alinéa sont fixées par arrêté du ministre chargé de l'économie.

Art. R. 441-20** *Abrogé par Décr. nº 2004-571 du 14 juin 2004.*

Art. R. 441-21 *(Décr. nº 95-391 du 12 avr. 1995)* Chaque année, l'assureur calcule le montant de la provision mathématique théorique qui serait nécessaire pour assurer le service des rentes viagères immédiates et différées sur la base de la valeur de service à la date de l'inventaire. Ce calcul est effectué à partir des règles techniques édictées par arrêté du ministre de l'économie.

(Décr. nº 2017-1172 du 18 juill. 2017, art. 1er-11º, en vigueur le 1er sept. 2017) « Lorsque la somme du montant de la provision technique spéciale constituée au titre de la convention, des plus-values et moins-values latentes nettes sur les actifs affectés à la provision technique spéciale et de la provision technique spéciale de retournement est inférieure au montant de la provision mathématique théorique relative à cette même convention, l'entreprise d'assurance procède, dans les conditions mentionnées au I de à l'article R. 441-7-1, à l'affectation aux engagements relatifs à cette convention d'actifs représentatifs de ses réserves ou de ses provisions autres que ceux représentatifs de ses engagements réglementés, à hauteur de la différence entre le montant de la provision mathématique théorique et la somme précitée. »

Art. D. 441-22 *(Décr. nº 2006-1327 du 31 oct. 2006)* I. — Pour les *(Décr. nº 2019-807 du 30 juill. 2019, art. 4-I, en vigueur le 1er oct. 2019)* « droits en cours de constitution des » opérations dont les prestations sont liées à la cessation d'activité professionnelle, la convention prévoit la faculté de transfert mentionnée au *(Décr. nº 2011-389 du 12 avr. 2011, art. 3)* « huitième » alinéa de l'article L. 132-23 selon les modalités décrites à la section V du chapitre II du titre III du livre Ier *(Décr. nº 2019-807 du 30 juill. 2019, art. 4-I, en vigueur le 1er oct. 2019)* « ainsi que la faculté de rachat dans les conditions prévues aux articles L. 224-4 et L. 224-5 du code monétaire et financier.

« II. — A. — La valeur de transfert ou de rachat mentionnée au I est égale au produit de la provision technique spéciale et du rapport entre :

« *a)* Les droits individuels de l'adhérent calculés sur la même base technique que la provision mathématique théorique ;

« *b)* La provision mathématique théorique.

« Le calcul doit être effectué à la date du dernier inventaire. Toutefois, si des cotisations ont été versées par l'adhérent depuis cette date, les éléments doivent être actualisés à une date postérieure à celle de la dernière cotisation versée par l'adhérent.

« B. — Par dérogation aux dispositions du A, les conventions peuvent prévoir que la valeur de transfert ou de rachat est égale à la somme des cotisations nettes de prélèvements sur versement, revalorisées de façon actuarielle à un indice annuel commun à l'ensemble des adhérents. L'indice de revalorisation annuel est positif ou nul, avant imputation des prélèvements de gestion.

« Pour les conventions modifiées par avenant pour introduire ce mode de calcul, les indices de revalorisation sont établis exercice par exercice proportionnellement au taux de rendement comptable des actifs détenus en représentation de la provision technique spéciale, de sorte que la somme globale des valeurs de transfert ou de rachat ne soit pas modifiée à la date d'entrée en application de l'avenant. En cas de rendement négatif, un plancher nul s'applique.

« C. — Le mode de calcul prévu au B ne peut s'appliquer que lorsque le rapport entre d'une part, la somme de la provision technique spéciale et des plus ou moins-values latentes des actifs en représentation de la provision technique spéciale, et la provision mathématique théorique d'autre part, est supérieur ou égal à 1,1. Dans le cas où le recours à ce mode de calcul n'est pas applicable en raison d'un rapport strictement inférieur à 1,1, la valeur de transfert prévue au A ne peut excéder la valeur qui découlerait de l'application du mode de calcul prévu au B.

« D. – Les conventions conclues avant le 1er octobre 2019 peuvent conserver une modalité de calcul de la valeur de transfert correspondant à la rédaction du présent article antérieure à l'entrée en vigueur du décret n° du portant réforme de l'épargne retraite. »

III. – *(Décr. n° 2017-1173 du 18 juill. 2017, art. 2-2°)* « La convention » peut prévoir d'imputer à la valeur de transfert, calculée comme il est dit au *(Décr. n° 2019-807 du 30 juill. 2019, art. 4-I, en vigueur le 1er oct. 2019)* « A du II », la différence, lorsqu'elle est positive, entre cette même valeur et un montant égal au produit entre :

a) La valeur des actifs de la comptabilité auxiliaire, évalués comme il est dit aux articles *(Décr. n° 2017-1173 du 18 juill. 2017, art. 2-2°)* « R. 343-11 et R. 343-12 » ;

b) Le rapport entre les droits individuels de l'adhérent calculés selon la même base technique que la provision mathématique théorique mentionnée à l'article R. 441-21 et cette même provision mathématique théorique *(Abrogé par Décr. n° 2019-807 du 30 juill. 2019, art. 4-I, en vigueur le 1er oct. 2019) « à la date du dernier inventaire »* ;

c) Et le rapport entre le montant des provisions mentionnées aux 1° et 3° de l'article R. 441-7 et la valeur des actifs de la comptabilité auxiliaire, évalués comme il est dit aux articles *(Décr. n° 2017-1173 du 18 juill. 2017, art. 2-2°)* « R. 343-9 et R. 343-10 ».

Cette réduction de la valeur de transfert ne peut toutefois excéder 15 % de la valeur des droits individuels de l'adhérent, calculés selon la même base technique que la provision mathématique théorique mentionnée à l'article R. 441-21.

IV. – Par dérogation au deuxième alinéa du III et au IV de l'article D. 132-7, lorsque *(Décr. n° 2017-1173 du 18 juill. 2017, art. 2-3°)* « la convention » de l'entreprise d'assurance d'accueil relève de l'article L. 441-1, et dans un délai de quinze jours à compter de la notification de la valeur de transfert par l'entreprise d'assurance *(Décr. n° 2017-1173 du 18 juill. 2017, art. 2-3°)* « de la convention » d'origine, l'entreprise d'assurance *(Décr. n° 2017-1173 du 18 juill. 2017, art. 2-3°)* « de la convention » d'accueil, si elle accepte le transfert, notifie à l'adhérent le nombre d'unités de rentes correspondant à la valeur de transfert ainsi que la valeur de service de ces unités de rente. L'adhérent peut renoncer au transfert dans un délai de quinze jours à compter de cette dernière notification. Les intérêts mentionnés au IV de l'article D. 132-7 courent à l'expiration de ce dernier délai.

(Décr. n° 2019-807 du 30 juill. 2019, art. 4-I, en vigueur le 1er oct. 2019) « Dans un délai de quinze jours à compter de la demande de rachat formulé par l'adhérent, l'entreprise lui notifie la valeur de rachat. L'adhérent peut renoncer au rachat dans un délai de quinze jours à compter de cette notification. Les intérêts mentionnés au IV de l'article D. 132-7 courent à l'expiration de ce délai. »

V. – Par dérogation au II, lorsque le nombre d'adhérents à *(Décr. n° 2017-1173 du 18 juill. 2017, art. 2-4°)* « une convention mentionnée » à l'article L. 441-1, diminué du nombre des transferts demandés et non encore effectués, est inférieur ou égal au seuil mentionné à l'article R. 441-26, la valeur de transfert est égale au montant de la part des provisions qui reviendrait à l'adhérent en cas de conversion, calculée conformément aux dispositions du troisième alinéa de l'article R. 441-27. – *Entrée en vigueur le 1er sept. 2007 (Décr. n° 2006-1327 du 31 oct. 2006, art. 2).*

L'art. D. 441-22 peut être modifié par décret (Décr. n° 2019-807 du 30 juill. 2019, art. 8).

Art. R. 441-23 *(Décr. n° 2017-1172 du 18 juill. 2017, art. 1er-12°, en vigueur le 1er sept. 2017)* I. – Lorsque, pour une convention donnée, le rapport de la somme de la provision technique spéciale, de la provision technique spéciale de retournement et des plus-values et moins-values latentes nettes sur les actifs affectés à la provision technique spéciale à la provision mathématique théorique est inférieur à 1,05, la valeur de service de l'unité de rente déterminée pour l'exercice suivant, conformément à l'article R. 441-21, ne peut être supérieure à celle de l'année passée.

II. — Lorsque, pour une convention donnée, le rapport de la somme de la provision technique spéciale, de la provision technique spéciale de retournement et des plus-values et moins-values latentes nettes sur les actifs affectés à la provision technique spéciale à la provision mathématique théorique est supérieur à 1,05, la valeur de service de l'unité de rente déterminée pour l'exercice suivant, conformément à l'article R. 441-21, peut être supérieure à celle de l'année passée, dans le respect des conditions suivantes :

a) Pour les conventions prévoyant des facultés de baisse en application du II de l'article L. 441-2, la valeur de service de l'unité de rente est déterminée chaque année de telle manière que, après service des prestations dues au titre de l'année, le rapport entre, d'une part, la somme de la provision technique spéciale, de la provision technique spéciale de retournement et des plus-values et moins-values latentes nettes sur les actifs affectés à la provision technique spéciale et, d'autre part, la provision mathématique théorique ne devienne pas inférieur à 1,05 et que, le cas échéant, l'excédent par rapport à 1,05 ne diminue pas plus que la somme d'un dixième de l'excédent par rapport à 1,05, plafonné à 0,25, et de l'excédent par rapport à 1,3 ;

b) Pour les conventions ne prévoyant pas de facultés de baisse en application du II de l'article L. 441-2, la valeur de service de l'unité de rente est déterminée chaque année de telle manière que, après service des prestations dues au titre de l'année, le rapport entre, d'une part, la somme de la provision technique spéciale, de la provision technique spéciale de retournement et des plus-values et moins-values latentes nettes sur les actifs affectés à la provision technique spéciale et, d'autre part, la provision mathématique théorique ne devienne pas inférieur à 1,1 et que, le cas échéant, l'excédent par rapport à 1,1 ne diminue pas plus que la somme d'un dixième de l'excédent par rapport à 1,1, plafonné à 0,3, et de l'excédent par rapport à 1,4.

Art. R. 441-24 *(Décr. n° 2017-1172 du 18 juill. 2017, art. 1er-12°, en vigueur le 1er sept. 2017)* Lorsque le rapport, évalué en fin d'exercice, entre, d'une part, la somme de la provision technique spéciale et des plus-values et moins-values latentes nettes sur les actifs affectés à la provision technique spéciale et, d'autre part, la provision mathématique théorique est inférieur à 0,9 depuis trois exercices, l'entreprise d'assurance élabore un plan de convergence visant à rétablir un rapport de 1 dans un délai de sept ans. Ce plan est adopté par le conseil d'administration ou le conseil de surveillance dans un délai de deux mois à compter de la fin du troisième exercice. Il est transmis à l'Autorité de contrôle prudentiel et de résolution dans un délai de trente jours à compter de son adoption. Les adhérents de la convention sont informés des principes de ce plan dans le cadre du relevé d'information annuel prévu par l'article L. 441-3-1.

L'entreprise rend compte annuellement à l'Autorité de contrôle prudentiel et de résolution de la mise en œuvre de ce plan et de ses effets sur le rapport défini au premier alinéa.

Si, au terme du plan de convergence, le rapport mentionné au premier alinéa est inférieur à 1, l'entreprise le précise dans le rapport prévu par l'article L. 355-5, en explicitant les raisons pour lesquelles la couverture de la provision mathématique théorique n'a pas été rétablie, et en informe les adhérents de la convention dans le cadre du relevé d'information annuel prévu par l'article L. 441-3-1.

Dans ce même cas ou si l'entreprise d'assurance n'a pas établi de plan de convergence conformément au premier alinéa, il est procédé à la conversion de la convention, dans les conditions prévues à l'article R. 441-27, lorsqu'au terme de dix exercices successifs, le rapport mentionné au premier alinéa est inférieur à 0,9.

Pour l'application du présent article, il n'est pas tenu compte des exercices clôturés avant le 1er janvier 2017.

SECTION III CONVERSION DE LA CONVENTION

(Décr. n° 95-391 du 12 avr. 1995)

Art. R. 441-25 *Abrogé par Décr. n° 2004-571 du 14 juin 2004.*

Art. R. 441-26 Lorsque le nombre de participants à une convention *(Décr. n° 2017-1172 du 18 juill. 2017, art. 1er-13°, en vigueur le 1er sept. 2017)* « , y compris non cotisants et retraités, » est ou devient inférieur à 1 000 après l'expiration du délai prévu à l'article R. 441-15, il est procédé à la conversion de la convention.

Art. R. 441-27 La conversion de la convention entraîne, dans un délai d'un an, la transformation des opérations faisant l'objet de la conversion en opérations de rentes viagères couvertes, intégralement et à tout moment, par des provisions mathématiques.

La part des provisions revenant à chaque adhérent dans la conversion des opérations considérées détermine la prestation que comporte l'opération d'assurance de substitution.

(Décr. n° 2017-1172 du 18 juill. 2017, art. 1er-14°, en vigueur le 1er sept. 2017) « Cette répartition et le montant des prestations de l'opération d'assurance de substitution sont déterminés sur des bases techniques définies par arrêté du ministre chargé de l'économie. »

Art. R. 441-28 *(Décr. n° 2017-1172 du 18 juill. 2017, art. 1er-15°, en vigueur le 1er sept. 2017)* En cas de conversion d'une convention dans les conditions mentionnées aux articles R. 441-24 ou R. 441-26, les actifs représentatifs des provisions techniques mentionnées aux 1° et 3° de l'article R. 441-7 et la moitié des actifs représentatifs des provisions techniques mentionnées au 2° du même article sont répartis entre les bénéficiaires de cette convention.

Art. R. 441-29 *Abrogé par Décr. n° 95-391 du 12 avr. 1995.*

SECTION IV DISPOSITIONS TRANSITOIRES

Art. R. 441-30 *(Décr. n° 2017-1172 du 18 juill. 2017, art. 1er-16°, en vigueur le 1er sept. 2017)* Lorsqu'en application du dernier alinéa du II de l'article L. 441-10 un adhérent voit ses droits convertis en une rente viagère immédiate ou différée exprimée en euros et gérés à l'extérieur de la comptabilité auxiliaire d'affectation constituée pour la convention concernée :

1° Le montant de cette rente est calculé sur la base du nombre de points acquis à la date d'entrée en vigueur des modifications et de la valeur du point avant modifications ;

2° Le capital constitutif est égal à la valeur actuelle probable des unités de rente acquises à l'assuré calculée à l'aide des tables de mortalité et de la courbe des taux sans risque pertinente utilisées pour le calcul de la meilleure estimation prévue à l'article R. 351-2 ;

3° Le taux technique de cette rente est le taux unique qui conduit au même capital constitutif calculé avec la même table de mortalité.

SECTION V DISPOSITIONS PARTICULIÈRES À LA CAISSE NATIONALE DE PRÉVOYANCE

Art. R. 441-31 à R.** 441-34** *Abrogés par Décr. n° 87-833 du 12 oct. 1987.*

CHAPITRE II GARANTIES PUBLIQUES POUR LE COMMERCE EXTÉRIEUR *(Décr. n° 2016-1701 du 12 déc. 2016, art. 1er-1°, en vigueur le 31 déc. 2016).*

SECTION PREMIÈRE DISPOSITIONS GÉNÉRALES

Art. R. 442-1 *(Abrogé par Décr. n° 2016-1701 du 12 déc. 2016, art. 2-1°, à compter du 31 déc. 2016) Dans l'intérêt du commerce extérieur de la France (Décr. n° 2009-1202 du 8 oct. 2009) « ou en présence d'un intérêt stratégique pour l'économie française », les risques commerciaux, politiques, monétaires, catastrophiques, ainsi que certains risques dits extraordinaires, liés aux échanges internationaux, sont, en application de la loi du 5 juillet 1949*

relative à diverses dispositions d'ordre économique et financier, garantis et gérés, pour le compte de l'État et sous son contrôle, par la société anonyme dénommée Compagnie française d'assurance pour le commerce extérieur (Coface) dans les conditions fixées par** (Décr. n° 2016-1245 du 22 sept. 2016, art. 1er-1°)* ***« les articles R. 442-2 à R. 442-10-10 ».

(Décr. n° 2002-526 du 15 avr. 2002) ***« La Compagnie française d'assurance pour le commerce extérieur (COFACE) peut également délivrer, pour le compte de l'État et sous son contrôle, les** (Décr. n° 2013-425 du 24 mai 2013, art. 1er)* ***« garanties mentionnées au I de l'article 84 de la loi n° 2012-1510 du 29 décembre 2012 de finances rectificative pour 2012 », dans les conditions fixées aux articles R. 442-2 à R. 442-7-2 et R. 442-8-7. »***

Jurisprudence antérieure à la privatisation de la COFACE. Les litiges relatifs aux relations entre la Coface et ses usagers, régies par le droit commun des contrats, relèvent de la compétence des juridictions judiciaires même si ces relations comportent des dispositions exorbitantes du droit commun. • Civ. 1re, 18 nov. 1992 : *RCA 1993. 66.*

Art. R. 442-2 **Les garanties relatives aux risques mentionnés à l'article** *(Décr. n° 2016-1701 du 12 déc. 2016, art. 2-2°, en vigueur le 31 déc. 2016)* **« L. 432-2 » sont accordées par décision du ministre chargé de l'économie, prise après avis de la commission des garanties et du crédit au commerce extérieur** *(Décr. n° 2016-1701 du 12 déc. 2016, art. 2-2°, en vigueur le 31 déc. 2016)* **« mentionnée » à l'article L. 432-3** *(Abrogé par Décr. n° 2016-1701 du 12 déc. 2016, art. 2-2°, à compter du 31 déc. 2016)* ***« du présent code ».***

(Décr. n° 2016-1701 du 12 déc. 2016, art. 2-2°, en vigueur le 31 déc. 2016) **« L'organisme mentionné à l'article L. 432-2 » délivre les polices d'assurance qui couvrent les risques** *(Décr. n° 2016-1701 du 12 déc. 2016, art. 2-2°, en vigueur le 31 déc. 2016)* **« mentionnés au même article » ; pour l'établissement des conditions des polices relatives, notamment, aux obligations des assurés, à la perception des primes, aux faits générateurs de sinistres, aux délais de règlement des indemnités, à la répartition des sommes récupérées sur créances sinistrées, et l'exécution de ces polices,** *(Décr. n° 2016-1701 du 12 déc. 2016, art. 2-2°, en vigueur le 31 déc. 2016)* **« cet organisme » se conforme aux décisions du ministre chargé de l'économie prises après avis de la commission des garanties et du crédit au commerce extérieur.**

Art. R. 442-3 *(Décr. n° 2013-425 du 24 mai 2013, art. 2-1° ; Décr. n° 2013-693 du 30 juill. 2013, art. 1er)* **« Les garanties mentionnées au I de l'article 84 de la loi n° 2012-1510 du 29 décembre 2012 de finances rectificative pour 2012 » sont délivrées pour le financement d'opérations** *(Décr. n° 2018-1162 du 17 déc. 2018, art. 1er)* **« réalisées par » des administrations publiques ou des sociétés du secteur public ou privé.** *(Abrogé par Décr. n° 2013-425 du 24 mai 2013, art. 2)* ***« Le risque qu'elles couvrent est réalisé dès lors que le débiteur ne s'est pas acquitté de sa dette. »*** **Le ministre chargé de l'économie définit, après avis de la commission des garanties et du crédit au commerce extérieur, les conditions d'octroi de ces garanties, les modalités de leur mise en œuvre et, le cas échéant, du transfert de leur bénéfice au profit des cessionnaires des créances qu'elles couvrent. Il peut, après avis de la même commission, adapter ces conditions et ces modalités au cas par cas et exclure certains risques du champ d'application des garanties y afférentes.**

(Décr. n° 2009-1202 du 8 oct. 2009) **« Lorsqu'il est fait application des dispositions du présent article, le ministre chargé de l'économie peut autoriser** *(Décr. n° 2016-1701 du 12 déc. 2016, art. 3-4°, en vigueur le 31 déc. 2016)* **« l'organisme mentionné à l'article L. 432-2 » à :**

« 1° Procéder à une instruction conjointe des demandes de garantie avec un ou des assureurs crédit intervenant dans les mêmes opérations pour le compte d'États étrangers ;

« 2° Se référer à l'instruction effectuée par un assureur crédit agissant pour le compte d'un autre État ayant un intérêt industriel au programme en cause, pour soumettre à la commission des garanties et du crédit au commerce extérieur des demandes de garanties portant sur des opérations dans le cadre desquelles *(Décr. n° 2018-1162 du 17 déc. 2018, art. 1er)* **« il » intervient. »**

Art. R. 442-4 *(Décr. nº 2016-1701 du 12 déc. 2016, art. 2-4º, en vigueur le 31 déc. 2016)* Le représentant du ministre chargé de l'économie mentionné à l'article L. 432-4-1 est nommé par arrêté de ce ministre.

Art. R. 442-5 *(Décr. nº 2016-1701 du 12 déc. 2016, art. 2-5º, en vigueur le 31 déc. 2016)* Le représentant du ministre chargé de l'économie mentionné à l'article L. 432-4-1 peut s'opposer aux décisions du directeur général de l'organisme mentionné à l'article L. 432-2 dans les cas suivants :

a) Lorsqu'elles sont de nature à modifier substantiellement les relations de l'organisme avec l'État ou avec les bénéficiaires mentionnés à l'article L. 432-1 ;

b) Lorsqu'elles sont de nature à compromettre l'exercice des missions confiées par l'État à l'organisme ;

c) Ou lorsqu'elles sont de nature, eu égard aux secrets de la défense nationale dont est dépositaire l'organisme dans l'exercice des responsabilités que lui a confiées l'État ou aux garanties portant sur les opérations mentionnées au 3º du I de l'article R. 442-8-2, à porter atteinte aux intérêts du pays en matière de défense nationale ou de sécurité d'approvisionnement en ressources énergétiques et en matières premières.

Sans préjudice de l'application des dispositions du second alinéa de l'article L. 432-4-1, ces décisions font l'objet d'une information préalable du représentant du ministre chargé de l'économie.

Le représentant du ministre chargé de l'économie dispose d'un délai de dix jours pour s'opposer à ces décisions. L'organisme mentionné à l'article L. 432-2 peut, dans un délai de huit jours à compter de la notification de l'opposition du représentant du ministre, former un recours devant le ministre chargé de l'économie, qui dispose alors d'un délai de dix jours pour se prononcer.

Les décisions auxquelles le représentant du ministre chargé de l'économie a fait opposition ne deviennent exécutoires qu'en cas de levée de cette opposition par le ministre.

Art. R. 442-5-1 *(Décr. nº 2016-1701 du 12 déc. 2016, art. 2-6º, en vigueur le 31 déc. 2016)* Le représentant du ministre chargé de l'économie veille à ce que l'organisme dispose des moyens nécessaires à l'exécution de sa mission.

Art. R. 442-5-2 *Abrogé par Décr. nº 2016-1701 du 12 déc. 2016, art. 2-7º, à compter du 31 déc. 2016.*

Art. R. 442-6 *(Décr. nº 2016-1701 du 12 déc. 2016, art. 2-8º, en vigueur le 31 déc. 2016)* Le directeur général de l'organisme mentionné à l'article L. 432-2 est nommé par arrêté du ministre chargé de l'économie. Son mandat est d'une durée de 36 mois renouvelable.

Art. R. 442-7-1 La garantie *(Abrogé par Décr. nº 2016-1701 du 12 déc. 2016, art. 2-9º, à compter du 31 déc. 2016) « délivrée pour le compte »* de l'État ne porte en aucun cas sur les risques qui, en application de la législation en vigueur et compte tenu des usages courants du marché de l'assurance, peuvent être couverts par des sociétés, groupements ou organismes quelconques habilités à pratiquer en France l'assurance *(Abrogé par Décr. nº 2016-1701 du 12 déc. 2016, art. 2-9º, à compter du 31 déc. 2016) « contre les risques ordinaires ou de guerre ».*

Art. R. 442-7-2 Les demandes de garanties sont adressées à *(Décr. nº 2016-1701 du 12 déc. 2016, art. 2-10º, en vigueur le 31 déc. 2016)* « l'organisme mentionné à l'article L. 432-2 » qui les instruit et les soumet à la commission des garanties et du crédit au commerce extérieur ; le ministre chargé de l'économie, après avis de la commission, octroie ou refuse la garantie.

Le ministre chargé de l'économie détermine, après avis de la commission des garanties et du crédit au commerce extérieur, quelles affaires doivent être soumises à la commission par *(Décr. nº 2016-1701 du 12 déc. 2016, art. 2-10º, en vigueur le 31 déc. 2016)* « l'organisme » avant la délivrance de la garantie et celles dont il doit lui être seulement rendu compte. Pour ces dernières, il fixe le cadre général des conditions dans lesquelles la garantie peut être accordée.

Art. R. 442-7-3 *(Décr. nº 2016-1701 du 12 déc. 2016, art. 2-11º, en vigueur le 31 déc. 2016)* La convention mentionnée à l'article L. 432-4 précise les conditions de mise en œuvre du mandat prévu au même article, notamment celles relatives à la rémunération de l'organisme mentionné à l'article L. 432-2.

SECTION II **OPÉRATIONS D'EXPORTATION** *(Décr. nº 2018-1162 du 17 déc. 2018, art. 1er).*

Art. R. 442-8-1 La garantie des risques peut porter sur les catégories d'*(Décr. nº 2015-1453 du 9 nov. 2015, art. 2)* « opérations définies aux articles R. 442-8-2 à *(Décr. nº 2018-1162 du 17 déc. 2018, art. 1er)* « R. 442-8-13 » ci-après et au profit soit des fournisseurs, soit *(Décr. nº 2016-1245 du 22 sept. 2016, art. 1er-2º)* « des bénéficiaires prévus au *a bis* du 1º de l'article L. 432-2 ».

Art. R. 442-8-2 I. — La garantie des risques politiques peut porter sur les *(Décr. nº 2018-1162 du 17 déc. 2018, art. 1er)* « deux » catégories d'opérations ci-après :

1º Opérations d'exportation ou contrats de prêts traités avec une administration publique ou avec une société chargée d'un service public, ou donnant naissance à une obligation contractée par une administration publique ou par une société chargée d'un service public ;

2º Opérations d'exportation autres que celles qui sont mentionnées au 1º ci-dessus et contrats de prêts conclus avec des emprunteurs autres que ceux mentionnés au 1º ci-dessus.

(Abrogé par Décr. nº 2018-1162 du 17 déc. 2018, art. 1er) ***« 3º Opérations présentant un intérêt stratégique pour l'économie française ou contrats de prêts y afférents. Un intérêt est regardé comme stratégique pour l'économie française lorsqu'il est relatif à l'approvisionnement de la France en ressources énergétiques et en matières premières, si celles-ci ne sont pas présentes en quantité suffisante sur le territoire national pour faire face aux besoins des entreprises, des ménages et des entités publiques localisées en France. »***

II. — Le risque politique est réalisé :

1º Pour les opérations prévues au 1º du I, lorsque le débiteur ne s'est pas acquitté de sa dette *(Décr. nº 2016-1701 du 12 déc. 2016, art. 3-1º, en vigueur le 31 déc. 2016)* « ou que l'exécution du contrat a été interrompue » ;

2º Pour les opérations prévues au 2º *(Abrogé par Décr. nº 2018-1162 du 17 déc. 2018, art. 1er)* ***« et au 3º »*** du I, lorsque le débiteur ne s'est pas acquitté de sa dette *(Décr. nº 2016-1701 du 12 déc. 2016, art. 3-1º, en vigueur le 31 déc. 2016)* « ou que l'exécution du contrat a été interrompue », pour autant que le non-paiement *(Abrogé par Décr. nº 2016-1701 du 12 déc. 2016, art. 3-1º, à compter du 31 déc. 2016)* ***« ne soit pas dû à l'inexécution des clauses et conditions du contrat et »*** provienne de l'une des causes suivantes :

a) Guerre civile ou étrangère, révolution, émeute ou autres faits analogues survenus *(Décr. nº 2016-1701 du 12 déc. 2016, art. 3-1º, en vigueur le 31 déc. 2016)* « hors de France » ;

b) Moratoire édicté par les autorités administratives *(Décr. nº 2016-1701 du 12 déc. 2016, art. 3-1º, en vigueur le 31 déc. 2016)* « du pays de résidence du débiteur ;

« *c)* Acte ou décision d'un Gouvernement étranger ou d'une autorité administrative étrangère faisant obstacle à l'exécution du contrat ;

« *d)* Acte ou décision des autorités administratives françaises faisant obstacle à l'exécution du contrat ;

« 3º Nonobstant les dispositions des 1º et 2º ci-dessus, le risque politique ne sera pas couvert par la garantie de l'État dès lors que le non-paiement ou l'interruption du contrat sont dus à l'inexécution par le bénéficiaire de la garantie des clauses et conditions du contrat d'exportation ou du contrat de prêt, à l'exception des cas où l'inexécution par le bénéficiaire provient des cas mentionnés au 2º ci-dessus. »

Art. R. 442-8-3 Le risque catastrophique est réalisé lorsque le débiteur est empêché de tenir ses engagements par suite d'un cataclysme tel que cyclone, inondation, raz de marée, tremblement de terre, éruption volcanique, survenu dans le pays de résidence de ce débiteur.

Art. R. 442-8-4 Les risques monétaires comprennent le risque de transfert et le risque de change.

Le risque de transfert est réalisé lorsque des événements politiques, des difficultés économiques ou la législation du pays de résidence du débiteur empêchent ou retardent le transfert des fonds versés par ce dernier.

Le risque de change est réalisé lorsque le cours de la monnaie étrangère prévue par le contrat est, le jour de l'encaissement de la créance garantie, inférieur au cours sur la base duquel la garantie est accordée. Ce risque ne peut être garanti que s'il n'existe pas d'autre moyen de le couvrir dans des conditions équivalentes.

(Décr. n° 2016-1701 du 12 déc. 2016, art. 3-2°, en vigueur le 31 déc. 2016) « La garantie de l'État portant sur les opérations de gestion des opérations et garanties de couverture des risques monétaires est accordée après avis de la commission des garanties et du crédit au commerce extérieur par arrêté du ministre chargé de l'économie. »

Art. R. 442-8-5 et R. 442-8-6 *Abrogés par Décr. n° 2016-1701 du 12 déc. 2016, art. 3-3°, à compter du 31 déc. 2016.*

Art. R. 442-8-7 *Cet art., renuméroté R. 442-3, est déplacé dans la section I (Décr. n° 2018-1162 du 17 déc. 2018, art. 1er).*

Art. R. 442-8-8 *(Décr. n° 2008-45 du 14 janv. 2008)* La garantie peut porter sur le risque de non-paiement des sommes dues par des entreprises françaises :

a) A *(Décr. n° 2014-1315 du 3 nov. 2014, art. 7-18°)* « des établissements de crédit, des entreprises d'assurance français ou étrangers ou des sociétés de financement » au titre des cautions, garanties ou contre-garanties émises par eux dans le cadre d'opérations d'exportation ;

b) A des établissements de crédits français ou étrangers *(Décr. n° 2014-1315 du 3 nov. 2014, art. 7-18°)* « ou des sociétés de financement » au titre d'opérations de crédit consenties pour le financement ou le préfinancement d'opérations d'exportation.

Art. R. 442-8-9 *(Décr. n° 2015-1453 du 9 nov. 2015, art. 1er)* La garantie de l'État prévue au *e* du 1° de l'article L. 432-2 est accordée par décision du ministre chargé de l'économie après constatation d'une défaillance du marché de l'assurance-crédit.

La défaillance de marché est établie soit par la production par le demandeur d'au moins quatre lettres de refus de couverture provenant d'assureurs-crédit, soit par la constatation d'une baisse significative de l'encours de garanties attestée par les informations agrégées communiquées au ministre chargé de l'économie par la Banque de France en application de l'article R. 344-6.

Art. R. 442-8-10 *(Décr. n° 2015-1453 du 9 nov. 2015, art. 1er)* La garantie de l'État mentionnée à l'article R. 442-8-9 est accordée *(Abrogé par Décr. n° 2016-1701 du 12 déc. 2016, art. 3-5°, à compter du 31 déc. 2016)* *« à la Compagnie française d'assurance pour le commerce extérieur (Coface) »* au titre de la couverture *(Abrogé par Décr. n° 2016-1701 du 12 déc. 2016, art. 3-5°, à compter du 31 déc. 2016)* *« par cette dernière »* en application du *e* du 1° de l'article L. 432-2 des entreprises habilitées à pratiquer en France des opérations d'assurance-crédit pour les garanties accordées par celles-ci à des entreprises sous les deux formes suivantes :

1° Octroi d'une garantie d'assurance complémentaire à une garantie primaire accordée par l'assureur-crédit. Le montant de cette garantie complémentaire est à tout moment au plus égal *(Décr. n° 2020-1440 du 24 nov. 2020)* « à deux fois le montant de la garantie primaire » accordée au même assuré sur un même acheteur ;

2° Sous réserve du 2° de l'article R. 442-8-11, couverture de l'intégralité du montant garanti par l'assureur crédit pour une opération d'exportation lorsque ce dernier ne souhaite pas couvrir le risque associé à cette opération.

Art. R. 442-8-11 *(Décr. nº 2015-1453 du 9 nov. 2015, art. 1er)* L'exposition au risque conservée par l'assureur-crédit cosignataire du traité de réassurance prévue au *e* du 1° de l'article L. 432-2 est définie de la manière suivante :

1° Lorsqu'en [*Lorsque, en*] application du 1° de l'article R. 442-8-10, la couverture *(Décr. nº 2016-1701 du 12 déc. 2016, art. 3-6º, en vigueur le 31 déc. 2016)* « délivrée par l'organisme mentionné à l'article L. 432-2 » consiste en une garantie d'assurance complémentaire à une garantie primaire accordée par l'assureur-crédit, l'exposition au risque restant à la charge de l'assureur-crédit correspond à la garantie primaire ;

2° Lorsqu'en [*Lorsque, en*] application du 2° de l'article R. 442-8-10, la couverture *(Décr. nº 2016-1701 du 12 déc. 2016, art. 3-6º, en vigueur le 31 déc. 2016)* « délivrée par l'organisme mentionné à l'article L. 432-2 » porte sur l'intégralité du montant garanti d'une opération d'exportation, l'exposition au risque restant à la charge de l'assureur-crédit est égale à 5 % du montant des sinistres éventuellement constatés afférents à l'opération garantie.

Art. R. 442-8-12 *(Décr. nº 2015-1453 du 9 nov. 2015, art. 1er)* La réassurance par *(Décr. nº 2016-1701 du 12 déc. 2016, art. 3-7º, en vigueur le 31 déc. 2016)* « l'organisme mentionné à l'article L. 432-2 » des risques d'assurance-crédit dans les conditions visées à l'article R. 442-8-10 est subordonnée à la signature par *(Décr. nº 2016-1701 du 12 déc. 2016, art. 3-7º, en vigueur le 31 déc. 2016)* « cet organisme » et l'assureur-crédit :

1° D'un traité de réassurance définissant les conditions et les modalités de délivrance et de mise en œuvre des garanties bénéficiant d'une couverture de *(Décr. nº 2016-1701 du 12 déc. 2016, art. 3-7º, en vigueur le 31 déc. 2016)* « l'État », ainsi que les modalités de réassurance de ces garanties. Ce traité est conclu pour une période d'un an renouvelable par tacite reconduction à l'échéance pour des périodes successives d'un an dans la limite d'une durée maximale de cinq ans ;

2° D'un avenant au traité de réassurance précisant les conditions spécifiques de fonctionnement du dispositif pour le pays ou la zone géographique sur lequel il est mis en œuvre.

Art. R. 442-8-13 *(Décr. nº 2018-1162 du 17 déc. 2018, art. 1er)* Est regardé comme nécessaire au sens du premier alinéa de l'article L. 432-1 le recours à une entité de droit local lorsqu'il est imposé par la législation du pays de destination ou constitue un facteur déterminant pour la sélection de l'offre.

SECTION III OPÉRATIONS D'INVESTISSEMENT

Art. R. 442-9-1 *(Décr. nº 2009-1202 du 8 oct. 2009)* « La garantie des risques politiques et de transfert peut porter sur des investissements à l'étranger, lorsque ceux-ci présentent un intérêt pour le développement de l'économie française et n'ont pas encore été engagés ou l'ont été dans les vingt-quatre mois précédant la demande de prise en garantie. »

Lorsque la législation du pays étranger ne prévoit pas la délivrance d'un agrément, l'investisseur doit produire tous documents délivrés par l'autorité locale compétente permettant d'établir que l'investissement sera réalisé en conformité avec la législation du pays concerné.

L'octroi de la garantie de l'État *(Décr. nº 2016-1701 du 12 déc. 2016, art. 4, en vigueur le 31 déc. 2016)* « peut être » subordonné à la conclusion préalable d'un accord sur la protection des investissements *(Abrogé par Décr. nº 2016-1701 du 12 déc. 2016, art. 4, à compter du 31 déc. 2016)* «*, sous réserve des dérogations prévues par les dispositions de l'article 26 susmentionné* ».

(Décr. nº 2009-1202 du 8 oct. 2009) « En outre, s'agissant de la garantie des investissements déjà réalisés dans les vingt-quatre mois précédant la demande de prise en garantie :

« 1° Les dossiers présentant un risque avéré ou aggravé par rapport à la situation qui prévalait à la date de l'investissement ne sont pas éligibles à la garantie ;

« 2° La décision de prise en garantie ne produit effet qu'à l'expiration d'une période de carence de six mois. Au cours de cette période, aucun sinistre ne peut donner lieu à indemnisation et aucun investissement complémentaire ne peut être pris en garantie. »

Art. R. 442-9-2 Le risque politique est réalisé lorsqu'il est porté atteinte aux droits de propriété de l'investisseur ou à ceux qui y sont attachés, ou encore aux droits et avantages particuliers qui lui auraient été reconnus par les autorités du pays dans lequel l'investissement a été effectué, en raison de l'une des causes suivantes : guerre civile ou étrangère, révolution, émeutes ou autres faits analogues survenus dans le pays dans lequel l'investissement a été effectué, acte ou décision des autorités de ce pays.

Art. R. 442-9-3 Le risque de transfert est réalisé lorsque des événements politiques, des difficultés économiques ou la législation du pays dans lequel l'investissement a été effectué empêchent ou retardent les transferts correspondant au rapatriement de cet investissement.

SECTION IV OPÉRATIONS D'IMPORTATION

Art. R. 442-10-1 La garantie des risques *(Décr. nº 2016-1701 du 12 déc. 2016, art. 5-1º, en vigueur le 31 déc. 2016)* « politiques, catastrophiques et de change » inhérents aux opérations d'importation couvre les pertes pouvant être subies par l'importateur sur les sommes qu'il justifie avoir payées pour la stricte exécution de son contrat.

Art. R. 442-10-2 Le risque politique est réalisé :

1º Lorsque la marchandise ne peut être expédiée ou ne peut sortir du pays expéditeur ou ne parvient pas au pays de destination par suite de l'un des incidents suivants survenus dans le pays expéditeur ou en cours de transit :

a) Interdiction d'exportation édictée par les autorités du pays expéditeur ;

b) Capture, arrêt, saisie, réquisition, contrainte, molestation ou détention par un Gouvernement étranger ou une autorité étrangère ;

c) Guerre civile ou étrangère, révolution, émeute ou autres faits analogues.

2º Lorsque la marchandise, par suite d'un fait survenu dans le pays expéditeur ou en cours de transit et résultant directement de l'une des causes mentionnées au 1º ci-dessus, est détruite ou endommagée ou est grevée de frais supplémentaires non récupérables sur le vendeur.

Art. R. 442-10-3 Le risque catastrophique est réalisé lorsque, par suite d'un cataclysme, tels que cyclone, inondation, raz de marée, tremblement de terre ou éruption volcanique, survenu dans le pays expéditeur ou en cours de transit, la marchandise ne peut être expédiée, est détruite ou endommagée ou est grevée de frais supplémentaires non récupérables sur le vendeur.

Art. R. 442-10-4 Le risque de change est réalisé lorsque le cours de la monnaie étrangère prévue par le contrat d'achat est, le jour de l'achat de devises, supérieur au cours sur la base duquel la garantie est accordée.

Ce risque ne peut être garanti que s'il n'existe pas d'autre moyen de le couvrir dans des conditions équivalentes.

Art. R. 442-10-5 *Abrogé par Décr. nº 2016-1701 du 12 déc. 2016, art. 5-2º, à compter du 31 déc. 2016.*

SECTION V OPÉRATIONS D'ACHAT PAR DES ENTREPRISES FRANÇAISES AUPRÈS DE FOURNISSEURS FRANÇAIS EN CONCURRENCE AVEC UNE ENTREPRISE ÉTRANGÈRE BÉNÉFICIANT D'UN SOUTIEN PUBLIC À L'EXPORTATION

(Décr. nº 2016-1245 du 22 sept. 2016, art. 1er-4º)

Art. R. 442-10-6 La garantie prévue au *a ter* du 1º de l'article L. 432-2 peut être accordée aux entreprises françaises fournisseurs et aux bénéficiaires prévus au *a bis* du même article dans les conditions prévues aux articles R. 442-10-7 à R. 442-10-10.

Art. R. 442-10-7 La garantie porte sur les risques politiques, catastrophiques ou de non-paiement.

Le risque politique est réalisé lorsque le débiteur ne s'est pas acquitté de sa dette, pour autant que le non-paiement ne soit pas dû à l'inexécution des clauses et conditions du contrat et provienne de l'une des causes suivantes :

a) Guerre civile ou étrangère, révolution, émeute ou autres faits analogues ;

(Décr. n° 2016-1701 du 12 déc. 2016, art. 6, en vigueur le 31 déc. 2016) « *b)* Moratoire édicté par les autorités administratives du pays de résidence du débiteur ;

« *c)* » Acte ou décision d'un Gouvernement étranger ou d'une autorité administrative étrangère faisant obstacle à l'exécution du contrat ;

(Décr. n° 2016-1701 du 12 déc. 2016, art. 6, en vigueur le 31 déc. 2016) « *d)* » Acte ou décision des autorités administratives françaises faisant obstacle à l'exécution du contrat.

Le risque catastrophique est réalisé lorsque le débiteur est empêché de tenir ses engagements par suite d'un cataclysme tel que cyclone, inondation, raz de marée, tremblement de terre, éruption volcanique.

Art. R. 442-10-8 L'octroi de la garantie est subordonné au respect par l'entreprise française acheteuse de l'ensemble des critères suivants :

1° Elle présente, sur au moins l'un des deux exercices précédant l'émission de la garantie de l'État, un ratio minimal de fonds propres sur engagements financiers fixé à 13,33 % ou un ratio minimal de couverture des charges d'intérêts, calculé sur la base de l'excédent brut d'exploitation, fixé à 1. Elle présente également des fonds propres, tels qu'ils sont inscrits dans ses comptes, supérieurs ou égaux à la moitié du capital social.

Les fonds propres, charges d'intérêts et excédent brut d'exploitation de l'entreprise sont déterminés conformément à la définition du plan comptable général. Lorsque les fonds propres ne sont pas limités aux capitaux propres, la prise en compte des autres fonds propres doit être validée par un commissaire aux comptes.

Les engagements financiers de l'entreprise sont définis par la somme, nette des disponibilités, quasi-disponibilités et des valeurs mobilières de placement, des dettes financières figurant au bilan et des garanties financières figurant hors bilan accordées par un établissement de crédit, une entreprise d'assurance ou de réassurance ou un autre établissement garant pour le compte de l'entreprise ;

2° Elle n'est pas soumise à une procédure de sauvegarde, de redressement ou de liquidation judiciaire prévue par les titres II à IV du livre VI du code de commerce et ne remplit pas les conditions pour l'être si l'un de ses créanciers en faisait la demande.

Art. R. 442-10-9 La garantie est soumise aux conditions suivantes :

1° Elle ne peut être accordée que sur présentation du plan de financement de l'acquisition d'un navire ou engin spatial civil, pour laquelle l'entreprise mentionnée à l'article R. 442-10-8 certifie avoir reçu une offre étrangère bénéficiant d'un soutien public à l'exportation ;

2° Elle ne peut pas couvrir plus de 80 % des montants dus aux bénéficiaires de la garantie ou, lorsque le bénéficiaire de la garantie est un fournisseur français, 80 % de la perte subie sur les sommes qu'il justifie avoir payées pour l'exécution de son contrat ;

3° Sa durée ne peut dépasser celle des engagements financiers consentis par l'entreprise mentionnée à l'article R. 442-10-8 aux bénéficiaires de la garantie ;

4° Son octroi donne lieu à une rémunération conforme aux prix de marché compte tenu de la santé financière de l'entreprise mentionnée à l'article R. 442-10-8, des sûretés offertes et de la durée de la garantie.

Art. R. 442-10-10 Un rapport d'évaluation des garanties octroyées en vertu du *a ter* du 1° de l'article L. 432-2 est remis chaque année au ministre chargé de l'économie par l'organisme chargé de la gestion du régime, en vue de s'assurer de l'équilibre financier du régime de garantie.

§ 6 *[ABROGÉ]* DISPOSITIONS COMMUNES

(Abrogé par Décr. n° 2016-1701 du 12 déc. 2016, art. 1er-4°, à compter du 31 déc. 2016)

Art. R. 442-11 *Abrogé par Décr. n° 2016-1701 du 12 déc. 2016, art. 1er-4°, à compter du 31 déc. 2016.*

SECTION VI **OPÉRATIONS PRÉSENTANT UN INTÉRÊT STRATÉGIQUE POUR L'ÉCONOMIE FRANÇAISE RÉALISÉES À L'ÉTRANGER** *(Décr. n° 2022-83 du 28 janv. 2022, art. 1er).*

(Décr. n° 2018-1162 du 17 déc. 2018, art. 1er)

Art. R. 442-11-1 La garantie prévue au *a* du 1° de l'article L. 432-2 peut être accordée aux bénéficiaires mentionnés à l'article L. 432-1 réalisant une opération présentant un intérêt stratégique pour l'économie française à l'étranger dans les conditions prévues aux articles R. 442-11-2 à R. 442-11-4 ci-après.

Art. R. 442-11-2 Les risques politiques, catastrophiques et monétaires couverts au titre de la garantie mentionnée à l'article R. 442-11-1 sont réalisés dans les conditions suivantes.

Le risque politique est réalisé lorsque l'exécution du contrat a été interrompue ou que le débiteur ne s'est pas acquitté de sa dette, pour autant que le non-paiement provienne de l'une des causes suivantes :

a) Guerre civile ou étrangère, révolution, émeute ou autres faits analogues survenus hors de France ;

b) Moratoire édicté par les autorités administratives du pays de résidence du débiteur ;

c) Acte ou décision d'un gouvernement étranger ou d'une autorité administrative étrangère faisant obstacle à l'exécution du contrat ;

d) Acte ou décision des autorités administratives françaises faisant obstacle à l'exécution du contrat.

Le risque catastrophique est réalisé lorsque le débiteur est empêché de tenir ses engagements par suite d'un cataclysme tel que cyclone, inondation, raz de marée, tremblement de terre, éruption volcanique.

Le risque monétaire, s'entend du risque de transfert. Il est réalisé lorsque des événements politiques, des difficultés économiques ou la législation du pays de résidence du débiteur empêchent ou retardent le transfert des fonds versés par ce dernier.

Art. R. 442-11-3 I. — *(Décr. n° 2022-83 du 28 janv. 2022, art. 2)* « L'octroi de la garantie, sauf lorsqu'elle est accordée à un établissement de crédit, une société de financement, une entreprise d'assurance et de réassurance, une mutuelle et institution de prévoyance, de droit français ou étranger, ou un organisme mentionné à l'article L. 214-1 du code monétaire et financier, » est subordonné au respect, par l'entreprise française prenant part à l'opération concernée par cette garantie, des deux conditions suivantes :

1° L'entreprise intervient directement ou dans les conditions prévues à l'article R. 442-8-13 dans l'opération pour laquelle elle demande une garantie en tant que fournisseur, investisseur, exploitant, prestataire, sous-traitant, financeur, client ou concessionnaire ;

2° L'entreprise *(Décr. n° 2022-83 du 28 janv. 2022, art. 2)* « est établie » en France.

II. — L'opération concernée par la garantie *(Abrogé par Décr. n° 2022-83 du 28 janv. 2022, art. 2) « est réalisée hors du territoire national et »* représente un montant supérieur à 10 millions d'euros.

III. — *(Décr. n° 2022-83 du 28 janv. 2022, art. 2)* « Lorsqu'elle n'est pas accordée à un établissement de crédit, une société de financement, une entreprise d'assurance et de réassurance, une mutuelle et institution de prévoyance, de droit français ou étranger, ou un organisme mentionné à l'article L. 214-1 du code monétaire et financier, la garantie » ne peut être accordée que si elle est nécessaire pour améliorer substantiellement les conditions de participation de l'entreprise française à l'opération concernée par cette garantie, ou s'il existe un risque qu'en son absence, des difficultés de financement compromettent *(Décr. n° 2022-83 du 28 janv. 2022, art. 2)* « sa réalisation ».

IV. — La garantie est octroyée dans les conditions suivantes :

1° Elle ne peut pas couvrir plus de 80 % des montants dus aux bénéficiaires de la garantie ;

2° Sa durée ne peut dépasser celle des engagements financiers consentis au débiteur dans le cadre de l'opération ou celle des engagements commerciaux de l'entreprise *(Décr. n° 2022-83 du 28 janv. 2022, art. 2)* « française prenant part à » l'opération ;

3° Son octroi donne lieu à une rémunération conforme aux prix de marché compte tenu de la santé financière du débiteur, des sûretés offertes et de la durée de la garantie ;

(Décr. n° 2022-83 du 28 janv. 2022, art. 2) « 4° Le débiteur n'est pas une entreprise en difficulté au sens du règlement (UE) 2014/651 déclarant certaines catégories d'aides compatibles avec le marché intérieur. »

Art. R. 442-11-4 Le ministre chargé de l'économie décide de l'octroi de la garantie prévue à l'article R. 442-11-1, après avis de la commission des garanties et du crédit au commerce extérieur, sur le fondement d'au moins un des critères suivants :

1° L'opération est réalisée dans une filière d'activités relatives à des matériels, des produits ou des prestations de services, contribuant au bon fonctionnement des installations ou des équipements essentiels à la sécurité nationale ou à la sécurité des approvisionnements de la France en matière de ressources énergétiques et de matières premières ;

2° L'absence de réalisation de l'opération représenterait un risque significatif pour l'économie nationale, un secteur d'activité ou une filière économique ;

3° L'opération permet le développement d'une technologie, d'un procédé, d'un produit ou d'un service générant un avantage compétitif pour l'économie nationale ;

4° L'opération est de nature à développer substantiellement l'activité d'entreprises implantées sur le territoire national ;

5° L'opération permet à l'entreprise de s'implanter de manière significative sur un marché géographique ou sectoriel à fort potentiel de croissance.

(Décr. n° 2022-83 du 28 janv. 2022, art. 3 et 4, applicable aux demandes de garantie présentées à compter du 1er avr. 2022) « La commission des garanties et du crédit au commerce extérieur tient compte dans son avis de la contribution de l'opération à un ou plusieurs objectifs environnementaux cités à l'article 9 du règlement (UE) 2020/852 sur l'établissement d'un cadre visant à favoriser les investissements durables et modifiant le règlement (UE) 2019/2088. »

TITRE CINQUIÈME ORGANISME D'INFORMATION

(Décr. n° 2003-1237 du 22 déc. 2003)

Art. R. 451-1 L'organisme d'information mentionné à l'article L. 451-1 est désigné par un arrêté du ministre chargé de l'économie. Il répond aux demandes prévues au même article, dans un délai maximum de sept jours à compter de la réception de la demande.

Il coopère avec les organismes d'information des autres États membres de l'Union européenne pour obtenir ou fournir les informations mentionnées au même article.

Art. R. 451-2 *(Décr. n° 2018-644 du 20 juill. 2018, art. 2, en vigueur le 31 déc. 2018)* Les organismes mentionnés au dernier alinéa du I de l'article L. 451-1-1 sont les suivants :

1° Les entreprises d'assurance mentionnées au I de l'article L. 451-2 et les intermédiaires d'assurance mentionnés à l'article L. 511-1 ayant reçu à cet effet de ces entreprises d'assurance une délégation de gestion, à des fins de gestion de leurs contrats ;

2° Les organismes mentionnés à l'article L. 451-3, pour les sinistres qu'ils prennent en charge ;

3° Les organismes dont la liste est fixée par arrêté du ministre chargé de la sécurité routière et du ministre chargé de l'économie, et dont l'objet est de faciliter, ou nécessite, l'identification de l'entreprise d'assurance couvrant pour un véhicule donné la responsabilité civile mentionnée à l'article L. 211-1.

Les organismes énumérés au présent article peuvent interroger l'organisme d'information mentionné à l'article L. 451-1 par voie électronique.

Art. R. 451-3 *(Décr. nº 2018-644 du 20 juill. 2018, art. 2)* Le fichier mentionné au II de l'article L. 451-1-1 est constitué par l'organisme d'information mentionné à l'article L. 451-1, à partir du croisement, effectué chaque jour, des informations provenant du fichier prévu au I du même article L. 451-1-1 et des informations mentionnées à l'article L. 330-1 du code de la route.

Art. R. 451-4 *(Décr. nº 2018-644 du 20 juill. 2018, art. 2, en vigueur le 31 déc. 2018)* L'organisme d'information mentionné à l'article L. 451-1 transmet à l'État et au fonds de garantie des assurances obligatoires de dommages par tous moyens, et notamment par voie électronique, les informations contenues dans les fichiers mentionnés au I et au II de l'article L. 451-1-1. Il répond par les mêmes moyens aux demandes de l'État.

L'État et le fonds de garantie des assurances obligatoires de dommages peuvent interroger l'organisme d'information par voie électronique.

Art. R. 451-5 *(Décr. nº 2018-644 du 20 juill. 2018, art. 2)* Les entreprises d'assurance, ainsi que les intermédiaires d'assurance ayant reçu à cet effet de la part de ces entreprises une délégation de gestion, communiquent à l'organisme d'information mentionné à l'article L. 451-1 les informations prévues au I de l'article L. 451-2 dans des délais permettant que ces informations puissent être disponibles au sein du fichier mentionné au I de l'article L. 451-1-1 et communicables par l'organisme d'information au plus tard dans les soixante-douze heures suivant l'entrée en vigueur ou la cessation de la garantie de responsabilité civile automobile.

L'État communique chaque jour au même organisme les informations prévues au II de l'article L. 451-2 à partir des informations mentionnées à l'article L. 330-1 du code de la route.

Les personnes mentionnées au premier et au second alinéa de l'art. R. 451-5 communiquent les informations mentionnées dans les dispositions de ces alinéas dans des délais permettant que ces informations soient communicables par l'organisme d'information mentionné à l'art. L. 451-1 à compter du 1er janv. 2019 (Décr. nº 2018-644 du 20 juill. 2018, art. 4).

Art. R. 451-6 *(Décr. nº 2018-644 du 20 juill. 2018, art. 2, en vigueur le 31 déc. 2018)* I. – Placée auprès du ministre chargé de la sécurité routière, la commission de suivi mentionnée à l'article L. 451-5 comprend les membres suivants :

1° Le délégué à la sécurité routière ou son représentant, président de la commission ;

2° Le directeur général du Trésor ou son représentant ;

3° Le chef de l'unité de coordination de lutte contre l'insécurité routière ou son représentant, placé auprès du ministre de l'intérieur ;

4° Le directeur général du fonds de garantie des assurances obligatoires de dommages mentionné à l'article L. 421-1 ou son représentant ;

5° Le président de l'organisme d'information mentionné à l'article L. 451-1 ou son représentant ;

6° Le président de la Fédération française de l'assurance ou son représentant.

II. – La commission de suivi peut formuler des recommandations relatives au fonctionnement des fichiers prévus à l'article L. 451-1-1.

La commission se réunit sur convocation de son président, qui fixe l'ordre du jour. Son secrétariat est assuré par la délégation à la sécurité routière.

La commission établit son règlement intérieur, lequel précise notamment les modalités d'adoption des recommandations.

TITRE SIXIÈME *[ABROGÉ]* DISPOSITIONS SPÉCIFIQUES À MAYOTTE

(Abrogé par Décr. n° 2015-513 du 7 mai 2015, art. 11-4°, à compter du 1er janv. 2016)

Art. R. 471-1 *Abrogé par Décr. n° 2015-513 du 7 mai 2015, art. 11-4°, à compter du 1er janv. 2016.*

LIVRE CINQUIÈME DISTRIBUTEURS D'ASSURANCES

(Décr. nº 2018-431 du 1er juin 2018, art. 2, en vigueur le 1er oct. 2018).

(Décr. nº 2006-1091 du 30 août 2006)

TITRE PREMIER DISTRIBUTION D'ASSURANCES *(Décr. nº 2018-431 du 1er juin 2018, art. 2, en vigueur le 1er oct. 2018).*

CHAPITRE PREMIER CHAMP D'APPLICATION, DÉFINITIONS ET EXIGENCES PROFESSIONNELLES ET ORGANISATIONNELLES

(Décr. nº 2018-431 du 1er juin 2018, art. 2, en vigueur le 1er oct. 2018).

Art. R. 511-1 Pour l'application de l'article L. 511-1, est considérée comme présentation, proposition ou aide à la conclusion d'une opération d'assurance, le fait pour toute personne physique ou personne morale de solliciter ou de recueillir la souscription d'un contrat ou l'adhésion à un tel contrat, ou d'exposer oralement ou par écrit à un souscripteur ou un adhérent éventuel, en vue de cette souscription ou adhésion, les conditions de garantie d'un contrat.

(Décr. nº 2018-431 du 1er juin 2018, art. 2, en vigueur le 1er oct. 2018) « Les travaux préparatoires à la conclusion d'un contrat d'assurance ou de réassurance mentionnés au I de l'article L. 511-1 comprennent, d'une part, tous travaux d'animation de réseaux de distributeurs de produits d'assurance ou de réassurance ou d'organisation par un intermédiaire d'assurance du réseau d'intermédiaires d'assurance ou d'intermédiaires d'assurance à titre accessoire auquel il a recours et, d'autre part, tous travaux d'analyse et de conseil réalisés en vue de la présentation, de la proposition ou de la conclusion d'un contrat. Ils ne comprennent pas les activités consistant à fournir des informations ou des conseils à titre occasionnel dans le cadre d'une activité professionnelle autre que celle mentionnée à l'alinéa premier. »

Art. R. 511-2 *(Décr. nº 2018-431 du 1er juin 2018, art. 2, en vigueur le 1er oct. 2018)* « I. – L'activité de distribution en qualité d'intermédiaire d'assurance ou de réassurance et d'intermédiaire d'assurance à titre accessoire ne peut être exercée contre rémunération que par les catégories de personnes suivantes : »

1° Les courtiers d'assurance ou de réassurance, personnes physiques et sociétés immatriculées au registre du commerce pour l'activité de courtage d'assurance. *(Décr. nº 2018-431 du 1er juin 2018, art. 2, en vigueur le 1er oct. 2018)* « Ces personnes exercent la distribution selon les modalités mentionnées aux b ou c du II de l'article L. 521-2 » ;

2° Les agents généraux d'assurance, personnes physiques ou personnes morales, titulaires d'un mandat ou chargées à titre provisoire pour une durée de deux ans au plus non renouvelable des fonctions d'agent général d'assurance. *(Décr. nº 2018-431 du 1er juin 2018, art. 2, en vigueur le 1er oct. 2018)* « Ces personnes exercent la distribution selon les modalités mentionnées au a du II de l'article L. 521-2 » ;

3° Les mandataires d'assurance, personnes physiques non salariées et personnes morales autres que les agents généraux d'assurance, mandatées à cet effet par une entreprise d'assurance. *(Décr. nº 2018-431 du 1er juin 2018, art. 2, en vigueur le 1er oct. 2018)* « Ces personnes exercent leur activité selon les modalités mentionnées au a ou b du II de l'article L. 521-2 » ;

4° Les mandataires d'intermédiaires d'assurance, personnes physiques non salariées et personnes morales mandatées par une personne physique ou une personne morale mentionnée aux *(Décr. nº 2018-431 du 1er juin 2018, art. 2, en vigueur le 1er oct. 2018)* « 1°, 2°, 3° ou 6° du présent article ».

(Décr. nº 2008-217 du 4 mars 2008) « L'activité des personnes visées aux 3° et 4° du présent article est limitée à la présentation, la proposition ou l'aide à la conclusion d'une opération d'assurance au sens de l'article R. 511-1, et éventuellement à l'encaissement matériel des primes ou cotisations, et, en outre, en ce qui concerne l'assurance sur la vie et la capitalisation, à la remise matérielle des sommes dues aux assurés ou bénéficiaires.

« Cette limitation n'est pas applicable :

« 1° Aux établissements de crédit *(Décr. n° 2014-1315 du 3 nov. 2014, art. 7-19°)* « et aux sociétés de financement » définis à l'article L. 511-1 du code monétaire et financier ;

« 2° Aux personnes exerçant des mandats en matière d'assurance dans les branches 4, 5, 6, 7, 11 et 12 mentionnées à l'article R. 321-1 du présent code, ainsi que dans la branche 10 du même article pour ce qui est de la responsabilité du transporteur, à l'exclusion de toutes les autres branches. »

5° Les personnes physiques salariées commises à cet effet :

a) Soit par une entreprise d'assurance ;

b) Soit par une entreprise de réassurance ;

c) Soit par une personne physique ou une personne morale mentionnée au 1° ci-dessus ;

d) Soit par une personne physique ou une personne morale mentionnée au 2° ci-dessus ;

e) Soit par une personne physique ou une personne morale mentionnée au 3° ci-dessus ;

f) Soit par une personne physique ou une personne morale mentionnée au 4° ci-dessus ;

6° Les intermédiaires enregistrés sur le registre d'un autre État membre de *(Décr. n° 2015-513 du 7 mai 2015, art. 10-I-18°, en vigueur le 1er janv. 2016)* « l'Union européenne » ou d'un autre État partie à l'accord sur l'Espace économique européen pour l'exercice de *(Décr. n° 2018-431 du 1er juin 2018, art. 2, en vigueur le 1er oct. 2018)* « leur activité de distribution d'assurances », quand ils ont préalablement notifié à l'autorité de contrôle de leur pays d'origine chargée de l'immatriculation des intermédiaires d'assurance et de réassurance leur intention d'exercer leur activité en France, ainsi que les salariés de ces personnes.

II. — Un intermédiaire peut exercer au titre de plusieurs catégories parmi celles mentionnées aux 1° à 4° du I du présent article.

BIBL. ▸ BIGOT, *JCP 2009. 318* (les courtiers d'assurance grossistes : une clarification attendue). – TURGNÉ, *RGDA 2008. 307* (agents souscripteurs maritimes).

Mandataire d'assurance. Au regard du caractère exclusivement libéral de l'activité de mandataire d'assurance, la validité de la clause de non-concurrence n'est pas subordonnée à l'octroi d'une contrepartie financière. • Civ. 2e, 2 oct. 2013 : *D. 2013. 2622, note Bahurel ; RGDA 2014. 70, note Langé ; RCA 2014, n° 35.*

Art. R. 511-3 *(Décr. n° 2018-431 du 1er juin 2018, art. 2, en vigueur le 1er oct. 2018)* « I. — La rémunération mentionnée au III de l'article L. 521-1 s'entend de toute commission, tout honoraire, tout autre type de paiement ou tout avantage de toute nature, économique ou autre, proposé ou offert en lien avec des activités de distribution d'assurances. »

II. — La rémunération allouée au titre de l'activité *(Décr. n° 2018-431 du 1er juin 2018, art. 2, en vigueur le 1er oct. 2018)* « de distribution » ne peut être rétrocédée en totalité ou en partie qu'à l'un des intermédiaires mentionnés au I de l'article R. 511-2.

A la demande de celle-ci, l'intermédiaire communique à la personne physique ou à la personne morale qui envisage de souscrire ou adhérer à un contrat d'assurance en raison de ses activités professionnelles le montant de la commission et de toute autre rémunération versée par l'entreprise d'assurance sur le contrat proposé. Cette obligation s'applique lorsque l'intermédiaire exerce selon les modalités prévues au *c* du II de l'article *(Décr. n° 2018-431 du 1er juin 2018, art. 2, en vigueur le 1er oct. 2018)* « L. 521-2 » et présente, propose ou aide à conclure un contrat, pour cette personne, dont la prime annuelle excède 20 000 euros.

III. — La disposition ci-dessus ne fait pas obstacle à la rétrocession d'une commission d'apport aux indicateurs dont le rôle se borne à mettre en relation l'assuré et l'assureur, ou l'assuré et l'un des intermédiaires mentionnés à l'article R. 511-2, ou à signaler l'un à l'autre.

1. Distinction de l'indicateur et du distributeur. En relevant, pour dire que la « proposition de partenariat » liant un professionnel avec un courtier en assurance ne pouvait qu'être un contrat d'apporteur d'affaires, tout d'abord qu'à la rubrique « Êtes-vous ? » qu'il renferme, ni la case « Agent Général d'Assurance » ni la case « Courtier d'Assurance » n'ont été cochées contrairement à la case « Conseil en gestion du Patrimoine Conseil financier », sans rechercher si les termes de ce contrat se bornaient à mettre à la charge du professionnel une mise en relation entre le courtier et l'assuré, une cour d'appel n'a pas donné de base légale à sa décision. • Civ. 2e, 16 sept. 2021, n° 19-25.314 : *RCA 2022, n° 258, note Quertain.*

2. Rémunération de l'indicateur. La rémunération d'un indicateur n'est pas soumise aux règles et usages du courtage. L'indicateur peut prétendre à la commission convenue sur les cotisations perçues ou à percevoir des anciens adhérents d'une assurance de groupe. • Civ. 1re, 13 mars 1990 : *RGAT 1990. 375, note Pauffin de Saint-Morel.*

CHAPITRE II PRINCIPES GÉNÉRAUX RELATIFS À L'INTERMÉDIATION D'ASSURANCE *(Décr. n° 2018-431 du 1er juin 2018, art. 3, en vigueur le 1er oct. 2018).*

SECTION PREMIÈRE OBLIGATION D'IMMATRICULATION

Art. R. 512-1 Pour l'exercice de l'activité *(Décr. n° 2018-431 du 1er juin 2018, art. 2, en vigueur le 1er oct. 2018)* « de distribution » en assurance ou en réassurance, *(Décr. n° 2018-431 du 1er juin 2018, art. 2, en vigueur le 1er oct. 2018)* « les intermédiaires et intermédiaires à titre accessoire relevant des catégories mentionnées » aux 1° à 4° du I de l'article R. 511-2 sont immatriculés au registre *(Décr. n° 2012-100 du 26 janv. 2012, art. 3, en vigueur le 1er avr. 2012)* « mentionné à l'article L. 512-1 ».

Art. R. 512-2 *Abrogé par Décr. n° 2012-100 du 26 janv. 2012, art. 3, à compter du 1er avr. 2012.*

Art. R. 512-3 I. — L'organisme prévu au deuxième alinéa du I de l'article L. 512-1 prend la forme d'une association. Les statuts de l'association ainsi créée sont homologués par arrêté du ministre chargé de l'économie. — *V. Arr. du 27 févr. 2017 ci-dessous.*

II. — L'*(Décr. n° 2012-100 du 26 janv. 2012, art. 3, en vigueur le 1er avr. 2012)* « organisme » est chargée *[chargé]* de l'établissement, de la tenue et de la mise à jour permanente du registre *(Décr. n° 2012-100 du 26 janv. 2012, art. 3, en vigueur le 1er avr. 2012)* « mentionné à l'article L. 512-1 ». A ce titre, elle *[il]* reçoit les dossiers de demandes d'immatriculation ou de renouvellement de l'immatriculation, *(Décr. n° 2015-47 du 22 janv. 2015, art. 1er-1°)* « instruit et statue sur ces demandes, effectue les suppressions et les radiations du registre » et procède à l'envoi des notifications aux autorités compétentes des autres États membres de *(Décr. n° 2015-47 du 22 janv. 2015, art. 1er-1°)* « l'Union européenne » et des autres États parties à l'accord sur l'Espace économique européen ainsi qu'à la réception des notifications en provenance de ces autorités.

III. — Le directeur général du Trésor ou son représentant a qualité de commissaire du Gouvernement auprès de l'*(Décr. n° 2012-100 du 26 janv. 2012, art. 3, en vigueur le 1er avr. 2012)* « organisme ». Il peut participer aux travaux de l'assemblée générale et de tous autres organes qui sont créés par les statuts de l'*(Décr. n° 2012-100 du 26 janv. 2012, art. 3, en vigueur le 1er avr. 2012)* « organisme ». Il reçoit communication de tous documents et convocations et peut demander une seconde délibération de ces organes.

IV. — L'*(Décr. n° 2012-100 du 26 janv. 2012, art. 3, en vigueur le 1er avr. 2012)* « organisme » établit annuellement un bilan, un compte de résultat et une annexe. L'*(Décr. n° 2012-100 du 26 janv. 2012, art. 3, en vigueur le 1er avr. 2012)* « organisme » nomme un commissaire aux comptes et un suppléant choisis sur la liste mentionnée *(Ord. n° 2016-315 du 17 mars 2016, art. 46, en vigueur le 17 juin 2016)* « au I de » l'article L. 822-1 du code de commerce, aux fins de certification des comptes.

(Décr. n° 2015-47 du 22 janv. 2015, art. 1er-2°) « V. — Une commission est chargée des immatriculations au registre mentionné à l'article L. 512-1.

« Elle est composée de membres nommés parmi les professionnels mentionnés à cet article L. 512-1 et à l'article L. 546-1 du code monétaire et financier ou leurs représentants en tenant compte notamment des inscrits à ce registre ainsi que de personnalités qualifiées dans les domaines de l'assurance, de la banque et de la finance. Ces membres sont nommés pour une durée de cinq ans par arrêté du ministre chargé de l'économie, après consultation des organisations professionnelles concernées.

« La commission ne délibère valablement que si la moitié de ses membres sont présents.

« Chaque membre dispose d'une voix. Les décisions de la commission sont adoptées à la majorité des deux tiers des voix exprimées. Le vote par procuration est interdit.

« Lorsque l'un des membres de la commission a, directement ou indirectement, un intérêt dans le dossier examiné, il en informe les autres membres et ne prend pas part à la décision.

« Pour la détermination des règles de quorum applicables aux délibérations de la commission, s'il n'est pas possible de recourir à un suppléant, il n'est pas tenu compte du membre qui s'abstient de siéger au motif qu'il s'estime en situation de conflit d'intérêts.

« Lorsqu'un membre de la commission s'abstient de siéger au motif qu'il s'estime en situation de conflit d'intérêts, il en est fait mention au procès-verbal de la réunion.

« Préalablement à l'immatriculation au registre mentionné ci-dessus, la commission vérifie l'ensemble des conditions prévues à la section II du présent chapitre.

« La commission peut entendre tout expert. »

VI. — Sous réserve de l'application des dispositions prévues aux II et III de l'article L. 514-4, les personnes chargées de l'instruction des dossiers et ayant à connaître d'informations relatives aux intermédiaires sont tenues au secret sous les peines fixées par l'article 226-13 du code pénal. Ce secret n'est pas opposable à l'autorité judiciaire agissant dans le cadre d'une procédure pénale.

Cette disposition ne fait pas obstacle à l'échange d'informations avec les autorités compétentes des autres États membres de *(Décr. n° 2015-47 du 22 janv. 2015, art. 1er-3°)* « l'Union européenne » ou des autres États parties à l'accord sur l'Espace économique européen, relatives à l'immatriculation au registre, ni à la communication par l'*(Décr. n° 2012-100 du 26 janv. 2012, art. 3, en vigueur le 1er avr. 2012)* « organisme », à toute personne qui y a intérêt et qui en fait la demande, du nom de l'entreprise qui a délivré à l'intermédiaire l'attestation visée au III de l'article R. 512-14 ou celle visée au III de l'article R. 512-15, ainsi que des références du contrat auquel l'attestation se rapporte.

VII. — Les dossiers et fichiers correspondants sont conservés *(Décr. n° 2012-100 du 26 janv. 2012, art. 3, en vigueur le 1er avr. 2012)* « sur tout support durable » pendant une durée de cinq ans à compter de la date de radiation du fichier.

VIII. — En cas de dissolution de l'*(Décr. n° 2012-100 du 26 janv. 2012, art. 3, en vigueur le 1er avr. 2012)* « organisme », l'excédent de l'actif net sur le passif est dévolu soit à un autre organisme ayant un objet similaire, soit à l'État.

Les dispositions de l'art. 3 du Décr. n° 2012-100 du 26 janv. 2012 sont applicables dans les îles Wallis-et-Futuna (Décr. préc., art. 5-II-1° et 6).

Arrêté du 27 février 2017,

Portant homologation des statuts de l'organisme en charge de la tenue du registre unique des intermédiaires en assurance, banque et finance.

Art. 1er Les statuts de l'Organisme pour la tenue du registre unique des intermédiaires en assurance, banque et finance (ORIAS) sont homologués.

Art. 2 L'arrêté du 24 septembre 2014 portant homologation des statuts de l'organisme mentionné à l'article L. 512-1 du code des assurances est abrogé.

Art. 3 La directrice générale du Trésor est chargée de l'exécution du présent arrêté et de son annexe, qui seront publiés au *Journal officiel* de la République française.

ANNEXE

ORIAS – REGISTRE UNIQUE DES INTERMÉDIAIRES EN ASSURANCE, BANQUE ET FINANCE

STATUTS

Art. 1er *Dénomination – Objet.*

En application de l'article R. 512-3 du code des assurances, il est constitué une association régie par la loi du 1er juillet 1901, chargée de l'établissement, la tenue et la mise à jour du registre unique des intermédiaires en assurance et en réassurance, des intermédiaires en opérations de banque et services de paiement, des conseillers en investissements financiers, des agents liés de prestataires de services d'investissement, des conseillers en investissements participatifs et des intermédiaires en financement participatif dans les conditions prévues aux articles L. 512-1, R. 512-3 à R. 512-6 et R. 514-1 du code des assurances ainsi qu'aux articles L. 546-1, R. 546-1 à R. 546-5 du code monétaire et financier.

En application de l'article Lp. *[L.]* 512-1 du code des assurances applicable en Nouvelle-Calédonie et par convention conclue avec le gouvernement de la Nouvelle-Calédonie, elle peut recevoir délégation pour instruire les demandes d'immatriculation et tenir le registre des intermédiaires d'assurance de la Nouvelle-Calédonie.

Cette association est à but non lucratif.

L'association ainsi constituée prend la dénomination de « ORIAS-Registre unique des intermédiaires en assurance, banque et finance ».

Art. 2 *Membres.*

2.1. Membres fondateurs

Les membres fondateurs de l'association sont les organisations professionnelles suivantes :

— la Chambre syndicale des courtiers d'assurances (CSCA) ;

— la Fédération française de l'assurance (FFA) ;

— la Fédération nationale des syndicats d'agents généraux d'assurances (AGEA).

2.2. Membres adhérents

L'adhésion à l'association est ouverte, sur demande écrite adressée au président, aux organisations professionnelles au titre desquelles un membre de la commission d'immatriculation est désigné par l'arrêté visé à l'article R. 512-3 du code des assurances.

2.3. Représentants des membres

Chaque organisation professionnelle membre désigne la personne, ci-après dénommée le représentant, qui la représente au sein de l'association ainsi qu'un représentant suppléant. La qualité de représentant n'est pas incompatible avec celle de membre de la commission d'immatriculation.

Les organisations professionnelles membres peuvent à tout moment modifier la désignation de leur représentant titulaire ou suppléant par courrier adressé au président.

Art. 3 *Durée.*

L'association est constituée pour une durée indéterminée.

Art. 4 *Siège.*

Le siège de l'association est fixé à l'adresse suivante : 1, rue Jules-Lefebvre, 75009 Paris. Il peut être transféré par simple décision du conseil d'administration.

Art. 5 *Conseil d'administration.*

Les dix membres du conseil d'administration, ci-après désignés les administrateurs, sont :

Au titre des membres fondateurs :

— deux représentants titulaires (et deux représentants suppléants) désignés par la CSCA ;

— deux représentants titulaires (et deux représentants suppléants) désignés par la FFA ;

— deux représentants titulaires (et deux représentants suppléants) désignés par l'AGEA.

Au titre des membres adhérents :

— un représentant titulaire (et un représentant suppléant) désigné par l'(les) organisation(s) professionnelle(s) représentant les intermédiaires en opérations de banques et services de paiement ;

— un représentant titulaire (et un représentant suppléant) désigné par l'(les) organisation(s) professionnelle(s) représentant les conseillers en investissements financiers ;

— deux représentants titulaires (et deux représentants suppléants) désignés par l'Association française des établissements de crédit et des entreprises d'investissement (AFECEI).

Le représentant titulaire et le représentant suppléant des intermédiaires en opérations de banque et services de paiement sont désignés par une lettre commune des organisations professionnelles concernées, adressée au président. A défaut de désignation commune, une rotation annuelle alphabétique selon la dénomination des organisations professionnelles sera instaurée.

Le représentant titulaire et le représentant suppléant des conseillers en investissement financier sont désignés par une lettre commune des organisations professionnelles concernées, adressée au président. A défaut de désignation commune, une rotation annuelle alphabétique selon la dénomination des organisations professionnelles sera instaurée.

Le conseil se réunit sur convocation du président chaque fois que celui-ci l'estime utile ou lorsque la demande lui en est faite par deux administrateurs.

Le conseil d'administration est investi de tous pouvoirs pour faire ou autoriser tous les actes et opérations concernant la gestion et l'administration courante de l'association.

Il détermine l'ordre du jour de l'assemblée générale.

Les décisions du conseil d'administration sont adoptées à la majorité des voix exprimées. Chaque administrateur dispose d'une voix. Le vote par procuration est interdit. En cas de partage des voix, celle du président est prépondérante.

Art. 6 *Assemblée générale.*

L'assemblée générale est composée des membres de l'association.

Les réunions des assemblées générales sont présidées par le président.

L'assemblée générale ne délibère valablement que si les deux tiers des représentants de ses membres sont présents ou représentés.

Si ce quorum n'est pas atteint, l'assemblée générale est convoquée avec le même ordre du jour, dans un délai de quinze jours. Lors de cette seconde réunion, l'assemblée générale délibère valablement quel que soit le nombre de présents.

Chaque membre dispose d'une voix.

L'assemblée générale ordinaire se réunit au moins une fois par an sur convocation du président.

Les délibérations de l'assemblée générale ordinaire sont adoptées lorsqu'elles recueillent au moins les deux tiers des voix exprimées. En cas de partage des voix, celle du président est prépondérante.

L'assemblée générale extraordinaire se réunit en tant que de besoin sur convocation du président, pour se prononcer sur les modifications des statuts et la dissolution de l'association.

Les délibérations de l'assemblée générale extraordinaire sont adoptées lorsqu'elles recueillent au moins les trois quarts des voix exprimées.

Art. 7 *Président.*

Le président est désigné, parmi les administrateurs, par le conseil d'administration.

Il est nommé pour une durée de deux ans.

Le président représente l'association dans tous les actes de la vie civile et est investi de tous pouvoirs à cet effet. Il peut déléguer ses pouvoirs en tout ou en partie.

Le président est notamment investi de tous pouvoirs pour représenter l'association devant toute juridiction afin de défendre ses intérêts matériels et moraux.

Toutefois, seul le conseil d'administration peut décider de l'introduction d'actions en justice par l'association.

Art. 8 *Commission d'immatriculation.*

Conformément aux dispositions de l'article R. 512-3 du code des assurances, la commission chargée de l'immatriculation est composée de personnes nommées pour une durée de cinq ans par arrêté du ministre chargé de l'économie.

La commission ne délibère valablement que si la moitié de ses membres sont présents.

Chaque membre dispose d'une voix. Toutefois, lorsque l'un des membres de la commission a, directement ou indirectement, un intérêt dans le dossier examiné, il en informe les autres membres et ne prend pas part à la décision.

Les décisions de la commission sont adoptées à la majorité des deux tiers des voix exprimées. Le vote par procuration est interdit.

La commission peut entendre tout expert.

Art. 9 *Commissaire du Gouvernement.*

Conformément aux dispositions de l'article R. 512-3 du code des assurances, le commissaire du Gouvernement reçoit communication des convocations aux réunions de l'assemblée générale, du conseil d'administration et de la commission d'immatriculation et de tous autres documents adressés aux membres de ces organes. Il peut participer aux travaux de ces organes et demander une seconde délibération.

Art. 10 *Rapport annuel et publications.*

Conformément aux dispositions de l'article R. 512-5 du code des assurances, l'association adresse au ministre chargé de l'économie un rapport annuel sur les immatriculations au registre, sur les radiations intervenues et sur les statistiques concernant sa consultation.

Ce rapport fait l'objet d'une approbation par l'assemblée générale avant sa communication au ministre.

En outre, l'association peut publier des études, notamment statistiques, intéressant l'intermédiation.

Art. 11 *Règlement intérieur.*

Le règlement intérieur de l'association est adopté par le conseil d'administration.

Art. 12 *Ressources.*

Les ressources de l'association comprennent :

1° Les frais d'inscription annuels prévus à l'article L. 512-1 du code des assurances et à l'article L. 546-1 du code monétaire et financier ;

2° Toutes autres ressources autorisées par les textes législatifs et réglementaires.

Art. 13 *Comptabilité.*

Conformément aux dispositions de l'article R. 512-3 du code des assurances, il est tenu annuellement une comptabilité faisant apparaître un compte de résultats, un bilan et une annexe.

Le contrôle des comptes de l'association est confié à un commissaire titulaire et à un commissaire aux comptes suppléant désignés par l'assemblée générale ordinaire.

Art. 14 *Dissolution.*

La dissolution de l'association est prononcée par l'assemblée générale extraordinaire dans les conditions prévues à l'article 15 ; un liquidateur est alors nommé.

Les éventuels apports consentis par les membres sont repris par chacun d'eux.

Conformément aux dispositions de l'article R. 512-3 du code des assurances, l'excédent de l'actif net sur le passif est dévolu à un autre organisme ayant un objet similaire ou, à défaut, à l'État.

Art. 15 *Continuation des missions liées à la liste des courtiers d'assurances.*

Conformément à l'article 1er des présents statuts, l'association reprend les missions de gestion, de tenue et de mise à jour de la liste des courtiers d'assurances.

Art. 16 *Entrée en vigueur.*

Les présents statuts entrent en vigueur par arrêté d'homologation du ministre chargé de l'économie, conformément au I de l'article R. 512-3 du code des assurances.

Art. R. 512-4 **Chaque intermédiaire** (*Décr. n° 2018-431 du 1er juin 2018, art. 3, en vigueur le 1er oct. 2018*) **« ou intermédiaire à titre accessoire » demande son immatriculation sur le registre des intermédiaires et son inscription pour la ou les catégories d'intermédiaires au titre de laquelle ou desquelles il exerce.** (*Décr. n° 2012-100 du 26 janv. 2012, art. 3, en vigueur le 1er avr. 2012*) **« Il constitue à cet effet un dossier**

justifiant de la réunion des conditions d'accès aux activités en cause. Le contenu de ce dossier est fixé par arrêté du ministre chargé de l'économie. »

Pour les intermédiaires mentionnés *(Décr. n° 2018-431 du 1er juin 2018, art. 3, en vigueur le 1er oct. 2018)* « et intermédiaires à titre accessoire relevant des catégories mentionnées » aux 2°, 3° et 4° du I de l'article R. 511-2, les formalités d'immatriculation prescrites au précédent alinéa peuvent être accomplies par la personne physique ou par la personne morale qui leur a délivré un mandat. *(Décr. n° 2021-1552 du 1er déc. 2021, art. 1er, en vigueur le 1er avr. 2022)* « Pour les intermédiaires et mandataires d'intermédiaires relevant des catégories mentionnées aux 1° et 4° du même article, ces formalités peuvent être accomplies par l'association mentionnée au I de l'article L. 513-3 à laquelle ils ont adhéré. »

Un même intermédiaire *(Décr. n° 2018-431 du 1er juin 2018, art. 3, en vigueur le 1er oct. 2018)* « ou intermédiaire à titre accessoire » ne peut avoir plus d'un numéro d'immatriculation au registre.

Art. R. 512-5 I. — L'immatriculation et l'inscription sont effectuées dans un délai maximum de deux mois à compter de la date de la réception par l'*(Décr. n° 2012-100 du 26 janv. 2012, art. 3, en vigueur le 1er avr. 2012)* « organisme » d'un dossier complet. L'*(Décr. n° 2012-100 du 26 janv. 2012, art. 3, en vigueur le 1er avr. 2012)* « organisme » notifie *(Décr. n° 2012-100 du 26 janv. 2012, art. 3, en vigueur le 1er avr. 2012)* « au demandeur » une attestation comportant son numéro d'immatriculation au registre et la date d'enregistrement.

II. — Lorsqu'il ressort de l'examen du dossier complet que la demande d'inscription *(Décr. n° 2012-100 du 26 janv. 2012, art. 3, en vigueur le 1er avr. 2012)* « ne satisfait pas aux dispositions du présent code, l'organisme » prend une décision de non-inscription qu'elle communique au demandeur, par lettre recommandée avec avis de réception, dans le délai prévu à la première phrase du I du présent article.

III. — L'immatriculation est à renouveler annuellement selon des modalités fixées par arrêté du ministre chargé de l'économie.

IV. — Les intermédiaires *(Décr. n° 2018-431 du 1er juin 2018, art. 3, en vigueur le 1er oct. 2018)* « et intermédiaires à titre accessoire » informent l'*(Décr. n° 2012-100 du 26 janv. 2012, art. 3, en vigueur le 1er avr. 2012)* « organisme » de toute modification des informations les concernant et de tout événement pouvant avoir des conséquences sur leur inscription, tels que le changement de lieu d'exercice professionnel, la cessation d'activité ou la radiation du registre du commerce et des sociétés. *(Décr. n° 2012-100 du 26 janv. 2012, art. 3, en vigueur le 1er avr. 2012)* « L'information est transmise dans le mois qui précède l'évenement, ou quand il ne peut pas être anticipé, dans le mois qui suit. »

V. — La personne qui a délivré un mandat à l'un des *(Décr. n° 2018-431 du 1er juin 2018, art. 3, en vigueur le 1er oct. 2018)* « intermédiaires ou intermédiaires à titre accessoire relevant des catégories mentionnées » aux 2°, 3° ou 4° du I de l'article R. 511-2 notifie à l'*(Décr. n° 2012-100 du 26 janv. 2012, art. 3, en vigueur le 1er avr. 2012)* « organisme » *(Décr. n° 2021-1552 du 1er déc. 2021, art. 1er, en vigueur le 1er avr. 2022)* « le mandat ainsi délivré dès sa prise d'effet, ainsi que » la cessation de fonction de cet intermédiaire *(Décr. n° 2018-431 du 1er juin 2018, art. 3, en vigueur le 1er oct. 2018)* « ou intermédiaire à titre accessoire » dans le mois qui précède la fin du mandat, ou dans le mois qui suit en cas de cessation soudaine de ce mandat.

(Décr. n° 2021-1552 du 1er déc. 2021, art. 1er, en vigueur le 1er avr. 2022) « VI. — L'association mentionnée au I de l'article L. 513-3 notifie à l'organisme tout retrait d'adhésion de ses membres relevant des catégories mentionnées aux 1°, 4° et 6° de l'article R. 511-2 dans le mois qui suit ce retrait. »

VII. — L'*(Décr. n° 2012-100 du 26 janv. 2012, art. 3, en vigueur le 1er avr. 2012)* « organisme » procède à la radiation du registre, sur demande de l'Autorité de contrôle prudentiel et de résolution en application *(Décr. n° 2010-217 du 3 mars 2010, art. 3-III-4°)* « du 6° de l'article L. 612-41 du code monétaire et financier ». Lorsque l'intermédiaire *(Décr. n° 2018-431 du 1er juin 2018, art. 3, en vigueur le 1er oct. 2018)* « ou l'intermédiaire à titre accessoire » ne justifie plus du respect des obligations

requises pour la ou les catégories au titre de laquelle ou desquelles il est inscrit, l'*(Décr. nº 2012-100 du 26 janv. 2012, art. 3, en vigueur le 1er avr. 2012)* **« organisme » procède à la suppression de l'inscription et, le cas échéant, à la radiation du registre.**

(Décr. nº 2012-100 du 26 janv. 2012, art. 3, en vigueur le 1er avr. 2012) **« La radiation ou la suppression de l'inscription sont notifiées par l'organisme à l'intermédiaire concerné, par lettre recommandée avec avis de réception, dans le délai de quinze jours suivant la décision en cause. »**

La radiation est rendue publique concomitamment par l'*(Décr. nº 2012-100 du 26 janv. 2012, art. 3, en vigueur le 1er avr. 2012)* **« organisme », qui la communique également au greffe du tribunal dans le ressort duquel l'intermédiaire est immatriculé au registre du commerce et des sociétés.**

VIII. — L'*(Décr. nº 2012-100 du 26 janv. 2012, art. 3, en vigueur le 1er avr. 2012)* **« organisme » adresse au ministre chargé de l'économie un rapport annuel sur les immatriculations et les radiations intervenues, ainsi que sur les statistiques relatives à la consultation du registre.**

Art. R. 512-6 **Le registre** *(Décr. nº 2012-100 du 26 janv. 2012, art. 3, en vigueur le 1er avr. 2012)* **« mentionné à l'article L. 512-1 » comporte un ensemble d'informations définies par arrêté du ministre chargé de l'économie.**

SECTION II AUTRES CONDITIONS D'ACCÈS ET D'EXERCICE

Art. R. 512-7 **Toute personne qui a sous son autorité des salariés mentionnés au 5° du I de l'article R. 511-2 est tenue de veiller à ce que ceux-ci remplissent les conditions d'honorabilité et de capacité de la présente section qui leur sont applicables.**

Pour l'immatriculation des personnes qui, à la date de mise en place [31 janv. 2007] du registre des intermédiaires d'assurance, relèvent du 4° du I de l'art. R. 511-2 dans sa version antérieure au présent décret, il est justifié du respect des conditions prévues par la section II du chapitre II du titre Ier du livre V C. assur. par la remise à l'organisme : — 1° De la carte professionnelle mentionnée au c de l'art. R. 514-1 dans sa rédaction antérieure au présent décret ; — 2° D'une attestation de garantie financière ou de tout document attestant d'un mandat d'encaissement ou, le cas échéant, d'une déclaration de l'intermédiaire par laquelle celui-ci atteste ne pas encaisser de fonds. — Pour l'immatriculation des personnes qui, à la date de mise en place du registre des intermédiaires d'assurance, sont immatriculées au registre du commerce et des sociétés pour l'activité de courtage en assurance mais ne sont pas inscrites sur la liste des courtiers d'assurance, il est justifié du respect des conditions prévues par la section II du titre Ier du livre V C. assur. par la remise à l'association : — 1° D'un extrait d'immatriculation au registre du commerce et des sociétés datant de moins de trois mois et mentionnant l'activité de courtage d'assurance ; — 2° D'une attestation d'assurance de responsabilité civile ; — 3° D'une attestation de garantie financière ou de tout document attestant d'un mandat d'encaissement ou, le cas échéant, d'une déclaration de l'intermédiaire par laquelle celui-ci atteste ne pas encaisser de fonds (Décr. nº 2006-1091 du 30 août 2006, art. 4-III et IV).

SOUS-SECTION 1 CONDITIONS D'HONORABILITÉ

Cette sous-section ne comporte pas de dispositions réglementaires.

SOUS-SECTION 2 CONDITIONS DE CAPACITÉ PROFESSIONNELLE

Art. R. 512-8 **Au sein d'une personne morale, la condition de capacité professionnelle prévue aux articles R. 512-9, R. 512-10 et R. 512-12 s'applique aux personnes physiques associés ou tiers qui dirigent ou gèrent cette personne morale, ou, le cas échéant, lorsque** *(Décr. nº 2018-431 du 1er juin 2018, art. 3, en vigueur le 1er oct. 2018)* **« l'activité de distribution » est exercée à titre accessoire à l'activité principale, à la ou les personnes physiques, au sein de la direction, auxquelles est déléguée la responsabilité de** *(Décr. nº 2018-431 du 1er juin 2018, art. 3, en vigueur le 1er oct. 2018)* **« l'activité de distribution ».**

Art. R. 512-9 **Les intermédiaires mentionnés aux 1° et 2° du I de l'article R. 511-2, les établissements de crédit** *(Décr. nº 2014-1315 du 3 nov. 2014, art. 7-20°)* **« et les sociétés de financement » mentionnés au même article, ainsi que les salariés mentionnés au *a* et aux *c* à *f* du 5° du même article qui exercent des fonctions de respon-**

sables de bureau de production ou qui ont la charge d'animer un réseau de production doivent justifier :

1° Soit d'un stage professionnel d'une durée raisonnable et suffisante sans pouvoir être inférieure à 150 heures. Le stage, dont les principes sont fixés à l'article R. 512-11, doit être effectué :

a) Auprès d'une entreprise d'assurance *(Décr. n° 2010-40 du 11 janv. 2010, art. 4)* « , d'un établissement de crédit » *(Décr. n° 2014-1315 du 3 nov. 2014, art. 7-20°)* « , d'une société de financement » ou d'un intermédiaire visés aux 1° et 2° du I de l'article R. 511-2 ;

b) Auprès d'un centre de formation choisi par l'intéressé lui-même lorsqu'il souhaite accéder à l'activité de courtier en assurance ou en réassurance, ou choisi par l'employeur ou le mandant pour les autres intermédiaires ;

2° Soit de deux ans d'expérience en tant que cadre dans une fonction relative à la production ou à la gestion de contrats d'assurance ou de capitalisation, dans une entreprise d'assurance ou un intermédiaire mentionné au premier alinéa du présent article ;

3° Soit de quatre ans d'expérience dans une fonction relative à la production ou à la gestion de contrats d'assurances ou de capitalisation au sein de ces mêmes entreprises ou intermédiaires ;

4° Soit de la possession d'un diplôme, titre ou certificat mentionné sur une liste fixée par arrêté pris par les ministres chargés de l'économie et de l'éducation.

Art. R. 512-10 I. — Sous réserve des dispositions des articles R. 512-9 et R. 512-12, les intermédiaires mentionnés aux 3° et 4° du I de l'article R. 511-2 et les salariés mentionnés au *a* et aux *c* à *f* du 5° du même article doivent justifier :

1° Soit d'un stage professionnel d'une durée raisonnable et suffisante sans pouvoir être inférieure à 150 heures. Le stage, dont les principes sont fixés à l'article R. 512-11, doit être effectué :

a) Auprès d'une entreprise d'assurance ou d'un intermédiaire visés aux 1° à 4° du I de l'article R. 511-2 ;

b) Auprès d'un centre de formation choisi par l'employeur ou le mandant ;

2° Soit d'un an d'expérience en tant que cadre dans une fonction relative à la production ou à la gestion de contrats d'assurance ou de capitalisation, au sein d'une entreprise d'assurance ou d'un intermédiaire mentionnés aux 1° à 4° du I de l'article R. 511-2 ;

3° Soit de deux ans d'expérience dans une fonction relative à la production ou à la gestion de contrats d'assurance ou de capitalisation au sein de ces mêmes entreprises ou intermédiaires ;

4° Soit de la possession d'un diplôme, titre ou certificat mentionné sur une liste fixée par arrêté pris par les ministres chargés de l'économie et de l'éducation.

Art. R. 512-11 I. — Le stage professionnel mentionné aux articles R. 512-9 et R. 512-10 a pour objet de permettre aux stagiaires d'acquérir, préalablement à l'exercice de l'activité d'intermédiation, des compétences en matière juridique, technique, commerciale et administrative définies dans un programme minimal de formation élaboré par les organisations représentatives de la profession et approuvé par arrêté du ministre de l'économie.

II. — Les compétences acquises font l'objet d'un contrôle à l'issue du stage. Les résultats de ce contrôle doivent être annexés au livret de stage prévu à l'article R. 514-4.

Art. R. 512-12 I. — Lorsque les intermédiaires mentionnés aux 3° ou 4° du I de l'article R. 511-2 et leurs salariés exercent *(Décr. n° 2018-431 du 1er juin 2018, art. 3, en vigueur le 1er oct. 2018)* « l'activité de distribution » à titre accessoire à leur activité professionnelle principale et présentent, proposent ou aident à conclure uniquement des contrats relatifs à des produits d'assurance constituant un complément au produit ou au service fourni dans le cadre de leur activité professionnelle et ne comportant pas de couverture de responsabilité civile, ils satisfont à l'une des conditions ci-dessous énumérées :

1° Soit avoir effectué une formation d'une durée raisonnable, adaptée aux produits et contrats qu'ils présentent ou proposent, sanctionnée par la délivrance d'une attestation de formation ;

2° Soit présenter une ancienneté de six mois d'expérience dans une fonction relative à la production ou à la gestion de contrats d'assurance ou de capitalisation dans une entreprise d'assurance ou au sein d'un des intermédiaires mentionnés aux 1° à 4° du I de l'article R. 511-2 ;

3° Soit être en possession d'un diplôme, titre ou certificat mentionné sur une liste fixée par arrêté pris par les ministres de l'économie et de l'éducation.

II. — Les personnes physiques salariées mentionnées au *a* et aux *c* à *f* du 5° du I de l'article R. 511-2, travaillant au siège ou dans un bureau de production, dont le responsable remplit les conditions de capacité professionnelle requises mentionnées à l'article R. 512-9 satisfont à l'une des conditions mentionnées aux 1° à 3° du I du présent article.

Art. R. 512-13 Lorsqu'il exerce *(Décr. n° 2018-431 du 1er juin 2018, art. 3, en vigueur le 1er oct. 2018)* « l'activité de distribution » au titre de plus d'une des catégories mentionnées au I de l'article R. 511-2, l'intermédiaire doit justifier des exigences de capacité les plus élevées prévues pour ces mêmes catégories.

Art. R. 512-13-1 *(Décr. n° 2018-431 du 1er juin 2018, art. 3, en vigueur le 23 févr. 2019)* I. — La durée consacrée à la formation ou au développement professionnels continus mentionnés au II de l'article L. 511-2 ne peut être inférieure à quinze heures par an.

II. — La formation ou le développement professionnels continus mentionnés au I peuvent donner lieu à des prestations dispensées en présentiel ou à distance, organisées en une ou plusieurs séquences, consécutives ou non. Ils peuvent être assurés par un organisme de formation, une entreprise d'assurance ou de réassurance, un intermédiaire d'assurance ou de réassurance, un établissement de crédit ou une société de financement. Ils doivent permettre d'actualiser régulièrement les compétences nécessaires à l'exercice des fonctions occupées.

Un arrêté du ministre chargé de l'économie détermine la liste des compétences susmentionnées, en fonction de la nature des produits distribués, des modes de distribution et des fonctions exercées, ainsi que le contenu et les caractéristiques des actions de formation ou de développement professionnel continus correspondantes. *— V. art. A. 512-8.*

Les entreprises d'assurance et de réassurance et les intermédiaires d'assurance doivent être en mesure de produire, d'une part, pour eux-mêmes et pour tout membre de leur personnel concerné par les dispositions susmentionnées, la liste des formations suivies au titre du présent article, y compris lorsqu'elles ont été réalisées en application d'autres obligations réglementaires, d'autre part, pour chacune de ces formations, le nom de l'entité ayant délivré la formation, la date, la durée et les modalités de celle-ci ainsi que les thèmes traités.

III. — Tout ou partie des heures de formation ou de développement professionnels continus mentionnées au I peut être retenue, dans le cadre d'une certification inscrite en catégorie A, au titre des certifications et habilitations recensées à l'inventaire mentionné au onzième alinéa de l'article L. 335-6 du code de l'éducation. Dans le cadre de cette certification, les compétences évaluées correspondent à une ou plusieurs thématiques de la liste de compétences mentionnées au II.

SOUS-SECTION 3 ASSURANCE DE RESPONSABILITÉ CIVILE

Art. R. 512-14 I. — Le contrat d'assurance de responsabilité civile professionnelle prévu à l'article L. 512-6 doit couvrir le territoire de la Communauté européenne et celui des autres États parties à l'accord sur l'Espace économique européen. Il comporte pour les entreprises d'assurance des obligations qui ne peuvent pas être inférieures à celles définies dans un arrêté du ministre chargé de l'économie.

II. — Le contrat dont les garanties prennent effet au 1er mars pour une durée de douze mois est reconduit tacitement au 1er janvier de chaque année.

III. — L'assureur délivre à la personne garantie une attestation d'assurance de responsabilité civile professionnelle.

IV. — Toute suspension de garantie, dénonciation de la tacite reconduction ou résiliation du contrat d'assurance est portée sans délai par l'assureur à la connaissance de l'*(Décr. n° 2012-100 du 26 janv. 2012, art. 3, en vigueur le 1er avr. 2012)* « organisme » mentionnée *[mentionné]* à l'article R. 512-3.

SOUS-SECTION 4 GARANTIE FINANCIÈRE

Art. R. 512-15 I. — Le montant de la garantie financière prévue à l'article L. 512-7 est fixé par arrêté du ministre chargé de l'économie.

II. — L'engagement de caution qui prend effet au 1er mars pour une durée de douze mois est reconduit tacitement au 1er janvier de chaque année. Le montant de la garantie est révisé lors de la reconduction de l'engagement.

III. — Le garant délivre à l'intermédiaire une attestation de garantie financière.

IV. — Le garant peut exiger la communication de tous registres et documents comptables.

Art. R. 512-16 I. — La garantie financière est mise en œuvre sur la seule justification que l'intermédiaire garanti est défaillant, sans que le garant puisse opposer au créancier le bénéfice de discussion. La défaillance de la personne garantie est acquise un mois après la date de réception par celle-ci d'une lettre recommandée exigeant le paiement des sommes dues ou d'une sommation de payer, demeurées sans effet. Elle est également acquise par un jugement prononçant la liquidation judiciaire.

II. — Le paiement est effectué par le garant à l'expiration d'un délai de trois mois à compter de la présentation de la première demande écrite, qui doit être envoyée en recommandé avec avis de réception. Si d'autres demandes sont reçues pendant ce délai, une répartition a lieu au marc le franc dans le cas où le montant total des demandes excéderait le montant de la garantie.

Art. R. 512-17 La garantie cesse en raison de la dénonciation du contrat à son échéance. Elle cesse également par le décès ou la cessation d'activité de la personne garantie ou, s'il s'agit d'une personne morale, par la dissolution de cette personne.

En aucun cas la garantie ne peut cesser avant l'expiration d'un délai de trois jours francs suivant la date à laquelle l'association mentionnée à l'article R. 512-3 est informée par le garant de la cessation de la garantie.

Dans tous les cas prévus aux alinéas précédents, la cessation de garantie n'est pas opposable au créancier pour les créances nées pendant la période de validité de l'engagement de caution.

CHAPITRE III RÈGLES SPÉCIALES À CERTAINES CATÉGORIES D'INTERMÉDIAIRES

(Décr. n° 2021-1552 du 1er déc. 2021, art. 2, en vigueur le 1er avr. 2022)

SECTION PREMIÈRE ADHÉSION À UNE ASSOCIATION PROFESSIONNELLE AGRÉÉE

Art. R. 513-1 Les intermédiaires mentionnés aux 1°, 4° et 6° de l'article R. 511-2 qui exercent, en sus, des activités de courtage en opérations de banque et en services de paiement peuvent n'adhérer qu'à une seule association sous réserve que celle-ci soit agréée pour l'ensemble de leurs activités.

Art. R. 513-2 Lorsque l'association fait l'objet d'un retrait d'agrément dans les conditions prévues à la section IV, ou en cas de dissolution quelle qu'en soit la cause, les courtiers et leurs mandataires mentionnés aux 1° et 4° de l'article R. 511-2 qui en sont membres doivent adhérer à une nouvelle association agréée, dans un délai de trois mois à compter de la notification de la décision de retrait d'agrément ou de la date de dissolution.

SECTION II MISSIONS DES ASSOCIATIONS PROFESSIONNELLES AGRÉÉES

SOUS-SECTION 1 MÉDIATION

Art. R. 513-3 L'association s'assure que ses membres satisfont à l'obligation de proposer à leur clients le recours à un médiateur de la consommation, conformément au premier alinéa de l'article L. 612-1 du code de la consommation.

Elle leur propose à cette fin un médiateur répondant aux exigences du titre Ier du livre VI du même code en recourant, le cas échéant, à un médiateur extérieur à cette association.

Art. R. 513-4 Si l'objet de l'association couvre des activités autres que le courtage d'assurances, l'association peut proposer à ses membres, pour l'ensemble de leurs activités, un médiateur unique sous réserve que ce dernier soit être inscrit sur la liste mentionnée à l'article L. 615-1 du code de la consommation au titre de chacune de ces activités.

SOUS-SECTION 2 VÉRIFICATION DES CONDITIONS D'ACCÈS À LA PROFESSION

Art. R. 513-5 L'association vérifie que le personnel de ses membres soumis à la condition d'honorabilité mentionnée aux articles L. 511-3 et L. 512-4 satisfait à cette condition.

A cette fin, toute personne sollicitant une adhésion ou le renouvellement de celle-ci fournit chaque année à l'association la liste actualisée du personnel concerné, en indiquant les noms, prénoms et fonctions des salariés correspondants. Elle atteste que chacun d'entre eux satisfait aux conditions mentionnées aux I, II, IV et V de l'article L. 322-2 et à l'article R. 512-7. Elle tient à disposition de l'association le bulletin n° 3 de l'extrait de casier judiciaire datant de moins de trois mois de chaque salarié ou une déclaration sur l'honneur signée du salarié concerné attestant qu'il satisfait aux conditions susmentionnées.

Art. R. 513-6 L'association vérifie que ses membres respectent l'obligation de souscription d'un contrat d'assurance de responsabilité civile professionnelle mentionnée à l'article L. 512-6.

Elle vérifie notamment que ce contrat, lorsqu'il est exigé, couvre les activités que leurs membres exercent en qualité de courtier d'assurance ou de réassurance ou de mandataire d'intermédiaire d'assurance et qu'il remplit les conditions mentionnées aux I et II de l'article R. 512-14.

A cette fin, tout membre fournit chaque année à l'association une déclaration indiquant la nature de ses activités, le champ d'application et le montant des garanties ainsi que les franchises prévues par le contrat d'assurance souscrit ou l'existence d'un mandat le dispensant de cette assurance. Le membre tient les éléments justificatifs de cette déclaration à la disposition de l'association. Il communique à cette dernière toute modification affectant la validité de cette assurance ou de ce mandat.

Art. R. 513-7 L'association vérifie que ses membres respectent l'obligation de souscription d'une garantie financière prévue à l'article L. 512-7.

Elle s'assure que le montant de la garantie mentionné à l'article R. 512-7 est calculé conformément à la réglementation applicable et qu'il couvre le remboursement des fonds réellement encaissés par ses membres.

A cette fin, tout membre fournit chaque année à l'association une déclaration indiquant le montant de la garantie financière souscrite, le montant des fonds encaissés et des fonds de roulement dont il dispose ainsi que les mandats d'encaissement des primes ou des cotisations et de règlement des sinistres. Il tient les éléments justificatifs de cette déclaration à la disposition de l'association.

SOUS-SECTION 3 VÉRIFICATION DES CONDITIONS DE CAPACITÉ PROFESSIONNELLE ET DE FORMATION CONTINUE

Art. R. 513-8 L'association s'assure que le personnel concerné de ses membres respecte les conditions de capacité professionnelle prévues au I de l'article L. 511-2 et à l'article L. 512-5, selon la nature de l'activité exercée et des produits distribués, dans les conditions prévues aux articles R. 512-8 à R. 512-13 et R. 514-3 à R. 514-5.

A cette fin, tout membre fournit à l'association, lors de son adhésion et du renouvellement de celle-ci, la liste nominative de ce personnel. Cette liste précise le poste occupé ainsi que les conditions de capacité requises pour ce poste et atteste des conditions d'obtention de ces niveaux de capacité.

Il tient à disposition de l'association cette liste nominative mise à jour ainsi que les fiches de poste, la copie des diplômes, les titres ou certificats, les attestations ou livrets de stage et les attestations de fonctions.

Art. R. 513-9 L'association vérifie le respect par ses membres et leur personnel concerné des obligations de formation et de développement professionnels continus prévues au II de l'article L. 511-2 et à l'article R. 512-13-1.

Elle vérifie que les formations mentionnées à l'article R. 512-13-1 sont :

1° Effectivement dispensées dans le cadre d'offres internes ou d'offres d'organismes externes portant sur des actions de formation mentionnées à l'article L. 6313-1 du code du travail, l'association agissant à cet égard dans le respect des règles de prévention des conflits d'intérêts mentionnées à l'article R. 513-19 ;

2° Adaptées à la nature des produits distribués, aux modes de distribution auxquels ils ont recours et aux fonctions exercées.

A cette fin, tout membre fournit chaque année à l'association une liste nominative du personnel concerné précisant le poste occupé ainsi que le nombre d'heures et les thèmes des formations suivies. Il tient à disposition de l'association tout élément justifiant du respect des exigences de formation mentionnées au premier alinéa, notamment les fiches de postes et les attestations de formation.

SOUS-SECTION 4 PLAN D'ACTION ET SUIVI DES VÉRIFICATIONS

Art. R. 513-10 L'association procède aux vérifications des éléments justificatifs mentionnés aux sous-sections 2 et 3, selon un plan d'action proportionné au nombre de ses membres et dont la mise en œuvre est échelonnée dans le temps. Ce plan d'action prévoit que chaque membre fait l'objet d'une vérification au moins une fois tous les cinq ans.

Art. R. 513-11 A la suite de ses vérifications, l'association recommande à ses membres toutes mesures de mise en conformité et s'assure de leur suivi.

SOUS-SECTION 5 ACCOMPAGNEMENT DES MEMBRES

Art. R. 513-12 L'association élabore un guide de la capacité professionnelle, de la formation et du développement professionnels continus. Ce guide présente une liste des formations adaptées aux niveaux de capacité professionnelle de ses membres et de leur personnel concerné ainsi qu'à la nature des produits qu'ils distribuent et à leurs modes de distribution.

Art. R. 513-13 L'association peut réaliser des enquêtes statistiques tendant à une meilleure connaissance du marché. A cette fin, tout membre fournit chaque année à l'association des données relatives à l'organisation de son activité, à ses effectifs, aux produits distribués, à la répartition de sa clientèle entre particuliers et professionnels ainsi qu'aux fournisseurs de produits.

L'association tient les données ainsi collectées à la disposition de l'Autorité de contrôle prudentiel et de résolution. Lorsque les enquêtes sont réalisées à la demande de cette Autorité et de l'organisme mentionné à l'article L. 512-1, le résultat leur en est communiqué.

Art. R. 513-14 L'association fournit à ses membres toute information pertinente relative aux évolutions de la réglementation qui leur est applicable. Elle les informe d'éventuelles difficultés constatées sur le marché de l'assurance ou de la réassurance et qui portent ou seraient susceptibles de porter atteinte aux intérêts des clients ou des clients potentiels.

SECTION III ORGANISATION INTERNE DES ASSOCIATIONS PROFESSIONNELLES AGRÉÉES

SOUS-SECTION 1 RÈGLES DE GOUVERNANCE

Art. R. 513-15 L'association se dote de moyens lui permettant d'accompagner ses membres dans l'exercice de leur activité et le respect de leurs obligations.

Elle met en place une organisation et des procédures écrites lui permettant d'exercer les missions mentionnées à la section II en conformité avec les dispositions législatives et réglementaires applicables. Elle dispose, à cette fin, d'un personnel affecté spécifiquement à l'exercice de ces missions et n'exerçant pas l'activité de distribution d'assurances.

Elle s'assure du respect de ses règles de fonctionnement par l'ensemble de ses membres. Les procédures écrites définissent les modalités de notification aux membres des manquements à ces règles et procédures ainsi que les modalités d'exercice du droit de la défense dans le respect du principe du contradictoire.

L'association se dote d'une politique de classification des informations, dont celles couvertes par le secret professionnel mentionné à l'article L. 513-7. Elle veille en particulier à en limiter l'accès au seul personnel qu'elle a autorisé.

Elle se dote également de moyens d'archivage permettant d'assurer la conservation de tous documents.

Art. R. 513-16 L'association élabore un code de bonne conduite précisant les règles applicables à ses membres. Ce code peut être commun à une ou plusieurs associations agréées. L'association peut demander à l'Autorité de contrôle prudentiel et de résolution d'approuver ce code dans les conditions prévues à l'article L. 612-29-1 du code monétaire et financier.

Art. R. 513-17 Outre la commission prévue à l'article R. 513-20, les statuts de l'association instituent une assemblée générale et un conseil d'administration. Ces statuts fixent la composition et les attributions de ces organes ainsi que les modalités de représentation de l'association vis-à-vis des tiers.

L'association assure la représentation de la diversité de ses membres, notamment dans la composition de ses organes de gouvernance.

Art. R. 513-18 Si l'association est également agréée au titre de l'article L. 519-13 du code monétaire et financier ou du III de l'article L. 541-4 du même code, elle peut se constituer selon un modèle fédéral séparant chacune de ses activités dans des associations distinctes ou se constituer en une structure intégrée dans laquelle toutes ses activités sont représentées au sein de la même association.

L'association met en place une comptabilité analytique pour permettre à l'Autorité de contrôle prudentiel et de résolution de vérifier l'adéquation de ses moyens à l'activité pour laquelle elle a été agréée. Lorsqu'une association est agréée à plusieurs titres, cette comptabilité fait apparaître distinctement les moyens alloués respectivement à chacune des activités.

SOUS-SECTION 2 PRÉVENTION DES CONFLITS D'INTÉRÊTS

Art. R. 513-19 L'association adopte des procédures écrites de prévention et de gestion des conflits d'intérêts.

Elle porte à la connaissance de l'Autorité de contrôle prudentiel et de résolution et de ses membres les liens de toute nature, notamment capitalistiques ou commerciaux, ainsi que les mandats exercés à titre bénévole, existant entre les membres de ses organes de gouvernance et les distributeurs d'assurances ou organismes de formation qui seraient de nature à constituer des conflits d'intérêts.

L'association réexamine, au moins chaque année, sa procédure en matière de conflits d'intérêts. Elle adopte toutes mesures appropriées pour remédier à d'éventuels conflits.

SOUS-SECTION 3 SANCTIONS

Art. R. 513-20 I. – L'association constitue en son sein une commission chargée de prononcer à l'encontre de ses membres les sanctions mentionnées au premier alinéa du II de l'article L. 513-5 et à l'article L. 513-6.

Cette commission répond à des garanties d'indépendance et d'impartialité.

Elle comporte au moins trois membres, comme suit :

1° Pour un tiers de sa composition, une ou des personnalités qualifiées désignées à raison de leur compétence en matière d'assurance et qui sont indépendantes de l'association et de ses membres. Le président de la commission est désigné parmi ces personnalités ;

2° Au moins un représentant de l'assemblée générale ;

3° Au moins un représentant du conseil d'administration.

Chaque membre de la commission adresse au président de celle-ci, préalablement à sa désignation, une déclaration d'intérêts portant sur les trois dernières années précédant cette désignation. Ces déclarations sont portées à la connaissance de l'ensemble des membres de la commission, de même que toute modification de la situation ultérieure d'un membre susceptible de créer un conflit d'intérêts.

Les procédures écrites prévoient l'obligation d'abstention du membre sur lequel pèse un risque de conflit d'intérêts.

II. – Toute sanction est prononcée par décision motivée de la commission. Elle intervient après que le membre concerné a été invité à faire valoir ses observations éventuelles dans le cadre d'une procédure précisée par les statuts.

Cette décision est notifiée au membre concerné dans un délai de quinze jours à compter de la date de son adoption par la commission, par lettre recommandée ou par envoi recommandé électronique avec demande d'avis de réception. La notification à l'Autorité de contrôle prudentiel et de résolution ainsi qu'à l'organisme qui tient le registre mentionné à l'article L. 512-1, prévue respectivement aux deuxième et troisième alinéas du I de l'article L. 513-6, est effectuée dans le même délai.

SECTION IV AGRÉMENT DES ASSOCIATIONS PROFESSIONNELLES

SOUS-SECTION 1 NATURE ET REPRÉSENTATIVITÉ DE L'ASSOCIATION

Art. R. 513-21 L'association mentionnée au I de l'article L. 513-3 est une association à but non lucratif dont le siège social est établi en France.

Art. R. 513-22 L'association n'exerce pas les missions d'un syndicat professionnel au sens du livre Ier de la deuxième partie du code du travail et ne bénéficie pas d'une représentativité à ce titre, quelle que soit la forme, de type fédéral ou intégré, qu'elle prend.

Art. R. 513-23 Pour être regardée comme représentative au sens du I de l'article L. 513-3 du code des assurances, l'association professionnelle doit justifier d'un nombre d'adhérents à jour de leur cotisation représentant au moins 10 % du nombre total de professionnels tenus à l'obligation d'adhésion, ou au moins 5 % lorsque l'association est également reconnue comme représentative au titre du III de l'article L. 541-4 du code monétaire et financier ou de l'article R. 519-54 du même code.

Le nombre total de professionnels tenus à l'obligation d'adhésion s'apprécie au regard des données fournies par l'organisme mentionné à l'article L. 512-1, disponibles au 31 décembre de l'année précédente et publiées dans son rapport annuel.

Si le critère de représentativité n'est pas atteint à la date du dépôt du dossier d'agrément, l'association soumet à l'Autorité de contrôle prudentiel et de résolution un plan opérationnel précisant les démarches qu'elle s'engage à mettre en œuvre afin d'atteindre ce critère à l'issue d'une période de deux ans et comportant un objectif chiffré intermédiaire à l'issue d'une période d'un an.

L'Autorité de contrôle prudentiel et de résolution peut accorder l'agrément si elle considère que ce plan est de nature à permettre à l'association d'atteindre le critère de représentativité à l'issue de la période de deux ans. Si l'objectif chiffré n'est pas atteint à l'issue de la période d'un an, l'Autorité en avertit l'association. Elle retire l'agrément si le critère de représentativité n'est pas rempli à l'issue de la période de deux ans.

SOUS-SECTION 2 PROCÉDURE D'AGRÉMENT

Art. R. 513-24 En vue de son agrément dans les conditions prévues au I de l'article L. 513-5, l'association dépose auprès de l'Autorité de contrôle prudentiel et de résolution un dossier dont la composition est fixée par arrêté du ministre chargé de l'économie.

Art. R. 513-25 Au vu des éléments du dossier présenté, l'Autorité de contrôle prudentiel et de résolution apprécie si l'association remplit les conditions prévues par les articles L. 513-3 à L. 513-7 et les dispositions du présent chapitre. Si elle estime le dossier incomplet, l'Autorité requiert de l'association les éléments d'information complémentaires qui lui sont nécessaires pour prendre sa décision.

Art. R. 513-26 L'Autorité de contrôle prudentiel et de résolution statue sur la demande d'agrément dans un délai de trois mois à compter de la date de réception d'un dossier complet. Elle notifie sa décision à l'association. Le silence gardé par l'Autorité à l'issue de ce délai vaut acceptation de la demande d'agrément.

La liste mise à jour des associations agréées est consultable sur le site internet de l'Autorité de contrôle prudentiel et de résolution et de l'organisme mentionné à l'article L. 512-1.

SOUS-SECTION 3 INFORMATION DE L'AUTORITÉ DE CONTRÔLE PRUDENTIEL ET DE RÉSOLUTION

Art. R. 513-27 Au plus tard le 31 juillet de chaque année, l'association adresse le rapport mentionné au II de l'article L. 513-5 à l'Autorité de contrôle prudentiel et de résolution. Ce rapport contient une copie du bilan et du compte de résultat du dernier exercice comptable de l'association. Il décrit notamment, pour l'année civile précédente, l'activité de ses membres sur la base des données collectées en application de l'article R. 513-13 ainsi que les vérifications et diligences effectuées au titre des articles R. 513-3 à R. 513-13 et rend compte des mesures de mise en conformité mentionnées à l'article R. 513-11.

Art. R. 513-28 L'association informe sans délai l'Autorité de contrôle prudentiel et de résolution de toute modification de sa gouvernance, des modalités de son organisation, de ses statuts, de ses règles de fonctionnement et de ses procédures écrites. Elle l'informe également de toute modification des informations la concernant et notamment de tout fait susceptible d'avoir des conséquences sur les conditions auxquelles cet agrément était subordonné.

L'Autorité apprécie les effets éventuels de ces modifications sur l'agrément et en informe l'association.

SOUS-SECTION 4 RETRAIT D'AGRÉMENT

Art. R. 513-29 Lorsqu'elle envisage de retirer l'agrément d'une association, l'Autorité de contrôle prudentiel et de résolution en informe cette dernière. Elle lui en indique les motifs et lui précise les actions de mise en conformité attendues.

L'association dispose d'un délai d'un mois à compter de la réception de cette notification pour faire connaître ses observations éventuelles et se mettre en conformité.

Art. R. 513-30 Lorsque l'Autorité de contrôle prudentiel et de résolution décide de retirer l'agrément à une association, elle lui notifie cette décision par lettre recommandée ou envoi recommandé électronique avec demande d'avis de réception. Cette décision précise les conditions de mise en œuvre du retrait.

Le retrait d'agrément prend effet à l'issue d'un délai de trois mois à compter de sa notification.

Art. R. 513-31 L'Autorité de contrôle prudentiel et de résolution informe sans délai le public du retrait d'agrément par voie de communiqué mis en ligne sur son site internet. Elle en informe également sans délai l'organisme mentionné à l'article L. 512-1, lequel publie cette information sur son site internet.

L'association concernée informe ses membres de son retrait d'agrément par tout moyen dès réception de sa notification. Elle leur indique qu'ils disposent du délai de trois mois mentionné à l'article R. 513-2 pour adhérer à une autre association professionnelle agréée.

CHAPITRE IV CONTRÔLE DES CONDITIONS D'ACCÈS ET D'EXERCICE DE L'ACTIVITÉ DE DISTRIBUTION *(Décr. n° 2018-431 du 1er juin 2018, art. 4, en vigueur le 1er oct. 2018).*

SECTION PREMIÈRE MODALITÉS DE CONTRÔLE SPÉCIALES AUX CONDITIONS D'HONORABILITÉ

Art. R. 514-1 *(Décr. n° 2012-100 du 26 janv. 2012, art. 3, en vigueur le 1er avr. 2012)* « I. – A l'effet de vérifier les conditions d'honorabilité mentionnées aux I à III et V de l'article L. 322-2, l'organisme mentionné à l'article R. 512-3 demande communication du bulletin n° 2 du casier judiciaire de la personne intéressée au casier judiciaire national automatisé par un moyen de télécommunication sécurisé, ou de son équivalent pour les ressortissants d'un autre État membre de l'Union européenne ou d'un autre État partie à l'accord sur l'Espace économique européen *(Décr. n° 2015-707 du 22 juin 2015, art. 22)* « ainsi que pour les personnes originaires des îles Wallis-et-Futuna ».

« La vérification des conditions d'honorabilité au vu du bulletin n° 2 s'applique aux intermédiaires personnes physiques mentionnés aux 1° à 4° du I de l'article R. 511-2. Elle s'applique aussi aux associés ou tiers qui dirigent et gèrent, au sein des intermédiaires personnes morales mentionnées aux 1° à 4° du I de l'article R. 511-2, *(Décr. n° 2018-431 du 1er juin 2018, art. 4, en vigueur le 1er oct. 2018)* « l'activité de distribution », ainsi que, le cas échéant, lorsque l'activité d'intermédiation en assurance est exercée à titre accessoire de leur activité principale, à la ou aux personnes, au sein de la direction, auxquelles est déléguée la responsabilité de cette activité. »

II. – Les salariés directement responsables de *(Décr. n° 2018-431 du 1er juin 2018, art. 4, en vigueur le 1er oct. 2018)* « l'activité de distribution », notamment exerçant des fonctions de responsable d'un bureau de production ou d'animation d'un réseau de production, justifient de la condition d'honorabilité par une déclaration sur l'honneur attestant qu'ils remplissent les conditions mentionnées aux I à III et V de l'article L. 322-2. Ce document est remis à l'employeur lors de l'embauche ou de la nomination de ces salariés.

V. art. L. 512-1 et A. 512-1.

Art. R. 514-2 *Abrogé par Décr. n° 2012-100 du 26 janv. 2012, art. 3, à compter du 1er avr. 2012.*

SECTION II MODALITÉS DE CONTRÔLE SPÉCIALES AUX CONDITIONS DE CAPACITÉ PROFESSIONNELLE

Art. R. 514-3 Il est justifié de la capacité professionnelle prévue *(Décr. n° 2018-431 du 1er juin 2018, art. 4, en vigueur le 1er oct. 2018)* « au I de l'article L. 511-2 » par la présentation, selon les cas, de l'un des documents suivants :

a) Livret de stage défini à l'article R. 514-4 ;
b) Attestation de formation mentionnée à l'article R. 514-5 ;
c) Attestation de fonctions ;
d) Diplôme, titre ou certificat mentionnés aux articles R. 512-9, R. 512-10 et R. 512-12.

Art. R. 514-4 Le livret de stage, signé par les personnes auprès desquelles le stage a été effectué, comprend en annexe les résultats du contrôle des compétences mentionné au II de l'article R. 512-11. Il est remis dans les plus brefs délais à son titulaire.

Art. R. 514-5 L'attestation de formation est signée par la personne responsable de la formation. Elle est remise à son titulaire à l'issue de la formation.

TITRE DEUXIÈME INFORMATIONS À FOURNIR PAR LES DISTRIBUTEURS ET RÈGLES DE CONDUITE

(Décr. n° 2018-431 du 1er juin 2018, art. 5, en vigueur le 1er oct. 2018).

CHAPITRE UNIQUE DISPOSITIONS APPLICABLES À L'ENSEMBLE DES CONTRATS D'ASSURANCE

(Décr. n° 2018-431 du 1er juin 2018, art. 5, en vigueur le 1er oct. 2018)

Art. R. 521-1 I. – En application du I de l'article L. 521-2, le distributeur fournit au souscripteur ou à l'adhérent les coordonnées et l'adresse de son service de réclamation, quand il existe, et lui indique les modalités de recours à un processus de médiation dans les conditions prévues au titre Ier du livre VI du code de la consommation. Le distributeur lui fournit également les coordonnées et l'adresse de l'Autorité de contrôle prudentiel et de résolution.

II. – L'intermédiaire d'assurance indique au souscripteur éventuel ou à l'adhérent éventuel, avant la conclusion d'un contrat d'assurance, toute participation, directe ou indirecte, égale ou supérieure à 10 % des droits de vote ou du capital d'une entreprise d'assurance qu'il détient. Il lui indique également toute participation, directe ou indirecte, supérieure à 10 % des droits de vote ou de son capital détenue par une entreprise d'assurance déterminée ou par l'entreprise mère d'une entreprise d'assurance déterminée.

Tout intermédiaire qui exerce selon les modalités prévues au c du II de l'article L. 521-2 indique également au souscripteur éventuel ou à l'adhérent éventuel le nom de l'entreprise d'assurance ou du groupe d'assurance avec lequel il a enregistré au cours de l'année précédente un chiffre d'affaires, au titre de son activité d'intermédiaire, supérieur à 33 % du chiffre d'affaires total qu'il a réalisé au titre de l'ensemble de son activité de distribution.

Art. R. 521-2 I. – Le document d'information normalisé sur le produit d'assurance mentionné à l'article L. 112-2*[,]* ainsi que toute autre information fournie par un distributeur en application des articles L. 521-1 à L. 521-3 et des articles L. 522-3 et L. 522-4, sont communiqués au souscripteur ou à l'adhérent de manière claire, exacte et non trompeuse.

Si, en application des dispositions de l'article L. 521-6, ces informations sont communiquées au moyen d'un support durable autre que le papier, ou d'un site internet, un exemplaire sur support papier en est gratuitement fourni au souscripteur ou à l'adhérent à sa demande.

Le distributeur vérifie que la fourniture d'informations sur un support durable autre que le papier, ou au moyen d'un site internet, est appropriée à ses opérations commerciales avec le souscripteur ou l'adhérent. La fourniture par le souscripteur ou l'adhérent d'une adresse électronique à cette fin, dont la validité est vérifiée par le distributeur, constitue un élément de preuve à cet égard.

II. – Les dispositions de l'article L. 112-2-1 s'appliquent aux informations précontractuelles fournies au souscripteur ou à l'adhérent dans le cas de commercialisation d'un contrat à distance. En outre, lorsque le contrat d'assurance a été conclu à la demande du souscripteur ou de l'adhérent en utilisant une technique à distance ne permettant pas la transmission des informations sur support papier ou sur un autre support durable, le distributeur met les informations relatives à ce contrat à la disposition du souscripteur ou de l'adhérent sur support papier ou tout autre support durable auquel il a facilement accès, immédiatement après la conclusion du contrat.

Art. R. 521-3 Dans le cas où l'assureur indique, lors de l'offre ou de la conclusion du contrat d'assurance-vie ou de capitalisation, à un souscripteur éventuel ou à un adhérent éventuel des données chiffrées relatives au montant de possibles prestations en sus et au-delà des prestations convenues dans le contrat, il lui fournit un exemple de calcul de ces prestations, en appliquant à leur base trois taux d'intérêt différents. Il informe le souscripteur éventuel ou l'adhérent éventuel, de manière claire, exacte et non trompeuse, que cet exemple de calcul n'est que l'application d'un modèle fondé sur de pures hypothèses et que le souscripteur ou l'adhérent éventuel ne saurait tirer de cet exemple de calcul aucun droit contractuel. Ces dispositions ne s'appliquent pas aux contrats d'assurance-vie comportant un terme.

En outre, dans le cas où l'assureur a fourni une projection sur la possible évolution future de la participation aux bénéfices, il informe le souscripteur ou l'adhérent, dans le cadre de la plus prochaine information annuelle mentionnée à l'article L. 132-22, des écarts entre l'évolution constatée et la projection susmentionnée.

Art. R. 521-4 Toute correspondance ou publicité, quel qu'en soit le support, émanant d'un distributeur agissant en cette qualité doit indiquer son nom ou sa dénomination sociale, son adresse professionnelle et, le cas échéant, son numéro d'immatriculation d'intermédiaire. Si cette correspondance ou publicité concerne la souscription d'un contrat auprès d'une entreprise d'assurance ou l'adhésion à un tel contrat, ou expose en vue de cette souscription ou adhésion les conditions de souscription ou de garantie de ce contrat, elle doit en outre indiquer la dénomination sociale de l'entreprise d'assurance concernée.

TITRE TROISIÈME *[ABROGÉ]* DISPOSITIONS SPÉCIFIQUES À MAYOTTE

(Abrogé par Décr. n° 2015-513 du 7 mai 2015, art. 11-5°, à compter du 1er janv. 2016)

Art. R. 531-1 *Abrogé par Décr. n° 2015-513 du 7 mai 2015, art. 11-5°, à compter du 1er janv. 2016.*

TITRE QUATRIÈME DISPOSITIONS APPLICABLES DANS LES ÎLES WALLIS-ET-FUTUNA

(Décr. n° 2010-217 du 3 mars 2010, art. 10-2°)

Art. R. 541-1 Le présent livre dans sa rédaction en vigueur lors de la publication du décret n° 2010-217 du 3 mars 2010 est applicable dans les îles Wallis-et-Futuna.

(Décr. n° 2015-707 du 22 juin 2015, art. 18-II) « Les articles R. 511-2 et R. 512-9 y sont applicables dans leur rédaction issue du décret n° 2014-1315 du 3 novembre 2014 portant diverses dispositions d'adaptation au droit de l'Union européenne en matière financière et relatif aux sociétés de financement. »

TROISIÈME PARTIE RÉGLEMENTAIRE : ARRÊTÉS

(*Arr. du 16 juill. 1976*)

LIVRE PREMIER LE CONTRAT

TITRE PREMIER RÈGLES COMMUNES AUX ASSURANCES DE DOMMAGES NON MARITIMES ET AUX ASSURANCES DE PERSONNES

CHAPITRE PREMIER DISPOSITIONS GÉNÉRALES

Art. A. 111-1 (*Arr. du 19 déc. 2007*) Les organismes professionnels mentionnés à l'article L. 111-7 collectent des données actuarielles et statistiques pertinentes et précises couvrant les risques d'assurance concernés. Ces organismes peuvent également répertorier des données publiées par d'autres organismes, notamment l'Institut de recherche et de documentation en économie de la santé ou la direction de la recherche, des études, de l'évaluation et des statistiques ou les organismes d'assurance maladie obligatoire ou l'Institut des données de santé ou l'Institut national de la statistique et des études économiques ou l'Institut de veille sanitaire ou l'Office statistique des Communautés européennes ou l'Organisation de coopération et de développement économiques.

Ces données statistiques et actuarielles sont transmises par les organismes professionnels par envoi d'une lettre recommandée avec accusé de réception adressée au ministre chargé de l'économie et au ministre chargé de la sécurité sociale.

Si ces données ont déjà été publiées, les arrêtés autorisant des différences en matière de primes et de prestations fondées sur la prise en compte du sexe peuvent faire référence à cette publication. A défaut, ces données sont annexées à ces arrêtés d'autorisation ou publiées sur le site internet du ministère chargé de l'économie.

Les organismes professionnels réexaminent les données mentionnées à l'article 1er un an après l'entrée en vigueur de l'Arr. du 19 déc. 2007, puis tous les deux ans et transmettent les données mises à jour par envoi d'une lettre recommandée avec accusé de réception adressée au ministre chargé de l'économie et au ministre chargé de la sécurité sociale (Arr. préc., art. 2).

Art. A. 111-2 (*Arr. du 19 déc. 2007*) Tant que les données mentionnées à l'article L. 111-7 le justifient, la prise en compte du sexe peut entraîner en matière de primes et de prestations des différences proportionnées aux risques au titre des opérations d'assurance classées, par référence à l'article R. 321-1, dans la branche 1 "Accidents (y compris les accidents du travail et les maladies professionnelles)".

Les données mentionnées à l'article L. 111-7 sont, pour la branche 1, les données publiques de l'Institut de recherche et de documentation en économie de la santé, de la direction de la recherche, des études, de l'évaluation et des statistiques, de l'Institut national de la statistique et des études économiques et de l'Institut national d'études démographiques, ainsi que les données collectées par les organismes professionnels mentionnés à l'article L. 132-9-2 du code des assurances sur la base de populations d'assurés et publiées sur le site internet du ministère chargé de l'économie.

Art. A. 111-3 (*Arr. du 19 déc. 2007*) Tant que les données mentionnées à l'article L. 111-7 le justifient, la prise en compte du sexe peut entraîner en matière de primes et de prestations des différences proportionnées aux risques au titre des opérations d'assurance classées, par référence à l'article R. 321-1, dans la branche 2 "Maladie".

Les données mentionnées à l'article L. 111-7 sont, pour la branche 2, les données publiques de l'Institut de recherche et de documentation en économie de la santé, de la direction de la recherche, des études, de l'évaluation et des statistiques, de l'Institut national de la statistique et des études économiques et de l'Institut national d'études démographiques, ainsi que les données collectées par les organismes professionnels mentionnés à l'article L. 132-9-2 du code des assurances sur la base de populations d'assurés et publiées sur le site internet du ministre chargé de l'économie.

Art. A. 111-4 *(Arr. du 19 déc. 2007)* **Tant que les données mentionnées à l'article L. 111-7 le justifient, la prise en compte du sexe peut entraîner en matière de primes et de prestations des différences proportionnées aux risques au titre des opérations d'assurance classées, par référence à l'article R. 321-1, dans les branches suivantes :**

3 Corps de véhicules terrestres (autres que ferroviaires) ;

10 Responsabilité civile véhicules terrestres automoteurs.

Les données mentionnées à l'article L. 111-7 sont, pour les branches 3 et 10, les données collectées par les organismes professionnels mentionnés à l'article L. 132-9-2 du code des assurances sur la base de populations d'assurés et publiées sur le site internet du ministre chargé de l'économie.

Art. A. 111-5 *(Arr. du 19 déc. 2007)* **Tant que les données mentionnées à l'article L. 111-7 le justifient, la prise en compte du sexe peut entraîner en matière de primes et de prestations des différences proportionnées aux risques au titre des opérations d'assurance classées, par référence à l'article R. 321-1, dans les branches suivantes :**

20 Vie-décès ;

22 Assurances liées à des fonds d'investissement ;

23 Opérations tontinières ;

26 Toute opération à caractère collectif définie à la section I du chapitre Ier du titre IV du livre IV.

Les données mentionnées à l'article L. 111-7 sont, pour les branches 20, 22, 23 et 26, les tables de mortalité homologuées annexées à l'article *(Arr. du 28 déc. 2015, art. 3-I-1°, en vigueur le 1er janv. 2016)* **« A. 132-18 » du code des assurances.**

Art. A. 111-6 *(Arr. du 18 déc. 2012, art. 1er)* **Les articles A. 111-2 à A. 111-5 sont applicables aux contrats et aux adhésions à des contrats d'assurance de groupe conclus ou effectuées** *[effectués]* **au plus tard le 20 décembre 2012 et à ces contrats et adhésions reconduits tacitement après cette date.**

Toutefois, les articles A. 111-2 à A. 111-5 ne sont pas applicables aux contrats et adhésions mentionnés à l'alinéa précédent ayant fait l'objet après le 20 décembre 2012 d'une modification substantielle, nécessitant l'accord des parties, *(Arr. du 3 févr. 2014)* **« autre qu'une modification qu'une au moins des parties ne peut refuser ».**

CHAPITRE II **CONCLUSION ET PREUVE DU CONTRAT D'ASSURANCE – FORME ET TRANSMISSION DES POLICES**

Art. A. 112 *(Arr. du 31 oct. 2003)* **La fiche d'information visée à l'article L. 112-2, décrivant le fonctionnement dans le temps des garanties déclenchées par le fait dommageable, le fonctionnement dans le temps des garanties déclenchées par la réclamation, ainsi que les conséquences de la succession de contrats ayant des modes de déclenchement différents, doit être établie selon le modèle en annexe.**

ANNEXE DE L'ARTICLE A. 112 DU CODE DES ASSURANCES

FICHE D'INFORMATION RELATIVE AU FONCTIONNEMENT DES GARANTIES « RESPONSABILITÉ CIVILE » DANS LE TEMPS

Avertissement

La présente fiche d'information vous est délivrée en application de l'article L. 112-2 du code des assurances.

Elle a pour objet d'apporter les informations nécessaires à une bonne compréhension du fonctionnement de la garantie de responsabilité civile dans le temps.

Elle concerne les contrats souscrits ou reconduits postérieurement à l'entrée en vigueur le 3 novembre 2003 de l'article 80 de la loi n° 2003-706. Les contrats souscrits antérieurement font l'objet de dispositions particulières précisées dans la même loi.

Comprendre les termes

Fait dommageable :

Fait, acte ou événement à l'origine des dommages subis par la victime et faisant l'objet d'une réclamation.

Réclamation :

Mise en cause de votre responsabilité, soit par *(Arr. du 27 mars 2018, art. 1er, en vigueur le 1er avr. 2018)* « lettre ou tout autre support durable adressé » à l'assuré ou à l'assureur, soit par assignation devant un tribunal civil ou administratif. Un même sinistre peut faire l'objet de plusieurs réclamations, soit d'une même victime, soit de plusieurs victimes.

Période de validité de la garantie :

Période comprise entre la date de prise d'effet de la garantie et, après d'éventuelles reconductions, sa date de résiliation ou d'expiration.

Période subséquente :

Période se situant après la date de résiliation ou d'expiration de la garantie. Sa durée est précisée par le contrat. Elle ne peut être inférieure à cinq ans.

Si votre contrat garantit exclusivement votre responsabilité civile vie privée, reportez-vous au I.

Sinon, reportez-vous au I et au II.

I. Le contrat garantit votre responsabilité civile vie privée

En dehors de toute activité professionnelle, la garantie est déclenchée par le fait dommageable.

L'assureur apporte sa garantie lorsqu'une réclamation consécutive à des dommages causés à autrui est formulée et que votre responsabilité ou celle des autres personnes garanties par le contrat est engagée, dès lors que le fait à l'origine de ces dommages est survenu entre la date de prise d'effet et la date de résiliation ou d'expiration de la garantie.

La déclaration de sinistre doit être adressée à l'assureur dont la garantie est ou était en cours de validité au moment où le fait dommageable s'est produit.

II. Le contrat garantit la responsabilité civile encourue du fait d'une activité professionnelle

Le contrat d'assurance doit préciser si la garantie est déclenchée par le « fait dommageable » ou si elle l'est par « la réclamation ».

Lorsque le contrat contient à la fois des garanties couvrant votre responsabilité civile du fait d'activité professionnelle et des garanties couvrant votre responsabilité civile vie privée, ces dernières sont déclenchées par le fait dommageable (cf. I).

Certains contrats, pour lesquels la loi prévoit des dispositions particulières dérogent cependant à cette disposition ; c'est le cas par exemple en matière d'assurance décennale obligatoire des activités de construction.

1. Comment fonctionne le mode de déclenchement par « le fait dommageable » ?

L'assureur apporte sa garantie lorsqu'une réclamation consécutive à des dommages causés à autrui est formulée et que votre responsabilité ou celle des autres personnes garanties par le contrat est engagée, dès lors que le fait à l'origine de ces dommages est survenu entre la date de prise d'effet et la date de résiliation ou d'expiration de la garantie.

La déclaration de sinistre doit être adressée à l'assureur dont la garantie est ou était en cours de validité au moment où le fait dommageable s'est produit.

2. Comment fonctionne le mode de déclenchement « par la réclamation » ?

Quel que soit le cas, la garantie de l'assureur n'est pas due si l'assuré avait connaissance du fait dommageable au jour de la souscription de celle-ci.

2.1. Premier cas : la réclamation du tiers est adressée à l'assuré ou à l'assureur pendant la période de validité de la garantie souscrite.

L'assureur apporte sa garantie, même si le fait à l'origine du sinistre s'est produit avant la souscription de la garantie.

2.2. Second cas : la réclamation est adressée à l'assuré ou à l'assureur pendant la période subséquente.

Cas 2.2.1 : l'assuré n'a pas souscrit de nouvelle garantie de responsabilité déclenchée par la réclamation couvrant le même risque.

L'assureur apporte sa garantie.

Cas 2.2.2 : l'assuré a souscrit une nouvelle garantie de responsabilité déclenchée par la réclamation auprès d'un nouvel assureur couvrant le même risque.

C'est la nouvelle garantie qui est mise en œuvre, sauf si l'assuré avait connaissance du fait dommageable au jour de la souscription de celle-ci, auquel cas, c'est la garantie précédente qui intervient.

Aussi, dès lors qu'il n'y a pas d'interruption entre deux garanties successives et que la réclamation est adressée à l'assuré ou à son assureur avant l'expiration du délai subséquent de la garantie initiale, l'un des deux assureurs est nécessairement compétent et prend en charge la réclamation.

Lorsque la garantie initiale est déclenchée pendant la période subséquente, le plafond de l'indemnisation ne peut être inférieur à celui de la garantie déclenchée pendant l'année précédant la date de sa résiliation ou de son expiration.

3. En cas de changement d'assureur.

Si vous avez changé d'assureur et si un sinistre, dont le fait dommageable est intervenu avant la souscription de votre nouveau contrat, n'est l'objet d'une réclamation qu'au cours de votre nouveau contrat, il faut déterminer l'assureur qui vous indemnisera. Selon le type de contrats, l'ancien ou le nouvel assureur pourra être valablement saisi. Reportez-vous aux cas types ci-dessous :

3.1. L'ancienne et la nouvelle garanties sont déclenchées par le fait dommageable.

La garantie qui est activée par la réclamation est celle qui est ou était en cours de validité à la date de survenance du fait dommageable.

3.2. L'ancienne et la nouvelle garantie sont déclenchées par la réclamation.

Votre ancien assureur devra traiter la réclamation si vous avez eu connaissance du fait dommageable avant la souscription de votre nouvelle garantie. Aucune garantie n'est due par votre ancien assureur si la réclamation vous est adressée ou l'est à votre ancien assureur après l'expiration du délai subséquent.

Si vous n'avez pas eu connaissance du fait dommageable avant la souscription de votre nouvelle garantie, c'est votre nouvel assureur qui accueillera votre réclamation.

3.3. L'ancienne garantie est déclenchée par le fait dommageable et la nouvelle garantie est déclenchée par la réclamation.

Si le fait dommageable s'est produit pendant la période de validité de l'ancienne garantie, c'est l'ancien assureur qui doit traiter les réclamations portant sur les dommages qui résultent de ce fait dommageable.

Dans l'hypothèse où le montant de cette garantie serait insuffisant, la garantie nouvelle déclenchée par la réclamation sera alors amenée à compléter cette insuffisance pour autant que vous n'ayez pas eu connaissance du fait dommageable avant la date de souscription de votre nouvelle garantie.

Si le fait dommageable s'est produit avant la prise d'effet de l'ancienne garantie et est demeuré inconnu de l'assuré à la date de souscription de la nouvelle garantie, c'est le nouvel assureur qui doit traiter les réclamations portant sur les dommages qui résultent de ce fait dommageable.

3.4. L'ancienne garantie est déclenchée par la réclamation et la nouvelle garantie est déclenchée par le fait dommageable.

Si le fait dommageable s'est produit avant la date de souscription de la nouvelle garantie, c'est l'ancien assureur qui doit traiter les réclamations. Aucune garantie n'est due par votre ancien assureur si la réclamation est adressée à l'assuré ou à votre ancien assureur après l'expiration du délai subséquent.

Si le fait dommageable s'est produit pendant la période de validité de la nouvelle garantie, c'est bien entendu l'assureur de cette dernière qui doit traiter la réclamation.

4. En cas de réclamations multiples relatives au même fait dommageable.

Un même fait dommageable peut être à l'origine de dommages multiples qui interviennent ou se révèlent à des moments différents. Plusieurs réclamations ont alors vocation à être successivement adressées par les différents tiers concernés. Dans ce cas, le sinistre est considéré comme unique. En conséquence, c'est le même assureur qui prend en charge l'ensemble des réclamations.

Si le fait dommageable s'est produit alors que votre contrat était déclenché sur la base du fait dommageable, c'est donc votre assureur à la date où le fait dommageable s'est produit qui doit traiter les réclamations.

Si vous n'étiez pas couvert sur la base du fait dommageable à la date du fait dommageable, l'assureur qui doit être désigné est celui qui est compétent, dans les conditions précisées aux paragraphes II-1, II-2 et II-3 ci-dessus, au moment de la formulation de la première réclamation.

Dès lors que cet assureur est compétent au titre de la première réclamation, les réclamations ultérieures seront alors traitées par ce même assureur quelle que soit la date à laquelle ces réclamations sont formulées, même si la période subséquente est dépassée.

Art. A. 112-1 *(Arr. du 29 déc. 2014, art. 1er, en vigueur le 1er janv. 2015)* **Le document d'information prévu à l'article L. 112-10, invitant l'assuré à vérifier s'il n'est pas déjà bénéficiaire d'une garantie couvrant l'un des risques couverts par le nouveau contrat et l'informant de la faculté de renonciation, est établi selon le modèle joint en annexe.**

Il figure de façon très apparente dans un encadré repris dans la fiche d'information mentionnée à l'article L. 112-2.

ANNEXE À L'ARTICLE A. 112-1

DOCUMENT D'INFORMATION POUR L'EXERCICE DU DROIT DE RENONCIATION PRÉVU À L'ARTICLE L. 112-10 DU CODE DES ASSURANCES

Vous êtes invité à vérifier que vous n'êtes pas déjà bénéficiaire d'une garantie couvrant l'un des risques garantis par le nouveau contrat. Si tel est le cas, vous bénéficiez d'un droit de renonciation à ce contrat pendant un délai de quatorze jours (calendaires) à compter de sa conclusion, sans frais ni pénalités, si toutes les conditions suivantes sont remplies :

— vous avez souscrit ce contrat à des fins non professionnelles ;

— ce contrat vient en complément de l'achat d'un bien ou d'un service vendu par un fournisseur ;

— vous justifiez que vous êtes déjà couvert pour l'un des risques garantis par ce nouveau contrat ;

— le contrat auquel vous souhaitez renoncer n'est pas intégralement exécuté ;

— vous n'avez déclaré aucun sinistre garanti par ce contrat.

Dans cette situation, vous pouvez exercer votre droit à renoncer à ce contrat par lettre ou tout autre support durable adressé à l'assureur du nouveau contrat, accompagné d'un document justifiant que vous bénéficiez déjà d'une garantie pour l'un des risques garantis par le nouveau contrat. L'assureur est tenu de vous rembourser la prime payée, dans un délai de trente jours à compter de votre renonciation.

Si vous souhaitez renoncer à votre contrat mais que vous ne remplissez pas l'ensemble des conditions ci-dessus, vérifiez les modalités de renonciation prévues dans votre contrat.

CHAPITRE III OBLIGATIONS DE L'ASSUREUR ET DE L'ASSURÉ

Art. A. 113-1 **Les contrats d'assurance afférents aux opérations mentionnées au 5° de l'article L. 310-1 et dont la durée est supérieure à trois ans doivent comporter la clause suivante :**

La durée du présent contrat est rappelée par une mention en caractères très apparents figurant juste au-dessus de la signature du souscripteur.

A défaut de cette mention, le souscripteur peut, nonobstant toute clause contraire, résilier le contrat sans indemnité, chaque année à la date anniversaire de sa prise d'effet, moyennant préavis d'un mois au moins.

1. Finalité de l'art. A. 113-1. L'arrêté ministériel du 18 nov. 1966 [C. assur., art. A. 113-1] a pour but de garantir une protection plus efficace des assurés contre les formules ambiguës et parfois inintelligibles employées par certaines compagnies d'assurances dans leurs polices. • Civ. 1re, 14 mai 1974, ♖ n° 73-10.316 P : *D. 1975. 97, note Berr et Groutel ; RGAT 1975. 69, note Besson.*

2. Clause de durée statutaire ou société ambiguë. C'est sans violer les dispositions de l'art. 5 de la L. du 13 juill. 1930 [C. assur., art. L. 113-15] que, pour décider qu'une police d'assurance ne satisfaisait pas aux prescriptions de l'art. 1er de l'arrêté ministériel du 18 nov. 1966 [C. assur., art. A. 113-1], les juges du fond, sans viser le seul cas de l'assuré, retiennent que, si la mention « durée statutaire » est parfaitement claire pour tout usager familiarisé avec la législation des assurances, elle est en revanche ambiguë et équivoque pour celui qui, comme l'assuré, n'a que des connaissances limitées en matière d'assurance. • Civ. 1re, 29 janv. 1975, ♖ n° 73-14.566 P. ♦ L'expression « durée du contrat : statutaire » n'est claire que pour un usager familiarisé avec la législation des assurances et autorise, par conséquent, lorsque tel n'est pas le cas de l'assuré, ce dernier à résilier le contrat à l'échéance annuelle. • Civ. 1re, 14 mai 1974 : *préc. note 1* • 3 déc. 1974, nº 73-14.559 P : *RGAT 1975. 514.* ♦ Il en est de même pour l'expression « durée du contrat : durée de société ». • Civ. 1re, 9 nov. 1976, nº 75-10.729 P : *RGAT 1977. 343.*

3. Clause de « durée société » claire. La possibilité reconnue par la loi à l'assuré indépendamment de la durée prévue conventionnellement au contrat de se retirer au bout d'une période de trois ans, puis, ensuite, à l'issue de chaque période annuelle, ne joue pas en matière d'assurance contre la grêle ; en cette matière, la faculté pour l'une et l'autre partie de mettre fin au contrat n'existe qu'au bout de dix ans ; s'il appartient à l'assureur, établissant ce type de contrat, de rappeler sa durée d'une façon très apparente au-dessus de la signature du souscripteur, il est satisfait à cette prescription lorsque la durée de principe du contrat et la faculté de se retirer tous les dix ans sont mentionnées au-dessus de la signature de façon suffisamment claire et apparente pour qu'aucune ambiguïté ne puisse exister dans l'esprit du souscripteur. Ainsi, la clause indiquant que le contrat est conclu pour la « durée de la société avec faculté réciproque de retrait à la fin de chaque période de dix années ou exercices » est valable dès lors qu'elle est très apparente et ne comporte aucune équivoque quant à la possibilité pour les deux parties de mettre un terme au contrat tous les dix ans. • Civ. 1re, 31 mars 1987, nº 85-16.379 P : *D. 1987. Somm. 336, obs. Groutel ; RGAT 1988. 21, note Bigot.* ♦ La clause aux termes de laquelle « l'assurance est faite pour la durée de la société, chaque partie ayant le droit de résilier tous les cinq ans, à compter de l'année de sa prise d'effet, moyennant un avis adressé six mois avant la fin de la cinquième année de chaque période quinquennale, c'est-à-dire avant le 1er juillet... » est claire et précise. • Civ. 1re, 21 déc. 1987 : *RGAT 1988. 21, note Bigot.*

CHAPITRE IV COMPÉTENCE ET PRESCRIPTION

Néant.

TITRE DEUXIÈME RÈGLES RELATIVES AUX ASSURANCES DE DOMMAGES NON MARITIMES

CHAPITRE PREMIER DISPOSITIONS GÉNÉRALES

Art. A. 121-1 *(Arr. du 23 mai 1979 ; Arr. du 22 juill. 1983)* **Les contrats d'assurance relevant des branches mentionnées au 3 et au 10 de l'article R.* 321-1 du code des assurances et concernant des véhicules terrestres à moteur, doivent comporter la clause de réduction ou de majoration des primes ou cotisations annexée au présent article.**

(Arr. du 19 juill. 2007) **« Sauf convention contraire, la clause visée au premier alinéa n'est pas applicable aux contrats garantissant les véhicules, appareils ou matériels désignés par les termes ci-après, tels que définis à l'article R. 311-1 du code de la route : cyclomoteur, engin de service hivernal, engin spécial, motocyclette légère, quadricycle léger à moteur, quadricycle lourd à moteur, véhicule de collection, véhicule d'intérêt général, véhicule d'intérêt général prioritaire, véhicule d'intérêt général bénéficiant de facilités de passage, véhicule et matériel agricoles, matériel forestier, matériel de travaux publics. »**

ANNEXE

À L'ARTICLE A. 121-1 DU CODE DES ASSURANCES

Pour les sociétés mutuelles ou à forme mutuelle, le terme « prime » est remplacé par le terme « cotisation ».

Art. 1er Lors de chaque échéance annuelle du contrat, la prime due par l'assuré est déterminée en multipliant le montant de la prime de référence, telle qu'elle est définie à l'article 2, par un coefficient dit "coefficient de réduction-majoration", fixé conformément aux articles 4 et 5 suivants.

Le coefficient d'origine est de 1.

Art. 2 *(Arr. du 28 juin 1991)* « La prime de référence est la prime établie par l'assureur pour le risque présentant les mêmes caractéristiques techniques que celles présentées par l'assuré et figurant au tarif communiqué par l'assureur au ministre chargé de l'économie et des finances dans les conditions prévues à l'article R. 310-6. »

Les caractéristiques techniques concernent le véhicule, la zone géographique de circulation ou de garage, l'usage socioprofessionnel ou le kilométrage parcouru, éventuellement la conduite exclusive du véhicule, *(Arr. du 22 nov. 1991)* « ainsi que les réductions éventuelles figurant au tarif des entreprises d'assurance ».

Cette prime de référence ne comprend pas les majorations éventuellement prévues pour les circonstances aggravantes énumérées à l'article *(Arr. du 28 déc. 2015, art. 3-2°, en vigueur le 1er janv. 2016)* « A. 121-1-2 » du code des assurances. En revanche, pour l'application des dispositions de la clause, cette prime de référence comprend la surprime éventuellement prévue pour les conducteurs novices à l'article *(Arr. du 28 déc. 2015, art. 3-2°, en vigueur le 1er janv. 2016)* « A. 121-1-1 » du code des assurances ainsi que les réductions éventuelles mentionnées à l'article A. 335-9-3.

Art. 3 La prime sur laquelle s'applique le coefficient de réduction-majoration est la prime de référence définie à l'article précédent, pour la garantie des risques de responsabilité civile, de dommages au véhicule, de vol, d'incendie, de bris de glaces et de catastrophes naturelles.

Art. 4 Après chaque période annuelle d'assurance sans sinistre, le coefficient applicable est celui utilisé à la précédente échéance réduit de 5 p. 100, arrêté à la deuxième décimale et arrondi par défaut *(Exemple : Après la première période annuelle, le coefficient est de 0,95. Après la deuxième période annuelle, le coefficient est de 0,9025, arrêté et arrondi à 0,90. Après la sixième période annuelle, le coefficient est de 0,722, arrêté et arrondi à 0,72. Après la douzième période annuelle, le coefficient est de 0,513, arrêté et arrondi à 0,51.)* ; toutefois, lorsque le contrat garantit un véhicule utilisé pour un usage "Tournées" ou "Tous Déplacements", la réduction est égale à 7 p. 100.

Le coefficient de réduction-majoration ne peut être inférieur à 0,50.

(Arr. du 22 nov. 1991) « Aucune majoration n'est appliquée pour le premier sinistre survenu après une première période d'au moins trois ans au cours de laquelle le coefficient de réduction-majoration a été égal à 0,50. »

Art. 5 Un sinistre survenu au cours de la période annuelle d'assurance majore le coefficient de 25 p. 100 ; un second sinistre majore le coefficient obtenu de 25 p. 100, et il en est de même pour chaque sinistre supplémentaire.

Le coefficient obtenu est arrêté à la deuxième décimale *(Exemple : Après le premier sinistre, le coefficient est de 1,25. Après le deuxième sinistre, le coefficient est de 1,5625, arrêté et arrondi à 1,56.)* et arrondi par défaut.

Si le véhicule assuré est utilisé pour un usage "Tournées" ou "Tous Déplacements", la majoration est égale à 20 p. 100 par sinistre.

La majoration est, toutefois, réduite de moitié lorsque la responsabilité du conducteur n'est que partiellement engagée *(Arr. du 26 déc. 1985)* « notamment lors d'un accident mettant en cause un piéton ou un cycliste ».

En aucun cas le coefficient de réduction-majoration ne peut être supérieur à 3,50.

Après deux années consécutives sans sinistre, le coefficient applicable ne peut être supérieur à 1.

Art. 6 *(Arr. du 26 déc. 1985)* Ne sont pas à prendre en considération pour l'application d'une majoration les sinistres devant donner lieu ou non à une indemnisation, lorsque :

1° L'auteur de l'accident conduit le véhicule à l'insu du propriétaire ou de l'un des conducteurs désignés, sauf s'il vit habituellement au foyer de l'un de ceux-ci ;

2° La cause de l'accident est un événement, non imputable à l'assuré, ayant les caractéristiques de la force majeure ;

3° La cause de l'accident est entièrement imputable à la victime ou à un tiers.

Art. 7 *(Arr. du 22 nov. 1991)* Le sinistre survenu à un véhicule en stationnement par le fait d'un tiers non identifié alors que la responsabilité de l'assuré n'est engagée à aucun titre, ou lorsque le sinistre mettant en jeu uniquement l'une des garanties suivantes : vol, incendie, bris de glace, n'entraîne pas l'application de la majoration prévue à l'article 5 et ne fait pas obstacle à la réduction visée à l'article 4.

Art. 8 Lorsqu'il est constaté qu'un sinistre ne correspond pas à la qualification qui lui avait été donnée initialement, la rectification de la prime peut être opérée soit par le moyen d'une quittance complémentaire, soit à l'occasion de l'échéance annuelle suivant cette constatation.

Aucune rectification de prime ne sera, toutefois, effectuée si la constatation est faite au-delà d'un délai de deux ans suivant l'échéance annuelle postérieure à ce sinistre.

Art. 9 La période annuelle prise en compte pour l'application des dispositions de la présente clause est la période de douze mois consécutifs précédant de deux mois l'échéance annuelle du contrat.

Si le contrat est interrompu ou suspendu pour quelque cause que ce soit, le taux de réduction ou de majoration appliqué à l'échéance précédente reste acquis à l'assuré mais aucune réduction nouvelle n'est appliquée, sauf si l'interruption ou la suspension est au plus égale à trois mois.

Par exception aux dispositions précédentes, la première période d'assurance prise en compte peut être comprise entre neuf et douze mois.

Art. 10 Le coefficient de réduction-majoration acquis au titre du véhicule désigné au contrat est automatiquement transféré en cas de remplacement de ce véhicule ou en cas d'acquisition d'un ou plusieurs véhicules supplémentaires.

Toutefois, le transfert de la réduction n'est applicable que si le ou les conducteurs habituels du ou des véhicules désignés aux conditions particulières du contrat demeurent les mêmes, sauf en cas de réduction du nombre des conducteurs.

Art. 11 Si le contrat concerne un véhicule précédemment garanti par un autre assureur, le coefficient de réduction-majoration applicable à la première prime est calculé en tenant compte des indications qui figurent sur le relevé d'informations mentionné à l'article 12 ci-dessous, et des déclarations complémentaires de l'assuré.

Art. 12 *(Arr. du 19 juill. 2007)* « L'assureur *(Arr. du 27 mars 2018, art. 2, en vigueur le 1er avr. 2018)* « fournit » au souscripteur un relevé d'informations lors de la résiliation du contrat par l'une des parties et dans les quinze jours à compter d'une demande expresse du souscripteur.

« Ce relevé comporte notamment » les indications suivantes :

Date de souscription du contrat ;

Numéro d'immatriculation du véhicule ;

Nom, prénom, date de naissance, numéro et date de délivrance du permis de conduire du souscripteur et de chacun des conducteurs désignés au contrat ;

Nombre, nature, date de survenance et conducteur responsable des sinistres survenus au cours des cinq périodes annuelles précédant l'établissement du relevé d'informations, ainsi que la part de responsabilité retenue ;

Le coefficient de réduction-majoration appliqué à la dernière échéance annuelle ;

La date à laquelle les informations ci-dessus ont été arrêtées.

Art. 13 Le conducteur qui désire être assuré auprès d'un nouvel assureur s'engage à fournir à celui-ci le relevé d'informations délivré par l'assureur du contrat qui le garantissait précédemment, au souscripteur de ce contrat.

Art. 14 L'assureur doit indiquer sur l'avis d'échéance ou la quittance de prime remis à l'assuré :

Le montant de la prime de référence ;

Le coefficient de réduction-majoration prévu à l'article A. 121-1 du code des assurances ;

La prime nette après application de ce coefficient ;

La ou les majorations éventuellement appliquées conformément à l'article *(Arr. du 28 déc. 2015, art. 3-2°, en vigueur le 1er janv. 2016)* « A. 121-2 » du code des assurances ;

La ou les réductions éventuellement appliquées conformément à l'article A. 335-9-3 du code des assurances.

BIBL. ▶ BIGOT, *JCP 1983. I. 3126, et 1974. I. 2814 ; RGAT 1983. 473.* – THIRY, *RGAT 1992. 51.* – MAITRE, *RGDA 2006. 35.*

I. CLAUSE DE BONUS-MALUS

1. *Validité de la clause de bonus-malus.* Bien qu'il comporte des répercussions sur l'évolution des primes, le système français de bonus-malus n'aboutit pas à une fixation directe des tarifs par l'État, les entreprises d'assurance restant libres de fixer la hauteur des primes de base. Dans ces conditions, il ne saurait être assimilé à un système d'approbation des tarifs contraire au principe de la liberté tarifaire. • CJCE 7 sept. 2004 : *D. 2004. 2881, note Noël* ; *RGDA 2004. 1046, note Parléani.* – **BIBL.** Gardette, *RGDA 2005. 13.*

2. *Indifférence de la faute du conducteur.* La majoration des primes d'assurance automobile en fonction des sinistres survenus s'applique, en dehors de toute démonstration d'une faute du conducteur assuré, dans tous les cas autres que les exceptions énumérées. • Civ. 1re, 26 mars 1985, n° 83-16.519 P.

3. *Erreur sur la qualification d'un sinistre.* La clause de réduction ou de majoration de primes figurant à l'annexe de l'art. A. 121-1 exclut que la rectification de la prime puisse n'intervenir que pour l'avenir en cas d'erreur sur la qualification d'un sinistre. • Civ. 1re, 20 mars 1984 : *Bull. civ. I, nº 105.*

II. RELEVÉS D'INFORMATIONS APRÈS RÉSILIATION

4. Mention du relevé valant renonciation à se prévaloir de la résiliation. Ayant relevé que l'assureur avait adressé à son assuré, en application de l'art. 12 de l'annexe à l'art. A. 121-1, le relevé d'information délivré lorsque le contrat est résilié, dans lequel il avait fait figurer les « sinistres survenus au cours des trois périodes annuelles garanties », parmi lesquels se trouve l'accident litigieux et ajouté que la société d'assurance avait fait le choix d'ajouter dans ce relevé d'information accompagnant la résiliation le terme « garantie », lequel n'est pas imposé par ledit article 12 et s'applique en droit des assurances à la couverture d'un risque par l'assureur, la cour d'appel a pu déduire que l'assureur avait renoncé de façon non équivoque à se prévaloir de la résiliation du contrat et avait entendu prendre en charge, malgré la résiliation, le sinistre litigieux. • Crim., 2 mai 2018, nº 17-81.161 : *RGDA 2018. 353, note Landel.*

Art. A. 121-1-1 *(Arr. du 28 déc. 2015, art. 1er et 4, en vigueur le 1er janv. 2016)* En assurance de responsabilité civile automobile, la prime de référence visée à l'article 2 de l'annexe à l'article A. 121-1 peut donner lieu, pour les assurés ayant un permis de moins de trois ans et pour les assurés ayant un permis de trois ans et plus mais qui ne peuvent justifier d'une assurance effective au cours des trois dernières années précédant la souscription du contrat, à l'application d'une surprime.

Cette surprime ne peut dépasser 100 % de la prime de référence. Ce plafond est réduit à 50 % pour les conducteurs novices ayant obtenu leur permis de conduire dans les conditions visées à l'article R. 123-3 du code de la route.

Elle est réduite de la moitié de son taux initial après chaque année consécutive ou non, sans sinistre engageant la responsabilité.

En cas de changement d'assureur, le nouvel assureur peut appliquer à l'assuré la même surprime que celle qu'aurait pu demander l'assureur antérieur en vertu des alinéas précédents.

La justification des années d'assurance est apportée, notamment, par le relevé d'informations prévu à l'article 12 de l'annexe à l'article A. 121-1 ou tout autre document équivalent, par exemple, si l'assurance est souscrite hors de France.

V. Règl. ANC nº 2015-11 du 26 nov. 2015 de l'Autorité des normes comptables relatif aux comptes annuels des entreprises (Arr. d'homologation du 28 déc. 2015, JO 30 déc.), mod. par Règl. nº 2016-12 du 12 déc. 2016.

Art. A. 121-1-2 *(Arr. du 28 déc. 2015, art. 1er-1º, en vigueur le 1er janv. 2016)* En assurance de responsabilité civile automobile, peuvent seulement être ajoutées à la prime de référence modifiée, le cas échéant, par les surprimes ou les réductions mentionnées à l'article A. 121-1-1 et par l'application de la clause de réduction-majoration prévue à l'article A. 121-1, les majorations limitativement énumérées ci-après. Ces majorations ne peuvent pas dépasser les pourcentages maximaux suivants de la prime désignée ci-après :

Pour les assurés responsables d'un accident et reconnus en état d'imprégnation alcoolique au moment de l'accident : 150 % ;

Pour les assurés responsables d'un accident ou d'une infraction aux règles de la circulation qui a conduit à la suspension ou à l'annulation du permis de conduire :

Suspension de deux à six mois : 50 % ;

Suspension de plus de six mois : 100 % ;

Annulation ou plusieurs suspensions de plus de deux mois au cours de la même période de référence telle qu'elle est définie à l'article A. 121-1 : 200 % ;

Pour les assurés coupables de délit de fuite après accident : 100 % ;

Pour les assurés n'ayant pas déclaré à la souscription d'un contrat une ou plusieurs des circonstances aggravantes indiquées ci-dessus ou n'ayant pas déclaré les sinistres dont ils ont été responsables au cours des trois dernières années précédant la souscription du contrat : 100 % ;

Pour les assurés responsables de trois sinistres ou plus au cours de la période annuelle de référence : 50 %.

Ces majorations sont calculées à partir de la prime de référence définie aux alinéas 1er et 2 de l'article 2 de l'annexe à l'article A. 121-1, avant que celle-ci ne soit modifiée par la surprime prévue à l'article A. 121-1-1, ou par l'application de la clause type de réduction-majoration des primes.

Le cumul de ces majorations ne peut excéder 400 % de la prime de référence ainsi définie.

Lorsque l'assuré justifie que la suspension ou l'annulation de son permis de conduire résulte soit de la constatation de la conduite sous l'empire d'un état alcoolique, soit d'un délit de fuite, soit de ces deux infractions au code de la route, la majoration maximale fixée par l'assureur ne peut excéder soit la majoration résultant, le cas échéant, de la somme des majorations du fait de ces infractions au code de la route, soit celle applicable pour la suspension ou l'annulation du permis de conduire.

Chaque majoration prévue au présent article ne peut être exigée au-delà des deux années suivant la première échéance annuelle postérieure à la date à laquelle s'est produite la circonstance aggravante donnant lieu à la majoration.

Art. A. 121-2 *(Arr. du 23 mai 1979 ; Arr. du 22 juill. 1983)* Par dérogation aux dispositions de l'article A. 121-1, les contrats garantissant les risques ci-après peuvent comporter une clause de réduction ou de majoration *(Arr. du 22 févr. 1994)* « différente de celle mentionnée à cet article » :

1° Contrats garantissant plus de trois véhicules automobiles appartenant à un même propriétaire et dont la conduite exige la possession d'un permis de catégorie B. Toutefois, les véhicules destinés à être loués pour une durée au moins égale à douze mois ou à être mis en crédit-bail demeurent soumis aux dispositions de l'article A. 121-1.

2° Contrats garantissant les risques agricoles tels qu'ils sont définis par l'article 1001 (1°) du code général des impôts.

3° Contrats garantissant les véhicules de transport public de voyageurs ou de marchandises, ou tous véhicules dont le poids autorisé en charge est supérieur à 3,5 tonnes.

(Arr. du 22 févr. 1994) « 4° Contrats, souscrits par une personne morale, garantissant plus de trois véhicules automobiles appartenant à des salariés ou collaborateurs bénévoles de cette personne morale, à l'occasion de tout déplacement effectué pour les besoins du souscripteur du contrat et dans son intérêt exclusif. »

CHAPITRE II LES ASSURANCES CONTRE L'INCENDIE

Néant.

CHAPITRE III LES ASSURANCES CONTRE LA GRÊLE ET LA MORTALITÉ DU BÉTAIL

Néant.

CHAPITRE IV LES ASSURANCES DE RESPONSABILITÉ

Néant.

CHAPITRE V L'ASSURANCE DES RISQUES DE CATASTROPHES NATURELLES

(Arr. du 10 sept. 1985)

Art. A. 125-1 *(Arr. du 10 sept. 1985)* Les contrats d'assurance mentionnés à l'article L. 125-1 (premier alinéa) sont réputés comporter des clauses conformes à celles figurant à l'annexe I du présent article.

Les contrats d'assurance mentionnés à l'article L. 125-1 (deuxième alinéa) sont réputés comporter des clauses conformes à celles figurant à l'annexe II du présent article. – *Assur. A. 250-1.*

ANNEXE I

CLAUSES TYPES APPLICABLES AUX CONTRATS D'ASSURANCE MENTIONNÉS À L'ARTICLE L. 125-1 (PREMIER ALINÉA) DU CODE DES ASSURANCES

a) Objet de la garantie :

La présente assurance a pour objet de garantir à l'assuré la réparation pécuniaire des dommages matériels directs *(Arr. du 17 juill. 1995)* « non assurables » à l'ensemble des biens garantis par le contrat ayant eu pour cause déterminante l'intensité anormale d'un agent naturel *(Arr. du 4 août 2003)* « , lorsque les mesures habituelles à prendre pour prévenir ces dommages n'ont pu empêcher leur survenance ou n'ont pu être prises ».

b) Mise en jeu de la garantie :

La garantie ne peut être mise en jeu qu'après publication au *Journal officiel* de la République française d'un arrêté interministériel ayant constaté l'état de catastrophe naturelle.

c) Étendue de la garantie :

La garantie couvre le coût des dommages matériels directs *(Arr. du 17 juill. 1995)* « non assurables » subis par les biens, à concurrence de leur valeur fixée au contrat et dans les limites et conditions prévues par le contrat lors de la première manifestation du risque.

d) Franchise :

Nonobstant toute disposition contraire, l'assuré conserve à sa charge une partie de l'indemnité due après sinistre. Il s'interdit de contracter une assurance pour la portion du risque constituée par la franchise.

(Arr. du 4 août 2003) « Pour les véhicules terrestres à moteur, quel que soit leur usage, le montant de la franchise est de 380 € pour chaque véhicule endommagé. Toutefois, pour les véhicules terrestres à moteur à usage professionnel, sera appliquée la franchise prévue par le contrat, si celle-ci est supérieure.

« Pour les biens à usage d'habitation » *(Arr. du 5 sept. 2000)* « et les autres biens à usage non professionnel, le montant de la franchise est fixé à *(Arr. du 3 sept. 2001)* « 380 euros », sauf en ce qui concerne les dommages imputables aux mouvements de terrain différentiels consécutifs à la sécheresse et/ou à la réhydratation des sols, pour lesquels le montant de la franchise est fixé à *(Arr. du 3 sept. 2001)* « 1 520 euros ».

« Pour les biens à usage professionnel, le montant de la franchise est égal à 10 % du montant des dommages matériels directs non assurables subis par l'assuré, par établissement et par événement, sans pouvoir être inférieur à un minimum de *(Arr. du 3 sept. 2001)* « 1 140 euros » ; sauf en ce qui concerne les dommages imputables aux mouvements de terrain différentiels consécutifs à la sécheresse et/ou à la réhydratation brutale des sols, pour lesquels ce minimum est fixé à *(Arr. du 3 sept. 2001)* « 3 050 euros ». Toutefois, sera appliquée la franchise prévue par le contrat, si celle-ci est supérieure à ces montants.

(Arr. du 4 août 2003) « Pour les biens autres que les véhicules terrestres à moteur, dans une commune non dotée d'un plan de prévention des risques naturels prévisibles pour le risque faisant l'objet d'un arrêté portant constatations de l'état de catastrophe naturelle, la franchise est modulée en fonction du nombre de constatations de l'état de catastrophe naturelle intervenues pour le même risque au cours des cinq années précédant la date de la nouvelle constatation, selon les modalités suivantes :

« — première et deuxième constatations : application de la franchise ;

« — troisième constatation : doublement de la franchise applicable ;

« — quatrième constatation : triplement de la franchise applicable ;

« — cinquième constatation et constatations suivantes : quadruplement de la franchise applicable.

« Les dispositions de l'alinéa précédent cessent de s'appliquer à compter de la prescription d'un plan de prévention des risques naturels prévisibles pour le risque faisant l'objet de la constatation de l'état de catastrophe naturelle dans la commune concernée. Elles reprennent leurs effets en l'absence d'approbation du plan précité dans le délai de quatre ans à compter de la date de l'arrêté de prescription du plan de prévention des risques naturels. »

e) Obligation de l'assuré :

L'assuré doit déclarer à l'assureur ou à son représentant local tout sinistre susceptible de faire jouer la garantie dès qu'il en a connaissance et au plus tard dans les dix jours suivant la publication de l'arrêté interministériel constatant l'état de catastrophe naturelle.

Quand plusieurs assurances contractées par l'assuré peuvent permettre la réparation des dommages matériels directs *(Arr. du 17 juill. 1995)* « non assurables » résultant de l'intensité anormale d'un agent naturel, l'assuré doit, en cas de sinistre et dans le délai mentionné au précédent alinéa, déclarer l'existence de ces assurances aux assureurs intéressés. Dans le même délai, il déclare le sinistre à l'assureur de son choix.

f) Obligation de l'assureur :

L'assureur doit verser l'indemnité due au titre de la garantie dans un délai de trois mois à compter de la date de remise par l'assuré de l'état estimatif des biens endommagés ou de la date de publication de l'arrêté interministériel constatant l'état de catastrophe naturelle lorsque celle-ci est postérieure. À défaut, et sauf cas fortuit ou de force majeure, l'indemnité due par l'assureur porte, à compter de l'expiration de ce délai, intérêt au taux de l'intérêt légal.

ANNEXE II

Clauses types applicables aux contrats d'assurance mentionnés à l'article L. 125-1 (2e alinéa) du code des assurances

a) Objet de la garantie :

La présente assurance a pour objet de garantir à l'assuré le paiement d'une indemnité correspondant à la perte du bénéfice brut et aux frais supplémentaires d'exploitation résultant, pendant la période d'indemnisation prévue par le contrat, de l'interruption ou de la réduction de l'activité de son entreprise ayant eu pour cause déterminante l'intensité anormale d'un agent naturel affectant les biens de cette entreprise *(Arr. du 4 août 2003)* « , lorsque les mesures habituelles à prendre pour prévenir ces dommages n'ont pu empêcher leur survenance ou n'ont pu être prises ».

b) Mise en jeu de la garantie :

La garantie ne peut être mise en jeu qu'après publication au *Journal officiel* de la République française d'un arrêté interministériel ayant constaté l'état de catastrophe naturelle.

c) Étendue de la garantie :

La garantie couvre, sans possibilité d'abattement spécial sur le montant des éléments du risque servant à la détermination de la prime ou cotisation, les conséquences pécuniaires de l'interruption ou de la réduction de l'activité de l'entreprise, dans les limites et aux conditions fixées par le contrat pour le risque principal, telles qu'elles existaient lors de la première manifestation du risque.

d) Franchise :

(Arr. du 5 sept. 2000) « L'assuré conserve à sa charge une partie de l'indemnité due après sinistre correspondant à une interruption ou à une réduction de l'activité de l'entreprise pendant trois jours ouvrés, avec un minimum de » *(Arr. du 3 sept. 2001)* « 1 140 euros ». – *Dispositions applicables à toute mise en jeu de la garantie résultant d'un arrêté interministériel portant constatation de l'état de catastrophe naturelle publié au Journal officiel de la République française postérieurement au 1er janv. 2001 (Arr. du 5 sept. 2000, art. 3).*

Toutefois, sera appliquée la franchise éventuellement prévue par le contrat, si celle-ci est supérieure à ces montants.

L'assuré s'interdit de contracter une assurance pour la portion du risque constituée par la franchise.

(Arr. du 4 août 2003) « Dans une commune non dotée d'un plan de prévention des risques naturels prévisibles pour le risque faisant l'objet d'un arrêté portant constatation de l'état de catastrophe naturelle, la franchise est modulée en fonction du nombre de constatations de l'état de catastrophe naturelle intervenues pour le même risque au cours des cinq années précédant la date de la nouvelle constatation, selon les modalités suivantes :

« — première et deuxième constatations : application de la franchise ;

« — troisième constatation : doublement de la franchise applicable ;

« — quatrième constatation : triplement de la franchise applicable ;

« — cinquième constatation et constatations suivantes : quadruplement de la franchise applicable.

« Les dispositions de l'alinéa précédent cessent de s'appliquer à compter de la prescription d'un plan de prévention des risques naturels prévisibles pour le risque faisant l'objet de la constatation de l'état de catastrophe naturelle dans la commune concernée. Elles reprennent leurs effets en l'absence d'approbation du plan précité dans le délai de quatre ans à compter de la date de l'arrêté de prescription du plan de prévention des risques naturels. »

e) Obligation de l'assuré :

L'assuré doit déclarer à l'assureur ou à son représentant local tout sinistre susceptible de faire jouer la garantie dès qu'il en a connaissance et au plus tard dans les trente jours suivant la publication de l'arrêté interministériel constatant l'état de catastrophe naturelle.

Quand plusieurs assurances contractées par l'assuré peuvent permettre la mise en jeu de cette même garantie, l'assuré doit, en cas de sinistre et dans le délai mentionné au précédent alinéa, déclarer l'existence de ces assurances aux assureurs intéressés. Il déclare, dans le même délai, le sinistre à l'assureur de son choix.

f) Obligation de l'assureur :

L'assureur doit verser l'indemnité due au titre de la garantie dans un délai de trois mois à compter de la date de remise par l'assuré de l'état estimatif des pertes subies ou de la date de la publication de l'arrêté interministériel constatant l'état de catastrophe naturelle lorsque celle-ci est postérieure. A défaut et sauf cas fortuit ou de force majeure, l'indemnité due par l'assureur porte, à compter de l'expiration de ce délai, intérêt au taux de l'intérêt légal.

Les constatations de l'état de catastrophes naturelles effectuées par l'arrêté du 29 déc. 1999 portant constatation de l'état de catastrophe naturelle ne sont pas prises en compte pour l'application des dispositions issues de l'arrêté du 4 août 2003 (Arr. du 4 août 2003 préc., art. 2-II et 3-II).

Il résulte de la combinaison des art. L. 125-1, L. 125-3 et A. 125-1 (et son annexe II) que les contrats d'assurance contre les pertes d'exploitation en cas de catastrophe naturelle sont réputés comporter des clauses conformes à celles figurant à l'annexe II, aux termes de laquelle l'assuré conserve à sa charge une franchise qu'elle fixe, et que la franchise éventuellement prévue par le contrat doit être appliquée si elle est supérieure au montant prévu par cette annexe, l'assuré s'interdisant de contracter une assurance pour la portion du risque correspondant à la franchise. Doit être cassé l'arrêt qui énonce qu'aucune franchise n'étant expressément mentionnée dans l'avenant au contrat d'assurance, il n'y a pas lieu d'appliquer la franchise légale. • Civ. 1re, 30 oct. 1995 : *RGDA 1996. 468, note Kullmann.*

Art. A. 125-2 *(Arr. du 5 sept. 2000)* **Le taux annuel de la prime ou cotisation relative à la garantie contre les effets des catastrophes naturelles est fixé comme suit :**

— contrats garantissant des risques appartenant à la catégorie d'opérations 23 de l'article A. 344-2 : 6 % des primes ou cotisations afférentes aux garanties vol et incendie ou, à défaut, 0,5 % des primes ou cotisations afférentes aux garanties dommages ;

— contrats garantissant des risques appartenant à la catégorie d'opérations 24 de l'article A. 344-2 : 12 % de l'ensemble des primes ou cotisations afférentes au contrat, à l'exception des primes ou cotisations afférentes aux garanties *(Arr. du 27 déc. 2001)* **« des dommages aux biens résultant d'actes de terrorisme ou d'attentats, lorsque ces primes ou cotisations sont individualisées dans l'avis d'échéance du contrat, des primes ou cotisations afférentes aux garanties » de responsabilité civile générale, de protection juridique, d'assistance et de dommages corporels ;**

— contrats garantissant des risques appartenant aux catégories d'opérations 25 ou 26 de l'article A. 344-2 ou garantissant des risques mentionnés à l'article L. 125-1 (deuxième alinéa) : 12 % de l'ensemble des primes ou cotisations afférentes au contrat, à l'exception des primes ou cotisations afférentes aux garanties *(Arr. du 27 déc. 2001)* **« des dommages aux biens résultant d'actes de terrorisme ou d'attentats, lorsque ces primes ou cotisations sont individualisées dans l'avis d'échéance du contrat, des primes ou cotisations afférentes aux garanties » de responsabilité civile générale, de protection juridique, d'assistance et de dommages corporels et aux garanties couvrant les dommages mentionnés à l'article L. 125-5.**

Toutefois, les taux annuels fixés aux deux alinéas précédents s'appliquent aux primes et cotisations afférentes aux garanties de la responsabilité civile contractuelle de l'assuré en qualité de propriétaire, locataire ou occupant des biens désignés aux contrats et de la responsabilité civile qu'il encourt en cette qualité, à l'égard des tiers du fait d'un incendie, d'une explosion ou d'un dégât des eaux :

— garanties de dommages aux biens visés à l'article L. 125-1 du code des assurances attachées à des contrats appartenant à des catégories d'opérations autres que celles visées aux quatre alinéas précédents : 12 % des primes ou cotisations afférentes à ces garanties.

Les taux ci-dessus sont calculés sur les primes ou cotisations nettes de toutes taxes afférentes aux contrats susvisés.

Les dispositions de l'Arr. du 27 déc. 2001 sont applicables :

— aux contrats nouveaux souscrits à compter du 1er janv. 2002 ;

— aux autres contrats lors de la première échéance principale à compter de cette même date (Arr., art. 2).

Art. A. 125-3 *(Arr. du 10 sept. 2003)* Dans les communes non dotées d'un plan de prévention des risques naturels prévisibles pour le risque concerné, l'arrêté interministériel portant constatation de l'état de catastrophe naturelle prévu à l'article L. 125-1 précise le nombre de constatations de l'état de catastrophe naturelle intervenues pour le même risque au cours des cinq années précédant la date de la nouvelle constatation.

Art. A. 125-4 *(Arr. du 28 déc. 2015, art. 1er-2°, en vigueur le 1er janv. 2016)* Le montant de la rétribution allouée aux personnes habilitées à présenter des opérations d'assurance ne peut, en ce qui concerne la garantie contre les risques de catastrophes naturelles, excéder 8 % du montant de la prime ou cotisation, nette de tous accessoires et taxes afférents à cette garantie.

Toutefois, cette rétribution n'exclut pas l'attribution d'une commission de gestion, calculée en fonction des travaux effectivement réalisés pour l'instruction ou le règlement de chaque dossier de sinistre.

Art. A. 125-5 *Abrogé par Arr. du 27 nov. 1992.*

CHAPITRE VI L'ASSURANCE CONTRE LES ACTES DE TERRORISME

Néant.

CHAPITRE VII L'ASSURANCE DE PROTECTION JURIDIQUE

Néant.

TITRE TROISIÈME RÈGLES RELATIVES AUX ASSURANCES DE PERSONNES ET AUX OPÉRATIONS DE CAPITALISATION

(Arr. du 19 mars 1993).

CHAPITRE PREMIER DISPOSITIONS GÉNÉRALES

SECTION PREMIÈRE VALEUR DE RÉFÉRENCE DU CONTRAT

(Arr. du 11 sept. 1992)

Art. A. 131-1 Lorsque le contractant ou le bénéficiaire choisit le règlement en espèces, la somme versée selon les dispositions contractuelles est égale à la contrevaleur en devises des unités de compte, sur la base de la valeur de rachat ou de réalisation de ces titres *(Arr. du 13 mars 1997)* « à la date prévue à cet effet par le contrat.

« Cette date ne peut être postérieure de plus de trente jours à la date de présentation à l'assureur de la demande de prestation ».

Art. A. 131-2 La valeur visée à l'article R. 131-2 est obtenue en divisant l'actif net de la société immobilière ou foncière par le nombre d'actions ou de parts. L'actif net est celui qui ressort du dernier bilan après affectation du résultat et réévaluation des immeubles, *(Arr. du 28 déc. 2015, art. 3-3°, en vigueur le 1er janv. 2016)* « conformément à l'article R. 343-11 ».

(Arr. du 13 mars 1997) « Toutefois, pour l'évaluation entre deux bilans comptables des capitaux ou de la rente garantis, il peut être indiqué dans le contrat que la valeur de l'unité de compte est déterminée, selon une périodicité définie contractuellement, en fonction de l'évolution depuis la clôture du dernier exercice de l'actif net ainsi que de la réévaluation des immeubles. La valeur de l'actif net doit faire l'objet d'une attestation de la part d'un commissaire aux comptes.

« La réévaluation doit être effectuée par immeuble, soit par une expertise effectuée par un expert accepté par l'Autorité de contrôle prudentiel et de résolution, soit par actualisation de la dernière estimation, certifiée par un expert accepté par l'Autorité de contrôle prudentiel et de résolution par application d'une règle basée sur des indices représentatifs du marché immobilier et inscrite au règlement général du contrat. »

Art. A. 131-3 *(Arr. du 13 mars 1997)* Lorsque l'unité de compte servant de référence à la valorisation du capital ou de la rente garantie par le contrat est une part de SCPI soumise au contrôle de la Commission des opérations de bourse, la valeur de cette société visée à l'article R. 131-2 doit être la valeur de réalisation de cette société au sens de l'article 11 de la loi n° 70-1300 du 31 décembre 1970 modifiée.

Art. A. 131-4 *(Arr. du 13 mars 1997)* La substitution d'une unité de compte au profit d'unités de compte de nature comparable prévue à l'article R. 131-4 est autorisée par l'Autorité de contrôle prudentiel et de résolution au vu du rapport d'un expert mandaté par l'assureur. L'expert certifie la comparabilité des sociétés, au regard des critères de destination – habitation, bureaux, centres commerciaux – et de localisation des actifs de celles-ci.

Toutefois, l'autorité peut également demander l'établissement d'une expertise selon les modalités fixées à l'article *(Arr. du 28 déc. 2015, art. 3-4°, en vigueur le 1er janv. 2016)* « A. 343-2-1 ».

CHAPITRE II LES ASSURANCES SUR LA VIE ET LES OPÉRATIONS DE CAPITALISATION *(Arr. du 19 mars 1993)*.

SECTION PREMIÈRE DISPOSITIONS GÉNÉRALES

Néant.

SECTION II LES ASSURANCES POPULAIRES

Néant.

SECTION III INFORMATION DU SOUSCRIPTEUR ET DU BÉNÉFICIAIRE ET TARIFICATION *(Arr. du 13 janv. 2016, art. 1er)*.

Art. A. 132-1 *(Arr. du 28 mars 1995 ; Arr. du 1er août 2006)* Les tarifs pratiqués par les entreprises *(Arr. du 23 oct. 1995)* « pratiquant des opérations mentionnées au 1° de l'article L. 310-1 » *(Arr. du 27 juin 2006)* « , en ce compris celles mentionnées à l'article L. 143-1 » *(Arr. du 14 août 2017, art. 1er-I-1°)* « et par les fonds de retraite professionnelle supplémentaire mentionnés à l'article L. 381-1 » doivent être établis d'après un taux au plus égal à 75 p. 100 du taux moyen des emprunts de l'État français calculé sur une base semestrielle sans pouvoir dépasser, au-delà de huit ans, le plus bas des deux taux suivants : 3,5 p. 100 ou 60 p. 100 du taux moyen indiqué ci-dessus. Pour les contrats à primes périodiques ou à capital variable, quelle que soit leur durée, ce taux ne peut excéder le plus bas des deux taux suivants : 3,5 p. 100 ou 60 p. 100 du taux moyen indiqué ci-dessus.

En ce qui concerne les contrats libellés en devises étrangères, le taux d'intérêt technique ne sera pas supérieur à 75 p. 100 du taux moyen des emprunts d'État à long terme du pays de la devise concernée calculé sur base semestrielle ou, à défaut, de la référence de taux à long terme pertinente pour la devise concernée et équivalente à la référence retenue pour *(Arr. du 1er août 2006)* « l'euro ».

Pour les contrats au-delà de huit ans, le taux du tarif ne pourra en outre être supérieur au plafond établi par les réglementations en vigueur dans le pays de chaque devise concernée, pour les garanties de même durée, sans pouvoir excéder 60 p. 100 du taux moyen visé à l'alinéa précédent. Il en est de même pour les contrats à primes périodiques.

Le taux moyen des emprunts d'État à retenir est le plus élevé des deux taux suivants : taux à l'émission et taux de rendement sur le marché secondaire.

Les règles définies au présent article sont à appliquer en fonction des taux en vigueur au moment de la souscription et ne sont pas applicables aux opérations de prévoyance collective visées au chapitre Ier du titre IV du livre IV du code des assurances. Dans le cas de versements non programmés aux termes du contrat, ces règles sont à apprécier au moment de chaque versement.

Sur l'application dans le temps de l'art. A. 132-1, V. • Civ. 2e, 3 févr. 2011 : *RGDA 2011. 536, obs. Bigot.*

Art. A. 132-1-1 *(Arr. du 2 janv. 1998)* Pour l'application de l'article A. 132-1, le taux moyen des emprunts d'État sur base semestrielle est déterminé en effectuant la moyenne arithmétique sur les six derniers mois des taux observés sur les marchés primaire et secondaire. Le résultat de la multiplication par 60 % ou 75 % de cette moyenne est dénommé « taux de référence mensuel ».

Le taux d'intérêt technique maximal applicable aux tarifs est fixé sur une échelle de taux d'origine 0 et de pas de 0,25 point *(Arr. du 26 déc. 2019, art. 4-I, en vigueur le 1er janv. 2020)* « , sans descendre en-dessous de 0 ». Il évolue selon la position du taux de référence mensuel par rapport au dernier taux technique maximal en vigueur :

– tant que le taux de référence mensuel n'a pas diminué d'au moins 0,1 point ou augmenté d'au moins 0,35 point par rapport au dernier taux technique maximal en vigueur, ce dernier demeure inchangé ;

– si le taux de référence mensuel sort des limites précédemment définies, le nouveau taux technique maximal devient le taux immédiatement inférieur au taux de référence mensuel sur l'échelle de pas de 0,25 point.

Lorsqu'un nouveau taux d'intérêt technique maximal est applicable, les entreprises disposent de trois mois pour opérer cette modification. – *Au 1er janv. 1998, le taux d'intérêt technique maximum défini par référence à 60 % du taux moyen des emprunts de l'État français est fixé à 3,25 % ; le taux d'intérêt technique maximum défini par référence à 75 % du taux moyen des emprunts de l'État français est fixé à 4 % (Arr. du 2 janv. 1998, art. 2).*

Art. A. 132-2 *(Arr. du 7 juill. 2010, art. 1er-I, en vigueur le 1er août)* Les entreprises pratiquant des opérations mentionnées au 1° de l'article L. 310-1 *(Arr. du 14 août 2017, art. 1er-I-2°)* « et les fonds de retraite professionnelle supplémentaire mentionnés à l'article L. 381-1 » peuvent, dans les conditions fixées à l'article A. 132-3, garantir dans leurs contrats un montant total d'intérêts techniques et de participations aux bénéfices qui, rapporté à la fraction des provisions mathématiques desdits contrats sur laquelle prend effet la garantie, ne sera pas inférieur à des taux minima garantis.

Art. A. 132-3 *(Arr. du 7 juill. 2010, art. 1er-I, en vigueur le 1er août)* I. – Pour un exercice donné, le montant total de participations aux bénéfices garanti par l'entreprise *(Arr. du 14 août 2017, art. 1er-I-3°)* « ou le fonds de retraite professionnelle supplémentaire » au titre de l'article A. 132-2 devra être inférieur à un plafond calculé comme la différence, lorsqu'elle est positive, entre :

– 80 % du produit de la moyenne des taux de rendement des actifs de l'entreprise calculée pour les deux derniers exercices, par les provisions mathématiques des contrats *(Arr. du 14 août 2017, art. 1er-I-3°)* « relevant des catégories 1, 2, 3, 4, 5, 7, 12 et 16 mentionnées à » l'article A. 344-2 au 31 décembre de l'exercice précédent ; et

– la somme des intérêts techniques attribués aux contrats mentionnés au tiret précédent lors de l'exercice précédent.

Pour le calcul mentionné au premier tiret, l'entreprise substitue aux provisions mathématiques au 31 décembre de l'exercice précédent les provisions mathématiques estimées au 31 décembre de l'exercice si celles-ci apparaissent devoir être plus faibles. L'entreprise substitue alors pour le même calcul la somme des intérêts techniques estimée au 31 décembre de l'exercice à la somme des intérêts techniques lors de l'exercice précédent.

II. – Les taux garantis mentionnés à l'article A. 132-2 sont exprimés sur une base annuelle et sont fixés sur une durée continue au moins égale à six mois et au plus égale à la période séparant la date d'effet de la garantie de la fin de l'exercice suivant.

Toutefois cette durée peut être inférieure à six mois pour un souscripteur ou adhérent donné, dès lors que l'ensemble des assurés d'un contrat collectif ou de contrats individuels ayant les mêmes conditions d'affectation de la participation aux bénéfices bénéficie de cette garantie depuis le début de l'exercice.

III. – Les taux garantis mentionnés au II ne peuvent excéder le minimum entre 150 % du taux d'intérêt technique maximal défini aux articles A. 132-1 et A. 132-1-1 par référence à 75 % du taux moyen des emprunts d'État à la date d'effet de la garantie et le plus élevé des deux taux suivants :

120 % de ce même taux d'intérêt technique maximal et

110 % de la moyenne des taux moyens servis aux assurés lors des deux derniers exercices précédant immédiatement la date d'effet de la garantie.

Le taux moyen servi aux assurés est défini à chaque exercice pour l'ensemble des contrats *(Arr. du 14 août 2017, art. 1er-I-3o)* « relevant des catégories 1, 2, 3, 4, 5, 7, 12 et 16 mentionnées à » l'article A. 344-2 comme le montant cumulé des intérêts techniques et des participations aux bénéfices attribuées aux assurés rapporté à la moyenne annuelle des provisions mathématiques.

IV. – Par dérogation aux dispositions des I et III, jusqu'à la clôture du deuxième exercice suivant la délivrance de son agrément, une entreprise peut proposer des taux d'intérêt tels que ceux mentionnés au II qui ne doivent pas excéder 120 % du taux d'intérêt technique maximal défini aux articles A. 132-1 et A. 132-1-1 par référence à 75 % du taux moyen des emprunts d'État à la date d'effet de la garantie.

V. – Le montant total de participations aux bénéfices garanti au titre de l'article A. 132-2 pour l'exercice en cours mais également le cas échéant pour l'exercice suivant doit être imputé sur le montant mentionné au premier alinéa du I.

Toutefois, seul le montant de participations aux bénéfices garanti au titre de l'exercice en cours s'impute sur le montant mentionné au premier alinéa du I lorsque l'entreprise propose un taux dont elle n'a pas fixé explicitement la valeur.

Art. A. 132-4 *(Arr. du 21 juin 1994 ; Arr. du 28 mars 1995)* La note d'information *(Arr. du 1er août 2006)* « mentionnée à l'article L. 132-5-2, la notice mentionnée à l'article L. 132-5-3 ou, lorsqu'ils valent note d'information conformément à l'article L. 132-5-2, la proposition d'assurance ou le projet de contrat contiennent » les informations prévues par le modèle ci-annexé.

ANNEXE

ENTREPRISE CONTRACTANTE
(dénomination et forme juridique)

NOM : ....

ADRESSE
(du siège social
et, le cas échéant, de la succursale
et nom de l'État membre)

....
....

Note d'information

1° Nom commercial du contrat.

2° Caractéristiques du contrat :

a) Définition contractuelle des garanties offertes ;

b) Durée du contrat ;

c) Modalités de versement des primes ;

d) *(Arr. du 1er mars 2006, en vigueur le 1er mai 2006)* « Délai et modalités de renonciation au contrat » ;

e) Formalités à remplir en cas de sinistre ;

f) *(Arr. du 21 juin 2004)* « Précisions complémentaires relatives à certaines catégories de contrats :

« — contrats en cas de vie ou de capitalisation : frais et indemnités de rachat et autres frais prélevés par l'entreprise d'assurance, mentionnés au premier alinéa de l'article R. 132-3 ;

« — autres contrats comportant des valeurs de rachat : frais prélevés en cas de rachat et autres frais ;

« — contrats comportant des garanties exprimées en unités de compte : énonciation des unités de compte de référence et pour chaque unité de compte sélectionnée par le souscripteur ou, en cas de contrat de groupe à adhésion facultative, par l'adhérent, indication des caractéristiques principales *(Arr. du 8 mars 2006, en vigueur le 1er mai 2006)* « , et en l'absence d'insertion de l'encadré mentionné à l'article L. 132-5-2 », *(Abrogé par Arr. 1er mars 2006, à compter du 1er mai 2006)* « *de la somme* », d'une part, des frais prélevés par l'entreprise d'assurance sur la provision mathématique ou le capital garanti et, d'autre part, des frais pouvant être supportés par l'unité de compte ainsi que des modalités de versement du produit des droits attachés à la détention de l'unité de compte. *(Arr. du 3 oct. 2011, art. 1er-I)* « Pour chaque unité de compte constituée sous la forme d'une part ou d'une action d'organisme de placement collectif mentionné aux 3°, 7°, 7° *quater*, 8°, 9° *ter*, 9° *quater* ou 9° *sexies* de l'article R. 332-2, l'indication des caractéristiques principales peut être valablement effectuée par la remise du document d'information clé pour l'investisseur. Pour chaque unité de compte constituée sous la forme d'une part ou d'une action d'organisme de placement collectif mentionné au 7° *ter* de l'article R. 332-2, l'indication des caractéristiques principales peut être valablement effectuée par la remise de la note détaillée. En cas de non-remise du document d'information clé pour l'investisseur ou, le cas échéant, de la note détaillée, le souscripteur ou adhérent est informé de ses modalités d'obtention ainsi que, le cas échéant, de l'adresse électronique où se procurer ce document ou, le cas échéant, cette note ; »

« — contrats de groupe à adhésion facultative : nom et adresse du souscripteur, formalités de résiliation et de transfert ;

« — contrats de groupe à adhésion facultative comportant une clause de transférabilité en application de l'article L. 132-23 ou de l'article L. 144-2 du code des assurances : frais et indemnités de transfert » ;

(Arr. du 23 nov. 2011) « — plans d'épargne retraite populaire : indication en caractères apparents que les sommes versées dans un plan d'épargne retraite populaire donnent lieu à des prestations versées sous forme de rente à partir de l'âge prévu de liquidation des droits, et qu'un plan ne peut faire l'objet de rachats sauf dans les cas prévus à l'article L. 132-23 du code des assurances et au quatrième alinéa du I de l'article L. 144-2 ; indication, le cas échéant, de la faculté ouverte par le deuxième alinéa du I de l'article L. 144-2 ; indication des dispositions législatives et réglementaires qui régissent le fonctionnement du plan ; dénomination et siège social du dépositaire du plan ; mention, le cas échéant, de l'existence de l'accord de représentation des engagements mentionné au VIII de l'article L. 144-2 ; »

g) Information sur les primes relatives aux garanties principales et complémentaires lorsque de telles informations s'avèrent appropriées ;

h) Précision quant à la loi applicable au contrat lorsque celle-ci n'est pas la loi française et indications générales relatives au régime fiscal.

3° Rendement minimum garanti et participation :

a) Taux d'intérêt garanti et durée de cette garantie ;

b) Indications des garanties de fidélité, des valeurs de réduction *(Arr. du 21 juin 2004)* « , des valeurs de rachat ou, pour les contrats de groupe à adhésion facultative comportant une clause de transférabilité en application de l'article L. 132-23 ou de l'article L. 144-2 du code des assurances, des valeurs de transfert » ; *(Arr. du 1er mars 2006, en vigueur le 1er mai 2006)* « dans le cas où celles-ci ne peuvent être établies lors de la souscription, l'article A. 132-4-1 s'applique » ;

c) Modalités de calcul et d'attribution de la participation aux bénéfices.

4° Procédure d'examen des litiges :

Modalités d'examen des réclamations pouvant être formulées au sujet du contrat.

Existence, le cas échéant, d'une instance chargée en particulier de cet examen.

(Arr. du 7 mai 2015, art. 1er, en vigueur le 1er janv. 2016) « 5° Le cas échéant, référence expresse au rapport sur la solvabilité et la situation financière prévu à l'article L. 355-5, qui permet au souscripteur d'accéder facilement à ces informations. »

Par dérogation aux dispositions de l'annexe de l'art. A. 132-4, jusqu'au 1er juill. 2013 et dans la limite des règles de validité du prospectus simplifié, la remise du prospectus simplifié de l'organisme de placement collectif vaut remise du document d'information clé pour l'investisseur pour toute unité de compte constituée sous la forme d'une part ou d'une action d'organisme de placement collectif mentionné aux 3°, 7°, 7° quater, 8°, 9° ter, 9° quater ou 9° sexies de l'art. R. 332-2 et la remise du prospectus simplifié vaut remise de la note détaillée pour chaque unité de compte constituée sous la forme d'une part ou d'une action d'organisme de placement collectif mentionné au 7° ter de l'art. R. 332-2 (Arr. du 3 oct. 2011, art. 2-I).

Art. A. 132-4-1 *(Arr. du 1er mars 2006, en vigueur le 1er mai 2006)* **Information sur les valeurs de rachat ou de transfert ne pouvant être établies en euros ou devises lors de la remise du projet de contrat, de la proposition d'assurance ou de la notice.**

I. — Principe :

L'information prévue au cinquième alinéa de l'article L. 132-5-2 et au premier alinéa de l'article L. 132-5-3 sur les valeurs de rachat ou de transfert ne pouvant être établies en euros ou devises lors de la remise de la proposition d'assurance, du projet de contrat ou de la notice s'effectue comme suit. Sont indiquées :

1° Dans le tableau mentionné à l'article L. 132-5-2, les valeurs de rachat ou de transfert minimales. Lorsque celles-ci ne peuvent être établies lors de la remise du projet de contrat, de la proposition d'assurance ou de la notice, il est indiqué qu'il n'existe pas de valeur de rachat ou de transfert minimale exprimée en euros ou en devises.

2° Dans le tableau mentionné à l'article L. 132-5-2, les valeurs de rachat ou de transfert, selon les cas à partir d'un nombre générique d'unités de compte, d'un nombre générique de parts de *(Arr. du 23 avr. 2007)* **« provision » de diversification, ou d'une formule de calcul le cas échéant ; l'indication de ces valeurs est complétée par une explication littéraire en dessous dudit tableau.**

II. — Application au cas particulier des contrats comprenant des garanties en unités de compte :

Pour les contrats relevant du deuxième alinéa de l'article L. 131-1, les dispositions des 1° et 2° du I sont appliquées comme suit :

a) Les valeurs de rachat ou de transfert peuvent valablement être indiquées à partir d'un nombre générique initial de cent unités de compte, et ne pas prendre en compte les arbitrages et les rachats programmés que le contrat peut prévoir. Toutefois, lorsqu'il est prévu dans la proposition d'assurance ou le projet de contrat qu'un arbitrage soit réalisé à l'expiration du délai mentionné à l'article L. 132-5-1, les valeurs de rachat ou de transfert calculées à partir d'un nombre générique sont indiquées en supposant réalisé ledit arbitrage. La valeur de rachat ou de transfert calculée à partir d'un nombre générique tient compte des prélèvements effectués à quelque titre que ce soit sur la provision mathématique du contrat, lorsque ceux-ci peuvent être déterminés lors de la remise de la proposition d'assurance ou du projet de contrat. Lorsque certains prélèvements ne peuvent être déterminés lors de cette remise, il est indiqué en caractères très apparents immédiatement après le tableau mentionné à l'article L. 132-5-2 que la valeur de rachat ou de transfert ne tient pas compte desdits prélèvements, en précisant lorsque tel est le cas, également en caractères très apparents, que les prélèvements ne sont pas plafonnés en nombre d'unités de compte. L'explication littéraire mentionnée au 2° du I comprend la mention visée à l'article A. 132-5. Elle est complétée par l'indication des modalités de calcul du montant en euros de la valeur de rachat.

b) Lorsqu'une part ou la totalité des prélèvements effectués sur les unités de compte ne peut être déterminée lors de la remise de la proposition d'assurance ou du projet de contrat en un nombre générique d'unités de compte, sont indiquées, à titre d'exemple, des simulations de valeurs de rachat ou de transfert pour les huit premières années au moins, intégrant les frais prélevés. Les simulations sont relatives à l'intégralité de la valeur de rachat ou de transfert et sont pratiquées à partir de trois hypothèses explicites, dont le cas de la stabilité de la valeur des unités de compte, et ceux d'une hausse, et symétriquement d'une baisse de même amplitude de la valeur des unités de compte.

c) Pour les contrats dont une part seulement des droits est exprimée en unités de compte, la part de la valeur de rachat ou de transfert au titre de la provision mathématique relative à des engagements exprimés en euros ou en devises et celle au titre de la provision mathématique relative aux unités de compte sont indiquées de manière distincte. Le cas échéant, il est indiqué que les valeurs minimales mentionnées au 1° du I correspondent à la part de la valeur de rachat ou de transfert au titre de la provision mathématique relative aux seuls engagements exprimés en euros ou en devises.

Art. A. 132-4-2 *(Arr. du 1er mars 2006, en vigueur le 1er mai 2006)* La mention visée *(Arr. du 23 avr. 2007)* « aux articles L. 132-5-2 et L. 132-5-3 » précède la signature du souscripteur.

I. — Pour les contrats ne relevant pas de l'article L. 132-5-3, elle est ainsi rédigée : Le souscripteur peut renoncer au présent contrat pendant trente jours calendaires révolus à compter du "moment où le preneur est informé que le contrat est conclu". Cette renonciation doit être faite par lettre recommandée avec avis de réception, envoyée à l'adresse suivante "adresse à laquelle la lettre de renonciation doit être envoyée *(Arr. du 27 mars 2018, art. 3, en vigueur le 1er avr. 2018)* « ou par envoi recommandé électronique à l'adresse électronique suivante "adresse électronique à laquelle le courrier électronique de renonciation doit être envoyé" ». Elle peut être faite suivant le modèle *(Arr. du 27 mars 2018, art. 3, en vigueur le 1er avr. 2018)* « de rédaction » inclus dans la proposition d'assurance ou le contrat.

II. — Pour les contrats relevant de l'article L. 132-5-3, la mention est ainsi rédigée : L'adhérent peut renoncer à son adhésion au présent contrat pendant trente jours calendaires révolus à compter du [moment où le preneur est informé de l'adhésion au contrat]. Cette renonciation doit être faite par lettre recommandée avec accusé de réception, envoyée à l'adresse suivante [adresse à laquelle la lettre de renonciation doit être envoyée]. Elle peut être faite suivant le modèle de lettre inclus dans la notice ou le bulletin d'adhésion.

Art. A. 132-4-3 *(Arr. du 1er août 2006)* Pour les contrats d'assurance sur la vie ou de capitalisation, lorsque le souscripteur ou adhérent procède à la conversion de droits individuels en des droits exprimés en unités de compte qui n'avaient pas été sélectionnées lors de la souscription dudit contrat ou de l'adhésion à celui-ci et dont l'indication des caractéristiques principales n'avait pas été effectuée lors de cette même souscription ou adhésion, lesdites caractéristiques principales sont indiquées lors de la conversion soit dans l'avenant, soit par *(Arr. du 27 mars 2018, art. 4, en vigueur le 1er avr. 2018)* « la fourniture » *(Arr. du 3 oct. 2011, art. 1er-II)* « du document d'information clé pour l'investisseur ou, le cas échéant, de la note détaillée mentionnés au *f* du 2° de l'annexe de l'article A. 132-4 ». En cas *(Arr. du 3 oct. 2011, art. 1er-II ; Arr. du 27 mars 2018, art. 4, en vigueur le 1er avr. 2018)* « d'absence de fourniture dudit document ou de ladite note », l'adhérent ou souscripteur est informé de ses modalités d'obtention, ainsi que, le cas échéant, de l'adresse électronique où se procurer *(Arr. du 3 oct. 2011, art. 1er-II)* « ce document ou, le cas échéant, cette note ». — *Entrée en vigueur le 1er janv. 2007.*

Par dérogation aux dispositions de l'annexe de l'art. A. 132-4, jusqu'au 1er juill. 2013 et dans la limite des règles de validité du prospectus simplifié, la remise du prospectus simplifié de l'organisme de placement collectif vaut remise du document d'information clé pour l'investisseur pour toute unité de compte constituée sous la forme d'une part ou d'une action d'organisme de placement collectif mentionné aux 3°, 7°, 7° quater, 8°, 9° ter, 9° quater ou 9° sexies de l'art. R. 332-2 du même code et la remise du prospectus simplifié vaut remise de la note détaillée pour chaque unité de compte constituée sous la forme d'une part ou d'une action d'organisme de placement collectif mentionné au 7° ter de l'art. R. 332-2 du même code (Arr. du 3 oct. 2011, art. 2-I).

Art. A. 132-4-4 *(Arr. du 12 sept. 2014, art. 1er)* **Le document d'information prévu au IV de l'article 3 de l'ordonnance n° 2014-696 du 26 juin 2014** *[V. ci-dessous]* **contient les informations prévues par le modèle ci-annexé.**

ANNEXE À L'ARTICLE A. 132-4-4 DU CODE DES ASSURANCES

1° Nom commercial du contrat affecté par la conversion des engagements;

2° Caractéristiques des engagements donnant lieu à constitution d'une provision de diversification :

a) Définition contractuelle des engagements donnant lieu à constitution d'une provision de diversification, précisant notamment la valeur minimale de la part de provision de diversification et le pourcentage des sommes versées nettes de frais, garanties à échéance. Lorsque ce pourcentage est nul, l'absence de garantie en euros est clairement explicitée. Les garanties relatives aux primes périodiques ou complémentaires versées sont précisées;

b) Durée des engagements donnant lieu à constitution d'une provision de diversification avec, s'il y a lieu, la mention de la durée minimum et maximum des échéances proposées;

c) Indication en caractères apparents que les montants investis au titre d'engagements donnant lieu à la constitution d'une provision de diversification sont sujets à des fluctuations à la hausse ou à la baisse dépendant de l'évolution des marchés financiers;

d) Délai et modalités de l'exercice de la faculté de revenir sur la décision de conversion prévue au I de l'article 3 de l'ordonnance n° 2014-696 du 26 juin 2014 *[V. ci-dessous]*;

e) Modalités de versement des primes sur les engagements donnant lieu à constitution d'une provision de diversification;

f) Modalités et conditions de la prorogation ou de l'anticipation de l'échéance de l'engagement ou de la date de liquidation des droits en rente;

g) Modalité de répartition des résultats techniques et financiers;

h) Information sur le fonctionnement de la provision collective de diversification différée, si l'entreprise d'assurance l'utilise;

i) Modalités et conditions de conversion des parts de provision de diversification en provision mathématique si le contrat le prévoit;

j) Politique de placement pour les engagements pour lesquels le capital garanti est inférieur à 100 %;

k) Frais prélevés par l'entreprise d'assurance, relatifs aux engagements donnant lieu à constitution d'une provision de diversification;

existent;

l) Information sur les primes relatives aux garanties complémentaires lorsque elles *[lorsqu'elles]*

m) Indications générales relatives à la perception des prélèvements sociaux à l'atteinte de la garantie, s'il y a lieu;.

3° Précisions sur la valeur de rachat ou de transfert :

a) Indication des valeurs de rachat ou de transfert liées aux engagements donnant lieu à constitution d'une provision de diversification telle que prévue à l'article A. 132-5-2 et à l'article A. 132-5-1;

b) Indication en caractères très apparents que l'entreprise d'assurance ne s'engage que sur le nombre de parts de provision de diversification, mais pas sur leur valeur;

c) Indication que la valeur de ces parts de provision de diversification, qui reflète la valeur d'actifs sous-jacents, n'est pas garantie mais est sujette à des fluctuations à la hausse ou à la baisse dépendant en particulier de l'évolution des marchés financiers;

d) Si le contrat le prévoit : indication en caractères très apparents de la période durant laquelle les engagements ne sont pas rachetables;

e) Délai de règlement;

4° Modalités de conversion d'engagements existants en engagements donnant lieu à constitution d'une provision de diversification : précisions quant à la possibilité de conversion partielle ou totale d'engagements existants;

5° Modifications apportées au contrat existant du fait de la souscription d'engagements donnant lieu à constitution d'une provision de diversification, notamment, s'il y a lieu :

a) Impact sur les options de gestion ;

b) Modalités d'arbitrages *[d'arbitrage]* ;

c) Fréquence et date de valeur des opérations effectuées sur le contrat ou l'adhésion ;

d) Utilisation d'un support d'attente ;

e) Garantie plancher ou garantie complémentaire ;

6° Mention de la possibilité pour le souscripteur ou l'adhérent d'avoir communication de l'information relative au contrat, en vigueur à la date de la conversion, dans les conditions prévues à l'article A. 132-4-5.

Ordonnance nº 2014-696 du 26 juin 2014,

Favorisant la contribution de l'assurance-vie au financement de l'économie.

Art. 3 I. — Tout souscripteur ou adhérent d'un contrat d'assurance sur la vie ou de capitalisation, dont les primes versées sont affectées à l'acquisition de droits autres que ceux exprimés en unités de compte définies au deuxième alinéa de l'article L. 131-1 du code des assurances ou donnant lieu à la constitution d'une provision de diversification, qui a souhaité procéder à la première conversion, entrant dans le champ du 2° du I de l'article 125-0 A du code général des impôts, de tout ou partie de ses engagements en engagements donnant lieu à la constitution d'une provision de diversification peut, lorsque cette conversion n'est pas consécutive à la conclusion d'un nouveau contrat ou d'une nouvelle adhésion, revenir sur sa demande de conversion par lettre recommandée avec demande d'avis de réception pendant un délai de trente jours calendaires révolus à compter de la date de sa demande de conversion, exprimée sur tout support durable. Ce délai expire le dernier jour à vingt-quatre heures. S'il expire un samedi, un dimanche ou un jour férié ou chômé, il n'est pas prorogé.

L'usage de cette faculté par le souscripteur ou l'adhérent a pour conséquence de réduire à néant les conséquences de la conversion et de ramener les parties dans la situation contractuelle antérieure.

[...]

IV. — Pour les contrats individuels d'assurance sur la vie ou de capitalisation et, préalablement à la première demande de conversion d'engagement entrant dans le champ du *(Abrogé par L. nº 2021-1900 du 30 déc. 2021, art. 35-XVIII) « cinquième alinéa du »* 2° du I de l'article 125-0 A du code général des impôts, lorsque celle-ci n'est pas consécutive à la conclusion d'un nouveau contrat, l'entreprise d'assurance ou l'intermédiaire mentionné à l'article L. 511-1 du code des assurances remet, contre récépissé, un document d'information portant sur :

a) Les modifications apportées ou devant être apportées au contrat, présentant clairement le contenu des changements opérés ;

b) Sur la *[La]* faculté offerte au souscripteur de revenir sur sa demande de conversion, mentionnée au I. Un modèle de lettre destiné à faciliter l'usage de cette faculté est joint au document ;

c) La faculté d'obtention, sur demande du souscripteur, d'une note d'information sur la totalité du contrat. En cas de demande, exprimée avant l'expiration du délai de trente jours calendaires mentionné au I, cette note est délivrée avant l'expiration du même délai.

Les informations qui doivent figurer dans ce document et dans le modèle de lettre sont déterminées par un arrêté du ministre chargé de l'économie.

Pour les contrats d'assurance de groupe sur la vie mentionnés à l'article L. 141-1 comportant des valeurs de rachat ou de transfert, le souscripteur obtient le document d'information mentionné à l'alinéa précédent de la part de l'entreprise d'assurance ou de l'intermédiaire mentionné à l'article L. 511-1 du code des assurances, préalablement à la première demande de conversion entrant dans le champ du *(Abrogé par L. nº 2021-1900 du 30 déc. 2021, art. 35-XVIII) « cinquième alinéa du »* 2° du I de l'article 125-0 A du code général des impôts, lorsque la demande de conversion n'est pas consécutive à la signature d'un nouveau contrat. Le souscripteur remet ensuite ce document d'information, contre récépissé, à l'adhérent, préalablement à sa première demande de conversion d'engagement entrant dans le champ du *(Abrogé par L. nº 2021-1900 du 30 déc. 2021, art. 35-XVIII) « cinquième alinéa du »* 2° du I de l'article 125-0 A du code général des impôts.

Art. A. 132-4-5 *(Arr. du 12 sept. 2014, art. 1er)* **La note d'information sur la totalité du contrat prévue au *c* du IV de l'article 3 de l'ordonnance n° 2014-696 du 26 juin 2014** *[V. ss. art. A. 132-4-4]* **doit contenir les informations visées aux articles A. 132-4 et A. 132-4-4, en vigueur à la date de conversion.**

Art. A. 132-4-6 *(Arr. du 12 sept. 2014, art. 1er)* **La faculté de revenir sur la première décision de conversion offerte au souscripteur ou adhérent d'un contrat d'assurance sur la vie ou de capitalisation, dans les conditions prévues au I de l'article 3 de l'ordonnance n° 2014-696 du 26 juin 2014** *[V. ss. art. A. 132-4-4]* **et ses modalités d'application, sont rappelées dans le document formalisant la première demande de conversion. Pour ce faire, la mention suivante précède la signature du souscripteur ou de l'adhérent.**

Cette mention est ainsi rédigée :

Le souscripteur ou l'adhérent dispose de la faculté de revenir sur sa première décision de conversion d'engagements en euros vers des engagements donnant lieu à la constitution d'une provision pour diversification pendant trente jours calendaires révolus à compter de la date de la première demande de conversion, exprimée sur tout support durable. Cette faculté de revenir sur la décision de conversion doit être exercée par lettre recommandée avec demande d'avis de réception, envoyée à l'adresse suivante "adresse à laquelle la lettre d'exercice de la faculté de revenir sur la décision de conversion doit être envoyée" *(Arr. du 27 mars 2018, art. 5, en vigueur le 1er avr. 2018)* **« ou par un envoi recommandé électronique avec demande d'avis de réception envoyé à l'adresse électronique suivante "adresse électronique à laquelle le courrier électronique d'exercice de la faculté de revenir sur la décision de conversion doit être envoyé" ». Elle peut être exercée suivant le modèle de** *(Arr. du 27 mars 2018, art. 5, en vigueur le 1er avr. 2018)* **« rédaction » joint au document d'information.**

Art. A. 132-4-7 *(Arr. du 12 sept. 2014, art. 1er)* **La faculté de revenir sur la première décision de conversion offerte au souscripteur ou adhérent d'un contrat d'assurance sur la vie ou de capitalisation, dans les conditions prévues au I de l'article 3 de l'ordonnance n° 2014-696 du 26 juin 2014** *[V. ss. art. A. 132-4-4]*, **peut s'exercer par l'envoi d'une lettre** *(Arr. du 27 mars 2018, art. 6, en vigueur le 1er avr. 2018)* **« ou de tout autre support durable rédigé » selon le modèle ci-annexé, joint au document d'information.**

ANNEXE À L'ARTICLE A. 132-4-7 DU CODE DES ASSURANCES

(Arr. du 27 mars 2018, art. 6, en vigueur le 1er avr. 2018) « Modèle de rédaction » :

Nom

Adresse

Nom et adresse de l'assureur

Date

Référence du contrat

(Abrogé par Arr. du 27 mars 2018, art. 6, à compter du 1er avr. 2018) « Lettre recommandée avec demande d'avis de réception »

Objet : exercice de la faculté de revenir sur ma décision de conversion d'engagements en euros vers des engagements donnant lieu à la constitution d'une provision de diversification.

(Abrogé par Arr. du 27 mars 2018, art. 6, à compter du 1er avr. 2018) « Monsieur (ou Madame), »

J'ai souscrit/je suis adhérent d'un contrat d'assurance-vie ou de capitalisation qui porte les références suivantes : *(indiquer les références)*. J'ai demandé le *(date)* une conversion d'engagements en euros vers des engagements donnant lieu à la constitution d'une provision de diversification.

Conformément aux dispositions du IV de l'article 3 de l'ordonnance n° 2014-696 du 26 juin 2014, je souhaite exercer la faculté dont je dispose de revenir sur cette décision de conversion.

Je vous remercie de bien vouloir procéder au rétablissement de la situation prévalant avant ma demande de conversion d'engagements exprimés en euros.

(Abrogé par Arr. du 27 mars 2018, art. 6, à compter du 1er avr. 2018) « Veuillez croire, Monsieur (ou Madame) (formule de politesse) »

Signature

Art. A. 132-4-8 *(Arr. du 12 sept. 2014, art. 1er)* **Lors de la souscription ou l'adhésion à un contrat comportant des engagements donnant lieu à la constitution de provision de diversification, la note d'information mentionnée à l'article L. 132-5-2, la notice mentionnée à l'article L. 132-5-3 ou, lorsqu'ils valent note d'information conformément à l'article L. 132-5-2, la proposition d'assurance ou le projet de contrat contiennent celles des informations prévues au 1°, au 2°, à l'exception de son *d*, et au 3° de l'annexe de l'article A. 132-4-4, qui ne sont pas déjà prévues aux articles A. 132-5-1, A. 132-5-2 ou A. 132-5-3.**

Art. A. 132-5 *(Arr. du 1er mars 2006, en vigueur le 1er mai 2006)* **Pour les contrats mentionnés au deuxième alinéa de l'article L. 131-1, il est indiqué que l'entreprise d'assurance ne s'engage que sur le nombre d'unités de compte, mais pas sur leur valeur ; il est également précisé que la valeur de ces unités de compte, qui reflète la valeur d'actifs sous-jacents, n'est pas garantie mais est sujette à des fluctuations à la hausse ou à la baisse dépendant en particulier de l'évolution des marchés financiers.**

Forme de la mention. Ayant constaté que la notice d'information remise aux souscriptrices énonçait que « l'assureur ne s'engage que sur le nombre d'unités de compte et non pas sur leurs valeurs qui peuvent fluctuer à la hausse ou à la baisse (variation en plus ou en moins en fonction des conditions de marché) », et retenu à bon droit que la mention prévue à l'art. A. 132-5 n'a pas à être reproduite intégralement, une cour d'appel a fait ressortir que la mise en garde relative à l'absence de garantie de la valeur des unités de compte prescrite par les art. L. 132-5-2 et L. 132-5-3 avait été délivrée. • Civ. 2e, 8 sept. 2016, n° 15-20.182 : *RGDA 2016. 482, note Mayaux.*

Art. A. 132-5-1 *(Arr. du 26 nov. 2004)* **Pour** *(Arr. du 1er mars 2006, en vigueur le 1er mai 2006)* **« l'application de l'article A. 132-4-1 aux » plans d'épargne retraite populaire prévoyant une** *(Arr. du 23 avr. 2007)* **« provision » de diversification, l'obligation d'information sur les valeurs de transfert mentionnée** *(Arr. du 1er mars 2006, en vigueur le 1er mai 2006 ; Arr. du 27 juin 2006)* **« à l'article L. 132-5-3 peut être valablement remplie au *b* du 3° du modèle de note d'information annexé à l'article A. 132-4 » comme suit.**

I. — Information générale sur les valeurs de transfert des *(Arr. du 12 sept. 2014, art. 1er-II)* **« droits individuels des contrats comportant des engagements donnant lieu à une provision de diversification ».**

1° La valeur de transfert est indiquée dans un tableau pour les huit premières années au moins. *(Arr. du 12 sept. 2014, art. 1er-II)* **« Le tableau distingue clairement la part de la valeur de transfert au titre de la provision de diversification et de la provision mathématique des engagements donnant lieu à une provision de diversification et celle, le cas échéant, au titre de la provision mathématique des engagements en unités de compte et des engagements en euros. » La valeur de transfert au titre de la** *(Arr. du 23 avr. 2007)* **« provision » de diversification est exprimée en nombre de parts.** *(Arr. du 12 sept. 2014, art. 1er-II)* **« Au moment de l'adhésion, le montant de la cotisation affecté à la provision de diversification peut être déterminé ; le nombre exact de parts n'étant connu qu'au prochain arrêté du compte de participation aux résultats mentionné au III de l'article** *(Arr. du 28 déc. 2015, 3-5°, en vigueur le 1er janv. 2016)* **« A. 132-11 » ou au prochain arrêté intermédiaire mentionné à l'article A. 134-4, la valeur de transfert des huit premières années est indiquée pour un nombre de parts générique. »**

2° Il est indiqué en caractères très apparents que l'organisme d'assurance ne s'engage que sur le nombre de parts, sous réserve des indications figurant aux 3°, 4° et 5°, et non sur la valeur de la part de *(Arr. du 23 avr. 2007)* **« provision » de diversification, qui est sujette à des fluctuations à la hausse comme à la baisse.**

(Arr. du 12 sept. 2014, art. 1er-II) **« Lorsque certains prélèvements ne peuvent être déterminés lors de la** *(Arr. du 27 mars 2018, art. 7, en vigueur le 1er avr. 2018)* **« fourniture » de la notice, il est indiqué en caractères très apparents immédiatement après le tableau mentionné à l'article L. 132-5-2 que la valeur de transfert ne tient pas compte desdits prélèvements, en précisant lorsque tel est le cas, également en caractères très apparents, que les prélèvements ne sont pas plafonnés en nombre de parts de provisions de diversification. »**

3° Il est indiqué en caractères très apparents que les parts de *(Arr. du 23 avr. 2007)* « provision » de diversification peuvent être annulées en cas de mise en œuvre d'un éventuel accord de représentation des engagements, selon les dispositions prévues *(Arr. du 23 nov. 2011)* « à l'article R. 144-19 ».

4° Il est indiqué que le nombre de parts de *(Arr. du 23 avr. 2007)* « provision » de diversification peut être modifié par répartition de résultats techniques et financiers, conformément aux *(Arr. du 12 sept. 2014, art. 1er-II)* « articles R. 134-1, R. 134-5 et R. 134-6 ».

5° Lorsque le plan prévoit que la valeur de transfert est réduite d'une indemnité acquise au plan, les modalités de calcul de cette indemnité sont indiquées, précision donnée qu'elle est nulle à l'issue d'une période de dix ans à compter de la date d'adhésion au plan.

6° Les frais prélevés, le cas échéant, par l'organisme d'assurance sur les montants transférés sont également indiqués.

II. et III. *Abrogés par Arr. du 23 nov. 2011.*

L'annexe à l'art. A. 132-5-1 est abrogée par l'Arr. du 23 nov. 2011.

Art. A. 132-5-2 *(Arr. du 26 juill. 2006)* I. — Pour les *(Arr. du 23 avr. 2007)* « engagements » *(Arr. du 12 sept. 2014, art. 1er-III)* « relevant » *(Arr. du 26 déc. 2019, art. 3, en vigueur le 1er janv. 2020)* « du 1° de l'article L. 134-1 », le I de l'article A. 132-4-1 s'applique comme suit :

1° Lorsque le taux technique retenu est non nul, l'explication littéraire mentionnée au 2° du I de l'article A. 132-4-1 comporte également l'indication que le taux d'intérêt est susceptible d'évoluer au fil des ans, la provision mathématique pouvant donc varier à la hausse comme à la baisse en cas de fluctuation de ce taux d'intérêt. Elle comporte également la précision que l'entreprise d'assurance s'engage sur le nombre de parts de provision de diversification, sous réserve des dispositions *(Arr. du 26 déc. 2019, art. 3, en vigueur le 1er janv. 2020)* « de l'article R. 134-4 », et uniquement sur une valeur minimale de ces parts. Il est enfin précisé que cette provision est sujette à des fluctuations à la hausse comme à la baisse dépendant en particulier de l'évolution des marchés financiers.

(Arr. du 12 sept. 2014, art. 1er-III) « Lorsque certains prélèvements ne peuvent être déterminés lors de la remise du projet de contrat, de la proposition d'assurance ou de la notice, il est indiqué en caractères très apparents immédiatement après le tableau mentionné à l'article L. 132-5-2 que la valeur de rachat ou de transfert ne tient pas compte desdits prélèvements, en précisant lorsque tel est le cas, également en caractères très apparents, que les prélèvements ne sont pas plafonnés en nombre de parts de provisions de diversification.

« 2° Sont indiquées, à titre d'exemple, des simulations de valeurs de rachat ou de transfert pour les huit premières années au moins, intégrant les frais prélevés à quelque titre que ce soit. Les simulations sont relatives à l'intégralité de la valeur de rachat ou de transfert et sont pratiquées à partir d'hypothèses explicites de variation de 25 pb par an du taux d'actualisation, qui demeure supérieur ou égal à 0, et de variation de la valeur de la part de provision de diversification d'au moins 10 % par an. Elles présentent *a minima* les trois scenarii suivants :

« — une baisse de la valeur de la part de provision de diversification associée à une hausse du taux d'actualisation de la provision mathématique ;

« — symétriquement, une hausse de la valeur de la part de provision de diversification associée à une baisse du taux d'actualisation de la provision mathématique ;

« — une stabilité de la valeur de la part de provision de diversification et du taux d'actualisation de la provision mathématique.

« Immédiatement à la suite de chacune des simulations mentionnées au premier alinéa du présent 2°, est mentionnée l'intégralité de la valeur de rachat ou de transfert à l'atteinte de la garantie.

« Les simulations peuvent ne pas tenir compte de l'impact de l'évolution du taux d'actualisation sur la valeur de la part de provision de diversification. Il est alors précisé que l'évolution des taux d'intérêt est susceptible d'influer sur la provision mathématique comme sur la provision de diversification.

« L'ensemble des paramètres de calcul retenus pour ces simulations est mentionné. En particulier, il est indiqué, parmi les paramètres supposés constants pour la simulation, ceux qui sont susceptibles d'évoluer au cours du temps.

« Il est également mentionné que les simulations présentées ont valeur d'exemples illustratifs qui ne préjugent en rien de l'évolution effective des marchés ni de la situation personnelle du souscripteur ou de l'adhérent. »

(Arr. du 26 déc. 2019, art. 3, en vigueur le 1er janv. 2020) « II. — Pour les engagements relevant du 2° de l'article L. 134-1, sont indiquées, à titre d'exemple, des simulations de valeurs de rachat ou de transfert pour les huit premières années au moins, intégrant les frais prélevés à quelque titre que ce soit. Les simulations sont relatives à l'intégralité de la valeur de rachat ou de transfert et sont pratiquées à partir d'hypothèses explicites de variation de la valeur de la part de provision de diversification d'au moins 5 % par an. Elles présentent *a minima* les trois scenarii suivants :

« — une baisse de la valeur de la part de provision de diversification ;

« — symétriquement, une hausse de la valeur de la part de provision de diversification ;

« — une stabilité de la valeur de la part de provision de diversification.

« Immédiatement à la suite de chacune des simulations mentionnées au premier alinéa du présent II, est mentionnée l'intégralité de la valeur de rachat ou de transfert à l'atteinte de la garantie.

« L'ensemble des paramètres de calcul retenus pour ces simulations est mentionné. En particulier, il est indiqué, parmi les paramètres supposés constants pour la simulation, ceux qui sont susceptibles d'évoluer au cours du temps.

« Il est également mentionné que les simulations présentées ont valeur d'exemples illustratifs qui ne préjugent en rien de l'évolution effective des marchés ni de la situation personnelle du souscripteur ou de l'adhérent. »

III. — Pour les *(Arr. du 12 sept. 2014, art. 1er-III)* « engagements » ne comportant pas de valeur de rachat *(Arr. du 12 sept. 2014, art. 1er-III)* « dans les conditions prévues au II de l'article R. 134-8 », le I de l'article A. 132-4-1 ne s'applique pas.

(Arr. du 12 sept. 2014, art. 1er-III) « IV. — 1° Pour l'application du *a* du 2° de l'article A. 132-8 aux contrats mentionnés à l'article L. 134-1 :

« *a)* Il est indiqué dans l'encadré mentionné à l'article L. 132-5-2 si les engagements donnant lieu à la constitution d'une provision de diversification comportent ou non des garanties en capital à échéance et *[,]* s'il y a lieu, le pourcentage des sommes versées, nettes de frais, garanties à l'échéance.

« *b)* La mention suivante est insérée dans l'encadré :

« "Les sommes versées, nettes de frais, au titre d'engagements donnant lieu à la constitution d'une provision pour diversification sont sujettes à des fluctuations à la hausse ou à la baisse dépendant de l'évolution des marchés financiers. Si une garantie est offerte, cette garantie est à l'échéance de l'engagement. Le contrat peut prévoir que cette garantie ne soit que partielle."

« 2° Pour l'application du 4° de l'article A. 132-8 aux engagements ne comportant pas de valeur de rachat, il est indiqué dans l'encadré mentionné à l'article L. 132-5-2 :

« Les engagements ne sont pas rachetables pendant [nombre d'années durant lesquelles les engagements ne sont pas rachetables] ans. »

Art. A. 132-5-3 *(Arr. du 12 sept. 2014, art. 1er-IV)* « I. — Pour les engagements relevant de l'article L. 134-1, durant la durée d'application de l'article R. 342-3, une information relative à l'affectation d'actifs par l'entreprise d'assurance en raison d'une insuffisance de représentation des engagements est *(Arr. du 27 mars 2018, art. 8, en vigueur le 1er avr. 2018)* « fournie » contre récépissé préalablement à la souscription, à l'adhésion ou à la première demande de conversion. »

II. — *(Arr. du 12 sept. 2014, art. 1er-IV)* « Les souscripteurs ou adhérents » sont avisés par écrit de la mise en application de l'article R. 342-3, dans un délai qui ne peut excéder un mois.

(Arr. du 12 sept. 2014, art. 1er-IV) « III. – Par dérogation à l'article A. 132-7, l'entreprise d'assurance communique *(Arr. du 13 juill. 2016, art. 3-1°)* « à sa demande et au moins une fois par an » au souscripteur ou à l'adhérent, pour chaque engagement donnant lieu à la constitution d'une provision de diversification, le montant des capitaux ou des rentes garantis, le nombre de parts de provision de diversification détenues et leur valeur, *(Arr. du 13 juill. 2016, art. 3-2°)* « la valeur de rachat totale du contrat, » ainsi que, pour le souscripteur individuel ou l'adhérent, l'évolution annuelle de ces montants et de ces valeurs depuis sa souscription ou son adhésion ou pour les cinq dernières années lorsque la date de sa souscription ou de son adhésion est antérieure de plus de cinq ans à la date de clôture de l'exercice. »

(Arr. du 13 juill. 2016, art. 3-3° et art. 4) « Ces données sont établies en date du calcul de la dernière valeur de part de la provision technique de diversification.

« IV. – L'entreprise d'assurance fournit, sur son site internet ou, en réponse à une demande, par écrit, aux souscripteurs ou aux adhérents d'un contrat comportant des engagements donnant lieu à constitution de provision de diversification affectés à une comptabilité auxiliaire d'affectation mentionnée à l'article L. 134-2 l'information suivante, en date du dernier arrêté de compte annuel disponible, précisant :

« 1° La répartition par catégorie des actifs en représentation de la comptabilité auxiliaire d'affectation ;

« 2° La performance des actifs sur l'année ;

« 3° Le montant des provisions mathématiques et celui des provisions de diversification. »

Art. A. 132-6 *(Arr. du 3 oct. 2011, art. 1er-III)* Lorsque l'unité de compte est une part ou une action d'organisme de placement collectif, les caractéristiques principales de celle-ci sont :

1° Présentation succincte : la dénomination de l'organisme, sa forme juridique et le nom de la société de gestion ;

2° Informations concernant les placements et la gestion : les objectifs et la politique d'investissement, le profil de risque et de rendement, la garantie ou protection éventuelle ;

3° Informations sur les frais de l'organisme.

Pour chaque unité de compte constituée sous la forme d'une part ou d'une action d'organisme de placement collectif mentionné aux 3°, 7°, 7° *quater*, 8°, 9° *ter*, 9° *quater* ou 9° *sexies* de l'article R. 332-2, les informations concernant les caractéristiques principales mentionnées ci-dessus doivent être au moins équivalentes à celles mentionnées dans le document d'information clé pour l'investisseur.

Les entreprises d'assurance ont jusqu'au 1er juill. 2013 pour se mettre en conformité avec les dispositions du III de l'art. 1er de l'Arr. du 3 oct. 2011 (Arr. préc., art. 2-II).

Art. A. 132-7 *(Abrogé par Arr. du 24 juin 2016, art. 3-1°) (Arr. du 21 juin 2004) « I. – Le montant mentionné au premier alinéa de l'article L. 132-22 est de 2 000 €. »*

(Arr. du 24 juin 2016, art. 3-2°) « I. – » Pour l'application du septième alinéa de l'article L. 132-22, les informations suivantes sont communiquées à l'assuré :

– le taux d'intérêt garanti par le contrat et le taux d'intérêt correspondant au montant affecté aux provisions mathématiques du contrat provenant de la participation aux bénéfices ou des reprises de provision pour participation aux bénéfices ;

– le taux des frais prélevés par l'entreprise ;

– le taux des taxes et prélèvements sociaux ;

– le taux d'intérêt servi à l'assuré, net de frais et, le cas échéant, des taxes et des prélèvements sociaux prélevés lors de l'inscription des intérêts au contrat.

(Arr. du 24 juin 2016, art. 3-3°) « II. – » Pour l'application du *(Arr. du 26 déc. 2019, art. 5, en vigueur le 1er avr. 2020)* « dixième » alinéa de l'article L. 132-22, les informations communiquées à l'assuré sont les suivantes :

1° Pour les contrats auxquels des actifs sont affectés en vertu de dispositions législatives, le taux de rendement de ces actifs ;

2° Pour les contrats de groupe prévoyant que les engagements sont représentés par des actifs faisant l'objet *(Arr. du 27 juin 2006)* « d'une identification distincte pour satisfaire à des stipulations contractuelles », le taux de rendement de ces actifs ;

3° Dans les autres cas, le taux de rendement des placements défini au 1 de l'article *(Arr. du 28 déc. 2015, art. 3-6°, en vigueur le 1er janv. 2016)* « A. 132-14 » et le taux moyen des montants, y compris ceux provenant de la participation aux bénéfices, affectés aux provisions mathématiques relatives à la catégorie d'opérations mentionnée à l'article A. 344-2, dont relève le contrat.

(Arr. du 24 juin 2016, art. 3-4°) « III. — » Pour l'application du *(Arr. du 26 déc. 2019, art. 5, en vigueur le 1er avr. 2020)* « onzième » alinéa de l'article L. 132-22, l'information annuelle du souscripteur ou, en cas de contrat de groupe, de l'adhérent comporte :

— la valeur des unités de compte sélectionnées ;

— les frais prélevés par l'entreprise d'assurance au titre de chaque unité de compte ;

— le total des frais supportés par l'unité de compte, au cours du dernier exercice connu ;

— pour les unités de compte qui en comportent, les valeurs des indicateurs de référence ;

— le cas échéant, le produit des droits attachés à la détention de l'unité de compte conservé par l'entreprise d'assurance.

(Arr. du 26 déc. 2019, art. 5, en vigueur le 1er avr. 2020) « Pour chaque unité de compte sélectionnée, les informations relatives à la performance brute de frais, à la performance nette de frais, aux frais prélevés et aux rétrocessions de commission perçues au titre de la gestion financière des actifs représentatifs des engagements exprimés en unités de compte sont présentées sous la forme d'un tableau mentionné en annexe de l'article A. 522-1. »

Les modifications significatives affectant chaque unité de compte sélectionnée, constituée sous la forme d'une part ou d'une action d'*(Arr. du 3 oct. 2011, art. 1er, en vigueur le 1er janv. 2012)* « organisme de placement collectif », sont celles affectant ses caractéristiques principales, telles que définies à l'article A. 132-6.

(Arr. du 24 août 2011, art. 1er, en vigueur le 1er janv. 2012 ; Arr. du 24 juin 2016, art. 3) « IV. — 1° Pour l'application du *(Arr. du 26 déc. 2019, art. 5, en vigueur le 1er avr. 2020)* « seizième » alinéa de l'article L. 132-22, l'estimation du montant de la rente viagère qui serait versée à l'adhérent au titre des droits exprimés en euros peut être présentée distinctement de l'estimation établie à partir des droits exprimés en unités de comptes, qui elle-même peut être présentée distinctement de celle établie à partir des droits exprimés en parts de provision de diversification. *(Arr. du 27 juin 2019, art. 1er)* « L'estimation du montant de la rente viagère et celles réalisées dans un scénario moins favorable sont présentées distinctement et en précisant clairement les hypothèses avec lesquelles elles sont réalisées. Ces hypothèses sont déterminées en fonction des risques susceptibles d'affecter le résultat final de l'évaluation. »

« 2° Chaque estimation mentionnée au 1° est établie en fonction de la provision mathématique constituée à la fin de l'exercice considéré et des tables de mortalité et du taux d'intérêt technique applicables au contrat. Chaque estimation est communiquée nette des frais de sorties mentionnés au quatrième alinéa du 5° de l'article A. 132-8.

« Pour les adhérents qui n'ont pas atteint l'âge mentionné au premier alinéa de l'article L. 161-17-2 du code de la sécurité sociale à la fin de l'exercice considéré, au moins deux estimations sont mentionnées, la première en retenant l'hypothèse d'âge de départ à la retraite mentionné au premier alinéa de l'article L. 161-17-2 du code de la sécurité sociale et la deuxième en retenant cet âge majoré de cinq ans.

« Pour les adhérents qui ont dépassé l'âge mentionné au premier alinéa de l'article L. 161-17-2 du code de la sécurité sociale à la fin de l'exercice considéré, au moins une estimation est établie, en retenant une hypothèse d'âge de départ à la retraite égale à l'âge mentionné au premier alinéa de l'article L. 161-17-2 du code de la sécurité sociale majoré de cinq ans, en retenant une hypothèse d'âge de départ à la retraite supérieur pour les adhérents qui ont dépassé cet âge à la fin de l'exercice considéré.

« 3° La présentation des estimations mentionnées au 1° est complétée par la mention : "Ces estimations sont fournies à titre indicatif et n'ont pas de caractère contractuel car elles sont réalisées sur la base de paramètres qui peuvent varier ou être modifiés en cours de contrat, notamment la table de mortalité et le taux technique. Des frais ou indemnités sont prélevés par l'entreprise d'assurance, ils sont détaillés dans votre contrat. Ces estimations retiennent des hypothèses d'âge de liquidation de la rente qui peuvent être différents de l'âge exact d'ouverture de vos droits à retraite ainsi que de celui à compter duquel vous pouvez liquider votre retraite obligatoire à taux plein." »

(Arr. du 27 juin 2019, art. 1er) « 4° La présentation des estimations mentionnées au 1° est complétée par une information sur les modalités de chacune des évaluations. Cette information précise :

« *a)* Le taux technique retenu ;

« *b)* Le taux annuel de rendement nominal des investissements, le taux d'inflation annuel et l'évolution future des salaires ;

« *c)* Les données concernant l'affilié, y compris une indication de l'âge mentionné au premier alinéa de l'article L. 161-17-2 du code de la sécurité sociale à la fin de l'exercice considéré ;

« *d)* Le nombre moyen d'arrérages pour la cohorte d'âge dont fait partie l'affilié selon la table de mortalité applicable à la date de l'information, en précisant si cette table est susceptible d'évoluer avant la phase de service de la rente de l'affilié. Cette information est accompagnée d'une mention précisant que ces indications sont d'ordre statistique et ne constituent pas une évaluation de l'espérance de vie réelle de l'affilié. »

Art. A. 132-7-1 *(Arr. du 27 juin 2019, art. 1er)* I. – Pour l'application de l'article L. 132-22 aux contrats mentionnés à l'article L. 143-1 et L. 144-2, les informations suivantes sont communiquées annuellement :

1° La date exacte de référence des informations figurant dans le relevé des droits à retraite, indiquée de manière évidente ;

2° Le nom de l'organisme d'assurance ou de retraite professionnelle supplémentaire et son adresse de contact, ainsi que l'identification du régime de retraite de l'affilié ;

3° Une indication claire en cas de changement important dans les informations contenues dans le relevé des droits par rapport à l'année précédente ;

4° Des informations sur les cotisations versées par l'entreprise souscriptrice et l'affilié au cours des douze derniers mois ;

5° Une ventilation des chargements prélevés au moins au cours des douze derniers mois.

Pour les contrats mentionnés à l'article L. 143-1 et L. 144-2, le titre de la notice prévue à l'article L. 132-22 contient l'expression "relevé des droits à retraite".

II. – Pour l'application de l'article L. 132-22 et du quatrième alinéa de l'article L. 132-5-3 aux contrats mentionnés à l'article L. 143-1 et L. 144-2, les informations suivantes sont communiquées annuellement aux affiliés dont les droits sont en cours de service :

– le montant et la durée résiduelle des prestations qui leurs sont dues et un rappel des options de versement correspondantes ;

– pour les contrats dont les garanties sont exprimées en unités de compte au cours de la phase de versement, une information du bénéficiaire sur ce risque et l'impact qu'il pourrait avoir en cas d'aléa défavorable.

Art. A. 132-8 *(Arr. du 8 mars 2006)* I. – L'encadré mentionné à l'article L. 132-5-2 est placé en tête de proposition d'assurance, de projet de contrat, ou de notice. Sa taille ne dépasse pas une page et il contient, de façon limitative et dans l'ordre précisé ci-dessous, les informations suivantes :

1° Il est indiqué si le contrat est un contrat d'assurance-vie individuel ou de groupe, ou un contrat de capitalisation. Pour les contrats mentionnés à l'article L. 132-5-3, cette indication est complétée par la mention suivante : "les droits et obligations de l'adhérent peuvent être modifiés par des avenants au contrat, conclus entre [dénomination de l'entreprise d'assurance] et [dénomination du souscripteur]. L'adhérent est préalablement informé de ces modifications".

2° Les garanties offertes, y compris les garanties complémentaires non optionnelles, sont indiquées, avec référence aux clauses les définissant ; il est précisé en particulier si le contrat prévoit le paiement d'un capital ou d'une rente :

a) Pour les contrats dont les droits sont exprimés en euros ou en devises, il est indiqué si le contrat comporte ou non une garantie en capital au moins égale aux sommes versées, nettes de frais.

b) Pour les contrats dont les droits sont exprimés en unités de compte, il est indiqué en caractères très apparents que les montants investis sur les supports en unités de compte ne sont pas garantis mais sont sujets à des fluctuations à la hausse ou à la baisse dépendant en particulier de l'évolution des marchés financiers.

c) Pour les contrats dont une part des droits sont exprimés en unités de compte, l'information sur les garanties offertes, effectuée conformément aux dispositions des présents *a* et *b*, distingue les droits exprimés en unités de compte et ceux qui ne le sont pas.

3° Sont indiqués l'existence ou non d'une participation aux bénéfices contractuelle ainsi que, le cas échéant, les pourcentages de celle-ci ; est également indiquée la référence à la clause comportant les dispositions prévues au deuxième alinéa de l'article L. 132-5.

4° Il est indiqué que le contrat comporte une faculté de rachat ou de transfert. Cette indication est complétée par la mention "les sommes sont versées par l'assureur dans un délai de... [délai de versement]" ; sont également indiquées les références à la clause relative aux modalités de rachat et de transfert et au tableau mentionné à l'article L. 132-5-2.

5° Sont indiqués dans une même rubrique les frais et indemnités de toute nature mentionnés à l'article R. 132-3 ainsi que, le cas échéant, l'existence de frais pouvant être supportés par l'unité de compte. Il est renvoyé à une clause du contrat ou *(Arr. du 3 oct. 2011, art. 1er-V)* « au document ou à la note mentionnés au *f* du 2° de l'annexe de l'article A. 132-4 » pour le détail de ces derniers frais, et l'encadré le précise. Pour les frais et indemnités mentionnés à l'article R. 132-3, la rubrique distingue :

– "frais à l'entrée et sur versements" : montant ou pourcentage maximum des frais prélevés lors de la souscription et lors du versement des primes ;

– "frais en cours de vie du contrat" : montant ou pourcentage maximum, sur base annuelle, des frais prélevés et non liés au versement des garanties ou des primes ;

– "frais de sortie" : montant ou pourcentage maximum des frais sur quittances d'arrérages, indemnités mentionnées à l'article *(Arr. du 28 déc. 2015, art. 3-7°, en vigueur le 1er janv. 2016)* « R. 132-5-3 » ;

– "autres frais" : montant ou pourcentage maximum des frais et indemnités non mentionnés aux trois alinéas précédents.

6° Est insérée la mention suivante : "La durée du contrat recommandée dépend notamment de la situation "patrimoniale du souscripteur [ou de l'adhérent], de son attitude vis-à-vis du risque, du régime fiscal en vigueur et des caractéristiques du contrat choisi. Le souscripteur [ou l'adhérent] est invité à demander conseil auprès de son assureur".

7° Sont indiquées les modalités de désignation des bénéficiaires, comme il est dit au 1° de l'article A. 132-9. Est également indiquée la référence à la clause contenant les informations mentionnées au même article.

8° La mention suivante est insérée immédiatement après l'encadré : "Cet encadré a pour objet d'attirer l'attention du souscripteur [ou de l'adhérent] sur certaines dispositions essentielles de la proposition d'assurance [ou du projet de contrat, ou de la notice]. Il est important que le souscripteur [ou l'adhérent] lise intégralement la proposition d'assurance [ou le projet de contrat, ou la notice], et pose toutes les questions qu'il estime nécessaires avant de signer le contrat [ou le bulletin d'adhésion]". – *Entrée en vigueur le 1er mai 2006 (Arr. du 8 mars 2006, art. 2).*

Frais de gestion. La formule selon laquelle les frais de gestion « sont fixés à 0,60 point par an du montant du capital libellé en euros » ne correspond pas aux exigences de l'art. A. 132-8 lequel prévoit que les frais doivent être indiqués pour leur montant ou en pourcentage. Elle ne satisfait pas à l'exigence d'information du souscripteur. • Civ. 2e, 21 mai 2015, n° 14-18.742 P : *D. actu. 3 juin 2015, note Cayol; RGDA 2015. 360, note Asselain; Gaz. Pal. 1er sept. 2013, p. 29, note Leducq; RCA 2015, n° 239.*

Art. A. 132-9 *(Arr. du 9 févr. 2006)* L'obligation d'information mentionnée à l'article L. 132-9-1 est valablement remplie dès lors que dans le contrat ou dans la notice s'agissant des contrats mentionnés à l'article L. 141-1 :

1° Il est indiqué que le souscripteur ou l'adhérent peut désigner le ou les bénéficiaires dans le contrat et ultérieurement par avenant au contrat, ou *(Arr. du 23 avr. 2007)* « , pour les contrats mentionnés à l'article L. 141-1, » dans le bulletin d'adhésion et ultérieurement par avenant à l'adhésion. Il est en outre indiqué que la désignation du bénéficiaire peut être effectuée notamment par acte sous seing privé ou par acte authentique.

2° Il est indiqué au souscripteur ou à l'adhérent que, lorsque le bénéficiaire est nommément désigné, il peut porter au contrat les coordonnées de ce dernier qui seront utilisées par l'entreprise d'assurance en cas de décès de l'assuré.

3° Il est indiqué au souscripteur ou à l'adhérent qu'il peut modifier la clause bénéficiaire lorsque celle-ci n'est plus appropriée.

4° L'attention du souscripteur ou de l'adhérent est attirée sur le fait que la désignation devient irrévocable en cas d'acceptation par le bénéficiaire.

Les dispositions du présent article ne s'appliquent ni aux assurances de groupe ayant pour objet la garantie de remboursement d'un emprunt, ni aux contrats mentionnés à l'article L. 141-1 pour lesquels la désignation du bénéficiaire n'est pas décidée par l'adhérent. – *Entrée en vigueur le 1er mai 2006.*

COMMENTAIRE

Voir le commentaire sous l'article L. 132-9-1.

Art. A. 132-9-1 *(Arr. du 9 févr. 2006)* I. – Les organismes professionnels mentionnés à l'article L. 132-9-2 sont la *(Arr. du 27 mars 2018, art. 9, en vigueur le 1er avr. 2018)* « Fédération française de l'assurance » et le Centre technique des institutions de prévoyance.

II. – Dans un délai de quinze jours calendaires révolus à compter de la réception de la *(Arr. du 27 mars 2018, art. 9, en vigueur le 1er avr. 2018)* « demande » mentionnée au premier alinéa de l'article L. 132-9-2, adressée par une personne physique ou morale ou transmise par un autre organisme professionnel mentionné au I ou par un autre organisme professionnel habilité conformément à l'article L. 223-10-1 du code de la mutualité, l'organisme professionnel mentionné au I en avise :

– pour la Fédération française *(Arr. du 27 mars 2018, art. 9, en vigueur le 1er avr. 2018)* « de l'assurance », les entreprises mentionnées à l'article L. 310-1 agréées pour exercer les opérations d'assurance dépendant de la durée de la vie humaine *(Abrogé par Arr. du 27 mars 2018, art. 9, à compter du 1er avr. 2018)* ***« et n'adhérant pas au Groupement des entreprises mutuelles d'assurances ;***

« – pour le Groupement des entreprises mutuelles d'assurances, les entreprises mentionnées à l'article L. 310-1 agréées pour exercer les opérations d'assurance dépendant de la durée de la vie humaine et adhérant audit groupement ; »

– pour le Centre technique des institutions de prévoyance, les institutions de prévoyance mentionnées à l'article L. 931-1 du code de la sécurité sociale et agréées pour exercer les opérations d'assurance dépendant de la durée de la vie humaine.

L'organisme professionnel mentionné au I qui a reçu la *(Arr. du 27 mars 2018, art. 9, en vigueur le 1er avr. 2018)* «demande» en avise également les autres organismes professionnels mentionnés au I *(Arr. du 27 juin 2006)* et le ou les autres organismes professionnels habilités conformément à l'article L. 223-10-1 du code de la mutualité.

III. – Pour les entreprises d'assurance mentionnées à l'article L. 310-1 agréées pour exercer les opérations d'assurance dépendant de la durée de la vie humaine, le délai d'un mois mentionné au deuxième alinéa de l'article L. 132-9-2 court à compter de la réception par celles-ci des éléments nécessaires à l'identification du bénéficiaire et de l'assuré. – *Entrée en vigueur le 1er mai 2006.*

COMMENTAIRE

Voir le commentaire sous l'article L. 132-9-2.

Art. A. 132-9-2 *(Arr. du 13 janv. 2016, art. 2) (Arr. du 26 déc. 2019, art. 7, en vigueur le 1er janv. 2020)* « I. – Lorsque le contrat comporte une mention expresse précisant que l'option mentionnée au 2° de l'article L. 131-1 ne s'applique pas au bénéficiaire, » l'informant de sa faculté d'opter irrévocablement pour la remise de titres, parts ou actions dans les conditions prévues par l'article R. 132-5-7 comporte les informations suivantes :

a) Les nom et adresse du contractant ;

b) La référence du contrat ;

c) Une liste indicative des catégories de titres, parts ou actions qui feront l'objet d'une remise en titres, parts ou actions en cas d'exercice de la clause bénéficiaire en application du 2° de l'article L. 131-1 du présent code ;

d) Les informations relatives aux caractéristiques principales des unités de comptes sélectionnées prévues par le *f* du 2° de l'annexe de l'article A. 132-4, notamment par la remise du document d'information clé pour l'investisseur ;

e) L'existence, le cas échéant, d'une clause suspensive du contrat conditionnant le versement sur une unité de compte constituée sous la forme de titres ou parts non négociés sur un marché réglementé, ou de parts ou actions de fonds d'investissements alternatifs à l'exercice par le contractant et le bénéficiaire de l'option de remise de ces titres, parts ou actions ;

f) L'existence, le cas échéant, d'une clause prévoyant le rachat obligatoire par le souscripteur des titres, parts ou actions mentionnées au *c* du présent article en cas de changement de bénéficiaire ;

(Arr. du 26 déc. 2019, art. 7, en vigueur le 1er janv. 2020) « *g)* L'existence, le cas échéant, d'unités de compte pouvant faire l'objet d'une remise en titres, parts ou actions associées à l'existence de dettes ou obligations susceptibles d'être mises à la charge du bénéficiaire ou d'engager sa responsabilité au-delà de la valeur de ces unités de compte. »

Les mentions suivantes doivent être reproduites dans l'avis :

Je vous informe de la faculté dont vous disposez, en tant que bénéficiaire potentiel d'un contrat d'assurance-vie dont je suis le souscripteur, d'opter irrévocablement pour une remise de titres, parts ou actions non négociés sur un marché réglementé ou de parts ou actions de fonds d'investissements alternatifs, au lieu d'un règlement en espèces, conformément aux dispositions de l'article L. 131-1 du code des assurances.

Si vous optez pour la remise de tels titres, parts ou actions, vous renoncez de manière irrévocable au règlement en espèces du capital ou de la rente garantie exprimés en unités de compte lors du dénouement du contrat, en cas d'exercice de la clause bénéficiaire.

Je vous précise que ces titres, parts ou actions, dont les caractéristiques sont jointes au présent avis, peuvent changer avant le dénouement du contrat et je porte à votre connaissance le fait que la valeur de ces titres, parts ou actions peut fluctuer, à la hausse comme à la baisse, et de l'existence d'un risque de liquidité attaché à la détention de ces titres, parts ou actions ; il n'existe aucune garantie d'obtenir ultérieurement une contrepartie en espèces de ces titres, parts ou actions. En outre, certaines unités de compte pouvant faire l'objet d'une remise en titres, parts ou actions peuvent être associées à l'existence de dettes ou obligations susceptibles d'être mises à votre charge ou d'engager votre responsabilité au-delà de la valeur de ces unités de compte. Lors du dénouement du contrat, vous avez la possibilité, avant d'en accepter le bénéfice, de demander à l'assureur de vous informer non seulement de la contre-valeur en euros *(Arr. du 26 déc. 2019, art. 7, en vigueur le 1er janv. 2020)* « de ces unités de compte » mais également des éventuelles dettes ou obligations associées.

L'exercice de cette option de remise de titres, parts ou actions n'emporte pas acceptation de la clause bénéficiaire du contrat, conformément aux termes du deuxième alinéa du 2° de l'article L. 131-1 du code des assurances.

Si vous décidez d'exercer cette option, vous devez utiliser le formulaire de notification ci-joint. La notification à l'assureur de l'exercice de l'option a lieu par lettre recommandée *(Arr. du 27 mars 2018, art. 9, en vigueur le 1er avr. 2018)* « ou par envoi recommandé électronique ». Pour exercer cette option de remise de titres, parts ou actions, vous disposez d'un délai compris entre le dixième jour et le soixantième jour suivant la date de réception du présent avis. L'absence de notification à l'assureur de votre part vaut refus d'exercice de cette option. L'option est réputée être exercée à la date de la réception du formulaire de notification par l'assureur.

(Arr. du 26 déc. 2019, art. 7, en vigueur le 1er janv. 2020) « II. — En l'absence de mention expresse indiquant dans le contrat que l'option mentionnée au 2° de l'article L. 131-1 ne s'applique pas au bénéficiaire, l'avis mentionné au dernier alinéa de l'article R. 132-5-7 comprend les informations prévues aux *a* à *d* et au *g* du I. Les mentions suivantes sont également reproduites dans l'avis :

« Le souscripteur du contrat d'assurance-vie dont vous êtes bénéficiaire a opté irrévocablement pour une remise de titres, parts ou actions non négociés sur un marché réglementé ou de parts ou actions de fonds d'investissements alternatifs, conformément aux dispositions de l'article L. 131-1 du code des assurances. Cette option s'appliquera également pour vous en cas d'acceptation de la clause bénéficiaire.

« En cas d'acceptation de la clause bénéficiaire, vous ne pourrez pas demander à recevoir un règlement en espèces du capital ou de la rente garantie exprimés en ces unités de compte lors du dénouement du contrat.

« Certaines unités de compte pouvant faire l'objet d'une remise en titres, parts ou actions peuvent être associées à l'existence de dettes ou obligations susceptibles d'être mises à votre charge ou d'engager votre responsabilité au-delà de la valeur de ces unités de compte. Lors du dénouement du contrat, vous avez la possibilité, avant d'en accepter le bénéfice, de demander à l'assureur de vous informer non seulement de la contre-valeur en euros des unités de comptes mais également des éventuelles dettes ou obligations associées. »

Art. A. 132-9-3 *(Arr. du 13 janv. 2016, art. 2)* La faculté pour un bénéficiaire d'opter pour la remise de titres, parts ou actions dans les conditions prévues par l'article R. 132-5-7 s'exerce par *(Arr. du 27 mars 2018, art. 11, en vigueur le 1er avr. 2018)* « la notification » de l'option à l'assureur, auquel est joint l'avis envoyé par le contractant et qui comporte les informations suivantes :

a) Les nom et adresse du bénéficiaire ;

b) La référence du contrat ;

c) La date de réception de l'avis envoyé par le contractant.

Les mentions suivantes doivent être reproduites dans le formulaire de notification de l'option à l'assureur :

J'ai compris que je renonce irrévocablement au règlement en espèces du capital ou de la rente garantis exprimés en unités de compte en cas d'exercice de la clause bénéficiaire en application du 2° et du 3° de l'article L. 131-1 du code des assurances.

J'ai été informé(e) du fait que la valeur de ces titres, parts ou actions peut fluctuer, à la hausse comme à la baisse, et qu'il n'existe aucune garantie d'obtenir ultérieurement une contrepartie en espèces de ces titres, parts ou actions.

J'ai connaissance du fait que l'exercice de cette option n'emporte pas acceptation de la clause bénéficiaire du contrat.

Conformément aux dispositions du 2° et du 3° de l'article L. 131-1 du code des assurances, je souhaite exercer de manière irrévocable la faculté d'opter pour cette remise de titres, parts ou actions.

Art. [A.] 132-9-4 *(Arr. du 24 juin 2016, art. 1er)* **I. — Le bilan d'application des articles L. 132-9-2 et L. 132-9-3 prévu à l'article L. 132-9-3-1 est publié annuellement sur le site internet de l'entreprise d'assurance ou sur tout support durable dans un délai de 90 jours ouvrables à compter du 1er janvier de chaque année. La description des démarches réalisées, dont les moyens mis en œuvre, au cours de l'année passée en matière de traitement des contrats d'assurance-vie non réglés comprend les informations suivantes, arrêtées au 31 décembre de l'année précédente, désignée comme l'année N :**

1° Nombre de contrats ayant donné lieu à instruction (en cours au-delà d'une période de six mois après connaissance du décès ou échéance du contrat) et recherche des bénéficiaires au cours de l'année N ;

2° Nombre d'assurés centenaires non décédés, y compris ceux pour lesquels il existe une présomption de décès et montant annuel (toutes provisions techniques confondues) des contrats de cette catégorie d'assurés centenaires non décédés en année N ;

3° Nombre de contrats classés "sans suite" par l'entreprise d'assurance (contrats pour lesquels un ou plusieurs bénéficiaires n'ont pas pu être retrouvés ou réglés malgré les démarches de recherche de l'assureur) et montant annuel concerné en année N.

Ces informations prennent la forme du tableau 1 défini en annexe.

II. — Le bilan d'application prévu mentionné au premier alinéa comprend également les informations suivantes (toutes provisions techniques confondues), arrêtées au 31 décembre de l'année précédente :

1° Montant annuel et nombre de contrats dont l'assuré a été identifié comme décédé dans le cadre du dispositif prévu à l'article L. 132-9-2 pour les cinq années précédentes ;

2° Montant annuel et nombre de contrats réglés au titre des contrats dont l'assuré a été identifié comme décédé dans le cadre du dispositif prévu à l'article L. 132-9-2 pour les cinq années précédentes ;

3° Nombre d'assurés identifiés comme décédés et nombre de contrats concernés ayant un assuré identifié comme décédé dans le cadre du dispositif prévu à l'article L. 132-9-3 pour les cinq années précédentes ;

4° Montant annuel des capitaux à régler au titre des contrats identifiés comme dénoués par décès (provisions affectées au versement du capital et celles affectées aux capitaux constitutifs de rente, avec, le cas échéant, revalorisation *post mortem* prévue par l'article L. 132-5) dans le cadre du dispositif prévu à l'article L. 132-9-3 pour les cinq années précédentes ;

5° Montant annuel des capitaux réglés au titre des contrats identifiés comme dénoués par décès dans le cadre du dispositif prévu à l'article L. 132-9-3 pour les cinq années précédentes.

Ces informations prennent la forme du tableau 2 défini en annexe.

Les dispositions applicables aux informations relatives aux cinq années précédentes prévues aux 1° à 5° du II de l'art. A. 132-9-4 entrent en vigueur progressivement avec un plein effet à compter des bilans fournis en 2021. Les bilans établis avant 2021 relatifs à ces informations comportent, au fur et à mesure de leur disponibilité, les données afférentes à toutes les années écoulées depuis 2016, incluant cette dernière année. Le premier bilan publié au titre de 2016 ne porte que sur les efforts d'apurement de contrats non réglés de cette année. Chaque bilan publié à compter de 2017 est enrichi annuellement des données afférentes à l'année précédente (Arr. du 24 juin 2016, art. 4).

Annexe à l'article A. 132-9-4

Tableau 1

	NOMBRE DE CONTRATS ayant donné lieu à instruction/recherche par l'entreprise d'assurance	NOMBRE D'ASSURÉS centenaires non décédés, y compris ceux pour lesquels il existe une présomption de décès	MONTANT ANNUEL (toutes provisions techniques confondues) des contrats des assurés centenaires non décédés	NOMBRE de contrats classés "sans suite" par l'entreprise d'assurance	MONTANT ANNUEL des contrats classés "sans suite" par l'entreprise d'assurance
Année N					

Tableau 2

ANNÉE	MONTANT ANNUEL et nombre de contrats dont l'assuré a été identifié comme décédé *(article L. 132-9-2)*	NOMBRE DE CONTRATS réglés et montant annuel *(article L. 132-9-2)*	NOMBRE DE DÉCÈS CONFIRMÉS d'assurés/nombre de contrats concernés/montant des capitaux à régler (capitaux décès et capitaux constitutifs de rente) *à la suite des consultations au titre de l'article L. 132-9-3*	MONTANT DE CAPITAUX intégralement réglés dans l'année aux bénéficiaires/nombre de contrats intégralement réglés aux bénéficiaires *à la suite des consultations au titre de l'article L. 132-9-3*
N	Montant en euros et nombre de contrats	Nombre de contrats et montant en euros	Nombre de décès confirmés, nombre de contrats et montant en euros	Montant en euros et nombre de contrats
N-1	Montant en euros et nombre de contrats	Nombre de contrats et montant en euros	Nombre de décès confirmés, nombre de contrats et montant en euros	Montant en euros et nombre de contrats
N-2	Montant en euros et nombre de contrats	Nombre de contrats et montant en euros	Nombre de décès confirmés, nombre de contrats et montant en euros	Montant en euros et nombre de contrats
N-3	Montant en euros et nombre de contrats	Nombre de contrats et montant en euros	Nombre de décès confirmés, nombre de contrats et montant en euros	Montant en euros et nombre de contrats
N-4	Montant en euros et nombre de contrats	Nombre de contrats et montant en euros	Nombre de décès confirmés, nombre de contrats et montant en euros	Montant en euros et nombre de contrats
N-5	Montant en euros et nombre de contrats	Nombre de contrats et montant en euros	Nombre de décès confirmés, nombre de contrats et montant en euros	Montant en euros et nombre de contrats

Art. A. 132-9-5 *(Arr. du 24 juin 2016, art. 1er)* Le rapport annuel prévu à l'article L. 132-9-3-1 comprend les informations suivantes (toutes provisions techniques confondues, exprimées sous la forme d'une provision mathématique théorique pour les régimes à points), arrêtées au 31 décembre de l'année précédente :

1° Montant des capitaux décès non réglés des contrats d'assurance-vie hors contrats collectifs à adhésion obligatoire souscrits dans le cadre de l'entreprise depuis plus d'un an à compter de la date de connaissance du décès et nombre de contrats concernés en année N et N-1;

2° Montant des capitaux des contrats d'assurance-vie hors contrats collectifs à adhésion obligatoire souscrits dans le cadre de l'entreprise dont l'échéance a été atteinte depuis plus de six mois et nombre de contrats concernés en année N et N-1 ;

3° Montant des capitaux des bons et contrats de capitalisation nominatifs échus depuis plus de 6 mois et nombre de contrats concernés en année N et N-1 ;

4° Montant des capitaux des bons et contrats de capitalisation au porteur échus depuis plus de 6 mois et nombre de contrats concernés en année N et N-1 ;

5° Montant des capitaux décès des contrats collectifs à adhésion obligatoire souscrits dans le cadre de l'entreprise non réglés depuis plus d'un an à compter de la connaissance du décès et nombre de contrats d'adhérents concernés en année N et N-1 ;

6° Montant des prestations des contrats collectifs à adhésion obligatoire souscrits dans le cadre de l'entreprise dont le capital ou la rente n'a pas été demandé lorsque l'assuré a atteint l'âge de 62 ans et nombre de contrats d'adhérents concernés en année N et N-1 ;

7° Montant des prestations des contrats collectifs à adhésion obligatoire souscrits dans le cadre de l'entreprise dont le capital ou la rente n'a pas été demandé lorsque l'assuré a atteint l'âge de 65 ans et nombre de contrats d'adhérents concernés en année N et N-1 ;

8° Montant des prestations des contrats collectifs à adhésion facultative dont le capital ou la rente n'a pas été demandé lorsque l'assuré a atteint l'âge de 62 ans et nombre de contrats d'adhérents concernés en année N et N-1 ;

9° Montant des prestations des contrats collectifs à adhésion facultative dont le capital ou la rente n'a pas été demandé lorsque l'assuré a atteint l'âge de 65 ans et nombre de contrats d'adhérents concernés en année N et N-1.

Ces informations sont adressées annuellement par les entreprises d'assurance à l'Autorité de contrôle prudentiel et de résolution et au ministre chargé de l'économie, dans les 90 jours ouvrables qui suivent leur demande. Elles prennent la forme d'un tableau défini en annexe.

Annexe à l'article A. 132-9-5

	SITUATION au 31 décembre N Montant global exprimé en millions d'euros (M€)	SITUATION au 31 décembre N exprimée en nombre de contrats concernés	MONTANT GLOBAL réglé aux bénéficiaires ou transféré à la CDC au 31 décembre N sur le stock identifié au 31 décembre N-1 en millions d'euros et en pourcentage		NOMBRE TOTAL de contrats réglés aux bénéficiaires ou transférés à la CDC au 31 décembre N sur le stock de contrats identifié au 31 décembre N-1 en nombre de contrats et en pourcentage	
Capitaux décès non réglés des contrats d'assurance-vie Hors contrats collectifs à adhésion obligatoire souscrits dans le cadre de l'entreprise						
Montant total des capitaux décès non réglés depuis plus d'un an à compter de la connaissance du décès	M€	Contrats	M€	%	Contrats	%
Capitaux termes des contrats d'assurance-vie Hors contrats collectifs à adhésion obligatoire souscrits par une entreprise						
Montant total des capitaux échus/prestations non réglées depuis plus de 6 mois à compter de l'arrivée du terme	M€	Contrats	M€	%	Contrats	%
Bons et contrats de capitalisation						
Montant total des capitaux échus non réglés depuis plus de six mois à compter de l'arrivée du terme (nominatifs)	M€	Contrats	M€	%	Contrats	%
Montant total des capitaux échus non réglés depuis plus de six mois à compter de l'arrivée du terme (au porteur)	M€	Contrats	M€	%	Contrats	%
Contrats collectifs à adhésion obligatoire souscrits par une entreprise						

	SITUATION au 31 décembre N Montant global exprimé en millions d'euros (M€)	SITUATION au 31 décembre N exprimée en nombre de contrats concernés	MONTANT GLOBAL réglé aux bénéficiaires ou transféré à la CDC au 31 décembre N sur le stock identifié au 31 décembre N-1 en millions d'euros et en pourcentage		NOMBRE TOTAL de contrats réglés aux bénéficiaires ou transférés à la CDC au 31 décembre N sur le stock de contrats identifié au 31 décembre N-1 en nombre de contrats et en pourcentage	
Capitaux décès non réglés depuis plus d'un an à compter de la connaissance du décès	M€	Contrats	M€	%	Contrats	%
Contrats dont la rente ou le capital n'a pas été demandé à l'échéance lorsque l'assuré a atteint l'âge de 62 ans	M€	Contrats	M€	%	Contrats	%
Contrats dont la rente ou le capital n'a pas été demandé à l'échéance lorsque l'assuré a atteint l'âge de 65 ans	M€	Contrats	M€	%	Contrats	%
Contrats collectifs à adhésion facultative						
Contrats dont la rente ou le capital n'a pas été demandé à l'échéance lorsque l'assuré a atteint l'âge de 62 ans	M€	Contrats	M€	%	Contrats	%
Contrats dont la rente ou le capital n'a pas été demandé à l'échéance lorsque l'assuré a atteint l'âge de 65 ans	M€	Contrats	M€	%	Contrats	%

Art. *[A.]* 132-9-6 *(Arr. du 24 juin 2016, art. 1er)* Le bilan publié par les organismes professionnels prévu à l'article L. 132-9-4 comprend les informations suivantes arrêtées au 31 décembre de l'année précédente :

1° Nombre de demandes par des bénéficiaires potentiels d'un contrat d'assurance-vie dans le cadre du dispositif prévu à l'article L. 132-9-2 ;

2° Montant annuel (toutes provisions techniques confondues) et nombre de contrats dont l'assuré a été identifié comme décédé dans le cadre du dispositif prévu à l'article L. 132-9-2 ;

3° Montant annuel des capitaux (toutes provisions techniques confondues) et nombre des contrats réglés au titre des contrats dont l'assuré a été identifié comme décédé dans le cadre du dispositif prévu à l'article L. 132-9-2 ;

4° Nombre d'assurés identifiés comme décédés et nombre de contrats ayant un assuré identifié comme décédé dans le cadre du dispositif prévu à l'article L. 132-9-3 ;

5° Montant annuel (toutes provisions techniques confondues) des capitaux réglés au titre des contrats identifiés dans l'année comme dénoués par décès dans le cadre du dispositif prévu à l'article L. 132-9-3 et nombre de contrats réglés ;

6° Montant annuel (toutes provisions techniques confondues) des capitaux à régler au titre des contrats identifiés dans l'année comme dénoués par décès dans le cadre du dispositif prévu à l'article L. 132-9-3 et nombre de contrats à régler.

Ce bilan est publié par les organismes professionnels mentionnés à l'article L. 132-9-3 sur le site internet de l'organisme professionnel ou sur tout support durable dans un délai de 120 jours ouvrables à compter du 1er janvier de chaque année. Il prend la forme d'un tableau défini en annexe.

Annexe à l'article A. 132-9-6

ANNÉE	NOMBRE de demandes par les bénéficiaires potentiels qui ont permis à l'assureur de connaître le décès *(article L. 132-9-2)*	MONTANT global et nombre de contrats dont l'assuré a été identifié comme décédé *(article L. 132-9-2)*	MONTANT des capitaux réglés/nombre de contrats réglés *(article L. 132-9-2)*	NOMBRE d'assurés identifiés comme décédés et nombre de contrats ayant un assuré identifié comme décédé *à la suite des consultations au titre de l'article L. 132-9-3*	MONTANT des capitaux à régler dans l'année/ nombre de contrats à régler *à la suite des consultations au titre de l'article L. 132-9-3*	MONTANT DES CAPITAUX réglés/nombre [de] contrats réglés à la suite des consultations *au titre de l'article L. 132-9-3*
N	Nombre de demandes	Montant en euros et nombre de contrats	Montant en euros et nombre de contrats	Nombre de décès confirmés d'assurés et nombre de contrats	Montant en euros et nombre de contrats	Montant en euros et nombre de contrats

SECTION IV LES ASSURANCES AYANT POUR OBJET L'ACQUISITION D'IMMEUBLES AU MOYEN DE CONSTITUTION DE RENTES VIAGÈRES

Néant.

SECTION V PARTICIPATION AUX BÉNÉFICES TECHNIQUES ET FINANCIERS

(Arr. du 28 déc. 2015, art. 1er-4°, en vigueur le 1er janv. 2016)

Art. A. 132-10 Le montant minimal de la participation aux bénéfices techniques et financiers des entreprises pratiquant les opérations mentionnées au 1° de l'article L. 310-1 *(Arr. du 14 août 2017, art. 1er-II-1°)* « et des fonds de retraite professionnelle supplémentaire mentionnés à l'article L. 381-1 » est déterminé pour les contrats individuels et collectifs de toute nature, conformément aux articles A. 132-11 à A. 132-17. Pour l'ensemble de ces articles, les références à la "provision mathématique" doivent s'entendre au sens défini au titre IV du livre III.

Les articles A. 132-11 à A. 132-15 ne s'appliquent pas aux contrats à capital variable.

Art. A. 132-11 *(Arr. du 14 août 2017, art. 1er-II-2°)* « I. – Pour les opérations de chaque entreprise mentionnées au 1° de l'article L. 310-1 et de chaque fonds de retraite professionnelle supplémentaire mentionnées à l'article L. 381-1, *(Arr. du 14 juin 2021, art. 1er)* « au titre des engagements d'assurance, de capitalisation ou de retraite professionnelle supplémentaire relevant des catégories 1 à 7 de l'article A. 344-2 », le montant minimal de la participation aux bénéfices à attribuer au titre d'un exercice est déterminé globalement à partir d'un compte de participation aux résultats. »

Ce compte comporte les éléments de dépenses et de recettes *(Arr. du 14 août 2017, art. 1er-II-2°)* « concernant les catégories 1, 2, 3, 4, 5, 6, 7, *(Abrogé par Arr. du 27 juin 2019, art. 1er)* « 12 » *(Abrogé par Arr. du 14 juin 2021, art. 1er)* « et 16 » de l'article » A. 344-2 *(Arr. du 7 août 2019, art. 5)* « et ne relevant pas d'une comptabilité auxiliaire d'affectation mentionnée à l'article L. 142-4 » et figurant, à l'article 423-28 du règlement n° 2015-11 du 26 novembre 2015 de l'Autorité des normes comptables relatif au cadre comptable des entreprises d'assurance, dans la ventilation de l'ensemble des produits et charges des opérations par catégorie (modèle A, "Catégories 1 à 19"), aux sous-totaux "A. – Solde de souscription" et "B. – Charges d'acquisition et de gestion nettes". *(Arr. du 26 déc. 2019, art. 4-II, en vigueur le 1er janv. 2020)* « Lorsque la charge constituée par la dotation à la provision pour risque d'exigibilité est étalée en application de l'article R. 343-6 du code des assurances, cet étalement s'applique aussi pour l'établissement du compte de participation aux résultats. » Le compte comprend également pour les contrats relevant de la catégorie 6 de l'article A. 344-2 *(Arr. du 7 août*

2019, art. 5) « et ne relevant pas d'une comptabilité auxiliaire d'affectation mentionnée à l'article L. 142-4 » les éléments de dépenses et de recettes concernant les garanties accessoires correspondant à la catégorie 21 dudit article et figurant, à l'article 423-28 du règlement n° 2015-11 du 26 novembre 2015 de l'Autorité des normes comptables relatif au cadre comptable des entreprises d'assurance, dans la ventilation de l'ensemble des opérations par catégories (modèle B, "Catégories 20 à 39") aux sous-totaux "A. – Solde de souscription" et "B. – Charges d'acquisition et de gestion nettes", dès lors que le solde de ces éléments de dépenses et de recettes est débiteur. Toutefois, ce solde débiteur ne s'impute qu'à hauteur maximale du solde créditeur de la catégorie 6, le solde non imputé pouvant s'imputer dans les mêmes conditions au titre d'un exercice ultérieur. Le compte de participation comporte également en dépenses la participation de l'assureur aux bénéfices de la gestion technique, qui est constituée par le montant le plus élevé entre 10 % du solde créditeur des éléments précédents et 4,5 % des primes annuelles correspondant aux opérations relevant des catégories 3 et 6 de l'article A. 344-2 *(Arr. du 7 août 2019, art. 5)* « et ne relevant pas d'une comptabilité auxiliaire d'affectation mentionnée à l'article L. 142-4 ».

Il est ajouté en recette du compte de participation aux résultats une part des produits financiers. Cette part est égale à 85 % du solde d'un compte financier comportant les éléments prévus à l'article A. 132-13. Le compte de participation aux résultats comporte en outre les sommes correspondant aux "solde de réassurance cédée", calculées conformément aux dispositions de l'article A. 132-15 et, s'il y a lieu, le solde débiteur du compte de participation aux résultats de l'exercice précédent.

(Arr. du 26 déc. 2019, art. 2, en vigueur le 1er janv. 2020) « II. – Pour les engagements relevant de l'article L. 134-1, le compte de participation aux résultats mentionné à l'article R. 134-4 est établi à une périodicité au moins trimestrielle. Ce compte comporte en produits :

« 1° Le montant des primes versées, des montants transférés et arbitrés entrants ;

« 2° Les produits nets des placements, y compris les éventuelles rétrocessions de commission perçues au titre de la gestion financière ;

« 3° La différence entre les comptes 767 et 667 du plan de comptes figurant à l'article 322-1 du règlement n° 2015-11 du 26 novembre 2015 de l'Autorité des normes comptables relatif au cadre comptable des entreprises d'assurance ;

« Il comporte en charges :

« 1° Le montant des prestations versées, des montants transférés et arbitrés sortants ;

« 2° Les charges des provisions techniques, avant attribution de la participation aux résultats au titre de la période, à l'exception de celle mentionnée au 11° de l'article R. 343-3 ;

« 3° Les prélèvements mentionnés à l'article R. 134-3, à l'exception, le cas échéant, de ceux appliqués au solde du compte de participation aux résultats en application du *e* du même article ;

« 4° Le cas échéant, le solde débiteur de la période précédente, net de la compensation prévue au septième alinéa de l'article R. 134-4.

« Le compte de participation aux résultats comporte en outre les sommes correspondant au solde de réassurance cédée calculées conformément à l'article A. 132-15.

« Pour l'application du 5° de l'article R. 134-3, les prélèvements sur le solde du compte de participation aux résultats ne peuvent excéder 15 % dudit solde créditeur et les prélèvements sur les performances de la gestion financière ne peuvent excéder 10 % de la somme, lorsqu'elle est positive, des produits nets de placements et de la différence entre les comptes 767 et 667 du plan de comptes figurant à l'article 322-1 du règlement n° 2015-11 du 26 novembre 2015 de l'Autorité des normes comptables relatif au cadre comptable des entreprises d'assurance. Toutefois, la somme de ces prélèvements sur un exercice comptable ne peut excéder respectivement 15 % de la somme des soldes desdits comptes de participation aux résultats arrêtés sur cet exercice et 10 % de la somme, lorsqu'elle est positive, des produits nets de placements et de la différence entre les comptes 767 et 667 du plan de comptes figurant à l'article 322-1 du règlement n° 2015-11 du 26 novembre 2015 de l'Autorité des normes comptables relatif au cadre comptable des entreprises d'assurance. En cas de

prélèvement au-delà de ces plafonds, un apport d'actifs à la comptabilité auxiliaire d'affectation pour un montant correspondant au prélèvement excédentaire est effectué à la clôture de l'exercice. Il est accompagné d'une revalorisation pour le même montant des provisions mentionnées au 9° et au 10° de l'article R. 343-3. »

III. – Les modalités d'attribution et de répartition entre les adhérents d'un plan relevant de l'article L. 144-2 mais ne relevant pas de l'article L. 134-1 ou de l'article L. 441-1 des résultats techniques et financiers du plan sont déterminées comme suit. Les dispositions du présent III ne s'appliquent pas aux supports à capital variable.

a) **Pour chaque plan, il est établi un compte de participation aux résultats, selon une périodicité au moins annuelle. Ce compte comporte en recettes :**

1° Le montant des cotisations versées et les montants transférés au plan ;

2° Les produits nets des placements ;

3° Les éventuelles rétrocessions de commission mentionnées à l'article R. 144-21.

Il comporte en dépenses :

1° Les charges des prestations versées aux participants et les montants transférés par les participants à d'autres plans ;

2° Les charges des provisions techniques, y compris celles résultant d'écarts actuariels des provisions mathématiques, avant attribution de participation aux résultats ;

3° Les frais prélevés par l'organisme d'assurance mentionnés à l'article R. 144-25 et, le cas échéant, les frais de fonctionnement du comité de surveillance.

Le compte de participation aux résultats comporte en outre les sommes correspondant au solde de réassurance cédée calculées conformément à l'article A. 132-15.

b) **Le montant de la participation aux résultats est le solde créditeur du compte de participation aux résultats défini au *a*.**

Lorsque ce compte présente un solde débiteur, ce solde est reporté en dépenses du compte de participation aux résultats arrêté à l'échéance suivante.

Les dispositions de la deuxième phrase de l'article A. 132-16 ne s'appliquent pas au plan.

c) **La revalorisation des engagements de rente ou de capital exprimés en euros est déterminée selon un taux identique pour tous les adhérents, qui peut toutefois être modulé en prenant en compte les différences de résultats techniques des comptes des adhérents dont les droits individuels ont été liquidés et de ceux dont les droits individuels sont en cours de constitution.**

(Arr. du 14 juin 2021, art. 1er) **« IV. – Pour les opérations relevant des catégories 12 et 14 de l'article A. 344-2, le montant minimal de la participation aux bénéfices à attribuer au titre d'un exercice est déterminé à partir de comptes de participation aux résultats établi pour chacune de ces catégories.**

« Ces comptes sont constitués selon les modalités définies au I, pour les engagements des catégories 12 et 14 qui auraient été affectés en catégories 1 à 7 s'ils n'avaient pas été inscrits dans une comptabilité auxiliaire d'affectation. A cette fin, le compte financier défini à l'article A. 132-13 ne comporte que les éléments qui sont relatifs aux catégories 12 et 14. »

(Abrogé par Arr. du 14 juin 2021, art. 1er) (Arr. du 7 août 2019, art. 5) ***« V. – Pour les engagements relevant d'une comptabilité auxiliaire d'affectation mentionnée à l'article L. 142-4, le montant minimal de la participation aux bénéfices à attribuer au titre d'un exercice est déterminé à partir d'un compte de participation aux résultats établi selon les mêmes modalités qu'au I. »***

Arrêté du 17 février 2014,

Précisant les modalités de calcul et d'affectation de la quote-part du solde créditeur du compte financier à tout contrat prévoyant des prestations d'obsèques à l'avance.

Art. 1er Il est affecté chaque année à la provision mathématique de tout contrat prévoyant des prestations d'obsèques à l'avance, lorsqu'il est positif, un montant de participation aux bénéfices correspondant à une quote-part du solde créditeur du compte financier mentionné à l'*(Arr. du 28 déc. 2015, art. 3-II, en vigueur le 1er janv. 2016)* « article A. 132-11 du code des assurances, déterminé conformément aux articles A. 132-13 et A. 132-14 du même code », diminuée des intérêts crédités aux provisions mathématiques relatives à ce même contrat au cours de l'exercice.

La quote-part mentionnée à l'alinéa précédent est au moins égale à 85 % du solde créditeur du compte financier mentionné au même alinéa multiplié par le rapport entre les provisions mathématiques relatives à ce contrat et le total des provisions mathématiques comprises dans les *(Arr. du 28 déc. 2015, art. 3-II, en vigueur le 1er janv. 2016)* « provisions techniques mentionnées à l'article A. 132-14 du code des assurances ».

Art. A. 132-12 Le montant minimal annuel de la participation aux résultats est le solde créditeur du compte de participation aux résultats défini au I de l'article A. 132-11 pour les opérations mentionnées à ce même I.

Le montant minimal annuel de la participation aux bénéfices est égal au montant défini à l'alinéa précédent diminué du montant des intérêts crédités aux provisions mathématiques et augmenté, le cas échéant, d'un montant égal à la somme, contrat par contrat, du produit de la provision mathématique ayant bénéficié pour l'exercice en cours et au titre de l'article A. 132-2 d'un taux garanti supérieur au taux moyen servi aux assurés pour l'exercice en cours tel qu'il est défini au III de l'article A. 132-3, par la différence entre le taux garanti à ladite provision mathématique et le taux moyen servi aux assurés défini précédemment.

Le présent article ne s'applique pas aux contrats mentionnés à l'article L. 134-1.

Art. A. 132-13 Le compte financier mentionné à l'article A. 132-11 comprend, en recettes, la part du produit net des placements calculée suivant les règles mentionnées à l'article A. 132-14 et, en dépenses, sur autorisation de l'Autorité de contrôle prudentiel et de résolution et après justifications, la part des résultats que l'entreprise a dû affecter aux fonds propres pour satisfaire, dans le cas *(Arr. du 14 août 2017, art. 1er-II-3°)* « des entreprises mentionnées à l'article L. 310-3-2 et des fonds de retraite professionnelle supplémentaire mentionnés à l'article L. 381-1 », au montant minimal réglementaire de la marge de solvabilité ou, dans le cas des entreprises mentionnées au *[à l'article]* L. 310-3-1, au capital de solvabilité requis.

Art. A. 132-14 Pour l'établissement du compte défini à l'article A. 132-13, la part du résultat financier à inscrire en recettes de ce compte est égale à la somme des deux éléments suivants :

1. Le produit du montant moyen au cours de l'exercice des provisions techniques brutes de cessions en réassurance, correspondant aux postes 3b, 3c, 3e et 3h du modèle de passif de bilan figurant à l'article 421-4 du règlement n° 2015-11 du 26 novembre 2015 de l'Autorité des normes comptables relatif au cadre comptable des entreprises d'assurance, des contrats des catégories mentionnées aux 1 à 7 *(Abrogé par Arr. du 14 juin 2021, art. 1er)* *(Arr. du 14 août 2017, art. 1er-II-4°)* « *, au 12 et au 16* » de l'article A. 344-2, et diminuées de la valeur, calculée conformément aux articles R. 343-9 et R. 343-10, des actifs transférés mentionnés au 2, par le taux de rendement des placements ;

2. Le montant total des produits financiers nets afférents à des actifs transférés avec un portefeuille de contrats par une entreprise mentionnée au 1° de l'article L. 310-1 et affectés à une section comptable distincte en vertu de l'article L. 324-7 *(Arr. du 14 juin 2021, art. 1er)* « , divisé par 1 moins la part des plus-values latentes retenue par l'assureur cédant lors du transfert ».

Le taux de rendement prévu au 1 du présent article est égal au rapport :

— du produit net des placements considérés, figurant à l'article 422-4 du règlement n° 2015-11 du 26 novembre 2015 de l'Autorité des normes comptables relatif au cadre comptable des entreprises d'assurance, au compte technique de l'assurance-vie, à la rubrique II.2 "Produits des placements" diminuée de la rubrique II.9 "Charges des placements", déduction faite des produits des placements mentionnés aux a, b et c du I de l'article R. 344-1 *(Arr. du 26 déc. 2019, art. 4-II, en vigueur le 1er janv. 2020)* « , ainsi que de ceux relatifs à une comptabilité auxiliaire d'affectation relevant de l'article L. 142-4 » *(Arr. du 27 juin 2019, art. 1er)* « et des dividendes relatifs aux participations directes dans un fonds de retraite professionnelle supplémentaire » ;

— au montant moyen, au cours de l'exercice, des placements, autres que ceux mentionnés aux a, b et c du I de l'article R. 344-1 *(Arr. du 26 déc. 2019, art. 4-II, en vigueur le 1er janv. 2020)* « , ainsi que ceux relatifs à une comptabilité auxiliaire d'affectation relevant de l'article L. 142-4 » *(Arr. du 27 juin 2019, art. 1er)* « et des placements relatifs aux participations directes dans un fonds de retraite professionnelle supplémentaire ».

(Arr. du 7 août 2019, art. 5) « Le calcul prévu à cet article est effectué séparément pour les engagements relevant respectivement du I, du IV et du V de l'article A. 132-11. »

Art. A. 132-15 Pour l'application de l'article A. 132-11, il est prévu, dans le compte de participation aux résultats, une rubrique intitulée "Solde de réassurance cédée".

Seule est prise en compte la réassurance de risque, c'est-à-dire celle dans laquelle l'engagement des cessionnaires porte exclusivement sur tout ou partie de la différence entre le montant des capitaux en cas de décès ou d'invalidité et celui des provisions mathématiques des contrats correspondants.

Dans les traités limités à la réassurance de risque, le solde de réassurance cédée est égal à la différence entre le montant des sinistres à la charge des cessionnaires et celui des primes cédées. Il est inscrit, selon le cas, au débit ou au crédit du compte de participation aux résultats.

Dans les autres traités, le solde de réassurance cédée est établi en isolant la réassurance de risque à l'intérieur des engagements des cessionnaires. Les modalités de calcul du solde sont précisées par circulaire, par référence aux conditions normales du marché de la réassurance de risque.

Art. A. 132-16 Le montant des participations aux bénéfices peut être affecté directement aux provisions mathématiques ou porté, partiellement ou totalement, à la provision pour participation aux bénéfices mentionnée à l'article R. 343-3. Les sommes portées à cette dernière provision sont affectées à la provision mathématique ou versées aux souscripteurs au cours des huit exercices suivant celui au titre duquel elles ont été portées à la provision pour participation aux bénéfices. *(Arr. du 26 déc. 2019, art. 2, en vigueur le 1er janv. 2020)* « Pour les engagements relevant de l'article L. 134-1, les sommes portées à la provision collective de diversification différée sont utilisées dans les conditions fixées à l'article R. 134-4 et dans un délai de quinze ans. »

(Arr. du 14 août 2017, art. 1er-II-5°) « Dans le cas des fonds de retraite professionnelle supplémentaire *(Arr. du 26 déc. 2019, art. 2, en vigueur le 1er janv. 2020)* « et des engagements relevant d'une comptabilité auxiliaire d'affectation mentionnée à l'article L. 142-4 », la durée maximale pour la reprise des sommes portées à la provision pour participation aux bénéfices est de quinze ans. » *(Arr. du 27 juin 2019, art. 1er)* « Le montant de la participation aux bénéfices évalué pour une comptabilité auxiliaire d'affectation prévue au premier alinéa de l'article L. 381-2 *(Arr. du 7 août 2019, art. 5)* « ou à l'article L. 142-4 » est attribué aux engagements de cette comptabilité dans un délai maximum de quinze ans. Le montant de la participation aux bénéfices évalué pour les engagements ne faisant pas l'objet d'une comptabilité auxiliaire d'affectation est affecté aux contrats représentatifs de ces engagements dans ce même délai. »

Art. A. 132-16-1 *(Arr. du 24 déc. 2019)* Par dérogation aux affectations prévues au premier alinéa de l'article A. 132-16 et dans des situations exceptionnelles, la provision pour participation aux bénéfices peut être reprise après autorisation de l'Autorité de contrôle prudentiel et de résolution.

Les situations exceptionnelles mentionnées au premier alinéa ne sont réunies que lorsque le solde du compte de résultat technique de l'assurance-vie du dernier exercice comptable, établi selon le modèle figurant à l'article 422-4 du règlement de l'Autorité des normes comptables n° 2015-11 du 26 novembre 2015 relatif aux comptes annuels des entreprises d'assurance, est négatif et que le capital de solvabilité requis pour les organismes relevant de l'article L. 310-3-1, ou l'exigence minimale de marge pour les organismes relevant des articles L. 310-3-2 et L. 310-3-3, n'est plus couvert.

L'autorisation de l'ACPR prévue au premier alinéa ne peut être délivrée que si un plan est remis par l'organisme et approuvé par l'Autorité de contrôle prudentiel et de résolution. Ce plan prévoit notamment la restitution à partir de résultats ultérieurs et sous un délai maximal de huit ans des montants repris sur la provision pour participation aux bénéfices. Il prévoit notamment que l'organisme d'assurance ne verse pas de dividendes *(Arr. du 2 déc. 2020, art. 2)* « , ni ne rembourse et ne rémunère les certificats mutualistes » tant que ces montants repris n'ont pas été restitués.

Art. A. 132-17 Lorsqu'une catégorie de contrats est assortie d'une clause de participation aux résultats, la participation affectée individuellement à chaque contrat réduit ou suspendu ne peut être inférieure à celle qui serait affectée à un contrat en cours de paiement de primes de la même catégorie ayant la même provision mathématique.

(Arr. du 14 août 2017, art. 1er-II-6°) « Pour les contrats mentionnés au 1° de l'article L. 143-1, qu'ils aient ou non été souscrits par une entreprise d'assurance dans le cadre de l'agrément mentionné au même article ou par un fonds de retraite professionnelle supplémentaire, la participation affectée individuellement à chaque adhérent ayant quitté l'entreprise d'affiliation ne peut être inférieure à celle qui serait affectée à un adhérent dont l'adhésion demeure obligatoire et ayant la même provision mathématique. »

SECTION VI TARIFS

(Arr. du 28 déc. 2015, art. 1er-4°, en vigueur le 1er janv. 2016)

Art. A. 132-18 Les tarifs pratiqués par les entreprises d'assurance sur la vie et de capitalisation *(Arr. du 14 août 2017, art. 1er-III)* « et par les fonds de retraite professionnelle supplémentaire » comprennent la rémunération de l'entreprise et sont établis d'après les éléments suivants :

1° Un taux d'intérêt technique fixé dans les conditions prévues à l'article A. 132-1 ;

2° Une des tables suivantes :

a) Tables homologuées par arrêté du ministre de l'économie et des finances, établies par sexe, sur la base de populations d'assurés pour les contrats de rente viagère, et sur la base de données publiées par l'Institut national de la statistique et des études économiques pour les autres contrats ;

b) Tables établies ou non par sexe par l'entreprise d'assurance et certifiées par un actuaire indépendant de cette entreprise, agréé à cet effet par l'une des associations d'actuaires reconnues par l'autorité mentionnée à l'article L. 310-12.

Les tables mentionnées au *b* sont établies d'après des données d'expérience de l'entreprise d'assurance, ou des données d'expérience démographiquement équivalentes.

Lorsque les tarifs sont établis d'après des tables mentionnées au *a*, et dès lors qu'est retenue une table unique pour tous les assurés, celle-ci correspond à la table appropriée conduisant au tarif le plus prudent.

Pour les contrats en cas de vie autres que les contrats de rente viagère, les tables mentionnées au *a* sont utilisées en corrigeant l'âge de l'assuré conformément aux décalages d'âge ci-annexés.

Pour les contrats de rentes viagères, en ce compris celles revêtant un caractère temporaire, et à l'exception des contrats relevant du chapitre III du titre IV du livre Ier, le tarif déterminé en utilisant les tables mentionnées au *b* ne peut être inférieur à celui qui résulterait de l'utilisation des tables appropriées mentionnées au *a*.

Pour les contrats collectifs en cas de décès résiliables annuellement, le tarif peut être établi d'après les tables mentionnées au *a* avec une méthode forfaitaire si celle-ci est justifiable.

ANNEXE

ANNEXE À L'ARTICLE A. 132-18

Table TF 00-02 (Lx nombre de vivants à l'âge X)

X	Lx
0	100 000
1	99 616

X	Lx
2	99 583
3	99 562
4	99 545
5	99 531
6	99 519
7	99 508
8	99 498
9	99 488
10	99 478
11	99 647
12	99 456
13	99 444
14	99 431
15	99 415
16	99 395
17	99 371
18	99 342
19	99 309
20	99 274
21	99 239
22	99 205
23	94 171
24	99 137
25	99 103
26	99 068
27	99 033
28	98 997
29	98 960
30	98 921
31	98 879
32	98 833
33	98 782
34	98 725
35	98 662
36	98 593
37	98 518

X	Lx
38	98 435
39	98 343
40	98 242
41	98 130
42	98 007
43	97 872
44	97 724
45	97 563
46	97 387
47	97 197
48	96 993
49	96 776
50	96 546
51	96 304
52	96 049
53	95 778
54	95 489
55	95 180
56	94 851
57	94 501
58	94 131
59	93 741
60	93 329
61	92 892
62	93 425
63	91 923
64	91 382
65	90 797
66	90 164
67	89 476
68	88 726
69	87 907
70	87 010
71	86 024
72	84 941
73	83 751

X	Lx
74	82 442
75	80 998
76	79 402
77	77 633
78	75 671
79	73 496
80	71 088
81	68 423
82	65 478
83	62 233
84	58 680
85	54 828
86	50 706
87	46 362
88	41 868
89	37 319
90	32 821
91	28 469
92	24 328
93	20 444
94	16 860
95	13 618
96	10 750
97	8 277
98	6 204
99	4 516
100	3 185
101	2 171
102	1 426
103	900
104	544
105	314
106	172
107	89
108	44
109	20

X	Lx
110	9
111	4
112	1

Table TH 00-02 (Lx nombre de vivants à l'âge X)

X	Lx
0	100 000
1	99 511
2	99 473
3	99 446
4	99 424
5	99 406
6	99 390
7	99 376
8	99 363
9	99 350
10	99 338
11	99 325
12	99 312
13	99 296
14	99 276
15	99 250
16	99 213
17	99 163
18	99 097
19	99 015
20	98 921
21	98 820
22	98 716
23	98 612
24	98 509
25	98 406
26	98 303
27	98 198
28	98 091
29	97 982
30	97 870

X	Lx
31	97 756
32	97 639
33	97 517
34	97 388
35	97 249
36	97 100
37	96 939
38	96 765
39	96 576
40	96 369
41	96 141
42	95 887
43	95 606
44	95 295
45	94 952
46	94 575
47	94 164
48	93 720
49	93 244
50	92 736
51	92 196
52	91 621
53	91 009
54	90 358
55	89 665
56	88 929
57	88 151
58	87 329
59	86 460
60	85 538
61	84 558
62	83 514
63	82 399
64	81 206
65	79 926
66	78 552

X	Lx
67	77 078
68	75 501
69	73 816
70	72 019
71	70 105
72	68 070
73	65 914
74	63 637
75	61 239
76	58 718
77	56 072
78	53 303
79	50 411
80	47 390
81	44 234
82	40 946
83	37 546
84	34 072
85	30 575
86	27 104
87	23 707
88	20 435
89	17 338
90	14 464
91	11 852
92	9 526
93	7 498
94	5 769
95	4 331
96	3 166
97	2 249
98	1 549
99	1 032
100	663
101	410
102	244

X	Lx
103	139
104	75
105	39
106	19
107	9
108	4
109	2
110	1
111	
112	

Décalage d'âge TF 00-02

ÂGE	DÉCALAGE
[16; 32]	-11
[33; 34]	-8
[35; 50]	-6
[51; 60]	-5
[61; 67]	-4
[68; 77]	-3
[78; 90]	-2
[91; 93]	-1
94 et plus	0

Décalage d'âge TH 00-02

ÂGE	DÉCALAGE
[16; 38]	-13
[39; 62]	-7
[63; 64]	-6
[65; 74]	-4
75 et plus	-3

TABLE TGF05

ÂGE	1900	1901	1902	1903	1904	1905	1906	1907	1908	1909	1910
0	-	-	-	-	-	-	-	-	-	-	-
1	-	-	-	-	-	-	-	-	-	-	-
2	-	-	-	-	-	-	-	-	-	-	-
3	-	-	-	-	-	-	-	-	-	-	-
4	-	-	-	-	-	-	-	-	-	-	-

ÂGE	1900	1901	1902	1903	1904	1905	1906	1907	1908	1909	1910
5	-	-	-	-	-	-	-	-	-	-	-
6	-	-	-	-	-	-	-	-	-	-	-
7	-	-	-	-	-	-	-	-	-	-	-
8	-	-	-	-	-	-	-	-	-	-	-
9	-	-	-	-	-	-	-	-	-	-	-
10	-	-	-	-	-	-	-	-	-	-	-
11	-	-	-	-	-	-	-	-	-	-	-
12	-	-	-	-	-	-	-	-	-	-	-
13	-	-	-	-	-	-	-	-	-	-	-
14	-	-	-	-	-	-	-	-	-	-	-
15	-	-	-	-	-	-	-	-	-	-	-
16	-	-	-	-	-	-	-	-	-	-	-
17	-	-	-	-	-	-	-	-	-	-	-
18	-	-	-	-	-	-	-	-	-	-	-
19	-	-	-	-	-	-	-	-	-	-	-
20	-	-	-	-	-	-	-	-	-	-	-
21	-	-	-	-	-	-	-	-	-	-	-
22	-	-	-	-	-	-	-	-	-	-	-
23	-	-	-	-	-	-	-	-	-	-	-
24	-	-	-	-	-	-	-	-	-	-	-
25	-	-	-	-	-	-	-	-	-	-	-
26	-	-	-	-	-	-	-	-	-	-	-
27	-	-	-	-	-	-	-	-	-	-	-
28	-	-	-	-	-	-	-	-	-	-	-
29	-	-	-	-	-	-	-	-	-	-	-
30	-	-	-	-	-	-	-	-	-	-	-
31	-	-	-	-	-	-	-	-	-	-	-
32	-	-	-	-	-	-	-	-	-	-	-
33	-	-	-	-	-	-	-	-	-	-	-
34	-	-	-	-	-	-	-	-	-	-	-
35	-	-	-	-	-	-	-	-	-	-	-
36	-	-	-	-	-	-	-	-	-	-	-
37	-	-	-	-	-	-	-	-	-	-	-
38	-	-	-	-	-	-	-	-	-	-	-
39	-	-	-	-	-	-	-	-	-	-	-
40	-	-	-	-	-	-	-	-	-	-	-

ÂGE	1900	1901	1902	1903	1904	1905	1906	1907	1908	1909	1910
41	-	-	-	-	-	-	-	-	-	-	-
42	-	-	-	-	-	-	-	-	-	-	-
43	-	-	-	-	-	-	-	-	-	-	-
44	-	-	-	-	-	-	-	-	-	-	-
45	-	-	-	-	-	-	-	-	-	-	-
46	-	-	-	-	-	-	-	-	-	-	-
47	-	-	-	-	-	-	-	-	-	-	-
48	-	-	-	-	-	-	-	-	-	-	-
49	-	-	-	-	-	-	-	-	-	-	-
50	-	-	-	-	-	-	-	-	-	-	-
51	-	-	-	-	-	-	-	-	-	-	-
52	-	-	-	-	-	-	-	-	-	-	-
53	-	-	-	-	-	-	-	-	-	-	-
54	-	-	-	-	-	-	-	-	-	-	-
55	-	-	-	-	-	-	-	-	-	-	-
56	-	-	-	-	-	-	-	-	-	-	-
57	-	-	-	-	-	-	-	-	-	-	-
58	-	-	-	-	-	-	-	-	-	-	-
59	-	-	-	-	-	-	-	-	-	-	-
60	-	-	-	-	-	-	-	-	-	-	-
61	-	-	-	-	-	-	-	-	-	-	-
62	-	-	-	-	-	-	-	-	-	-	-
63	-	-	-	-	-	-	-	-	-	-	-
64	-	-	-	-	-	-	-	-	-	-	-
65	-	-	-	-	-	-	-	-	-	-	-
66	-	-	-	-	-	-	-	-	-	-	-
67	-	-	-	-	-	-	-	-	-	-	-
68	-	-	-	-	-	-	-	-	-	-	-
69	-	-	-	-	-	-	-	-	-	-	-
70	-	-	-	-	-	-	-	-	-	-	-
71	-	-	-	-	-	-	-	-	-	-	-
72	-	-	-	-	-	-	-	-	-	-	-
73	-	-	-	-	-	-	-	-	-	-	-
74	-	-	-	-	-	-	-	-	-	-	-
75	-	-	-	-	-	-	-	-	-	-	-
76	-	-	-	-	-	-	-	-	-	-	-

ÂGE	1900	1901	1902	1903	1904	1905	1906	1907	1908	1909	1910
77	-	-	-	-	-	-	-	-	-	-	-
78	-	-	-	-	-	-	-	-	-	-	-
79	-	-	-	-	-	-	-	-	-	-	-
80	-	-	-	-	-	-	-	-	-	-	-
81	-	-	-	-	-	-	-	-	-	-	-
82	-	-	-	-	-	-	-	-	-	-	-
83	-	-	-	-	-	-	-	-	-	-	-
84	-	-	-	-	-	-	-	-	-	-	-
85	-	-	-	-	-	-	-	-	-	-	-
86	-	-	-	-	-	-	-	-	-	-	100 000
87	-	-	-	-	-	-	-	-	-	100 000	93 645
88	-	-	-	-	-	-	-	-	100 000	92 784	86 940
89	-	-	-	-	-	-	-	100 000	91 665	85 107	79 800
90	-	-	-	-	-	-	100 000	90 621	83 128	77 235	72 470
91	-	-	-	-	-	100 000	89 345	81 028	74 384	69 164	64 946
92	-	-	-	-	100 000	88 116	78 792	71 515	65 705	61 143	57 460
93	-	-	-	100 000	86 501	76 290	68 277	62 027	57 037	53 123	49 967
94	-	-	100 000	85 087	73 671	65 036	58 260	52 976	48 760	45 456	42 794
95	-	100 000	83 592	71 197	61 707	54 528	48 896	44 505	41 003	38 262	36 057
96	100 000	82 015	68 631	58 517	50 771	44 912	40 315	36 733	33 878	31 646	29 854
97	80 356	65 979	55 275	47 183	40 983	36 294	32 615	29 750	27 468	25 688	24 264
98	63 250	51 996	43 613	37 272	32 413	28 739	25 857	23 613	21 828	20 441	19 335
99	48 698	40 085	33 665	28 807	25 083	22 268	20 060	18 343	16 981	15 926	15 088
100	36 622	30 185	25 385	21 751	18 965	16 859	15 208	13 928	12 914	12 132	11 515
101	26 856	22 168	18 670	16 020	13 988	12 453	11 252	10 322	9 589	9 026	8 584
102	19 174	15 851	13 370	11 490	10 049	8 961	8 112	7 456	6 941	6 547	6 241
103	13 304	11 016	9 307	8 012	7 020	6 272	5 690	5 241	4 890	4 624	4 419
104	8 953	7 427	6 286	5 422	4 760	4 263	3 876	3 580	3 348	3 175	3 042
105	5 832	4 847	4 111	3 554	3 128	2 808	2 560	2 371	2 224	2 115	2 033
106	3 669	3 056	2 599	2 252	1 988	1 790	1 636	1 520	1 431	1 365	1 317
107	2 224	1 858	1 584	1 377	1 219	1 101	1 010	942	889	852	824
108	1 297	1 086	929	810	720	652	601	562	533	512	498
109	724	609	523	458	408	371	343	323	307	297	290
110	387	327	281	247	222	203	188	178	170	165	162
111	197	167	145	128	115	106	99	94	90	88	87
112	95	81	71	63	57	52	49	47	46	45	44

ÂGE	1900	1901	1902	1903	1904	1905	1906	1907	1908	1909	1910
113	44	37	33	29	27	25	23	22	22	22	22
114	19	16	14	13	12	11	10	10	10	10	10
115	8	7	6	5	5	5	4	4	4	4	4
116	3	2	2	2	2	2	2	2	2	2	2
117	1	1	1	1	1	1	1	1	1	1	1
118	-	-	-	-	-	-	-	-	-	-	-
119	-	-	-	-	-	-	-	-	-	-	-
120	-	-	-	-	-	-	-	-	-	-	-

ÂGE	1911	1912	1913	1914	1915	1916	1917	1918	1919	1920	1921
0	-	-	-	-	-	-	-	-	-	-	-
1	-	-	-	-	-	-	-	-	-	-	-
2	-	-	-	-	-	-	-	-	-	-	-
3	-	-	-	-	-	-	-	-	-	-	-
4	-	-	-	-	-	-	-	-	-	-	-
5	-	-	-	-	-	-	-	-	-	-	-
6	-	-	-	-	-	-	-	-	-	-	-
7	-	-	-	-	-	-	-	-	-	-	-
8	-	-	-	-	-	-	-	-	-	-	-
9	-	-	-	-	-	-	-	-	-	-	-
10	-	-	-	-	-	-	-	-	-	-	-
11	-	-	-	-	-	-	-	-	-	-	-
12	-	-	-	-	-	-	-	-	-	-	-
13	-	-	-	-	-	-	-	-	-	-	-
14	-	-	-	-	-	-	-	-	-	-	-
15	-	-	-	-	-	-	-	-	-	-	-
16	-	-	-	-	-	-	-	-	-	-	-
17	-	-	-	-	-	-	-	-	-	-	-
18	-	-	-	-	-	-	-	-	-	-	-
19	-	-	-	-	-	-	-	-	-	-	-
20	-	-	-	-	-	-	-	-	-	-	-
21	-	-	-	-	-	-	-	-	-	-	-
22	-	-	-	-	-	-	-	-	-	-	-
23	-	-	-	-	-	-	-	-	-	-	-
24	-	-	-	-	-	-	-	-	-	-	-
25	-	-	-	-	-	-	-	-	-	-	-
26	-	-	-	-	-	-	-	-	-	-	-

ÂGE	1911	1912	1913	1914	1915	1916	1917	1918	1919	1920	1921
27	-	-	-	-	-	-	-	-	-	-	-
28	-	-	-	-	-	-	-	-	-	-	-
29	-	-	-	-	-	-	-	-	-	-	-
30	-	-	-	-	-	-	-	-	-	-	-
31	-	-	-	-	-	-	-	-	-	-	-
32	-	-	-	-	-	-	-	-	-	-	-
33	-	-	-	-	-	-	-	-	-	-	-
34	-	-	-	-	-	-	-	-	-	-	-
35	-	-	-	-	-	-	-	-	-	-	-
36	-	-	-	-	-	-	-	-	-	-	-
37	-	-	-	-	-	-	-	-	-	-	-
38	-	-	-	-	-	-	-	-	-	-	-
39	-	-	-	-	-	-	-	-	-	-	-
40	-	-	-	-	-	-	-	-	-	-	-
41	-	-	-	-	-	-	-	-	-	-	-
42	-	-	-	-	-	-	-	-	-	-	-
43	-	-	-	-	-	-	-	-	-	-	-
44	-	-	-	-	-	-	-	-	-	-	-
45	-	-	-	-	-	-	-	-	-	-	-
46	-	-	-	-	-	-	-	-	-	-	-
47	-	-	-	-	-	-	-	-	-	-	-
48	-	-	-	-	-	-	-	-	-	-	-
49	-	-	-	-	-	-	-	-	-	-	-
50	-	-	-	-	-	-	-	-	-	-	-
51	-	-	-	-	-	-	-	-	-	-	-
52	-	-	-	-	-	-	-	-	-	-	-
53	-	-	-	-	-	-	-	-	-	-	-
54	-	-	-	-	-	-	-	-	-	-	-
55	-	-	-	-	-	-	-	-	-	-	-
56	-	-	-	-	-	-	-	-	-	-	-
57	-	-	-	-	-	-	-	-	-	-	-
58	-	-	-	-	-	-	-	-	-	-	-
59	-	-	-	-	-	-	-	-	-	-	-
60	-	-	-	-	-	-	-	-	-	-	-
61	-	-	-	-	-	-	-	-	-	-	-
62	-	-	-	-	-	-	-	-	-	-	-

ÂGE	1911	1912	1913	1914	1915	1916	1917	1918	1919	1920	1921
63	-	-	-	-	-	-	-	-	-	-	-
64	-	-	-	-	-	-	-	-	-	-	-
65	-	-	-	-	-	-	-	-	-	-	-
66	-	-	-	-	-	-	-	-	-	-	-
67	-	-	-	-	-	-	-	-	-	-	-
68	-	-	-	-	-	-	-	-	-	-	-
69	-	-	-	-	-	-	-	-	-	-	-
70	-	-	-	-	-	-	-	-	-	-	-
71	-	-	-	-	-	-	-	-	-	-	-
72	-	-	-	-	-	-	-	-	-	-	-
73	-	-	-	-	-	-	-	-	-	-	-
74	-	-	-	-	-	-	-	-	-	-	-
75	-	-	-	-	-	-	-	-	-	-	100 000
76	-	-	-	-	-	-	-	-	-	100 000	98 628
77	-	-	-	-	-	-	-	-	100 000	98 438	97 102
78	-	-	-	-	-	-	-	100 000	98 179	96 663	95 368
79	-	-	-	-	-	-	100 000	97 942	96 178	94 712	93 462
80	-	-	-	-	-	100 000	97 629	95 643	93 942	92 531	91 331
81	-	-	-	-	100 000	97 278	94 998	93 090	91 459	90 109	88 963
82	-	-	-	100 000	96 846	94 240	92 058	90 237	88 683	87 400	86 315
83	-	-	100 000	96 339	93 334	90 854	88 782	87 056	85 586	84 377	83 357
84	-	100 000	95 764	92 295	89 452	87 110	85 158	83 535	82 156	81 027	80 078
85	100 000	95 117	91 130	87 869	85 201	83 007	81 183	79 670	78 389	77 345	76 474
86	94 429	89 864	86 140	83 099	80 616	78 579	76 889	75 493	74 315	73 362	72 577
87	88 478	84 247	80 800	77 990	75 700	73 827	72 278	71 003	69 934	69 079	68 386
88	82 192	78 309	75 149	72 579	70 489	68 784	67 379	66 231	65 277	64 526	63 927
89	75 492	71 972	69 113	66 791	64 909	63 380	62 127	61 113	60 281	59 638	59 137
90	68 605	65 452	62 895	60 824	59 150	57 798	56 699	55 820	55 109	54 572	54 167
91	61 528	58 744	56 491	54 671	53 208	52 035	51 092	50 348	49 757	49 324	49 011
92	54 479	52 055	50 098	48 524	47 267	46 268	45 475	44 861	44 382	44 047	43 819
93	47 416	45 345	43 679	42 348	41 294	40 467	39 819	39 329	38 959	38 716	38 568
94	40 646	38 908	37 518	36 415	35 550	34 881	34 368	33 991	33 719	33 556	33 478
95	34 282	32 852	31 716	30 822	30 130	29 604	29 211	28 933	28 745	28 652	28 631
96	28 418	27 267	26 359	25 652	25 113	24 713	24 423	24 231	24 114	24 077	24 102
97	23 128	22 222	21 515	20 971	20 564	20 270	20 067	19 945	19 886	19 893	19 951
98	18 458	17 763	17 226	16 820	16 524	16 318	16 186	16 119	16 103	16 142	16 223

ÂGE	1911	1912	1913	1914	1915	1916	1917	1918	1919	1920	1921
99	14 428	13 910	13 515	13 221	13 014	12 878	12 801	12 775	12 791	12 850	12 944
100	11 032	10 657	10 376	10 172	10 035	9 952	9 915	9 918	9 954	10 024	10 122
101	8 241	7 979	7 785	7 650	7 565	7 521	7 512	7 534	7 580	7 654	7 749
102	6 006	5 829	5 702	5 617	5 569	5 552	5 560	5 592	5 642	5 713	5 801
103	4 264	4 149	4 070	4 020	3 998	3 997	4 015	4 050	4 099	4 163	4 240
104	2 944	2 873	2 827	2 801	2 794	2 802	2 824	2 858	2 902	2 958	3 023
105	1 973	1 932	1 907	1 897	1 898	1 911	1 932	1 962	2 000	2 046	2 098
106	1 282	1 260	1 248	1 246	1 252	1 265	1 284	1 309	1 339	1 375	1 416
107	806	795	791	793	799	811	827	847	870	897	928
108	489	485	484	487	494	503	515	530	547	567	589
109	286	285	286	289	294	301	310	321	333	347	362
110	161	161	162	165	169	174	180	187	195	204	215
111	87	87	88	90	93	96	100	105	110	116	123
112	45	45	46	47	49	51	54	57	60	63	67
113	22	22	23	24	25	26	27	29	31	33	35
114	10	10	11	11	12	13	13	14	15	17	18
115	4	5	5	5	5	6	6	7	7	8	9
116	2	2	2	2	2	3	3	3	3	4	4
117	1	1	1	1	1	1	1	1	1	2	2
118	-	-	-	-	-	-	-	-	1	1	1
119	-	-	-	-	-	-	-	-	-	-	-
120	-	-	-	-	-	-	-	-	-	-	

ÂGE	1922	1923	1924	1925	1926	1927	1928	1929	1930	1931	1932
0	-	-	-	-	-	-	-	-	-	-	-
1	-	-	-	-	-	-	-	-	-	-	-
2	-	-	-	-	-	-	-	-	-	-	-
3	-	-	-	-	-	-	-	-	-	-	-
4	-	-	-	-	-	-	-	-	-	-	-
5	-	-	-	-	-	-	-	-	-	-	-
6	-	-	-	-	-	-	-	-	-	-	-
7	-	-	-	-	-	-	-	-	-	-	-
8	-	-	-	-	-	-	-	-	-	-	-
9	-	-	-	-	-	-	-	-	-	-	-
10	-	-	-	-	-	-	-	-	-	-	-
11	-	-	-	-	-	-	-	-	-	-	-
12	-	-	-	-	-	-	-	-	-	-	-

ÂGE	1922	1923	1924	1925	1926	1927	1928	1929	1930	1931	1932
13	-	-	-	-	-	-	-	-	-	-	-
14	-	-	-	-	-	-	-	-	-	-	-
15	-	-	-	-	-	-	-	-	-	-	-
16	-	-	-	-	-	-	-	-	-	-	-
17	-	-	-	-	-	-	-	-	-	-	-
18	-	-	-	-	-	-	-	-	-	-	-
19	-	-	-	-	-	-	-	-	-	-	-
20	-	-	-	-	-	-	-	-	-	-	-
21	-	-	-	-	-	-	-	-	-	-	-
22	-	-	-	-	-	-	-	-	-	-	-
23	-	-	-	-	-	-	-	-	-	-	-
24	-	-	-	-	-	-	-	-	-	-	-
25	-	-	-	-	-	-	-	-	-	-	-
26	-	-	-	-	-	-	-	-	-	-	-
27	-	-	-	-	-	-	-	-	-	-	-
28	-	-	-	-	-	-	-	-	-	-	-
29	-	-	-	-	-	-	-	-	-	-	-
30	-	-	-	-	-	-	-	-	-	-	-
31	-	-	-	-	-	-	-	-	-	-	-
32	-	-	-	-	-	-	-	-	-	-	-
33	-	-	-	-	-	-	-	-	-	-	-
34	-	-	-	-	-	-	-	-	-	-	-
35	-	-	-	-	-	-	-	-	-	-	-
36	-	-	-	-	-	-	-	-	-	-	-
37	-	-	-	-	-	-	-	-	-	-	-
38	-	-	-	-	-	-	-	-	-	-	-
39	-	-	-	-	-	-	-	-	-	-	-
40	-	-	-	-	-	-	-	-	-	-	-
41	-	-	-	-	-	-	-	-	-	-	-
42	-	-	-	-	-	-	-	-	-	-	-
43	-	-	-	-	-	-	-	-	-	-	-
44	-	-	-	-	-	-	-	-	-	-	-
45	-	-	-	-	-	-	-	-	-	-	-
46	-	-	-	-	-	-	-	-	-	-	-
47	-	-	-	-	-	-	-	-	-	-	-
48	-	-	-	-	-	-	-	-	-	-	-

ÂGE	1922	1923	1924	1925	1926	1927	1928	1929	1930	1931	1932
49	-	-	-	-	-	-	-	-	-	-	-
50	-	-	-	-	-	-	-	-	-	-	-
51	-	-	-	-	-	-	-	-	-	-	-
52	-	-	-	-	-	-	-	-	-	-	-
53	-	-	-	-	-	-	-	-	-	-	-
54	-	-	-	-	-	-	-	-	-	-	-
55	-	-	-	-	-	-	-	-	-	-	-
56	-	-	-	-	-	-	-	-	-	-	-
57	-	-	-	-	-	-	-	-	-	-	-
58	-	-	-	-	-	-	-	-	-	-	-
59	-	-	-	-	-	-	-	-	-	-	-
60	-	-	-	-	-	-	-	-	-	-	-
61	-	-	-	-	-	-	-	-	-	-	-
62	-	-	-	-	-	-	-	-	-	-	-
63	-	-	-	-	-	-	-	-	-	-	-
64	-	-	-	-	-	-	-	-	-	-	100 000
65	-	-	-	-	-	-	-	-	-	100 000	99 596
66	-	-	-	-	-	-	-	-	100 000	99 562	99 163
67	-	-	-	-	-	-	-	100 000	99 515	99 083	98 690
68	-	-	-	-	-	-	100 000	99 467	98 988	98 563	98 176
69	-	-	-	-	-	100 000	99 408	98 883	98 413	97 995	97 615
70	-	-	-	-	100 000	99 351	98 769	98 252	97 790	97 380	97 008
71	-	-	-	100 000	99 259	98 621	98 050	97 543	97 091	96 690	96 327
72	-	-	100 000	99 172	98 445	97 819	97 260	96 764	96 323	95 932	95 578
73	-	100 000	99 088	98 276	97 564	96 952	96 405	95 922	95 491	95 111	94 768
74	100 000	98 946	98 053	97 259	96 563	95 967	95 435	94 965	94 548	94 181	93 850
75	98 806	97 776	96 905	96 131	95 454	94 874	94 359	93 905	93 502	93 149	92 833
76	97 464	96 460	95 613	94 861	94 205	93 645	93 148	92 711	92 326	91 990	91 691
77	95 970	94 996	94 176	93 449	92 817	92 278	91 801	91 385	91 019	90 704	90 426
78	94 273	93 332	92 542	91 844	91 238	90 724	90 271	89 878	89 538	89 247	88 994
79	92 407	91 503	90 747	90 079	89 502	89 015	88 590	88 226	87 913	87 651	87 426
80	90 321	89 457	88 737	88 104	87 559	87 106	86 713	86 382	86 102	85 873	85 681
81	88 002	87 183	86 503	85 908	85 402	84 987	84 632	84 338	84 097	83 905	83 751
82	85 407	84 636	84 002	83 454	82 992	82 621	82 310	82 060	81 862	81 713	81 601
83	82 508	81 793	81 212	80 716	80 307	79 986	79 726	79 526	79 376	79 275	79 212
84	79 294	78 642	78 123	77 687	77 336	77 072	76 868	76 723	76 628	76 581	76 570

ÂGE	1922	1923	1924	1925	1926	1927	1928	1929	1930	1931	1932
85	75 765	75 184	74 732	74 362	74 075	73 874	73 731	73 645	73 608	73 618	73 663
86	71 948	71 443	71 063	70 762	70 543	70 406	70 326	70 301	70 324	70 392	70 495
87	67 841	67 416	67 111	66 882	66 731	66 659	66 642	66 679	66 761	66 887	67 047
88	63 469	63 125	62 893	62 736	62 652	62 644	62 689	62 784	62 924	63 105	63 319
89	58 769	58 507	58 351	58 265	58 249	58 305	58 410	58 564	58 759	58 995	59 261
90	53 885	53 701	53 616	53 596	53 642	53 754	53 914	54 119	54 364	54 647	54 959
91	48 811	48 701	48 682	48 724	48 826	48 990	49 197	49 448	49 736	50 059	50 411
92	43 693	43 649	43 688	43 781	43 930	44 136	44 383	44 670	44 991	45 346	45 727
93	38 510	38 526	38 616	38 755	38 945	39 186	39 465	39 781	40 129	40 507	40 911
94	33 478	33 544	33 674	33 850	34 070	34 337	34 638	34 973	35 337	35 730	36 146
95	28 679	28 783	28 944	29 145	29 386	29 669	29 982	30 325	30 695	31 092	31 510
96	24 186	24 318	24 499	24 715	24 967	25 254	25 569	25 912	26 279	26 670	27 081
97	20 059	20 209	20 400	20 622	20 874	21 157	21 465	21 798	22 152	22 529	22 923
98	16 345	16 502	16 695	16 913	17 157	17 428	17 721	18 036	18 370	18 724	19 095
99	13 071	13 227	13 413	13 620	13 849	14 102	14 374	14 664	14 971	15 296	15 637
100	10 247	10 396	10 568	10 759	10 968	11 197	11 442	11 703	11 979	12 271	12 576
101	7 866	8 002	8 157	8 326	8 512	8 714	8 929	9 158	9 401	9 656	9 924
102	5 906	6 025	6 160	6 307	6 466	6 639	6 824	7 020	7 227	7 446	7 675
103	4 330	4 432	4 546	4 669	4 803	4 947	5 101	5 264	5 437	5 620	5 812
104	3 098	3 181	3 274	3 374	3 483	3 600	3 725	3 858	3 998	4 147	4 303
105	2 158	2 225	2 298	2 377	2 463	2 555	2 654	2 759	2 870	2 988	3 112
106	1 463	1 514	1 570	1 631	1 696	1 767	1 842	1 923	2 008	2 099	2 195
107	962	1 000	1 042	1 087	1 136	1 188	1 244	1 304	1 368	1 436	1 508
108	614	641	671	703	738	776	817	860	906	956	1 008
109	379	398	419	441	465	491	520	550	583	617	655
110	226	239	252	267	284	301	320	341	363	387	412
111	130	138	147	156	167	178	191	204	219	234	251
112	72	77	82	88	95	102	110	118	127	137	148
113	38	41	44	48	52	56	61	66	71	77	84
114	19	21	23	25	27	29	32	35	38	42	46
115	9	10	11	12	13	15	16	18	20	22	24
116	4	5	5	6	6	7	8	9	10	11	12
117	2	2	2	3	3	3	4	4	5	5	6
118	1	1	1	1	1	1	2	2	2	2	3
119	-	-	-	-	1	1	1	1	1	1	1
120	-	-	-	-	-	-	-	-	-	-	-

ÂGE	1933	1934	1935	1936	1937	1938	1939	1940	1941	1942	1943
0	-	-	-	-	-	-	-	-	-	-	-
1	-	-	-	-	-	-	-	-	-	-	-
2	-	-	-	-	-	-	-	-	-	-	-
3	-	-	-	-	-	-	-	-	-	-	-
4	-	-	-	-	-	-	-	-	-	-	-
5	-	-	-	-	-	-	-	-	-	-	-
6	-	-	-	-	-	-	-	-	-	-	-
7	-	-	-	-	-	-	-	-	-	-	-
8	-	-	-	-	-	-	-	-	-	-	-
9	-	-	-	-	-	-	-	-	-	-	-
10	-	-	-	-	-	-	-	-	-	-	-
11	-	-	-	-	-	-	-	-	-	-	-
12	-	-	-	-	-	-	-	-	-	-	-
13	-	-	-	-	-	-	-	-	-	-	-
14	-	-	-	-	-	-	-	-	-	-	-
15	-	-	-	-	-	-	-	-	-	-	-
16	-	-	-	-	-	-	-	-	-	-	-
17	-	-	-	-	-	-	-	-	-	-	-
18	-	-	-	-	-	-	-	-	-	-	-
19	-	-	-	-	-	-	-	-	-	-	-
20	-	-	-	-	-	-	-	-	-	-	-
21	-	-	-	-	-	-	-	-	-	-	-
22	-	-	-	-	-	-	-	-	-	-	-
23	-	-	-	-	-	-	-	-	-	-	-
24	-	-	-	-	-	-	-	-	-	-	-
25	-	-	-	-	-	-	-	-	-	-	-
26	-	-	-	-	-	-	-	-	-	-	-
27	-	-	-	-	-	-	-	-	-	-	-
28	-	-	-	-	-	-	-	-	-	-	-
29	-	-	-	-	-	-	-	-	-	-	-
30	-	-	-	-	-	-	-	-	-	-	-
31	-	-	-	-	-	-	-	-	-	-	-
32	-	-	-	-	-	-	-	-	-	-	-
33	-	-	-	-	-	-	-	-	-	-	-
34	-	-	-	-	-	-	-	-	-	-	-
35	-	-	-	-	-	-	-	-	-	-	-

ÂGE	1933	1934	1935	1936	1937	1938	1939	1940	1941	1942	1943
36	-	-	-	-	-	-	-	-	-	-	-
37	-	-	-	-	-	-	-	-	-	-	-
38	-	-	-	-	-	-	-	-	-	-	-
39	-	-	-	-	-	-	-	-	-	-	-
40	-	-	-	-	-	-	-	-	-	-	-
41	-	-	-	-	-	-	-	-	-	-	-
42	-	-	-	-	-	-	-	-	-	-	-
43	-	-	-	-	-	-	-	-	-	-	-
44	-	-	-	-	-	-	-	-	-	-	-
45	-	-	-	-	-	-	-	-	-	-	-
46	-	-	-	-	-	-	-	-	-	-	-
47	-	-	-	-	-	-	-	-	-	-	-
48	-	-	-	-	-	-	-	-	-	-	-
49	-	-	-	-	-	-	-	-	-	-	-
50	-	-	-	-	-	-	-	-	-	-	-
51	-	-	-	-	-	-	-	-	-	-	-
52	-	-	-	-	-	-	-	-	-	-	-
53	-	-	-	-	-	-	-	-	-	-	100 000
54	-	-	-	-	-	-	-	-	-	100 000	99 778
55	-	-	-	-	-	-	-	-	100 000	99 774	99 554
56	-	-	-	-	-	-	-	100 000	99 765	99 542	99 324
57	-	-	-	-	-	-	100 000	99 734	99 502	99 280	99 065
58	-	-	-	-	-	100 000	99 707	99 444	99 214	98 995	98 782
59	-	-	-	-	100 000	99 692	99 401	99 141	98 914	98 698	98 487
60	-	-	-	100 000	99 670	99 365	99 078	98 821	98 597	98 383	98 176
61	-	-	100 000	99 662	99 336	99 034	98 750	98 496	98 275	98 064	97 860
62	-	100 000	99 653	99 319	98 996	98 698	98 417	98 167	97 949	97 741	97 540
63	100 000	99 648	99 305	98 974	98 655	98 360	98 084	97 836	97 621	97 417	97 218
64	99 635	99 287	98 948	98 621	98 306	98 015	97 742	97 498	97 286	97 085	96 890
65	99 236	98 892	98 557	98 235	97 924	97 637	97 368	97 128	96 920	96 723	96 532
66	98 808	98 469	98 139	97 821	97 515	97 233	96 968	96 732	96 528	96 335	96 149
67	98 340	98 007	97 682	97 370	97 068	96 791	96 531	96 300	96 101	95 913	95 732
68	97 833	97 505	97 187	96 880	96 584	96 312	96 057	95 832	95 639	95 457	95 282
69	97 278	96 957	96 645	96 344	96 055	95 789	95 541	95 322	95 136	94 961	94 792
70	96 678	96 365	96 059	95 766	95 484	95 225	94 985	94 773	94 595	94 427	94 266
71	96 005	95 700	95 403	95 117	94 844	94 594	94 363	94 160	93 991	93 832	93 680

ÂGE	1933	1934	1935	1936	1937	1938	1939	1940	1941	1942	1943
72	95 266	94 969	94 682	94 406	94 143	93 904	93 682	93 490	93 331	93 183	93 041
73	94 466	94 181	93 904	93 640	93 388	93 160	92 950	92 770	92 622	92 485	92 355
74	93 561	93 288	93 025	92 774	92 536	92 322	92 126	91 960	91 826	91 703	91 587
75	92 558	92 301	92 053	91 818	91 596	91 398	91 219	91 069	90 951	90 844	90 744
76	91 435	91 195	90 966	90 750	90 547	90 369	90 208	90 077	89 978	89 890	89 809
77	90 190	89 972	89 764	89 570	89 389	89 233	89 094	88 985	88 907	88 841	88 781
78	88 783	88 591	88 409	88 241	88 087	87 956	87 844	87 760	87 708	87 667	87 632
79	87 244	87 080	86 927	86 789	86 663	86 562	86 478	86 423	86 399	86 385	86 378
80	85 532	85 401	85 281	85 176	85 084	85 015	84 964	84 941	84 949	84 966	84 991
81	83 638	83 544	83 462	83 394	83 339	83 307	83 293	83 305	83 347	83 400	83 458
82	81 531	81 479	81 439	81 413	81 399	81 409	81 435	81 487	81 569	81 660	81 756
83	79 189	79 184	79 191	79 212	79 244	79 299	79 371	79 467	79 592	79 725	79 864
84	76 599	76 646	76 704	76 775	76 858	76 962	77 082	77 227	77 398	77 577	77 761
85	73 747	73 849	73 961	74 086	74 222	74 379	74 551	74 746	74 966	75 194	75 426
86	70 634	70 791	70 959	71 138	71 329	71 539	71 763	72 010	72 280	72 558	72 839
87	67 242	67 454	67 676	67 910	68 154	68 418	68 694	68 991	69 312	69 639	69 970
88	63 567	63 831	64 106	64 392	64 688	65 002	65 329	65 675	66 044	66 420	66 798
89	59 560	59 875	60 200	60 536	60 882	61 246	61 621	62 016	62 432	62 853	63 278
90	55 302	55 661	56 030	56 410	56 800	57 206	57 625	58 061	58 518	58 981	59 447
91	50 792	51 188	51 595	52 012	52 440	52 883	53 338	53 811	54 303	54 801	55 302
92	46 136	46 560	46 995	47 440	47 896	48 367	48 849	49 349	49 867	50 392	50 921
93	41 341	41 785	42 240	42 706	43 182	43 674	44 176	44 696	45 233	45 777	46 326
94	36 586	37 041	37 507	37 983	38 470	38 972	39 485	40 014	40 561	41 115	41 674
95	31 952	32 407	32 873	33 350	33 838	34 340	34 853	35 382	35 928	36 482	37 041
96	27 513	27 959	28 415	28 883	29 361	29 854	30 358	30 876	31 411	31 955	32 505
97	23 338	23 765	24 203	24 652	25 112	25 585	26 070	26 569	27 084	27 608	28 139
98	19 483	19 884	20 296	20 718	21 151	21 597	22 055	22 526	23 012	23 507	24 010
99	15 993	16 362	16 740	17 129	17 529	17 941	18 364	18 800	19 250	19 710	20 178
100	12 896	13 227	13 568	13 919	14 280	14 653	15 036	15 432	15 840	16 259	16 686
101	10 205	10 496	10 796	11 106	11 425	11 755	12 095	12 446	12 810	13 183	13 565
102	7 916	8 166	8 424	8 691	8 967	9 253	9 549	9 855	10 172	10 498	10 832
103	6 013	6 223	6 440	6 665	6 898	7 141	7 391	7 652	7 922	8 201	8 488
104	4 468	4 639	4 817	5 003	5 195	5 396	5 604	5 821	6 046	6 279	6 520
105	3 243	3 380	3 522	3 671	3 826	3 988	4 157	4 333	4 517	4 707	4 904
106	2 297	2 403	2 514	2 631	2 753	2 880	3 013	3 153	3 299	3 451	3 609
107	1 585	1 665	1 750	1 839	1 932	2 030	2 132	2 240	2 353	2 471	2 594

ÂGE	1933	1934	1935	1936	1937	1938	1939	1940	1941	1942	1943
108	1 064	1 123	1 186	1 251	1 321	1 394	1 471	1 552	1 637	1 727	1 820
109	694	737	781	829	879	931	987	1 047	1 109	1 175	1 245
110	439	469	500	533	568	605	645	687	731	779	829
111	269	289	310	332	356	381	408	437	468	501	536
112	160	172	186	200	216	233	251	270	291	313	337
113	91	99	108	117	127	137	149	161	175	189	205
114	50	55	60	66	72	78	85	93	102	111	121
115	27	29	32	35	39	43	47	52	57	62	69
116	13	15	17	18	20	23	25	28	31	34	38
117	7	7	8	9	10	11	13	14	16	18	20
118	3	3	4	4	5	6	6	7	8	9	10
119	1	2	2	2	2	3	3	3	4	4	5
120	1	1	1	1	1	1	1	1	2	2	2

ÂGE	1944	1945	1946	1947	1948	1949	1950	1951	1952	1953	1954
0	-	-	-	-	-	-	-	-	-	-	-
1	-	-	-	-	-	-	-	-	-	-	-
2	-	-	-	-	-	-	-	-	-	-	-
3	-	-	-	-	-	-	-	-	-	-	-
4	-	-	-	-	-	-	-	-	-	-	-
5	-	-	-	-	-	-	-	-	-	-	-
6	-	-	-	-	-	-	-	-	-	-	-
7	-	-	-	-	-	-	-	-	-	-	-
8	-	-	-	-	-	-	-	-	-	-	-
9	-	-	-	-	-	-	-	-	-	-	-
10	-	-	-	-	-	-	-	-	-	-	-
11	-	-	-	-	-	-	-	-	-	-	-
12	-	-	-	-	-	-	-	-	-	-	-
13	-	-	-	-	-	-	-	-	-	-	-
14	-	-	-	-	-	-	-	-	-	-	-
15	-	-	-	-	-	-	-	-	-	-	-
16	-	-	-	-	-	-	-	-	-	-	-
17	-	-	-	-	-	-	-	-	-	-	-
18	-	-	-	-	-	-	-	-	-	-	-
19	-	-	-	-	-	-	-	-	-	-	-
20	-	-	-	-	-	-	-	-	-	-	-
21	-	-	-	-	-	-	-	-	-	-	-

ÂGE	1944	1945	1946	1947	1948	1949	1950	1951	1952	1953	1954
22	-	-	-	-	-	-	-	-	-	-	-
23	-	-	-	-	-	-	-	-	-	-	-
24	-	-	-	-	-	-	-	-	-	-	-
25	-	-	-	-	-	-	-	-	-	-	-
26	-	-	-	-	-	-	-	-	-	-	-
27	-	-	-	-	-	-	-	-	-	-	-
28	-	-	-	-	-	-	-	-	-	-	-
29	-	-	-	-	-	-	-	-	-	-	-
30	-	-	-	-	-	-	-	-	-	-	-
31	-	-	-	-	-	-	-	-	-	-	-
32	-	-	-	-	-	-	-	-	-	-	-
33	-	-	-	-	-	-	-	-	-	-	-
34	-	-	-	-	-	-	-	-	-	-	-
35	-	-	-	-	-	-	-	-	-	-	-
36	-	-	-	-	-	-	-	-	-	-	-
37	-	-	-	-	-	-	-	-	-	-	-
38	-	-	-	-	-	-	-	-	-	-	-
39	-	-	-	-	-	-	-	-	-	-	-
40	-	-	-	-	-	-	-	-	-	-	-
41	-	-	-	-	-	-	-	-	-	-	-
42	-	-	-	-	-	-	-	-	-	-	100 000
43	-	-	-	-	-	-	-	-	-	100 000	99 930
44	-	-	-	-	-	-	-	-	100 000	99 916	99 846
45	-	-	-	-	-	-	-	100 000	99 914	99 830	99 761
46	-	-	-	-	-	-	100 000	99 903	99 817	99 734	99 665
47	-	-	-	-	-	100 000	99 894	99 797	99 712	99 629	99 561
48	-	-	-	-	100 000	99 882	99 777	99 681	99 596	99 514	99 447
49	-	-	-	100 000	99 869	99 752	99 647	99 552	99 469	99 387	99 321
50	-	-	100 000	99 844	99 714	99 598	99 494	99 400	99 317	99 237	99 171
51	-	100 000	99 822	99 667	99 539	99 424	99 321	99 228	99 146	99 067	99 002
52	100 000	99 812	99 635	99 482	99 354	99 241	99 139	99 047	98 967	98 889	98 825
53	99 796	99 609	99 434	99 282	99 156	99 044	98 944	98 853	98 774	98 697	98 634
54	99 576	99 391	99 218	99 067	98 943	98 832	98 733	98 644	98 566	98 491	98 430
55	99 354	99 170	98 999	98 850	98 727	98 618	98 521	98 433	98 357	98 283	98 224
56	99 125	98 944	98 774	98 627	98 506	98 398	98 302	98 216	98 142	98 070	98 012
57	98 868	98 689	98 521	98 376	98 257	98 151	98 057	97 973	97 901	97 831	97 776

ÂGE	1944	1945	1946	1947	1948	1949	1950	1951	1952	1953	1954
58	98 588	98 411	98 245	98 102	97 985	97 882	97 790	97 709	97 639	97 572	97 519
59	98 296	98 121	97 958	97 818	97 703	97 602	97 514	97 435	97 368	97 304	97 254
60	97 987	97 815	97 655	97 517	97 405	97 308	97 222	97 146	97 082	97 021	96 975
61	97 674	97 505	97 348	97 213	97 104	97 009	96 927	96 854	96 794	96 736	96 693
62	97 357	97 191	97 037	96 905	96 799	96 708	96 629	96 559	96 502	96 448	96 408
63	97 039	96 876	96 725	96 597	96 495	96 406	96 330	96 265	96 211	96 160	96 124
64	96 714	96 555	96 407	96 282	96 184	96 099	96 026	95 964	95 914	95 867	95 834
65	96 359	96 204	96 061	95 940	95 845	95 765	95 696	95 638	95 592	95 549	95 520
66	95 981	95 830	95 691	95 575	95 485	95 409	95 345	95 291	95 250	95 211	95 188
67	95 569	95 424	95 290	95 179	95 094	95 023	94 965	94 916	94 880	94 847	94 828
68	95 125	94 985	94 858	94 753	94 674	94 609	94 556	94 514	94 483	94 456	94 443
69	94 642	94 509	94 389	94 291	94 218	94 160	94 114	94 079	94 055	94 035	94 029
70	94 123	93 998	93 885	93 795	93 730	93 680	93 641	93 613	93 597	93 584	93 586
71	93 547	93 431	93 327	93 246	93 190	93 148	93 119	93 100	93 093	93 089	93 099
72	92 918	92 813	92 720	92 649	92 603	92 572	92 553	92 544	92 547	92 553	92 573
73	92 244	92 150	92 069	92 010	91 975	91 955	91 948	91 950	91 964	91 981	92 012
74	91 490	91 410	91 342	91 297	91 276	91 270	91 275	91 290	91 317	91 347	91 391
75	90 663	90 599	90 547	90 517	90 512	90 520	90 541	90 571	90 612	90 657	90 715
76	89 747	89 701	89 667	89 655	89 668	89 694	89 732	89 779	89 837	89 898	89 973
77	88 740	88 715	88 702	88 711	88 743	88 789	88 846	88 912	88 990	89 069	89 162
78	87 616	87 616	87 627	87 659	87 715	87 784	87 863	87 952	88 050	88 151	88 265
79	86 389	86 416	86 453	86 511	86 592	86 686	86 790	86 903	87 025	87 149	87 286
80	85 032	85 088	85 156	85 243	85 352	85 473	85 605	85 744	85 893	86 043	86 205
81	83 533	83 623	83 723	83 842	83 982	84 134	84 296	84 464	84 642	84 821	85 010
82	81 869	81 995	82 131	82 285	82 460	82 646	82 841	83 042	83 252	83 462	83 682
83	80 017	80 184	80 360	80 553	80 766	80 988	81 219	81 456	81 701	81 945	82 199
84	77 959	78 169	78 388	78 623	78 876	79 139	79 409	79 685	79 967	80 249	80 539
85	75 671	75 927	76 191	76 471	76 768	77 073	77 385	77 702	78 024	78 345	78 674
86	73 132	73 436	73 747	74 072	74 414	74 763	75 118	75 478	75 842	76 205	76 575
87	70 312	70 664	71 022	71 393	71 780	72 174	72 573	72 976	73 384	73 789	74 201
88	67 187	67 585	67 990	68 406	68 838	69 276	69 719	70 165	70 616	71 064	71 517
89	63 713	64 157	64 607	65 068	65 544	66 025	66 511	67 000	67 493	67 983	68 479
90	59 923	60 408	60 898	61 399	61 915	62 436	62 961	63 489	64 021	64 551	65 085
91	55 814	56 334	56 860	57 396	57 946	58 502	59 062	59 625	60 192	60 757	61 327
92	51 460	52 007	52 560	53 124	53 701	54 284	54 872	55 463	56 058	56 652	57 252
93	46 885	47 452	48 026	48 611	49 208	49 812	50 421	51 034	51 651	52 268	52 890

ÂGE	1944	1945	1946	1947	1948	1949	1950	1951	1952	1953	1954
94	42 243	42 822	43 407	44 003	44 611	45 227	45 848	46 474	47 105	47 736	48 373
95	37 611	38 191	38 777	39 375	39 985	40 603	41 226	41 856	42 491	43 127	43 770
96	33 065	33 636	34 214	34 803	35 405	36 015	36 632	37 254	37 884	38 516	39 155
97	28 680	29 232	29 792	30 364	30 947	31 539	32 139	32 746	33 360	33 978	34 603
98	24 524	25 049	25 582	26 126	26 683	27 248	27 822	28 403	28 993	29 587	30 189
99	20 656	21 145	21 644	22 153	22 675	23 205	23 745	24 293	24 849	25 411	25 982
100	17 123	17 571	18 028	18 496	18 976	19 465	19 964	20 471	20 986	21 509	22 041
101	13 957	14 359	14 770	15 192	15 625	16 068	16 521	16 982	17 451	17 929	18 415
102	11 176	11 530	11 892	12 266	12 649	13 043	13 445	13 856	14 276	14 704	15 141
103	8 783	9 088	9 402	9 725	10 058	10 400	10 751	11 111	11 480	11 856	12 241
104	6 768	7 026	7 291	7 565	7 848	8 140	8 440	8 748	9 065	9 390	9 723
105	5 109	5 321	5 540	5 767	6 003	6 246	6 498	6 757	7 023	7 297	7 579
106	3 773	3 944	4 121	4 305	4 497	4 696	4 901	5 114	5 333	5 560	5 794
107	2 723	2 857	2 997	3 143	3 296	3 454	3 618	3 789	3 966	4 149	4 338
108	1 919	2 022	2 129	2 242	2 360	2 483	2 612	2 745	2 884	3 029	3 179
109	1 318	1 395	1 476	1 560	1 650	1 743	1 841	1 943	2 050	2 161	2 277
110	882	937	996	1 058	1 124	1 193	1 265	1 342	1 421	1 505	1 593
111	573	613	654	699	746	795	847	903	961	1 022	1 086
112	362	389	418	448	481	515	552	591	632	676	722
113	222	239	259	279	301	324	349	376	404	434	466
114	131	143	155	168	183	198	214	232	251	271	293
115	75	82	90	98	107	117	127	139	151	164	178
116	41	46	50	55	61	67	73	80	88	96	105
117	22	24	27	30	33	37	41	45	49	54	60
118	11	13	14	16	17	19	22	24	27	30	33
119	5	6	7	8	9	10	11	12	14	16	17
120	3	3	3	4	4	5	5	6	7	8	9

ÂGE	1955	1956	1957	1958	1959	1960	1961	1962	1963	1964	1965
0	-	-	-	-	-	-	-	-	-	-	-
1	-	-	-	-	-	-	-	-	-	-	-
2	-	-	-	-	-	-	-	-	-	-	-
3	-	-	-	-	-	-	-	-	-	-	-
4	-	-	-	-	-	-	-	-	-	-	-
5	-	-	-	-	-	-	-	-	-	-	-
6	-	-	-	-	-	-	-	-	-	-	-
7	-	-	-	-	-	-	-	-	-	-	-

ÂGE	1955	1956	1957	1958	1959	1960	1961	1962	1963	1964	1965
8	-	-	-	-	-	-	-	-	-	-	-
9	-	-	-	-	-	-	-	-	-	-	-
10	-	-	-	-	-	-	-	-	-	-	-
11	-	-	-	-	-	-	-	-	-	-	-
12	-	-	-	-	-	-	-	-	-	-	-
13	-	-	-	-	-	-	-	-	-	-	-
14	-	-	-	-	-	-	-	-	-	-	-
15	-	-	-	-	-	-	-	-	-	-	-
16	-	-	-	-	-	-	-	-	-	-	-
17	-	-	-	-	-	-	-	-	-	-	-
18	-	-	-	-	-	-	-	-	-	-	-
19	-	-	-	-	-	-	-	-	-	-	-
20	-	-	-	-	-	-	-	-	-	-	-
21	-	-	-	-	-	-	-	-	-	-	-
22	-	-	-	-	-	-	-	-	-	-	-
23	-	-	-	-	-	-	-	-	-	-	-
24	-	-	-	-	-	-	-	-	-	-	-
25	-	-	-	-	-	-	-	-	-	-	-
26	-	-	-	-	-	-	-	-	-	-	-
27	-	-	-	-	-	-	-	-	-	-	-
28	-	-	-	-	-	-	-	-	-	-	-
29	-	-	-	-	-	-	-	-	-	-	-
30	-	-	-	-	-	-	-	-	-	-	-
31	-	-	-	-	-	-	-	-	-	-	100 000
32	-	-	-	-	-	-	-	-	-	100 000	99 970
33	-	-	-	-	-	-	-	-	100 000	99 969	99 939
34	-	-	-	-	-	-	-	100 000	99 967	99 936	99 906
35	-	-	-	-	-	-	100 000	99 965	99 933	99 902	99 872
36	-	-	-	-	-	100 000	99 963	99 929	99 896	99 865	99 836
37	-	-	-	-	100 000	99 961	99 924	99 890	99 857	99 826	99 797
38	-	-	-	100 000	99 958	99 918	99 882	99 848	99 815	99 785	99 756
39	-	-	100 000	99 954	99 912	99 873	99 836	99 802	99 770	99 740	99 711
40	-	100 000	99 950	99 904	99 862	99 823	99 787	99 753	99 721	99 691	99 662
41	100 000	99 944	99 894	99 848	99 807	99 768	99 732	99 698	99 667	99 637	99 608
42	99 938	99 882	99 832	99 787	99 745	99 707	99 671	99 638	99 607	99 577	99 548
43	99 868	99 813	99 763	99 718	99 677	99 639	99 603	99 570	99 539	99 510	99 481

ÂGE	1955	1956	1957	1958	1959	1960	1961	1962	1963	1964	1965
44	99 785	99 730	99 681	99 636	99 595	99 557	99 522	99 490	99 459	99 430	99 402
45	99 700	99 646	99 597	99 552	99 512	99 475	99 440	99 408	99 377	99 348	99 321
46	99 605	99 551	99 503	99 459	99 419	99 382	99 348	99 316	99 286	99 257	99 231
47	99 501	99 448	99 400	99 357	99 317	99 281	99 247	99 216	99 186	99 159	99 132
48	99 387	99 335	99 287	99 245	99 206	99 170	99 137	99 106	99 077	99 050	99 025
49	99 262	99 210	99 163	99 121	99 083	99 048	99 016	98 986	98 958	98 931	98 906
50	99 113	99 062	99 016	98 975	98 938	98 904	98 872	98 843	98 816	98 791	98 767
51	98 945	98 895	98 851	98 811	98 774	98 742	98 711	98 684	98 658	98 634	98 611
52	98 769	98 720	98 677	98 638	98 603	98 572	98 543	98 517	98 492	98 470	98 449
53	98 580	98 532	98 491	98 453	98 420	98 390	98 363	98 338	98 315	98 295	98 275
54	98 377	98 331	98 291	98 255	98 224	98 196	98 170	98 148	98 127	98 108	98 090
55	98 173	98 128	98 090	98 056	98 026	98 000	97 977	97 956	97 937	97 920	97 905
56	97 963	97 921	97 884	97 852	97 824	97 800	97 779	97 760	97 743	97 728	97 715
57	97 729	97 689	97 655	97 625	97 600	97 578	97 559	97 543	97 528	97 516	97 505
58	97 475	97 438	97 407	97 380	97 358	97 339	97 323	97 309	97 298	97 289	97 281
59	97 213	97 178	97 150	97 127	97 107	97 092	97 079	97 069	97 061	97 055	97 050
60	96 937	96 906	96 881	96 861	96 845	96 833	96 824	96 817	96 813	96 810	96 809
61	96 658	96 631	96 610	96 593	96 581	96 572	96 566	96 563	96 562	96 563	96 566
62	96 377	96 353	96 335	96 322	96 314	96 308	96 306	96 307	96 309	96 314	96 320
63	96 096	96 076	96 061	96 052	96 047	96 045	96 046	96 050	96 056	96 064	96 074
64	95 810	95 793	95 782	95 776	95 775	95 777	95 782	95 789	95 799	95 811	95 824
65	95 500	95 488	95 481	95 479	95 482	95 488	95 497	95 509	95 523	95 539	95 556
66	95 172	95 164	95 162	95 165	95 172	95 183	95 196	95 213	95 231	95 252	95 274
67	94 818	94 815	94 819	94 827	94 839	94 855	94 874	94 895	94 919	94 945	94 972
68	94 439	94 442	94 451	94 465	94 483	94 505	94 530	94 557	94 587	94 618	94 651
69	94 031	94 041	94 057	94 077	94 102	94 130	94 161	94 195	94 231	94 269	94 308
70	93 596	93 613	93 636	93 664	93 696	93 731	93 770	93 811	93 854	93 898	93 944
71	93 118	93 144	93 175	93 212	93 252	93 296	93 343	93 392	93 443	93 495	93 549
72	92 602	92 637	92 679	92 724	92 774	92 828	92 884	92 942	93 002	93 063	93 126
73	92 051	92 097	92 149	92 205	92 265	92 329	92 395	92 463	92 532	92 604	92 676
74	91 443	91 501	91 565	91 633	91 706	91 781	91 858	91 938	92 019	92 101	92 184
75	90 781	90 853	90 931	91 013	91 098	91 187	91 277	91 370	91 463	91 558	91 653
76	90 055	90 143	90 236	90 334	90 434	90 537	90 643	90 749	90 857	90 965	91 074
77	89 262	89 368	89 478	89 593	89 710	89 830	89 951	90 074	90 197	90 321	90 445
78	88 386	88 512	88 642	88 776	88 912	89 051	89 190	89 331	89 472	89 613	89 754
79	87 429	87 577	87 729	87 884	88 041	88 200	88 359	88 519	88 680	88 840	88 999

ÂGE	1955	1956	1957	1958	1959	1960	1961	1962	1963	1964	1965
80	86 373	86 545	86 721	86 899	87 079	87 261	87 443	87 624	87 806	87 987	88 166
81	85 205	85 404	85 607	85 811	86 016	86 222	86 428	86 634	86 839	87 042	87 244
82	83 907	84 136	84 367	84 599	84 832	85 066	85 298	85 530	85 761	85 989	86 216
83	82 457	82 718	82 981	83 244	83 508	83 771	84 033	84 294	84 552	84 809	85 063
84	80 833	81 129	81 426	81 723	82 020	82 315	82 609	82 901	83 191	83 477	83 761
85	79 006	79 340	79 674	80 007	80 340	80 670	80 999	81 324	81 647	81 967	82 282
86	76 947	77 319	77 692	78 064	78 434	78 802	79 167	79 529	79 887	80 242	80 592
87	74 614	75 028	75 441	75 852	76 262	76 669	77 072	77 472	77 868	78 260	78 646
88	71 972	72 427	72 881	73 333	73 783	74 230	74 673	75 112	75 547	75 977	76 402
89	68 975	69 472	69 967	70 460	70 951	71 438	71 922	72 401	72 876	73 346	73 810
90	65 621	66 156	66 691	67 223	67 753	68 279	68 802	69 320	69 834	70 343	70 847
91	61 898	62 469	63 040	63 608	64 174	64 737	65 297	65 853	66 404	66 951	67 492
92	57 852	58 453	59 054	59 654	60 251	60 846	61 438	62 027	62 611	63 191	63 767
93	53 515	54 140	54 766	55 391	56 015	56 636	57 256	57 873	58 486	59 096	59 702
94	49 013	49 655	50 298	50 941	51 583	52 225	52 865	53 503	54 138	54 771	55 400
95	44 416	45 066	45 717	46 369	47 022	47 674	48 327	48 978	49 628	50 275	50 921
96	39 798	40 445	41 095	41 747	42 401	43 056	43 711	44 367	45 022	45 676	46 330
97	35 234	35 869	36 508	37 151	37 796	38 443	39 093	39 743	40 394	41 046	41 698
98	30 798	31 412	32 031	32 654	33 281	33 912	34 545	35 181	35 819	36 459	37 099
99	26 559	27 143	27 733	28 328	28 929	29 533	30 142	30 754	31 369	31 987	32 608
100	22 580	23 126	23 679	24 238	24 803	25 373	25 948	26 528	27 113	27 701	28 293
101	18 910	19 412	19 921	20 438	20 960	21 489	22 024	22 565	23 111	23 661	24 217
102	15 587	16 040	16 501	16 970	17 445	17 928	18 417	18 912	19 413	19 920	20 432
103	12 635	13 037	13 447	13 864	14 289	14 720	15 159	15 605	16 057	16 516	16 980
104	10 064	10 413	10 770	11 135	11 507	11 887	12 273	12 667	13 068	13 475	13 889
105	7 869	8 167	8 472	8 784	9 104	9 431	9 765	10 107	10 455	10 810	11 171
106	6 035	6 283	6 538	6 800	7 070	7 346	7 629	7 919	8 216	8 519	8 829
107	4 534	4 737	4 946	5 162	5 383	5 612	5 847	6 088	6 336	6 590	6 850
108	3 335	3 497	3 664	3 837	4 016	4 201	4 391	4 588	4 790	4 998	5 213
109	2 398	2 524	2 655	2 791	2 932	3 078	3 229	3 386	3 547	3 714	3 887
110	1 684	1 780	1 880	1 984	2 092	2 205	2 322	2 444	2 570	2 701	2 837
111	1 154	1 225	1 299	1 377	1 458	1 543	1 632	1 724	1 820	1 920	2 025
112	770	821	875	932	991	1 053	1 119	1 187	1 259	1 333	1 411
113	500	536	574	614	656	701	747	797	849	903	960
114	315	340	366	393	423	453	486	521	557	595	636
115	193	209	226	245	264	285	307	331	356	382	410

ÂGE	1955	1956	1957	1958	1959	1960	1961	1962	1963	1964	1965
116	114	125	136	148	160	174	188	204	221	238	257
117	66	72	79	86	94	103	112	122	133	144	156
118	36	40	44	49	53	59	64	71	77	84	92
119	19	21	24	26	29	32	36	39	43	48	52
120	10	11	12	14	15	17	19	21	24	26	29

ÂGE	1966	1967	1968	1969	1970	1971	1972	1973	1974	1975	1976
0	-	-	-	-	-	-	-	-	-	-	-
1	-	-	-	-	-	-	-	-	-	-	-
2	-	-	-	-	-	-	-	-	-	-	-
3	-	-	-	-	-	-	-	-	-	-	-
4	-	-	-	-	-	-	-	-	-	-	-
5	-	-	-	-	-	-	-	-	-	-	-
6	-	-	-	-	-	-	-	-	-	-	-
7	-	-	-	-	-	-	-	-	-	-	-
8	-	-	-	-	-	-	-	-	-	-	-
9	-	-	-	-	-	-	-	-	-	-	-
10	-	-	-	-	-	-	-	-	-	-	-
11	-	-	-	-	-	-	-	-	-	-	-
12	-	-	-	-	-	-	-	-	-	-	-
13	-	-	-	-	-	-	-	-	-	-	-
14	-	-	-	-	-	-	-	-	-	-	-
15	-	-	-	-	-	-	-	-	-	-	-
16	-	-	-	-	-	-	-	-	-	-	-
17	-	-	-	-	-	-	-	-	-	-	-
18	-	-	-	-	-	-	-	-	-	-	-
19	-	-	-	-	-	-	-	-	-	-	-
20	-	-	-	-	-	-	-	-	-	-	100 000
21	-	-	-	-	-	-	-	-	-	100 000	99 975
22	-	-	-	-	-	-	-	-	100 000	99 975	99 950
23	-	-	-	-	-	-	-	100 000	99 975	99 950	99 926
24	-	-	-	-	-	-	100 000	99 975	99 950	99 925	99 901
25	-	-	-	-	-	100 000	99 975	99 950	99 925	99 900	99 875
26	-	-	-	-	100 000	99 974	99 949	99 924	99 899	99 875	99 850
27	-	-	-	100 000	99 974	99 948	99 923	99 898	99 873	99 849	99 824
28	-	-	100 000	99 973	99 947	99 922	99 897	99 872	99 847	99 823	99 798
29	-	100 000	99 973	99 946	99 920	99 895	99 870	99 845	99 820	99 796	99 772

ÂGE	1966	1967	1968	1969	1970	1971	1972	1973	1974	1975	1976
30	100 000	99 972	99 945	99 918	99 892	99 867	99 842	99 817	99 793	99 768	99 744
31	99 971	99 943	99 916	99 890	99 864	99 839	99 814	99 789	99 765	99 740	99 716
32	99 941	99 913	99 886	99 860	99 834	99 809	99 784	99 760	99 735	99 711	99 687
33	99 910	99 882	99 855	99 829	99 804	99 778	99 754	99 729	99 705	99 681	99 657
34	99 878	99 850	99 823	99 797	99 772	99 747	99 722	99 697	99 673	99 649	99 626
35	99 843	99 816	99 789	99 763	99 738	99 713	99 688	99 664	99 640	99 616	99 592
36	99 807	99 780	99 753	99 727	99 702	99 677	99 653	99 629	99 605	99 581	99 557
37	99 769	99 741	99 715	99 689	99 664	99 639	99 615	99 591	99 567	99 544	99 520
38	99 727	99 700	99 674	99 648	99 623	99 599	99 575	99 551	99 527	99 504	99 480
39	99 683	99 656	99 630	99 604	99 579	99 555	99 531	99 507	99 484	99 460	99 437
40	99 634	99 607	99 581	99 556	99 531	99 507	99 483	99 460	99 436	99 413	99 390
41	99 580	99 554	99 528	99 503	99 478	99 454	99 431	99 407	99 384	99 361	99 339
42	99 521	99 495	99 469	99 444	99 420	99 396	99 373	99 350	99 327	99 304	99 282
43	99 454	99 428	99 403	99 379	99 355	99 331	99 308	99 285	99 263	99 241	99 218
44	99 375	99 350	99 325	99 301	99 277	99 254	99 231	99 209	99 187	99 165	99 143
45	99 295	99 270	99 245	99 221	99 198	99 176	99 153	99 132	99 110	99 088	99 067
46	99 205	99 180	99 156	99 133	99 110	99 088	99 067	99 045	99 024	99 003	98 982
47	99 107	99 083	99 060	99 037	99 015	98 993	98 972	98 952	98 931	98 911	98 891
48	99 000	98 977	98 954	98 932	98 911	98 890	98 870	98 850	98 830	98 810	98 791
49	98 883	98 860	98 838	98 817	98 797	98 777	98 757	98 738	98 719	98 700	98 682
50	98 744	98 723	98 702	98 682	98 663	98 644	98 626	98 608	98 590	98 572	98 555
51	98 590	98 570	98 550	98 532	98 514	98 497	98 480	98 463	98 447	98 431	98 415
52	98 429	98 410	98 392	98 375	98 359	98 343	98 327	98 312	98 298	98 283	98 269
53	98 257	98 240	98 224	98 209	98 194	98 180	98 166	98 153	98 140	98 128	98 115
54	98 074	98 059	98 045	98 032	98 019	98 007	97 996	97 985	97 974	97 963	97 953
55	97 890	97 877	97 865	97 854	97 844	97 834	97 824	97 815	97 806	97 798	97 789
56	97 703	97 692	97 682	97 673	97 664	97 656	97 649	97 642	97 635	97 629	97 623
57	97 496	97 488	97 480	97 474	97 468	97 463	97 458	97 454	97 450	97 446	97 442
58	97 275	97 270	97 265	97 262	97 259	97 257	97 256	97 254	97 253	97 252	97 252
59	97 047	97 045	97 044	97 044	97 045	97 046	97 047	97 049	97 051	97 054	97 056
60	96 810	96 811	96 814	96 817	96 821	96 826	96 831	96 836	96 842	96 847	96 853
61	96 570	96 575	96 581	96 588	96 595	96 603	96 612	96 621	96 630	96 639	96 648
62	96 328	96 336	96 346	96 356	96 367	96 379	96 391	96 403	96 415	96 428	96 440
63	96 085	96 097	96 110	96 124	96 139	96 154	96 169	96 185	96 201	96 217	96 233
64	95 839	95 855	95 871	95 889	95 907	95 925	95 944	95 963	95 983	96 002	96 022
65	95 575	95 595	95 615	95 637	95 659	95 682	95 704	95 728	95 751	95 774	95 797

ÂGE	1966	1967	1968	1969	1970	1971	1972	1973	1974	1975	1976
66	95 297	95 321	95 346	95 372	95 399	95 426	95 453	95 480	95 508	95 535	95 563
67	95 000	95 029	95 059	95 090	95 122	95 154	95 186	95 218	95 250	95 282	95 314
68	94 684	94 719	94 755	94 791	94 828	94 865	94 903	94 940	94 978	95 015	95 052
69	94 348	94 389	94 431	94 473	94 516	94 559	94 602	94 646	94 689	94 732	94 774
70	93 991	94 039	94 087	94 137	94 186	94 235	94 285	94 335	94 384	94 433	94 482
71	93 604	93 660	93 716	93 772	93 829	93 886	93 943	94 000	94 056	94 112	94 167
72	93 189	93 254	93 318	93 383	93 448	93 513	93 578	93 643	93 707	93 770	93 833
73	92 749	92 822	92 896	92 970	93 044	93 118	93 191	93 264	93 336	93 408	93 479
74	92 268	92 352	92 436	92 521	92 605	92 688	92 771	92 854	92 935	93 016	93 096
75	91 749	91 845	91 940	92 036	92 131	92 225	92 319	92 412	92 504	92 595	92 685
76	91 183	91 292	91 401	91 509	91 617	91 723	91 829	91 934	92 037	92 139	92 240
77	90 569	90 692	90 815	90 937	91 058	91 178	91 297	91 415	91 531	91 645	91 758
78	89 894	90 034	90 173	90 311	90 447	90 582	90 715	90 847	90 977	91 105	91 231
79	89 158	89 315	89 471	89 626	89 779	89 930	90 079	90 227	90 372	90 515	90 656
80	88 345	88 522	88 697	88 870	89 042	89 211	89 378	89 542	89 705	89 864	90 021
81	87 445	87 643	87 840	88 034	88 225	88 414	88 600	88 784	88 964	89 142	89 317
82	86 441	86 663	86 883	87 099	87 313	87 524	87 731	87 936	88 137	88 334	88 529
83	85 314	85 562	85 807	86 049	86 287	86 522	86 753	86 981	87 204	87 424	87 640
84	84 041	84 318	84 591	84 860	85 125	85 387	85 644	85 896	86 145	86 389	86 629
85	82 594	82 902	83 205	83 505	83 799	84 089	84 375	84 655	84 931	85 202	85 468
86	80 938	81 279	81 615	81 947	82 274	82 595	82 911	83 222	83 528	83 828	84 123
87	79 028	79 405	79 777	80 144	80 505	80 860	81 210	81 554	81 892	82 224	82 551
88	76 822	77 237	77 646	78 049	78 446	78 838	79 223	79 602	79 975	80 342	80 703
89	74 270	74 723	75 171	75 613	76 049	76 478	76 901	77 318	77 728	78 132	78 529
90	71 346	71 838	72 325	72 806	73 280	73 748	74 210	74 665	75 113	75 555	75 990
91	68 028	68 559	69 084	69 603	70 115	70 622	71 122	71 615	72 102	72 582	73 055
92	64 338	64 903	65 463	66 018	66 566	67 109	67 646	68 176	68 699	69 216	69 727
93	60 303	60 900	61 492	62 079	62 661	63 237	63 807	64 371	64 929	65 482	66 027
94	56 026	56 649	57 267	57 880	58 489	59 093	59 692	60 286	60 874	61 457	62 034
95	51 564	52 204	52 841	53 475	54 104	54 730	55 351	55 968	56 581	57 188	57 790
96	46 981	47 631	48 279	48 925	49 567	50 207	50 843	51 476	52 105	52 730	53 351
97	42 349	43 000	43 650	44 298	44 945	45 590	46 233	46 873	47 511	48 146	48 778
98	37 741	38 384	39 026	39 669	40 311	40 952	41 593	42 232	42 869	43 505	44 139
99	33 231	33 855	34 482	35 109	35 737	36 366	36 995	37 623	38 252	38 880	39 507
100	28 888	29 486	30 087	30 690	31 295	31 902	32 511	33 120	33 731	34 342	34 954
101	24 776	25 340	25 907	26 478	27 052	27 629	28 209	28 791	29 375	29 961	30 548

ÂGE	1966	1967	1968	1969	1970	1971	1972	1973	1974	1975	1976
102	20 950	21 472	21 999	22 531	23 067	23 607	24 150	24 697	25 246	25 799	26 354
103	17 451	17 927	18 408	18 895	19 387	19 883	20 384	20 889	21 399	21 912	22 428
104	14 309	14 735	15 167	15 605	16 048	16 497	16 951	17 410	17 874	18 342	18 815
105	11 539	11 914	12 295	12 681	13 074	13 473	13 877	14 287	14 702	15 122	15 547
106	9 145	9 468	9 797	10 133	10 474	10 822	11 175	11 534	11 898	12 268	12 644
107	7 117	7 389	7 668	7 953	8 245	8 542	8 844	9 153	9 467	9 787	10 112
108	5 433	5 658	5 890	6 127	6 371	6 619	6 874	7 134	7 400	7 671	7 947
109	4 064	4 247	4 435	4 629	4 828	5 032	5 242	5 456	5 676	5 901	6 132
110	2 977	3 122	3 271	3 426	3 585	3 749	3 918	4 091	4 270	4 453	4 641
111	2 133	2 245	2 361	2 481	2 606	2 734	2 867	3 004	3 146	3 292	3 442
112	1 493	1 577	1 665	1 757	1 852	1 951	2 053	2 159	2 268	2 382	2 499
113	1 019	1 082	1 147	1 215	1 286	1 359	1 436	1 516	1 599	1 685	1 774
114	678	723	770	819	871	924	981	1 039	1 100	1 164	1 230
115	440	471	504	538	574	613	653	695	739	785	833
116	277	298	320	344	369	395	423	452	483	515	549
117	169	183	198	213	230	248	266	286	307	329	352
118	100	109	118	129	139	151	163	176	190	204	220
119	57	63	69	75	82	89	97	105	114	123	133
120	32	35	38	42	46	51	55	60	66	72	78

ÂGE	1977	1978	1979	1980	1981	1982	1983	1984	1985	1986	1987
0	-	-	-	-	-	-	-	-	-	-	-
1	-	-	-	-	-	-	-	-	-	-	-
2	-	-	-	-	-	-	-	-	-	-	-
3	-	-	-	-	-	-	-	-	-	-	-
4	-	-	-	-	-	-	-	-	-	-	-
5	-	-	-	-	-	-	-	-	-	-	-
6	-	-	-	-	-	-	-	-	-	-	-
7	-	-	-	-	-	-	-	-	-	-	-
8	-	-	-	-	-	-	-	-	-	-	-
9	-	-	-	-	-	-	-	-	-	-	100 000
10	-	-	-	-	-	-	-	-	-	100 000	99 992
11	-	-	-	-	-	-	-	-	100 000	99 992	99 983
12	-	-	-	-	-	-	-	100 000	99 991	99 983	99 974
13	-	-	-	-	-	-	100 000	99 991	99 982	99 974	99 965
14	-	-	-	-	-	100 000	99 990	99 981	99 972	99 963	99 955
15	-	-	-	-	100 000	99 989	99 979	99 969	99 961	99 952	99 944

ÂGE	1977	1978	1979	1980	1981	1982	1983	1984	1985	1986	1987
16	-	-	-	100 000	99 987	99 976	99 966	99 957	99 948	99 939	99 931
17	-	-	100 000	99 985	99 972	99 961	99 951	99 942	99 933	99 925	99 916
18	-	100 000	99 982	99 967	99 954	99 943	99 933	99 924	99 915	99 907	99 899
19	100 000	99 979	99 961	99 947	99 934	99 923	99 913	99 903	99 895	99 886	99 878
20	99 976	99 956	99 938	99 923	99 910	99 899	99 889	99 880	99 872	99 863	99 855
21	99 952	99 931	99 913	99 899	99 886	99 875	99 865	99 856	99 847	99 839	99 831
22	99 927	99 906	99 889	99 874	99 861	99 850	99 841	99 832	99 823	99 815	99 807
23	99 902	99 882	99 864	99 849	99 837	99 826	99 816	99 807	99 799	99 791	99 783
24	99 877	99 857	99 839	99 825	99 812	99 801	99 792	99 783	99 774	99 766	99 758
25	99 852	99 832	99 814	99 800	99 787	99 777	99 767	99 758	99 750	99 742	99 734
26	99 827	99 807	99 789	99 775	99 762	99 752	99 742	99 733	99 725	99 717	99 709
27	99 801	99 781	99 764	99 749	99 737	99 726	99 717	99 708	99 700	99 692	99 684
28	99 775	99 755	99 738	99 723	99 711	99 701	99 691	99 683	99 674	99 667	99 659
29	99 749	99 729	99 711	99 697	99 685	99 674	99 665	99 656	99 648	99 641	99 633
30	99 721	99 701	99 684	99 670	99 658	99 648	99 638	99 630	99 622	99 614	99 606
31	99 693	99 673	99 657	99 642	99 630	99 620	99 611	99 602	99 594	99 587	99 579
32	99 664	99 645	99 628	99 614	99 602	99 591	99 582	99 574	99 566	99 558	99 551
33	99 634	99 615	99 598	99 584	99 572	99 562	99 553	99 544	99 536	99 529	99 522
34	99 603	99 583	99 567	99 553	99 541	99 531	99 522	99 513	99 506	99 498	99 491
35	99 570	99 550	99 534	99 520	99 508	99 498	99 489	99 481	99 474	99 466	99 459
36	99 535	99 516	99 499	99 485	99 474	99 464	99 455	99 447	99 439	99 432	99 425
37	99 498	99 479	99 462	99 449	99 437	99 427	99 419	99 411	99 403	99 396	99 389
38	99 458	99 439	99 423	99 409	99 398	99 388	99 380	99 372	99 365	99 358	99 351
39	99 415	99 396	99 380	99 367	99 356	99 346	99 338	99 330	99 323	99 316	99 309
40	99 368	99 350	99 334	99 321	99 310	99 300	99 292	99 285	99 278	99 271	99 265
41	99 317	99 299	99 283	99 270	99 259	99 250	99 242	99 235	99 228	99 222	99 216
42	99 261	99 242	99 227	99 214	99 204	99 195	99 187	99 180	99 174	99 168	99 162
43	99 198	99 179	99 164	99 152	99 142	99 133	99 126	99 119	99 113	99 108	99 102
44	99 123	99 105	99 091	99 079	99 069	99 061	99 054	99 048	99 042	99 037	99 032
45	99 047	99 030	99 016	99 004	98 995	98 987	98 981	98 975	98 970	98 965	98 960
46	98 963	98 946	98 933	98 922	98 913	98 906	98 900	98 895	98 890	98 886	98 882
47	98 872	98 856	98 843	98 832	98 824	98 818	98 813	98 808	98 804	98 801	98 797
48	98 773	98 757	98 745	98 736	98 728	98 723	98 718	98 714	98 711	98 708	98 705
49	98 664	98 650	98 639	98 630	98 624	98 619	98 615	98 612	98 610	98 608	98 606
50	98 539	98 526	98 515	98 508	98 503	98 499	98 496	98 495	98 494	98 493	98 492
51	98 400	98 388	98 380	98 374	98 370	98 368	98 367	98 366	98 367	98 367	98 368

ÂGE	1977	1978	1979	1980	1981	1982	1983	1984	1985	1986	1987
52	98 256	98 246	98 239	98 234	98 232	98 232	98 232	98 233	98 235	98 238	98 240
53	98 104	98 096	98 090	98 088	98 087	98 088	98 091	98 094	98 098	98 102	98 106
54	97 944	97 937	97 934	97 934	97 935	97 938	97 943	97 948	97 953	97 959	97 965
55	97 782	97 778	97 777	97 778	97 782	97 787	97 794	97 801	97 808	97 816	97 824
56	97 618	97 616	97 617	97 620	97 626	97 633	97 642	97 651	97 661	97 671	97 681
57	97 440	97 441	97 444	97 450	97 458	97 468	97 479	97 491	97 503	97 515	97 527
58	97 252	97 256	97 262	97 271	97 282	97 295	97 308	97 323	97 338	97 353	97 368
59	97 060	97 066	97 076	97 088	97 102	97 117	97 134	97 151	97 168	97 186	97 204
60	96 860	96 870	96 883	96 898	96 915	96 934	96 953	96 973	96 994	97 015	97 036
61	96 658	96 671	96 687	96 706	96 726	96 748	96 771	96 794	96 818	96 841	96 865
62	96 454	96 471	96 490	96 511	96 535	96 560	96 586	96 612	96 639	96 666	96 693
63	96 250	96 269	96 292	96 317	96 343	96 372	96 401	96 430	96 460	96 490	96 520
64	96 042	96 065	96 091	96 119	96 149	96 181	96 213	96 246	96 279	96 312	96 344
65	95 822	95 849	95 878	95 910	95 944	95 979	96 014	96 051	96 087	96 124	96 160
66	95 591	95 622	95 656	95 692	95 729	95 768	95 808	95 848	95 888	95 928	95 968
67	95 347	95 383	95 421	95 461	95 503	95 546	95 590	95 634	95 678	95 722	95 766
68	95 090	95 130	95 173	95 218	95 265	95 313	95 361	95 410	95 459	95 507	95 555
69	94 818	94 864	94 912	94 962	95 014	95 067	95 120	95 174	95 227	95 281	95 333
70	94 531	94 583	94 637	94 693	94 750	94 808	94 867	94 926	94 985	95 043	95 101
71	94 224	94 282	94 342	94 404	94 468	94 532	94 597	94 662	94 726	94 790	94 854
72	93 897	93 962	94 029	94 099	94 169	94 240	94 311	94 382	94 453	94 523	94 593
73	93 550	93 623	93 698	93 775	93 853	93 931	94 009	94 087	94 165	94 241	94 317
74	93 176	93 258	93 342	93 427	93 512	93 598	93 685	93 770	93 855	93 939	94 022
75	92 775	92 866	92 959	93 053	93 147	93 242	93 337	93 431	93 524	93 616	93 707
76	92 341	92 442	92 545	92 649	92 754	92 858	92 962	93 065	93 167	93 268	93 367
77	91 870	91 984	92 098	92 213	92 328	92 443	92 557	92 670	92 782	92 892	93 001
78	91 357	91 483	91 609	91 736	91 864	91 990	92 115	92 240	92 362	92 483	92 602
79	90 795	90 935	91 076	91 216	91 356	91 495	91 633	91 769	91 903	92 036	92 166
80	90 176	90 332	90 487	90 642	90 796	90 949	91 101	91 250	91 398	91 543	91 685
81	89 489	89 661	89 833	90 004	90 174	90 343	90 509	90 674	90 835	90 994	91 151
82	88 720	88 911	89 101	89 290	89 478	89 663	89 846	90 027	90 204	90 379	90 550
83	87 853	88 064	88 274	88 483	88 690	88 894	89 096	89 295	89 490	89 682	89 870
84	86 865	87 099	87 332	87 563	87 791	88 016	88 239	88 457	88 672	88 883	89 090
85	85 730	85 990	86 247	86 502	86 754	87 003	87 248	87 489	87 726	87 959	88 187
86	84 414	84 701	84 986	85 268	85 546	85 821	86 091	86 357	86 619	86 875	87 127
87	82 872	83 191	83 505	83 817	84 124	84 427	84 726	85 019	85 308	85 591	85 869

ÂGE	1977	1978	1979	1980	1981	1982	1983	1984	1985	1986	1987
88	81 058	81 409	81 757	82 101	82 440	82 774	83 104	83 428	83 746	84 059	84 366
89	78 920	79 307	79 690	80 068	80 442	80 810	81 173	81 531	81 882	82 227	82 567
90	76 419	76 843	77 263	77 678	78 088	78 492	78 891	79 284	79 670	80 051	80 424
91	73 522	73 985	74 442	74 895	75 343	75 785	76 221	76 650	77 074	77 491	77 901
92	70 231	70 731	71 226	71 716	72 201	72 681	73 154	73 621	74 082	74 536	74 983
93	66 568	67 103	67 634	68 161	68 682	69 198	69 708	70 211	70 709	71 200	71 684
94	62 606	63 173	63 736	64 295	64 849	65 398	65 941	66 479	67 010	67 536	68 055
95	58 388	58 982	59 572	60 159	60 741	61 318	61 891	62 458	63 019	63 575	64 124
96	53 968	54 582	55 193	55 801	56 405	57 005	57 601	58 192	58 778	59 358	59 934
97	49 406	50 033	50 657	51 279	51 899	52 514	53 127	53 735	54 339	54 938	55 533
98	44 771	45 402	46 032	46 660	47 286	47 910	48 530	49 148	49 763	50 374	50 981
99	40 134	40 760	41 386	42 011	42 636	43 259	43 880	44 500	45 117	45 731	46 342
100	35 566	36 178	36 792	37 406	38 020	38 634	39 247	39 860	40 471	41 080	41 687
101	31 137	31 728	32 320	32 915	33 510	34 106	34 702	35 299	35 895	36 491	37 086
102	26 912	27 473	28 037	28 603	29 171	29 741	30 313	30 885	31 459	32 033	32 607
103	22 949	23 473	24 000	24 531	25 065	25 602	26 141	26 682	27 225	27 770	28 316
104	19 292	19 773	20 259	20 749	21 243	21 740	22 241	22 744	23 250	23 759	24 270
105	15 976	16 411	16 851	17 296	17 745	18 198	18 655	19 116	19 580	20 047	20 518
106	13 024	13 410	13 801	14 197	14 599	15 004	15 415	15 829	16 248	16 670	17 096
107	10 443	10 779	11 121	11 468	11 820	12 177	12 538	12 905	13 275	13 650	14 030
108	8 229	8 516	8 809	9 107	9 410	9 718	10 032	10 349	10 672	10 999	11 330
109	6 367	6 608	6 854	7 105	7 361	7 622	7 888	8 158	8 434	8 713	8 998
110	4 833	5 031	5 233	5 440	5 652	5 869	6 090	6 316	6 546	6 781	7 020
111	3 596	3 754	3 918	4 085	4 257	4 433	4 613	4 798	4 987	5 180	5 377
112	2 619	2 744	2 873	3 005	3 141	3 281	3 425	3 573	3 724	3 880	4 039
113	1 866	1 962	2 061	2 163	2 269	2 378	2 490	2 606	2 725	2 847	2 973
114	1 299	1 371	1 445	1 522	1 602	1 685	1 771	1 859	1 950	2 044	2 141
115	883	935	990	1 046	1 105	1 167	1 230	1 296	1 365	1 435	1 508
116	585	622	661	701	744	788	834	882	932	984	1 038
117	377	403	430	458	488	519	551	585	621	658	697
118	236	253	272	291	311	332	355	378	403	429	455
119	144	155	167	180	193	207	222	238	254	272	290
120	85	92	99	107	116	125	135	145	156	167	179

ÂGE	1988	1989	1990	1991	1992	1993	1994	1995	1996	1997	1998
0	-	-	-	-	-	-	-	-	100 000	100 000	100 000
1	-	-	-	-	-	-	-	100 000	99 738	99 739	99 739

ÂGE	1988	1989	1990	1991	1992	1993	1994	1995	1996	1997	1998
2	-	-	-	-	-	-	100 000	99 918	99 655	99 656	99 657
3	-	-	-	-	-	100 000	99 964	99 881	99 619	99 620	99 621
4	-	-	-	-	100 000	99 979	99 943	99 860	99 598	99 599	99 600
5	-	-	-	100 000	99 986	99 965	99 929	99 846	99 584	99 585	99 586
6	-	-	100 000	99 989	99 975	99 954	99 917	99 835	99 573	99 574	99 575
7	-	100 000	99 990	99 979	99 965	99 944	99 908	99 825	99 563	99 564	99 565
8	100 000	99 991	99 981	99 970	99 956	99 935	99 899	99 817	99 555	99 556	99 556
9	99 992	99 983	99 973	99 962	99 948	99 927	99 891	99 808	99 546	99 547	99 548
10	99 983	99 974	99 965	99 954	99 939	99 919	99 882	99 800	99 538	99 539	99 540
11	99 975	99 966	99 956	99 945	99 931	99 910	99 874	99 792	99 530	99 531	99 532
12	99 966	99 957	99 948	99 937	99 922	99 902	99 866	99 783	99 522	99 522	99 523
13	99 957	99 948	99 938	99 927	99 913	99 893	99 856	99 774	99 512	99 513	99 514
14	99 947	99 938	99 928	99 917	99 903	99 883	99 846	99 764	99 503	99 504	99 504
15	99 936	99 927	99 917	99 906	99 892	99 872	99 835	99 753	99 492	99 492	99 493
16	99 923	99 914	99 905	99 894	99 879	99 859	99 823	99 740	99 479	99 480	99 481
17	99 908	99 899	99 890	99 879	99 865	99 844	99 808	99 726	99 464	99 465	99 466
18	99 890	99 882	99 872	99 861	99 847	99 827	99 790	99 708	99 447	99 448	99 449
19	99 870	99 861	99 852	99 841	99 827	99 806	99 770	99 688	99 427	99 428	99 429
20	99 847	99 838	99 829	99 818	99 804	99 784	99 748	99 665	99 404	99 405	99 406
21	99 823	99 814	99 805	99 794	99 780	99 760	99 724	99 642	99 381	99 382	99 383
22	99 799	99 790	99 781	99 770	99 756	99 736	99 700	99 618	99 357	99 358	99 359
23	99 775	99 766	99 757	99 746	99 732	99 712	99 676	99 594	99 333	99 335	99 336
24	99 750	99 742	99 733	99 722	99 708	99 688	99 652	99 570	99 310	99 311	99 312
25	99 726	99 718	99 709	99 698	99 684	99 664	99 628	99 546	99 286	99 287	99 288
26	99 701	99 693	99 684	99 673	99 660	99 640	99 604	99 522	99 262	99 263	99 264
27	99 676	99 668	99 659	99 649	99 635	99 615	99 579	99 498	99 237	99 238	99 240
28	99 651	99 643	99 634	99 623	99 610	99 590	99 554	99 473	99 212	99 214	99 215
29	99 625	99 617	99 608	99 598	99 584	99 564	99 529	99 447	99 187	99 188	99 190
30	99 599	99 591	99 582	99 571	99 558	99 538	99 503	99 421	99 161	99 163	99 164
31	99 571	99 563	99 555	99 544	99 531	99 511	99 476	99 394	99 134	99 136	99 137
32	99 543	99 535	99 527	99 516	99 503	99 483	99 448	99 367	99 107	99 109	99 110
33	99 514	99 506	99 498	99 487	99 474	99 455	99 419	99 338	99 078	99 080	99 082
34	99 484	99 476	99 467	99 457	99 444	99 425	99 389	99 308	99 049	99 050	99 052
35	99 452	99 444	99 436	99 426	99 413	99 393	99 358	99 277	99 018	99 019	99 021
36	99 418	99 410	99 402	99 392	99 379	99 360	99 325	99 244	98 985	98 987	98 989
37	99 382	99 375	99 366	99 357	99 344	99 325	99 290	99 209	98 950	98 952	98 954

ÂGE	1988	1989	1990	1991	1992	1993	1994	1995	1996	1997	1998
38	99 344	99 337	99 328	99 319	99 306	99 287	99 252	99 172	98 913	98 915	98 918
39	99 303	99 296	99 288	99 278	99 266	99 247	99 212	99 132	98 873	98 876	98 878
40	99 258	99 251	99 243	99 234	99 222	99 203	99 169	99 089	98 831	98 833	98 836
41	99 209	99 203	99 195	99 186	99 174	99 155	99 121	99 042	98 784	98 787	98 789
42	99 156	99 149	99 142	99 133	99 122	99 103	99 070	98 990	98 733	98 736	98 739
43	99 096	99 090	99 083	99 075	99 063	99 046	99 012	98 933	98 676	98 680	98 683
44	99 026	99 021	99 014	99 006	98 995	98 978	98 945	98 866	98 610	98 614	98 618
45	98 956	98 950	98 944	98 937	98 926	98 910	98 877	98 799	98 543	98 548	98 552
46	98 877	98 873	98 867	98 860	98 851	98 834	98 802	98 725	98 470	98 475	98 480
47	98 793	98 789	98 785	98 778	98 769	98 753	98 722	98 646	98 391	98 397	98 402
48	98 702	98 699	98 695	98 690	98 681	98 666	98 636	98 560	98 307	98 313	98 320
49	98 604	98 602	98 599	98 594	98 586	98 572	98 543	98 468	98 216	98 223	98 230
50	98 491	98 490	98 488	98 485	98 478	98 466	98 437	98 364	98 113	98 121	98 130
51	98 369	98 369	98 369	98 367	98 362	98 350	98 323	98 251	98 002	98 012	98 022
52	98 242	98 244	98 245	98 245	98 241	98 231	98 206	98 135	97 888	97 899	97 910
53	98 110	98 113	98 116	98 117	98 115	98 107	98 084	98 015	97 770	97 782	97 795
54	97 971	97 977	97 981	97 985	97 985	97 978	97 957	97 890	97 647	97 661	97 676
55	97 832	97 839	97 846	97 851	97 853	97 849	97 829	97 764	97 523	97 539	97 555
56	97 690	97 700	97 708	97 715	97 719	97 717	97 699	97 636	97 397	97 415	97 433
57	97 540	97 551	97 562	97 572	97 578	97 578	97 562	97 501	97 265	97 285	97 305
58	97 382	97 397	97 410	97 422	97 431	97 433	97 420	97 361	97 128	97 150	97 173
59	97 222	97 239	97 255	97 269	97 280	97 285	97 275	97 219	96 988	97 013	97 038
60	97 056	97 076	97 095	97 112	97 126	97 134	97 126	97 073	96 845	96 872	96 900
61	96 888	96 911	96 933	96 953	96 970	96 980	96 975	96 925	96 700	96 730	96 760
62	96 719	96 745	96 769	96 792	96 812	96 825	96 823	96 775	96 554	96 586	96 619
63	96 549	96 578	96 605	96 631	96 654	96 669	96 670	96 625	96 407	96 442	96 477
64	96 377	96 408	96 439	96 468	96 493	96 512	96 515	96 473	96 258	96 296	96 333
65	96 195	96 230	96 264	96 296	96 325	96 347	96 353	96 315	96 102	96 143	96 184
66	96 007	96 046	96 083	96 118	96 150	96 176	96 185	96 150	95 942	95 985	96 029
67	95 809	95 852	95 893	95 932	95 968	95 997	96 010	95 978	95 774	95 821	95 868
68	95 603	95 649	95 694	95 737	95 777	95 810	95 827	95 800	95 599	95 650	95 700
69	95 385	95 436	95 486	95 533	95 577	95 614	95 636	95 612	95 416	95 471	95 525
70	95 158	95 214	95 268	95 320	95 369	95 410	95 436	95 417	95 226	95 285	95 343
71	94 916	94 977	95 037	95 094	95 148	95 194	95 225	95 211	95 025	95 088	95 151
72	94 661	94 728	94 793	94 856	94 915	94 967	95 003	94 994	94 814	94 882	94 949
73	94 392	94 465	94 536	94 605	94 670	94 728	94 769	94 766	94 591	94 665	94 737

ÂGE	1988	1989	1990	1991	1992	1993	1994	1995	1996	1997	1998
74	94 104	94 184	94 262	94 337	94 409	94 472	94 520	94 523	94 355	94 434	94 512
75	93 796	93 883	93 969	94 051	94 130	94 200	94 255	94 265	94 103	94 189	94 273
76	93 465	93 560	93 654	93 744	93 830	93 908	93 970	93 987	93 833	93 925	94 016
77	93 107	93 212	93 314	93 413	93 507	93 594	93 664	93 688	93 543	93 642	93 740
78	92 719	92 833	92 945	93 053	93 156	93 251	93 330	93 364	93 227	93 335	93 440
79	92 294	92 419	92 541	92 659	92 773	92 878	92 966	93 009	92 883	92 999	93 113
80	91 825	91 962	92 096	92 225	92 350	92 466	92 564	92 618	92 502	92 628	92 752
81	91 304	91 454	91 600	91 742	91 879	92 007	92 117	92 183	92 079	92 216	92 349
82	90 718	90 883	91 044	91 200	91 350	91 491	91 614	91 693	91 603	91 751	91 897
83	90 055	90 235	90 412	90 583	90 748	90 904	91 042	91 135	91 060	91 222	91 381
84	89 293	89 492	89 686	89 875	90 057	90 230	90 384	90 493	90 435	90 612	90 785
85	88 410	88 629	88 843	89 051	89 253	89 444	89 617	89 744	89 706	89 899	90 089
86	87 374	87 615	87 851	88 081	88 304	88 516	88 710	88 858	88 842	89 055	89 263
87	86 142	86 409	86 670	86 925	87 171	87 408	87 625	87 797	87 805	88 040	88 270
88	84 668	84 963	85 252	85 534	85 808	86 071	86 315	86 514	86 550	86 810	87 064
89	82 900	83 226	83 546	83 859	84 163	84 456	84 730	84 958	85 027	85 315	85 597
90	80 792	81 152	81 506	81 852	82 189	82 514	82 821	83 082	83 188	83 506	83 818
91	78 304	78 701	79 090	79 471	79 844	80 205	80 546	80 844	80 989	81 341	81 686
92	75 424	75 857	76 283	76 702	77 111	77 508	77 887	78 223	78 410	78 797	79 178
93	72 162	72 632	73 096	73 551	73 998	74 433	74 849	75 225	75 456	75 880	76 297
94	68 567	69 073	69 571	70 062	70 544	71 015	71 468	71 881	72 157	72 616	73 068
95	64 668	65 205	65 735	66 258	66 773	67 277	67 764	68 213	68 531	69 022	69 508
96	60 503	61 067	61 625	62 175	62 718	63 251	63 768	64 249	64 607	65 128	65 643
97	56 123	56 707	57 286	57 859	58 425	58 982	59 524	60 032	60 425	60 971	61 510
98	51 584	52 182	52 776	53 365	53 947	54 521	55 082	55 611	56 034	56 598	57 158
99	46 951	47 556	48 157	48 753	49 345	49 929	50 501	51 045	51 492	52 068	52 640
100	42 293	42 895	43 495	44 092	44 685	45 271	45 848	46 399	46 861	47 442	48 020
101	37 680	38 272	38 863	39 451	40 037	40 618	41 190	41 740	42 211	42 789	43 364
102	33 181	33 755	34 328	34 901	35 471	36 038	36 598	37 139	37 610	38 177	38 742
103	28 863	29 410	29 959	30 507	31 054	31 599	32 139	32 663	33 126	33 674	34 222
104	24 783	25 297	25 813	26 330	26 847	27 364	27 876	28 376	28 823	29 346	29 868
105	20 991	21 467	21 945	22 424	22 905	23 387	23 866	24 335	24 760	25 249	25 740
106	17 525	17 958	18 394	18 832	19 272	19 713	20 154	20 587	20 983	21 435	21 889
107	14 412	14 799	15 189	15 583	15 979	16 377	16 775	17 168	17 531	17 942	18 355
108	11 666	12 005	12 348	12 695	13 045	13 398	13 752	14 102	14 429	14 796	15 165
109	9 286	9 579	9 875	10 176	10 480	10 786	11 095	11 402	11 690	12 012	12 337

ÂGE	1988	1989	1990	1991	1992	1993	1994	1995	1996	1997	1998
110	7 263	7 511	7 762	8 018	8 276	8 539	8 803	9 066	9 316	9 593	9 874
111	5 578	5 783	5 992	6 205	6 421	6 640	6 862	7 084	7 297	7 531	7 768
112	4 202	4 368	4 538	4 712	4 889	5 069	5 252	5 435	5 612	5 806	6 003
113	3 102	3 234	3 369	3 508	3 650	3 795	3 942	4 090	4 234	4 391	4 552
114	2 241	2 344	2 450	2 558	2 669	2 783	2 899	3 017	3 131	3 256	3 384
115	1 584	1 662	1 742	1 825	1 910	1 998	2 087	2 178	2 267	2 364	2 464
116	1 094	1 151	1 211	1 273	1 336	1 402	1 469	1 538	1 606	1 679	1 755
117	737	778	822	866	913	961	1 010	1 061	1 111	1 166	1 222
118	484	513	543	575	608	642	678	714	750	790	831
119	309	329	350	372	395	418	443	468	494	522	550
120	192	205	219	234	249	265	282	299	316	335	355

ÂGE	1999	2000	2001	2002	2003	2004	2005
0	100 000	100 000	100 000	100 000	100 000	100 000	100 000
1	99 740	99 741	99 742	99 743	99 743	99 744	99 745
2	99 658	99 659	99 660	99 660	99 661	99 662	99 663
3	99 622	99 622	99 623	99 624	99 625	99 625	99 626
4	99 601	99 602	99 602	99 603	99 604	99 605	99 605
5	99 586	99 587	99 588	99 589	99 590	99 590	99 591
6	99 575	99 576	99 577	99 578	99 578	99 579	99 580
7	99 566	99 567	99 567	99 568	99 569	99 570	99 570
8	99 557	99 558	99 559	99 560	99 560	99 561	99 562
9	99 549	99 550	99 551	99 551	99 552	99 553	99 554
10	99 541	99 542	99 543	99 543	99 544	99 545	99 546
11	99 533	99 534	99 534	99 535	99 536	99 537	99 538
12	99 524	99 525	99 526	99 527	99 528	99 528	99 529
13	99 515	99 516	99 517	99 518	99 519	99 519	99 520
14	99 505	99 506	99 507	99 508	99 509	99 510	99 510
15	99 494	99 495	99 496	99 497	99 498	99 499	99 499
16	99 482	99 483	99 483	99 484	99 485	99 486	99 487
17	99 467	99 468	99 469	99 470	99 470	99 471	99 472
18	99 450	99 451	99 451	99 452	99 453	99 454	99 455
19	99 430	99 431	99 431	99 432	99 433	99 434	99 435
20	99 407	99 408	99 409	99 410	99 411	99 412	99 413
21	99 384	99 385	99 386	99 387	99 388	99 389	99 390
22	99 360	99 361	99 362	99 363	99 364	99 365	99 366
23	99 337	99 338	99 339	99 340	99 341	99 342	99 343

ÂGE	1999	2000	2001	2002	2003	2004	2005
24	99 313	99 314	99 315	99 317	99 318	99 319	99 320
25	99 289	99 291	99 292	99 293	99 294	99 295	99 296
26	99 265	99 267	99 268	99 269	99 270	99 271	99 272
27	99 241	99 242	99 244	99 245	99 246	99 247	99 248
28	99 216	99 218	99 219	99 220	99 222	99 223	99 224
29	99 191	99 193	99 194	99 195	99 197	99 198	99 199
30	99 165	99 167	99 168	99 170	99 171	99 172	99 174
31	99 139	99 140	99 142	99 143	99 145	99 146	99 148
32	99 112	99 113	99 115	99 116	99 118	99 119	99 121
33	99 083	99 085	99 087	99 088	99 090	99 091	99 093
34	99 054	99 056	99 057	99 059	99 061	99 062	99 064
35	99 023	99 025	99 027	99 028	99 030	99 032	99 034
36	98 991	98 993	98 994	98 996	98 998	99 000	99 002
37	98 956	98 958	98 960	98 962	98 964	98 966	98 968
38	98 920	98 922	98 924	98 926	98 928	98 930	98 932
39	98 880	98 883	98 885	98 887	98 890	98 892	98 894
40	98 838	98 841	98 843	98 846	98 848	98 851	98 853
41	98 792	98 795	98 798	98 800	98 803	98 806	98 808
42	98 742	98 745	98 748	98 751	98 754	98 757	98 760
43	98 686	98 690	98 693	98 696	98 700	98 703	98 706
44	98 622	98 625	98 629	98 633	98 637	98 641	98 644
45	98 556	98 561	98 565	98 569	98 573	98 578	98 582
46	98 485	98 489	98 494	98 499	98 504	98 509	98 513
47	98 408	98 413	98 419	98 424	98 430	98 435	98 441
48	98 326	98 332	98 338	98 344	98 351	98 357	98 363
49	98 237	98 244	98 252	98 259	98 266	98 273	98 280
50	98 138	98 146	98 154	98 163	98 171	98 179	98 187
51	98 031	98 041	98 050	98 060	98 069	98 079	98 088
52	97 921	97 932	97 943	97 954	97 965	97 976	97 987
53	97 808	97 820	97 833	97 845	97 858	97 870	97 882
54	97 690	97 704	97 718	97 733	97 747	97 761	97 774
55	97 571	97 587	97 603	97 619	97 635	97 651	97 666
56	97 451	97 469	97 487	97 504	97 522	97 539	97 556
57	97 325	97 345	97 365	97 384	97 404	97 423	97 442
58	97 195	97 217	97 239	97 261	97 282	97 303	97 324
59	97 062	97 087	97 111	97 135	97 158	97 182	97 205

ÂGE	1999	2000	2001	2002	2003	2004	2005
60	96 927	96 953	96 980	97 006	97 032	97 058	97 083
61	96 789	96 818	96 847	96 876	96 904	96 932	96 960
62	96 651	96 682	96 714	96 745	96 775	96 806	96 836
63	96 511	96 546	96 579	96 613	96 646	96 679	96 711
64	96 370	96 407	96 443	96 479	96 515	96 550	96 585
65	96 224	96 263	96 302	96 341	96 379	96 417	96 454
66	96 072	96 114	96 156	96 198	96 239	96 279	96 319
67	95 914	95 960	96 005	96 049	96 093	96 137	96 180
68	95 750	95 799	95 847	95 895	95 942	95 989	96 035
69	95 579	95 631	95 683	95 735	95 785	95 835	95 885
70	95 400	95 457	95 513	95 568	95 622	95 676	95 729
71	95 213	95 273	95 333	95 393	95 451	95 509	95 565
72	95 016	95 081	95 145	95 209	95 272	95 333	95 394
73	94 809	94 879	94 948	95 016	95 084	95 150	95 215
74	94 589	94 664	94 739	94 812	94 884	94 955	95 025
75	94 355	94 437	94 517	94 595	94 673	94 749	94 824
76	94 105	94 193	94 279	94 364	94 447	94 529	94 609
77	93 836	93 930	94 023	94 114	94 204	94 292	94 378
78	93 544	93 646	93 746	93 844	93 940	94 035	94 128
79	93 225	93 335	93 443	93 549	93 653	93 755	93 855
80	92 873	92 992	93 109	93 223	93 336	93 446	93 554
81	92 481	92 610	92 736	92 860	92 982	93 101	93 218
82	92 039	92 179	92 317	92 451	92 583	92 713	92 839
83	91 536	91 688	91 838	91 984	92 128	92 269	92 407
84	90 955	91 121	91 285	91 444	91 601	91 755	91 905
85	90 275	90 457	90 636	90 811	90 983	91 151	91 315
86	89 468	89 668	89 865	90 057	90 246	90 430	90 611
87	88 496	88 717	88 933	89 146	89 354	89 558	89 757
88	87 314	87 559	87 798	88 033	88 264	88 490	88 711
89	85 873	86 145	86 411	86 672	86 928	87 179	87 425
90	84 125	84 426	84 722	85 011	85 296	85 575	85 849
91	82 026	82 359	82 687	83 009	83 325	83 636	83 940
92	79 552	79 920	80 283	80 639	80 989	81 333	81 671
93	76 707	77 111	77 509	77 901	78 287	78 666	79 040
94	73 514	73 953	74 386	74 813	75 234	75 648	76 056
95	69 987	70 459	70 926	71 386	71 840	72 288	72 730

ÂGE	1999	2000	2001	2002	2003	2004	2005
96	66 152	66 654	67 151	67 642	68 127	68 606	69 078
97	62 045	62 573	63 096	63 614	64 125	64 631	65 131
98	57 712	58 261	58 805	59 344	59 877	60 405	60 928
99	53 208	53 771	54 330	54 884	55 433	55 977	56 517
100	48 594	49 164	49 731	50 293	50 852	51 406	51 956
101	43 937	44 507	45 073	45 637	46 197	46 754	47 307
102	39 305	39 867	40 426	40 983	41 537	42 089	42 638
103	34 768	35 313	35 857	36 400	36 941	37 480	38 017
104	30 390	30 912	31 434	31 955	32 475	32 995	33 513
105	26 232	26 724	27 217	27 710	28 203	28 696	29 188
106	22 345	22 802	23 260	23 719	24 179	24 639	25 100
107	18 770	19 187	19 607	20 027	20 450	20 873	21 298
108	15 538	15 912	16 290	16 669	17 050	17 433	17 818
109	12 665	12 996	13 329	13 665	14 004	14 345	14 688
110	10 158	10 444	10 734	11 026	11 322	11 619	11 920
111	8 009	8 253	8 500	8 750	9 003	9 258	9 516
112	6 203	6 407	6 613	6 823	7 035	7 250	7 468
113	4 715	4 882	5 051	5 223	5 398	5 575	5 755
114	3 514	3 648	3 783	3 922	4 063	4 206	4 352
115	2 566	2 670	2 777	2 886	2 997	3 110	3 226
116	1 833	1 913	1 995	2 079	2 165	2 252	2 342
117	1 280	1 340	1 401	1 464	1 529	1 595	1 663
118	873	916	961	1 007	1 055	1 104	1 154
119	580	611	643	676	710	746	782
120	376	397	419	442	466	491	516

TABLE TGH05

ÂGE	1900	1901	1902	1903	1904	1905	1906	1907	1908	1909	1910
0	-	-	-	-	-	-	-	-	-	-	-
1	-	-	-	-	-	-	-	-	-	-	-
2	-	-	-	-	-	-	-	-	-	-	-
3	-	-	-	-	-	-	-	-	-	-	-
4	-	-	-	-	-	-	-	-	-	-	-
5	-	-	-	-	-	-	-	-	-	-	-
6	-	-	-	-	-	-	-	-	-	-	-
7	-	-	-	-	-	-	-	-	-	-	-
8	-	-	-	-	-	-	-	-	-	-	-

ÂGE	1900	1901	1902	1903	1904	1905	1906	1907	1908	1909	1910
9	-	-	-	-	-	-	-	-	-	-	-
10	-	-	-	-	-	-	-	-	-	-	-
11	-	-	-	-	-	-	-	-	-	-	-
12	-	-	-	-	-	-	-	-	-	-	-
13	-	-	-	-	-	-	-	-	-	-	-
14	-	-	-	-	-	-	-	-	-	-	-
15	-	-	-	-	-	-	-	-	-	-	-
16	-	-	-	-	-	-	-	-	-	-	-
17	-	-	-	-	-	-	-	-	-	-	-
18	-	-	-	-	-	-	-	-	-	-	-
19	-	-	-	-	-	-	-	-	-	-	-
20	-	-	-	-	-	-	-	-	-	-	-
21	-	-	-	-	-	-	-	-	-	-	-
22	-	-	-	-	-	-	-	-	-	-	-
23	-	-	-	-	-	-	-	-	-	-	-
24	-	-	-	-	-	-	-	-	-	-	-
25	-	-	-	-	-	-	-	-	-	-	-
26	-	-	-	-	-	-	-	-	-	-	-
27	-	-	-	-	-	-	-	-	-	-	-
28	-	-	-	-	-	-	-	-	-	-	-
29	-	-	-	-	-	-	-	-	-	-	-
30	-	-	-	-	-	-	-	-	-	-	-
31	-	-	-	-	-	-	-	-	-	-	-
32	-	-	-	-	-	-	-	-	-	-	-
33	-	-	-	-	-	-	-	-	-	-	-
34	-	-	-	-	-	-	-	-	-	-	-
35	-	-	-	-	-	-	-	-	-	-	-
36	-	-	-	-	-	-	-	-	-	-	-
37	-	-	-	-	-	-	-	-	-	-	-
38	-	-	-	-	-	-	-	-	-	-	-
39	-	-	-	-	-	-	-	-	-	-	-
40	-	-	-	-	-	-	-	-	-	-	-
41	-	-	-	-	-	-	-	-	-	-	-
42	-	-	-	-	-	-	-	-	-	-	-
43	-	-	-	-	-	-	-	-	-	-	-
44	-	-	-	-	-	-	-	-	-	-	-

ÂGE	1900	1901	1902	1903	1904	1905	1906	1907	1908	1909	1910
45	-	-	-	-	-	-	-	-	-	-	-
46	-	-	-	-	-	-	-	-	-	-	-
47	-	-	-	-	-	-	-	-	-	-	-
48	-	-	-	-	-	-	-	-	-	-	-
49	-	-	-	-	-	-	-	-	-	-	-
50	-	-	-	-	-	-	-	-	-	-	-
51	-	-	-	-	-	-	-	-	-	-	-
52	-	-	-	-	-	-	-	-	-	-	-
53	-	-	-	-	-	-	-	-	-	-	-
54	-	-	-	-	-	-	-	-	-	-	-
55	-	-	-	-	-	-	-	-	-	-	-
56	-	-	-	-	-	-	-	-	-	-	-
57	-	-	-	-	-	-	-	-	-	-	-
58	-	-	-	-	-	-	-	-	-	-	-
59	-	-	-	-	-	-	-	-	-	-	-
60	-	-	-	-	-	-	-	-	-	-	-
61	-	-	-	-	-	-	-	-	-	-	-
62	-	-	-	-	-	-	-	-	-	-	-
63	-	-	-	-	-	-	-	-	-	-	-
64	-	-	-	-	-	-	-	-	-	-	-
65	-	-	-	-	-	-	-	-	-	-	-
66	-	-	-	-	-	-	-	-	-	-	-
67	-	-	-	-	-	-	-	-	-	-	-
68	-	-	-	-	-	-	-	-	-	-	-
69	-	-	-	-	-	-	-	-	-	-	-
70	-	-	-	-	-	-	-	-	-	-	-
71	-	-	-	-	-	-	-	-	-	-	-
72	-	-	-	-	-	-	-	-	-	-	-
73	-	-	-	-	-	-	-	-	-	-	-
74	-	-	-	-	-	-	-	-	-	-	-
75	-	-	-	-	-	-	-	-	-	-	-
76	-	-	-	-	-	-	-	-	-	-	-
77	-	-	-	-	-	-	-	-	-	-	-
78	-	-	-	-	-	-	-	-	-	-	-
79	-	-	-	-	-	-	-	-	-	-	-
80	-	-	-	-	-	-	-	-	-	-	-

ÂGE	1900	1901	1902	1903	1904	1905	1906	1907	1908	1909	1910
81	-	-	-	-	-	-	-	-	-	-	-
82	-	-	-	-	-	-	-	-	-	-	-
83	-	-	-	-	-	-	-	-	-	-	-
84	-	-	-	-	-	-	-	-	-	-	-
85	-	-	-	-	-	-	-	-	-	-	-
86	-	-	-	-	-	-	-	-	-	-	100 000
87	-	-	-	-	-	-	-	-	-	100 000	89 379
88	-	-	-	-	-	-	-	-	100 000	88 324	79 093
89	-	-	-	-	-	-	-	100 000	87 120	77 105	69 186
90	-	-	-	-	-	-	100 000	85 774	74 889	66 421	59 725
91	-	-	-	-	-	100 000	83 994	72 203	63 176	56 153	50 599
92	-	-	-	-	100 000	82 501	69 450	59 833	52 467	46 735	42 202
93	-	-	-	100 000	80 837	66 833	56 379	48 673	42 769	38 174	34 542
94	-	-	100 000	79 024	63 984	52 984	44 768	38 710	34 068	30 456	27 601
95	-	100 000	77 333	61 197	49 618	41 145	34 813	30 144	26 565	23 781	21 583
96	100 000	75 327	58 321	46 205	37 507	31 138	26 377	22 866	20 175	18 084	16 438
97	73 481	55 401	42 932	34 045	27 661	22 986	19 489	16 911	14 938	13 408	12 207
98	52 620	39 697	30 782	24 426	19 859	16 514	14 012	12 169	10 762	9 675	8 824
99	36 636	27 648	21 447	17 025	13 847	11 519	9 780	8 503	7 531	6 782	6 198
100	24 738	18 670	14 483	11 498	9 353	7 784	6 614	5 758	5 108	4 610	4 223
101	16 156	12 190	9 454	7 503	6 104	5 084	4 325	3 771	3 353	3 033	2 786
102	10 175	7 672	5 946	4 718	3 840	3 202	2 728	2 384	2 125	1 927	1 776
103	6 158	4 639	3 593	2 852	2 323	1 940	1 656	1 451	1 297	1 181	1 092
104	3 569	2 686	2 080	1 652	1 348	1 128	966	849	761	696	646
105	1 974	1 485	1 151	915	748	628	539	475	428	393	367
106	1 038	781	606	483	396	333	287	255	231	213	200
107	517	389	303	242	199	168	146	130	118	110	104
108	243	183	143	115	95	81	70	63	58	54	51
109	107	81	64	51	43	36	32	29	27	25	24
110	44	34	26	21	18	15	14	13	12	11	11
111	17	13	10	8	7	6	6	5	5	5	5
112	6	5	4	3	3	2	2	2	2	2	2
113	2	2	1	1	1	1	1	1	1	1	1
114	1	-	-	-	-	-	-	-	-	-	-
115	-	-	-	-	-	-	-	-	-	-	-
116	-	-	-	-	-	-	-	-	-	-	-

ÂGE	1900	1901	1902	1903	1904	1905	1906	1907	1908	1909	1910
117	-	-	-	-	-	-	-	-	-	-	-
118	-	-	-	-	-	-	-	-	-	-	-
119	-	-	-	-	-	-	-	-	-	-	-
120	-	-	-	-	-	-	-	-	-	-	-

ÂGE	1911	1912	1913	1914	1915	1916	1917	1918	1919	1920	1921
0	-	-	-	-	-	-	-	-	-	-	-
1	-	-	-	-	-	-	-	-	-	-	-
2	-	-	-	-	-	-	-	-	-	-	-
3	-	-	-	-	-	-	-	-	-	-	-
4	-	-	-	-	-	-	-	-	-	-	-
5	-	-	-	-	-	-	-	-	-	-	-
6	-	-	-	-	-	-	-	-	-	-	-
7	-	-	-	-	-	-	-	-	-	-	-
8	-	-	-	-	-	-	-	-	-	-	-
9	-	-	-	-	-	-	-	-	-	-	-
10	-	-	-	-	-	-	-	-	-	-	-
11	-	-	-	-	-	-	-	-	-	-	-
12	-	-	-	-	-	-	-	-	-	-	-
13	-	-	-	-	-	-	-	-	-	-	-
14	-	-	-	-	-	-	-	-	-	-	-
15	-	-	-	-	-	-	-	-	-	-	-
16	-	-	-	-	-	-	-	-	-	-	-
17	-	-	-	-	-	-	-	-	-	-	-
18	-	-	-	-	-	-	-	-	-	-	-
19	-	-	-	-	-	-	-	-	-	-	-
20	-	-	-	-	-	-	-	-	-	-	-
21	-	-	-	-	-	-	-	-	-	-	-
22	-	-	-	-	-	-	-	-	-	-	-
23	-	-	-	-	-	-	-	-	-	-	-
24	-	-	-	-	-	-	-	-	-	-	-
25	-	-	-	-	-	-	-	-	-	-	-
26	-	-	-	-	-	-	-	-	-	-	-
27	-	-	-	-	-	-	-	-	-	-	-
28	-	-	-	-	-	-	-	-	-	-	-
29	-	-	-	-	-	-	-	-	-	-	-
30	-	-	-	-	-	-	-	-	-	-	-

ÂGE	1911	1912	1913	1914	1915	1916	1917	1918	1919	1920	1921
31	-	-	-	-	-	-	-	-	-	-	-
32	-	-	-	-	-	-	-	-	-	-	-
33	-	-	-	-	-	-	-	-	-	-	-
34	-	-	-	-	-	-	-	-	-	-	-
35	-	-	-	-	-	-	-	-	-	-	-
36	-	-	-	-	-	-	-	-	-	-	-
37	-	-	-	-	-	-	-	-	-	-	-
38	-	-	-	-	-	-	-	-	-	-	-
39	-	-	-	-	-	-	-	-	-	-	-
40	-	-	-	-	-	-	-	-	-	-	-
41	-	-	-	-	-	-	-	-	-	-	-
42	-	-	-	-	-	-	-	-	-	-	-
43	-	-	-	-	-	-	-	-	-	-	-
44	-	-	-	-	-	-	-	-	-	-	-
45	-	-	-	-	-	-	-	-	-	-	-
46	-	-	-	-	-	-	-	-	-	-	-
47	-	-	-	-	-	-	-	-	-	-	-
48	-	-	-	-	-	-	-	-	-	-	-
49	-	-	-	-	-	-	-	-	-	-	-
50	-	-	-	-	-	-	-	-	-	-	-
51	-	-	-	-	-	-	-	-	-	-	-
52	-	-	-	-	-	-	-	-	-	-	-
53	-	-	-	-	-	-	-	-	-	-	-
54	-	-	-	-	-	-	-	-	-	-	-
55	-	-	-	-	-	-	-	-	-	-	-
56	-	-	-	-	-	-	-	-	-	-	-
57	-	-	-	-	-	-	-	-	-	-	-
58	-	-	-	-	-	-	-	-	-	-	-
59	-	-	-	-	-	-	-	-	-	-	-
60	-	-	-	-	-	-	-	-	-	-	-
61	-	-	-	-	-	-	-	-	-	-	-
62	-	-	-	-	-	-	-	-	-	-	-
63	-	-	-	-	-	-	-	-	-	-	-
64	-	-	-	-	-	-	-	-	-	-	-
65	-	-	-	-	-	-	-	-	-	-	-
66	-	-	-	-	-	-	-	-	-	-	-

ÂGE	1911	1912	1913	1914	1915	1916	1917	1918	1919	1920	1921
67	-	-	-	-	-	-	-	-	-	-	-
68	-	-	-	-	-	-	-	-	-	-	-
69	-	-	-	-	-	-	-	-	-	-	-
70	-	-	-	-	-	-	-	-	-	-	-
71	-	-	-	-	-	-	-	-	-	-	-
72	-	-	-	-	-	-	-	-	-	-	-
73	-	-	-	-	-	-	-	-	-	-	-
74	-	-	-	-	-	-	-	-	-	-	-
75	-	-	-	-	-	-	-	-	-	-	100 000
76	-	-	-	-	-	-	-	-	-	100 000	97 258
77	-	-	-	-	-	-	-	-	100 000	96 949	94 352
78	-	-	-	-	-	-	-	100 000	96 661	93 778	91 331
79	-	-	-	-	-	-	100 000	96 250	93 111	90 405	88 114
80	-	-	-	-	-	100 000	95 701	92 195	89 266	86 748	84 620
81	-	-	-	-	100 000	95 064	91 068	87 819	85 112	82 789	80 835
82	-	-	-	100 000	94 387	89 829	86 148	83 165	80 686	78 566	76 789
83	-	-	100 000	93 421	88 288	84 128	80 778	78 073	75 835	73 927	72 336
84	-	100 000	92 610	86 636	81 987	78 228	75 211	72 786	70 789	69 093	67 689
85	100 000	91 588	84 948	79 586	75 425	72 070	69 389	67 245	65 489	64 007	62 789
86	90 560	83 078	77 179	72 423	68 744	65 787	63 436	61 567	60 048	58 773	57 736
87	81 085	74 515	69 343	65 180	61 972	59 403	57 373	55 772	54 480	53 406	52 544
88	71 888	66 186	61 704	58 104	55 342	53 141	51 413	50 063	48 985	48 098	47 399
89	63 008	58 124	54 293	51 222	48 878	47 021	45 575	44 458	43 579	42 865	42 314
90	54 505	50 383	47 157	44 579	42 624	41 084	39 897	38 993	38 293	37 736	37 319
91	46 273	42 862	40 200	38 079	36 481	35 234	34 283	33 572	33 033	32 614	32 315
92	38 676	35 900	33 740	32 026	30 745	29 754	29 010	28 466	28 065	27 764	27 564
93	31 719	29 502	27 783	26 425	25 420	24 651	24 083	23 679	23 394	23 191	23 071
94	25 387	23 653	22 315	21 265	20 498	19 919	19 502	19 216	19 027	18 904	18 850
95	19 884	18 558	17 542	16 750	16 180	15 757	15 463	15 272	15 158	15 097	15 090
96	15 169	14 185	13 436	12 857	12 448	12 152	11 954	11 838	11 780	11 764	11 791
97	11 286	10 575	10 039	9 629	9 346	9 148	9 024	8 961	8 943	8 958	9 005
98	8 175	7 678	7 306	7 027	6 839	6 713	6 642	6 616	6 624	6 657	6 714
99	5 756	5 419	5 171	4 988	4 870	4 796	4 761	4 759	4 781	4 822	4 881
100	3 932	3 713	3 554	3 440	3 370	3 330	3 318	3 329	3 358	3 400	3 456
101	2 602	2 465	2 368	2 300	2 262	2 245	2 246	2 263	2 292	2 331	2 379
102	1 665	1 583	1 527	1 489	1 471	1 466	1 473	1 491	1 518	1 551	1 591

ÂGE	1911	1912	1913	1914	1915	1916	1917	1918	1919	1920	1921
103	1 028	981	951	932	925	926	936	952	974	1 001	1 032
104	611	586	571	562	561	565	574	588	605	625	648
105	349	337	330	327	328	332	340	350	362	377	393
106	191	186	183	182	184	188	194	201	209	219	231
107	100	98	97	98	99	102	106	111	116	123	130
108	50	49	49	50	51	53	56	59	62	66	71
109	24	24	24	24	25	26	28	30	32	34	37
110	11	11	11	11	12	12	13	14	15	17	18
111	5	5	5	5	5	6	6	7	7	8	9
112	2	2	2	2	2	2	3	3	3	4	4
113	1	1	1	1	1	1	1	1	1	1	2
114	-	-	-	-	-	-	-	-	1	1	1
115	-	-	-	-	-	-	-	-	-	-	-
116	-	-	-	-	-	-	-	-	-	-	-
117	-	-	-	-	-	-	-	-	-	-	-
118	-	-	-	-	-	-	-	-	-	-	-
119	-	-	-	-	-	-	-	-	-	-	-
120	-	-	-	-	-	-	-	-	-	-	-

ÂGE	1922	1923	1924	1925	1926	1927	1928	1929	1930	1931	1932
0	-	-	-	-	-	-	-	-	-	-	-
1	-	-	-	-	-	-	-	-	-	-	-
2	-	-	-	-	-	-	-	-	-	-	-
3	-	-	-	-	-	-	-	-	-	-	-
4	-	-	-	-	-	-	-	-	-	-	-
5	-	-	-	-	-	-	-	-	-	-	-
6	-	-	-	-	-	-	-	-	-	-	-
7	-	-	-	-	-	-	-	-	-	-	-
8	-	-	-	-	-	-	-	-	-	-	-
9	-	-	-	-	-	-	-	-	-	-	-
10	-	-	-	-	-	-	-	-	-	-	-
11	-	-	-	-	-	-	-	-	-	-	-
12	-	-	-	-	-	-	-	-	-	-	-
13	-	-	-	-	-	-	-	-	-	-	-
14	-	-	-	-	-	-	-	-	-	-	-
15	-	-	-	-	-	-	-	-	-	-	-
16	-	-	-	-	-	-	-	-	-	-	-

ÂGE	1922	1923	1924	1925	1926	1927	1928	1929	1930	1931	1932
17	-	-	-	-	-	-	-	-	-	-	-
18	-	-	-	-	-	-	-	-	-	-	-
19	-	-	-	-	-	-	-	-	-	-	-
20	-	-	-	-	-	-	-	-	-	-	-
21	-	-	-	-	-	-	-	-	-	-	-
22	-	-	-	-	-	-	-	-	-	-	-
23	-	-	-	-	-	-	-	-	-	-	-
24	-	-	-	-	-	-	-	-	-	-	-
25	-	-	-	-	-	-	-	-	-	-	-
26	-	-	-	-	-	-	-	-	-	-	-
27	-	-	-	-	-	-	-	-	-	-	-
28	-	-	-	-	-	-	-	-	-	-	-
29	-	-	-	-	-	-	-	-	-	-	-
30	-	-	-	-	-	-	-	-	-	-	-
31	-	-	-	-	-	-	-	-	-	-	-
32	-	-	-	-	-	-	-	-	-	-	-
33	-	-	-	-	-	-	-	-	-	-	-
34	-	-	-	-	-	-	-	-	-	-	-
35	-	-	-	-	-	-	-	-	-	-	-
36	-	-	-	-	-	-	-	-	-	-	-
37	-	-	-	-	-	-	-	-	-	-	-
38	-	-	-	-	-	-	-	-	-	-	-
39	-	-	-	-	-	-	-	-	-	-	-
40	-	-	-	-	-	-	-	-	-	-	-
41	-	-	-	-	-	-	-	-	-	-	-
42	-	-	-	-	-	-	-	-	-	-	-
43	-	-	-	-	-	-	-	-	-	-	-
44	-	-	-	-	-	-	-	-	-	-	-
45	-	-	-	-	-	-	-	-	-	-	-
46	-	-	-	-	-	-	-	-	-	-	-
47	-	-	-	-	-	-	-	-	-	-	-
48	-	-	-	-	-	-	-	-	-	-	-
49	-	-	-	-	-	-	-	-	-	-	-
50	-	-	-	-	-	-	-	-	-	-	-
51	-	-	-	-	-	-	-	-	-	-	-
52	-	-	-	-	-	-	-	-	-	-	-

ÂGE	1922	1923	1924	1925	1926	1927	1928	1929	1930	1931	1932
53	-	-	-	-	-	-	-	-	-	-	-
54	-	-	-	-	-	-	-	-	-	-	-
55	-	-	-	-	-	-	-	-	-	-	-
56	-	-	-	-	-	-	-	-	-	-	-
57	-	-	-	-	-	-	-	-	-	-	-
58	-	-	-	-	-	-	-	-	-	-	-
59	-	-	-	-	-	-	-	-	-	-	-
60	-	-	-	-	-	-	-	-	-	-	-
61	-	-	-	-	-	-	-	-	-	-	-
62	-	-	-	-	-	-	-	-	-	-	-
63	-	-	-	-	-	-	-	-	-	-	-
64	-	-	-	-	-	-	-	-	-	-	100 000
65	-	-	-	-	-	-	-	-	-	100 000	99 227
66	-	-	-	-	-	-	-	-	100 000	99 145	98 399
67	-	-	-	-	-	-	-	100 000	99 058	98 233	97 513
68	-	-	-	-	-	-	100 000	98 942	98 033	97 239	96 549
69	-	-	-	-	-	100 000	98 796	97 777	96 905	96 145	95 487
70	-	-	-	-	100 000	98 634	97 476	96 500	95 667	94 944	94 320
71	-	-	-	100 000	98 424	97 113	96 005	95 075	94 285	93 602	93 016
72	-	-	100 000	98 207	96 696	95 445	94 392	93 511	92 767	92 127	91 582
73	-	100 000	97 985	96 270	94 829	93 641	92 645	91 818	91 123	90 529	90 027
74	100 000	97 726	95 803	94 171	92 806	91 684	90 750	89 979	89 336	88 791	88 335
75	97 484	95 319	93 493	91 947	90 659	89 609	88 738	88 026	87 437	86 943	86 535
76	94 867	92 813	91 087	89 630	88 423	87 445	86 640	85 988	85 456	85 015	84 656
77	92 092	90 154	88 531	87 168	86 045	85 142	84 406	83 817	83 344	82 957	82 650
78	89 204	87 387	85 871	84 603	83 566	82 740	82 075	81 551	81 137	80 807	80 552
79	86 127	84 434	83 029	81 861	80 913	80 168	79 577	79 120	78 769	78 497	78 297
80	82 781	81 220	79 932	78 869	78 016	77 355	76 841	76 455	76 169	75 959	75 817
81	79 150	77 727	76 561	75 609	74 854	74 281	73 848	73 535	73 317	73 171	73 089
82	75 264	73 984	72 944	72 105	71 451	70 969	70 618	70 380	70 232	70 151	70 130
83	70 978	69 846	68 939	68 217	67 668	67 279	67 012	66 852	66 775	66 761	66 803
84	66 498	65 515	64 738	64 133	63 688	63 392	63 208	63 124	63 117	63 168	63 271
85	61 764	60 928	60 282	59 792	59 449	59 243	59 141	59 131	59 191	59 305	59 467
86	56 873	56 181	55 660	55 282	55 037	54 917	54 892	54 950	55 074	55 247	55 464
87	51 836	51 281	50 880	50 606	50 453	50 413	50 459	50 581	50 762	50 988	51 254
88	46 835	46 407	46 115	45 937	45 867	45 899	46 008	46 186	46 418	46 689	46 998

ÂGE	1922	1923	1924	1925	1926	1927	1928	1929	1930	1931	1932
89	41 882	41 569	41 376	41 283	41 287	41 381	41 544	41 769	42 043	42 352	42 695
90	37 005	36 793	36 686	36 668	36 734	36 880	37 087	37 350	37 655	37 993	38 361
91	32 103	31 979	31 945	31 988	32 103	32 289	32 528	32 815	33 141	33 495	33 878
92	27 437	27 384	27 408	27 497	27 649	27 861	28 120	28 421	28 756	29 117	29 502
93	23 011	23 013	23 080	23 202	23 377	23 604	23 871	24 175	24 509	24 865	25 244
94	18 844	18 890	18 990	19 135	19 325	19 558	19 826	20 126	20 451	20 797	21 163
95	15 124	15 199	15 318	15 475	15 669	15 899	16 159	16 445	16 754	17 081	17 426
96	11 851	11 943	12 071	12 229	12 417	12 636	12 879	13 145	13 430	13 731	14 048
97	9 078	9 177	9 304	9 455	9 631	9 832	10 052	10 292	10 548	10 818	11 102
98	6 791	6 888	7 007	7 146	7 304	7 481	7 675	7 885	8 109	8 345	8 593
99	4 955	5 045	5 151	5 272	5 409	5 562	5 727	5 906	6 096	6 297	6 508
100	3 522	3 600	3 691	3 794	3 908	4 035	4 172	4 320	4 477	4 644	4 819
101	2 436	2 501	2 576	2 659	2 752	2 854	2 964	3 083	3 209	3 343	3 484
102	1 637	1 689	1 748	1 813	1 886	1 965	2 051	2 143	2 242	2 347	2 457
103	1 067	1 107	1 152	1 202	1 256	1 316	1 381	1 451	1 525	1 605	1 689
104	674	704	736	772	812	856	903	954	1 009	1 067	1 130
105	412	433	456	481	509	540	573	609	648	690	735
106	243	257	273	290	309	330	352	377	404	433	464
107	138	147	157	169	181	195	210	226	244	263	284
108	76	81	88	95	102	111	120	131	142	155	168
109	40	43	47	51	56	61	67	73	80	88	96
110	20	22	24	26	29	32	36	39	43	48	53
111	10	11	12	13	15	16	18	20	23	25	28
112	4	5	6	6	7	8	9	10	11	13	14
113	2	2	2	3	3	4	4	5	5	6	7
114	1	1	1	1	1	2	2	2	2	3	3
115	-	-	-	-	1	1	1	1	1	1	1
116	-	-	-	-	-	-	-	-	-	1	1
117	-	-	-	-	-	-	-	-	-	-	-
118	-	-	-	-	-	-	-	-	-	-	-
119	-	-	-	-	-	-	-	-	-	-	-
120	-	-	-	-	-	-	-	-	-	-	-

ÂGE	1933	1934	1935	1936	1937	1938	1939	1940	1941	1942	1943
0	-	-	-	-	-	-	-	-	-	-	-
1	-	-	-	-	-	-	-	-	-	-	-
2	-	-	-	-	-	-	-	-	-	-	-

ÂGE	1933	1934	1935	1936	1937	1938	1939	1940	1941	1942	1943
3	-	-	-	-	-	-	-	-	-	-	-
4	-	-	-	-	-	-	-	-	-	-	-
5	-	-	-	-	-	-	-	-	-	-	-
6	-	-	-	-	-	-	-	-	-	-	-
7	-	-	-	-	-	-	-	-	-	-	-
8	-	-	-	-	-	-	-	-	-	-	-
9	-	-	-	-	-	-	-	-	-	-	-
10	-	-	-	-	-	-	-	-	-	-	-
11	-	-	-	-	-	-	-	-	-	-	-
12	-	-	-	-	-	-	-	-	-	-	-
13	-	-	-	-	-	-	-	-	-	-	-
14	-	-	-	-	-	-	-	-	-	-	-
15	-	-	-	-	-	-	-	-	-	-	-
16	-	-	-	-	-	-	-	-	-	-	-
17	-	-	-	-	-	-	-	-	-	-	-
18	-	-	-	-	-	-	-	-	-	-	-
19	-	-	-	-	-	-	-	-	-	-	-
20	-	-	-	-	-	-	-	-	-	-	-
21	-	-	-	-	-	-	-	-	-	-	-
22	-	-	-	-	-	-	-	-	-	-	-
23	-	-	-	-	-	-	-	-	-	-	-
24	-	-	-	-	-	-	-	-	-	-	-
25	-	-	-	-	-	-	-	-	-	-	-
26	-	-	-	-	-	-	-	-	-	-	-
27	-	-	-	-	-	-	-	-	-	-	-
28	-	-	-	-	-	-	-	-	-	-	-
29	-	-	-	-	-	-	-	-	-	-	-
30	-	-	-	-	-	-	-	-	-	-	-
31	-	-	-	-	-	-	-	-	-	-	-
32	-	-	-	-	-	-	-	-	-	-	-
33	-	-	-	-	-	-	-	-	-	-	-
34	-	-	-	-	-	-	-	-	-	-	-
35	-	-	-	-	-	-	-	-	-	-	-
36	-	-	-	-	-	-	-	-	-	-	-
37	-	-	-	-	-	-	-	-	-	-	-
38	-	-	-	-	-	-	-	-	-	-	-

ÂGE	1933	1934	1935	1936	1937	1938	1939	1940	1941	1942	1943
39	-	-	-	-	-	-	-	-	-	-	-
40	-	-	-	-	-	-	-	-	-	-	-
41	-	-	-	-	-	-	-	-	-	-	-
42	-	-	-	-	-	-	-	-	-	-	-
43	-	-	-	-	-	-	-	-	-	-	-
44	-	-	-	-	-	-	-	-	-	-	-
45	-	-	-	-	-	-	-	-	-	-	-
46	-	-	-	-	-	-	-	-	-	-	-
47	-	-	-	-	-	-	-	-	-	-	-
48	-	-	-	-	-	-	-	-	-	-	-
49	-	-	-	-	-	-	-	-	-	-	-
50	-	-	-	-	-	-	-	-	-	-	-
51	-	-	-	-	-	-	-	-	-	-	-
52	-	-	-	-	-	-	-	-	-	-	-
53	-	-	-	-	-	-	-	-	-	-	100 000
54	-	-	-	-	-	-	-	-	-	100 000	99 711
55	-	-	-	-	-	-	-	-	100 000	99 664	99 384
56	-	-	-	-	-	-	-	100 000	99 608	99 282	99 012
57	-	-	-	-	-	-	100 000	99 570	99 190	98 874	98 614
58	-	-	-	-	-	100 000	99 526	99 108	98 740	98 436	98 186
59	-	-	-	-	100 000	99 486	99 026	98 621	98 265	97 973	97 735
60	-	-	-	100 000	99 475	98 976	98 529	98 138	97 794	97 514	97 287
61	-	-	100 000	99 450	98 941	98 456	98 023	97 646	97 315	97 047	96 832
62	-	100 000	99 409	98 876	98 383	97 913	97 495	97 131	96 814	96 559	96 356
63	100 000	99 370	98 798	98 282	97 805	97 351	96 948	96 599	96 296	96 053	95 863
64	99 318	98 708	98 154	97 656	97 197	96 760	96 373	96 039	95 750	95 522	95 345
65	98 568	97 980	97 446	96 968	96 527	96 109	95 739	95 422	95 148	94 935	94 772
66	97 763	97 198	96 687	96 229	95 808	95 409	95 058	94 758	94 502	94 305	94 158
67	96 904	96 362	95 874	95 439	95 039	94 661	94 329	94 048	93 810	93 630	93 499
68	95 967	95 452	94 989	94 578	94 201	93 845	93 534	93 274	93 055	92 893	92 780
69	94 935	94 448	94 012	93 627	93 275	92 943	92 655	92 416	92 219	92 077	91 983
70	93 800	93 344	92 938	92 580	92 255	91 949	91 686	91 471	91 296	91 177	91 103
71	92 531	92 109	91 734	91 407	91 112	90 834	90 599	90 410	90 260	90 164	90 113
72	91 135	90 749	90 409	90 115	89 851	89 604	89 398	89 238	89 115	89 045	89 018
73	89 620	89 273	88 969	88 710	88 480	88 266	88 092	87 961	87 867	87 825	87 825
74	87 971	87 664	87 400	87 179	86 985	86 806	86 665	86 566	86 503	86 490	86 518

ÂGE	1933	1934	1935	1936	1937	1938	1939	1940	1941	1942	1943
75	86 217	85 953	85 729	85 547	85 391	85 248	85 143	85 078	85 047	85 065	85 122
76	84 384	84 164	83 982	83 841	83 724	83 619	83 550	83 520	83 522	83 571	83 660
77	82 426	82 252	82 115	82 015	81 939	81 874	81 843	81 849	81 886	81 969	82 090
78	80 378	80 251	80 159	80 103	80 069	80 045	80 053	80 097	80 170	80 288	80 441
79	78 175	78 097	78 053	78 042	78 051	78 070	78 118	78 202	78 313	78 467	78 655
80	75 749	75 723	75 728	75 764	75 820	75 883	75 975	76 100	76 251	76 443	76 667
81	73 077	73 104	73 161	73 247	73 350	73 461	73 598	73 766	73 959	74 190	74 453
82	70 175	70 258	70 367	70 503	70 656	70 814	70 997	71 209	71 445	71 717	72 019
83	66 906	67 044	67 207	67 395	67 597	67 804	68 035	68 293	68 573	68 887	69 229
84	63 431	63 624	63 839	64 077	64 329	64 584	64 861	65 163	65 486	65 841	66 223
85	59 682	59 926	60 192	60 479	60 777	61 079	61 401	61 746	62 110	62 505	62 924
86	55 729	56 022	56 334	56 665	57 008	57 352	57 716	58 101	58 504	58 935	59 389
87	51 565	51 900	52 253	52 625	53 006	53 389	53 789	54 210	54 647	55 111	55 596
88	47 347	47 719	48 107	48 512	48 926	49 342	49 773	50 224	50 690	51 181	51 692
89	43 075	43 476	43 892	44 323	44 762	45 204	45 661	46 135	46 624	47 135	47 666
90	38 763	39 184	39 619	40 068	40 525	40 985	41 458	41 948	42 452	42 977	43 520
91	34 290	34 720	35 163	35 620	36 084	36 551	37 032	37 528	38 037	38 566	39 112
92	29 915	30 344	30 785	31 239	31 701	32 167	32 645	33 138	33 643	34 167	34 707
93	25 647	26 065	26 495	26 938	27 388	27 843	28 310	28 790	29 283	29 794	30 320
94	21 551	21 953	22 366	22 791	23 224	23 662	24 112	24 575	25 050	25 542	26 048
95	17 791	18 168	18 556	18 956	19 364	19 778	20 203	20 641	21 090	21 554	22 033
96	14 383	14 729	15 086	15 453	15 829	16 211	16 604	17 009	17 425	17 855	18 299
97	11 401	11 712	12 032	12 362	12 701	13 046	13 402	13 768	14 146	14 536	14 939
98	8 855	9 126	9 407	9 697	9 995	10 300	10 614	10 939	11 274	11 621	11 980
99	6 731	6 962	7 202	7 451	7 707	7 970	8 242	8 524	8 814	9 116	9 429
100	5 003	5 196	5 396	5 604	5 819	6 040	6 270	6 508	6 755	7 012	7 278
101	3 633	3 789	3 952	4 121	4 297	4 479	4 668	4 865	5 070	5 283	5 505
102	2 574	2 698	2 826	2 961	3 101	3 247	3 399	3 557	3 723	3 896	4 076
103	1 778	1 873	1 972	2 076	2 185	2 298	2 417	2 542	2 672	2 809	2 952
104	1 196	1 266	1 341	1 419	1 501	1 587	1 678	1 773	1 873	1 979	2 089
105	782	833	887	944	1 004	1 068	1 135	1 206	1 281	1 360	1 444
106	497	533	571	611	654	699	748	799	853	911	973
107	306	330	356	384	414	445	479	515	554	595	638
108	183	199	216	234	254	275	298	323	349	377	408
109	105	116	126	138	151	165	180	196	214	232	253
110	59	65	72	79	87	96	105	116	127	139	152

ÂGE	1933	1934	1935	1936	1937	1938	1939	1940	1941	1942	1943
111	32	35	39	44	48	54	59	66	73	80	89
112	16	18	21	23	26	29	32	36	40	45	50
113	8	9	10	12	13	15	17	19	22	24	27
114	4	4	5	6	7	8	9	10	11	13	14
115	2	2	2	3	3	4	4	5	6	6	7
116	1	1	1	1	1	2	2	2	3	3	4
117	-	-	-	1	1	1	1	1	1	1	2
118	-	-	-	-	-	-	-	-	1	1	1
119	-	-	-	-	-	-	-	-	-	-	-
120	-	-	-	-	-	-	-	-	-	-	-

ÂGE	1944	1945	1946	1947	1948	1949	1950	1951	1952	1953	1954
0	-	-	-	-	-	-	-	-	-	-	-
1	-	-	-	-	-	-	-	-	-	-	-
2	-	-	-	-	-	-	-	-	-	-	-
3	-	-	-	-	-	-	-	-	-	-	-
4	-	-	-	-	-	-	-	-	-	-	-
5	-	-	-	-	-	-	-	-	-	-	-
6	-	-	-	-	-	-	-	-	-	-	-
7	-	-	-	-	-	-	-	-	-	-	-
8	-	-	-	-	-	-	-	-	-	-	-
9	-	-	-	-	-	-	-	-	-	-	-
10	-	-	-	-	-	-	-	-	-	-	-
11	-	-	-	-	-	-	-	-	-	-	-
12	-	-	-	-	-	-	-	-	-	-	-
13	-	-	-	-	-	-	-	-	-	-	-
14	-	-	-	-	-	-	-	-	-	-	-
15	-	-	-	-	-	-	-	-	-	-	-
16	-	-	-	-	-	-	-	-	-	-	-
17	-	-	-	-	-	-	-	-	-	-	-
18	-	-	-	-	-	-	-	-	-	-	-
19	-	-	-	-	-	-	-	-	-	-	-
20	-	-	-	-	-	-	-	-	-	-	-
21	-	-	-	-	-	-	-	-	-	-	-
22	-	-	-	-	-	-	-	-	-	-	-
23	-	-	-	-	-	-	-	-	-	-	-
24	-	-	-	-	-	-	-	-	-	-	-

ÂGE	1944	1945	1946	1947	1948	1949	1950	1951	1952	1953	1954
25	-	-	-	-	-	-	-	-	-	-	-
26	-	-	-	-	-	-	-	-	-	-	-
27	-	-	-	-	-	-	-	-	-	-	-
28	-	-	-	-	-	-	-	-	-	-	-
29	-	-	-	-	-	-	-	-	-	-	-
30	-	-	-	-	-	-	-	-	-	-	-
31	-	-	-	-	-	-	-	-	-	-	-
32	-	-	-	-	-	-	-	-	-	-	-
33	-	-	-	-	-	-	-	-	-	-	-
34	-	-	-	-	-	-	-	-	-	-	-
35	-	-	-	-	-	-	-	-	-	-	-
36	-	-	-	-	-	-	-	-	-	-	-
37	-	-	-	-	-	-	-	-	-	-	-
38	-	-	-	-	-	-	-	-	-	-	-
39	-	-	-	-	-	-	-	-	-	-	-
40	-	-	-	-	-	-	-	-	-	-	-
41	-	-	-	-	-	-	-	-	-	-	-
42	-	-	-	-	-	-	-	-	-	-	100 000
43	-	-	-	-	-	-	-	-	-	100 000	99 903
44	-	-	-	-	-	-	-	-	100 000	99 890	99 796
45	-	-	-	-	-	-	-	100 000	99 879	99 772	99 681
46	-	-	-	-	-	-	100 000	99 868	99 751	99 647	99 558
47	-	-	-	-	-	100 000	99 851	99 723	99 609	99 508	99 423
48	-	-	-	-	100 000	99 832	99 687	99 563	99 453	99 356	99 274
49	-	-	-	100 000	99 818	99 655	99 514	99 394	99 288	99 195	99 117
50	-	-	100 000	99 805	99 628	99 469	99 333	99 217	99 115	99 026	98 952
51	-	100 000	99 795	99 604	99 432	99 278	99 147	99 036	98 938	98 853	98 784
52	100 000	99 768	99 569	99 384	99 218	99 069	98 942	98 836	98 743	98 663	98 598
53	99 744	99 518	99 325	99 146	98 986	98 842	98 722	98 620	98 533	98 458	98 397
54	99 462	99 244	99 058	98 886	98 731	98 594	98 479	98 384	98 302	98 232	98 177
55	99 143	98 933	98 754	98 589	98 442	98 312	98 203	98 114	98 038	97 975	97 926
56	98 780	98 578	98 408	98 251	98 112	97 990	97 889	97 807	97 738	97 682	97 639
57	98 392	98 199	98 038	97 890	97 759	97 645	97 552	97 478	97 417	97 368	97 332
58	97 974	97 792	97 640	97 502	97 380	97 274	97 190	97 124	97 071	97 029	97 002
59	97 534	97 362	97 221	97 092	96 980	96 883	96 808	96 751	96 706	96 673	96 653
60	97 097	96 936	96 805	96 686	96 583	96 496	96 430	96 382	96 345	96 320	96 308

ÂGE	1944	1945	1946	1947	1948	1949	1950	1951	1952	1953	1954
61	96 653	96 502	96 381	96 273	96 180	96 102	96 045	96 006	95 978	95 961	95 957
62	96 188	96 049	95 939	95 841	95 758	95 691	95 643	95 613	95 594	95 586	95 591
63	95 708	95 580	95 481	95 394	95 322	95 265	95 227	95 207	95 197	95 199	95 212
64	95 202	95 087	95 000	94 924	94 863	94 817	94 790	94 779	94 780	94 791	94 814
65	94 644	94 542	94 468	94 405	94 356	94 321	94 306	94 306	94 318	94 339	94 372
66	94 044	93 956	93 896	93 846	93 810	93 788	93 785	93 797	93 820	93 852	93 897
67	93 401	93 329	93 283	93 247	93 225	93 217	93 226	93 251	93 286	93 331	93 387
68	92 699	92 643	92 613	92 592	92 585	92 591	92 615	92 654	92 702	92 759	92 828
69	91 920	91 882	91 869	91 866	91 875	91 897	91 935	91 989	92 052	92 123	92 205
70	91 060	91 042	91 047	91 062	91 089	91 128	91 183	91 253	91 332	91 419	91 516
71	90 093	90 095	90 121	90 156	90 202	90 260	90 334	90 422	90 518	90 622	90 735
72	89 021	89 047	89 095	89 152	89 219	89 297	89 391	89 498	89 613	89 735	89 867
73	87 853	87 903	87 975	88 055	88 145	88 245	88 360	88 488	88 623	88 765	88 916
74	86 574	86 650	86 748	86 852	86 966	87 090	87 228	87 378	87 535	87 698	87 870
75	85 206	85 310	85 434	85 565	85 704	85 853	86 015	86 189	86 369	86 554	86 748
76	83 773	83 906	84 058	84 215	84 381	84 555	84 743	84 941	85 145	85 354	85 570
77	82 234	82 396	82 577	82 763	82 957	83 159	83 372	83 596	83 825	84 059	84 299
78	80 617	80 811	81 022	81 237	81 460	81 689	81 930	82 181	82 436	82 695	82 961
79	78 864	79 090	79 333	79 579	79 832	80 091	80 361	80 640	80 923	81 209	81 501
80	76 912	77 173	77 449	77 728	78 013	78 303	78 604	78 913	79 225	79 540	79 861
81	74 735	75 031	75 342	75 656	75 975	76 298	76 631	76 972	77 315	77 661	78 012
82	72 340	72 673	73 020	73 369	73 723	74 081	74 448	74 821	75 197	75 575	75 957
83	69 588	69 959	70 344	70 729	71 119	71 513	71 914	72 322	72 731	73 142	73 557
84	66 620	67 029	67 450	67 872	68 297	68 726	69 162	69 604	70 047	70 492	70 939
85	63 358	63 803	64 259	64 716	65 176	65 639	66 109	66 584	67 060	67 537	68 017
86	59 858	60 336	60 825	61 314	61 806	62 301	62 803	63 309	63 816	64 324	64 835
87	56 094	56 602	57 120	57 638	58 159	58 683	59 213	59 747	60 283	60 820	61 359
88	52 215	52 748	53 290	53 833	54 378	54 927	55 481	56 040	56 600	57 161	57 725
89	48 209	48 760	49 321	49 883	50 447	51 015	51 589	52 167	52 747	53 328	53 911
90	44 075	44 638	45 210	45 784	46 361	46 942	47 528	48 120	48 713	49 308	49 906
91	39 670	40 236	40 811	41 388	41 970	42 555	43 146	43 743	44 342	44 944	45 549
92	35 259	35 819	36 388	36 960	37 537	38 119	38 707	39 301	39 898	40 499	41 103
93	30 857	31 403	31 958	32 518	33 082	33 652	34 229	34 813	35 401	35 993	36 589
94	26 565	27 091	27 627	28 168	28 715	29 267	29 828	30 395	30 968	31 545	32 128
95	22 522	23 020	23 529	24 043	24 564	25 091	25 627	26 170	26 719	27 274	27 835
96	18 753	19 217	19 690	20 170	20 657	21 152	21 655	22 165	22 683	23 207	23 738

ÂGE	1944	1945	1946	1947	1948	1949	1950	1951	1952	1953	1954
97	15 353	15 776	16 208	16 648	17 095	17 550	18 014	18 486	18 965	19 452	19 946
98	12 349	12 727	13 114	13 509	13 912	14 323	14 743	15 171	15 607	16 051	16 502
99	9 751	10 082	10 422	10 770	11 126	11 490	11 862	12 244	12 632	13 029	13 434
100	7 553	7 837	8 129	8 429	8 737	9 053	9 377	9 709	10 049	10 397	10 753
101	5 735	5 973	6 218	6 471	6 732	7 000	7 276	7 560	7 851	8 150	8 457
102	4 264	4 459	4 661	4 869	5 085	5 307	5 538	5 775	6 020	6 271	6 531
103	3 102	3 258	3 420	3 588	3 762	3 943	4 131	4 325	4 526	4 733	4 947
104	2 206	2 327	2 454	2 587	2 724	2 868	3 017	3 172	3 333	3 501	3 674
105	1 532	1 624	1 721	1 823	1 929	2 040	2 156	2 277	2 403	2 535	2 672
106	1 037	1 106	1 178	1 254	1 334	1 418	1 506	1 598	1 695	1 796	1 902
107	685	734	786	842	900	962	1 027	1 095	1 168	1 243	1 323
108	440	475	511	551	592	636	683	733	785	840	899
109	275	298	323	350	379	410	443	478	515	554	596
110	167	182	199	217	236	257	279	303	329	356	385
111	98	108	119	130	143	156	171	187	204	222	242
112	56	62	68	76	84	92	102	112	123	135	148
113	31	34	38	43	48	53	59	65	72	80	88
114	16	18	21	23	26	29	33	37	41	45	51
115	8	9	11	12	14	16	18	20	22	25	28
116	4	5	5	6	7	8	9	10	12	13	15
117	2	2	3	3	3	4	5	5	6	7	8
118	1	1	1	1	2	2	2	3	3	3	4
119	-	-	1	1	1	1	1	1	1	2	2
120	-	-	-	-	-	-	-	1	1	1	1

ÂGE	1955	1956	1957	1958	1959	1960	1961	1962	1963	1964	1965
0	-	-	-	-	-	-	-	-	-	-	-
1	-	-	-	-	-	-	-	-	-	-	-
2	-	-	-	-	-	-	-	-	-	-	-
3	-	-	-	-	-	-	-	-	-	-	-
4	-	-	-	-	-	-	-	-	-	-	-
5	-	-	-	-	-	-	-	-	-	-	-
6	-	-	-	-	-	-	-	-	-	-	-
7	-	-	-	-	-	-	-	-	-	-	-
8	-	-	-	-	-	-	-	-	-	-	-
9	-	-	-	-	-	-	-	-	-	-	-
10	-	-	-	-	-	-	-	-	-	-	-

ÂGE	1955	1956	1957	1958	1959	1960	1961	1962	1963	1964	1965
11	-	-	-	-	-	-	-	-	-	-	-
12	-	-	-	-	-	-	-	-	-	-	-
13	-	-	-	-	-	-	-	-	-	-	-
14	-	-	-	-	-	-	-	-	-	-	-
15	-	-	-	-	-	-	-	-	-	-	-
16	-	-	-	-	-	-	-	-	-	-	-
17	-	-	-	-	-	-	-	-	-	-	-
18	-	-	-	-	-	-	-	-	-	-	-
19	-	-	-	-	-	-	-	-	-	-	-
20	-	-	-	-	-	-	-	-	-	-	-
21	-	-	-	-	-	-	-	-	-	-	-
22	-	-	-	-	-	-	-	-	-	-	-
23	-	-	-	-	-	-	-	-	-	-	-
24	-	-	-	-	-	-	-	-	-	-	-
25	-	-	-	-	-	-	-	-	-	-	-
26	-	-	-	-	-	-	-	-	-	-	-
27	-	-	-	-	-	-	-	-	-	-	-
28	-	-	-	-	-	-	-	-	-	-	-
29	-	-	-	-	-	-	-	-	-	-	-
30	-	-	-	-	-	-	-	-	-	-	-
31	-	-	-	-	-	-	-	-	-	-	100 000
32	-	-	-	-	-	-	-	-	-	100 000	99 956
33	-	-	-	-	-	-	-	-	100 000	99 954	99 911
34	-	-	-	-	-	-	-	100 000	99 952	99 907	99 865
35	-	-	-	-	-	-	100 000	99 950	99 903	99 859	99 818
36	-	-	-	-	-	100 000	99 947	99 897	99 852	99 809	99 769
37	-	-	-	-	100 000	99 943	99 891	99 843	99 799	99 757	99 719
38	-	-	-	100 000	99 939	99 884	99 833	99 786	99 743	99 703	99 666
39	-	-	100 000	99 934	99 875	99 821	99 772	99 727	99 685	99 646	99 610
40	-	100 000	99 929	99 865	99 807	99 755	99 707	99 663	99 623	99 586	99 551
41	100 000	99 922	99 852	99 790	99 734	99 683	99 637	99 595	99 557	99 521	99 488
42	99 913	99 837	99 770	99 709	99 655	99 606	99 562	99 522	99 485	99 451	99 419
43	99 819	99 745	99 680	99 621	99 569	99 523	99 480	99 442	99 407	99 375	99 345
44	99 714	99 643	99 580	99 524	99 474	99 429	99 389	99 353	99 320	99 290	99 262
45	99 602	99 533	99 473	99 419	99 372	99 330	99 292	99 258	99 227	99 199	99 173
46	99 482	99 416	99 358	99 308	99 263	99 223	99 188	99 156	99 128	99 102	99 078

ÂGE	1955	1956	1957	1958	1959	1960	1961	1962	1963	1964	1965
47	99 350	99 287	99 232	99 185	99 143	99 106	99 073	99 044	99 018	98 995	98 974
48	99 205	99 145	99 094	99 049	99 010	98 976	98 947	98 921	98 897	98 877	98 859
49	99 051	98 995	98 947	98 906	98 870	98 840	98 813	98 790	98 770	98 752	98 737
50	98 890	98 838	98 794	98 756	98 724	98 697	98 673	98 654	98 637	98 622	98 610
51	98 726	98 677	98 637	98 603	98 574	98 551	98 531	98 514	98 500	98 489	98 480
52	98 544	98 500	98 464	98 434	98 409	98 389	98 373	98 360	98 350	98 342	98 336
53	98 348	98 309	98 277	98 251	98 231	98 215	98 203	98 194	98 188	98 183	98 181
54	98 133	98 098	98 071	98 050	98 035	98 024	98 016	98 011	98 009	98 009	98 010
55	97 888	97 859	97 837	97 821	97 811	97 805	97 802	97 802	97 805	97 809	97 815
56	97 607	97 585	97 569	97 560	97 555	97 554	97 557	97 563	97 570	97 580	97 591
57	97 307	97 291	97 282	97 279	97 281	97 286	97 295	97 306	97 320	97 335	97 351
58	96 984	96 975	96 973	96 977	96 985	96 997	97 012	97 030	97 049	97 070	97 093
59	96 643	96 642	96 647	96 658	96 673	96 692	96 714	96 738	96 764	96 791	96 820
60	96 306	96 312	96 325	96 343	96 365	96 391	96 420	96 450	96 482	96 516	96 551
61	95 964	95 977	95 998	96 023	96 053	96 085	96 120	96 158	96 197	96 237	96 277
62	95 606	95 628	95 656	95 689	95 726	95 766	95 808	95 852	95 898	95 945	95 992
63	95 235	95 266	95 302	95 343	95 388	95 436	95 485	95 537	95 590	95 643	95 697
64	94 846	94 885	94 930	94 979	95 032	95 088	95 146	95 205	95 265	95 326	95 387
65	94 414	94 463	94 517	94 576	94 638	94 702	94 769	94 836	94 905	94 973	95 042
66	93 949	94 009	94 073	94 141	94 213	94 287	94 362	94 439	94 516	94 593	94 671
67	93 451	93 521	93 596	93 675	93 757	93 841	93 926	94 012	94 098	94 185	94 271
68	92 904	92 986	93 073	93 163	93 256	93 351	93 447	93 543	93 640	93 736	93 832
69	92 295	92 390	92 490	92 593	92 698	92 805	92 912	93 020	93 128	93 235	93 342
70	91 620	91 730	91 843	91 960	92 078	92 198	92 318	92 438	92 558	92 678	92 796
71	90 855	90 981	91 110	91 241	91 374	91 508	91 643	91 777	91 911	92 043	92 175
72	90 005	90 147	90 293	90 441	90 590	90 740	90 890	91 039	91 187	91 335	91 481
73	89 073	89 234	89 397	89 563	89 730	89 896	90 063	90 229	90 393	90 556	90 717
74	88 047	88 228	88 411	88 596	88 781	88 966	89 151	89 334	89 516	89 696	89 874
75	86 946	87 148	87 352	87 557	87 762	87 967	88 170	88 372	88 573	88 771	88 967
76	85 791	86 015	86 240	86 466	86 692	86 916	87 140	87 362	87 581	87 798	88 013
77	84 544	84 791	85 039	85 287	85 535	85 781	86 026	86 268	86 508	86 745	86 979
78	83 230	83 501	83 773	84 044	84 315	84 583	84 850	85 114	85 376	85 634	85 889
79	81 796	82 093	82 389	82 686	82 980	83 273	83 563	83 851	84 135	84 416	84 692
80	80 184	80 507	80 831	81 154	81 475	81 793	82 109	82 421	82 730	83 035	83 336
81	78 364	78 717	79 070	79 421	79 769	80 116	80 458	80 798	81 133	81 464	81 791
82	76 340	76 723	77 106	77 487	77 865	78 240	78 612	78 980	79 343	79 702	80 056

ÂGE	1955	1956	1957	1958	1959	1960	1961	1962	1963	1964	1965
83	73 973	74 388	74 803	75 215	75 624	76 030	76 433	76 831	77 225	77 613	77 998
84	71 387	71 835	72 282	72 726	73 167	73 604	74 038	74 467	74 891	75 311	75 725
85	68 497	68 977	69 455	69 931	70 404	70 873	71 337	71 798	72 254	72 704	73 150
86	65 346	65 857	66 365	66 872	67 375	67 875	68 370	68 861	69 348	69 829	70 306
87	61 898	62 437	62 974	63 509	64 041	64 570	65 094	65 615	66 131	66 642	67 148
88	58 289	58 853	59 416	59 976	60 534	61 089	61 640	62 187	62 730	63 269	63 802
89	54 496	55 081	55 664	56 246	56 826	57 403	57 977	58 548	59 114	59 677	60 235
90	50 506	51 105	51 705	52 303	52 900	53 495	54 087	54 676	55 262	55 845	56 424
91	46 156	46 765	47 373	47 982	48 590	49 196	49 801	50 404	51 004	51 602	52 197
92	41 711	42 320	42 931	43 542	44 154	44 765	45 376	45 985	46 594	47 200	47 805
93	37 190	37 793	38 399	39 006	39 615	40 225	40 835	41 445	42 055	42 664	43 273
94	32 716	33 307	33 902	34 499	35 099	35 701	36 305	36 909	37 515	38 121	38 727
95	28 401	28 972	29 548	30 127	30 710	31 295	31 884	32 475	33 068	33 662	34 258
96	24 275	24 818	25 366	25 918	26 476	27 037	27 602	28 170	28 742	29 317	29 894
97	20 446	20 954	21 467	21 986	22 510	23 039	23 573	24 112	24 654	25 201	25 751
98	16 960	17 426	17 898	18 377	18 862	19 353	19 849	20 350	20 857	21 369	21 885
99	13 846	14 266	14 693	15 127	15 567	16 014	16 467	16 927	17 392	17 863	18 339
100	11 117	11 488	11 867	12 253	12 646	13 046	13 452	13 865	14 285	14 711	15 143
101	8 772	9 094	9 423	9 760	10 104	10 455	10 813	11 178	11 550	11 928	12 312
102	6 797	7 071	7 352	7 640	7 935	8 238	8 547	8 863	9 186	9 515	9 852
103	5 169	5 396	5 631	5 873	6 121	6 376	6 638	6 906	7 181	7 463	7 752
104	3 853	4 039	4 231	4 429	4 634	4 845	5 062	5 285	5 515	5 751	5 994
105	2 814	2 962	3 116	3 275	3 440	3 610	3 787	3 969	4 157	4 351	4 550
106	2 012	2 127	2 247	2 372	2 502	2 637	2 777	2 922	3 073	3 228	3 390
107	1 407	1 494	1 586	1 681	1 781	1 886	1 995	2 108	2 226	2 348	2 475
108	961	1 025	1 094	1 165	1 241	1 319	1 402	1 488	1 578	1 672	1 770
109	640	687	737	789	844	902	963	1 027	1 095	1 165	1 239
110	416	449	484	521	561	602	646	693	742	794	848
111	263	286	310	336	363	392	423	456	491	528	567
112	162	177	193	210	229	249	270	293	317	342	370
113	97	106	117	128	140	153	168	183	199	216	235
114	56	62	69	76	84	92	101	111	122	133	145
115	31	35	39	44	48	54	59	65	72	79	87
116	17	19	22	24	27	30	34	37	42	46	51
117	9	10	11	13	15	16	18	21	23	26	29
118	5	5	6	7	8	9	10	11	13	14	16

ÂGE	1955	1956	1957	1958	1959	1960	1961	1962	1963	1964	1965
119	2	3	3	3	4	4	5	6	7	7	8
120	1	1	1	2	2	2	2	3	3	4	4

ÂGE	1966	1967	1968	1969	1970	1971	1972	1973	1974	1975	1976
0	-	-	-	-	-	-	-	-	-	-	-
1	-	-	-	-	-	-	-	-	-	-	-
2	-	-	-	-	-	-	-	-	-	-	-
3	-	-	-	-	-	-	-	-	-	-	-
4	-	-	-	-	-	-	-	-	-	-	-
5	-	-	-	-	-	-	-	-	-	-	-
6	-	-	-	-	-	-	-	-	-	-	-
7	-	-	-	-	-	-	-	-	-	-	-
8	-	-	-	-	-	-	-	-	-	-	-
9	-	-	-	-	-	-	-	-	-	-	-
10	-	-	-	-	-	-	-	-	-	-	-
11	-	-	-	-	-	-	-	-	-	-	-
12	-	-	-	-	-	-	-	-	-	-	-
13	-	-	-	-	-	-	-	-	-	-	-
14	-	-	-	-	-	-	-	-	-	-	-
15	-	-	-	-	-	-	-	-	-	-	-
16	-	-	-	-	-	-	-	-	-	-	-
17	-	-	-	-	-	-	-	-	-	-	-
18	-	-	-	-	-	-	-	-	-	-	-
19	-	-	-	-	-	-	-	-	-	-	-
20	-	-	-	-	-	-	-	-	-	-	100 000
21	-	-	-	-	-	-	-	-	-	100 000	99 963
22	-	-	-	-	-	-	-	-	100 000	99 963	99 926
23	-	-	-	-	-	-	-	100 000	99 963	99 926	99 891
24	-	-	-	-	-	-	100 000	99 962	99 926	99 890	99 856
25	-	-	-	-	-	100 000	99 962	99 925	99 890	99 855	99 821
26	-	-	-	-	100 000	99 962	99 924	99 889	99 854	99 820	99 787
27	-	-	-	100 000	99 961	99 923	99 887	99 852	99 818	99 785	99 753
28	-	-	100 000	99 960	99 922	99 886	99 850	99 816	99 783	99 751	99 719
29	-	100 000	99 959	99 921	99 884	99 848	99 813	99 780	99 748	99 716	99 686
30	100 000	99 958	99 919	99 881	99 845	99 810	99 776	99 744	99 713	99 682	99 652
31	99 957	99 917	99 878	99 841	99 806	99 772	99 739	99 708	99 677	99 647	99 618
32	99 914	99 874	99 837	99 801	99 767	99 734	99 702	99 671	99 641	99 612	99 584

ÂGE	1966	1967	1968	1969	1970	1971	1972	1973	1974	1975	1976
33	99 870	99 832	99 795	99 760	99 727	99 695	99 664	99 634	99 605	99 577	99 549
34	99 825	99 788	99 752	99 718	99 686	99 655	99 625	99 596	99 568	99 541	99 514
35	99 779	99 743	99 708	99 676	99 644	99 614	99 585	99 557	99 530	99 503	99 478
36	99 732	99 697	99 663	99 631	99 601	99 572	99 544	99 517	99 490	99 465	99 440
37	99 683	99 648	99 616	99 585	99 556	99 528	99 501	99 475	99 449	99 425	99 401
38	99 631	99 598	99 567	99 537	99 509	99 482	99 456	99 431	99 407	99 383	99 360
39	99 577	99 545	99 515	99 487	99 459	99 434	99 409	99 385	99 362	99 339	99 317
40	99 519	99 488	99 460	99 433	99 407	99 382	99 358	99 336	99 314	99 292	99 271
41	99 457	99 428	99 401	99 375	99 350	99 327	99 305	99 283	99 262	99 242	99 222
42	99 390	99 363	99 337	99 313	99 290	99 268	99 246	99 226	99 207	99 188	99 169
43	99 317	99 291	99 267	99 245	99 223	99 203	99 183	99 164	99 146	99 129	99 112
44	99 236	99 212	99 190	99 169	99 149	99 130	99 113	99 095	99 079	99 063	99 047
45	99 149	99 127	99 107	99 088	99 070	99 053	99 037	99 022	99 007	98 992	98 979
46	99 057	99 037	99 019	99 002	98 986	98 971	98 957	98 943	98 930	98 917	98 905
47	98 955	98 937	98 921	98 907	98 893	98 880	98 868	98 856	98 845	98 834	98 824
48	98 842	98 827	98 814	98 801	98 790	98 780	98 770	98 760	98 751	98 743	98 735
49	98 723	98 711	98 700	98 691	98 682	98 674	98 666	98 659	98 653	98 646	98 640
50	98 599	98 590	98 582	98 574	98 568	98 563	98 558	98 553	98 549	98 545	98 542
51	98 472	98 466	98 460	98 456	98 453	98 450	98 448	98 446	98 444	98 442	98 441
52	98 332	98 329	98 327	98 325	98 325	98 325	98 326	98 326	98 328	98 329	98 330
53	98 180	98 181	98 182	98 184	98 187	98 190	98 194	98 198	98 202	98 206	98 210
54	98 013	98 018	98 023	98 028	98 035	98 041	98 048	98 056	98 063	98 070	98 077
55	97 822	97 831	97 840	97 850	97 860	97 871	97 882	97 893	97 904	97 914	97 925
56	97 603	97 617	97 631	97 645	97 660	97 675	97 690	97 705	97 720	97 735	97 750
57	97 369	97 387	97 406	97 426	97 445	97 465	97 485	97 505	97 524	97 543	97 562
58	97 116	97 140	97 164	97 189	97 214	97 239	97 263	97 288	97 312	97 336	97 359
59	96 849	96 879	96 909	96 939	96 969	97 000	97 029	97 059	97 088	97 117	97 145
60	96 586	96 621	96 657	96 693	96 729	96 764	96 800	96 834	96 868	96 902	96 935
61	96 319	96 360	96 402	96 443	96 485	96 526	96 566	96 606	96 645	96 684	96 722
62	96 040	96 088	96 135	96 183	96 230	96 277	96 323	96 368	96 413	96 456	96 499
63	95 752	95 806	95 860	95 914	95 967	96 019	96 071	96 122	96 172	96 222	96 270
64	95 448	95 509	95 570	95 630	95 690	95 749	95 807	95 864	95 920	95 974	96 028
65	95 111	95 180	95 248	95 315	95 382	95 448	95 512	95 576	95 638	95 699	95 759
66	94 748	94 824	94 900	94 975	95 049	95 122	95 194	95 265	95 334	95 402	95 468
67	94 357	94 442	94 527	94 610	94 692	94 773	94 852	94 930	95 007	95 082	95 156
68	93 928	94 022	94 116	94 208	94 299	94 388	94 476	94 562	94 647	94 730	94 811

ÂGE	1966	1967	1968	1969	1970	1971	1972	1973	1974	1975	1976
69	93 448	93 553	93 656	93 758	93 859	93 958	94 055	94 150	94 244	94 335	94 425
70	92 914	93 030	93 144	93 257	93 368	93 477	93 585	93 690	93 793	93 894	93 994
71	92 305	92 434	92 560	92 685	92 808	92 929	93 048	93 164	93 278	93 390	93 500
72	91 625	91 767	91 907	92 045	92 181	92 315	92 446	92 575	92 701	92 825	92 946
73	90 877	91 034	91 189	91 341	91 491	91 638	91 783	91 925	92 064	92 201	92 335
74	90 050	90 223	90 393	90 561	90 727	90 889	91 048	91 205	91 358	91 509	91 656
75	89 160	89 350	89 538	89 722	89 904	90 082	90 257	90 429	90 598	90 763	90 925
76	88 224	88 432	88 638	88 839	89 038	89 233	89 425	89 613	89 797	89 978	90 156
77	87 210	87 438	87 662	87 882	88 099	88 312	88 521	88 726	88 928	89 126	89 320
78	86 140	86 388	86 631	86 871	87 107	87 339	87 566	87 790	88 009	88 224	88 436
79	84 965	85 234	85 499	85 760	86 016	86 268	86 516	86 759	86 997	87 232	87 461
80	83 633	83 925	84 213	84 496	84 775	85 049	85 318	85 582	85 842	86 097	86 348
81	82 113	82 431	82 744	83 052	83 355	83 653	83 946	84 234	84 517	84 794	85 067
82	80 406	80 751	81 090	81 424	81 753	82 077	82 396	82 709	83 017	83 319	83 616
83	78 377	78 750	79 119	79 482	79 839	80 191	80 538	80 879	81 214	81 544	81 868
84	76 135	76 539	76 937	77 330	77 717	78 098	78 474	78 843	79 207	79 566	79 918
85	73 590	74 025	74 454	74 878	75 295	75 707	76 113	76 513	76 907	77 295	77 677
86	70 777	71 242	71 702	72 156	72 605	73 047	73 484	73 915	74 339	74 758	75 170
87	67 649	68 145	68 635	69 120	69 598	70 072	70 539	71 000	71 455	71 905	72 348
88	64 331	64 855	65 374	65 887	66 394	66 896	67 393	67 884	68 369	68 848	69 321
89	60 789	61 339	61 883	62 422	62 956	63 485	64 009	64 527	65 040	65 547	66 049
90	56 999	57 570	58 136	58 699	59 256	59 809	60 357	60 900	61 438	61 970	62 498
91	52 788	53 377	53 962	54 543	55 120	55 694	56 263	56 828	57 388	57 944	58 496
92	48 408	49 008	49 605	50 200	50 792	51 381	51 966	52 548	53 126	53 701	54 272
93	43 880	44 486	45 091	45 694	46 295	46 894	47 491	48 085	48 677	49 265	49 851
94	39 334	39 940	40 546	41 152	41 756	42 359	42 962	43 563	44 162	44 759	45 355
95	34 856	35 454	36 053	36 653	37 253	37 853	38 453	39 052	39 651	40 250	40 847
96	30 474	31 056	31 640	32 225	32 812	33 400	33 989	34 580	35 170	35 761	36 353
97	26 305	26 863	27 423	27 986	28 552	29 120	29 690	30 262	30 837	31 412	31 989
98	22 406	22 932	23 461	23 994	24 531	25 071	25 615	26 161	26 711	27 263	27 817
99	18 821	19 308	19 800	20 296	20 798	21 303	21 813	22 327	22 845	23 366	23 891
100	15 581	16 024	16 474	16 929	17 389	17 854	18 325	18 800	19 280	19 765	20 253
101	12 704	13 101	13 504	13 914	14 329	14 750	15 177	15 610	16 047	16 490	16 938
102	10 195	10 544	10 900	11 262	11 630	12 005	12 385	12 771	13 164	13 562	13 965
103	8 047	8 348	8 656	8 970	9 291	9 618	9 951	10 290	10 636	10 987	11 344
104	6 242	6 497	6 759	7 027	7 301	7 581	7 867	8 160	8 458	8 763	9 073

ÂGE	1966	1967	1968	1969	1970	1971	1972	1973	1974	1975	1976
105	4 756	4 968	5 185	5 409	5 638	5 874	6 115	6 363	6 616	6 875	7 140
106	3 556	3 728	3 905	4 088	4 277	4 471	4 670	4 876	5 086	5 303	5 525
107	2 607	2 744	2 886	3 032	3 184	3 340	3 502	3 669	3 841	4 018	4 200
108	1 873	1 979	2 090	2 205	2 324	2 448	2 576	2 709	2 846	2 988	3 134
109	1 317	1 398	1 482	1 570	1 662	1 757	1 857	1 960	2 068	2 179	2 294
110	905	965	1 028	1 094	1 163	1 236	1 311	1 390	1 472	1 557	1 646
111	608	652	697	746	796	850	905	964	1 025	1 090	1 157
112	399	429	462	496	533	571	611	654	699	746	795
113	255	276	298	322	348	374	403	433	465	498	534
114	158	173	188	204	221	239	259	280	302	325	350
115	96	105	115	126	137	149	162	176	191	207	224
116	56	62	68	75	82	90	99	108	118	128	139
117	32	36	39	44	48	53	59	64	71	77	84
118	18	20	22	25	27	30	34	37	41	45	50
119	9	11	12	13	15	17	19	21	23	26	28
120	5	6	6	7	8	9	10	11	13	14	16

ÂGE	1977	1978	1979	1980	1981	1982	1983	1984	1985	1986	1987
0	-	-	-	-	-	-	-	-	-	-	-
1	-	-	-	-	-	-	-	-	-	-	-
2	-	-	-	-	-	-	-	-	-	-	-
3	-	-	-	-	-	-	-	-	-	-	-
4	-	-	-	-	-	-	-	-	-	-	-
5	-	-	-	-	-	-	-	-	-	-	-
6	-	-	-	-	-	-	-	-	-	-	-
7	-	-	-	-	-	-	-	-	-	-	-
8	-	-	-	-	-	-	-	-	-	-	-
9	-	-	-	-	-	-	-	-	-	-	100 000
10	-	-	-	-	-	-	-	-	-	100 000	99 987
11	-	-	-	-	-	-	-	-	100 000	99 987	99 975
12	-	-	-	-	-	-	-	100 000	99 987	99 974	99 962
13	-	-	-	-	-	-	100 000	99 986	99 973	99 961	99 949
14	-	-	-	-	-	100 000	99 985	99 971	99 959	99 947	99 936
15	-	-	-	-	100 000	99 983	99 968	99 955	99 943	99 932	99 921
16	-	-	-	100 000	99 981	99 964	99 950	99 937	99 925	99 914	99 904
17	-	-	100 000	99 977	99 959	99 943	99 929	99 916	99 905	99 895	99 884
18	-	100 000	99 973	99 951	99 933	99 918	99 905	99 893	99 882	99 872	99 862

ÂGE	1977	1978	1979	1980	1981	1982	1983	1984	1985	1986	1987
19	100 000	99 969	99 943	99 922	99 904	99 889	99 877	99 865	99 855	99 846	99 837
20	99 965	99 934	99 909	99 889	99 872	99 858	99 846	99 835	99 826	99 817	99 809
21	99 928	99 899	99 875	99 855	99 839	99 826	99 814	99 805	99 796	99 788	99 780
22	99 893	99 864	99 841	99 822	99 806	99 794	99 783	99 774	99 766	99 759	99 752
23	99 858	99 830	99 807	99 789	99 775	99 763	99 753	99 745	99 737	99 731	99 724
24	99 824	99 797	99 775	99 757	99 744	99 732	99 723	99 716	99 709	99 703	99 697
25	99 790	99 764	99 742	99 726	99 713	99 702	99 694	99 687	99 681	99 675	99 670
26	99 757	99 731	99 711	99 695	99 682	99 673	99 665	99 659	99 653	99 648	99 644
27	99 723	99 699	99 679	99 664	99 652	99 643	99 636	99 631	99 626	99 621	99 617
28	99 691	99 667	99 648	99 633	99 622	99 614	99 608	99 603	99 598	99 595	99 591
29	99 658	99 635	99 616	99 603	99 592	99 585	99 579	99 575	99 571	99 568	99 565
30	99 625	99 602	99 585	99 572	99 563	99 556	99 551	99 547	99 544	99 542	99 539
31	99 592	99 570	99 553	99 541	99 532	99 526	99 522	99 519	99 517	99 515	99 513
32	99 559	99 538	99 522	99 510	99 502	99 497	99 493	99 490	99 489	99 488	99 487
33	99 525	99 504	99 489	99 478	99 471	99 466	99 463	99 462	99 461	99 460	99 460
34	99 490	99 471	99 456	99 446	99 440	99 436	99 433	99 432	99 432	99 432	99 432
35	99 455	99 436	99 422	99 413	99 407	99 404	99 402	99 402	99 402	99 403	99 404
36	99 418	99 400	99 387	99 379	99 374	99 371	99 370	99 371	99 372	99 374	99 375
37	99 380	99 363	99 351	99 343	99 339	99 337	99 337	99 338	99 340	99 343	99 345
38	99 340	99 324	99 313	99 306	99 303	99 302	99 303	99 304	99 307	99 310	99 313
39	99 298	99 283	99 273	99 267	99 264	99 264	99 266	99 269	99 272	99 276	99 280
40	99 253	99 239	99 230	99 225	99 224	99 224	99 227	99 231	99 235	99 240	99 244
41	99 205	99 192	99 184	99 180	99 180	99 182	99 185	99 190	99 195	99 201	99 206
42	99 153	99 142	99 135	99 132	99 133	99 136	99 140	99 146	99 152	99 159	99 165
43	99 097	99 087	99 081	99 079	99 081	99 085	99 091	99 098	99 105	99 113	99 120
44	99 034	99 025	99 021	99 021	99 024	99 029	99 036	99 044	99 053	99 062	99 070
45	98 967	98 959	98 957	98 958	98 963	98 969	98 978	98 987	98 997	99 007	99 017
46	98 895	98 889	98 888	98 891	98 897	98 906	98 915	98 926	98 937	98 949	98 960
47	98 816	98 812	98 813	98 817	98 825	98 835	98 846	98 859	98 871	98 884	98 897
48	98 729	98 727	98 729	98 736	98 745	98 757	98 770	98 784	98 798	98 813	98 827
49	98 636	98 636	98 641	98 650	98 661	98 675	98 690	98 705	98 722	98 738	98 754
50	98 540	98 542	98 549	98 560	98 573	98 589	98 606	98 623	98 641	98 660	98 677
51	98 442	98 446	98 455	98 468	98 484	98 501	98 520	98 540	98 560	98 580	98 600
52	98 333	98 340	98 352	98 367	98 385	98 405	98 426	98 448	98 470	98 492	98 513
53	98 216	98 225	98 239	98 257	98 278	98 300	98 323	98 348	98 372	98 396	98 420
54	98 086	98 099	98 116	98 136	98 159	98 184	98 210	98 237	98 264	98 291	98 317

ÂGE	1977	1978	1979	1980	1981	1982	1983	1984	1985	1986	1987
55	97 937	97 953	97 973	97 997	98 023	98 051	98 080	98 110	98 140	98 169	98 198
56	97 766	97 786	97 810	97 837	97 867	97 898	97 930	97 963	97 996	98 029	98 061
57	97 582	97 606	97 634	97 665	97 698	97 734	97 770	97 806	97 842	97 878	97 913
58	97 384	97 412	97 444	97 479	97 517	97 556	97 596	97 636	97 676	97 715	97 754
59	97 174	97 207	97 244	97 283	97 325	97 368	97 412	97 456	97 500	97 544	97 586
60	96 969	97 006	97 047	97 091	97 137	97 184	97 232	97 281	97 328	97 375	97 422
61	96 761	96 802	96 848	96 896	96 947	96 998	97 050	97 102	97 154	97 205	97 255
62	96 543	96 590	96 640	96 693	96 748	96 804	96 860	96 917	96 973	97 028	97 082
63	96 319	96 371	96 426	96 483	96 543	96 604	96 665	96 725	96 785	96 845	96 903
64	96 083	96 140	96 200	96 263	96 327	96 393	96 459	96 524	96 589	96 652	96 715
65	95 819	95 882	95 948	96 017	96 087	96 158	96 229	96 299	96 369	96 437	96 504
66	95 535	95 604	95 677	95 751	95 827	95 903	95 980	96 056	96 131	96 205	96 277
67	95 229	95 306	95 384	95 465	95 547	95 630	95 712	95 794	95 875	95 955	96 032
68	94 893	94 976	95 062	95 150	95 239	95 328	95 417	95 506	95 593	95 678	95 762
69	94 515	94 606	94 700	94 796	94 892	94 989	95 086	95 181	95 275	95 368	95 458
70	94 092	94 193	94 296	94 400	94 505	94 610	94 714	94 818	94 919	95 019	95 117
71	93 609	93 719	93 832	93 946	94 060	94 175	94 288	94 400	94 511	94 619	94 726
72	93 066	93 188	93 311	93 436	93 560	93 685	93 808	93 930	94 050	94 168	94 284
73	92 467	92 601	92 736	92 872	93 008	93 144	93 278	93 411	93 542	93 670	93 796
74	91 802	91 949	92 097	92 246	92 395	92 542	92 689	92 833	92 975	93 115	93 251
75	91 086	91 247	91 408	91 571	91 733	91 893	92 052	92 209	92 364	92 515	92 664
76	90 331	90 507	90 683	90 860	91 036	91 210	91 382	91 553	91 720	91 884	92 045
77	89 511	89 703	89 895	90 086	90 277	90 466	90 653	90 838	91 019	91 197	91 371
78	88 644	88 853	89 061	89 269	89 475	89 680	89 882	90 081	90 277	90 469	90 658
79	87 688	87 915	88 141	88 366	88 589	88 811	89 029	89 245	89 456	89 664	89 869
80	86 595	86 841	87 086	87 331	87 573	87 813	88 050	88 283	88 513	88 738	88 959
81	85 337	85 605	85 872	86 137	86 400	86 661	86 918	87 171	87 420	87 665	87 905
82	83 910	84 201	84 492	84 780	85 066	85 349	85 628	85 903	86 173	86 439	86 700
83	82 188	82 506	82 822	83 136	83 447	83 755	84 058	84 358	84 653	84 942	85 227
84	80 266	80 612	80 955	81 296	81 634	81 968	82 299	82 624	82 944	83 260	83 570
85	78 054	78 429	78 802	79 172	79 538	79 901	80 259	80 612	80 960	81 302	81 640
86	75 578	75 983	76 385	76 785	77 181	77 573	77 960	78 342	78 719	79 090	79 456
87	72 787	73 222	73 655	74 085	74 511	74 933	75 351	75 763	76 170	76 571	76 966
88	69 789	70 255	70 718	71 177	71 633	72 085	72 532	72 974	73 410	73 841	74 267
89	66 546	67 040	67 531	68 019	68 504	68 985	69 461	69 932	70 397	70 858	71 312
90	63 021	63 542	64 060	64 575	65 087	65 595	66 098	66 597	67 091	67 579	68 062

ÂGE	1977	1978	1979	1980	1981	1982	1983	1984	1985	1986	1987
91	59 043	59 589	60 132	60 673	61 210	61 745	62 275	62 801	63 322	63 838	64 349
92	54 840	55 406	55 970	56 533	57 093	57 650	58 203	58 753	59 299	59 840	60 377
93	50 435	51 017	51 599	52 179	52 758	53 334	53 908	54 478	55 045	55 608	56 167
94	45 949	46 543	47 136	47 729	48 321	48 912	49 500	50 087	50 670	51 251	51 828
95	41 444	42 042	42 640	43 239	43 837	44 435	45 032	45 627	46 220	46 812	47 401
96	36 945	37 539	38 134	38 730	39 327	39 924	40 521	41 118	41 714	42 308	42 902
97	32 568	33 149	33 733	34 318	34 906	35 494	36 084	36 674	37 264	37 854	38 444
98	28 375	28 935	29 499	30 066	30 636	31 208	31 781	32 357	32 933	33 510	34 089
99	24 419	24 952	25 489	26 030	26 574	27 121	27 672	28 224	28 779	29 336	29 895
100	20 747	21 245	21 748	22 256	22 768	23 284	23 804	24 327	24 854	25 383	25 915
101	17 391	17 850	18 314	18 783	19 257	19 736	20 220	20 708	21 199	21 695	22 194
102	14 374	14 789	15 210	15 637	16 069	16 507	16 950	17 397	17 849	18 306	18 767
103	11 707	12 077	12 452	12 834	13 221	13 614	14 013	14 417	14 826	15 240	15 658
104	9 390	9 713	10 042	10 377	10 718	11 065	11 418	11 777	12 141	12 510	12 884
105	7 411	7 688	7 972	8 261	8 556	8 857	9 164	9 477	9 795	10 119	10 448
106	5 752	5 986	6 225	6 470	6 721	6 978	7 240	7 508	7 781	8 060	8 344
107	4 387	4 580	4 778	4 982	5 191	5 406	5 626	5 851	6 082	6 318	6 559
108	3 286	3 442	3 603	3 769	3 940	4 116	4 297	4 483	4 674	4 869	5 070
109	2 414	2 538	2 666	2 799	2 936	3 077	3 223	3 374	3 529	3 688	3 852
110	1 739	1 835	1 935	2 039	2 146	2 257	2 373	2 492	2 615	2 742	2 873
111	1 227	1 300	1 376	1 455	1 538	1 623	1 713	1 805	1 901	2 000	2 103
112	847	901	958	1 017	1 079	1 144	1 211	1 281	1 354	1 430	1 509
113	571	610	652	695	741	788	838	890	945	1 001	1 061
114	376	404	433	464	497	531	567	605	645	686	729
115	242	261	281	303	325	349	375	402	430	459	490
116	151	164	178	192	208	224	242	260	280	300	322
117	92	101	110	119	129	140	152	164	177	191	206
118	55	60	66	72	78	85	93	101	110	119	129
119	31	35	38	42	46	50	55	60	66	72	78
120	17	19	21	24	26	29	32	35	38	42	46

ÂGE	1988	1989	1990	1991	1992	1993	1994	1995	1996	1997	1998
0	-	-	-	-	-	-	-	-	100 000	100 000	100 000
1	-	-	-	-	-	-	-	100 000	99 607	99 617	99 626
2	-	-	-	-	-	-	100 000	99 877	99 487	99 499	99 510
3	-	-	-	-	-	100 000	99 945	99 823	99 435	99 448	99 460
4	-	-	-	-	100 000	99 969	99 915	99 793	99 406	99 419	99 432

ÂGE	1988	1989	1990	1991	1992	1993	1994	1995	1996	1997	1998
5	-	-	-	100 000	99 979	99 948	99 895	99 773	99 386	99 400	99 413
6	-	-	100 000	99 983	99 962	99 932	99 879	99 758	99 371	99 385	99 399
7	-	100 000	99 986	99 969	99 948	99 918	99 866	99 745	99 358	99 373	99 387
8	100 000	99 987	99 973	99 956	99 936	99 906	99 854	99 733	99 347	99 362	99 376
9	99 987	99 974	99 960	99 944	99 924	99 895	99 843	99 723	99 337	99 351	99 366
10	99 975	99 962	99 949	99 933	99 913	99 884	99 832	99 712	99 327	99 342	99 356
11	99 963	99 950	99 937	99 922	99 902	99 873	99 821	99 702	99 317	99 332	99 347
12	99 951	99 938	99 925	99 910	99 891	99 862	99 811	99 691	99 306	99 322	99 337
13	99 938	99 926	99 913	99 898	99 879	99 851	99 800	99 681	99 296	99 312	99 327
14	99 924	99 913	99 900	99 886	99 867	99 839	99 788	99 669	99 285	99 300	99 316
15	99 910	99 898	99 886	99 872	99 853	99 826	99 775	99 656	99 272	99 288	99 304
16	99 893	99 882	99 870	99 856	99 838	99 811	99 760	99 642	99 258	99 275	99 291
17	99 874	99 864	99 852	99 839	99 821	99 794	99 744	99 626	99 243	99 259	99 276
18	99 852	99 842	99 831	99 818	99 801	99 774	99 725	99 607	99 224	99 242	99 258
19	99 827	99 818	99 808	99 795	99 778	99 752	99 703	99 586	99 204	99 221	99 239
20	99 800	99 791	99 781	99 769	99 753	99 728	99 679	99 563	99 181	99 199	99 217
21	99 772	99 764	99 755	99 743	99 728	99 703	99 655	99 539	99 158	99 177	99 195
22	99 744	99 737	99 728	99 718	99 703	99 678	99 631	99 516	99 135	99 154	99 173
23	99 717	99 711	99 703	99 692	99 678	99 654	99 607	99 493	99 113	99 133	99 152
24	99 691	99 685	99 677	99 668	99 654	99 631	99 584	99 470	99 091	99 111	99 131
25	99 665	99 659	99 652	99 643	99 630	99 607	99 562	99 448	99 069	99 090	99 110
26	99 639	99 634	99 628	99 619	99 607	99 584	99 539	99 426	99 048	99 069	99 090
27	99 613	99 609	99 603	99 595	99 583	99 562	99 517	99 405	99 027	99 049	99 070
28	99 588	99 584	99 579	99 572	99 560	99 539	99 495	99 383	99 006	99 028	99 050
29	99 563	99 559	99 555	99 548	99 537	99 516	99 473	99 361	98 985	99 008	99 030
30	99 537	99 534	99 530	99 524	99 514	99 494	99 451	99 340	98 964	98 987	99 010
31	99 512	99 509	99 506	99 500	99 490	99 471	99 428	99 318	98 943	98 966	98 990
32	99 486	99 484	99 481	99 476	99 467	99 448	99 406	99 296	98 921	98 946	98 969
33	99 459	99 458	99 456	99 452	99 443	99 424	99 383	99 274	98 900	98 924	98 948
34	99 433	99 432	99 431	99 427	99 418	99 401	99 360	99 251	98 878	98 903	98 927
35	99 405	99 405	99 404	99 401	99 393	99 376	99 336	99 228	98 855	98 881	98 906
36	99 377	99 378	99 377	99 375	99 367	99 351	99 311	99 204	98 831	98 858	98 883
37	99 347	99 349	99 349	99 347	99 340	99 324	99 285	99 178	98 807	98 834	98 860
38	99 316	99 318	99 319	99 318	99 312	99 297	99 258	99 152	98 781	98 809	98 835
39	99 284	99 287	99 288	99 288	99 283	99 268	99 230	99 124	98 754	98 782	98 809
40	99 249	99 253	99 255	99 255	99 251	99 237	99 200	99 095	98 726	98 754	98 782

ÂGE	1988	1989	1990	1991	1992	1993	1994	1995	1996	1997	1998
41	99 212	99 216	99 220	99 221	99 217	99 204	99 167	99 063	98 695	98 724	98 753
42	99 171	99 177	99 181	99 183	99 180	99 168	99 132	99 029	98 662	98 692	98 721
43	99 128	99 134	99 139	99 142	99 140	99 129	99 094	98 992	98 625	98 656	98 686
44	99 079	99 086	99 093	99 097	99 096	99 085	99 052	98 950	98 585	98 617	98 648
45	99 026	99 035	99 043	99 048	99 048	99 039	99 006	98 906	98 542	98 574	98 606
46	98 971	98 981	98 990	98 996	98 997	98 989	98 958	98 859	98 496	98 529	98 562
47	98 909	98 921	98 931	98 938	98 941	98 934	98 904	98 806	98 445	98 479	98 514
48	98 841	98 854	98 866	98 875	98 879	98 874	98 845	98 748	98 388	98 424	98 460
49	98 770	98 784	98 797	98 808	98 814	98 810	98 782	98 687	98 329	98 366	98 403
50	98 695	98 711	98 726	98 738	98 745	98 743	98 717	98 624	98 267	98 306	98 344
51	98 619	98 637	98 653	98 667	98 676	98 675	98 651	98 559	98 204	98 244	98 284
52	98 534	98 554	98 573	98 588	98 599	98 600	98 578	98 488	98 134	98 176	98 217
53	98 443	98 465	98 486	98 503	98 516	98 519	98 498	98 410	98 059	98 102	98 145
54	98 342	98 367	98 389	98 409	98 424	98 429	98 410	98 324	97 975	98 021	98 065
55	98 226	98 253	98 278	98 301	98 318	98 325	98 309	98 225	97 879	97 926	97 973
56	98 092	98 122	98 150	98 175	98 195	98 205	98 192	98 111	97 767	97 817	97 866
57	97 948	97 981	98 012	98 040	98 063	98 076	98 065	97 987	97 647	97 699	97 751
58	97 792	97 828	97 863	97 894	97 920	97 936	97 929	97 854	97 517	97 572	97 626
59	97 628	97 668	97 706	97 740	97 770	97 789	97 785	97 713	97 380	97 438	97 495
60	97 467	97 510	97 552	97 590	97 623	97 645	97 645	97 576	97 246	97 308	97 367
61	97 304	97 351	97 396	97 438	97 474	97 500	97 503	97 437	97 111	97 175	97 238
62	97 134	97 185	97 234	97 279	97 319	97 349	97 354	97 293	96 970	97 038	97 104
63	96 960	97 014	97 067	97 116	97 159	97 193	97 202	97 144	96 825	96 896	96 965
64	96 776	96 835	96 891	96 944	96 992	97 028	97 042	96 987	96 673	96 747	96 819
65	96 570	96 634	96 695	96 752	96 804	96 845	96 862	96 812	96 502	96 580	96 656
66	96 348	96 416	96 482	96 544	96 601	96 646	96 668	96 623	96 318	96 399	96 479
67	96 108	96 182	96 253	96 320	96 382	96 432	96 459	96 418	96 119	96 205	96 289
68	95 844	95 924	96 000	96 073	96 140	96 196	96 228	96 193	95 899	95 990	96 079
69	95 547	95 633	95 716	95 795	95 867	95 929	95 967	95 938	95 650	95 747	95 841
70	95 213	95 306	95 396	95 482	95 562	95 630	95 674	95 652	95 371	95 474	95 574
71	94 829	94 931	95 028	95 122	95 209	95 285	95 337	95 321	95 049	95 158	95 265
72	94 397	94 507	94 614	94 716	94 811	94 895	94 955	94 948	94 686	94 802	94 916
73	93 918	94 038	94 154	94 266	94 371	94 464	94 533	94 535	94 282	94 407	94 528
74	93 385	93 516	93 642	93 764	93 879	93 982	94 061	94 073	93 831	93 965	94 096
75	92 809	92 951	93 089	93 222	93 348	93 462	93 551	93 574	93 344	93 487	93 628
76	92 203	92 357	92 507	92 651	92 788	92 913	93 014	93 048	92 831	92 984	93 135

ÂGE	1988	1989	1990	1991	1992	1993	1994	1995	1996	1997	1998
77	91 542	91 709	91 871	92 028	92 178	92 315	92 428	92 475	92 271	92 435	92 596
78	90 843	91 023	91 199	91 370	91 532	91 682	91 808	91 867	91 678	91 854	92 026
79	90 069	90 264	90 455	90 639	90 816	90 980	91 120	91 193	91 019	91 208	91 393
80	89 176	89 388	89 595	89 796	89 988	90 168	90 324	90 413	90 257	90 460	90 659
81	88 141	88 371	88 596	88 815	89 026	89 223	89 396	89 503	89 367	89 586	89 801
82	86 957	87 207	87 453	87 691	87 921	88 138	88 330	88 458	88 343	88 580	88 813
83	85 507	85 781	86 049	86 310	86 562	86 801	87 016	87 166	87 078	87 335	87 588
84	83 874	84 173	84 465	84 751	85 027	85 290	85 529	85 703	85 643	85 923	86 198
85	81 971	82 296	82 615	82 927	83 230	83 519	83 784	83 986	83 957	84 261	84 560
86	79 816	80 169	80 516	80 856	81 186	81 504	81 796	82 027	82 033	82 363	82 687
87	77 356	77 739	78 116	78 485	78 845	79 191	79 514	79 776	79 818	80 176	80 528
88	74 686	75 099	75 505	75 904	76 293	76 670	77 023	77 317	77 398	77 783	78 164
89	71 761	72 203	72 639	73 068	73 487	73 894	74 277	74 604	74 724	75 139	75 547
90	68 540	69 011	69 476	69 933	70 382	70 819	71 233	71 593	71 754	72 197	72 635
91	64 855	65 355	65 850	66 337	66 816	67 283	67 729	68 123	68 328	68 801	69 269
92	60 909	61 435	61 957	62 472	62 979	63 475	63 951	64 378	64 626	65 128	65 624
93	56 722	57 273	57 819	58 359	58 892	59 415	59 919	60 378	60 668	61 196	61 720
94	52 402	52 972	53 538	54 100	54 655	55 201	55 730	56 216	56 545	57 097	57 644
95	47 987	48 571	49 151	49 727	50 298	50 861	51 409	51 918	52 282	52 851	53 417
96	43 493	44 083	44 671	45 255	45 835	46 409	46 969	47 494	47 887	48 468	49 046
97	39 033	39 621	40 208	40 793	41 375	41 951	42 517	43 050	43 465	44 050	44 634
98	34 667	35 246	35 824	36 402	36 978	37 549	38 112	38 646	39 075	39 657	40 239
99	30 455	31 016	31 578	32 141	32 703	33 262	33 813	34 341	34 775	35 347	35 919
100	26 450	26 986	27 525	28 064	28 604	29 143	29 677	30 190	30 622	31 176	31 731
101	22 696	23 201	23 710	24 220	24 732	25 244	25 752	26 244	26 665	27 194	27 725
102	19 231	19 700	20 172	20 647	21 125	21 604	22 081	22 545	22 949	23 447	23 947
103	16 082	16 510	16 942	17 377	17 816	18 258	18 698	19 129	19 510	19 971	20 436
104	13 264	13 648	14 037	14 430	14 827	15 227	15 628	16 021	16 374	16 795	17 220
105	10 782	11 121	11 466	11 815	12 168	12 525	12 883	13 237	13 558	13 936	14 319
106	8 634	8 928	9 228	9 532	9 841	10 154	10 469	10 782	11 068	11 403	11 742
107	6 805	7 056	7 312	7 573	7 839	8 108	8 381	8 652	8 904	9 194	9 490
108	5 276	5 486	5 701	5 921	6 145	6 373	6 605	6 836	7 052	7 301	7 554
109	4 020	4 193	4 370	4 551	4 737	4 927	5 120	5 313	5 496	5 705	5 918
110	3 009	3 148	3 291	3 438	3 589	3 744	3 901	4 060	4 212	4 383	4 559
111	2 210	2 319	2 433	2 549	2 670	2 793	2 920	3 048	3 171	3 310	3 452
112	1 591	1 676	1 764	1 855	1 949	2 045	2 145	2 246	2 343	2 453	2 566

ÂGE	1988	1989	1990	1991	1992	1993	1994	1995	1996	1997	1998
113	1 122	1 186	1 253	1 322	1 394	1 468	1 545	1 623	1 699	1 784	1 872
114	775	822	872	923	977	1 032	1 090	1 149	1 207	1 271	1 338
115	523	557	593	630	670	710	753	796	839	887	937
116	345	369	394	421	449	478	508	540	571	606	642
117	222	238	256	274	294	314	335	357	379	404	430
118	139	150	162	174	187	201	216	231	246	263	281
119	85	92	100	108	116	126	135	145	156	167	179
120	50	55	60	65	70	76	82	89	96	103	111

ÂGE	1999	2000	2001	2002	2003	2004	2005
0	100 000	100 000	100 000	100 000	100 000	100 000	100 000
1	99 635	99 643	99 652	99 660	99 668	99 676	99 683
2	99 521	99 532	99 543	99 553	99 564	99 574	99 583
3	99 472	99 484	99 496	99 507	99 518	99 529	99 540
4	99 445	99 457	99 469	99 481	99 493	99 504	99 515
5	99 426	99 439	99 452	99 464	99 476	99 487	99 499
6	99 412	99 425	99 438	99 451	99 463	99 475	99 487
7	99 400	99 414	99 427	99 440	99 452	99 464	99 476
8	99 390	99 403	99 417	99 430	99 442	99 455	99 467
9	99 380	99 394	99 407	99 421	99 433	99 446	99 458
10	99 371	99 385	99 398	99 412	99 425	99 438	99 450
11	99 361	99 375	99 389	99 403	99 416	99 429	99 442
12	99 352	99 366	99 380	99 394	99 408	99 421	99 434
13	99 342	99 357	99 371	99 385	99 399	99 412	99 425
14	99 331	99 346	99 361	99 375	99 389	99 403	99 416
15	99 320	99 335	99 350	99 364	99 378	99 392	99 406
16	99 307	99 322	99 337	99 352	99 366	99 381	99 394
17	99 292	99 308	99 323	99 338	99 353	99 367	99 381
18	99 275	99 291	99 307	99 322	99 337	99 352	99 366
19	99 256	99 272	99 288	99 304	99 320	99 335	99 349
20	99 235	99 252	99 268	99 284	99 300	99 316	99 331
21	99 213	99 230	99 247	99 264	99 281	99 297	99 312
22	99 192	99 210	99 227	99 244	99 261	99 278	99 294
23	99 171	99 189	99 207	99 225	99 242	99 259	99 276
24	99 150	99 169	99 188	99 206	99 224	99 241	99 258
25	99 130	99 150	99 169	99 187	99 205	99 223	99 240
26	99 110	99 130	99 150	99 169	99 187	99 205	99 223

ÂGE	1999	2000	2001	2002	2003	2004	2005
27	99 091	99 111	99 131	99 150	99 169	99 188	99 206
28	99 071	99 092	99 112	99 132	99 151	99 170	99 189
29	99 051	99 073	99 093	99 114	99 133	99 153	99 172
30	99 032	99 053	99 075	99 095	99 115	99 135	99 155
31	99 012	99 034	99 056	99 077	99 097	99 118	99 137
32	98 992	99 015	99 037	99 058	99 079	99 100	99 120
33	98 972	98 995	99 017	99 039	99 061	99 082	99 102
34	98 951	98 975	98 998	99 020	99 042	99 063	99 084
35	98 930	98 954	98 977	99 000	99 023	99 044	99 066
36	98 908	98 932	98 956	98 980	99 003	99 025	99 047
37	98 885	98 910	98 935	98 958	98 982	99 004	99 027
38	98 861	98 887	98 912	98 936	98 960	98 983	99 006
39	98 836	98 862	98 888	98 913	98 937	98 961	98 984
40	98 809	98 836	98 862	98 888	98 912	98 937	98 961
41	98 781	98 808	98 835	98 861	98 886	98 911	98 936
42	98 750	98 778	98 805	98 832	98 858	98 883	98 908
43	98 716	98 744	98 773	98 800	98 827	98 853	98 879
44	98 678	98 707	98 736	98 765	98 792	98 819	98 846
45	98 637	98 668	98 698	98 727	98 755	98 783	98 811
46	98 594	98 626	98 657	98 687	98 716	98 745	98 773
47	98 547	98 579	98 611	98 642	98 673	98 702	98 732
48	98 494	98 528	98 561	98 593	98 625	98 655	98 685
49	98 439	98 474	98 508	98 541	98 574	98 606	98 637
50	98 381	98 417	98 452	98 487	98 521	98 554	98 587
51	98 322	98 360	98 396	98 432	98 467	98 502	98 535
52	98 257	98 296	98 334	98 372	98 408	98 444	98 479
53	98 186	98 227	98 267	98 306	98 344	98 381	98 417
54	98 108	98 151	98 192	98 233	98 272	98 311	98 349
55	98 018	98 063	98 106	98 148	98 190	98 231	98 270
56	97 913	97 960	98 006	98 050	98 094	98 137	98 178
57	97 801	97 850	97 898	97 945	97 991	98 036	98 080
58	97 679	97 731	97 782	97 831	97 880	97 927	97 973
59	97 551	97 606	97 659	97 711	97 762	97 812	97 861
60	97 426	97 483	97 539	97 594	97 648	97 700	97 751
61	97 300	97 360	97 418	97 476	97 532	97 587	97 641
62	97 168	97 231	97 292	97 353	97 412	97 469	97 526

ÂGE	1999	2000	2001	2002	2003	2004	2005
63	97 032	97 098	97 163	97 226	97 288	97 348	97 407
64	96 890	96 959	97 027	97 093	97 158	97 221	97 283
65	96 730	96 803	96 874	96 944	97 012	97 078	97 144
66	96 558	96 634	96 709	96 782	96 854	96 924	96 992
67	96 372	96 452	96 531	96 608	96 684	96 758	96 830
68	96 166	96 251	96 334	96 416	96 495	96 573	96 649
69	95 933	96 023	96 111	96 198	96 282	96 365	96 445
70	95 672	95 767	95 861	95 953	96 042	96 130	96 216
71	95 369	95 471	95 571	95 669	95 764	95 858	95 949
72	95 027	95 136	95 243	95 348	95 450	95 550	95 648
73	94 648	94 765	94 879	94 991	95 100	95 208	95 312
74	94 224	94 349	94 472	94 592	94 709	94 824	94 937
75	93 765	93 899	94 031	94 160	94 286	94 410	94 531
76	93 282	93 426	93 567	93 705	93 841	93 973	94 103
77	92 754	92 909	93 060	93 208	93 354	93 496	93 635
78	92 196	92 361	92 523	92 682	92 838	92 991	93 140
79	91 575	91 752	91 927	92 097	92 264	92 428	92 589
80	90 854	91 046	91 233	91 417	91 597	91 773	91 946
81	90 012	90 218	90 421	90 619	90 814	91 005	91 192
82	89 041	89 264	89 484	89 699	89 910	90 117	90 320
83	87 836	88 079	88 318	88 552	88 782	89 008	89 229
84	86 467	86 732	86 992	87 247	87 498	87 744	87 985
85	84 853	85 141	85 425	85 703	85 976	86 245	86 509
86	83 006	83 320	83 628	83 931	84 229	84 523	84 811
87	80 874	81 215	81 551	81 881	82 206	82 526	82 840
88	78 538	78 907	79 270	79 628	79 981	80 328	80 670
89	75 951	76 348	76 740	77 126	77 507	77 883	78 253
90	73 067	73 493	73 914	74 329	74 739	75 144	75 543
91	69 731	70 188	70 639	71 086	71 526	71 962	72 392
92	66 116	66 602	67 083	67 559	68 030	68 495	68 956
93	62 239	62 753	63 262	63 767	64 267	64 762	65 252
94	58 188	58 727	59 262	59 792	60 318	60 840	61 357
95	53 980	54 539	55 094	55 645	56 193	56 736	57 276
96	49 622	50 195	50 765	51 331	51 895	52 455	53 012
97	45 216	45 796	46 374	46 949	47 522	48 092	48 660
98	40 820	41 399	41 978	42 554	43 129	43 703	44 274

ÂGE	1999	2000	2001	2002	2003	2004	2005
99	36 491	37 063	37 634	38 205	38 775	39 344	39 912
100	32 286	32 843	33 399	33 957	34 514	35 071	35 628
101	28 257	28 791	29 326	29 863	30 400	30 939	31 478
102	24 450	24 955	25 463	25 972	26 483	26 996	27 510
103	20 904	21 375	21 849	22 326	22 805	23 286	23 770
104	17 649	18 082	18 518	18 957	19 400	19 845	20 294
105	14 706	15 097	15 492	15 891	16 294	16 700	17 109
106	12 086	12 434	12 786	13 142	13 503	13 867	14 235
107	9 790	10 095	10 404	10 717	11 034	11 356	11 682
108	7 811	8 074	8 340	8 611	8 886	9 165	9 448
109	6 135	6 357	6 582	6 812	7 046	7 285	7 527
110	4 739	4 923	5 111	5 303	5 499	5 698	5 902
111	3 598	3 748	3 901	4 059	4 219	4 384	4 552
112	2 683	2 803	2 925	3 052	3 181	3 314	3 450
113	1 963	2 056	2 153	2 252	2 354	2 459	2 567
114	1 408	1 480	1 554	1 630	1 709	1 791	1 875
115	989	1 043	1 099	1 156	1 216	1 278	1 342
116	680	719	760	803	847	893	941
117	457	485	515	545	577	611	645
118	300	320	340	362	384	408	432
119	192	205	219	234	250	266	283
120	120	128	138	148	158	169	181

Art. A. 132-19 Les décalages d'âge prévus au huitième alinéa de l'article A. 132-18 sont appliqués de telle sorte que chaque taux de mortalité annuel à un âge donné soit égal au taux de mortalité annuel à l'âge ayant subi le décalage dans la table appropriée.

CHAPITRE IV ENGAGEMENTS DONNANT LIEU À CONSTITUTION D'UNE PROVISION DE DIVERSIFICATION

(Arr. du 12 sept. 2014, art. 2)

Art. A. 134-1 *(Arr. du 26 déc. 2019, art. 1er, en vigueur le 1er janv. 2020)* « Pour l'application de l'article R. 134-2, par dérogation à l'article 142-3 du règlement n° 2015-11 du 26 novembre 2015 de l'Autorité des normes comptables relatif au cadre comptable des entreprises d'assurance, les provisions mathématiques sont calculées d'après un taux qui peut être supérieur à celui retenu pour le tarif et au plus égal à un montant calculé selon l'une ou l'autre des méthodes indiquées ci-dessous : »

1° Pour chacun des engagements, 90 % du dernier indice TECn publié par la Banque de France, où n correspond à l'échéance de la garantie du souscripteur ou de l'adhérent. Lorsque l'échéance de la garantie du souscripteur ou de l'adhérent ne correspond pas à un indice TECn disponible, une interpolation linéaire est réalisée entre les deux indices TECn disponibles encadrant le plus directement l'échéance ;

2° *(Abrogé par Arr. du 26 déc. 2019, art. 1er, en vigueur le 1er janv. 2020)* *« Par défaut, »* 90 % du dernier indice TECn publié par la Banque de France, où n correspond à la duration *(Arr. du 26 déc. 2019, art. 1er, en vigueur le 1er janv. 2020)* « de l'ensemble » des engagements *(Arr. du 26 déc. 2019, art. 1er, en vigueur le 1er janv. 2020)* « relevant du 1° de l'article L. 134-1 » de la comptabilité auxiliaire d'affectation. Lorsque cette duration ne correspond pas à un indice TECn disponible, une interpolation linéaire est réalisée entre les deux indices TECn disponibles encadrant le plus directement la duration.

Pour une échéance ou une duration supérieure à la durée maximale disponible pour le TECn, le taux retenu *(Arr. du 26 déc. 2019, art. 1er, en vigueur le 1er janv. 2020)* « ne peut excéder le » TEC de durée maximale.

(Arr. du 26 déc. 2019, art. 1er, en vigueur le 1er janv. 2020) « Le choix de méthode relevant du 1° ou du 2° s'applique à l'ensemble des engagements d'une même comptabilité auxiliaire d'affectation. Ce choix n'est pas réversible. »

(Arr. du 13 juill. 2016, art. 2-1°) « Le taux retenu par l'entreprise d'assurance ne peut être négatif. Si *(Arr. du 26 déc. 2019, art. 1er, en vigueur le 1er janv. 2020)* « le plafond découlant de l'application » de la méthode qu'elle a choisie *(Abrogé par Arr. du 26 déc. 2019, art. 1er, en vigueur le 1er janv. 2020)* « ***, le taux à retenir pour le calcul des provisions mathématiques*** » est négatif, l'entreprise retient le taux de 0 % » ;

(Abrogé par Arr. du 26 déc. 2019, art. 1er, en vigueur le 1er janv. 2020) « ***b) Les tarifs sont pratiqués*** conformément à l'article *(Arr. du 28 déc. 2015, art. 3-1°, en vigueur le 1er janv. 2016)* « **A. 132-18** » ;

« ***c) Les provisions mathématiques peuvent être calculées d'après un taux différent de celui retenu pour l'établissement du tarif.*** »

Art. A. 134-2 *(Arr. du 26 déc. 2019, art. 1er, en vigueur le 1er janv. 2020)* La provision pour garantie à terme mentionnée au 11° de l'article R. 343-3 est constituée pour chaque comptabilité auxiliaire d'affectation. Son montant est égal à la différence, lorsqu'elle est positive, entre la valeur actuelle des garanties relevant du 2° de l'article L. 134-1 et la somme de la valeur de la provision de diversification correspondante avec la valeur de la provision collective de diversification différée.

La valeur actuelle mentionnée au précédent alinéa est calculée à partir des tables de mortalité prévues à l'article A. 132-18 et de taux au plus égaux à ceux mentionnés au 2° de l'article A. 134-1, la duration étant calculée uniquement sur les engagements relevant du 2° de l'article L. 134-1. Il n'est tenu compte d'aucun flux de trésorerie autre que ceux découlant des arrivées à échéance des garanties et de la mortalité.

Art. A. 134-3 *(Arr. du 26 déc. 2019, art. 1er, en vigueur le 1er janv. 2020)* La revalorisation des garanties mentionnée au 2e alinéa de l'article R. 134-4 ne peut intervenir que si elle permet de respecter les deux conditions suivantes :

1° Le montant de la provision de diversification correspondant aux garanties relevant du 1° de l'article L. 134-1 est supérieur à une fois et demie la différence entre le montant des provisions mathématiques qui seraient à inscrire si le taux d'actualisation retenu pour leur calcul était nul et le montant des provisions mathématiques ;

2° La différence entre le montant de la provision de diversification correspondant aux garanties relevant du 1° de l'article L. 134-1 et le montant minimal de cette provision calculé à partir de la valeur minimale des parts mentionnée à l'article R. 134-1 est supérieure à 10 % du montant des provisions mathématiques.

Art. A. 134-4 *(Arr. du 26 déc. 2019, art. 1er, en vigueur le 1er janv. 2020)* La conversion mentionnée à l'article R. 134-4 ne peut s'effectuer que tous les cinq ans et à condition qu'après la conversion, la différence entre le montant de la provision de diversification correspondant à l'engagement converti et le montant minimal de cette provision calculé à partir de la valeur minimale de la part mentionnée à l'article R. 134-1 soit supérieure à 15 % du montant de la provision mathématique de cet engagement.

Art. A. 134-5 *(Arr. du 26 déc. 2019, art. 1er, en vigueur le 1er janv. 2020)* Un montant intermédiaire de provision de diversification est calculé au moins chaque mois où n'est pas effectué l'arrêté du compte de participation aux résultats. Il est égal à la différence entre la valeur de réalisation des actifs déterminée conformément aux dispositions des articles R. 343-11 et R. 343-12 et la somme des provisions mentionnées aux 1°, 4°, 7°, 10° et 11° de l'article R. 343-3.

Pour l'application du deuxième alinéa de l'article R. 134-2 et de l'article R. 134-5, la valeur de la part de provision de diversification à retenir est égale à la valeur de la part déterminée au prochain arrêté de compte de participation aux résultats ou, si un montant intermédiaire est calculé avant cet arrêté, au prochain montant intermédiaire divisé par le nombre de parts de provision de diversification en date de calcul de ce montant intermédiaire.

Art. A. 134-6 *(Arr. du 26 déc. 2019, art. 1er, en vigueur le 1er janv. 2020)* Les supports visés au deuxième alinéa de l'article R. 134-6 sont ceux dont l'indicateur synthétique de risque et de rendement, mentionné à l'article 8 du règlement européen (UE) n° 583/2010 de la Commission européenne du 1er juillet 2010, est inférieur ou égal à 2. Pour les supports pour lesquels un indicateur synthétique de risque et de rendement n'est pas disponible, un indicateur est calculé selon une méthode analogue à celle prévue au règlement susmentionné.

Art. A. 134-7 *(Arr. du 26 déc. 2019, art. 1er-II, en vigueur le 1er janv. 2021)* Les éléments suivants relatifs aux engagements relevant respectivement du 1° et du 2° de l'article L. 134-1 sont adressés chaque année et au plus tard le 30 avril à l'Autorité de contrôle prudentiel et de résolution, par année d'échéance et par niveau de la garantie :

— le nombre de contrats ou adhésions en cours ;

— le montant des provisions mathématiques ;

— le montant de la provision de diversification ;

— les primes versées et le montant des transferts ou arbitrages entrants ;

— la valeur au bilan des actifs afférents aux comptabilités auxiliaires d'affectation mentionnées à l'article L. 134-2, selon la nomenclature de l'article R. 332-2.

Le niveau de la garantie est fixé sur une échelle de proportion des primes versées garanties d'origine 0 et de pas de 5 points.

Ces informations, le cas échéant complétées par l'Autorité de contrôle prudentiel et de résolution après avis de la commission consultative mentionnée au I de l'article L. 612-14 du code monétaire et financier, sont agrégés par l'autorité et transmises au ministre chargé de l'économie, accompagnées de la liste des entreprises concernées.

TITRE QUATRIÈME LES ASSURANCES DE GROUPE

CHAPITRE PREMIER

Art. A. 141-1 *(Arr. du 13 juill. 1995 ; Arr. du 26 juill. 2006)* L'information préalable de l'adhérent mentionnée au premier alinéa de l'article L. 141-6 du code des assurances est fournie sous la forme d'un document spécifique, distinct de tous autres documents contractuels ou précontractuels. *(Abrogé par Arr. du 27 mars 2018, art. 12, à compter du 1er avr. 2018) « Établi en double exemplaire, il est signé et daté par l'adhérent, qui conserve l'original. »*

Ce document spécifique comporte la mention des actes dont l'entreprise d'assurance entend informer l'adhérent qu'elle n'a pas donné pouvoir au souscripteur de les accomplir. Il doit indiquer de même qui a pouvoir d'accomplir ces actes. — *Entrée en vigueur le 1er sept. 1995.*

CHAPITRE II PLAN D'ÉPARGNE RETRAITE DONNANT LIEU À L'ADHÉSION À UN CONTRAT D'ASSURANCE DE GROUPE

(Arr. du 7 août 2019, art. 4-I)

Art. A. 142-1 Les tarifs pratiqués par les entreprises d'assurance au titre des plans d'épargne retraite sont établis d'après un taux d'intérêt technique au plus égal à 0 %.

Les dispositions du présent article ne sont pas applicables aux engagements régis par les articles L. 441-1 du présent code, L. 222-1 du code de la mutualité et L. 932-24 du code de la sécurité sociale.

Art. A. 142-2 *(Arr. du 22 déc. 2020, en vigueur le 1er janv. 2021)* Pour l'application du 3° de l'article L. 142-3 du code des assurances, le plan d'épargne retraite peut prévoir une garantie complémentaire en cas de perte d'autonomie de l'assuré, sous réserve qu'elle respecte les conditions suivantes :

1° Le contrat ouvre le droit au versement d'un capital ou d'une rente viagère au bénéfice exclusif de l'assuré ;

2° Le contrat est assorti d'un mécanisme de réduction des droits en cas de non-paiement des primes, en application duquel le montant des prestations ne peut être réduit :

a) De plus de 75 % après une durée de cotisation au titre de la garantie complémentaire supérieure à huit années ;

b) De plus de 50 % après une durée de cotisation au titre de la garantie complémentaire supérieure à quinze années ;

3° La perte d'autonomie est évaluée à l'aide de la grille nationale mentionnée à l'article L. 232-2 du code de l'action sociale et des familles. Le contrat peut toutefois prévoir des référentiels et des modalités d'évaluation complémentaires pour les cas où l'évaluation effectuée à l'aide de la grille précitée ne permettrait pas à l'organisme d'assurance de reconnaître l'état de dépendance garanti par le contrat ;

4° Le contrat ne prévoit pas de délai de franchise absolue ni de délai de franchise relative supérieure à deux mois ;

5° Le contrat ne prévoit pas de sélection médicale pour les adhérents éventuels de moins de 50 ans. Un organisme d'assurance ne peut effectuer une sélection médicale qu'à condition que cette dernière porte exclusivement sur un état d'invalidité ou une affection de longue durée préexistante ;

6° Le contrat prévoit un mécanisme de revalorisation annuelle du capital et des rentes selon une modalité prévue au contrat.

Art. A. 142-3 *(Arr. du 22 déc. 2020, en vigueur le 1er janv. 2021)* La garantie complémentaire en cas de perte d'autonomie fait l'objet d'un chapitre distinct d'une police commune au plan d'épargne retraite, avec indication du contenu de la garantie et de la prime correspondante. Le contrat prévoit les modalités par lesquelles la garantie complémentaire est maintenue en cas de cessation, transfert ou rachat du plan d'épargne retraite.

Art. A. 142-4 *(Arr. du 22 déc. 2020, en vigueur le 1er janv. 2021)* Lorsque le plan d'épargne retraite prévoit une garantie complémentaire prévue au 3° de l'article L. 142-3 du code des assurances, le gestionnaire du plan communique chaque année au titulaire, en complément des informations prévues à l'article R. 224-2 du code monétaire et financier :

1° Le montant de la garantie revalorisée, y compris lorsque celle-ci a fait l'objet d'une mise en réduction mentionnée au 2° de l'article A. 142-2 ;

2° Le montant de la cotisation annuelle versée au titre de l'année écoulée correspondant à la garantie complémentaire en cas de perte d'autonomie de l'assuré.

CHAPITRE III CONTRATS DE RETRAITE PROFESSIONNELLE SUPPLÉMENTAIRE

(Arr. du 27 juin 2006)

Art. A. 143-1 I. — Le seuil mentionné au troisième alinéa de l'article L. 143-2 est de 5 000 adhérents.

II. — Le seuil mentionné au dernier alinéa de l'article R. 143-2 s'élève, pour chaque catégorie, à 100 adhérents.

Art. A. 143-2 *(Arr. du 27 juin 2019, art. 1er)* I. — En application de l'article L. 143-2-2, sont remis sur demande aux adhérents d'un contrat mentionné au premier alinéa de l'article L. 381-1 et garanti par un fonds de retraite professionnelle supplémentaire, dans un délai qui ne peut excéder un mois :

— le rapport de gestion et les comptes annuels relatifs à la ou aux comptabilités auxiliaires d'affectation mentionnées aux articles L. 143-4 et L. 381-2 ;

— le rapport indiquant la politique de placement et les risques techniques et financiers correspondants mentionné à l'article L. 143-2-2 ;

– les modalités d'exercice du transfert ;

– le montant dû en cas d'exercice de la faculté de rachat lorsque survient l'un des événements mentionnés à l'article L. 132-23 ;

– pour les contrats dont les garanties sont exprimées en unités de compte et pour lesquels une option d'investissement est active, des informations supplémentaires sur cette option d'investissement et les supports correspondants ;

– une description des options à la disposition des affiliés pour obtenir le versement de leurs prestations ;

– le niveau que les prestations de retraite doivent atteindre, le cas échéant, ainsi que des informations sur les hypothèses utilisées pour estimer les montants exprimés en rente viagère, en particulier le taux technique, le type de prestation et la durée moyenne de la rente selon la table utilisée.

Le relevé prévu à l'article L. 132-22 précise les modalités d'obtention des informations du présent I.

II. – Les assurés reçoivent chaque année, dans le cadre de l'information prévue à l'article L. 132-22, des informations succinctes sur la situation de l'entreprise d'assurance ou du fonds de retraite professionnelle supplémentaire ainsi que sur le niveau de financement du régime de retraite dans son ensemble.

III. – Lorsque le salarié fait liquider ses droits à la retraite ou que d'autres prestations deviennent exigibles, l'entreprise d'assurance ou le fonds de retraite professionnelle supplémentaire lui adresse, ou au bénéficiaire le cas échéant, dans un délai de deux mois, une information adéquate sur les prestations qui lui sont dues et sur les options de paiement correspondantes.

Art. A. 143-3 *(Arr. du 28 déc. 2015, art. 1er-5o, en vigueur le 1er janv. 2016)* Pour les contrats mentionnés à l'article L. 143-1, lorsque les garanties sont exprimées en unités de compte, l'assureur *(Arr. du 14 août 2017, art. 2-2o)* « ou du *[le]* fonds de retraite professionnelle supplémentaire », sur demande du souscripteur, adhérent ou bénéficiaire, lui communique dans un délai qui ne peut excéder un mois l'éventail des options éventuelles de placement et le portefeuille de placements existant, avec une description des risques et des coûts relatifs à ces placements.

Art. A. 143-4 *(Arr. du 27 juin 2019, art. 1er)* La notice mentionnée au premier alinéa de l'article L. 143-2-2 contient les informations suivantes :

1o Le nom, le pays d'origine et le nom de l'autorité en charge du contrôle du fonds de retraite professionnelle supplémentaire, de l'institution de retraite professionnelle ou de l'entreprise d'assurance garantissant le contrat ;

2o La dénomination sociale et les coordonnées du souscripteur ;

3o Les stipulations essentielles du contrat, notamment les garanties offertes aux affiliés et les modalités de conversion des droits en prestation de retraite ;

4o Les conditions dans lesquelles le contrat peut être modifié et les conséquences en cas de non-respect de ces conditions ;

5o Des informations sur le profil d'investissement ;

6o La nature des risques financiers pris par les affiliés et les bénéficiaires ;

7o Une description des garanties offertes par le contrat aux affiliés, sans omettre les limites des garanties offertes et les éléments non garantis ;

8o Le niveau des prestations ou, lorsqu'aucune garantie n'est prévue au titre du régime de retraite, une déclaration à cet effet ainsi que la méthode d'évaluation du montant des prestations avant leur versement ;

9o Les conditions dans lesquelles les affiliés participent aux bénéfices techniques et financiers ;

10o Les modalités de protection des droits accumulés et de modulation des prestations, le cas échéant ;

11o Lorsque les droits peuvent être exprimés en unités de compte ou que les affiliés disposent d'une capacité d'arbitrage entre des supports, les informations relatives aux performances passées des investissements liés au régime de retraite sur une période minimale de cinq ans, ou sur toute la période de fonctionnement du régime si elle est inférieure à cinq ans ;

12° La structure des coûts supportés par les affiliés et les bénéficiaires, pour les régimes qui ne prévoient pas un niveau donné de prestations ;

13° Les options à la disposition des affiliés et des bénéficiaires pour obtenir le versement de leurs prestations de retraite ;

14° Conformément au II de l'article D. 132-7, les conditions dans lesquelles l'affilié dispose d'une capacité de transférer ses droits à la retraite à un autre organisme ;

15° Des informations indiquant si et de quelle manière les facteurs environnementaux, climatiques, sociaux et de gouvernance d'entreprise sont pris en considération dans la stratégie d'investissement ;

16° La liste et le moyen d'accès à des informations complémentaires, notamment des informations sur les supports d'investissement et la situation financière de l'organisme garantissant le contrat.

Pour les contrats prévoyant que certains droits puissent être exprimés en unités de compte ou que des arbitrages puissent être réalisés vers ces supports, les affiliés sont informés de l'ensemble des supports disponibles et, le cas échéant, de l'option d'investissement par défaut et des conditions de rattachement d'un affilié donné à une option d'investissement.

CHAPITRE IV CONTRATS DE RETRAITE SUPPLÉMENTAIRE ASSOCIATIFS

(Arr. du 23 nov. 2011)

Les associations ayant souscrit un plan d'épargne retraite populaire avant la publication de l'Arr. du 23 nov. 2011 ont jusqu'au 31 déc. 2012 pour, le cas échéant, se mettre en conformité avec les dispositions de cet arrêté (Arr. préc., art. 2).

SECTION PREMIÈRE

Cette section ne comporte pas de disposition réglementaire.

SECTION II

Cette section ne comporte pas de disposition réglementaire.

SECTION III DISPOSITIONS PARTICULIÈRES AU PLAN D'ÉPARGNE RETRAITE POPULAIRE

SOUS-SECTION 1 DISPOSITIONS TECHNIQUES SPÉCIFIQUES AU PLAN D'ÉPARGNE RETRAITE POPULAIRE

Art. A. 144-1 Les comptes de tout groupement mentionné à l'article L. 144-2 sont établis selon des règles déterminées par un règlement de l'Autorité des normes comptables.

Le budget annuel d'un plan d'épargne retraite populaire est établi par le comité de surveillance de ce plan conformément aux règles d'établissement des comptes de l'association. Il précise en annexe le montant des dépôts et l'inventaire des titres inscrits, à la date d'établissement du budget, sur les comptes affectés au plan mentionnés à l'article R. 144-10. Il précise notamment les éventuelles rétributions perçues par les membres du comité et l'éventuelle prise en charge par le plan de la couverture d'assurance relative aux conséquences civiles de la responsabilité civile, pénale et professionnelle des membres de ce comité.

SOUS-SECTION 2 GOUVERNANCE DU PLAN

Art. A. 144-2 Les versements des adhérents à un plan sont libellés à l'ordre de l'entreprise d'assurance et sont directement déposés sur le ou les comptes mentionnés à l'article R. 144-10.

Ces versements peuvent également être libellés à l'ordre du souscripteur du plan à condition qu'ils soient déposés sur un compte d'espèces exclusivement affecté à la collecte de ces versements et qu'ils soient reversés dans un délai inférieur à sept jours sur le ou les comptes mentionnés au premier alinéa.

Art. A. 144-3 Les tarifs pratiqués par les entreprises d'assurance au titre des plans relevant du 1° ou du 2° de l'article R. 144-18 sont établis d'après un taux au plus égal à 0 %.

Art. A. 144-4 I. — Pour chaque adhérent, le rapport mentionné à l'article R. 144-26 dépend de la durée séparant la date d'arrêté des comptes annuels du plan de la date de liquidation des droits de l'adhérent telle que prévue dans les dispositions du plan lors de l'adhésion de l'adhérent et prennent les valeurs suivantes :

Moins de deux ans : 90 % ;

Entre deux et cinq ans : 80 % ;

Entre cinq et dix ans : 65 % ;

Entre dix et vingt ans : 40 %.

II. — La demande mentionnée au deuxième alinéa de l'article R. 144-26 est signée par l'adhérent et comporte :

1° L'indication de la ventilation demandée des cotisations entre les différents supports d'investissement choisis ;

2° La mention *(Abrogé par Arr. du 27 mars 2018, art. 13, à compter du 1er avr. 2018)* « *écrite* » suivante :

"Conformément à la possibilité qui m'est donnée par l'article R. 144-26 du code des assurances, j'accepte expressément que l'organisme d'assurance gestionnaire du plan d'épargne retraite populaire auquel j'ai adhéré n'applique pas aux droits que je détiens au titre de ce plan la règle de sécurisation progressive telle que le prévoit ledit article.

"J'ai parfaitement conscience que ma demande peut avoir pour conséquence une diminution significative de la rente qui me sera versée lors de la liquidation de mes droits si l'évolution des marchés financiers d'ici là a été défavorable."

TITRE CINQUIÈME *[ABROGÉ]* LE CONTRAT DE CAPITALISATION

(Abrogé par Arr. du 19 mars 1993)

Art. A. 150-1 à A. 150-3 *Abrogés par Arr. du 19 mars 1993.*

TITRE SIXIÈME DISPOSITIONS DIVERSES RELATIVES AUX CONTRATS D'ASSURANCE ET DE CAPITALISATION

CHAPITRE UNIQUE

SECTION PREMIÈRE RÉDACTION DU CONTRAT EN LANGUE FRANÇAISE

Néant.

SECTION II POLICES D'ASSURANCE SUR LA VIE OU BONS DE CAPITALISATION OU D'ÉPARGNE ÉGARÉS, DÉTRUITS OU VOLÉS

Art. A. 160-1 Le registre des oppositions prévu par l'article R. 160-3 *[abrogé]* est tenu au siège social pour les entreprises françaises et, pour les entreprises étrangères, au siège de l'établissement pour la France ; il est établi conformément au modèle annexé au présent article. — *V. ce modèle à la page suivante.*

Le répertoire des oppositions prévu à l'article R. 160-3 est tenu en partie double. Il mentionne, d'une part, les noms des opposants par ordre alphabétique et, d'autre part, les polices, titres ou bons par ordre numérique, avec référence, dans les deux cas, aux numéros d'ordre du registre.

Ces registre et répertoire sont soumis au contrôle permanent du ministre de l'économie et des finances.

NUMÉROS d'ordre.	IDENTIFICATION DU TITRE (numéro du titre, s'il y a lieu, et indication de toutes autres circonstances de nature à l'identifier).	IDENTIFICATION de l'opposant (nom, prénoms, profession, domicile).	DATES				
			De réception de la lettre recommandée *(Arr. du 27 mars 2018, art. 14, en vigueur le 1er avr. 2018)* « ou de l'envoi recommandé électronique » de l'opposant.	De l'intervention du tiers porteur.	De l'avis donné à l'opposant et au souscripteur originaire.	De la mainlevée de l'opposition.	De la délivrance du duplicata.
1	2	3	4	5	6	7	8

SECTION III CONTRATS D'ASSURANCE LIBELLÉS EN MONNAIE ÉTRANGÈRE

Néant.

SECTION IV RACHAT PAR LES ENTREPRISES D'ASSURANCE SUR LA VIE DES RENTES INFÉRIEURES À UN CERTAIN MONTANT MINIMAL

Art. A. 160-2 Les entreprises d'assurance sur la vie peuvent, dans les conditions spécifiées aux articles A. 160-3 et A. 160-4, procéder au rachat des rentes et des majorations de rentes concernant les contrats qui ont été souscrits auprès d'elles, lorsque les quittances d'arrérages *(Arr. du 1er août 2006)* « mensuelles » ne dépassent pas *(Arr. du 7 juin 2021, en vigueur le 1er juill. 2021)* « 100 euros », en y incluant le montant des majorations légales.

(Arr. du 1er août 2006) « Lorsque les quittances d'arrérage sont versées selon une périodicité de paiement supérieure à un mois, le seuil mentionné au premier alinéa est multiplié par le nombre de mois inclus dans la période de paiement. » – *V. comm. ss. art. L. 160-5.*

(Arr. du 7 août 2019, art. 4-I) « Les dispositions du présent article ne sont pas applicables aux plans d'épargne retraite mentionnés à l'article L. 224-1 du code monétaire et financier donnant lieu à l'adhésion à un contrat d'assurance de groupe. »

Art. A. 160-2-1 *(Arr. du 7 août 2019, art. 4-I)* Les entreprises d'assurance sur la vie peuvent, avec l'accord de l'assuré et dans les conditions mentionnées aux articles A. 160-3 et A. 160-4, procéder au rachat des rentes et des majorations de rentes concernant les plans d'épargne retraite qui ont été souscrits auprès d'elles, lorsque les quittances d'arrérages mensuelles ne dépassent pas *(Arr. du 7 juin 2021, en vigueur le 1er juill. 2021)* « 100 euros », en y incluant le montant des majorations légales.

Lorsque les quittances d'arrérages sont versées selon une périodicité de paiement supérieure à un mois, le seuil mentionné au premier alinéa est multiplié par le nombre de mois inclus dans la période de paiement.

Art. A. 160-3 *(Arr. du 21 déc. 1984)* Le barème fixant la valeur de rachat des rentes visées à l'article A. 160-2 est celui des provisions mathématiques établies d'après les tables et taux d'intérêt fixés *(Arr. du 28 déc. 2015, art. 3-11°, en vigueur le 1er janv. 2016)* « par les articles 142-3 et 142-6 du règlement n° 2015-11 du 26 novembre 2015 de l'Autorité des normes comptables relatif au cadre comptable des entreprises d'assurance ».

Art. A. 160-4 *(Arr. du 1er août 2006)* Dans le cas où chaque quittance d'arrérage peut être amenée au seuil mentionné à l'article A. 160-2 *(Arr. du 7 août 2019, art. 4-I)* « ou à l'article A. 160-2-1 » en groupant en un seul les différents contrats de rente souscrits à la même entreprise par l'assuré, ce dernier doit être à même d'opter entre le rachat et cette transformation. – *V. comm. ss. art. L. 160-5.*

SECTION V EFFET SUR LES CONTRATS D'ASSURANCE DE LA RÉQUISITION DES BIENS ET SERVICES

Néant.

SECTION VI *[ABROGÉE]* ASSURANCES SUR LA VIE EN TEMPS DE GUERRE

(Abrogée par Arr. du 19 mars 1993)

Art. A. 160-5 *Abrogé par Arr. du 19 mars 1993.*

TITRE SEPTIÈME LE CONTRAT D'ASSURANCE MARITIME

CHAPITRE PREMIER DISPOSITIONS GÉNÉRALES

Néant.

CHAPITRE II RÈGLES COMMUNES AUX DIVERSES ASSURANCES MARITIMES

Néant.

CHAPITRE III RÈGLES PARTICULIÈRES AUX DIVERSES ASSURANCES MARITIMES

Néant.

LIVRE DEUXIÈME ASSURANCES OBLIGATOIRES

TITRE PREMIER L'ASSURANCE DES VÉHICULES TERRESTRES À MOTEUR ET DE LEURS REMORQUES ET SEMI-REMORQUES

CHAPITRE PREMIER L'OBLIGATION DE S'ASSURER

SECTION PREMIÈRE PERSONNES ASSUJETTIES

Art. A. 211-1 *Abrogé par Arr. du 19 juill. 2007.*

SECTION II ÉTENDUE DE L'OBLIGATION D'ASSURANCE

Art. A. 211-1-1 *(Arr. du 9 juin 1983)* Les contrats d'assurance afférents aux opérations mentionnées au 10 (Responsabilité civile véhicules terrestres automoteurs) de l'article R.* 321-1 du code des assurances doivent comporter la clause-type relative à la résiliation du contrat par l'assureur figurant à l'article suivant.

Art. A. 211-1-2 *(Arr. du 9 juin 1983)* Le contrat peut être résilié, après sinistre, par l'assureur, avant sa date d'expiration normale, si le sinistre a été causé par un conducteur en état d'imprégnation alcoolique *(Arr. du 19 juill. 2007)* « ou sous l'emprise de stupéfiants » ou si le sinistre a été causé par infraction du conducteur au code de la route entraînant une décision judiciaire ou administrative de suspension du permis de conduire d'au moins un mois, ou une décision d'annulation de ce permis.

Le souscripteur peut alors résilier, dans le délai d'un mois à compter de la notification de cette résiliation, les autres contrats souscrits par lui auprès de l'assureur.

En cas de résiliation à l'échéance ou de dénonciation de la tacite reconduction par l'assureur, le délai de préavis est fixé, pour l'assureur, à deux mois.

Art. A. 211-1-3 *(Arr. du 19 juill. 2007 ; Arr. du 22 nov. 2011)* En ce qui concerne les dommages aux biens, l'assurance doit être souscrite pour une somme, par sinistre et quel que soit le nombre de victimes, au moins égale à *(Arr. du 16 mars 2022, art. 1er)* « 1 300 000 euros ».

SECTION III FRANCHISES, EXCLUSIONS DE GARANTIE ET DÉCHÉANCES

Art. A. 211-2 *Abrogé par Arr. du 26 mars 1993.*

Art. A. 211-3 Pour l'application du 2° de l'article R. 211-10, le transport est considéré comme effectué dans des conditions suffisantes de sécurité :

a) En ce qui concerne les voitures de tourisme, les voitures de place et les véhicules affectés au transport en commun de personnes, lorsque les passagers sont transportés à l'intérieur des véhicules ;

b) En ce qui concerne les véhicules utilitaires, lorsque les personnes transportées ont pris place, soit à l'intérieur de la cabine, soit sur un plateau muni de ridelles, soit à l'intérieur d'une carrosserie fermée et lorsque leur nombre n'excède pas huit en sus du conducteur ; en outre, le nombre des personnes transportées hors de la cabine ne doit pas excéder cinq.

Pour l'application des précédentes dispositions, les enfants de moins de dix ans ne comptent que pour moitié ;

c) En ce qui concerne les tracteurs n'entrant pas dans la catégorie *b*, lorsque le nombre des personnes transportées ne dépasse pas celui des places prévues par le constructeur ;

d) En ce qui concerne les véhicules à deux roues et les triporteurs, lorsque le véhicule ne transporte qu'un seul passager en sus du conducteur ; un second passager peut toutefois être transporté lorsque le véhicule est un tandem.

En outre, lorsque le véhicule est muni d'un side-car, le nombre des personnes transportées dans celui-ci ne doit pas dépasser celui des places prévues par le constructeur ; la présence d'un enfant de moins de cinq ans, accompagné d'un adulte, n'implique pas le dépassement de cette limite ;

e) En ce qui concerne les remorques et semi-remorques, lorsque celles-ci sont construites en vue d'effectuer des transports de personnes et lorsque les passagers sont transportés à l'intérieur de la remorque ou de la semi-remorque.

SECTION IV CONTRÔLE DE L'OBLIGATION D'ASSURANCE

§ 1er L'ATTESTATION D'ASSURANCE *(Arr. du 5 sept. 1986).*

Art. A. 211-4 Les documents justificatifs prévus aux articles R. 211-15, R. 211-17 (2e alinéa) et R. 211-18 doivent comporter respectivement un des intitulés suivants :

– attestation d'assurance (art. R. 211-15 du code des assurances) ;

– attestation provisoire d'assurance (art. R. 211-17 du code des assurances) ;

– attestation de propriété d'un véhicule appartenant à l'État (véhicule dispensé de l'obligation d'assurance) (art. L. 211-1 du code des assurances) ;

Cet intitulé doit figurer en haut et à droite de chacun des documents susmentionnés.

Les documents justificatifs mentionnés au premier alinéa du présent article doivent comporter la signature ou le cachet de l'autorité ou de l'organisme d'assurance qui les a délivrés.

Art. A. 211-5 La période de validité de l'attestation d'assurance et de l'attestation provisoire d'assurance doit être mentionnée de manière très apparente, selon l'une des formules suivantes :

a) Valable du .... au ....

b) Valable pour .... (jours ou mois), à compter du ....

Art. A. 211-6 En ce qui concerne le document justificatif prévu à l'article R. 211-15, doivent être indiqués au titre des caractéristiques du véhicule :

1° Dans tous les cas, le genre et la marque du véhicule ;

2° Lorsqu'il s'agit d'un véhicule soumis à immatriculation, son numéro d'immatriculation ;

3° Lorsqu'il s'agit d'un véhicule non soumis à immatriculation, le numéro du moteur, s'il y a lieu.

L'une au moins des caractéristiques ci-dessus énumérées doit être portée sur le document justificatif par l'entreprise d'assurance qui le délivre. Pour être valable, le document justificatif doit, le cas échéant, être complété par l'utilisateur du véhicule avant tout emploi.

Art. A. 211-7 L'attestation d'assurance et l'attestation provisoire d'assurance doivent rappeler que, selon les dispositions de l'article R. 211-14, la présentation du document justificatif n'implique qu'une présomption de garantie à la charge de l'assureur. Elles ne doivent comporter aucune autre mention que celles prévues dans la présente section sauf, éventuellement, un acquit de paiement de la prime.

Art. A. 211-8 L'attestation d'assurance et l'attestation provisoire d'assurance doivent être de couleur jaune. Leurs dimensions ne doivent pas être inférieures à 7 x 8 cm ni supérieures à 21 x 29,5 cm.

Ces documents doivent, en outre, être conformes aux normes fixées par le ministre de l'économie et des finances.

§ 2 LE CERTIFICAT D'ASSURANCE *(Arr. du 5 sept. 1986).*

Art. A. 211-9 *(Arr. 5 sept. 1986 ; Arr. du 22 juin 1988)* Le certificat d'assurance et le certificat provisoire ne doivent comporter aucune autre mention que celles prévues à l'article R. 211-21-2.

Ces documents doivent en outre être conformes aux normes fixées par le ministre chargé de l'économie.

Art. A. 211-10 *(Arr. du 5 sept. 1986 ; Arr. du 22 juin 1988)* **Le certificat ou le certificat provisoire doit être apposé, à l'intérieur du véhicule, recto visible de l'extérieur, sur la partie inférieure droite du pare-brise.**

Pour les véhicules à deux ou trois roues, le certificat ou le certificat provisoire doit être apposé, recto visible à l'extérieur, sur une surface située à l'avant du plan formé par la fourche avant desdits véhicules.

SECTION V **DISPOSITIONS RELATIVES À L'ASSURANCE DES VÉHICULES EN CIRCULATION INTERNATIONALE ET DE CERTAINS AUTRES VÉHICULES**

Néant.

SECTION VI **PROCÉDURES D'INDEMNISATION**

(Arr. du 22 juin 1988)

Art. A. 211-11 **La notice relative à l'information des victimes prévue à l'article R. 211-39 doit comporter les indications figurant dans le modèle type annexé au présent article.**

Cette notice est présentée de manière claire et lisible. Elle est rédigée en caractères dont la hauteur ne peut être inférieure à celle du corps huit.

ANNEXE

NOTICE DESTINÉE AUX VICTIMES D'ACCIDENTS DE LA CIRCULATION METTANT EN CAUSE UN VÉHICULE TERRESTRE À MOTEUR

Les informations suivantes ont pour but de vous expliquer ce que vous devez entreprendre et comment vous serez indemnisé.

Elles ont été volontairement limitées à l'essentiel. Pour en savoir plus, il vous faut consulter :

— la loi nº 85-677 du 5 juillet 1985 publiée au *Journal officiel* du 6 juillet 1985 ;

— le décret nº 86-15 du 6 janvier 1986 publié au *Journal officiel* du 7 janvier 1986.

La loi du 5 juillet 1985 a amélioré la situation des victimes d'accident de la circulation dans lequel est impliqué un véhicule terrestre à moteur, ainsi que ses remorques ou semi-remorques, à l'exception des chemins de fer et des tramways circulant sur des voies qui leur sont propres : — *V. ce texte, App., vº Responsabilité civile.*

— les cas de non-indemnisation sont désormais limités ;

— une offre d'indemnité doit être faite par l'assureur dans un délai de huit mois en cas d'accident corporel.

Qui a droit à indemnisation ?

Pour les dommages corporels :

— les passagers, piétons et cyclistes victimes, sauf lorsque la victime a :

— recherché volontairement son dommage ;

— commis une faute inexcusable, cause exclusive de l'accident.

Toutefois, cette faute ne peut être opposée à la victime si elle est âgée de moins de seize ans ou de plus de soixante-dix ans ou encore si elle est atteinte d'une incapacité permanente ou d'une invalidité au moins égale à 80 p. 100 ;

— les conducteurs de véhicule terrestre à moteur, sauf lorsqu'ils sont responsables de l'accident (la faute du conducteur peut en effet limiter voire exclure son droit à indemnisation).

Pour les dommages matériels :

— toutes les victimes dans la mesure où elles ne sont pas responsables de l'accident.

Attention. — Même si vous êtes indemnisé de vos dommages, vous pouvez être tenu de réparer ceux que vous avez causés à autrui si vous êtes responsable.

Comment se déroule l'indemnisation ?

— *l'assureur du responsable prend contact avec vous ;*

— vous le renseignez ;

— vous vous soumettez à un examen médical ;

— l'assureur vous fait une offre d'indemnisation ;

— vous acceptez l'offre, l'assureur vous indemnise ;

— vous refusez l'offre, vous devez alors réclamer l'indemnisation devant le tribunal.

Qui doit vous contacter ?

— dans la plupart des cas : l'assureur qui garantit la responsabilité civile du véhicule impliqué. Si plusieurs véhicules sont impliqués, un seul assureur fait l'offre pour le compte de tous.

— le propriétaire du véhicule s'il est dispensé de recourir à un assureur (État, RATP...) ;

— le bureau central français, ou son représentant, s'il s'agit d'un véhicule étranger (BP 27-93171 BAGNOLET CEDEX) ;

— si l'auteur de l'accident est inconnu ou non assuré, il vous appartient de saisir le fonds de garantie (64, rue Defrance, 94307 VINCENNES CEDEX).

A la première correspondance, il vous est demandé de fournir les renseignements nécessaires à votre indemnisation.

Vous pouvez :

— vous faire assister d'un avocat de votre choix ;

— obtenir, sans frais, copie du rapport de police ou de gendarmerie.

Vous devez communiquer à l'assureur :

1° Vos nom et prénoms ;

2° Vos date et lieu de naissance ;

3° Votre activité professionnelle et l'adresse de votre ou de vos employeurs ;

4° Le montant de vos revenus professionnels avec les justifications utiles ;

5° La description des atteintes à votre personne accompagnée d'une copie du certificat médical initial et autres pièces justificatives en cas de consolidation ;

6° La description des dommages causés à vos biens ;

7° Les nom, prénoms et adresse des personnes à votre charge au moment de l'accident ;

8° Votre numéro d'immatriculation à la sécurité sociale et l'adresse de la caisse d'assurance maladie dont vous relevez ;

9° La liste des tiers payeurs appelés à vous verser des prestations, ainsi que leurs adresses ;

10° Le lieu où les correspondances doivent être adressées.

Si la victime décède, le conjoint et chacun des héritiers doivent communiquer à l'assureur :

1° Ses nom et prénoms ;

2° Ses date et lieu de naissance ;

3° Les nom et prénoms, date et lieu de naissance de la victime ;

4° Ses liens avec la victime ;

5° Son activité professionnelle et l'adresse de son ou de ses employeurs ;

6° Le montant de ses revenus avec les justifications utiles ;

7° La description de son préjudice, notamment les frais de toute nature qu'il a exposés du fait de l'accident ;

8° Son numéro d'immatriculation à la sécurité sociale et l'adresse de la caisse d'assurance maladie dont il relève ;

9° La liste des tiers payeurs appelés à lui verser des prestations, ainsi que leurs adresses ;

10° Le lieu où les correspondances doivent être adressées.

Vous devez répondre à toutes ces questions dans un délai de six semaines. Si vous tardez ou si votre réponse est incomplète, vous retardez l'indemnisation.

Vous êtes convoqué à un examen médical

Vous êtes avisé au moins quinze jours avant l'examen médical :

— de la date et du lieu de l'examen ;

— de l'identité et des titres du médecin ;

— de l'objet de l'examen ;

— du nom de l'assureur pour le compte duquel l'examen est demandé.

Vous recevrez copie du rapport dans les vingt jours.

Vous pouvez :

— vous faire assister d'un médecin de votre choix ;

— refuser de vous présenter à l'examen médical si les renseignements ne vous ont pas été communiqués dans le délai prescrit ;

— refuser de vous faire examiner par le médecin choisi par l'assureur ; dans ce cas, l'assureur peut vous proposer un autre médecin ou demander au tribunal d'en désigner un ;

— demander vous-même au tribunal la désignation d'un médecin expert.

Que contient l'offre d'indemnisation ?

Si vous avez subi un dommage corporel, l'assureur doit vous présenter, dans les huit mois qui suivent l'accident, une offre d'indemnisation comprenant la réparation :

— du préjudice corporel ;

— du préjudice matériel lorsqu'il n'a pas fait l'objet d'un règlement préalable.

Selon votre état de santé, cette offre peut être :

— définitive si votre état de santé est consolidé et que l'assureur en a été informé dans les trois mois suivant l'accident ;

— provisionnelle dans le cas contraire, l'offre définitive vous sera présentée au plus tard cinq mois après que l'assureur aura été informé de votre consolidation.

L'offre doit couvrir tous les éléments de votre préjudice, c'est-à-dire :

En cas de blessure :

— les frais engagés pour vous soigner (hospitalisation, chirurgie, pharmacie, rééducation, etc.) ;

— les salaires ou revenus que vous auriez perçus si vous n'aviez pas été accidenté ; si vous n'exercez pas d'activité rémunérée, des indemnités forfaitaires peuvent vous être allouées ;

— l'incapacité permanente partielle déterminée par le médecin chargé de vous examiner ;

— le remboursement du coût de la ou des tierces personnes dont l'aide est rendue nécessaire du fait de votre état ;

— l'indemnisation des souffrances endurées ;

— les autres préjudices (esthétique, d'agrément...) ;

En cas de décès :

— les frais d'obsèques raisonnablement engagés ;

— les préjudices moraux ;

— les préjudices économiques ;

— les autres préjudices ;

Dans tous les cas :

— les préjudices matériels annexes aux préjudices corporels ou mortels (vêtements, prothèses...).

Attention. — Les sommes calculées subissent, s'il y a lieu, une réduction résultant :

— de votre responsabilité ;

— des sommes payées ou à payer par les organismes participant à l'indemnisation de votre préjudice (organismes sociaux, employeurs, assureurs d'avances sur indemnités...) ; une copie des décomptes de ces organismes est jointe à l'offre.

Qui doit recevoir l'offre d'indemnisation ?

— la victime (cas général) ;

— les héritiers et le conjoint (en cas de décès) ;

— le représentant légal et, selon le cas, le juge des tutelles ou le conseil de famille si la victime est mineure ou majeure incapable.

Les suites à donner

Lorsque vous recevez l'offre, vous pouvez :

Accepter.

Dans les quinze jours qui suivent votre accord, vous pouvez le dénoncer par lettre recommandée *(Arr. du 27 mars 2018, art. 15, en vigueur le 1er avr. 2018)* « ou par envoi recommandé électronique » avec accusé de réception.

Si vous agissez en tant que représentant légal d'un mineur ou d'un majeur incapable, il vous faut l'accord du juge des tutelles ou du conseil de famille.

Discuter.

Refuser.

Vous pouvez :

— vous adresser aux tribunaux pour obtenir l'indemnisation ;

— réclamer des dommages-intérêts en cas d'offre manifestement insuffisante.

Dans tous les cas, faites part de votre décision à l'assureur qui vous a présenté l'offre d'indemnisation.

Attention. — Vous devez informer votre caisse d'assurance maladie de toute transaction intervenue avec l'assureur ou de toute action judiciaire.

Quand êtes-vous indemnisé ?

Vous êtes indemnisé :

— au plus tard quarante-cinq jours après l'accord conclu entre l'assureur et vous ;

— en cas de procès, à l'issue de celui-ci.

Vous pouvez réclamer des intérêts en cas de retard imputable à l'assureur.

Conseils pratiques

Vous pouvez confier la défense de vos intérêts à toute personne de votre choix ; en cas de procès, un avocat doit vous représenter devant le tribunal de grande instance.

En adressant une feuille de soins à la sécurité sociale, précisez bien qu'il s'agit d'un accident et indiquez sa date.

Constituez votre dossier en conservant l'original ou à défaut la copie de toute pièce médicale, les décomptes de la sécurité sociale, les justificatifs de vos frais ainsi qu'une copie de toute correspondance.

Vous devez adresser à l'assureur les pièces justifiant les préjudices que vous avez subis.

Vous pouvez prendre l'avis de spécialistes, agent ou courtier d'assurances, avocat, conseiller juridique, médecin... Toutefois, les frais et honoraires de ces intervenants peuvent rester à votre charge sauf si vous bénéficiez d'une garantie de protection juridique ou de l'aide judiciaire en cas de procès.

Surveillez les délais afin d'accélérer le règlement de votre dossier. En particulier si un mois après l'accident vous n'avez aucune nouvelle de l'assureur du responsable, prenez contact avec lui.

Remarque

Le dispositif mis en place par la loi a pour objet de réduire le nombre de procès et d'accélérer l'indemnisation des victimes. Cependant, vous avez la possibilité à tout moment :

— d'introduire devant le tribunal un référé (procédure d'urgence pour obtenir une avance sur indemnité), particulièrement en cas d'inaction persistante de l'assureur du responsable ;

— de faire intervenir le juge en cas de désaccord persistant sur :

— le taux de responsabilité,

— le caractère inexcusable d'une faute,

— le montant de l'offre d'indemnisation ;

— de vous constituer partie civile ou d'engager une procédure judiciaire à l'encontre des auteurs de l'accident que vous estimez responsables.

SECTION VII **PÉNALITÉS**

Néant.

CHAPITRE II **L'OBLIGATION D'ASSURER – LE BUREAU CENTRAL DE TARIFICATION**

Art. A. 212-1 à A. 212-3 *Abrogés par Arr. du 27 nov. 1992.*

CHAPITRE III **CONTRIBUTION AU PROFIT DE LA SÉCURITÉ SOCIALE**

Art. A. 213-1 à A. 213-4 *Abrogés par Arr. du 31 mai 1997.*

CHAPITRE IV **DISPOSITIONS PARTICULIÈRES AUX DÉPARTEMENTS ET TERRITOIRES D'OUTRE-MER**

Néant.

TITRE DEUXIÈME **L'ASSURANCE DES ENGINS DE REMONTÉE MÉCANIQUE**

CHAPITRE UNIQUE

Art. A. 220-1 et A. 220-2 *Abrogés par Arr. du 26 mars 1993.*

Art. A. 220-3 Les contrats d'assurance mentionnés à l'article R. 220-7 doivent, lorsque les garanties et conditions qu'ils définissent n'excèdent pas celles prévues aux articles R. 220-1 à R. 220-6, comporter les clauses annexées au présent article. – *V. annexe (JO 21 juill. 1976 NC, mod. par Arr. du 26 mars 1993, JO 28 mars).*

ANNEXE

Clauses devant être insérées dans les contrats d'assurance souscrits en application de l'article L. 220-1 du code des assurances instituant une obligation d'assurance pour les exploitants de chemins de fer funiculaires ou à crémaillère, de téléphériques ou d'autres engins de remontée mécanique.

Art. 1er *Objet du contrat.* — Par le présent contrat et sous réserve des exclusions prévues à l'article 4, l'assuré est garanti contre les conséquences pécuniaires de la responsabilité civile qu'il peut encourir du fait de tous dommages corporels ou matériels causés tant aux usagers de la ou des installations désignées aux conditions particulières qu'à toute autre personne, à l'occasion de l'exploitation de ces installations, et résultant :

1° d'accident, incendie ou explosion causés tant par les biens définis à l'article 3 que par les accessoires ou produits servant à leur exploitation et par les personnes, objets ou substances transportés ou halés ;

2° de la chute de ces personnes, matériels, accessoires, produits, objets ou substances.

Art. 2 *Montant de la garantie.* — Sous déduction, le cas échéant, de la franchise par sinistre prévue aux conditions particulières, la garantie est accordée :

— sans limitation de somme en ce qui concerne les dommages corporels ;

— à concurrence du montant indiqué auxdites conditions particulières en ce qui concerne les dommages matériels.

Art. 3 *Définitions.* 1° Assuré :

a) la personne physique ou morale qui, remplissant les conditions édictées par l'article L. 220-1 du code des assurances et titulaire de l'autorisation prévue par les articles 1er du décret n° 61-1404 du 13 décembre 1961 modifiant l'article 6 du décret du 30 décembre 1953 relatif aux transports publics secondaires et d'intérêt local et 1er de l'arrêté du 25 juillet 1963 relatif aux autorisations nécessaires pour la construction et l'exploitation des téléphériques, remonte-pentes ou tous autres engins utilisant des câbles porteurs ou tracteurs transportant des voyageurs, est désignée aux conditions particulières ;

b) toute personne participant, sous les ordres et avec l'autorisation de la personne mentionnée au a) ci-dessus, à tout ou partie de l'exploitation dont il s'agit dans l'exercice de ses fonctions.

2° Biens :

a) les véhicules, cabines, sièges, sellettes et dispositifs de halage qui font partie des moyens de transport énumérés à l'article L. 220-1 du code des assurances ;

b) les véhicules et engins de secours correspondants ;

c) les installations destinées à la sustentation, à la traction, à la direction et au freinage des véhicules et engins mentionnés aux a) et b) ci-dessus ;

d) les ascenseurs lorsqu'ils sont l'accessoire des moyens de transport mentionnés au présent article.

3° Installations (au sens de l'article 2 précité) :

L'ensemble des biens destinés au transport de voyageurs entre deux points donnés.

Art. 4 *Exclusions.* — Le contrat ne garantit pas :

a) les dommages causés à l'exploitant ou à ses représentants légaux s'il est une personne morale ;

b) les dommages causés aux conjoint, ascendants et descendants des personnes mentionnées au a) ci-dessus et dont la responsabilité est engagée du fait du sinistre ;

c) les dommages causés aux préposés, salariés ou non, de l'exploitant ou au personnel des services de contrôle, pendant leur service ;

d) les dommages résultant des effets, directs ou indirects, d'explosion, de dégagement de chaleur, d'irradiation provenant de transmutations de noyaux d'atomes ou de la radioactivité, ainsi que des effets de radiations provoquées par l'accélération artificielle de particules ;

e) les dommages causés par des actes de terrorisme ou de sabotage commis dans le cadre d'actions concertées de terrorisme ou de sabotage ;

f) les dommages causés par les moyens de transport autres que ceux mentionnés à l'article R. 220-1 du code des assurances ;

g) les dommages occasionnés par une guerre étrangère, une guerre civile, une émeute ou un mouvement populaire ;

h) en ce qui concerne chaque assuré, les dommages résultant de sa faute intentionnelle ou dolosive ;

i) les dommages subis par les biens mentionnés au 2° de l'article 3 ainsi que par tous autres biens appartenant à l'assuré responsable ou dont celui-ci fait usage.

Art. 5 *Sauvegarde des droits des victimes.* — Ne sont pas opposables aux victimes ou à leurs ayants droit :

1° les franchises ;

2° les déchéances motivées par un manquement de l'assuré à ses obligations commis postérieurement au sinistre ;

3° la réduction de l'indemnité prévue par l'article L. 113-9 du code des assurances dans le cas de déclaration inexacte ou incomplète du risque.

Dans les cas susmentionnés, l'assureur procède au paiement de l'indemnité pour le compte de l'assuré responsable. Il peut exercer contre ce dernier une action en remboursement pour toutes les sommes qu'il a ainsi payées ou mises en réserve à sa place.

Art. 6 *Attestation d'assurance.* — L'attestation d'assurance prévue par l'article R. 220-8 du code des assurances est délivrée sans frais au souscripteur dans un délai de quinze jours suivant sa demande. toute personne participant, sous les ordres et avec l'autorisation de la personne mentionnée au a) ci-dessus, à tout ou partie de l'exploitation dont il s'agit dans l'exercice de ses fonctions.

Art. A. 220-4 Le document justificatif prévu à l'article R. 220-8 doit comporter en haut et à droite la mention "Attestation d'assurance (art. L. 220-1 du code des assurances)".

Ce document doit également comporter :

– la dénomination, l'adresse et le cachet de l'organisme d'assurance qui l'a délivré ;

– le numéro de la police d'assurance ;

– le nom ou la raison sociale ainsi que l'adresse de l'exploitant couvert par l'assurance ;

– l'appellation géographique selon laquelle l'engin est communément appelé ;

– l'indication de la période de validité, cette indication devant être mentionnée de manière apparente selon l'une des formules suivantes :

a) Valable du .... au ....

b) Valable pour .... (jours ou mois) à compter du ....

Le document justificatif doit définir le moyen de transport concerné et mentionner les divers éléments le composant tels qu'ils sont énumérés à l'article R. 220-1.

Les éléments ci-dessus énumérés sont portés sur le document justificatif par l'entreprise d'assurance qui le délivre ou, à défaut, par l'exploitant avant tout fonctionnement de l'installation.

L'attestation d'assurance doit rappeler que, selon les dispositions de l'article R. 220-8, sa présentation n'implique qu'une présomption de garantie à la charge de l'assureur. Elle ne doit comporter aucune autre mention que celles prévues par le présent article, sauf, éventuellement, un acquit de paiement de la prime.

Pour les installations appartenant à l'État, il est délivré une attestation de propriété par l'autorité administrative compétente.

Art. A. 220-5 et A. 220-6 *Abrogés par Arr. du 27 nov. 1992.*

TITRE TROISIÈME L'ASSURANCE DE RESPONSABILITÉ CIVILE DES CHASSEURS

CHAPITRE UNIQUE

Art. A. 230-1 à A. 230-4 *Abrogés par Arr. du 26 mars 1993.*

Art. A. 230-5 L'assureur doit remettre à l'assuré, lors du paiement de la première prime, l'attestation d'assurance prévue à l'article *(Arr. du 26 mars 1993)* « L. 223-13 du nouveau code rural et de la pêche maritime » *[C. envir., art. L. 423-16]* afférente à la période se terminant le 30 juin suivant. Si le contrat a une durée supérieure à une année ou s'il est renouvelable par tacite reconduction, l'assureur doit faire parvenir

chaque année à l'assuré, soit sur la demande de celui-ci, soit d'office, l'attestation valable pour la période annuelle commençant le 1er juillet suivant, quelle que soit la date d'expiration de la période d'assurance en cours. Les attestations doivent être délivrées sans frais et sous une forme telle que l'assuré puisse les remettre aux autorités compétentes sans se dessaisir de ses quittances de prime.

Art. A. 230-6 *(Arr. du 26 mars 1993)* **A compter du 1er juillet 1976, l'attestation d'assurance prévue à l'article L. 223-13 du nouveau code rural et de la pêche maritime** *[C. envir., art. L. 423-16]* **doit être conforme au modèle annexé au présent article.**

ANNEXE À L'ARTICLE A. 230-6 (nom et siège de l'entreprise et mentions obligatoires)

ATTESTATION D'ASSURANCE DE RESPONSABILITÉ CIVILE « CHASSE »

L'entreprise d'assurance susnommée ....
atteste que M. ....
demeurant à ....
est assuré par elle pour la période du .... au 30 juin ....
en vertu d'un contrat d'assurance n° ....
souscrit par ....

Ce contrat garantit, dans les conditions minimales fixées par l'article L. 223-13 du nouveau code rural *[C. envir., art. L. 423-16]*, la responsabilité civile encourue par le chasseur sans limitation de somme en raison des accidents corporels occasionnés par un acte de chasse ou de destruction d'animaux nuisibles et par les chiens dont il a la garde.

Aucune déchéance n'est opposable aux victimes d'accidents ou à leurs ayants droit.

Fait à ...., le ....
Pour la société ....

Art. A. 230-7 *(Arr. du 26 mars 1993)* **Lorsqu'un étranger non-résident demande une licence de chasse, la période de validité de l'attestation d'assurance prévue à l'article L. 223-13 du nouveau code rural et de la pêche maritime** *[C. envir., art. L. 423-16]* **ne peut excéder un délai de quarante-huit heures.**

L'assureur doit remettre à l'étranger non-résident une attestation d'assurance temporaire conforme au modèle annexé au présent article.

ANNEXE À L'ARTICLE A. 230-7 (nom et siège de l'entreprise et mentions obligatoires)

ATTESTATION D'ASSURANCE TEMPORAIRE DE RESPONSABILITÉ CIVILE « CHASSE »

L'entreprise d'assurance susnommée ....
atteste que M. ....
demeurant à ....
est assuré par elle pour une période de quarante-huit heures à compter du ...... à ...... heure,
en vertu d'un contrat d'assurance n° ...., souscrit par ....

Ce contrat garantit, dans les conditions minimales fixées par l'article L. 223-13 du nouveau code rural *[C. envir., art. L. 423-16]*, la responsabilité civile encourue par le chasseur sans limitation de somme en raison des accidents corporels occasionnés par un acte de chasse ou de destruction d'animaux nuisibles et par les chiens dont il a la garde.

Aucune déchéance n'est opposable aux victimes d'accidents ou à leurs ayants droit.

Fait à ...., le ....
Pour la société ....

TITRE QUATRIÈME L'ASSURANCE DES TRAVAUX DE BÂTIMENT

Art. A. 243-1 *(Arr. du 19 nov. 2009)* **Tout contrat d'assurance souscrit pour l'application du titre IV du livre II du présent code doit obligatoirement comporter les clauses figurant :**

Aux annexes I et III au présent article, en ce qui concerne l'assurance de responsabilité ;

A l'annexe II au présent article, en ce qui concerne l'assurance de dommages.

Toute autre clause du contrat ne peut avoir pour effet d'altérer d'une quelconque manière le contenu ou la portée de ces clauses, sauf si elle s'applique exclusivement à des garanties plus larges que celles prévues par le titre IV du livre II du présent code.

L'Arr. du 19 nov. 2009 s'applique aux contrats conclus ou reconduits postérieurement au 27 nov. 2009 (Arr. préc., art. 2).

BIBL. ▶ Bertolaso, L'actualisation des clauses types en assurance-construction : un chantier inachevé, *Constr.-Urb. 2010. Étude 2*. – Charbonneau, Réforme des clauses types des contrats d'assurance obligatoire de construction, *Constr.-Urb. 2010. Focus 1*. – Courtieu, *RCA 2010. 22* (actualisation des clauses types). – Dessuet, L'arrêté du 19 novembre 2009 : de nouvelles clauses types en matière d'assurance-construction obligatoire, *RDI 2010. 72*. – Leguay, *RDI 2010. 240* (les nouvelles clauses types dommages-ouvrage ; une occasion manquée). – Pagès-de Varenne, Clauses types : l'arrêté du 19 novembre 2009, un débat sans fin !, *Constr.-Urb. 2010. Repère 2*. – Durry, *RDI 1985. 402*. – Leguay, *ibid. 1987. 260* (déchéances).

▶ Sur la réforme des clauses types : Zavaro, *Gaz. Pal. 1997. 2. Doctr. 1314*. – Chétivaux, *RDI 1997. 365*. – Leguay, *RDI 1997. 461*. – Lesage, *RGDA 2001. 638*.

ANNEXES
ANNEXE I

À l'article A. 243-1 du code des assurances (clauses types applicables aux contrats d'assurance de responsabilité décennale)

Nature de la garantie

Le contrat garantit le paiement des travaux de réparation de l'ouvrage à la réalisation duquel l'assuré a contribué ainsi que des ouvrages existants, totalement incorporés dans l'ouvrage neuf et qui en deviennent techniquement indivisibles, au sens du II de l'article L. 243-1-1 du présent code, lorsque la responsabilité de l'assuré est engagée sur le fondement de la présomption établie par les articles 1792 et suivants du code civil à propos de travaux de construction, et dans les limites de cette responsabilité.

Les travaux de réparation, notamment en cas de remplacement des ouvrages, comprennent également les travaux de démolition, déblaiement, dépose ou démontage éventuellement nécessaires.

Montant de la garantie (clause type applicable aux seuls contrats relevant de l'article L. 243-9 du présent code)

Dans le cas des travaux de construction destinés à un usage autre que l'habitation, le montant de la garantie ne peut être inférieur au coût de la construction déclaré par le maître de l'ouvrage, hormis l'hypothèse où ce coût est supérieur au montant prévu au I de l'article R. 243-3 du présent code, ou lorsqu'il est recouru à un contrat d'assurance collectif mentionné à l'article R. 243-1 du présent code.

Dans ces deux derniers cas, le plafond de garantie est déterminé par les conditions particulières, dans les conditions prévues par l'article R. 243-3 du présent code. Lorsqu'il est recouru à un contrat d'assurance collectif, ce plafond ne saurait être inférieur au montant de la franchise absolue stipulée dans ledit contrat collectif.

Le coût total de la construction s'entend du montant définitif des dépenses de l'ensemble des travaux afférents à la réalisation de l'opération de construction, toutes révisions, honoraires, taxes et s'il y a lieu travaux supplémentaires compris. Ce coût intègre la valeur de reconstruction des existants totalement incorporés dans l'ouvrage neuf et qui en deviennent techniquement indivisibles au sens du II de l'article L. 243-1-1 du présent code. En aucun cas ce coût ne peut comprendre les primes ou bonifications accordées par le maître de l'ouvrage au titre d'une exécution plus rapide que celle prévue contractuellement, ni se trouver amputé des pénalités pour retard infligées à l'entrepreneur responsable d'un dépassement des délais contractuels d'exécution.

Cette garantie est revalorisée selon les modalités prévues aux conditions particulières, pour tenir compte de l'évolution des coûts de construction entre la date de souscription du contrat et celle de la réparation du sinistre.

Durée et maintien de la garantie dans le temps

Le contrat couvre, pour la durée de la responsabilité pesant sur l'assuré en vertu des articles 1792 et suivants du code civil, les travaux ayant fait l'objet d'une ouverture de chantier pendant la période de validité fixée aux conditions particulières.

La garantie afférente à ces travaux est maintenue dans tous les cas pour la même durée, sans paiement de prime subséquente.

L'ouverture de chantier s'entend à date unique applicable à l'ensemble de l'opération de construction. Cette date correspond, soit à la date de la déclaration d'ouverture de chantier, mentionnée au premier alinéa de l'article R. 424-16 du code de l'urbanisme pour les travaux nécessitant la délivrance d'un permis de construire, soit, pour les travaux ne nécessitant pas la délivrance d'un tel permis, à la date du premier ordre de service ou à défaut, à la date effective de commencement des travaux.

Lorsqu'un professionnel établit son activité postérieurement à la date unique ainsi définie, et par dérogation à l'alinéa précédent, cette date s'entend pour lui comme la date à laquelle il commence effectivement ses prestations.

Lorsqu'un professionnel exécute ses prestations antérieurement à la date unique définie à l'alinéa 2 et qu'à cette même date il est en cessation d'activité, l'ouverture du chantier s'entend pour lui à la date de signature de son marché ou à défaut, à celle de tout acte pouvant être considéré comme le point de départ de sa prestation.

Franchise

L'assuré conserve une partie de la charge du sinistre, selon des modalités fixées aux conditions particulières. Il s'interdit de contracter une assurance pour la portion du risque correspondante.

Cette franchise n'est pas opposable aux bénéficiaires des indemnités.

Exclusions

La garantie du présent contrat ne s'applique pas aux dommages résultant exclusivement :

a) Du fait intentionnel ou du dol du souscripteur ou de l'assuré ;

b) Des effets de l'usure normale, du défaut d'entretien ou de l'usage anormal ;

c) De la cause étrangère.

Déchéance

L'assuré est déchu de tout droit à garantie en cas d'inobservation inexcusable des règles de l'art, telles qu'elles sont définies par les réglementations en vigueur, les normes françaises homologuées ou les normes publiées par les organismes de normalisation d'un autre État membre de l'Union européenne ou d'un autre État partie à l'accord sur l'Espace économique européen offrant un degré de sécurité et de pérennité équivalant à celui des normes françaises.

Pour l'application de cette déchéance, il faut entendre par assuré, soit le souscripteur personne physique, soit le chef d'entreprise ou le représentant statutaire de l'entreprise s'il s'agit d'une entreprise inscrite au répertoire des métiers, soit les représentants légaux ou dûment mandatés de l'assuré lorsque celui-ci est une personne morale.

Cette déchéance n'est pas opposable aux bénéficiaires des indemnités.

ANNEXE II

À L'ARTICLE A. 243-1 DU CODE DES ASSURANCES

(CLAUSES TYPES APPLICABLES AUX CONTRATS D'ASSURANCE DE DOMMAGES-OUVRAGE)

Définitions

a) Souscripteur.

La personne, physique ou morale, désignée aux conditions particulières, qui fait réaliser des travaux de construction et qui est, en sa qualité définie aux mêmes conditions particulières, soumise à l'obligation d'assurance prévue par l'article L. 242-1 du présent code, tant pour son propre compte que pour celui des propriétaires successifs.

b) Assuré.

Le souscripteur et les propriétaires successifs de l'ouvrage au bénéfice desquels est souscrit le contrat.

c) Réalisateurs.

L'ensemble des constructeurs désignés aux conditions particulières ou dont l'identité est portée ultérieurement à la connaissance de l'assureur, qui sont mentionnés au 1° de l'article 1792-1 du code civil et sont liés, à ce titre, au maître de l'ouvrage par un contrat de louage d'ouvrage en qualité de concepteur ou de conseil (architecte, technicien ou autre) ou en qualité d'entrepreneur, et qui participent à la réalisation de l'opération de construction.

d) Maître de l'ouvrage.

La personne, physique ou morale, désignée aux conditions particulières, qui conclut avec les réalisateurs les contrats de louage d'ouvrage afférents à la conception et à l'exécution de l'opération de construction.

e) Contrôleur technique (lorsqu'il est désigné un contrôleur technique).

La personne, désignée aux conditions particulières, agréée ou exerçant dans les conditions prévues par l'article L. 111-25 du code de la construction et de l'habitation, et appelée à intervenir, à la demande du maître de l'ouvrage, pour effectuer le contrôle technique des études et des travaux ayant pour objet la réalisation de l'opération de construction.

f) Réception.

L'acte par lequel le maître de l'ouvrage accepte les travaux exécutés, dans les conditions fixées par l'article 1792-6 du code civil.

g) Sinistre.

La survenance de dommages, au sens de l'article L. 242-1 du présent code, ayant pour effet d'entraîner la garantie de l'assureur.

Nature de la garantie

Le contrat a pour objet de garantir, en dehors de toute recherche de responsabilité, le paiement des travaux de réparation des dommages à l'ouvrage réalisé ainsi qu'aux ouvrages existants, totalement incorporés dans l'ouvrage neuf et qui en deviennent techniquement indivisibles, au sens du II de l'article L. 243-1-1 du présent code.

La garantie couvre les dommages, même résultant d'un vice du sol, de la nature de ceux dont sont responsables les constructeurs, au sens de l'article 1792-1 du code civil, les fabricants et les importateurs ou le contrôleur technique, et qui :

— compromettent la solidité des ouvrages constitutifs de l'opération de construction ;

— affectent les ouvrages dans l'un de leurs éléments constitutifs ou l'un de leurs éléments d'équipement, les rendant impropres à leur destination ;

— affectent la solidité de l'un des éléments d'équipement indissociables des ouvrages de viabilité, de fondation, d'ossature, de clos et de couvert, au sens de l'article 1792-2 du code civil.

Les travaux de réparation des dommages comprennent également les travaux de démolition, déblaiement, dépose ou démontage éventuellement nécessaires.

Montant et limite de la garantie

La garantie couvre le coût de l'ensemble des travaux afférents à la remise en état des ouvrages ou éléments d'équipement de l'opération de construction endommagés à la suite d'un sinistre, ainsi que des ouvrages existants, totalement incorporés dans l'ouvrage neuf et qui en deviennent techniquement indivisibles, au sens du II de l'article L. 243-1-1 du présent code.

Pour les constructions destinées à un usage autre que l'habitation, la garantie peut être limitée au montant du coût total de construction déclaré aux conditions particulières ou à un montant inférieur au coût total de construction déclaré aux conditions particulières, si ce coût est supérieur au montant prévu au I de l'article R. 243-3 du présent code, sans toutefois pouvoir être inférieur à ce dernier montant.

Le montant de garantie est revalorisé selon les modalités prévues aux conditions particulières, pour tenir compte de l'évolution générale des coûts de construction entre la date de souscription du contrat et celle de la réparation du sinistre.

Les conditions particulières précisent les modalités de reconstitution de la garantie après sinistre.

Le coût total de la construction déclaré s'entend de celui résultant du montant définitif des dépenses de l'ensemble des travaux afférents à la réalisation de l'opération de construction, toutes révisions, honoraires, taxes et, s'il y a lieu, travaux supplémentaires compris. Ce coût intègre la valeur de reconstruction des existants totalement incorporés dans l'ouvrage neuf et qui en deviennent techniquement indivisibles au sens du II de l'article L. 243-1-1 du présent code. En aucun cas ce coût ne peut toutefois comprendre les primes ou bonifications accordées par le maître de l'ouvrage au titre d'une exécution plus rapide que celle prévue contractuellement ni se trouver amputé des pénalités pour retard infligées à l'entrepreneur responsable d'un dépassement des délais contractuels d'exécution.

Exclusions

La garantie du contrat ne s'applique pas aux dommages résultant exclusivement :
a) Du fait intentionnel ou du dol du souscripteur ou de l'assuré ;
b) Des effets de l'usure normale, du défaut d'entretien ou de l'usage anormal ;
c) De la cause étrangère.

Point de départ et durée de la garantie

a) La période de garantie est précisée aux conditions particulières ; elle commence au plus tôt, sous réserve des dispositions du *b*, à l'expiration du délai de garantie de parfait achèvement défini à l'article 1792-6 du code civil. Elle prend fin à l'expiration d'une période de dix ans à compter de la réception.

b) Toutefois, elle garantit le paiement des réparations nécessaires lorsque :
— avant la réception, après mise en demeure restée infructueuse, le contrat de louage d'ouvrage conclu avec l'entrepreneur est résilié pour inexécution, par celui-ci, de ses obligations ;
— après la réception, et avant l'expiration du délai de la garantie de parfait achèvement au sens de l'article 1792-6 du code civil, lorsque l'entrepreneur n'a pas exécuté ses obligations au titre de cette garantie, après mise en demeure *(Arr. du 27 mars 2018, art. 16, en vigueur le 1er avr. 2018)* « par lettre recommandée ou par envoi recommandé électronique, avec demande d'avis de réception, resté infructueux ».

Obligations réciproques des parties

Les déclarations ou notifications auxquelles il est procédé entre les parties en application des paragraphes A (1°, *c)*, A (3°), B (2°, *a)*, B (2°, *c)*, B (3°, *a)*, de la présente clause, sont faites par écrit soit contre récépissé, *(Arr. du 27 mars 2018, art. 16, en vigueur le 1er avr. 2018)* « sur support papier ou tout autre support durable, » soit par lettre recommandée *(Arr. du 27 mars 2018, art. 16, en vigueur le 1er avr. 2018)* « ou par envoi recommandé électronique » avec demande d'avis de réception.

A. Obligations de l'assuré

1° L'assuré s'engage :

a) A fournir à l'assureur, sur sa demande, la preuve de l'existence des contrats d'assurance de responsabilité décennale souscrits par les réalisateurs et le contrôleur technique ;

b) A lui déclarer les réceptions de travaux, ainsi qu'à lui remettre dans le mois de leur prononcé, le ou les procès-verbaux desdites réceptions, ainsi que le relevé des observations ou réserves demeurées non levées du contrôleur technique ;

c) A lui adresser un dossier technique comportant au moins les plans et descriptifs de l'ensemble des travaux effectivement réalisés, dans le délai maximal d'un mois à compter de leur achèvement ;

d) A lui notifier dans le même délai, le constat de l'exécution des travaux éventuellement effectués au titre de la garantie de parfait achèvement au sens de l'article 1792-6 du code civil ainsi que le relevé des observations ou réserves demeurées non levées du contrôleur technique ;

e) A lui faire tenir la déclaration de tout arrêt de travaux devant excéder trente jours ;

f) A communiquer les avis, observations et réserves du contrôleur technique, simultanément, tant à l'assureur qu'au réalisateur concerné, et à ne pas s'opposer à ce que l'assureur puisse, à ses frais, demander au contrôleur technique, sous son couvert, les informations complémentaires dont il estimerait avoir besoin pour l'appréciation des risques assurés.

Dans le cas où il n'est pas lui-même le maître de l'ouvrage, l'assuré s'engage à obtenir de celui-ci que les avis, observations et réserves du contrôleur technique soient pareillement communiqués à l'assureur et au réalisateur concerné, et que, dans les mêmes conditions, l'assureur puisse demander au contrôleur technique les informations complémentaires dont il estimerait avoir besoin pour l'appréciation des risques assurés.

2° En cas de sinistre susceptible de mettre en jeu les garanties du contrat, l'assuré est tenu d'en faire la déclaration à l'assureur.

La déclaration de sinistre est réputée constituée dès qu'elle comporte au moins les renseignements suivants :

— le numéro du contrat d'assurance et, le cas échéant, celui de l'avenant ;
— le nom du propriétaire de la construction endommagée ;
— l'adresse de la construction endommagée ;
— la date de réception ou, à défaut, la date de la première occupation des locaux ;
— la date d'apparition des dommages ainsi que leur description et localisation ;
— si la déclaration survient pendant la période de parfait achèvement au sens de l'article 1792-6 du code civil, la copie de la mise en demeure effectuée au titre de la garantie de parfait achèvement.

A compter de la réception de la déclaration de sinistre, l'assureur dispose d'un délai de dix jours pour signifier à l'assuré que la déclaration n'est pas réputée constituée et réclamer les renseignements manquants susvisés. Les délais visés à l'article L. 242-1 du présent code commencent à courir du jour où la déclaration de sinistre réputée constituée est reçue par l'assureur.

3° L'assuré s'engage à autoriser l'assureur à constater l'état d'exécution des travaux de réparation des dommages ayant fait l'objet d'une indemnisation en cas de sinistre.

4° Pour permettre l'exercice éventuel du droit de subrogation ouvert au profit de l'assureur par l'article L. 121-12 du code des assurances, l'assuré s'engage également :

a) A autoriser l'assureur à accéder à tout moment au chantier pendant la période d'exécution des travaux de construction, jusqu'à l'expiration du délai de garantie de parfait achèvement au sens de l'article 1792-6 du code civil, et, à cet effet, à prendre les dispositions nécessaires dans les contrats et marchés à passer avec les réalisateurs ayant la responsabilité de la garde du chantier. En cas de sinistre survenant au-delà de la date d'expiration de la garantie de parfait achèvement, l'assuré s'engage à accorder à l'assureur toutes facilités pour accéder aux lieux du sinistre ;

b) En cas de sinistre, à autoriser les assureurs couvrant la responsabilité décennale des réalisateurs, des fabricants au sens de l'article 1792-4 du code civil, et du contrôleur technique à accéder aux lieux du sinistre sur l'invitation qui leur en est faite par la personne désignée au paragraphe B (1°, *a*) ;

c) A autoriser ladite personne à pratiquer les investigations qui lui apparaîtraient nécessaires en vue de l'établissement, à l'intention de l'assureur, d'un rapport complémentaire qui, reprenant les conclusions du rapport d'expertise défini au paragraphe B (1°, *c* et *b)* en approfondit, en tant que de besoin, l'analyse, en vue notamment de la recherche des faits générateurs du sinistre et des éléments propres à étayer le recours de l'assureur.

B. Obligations de l'assureur en cas de sinistre

1° Constat des dommages, expertise :

a) Sous réserve des dispositions du *d* ci-dessous, les dommages sont constatés, décrits et évalués par les soins d'un expert, personne physique ou morale, désigné par l'assureur.

L'expert peut faire l'objet d'une récusation dans les huit jours de la notification à l'assuré de sa désignation. En cas de seconde récusation par l'assuré, l'assureur fait désigner l'expert par le juge des référés.

Lorsque l'expert est une personne morale, celle-ci fait connaître aux parties le nom de la ou des personnes physiques chargées d'effectuer la mission donnée, en son nom et sous sa responsabilité.

Lors de la première demande de récusation, les délais d'instruction et de règlement de sinistre prévus ci-après par la présente clause type sont augmentés de dix jours. En cas de désignation de l'expert par le juge des référés, ces mêmes délais sont augmentés de trente jours.

Les opérations de l'expert revêtent un caractère contradictoire. L'assuré peut se faire assister ou représenter. Les observations éventuelles de l'assuré sont consignées dans le rapport de l'expert ;

b) L'assureur s'engage envers l'assuré à donner à l'expert les instructions nécessaires pour que les réalisateurs, les fabricants au sens de l'article 1792-4 du code civil et le contrôleur technique, ainsi que les assureurs couvrant leur responsabilité décennale et celle de l'assuré soient, d'une façon générale, consultés pour avis par ledit expert, chaque fois que celui-ci l'estime nécessaire et, en tout cas, obligatoirement avant le dépôt entre les mains de l'assureur de chacun des deux documents définis en *c*, et soient, en outre, systématiquement informés par lui du déroulement des différentes phases du constat des dommages et du règlement des indemnités ;

c) La mission d'expertise définie en *a* est limitée à la recherche et au rassemblement des données strictement indispensables à la non-aggravation et à la réparation rapide des dommages garantis.

Les conclusions écrites de l'expert sont, en conséquence, consignées au moyen de deux documents distincts :

c. a) un rapport préliminaire, qui comporte l'indication descriptive et estimative des mesures conservatoires jugées nécessaires à la non-aggravation des dommages, compte tenu, s'il y a lieu, des mesures conservatoires prises par l'assuré, ainsi que les indications sommaires sur les circonstances et les caractéristiques techniques du sinistre, permettant à l'assureur de se prononcer dans le délai prévu au paragraphe 2°, *a*, sur le principe de la mise en jeu des garanties du contrat ;

c. b) un rapport d'expertise, exclusivement consacré à la description des caractéristiques techniques du sinistre et à l'établissement des propositions, descriptions et estimations, concernant les différentes mesures à prendre et les différents travaux à exécuter en vue de la réparation intégrale des dommages constatés ;

d) L'assureur n'est pas tenu de recourir à une expertise lorsque, au vu de la déclaration de sinistre :

— il évalue le dommage à un montant inférieur à 1 800 euros
— ou
— la mise en jeu de la garantie est manifestement injustifiée.

Lorsqu'il décide de ne pas recourir à une expertise, l'assureur notifie à l'assuré son offre d'indemnité ou sa décision de refus de garantie dans le délai de quinze jours à compter de la réception de la déclaration de sinistre réputée constituée.

En cas de contestation de l'assuré, celui-ci peut obtenir la désignation d'un expert.

La notification reproduit de façon apparente l'alinéa précédent.

2° Rapport préliminaire, mise en jeu des garanties, mesures conservatoires :

a) Dans un délai maximum de soixante jours courant à compter de la réception de la déclaration du sinistre réputée constituée, l'assureur, sauf s'il a fait application des dispositions du deuxième alinéa du *d* du 1°, sur le vu du rapport préliminaire établi par l'expert, notifie à celui-ci sa décision quant au principe de la mise en jeu des garanties du contrat. L'assureur communique à l'assuré ce rapport préliminaire, préalablement ou au plus tard lors de cette notification ;

Toute décision négative de l'assureur, ayant pour effet de rejeter la demande d'indemnisation, doit être expressément motivée.

Si l'assureur ne conteste pas la mise en jeu des garanties du contrat, la notification de sa décision comporte l'indication du montant de l'indemnité destinée à couvrir les dépenses correspondant à l'exécution des mesures conservatoires nécessaires à la non-aggravation des dommages. Cette indemnité tient compte, s'il y a lieu, des dépenses qui ont pu être précédemment engagées par l'assuré lui-même, au titre des mesures conservatoires.

b) L'assureur prend les dispositions nécessaires pour que l'assuré puisse être saisi du rapport préliminaire en temps utile et, en tout cas, dans un délai compatible avec celui qu'il est lui-même tenu d'observer en vertu du paragraphe *a* ;

c) Faute, pour l'assureur, de respecter le délai fixé au paragraphe *a*, et sur simple notification faite à l'assureur, les garanties du présent contrat jouent pour ce qui concerne le sinistre déclaré, et l'assuré est autorisé à engager les dépenses correspondant à l'exécution des mesures conservatoires nécessaires à la non-aggravation des dommages, dans la limite de l'estimation portée dans le rapport préliminaire de l'expert. Si, dans le même délai, l'assuré n'a pu avoir connaissance du rapport préliminaire, il est autorisé de la même manière à engager les dépenses en cause dans la limite de l'estimation qu'il a pu en faire lui-même.

3° Rapport d'expertise, détermination et règlement de l'indemnité :

a) L'assureur, sauf s'il a fait application des dispositions du deuxième alinéa *d* du 1° sur le *[au]* vu du rapport d'expertise, notifie à celui-ci ses propositions quant au montant de l'indemnité destinée au paiement des travaux de réparation des dommages. L'assureur communique à l'assuré ce rapport d'expertise, préalablement ou au plus tard lors de cette notification.

Ces propositions font l'objet d'une actualisation ou d'une révision de prix selon les modalités prévues à cet effet aux conditions particulières ; elles sont obligatoirement ventilées entre les différents postes de dépenses retenus et appuyées des justifications nécessaires, tant en ce qui concerne les quantités que les prix unitaires. Elles comprennent, outre les dépenses de travaux proprement dits, les frais annexes nécessaires à la mise en œuvre desdits travaux, tels qu'honoraires, essais, analyses, ainsi que les taxes applicables. Elles tiennent compte, s'il y a lieu, des dépenses qui ont pu être précédemment engagées ou retenues, ainsi que des indemnités qui ont pu être antérieurement versées au titre des mesures conservatoires ;

b) Au cas où une expertise a été requise, l'assureur prend les dispositions nécessaires pour que l'assuré puisse être saisi du rapport d'expertise en temps utile ;

c) En tout état de cause, l'assuré qui a fait connaître à l'assureur qu'il n'acquiesce pas aux propositions de règlement dont il a été saisi, s'il estime ne pas devoir cependant différer l'exécution des travaux de réparation, reçoit sur sa demande, de l'assureur, sans préjudice des décisions éventuelles de justice à intervenir sur le fond, une avance au moins égale aux trois quarts du montant de l'indemnité qui lui a été notifié selon les modalités définies en *a*. Cette avance, forfaitaire et non revalorisable, et à valoir sur le montant définitif de l'indemnité qui sera mise à la charge de l'assureur, est versée en une seule fois, dans un délai maximum de quinze jours courant à compter de la réception, par l'assureur, de la demande de l'assuré.

L'assuré s'engage à autoriser l'assureur à constater l'exécution des travaux de réparation des dommages ayant fait l'objet d'une avance ;

d) Si l'assuré ayant demandé le bénéfice des dispositions du paragraphe *c* n'a pas reçu, dans le délai fixé au même paragraphe, les sommes représentatives de l'avance due par l'assureur, il est autorisé à engager les dépenses afférentes aux travaux de réparation qu'il entreprend, dans la limite des propositions d'indemnisation qui lui ont été précédemment notifiées.

4° L'assureur est tenu de notifier à l'assuré, pour l'information de celui-ci, la position définitive que, sur le vu du rapport complémentaire, il estime devoir prendre en ce qui concerne l'exercice du droit de subrogation ouvert à son profit par l'article L. 121-12.

ANNEXE III

À L'ARTICLE A. 243-1 DU CODE DES ASSURANCES (CLAUSES TYPES APPLICABLES AUX CONTRATS COLLECTIFS DE RESPONSABILITÉ DÉCENNALE SOUSCRITS POUR LE COMPTE DE PLUSIEURS PERSONNES ASSUJETTIES À L'OBLIGATION D'ASSURANCE MENTIONNÉE AUX ARTICLES L. 241-1 ET L. 241-2, EN COMPLÉMENT DES CONTRATS INDIVIDUELS GARANTISSANT LA RESPONSABILITÉ DÉCENNALE DE CHACUNE DE CES PERSONNES)

Nature de la garantie

Le contrat garantit le paiement des travaux de réparation de l'ouvrage à la réalisation duquel les assurés, désignés aux conditions particulières, ont contribué ainsi que des ouvrages existants, totalement incorporés dans l'ouvrage neuf et qui en deviennent techniquement indivisibles, au sens du II de l'article L. 243-1-1-II du présent code, lorsque la responsabilité de l'un ou plusieurs des assurés est engagée sur le fondement de la présomption établie par les articles 1792 et suivants du code civil à propos de travaux de construction, et dans les limites de cette responsabilité.

Les travaux de réparation, notamment en cas de remplacement des ouvrages, comprennent également les travaux de démolition, déblaiement, dépose ou démontage éventuellement nécessaires.

Montant de la garantie (clause type applicable aux seuls contrats relevant de l'article L. 243-9 du présent code)

Dans le cas des travaux de construction destinés à un usage autre que d'habitation, le montant de la garantie est établi selon les modalités prévues aux conditions particulières et ne peut être inférieur pour l'ouvrage au coût total de la construction déclaré par le maître de l'ouvrage ou au montant prévu au I de l'article R. 243-3 du présent code, si le coût total de la construction déclaré par le maître de l'ouvrage excède ce montant.

Les conditions particulières précisent les modalités de reconstitution de la garantie après sinistre.

Le coût total de la construction s'entend du montant définitif des dépenses de l'ensemble des travaux afférents à la réalisation de l'opération de construction, toutes révisions, honoraires, taxes et s'il y a lieu travaux supplémentaires compris. Ce coût intègre la valeur de reconstruction des existants totalement incorporés dans l'ouvrage neuf et qui en deviennent techniquement indivisibles au sens du II de l'article L. 243-1-1 du présent code. En aucun cas ce coût ne peut comprendre les primes ou bonifications accordées par le maître de l'ouvrage au titre d'une exécution plus rapide que celle prévue contractuellement ni se trouver amputé des pénalités pour retard infligées à l'entrepreneur responsable d'un dépassement des délais contractuels d'exécution.

Cette garantie est revalorisée selon les modalités prévues aux conditions particulières, pour tenir compte de l'évolution des coûts de construction entre la date de souscription du contrat et celle de la réparation du sinistre.

Durée et maintien de la garantie dans le temps

Le contrat couvre, pour la durée de la responsabilité pesant sur les assurés en vertu des articles 1792 et suivants du code civil, les travaux de construction de l'ouvrage désigné aux conditions particulières.

La garantie afférente à ces travaux est maintenue dans tous les cas pour la même durée, sans paiement de prime subséquente.

Franchise au sens du présent contrat

Pour chacun des assurés, le contrat garantit le montant des travaux de réparation au-delà d'une franchise absolue définie aux conditions particulières, laquelle est égale au plafond de garantie des contrats individuels souscrits par chacun des assurés, après ajustement de ce plafond en tant que de besoin.

La franchise est opposable à tous.

L'assuré s'oblige à couvrir la portion du risque constituée par cette franchise par un ou plusieurs contrats individuels d'assurance de responsabilité décennale comportant des garanties au moins équivalentes à celles figurant dans les clauses types mentionnées à l'annexe I de l'article A. 243-1 du présent code. Cette franchise est revalorisée selon les mêmes modalités que celles prévues aux conditions particulières des contrats individuels pour les montants de garanties de ces contrats.

Exclusions

La garantie du présent contrat ne s'applique pas aux dommages résultant exclusivement :

a) Du fait intentionnel ou du dol du souscripteur ou de l'assuré ;

b) Des effets de l'usure normale, du défaut d'entretien ou de l'usage anormal ;

c) De la cause étrangère.

Déchéance

L'assuré est déchu de tout droit à garantie en cas d'inobservation inexcusable des règles de l'art, telles qu'elles sont définies par les réglementations en vigueur, les normes françaises homologuées ou les normes publiées par les organismes de normalisation d'un autre État membre de l'Union européenne ou d'un autre État partie à l'accord sur l'Espace économique européen, offrant un degré de sécurité et de pérennité équivalant à celui des normes françaises.

Pour l'application de cette déchéance, il faut entendre par assuré, soit le souscripteur personne physique, soit le chef d'entreprise ou le représentant statutaire de l'entreprise s'il s'agit d'une entreprise inscrite au répertoire des métiers, soit les représentants légaux ou dûment mandatés de l'assuré lorsque celui-ci est une personne morale.

Cette déchéance n'est pas opposable aux bénéficiaires des indemnités.

I. ANNEXE I : ASSURANCE DE RESPONSABILITÉ

A. DURÉE ET MAINTIEN DE LA GARANTIE

1. ***Légalité de l'Arr. du 27 déc. 1982.*** L'Arr. du 27 déc. 1982 qui a imposé l'insertion d'une clause prohibant le régime de la garantie subséquente n'a eu ni pour objet ni pour effet de modifier l'étendue du régime de responsabilité et de l'obligation d'assurance. Il n'y a donc pas lieu de l'annuler. • CE 27 juill. 1984 : *Union nationale des syndicats français d'architectes, Lebon 274 ; RGAT 1985. 256.*

2. ***Prime subséquente.*** L'interdiction de stipuler le paiement d'une prime subséquente pour la garantie des sinistres postérieurs à la résiliation du contrat s'applique à toute prime, qu'elle soit provisionnelle ou définitive. • Civ. 3e, 8 oct. 1997 : *RCA 1998, n° 36, note Groutel; RGDA 1997. 1049, note d'Hauteville.*

3. Date d'ouverture du chantier. Il résulte des art. L. 241-1 et A. 243-1, dans sa rédaction antérieure à l'Arr. du 19 nov. 2009, qui sont d'ordre public, et des clauses types applicables au contrat d'assurance de responsabilité pour les travaux de bâtiment figurant à l'annexe 1 de l'art. A. 243-1, que l'assurance de responsabilité couvre les travaux ayant fait l'objet d'une ouverture de chantier pendant la période de validité du contrat d'assurance et que cette notion s'entend comme le commencement effectif des travaux confiés à l'assuré. • Civ. 3e, 16 nov. 2017 : *RGDA 2018. 34, note L. Karila.*

B. PLAFOND DE GARANTIE

4. Illicéité des plafonds de garantie. Les clauses types constituant l'annexe I de l'art. A. 243-1 précisant que ce contrat garantit le paiement des travaux de réparation de l'ouvrage et ne prévoyant pas, en ce qui concerne le coût des travaux, de limitation à cette garantie, l'assureur ne peut invoquer une limitation de garantie figurant dans une police d'assurance de responsabilité décennale. • Civ. 1re, 25 mai 1992 : *D. 1992. 469, note Dubois ; RGAT 1992. 566; RCA 1992. 338* • 12 mai 1993 : *D. 1993. IR 141* . ♦ L'assureur ne peut invoquer le plafond annuel de garantie prévu au contrat, qui, dans les assurances de responsabilité obligatoires relatives aux travaux du bâtiment, n'est pas opposable au tiers lésé. • Civ. 2e, 22 févr. 2007 : *RGDA 2007. 364, note Périer; RDI 2007. 121, obs. Dessuet* .

C. FRANCHISE

5. Inopposabilité en assurance obligatoire. L'assureur ne peut invoquer le plafond annuel de garantie prévu au contrat, qui, dans les assurances de responsabilité obligatoires relatives aux travaux du bâtiment, n'est pas opposable au tiers lésé. • Civ. 2e, 22 févr. 2007 : *préc. note 4.* ♦ La franchise obligatoire entre assureur et assuré est inopposable tant au tiers lésé, bénéficiaire de l'indemnité d'assurance, qu'à son assureur de dommages subrogé dans ses droits. • Civ. 1re, 4 mars 1986, n° 84-17.059 P : *RGAT 1986. 409; Gaz. Pal. 1987. 1. 52, note Berly.*

6. Opposabilité en assurance facultative. L'inopposabilité de la franchise prévue au contrat ne concerne que l'assurance obligatoire de la responsabilité du constructeur. Elle ne s'étend pas aux dommages immatériels couverts, non par l'assurance obligatoire, mais par une garantie complémentaire spéciale. • Civ. 1re, 25 févr. 1992, n° 89-12.138 P : *D. 1992. 469, note Dubois ; RGAT 1992. 324; RCA 1992, n° 211* • 7 oct. 1998 : *RGDA 1999. 142, note d'Hauteville* • Civ. 3e, 23 avr. 1997, n° 95-13.648 P : *RCA 1997, n° 210 (2e esp.); RGDA 1997. 771, note Périnet-Marquet; RDI 1997. 600, note Dubois* . ♦ L'inopposabilité de la franchise prévue au contrat ne joue qu'en matière d'assurance obligatoire de la responsabilité du constructeur, c'est-à-dire postérieurement à la réception. • Civ. 1re, 31 mai 1989, n° 87-15.627 P : *RCA 1989, n° 326.*

7. Sous-traitant. La clause limitant l'assurance facultative de la responsabilité du sous-traitant aux seuls dommages relevant de la responsabilité décennale du constructeur n'a pas pour effet de soumettre le contrat au régime de l'assurance décennale obligatoire. La franchise est dès lors opposable aux tiers. • Civ. 1re, 7 mai 2002, n° 97-18.313 P : *RCA 2002, n° 210, note Groutel; D. 2002. 1729 ; RDI 2002. 306, obs. Leguay* . ♦ Rappr. : • Civ. 3e, 12 mars 1997, n° 95-14.262 P : *RCA 1997, n° 210 (1re esp.); RGDA 1997. 511, note J.-P. Karila.* ♦ *Contra* : ayant relevé qu'un sous-traitant était assuré au titre d'une police de responsabilité décennale le garantissant comme s'il était intervenu en qualité de locateur d'ouvrage, dès lors que les désordres étaient de nature à entraîner la responsabilité des constructeurs sur le fondement des art. 1792 s. C. civ. et qu'en l'espèce les désordres étaient de nature décennale, une cour d'appel en a exactement déduit que la compagnie d'assurances devait garantir les dommages matériels aux cellules réalisées par le sous-traitant sans pouvoir opposer aux tiers les clauses de franchise et de plafond de garantie • Civ. 3e, 31 oct. 2001, n° 00-13.763 P : *RCA 2002, n° 38, note Groutel; RGDA 2002. 135, note J.-P. Karila; RDI 2002. 132, note Durry* .

8. Action en remboursement de la franchise. L'action de l'assureur garantissant la responsabilité décennale, en remboursement du montant des franchises contractuelles payées aux assureurs « dommages-ouvrage » ne peut être exercée contre l'assuré que postérieurement à son règlement à ces derniers, de sorte que la prescription ne peut commencer à courir qu'à compter de ce paiement. • Civ. 3e, 21 juin 2006, n° 04-19.002 P : *RCA 2006, n° 273, note Groutel; RDI 2006. 271, obs. Dessuet ; ibid. 424, obs. Leguay* . ♦ Le recouvrement de la franchise suppose que la responsabilité décennale de l'assuré soit établie ou reconnue par lui. • Civ. 1re, 19 juin 2001, n° 98-23.438 P : *RCA 2001, n° 335, note Courtieu.*

D. LIMITATIONS, EXCLUSIONS ET DÉCHÉANCES DE GARANTIE

9. Licéité de la limitation au secteur d'activité déclaré. Si le contrat d'assurance de responsabilité obligatoire que doit souscrire tout constructeur ne peut comporter des clauses d'exclusion autres que celles prévues par l'annexe I de l'art. A. 243-1, la garantie de l'assureur ne concerne néanmoins que le secteur d'activité professionnelle déclaré par le constructeur. • Civ. 1re, 29 avr. 1997, n° 95-10.187 P : *Gaz. Pal. 1997. 2. 664, note Lesage; RGDA 1997. 1044, note*

J.-P. Karila • 28 oct. 1997, n° 95-19.416 P : *Gaz. Pal. 1998. 1. 300, note Lesage; RCA 1998, n° 65; ibid. Chron. 4, note Groutel; RGDA 1997. 1044, note J.-P. Karila* • 1er déc. 1998 : *RCA 1999, n° 48; RGDA 1999. 374, note J.-P. Karila* • 18 déc. 2001, n° 98-19.584 P • Civ. 3e, 17 déc. 2003, n° 01-12.259 P : *D. 2004. IR 104, et les ob s.*; *JCP 2004. II. 10091, note Pimbert; Gaz. Pal. 2004. 2483, note Périer; Defrénois 2005. 67, obs. Périnet-Marquet; RCA 2004, n° 83 (3 arrêts), obs. Durry; RGDA 2004. 114 (4e esp.), note J.-P. Karila* • 28 sept. 2005 : *D. 2006. Pan. 1790, obs. Groutel*; *Gaz. Pal. 2006. 3258, note Périer; RCA 2005, n° 333.* ♦ Ainsi, l'activité de maçon n'emporte pas celle de couvreur. • Civ. 3e, 8 nov. 2006 : *RGDA 2007. 119, note Périer.* ♦ De même, les activités de maçonnerie béton armé, plâtrerie, carrelage et revêtements matériaux durs, charpente bois, menuiserie bois ou PVC ou métallique et couverture zinguerie ne concernent pas la pose de revêtements spéciaux et notamment de peinture « membrane » *sur les parois d'une piscine.* • Civ. 3e, 30 juin 2016, n° 15-18.206 : *RDI 2016. 483, note Noguéro*; *RCA 2016, n° 321, note Groutel; RGDA 2016. 408, note L. Karila.* ♦ Mais l'activité déclarée doit être appréciée indépendamment de la forme du contrat conclu avec le maître de l'ouvrage. Dès lors, viole les art. L. 241-1, L. 243-8 et l'annexe A. 243-1 la cour d'appel qui a écarté la garantie de l'assureur au motif que l'assuré n'avait pas agi en qualité de contractant général au sens défini par le contrat dès lors que, s'il avait assumé la maîtrise d'œuvre de l'ensemble des travaux de rénovation, il n'avait réalisé que le lot « sanitaires », après avoir constaté que l'activé déclarée de contractant général incluait la maîtrise d'œuvre des opérations de rénovation et que cette activité était en relation avec les travaux à l'origine des désordres. • Civ. 3e, 18 févr. 2016, n° 14-29.268 : *RGDA 2016. 253, note L. Karila; Constr.-Urb. 2016, n° 56, note Pagès-de-Varenne.*

10. Illicéité de la limitation aux seuls défauts de solidité. La clause limitant la garantie aux seuls dommages affectant la structure de l'ouvrage fait échec aux règles d'ordre public relatives à l'étendue de l'assurance de responsabilité obligatoire en matière de construction et doit, par suite, être réputée non écrite. • Civ. 3e, 4 févr. 2016, n° 15-12.128 P : *RCA 2016, n° 164; RGDA 2016. 145, note J.-P. Karila; RDI 2016. 234, obs. Roussel*; *Constr.-Urb. 2016, n° 41, note Pagès-de Varenne; Gaz. Pal. 2016, n° 23, p. 78, note Cerveau-Colliard; JCP 2016. Doctr. 732, n° 11, note J.-P. Karila.*

11. Illicéité des exclusions de garantie pour usage de procédés non traditionnels. La clause par laquelle l'assureur garantit les conséquences de la responsabilité incombant au constructeur pour les travaux de technique courante réalisés avec des matériaux et suivants des modes de construction, auxquels il est fait référence dans les documents techniques unifiés ou les normes françaises homologuées, ou plus généralement avec des matériaux et suivant des modes de construction traditionnels, ou selon des procédés ayant fait l'objet d'un avis technique accepté par l'association des assureurs de la construction, a pour conséquence d'exclure de la garantie certains travaux de bâtiment réalisés par l'assuré dans l'exercice de son activité d'entrepreneur, fait échec aux règles d'ordre public relatives à l'étendue de l'assurance de responsabilité obligatoire en matière de construction et doit, par suite, être réputée non écrite. • Civ. 3e, 19 juin 2007 : *RCA 2007, n° 285, note Groutel; RDI 2007. 325, obs. Leguay*. ♦ Déjà dans le même sens : • Civ. 3e, 25 janv. 1995, n° 93-13.576 P : *RCA 1995, n° 189* • 9 juill. 2003, n° 02-10.270 P : *RCA 2003, nos 272 et 273.*

12. Déchéance pour inobservation des règles de l'art – Contrats antérieurs à l'Arr. du 19 nov. 2009. Dans les clauses types applicables aux contrats d'assurance de responsabilité, telles qu'énoncées à l'annexe I de l'art. A. 243-1, sous la rubrique « exclusions », il est prévu une déchéance de garantie de l'assuré, inopposable aux bénéficiaires des indemnités, en cas d'inobservation inexcusable des règles de l'art telles qu'elles sont définies par les réglementations en vigueur, les documents techniques unifiés ou les normes établies par les organismes compétents à caractère officiel ou dans le marché de travaux concerné. • Civ. 1re, 7 juill. 1998 : *RGDA 1998. 738, note d'Hauteville.* ♦ En présence d'une clause aux termes de laquelle « l'assuré est déchu de tout droit à garantie en cas d'inobservation volontaire ou inexcusable des règles de l'art, telles qu'elles sont définies par les réglementations en vigueur, les documents techniques unifiés ou les normes établies par les organismes compétents à caractère officiel ou dans le marché de travaux concerné », l'assuré n'est pas fondé à soutenir qu'il s'agit là d'une exclusion « de caractère trop général », violant l'art. L. 113-1. Une telle clause ne fait que reproduire les termes de la clause type libellée dans l'annexe I de l'art. A. 243-1. • Civ. 1re, 21 mai 1985, n° 84-11.633 P : *RGAT 1985. 547; RDI 1985. 403, note Durry; JCP 1985. IV. 268* • Civ. 3e, 6 mai 1998 : *RCA 1998, n° 364, note Groutel; RDI 1998. 400, obs. Leguay*; *RGDA 1998. 743, note d'Hauteville.*

13. Obligation pour l'assuré de garantir l'assureur de certaines réclamations. Ayant constaté que la police stipulait que le maître de l'ouvrage, vendeur en l'état futur d'achèvement, reconnaissait que le niveau du sous-sol inondable ne comportait pas, pour sa partie enterrée, de dispositifs aptes à s'opposer à toute remontée d'eau ou toute infiltration d'eau renonçait à tout recours contre l'assureur pour toute conséquence dommageable qui pourrait résulter de l'infiltration d'eau, dans ces locaux et s'engageait, en cas de vente de l'ouvrage assuré, à répercuter ces dispositions dans l'acte de vente et se portait garant vis-à-vis de l'assureur de toute réclamation pouvant émaner de ce fait de l'acquéreur, une cour d'appel en a déduit à bon droit, qu'en application de cette disposition claire du contrat, le maître de l'ouvrage devait garantir et relever indemne l'assureur de responsabilité décennale des condamnations prononcées contre lui au bénéfice du syndicat des copriétaires. • Civ. 3e, 15 sept. 2016, n° 12-26.985 P : *RDI 2017. 105, obs. Dessuet ; RCA 2016, n° 353, note Courtieu.*

14. *Exclusion pour cause étrangère.* L'exclusion visant les « phénomènes naturels présentant un caractère catastrophique, tels que tremblements de terre, inondations, tempêtes, ouragans, raz de marée », qui n'est pas limitative, ne vise pas les avalanches et ne dispense pas l'assureur de sa garantie. • Civ. 1re, 25 oct. 1989, n° 87-18.391 P : *RGAT 1990. 351, note d'Hauteville.*

15. *Force majeure.* La simple constatation administrative de catastrophe naturelle, donnée à un événement, n'entraîne pas nécessairement que cet événement avait le caractère de force majeure. • Civ. 3e, 24 mars 1993 : *D. 1993. IR 96.* ♦ Mais, dès lors qu'une sécheresse exceptionnelle par sa durée, constatée par arrêté de catastrophe naturelle, a entraîné des mouvements de terrain, cause de désordres affectant un immeuble qu'aucune précaution n'aurait pu suffire à éviter, une cour d'appel, qui a souverainement retenu le caractère irrésistible de ce phénomène naturel, en a exactement déduit qu'il constituait un cas de force majeure exonérant les constructeurs de leur responsabilité. • Civ. 1re, 7 juill. 1998 : *RGDA 1998. 841, note Vincent.* ♦ ... Ou dès lors qu'une inondation déclarée catastrophe naturelle a endommagé des bâtiments qui n'auraient pu, même s'ils n'avaient pas été affectés de vices de construction, s'avérer étanches, en raison de l'importance et de la pression des eaux, une cour d'appel peut relever que les constructeurs se trouvent exonérés, pour cas de force majeure, de la présomption de responsabilité décennale. • Civ. 1re, 26 janv. 1999 : *RGDA 1999. 387, note d'Hauteville.*

E. CONDITIONS DE LA GARANTIE

16. *Déclaration du chantier.* Le contrat d'assurance de responsabilité décennale peut valablement stipuler qu'en l'absence de déclaration du chantier, il n'y a pas d'assurance. • Civ. 1re, 5 déc. 2000, n° 98-14.102 P : *RCA 2001, n° 97; RGDA 2001. 82, note d'Hauteville; RDI 2001. 36, note Durry.* ♦ Ayant relevé que le constructeur n'avait pas déclaré le chantier de l'immeuble du maître de l'ouvrage et n'avait pas cotisé pour celui-ci, et que le risque n'avait donc pas fait l'objet de la déclaration qui était la condition d'application du contrat, une cour d'appel, qui n'a pas retenu l'existence, dans la police, d'une stipulation spéciale faisant référence à l'art. L. 113-10, ni fait état de la réduction proportionnelle de l'indemnité d'assurance prévue par l'art. L. 113-9, en a déduit, à bon droit, que, compte tenu de l'absence de cotisation relative au chantier, l'omission de déclaration équivalait non pas à une déchéance de garantie, mais à une absence d'assurance, opposable au tiers lésé. • Civ. 3e, 17 déc. 2003, n° 02-16.096 P : *RGDA 2004. 475, note Kullmann.* ♦ Ayant constaté que le constructeur n'avait pas déclaré le chantier de l'immeuble maître de l'ouvrage, n'avait pas cotisé pour celui-ci et que le risque n'avait donc pas fait l'objet de la déclaration qui était la condition d'application du contrat, la cour d'appel, abstraction faite d'un motif erroné mais surabondant relatif au visa de l'art. L. 113-10, a exactement retenu que l'omission de déclaration équivalait à une absence d'assurance. • Civ. 3e, 4 nov. 2004, n° 03-13.821 P. ♦ V. égal. : • Civ. 1re, 13 mai 1998 : *RCA 1998, n° 281; RGDA 1998. 740, note J.-P. Karila.* ♦ V. cep. : ayant relevé qu'aux termes de l'art. L. 113-9 l'omission ou la déclaration inexacte de la part de l'assuré dont la mauvaise foi n'est pas établie entraîne, dans le cas où la constatation n'a lieu qu'après un sinistre, la réduction de l'indemnité en proportion du taux des primes payées par rapport au taux des primes qui auraient été dues si les risques avaient été complètement et exactement déclarés, et après avoir constaté qu'en l'absence de déclaration de la mission en cause par le constructeur et de paiement de cotisations afférentes à celle-ci, la réduction prévue par le texte ci-dessus devait être de 100 %, une cour d'appel a, sans dénaturation, et par des motifs non critiqués, légalement justifié sa décision. • Civ. 3e, 16 déc. 2003 : *RGDA 2004. 475, note Kullmann.*

17. *Exécution des travaux par l'assuré.* Constitue, non pas une exclusion mais une condition de la garantie, l'exigence que les travaux soient exécutés par l'assuré lui-même et non par un autre. Les juges n'ont pas, en conséquence, à rechercher si la clause du contrat d'assurance est formelle et limitée. • Civ. 1re, 12 févr. 1991 : *RGAT 1991. 386.* ♦ *Contra* : • Civ. 1re, 19 mai 1992 : *RGAT 1992. 572* • 20 oct. 1993 : *RGAT 1994. 181, note d'Hauteville.*

18. *Travaux de technique nouvelle ou non normalisée – Contrats antérieurs à la L. du 4 janv. 1978.* La clause des conditions générales d'une police prévoyant que la garantie s'applique aux travaux de technique courante non traditionnels « sous condition qu'ils soient l'objet d'un agrément de trois ans délivré par le CSTB et que lesdits travaux soient exécutés en conformité des conditions dudit agrément » détermine les conditions de la garantie et ne constitue pas une clause d'exclusion. • Civ. 1re, 26 févr. 1991 : *RGAT 1991. 387* • Civ. 3e, 18 mars 1992 : *RGAT 1992. 322, note Bigot.*

F. RÉDUCTION PROPORTIONNELLE

19. *Opposabilité en assurance obligatoire.* Sauf disposition contraire, la réduction proportionnelle d'indemnité prévue par l'art. L. 113-9 est opposable au tiers lésé ou à ses ayants droit. Ne font pas obstacle à cette opposabilité les dispositions de l'art. L. 243-8, selon lesquelles les contrats souscrits par les personnes assujetties à l'obligation d'assurance en matière de travaux de bâtiment sont réputés comporter des garanties au moins équivalentes à celles figurant dans les clauses types annexées à l'art. A. 243-1. • Civ. 1re, 6 déc. 1994, n° 91-20.753 P : *RCA 1995, n° 67; ibid. Chron. 6, par Groutel; RGAT 1994. 1105, note Bigot.*

20. *Opposabilité en assurance facultative.* En matière de travaux de bâtiment, la réduction proportionnelle de l'indemnité d'assurance, pour les dommages immatériels exclus de l'assurance obligatoire, est opposable aux tiers lésés ou à leurs ayants droit. • Civ. 3e, 23 avr. 1997, n° 95-13.648 P : *RCA 1997, n° 210 (2e esp.).*

II. ANNEXE II : ASSURANCE DE DOMMAGES

21. *Domaine d'application des clauses types.* Les dispositions de l'annexe II de l'art. A. 243-1 s'appliquent aux seuls contrats souscrits en application de l'obligation d'assurance imposée par les dispositions du titre IV du livre II du code des assurances. Ainsi, elles ne peuvent être utilement invoquées, dès lors que, conformément aux dispositions de l'art. L. 242-1 du même code, selon lesquelles l'obligation d'assurance ne s'applique pas aux personnes morales de droit public faisant réaliser, pour leur compte, des travaux de bâtiment pour un usage autre que l'habitation, une commune n'était pas tenue de souscrire une assurance dommages-ouvrage. • CAA Paris, 20 janv. 2014 : *RGDA 2014. 165, note Dessuet.*

22. *Computation des délais.* L'al. 2 de l'art. 642 C. pr. civ., n'étant que l'expression, en matière procédurale, d'une règle de portée générale applicable à tout délai, quand bien même il s'agirait d'un délai préfix, s'applique aux dispositions de l'art. L. 242-1 qui prévoit que l'assureur a un délai maximal de soixante jours courant à compter de la réception de la déclaration de sinistre pour notifier à l'assuré sa décision quant au principe de la mise en jeu des garanties prévues au contrat. • Civ. 3e, 18 févr. 2004, n° 02-17.976 P : *RGDA 2004. 441, note Beauchard; D. 2004. 1206, note P. Julien ; D. 2005. 1317, note Groutel ; RDI 2004. 151, note Leguay ; Gaz. Pal. 24-25 mars 2004, p. 26, note Dessuet.*

A. DÉCLARATION DE SINISTRE

23. *Absence de déclaration de sinistre.* Ayant retenu, d'une part, que les maîtres de l'ouvrage avaient directement saisi une juridiction aux fins de désignation d'expert puis de condamnation de l'assureur de « dommages-ouvrage » obligatoire alors que, pour mettre en jeu cette garantie, l'assuré est tenu de faire, soit par écrit contre récépissé, soit par lettre recommandée avec demande d'avis de réception, une déclaration de sinistre à l'assureur, lequel doit alors désigner un expert, et relevé, d'autre part, sans dénaturation, qu'à la date de la visite de réception des travaux le 7 sept. 1993, il n'y avait pas eu de réception tacite de l'ouvrage, une cour d'appel a pu en déduire que l'assureur ne pouvait être tenue à garantie au titre de la police « dommages-ouvrage ». • Civ. 3e, 5 nov. 2008 : *RGDA 2009. 181, note Périer.* ♦ Mais, ayant exactement retenu que la déclaration de sinistre faite par télécopie ne remplissait pas les conditions d'exigence d'un écrit rappelées par l'art. A. 243-1, annexe II, une cour d'appel a pu en déduire que le délai dont l'assureur disposait pour prendre parti avait été ouvert à une date qu'il convenait de fixer, en fonction des éléments qui lui étaient soumis au jour de l'envoi par l'assureur de sa décision de nommer l'expert amiable. • Civ. 3e, 6 juin 2012, n° 11-15.567 P : *D. 2012. 1609 ; D. 2013. 1981, note Groutel ; RDI 2012.458, note Dessuet ; RCA 2012, n° 279, obs. Groutel; RGDA 2012. 1061, note J.-P. et L. Karila; JCP 2013. 400, n° 9, obs. J.-P. Karila.*

24. *Déclarations successives.* Il n'y a pas lieu de distinguer entre sinistre nouveau et aggravation d'un sinistre ancien déclaré et à défaut de nouvelle déclaration de sinistre, la demande d'expertise pour les nouvelles fissures, présentée par le maître de l'ouvrage à l'encontre de l'assureur dommages-ouvrage, n'est pas recevable. • Civ. 3e, 14 mars 2012, n° 11-10.961 P : *RDI 2012. 357, note L. Karila ; RGDA 2012. 712, note J.-P. Karila; RCA 2012, n° 179; JCP 2013. 400, n° 14, obs. J.-P. Karila.*

25. *Fourniture d'un devis.* Pour mettre en œuvre la garantie de l'assurance de dommage obligatoire, l'assuré est seulement tenu d'effectuer dans le délai de la garantie décennale une déclaration de sinistre comportant notamment la description et la localisation du dommage. • Civ. 3e, 20 oct. 2010 : *BICC 15 févr. 2011, n° 146; D. 2010. AJ 2579 ; AJDI 2010. 880, note Porcheron ; RDI 2010. 618, note G. L. ; RCA 2011, n° 29; RGDA 2011. 141, note J.-P. Karila.* ♦ Viole dès lors l'art. L. 242-1 et l'annexe II A, 3°, de l'art. A. 243-1 une cour d'appel qui retient que l'assuré est lié, quant à l'étendue du sinistre, non par la déclaration de sinistre mais par le devis fourni à l'expert. • Même arrêt.

26. *Renonciation de l'assureur à l'absence de déclaration.* La présence de l'assureur dommages-ouvrage à l'expertise ordonnée par un juge des référés, saisi directement par les maîtres de l'ouvrage, ne constitue pas une manifestation de volonté non équivoque de cet assureur de renoncer à se prévaloir de l'absence de la déclaration de sinistre exigée par les art. L. 242-1 et A. 243-1 et son annexe II. • Civ. 3e, 10 févr. 2010, n° 09-65.186 P : *RDI 2010. 273, note Noguéro .* ♦ Mais, ayant, par motifs propres et adoptés, relevé que la société maître de l'ouvrage avait adressé à l'assureur dommages-ouvrage une lettre simple dénonçant les désordres pour lesquels elle sollicitait sa garantie et qu'au vu de cette lettre l'assureur avait désigné un expert puis notifié par une même lettre le rapport de l'expert et pris position sur les garanties demandées, une cour d'appel, devant laquelle la société assurée avait soutenu que l'assureur avait, en désignant expert et pris parti sur les garanties, reconnu avoir reçu une déclaration de sinistre valable, a pu, sans violer le principe de la contradiction ni modifier l'objet du litige, retenir que l'assureur qui avait notifié les rapports et sa position de refus de garantie ne pouvait, ensuite, se prévaloir de l'absence de saisine initiale par lettre recommandée avec accusé de réception ou par remise d'une déclaration contre récépissé. • Civ. 3e, 12 janv. 2011 : *RDI 2011. 176, note Dessuet*.

27. Prescription de l'action en exécution des garanties. L'assuré dispose, pour réclamer l'exécution des garanties souscrites, d'un délai de deux ans à compter de la connaissance qu'il a des désordres survenus dans les dix ans qui ont suivi la réception des travaux. • Civ. 3e, 19 mai 2016, no 15-16.688 : *RGDA 2016. 370, note L. Karila; Constr.-Urb. 2016, no 108, note Pagès-de Varenne; RCA 2016, no 257, note Groutel* • Civ. 1re, 4 mai 1999, no 97-13.198 P : *RCA 1999, no 336, note Groutel.* ♦ Mais, si pour les désordres apparus après réception, il est jugé que le point de départ du délai biennal est le jour où le maître de l'ouvrage a eu connaissance des désordres (Civ. 1re, 4 mai 1999), il en va différemment pour les désordres survenus avant réception, dès lors que c'est seulement lorsque, après mise en demeure, l'entreprise n'exécute pas ses obligations et que le contrat est résilié que la garantie de l'assureur dommages-ouvrage peut être recherchée pour les désordres de nature décennale. • Civ. 3e, 13 févr. 2020, no 19-12.282 : *RCA 2020, no 123.*

B. POSITION DE PRINCIPE DE L'ASSUREUR

28. Primauté de la procédure contractuelle. Pour mettre en œuvre la garantie de l'assurance de dommages obligatoire, l'assuré est tenu de faire, soit par écrit contre récépissé, soit par lettre recommandée avec demande d'avis de réception, une déclaration de sinistre à l'assureur, lequel doit alors désigner un expert ou, en cas de récusation, en faire désigner un par le juge des référés. Les dispositions des art. L. 242-1 et A. 243-1, d'ordre public, interdisent à l'assuré de saisir directement une juridiction aux fins de désignation d'un expert. • Civ. 1re, 28 oct. 1997, no 95-20.421 P : *Gaz. Pal. 1998. 1. 255; RCA 1998, no 34 ; ibid. Chron. 1, par Groutel; JCP 1997. II. 22962, rapp. Sargos; RGDA 1998. 95, note Périnet-Marquet* • 4 déc. 2001, no 98-23.121 P : *RDI 2002. 32, note Durry; RGDA 2002. 122, note d'Hauteville* • Civ. 3e, 16 déc. 2003 : *RGDA 2004. 111, note d'Hauteville* • 8 avr. 2014 : *RGDA 2014. 274, note Dessuet.* – **BIBL.** Courtieu, *RCA 1998. Chron. 7.* – Dubois, *RDI 1998. 114.* ♦ ... Avant la fin du délai de soixante jours. • Civ. 3e, 10 mai 2007, no 06-12.467 P : *RCA 2007, no 257; RGDA 2007. 636, note Périer.* ♦ ... Ou aux fins de condamnation de l'assureur de dommages. • Civ. 1re, 19 mai 1999 : *RCA 1999, no 278, note Groutel; RGDA 1999. 1035, note d'Hauteville.* ♦ En outre, il ne résulte pas de la présence, sans réserves, de l'assureur dommages-ouvrage à l'expertise ordonnée en référé, que celui-ci avait renoncé sans équivoque à soulever l'irrecevabilité de la demande de son assurée qui l'a assigné devant le juge du fond. • Civ. 3e, 18 févr. 2004, no 02-17.523 P : *Defrénois 2005. 64, note Périnet-Marquet* • 5 nov. 2008 : *RGDA 2009. 181, note Périer.* ♦ Comp. : dès lors que les dispositions de l'annexe II de l'art. A. 243-1 ne s'appliquent qu'aux seuls contrats souscrits en application de l'obligation d'assurance imposée par les dispositions du titre IV du livre II et ne font au surplus pas obstacle à ce que l'assuré, dans le cadre d'un litige relatif à la responsabilité des constructeurs, saisisse le juge des référés sur le fondement de l'art. R. 532-1 CJA pour qu'il prescrive une expertise, la cour administrative d'appel, qui a fait application des dispositions de l'annexe II de l'art. A. 243-1 à une personne de droit public, a entaché son arrêt d'une erreur de droit. • CE 22 juin 2005 : *RGDA 2006. 954, note Bigot; JCP 2006. I. 135, no 9, note J.-P. Karila.*

29. Obligation de répondre. L'assureur dommages-ouvrages est tenu de répondre dans le délai de soixante jours à toute déclaration de sinistre, y compris lorsqu'il estime que les désordres sont identiques à ceux précédemment dénoncés. A défaut, il ne peut plus opposer la prescription biennale qui serait acquise à la date de la seconde déclaration. • Civ. 3e, 30 sept. 2021, no 20-18.883 : *RGDA oct. 2021. 23, note Dessuet; D. actu. 15 oct. 2021, note Bigot et Cayol; RCA 2021, alerte no 32, note Bertolaso; RDI 2021. 672, note Roussel*. ♦ L'assureur dommages-ouvrage est tenu de répondre dans le délai légal à toute déclaration de sinistre, et que, faute de le faire, il ne peut plus opposer la prescription biennale qui serait acquise à la date d'expiration de ce délai. • Civ. 3e, 26 nov. 2003, no 01-12.469 P : *D. 2004. Somm. 911, obs. Groutel; RCA 2004, nos 49 et 108, obs. Durry; RGDA 2004. 447, note d'Hauteville; RDI 2004. 59, note Dessuet*. ♦ *Contra* : les désordres objet d'une déclaration de sinistre étant exactement identiques à ceux objet d'une précédente déclaration de sinistre dont les assurés avaient été déjà indemnisés par le versement d'une somme qu'ils étaient forclos à contester, ils ne sont pas fondés en leur demande tendant à voir prendre en charge un dommage dont ils ont déjà obtenu réparation. • Civ. 3e, 10 oct. 2012, no 11-17.496 P : *RDI 2012. 636, note Dessuet; RGDA 2013. 100, note Karila; RCA 2013, no 29; JCP 2013. 400, no 15, obs. Karila.*

30. Destinataire. C'est à l'assuré, et non à un tiers, que l'assureur dommages-ouvrage doit notifier sa décision sur le principe de la mise en jeu de sa garantie dans les soixante jours à compter de la déclaration de sinistre et, le cas échéant, faire une offre d'indemnité dans le délai de quatre-vingt-dix jours. • Civ. 1re, 23 mars 2004 : *RGDA 2004. 445, note d'Hauteville.*

31. Motivation du refus. Ayant constaté que la décision de refus de garantie notifiée par l'assureur dommages-ouvrage n'était pas motivée et ne répondait donc pas aux exigences légales, de sorte que l'assureur n'avait pas respecté le délai qui lui était imparti par l'art. L. 242-1, al. 3, une cour d'appel en a déduit à bon droit que les garanties prévues par la police étaient dues pour le sinistre considéré et que l'assurée pouvait engager les dépenses nécessaires à la réparation des dommages. • Civ. 1re, 10 janv. 1995, n° 93-12.127 P : *RGAT 1995. 109, note J.-P. Karila.*

32. Refus non fondé sur la prescription. L'assureur dommage qui a fondé son refus de garantie sur un autre motif que la prescription biennale de l'art. L. 114-1, qui aurait été acquise à la date de la déclaration de sinistre, n'est plus recevable à opposer cette prescription postérieurement à ce refus. • Civ. 3e, 22 sept. 2009 : *RCA 2009, n° 369, note Groutel ; RDI 2009. 658, note Dessuet.*

33. Refus sans recours préalable à l'expertise – Jurisprudence antérieure à l'Arr. du 30 mai 1997. Ayant relevé que l'assureur avait notifié son refus de garantie, sans avoir fait procéder à la constatation des dommages par expertise, comme il en avait l'obligation en cas de sinistre, ainsi que l'imposait l'art. A. 243-1 dans sa rédaction applicable au litige, une cour d'appel, qui n'a pas tiré les conséquences légales de ses propres constatations, a violé l'art. 2 C. civ., ensemble les art. L. 242-1 et A. 243-1, et l'annexe II de ce dernier art., relative aux clauses types applicables aux contrats d'assurance dommages, dans leur rédaction antérieure à l'arrêté du 30 mai 1997. • Civ. 3e, 16 mars 2004 : *RGDA 2004. 451, note d'Hauteville.*

34. Refus sans recours préalable à l'expertise – Jurisprudence postérieure à l'Arr. du 30 mai 1997. En cas de contestation par l'assuré de la décision de l'assureur dommages-ouvrage de ne pas recourir à expertise lorsqu'il estime que la mise en jeu de la garantie est manifestement injustifiée, l'annexe II à l'art. A 243-1 ne prévoit qu'une simple possibilité pour l'assuré d'obtenir la désignation d'un expert, et qu'aucune obligation ne pèse de ce chef sur l'assureur. • Civ. 3e, 17 mars 2004, n° 02-17.355 P : *D. 2004. IR 994, et les obs. ; Defrénois 2005. 70, obs. Périnet-Marquet ; RGDA 2004. 452, note d'Hauteville.*

35. Communication du rapport préliminaire – Jurisprudence antérieure à l'Arr. du 19 nov. 2009. L'assureur ne peut valablement notifier à son assuré, dans le délai qui lui est imparti, sa décision sur le principe de sa garantie, sans être en possession du rapport préliminaire établi par l'expert, et sans l'avoir préalablement communiqué à son assuré. • Civ. 1re, 3 nov. 1993, n° 91-18.128 P : *RGAT 1994. 164, note J.-P. Karila.* ♦ ... Une notification simultanée du rapport et de la décision ne répondant pas aux prescriptions légales. • Civ. 3e, 18 févr. 2004, n° 02-17.976 P : *D. 2004. IR 603 ; ibid. 1206, obs. P. Julien ; ibid. 2005. 1320, note Groutel ; RDI 2004. 151, obs. Leguay ; RLDA 2004/70, n° 4403, obs. Mendak ; Gaz. Pal. 24-25 mars 2004, p. 26, note Dessuet ; JCP 2004. II. 10095, note Billemont ; Defrénois 2005. 70, note Périnet-Marquet* • 4 janv. 2006, n° 05-13.727 P : *RDI 2006. 105, note Dessuet ; JCP 2006. I. 135, n° 8, note J.-P. Karila* • 3 janv. 2006 : *RDI 2006. 105, note Dessuet ; JCP 2006. I. 135, n° 8, note J.-P. Karila* • 18 déc. 2007 : *RDI 2008. 160, note Dessuet ; RGDA 2008. 113, note J.-P. Karila* • 27 mai 2010 : *RDI 2010. 455, obs. Dessuet ; RGDA 2010. 715, note Périer ; RDI 2010. 455, note Dessuet* • 12 janv. 2011 : *RDI 2011. 176, note Dessuet* • 24 sept. 2013 : *RDI 2014. 358, note L. Karila ; RCA 2013, n° 392.*

36. Portée de la reconnaissance de garantie sur la prescription. La reconnaissance par l'assureur du principe de sa garantie interrompt la prescription pour l'ensemble des dommages, matériels et immatériels, consécutifs aux désordres. Dès lors, viole l'art. L. 114-1 la cour d'appel qui, pour déclarer prescrite et irrecevable l'action engagée par un maître de l'ouvrage contre l'assureur dommages-ouvrage au titre de son préjudice immatériel, retient que les dommages immatériels n'ont fait l'objet d'aucune déclaration, ni d'aucun acte interruptif de la prescription antérieurement à l'assignation au fond, que s'agissant d'une garantie annexe et facultative, il ne peut être considéré que les dommages immatériels étaient implicitement et nécessairement inclus dans les déclarations de sinistre ou dans l'assignation en référé visant les seuls dommages matériels. • Civ. 3e, 17 sept. 2014 : *RGDA 2014. 510, note Dessuet ; RCA 2014, n° 353, note Groutel ; RDI 2014. 647, note Noguéro.*

37. Responsabilité de l'expert. Les éventuels manquements de l'expert doivent être appréciés au regard de sa mission, laquelle, en matière d'assurance dommages-ouvrage, est limitée à la recherche et au rassemblement des données strictement indispensables à la non-aggravation et à la réparation rapide des dommages garantis. Aussi, ayant relevé qu'il ne résultait pas des pièces produites que l'affaissement du dallage ait été visible lors de son intervention, une cour d'appel a pu en déduire, sans dénaturation et par une appréciation souveraine des éléments de preuve qui lui étaient soumis, qu'il ne pouvait pas être reproché à l'expert d'avoir centré ses investigations sur les murs périphériques extérieurs qui présentaient les désordres les plus manifestes. • Civ. 3e, 15 janv. 2013 : *RGDA 2013. 655, note J.-P. Karila ; JCP 2014. 733, n° 14, obs. J.-P. Karila.*

C. PAIEMENT DES RÉPARATIONS

38. Affectation de l'indemnité. L'indemnité versée par l'assureur dommages-ouvrage doit être affectée au paiement des travaux de réparation des dommages. • Civ. 3e, 17 déc. 2003, n° 02-19.034 P : *Defrénois 2005. 72, note Périnet-Marquet; RCA 2004, n° 78; ibid. Chron. 6, par Groutel; RGDA 2004. 102, note J.-P. Karila* • 12 avr. 2005 : *RCA 2005, n° 194; RGDA 2005. 648, note Pagès-de Varenne.*

39. Charge de la preuve de l'affectation de l'indemnité. Il incombe à l'assuré de démontrer qu'il a réalisé les travaux nécessaires à la réparation des dommages et d'établir quel en avait été le coût. • Civ. 3e, 4 mai 2016, n° 14-19.804 P : *Constr.-Urb. 2016, n° 92, note Pagès-de Varenne; Gaz. Pal. 2016, n° 28, p. 63, note Ajaccio, Caston et Porte.*

40. Répétition de l'indu. L'assureur dommages-ouvrage est en droit d'obtenir la restitution de ce qu'il a versé au-delà de ce que la victime avait dû payer pour réparer ses dommages de nature décennale. • Civ. 3e, 17 déc. 2003, n° 01-17.608 P : *Gaz. Pal. 2004. 2487, note Périer; Defrénois 2005. 72, obs. Périnet-Marquet; RCA 2004, n° 81; ibid. Chron. 6, par Groutel; RGDA 2004. 101, note J.-P. Karila* • Civ. 3e, 4 mai 2016 : *préc. note 39.* ♦ Ayant relevé que le prix de vente de l'immeuble avait été fixé après déduction d'une somme correspondant à l'indemnité indexée, ce dont il résultait que le transfert s'était opéré pour la totalité de cette dernière, une cour d'appel en a exactement déduit que la demande en restitution d'indemnités versées formée par l'assureur dommages-ouvrage contre son assuré devait être rejetée. • Civ. 3e, 16 janv. 2013 : *RDI 2013. 165, note Dessuet.*

D. NON-RESPECT DES DÉLAIS

41. Prescription de l'action du maître de l'ouvrage. Les dispositions de l'art. L. 242-1, al. 3, ne privent pas l'assureur du droit d'invoquer la prescription biennale qui a commencé à courir à compter de l'expiration du délai de soixante jours suivant la réception de la déclaration de sinistre. • Civ. 1re, 16 juill. 1998, n° 96-14.934 P: *Gaz. Pal. 1999. 1. 51, note Cattan; Gaz. Pal. 1999. 1. 98, note Courtieu; RCA 1998, n° 282; ibid. Chron. 18, par Groutel; RGDA 1998. 728, note Périnet-Marquet* • 1er févr. 2000, n° 97-16.662 P : *RCA 2000, n° 167; ibid. Chron. 9, par Durry* • 27 mars 2001 : *RCA 2001, n° 234, note Groutel* • 10 déc. 2002 : *RCA 2003, n° 119, note Groutel* • Civ. 3e, 20 juin 2012 : *D. 2012. 1738 ; D. 2013. 1981, note Groutel ; RCA 2012, n° 324, note Groutel; RGDA 2013. 1069, note J.-P. et L. Karila; JCP 2013. 400, n° 7, obs. J.-P. Karila.* ♦ ... Sans être interrompu par le refus de garantie ultérieur de l'assureur. • Civ. 1re, 22 mai 2002 : *Gaz. Pal. 2003. 435, note Courtieu; RCA 2002, n° 268, note Groutel.* ♦ ... Ou à compter de la notification simultanée du rapport et de la position sur la garantie (régime ant. à l'Arr. du 19 nov. 2009). • Civ. 3e, 23 sept. 2014 : *RCA 2014, n° 387, note Groutel; RDI 2014. 651, note Noguéro.*

42. Silence non fautif. Il ne saurait être reproché à un assureur de ne pas avoir répondu dans le délai de soixante jours à une réclamation présentée plus de deux ans après l'expiration de la garantie décennale, l'habilitation donnée au syndic pour poursuivre l'assureur étant inopérante. • Civ. 3e, 20 juin 2012 : *RDI 2012. 456, note Dessuet ; RCA 2012, n° 323, obs. Groutel; RGDA 2013. 104, note J.-P. Karila; D. 2013. 1981, note Groutel ; JCP 2013. 400, n° 8, obs. J.-P. Karila.*

43. Non-respect par l'assuré de la procédure contractuelle. Ayant exactement retenu, d'une part, que pour mettre en œuvre la garantie de l'assurance de dommages obligatoire, l'assuré est tenu de faire une déclaration de sinistre à l'assureur et que les art. L. 242-1 et A. 243-1 lui interdisent de saisir directement une juridiction aux fins de désignation d'un expert et, d'autre part, que l'obligation de l'assureur de notifier à l'assuré sa décision quant à la mise en jeu de sa garantie dans les soixante jours de la réception de la déclaration de sinistre suppose que l'assuré n'ait pas, au préalable, engagé une instance pour solliciter la désignation d'un expert judiciaire, une cour d'appel, qui a relevé que les assurés n'avaient pas déclaré leur sinistre à l'assureur dommages-ouvrage avant de saisir le juge des référés pour expertise, en a déduit à bon droit que leurs demandes étaient irrecevables. • Civ. 3e, 8 avr. 2014 : *RGDA 2014. 274, note Dessuet.* ♦ *Contra* : dès lors que l'assureur de dommages du propriétaire d'un ensemble immobilier a reçu une déclaration de sinistre et que, dans le délai de soixante jours imparti par l'art. L. 242-1 et par l'annexe II de l'art. A. 243-1, il n'a pas notifié à son assuré le rapport préliminaire de l'expert et ne lui a fait aucune offre d'indemnité, une cour d'appel, statuant en référé, en déduit exactement que cet assureur doit sa garantie, nonobstant la circonstance que l'assuré avait obtenu la désignation d'un expert judiciaire en référé, puis saisi le juge du fond, ces éléments n'étant pas constitutifs d'une contestation sérieuse sur le principe de la garantie de l'assureur. • Civ. 1re, 7 janv. 1997, n° 94-21.636 P.

1° GARANTIE ACQUISE

44. Garantie des dépenses nécessaires sans plafond contractuel. Ayant justement énoncé qu'il se déduisait des dispositions de l'art. L. 242-1 que le silence gardé par l'assureur entraînait pour celui-ci, à l'expiration du délai et après la notification de l'assuré, l'obligation de garantir le coût total de la remise en état de l'immeuble, une cour d'appel a décidé à bon droit, d'une part, que, s'agissant non de l'application des clauses du contrat relatives à l'étendue de la garantie, mais d'une sanction légale, l'assureur ne peut se prévaloir de la limitation contractuelle de garantie et, d'autre part, que l'assureur peut être condamné à verser une indemnité provisionnelle fixée au vu de l'évaluation, par l'expert judiciaire, du coût de remise en état, peu important que l'assuré, après notification, n'ait pas encore engagé les dépenses nécessaires. • Civ. 1re, 18 juin 1996, n° 94-10.121 P : *RGDA 1996. 657, note J.-P. Karila.* ♦ L'assureur n'ayant pas respecté le délai de soixante jours ne peut opposer le plafond de garantie à son assuré. • Civ. 3e, 9 oct. 2013 : *RGDA 2014. 35, note J.-P. Karila ; RCA 2014, n° 25, note Groutel ; JCP 2014. 733, n° 16, obs. J.-P. Karila.*

45. *Non-respect des délais par l'apériteur.* La société apéritrice n'ayant pas respecté les dispositions de l'art. A. 243-1, la cour d'appel a pu en déduire que ce manquement interdisait aux coassureurs de se prévaloir d'une clause limitant leurs engagements à leurs parts respectives dans la coassurance. • Civ. 3e, 29 mars 2006 : *RCA 2006, n° 205, note Groutel ; RGDA 2006. 951, note Bigot.*

46. *Garantie des dépenses nécessaires sans notification de celles-ci.* En exigeant de l'assuré qu'il notifie préalablement à l'assureur, pour que celui-ci soit tenu à garantie, les dépenses qu'il entendait engager pour mettre fin aux désordres en cause, alors que l'art. L. 242-1, dans sa rédaction résultant de la loi du 31 déc. 1989, et l'annexe II de l'art. A. 243-1, dans sa rédaction issue de l'Arr. du 13 juill. 1990, imposent seulement à l'assuré de notifier à l'assureur son intention d'engager les dépenses nécessaires à la réparation des dommages, une cour d'appel a violé ces textes. • Civ. 1re, 1er déc. 1998 : *RCA 1999, n° 47 ; RGDA 1999. 150, note d'Hauteville.*

47. *Inopposabilité de la prescription acquise.* L'assureur dommages-ouvrage est tenu de répondre dans le délai légal de soixante jours à toute déclaration de sinistre ; faute de le faire, il ne peut plus opposer la prescription biennale qui serait acquise à la date d'expiration du délai. • Civ. 3e, 26 nov. 2003 : *D. 2004. Somm. 911, obs. Groutel ; RCA 2004, nos 49 et 108, obs. Durry ; RGDA 2004. 447, note d'Hauteville.* ♦ V. égal. : • Civ. 1re, 4 mars 1997, n° 95-10.045 P : *Gaz. Pal. 1998. 1. 256 ; RCA 1997, n° 239 ; ibid. Chron. 17, par Groutel ; Gaz. Pal. 1997. 1. 291 ; RDI 1997. 253, note Leguay* • Civ. 3e, 17 mars 1999 : *RCA 1999, n° 193, note Groutel.*

48. *Inopposabilité des causes de non-garantie.* L'assureur qui n'a pas pris position sur le principe de la mise en jeu de la garantie dans le délai légal est déchu du droit de contester celle-ci, notamment en contestant la nature des désordres déclarés. • Civ. 3e, 3 déc. 2003, n° 01-12.461 P : *Defrénois 2005. 70, note Périnet-Marquet ; RGDA 2004. 112, note d'Hauteville.* ♦ L'assureur dommages-ouvrage qui n'a pas répondu dans les soixante jours à la déclaration de sinistre faite par son assuré se prive de la faculté d'opposer à ce dernier toute cause de non-garantie et ne peut pas demander la nullité du contrat pour fausse déclaration intentionnelle. • Civ. 3e, 28 janv. 2009, n° 07-21.818 P : *R. 2009, p. 383 ; D. 2009. AJ 429 ; ibid. Chron. 1236, obs. Nési ; D. 2010. 1740, obs. Groutel ; JCP 2009. Actu 76, note Astegiano-La Rizza ; ibid. I 138, n° 26, obs. Serinet ; ibid. E 2009. 1623, n° 13, obs. Courtieu ; RDC 2009. 1516, obs. Serinet ; Defrénois 2010. 39060, note Périnet-Marquet ; RDI 2009. 191, note Noblot* • 22 juin 2011 : *RDI 2011. 577, obs. Leguay ; RGDA 2011. 1016, obs. Périer.*

49. *Garantie des seuls dommages matériels déclarés.* L'engagement de l'assureur dommages-ouvrage ne peut porter que sur les désordres affectant la construction garantie. Si, à l'expiration du délai de soixante jours, l'assureur est tenu à garantie sans pouvoir discuter les dépenses nécessaires à la réparation des désordres déclarés, encore faut-il que ceux-ci affectent la construction faisant l'objet du contrat. • Civ. 1re, 18 déc. 2002, n° 99-16.551 P : *RGDA 2003. 315, note J.-P. Karila.* ♦ La sanction de l'assureur dommages-ouvrage, qui l'oblige à garantir les désordres déclarés, est limitée à l'objet assuré par les stipulations contractuelles. • Civ. 3e, 30 juin 2016, n° 14-25.150 P : *RDI 2016. 486, note Roussel ; Constr.-Urb. 2016, n° 122, note Pagès-de Varenne.*

50. *Garantie limitée à l'objet assuré.* En l'absence de notification du rapport préliminaire préalablement à sa prise de position sur la garantie, la sanction de l'assureur dommages-ouvrage, qui l'oblige à garantir les désordres déclarés, est limitée à l'objet assuré par les stipulations contractuelles. • Civ. 3e, 30 juin 2016, n° 14-25.150 P : *RDI 2016. 486, obs. Roussel ; RCA 2016, n° 285, note Groutel.*

51. *Absence de garantie des dommages immatériels.* L'art. L. 242-1 fixe limitativement les sanctions applicables aux manquements de l'assureur dommages-ouvrage à ses obligations. Dès lors viole l'art. L. 242-1, la cour d'appel qui, pour condamner l'assureur dommages-ouvrage au paiement de dommages-intérêts au maître de l'ouvrage, énonce que l'assuré devait être indemnisé d'une partie des pertes d'exploitation qu'il avait subies compte tenu de la carence de la société d'assurance qui aurait dû financer les travaux dans les délais prévus tant par la loi que par la police d'assurance. • Civ. 1re, 17 juill. 2001, n° 98-21.913 P : *RGDA 2001. 982, note J.-P. Karila.* ♦ De même justifie sa décision, la cour d'appel qui rejette la demande de dommages-intérêts de l'assuré à raison de la perte locative qu'il avait subie trouvait sa cause dans le retard apporté par l'assureur à l'exécution de son obligation de préfinancement des travaux. • Civ. 3e, 7 mars 2007, n° 05-20.485 P : *R. 2007. 390 ; Gaz. Pal. 2008. 4 nov. 2007, p. 21, note Périer ; RCA 2007, n° 224, obs. Groutel ; RGDA 2007. 631, note J.-P. Karila.* ♦ Encore, viole l'art. L. 242-1, la cour d'appel qui accueille la demande d'indemnisation formée par les maîtres de l'ouvrage à l'encontre de l'assureur dommages-ouvrage au titre d'un trouble de jouissance. • 22 mai 2007 : *RGDA 2007. 631, note J.-P. Karila.*

52. Principe de la subrogation légale de l'assureur. Ayant relevé qu'une ordonnance de référé avait constaté que l'assureur dommages-ouvrage n'avait pas régulièrement notifié sa position dans le délai légal et qu'il ne pouvait pas opposer un refus de garantie à son assuré, ce dont il résultait que l'indemnité avait été payée en exécution de l'obligation de garantie née du contrat d'assurance, une cour d'appel a exactement déduit de ces seuls motifs que l'assureur était légalement subrogé dans les droits et actions de son assuré contre les tiers auteurs du dommage et qu'il était recevable à agir à leur encontre. • Civ. 3e, 13 juill. 2016, n° 15-22.961 P : *Constr.-Urb. 2016, n° 123, note Pagès-de Varenne ; RCA 2016, n° 320, note Groutel.*

53. Étendue de la subrogation légale de l'assureur. Ayant relevé que l'assureur dommages-ouvrage avait indemnisé son assuré après s'être vu interdire, par une ordonnance de référé, à titre de sanction pour inobservation du délai légal de soixante jours, d'opposer au maître de l'ouvrage un refus de garantie et retenu exactement qu'aucune disposition légale ou conventionnelle ne permettait de limiter en pareille circonstance son recours subrogatoire à la seule responsabilité décennale du constructeur et souverainement, par des motifs non critiqués, qu'étaient réunies les conditions de la mise en œuvre de la responsabilité contractuelle de l'entrepreneur, la cour d'appel en a déduit à bon droit que l'assureur dommages-ouvrage pouvait exercer son recours à hauteur de l'indemnité qu'il avait versée à son assuré au titre des dépenses nécessaires à la réparation des dommages et a légalement justifié sa décision de ce chef. • Civ. 3e, 13 juill. 2016, n° 15-22.961 P : *préc. note 52.*

2° MAJORATION DES INTÉRÊTS

54. Demande nouvelle. Les parties peuvent expliciter en appel les prétentions qui étaient virtuellement comprises dans les demandes et défenses soumises au premier juge et ajouter à celles-ci toutes les demandes qui en sont l'accessoire, la conséquence ou le complément. Dès lors, viole l'art. 566 C. pr. civ., la cour d'appel qui, pour rejeter la demande en paiement des intérêts au double du taux légal, retient qu'il s'agit d'une demande nouvelle, comme telle irrecevable, alors que la demande constituait le complément de celle formée en première instance à titre principal. • Civ. 3e, 9 oct. 2013 : *RGDA 2014. 35, note J.-P. Karila.*

55. Notification simultanée du rapport et de la position de l'assureur – Régime ant. à l'Arr. du 19 nov. 2009. La majoration de plein droit des intérêts produits par l'indemnité d'assurance sanctionnant le non-respect par l'assureur du délai prévu à l'al. 3 de l'art. L. 242-1 est encourue en cas de notification simultanée par l'assureur du rapport d'expertise préliminaire et de sa décision sur le principe de sa garantie. • Civ. 3e, 4 déc. 2012 : *RCA 2013, n° 99, note Groutel ; RDI 2013. 106, note Dessuet.*

56. Engagement préalable des dépenses par l'assuré. La majoration de plein droit des intérêts n'est pas subordonnée à l'engagement préalable par l'assuré des dépenses nécessaires à la réparation des dommages. • Civ. 1re, 12 févr. 2002, n° 98-23.000 P : *RCA 2002, n° 239 ; RDI 2002. 303, note Durry* • Civ. 3e, 6 oct. 2004, n° 03-14.566 P : *RCA 2004, n° 391 ; RGDA 2004. 1037, note J.-P. Karila ; JCP 2005. II. 10037, note Ponce* • 21 juin 2006 : *RGDA 2006. 682, note Périer* • 10 oct. 2006 : *RGDA 2007. 117, note Périer* • Civ. 3e, 25 mai 2011 : *D. 2012. 1980, obs. Groutel ; RDI 2011. 406, obs. Noguéro ; RCA 2011, n° 301 ; RGDA 2011. 1019, note Périer ; D. 2012. 1980, note Groutel.*

57. Point de départ des intérêts majorés. Ayant relevé que conformément aux dispositions de l'art. 1153 C. civ. les intérêts moratoires courent à compter de la sommation de payer ou d'un acte équivalent, une cour d'appel en a déduit, à bon droit, que la somme due au titre de la réparation intégrale des dommages devait être augmentée des intérêts au double du taux de l'intérêt légal à compter de l'assignation délivrée à l'assureur. • Civ. 3e, 25 mai 2011 : *D. 2012. 1980, obs. Groutel ; RDI 2011. 406, obs. Noguéro ; RCA 2011, n° 301 ; RGDA 2011. 1019, note Périer.* ♦ Ne donne pas de base légale à sa décision, au regard de l'art. L. 242-1, ensemble l'art. 1153 C. civ., une cour d'appel qui fait courir les intérêts au double du taux légal, sans relever l'existence d'une mise en demeure. • Civ. 3e, 23 mai 2012, n° 11-14.091 P : *D. 2012. 1479 ; RGDA 2012. 1065, obs. J.-P. Karila et L. Karila ; RCA 2012, n° 253, note Groutel ; JCP 2013. 400, n° 10, obs. J.-P. Karila.*

58. Débiteur des intérêts majorés. Seul l'assureur « dommages-ouvrage » peut être condamné à supporter la majoration des intérêts au double du taux de l'intérêt légal prévue à l'art. L. 242-1. • Civ. 3e, 8 juin 2005, n° 03-20.922 P. ♦ Ainsi, ne satisfait pas aux exigences de l'art. 455 C. pr. civ. la cour d'appel qui condamne un constructeur à garantir l'assureur dommages-ouvrage de toutes les condamnations mises à sa charge, dont celle relative au doublement de l'intérêt légal sans répondre aux conclusions soutenant que la condamnation de l'assureur au paiement du coût des travaux de reprise de la toiture avec intérêts au double du taux d'intérêt légal, à titre de sanction du non-respect par l'assureur « dommages-ouvrage » de son obligation légale de notifier sa garantie, ou son refus de garantie, dans le délai de deux mois à compter de la déclaration de sinistre, était une condamnation spécifique à l'assureur « dommages-ouvrage » et que le constructeur ne pouvait être condamné à supporter le coût de ces intérêts au double du taux légal qui n'étaient pas la conséquence d'un manquement à ses propres obligations. • Civ. 3e, 24 oct. 2012, n° 10-27.884 P : *RGDA 2013. 354, note Dessuet ; RCA 2013, n° 30 ; JCP 2013. 400, n° 11, obs. J.-P. Karila.*

3° AUTRE SANCTION

59. Sanction jurisprudentielle des délais de 10 et 15 jours. Ayant relevé que la société d'assurance n'avait notifié ni dans les 10 jours de remarques sur la déclaration de sinistre ni dans les 15 jours de décision de ne pas recourir à expertise et que sa décision du 14 juin 2006 quant au principe de la mise en jeu des garanties prévues au contrat intervenait, en violation des prescriptions légales, sans rapport préliminaire établi par l'expert et préalablement communiqué à l'assuré, une cour d'appel en déduit exactement que, même si le sinistre déclaré intervenait avant réception des travaux, sans justification d'une mise en demeure restée infructueuse et d'une résiliation du contrat de louage d'ouvrage et même si sa décision du 14 juin 2006 était notifiée dans le délai de 60 jours prévu par l'art. L. 242-1, la société d'assurance était passible de la sanction figurant à l'al. 5 de ce texte permettant à l'assuré d'engager les dépenses nécessaires à la réparation des dommages. • Civ. 3e, 16 déc. 2009 : *RDI 2010. 167, note Dessuet ; RGDA 2010. 96, note Périer.*

E. INFORMATION SUR LE RECOURS SUBROGATOIRE

60. Domaine de l'obligation d'information. L'assureur dommages-ouvrage qui dénie sa garantie n'est pas tenu de rappeler à l'assuré, quand il lui notifie son refus de garantie, la position qu'il prend en ce qui concerne l'exercice du droit de subrogation. • Civ. 3e, 11 juill. 2019, nº 18-17.433 : *RCA 2019, nº 229, note Groutel; bjda.fr 2019, nº 65, note Casu.*

F. RESPONSABILITÉ DE L'ASSUREUR

61. Obligation de préfinancer des travaux efficaces. Ayant constaté que l'assureur « dommages-ouvrage » avait proposé à l'acceptation de son assuré non professionnels, un rapport d'expertise unilatéral défectueux conduisant à un préfinancement imparfait qui, de plus, avait été effectué avec retard et que les travaux préconisés et exécutés n'avaient pas été suffisants, une cour d'appel, qui ne s'est pas fondée sur les stipulations du contrat d'assurance, a pu retenir que l'assureur n'avait pas rempli ses obligations contractuelles en ne préfinançant pas des travaux efficaces de nature à mettre fin aux désordres et attribuer au maître de l'ouvrage des dommages-intérêts compensant la perte d'exploitation. • Civ. 3e, 24 mai 2006, nº 05-11.708 P : *RCA 2006, nº 314, note Groutel ; RGDA 2006. 686, note Périer.* ♦ Viole l'art. 1147 C. civ. la cour d'appel qui, pour débouter les maîtres de l'ouvrage de leur demande de dommages-intérêts en réparation de leurs troubles de jouissance à l'encontre de l'assureur dommages-ouvrage, retient que cette société n'est pas personnellement responsable des insuffisances de l'expert commis par elle-même, en l'absence de toute carence de sa part dans la lecture du rapport et dans la proposition d'indemnisation et que l'art. L. 242-1 fixe limitativement les sanctions applicables aux manquements de l'assureur dommages-ouvrage à ses obligations et ne met pas à la charge de l'assureur défaillant l'indemnisation du préjudice de jouissance des maîtres d'ouvrage, tout en constatant que sur la déclaration de sinistre, l'assureur dommages-ouvrage avait mandaté son expert, qui avait rendu un rapport très succinct et dubitatif préconisant la reprise des coulures de suie, puis des reprises minimes, alors que l'expert judiciaire avait constaté que l'expert dommages-ouvrage n'avait relevé qu'un aspect éventuellement secondaire et aggravant des désordres qui ne venaient pas à l'évidence d'une absence d'arase, ce dont il résultait que l'assureur n'avait pas rempli ses obligations contractuelles en ne préfinançant pas des travaux efficaces de nature à mettre fin aux désordres. • Civ. 3e, 11 févr. 2009, nº 07-21.761 P : *R. 2009. 383 ; RCA 2009, nº 111, note Groutel ; RDI 2009. 258, note Leguay ; Constr.-Urb. 2009. nº 63, note Pagès-de Varenne ; D. 2009 AJ 629 ; ibid. Chron. 1237, obs. Nési ; D. 2010. 1740, obs. Groutel ; JCP 2009. Actu. 121 obs. Abravanel-Jolly ; Gaz. Pal. 2009. Jurisp. 1321, note Brau-Vanot et Polère ; ibid. 13 févr. 2010, p. 33, note Périer ; Administrer 10/2009. 31, obs. Artz.*

62. Responsabilité de l'assureur dommages-ouvrage à l'égard de l'assureur décennal. Hors le cas de fraude établie, l'assureur dommages-ouvrage, chargé par la loi de préfinancer la reprise des désordres qui affectent l'immeuble assuré, n'est pas tenu, à l'égard des participants à l'opération de construction responsables de ces désordres, de garantir l'efficacité des travaux qu'il finance, avec l'accord des autres parties, au vu du rapport de l'expert, lequel n'est pas son mandataire. • Civ. 1re, 18 déc. 2001 : *RGDA 2002. 124, note J.-P. Karila.* ♦ L'assureur en responsabilité de l'entrepreneur, sur qui pèsera la charge finale de la réparation des désordres relevant de l'art. 1792 C. civ., ne peut tirer argument des fautes éventuelles de l'assureur dommages-ouvrage dans l'exécution de son contrat, ayant pu concourir à l'aggravation des dommages alors qu'il incombait au premier de ces assureurs de prendre toute mesure utile pour éviter cette aggravation. • Civ. 3e, 1er mars 2006, nº 04-20.399 P : *RGDA 2006. 457, note J.-P. Karila ; RCA 2006, nº 171, note Courtieu.* ♦ Justifie légalement sa décision la cour d'appel qui rejette la demande de dommages-intérêts présentée par un assureur en responsabilité d'un entrepreneur contre l'assureur dommages-ouvrage en relevant que cet assureur ne peut se prévaloir de la faute de l'assureur dommages-ouvrage ouvrant droit à garantie à son profit, l'assurance dommages-ouvrage étant une assurance de chose bénéficiant au maître de l'ouvrage et ne constituant pas pour le constructeur une assurance de responsabilité, et que l'assureur de responsabilité peut faire cesser le préjudice en finançant lui-même les travaux de remise en état de l'ouvrage. • Civ. 3e, 1er mars 2006, n° 04-20.551 P : *RGDA 2006. 457, note J.-P. Karila.* ♦ C'est à bon droit qu'une cour d'appel retient que les assureurs en responsabilité de l'architecte et de l'entrepreneur, auxquels incombait la charge finale de la réparation des désordres relevant de l'art. 1792 C. civ., devaient prendre toutes les mesures utiles pour éviter l'aggravation du sinistre et ne pouvaient pas se prévaloir des fautes de l'assureur dommages-ouvrage, qui auraient pu concourir à l'aggravation des désordres. • Civ. 3e, 9 avr. 2014, n° 13-15.555 P : *RGDA 2014. 345, note J.-P. Karila; RCA 2014, n° 243, note Groutel; ibid. 2015. Chron. 1, n° 5, note Groutel; RDI 2014. 419, note Dessuet; ibid. 472, note Lévy; JCP 2014. 733, n° 17, obs. J.-P. Karila.* ♦ Comp. : le recours subrogatoire de l'assureur dommages-ouvrage ne pouvant excéder la somme à laquelle l'assuré pouvait prétendre au titre de la réparation des désordres de nature décennale, même si, en raison du non-respect de ses obligations légales, l'assureur dommages-ouvrage avait été condamné à payer une somme supérieure, une cour d'appel a pu fixer contradictoirement la créance subrogatoire au montant hors taxes des travaux de réparation nécessaires dont elle a souverainement apprécié la valeur. • Civ. 3e, 22 oct. 2014 : *RGDA 2014. 595, note L. Karila.*

Art. A. 243-2 (*Arr. du 5 janv. 2016, art. 1er*) **Le document justificatif prévu à l'article L. 243-2 doit être signé par un assureur pouvant pratiquer des opérations d'assurance directes sur le territoire de la République française conformément aux cinq premiers alinéas de l'article L. 310-2 du** [*code des assurances*]**, ou par une personne identifiée qu'il a dûment mandatée.**

Les dispositions de l'Arr. du 5 janv. 2016 s'appliquent aux attestations émises après le 1er juill. 2016 et visant des opérations de construction dont la date d'ouverture de chantier est postérieure au 1er juill. 2016 (Arr. préc., art. 2).

Art. A. 243-3 (*Arr. du 5 janv. 2016, art. 1er*) **Lorsque l'attestation d'assurance porte sur un contrat d'assurance de responsabilité décennale souscrit par un assujetti à titre individuel, l'attestation d'assurance prévue à l'article L. 243-2 comporte la mention : "Attestation d'assurance" et les termes : "Assurance de responsabilité décennale obligatoire" figurant en position centrale.**

1° Dans tous les cas, elle doit comporter les informations suivantes :

***a)* La dénomination sociale et adresse de l'assuré ;**

***b)* Le numéro unique d'identification de l'assuré délivré conformément à l'article D. 123-235 du code de commerce ou le numéro d'identification prévu aux articles 214 et suivants de la directive 2006/112/CE du 28 novembre 2006 ;**

***c)* Le nom, l'adresse du siège social et les coordonnées complètes de l'assureur et, le cas échéant, de la succursale qui accorde la garantie ;**

***d)* Le numéro du contrat ;**

***e)* La période de validité ;**

***f)* La date d'établissement de l'attestation ;**

2° Et, selon les hypothèses suivantes :

***a)* Lorsque l'attestation d'assurance vise un ensemble d'opérations de construction, elle en indique le périmètre de la garantie en fonction des caractéristiques suivantes :**

— la ou les activités ou missions exercées par l'assuré ;

— la ou les dates d'ouverture du ou des chantiers ;

— l'étendue géographique des opérations de construction couvertes ;

— le coût des opérations de construction ;

— le cas échéant, le montant du marché de l'assuré ;

— la nature des techniques utilisées ;

— le cas échéant, la présence d'un contrat collectif de responsabilité décennale ainsi que le montant de la franchise absolue.

Ces informations doivent être reprises dans l'attestation d'assurance selon les formules suivantes à reproduire :

Les garanties objet de la présente attestation s'appliquent :

— aux activités professionnelles ou missions suivantes : (*à compléter par l'assureur*) ;

— aux travaux ayant fait l'objet d'une ouverture de chantier pendant la période de validité mentionnée ci-dessus. L'ouverture de chantier est définie à l'annexe I de l'article A. 243-1 ;

— aux travaux réalisés en (*étendue géographique des opérations de construction couvertes à préciser par l'assureur*) ;

— aux chantiers dont le coût total de construction HT tous corps d'État (*à compléter par l'assureur en précisant si ce coût comprend ou non les honoraires*) déclaré par le maître d'ouvrage n'est pas supérieur à la somme de (à compléter par l'assureur) euros.

(*A ajouter le cas échéant*) Cette somme est portée à (*à compléter par l'assureur*) euros en présence d'un contrat collectif de responsabilité décennale bénéficiant à l'assuré, comportant à son égard une franchise absolue au maximum de (*à compléter par l'assureur*) euros ;

— aux travaux, produits et procédés de construction suivants : (*à compléter par l'assureur*).

Dans le cas où les travaux réalisés ne répondent pas aux caractéristiques énoncées ci-dessus, l'assuré en informe l'assureur.

b) Lorsque l'attestation d'assurance vise une opération de construction particulière, elle en indique les caractéristiques listées ci-après, telles qu'elles ont été déclarées :

— l'adresse, la nature et le coût de l'opération de construction déclaré par le maître d'ouvrage ;
— la ou les activités ou missions exercées par l'assuré ;
— la date d'ouverture de chantier ;
— la nature et le montant de la prestation réalisée par l'assuré ;
— la nature des techniques utilisées ;
— le cas échéant, la présence d'un contrat collectif de responsabilité décennale ainsi que le montant de la franchise absolue.

Ces informations doivent être reprises dans l'attestation d'assurance selon les formules suivantes à reproduire :

Les garanties objet de la présente attestation d'assurance s'appliquent à l'opération de construction ayant les caractéristiques suivantes : (*à compléter par l'assureur*)

Dans le cas où ces caractéristiques seraient modifiées, l'assuré en informe l'assureur.

3° L'attestation d'assurance doit en outre et dans tous les cas reproduire les formules suivantes :

Nature de la garantie :

Le contrat garantit la responsabilité décennale de l'assuré instaurée par les articles 1792 et suivants du code civil, dans le cadre et les limites prévus par les dispositions des articles L. 241-1 et L. 241-2 *[C. assur.]* relatives à l'obligation d'assurance décennale, et pour des travaux de construction d'ouvrages qui y sont soumis, au regard de l'article L. 243-1-1 du même code.

La garantie couvre les travaux de réparation, notamment en cas de remplacement des ouvrages, qui comprennent également les travaux de démolition, déblaiement, dépose ou de démontage éventuellement nécessaires.

Montant de la garantie :

En habitation : le montant de la garantie couvre le coût des travaux de réparation des dommages à l'ouvrage.

Hors habitation : le montant de la garantie couvre le coût des travaux de réparation des dommages à l'ouvrage dans la limite du coût total de construction déclaré par le maître d'ouvrage et sans pouvoir être supérieur au montant prévu au I de l'article R. 243-3.

Lorsqu'un contrat collectif de responsabilité décennale est souscrit au bénéfice de l'assuré, le montant de la garantie est égal au montant de la franchise absolue stipulée par ledit contrat collectif.

Durée et maintien de la garantie :

La garantie s'applique pour la durée de la responsabilité décennale pesant sur l'assuré en vertu des articles 1792 et suivants du code civil. Elle est maintenue dans tous les cas pour la même durée.

La présente attestation ne peut engager l'assureur au-delà des clauses et conditions du contrat auquel elle se réfère.

V. note ss. art. A. 243-2.

Art. A. 243-4 *(Arr. du 5 janv. 2016, art. 1er)* Lorsque l'attestation d'assurance prévue à l'article L. 243-2 porte sur un contrat collectif de responsabilité décennale, souscrit en complément des contrats individuels garantissant la responsabilité décennale de chacun des constructeurs, elle comporte les termes : "Attestation d'assurance collective de responsabilité décennale obligatoire".

L'attestation doit comporter les informations suivantes :

a) Le nom et l'adresse du souscripteur, et éventuellement sa dénomination sociale ;

b) Le nom, l'adresse du siège social et les coordonnées complètes de l'assureur et, le cas échéant, de la succursale qui accorde la couverture ;

c) Le numéro du contrat d'assurance ;

d) La date d'établissement de l'attestation.

L'attestation indique les caractéristiques de l'opération de construction telles qu'elles ont été déclarées à l'assureur :

– l'adresse, la nature et le coût de construction ;

– la date d'ouverture du chantier ;

– la nature des techniques utilisées.

Elle indique les personnes assurées ainsi que la franchise absolue qui leur est respectivement applicable.

Ces informations doivent être reprises dans l'attestation d'assurance selon la formule suivante à reproduire :

Les garanties objet de la présente attestation d'assurance s'appliquent à l'opération de construction ayant les caractéristiques suivantes : (*à compléter par l'assureur*).

Le contrat garantit les assurés suivants, au-delà de la franchise absolue respectivement mentionnée : (*à compléter par l'assureur*).

Dans le cas où ces caractéristiques seraient modifiées, l'assuré en informe l'assureur.

Nature de la garantie :

Le contrat garantit la responsabilité décennale des assurés instaurée par les articles 1792 et suivants du code civil, dans le cadre et les limites prévues par les dispositions des articles L. 241-1 et L. 241-2 *[C. assur.]* relatives à l'obligation d'assurance décennale, et pour des travaux de construction d'ouvrages qui y sont soumis, au regard de l'article L. 243-1-1 du même code.

La garantie couvre les travaux de réparation, notamment en cas de remplacement des ouvrages, qui comprennent également les travaux de démolition, déblaiement, dépose ou démontage éventuellement nécessaires.

Montant de la garantie :

En habitation : le montant de la garantie couvre le coût des travaux de réparation des dommages à l'ouvrage.

Hors habitation : le montant de la garantie couvre le coût des travaux de réparation des dommages à l'ouvrage dans la limite du coût total de construction déclaré par le maître d'ouvrage et sans pouvoir être supérieur au montant prévu au I de l'article R. 243-3 du code *[des]* assurances.

Durée et maintien de la garantie :

La garantie s'applique pour la durée de la responsabilité décennale pesant sur l'assuré en vertu des articles 1792 et 1792-2 du code civil. Elle est maintenue dans tous les cas pour la même durée.

Franchise absolue :

Pour chacun des assurés, le contrat garantit le montant des travaux de réparation au-delà d'une franchise absolue, laquelle est égale au plafond de garantie des contrats individuels d'assurance décennale souscrits par chacun des assurés telle que mentionnée ci-dessus.

La franchise est opposable à tous.

L'assuré s'oblige à couvrir la portion du risque constituée par cette franchise par des garanties au moins équivalentes à celles figurant dans les clauses types mentionnées à l'annexe I de l'article A. 243-1.

La présente attestation ne peut engager l'assureur au-delà des clauses et conditions du contrat auquel elle se réfère.

V. note ss. art. A. 243-2.

Art. A. 243-5 *(Arr. du 5 janv. 2016, art. 1er)* L'attestation peut, le cas échéant, comporter des mentions relatives à d'autres garanties ou extensions prévues dans le contrat d'assurance. Néanmoins, au titre de la garantie obligatoire prévue par les articles L. 241-1 et L. 241-2, l'attestation ne doit comporter aucune mention de nature à écarter ou limiter d'une quelconque façon la portée des mentions minimales susmentionnées. Aucune mention ne peut faire référence à des dispositions contractuelles si ces dernières ne sont pas reproduites dans l'attestation.

V. note ss. art. A. 243-2.

TITRE CINQUIÈME DISPOSITIONS RELATIVES AU BUREAU CENTRAL DE TARIFICATION

Art. A. 250-1 *(Arr. du 27 nov. 1992)* Le bureau central de tarification institué par l'article L. 125-6, saisi d'une proposition pour la garantie des risques de catastrophes naturelles, peut, conformément aux dispositions du sixième alinéa dudit article, décider l'application d'abattements spéciaux dont les montants maximaux sont fixés comme suit :

Contrats garantissant les biens à usage d'habitation, les véhicules terrestres à moteur et les autres biens à usage non professionnel : ving-cinq fois le montant de la franchise prévue par l'annexe I de l'article A. 125-1 ;

Contrats garantissant les biens à usage professionnel : 30 p. 100 du montant des dommages matériels directs subis par l'assuré, par établissement et par événement, sans pouvoir être inférieur à vingt-cinq fois le minimum exprimé en euros prévu par l'annexe I de l'article A. 125-1 pour les mêmes biens ;

Contrats garantissant les risques mentionnés à l'article L. 125-1 (2e alinéa) : trente jours ouvrés avec un minimum de vingt-cinq fois le montant de la franchise prévue par l'annexe II de l'article A. 125-1.

Art. A. 250-2 *(Arr. du 27 nov. 1992)* Toute entreprise d'assurance, agréée pour pratiquer l'assurance de l'un des risques mentionnés aux articles L. 125-1, L. 211-1, L. 220-1, L. 241-1 et L. 242-1, tient à la disposition de toute personne qui en fait la demande des formules de souscription d'assurance permettant de répondre aux prescriptions de l'article R. 250-2.

LIVRE TROISIÈME LES ENTREPRISES

TITRE PREMIER DISPOSITIONS GÉNÉRALES ET CONTRÔLE DE L'ÉTAT

CHAPITRE UNIQUE

SECTION PREMIÈRE DISPOSITIONS GÉNÉRALES

Art. A. 310-1 *(Arr. du 22 déc. 2020, en vigueur le 1er janv. 2021)* **Conformément aux dispositions du III de l'article L. 310-2-3, les entreprises étrangères ayant conclu un contrat en vertu du 2° du I de l'article L. 310-2 et ne se trouvant plus dans une des situations prévues au I du même article.**

1° Communiquent dans un délai de quinze jours à compter du changement de situation visé au I de l'article L. 310-2-3, par lettre recommandée ou envoi recommandé électronique, aux assurés, souscripteurs ou adhérents, de manière claire et lisible les informations suivantes :

***a)* Les raisons qui conduisent l'entreprise à ne plus se trouver en conformité avec les dispositions du I de l'article L. 310-2, le cas échéant de manière temporaire si un transfert de portefeuille vers un organisme établi au sein de l'Union européenne est en cours ;**

***b)* Le fait que l'entreprise ne renouvellera, ni ne prorogera, ni ne reconduira le contrat, n'émettra pas de nouvelles primes et n'acceptera pas de nouveaux versements, sauf paiement de primes prévues par le contrat et lorsque l'entreprise dispose d'action pour en exiger le paiement. L'information précise également, le cas échéant, les conditions de réduction de la garantie ou l'échéance de la période de couverture selon le contrat ;**

***c)* Le fait que la nouvelle situation dans laquelle se trouve l'entreprise ne l'exonère en aucun cas d'honorer ses engagements ;**

***d)* Le nom et l'adresse des autorités chargées du contrôle de l'entreprise d'assurance, ainsi que de l'entité en charge du règlement amiable des litiges et du tribunal français compétents pour connaître de l'exécution du contrat ;**

2° Informent par lettre recommandée ou envoi recommandé électronique, deux mois avant la fin de la période de couverture mentionnée au 1°, de l'arrivée à échéance du contrat et recommandent à l'assuré, au souscripteur ou à l'adhérent de rechercher une nouvelle garantie auprès d'un assureur autorisé à pratiquer des opérations d'assurance directe ou de réassurance sur le territoire de la République française.

Cette obligation d'information ne s'applique pas aux engagements dont l'échéance interviendrait moins de trois mois après l'information prévue au 1°.

Art. A. 310-2 *Abrogé par Arr. du 19 févr. 2007.*

Art. A. 310-2-1 *Abrogé par Arr. du 7 mai 2015, art. 2-I-1°, à compter du 1er janv. 2016.*

SECTION II AUTORITÉ DE CONTRÔLE PRUDENTIEL

Art. A. 310-3 *Abrogé par Arr. du 28 déc. 2015, art. 2-I-1°, à compter du 1er janv. 2016.*

Art. A. 310-3-1 *(Arr. du 27 juin 2006)* **I. — Les documents mentionnés au premier alinéa du I de l'article R. 310-17-1 sont :**

***a)* Le nom et les coordonnées de l'entreprise d'affiliation ainsi que l'État membre ou l'autre État partie à l'Espace économique européen où cette entreprise d'affiliation a son siège ;**

***b)* Les principales caractéristiques du régime de retraite supplémentaire, en ce compris les garanties offertes et les modalités de versement des cotisations ;**

***c)* La liste des États membres dans lesquels l'organisme d'assurance fournit des services de retraite professionnelle supplémentaire ;**

***d)* Le nom et les coordonnées de l'organisme d'assurance.**

II. — Le dossier mentionné au deuxième alinéa du I ou au deuxième alinéa du II de l'article R. 310-17-1 est composé des éléments suivants :

i) Les informations mentionnées au I ;

ii) Le rappel que l'entreprise d'assurance fournit des services d'institution de retraite professionnelle, conformément à l'article 4 de la directive 2003/41 du 3 juin 2003 relative aux activités et à la surveillance des institutions de retraite professionnelle.

III. — Une traduction des documents mentionnés au I dans une des langues officielles de l'État où l'entreprise d'affiliation a son siège social est également fournie par l'entreprise d'assurance.

Ces dispositions sont abrogées à compter du 1er janv. 2023 (Arr. du 14 août 2017, art. 6-1°).

Art. A. 310-4 *(Arr. du 7 mai 2015, art. 2-I-2°, en vigueur le 1er janv. 2016)* L'entreprise peut commencer ses activités, en liberté d'établissement :

1° Soit dès réception d'une communication de l'Autorité de contrôle prudentiel et de résolution lui indiquant les conditions dans lesquelles les autorités de l'État membre d'accueil entendent que ces activités soient exercées sur leur territoire ;

2° Soit à l'expiration d'un délai de deux mois à compter de la réception des éléments mentionnés au deuxième alinéa du I de l'article R. 321-32 par les autorités de l'État membre d'accueil, la date de réception de ces éléments étant auparavant communiquée à l'entreprise par l'Autorité de contrôle prudentiel et de résolution.

L'entreprise peut commencer ses activités, en liberté de prestation de services, dès qu'elle a été avisée de la communication mentionnée au deuxième alinéa du I de l'article R. 321-32.

Ces dispositions sont abrogées à compter du 1er janv. 2023 (Arr. du 14 août 2017, art. 6-1°).

SECTION III PARTICIPATION DES ENTREPRISES D'ASSURANCE ET DE CAPITALISATION À LA LUTTE CONTRE LE BLANCHIMENT DES CAPITAUX PROVENANT DU TRAFIC DES STUPÉFIANTS

(Arr. du 25 sept. 1991)

Art. A. 310-5 *(Abrogé par Arr. du 6 janv. 2021, art. 30-IV, à compter du 1er mars 2021) (Arr. du 10 nov. 2009)* ***Les modalités de vérification de l'identité des personnes physiques ou morales, telles que prévues aux alinéas 1 et 2 de l'article R. 561-5 du code monétaire et financier, sont considérées comme satisfaites dès lors que le paiement de leur première prime s'effectue par le débit d'un compte ouvert à leur nom auprès d'un établissement de crédit lui-même tenu à l'obligation d'identification.***

Art. A. 310-6 *(Abrogé par Arr. du 6 janv. 2021, art. 30-IV, à compter du 1er mars 2021) (Arr. du 10 nov. 2009)* ***I. — En application de l'article R. 561-16 (3°) du code monétaire et financier, ne sont pas soumises aux obligations mentionnées aux articles L. 561-5 et L. 561-6 les opérations d'assurance de la branche 3 lorsque le montant de la prime annuelle par contrat ne dépasse pas 3 000 €.***

II. — En application de l'article R. 561-16 (3°) du code monétaire et financier, ne sont pas soumises aux obligations mentionnées aux articles L. 561-5 et L. 561-6 les opérations d'assurance des branches 4 à 18 définies à l'article R.* 321-1, à l'exception des grands risques définis à l'article L. 111-6 du même code, lorsque le montant de la prime annuelle par contrat ne dépasse pas 10 000 €.

Art. A. 310-7 *(Abrogé par Arr. du 6 janv. 2021, art. 30-IV, à compter du 1er mars 2021) (Arr. du 10 nov. 2009)* ***Les intermédiaires d'assurance visés à l'article L. 561-2 (2°) du code monétaire et financier ne sont pas tenus de mettre en œuvre les obligations mentionnées aux points 1°, 2° et 3° du I de l'article R. 561-38 du même code lorsque leur chiffre d'affaires annuel n'a pas dépassé 500 000 € au cours des cinq dernières années.***

Art. A. 310-8 *(Abrogé par Arr. du 6 janv. 2021, art. 30-IV, à compter du 1er mars 2021) (Arr. du 29 déc. 2009)* ***En application de l'article R. 561-38 du code monétaire [et] financier, les entreprises se dotent d'un dispositif d'identification, d'évaluation, de gestion et de contrôle des risques de blanchiment des capitaux et de financement du terrorisme.***

I. — Les entreprises établissent une classification et une évaluation des risques. Cette classification couvre :

— les opérations avec les personnes mentionnées à l'article R. 561-18 du code monétaire et financier ;

— les activités exercées par des filiales ou établissements dans les États ou territoires mentionnés au paragraphe VI de l'article L. 561-15 du même code ;

— les activités exercées par des filiales ou établissements dans les États ou d'État faisant l'objet de mesures restrictives spécifiques prises en application de règlements du Conseil de l'Union européenne ou de gel des avoirs.

L'évaluation des risques porte sur :

— les différents produits ou services proposés, leur mode de commercialisation, la localisation ou les conditions particulières des opérations, ainsi que les caractéristiques de la clientèle ;

— les activités de gestion des contrats, y compris celles qui ont été externalisées.

Cette classification et cette évaluation sont mises à jour de façon régulière et à la suite en particulier de tout événement affectant significativement les activités, les clientèles, les filiales ou établissements.

II. — Les entreprises définissent des procédures écrites de maîtrise du risque de blanchiment des capitaux et de financement du terrorisme, selon des modalités adaptées à leur organisation, et qui tiennent compte, le cas échéant, de leur appartenance à (Arr. du 28 déc. 2015, art. 2-I-2°, en vigueur le 1er janv. 2016) *« un groupe au sens de l'article L. 356-1 du code des assurances ». Ces procédures portent sur :*

— les modalités d'acceptation des nouveaux clients, en particulier des personnes visées à l'article R. 561-18 du code monétaire et financier ;

— les diligences à accomplir en matière d'identification du client et, le cas échéant, du bénéficiaire effectif, notamment lorsqu'elles ont recours à un tiers mentionné à l'article L. 561-7 du code monétaire et financier pour entrer en relation avec un client dans les conditions prévues au I de l'article R. 561-13 du même code ;

— les mesures de vigilance à mettre en œuvre pour les relations d'affaires mentionnées aux articles L. 561-10, et L. 561-10-2 ainsi que les modalités de suivi et d'actualisation dans les conditions prévues à l'article R. 561-11 et au 2° de l'article R. 561-12 du code monétaire et financier ;

— les mesures de vigilance, et notamment les éléments nécessaires à une connaissance adéquate de la relation d'affaire et le cas échéant du bénéficiaire effectif, à mettre en œuvre au regard des autres risques identifiés par la classification ;

— la fréquence de la mise à jour des éléments pour conserver une connaissance adéquate du client et, le cas échéant, du bénéficiaire effectif.

III. — Les entreprises définissent des procédures de gestion et de conservation des documents selon des modalités propres à en assurer la confidentialité et la disponibilité. Ces documents comprennent notamment les résultats de l'examen renforcé prévu à l'article L. 561-10-2 selon les modalités prévues à l'article L. 561-12 du code monétaire et financier.

IV. — Les entreprises établissent des procédures d'échanges d'informations relatives à l'existence et au contenu des déclarations prévues à l'article L. 561-15 du code monétaire et financier dans les conditions prévues aux articles L. 561-20 et L. 561-21 du même code. Elles indiquent notamment :

— les personnes dûment habilitées à procéder à ces échanges ;

— les précautions à prendre afin d'assurer que les personnes dont les sommes et opérations font l'objet d'une déclaration ne sont pas informées ;

— les dispositions à mettre en œuvre pour assurer que les informations ne sont pas utilisées à d'autres fins que la lutte contre le blanchiment des capitaux et le financement du terrorisme.

V. — Les entreprises établissent des procédures d'échanges d'informations nécessaires à la vigilance dans le cadre d'un groupe, dans les conditions prévues à l'article R. 561-29.

VI. — Les entreprises se dotent de dispositifs de suivi et d'analyse de leur relation d'affaires fondés sur la connaissance de la clientèle ou, si besoin est, sur le profil de la relation d'affaires permettant de détecter des anomalies. Ces dispositifs sont adaptés aux risques identifiés par la classification, ils doivent permettre de définir des critères et des

seuils significatifs et spécifiques en matière de blanchiment de capitaux et de financement du terrorisme.

Elles se dotent également de dispositifs permettant de détecter toute opération au bénéfice d'une personne ou d'une entité faisant l'objet d'une mesure restrictive spécifique ou de gel des fonds [,] instruments financiers et ressources économiques.

Art. A. 310-9 *(Abrogé par Arr. du 21 déc. 2018, art. 4) (Arr. du 28 déc. 2015, art. 2-I-3°, en vigueur le 1er janv. 2016)* ***En application de l'article R. 561-38 du code monétaire et financier, les entreprises organisent un dispositif de contrôle interne en matière de lutte contre le blanchiment de capitaux et de financement du terrorisme.***

I. — Le conseil d'administration ou le conseil de surveillance approuve, au moins annuellement, un rapport sur le contrôle interne du dispositif de lutte contre le blanchiment des capitaux et de financement du terrorisme, qui est transmis à l'Autorité de contrôle prudentiel et de résolution. Il détaille les procédures et les mesures de contrôle interne des risques de blanchiment des capitaux et de financement du terrorisme qui sont mis en œuvre par l'entreprise.

II. — Les entreprises veillent à assurer un contrôle permanent de l'application des procédures internes et prennent, le cas échéant, les mesures appropriées pour corriger les anomalies. Un relevé régulier des conclusions de ces contrôles et des anomalies constatées est adressé aux personnes mentionnées au 1° du I de l'article R. 561-38 et aux articles R. 561-23 et R. 561-24 du code monétaire et financier. Une synthèse des travaux du contrôle permanent, notamment en ce qui concerne le relevé des anomalies ainsi que les mesures correctives prises, figure au rapport annuel mentionné au I.

III. — Les entreprises veillent à assurer un examen périodique de leur dispositif de lutte contre le blanchiment de capitaux et de financement du terrorisme selon une fréquence adaptée, qui ne saurait excéder cinq ans. Les résultats de l'examen figurent au rapport annuel mentionné au I. Ils sont également communiqués aux personnes mentionnées au 1° du I de l'article R. 561-38 et aux articles R. 561-23 et R. 561-24 du code monétaire et financier.

SECTION IV SANCTIONS

(Arr. du 8 août 1994)

Néant.

SECTION V PROCÉDURES JUDICIAIRES ET DE CONCILIATION

(Arr. du 7 mai 2015, art. 2-I-3°, en vigueur le 1er janv. 2016)

Art. A. 310-10 La note visée à l'article R. 310-23 porte sur les délais à observer, les sanctions prévues quant à ces délais, l'organe ou l'autorité habilité à recevoir la production des créances ou les observations relatives aux créances et toute autre mesure.

La note indique également si les créanciers dont la créance est privilégiée ou garantie par une sûreté réelle doivent produire leur créance.

Dans le cas des créances d'assurance, la note indique en outre les effets généraux de la procédure de liquidation sur les contrats d'assurance, en particulier la date à laquelle les contrats d'assurance ou les opérations cessent de produire leurs effets ainsi que les droits et obligations de l'assuré concernant le contrat ou l'opération.

CHAPITRE II MESURES DE PRÉVENTION ET DE GESTION DES CRISES

(Arr. du 10 avr. 2018, art. 1er)

SECTION PREMIÈRE DISPOSITIONS RELATIVES À L'ÉLABORATION, L'ÉVALUATION ET LA MISE EN ŒUVRE DES PLANS PRÉVENTIFS DE RÉTABLISSEMENT

Art. A. 311-1 Le seuil mentionné au 1° du I de l'article L. 311-5 est de 50 milliards d'euros pour les personnes mentionnées à l'article L. 311-1 et non soumises au contrôle de groupe de l'Autorité de contrôle prudentiel et de résolution.

Le seuil mentionné au 2° du I de l'article L. 311-5 est de 50 milliards d'euros pour les personnes mentionnées à l'article L. 311-1 et soumises au contrôle de groupe de l'Autorité de contrôle prudentiel et de résolution.

Art. A. 311-2 I. – Pour l'application de l'article L. 311-5, le collège de supervision de l'Autorité de contrôle prudentiel et de résolution décide de la fréquence de mise à jour du plan préventif de rétablissement, qui ne peut être inférieure à deux ans. Cette décision est prise en tenant compte de l'importance et des risques présentés par l'activité de la personne au regard des objectifs de la résolution mentionnés au I de l'article L. 311-22. Toutefois, en cas d'évolution importante de l'activité ou du profil de risque de la personne, le collège de supervision peut faire une demande motivée de mise à jour complémentaire du plan préventif de rétablissement, que la personne réalise dans un délai n'excédant pas six mois.

Lorsque, nonobstant les dispositions du précédent alinéa, une personne mentionnée à l'article L. 311-1 actualise les éléments constitutifs de son plan préventif de rétablissement à une fréquence au moins annuelle en vertu d'autres exigences qui lui sont applicables, le collège de supervision peut décider que le plan préventif de rétablissement de cette personne sera actualisé à une fréquence annuelle.

II. – Pour l'application de l'article L. 311-8, le collège de résolution de l'Autorité de contrôle prudentiel et de résolution met à jour le plan préventif de résolution à l'issue de chaque mise à jour du plan préventif de rétablissement.

Art. A. 311-3 I. – Le plan préventif de rétablissement mentionné à l'article L. 311-5 comporte des conditions et procédures appropriées permettant d'assurer la mise en œuvre rapide des mesures de rétablissement identifiées.

Il envisage plusieurs scénarios de crise grave, de nature macroéconomique et financière ou résultant d'événements catastrophiques, porteurs de graves incidences pour les assurés, bénéficiaires et adhérents, en fonction de la situation particulière de la personne ou du groupe concerné, incluant des événements d'ampleur systémique et des crises spécifiques à la personne ou au groupe concerné.

Le plan définit plusieurs indicateurs à l'aide desquels la personne ou le groupe décide de la mise en œuvre des mesures de rétablissement prévues.

II. – Les plans comprennent les informations suivantes :

1° Une synthèse des éléments essentiels du plan et des effets attendus en termes de rétablissement lorsqu'une ou plusieurs des mesures prévues par ce plan sont mises en œuvre par la personne ou le groupe concerné ;

2° Une présentation synthétique des principaux changements intervenus dans la structure juridique, l'organisation, l'activité ou la situation financière de la personne ou du groupe concerné depuis le dépôt du dernier plan de rétablissement ;

3° Un recensement des fonctions critiques et des interdépendances internes et externes de la personne ou du groupe concerné et une étude de la séparabilité des activités correspondantes par rapport au reste de ses activités ;

4° Une description détaillée des mesures nécessaires pour assurer la continuité opérationnelle de la personne ou du groupe concerné, notamment celles relatives à l'accès et la disponibilité des infrastructures et services informatiques, en propre et sous-traitées, les canaux de communication avec la clientèle ainsi que les intermédiaires utilisés pour la gestion des contrats ;

5° La description des scénarii de crise grave envisagés et de leurs impacts sur l'actif net du passif de la personne ou du groupe concerné, ainsi que l'impact sur la stabilité du système financier de l'effet de ces scénarii sur cette personne ou groupe. L'analyse des impacts porte également sur les effets sur la solvabilité et sur la liquidité de la personne ou du groupe concerné et évalue les risques de contagion correspondants ;

6° Un ensemble d'indicateurs permettant d'assurer le suivi de la situation financière de la personne ou du groupe concerné, dans le cadre de sa politique de gestion des risques, ainsi que les seuils à partir desquels les mesures appropriées prévues par le plan de rétablissement sont examinées par l'organe délibérant en vue d'une éventuelle mise en œuvre ;

7° Une description des procédures mises en place pour approuver et mettre en œuvre le plan dans des délais appropriés. Cette description comprend l'identification des personnes responsables de son élaboration et de sa mise en œuvre ;

8° Une présentation détaillée des actions visant à préserver ou à rétablir la viabilité de la situation financière de la personne ou du groupe concerné ou à réduire son exposition aux risques, et de leur mise en œuvre opérationnelle. Cette présentation décrit l'impact de ces mesures sur la solvabilité et la liquidité de la personne ou du groupe. Elle précise les délais nécessaires à leur mise en œuvre et le temps nécessaire pour qu'elles produisent l'effet recherché, notamment s'agissant des actions qui permettent de maintenir les possibilités de réduction des risques ;

9° Un plan de communication et d'information visant à faire face à d'éventuelles réactions négatives, en cas de mise en œuvre du plan de rétablissement, de la part du public, des distributeurs, des assurés, des bénéficiaires, adhérents, des éventuels preneurs de risque ainsi que des autres parties prenantes éventuellement concernées.

Le plan décrit de façon détaillée, le cas échéant, tout obstacle à sa mise en œuvre efficace dans des délais appropriés. Cette description comprend une analyse de l'incidence potentielle de ces obstacles vis-à-vis des assurés, bénéficiaires et adhérents, des cocontractants et, le cas échéant, des autres entités du groupe.

SECTION II **DISPOSITIONS RELATIVES À L'ÉLABORATION DES PLANS PRÉVENTIFS DE RÉSOLUTION**

Art. A. 311-4 Les plans préventifs de résolution mentionnés à l'article L. 311-8 comprennent, en les quantifiant chaque fois que cela est nécessaire et possible, les éléments suivants :

1° Une description de la structure juridique et organisationnelle de la personne concernée et, le cas échéant, de ses filiales, de ses succursales ainsi que du groupe auquel elle appartient ;

2° Une analyse des conséquences d'une défaillance totale ou partielle de la personne ou du groupe concerné, se fondant notamment sur les conséquences pour les réassureurs ou tout autre acteur du secteur financier ;

3° La cartographie des fonctions critiques de la personne ou du groupe concerné, qui précise les éléments du bilan associés à ces fonctions, analyse la séparabilité de ces fonctions par rapport aux autres activités de la personne ou du groupe et précise de quelles entités internes ou externes ces fonctions dépendent financièrement, juridiquement ou en matière de ressources humaines ou de systèmes informatiques pour assurer la continuité de leur activité ;

4° La description détaillée des passifs techniques et non techniques de la personne concernée et de ses filiales ;

5° Une description des sûretés grevant les biens de la personne concernée et de ses filiales et leurs expositions de hors bilan ainsi que des opérations significatives de réassurance ou de couverture, notamment lorsque ces éléments se rattachent aux fonctions critiques ;

6° L'identification des principales contreparties de la personne concernée ou du groupe auquel elle appartient ainsi qu'une analyse des conséquences financières pour la personne concernée ou le groupe auquel elle appartient de la défaillance de ces contreparties ;

7° La description détaillée des différentes stratégies de résolution susceptibles d'être appliquées en fonction des différents scénarii possibles et des délais nécessaires ;

8° La description des modalités assurant la continuité des opérations qui seront maintenues en application des stratégies de résolution ;

9° Une description des modalités de circulation de l'information entre la personne concernée et l'autorité de résolution, précisant la stratégie de communication mise en œuvre au sein de la personne concernée et vis-à-vis du public ;

10° Une analyse de l'incidence du plan sur le personnel de la personne concernée, y compris en termes de coûts, et une description des procédures envisagées en vue de la consultation du personnel lors du processus de résolution ;

11° L'analyse de la résolvabilité de la personne concernée mentionnée à l'article L. 311-11 et, le cas échéant, des mesures à prendre pour lever les obstacles à la résolvabilité ;

12° Le cas échéant, tout avis exprimé par la personne concernée ou par le groupe à l'égard du plan préventif de résolution.

Art. A. 311-5 Pour l'application de l'article L. 311-8, le collège de résolution de l'Autorité de contrôle prudentiel et de résolution peut demander aux personnes pour lesquelles il établit ou met à jour un plan préventif de résolution de fournir dans les meilleurs délais toute information nécessaire à cette fin et qui n'ont *[a]* pas déjà été fournis *[fournie]* à l'autorité dans le cadre de ses autres missions.

SECTION III DISPOSITIONS RELATIVES À L'ANALYSE DE LA RÉSOLVABILITÉ

Art. A. 311-6 I. — Lorsqu'il réalise l'évaluation mentionnée à l'article *[aux articles]* L. 311-11 et R. 311-7, le collège de résolution de l'Autorité de contrôle prudentiel et de résolution examine :

1° La capacité de la personne concernée à identifier en son sein et, le cas échéant, au sein du groupe auquel elle appartient, les activités représentant une source importante de revenus ou de bénéfices et les fonctions critiques résultant de son activité ;

2° La mesure dans laquelle les structures juridiques et l'organisation de la personne concernée et, le cas échéant, du groupe auquel elle appartient, permettent d'assurer la continuité des activités représentant une source importante de revenus ou de bénéfices et des fonctions critiques résultant de l'activité de cette personne ou de ce groupe ;

3° Les dispositifs et les procédures mis en place permettant de garantir que la personne concernée et, le cas échéant, le groupe auquel elle appartient, disposent de moyens suffisants quant au personnel et à l'accès aux systèmes d'information pour assurer la continuité des activités représentant une source importante de revenus ou de bénéfices et des fonctions critiques résultant de son activité ;

4° Les obstacles éventuels à la continuation des contrats de prestation de service nécessaires à l'exercice des activités représentant une source importante de revenus ou de bénéfices et des fonctions critiques en cas de mise en œuvre d'une procédure de résolution à l'encontre de la personne concernée et, le cas échéant, du groupe auquel elle appartient ;

5° L'existence de procédures et dispositifs transitoires pouvant être mis en œuvre dans l'hypothèse où la personne concernée se séparerait de fonctions critiques ou d'activités représentant une source importante de revenus ou de bénéfices ;

6° La capacité des systèmes d'information de la personne concernée à produire dans de brefs délais des données exactes et exhaustives relatives aux activités représentant une source importante de revenus ou de bénéfices et aux fonctions critiques et qui sont nécessaires à la préparation et à la mise en œuvre d'une procédure de résolution par le collège de résolution de l'autorité ;

7° Les résultats des tests des systèmes d'information mis en œuvre par la personne concernée sur la base des scénarii de crise définis par le collège de résolution de l'autorité ;

8° La capacité à assurer la continuité des systèmes d'information de la personne concernée, y compris au profit d'un autre organisme d'assurance, dans le cas où les fonctions critiques ou les activités représentant une source importante de revenus ou de bénéfices seraient séparées du reste des activités dans le cadre d'une procédure de résolution ;

9° L'existence en son sein ou la mise en place par la personne concernée de processus permettant de fournir au collège de résolution de l'autorité les informations relatives à l'identification des assurés, souscripteurs, adhérents et bénéficiaires de contrats d'assurance et aux montants des créances couvertes par les fonds de garantie ;

10° Dans le cas où, au sein d'un groupe, il existe des garanties intragroupes, les conditions financières de ces garanties en les comparant aux conditions du marché et les systèmes de gestion des risques relatifs à ces garanties ;

11° Le risque de contagion au sein d'un groupe lié à l'existence de transfert de risques ou de garanties intragroupes ;

12° La mesure dans laquelle la structure juridique ou organisationnelle du groupe constitue un obstacle à la mise en œuvre de mesures de résolution prévues par les articles L. 311-29 à L. 311-49, en raison notamment du nombre d'entités qui le composent, de la complexité de son organisation ou de la difficulté à affecter des activités à des entités précises du groupe ;

13° Dans le cas où l'évaluation porte également sur une société de groupe mixte d'assurance, l'incidence de la mise en œuvre d'une procédure de résolution sur les entités non financières du groupe ;

14° La mesure dans laquelle la législation applicable d'un autre État membre de l'Union européenne ou d'un État tiers permet aux autorités de cet État de soutenir les mesures prises par le collège de résolution de l'Autorité de contrôle prudentiel et de résolution ainsi que, s'il y a lieu, les possibilités d'une action coordonnée avec les autorités de cet État ;

15° La possibilité de mettre en œuvre de manière effective une ou plusieurs des mesures de résolution prévues par les articles L. 311-29 à L. 311-49 à l'encontre de la personne concernée ou du groupe auquel elle appartient, de façon à atteindre les objectifs de la résolution mentionnés au I de l'article L. 311-22, notamment au regard de la nature de ces mesures et de l'organisation de la personne concernée ou du groupe ;

16° Dans le cas de groupes qui comportent des filiales établies dans plusieurs États, les modalités et les moyens permettant de faciliter la mise en œuvre de mesures de résolution ;

17° La possibilité qu'une ou plusieurs mesures de résolution puissent être mises en œuvre de manière effective à l'égard de la personne concernée ou du groupe auquel elle appartient d'une manière qui réponde aux objectifs de la résolution mentionnés au I de l'article L. 311-22, compte tenu, d'une part, de leur incidence potentielle sur les créanciers, les personnes ayant la qualité de contrepartie, les souscripteurs et bénéficiaires et le personnel de la personne ou du groupe et, d'autre part, le cas échéant, des mesures que les autorités d'autres États pourraient prendre ;

18° L'incidence directe ou indirecte sur le système financier, les souscripteurs, adhérents et bénéficiaires ou l'économie réelle de la mise en œuvre d'une mesure de résolution à l'égard de la personne concernée et, le cas échéant, du groupe auquel elle appartient ;

19° La mesure dans laquelle la mise en œuvre d'une ou plusieurs mesures de résolution à l'égard de la personne concernée ou du groupe permet de limiter le risque de contagion à d'autres organismes ou groupes d'assurance, établissements de crédit ou entreprises d'investissement ou aux marchés financiers ;

II. — Lorsque l'évaluation prévue à l'article L. 311-11 porte sur un groupe, les personnes concernées s'entendent également des personnes mentionnées aux 1° à 7° de l'article L. 311-1 qui font partie du même groupe.

TITRE DEUXIÈME **RÉGIME ADMINISTRATIF**

CHAPITRE PREMIER *[ABROGÉ]* **LES AGRÉMENTS**

(Abrogé par Arr. du 28 déc. 2015, art. 2-II-1°, à compter du 1er janv. 2016)

SECTION PREMIÈRE *[ABROGÉE]* **AGRÉMENT ADMINISTRATIF DES ENTREPRISES FRANÇAISES**

Art. A. 321-1 et A. 321-2 *Abrogés par Arr. du 28 déc. 2015, art. 2-II-1°, à compter du 1er janv. 2016.*

Art. A. 321-3 à A. 321-6 *Abrogés par Arr. du 22 déc. 2005, art. 1er-II.*

SECTION II *[ABROGÉE]* AGRÉMENT ADMINISTRATIF DES ENTREPRISES NON COMMUNAUTAIRES DONT LE SIÈGE SOCIAL EST SITUÉ DANS UN ÉTAT MEMBRE DE L'ESPACE ÉCONOMIQUE EUROPÉEN

Art. A. 321-7 *Abrogé par Arr. du 28 déc. 2015, art. 2-II-1°, à compter du 1er janv. 2016.*

SECTION III *[ABROGÉE]* AGRÉMENT SPÉCIAL DES ENTREPRISES DONT LE SIÈGE SOCIAL EST SITUÉ DANS UN ÉTAT NON MEMBRE DE L'ESPACE ÉCONOMIQUE EUROPÉEN

Art. A. 321-8 et A. 321-9 *Abrogés par Arr. du 28 déc. 2015, art. 2-II-1°, à compter du 1er janv. 2016.*

SECTION IV *[ABROGÉE]* CONDITIONS DES AGRÉMENTS

Art. A. 321-10 et A. 321-11 *Abrogés par Arr. du 28 déc. 2015, art. 2-II-1°, à compter du 1er janv. 2016.*

SECTION V *[ABROGÉE]* DISPOSITIONS PARTICULIÈRES APPLICABLES AUX TERRITOIRES D'OUTRE-MER ET À MAYOTTE

Néant.

CHAPITRE II RÈGLES DE CONSTITUTION ET DE FONCTIONNEMENT

SECTION PREMIÈRE DISPOSITIONS COMMUNES

Néant.

SECTION II SOCIÉTÉS ANONYMES D'ASSURANCE ET DE CAPITALISATION

Art. A. 322-1 *Abrogé par Arr. du 7 mai 2015, art. 2-II, à compter du 1er janv. 2016.*

Art. A. 322-2 et A. 322-3 *Abrogés par Arr. du 23 oct. 2009.*

SECTION III ENTREPRISES NATIONALES D'ASSURANCE ET DE CAPITALISATION ET SOCIÉTÉS CENTRALES D'ASSURANCE

§ 1er CONSTITUTION

Néant.

§ 2 ADMINISTRATION

Néant.

§ 3 DISTRIBUTION ET CESSION DES ACTIONS DES SOCIÉTÉS CENTRALES

Néant.

§ 4 DISPOSITIONS DIVERSES

Art. A. 322-4 *Abrogé par Arr. du 19 mars 1990.*

Art. A. 322-5 *Abrogé par Arr. du 23 oct. 1986.*

SECTION IV SOCIÉTÉS D'ASSURANCE MUTUELLES

§ 1er CONSTITUTION

Néant.

§ 2 ADMINISTRATION

Néant.

§ 3 OBLIGATIONS DES SOCIÉTAIRES ET DE LA SOCIÉTÉ

Art. A. 322-6 Le titre mentionné à l'article R. 322-75 doit comporter, outre la mention prévue à l'avant-dernier alinéa de l'article R. 322-74 :

a) Au recto : les indications relatives à chaque sociétaire, c'est-à-dire :

Le nom et l'adresse du sociétaire ;

Le numéro de la police ou des polices concernées ;

Le montant versé et la date du versement ;

Le montant, la date et le lieu du remboursement de la somme empruntée.

b) Au verso : les conditions générales de l'emprunt, c'est-à-dire :

La dénomination sociale de la société émettrice et l'adresse de son siège social ;

Le mot "emprunt" en caractères très apparents, en haut et à droite du document, suivi des mots "fonds social complémentaire (art. R. 322-74 du code des assurances)" ;

La date de l'assemblée générale ayant pris la décision d'emprunt ;

Les dispositions arrêtées par cette assemblée générale, et notamment :

– la durée de l'emprunt ;

– le barème forfaitaire utilisé par la société ou le pourcentage de la cotisation, si l'emprunt est calculé en fonction de la cotisation ;

– éventuellement, le taux des intérêts ainsi que la périodicité et le lieu d'encaissement de ceux-ci ;

– les modalités de remboursement.

Art. A. 322-7 Le rappel de la participation des sociétaires déjà adhérents de la société au moment où celle-ci décide d'émettre l'emprunt ne peut être supérieur à 10 p. 100 de la cotisation annuelle.

§ 4 RÉASSURANCE

Néant.

§ 5 PUBLICITÉ

Néant.

§ 6 NULLITÉS

Néant.

§ 7 SOCIÉTÉS MUTUELLES D'ASSURANCE

Néant.

SECTION V UNIONS DE SOCIÉTÉS D'ASSURANCE MUTUELLES

Néant.

SECTION VI SOCIÉTÉS OU CAISSES D'ASSURANCES ET DE RÉASSURANCES MUTUELLES AGRICOLES

Néant.

SECTION VII TONTINES

Néant.

SECTION VIII LES SOCIÉTÉS DE GROUPE D'ASSURANCE ET LES CONVENTIONS D'AFFILIATION

(Arr. du 23 oct. 2002)

Art. A. 322-8 *Abrogé par Arr. du 28 déc. 2015, art. 2-II-2°, à compter du 1er janv. 2016.*

CHAPITRE III PROCÉDURES DE REDRESSEMENT ET DE SAUVEGARDE

SECTION PREMIÈRE RÈGLES GÉNÉRALES

Néant.

SECTION II [ABROGÉE]

(Abrogée par Arr. du 19 mars 1993)

CHAPITRE IV TRANSFERT DE PORTEFEUILLE

Néant.

CHAPITRE V RETRAIT DE L'AGRÉMENT ADMINISTRATIF

Néant.

CHAPITRE VI LIQUIDATION

Néant.

CHAPITRE VII PRIVILÈGES

Néant.

CHAPITRE VIII SANCTIONS

Néant.

TITRE TROISIÈME RÉGIME PRUDENTIEL APPLICABLE AUX ENTREPRISES NE RELEVANT PAS DU RÉGIME DIT "SOLVABILITÉ 2" *(Arr. du 28 déc. 2015, art. 2-III-1°, en vigueur le 1er janv. 2016).*

CHAPITRE PREMIER [ABROGÉ] LES ENGAGEMENTS RÉGLEMENTÉS

(Abrogé par Arr. du 28 déc. 2015, art. 2-III-2°, à compter du 1er janv. 2016)

SECTION PREMIÈRE [ABROGÉE] DISPOSITIONS GÉNÉRALES

Néant.

SECTION II [ABROGÉE] PROVISIONS TECHNIQUES DES OPÉRATIONS D'ASSURANCE SUR LA VIE, D'ASSURANCE NUPTIALITÉ-NATALITÉ ET DE CAPITALISATION

Art. A. 331-1 à A. 331-9-1 *Abrogés par Arr. du 28 déc. 2015, art. 2-III-1°, à compter du 1er janv. 2016.*

SECTION III [ABROGÉE] PROVISIONS TECHNIQUES DES AUTRES OPÉRATIONS D'ASSURANCE

§ 1er [ABROGÉ] PROVISION MATHÉMATIQUE DES RENTES

Art. A. 331-10 *Abrogé par Arr. du 28 déc. 2015, art. 2-III-2°, à compter du 1er janv. 2016.*

Art. A. 331-11 *Abrogé par Arr. du 20 déc. 1996.*

Art. A. 331-12 *Abrogé par Arr. du 28 déc. 2015, art. 2-III-2°, à compter du 1er janv. 2016.*

Art. A. 331-13 à A. 331-15 *Abrogés par Arr. du 19 mars 1993.*

§ 2 *[ABROGÉ]* PROVISION POUR PRIMES NON ACQUISES ET PROVISION POUR RISQUES EN COURS

Art. A. 331-16 à A. 331-20 *Abrogés par Arr. du 28 déc. 2015, art. 2-III-2°, à compter du 1er janv. 2016.*

§ 3 *[ABROGÉ]* PROVISION POUR SINISTRES RESTANT À PAYER

Art. A. 331-21 et A. 331-22 *Abrogés par Arr. du 28 déc. 2015, art. 2-III-2°, à compter du 1er janv. 2016.*

Art. A. 331-23 *Abrogé par Arr. du 19 mars 1993.*

Art. A. 331-24 *Abrogé par Arr. du 28 déc. 2015, art. 2-III-2°, à compter du 1er janv. 2016.*

Art. A. 331-25 *Abrogé par Arr. du 19 mars 1993.*

§ 4 *[ABROGÉ]* DISPOSITIONS PARTICULIÈRES AU LLOYD'S DE LONDRES

Néant.

§ 5 *[ABROGÉ]* DISPOSITIONS SUPPLÉMENTAIRES CONCERNANT LA COASSURANCE COMMUNAUTAIRE

Néant.

§ 6 *[ABROGÉ]* DISPOSITIONS PARTICULIÈRES RELATIVES À L'ASSURANCE DE LA CONSTRUCTION : RESPONSABILITÉ CIVILE DÉCENNALE

Néant.

§ 7 *[ABROGÉ]* DISPOSITIONS PARTICULIÈRES RELATIVES À L'ASSURANCE CRÉDIT

Néant.

§ 8 *[ABROGÉ]* DISPOSITIONS PARTICULIÈRES RELATIVES À LA PROVISION POUR RISQUE D'EXIGIBILITÉ

Art. A. 331-26 et A. 331-27 *Abrogés par Arr. du 28 déc. 2015, art. 2-III-2°, à compter du 1er janv. 2016.*

CHAPITRE II RÉGLEMENTATION DES PLACEMENTS ET AUTRES ÉLÉMENTS D'ACTIF

SECTION PREMIÈRE ÉLÉMENTS D'ACTIF ADMIS EN REPRÉSENTATION DES ENGAGEMENTS RÉGLEMENTÉS

Art. A. 332-1 *(Arr. du 8 août 1994)* I. – La caution ou engagement équivalent visée au troisième alinéa de l'article R. 332-17 doit :

– être régie par le droit français et soumise en cas de litige à la compétence exclusive des juridictions françaises ;

– constituer une garantie à première demande, irrévocable et inconditionnelle.

II. – L'établissement de crédit garant, visé au troisième alinéa de l'article R. 332-17 doit répondre aux conditions suivantes :

1° Le garant est un établissement de crédit habilité à opérer en France en application de la loi n° 84-46 du 24 janvier 1984 modifiée relative à l'activité et au contrôle des établissements de crédit, et respecte, compte tenu de la garantie envisagée, l'ensemble des dispositions législatives et réglementaires qui lui sont applicables ;

2° Le garant n'est pas une entreprise liée au réassureur ni à l'entreprise d'assurance garantie, *(Arr. du 28 déc. 2015, art. 2-III-3°, en vigueur le 1er janv. 2016)* « au sens défini à l'article 310-5 du règlement n° 2015-11 du 26 novembre 2015 de l'Autorité des normes comptables relatif au cadre comptable des entreprises d'assurance ».

III. — La dérogation visée au troisième alinéa de l'article R. 332-17 ne peut être accordée que dans la mesure où, de l'avis de l'Autorité de contrôle prudentiel et de résolution, elle ne diminue pas la qualité de la représentation des engagements réglementés, et notamment dans les limites fixées ci-après :

— la durée, fixée initialement par l'Autorité de contrôle prudentiel et de résolution, ne peut excéder un exercice, éventuellement renouvelable dans les conditions définies par l'Autorité ;

— le montant total des garanties admises au titre de ladite dérogation ne peut à aucun moment excéder :

— le montant maximum fixé par l'Autorité de contrôle prudentiel et de résolution ;

— la moitié du montant total des engagements réglementés tels que définis à l'article R. 331-1 du présent code ;

— les deux tiers du montant total de la part des réassureurs dans les provisions techniques.

IV. — La dérogation peut être supprimée à tout moment par l'Autorité de contrôle prudentiel et de résolution si celle-ci estime que les conditions l'ayant justifiée ne sont plus remplies.

Art. A. 332-2 *(Arr. du 9 déc. 2013, art. 1er)* I. — Le système d'analyse et de mesure des risques, mentionné à l'article R. 332-13, est décrit dans le rapport de contrôle interne mentionné à l'article R. 336-1 et est composé :

1° D'une politique écrite en matière d'investissement dans les prêts définissant des limites d'exposition de l'entreprise d'assurance par catégories de risque de crédit ;

2° D'une procédure de sélection des risques de crédit comportant :

a) La constitution de dossiers de crédit destinés à recueillir l'ensemble des informations de nature qualitative et quantitative sur les contreparties ;

b) Une procédure de prise de décision d'investissement dans un prêt, qui doit être clairement formalisée, décrire l'organisation des délégations, s'appuyer sur une analyse dont le responsable n'a pas un intérêt direct à la décision d'investissement et être adaptée aux caractéristiques de l'entreprise, en particulier sa taille, son organisation, la nature de son activité.

Les entreprises d'assurance s'assurent notamment que les décisions d'investissement dans un prêt sont prises par au moins deux personnes.

3° D'un système de mesure des risques de crédit permettant :

a) D'identifier, de mesurer et d'agréger le risque qui résulte des opérations de crédit admissibles d'après le quatrième alinéa du 1° de l'article R. 332-13 et d'appréhender les interactions entre ce risque et les autres risques auxquels est exposée l'entreprise ;

b) D'appréhender et de contrôler le risque de concentration et le risque résiduel au moyen de procédures documentées ;

c) De vérifier l'adéquation de la diversification des prêts à la politique en matière d'investissement.

4° D'une procédure de suivi proportionné, sur une base trimestrielle, de l'évolution de la qualité de chacun des prêts pris individuellement, permettant de déterminer, en tant que de besoin, les niveaux appropriés de dépréciations à apporter à la valeur des prêts. La détermination du niveau approprié des dépréciations tient compte, le cas échéant, des garanties pour lesquelles les entreprises d'assurance doivent s'assurer des possibilités effectives de mise en œuvre et de l'existence d'une évaluation récente réalisée sur une base prudente. Conformément au *d* du 2° de l'article R. 336-1, la procédure de suivi est menée par des personnes ne pouvant également être chargées d'effectuer les transactions et la sélection des risques.

II. — Lorsque la gestion des prêts mentionnés au quatrième alinéa du 1° de l'article R. 332-13 est assurée par une société de gestion à laquelle l'entreprise d'assurance a confié un mandat, l'entreprise d'assurance demeure pleinement responsable du respect des obligations qui lui incombent. Elle s'assure notamment que le mandat est conforme à sa politique d'investissement et lui permet un accès à l'information nécessaire pour mener sa procédure de suivi des risques.

L'entreprise d'assurance s'assure également que la société de gestion dispose d'un système d'analyse et de mesure des risques conforme aux dispositions du I du présent article et adapté à la gestion des prêts effectués au travers du mandat qu'elle lui a confié.

III. – Les critères de sélection des opérations de crédit admissibles d'après le quatrième alinéa du 1° de l'article R. 332-13 sont les suivants :

1° L'appréciation du risque de crédit tient compte des éléments sur la situation financière de l'emprunteur, en particulier sa capacité de remboursement, et, le cas échéant, des garanties reçues. Elle doit tenir compte également de l'analyse de l'environnement des entreprises, des caractéristiques des associés ou actionnaires et des dirigeants ainsi que des documents comptables les plus récents ;

2° La sélection des investissements dans des prêts tient également compte de leur rentabilité au regard du niveau de risque associé et des coûts opérationnels relatifs à leur sélection et leur suivi.

Art. A. 332-3 *(Arr. du 9 déc. 2013)* Le passif d'un fonds de prêts à l'économie mentionné à l'article R. 332-14-2 peut revêtir l'une des structures suivantes :

1° Des parts, donnant lieu à des droits identiques sur le capital et les intérêts, et provenant soit d'une ou plusieurs émissions d'un montant nominal à l'émission au moins égal à 30 millions d'euros, soit d'un programme d'émission dont la valeur minimale est au moins égale à 30 millions d'euros ;

2° Des obligations, donnant lieu à des droits identiques sur le capital et les intérêts, et provenant d'une ou plusieurs émissions d'un montant nominal à l'émission au moins égal à 30 millions d'euros, soit d'un programme d'émission dont la valeur minimale est au moins égale à 30 millions d'euros, et des parts ou des actions dans la mesure où leur montant nominal ne représente pas plus de 0,5 % en valeur du montant nominal des obligations émises par le fonds de prêt à l'économie, et où elles sont souscrites ou acquises par chaque titulaire d'obligations émises par le fonds proportionnellement au montant des obligations que ce titulaire détient.

Art. A. 332-4 *(Arr. du 9 déc. 2013)* Lorsqu'un organisme de titrisation ou un fonds d'investissement professionnel spécialisé comporte plusieurs compartiments, l'application des règles mentionnées aux articles R. 332-14-2 et A. 332-3 du code des assurances, s'apprécie, compartiment par compartiment. Un organisme peut comporter, à tout moment, un ou plusieurs compartiments répondant aux caractéristiques des fonds de prêts à l'économie et un ou plusieurs compartiments n'y répondant pas.

SECTION III ESTIMATION DES ÉLÉMENTS D'ACTIF

Art. A. 332-5 et A. 332-6 *Abrogés par Arr. du 28 déc. 2015, art. 2-III-4°, à compter du 1er janv. 2016.*

Art. A. 332-7 *(Arr. 26 déc. 2000)* I. – *(Arr. du 28 déc. 2015, art. 2-III-5°, en vigueur le 1er janv. 2016)* « Les entreprises mentionnées à l'article L. 310-3-2 » *(Arr. du 7 nov. 2008)* « sont en mesure d'estimer à toute époque l'incidence, d'une part sur les engagements envers les assurés et les entreprises réassurées », d'autre part sur la valeur de réalisation de leurs actifs mentionnés aux 1° à 13° de l'article R. 332-2 et à l'article R. 332-5 ainsi que de leurs instruments financiers à terme, de toute hypothèse d'évolution des taux d'intérêt et des marchés de valeurs mobilières, de biens immobiliers et de change.

Ces hypothèses permettent de simuler les effets d'une augmentation immédiate et pérenne du taux des emprunts d'État à dix ans et de l'évolution correspondante de la courbe de taux, d'une diminution immédiate et pérenne du taux des emprunts d'État à dix ans et de l'évolution correspondante de la courbe de taux, ainsi que d'une diminution immédiate et pérenne de la valeur de réalisation des actions, parts ou droits émis par des sociétés commerciales ainsi que des droits réels immobiliers.

Ces hypothèses figurent *(Arr. du 28 déc. 2015, art. 2-III-5°, en vigueur le 1er janv. 2016)* « dans un modèle d'état défini par l'Autorité de contrôle prudentiel et de résolution ». L'Autorité de contrôle peut néanmoins demander aux entreprises d'autres simulations sur le fondement d'autres valeurs.

II. — *Simulations sur l'actif*

L'incidence de chacune des hypothèses mentionnées au I sur les actifs énumérés aux 1° à 13° de l'article R. 332-2 est évaluée comme suit.

Les actifs mentionnés aux 1°, 2°, 2° *bis*, 2° *ter*, 10°, 11°, 12° et 13° de l'article R. 332-2 ainsi que les titres émis par les sociétés d'assurance mutuelles mentionnés au 6° du même article sont évalués conformément à l'article *(Arr. du 28 déc. 2015, art. 2-III-5°, en vigueur le 1er janv. 2016)* « **R. 343-11** » puis aux valeurs actuelles résultant des différentes courbes des taux simulées. Ces évaluations tiennent compte d'une prime liée aux risques de liquidité et de contrepartie. Cette prime est fonction de celle qui ressort de l'évaluation du titre effectuée conformément à l'article *(Arr. du 28 déc. 2015, art. 2-III-5°, en vigueur le 1er janv. 2016)* « **R. 343-11** ».

Les actifs mentionnés aux 4°, 5°, 5° *bis*, 6°, à l'exception des titres mentionnés au précédent alinéa et 9° de l'article R. 332-2 sont évalués conformément à l'article *(Arr. du 28 déc. 2015, art. 2-III-5°, en vigueur le 1er janv. 2016)* « **R. 343-11** » puis estimés selon les *(Arr. du 28 déc. 2015, art. 2-III-5°, en vigueur le 1er janv. 2016)* « hypothèses figurant dans le modèle d'état défini par l'Autorité de contrôle prudentiel et de résolution ».

Pour les actifs mentionnés aux 3°, 7°, 7° *bis*, 8° et 9° *bis* de l'article R. 332-2, l'entreprise substitue aux parts ou actions de l'organisme détenu un pourcentage des actifs énumérés aux 1° à 13° du même article que détient cet organisme, évalués comme prévu à l'alinéa précédent et nets des dettes de l'organisme, égal au pourcentage d'intérêt détenu par l'entreprise dans cet organisme.

Lorsqu'il n'est pas possible ou pas pertinent de procéder à cette évaluation, l'entreprise assimile les parts ou actions détenues à des actions, des obligations, des biens immobiliers ou une combinaison de ces différents types d'actifs.

Les instruments financiers à terme sont évalués à leur coût de remplacement, résultant de chacune des valeurs de réalisation simulées sur les actifs sous-jacents.

Les résultats des simulations décrites ci-dessus sont présentés en distinguant d'une part les valeurs négociées sur un marché reconnu au sens de l'article R. 332-2 et les parts ou actions d'organismes de placement collectif en valeurs mobilières investis exclusivement dans de telles valeurs d'autre part les titres de même nature non négociés sur un tel marché.

III. — *Simulations sur les provisions mathématiques vie et non-vie*

Les provisions techniques mentionnées aux 1° et 2° *(Arr. du 7 nov. 2008 ; Arr. du 28 déc. 2015, art. 2-III-5°, en vigueur le 1er janv. 2016)* « des articles **R. 343-3** et **R. 343-8**, » et au 1° de l'article *(Arr. du 28 déc. 2015, art. 2-III-5°, en vigueur le 1er janv. 2016)* « **R. 343-7** » sont évaluées comme suit :

— la provision pour participation aux *(Arr. du 1er août 2006)* « bénéfices » est évaluée à sa dernière valeur comptable connue ;

— les engagements d'assurance-vie et engagements viagers d'assurance non-vie, à l'exception de ceux mentionnés à l'article R. 332-5, sont évalués en actualisant, avec la courbe des taux d'intérêt à la date du calcul puis chacune des courbes des taux d'intérêt simulées, et avec application, au titre des charges de gestion, d'un abattement de 30 points de base à chacun des taux retenus, la différence entre les valeurs probables des engagements pris par l'entreprise et des engagements pris par les assurés en tenant notamment compte, lorsque c'est possible, des règles de participation aux bénéfices contractuelles et réglementaires. Les engagements liés à des contrats comportant une valeur de rachat font l'objet d'estimations distinctes ;

— les engagements mentionnés à l'article R. 332-5 sont évalués en calculant, avec les différentes valeurs de l'unité de compte simulées, la différence entre les valeurs probables des engagements pris par l'entreprise et des engagements pris par les assurés.

Pour l'évaluation des engagements relatifs aux contrats à capital variable, l'estimation du résultat probable lié au risque de placement est effectuée de manière distincte.

IV. — *Liquidation des autres provisions techniques non-vie*

L'entreprise indique également la dernière valeur comptable connue des provisions techniques mentionnées aux 2°, 2° *bis*, 4° et 5° de l'article *(Arr. du 28 déc. 2015, art. 2-III-5°, en vigueur le 1er janv. 2016)* « R. 343-7 ». Elle évalue, conformément aux cadences de liquidation passées ou à tout autre élément d'appréciation qu'elle est en mesure de justifier, la part de ces provisions liquidée au 31 décembre de chacun des cinq exercices à venir, dans l'hypothèse d'une absence totale d'émission future de primes.

V. — *Dispersion des actifs*

L'entreprise évalue ses cinq plus importants encours d'actifs énumérés aux 1° à 13° de l'article R. 332-2 vis-à-vis de contreparties hors États membres de l'OCDE et organismes internationaux à caractère public dont un ou plusieurs États membres de l'Union européenne font partie, conformément à l'article *(Arr. du 28 déc. 2015, art. 2-III-5°, en vigueur le 1er janv. 2016)* « R. 343-11 ». Elle indique également la valeur comptable de ces encours, en distinguant les produits de taux des autres actifs. Pour ces évaluations, une contrepartie est soit une société isolée, soit plusieurs sociétés appartenant au même groupe au sens du 1° de l'article R. 332-13. L'encours auprès d'une contrepartie est l'encours de l'ensemble des valeurs émises, prêts obtenus ou garantis par la contrepartie, ainsi que le montant des dépôts effectués ou positions à terme créditrices auprès de cette contrepartie, net de l'encours garanti par d'autres contreparties.

Art. A. 332-8 *Abrogé par Arr. du 28 déc. 2015, art. 2-III-4°, à compter du 1er janv. 2016.*

SECTION IV *[ABROGÉE]* COMMISSIONS ET FRAIS D'ACQUISITION À AMORTIR

(Abrogée par Arr. du 21 avr. 1983)

SECTION V RÈGLES PARTICULIÈRES À CERTAINES ENTREPRISES ÉTRANGÈRES

Néant.

SECTION VI DISPOSITIONS PARTICULIÈRES AUX TERRITOIRES D'OUTRE-MER

Néant.

CHAPITRE III *[ABROGÉ]* REVENU DES PLACEMENTS

(Abrogé par Arr. du 28 déc. 2015, art. 2-III-6°, à compter du 1er janv. 2016)

Art. A. 333-1 *Abrogé par Arr. du 5 mars 1985.*

Art. A. 333-2 à A. 333-4 *Abrogés par Arr. du 28 déc. 2015, art. 2-III-4°, à compter du 1er janv. 2016.*

Art. A. 333-5 *Abrogé par Arr. du 5 mars 1985.*

Art. A. 333-6 à A. 333-10 *Abrogés par Arr. du 19 mars 1993.*

CHAPITRE IV SOLVABILITÉ DES ENTREPRISES

(Arr. du 28 déc. 2015, art. 2-III-7°, en vigueur le 1er janv. 2016)

Art. A. 334-1 I. — Les actions de préférence entrant dans la composition de la marge de solvabilité mentionnées au 1 du I des articles R. 334-3 et R. 334-11 doivent répondre aux conditions suivantes :

a) Ces titres sont assortis de droits financiers définis par les statuts ; les versements correspondant à ces droits équivalents à une fraction du bénéfice distribuable de l'exercice, au sens de l'article L. 232-11 du code de commerce ;

b) L'entreprise a la faculté de suspendre le versement de ces droits financiers dans des conditions prévues par les statuts ; elle est tenue de le faire si cette suspension est nécessaire au respect par l'entreprise des dispositions de l'article L. 334-1 ;

c) Dans les cas visés au *b*, le versement des droits financiers ne peut être reporté à un exercice ultérieur ;

d) Dans l'hypothèse d'une liquidation de l'entreprise d'assurance ou de réassurance débitrice, ces titres ne peuvent être remboursés qu'après règlement de toutes les dettes existant à la date de la liquidation ou contractées pour les besoins de celle-ci ;

e) Ces titres ont la capacité d'absorber les pertes, même en cas de poursuite de l'activité ;

f) Les statuts prévoient qu'ils ne peuvent être modifiés qu'après que l'autorité de contrôle aura déclaré, après avoir vérifié que le contrat modifié continuera de remplir les conditions fixées au présent article, ne pas s'opposer à la modification envisagée ;

g) Si les statuts prévoient une possibilité de rachat des actions de préférence par l'entreprise émettrice ou si la conversion des actions de préférence en actions ordinaires se traduit par une réduction de capital, ce rachat ou cette conversion ne peut intervenir avant cinq ans à compter de la date d'émission et nécessite l'approbation préalable de l'autorité de contrôle.

II. — Les actions de préférence entrant dans la composition de la marge de solvabilité mentionnées au 1 du II des articles R. 334-3 et R. 334-11 doivent répondre aux conditions fixées au I du présent article, à l'exception du *a*, du *b* et du *c*.

III. — Les emprunts et titres subordonnés entrant dans la composition de la marge de solvabilité visés aux articles R. 334-3 et R. 334-11 doivent répondre aux conditions suivantes :

1° Dans l'hypothèse d'une liquidation de l'entreprise d'assurance ou de réassurance débitrice, ces titres ou emprunts ne peuvent être remboursés qu'après règlement de toutes les autres dettes existant à la date de la liquidation ou contractées pour les besoins de celle-ci ;

2° Le contrat d'émission ou d'emprunt ne comporte pas de clause prévoyant que, dans des circonstances déterminées autres que la liquidation de l'entreprise d'assurance ou de réassurance débitrice, la dette devra être remboursée avant l'échéance convenue ;

3° Le contrat d'émission ou d'emprunt prévoit qu'il ne pourra être modifié qu'après que l'Autorité de contrôle prudentiel et de résolution aura déclaré, après avoir vérifié que le contrat modifié continuera de remplir les conditions fixées au présent article, ne pas s'opposer à la modification envisagée ;

4° Le contrat d'émission ou d'emprunt doit prévoir une échéance de remboursement des fonds au moins égale à cinq ans ou, lorsque aucune échéance n'est fixée, un préavis d'au moins cinq ans pour tout remboursement.

IV. — Au plus tard un an avant la date prévue pour le remboursement de tout ou partie des fonds visés au II et au III ci-dessus, l'entreprise d'assurance ou de réassurance débitrice soumet à l'Autorité de contrôle prudentiel et de résolution un plan indiquant comment la marge de solvabilité sera maintenue, après le remboursement, au niveau requis par la réglementation. Ce plan n'est pas exigé si la part des fonds incluse dans la marge de solvabilité est progressivement et régulièrement ramenée à zéro par l'entreprise d'assurance ou de réassurance au cours des cinq dernières années au moins avant l'échéance de remboursement.

V. — Les fonds provenant des emprunts et titres subordonnés à durée déterminée entrant dans la composition de la marge de solvabilité peuvent être remboursés par anticipation à l'initiative de l'entreprise d'assurance ou de réassurance débitrice si l'Autorité de contrôle prudentiel et de résolution a préalablement autorisé un tel remboursement, après s'être assurée que la marge de solvabilité ne risquait pas d'être ramenée en dessous du niveau nécessaire pour garantir durablement le respect de la marge requise par la réglementation.

Dans les mêmes conditions, l'Autorité de contrôle prudentiel et de résolution peut autoriser le remboursement des fonds provenant des emprunts et titres subordonnés à durée indéterminée entrant dans la composition de la marge de solvabilité sans application du préavis prévu au 4° du III du présent article.

Dans les cas visés au présent paragraphe, l'entreprise d'assurance ou de réassurance débitrice soumet au moins six mois à l'avance à l'Autorité de contrôle prudentiel et de résolution, à l'appui de sa demande d'autorisation, un plan indiquant comment la marge de solvabilité sera maintenue, après le remboursement, au niveau requis par la réglementation. L'absence de décision notifiée à l'entreprise à l'expiration d'un délai de six mois vaut autorisation.

Sont notamment soumis aux dispositions du présent paragraphe l'amortissement anticipé par offre publique d'achat ou d'échange et le rachat en bourse de titres cotés ; toutefois un émetteur peut racheter en bourse sans autorisation préalable jusqu'à 5 % des titres émis, à condition d'informer l'Autorité de contrôle prudentiel des rachats effectués.

VI. — Les contrats d'émission concernant des emprunts et titres à durée indéterminée qui prévoient formellement que tout remboursement est subordonné à autorisation préalable de l'Autorité de contrôle prudentiel et de résolution n'ont pas à prévoir le délai de préavis minimum visé au 4° du III du présent article.

CHAPITRE V *[ABROGÉ]* TARIFS ET FRAIS D'ACQUISITION ET DE GESTION

(Abrogé par Arr. du 28 déc. 2015, art. 2-III-8°, à compter du 1er janv. 2016)

SECTION PREMIÈRE *[ABROGÉE]* TARIFS

§ 1er *[ABROGÉ]* ASSURANCES SUR LA VIE, ASSURANCES NUPTIALITÉ-NATALITÉ, OPÉRATIONS DE CAPITALISATION

Art. A. 335-1 *Abrogé par Arr. du 28 déc. 2015, art. 2-III-8°, à compter du 1er janv. 2016.*

Art. A. 335-1-1 *Abrogé par Arr. du 28 déc. 2015, art. 2-III-8°, à compter du 1er janv. 2016.*

Art. A. 335-2 à A. 335-4 *Abrogés par Arr. du 19 mars 1993.*

Art. A. 335-5 *Abrogé par Arr. du 21 déc. 1984.*

Art. A. 335-5-1 *Abrogé par Arr. du 19 mars 1993.*

§ 2 *[ABROGÉ]* ASSURANCES NUPTIALITÉ ET NATALITÉ

(Abrogé par Arr. du 19 mars 1993)

§ 3 *[ABROGÉ]* CAPITALISATION

(Abrogé par Arr. du 19 mars 1993)

Art. A. 335-6 à A. 335-9 *Abrogés.*

§ 4 *[ABROGÉ]* ASSURANCES DES VÉHICULES TERRESTRES À MOTEUR

Art. A. 335-9-1 et A. 335-9-2 *Abrogés par Arr. du 28 déc. 2015, art. 2-III-8°, à compter du 1er janv. 2016.*

Art. A. 335-9-3 *Ajouté par Arr. du 22 juill. 1983 ; abrogé par Arr. du 22 nov. 1991.*

SECTION II *[ABROGÉE]* FRAIS D'ACQUISITION ET DE GESTION

§ 1er *[ABROGÉ]* ASSURANCES SUR LA VIE ET NUPTIALITÉ-NATALITÉ

(Abrogé par Arr. du 19 mars 1993)

Art. A. 335-10 et A. 335-11 *Abrogés par Arr. du 22 déc. 1976.*

§ 2 *[ABROGÉ]* ASSURANCES POPULAIRES

(Abrogé par Arr. du 19 mars 1993)

Art. A. 335-12 à A. 335-14 *Abrogés.*

§ 3 *[ABROGÉ]* ASSURANCES DES VÉHICULES TERRESTRES À MOTEUR

Art. A. 335-15 à A. 335-18 *Abrogés par Arr. du 7 mai 1993.*

§ 4 *[ABROGÉ]* ASSURANCES DES RISQUES DE CATASTROPHES NATURELLES

Art. A. 335-19 *Abrogé par Arr. du 28 déc. 2015, art. 2-III-8°, à compter du 1er janv. 2016.*

Art. A. 335-20 et A. 335-21 *Abrogés par Arr. du 10 sept. 1985.*

TITRE QUATRIÈME DISPOSITIONS COMPTABLES ET STATISTIQUES

CHAPITRE PREMIER PRINCIPES GÉNÉRAUX

Art. A. 341-1 *(Arr. du 28 déc. 2015, art. 2-IV-1°, en vigueur le 1er janv. 2016)* En application de l'article L. 341-4, l'Autorité de contrôle prudentiel et de résolution peut autoriser une entreprise à déroger aux dispositions définies en application du dernier alinéa de l'article R. 343-3 et de l'article R. 343-7, dans les cas suivants :

1° Lorsque cette entreprise demande, aux fins de la détermination de la provision pour sinistres à payer prévue au 4° de l'article R. 343-7, à utiliser des méthodes statistiques pour l'estimation des sinistres survenus au cours des deux derniers exercices. L'Autorité de contrôle prudentiel et de résolution donne son accord si les méthodes sont susceptibles de donner des résultats fiables au regard des données disponibles ;

2° Lorsque cette entreprise estime que le coût des sinistres non encore manifestés mentionné au 4° de l'article R. 343-7 est à un niveau inférieur au montant résultant de l'application de la méthode définie en application du dernier alinéa de l'article R. 343-7 et qu'elle demande à retenir son estimation. L'Autorité de contrôle prudentiel et de résolution autorise l'entreprise à retenir sa propre estimation du coût des sinistres non encore manifestés, si elle considère que cette estimation repose sur des éléments d'information suffisants et sur une méthode statistique fiable ;

3° Lorsque cette entreprise peut justifier, en raison d'une évolution récente et significative de la sinistralité passée ou de la tarification, que le calcul de la provision pour risque en cours définie au 3° de l'article R. 343-7 conduit à surestimer son montant et qu'elle demande à modifier certains des paramètres du calcul. L'Autorité de contrôle prudentiel et de résolution autorise ces modifications si l'entreprise est en mesure de communiquer les justifications appropriées ;

4° Lorsque cette entreprise demande, pour évaluer la provision pour aléas financiers prévue au 5° de l'article R. 343-3, à estimer le taux de rendement futur des actifs affectés aux engagements techniques. L'Autorité de contrôle prudentiel et de résolution autorise à retenir ce taux si elle considère que son estimation repose sur des éléments d'information suffisants et sur une méthode fiable et prudente.

ANNEXE I À L'ARTICLE A. 341-1

COMPTE D'EXPLOITATION TECHNIQUE DES OPÉRATIONS RÉALISÉES EN LIBRE PRESTATION DE SERVICES DANS L'ÉTAT MEMBRE SUIVANT DE LA CEE : PAYS DU RISQUE

GROUPES de branches	ACCIDENTS maladie	INCENDIE et autres dommages aux biens	DOMMAGES automobile	RESPONSABILITÉ civile automobile	ENSEMBLE automobile	AVIATION maritime et transports	RESPONSABILITÉ civile générale	CRÉDIT et caution	AUTRES branches	TOTAL
Primes émises : – variation des provisions de primes	.	.	.	.	.		.	.	.	.
Primes acquises : – prestations et frais accessoires payés : + provisions pour prestations et frais à payer au 31 décembre précédent – provisions pour prestations et frais à payer au 31 décembre	.	.	.	.	.		.	.		.
commissions à la charge de l'exercice	.	.	.	.	.		.	.	.	.
– autres charges	.	.	.	.			.	.	.	.
Résultat technique brut de réassurance	.	.	.	.	.		.	.	.	.

CHAPITRE II DISPOSITIONS COMPTABLES PARTICULIÈRES

(Arr. du 28 déc. 2015, art. 2-IV-2°, en vigueur le 1er janv. 2016)

Art. A. 342-1 Le dépositaire mentionné à l'article R. 342-5 assure tous encaissements et paiements, à l'exception éventuelle de ceux, individuels, relatifs aux sommes versées ou transférées par les participants d'un contrat ou aux prestations versées au titre de ce contrat qui peuvent être effectués, sur instruction de l'organisme d'assurance, par toute entité habilitée à recevoir et à payer des flux monétaires pour compte de tiers.

Art. A. 342-2 Les dispositions de la deuxième phrase de l'article A. 132-16 ne s'appliquent pas aux comptabilités auxiliaires mentionnées à l'article L. 143-4 *(Arr. du 14 août 2017, art. 3-I)* « ainsi qu'à celles mentionnées à l'article L. 381-2 ».

Nouvel art. A. 342-2 *Les dispositions de la deuxième phrase de l'article A. 132-16 ne s'appliquent pas aux comptabilités auxiliaires mentionnées à* (Abrogé par Arr. du 14 août 2017, art. 6-3°, à compter du 1er janv. 2023) *« l'article L. 143-4 ainsi qu'à celles mentionnées à » l'article L. 381-2.*

CHAPITRE III PLAN ET ÉVALUATIONS COMPTABLES PARTICULIERS À L'ASSURANCE

(Arr. du 28 déc. 2015, art. 2-IV-3°, en vigueur le 1er janv. 2016)

Art. A. 343-1 En ce qui concerne l'information comprise dans les comptes annuels soumis ou à soumettre à l'assemblée générale, un ensemble de procédures internes, appelé piste d'audit, doit permettre :

a) De reconstituer dans un ordre chronologique les opérations ;

b) De justifier toute information par une pièce d'origine à partir de laquelle il doit être possible de remonter par un cheminement ininterrompu au document de synthèse et réciproquement ;

c) D'expliquer l'évolution des soldes d'un arrêté à l'autre par la conservation des mouvements ayant affecté les postes comptables.

SECTION PREMIÈRE ENGAGEMENTS ET PROVISIONS TECHNIQUES

Art. A. 343-1-1 Les provisions mathématiques des contrats d'assurance sur la vie, de capitalisation et d'assurance nuptialité-natalité, à primes périodiques, doivent être calculées en prenant en compte les chargements destinés aux frais d'acquisition dans l'engagement du payeur de primes.

La provision résultant du calcul précédent ne peut être négative, ni inférieure à la valeur de rachat du contrat, ni inférieure à la provision correspondant au capital réduit.

Art. A. 343-1-2 Au sens du présent article, est appelée duration du passif d'une entreprise d'assurance une estimation prudente de l'échéance moyenne pondérée des paiements futurs relatifs aux engagements réglementés. Cette estimation doit être un nombre entier et ne peut être supérieure à 8.

Cette duration est calculée annuellement pour l'application de l'article A. 343-1-3.

Art. A. 343-1-3 Lorsque l'entreprise décide d'appliquer les dispositions de l'article R. 343-6, elle mouvemente un compte dont le solde ne peut à aucun moment être créditeur *(Arr. du 26 déc. 2019, art. 4-I, en vigueur le 1er janv. 2020)* « ni excéder la moins-value latente globale mentionnée à l'article R. 343-5 » de la manière suivante :

a) Ce compte est débité d'une somme égale au montant de la dotation à la provision pour risque d'exigibilité de l'exercice ;

b) Les reprises de provisions pour risque d'exigibilité font l'objet, pour un même montant, d'un crédit de ce compte ;

c) A la fin de chaque exercice, ce compte est également crédité d'une fraction de la moins-value latente globale mentionnée à l'article R. 343-5. Cette fraction est égale à :

1/d

où d est la duration des passifs mentionnée à l'article A. 343-1-2.

Lorsque l'entreprise décide de ne plus appliquer les dispositions de l'article R. 343-6, ce compte est intégralement soldé.

SECTION II ESTIMATION DES ÉLÉMENTS D'ACTIFS

Art. A. 343-2 Pour l'application du deuxième alinéa de l'article R. 343-9, les organismes dont les prévisions d'évolution de l'indice des prix constituent les références en matière de prévisions d'évolution de l'indice des prix sont :

La Commission européenne ;

L'Organisation pour la coopération et le développement économique (OCDE).

Art. A. 343-2-1 I. – En vertu de l'article R. 343-11, l'Autorité de contrôle prudentiel et de résolution peut requérir la fixation par une expertise de la valeur de tout ou partie de l'actif des entreprises et notamment des immeubles et des parts et actions de sociétés immobilières leur appartenant ou sur lesquels elles ont consenti un prêt ou une ouverture de crédit hypothécaire, ainsi que des instruments financiers à terme utilisés par les entreprises.

La valeur résultant de l'expertise devra figurer dans l'évaluation de la valeur de réalisation des placements prévue aux articles R. 343-11 et R. 343-12.

II. – L'expertise de la valeur de l'ensemble ou d'une partie de l'actif des entreprises est effectuée dans les conditions suivantes :

a) L'Autorité de contrôle prudentiel et de résolution notifie à l'entreprise, par lettre recommandée, la liste des éléments de l'actif dont la valeur est à expertiser et le nom de l'expert qu'elle a choisi pour chacun d'eux ;

b) Dans un délai de quinze jours au plus à dater de l'envoi de cette lettre, l'entreprise fait connaître à l'Autorité, par lettre recommandée, pour chacun des éléments susmentionnés, si elle accepte l'expert désigné par l'Autorité comme expert unique, dont la conclusion liera les deux parties, ou si elle demande une expertise contradictoire, d'abord par deux experts, le premier désigné par l'autorité, le second désigné par l'entreprise, puis, en cas de désaccord entre ces deux experts, par un tiers expert, dont la conclusion liera les deux parties.

En cas d'option pour l'expertise contradictoire, l'entreprise indique dans sa réponse le nom, l'adresse et les qualités de son expert, et joint à cette réponse une lettre de ce dernier acceptant la mission et se déclarant prêt à l'effectuer dans le délai ci-après fixé ;

c) Dès qu'elle a reçu la réponse mentionnée aux deux alinéas précédents, l'Autorité invite l'expert unique ou les deux experts à procéder à l'expertise. Elle donne communication de cet avis à l'entreprise.

Le ou les experts sont dispensés de prêter serment.

Les entreprises sont tenues de fournir aux experts, dès leur désignation, et sur leur demande, conjointe ou non, tous les moyens d'investigation que ces derniers jugent utiles pour l'accomplissement de leur mission, notamment, en matière d'immeubles, pour la visite des lieux et la connaissance des actes et documents se rapportant aux immeubles expertisés ;

d) L'expert unique ou les deux experts doivent déposer leurs conclusions et les notifier aux deux parties dans un délai maximal de trois mois à dater de l'avis de l'autorité, ci-dessus prévu.

S'il y a désaccord entre les conclusions des deux experts, il est immédiatement procédé à la désignation du tiers expert, soit après accord entre les parties, par l'autorité, soit, à défaut d'accord entre les parties, dans les quinze jours du dépôt des conclusions des deux experts, à la requête de la partie la plus diligente, par le président du tribunal judiciaire de la situation du siège social ou du siège spécial pour la France, ou, dans le cas d'opérations réalisées en France en libre prestation de services, du lieu de situation des actifs immobiliers, statuant en référé sur assignation. Le tiers expert doit déposer ses conclusions et les notifier aux deux parties dans les deux mois de sa désignation.

Si, après avoir été désigné dans les formes ci-dessus prévues, un expert se trouve empêché de remplir sa mission dans les délais fixés, il est immédiatement procédé à une nouvelle désignation dans les mêmes formes, et les délais sont dûment prorogés. Toutefois, si l'expert défaillant est celui de l'entreprise, l'Autorité de contrôle prudentiel et de résolution peut requérir immédiatement du président du tribunal la désignation d'un expert unique, dont les conclusions lieront les deux parties. Elle peut formuler la même requête s'il n'a pas été répondu à sa demande d'expertise dans le délai prévu au *d* ci-dessus, ou si l'expert de l'entreprise n'a pas déposé son rapport dans le délai fixé au *b* du présent article.

e) Les frais de l'expertise sont à la charge des entreprises. Le ou les experts adressent à l'entreprise, avec leur rapport, l'état de leurs vacations, frais et honoraires et en remettent une copie à l'Autorité de contrôle prudentiel et de résolution. Dans le délai de quinzaine de la réception dudit état par l'entreprise, celle-ci doit faire connaître à l'autorité ou qu'elle a effectué le paiement, ou qu'elle se propose de contester la somme réclamée.

Art. A. 343-2-2 Pour les valeurs mobilières cotées en bourse, l'estimation prévue à l'article R. 343-10 est faite d'après les mêmes règles que celles définies à l'article 121-6 du règlement n° 2015-11 du 26 novembre 2015 de l'Autorité des normes comptables relatif au cadre comptable des entreprises d'assurance, en remplaçant le capital C par la valeur de la toute-propriété au cours le plus bas du jour de l'inventaire et, pour les autres placements, la valeur estimée comme il est prévu à l'article 121-6 du règlement précité, sauf les cas où une autre valeur résulte d'une expertise effectuée conformément à l'article A. 343-2-1, auquel cas cette dernière valeur est retenue.

SECTION III REVENUS DES PLACEMENTS

Art. A. 343-3 Lors de l'entrée en portefeuille des titres soumis à la réserve de capitalisation, leur taux actuariel de rendement est calculé en tenant compte du prix d'acquisition, des probabilités, dates d'échéances et montants, nets de tous impôts, des coupons, des lots et autres avantages accessoires attachés à ces titres, et des valeurs de remboursement.

Pour les obligations mentionnées au deuxième alinéa de l'article R. 343-9, le calcul s'effectue en prenant pour valeur de remboursement la valeur de remboursement initiale multipliée par le rapport entre l'indice de référence à la date considérée et ce même indice à la date d'émission du titre.

Art. A. 343-3-1 Lors de la vente ou de la conversion d'une obligation, l'opération est appliquée au titre le plus ancien du portefeuille.

En cas de vente ou de conversion d'un titre, on se réfère à la date d'acquisition de ce titre, pour calculer, en fonction de son taux actuariel mentionné à l'article A. 343-3, sa valeur actuelle au jour de la vente ou de la conversion.

Pour les obligations mentionnées au deuxième alinéa de l'article R. 343-9, la valeur actuelle ainsi calculée est multipliée par le rapport entre l'indice de référence à la date de la vente ou de la conversion et ce même indice à la date d'acquisition.

Lorsque le prix de vente est supérieur à la valeur actuelle, diminuée le cas échéant de la dépréciation mentionnée au premier alinéa de l'article R. 343-9, l'excédent est versé à la réserve de capitalisation ; lorsqu'il est inférieur à la valeur actuelle, diminuée le cas échéant de la dépréciation mentionnée au premier alinéa de l'article R. 343-9, la différence est prélevée sur la réserve de capitalisation, dans la limite du montant de celle-ci.

La charge ou le produit théorique d'impôts lié à la non-prise en compte, dans le résultat imposable de l'entreprise, des versements ou prélèvements mentionnées à l'alinéa précédent donne lieu à respectivement une reprise non technique sur la réserve de capitalisation ou à une dotation non technique à la réserve de capitalisation, pour un montant équivalent. Cette reprise ou cette dotation contribue au résultat non technique de l'entreprise.

Art. A. 343-3-2 Les entreprises dont les placements en valeurs soumises à la réserve de capitalisation ne dépassent pas 750 000 euros à la date de l'inventaire peuvent ne pas appliquer les dispositions prévues aux articles A. 343-3 et A. 343-3-1 (alinéas 2, 4 et 5). Dans ces cas, ces entreprises sont tenues de porter à la réserve de capitalisation 10 % de l'excédent résultant de la comparaison entre le montant du prix de vente et le prix d'entrée en portefeuille des titres mentionnés à l'article R. 343-14 vendus dans l'exercice, ou de prélever sur celle-ci la totalité de l'insuffisance résultant de la même comparaison. Une fois exercée en faveur de ce forfait, l'option ne peut être remise en cause.

SECTION IV TENUE DE DOCUMENTS RELATIFS AUX PLACEMENTS, CONTRATS, SINISTRES, RÉASSURANCES

Art. A. 343-4 Un inventaire permanent des placements doit être tenu, dans les conditions suivantes :

a) Les entrées et les sorties de placements doivent y être enregistrées, indépendamment de leur enregistrement comptable, au plus tard le lendemain de la naissance de l'engagement (pour les prêts et les immeubles) ou de la réception de l'avis d'achat ou de vente (pour les valeurs mobilières) ;

b) Chaque intitulé de valeur doit être suivi individuellement et comporter la désignation de la valeur et son imputation comptable, la désignation précise du dépositaire et du lieu de dépôt, le détail de chaque mouvement (nature, quantité, date et prix unitaire), la date, la nature et le montant des encaissements et décaissements afférents à l'achat, à la cession ou à l'amortissement partiel du placement ; et, pour les prêts, le taux d'intérêt, l'échéancier d'amortissement et la nature des garanties reçues ;

c) Les informations définies au *b* ci-dessus doivent pouvoir être consultées à tout moment, pour chaque intitulé de valeur ;

d) Au moins mensuellement, doit être établie une liste chronologique des mouvements du mois par compte divisionnaire du plan comptable, comportant pour chaque mouvement l'intitulé de la valeur, la quantité ainsi que la nature et la date du mouvement et le montant enregistré en comptabilité, ainsi que le solde en valeur du compte divisionnaire en début et en fin de mois et le solde général en valeur en début et en fin de mois. Pour les opérations non encore enregistrées en comptabilité (promesses d'achat ou de vente par exemple), les montants sont indiqués pour mémoire et récapitulés dans des soldes pour mémoire rattachés aux soldes en valeurs.

Art. A. 343-4-1 Les entreprises doivent soit délivrer les contrats sous un numérotage continu pouvant comprendre plusieurs séries, sans omission ni double emploi, les avenants successifs étant rattachés au contrat d'origine, soit affecter aux assurés ou sociétaires des numéros continus répondant aux mêmes exigences.

Les informations relatives à ces documents doivent être à tout moment d'un accès facile et comporter au moins les éléments suivants :

– soit numéro du contrat ou de l'avenant, soit numéro de l'assuré ou du sociétaire avec tous les contrats ou avenants le concernant ;
– date de souscription, durée du contrat ;
– nom du souscripteur, de l'assuré ;
– éventuellement nom ou code de l'intermédiaire ;
– date et heure de la prise d'effet stipulée au contrat ;
– date et motif de la sortie éventuelle ;
– monnaie dans laquelle le contrat est libellé ;
– type de garantie par référence aux catégories d'assurance définies à l'article A. 344-2 ;
– montant des limites de garantie, du capital ou de la rente assurée.

Art. A. 343-4-2 Les événements et les sinistres faisant jouer ou susceptibles de faire jouer au moins une des garanties prévues au contrat ou les sorties sont enregistrés dès qu'ils sont connus, sous un numérotage continu pouvant comprendre plusieurs séries. Cet enregistrement est effectué par exercice de survenance ou, en transports, par exercice de souscription. Il comporte les renseignements suivants : date et numéro de l'enregistrement, numéro de contrat et, en tant que de besoin, date de la souscription, nom de l'assuré, date de l'événement. Il en est établi au moins une fois par mois une liste à lecture directe.

Par ailleurs, pour chaque sinistre, un document facilement accessible à partir du numéro d'enregistrement doit donner notamment la description des principaux éléments du sinistre et des réclamations et contentieux, le détail des décaissements et encaissements et, sauf si l'entreprise est dispensée de la méthode dossier par dossier, les évaluations successives des sommes à payer ou à recouvrer.

A la clôture de l'exercice, il est établi pour chaque catégorie définie à l'article A. 344-2 ci-après une liste à lecture directe comportant pour chaque sinistre survenu dans l'exercice, outre le numéro d'enregistrement, les sommes payées au cours de l'exercice, l'évaluation des sommes restant à payer (sauf si l'entreprise est dispensée de la méthode dossier par dossier) et le total de ces éléments ; les sinistres survenus au cours des exercices antérieurs et qui n'étaient pas réglés à l'ouverture de l'exercice font l'objet de listes analogues comportant en outre les évaluations à la fin de l'exercice précédent. Ces listes fournissent enfin, s'il y a lieu, les indications analogues concernant les recours ou sauvetages.

Art. A. 343-4-3 Les traités de réassurance, acceptations, d'une part, cessions et rétrocessions, d'autre part, sont enregistrés par ordre chronologique sous un numérotage continu.

Les informations suivantes doivent être portées sur un document pouvant être facilement consulté :
- numéro d'ordre du traité ;
- date de signature ;
- date d'effet ;
- durée ;
- nom du cédant, du cessionnaire ou du rétrocessionnaire ;
- nature des risques objets du traité ;
- date à laquelle l'effet prend fin ;
- nature du traité.

SECTION V DISPOSITIONS PARTICULIÈRES AUX OPÉRATIONS DE COASSURANCE ET CORÉASSURANCE

Art. A. 343-5 Les entreprises qui participent à des groupements de coassurance ou de coréassurance doivent établir, pour chacun de ces groupements, un document facilement accessible indiquant de manière détaillée le fonctionnement du groupement et le mode de traitement comptable des opérations effectuées par l'entreprise dans le cadre du groupement.

L'entreprise doit être en mesure de justifier de toutes les écritures comptables relatives aux opérations effectuées dans le cadre du groupement, notamment du calcul des provisions.

Toutefois, si le groupement s'engage, à l'égard de l'Autorité de contrôle prudentiel et de résolution et à l'égard de ses adhérents, à tenir sa comptabilité et à évaluer les provisions techniques conformément aux règles applicables aux entreprises d'assurance, et à se soumettre au contrôle de l'Autorité de contrôle prudentiel et de résolution, les chiffres transmis à l'entreprise par le groupement constituent une justification suffisante. L'Autorité de contrôle prudentiel et de résolution peut à tout moment retirer le bénéfice de cette disposition aux entreprises adhérentes à un groupement, notamment lorsque celui-ci n'a pas respecté ses engagements.

CHAPITRE IV CATÉGORIES D'ASSURANCE*[S]* ET ÉTATS À PRODUIRE

SECTION PREMIÈRE DISPOSITIONS GÉNÉRALES

Art. A. 344-1 *Abrogé par Arr. du 28 déc. 2015, art. 2-IV-4°, à compter du 1er janv. 2016.*

SECTION II DÉFINITION DES CATÉGORIES ET SOUS-CATÉGORIES

Art. A. 344-2 *(Arr. du 10 juin 2005)* Les opérations effectuées par les entreprises soumises au contrôle de l'État en vertu de l'article L. 310-1 ou *(Arr. du 7 nov. 2008)* « du 1° du III de l'article L. 310-1-1 » *(Arr. du 14 août 2017, art. 3-II-1°)* « et par les fonds de retraite professionnelle supplémentaire mentionnés à l'article L. 381-1 » sont réparties entre les catégories d'opérations suivantes :

1. Contrats de capitalisation à prime unique (ou versements libres) ;
2. Contrats de capitalisation à primes périodiques ;
3. Contrats individuels d'assurance temporaire décès (y compris groupes ouverts) ;
4. Autres contrats individuels d'assurance-vie à prime unique (ou versements libres) (y compris groupes ouverts) ;
5. Autres contrats individuels d'assurance-vie à primes périodiques (y compris groupes ouverts) ;
6. Contrats collectifs d'assurance en cas de décès ;
7. Contrats collectifs d'assurance en cas de vie ;
8. Contrats d'assurance-vie ou de capitalisation en unités de compte à prime unique (ou versements libres) ;
9. Contrats d'assurance-vie ou de capitalisation en unités de compte à primes périodiques ;

(Arr. du 14 juin 2021, art. 1er) « 10. Contrats collectifs relevant de l'article L. 441-1 mais ne relevant pas des catégories 11, 12 ou 14 ;

« 11. Contrats relevant de l'article L. 144-2 ;

« 12. Contrats relevant d'une comptabilité auxiliaire d'affectation mentionnée au premier alinéa de l'article L. 143-4 mais pas de la catégorie 11 ou 14 ;

« 13. Contrats relevant de l'article L. 134-1 mais pas des catégories 11 ou 12 ;

« 14. Contrats relevant d'une comptabilité auxiliaire d'affectation mentionnée au premier alinéa de l'article L. 142-4 mais pas de la catégorie 11 ; »

19. Acceptations en réassurance (vie) ;
20. Dommages corporels (contrats individuels) (y compris garanties accessoires aux contrats d'assurance-vie individuels) ;
21. Dommages corporels (contrats collectifs) (y compris garanties accessoires aux contrats d'assurance-vie collectifs) ;
22. Automobile (responsabilité civile) ;
23. Automobile (dommages) ;
24. Dommages aux biens des particuliers ;
25. Dommages aux biens professionnels ;
26. Dommages aux biens agricoles ;
27. Catastrophes naturelles ;
28. Responsabilité civile générale ;
29. Protection juridique ;
30. Assistance ;
31. Pertes pécuniaires diverses ;
34. Transports ;
35. Assurance construction (dommages) ;
36. Assurance construction (responsabilité civile) ;
37. Crédit ;
38. Caution ;
39. Acceptations en réassurance (non-vie).

Les garanties nuptialité-natalité sont à inclure, selon le cas, dans les catégories 4 à 9.

Les entreprises qui pratiquent plusieurs catégories d'opérations doivent, dans leur comptabilité, ventiler par exercice et par catégorie les éléments suivants de leurs affaires brutes de cessions et de leurs affaires cédées : primes, sinistres, commissions, provisions techniques. Ces mêmes éléments doivent être ventilés, dans la comptabilité, pour chaque catégorie :

– par état de situation du risque ou de l'engagement ;

– entre les affaires du siège et les affaires de chacune des succursales établies à l'étranger.

Toutefois, les entreprises soumises au contrôle de l'*(Arr. du 7 nov. 2008)* « État en vertu du 1° du III de l'article L. 310-1-1 » peuvent ne pas procéder à la ventilation des primes, sinistres, commissions et provisions techniques par état de situation du risque ou de l'engagement.

(Arr. du 28 déc. 2015, art. 2-IV-5°, en vigueur le 1er janv. 2016) « Les opérations réalisées sur l'ensemble du territoire de la République française ainsi que sur le territoire monégasque sont considérées comme opérations en France.

« Les affaires directes à l'étranger, ainsi que les affaires acceptées, des catégories 20 à 31 du présent article sont assimilées à des opérations pluriannuelles à prime unique ou non révisable lorsque les usages de marché conduisent à rattacher les sinistres par exercice de souscription. »

SECTION III ÉTATS À PRODUIRE

Art. A. 344-3 *Abrogé par Arr. du 28 déc. 2015, art. 2-IV-6°, à compter du 1er janv. 2016.*

Art. A. 344-4 *(Arr. du 28 déc. 2015, art. 2-IV-7°, en vigueur le 1er janv. 2016)* La somme mentionnée au premier alinéa de l'article R. 341-8 est fixée à 0,76 euro.

Art. A. 344-5 *Abrogé par Arr. du 20 juin 1994.*

Art. A. 344-6 à A. 344-15 *Abrogés par Arr. du 28 déc. 2015, art. 2-IV-8°, à compter du 1er janv. 2016.*

Art. A. 344-16 *(Abrogé par Arr. du 27 avr. 2011, art. 4) (Arr. du 11 déc. 2009)* ***Les états statistiques relatifs à la protection sociale complémentaire mentionnés au 4° de l'article A. 344-8 sont les suivants :***

E 3 Frais de santé et indemnités journalières versés au cours de l'exercice ;

E 4 Résultat technique en santé ;

E 5 Compléments CMU et gestion d'un régime obligatoire santé.

Ces états sont établis annuellement dans la forme fixée en annexe au présent article. – Entrée en vigueur le 1er janv. 2010 pour les informations relatives à l'exercice 2009 (Arr. du 11 déc. 2009, art. 3).

Annexe à l'art. A. 344-16, 🏛.

CHAPITRE V COMPTES CONSOLIDÉS

Les règles applicables à la consolidation et à la combinaison des comptes sont précisées par le règlement du Comité de la réglementation comptable n° 2000-05 du 7 déc. 2000 publié au JO du 19 janv. 2001 (Arr. du 17 janv. 2001, art. 2, JO 19 janv.) et mod. par Règl. n° 2001-01 du 1er mars 2001 (Arr. du 3 févr. 2004, JO 20 févr.), Règl. n° 2004-05 du 4 mai 2004, (Arr. du 7 juin 2004, JO 8 juin), Règl. n° 2004-10 du 23 nov. 2004 (Arr. du 24 déc. 2004, JO 1er janv. 2005), Règl. n° 2004-17 du 23 nov. 2004 (Arr. du 24 déc. 2004, JO 1er janv. 2005), Règl. n° 2007-08 du 14 déc. 2007 (Arr. du 28 déc. 2007, JO 30 déc.), Règl. n° 2008-05 du 3 avr. 2008 (Arr. du 11 déc. 2008, JO 21 déc.), Règl. n° 2008-14 du 4 déc. 2008 (Arr. du 29 déc. 2008, JO 30 déc.), Règl. n° 2015-09 du 23 nov. 2015 (Arr. du 28 déc. 2015, JO 30 déc.) et Règl. n° 2016-11 du 12 déc. 2016 (Arr. du 26 déc. 2016, JO 28 déc.).

TITRE CINQUIÈME RÈGLES PRUDENTIELLES APPLICABLES AUX ENTREPRISES RELEVANT DU RÉGIME DIT SOLVABILITÉ II

(Arr. du 7 mai 2015, art. 2-III, en vigueur le 1er janv. 2016)

CHAPITRE PREMIER VALORISATION DU BILAN PRUDENTIEL

Néant.

CHAPITRE II EXIGENCES DE CAPITAL RÉGLEMENTAIRE

Néant.

CHAPITRE III INVESTISSEMENTS

Néant.

CHAPITRE IV SYSTÈME DE GOUVERNANCE

Néant.

CHAPITRE V INFORMATIONS À FOURNIR À L'AUTORITÉ DE CONTRÔLE PRUDENTIEL ET DE RÉSOLUTION ET AU PUBLIC

Art. A. 355-1 En application du L. 355-3, lorsque des événements prédéfinis se produisent, pouvant conduire, ou ayant déjà conduit, à des changements importants notamment sur leurs activités et leurs résultats, leur système de gouvernance, leur profil de risque, ou leur solvabilité et situation financière, les entreprises d'assurance et de réassurance *(Arr. du 28 déc. 2015, art. 2-V-1°, en vigueur le 1er janv. 2016)* « et les entreprises visées au I de l'article L. 356-21 » doivent communiquer à l'Autorité de contrôle prudentiel et de résolution *(Arr. du 28 déc. 2015, art. 2-V-2°, en vigueur le 1er janv. 2016)* « la survenance d'un tel événement et » les informations nécessaires aux fins de contrôle.

CHAPITRE VI EXIGENCES SPÉCIFIQUES AUX GROUPES

SECTION PREMIÈRE DISPOSITIONS GÉNÉRALES

SECTION II DISPOSITIONS RELATIVES AU CONTRÔLE DES GROUPES

Néant.

SECTION III EXIGENCE DE CAPITAL RÉGLEMENTAIRE DES GROUPES

Art. A. 356-3 Conformément à l'article R. 356-17, lorsqu'une entreprise mentionnée au premier alinéa de l'article R. 356-8 est d'entreprise participante d'un établissement de crédit, d'une entreprise d'investissement ou d'un établissement financier, cette entreprise applique, pour le calcul de la solvabilité du groupe, la méthode de la consolidation comptable, dite méthode n° 1, définie à l'article 9 de l'arrêté du 3 novembre 2014 relatif à la surveillance complémentaire des conglomérats financiers ou la méthode de déduction et agrégation, dite méthode n° 2, définie à l'article 10 de ce même arrêté.

Toutefois, la méthode n° 1 n'est appliquée que lorsque l'Autorité de contrôle prudentiel et de résolution en tant que contrôleur du groupe est satisfaite du niveau d'intégration de la gestion et du contrôle interne des entités qui relèveraient de la consolidation.

SECTION IV SYSTÈME DE GOUVERNANCE DES GROUPES

Néant.

SECTION V INFORMATIONS À FOURNIR AUX AUTORITÉS DE CONTRÔLE PAR LES GROUPES

Néant.

SECTION VI INFORMATIONS À FOURNIR AU PUBLIC PAR LES GROUPES

Néant.

SECTION VII DISPOSITIONS RELATIVES À LA SURVEILLANCE COMPLÉMENTAIRE DES ENTITÉS RÉGLEMENTÉES APPARTENANT À UN CONGLOMÉRAT FINANCIER

Néant.

TITRE SIXIÈME LIBRE ÉTABLISSEMENT ET LIBRE PRESTATION DE SERVICES COMMUNAUTAIRES

(Arr. du 8 août 1994)

CHAPITRE PREMIER DÉFINITIONS

Néant.

CHAPITRE II CONDITIONS D'EXERCICE

Art. A. 362-1 I. — Les informations requises visées à l'article L. 362-1 doivent être rédigées en langue française et comporter les éléments suivants :

a) La dénomination et l'adresse du siège social de l'entreprise ;

b) L'adresse de la succursale en France, à laquelle l'Autorité de contrôle prudentiel et de résolution et le ministre chargé de l'économie et des finances peuvent demander des informations pour l'exercice de leurs compétences ;

c) Le nom et les pouvoirs du mandataire général *(Abrogé par Arr. du 28 déc. 2015, art. 2-VI, à compter du 1er janv. 2016 ; Arr. du 7 mai 2015, art. 2-IV-1°, en vigueur le 1er janv. 2016)* ***« et les informations concernant le mandataire général mentionnées à l'article A. 321-2 »*** ;

d) Un programme d'activité *(Abrogé par Arr. du 7 mai 2015, art. 2-IV-2°, à compter du 1er janv. 2016)* ***« comportant les pièces mentionnées aux a et g (1, 3, 4, 5, 6 et 7) de l'article A. 321-1 »*** ;

e) Dans le cas où l'entreprise se proposerait de couvrir les risques définis à la branche 10 de l'article R. 321-1, à l'exception de la responsabilité civile du transporteur, une attestation d'adhésion au bureau national d'assurance mentionné à l'article L. 421-15 du présent code et au Fonds national de garantie contre les accidents de circulation ;

(Arr. du 7 mai 2015, art. 2-IV-3°, en vigueur le 1er janv. 2016) « *g)* Un certificat des autorités compétentes de l'État d'origine de l'entreprise, attestant qu'elle dispose bien des fonds propres éligibles nécessaires à la couverture du capital de solvabilité requis et du minimum de capital requis ; »

II. — Dès réception régulière de l'ensemble des informations visées au I du présent article, un accusé de réception est adressé aux autorités de contrôle de l'État d'origine de l'entreprise qui se chargent d'en aviser cette dernière. Un courrier peut également être adressé à ces mêmes autorités, indiquant le cas échéant les conditions dans lesquelles la succursale peut commencer ses activités.

La succursale peut commencer ses activités, soit dès que l'entreprise a reçu communication de la part des autorités de contrôle de son État d'origine du courrier visé à l'alinéa précédent, soit, en toute hypothèse, à l'expiration d'un délai de deux mois à compter de la date de l'accusé de réception prévu à l'alinéa précédent.

III. — *(Arr. du 7 mai 2015, art. 2-IV-4°, en vigueur le 1er janv. 2016)* « Toute modification envisagée du contenu de l'une des informations visées au I du présent article doit être préalablement notifiée par l'entreprise en langue française à l'Autorité de contrôle prudentiel et de résolution un mois au moins avant d'effectuer ladite modification. »

La modification de la nature et des conditions d'exercice des activités d'une succursale en France peut intervenir à la date de réception par le ministre de l'économie d'un dossier, en langue française, de la part des autorités compétentes de l'État membre d'origine de l'entreprise, comportant ceux des documents mentionnés au I du présent article qui font l'objet d'une modification, ou, si elle est postérieure, à la date à laquelle l'entreprise a prévu de procéder à la modification.

Art. A. 362-2 I. — Les informations requises visées à l'article L. 362-2 doivent être rédigées en langue française et comporter les éléments suivants :

a) La dénomination et l'adresse du siège social de l'entreprise ;

b) La liste des branches que l'entreprise est habilitée à pratiquer ;

c) La nature des risques ou engagements que l'entreprise se propose de prendre ou garantir sur le territoire français ;

d) Dans le cas où l'entreprise se proposerait de couvrir les risques définis à la branche 10 de l'article R. 321-1, à l'exclusion de la responsabilité civile du transporteur, une déclaration d'adhésion au bureau national d'assurance mentionné à l'article L. 421-15 et au Fonds national de garantie contre les accidents de circulation ainsi que le nom et l'adresse du représentant pour la gestion des sinistres qu'elle désigne sur le territoire français ;

e) Dans le cas où l'entreprise se proposerait de couvrir les risques définis à la branche 17 de l'article R. 321-1, l'option choisie parmi celles énoncées à l'article L. 322-2-3 ;

(Arr. du 7 mai 2015, art. 2-IV-5° à 7°, en vigueur le 1er janv. 2016) « *f)* Un certificat des autorités compétentes de l'État d'origine de l'entreprise attestant qu'elle dispose bien des fonds propres éligibles nécessaires à la couverture du capital de solvabilité requis et du minimum de capital requis.

« II. — L'entreprise peut commencer ses activités sur le territoire français dès que l'Autorité de contrôle prudentiel et de résolution a reçu communication des informations visées au I du présent article.

« III. — Toute modification envisagée du contenu de l'une des informations visées au I du présent article doit être préalablement notifiée en langue française à l'Autorité de contrôle prudentiel et de résolution par les autorités compétentes de l'État d'origine de l'entreprise. »

La modification envisagée peut intervenir dès que l'entreprise a été avisée par les autorités compétentes de son État d'origine de la notification visée à l'alinéa précédent.

CHAPITRE III CONTRÔLE ET SANCTIONS

Néant.

CHAPITRE IV TRANSFERTS DE PORTEFEUILLE

Néant.

TITRE SEPTIÈME PRESTATIONS DE SERVICES FOURNIES PAR UNE INSTITUTION DE RETRAITE PROFESSIONNELLE ÉTABLIE DANS UN ÉTAT MEMBRE DE LA COMMUNAUTÉ EUROPÉENNE OU DANS UN AUTRE ÉTAT PARTIE À L'ACCORD SUR L'ESPACE ÉCONOMIQUE EUROPÉEN AUTRE QUE LA FRANCE

(Arr. du 27 juin 2006)

Art. A. 370-1 Les documents transmis par les autorités compétentes de l'État où l'institution visée à l'article L. 370-1 a son siège social ou son administration principale et mentionnés au premier alinéa de l'article L. 370-3 sont :

a) Le nom et les coordonnées de *(Arr. du 27 juin 2019, art. 2)* « l'organisme souscripteur » sur le territoire de la République française ;

b) Les principales caractéristiques du régime de retraite supplémentaire mentionné *(Arr. du 27 juin 2019, art. 2)* « au premier alinéa de l'article L. 381-1 », en ce compris les garanties offertes et les modalités de versement des cotisations ;

c) La liste des États membres dans lesquels l'institution fournit des services de retraite professionnelle supplémentaire ;

d) Le nom, les coordonnées et le statut légal de l'institution ;

e) La précision que les opérations concernées font ou non l'objet d'une comptabilité auxiliaire d'affectation.

Ces documents sont transmis en langue française. L'Autorité de contrôle prudentiel et de résolution accuse réception de ces documents. Cet accusé fait courir le délai de deux mois mentionné au premier alinéa de l'article *(Arr. du 23 avr. 2007)* « L. 370-3 ».

Art. A. 370-2 Pour l'application du dernier alinéa de l'article L. 370-4, l'autorité mentionnée à l'article L. 310-12 peut demander à l'institution visée à l'article L. 370-1 les documents justifiant du respect des dispositions du code des assurances qui lui sont applicables, et notamment des articles L. 370-1 à L. 370-4 et R. 370-1 à *(Arr. du 23 avr. 2007)* « R. 370-7 ».

Art. A. 370-3 Pour l'application de l'article L. 370-3, les dispositions qui régissent l'activité de l'institution et qui sont indiquées aux autorités compétentes de l'État concerné sont celles, législatives et réglementaires, énumérées à l'article L. 370-2 et celles du titre VII du livre III. Il est également indiqué à ces autorités compétentes qu'aucun créancier de l'institution, autre que les adhérents, assurés ou bénéficiaires au titre des opérations définies à l'article L. 143-1, ne peut se prévaloir d'un quelconque droit sur les biens et droits résultant de ces opérations, dans les conditions prévues au premier alinéa de l'article L. 143-7.

TITRE HUITIÈME FONDS DE RETRAITE PROFESSIONNELLE SUPPLÉMENTAIRE

(Arr. du 14 août 2017, art. 4)

CHAPITRE V RÈGLES FINANCIÈRES ET PRUDENTIELLES APPLICABLES AUX FONDS DE RETRAITE PROFESSIONNELLE SUPPLÉMENTAIRE

SECTION PREMIÈRE EXIGENCES DE SOLVABILITÉ

Art. A. 385-1 I. – Les actions de préférence entrant dans la composition de la marge de solvabilité mentionnées au 1° du I de article R. 385-1 doivent répondre aux conditions suivantes :

a) Ces titres sont assortis de droits financiers définis par les statuts ; les versements correspondant à ces droits équivalents à une fraction du bénéfice distribuable de l'exercice, au sens de l'article L. 232-11 du code de commerce ;

b) Le fonds de retraite professionnelle supplémentaire a la faculté de suspendre le versement de ces droits financiers dans des conditions prévues par les statuts ; il est tenu de le faire si cette suspension est nécessaire au respect par le fonds de retraite professionnelle supplémentaire des dispositions de l'article L. 385-2 ;

c) Dans les cas visés au *b*, le versement des droits financiers ne peut être reporté à un exercice ultérieur ;

d) Dans l'hypothèse d'une liquidation du fonds de retraite professionnelle supplémentaire débiteur, ces titres ne peuvent être remboursés qu'après règlement de toutes les dettes existant à la date de la liquidation ou contractées pour les besoins de celle-ci ;

e) Ces titres ont la capacité d'absorber les pertes, même en cas de poursuite de l'activité ;

f) Les statuts prévoient qu'ils ne peuvent être modifiés qu'après que l'autorité de contrôle aura déclaré, après avoir vérifié que le contrat modifié continuera de remplir les conditions fixées au présent article, ne pas s'opposer à la modification envisagée ;

g) Si les statuts prévoient une possibilité de rachat des actions de préférence par le fonds de retraite professionnelle supplémentaire émetteur ou si la conversion des actions de préférence en actions ordinaires se traduit par une réduction de capital, ce rachat ou cette conversion ne peut intervenir avant cinq ans à compter de la date d'émission et nécessite l'approbation préalable de l'autorité de contrôle.

II. — Les actions de préférence entrant dans la composition de la marge de solvabilité mentionnées au 1° du II de l'article R. 385-1 doivent répondre aux conditions fixées au I du présent article, à l'exception du *a*, du *b* et du *c*.

III. — Les emprunts et titres subordonnés entrant dans la composition de la marge de solvabilité visés à l'article R. 385-1 doivent répondre aux conditions suivantes :

1° Dans l'hypothèse d'une liquidation du fonds de retraite professionnelle supplémentaire débiteur, ces titres ou emprunts ne peuvent être remboursés qu'après règlement de toutes les autres dettes existant à la date de la liquidation ou contractées pour les besoins de celle-ci ;

2° Le contrat d'émission ou d'emprunt ne comporte pas de clause prévoyant que, dans des circonstances déterminées autres que la liquidation du fonds de retraite professionnelle supplémentaire débiteur, la dette devra être remboursée avant l'échéance convenue ;

3° Le contrat d'émission ou d'emprunt prévoit qu'il ne pourra être modifié qu'après que l'Autorité de contrôle prudentiel et de résolution aura déclaré, après avoir vérifié que le contrat modifié continuera de remplir les conditions fixées au présent article, ne pas s'opposer à la modification envisagée ;

4° Le contrat d'émission ou d'emprunt doit prévoir une échéance de remboursement des fonds au moins égale à cinq ans ou, lorsque aucune échéance n'est fixée, un préavis d'au moins cinq ans pour tout remboursement.

IV. — Au plus tard un an avant la date prévue pour le remboursement de tout ou partie des fonds visés au II et au III ci-dessus, le fonds de retraite professionnelle supplémentaire débiteur soumet à l'Autorité de contrôle prudentiel et de résolution un plan indiquant comment la marge de solvabilité sera maintenue, après le remboursement, au niveau requis par la réglementation. Ce plan n'est pas exigé si la part des fonds incluse dans la marge de solvabilité est progressivement et régulièrement ramenée à zéro par le fonds de retraite professionnelle supplémentaire au cours des cinq dernières années au moins avant l'échéance de remboursement.

V. — Les fonds provenant des emprunts et titres subordonnés à durée déterminée entrant dans la composition de la marge de solvabilité peuvent être remboursés par anticipation à l'initiative du fonds de retraite professionnelle supplémentaire débiteur si l'Autorité de contrôle prudentiel et de résolution a préalablement autorisé un tel remboursement, après s'être assurée que la marge de solvabilité ne risquait pas d'être ramenée en dessous du niveau nécessaire pour garantir durablement le respect de la marge requise par la réglementation.

Dans les mêmes conditions, l'Autorité de contrôle prudentiel et de résolution peut autoriser le remboursement des fonds provenant des emprunts et titres subordonnés à durée indéterminée entrant dans la composition de la marge de solvabilité sans application du préavis prévu au 4° du III du présent article.

Dans les cas visés au présent paragraphe, le fonds de retraite professionnelle supplémentaire débiteur soumet au moins six mois à l'avance à l'Autorité de contrôle prudentiel et de résolution, à l'appui de sa demande d'autorisation, un plan indiquant comment la marge de solvabilité sera maintenue, après le remboursement, au niveau requis par la réglementation. L'absence de décision notifiée au fonds de retraite professionnelle supplémentaire à l'expiration d'un délai de six mois vaut autorisation.

Sont notamment soumis aux dispositions du présent paragraphe l'amortissement anticipé par offre publique d'achat ou d'échange et le rachat en bourse de titres cotés ; toutefois un émetteur peut racheter en bourse sans autorisation préalable jusqu'à

5 % des titres émis, à condition d'informer l'Autorité de contrôle prudentiel et de résolution des rachats effectués.

VI. – Les contrats d'émission concernant des emprunts et titres à durée indéterminée qui prévoient formellement que tout remboursement est subordonné à autorisation préalable de l'Autorité de contrôle prudentiel et de résolution n'ont pas à prévoir le délai de préavis minimum visé au 4° du III du présent article.

Art. A. 385-2 La projection selon le scénario mentionné au *a* du I de l'article R. 385-4 est effectuée sur les dix exercices suivant la clôture de l'exercice précédent et selon les hypothèses suivantes :

1° Les primes projetées correspondent à la moyenne des primes encaissées au cours des trois derniers exercices. Toutefois, si le fonds de retraite professionnelle supplémentaire justifie la cohérence de ce choix, il peut projeter les primes correspondant aux versements périodiques et programmés ainsi qu'aux versements libres prudemment estimés qu'il ne peut refuser ;

2° Les frais de gestion projetés sont estimés de façon cohérente avec les hypothèses de frais utilisées pour le calcul de la provision de gestion mentionnée au 4° de l'article R. 343-3 ;

3° L'allocation des actifs, évalués conformément aux articles R. 343-9 et R. 343-10, est inchangée pour l'ensemble de la période projetée ;

4° Les valeurs amortissables, évaluées comptablement conformément à l'article R. 343-9, sont, sous réserve de l'application du 3°, détenues jusqu'à maturité et réinvesties sur des obligations de maturités cohérentes avec la duration des engagements, sans pouvoir être supérieures à 15 ans. Le niveau des coupons annuels de ces obligations est égal à la moyenne annuelle, sur l'exercice précédent le test, du niveau de l'indice TECn publié par la Banque de France, où n correspond à la maturité de la nouvelle obligation. Lorsque la maturité de la nouvelle obligation ne correspond pas à un indice TECn disponible, une interpolation linéaire est réalisée entre les deux indices TECn disponibles encadrant au plus proche la maturité choisie ;

5° Les valeurs non amortissables, évaluées comptablement conformément à l'article R. 343-10, génèrent un rendement annuel égal à la moyenne annuelle, sur l'exercice précédent le test, du niveau du taux moyen des emprunts de l'État français, augmenté d'une prime de risque de 250 points de base ;

6° La mortalité projetée est cohérente avec les hypothèses utilisées pour le calcul des provisions mathématiques, évaluées conformément à l'article R. 343-4 ;

7° Les résultats du fonds de retraite professionnelle supplémentaire sont imposés aux conditions en vigueur à la date de la clôture de l'exercice précédent le test et les éventuels crédits d'impôts ne sont comptabilisés que si des bénéfices imposables permettent leur imputation lors d'exercices ultérieurs jusqu'à l'horizon de projection ;

8° La participation aux bénéfices est évaluée conformément aux conditions en vigueur à la date de la clôture de l'exercice précédent le test ;

9° L'évaluation des provisions techniques nécessaires à l'estimation de la marge de solvabilité constituée et de l'exigence minimale de marge de solvabilité pour chaque exercice est réalisée selon les hypothèses suivantes :

a) Pour l'ensemble des exercices projetés, le montant de la provision pour aléa financier mentionnée au 5° de l'article R. 343-3 est nul ;

b) Pour les provisions mathématiques relatives à des engagements donnant lieu à la constitution de provision de diversification, les indices TECn utilisés sont ceux mentionnés à l'article A. 132-18 et publiés par la Banque de France à la date d'arrêté des comptes de l'exercice précédent le test ;

c) Pour les garanties exprimées en unités de rente correspondant à des opérations régies par le chapitre Ier du titre IV du livre IV du présent code, le chapitre II du titre II du livre II du code de la mutualité et la section IV du chapitre II du titre III du livre IX de code de la sécurité sociale, la courbe des taux sans risque mentionnée à l'article A. 441-4 correspond à celle avec correction pour volatilité publiée par l'Autorité européenne des assurances et des pensions professionnelles en vigueur à cette même date ;

d) Pour les autres engagements qui ne sont pas provisionnés au taux historique, le taux moyen des emprunts d'État mentionné à l'article A. 132-1 est celui observé à cette même date ;

10° Les éléments constitutifs de marge correspondant à des emprunts subordonnés mentionnés au 1° du II de l'article R. 385-1 sont supposés demeurer inchangés pour toute la période projetée. Si pour l'un des emprunts concernés, la date de remboursement ou première date de remboursement anticipé est couverte par la période projetée, l'emprunt est supposé être remplacé par un emprunt de même nature et ayant les mêmes caractéristiques.

Art. A. 385-3 Les projections selon les trois scénarios dégradés mentionnés au *b* du I de l'article R. 385-4 sont effectuées sur la même durée et avec les mêmes hypothèses que celles prévues à l'article A. 381-1, sous réserve des modifications suivantes :

1° Pour le scénario de baisse des taux d'intérêt, le niveau des taux d'intérêt pour les valeurs amortissables ainsi que celui servant de référence pour le calcul des provisions techniques est diminué, pour toute la durée de la projection, du maximum entre une baisse relative de 40 % et une baisse absolue de 0,75 %, sans pouvoir toutefois être inférieur à 0 % ou supérieur à 3,5 % ;

2° Dans le scénario de baisse des rendements financiers tirés des actifs non amortissables, le niveau des rendements des actifs non amortissables est diminué de 30 % ;

3° Dans le scénario de baisse de la mortalité, le taux de mortalité à tout âge est diminué de 10 %

LIVRE QUATRIÈME ORGANISATIONS ET RÉGIMES PARTICULIERS D'ASSURANCE

TITRE PREMIER ORGANISATIONS GÉNÉRALES D'ASSURANCE

CHAPITRE PREMIER LE CONSEIL NATIONAL DES ASSURANCES

Art. A. 411-1 à A. 411-11 *Abrogés par Arr. du 13 juill. 1990.*

CHAPITRE II L'ÉCOLE NATIONALE D'ASSURANCES

Néant.

TITRE DEUXIÈME LE FONDS DE GARANTIE

CHAPITRE PREMIER LE FONDS DE GARANTIE CONTRE LES ACCIDENTS DE CIRCULATION ET DE CHASSE

(*Arr. du 22 juin 1988*)

SECTION PREMIÈRE DISPOSITIONS APPLICABLES AUX ACCIDENTS DE LA CIRCULATION SURVENUS EN FRANCE MÉTROPOLITAINE, DANS LES DÉPARTEMENTS D'OUTRE-MER ET À MAYOTTE

§ 1er DISPOSITIONS COMMUNES À L'INDEMNISATION DES DOMMAGES RÉSULTANT D'ATTEINTES À LA PERSONNE ET DES DOMMAGES AUX BIENS

Art. A. 421-1 **Est approuvée la convention ci-jointe, passée par l'État avec le fonds de garantie et le bureau central français pour l'indemnisation des accidents dont l'État est responsable dans les pays mentionnés à l'article L. 211-4 (1er alinéa).**

CONVENTION

Entre :

D'une part, l'État, représenté par M. Jean-Pierre Fourcade, ministre de l'économie et des finances,

D'autre part, le fonds de garantie automobile dont le siège est à Paris, 42, rue de Clichy, représenté par M. Bernard Pagezy, son président,

De troisième part, le Bureau central français des sociétés d'assurances contre les accidents d'automobiles dont le siège est à Paris, 118, rue de Tocqueville, représenté par M. Henri Chatel, son président,

Il a été rappelé que :

a) Les lois n° 72-1130 du 21 décembre 1972 et n° 74-909 du 30 octobre 1974 ont modifié la législation sur le fonds de garantie et celle instituant une obligation d'assurance en matière de circulation de véhicules terrestres ;

b) Les décrets n° 73-587 du 29 juin 1973 et n° 75-171 du 17 mars 1975 pris pour leur application ont prévu que le fonds de garantie remboursera au Bureau central français, pour le compte de l'État, les sommes dues par celui-ci pour les accidents dont il est responsable dans les pays visés aux articles 1er (2e alinéa) et 1er *bis* de la loi du 27 février 1958 modifiée, et qu'une convention fixera les conditions d'application de ces dispositions, et notamment les modalités de remboursement de ces sommes au fonds de garantie ;

c) Le Bureau central français s'est engagé, à l'égard des bureaux des États visés aux articles 1er et 1er *bis* de la loi du 27 février 1958, par la convention complémentaire du 12 décembre 1973, à garantir les sinistres causés par les véhicules ayant leur stationnement habituel en France et à Monaco, à la seule exception de ceux pour lesquels l'État aurait usé des facultés prévues à l'article 4 de la directive 72/166/CEE du 24 avril 1972 ;

d) L'État n'a fait usage de ces facultés que pour les seuls véhicules militaires soumis, pour le règlement des dommages dont ils seraient la cause, à l'application des conventions internationales en vigueur, et convenu en conséquence de ce qui suit :

Art. 1er La présente convention s'applique aux dommages causés par des véhicules de l'État, dispensés de l'obligation d'assurance par l'article 3 de la loi du 27 février 1958.

La présente convention ne s'applique pas aux dommages causés par des véhicules militaires appartenant à l'État et soumis, pour le règlement des dommages dont ils seraient la cause, à l'application des conventions internationales spéciales en vigueur.

Art. 2 La présente convention prend effet le 1er juillet 1973, pour les sinistres causés par les véhicules mentionnés à l'article 1er de la présente convention, dans les pays visés à l'article 1er de la loi du 27 février 1958.

Toutefois, elle n'entre en vigueur, pour les sinistres causés dans le Royaume du Danemark, la République d'Irlande et le Royaume-Uni de Grande-Bretagne et d'Irlande du Nord, qu'à compter du 15 mai 1974.

Elle prend effet le 21 mars 1975, pour les sinistres causés dans les pays visés à l'article 1er *bis* de la loi du 27 février 1958.

Art. 3 Le Bureau central français s'oblige à prêter son concours à l'État pour l'instruction et le règlement des dommages visés aux articles 1er et 2 ci-dessus et à rembourser aux bureaux nationaux étrangers les règlements effectués par eux dans le cadre de la convention type inter-Bureaux et de la convention complémentaire signée le 12 décembre 1973.

Notamment et à la demande de l'État, il interviendra auprès de chaque bureau national étranger pour obtenir, si ce bureau y donne son accord, l'application de l'article 7 de la convention type inter-Bureaux à l'occasion de sinistres susceptibles d'entraîner le versement d'indemnités au moins égales à 10 000 F *[1 524,49 €]*.

Art. 4 Pour chaque sinistre pris en charge par le Bureau central français, le fonds de garantie lui remboursera la totalité des débours qu'il aura supportés, et notamment :

Les indemnités en principal et intérêts versés aux victimes ;

Les frais et honoraires judiciaires ou autres exposés pour l'instruction et le règlement amiable ou judiciaire du sinistre ;

La taxe de gestion telle qu'elle est ou sera fixée par l'article 5 de la convention inter-Bureaux au jour de l'accident ;

Les intérêts de retard prévus par ledit article lorsqu'ils seront dus en raison d'une circonstance indépendante de la volonté du Bureau central français.

Art. 5 Le fonds de garantie s'oblige à rembourser au Bureau central français, dossier par dossier, les sommes visées à l'article précédent quinze jours au plus tard après que le Bureau central français lui aura adressé un dossier comportant les indications suivantes :

La date, le lieu et les circonstances de l'accident ;

L'immatriculation du véhicule ou les éléments de son identification ;

Si possible, le nom du conducteur ;

L'identité des victimes et de leurs ayants droit ainsi que :

La quittance signée par les bénéficiaires des indemnités ou tout acte pouvant en tenir lieu ;

Un décompte certifié des dépenses visées à l'article 4 ;

S'il y a lieu, copie des décisions judiciaires intervenues.

A défaut de règlement quarante jours après réception du dossier complet par le fonds de garantie, les sommes dues par celui-ci seront de plein droit majorées d'un intérêt au taux de 12 p. 100 l'an.

Art. 6 Sur justification fournie par le Bureau central français qu'il n'est pas en état de procéder aux règlements auxquels il aurait à faire face soit en raison du nombre de sinistres causés par des véhicules faisant l'objet de la présente convention, soit en raison de l'importance des indemnités qui en résultent, le fonds de garantie lui fera les avances nécessaires.

Art. 7 Dans le cas où l'imputabilité d'un sinistre à l'État, ou à l'un de ses services, ferait l'objet d'une contestation, le fonds de garantie resterait tenu d'effectuer, au profit du Bureau central français, les remboursements prévus par la présente convention, sauf à résoudre directement avec l'État le différend qui l'opposerait à celui-ci.

Art. 8 Conformément aux dispositions de la convention type inter-Bureaux, les parties à la présente convention, sous la réserve des dispositions de l'article 3 (2e alinéa) ci-dessus, renoncent expressément à contester, à quelque titre que ce soit, les règlements effectués par chaque bureau national étranger en exécution de ladite convention type et de la convention complémentaire du 12 décembre 1973.

Art. 9 Le fonds de garantie, après règlement au Bureau central français des sommes dues à ce bureau en vertu de la présente convention, adresse à l'agence judiciaire du Trésor public le dossier qu'il aura reçu du Bureau central français avec indication de la date du règlement. L'agence judiciaire du Trésor public, sous réserve que le dossier transmis par le fonds de garantie comprenne les pièces prévues à l'article 5, fera rembourser au fonds les sommes versées par celui-ci pour le compte de l'État. Les sommes seront majorées d'un intérêt calculé depuis la date de paiement par le fonds jusqu'à la date de remboursement par l'État au taux consenti par la Caisse des dépôts et consignations sur les fonds déposés auprès de cet établissement par le fonds de garantie automobile.

Art. 10 La présente convention est conclue pour une durée indéterminée. Toutefois, chaque partie peut la résilier moyennant le respect d'un préavis de treize mois à compter de la date de la notification adressée aux autres parties.

Fait à Paris, le 14 août 1975.

Art. A. 421-1-1 *(Arr. du 19 juill. 2007 ; Arr. du 22 nov. 2011)* **L'indemnisation des dommages aux biens par le fonds de garantie ne peut excéder par sinistre la somme de** *(Arr. du 16 mars 2022, art. 1er)* **« 1 300 000 euros ».**

§ 2 DISPOSITIONS APPLICABLES À L'INDEMNISATION DES DOMMAGES RÉSULTANT D'ATTEINTES À LA PERSONNE

Néant.

§ 3 DISPOSITIONS APPLICABLES À L'INDEMNISATION DES DOMMAGES AUX BIENS

Néant.

SECTION II DISPOSITIONS APPLICABLES AUX ACCIDENTS DE CHASSE SURVENUS EN FRANCE MÉTROPOLITAINE

Néant.

SECTION III ORGANISATION, FONCTIONNEMENT ET CONTRÔLE DU FONDS DE GARANTIE

Néant.

SECTION IV RÉGIME FINANCIER DU FONDS DE GARANTIE

§ 1er DISPOSITIONS SPÉCIALES AUX ACCIDENTS DE LA CIRCULATION

Art. A. 421-2 *(Abrogé par Arr. du 28 févr. 2019, à compter du 1er janv. 2019)* ***La contribution des assurés prévue au 3o de l'article R. 421-27*** [anc. art. R. 420-7] ***est recouvrée et reversée suivant les modalités applicables en matière de taxe unique sur les contrats d'assurance.***

Elle fait l'objet de versements distincts à l'appui desquels il est déposé :

1o Par les entreprises d'assurance, des états spéciaux, établis en double exemplaire pour chaque versement trimestriel ;

2o Par les courtiers et intermédiaires mentionnés à l'article 388 de l'annexe III du code général des impôts, une déclaration en double exemplaire indiquant le montant des sommes stipulées au profit des assureurs au cours du trimestre considéré et de leurs accessoires, ainsi que le montant de la contribution correspondante.

Les états et déclaration prévus aux deux précédents alinéas sont établis sur des formules imprimées mises à la disposition des assujettis par la direction générale des impôts.

Art. A. 421-3 *(Arr. du 28 févr. 2019)* **Les taux des contributions prévues pour l'alimentation du fonds de garantie des assurances obligatoires de dommages, en application des articles L. 421-4 à L. 421-4-2, sont fixés comme suit :**

Contribution des assurés, au titre du 1o de l'article L. 421-4-2 : 1,2 % des primes ;

Contribution des entreprises d'assurance, au titre du 2o de l'article L. 421-4-2 : 14 % de la totalité des charges de la section "automobile" ;

Contribution des responsables d'accidents non assurés, au titre du 4° de l'article L. 421-4-2 :

– taux normal : 10 % des indemnités restant à leur charge ;

– taux réduit : 5 %.

Les dispositions issues de l'Arr. du 28 févr. 2019 sont applicables aux exercices ouverts à compter du 1er janv. 2019 (Arr. préc., art. 2).

§ 2 DISPOSITIONS SPÉCIALES AUX ACCIDENTS DE CHASSE

Art. A. 421-4 *(Arr. du 28 févr. 2019)* Les taux des contributions prévues pour l'alimentation du fonds de garantie des assurances obligatoires de dommages, en application des articles L. 421-8 et R. 421-39, sont fixés comme suit :

Contribution forfaitaire des assurés, au titre du *a* de l'article L. 421-8 : 0,02 euro par personne garantie ;

Contribution des entreprises d'assurance, au titre du *b* de l'article L. 421-8 : 1 % de la totalité des charges des opérations du fonds de garantie afférentes à la chasse et à la destruction des animaux susceptibles d'occasionner des dégâts ;

Contribution des responsables d'accidents corporels non assurés, au titre du troisième alinéa de l'article R. 421-39 :

– taux normal : 10 % des indemnités restant à leur charge ;

– taux réduit, lorsque l'accident résulte d'une opération de destruction des animaux d'espèces non domestiques effectuée en vertu des articles L. 427-1 à L. 427-11 du code de l'environnement : 5 %.

Les dispositions issues de l'Arr. du 28 févr. 2019 sont applicables aux exercices ouverts à compter du 1er janv. 2019 (Arr. préc., art. 2).

§ 3 DISPOSITIONS COMMUNES AUX ACCIDENTS DE LA CIRCULATION ET DE CHASSE

Néant.

SECTION V INTERVENTION DU FONDS EN CAS DE RETRAIT D'AGRÉMENT ADMINISTRATIF D'UNE ENTREPRISE D'ASSURANCE

(Arr. du 30 juin 2018, art. 2)

Les dispositions de l'Arr. du 30 juin 2018 sont applicables aux opérations exécutées par le fonds de garantie des assurances obligatoires de dommages, en vertu de l'art. L. 421-9, relatives aux contrats d'assurance conclus ou renouvelés à compter du 1er juill. 2018 (Arr. préc., art. 3).

§ 1 DISPOSITIONS SPÉCIALES À L'ASSURANCE AUTOMOBILE

Art. A. 421-5 La totalité des recettes et des charges afférentes à l'intervention du fonds de garantie, en cas de retrait d'agrément d'une entreprise d'assurance couvrant sur le territoire de la République française les risques relevant de l'assurance obligatoire des véhicules terrestres à moteur et de leurs remorques et semi-remorques, sont retracées dans une section spécifique de ses comptes intitulée "Opérations du fonds de garantie résultant du retrait d'agrément d'entreprises d'assurance automobile".

Pour ce suivi comptable, il est établi :

1° Une section dans le compte de résultat ;

2° Un compte d'actif et de passif spécifique au bilan ;

3° Une annexe comportant un état récapitulatif des opérations menées dans l'exercice, de la quote-part des produits financiers, des créances, des provisions techniques, et des autres dettes.

V. ndlr en tête de section.

Art. A. 421-6 Les opérations du fonds de garantie liées à la prise en charge des dommages mentionnés à l'article L. 211-1, en cas de retrait d'agrément d'une entreprise d'assurance, sont retracées, au passif du bilan, par la réserve spéciale mentionnée au II de l'article L. 421-10 et les provisions techniques liées à l'indemnisation de ces dommages.

Les actifs du bilan sont représentés par les contributions à recevoir et les dividendes à recouvrer sur les liquidations.

Les autres dettes et créances liées à l'intervention du fonds de garantie en cas de retrait d'agrément d'une entreprise d'assurance sont détaillées dans l'annexe mentionnée au 3° de l'article A. 421-5.

V. ndlr en tête de section.

Art. A. 421-7 La réserve spéciale liée aux opérations résultant du retrait d'agrément d'une entreprise d'assurance couvrant sur le territoire de la République française les risques relevant de l'assurance obligatoire des véhicules terrestres à moteur et de leurs remorques et semi-remorques, mentionnée au II de l'article L. 421-10, est dénommée "réserve spéciale liée au retrait d'agrément d'entreprises d'assurance automobile".

Il est affecté à cette réserve spéciale, à titre de dotation initiale, un montant de 80 millions d'euros.

Le résultat de la section "Opérations du fonds de garantie résultant du retrait d'agrément d'entreprises d'assurance automobile" est doté à cette réserve spéciale, lorsqu'il est créditeur. Il est déduit de cette même réserve spéciale, lorsqu'il est débiteur.

V. ndlr en tête de section.

Art. A. 421-8 Le pourcentage de la contribution au fonds de garantie, prévue au I de l'article L. 421-10, est fixé à 1 % de la totalité des charges du dernier exercice de la section "Opérations du fonds de garantie résultant du retrait d'agrément d'entreprises d'assurance automobile".

Le produit de cette contribution est intégralement affecté au compte de résultat de la même section, ainsi que les dividendes à recouvrer sur les liquidations, les indemnités versées, les provisions techniques constituées, les frais de gestion ou d'administration afférents à l'intervention du fonds de garantie liée au retrait d'agrément d'une entreprise d'assurance couvrant sur le territoire de la République française les risques relevant de l'assurance obligatoire des véhicules terrestres à moteur et de leurs remorques et semi-remorques, et, le cas échéant, le produit de la contribution extraordinaire mentionnée au II de l'article L. 421-10. La quote-part des produits financiers alloués est prise en compte dans cette même section.

V. ndlr en tête de section.

§ 2 DISPOSITIONS SPÉCIALES À L'ASSURANCE CONSTRUCTION

Art. A. 421-9 La totalité des recettes et des charges afférentes à l'intervention du fonds de garantie, en cas de retrait d'agrément d'une entreprise d'assurance couvrant sur le territoire de la République française les risques relevant de l'assurance obligatoire en vertu de l'article L. 242-1, sont retracées dans une section spécifique de ses comptes intitulée "Opérations du fonds de garantie résultant du retrait d'agrément d'entreprises d'assurance construction".

Pour ce suivi comptable, il est établi :

1° Une section dans le compte de résultat ;

2° Un compte d'actif et de passif spécifique au bilan ;

3° Une annexe comportant un état récapitulatif des opérations menées dans l'exercice, de la quote-part des produits financiers, des créances, des provisions techniques, et des autres dettes.

V. ndlr en tête de section.

Art. A. 421-10 Les opérations du fonds de garantie liées à la prise en charge des dommages mentionnés à l'article L. 242-1, en cas de retrait d'agrément d'une entreprise d'assurance, sont retracées, au passif du bilan, par la réserve spéciale mentionnée au II de l'article L. 421-10-1 et les provisions techniques liées à l'indemnisation de ces dommages.

Les actifs du bilan sont représentés par les contributions à recevoir et les dividendes à recouvrer sur les liquidations.

Les autres dettes et créances liées à l'intervention du fonds de garantie en cas de retrait d'agrément d'une entreprise d'assurance sont détaillées dans l'annexe mentionnée au 3° de l'article A. 421-9.

V. ndlr en tête de section.

Art. A. 421-11 La réserve spéciale liée aux opérations résultant du retrait d'agrément d'une entreprise d'assurance couvrant sur le territoire de la République française les risques relevant de l'assurance obligatoire en vertu de l'article L. 242-1, mentionnée au II de l'article L. 421-10-1, est dénommée "réserve spéciale liée au retrait d'agrément d'entreprises d'assurance construction".

Il est affecté à cette réserve spéciale, à titre de dotation initiale, un montant de 40 millions d'euros.

Le résultat de la section "Opérations du fonds de garantie résultant du retrait d'agrément d'entreprises d'assurance construction" est doté à cette réserve spéciale, lorsqu'il est créditeur. Il est déduit de cette même réserve spéciale, lorsqu'il est débiteur.

V. ndlr en tête de section.

Art. A. 421-12 Le montant de la contribution au fonds de garantie, prévue au I de l'article L. 421-10-1, est déterminé conformément à la formule suivante, pour une année comptable d'inventaire *i* :

$$CF_i = \max[0; T\% \times (M_i - P_i)] + \max[0; (P\% \times C_i) \times \frac{CA_i}{CA}]$$

Où :

1° Pour la première part, qui est fonction de la différence entre les primes des dix derniers exercices et les provisions techniques du dernier exercice, et pour une année d'inventaire *i* :

a) "Mi" est calculé selon la formule suivante :

$$M_i = \sum_{k=0}^{10} B_k \times P_{i-k}$$

Où :

– "K" constitue la différence de millésime entre l'exercice sous inventaire et l'exercice d'ouverture des chantiers, de rang 0 à 10 avec 0 correspondant à l'année d'inventaire *i* ;

– "Pi-k" est le montant des primes émises et des primes restant à émettre afférentes aux garanties de dommages aux ouvrages, obligatoires en vertu de l'article L. 242-1, y compris les garanties accessoires, et relatives à l'exercice d'ouverture de chantier de l'année i-k, nettes des primes à annuler et des frais d'acquisition qui peuvent être pris en compte dans la limite de 15 % des primes ;

– "Bk" représente le coefficient annuel mentionné au 1° du I de l'article L. 421-10-1, à appliquer conformément au tableau suivant :

k	0	1	2	3	4	5	6	7	8	9	10
Bk	1	1	0,95	0,85	0,75	0,65	0,55	0,45	0,35	0,25	0,20

b) "Pi" correspond au montant total des provisions techniques comptabilisées pour l'ensemble des garanties de dommages aux ouvrages, obligatoires en vertu de l'article L. 242-1, y compris les garanties accessoires. Ces provisions sont brutes de réassurance et nettes de recours à encaisser, et elles incluent les frais de gestion des sinistres ainsi que les provisions constituées pour les sinistres non encore manifestés ;

c) "T" représente le taux applicable à cette différence, mentionné au 1° du I de l'article L. 421-10-1 ;

2° Pour la seconde part, qui est fonction des besoins de financement de la section du fonds de garantie dédiée à son intervention en cas de retrait d'agrément d'une entreprise d'assurance couvrant sur le territoire de la République française les risques relevant de l'assurance obligatoire en vertu de l'article L. 242-1, et pour une année d'inventaire *i* :

a) "Ci" constitue la totalité des charges du dernier exercice de la section "Opérations du fonds de garantie résultant du retrait d'agrément d'entreprises d'assurance construction" ;

b) "P %" représente le pourcentage mentionné au 2° du I de l'article L. 421-10-1 ;

c) "$\frac{CA_i}{CA}$" correspond à la part du chiffre d'affaires de l'entreprise d'assurance afférente aux garanties de dommages aux ouvrages, obligatoires en vertu de l'article L. 242-1, y compris les garanties accessoires, réalisée sur le territoire de la République française.

V. ndlr en tête de section.

Art. A. 421-13 Les taux de la contribution au fonds de garantie, prévue au I de l'article L. 421-10-1, sont fixés comme suit :

1° Le taux applicable à la différence entre les primes des dix derniers exercices et les provisions techniques du dernier exercice, mentionné au 1° du I de l'article L. 421-10-1, est fixé à 5 % ;

2° Le pourcentage, mentionné au 2° du I de l'article L. 421-10-1, est fixé à 1 % de la totalité des charges du dernier exercice de la section "Opérations du fonds de garantie résultant du retrait d'agrément d'entreprises d'assurance construction".

Le produit de cette contribution est intégralement affecté au compte de résultat de la section "Opérations du fonds de garantie résultant du retrait d'agrément d'entreprises d'assurance construction", ainsi que les dividendes à recouvrer sur les liquidations, les indemnités versées, les provisions techniques constituées, les frais de gestion ou d'administration afférents à l'intervention du fonds de garantie liée au retrait d'agrément d'une entreprise d'assurance couvrant sur le territoire de la République française les risques relevant de l'assurance obligatoire en vertu de l'article L. 242-1, et, le cas échéant, le produit de la contribution extraordinaire mentionnée au II de l'article L. 421-10-1. La quote-part des produits financiers alloués est prise en compte dans cette même section.

V. ndlr en tête de section.

SECTION VI DISPOSITIONS PARTICULIÈRES AUX DÉPARTEMENTS D'OUTRE-MER

Néant.

SECTION VII DISPOSITIONS PARTICULIÈRES AUX TERRITOIRES D'OUTRE-MER ET À MAYOTTE

Néant.

SECTION VIII DISPOSITIONS PARTICULIÈRES APPLICABLES AUX ACCIDENTS D'AUTOMOBILE SURVENUS À L'ÉTRANGER

Néant.

CHAPITRE II LE FONDS DE GARANTIE DES VICTIMES DES ACTES DE TERRORISME ET D'AUTRES INFRACTIONS

(*Arr. du 22 juin 1988*)

Art. A. 422-1 Les contrats d'assurance sur lesquels est assise la contribution instituée par l'article L. 422-1 et mentionnée par l'article R. 422-4 sont ceux qui garantissent les biens situés sur le territoire national et relevant des branches 3 à 9 de l'article R. 321-1.

TITRE TROISIÈME ORGANISMES PARTICULIERS D'ASSURANCE

CHAPITRE PREMIER LA CAISSE CENTRALE DE RÉASSURANCE

(Arr. du 10 sept. 1985)

SECTION PREMIÈRE DISPOSITIONS GÉNÉRALES

Art. A. 431-1 Les prises ou extensions de participations financières effectuées par la caisse centrale de réassurance dans les conditions prévues par la législation en vigueur doivent, nonobstant toutes dispositions contraires des statuts, faire l'objet d'une approbation par arrêté du ministre chargé de l'économie et des finances dans tous les cas où ces prises ou extensions de participations ont pour effet de lui attribuer une part égale ou supérieure à 10 p. 100 dans le capital d'une entreprise.

Toutefois, la caisse centrale de réassurance peut effectuer, sans l'approbation mentionnée ci-dessus, toutes prises ou extensions de participations financières dans le capital des sociétés immobilières de promotion définies au titre Ier de la loi du 16 juillet 1971, lorsque le montant de ces prises ou extensions de participations dans le capital ne dépasse pas 76 224,50 €.

Art. A. 431-2 *Abrogé par Arr. du 22 juin 1988.*

SECTION II OPÉRATIONS EFFECTUÉES AVEC LA GARANTIE DE L'ÉTAT

§ 1er DISPOSITIONS COMMUNES

Néant.

§ 2 RISQUES EXCEPTIONNELS ET NUCLÉAIRES

Néant.

§ 3 RISQUES DE CATASTROPHES NATURELLES

Néant.

§ 4 RISQUES D'ATTENTATS

Art. A. 431-3 et A. 431-4 *Abrogés par Arr. du 6 mai 1988.*

Art. A. 431-5 *(Arr. du 6 mai 1988)* La caisse centrale de réassurance détermine les tarifs destinés à lui permettre de faire face aux charges des opérations qu'elle effectue au titre de l'article L. 431-10.

Art. A. 431-6 *(Arr. du 6 mai 1988)* Les opérations de réassurance des risques relatifs aux actes de terrorisme et aux attentats mentionnées à l'article L. 431-10 sont retracées au sein de la comptabilité de la caisse centrale de réassurance dans un compte distinct.

Ce compte fait apparaître les recettes de primes et de commissions, la part des produits correspondant au placement des fonds gérés par la caisse ainsi que, le cas échéant, les versements effectués par l'État au titre de la mise en jeu de la garantie. Il retrace, en dépenses, outre les versements opérés au titre desdites opérations, la part des frais financiers et de gestion, commissions, impôts, taxes et frais annexes de toute nature, qui lui sont imputables.

Les conditions et modalités de la mise en jeu de la garantie de l'État font l'objet d'une convention passée entre le ministre chargé de l'économie et des finances et le président du conseil d'administration, directeur général de la caisse centrale de réassurance.

SECTION III OPÉRATIONS DE GESTION

§ 1er FONDS NATIONAL DE GARANTIE DES CALAMITÉS AGRICOLES

Art. A. 431-7 La caisse centrale de réassurance dresse le 31 décembre de chaque année l'inventaire du Fonds national de garantie des calamités agricoles et établit un bilan et un compte de profits et pertes dans la forme ci-après.

1° *Bilan*

ACTIF

Placements à terme.
Placements à vue.
Créances sur le Trésor public :
– au titre de l'article 3-1 *a* de la loi du 10 juillet 1964 ;
– au titre de l'article 3-1 *b* de la même loi ;
– au titre de l'article 5 de la même loi.
Créances diverses.
Autres éléments détaillés de l'actif.
Excédents de charges nets des exercices antérieurs.
Excédents de charges de l'exercice.
Total.

PASSIF

Indemnités prévues par l'article 4 de la loi du 10 juillet 1964 susmentionnée.
Subventions prévues par l'article 5 de la même loi.
Intérêts des prêts accordés par les caisses régionales de crédit agricole mutuel, au titre des articles 675, 675-1 et 675-2 *[abrogés]* du code rural.
Frais à payer aux organismes d'assurances.
Frais de gestion et frais financiers de la caisse centrale de réassurance.
Frais d'assiette de la contribution additionnelle.
Frais de la commission nationale des calamités agricoles.
Frais des comités départementaux d'expertise.
Frais relatifs à l'action d'information et de prévention.
Avances de la caisse nationale de crédit agricole.
Autres éléments détaillés de passif.
Excédents de recettes nets des exercices antérieurs.
Excédents de recettes nets de l'exercice.
Total.

2° *Compte de profits et pertes*

DÉBIT

Indemnités prévues par l'article 4 de la loi du 10 juillet 1964 susmentionnée, ventilées par exercice de survenance de la calamité agricole.
Subventions prévues par l'article 5 de la même loi ventilées par exercices au titre desquels elles sont accordées.
Intérêts des prêts accordés par les caisses régionales de crédit agricole mutuel au titre des articles 675, 675-1 et 675-2 *[abrogés]* du code rural.
Frais exposés par les organismes d'assurances :
– frais d'expertise ;
– frais d'instruction des dossiers.
Frais exposés par la caisse centrale de réassurance ventilés par exercice.
Frais de la commission nationale des calamités agricoles.
Frais des comités départementaux d'expertise.
Frais d'assiette de la contribution additionnelle.
Frais relatifs à l'action d'information et de prévention.
Avances de la caisse nationale de crédit agricole.

Intérêts sur avances de la caisse nationale de crédit agricole.
Pertes sur réalisations de valeurs.
Autres éléments de débit.
Excédents de recettes de l'exercice.
Total.

CRÉDIT

Contribution additionnelle aux primes ou cotisations des contrats d'assurance, ventilée par exercice d'assiette.
Subvention de l'État au titre de l'indemnisation, ventilée par exercice.
Dotation spéciale pour l'incitation à l'assurance, ventilée par exercice.
Recours sur les tiers.
Reversements effectués par des sinistrés.
Intérêts des fonds placés.
Bénéfices sur réalisations de valeurs.
Avances de la caisse nationale de crédit agricole.
Autres éléments de crédit.
Excédents de charges de l'exercice.
Total.

§ 2 FONDS DE GARANTIE DES CALAMITÉS AGRICOLES DANS LES DÉPARTEMENTS D'OUTRE-MER

Néant.

§ 3 FONDS DE REVALORISATION DE CERTAINES RENTES ALLOUÉES EN RÉPARATION DU PRÉJUDICE CAUSÉ PAR UN VÉHICULE TERRESTRE À MOTEUR

Art. A. 431-8 La caisse centrale de réassurance dresse, le 31 décembre de chaque année, l'inventaire du fonds de revalorisation de certaines rentes allouées en réparation du préjudice causé par un véhicule terrestre à moteur et établit un bilan et un compte général d'exploitation et de pertes et profits, dans la forme ci-après.

1° *Bilan*

ACTIF

Immobilisations en France :
Immeubles ;
Immobilisations en cours.
Autres valeurs immobilisées en France :
Valeurs mobilières admises en représentation des engagements ;
Prêts et effets assimilés admis en représentation des engagements.
Valeurs réalisables à court terme et disponibles :
Créances sur l'État ;
Débiteurs divers ;
Chèques et coupons à encaisser ;
Banques, chèques postaux, caisse.
Autres éléments détaillés de l'actif.
Résultats. – Déficit de l'exercice.
Total.

PASSIF

Excédents des exercices antérieurs.
Dettes à long et moyen terme.
Provisions techniques :
Provisions pour majorations à payer.

Dettes à court terme :
Dettes de l'État ;
Créditeurs divers ;
Avances.
Autres éléments détaillés du passif.
Résultats. – Excédent de l'exercice.
Total.

2° *Compte général d'exploitation et de pertes et profits*

DÉBIT

Charges des prestations payées :
A ajouter : provisions pour majorations de rentes à la clôture de l'exercice ;
A déduire : provisions pour majorations de rentes à l'ouverture de l'exercice.
Charges de gestion :
Frais exposés par la caisse centrale de réassurance ;
Frais d'assiette de la contribution additionnelle.
Charges des placements :
Frais sur titres et sur immeubles ;
Autres frais ;
Dotations aux amortissements sur placements ;
Provisions pour moins-values sur placements à la clôture de l'exercice ;
Moins-values sur cession d'éléments d'actif ;
Excédent net total (solde créditeur).
Total.

CRÉDIT

Contribution additionnelle.
Produits des placements :
Produits financiers sur titres et immeubles ;
Autres produits financiers.
Provisions pour moins-values sur placements à l'ouverture de l'exercice.
Plus-values sur cession d'éléments d'actif.
Autres profits.
Insuffisance nette totale (solde débiteur).
Total.

Art. A. 431-9 Le taux du prélèvement pour frais d'assiette et de perception à opérer sur le produit de la contribution additionnelle aux primes ou cotisations d'assurance instituée par l'article 2 de la loi nº 74-1118 du 27 décembre 1974 est fixé à 2 p. 100.

Les provisions à constituer annuellement par le fonds de revalorisation de certaines rentes allouées en réparation du préjudice causé par un véhicule terrestre à moteur, en garantie des majorations qu'il rembourse aux entreprises d'assurance, sont calculées sur les bases ci-après :

Table de mortalité TV 73/77 annexée à l'article *(Arr. du 28 déc. 2015, art. 3-1°, en vigueur le 1er janv. 2016)* « A. 132-18 » ;

Taux d'intérêt de 4,50 p. 100.

Pour le calcul des provisions mathématiques, la date de naissance du rentier est reportée au 31 décembre le plus voisin.

Il est constitué, en outre, en couverture des frais à exposer pour la gestion du fonds, une provision de gestion égale à 2 p. 100 du total des provisions mentionnées au second alinéa du présent article.

§ 4 FONDS DE COMPENSATION DES RISQUES DE L'ASSURANCE DE LA CONSTRUCTION

Néant.

CHAPITRE II CONDITIONS ET MODALITÉS D'OCTROI DE LA GARANTIE DE L'ÉTAT POUR LES OPÉRATIONS CONCOURANT AU DÉVELOPPEMENT DU COMMERCE EXTÉRIEUR DE LA FRANCE *(Arr. du 22 déc. 2016, art. 1er, en vigueur le 31 déc. 2016).*

SECTION PREMIÈRE DISPOSITIONS GÉNÉRALES

Néant.

SECTION II ADMINISTRATION ET FONCTIONNEMENT

Néant.

SECTION III RISQUES GARANTIS

§ 1 DISPOSITIONS GÉNÉRALES

Néant.

§ 2 OPÉRATIONS D'EXPORTATION

Néant.

§ 3 PRÊTS OU CRÉDITS BANCAIRES

Néant.

§ 4 INVESTISSEMENTS CONNEXES À DES OPÉRATIONS D'EXPORTATION

Néant.

§ 5 OPÉRATIONS D'IMPORTATION

Néant.

§ 6 DISPOSITIONS COMMUNES

Art. A. 432-1 *(Abrogé par Arr. du 22 déc. 2016, art. 2-1°, à compter du 31 déc. 2016)* ***Les conditions d'octroi et de fonctionnement de la garantie des risques susceptibles d'être assurés avec la garantie de l'État en exécution des dispositions réglementaires de la section II du présent chapitre sont fixées par la compagnie française d'assurance pour le commerce extérieur conformément à l'avis de la commission des garanties et du crédit au commerce extérieur et en application des dispositions de la présente section.***

Art. A. 432-2 *(Abrogé par Arr. du 22 déc. 2016, art. 2-2°, à compter du 31 déc. 2016)* ***La garantie peut être accordée :***

Aux personnes physiques ou morales françaises ou étrangères pour les opérations d'exportation ou d'importation qu'elles réalisent en provenance ou à destination de la France ou des départements ou territoires d'outre-mer *(Arr. du 8 oct. 2009)* ***« ainsi que pour l'assurance crédit des projets présentant un intérêt stratégique pour l'économie française ».***

(Arr. du 20 nov. 1985) ***« Aux banques et établissements français ou étrangers » pour les prêts ou crédits qu'ils consentent soit à des personnes étrangères physiques ou morales de droit public ou de droit privé, soit à des banques ou établissements financiers étrangers pour le financement d'opérations d'exportation ou connexes à des exportations ;***

Aux entreprises installées en France pour les investissements à l'étranger connexes à des opérations d'exportation.

(Arr. du 12 févr. 2010) ***« Aux personnes morales françaises ou étrangères agissant pour le compte de détenteurs d'obligations émises pour assurer le financement d'un contrat commercial d'exportation, pour garantir le paiement des sommes dues au titre de ces obligations en cas de défaillance de l'entité ayant procédé à leur émission. »***

(Arr. du 28 févr. 2013) ***« Aux entreprises d'assurance et de réassurance, aux mutuelles et aux institutions de prévoyance de droit français ou étranger, pour le financement d'un contrat commercial d'exportation. »***

Art. A. 432-3 *(Abrogé par Arr. du 22 déc. 2016, art. 2-3°, à compter du 31 déc. 2016)* ***Les droits résultant de la garantie peuvent être transférés par l'assuré à un tiers, sous réserve de l'autorisation de la compagnie française d'assurance pour le commerce extérieur.***

Art. A. 432-4 **En cas de réalisation de l'un des risques politiques, catastrophiques,** *(Arr. du 22 déc. 2016, art. 2-4°, en vigueur le 31 déc. 2016)* **« ou de transfert » couverts par la police, l'indemnité correspondante est, dans la mesure où le sinistre subsiste, versée à l'assuré six mois après réception par** *(Arr. du 22 déc. 2016, art. 2-5°, en vigueur le 31 déc. 2016)* **« l'organisme mentionné à l'article L. 432-2 » d'une lettre recommandée** *(Arr. du 27 mars 2018, art. 17, en vigueur le 1er avr. 2018)* **« ou d'un envoi recommandé électronique » l'informant de ce sinistre.**

Toutefois, *(Arr. du 22 déc. 2016, art. 2-6°, en vigueur le 31 déc. 2016)* **« ledit organisme » a la faculté, à titre exceptionnel, sous réserve de l'accord de la commission des garanties et du crédit au commerce extérieur, de régler l'indemnité dès réception de la déclaration du sinistre.**

Art. A. 432-5 **Le montant de toute récupération effectuée après versement d'une indemnité est, sauf dérogation spéciale prévue par la police, partagé entre** *(Arr. du 22 déc. 2016, art. 2-5°, en vigueur le 31 déc. 2016)* **« l'organisme mentionné à l'article L. 432-2 » et l'assuré, au prorata de la part du risque assumée par chacun d'eux.**

Art. A. 432-6 **Le risque de change ne peut être couvert que si l'emploi de la monnaie prévue au contrat est** *(Abrogé par Arr. du 22 déc. 2016, art. 2-7°, à compter du 31 déc. 2016)* ***« imposé, recommandé ou »*** **approuvé par le ministre** *(Arr. du 22 déc. 2016, art. 2-7°, en vigueur le 31 déc. 2016)* **« chargé de l'économie ».**

La garantie de change est accordée en fonction du cours applicable à la date fixée par la police, conformément aux dispositions de la réglementation des changes :

A l'achat des devises nécessaires au règlement des importations ;

Ou à la vente des devises provenant du règlement des exportations ou du remboursement des prêts ou crédits consentis aux acheteurs, banques ou établissements financiers étrangers.

Art. A. 432-7 **En ce qui concerne la garantie du risque de change afférent à des opérations d'exportation ou à des prêts ou crédits consentis pour le financement d'opérations d'exportation ou connexes à des exportations, la perte ou le bénéfice pouvant résulter d'une différence constatée entre le cours pratiqué le jour de l'encaissement d'une créance et le cours sur la base duquel la garantie a été accordée est, à concurrence du pourcentage de garantie, à la charge ou au profit de** *(Arr. du 22 déc. 2016, art. 2-5°, en vigueur le 31 déc. 2016)* **« l'organisme mentionné à l'article L. 432-2 », sous déduction, le cas échéant, de la fraction de cette différence exclue de la garantie.**

Toutefois, l'assuré ne peut invoquer le bénéfice de la garantie que s'il justifie avoir fait diligence pour l'encaissement de sa créance et s'être conformé aux dispositions de la réglementation des changes applicable au rapatriement de cette créance. La liquidation de la perte ou du bénéfice de change doit être effectuée et donner lieu au règlement dans un délai de six mois au plus à partir du jour de réception de la déclaration de sinistre par *(Arr. du 22 déc. 2016, art. 2-5°, en vigueur le 31 déc. 2016)* **« l'organisme mentionné à l'article L. 432-2 », s'il s'agit d'une perte, ou du jour de l'encaissement de la créance s'il s'agit d'un bénéfice.**

Par dérogation aux dispositions de l'alinéa 1er du présent article, la garantie du risque de change afférent à une opération d'exportation qui bénéficie également d'une garantie au titre du 2° de l'article L. 432-2 n'ouvre aucun droit à *(Arr. du 22 déc. 2016, art. 2-5°, en vigueur le 31 déc. 2016)* **« l'organisme mentionné à l'article L. 432-2 » sur le bénéfice de change résultant des hausses éventuelles du cours de la devise étrangère par rapport au cours initial.**

Art. A. 432-8 *(Abrogé par Arr. du 22 déc. 2016, art. 2, à compter du 31 déc. 2016)* ***Les risques politiques, catastrophiques, monétaires ou commerciaux extraordinaires afférents à des opé-***

rations d'importation peuvent être assurés lorsque ces opérations présentent un intérêt *(Arr. du 8 oct. 2009)* ***« stratégique pour l'économie française ».***

Art. A. 432-9 **En ce qui concerne la garantie du risque de change afférent à des opérations d'importation, la perte ou le bénéfice pouvant résulter d'une différence constatée entre le cours d'achat des devises et le cours sur la base duquel la garantie a été accordée est, à concurrence du pourcentage de garantie, à la charge ou au profit de** *(Arr. du 22 déc. 2016, art. 2-5°, en vigueur le 31 déc. 2016)* **« l'organisme mentionné à l'article L. 432-2 », sous déduction, le cas échéant, de la fraction de cette différence exclue de la garantie.**

Toutefois, l'assuré ne peut invoquer le bénéfice de la garantie que s'il a procédé à l'achat des devises dans le délai fixé par la police.

La liquidation de la perte ou du bénéfice doit être effectuée et donner lieu au règlement dans un délai maximal d'un mois compté à partir du jour de la réception par *(Arr. du 22 déc. 2016, art. 2-6° en vigueur le 31 déc. 2016)* **« ledit organisme » de la déclaration d'achat des devises s'il s'agit d'une perte, ou du jour de cet achat s'il s'agit d'un bénéfice.**

La garantie ne peut couvrir en aucun cas les frais supplémentaires occasionnés à l'assuré par la majoration, due à la hausse du change, des droits, taxes ou autres charges payables en euros.

SECTION IV DISPOSITIONS DIVERSES

Art. A. 432-10 *Abrogé par Arr. du 23 oct. 1986.*

CHAPITRE III *[ABROGÉ]* LA CAISSE NATIONALE DE PRÉVOYANCE

(Abrogé par Arr. du 19 mars 1993)

TITRE QUATRIÈME RÉGIMES PARTICULIERS D'ASSURANCE

CHAPITRE PREMIER DISPOSITIONS RELATIVES À CERTAINES OPÉRATIONS DE PRÉVOYANCE COLLECTIVE ET D'ASSURANCE

SECTION PREMIÈRE DISPOSITIONS GÉNÉRALES

Néant.

SECTION II RÈGLES TECHNIQUES ET COMPTABLES

Art. A. 441-1 *(Arr. du 9 juin 1995)* **Les tarifs utilisés pour pratiquer les opérations d'assurance collective prévues à l'article L. 441-1 comprennent la rémunération de l'entreprise gestionnaire et des éventuels intermédiaires.**

Les *(Arr. du 14 août 2017, art. 5-1°)* **« conventions » doivent indiquer les frais prélevés par l'entreprise.**

Art. A. 441-2 *Abrogé par Arr. du 14 août 2017, art. 5-2°.*

Art. A. 441-3 *(Arr. du 23 avr. 2007)* **Lorsque la convention est libellée en monnaie étrangère, la valeur d'acquisition et la valeur de service de l'unité de rente sont libellées dans cette même monnaie.**

Art. A. 441-4 *(Arr. du 14 août 2017, art. 5-3°)* **I. — Les calculs de la provision mathématique théorique mentionnée à l'article R. 441-21 et la répartition des droits prévue à l'article R. 441-27 sont effectués à l'aide des tables de mortalité et de la courbe des taux sans risque pertinente utilisées pour le calcul de la meilleure estimation prévue à l'article R. 351-2.**

Les entreprises d'assurance peuvent appliquer une correction pour volatilité à la courbe des taux d'intérêt sans risque pertinente mentionnée à l'article R. 351-6.

II. – La provision mathématique théorique mentionnée à l'article R. 441-19 est calculée conformément au premier alinéa de l'article R. 441-21, en utilisant la courbe des taux sans risque en vigueur au 31 décembre de l'année précédente.

III. – Lors de la conversion de la convention prévue à l'article R. 441-27, l'opération de rentes viagères résultante est tarifée à l'aide du taux maximum prévu par l'article A. 132-1 et de la table de mortalité appropriée, qui est mentionnée au *a* du 2° de l'article A. 132-18.

Art. A. 441-4-1 *Abrogé par Arr. du 14 août 2017, art. 5-4°.*

Art. A. 441-5 L'unité de rente correspondant à un rachat a la même valeur d'acquisition que l'unité de rente acquise normalement dans l'année du rachat.

Al. 2 abrogé par Arr. du 9 juin 1995.

Art. A. 441-6 Chaque année, les entreprises d'assurance pratiquant les opérations définies par *(Arr. du 9 juin 1995)* « l'article L. 441-1 doivent communiquer à l'Autorité de contrôle prudentiel et de résolution », pour chacune des conventions qu'elles gèrent, la valeur de service et *(Arr. du 14 juin 2004)* « la ou les valeurs d'acquisition » de l'unité de rente pour l'exercice à venir.

Elles doivent également communiquer :

– le montant de la provision mathématique théorique calculée au 31 décembre de l'exercice clos ;

– le montant *(Arr. du 14 juin 2004)* « des provisions techniques mentionnées à l'article R. 441-7 » à cette même date ;

– le montant de la fraction des bénéfices affectée à ladite provision ;

(Abrogé par Arr. du 14 juin 2004) « – le montant des arrérages calculés d'après la nouvelle valeur de service et susceptibles d'être servis pendant l'exercice en cours. »

La communication des renseignements ci-dessus doit intervenir au plus tard le *(Arr. du 9 juin 1995)* « 1er juin » de chaque année.

SECTION III RÈGLES RELATIVES AU RETRAIT D'AGRÉMENT

Art. A. 441-7 à A. 441-9 *Abrogés par Arr. du 29 mars 1985.*

SECTION IV DISPOSITIONS TRANSITOIRES

Néant.

SECTION V

Abrogée.

CHAPITRE II AUTRES RÉGIMES PARTICULIERS D'ASSURANCE

Néant.

LIVRE CINQUIÈME INTERMÉDIAIRES D'ASSURANCE

(Arr. du 3 nov. 2006)

TITRE PREMIER INTERMÉDIATION EN ASSURANCE

CHAPITRE PREMIER DÉFINITIONS

Néant.

CHAPITRE II PRINCIPES GÉNÉRAUX

SECTION PREMIÈRE OBLIGATION D'IMMATRICULATION

Art. A. 512-1 *(Arr. du 9 juin 2016, art. 4, en vigueur le 1er juill. 2016)* **Le dossier mentionné à l'article R. 512-4 comprend :**

1° Lorsque le demandeur est une personne physique, son identité, l'adresse de l'établissement où est exercée l'activité professionnelle, à défaut l'adresse du local d'habitation où l'entreprise est fixée et, le cas échéant, son enseigne et son nom commercial. Lorsque le demandeur n'est pas inscrit au registre du commerce et des sociétés, son identité est attestée par une copie de la carte d'identité ou du passeport ;

2° Lorsque le demandeur est une personne morale :

a) L'identité des personnes qui la dirigent et la gèrent ainsi que, lorsque l'activité faisant l'objet de l'inscription est exercée à titre accessoire à leur activité principale, l'identité de la ou des personnes au sein de la direction à laquelle ou auxquelles est déléguée la responsabilité de l'activité concernée ;

b) Le cas échéant, l'identité de la ou des personnes au sein de la direction à laquelle ou auxquelles est déléguée la responsabilité de l'activité concernée est attestée par une copie de la carte d'identité ou du passeport ;

c) L'adresse du siège social ;

d) La dénomination sociale et, le cas échéant, le sigle, l'enseigne et le nom commercial ;

(Arr. du 15 déc. 2020, en vigueur le 1er avr. 2021) **« e) L'identité de leurs actionnaires ou de leurs membres, qu'il s'agisse de personnes physiques ou morales, qui détiennent une participation de plus de 10 % dans l'intermédiaire, et les montants de ces participations » ;**

3° La forme juridique, le numéro SIREN et :

a) Lorsque la personne est inscrite au registre du commerce et des sociétés, un extrait d'immatriculation datant de moins de trois mois ;

b) Lorsque la personne n'est pas inscrite au registre du commerce et des sociétés, une copie de la carte d'identité ou du passeport attestant l'identité des personnes physiques qui dirigent, gèrent ou administrent et/ou sont directement responsables de l'activité ;

4° La justification de la catégorie dans laquelle l'intermédiaire demande son inscription :

a) Pour les courtiers et sociétés de courtage, un extrait d'immatriculation au registre du commerce et des sociétés datant de moins de trois mois et mentionnant l'activité de courtage d'assurance, établi au nom de l'intéressé si l'activité de courtage est exercée en nom propre et au nom de la société concernée dans le cas contraire ;

b) Pour les agents généraux d'assurance, un document attestant l'existence et, le cas échéant, la durée du ou des mandats d'agent général d'assurance ;

(Arr. du 1er déc. 2021, art. 1er, en vigueur le 1er avr. 2022) **« c) Pour les personnes mentionnées au 3° de l'article R. 511-2, un document attestant de l'existence d'un ou de plusieurs mandats. Pour les personnes mentionnées au 4° de l'article R. 511-2 un document attestant de l'existence de l'ensemble des mandats et précisant les catégories d'inscription du mandant au registre mentionné au I de l'article L. 512-1 du code des assurances » ;**

5° L'indication que l'activité d'intermédiation est exercée à titre principal ou à titre accessoire et, le cas échéant, la nature de l'activité principale ;

6° L'attestation d'assurance de responsabilité civile professionnelle prévue à l'article R. 512-14 ou, pour les intermédiaires visés aux 2°, 3° et 4° de l'article R. 511-2, tout document attestant que l'entière responsabilité des actes de l'intermédiaire est assumée par le ou les mandants dans les conditions prévues au III de l'article L. 511-1 ;

7° L'attestation de garantie financière prévue à l'article R. 512-15 ou, pour les intermédiaires visés aux 2° et 3° de l'article R. 511-2, tout document attestant d'un mandat d'encaissement des primes ou cotisations et, éventuellement, d'un mandat de règlement des sinistres ou, le cas échéant, une déclaration de l'intermédiaire par laquelle celui-ci atteste sur l'honneur ne pas encaisser de fonds ;

8° Le ou les documents permettant d'attester du respect des conditions de capacité professionnelle telles que définies à la sous-section 2 du chapitre IV du présent titre ;

9° L'organisme mentionné à l'article L. 512-1 peut, en application des dispositions de l'article R. 514-1, demander, de manière complémentaire, la production d'un extrait d'acte de naissance ;

10° Le règlement des frais d'inscription ;

(Arr. du 29 juin 2018, art. 3, en vigueur le 1er oct. 2018) « 11° L'indication que l'intermédiaire a des liens étroits au sens du 9° de l'article L. 310-3 avec une ou plusieurs personnes physiques ou morales soumises à des dispositions législatives, réglementaires ou administratives d'un pays tiers, afin de vérifier que ces dispositions n'entravent pas le bon exercice de la mission de l'organisme qui tient le registre mentionné au I de l'article L. 512-1 ;

« 12° Lorsque l'intermédiaire projette d'exercer son activité en libre établissement en application des dispositions des articles L. 515-3 et suivants, et en vue d'apprécier l'adéquation de la structure organisationnelle ou de la situation financière avec l'activité envisagée, il peut être requis des éléments complémentaires tels que les statuts à jour de la société, ses derniers comptes sociaux, les justificatifs de publicité au registre du commerce et des sociétés du lieu d'implantation, un document attestant de la nomination du responsable de la succursale, un organigramme ou toute autre information permettant de déterminer l'appartenance à un groupe ainsi que le programme d'activité en liaison avec l'activité envisagée ;

« 13° Le cas échéant, l'adresse du site internet de l'intermédiaire » ;

(Arr. du 1er déc. 2021, art. 1er, en vigueur le 1er avr. 2022) « 14° Pour les intermédiaires mentionnés au I de l'article L. 513-3, un document de moins de deux mois attestant de leur adhésion à une association professionnelle agréée. »

Art. A. 512-2 *(Arr. du 9 juin 2016, art. 4, en vigueur le 1er juill. 2016)* Le renouvellement de l'immatriculation, mentionné à l'article L. 512-1, est effectué au 1er mars de chaque année. La demande de renouvellement est adressée par l'intermédiaire ou le mandant au moins un mois avant l'expiration de l'immatriculation. Elle est accompagnée des éléments suivants :

1° L'identité du demandeur mentionné aux 1° et 2° de l'article A. 512-1, son adresse, le cas échéant la forme juridique, la dénomination sociale, le sigle, l'enseigne et le nom commercial ;

2° Le numéro d'immatriculation et la ou les catégories concernées ;

3° Le cas échéant, l'attestation d'assurance de responsabilité civile prévue à l'article R. 512-14 ;

4° Le cas échéant, l'attestation de garantie financière prévue à l'article R. 512-15 ;

5° Le règlement des frais d'inscription ;

(Arr. du 1er déc. 2021, art. 2, en vigueur le 1er avr. 2022) « 6° Pour les intermédiaires mentionnés au I de l'article L. 513-3, un document de moins de deux mois attestant de leur adhésion à une association professionnelle agréée. »

Art. A. 512-3 *(Arr. du 9 juin 2016, art. 4, en vigueur le 1er juill. 2016)* Le registre des intermédiaires mentionné à l'article R. 512-6 comporte les informations suivantes :

1° Le numéro d'immatriculation de l'intermédiaire ;

2° Dans le cas d'une personne physique, son identité, l'adresse de l'établissement où est exercée l'activité professionnelle, à défaut l'adresse du local d'habitation où l'entreprise est fixée, la forme juridique, le cas échéant l'enseigne, le nom commercial et le numéro SIREN ;

(Arr. du 9 juin 2016, art. 6-II, en vigueur le 1er janv. 2017) « 3° Dans le cas d'une personne morale, l'identité de la personne parmi celles mentionnées au *a* du 2° de l'article A. 512-1 ou, le cas échéant, l'indication de celle à qui est déléguée la responsabilité de l'activité exercée, ainsi que l'adresse du siège social, la forme juridique, la dénomination sociale et, le cas échéant, le sigle, l'enseigne et le nom commercial ainsi que le numéro SIREN » ;

4° La ou les catégories auxquelles appartient l'intermédiaire en application de l'article R. 511-2 et s'il exerce l'activité d'intermédiation à titre principal ou à titre accessoire à une autre activité professionnelle. Dans ce dernier cas, le registre indique la nature de l'activité principale exercée ;

(Arr. du 9 juin 2016, art. 6-II, en vigueur le 1er janv. 2017) « 5° Une mention indiquant si l'intermédiaire d'assurance est autorisé ou non à encaisser des fonds, selon qu'il est couvert par une garantie financière ou un mandat d'encaissement d'une entreprise d'assurance, ou qu'il a déclaré ne pas encaisser de fonds » ;

6° Le cas échéant, les États membres de l'Union européenne ou d'un autre État partie à l'accord sur l'Espace économique européen dans lesquels l'intermédiaire a indiqué souhaiter exercer son activité en régime de libre prestation de services ou de liberté d'établissement *(Arr. du 29 juin 2018, art. 4, en vigueur le 1er oct. 2018)* « ainsi que la catégorie d'exercice » ;

7° Le nom de l'autorité compétente pour le contrôle de l'intermédiaire ;

8° La liste des intermédiaires habilités à exercer en France en régime de libre prestation de services et en libre établissement. Cette liste indique les nom et prénom*[s]*, ou la dénomination sociale, l'adresse, le numéro d'immatriculation le cas échéant et l'autorité dont ces intermédiaires dépendent pour leur immatriculation, la date d'autorisation d'exercice en France ainsi que l'adresse du ou des établissements en France pour les intermédiaires exerçant en régime de libre établissement ;

9° Le cas échéant, l'indication de l'exercice de l'intermédiation en assurance dans les conditions fixées au I de l'article R. 512-12 ;

10° Le cas échéant, le nom et les coordonnées du ou des mandants pour le ou les mandats au titre desquels l'intermédiaire exerce l'activité d'intermédiation ;

(Arr. du 29 juin 2018, art. 4, en vigueur le 1er oct. 2018) « 11° Le cas échéant, l'adresse du site internet de l'intermédiaire » ;

(Arr. du 1er déc. 2021, art. 3, en vigueur le 1er avr. 2022) « 12° Pour les personnes mentionnées à l'article L. 513-3, le nom et les coordonnées de l'association agréée par l'Autorité de contrôle prudentiel et de résolution à laquelle elles adhèrent. »

SECTION II AUTRES CONDITIONS D'ACCÈS ET D'EXERCICE

Art. A. 512-4 Le contrat d'assurance de responsabilité civile professionnelle prévue au I de l'article R. 512-14 comporte des obligations qui ne peuvent être inférieures à celles définies ci-dessous :

1° Le niveau minimal de la garantie du contrat d'assurance est fixé à 1 500 000 € par sinistre et 2 000 000 € par année pour un même intermédiaire ;

2° Il peut fixer une franchise par sinistre qui ne doit pas excéder 20 % du montant des indemnités dues. Cette franchise n'est pas opposable aux victimes.

Art. A. 512-5 Le montant de la garantie financière mentionnée à l'article R. 512-15 doit être au moins égal à la somme de 115 000 € et ne peut être inférieur au double du montant moyen mensuel des fonds encaissés par l'intermédiaire, calculé sur la base des fonds encaissés au cours des douze derniers mois précédant le mois de la date de souscription ou de reconduction de l'engagement de caution.

Pour son calcul, le montant de la garantie tient compte du total des fonds encaissés par l'intermédiaire et qui lui ont été confiés par les assurés en vue d'être versés à des entreprises d'assurance ou par toute personne physique ou morale en vue d'être versés aux assurés. De ce total seront déduits les versements pour lesquels l'intermédiaire a reçu d'une entreprise d'assurance un mandat écrit le chargeant expressément de l'encaissement des primes et accessoirement du règlement des sinistres.

Art. A. 512-6 *(Arr. du 18 févr. 2008)* Les diplômes, titres ou certificats mentionnés à l'article R. 512-9 du présent code sont :

1° Les diplômes et les titres correspondant au niveau de formation master.

2° Les diplômes et les titres correspondant simultanément :

– au niveau de formation licence ;

– à la spécialité de formation 313 de la nomenclature des spécialités de formation approuvée par le décret n° 94-522 du 21 juin 1994.

3° Les certificats de qualification professionnelle enregistrés au répertoire national des certifications professionnelles et correspondant à la spécialité de formation 313 de la nomenclature des spécialités de formation approuvée par le décret n° 94-522 du 21 juin 1994.

Art. A. 512-7 *(Arr. du 18 févr. 2008)* Les diplômes, titres ou certificats mentionnés à l'article R. 512-10 et à l'article R. 512-12 du présent code sont :

1° Les diplômes et les titres enregistrés au répertoire national des certifications professionnelles et correspondant simultanément :

– au niveau de formation III de la nomenclature des niveaux de formation utilisés par la Commission nationale de la certification professionnelle modifiée par le décret n° 2007-466 du 28 mars 2007 ;

– à la spécialité de formation 313 de la nomenclature des spécialités de formation approuvée par le décret n° 94-522 du 21 juin 1994.

2° Les certificats de qualification professionnelle enregistrés au répertoire national des certifications professionnelles et correspondant à la spécialité de formation 313 de la nomenclature des spécialités de formation approuvée par le décret n° 94-522 du 21 juin 1994.

Art. A. 512-8 *(Arr. du 26 sept. 2018, art. 1er, en vigueur le 23 févr. 2019)* I. – En application du II de l'article R. 512-13-1, les compétences nécessaires à l'exercice des fonctions mentionnées au II de l'article L. 511-2, ainsi que les actions de formation ou de développement professionnel continus correspondantes, sont :

1° Au titre des compétences professionnelles générales :

a) Appréhender l'activité et l'environnement de la distribution d'assurances et ses évolutions au regard des fonctions exercées :

– Maîtriser les conditions d'accès et d'exercice de l'activité de distributeur ;

– Appréhender les différents acteurs de la distribution d'assurances ;

– Maîtriser les règles de gouvernance et de surveillance des produits, de protection de la clientèle, d'information et de conseil, de gestion des conflits d'intérêts, de rémunération, de traitement des réclamations, ainsi que le dispositif de médiation ;

– Identifier les évolutions juridiques, économiques, financières, démographiques, technologiques ou sociétales, et leurs impacts sur la distribution d'assurances ;

– Tirer les conséquences de ces évolutions sur son activité en matière de distribution d'assurances.

b) Maîtriser la relation client :

– Maîtriser l'information sur les produits présentés au client ;

– Appréhender l'ensemble des composantes de la situation du client ;

– Identifier et analyser les besoins du client, le conseiller et proposer une solution cohérente ou appropriée ;

– Maîtriser le processus de la recommandation personnalisée ;

– Formaliser l'information et le conseil, notamment la traçabilité du questionnement du client sur ses besoins et demandes ainsi que des solutions proposées, et la traçabilité de l'ensemble des informations et documents remis au client ;

– Identifier et prendre en compte les évolutions de la situation et des besoins du client nécessitant une évolution du contrat.

c) Mettre en œuvre les mesures de prévention et de conformité :

— Appliquer les règles en matière de contrôle interne, de prévention des risques, de protection des données personnelles, de lutte contre la fraude, de lutte contre le blanchiment et le financement du terrorisme et de lutte contre la corruption ;

— Appliquer les règles déontologiques.

d) S'adapter aux évolutions organisationnelles et technologiques :

— Maîtriser les outils de l'environnement de travail dont les outils du parcours client y compris les outils digitaux ;

— S'approprier la culture de l'entreprise en vue de favoriser l'intérêt du client tout au long du processus de distribution ;

e) Développer un portefeuille dans le respect de la réglementation :

— Prospecter, commercialiser et négocier de manière adaptée à la clientèle concernée ;

— Traiter les données des clients en vue d'adapter l'offre ;

— Maîtriser les règles applicables en matière de collecte, mise à jour, gestion et exploitation des données client.

2° Au titre des compétences professionnelles spécifiques à la nature des produits distribués :

a) Assurance de personnes-vie, capitalisation :

— Appréhender les marchés des produits d'épargne pertinents ;

— Appréhender les régimes matrimoniaux, successoraux et fiscaux applicables ;

— Apprécier les avantages et risques liés aux différentes options d'investissement.

b) Assurances de personnes en prévoyance, santé, retraite :

— Appréhender les règles du droit fiscal, social et du travail ;

— Appréhender les marchés de produits santé, prévoyance et retraite pertinents et maîtriser l'articulation entre la protection sociale obligatoire et les garanties distribuées ;

— Maîtriser les mécanismes de l'assurance collective.

c) Assurance dommages aux biens et responsabilités

— Appréhender le marché des produits d'assurance de biens et responsabilités pertinents ;

— Comprendre les règles spécifiques applicables notamment celles relatives à la protection de la clientèle.

3° Au titre des compétences professionnelles spécifiques à certains modes de distribution :

— Maîtriser les spécificités et les règles applicables au démarchage ;

— Maîtriser les spécificités et les règles applicables à la vente à distance ;

— Maîtriser les techniques et les outils permettant de gérer les différentes étapes de la relation client à distance.

4° Au titre des compétences professionnelles spécifiques à certaines fonctions :

a) Intermédiaires personnes physiques et mandataires sociaux des intermédiaires personnes morales, en contact direct avec la clientèle ou qui encadrent habituellement des personnes en contact direct avec la clientèle :

— Concevoir ou mettre en œuvre un plan d'actions commerciales ;

— Adapter la commercialisation à l'évolution de l'environnement économique, de la réglementation applicable ou le cas échéant de l'offre de produits ;

— Encadrer et animer les activités des salariés assurant des fonctions de distribution ;

— Connaître les procédures de l'Autorité de contrôle prudentiel et de résolution en matière de contrôle et de sanction ou les procédures de contrôle interne déclinées au sein de l'entité.

b) Personnes directement responsables d'un bureau de production ou de l'animation d'un réseau de personnes en lien direct avec la clientèle :

— Concevoir ou mettre en œuvre un plan d'actions commerciales ;

— Adapter l'organisation interne et la commercialisation à l'évolution de l'environnement économique, de l'offre de produits le cas échéant, ou le droit applicable ;

— Mettre en place ou appliquer les règles des procédures internes ;

– Encadrer et animer les activités des salariés assurant des fonctions de distribution placés sous sa responsabilité ;
– Connaître les procédures de l'Autorité de contrôle prudentiel et de résolution en matière de contrôle et de sanction ou les procédures de contrôle interne déclinées au sein de l'entité.

II. – Les actions de formation ou de développement professionnel continus portent sur un ou plusieurs ensembles de compétences générales ou spécifiques mentionnés au I. Afin de répondre aux exigences de formation mentionnées au II de l'article L. 511-2, les compétences spécifiques sont adaptées à la personne concernée en fonction de la nature des produits qu'elle distribue, des modes de distribution auxquels elle recoure et des fonctions qu'elle exerce. Les actions de formation permettent d'actualiser régulièrement les compétences générales ou spécifiques au poste occupé par la personne concernée, notamment celles relatives à la connaissance des évolutions de la réglementation relative à la distribution d'assurances.

SECTION III AGRÉMENT DES ASSOCIATIONS PROFESSIONNELLES

(Arr. du 1er déc. 2021, art. 1er, en vigueur le 1er avr. 2022)

Art. A. 512-9 Le dossier prévu à l'article R. 513-24 comprend :

1° Des éléments relatifs à la condition de représentativité mentionnée à l'article R. 513-22 :

a) Le nombre de courtiers et de mandataires de courtiers d'assurance adhérents de l'association ;

b) Le cas échéant, le plan opérationnel mentionné à l'article R. 512-22 recensant les démarches que l'association s'engage à mettre en œuvre afin d'atteindre le critère de représentativité à l'issue d'une période de deux ans ;

c) Le cas échéant, pour les associations ayant déjà fait l'objet d'un agrément au titre du III de l'article L. 541-4 du code monétaire et financier ou de l'article R. 519-54 du même code, une copie de la décision d'agrément en cours de validité.

2° Des éléments relatifs aux règles de gouvernance et de prévention des conflits d'intérêts mentionnées aux articles R. 513-14 à R. 513-19 :

a) Les statuts et les procédures écrites de l'association, notamment :
– la procédure de retrait de la qualité de membre prévue à l'article L. 513-6 ;
– la procédure de classification et de gestion des informations, dont celles couvertes par le secret professionnel ;
– les procédures relatives aux mesures disciplinaires et au respect des droits de la défense.

b) Concernant la compétence et l'honorabilité de ses représentants légaux et administrateurs ainsi que l'impartialité de leur gouvernance :
– la liste des membres du conseil d'administration et des représentants légaux ;
– pour chacun des membres du conseil d'administration et des représentants légaux, la reproduction d'une pièce d'identité en cours de validité ;
– pour chacun des membres du conseil d'administration et des représentants légaux, le *curriculum vitae* en français, actualisé, daté et signé par la personne concernée, indiquant notamment de façon détaillée les formations suivies, les diplômes obtenus et pour chacune des fonctions exercées au cours des dix dernières années en France ou à l'étranger, le nom ou la dénomination sociale de l'employeur ou de l'entreprise concernée, ainsi que les responsabilités effectivement exercées ;
– pour chacun des membres du conseil d'administration et des représentants légaux, le bulletin n° 3 du casier judiciaire datant de moins de trois mois ou un document équivalent délivré par une autorité administrative ou judiciaire compétente de l'État dont la personne est un ressortissant ;
– pour les membres du conseil d'administration et les représentants légaux ne résidant pas en France depuis trois ans au moins, une attestation tenant lieu d'extrait de casier judiciaire, émanant de l'autorité compétente du pays où le déclarant réside et comportant la désignation de l'autorité signataire et du pays concerné ;

– lorsqu'un membre du conseil d'administration ou représentant légal est ressortissant d'un État qui n'est pas partie à l'accord sur l'Espace économique européen, les documents attestant de la régularité de sa situation sur le territoire français ;

– pour chacun des membres du conseil d'administration et des représentants légaux, la liste des formations prévues le cas échéant ;

– pour chacun des membres du conseil d'administration et des représentants légaux, le détail de leurs autres mandats le cas échéant ;

– les procédures écrites permettant de s'assurer de l'impartialité de la gouvernance, en particulier les règles de prévention et de gestion des conflits d'intérêts.

c) Concernant la mise à disposition d'un service de médiation, la vérification des conditions d'accès à la profession et la formation initiale et continue :

Les procédures prévues par l'association pour répondre aux exigences figurant aux articles R. 513-3 à R. 513-10 ;

3° Des éléments relatifs aux moyens matériels et humains nécessaires à l'exercice et à la permanence des missions de l'association :

a) Le budget prévisionnel de l'association sur trois ans comprenant les comptes de résultat, les bilans prévisionnels et le détail des hypothèses retenues ;

b) Un descriptif de l'organisation administrative et des moyens humains dont dispose l'association, notamment ses effectifs permanents ainsi que tout élément justifiant que son personnel répond aux conditions mentionnées à l'article R. 513-14 ;

c) Un descriptif des moyens matériels dont dispose l'association ainsi que tout élément justifiant de l'adéquation de ces moyens à l'accomplissement des missions qui lui incombent, notamment pour répondre aux exigences mentionnées aux articles R. 513-11 à R. 513-13 ;

d) Le cas échéant, un descriptif de la mutualisation des moyens de l'association avec une ou plusieurs associations mentionnées au III de l'article L. 541-4 du code monétaire et financier ou à l'article R. 519-54 du même code ou, si l'association a reçu plusieurs agréments, la répartition de ces moyens au sein de l'association ;

e) Dans le cas d'une mutualisation des moyens, une prévision de comptabilité analytique correspondante ;

f) Les prévisions de frais d'installation des services administratifs ainsi que le plan de financement destiné à y faire face.

TITRE DEUXIÈME INFORMATIONS À FOURNIR PAR LES DISTRIBUTEURS ET RÈGLES DE CONDUITE

(Arr. du 26 déc. 2019, art. 6, en vigueur le 1er avr. 2020)

CHAPITRE PREMIER EXIGENCES EN CE QUI CONCERNE LES CONTRATS DE CAPITALISATION ET CERTAINS CONTRATS D'ASSURANCE-VIE

Art. A. 522-1 L'information mentionnée au quatrième alinéa de l'article L. 522-5 contient une énonciation des unités de compte de référence et, pour chaque unité de compte, une indication :

i) De la performance de l'actif en représentation de l'unité de compte au cours du dernier exercice clos, brute des frais de gestion, exprimée en pourcentage ;

ii) Des frais de gestion prélevés sur l'actif en représentation de l'unité de compte au cours du dernier exercice clos, exprimés en pourcentage ;

iii) De la performance de l'unité de compte au cours du dernier exercice clos, nette des frais de gestion mentionnés au *ii)*, exprimée en pourcentage ;

iv) Des frais récurrents prélevés sur le contrat, exprimés en pourcentage ;

v) De la performance finale de l'investissement au cours du dernier exercice clos, nette des frais de gestion et des frais récurrents mentionnés aux *ii)* et *iv)*, exprimée en pourcentage ;

vi) De la quotité de frais ayant donné lieu à des rétrocessions de commission au profit des intermédiaires d'assurance, des gestionnaires délégués, du dépositaire ou de l'entreprise d'assurance, au cours du dernier exercice clos ;

(Arr. du 24 févr. 2022, art. 1er, en vigueur le 1er juill. 2022) « *vii)* Des frais totaux, exprimés en pourcentage, constituant la somme des frais de gestion mentionnés au *ii)* et des frais récurrents prélevés sur le contrat mentionnés au *iv*. »

Les frais mentionnés au *ii)* correspondent aux frais courants mentionnés au 2 (*b*) de l'article 10 du règlement européen (UE) n° 583/2010 de la Commission européenne du 1er juillet 2010.

Les frais récurrents du contrat mentionnés au *iv)* incluent notamment les frais de gestion du contrat sur les unités de compte et, le cas échéant, les frais liés au financement de l'association souscriptrice.

Cette information est présentée sous la forme d'un tableau mentionné en annexe du présent *(Arr. du 24 févr. 2022, art. 1er, en vigueur le 1er juill. 2022)* « article.

« En début d'exercice, l'intermédiaire ou l'entreprise d'assurance ou de capitalisation peut, pendant trois mois, fournir les informations mentionnées aux *i* à *iii* et aux *v* à *vii* au dernier exercice connu. »

ANNEXE

À L'ARTICLE A. 522-1 DU CODE DES ASSURANCES

(Arr. du 24 févr. 2022, art. 1er, en vigueur le 1er juill. 2022)

Code ISIN	Libellé	Société de gestion	Performance brute de l'actif N-1 (A)	Frais de gestion de l'actif (B)	Performance nette de l'unité de compte (A-B)	Frais de gestion du contrat (C)	Frais totaux (B+C)	Performance finale (A-B-C)	Taux de rétrocessions de commissions
FRXX	XXX	XXXX	5 %	1,5 %	3,5 %	1 %	2,5 %	2,5 %	1 %

APPENDICE

AGENTS GÉNÉRAUX D'ASSURANCES (STATUTS)

Décret nº 96-902 du 15 octobre 1996,

Portant approbation du statut des agents généraux d'assurances (JO 16 oct.).

BIBL. ▶ BIGOT et LANGÉ, *RGDA 1996. 823.* – LE CAË, *Gaz. Pal. 1996. 2. Doctr. 1149.*

Art. 1er **Le statut des agents généraux d'assurances figurant en annexe au présent décret est approuvé.**

Art. 2 *(Modifications de textes.)*

Art. 3 **Les dispositions du présent décret entreront en vigueur au 1er janvier 1997.**

ANNEXE

STATUT DES AGENTS GÉNÉRAUX D'ASSURANCES

Art. 1er *Définition de l'agent général.* L'agent général est une personne physique ou morale exerçant une activité indépendante de distribution et de gestion de produits et de services d'assurance en vertu d'un mandat écrit délivré par une ou plusieurs entreprises d'assurances établies en France.

L'agent général met à la disposition de son ou ses mandants sa compétence professionnelle en vue de l'offre de contrats et de services d'assurances pour satisfaire les besoins de la clientèle.

Lorsqu'il est personne morale, l'agent général revêt l'une des formes suivantes : société anonyme, société en commandite par actions, société à responsabilité limitée, régies par la loi nº 66-537 du 24 juillet 1966 sur les sociétés commerciales *[abrogée et codifiée ss. C. com., art. L. 210-1 s.]*.

La personne physique et, dans les sociétés commerciales visées ci-dessus, les associés et tiers qui ont le pouvoir de gérer ou d'administrer doivent répondre aux conditions d'honorabilité et de capacité fixées par les articles L. 511-2 et R. 511-4 du code des assurances.

L'agent général personne physique ou les associés qui ont le pouvoir de gérer une société de capitaux adhèrent aux dispositifs de protection sociale et de retraite obligatoires définis par le code de la sécurité sociale.

Sauf en cas de rétablissement ou lorsque la cessation résulte d'une cession de gré à gré, la cessation de mandat ouvre droit à indemnité au bénéfice de l'agent général ou de ses ayants droit. En aucun cas, l'agent général ou ses ayants droit ne peuvent se prévaloir de cette indemnité, ni éventuellement du cautionnement constitué, pour justifier un solde négatif lors de l'arrêté des comptes de l'agence. Dans cette hypothèse, l'indemnité est réduite à due concurrence du solde négatif. Au cas où le mandat est exercé par une société, seule la dissolution de celle-ci ouvre droit à indemnité.

L'art. 1er n'édicte qu'en simple règle de preuve et non comme condition de validité l'exigence d'un mandat écrit délivré par une ou plusieurs compagnies d'assurance. • Civ. 1re, 17 janv. 2008, nº 05-15.937 P : *JCP 2008. I. 134, nº 23, note Langé ; Gaz. Pal. 2009. Jurisp. 481, note Périer.*

Art. 2 *Traité de nomination.* L'activité de l'agent général et ses modalités de rémunération sont régies, sans préjudice des dispositions légales et réglementaires, par le ou les mandats dénommés traités de nomination. Les conventions entre les organisations professionnelles des entreprises d'assurances et des agents généraux, ainsi que les accords qui en découlent au sein de chaque entreprise concernée intervenus entre leurs adhérents, entreprises d'assurances et syndicats d'agents généraux des entreprises concernées, définissent pour ce qui les concerne les règles applicables aux traités de nomination conclus entre ces entreprises et les mandataires intéressés. – *V. ci-dessous, Conv. FNSAGA-FFSA du 16 avr. 1996.*

Art. 3 *Dispositions transitoires.* Les articles 1er et 2 ci-dessus sont applicables aux traités de nomination signés à compter du 1er janvier 1997. Les agents généraux en fonction à cette date continueront, sauf option contraire expressément manifestée à leur société, à être régis par les dispositions des statuts IARD et Vie, définis par les décrets n° 49-317 du 5 mars 1949 et n° 50-1608 du 28 décembre 1950, modifiés par le décret n° 66-771 du 11 octobre 1966. — *V. ces décrets ci-dessous.*

1. Caractère d'ordre public du statut. Les stipulations du traité de nomination dérogeant au statut dans un sens défavorable à l'agent général d'assurance étant simplement réputées non écrites, la cour d'appel qui, d'une part, a écarté, à bon droit, la nullité de la nomination de l'agent général, et qui, d'autre part, en retenant qu'il n'y avait pas lieu à transfert de la totalité du portefeuille de courtage, la nomination étant non exclusive, s'est ainsi, implicitement mais nécessairement, prononcée sur la conformité avec le statut des agents généraux d'assurance de l'absence totale d'exclusivité, favorable à ceux-ci, a légalement justifié sa décision. • Civ. 1re, 16 janv. 2007 : *RGDA 2007. 436, note Roussel.*

2. Mandat écrit. L'art. 1er de l'annexe au Décr. n° 96-902 du 15 oct. 1996 n'édicte qu'en simple règle de preuve et non comme condition de validité l'exigence d'un mandat écrit délivré par une ou plusieurs compagnies d'assurances. • Civ. 1re, 17 janv. 2008, n° 05-15.937 P : *JCP 2008. I. 134, n° 23, obs. Langé.*

Convention du 16 avril 1996,

Entre la FNSAGA et la FFSA.

BIBL. ▶ BIGOT et LANGÉ, *RGDA 1996. 823.* – LE CAË, *Gaz. Pal. 1996. 2. Doctr. 1149.* – THOUROT, *Gaz. Pal. 1997. 1. Doctr. 460.*

I. Préambule

Les entreprises d'assurances ont la profonde conviction que la distribution de l'assurance par les agents généraux est pleinement adaptée aux exigences des marchés modernes, correspond aux attentes des assurés et peut être parfaitement compétitive vis-à-vis de formes alternatives de distribution.

L'objectif de la présente convention est d'apporter aux agents généraux, dans l'exercice de leur métier, les avantages économiques leur permettant de développer leur activité et leur capacité professionnelle.

Cette convention définit les principes généraux des nouveaux contrats entre entreprises d'assurances et agents généraux. C'est dans la diversité des contrats, dans l'adaptation de leurs clauses et de leurs dispositions à la situation des partenaires que réside le caractère novateur de la présente démarche qui fait appel au sens de la responsabilité des acteurs en présence, syndicats professionnels d'agents généraux et entreprises d'assurances.

La Fédération nationale des syndicats d'agents généraux d'assurances et la Fédération française des sociétés d'assurances ont décidé de formuler une nouvelle définition des droits et devoirs réciproques pour parvenir, dans un climat de confiance mutuelle, à un partenariat renouvelé qui assure à l'agent général la capacité d'organiser librement son activité dans les conditions définies dans son mandat.

La présente convention constitue le cadre impératif dans lequel doivent s'inscrire les accords entre les entreprises d'assurances et les syndicats professionnels de leurs agents généraux, ainsi que les traités de nomination des agents généraux qui en découlent.

II. Nomination des agents généraux

A. — Niveau. Pour exercer le métier d'agent général qui fait appel à des compétences financières, techniques, commerciales et de gestion, les candidats doivent disposer d'une solide formation générale. Le niveau minimal doit être un diplôme d'enseignement supérieur ou une expérience professionnelle équivalente.

B. — Information préalable. Les entreprises d'assurances s'engagent à ce que le nouvel agent général bénéficie d'une information préalable complète, fournie par l'entreprise d'assurances mandante. L'agent général précédemment titulaire doit apporter toutes informations en sa possession, sans réserve d'aucune sorte.

Cette information préalable porte sur :

– l'historique,

– la composition du portefeuille,

– l'encaissement et le commissionnement,
– le revenu net durant les trois dernières années,
– les résultats sinistres des trois derniers exercices,
– la situation économique et démographique du portefeuille,
– les modalités de reprise et de cession de l'agence,
selon les modalités définies en annexe I.

L'entreprise doit fournir au postulant ces informations par écrit avant signature du traité de nomination, dans un délai suffisant pour qu'il en prenne pleinement connaissance.

Le postulant disposera en outre d'un compte d'exploitation prévisionnel indicatif de l'agence sur trois ans.

C. – *Formation initiale.* Les entreprises d'assurances s'engagent à mettre en place, en collaboration avec les syndicats professionnels d'agents généraux, un plan de formation initiale des agents généraux.

Ce plan de formation comportera :
– la formation au métier,
– la formation commerciale,
– la formation aux produits,
– la formation à la gestion,
– un stage pratique.

Ce plan répondra aux normes figurant dans le code des assurances.

La durée de la formation initiale des agents généraux d'assurances destinés à présenter des opérations d'assurance de biens, de responsabilité et de personnes auprès des particuliers et des entreprises, doit être au moins égale à 600 heures. Un niveau moins élevé peut être envisagé lorsque seules certaines branches sont pratiquées. Cette formation est délivrée par l'entreprise mandante ou sous-traitée en cas de besoin.

D. – *Le mandat.* Les entreprises d'assurances feront figurer dans le traité de nomination de l'agent général les dispositions suivantes dont les principes auront été déterminés dans l'accord négocié entre chaque entreprise et le syndicat professionnel des agents généraux :
– conditions de délivrance,
– objet de l'activité,
– contrôles par l'entreprise d'assurances,
– droits sur le portefeuille.

Le mandat de l'agent général est à durée indéterminée jusqu'à l'âge de la retraite à convenir entre les parties. L'accord entre chaque entreprise d'assurances et le syndicat professionnel des agents généraux prévoira les conditions dans lesquelles pourront intervenir le réaménagement ou la révocation du mandat.

Le mandat respectera l'équilibre entre les droits et obligations des deux parties. Cet équilibre doit en particulier prendre en compte les éléments suivants :

1. La propriété du portefeuille. L'entreprise d'assurances détient la propriété du portefeuille confié à l'agent général.

Elle a le droit de résilier les contrats pour autant qu'il ne s'agit pas de mesures dirigées contre l'agent.

2. L'exclusivité. L'exclusivité est le principe et entraîne des droits et devoirs réciproques.

a) L'agent général s'engage à consacrer la totalité de sa production à sa ou ses sociétés mandantes. En contrepartie celle-ci s'engage à lui apporter les moyens techniques, commerciaux et financiers nécessaires.

b) Dans le cadre de cette exclusivité, les entreprises et les syndicats professionnels d'agents généraux détermineront les règles à suivre en vue du placement éventuel du risque lorsque celui-ci est résilié ou refusé, totalement ou partiellement, par l'entreprise mandante.

Au cas où la politique d'une société à l'égard d'une catégorie de risques (résiliation, non-souscription) conduit à compromettre l'équilibre économique d'une ou plusieurs agences, l'entreprise s'engage à rechercher avec le ou les agents généraux concernés les mesures de toute nature propres à compenser les conséquences de cette politique.

c) Dans le cadre de cette exclusivité, l'accord conclu entre l'entreprise d'assurances et le syndicat professionnel d'agents généraux peut autoriser le placement éventuel du risque dont le proposant refuse les conditions demandées par l'entreprise.

Dans tous les cas, agents généraux et entreprises s'engagent à développer entre eux la concertation pour assurer la cohérence du développement de l'entreprise et de ses agences. A ce titre, les syndicats professionnels d'agents généraux et les entreprises d'assurances s'engagent à traiter de l'organisation des différents modes de distribution auxquels l'entreprise a recours.

3. La rémunération. Afin de développer la communauté d'intérêt entre l'agent général et l'entreprise mandante, la rémunération globale de l'agent général peut comprendre, outre les différents types de commissions usuels, un système d'intéressement fondé notamment sur le développement, les résultats techniques et la qualité de gestion de l'agence, ainsi que tout autre système de rémunération fixé au niveau des accords de l'entreprise.

Les deux Fédérations considèrent comme un objectif le développement de l'intéressement dans la rémunération globale de l'agent.

4. La formation permanente. Les entreprises d'assurances arrêtent avec les syndicats professionnels d'agents généraux un plan de formation permanente qui est réalisé au sein de l'entreprise ou, à défaut, dans un organisme désigné d'un commun accord.

Les entreprises et les agents généraux s'engagent à consacrer un pourcentage du montant des commissions à la formation permanente des agents généraux. Les agents généraux doivent s'engager à suivre les formations prévues par le plan mentionné au paragraphe précédent.

La formation permanente pourra donner lieu à l'obtention de qualifications spécifiques, labellisées, définies par les deux Fédérations pour certaines catégories de risques (risques d'entreprise, gestion du patrimoine, responsabilité civile...).

5. La fin du mandat. Sauf cas de force majeure ou faute grave de l'agent général, entreprises et agents généraux s'engagent à respecter un préavis de six mois pour la cessation du mandat.

Le mode de transmission de l'agence générale est en principe la cession de gré à gré, réalisée avec l'agrément, par la société mandante, de l'agent général entrant.

Au cas où la cession ne peut se faire de gré à gré, le départ ou le décès de l'agent général donnera lieu à une indemnité versée par l'entreprise.

Chaque entreprise déterminera avec le syndicat professionnel des agents généraux les modalités de calcul et de versement de cette indemnité. Les accords respecteront les principes suivants :

a) sauf dispositions différentes décidées par les deux parties, l'indemnité sera déterminée selon les mêmes principes que ceux qui ont présidé, au niveau de l'entreprise, à la fixation du droit de reprise du portefeuille lorsqu'un tel droit a été demandé par l'entreprise.

b) selon le souhait de l'agent sortant, l'indemnité peut prendre la forme d'un capital, versé en une fois ou en versements échelonnés, ou d'une rente,

c) l'agent qui cède son agence de gré à gré ou qui perçoit l'indemnité s'engage à ne pas se rétablir pendant trois ans dans la circonscription de son ancienne agence et à ne pas faire souscrire des contrats d'assurances auprès de ses anciens assurés. S'il renonce à l'indemnité, ce délai est de six mois.

La transmission des parts de sociétés de capitaux ne donne pas droit à l'indemnité sauf dissolution de la société de capitaux qui sera alors évaluée à dire d'expert.

Clause pénale. Est une clause pénale la clause de l'accord d'entreprise conclu entre l'entreprise d'assurance et les syndicats professionnels de ses agents généraux qui, en sanction des obligations statutaires de non-réinstallation et de non-concurrence qu'édicte l'art. II, D, 5°, *c*, de la convention fédérale du 16 avr. 1996, stipule à la charge de l'agent général sortant une pénalité équivalente à la valeur de son indemnité de cessation de fonctions. • Civ. 1re, 17 déc. 2015, n° 14-18.378 P : *RGDA 2016. 336, note Langé ; RCA 2016, n° 88, note Groutel.* ♦ V. égal. l'arrêt rendu dans la même affaire : • Civ. 1re, 30 janv. 2019, n° 17-27.147 : *RCA 2019, n° 118, note Groutel.*

III. Les sociétés de capitaux

Dans la mesure où les associés qui ont le pouvoir de gérer une société de capitaux pourront demeurer affiliés au régime complémentaire obligatoire de la CAVAMAC, entreprises d'assurances et agents généraux peuvent convenir, au cas par cas, que l'exercice du mandat est confié à une société de capitaux.

En ce cas, le mandat d'agent général est confié à une société qui revêt l'une des formes suivantes : société anonyme, société en commandite par action, société à responsabilité limitée, toutes régies par la loi du 24 juillet 1966.

Les statuts de la société et le mandat délivré à la société doivent être compatibles avec les spécificités de la profession d'agent général. Des clauses types seront élaborées par les deux Fédérations, concernant les points suivants : – *V. ces clauses types ci-dessous.*

1. l'objet de la société qui est limité à l'exercice de la profession d'agent général et aux activités qui peuvent en découler,

2. les modalités de désignation, de retrait et de remplacement des associés ou tiers ayant le pouvoir de gérer ou d'administrer,

3. les clauses de non-concurrence des associés ou tiers ayant le pouvoir de gérer ou d'administrer ainsi que les clauses d'exclusivité des mandataires sociaux,

4. les règles de majorité liées à la détention du capital par les associés chargés de la gestion ou de l'administration, et les dérogations éventuelles à ces règles (possibilité pour les associés sortants de conserver temporairement des parts en capital), l'entreprise mandante pouvant être amenée, le cas échéant, à détenir la majorité du capital,

5. les modalités de cession de tout ou partie des parts tendant à modifier la composition du capital social (droit de priorité à prévoir en faveur des associés restants et/ou de l'entreprise d'assurances mandante).

Les entreprises mandantes inscriront dans les mandats donnés aux sociétés les clauses ayant trait aux points suivants :

1. accord de l'entreprise mandante pour la nomination ou le changement des associés et des tiers qui ont le pouvoir de gérer ou d'administrer,

2. information de l'entreprise mandante au même niveau que les titulaires de parts en capital.

IV. La coopération entre les deux fédérations

La FFSA et la FNSAGA conviennent de développer les actions communes de toute nature propres à améliorer le fonctionnement de la profession de l'assurance, à renforcer sa politique en matière de prévention, à développer l'information du public sur les risques et leur garantie, et à élargir la place de l'assurance dans l'économie française et européenne.

Des actions de promotion de la profession d'agent général d'assurances seront conduites par les deux Fédérations ; à court terme, une action en faveur de l'image de la profession d'agent général sera engagée.

V. Les accords entre les entreprises mandantes et les syndicats professionnels d'agents généraux

Les entreprises et les syndicats professionnels d'agents généraux négocieront dans les six mois suivant la ratification de la présente convention, des accords permettant de définir le contenu des traités de nomination des agents généraux et les relations entre les agents généraux et l'entreprise mandante.

Outre l'ensemble des points déjà évoqués dans le présent protocole, ces accords concerneront également les points suivants :

1. La garantie de la responsabilité civile professionnelle des agents généraux, indispensable à l'exercice de l'agent général.

2. Les coopérations de toute nature qui pourraient être instaurées entre les agents généraux et leur société dans tous les domaines, et en particulier celui de la prévention.

3. La médiation. Pour éviter le développement des contentieux de toute nature entre agents généraux et entreprises mandantes, les entreprises d'assurances définiront avec les syndicats professionnels d'agents généraux les procédures de médiation aptes à régler ces conflits.

4. La déontologie vis-à-vis des assurés et les règles de bonne conduite dans les relations entre entreprises d'assurances et agents généraux.

Si au terme des six mois de négociations, l'entreprise d'assurances et le syndicat professionnel de ses agents généraux ne sont pas parvenus à un accord, ils sont tenus de soumettre à un médiateur choisi d'un commun accord sur une liste établie par les deux Fédérations, les divergences qui ont empêché la réalisation de l'accord. En le saisissant, les parties peuvent décider conjointement de faire leur la décision du médiateur.

Dans l'attente de la réalisation de l'accord, les relations entre les nouveaux agents généraux et les entreprises seront régies par le traité de nomination rédigé en conformité avec le code des assurances, la présente convention et toutes les dispositions qui auront fait l'objet d'un accord entre l'entreprise d'assurances et le syndicat professionnel de ses agents généraux lors des négociations entre les deux parties.

Les accords sont conclus pour une durée indéterminée. Leur application fait l'objet d'une concertation périodique. Ils peuvent être dénoncés moyennant préavis de six mois par l'une des deux parties.

Dans l'hypothèse où, ultérieurement, l'une ou l'autre des parties ou les deux ensemble souhaiteraient modifier l'accord qui les lie, la dénonciation de l'accord n'interviendrait qu'au cas où le projet de modification, soumis par l'une ou l'autre des parties, n'aurait pas recueilli l'accord de l'autre au terme d'une première période de négociations.

Au cas où les parties ne peuvent parvenir à un accord durant le préavis, l'accord dénoncé continue de s'appliquer pendant une nouvelle période de six mois.

Si, à l'issue des deux périodes de six mois suivant la dénonciation, un accord ne pouvait toujours pas être réalisé, le système de médiation prévu ci-dessus est applicable.

Au terme de cette période, et dans l'attente d'un accord, les relations entre les nouveaux agents généraux et les entreprises seront régies par le traité de nomination rédigé en conformité avec le code des assurances, la présente convention et toutes les dispositions qui auront fait l'objet d'un accord entre l'entreprise d'assurances et le syndicat professionnel de ses agents généraux lors des négociations entre les deux parties.

VI. Exécution de la convention et dispositions diverses

1. Les deux Fédérations sont d'accord pour proposer au Gouvernement d'adopter les dispositions réglementaires figurant en annexe II et fondées sur l'article L. 520-2 du code des assurances.

2. Chaque entreprise d'assurances distribuant par agents généraux ouvrira, dès ratification de la convention par les assemblées générales des deux Fédérations, les négociations avec le syndicat professionnel d'agents généraux pour aboutir, dans les six mois, à l'accord prévu au point V de la présente convention. Pendant cette période de six mois, les relations entre les entreprises d'assurances et les agents généraux nouvellement nommés sont régies par les décrets de 1949 et 1950 portant statuts des agents généraux.

3. Les accords concerneront les agents généraux à nommer. Les relations entre l'entreprise et ses agents généraux en fonction à la date de la signature des accords demeureront régies par les décrets de 1949 et 1950 portant statuts des agents généraux. Les agents généraux en fonction qui souhaiteront voir s'appliquer à leur propre mandat les nouvelles dispositions réglementaires, le présent accord conventionnel et l'accord entre entreprise et syndicat professionnel d'agents qui en découle, en informeront leur entreprise dans un délai et selon des modalités fixés par l'accord d'entreprise.

4. Les deux Fédérations se rencontreront un an après la ratification de l'accord, puis tous les trois ans, ou à la demande de l'une des deux parties, pour examiner la mise en œuvre de la présente convention et en vérifier la bonne adaptation à l'évolution du marché de l'assurance, en vue de procéder d'un commun accord aux aménagements nécessaires.

Les entreprises d'assurances et les syndicats professionnels d'agents généraux s'engagent à transmettre, pour information, dès leur signature, à leur Fédération respective, les accords qui auront été signés.

Fait à Paris, le 16 avril 1996

Pour la FFSA
Le Président,
M. Denis Kessler

Pour la FNSAGA
Le Président,
M. Jean-Claude Lechanoine

ANNEXE I

INFORMATION PRÉALABLE DE L'AGENT GÉNÉRAL

L'information préalable du candidat à la reprise d'une agence générale prévue au point II – B de la convention entre la FNSAGA et la FFSA doit porter au minimum sur l'ensemble des points suivants :

1. Historique

— Date de création de l'agence,

— noms et période d'exercice des titulaires de l'agence au cours des trois années précédentes,

— particularités spécifiques à l'agence.

2. Composition du portefeuille

— Nombre de contrats,

— ratio nombre de contrats/clients,

— catégories socioprofessionnelles dominantes,

— âge moyen,

— répartition géographique,

— pourcentage dans le chiffre d'affaires et nombre et ancienneté des contrats des dix principaux clients,

— pourcentage dans le chiffre d'affaires et nombre des contrats souscrits par la famille ou les proches de l'agent sortant,

— contrats à gestion particulière : assurance complémentaire maladie, groupement,...

3. Encaissement

— Évolution durant les trois dernières années (primes émises nettes d'annulation),

— montant de la prime moyenne,

— répartition par branche et/ou catégorie de contrats,

— évolutions durant les trois dernières années des affaires nouvelles,

— évolutions durant les trois dernières années du ratio affaires nouvelles/résiliations,

— mode et cadence d'encaissement (par l'agent général précédent, par les encaisseurs, pourcentage des quittances impayées dans le délai de 45 jours).

4. Revenus bruts et nets durant les trois dernières années

— Commissionnement

— Pourcentage de frais généraux incluant le coût estimé de l'éventuel conjoint collaborateur bénévole,

— frais généraux par poste.

5. Résultats sinistres des trois derniers exercices

— Nombre de sinistres enregistrés par année,

— coût des sinistres par année.

6. Situation économique et démographique

— Nombre d'habitants dans la circonscription,

— répartition des ménages par catégories socioprofessionnelles,

— contexte concurrentiel dans la circonscription,

— comparaison entre la composition du portefeuille par branche et la moyenne des agences de l'entreprise dans la région.

7. Modalités de reprise de l'agence

— Projet de traité de nomination,

— modalités financières de l'installation,

— situation matérielle de l'agence (local, matériel, informatique),

— composition du personnel salarié (fonction, salaires, anciennetés, âge, formation),

— composition du personnel non salarié (fonctions, rémunérations, anciennetés, âge, formation).

Le candidat à la reprise de l'agence pourra se faire remettre ou consulter sur place tous les éléments justificatifs qu'il pourrait souhaiter.

Les informations énumérées dans la présente annexe sont délivrées par l'entreprise d'assurances et par l'agent général précédemment titulaire de l'agence. Dans tous les cas l'entreprise d'assurances et l'agent général sortant devront se communiquer mutuellement les informations dont ils sont détenteurs et devant être transmises à un candidat potentiel à la reprise d'une agence générale.

CLAUSES TYPES RELATIVES AUX SOCIÉTÉS DE CAPITAUX (Mise en œuvre du point III de la convention du 16 avr. 1996 entre la FNSAGA et la FFSA)

La société titulaire du mandat d'agent général doit revêtir impérativement l'une des formes suivantes : société anonyme, société en commandite par actions, société à responsabilité limitée dont l'entreprise unipersonnelle à responsabilité limitée, régies par la loi nº 66-537 du 24 juill. 1966 [C. com., art. L. 210-1 s.] sur les sociétés commerciales (cf. § III de la convention entre la FFSA et la FNSAGA).

I. STATUTS DE SOCIÉTÉS DE CAPITAUX

(clauses que les deux Fédérations recommandent de faire figurer dans les statuts des sociétés de capitaux d'agents généraux d'assurances).

— *Objet social*

La société a pour objet :

— l'exercice de la profession d'agent général d'assurances tel que défini par le code des assurances;

— l'exécution du ou des mandats qui lui sont confiés à ce titre;

— les opérations de toute nature se rattachant à l'objet ci-dessus.

— *Conditions d'exercice*

La société exerce son activité conformément aux clauses de son traité de nomination, spécialement en ce qui concerne les obligations relatives à la participation au capital, à la désignation des associés et tiers qui ont le pouvoir de gérer ou d'administrer à l'exercice de leurs fonctions et à l'exclusivité de leurs liens avec la ou les entreprises mandantes ainsi qu'aux contrôles exercés par la société d'assurances mandante.

Le non-respect de ces engagements pourra entraîner la caducité ou la résolution du ou des mandats.

II. TRAITÉ DE NOMINATION

(clauses que les deux Fédérations recommandent de faire figurer dans les traités de nomination délivrés à des sociétés de capitaux d'agents généraux d'assurances).

— *Désignation des associés et tiers*

Les associés et les tiers qui ont le pouvoir de gérer ou d'administrer la société titulaire du mandat doivent être nominativement désignés dans le traité de nomination.

Lorsqu'ils n'ont pas préalablement la qualité d'agents généraux de l'entreprise mandante, ces personnes peuvent se voir imposer une période de probation de deux ans au plus non renouvelable.

— *Détention du capital social*

Sauf accord de l'entreprise mandante, les associés qui ont le pouvoir de gérer ou d'administrer détiennent à tout moment en actions ou parts en capital, les majorités requises pour l'adoption des décisions prises en assemblée générale extraordinaire.

Toutefois, pour une durée maximale de deux ans, il peut être dérogé à l'alinéa précédent, pour une part en capital et en droit de vote n'excédant pas 15 % en faveur de l'associé ayant le pouvoir de gérer ou d'administrer qui fait valoir ses droits à la retraite, ou en cas d'invalidité le mettant dans l'incapacité d'exercer son activité professionnelle.

— *Changement des associés ou tiers*

Au cours de la vie sociale de la société titulaire du mandat, tout changement des personnes nominativement désignées dans le mandat, doit donner lieu, avant l'entrée en fonction de la ou des personnes concernées, à l'établissement d'un avenant à ce mandat.

L'absence de présentation par la société d'une personne pour remplacer l'une de celles nominativement désignées dans le mandat autorise l'entreprise mandante à retirer le mandat confié à la société. Elle fait connaître sa décision dans les six mois suivant la connaissance qu'elle a eue du départ d'une des personnes nominativement désignées par le mandat. Celui-ci est retiré, dans ce cas, à l'issue d'un préavis de trois mois à compter de la notification par l'entreprise mandante.

— *Retrait d'un associé*

L'associé chargé de la gestion ou de l'administration qui se retire pour quelque cause que ce soit dispose d'un délai de trois mois, à compter de la date d'effet de cessation de fonctions, pour céder tout ou partie de ses parts en capital.

Si, à l'expiration de ce délai, une cession n'est pas intervenue :

• les associés restants procèdent au rachat de tout ou partie des parts en capital de l'associé sortant ;

• l'entreprise mandante peut entrer, à titre provisoire, dans le capital aux lieu et place de l'associé concerné.

En cas de litige sur la valeur des droits sociaux, celle-ci est fixée à dire d'expert.

Lorsque le projet de cession ne permet pas à celles des personnes nominativement désignées dans le traité qui détiennent des actions ou parts en capital de la société, de détenir les majorités requises pour décider en assemblée générale extraordinaire, l'entreprise mandante peut dans un délai maximum de trois mois, accorder une dérogation.

Tout changement des associés qui n'ont pas le pouvoir de gérer ou d'administrer doit faire l'objet d'une information à l'entreprise mandante.

— *Clauses d'exclusivité*

Les personnes nominativement désignées dans le mandat s'interdisent, directement ou indirectement, la pratique hors de la société titulaire du mandat, d'une activité d'intermédiaire d'assurances au sens du livre V du code des assurances, sauf accord particulier entre elles et l'entreprise mandante.

— *Clauses de non-concurrence*

La personne nominativement désignée dans le traité qui cesse d'exercer ses fonctions s'engage à ne pas se rétablir directement ou indirectement pendant un délai de trois ans dans la circonscription de l'agence et à ne pas faire souscrire des contrats d'assurances auprès de ses anciens assurés.

Il peut être dérogé à cette interdiction par accord particulier intervenu entre elle, la société titulaire du mandat et l'entreprise mandante.

Sans préjudice d'éventuels dommages et intérêts, la violation de cette interdiction par l'associé ayant quitté la société est sanctionnée par une pénalité équivalente au plus à la valeur des droits sociaux cédés et qui sera attribuée à raison de deux tiers à la société titulaire du mandat et d'un tiers à l'entreprise mandante.

— *Documents sociaux*

L'entreprise mandante a droit à la communication des comptes sociaux, des décisions de l'Assemblée générale et des principaux actes de la société titulaire du mandat.

Cessation des fonctions. L'agent qui, dans le délai de trois ans, a exercé une activité ayant trait à des opérations d'assurance, indirectement par une société de courtage dont il détenait des parts, dans son ancienne zone d'activité commerciale, a violé l'interdiction de rétablissement prévue par son traité de nomination, entraînant la déchéance de son droit à indemnité compensatrice de fin de mandat. • Civ. 1re, 8 nov. 2007 : *JCP 2008. I. 134, no 26, obs. Langé ; RGDA 2008. 246, note Langé.*

Décret n° 49-317 du 5 mars 1949,

Portant homologation du statut des agents généraux d'assurances (accidents, incendie, risques divers) (JO 10 mars).

Art. 1er Sont homologués :

1° Le règlement n° 1 adopté par le Conseil national des assurances et portant statut des agents généraux d'assurances (incendie, accidents, risques divers) ;

2° Le règlement n° 2 adopté par le Conseil national des assurances et instituant une commission d'application du statut des agents généraux d'assurances (incendie, accidents, risques divers), dans la forme où ces deux textes sont annexés au présent décret.

RÈGLEMENT N° 1

Portant statut des agents généraux d'assurances (accidents, incendie, risques divers)

PRÉAMBULE

La loi du 25 avril 1946 relative à la nationalisation de certaines sociétés d'assurances et à l'industrie des assurances en France prévoit, en son article 23, que le conseil national des assurances doit établir un statut des agents généraux d'assurances destiné à se substituer au statut provisoire du 26 mars 1941.

Il est apparu au conseil national des assurances qu'il lui appartenait, en conséquence, d'élaborer les règles de ce statut. Ces règles étant de nature différente, il n'est pas possible au conseil national de réunir en un texte unique toutes les dispositions du statut à établir. Par suite, ce statut résultera d'un ensemble de textes qui revêtiront la forme soit de lois proposées au vote du Parlement, soit de décrets ou arrêtés.

D'autre part, en raison de la complexité des règles à établir, le conseil national des assurances estime préférable de procéder à l'élaboration de textes multiples et distincts suivant la nature des problèmes qui doivent être résolus dans le statut. C'est ainsi que certains de ces textes concerneront l'ensemble des agents généraux d'assurances, tandis que d'autres textes ne seront applicables qu'à une ou plusieurs catégories d'agents généraux.

Enfin, le statut des agents généraux d'assurances devant régler les rapports existant entre ceux-ci et d'autres catégories de producteurs tels que les courtiers d'assurances, le conseil national des assurances se propose d'élaborer toutes mesures pour déterminer les situations respectives de chacune des catégories de producteurs présentant au public des opérations d'assurances ou de capitalisation.

Conformément au vœu du législateur, les règles seront élaborées par le conseil national des assurances après consultation des organisations syndicales les plus représentatives des parties intéressées à l'application de ces règles.

Le présent règlement, établi en collaboration avec la fédération nationale des syndicats d'agents généraux d'assurances et après consultation de la fédération française des sociétés d'assurances, constitue le premier des textes faisant l'objet du statut des agents généraux d'assurances. Il ne s'applique, et sous réserve encore de quelques exceptions, qu'aux rapports existant entre les agents généraux et les sociétés d'assurances dans les branches « incendie », « accidents » et « risques divers ».

Les principes énoncés dans le présent règlement représentent la base minimum sur laquelle repose la situation des agents généraux d'assurances qui y sont assujettis. Ils n'excluent donc pas la conclusion de conventions particulières prévoyant des conditions plus favorables pour les agents généraux d'assurances.

Ce règlement pourra être ultérieurement modifié ou complété, notamment pour y inclure les mesures qu'il apparaîtrait nécessaire de prendre dans un but de rationalisation en conformité de l'article 15 de la loi du 25 avril 1946.

Le Conseil national des assurances demande, par ailleurs, au ministre des finances de bien vouloir déposer un projet de loi tendant à instituer et à organiser, pour l'ensemble des agents généraux d'assurances :

1° Un arbitrage obligatoire pour régler les litiges nés de l'application de leur statut ;

2° Une discipline professionnelle à laquelle ils seront soumis.

Complété par des dispositions légales et réglementaires en vigueur et par divers règlements prévus dans le texte ci-après, le présent règlement et le projet de loi mentionné ci-dessus doivent ainsi déterminer la situation des agents généraux en ce qui concerne la production et la gestion d'opérations d'assurances « incendie », « accidents » et « risques divers ».

La prescription biennale ne régit que les rapports entre assureurs et assurés. Elle est inapplicable à l'action intentée par une compagnie d'assurances contre son agent auquel elle réclame des primes indûment retenues par lui. • Civ. 2e, 4 déc. 1968 : *RGAT 1969. 180.*

TITRE PREMIER CHAMP D'APPLICATION

Art. 1er Dans le présent règlement, le mot « société » désigne tous les organismes d'assurances régis par le décret du 14 juin 1938, y compris les représentants des sociétés ou organismes d'assurance étrangers, habilités à opérer en France, conformément à la loi du 15 février 1917. Le mot « agent général » désigne les personnes définies au titre II ci-après.

Le présent règlement régit les rapports existant entre les sociétés d'assurances et les agents généraux qui les représentent, en ce qui concerne les opérations d'assurances prévues aux paragraphes 8 à 17 inclus de l'article 137 du décret du 30 décembre 1938, à l'exception, toutefois, des opérations d'assurance aviation (§ 9 *bis*), des opérations prévues au paragraphe 10, si elles sont accessoires aux assurances de groupes, des opérations d'assurance complémentaire vie, des opérations d'assurance caution en douane, et des opérations d'assurances maritimes et fluviales.

TITRE II DÉFINITION DE LA PROFESSION D'AGENT GÉNÉRAL D'ASSURANCES

Art. 2 L'agent général d'assurances est une personne physique qui, justifiant de connaissances professionnelles suffisantes, représente une ou plusieurs sociétés d'assurances en vertu d'un traité de nomination.

Dans l'exercice de ses fonctions, l'agent général d'assurances :

D'une part, en qualité principale de mandataire rémunéré d'une ou plusieurs sociétés d'assurances, met à la disposition du public sa compétence technique en vue de la recherche et de la souscription de contrats d'assurances pour le compte de la ou des sociétés qu'il représente ;

D'autre part, met à la disposition de cette ou de ces sociétés ses services personnels et ceux de l'agence générale pour la gestion des contrats qui, dans la limite de la circonscription déterminée par son traité de nomination, peut lui être confiée.

1. Les juges du fond qui relèvent qu'une personne représentait de manière constante la société auprès des clients, qu'elle s'était engagée à lui assurer l'exclusivité de sa production, qu'elle avait reçu mission de remplir ses fonctions sur un territoire donné, qu'elle n'était ni courtier ni simple mandataire d'un courtier ou d'un agent d'assurances, ont pu en déduire que s'imposait la qualification d'agent général au sens de la réglementation. • Civ. 1re, 13 mai 1970 : *Bull. civ. I, n° 163 ; D. 1970. Somm. 161 ; RGAT 1971. 343, obs. A.B.*

2. A moins de désignation explicite, un agent général n'est pas habilité à recevoir les actes qui relèvent du siège du service du contentieux, en particulier la signification d'un jugement. • Civ. 2e, 27 nov. 1985 : *Bull. civ. II, n° 119.*

3. Sous-agent. Le statut des agents généraux n'est pas applicable aux sous-agents dont les droits résultent exclusivement du contrat qu'ils ont passé avec l'agent général. • Civ. 1re, 5 mai 1986 : *Bull. civ. I, n° 109 ; RGAT 1986. 249.* ♦ Sur l'incidence de cette règle en matière d'indemnité compensatrice, V. notes ss. art. 20 et notes ss. art. 26.

4. Agent général stagiaire. Cassation de l'arrêt qui, pour écarter l'application du statut à la défenderesse au pourvoi, énonce que celle-ci n'a jamais eu le statut d'agent général d'assurances à défaut de traité de nomination d'agent général stagiaire ou titulaire, aucun traité de cette sorte n'ayant été signé par elle. • Civ. 1re, 8 juill. 1997, n° 95-18.004 P : *RCA 1997, n° 347 ; RGDA 1997. 1123, note Langé.* ♦ V. aussi : • Civ. 1re, 25 mars 1991 : *V. note 6 ss. art. 26.*

5. Mandataire intérimaire. La cour d'appel, qui retient que le successeur d'un agent général dont l'agrément a été refusé par la compagnie a, dans le cadre de sa gestion intérimaire, encaissé des sommes, perçu des commissions, réglé des sinistres et payé une somme d'argent pour apurer le solde de sa gestion, caractérise l'existence d'un mandat de droit commun, sans violer les art. 2, 3, 5 et 7 du décret du 5 mars 1949. • Civ. 1re, 31 mars 1998 : *RGDA 1998. 359, note Langé.*

Art. 3 En sa qualité de mandataire, l'agent général d'assurances s'oblige à réserver l'exclusivité de sa production à la ou aux sociétés qu'il représente.

Néanmoins, il ne lui est pas interdit de faire souscrire par d'autres assureurs la garantie des risques qui :

a) Ne sont pas pratiqués par la ou les sociétés représentées ;

b) Ne sont pas souscrits par elles en totalité (pour la partie du risque non couvert) ;

c) Font de leur part l'objet d'une résiliation ;

d) Sont refusés par elles ;

e) Sont subordonnés à des conditions que l'assureur ou le proposant n'accepte pas.

Par exception, en ce qui concerne les opérations prévues aux paragraphes *d*) et *e*) et en ce qui concerne celles prévues au paragraphe *c*) lorsque la résiliation est la conséquence de l'application par la société à tous ses clients d'un nouveau tarif ou de nouvelles conditions de contrats, la ou les sociétés représentées pourront, par opposition motivée, interdire à l'agent général de les faire souscrire par d'autres assureurs.

1. Si l'agent général d'assurances s'oblige à réserver l'exclusivité de sa production à la société qu'il représente, et s'il bénéficie « en principe », sur les risques faisant l'objet du mandat à lui octroyé par son traité de nomination, de l'exclusivité de souscription dans la circonscription dont il est titulaire, aucune disposition du décret n'édicte une corrélation nécessaire entre ladite obligation et ledit avantage. • Civ. 23 oct. 1968 : *Bull. civ. I, n° 247 ; GADA, 244 ; JCP 1969. II. 15837, note P. P. ; RGAT 1969. 176.*

2. Les dispositions du statut de l'agent général qui crée des obligations corrélatives pour l'agent général et pour la compagnie qu'il représente sont impératives ; toutefois ces dispositions ne font pas obstacle à ce que la compagnie représentée accepte le comportement de l'agent général qui n'observe pas son obligation de production exclusive. • Civ. 1re, 23 oct. 1985 : *Bull. civ. I, n° 271 ; RGAT 1986. 114.*

Art. 4 A moins d'y être expressément autorisé par la ou les sociétés qu'il représente, l'agent général d'assurances ne doit, ni directement, ni par personne interposée, accepter la représentation d'autres sociétés pratiquant les mêmes catégories d'opérations d'assurances. Cette prohibition s'étend au démarchage de clientèle en faveur desdites sociétés.

Les sociétés ne doivent pas, de leur côté, accepter pour le même risque, de traiter avec un autre producteur à des conditions différentes de celles qu'elles ont fixées à leur agent général.

TITRE III CONDITIONS RELATIVES À L'EXERCICE DE LA PROFESSION D'AGENT GÉNÉRAL D'ASSURANCES

Art. 5 *(Décr. n° 66-771 du 11 oct. 1966)* Pour être admis à exercer la profession d'agent général d'assurances, il est exigé :

a) De remplir les conditions prévues par le titre IV modifié du décret-loi du 14 juin 1938 unifiant le contrôle de l'État sur les entreprises d'assurances de toute nature et de capitalisation et portant organisation de l'industrie des assurances ;

b) De ne pas exercer, concurremment avec ladite profession, une activité professionnelle incompatible avec celle-ci ; indépendamment des dispositions légales ou réglementaires, le conseil national des assurances, après consultation des organisations syndicales les plus représentatives des agents généraux et des sociétés d'assurances, détermine les activités incompatibles avec cette profession. La liste ainsi déterminée fera l'objet d'un arrêté ministériel.

• Civ. 1re, 13 mai 1970 : *V. note 1, ss. art. 2.*

Art. 6 Lorsque l'agent général d'assurances est tenu de constituer un cautionnement, il peut se dégager de cette obligation, soit en souscrivant une assurance caution, soit en utilisant tout autre système de garantie agréée.

TITRE IV DU TRAITÉ DE NOMINATION DE L'AGENT GÉNÉRAL D'ASSURANCES

Art. 7 Le traité de nomination de l'agent général d'assurances est le contrat qui fixe les conditions dans lesquelles l'agent général exerce ses fonctions.

Il comprend des conditions générales et des conditions particulières.

Les conditions générales doivent être conformes à des clauses types établies par le conseil national des assurances après consultation des organisations syndicales les plus représentatives des sociétés et des agents généraux d'assurances, et soumises à l'homologation du ministre des finances. Ces clauses types représentent des conditions minima qui ne sont pas exclusives de conditions plus favorables à l'agent général d'assurances.

Les conditions particulières détermineront notamment la circonscription de l'agence générale, les taux des commissions allouées à l'agent général conformément aux dispositions du titre V ci-après, et toutes autres obligations particulières portées au contrat et liant réciproquement la société et l'agent général.

Les travaux de gestion confiés à l'agent général d'assurances par son traité de nomination, doivent obligatoirement y faire l'objet d'une délimitation précise.

Encourt la cassation l'arrêt qui retient qu'un agent général est tenu en qualité de mandataire habituel d'un devoir de collaboration avec la compagnie qu'il représente et qu'en s'abstenant d'informer celle-ci de ce qu'il ne s'estimait pas tenu de notifier à un assuré la mise en demeure qu'elle lui avait fait parvenir à cette fin il a manqué à son obligation précitée, alors que le traité de nomination ne mettait à la charge de l'agent « aucune diligence de recouvrement » et que la compagnie ne justifiait pas que cet agent général ait accepté même tacitement de se charger de la mise en œuvre de la procédure de résiliation. • Civ. 1re, 28 avr. 1993 : *RCA 1993. 254, obs. Bertolaso.*

Art. 8 La circonscription déterminée dans le traité de nomination doit être d'un seul tenant.

Sauf circonstances particulières ou dérogations exceptionnelles résultant d'un accord des parties au contrat ou d'un arbitrage, il est interdit à l'agent général d'assurances d'être titulaire, soit directement, soit par personne interposée, de plus d'une agence générale d'assurances.

TITRE V DES FONCTIONS ET DE LA RÉMUNÉRATION DE L'AGENT GÉNÉRAL D'ASSURANCES

Art. 9 L'agent général d'assurances organise librement son agence générale dans les limites définies par le traité de nomination.

Pour l'exercice de ses fonctions de producteur et de gestionnaire, l'agent général est rémunéré par des commissions dont les taux sont fixés de gré à gré en tenant compte équitablement des conditions dans lesquelles il produit et il gère.

Ces commissions comprennent :

1° Une commission d'apport rémunérant le travail de production ;

2° Une commission de gestion indemnisant les travaux de gestion prévus dans le traité de nomination.

Les agents généraux ne peuvent, relativement à l'assurance des catastrophes naturelles, prétendre obtenir l'application du taux de commissions prévu par le traité de nomination pour les assurances de dommages, la garantie des catastrophes naturelles ne pouvant être considérée comme une extension du risque « dommages ». • Civ. 1re, 14 mai 1991 : *RCA 1991. 317.*

Art. 10 La commission d'apport qui rémunère l'acquisition d'une opération d'assurance est calculée en pourcentage sur le montant de la prime au payement de laquelle donne lieu cette opération.

Le taux de la commission d'apport ne peut être supérieur au taux maximum fixé, pour chaque catégorie d'opérations d'assurances, par arrêté du ministre des finances pris sur proposition ou après avis du conseil national des assurances, qui doit consulter à cet effet les organisations syndicales les plus représentatives des sociétés, des agents généraux et des courtiers d'assurances.

Al. 3 abrogé par Décr. nº 66-771 du 11 oct. 1966.

L'arrêté du 2 déc. 1983, qui a fixé le taux maximum de la rétribution allouée aux agents généraux en ce qui concerne la garantie contre les risques de catastrophes naturelles, n'est pas entaché d'illégalité. • CE 5 juin 1985, *FNSAGA : RGAT 1986. 120.*

Art. 11 La commission de gestion constitue la contrepartie équitable des travaux de gestion effectués par l'agent général, conformément à son traité de nomination.

Al. 2 abrogé par Décr. nº 66-771 du 11 oct. 1966.

La cour d'appel qui a constaté que les activités d'un agent général comme inspecteur relevaient des travaux supplémentaires et missions prévus par l'art. 11 du statut des AGA et que les relations entre la société et son agent étaient marquées par l'indépendance juridique de ce dernier a pu retenir qu'il n'existait dans les rapports entre les parties aucun lien de subordination caractérisant l'existence d'un contrat de travail. • Soc. 27 mai 1992 : *RGAT 1992. 631, obs. Langé.*

Art. 12 En plus des travaux de gestion prévus dans son traité de nomination, l'agent général d'assurances peut être appelé à effectuer des travaux supplémentaires pour le compte de la ou des sociétés qu'il représente.

L'exécution de ces travaux supplémentaires donne lieu à une rétribution spéciale et équitable.

V. : • Civ. 1re, 28 avr. 1993 : *note ss. art. 7.*

Art. 13 Les bases de la rémunération de l'agent général d'assurances peuvent être revisées toutes les fois qu'intervient une modification dans l'étendue de ses fonctions en ce qui concerne les travaux de gestion et les travaux supplémentaires.

TITRE VI DU PRINCIPE DE LA TERRITORIALITÉ DES AGENCES GÉNÉRALES D'ASSURANCES

Art. 14 L'agent général d'assurances bénéficie, en principe, pour les risques faisant l'objet du mandat à lui octroyé par son traité de nomination, de l'exclusivité de souscription et de gestion des contrats d'assurances portant sur :

1° Les risques situés matériellement dans la circonscription de l'agence générale dont il est titulaire ;

2° Les risques à caractère mobile ou flottant qui, selon une énumération limitative fixée par le règlement prévu à l'alinéa suivant, seront réputés situés dans ladite circonscription.

Un règlement distinct établi par le conseil national des assurances après consultation des organisations syndicales les plus représentatives des sociétés, des agents généraux et des courtiers d'assurance fixera :

1° Les modalités d'application de la règle visée au paragraphe précédent ;

2° Les dérogations à cette règle qui sont rendues nécessaires par le caractère spécial de certaines opérations d'assurances ;

3° Les conditions d'exercice réciproque du droit de reprise des contrats entre agents et courtiers ;

4° Les conditions d'activité respectives des agents et des courtiers dans les départements de Seine et de Seine-et-Oise.

Ce règlement sera mis en vigueur après homologation ministérielle.

Est contraire à l'art. 14 du statut des agents généraux IARD la clause d'un traité de nomination qui ne reconnaît pas à un agent une exclusivité territoriale. Si la compagnie réserve en fait l'exclusivité de souscription à son agent général dans son secteur, celui-ci n'est pas fondé à prétendre qu'il était dispensé de respecter l'obligation d'exclusivité à l'égard de la compagnie. • Civ. 1re, 1er avr. 1986 : *RGAT 1986. 239.* ♦ V. égal. ss. art. 3.

TITRE VII DES MODIFICATIONS DANS L'ORGANISATION DES AGENCES GÉNÉRALES D'ASSURANCES

Art. 15 La détermination de la circonscription de l'agence générale d'assurances faisant l'objet d'une des clauses du traité de nomination et l'étendue de cette circonscription ne peuvent, en principe, être modifiées que par accord entre les parties contractantes.

Toutefois, si la modification (division ou concentration d'agences générales, création d'agences générales B, etc.) demandée par la société fait l'objet d'un désaccord entre elle et son agent général, le litige est tranché par voie d'arbitrage dans les conditions fixées par la loi.

Art. 16 Toute modification dans l'organisation de l'agence générale, qui restreint le champ de l'activité de l'agent général, donne lieu à l'application des dispositions incluses dans le titre X ci-après, pour la partie des commissions dont l'agent général ne bénéficie plus.

1. S'il est loisible à une compagnie d'assurances de donner toutes instructions à ses agents pour l'orientation de leur production, la suppression d'un secteur entier de celle-ci, ne fût-ce que pour les contrats futurs et fût-elle parfaitement justifiée et par conséquent non fautive, revient, en restreignant de façon importante l'étendue du mandat confié à l'agent général, à modifier l'organisation de son agence par une réduction de son champ d'activité et ouvre droit à la compensation prévue à l'art. 16 du statut IARD. • Civ. 1re, 11 juill. 1988 : *Bull. civ. I, n° 233 ; RGAT 1989. 141.* ♦ Même solution : • Civ. 1re, 27 nov. 1990 : *RCA 1991. 84* • 21 mars 1995, n° 92-12.720 P : *RCA 1995, n° 223 ; RGAT 1995. 461, note Langé ; JCP 1995. II. 22534, note Drancey.*

2. L'indemnité ne saurait être réduite au motif que l'agent a réussi à replacer des contrats auprès d'autres assureurs. • Civ. 1re, 28 nov. 2012 : *RGDA 2013. 435, obs. Langé.*

TITRE VIII RÉGIME DE PRÉVOYANCE OU DE RETRAITE DONT BÉNÉFICIENT LES AGENTS GÉNÉRAUX D'ASSURANCES

Art. 17 Les agents généraux d'assurances bénéficient du ou des régimes particuliers de prévoyance ou de retraite institués actuellement en leur faveur par la ou les sociétés qu'ils représentent.

L'existence des régimes particuliers visés à l'alinéa précédent n'exclut pas leur remplacement par un régime général de prévoyance ou de retraite en faveur des agents généraux d'assurances.

TITRE IX DES SANCTIONS QUE PEUT ENCOURIR L'AGENT GÉNÉRAL D'ASSURANCES

Art. 18 L'agent général d'assurances est, dans l'exercice de ses fonctions, passible des sanctions disciplinaires prévues par la loi.

Art. 19 Indépendamment des sanctions disciplinaires visées à l'article 18, et éventuellement, des poursuites civiles ou pénales qui peuvent être engagées contre lui en vertu de la législation en vigueur, l'agent général d'assurances peut être révoqué par la ou les sociétés d'assurances qu'il représente. Cette révocation peut intervenir en cas d'incapacité notoire, d'insuffisance dans la production ou la gestion et, plus généralement, de faute professionnelle d'une gravité justifiant la révocation.

Si l'agent général d'assurances conteste le bien fondé de sa révocation, le litige est réglé par voie d'arbitrage dans les conditions fixées par la loi.

1. Les causes de révocation d'un agent d'assurances énumérées à l'art. 19 du statut des agents généraux d'assurances IARD, homologué par le décret du 5 mars 1949, ne sont pas limitatives. • Civ. 1re, 17 oct. 1995, n° 93-16.097 P. ♦ En raison des liens très étroits unissant deux compagnies dépendant d'un même groupe, il n'est pas interdit de stipuler dans le traité de nomination que la cessation des fonctions d'agent général IARD entraîne obligatoirement celle des fonctions d'agent général vie. • Civ. 1re, 31 mars 1993 : *RCA 1993. 217.*

2. N'est pas abusive une révocation ayant eu pour origine le refus d'un agent général d'accepter une modification de son contrat rendue nécessaire par une réglementation nouvelle de la profession et alors que la révocation, loin d'avoir été faite avec légèreté, a été précédée d'une série d'entretiens, la compagnie ayant manifesté un réel souci de rechercher une solution amiable. • Civ. 1re, 20 janv. 1971 : *Bull. civ. I, n° 25 ; D. 1971. Somm. 101 ; RGAT 1971. 485.*

3. Une compagnie d'assurances peut se prévaloir d'une faute de l'agent général, dont les « extravagances épistolaires » étaient de nature à inspirer des craintes légitimes pour ses affaires, les démêlés avec son associé ne pouvant être que préjudiciables à la bonne marche de l'agence. • Civ. 1re, 7 janv. 1975 : *RGAT 1976. 43.*

4. Est justifiée la révocation d'un agent général, par le fait de ne pas remplir les carnets d'attestation d'assurance, joint à une tenue défectueuse du livre d'enregistrement exposant la compagnie à devoir sa garantie pour des contrats irréguliers et étant gravement préjudiciable aux intérêts de celle-ci. • Civ. 1re, 31 mars 1993 : *RCA 1993. 217.* ♦ ... Ou motivée par le fait que l'agent général avait conservé par devers lui, pendant une durée excessive, des sommes à reverser à des assurés et à des réparateurs, comportement traduisant une négligence de gestion hautement préjudiciable à la compagnie dans ses rapports avec ses clients ou ses partenaires. • Civ. 1re, 9 févr. 1999 : *RCA 1999, n° 111.* ♦ ... Ou par des manquements d'une gravité suffisante pour rendre impossible la continuation du contrat d'agence sans compromettre les intérêts de la compagnie. • Civ. 1re, 14 mars 2000 : *RCA 2000, n° 200 ; RGDA 2000. 963, note Langé.* ♦ ... Ou par des désordres constatés dans la tenue de la comptabilité de l'agence et des défaillances dans le retour des primes encaissées, nonobstant les difficultés personnelles rencontrées par l'agent à la suite d'une incapacité liée à un accident. • Civ. 1re, 3 nov. 2003 : *RGDA 2004. 540, note Langé.* ♦ ... Ou par l'usage abusif d'une autorisation de poursuivre l'activité de courtage de son prédécesseur par les contrats en cours. • Civ. 1re, 2 oct. 2013 : *RGDA 2014. 68, obs. Langé.* ♦ Si l'exercice de la liberté d'expression ne constitue pas une faute professionnelle justifiant la révocation d'un agent général d'assurances, c'est sous réserve que cet exercice n'excède pas les limites du droit de critique admissible en regard du devoir de loyauté découlant du mandat d'intérêt commun qui le lie à l'entreprise d'assurances. • Civ. 1re, 27 nov. 2013 : *RGDA 2014. 65, obs. Langé* (propos tenus par l'agent général portant atteinte à la réputation et à l'image de ses mandantes, qui contrevenaient à son engagement contractuel de s'abstenir de tous écrits ou propos de cette nature et caractérisant une faute grave au sens de l'art. 19 du Décr. n° 49-317 du 5 mars 1949).

5. Ayant constaté qu'après un premier détournement, l'agent général n'avait conservé ses fonctions qu'à titre « essentiellement précaire » et qu'un second détournement s'était révélé à la compagnie d'assurances par des contrôles effectués avant la date de la lettre de licenciement, la cour d'appel a pu admettre l'existence à cette date d'un juste motif de rupture du contrat et bien que l'agent ait remboursé la première somme détournée. • Civ. 1re, 19 mai 1976 : *Bull. civ. I, n° 180 ; RGAT 1977. 31.*

6. Un agent général auquel son traité de nomination interdit formellement tout courtage et qui, après avoir enfreint cette interdiction, a poursuivi son activité malgré des avertissements de sa compagnie ne peut prétendre avoir été révoqué abusivement et obtenir des dommages-intérêts. • Civ. 1re, 16 déc. 1980 : *Bull. civ. I, n° 327 ; D. 1981. IR 455, obs. Berr et Groutel ; RGAT 1981. 491.*

7. Si les agents généraux peuvent apporter à d'autres compagnies d'assurances les contrats refusés par leurs mandantes, ils doivent tenir informée leur compagnie et s'abstenir de toute publicité en faveur d'une autre compagnie par le moyen de la publication de ses tarifs. De tels agissements constituent une faute professionnelle de nature à justifier leur révocation. • Civ. 1re, 11 mars 1986 : *RGAT 1986. 246.*

8. La révocation d'un mandataire non agent général a une cause légitime et n'entraîne pas le paiement d'une indemnité, l'intérêt qu'avait à ce contrat, même s'il s'agit d'un mandat d'intérêt commun, la compagnie d'assurances tenant à une production suffisante de son mandataire, alors que celle-ci avait été très inférieure aux normes admissibles. • Civ. 1re, 17 mars 1987 : *Bull. civ. I, n° 94 ; RGAT 1987. 290.* ♦ L'insuffisance de production constitue en elle-même un cas de révocation. • Civ. 1re, 26 févr. 1991 : *RCA 1991. 232.* ♦ Caractérise l'insuffisance dans la production justifiant la révocation de l'agent général l'arrêt qui relève l'ancienneté et la chronicité du caractère déficitaire du chiffre d'affaires et des résultats commerciaux et techniques nettement inférieurs à la moyenne des agents. • Civ. 1re, 17 janv. 2008 : *RGDA 2008. 515, note Roussel.*

9. En décidant d'abandonner la branche « automobile » dans la circonscription d'un agent général, ce qui avait pour effet de retirer cette branche d'activité de son portefeuille sans que celui-ci y ait donné son consentement, une compagnie a modifié unilatéralement le contrat la liant à cet agent et a prononcé la révocation partielle du mandat conféré ouvrant ainsi à l'agent général le droit à une indemnité. • Civ. 1re, 25 avr. 1990 : *RCA 1990. 268.*

10. La suppression par une compagnie d'un secteur entier de sa production n'étant pas dirigée personnellement contre les agents généraux concernés mais ayant été imposée par des considérations techniques et économiques liées aux résultats déficitaires d'un secteur de production, aucune faute ne peut être reprochée à la compagnie. • Civ. 1re, 27 nov. 1990 : *RCA 1991. 43.*

11. La résiliation massive des polices d'assurance par la compagnie dans le but avoué de ne pas révoquer « brutalement » son agent, mais de l'amener nécessairement, en le privant progressivement de toute activité, à demander lui-même la cessation de ses fonctions, s'analyse en une révocation de fait, sans motif légitime. • Civ. 1re, 27 mai 1997 : *RGDA 1997. 895, note Langé.*

TITRE X DE LA CESSATION DES FONCTIONS DE L'AGENT GÉNÉRAL D'ASSURANCES

Art. 20 L'agent général d'assurances qui, pour une cause quelconque, et même en cas de révocation, cesse de représenter une société d'assurances dans la circonscription déterminée par son traité de nomination a le droit, à son choix :

Soit de présenter à la société un successeur dans un délai maximum de deux mois, sauf s'il est fait application des dispositions du titre VII ci-dessus (ce délai étant toutefois réduit à un mois dans le cas de cessation volontaire de fonctions) ;

Soit d'obtenir de la société une indemnité compensatrice des droits de créance qu'il abandonne sur les commissions afférentes au portefeuille de l'agence générale d'assurances dont il est titulaire, réserve faite du droit par la société de demander le remboursement de cette indemnité au successeur.

En cas de décès de l'agent général d'assurances, la même prérogative est accordée à ses ayants droit.

I. BÉNÉFICIAIRES

1. L'agent général qui reprend le portefeuille que la compagnie a cédé à une autre société ne peut prétendre à l'indemnité compensatrice. • Civ. 1re, 12 févr. 1991, n° 88-16.109 P : *D. 1991. IR 63 ; RCA 1991. 162.*

2. En cas de cessation des fonctions d'un agent général associé, l'autre demeure en fonctions et peut, en outre, s'il le désire, y être maintenu seul, en obtenant aussi sa nomination à la place de l'associé partant, à la condition de justifier d'une compétence professionnelle équivalente à celle des autres candidats éventuels à la succession de son ex-associé, ainsi que de la possibilité pour lui d'exploiter seul la circonscription de l'agence. Il a également la faculté de se retirer lui-même – sauf convention contraire – et de bénéficier alors des dispositions de l'art. 20 du statut. • Civ. 1re, 12 févr. 1991, n° 88-19.012 P.

3. Bien qu'une personne soit inscrite au registre du commerce en qualité de courtier, que cette profession soit incompatible avec celle d'agent général, qu'elle n'ait jamais été affiliée aux régimes sociaux et de retraite obligatoires pour les agents généraux et qu'elle ait renoncé lors de sa nomination aux avantages propres à la fonction d'agent général, ses obligations étant intégralement celles d'un agent général, le statut des agents généraux, qui est d'ordre public, lui ouvre le droit à une indemnité compensatrice en cas de cessation de ses fonctions et même en cas de révocation, l'art. L. 520-1 interdisant aux parties de renoncer à l'avance à leurs droits. • Civ. 1re, 1er juill. 1986 : *Bull. civ. I, n° 186 ; RGAT 1986. 613, obs. Pauffin de Saint Morel.*

4. Seul l'agent général investi de son titre par un traité de nomination a le droit, lorsqu'il cesse de représenter la compagnie d'assurances, soit de présenter un successeur à la société, soit d'obtenir de celle-ci l'indemnité compensatrice des droits de créance qu'il abandonne sur les commissions. N'en bénéficie pas l'agent provisoirement chargé de la gestion d'un portefeuille. • Civ. 1re, 3 juill. 1990, n° 89-10.719 P : *D. 1990. IR 195 ; RGAT 1990. 896, obs. Pauffin de Saint Morel ; ibid. 1991. 191, obs. Langé.*

5. Sous-agents. Est dénuée de base légale la décision qui reconnaît au sous-agent le droit à une indemnité compensatrice en énonçant que si les rapports des agents généraux d'assurances sont déterminés principalement par les conventions passées entre eux il est d'usage d'assimiler la situation de ces derniers à celle des agents généraux, alors qu'en l'espèce le contrat de sous-agence ne prévoyait pas d'indemnité au profit du sous-agent en cas de cessation de ses fonctions. • Civ. 1re, 16 janv. 1985 : *Bull. civ. I, n° 23 ; RGAT 1985. 312, obs. Pauffin de Saint Morel.*

6. Démarcheurs. Le démarcheur qui apporte, moyennant une rémunération convenue à l'avance, des contrats d'assurance à un agent général d'assurances, et qui ne justifie pas de cette même qualité, n'est pas en droit de prétendre à l'octroi d'une indemnité compensatrice. • Civ. 1re, 23 juin 1998, n° 96-11.486 P : *RCA 1998, n° 325 ; RGDA 1999. 480, note Roussel.*

II. CESSION DE PORTEFEUILLE

7. L'agent général qui cesse ses fonctions a le droit, à son choix, de présenter à la société un successeur avec lequel il traite de gré à gré, ou d'obtenir de celle-ci une indemnité compensatrice des droits de créance qu'il abandonne sur les commissions afférentes au portefeuille de l'agence générale dont il est titulaire ; dans ce dernier cas, l'agent général peut obtenir de son successeur, par conventions particulières et complémentaires, une indemnité de cession d'éléments lui appartenant en propre. • Civ. 1re, 17 janv. 1990, n° 87-15.159 P : *D. 1990. IR 27 ; RGAT 1990. 899, obs. Pauffin de Saint Morel ; ibid. 1991. 188, obs. Langé.*

8. L'art. 20, qui institue une indemnité compensatrice des droits de créance que l'agent abandonne sur les commissions afférentes au portefeuille dont il est titulaire, ne fait pas obstacle à ce que l'agent convienne avec ses successeurs que lui demeureraient acquises les commissions échues avant la cessation de ses fonctions. • Civ. 1re, 3 mai 1988 : *RGAT 1988. 562.*

9. En cas de cession de la moitié de son portefeuille à une personne agréée par l'assureur, le droit du cédant à l'indemnité compensatrice ne peut porter que sur la partie du portefeuille dont il n'a pas disposé au profit du cessionnaire. • Civ. 1re, 11 janv. 1977 : *Bull. civ. I, n° 18 ; D. 1977. IR 177, obs. Berr et Groutel ; RGAT 1977. 486.*

10. Un agent général qui, pour pouvoir en réaliser la cession à une personne morale, a converti son portefeuille d'agent général en portefeuille de courtage ne peut plus prétendre à l'indemnité compensatrice. • Civ. 1re, 18 janv. 1983 : *Bull. civ. I, n° 23.*

11. A commis une faute la compagnie qui, sans respecter le délai pendant lequel l'agent général pouvait lui désigner le candidat de son choix, l'a placé devant le fait accompli en lui nommant un successeur, lui faisant ainsi perdre l'avantage que lui réservait la loi en compromettant sa chance de faire agréer la personne élue par lui et de traiter avec elle dans de meilleures conditions. • Civ. 2e, 15 mai 1992, n° 90-20.937 P : *RGAT 1992. 915, obs. Langé ; RCA 1992. 341.*

12. Dès lors que d'une part l'agent général avait fait l'objet de sévères avertissements antérieurs avec menace de révocation, qu'il ne pouvait ignorer la précarité de sa situation à défaut de redressement de son agence, et que, d'autre part, il n'avait pas manifesté, suite à sa lettre de révocation, sa volonté de présenter un successeur, de sorte que la compagnie devait prendre, au moins provisoirement, toute mesure nécessaire pour assurer la continuité de l'exploitation, la cour d'appel a pu déduire qu'il ne pouvait valablement prétendre à indemnisation d'une violation de son droit de présentation d'un successeur. • Civ. 1re, 13 mars 2007 : *RGDA 2007. 725, note Langé.*

III. RENONCIATION À L'INDEMNITÉ COMPENSATRICE

13. S'il n'est pas possible, de la part d'un agent général, de renoncer d'avance, à l'égard de la compagnie qui l'emploie *(sic)* à son indemnité compensatrice, rien ne s'oppose à ce qu'il cède à un tiers la somme à laquelle il aura droit le moment venu. • Civ. 1re, 25 mai 1988 : *Bull. civ. I, n° 149 ; RGAT 1988. 102.*

14. Le droit à l'indemnité compensatrice en cas de cessation de fonctions prend effet au moment où celle-ci se produit. N'est pas valable la renonciation de l'agent général souscrite dans le traité de nomination. • Civ. 1re, 2 oct. 1980 : *Bull. civ. I, n° 238 ; D. 1981. IR 92 ; RGAT 1981. 490.*

15. Si le caractère d'ordre public du statut des agents généraux a pour conséquence d'interdire toute renonciation anticipée de la part de l'agent général à une indemnité compensatrice, il ne met pas obstacle à ce que cet agent renonce, après l'abandon de ses fonctions, au bénéfice de ce droit. • Civ. 1re, 4 déc. 1985 : *Bull. civ. I, n° 335 ; RGAT 1986. 117.* ♦ Rappr. : • Civ. 1re, 30 mars 1994, n° 92-16.542 P.

IV. RÉGIME DE L'INDEMNITÉ COMPENSATRICE

16. Le droit de présenter un successeur est lié à la cessation des fonctions et ne prend effet qu'au moment où celle-ci se produit et non à la date de sa démission. Viole l'art. 20 du statut la compagnie qui désigne un successeur avant même que son agent ait cessé ses fonctions. • Civ. 1re, 16 oct. 1984 : *Bull. civ. I, n° 260 ; JCP 1986. II. 2055, note Pauffin de Saint Morel ; RGAT 1985. 416.*

17. S'agissant de déterminer la nature et le régime de l'indemnité compensatrice prévue par l'art. 20 du statut, la Fédération nationale des syndicats d'agents généraux d'assurances (FNSAGA) a un intérêt lui permettant d'intervenir en cause d'appel dans un litige opposant un agent général à sa compagnie. • Civ. 1re, 8 févr. 1978 : *Bull. civ. I, n° 50 ; RGAT 1978. 495.*

18. L'indemnité est destinée à compenser l'abandon par l'agent général des commissions réellement perçues ou à percevoir et non de commissions résultant d'un calcul fictif mettant en cause les dispositions réglementaires relatives aux clauses de réduction ou de majoration des primes. • Civ. 1re, 16 oct. 1984 : *RGAT 1985. 416.*

19. Les juges du fond peuvent sans se contredire admettre le droit à l'indemnité compensatrice au profit d'un agent général révoqué et charger un expert de rechercher d'éventuelles fautes de cet agent, cela afin d'apprécier s'il pouvait prétendre à une indemnité distincte pour révocation abusive. • Civ. 1re, 21 oct. 1963 : *Bull. civ. I, n° 442 ; RGAT 1964. 314.*

20. Les litiges portant sur la résolution du traité d'agence générale d'assurances sont de la compétence des tribunaux de commerce si la compagnie a la qualité de commerçant. • Com. 8 juill. 1969 : *Bull. civ. IV, n° 265 ; D. 1970. Somm. 35 ; RGAT 1970. 359, obs. A.B.*

21. Sur la détermination du tribunal territorialement compétent : • Civ. 1re, 3 févr. 1993 : *RGAT 1993. 390.*

22. Opérations maritimes et fluviales. Il résulte de l'art. 1er du décret du 5 mars 1949, excluant les rapports entre les sociétés d'assurances et leurs agents généraux en ce qui concerne les opérations maritimes et fluviales, que l'indemnité compensatrice ne peut avoir qu'un fondement contractuel. • Com. 8 oct. 1996, ☎ n° 94-15.950 P : *RCA 1997, n° 63 ; RGDA 1996. 948, note Langé ; DMF 1997. 16, rapp. Rémery.*

V. REMBOURSEMENT DE L'INDEMNITÉ COMPENSATRICE

23. L'art. 20 du statut ne prévoit aucun délai au-delà duquel la compagnie d'assurances ne pourrait prétendre au remboursement par le nouvel agent général de l'indemnité compensatrice qu'elle a versée à l'ancien titulaire du portefeuille. Il importe peu que ce portefeuille ait fait l'objet d'une gestion temporaire avant l'entrée en fonctions effective du nouvel agent général. • Civ. 1re, 22 mai 1985 : *Bull. civ. I, n° 162 ; RGAT 1985. 573, obs. Pauffin de Saint Morel.*

24. Le texte de l'art. 20 se borne à énoncer le principe que la société a le droit de demander le remboursement de l'indemnité compensatrice au successeur mais n'en fixe pas les modalités ; ce remboursement peut être inférieur aux sommes effectivement versées à l'agent général sortant ou à ses ayants droit lorsque les conditions d'exploitation de l'agence imposées au successeur par la compagnie sont moins avantageuses, par exemple en raison de la réduction du taux des commissions ou lorsque des polices ont été résiliées avant la conclusion du nouveau traité de nomination. • Civ. 2e, 24 mai 1989 : *Bull. civ. II, n° 209 ; RGAT 1989. 905 ; ibid. 1990. 897, obs. Pauffin de Saint Morel.*

Art. 21 Lorsque l'agent général d'assurances ou ses ayants droit présentent un successeur, ils traitent de gré à gré avec ce dernier ; la société a le droit d'obtenir communication de cette convention avant d'accorder son agrément au successeur.

Si la société refuse d'agréer le successeur présenté, l'agent général d'assurances ou ses ayants droit bénéficient de l'indemnité mentionnée à l'avant-dernier alinéa de l'article 20.

Si la cessation de fonctions de l'agent général d'assurances résulte de son décès, le conjoint et les parents en ligne directe du défunt ont, s'ils en manifestent le désir, une priorité pour lui succéder dans ses fonctions d'agent général, si du moins ils justifient de titres ou d'une compétence professionnelle équivalente à ceux des candidats éventuels, *(Décr. n° 66-771 du 11 oct. 1966)* « et, au moins, des conditions fixées à l'article 5 ».

L'indemnité compensatrice étant la contrepartie du pouvoir accordé à la compagnie d'accepter ou de refuser le successeur présenté par l'agent général qui se retire, la compagnie est seule maîtresse de sa décision qui lui appartient sans avoir à en donner de motifs, ce qui écarte en la matière la théorie de l'abus de droit. • Civ. 1re, 3 oct. 1967 : *Bull. civ. I, n° 271 ; RGAT 1968. 31.*

Art. 22 L'indemnité mentionnée à l'avant-dernier alinéa de l'article 20 est déterminée par accord amiable entre les parties ou, à défaut, à dire d'experts.

En cas d'expertise, chacune des parties désigne son expert ; s'il y a désaccord entre les experts, il est procédé à la désignation d'un tiers-expert par accord amiable entre les experts ou, à défaut, sur requête de la partie la plus diligente, par le président du tribunal civil du chef-lieu de l'arrondissement dans lequel est située la circonscription, sur une liste établie d'un commun accord par les organisations syndicales les plus représentatives des sociétés et des agents généraux d'assurances.

Un règlement distinct établi par le conseil national des assurances après consultation des organisations syndicales les plus représentatives des sociétés et des agents généraux d'assurances, détermine les principales bases sur lesquelles les experts doivent fonder leur appréciation pour fixer le montant de l'indemnité.

L'indemnité est réglée par un payement unique effectué dans le délai maximum de six mois suivant la date de cessation des fonctions. Toutefois, la société peut se libérer à concurrence de moitié seulement dans ce délai, le solde étant versé dans un délai maximum de trois ans par annuités établies compte tenu des intérêts.

1. ***Accord amiable.*** Sur le caractère obligatoire de l'accord : • Civ. 1re, 21 janv. 2003, ☎ n° 98-19.724 P : *RCA 2003, n° 118 ; RGDA 2003. 366, note Langé.*

2. ***Expertise.*** Aucune disposition du statut des agents généraux IARD et notamment de son art. 22 ne fait du recours à l'expertise amiable qu'il organise un préalable obligatoire à la saisine des tribunaux qui ne sont pas tenus de surseoir à statuer jusqu'à ce qu'il ait été procédé à l'expertise prévue par ce texte. • Civ. 1re, 3 nov. 1982 : *Bull. civ. I, n° 309 ; RGAT 1983. 340.*

3. Pour l'application de l'art. 22 du décret du 5 mars 1949, le tiers expert a l'obligation de convoquer toutes les parties aux réunions qu'il organise. • Civ. 1re, 21 mai 1996, ☎ n° 94-12.916 P : *RGDA 1996. 762, note Langé.*

4. ***Intérêts.*** Les intérêts dus à l'agent général ne courent qu'à l'expiration du délai de 6 mois ayant suivi la cessation de ses fonctions et non dès la date de celle-ci. • Civ. 1re, 19 oct. 1983 : *Bull. civ. I, n° 239 ; RGAT 1984. 368.*

Art. 23 Lorsque la liquidation des comptes de l'agence générale fait apparaître un solde en faveur de la société, celle-ci est en droit, jusqu'à concurrence dudit solde, de procéder à une retenue compensatrice sur le montant des sommes versées ou à verser au titre de l'indemnité mentionnée à l'avant-dernier alinéa de l'article 20.

En aucun cas, l'agent général ou ses ayants droit ne peuvent se prévaloir ni de la valeur de cession du portefeuille, ni de l'indemnité mentionnée à l'avant-dernier alinéa de l'article 20, ni éventuellement du cautionnement constitué, pour justifier un déficit de caisse. Ils restent soumis au droit commun quant à la responsabilité civile ou pénale que peut entraîner l'existence d'un tel déficit.

1. L'art. 23, al. 1er, a pour seul effet d'autoriser la compagnie d'assurances à procéder à une retenue sur le montant des sommes versées au titre de l'indemnité compensatrice lorsque la liquidation des comptes de son agence fait apparaître un solde en faveur de la compagnie et ne crée aucun droit en faveur de l'agent général. Le 2e al. du même art. interdit à l'agent général de se prévaloir de l'indemnité compensatrice qui peut lui être due pour se soustraire au paiement du solde débiteur de son compte. • Civ. 1re, 15 avr. 1986 : *Bull. civ. I, n° 85 ; RGAT 1986. 237.*

2. Un agent général ne peut, aux termes de l'art. 23, al. 2, du statut, se prévaloir de la valeur de cession de son portefeuille pour justifier un déficit de caisse. En sa qualité de mandataire, il doit remettre à ses mandants les sommes reçues par lui dans le cadre de son mandat sans pouvoir compenser ces sommes avec celles qui lui seraient éventuellement dues. • Crim. 6 juill. 1988 : *RGAT 1988. 855, obs. Pauffin de Saint Morel.*

3. Eu égard à l'affectation conventionnelle de l'indemnité compensatrice due à un agent d'assurances lors de la cessation de ses fonctions à la garantie du solde du prêt que lui a consenti sa compagnie, et à l'absence de clause relative à l'ordre d'imputation de ce solde et de celui des comptes de fin de gestion sur cette indemnité, une cour d'appel décide à bon droit qu'il y a lieu de faire application de l'art. 1256 C. civ., sans que puissent y faire obstacle les dispositions de l'art. 23 du décret du 5 mars 1949. • Civ. 1re, 21 mai 1996, n° 93-21.338 P : *RCA 1996, n° 298 ; RGDA 1996. 765, note Langé.*

4. Une retenue compensatrice sur l'indemnité à verser au titre de l'art. 20 du statut n'est prévue par l'art. 23 que lorsque la liquidation des comptes de l'agence générale fait apparaître un solde en faveur de la société ; aucun abattement n'est possible en cas de mauvaise gestion de la part de l'agent général. • Civ. 1re, 5 déc. 2006 : *RGDA 2007. 227, note Langé.*

Art. 24 En cas d'association de deux ou plusieurs agents généraux d'assurances, la cessation de fonctions de l'un d'eux a pour effet d'ouvrir, au profit des autres associés les droits prévus par le présent titre, sauf s'il en a été autrement convenu dans le traité de nomination, ou dans un contrat distinct conclu avec la société.

Dans les seuls rapports entre les agents généraux d'assurances associés ou leurs ayants droit, le partage des droits se fait conformément aux conventions intervenues entre eux.

Lorsque l'un des associés cesse d'exercer ses fonctions, les autres associés doivent, s'ils le désirent, être maintenus seuls en fonctions, s'ils justifient de titres ou d'une compétence professionnelle équivalents à ceux des candidats éventuels, et de la possibilité d'exploiter normalement la circonscription de l'agence. En cas de désaccord, le litige est réglé par voie d'arbitrage dans les conditions fixées par la loi.

En cas de démission d'un agent général, son associé, agréé par la compagnie et maintenu en fonctions, est tenu de garantir le remboursement de l'indemnité compensatrice revenant à l'agent démissionnaire. • Civ. 1re, 28 nov. 1972 : *Bull. civ. I, n° 258 ; D. 1973. Somm. 53 ; RGAT 1973. 512* • Civ. 1re, 12 févr. 1991 : *V. note 1 ss. art. 20.*

Art. 25 Si les circonstances l'exigent, le ministre des finances peut, après avis du conseil national des assurances, ordonner la suspension du payement des indemnités allouées en application des dispositions de l'avant-dernier alinéa de l'article 20, ou modifier les modalités de payement desdites indemnités.

Art. 26 Sauf accord particulier intervenu entre lui, son successeur et la société, l'agent général d'assurances qui cesse d'exercer ses fonctions ne doit, ni directement, ni indirectement, pendant un délai de trois ans, présenter au public, dans la circonscription de son ancienne agence générale, des opérations d'assurances appartenant aux mêmes catégories que celles du portefeuille de l'agence générale. Néanmoins, cette interdiction n'existe pas dans les cas où l'agent général, soit a refusé de recevoir l'indemnité fixée conformément à l'avant-dernier alinéa de l'article 20, soit a été révoqué pour une cause non reconnue valable par arbitrage. Dans ces deux cas, nonobstant toute disposition particulière décidée par la sentence arbitrale, il lui est seulement interdit, pendant un délai de six mois, de faire souscrire des polices nouvelles d'assurances en remplacement des contrats constituant le portefeuille de l'agence générale dont il a cessé d'être titulaire.

A. DROIT À L'INDEMNITÉ COMPENSATRICE

1. L'agent général qui, après cessation de ses fonctions, se borne à poursuivre l'exploitation de portefeuilles complémentaires créés pendant son activité hors du champ d'action de sa compagnie, peut prétendre à l'indemnité compensatrice, aucune faute ne pouvant être relevée à son égard. • Civ. 1re, 20 janv. 1971 : *Bull. civ. I, n° 24; RGAT 1971. 345, obs. A.B.* ♦ Une compagnie d'assurances ne peut refuser l'indemnité compensatrice à d'anciens agents généraux s'il n'est pas établi qu'ils avaient, dans les trois ans de la cessation de leurs fonctions, réalisé des opérations d'assurance appartenant aux mêmes catégories que celles de leur ancienne agence • Civ. 1re, 13 févr. 2001 : *RCA 2001, n° 161.* ♦ Dans le même sens : • Civ. 1re, 26 sept. 2006 : *RGDA 2007. 224, note Langé.*

2. Ne peut être considéré ni comme une concurrence indirecte, ni comme une manœuvre déloyale privant l'agent général de son indemnité compensatrice le fait que celui-ci ait loué après cessation de ses fonctions ses locaux professionnels à un autre intermédiaire, dès lors qu'il n'est pas établi qu'il ait pu présenter au public, même indirectement, des opérations d'assurance. • Civ. 1re, 6 juin 1972 : *Bull. civ. I, n° 145 ; RGAT 1973. 208.*

3. Manque de base légale la décision qui déboute un agent général de sa demande d'indemnité en décidant qu'il avait violé l'interdiction de rétablissement, mais sans préciser si l'agent général s'était rétabli dans les trois cantons de la ville où il exerçait alors que celui-ci soutenait n'avoir travaillé que dans un autre canton qui ne faisait pas partie de la circonscription de son ancienne agence. • Civ. 1re, 19 déc. 1977 : *Bull. civ. I, n° 480 ; RGAT 1978. 498.*

4. Le fait pour un agent général de restituer les documents et archives, ainsi qu'il s'y était engagé lors de sa nomination, n'est pas de nature à entraîner pour lui la perte ni du droit de présenter un successeur ou d'obtenir une indemnité compensatrice ni de celui d'obtenir une indemnisation supplémentaire au cas où sa révocation serait jugée abusive. • Civ. 1re, 14 févr. 1984 : *Bull. civ. I, n° 58 ; RGAT 1984. 134.*

5. *Sous-agent.* En présence d'un contrat de sous-agence stipulant en cas de cessation d'activité du sous-agent que celui-ci recevrait une indemnité en contrepartie d'une obligation de non-rétablissement, il n'appartient pas à celui-ci de modifier de sa seule autorité le contenu de la convention et de s'affranchir de l'interdiction de toute activité concurrente alors même qu'il proposait de renoncer à l'indemnité prévue. • Civ. 1re, 7 févr. 1990 : *RCA 1990. 178.* ♦ Rappr. : • Civ. 1re, 16 janv. 1985 : *V. note 5 ss. art. 20.*

6. *Agent stagiaire.* En présence d'un contrat prévoyant la nomination d'un « agent stagiaire » pour une durée de deux ans, venant à expiration de plein droit, une compagnie d'assurance commet néanmoins un abus de droit en n'informant l'intéressé du non-renouvellement de son contrat que dix jours avant son expiration. Reste applicable l'interdiction de rétablissement pendant 3 ans, le refus de renouvellement du mandat étant justifié en lui-même et la condamnation de la compagnie à indemniser son ex-agent n'étant liée qu'à la brutalité de sa décision. • Civ. 1re, 25 mars 1991, n° 89-15.919 P : *D. 1992. Somm. 46, obs. Serra ; RGAT 1991. 652, obs. Pauffin de Saint Morel.* ♦ Comp. : • Bourges, 13 mars 1989 : *RGAT 1989. 897, obs. Pauffin de Saint Morel.*

B. ACCORDS PARTICULIERS

7. L'art. 26 du statut ne s'applique que sauf accord particulier entre l'agent général, son successeur et la société et ne fait pas obstacle à l'application d'une clause aux termes de laquelle le cédant s'engage sans limitation dans le temps à ne représenter dans une circonscription donnée aucune compagnie concurrente. • Civ. 1re, 25 mai 1987 : *Bull. civ. I, n° 161 ; D. 1987. Somm. 150, obs. Groutel ; RGAT 1987. 489.*

C. AYANTS DROIT DE L'AGENT

8. Si l'art. 26 du statut des agents généraux édicte, pour celui qui, de son vivant, cesse d'exercer ses fonctions, l'interdiction de présenter au public des opérations d'assurance dans la circonscription de son ancienne agence pendant un délai de 3 ans, ou, dans deux hypothèses, de faire souscrire des polices nouvelles en remplacement des contrats constituant le portefeuille abandonné pendant un délai de 6 mois, il ne contient aucune de ces deux prohibitions à l'encontre des ayants droit de l'agent décédé. • Civ. 1re, 24 mars 1965 : *Bull. civ. I, n° 211 ; RGAT 1965. 453, obs. A.B.*

9. Si le fils d'un agent général décédé a le droit, en vertu du principe de la liberté du travail, de créer et prospecter une clientèle nouvelle, une limite à ce principe ainsi que les règles de l'honnêteté et de la bonne foi lui imposaient de s'abstenir d'alimenter cette clientèle par les détournements frauduleux commis au préjudice de la compagnie de son père. • Civ. 2e, 23 janv. 1963 : *Bull. civ. II, n° 72.*

D. REFUS DE L'INDEMNITÉ COMPENSATRICE

10. Il incombe à la compagnie d'assurances, qui, sur le fondement de l'art. 26 du statut, refuse le paiement de l'indemnité compensatrice, d'établir que les conditions prévues par ce texte se trouvent remplies. • Civ. 1re, 24 mai 1989 : *Bull. civ. I, n° 209 ; D. 1989. IR 179 ; RCA 1989. 328.* ♦ De même, en référé, c'est à la compagnie d'assurance qui dénie le droit de demander paiement de l'indemnité compensatrice, d'établir l'existence des manquements qu'elle impute à l'agent général. • Civ. 1re, 3 avr. 2007 : *RGDA 2007. 728, note Langé.*

11. Le refus de l'indemnité compensatrice n'est fondé que s'il est établi que l'agent général a présenté au public, postérieurement à sa révocation dans la circonscription de son ancienne agence générale des opérations d'assurance appartenant aux mêmes catégories que celles de cette agence ou poursuivi des opérations antérieures dans les mêmes catégories. • Civ. 1re, 4 mars 1986 : *Bull. civ. I, no 43.*

12. L'art. 26 du statut ne prohibe pas uniquement la présentation personnelle par l'agent général d'opérations d'assurances dans sa circonscription puisque l'interdiction qui lui est faite par ce texte concerne à la fois la présentation directe et indirecte de telles opérations. Il en est ainsi d'un agent général qui, postérieurement à sa démission, a lui-même rédigé 21 lettres de résiliation de polices dont plusieurs ont été reprises par une compagnie dont son fils était l'agent général. • Civ. 1re, 15 avr. 1986 : *Bull. civ. I, no 86 ; RGAT 1986. 239, obs. Pauffin de Saint Morel.*

13. Un agent général ne peut prétendre à l'indemnité compensatrice pour un portefeuille que la compagnie avait abandonné et qu'il avait entièrement récupéré. • Civ. 1re, 12 janv. 1988 : *Bull. civ. I, no 1 ; RGAT 1988. 381.*

14. Des dispositions des art. 20 et 26 entre lesquelles il existe un lien nécessaire, il résulte que l'agent général qui, avant l'expiration du délai de 3 ans, se rétablit ne peut prétendre à l'indemnité compensatrice. • Civ. 1re, 28 oct. 1963 : *RGAT 1964. 321.* ♦ Rappr. : • Civ. 1re, 20 mars 1962 : *RGAT 1962. 319.* ♦ Dans le même sens : • Soc. 3 mars 1971 : *RGAT 1972. 43* • Civ. 1re, 19 déc. 1977 : *RGAT 1978. 497* • 22 mai 1984 : *Bull. civ. I, no 167 ; RGAT 1985. 130.*

15. En pareil cas, l'agent général doit restituer l'indemnité compensatrice qu'il a perçue. • Civ. 1re, 12 juin 1990 : *RCA 1990. 356.*

16. L'agent général révoqué qui a enfreint l'obligation de ne pas faire souscrire pendant un délai de six mois de nouvelles polices d'assurance ne peut se prévaloir de fautes éventuelles de la compagnie et de la part de responsabilité que porterait celle-ci dans le conflit qui les oppose. • Com. 10 oct. 1977 : *Bull. civ. III, no 219 ; D. 1978. IR 288, obs. Berr et Groutel.*

17. Est bien fondée à refuser l'indemnité compensatrice la compagnie qui établit que l'agent général démissionnaire avait adressé une lettre circulaire informant ses clients qu'il continuait comme par le passé à s'occuper de la défense de leurs intérêts et leur proposait de traiter avec une autre compagnie. • Civ. 1re, 13 oct. 1987 : *RGAT 1987. 617.* ♦ Rappr. : • Civ. 1re, 23 févr. 1999 : *RCA 1999, no 148 ; RGDA 1999. 485, note Roussel.* ♦ Pour un agent révoqué, qui, sans respecter aucun délai, a fait souscrire des polices nouvelles en remplacement des contrats constituant le portefeuille de l'agence : • Civ. 1re, 20 juill. 1988 : *Bull. civ. I, no 252 ; RGAT 1989. 144.* ♦ Rappr. : • Civ. 1re, 10 févr. 2004 : *RCA 2004, no 166 ; RGDA 2004. 537, note Roussel.*

18. Est justifié le refus de l'indemnité compensatrice réclamée par un agent général alors qu'il est établi qu'il avait procédé à des opérations portant sur des affaires appartenant à son ancien portefeuille et que les documents publicitaires de la société de courtage qu'il exploitait offraient au public des opérations d'assurances dans plusieurs branches qui étaient celles que lui interdisait d'exploiter l'art. 26 du statut. • Civ. 1re, 6 déc. 1988 : *RGAT 1989. 138, obs. Pauffin de Saint Morel.*

19. Même si avant la révocation de son agent général il est établi que la société n'avait vu aucun inconvénient à ce qu'il exerce parallèlement une activité de courtage, cet accord tacite ne produit pas d'effet au-delà de la date à laquelle l'agent a perdu sa qualité, et l'indemnité compensatrice n'est pas due. • Civ. 1re, 4 oct. 1988 : *RGAT 1989. 146.*

20. Si l'art. 26 interdit aux agents généraux pendant un délai de 6 mois de faire souscrire des polices nouvelles d'assurances en remplacement des contrats constituant le portefeuille de l'agence dont ils ont cessé d'être titulaires, cette disposition ne les autorise pas à inciter des clients à résilier leurs contrats postérieurement à l'expiration de ce délai, ce qui constitue un acte de concurrence déloyale dans les termes du droit commun. • Com. 21 juill. 1980 : *Bull. civ. IV, no 308 ; RGAT 1981. 362.* ♦ Rappr. : • Civ. 1re, 9 mars 2004 : *RGDA 2004. 533, note Langé.*

21. Perd le droit à l'indemnité compensatrice l'agent général qui, après avoir cessé ses fonctions, fait paraître dans un journal local une annonce informant sa clientèle qu'il continue son activité d'assureur dans son cabinet. • Soc. 3 mars 1971 : *Bull. civ. V, no 166 ; D. 1971. Somm. 205 ; RGAT 1972. 43.*

22. Est à bon droit condamné à rembourser l'indemnité compensatrice l'agent général qui, en contravention à l'art. 26 du statut, avait créé une société de courtage dont il était le gérant et qui présentait au public des opérations de même catégorie. • Civ. 1re, 17 mai 1988 : *RGAT 1988. 570.*

E. CONCURRENCE DÉLOYALE

23. Quoique dégagé de toute obligation contractuelle limitant sa liberté d'entreprendre, l'agent général est tenu d'une obligation de réserve et de loyauté à laquelle il ne satisfait pas en sollicitant avec insistance l'assuré le plus important de son ancienne agence, révélant ainsi sa volonté de reprendre une part très notable de l'ancienne clientèle sur laquelle il n'avait pourtant plus de droits. • Com. 18 juin 1991, no 89-15.629 P : *RGAT 1992. 405, obs. Langé.*

24. Constitue un acte de concurrence déloyale l'intervention de deux agents généraux auprès de la clientèle après leur révocation facilitant le pillage systématique du portefeuille de la compagnie en récupérant la clientèle au profit de compagnies concurrentes, ce qui ressort du nombre anormalement élevé des résiliations par comparaison avec la limite normale de pertes dans une agence en réorganisation. • Civ. 1re, 27 sept. 1984 : *D. 1986. IR 93, obs. Berr et Groutel.*

25. La privation de l'indemnité compensatrice n'exclut pas la condamnation de l'agent général en cas de concurrence déloyale à des dommages-intérêts. • Civ. 1re, 18 févr. 1997 : *RCA 1997, no 170.* ♦ La compagnie est fondée à demander à un tiers complice réparation du préjudice distinct qui lui a été causé de concert avec l'agent général. • Civ. 1re, 9 déc. 1992, no 90-14.208 P : *RCA 1993. 105.*

F. INTERPOSITION DE PERSONNE

26. L'art. 26 du statut général ne créant aucune présomption d'interposition de personne, il appartient donc à l'assureur qui se plaint d'une violation indirecte de l'interdiction de rétablissement de faire la preuve d'une telle interposition. • Civ. 1re, 13 févr. 1996 : *RGDA 1996. 491, note Langé.*

Art. 27 La cession de tous éléments appartenant en propre à l'agent général d'assurances (matériel de bureau, fichiers personnels, droit au bail, droits incorporels, éléments divers d'organisation ou de prospection, conditions du concours de l'agent général cédant, archives autres que celles de la société, correspondance autre que celle échangée soit avec la société soit avec les assurés et plus généralement tous éléments de l'actif et du passif propres à l'agent général) peut faire l'objet de conventions particulières et complémentaires entre lui et son successeur et donner lieu au payement d'une indemnité distincte de celle qui est mentionnée à l'avant-dernier alinéa de l'article 20.

Si la société le juge utile, elle peut avoir communication des conditions faisant l'objet de ces conventions.

1. V. : • Civ. 1re, 17 janv. 1990 : *V. note 7 ss. art. 20.*

2. A justifié sa décision refusant la nullité de la convention intervenue entre un agent général et son prédécesseur la cour d'appel qui retient, par référence aux dispositions de l'art. 27 du décret du 5 mars 1949, que, sous la qualification impropre de « pas-de-porte », les parties avaient entendu viser la cession d'éléments propres à l'agent sortant telle, en sus du droit d'entrée qu'il avait lui-même acquitté à son prédécesseur, la possibilité de lui succéder dans l'intégralité de ses activités y compris celles, accessoires, de courtage, ainsi que dans tous les éléments d'une organisation éprouvée s'exerçant dans des locaux professionnels particulièrement bien situés, avec leur équipement faisant corps tel que câblages électriques. • Civ. 1re, 8 juill. 2003 : *RGDA 2004. 204, note Langé.*

Art. 28 L'application des dispositions incluses dans les articles 20, 21, 22, 23, 24, 25, 26, 27 ne peut en aucun cas, porter atteinte au droit de propriété de la société sur le portefeuille de l'agence générale. La société, d'autre part, conserve le droit de résilier les polices d'assurances constituant le portefeuille de l'agence générale pour autant qu'il ne s'agit pas de mesures dirigées personnellement contre l'agent général.

V. • Civ. 1re, 27 nov. 1990 : *V. note 10 ss. art. 19.*

TITRE XI APPLICATION DU RÈGLEMENT ET DISPOSITIONS DIVERSES

Art. 29 A défaut d'accord, ou d'arbitrage amiable, tout litige né à l'occasion de l'application du présent règlement soit entre agents généraux d'assurances, soit entre un agent général d'assurances et une société, est réglé par arbitrage obligatoire dans les conditions qui seront fixées par la voie législative.

Il en est de même pour tout désaccord relatif à l'application des conditions faisant l'objet du traité de nomination visé au titre IV.

En ce qui concerne les litiges qui pourraient survenir à l'occasion de l'application de l'alinéa 2 de l'article 19, de l'alinéa 3 de l'article 21 et de l'alinéa 3 de l'article 24, la sentence arbitrale, si elle est prononcée contre la société, ne peut, en aucun cas, imposer à celle-ci le choix d'un mandataire, mais seulement, le cas échéant, donner ouverture à dommages et intérêts.

Ne sont pas soumis à l'arbitrage prévu à l'alinéa précédent, sauf accord entre les parties intéressées, les faits qui découlent de l'application du principe de la liberté commerciale des sociétés, notamment en ce qui concerne la liberté des tarifs, l'acceptation, le rejet ou le règlement des sinistres, ainsi que les restrictions relatives à la production, à condition que ces faits ne résultent pas de mesures apparaissant comme étant spécialement prises à l'encontre des intérêts d'un agent général d'assurances déterminé. Sont également exclus de l'arbitrage, tous faits résultant d'une faute professionnelle de l'agent général d'assurances, lorsque cette faute est de nature à entraîner le payement de dommages et intérêts à des assurés.

Art. 30 Une commission instituée par un règlement distinct établi par le conseil national des assurances après consultation des organisations syndicales les plus représentatives des sociétés et des agents généraux d'assurances, est chargée de donner tous avis sur l'application du présent statut.

Les parties peuvent, d'un commun accord, recourir à cette commission pour les concilier.

Art. 31 Le présent règlement entrera en vigueur, sur le territoire de la France métropolitaine, trois mois à dater de sa publication, exception faite du titre X qui sera immédiatement applicable.

(Décr. nº 66-771 du 11 oct. 1966) « Il entrera en vigueur le 1er janvier 1967 sur le territoire des départements d'outre-mer. Cette date sera, pour l'application des articles 32 et 34 (1er alinéa) dans ces départements, substituée à la date de publication visée par lesdits articles. »

Il pourra être ultérieurement rendu applicable, sous réserve d'adaptations particulières, *à l'Algérie et* aux territoires *de la France* d'outre-mer.

Art. 32 Sous réserve des dispositions de l'article 13 ci-dessus, les agents généraux d'assurances en fonctions continuent à bénéficier des droits plus avantageux qu'ils pourraient tenir de traités de nomination établis antérieurement à la publication du présent règlement. Ces droits sont maintenus jusqu'à l'expiration de validité des traités de nomination qui les prévoient.

Art. 33 A partir de la date de publication du présent règlement, aucun mandat d'agent général d'assurances ne pourra être donné à une société civile ou commerciale.

Les agences générales d'assurances existantes qui revêtent la forme de sociétés sont, par dérogation aux dispositions de l'article 2, et jusqu'au terme fixé par leurs statuts à la date de publication du présent règlement, autorisées à exercer leur activité dans les limites du ou des traités de nomination dont elles sont titulaires, sans que, dans l'avenir, elles puissent bénéficier d'une extension de pouvoirs, tant en ce qui concerne les opérations d'assurances qu'elles présentent au public, que la circonscription dans laquelle elles sont actuellement habilitées à fonctionner.

(Décr. nº 66-771 du 11 oct. 1966) « Les dispositions du présent article ne sont pas applicables dans les départements d'outre-mer. »

Art. 34 Les agents généraux d'assurances en fonctions au moment de la publication du présent règlement sont réputés satisfaire aux conditions requises pour exercer leur profession, telles qu'elles sont prévues au titre III.

Toutefois, dans un délai de trois mois à compter de la publication du présent règlement, les présidents directeurs ou gérants des agences générales d'assurances qui revêtent la forme de sociétés, devront répondre aux prescriptions de l'article 5 ci-dessus.

Art. 35 Les taux maxima de commission pratiqués à la date de publication du présent règlement par les sociétés d'assurances visées à l'article 1er demeureront en vigueur jusqu'à la date de la prise d'effet de l'arrêté prévu à l'article 10.

Art. 36 Le présent règlement remplace, dans les conditions prévues à l'article 23 de la loi du 25 avril 1946, le règlement portant statut provisoire des agents généraux d'assurances, maintenu temporairement en vigueur par décision du ministre des finances en date du 31 décembre 1945, et dont le texte a été publié dans le nº 1 (mars 1946) du *Bulletin administratif des assurances.*

RÈGLEMENT Nº 2

INSTITUANT UNE COMMISSION D'APPLICATION DU STATUT DES AGENTS GÉNÉRAUX D'ASSURANCES (ACCIDENTS, INCENDIE, RISQUES DIVERS)

Art. unique Conformément aux dispositions de l'article 30 du règlement nº 1 portant statut des agents généraux d'assurances (accidents, incendie, risques divers), il est institué une commission d'application qui est présidée par un professeur à la faculté de droit de Paris, désigné par le conseil national des assurances, pour un an. Cette commission est composée en outre des membres suivants :

Deux représentants des sociétés d'assurances désignés par la fédération française des sociétés d'assurances ;

Lorsque les intérêts du courtage d'assurance sont directement mis en cause par la question évoquée devant la commission ainsi instituée, celle-ci comprend également :Deux représentants des agents généraux d'assurances désignés par la fédération nationale des syndicats d'agents généraux d'assurances.

Deux représentants des sociétés d'assurances désignés par la fédération française des sociétés d'assurances ;

Deux représentants des courtiers d'assurances désignés par le syndicat national des courtiers d'assurances.

Décret nº 50-1608 du 28 décembre 1950,

Portant homologation du statut des agents généraux d'assurances sur la vie (JO 31 déc.).

Art. 1er Sont homologués :

1° Le règlement nº 3 adopté par le Conseil national des assurances et portant statut des agents généraux d'assurances sur la vie ;

2° Le règlement nº 4 adopté par le Conseil national des assurances et instituant une commission d'application du statut des agents généraux d'assurances sur la vie, dans la forme où ces deux textes sont annexés au présent décret.

RÈGLEMENT Nº 3

PORTANT STATUT DES AGENTS GÉNÉRAUX D'ASSURANCES SUR LA VIE

PRÉAMBULE

Aux termes de l'article 23 de la loi du 25 avril 1946, le Conseil national des assurances a été chargé d'établir le statut des agents généraux d'assurances.

Pour exécuter cette mission, il lui a paru nécessaire de prévoir des textes multiples et distincts suivant la nature des problèmes à résoudre. C'est ainsi qu'il a d'abord établi le statut des agents généraux d'assurances « incendie », « accidents » et « risques divers », lequel a été homologué par décret du 5 mars 1949. Étant donné les particularités des opérations d'assurances sur la vie, un statut spécial devait être ensuite élaboré.

Le présent règlement, établi en collaboration avec la Fédération nationale des syndicats d'agents généraux d'assurances et après consultation de la Fédération française des sociétés d'assurances, a précisément pour objet de régler les rapports existant entre les agents généraux et les sociétés d'assurances pour les opérations d'assurances sur la vie principalement et, accessoirement, pour les opérations d'assurances complémentaires « vie », que celles-ci soient souscrites auprès d'une société d'assurances sur la vie ou auprès d'une société d'assurances contre les accidents ou risques divers. Toutefois sont exclues de son champ d'application les assurances populaires. Au surplus, le règlement concerne uniquement les agents généraux d'assurances, il ne vise pas les agents producteurs, démarcheurs et autres auxiliaires de production.

Ses dispositions diffèrent principalement du statut des agents généraux d'assurances « incendie », « accidents » et « risques divers » par ce fait que, pour les opérations d'assurance-vie, il n'y a pas, en principe, d'exclusivité territoriale au profit de l'agent ; une telle exclusivité ne peut résulter que d'un accord spécial, passé de gré à gré et inscrit dans le traité de nomination, sous certaines conditions contractuelles.

Comme pour le statut des agents généraux d'assurances « incendie », « accidents » et « risques divers », le présent règlement doit être complété par une loi sur l'arbitrage obligatoire et sur la discipline professionnelle, dont le Conseil national des assurances a demandé au ministre des finances et des affaires économiques d'établir le projet à déposer devant l'Assemblée nationale.

TITRE PREMIER CHAMP D'APPLICATION

Art. 1er Dans le présent règlement, le mot « société » désigne tous les organismes d'assurances, régis par le décret-loi du 14 juin 1938, y compris les représentants des sociétés ou organismes d'assurances étrangers, habilités à opérer en France, conformément à la loi du 15 février 1917.

Les mots « agent général » désignent les personnes définies au titre II ci-après.

Le présent règlement régit les rapports existant entre les sociétés d'assurances et les agents généraux qui les représentent, en ce qui concerne les opérations d'assurances prévues au paragraphe Ier de l'article 137 du décret du 30 décembre 1938, ainsi que les opérations accessoires aux assurances collectives ou de groupe et les opérations d'assurances complémentaires « vie », mais à l'exclusion des opérations d'assurances populaires.

TITRE II DÉFINITION DE LA PROFESSION D'AGENT GÉNÉRAL D'ASSURANCES SUR LA VIE

Art. 2 L'agent général d'assurances est une personne physique patentée qui, justifiant de connaissances professionnelles suffisantes, représente une société d'assurances en vertu d'un traité de nomination. Dans l'exercice de ses fonctions, l'agent général d'assurances :

D'une part, en qualité de mandataire d'une société d'assurances, représente celle-ci auprès des usagers en vue de la recherche et de la souscription des contrats d'assurances, fait régulariser, le cas échéant, les avenants sur contrats existants, paye les différentes prestations afférentes aux contrats et accomplit tous autres actes de gestion ;

D'autre part, procède à l'encaissement des primes sur quittances établies par la société.

Art. 3 En sa qualité de mandataire, l'agent général s'oblige à réserver l'exclusivité de sa production à la société qu'il représente.

Néanmoins, il ne lui est pas interdit de faire souscrire par d'autres assureurs la garantie des risques qui :

a) Ressortissant aux branches populaires ou collectives ne sont pas pratiqués par la société représentée ou une société de son groupe ;

b) Ne sont pas souscrits par elle en totalité (pour la partie du risque non couvert) ;

c) Sont refusés par elle.

Enfin il peut être autorisé par la société à faire souscrire par d'autres assureurs les risques aggravés d'assurances individuelles en cas de décès dont le proposant aurait refusé la surprime ou les restrictions spéciales ; la société ne doit pas, de son côté, accepter pour lesdits risques de traiter avec un autre producteur à des conditions différentes de celles qu'elle a fixées à son agent général.

Art. 4 A moins d'y être expressément autorisé par la société qu'il représente, l'agent général ne doit, ni directement, ni par personne interposée, accepter la représentation d'autres sociétés pratiquant les mêmes opérations d'assurances. Cette prohibition s'étend au démarchage de clientèle en faveur desdites sociétés.

TITRE III CONDITIONS RELATIVES À L'EXERCICE DE LA PROFESSION D'AGENT GÉNÉRAL D'ASSURANCES SUR LA VIE

Art. 5 *(Décr. n° 66-771 du 11 oct. 1966)* Pour être admis à exercer la profession d'agent général d'assurances sur la vie, il est exigé :

a) De remplir les conditions prévues par le titre IV modifié du décret-loi du 14 juin 1938 unifiant le contrôle de l'État sur les entreprises d'assurances de toute nature et de capitalisation et portant organisation de l'industrie des assurances ;

b) De ne pas exercer, concurremment avec ladite profession, une activité professionnelle incompatible avec celle-ci ; indépendamment des dispositions légales ou réglementaires, le conseil national des assurances, après consultation des organisations syndicales les plus représentatives des agents généraux et des sociétés d'assurances, détermine les activités incompatibles avec cette profession. La liste ainsi déterminée fera l'objet d'un arrêté ministériel.

Art. 6 Lorsque l'agent général d'assurances est tenu de constituer un cautionnement, il peut se dégager de cette obligation, soit en souscrivant une assurance caution, soit en utilisant tout autre système de garantie agréé par la société.

TITRE IV DU TRAITÉ DE NOMINATION DE L'AGENT GÉNÉRAL D'ASSURANCES SUR LA VIE

Art. 7 Le traité de nomination de l'agent général d'assurances est le contrat qui fixe les conditions dans lesquelles l'agent général exerce ses fonctions.

Il comprend des conditions générales et des conditions particulières.

Les conditions générales doivent être conformes à des clauses types établies par le Conseil national des assurances après consultation des organisations syndicales les plus représentatives des sociétés et des agents généraux d'assurances et soumises à l'homologation du ministre des finances et des affaires économiques. Ces clauses types représentent des conditions minima qui ne sont pas exclusives de conditions plus favorables à l'agent général d'assurances.

Les conditions particulières déterminent les taux des commissions allouées à l'agent général conformément aux dispositions du titre V ci-après, et toutes autres obligations particulières portées au traité de nomination et liant réciproquement la société et l'agent général.

Art. 8 L'agent général ne bénéficie pas, en principe, de l'exclusivité territoriale. Toutefois, le traité pourra, par un accord spécial passé de gré à gré entre les parties et qui en fixera les conditions, prévoir, pour l'agent général, une telle exclusivité.

TITRE V LES FONCTIONS ET LA RÉMUNÉRATION DE L'AGENT GÉNÉRAL D'ASSURANCES SUR LA VIE

Art. 9 L'agent général organise librement son agence dans les conditions et les limites fixées par son traité de nomination.

Pour l'exercice de ses fonctions de producteur et de gestionnaire, l'agent général est rémunéré par des commissions.

Les taux de ces commissions sont fixés de gré à gré sans pouvoir dépasser les limites imposées par les textes législatifs et réglementaires en vigueur ou à intervenir.

Art. 10 *Abrogé par Décr. nº 66-771 du 11 oct. 1966.*

Art. 11 En dehors des travaux de gestion prévus dans son traité de nomination, l'agent général peut être appelé à effectuer des travaux supplémentaires ou chargé de missions pour le compte de la société qu'il représente.

L'exécution de ces travaux supplémentaires ou de ces missions donne lieu à une rétribution spéciale et équitable.

Art. 12 Si, dans l'organisation de son agence, l'agent général doit s'adjoindre des sous-agents, courtiers, indicateurs et autres auxiliaires, ces collaborateurs agiront sous son entière responsabilité ; ils seront rémunérés par lui à des conditions fixées de gré à gré.

Exception faite des cas de démission ou de révocation de l'agent général, la société ne pourra nommer à une fonction quelconque un des collaborateurs recrutés par l'agent général sans l'accord de celui-ci ou, à défaut, sans observer un préavis de six mois. Ces restrictions ne sont applicables que si l'agent général a fait connaître à la société les noms de ses collaborateurs dans les six mois de leur recrutement.

Art. 13 La société peut, après accord avec l'agent général, affecter à son agence, concurremment ou non avec une ou plusieurs autres agences, des producteurs spécialisés nommés par elle.

Ces producteurs, de dénomination quelconque, travaillent sous le contrôle de la société en collaboration avec l'agent général et ses propres auxiliaires, mais ils restent sous la responsabilité de la société et sont rémunérés par elle.

Le rattachement des affaires réalisées par ces producteurs aux agences générales avec lesquelles ils collaborent, se fait suivant des règles établies d'un commun accord entre les agents généraux intéressés et la société.

En vue de la rémunération de ces producteurs, la société retient une certaine fraction des commissions d'acquisition de l'agent général. Ces retenues, fixées d'un commun accord entre la société et ce dernier, ne portent pas sur la production personnelle de l'agent général ou de ses propres collaborateurs ; mais toutes les affaires démarchées par lesdits producteurs de la société, même si elles sont terminées par l'agent général et ses collaborateurs, entraînent la retenue de la fraction prévue de la commission d'acquisition.

Le contrat liant le producteur à la société doit prévoir qu'en cas de cessation de fonctions, le producteur ne peut, pendant un délai de 2 ans, sauf accord entre l'agent général et la société, représenter aucune autre société d'assurances ou de capitalisation dans les cantons où il exerçait son activité.

TITRE VI RÉGIME DE PRÉVOYANCE OU DE RETRAITE DONT BÉNÉFICIENT LES AGENTS GÉNÉRAUX D'ASSURANCES SUR LA VIE

Art. 14 Les agents généraux d'assurances bénéficient du ou des régimes particuliers de prévoyance ou de retraite institués actuellement en leur faveur par les sociétés qu'ils représentent.

L'existence des régimes particuliers visés à l'alinéa précédent n'exclut pas leur remplacement par un régime général de prévoyance ou de retraite en faveur des agents généraux d'assurances.

TITRE VII DES SANCTIONS QUE PEUT ENCOURIR L'AGENT GÉNÉRAL D'ASSURANCES SUR LA VIE

Art. 15 L'agent général d'assurances est, dans l'exercice de ses fonctions, passible des sanctions disciplinaires prévues par la loi.

Art. 16 Indépendamment des sanctions disciplinaires visées à l'article 15 et, éventuellement, des poursuites civiles ou pénales qui peuvent être engagées contre lui en vertu de la législation en vigueur, le mandat de l'agent général d'assurances peut être révoqué par la société d'assurances qu'il représente. Cette révocation peut notamment intervenir en cas d'incapacité notoire, d'insuffisance dans la production ou la gestion et, plus généralement, de faute professionnelle d'une gravité justifiant la révocation.

Si l'agent général conteste le bien-fondé de la révocation, le litige est réglé par voie d'arbitrage dans les conditions fixées par la loi.

La cessation des fonctions d'agent général IARD peut entraîner celle des fonctions d'agent général vie. • Civ. 1re, 31 mars 1993 : *RCA 1993. 217.*

♦ V. ci-dessus, Décr. n° 49-317 du 5 mars 1949, notes ss. art. 16.

TITRE VIII DE LA CESSATION DES FONCTIONS DE L'AGENT GÉNÉRAL D'ASSURANCES SUR LA VIE

Art. 17 En cas de cessation de fonctions pour quelque cause que ce soit, l'agent général ou ses ayants droit ont droit à une indemnité, due par la société, laquelle peut la récupérer sur le nouvel agent. Toutefois, ce droit n'existe pas si la société a agréé le successeur présenté par l'agent général ou ses ayants droit, ces derniers traitant de gré à gré avec le successeur.

Si l'agent général a été titulaire de son agence pendant au moins cinq années, cette indemnité est égale au triple des commissions annuelles d'encaissement prévues par le traité de nomination de l'agent pour les contrats en cours, dont il assure l'encaissement pendant les quatre trimestres de calendrier ayant précédé la date de cessation de ses fonctions.

Si l'agent n'a été titulaire de son agence que pendant une, deux, trois ou quatre années, l'indemnité définie ci-dessus, est réduite de quatre, trois, deux ou un cinquième de son montant.

Cette indemnité est versée en six fractions annuelles égales par la société qui peut en récupérer le montant sur le nouvel agent. La société pourra se libérer par anticipation en escomptant tout ou partie de ces fractions à un taux fixé d'accord entre les parties.

Ces dispositions ne sont applicables ni aux assurances collectives et opérations accessoires, ni aux assurances temporaires à souscription individuelle dont la durée de payement des primes est inférieure à dix ans.

1. En cas de cessation de fonctions pour quelque cause que ce soit, l'agent général d'assurances sur la vie ou ses ayants droit ont droit à une indemnité due par la société, laquelle peut la récupérer sur le nouvel agent. Il en résulte qu'une compagnie d'assurances qui met un terme aux fonctions d'un agent général ne peut se prévaloir de fonctions nouvelles et différentes qu'elle lui confie pour lui refuser cette indemnité. La récupération de l'indemnité sur le successeur n'est possible qu'à condition de lui conférer aussi la qualité d'agent général. • Civ. 1re, 15 nov. 1988 : *Bull. civ. I, n° 315; D. 1988. IR 281 ; RGAT 1989. 134.*

2. Encourt la cassation l'arrêt qui déboute un agent général vie de sa demande en paiement de l'indemnité compensatrice en retenant que celui-ci avait perdu tout droit à indemnité compensatrice dès lors qu'il avait contrevenu aux dispositions de l'art. 26 du statut des agents généraux d'assurance IARD, ce statut n'étant pas applicable à un agent général d'assurances vie. • Civ. 1re, 26 mai 1993 : *RCA 1993. 288, obs. Bertolaso.*

3. Les dispositions du statut général vie, homologué par le décret du 28 déc. 1950, diffèrent principalement du statut général IARD par le fait que, pour les opérations d'assurance-vie, il n'y a pas, en principe, d'exclusivité territoriale au profit de l'agent et qu'une telle exclusivité ne peut résulter que d'un accord spécial passé de gré à gré et inscrit dans le traité de nomination, sous certaines conditions contractuelles. L'insertion d'une clause de non-concurrence, sans contrepartie d'exclusivité, dans le traité de nomination a pour effet de déroger au statut général vie dans un sens défavorable à l'agent général, de sorte qu'elle doit être réputée non écrite. • Civ. 1re, 29 juin 2004, n° 02-16.830 P.

4. A défaut d'accord sur un paiement anticipé de l'indemnité compensatrice, la sommation de payer ne peut faire courir les intérêts moratoires sur les annuités non encore exigibles à la date de sa délivrance. • Civ. 1re, 23 mai 2000 : *RCA 2000, n° 275.*

Art. 18 Les dispositions de l'article précédent sont applicables aux assurances complémentaires souscrites auprès de la société d'assurances sur la vie dont l'agent général est le représentant.

En ce qui concerne les assurances complémentaires souscrites par l'intermédiaire de l'agent général,

Soit sur les indications de ladite société auprès d'une société d'assurances contre les accidents et risques divers ;

Soit directement auprès d'une société contre les accidents et risques divers dont il est également l'agent général, le droit à indemnité, en cas de cessation de fonctions, existe dans les conditions prévues à l'alinéa 1er de l'article précédent. Cette indemnité est alors due par la société d'assurances contre les accidents et risques divers, elle est déterminée et réglée dans les conditions prévues à l'article 22 du règlement n° 1 portant statut des agents généraux d'assurances (incendie, accidents, risques divers) homologué par *[le]* décret du 5 mars 1949.

Art. 19 L'indemnité prévue aux articles 17 et 18 est indépendante des commissions d'acquisition de toutes les catégories d'assurances restant à échoir, lesquelles demeureront payables au fur et à mesure de l'encaissement des primes correspondantes, soit à l'agent général ou à ses ayants droit, soit au successeur au profit duquel ces derniers y auraient renoncé au terme d'un accord spécial négocié à cet effet.

Art. 20 En aucun cas, l'agent général ou ses ayants droit ne peuvent se prévaloir du droit à l'indemnité prévue au présent titre, ni éventuellement du cautionnement constitué pour justifier un déficit de caisse. Ils restent soumis au droit commun quant à la responsabilité civile ou pénale que peut entraîner l'existence d'un tel déficit.

Si, au moment de la cessation de ses fonctions, l'agent général est débiteur vis-à-vis de sa société pour quelque motif que ce soit, celle-ci a la faculté d'imputer le montant des sommes dont l'agent est débiteur à son égard, sur toutes les sommes pouvant être dues par elle en vertu du présent titre.

La constatation par le juge pénal de détournements imputés à un agent général étant de nature à influer sur les sommes qui lui sont dues par la compagnie au titre de l'indemnité compensatrice, la juridiction civile doit surseoir à statuer dans l'attente de la décision sur l'action publique. • Civ. 1re, 2 juill. 1991, n° 90-12.498 P : *RCA 1991. 408.*

Art. 21 La cession de tous éléments appartenant en propre à l'agent général d'assurances (matériel de bureau, fichiers personnels, droit au bail, droits incorporels, éléments divers d'organisation ou de prospection, conditions du concours de l'agent général cédant, archives autres que celles de la société, correspondance autre que celle échangée soit avec la société soit avec les assurés et, plus généralement, tous éléments de l'actif et du passif propres à l'agent général) peut faire l'objet de conventions particulières et complémentaires entre lui et son successeur et donner lieu au payement d'une indemnité distincte de celle qui est mentionnée aux articles 17 et 18.

Si la société le juge utile, elle peut avoir communication des conditions faisant l'objet de ces conventions.

Art. 22 L'application des dispositions incluses dans le présent titre ne peut en aucun cas porter atteinte au droit de propriété de la société sur le portefeuille de l'agence générale. La société, d'autre part, conserve le droit de résilier les polices d'assurances constituant le portefeuille de l'agence générale pour autant qu'il ne s'agit pas de mesures dirigées personnellement contre l'agent général.

TITRE IX APPLICATION DU RÈGLEMENT ET DISPOSITIONS DIVERSES

Art. 23 A défaut d'accord ou d'arbitrage amiable, tout litige né à l'occasion de l'application du présent règlement soit entre agents généraux d'assurances, soit entre un agent général d'assurances et une société, est réglé par arbitrage obligatoire dans les conditions qui seront fixées par la voie législative.

Il en est de même pour tout désaccord relatif à l'application des conditions faisant l'objet du traité de nomination visé au titre IV.

En ce qui concerne les litiges qui pourraient survenir à l'occasion de l'application de l'alinéa 2 de l'article 16, la sentence arbitrale, si elle est prononcée contre la société, ne peut, en aucun cas, imposer à celle-ci le choix d'un mandataire, mais seulement, le cas échéant, donner ouverture à dommages et intérêts.

Ne sont pas soumis à l'arbitrage ci-dessus prévu, sauf accord entre les parties intéressées, les faits qui découlent de l'application du principe de la liberté commerciale des sociétés, notamment en ce qui concerne la liberté des tarifs, l'acceptation, le rejet ou le règlement des sinistres, ainsi que les restrictions relatives à la production, à condition que ces faits ne résultent pas de mesures apparaissant comme étant spécialement prises à l'encontre des intérêts d'un agent général d'assurances déterminé. Sont également exclus de l'arbitrage tous faits résultant d'une faute professionnelle de l'agent général d'assurances, lorsque cette faute est de nature à entraîner le payement de dommages et intérêts à des assurés.

Art. 24 Une commission, instituée par un règlement distinct établi par le conseil national des assurances après consultation des organisations syndicales les plus représentatives des sociétés et des agents généraux d'assurances, est chargée de donner tous avis sur l'application du présent statut.

Les parties peuvent, d'un commun accord, recourir à cette commission pour les concilier.

Art. 25 Le présent règlement entrera en vigueur, sur le territoire de la France métropolitaine, trois mois à dater de sa publication, exception faite du titre VIII qui sera immédiatement applicable.

(Décr. nº 66-771 du 11 oct. 1966) « Il entrera en vigueur le 1er janvier 1967 sur le territoire des départements d'outre-mer. Cette date sera, pour l'application des articles 26 et 28 (1er alinéa) dans ces départements, substituée à la date de publication visée par lesdits articles. »

Il pourra être ultérieurement rendu applicable, sous réserve d'adaptations particulières, *à l'Algérie et* aux territoires d'outre-mer.

Art. 26 Les agents généraux d'assurances en fonctions continuent à bénéficier des droits plus avantageux qu'ils pourraient tenir de traités de nomination établis antérieurement à la publication du présent règlement. Ces droits sont maintenus jusqu'à l'expiration de la validité des traités de nomination qui les prévoient.

Art. 27 A partir de la date de publication du présent règlement, aucun mandat d'agent général d'assurances ne pourra être donné à une société civile ou commerciale.

Les agences générales d'assurances existantes qui revêtent la forme de sociétés sont, par dérogation aux dispositions de l'article 2, et jusqu'au terme fixé par leurs statuts à la date de publication du présent règlement, autorisées à exercer leur activité dans les limites du ou des traités de nomination dont elles sont titulaires, sans que, dans l'avenir, elles puissent bénéficier d'une extension de pouvoirs.

(Décr. nº 66-771 du 11 oct. 1966) « Les dispositions du présent article ne sont pas applicables dans les départements d'outre-mer. »

Art. 28 Les agents généraux d'assurances en fonctions au moment de la publication du présent règlement sont réputés satisfaire aux conditions requises pour exercer leur profession, telles qu'elles sont prévues au titre III.

Toutefois, dans un délai de trois mois à compter de la publication du présent règlement, les présidents, directeurs ou gérants des agences générales d'assurances qui revêtent la forme de sociétés, devront répondre aux prescriptions de l'article 5 ci-dessus.

RÈGLEMENT Nº 4

INSTITUANT UNE COMMISSION D'APPLICATION DU STATUT DES AGENTS GÉNÉRAUX D'ASSURANCES SUR LA VIE

Art. unique Conformément aux dispositions de l'article 24 du règlement nº 3 portant statut des agents généraux d'assurances sur la vie, il est institué une commission d'application qui est présidée par un professeur à la faculté de droit de Paris, désigné par le Conseil national des assurances, pour un an. Cette commission est composée en outre des membres suivants :

Deux représentants des sociétés d'assurances désignés par la fédération française des sociétés d'assurances ;

Deux représentants des agents généraux d'assurances désignés par la fédération nationale des syndicats d'agents généraux d'assurances.

Lorsque les intérêts du courtage d'assurance sont directement mis en cause par la question évoquée devant la commission ainsi instituée, celle-ci comprend également :

Deux représentants des sociétés d'assurances désignés par la fédération française des sociétés d'assurances;

Deux représentants des courtiers d'assurances désignés par le syndicat national des courtiers d'assurances.

ASSURANCES OBLIGATOIRES (LISTE)

DP. ASSUR. v° *Assurances obligatoires.*

BIBL. ▶ COUILBAULT et COUILBAULT-DI TOMMASO, Les grands principes de l'assurance, *L'Argus, 11e éd., 2013, p. 86 s.* – BLANCHARD DUHAYON, Couvrir les risques d'entreprises à l'international, *L'Argus, 2014, p. 43 s.* (assurances obligatoires à l'international). – LEMASSON, *RGDA 2011. 423* (réflexion générale sur le droit commun de l'assurance obligatoire).

I. Automobile

– Agents des collectivités locales utilisant leur véhicule pour les besoins du service : Décr. n° 2001-654 du 19 juill. 2001, art. 15, mod. par Décr. n° 2007-23 du 5 janv. 2007, art. 1er, et Arr. du 25 févr. 1982 (JO 7 mars), art. 24 et 28 (communes).

– Agents de l'État utilisant leur véhicule pour les besoins du service : Décr. n° 2006-781 du 3 juill. 2006, art. 10.

– Conciliateurs de justice utilisant leur véhicule pour les besoins de service : Arr. du 15 mai 1997, art. 3, mod. par Arr. du 9 août 2000, art. 2.

*– Experts en automobile : **C. route**, art. L. 326-7 ; Arr. du 13 août 1974 (JO 28 août), mod. par Arr. du 5 févr. 2002 (JO 15 févr.).*

– Exploitants d'établissement d'enseignement de la conduite des véhicules terrestres à moteur : Arr. du 8 janv. 2001, art. 2 (JO 26 janv.).

– Fonctionnaires et agents relevant de la fonction publique hospitalière : Décr. n° 92-566 du 25 juin 1992, art. 29 et 33 (JO 30 juin).

– Personnels des collectivités locales et établissements publics : Arr. du 25 févr. 1982, art. 24 et 28 (JO 7 mars).

– Ouvriers de l'État utilisant leur véhicule pour les besoins du service : Décr. n° 91-430 du 7 mai 1991, art. 13 (JO 14 mai).

– Militaires : Décr. n° 2009-545 du 14 mai 2009, art. 13 (JO 16 mai).

*– Professionnels de la réparation, de la vente ou du contrôle de l'automobile : **C. assur.**, art. R. 211-3.*

*– Véhicules terrestres à moteur : V. **C. assur.**, art. L. 211-1 s., R. 211-2 s. et A. 211-1 s.*

II. Transports

*– Aéroclubs : **C. aviat.**, art. D. 510-7.*

*– Aérodromes à usage restreint : **C. aviat.**, art. D. 232-3.*

– Aéronefs : Règl. (CE) n° 785/2004 du 21 avr. 2004, relatif aux exigences en matière d'assurance applicables aux transporteurs aériens et aux exploitants d'aéronefs (JOUE 30 avr. 2004).

– Avisurfaces : Arr. du 12 juill. 1963, art. 13 (JO 14 juill.).

– Bandes d'envol occasionnelles : Arr. du 15 juill. 1968 (JO 3 août).

*– Équipages et armateurs des navires de pêche transportant des passagers : **C. transp.**, art. L. 5235-1.*

*– Exploitants d'aérodromes : **C. aviat.**, art. D. 221-3.*

*– Exploitants d'aérodromes à usage restreint : **C. aviat.**, art. D. 232-3.*

*– Exploitants d'aéronefs (CNRA) : Règl. (CE) n° 785/2004 du 21 avr. 2004, préc. ; **C. aviat.**, art. R. 160-1.*

– Exploitants ou propriétaires d'hélicoptères utilisant des hélisurfaces : Arr. du 6 mai 1995, art. 9 et 16 (JO 7 mai).

*– Exploitants de navires nucléaires : **C. transp.**, art. L. 5122-6.*

- *Exploitants de remontées mécaniques* : V. **C. assur.**, art. L. 220-1 s., R. 220-1 s. et A. 220-3 s.

- *Propriétaire ou exploitant d'un navire* : **C. transp.**, art. L. 5123-1.

- *Propriétaires de navires transportant des hydrocarbures* : **C. transp.**, art. L. 5123-2.

- *Services d'assistance en escale* : **C. aviat.**, art. R. 216-14.

- *Transports aériens* : Règl. (CE) nº 1008/2008 du 24 sept. 2008 établissant des règles communes pour l'exploitation de services aériens dans la Communauté (refonte), art. 11 (JOUE 31 oct.).

- *Transports aériens par moyens militaires* : **C. aviat.**, art. R. 351-2.

- *Transports fluviaux* : Arr. du 29 juin 1942, art. 14 (JO 19 juill. ; Rect., JO 25 août ; BLD 1942. 371 ; Rect. 438).

- *Transport de fonds* : **CSI**, art. L. 612-5.

- *Transport routier de personnes à titre onéreux avec des véhicules de moins de dix places, à l'exclusion des transports publics collectifs* : **C. transp.**, art. L. 3120-1.

- *Transport de substances nucléaires* : C. envir., art. L. 597-11 et L. 597-35.

III. Santé

- *Accueil de mineurs en centre de vacances* : **CASF**, art. L. 227-5 et R. 227-2.

- *Accueil des personnes âgées ou handicapées à domicile par les particuliers* : **CASF**, art. L. 443-4.

- *Centres de transfusion sanguine* : **CSP**, art. L. 1222-9.

- *Chiropracteurs* : L. nº 2014-201 du 24 févr. 2014, art. 1er (JO 25 févr.) ; Décr. nº 2014-1347 du 10 nov. 2014 (JO 13 nov.).

- *Délégués aux prestations familiales* : **CASF**, art. L. 474-4.

- *Établissements accueillant des enfants ou adolescents présentant des déficiences intellectuelles, centres d'accueil familial spécialisé* : **CASF**, art. D. 312-54.

- *Gérants de pharmacie en SARL* : **CSP**, art. L. 5125-17.

- *Infirmiers stagiaires à diplôme étranger* : CSP, Arr. 27 avr. 2012, art. 5 (JO 8 mai).

- *Ostéopathes* : L. nº 2014-201 du 24 févr. 2014 (25 févr.) ; Décr. nº 2014-1347 du 10 nov. 2014 (JO 13 nov.).

- *Organismes chargés de mettre en œuvre les procédures d'évaluation des dispositifs médicaux* : **CSP**, art. R. 5211-55.

- *Personnes physiques mandataires judiciaires à la protection des majeurs* : **CASF**, art. L. 472-2.

- *Praticiens hospitaliers à temps plein exerçant une activité libérale dans les établissements d'hospitalisation publics* : **CSP**, art. L. 6154-4.

- *Professionnels de santé exerçant à titre libéral, établissements de santé, services de santé, personne morale, autre que l'État, exerçant des activités de prévention, de diagnostic ou de soins ainsi que les producteurs, exploitants et fournisseurs de produits de santé, à l'état de produits finis* : **C. assur.**, art. L. 251-1 ; **CSP**, art. L. 1142-2.

- *Recherche biomédicale* : **CSP**, art. L. 1121-10.

IV. Habitat, immobilier, construction, environnement

- *Agents commerciaux immobiliers* : Décr. nº 72-678 du 20 juill. 1972, art. 49, mod. par Décr. nº 2015-764 du 29 juin 2015 (JO 30 juin) et par Arr. du 1er juill. 2015 (JO 3 juill.).

- *Antarctique* : Mise en œuvre du protocole du traité de l'Antarctique relatif à la protection de l'environnement, signé à Madrid le 4 oct. 1991 : **C. envir.**, art. R. 712-4 et R. 712-10.

- *Architectes* : L. nº 77-2 du 3 janv. 1977, art. 16, mod. ; Arr. du 15 juill. 2003 (JO 29 juill.) ; **C. assur.**, art. A. 243-1.

- *Construction* : V. **C. assur.**, art. L. 241-1 s., R. 243-2 et A. 243-1, ann. I (responsabilité civile) ; ... art. L. 242-1 s., R. 243-2 et A. 243-1, ann. II (dommages).

- *Copropriétaire* : L. nº 65-557 du 10 juill. 1965, art. 9-1. – **C. copr.**

- *Entreprises de conseil en défiscalisation outre-mer* : **CGI**, art. 242 septies.

- *Géomètres experts* : Décr. nº 96-478 du 31 mai 1996, art. 33 s. et 127 s. (JO 2 juin), mod. par Décr. nº 2015-649 du 10 juin 2015 (JO 12 juin).

- *Locataires* : L. nº 89-462 du 6 juill. 1989, art. 7. – **C. baux.**

– Location-accession : L. n° 84-595 du 12 juill. 1984, art. 5 et 28.

– Personnes effectuant des diagnostics techniques immobiliers : ***CCH****, art. L. 271-6.*

– Personnes procédant au contrôle technique des ascenseurs : ***CCH****, art. L. 125-2-3.*

– Professionnels intervenant dans l'ouverture des travaux d'exploitation de gîtes géothermiques de minime importance pour l'étude de faisabilité au regard du contexte géologique de la zone d'implantation et pour la conception et la réalisation des forages : ***C. minier****, art. L. 164-1-1.*

– Organisme de placement collectif immobilier : ***C. mon. fin.****, art. L. 214-105.*

– Mandataire de gérance d'immeuble HLM : ***CCH****, art. D. 442-16.*

– Professionnels de l'immobilier : L. n° 70-9 du 2 janv. 1970, art. 3 et 4. – ***C. baux*** *;* ***C. copr.***

– Promoteur immobilier : ***C. assur.****, art. L. 242-2.*

– Sociétés civiles de placement immobilier : ***C. mon. fin.****, art. L. 214-55.*

– Syndicat de copropriétaires : L. n° 65-557 du 10 juill. 1965, art. 9-1. – ***C. copr.***

– Vendeur professionnel d'un immeuble bâti ou d'une partie d'immeuble bâti, à usage d'habitation ou à usage professionnel et d'habitation, devant être rénové : ***CCH****, art. L. 111-6-2-1.*

V. Sports, loisirs, culture

– Activités sportives : ***C. sport****, art. L. 321-1 s., D. 321-1 s., L. 331-9 s., D. 331-5 (manifestations sportives) ;* ***C. éduc.****, art. L. 552-4 (associations et fédérations sportives scolaires) ; Décr. n° 93-392 du 18 mars 1993 (JO 20 mars ; D. et ALD 1993. 287), mod. par Décr. n° 2003-371 du 18 mars 2003 (JO 23 avr.).*

– Agences de voyages : ***C. tourisme****, art. L. 211-18 (garantie financière), L. 211-24 (contrat de jouissance d'immeuble à temps partagé), R. 211-26 s.*

– Associations communales et intercommunales de chasse agréées : ***C. envir.****, art. R. 422-38 (6°), R. 422-63 (14°) et R. 422-92 (6°).*

– Chasseurs : ***C. envir.****, art. L. 423-16 s., R. 423-15 s., et* ***C. assur.****, art. A. 230-5 s.*

– Chasseurs maritimes : ***C. envir.****, art. L. 423-3.*

– Colonies de vacances, centres de loisirs et groupements de jeunesse : ***CASF****, art. L. 227-5, R. 227-28 ; Arr. du 20 mai 1975, art. 14 (JO 3 juin).*

– Épreuves, courses ou manifestations sportives sur la voie publique : ***C. sport****, art. L. 331-9, R. 331-14, R. 331-30.*

– Manifestation publique de boxe : ***C. sport****, art. A. 331-35.*

– Établissement d'activités physiques et sportives : ***C. sport****, art. L. 321-7.*

– Exploitants d'une salle de danse à des fins d'enseignement : ***C. éduc.****, art. L. 462-1.*

– Fédérations d'associations de pêcheurs sous-marins : Arr. du 1er déc. 1960, art. 10 (JO 9 déc.).

– Formation à l'examen du permis de chasser : Arr. du 22 nov. 1993, annexe I (JO 27 nov.).

– Manifestations aériennes : Arr. du 4 avr. 1996, art. 15 (JO 28 avr.), mod. par Arr. du 29 juill. 2015 (JO 6 août).

– Manifestations sportives ouvertes aux licenciés des fédérations : ***C. sport****, art. L. 331-9, D. 331-5 renvoyant aux art. D. 321-1 s.*

– Organisation et vente de voyages et de séjours : ***C. tourisme****, art. L. 211-18, R. 211-35.*

– Pêche maritime de loisirs : ***C. envir.****, L. 423-2.*

– Pêche sous-marine : ***C. sport****, art. L. 321-3.*

– Rassemblements festifs à caractère musical : Arr. du 3 mai 2002 (JO 7 mai).

– Spectacle pyrotechnique : Décr. n° 2010-580 du 31 mai 2010 (JO 2 juin) ; Arr. du 31 mai 2010, art. 19 (JO 2 juin).

– Tir aux armes de chasse : ***C. sport****, art. A. 322-146.*

VI. Enseignement, formation, travail

– Activité de portage salariale : C. trav., art. L. 1254-26.

– Assistants maternels : CASF, art. L. 421-13, L. 424-4 (délégation d'accueil).

– Assurance scolaire : L. du 10 août 1943 (JO 29 août ; BLD 1943. 350) ; Décr. du 10 juin 1944 (JO 22 juin ; BLD 1944. 143).

- *Employeur de droit privé, garantie des salariés contre les risques de non-paiement en cas de procédure de sauvegarde, de redressement ou de liquidation judiciaire :* **C. trav.**, *art. L. 3253-6.*

- *Formations professionnelles alternées des jeunes de 16 à 18 ans : Ord. n° 82-273 du 26 mars 1982, art. 12 (JO 28 mars ; D. et BLD 1982. 178).*

- *Volontaires pour la solidarité internationale : L. n° 2005-159 du 23 févr. 2005, art. 5 ; Décr. n° 2005-600 du 27 mai 2005, art. 9.*

VII. Activités industrielles, agricoles, économiques, financières

- *Associations de gestion agréées :* **CGI**, *ann. II, art. 371 QA.*

- *Calamités agricoles :* **C. rur.**, *art. L. 361-6 ; Arr. du 28 mars 1975 (JO 13 avr. ; D. et BLD 1975. 119), mod. par Arr. du 19 mai 1998 (JO 23 mai).*

- *Centres de gestion agréés :* **CGI**, *ann. II, art. 371 EA.*

- *Commissaires aux comptes :* **C. com.**, *art. R. 822-70, R. 822-98 (SCP) et A. 822-29, ann. 8-8.*

- *Concours techniques apportés par les SAFER :* **C. rur.**, *art. D. 141-2.*

- *Conseiller en investissements financiers :* **C. mon. fin.**, *art. L. 541-3.*

- *Conseiller en investissements participatifs :* **C. mon. fin.**, *art. L. 547-5-I.*

- *Conseils en propriété industrielle :* **CPI**, *art. L. 422-8 et R. 422-8.*

- *Conservateur des hypothèques : Décr. n° 53-496 du 21 mai 1953, art. 2 bis, ajouté par Décr. n° 97-1 du 3 janv. 1997 (JO 5 janv.).*

- *Démarchage bancaire ou financier :* **C. mon. fin.**, *art. L. 341-5.*

- *Entraide agricole :* **C. rur.**, *art. L. 325-3.*

- *Experts agricoles et fonciers :* **C. rur.**, *art. L. 171-1.*

- *Experts-comptables et comptables agréés : Ord. n° 45-2138 du 19 sept. 1945, art. 17 ; Décr. n° 2012-432 du 30 mars 2012, art. 134.*

- *Expert intervenant à titre onéreux à l'occasion d'une vente de meubles aux enchères publiques :* **C. com.**, *art. L. 321-30.*

- *Exploitants d'installations nucléaires : V.* **C. assur.**, *art. L. 431-5 s. ; L. n° 68-943 du 30 oct. 1968 (JO 31 oct. ; D. 1968. 303 ; BLD 1968. 537), mod. par L. n° 90-488 du 16 juin 1990 (JO 17 juin ; D. et ALD 1990. 261).*

- *Groupements de prévention des difficultés des entreprises :* **C. com.**, *art. D. 611-5, al. 6.*

- *Intermédiaire en opérations de banque et en services de paiement :* **C. mon. fin.**, *art. L. 519-3-4 et R. 519-16 s.*

- *Intermédiaire en investissements participatifs : C. mon. fin., art. L. 548-5, D. 548-3-1.*

- *Marchés d'intérêt national : Arr. du 14 mars 1969, ann., art. 17 (JO 9 avr.).*

- *Recouvrement amiable des créances : Décr. n° 96-1112 du 18 déc. 1996 (JO 20 déc.).*

VIII. Professions à statut réglementé

- *Activités privées de surveillance et de gardiennage, de transport de fonds et de protection physique des personnes :* **CSI**, *art. L. 612-5.*

- *Administrateurs judiciaires et mandataires judiciaires :* **C. com.**, *art. L. 814-4 et L. 814-5.*

- *Agences de recherches privées :* **CSI**, *art. L. 622-5.*

- *Avocats : L. n° 71-1130 du 31 déc. 1971, art. 27 et 53 ; Décr. n° 91-1197 du 27 nov. 1991, art. 205 s. -* **C. avocat.**

- *Commissaires aux comptes :* **C. com.**, *art. L. 822-17, R. 822-70, A. 822-29, ann. 8-8.*

- *Conseil en investissement financier :* **C. mon. fin.**, *art. L. 541-3, D. 541-9.*

- *Conseil en propriété intellectuelle :* **CPI**, *art. L. 422-8, R. 422-2.*

- *Courtiers de marchandises assermentés :* **C. com.**, *art. R. 131-1, R. 131-12.*

- *Intermédiaires d'assurance :* **C. assur.**, *art. L. 512-6.*

- *Notaires : Décr. n° 55-604 du 20 mai 1955, art. 13 (JO 22 mai ; D. 1955. 260 ; BLD 1955. 580) ; Arr. du 28 mai 1956 (JO 8 juin ; D. 1956. 195 ; BLD 1956. 400), mod. par Arr. du 17 avr. 1957 (JO 27 avr. ; D. 1957. 172 ; BLD 1957. 342), Arr. du 11 juill. 1957, art. 3 (JO 6 août), Arr. du 10 sept. 1973 (JO 14 sept.), Arr. du 16 avr. 1997 (JO 22 avr.), Arr. du 30 mars 2012.*

– *Organismes chargés des vérifications de conformité (émissions sonores des objets) :* **C. envir.**, *art. R. 571-19.*

– *Opérateurs organisant et réalisant des ventes volontaires de meubles aux enchères publiques, y compris par voie électronique :* **C. com.**, *art. L. 321-6, R. 321-1 s.*

– *Personnes donnant des consultations juridiques : L. n° 71-1130 du 31 déc. 1971, art. 55.* – **C. pr. civ.**

– *Sociétés civiles professionnelles : L. nº 66-879 du 29 nov. 1966, art. 16 (JO 30 nov. ; D. 1966. 422 ; BLD 1966. 561) ; et, en application aux sociétés :*

… d'architectes : Décr. nº 77-1480 du 28 déc. 1977, art. 38 et 45 (JO 1er janv. 1978).

… d'avocats : Décr. nº 91-1197 du 27 nov. 1991, art. 205 ; Décr. nº 92-680 du 20 juill. 1992, art. 41 et 50. – **C. avocat.**

… de commissaires-priseurs : Décr. nº 69-763 du 24 juill. 1969, art. 54 (JO 31 juill. ; D. et BLD 1969. 307), mod. par Décr. nº 2001-650 du 19 juill. 2001, art. 76 (JO 21 juill.).

… d'experts agricoles et fonciers et d'experts forestiers : Décr. nº 86-636 du 14 mars 1986, art. 44 (JO 20 mars).

… de greffiers de tribunal de commerce : Décr. nº 71-688 du 11 août 1971, art. 52 (JO 24 août).

… des groupements de prévention agréés des difficultés des entreprises : **C. com.**, *art. D. 611-5.*

… d'huissiers de justice : Décr. nº 69-1274 du 31 déc. 1969, art. 54 (JO 11 janv. 1970).

… de notaires : Décr. nº 67-868 du 2 oct. 1967, art. 54 (JO 6 oct. ; D. 1967. 390 ; BLD 1967. 689).

– *Sociétés d'exercice libéral :*

… d'avocats : Décr. nº 93-492 du 25 mars 1993, art. 26 (JO 27 mars ; D. et ALD 1993. 305).

… de commissaires-priseurs : Décr. nº 92-1449 du 30 déc. 1992, art. 43 (JO 1er janv. 1993).

… de greffiers de tribunal de commerce : Décr. nº 93-86 du 21 janv. 1993, art. 34 (JO 23 janv.).

… d'huissiers de justice : Décr. nº 92-1148 du 30 déc. 1992, art. 43 (JO 1er janv. 1993).

… de mandataires judiciaires à la liquidation des entreprises : Décr. nº 93-1112 du 20 sept. 1993, art. 25 (JO 23 sept.).

… de notaires : Décr. nº 93-78 du 13 janv. 1993, art. 43 (JO 21 janv.).

IX. Assurances de choses

– *Dépôt dans les musées nationaux et classés des œuvres d'art ou objets de collections privées :* **C. patr.**, *art. R. 451-33.*

– *Magasins généraux et entrepôts frigorifiques :* **C. com.**, *art. L. 522-16.*

– *Prêts d'œuvres appartenant aux collections confiées à la garde des musées nationaux :* **C. patr.**, *art. D. 423-8.*

X. Assurances de personnes

– *Accession à la propriété (HLM) :* **CCH**, *art. L. 443-2 s., R. 443-3 et R. 443-5 s.*

– *Boxeurs non affiliés à une fédération et ne participant pas à une manifestation publique de boxe :* **C. sport**, *art. A. 331-35.*

– *Correspondants de guerre : Décr. du 22 juin 1944, art. 9 (JO 6 juill.).*

– *Enseignants non sapeurs-pompiers (assurance souscrite par l'union départementale des sapeurs-pompiers ou l'association départementale de jeunes sapeurs-pompiers) : Décr. nº 2000-825 du 28 août 2000, art. 4 (JO 30 août).*

– *Exploitants agricoles :* **C. rur.**, *art. L.752-1 s. ; Décr. nº 69-119 du 1er févr. 1969 (JO 5 févr. ; D. et BLD 1969. 78), mod. par Décr. nº 73-778 du 24 juill. 1973 (JO 7 août ; D. et BLD 1973. 343).*

– *Propriétaires de chiens dangereux :* **C. rur.**, *art. L. 211-14, R. 211-7.*

– *Tuteurs aux prestations sociales : Décr. nº 69-399 du 25 avr. 1969, art. 17 (JO 29 avr. ; D. et BLD 1969. 180).*

COMMANDE PUBLIQUE

BIBL. ▶ HAUGUEL et SIMONNET, *Rev. CMP 2016. Prat. 5* (les marchés publics d'assurance – Passation et exécution). – MOREAU, *Lamy Axe Droit, oct. 2014* (les marchés publics d'assurance). – SONTAG, *RGDA 2009. 691 et 1111* (le marché public d'assurance, une figure juridique moderne). – *L'Argus de l'assurance 2016, n° 7455-7456* (cahier pratique : les marchés publics d'assurances).

Circulaire du 24 décembre 2007,

Relative à la passation des marchés publics d'assurances.

BIBL. ▶ RAJOT, *RCA 2008. Focus 17.*

La directive 2004/18/CE du Parlement européen et du Conseil du 31 mars 2004 relative à la coordination des procédures de passation des marchés publics de travaux, de fournitures et de services inclut, comme le faisait la précédente directive 92/50 portant coordination des procédures de passation des marchés publics de services, les services d'assurances parmi les services relevant des règles de concurrence définies par le droit communautaire des marchés publics (annexe II-A).

Le code des marchés publics, issu du décret n° 2006-975 du 1er août 2006, qui abroge le code issu du décret n° 2004-15 du 7 janvier 2004, mentionne par conséquent les services d'assurances à l'article 29 qui liste les services soumis aux règles de publicité et de mise en concurrence prévues par le titre III du code.

La présente circulaire a pour objet de présenter les incidences du code des marchés publics sur les accords-cadres et marchés de services d'assurances. Elle abroge et remplace la circulaire NOR : *ECOM0191156C* du 18 décembre 2001.

Pour des informations plus générales concernant le code des marchés publics, on peut utilement se référer à la circulaire du 3 août 2006 portant manuel d'application du code des marchés publics publiée au *Journal officiel* du 4 août 2006. Les services d'assurances ne sont en effet pas régis par des règles spécifiques mais suivent les mêmes règles que l'ensemble des services énumérés à l'article 29 du code.

Pour des questions plus pratiques liées aux marchés de services d'assurances, il est conseillé de se reporter au Guide des bonnes pratiques, qui sera diffusé prochainement par l'Observatoire économique de l'achat public. Ce document constitue un outil d'aide à l'expression des besoins, la passation et l'exécution des marchés publics d'assurances des collectivités locales.

I. CHAMP D'APPLICATION

1. Les contrats relatifs aux services d'assurances qui sont conclus par les pouvoirs adjudicateurs cités au point 2 ci-après entrent dans le champ d'application du code des marchés publics. Les services d'assurances figurent en effet expressément à l'article 29 qui fixe la liste des services soumis, pour leur passation, au titre III du code des marchés publics.

2. Les personnes assujetties :

Les personnes morales de droit public assujetties aux obligations de mise en concurrence pour la passation de leurs contrats d'assurance sont les pouvoirs adjudicateurs mentionnés à l'article 2 du code des marchés publics : État, établissements publics de l'État autres que ceux ayant un caractère industriel et commercial, collectivités territoriales, établissements publics locaux.

La présente circulaire s'applique également à tout organisme qui, sans y être obligé, ferait le choix de se conformer aux règles du code des marchés publics.

II. RÔLE DES INTERMÉDIAIRES

Les règles de mise en concurrence doivent respecter les principes suivants :

1. L'acheteur public ne doit pas favoriser, dans la procédure du marché public, un mode de distribution particulier du contrat d'assurance. Il ne peut donc pas réserver la soumission à une certaine catégorie d'intervenants (entreprise d'assurances ou intermédiaire d'assurances [*Les intermédiaires en assurances sont régis par le livre V du code des assurances.*]). Il ne peut par ailleurs imposer la participation d'une catégorie particulière de prestataires à l'exécution du contrat d'assurance.

2. L'acheteur public peut, s'il le souhaite, se faire assister d'un conseil pour l'élaboration du programme et du cahier des charges de l'opération d'assurance, la mise en concurrence, l'analyse des offres, la négociation et/ou le suivi du contrat. Dans cette hypothèse, la rémunération de ce conseil est prise en charge exclusivement par l'acheteur qui le choisit dans le respect des dispositions du code des marchés publics.

3. Il est rappelé que les prestations de conseil juridique et de présentation d'opérations d'assurance relèvent de réglementations spécifiques (code des assurances ; loi n° 90-1259 du 31 décembre 1990 portant réforme de certaines professions judiciaires et juridiques).

4. Le conseil qui a participé aux phases d'élaboration du programme et du cahier des charges de l'opération d'assurance peut dans certaines conditions participer à la consultation portant sur le contrat objet de l'appel à la concurrence.

La Cour de justice de l'Union européenne a en effet indiqué que les directives s'opposent à l'édiction d'une « *règle par laquelle n'est pas admise une demande de participation ou la remise d'une offre pour un marché public de travaux, de fournitures ou de services par une personne qui a été chargée de la recherche, de l'expérimentation, de l'étude ou du développement de ces travaux, fournitures ou services, sans que soit laissée à cette personne la possibilité de faire la preuve que, dans les circonstances de l'espèce, l'expérience acquise par elle n'a pu fausser la concurrence* » (affaires C-21/03 et C-34/03, Fabricom, 3 mars 2005).

L'acheteur devra également être en mesure de prouver qu'il a, dans le cadre des informations diffusées sur le projet de marché, rétabli l'égalité de traitement entre les candidats.

5. La mise en concurrence porte sur les caractéristiques et le prix du produit d'assurance indépendamment de son mode de distribution. Lorsqu'il se fait assister d'un conseil pour procéder à cette mise en concurrence, l'acheteur public est seul compétent pour désigner le titulaire du contrat. Il ne peut déléguer cette compétence.

6. Dans sa candidature, un intermédiaire d'assurances doit nécessairement présenter une entreprise d'assurances, l'intermédiaire ne pouvant être lui-même assureur.

7. Lorsqu'un intermédiaire d'assurances dépose une offre d'assurance, l'entreprise d'assurances dont émane l'offre est engagée irrévocablement sur le service et le prix si celle-ci est choisie par l'acheteur public.

8. Une même personne ne peut représenter plus d'un candidat pour un même marché. Dans le cas d'une décomposition par lot, chaque lot donnant lieu à un marché séparé, cette règle s'applique pour chaque lot considéré isolément.

De même, un assureur ne peut pas se faire représenter par plusieurs intermédiaires dans le cadre d'une même procédure de passation, car cette situation équivaut à ce qu'une même entreprise d'assurances présente plusieurs offres. Or, la pratique consistant pour un candidat à un marché public à transmettre plusieurs offres est contraire aux principes de la commande publique. Elle ne saurait être acceptée. Lorsqu'un acheteur public se trouve dans la situation où un même assureur présente plusieurs offres pour un même marché, quand bien même il le fait par plusieurs intermédiaires, il ne peut que déclarer ces offres irrégulières pour les raisons évoquées précédemment. Dans le cas d'une décomposition par lot, chaque lot donnant lieu à un marché séparé, cette règle s'applique pour chaque lot considéré isolément.

9. Le titulaire du marché de l'assurance est l'organisme ou l'entreprise d'assurances qui porte et provisionne le risque technique.

III. DOCUMENTS EXIGÉS DES CANDIDATS QUI RÉPONDENT À UN APPEL À LA CONCURRENCE

Tous les soumissionnaires (entreprises d'assurances et intermédiaires d'assurances) doivent se conformer aux obligations imposées par le code des marchés publics. Pour chaque marché, un seul document de description de l'offre suffit. S'agissant de renseignements sur les personnes physiques ou morales participant à la présentation de cette proposition, il y a autant de documents que d'acteurs concernés. Ainsi, l'intermédiaire d'assurances qui présente la candidature d'une société d'assurances doit fournir les documents exigés pour la candidature, pour la société représentée et pour lui-même. De même, le mandat de l'intermédiaire d'assurances doit figurer au nombre des pièces fournies à l'appui de la candidature de la société représentée, ce mandat permettant de connaître l'étendue des pouvoirs du mandataire, comme par exemple celui de signer l'offre au nom et pour le compte de la société d'assurance.

L'article 44 du code des marchés publics prévoit que les candidats, pour justifier qu'ils ont satisfait à leurs obligations fiscales et sociales, ne produisent, au stade des candidatures, qu'une déclaration sur l'honneur datée et signée. Le marché ne pourra toutefois être attribué au candidat retenu que sous réserve que celui-ci fournisse dans un délai imparti par le pouvoir adjudicateur les certificats et attestations demandés.

IV. DURÉE DU MARCHÉ

Le pouvoir adjudicateur, pour la couverture des risques qui appellent une garantie d'assurance continue (comme l'assurance du patrimoine immobilier, de la flotte automobile, etc.), par opposition aux besoins ponctuels et temporaires de garantie, fixe la durée du marché en tenant compte, d'une part, de la nature des prestations et notamment de l'intérêt, pour chaque partie, de permettre au contrat de s'exercer sur une durée raisonnable et, d'autre part, de la nécessité d'une remise en concurrence périodique.

Le code des marchés publics précise que le marché peut prévoir une ou plusieurs reconductions à condition que ses caractéristiques restent inchangées et que la mise en concurrence ait été réalisée en prenant en compte la durée totale du marché, périodes de reconduction comprises. La décision de reconduire le marché doit faire l'objet d'une décision écrite, pour laquelle il est souhaitable que le marché prévoie un délai de préavis. L'article 16 du code des marchés publics prévoit que le titulaire du marché ne peut refuser la reconduction du marché, sauf disposition contraire prévue dans le marché.

Le marché peut également prévoir, pour chacune des parties, une faculté périodique de résiliation assortie de conditions de préavis. Plus généralement, l'attention de l'acheteur public est appelée sur la nécessité d'assortir les cas de résiliation de délais de préavis compatibles avec les délais nécessaires à la passation d'un nouveau marché.

V. PROCÉDURE APPLICABLE EN FONCTION DES SEUILS

A. *RÈGLES GÉNÉRALES*

1. *Niveau d'appréciation des besoins*

Les règles applicables n'étant pas spécifiques aux marchés de services d'assurances, il convient de se référer à la circulaire du 3 août 2006 portant manuel d'application du code des marchés publics et plus précisément au point 4. 5. Qui définit les besoins ? qui explique la distinction à opérer entre les notions de pouvoir adjudicateur, niveau où sont appréciés les besoins, et de personnes chargées concrètement de la mise en œuvre des procédures.

2. *Modalités de détermination des besoins en matière de services : le caractère homogène*

Lorsque, au sein de chaque pouvoir adjudicateur, l'autorité compétente a déterminé le niveau auquel ses besoins sont évalués (cf point ci-dessus), elle vérifie si les seuils fixés à l'article 26 qui déclenchent l'application des procédures formalisées définies dans le titre III du code sont atteints.

En matière de services d'assurances, afin de comparer le montant de ses besoins aux seuils de procédure des marchés, chaque acheteur doit estimer de manière sincère et raisonnable la valeur totale des services d'assurances qu'il considère comme homogènes et qu'il souhaite acquérir (cf point 7.2 « Pour les marchés de fournitures et de services : le caractère homogène » du manuel d'application précité).

Pour apprécier l'homogénéité de leurs besoins en fonction des caractéristiques propres de la prestation, les acheteurs sont invités à adopter une classification propre de leurs achats selon une typologie qui soit cohérente avec leur activité.

Lorsqu'un marché d'assurance rassemble plusieurs prestations qui ont individuellement été considérées comme homogènes, c'est le montant global du marché qui devra être comparé aux seuils.

3. *Montant du marché*

Le montant à prendre en compte pour chaque marché doit être estimé sur toute la durée du marché et pour l'ensemble des prestations prévues. Lorsque le marché comporte des lots donnant chacun lieu à un marché distinct, est prise en compte la valeur de la totalité des lots.

Le montant est à considérer hors taxes et hors prélèvements obligatoires. Les cotisations ou primes additionnelles relatives à des garanties obligatoires, comme les catastrophes naturelles, ne sont pas considérées comme des taxes.

Afin d'estimer le montant du contrat à comparer à ces seuils, c'est la prime payable par le pouvoir adjudicateur qui doit être effectivement prise en compte.

Il convient de noter une particularité applicable aux sociétés d'assurance mutuelles ; celles-ci peuvent en effet inclure dans leur offre le droit d'adhésion prévu à l'article R. 322-47-6 du code des assurances. L'appel de ce droit, exigible une seule fois lors de la souscription du premier contrat d'assurance, est explicitement identifié comme tel et s'ajoute au prix technique correspondant au cahier des charges. Dès lors, le montant de l'offre pris en compte par l'acheteur public comprend ce droit. En outre, les sociétés d'assurance mutuelles dont les adhérents se sont constitués en association de solidarité peuvent, en complément de leur offre, proposer une adhésion facultative à ladite association de solidarité dont la cotisation annuelle est disjointe de l'offre.

B. *DÉTERMINATION DE LA PROCÉDURE APPLICABLE EN FONCTION DES SEUILS*

Sous le seuil de 4 000 € HT, le code dispense les acheteurs de mise en concurrence, ce qui signifie qu'aucune procédure de mise en concurrence n'est nécessaire.

Pour les achats dont le montant estimé est compris entre 4 000 € HT et les seuils de 133 000 € HT pour l'État et 206 000 € HT *[Les seuils sont révisés tous les deux ans]* pour les collectivités territoriales, les acheteurs publics peuvent passer des marchés passés selon une procédure adaptée conformément à l'article 28 du code des marchés publics.

Pour les achats dont le montant estimé est supérieur au seuil de 133 000 € HT pour l'État et de 206 000 € HT pour les collectivités territoriales, il doit être recouru à la procédure d'appel d'offres sauf à remplir les conditions de recours au marché négocié ou au dialogue compétitif.

L'acheteur public peut, dans les hypothèses définies à l'article 35 du code des marchés publics, recourir à la procédure négociée, sans condition de montant. L'article 35 énumère les cas dans lesquels le pouvoir adjudicateur peut recourir à cette procédure qui, en matière de prestation de service, est notamment prévue lorsque la prestation à réaliser est d'une nature telle que les spécifications du marché ne peuvent être établies préalablement avec une précision suffisante pour permettre le recours à l'appel d'offres.

Par ailleurs, si les conditions précisément définies à l'article 36 du code des marchés sont réunies (le pouvoir adjudicateur n'est pas en mesure de définir les moyens techniques pouvant répondre à ses besoins ou il n'est pas en mesure d'établir le montage juridique ou financier d'un projet), il est possible de recourir à la procédure de dialogue compétitif. Si le code n'interdit pas le recours au dialogue compétitif pour les marchés de services d'assurances, il convient néanmoins de veiller au respect scrupuleux des conditions posées pour son utilisation.

VI. MODALITÉS DE PUBLICITÉ À METTRE EN ŒUVRE EN FONCTION DES SEUILS

A. *ORGANISATION DE LA PUBLICITÉ EN FONCTION DES SEUILS*

En dessous de 4 000 € HT, les marchés peuvent être passés sans publicité préalable.

Entre 4 000 et 90 000 € HT, l'acheteur détermine librement les modalités de publicité adaptées au montant, à la nature des services d'assurances en cause et au nombre ou à la localisation des opérateurs économiques susceptibles d'y répondre (art. 40-II).

Entre 90 000 € HT et 133 000 € HT pour l'État et 206 000 € HT pour les collectivités territoriales, l'acheteur est tenu de publier un avis d'appel public à la concurrence soit au *BOAMP*, soit dans un journal d'annonces légales, et doit apprécier si une publication dans un journal spécialisé est nécessaire (article 40-III). Les avis d'appel public à la concurrence sont établis conformément aux modèles établis par l'arrêté du 28 août 2006 pris en application du code des marchés publics et fixant les modèles d'avis pour la passation et l'attribution des marchés publics et des accords-cadres.

Au-dessus de 133 000 € HT pour l'État ou 206 000 € HT pour les collectivités territoriales, l'acheteur est tenu de publier un avis d'appel public à la concurrence dans le *BOAMP* et au *Journal officiel de l'Union européenne* (art. 40-V). Les avis d'appel public à la concurrence adressés au *JOUE* sont établis conformément aux modèles fixés par le règlement (CE) n° 1564/2005 de la Commission du 7 septembre 2005 établissant les formulaires standard pour la publication d'avis dans le cadre des procédures de passation de marchés publics conformément aux directives 2004/17/CE et 2004/18/CE du Parlement européen et du Conseil.

En outre, au-delà de 750 000 € HT, les marchés peuvent faire l'objet d'un avis de préinformation. L'envoi de cet avis n'est obligatoire que si l'acheteur souhaite recourir à la faculté de réduire le délai de réception des offres en appel d'offres ouvert et restreint. Cet avis est soit adressé pour publication à l'Office des publications officielles des Communautés européennes, soit publié sur le profil d'acheteur du pouvoir adjudicateur (cf. art. 39 du CMP).

B. *ÉTAT DÉCLARATIF DE RISQUE*

Les articles L. 113-8 et L. 113-9 du code des assurances sanctionnent l'omission ou la déclaration inexacte du risque de la part de l'assuré. Ils ouvrent droit à la résiliation du contrat par l'assureur et prévoient selon les cas la réduction des garanties ou l'annulation du contrat.

Afin de permettre à l'ensemble des candidats au marché d'apprécier de manière équitable et éclairée le risque à couvrir, le pouvoir adjudicateur dresse un état déclaratif des risques à couvrir et recense de façon aussi précise et complète que possible, sur les dernières années, la survenance et le coût des sinistres ayant mis en jeu la garantie de l'assureur.

Des modèles d'états déclaratifs seront proposés dans le Guide des bonnes pratiques.

C. *AVIS D'ATTRIBUTION (ARTICLE 85 DU C. MARCHÉS)*

L'acheteur public doit, pour ses marchés de services d'assurances dont le montant est supérieur à 133 000 € pour l'État et 206 000 € HT pour les collectivités territoriales, faire paraître dans les quarante-huit jours suivant la notification du marché un avis d'attribution dans l'organe qui a publié l'avis d'appel public à la concurrence, conformément aux modèles fixés dans le règlement CE n° 1564/2005.

Pour les marchés de services d'assurances, il est rappelé que le prestataire de services auquel est attribué le marché est l'organisme ou l'entreprise d'assurances qui porte et provisionne le risque technique, qu'il convient de distinguer, sur cet avis, d'un intermédiaire éventuel.

VII. DÉROULEMENT DES PROCÉDURES

A. *PROCÉDURE ADAPTÉE*

L'article 28 précise que les marchés passés selon la procédure adaptée sont des marchés passés selon des modalités de publicité et de mise en concurrence déterminées par le pouvoir adjudicateur en fonction de leur objet et de leurs caractéristiques (cf. point 9.3.1 du manuel d'application précité).

B. *APPEL D'OFFRES*

Les articles 57 à 64 du code des marchés publics décrivent cette procédure, par laquelle le pouvoir adjudicateur choisit l'offre économiquement la plus avantageuse, sans négociations, sur la base de critères objectifs préalablement portés à la connaissance des candidats. L'appel d'offres peut être ouvert ou restreint.

En dehors du cadre des marchés publics, la pratique des assurances conduit fréquemment l'assuré soit à se voir proposer un contrat d'adhésion, soit à mettre au point avec l'entreprise d'assurances ou son mandataire les clauses du contrat. Aussi, l'adéquation entre les besoins du pouvoir adjudicateur, tels qu'ils sont strictement déterminés par le dossier de consultation, et les offres que les candidats peuvent remettre compte tenu de leur pratique et de leurs contraintes, n'est-elle pas nécessairement immédiatement acquise.

L'acheteur public doit donc veiller, dans la mesure du possible, à rechercher cette adéquation par un cahier des charges adapté aux capacités et aux pratiques du marché de l'assurance.

Dans la mesure où des réserves ou des amendements seraient portés par les candidats aux clauses du cahier des charges, il importe d'apprécier leur incidence – notamment économique – par rapport à l'ensemble de l'offre, afin de déterminer s'ils sont susceptibles de rendre cette dernière irrégulière.

L'ouverture aux variantes, si elle ne dispense pas les candidats de remettre une offre conforme à la solution de base, favorisera cette adéquation, en élargissant le choix du pouvoir adjudicateur à des solutions sur lesquelles les candidats pourront se montrer éventuellement plus compétitifs.

Une fois l'offre économiquement la plus avantageuse choisie, le pouvoir adjudicateur peut, en accord avec l'entreprise retenue, procéder à une mise au point des composantes du marché. Ces modifications ne doivent en aucun cas remettre en cause les caractéristiques substantielles, notamment financières, du marché ni être susceptibles de fausser le jeu de la concurrence.

C. *PROCÉDURE NÉGOCIÉE*

Les articles 65 et 66 du code des marchés publics décrivent cette procédure, par laquelle le pouvoir adjudicateur choisit le titulaire du marché après consultation de candidats et négociation des conditions du marché avec un ou plusieurs d'entre eux.

D. *DIALOGUE COMPÉTITIF*

Les articles 36 et 67 du code des marchés publics, ainsi que le point 11.1.3 du manuel d'application, décrivent les modalités de recours spécifiques à cette procédure ainsi que son déroulement.

VIII. CAS PRATIQUES

Quelques cas concrets illustrent, ci-après, la mise en œuvre de ces dispositions :

Une collectivité territoriale passe, pour des prestations qu'elle considère homogènes, un contrat d'une durée de cinq ans : le montant à prendre en compte est celui du contrat :

Si les primes à payer au titre du contrat sur toute sa durée sont inférieures à 4 000 € HT, elle est dispensée de publicité et de mise en concurrence.

Si elles sont comprises entre 4 000 et 90 000 € HT, elle doit adapter ses modalités de publicité et de mise en concurrence en fonction du marché envisagé.

Si elles sont comprises entre 90 000 et 206 000 € HT, elle doit procéder à une publicité soit au *BOAMP*, soit dans un journal d'annonces légales et, si nécessaire, dans la presse spécialisée ; en revanche, elle choisit librement ses modalités de mise en concurrence en fonction de la prestation envisagée.

Si elles sont supérieures à 206 000 € HT, elle doit recourir à l'appel d'offres, sauf si les conditions de recours au marché négocié ou au dialogue compétitif sont réunies.

Un établissement public administratif national passe un marché de trois ans pour l'assurance de son patrimoine, et doit par ailleurs assurer ponctuellement du mobilier pour une ou plusieurs expositions qui sont prévues durant cette période de trois ans :

Pour le marché relatif à l'assurance de son patrimoine mobilier, l'établissement public devra prendre en compte la durée contractuelle du marché et le montant total des prestations correspondant à cette durée, y compris les prestations relatives aux expositions projetées, en se basant sur une estimation sincère et raisonnable de ses besoins.

En revanche, pour l'assurance relative à une exposition qui ne serait pas prévue au moment de la passation du contrat d'assurance, il se trouve confronté à la survenance de besoins nouveaux, alors même que précédemment les besoins ont été évalués de manière sincère et raisonnable. Il peut donc passer un nouveau marché, dont la procédure de passation sera déterminée en fonction du seul montant des nouveaux besoins. Ainsi, si le montant de la prime pour l'assurance de cette exposition est inférieur à 133 000 € HT, il peut procéder à un marché passé selon une procédure adaptée.

IX. COASSURANCE

A. *GROUPEMENTS CONJOINTS NON SOLIDAIRES*

Les contrats de coassurance peuvent être proposés aux acheteurs publics par des groupements conjoints d'assureurs, à condition que le pouvoir adjudicateur ait expressément prévu la possibilité d'une coassurance. Le partage du risque entre coassureurs, établi sur la base d'un pourcentage de couverture attribué par le groupement à chacun de ses membres, est proposé dans l'offre.

Les membres du groupement sont représentés par un mandataire. Dans le cas d'un contrat d'assurance, le rôle de mandataire est rempli par l'apériteur. Les clauses de tels contrats, qui doivent être établies dans le respect des dispositions du code des assurances, décrivent les engagements respectifs pris par l'apériteur, les autres assureurs membres du groupement et l'assuré.

A la différence des groupements solidaires, les groupements conjoints, dont le code des marchés publics prévoit l'existence à l'article 51-I, n'engagent chacun de leurs participants qu'à la hauteur de sa participation. Ni le code des marchés publics ni le code des assurances n'imposent donc que l'apériteur soit solidaire des autres assureurs du groupement.

B. *CAS D'UNE COASSURANCE INCOMPLÈTE*

1. *Lors de la consultation*

Il appartient aux acheteurs publics de comparer les propositions reçues au regard des critères qu'ils ont publiés. Dans le cas de risques importants, il est possible que l'acheteur public reçoive des propositions en coassurance qui ne couvrent qu'une part du risque.

Dans le cadre d'une procédure d'appel d'offres, de telles offres doivent être considérées comme irrégulières (cf. définition de l'offre irrégulière à l'article 35-I-1°).

Dans le cadre d'une procédure négociée, si l'offre en coassurance ne couvre pas la totalité du risque, l'acheteur public peut entreprendre des discussions avec les candidats, afin d'obtenir la couverture la plus complète possible du risque, et retenir la proposition qui lui paraîtra la plus avantageuse à l'aune de ces critères.

2. *En cours d'exécution du marché*

Si, en cours d'exécution, un des membres du groupement se retire de la coassurance, le pouvoir adjudicateur peut accepter par avenant le remplacement du coassureur partant par un autre membre du groupement, sous réserve que les conditions d'exécution du marché restent strictement inchangées. Elle peut également faire le choix de poursuivre son exécution en coassurance incomplète, ou résilier le marché.

Circulaire du 7 septembre 2009,

Relative au recours à la transaction pour la prévention et le règlement des litiges portant sur l'exécution des contrats de la commande publique.

2. *Négociation des transactions*

2.3. *Association éventuelle des assureurs*

Aux termes de l'article L. 124-2 du code des assurances : « *L'assureur peut stipuler qu'aucune reconnaissance de responsabilité, aucune transaction, intervenues en dehors de lui, ne lui sont opposables. L'aveu de la matérialité d'un fait ne peut être assimilé à la reconnaissance d'une responsabilité* ». Ces dispositions ne font pas obstacle au développement des transactions administratives. Les collectivités et établissements publics qui ont conclu des marchés publics d'assurances comprenant des stipulations réservant les droits de l'assureur doivent veiller à associer celui-ci aux négociations préalables à la conclusion de transactions. Les assureurs peuvent intervenir directement pour le règlement des litiges ou y apporter leur concours.

CONSOMMATION

Code de la consommation

PREMIÈRE PARTIE : *LÉGISLATIVE*

(L. nº 93-949 du 26 juill. 1993)

LIVRE PREMIER INFORMATION DES CONSOMMATEURS ET PRATIQUES COMMERCIALES

(Ord. nº 2016-301 du 14 mars 2016, en vigueur le 1er juill. 2016)

TITRE II Pratiques commerciales *(L. nº 2020-105 du 10 févr. 2020, art. 41)*.

CHAPITRE PREMIER *Pratiques commerciales interdites*

SECTION III *Refus et subordination de vente et de prestation de services*

Art. L. 121-11 Est interdit le fait de refuser à un consommateur la vente d'un produit ou la prestation d'un service, sauf motif légitime ;

Est également interdit le fait de subordonner la vente d'un produit à l'achat d'une quantité imposée ou à l'achat concomitant d'un autre produit ou d'un autre service ainsi que de subordonner la prestation d'un service à celle d'un autre service ou à l'achat d'un produit dès lors que cette subordination constitue une pratique commerciale déloyale au sens de l'article L. 121-1.

(Ord. nº 2018-361 du 16 mai 2018, art. 11, en vigueur le 1er oct. 2018) « Est également interdit le fait de subordonner la vente d'un bien ou la fourniture d'un service à la conclusion d'un contrat d'assurance accessoire au bien ou au service vendu, sans permettre au consommateur d'acheter le bien ou d'obtenir la fourniture du service séparément. »

Pour les établissements de crédit et les organismes mentionnés à l'article L. 518-1 du code monétaire et financier, les règles relatives aux ventes subordonnées sont fixées par les dispositions du 1 du I de l'article L. 312-1-2 du même code.

Les dispositions du présent article s'appliquent à toutes les activités de production, de distribution et de services, y compris celles qui sont le fait de personnes publiques, notamment dans le cadre de conventions de délégation de service public. – *[C. consom., art. L. 122-1.]*

DALLOZ RÉFÉRENCE *Droit de la publicité et de la promotion des ventes*, par FABRE, BONNET-DESPLAN, SERMET et GENTY, *2014/2015, 4e éd.*

BIBL. ▶ CALAIS-AULOY, *D. 1987. Chron. 137.* – SERNA, *Mél. Breton et Derrida, Dalloz, 1991.* – BOSQUET-DENIS, *D. 1991. Chron. 21* (localisation du refus de vente). – FABRE, *Cah. dr. entr. 1985-4* (vente ou prestation subordonnée). – TABAKA, *D. 2005. 1218* (ordinateurs et logiciels pré-installés : le spectre de la vente liée). – FELDMAN, *CCC 2009. Alerte 39* (le consommateur est-il pieds et poings liés à son logiciel ?). – STOFFEL-MUNCK, *JCP 2009, nº 27, p. 44* (l'infraction de vente liée à la dérive). – WILHELM et FERCHICHE, *CCC 2009. Étude 8* (le sort des ventes subordonnées et des ventes avec primes en droit français de la consommation, après l'arrêt de la CJCE du 23 avr. 2009). – CHAGNY, *D. 2009. 2561* (de l'assouplissement du régime des offres liées à l'achèvement d'un droit au marché ?). – BENOÎT et COMERT, *RJDA 2010. 559* (requiem pour le droit national des promotions ?). – TAUPIAC-NOUVEL, *RLDA avr. 2011. 69* (protection du consommateur dans les pratiques commerciales : une question d'appréciation). – LEGRAND et BLIN, *D. 2011. 2886* (offres conjointes d'ordinateurs équipés de logiciels : quelles perspectives ?).

▶ **L. nº 2011-525 du 17 mai 2011 :** VOISSET et DUPERRAY, *LPA 5 avr. 2011* (promotion des ventes : entre réforme *a minima* et attentisme, l'insécurité juridique subsiste). – PETIT, *LPA 23 mai 2011* (promotion des ventes : une loi de simplification pour tout compliquer !).

– Falkman, *CCC 2011. Alerte 64* (avancée juridique ou casse-tête à venir ?). – Titone et Dary, *RLDA oct. 2011. 46* (le protectionnisme français à l'épreuve du libéralisme communautaire). – Wilhelm et Prioux, *CCC 2012. Étude 4* (retour sur le contentieux de la vente d'ordinateurs avec logiciels préinstallés).

Subordination de prestation de services. Constitue une infraction à l'interdiction de subordonner une prestation de services à celle d'un autre service l'obligation imposée à des voyageurs de payer le coût d'une assurance garantissant les risques d'annulation du contrat et d'assistance aux personnes et aux biens. • Crim. 12 juin 1995, n° 94-82.984 P : *D. 1995. IR 203 ; RGDA 1996. 218, obs. Bigot.*

LIVRE II Formation et exécution des contrats

(Ord. n° 2016-301 du 14 mars 2016, en vigueur le 1er juill. 2016)

TITRE PREMIER Conditions générales des contrats

CHAPITRE PREMIER *Présentation des contrats*

Art. L. 211-1 **Les clauses des contrats proposés par les professionnels aux consommateurs doivent être présentées et rédigées de façon claire et compréhensible.**

Elles s'interprètent en cas de doute dans le sens le plus favorable au consommateur. Les dispositions du présent alinéa ne sont toutefois pas applicables aux procédures engagées sur le fondement de l'article L. 621-8.

Un décret en Conseil d'État précise, en vue d'assurer l'information du consommateur, les modalités de présentation des contrats mentionnés au premier alinéa. – *[C. consom., art. L. 133-1 et L. 133-2.]*

BIBL. ▸ Lamoureux, *D. 2006. 2848* (interprétation des contrats de consommation). – Grynbaum, *RDC 2007. 973* (de l'art de la mesure dans la protection du consentement). – Noguéro, *Gaz. Pal. 2011. 3252 ; ibid. 2012. 712* (détermination du contenu du contrat d'assurance par son interprétation). – Bernheim-Desvaux, *CCC 2012. Formule 10* (clause d'acceptation des conditions générales du contrat). – Dary et Gosse, *RLDA oct. 2020. 19* (effets du RGPD sur l'obligation de transparence des professionnels envers le consommateur).

1. Interprétation des clauses ambiguës. Viole l'art. L. 133-2, al. 2 [L. 211-1, al. 2], la cour d'appel qui déboute un assuré de sa demande en garantie, alors que la clause définissant le risque était ambiguë, de sorte qu'elle devait être interprétée dans le sens le plus favorable à cet assuré. • Civ. 1re, 21 janv. 2003, n° 00-13.342 P : *D. 2003. 2600, note Claret ; Dr. et patr. 5/2003. 112, obs. Chauvel ; RCA 2003. Chron. 13, par Courtieu ; RTD com. 2003. 559, obs. Bouloc ; RTD civ. 2003. 292, obs. Mestre et Fages ; RDC 2003. 91, obs. Bruschi ; RGDA 2003. 442, note Kullmann ; JCP E 2003, n° 11, p. 442* • Civ. 2e, 13 juill. 2006, n° 05-18.104 P : *RTD com. 2007. 435, obs. Bouloc ; JCP 2006. IV. 2742 ; Gaz. Pal. 2007. 4036, note. Leducq ; CCC 2006, n° 209, obs. Raymond ; RJDA 2006, n° 1196 ; RDC 2007. 347, obs. Fenouillet* • Civ. 1re, 22 mai 2008 : *cité note 4 ss. art. L. 212-1* • Civ. 2e, 9 avr. 2009 : *JCP 2009, n° 29-30, p. 12, note Noguéro ; CCC 2009, n° 205, obs. Raymond.*

Dès lors qu'il est relevé qu'il existe une confusion dans l'interprétation des clauses du contrat qui a sa source dans l'ambiguïté rédactionnelle et qu'aucun élément du dossier n'indique que des explications claires avaient été fournies, la compagnie d'assurance doit assumer la responsabilité d'un libellé contestable de la clause litigieuse. • Civ. 1re, 11 mars 2010 : *CCC 2010, n° 170, obs. Raymond.* ♦ En interprétant d'une certaine façon la clause litigieuse ambiguë alors qu'une autre interprétation plus favorable à l'assurée était soutenue et avait été retenue par les premiers juges, la cour d'appel a violé l'art. L. 133-2 [L. 211-1]. • Civ. 2e, 1er juin 2011, n° 09-72.552 P : *D. 2011. Actu. 1612, obs. Ravel d'Esclapon ; LPA 30 déc. 2011, note Claret ; Gaz. Pal. 2012. 286, obs. Houtcieff.* ♦ V. aussi : • Civ. 1re, 17 nov. 2011 : *CCC 2012, n° 142, obs. G. R. ; Dr. et pr. juill.-août 2012, Cah. dr. consom., p. 22, obs. Picod* • Civ. 2e, 15 déc. 2011 : *eod. loc ; Gaz. Pal. 2012. 2357, obs. Leducq.* ♦ Dès lors qu'il résultait des constatations, empruntées aux clauses du contrat de prêt, qu'en cas de mise à disposition des fonds en une seule fois, privant la période d'utilisation de tout effet, la période de remboursement succédait directement à la période de disponibilité, la cour d'appel, qui a appliqué la clause litigieuse dans le sens le plus défavorable à l'emprunteur en lui imputant l'omission d'une diligence à laquelle il n'était pas tenu, a violé l'art. L. 133-2 [L. 211-1]. • Civ. 1re, 17 juin 2015, n° 14-17.009 : *Banque et Dr. 9-10/2015. 29, obs. Helleringer.* ♦ Le fait que le projet d'assurance fasse mention d'une garantie des objets de valeur de 10 000 francs (avant indexation) en ne précisant pas s'il s'agissait d'une limitation forfaitaire globale de la garantie ou d'un plafond d'indemnisation par objet, tandis que la proposition d'assurance invitait à contacter directement l'assureur pour le cas où le signataire entendait assurer les objets litigieux « pour une valeur unitaire supérieure à 10 000 F », introduisait un doute justifiant une interprétation dans le sens le plus favorable à l'assuré s'agissant du montant de la garantie souscrite pour les objets de valeur au regard des conditions générales produites. • Civ. 2e, 8 mars 2018, n° 17-10.030 : *AJ contrat 2018. 283, obs. Néraudau et Guillot ; RDBF 2018, n° 68, obs. Leblond.*

2. Clauses claires et compréhensibles. La clause litigieuse, qui stipule que les indemnités journalières sont versées au cours de la période pendant laquelle l'état de santé de l'assuré ne lui permet, temporairement, d'effectuer aucune activité professionnelle et que ces indemnités lui sont versées jusqu'à la date à laquelle il peut reprendre une activité professionnelle, quelle qu'elle soit, étant rédigée de façon claire et compréhensible, sans laisser place au doute, elle ne peut être interprétée. • Civ. 1re, 13 déc. 2012, n° 11-27.631 P : *D. actu. 23 janv. 2013, obs. Kilgus ; D. 2013. Pan. 1992, obs. Groutel ; JCP E 2013, n° 1059 ; CCC 2013, n° 47, obs. G. R. ; RJDA 2013, n° 264 ; Gaz. Pal. 2013. 494, obs. Piedelièvre ; RDC 2013. 489, obs. Rochfeld ; ibid. 554, obs. Viney.* ♦ Les clauses litigieuses stipulent que la garantie décès/invalidité est due lorsque l'assuré est victime d'un accident en tant que « passager d'un moyen de transport public », ce qui implique sa présence à bord de ce moyen de transport lors de l'accident. Ces clauses étant rédigées de façon claire et compréhensible, sans laisser place au doute, elles ne pouvaient être interprétées par la cour d'appel. • Civ. 1re, 26 févr. 2020, n° 18-21.306 : *D. 2020. 1280, note Millet ; Gaz. Pal. 1er sept. 2020, p. 32, obs. Carayol.*

3. Clauses divergentes. En présence de deux clauses ayant le même objet, provenant de deux contrats successifs dont il n'est pas établi que le consommateur ait renoncé à l'un d'eux, en-soi claires et précises, mais divergentes, et dont l'ambiguïté naissant de leur rapprochement rendait nécessaire l'interprétation, exclusive de dénaturation, la cour d'appel a fait une exacte application des dispositions de l'art. L. 133-2 [L. 211-1] en décidant que l'assuré devait bénéficier de la stipulation la plus favorable qui était celle prévue par le second contrat. • Civ. 2e, 3 juill. 2014, n° 13-22.418 P : *D. actu. 23 juill. 2014, obs. de Ravel d'Esclapon ; JCP E 2015, n° 1001, obs. Seube ; Gaz. Pal. 2014. 3847, note Noguéro ; RLDA oct. 2014. 41, obs. Mathonnière.*

CHAPITRE II *Clauses abusives*

Art. L. 212-1 **Dans les contrats conclus entre professionnels et consommateurs, sont abusives les clauses qui ont pour objet ou pour effet de créer, au détriment du consommateur, un déséquilibre significatif entre les droits et obligations des parties au contrat.**

Sans préjudice des règles d'interprétation prévues aux *(Ord. n° 2016-131 du 10 févr. 2016, art. 6-IV, en vigueur le 1er oct. 2016)* **« articles 1188, 1189, 1191 et 1192 » du code civil, le caractère abusif d'une clause s'apprécie en se référant, au moment de la conclusion du contrat, à toutes les circonstances qui entourent sa conclusion, de même qu'à toutes les autres clauses du contrat. Il s'apprécie également au regard de celles contenues dans un autre contrat lorsque les deux contrats sont juridiquement liés dans leur conclusion ou leur exécution.**

L'appréciation du caractère abusif des clauses au sens du premier alinéa ne porte ni sur la définition de l'objet principal du contrat ni sur l'adéquation du prix ou de la rémunération au bien vendu ou au service offert pour autant que les clauses soient rédigées de façon claire et compréhensible.

Un décret en Conseil d'État, pris après avis de la commission des clauses abusives, détermine des types de clauses qui, eu égard à la gravité des atteintes qu'elles portent à l'équilibre du contrat, doivent être regardées, de manière irréfragable, comme abusives au sens du premier alinéa.

Un décret pris dans les mêmes conditions détermine une liste de clauses présumées abusives ; en cas de litige concernant un contrat comportant une telle clause, le professionnel doit apporter la preuve du caractère non abusif de la clause litigieuse.

Ces dispositions sont applicables quels que soient la forme ou le support du contrat. Il en est ainsi notamment des bons de commande, factures, bons de garantie, bordereaux ou bons de livraison, billets ou tickets, contenant des stipulations négociées librement ou non ou des références à des conditions générales préétablies. — *[C. consom., art. L. 132-1, al. 1er à 5, 7.]*

Art. L. 212-2 **Les dispositions de l'article L. 212-1 sont également applicables aux contrats conclus entre des professionnels et des non-professionnels.**

Art. L. 212-3 *(Abrogé par Ord. n° 2021-1247 du 29 sept. 2021, art. 7)* ***Les dispositions du présent chapitre sont d'ordre public.*** — *[C. consom., art. L. 132-1, al. 9.]*

Ancien art. L. 132-1 (L. n° 95-96 du 1er févr. 1995) ***Dans les contrats conclus entre professionnels et non-professionnels ou consommateurs, sont abusives les clauses qui ont pour objet ou pour effet de créer,***

au détriment du non-professionnel ou du consommateur, un déséquilibre significatif entre les droits et obligations des parties au contrat.

(L. n° 2008-776 du 4 août 2008, art. 86-I) *« Un décret en Conseil d'État, pris après avis de la commission instituée à l'article* (L. n° 2010-737 du 1er juill. 2010, art. 62) *« L. 534-1 », détermine une liste de clauses présumées abusives; en cas de litige concernant un contrat comportant une telle clause, le professionnel doit apporter la preuve du caractère non abusif de la clause litigieuse. »* — *V. art. R. 132-2 et R. 132-2-1.*

(L. n° 2008-776 du 4 août 2008, art. 86-I) *« Un décret pris dans les mêmes conditions détermine des types de clauses qui, eu égard à la gravité des atteintes qu'elles portent à l'équilibre du contrat, doivent être regardées, de manière irréfragable, comme abusives au sens du premier alinéa. »* — *V. art. R. 132-1 et R. 132-2-1.*

Ces dispositions sont applicables quels que soient la forme ou le support du contrat. Il en est ainsi notamment des bons de commande, factures, bons de garantie, bordereaux ou bons de livraison, billets ou tickets, contenant des stipulations négociées librement ou non ou des références à des conditions générales préétablies.

Sans préjudice des règles d'interprétation prévues aux (Ord. n° 2016-131 du 10 févr. 2016, art. 6-IV-2°, en vigueur le 1er oct. 2016) ***« articles 1188, 1189, 1191 et 1192 » du code civil, le caractère abusif d'une clause s'apprécie en se référant, au moment de la conclusion du contrat, à toutes les circonstances qui entourent sa conclusion, de même qu'à toutes les autres clauses du contrat. Il s'apprécie également au regard de celles contenues dans un autre contrat lorsque la conclusion ou l'exécution de ces deux contrats dépendent juridiquement l'une de l'autre.***

Les clauses abusives sont réputées non écrites.

L'appréciation du caractère abusif des clauses au sens du premier alinéa ne porte ni sur la définition de l'objet principal du contrat ni sur l'adéquation du prix ou de la rémunération au bien vendu ou au service offert (Ord. n° 2001-741 du 23 août 2001) ***« pour autant que les clauses soient rédigées de façon claire et compréhensible ».***

Le contrat restera applicable dans toutes ses dispositions autres que celles jugées abusives s'il peut subsister sans lesdites clauses.

Les dispositions du présent article sont d'ordre public.

BIBL. ▸ BRUSCHI, *RGDA 2014. 364* (protection des consommateurs contre les clauses abusives dans le contrat d'assurance).

1. *Clause de renvoi des conditions particulières aux conditions générales.* Lorsque, dans les conditions particulières de la police, l'assuré a reconnu avoir reçu un exemplaire des conditions générales et du tableau des garanties annexé à celles-ci, ce renvoi, qui ne révèle pas un abus de puissance économique de l'assureur et ne lui confère aucun avantage excessif, ne constitue pas une clause abusive au sens de l'art. L. 132-1 C. consom. • Civ. 1re, 10 avr. 1996 : *Gaz. Pal. 1996. 2. Somm. 446, note Favre-Rochex.*

2. *Contrat d'adhésion.* Le seul fait qu'un contrat relève de la catégorie des contrats d'adhésion ne suffit pas à démontrer que telle clause particulière a été imposée par un abus de puissance économique. • Civ. 1re, 12 mars 2002 : *RCA 2002, n° 212* • 1er févr. 2005 : *RCA 2005, n° 139, obs. Courtieu.* ♦ Toutefois, l'adhésion au contrat d'assurance de groupe, bien que conséquence d'une stipulation pour autrui, n'en crée pas moins, entre l'adhérent et l'assureur, qui l'agrée, un lien contractuel direct, de nature synallagmatique, dont les stipulations relèvent, comme telles, des dispositions de l'art. L. 132-1 C. consom. • Civ. 1re, 22 mai 2008, n° 05-21.822 P : *D. 2008. AJ 1547, note Delpech ; D. 2009. Pan. 253, obs. Groutel ; RTD civ. 2008. 477, obs. Fages ; RCA 2008, n° 270, obs. Groutel; RGDA 2008. 709, note Bigot.* – **BIBL.** Goldie-Génicon, *D. 2008. Chron. 2447* .

3. *Assurance vol.* N'est pas abusive une clause qui impose seulement à l'assuré de prendre des précautions élémentaires contre le vol. • Civ. 1re, 1er févr. 2000 : *RCA 2000, n° 138; RGDA 2000. 47, note Kullmann.* ♦ ... La clause d'un contrat multirisque habitation garantissant le vol et obligeant l'assuré, lorsque le vol n'a pas eu lieu par effraction, à faire la preuve de sa commission par escalade, usage de fausses clefs ou introduction clandestine, qui étend le champ de la garantie et s'avère plus protectrice de l'assuré en lui permettant, en l'absence d'effraction, d'établir le vol par l'un des trois moyens précités. • Civ. 1re, 7 juill. 1998, n° 96-17.279 P : *D. 1999. Somm. 111, obs. D. Mazeaud ; Gaz. Pal. 1999. 1. 89, note Favre-Rochex.*

4. *Assurance incapacité de travail.* N'est pas abusive dès lors qu'elle n'entraîne pas de déséquilibre significatif entre les droits et les obligations des contractants et ne confère à l'assureur aucun avantage excessif la clause non ambiguë définissant l'arrêt de travail comme étant « l'incapacité temporaire totale de travail » et stipulant qu'il y a « incapacité totale de travail lorsque l'assuré ne peut exercer aucune activité professionnelle, qu'il s'agisse d'une activité effective, de direction ou de surveillance ». • Civ. 1re, 7 déc. 1999 : *RGDA 2000. 44, note Kullmann.*

5. *Contrats d'assurances ayant un rapport direct avec l'activité professionnelle.* L'art. L. 132-1 C. consom. ne s'applique pas aux contrats de biens ou de services qui ont un rapport direct avec l'activité professionnelle. • Civ. 1re, 24 janv. 1995, ♱ nº 92-18.227 P. ♦ Tel est le cas de la police « navigation de plaisance » souscrite par une société de location de bateaux. • Civ. 1re, 23 févr. 1999, ♱ nº 96-21.744 P : *RGDA 1999. 326, note Kullmann.*

6. Portée des recommandations de la CCA. Les recommandations de la Commission des clauses abusives ne sont pas génératrices de règles dont la méconnaissance ouvre la voie de la cassation. • Civ. 1re, 1er févr. 2000 : ♱ *RCA 2000, nº 138.*

7. Appréciation du caractère abusif. L'appréciation du caractère abusif d'une clause ne dépend pas du caractère principal ou accessoire de l'obligation contractuelle concernée. • Civ. 1re, 3 mai 2006 : ♱ *RCA 2006, nº 216.*

TITRE III Loi applicable aux contrats transfrontaliers

CHAPITRE II *Droit applicable aux contrats*

Art. L. 232-1 **Nonobstant toute stipulation contraire, le consommateur ne peut être privé de la protection que lui assurent les dispositions prises par un État membre de l'Union européenne en application de la directive 93/13/CEE du Conseil, du 5 avril 1993 concernant les clauses abusives dans les contrats conclus avec les consommateurs, lorsque le contrat présente un lien étroit avec le territoire d'un État membre.** – *[C. consom., art. L. 135-1. —* ***C. consom.****]*

La partie législative du C. consom., dans sa rédaction antérieure à l'Ord. nº 2016-301 du 14 mars 2016, est abrogée à compter du 1er juill. 2016 (Ord. préc., art. 34-I). Les dispositions des art. L. 232-1 reprennent à droit constant les dispositions de l'anc. art. L. 135-1.

BIBL. ▸ COURTIEU, *Gaz. Pal. 1997. 1. Doctr. 130.*

TITRE IV Sanctions

Art. L. 241-1 **Les clauses abusives sont réputées non écrites.**

Le contrat reste applicable dans toutes ses dispositions autres que celles jugées abusives s'il peut subsister sans ces clauses.

Les dispositions du présent article sont d'ordre public. – *[C. consom., art. L. 132-1, al. 6, 8 et 9.]*

Art. L. 241-1-1 *(Ord. nº 2021-1734 du 22 déc. 2021, art. 8, en vigueur le 28 mai 2022)* **Sans préjudice de l'allocation de dommages et intérêts, une amende civile peut être prononcée à l'encontre d'un professionnel qui dans les contrats proposés ou conclus avec des consommateurs ou des non-professionnels continue de recourir, dans des contrats identiques, à des clauses contractuelles qui ont été jugées abusives, au sens de l'article L. 212-1 à l'exception de son quatrième alinéa, par une décision de justice devenue définitive à son égard.**

L'autorité administrative chargée de la concurrence et de la consommation, agissant sur le fondement de l'article L. 524-2 ou intervenant à l'instance, les associations de défense des consommateurs, agissant sur le fondement des articles L. 621-7, L. 621-9, L. 622-1 et L. 623-1, le ministère public ou le consommateur peuvent demander à la juridiction saisie de prononcer une amende civile, dont le montant ne peut excéder 15 000 euros pour une personne physique et 75 000 euros pour une personne morale.

Lorsque cette amende est prononcée à la suite d'une demande d'assistance mutuelle prévue par l'article L. 511-10 portant sur une infraction de grande ampleur ou de grande ampleur à l'échelle de l'Union européenne, en application de l'article 21 du règlement (UE) 2017/2394 du Parlement européen et du Conseil du 12 décembre 2017 sur la coopération entre les autorités nationales chargées de veiller à l'application de la législation en matière de protection des consommateurs, son montant peut être porté, de manière proportionnée aux avantages tirés des pratiques en cause, à 4 % du chiffre d'affaires moyen annuel, calculé sur les trois derniers chiffres d'affaires annuels connus à la date de la décision. A défaut d'information disponible pour calculer l'amende sur le fondement du chiffre d'affaires, son montant peut être porté à deux millions d'euros.

La juridiction peut ordonner la publication, la diffusion ou l'affichage de sa décision ou d'un extrait de celle-ci selon les modalités qu'elle précise. Elle peut ordonner l'insertion de la décision ou de l'extrait de celle-ci dans le rapport établi sur les opérations de l'exercice par les gérants, le conseil d'administration ou le directoire de l'entreprise. Les frais sont supportés par la personne condamnée.

DEUXIÈME PARTIE : *RÉGLEMENTAIRE*

LIVRE II **Formation et exécution des contrats**

(*Décr. n° 2016-884 du 29 juin 2016, en vigueur le 1er juill. 2016*)

TITRE PREMIER **Conditions générales des contrats**

CHAPITRE II *Clauses abusives*

Art. R. 212-1 Dans les contrats conclus entre des professionnels et des consommateurs, sont de manière irréfragable présumées abusives, au sens des dispositions des premier et quatrième alinéas de l'article L. 212-1 et dès lors interdites, les clauses ayant pour objet ou pour effet de :

1° Constater l'adhésion du consommateur à des clauses qui ne figurent pas dans l'écrit qu'il accepte ou qui sont reprises dans un autre document auquel il n'est pas fait expressément référence lors de la conclusion du contrat et dont il n'a pas eu connaissance avant sa conclusion ;

2° Restreindre l'obligation pour le professionnel de respecter les engagements pris par ses préposés ou ses mandataires ;

3° Réserver au professionnel le droit de modifier unilatéralement les clauses du contrat relatives à sa durée, aux caractéristiques ou au prix du bien à livrer ou du service à rendre ;

4° Accorder au seul professionnel le droit de déterminer si la chose livrée ou les services fournis sont conformes ou non aux stipulations du contrat ou lui conférer le droit exclusif d'interpréter une quelconque clause du contrat ;

5° Contraindre le consommateur à exécuter ses obligations alors que, réciproquement, le professionnel n'exécuterait pas ses obligations de délivrance ou de garantie d'un bien ou son obligation de fourniture d'un service ;

6° Supprimer ou réduire le droit à réparation du préjudice subi par le consommateur en cas de manquement par le professionnel à l'une quelconque de ses obligations ;

7° Interdire au consommateur le droit de demander la résolution ou la résiliation du contrat en cas d'inexécution par le professionnel de ses obligations de délivrance ou de garantie d'un bien ou de son obligation de fourniture d'un service ;

8° Reconnaître au professionnel le droit de résilier discrétionnairement le contrat, sans reconnaître le même droit au consommateur ;

9° Permettre au professionnel de retenir les sommes versées au titre de prestations non réalisées par lui, lorsque celui-ci résilie lui-même discrétionnairement le contrat ;

10° Soumettre, dans les contrats à durée indéterminée, la résiliation à un délai de préavis plus long pour le consommateur que pour le professionnel ;

11° Subordonner, dans les contrats à durée indéterminée, la résiliation par le consommateur au versement d'une indemnité au profit du professionnel ;

12° Imposer au consommateur la charge de la preuve, qui, en application du droit applicable, devrait incomber normalement à l'autre partie au contrat. – [*C. consom., art. R. 132-1.*]

Art. R. 212-2 Dans les contrats conclus entre des professionnels et des consommateurs, sont présumées abusives au sens des dispositions des premier et cinquième alinéas de l'article L. 212-1, sauf au professionnel à rapporter la preuve contraire, les clauses ayant pour objet ou pour effet de :

1° Prévoir un engagement ferme du consommateur, alors que l'exécution des prestations du professionnel est assujettie à une condition dont la réalisation dépend de sa seule volonté ;

2° Autoriser le professionnel à conserver des sommes versées par le consommateur lorsque celui-ci renonce à conclure ou à exécuter le contrat, sans prévoir réciproquement le droit pour le consommateur de percevoir une indemnité d'un montant équivalent, ou égale au double en cas de versement d'arrhes au sens de l'article L. 214-1, si c'est le professionnel qui renonce ;

3° Imposer au consommateur qui n'exécute pas ses obligations une indemnité d'un montant manifestement disproportionné ;

4° Reconnaître au professionnel la faculté de résilier le contrat sans préavis d'une durée raisonnable ;

5° Permettre au professionnel de procéder à la cession de son contrat sans l'accord du consommateur et lorsque cette cession est susceptible d'engendrer une diminution des droits du consommateur ;

6° Réserver au professionnel le droit de modifier unilatéralement les clauses du contrat relatives aux droits et obligations des parties, autres que celles prévues au 3° de l'article R. 212-1 ;

7° Stipuler une date indicative d'exécution du contrat, hors les cas où la loi l'autorise ;

8° Soumettre la résolution ou la résiliation du contrat à des conditions ou modalités plus rigoureuses pour le consommateur que pour le professionnel ;

9° Limiter indûment les moyens de preuve à la disposition du consommateur ;

10° Supprimer ou entraver l'exercice d'actions en justice ou des voies de recours par le consommateur, notamment en obligeant le consommateur à saisir exclusivement une juridiction d'arbitrage non couverte par des dispositions légales ou à passer exclusivement par un mode alternatif de règlement des litiges. – *[C. consom., art. R. 132-2.]*

Art. R. 212-3 Le 3° de l'article R. 212-1 et les 4° et 6° de l'article R. 212-2 ne sont pas applicables :

1° Aux transactions concernant les valeurs mobilières, instruments financiers et autres produits ou services dont le prix est lié aux fluctuations d'un cours, d'un indice ou d'un taux que le professionnel ne contrôle pas ;

2° Aux contrats d'achat ou de vente de devises, de chèques de voyage ou de mandats internationaux émis en bureau de poste et libellés en devises. – *[C. consom., art. R. 132-2-1, I.]*

Art. R. 212-4 Le 3° de l'article R. 212-1 et le 6° de l'article R. 212-2 ne font pas obstacle à l'existence de clauses par lesquelles le fournisseur de services financiers se réserve le droit de modifier le taux d'intérêt dû par le consommateur ou dû à celui-ci, ou le montant de toutes charges afférentes à des services financiers, sans aucun préavis en cas de motif légitime, pourvu que soit mise à la charge du professionnel l'obligation d'en informer la ou les autre parties contractantes dans les meilleurs délais et que celles-ci soient libres de résilier immédiatement le contrat.

Le 8° de l'article R. 212-1 et le 4° de l'article R. 212-2 ne font pas obstacle à l'existence de clauses par lesquelles le fournisseur de services financiers se réserve le droit de mettre fin au contrat à durée indéterminée unilatéralement, et ce sans préavis en cas de motif légitime, à condition que soit mise à la charge du professionnel l'obligation d'en informer la ou les autres parties contractantes immédiatement.

Le 3° de l'article R. 212-1 et le 6° de l'article R. 212-2 ne font pas obstacle à l'existence de clauses par lesquelles le contrat, lorsqu'il est conclu à durée indéterminée, stipule que le professionnel peut apporter unilatéralement des modifications liées au prix du bien à livrer ou du service à rendre à la condition que le consommateur en ait été averti dans un délai raisonnable pour être en mesure, le cas échéant, de résilier le contrat.

Le 3° de l'article R. 212-1 et le 6° de l'article R. 212-2 ne font pas obstacle à l'existence de clauses par lesquelles le contrat stipule que le professionnel peut apporter unilatéralement des modifications au contrat liées à l'évolution technique, dès lors qu'il n'en résulte ni augmentation de prix, ni altération de la qualité et que les caractéristiques auxquelles le non-professionnel ou le consommateur a subordonné son engagement ont pu figurer au contrat. – *[C. consom., art. R. 132-2-1, II à V.]*

Art. R. 212-5 Les dispositions des articles R. 212-1 à R. 212-4 sont également applicables aux contrats conclus entre des professionnels et des non-professionnels.

Recommandation CCA n° 80-02 du 22 mai 1979,

Concernant la clause abusive insérée dans certains contrats de vente immobilière et imposant à l'acquéreur la continuation de l'assurance souscrite par le vendeur (BOCC 15 mai 1980).

La Commission des clauses abusives,

Considérant la clause selon laquelle, dans un contrat de vente d'un bien immobilier, l'acquéreur est tenu de continuer l'assurance souscrite par le vendeur, de la faire transférer à son nom dès la réception de l'acte constatant le transfert de propriété et de la maintenir tant qu'il sera débiteur d'une fraction du prix de la vente ;

Considérant qu'une telle clause n'est pas abusive au sens de l'article 35 de la loi susvisée *[C. consom., art. L. 132-1]* ; qu'en effet :

— en vertu des dispositions de l'article L. 121-10 du code des assurances, en cas d'aliénation de la chose assurée, l'assurance continue de plein droit au profit de l'acquéreur et il est loisible soit à l'assureur, soit à l'acquéreur de résilier le contrat ;

— suivant la jurisprudence actuelle, si la faculté de résiliation ne peut être écartée par une stipulation au contrat d'assurance, aucune disposition de la loi n'interdit à l'acquéreur de renoncer volontairement à cette faculté, en particulier, en prenant vis-à-vis de son vendeur l'engagement de continuer la police ;

Mais considérant que le vendeur est tenu d'informer l'acquéreur sur ses droits et ses obligations,

Émet la recommandation :

Que, lorsque le contrat de vente d'un bien immobilier prévoit la reprise par l'acquéreur d'une assurance souscrite par le vendeur :

1° Soit communiqué à l'acquéreur le contrat d'assurance ;

2° Soit rappelée dans le contrat de vente la faculté de résiliation du contrat d'assurance dont bénéficie l'acquéreur.

Délibérée sur le rapport de M. Gross dans les séances du 27 mars, du 24 avril et du 22 mai 1979, où siégeaient : M. Lutz, conseiller de la Cour de cassation, président ; Mme Achach, Mlle Aubertin, MM. Bihl, Calais-Auloy, Cotte, Delcourt, Gross, Lemontey, Marleix, Semler-Collery, Simonet, Stirn, membres.

Recommandation CCA n° 85-04 du 20 septembre 1985,

Concernant les contrats d'assurance destinés à couvrir divers risques de la vie privée (notamment le vol, l'incendie, les dégâts des eaux et la responsabilité civile) et couramment dénommés « multirisques-habitation » (BOCC 6 déc. 1985).

La Commission des clauses abusives,

Considérant que ni l'existence d'une législation détaillée, en partie d'ordre public, faisant l'objet du code des assurances, ni celle du contrôle de la direction des assurances du ministère des finances sur tous les documents faisant état d'une opération d'assurance ne font *a priori* obstacle à la compétence de la commission des clauses abusives pour examiner les contrats d'assurance ; qu'en effet l'ordre public dont relève le droit de l'assurance est essentiellement un ordre public de protection qui impose un minimum de garanties au profit de l'assuré, mais laisse à l'assureur la possibilité d'octroyer des avantages supplémentaires ; que, par conséquent, en s'en tenant au minimum légal, lorsque celui-ci ne paraît pas suffisant pour assurer la protection des intérêts légitimes du consommateur, l'assureur peut effectivement commettre un « abus de puissance économique » au sens que donne à cette expression l'article 35 de la loi du 10 janvier 1978 *[C. consom., art. L. 132-1]* ; que, par ailleurs, la mission confiée à la direction des assurances, si elle englobe effectivement le contrôle, dans l'intérêt des assurés, des clauses des contrats d'assurance, est beaucoup plus large puisqu'elle consiste à favoriser, de façon générale, le développement de l'assurance ; qu'en toute hypothèse, la commission des clauses abusives a déjà admis que l'existence d'un contrôle parallèle d'une autorité de tutelle ne fait nullement obstacle à sa compétence ;

Considérant que les contrats d'assurance « multirisques-habitation » ont pour objet de garantir des individus contre les principaux risques de la « vie privée », à l'exclusion des risques professionnels ; que les bénéficiaires de ces contrats appartiennent donc incontestablement à la catégorie des « non-professionnels ou consommateurs » au sens où l'entend la loi du 10 janvier 1978 ;

Considérant que l'assurance « multirisques-habitation » est aujourd'hui extrêmement répandue en France, au point que la plupart des citoyens majeurs sont désormais titulaires d'un tel contrat ; que cette forme d'assurance intéresse donc de très nombreux consommateurs ; que la loi n° 82-526 du 22 juin 1982 relative aux droits et obligations des locataires et des bailleurs impose au consommateur locataire de s'assurer contre les risques dont il doit répondre en qualité de locataire ; *– V. désormais L. n° 89-462 du 6 juill. 1989, art. 7. –* ***C. baux.***

Considérant que, depuis quelques années, les dirigeants des organisations professionnelles ainsi que ceux de certaines grandes compagnies d'assurance ont exprimé leur volonté de réformer des pratiques antérieures trop routinières, de clarifier les contrats et de prendre en compte davantage l'intérêt des consommateurs ; que ces déclarations d'intention ont été suivies d'efforts réels, encouragés d'ailleurs par une jurisprudence qui, ces dernières années, s'est attachée avec une vigueur toute particulière à accroître la protection des assurés ; que la commission des clauses abusives se doit donc d'appuyer cette tendance ;

Considérant que dans la plupart des contrats d'assurance « multirisques-habitation » figure une clause imposant à l'assuré de déclarer, à la souscription, « toutes les circonstances qui permettent d'apprécier le risque pris en charge », cette formule étant, le plus souvent, suivie d'une énumération de faits à déclarer qui n'est pas limitative puisqu'elle est précédée de l'adverbe « notamment » ; qu'il est ajouté que l'assuré doit, en cours de contrat, déclarer lui-même toute modification des circonstances spécifiées soit dans cette énumération, soit aux conditions particulières ; que les sanctions prévues pour l'inobservation de cette obligation sont, en cas de réticence ou de fausse déclaration intentionnelle, la nullité rétroactive du contrat souvent accompagnée du droit, pour l'assureur, de conserver, à titre de dommages-intérêts, les primes payées et de recouvrer les primes échues et, si la mauvaise foi n'est pas établie, la réduction de l'indemnité en proportion des primes payées par rapport à celles qui auraient été dues si le risque avait été exactement et correctement déclaré ;

Considérant que ces clauses, bien que licites au regard des articles L. 113-2 (1° et 2°), L. 113-8 et L. 113-9 du code des assurances, n'en sont pas moins très dangereuses pour l'assuré ; que celui-ci n'étant pas un technicien de l'assurance, ne peut normalement savoir quelles sont « toutes les circonstances de nature à faire apprécier par l'assureur le risque qu'il prend en charge » et pense généralement que c'est l'assureur qui lui posera les questions utiles pour l'appréciation du risque ; qu'il n'imagine pas, en tout cas, qu'il lui incombe de prendre les devants et de rechercher lui-même quels sont les faits qui peuvent avoir une incidence sur le coût des garanties qu'il demande et, encore moins, qu'en cours de contrat il est tenu de surveiller constamment le risque afin de rendre compte immédiatement à l'assureur de toute aggravation, même indépendante de son propre fait ; que d'ailleurs beaucoup d'assureurs sentent si bien eux-mêmes le caractère excessif de cette obligation qu'ils n'en exigent pas le strict respect, se contentant des réponses aux questions posées au preneur d'assurance lors de la souscription ou du renouvellement ; qu'il convient donc de généraliser cette pratique et de n'exiger de l'assuré que des réponses claires, complètes et exactes au questionnaire qu'il appartient à l'assureur d'établir lui-même et de soumettre à son cocontractant lors de la souscription et, s'il le souhaite, au moment du renouvellement ; que, sauf en cas de fraude ou de mauvaise foi dont la preuve incombe à l'assureur, la déclaration inexacte ou incomplète du risque ne devrait jamais faire l'objet d'une sanction contractuelle plus sévère que la réduction de l'indemnité en proportion du montant des primes payées par rapport aux primes qui auraient été dues si le risque avait été complètement et exactement déclaré, cette mesure ne pouvant, en outre, être appliquée si le risque omis ou dénaturé a été sans influence sur le sinistre ;

Considérant que les contrats d'assurance « multirisques-habitation » attachent à l'aggravation du risque régulièrement déclarée des conséquences franchement déséquilibrées par rapport à celles qui sont prévues pour la diminution du risque ; que, dans la première hypothèse, l'assureur se réserve la faculté d'opter entre une augmentation de prime et la résiliation du contrat, celle-ci pouvant être imposée si l'assuré refuse l'augmentation proposée, auquel cas l'assureur est en droit d'exiger en outre une indemnité ; qu'en cas de diminution du risque seuls certains contrats reconnaissent à l'assuré le droit d'obtenir une réduction de prime et la résiliation n'est alors de droit que dans l'hypothèse de disparition d'une circonstance aggravante spécifiée au contrat, aucune indemnité n'étant, en toute hypothèse, prévue au profit de l'assuré ; qu'il convient donc de rétablir l'équilibre en éliminant les clauses qui attachent à l'aggravation du risque des conséquences plus sévères pour l'assuré que n'en comporte, pour l'assureur, la diminution du risque ; qu'il est souhaitable également de stipuler explicitement que l'assuré pourra, en cas de diminution du risque, choisir entre la réduction de la prime et la résiliation ;

Considérant que l'aménagement contractuel de la durée des contrats d'assurance « multirisques-habitation » fait actuellement l'objet de clauses extrêmement variées, allant de la durée annuelle avec tacite reconduction jusqu'à la formule « durée société », « durée compagnie » ou « durée statutaire », assortie d'une faculté de résiliation tous les trois ans et, après deux périodes de trois ans, tous les ans, en passant par des systèmes intermédiaires ; qu'en Alsace-Lorraine la durée du contrat va parfois jusqu'à dix ans, la faculté de résiliation annuelle n'étant ouverte qu'au bout de la onzième année ;

Considérant que, pour l'assuré-consommateur, les clauses lui laissant une seule possibilité de résiliation en six ans et, *a fortiori*, celles qui retardent l'exercice de cette faculté jusqu'à la onzième année sont abusives en raison de la durée excessive de l'engagement qu'elles imposent ; que d'ailleurs, malgré les apparences, l'assureur est beaucoup moins strictement lié que l'assuré puisqu'il se réserve le droit de résilier pour aggravation du risque et pour sinistre ; que la possibilité de se dégager d'un contrat qui ne paraît plus conforme à ses intérêts est un élément essentiel de la protection du consommateur ; qu'en conséquence il est souhaitable de généraliser la pratique, déjà adoptée par certains assureurs, des contrats de durée annuelle avec clause de tacite reconduction et, en tout cas, de ménager à l'assuré une faculté de résiliation annuelle dès le début de son engagement ; que cependant, si l'assuré exprime lui-même par écrit, au moment de la souscription, le souhait que la durée initiale du contrat soit portée à trois ans, il est possible d'admettre que l'exercice de la faculté de résiliation annuelle soit différée jusqu'à l'expiration de ce délai triennal à condition que celui-ci ait été accepté par l'assureur ; qu'en toute hypothèse, les formules « durée société », « durée compagnie », « durée statutaire » sont répréhensibles en raison de leur manque de clarté et qu'elles doivent donc disparaître ;

Considérant que l'organisation contractuelle de la tacite reconduction est actuellement très défavorable pour le consommateur qui désire ne pas renouveler son engagement ; que la plupart des contrats exigent en effet que la lettre exprimant la volonté de non-renouvellement soit parvenue à l'assureur au moins un jour avant le commencement du préavis qui court lui-même avant la date prévue pour la reconduction tacite ; que, par exemple, si le contrat prend normalement fin le 1er janvier et que le préavis est de trois mois, la lettre de résiliation doit, pour éviter la reconduction, être parvenue à destination au plus tard le 30 septembre ; qu'il ne suffit pas qu'elle soit partie ce jour-là, le cachet de la poste ne faisant pas foi et le retard des services postaux n'étant pas pris en considération ; que, dès lors, si cette lettre arrive même avec un seul jour de retard, le contrat est automatiquement reconduit pour une nouvelle période qui, dans le système actuel, peut être de trois ans ; que l'assureur n'a même pas alors à répondre à la lettre tardive de l'assuré, son silence n'étant pas interprété comme une renonciation à se prévaloir de ce retard ;

Considérant que ce système est ressenti par les assurés comme un piège car, se croyant engagés jusqu'à la date prévue pour l'expiration du contrat ou son renouvellement par tacite reconduction, ils s'aperçoivent souvent trop tard qu'ils ont laissé passer le moment auquel ils pouvaient exprimer leur volonté de ne pas renouveler et ils comprennent fort mal que, même lorsqu'ils ont agi à temps, ils puissent souffrir d'un retard de la poste ; que le nombre des procès relatifs à cette question révèle un véritable malaise ;

Considérant que, pour protéger efficacement l'assuré-consommateur, il apparaît nécessaire, d'une part, d'indiquer, en caractères très apparents et en tête du contrat, après sa date de prise d'effet et sa durée, la date à laquelle l'assuré sera forclos pour expédier la lettre exprimant sa volonté de ne pas renouveler le contrat, d'autre part, d'éliminer toutes les clauses ayant pour objet ou pour effet d'imposer le renouvellement à un assuré qui a expédié sa lettre de résiliation avant la date indiquée pour l'expiration du contrat ou son renouvellement par tacite reconduction ; qu'enfin le préavis imposé à l'assuré ne saurait, en toute hypothèse, dépasser une durée de deux mois ; que chaque avis d'échéance doit également indiquer la date à laquelle l'assuré sera forclos pour expédier la lettre exprimant sa volonté de ne pas renouveler le contrat ;

Considérant que, parmi les clauses qui définissent les hypothèses dans lesquelles l'une ou l'autre des parties peut demander la résiliation du contrat avant la date prévue pour son expiration ou son renouvellement par tacite reconduction, certaines sont franchement défavorables à l'assuré et instituent un déséquilibre à son détriment ; que notamment celle qui donne à l'assureur le droit de résilier le contrat « après sinistre » sans autre condition et sans indemnité est abusive ; qu'en effet le sinistre est l'événement envisagé par les deux parties et contre lequel l'assurance a pour objet, moyennant paiement d'une prime, de garantir l'assuré ; que prendre prétexte de sa survenance pour mettre fin au contrat est donc totalement injustifié ;

Considérant que l'assuré doit se voir reconnaître un droit contractuel de résiliation anticipée en cas de diminution du risque ou d'inexécution par l'assureur de ses obligations ;

Considérant que, dans tous les contrats d'assurance « multirisques-habitation » figure une clause prévoyant un droit de résiliation réciproque en cas de changement de domicile, de situation matrimoniale, de régime matrimonial ou de profession ainsi que de cessation de l'activité professionnelle de l'assuré ; que cette clause précise généralement que « si la résiliation est invoquée par l'assuré, elle devra comporter toutes précisions de nature à établir qu'elle est en relation avec ledit événement » et que « le risque ne se retrouve pas dans la situation nouvelle » ; que l'application de cette disposition suscite, dans les rapports entre assureurs et assurés, un sérieux malaise qui provient de l'extrême difficulté à définir les justifications nécessaires pour prouver que le risque ne se retrouve pas dans la situation nouvelle ; que la résiliation devrait être de droit pour l'assuré qui prouve l'un des événements visés par la clause ;

Considérant que, de façon générale, il est abusif de sanctionner l'exercice d'une prérogative reconnue par la loi ou par le contrat ; que cependant de nombreuses clauses des contrats d'assurance « multirisques-habitation » permettent à l'assureur de réclamer une indemnité à l'assuré lorsque celui-ci exerce son droit de résiliation ; que toutes ces clauses doivent donc disparaître ;

Considérant qu'est abusive toute clause ayant pour objet ou pour effet de donner à l'assureur le droit de réduire unilatéralement les garanties promises ou d'accroître les franchises, sauf au moment du renouvellement du contrat et à condition de prévoir que l'assuré sera averti de cette réduction au plus tard un mois avant le jour où ce dernier sera forclos pour notifier sa volonté de ne pas renouveler le contrat ; que, jusqu'en 1983, les contrats d'assurance « multirisques-habitation » prévoyaient que, pour le risque « grèves, émeutes, mouvements populaires et actes de terrorisme », chacune des parties pouvait mettre fin à la garantie avec un préavis de sept jours, sans que le contrat lui-même soit résilié ; que cette clause, qui n'était invoquée en fait que par l'assureur, était extrêmement dangereuse pour l'assuré en raison tant de sa généralité que de l'absence de toute condition pour son exercice et de la brièveté du délai de préavis qui permettait à l'assureur de se retirer précisément lorsque le risque était sur le point de se réaliser sans laisser à l'assuré la possibilité de trouver ailleurs la même garantie ; que les assureurs ont accepté de renoncer à cette clause en raison de la possibilité qui leur a été offerte par la loi de finances rectificative du 30 décembre 1982 de réassurer les risques auprès de la Caisse centrale de réassurance ; mais que cette clause continue à figurer dans les conditions générales imprimées et qu'elle pourrait être remise en application si cette possibilité de réassurance était supprimée ; qu'il convient donc de signaler son caractère abusif ;

Considérant que de nombreux contrats d'assurance « multirisques-habitation » comportent une clause donnant à l'assureur le droit d'augmenter la prime en cours de contrat « pour des motifs de caractère technique » ou même sans aucune justification, en ne laissant à l'assuré qui refuse cette augmentation que la voie de la résiliation ; que cette disposition est d'autant plus critiquable que « les motifs de caractère technique », à supposer qu'ils soient exigés, sont laissés à l'appréciation de l'assureur, ce qui donne en pratique à celui-ci la possibilité d'imposer ses conditions ; que le droit de résiliation prévu au profit de l'assuré ne suffit évidemment pas à contrebalancer cette position d'infériorité, alors surtout qu'il est lui-même généralement enfermé dans un délai très court (d'une quinzaine de jours) ; que cette clause est donc à la fois illicite, parce qu'elle rend le prix indéterminé, et abusive ;

Considérant qu'en toute hypothèse l'assureur ne peut, sans abus, se réserver le droit d'augmenter unilatéralement le taux de la prime pour une cause autre que l'aggravation du risque, sauf au moment du renouvellement du contrat et à condition que l'assuré ait été averti de cette augmentation au plus tard un mois avant le jour où ce dernier sera forclos pour notifier sa volonté de ne pas renouveler le contrat ;

Considérant que certains contrats d'assurance « multirisques-habitation » contiennent une clause subordonnant le recours en justice de l'assuré contre l'assureur à l'« expertise » préalable ; que cette clause est illicite et abusive ;

Considérant que l'organisation actuelle de l'« expertise » en cas de sinistre ne garantit pas toujours son caractère pleinement contradictoire et que la personne désignée à titre d'« expert » est fréquemment liée à l'assureur par un rapport de dépendance juridique ou économique ;

Considérant que si la plupart des contrats d'assurance « multirisques-habitation » prévoient qu'en cas de sinistre le paiement par l'assureur devra intervenir dans un délai maximal de trente jours après l'accord amiable ou la décision judiciaire devenue exécutoire, ils n'imposent généralement aucune sanction pour la méconnaissance de cette obligation ; que le point de départ choisi pour ce délai laisse d'ailleurs place à tous les atermoiements, notamment au moment des expertises ; qu'il serait donc nécessaire d'affirmer, par une clause expresse, le droit de l'assuré à la résiliation du contrat, assorti éventuellement de dommages-intérêts en cas de faute de l'assureur, notamment de retard ou de résistance abusive dans le règlement du sinistre ; qu'en outre le contrat devrait imposer à l'assureur un délai d'une durée maximale de quatre mois à partir de la déclaration du sinistre pour présenter une offre d'indemnité à l'assuré ou à la victime ;

Considérant que, parmi les nombreuses obligations que les contrats d'assurance « multirisques-habitation » imposent à l'assuré en cas de sinistre, certaines sont extrêmement strictes ; que c'est le cas notamment de la clause imposant la déclaration du sinistre dans les cinq jours et, en cas de vol, dans les vingt-quatre heures ; qu'il conviendrait d'assouplir cette obligation en faisant appel à la notion de « délai raisonnable » préconisée par l'article 9 de la proposition de directive du Conseil des communautés européennes du 10 juillet 1979 ; que surtout la déchéance du bénéfice de l'assurance, qui est souvent imposée comme sanction de la méconnaissance de cette obligation, apparaît beaucoup trop sévère ; que, sauf en cas de mauvaise foi dûment établie, il est abusif d'appliquer dans ce cas une sanction plus grave que l'indemnité mesurée au dommage effectivement subi par l'assureur ;

Considérant que, de façon générale, sont abusives les clauses qui assortissent la méconnaissance de l'une quelconque des obligations imposées à l'assuré en cas de sinistre d'une déchéance totale du bénéfice de l'assurance, sauf en cas de mauvaise foi dûment établie, la seule sanction admissible étant l'indemnité mesurée au dommage effectivement subi par l'assureur du fait de la négligence constatée ;

Considérant que l'une des causes principales de l'insuffisance de l'information de l'assuré sur les garanties qui lui sont consenties réside dans la multiplicité des documents contractuels constatant les engagements de l'assureur ; qu'en plus des « conditions générales » qui sont distribuées sous forme d'imprimés et ne sont que très rarement remises à jour et des « conditions particulières » sur lesquelles figurent les signatures des contractants, l'assuré reçoit de temps en temps des avenants et des intercalaires dactylographiés constatant certaines modifications de garantie, qu'il y a là une source de confusions possibles, les clauses figurant sur les différents documents détenus par l'assuré pouvant être contradictoires ; que, pour éviter ce désordre, il serait nécessaire que le contrat d'assurance « multirisques-habitation » soit constaté, au moment de sa conclusion, par un écrit unique et personnalisé, signé par les deux parties et que cet écrit soit renouvelé et mis à jour au moins tous les trois ans si les garanties ont été modifiées depuis la délivrance du précédent document ;

Considérant que, dans la pratique actuelle, la compréhension de la portée des garanties est rendue très difficile par l'extrême dispersion des clauses définissant les risques couverts et le montant des garanties ; que, pour se faire une idée exacte des événements contre lesquels il est assuré, le consommateur doit confronter plusieurs séries de dispositions qui se trouvent très éloignées les unes des autres dans les conditions générales de sa police d'assurance ; qu'il doit lire d'abord la définition positive du risque garanti dans chacune des branches pour lesquelles il a opté (incendie et dégâts des eaux, vol, responsabilité civile et éventuellement autres risques) ; que cette définition est parfois très longue, notamment pour le risque de responsabilité civile, et qu'elle comporte des restrictions qui sont déjà des exclusions indirectes ; que cette lecture doit être complétée par celle des exclusions directes qui sont elles-mêmes très dispersées ; qu'une première liste « d'exclusions générales » comporte celles qui sont communes à toutes les branches ; qu'il faut y ajouter les exclusions propres à chaque branche ; qu'en outre il existe souvent, dans la branche

« incendie, dégâts des eaux et risques annexes » une liste d'exclusions applicables à tous les risques de la branche, suivie de listes d'exclusions propres à chacune des sous-branches ; que, de même, pour le risque « responsabilité civile » lorsqu'il est subdivisé en « responsabilité civile du particulier » et « responsabilité civile du propriétaire » ou du « locataire d'immeuble », il y a souvent deux listes d'exclusions correspondant à chacune de ces catégories qu'il faut parfois combiner avec celle qui récapitule les exclusions communes à tous les cas de responsabilité ; que, lorsque les conditions générales prévoient des extensions de garantie, elles comportent encore, pour chacune de ces extensions, une liste d'exclusions concernant ces risques étendus ; qu'enfin, même la lecture la plus attentive et la plus minutieuse de la définition positive du risque et des différentes listes d'exclusions ne suffit pas à mettre l'assuré à l'abri de toutes les surprises ; qu'en effet les conditions générales des contrats « multirisques-habitation » comportent presque toutes aujourd'hui une liste de « définitions des termes principaux du contrat » contenant elles aussi des indications qui complètent la description du risque et imposent parfois des exclusions indirectes ; qu'il y a là un dédale dans lequel même l'assuré le plus attentif et le plus patient risque de se perdre ;

Considérant que, pour connaître le montant de la somme à laquelle il peut prétendre, l'assuré doit encore se livrer à des recherches presque aussi complexes que celles qui lui sont imposées pour déterminer s'il est ou non garanti ; qu'en effet il doit tenir compte non seulement des limitations de garantie proprement dites, dont les unes affectent un seul risque, les autres un groupe de risques, mais aussi des limitations indirectes résultant de la référence aux notions de « valeur d'usage », « valeur vénale », « valeur de remplacement », « valeur à neuf » dont la description renvoie généralement à la notion de « vétusté » qui fait elle-même rarement l'objet d'une définition précise ; qu'il faut encore prendre en considération les « franchises », dont certaines sont générales, d'autres propres à tel ou tel risque ou groupe de risques, les « limitations globales pour dommages exceptionnels » qui existent dans la branche responsabilité civile et enfin « les définitions de termes principaux du contrat » qui contiennent souvent des limitations indirectes de garantie ; que cette extrême dispersion des clauses définissant la portée des garanties est un obstacle considérable à la compréhension de dispositions contractuelles par l'assuré-consommateur ;

Considérant que, pour remédier à ce défaut, il importe d'abord de généraliser la pratique déjà assez répandue des tableaux récapitulatifs des garanties, présentés autant que possible sur une seule page, et indiquant en trois colonnes la nature des garanties, leurs montants et les franchises ; qu'en outre et surtout il faudrait mettre au point des définitions normalisées de chacun des risques proposés à l'assurance, principalement de « l'incendie », du « dégât des eaux », du « vol » et de la « responsabilité civile », et faire suivre cette définition d'une liste unique et exhaustive d'exclusions, de telle sorte que l'assuré puisse être certain que le risque est effectivement garanti hors des hypothèses expressément visées par cette énumération ; que, de même, les limitations et franchises devraient être regroupées, pour chaque branche, en une liste unique ;

Considérant que, malgré les efforts accomplis récemment par les assureurs pour améliorer la définition des expressions employées dans les « conditions générales » des polices d'assurance, il arrive que certaines soient encore insuffisamment précises ou intelligibles ; que cet inconvénient est surtout sensible s'agissant de termes assez spécifiques à la langue de l'assurance, tels que ceux de « dommage immatériel », « immatériel consécutif », « valeur d'usage », « valeur de remplacement », « valeur à neuf », « vétusté » ; qu'il est donc nécessaire d'entreprendre, par concertation entre représentants des assureurs et des assurés, un effort de clarification et de normalisation de la terminologie utilisée ;

Considérant que, lorsque l'assurance de chose est consentie pour une valeur déclarée à l'avance, l'assureur bénéficie en principe, sauf renonciation expresse prévue par l'article L. 121-5 du code des assurances de la « règle proportionnelle » qui lui permet, en cas de destruction du bien, de limiter son engagement en fonction du rapport existant entre la somme assurée et la valeur assurable ou somme pour laquelle l'assuré aurait dû se faire garantir pour recevoir une indemnisation intégrale si le bien avait été totalement détruit ; que cette règle est très mal ressentie par les assurés qui ne comprennent pas pourquoi, s'étant assurés pour une certaine somme, qui n'est pas atteinte, ils ne sont pas pleinement dédommagés ; que d'ailleurs la plupart des contrats d'assurance « multirisques-habitation », notamment ceux qui sont indexés, contiennent une renonciation à cette règle ; qu'il est donc souhaitable de généraliser cette pratique et d'écarter complètement la « règle proportionnelle » dans ce type d'assurance ;

Considérant que les contrats « multirisques-habitation » contiennent un certain nombre de clauses prévoyant des limitations de garantie manifestement excessives ; qu'il en est ainsi de la clause qui, en cas de destruction d'un immeuble construit sur un terrain dont l'assuré n'est pas propriétaire, limite l'indemnité, à défaut de reconstruction, à « la valeur des matériaux évalués comme matériaux de démolition » ; qu'il en va de même de la clause qui, pour le vol ou la destruction d'un mobilier ancien et signé, limite l'indemnité à la valeur d'un mobilier semblable de fabrication récente ou de celle qui, en cas de disparition de bijoux ou d'objets de métal précieux, prévoit le remboursement de la valeur du métal brut et de celle qui applique aux objets d'art un coefficient de vétusté calculé d'après leur ancienneté qui est précisément un élément de leur valeur ; que l'on peut encore adresser le même reproche à la clause qui aggrave l'abattement pour vétusté par rapport à la vétusté réelle en disposant, par exemple, que « pour chaque partie sinistrée des biens assurés, dont la vétusté reconnue par expertise excédera 40 p. 100 au jour du sinistre, l'indemnité sera calculée en appliquant au taux réel de vétusté une majoration de 20 p. 100 » ; que toutes ces clauses sont abusives et doivent disparaître des contrats d'assurance « multirisques-habitation » ;

Considérant qu'est également abusive parce que susceptible d'induire l'assuré en erreur sur l'étendue de la garantie la clause qui, après avoir admis que l'indemnisation doit se faire en « valeur à neuf », apporte des restrictions à cet engagement grâce à une définition de la « valeur à neuf » qui laisse place à la prise en compte d'un coefficient de vétusté ;

Considérant que l'application de la clause imposant à l'assuré la preuve que le vol dont il a été victime a été commis par effraction, escalade, usage de fausses clés ou introduction clandestine est actuellement la source de vives déceptions pour les assurés et donne lieu à un contentieux considérable ; qu'en effet, alors qu'à la lecture du contrat le preneur d'assurance peut croire qu'il est couvert pour tous les cas de vol, l'assureur lui refuse en réalité très souvent sa garantie, en cas d'escalade, d'usage de fausses clés ou d'introduction clandestine au motif que ce fait n'a laissé aucune trace matérielle ; que, par conséquent, la demande de l'assuré est parfois rejetée alors que l'existence du vol n'est pas contestée, qu'aucun défaut de précaution n'est reproché à l'assuré et qu'il est certain qu'à défaut d'effraction le vol n'a pu se produire que par escalade ou usage de fausses clés ou introduction clandestine ; que de telles situations sont choquantes et qu'il serait donc souhaitable de remplacer la clause examinée par une formule englobant tous les cas de vol dont la réalité est dûment établie, notamment par effraction, escalade, usage de fausses clés, introduction clandestine ou tout autre moyen ;

Considérant que tous les contrats d'assurance « multirisques-habitation » imposent certaines précautions destinées à éviter le vol ou à le rendre plus difficile (verrous aux portes, barreaux aux fenêtres facilement accessibles...) ; que ces exigences sont légitimes dans leur principe, mais que leur application peut parfois donner lieu à des abus ; qu'il en est ainsi lorsque la clause est rédigée de façon si vague qu'elle met l'assuré à la merci de l'assureur ; que c'est le cas, par exemple, lorsqu'elle impose à l'assuré de « prendre toutes les mesures préventives pour la sécurité de ses biens », sous peine de s'exposer à la déchéance du bénéfice de l'assurance ;

Considérant que l'abus peut également apparaître si les précautions imposées sont pratiquement irréalisables, par exemple lorsque l'assureur exige l'utilisation effective de tous les moyens de protection (y compris volets, verrous, grilles...) pour toute absence, même très courte et pendant la journée ;

Considérant que la sévérité de la sanction paraît souvent disproportionnée à la gravité de la faute ; qu'en particulier le refus total de la garantie pour une négligence vénielle est abusif ; qu'en outre, il est particulièrement choquant que la sanction soit déclarée applicable alors même qu'il serait établi que le vol n'a été ni causé ni même favorisé par la négligence des précautions prescrites ;

Considérant qu'il est également abusif de stipuler que l'assureur sera déchargé de la garantie contre le vol, alors que cette garantie est mentionnée au contrat et prise en compte pour le calcul de la prime, sur la seule constatation que la maison voisine la plus proche se trouve à plus de 100 mètres de celle de l'assuré ;

Considérant que les contrats d'assurance « multirisques-habitation » contiennent tous une clause suspendant de plein droit la garantie vol en cas d'inoccupation des locaux pendant un certain temps (qui va, selon les contrats, de 45 à 90 jours) ; que cette disposition paraît critiquable car c'est précisément en cas d'absence que les assurés sont le plus exposés au vol et c'est en fonction de ce risque qu'ils s'assurent ; que la brutalité de la mesure les prend le plus souvent totalement au dépourvu car ils ignorent généralement cette disposition sur laquelle leur attention n'a pas été attirée lors de la souscription ; que cette clause doit donc disparaître ;

Considérant que sont abusives les clauses limitant les procédés de preuve que l'assuré est autorisé à utiliser pour établir l'existence ou la valeur des objets volés, par exemple celles qui l'obligent à présenter sa facture d'achat ou à produire un état détaillé des valeurs et objets précieux établi antérieurement au vol et conservé dans un coffre ou dans un meuble séparé ; qu'en effet, la charge de la preuve, en matière de vol, est, par nature, déjà très lourde pour l'assuré ; qu'il est donc excessif de l'aggraver encore par des exigences qui risquent de la rendre écrasante, ce qui est une manière indirecte de refuser la garantie ;

Considérant que la clause limitant la garantie des objets précieux à un certain pourcentage des capitaux assurés peut être dangereuse pour l'assuré dans la mesure où la définition de cette catégorie d'objets est peu rigoureuse ;

Considérant que, dans les contrats d'assurance « multirisques-habitation », on relève toute une série de dispositions concourant à restreindre la garantie contre le vol des objets de valeur ou objets précieux : règles de preuve particulièrement strictes, suspension après un délai d'inoccupation spécialement bref (15 jours), précautions très contraignantes contre le vol (dépôt dans un meuble fermé à clé ou dans un coffre dès qu'ils ne sont pas utilisés), règles d'indemnisation souvent très imprécises et parfois franchement lésionnaires comme celles qui concerne *[concernent]* le mobilier ancien ou les objets en métal précieux et qui ont été signalées plus haut, etc. ; que le cumul de ces clauses donne parfois l'impression d'une volonté délibérée de vider la garantie de sa substance tout en la laissant figurer officiellement au contrat, ce qui entretient l'assuré dans l'illusion ;

Considérant que, dans la branche « incendie et dégâts des eaux », les clauses les plus dangereuses pour les assurés sont celles qui, sous une apparence anodine, donnent à l'assureur la faculté de discuter presque systématiquement l'application de la garantie ; qu'il en est ainsi de celle qui exclut « tous les dommages dus à un défaut d'entretien » ou « à un défaut des réparations indispensables incombant à l'assuré » sauf à l'assureur de préciser la portée exacte de cette obligation d'entretien ; que, plus insidieuse, mais également efficace apparaît la clause qui exige la preuve du caractère « accidentel » du sinistre, car, si l'on se réfère à l'interprétation qu'en donnent certaines juridictions la notion d'accident exclut à la fois les dommages qui se sont produits de façon progressive et ceux qui ont été causés ou favorisés par une imprudence ou une négligence de l'assuré ; que l'assureur peut donc être tenté de s'appuyer sur l'exigence d'un dommage accidentel pour contester sa garantie chaque fois que l'incendie ou le dégât des eaux n'est pas, de toute évidence, imputable exclusivement à un événement extérieur présentant les caractères de la force majeure ; que ces dispositions équivalent par conséquent à des exclusions de garantie dont la portée est beaucoup trop large et vague pour répondre à l'exigence, formulée par l'article L. 113-1 du code des assurances qui n'admet que les exclusions « limitées » ; qu'elles sont donc illégales et abusives ;

Considérant qu'il est également excessif de stipuler que la sanction prévue pour inobservation d'une précaution exigée afin d'éviter l'incendie ou le dégât des eaux doit s'appliquer au détriment de l'assuré même s'il est prouvé que cette négligence n'a eu aucune influence sur le sinistre ;

Considérant que la clause réservant l'application de la garantie « dégâts des eaux » aux dommages causés par la descente des eaux impose une distinction tout à fait arbitraire et extrêmement difficile à mettre en œuvre entre ces dommages et ceux qui sont provoqués par un refoulement ou toute autre cause, que cette clause est donc abusive ;

Considérant que, lors de la mise en jeu de la garantie « responsabilité civile », l'assuré se heurte souvent à certaines dispositions contractuelles (en particulier à la clause dite « de direction du procès ») qui restreignent ou paralysent sa liberté d'organiser comme il l'entend sa défense en justice contre la victime du dommage ; que ces stipulations peuvent avoir des conséquences graves, notamment lorsque les intérêts de l'assuré sont différents de ceux de l'assureur ; qu'elles sont contestables au regard des principes de la procédure civile et qu'elles ne sont pas nécessaires à la défense des intérêts de l'assureur qui seraient suffisamment garantis par une clause obligeant l'assuré à le tenir constamment informé de la procédure et à lui transmettre toutes les pièces du procès ; que, depuis l'entrée en vigueur de la loi du 8 juillet 1983 sur la protection des victimes d'infractions, l'assureur peut en effet intervenir non seulement devant les tribunaux civils, mais aussi devant les juridictions répressives saisies de l'action civile en cas de blessures ou d'homicide involontaires ; que, dans les cas où cette intervention demeure impossible, il reste à l'assureur la possibilité d'utiliser la voie de recours de la tierce opposition pour contester le jugement rendu contre l'assuré ; que toutes les clauses qui restreignent, de façon directe ou indirecte, la liberté de l'assuré dans l'organisation de sa défense en justice doivent donc disparaître ; *– V. L. n° 83-608 du 8 juill. 1983, codifiée ss. les art. 385-1 s., 388-1 s., 509, 515 et 533 C. pr. pén., v° Intervention de l'assureur.*

Considérant que la clause limitant la garantie responsabilité civile à la couverture des dommages accidentels est extrêmement dangereuse pour l'assuré ; qu'en effet si l'on considère, avec une partie de la jurisprudence, que la notion d'« accident » exclut tous les dommages qui ne résultent pas d'un « fait fortuit, soudain, imprévisible et irrésistible » pour l'assuré, c'est-à-dire tous ceux qui ne sont pas dus à un cas de force majeure, il faut constater que cette disposition vide entièrement la garantie de sa substance, la force majeure étant précisément exclusive de toute responsabilité ;

Considérant que l'exclusion de la garantie responsabilité civile pour « les dommages résultant de la violation délibérée des lois, règlements et usages » est également abusive en raison de la généralité de la formule employée, que cette exclusion n'est pas suffisamment « limitée » au sens qu'exige l'article L. 113-1 du code des assurances et qu'elle risque d'être utilisée pour faire systématiquement obstacle à la mise en œuvre de la garantie en présence d'une faute quelconque de l'assuré ;

Considérant que ne répondent pas non plus à l'exigence formulée par l'article L. 113-1 et sont donc à la fois illégales et abusives les clauses qui excluent l'application de la garantie en présence de certaines fautes définies seulement par leur gravité comme les fautes « lourdes », « inexcusables »..., ainsi que celles qui emploient des formules ambiguës ou imprécises en écartant, par exemple, « les dommages dont la survenance était inéluctable » ou « les dommages, inconvénients et troubles du voisinage qui résultent de façon prévisible ou inévitable de la nature de l'immeuble, objet du contrat » ;

Considérant qu'est également ambiguë la disposition qui restreint la garantie à la responsabilité civile encourue à l'égard « d'autrui » ou « des tiers », car cette formule, en renvoyant à une définition qui exclut de la catégorie des bénéficiaires les personnes dont la responsabilité est elle-même garantie, a pour effet d'écarter, sans le dire explicitement, tous les dommages subis par les membres de la famille proche et par les préposés du souscripteur ; que, si cette exclusion peut s'expliquer par le souci d'éviter la fraude, du moins devrait-elle être plus clairement exprimée ;

Considérant que la clause restreignant la garantie à la responsabilité délictuelle ou excluant les conséquences de la responsabilité contractuelle est abusive à la fois à cause de son caractère trop général et en raison de la difficulté pour un assuré moyen d'en saisir la portée ; qu'elle a d'ailleurs été jugée illicite au regard de l'article L. 113-1 du code des assurances ;

Considérant que le même grief d'obscurité peut être adressé à la clause, très répandue dans les contrats d'assurance « multirisques-habitation », qui a pour objet d'exclure « les conséquences d'engagements contractuels dans la mesure où elles excèdent celles auxquelles l'assuré serait tenu en vertu des textes légaux ou réglementaires sur la responsabilité civile » ; qu'il y a là en effet une formule dont la signification, à supposer qu'elle puisse être dégagée par un juriste averti, échappe en tout cas au consommateur moyen.

Recommande,

I. – Que soient éliminées des contrats d'assurance « multirisques-habitation » les clauses suivantes ayant pour objet ou pour effet :

1° De soumettre l'assuré aux sanctions prévues pour non-déclaration ou déclaration inexacte du risque assuré lorsqu'il a omis de signaler des circonstances ou des faits autres que ceux sur lesquels l'assureur l'a explicitement interrogé, au moyen d'un questionnaire écrit, avant la conclusion du contrat, en cours de contrat ou lors de son renouvellement ;

2° D'assortir la déclaration inexacte ou incomplète du risque, hors les cas de mauvaise foi dûment établie, d'une sanction plus sévère que la réduction de l'indemnité en proportion du montant des primes payées par rapport à celui des primes qui auraient été dues si le risque avait été complètement et exactement déclaré et d'appliquer cette sanction lorsque le risque omis ou dénaturé a été sans influence sur le sinistre ;

3° D'assortir de conséquences plus lourdes pour l'assuré l'aggravation du risque régulièrement déclaré que n'en comporte, pour l'assureur, la diminution du risque ;

4° De priver l'assuré de la faculté de mettre fin chaque année au contrat, sauf s'il a expressément demandé et qu'il ait été accepté que la durée initiale de celui-ci soit portée à trois ans, ce qui aurait alors pour effet de reporter l'exercice de la faculté de résiliation annuelle à l'expiration de cette période triennale ;

5° De dissimuler à l'assuré cette faculté de mettre fin chaque année aux relations contractuelles par une définition de la durée du contrat résultant d'une formule trompeuse, telle que « durée compagnie », « durée société », « durée statutaire » ;

6° D'imposer le renouvellement du contrat à un assuré qui a manifesté sa volonté contraire par l'expédition d'une lettre recommandée avec avis de réception, ou par tout autre moyen, avant la date indiquée pour le jeu de la tacite reconduction ;

7° D'imposer à l'assuré, lorsqu'il prend l'initiative du non-renouvellement, un délai de préavis supérieur à deux mois ;

8° De donner à l'assureur la faculté de mettre fin au contrat avant la date prévue pour son expiration ou son renouvellement par tacite reconduction en se fondant simplement sur la survenance d'un sinistre ;

9° De subordonner le droit de l'assuré à la résiliation du contrat en cas de changement de domicile, de situation matrimoniale, de régime matrimonial ou de profession, à une condition quelconque, notamment à la preuve que le risque ne se retrouve pas dans la situation nouvelle ;

10° D'octroyer à l'assureur un droit à indemnité qui ne serait pas fondé sur une faute de l'assuré, mais, par exemple, sur l'exercice d'une prérogative légale ou contractuelle, comme le droit de résiliation ;

11° De donner à l'assureur le droit de réduire unilatéralement les garanties promises ou d'accroître les franchises, sauf au moment du renouvellement du contrat et à condition de prévoir que l'assuré sera averti de ce changement, au plus tard un mois avant le jour où ce dernier sera forclos pour notifier sa volonté de ne pas renouveler le contrat ;

12° De donner à l'assureur le droit d'augmenter unilatéralement la prime pour des « motifs de caractère technique » ou tout autre motif que l'aggravation du risque, sauf au moment du renouvellement du contrat et à condition de prévoir que l'assuré sera averti de cette augmentation au plus tard un mois avant le jour où ce dernier sera forclos pour notifier sa volonté de ne pas renouveler le contrat ;

13° De limiter le droit de l'assuré à agir en justice contre l'assureur en le subordonnant à une procédure préalable souvent présentée comme une « expertise » ;

14° D'imposer des délais trop courts pour la déclaration d'un sinistre ;

15° D'assortir, sauf en cas de mauvaise foi dûment établie, la méconnaissance des obligations imposées à l'assuré en cas de sinistre, en particulier le retard dans la déclaration du sinistre, de la déchéance du bénéfice de l'assurance et, de façon plus générale, d'une sanction plus grave qu'une condamnation à indemniser l'assureur du dommage que cette faute lui a causé ;

16° D'inclure dans les « définitions des termes principaux du contrat » des restrictions équivalant à des exclusions indirectes de risque ou à des limitations indirectes de garantie ;

17° De prévoir des limitations de garanties excessives telles que celles qui consistent, en cas de destruction d'un immeuble construit sur un terrain dont l'assuré n'est pas propriétaire, à plafonner l'indemnité, à défaut de reconstruction, à la valeur des matériaux envisagés comme matériaux de démolition ou, en cas de vol ou de destruction d'un mobilier ancien et signé, à limiter l'indemnité à la valeur d'un mobilier semblable de fabrication récente, ou encore, en cas de disparition de bijoux ou d'objets en métal précieux, à prévoir seulement le remboursement de la valeur de métal brut, ou à appliquer aux objets d'art un coefficient de vétusté calculé d'après leur ancienneté qui est précisément très souvent un élément de leur valeur ou enfin à aggraver l'abattement pour vétusté par rapport à sa valeur réelle ;

18° D'induire l'assuré en erreur sur l'étendue de la garantie en stipulant, d'une part, l'indemnisation en « valeur à neuf » et en donnant, d'autre part, une définition restrictive de la « valeur à neuf » qui laisse place à la prise en compte d'un coefficient de vétusté ;

19° D'exiger de l'assuré qui se prévaut de la garantie contre le vol, non seulement la preuve de celui-ci, mais aussi, à défaut d'effraction, celle de l'escalade, de l'usage de fausses clés, de l'introduction clandestine ou de toute autre circonstance ;

20° De subordonner le bénéfice de la garantie contre le vol à l'observation par l'assuré d'une obligation générale et imprécise, comme celle qui consiste à « prendre toutes les mesures préventives nécessaires pour assurer la sécurité de ses biens » ;

21° D'imposer à l'assuré, sous peine de perdre le bénéfice de l'assurance, des précautions pratiquement irréalisables contre le vol, en particulier l'utilisation effective de tous les moyens de protection existants – y compris les volets, grilles et verrous – pour une absence quelconque, même très courte et durant la journée ;

22° De sanctionner la méconnaissance des précautions exigées pour éviter le vol par la déchéance totale du bénéfice de l'assurance, hors le cas de fraude dûment établie ;

23° De réduire ou de supprimer l'indemnité en tirant argument de l'inobservation des précautions destinées à éviter le vol même lorsqu'il est prouvé que celui-ci n'a pas été causé ni favorisé par la négligence constatée ;

24° De décharger l'assureur de la garantie contre le vol, pourtant mentionnée au contrat et prise en compte pour le calcul de la prime, sur la seule constatation que la maison voisine la plus proche se trouve au-delà d'une certaine distance ;

25° De suspendre la garantie contre le vol à partir d'une certaine durée d'inoccupation des locaux ;

26° De limiter les procédés de preuve admis pour établir le vol ;

27° De subordonner la garantie contre le vol des « objets précieux » ou « objets de valeur » à des conditions si nombreuses et si strictes qu'elles privent en fait la garantie de toute portée ;

28° De limiter l'étendue de la garantie des objets précieux à un certain pourcentage des capitaux assurés sans donner, de cette catégorie de biens, une définition précise et fondée sur des critères objectifs ;

29° D'exclure, de façon générale, de la garantie incendie et dégâts des eaux « tous les dommages dus à un défaut d'entretien » ou à « un défaut des réparations indispensables incombant à l'assuré » ;

30° De subordonner l'application de la garantie incendie et dégâts des eaux à la preuve d'un accident, ou, plus généralement, de toute autre condition permettant à l'assureur de refuser cette garantie pour les dommages qui se produisent de façon progressive ou qui ne sont pas imputables exclusivement à un événement extérieur présentant les caractères de la force majeure ;

31° D'appliquer la sanction prévue pour inobservation d'une précaution exigée afin d'éviter l'incendie ou le dégât des eaux alors même qu'il serait prouvé que cette négligence n'a eu aucune influence sur la réalisation du sinistre ;

32° De distinguer, pour l'application de la garantie « dégâts des eaux », entre les dommages résultant de la descente des eaux et ceux qui sont la conséquence d'un refoulement ou d'une autre cause ;

33° De paralyser ou de restreindre, de façon directe ou indirecte, la liberté de l'assuré dans l'organisation de sa défense en justice contre la victime du dommage, notamment en subordonnant le bénéfice de la garantie responsabilité civile à l'abandon de la « direction du procès » à l'assureur ;

34° De subordonner l'application de la garantie responsabilité civile à la preuve du caractère « accidentel » du dommage subi par la victime ;

35° D'exclure de la garantie responsabilité civile « tous les dommages qui résultent de la violation délibérée des lois, règlements et usages » ;

36° D'exclure l'application de la garantie responsabilité civile en présence de certaines fautes définies en termes généraux et vagues, comme, par exemple, les fautes « lourdes »,

« inexcusables », « les dommages dont la survenance était inéluctable » ou « les dommages, les inconvénients et les troubles de voisinage ou d'usage qui résultent de façon prévisible ou inévitable de la nature de l'immeuble, objet du contrat » ;

37° De restreindre la garantie responsabilité civile à la responsabilité encourue à l'égard « d'autrui » ou des « tiers » sans préciser immédiatement quelles sont les victimes auxquelles cette formule interdit de se prévaloir du bénéfice de l'assurance ;

38° De restreindre la garantie responsabilité civile à la seule responsabilité délictuelle ou d'exclure les conséquences de la responsabilité contractuelle ;

39° D'exclure de la garantie responsabilité civile « les conséquences des engagements contractuels dans la mesure où elles excèdent celles auxquelles l'assuré serait tenu en vertu des textes légaux ou réglementaires sur la responsabilité » ;

II. – Que les contrats d'assurance « multirisques-habitation » comportent des clauses ayant pour objet ou pour effet :

1° D'affirmer le droit pour l'assuré de choisir, en cas de diminution du risque, entre la résiliation du contrat et la réduction de la prime ;

2° D'indiquer, en caractères très apparents et en tête du contrat, après sa date de prise d'effet et sa durée, la date à laquelle l'assuré sera forclos pour exprimer sa volonté de ne pas renouveler le contrat ;

3° D'indiquer, dans chaque avis d'échéance, la date à laquelle l'assuré sera forclos pour exprimer sa volonté de ne pas renouveler le contrat ;

4° D'informer l'assureur qu'il n'est pas lié par les conclusions de l'« expert » désigné par la compagnie ;

5° D'affirmer le droit de l'assuré à la résiliation du contrat, assorti éventuellement de dommages-intérêts en cas d'inexécution par l'assureur de ses obligations, notamment de retard ou de résistance abusive dans le règlement d'un sinistre ;

6° D'imposer à l'assureur un délai d'une durée maximale de quatre mois à partir de la déclaration du sinistre pour présenter une offre d'indemnité à l'assuré ou à la victime ;

7° De constater la renonciation à la « règle proportionnelle » prévue par l'article L. 121-5 du code des assurances ;

III. – Que la présentation matérielle des contrats d'assurance multirisques-habitation obéisse aux règles suivantes :

1° Remise à l'assureur, au moment de la souscription, d'un document écrit unique et personnalisé, signé par les deux parties, constatant le contrat et décrivant les garanties ;

2° Renouvellement et mise à jour de cet écrit au moins tous les trois ans si les garanties ont été modifiées depuis la délivrance du précédent document ;

3° Insertion dans ce document d'un tableau récapitulatif des garanties, de lecture facile, divisé en trois colonnes consacrées respectivement à la nature des garanties, à leur montant et aux franchises ;

4° Rédaction, pour chaque branche de l'assurance :

a) D'une liste unique d'exclusions formulées en caractères très apparents et regroupant tous les cas dans lesquels la garantie est écartée, de telle sorte que le risque soit effectivement couvert hors des hypothèses expressément visées par cette énumération ;

b) D'une liste unique des limitations de garantie et des franchises ;

5° Clarification et normalisation de la terminologie, notamment grâce à un effort de concertation entre représentants des assureurs et des assurés.

(Texte adopté le 20 septembre 1985, sur le rapport de Mlle Geneviève Viney.)

Recommandation CCA n° 89-01 du 19 mai 1989,

Concernant les clauses relatives aux contrats d'assurance des véhicules automobiles de tourisme (BOCC 14 juill. 1989).

La Commission des clauses abusives,

Considérant que dans tous les contrats d'assurance des véhicules automobiles de tourisme figure une clause imposant à l'assuré de déclarer, à la souscription, « exactement toutes les circonstances connues de lui et qui sont de nature à faire apprécier à l'assureur les risques qu'il prend en charge », cette formule étant généralement suivie d'une énumération de faits à déclarer qui n'est pas limitative, puisqu'elle est précédée de l'adverbe

« notamment » ; qu'il est ajouté que l'assuré doit, en cours de contrat, déclarer lui-même toute modification des circonstances spécifiées soit dans cette énumération, soit aux conditions particulières ; que les sanctions prévues pour l'inobservation de cette obligation sont, en cas de réticence ou de fausse déclaration intentionnelle, la nullité rétroactive du contrat, accompagnée du droit pour l'assureur de conserver, à titre de dommages-intérêts, les primes payées et de recouvrer les primes échues ;

Considérant que ces clauses, bien que licites au regard des articles L. 113-2 (2°), L. 113-8 et L. 113-9 du code des assurances, n'en sont pas moins très dangereuses pour l'assuré ; que celui-ci n'étant pas technicien de l'assurance est rarement en mesure d'apprécier par lui-même, à l'origine et « exactement », « toutes » ces circonstances, s'en remettant au questionnaire soumis par le représentant de l'assureur ; qu'il n'a souvent pas conscience du caractère aggravant de certaines circonstances survenant par la suite, ou, en ayant conscience, peut négliger d'en informer l'assureur en cours de contrat ; qu'il ne doit pas lui incomber de rechercher lui-même quels sont les faits susceptibles d'avoir une incidence sur le coût des garanties qu'il demande, et qu'il ne saurait être tenu de surveiller constamment le risque afin de rendre compte immédiatement à l'assureur de toute aggravation ; qu'il conviendrait de limiter l'obligation du preneur d'assurance à donner une réponse sincère et complète aux questions précises et dépourvues d'ambiguïté posées par l'assureur lors de la souscription du contrat et, le cas échéant, au moment du renouvellement, le choix des questions – librement exercé par l'assureur – impliquant le renoncement de ce dernier à tout renseignement complémentaire ; que la remise au preneur d'assurance d'un double du questionnaire le mettrait ensuite en mesure de vérifier si les inexactitudes qui lui seraient reprochées ou les objections qui lui seraient opposées correspondent aux réponses qu'il a apportées à la souscription du contrat ou lors de son renouvellement ; que, sauf en cas de fraude ou de mauvaise foi dont la preuve incombe à l'assureur, la déclaration inexacte ou incomplète du risque ne devrait jamais faire l'objet d'une sanction contractuelle plus sévère que la réduction de l'indemnité en proportion du montant des primes payées par rapport aux primes qui auraient été dues si le risque avait été complètement et exactement déclaré, cette mesure ne pouvant, en outre, être appliquée si le risque omis ou dénaturé a été sans influence sur le sinistre ;

Considérant que, si les contrats d'assurance des véhicules automobiles de tourisme sont conclus pour une durée prévue aux conditions particulières, n'excédant pas un an, la formulation de cette durée est ambiguë lorsqu'elle est liée à celle « de la compagnie », ou « de la société », ou fait référence aux statuts de celle-ci, la police précisant alors, de façon trop discrète, la possibilité d'une résiliation annuelle ; qu'il conviendrait d'écarter ces dispositions trompeuses et de généraliser la pratique, déjà adoptée par de nombreux assureurs, des contrats de durée annuelle avec clause de tacite reconduction ;

Considérant que l'organisation de la tacite reconduction est très défavorable pour le consommateur assuré qui désire ne pas renouveler son engagement ; que la plupart des contrats exigent en effet que la lettre exprimant la volonté de non-renouvellement soit parvenue à l'assureur au moins un jour avant le commencement du préavis qui court lui-même avant la date prévue pour la reconduction tacite ; qu'il ne suffit pas que la lettre soit partie avant le commencement de ce délai de préavis, le cachet de la poste ne faisant pas foi et le retard des services postaux n'étant pas pris en considération ; que, dès lors, si cette lettre arrive même avec un seul jour de retard, le contrat est automatiquement reconduit pour une année ; que l'assureur n'a même pas alors à répondre à la lettre tardive de l'assuré, son silence n'étant pas interprété comme une renonciation à se prévaloir de ce retard ;

Considérant que, pour donner au preneur d'assurance une meilleure information sur les conditions dans lesquelles le contrat se renouvelle et lui éviter de se retrouver contraint de demeurer dans les liens contractuels au cours d'une nouvelle année, il apparaît nécessaire, d'une part, d'indiquer, en caractères très apparents et en tête du contrat, après sa date de prise d'effet et sa durée, la date à laquelle l'assuré sera forclos pour expédier la lettre exprimant sa volonté de ne pas renouveler le contrat, d'autre part, d'éliminer toutes les clauses ayant pour objet ou pour effet d'imposer le renouvellement à un assuré qui a expédié sa lettre de résiliation avant la date indiquée pour le renouvellement du contrat par tacite reconduction ; qu'enfin le préavis imposé ne saurait dépasser une durée de deux mois ; que chaque avis d'échéance doit également indiquer la date à laquelle l'assuré sera forclos pour expédier la lettre exprimant sa volonté de ne pas renouveler le contrat ;

Considérant que, pour éviter que l'assuré ne se trouve en situation de non-assurance dans l'hypothèse où, n'ayant pas eu connaissance de la lettre de l'assureur l'informant de son intention de s'opposer au renouvellement du contrat, il n'aurait pas souscrit auprès d'une autre compagnie, ainsi que la loi lui en fait obligation, une nouvelle garantie, il convient de maintenir, à l'égard de l'assureur, la pratique actuelle exigeant que la lettre recommandée soit reçue par l'assuré avant le commencement du délai de préavis ;

Considérant que certaines polices prévoyant l'application de franchises à la charge du souscripteur pour « conduite du véhicule par une personne titulaire d'un permis de moins de cinq ans » – franchise pouvant se cumuler avec les autres franchises éventuellement prévues aux conditions particulières – précisent qu'« à défaut par l'assuré d'effectuer le remboursement d'une franchise sur la garantie « Responsabilité civile », le contrat se trouve résilié de plein droit... à l'expiration d'un délai de trente jours après l'envoi, à son dernier domicile connu, d'une lettre recommandée demandant le remboursement de la franchise et restée sans effet » ; que cette résiliation, inexactement qualifiée « de plein droit » puisqu'elle résulte d'une initiative de l'assureur, procède d'une confusion avec l'hypothèse prévue par l'article L. 113-3 du code des assurances pour le non-paiement de la prime qui permet à l'assureur de résilier le contrat après une mise en demeure ayant donné trente jours à l'assuré pour s'acquitter de sa dette, et une suspension de garantie ayant duré au moins dix jours ; que cette clause, manifestement abusive, doit être supprimée ;

Considérant que les polices d'assurance des véhicules de tourisme, même limitées à la seule responsabilité civile obligatoire du conducteur, prévoient fréquemment des franchises dont le montant a tendance à s'élever, atteignant parfois actuellement jusqu'à 7 000 F *[1 067,14 €]* par sinistre ; que, si les franchises ne sont pas opposables aux victimes, lesquelles demeurent totalement garanties, elles constituent – encore qu'une disposition réglementaire les ait autorisées (C. assur., art. R. 211-9) – une entrave à l'obligation légale d'assurance imposée au souscripteur ; qu'il convient, pour mettre un terme à ces pratiques abusives, de supprimer toute possibilité de franchise concernant l'assurance de responsabilité civile obligatoire ;

Considérant que les clauses prévoyant qu'en cas de résiliation au cours d'une période d'assurance la portion de prime ou de cotisation afférente à la fraction correspondante à la période postérieure à la résiliation ne sera pas restituée à l'assuré attribuent à l'assureur un avantage excessif ; qu'il en est ainsi en cas d'aggravation du risque, l'assureur étant suffisamment protégé par la disposition de l'article L. 113-4 du code des assurances qui lui permet soit de résilier le contrat, soit de proposer un nouveau taux de prime, après que l'assuré lui a déclaré cette hypothèse d'aggravation préalable à sa mise en œuvre ; qu'il en est de même en cas d'aliénation du véhicule, l'assuré ne devant pas être pénalisé pour avoir vendu ou donné celui-ci, même s'il l'a fait moins d'un an après avoir souscrit la garantie ; que, cependant, dans cette dernière hypothèse, pour éviter que l'assuré, désirant garantir son véhicule pendant quelques mois, ne décide de souscrire une assurance annuelle avant d'exercer sa faculté de résiliation en cours de contrat afin d'échapper à la tarification plus élevée d'une assurance dite temporaire, il convient de permettre à l'assureur de ne rembourser à l'assuré que la portion de prime lui restant due selon l'application du tarif en vigueur pour cette assurance temporaire ;

Considérant que si la prime ou cotisation fait l'objet d'une augmentation en raison de la variation d'un indice, cette augmentation ne doit intervenir qu'au terme de l'année d'assurance afin de permettre à l'assuré, s'il le désire, de s'opposer au jeu de la tacite reconduction du contrat ; que méconnaît cette règle la clause prévoyant la variation de la prime ou cotisation – ainsi que les garanties et les franchises – en fonction de l'évolution d'un indice accepté par l'assuré de manière à lui interdire de résilier le contrat pour majoration de la prime selon ce mécanisme ;

Considérant que les clauses établissant les obligations des parties en cas de sinistre font apparaître un évident déséquilibre au détriment de l'assuré, les délais impartis à ce dernier pour formuler sa déclaration étant manifestement trop brefs et la sanction de leur inobservation trop rigoureuse ; qu'en particulier est abusive l'obligation qui lui est faite de déclarer, sous peine de déchéance, le vol dans les vingt-quatre heures à partir du moment où il en a connaissance, ce délai ne pouvant être raisonnablement inférieur à deux jours ; que la déchéance du bénéfice de l'assurance, généralement imposée comme sanction du moindre retard apporté par l'assuré pour sa déclaration, quel que soit le délai qui lui a été imparti, apparaît excessive et de nature à donner à l'assureur un moyen de pression pour imposer à l'assuré l'acceptation d'une indemnisation réduite ; que la déchéance, qui est encore prévue dans certains contrats en cas de déclaration tardive du vol aux services de police ou de dépôt de plainte tardif auprès du procureur de la République, est illicite, car contraire aux dispositions de l'article L. 113-2 du code des assurances ; qu'il est abusif d'appliquer, sauf en cas de mauvaise foi dûment établie, une sanction plus grave que l'indemnité mesurée au dommage que l'assuré, par sa déclaration tardive, a pu causer à l'assureur ; qu'il est rare, en revanche, que l'assureur se trouve contraint, par les dispositions contractuelles, à apporter au sinistre un règlement rapide ; que les polices stipulent souvent, en cas de vol, que ce règlement doit être effectué « dans les quinze jours » ou « dans les trente jours » de l'accord amiable ou de la déclaration judiciaire exécutoire, l'imprécision quant au point de départ du délai permettant ainsi de retarder le règlement du sinistre de façon excessive ;

Considérant que la présentation matérielle des contrats d'assurance des véhicules de tourisme ne permet pas aux souscripteurs d'avoir une information claire des différentes garanties qu'ils souscrivent ni des obligations auxquelles l'assureur s'est engagé en cas de sinistre ; qu'ils comprennent des « conditions générales », auxquelles s'ajoutent des « annexes » ou « intercalaires », des « conventions particulières », sur lesquelles figurent seulement la signature des parties, comme sur les « avenants » pouvant s'y ajouter ; qu'à l'évidence la multiplicité de ces documents décourage leur lecture et rend très difficile la détermination des garanties souscrites ; qu'il apparaît nécessaire que le contrat d'assurance des véhicules de tourisme soit constaté, au moment de sa conclusion, par un document écrit et personnalisé, signé par les parties, constatant leur accord et attestant la remise conjointe des conditions générales et particulières, et qu'il soit renouvelé et mis à jour chaque fois que les garanties sont modifiées ;

Considérant que les exclusions directes et indirectes – ces dernières résultant de la définition variable d'une compagnie à l'autre, du risque garanti – apparaissent très dispersées ; que certaines, générales, sont applicables à tous les risques, alors que d'autres concernent tel risque particulier ; que si nombreuses sont les polices ayant pris soin de rappeler, pour chaque risque particulier, l'application des causes générales d'exclusion, certaines négligent de le faire, rendant ainsi plus confuse la détermination des garanties ; qu'il en est de même des franchises concernant les risques autres que la responsabilité civile obligatoire dont certaines sont générales, d'autres propres à tel risque ou groupe de risques ; qu'il apparaît donc souhaitable, pour remédier à cette dispersion si fâcheuse pour l'assuré, de généraliser la pratique des tableaux récapitulatifs des garanties, présentés autant que possible sur une seule page, et indiquant en trois colonnes la nature des garanties, leurs montants et les franchises précitées ;

Considérant que certaines polices d'assurance de véhicules automobiles de tourisme comportent encore, dans le cadre de la garantie obligatoire, des clauses limitant le paiement des indemnités dues aux « passagers transportés à titre gratuit dans le véhicule désigné aux conditions particulières suivant le nombre de places indiqué » ou précisant que la garantie « ne serait pas acquise si, lors d'un accident, il est établi que le nombre de personnes transportées est supérieur au nombre de places prévu sur la carte grise du véhicule » ; que ces clauses violent l'article R. 211-10 du code des assurances autorisant l'assureur à prévoir des exclusions de garantie lorsque le transport des passagers s'effectue dans des conditions insuffisantes de sécurité et l'article A. 211-3 du même code, pris pour son application, qui n'évoque pas le cas de transport de passagers en surnombre ; qu'elles sont donc illégales et abusives ;

Considérant que les clauses de conduite exclusive figurant dans certaines polices ont un caractère abusif quelle que soit leur portée ; qu'en effet, lorsqu'elles visent, en premier lieu, à interdire au conducteur désigné le prêt de son véhicule, voire celui du volant, elles méconnaissent l'obligation légale d'assurance de responsabilité civile devant garantir toute personne ayant la garde ou la conduite, même non autorisée, du véhicule (C. assur., art. L. 211-1) ; que lorsqu'elles ont pour objet, en second lieu, d'astreindre le souscripteur au versement d'une surprime pour le cas où un sinistre surviendrait alors que le véhicule serait utilisé par un conducteur non désigné, elles ajoutent une sanction nouvelle à celles limitativement prévues par les articles L. 113-8 et L. 113-9 du code des assurances en cas d'omission ou de déclaration inexacte du risque ; que lorsqu'elles ont pour but, en troisième lieu, d'imposer, dans cette dernière hypothèse, une franchise au souscripteur, elles limitent encore abusivement l'obligation légale d'assurance imposée par l'article L. 211-1 du code des assurances ; qu'elles sont donc, en tout état de cause, illégales et abusives ;

Considérant que la quasi-totalité des contrats d'assurance des véhicules de tourisme impose au souscripteur une garantie « défense-recours », appelée aussi parfois « protection juridique » ; que cette pratique consistant à contraindre le preneur d'assurance, désirant seulement se garantir contre le risque de responsabilité civile pour se conformer à l'obligation légale, est abusive, les sociétés d'assurance n'ayant pas qualité pour imposer aux consommateurs-assurés une garantie qui demeure facultative ; qu'elle est de plus illicite, l'article 30 de l'ordonnance n° 86-1243 du 1er décembre 1986 interdisant de subordonner, à l'égard d'un consommateur, la prestation d'un service à celle d'un autre service *[C. consom., art. L. 122-1]*, l'infraction à cette disposition étant punie des peines d'amende prévues pour les contraventions de cinquième classe (art. 33, alinéa 1er, décret n° 86-1243 du 29 décembre 1986) ; que si cette garantie n'est pas onéreuse, son prix variant généralement de 2 à 5 p. 100 du montant de la prime, sa souscription n'en augmente pas moins le prix de cette dernière, et porte atteinte au libre choix économique du consommateur ; que cette garantie apparaît souvent inutile, les particuliers étant de plus en plus nombreux à bénéficier par ailleurs d'une assurance de « protection juridique » qui aurait alors vocation à intervenir, d'autant que le jeu de cette assurance permettrait d'éviter les difficultés soulevées par les conflits d'intérêt entre l'assureur de responsabilité de l'automobiliste et ce dernier, même dans l'hypothèse où ces garanties sont souscrites auprès de la même compagnie ; que cette clause apparaît donc encore abusive en ce qu'elle contraint l'automobiliste bénéficiant déjà d'une assurance « protection juridique » à un cumul d'assurances ; que la garantie « défense-recours » est, de plus, généralement illusoire en raison de la convention inter-sociétés pour le règlement des sinistres automobiles (IRSA) imposant, dans un certain nombre d'hypothèses courantes, des « renonciations à recours » aux sociétés adhérentes (art. 401), l'« assureur direct » devant faire alors son affaire personnelle des réclamations de son assuré (art. 402) ; que non seulement l'assureur garantissant la « défense-recours » n'aura, dans cette hypothèse, aucun recours à exercer, mais qu'il sera même tenté de faire admettre à son propre assuré sa responsabilité à l'égard d'un tiers afin de limiter son règlement à la compagnie de ce dernier au coût moyen du sinistre établi dans le cadre de cette convention ;

Considérant que la garantie « défense-recours » se trouve parfois jumelée à deux autres garanties, l'« avance sur recours » et « l'insolvabilité du tiers responsable », la compagnie garantissant au souscripteur, par cette dernière, « le remboursement des dommages matériels subis par le véhicule et à la charge du tiers, si ce dernier est insolvable » ; que l'utilité de cette garantie d'insolvabilité apparaît douteuse, puisque, lorsque le tiers responsable est un automobiliste, le risque d'insolvabilité est quasi inexistant, les dommages étant pris en charge par son assureur, et, à défaut, par le fonds de garantie ; que les situations dans lesquelles la garantie d'insolvabilité du tiers responsable serait appelée à jouer – s'agissant par exemple de dommages causés par des piétons ou des cyclistes non assurés – demeurent marginales et exceptionnelles ; qu'en tout état de cause, la clause liant les garanties « avance sur recours » et « insolvabilité du tiers » à la garantie « défense-recours », dont la souscription est généralement imposée à l'assuré, est abusive et également illicite, violant la disposition précitée de l'article 30 de l'ordonnance du 1er décembre 1986 *[C. consom., art. L. 122-1]* ; qu'il convient de donner à la souscription de ces garanties un caractère distinct ;

Considérant que les conditions générales des polices d'assurance des véhicules automobiles de tourisme garantissant les dommages commis par vol au véhicule assuré précisent souvent « qu'il appartient à l'assuré d'établir la preuve de la réalité du vol ou de la tentative de vol, le vol ou la tentative de vol du véhicule ou de ses accessoires d'origine (...) n'étant en outre garantis que si l'assuré peut apporter la preuve matérielle qu'il y a eu effraction » ; que, face à cette clause, l'assuré se trouve fréquemment, en cas de sinistre, aux prises avec des difficultés de preuve dont il n'avait pas, à la souscription, mesuré l'importance et qui réduisent gravement la portée de la garantie souscrite ; que l'effraction ne faisant généralement l'objet d'aucune définition contractuelle, et cette notion étant strictement interprétée par la jurisprudence, l'assuré se trouve privé de garantie, en raison de l'absence d'effraction, lorsque son véhicule lui est volé sous la menace d'une arme, grâce à la soustraction des clefs ou par suite de l'effraction du portail du garage dans lequel il est remisé, une clause excluant souvent « les vols survenus alors que le conducteur avait laissé les clés à l'intérieur du véhicule assuré, y compris lorsque le véhicule se trouve à l'intérieur d'un garage fermé à clé » ; qu'il convient d'éliminer non seulement les clauses subordonnant la garantie de vol à la preuve, par l'assuré, d'une effraction – cette preuve pouvant demeurer en revanche la condition de son indemnisation pour une tentative de vol –, mais encore celles qui excluent la garantie lorsque les clés du véhicule ont été laissées à l'intérieur de celui-ci, alors qu'il se trouvait remisé dans un garage fermé à clé, à l'usage exclusif de l'assuré, ou alors que des violences ont été exercées à l'encontre du conducteur ;

Considérant que l'assuré dont le véhicule a été volé se trouve fréquemment contraint de reprendre ce véhicule dans l'hypothèse où il serait retrouvé avant le paiement de l'indemnité – la compagnie étant seulement tenue à concurrence des dommages et des frais garantis – sans qu'aucune date limite ne soit parfois fixée pour ce paiement ; que l'assureur sera alors tenté de retarder le règlement du sinistre dans l'espoir que le véhicule soit retrouvé, ce qui lui permettrait d'échapper au paiement de l'indemnité ; qu'il en résulte pour l'assuré une situation d'incertitude inacceptable, de nature à lui interdire de remplacer son véhicule pendant une période excessivement longue ; qu'il conviendrait, pour éviter ces pratiques abusives, de limiter l'obligation faite à l'assuré de reprendre son véhicule volé lorsque celui-ci est retrouvé au-delà du délai d'un mois après la déclaration du vol, ainsi que certaines polices l'admettent déjà ;

Considérant que certaines polices d'assurance des véhicules automobiles de tourisme prévoient, indépendamment de la couverture des risques de catastrophes naturelles, des extensions de garantie « en cas de survenance d'un événement climatique exceptionnel », les véhicules se trouvant alors garantis en cas de grêle, chute d'arbres sur le véhicule du fait de la tempête, chute de neige, glissement de terrain... ; qu'elles précisent cependant que « la décision de considérer un événement climatique comme exceptionnel sera prise par la société en fonction des renseignements qu'elle aura pu recueillir, tant sur le plan local qu'auprès des organismes nationaux de météorologie » ; que cette garantie apparaît ainsi trompeuse puisque l'assureur se trouve en situation de déterminer lui-même, en fonction de sa propre interprétation des renseignements divers et difficilement contrôlables qu'il a recueillis, s'il accorde ou non sa garantie ; que cette clause, manifestement abusive, doit être éliminée ;

Considérant que les clauses des garanties « dommages accidentels subis par le véhicule assuré », ainsi que parfois « vol » et « incendie », excluant les dommages ayant leur origine directe dans un défaut d'entretien, dans l'usure ou la défectuosité du véhicule, sans définir ces diverses notions, sont abusives ; que la difficile appréciation de la causalité, permettant à l'assureur de refuser arbitrairement le versement de l'indemnité ou de réduire son montant, est une source de nombreux conflits ; qu'aussi bien ces clauses, méconnaissant l'exigence légale du caractère limité formulée par l'article L. 113-1 du code des assurances, sont illicites ;

Considérant que les conditions générales des contrats d'assurance des véhicules automobiles de tourisme ne permettent pas à l'assuré de connaître avec suffisamment de précision les éléments de référence utilisés par l'assureur pour apprécier la valeur du véhicule ; que ces clauses se réfèrent parfois à la « valeur vénale » de celui-ci ou à sa « valeur de remplacement », sans préciser le sens donné à ces divers critères ; que si elles indiquent généralement que ces valeurs sont déterminées « à dire d'expert », elles n'informent pas l'assuré qu'il a la possibilité de contester l'appréciation de l'expert, qui n'est pas un expert « judiciaire », mais un expert « de la compagnie » ou du moins choisi par elle ; qu'il apparaît souhaitable que les polices donnent une définition contractuelle de la valeur de référence permettant à l'assuré de comprendre et de contrôler l'appréciation par l'assureur de la valeur du véhicule et qu'elles informent l'assuré qu'il n'est pas lié par l'appréciation de l'expert désigné par l'assureur,

Recommande :

I. – Que soient éliminées des contrats d'assurance des véhicules automobiles de tourisme les clauses suivantes ayant pour objet ou pour effet :

1. De soumettre le preneur d'assurance aux sanctions prévues pour non-déclaration ou déclaration inexacte du risque assuré lorsqu'il a omis de signaler des circonstances ou des faits autres que ceux sur lesquels l'assureur l'a explicitement interrogé au moyen d'un questionnaire écrit, avant la conclusion du contrat, en cours de contrat ou lors de son renouvellement ;

2. D'assortir la déclaration inexacte ou incomplète du risque, hors les cas de mauvaise foi dûment établie, d'une sanction plus sévère que la réduction de l'indemnité en proportion du montant des primes payées par rapport à celui des primes qui auraient été dues si le risque avait été complètement et exactement déclaré et d'appliquer cette sanction lorsque le risque omis ou dénaturé a été sans influence sur le sinistre ;

3. De dissimuler au preneur d'assurance la faculté de mettre fin chaque année aux relations contractuelles par une définition de la durée du contrat résultant d'une formule trompeuse telle que « durée compagnie », « durée société » ou « durée statutaire » ;

4. D'imposer le renouvellement du contrat au preneur d'assurance qui a manifesté sa volonté contraire par l'expédition d'une lettre recommandée avec avis de réception, ou par tout autre moyen, avant la date indiquée pour le jeu de la tacite reconduction;

5. D'imposer au preneur d'assurance, lorsqu'il prend l'initiative du non-renouvellement, un délai de préavis supérieur à deux mois ;

6. De prévoir la résiliation du contrat en cas de non-remboursement d'une franchise par l'assuré ;

7. De limiter, par le jeu d'une franchise, l'assurance de responsabilité civile imposée par la loi ;

8. De faire obstacle, en cas de résiliation du contrat, au remboursement à l'assuré de la portion de prime afférente à la période pendant laquelle le risque ne court plus, hormis le cas où la résiliation a pour cause l'aliénation par l'assuré d'un véhicule garanti depuis moins d'un an, l'assureur pouvant alors réduire ce remboursement par application du barème applicable à l'assurance temporaire ;

9. D'imposer l'indexation de la prime ou cotisation sans préciser qu'en tout état de cause aucune majoration ne peut intervenir avant le terme du contrat ni rappeler au preneur d'assurance qu'il peut s'opposer à son renouvellement ;

10. D'obliger l'assuré, en cas de vol, à déclarer le sinistre dans un délai inférieur à deux jours ;

11. D'assortir la méconnaissance des obligations imposées à l'assuré en cas de sinistre – en particulier le retard dans la déclaration – de la déchéance du bénéfice de l'assurance et, de façon plus générale, d'une sanction plus grave qu'une condamnation à indemniser l'assureur du dommage que cette faute a causé, sauf en cas de mauvaise foi dûment établie ;

12. De contraindre l'assureur, en cas de vol déclaré par l'assuré, à verser l'indemnité due à ce dernier dans un certain délai sans donner à celui-ci un point de départ précis et ne pouvant dépendre de la volonté de l'assureur ;

13. D'exclure ou de limiter la garantie de responsabilité civile en cas de transport de passagers en surnombre ;

14. D'interdire, pour l'application de l'assurance de responsabilité civile, le prêt du véhicule – ou de son volant – ou de prévoir, en cas de sinistre survenant à l'occasion de ce prêt, le paiement d'une surprime ou l'intervention d'une franchise ;

15. D'imposer au preneur d'assurance de responsabilité civile la souscription d'une garantie défense-recours ;

16. D'imposer au preneur d'assurance de responsabilité civile, désireux de souscrire une garantie « défense-recours », la souscription des garanties « avance sur recours » ou « insolvabilité du tiers » ;

17. De subordonner, en cas de vol, l'indemnisation de l'assuré, à la preuve, par ce dernier, d'une effraction ;

18. D'exclure la garantie, en cas de vol du véhicule, lorsque les clés ont été laissées à l'intérieur de celui-ci alors qu'il se trouvait remisé dans un garage fermé à clé à l'usage exclusif de l'assuré ;

19. D'exclure la garantie, en cas de vol du véhicule, lorsque les clés ont été laissées à l'intérieur de celui-ci, alors que des violences ont été exercées à l'encontre du conducteur ;

20. De garantir les dommages causés par des « événements climatiques exceptionnels » tout en réservant à l'assureur le soin de déterminer, en fonction de critères non contrôlables par l'assuré, la survenance de tels événements ;

21. D'exclure ou de réduire l'indemnisation des dommages subis par le véhicule assuré lorsqu'ils auraient leur origine dans son usure, sa défectuosité ou dans un défaut d'entretien.

II. – Que les contrats d'assurance des véhicules automobiles de tourisme comportent des clauses ayant pour objet ou pour effet :

1. De limiter la durée du contrat à une année, en prévoyant le renouvellement du contrat, d'année en année, par tacite reconduction ;

2. D'indiquer, en caractères très apparents, et en tête du contrat, après sa date de prise d'effet et sa durée, la date à laquelle le preneur d'assurance sera forclos pour exprimer sa volonté de ne pas renouveler le contrat ;

3. D'indiquer que la lettre recommandée par laquelle l'assureur exprime sa volonté de ne pas renouveler le contrat doit être reçue par le preneur d'assurance avant que le délai de préavis de deux mois ait commencé à courir ;

4. De fixer, en cas de vol, au jour de la déclaration, le point de départ du délai dans lequel l'assureur s'est obligé à verser l'indemnité ;

5. De limiter à un mois, à compter de la déclaration du vol, la période au cours de laquelle l'assuré sera contraint de reprendre son véhicule s'il est retrouvé.

III. – Que la présentation matérielle des contrats d'assurance des véhicules automobiles de tourisme obéisse aux règles suivantes :

1. Remise au preneur d'assurance, au moment de la souscription, d'un document écrit et personnalisé, signé par les deux parties, constatant le contrat, attestant la remise conjointe des conditions générales et particulières et décrivant les garanties, accompagné d'une copie du questionnaire rempli par le preneur, permettant à l'assureur d'apprécier les risques garantis ;

2. Renouvellement et mise à jour de ce document à chaque modification des garanties ;

3. Insertion, dans ce document, d'un tableau récapitulatif des garanties, de lecture facile, divisé en trois colonnes consacrées respectivement à la nature des garanties, à leur montant et aux franchises concernant les risques autres que la « responsabilité civile » obligatoire ;

4. Information claire et objective du preneur d'assurance :

– sur l'intérêt que peut présenter pour lui, dans l'hypothèse où il ne bénéficie pas d'une assurance de protection juridique, la souscription d'une garantie « défense-recours » ;

– sur les conditions de mise en œuvre de cette garantie « défense-recours » en présence d'une convention inter-sociétés de règlement des sinistres à laquelle adhère la société contractante et qui n'est pas opposable au preneur d'assurance ;

– sur son droit de contester, en tout état de cause, le principe de sa responsabilité, ou la part qui lui est imputée, en dépit de la convention inter-sociétés ci-dessus visée ;

5. Définition précise des éléments de référence utilisés par l'assureur pour apprécier la valeur du véhicule, tels que « valeur vénale », « valeur de remplacement » ou « valeur à dire d'expert » ;

6. Information de l'assuré qu'il a la possibilité, chaque fois que l'assureur requiert l'intervention d'un « expert », de contester son appréciation ou ses conclusions et de solliciter la désignation d'un autre « expert » agissant contradictoirement.

(Texte adopté le 19 mai 1989 sur le rapport de M. Roger Bout.)

Recommandation CCA n° 90-01 du 10 novembre 1989,

Concernant les contrats d'assurance complémentaires à un contrat de crédit à la consommation ou immobilier ou à un contrat de location avec option d'achat (BOCC 28 août 1990).

La Commission des clauses abusives,

Considérant qu'un grand nombre de consommateurs ont recours au crédit pour financer l'achat de logements ou de biens de consommation ;

Considérant que, le plus souvent, les intéressés adhèrent à une assurance dont l'objet est de pallier divers aléas tenant à leur personne et susceptibles d'affecter leur solvabilité, tels que décès, incapacité de travail temporaire ou définitive, et plus récemment perte d'emploi, le rôle de l'assurance étant de se substituer à l'emprunteur pour payer les échéances du prêt pendant une certaine période ou pour rembourser par anticipation le capital restant dû ; selon les représentants des professionnels entendus, plus de 25 millions de contrats de crédit en cours seraient assortis d'une telle assurance ;

Considérant que le financement auquel les consommateurs ont recours est parfois obtenu par le biais non pas d'un contrat de crédit mais d'un contrat de location avec option d'achat ; que de tels contrats peuvent aussi s'accompagner d'une assurance dont l'objet et les modalités peuvent être similaires à celles des assurances complémentaires à un crédit ; que dans cette mesure les assurances complémentaires à un contrat de location avec option d'achat sont également visées par la présente recommandation ;

Considérant que l'existence des dispositions du code des assurances ne fait pas obstacle à la compétence de la commission des clauses abusives ;

Considérant que les assurances dont il s'agit revêtent le plus souvent la forme d'une assurance dite « de groupe », mettant en présence non pas deux mais trois interlocuteurs :

– l'assureur, qui couvre les risques garantis ;

– le souscripteur, appelé aussi contractant ou preneur d'assurance, est la personne qui s'engage en signant le contrat et qui paie les primes ; en l'occurrence il s'agit du prêteur ;

– l'adhérent est la personne, faisant partie d'un groupe défini par le souscripteur, à propos de laquelle la réalisation du risque garanti déclenche la garantie de l'assureur ; on dit que l'assurance repose sur sa tête ; en l'occurrence il s'agit du consommateur-emprunteur ;

Considérant que le contrat conclu entre l'assureur et le prêteur est à l'évidence conclu entre deux professionnels et n'entre donc pas dans le champ d'application de la loi n° 78-23 susvisée *[C. consom., art. L. 132-1 s.]* ;

Mais considérant que la Cour de cassation, par une jurisprudence constante depuis plusieurs années, a affirmé que seules sont opposables à l'adhérent les clauses du contrat souscripteur-assureur qui ont été portées à sa connaissance préalablement à son adhésion à l'assurance ;

Considérant également que le code des assurances impose au souscripteur des obligations d'information à l'égard des adhérents à une assurance de groupe : que, lorsque le souscripteur est un établissement financier et l'adhérent un emprunteur-consommateur, la jurisprudence de la Cour de cassation met à la charge de l'établissement prêteur une obligation spécifique de conseil et d'information dont elle tire des conséquences très rigoureuses ; qu'en effet le non-respect de cette obligation expose le souscripteur à devenir par sa faute son propre assureur ;

Considérant que, dans les opérations dont il s'agit, l'adhérent est un consommateur ou un non-professionnel, alors que l'assureur et le souscripteur sont des professionnels ; que la commission est ainsi fondée à examiner les modèles de conventions habituellement proposés à l'adhérent par le souscripteur ou par l'assureur ;

Considérant que, dans la présente recommandation, le terme « consommateur » désignera dès lors l'emprunteur ; que le terme « professionnel » désignera, indifféremment et sauf précision contraire, l'assureur ou le prêteur-souscripteur ; que le terme « contrat » désignera, sauf précision contraire, les modèles de convention proposés au « consommateur » par les « professionnels » ayant trait à l'assurance, qu'ils fassent l'objet d'un document spécifique ou soient intégrés dans le contrat de prêt.

Présentation des contrats

Considérant qu'il importe que le consommateur soit informé de façon aussi claire et complète que possible sur les conditions et les limites de l'assurance ; qu'il ne détient pas le contrat passé entre le souscripteur et l'assureur ; qu'il n'est généralement pas en contact direct avec l'assureur, mais seulement avec les préposés du prêteur ou du vendeur du bien financé à crédit, ces derniers n'étant pas forcément les plus qualifiés pour l'informer complètement et exactement sur l'assurance ;

Considérant que le code des assurances oblige le souscripteur d'une assurance de groupe à informer les adhérents par le biais d'une notice ; que pour le crédit immobilier, l'article 6 de la loi n° 79-596 susvisée *[C. consom., art. L. 312-8 et L. 312-9]* dispose que l'offre préalable doit « énoncer, en donnant une évaluation de leur coût... les assurances... exigées qui conditionnent la conclusion du prêt » et que, lorsqu'une assurance est imposée ou proposée, « au contrat de prêt est obligatoirement annexée une notice énumérant les risques garantis et précisant toutes les modalités de la mise en jeu de l'assurance » ; que pour les assurances liées à un crédit à la consommation, l'article 5 de la loi n° 78-22 susvisée *[C. consom., art. L. 311-12]* prévoit, dans sa nouvelle rédaction applicable à compter du 1er décembre 1989, que « lorsque l'offre préalable est assortie d'une proposition d'assurance, une notice doit être remise à l'emprunteur, qui comporte des extraits des conditions générales de l'assurance le concernant, notamment les nom et adresse de l'assureur, la durée, les risques couverts et ceux qui sont exclus » ;

Considérant qu'il a été proposé, dans une précédente recommandation sur les contrats de location avec option d'achat, « une présentation comportant plusieurs emplacements réservés à la signature des différents contrats, et principalement des contrats d'assurance que le consommateur accepte de conclure » ; que cette recommandation est sans objet lorsque le consommateur doit manifester son adhésion à l'assurance sur un document distinct du contrat de prêt ou de location ; mais qu'il convient de la réitérer, même si par ailleurs une notice descriptive de l'assurance est remise, lorsque l'adhésion doit être exprimée sur le même document ; qu'en effet, certaines offres préalables de prêt ou de location ne comportent par exemple à cette fin qu'une case à cocher ou d'autres modalités similaires et insuffisantes ;

Considérant qu'une partie non négligeable des documents examinés par la commission est insuffisamment lisible du fait de l'emploi de caractères trop pâles ou trop petits.

Modification des contrats

Considérant que des discordances peuvent exister entre les différents documents contractuels constatant l'assurance du consommateur, en particulier entre le contrat assureur-prêteur d'une part et, d'autre part, les documents remis au consommateur ; que ces derniers documents comportent fréquemment une clause telle que : « ce résumé du contrat d'assurance est établi en application de l'article R. 140-5 du code des assurances ; en aucun cas ce résumé ne peut engager le prêteur et les assureurs, seul le contrat signé entre les parties faisant foi », ou : « la présente notice reproduit aussi fidèlement que possible les dispositions essentielles du contrat, qui seul fait loi entre les parties » ;

Mais considérant que, dans le cas particulier du crédit immobilier, la loi n° 79-596 susvisée (art. 6) *[C. consom., art. L. 312-9]* dispose que « toute modification apportée ultérieurement à la définition des risques garantis ou aux modalités de la mise en jeu de l'assurance est inopposable à l'emprunteur qui n'y a pas donné son acceptation » ; que d'une façon générale la jurisprudence considère que seules sont opposables au consommateur les clauses du contrat assureur-prêteur qui ont été portées à sa connaissance préalablement à son adhésion à l'assurance ; que ne sont pas non plus opposables au consommateur pour les mêmes raisons les modifications du contrat postérieures à son adhésion à l'assurance, ni même la résiliation du contrat conclu entre l'assureur et le souscripteur ;

Considérant qu'ainsi les clauses dont il s'agit sont sans effet, mais qu'il convient toutefois d'en recommander la suppression car elles sont de nature à abuser le consommateur sur ses droits ; que les professionnels entendus ont exprimé un accord de principe sur ce point ;

Considérant que des clauses du même type, mais portant plus précisément sur la modification du taux de prime, ont été relevées dans divers contrats, selon lesquelles « l'assuré s'engage à régler les primes qui lui seront réclamées... au taux en vigueur chaque année », ou indiquant que le tarif peut varier entre l'assureur et le souscripteur et que chaque variation éventuelle du taux de prime s'imposera aux anciens comme aux nouveaux adhérents ; que ces clauses sont abusives lorsqu'elles font dépendre le prix à payer par le consommateur de la volonté des professionnels s'exerçant directement sur celui-ci ou sur les éléments susceptibles de faire varier le taux de prime et que ceux-ci échappent à la volonté des professionnels, tels que l'âge du consommateur ;

Considérant que certains contrats de location avec option d'achat comportent une clause selon laquelle « les refus ou les limites de prise en charge que l'assureur pourrait opposer à l'assuré ne sont en aucun cas opposables au bailleur » ; qu'en raison de son caractère incompréhensible sa suppression doit être recommandée ;

Déclaration du futur adhérent

Considérant que l'adhérent est obligé de déclarer exactement lors de la conclusion du contrat toutes les circonstances connues de lui qui sont de nature à faire apprécier par l'assureur les risques qu'il prend à sa charge ; que, toutefois, pour les seules assurances sur la vie, il n'est pas en outre tenu de déclarer les aggravations de risque en cours de contrat ; que par ailleurs la fausse déclaration intentionnelle de l'adhérent est sanctionnée par la nullité du contrat ; que la fausse déclaration non intentionnelle permet à l'assureur de modifier ou de résilier le contrat si elle est constatée avant tout sinistre, ou, si elle est constatée après, de réduire l'indemnité en proportion du taux des primes payées par rapport au taux des primes qui auraient été dues si les risques avaient été complètement et exactement déclarés ;

Considérant que les contrats examinés par la commission appellent l'attention du futur adhérent sur la nécessité pour lui de répondre correctement aux questions qui lui sont posées pour évaluer le risque qu'il représente, mais que cette mise en garde est souvent peu explicite et incomplète ou inexacte, revêtant la forme d'une stipulation telle que : « conformément à l'article L. 113-8 du code des assurances, toute fausse déclaration entraîne la nullité de l'assurance », ou encore : « en cas de fraude ou de fausse déclaration d'un emprunteur (...) l'assurance est immédiatement annulée » ;

Considérant que ces clauses peuvent être considérées comme abusives dans la mesure où elles assimilent plus ou moins totalement toute fausse déclaration à une fraude de l'adhérent et où elles ne prévoient comme unique sanction d'une fausse déclaration que la nullité totale du contrat, en méconnaissance du code des assurances ; que de plus la jurisprudence met à la charge de l'assureur la preuve du caractère intentionnel d'une fausse déclaration, ce que les clauses dont il s'agit ne rappellent jamais ;

Considérant en outre que les exigences qu'implique pour le consommateur le code des assurances sont excessivement lourdes puisqu'il est censé prendre les devants et rechercher lui-même quels sont les faits pouvant influer sur le risque dont il demande la couverture ; que d'ailleurs les professionnels n'en exigent pas le strict respect, se contentant des réponses à un questionnaire que l'intéressé doit remplir préalablement à son admission à l'assurance voire de la souscription à une simple déclaration sur son état de santé ou sa situation professionnelle (pour les garanties « perte d'emploi ») figurant dans le formulaire d'adhésion présenté à la signature du consommateur ;

Considérant par ailleurs que, selon la jurisprudence, la responsabilité de l'adhérent pour une éventuelle déclaration fausse ou incomplète dépend largement de la nature et du libellé des questions qui lui ont été posées :

– qu'en ce qui concerne les garanties « perte d'emploi », les questionnaires examinés par la commission sont généralement satisfaisants dans la mesure où ils portent sur des éléments objectifs et *a priori* connus du consommateur tels que son âge, le fait d'être ou non en préavis de licenciement, la durée déterminée ou indéterminée de son contrat de travail ;

– qu'il en va autrement pour les garanties décès, invalidité ou maladie, les points concernés par les déclarations ou questions étant beaucoup plus subjectifs ou imprécis ; et qu'ainsi il est demandé au consommateur de souscrire à une déclaration selon laquelle il n'est atteint d'aucune infirmité, invalidité, maladie aiguë ou chronique et ne suit pas de traitement médical, ou de répondre à des questions de portée extrêmement vaste, telles que : « avez-vous une infirmité ? », « avez-vous subi des interventions chirurgicales ? » (sans que la question précise depuis combien d'années) ;

Considérant que ces notions ou ces termes très généraux peuvent être compris différemment, toutes choses égales par ailleurs, par des personnes de culture, de sensibilité, d'âge... différents ; qu'il convient par conséquent de recommander :

– que les questions posées ou les déclarations d'état de santé fassent référence à des faits précis tels que des périodes d'arrêt maladie, le versement d'une pension d'invalidité, des hospitalisations ;

– que si le questionnaire emploie des termes généraux tels que « maladie », « traitement médical »... leur sens soit explicité de façon précise dans le questionnaire ou les documents remis au consommateur préalablement à son adhésion ;

– qu'il soit fixé un « butoir » dans le passé pour les incidents de santé à déclarer, par exemple les cinq ou les dix dernières années ;

Considérant que l'obligation pour le consommateur de répondre de façon exacte aux questions qui lui sont posées préalablement à la conclusion du contrat, notamment sur son état de santé, ne doit pas porter atteinte au respect de sa vie privée et au secret médical ; qu'il en va de même lorsqu'il lui est demandé de fournir des précisions complémentaires, par exemple des résultats d'examens médicaux ; que ces informations, destinées à apprécier le risque que représente le consommateur, sont destinées à l'assureur et à lui seul, mais que souvent elles sont transmises par l'intermédiaire du prêteur ; qu'il convient par conséquent de rappeler au consommateur qu'il peut transmettre sous pli cacheté à l'assureur, éventuellement par l'intermédiaire du prêteur, la proposition d'assurance contenant des renseignements d'ordre confidentiel.

Adhésion au contrat, prise d'effet et durée des garanties

Considérant que certains contrats subordonnent l'admission aux garanties « perte d'emploi », lorsqu'elles sont proposées, à l'adhésion ou à l'admission aux garanties décès, invalidité et maladie ; qu'il s'agit de garanties dont l'objet est tout à fait différent ; qu'il est donc abusif de lier de la sorte ces deux ordres de prestations ;

Considérant que la date de prise d'effet des garanties de l'assurance n'est pas toujours stipulée ou définie avec précision dans les contrats examinés ; qu'il importe que, compte tenu de l'objet spécifique des contrats dont il s'agit, il n'y ait aucune incertitude sur la coïncidence entre, d'une part, la date à partir de laquelle le consommateur sera tenu d'obligations pécuniaires à l'égard du prêteur, et, d'autre part, celle à laquelle l'assurance prendra effet, dès lors que le second contrat n'est souscrit qu'en considération du premier ; qu'il est ainsi souhaitable que soient généralisées les dispositions concernant le crédit immobilier, selon lesquelles (article 6, loi du 13 juillet 1979 susvisée) « lorsque l'assureur a subordonné sa garantie à l'agrément de la personne de l'assuré et que cet agrément n'est pas donné, le contrat de prêt est résolu de plein droit à la demande de l'emprunteur sans frais ni pénalité d'aucune sorte » ;

Considérant que la plupart des contrats prévoient un « délai de carence » de quelques semaines ou de quelques mois pendant lequel certains sinistres faisant l'objet des garanties du contrat ne seront pas pris en charge ; que la stipulation d'un tel délai est courante en matière d'assurances de personnes et/ou de groupe ; que les professionnels justifient cette clause par la nécessité de se prémunir contre les conséquences de déclarations d'adhérents fausses ou incomplètes, ou contre le comportement de certains d'entre eux qui n'adhéreraient à l'assurance que lorsque la réalisation de tel ou tel risque les concernant serait imminente ou fortement probable ;

Mais considérant que les assurances de l'espèce ne sont souscrites qu'en considération d'un contrat de prêt et pour garantir le remboursement de celui-ci ; qu'elles n'ont donc d'objet que dans la mesure où le consommateur est tenu d'obligations pécuniaires à l'égard du prêteur ; que cet objet implique par conséquent que le consommateur soit couvert par l'assurance dès qu'il est tenu d'obligations à l'égard du prêteur et aussi longtemps que ces obligations subsistent ; que si l'économie particulière des contrats dont il s'agit peut conduire à stipuler des délais de carence pour certaines garanties, il convient néanmoins de recommander qu'ils soient clairement signalés à l'attention du consommateur ; qu'en toute hypothèse, sont nulles les clauses prévoyant un délai de carence d'une durée telle qu'il dénature les garanties concernées, en considération notamment de la durée du prêt auquel elles se rapportent ; qu'il convient donc d'en recommander la suppression ;

Considérant de même que la plupart des contrats prévoient une limite d'âge du consommateur au-delà de laquelle les garanties de l'assurance prennent fin même si le consommateur a adhéré à l'assurance à un âge inférieur à cette limite, celle-ci pouvant être différente selon les garanties ; que ces clauses sont particulièrement dangereuses dans le cas des assurances liées à un crédit immobilier, dont la durée est fréquemment de quinze ou vingt ans voire plus ; que de surcroît la plupart des contrats n'appellent d'aucune façon particulière l'attention du consommateur sur ce point ; que les professionnels sont informés de l'âge du consommateur lors de son adhésion et donc de celui qu'il aura atteint au terme du contrat de prêt ; que, si l'économie particulière des contrats dont il s'agit peut conduire à prévoir la cessation de leurs garanties avant celle des obligations de l'emprunteur à l'égard du prêteur, il convient néanmoins de recommander que le consommateur en soit parfaitement informé, ainsi que de l'opportunité de trouver une formule complémentaire s'il souhaite continuer à être assuré passé cet âge butoir.

Définitions et exclusions de garanties

Considérant que certaines garanties, notamment invalidité et « perte d'emploi » sont définies par référence à des dispositions légales ou réglementaires telles que « l'invalidité 3e catégorie de la sécurité sociale » ; que ces définitions ne sont compréhensibles que par les seuls initiés, et peuvent être de nature à induire en erreur les consommateurs sur la portée réelle des garanties afférentes ; qu'il convient donc que la référence dont il est fait usage soit explicitée à l'intention des consommateurs.

Considérant que de nombreux contrats assortissent les garanties proposées d'exclusions diverses ; que, comme la commission l'a déjà fait à propos de contrats d'assurances multirisques-habitation, il convient de recommander une présentation aussi claire que possible des garanties et de leurs exclusions, dès lors qu'une partie non négligeable des contrats examinés ne satisfont pas à cette exigence ;

Considérant que plusieurs contrats ne respectent pas l'obligation légale de mentionner en caractères très apparents les clauses édictant des nullités, des déchéances ou des exclusions ; que la sanction encourue en cas de non-respect de cette obligation, la nullité desdites clauses, ne saurait dispenser les professionnels d'informer clairement le consommateur à cet égard ;

Considérant que les exclusions que comporte un contrat d'assurance ne sont opposables à l'adhérent que si elles sont « formelles et limitées » (code des assurances, article L. 113-1) ; que plusieurs contrats comportent des exclusions qui ne satisfont pas à cette exigence, par exemple celles de dommages ou de conséquences de sinistres dus aux « matches, courses, paris », ou à « toute compétition », ou intervenus « si l'assuré a contrevenu aux lois en vigueur », cette dernière catégorie d'exclusion étant spécifiquement frappée de nullité par l'article L. 113-11-1° ; que, bien qu'elles soient sans valeur, doivent être supprimées les exclusions qui ne sont ni formelles ni limitées, au profit de formulations plus précises telles que l'exclusion par un contrat des « blessures contractées au cours de toute compétition autre que celles de pur amateurisme ainsi que les conséquences de la pratique de sports dangereux tels que... » (suit une énumération) ;

Considérant que, selon l'article L. 113-1, « l'assureur ne répond pas des pertes et dommages provenant d'une faute intentionnelle ou dolosive de l'assuré », définie par la jurisprudence comme le fait pour l'adhérent « d'avoir voulu non seulement l'action ou l'omission génératrice du dommage, mais encore le dommage lui-même » ou encore « la volonté chez l'assuré de provoquer le dommage avec la conscience des conséquences de son acte » ; que certains contrats présentent comme « exclues par la loi », en faisant ou non expressément référence à cet article, les conséquences des maladies ou des accidents qui sont le « fait volontaire » de l'adhérent ou qui résultent d'une tentative de suicide ou de mutilation volontaire ; qu'il convient de recommander l'abandon de telles rédactions substituant la notion de « fait volontaire » à celle, éventuellement plus restrictive, de « faute intentionnelle ou dolosive », ou présentant comme résultant d'une exigence légale des exclusions relevant de la liberté contractuelle ;

Considérant que, selon une jurisprudence constante, la charge de la preuve des exclusions incombe à l'assureur, de même que celle de la faute intentionnelle ou dolosive ; qu'il convient de recommander l'insertion d'une mention informative à cet égard.

Déclarations de sinistre

Considérant que certains contrats prévoient une sanction en cas de déclaration tardive d'un sinistre, c'est-à-dire se situant au-delà d'un délai donné après sa survenance ou le moment où le consommateur ou ses ayants droit en ont eu connaissance, ce délai étant le plus souvent compris entre quatre et six mois ; que selon ces contrats :

– soit la garantie n'est accordée qu'à compter de la déclaration si elle est faite après ce délai, le consommateur étant ainsi pénalisé par le fait que certaines échéances du prêt qui auraient pu être prises en charge par l'assurance ne le seront pas ;

– soit le consommateur est totalement déchu de ses droits.

Considérant que de façon générale sont abusives les clauses qui assortissent la méconnaissance de l'une quelconque des obligations imposées à l'adhérent en cas de sinistre d'une déchéance totale du bénéfice de l'assurance, sauf en cas de mauvaise foi dûment établie, la seule sanction admissible étant l'indemnité mesurée au dommage effectivement subi par l'assureur du fait de la négligence constatée.

Justificatifs médicaux et expertise

Considérant que certains contrats exigent du consommateur ou de ses ayants droit, en cas de sinistre dont la prise en charge est demandée, qu'ils fournissent tous documents et renseignements désirés par l'assureur sur le sinistre, notamment un certificat médical précisant la nature et la gravité de la maladie ou de l'accident ainsi que ses conséquences prévisibles ; que selon la jurisprudence de telles clauses sont nulles dans la mesure où « sauf dans les cas où sa révélation est permise ou imposée par la loi, le secret médical doit être observé à l'égard des tiers, en particulier quand ils en demandent la révélation par l'intermédiaire du malade lui-même » ; que par conséquent ces clauses ne sont admissibles que si elles préservent le secret médical en prévoyant la transmission de ces documents et renseignements par le médecin de l'adhérent au médecin-conseil de l'assureur ; que, dans les autres cas, ces clauses doivent être supprimées ;

Considérant que la mise en œuvre des garanties est parfois subordonnée à un examen du consommateur par le médecin-conseil de l'assureur, présenté comme tel ou comme un « expert », par des clauses telles que : « les assureurs se réservent le droit de se livrer à toute enquête et de soumettre l'intéressé à toute expertise médicale qu'ils jugent utile pour apprécier l'état d'invalidité » ; « pour ne pas perdre le droit au service des prestations l'assuré doit... se prêter à tout examen ou à toute expertise que les assureurs jugent bon de lui demander » ; qu'il est abusif d'employer des termes tels qu'« expert » ou « expertise » sans indiquer les liens qui existent entre la personne ainsi désignée et l'assureur, ni la portée et les modalités des opérations auxquelles elle est susceptible de se livrer, et notamment sans rappeler au consommateur la faculté de se faire assister du médecin de son choix ou d'opposer les conclusions de son propre médecin traitant ;

Considérant que certains contrats prévoient, en cas de désaccord entre le médecin du consommateur et celui de l'assureur, la désignation d'un troisième praticien, présentée comme un préalable obligatoire à tout recours en justice ; qu'il est abusif de donner ainsi à penser au consommateur qu'un recours en justice de sa part puisse, contrairement à la loi, être subordonné à une telle condition.

Garantie Invalidité totale

Considérant que la plupart des contrats examinés assimilent certaines formes d'invalidité au décès, ce qui implique du point de vue des garanties le remboursement par l'assureur au prêteur du capital restant dû par le consommateur à la date du sinistre et donc la fin des obligations de celui-ci à l'égard de celui-là ; que, selon les contrats, cette garantie vise dans sa dénomination « l'invalidité permanente », « l'invalidité totale », « l'invalidité permanente absolue », « l'invalidité absolue définitive »... ; que ces appellations peuvent être de nature à induire en erreur des non-spécialistes de l'assurance sur la portée réelle de la garantie dont il s'agit, dès lors que la plupart des contrats ne couvrent en réalité que les formes les plus graves d'une telle invalidité, telles que celles entraînant « l'impossibilité de se livrer à la moindre occupation » ; que ces ambiguïtés et les malentendus qui peuvent en résulter sont particulièrement lourds de conséquences lorsque les garanties du contrat comportent une discontinuité entre la garantie « incapacité temporaire » et la garantie « invalidité définitive », ce qui peut conduire certains consommateurs à ne pas être pris en charge au titre de l'une ou de l'autre garantie alors même que leur état de santé les prive de l'activité et des ressources nécessaires pour faire face à leurs obligations à l'égard du prêteur ;

Considérant que dans plusieurs contrats cette garantie est désignée ou définie par une simple référence à « l'invalidité 3e catégorie de la sécurité sociale » ; que cette appellation se réfère en fait à l'article L. 341-3-3° du code de la sécurité sociale prévoyant que les décisions d'octroi d'une pension d'invalidité peuvent s'assortir d'une « majoration pour tierce personne », accordée « aux invalides qui, étant absolument incapables d'exercer une profession quelconque, sont en outre dans l'obligation d'avoir recours à l'assistance d'une tierce personne pour effectuer les actes ordinaires de la vie » ; que selon les statistiques de la Caisse nationale d'assurance maladie moins de 2 p. 100 des décisions de l'espèce sont assorties de cette majoration, soit en ordre de grandeur absolue un millier par an ;

Considérant que généralement la jurisprudence sanctionne fort justement l'imprécision et le caractère trompeur de ces présentations, en obligeant les professionnels à en supporter les conséquences, soit que l'assureur doive néanmoins accorder sa garantie, soit que le prêteur soit condamné à être son propre assureur ; qu'il convient toutefois, dans l'intérêt bien compris des parties en présence, de prévenir autant que faire se peut de tels litiges en recommandant l'adoption pour cette garantie d'une présentation qui corresponde à sa portée effective.

Garantie Incapacité temporaire

Considérant que les contrats d'assurance dont il s'agit prévoient la prise en charge par l'assureur des échéances du prêt lorsque le consommateur est empêché temporairement par une maladie ou un accident de se livrer à une activité rémunérée ;

Considérant que cette garantie s'assortit généralement d'exclusions spécifiques ; qu'en particulier certains contrats excluent non seulement les périodes d'incapacité correspondant aux congés légaux pré- et postmaternité, mais encore toutes les périodes d'incapacité dues à une grossesse ou à une maternité alors qu'à l'évidence elles peuvent découler d'états pathologiques qui ne sont en rien la conséquence d'une « faute intentionnelle ou dolosive » du consommateur ;

Considérant que certains contrats stipulent que seront versées par l'assureur au titre de la garantie « incapacité temporaire » les seules échéances du prêt dont la date d'exigibilité se situe pendant la période d'incapacité prise en charge, alors que d'autres prévoient un versement calculé au prorata du nombre de jours d'incapacité pris en charge, quelles que soient les dates d'exigibilité ; que la première formule peut conduire, pour deux incapacités de même durée mais survenues à des dates différentes, à la prise en charge d'un nombre différent d'échéances ; que cette modalité peut ainsi faire varier les prestations de l'assureur en fonction d'éléments sans rapport avec le préjudice effectivement subi par le consommateur, dans des proportions d'autant plus importantes que l'intervalle entre deux dates consécutives d'exigibilité est plus long ; qu'il convient de recommander d'adapter le mode de calcul des indemnités de l'assurance à la durée de l'intervalle séparant deux échéances ;

Considérant que la garantie « incapacité temporaire » comporte toujours une période de franchise, les prestations de l'assureur n'étant dues que si l'incapacité se prolonge au-delà ; que sa durée varie selon les contrats entre trente et quatre-vingt-dix jours ; qu'à titre de comparaison, selon les statistiques de la Caisse nationale d'assurance maladie, la durée moyenne des arrêts de travail est de quinze jours (compte tenu d'une franchise de trois jours) et que la quasi-totalité d'entre eux ne dépasse pas quarante-cinq jours ; que seuls certains contrats réduisent la portée de cette clause en prévoyant que la prise en charge éventuelle aura un effet rétroactif ou qu'il ne sera pas appliqué de nouvelle franchise en cas de rechute dans un délai donné ;

Considérant par ailleurs que, selon les représentants des professionnels entendus, ces clauses se justifient par des considérations de coût et de gestion de l'assurance ; que les conséquences d'une incapacité et de sa durée sur les ressources de l'intéressé sont très variables selon sa situation professionnelle et le(s) régime(s) de prévoyance au(x)quel(s) il est affilié ; qu'il convient ainsi de recommander :

– que la durée de sa franchise soit clairement indiquée, le cas échéant dans le titre de la garantie ;

– qu'en tout état de cause l'appellation de la garantie s'efforce de traduire le caractère de longue durée des incapacités prises en charge, un contrat la dénommant par exemple « maladie longue durée ».

Considérant que les prestations de l'assureur au titre de la garantie « incapacité temporaire » prennent fin avec la reprise d'activité du consommateur ; que, toutefois, certains contrats stipulent que ces prestations prendront fin en cas de reprise d'activité « même partielle » ; qu'il est abusif d'introduire une telle restriction de garantie, sauf à indiquer dans sa dénomination et sa définition qu'elle ne couvre que l'incapacité temporaire totale ;

Considérant que les contrats prévoient une ou plusieurs limites dans le temps à la garantie « incapacité temporaire », parfois de façon implicite en subordonnant le bénéfice de cette garantie au versement des « prestations en espèces » de la sécurité sociale, qui est lui-même limité dans le temps ; que la nature et l'objet des contrats d'assurance dont il s'agit impliquent qu'ils puissent jouer aussi longtemps que le consommateur est engagé vis-à-vis du prêteur ; que les professionnels entendus font valoir que tel est le cas dans la mesure où, si le consommateur est toujours en état d'incapacité d'exercer une activité rémunérée à l'expiration de la garantie « incapacité temporaire », la garantie « invalidité totale » ou « invalidité définitive » peut alors jouer ; qu'il apparaît toutefois que tel n'est pas le cas de tous les contrats examinés ; qu'il convient par conséquent de recommander que la structure des contrats ne comporte pas de discontinuité entre la garantie « incapacité temporaire » et la garantie « invalidité définitive », pour éviter que certains consommateurs ne soient pas pris en charge au titre de l'une ou de l'autre garantie alors même que leur état de santé les prive de l'activité et des ressources nécessaires pour faire face à leurs obligations à l'égard du prêteur.

Garantie Perte d'emploi

Considérant qu'une partie des contrats examinés a pour objet de couvrir le risque de perte d'emploi auquel est exposé le consommateur, qu'il s'agisse de contrats spécifiquement consacrés à cette garantie ou d'une garantie optionnelle de contrats à portée plus générale ; que cette garantie consiste pour l'assurance à prendre en charge, dans certaines limites et sous certaines conditions, les échéances du prêt exigibles pendant que le consommateur est privé d'emploi ;

Considérant que la moitié environ des contrats intitulent cette garantie « assurance-chômage » et l'autre moitié « assurance perte d'emploi » ; qu'il résulte de la définition contractuelle de ces garanties et des exclusions dont elles font l'objet qu'elles ont une portée beaucoup plus réduite que ce que ces appellations, surtout la première, peuvent donner à penser à un non-spécialiste de l'assurance ;

Considérant en effet que ne sont généralement couverts, selon des formules rencontrées dans plusieurs contrats, que « le chômage donnant droit aux allocations prévues par le code du travail et aux allocations formation », « tout assuré salarié qui, privé d'emploi, a droit aux allocations Assedic ou aux allocations solidarité, ou prouve être toujours demandeur d'emploi », « tout salarié licencié et bénéficiaire du revenu de remplacement prévu aux articles L. 351-1 et suivants du code du travail... » ; que sont le plus souvent exclues les personnes ayant dépassé cinquante-cinq ou soixante ans (y compris si elles atteignent cet âge en cours de contrat, la garantie cessant alors de plein droit), ou de moins de vingt-cinq ans, les personnes titulaires d'un contrat de travail à durée déterminée, les personnes employées depuis moins de six mois ou de douze mois chez le même employeur ; que sont également exclues les pertes d'emploi impliquant la mise à la retraite ou à la préretraite, les licenciements consécutifs à une faute grave, le chômage non indemnisé, le chômage consécutif à la fin d'un contrat de travail à durée déterminée, le chômage après démission, même légitime et indemnisé par les Assedic, les ruptures de contrat de travail par suite de maladie ou d'invalidité... ;

Considérant que, de plus, les garanties dont il s'agit comportent toujours des délais de carence et de franchise ; qu'en général, tout chômage débutant moins d'un an ou moins de six mois après la prise d'effet du contrat ne donnera lieu à aucune indemnisation et que la garantie ne jouera que lorsque l'intéressé aura ultérieurement occupé un emploi à durée indéterminée pendant au moins six mois ; que la durée des prestations est toujours limitée, parfois de façon implicite en subordonnant le bénéfice de cette garantie au versement des prestations des Assedic, qui elles-mêmes sont limitées dans le temps ;

Considérant qu'ainsi, seule une partie des personnes privées d'emploi ou au chômage sont susceptibles de bénéficier des garanties prévues ; qu'il convient de recommander que l'appellation qui leur est donnée dans les contrats corresponde à leur portée effective et qu'en toute hypothèse le terme « assurance chômage » ne soit pas utilisé ;

Recommande :

A. – 1° Que, lorsqu'une proposition d'assurance est incluse dans un document contractuel relatif à un crédit ou à une location avec option d'achat, l'adhésion du consommateur à l'assurance soit matérialisée par l'apposition d'une signature distincte de celle manifestant son acceptation du crédit ou de la location ;

2° Que les notices relatives à l'assurance soient présentées de façon claire et lisible, en particulier par l'emploi de caractère de corps 8 ou supérieur ;

3° Que la présentation matérielle des questionnaires ou des déclarations auxquels il est demandé au consommateur de répondre ou de souscrire préalablement à son admission à l'assurance obéisse aux règles suivantes :

Référence à des faits précis tels que des « périodes d'arrêt maladie », le « versement d'une pension d'invalidité », des « hospitalisations » ;

Si le questionnaire emploie des termes généraux tels que « maladie », « traitement médical » ..., leur sens soit explicité de façon précise dans le questionnaire ou les documents remis au consommateur préalablement à son adhésion ;

Indication dans ces mêmes documents que le consommateur n'est pas tenu de signaler les incidents de santé qui ne se sont plus manifestés depuis une époque précisée dans le questionnaire ;

4° Que les propositions et contrats comportent une mention rappelant au consommateur qu'il peut transmettre sous pli cacheté à l'assureur, éventuellement par l'intermédiaire du prêteur, la proposition d'assurance contenant des renseignements d'ordre confidentiel ;

5° Que lorsque l'assureur a subordonné sa garantie à l'agrément de la personne du consommateur et que cet agrément n'est pas donné, la faculté soit réservée au consommateur d'annuler le contrat de prêt ou de location sans frais ni pénalité ;

6° Que lorsque certaines garanties sont assorties d'un délai de carence ou cessent quand, en cours de contrat, le consommateur atteint un âge donné, l'attention de ce dernier soit clairement appelée sur ce point, ainsi que sur l'opportunité de trouver une formule complémentaire s'il souhaite continuer à être assuré passé cet âge ;

7° Que lorsque les garanties du contrat ou leurs exclusions sont définies par référence à des dispositions légales ou réglementaires, celles-ci soient explicitées ;

8° Que pour chaque garantie proposée soient indiqués de façon distincte :

– sa définition ;

– son objet ;

– ses limites, s'agissant notamment des sommes ou du nombre maximal d'échéances prises en charge ;

– les exclusions qui s'y rattachent, exposées dans des termes compréhensibles par des non-spécialistes de l'assurance.

9° Qu'en conséquence :

a) Soient mentionnées en caractères très apparents, dans les notices relatives à l'assurance les clauses édictant des nullités, des déchéances ou des exclusions, sans préjudice des dispositions de l'article L. 112-4 du code des assurances ;

b) Les contrats comportent une mention indiquant que la charge de la preuve des exclusions proprement dites incombe à l'assureur, de même que celle de la faute intentionnelle ou dolosive de l'assuré ;

c) Il ne soit fait référence à « l'invalidité 3e catégorie de la sécurité sociale » que si cette référence est accompagnée d'une mention informative précisant sa signification concrète ;

d) La désignation générique ou la définition des cas d'invalidité entraînant le remboursement anticipé par l'assureur du capital restant dû ne soit pas de nature à induire en erreur un non-spécialiste de l'assurance sur la portée effective de cette garantie ;

10° Que lorsque certaines formes d'invalidité sont assimilées, du point de vue des garanties, au décès, elles ne fassent pas l'objet d'une rubrique à part du contrat et soient évoquées au titre de la garantie « décès » ;

11° Que les indemnités versées en cas d'incapacité temporaire soient calculées en tenant compte du nombre de jours d'incapacité lorsque l'intervalle séparant deux échéances de remboursement du prêt est égal ou supérieur à trois mois ;

12° Que la durée de la franchise assortissant les garanties « incapacité temporaire » soit clairement indiquée, le cas échéant, dans le titre de la garantie ;

13° Que, le cas échéant, la dénomination des garanties « incapacité temporaire » précise qu'il ne s'agit que de la prise en charge d'incapacités particulièrement longues ;

14° Que la structure des contrats d'assurance ne comporte pas de discontinuité entre la garantie « incapacité temporaire » et la garantie « invalidité définitive » ;

15° Que ne soient pas dénommées « assurance chômage » les garanties ne couvrant que certains consommateurs privés d'emploi dans certaines circonstances et sous certaines conditions restrictives ;

16° Que la dénomination des garanties ne couvrant que certains consommateurs privés d'emploi dans certaines circonstances et sous certaines conditions restrictives soit adaptée à leur portée effective.

B. – Que soient supprimées les clauses ayant pour effet ou pour objet :

1° De rendre opposables au consommateur des stipulations contractuelles ne figurant pas sur l'offre préalable, la notice ou le contrat qui lui ont été remis ;

2° De rendre opposables au consommateur des modifications des conditions de l'assurance auxquelles il n'aurait pas expressément donné son acceptation ;

3° De faire dépendre le prix à payer par le consommateur de la volonté des professionnels s'exerçant directement sur ce prix ou sur les éléments destinés à le déterminer ;

4° De sanctionner la déclaration inexacte ou incomplète du risque par la nullité du contrat, hors le cas de fausse déclaration intentionnelle dûment établie ;

5° De subordonner l'admission aux garanties « perte d'emploi », lorsqu'elles sont proposées, à l'adhésion ou à l'admission aux garanties décès, invalidité et maladie ;

6° De prévoir un délai de carence d'une durée telle qu'il dénature les garanties du contrat, en considération notamment de la durée du prêt auquel elles se rapportent ;

7° De prévoir, contrairement au code des assurances, des exclusions de garantie qui ne sont ni formelles ni limitées ;

8° De présenter comme « exclus par la loi » des dommages ou des conséquences de sinistres résultant de « faits volontaires » de l'adhérent, dont la preuve n'est pas rapportée par l'assureur qu'ils constituent de la part de l'adhérent une faute intentionnelle ou dolosive, sans préjudice de la possibilité pour l'assureur d'écarter de sa garantie de tels risques par le biais d'exclusions formelles et limitées ;

9° D'assortir, sauf en cas de mauvaise foi dûment établie, la méconnaissance des obligations imposées au consommateur en cas de sinistre, en particulier le retard dans la déclaration du sinistre, de la déchéance du bénéfice de l'assurance et de façon plus générale, d'une sanction plus grave qu'une condamnation à indemniser l'assureur du dommage que cette faute lui a causé ;

10° De porter atteinte au respect du secret médical, notamment en subordonnant la mise en œuvre des garanties à la production d'un certificat médical précisant la nature et la gravité de la maladie ou de l'accident ainsi que ses conséquences prévisibles, sans prévoir que ce certificat ne pourra être transmis que par le médecin de l'adhérent au médecin-conseil de l'assureur ;

11° De prévoir une procédure « d'expertise médicale » par le médecin-conseil de l'assureur ou tout praticien désigné par ce dernier sans informer le consommateur de sa faculté de se faire assister du médecin de son choix ou d'opposer les conclusions de son propre médecin traitant ;

12° De prévoir l'intervention d'un « expert » sans indiquer les liens existant éventuellement entre la personne ainsi désignée et l'assureur ;

13° De présenter comme un préalable nécessaire à tout recours en justice du consommateur une quelconque procédure amiable ;

14° D'exclure de la garantie « incapacité temporaire » les incapacités dues à une grossesse ou à une maternité, en dehors de celles correspondant aux congés légaux pré- et post-maternité ;

15° De mettre fin aux prestations de la garantie « incapacité temporaire » en cas de reprise partielle de son activité par le consommateur lorsque la dénomination et la définition de cette garantie ne la limitent pas expressément à l'incapacité temporaire totale.

C. – Que soit supprimée, du fait de son caractère incompréhensible, la clause de contrats de location avec option d'achat ainsi rédigée : « Les refus ou les limites de prise en charge que l'assureur pourrait opposer à l'assuré ne sont en aucun cas opposables au bailleur. »

(Texte adopté le 10 novembre 1989 sur le rapport de M. Bernard Genes).

Addendum

Texte du *nota bene* dont la commission des clauses abusives demande la publication à la suite de la recommandation concernant les contrats d'assurance complémentaires à un contrat de crédit...

Nota. – Lors de sa séance du 23 mars 1990, la Commission des clauses abusives a confronté cette recommandation à la loi n° 89-1014 du 31 décembre 1989 portant adaptation du code des assurances à l'ouverture du marché européen.

Il importe d'abord de rappeler que l'article 16 de la loi du 31 décembre 1989 insère dans la partie Législative du code des assurances quatre nouveaux articles (L. 141-1 à L. 141-4) relatifs aux assurances de groupe, matière qui n'était jusqu'à présent régie que par des articles réglementaires de ce code à une exception près.

Les trois premiers de ces articles s'appliquent à toutes les assurances de groupe contrairement au quatrième déclaré non applicable aux « assurances de groupe ayant pour objet la garantie de remboursement d'un emprunt et qui sont régies par les lois spéciales », ce qui est le cas des assurances concernées par la recommandation.

Le nouvel article L. 141-1 définit l'assurance de groupe en visant, comme risques garantis, ceux dépendant de la durée de la vie humaine, ceux portant atteinte à l'intégrité physique de la personne ou liés à la maternité ainsi que les risques d'incapacité de travail ou l'invalidité et le risque de chômage.

Ce rappel d'ordre général étant fait, il est apparu que, sur divers points, la loi nouvelle conforte la position adoptée par la commission.

1. Il en est tout d'abord ainsi des A-3° et B-4° du dispositif de la recommandation concernant la présentation matérielle des questionnaires ou des déclarations.

En effet, selon le nouvel alinéa 2 de l'article L. 112-3 du code des assurances : « lorsque, avant la conclusion du contrat, l'assureur a posé des questions par écrit à l'assuré, notamment par un formulaire de déclaration du risque ou par tout autre moyen, il ne peut se prévaloir du fait qu'une question exprimée en termes généraux n'a reçu qu'une réponse imprécise ».

C'est là l'instauration du questionnaire « fermé » applicable aux assurances de groupe.

2. Ensuite, en ce qui concerne les dispositions du B-9° relatives au retard dans la déclaration du sinistre, la loi du 31 décembre 1989 répond, en partie, à la préoccupation de la commission.

En effet, selon le nouvel article L. 113-2-4° du code des assurances, lorsque la police prévoit une déchéance pour déclaration tardive, cette déchéance « ne peut être opposée à l'assuré que si l'assureur établit que le retard dans la déclaration lui a causé un préjudice ».

Recommandation CCA n° 90-02 du 10 novembre 1989,

Concernant les contrats d'assurance dénommés « Dommages-ouvrage » (BOCC 28 août 1990).

La Commission des clauses abusives,

Considérant qu'en cas de sinistre l'assurance « Dommages-ouvrage » doit garantir le paiement de l'intégralité des travaux de réparation ;

Considérant que certains contrats prévoient cependant que l'indemnité sera inférieure au coût du sinistre lorsque l'évolution des coûts de construction est supérieure à 10 p. 100 par an ;

Considérant que de telles clauses sont abusives comme contraires au principe de la réparation intégrale posée par le législateur ;

Considérant que l'article L. 243-8 stipule que tout contrat d'assurance « Dommages-ouvrage » est réputé comporter, nonobstant toute clause contraire, des garanties au moins équivalentes à celles figurant dans les clauses types prévues par l'article L. 310-7 du code des assurances ;

Considérant que les exclusions prévues dans l'annexe de l'article A. 243-1 auquel renvoie l'article L. 310-7 sont limitatives ; que doit donc être prohibée toute clause d'exclusion ne figurant pas dans cette annexe ;

Considérant que tel est le cas pour les clauses suivantes qui figurent dans des contrats soumis aux consommateurs et qui excluent :

– la garantie des sinistres dus « à l'absence de travaux qui, prévus ou non, auraient été nécessaires pour compléter la réalisation de la construction et dont la non-exécution a entraîné des dommages » ;

– la garantie des sinistres en cas « d'économie abusive imposée au constructeur dans le choix des matériaux » ;

– la garantie des sinistres en cas de « non-prise en compte des réserves techniques » ;

Considérant que les contrats prévoient en général des franchises d'autant plus dangereuses qu'il s'agit de franchises par sinistre ; or les petits sinistres sont les plus fréquents et aucun de ces sinistres n'est couvert même lorsque la somme globale des travaux est supérieure à la franchise ;

Considérant que l'assurance « Dommages » étant obligatoire, de telles franchises ne sont pas autorisées par la loi ; qu'en tout état de cause, elles apparaissent comme abusives parce qu'imposées par les professionnels et contraires à l'intérêt des consommateurs ;

Considérant que la plupart des contrats prévoient que l'assureur se réserve seul la direction du procès pouvant être intenté au responsable du dommage ; que cette exclusion contractuelle de l'assuré qui est seulement informé de la décision de faire ou non appel est dangereuse ; que, certes, l'assureur est légalement subrogé à hauteur de l'indemnité qu'il a versée et est donc qualifié pour exercer comme il l'entend son recours contre le responsable du dommage ;

Considérant toutefois qu'il convient de remarquer que, lors de cette procédure, il peut prendre des positions, notamment au cours de l'expertise, susceptibles de gêner le maître de l'ouvrage lorsque ce dernier voudra obtenir le paiement des dommages non couverts par son assurance « dommages » ; que l'assuré a donc un intérêt légitime à être présent s'il le souhaite au procès engagé par son assureur « Dommages-ouvrage » pour pouvoir défendre ses intérêts propres ; que son exclusion du procès apparaît abusive.

Recommande :

Que soient éliminées des contrats d'assurance « Dommages-ouvrage » les clauses ayant pour objet ou pour effet :

1° De limiter contractuellement en cas de sinistre le montant de l'indemnité de telle sorte qu'elle ne couvre pas intégralement le coût des réparations ;

2° De créer des exclusions de garantie en dehors de celles figurant dans les clauses types prévues par l'article L. 310-7 du code des assurances, notamment les clauses qui excluent :

– la garantie des sinistres dus « à l'absence de travaux qui, prévus ou non, auraient été nécessaires pour compléter la réalisation de la construction et dont la non-exécution a entraîné des dommages » ;

– la garantie des sinistres en cas « d'économie abusive imposée au constructeur dans le choix des matériaux » ;

– la garantie des sinistres en cas de « non-prise en compte des réserves techniques » ;

3° De créer une « franchise » laissant à la charge de l'assuré, en cas de sinistre, une partie du montant du coût des réparations ;

4° D'exclure l'assuré du procès que l'assureur peut engager à l'encontre des responsables du dommage.

(Texte adopté le 10 novembre 1989 sur le rapport de M. Jean Malbec).

Addendum

Texte du *nota bene* dont la Commission des clauses abusives demande la publication à la suite de la recommandation concernant les contrats d'assurance « Dommages-ouvrage »

Nota. – Lors de sa séance du 16 février 1990, la Commission des clauses abusives a confronté cette recommandation à la loi n° 89-1014 du 31 décembre 1989 portant adaptation du code des assurances à l'ouverture du marché européen.

Il lui est apparu que, sur un point essentiel, la loi nouvelle donne satisfaction à sa recommandation.

Il en est ainsi des 1° et 3° du dispositif de cette recommandation selon lesquels doivent être éliminées des contrats d'assurance « Dommages-ouvrage » tant les clauses limitant le montant de l'indemnité que celles créant une franchise.

En effet, selon l'article L. 242-1 du code des assurances, modifié par l'article 47 de la loi du 31 décembre 1989, l'assurance « Dommages-ouvrage » doit garantir « la totalité des travaux de réparation des dommages de la nature de ceux dont sont responsables les constructeurs au sens de l'article 1792-1, les fabricants et importateurs ou le contrôleur technique sur le fondement de l'article 1792 du code civil ». – *V. ces art., App., v° Responsabilité civile.*

Recommandation CCA n° 96-02 du 14 juin 1996,

Relative aux locations de véhicules automobiles (BOCC 3 sept. 1996).

La Commission des clauses abusives,

Vu les articles L. 132-1 à L. 132-5 du code de la consommation ;

Vu les dispositions du code civil, et notamment l'article 1709 selon lequel le louage est « le contrat par lequel l'une des parties s'oblige à faire jouir l'autre d'une chose pendant un certain temps et moyennant un certain prix que celle-ci s'oblige à lui payer » ;

Vu le décret n° 78-464 du 24 mars 1978 ;

Vu l'arrêté du 18 avril 1991 relatif à la publicité des prix dans le secteur de la location automobile ;

Entendu les représentants des professionnels intéressés ;

Considérant que les consommateurs ou non-professionnels sont de plus en plus fréquemment amenés à louer un véhicule automobile soit pour une courte durée afin de répondre à un besoin imprévu ou à une situation passagère soit pour une longue durée pour se dispenser de se porter acquéreur d'un véhicule ; et ce en signant un contrat d'adhésion proposé par le loueur ; – *[...]*

Considérant que le locataire doit user du bien loué en « bon père de famille » ; qu'un tel usage n'interdit pas d'utiliser le véhicule pour transporter des marchandises ; que dès lors les clauses qui limitent l'utilisation du véhicule et notamment imposent « de ne pas transporter de marchandises » sans apporter de précision sur la définition de ce terme sont trop vagues pour permettre au consommateur d'en apprécier la portée ; que notamment la seule référence au transport de marchandises inflammables ou « pouvant laisser dégager de mauvaises odeurs » ne qualifie pas un usage anormal ; et qu'ainsi une telle généralité déséquilibre les obligations contractuelles en permettant par ailleurs des sanctions importantes (résiliation de la location ou déchéance d'assurance) à la seule appréciation du loueur ;

Considérant qu'un locataire peut avoir des raisons légitimes de laisser conduire un tiers (long trajet fatigue passagère...) ; que certains contrats lui interdisent de « laisser conduire le véhicule par d'autres personnes que lui-même » ; que de telles clauses interdisent l'usage normal du véhicule alors qu'en droit commun le locataire demeure responsable envers le loueur de tous les dommages occasionnés au véhicule ; – *[...]*

Considérant que certains contrats prévoient qu'un éventuel conducteur agréé sera considéré comme « responsable solidaire » ou encore « mandataire du locataire à l'égard du loueur » relativement à toute infraction aux règles de la circulation voire à toutes clauses du contrat ; que de telles clauses s'opposent au principe de l'effet relatif des contrats dès lors que le tiers même conducteur occasionnel n'a pas signé le contrat de location ; que de telles clauses dont certaines vont jusqu'à prévoir une responsabilité pénale pour autrui créent entre les parties une confusion qu'il convient d'éliminer ; – *[...]*

Les clauses relatives à l'assurance :

Considérant que le locataire d'un véhicule doit connaître les conditions dans lesquelles il bénéficie d'une assurance souscrite par le bailleur ; que les clauses laissant croire que seraient opposables au locataire les conditions d'une police d'assurance non remise notamment si cette police est « à la disposition du locataire au principal établissement du loueur » sont abusives en ce qu'elles permettent à ce dernier de ne pas remplir son obligation de renseignement déséquilibrant ainsi les obligations respectives ;

Considérant que de nombreux contrats de location prévoient des clauses d'exclusion relatives à l'assurance alors que ces exclusions sont illicites dans le contrat d'assurance lui-même ; qu'en affirmant une déchéance de garantie ces clauses tendent à faire croire au locataire qu'il est privé de tout recours créant ainsi un déséquilibre significatif entre les droits et les obligations des parties ; qu'il en est ainsi :

1. Pour les clauses qui excluent la garantie responsabilité civile en cas de conduite du véhicule par une personne non autorisée par le bailleur contrairement à l'article L. 211-1 du code des assurances ;

2. Pour les clauses qui excluent de l'assurance le locataire qui transporte un nombre de personnes supérieur à celui autorisé ou au nombre de places assises du véhicule ;

3. Pour les clauses qui excluent la garantie de la responsabilité civile en cas de « transport de matières inflammables explosives corrosives ou comburantes » ; lorsqu'elles ne concernent pas « le transport d'huiles d'essences minérales ou produits similaires ne dépassant pas 500 kg ou 600 litres y compris l'approvisionnement de carburant liquide ou gazeux nécessaire au moteur » ; et par ailleurs seulement dans la mesure où « lesdites matières auraient provoqué ou aggravé le sinistre » (art. R. 211-11 du code des assurances) ;

Considérant que des contrats permettent au locataire de souscrire une assurance complémentaire pour « suppression de franchise » ; que néanmoins certaines clauses disposent que même dans ce cas « tout dommage relevé sur le véhicule aux parties supérieures de celui-ci par suite d'accident reste à la charge du locataire en totalité » ; que ces clauses ne définissent pas précisément ce qu'il faut entendre par « partie supérieure » ou « partie haute » du véhicule ; que par ailleurs si de telles clauses semblent imposées aux bailleurs par leur assureur le fait d'introduire une telle limitation de garantie dans les conditions générales alors que le locataire a souscrit un rachat de franchise par une disposition claire d'une clause particulière déséquilibre les engagements respectifs sans que le consommateur en soit clairement informé lors de la souscription de l'assurance complémentaire ; qu'enfin s'il s'agit de viser seulement les dommages relatifs à la mauvaise appréciation du gabarit du véhicule il convient que cela soit précisé expressément ;

Considérant que dans certains des contrats qui permettent au locataire moyennant une indemnité d'obtenir la suppression de franchise certaines clauses prévoient néanmoins que « la responsabilité du locataire ne sera pas dégagée en cas de violation intentionnelle du présent contrat ou de négligence grave... » ou encore « d'une négligence dans la conduite » ; que de telles clauses outre qu'elles figurent dans les conditions générales sans être rappelées au moment de la souscription du rachat de franchise par une mention particulière vident de son contenu la clause de rachat de franchise ; qu'en conséquence de telles clauses sont abusives d'une part si elles ne sont pas rappelées dans la clause particulière de rachat de franchise ; et d'autre part si elles ne sont pas limitées au caractère intentionnel du dommage par le locataire ;

Considérant qu'un locataire qui a supporté une franchise doit être remboursé du montant de celle-ci par le tiers responsable d'un sinistre ; que néanmoins certains contrats disposent que « les indemnités éventuellement obtenues serviront en priorité au remboursement du loueur pour les frais restant à sa charge » ; que de tels frais ne sont pas définis et qu'il est difficile d'en imaginer l'existence si l'assurance a pris en charge les dégâts matériels ; qu'en conséquence de telles clauses permettent au bailleur de ne pas rembourser le locataire du montant de la franchise et lui laissent le pouvoir discrétionnaire d'apprécier des frais supplémentaires sans qu'aucun contrôle ne soit organisé ; que de telles clauses déséquilibrent manifestement le rapport contractuel ;

Considérant que certains contrats à peine de déchéance de l'assurance imposent au locataire en cas de sinistre de « ne pas reconnaître sa faute ou de ne faire aucune déclaration qui soit de nature à donner à penser qu'il admet sa responsabilité » ; que de telles clauses sont abusives en ce qu'elles peuvent laisser croire au locataire qu'il sera déchu de la garantie s'il reconnaît la matérialité des faits ;

Considérant que le code des assurances accorde aux assurés en cas de sinistre un délai minimal de cinq jours ouvrés pour en formuler la déclaration ou de deux jours ouvrés en cas de vol ; que cependant diverses clauses imposent au locataire une déclaration dans les 24 heures sous peine de déchéance de la garantie voire « immédiatement » ou « sans délai » et que ce qui serait illicite dans un contrat d'assurance se trouve abusif dans le contrat de location. – *[...]*

Recommande : – *[...]*

32° Laisser croire que seraient opposables au locataire les conditions d'une police d'assurance qui ne lui est pas remise ou qui ne correspond pas à la notice remise ;

33° Prévoir une exclusion de garantie responsabilité civile lorsque :

a) Le véhicule est conduit par une personne non autorisée par le bailleur ;

b) Le locataire transporte un nombre de personnes supérieur à celui autorisé par le contrat ou à celui des places assises du véhicules ;

c) Le locataire transporte des matières inflammables explosives corrosives ou comburantes dans les conditions de l'article R. 211-11 du code des assurances ;

34° Laisser à la charge du locataire même s'il a souscrit un rachat de franchise le coût des dommages relevés sur « la partie supérieure » du véhicule sans préciser cette limitation dans la clause particulière du rachat de franchise ni préciser que la limitation n'interviendra qu'en cas de mauvaise appréciation du gabarit par le locataire ;

35° Prévoir que la responsabilité du locataire sera engagée même s'il a payé une indemnité de suppression de franchise sans que cela soit rappelé dans la clause particulière de rachat de franchise et soit limité au caractère intentionnel de la faute du locataire ;

36° Permettre au bailleur lorsque le tiers responsable d'un sinistre verse l'indemnisation correspondante de ne pas rembourser le montant de la franchise au locataire en retenant des frais non limitativement énumérés au contrat ;

37° Laisser croire au locataire en cas de sinistre qu'il sera déchu de la garantie s'il reconnaît la matérialité des faits ;

38° Imposer au locataire une déclaration de sinistre dans des conditions de délai contraires aux dispositions de l'article L. 133-2 *[art. L. 113-2]* du code des assurances ; – *[...]*

(Texte adopté le 14 juin 1996 sur le rapport de Me Christian Brasseur.)

Recommandation CCA n° 2002-03 du 21 février 2002,

Relative aux contrats d'assurance de protection juridique (BOCC 30 mai 2002).

BIBL. ▶ D'HAUTEVILLE, *RGDA 2004. 299.*

La Commission des clauses abusives,

Vu les dispositions du code de la consommation et notamment les articles L. 132-1 à L. 132-5 ;

Vu les dispositions du code des assurances et notamment les articles L. 127-1 à L. 127-7 ;

Vu les dispositions du code de la mutualité et notamment les articles L. 224-1 à L. 224-7 ;

Vu les dispositions du nouveau code de procédure civile et notamment les articles 42 et suivants ;

Entendu les représentants des assureurs concernés ;

Considérant que l'assurance de protection juridique est de plus en plus souscrite, d'autant qu'elle a vocation à répondre aux problèmes juridiques engendrés par la société moderne ; que le contenu de ces contrats a été étudié par le Conseil national de la consommation qui a souhaité, dans son avis du 21 décembre 2000 relatif à l'information du consommateur dans le secteur des honoraires des avocats (BOCCRF du 1er janv. 2001), la saisine de la Commission des clauses abusives afin de vérifier si certains de ces contrats ne comportaient pas de clauses abusives au sens du code de la consommation ;

A. – *Sur les obligations de l'assuré concernant la déclaration du sinistre :*

1. Considérant que certains contrats laissent à l'appréciation de l'assureur le délai pendant lequel l'assuré est tenu de faire sa déclaration de sinistre sous peine de déchéance de la garantie, alors que l'article L. 113-2 du code des assurances prévoit un délai minimum d'ordre public qui ne peut être inférieur à cinq jours ouvrés ; qu'une telle clause, qui laisse

à l'appréciation de l'assureur le délai pendant lequel l'assuré est tenu de faire sa déclaration, est de nature à créer un déséquilibre significatif entre les droits et obligations des parties ;

B. – *Sur le point de départ du délai imposé à l'assuré pour déclarer le sinistre sous peine de déchéance :*

2. Considérant que, dans un contrat, le point de départ du délai imposé à l'assuré pour déclarer ce sinistre sous peine de déchéance de la garantie est « l'origine du sinistre » ; qu'une telle clause a pour effet de priver l'assuré du bénéfice de la garantie dans le cas où il n'aurait pas eu connaissance de la survenance du sinistre dès son origine ; qu'en outre, conformément à l'article L. 113-2 du code des assurances, la déchéance ne peut être prononcée que si l'assureur prouve que le retard lui a causé un préjudice et si l'assuré ne se prévaut pas de la force majeure ; qu'en conséquence, cette clause crée un déséquilibre significatif au détriment du consommateur ;

C. – *Sur la déchéance de la garantie en cas de retard dans la déclaration de sinistre :*

3. Considérant que certains contrats qui stipulent, par exemple, que « vous devez respecter les obligations énumérées ci-après ; à défaut vous perdrez le bénéfice des garanties de votre contrat ; vous devez déclarer (à votre assureur) les litiges dont vous avez connaissance dans les meilleurs délais et par écrit. Les déclarations tardives ou postérieures à la date de résiliation du contrat ne sont pas garanties », laissent croire à l'assuré que la déchéance de la garantie est automatiquement encourue, même en l'absence de préjudice pour l'assureur et si l'assuré ne se prévaut pas de la force majeure, en contradiction avec les dispositions de l'article L. 113-2 du code des assurances ; que ces clauses sont abusives ;

4. Considérant qu'une majorité de contrats prévoient que l'assuré ne peut pas saisir d'avocat sans avoir préalablement soit déclaré le sinistre, soit consulté le spécialiste de l'assureur, à peine de déchéance de la garantie ; qu'une telle clause, qui stipule une déchéance de garantie automatique, sans que l'assureur ait à justifier d'un préjudice, crée un déséquilibre significatif au détriment du consommateur ;

D. – *Sur le choix de l'avocat :*

5. Considérant que :

deux contrats prévoient que le choix de l'avocat appartient à l'assureur dès lors que plusieurs assurés ont des intérêts identiques dans le même différend ;

un contrat prévoit que, si plusieurs assurés ont des intérêts identiques dans un même litige, l'assureur leur impose un avocat unique ;

que, par ailleurs, la liberté de choix de l'avocat par l'assuré est expressément prévue par l'article L. 127-3 du code des assurances ; que de telles clauses sont illicites, et que, maintenues dans les contrats, elles sont abusives ;

6. Considérant que :

certains contrats prévoient que l'assuré ne peut pas choisir son avocat si les honoraires de celui-ci ne sont pas préalablement acceptés par l'assureur ;

que le montant susceptible d'être accepté par l'assureur n'est pas toujours connu par l'assuré lors de la souscription du contrat ;

que quelques contrats prévoient que la prise en charge par l'assureur des frais d'avocat est fondée sur une évaluation non connue par l'assuré lors de la formation du contrat ; qu'ainsi il est stipulé :

que « les honoraires seront pris en charge dans la limite d'un montant évalué par référence aux honoraires moyens pratiqués par les confrères de barreau de cet avocat pour des litiges similaires et requérant les mêmes diligences » ;

que « les frais d'avocat sont couverts dans la limite de ceux habituellement pratiqués dans les relations entre les sociétés d'assurance et les avocats en se référant, notamment, au barème établi annuellement par l'association des avocats des compagnies d'assurances » ;

ou que « l'assureur remboursera ou prendra en charge les honoraires d'avocat dans la limite du barème librement négocié, à la vue du dossier, entre l'avocat et celui de l'assureur » ;

7. Considérant que certains contrats prévoient que si l'assuré choisit son avocat, il doit faire l'avance des frais et honoraires alors que les modalités et délai du remboursement de l'assuré ne sont pas précisés dans ces contrats ; que ces clauses, qui sont susceptibles de porter atteinte au libre choix de l'avocat, créent un déséquilibre significatif au détriment du consommateur ;

E. — *Sur la portée des engagements de l'assureur :*

8. Considérant qu'une clause stipule :

« Un ticket modérateur de 10 % des débours (porté à 20 % la première année du contrat et à 15 % la deuxième année du contrat) sans pouvoir être inférieur à la somme indiquée sur les conditions particulières à la rubrique « compléments éventuels : sinistre » (291 F au 1er janvier 1988), ni supérieur à dix fois la dernière cotisation annuelle du contrat. » ;

qu'une telle clause, qui n'est ni claire ni compréhensible, crée une ambiguïté sur la portée des engagements de l'assureur, notamment sur les conditions de prise en charge du sinistre et les frais qui resteront à la charge de l'assuré, si la garantie devait être mise en œuvre ; qu'une telle clause crée un déséquilibre significatif entre les droits et obligations des parties ;

F. — *Sur le conflit d'intérêts :*

9. Considérant que certains contrats prévoient que les litiges et différends opposant l'assuré à l'assureur ne sont pas garantis ; que ces contrats obligent toutefois l'assuré à communiquer à l'assureur les documents du dossier émanant de son conseil ; qu'une telle clause crée un déséquilibre significatif au détriment du consommateur ;

G. — *Sur la subrogation :*

10. Considérant que certains contrats prévoient que les sommes allouées au titre des frais et dépens (ex. : article 700 du nouveau code de procédure civile, 475-1 du code de procédure pénale) sont acquises à la société dans la mesure où elle a supporté les frais de procédure ; qu'ainsi la société d'assurance peut recevoir à ce titre plus que les frais qu'elle a exposés, alors même que l'assuré peut avoir engagé des frais non pris en charge par l'assureur, qu'il ait ou non librement choisi son avocat ; que ces clauses créent un déséquilibre significatif au détriment du consommateur ;

H. — *Sur la direction du procès :*

11. Considérant qu'un contrat confère au seul assureur la direction du procès ; qu'une telle clause, qui ne réserve pas à l'assuré la possibilité d'intervenir pour faire valoir ses droits, s'il y a intérêt, est de nature à créer un déséquilibre significatif ;

I. — *Sur le paiement de la prime :*

12. Considérant que quelques contrats prévoient que le paiement de la prime doit obligatoirement s'effectuer par prélèvement automatique ; que le retrait ou l'absence de cette autorisation rendrait la prime annuelle exigible immédiatement et en totalité, indépendamment du droit pour l'assureur de résilier le contrat ; que ces clauses, en ce qu'elles privent l'assuré de la faculté de se libérer par un autre moyen de paiement licite, créent un déséquilibre significatif entre les droits et obligations des parties ;

J. — *Sur la faculté de résiliation, par l'assuré, des autres contrats d'assurance :*

13. Considérant que, conformément à l'article R.* 113-10 du code des assurances, d'une part, l'assuré peut, dans le délai d'un mois de la notification par l'assureur de la résiliation du contrat après sinistre, résilier les autres contrats d'assurance qu'il peut avoir souscrits auprès de lui ; que, d'autre part, le contrat doit reconnaître ce droit ; que certains contrats ne prévoient aucune clause informant l'assuré de ce droit ; que d'autres contrats peuvent contenir des clauses rédigées de telle façon qu'elles n'informent pas l'assuré sur son droit de résiliation ; que de telles clauses sont illicites et que, maintenues dans les contrats, elles sont abusives ;

K. — *Sur la durée des contrats :*

14. Considérant que dans un contrat, la résiliation ne peut intervenir avant l'expiration d'un délai de trois ans ; qu'une telle clause, qui ne permet pas à l'assuré de résilier le contrat à l'expiration du délai d'un an prévu par l'article L. 113-12 du code des assurances, est illicite, et que, maintenue dans les contrats, elle est abusive ;

L. — *Sur la compétence territoriale des tribunaux :*

15. Considérant que quelques contrats font attribution de compétence au tribunal du siège de l'assureur ; que de telles clauses sont illicites ; que, maintenues dans les contrats, ces clauses sont abusives ;

Recommande que soient éliminées des contrats d'assurance de protection juridique les clauses ayant pour objet ou pour effet :

1. De laisser croire au consommateur qu'il doit, à peine de déchéance, déclarer son sinistre dans un délai inférieur à celui de cinq jours prévu par la loi ;

2. D'imposer, sous peine de déchéance automatique de la garantie, « l'origine du sinistre » comme point de départ du délai pour la déclaration de sinistre par l'assuré ;

3. De laisser croire au consommateur que la déchéance de la garantie peut être automatique, sans que l'assureur ait à justifier d'un préjudice ;

4. De déchoir de la garantie l'assuré qui a saisi un avocat, sans avoir préalablement déclaré le sinistre, soit consulté le spécialiste de l'assureur, sans que l'assureur ait à justifier d'un préjudice ;

5. De limiter, de quelque manière que ce soit, la liberté de choix de l'avocat par l'assuré ;

6. De refuser au consommateur le choix de son avocat :

si ses honoraires ne sont pas préalablement acceptés par l'assureur ;

en considération d'un plafond d'honoraires dont le montant n'est pas déterminé ;

7. De porter atteinte au libre choix de l'avocat en ne précisant pas les délais et modalités de remboursement de l'assuré qui fait l'avance des frais et honoraires ;

8. De créer une ambiguïté sur la portée des engagements de l'assureur, les conditions de prise en charge du sinistre et les frais qui resteront à la charge de l'assuré, si la garantie devait être mise en œuvre ;

9. D'obliger le consommateur à communiquer à l'assureur, auquel l'oppose un différend, les documents émanant de son propre conseil ;

10. De prévoir que les sommes allouées au titre des frais et dépens seront affectées au remboursement des seuls frais exposés par l'assureur, sans couvrir prioritairement le remboursement des frais exposés par l'assuré ;

11. D'empêcher l'assuré de participer à la direction du procès ;

12. D'imposer le prélèvement automatique sur compte bancaire comme unique moyen de paiement ;

13. De prévoir pour l'assureur une faculté de résiliation après sinistre, sans indiquer la faculté consécutive pour l'assuré de résilier, dans le délai d'un mois, les autres contrats qu'il peut avoir souscrits auprès de cet assureur ;

14. D'interdire au consommateur de résilier le contrat chaque année, conformément à l'article L. 113-12 du code des assurances ;

15. De déroger aux règles légales de compétence territoriale.

Recommandation CCA n° 2010-02 du 15 avril 2010,

Relative aux contrats de prévoyance obsèques.

La Commission des clauses abusives,

Considérant qu'à la fin de l'année 2009 deux millions et demi de contrats de prévoyance obsèques avaient été souscrits et que ce nombre est appelé à se développer fortement compte tenu de l'évolution démographique ;

Considérant que l'appellation "contrats de prévoyance obsèques" recouvre deux types de contrats d'assurance-vie-décès : des contrats en prestations et des contrats en capital ; que, dans la mesure où ces derniers ne garantissent pas que le capital sera versé à un opérateur funéraire et n'ont donc pas de lien nécessaire avec le financement des obsèques, le champ de la présente recommandation porte uniquement sur les contrats en prestations associant un intermédiaire d'assurances à un opérateur funéraire ; que la finalité de ces contrats est de garantir le versement d'un capital à l'opérateur funéraire pour qu'il réalise les obsèques selon les volontés du consommateur ;

Considérant que la Commission regrette que la présentation commerciale de certains contrats laisse penser au consommateur que ses volontés seront respectées dans l'organisation de ses obsèques, alors même que le contrat, étant de capitalisation, n'a pas cet objet, ou bien, lorsqu'il s'agit d'un contrat de prévoyance obsèques à proprement parler, que ce respect n'est pas contractuellement garanti ;

Considérant que certains montages contractuels sont d'une grande complexité juridique faisant intervenir une association, un groupement d'intérêt économique funéraire, un opérateur funéraire, un mandataire, un assureur, un assisteur, etc., que leur présentation matérielle ne permet pas toujours au consommateur d'identifier les multiples intervenants et leurs rôles respectifs ;

Considérant que l'examen de ces contrats révèle des clauses abusives relatives au contenu du contrat, à sa modification, à l'exécution et à l'inexécution des prestations ;

I. Les clauses relatives au contenu du contrat

1° Considérant que les contrats de certains opérateurs funéraires proposent au consommateur un ensemble de prestations sans faire apparaître clairement la distinction entre celles qui, en application de l'article L. 2223-20 du code général des collectivités territoriales, présentent un caractère obligatoire pour l'exécution de leur mission de service public, et celles qui sont seulement facultatives ; que ces clauses ne permettent pas au consommateur de se faire une idée précise des prestations obligatoires ; qu'en contrevenant ainsi aux dispositions légales précitées, elles sont illicites et que, maintenues dans les contrats, elles présentent un caractère abusif ;

2° Considérant que plusieurs contrats présentent certaines prestations funéraires comme obligatoires, alors qu'elles ne revêtent pas ce caractère en vertu de l'article L. 2223-20 du code général des collectivités territoriales ; que, dans la mesure où ces clauses laissent croire au consommateur qu'il est tenu de souscrire de telles prestations, elles sont de nature à créer un déséquilibre significatif à son détriment ;

II. Les clauses relatives à la modification du contrat

3° Considérant que certains contrats contiennent une clause en vertu de laquelle le devis des prestations, qui sert de base au montant du capital que va choisir le consommateur, a une durée de validité de 4 mois après sa signature ; cette clause est de nature à laisser croire au consommateur que, 4 mois après son acceptation du devis, le professionnel sera libre de modifier les termes de son engagement ; que cette clause relève donc de l'interdiction du 3°) de l'article R. 132-1 du code de la consommation ;

4° Considérant que certaines clauses permettent, à l'occasion de la modification de l'opérateur funéraire par le consommateur conformément aux dispositions de l'article L. 2223-35-1 du code général des collectivités territoriales *(V. ce texte, supra)*, au mandataire désigné par ce dernier de limiter son obligation contractuelle de garantir la bonne exécution des obsèques ; que ces clauses, qui sont de nature à permettre au professionnel d'alléger unilatéralement son obligation contractuelle à l'occasion de l'exercice d'une prérogative légale par le consommateur, créent un déséquilibre contractuel significatif au détriment de ce dernier ;

5° Considérant que plusieurs contrats permettent expressément au consommateur, conformément aux dispositions de l'article L. 2223-35-1 du code général des collectivités territoriales, de modifier certains éléments de son contrat, notamment le montant du capital initialement choisi ; que *[;]* toutefois, certaines clauses prévoient, en cas d'augmentation de ce capital, un paiement immédiat par le consommateur tandis que, en cas de diminution, le remboursement dû aux héritiers n'est prévu qu'après son décès ; que de telles stipulations, qui permettent au professionnel de conserver ces sommes sans aucune justification pendant une durée indéterminée, sont de nature à créer un déséquilibre significatif au détriment du consommateur ; qu'elles sont donc abusives ;

6° Considérant que diverses clauses permettent à l'opérateur funéraire, dans l'hypothèse « où certaines prestations ou fournitures seraient modifiées ou supprimées », de leur conserver « une qualité et/ou un caractère équivalent » ; que de telles clauses, par leur généralité, autorisent le professionnel à substituer, à sa discrétion, des prestations à celles initialement prévues ; qu'elles sont abusives au sens du 3°) de l'article R. 132-1 du code de la consommation ;

7° Considérant que les contrats de plusieurs opérateurs funéraires prévoient que certaines prestations ou fournitures, non stipulées mais nécessaires à la « bonne exécution » des obsèques, feront l'objet d'une facturation supplémentaire et d'un prélèvement automatique ; que de telles clauses, en ce qu'elles permettent au professionnel d'imposer unilatéralement des prestations supplémentaires au consommateur, en fonction d'éléments insuffisamment précis et explicites, sont abusives au sens du 3°) de l'article R. 132-1 du code de la consommation ;

8° Considérant que le contrat d'un opérateur funéraire prévoit, sans autre précision, que le changement de domicile du consommateur peut entraîner une modification de son contrat ; qu'aucun détail n'est donné sur cette modification éventuelle ni sur les conséquences qui pourraient résulter d'un changement de domicile quelle que soit la distance séparant le nouveau domicile de l'ancien ; que, par sa généralité, cette stipulation est de nature à réserver au professionnel la possibilité de modifier unilatéralement et discrétionnairement les clauses du contrat relatives à sa durée, aux caractéristiques ou au prix du bien à livrer ou du service à rendre, en méconnaissance des dispositions du 3°) de l'article R. 132-1 du code de la consommation ;

9° Considérant que certaines clauses prévoient que le consommateur ne peut changer l'opérateur funéraire, bénéficiaire du contrat, qu'avec l'accord préalable de celui initialement choisi ; que ces stipulations ne permettent pas au consommateur de modifier l'opérateur funéraire à tout moment contrairement à ce que prévoit l'article L. 2223-35-1 du code général des collectivités territoriales ; qu'elles sont illicites et que, maintenues dans les contrats, elles présentent un caractère abusif ;

10° Considérant que certaines clauses prévoient un délai minimum pour modifier l'opérateur funéraire ; que ces dispositions ne permettent donc pas au consommateur de changer d'opérateur funéraire à tout moment contrairement à ce qu'édicte l'article L. 2223-35-1 du code général des collectivités territoriales ; qu'elles sont illicites et que, maintenues dans les contrats, elles présentent un caractère abusif ;

III. Les clauses relatives à l'exécution et l'inexécution des prestations

11° Considérant que les contrats qui prévoient le paiement par primes périodiques imposent le prélèvement automatique comme mode unique de paiement ; que de telles stipulations sont abusives en ce qu'elles ne laissent aucun choix du mode de paiement au consommateur ;

12° Considérant que certaines clauses subordonnent la mise en œuvre des prestations d'assistance, en particulier celle relative au rapatriement du corps, à l'obligation, pour « tout membre de la famille », après le décès du souscripteur, de téléphoner au gestionnaire du contrat et de lui déclarer des « éléments », sans autre précision ; que, faute pour le consommateur de connaître à l'avance les renseignements susceptibles de lui être demandés et, surtout, de savoir sur quelles bases le gestionnaire serait amené à refuser la prise en charge du rapatriement, les clauses litigieuses sont de nature à autoriser le professionnel à faire dépendre l'exécution de son obligation de sa seule discrétion ; qu'elles rompent ainsi l'équilibre contractuel au détriment du consommateur, en contravention aux dispositions du 1°) de l'article R. 132-2 du code de la consommation ;

13° Considérant que les contrats organisent la procédure à suivre pour que l'assisteur exécute son obligation contractuelle de rapatriement du corps ; qu'une clause subordonne cette prestation à la réalisation par ce dernier de « vérifications utiles » ; que la nature des « vérifications » à effectuer n'étant nullement précisée, l'intervention du professionnel ne dépend que de sa seule appréciation de la situation et qu'ainsi, postérieurement à la conclusion du contrat, il sera en mesure de se libérer discrétionnairement de son obligation contractuelle ; qu'une telle stipulation contractuelle crée un déséquilibre significatif au détriment du consommateur et qu'elle est présumée abusive au sens du 1°) de l'article R. 132-2 *[du code]* de la consommation ;

14° Considérant que certaines clauses prévoient que l'assureur, après le décès du consommateur et le versement du capital convenu, se réserve le droit de demander « tout justificatif complémentaire qu'il juge utile » ; que ces stipulations sont de nature à laisser croire au consommateur que, faute pour lui d'être en mesure de répondre à ces exigences indéterminées, laissées à la discrétion du professionnel, le versement du capital souscrit pourrait être remis en cause ; qu'une telle clause est de nature à créer un déséquilibre significatif au détriment du consommateur ; qu'elle est donc abusive ;

15° Considérant que certains contrats relatifs à la garantie d'assistance rapatriement du corps prévoient une liste de cas dans lesquels la société d'assistance entend se libérer de son obligation contractuelle ; que l'usage de l'adverbe « notamment » placé au début de cette liste ainsi que l'énumération de diverses hypothèses insuffisamment précises ou limitées permettent au professionnel de se libérer de son obligation contractuelle même dans des situations ne relevant pas de la force majeure ; qu'une telle clause crée un déséquilibre significatif au détriment du premier ; qu'elle est donc abusive ;

16° Considérant que certains contrats prévoient que le tribunal compétent en cas de litige est celui du siège social du professionnel ; que l'article 48 du code de procédure civile prohibe la clause attributive de compétence entre professionnels et consommateurs ; que de telles clauses, qui ont pour objet de déroger aux règles impératives de compétence territoriale, sont illicites et que, maintenues dans les contrats, elles sont abusives.

Recommande que soient éliminées des contrats de prévoyance obsèques les clauses ayant pour objet ou pour effet :

1° de ne pas mettre le consommateur en mesure d'identifier les prestations funéraires obligatoires, en méconnaissance des dispositions de l'article L. 2223-20 du code général des collectivités territoriales ;

2° de laisser croire au consommateur qu'il est tenu de souscrire certaines prestations funéraires qui, pourtant, ne revêtent aucun caractère obligatoire ;

3° de laisser croire au consommateur que le professionnel, postérieurement à l'acceptation du devis, aura la faculté de modifier les termes de son engagement ;

4° de permettre au mandataire, en méconnaissance des dispositions du 4° de l'article R. 132-1 du code de la consommation, de modifier unilatéralement son obligation contractuelle de garantir la bonne exécution des obsèques à l'occasion de l'exercice par le consommateur d'une prérogative légale ;

5° de prévoir un paiement immédiat du consommateur lorsqu'il décide d'augmenter le capital et un remboursement, seulement après son décès, lorsqu'il choisit d'en diminuer le montant ;

6° d'autoriser le professionnel à modifier ou supprimer de manière discrétionnaire certaines prestations ou fournitures ;

7° d'autoriser le professionnel à facturer de manière unilatérale au consommateur des prestations non initialement stipulées, en méconnaissance des dispositions du 3° de l'article R. 132-1 du code de la consommation ;

8° de réserver au professionnel le droit de modifier discrétionnairement les clauses du contrat en cas de changement de domicile du consommateur ;

9° de soumettre le changement d'opérateur funéraire initialement choisi à l'accord de ce dernier, en méconnaissance des dispositions de l'article L. 2223-35-1 du code général des collectivités territoriales ;

10° d'imposer au consommateur un délai pour changer d'opérateur funéraire, en méconnaissance des dispositions de l'article L. 2223-35-1 du code général des collectivités territoriales ;

11° d'imposer au consommateur le prélèvement automatique comme mode unique de paiement ;

12° de permettre au professionnel de faire dépendre l'exécution de sa prestation à la fourniture, par le consommateur, d'« éléments » indéterminés ;

13° de permettre à l'assisteur de faire dépendre l'exécution de son obligation de rapatriement du corps de vérifications non définies et laissées à son appréciation discrétionnaire ;

14° de laisser croire au consommateur que, postérieurement au décès du souscripteur, le versement du capital pourrait être remis en cause à défaut de la fourniture par ce premier de justificatifs relevant de la seule discrétion du professionnel ;

15° de permettre au professionnel de se libérer de son obligation contractuelle même dans des situations non constitutives de la force majeure ;

16° de déroger aux règles légales de compétence territoriale des juridictions.

Recommandation ACP n° 2011-R-02 du 23 mars 2011.

Portant sur les communications à caractère publicitaire des contrats d'assurance-vie en unités de compte composées de titres obligataires et autres titres de créance.

1. *Pratiques relevées en termes de qualité de l'information publicitaire*

L'Autorité de contrôle prudentiel et de résolution (ACPR) a constaté le développement de la commercialisation d'unités de compte composées de titres de créance. Ces unités de compte doivent être parfaitement distinguées des fonds euros, dont elles n'offrent pas les mêmes garanties, alors que certaines communications tendent à les en rapprocher.

L'ACPR a observé que l'information publicitaire relative à des contrats d'assurance-vie en unités de compte composées de titres obligataires et autres titres de créance pouvait être ambiguë, voire trompeuse, s'agissant notamment de la nature ou du rendement des unités de compte proposées.

1.1. *Concernant la nature des supports du contrat*

La présentation de certaines informations publicitaires laisse parfois entendre que les primes du souscripteur *[Ce terme recouvre, dans la présente recommandation, aussi bien les souscripteurs et adhérents que les candidats à l'assurance (phase pré-contractuelle), personnes physiques]* sont investies sur un fonds en euros et non sur une unité de compte.

Le capital investi (c'est-à-dire les primes versées nettes de frais) est parfois présenté comme « garanti ». Or, ce terme est susceptible de prêter à confusion, car l'assureur n'offre aucune garantie de valeur des unités de compte. En outre, les garanties apportées par l'émetteur ou par un tiers quant à la valeur des unités de compte ne sont accordées qu'à maturité ou à certaines dates, sans que cela soit systématiquement précisé.

Ainsi, un rachat ou un dénouement en cas de décès avant l'échéance de remboursement du titre de créance servant de support à l'unité de compte exposerait le souscripteur à subir une perte du capital investi dans la mesure où la valeur du titre de créance est susceptible d'évoluer à la baisse (risque de taux et risque de liquidité). Enfin, le rendement au terme est conditionné par l'absence de défaut de l'émetteur du titre de créance (risque de contrepartie).

Par ailleurs, la structure de certains titres de créance ne permet pas d'assurer la garantie totale du capital investi et/ou du rendement promis à l'échéance.

1.2. *Concernant le rendement de l'unité de compte et les frais*

L'annonce du rendement du/des supports ne fait parfois pas mention des frais qui seront appliqués lors de la souscription ou durant la vie du contrat. Lorsqu'une telle mention existe, il arrive qu'elle soit incomplète ou qu'elle ne soit pas suffisamment intelligible pour les souscripteurs.

Le taux de rendement présenté porte parfois sur des périodes infra ou supra-annuelles (exemple : premier coupon long). Il est alors difficile au souscripteur de calculer le rendement attendu sur une période d'un an et de comparer les offres des différents organismes d'assurance.

Les modalités de versement du/des coupons attachés à un titre de créance peuvent ne pas apparaître clairement ou laisser entendre que les intérêts associés aux unités de compte augmentent systématiquement le capital et bénéficient d'un effet de cliquet (exemple : obligation zéro coupon).

Dans ce contexte, l'ACPR recommande aux organismes d'assurance et intermédiaires certaines modalités contribuant à fournir une information exacte, claire et non trompeuse et permettant de distinguer nettement entre placements sur un fonds euros et unités de compte composées de titres obligataires et autres titres de créance.

2. *Champ d'application de la recommandation*

2.1. *Les unités de compte concernées*

La recommandation s'applique aux unités de compte composées de titres obligataires et autres titres de créance visés aux 1°, 2°, 2° *bis* et 2° *ter* du A de l'article R. 332-2 du code des assurances *[Toutes les références d'articles ci-après proviennent du code des assurances, sauf indication contraire]*. Cet ensemble est désigné ci-après par le terme « titres de créance ».

2.2. *Les personnes concernées*

La recommandation de l'ACPR s'applique aux entreprises d'assurance régies par le code des assurances, aux mutuelles et unions régies par le code de la mutualité et aux institutions de prévoyance régies par le code de la sécurité sociale (ensemble dénommées les « organismes d'assurance ») ainsi qu'aux intermédiaires d'assurance, y compris lorsque ces organismes ou intermédiaires interviennent en libre prestation de services ou en libre établissement, dès lors qu'ils commercialisent sur le territoire français les contrats en unités de compte concernés.

3. *Obligations des organismes d'assurance et des intermédiaires*

La réglementation impose aux organismes d'assurance et aux intermédiaires des obligations en matière d'information.

Selon les dispositions de l'article L. 132-27 *[V. aussi art. L. 223-25-2 du code de la mutualité]*, les informations sur les contrats d'assurance-vie et les contrats de capitalisation doivent présenter « un contenu exact, clair et non trompeur ».

Par ailleurs, les articles L. 132-28 *[V. aussi art. L. 116-5 du code de la mutualité]* et R. 132-5-1 imposent aux intermédiaires d'assurance d'établir une convention écrite avec les organismes d'assurance ou de capitalisation qui précise les obligations respectives des entreprises et des intermédiaires d'assurance. Elle prévoit les conditions dans lesquelles :

– l'intermédiaire doit soumettre à l'organisme d'assurances, préalablement à leur diffusion, les documents à caractère publicitaire ;

– l'organisme d'assurances doit mettre les informations nécessaires à l'appréciation de l'ensemble des caractéristiques du contrat à la disposition de l'intermédiaire.

4. *Recommandation*

Pour la commercialisation des contrats en unités de compte composées de titres de créance, l'ACPR recommande, conformément au 3° du II de l'article L. 612-1 et à l'alinéa 2 de l'article L. 612-29-1 du code monétaire et financier, aux organismes d'assurance et aux intermédiaires :

4.1. *S'agissant des informations publicitaires relatives à la nature des supports du contrat*

De ne pas utiliser de termes et symboles pouvant laisser suggérer que le capital est investi sur un fonds euros ;

De mentionner de manière apparente les caractéristiques moins favorables des supports du contrat et les risques qui peuvent être le corollaire des avantages énoncés ;

D'insérer en caractères très apparents, à proximité des indications liées au rendement de l'unité/des unités de compte, un avertissement, rédigé dans un langage accessible, sur les risques liés au support proposé (risque de taux, de liquidité et de contrepartie) tel que : « obligation/titre de créance proposé(e) en qualité d'unité de compte d'un contrat d'assurance-vie, soumis(e) au risque de défaut de l'émetteur et de perte de valeur du capital investi en cas de rachat, d'arbitrage ou de dénouement par décès avant l'échéance de ce titre ». Cet avertissement ne peut s'effectuer par simple renvoi au prospectus d'émission des titres de créance, lorsqu'il existe ;

De mentionner clairement que l'organisme d'assurances s'engage exclusivement sur le nombre d'unités de compte mais non sur leur valeur, qu'il ne garantit pas ;

De mentionner clairement et de manière non ambiguë l'absence de garantie à l'échéance du capital investi et/ou du rendement affiché du titre de créance, ou le niveau de la garantie lorsqu'il est inférieur à 100 % ;

Lorsqu'un engagement de garantie d'un tiers est mentionné, d'indiquer avec clarté ses caractéristiques (notamment ses conditions de mise en œuvre et limitations) et la période pendant laquelle il s'applique ;

De ne pas utiliser de références à des chiffres, images, symboles, ou de formulations laissant suggérer une performance positive systématique de l'unité de compte ou du contrat, telles que les chiffres toujours en progression, les flèches pointées vers le haut, les formulations du type : « ce support vous assure une progression régulière de votre capital ».

4.2. *S'agissant des informations sur le rendement de l'unité de compte et les frais*

Dans le cas où un taux de rendement est mis en avant, d'afficher ce taux de rendement net des frais supportés par l'unité de compte et d'indiquer, le cas échéant, que des frais seront prélevés au titre du contrat d'assurance, outre l'application de prélèvements fiscaux et sociaux ;

D'insérer en caractères très apparents, à proximité des indications liées au rendement de l'unité/des unités de compte, les mentions aux termes desquelles :

– le rendement de l'unité de compte à l'échéance du titre de créance qu'elle représente est conditionné par sa détention jusqu'à cette date ;

– le rendement de l'unité de compte avant l'échéance du titre de créance qu'elle représente peut être supérieur, inférieur, voire négatif ;

D'afficher un taux de rendement annualisé en utilisant, pour les titres de créance zéro coupon, une formulation du type : « X % annuels versés au bout de Y ans (durée de conservation de l'unité de compte associée au rendement annoncé) ». Les formulations ambiguës du type : « X % annuels capitalisés sur Y ans » ou « Taux fixe sur Y ans : X % » doivent être évitées ;

D'indiquer clairement les modalités de versement des coupons.

4.3. *Sur l'adéquation des moyens et procédures mis en place pour s'assurer du niveau d'information et de conseil nécessaire à la sauvegarde des intérêts des souscripteurs*

De mettre en œuvre les moyens et procédures nécessaires pour assurer un contrôle interne adapté de l'exécution, par l'organisme d'assurances ou l'intermédiaire, de ses obligations d'information et de conseil, selon les modalités recommandées aux paragraphes 4.1 et 4.2 *supra*.

La présente recommandation s'applique aux actes de commercialisation postérieurs au 30 juin 2011.

Recommandation ACP n° 2011-R-03 du 6 mai 2011,

Sur la commercialisation de contrats d'assurance-vie en unités de compte constituées de titres de créance émis par une entité liée financièrement à l'organisme d'assurances.

1. *Contexte*

L'Autorité de contrôle prudentiel et de résolution (ACPR) a constaté le développement de la commercialisation de contrats d'assurance-vie en unités de compte constituées de titres de créance émis par une entité liée financièrement à l'organisme d'assurances.

Un même groupe peut ainsi être à la fois producteur du contrat d'assurance, émetteur du titre de créance, distributeur du contrat et valorisateur du titre.

L'ACPR met en exergue deux sources de conflits d'intérêt *[intérêts]* potentiels devant être gérés afin de permettre la sauvegarde des intérêts des souscripteurs *[Ce terme recouvre, dans la présente recommandation, aussi bien les souscripteurs et adhérents que les candidats à l'assurance (phase précontractuelle), personnes physiques]* :

• **Lors de la fixation du taux à l'émission**

Les titres de créance sont souvent proposés par l'organisme d'assurances préalablement à leur émission, via la sélection d'une unité de compte d'attente, un arbitrage du support d'attente étant effectué vers l'unité de compte cible une fois le titre émis. Selon la valeur de référence servant à déterminer le nombre d'unités de compte sélectionnées *[Les stipulations des contrats d'assurance-vie en cause sont ainsi déterminantes dans le choix de la contrevaleur des unités de compte à retenir]*, le choix du taux à l'émission peut entraîner une perte de valeur préjudiciable aux intérêts des souscripteurs.

• **En cas de demande de rachat, d'arbitrage ou de dénouement du contrat avant l'échéance du titre sous-jacent**

Dans la plupart de ces cas, soit l'émetteur rachète ses propres titres, soit la filiale d'assurance-vie les réinvestit dans l'actif général.

Or, l'intensité des ordres passés sur les marchés sur lesquels les titres sont admis à la négociation ne permet pas toujours la fixation d'une valeur de réalisation objective, notamment pour certaines émissions dédiées aux seuls clients du groupe. Ainsi, la mise à disposition des souscripteurs, tout au long du contrat d'assurance, d'une contre-valeur pour les unités de compte sélectionnées doit être effectuée dans des conditions permettant d'en assurer l'objectivité.

Dans ce contexte, l'ACPR a décidé d'adopter une recommandation de bonnes pratiques permettant de gérer les situations de conflits d'intérêt lorsque sont proposées aux souscripteurs des unités de compte composées de titres obligataires et autres titres de créance d'un émetteur lié financièrement à l'organisme d'assurances.

2. *Champ d'application de la recommandation*

2.1. *Les unités de compte concernées*

La recommandation s'applique aux unités de compte composées de titres obligataires et autres titres de créance visés aux 2° et 2° *ter* du A de l'article R. 332-2 du code des assurances *[Toutes les références d'articles ci-après proviennent du code des assurances, sauf indication contraire]*. Cet ensemble est désigné ci-après par le terme « titres de créance ».

2.2. *Les personnes concernées*

La recommandation de l'ACPR s'applique aux entreprises d'assurance régies par le code des assurances, aux mutuelles et unions régies par le code de la mutualité et aux institutions de prévoyance régies par le code de la sécurité sociale (ensemble dénommées les « organismes d'assurance ») ainsi qu'aux intermédiaires d'assurance, y compris lorsque ces organismes ou intermédiaires interviennent en libre prestation de services ou en libre établissement, dès lors qu'ils commercialisent sur le territoire français les contrats en unités de compte concernés.

3. *Obligations des organismes d'assurance et des intermédiaires*

La réglementation impose aux organismes d'assurance et aux intermédiaires des obligations, notamment en matière de protection de l'épargne investie, d'information et de conseil.

3.1. *Protection suffisante de l'épargne investie*

Pour les contrats en unités de compte, l'article L. 131-1 *[Également art. R. 132-4 et V. aussi art. L. 223-2 du code de la mutualité]* dispose que les valeurs mobilières et les actifs servant d'unités de compte doivent offrir « une protection suffisante de l'épargne investie » et qu'ils doivent figurer dans la liste détaillée à l'article R. 131-1 *[V. aussi les art. R. 223-1 à R. 223-4 du code de la mutualité et, d'une manière générale pour les institutions de prévoyance, l'art. L. 932-23 du code de la sécurité sociale, lequel renvoie aux dispositions du code des assurances]*.

3.2. *Obligations d'information*

Selon les dispositions de l'article L. 132-27 *[V. aussi art. L. 223-25-2 du code de la mutualité]*, les informations sur les contrats d'assurance-vie et les contrats de capitalisation doivent présenter « un contenu exact, clair et non trompeur ».

Par ailleurs, les articles L. 132-28 *[V. aussi art. L. 116-5 du code de la mutualité]* et R. 132-5-1 imposent aux intermédiaires d'assurance d'établir une convention écrite avec les organismes d'assurance ou de capitalisation qui précise les obligations respectives des organismes et intermédiaires d'assurance. Elle prévoit les conditions dans lesquelles :

— l'intermédiaire doit soumettre à l'organisme d'assurances ou de capitalisation, préalablement à leur diffusion, les documents à caractère publicitaire ;

— l'organisme d'assurances ou de capitalisation doit mettre les informations nécessaires à l'appréciation de l'ensemble des caractéristiques du contrat à la disposition de l'intermédiaire.

3.3. *Devoir de conseil*

L'article L. 132-27-1 *[Également art. R. 132-5-1-1 et V. aussi art. L. 223-25-3 du code de la mutualité]* dispose que, lorsque la commercialisation d'un contrat d'assurance-vie *[Plus précisément, les contrats d'assurance-vie individuels comportant des valeurs de rachat, les contrats mentionnés à l'art. L. 132-5-3 ou à l'art. L. 441-1 du code des assurances et les contrats de capitalisation]* est réalisée sans intermédiaire, l'organisme d'assurances ou de capitalisation doit s'enquérir des connaissances, de l'expérience en matière financière, des exigences et des besoins du souscripteur, et délivrer un conseil, en tenant compte en particulier de ces informations, adapté à la complexité du contrat. Si le souscripteur ne fournit pas ces informations, l'assureur doit le mettre en garde préalablement à la souscription du contrat.

L'article L. 520-1 met cette même obligation à la charge des intermédiaires d'assurance.

4. *Recommandation*

Lorsqu'un titre de créance entrant dans la composition d'une unité de compte est émis par une entité liée financièrement à l'organisme d'assurances, l'ACPR recommande, conformément au 3° du II de l'article L. 612-1 et à l'alinéa 2 de l'article L. 612-29-1 du code monétaire et financier, aux organismes d'assurance et aux intermédiaires d'assurance, d'appliquer les mesures nécessaires à la sauvegarde des intérêts des souscripteurs, et notamment de :

4.1. *Demander, pour les titres de créance dont la rémunération est exprimée en fonction d'un taux d'intérêt appliqué au montant nominal, à un organisme indépendant de fournir une évaluation objective du taux d'intérêt pouvant être proposé sur le marché primaire à la date de détermination des conditions de l'émission*

4.2. *Recourir, pour les titres mentionnés au 2° du A de l'article R. 332-2 du code des assurances :*

– soit à des titres de créance faisant l'objet d'une offre au public de titres financiers, commercialisés en partie, pour compte propre ou pour compte de tiers, par des entités non liées financièrement à l'émetteur et à l'organisme d'assurances et dont la valeur de réalisation peut être déterminée sur un marché reconnu ;

– soit à des titres de créance dont la pertinence de la valeur de réalisation peut être appréciée par comparaison à une valorisation effectuée sur la base de la valeur nominale d'un titre et prenant notamment en compte les risques de taux et de contrepartie, à l'exclusion du risque de liquidité ; cette valorisation, tenue à disposition des souscripteurs sur la base d'une périodicité régulière et *a minima* tous les 15 jours, pouvant être effectuée :

- **soit par un organisme indépendant,**
- **soit en application d'un dispositif de valorisation** *[ce dispositif comprend la méthode et les données utilisées dans le cadre du processus de valorisation]* **établi antérieurement à l'émission des titres de créance concernés, en considération de leurs caractéristiques particulières ; le dispositif de valorisation et ses éventuelles évolutions postérieures à l'émission étant approuvés par un organisme indépendant.**

L'indépendance des organismes appelés à fournir les évaluations et valorisations recommandées ci-dessus, ou à approuver le dispositif de valorisation utilisé, étant appréciée tant sur le plan financier (entités non liées financièrement à l'organisme d'assurances et à l'émetteur) que technique (entités dotées des moyens et des compétences nécessaires à la fourniture d'une valorisation objective des titres).

4.3. *Mentionner, dans le document le plus approprié remis au souscripteur avant la sélection de l'unité de compte concernée, qu'en cas de demande de rachat, d'arbitrage, ou de dénouement du contrat avant l'échéance, l'émetteur ou une entité liée financièrement à l'émetteur peut décider d'acquérir le titre de créance. Cette information doit comporter de manière apparente la mention « Conflits d'intérêt [intérêts] potentiels sur la valeur de rachat ou de réalisation »*

4.4. *De mettre en œuvre les moyens et procédures nécessaires pour assurer un contrôle interne adapté de l'exécution, par l'organisme d'assurances ou l'intermédiaire d'assurances, de ses obligations d'information et de conseil et des dispositifs mis en place, selon les modalités recommandées aux paragraphes 4.1, 4.2 et 4.3 supra. Ces moyens et procédures devraient notamment assurer le suivi et le contrôle permanent des dispositifs de valorisation utilisés, ainsi que leur révision périodique, afin d'en apprécier l'objectivité et la fiabilité et de permettre de remédier aux déficiences relevées*

La présente recommandation s'applique aux actes de commercialisation postérieurs au 31 juillet.

Recommandation ACPR n° 2013-R-01 du 8 janvier 2013,

Sur le recueil des informations relatives à la connaissance du client dans le cadre du devoir de conseil en assurance-vie.

1. *Contexte*

Pour la commercialisation d'un contrat d'assurance-vie, l'organisme d'assurances, en absence d'intermédiation, ou l'intermédiaire d'assurances doit s'enquérir des exigences et des besoins du souscripteur, de sa situation financière, de ses objectifs de souscription, ainsi que de ses connaissances et de son expérience en matière financière, afin de délivrer un conseil adapté au client et à la complexité du contrat.

Dans la pratique, les professionnels ont souvent recours à des questionnaires grâce auxquels ils collectent les informations nécessaires pour apprécier le caractère adapté du conseil fourni au client *[à distinguer du dispositif de lutte contre le blanchiment de capitaux et le financement du terrorisme que les entités visées à l'art. L. 561-2 du code monétaire et financier doivent mettre en place]*.

Ainsi, les organismes d'assurance en absence d'intermédiation et les intermédiaires d'assurance doivent délivrer un conseil adapté, en orientant le client au mieux de ses intérêts, non seulement sur le choix du contrat d'assurance-vie, mais également, pour les contrats multisupports, sur la sélection des unités de compte.

L'analyse des documents et des pratiques observées sur le marché ainsi que les informations et réclamations reçues en matière de recueil des informations ont conduit l'ACPR et l'AMF à préciser leurs attentes en matière de recueil des informations relatives à la connaissance des clients. Celles-ci se traduisent par une recommandation de l'ACPR destinée aux organismes d'assurance et aux intermédiaires d'assurance, et par une position de l'AMF destinée aux prestataires de service d'investissement et aux conseillers en investissements financiers.

Cette démarche de l'ACPR et de l'AMF a été menée en étroite collaboration avec la Commission nationale de l'informatique et des libertés (CNIL), afin de garantir le respect des principes de la loi du 6 janvier 1978 modifiée.

2. *Rappel du cadre réglementaire*

Selon l'article L. 132-27-1 du code des assurances *[V. art. L. 132-27-1, R. 132-5-1-1 du code des assurances et art. L. 223-25-3, R. 223-6 du code de la mutualité. Pour les intermédiaires : art. L. 520-1-III du code des assurances]*, **lorsque la commercialisation d'un contrat d'assurance-vie** *[plus précisément, les contrats d'assurance-vie individuels comportant des valeurs de rachat, les contrats mentionnés à l'art. L. 132-5-3 ou à l'art. L. 441-1 du code des assurances et les contrats de capitalisation]* **est réalisée sans intermédiaire, l'organisme d'assurances doit s'enquérir des connaissances et de l'expérience du souscripteur en matière financière et disposer d'informations notamment sur sa situation financière et ses objectifs de souscription, afin d'être en mesure de préciser ses exigences et besoins ainsi que les raisons qui motivent le conseil fourni quant à un contrat déterminé.**

Ces précisions sont adaptées à la complexité du contrat d'assurance. Si le souscripteur ne fournit pas ces informations, il doit être mis en garde préalablement à la souscription du contrat d'assurance-vie.

L'article R. 132-5-1-1 du code des assurances *[V. art. R. 223-6 du code de la mutualité]* **ajoute que les précisions et, le cas échéant, la mise en garde sont communiquées au souscripteur par écrit, avec clarté et exactitude, sur support papier ou tout autre support durable à sa disposition et auquel il aura facilement accès.**

Selon l'article L. 520-1-III du code des assurances, les intermédiaires d'assurance sont soumis au respect de ces mêmes dispositions lorsqu'ils commercialisent un contrat d'assurance-vie.

L'article A. 132-8 du code des assurances *[V. art. A. 223-6 du code de la mutualité]* **précise que l'encadré placé en tête de la proposition d'assurance, de projet de contrat ou de notice doit prévoir la mention suivante : « La durée du contrat recommandée dépend notamment de la situation patrimoniale du souscripteur [ou de l'adhérent], de son attitude vis-à-vis**

du risque, du régime fiscal en vigueur et des caractéristiques du contrat choisi. Le souscripteur [ou l'adhérent] est invité à demander conseil auprès de son assureur ».

Par ailleurs, s'agissant du domaine de compétences de la CNIL, les professionnels procédant à la commercialisation de contrats d'assurance-vie sont tenus de respecter le principe de pertinence et de proportionnalité des données collectées au regard de la finalité du traitement afin de garantir le respect des principes de la loi du 6 janvier 1978 modifiée. Les personnes concernées par la collecte doivent être informées de manière claire et pédagogique :

– de l'identité du responsable de traitement ;

– de la finalité du traitement, en écartant les formulations trop génériques ;

– du caractère obligatoire ou facultatif des réponses et les conséquences d'un défaut de réponse ;

– des destinataires de ces informations ;

– de leurs droits d'accès, d'opposition, de rectification ;

– le cas échéant, de l'existence d'un transfert de données hors Union européenne en respectant à cette occasion les règles relatives au transfert.

3. *Champ d'application de la recommandation*

La présente recommandation s'applique aux entreprises d'assurance régies par le code des assurances, aux mutuelles ou unions régies par le livre II du code de la mutualité, aux institutions de prévoyance régies par le code de la sécurité sociale (ci-après, les « organismes d'assurance ») et aux intermédiaires d'assurance, y compris lorsque ces organismes d'assurance ou intermédiaires d'assurance interviennent en France en libre prestation de services ou en libre établissement.

La recommandation porte sur la commercialisation des contrats d'assurance-vie comportant des valeurs de rachat et des contrats de capitalisation, ci-après, « les contrats d'assurance-vie », aussi bien avec présence physique des parties que par vente à distance.

La recommandation s'applique aux organismes d'assurance et aux intermédiaires d'assurance en tenant compte de la complexité du contrat d'assurance proposé.

4. *Recommandation*

Afin de fournir un conseil adapté au client, l'ACPR recommande, conformément aux dispositions des articles L. 612-1, II, 3°, et L. 612-29-1, alinéa 2, du code monétaire et financier, aux organismes d'assurance et aux intermédiaires d'assurance :

4.1. *Sur les modalités de recueil et la traçabilité des informations*

4.1.1. D'informer le client que le recueil des informations est effectué dans son intérêt et a pour finalité la délivrance d'un conseil adapté.

4.1.2. De recueillir les informations du client au moyen de questions claires, précises et compréhensibles. La mise en place d'un arbre de décision approprié, par exemple sous la forme d'un questionnement logique, peut permettre un questionnement proportionné.

4.1.3. En vue d'améliorer la qualité des informations recueillies :

– d'attirer l'attention du client sur le fait que la fourniture d'une information complète et sincère est une condition indispensable à la délivrance d'un conseil adapté ;

– d'accompagner le client durant le processus d'évaluation et en lui fournissant les renseignements lui permettant de comprendre les questions et leur finalité ;

– d'inviter le client à apporter les modifications nécessaires lorsque les informations fournies présentent entre elles des incohérences manifestes.

4.1.4. De mettre en place une procédure interne sur les modalités d'actualisation des informations recueillies (périodicité, nature des modifications de la situation du client susceptibles de modifier le profil, etc.).

4.1.5. D'actualiser, en tant que de besoin, les informations recueillies antérieurement afin que le conseil fourni soit adapté au profil du client :

– au moment de la souscription du contrat d'assurance-vie ;

— à l'occasion d'un nouveau versement, d'un rachat partiel ou d'un arbitrage entre supports, lorsque ces opérations sont susceptibles d'entraîner une modification significative du contrat d'assurance-vie.

4.1.6. De s'assurer de la traçabilité des informations recueillies en :

— vérifiant que le document de recueil des informations a bien été remis au client ou tenu à sa disposition, par exemple en cas de vente à distance ;

— veillant à la conservation des informations recueillies et à leur accessibilité, pendant toute la relation avec le client et au-delà, conformément aux règles attachées à la prescription.

4.2. *Sur le contenu des informations*

4.2.1. De recueillir des informations, lorsqu'elles sont pertinentes, sur la situation familiale, patrimoniale et professionnelle du client. La pertinence des informations recueillies s'analyse au regard des contrats souscrits.

Ces informations pourraient comprendre :

— en ce qui concerne la situation familiale, des informations sur :

• l'identité du client, la résidence fiscale, le régime matrimonial des époux, l'identité et le nombre des personnes à charge (par exemple, enfant, majeur protégé), leur âge,

• le cas échéant, le conjoint/partenaire de PACS (par exemple, identité, âge) ;

— en ce qui concerne la situation patrimoniale, des informations sur :

• les revenus du client (par exemple, nature, montant et fréquence) et, le cas échéant, du conjoint/partenaire de PACS,

• les dépenses courantes actuelles et éventuellement futures du client ainsi que les facteurs susceptibles de les influencer,

• la capacité d'épargne,

• la composition, la liquidité et la disponibilité du patrimoine, et la valeur indicative des éléments du patrimoine (par exemple, résidence principale, résidence secondaire, produits d'épargne et d'investissement),

• les charges financières (par exemple, remboursement d'emprunt immobilier),

• la quote-part du patrimoine que le client envisage d'investir ;

— en ce qui concerne la situation professionnelle, des informations sur :

• la situation professionnelle du client et du conjoint/partenaire de PACS,

• le cas échéant, la date prévisionnelle de départ à la retraite.

4.2.2. De s'enquérir des connaissances et de l'expérience du client en matière financière au moyen de questions :

— ne recourant pas exclusivement à l'auto-évaluation par le client ;

— distinguant la connaissance théorique et la détention de produits d'épargne et d'investissement ;

— reposant notamment sur :

• l'information de la détention présente ou passée de produits d'épargne et d'investissement, leur mode de gestion (par exemple, gestion directe, gestion sous mandat, gestion conseillée),

• l'existence de gains réalisés ou de pertes déjà subies sur les différents produits d'épargne et d'investissement, et la réaction du client à ces gains ou à ces pertes.

4.2.3. De déterminer les objectifs de souscription et l'horizon d'investissement du client en :

— proposant une liste d'objectifs de souscription (par exemple, préparation de la retraite, transmission d'un capital au moment du décès, constitution d'une épargne de précaution, investissement à long, moyen ou court terme), en les explicitant et en offrant la possibilité de les hiérarchiser ;

— interrogeant le client sur la durée envisagée de l'investissement.

4.2.4. De déterminer objectivement le profil du client au regard du rendement attendu par le client et du niveau de risque qu'il est prêt à supporter en :

— attirant son attention sur le fait qu'un rendement élevé est susceptible d'entraîner un risque important en s'appuyant, le cas échéant, sur plusieurs scénarios d'évolution de l'épargne (rendement, possibilité de quantifier ce que le client est prêt à perdre ou à gagner, probabilité de survenance, etc.) ;

– définissant de manière compréhensible et précise les différents profils et, le cas échéant, les termes techniques et/ou complexes ;

– se fondant principalement sur des questions en lien avec l'investissement.

4.3. *Sur l'exploitation des informations*

4.3.1. D'identifier et gérer les réponses manifestement incohérentes entre elles et/ou incomplètes apportées par le client en :

– mettant en place des mécanismes d'alerte à l'occasion du recueil des informations ;

– attirant, le cas échéant, l'attention du client sur cette situation (par exemple, informations sur sa situation financière, ses objectifs de souscription et ses connaissances, et son expérience en matière financière).

4.3.2. D'exploiter l'ensemble des informations recueillies nécessaires pour déterminer le profil du client et lui fournir un conseil adapté.

4.3.3. De s'assurer que les personnes en charge de la commercialisation disposent des connaissances suffisantes pour exploiter les outils et/ou documents de recueil des informations.

4.4. *Sur les moyens et procédures mis en place*

4.4.1. De mettre en œuvre les moyens et procédures nécessaires pour s'assurer du respect des règles de protection de la clientèle sur le recueil des informations relatives à la connaissance du client.

4.4.2. Pour les entités tenues de se doter d'un dispositif de contrôle interne :

– de prendre en considération dans le dispositif de contrôle interne les modalités de recueil, la gestion et l'exploitation des informations fournies par le client ainsi que le fonctionnement de l'outil utilisé ;

– d'être en mesure de justifier auprès de l'ACPR des moyens et procédures mis en place pour le recueil des informations relatives à la connaissance du client.

La présente recommandation s'applique à compter du 1er octobre 2013.

Recommandation ACPR n° 2014-R-01 du 3 juillet 2014,

Sur les conventions concernant la distribution des contrats d'assurance-vie.

1. *Contexte*

L'analyse des pratiques et des conventions observées sur le marché de l'intermédiation en assurance a permis de relever que les organismes d'assurance et les intermédiaires d'assurance recourraient généralement à des conventions écrites pour régir leurs relations, et ce avant même janvier 2010.

Afin *« d'harmoniser certaines règles applicables à la commercialisation d'instruments financiers avec celles applicables à la commercialisation de produits d'épargne et d'assurance comparables »* et plus particulièrement, de *« prévoir la mise en place de conventions régissant les rapports entre les producteurs et les distributeurs »*, l'ordonnance n° 2008-1271 du 5 décembre 2008, dont les textes d'application sont entrés en vigueur en janvier 2010, a rendu obligatoire l'établissement de conventions entre les producteurs et les distributeurs d'instruments financiers et de contrats d'assurance-vie et de capitalisation.

Ces textes précisent que les conventions doivent comporter des indications relatives :

– Au contrôle par le producteur de la conformité des documents publicitaires émis par le distributeur aux documents contractuels ;

– A la mise à disposition du distributeur par le producteur de toutes les informations nécessaires à la bonne commercialisation de ses contrats d'assurance-vie.

Or, il a été observé que bien souvent les mentions exigées étaient imprécises et mal adaptées à la multiplicité des acteurs du circuit de distribution. La volonté du législateur d'encadrer et d'assurer la qualité de l'information délivrée au client n'est dès lors pas satisfaite.

A l'inverse, il a été observé, auprès d'intermédiaires ayant recours à un réseau de distributeurs, que certains d'entre eux avaient pris l'initiative d'établir avec leurs partenaires des conventions comportant des obligations similaires à celles prévues dans les conventions qui les lient aux organismes d'assurance.

En effet, en présence de chaînes de distribution, les interlocuteurs se multiplient de sorte que le lien entre l'organisme d'assurances et l'assuré devient de plus en plus lointain. Ainsi, l'intermédiaire interlocuteur de l'organisme d'assurances (« intermédiaire initial ») peut se distinguer de l'intermédiaire interlocuteur du client (« intermédiaire distributeur ») auquel il commercialise le contrat. Or, cet intermédiaire distributeur n'est le plus souvent pas lié directement à l'organisme d'assurances par une convention.

Dans un tel contexte, afin que la finalité et l'efficacité de la convention conclue entre l'intermédiaire et l'organisme d'assurances soient assurées, les modes de distribution faisant intervenir une pluralité d'intermédiaires doivent pouvoir être pris en considération dans le cadre de ce type de convention.

L'ACPR et l'AMF sont appelées à contrôler des acteurs de la distribution qui relèvent de leur périmètre de contrôle respectif, parfois commun, sur des textes rédigés en termes similaires. Les deux autorités ont donc mené une action conjointe sur l'application de ces conventions, au terme de laquelle il leur est apparu nécessaire de préciser leurs attentes, afin que ces conventions répondent bien au double objectif suivant :

— Clarifier les obligations de chacune des parties à la convention en matière de processus de validation des documents publicitaires et de transmission des informations permettant d'apprécier les caractéristiques d'un contrat ;

— Assurer la protection des clients tout au long de la chaîne de commercialisation du contrat d'assurance-vie en veillant, en particulier, à la fiabilité des informations qui leur sont communiquées au travers de la publicité diffusée ou du conseil fourni.

2. *Rappel du cadre légal et réglementaire*

En application des articles L. 132-28, R. 132-5-1 et R. 132-5-2 du code des assurances les intermédiaires doivent établir des conventions avec les organismes d'assurance proposant les contrats d'assurance-vie individuels comportant des valeurs de rachat, les contrats de capitalisation, ainsi que les contrats d'assurance de groupe sur la vie comportant des valeurs de transfert ou de rachat et les contrats visés à l'article L. 441-1, à l'exclusion des contrats à adhésion obligatoire.

Selon les articles L. 132-28 et R. 132-5-1 du code des assurances, ces conventions doivent être établies par écrit à la demande des intermédiaires d'assurance et doivent prévoir notamment :

i. Les conditions dans lesquelles l'intermédiaire soumet, à l'organisme d'assurances, les documents à caractère publicitaire qu'il a établis, préalablement à leur diffusion :

— A la charge de l'intermédiaire :

• La soumission à l'entreprise d'assurances des projets de document publicitaire et de toute modification envisagée, quel que soit le support de diffusion utilisé ;

• L'obligation de n'utiliser que les documents à caractère publicitaire approuvés par l'entreprise d'assurances.

— A la charge de l'organisme d'assurances :

• La vérification de la conformité de tout projet ou modification de document à caractère publicitaire relatif à un contrat d'assurance-vie ou de capitalisation et, le cas échéant, de la notice ou note *[Visées respectivement aux art. L. 132-5-3 et L. 132-5-2 C. assur.]* ;

• Un délai pour procéder à cette vérification.

ii. Les conditions dans lesquelles l'organisme d'assurances met à disposition de l'intermédiaire les informations nécessaires à l'appréciation de l'ensemble des caractéristiques du contrat, tant par l'intermédiaire que par la clientèle. Ces informations sont transmises et mises à jour de manière systématique notamment sous forme de fiches de présentation et sont disponibles sur support papier ou tout autre support durable.

Ainsi que le prévoit l'article R. 132-5-2 du code des assurances, les conventions ne sont toutefois pas exigées dès lors que :

– l'intermédiaire n'a recours qu'aux documents à caractère publicitaire mis à sa disposition par l'organisme d'assurances et,

– que l'organisme d'assurances s'est engagé par écrit à transmettre à l'intermédiaire les informations nécessaires à l'appréciation des caractéristiques du contrat.

L'article L. 116-5 du code de la mutualité impose que les mutuelles et unions proposant des contrats d'assurance-vie et de capitalisation établissent avec leurs intermédiaires des conventions qui prévoient un cadre similaire à celui décrit à l'article L. 132-28 du code des assurances.

Par ailleurs, les articles L. 132-27 du code des assurances *[et l'art. L. 932-23 CSS, qui renvoie à ces dispositions]* et L. 223-25-2 du code de la mutualité prévoient notamment que toutes les informations, y compris les communications à caractère publicitaire, présentent un contenu exact, clair et non trompeur.

En outre, les articles L. 520-1 et L. 132-27-1 du code des assurances et L. 223-25-3 du code de la mutualité mettent, à la charge des intermédiaires d'assurance, l'obligation de s'enquérir des informations relatives à la connaissance du client, de préciser ses exigences et besoins exprimés, et les raisons qui motivent le conseil fourni, en tenant compte en particulier de la complexité du contrat.

3. *Champ d'application de la recommandation*

3.1. *Les contrats d'assurance concernés*

La présente recommandation concerne les contrats d'assurance individuels comportant des valeurs de rachat et les contrats de capitalisation relevant du code des assurances, les contrats visés à l'article L. 441-1 du code des assurances, les contrats mentionnés à l'article L. 132-5-3 du code des assurances à l'exclusion de ceux dont le lien qui unit l'adhérent au souscripteur rend obligatoire l'adhésion au contrat, ainsi que les opérations visées à l'article L. 223-1 du code de la mutualité (ci-après « les contrats d'assurance-vie »).

3.2. *Les personnes concernées*

La recommandation s'applique aux entreprises d'assurance et de capitalisation régies par le code des assurances, aux mutuelles ou unions régies par le livre II du code de la mutualité, aux institutions de prévoyance régies par le code de la sécurité sociale (ci-après « le(s) organisme(s) d'assurance ») et aux intermédiaires d'assurance mentionnés aux articles L. 511-1 du code des assurances et L. 116-2 du code de la mutualité (ci-après « l'(les) intermédiaire(s) »), y compris lorsque ces organismes d'assurance ou intermédiaires d'assurance interviennent en France en libre prestation de services ou en libre établissement.

4. *Recommandation*

Dans un objectif de meilleure information de l'assuré et de délivrance d'un conseil adapté lors de la commercialisation des contrats d'assurance-vie, l'ACPR recommande, conformément aux dispositions des articles L. 612-1, II, 3°, et L. 612-29-1, alinéa 2, du code monétaire et financier, les bonnes pratiques suivantes :

4.1. *Sur les communications à caractère publicitaire, l'ACPR recommande*

Lorsque l'intermédiaire a recours à des communications à caractère publicitaire autres que celles mises à sa disposition par l'organisme d'assurances, de prévoir clairement dans la convention :

4.1.1 La soumission systématique par l'intermédiaire à l'organisme d'assurances, préalablement à leur diffusion, de tout nouveau projet de communication à caractère publicitaire, ainsi que des modifications apportées à un projet préalablement approuvé ou à une communication mise à disposition par l'assureur. Ces communications sont soumises à l'organisme d'assurances quels que soient leurs supports et leurs formats de diffusion, dans les conditions de leur présentation auprès du public.

4.1.2 L'émission par l'organisme d'assurances d'un avis (validation pure et simple, refus pur et simple ou demande de modification) pour toutes les communications à caractère publicitaire qui lui sont soumises par l'intermédiaire dans les conditions du 4.1.1, y compris dans leur version finalisée, préalablement à toute diffusion au public.

4.1.3 L'engagement de l'organisme d'assurances de vérifier la conformité des communications à caractère publicitaire dans un (des) délai(s) fixé(s) en nombre maximum *[maximal]* de jours, adapté(s) le cas échéant aux modalités de commercialisation de l'intermédiaire et au(x) support(s) de communication utilisé(s).

4.1.4 L'engagement de l'intermédiaire de ne pas utiliser les documents publicitaires en cas de silence de l'organisme d'assurances.

4.2. *Sur les informations relatives au contrat d'assurance, l'ACPR recommande*

En présence d'une convention

S'agissant de l'information que doit transmettre l'organisme d'assurances à l'intermédiaire d'assurances, de prévoir clairement dans la convention :

4.2.1 Afin que les parties à la convention soient en mesure de les identifier clairement, l'indication du (des) types de document(s) destiné(s) à la communication des informations nécessaires à l'appréciation de l'ensemble des caractéristiques du contrat, comprenant notamment les informations afférentes spécifiquement aux unités de compte et aux frais.

4.2.2 Le délai fixé en nombre de jours minimum *[maximal]* et les modalités selon lesquelles les informations sont transmises, préalablement à la commercialisation du contrat d'assurance et à sa mise à jour, en prévoyant que ces informations :

– doivent être aisément accessibles ;

– puissent être conservées d'une manière permettant de s'y reporter aisément, pendant une période adaptée aux fins auxquelles elles sont destinées ;

– puissent être reproduites à l'identique des informations stockées.

En l'absence de convention

4.2.3 Lorsque l'intermédiaire n'a recours qu'aux communications à caractère publicitaire telles qu'elles ont été mises à sa disposition par l'organisme d'assurances, de prévoir clairement dans l'écrit mentionné à l'article R. 132-5-2 du code des assurances les éléments visés au 4.2.

4.3. *Sur les modalités de mise en œuvre des points 4.1 et 4.2 en cas de chaîne de distribution, l'ACPR recommande*

Lorsque, pour la distribution de contrats d'un organisme d'assurances, l'intermédiaire initial a recours à d'autres intermédiaires :

4.3.1 D'introduire dans sa convention avec l'organisme d'assurances une clause par laquelle il s'engage à conclure lui-même, avec chaque intermédiaire distributeur, une convention portant sur les modalités de validation et/ou d'utilisation des documents publicitaires et sur la transmission des informations nécessaires à l'appréciation de l'ensemble des caractéristiques du contrat d'assurance.

4.3.2 De prévoir clairement dans chaque convention entre l'intermédiaire initial et un intermédiaire distributeur que :

– l'intermédiaire distributeur a recours aux communications à caractère publicitaire telles qu'elles ont été mises à sa disposition par l'intermédiaire initial ;

– à défaut, l'intermédiaire distributeur transmet les projets de communications à caractère publicitaire et de toute modification envisagée, quel que soit le support de diffusion utilisé, à l'intermédiaire initial afin que ce dernier les soumette à l'organisme d'assurances pour validation ;

– l'intermédiaire initial transmet à l'intermédiaire distributeur les informations permettant d'apprécier les caractéristiques des contrats d'assurance et leur mise à jour.

4.3.3 A l'intermédiaire initial, de s'assurer que la convention qu'il conclut avec l'intermédiaire distributeur contienne des dispositions qui sont compatibles avec la mise en œuvre des dispositions de la convention qu'il a conclue avec l'organisme d'assurances et qui lui permettent de respecter les engagements pris à l'égard de l'organisme d'assurances, dans les conditions prévues par la présente recommandation.

4.3.4 A l'intermédiaire initial, dans l'hypothèse visée au 4.2.3 et lorsque l'intermédiaire distributeur n'a recours qu'aux communications à caractère publicitaire de l'organisme d'assurances, de s'engager par écrit à transmettre à l'intermédiaire distributeur les informations nécessaires à l'appréciation de l'ensemble des caractéristiques des contrats d'assurance et leur mise à jour.

4.4. *Sur les moyens et procédures mis en place, l'ACPR recommande*

Aux organismes d'assurance*[s]* et aux intermédiaires :

– De mettre en œuvre les moyens et procédures nécessaires pour s'assurer du respect des modalités tenant à l'établissement et à l'exécution des conventions recommandées aux paragraphes 4.1, 4.2 et 4.3 *supra*.

– D'être en mesure de justifier auprès de l'ACPR des moyens et procédures mis en œuvre ou d'expliquer, le cas échéant, pourquoi il a été choisi de ne pas se conformer à certains éléments de la présente recommandation.

Cette recommandation sera applicable à compter du 1er janvier 2015.

Recommandation ACPR n° 2015-R-01 du 12 février 2015,

Sur les communications à caractère publicitaire des contrats d'assurance-vie.

1. *Contexte*

Les communications constituent la toute première étape de la relation entre un professionnel de l'assurance et sa clientèle et sont, à ce titre, déterminantes pour la conclusion ultérieure des contrats d'assurance.

Les clients et le public, d'une manière générale, prêtent une attention particulière aux informations diffusées au travers des publicités. Ils peuvent, face à la complexité de certains produits ou offres proposés, être tentés de retenir des publicités les seules caractéristiques avantageuses, au détriment des risques ou des caractéristiques moins favorables. Ainsi les clients peuvent, au travers des communications à caractère publicitaire, être incités à souscrire des contrats, réaliser de nouveaux versements sur leurs contrats ou investir sur des unités de compte sans avoir perçu leur nature exacte ni les éventuels risques y afférant.

Soucieux tant du respect de l'intérêt des épargnants, assurés et investisseurs, que d'un développement sain de l'épargne financière sous toutes ses formes, le Comité consultatif du secteur financier (CCSF) a adopté, le 3 juin 2008, une recommandation relative à la publicité des produits financiers.

De son côté, et dans le cadre de sa mission de surveillance et de contrôle des communications à caractère publicitaire, l'ACPR a été amenée à constater des mauvaises pratiques pouvant nuire à la compréhension des offres et des produits d'assurance-vie proposés. Celles-ci résultent de l'absence de clarté ou de l'omission de certains éléments notamment relatifs à la nature du contrat d'assurance-vie, aux risques corollaires des avantages promus (dont celui de perte en capital) ou plus généralement au rendement.

Depuis 2010 l'ACPR a d'ores et déjà inséré certaines bonnes pratiques très ciblées en matière de communication publicitaire dans trois recommandations portant sur des unités de compte spécifiques (titres de créance, produits complexes) ou sur des contrats particuliers (contrats d'assurance sur la vie liés au financement en prévision d'obsèques).

Afin de compléter le dispositif déjà élaboré et de faire connaître ses attentes en matière de communication à caractère publicitaire à l'ensemble des professionnels, quelle que soit la nature des contrats d'assurance-vie concernés, l'ACPR recommande par la présente des bonnes pratiques tant sur les éléments de présentation générale de la publicité que sur les modalités d'application spécifiques. Il en est notamment ainsi de la nature du contrat, de la présentation équilibrée des avantages promus par rapport aux risques encourus, de la présentation des taux de rendement et des opérations commerciales (comprenant les arguments liés aux frais du contrat).

2. Rappel du cadre législatif et réglementaire

2.1. Concernant le contenu des communications à caractère publicitaire

Les dispositions légales en vigueur posent des exigences ayant trait d'une part au discours publicitaire et, d'autre part, à l'identification des entreprises à l'origine de la publicité.

2.1.1. S'agissant du discours publicitaire

Selon l'article L. 132-27 du code des assurances *[Cf. art. L. 223-25-2 C. mut. et L. 932-23 CSS]*, les communications à caractère publicitaire relatives à un contrat d'assurance sur la vie ou à un contrat de capitalisation doivent présenter un contenu exact, clair et non trompeur et doivent être clairement identifiées comme telles.

L'article L. 310-28*[,]* alinéa 3*[,]* du code des assurances *[Cf. art. L. 510-12 C. mut.]* sanctionne par ailleurs le fait de formuler des déclarations mensongères dans tout document porté à la connaissance du public ou de la clientèle.

En outre, l'article R. 310-5 du code des assurances *[Cf. les art. similaires R. 211-1 C. mut. et R. 931-1-2 CSS]* dispose notamment que les documents destinés à être distribués au public ou publiés par une entreprise ne doivent contenir aucune allusion au contrôle de l'État, ni aucune assertion susceptible d'induire en erreur sur la véritable nature de l'entreprise ou l'importance réelle de ses engagements.

S'agissant du code de la consommation, l'article L. 121-1 prévoit qu'une pratique commerciale est trompeuse notamment lorsqu'elle repose sur des allégations, indications ou présentations fausses ou de nature à induire en erreur sur la nature du service, ses caractéristiques essentielles, ses conditions de vente ou encore la portée des engagements de l'annonceur.

L'article L. 121-1-1 du même code dresse en outre une liste des pratiques commerciales réputées trompeuses en toutes circonstances, dont certaines pourraient concerner la commercialisation des contrats d'assurance-vie.

2.1.2. S'agissant de l'identification de l'annonceur

Selon l'article L. 121-1 du code de la consommation, une pratique commerciale est également trompeuse lorsque la personne pour le compte de laquelle la pratique est mise en œuvre n'est pas clairement identifiable.

De manière complémentaire, l'article R. 310-5 du code des assurances *[S'agissant des mutuelles et unions, art. L. 116-5 C. mut.]* pose notamment des exigences d'identification de l'entreprise d'assurances dont émanent les documents publicitaires par la mention de son nom ou de sa raison sociale. Sa nature ainsi que le régime juridique qui lui est applicable doivent également apparaître *[Information également prévue par l'art. L. 112-2 C. mut. et les art. R. 322-45 et R. 322-98 C. assur.]*.

L'article R. 520-3 du code des assurances prévoit en outre des exigences d'identification des intermédiaires en assurance et, le cas échéant, des entreprises d'assurance proposant le contrat.

2.2. Concernant les modalités d'élaboration des publicités

Les articles L. 132-28 et R. 132-5-1 du code des assurances *[S'agissant des mutuelles et unions, art. L. 116-5 C. mut.]* imposent aux entreprises d'assurance et à leurs intermédiaires d'établir une convention afin notamment d'organiser les modalités de transmission par l'intermédiaire des publicités, avant leur diffusion, et de validation par l'assureur qui s'assure de leur conformité au contrat d'assurance. Seule la publicité validée par l'assureur peut ainsi être diffusée.

3. Champ d'application de la recommandation

3.1. Les contrats d'assurance concernés

La présente recommandation concerne les communications à caractère publicitaire relatives à l'ensemble des contrats d'assurance sur la vie, en ce compris leurs supports (fonds euros, unité de compte, part de provision de diversification, etc.), ainsi que des contrats de capitalisation, couverts par les articles L. 132-27 du code des assurances, L. 223-25-2 du code de la mutualité et L. 932-23 du code de la sécurité sociale (ci-après « les contrats d'assurance-vie »).

Sont notamment concernées les communications à caractère publicitaire en faveur d'instruments financiers dès lors que ces derniers sont également promus en tant qu'unités de compte de contrats d'assurance-vie.

3.2. *Les personnes concernées*

La recommandation s'applique aux entreprises d'assurance et de capitalisation régies par le code des assurances, aux mutuelles ou unions régies par le code de la mutualité, aux institutions de prévoyance régies par le code de la sécurité sociale (ci-après « le(s) organisme(s) d'assurance »), aux intermédiaires d'assurance mentionnés aux articles L. 511-1 du code des assurances et L. 116-2 du code de la mutualité (ci-après « l'(les) intermédiaire(s) »), y compris lorsque ces organismes d'assurance ou intermédiaires interviennent en France en libre prestation de services ou en libre établissement, ainsi qu'aux personnes souscrivant un contrat d'assurance de groupe.

3.3. *Les supports concernés*

L'ensemble des bonnes pratiques énoncé dans la présente recommandation est à prendre en compte *mutatis mutandis*, quels que soient le média et le format de diffusion des communications à caractère publicitaire concernées.

4. ***Recommandation***

Dans un objectif d'information claire, exacte et non trompeuse de l'assuré lors de la commercialisation des contrats d'assurance-vie, l'ACPR recommande aux personnes concernées, conformément aux dispositions des articles L. 612-1, II 3° et L. 612-29-1, alinéa 2*[,]* du code monétaire et financier, les bonnes pratiques suivantes :

4.1. *Sur les modalités générales de présentation publicitaire, l'ACPR recommande :*

4.1.1. D'identifier clairement le caractère publicitaire de la communication, notamment par son format, son contenu, ou, à défaut, par une information explicite.

4.1.2. De présenter clairement les différentes informations de manière à permettre au public d'en appréhender aisément le sens. Il s'agira en particulier :

– d'utiliser des présentations, formulations ou un vocabulaire intelligibles pour le public concerné ;

– de ne pas utiliser un vocabulaire ambigu, des termes dont le sens commun pourrait dénaturer l'information par rapport aux caractéristiques du contrat d'assurance-vie promu, ou une information qui, bien qu'exacte, serait susceptible de tromper le public ;

– de ne pas travestir, minimiser ou occulter des éléments, déclarations ou avertissements importants, en particulier, ne pas induire en erreur sur les caractéristiques du contrat ;

– de ne pas utiliser de données chiffrées dans un contexte ne permettant pas d'en comprendre immédiatement le sens, en particulier, ne pas entretenir de confusion entre un taux de rendement et d'autres types de taux (à titre d'exemple : taux de service de rente, taux d'un autre service financier).

4.1.3. De présenter de manière équilibrée les risques qui sont le corollaire des avantages mis en avant en les mentionnant de manière apparente, dans le corps principal du texte publicitaire, de façon à ce que ces risques se distinguent des autres informations et à ce que le public n'ait pas à les rechercher dans la communication à caractère publicitaire pour en prendre connaissance. L'appréciation du caractère équilibré de la présentation repose sur un ensemble d'éléments tenant notamment à l'emplacement dans la communication, à la taille des caractères, la typographie et la couleur utilisées.

4.1.4. De choisir un support et un format de diffusion adapté au(x) message(s) publicitaire(s) afin de permettre au public de disposer d'une présentation équilibrée de l'offre lui permettant d'en comprendre les caractéristiques principales.

4.1.5. De rendre les différentes informations parfaitement lisibles ou audibles, dans des conditions normales de lecture ou d'audition. S'agissant des informations écrites, il convient, en particulier, de les faire apparaître :
– en position horizontale ;
– avec des caractères de taille suffisante et normalement espacés ;
– dans une couleur de caractère contrastée par rapport à celle utilisée sur le fond de la publicité.

4.1.6. De présenter les mentions en renvoi *[Les informations pour lesquelles une présentation spécifique est recommandée par le présent texte afin de respecter l'équilibre de l'offre ne sauraient faire l'objet de mentions en renvoi. Tel est notamment le cas des mentions devant expressément figurer dans le corps principal du texte publicitaire, ou à proximité de certaines information.]* de manière parfaitement claire et lisible. Il s'agira en particulier de :
– rattacher, par un numéro ou signe apparent et distinct, chaque information à sa mention qui figure en renvoi. Ce signe sera reproduit à proximité de l'information concernée et de la mention en renvoi s'y rapportant ;
– détacher les mentions les unes des autres par tout moyen approprié (numéros ou signes de renvoi en corps gras, espacement entre les mentions, interligne, retour à la ligne, etc.), de sorte qu'elles ne se confondront pas entre elles ;
– limiter l'utilisation excessive des mentions et renvois ;
– en outre, pour les communications à caractère publicitaire diffusées sur des bannières internet de taille réduite, lorsque les mentions en renvoi sont accessibles en cliquant, de les rendre accessibles au premier clic et dans une présentation qui permette de visualiser sur une page dédiée à l'offre concernée les mentions en renvoi et les informations auxquelles elles se rapportent.

4.2. *Sur la nature du contrat, l'ACPR recommande :*

4.2.1. De permettre au public d'identifier la nature du contrat d'assurance-vie ou du support promu (à titre d'exemple : contrat en euros, en unités de compte, etc.).

4.2.2. De veiller à ce que la présentation, et notamment les dénominations commerciales employées, dès lors qu'elles ne sont pas reprises de la réglementation, ne soient pas susceptibles d'induire en erreur sur la nature du contrat et sur ses risques éventuels, ni d'entraîner une confusion avec un autre produit d'épargne ou service financier.

4.2.3. Lorsque la dénomination commerciale retenue pour désigner un contrat d'assurance-vie, antérieurement à la date d'application de la présente recommandation, est susceptible de prêter à confusion avec un autre produit d'épargne ou service financier, de prévoir une information sur la nature du contrat d'assurance-vie, de manière apparente et à proximité immédiate de la mention de la dénomination commerciale.

4.3. *Lorsque la communication porte sur un contrat ou un support présentant un risque de perte en capital/sur un argument lié à la garantie, l'ACPR recommande :*

4.3.1. Lorsque la communication fait la promotion d'un contrat ou de supports présentant un risque de perte en capital, ou d'une offre nécessitant un investissement sur ces supports, de mentionner de manière équilibrée, dans les conditions du 4.1.3 ci-dessus, par une formulation explicite, le risque de perte en capital, le cas échéant partiel, en cas de sortie anticipée ou à l'échéance.

4.3.2. D'utiliser un argument lié à la garantie du capital uniquement si elle est inconditionnelle, c'est-à-dire si elle ne comporte aucune condition autre que l'obligation de conserver le contrat ou les supports jusqu'à leur échéance. Lorsque la garantie porte sur le capital déduction faite des frais versés par le souscripteur, de mentionner cette information de manière apparente.

4.3.3. Lorsque cette garantie du capital n'est pas totale, d'indiquer le pourcentage des sommes versées par le client auquel la garantie correspond et de préciser de manière apparente si ces sommes versées s'entendent nettes de frais.

4.3.4. Lorsqu'un engagement de garantie d'un tiers est mentionné, de présenter cet engagement de manière à ce qu'il ne puisse être confondu avec une garantie de l'assureur. De préciser l'identité du garant ainsi que les circonstances de la mise en jeu de la garantie (à titre d'exemple : garantie en cas de défaut de l'émetteur de remplir ses obligations) et ses limitations éventuelles (montant, durée, etc.).

4.4. *Lorsque la publicité porte sur le rendement passé ou à venir du contrat, l'ACPR recommande :*

Sur le taux de rendement passé ou futur :

4.4.1. Lorsqu'un taux de rendement est annoncé, d'exprimer le taux annoncé sous la forme d'un taux annualisé, net de frais de gestion supportés par le contrat, ou les supports promus, avant prélèvements sociaux et fiscaux et de le présenter comme tel dans la communication publicitaire.

4.4.2. D'indiquer si, en dehors des frais de gestion déjà pris en compte dans le calcul du taux, d'autres frais pourraient être prélevés.

4.4.3. De mentionner de manière apparente, la période d'application du rendement annoncé et les conditions de souscription pour en bénéficier et notamment :
– la conservation du contrat, des supports ou le maintien des sommes investies, pendant une période donnée ;
– le montant d'investissement minimum en précisant s'il est net ou brut de frais ;
– les conditions de ventilation sur les supports ou les différentes unités de compte, ce qui implique de mentionner le cas échéant le risque de perte en capital, même partiel, en cas de sortie anticipée et/ou à l'échéance.

4.4.4. De s'assurer que le taux mentionné correspond à celui du support ou du contrat promu.

4.4.5. De s'abstenir d'utiliser de présentation pouvant suggérer, si tel n'est pas le cas :
– un rendement positif systématique ou,
– une augmentation du rendement systématique.

4.4.6. De ne communiquer sur un taux relatif à un contrat ou à un support qui n'est plus commercialisé qu'auprès des clients déjà détenteurs du contrat ou du support concerné.

Sur le taux de rendement passé :

4.4.7. D'identifier de manière apparente que le taux de rendement annoncé est un taux passé en précisant sa période de référence.

4.4.8. D'insérer de manière équilibrée, dans les conditions du 4.1.3, un avertissement selon lequel le rendement passé annoncé ne préjuge pas du rendement futur.

4.4.9. Pour les supports en unités de compte, de ne pas utiliser le taux de rendement passé comme thème central de la communication.

4.4.10. D'indiquer, de manière apparente et à proximité immédiate du taux, si ce taux est relatif au fonds euros ou à un autre support.

4.4.11. Lorsque, sur le support concerné par l'annonce de taux, plusieurs taux différents ont été servis pendant la période de référence de mentionner le taux minimal servi. Lorsque la communication à caractère publicitaire indique en plus du taux minimal servi un ou d'autres taux, de présenter les différents taux de manière équilibrée, dans les conditions du 4.1.3.

Sur le taux de rendement futur :

4.4.12. D'identifier de manière apparente que le taux de rendement annoncé est un taux de rendement futur.

4.4.13. D'indiquer de manière apparente et à proximité immédiate du taux si la garantie de taux est applicable au seul fonds euros lorsque le contrat promu est un contrat multisupports.

4.4.14. De mentionner de manière équilibrée, dans les conditions du 4.1.3 ci-dessus, que le rendement n'est, le cas échéant, pas certain et d'en préciser les conditions de réalisation (à titre d'exemple : variation d'un indice financier, événement de crédit).

4.4.15. Lorsque l'offre est valable pour les contrats déjà souscrits, d'indiquer de manière claire, univoque, et apparente, si le taux annoncé est appliqué aux versements effectués antérieurement ou aux seuls versements effectués pendant la durée de l'offre. Cette présentation peut prendre la forme d'une formulation de type : « valable sur les nouveaux versements effectués jusqu'au... ».

4.5 *Lorsque la communication porte sur des opérations commerciales de promotion, l'ACPR recommande :*

4.5.1. Lorsque l'opération commerciale est soumise à conditions, de l'indiquer de manière apparente et à proximité immédiate de l'avantage promu par une mention (telle que « sous conditions », « soumis à conditions »).

4.5.2. D'indiquer de manière apparente les conditions auxquelles est subordonnée l'offre promotionnelle, notamment sa durée de validité, et les modalités de la promotion.

4.5.3. Si le client se voit appliquer les conditions normales de l'offre après la période promotionnelle, de mentionner les conditions qui seront applicables à cette échéance.

4.5.4. Lorsque l'avantage promu est contrebalancé par l'existence de frais, d'indiquer le fait que des frais seront prélevés (notamment lorsque la communication fait état de la gratuité de certains frais).

4.6. *Sur la référence à l'autorité de contrôle, l'ACPR recommande :*

De ne pas faire référence à l'ACPR d'une manière qui puisse indiquer ou laisser entendre que cette autorité approuve ou cautionne les offres ou les contrats d'assurance-vie promus, y compris les instruments financiers lorsqu'ils sont promus en tant qu'unités de compte de contrats d'assurance-vie.

4.7. *Sur l'utilisation d'un positionnement, d'une étude de marché, d'opinions, d'un label de qualité ou un équivalent, l'ACPR recommande :*

D'effectuer un renvoi à tout moyen de communication permettant au public de prendre aisément connaissance de la source ou du nom du professionnel à l'origine des études et distinctions, leur durée de validité et les modalités d'octroi de ces distinctions (à titre d'exemples : jury de professionnels, échantillon de consommateurs).

4.8. *Sur les moyens et procédures mis en place, l'ACPR recommande :*

De mettre en œuvre les moyens et procédures nécessaires pour s'assurer du respect des modalités visées par la présente recommandation.

Cette recommandation complète, sans s'y substituer, les recommandations de l'ACPR de bonnes pratiques déjà publiées.

Cette recommandation sera effective six mois après sa publication.

Recommandation ACPR n° 2015-R-03 du 26 février 2015,

Sur le traitement des réclamations.

Ce texte est remplacé par Recomm. 2016-R-02 du 14 nov. 2016 à compter du 1er mai 2017 (V. infra).

Convention AERAS revisée du 2 septembre 2015,

S'assurer et emprunter avec un risque aggravé de santé.

Version consolidée suite à la signature le 2 sept. 2015 d'un avenant relatif au droit à l'oubli.

V. C. assur., art. L. 133-1 ; CSP, art. R. 1141-1 et D. 1141-2.

Préambule

1/ Étant préalablement rappelé que :

a) l'accès au crédit représente un enjeu important dans le monde moderne, en France notamment. La question se pose avec une acuité particulière lorsqu'elle concerne des personnes candidates à l'emprunt placées, de par les aléas de la vie, en situation de risque de santé aggravé du fait d'une maladie ou d'un handicap, puisque l'assurance emprunteur est souvent une condition d'obtention des prêts.

Une convention conclue en septembre 1991 entre les pouvoirs publics et les professionnels de l'assurance a apporté des aménagements tangibles, notamment en matière de traitement des données médicales, à l'assurance décès des prêts immobiliers aux personnes séropositives. Ce dispositif, outre son champ d'application restreint, n'a répondu que de façon partielle aux attentes qu'il avait suscitées ;

b) début 1999, les pouvoirs publics ont souhaité qu'une réflexion soit menée en vue de favoriser une amélioration des réponses assurantielles aux personnes séropositives au VIH, et plus généralement à celles présentant un risque de santé aggravé.

Le Comité installé le 1er juin 1999, sous la présidence de M. Jean-Michel Belorgey, conseiller d'État, a élargi sa composition par la représentation des établissements de crédit, d'organisations de consommateurs, d'associations d'aide aux malades, et a étendu ses travaux et ses réflexions à l'assurabilité des risques aggravés en général dans le cadre de l'assurance emprunteur ;

c) le Comité a clos ses travaux en préconisant la recherche d'une solution conventionnelle, impliquant les différentes parties prenantes, qui permette de répondre aux demandes légitimes des personnes désireuses d'emprunter pour les besoins de leur vie privée ou professionnelle, dans le respect de leur dignité comme de leur droit à la confidentialité, tout en étant compatible avec les contraintes inhérentes aux métiers de l'assurance et du crédit.

d) une convention sur l'accès à l'assurance et au crédit pour les personnes présentant un risque de santé aggravé a ainsi été signée en 2001 entre les pouvoirs publics, les professionnels, les associations de consommateurs et les associations représentant les personnes malades ou handicapées.

Cette convention a permis de faire progresser l'assurabilité des personnes présentant un risque de santé aggravé, ainsi que la prise de conscience des difficultés auxquelles était confrontée cette catégorie spécifique de clients. Elle s'est également traduite par l'instauration d'une commission de suivi et de propositions, d'une section scientifique et d'une section de médiation.

e) pour autant, les partenaires de la convention signée en 2001 considérant que des progrès apparaissaient encore possibles s'agissant notamment :

– du champ de la convention ;
– de la diffusion de l'information relative au dispositif ;
– de la couverture du risque invalidité ;
– du fonctionnement du dispositif de médiation ;
– de la connaissance scientifique relative à ces risques ;
– du respect de l'obligation de confidentialité ;
– de l'accroissement des échanges entre professionnels de la banque et de l'assurance et médecins spécialistes ;
– de la rapidité de traitement des demandes de prêt ;
– de la mutualisation des surprimes d'assurance ;
– du recours aux garanties alternatives et délégations d'assurance ;

ont négocié une nouvelle convention dénommée « AERAS, s'assurer et emprunter avec un risque aggravé de santé », qui a été signée le 6 juillet 2006 et est entrée en vigueur le 7 janvier 2007.

f) les signataires de la Convention AERAS ont dressé un bilan globalement positif de son application sur la période 2007-2009. Toutefois, il est apparu nécessaire à une majorité d'entre eux d'engager une négociation afin de rendre la convention plus ambitieuse, en particulier sur la garantie invalidité, et d'en améliorer l'effectivité. Cette négociation, conduite sous la présidence de M. Emmanuel CONSTANS, président de la commission de médiation AERAS, s'est déroulée entre les mois de janvier et octobre 2010 et a abouti à la convention dite « rénovée » de 2011.

g) lors de l'élaboration du troisième Plan cancer, il a été proposé que soit mis en place un « droit à l'oubli » permettant, après certains délais, aux personnes ayant été atteintes d'une pathologie cancéreuse, de souscrire une assurance emprunteur sans avoir rien à déclarer ou sans surprime afin que ces personnes ne soient plus pénalisées par leur ancienne maladie dans leur vie quotidienne.

A la suite d'un groupe de travail associant les différentes parties prenantes, un protocole a été signé le 24 mars 2015, en présence du président de la République, entre les pouvoirs publics, les professionnels de la banque et de l'assurance, l'Institut national du cancer (INCa) et des associations de malades. Ce protocole vise à mettre en œuvre un tel « droit à l'oubli » et à améliorer la rapidité de la prise en compte par les assureurs, dans la tarification des risques, des avancées thérapeutiques pour les personnes ayant été atteintes d'une pathologie cancéreuse. Cette avancée importante pourra ultérieurement bénéficier à des personnes atteintes d'autres pathologies, notamment aux pathologies chroniques, et cet engagement sera mis en œuvre, dans le cadre de la Convention AERAS, au rythme du progrès médical et de l'accès aux données de santé nécessaires.

Les signataires de la Convention AERAS se sont attachés à tirer les conséquences de ce protocole d'accord et à intégrer ces avancées au sein de la convention.

2/ L'avenant à la Convention AERAS est signé entre :

– l'État, représenté par :

Ministère des finances et des comptes publics

• le ministre des finances et des comptes publics : Michel Sapin

Ministère des affaires sociales, de la santé et des droits des femmes

• la ministre des affaires sociales, de la santé et des droits des femmes : Marisol Touraine

– Les associations de consommateurs et les associations représentant les personnes malades ou handicapées :

• AIDES, représentée par : Aurélien Beaucamp, président

• l'Alliance du cœur, représentée par : Philippe Thébault, président

• l'AFM-Téléthon (Association Française contre les Myopathies), représentée par : Marina Roussel, vice-présidente

• la FFD (Fédération Française des Diabétiques), représentée par : Gérard Raymond, secrétaire général

• l'AFPric (Association Française des Polyarthritiques et des Rhumatismes Inflammatoires Chroniques), représentée par : Stéphane Villar, vice-président

• l'ADAPT (Association pour l'insertion sociale et professionnelle des personnes handicapées), représentée par : Eric Blanchet, directeur général

• le CISS (Collectif Interassociatif Sur la Santé) représenté par : Marianick Lambert, administratrice

• Familles Rurales, représentée par : Dominique Marmier, président

• la fédération des AVIAM de France (associations d'aide aux victimes des accidents médicaux et à leur famille), représentée par : Marie-Solange Julia, Présidente

• la FFAAIR (Fédération Française des Associations et Amicales de malades, Insuffisants ou handicapés Respiratoires), représentée par : Michel Vicaire, vice-président

• la FNATH (Association des accidentés de la vie), représentée par : Arnaud de Broca, secrétaire général

• la FNAIR (Fédération Nationale d'Aide aux Insuffisants Rénaux), représentée par : Joachim Soares-Leao, président-adjoint

• le LIEN (Association de Lutte, d'Information, et d'Étude des Infections Nosocomiales), représentée par : Rodolphe Halama, délégué général

• la Ligue contre le cancer, représentée par : Jacqueline Godet, présidente

• la Fédération SIS-Réseau, représentée par : Patrice Gaudineau, directeur général

• la Fédération SOS Hépatites, représentée par : Michelle Sizorn, vice-présidente
• Vaincre la Mucoviscidose, représentée par : Patrick Tejedor, président
Ci-après désignées « les associations »
– la profession bancaire :
• l'Association Française des Établissements de Crédit et des Entreprises d'Investissement (AFECEI), représentée par : Philippe Brassac, vice-président de la Fédération Bancaire Française, FBF
Ci-après désignée « les établissements de crédit et les sociétés de financement »
– la profession de l'assurance :
• la Fédération Française des Sociétés d'Assurances (FFSA), représentée par : Bernard Spitz, président
• la Fédération Nationale de la Mutualité Française (FNMF), représentée par : Etienne Caniard, président
• le Groupement des Entreprises d'Assurances Mutuelles (GEMA) représenté par : Arnaud Chneiweiss, secrétaire général
Ci-après désignée « les assureurs » ;
Les deux professions étant désignées ci-après par « les professions »
Tous désignés ci-après « les signataires »

3/ Il est convenu ce qui suit :

Les signataires souhaitent marquer leur volonté commune d'améliorer le dispositif AERAS en tendant à élargir, dans les meilleures conditions, l'accès à l'assurance emprunteur et l'accès au crédit des personnes présentant un risque aggravé de santé.

Ces considérations inspirent les dispositions qui suivent, dont l'objet est :

I – La diffusion de l'information sur l'existence de la convention et ses dispositions, et l'accompagnement des personnes
II – Le traitement des données personnelles nécessaires à la souscription et à l'exécution des contrats
III – Les situations consolidées ou stabilisées et en voie de consolidation ou de stabilisation
IV – La mise en place du « droit à l'oubli » et d'une grille de référence
V – Le processus de traitement des demandes d'emprunt
VI – La couverture des risques liés à l'emprunt
VII – Les instances de suivi de la convention
VIII – L'effectivité
IX – Dispositions particulières

4/ Toute personne présentant un risque aggravé de santé, du fait d'une maladie ou d'un handicap, peut se prévaloir de la présente convention sans avoir à justifier de son adhésion à l'une des associations signataires ou adhérentes à cette convention.

La Convention AERAS est d'application automatique par les professionnels de l'assurance et de la banque dès lors que les candidats à l'assurance et à l'emprunt présentent un risque aggravé de santé.

Lorsque les informations demandées à la personne à assurer comportent des indications sur son état de santé, celles-ci doivent être recueillies, transmises et utilisées dans des conditions qui garantissent pleinement la confidentialité, le respect de la vie privée ainsi que les dispositions relatives au « droit à l'oubli ».

TITRE PREMIER *La diffusion de l'information sur l'existence de la convention et ses dispositions, et l'accompagnement des personnes*

L'efficacité de l'application de la convention repose largement sur une diffusion très en amont du processus de demande de prêt, notamment immobilier, d'une information adéquate sur la convention auprès des publics concernés et d'un accompagnement des futurs emprunteurs.

Les associations de consommateurs et les associations représentant les personnes malades ou handicapées, les pouvoirs publics, les représentants du milieu médical et les professionnels de la banque et de l'assurance ont un rôle déterminant à jouer à cet égard.

Les signataires s'engagent à continuer de diffuser une information générale *via* leurs canaux habituels de communication. Dans ce cadre, une campagne d'information sera définie et mise en œuvre par les pouvoirs publics, les établissements de crédit, les sociétés de financement et les assureurs, en coopération avec les associations.

En outre,

a) Les pouvoirs publics s'engagent à élargir le champ des actions déjà engagées et à en mener de nouvelles concernant :

– la rénovation du site internet AERAS dédié à la convention, tant sur son architecture que sur son contenu ;

– l'harmonisation rédactionnelle du site internet. A cette fin, un comité rédactionnel est mis en place afin de disposer des mêmes référentiels entre le site AERAS et les sites des signataires, d'enrichir le lexique du site et de valoriser son utilisation ;

– la conduite d'actions de mobilisation auprès des médecins, notamment les médecins traitants, pour les inciter à aider leurs patients à remplir les questionnaires de santé détaillés dans le respect de leur compétence et disponibilité ;

– l'association de la Caisse nationale d'assurance maladie (CNAMTS) en vue de la diffusion d'une information générale et pérenne sur la présente convention, notamment *via* le site internet « Améli » et le cas échéant sur le décompte des prestations ;

– le renouvellement du partenariat avec le Conseil supérieur du notariat et les organisations professionnelles des agents immobiliers pour assurer un relais effectif de l'information auprès de leurs clients en amont de l'opération de prêt ;

– l'incitation des mairies, *via* l'Association des maires de France, à diffuser au public qu'elles accueillent des informations sur la Convention AERAS.

b) Les établissements de crédit, les sociétés de financement et les assureurs s'engagent à :

– continuer de diffuser des dépliants d'information au sein de leurs réseaux et informer directement les candidats à l'emprunt ;

– poursuivre leurs actions de formation relatives à l'accueil des publics spécifiques pour les chargés de clientèle ;

– indiquer, dans les documents de simulations de prêt, l'existence de la convention et les numéros non surtaxés ou coordonnées du référent du réseau bancaire ;

– mentionner la convention et diffuser une information adéquate sur ses dispositions sur leurs sites internet et maintenir un lien avec le site de la convention ;

– désigner des référents AERAS au sein de chaque établissement de crédit, qui interviennent en appui du chargé de clientèle ou répondent directement aux questions des candidats à l'emprunt ;

– communiquer à la Commission de suivi et de propositions la liste des numéros de téléphone des référents bancaires pour l'ensemble des établissements de crédit et des sociétés de financement. Cette liste sera périodiquement actualisée et insérée sur le site AERAS ;

– informer annuellement la Commission de suivi et de propositions sur l'intervention des référents bancaires AERAS ;

– afficher de manière systématique dans tous les lieux d'accueil des agences bancaires l'affiche AERAS au format A3 ;

– participer aux travaux d'harmonisation rédactionnelle du site internet AERAS et valoriser son utilisation dans le cadre de la mise en place du comité éditorial.

c) Les associations s'engagent à :

– mentionner la convention et diffuser une information adéquate sur ses dispositions sur leurs sites internet et introduire un lien avec le site de la convention ;

– participer activement à la démarche d'information en diffusant à leurs membres et aux publics appropriés une information sur la convention, *via* notamment divers outils de communication (plaquettes d'information et affiches) et des lignes d'information téléphonique ;

– encourager les publics concernés à faire jouer la concurrence ;

– développer l'aide aux futurs emprunteurs dans leur démarche de recherche d'une assurance emprunteur, y compris pour constituer leur dossier médical.

TITRE II *Le traitement des données personnelles nécessaires à la souscription et à l'exécution des contrats*

1) La demande légitime par l'assureur des informations nécessaires à l'acceptation du risque et, lorsque le risque se réalise, au règlement de la prestation garantie, doit être

conciliée avec la confidentialité qui s'impose, s'agissant d'informations qui touchent à la vie privée et à la santé des personnes.

Dans cet esprit, les professions s'engagent à respecter les principes de la présente convention et du code de bonne conduite, de portée générale, qui y est annexé.

Ce code constate les procédures de confidentialité existantes et les actualise. Il précise un certain nombre de points par des recommandations renforçant la protection de la confidentialité des informations touchant la personne des assurés.

2) S'agissant des contrats liés à un emprunt, afin de respecter la confidentialité, les établissements de crédit et les sociétés de financement veillent à ce que le candidat à l'assurance, lorsqu'il est présent dans les locaux de l'agence bancaire, prenne seul connaissance des dispositions et questions figurant dans le questionnaire de santé. Afin de se conformer à l'exigence de confidentialité, il y répond seul quel que soit le support utilisé, qu'il s'agisse d'un support papier ou d'une procédure informatique sécurisée ; il lui est proposé de le remplir seul soit sur place soit à son domicile. Toutefois, à sa demande, le client peut être assisté par son interlocuteur pour remplir le questionnaire. En ce cas, avant de l'assister le conseiller bancaire lui rappelle les règles de confidentialité définies dans le code de bonne conduite annexé à la présente convention.

3) Les questionnaires de santé respectent les principes suivants :

a) les questions posées sont précises et portent sur les événements relatifs à l'état de santé (ex. : existence d'une rente d'invalidité, intervention chirurgicale...), les pathologies recherchées, les arrêts de travail et les situations liées à la protection sociale (ex. : exonération du ticket modérateur...) ;

b) les questionnaires de santé ne font aucune référence aux aspects intimes de la vie privée, et notamment à la sexualité ;

c) dans l'hypothèse d'une question portant sur des tests de dépistage, elle ne porte que sur les sérologies virales, notamment sur les virus des hépatites B et C ou sur celui de l'immunodéficience humaine et sous la forme suivante :

« Avez-vous ou non subi un test de dépistage des sérologies, portant en particulier sur les virus des hépatites B et C ou sur celui de l'immunodéficience humaine, dont le résultat a été positif ? A quelle date ? »

Il ne peut être demandé au candidat à l'assurance de se soumettre à de tels tests que si l'importance des capitaux souscrits ou les informations recueillies par le questionnaire de risques le justifient ;

d) il est précisé de manière apparente sur les questionnaires de santé le droit pour les futurs assurés de ne pas remplir les questionnaires de santé en agence bancaire. Les courtiers, conseillers d'établissements de crédit et de sociétés de financement et les autres intermédiaires concernés relaient cette information ;

e) la formulation des questions relatives aux arrêts de travail et à la prescription d'un traitement médical, à la prise en charge au titre des affections de longue durée (ALD), à l'invalidité et à l'allocation pour adulte handicapé (AAH), a été harmonisée. La question relative à la prise en charge au titre d'une ALD porte au maximum sur les 15 dernières années. La question relative aux arrêts de travail ainsi qu'à la prescription d'un traitement médical, porte sur des durées de plus de 21 jours et au maximum, sur les 10 dernières années ;

f) les assureurs s'engagent à mettre en pleine conformité les questionnaires de santé avec les dispositions de la Convention AERAS et à mettre en cohérence les questionnaires de santé et les clauses générales des contrats avant le 31 décembre 2015. Les assureurs, les établissements de crédit et les sociétés de financement s'assurent de leurs mises à jour.

4) En fonction des réponses apportées par le candidat à l'assurance, le service médical de l'assureur a la possibilité de demander des informations complémentaires.

5) Un travail d'harmonisation de la formulation des questions ayant le même objet pour les questionnaires de santé de 1er niveau et pour les questionnaires détaillés par pathologie est conduit par les assureurs, en concertation avec les associations. Ce travail est présenté à la commission de suivi et de propositions, pour avis, avant sa diffusion.

6) Les assureurs actualisent les questionnaires de santé au regard des évolutions de la médecine. Ils présentent un rapport sur ce point à la commission de suivi et de propositions ainsi qu'à la commission des études et recherches.

7) Lorsqu'un candidat à l'emprunt a passé dans le cadre d'une demande d'assurance emprunteur, pour le compte d'un concurrent, des examens médicaux dans les six mois précédant une nouvelle demande d'assurance, les assureurs utilisent les résultats de ces examens, transmis par le candidat à l'emprunt.

8) A compter du second semestre 2011, les assureurs s'engagent à faire des propositions de tarification pour une assurance emprunteur sur la base d'un questionnaire détaillé par pathologie que le candidat à l'assurance aura rempli pour le compte d'un concurrent.

TITRE III *Les situations consolidées/stabilisées, en voie de consolidation/stabilisation*

Le présent titre vise à améliorer la rapidité de la prise en compte par les assureurs, dans la tarification des risques, des avancées thérapeutiques pour les personnes dont l'état de santé est consolidé ou stabilisé ou en voie de consolidation ou de stabilisation.

1) Mise en place d'un groupe de travail

Un groupe de travail, associant à parité d'une part des médecins, spécialistes épidémiologistes, référents des associations, avec une participation de la Haute autorité de santé et de l'Institut national du cancer, et d'autre part les médecins conseils des assureurs et des réassureurs, est mis en place avec pour objectif d'aboutir à un consensus entre ces professionnels de santé sur l'appréciation des situations de santé consolidées/stabilisées ou en voie de consolidation/stabilisation.

Il examine à cette fin les conditions dans lesquelles, pour l'appréciation du risque en assurance :

— une pathologie passée peut être considérée comme non significative ;
— une situation de santé peut être considérée consolidée/stabilisée ;
— une situation de santé peut être considérée en cours de consolidation/en cours de stabilisation.

Ce groupe de travail délimite son champ d'investigation à un certain nombre de pathologies représentatives des risques aggravés de santé. Il prend également en compte les situations de handicap. Il distingue la prise en compte des situations de santé pour l'appréciation des risques décès et des risques invalidité.

Les conclusions des travaux du groupe, qui précisent notamment les situations de santé pouvant donner lieu à une proposition d'assurance aux conditions standard, sont transmises à la commission de suivi et de propositions et aux médecins conseils.

Après avis de la commission de suivi et de propositions, les synthèses de ces études sont rendues publiques et mises en ligne, notamment sur le site internet AERAS.

Le financement des travaux du groupe sera pris en charge par l'État, dans le cadre plus global d'un accroissement de sa participation financière à la commission des études et recherches.

Ce groupe de travail est également chargé de la mise en œuvre du « droit à l'oubli » dans les conditions définies au titre IV de la présente convention, s'agissant notamment de l'élaboration de la grille de référence par pathologies soumise pour approbation à la commission de suivi et de propositions. La commission de suivi et de propositions, après avis de la commission des études et recherches et sur la base notamment des propositions de l'INCa s'agissant des pathologies cancéreuses, fixe la liste des pathologies à étudier, avec un calendrier associé.

2) Prise en compte des travaux du groupe par les assureurs

Les assureurs s'engagent à prendre en compte les résultats des travaux du groupe dans leur appréciation du risque.

3) Mesure de l'effectivité

A partir de cas types, les fédérations d'assureurs informent la commission de suivi et de propositions, dans les six mois suivant la publication des conclusions du groupe de travail, de l'impact des travaux menés sur l'accessibilité à l'assurance emprunteur et ses modalités en termes de prix et de garanties proposés.

TITRE IV *« Droit à l'oubli » et mise en place d'une grille de référence*

Le présent titre met en place d'une part un « droit à l'oubli » pour les anciens malades du cancer en assurant à ces personnes, passé certains délais, de ne plus avoir à le déclarer lors de la souscription d'un contrat d'assurance emprunteur et de ne se voir appliquer aucune exclusion de garantie ou surprime du fait de ce cancer. Il prévoit d'autre part, l'élaboration d'une grille de référence listant les pathologies (pathologies cancéreuses et autres pathologies, notamment chroniques) pour lesquelles l'assurance sera accordée aux personnes qui en ont souffert ou en souffrent, sans surprime, ni exclusion de garantie, ou dans des conditions se rapprochant des conditions standard, après certains délais adaptés à chacune de ces pathologies. Cette grille sera établie et actualisée au rythme des progrès thérapeutiques et de la disponibilité des données de santé nécessaires.

1) Absence de déclaration d'une ancienne pathologie cancéreuse

Aucune information médicale relative à une pathologie cancéreuse ne pourra être sollicitée par l'assureur dès lors que le protocole thérapeutique relatif à cette pathologie est achevé depuis plus de 15 ans.

Pour les cancers diagnostiqués jusqu'à l'âge de 15 ans révolus, ce délai est ramené à 5 ans.

La fin du protocole thérapeutique est la date de la fin du traitement actif du cancer, en l'absence de rechute, par chirurgie, radiothérapie, chimiothérapie effectuées en structure autorisée, à laquelle plus aucun traitement n'est nécessaire hormis la possibilité d'une thérapeutique persistante de type hormonothérapie ou immunothérapie.

Si l'emprunteur fait état d'informations médicales relatives à une pathologie pour laquelle aucune information ne peut être sollicitée en vertu des deux premiers alinéas, il n'est pas tenu compte de ces informations par l'assureur.

Aucune surprime ni exclusion de garantie ne peut être appliquée aux candidats à l'emprunt du fait d'une pathologie entrant dans le cadre prévu par les deux premiers alinéas.

Ces dispositions sont d'effet immédiat. Les questionnaires de santé renseignés par les candidats à l'emprunt seront mis à jour afin d'indiquer très clairement qu'aucune des questions posées ne couvre le champ visé par les deux premiers alinéas.

Dans le cadre de la Convention AERAS, pour les demandes de crédits immobiliers et professionnels et de l'assurance emprunteur, ce « droit à l'oubli » s'applique suivant les conditions d'éligibilité en vigueur.

2) Mise en place d'une grille de référence

Une grille de référence est établie par le groupe de travail mentionné au titre III pour des pathologies cancéreuses, d'autres types de pathologies, y compris chroniques ou des situations de santé permettant de se rapprocher des conditions d'assurance standard :

i) Elle dresse la liste de pathologies *[Le cas échéant, distinguées en fonction des traitements administrés]*, **cancéreuses ou d'autres pathologies, y compris chroniques, pour lesquelles les données de la science disponibles permettent de conclure qu'une assurance emprunteur (Décès-PTIA-incapacité-invalidité) peut être accordée, dans un délai inférieur aux délais mentionnés aux deux premiers alinéas du 1) s'agissant des pathologies cancéreuses, aux malades ou anciens malades, qui en ont souffert ou en souffrent, sans surprime ni exclusion liée à la pathologie identifiée dans la liste ;**

ii) Elle intègre également les pathologies pour lesquelles les données de la science disponibles permettent de proposer une assurance dans des conditions se rapprochant des conditions standard ;

iii) Elle définit, par pathologie, les délais à compter desquels de telles assurances sont accordées, sans préjudice des dispositions des deux premiers alinéas du 1). Elle précise également la date de référence à partir de laquelle ces délais courent : la fin du protocole thérapeutique pour les pathologies cancéreuses ou des dates de référence adaptées à chaque autre type de pathologie.

Une première grille de référence est proposée par le groupe de travail à l'automne 2015, pour approbation par la Commission de suivi et de propositions avant le 31 décembre 2015.

Les contrats concernés par les dispositifs mentionnés au 1) et au 2) respectent les conditions énoncées au 2e paragraphe de l'article I du titre relatif à la couverture des risques liés aux emprunts. Le groupe de travail examine également les possibilités d'extension des dispositifs pour les contrats ne répondant pas à ces conditions.

3) Mise à jour de la grille de référence en fonction des avancées thérapeutiques et des données épidémiologiques

La grille de référence mentionnée au 2) est mise à jour en tant que de besoin, et *a minima* à chaque renouvellement de la présente convention, au rythme des avancées thérapeutiques et des données épidémiologiques disponibles, en vue d'assurer aux candidats à l'emprunt leur prise en compte. Lorsque la grille de référence est mise à jour, le délai de mise à jour des questionnaires de santé, s'il y a lieu, ne peut être supérieur à 3 mois.

Le groupe de travail mentionné au titre III soumet chaque mise à jour à opérer à l'approbation de la commission de suivi et de propositions.

4) Effectivité

Les signataires de la Convention AERAS s'engagent à respecter les dispositions relatives au « droit à l'oubli » figurant dans la présente convention.

La grille de référence est rendue publique. Elle est publiée, ainsi que ses mises à jour, sur le site internet dédié à la Convention AERAS.

Les assureurs et intermédiaires en assurance s'engagent à respecter la grille de référence et ses mises à jour dans leurs pratiques de tarification pour toutes les souscriptions postérieures à l'établissement de ladite grille. Ils s'engagent également à diffuser l'information et le mode d'accès à la grille de référence auprès des souscripteurs, de manière à ce que ces derniers soient assurés de sa bonne application.

TITRE V *Le processus d'instruction des demandes d'emprunt*

Ce titre s'applique aux prêts professionnels et immobiliers.

1) La durée globale de traitement des dossiers de demande de prêts immobiliers par les établissements de crédit, les sociétés de financement et les assureurs n'excède pas une durée maximum de 5 semaines à compter de la réception d'un dossier complet :

a) les assureurs s'engagent à ce qu'entre la réception de l'ensemble des pièces d'un dossier et la réponse formulée par l'assureur, y compris le cas échéant après intervention du 3e niveau, le délai écoulé n'excède pas 3 semaines ;

b) les établissements de crédit et les sociétés de financement s'engagent à prendre et à communiquer une décision au candidat à l'emprunt dans les 2 semaines suivant la transmission à l'établissement de crédit ou à la société de financement de l'acceptation par le client de la proposition de l'assureur.

2) L'intérêt des futurs emprunteurs est de préparer le plus en amont possible leur dossier de demande d'assurance, notamment si les risques de santé auxquels ils sont exposés nécessitent des examens qui allongent la durée d'analyse de leur dossier. Afin de répondre à ce besoin et de réduire les délais de traitement, ils peuvent soit s'adresser à un assureur de leur choix, soit demander par l'intermédiaire de leur banque une assurance emprunteur, quand bien même une telle demande ne serait pas liée à la signature d'une promesse ou d'un compromis de vente d'un bien immobilier. Les établissements de crédit et les sociétés de financement s'engagent alors à transmettre à l'assureur du contrat groupe les demandes d'assurance effectuées par un candidat à l'emprunt.

3) Les assureurs s'engagent à étudier systématiquement tout dossier de demande d'assurance effectuée directement ou *via* un établissement de crédit ou une société de financement par un candidat à l'emprunt, quand bien même cette demande d'assurance n'est pas directement liée à la signature d'une promesse ou d'un compromis de vente d'un bien immobilier.

4) Lorsqu'une proposition d'assurance est transmise à un candidat à l'emprunt, cette proposition d'assurance, qu'il s'agisse d'un contrat d'assurance de groupe ou d'un contrat individuel, est, au regard de l'état de santé du demandeur, valable pendant une durée de 4 mois. S'agissant des emprunts contractés dans le cadre de l'acquisition d'un bien immobilier, cette durée est valable y compris pour l'acquisition d'un bien immobilier différent de celui pour lequel la proposition d'assurance initiale a été réalisée, pour autant que la demande d'emprunt porte sur un montant et une durée inférieurs ou égaux à la précédente demande.

5) Motivation

a) Les établissements de crédit et les sociétés de financement s'engagent à motiver par écrit les refus de prêt pour le seul critère d'assurabilité.

b) L'assureur porte par courrier à la connaissance de l'intéressé de façon claire et explicite les décisions de l'assureur relatives aux refus d'assurance, aux ajournements, aux limitations ou exclusions de garantie et aux surprimes. Il est indiqué à l'intéressé dans le même courrier la possibilité de prendre contact par courrier avec le médecin de l'assureur, directement ou par l'intermédiaire d'un médecin de son choix, pour connaître les raisons médicales à l'origine des décisions de l'assurance. Il est mentionné l'existence et les coordonnées de la commission de médiation ainsi que le niveau d'examen de la demande auquel le refus est intervenu.

TITRE VI *La couverture des risques liés aux emprunts*

Le présent titre concerne la couverture du risque décès et invalidité des personnes présentant un risque de santé aggravé, liée aux emprunts suivants :

– à caractère professionnel : prêts pour l'acquisition de locaux et de matériels ;

– à caractère personnel : prêts immobiliers et crédits à la consommation affectés ou dédiés ;

dans les conditions précisées ci-dessous.

1) L'assurance des prêts immobiliers et des prêts professionnels

Les professions, directement ou par délégation, déclarent que, dès lors que l'analyse d'un questionnaire de risque de santé conduit à refuser à un candidat à l'emprunt le bénéfice de l'assurance emprunteur associée à cet emprunt, le traitement de son dossier est automatiquement transféré vers un dispositif d'assurance "de deuxième niveau" qui permet un réexamen individualisé de sa demande.

En outre, le pool des risques très aggravés mis en place par les assureurs permet le réexamen des dossiers refusés par le “deuxième niveau”. Ce pool traite les demandes d'assurance relatives aux opérations de prêts d'au plus 320 000 €, sans tenir compte des crédits relais lorsqu'il s'agit de l'acquisition d'une résidence principale. Dans les autres cas de prêts immobiliers et de prêts professionnels, le pool traite les demandes relatives à un encours cumulé de prêts d'au plus 320 000 €. Pour toutes les demandes d'assurance de prêts immobiliers et professionnels, la durée maximum du prêt est telle que l'âge de l'emprunteur n'excède pas 70 ans en fin de prêt.

Une description du mécanisme d'examen des demandes d'assurance de "deuxième niveau" et du pool des risques très aggravés figure en annexe à la présente convention. Ce dispositif ne fait pas obstacle à la mise en place des garanties alternatives mentionnées au 5) ci-dessous.

2) L'assurance décès des prêts à la consommation affectés ou dédiés

Les professions s'accordent sur la suppression des questionnaires de santé pour les prêts à la consommation affectés ou dédiés, sous réserve des conditions suivantes :

– leur montant ne dépasse pas 17 000 euros,

– leur durée de remboursement est inférieure ou égale à 4 ans,

– le candidat à l'assurance a 50 ans au plus,

– le candidat à l'assurance dépose une déclaration sur l'honneur de non cumul de prêts au-delà du plafond susmentionné.

3) Délégations d'assurance

Les établissements de crédit et les sociétés de financement s'engagent à accepter des contrats individuels ou collectifs d'assurance décès et invalidité dès lors que ces derniers présentent un niveau de garantie équivalent au contrat groupe. Ils s'engagent également à ne pas imposer leur contrat groupe au candidat à l'emprunt. Ils s'engagent enfin à assurer des conditions d'emprunt identiques quelle que soit la solution assurantielle retenue. Les refus de délégation d'assurance doivent être motivés.

Concernant les délégations d'assurance pour les emprunteurs AERAS, les établissements de crédit et les sociétés de financement favorisent les bonnes pratiques en matière de transparence et de modération tarifaires.

4) Garantie des prêts immobiliers et professionnels en cas de risque d'invalidité

Un emprunteur présentant un risque de santé aggravé peut se trouver dans l'incapacité de rembourser tout ou partie des échéances de son emprunt si son état de santé se dégrade et le met ainsi dans l'impossibilité de maintenir le niveau de revenu qu'il avait au moment de l'octroi du prêt. Dans l'intérêt des emprunteurs comme dans celui des établissements de crédit et des sociétés de financement, ces derniers, étant soumis en outre à des obligations juridiques et notamment au devoir d'alerte des prêteurs, sont conduits à rechercher les garanties nécessaires à la couverture de ce risque.

Afin de mettre pleinement en œuvre l'objectif de la Convention AERAS de rechercher les moyens propres à assurer le meilleur accès possible au crédit des personnes concernées, il est prévu un dispositif tendant à rechercher systématiquement la ou les solutions adaptées à chaque cas en matière de risque invalidité.

a) Le risque invalidité, au même titre que le risque décès, permet de bénéficier des dispositions de la convention, notamment en matière de médiation, de motivation et de mutualisation.

Dès lors que le candidat à l'emprunt a demandé une couverture invalidité, sa demande doit être traitée.

b) Lorsque la couverture du risque invalidité est possible, les assureurs s'engagent à proposer :

– une garantie invalidité aux conditions de base du contrat standard de l'assureur avec, le cas échéant, exclusion(s) et/ou surprime ;

– une garantie invalidité spécifique à la présente convention, au taux de 70 % par référence au barème d'invalidité annexé au code des pensions civiles et militaires, et répondant aux conditions déterminées par les signataires.

Cette couverture conduira l'assureur, lors de la survenance d'un sinistre, à verser des prestations à ses assurés relevant alors de la 3e catégorie d'invalidité définie à l'article L. 341-4 du code de la sécurité sociale ainsi qu'à environ 60 % de ses assurés relevant alors de la 2e catégorie d'invalidité.

Lorsque la garantie spécifique n'est pas possible, les assureurs s'engagent à proposer au minimum la couverture du risque de perte totale et irréversible d'autonomie.

L'élargissement de la couverture invalidité s'inscrit dans le cadre d'un développement ambitieux du nombre de personnes prises en charge pour ce risque. Les signataires fixent à cet égard des objectifs indicatifs chiffrés dans le cadre de la commission de suivi et de propositions, et un suivi statistique annuel précis est mis en place par la commission de suivi et de propositions afin de vérifier la réalisation des objectifs indicatifs chiffrés.

En cas de refus de garantie, l'assureur doit préciser à quel niveau d'examen de la demande ce refus est intervenu, pour permettre au candidat à l'emprunt de faire le cas échéant une demande auprès d'autres assureurs.

Les assureurs établissent un rapport pour la commission de suivi et de propositions, détaillant de manière précise les garanties proposées, et expliquant les refus et exclusions de garanties.

c) Les établissements de crédit et les sociétés de financement s'engagent à fonder leur décision de prêt sur le seul critère de la solvabilité du candidat à l'emprunt, et à ce que l'apparition d'un problème lié à l'obtention d'une garantie invalidité n'entraîne pas de refus systématique d'octroi d'un prêt.

d) Lorsqu'une garantie invalidité autre que la garantie standard est proposée par l'assureur et acceptée par le candidat à l'emprunt, les établissements de crédit et les sociétés de financement s'engagent à n'exiger aucune autre garantie s'agissant de la couverture du risque santé, sauf si l'examen particulier du dossier du candidat à l'emprunt ne leur permet pas de disposer d'une garantie raisonnable sur sa capacité à s'acquitter des annuités d'emprunt.

Les professionnels réalisent à la demande de la commission de suivi et de propositions des sondages afin de suivre l'effectivité de cet engagement.

5) Garanties alternatives à l'assurance

Les établissements de crédit et les sociétés de financement, directement ou par délégation, s'engagent à accepter, notamment en cas de refus d'assurance en garantie des prêts, quel que soit leur montant, les alternatives à l'assurance de groupe qui peuvent apporter des garanties dont la valeur et la mise en jeu offrent la même sécurité pour le prêteur et l'emprunteur. Il peut s'agir, selon les cas, notamment de biens immobiliers, d'un portefeuille de valeurs mobilières, de contrats d'assurance-vie ou de prévoyance individuelle ou de cautions.

Afin d'élargir le recours aux garanties alternatives par les emprunteurs AERAS, les établissements de crédit et les sociétés de financement diffusent largement une fiche d'information sur ces garanties, sous format papier et/ou format électronique.

Cette fiche présente les garanties alternatives et précise les conditions favorisant l'acceptation de ces garanties par les établissements de crédit et les sociétés de financement. Elle fait l'objet d'une présentation à la commission de suivi et de propositions.

6) Dispositif d'écrêtement des surprimes d'assurance

Le dispositif d'écrêtement des surprimes d'assurance mis en place à l'initiative des assureurs, des établissements de crédit et des sociétés de financement pour les prêts immobiliers liés à l'acquisition d'une résidence principale et pour les prêts professionnels, permet de consentir un écrêtement des primes en faveur des emprunteurs disposant de revenus modestes.

Le dispositif d'écrêtement intervient aux 2e et 3e niveaux d'examen des demandes d'assurance. Il concerne les prêts immobiliers et professionnels d'un montant maximum de 320 000 €, dans les conditions visées au 2e paragraphe de l'article 1 du titre V.

Afin de renforcer l'information sur le dispositif d'écrêtement des surprimes, les professionnels informent dans les propositions d'assurance les futurs emprunteurs de leur éventuelle éligibilité au dispositif, en indiquant clairement le montant de l'écrêtement total dont ils pourraient bénéficier sur toute la durée du prêt.

a) Conditions d'éligibilité :

Le seuil d'éligibilité retenu dans ce mécanisme dépend du revenu et du nombre de parts accordées au foyer fiscal du candidat à l'emprunt aux termes de la législation fiscale en vigueur :

– revenu inférieur ou égal à 1 fois le plafond de la sécurité sociale lorsque le nombre de parts du foyer fiscal est de 1 ;

– revenu inférieur ou égal à 1,25 fois le plafond de la sécurité sociale lorsque le nombre de parts du foyer fiscal est de 1,5 à 2,5 ;

– revenu inférieur ou égal à 1,5 fois le plafond de la sécurité sociale lorsque le nombre de parts du foyer fiscal est de 3 et plus.

b) Deux dispositifs d'écrêtement :

Dans les conditions d'éligibilité définies ci-dessus :

– la prime d'assurance ne peut représenter plus de 1,4 point dans le taux effectif global de l'emprunt ;

– la surprime d'assurance des prêts immobiliers à taux zéro (PTZ+) des emprunteurs de moins de 35 ans est intégralement prise en charge par les professionnels.

Le BCAC, gestionnaire administratif du dispositif d'écrêtement des surprimes d'assurance, adresse un rapport annuel à la commission de suivi et de propositions et est auditionné par celle-ci.

TITRE VII *Les instances de suivi de la convention*

I. *Commission de suivi et de propositions de la convention*

1) Composition

La commission de suivi et de propositions de la convention est composée comme suit :

• six membres désignés par les professions, à raison de trois par les établissements de crédit et les sociétés de financement, et trois par les assureurs ;

• six membres désignés par les associations représentant les malades ou les personnes handicapées et les associations de consommateurs ;

• quatre représentants de l'État nommés par les ministres chargés de l'économie et de la santé ;

• cinq membres qualifiés désignés par les ministres chargés de l'économie, de la santé et des solidarités dont au moins deux médecins ;

• deux experts de l'Autorité de contrôle prudentiel et de résolution, dont un en charge de la protection des clientèles.

La Commission de suivi et de propositions de la convention est présidée par un membre qualifié, désigné par les ministres chargés de l'économie et de la santé.

Elle se réunit en formation plénière, sur convocation de son président, au moins quatre fois par an.

En plus des commissions spécialisées prévues au 3) ci-après, la commission de suivi et de propositions de la convention peut prendre toute décision tendant à l'instauration de groupes de travail consacrés à l'étude d'une question particulière de sa compétence. Dans ce cadre, un groupe de travail « information » permanent est créé au sein de la commission de suivi et de propositions, en vue de contribuer à la rénovation du site internet de la Convention AERAS, d'enrichir le lexique et de valoriser son utilisation. Il peut proposer toute action utile dans ce domaine et contrôler l'effectivité des actions d'information.

2) Compétences

La commission de suivi et de propositions de la convention veille à la bonne application des dispositions de la présente convention et au respect des engagements des parties. Elle peut s'appuyer pour cela sur les enseignements des travaux sur les dispositifs de contrôle interne mis en place par les professionnels pour vérifier l'application des normes professionnelles. Elle formule toute recommandation aux signataires qu'elle juge utile.

La commission de suivi et de propositions de la convention étudie tout sujet en rapport avec l'assurance des personnes présentant un risque de santé aggravé, qui susciterait des difficultés non résolues par la convention. Elle débat de toutes mesures susceptibles d'améliorer les dispositions conventionnelles.

Elle fixe le programme de travail, après avis de la commission des études et recherches, du groupe de travail prévu au titre III s'agissant de la mise en œuvre du « droit à l'oubli » et approuve la grille de référence ainsi que ses mises à jour mentionnées au titre IV. A cette fin, elle entend les parties prenantes nécessaires.

Elle rassemble les données statistiques transmises par les professionnels sur la mise en œuvre de la convention en matière de crédit immobilier et professionnel, notamment :

– le nombre de personnes accédant aux 2e et 3e niveaux d'assurance ;

– le nombre de personnes bénéficiant d'une proposition d'assurance en distinguant couverture décès et couverture invalidité et en précisant dans le cadre d'enquêtes spécifiques la pathologie et le niveau des surprimes ;

– les enquêtes spécifiques sur les prêts proposés et accordés.

Elle peut diligenter toute enquête ponctuelle ou spécifique nécessaire au bon suivi de l'exécution de la convention.

En outre, la commission de suivi et de propositions :

– détermine des indicateurs permettant un suivi annuel des objectifs à atteindre concernant la garantie invalidité (refus, acceptation aux conditions standard et aux conditions de la garantie spécifique) ;

– peut assister aux réunions du pool des risques très aggravés ;

— décide de la publication des travaux effectués dans le cadre du suivi de l'application de la convention ;

— peut saisir l'Autorité de contrôle prudentiel et de résolution.

La commission de suivi et de propositions de la convention remet au Gouvernement, aux présidents des assemblées ainsi qu'au président du conseil national consultatif des personnes handicapées un rapport rendu public sur son activité, l'application de la convention et sur les nouvelles mesures adoptées, en vue d'améliorer l'assurance et l'accès à l'emprunt des personnes présentant un risque de santé aggravé. Ce rapport comporte, le cas échéant, des propositions de nature à parfaire le dispositif conventionnel, légal ou réglementaire existant.

3) Le secrétariat de la commission

La commission de suivi et de propositions de la convention, dont les moyens de fonctionnement sont assumés par l'État, dispose d'un secrétariat assuré conjointement par la Direction générale du Trésor et la Direction de la sécurité sociale.

II. *La commission des études et recherches*

Instituée auprès de la commission de suivi et de propositions, la commission des études et recherches est animée par le ministère chargé de la santé, et comporte notamment des représentants de l'INSERM, de l'Institut National de Veille Sanitaire et d'autres organismes de recherche, des représentants d'associations, d'assureurs et de réassureurs, et des personnalités qualifiées. Sa composition est fixée d'un commun accord après avis de la commission de suivi et de propositions.

Elle établit un programme de travail assorti d'un calendrier prévisionnel et d'indicateurs de suivi.

L'Observatoire des risques qui lui est rattaché rend compte de ses travaux chaque année, avant le 31 décembre, à la commission de suivi et de propositions.

Le groupe de travail sur les situations consolidées ou stabilisées et en voie de consolidation ou de stabilisation rend compte de ses travaux devant la commission de suivi et de propositions, en lien avec la commission des études et recherches.

Des moyens supplémentaires, à hauteur de 4 millions d'euros répartis sur 4 ans, lui sont alloués par l'État.

En tant que de besoin, elle associe à ses travaux des spécialistes, concernés par les pathologies étudiées. Elle peut recourir aux services d'experts, notamment en sciences quantitatives.

La commission des études et recherches est chargée de recueillir et étudier les données disponibles sur la mortalité et la morbidité occasionnées par les principales pathologies, à partir desquelles sont déterminées les surprimes pour risques aggravés ou fondés les refus de garantie. Elle engage un programme de recherche en ce domaine, notamment sur l'invalidité associée aux principales pathologies en vue de fournir les éléments statistiques nécessaires à la tarification du risque.

Les assureurs tiennent compte, pour les opérations d'assurance destinées à garantir les prêts entrant dans le champ de la présente convention, des conclusions des études produites.

III. *La commission de médiation*

1. La commission de médiation est chargée d'examiner les réclamations individuelles qui lui sont adressées par les candidats à l'emprunt concernant tous les domaines du champ de la présente convention.

La commission de médiation est composée de quatre membres titulaires et de quatre membres suppléants désignés en son sein par la commission de suivi et de propositions, à parité entre les professionnels et les associations. Elle est présidée par une personnalité qualifiée désignée par les ministres chargés de l'économie et de la santé.

La commission, sur décision de son président, peut s'attacher le concours, en tant que de besoin, de personnes extérieures, sans que celles-ci aient voix délibérative.

2. La commission de médiation est chargée d'examiner les réclamations individuelles qui lui sont adressées par des candidats à l'emprunt dans le cadre du fonctionnement de la présente convention.

Elle prend toutes dispositions de nature à favoriser un règlement amiable et diligent des dossiers dont elle est saisie, notamment par des recommandations transmises aux parties concernées. Elle favorise en tant que de besoin le dialogue entre le spécialiste de la pathologie qui suit, médicalement, le candidat à l'emprunt et le médecin conseil de l'assureur.

3. La commission de médiation informe périodiquement, notamment grâce à son rapport annuel d'activité, la commission de suivi et de propositions de ses travaux et des enseignements qui s'en dégagent.

4. La commission de médiation diffuse auprès des professionnels, *via* la Fédération française des sociétés d'assurances, le Groupement des entreprises d'assurances mutuelles, la Fédération nationale de la mutualité française, la Fédération bancaire française et l'Association française des sociétés financières, les bonnes pratiques des assureurs, des établissements de crédit et des sociétés de financement.

5. La commission de médiation dispose d'un secrétariat, assuré par l'Autorité de contrôle prudentiel et de résolution.

TITRE VIII *L'effectivité*

La réussite du dispositif conventionnel révisé est directement liée à l'application effective des engagements pris par les signataires de la convention afin d'améliorer l'accès à l'assurance et à l'emprunt des personnes en situation de risque aggravé de santé.

Les dispositions suivantes doivent permettre notamment de renforcer l'accès effectif des futurs emprunteurs à la garantie invalidité, au dispositif d'écrêtement des surprimes d'assurance, aux garanties alternatives à l'assurance et aux délégations d'assurance :

— l'Autorité de contrôle prudentiel et de résolution vérifie, dans le cadre de son contrôle des établissements de crédit, des sociétés de financement et des organismes assureurs, le respect de leurs engagements au regard de la Convention AERAS. Elle est invitée par la commission de suivi et de propositions à présenter un bilan annuel de son activité en la matière ;

— des indicateurs de suivi, notamment sur la notoriété et la lisibilité de la convention, sont mis en place. Dans ce cadre, des sondages sont également réalisés.

— des objectifs indicatifs chiffrés sont déterminés afin de renforcer le suivi statistique existant ;

— le rôle des instances conventionnelles est renforcé afin de permettre le suivi de la mise en œuvre concertée de ces mesures. Dans ce cadre, la mesure de l'effectivité de la convention est réalisée en premier lieu par la commission de suivi et de propositions, qui peut notamment décider de certaines publications ;

— la convention révisée assure une effectivité accrue de l'information des futurs emprunteurs sur leurs droits et pour faciliter leurs démarches. C'est ainsi notamment que le site internet AERAS sera rénové au premier semestre 2011.

IX *Dispositions particulières*

1) Le présent texte modifie la Convention AERAS initiale et entre en vigueur le 1er mars 2011, sauf pour certaines dispositions particulières qui font l'objet d'un calendrier spécifique en annexe.

2) Elle est conclue pour une période de 3 ans renouvelable par tacite reconduction. Elle peut être dénoncée par une des parties, moyennant un préavis de six mois. Lorsque leurs statuts le rendent nécessaire, les associations et professions soumettent à ratification en assemblée générale, la présente convention au plus tard le 30 juin 2011.

3) Les signataires ont conscience des délais nécessaires à la pleine mise en œuvre des dispositions nouvelles et révisées de la convention. Celle-ci requiert en effet :

— d'informer les membres des professions, des associations et des consommateurs en général ;

— de former les salariés et les intermédiaires des professions ;

— de mettre en place la garantie invalidité spécifique ;

— de mettre en place les indicateurs et suivis statistiques qui auront été décidés au sein de la commission de suivi et de propositions afin de mesurer la bonne effectivité des dispositions de la convention ;

— dans le cadre du dispositif d'écrêtement des surprimes, d'intégrer le suivi du nouveau mécanisme d'écrêtement pour les emprunteurs bénéficiant du prêt à taux zéro (PTZ +).

La commission de suivi et de propositions procède à une évaluation régulière de la mise en œuvre des dispositions conventionnelles.

ANNEXES

À LA CONVENTION AERAS RÉNOVÉE (NON MODIFIÉES)

CALENDRIER DES TRAVAUX

Les dispositions suivantes du présent avenant entrent en vigueur au plus tard le dernier jour du mois suivant sa signature :

1) l'engagement des travaux d'harmonisation de la terminologie des questionnaires médicaux ;

2) la mise en place du groupe de travail sur les situations consolidées/stabilisées et en voie de consolidation/stabilisation ;

3) la mise en place du comité rédactionnel permettant de disposer des mêmes référentiels entre le site AERAS et les sites des signataires, d'enrichir le lexique du site et de valoriser son utilisation ;

4) la désignation des référents AERAS au sein de chaque établissement de crédit, l'affichage dans tous les lieux d'accueil des agences bancaires de l'affichette AERAS au format A3 et la rédaction de la fiche d'information sur les garanties alternatives.

Les dispositions suivantes font l'objet d'un calendrier aménagé :

Mise en œuvre de la nouvelle garantie invalidité spécifique	1er septembre 2011
Mise en œuvre du dispositif révisé d'écrêtement **Nouveau plafond de crédit immobilier et professionnel**	1er septembre 2011
Restitution de l'étude DSS/CNAMTS sur la garantie invalidité spécifique	1er septembre 2011
Nouveau plafond de crédit à la consommation	1er mai 2011

Les modalités et échéances de réalisation des indicateurs de suivi, de la rénovation du site internet AERAS et de la campagne de communication seront fixées par la Commission de suivi et de propositions.

* Les médecins de la CNAMTS et de la Direction de la sécurité sociale ont analysé, en novembre 2010, des données anonymisées au regard de la garantie invalidité spécifique afin de savoir si les améliorations apportées à cette garantie avaient un impact significatif sur le nombre de personnes, en 2e catégorie d'invalidité*[s]* de la sécurité sociale, couverte.

CODE DE BONNE CONDUITE CONCERNANT LA COLLECTE ET L'UTILISATION DE DONNÉES RELATIVES À L'ÉTAT DE SANTÉ EN VUE DE LA SOUSCRIPTION OU L'EXÉCUTION D'UN CONTRAT D'ASSURANCE

Les organismes d'assurance sont appelés à recueillir et à traiter des informations concernant l'état de santé d'une personne, et notamment :

— en assurances de personnes, avant la souscription d'un contrat (ou l'adhésion à celui-ci s'il s'agit d'une assurance de groupe) ;

— dans toutes assurances intervenant en cas de décès ou d'atteintes corporelles, lors de la déclaration d'un sinistre ou de la demande de prestations.

Cette collecte et ce traitement d'informations médicales, indispensables à l'activité d'assurance, ont toujours tenu compte des impératifs de confidentialité de ces informations touchant à la personne des assurés, ainsi que de la volonté librement exprimée par ceux-ci quant à l'usage qu'il convient de faire des informations et documents médicaux les concernant.

Tout en reconnaissant :

— qu'un assureur, un banquier ou un intermédiaire est astreint au secret professionnel dans ses relations avec ses clients ;

— que toute personne peut disposer des informations la concernant et couvertes par le secret médical, en particulier pour faire valoir ses intérêts ;

la collecte, la circulation, le traitement et la conservation de l'information médicale relative à une personne soulèvent, en raison de la nature de cette information, des risques particuliers, auxquels il est impératif d'apporter des solutions selon des procédures de confidentialité strictes et restreintes.

Compte tenu des évolutions législatives et des réflexions conduites, sous l'égide des pouvoirs publics, sur les problèmes que pose l'utilisation de ces informations dans des conditions compatibles à la fois avec les exigences d'ordre éthique et l'exercice de l'activité d'assurance, il est apparu souhaitable d'améliorer les procédures existantes, en matière d'organisation de confidentialité médicale. A cette fin sont formulées un certain nombre de recommandations de nature à renforcer la confidentialité de ces procédures, tant dans l'organisation du service médical des sociétés d'assurances (I) qu'au stade de la souscription des contrats (II) ou à celui de l'exécution du contrat (III).

I. Le service médical des sociétés d'assurances

L'appréciation du risque comme le règlement des prestations nécessite des examens, des contrôles et des évaluations faisant appel au concours de médecins. Ceux-ci agissent pour le compte de l'organisme d'assurances concerné dans le respect de la déontologie médicale.

En tout état de cause, compte tenu des risques assurés et de la nature spécifique des informations fournies, il est impératif que les sociétés d'assurances concernées disposent d'un service médical apte à analyser et conserver ces informations.

Dans ce service médical, les dossiers sont placés sous l'autorité d'un médecin collaborateur à temps plein ou partiel auquel doit être garantie l'indépendance technique et morale. Celui-ci est garant de la confidentialité des informations médicales fournies aux sociétés.

Formé aux spécificités de traitement des données médicales, et à la déontologie qui s'y applique, le personnel est astreint au secret professionnel ; il est informé des sanctions encourues en cas de non-respect de cette règle. Pour ce faire, ce service bénéficie de locaux particuliers et d'un personnel spécifique.

La confidentialité doit être organisée au sein des entreprises, physiquement pour le service, administrativement pour les circuits (courrier, téléphone, informatique, meubles de rangement des dossiers, etc.). Une protection totale des dossiers et des informations transmises est assurée.

En aucun cas, les services administratifs des sociétés d'assurance*[s]* ne peuvent connaître les éléments relatifs à l'état de santé qui ont fondé la décision (acceptation avec ou sans surprime, refus, ajournement ou demande de complément d'instructions médicales), ni les éléments des contrats ayant trait à l'état de santé.

Enfin, le responsable du service médical, souvent qualifié de « médecin-chef », coordonne l'activité des autres médecins attachés au service. En outre :

— il organise et maintient les contacts nécessaires avec des médecins correspondants, indépendants de l'entreprise, et chargés d'examiner les assurables en vue de la conclusion d'une assurance, ou d'examiner ou contrôler les personnes malades, ou invalides, ou les victimes d'accidents, dans le cadre du règlement d'un sinistre ou d'une demande de prestations ;

— il procède lui-même ou fait procéder par ses collaborateurs médecins aux examens et contrôles précités lorsque la proximité et l'organisation du service le permettent ;

— il donne son avis médical sur les dossiers de souscription ou de règlement qui sont soumis au service médical ;

— il conseille l'organisme d'assurances*[s]* en matière de sélection médicale des risques, de prévention et de règlement. Il participe à ce titre à la définition des normes d'acceptation, à l'élaboration des questionnaires de santé et des formulaires de déclaration de sinistre, ainsi qu'à l'information des services techniques en matière médicale ;

— lorsque le proposant le saisit d'une demande d'information, il lui répond soit directement, soit par l'intermédiaire du médecin désigné par celui-ci.

Il s'agit donc d'une triple mission de contrôle, d'expertise et de conseil, qui n'est confondue ni avec celle de l'expert judiciaire désigné par une juridiction, ou en exécution d'une convention d'arbitrage, ni avec celle des médecins contrôleurs des organismes de sécurité sociale.

II. La souscription

A) L'APPRÉCIATION DES RISQUES LORS DE LA SOUSCRIPTION (ASSURANCES DE PERSONNES)

1) L'état de santé de l'assurable est un élément essentiel d'appréciation du risque pour la souscription d'une assurance comportant des garanties de prévoyance (décès, invalidité, maladie).

L'âge, le montant des sommes assurées, la durée et la nature du contrat, conditionnent le niveau d'information et de contrôle :

— pour les assurances dont les capitaux ou rentes garantis sont faibles, seule une déclaration relative à l'état de santé ou un questionnaire succinct est généralement demandé ;

— lorsque les capitaux ou rentes dépassent un certain montant ou lorsque l'état de santé du candidat à l'assurance, ne lui permet pas de souscrire une telle déclaration, ***ou que des réponses laissent supposer un risque aggravé***, ou que son âge excède la norme fixée, il est demandé de remplir un questionnaire de risque plus détaillé ;

— lorsqu'un certificat médical ou des pièces justificatives sont demandés au candidat à l'assurance, son médecin traitant le lui remet en mains propres ***sous enveloppe*** pour transmission au service médical de l'assureur ;

— en fonction des réponses au questionnaire de risque ou de la déclaration d'une pathologie particulière, le médecin conseil de l'assureur demande le cas échéant des examens complémentaires : analyses, radiographies, ou échographies, électrocardiogrammes, etc., ces examens pouvant éventuellement être remplacés par la communication par le proposant des pièces, strictement nécessaires, faisant partie de son dossier médical ;

— l'assureur peut également – si les réponses au questionnaire de risque ou le montant du capital le justifient – demander à l'assurable de se soumettre à un examen médical.

Cet examen peut être précédé ou complété par des analyses biologiques :

— en cas de demande d'examens médicaux, ceux-ci sont effectués par un ou des médecins désignés par l'assureur pour examiner l'assurable, ou par un ou des médecins choisis par celui-ci ;

— les résultats des examens médicaux et les résultats d'examens complémentaires (biologiques, radiologiques) sont remis au proposant qui les transmet au médecin conseil de l'assureur ;

— les conclusions du ou des médecins sont transmises directement sous pli confidentiel au service médical de l'assureur.

Les rapports médicaux et les examens complémentaires relèvent des mêmes règles de confidentialité que les questionnaires médicaux.

2) Les questionnaires répondent à un souci de clarté et de concision pour pouvoir être compris par les assurables, tout en étant suffisamment détaillés pour permettre une appréciation correcte du risque par l'assureur.

Ils comportent généralement deux types de questions :

— des questions portant sur des faits matériels (par exemple : avez-vous eu un arrêt de travail de plus de (x) jours durant la dernière période d'un an ? quels médicaments prenez-vous actuellement ? avez-vous subi des tests médicaux au cours des (y) derniers mois) ;

— des questions portant sur des maladies (par exemple : êtes-vous traité pour hypertension ?).

Il existe enfin, pour certaines maladies des questionnaires adaptés, que les personnes concernées remplissent généralement avec le concours de leur médecin traitant.

Le contenu et le traitement de ces questionnaires de risques respectent les principes suivants :

— ils ne doivent comporter aucune question concernant le caractère intime de la vie privée, et en particulier de la vie sexuelle des proposants ;

— les déclarations et questionnaires médicaux de risques sont transmis au service médical par le candidat à l'assurance, qui déclare dans le formulaire accepter cette communication ;

— les autres déclarations de risques (par exemple, la pratique de certains sports ou certaines professions à risques) peuvent être transmises à un service d'acceptation de risques ;

— ces informations sont traitées ***en toute confidentialité*** sous la pleine responsabilité du médecin responsable du service médical de l'entreprise ;

— compte tenu des dispositions de l'article L. 112-3 du code des assurances, les formulations de questions trop générales du type « vous estimez-vous en bonne santé ? » sont à écarter. De manière plus générale, afin d'éviter les difficultés d'interprétation et les litiges pouvant en résulter, les questions doivent être rédigées de manière claire et précise.

3) Enfin, en ce qui concerne les exclusions, les conditions particulières du contrat en mentionnent l'existence. Ces exclusions sont portées à la connaissance du candidat par un courrier particulier émanant du service médical.

B) LA COLLECTE, LA TRANSMISSION ET LE TRAITEMENT DES INFORMATIONS RECUEILLIES

Les assureurs sont soumis au secret professionnel, comme tous les professionnels recueillant des informations confidentielles. En conséquence, ils prennent les mesures nécessaires pour assurer la confidentialité de ces informations relatives à l'état de santé d'une personne.

1) Collecte et transmission des informations

La nature et la complexité des informations à recueillir sur la santé du candidat à l'assurance lors de la souscription conduisent à proposer une démarche en deux étapes :

— dans un premier temps, le souscripteur est clairement informé des conditions dans lesquelles les informations qu'il va donner dans la suite du questionnaire seront communiquées à la société d'assurance ;

— dans un second temps, il répond seul, s'il le souhaite, aux questions relatives à son état de santé et aux données médicales le concernant.

Sur le premier point, il est recommandé de faire précéder le questionnaire de santé d'une formule du type suivant :

Quelles que soient les réponses données dans ce questionnaire, vous pouvez les transmettre (sous pli cacheté dans l'enveloppe ci-jointe) (par la procédure de (télé)transmission sécurisée...) au médecin conseil du service médical de la société.

Cependant, si parmi les réponses que vous avez données, au moins l'une d'entre elles concerne une maladie dont vous souffrez actuellement ou avez souffert dans le passé, ou encore les suites d'un accident antérieur, ou se rapporte à un traitement en cours, ***vous êtes formellement invité*** *à transmettre ce questionnaire (sous pli cacheté dans l'enveloppe ci-jointe) (par la procédure de (télé)transmission sécurisée...) au médecin conseil du service médical de la société.*

Dans ce cas, vous utilisez (l'enveloppe ci-jointe) (la procédure sécurisée...) à destination du médecin conseil de la société d'assurances.

Dès lors, et à condition qu'il soit répondu aux questions précédentes et qu'elles respectent la réglementation sur la nature des questions à poser, l'architecture du questionnaire et la formulation des questions sur l'état de santé et les données médicales du proposant sont du ressort de la société d'assurances, qui peut éventuellement les répartir entre un « questionnaire de santé », supposé simplifié et un « questionnaire médical », concernant notamment des pathologies ou des interventions chirurgicales.

De même, le rapport du médecin examinateur, et les résultats des différents examens demandés au candidat à l'assurance sont transmis, sous pli confidentiel, au service médical de la société d'assurance dans les conditions précisées antérieurement.

2) Traitement

Le service médical émet un avis sur les dossiers comportant des documents confidentiels, des rapports médicaux et plus généralement qui soulèvent un problème d'appréciation médicale. Cet avis est transmis au service chargé de l'acceptation des risques. Ce dernier service prend pour chacune des garanties du contrat une décision parmi les options suivantes :

— acceptation au tarif normal ;

— acceptation avec surprime et éventuellement limitation de la durée de l'assurance ;

— acceptation avec exclusion d'une ou plusieurs pathologies particulières et de ses suites (ce sont généralement les maladies qui préexistaient à l'entrée à l'assurance) ;

— ajournement (de 1 à 5 ans le plus souvent) ;

— refus.

Le candidat à l'assurance est informé de la décision de la société et de la possibilité de saisir le médecin conseil pour information complémentaire *(cf. I - page 5)*.

3) Suites de maladies antérieures

Conformément à l'article 3 a) de la loi n° 89-1009 du 31 décembre 1989, les conditions particulières du contrat doivent mentionner clairement et limitativement les exclusions ou restrictions de garanties consécutives aux maladies antérieures en assurance individuelle ou collective non obligatoire. A cet effet, l'information nécessaire est transmise par le service médical de la société au service d'acceptation des risques d'une part, et au service administratif chargé d'établir le contrat d'autre part.

III. L'exécution du contrat

A) OBSERVATIONS GÉNÉRALES

Conformément aux principes généraux de notre droit, il appartient à l'assuré ou au bénéficiaire de l'assurance qui en demande l'exécution de justifier de ses droits. De même la victime d'une atteinte corporelle due à l'action fautive d'un tiers doit établir la réalité de son préjudice.

L'exécution du contrat peut ainsi nécessiter que l'assureur subordonne le règlement des prestations à la production d'attestations médicales ou au résultat d'examens de contrôle ou d'évaluation effectués par des médecins missionnés à cet effet. L'assureur peut également demander à l'assuré de répondre à un questionnaire s'inscrivant dans le cadre de la déclaration de sinistre. Cette procédure administrative légère convient particulièrement à l'assurance de remboursement de frais médicaux qui exige une grande rapidité de règlement.

Les investigations de l'assureur sont engagées avec tact et mesure en tenant compte notamment de l'importance du sinistre et de la difficulté pour l'assuré ou ses ayants droit de produire certains justificatifs normalement exigibles.

La loi du 31 décembre 1989 renforçant la garantie offerte aux personnes assurées contre certains risques prévoit que dans les contrats collectifs non obligatoires et dans les contrats individuels couvrant des risques de prévoyance, l'assureur peut à certaines conditions (*cf. II) - B) - 3)*) refuser la prise en charge des suites de maladies antérieures à la conclusion du contrat. Il doit alors apporter la preuve de l'antériorité de la maladie, dans le respect du secret professionnel auquel il est tenu.

B) LE RÈGLEMENT DES PRESTATIONS

Le règlement des prestations nécessite le rapprochement des déclarations initiales faites lors de la souscription du contrat de celles effectuées à la suite du sinistre ; il en est de même en cas de constatations médicales ou autres résultats du dossier de règlement.

Les problèmes de confidentialité liés à l'établissement des questionnaires de règlement ou aux relations de l'assureur avec le corps médical en vue de ce règlement ne sont pas fondamentalement différents en assurances de personnes de ceux relatifs à la souscription de l'assurance.

Néanmoins, les précisions suivantes peuvent être apportées :

— les questionnaires destinés aux personnes déclarant un sinistre distinguent les rubriques de caractère administratif de celles proprement médicales. Lorsque ces dernières doivent être remplies par le médecin traitant de l'assuré ou de la victime, elles font l'objet d'un document distinct ;

— tout document établi par un médecin ayant donné ses soins à l'assuré est remis à celui-ci ou à ses ayants droit qui demeurent libres de son usage ;

— tout médecin intervenant pour le compte d'un assureur auprès d'un assuré d'une victime demandant réparation d'un dommage corporel ou de leurs ayants droit précise clairement qui l'a missionné et quel est le but de sa mission, afin d'éviter toute confusion, notamment avec les médecins contrôleurs de la sécurité sociale ;

— l'exigence de justificatifs ou de contrôles médicaux, si elle est nécessaire au respect des engagements réciproques des parties au contrat d'assurance, ainsi qu'à la défense des intérêts légitimes de l'ensemble des assurés constituant la mutualité couverte par l'assureur, est limitée aux mesures indispensables sans perdre de vue la situation particulière de l'assuré, de ses ayants droit ou de la victime. Les informations émanant du service médical comportent une partie administrative, communiquée au service gestionnaire, et une partie médicale séparée qui est conservée par le service médical.

GARANTIE INVALIDITÉ SPÉCIFIQUE

La garantie invalidité spécifique mentionnée au 4) du titre V de la convention se définit comme suit :

— la garantie invalidité spécifique correspond à une incapacité fonctionnelle couplée à une incapacité professionnelle ;

— la garantie accordée ne comporte aucune exclusion de pathologie ;

— la prestation servie est au minimum indemnitaire, en couvrant la perte de revenu de l'assuré ;

— l'incapacité professionnelle est attestée de manière administrative par la production d'un titre de pension d'invalidité de 2e ou 3e catégorie de la sécurité sociale pour les salariés, d'un congé de longue maladie pour les fonctionnaires ou d'une notification d'inaptitude totale à l'exercice de la profession pour les non salariés ;

— s'agissant de l'incapacité fonctionnelle, un barème de référence commun à tous les assureurs est retenu. Il s'agit du barème annexé au code des pensions civiles et militaires ;

— le taux d'incapacité fonctionnelle, à partir duquel la prestation intervient, est fixé à 70 % et apprécié par le médecin conseil de l'assureur suivant le barème annexé au code des pensions civiles et militaires ;

— lors de l'expertise médicale, qui permet de déterminer le taux d'invalidité fonctionnelle de l'assuré, ce dernier peut se faire accompagner par le médecin de son choix ;

— en cas de poly-pathologies, la cotation est additive, c'est-à-dire qu'elle s'effectue en sommant le taux des différentes pathologies ;

— en cas de contestation de la décision de l'assureur, l'assuré peut demander de droit une contre-expertise ;

— en cas de désaccord de l'assuré, il lui est possible :

• d'obtenir une copie du rapport d'expertise de l'expert désigné par l'assureur,

• de verser de nouveaux éléments médicaux en vue d'une révision de son dossier,

• de se faire accompagner d'un médecin de son choix en cas de recours à la procédure amiable prévue au contrat.

LE RÔLE DU BUREAU COMMUN D'ASSURANCE COLLECTIVE (BCAC) DANS LE CADRE DE LA CONVENTION AERAS

Le BCAC a un double rôle dans le cadre de la Convention AERAS.

1) Le BCAC assure le fonctionnement du pool des risques très aggravés :

Le pool des risques très aggravés correspond au 3e niveau d'examen des demandes d'assurance. Les dossiers rejetés par un réassureur ou sous l'autorité d'un réassureur au 2e niveau d'examen de l'assurance lui sont transmis.

Les dossiers transmis au pool sont examinés à tour de rôle par un des réassureurs y participant.

2) Le BCAC assure la gestion administrative du dispositif d'écrêtement de surprimes d'assurance financé par les assureurs et banquiers.

A ce titre, il est chargé d'établir annuellement la répartition de la charge financière du dispositif entre les professionnels.

DISPOSITIF D'EXAMEN DES DEMANDES D'ASSURANCE

Le traitement des demandes de prêt par les professionnels s'articule de la manière suivante, autour d'un dispositif à trois niveaux :

1) Au 1er niveau, sont analysés les contrats d'assurance collective emprunteurs existants.

Dès ce 1er niveau, les professionnels analysent systématiquement la possibilité de proposer une garantie standard, avec ou sans surprime, avant toute proposition de garantie spécifique à l'emprunteur. Toutefois, pour diverses raisons, commerciales ou techniques, ces contrats ne couvrent pas tous les cas qui seraient assurables sur le marché par ailleurs. C'est pourquoi il convient de compléter le jeu normal de ces contrats de 1er niveau.

2) Le 2e niveau est constitué par la mise en place, dans des conditions de marché, de contrats d'assurance emprunteurs de groupes ouverts, réceptacles automatiques des cas refusés par le jeu des contrats du 1er niveau.

Ces contrats ont vocation à être mis en place par tous les établissements de crédits, en complément des contrats d'assurance adossés à la gamme de leur prêt, et actionnés dès qu'un refus ou un ajournement est décidé par un assureur de 1er niveau. Toutefois, les réassureurs, constituant ce 2e niveau, analysent également la possibilité de proposer aux emprunteurs une garantie standard, avec ou sans surprime.

3) Le 3e niveau est constitué par le « pool des risques très aggravés ».

Le pool des risques très aggravés est une convention de co-réassurance gérée par le Bureau Commun d'Assurances Collectives (BCAC). Cette convention est ouverte aux assureurs et aux réassureurs, membres de la FFSA ou du GEMA.

Le pool offre aux assureurs des contrats collectifs d'assurance décès emprunteurs d'une part, aux assureurs des contrats individuels d'assurance décès liés à un emprunt d'autre part, une capacité de couverture additionnelle en cas de décision de refus ou d'ajournement lors de la mise en jeu des contrats de 2e niveau.

Le passage automatique d'un niveau à l'autre permet à tout emprunteur de bénéficier des dispositions de la convention, même sans en avoir connaissance.

Concernant l'amélioration de l'information aux emprunteurs, les lettres de refus d'assurance indiquent explicitement à quel niveau le refus est intervenu. Tout refus de prêt par un établissement de crédit fondé sur la seule insuffisance de la couverture assurantielle et l'absence de garanties alternatives fait l'objet d'un courrier motivé au candidat à l'emprunt.

Recommandation 2016-R-02 du 14 novembre 2016,

Sur le traitement des réclamations.

1 *Contexte*

L'information du client sur les modalités d'examen des réclamations ainsi que le traitement de ces dernières font l'objet de plusieurs textes, notamment de nature législative et réglementaire *[Cf. Annexe 1 : Règles applicables aux organismes d'assurance, aux établissements et aux intermédiaires.]* applicables aux secteurs de l'assurance et de la banque. Néanmoins, les contrôles effectués au sein des établissements de crédit, des organismes d'assurance et des intermédiaires, les annexes au rapport de contrôle interne sur la protection de la clientèle, ainsi que les informations émanant des clients reçues par l'Autorité de contrôle prudentiel et de résolution (ACPR), ont mis en évidence certaines modalités de saisine et de traitement des réclamations insuffisamment protectrices de la clientèle *[Cf. Annexe : Exemples de situations pour lesquelles les modalités de saisine et de traitement des réclamations sont insuffisamment protectrices de la clientèle.]*.

En conséquence et en concertation avec l'Autorité des marchés financiers (AMF) au sein du Pôle commun, l'ACPR recommande des bonnes pratiques ayant pour objet de garantir à la clientèle :

– une information claire et transparente sur les modalités de traitement des réclamations, ainsi qu'un accès facile au système de traitement des réclamations ;

– un traitement des réclamations efficace, égal et harmonisé ;

– la mise en place d'éventuelles actions correctives à partir des dysfonctionnements identifiés à travers le traitement des réclamations.

Pour le traitement des réclamations afférentes aux instruments financiers, l'AMF a adopté l'instruction DOC-2012-07 à laquelle il convient de se référer sur ce sujet.

2 *Champ d'application de la recommandation*

La présente recommandation concerne la réception, le traitement et le suivi des réclamations. Une réclamation est une déclaration actant le mécontentement d'un client envers un professionnel ; une demande de service ou de prestation, une demande d'information, de clarification ou une demande d'avis n'est pas une réclamation.

La présente recommandation s'applique aux entreprises d'assurance, aux mutuelles ou unions régies par le code de la mutualité, aux institutions de prévoyance ou unions d'institutions de prévoyance (ci-après, « les organismes d'assurance »), aux établissements de crédit, aux sociétés de financement, aux établissements de paiement et aux établissements de monnaie électronique (ci-après, « les établissements ») ainsi qu'aux intermédiaires d'assurance, aux intermédiaires en opérations de banque et services de paiement et aux intermédiaires en financement participatif (ci-après, « les intermédiaires »), ci-après ensemble « les entités », y compris lorsque ces entités interviennent en France en libre prestation de services ou en libre établissement.

3 *Recommandation*

Afin d'assurer un meilleur accès de la clientèle aux systèmes de traitement des réclamations et une plus grande efficacité de ces systèmes, l'ACPR recommande, conformément aux dispositions des articles L. 612-1 II 3° et L. 612-29-1*[,]* alinéa 2*[,]* du code monétaire et financier, aux entités concernées :

3.1. *Sur l'information et l'accès de la clientèle au système de traitement des réclamations :*

3.1.1. D'informer la clientèle, dans un langage clair et compréhensible, sur :

– les modalités de saisine de chacun des niveaux de traitement des réclamations mis en place, notamment les coordonnées (adresse, numéro de téléphone non surtaxé...) de la (des) personne(s) ou du service en charge du traitement des réclamations et du médiateur compétent quand ce dernier existe. Lorsque plusieurs intervenants sont impliqués dans le processus de commercialisation ou de gestion, cette information est déclinée pour chaque catégorie de réclamations nécessitant un circuit de traitement distinct ;

– les délais de traitement de la réclamation auxquels l'entité s'engage.

3.1.2. De rendre l'information visée au 3.1.1 rapidement accessible à l'ensemble de la clientèle, notamment dans les lieux d'accueil de la clientèle, lorsqu'ils existent, ou sur un site Internet.

3.1.3. D'accuser réception de la réclamation dans le délai sur lequel l'entité s'est engagée à le faire, sauf si la réponse elle-même est apportée au client dans ce délai.

3.1.4. De tenir informé le client du déroulement du traitement de sa réclamation, notamment lorsque, en cas de survenance de circonstances particulières, les délais sur lesquels l'entité s'est engagée ne peuvent pas être respectés.

3.1.5. D'éviter toute confusion, en particulier dans l'intitulé des services ou dans les courriers adressés à la clientèle, entre, d'une part, les services de l'entité et, d'autre part, le dispositif de médiation indépendante.

3.2. *Sur l'organisation du traitement des réclamations :*

3.2.1. De mettre en place les moyens et procédures permettant d'identifier les courriers, appels téléphoniques et courriels qui constituent des réclamations et de définir les circuits de traitement de celles-ci.

3.2.2. De veiller à ce que le (les) collaborateur(s) habituellement en relation avec la clientèle ou qui réceptionne(nt) des demandes de la clientèle, ai(en)t une formation lui (leur) permettant d'identifier clairement les réclamations reçues et d'utiliser de façon appropriée le(s) circuit(s) de traitement des réclamations.

3.2.3. De mettre en place une organisation du traitement des réclamations qui :

– permet au client de présenter sa réclamation à son interlocuteur habituel, conseiller ou gestionnaire et, s'il n'a pas reçu une réponse satisfaisante à sa réclamation, de s'adresser à un service dédié de traitement des réclamations distinct des conseillers ou gestionnaires, dans la mesure où la taille et la structure de l'entité le permettent [*Ce circuit de traitement des réclamations pourra être organisé de manière transversale entre les entités concernées dont la responsabilité est susceptible d'être engagée au titre de l'objet des réclamations. Par exemple, s'agissant des réclamations portant sur la présentation d'une opération d'assurance, le circuit pourra être organisé entre les différents intermédiaires d'assurance impliqués dans cette présentation.*] ;

– lorsque plusieurs circuits de traitement des réclamations existent [*Plusieurs circuits de traitement des réclamations coexistent lorsque plusieurs entités sont impliquées dans l'opération faisant l'objet de la réclamation, notamment lorsque des contrats d'un organisme d'assurance sont distribués par un établissement de crédit ou lorsqu'une délégation degestion a été consentie.*], prévoit clairement :

• les entités concernées qui sont compétentes selon l'objet de la réclamation ou, par défaut, un point d'entrée unique auquel le client peut adresser sa réclamation et qui se chargera de la transmettre à l'interlocuteur compétent et d'assurer un suivi de la réponse,

• les modalités de transmission entre les entités des réclamations adressées par erreur à un interlocuteur non compétent ;

– permet de respecter les délais de traitement qui ont été communiqués au client dans les conditions prévues au 3.1 supra et qui ne devraient pas excéder [*En cas de circonstances particulières induisant un délai plus long, voir les modalités prévues au point 3.1.4.*], au total :

• dix jours ouvrables à compter de la réception de la réclamation, pour en accuser réception, sauf si la réponse elle-même est apportée au client dans ce délai,

• deux mois entre la date de réception de la réclamation et la date d'envoi de la réponse définitive [*Il s'agit de la réponse exprimant la position du professionnel au sujet du litige.*] apportée au client, quelle que soit l'organisation interne de l'entité ou du groupe auquel elle appartient ;

– prévoit clairement les modalités de transmission au(x) médiateur(s) désigné(s), lorsqu'il(s) existe(nt), de tout courrier qui lui (leur) est destiné ;

– prévoit les modalités d'enregistrement des réclamations et du suivi de leur traitement ;

– prévoit un niveau de qualification requis pour le (les) collaborateur(s) en charge de la fonction de traitement des réclamations, incluant une bonne connaissance des produits, services, contrats, outils et procédures des entités concernées ;

– prévoit les principes de responsabilités et délégations au sein des entités concernées, s'agissant notamment des niveaux d'habilitation des collaborateurs *[Par exemple concernant la signature des courriers ou les gestes commerciaux.]* ;

– comporte, dans la mesure où la taille et la structure de l'entité le permettent, un responsable chargé de veiller à la conformité et à l'efficacité du traitement des réclamations.

3.2.4. De formaliser cette organisation dans une (des) procédure(s) de traitement des réclamations de la clientèle, communiquée(s) à l'ensemble des collaborateurs concernés.

3.3. *Sur l'information et l'accès de la clientèle à la médiation en cas de rejet ou de refus de faire droit en totalité ou partiellement à la réclamation, ou en cas d'incapacité à fournir une réponse selon les modalités annoncées au client en vertu des principes définis au 3.1.1. et 3.1.4 :*

3.3.1. Pour les litiges de consommation, de se doter de moyens et procédures permettant de préciser dans la réponse apportée au client, le ou les médiateur(s) de la consommation susceptible(s) d'être compétent(s) pour le règlement de son litige, ainsi que ses (leurs) coordonnées *[Pour la médiation portant sur les litiges sur les instruments financiers, se rapporter à l'instruction DOC-2012-07 de l'AMF.]*.

3.3.2. Pour les autres litiges *[Il s'agit des litiges non couverts par le code la consommation, à savoir les litiges entre les entités visées par la recommandation et leurs clients professionnels.]*, de préciser, dans la réponse apportée au client, les voies de recours possibles et notamment l'existence et les coordonnées du (des) médiateur(s) compétent(s) lorsqu'il(s) existe(nt).

3.4. *Sur le suivi, le contrôle du traitement des réclamations et la prise en compte des manquements ou mauvaises pratiques identifiés à travers les réclamations :*

3.4.1. De mettre en place un suivi des réclamations *[Par exemple : le nom du client, la date de réception de la réclamation, l'objet de la réclamation, le contrat, produit ou service visé par la réclamation, les intervenants autres que l'établissement ou l'organisme d'assurance lui-même, les personnes physiques ou morales visées par la réclamation, la date de la réponse au client, la réponse apportée à la réclamation (réponse positive ou négative à la demande du client), les manquements aux règles de protection de la clientèle éventuellement identifiés.]* et d'en effectuer une restitution aux services/personnes concernés de l'entité et, le cas échéant, aux organes définissant la politique commerciale du réseau auquel appartient l'entité ainsi qu'aux intervenants impliqués dans le processus de commercialisation ou de gestion.

3.4.2. D'identifier les manquements et mauvaises pratiques en matière de commercialisation et de protection de la clientèle afin de mettre en œuvre des actions correctives au niveau de l'entité et, le cas échéant, de permettre la mise en œuvre d'actions correctives au niveau du réseau auquel elle appartient et des intervenants impliqués dans le processus de commercialisation ou de gestion.

3.4.3. Pour les entités tenues de se doter d'un contrôle interne :

– de mettre en œuvre les moyens et procédures nécessaires pour assurer un contrôle interne adapté, par les entités concernées, sur l'information délivrée, l'organisation et la qualité du traitement des réclamations, selon les modalités recommandées aux paragraphes 3.1 à 3.2 *supra* ;

– de prendre en compte et de contrôler, au titre du contrôle interne de l'entité concernée, les risques subis par la clientèle que pourraient causer les manquements et/ou atteintes aux règles de protection de la clientèle, identifiés au travers des réclamations ;

– d'en justifier notamment dans le questionnaire sur l'application des règles destinées à assurer la protection de la clientèle prévu à cet effet, pour les entités concernées.

La présente recommandation remplace la recommandation 2015-R-03 du 26 février 2015 à compter du 1er mai 2017.

ANNEXE 1

RÈGLES APPLICABLES AUX ORGANISMES D'ASSURANCE, AUX ÉTABLISSEMENTS ET AUX INTERMÉDIAIRES

Les règles applicables aux entités dans le domaine du traitement des réclamations sont notamment prévues par les textes suivants :

1 Règles transsectorielles

a *Dispositions légales.* L'article L. 111-1 du code de la consommation relatif à l'obligation d'information précontractuelle exige, avant que le consommateur ne soit lié par un contrat de fourniture de services, que le professionnel lui communique notamment, de manière lisible et compréhensible, des informations sur les caractéristiques essentielles du service et son prix, son identité, ses coordonnées et activités, ainsi que la possibilité de recourir à un médiateur de la consommation dans les conditions prévues au titre Ier du livre VI.

L'article R. 111-1 du code de la consommation précise que pour l'application du 4° de l'article L. 111-1, le professionnel communique au consommateur les informations suivantes : (...) b) Les modalités de paiement, de livraison et d'exécution du contrat ainsi que les modalités prévues par le professionnel pour le traitement des réclamations.

L'article L. 121-2 g) du code de la consommation qualifie de pratique commerciale trompeuse celle reposant sur des allégations, indications ou présentations fausses ou de nature à induire en erreur et portant notamment sur le traitement des réclamations et les droits du consommateur.

L'article L. 121-3 du code de la consommation étend la définition de pratique commerciale trompeuse aux omissions, dissimulation, communications inintelligibles, ambiguë ou à contretemps d'informations considérées comme substantielles, dont font partie celles relatives au traitement des réclamations des consommateurs, dès lors qu'elles sont différentes de celles habituellement pratiquées dans le domaine d'activité professionnelle concerné.

L'article L. 121-16 du code de la consommation dispose que le numéro de téléphone destiné à recueillir l'appel d'un consommateur en vue d'obtenir la bonne exécution d'un contrat conclu avec un professionnel ou le traitement d'une réclamation ne peut pas être surtaxé. Ce numéro est indiqué dans le contrat et la correspondance.

L'article L. 616-1 du code de la consommation prévoit que tout professionnel communique au consommateur les coordonnées du ou des médiateurs compétents dont il relève. Le professionnel est également tenu de fournir cette même information au consommateur, dès lors qu'un litige n'a pas pu être réglé dans le cadre d'une réclamation préalable directement introduite auprès de ses services.

L'article L. 641-1 du code de la consommation dispose que tout manquement aux obligations d'information mentionnées aux articles L. 616-1 et L. 616-2 en matière de médiation de la consommation est passible d'une amende administrative dont le montant ne peut excéder 3 000 euros pour une personne physique et 15 000 euros pour une personne morale dans les conditions prévues au chapitre II du titre II du livre V.

b *Textes européens.* La recommandation n° 2010/304/UE de la Commission européenne du 12 mai 2010, qui inclut notamment une définition de la notion de réclamation et une distinction de cette notion avec les demandes d'information.

Les recommandations de la Commission européenne n° 98/257 CE du 30 mars 1998 et n° 2001/310 CE du 4 avril 2001 relatives aux principes applicables respectivement aux organes responsables et aux organes extrajudiciaires chargés de la résolution consensuelle des litiges de consommation, ainsi que la directive n° 2008/52/CE du Parlement européen et du Conseil du 21 mai 2008 sur certains aspects de la médiation en matière civile et commerciale.

La directive 2013/11/UE du 21 mai 2013 relative au règlement extrajudiciaire des litiges de consommation (RELC) qui a été transposée par l'ordonnance n° 2015-1033 du 20 août 2015 relative au règlement extrajudiciaire des litiges de consommation, prise en application de l'article 15 de la loi n° 2014-1662 du 30 décembre 2014 portant diverses dispositions d'adaptation de la législation au droit de l'Union européenne en matière économique et financière.

Les orientations du Comité mixte (JC 2014 43) publiées le 25 août 2014 relatives au traitement des réclamations dans le secteur des valeurs mobilières (AEMF) et le secteur bancaire (ABE).

2 Dispositions spécifiques aux organismes d'assurance

L'article L. 112-2 alinéa 2 du code des assurances dispose notamment que les documents remis au preneur d'assurance avant la conclusion du contrat précisent les modalités d'examen des réclamations qu'il peut formuler au sujet du contrat et de recours à un processus de médiation dans les conditions prévues au titre Ier du livre VI du code de la consommation, sans préjudice pour lui d'intenter une action en justice. Cette obligation d'information est également expressément prévue en cas de vente à distance aux termes de l'article L. 112-2-1 III 7° du même code, ainsi que pour les opérations d'assurance sur la vie et de capitalisation aux termes de l'article A. 132-4 et son annexe du même code.

L'article L. 221-18 III 7° du code de la mutualité prévoit une disposition similaire : « En temps utile avant l'adhésion à distance à un règlement, le membre participant reçoit les informations suivantes : (...) Les modalités d'examen des réclamations que le membre participant peut formuler au sujet du règlement mutualiste ou du contrat et de recours à un processus de médiation dans les conditions prévues au titre Ier du livre VI du code de la consommation. » L'article L. 932-15-1 III 7° du code de la sécurité sociale la prévoit également, s'agissant des institutions de prévoyance.

L'article R. 932-1-1 (n) du code de la sécurité sociale dispose que les bulletins d'adhésion et règlements des institutions de prévoyance doivent comporter : « Les conditions dans lesquelles l'adhérent et le participant peuvent, sans préjudice des actions en justice qu'ils ont la possibilité d'exercer par ailleurs, adresser d'éventuelles réclamations relatives au règlement et au bulletin d'adhésion ou au contrat et recourir à un processus de médiation dans les conditions prévues au titre Ier du livre VI du code de la consommation »*[Cet article vise les opérations collectives obligatoires, mais ses dispositions sont étendues aux opérations individuelles ou collectives facultatives par l'article R. 932-2-1 du même code.]*.

3 Dispositions spécifiques aux établissements

Les articles L. 314-12 et L. 314-13 du code monétaire et financier prévoient qu'avant tout engagement contractuel, le contrat-cadre de services de paiement comporte des informations relatives aux recours, lesquelles incluent les voies de réclamation et de médiation *[Article 2.8 b) de l'arrêté d'application du 29 juillet 2009.]*.

L'article R. 312-10 7° du code de la consommation (auquel renvoie l'article L. 312-28 du même code) dispose que le contrat de crédit à la consommation comporte, de manière claire et lisible, une rubrique sur les informations relatives au traitement des litiges.

Les articles L. 312-12 et R. 312-5 du code de la consommation prévoient, en cas de vente à distance, la remise à l'emprunteur, par le prêteur ou l'intermédiaire de crédit, préalablement à la conclusion du contrat, d'une fiche d'information précontractuelle contenant notamment des informations relatives à l'existence de procédures extrajudiciaires de réclamation et de recours ainsi que les modalités d'accès à ces procédures.

L'article L. 316-1 du code monétaire et financier dispose que tout consommateur a droit de recourir gratuitement à un médiateur dans les conditions prévues au titre V du livre Ier du code de la consommation en vue de la résolution d'un litige qui l'oppose à un établissement de crédit, une société de financement, un établissement de monnaie électronique ou de paiement et relatif aux services fournis et à l'exécution de contrats conclus en matière d'opérations de banque (gestion de compte de dépôt, opérations de crédit...), de services de paiement, de services d'investissement et d'instruments financiers ainsi que de produits d'épargne.

L'article L. 317-3 du code monétaire et financier prévoit que ces dispositions sont d'ordre public.

4 Dispositions spécifiques aux intermédiaires d'assurance

L'article L. 520-1 I du code des assurances prévoit qu'avant la conclusion d'un premier contrat d'assurance, l'intermédiaire doit fournir au souscripteur éventuel des informations relatives notamment aux procédures de recours et de réclamation.

Aux termes des articles R. 520-1 et R. 520-2 du code des assurances, l'intermédiaire, en vue du traitement d'éventuels différends, indique, avec clarté et exactitude, les coordonnées et l'adresse de son service de réclamation quand il existe et indique les modalités de recours à un processus de médiation dans les conditions prévues au titre Ier du livre VI du code de la consommation.

5 Dispositions spécifiques aux intermédiaires en opérations de banque et services de paiement

Les articles L. 312-12 et R. 312-5 du code de la consommation précités (cf. *supra*).

6 Dispositions spécifiques aux intermédiaires en financement participatif

L'article L. 548-6 du code monétaire et financier prévoie les règles de bonne conduite et d'organisation des intermédiaires en financement participatif. L'article R. 548-6 du même code, qui précise certaines des conditions d'application de ces règles, impose la mention de l'adresse et du numéro de téléphone du service de réclamations dans le contrat de prêt type mis à disposition sur le site internet de l'intermédiaire.

ANNEXE 2

Exemples de situations pour lesquelles les modalités de saisine et de traitement des réclamations sont insuffisamment protectrices de la clientèle

Les contrôles effectués au sein des établissements et sociétés du secteur bancaire, des organismes d'assurance et des intermédiaires, les questionnaires sur le respect des règles de protection de la clientèle (anciennement annexes au rapport de contrôle interne), ainsi que les informations émanant des clients reçues par l'ACPR, ont mis en évidence certaines modalités de saisine et de traitement des réclamations insuffisamment protectrices de la clientèle :

1 Cas où la clientèle ne dispose pas d'une information adaptée

Les informations relatives aux modalités de traitement des réclamations sont parfois mal connues de la clientèle, qui n'identifie pas, de ce fait, l'interlocuteur compétent qu'il convient de saisir. Cette difficulté est accentuée dans le cas d'intervenants multiples – intermédiaires indépendants du producteur notamment – impliqués dans le processus de commercialisation ou de gestion du produit ou service bancaire ou du contrat d'assurance.

Le client n'est pas systématiquement tenu informé du traitement de sa réclamation, ce qui peut le contraindre à solliciter à nouveau son interlocuteur.

L'existence et les modalités de saisine du médiateur compétent, quand il existe, ne sont pas toujours rappelées au client lorsqu'une réponse négative lui est apportée par le service en charge du traitement des réclamations.

Le service en charge du traitement des réclamations ne porte pas toujours un intitulé idoine à sa fonction, permettant de l'identifier en tant que tel ; parfois le titre de ce service comporte le terme « médiation » (par exemple, « service qualité clientèle et médiation » ou « service médiation »), auquel cas une réelle confusion existe pour la clientèle entre le service en charge du traitement des réclamations et la médiation, lorsqu'elle existe.

2 Cas où l'organisation du traitement des réclamations est insuffisante

La notion de réclamation n'est pas définie de façon unique et claire au sein des entités concernées. Lorsqu'une telle définition existe, les collaborateurs concernés n'en ont pas toujours connaissance. Ainsi, certaines demandes de la clientèle peuvent, à tort, ne pas être qualifiées de réclamations et, inversement, d'autres, d'ordre opérationnel ou relevant en réalité de la gestion de la relation d'affaires, peuvent alimenter à tort le circuit des réclamations.

Les procédures de traitement des réclamations ne sont pas toujours suffisamment formalisées et peuvent être hétérogènes au sein d'une même entité ou du réseau auquel elle appartient. Il en est de même lorsque le client saisit le partenaire de l'entité plutôt que cette dernière.

Les modalités de saisine de l'entité peuvent, en pratique, limiter les conditions d'exercice de la possibilité de réclamer donnée à la clientèle. Il en est ainsi lorsque l'accès téléphonique mis en place pour saisir l'entité d'une réclamation peut s'effectuer via un numéro surtaxé, ou lorsqu'un délai excessif de réponse de ces entités a pour conséquence d'aggraver la situation du client ou de vider la réclamation de sa substance.

Dans le cas où plusieurs acteurs interviennent dans le processus de commercialisation ou de gestion d'un contrat, les modalités de saisine peuvent être différentes selon que l'objet de la réclamation relève de la responsabilité de telle ou telle entité. Ces entités n'ont pas toujours mis en place des circuits de transmission des réclamations aux interlocuteurs compétents. Ainsi, lorsque le client adresse sa réclamation à une entité non responsable et/ou non compétente pour y répondre, il peut en résulter un rejet de la réclamation, un allongement des délais de traitement ou une réponse inadéquate.

Le client qui s'adresse à son interlocuteur habituel (chargé de clientèle, conseiller...) et qui n'obtient pas une réponse satisfaisante, ne bénéficie pas toujours, alors même que la structure de l'entité le permettrait, d'une possibilité d'examen de sa réclamation par un service dédié au traitement des réclamations au sein de l'entité concernée.

Le positionnement des services en charge du traitement des réclamations dans l'organisation peut être source de conflits d'intérêts ou d'un traitement inéquitable de la réclamation, par exemple lorsque les acteurs du traitement des réclamations sont rattachés aux responsables des activités de l'entité sur lesquelles portent éventuellement les réclamations.

3 Cas où les réclamations ne sont pas suffisamment exploitées pour améliorer la protection de la clientèle et le contrôle des risques

Les entités concernées n'ont pas systématiquement mis en place un suivi adapté des réclamations reçues, permettant, par exemple, d'effectuer un reporting adéquat.

Les réclamations ne font pas toujours l'objet d'une analyse permettant d'identifier des manquements et des mauvaises pratiques en matière de commercialisation et de protection de la clientèle, qui peuvent en outre être source de risques juridiques et opérationnels.

Les éventuels manquements et mauvaises pratiques identifiés au travers des réclamations reçues ne font pas toujours l'objet d'une prise en compte satisfaisante au titre du contrôle interne et d'actions correctives au niveau de l'entité et, le cas échéant, du réseau auquel elle appartient et de ses partenaires.

Recommandation ACPR 2016-R-04 du 13 décembre 2016,

Portant sur la commercialisation des contrats d'assurance sur la vie en unités de compte constituées d'instruments financiers complexes, prise conformément au 3° du II de l'article L. 612-1 du code monétaire et financier.

1 Contexte

Devant l'asymétrie d'information qui existe entre les investisseurs non professionnels et les producteurs ou distributeurs d'OPCVM à formule et de titres de créance complexes notamment des EMTN), la difficulté d'appréhension de ces produits par une clientèle non professionnelle et le risque de non respect de leurs obligations par les personnes qui les commercialisent, l'AMF a décidé de rendre publique une position concernant la commercialisation directe de ces produits *[Position de l'AMF « Commercialisation des instruments financiers complexes »]*.

L'ACPR, chargée de la protection de la clientèle des organismes d'assurance, examine ces instruments financiers en tant que supports de contrats d'assurance sur la vie. Par conséquent, l'ACPR a décidé d'adopter une recommandation sur l'utilisation comme unité de compte de ces instruments financiers structurés qui présentent un risque de mauvaise commercialisation, afin de préciser les conditions dans lesquelles les organismes d'assurance et les intermédiaires pourront respecter leurs obligations législatives et réglementaires en matière d'information et de conseil.

Cette recommandation :

– rappelle la responsabilité des organismes d'assurance et des intermédiaires d'assurance dans l'information et le conseil donnés aux souscripteurs/adhérents s'agissant des instruments financiers servant d'unité de compte ;

– appelle l'attention des organismes d'assurance et des intermédiaires sur les critères objectifs de risque de mauvaise commercialisation des contrats d'assurance-vie ayant comme supportdes instruments financiers complexes.

2 Sur le champ d'application de la recommandation de l'ACPR

2.1. Les unités de compte concernées

L'article L. 131-1 du code des assurances *[Toutes les références d'article ci-après proviennent du code des assurances, sauf indication contraire explicite.]* dispose :

« En matière d'assurance sur la vie ou d'opération de capitalisation, le capital ou la rente garantis peuvent être exprimés en unités de compte constituées de valeurs mobilières ou d'actifs offrant une protection suffisante de l'épargne investie et figurant sur une liste dressée par décret en Conseil d'État. »

L'article R. 131-1 *[Voir aussi les articles R. 223-1 à R. 223-4 du code de la mutualité, et d'une manière générale pour les Institutions de prévoyance l'article L. 932-23 du code de la sécurité sociale qui renvoie aux dispositions du code des assurances.]* du même code fixe la liste des actifs pouvant servir d'unités de compte et plafonne la part de la prime pouvant être investie dans certains de ces actifs.

La recommandation de l'ACPR s'applique aux unités de compte constituées :

– d'OPCVM de droit français « à formule » (visés à l'article R. 214-28 du code monétaire et financier) ;

– d'OPCVM structurés *[Les OPCVM structurés sont visés à l'article 36 du règlement (UE) n° 583/2010 de la Commission du 1er juillet 2010 mettant en œuvre la directive 2009/65/CE.]* de droit étranger équivalents ;

– de titres de créance complexes et de titres financiers équivalents émis sur le fondement de droits étrangers, à l'exclusion des warrants simples, ces derniers étant définis comme des produits structurés sous forme de bons d'option cotés (en continu) sur un marché réglementé ou un système multilatéral de négociation, donnant le droit (et non l'obligation) d'acheter ou de vendre un actif choisi, à un prix fixé dès l'émission et pendant une période déterminée.

2.2. *Les personnes concernées*

La recommandation de l'ACPR s'applique aux personnes qui conçoivent ou commercialisent des contrats d'assurance-vie en unité de compte sur le territoire français. De ce fait, elle s'applique aux sociétés d'assurance, sociétés d'assurance mutuelles, mutuelles ou unions du code de la mutualité et institutions de prévoyance (les « organismes d'assurance ») et intermédiaires d'assurance, y compris ceux intervenant en libre prestation de services ou en libre établissement, dès lors qu'ils commercialisent sur le territoire français les contrats en unité de compte concernés.

3 *Sur les obligations des organismes et des intermédiaires d'assurance dans la commercialisation des contrats concernés*

3.1. *Rappel des dispositions législatives et réglementaires*

Outre la liste d'actifs pouvant servir d'unités de compte mentionnée ci-dessus, la réglementation couvre trois points : la protection suffisante de l'épargne investie et les garanties fixées par le contrat, les obligations en matière d'information et le devoir de conseil.

Garanties fixées par le contrat et protection suffisante de l'épargne investie

En matière de contrats en unités de compte, l'article L. 131-1 *[Également l'article R. 132-4 et voir aussi l'article L. 223-2 du code de la mutualité.]* du code des assurances dispose que « les sommes assurées sont fixées par le contrat » et que les valeurs mobilières et les actifs servant d'unités de compte doivent offrir « une protection suffisante de l'épargne investie ».

Obligations d'information

Selon les dispositions de l'article L. 132-5-2 *[Articles L. 221-4, L. 223-8, L. 223-28 et A. 223-6 du code de la mutualité, L. 932-24-2 du code de la sécurité sociale.]* l'assureur doit remettre au souscripteur une note d'information dans laquelle doivent figurer les dispositions essentielles du contrat précisées par arrêté, notamment en ce qui concerne les garanties exprimées en unités de compte. L'article A. 132-4 impose ainsi que l'assureur fournisse au souscripteur une « indication des caractéristiques principales » de chaque unité de compte choisie.

L'article L. 132-27 *[Article L. 132-27 : « Toutes les informations, y compris les communications à caractère publicitaire, relatives à un contrat d'assurance sur la vie ou à un contrat de capitalisation présentent un contenu exact, clair et non trompeur. Les communications à caractère publicitaire sont clairement identifiées comme telles. » (nous soulignons). Voir aussi article L. 223-25-2 du code de la mutualité.]* dispose que les informations sur les contrats d'assurance-vie et les contrats de capitalisation doivent présenter « un contenu clair, exact et non trompeur ». Cette disposition, ainsi que les dispositions sur le devoir de conseil de l'assureur décrites ci-dessous, sont entrées en vigueur le 1er juillet 2010.

Par ailleurs, l'article L. 132-28 *[Voir aussi [l'article] L. 116-5 du code de la mutualité.]*, entré en vigueur le 1er janvier 2010, impose aux intermédiaires d'assurance d'établir une convention avec les organismes d'assurance ou de capitalisation, prévoyant les conditions dans lesquelles :

– l'intermédiaire doit soumettre à l'organisme d'assurance, préalablement à leur diffusion, les documents publicitaires ainsi que les fiches d'information ;

– l'organisme d'assurance doit mettre les informations nécessaires à la disposition de l'intermédiaire.

L'article R. 132-5-1 prévoit, sauf exceptions *[L'article R. 132-5-2 prévoit deux exceptions à l'obligation de conclure une convention par écrit : le cas où l'intermédiaire n'utilise que les documents publicitaires mis à sa disposition par l'entreprise d'assurance, d'une part, et, dans le cas d'un régime dit L. 441, lorsque le lien qui unit l'adhérent au souscripteur rend obligatoire l'adhésion au contrat, d'autre part.]*, que cette convention doit être établie par écrit et précise les obligations respectives des entreprises et des intermédiaires d'assurance.

Devoir de conseil : évaluation et mise en garde du client

L'article L. 132-27-1 *[V. cet art. au C. assur. - V. aussi, C. mut., art. L. 223-25-3]* dispose que, lorsque la vente se fait sans intermédiaire, l'assureur doit s'enquérir des connaissances, de l'expérience en matière financière, des exigences et des besoins du souscripteur, et délivrer un conseil, en tenant compte en particulier de ces informations, adapté à la complexité du contrat. Si le souscripteur ne fournit pas ces informations, l'assureur doit le mettre en garde préalablement à la souscription du contrat. Ces dispositions ont été précisées par le décret n° 2010-933 du 24 août 2010 (nouvel article R. 132-5-1-1 du code des assurances).

L'article L. 520-1 étend aux intermédiaires d'assurance les dispositions de l'article L. 132-27-1.

3.2. *Obligations des organismes et des intermédiaires d'assurance*

Il convient de tirer les conséquences suivantes des dispositions rappelées ci-dessus :

– les organismes d'assurance doivent : choisir des valeurs mobilières ou actifs permettant d'offrir une protection suffisante de l'épargne investie ; fournir aux intermédiaires qui commercialisent le contrat les informations nécessaires à l'appréciation de l'ensemble des caractéristiques de l'unité de compte et du contrat proposé ; lorsqu'ils commercialisent directement les contrats, s'assurer que leurs propres salariés disposent des éléments leur permettant de délivrer à leurs clients des informations et un conseil adaptés, délivrer à leurs clients ces informations et ce conseil adaptés et, si le souscripteur/adhérent ne donne pas une information suffisante, le mettre en garde ;

– les intermédiaires d'assurance doivent délivrer à leur client des informations et un conseil adaptés et, si le souscripteur/adhérent ne donne pas une information suffisante, le mettre en garde.

4 *Sur la détermination des critères objectifs permettant d'apprécier le risque de mauvaise commercialisation*

L'ACPR définit, en cohérence avec la position de l'AMF sur la commercialisation des instruments financiers complexes, quatre critères permettant d'évaluer si les unités de compte proposées au sein de contrats d'assurance-vie présentent un risque de mauvaise appréhension des risques par le souscripteur/adhérent et d'inintelligibilité du contrat. Par ailleurs, le contrat d'assurance pouvant être dénoué par décès à tout moment, les risques de pertes en capital doivent s'apprécier en conséquence, et non seulement à la date de maturité de l'instrument financier, lorsque celui-ci en a une.

4.1. *Risque de mauvaise appréhension des risques par le souscripteur/adhérent*

Critère n° 1 : mauvaise présentation des risques et du profil de gain/perte de l'instrument financier Le risque de mauvaise présentation est potentiellement élevé pour les unités de compte dont la performance est sensible à des scénarios extrêmes (baisse brutale des marchés, modification de l'environnement économique,...), et ce même si leur probabilité de survenance est très faible. Cela est le cas notamment lorsqu'ils sont présentés comme alliant protection du capital et performance. Les chances de gains sont ainsi indiquées comme quasiment inéluctables, et les scénarios envisagés sur les documents ne reflètent parfois que les hypothèses les plus favorables.

Le souscripteur/adhérent est susceptible de mal appréhender un risque en raison de la présentation qui est faite d'une unité de compte dont la performance est sensible à des scénarios extrêmes défavorables.

Exemple 1

Unité de compte présentant un profil de gain/perte du type « gain fixe de 10 % quel que soit le niveau de l'indice s'il est en hausse par rapport à son niveau initial et perte en capital équivalente à la baisse de l'indice si ce dernier connaît une baisse de plus de 40 % ».

Critère n° 2 : caractère inhabituel pour le souscripteur/adhérent de l'instrument financier en raison du ou des sous-jacents utilisés Certains instruments financiers utilisent des sous-jacents difficilement appréhendables par les souscripteurs/adhérents et généralement non observables de façon individuelle sur les marchés, comme, notamment, la volatilité d'un actif ou la corrélation entre plusieurs actifs.

Les produits visés construits sur ces sous-jacents présentent donc le risque d'être mal compris par les souscripteurs/adhérents, qui, pour les sous-jacents dont la disponibilité publique est limitée, ne sont pas non plus en mesure de suivre leur évolution.

Exemple 2

Unité de compte dont la performance est liée au niveau de corrélation observé sur une certaine période de l'action d'une compagnie pétrolière avec le niveau d'un indice de marchandises (« commodities »).

L'investisseur doit ici anticiper l'évolution de la corrélation entre l'action et l'indice sous-jacent, ce qui demande généralement un niveau d'expertise élevé.

Exemple 2 bis

Unité de compte indexée sur l'indice VSTOXX qui expose le souscripteur/adhérent à l'échéance à la perte de 50 % du capital investi si l'indice baisse de 50 %.

Le sous-jacent de l'unité de compte, l'indice de volatilité EURO STOXX 50, est difficilement appréhendable par un souscripteur/adhérent.

Exemple 2 ter

Unité de compte indexée sur un indice (qu'il soit systématique ou non systématique) dont la sélection et/ou la pondération et/ou le rebalancement des composants est fondé sur (i) les 50 valeurs les plus liquides de l'univers d'investissement, puis (ii) les 30 valeurs qui offrent les dividendes les plus importants parmi les 50 retenues, puis (iii) les 10 valeurs qui présentent un Bêta inférieur à X % parmi les 30 retenues. Les 10 valeurs finales retenues sont équipondérées et la composition de l'indice est revue sur une base annuelle.

Critère n° : profil de gain/perte assujetti à la réalisation concomitante de plusieurs conditions sur au moins deux classes d'actifs

Certaines unités de compte ont un rendement lié à la réalisation de plusieurs conditions concomitantes sur des classes d'actifs différentes (actions, produits de taux, immobilier...) permettant difficilement à un souscripteur/adhérent de reconstituer le scénario de marché qu'il doit anticiper.

Exemple 3

Unité de compte qui à l'échéance propose la performance moyenne du CAC 40 sur une durée de 5 ans augmentée ou diminuée d'un coupon annuel conditionné à l'évolution du marché obligataire :

(i) Chaque année, si le taux CMS 10 ans est supérieur au taux CMS 2 ans de plus de 55bp, et que le CAC 40 est en hausse, un coupon de 4 % est acquis à l'échéance.

(ii) Chaque année, si le taux CMS 10 ans est supérieur au taux CMS 2 ans de moins de 20bp, et que le CAC 40 est en baisse, la performance finale est diminuée d'un montant de 1 %.

Deux classes d'actifs conditionnent la performance finale de l'unité de compte : les actions et les taux. Il est délicat, voire impossible, pour le souscripteur/adhérent de reconstituer le scénario macro-économique de marché qu'il doit anticiper.

4.2. *Risque d'inintelligibilité de l'unité de compte*

Critère n° 4 : nombre de mécanismes compris dans la formule de calcul du gain ou de la perte de l'unité de compte

La compréhension du risque pris requiert une bonne appréciation des étapes de calcul du produit et des mécanismes de réalisation de la formule ou de la nature de la classe d'actif sous-jacente. Or, lorsqu'il existe plus de trois mécanismes de calcul différents pour déterminer le rendement global du produit, de façon directe ou par l'intermédiaire d'un indice de sous-jacent structuré, il est délicat, voire impossible, pour le souscripteur/adhérent de reconstituer le « pari » qu'il prend, c'est-à-dire de comprendre les mécanismes qui aboutissent à la réalisation d'une perte ou d'un gain en fonction d'un scénario de marché.

Exemple 4

Unité de compte qui à l'échéance propose le profil de gain/perte suivant :

(i) La **performance moyenne trimestrielle** sur 5 ans d'un **indice de stratégie** qui surpondère les 20 valeurs du CAC 40 ayant le plus performé sur le mois passé et sous-pondère les 20 actions ayant le moins performé.

(ii) Si à une date de constatation trimestrielle, l'indice connaît une hausse supérieure à 10 % par rapport au trimestre d'avant, **un coupon ou bonus de 6 %** sera acquis à l'échéance du produit.

(iii) Si à une date de constatation trimestrielle, l'indice connaît une **baisse supérieure à 30 %** par rapport à son niveau initial, alors le produit est dissous (ou résilié par anticipation) et le porteur est remboursé par anticipation. Son capital initial est alors diminué de l'intégralité de la baisse de l'indice et augmenté éventuellement des bonus acquis au cours des trimestres précédents.

Risque d'inintelligibilité fort. Quatre mécanismes différents entrent dans le calcul de la performance finale : un effet moyenne, une stratégie intrinsèque à l'indice sous jacent, un bonus en cas de franchissement de barrière à la hausse et une perte en cas de franchissement de barrière à la baisse.

Exemple 4 bis

(Exemple d'utilisation de sous-jacents particuliers permettant de décompter plusieurs mécanismes de calcul supplémentaires)

Unité de compte indexée sur un indice équipondéré (qu'il soit systématique ou non systématique) qui comprend plusieurs critères de sélection et/ou de rebalancement de ses composants dont un fondé sur une sélection des 60 actions les moins volatiles sur les 6 derniers mois. L'indice est « dividendes réinvestis » mais retranche un montant/pourcentage forfaitaire annuel.

Liste indicative non exhaustive des stratégies pouvant être comptabilisées comme un mécanisme de formule :

– un algorithme de calcul sous-jacent d'un indice de stratégie propriétaire ;
– une performance moyennée ;
– un effet plafond/plancher ;
– une protection désactivée lors d'un franchissement de seuil à la baisse ;
– un effet « mémoire » ;
– une cristallisation de gain.

5. *Recommandation*

Les contrats d'assurance-vie en unités de compte peuvent présenter, au regard de leur nature, des risques de mauvaise appréhension par les souscripteurs/adhérents des pertes potentielles auxquelles ils sont exposés, voire d'inintelligibilité.

En particulier, les contrats d'assurance-vie dont les unités de compte constituées d'OPCVM à formule ou de titres de créance complexes qui répondent à au moins un des critères définis ci-dessus présentent un risque élevé de non respect des obligations législatives et réglementaires applicables à leur commercialisation. En raison des caractéristiques de ces instruments financiers, les organismes d'assurance et les intermédiaires pourraient ainsi ne pas être en mesure de se conformer aux dispositions susvisées. Pour ces instruments financiers servant de support aux unités de compte et n'offrant pas sur la durée de vie de l'instrument financier une protection du capital d'au moins 90 % du capital investi, l'ACPR recommande, conformément au 3° du II de l'article L. 612-1 du code monétaire et financier, aux organismes assureurs et aux intermédiaires :

5.1. *S'agissant des instruments financiers dont la performance est sensible à des scénarios extrêmes :*

5.1.1. D'exposer, y compris dans les documents commerciaux, de manière compréhensible pour un souscripteur/adhérent les informations qui doivent lui permettre raisonnablement de comprendre la nature du support proposé comme unité de compte, ainsi que les risques y afférents, et en particulier :

5.1.1.1. de présenter l'unité de compte comme un placement risqué, et non comme une unité de compte offrant des rendements attractifs et sûrs sauf réalisation d'un scénario extrême dont la probabilité d'occurrence serait quasiment nulle ;

5.1.1.2. d'exposer clairement les situations dans lesquelles le risque maximal se produit sans en minorer la possibilité de survenance ;

5.1.1.3. de présenter le scénario de risque maximal en comparaison claire avec le scénario favorable de gains potentiels ;

5.1.1.4. d'indiquer de manière compréhensible pour un souscripteur/adhérent, préalablement au choix du support, les conséquences sur le montant du capital investi, en cas de rachat du contrat avant son terme, de dénouement par décès avant la date de maturité de l'instrument financier (lorsqu'il y en a une), ou au terme du contrat en cas de survenance des scénarios défavorables et du scénario extrême.

5.1.2. De décrire, de manière compréhensible, dans le document formalisant le conseil prévu à l'article L. 132-27-1 du code des assurances/L. 223-25-3 du code de la mutualité, les informations délivrées au souscripteur/adhérent.

5.1.3. D'être en situation de justifier auprès de l'ACPR des moyens mis en œuvre (comprenant un dispositif de formation des personnels adapté à la complexité des produits) pour que les souscripteurs/adhérents soient en mesure de comprendre que l'instrument financier proposé constitue un placement risqué et de connaître les situations dans lesquelles le risque maximum se produit ainsi que les conséquences sur le montant du capital investi, en cas de rachat de leur contrat avant leur terme, de dénouement par décès avant la date de maturité de l'instrument financier (lorsque le contrat en a une), ou au terme du contrat en cas de survenance des scénarios défavorables et du scénario extrême.

5.2. *S'agissant des instruments financiers utilisant des sous-jacents difficilement appréhendables ou non observables de façon individuelle sur les marchés :*

5.2.1. D'exposer, y compris dans les documents commerciaux, de manière compréhensible pour un souscripteur/adhérent les sous-jacents utilisés par l'instrument financier proposé et les moyens lui permettant de suivre leur évolution ;

5.2.2. De décrire de manière compréhensible, dans le document formalisant le conseil prévu à l'article L. 132-27-1 du code des assurances/L. 223-25-3 du code de la mutualité, les informations délivrées au souscripteur/adhérent, afin de lui permettre de connaître et de comprendre les sous-jacents utilisés par l'instrument financier servant de support au contrat d'assurance-vie et de disposer des moyens lui permettant de suivre leur évolution ;

5.2.3. D'être en situation de justifier auprès de l'ACPR des moyens mis en œuvre (comprenant un dispositif de formation des personnels adapté à la complexité des produits) pour que les souscripteurs/adhérents soient en mesure de comprendre les sous-jacents utilisés par l'instrument financier servant de support à leur contrat d'assurance-vie et qu'ils disposent des moyens leur permettant de suivre leur évolution.

5.3. *S'agissant des instruments financiers ayant un rendement lié à la réalisation concomitante d'au moins deux conditions sur différentes classes d'actifs :*

5.3.1. D'exposer, y compris dans les documents commerciaux, de manière compréhensible pour un souscripteur/adhérent le profil gain/perte de l'instrument financier qui est assujetti à la réalisation concomitante d'au moins deux conditions sur différentes classes d'actifs et les moyens lui permettant d'anticiper l'évolution de celles-ci ;

5.3.2. De décrire de manière compréhensible, dans le document formalisant le conseil prévu à l'article L. 132-27-1 du code des assurances/L. 223-25-3 du code de la mutualité, les informations délivrées au souscripteur/adhérent afin de lui permettre de connaître et comprendre le profil gain/perte de l'instrument financier qui est assujetti à la réalisation concomitante d'au moins deux conditions sur différentes classes d'actifs et de disposer des moyens lui permettant d'anticiper l'évolution de celles-ci ;

5.3.3. D'être en situation de justifier auprès de l'ACPR des moyens mis en œuvre (comprenant un dispositif de formation des personnels adapté à la complexité des produits) pour que les souscripteurs/adhérents soient en mesure de comprendre le profil gain/perte de l'instrument financier qui est assujetti à la réalisation concomitante d'au moins deux conditions sur différentes classes d'actifs et qu'ils disposent des moyens leur permettant d'anticiper l'évolution de celles-ci.

5.4. *S'agissant des instruments financiers ayant plus de trois mécanismes différents compris dans la formule de calcul du gain ou de la perte à l'échéance :*

5.4.1. D'exposer, y compris dans les documents commerciaux, de manière compréhensible pour un souscripteur/adhérent les mécanismes compris dans la formule de calcul pour déterminer la réalisation à l'échéance d'un gain ou d'une perte de l'instrument financier en fonction d'un scénario de marché ;

5.4.2. De décrire de manière compréhensible, dans le document formalisant le conseil prévu à l'article L. 132-27-1 du code des assurances/L. 223-25-3 du code de la mutualité, les informations délivrées au souscripteur/adhérent afin de lui permettre de connaître et comprendre les mécanismes compris dans la formule de calcul pour déterminer la réalisation à l'échéance d'un gain ou d'une perte de l'instrument financier en fonction d'un scénario de marché ;

5.4.3. D'être en situation de justifier auprès de l'ACPR des moyens mis en œuvre (comprenant un dispositif de formation des personnels adapté à la complexité des produits) pour que les souscripteurs/adhérents soient en mesure de comprendre les mécanismes compris dans la formule de calcul pour déterminer la réalisation à l'échéance d'un gain ou d'une perte de l'instrument financier en fonction d'un scénario de marché.

5.5. Pour l'ensemble de ces instruments financiers, l'ACPR recommande de recueillir par tout moyen approprié à la nature de la clientèle la preuve que le souscripteur/adhérent comprend la nature du support proposé comme unité de compte ainsi que les risques y afférents.

5.6. Pour l'ensemble de ces instruments financiers, des informations exactes, claires et non trompeuses doivent être données au souscripteur/adhérent au sujet des garanties offertes par le contrat dans les cas de sortie anticipée, qu'il s'agisse du décès de l'assuré ou d'un rachat total ou partiel avant le terme.

5.7. Enfin, les organismes d'assurance devront être en mesure de justifier dans le rapport de contrôle interne des moyens et procédures mis en place afin de maitriser les risques de mauvaise commercialisation.

La présente recommandation remplace la recommandation 2010-R-01.

Recommandation CCA n° 17-01 du 23 novembre 2017,

Relative aux contrats d'assurance complémentaire santé (*BOCCRF n° 2 du 19 févr. 2018*).

La Commission des clauses abusives,

Considérant que les contrats d'assurance complémentaire santé constituent une protection du consommateur, en ce qu'ils permettent la prise en charge de tout ou partie des frais liés à la santé en complément des remboursements de l'assurance maladie obligatoire; que tous ces contrats peuvent couvrir l'individu et sa famille ; qu'ils peuvent être souscrits à titre individuel par les assurés eux-mêmes, ou souscrits par une entité, par exemple un employeur, pour le compte de bénéficiaires adhérant, sans négociation individuelle, à ce contrat dit collectif, l'adhésion étant soit facultative soit obligatoire, rassemblant ainsi dans un contrat unique un ensemble de personnes appelées à bénéficier des prestations de l'assurance maladie complémentaire ; que, depuis l'adoption de la loi n° 2013-504 du 14 juin 2013 relative à la sécurisation de l'emploi, l'adhésion au contrat collectif est obligatoire dans le cadre de l'entreprise ;

Que l'article L. 212-1 du code de la consommation, qui dispose que la protection contre les clauses abusives s'applique aux contrats conclus entre professionnels et consommateurs, doit être interprété à la lumière de l'article 3, paragraphe 1, de la directive 93/13/CEE du 5 avril 1993, selon lequel : « une clause d'un contrat n'ayant pas fait l'objet d'une négociation individuelle est considérée comme abusive lorsque, en dépit de l'exigence de bonne foi, elle créée au détriment du consommateur un déséquilibre significatif entre les droits et obligations des parties découlant du contrat » ; qu'ainsi, cette disposition s'attache exclusivement à un critère quant au champ d'application de la règlementation protectrice : celui de l'absence de négociation individuelle ; que, dans les contrats d'assurance complémentaire santé collectifs, l'adhérent bénéficiaire est un consommateur qui n'a pas individuellement négocié les stipulations contractuelles ;

Qu'il convient encore de rappeler que l'adhésion au contrat d'assurance de groupe, bien que conséquence d'une stipulation pour autrui, n'en crée pas moins, entre l'adhérent et l'assureur, qui l'agrée, un lien contractuel direct, de nature synallagmatique, dont les stipulations relèvent, comme telles, des dispositions de l'article L. 212-1 du code de la consommation (Civ. 1re, 22 mai 2008, n° 05-21.822) ;

Considérant que les documents définissant les droits et les obligations des personnes assurées varient, dans la forme, en fonction de l'organisme de protection complémentaire, en général : pour une mutuelle : les statuts et règlements ; pour une institution de prévoyance : le règlement ou le contrat ; pour une société d'assurance : le contrat ou la police ; que, pour chaque organisme de protection complémentaire, quel que soit le mode de souscription proposé : à titre individuel ou à titre collectif (facultatif ou obligatoire), ou dans le cadre de l'entreprise, les professionnels ont l'obligation de remettre au consommateur, outre les documents définissant les droits et obligations des personnes assurées, des notices d'information qui définissent les garanties et leurs modalités d'entrée en vigueur ainsi que les formalités à accomplir en cas de réalisation du risque, les clauses de nature à créer un déséquilibre significatif dans les relations entre professionnels et consommateurs au détriment de ceux-ci sont soit des clauses propres à chacun des organismes de protection complémentaire, soit des clauses communes à l'ensemble d'entre eux ;

I Contrats régis par le code de la mutualité

A *Clauses relatives à l'information des consommateurs*

1°) Considérant que certains contrats individuels ou collectifs à adhésion facultative stipulent que chacun des membres de la mutuelle « est informé par tout moyen dont la revue de la Mutuelle » des modifications apportées aux statuts, règlement intérieur, règlement mutualiste et notices d'information, ou encore à la liste des services et établissements d'action sociale auxquels il peut avoir accès ainsi qu'à celle des organismes auxquels la mutuelle adhère ou auxquels elle est liée, ainsi qu'aux obligations et droits qui en découlent, lorsque ces modifications ne résultent pas d'une évolution de la réglementation ;

Que cette clause autorise la mutuelle à informer les adhérents, par tout moyen à sa convenance, des modifications apportées aux documents contractuels, même si ses modifications portent sur des éléments essentiels du contrat, alors que de telles modifications, doivent faire l'objet d'une notification individuelle préalable à l'adhérent ;

Qu'à cet égard, le code de la mutualité prévoit, en ses articles L. 114-7-1, L. 221-5 et L. 221-6, des dispositions relatives à la notification à l'adhérent des modifications touchant aux montants des cotisations ou des prestations ;

Que la clause susmentionnée laisse croire que le professionnel peut modifier unilatéralement des éléments essentiels du contrat sans être tenu d'informer individuellement le consommateur dans un délai raisonnable pour lui permettre *[,]* le cas échéant, de résilier le contrat avec effet immédiat ;

Qu'elle est irréfragablement présumée abusive au sens de l'article R. 212-1, 3°, du code de la consommation, sans pouvoir bénéficier de la dérogation prévue par l'article R. 212-4, alinéa 3 ;

B *Clauses relatives à la démission, radiation et exclusion*

2°) Considérant qu'un contrat à durée déterminée prévoit que la mutuelle peut décider d'exclure un adhérent pour des motifs étrangers à l'exécution du contrat ou insuffisamment précis :

« – ceux dont l'attitude ou la conduite est susceptible de porter un préjudice moral à la mutuelle ;

– ceux qui sont définitivement frappés d'une condamnation grave » ;

Que, dès lors, une telle clause est de nature à créer un déséquilibre significatif entre les droits et obligations des parties au détriment des consommateurs ;

3°) Considérant qu'un contrat prévoit qu'en cas de décès de l'adhérent, « la radiation intervient au 1er jour du mois suivant la date du décès, les cotisations n'étant dues que jusqu'à cette date » ; que cette clause est abusive en ce qu'elle autorise la mutuelle à percevoir une cotisation, sans aucune contrepartie, en l'absence d'autre bénéficiaire de la couverture ;

C *Clauses relatives à la révision des cotisations*

4°) Considérant que certains contrats stipulent que la mutuelle peut modifier unilatéralement le tarif déterminant les cotisations, indépendamment de toute demande de modification des garanties émanant du consommateur, à tout moment, hors l'échéance annuelle de reconduction du contrat ; qu'en outre, elles autorisent la mutuelle à prélever de plein droit la nouvelle cotisation ;

Que ces clauses, qui ont pour effet de réserver au professionnel le droit de modifier unilatéralement la clause du contrat relative au prix, sont irréfragablement présumées abusives en application de l'article R. 212-1, 3°, du code de la consommation ;

II Contrats régis par le code de la mutualité, le code des assurances et le code de la sécurité sociale

A *Clauses relatives aux modalités d'adhésion en cas de vente à distance*

A *Sur l'absence de remise des conditions contractuelles par écrit ou sur un autre support durable*

5°) Considérant qu'un contrat comporte une clause qui ne prévoit pas que les documents contractuels soient remis au consommateur par écrit ou sur un autre support durable ; que cette clause stipule « Si vous adhérez à l'une des Conventions à distance par Internet sur le site d'X, en signant électroniquement la demande d'adhésion, Vous manifestez votre accord sur les conditions de votre adhésion dont Vous avez au préalable pris connaissance et Vous Vous engagez sur l'exactitude de l'ensemble de vos déclarations. Une fois votre adhésion finalisée, Vous recevrez un mail de confirmation à l'adresse électronique que Vous Nous aurez communiquée, attestant de l'enregistrement de votre adhésion par X. Votre adhésion est réputée conclue à la date d'envoi dudit mail de confirmation. Ce mail contiendra un lien Vous permettant d'accéder à nouveau à l'ensemble de vos documents contractuels.

Les documents signés sont archivés par X chez un tiers certifié et serviront de preuve en cas de différend sur l'application des conditions du contrat.

Votre adhésion à l'une des Conventions est soumise à l'acceptation préalable d'X. Votre adhésion sera matérialisée par l'émission d'un Certificat d'adhésion » ;

Qu'une telle clause méconnait l'article L. 222-6 du code de la consommation, qui dispose :

« Le consommateur reçoit, par écrit ou sur un autre support durable à sa disposition et auquel il a accès en temps utile et avant tout engagement, les conditions contractuelles ainsi que les informations mentionnées à l'article L. 222-5. Elles sont fournies au consommateur conformément aux dispositions législatives et réglementaires spécifiques à chaque produit, instrument financier ou service proposé.

Le fournisseur exécute ses obligations de communication immédiatement après la conclusion du contrat, lorsque celui-ci a été conclu à la demande du consommateur en utilisant une technique de communication à distance ne permettant pas la transmission des informations précontractuelles et contractuelles sur un support papier ou sur un autre support durable.

Dans ce cas et lorsque le contrat porte sur une opération mentionnée au premier alinéa de l'article L. 312-84, le fournisseur n'est tenu de communiquer au consommateur que les seules informations contractuelles. A tout moment au cours de la relation contractuelle, le consommateur a le droit, s'il en fait la demande, de recevoir les conditions contractuelles sur un support papier. En outre, le consommateur a le droit de changer les techniques de communication à distance utilisées, à moins que cela ne soit incompatible avec le contrat à distance conclu ou avec la nature du service financier fourni ».

Qu'en application de l'article L. 221-1 du code de la consommation, le support durable est défini comme suit :

« 3° « Support durable » tout instrument permettant au consommateur ou au professionnel de stocker des informations qui lui sont adressées personnellement afin de pouvoir s'y reporter ultérieurement pendant un laps de temps adapté aux fins auxquelles les informations sont destinées et qui permet la reproduction à l'identique des informations stockées » ;

Que cette définition reprend celle de l'article 2-10 de la directive 2011/83/UE relative aux droits des consommateurs, qui dispose que constitue un support durable « tout instrument permettant au consommateur ou au professionnel de stocker des informations qui lui sont adressées personnellement d'une manière permettant de s'y reporter ultérieurement pendant un laps de temps adapté aux fins auxquelles les informations sont destinées et qui permet la reproduction à l'identique des informations stockées ». Le considérant 23 de cette même directive précise en outre : « Au nombre des supports durables devraient figurer, en particulier, le papier, les clés USB, les CD-Rom, les DVD, les cartes à mémoire ou les disques durs d'ordinateur ainsi que les courriels » ;

Que, dans ces conditions, les obligations d'information définies par l'article L. 222-6 du code de la consommation sont considérées comme satisfaites si la technique de communication utilisée a permis de remettre effectivement les informations au consommateur, par exemple lorsque l'offre a été adressée par courrier classique ou par messagerie électronique ;

Que, par un arrêt du 5 juillet 2012 (CJUE, C-49/11, *Content Services*), la CJUE a dit pour droit que :

« L'article 5, paragraphe 1, de la directive 97/7/CE du Parlement européen et du Conseil, du 20 mai 1997, concernant la protection des consommateurs en matière de contrats à distance, doit être interprété en ce sens qu'une pratique commerciale qui consiste à ne rendre accessibles les informations prévues à cette disposition que par un hyperlien sur un site Internet de l'entreprise concernée ne satisfait pas aux exigences de ladite disposition, dès lors que ces informations ne sont ni « fournies » par cette entreprise ni « reçues » par le consommateur, au sens de cette même disposition, et qu'un site Internet tel que celui en cause au principal ne peut être considéré comme un « support durable » au sens dudit article 5, paragraphe 1 » ;

Que, par un arrêt du 25 janvier 2017 (CJUE, C-375/15, *BAWAG PSK Bank für Arbeit und Wirtschaft und Österreichische Postsparkasse AG contre Verein für Konsumenteninformation*), la Cour a également dit pour droit que :

« L'article 41, paragraphe 1, et l'article 44, paragraphe 1, de la directive 2007/64/CE du Parlement européen et du Conseil, du 13 novembre 2007, concernant les services de paiement dans le marché intérieur, modifiant les directives 97/7/CE, 2002/65/CE, 2005/60/CE ainsi que 2006/48/CE et abrogeant la directive 97/5/CE, telle que modifiée par la directive 2009/111/CE du Parlement européen et du Conseil du 16 septembre 2009, lus en combinaison avec l'article 4, point 25, de cette directive, doivent être interprétés en ce sens que les modifications des informations et des conditions, prévues à l'article 42 de ladite directive, ainsi que les modifications du contrat-cadre, qui sont transmises par le prestataire de services de paiement à l'utilisateur de ces services au moyen d'une boîte à lettres électronique intégrée à un site Internet de banque en ligne, ne sauraient être considérées comme étant fournies sur un support durable au sens de ces dispositions, que si les deux conditions sont réunies :

– ce site Internet permet à cet utilisateur de stocker les informations qui lui ont été personnellement adressées de manière qu'il puisse y accéder et les reproduire à l'identique, pendant une durée appropriée, sans qu'aucune modification unilatérale de leur contenu par ce prestataire ou par un autre professionnel ne soit possible,

– et, si l'utilisateur de services de paiement est obligé de consulter ledit site Internet afin de prendre connaissance desdites informations, la transmission de ces informations est accompagnée d'un comportement actif du prestataire de services de paiement destiné à porter à la connaissance de cet utilisateur l'existence et la disponibilité desdites informations sur ledit site Internet.

Dans l'hypothèse où l'utilisateur de services de paiement est obligé de consulter un tel site afin de prendre connaissance des informations considérées, celles-ci sont simplement mises à disposition de cet utilisateur, au sens de l'article 36, paragraphe 1, première phrase, de la directive 2007/64, telle que modifiée par la directive 2009/111, lorsque la transmission de ces informations n'est pas accompagnée d'un tel comportement actif du prestataire de services de paiement » ;

Que la clause examinée ne satisfait pas à l'obligation d'information édictée par l'article L. 222-6 précité, tel qu'interprété par la CJUE, dès lors qu'elle prévoit la fourniture, dans un courriel, d'un lien vers des documents contractuels conservés dans un espace non précisé, dont la durabilité n'est pas garantie ;

Que, si les conditions légales, résultant notamment du droit de l'Union Européenne, ne sont pas remplies, une clause contractuelle est abusive ;

Qu'en outre, la clause est illicite au regard de l'ordonnance nº 2017-1433 du 14 octobre 2017 relative à la dématérialisation des relations contractuelles dans le secteur financier, en vigueur à dater du 1er avril 2018, laquelle définit notamment dans le code des assurances, le code de la mutualité et le code de la sécurité sociale, d'une part, la notion de support durable, en reprenant la même définition que celle mentionnée à l'article L. 221-1 du code de la consommation, d'autre part, les obligations du professionnel qui souhaite fournir ou mettre à disposition des informations ou des documents sur un support durable autre que le papier, ainsi que le fonctionnement des espaces personnels sécurisés mis à la disposition du client, notamment s'agissant de la durée de conservation de ces informations ; qu'en effet, en application des articles 1er, 23 et 25 de l'ordonnance, constitue un support durable tout instrument qui permet de stocker des informations personnellement adressées à l'assuré, afin que celui-ci puisse « s'y reporter ultérieurement pendant un laps de temps adapté aux fins auxquelles les informations sont destinées, et qui permet la reproduction à l'identique des informations conservées » ; que, selon ces mêmes dispositions, le professionnel vérifie « au préalable que ce mode de communication est adapté à la situation" de l'assuré, il s'assure que celui-ci "est en mesure de prendre connaissance de ces informations et documents sur le support durable envisagé », et, lorsqu'il met à disposition de son client un espace personnel sécurisé sur internet, il doit garantir « l'accessibilité des informations et documents conservés dans cet espace pendant une durée adaptée à leur finalité. Pour les documents précontractuels et contractuels, cette durée ne peut être inférieure à cinq ans après la fin de l'adhésion. Lorsque l'assureur envisage de ne plus rendre accessible ces informations et documents, il en informe préalablement dans un délai qui ne peut être inférieur à deux mois, l'assuré par tout moyen adapté à la situation de ce dernier » ;

Qu'enfin, en application de l'article 30 de l'ordonnance, « pour l'application de la présente ordonnance aux règlements, contrats, et adhésions souscrits antérieurement au 1er avril 2018, lorsque le professionnel souhaite modifier le support sur lequel il fournit ou met à disposition, y compris, le cas échéant, contre récépissé, des informations ou des documents à un client au moyen d'un support durable autre que le papier, il s'assure préalablement que ce mode de communication est adapté à sa situation ; il informe le client de façon claire, précise et compréhensible, sur support papier et par envoi distinct, de la poursuite de la relation commerciale sur un support durable autre que le papier, et de la possibilité dont le client dispose de s'y opposer par tout moyen. Selon les mêmes modalités, les clauses de ces règlements, contrats et adhésions sont rendues si nécessaire conformes aux dispositions de la présente ordonnance » ;

Que, dès lors, cette clause est illicite et, maintenue dans les contrats, abusive ;

B *Sur la date d'adhésion*

6°) Considérant qu'un contrat prévoit que l'adhésion du consommateur au contrat d'assurance souscrit par téléphone est faite à la date de l'entretien téléphonique, sans communication préalable du dossier d'adhésion par écrit ou sur un autre support durable, et sans que le contrat mentionne si la demande d'assurance est à l'initiative du consommateur, est de nature à laisser croire à la conclusion immédiate du contrat ;

7°) Considérant qu'en outre, ce même contrat stipule que l'adhésion du consommateur emporte formation du contrat, tout en conditionnant celle-ci à son acceptation par l'assureur formalisée par l'émission d'un certificat d'adhésion ;

Qu'il résulte de la combinaison de ces stipulations une ambiguïté quant à la date de la conclusion du contrat ; qu'au surplus, cette ambiguïté est maintenue pendant un délai indéfini, laissé à la discrétion du professionnel ;

Que cette clause crée un déséquilibre significatif entre les droits et les obligations des parties au détriment du consommateur ;

C *Clauses relatives à la prise d'effet des garanties*

8°) Considérant que des clauses stipulent que l'adhésion est soumise à « l'acceptation préalable du professionnel », que celle-ci sera matérialisée par l'émission d'un certificat d'adhésion et que les garanties prennent effet à la date indiquée sur ce certificat ;

Qu'il résulte de ces clauses que la date d'effet du contrat figurant sur le certificat d'adhésion peut être choisie par le professionnel, alors même que celle-ci peut être déterminante pour le consommateur en vue de connaître la date de prise en charge de ses frais de santé ;

Que de telles stipulations sont contraires à l'article R. 212-2 du code de la consommation qui dispose : « Dans les contrats conclus entre des professionnels et des non-professionnels ou des consommateurs, sont présumées abusives au sens des dispositions du premier et du deuxième alinéa de l'article L. 212-1, sauf au professionnel à rapporter la preuve contraire, les clauses ayant pour objet ou pour effet de :

1° Prévoir un engagement ferme du non-professionnel ou du consommateur, alors que l'exécution des prestations du professionnel est assujettie à une condition dont la réalisation dépend de sa seule volonté » ;

Qu'elles sont donc présumées abusives ;

9°) Considérant que ces mêmes clauses prévoient, alors que le contrat est formé, que les garanties prennent effet à la date indiquée sur le certificat d'adhésion « sous réserve du paiement de la cotisation » ;

Que, néanmoins, les mêmes contrats énoncent que l'adhésion est conclue à la date de signature du document écrit en cas de demande d'adhésion papier, à la date de l'entretien téléphonique au cours duquel l'adhérent a demandé à adhérer ou à la date du mail de confirmation de l'adhésion par voie électronique ;

Qu'il en résulte qu'alors que le contrat est conclu, les clauses examinées ont pour effet de priver l'adhérent du bénéfice des garanties contractuelles jusqu'au paiement de la cotisation, en contravention avec les dispositions de l'article L. 113-3 du code des assurances qui fixent les conditions de forme et de délai permettant la suspension des garanties et, le cas échéant, la résiliation du contrat en cas de défaut de paiement ;

D *Sur le point de départ du délai de renonciation*

10°) Considérant que des clauses relatives au délai de renonciation prévoient que ce délai court à compter de la date d'adhésion par téléphone et avant réception des conditions contractuelles sur support durable ;

Que l'article L. 112-2-1, II, 1°, du code des assurances prévoit, en cas de vente à distance, deux hypothèses déterminant le point de départ du délai de renonciation de quatorze jours calendaires :

« II. – 1° Toute personne physique ayant conclu à des fins qui n'entrent pas dans le cadre de son activité commerciale ou professionnelle un contrat à distance dispose d'un délai de quatorze jours calendaires révolus pour renoncer, sans avoir à justifier de motif ni à supporter de pénalités. Ce délai commence à courir :

a) Soit à compter du jour où le contrat à distance est conclu ;

b) Soit à compter du jour où l'intéressé reçoit les conditions contractuelles et les informations, conformément à l'article L. 222-6 du code de la consommation, si cette dernière date est postérieure à celle mentionnée au a » ;

Qu'en ne prévoyant pas ces deux hypothèses, ces clauses laissent croire au consommateur qu'il ne peut bénéficier des délais institués par la loi ; qu'elles créent donc un déséquilibre significatif entre les droits et obligations des parties au détriment du consommateur ;

B Autres clauses

A Clause relative à l'indétermination de la cotisation

11°) Considérant qu'une clause prévoit que la cotisation peut évoluer de la façon suivante : « Votre cotisation évolue contractuellement de trois pour cent (3 %) au premier (1er) janvier de chaque année.

A ces taux, peut s'ajouter l'augmentation due à l'évolution de la consommation médicale du groupe assuré. La composition du groupe tient compte de l'Année d'Adhésion, de l'âge de chaque Assuré, de la zone géographique de la Résidence, de la composition de la famille assurée, du Régime obligatoire et des garanties souscrites.

Les augmentations de cotisations ont lieu :

– chaque année au 1er janvier,

– ou éventuellement en cours d'année si les montants pris en charge par les conventions d'assurance complémentaire santé venaient à être augmentés suite à l'évolution de la réglementation de la Sécurité Sociale ».

Considérant que ces clauses peuvent avoir pour effet d'entraîner une augmentation de la cotisation dès le premier janvier de l'année civile et conduire à une majoration de la cotisation annuelle initialement fixée avant l'expiration d'une année pleine, au surplus dans une proportion non connue par avance ;

Que de telles clauses sont de nature à créer un déséquilibre significatif entre les droits et obligations des parties, dès lors que le consommateur ne pourra bénéficier d'une année entière d'assurance en contrepartie de la cotisation annuelle contractuellement fixée à la souscription du contrat ;

B Clause relative à la privation du droit aux prestations

12°) Considérant qu'une clause stipule « En cas de fraude ou de tentative de fraude nettement caractérisée, en vue de bénéficier des avantages prévus par les statuts et règlements mutualistes, le conseil d'administration peut, après avoir recueilli l'avis de la section et les explications de l'intéressé, prononcer la privation du droit aux prestations sans préjudice des mesures prévues au paragraphe 1 » ;

Que, selon cette clause, la privation du droit aux prestations est prononcée en cas de « fraude ou de tentative de fraude nettement caractérisée », sans que la notion de « fraude » soit précisément définie, de sorte qu'il serait possible de laisser croire que celle-ci pourrait viser une inexactitude, une omission, une réticence, sans que l'assureur ait à démontrer l'intentionnalité ; que, par ailleurs, cette clause ne rappelle pas que la preuve de la mauvaise foi incombe à l'assureur ;

Qu'elle crée un déséquilibre significatif entre les droits et obligations des parties au détriment du consommateur ;

C Clauses relatives à la définition et aux exclusions de garanties

13°) Considérant qu'une clause stipule que la garantie est exclue pour les dépenses « résultant de soins donnés à la suite de :

– tout acte volontaire de l'assuré » ;

Que l'expression « tout acte volontaire de l'assuré » ne définit pas un tel acte ; que la recommandation n° 90-01 concernant les contrats d'assurance complémentaire à un crédit à la consommation ou immobilier ou à un contrat de location avec option d'achat recommande à cet égard de remplacer de telles expressions par la notion plus restrictive de « faute intentionnelle ou dolosive » prévue à l'article L. 113-1 du code des assurances qui dispose : « Les pertes et les dommages occasionnés par des cas fortuits ou causés par la faute de l'assuré sont à la charge de l'assureur, sauf exclusion formelle et limitée contenue dans la police. Toutefois, l'assureur ne répond pas des pertes et dommages provenant d'une faute intentionnelle ou dolosive de l'assuré » ;

Que la même recommandation rappelle que, selon une jurisprudence constante, la charge de la preuve des exclusions incombe à l'assureur, de même que celle de la faute intentionnelle ou dolosive ; qu'à cet égard, elle recommande d'insérer dans les contrats une mention informative sur ce point ;

Qu'elle crée un déséquilibre entre les droits et obligations des parties au détriment du consommateur ;

14°) Considérant qu'un contrat prévoit que ne sont pas pris en charge : « (...) les frais antérieurs de deux ans à la date de leur présentation (...) » ;

Que cette clause stipule que la prise en charge ne porte pas sur « les frais antérieurs de deux ans à la date de leur présentation » sans plus de précisions, notamment sur le point de départ de ce délai, lequel pourrait être la date de la consultation, celle des soins ou encore celle de la date de facturation ; que cette imprécision est en contravention avec l'article L. 113-1 du code des assurances qui prévoit que les exclusions conventionnelles de garantie doivent être formelles et limitées de façon à permettre à l'assuré de connaître exactement l'étendue de la garantie convenue ;

Qu'elle est donc illicite et, maintenue dans un contrat, abusive ;

15°) Considérant que des contrats individuels ou des contrats collectifs à adhésion facultative ou obligatoire prévoient que :

« Toutes les conséquences des maladies, affections ou accidents antérieurs à la date d'adhésion ou à la date d'entrée en vigueur de la garantie ne donnent pas droit à prise en charge de la part de la mutuelle, quelle que soit la garantie choisie par le membre participant. (...) »

ou encore que :

« Sont exclus de la garantie de la mutuelle :

– les soins, actes médicaux ou hospitalisations commencés ou prescrits avant la date d'adhésion ou de modification de garantie ;

– les soins, actes médicaux ou hospitalisation débutant ou prescrits pendant la période de stage (...) » ;

Que ces clauses de portée générale qui n'identifient pas les maladies, affections ou accidents exclus, sont contraires aux articles 2 et 3 de la loi n° 89-1009 du 31 décembre 1989 (loi EVIN) qui exigent que la ou les maladies antérieures dont les suites ne sont pas prises en charge soient clairement mentionnées dans le contrat individuel ou dans le certificat d'adhésion au contrat collectif ; qu'elles sont donc illicites et, maintenues dans les contrats, abusives ;

16°) Considérant que ces mêmes contrats ne prévoient pas que l'assuré n'est pas tenu de signaler des incidents médicaux qui ne se sont plus manifestés depuis une époque précise ; que cette clause, examinée à la lumière de la loi n° 2016-41 du 26 janvier 2016 de modernisation du système de santé qui, instaurant un droit à l'oubli, a fixé à dix ans maximum après la fin du protocole thérapeutique, le délai au terme duquel aucune information médicale relative aux pathologies cancéreuses ne peut être demandée par les organismes d'assurance ;

Que cette clause peut être qualifiée d'abusive en ce qu'elle ne permet pas au consommateur souscripteur d'une assurance complémentaire santé de bénéficier d'un tel droit à l'oubli ;

D *Clause relative aux tableaux de remboursement*

17°) Considérant qu'une clause stipule que le remboursement du régime obligatoire et de la mutuelle s'effectue de la façon suivante :

« HONORAIRES MÉDICAUX – CONVENTIONNÉ

Consultation, visites : médecin traitant ou généraliste : M1 100 % M2 100 % M3 125 % M4 150 % M5 200 % (...)

PHARMACIE : Médicament pris en charge à 15 % par le RO : M1 80 % M2 80 % M3 80 % M4 80 % M5 80 % (...) » ;

Que cette clause exprime la garantie en pourcentage, sans préciser à quoi se rapporte ce pourcentage, notamment s'il s'agit de la base de remboursement de l'assurance maladie, ou s'il s'agit de tout ou partie des frais réels payés par le consommateur ; que, pour une meilleure compréhension, l'Union nationale des organismes d'assurance maladie complémentaire (UNOCAM) préconise que la base de remboursement soit toujours indiquée au consommateur ; qu'une telle clause est abusive en ce qu'elle constate l'adhésion du consommateur à une stipulation dont il n'a pas une connaissance effective au moment de la formation du contrat en raison de son caractère incompréhensible ;

E Clauses relatives aux délais de carence ou délais d'attente

18°) Considérant que certains contrats dits « solidaires et responsables » prévoient un « délai de carence » ou un « délai d'attente » entre un et trois mois pendant lequel les frais relatifs à l'hospitalisation ne seraient pas pris en charge, sauf en cas d'accident ou d'existence d'un contrat précédent ; que, cependant, en application du décret n° 2014-1374 du 18 novembre 2014 relatif au contenu des contrats d'assurance maladie complémentaire bénéficiant d'aides fiscales et sociales, dits contrat « solidaires et responsables », la prise en charge, obligatoire, de l'intégralité des dépenses relatives au ticket modérateur pour les soins de ville et les frais d'hospitalisation interdit le report de la couverture (délai de carence) ainsi que les limitations de durée pour le bénéfice des garanties concernées ;

Qu'en laissant croire que des délais de carence ou d'attente peuvent s'appliquer sur les frais d'hospitalisation, ces clauses sont illicites et, maintenues dans les contrats, abusives ;

F Clauses relatives à la déchéance des garanties lors de la déclaration du sinistre par l'assuré

19°) Considérant que certains contrats stipulent que l'assuré s'expose à la déchéance de ses garanties en cas de « fausses déclarations sur les causes, circonstances et conséquences de l'affection » et d'« utilisation de documents ou justificatifs inexacts », sans que l'assureur ait à établir la mauvaise foi de l'assuré ;

Que, le code des assurances ne prévoyant pas de manière explicite le cas de déclaration frauduleuse du sinistre par l'assuré, il est permis aux professionnels d'insérer une clause de déchéance de garantie qui, pour être valable, doit être claire et écrite en caractères très apparents ; que l'insertion d'une telle clause n'exonère pas l'assureur de prouver, le cas échéant, le caractère frauduleux de la déclaration ;

Que cette clause, qui laisse croire que la déchéance de garantie est encourue pour fausses déclarations et utilisation de documents ou justificatifs inexacts, sans que l'assureur ait à établir le caractère frauduleux de la déclaration, est abusive ;

20°) Considérant que certains contrats prévoient que l'assuré est totalement déchu de ses droits en cas de déclaration tardive d'un sinistre, définie comme se situant au-delà d'un délai donné après sa survenance ; que, selon les contrats, ce délai est de cinq jours ou six mois ; que, néanmoins, selon les articles L. 221-16 du code de la mutualité, L. 932-8 du code de la sécurité sociale et L. 113-2 du code des assurances, la déchéance pour déclaration tardive au-delà de cinq jours ne peut être opposée à l'assuré que si l'assureur établit que le retard dans la déclaration lui a causé un préjudice et qu'elle ne peut être opposée dans tous les cas où le retard est dû à un cas fortuit ou de force majeure ; que, dès lors, cette clause est illicite et, maintenue dans les contrats, abusive ;

21°) Considérant que, dans ces mêmes contrats, l'assureur ne s'engage sur aucun délai au bénéfice du consommateur pour procéder au paiement des prestations garanties ; qu'ainsi, cette clause autorise l'assureur à laisser le consommateur sans bénéficier du remboursement dû au titre de la garantie par lui souscrite pendant un délai indéterminé ; que, dès lors, elle est de nature à créer un déséquilibre significatif entre les droits et obligations des parties ;

G Clauses laissant croire à une réduction du délai légal de prescription

22°) Considérant que certaines clauses laissent croire que l'assuré ne dispose que d'un délai d'un an pour obtenir le remboursement des prestations ; que ces clauses ne sont pas conformes à l'article L. 114-1 du code des assurances, qui dispose : « Toutes actions dérivant d'un contrat d'assurance sont prescrites par deux ans à compter de l'événement qui y donne naissance.

Toutefois, ce délai ne court :

1° En cas de réticence, omission, déclaration fausse ou inexacte sur le risque couru, que du jour où l'assureur en a eu connaissance ;

2° En cas de sinistre, que du jour où les intéressés en ont eu connaissance, s'ils prouvent qu'ils l'ont ignoré jusque-là.

Quand l'action de l'assuré contre l'assureur a pour cause le recours d'un tiers, le délai de la prescription ne court que du jour où ce tiers a exercé une action en justice contre l'assuré ou a été indemnisé par ce dernier.

La prescription est portée à dix ans dans les contrats d'assurance sur la vie lorsque le bénéficiaire est une personne distincte du souscripteur et, dans les contrats d'assurance contre les accidents atteignant les personnes, lorsque les bénéficiaires sont les ayants droit de l'assuré décédé.

Pour les contrats d'assurance sur la vie, nonobstant les dispositions du 2°, les actions du bénéficiaire sont prescrites au plus tard trente ans à compter du décès de l'assuré. », et à l'article L. 114-3 du même code qui dispose : « Par dérogation à l'article 2254 du code civil, les parties au contrat d'assurance ne peuvent, même d'un commun accord, ni modifier la durée de la prescription, ni ajouter aux causes de suspension ou d'interruption de celle-ci » ; que des dispositions similaires figurent aux articles L. 932-13 et L. 932-13-4 du code de la sécurité sociale et à l'article L. 221-11 du code de la mutualité et à l'article L. 218-1 du code de la consommation ;

Que, dès lors, de telles clauses sont illicites et, maintenues dans un contrat entre un professionnel et un consommateur, abusives ;

H *Clause relative à la transmission de pièces justificatives au regard du secret médical*

23°) Considérant qu'une clause stipule que l'assuré est tenu de communiquer « sur demande de X, toute pièce justificative de l'origine et de la nature de l'affection » et qu'en l'absence de pièces justificatives admises par l'assureur, celui-ci pourra sanctionner l'assuré en estimant que « les frais réels seront réputés ne pas excéder le tarif de responsabilité de la sécurité sociale » ;

Que la stipulation laisse croire au consommateur que, pour obtenir le remboursement des prestations, il ne peut pas opposer le secret médical protégé, notamment, par l'article L. 1110-4 du code de la santé publique et par le pack de conformité de l'assurance réalisé sous l'égide de la Commission nationale de l'informatique et des libertés (CNIL) ; qu'en particulier, les informations relatives à la santé doivent être recueillies avec le consentement exprès de l'intéressé, sauf s'il ne peut être matériellement ou juridiquement recueilli, ou que l'organisme est soumis à une obligation légale de recueillir ces informations ;

Que cette clause est de nature à créer un déséquilibre significatif entre les droits et obligations des parties au détriment du consommateur ;

I *Clauses relatives aux modalités de paiement*

24°) Considérant que certains contrats imposent un mode unique de règlement par prélèvement bancaire automatique ; que cette clause est abusive en ce qu'elle limite indûment la liberté de choix du moyen de paiement du consommateur ;

25°) Considérant que d'autres contrats prévoient la facturation de frais en cas de paiement par chèque, ce qui tend à réduire le choix du consommateur quant à son mode de paiement ; que l'article L. 112-12, alinéa 2, du code monétaire et financier prévoit que : « (...) Le bénéficiaire ne peut appliquer de frais pour l'utilisation d'un instrument de paiement donné (...). » ; qu'ainsi, cette clause est illicite et, maintenue dans les contrats, abusive ;

J *Clauses relatives au paiement des frais*

26°) Considérant qu'une clause autorise l'assureur à réclamer à sa convenance, comme le démontre l'expression : « pourront être », le paiement de frais de fractionnement suivant la fréquence de règlements des cotisations, sans que le montant de ces frais soit déterminé ou déterminable, ni à partir de quelle fréquence ces frais seraient dus ; qu'elle apparait, dans ces conditions, de nature à créer un déséquilibre significatif entre les droits et obligations des parties au détriment du consommateur ;

27°) Considérant que certains contrats prévoient de facturer, au moment du déclenchement de la procédure de mise en demeure pour non-paiement des cotisations, des pénalités forfaitaires de 50 euros et de 10 euros afin de couvrir « les frais de poursuite et de recouvrement » ;

Qu'en prévoyant des pénalités de montants forfaitaires, ces clauses n'apparaissent pas respecter le code de la mutualité ; qu'en effet, même si l'article L. 221-7 du code de la mutualité prévoit la possibilité pour la mutuelle de facturer, éventuellement, des frais de poursuites et de recouvrement, ils doivent être justifiés dans leur existence et dans leur montant par l'assureur ; qu'en outre, l'alinéa 2 de l'article L. 111-8 du code des procédures civiles d'exécution dispose que : « Les frais de recouvrement entrepris sans titre exécutoire restent à la charge du créancier, sauf s'ils concernent un acte dont l'accomplissement est prescrit par la loi au créancier. Toute stipulation contraire est réputée non écrite, sauf disposition législative contraire » ; qu'en principe, les frais de recouvrement amiable de créances sont à la charge exclusive du créancier ; que le non-respect de cette obligation est sanctionné pénalement de deux ans d'emprisonnement et 300 000 € d'amende (article L. 132-23 du code de la consommation introduit par la loi n° 2014-344 du 17 mars 2014 dite loi Hamon) ; que ce principe comporte toutefois deux exceptions : les frais de recouvrement peuvent être à la charge du débiteur lorsqu'ils concernent un acte dont l'accomplissement est prescrit par la loi et lorsque le débiteur est de mauvaise foi ;

Que ces clauses sont, dans ces conditions, illicites et, maintenues dans les contrats, abusives ;

28°) Considérant que plusieurs contrats prévoient qu'« en cas de non – paiement de l'intégralité ou d'une partie de la cotisation à sa date d'exigibilité : les fractions de cotisations non encore réglées seront exigées pour toute l'année d'assurance en cours et augmentées des frais de non-paiement, » ; que cette clause prévoit le paiement de « frais de non-paiement », sans autre précision ; que, toutefois, de tels frais peuvent être encadrés par le législateur, comme c'est le cas pour les chèques impayés en application du code monétaire et financier ; que l'article L. 131-52 du code monétaire et financier dispose que « Le porteur peut réclamer à celui contre lequel il exerce son recours :

1 – Le montant du chèque non payé ;

2 – Les intérêts à partir du jour de la présentation, dus aux taux légal applicable en France ;

3 – Les frais de protêt, ceux des avis donnés, ainsi que les autres frais » ;

Que, outre que cette stipulation rend possible la mise à la charge du consommateur des frais de recouvrement avant titre exécutoire, sa rédaction, par son imprécision, est de nature à créer un déséquilibre significatif entre les droits et obligations des parties ;

K *Clause relative à la télétransmission*

29°) Considérant qu'une clause stipule, en cas de défaut de paiement des cotisations, que « Dans tous les cas, la Mutuelle ne lèvera pas auprès de la sécurité sociale le droit à la télétransmission « Noémie » en lieu et place d'un autre organisme tant que les cotisations ayant fait l'objet de poursuites ne seront pas régularisées » ;

Que cette clause est abusive en ce qu'elle accorde à l'assureur le pouvoir de priver le consommateur de son droit d'accès à la télétransmission de ses demandes de remboursement direct formulées auprès de son nouvel organisme d'assurance complémentaire ;

L *Clauses relatives à l'expertise médicale*

30°) Considérant que des contrats ne prévoient pas, en cas de contrôle médical, que l'assuré a la faculté de se faire assister, lors de ces contrôles, du médecin de son choix et d'être prévenu des modalités des examens demandés par la mutuelle (analyses, radio...) ou d'opposer les conclusions de son propre médecin traitant ;

Qu'il est abusif d'employer des termes tels qu'« expert » ou « expertise » sans indiquer les liens qui existent entre la personne ainsi désignée et l'assureur, ni la portée et les modalités des opérations auxquelles elle est susceptible de se livrer, et notamment sans rappeler au consommateur la faculté de se faire assister du médecin de son choix ou d'opposer les conclusions de son propre médecin traitant ;

Que telle a été l'analyse de la Commission des clauses abusives qui a estimé abusive une clause comparable au point 11 de la recommandation n° 90-01 concernant les contrats d'assurance complémentaires à un contrat de crédit à la consommation ou immobilier ou à un contrat de location avec option d'achat ;

M *Clause relative à la collecte des données informatiques*

31°) Considérant qu'une clause stipule que le professionnel « met en œuvre un traitement des données à caractère personnel concernant le membre participant et ses bénéficiaires. Ils bénéficient, sur ces données, d'un droit d'accès, de rectification et d'opposition pour motif légitime et à la prospection commerciale (...) » ;

Que la rédaction de cette clause apparaît confuse, en ce qu'elle peut être interprétée par le consommateur comme exigeant un motif légitime à son opposition à une prospection commerciale à partir de ses données personnelles ; qu'en application de l'article 38 de la loi Informatique et libertés n° 78-17 du 6 janvier 1978, le consommateur a le droit de s'opposer, pour des motifs légitimes, à ce que des données à caractère personnel le concernant fassent l'objet d'un traitement et peut s'opposer, sans frais, à ce que les données le concernant soient utilisées à des fins de prospection, notamment commerciale, par le responsable actuel du traitement ou celui d'un traitement ultérieur ; que, dans ces conditions, cette clause n'informe pas clairement l'adhérent sur ses droits ;

Qu'en conséquence, elle apparaît de nature à créer un déséquilibre significatif entre les droits et obligations des parties au détriment du consommateur ;

N *Clauses relatives à la résiliation*

32°) Considérant qu'un contrat prévoit que le professionnel peut mettre fin au contrat « en cas de fausse déclaration, omission ou inexactitude de votre part » ;

Que cette clause laisse croire que l'assureur peut résilier le contrat en cas de fausse déclaration, omission ou inexactitude de la part du consommateur, sans avoir à respecter la procédure prévue à l'article L. 113-9 du code des assurances qui dispose que, si la fausse déclaration, omission ou inexactitude est constatée avant tout sinistre, « l'assureur a le droit soit de maintenir le contrat moyennant une augmentation de la prime acceptée par l'assuré, soit de résilier le contrat dix jours après notification adressée à l'assuré par lettre recommandée, en restituant la portion de la prime pour le temps où l'assurance ne court plus ; dans le cas où la constatation n'a lieu qu'après un sinistre, l'indemnité est réduite en proportion du taux de base des primes payées par rapport au taux des primes qui auraient été dues, si les risques avaient été complètement et exactement déclarés » ;

Qu'une règle similaire est prévue à l'article L. 221-15 du code de la mutualité et à l'article L. 932-7 du code de la sécurité sociale ; que, dès lors, cette clause est illicite et, maintenue dans un contrat, abusive ;

33°) Considérant qu'un contrat prévoit que le professionnel résilie le contrat « En cas d'aggravation du risque : *[articles]* L. 113-4 et L. 113-12-1 du code des assurances (...) » ;

Que cette clause ne précise pas quelle situation est visée par l'expression « l'aggravation du risque » ; que, toutefois, l'article L. 113-4 du code des assurances, qui autorise l'assureur à résilier le contrat en cas d'aggravation du risque, et l'article L. 113-12 du même code, qui permet à l'assureur de résilier le contrat chaque année, ne s'appliquent pas aux contrats d'assurance maladie lorsque l'état de santé de l'assuré se trouve modifié ;

Que l'article 6 de la loi n° 89-1009 du 31 décembre 1989, dite loi Evin, qui crée la garantie viagère en matière de santé, ne permet pas davantage la résiliation du contrat pour cause d'aggravation du risque ;

Que la clause est illicite et, maintenue dans les contrats, abusive ;

34°) Considérant qu'une clause prévoit que la résiliation du contrat emporte pour conséquence « Dans le cas où l'assuré démissionnaire ou faisant l'objet d'une radiation pour non-paiement est redevable envers (l'assureur) d'une dette de quelque nature que ce soit, « X » (l'assureur) est habilité de plein droit à opérer des retenues d'office sur les prestations auxquelles l'assuré peut prétendre jusqu'à due concurrence » ;

Que cette clause qui autorise la compensation entre deux créances ne rappelle pas l'exigence posée par l'article 1347-1 du code civil, notamment le caractère certain de celles-ci ; qu'elle autorise ainsi l'assureur à procéder à des retenues d'office sur les prestations auxquelles l'assuré peut prétendre, alors qu'il dispose d'une possibilité de contestation et, alors même que la dette alléguée peut ne pas être certaine, liquide et exigible ;

Que la clause est illicite et, maintenue dans les contrats, abusive ;

35°) Considérant qu'un contrat dresse une liste des cas permettant à l'assuré de résilier son contrat ; que, cependant, l'assuré dispose d'un droit de résiliation, en application de l'article L. 112-3 du code des assurances, en cas de mise en conformité du contrat avec les règles fixées par le décret en Conseil d'État mentionné à l'article L. 871-1 du code de la sécurité sociale, qui dispose :

« Le contrat d'assurance et les informations transmises par l'assureur au souscripteur mentionnées dans le présent code sont rédigés par écrit, en français, en caractère apparents.

[...]

Toute addition ou modification au contrat d'assurance primitif doit être constatée par un avenant signé des parties. Par dérogation, la modification proposée par l'assureur d'un contrat complémentaire santé individuel ou collectif visant à le mettre en conformité avec les règles fixées par le décret en Conseil d'État mentionné à l'article L. 871-1 du code de la sécurité sociale est réputée acceptée à défaut d'opposition du souscripteur. L'assureur informe par écrit le souscripteur des nouvelles garanties proposées et des conséquences juridiques, sociales, fiscales et tarifaires qui résultent de ce choix en application du même article. Ce dernier dispose d'un délai de trente jours pour refuser par écrit cette proposition. Les modifications acceptées entrent en application au plus tôt un mois après l'expiration du délai précité de trente jours et dans un délai compatible avec les obligations légales et conventionnelles d'information des adhérents ou affiliés par le souscripteur [...] » ;

Que la clause examinée est abusive en ce qu'elle laisse croire au consommateur qu'il ne lui est pas possible de résilier son contrat en dehors des cas qu'elle prévoit ;

Clauses relatives au traitement des litiges

36°) Considérant qu'une clause prévoit que les procédures internes du règlement des réclamations doivent être éteintes avant de saisir le médiateur ; que cette clause laisse croire au consommateur qu'il ne peut saisir le médiateur qu'après extinction de la procédure interne, alors qu'il peut, en application de l'article L. 612-2 du code de la consommation, le saisir lorsqu'il a tenté de résoudre son litige directement auprès du professionnel par une réclamation écrite ;

Qu'au surplus, cette clause ne rappelle pas que la demande présentée au médiateur doit être formulée au plus tard dans le délai d'un an à compter de la réclamation écrite auprès du professionnel ;

Que cette clause, susceptible de supprimer ou d'entraver l'accès effectif du consommateur au médiateur, est abusive ;

37°) Considérant qu'une clause prévoit que « Si après vos contacts avec notre représentant ou avec notre service à la clientèle, un litige persiste, vous pouvez faire appel au médiateur par leur intermédiaire. Le recours est gratuit. Le médiateur s'engage à formuler son avis dans les trois mois. Son avis ne s'impose pas, ce qui nous laisse toute liberté pour saisir éventuellement le tribunal compétent » ;

Que la rédaction de cette clause, par son imprécision, ne permet pas à l'assuré de faire application de ses droits ;

Qu'en effet, elle prévoit la possibilité pour l'assuré de porter son litige auprès des services du professionnel, de façon informelle, puis d'un médiateur, sans l'identifier, en passant par l'intermédiaire des services du professionnel, ce qui peut être de nature à le dissuader d'agir et à l'empêcher, en tout cas, de saisir le médiateur ;

Que, de plus, l'assureur prend soin de mentionner qu'il peut saisir le tribunal compétent, en cas de désaccord, sans indiquer que l'assuré peut le faire également ;

Que, dans ces conditions, elle n'apparait pas conforme à l'article L. 112-2, alinéa 2, du code des assurances qui dispose que les documents remis au preneur d'assurance avant la conclusion du contrat précisent les modalités d'examen des réclamations qu'il peut formuler au sujet du contrat, y compris, le cas échéant, l'existence d'une instance chargée en particulier de cet examen, sans préjudice pour lui d'intenter une action en justice ;

Que des dispositions similaires sont prévues au code de la mutualité, en son article L. 221-18 III, 7°, et au code de la sécurité sociale, en ses articles L. 932-15-1 III, 7°, et R. 932-1-1 ;

Que cette clause est donc illicite et, maintenue dans les contrats, abusive ;

38°) Considérant qu'un contrat prévoit que « (...) Tout litige, concernant l'application ou l'interprétation du règlement mutualiste général et des règlements particuliers sera d'abord examiné par le service réclamation de la mutuelle, domicilié au X. En cas de désaccord, le dossier accompagné des éléments indispensables à l'examen de la (des) prétention(s) sera transmis par la partie la plus diligente au service médiation de la consommation. Un avis sera rendu par le médiateur désigné par la ..., dans les 6 mois de sa saisine. Cet avis s'imposera aux parties » ;

Que, d'abord, le délai de six mois accordé au médiateur excède le délai réglementaire fixé par l'article R. 612-5 du code de la consommation qui est de quatre-vingt-dix jours, délai qui peut être prolongé par le médiateur, en cas de litige complexe ;

Qu'ensuite, la clause laisse croire que l'avis du médiateur s'impose aux parties en violation de l'article R. 612-4 du code de la consommation ;

Qu'enfin, elle laisse croire que le recours au juge est soumis à un préalable de médiation ; qu'elle est donc illicite et, maintenue dans les contrats, abusive ;

Recommande que soient éliminées :

I. — Des clauses stipulées dans les contrats régis par le code de la mutualité, les clauses ayant pour objet ou pour effet :

1°) De permettre au professionnel de se dispenser de la notification préalable à l'adhérent de la modification d'éléments essentiels du contrat ;

2°) D'autoriser le professionnel à prévoir l'exclusion d'un adhérent pour des motifs étrangers à l'exécution du contrat ou insuffisamment précis ;

3°) De permettre à la mutuelle de percevoir la totalité de la cotisation mensuelle en cas de décès de l'adhérent en cours de mois, sans aucune contrepartie, en l'absence d'autre bénéficiaire de la couverture ;

4°) D'autoriser le professionnel à modifier unilatéralement le tarif déterminant les cotisations, indépendamment de toute demande de modification des garanties émanant du consommateur et hors l'échéance annuelle de reconduction du contrat ;

II. — Des clauses communes aux contrats régis par le code de la mutualité, le code des assurances et le code de la sécurité sociale, les clauses ayant pour objet ou pour effet :

5°) De ne pas remettre au consommateur par écrit ou sur un autre support durable les documents contractuels ;

6°) De laisser croire à la conclusion immédiate du contrat d'assurance souscrit par téléphone à la date de l'entretien téléphonique sans communication préalable du dossier d'adhésion par écrit ou sur un autre support durable, hors l'hypothèse où la demande d'assurance est à l'initiative du consommateur ;

7°) D'entretenir l'ambiguïté sur la date de la conclusion du contrat, pendant un délai indéfini laissé à la discrétion du professionnel ;

8°) De prévoir un engagement ferme du consommateur, alors que l'exécution des prestations du professionnel est assujettie à une condition dont la réalisation dépend de sa seule volonté ;

9°) De priver le consommateur, après la conclusion du contrat, du bénéfice des garanties jusqu'au paiement de la cotisation, en dehors des conditions prévues à l'article L. 113-3 du code des assurances ;

10°) De laisser croire au consommateur qu'il ne dispose pas du délai légal de renonciation prévu à l'article L. 112-2-1, II-1°, du code des assurances ;

11°) De priver le consommateur d'une année entière d'assurance en contrepartie de la cotisation annuelle fixée lors de la souscription du contrat ;

12°) De sanctionner une fraude non précisément définie par la privation du droit aux prestations, hors les cas d'omission ou de fausse déclaration intentionnelle dûment établie par l'assureur ;

13°) De prévoir, contrairement au code des assurances, des exclusions de garanties qui ne sont ni formelles ni limitées et sans informer le consommateur que la preuve des exclusions incombe à l'assureur, de même que celle de la faute intentionnelle ou dolosive ;

14°) De prévoir que le consommateur ne sera pas remboursé de ses frais antérieurs de deux ans à la date de leur présentation, sans préciser le point de départ de ce délai quant à la date des frais (consultation, soins, facturation) ;

15°) D'exclure de la garantie la totalité des maladies, affections ou accidents antérieurs à la date d'adhésion ou à la date d'entrée en vigueur de la garantie, sans les définir précisément ;

16°) D'obliger le consommateur à déclarer ses pathologies cancéreuses sans prévoir un délai à partir duquel il n'est plus tenu de les déclarer ;

17°) De constater l'adhésion du consommateur à une stipulation dont il n'a pas une connaissance effective au moment de la formation du contrat en raison de son caractère imprécis ;

18°) De laisser croire que, pour les contrats dits « solidaires et responsables », des délais de carence ou d'attente peuvent s'appliquer sur les frais d'hospitalisation ;

19°) De laisser croire que la déchéance de garantie est encourue pour fausses déclarations et utilisation de documents ou justificatifs inexacts, sans que l'assureur ait à établir le caractère frauduleux de la déclaration ;

20°) De prévoir une déchéance de garantie automatique en cas de déclaration tardive, sans que l'assureur ait à justifier d'un préjudice ;

21°) D'autoriser l'assureur à laisser le consommateur ne pas bénéficier du remboursement dû au titre de la garantie par lui souscrite, pendant un délai indéterminé ;

22°) De laisser croire au consommateur que le professionnel peut instituer un délai plus court que le délai légal pour obtenir le remboursement de ses dépenses de santé ;

23°) De laisser croire au consommateur que, pour obtenir le remboursement des prestations, il n'a pas à consentir au recueil de ses données de santé ;

24°) D'imposer le prélèvement automatique comme unique mode de paiement ;

25°) D'imposer des frais au consommateur en cas de paiement par chèque ;

26°) De mettre à la charge du consommateur des frais indéfinis, en cas d'impayés, à la convenance du professionnel ;

27°) De mettre à la charge du consommateur des pénalités forfaitaires sans justifier des frais engagés pour le recouvrement des sommes dues, dans leur nature et leur montant, et sans indiquer qu'en ce qui concerne le recouvrement amiable, il appartient au juge de déterminer si des frais nécessaires peuvent être laissés en tout ou partie à la charge du débiteur de mauvaise foi ;

28°) De donner une information imprécise, au regard des prescriptions légales, sur les frais mis à la charge du consommateur en cas de non-paiement ;

29°) De priver le consommateur de son droit d'accès à la télétransmission de ses demandes de remboursement direct auprès de son nouvel organisme d'assurance complémentaire, en cas de défaut de paiement des cotisations ;

30°) De prévoir une procédure « d'expertise médicale » par le médecin-conseil de l'assureur ou tout praticien désigné par ce dernier sans informer le consommateur de la faculté de se faire assister du médecin de son choix ou d'opposer les conclusions de son médecin traitant ;

31°) De permettre au professionnel de mettre en œuvre un traitement des données nominatives concernant ses adhérents, sans les informer clairement de leur droit d'accès, de rectification et d'opposition ;

32°) De laisser croire que le professionnel peut résilier le contrat en cas de fausse déclaration, omission ou inexactitude, sans avoir à respecter les prescriptions légales prévues en pareil cas ;

33°) De prévoir que le professionnel résilie le contrat en cas d'aggravation du risque, sans autre précision, en méconnaissance des prescriptions législatives qui interdisent la résiliation du contrat pour cause d'aggravation de l'état de santé ;

34°) D'autoriser le professionnel à procéder, en cas d'une dette alléguée par lui, à des retenues d'office sur les prestations auxquelles le consommateur peut prétendre, alors même que cette dette peut ne pas être certaine, liquide et exigible ;

35°) De laisser croire au consommateur qu'il ne lui est pas possible de résilier son contrat en dehors des cas qu'elle prévoit, sans mentionner ceux prévus à l'article L. 112-3 du code des assurances ;

36°) De laisser croire au consommateur qu'il ne peut saisir le médiateur qu'après extinction de la procédure interne de règlement des réclamations, au surplus sans rappeler la nécessité d'introduire la demande auprès du médiateur dans le délai d'un an à compter de la réclamation écrite auprès du professionnel, et, par voie de conséquence, de supprimer ou entraver les voies de recours du consommateur ;

37°) De donner une information imprécise et incomplète au regard des prescriptions légales sur les modes de règlement amiable et contentieux des litiges ;

38°) De prévoir un délai de réponse du médiateur de la consommation supérieur à celui prévu par la réglementation, de soumettre le recours au juge à un préalable de médiation de la consommation et de prévoir que l'avis du médiateur s'impose aux parties.

Recommandation ACPR 2021-R-01 du 18 février 2021,

Sur la commercialisation des contrats d'assurance-vie liés au financement en prévision d'obsèques.

1 Contexte

A fin 2017, plus de quatre millions de contrats destinés au financement d'obsèques ont été commercialisés en France, et environ 500 000 nouveaux contrats sont souscrits chaque année.

L'étude de réclamations émanant de la clientèle et le contrôle des pratiques, notamment en matière de publicité et de distribution des contrats d'assurance-vie liés au financement d'obsèques ont permis de constater que les souscripteurs *[ce terme recouvre, dans la présente recommandation, aussi bien les souscripteurs de contrats individuels que les adhérents à des contrats collectifs, de même que les candidats à l'assurance durant la phase précontractuelle]* pouvaient mal appréhender les garanties proposées.

Ainsi, les informations fournies aux souscripteurs en phase précontractuelle, de même que celles présentes sur les supports à caractère publicitaire, ne leur permettent pas toujours de bien comprendre le fonctionnement du produit et de son coût, et notamment de prendre pleinement conscience du fait que :

— le capital garanti *[par souci de simplification, les termes « capital garanti » ou « capital » désignent, dans la suite de la recommandation, le capital qui sera versé au bénéficiaire au décès de l'assuré quelle que soit la typologie de contrat (prévoyance ou épargne)]* au décès de l'assuré est obligatoirement affecté au financement de ses obsèques à concurrence du coût de celles-ci ;

— le capital garanti pourrait ne pas être suffisant pour couvrir le coût des obsèques de l'assuré, en particulier (i) lorsque ce capital est d'un faible montant, ou (ii) lorsqu'il correspond au montant du devis des prestations obsèques joint au contrat sans prendre en compte l'augmentation probable du coût des prestations funéraires au jour du décès. En effet, certains supports peuvent laisser penser aux souscripteurs que le montant du capital sera supérieur au coût des funérailles, de telle sorte qu'il en subsistera un reliquat au profit du ou des bénéficiaire(s) distinct(s) de l'opérateur funéraire, alors que cela est rarement le cas ;

— ils conservent, jusqu'au dénouement de leur contrat, le libre choix du prestataire chargé de l'organisation des funérailles, y compris dans le cas où un prestataire a été désigné dans leur contrat ;

— le délai d'un mois dont dispose l'organisme d'assurance pour verser le capital ne court qu'à compter de la réception, par l'organisme d'assurance, de pièces justificatives dont la liste exhaustive ne figure pas systématiquement dans le contrat d'assurance-vie ou dont l'obtention peut nécessiter la production d'actes notariés *[par exemple, certains assureurs exigent la fourniture d'un certificat d'hérédité ou d'un acte de notoriété (dont la production peut nécessiter plusieurs semaines) de la part des bénéficiaires personnes physiques lorsqu'ils n'ont pas été nommément désignés]*, le(s) bénéficiaire(s) pouvant ainsi percevoir le capital bien après les funérailles ;

— des frais inhérents à l'offre d'assurance proposée seront prélevés, dont le montant et la variété ne sont pas toujours bien appréhendés. Les contrôles menés auprès de distributeurs ont en effet mis en évidence le manque d'exactitude ou de clarté des informations portant sur les frais. Par exemple, le document d'informations clés indique souvent à tort que les « coûts d'entrée » incluent l'ensemble des frais de distribution, alors même que des frais d'intermédiation supplémentaires seront acquittés en sus par le souscripteur directement auprès du distributeur.

Les contrôles effectués par l'ACPR ont aussi permis de relever que les informations et le conseil délivrés par les distributeurs de ces contrats sont parfois incomplets ou ambigus, dans la mesure où ils ne permettent pas toujours aux souscripteurs :

– d'appréhender les principales caractéristiques qui distinguent les différents types de contrats obsèques qui leur sont proposés, leurs avantages et contraintes respectifs [*ainsi, les souscripteurs ne perçoivent pas toujours que les contrats de type prévoyance, qui garantissent le versement d'un capital fixé à l'avance quelle que soit la date du décès et reposent sur une mutualisation des risques, peuvent ne pas comporter une faculté de rachat ou que leur valeur de rachat peut se révéler très inférieure au montant des cotisations payées. Réciproquement, les contrats de type épargne offrent des conditions de sortie plus favorables aux souscripteurs, mais le capital qu'ils garantissent est alimenté uniquement (modulo l'impact des frais prélevés et des revalorisations) par le cumul de leurs cotisations, ce qu'ils n'appréhendent pas toujours correctement*], et de comprendre la nature de la garantie du contrat qu'ils s'apprêtent à souscrire et les conditions de sortie ou de mise en réduction permises par ce dernier ;

– d'être avisés clairement des différentes modalités de cotisation [*ce terme recouvre, dans la présente recommandation, aussi bien les cotisations que les primes d'assurance que le souscripteur s'engage à payer*] possibles (montant, durée et périodicité) et de leur impact sur le montant total des cotisations susceptibles d'être acquittées ;

– d'être avertis du caractère temporaire de la garantie proposée pour certains contrats de type prévoyance (contrats à fonds perdus sans valeur de rachat) ;

– d'être avertis de l'existence éventuelle d'un délai d'attente et/ou de carence, ainsi que de leurs conséquences ;

– de saisir l'importance à attacher à la rédaction de la clause bénéficiaire, notamment dans l'hypothèse où un reliquat de capital subsisterait suite au règlement des frais d'obsèques ou en cas de disparition anticipée de l'opérateur funéraire qui avait été désigné en qualité de bénéficiaire.

Il est également apparu que les dispositifs de recherche des bénéficiaires prévus par la réglementation pour limiter les situations de « déshérence » ne sont pas toujours correctement mis en œuvre par les organismes assurant des contrats obsèques, privant ainsi les bénéficiaires des contrats concernés de la possibilité d'obtenir les capitaux leur revenant.

Enfin, les souscripteurs sont rarement avisés de l'existence de mécanismes de financement des obsèques pouvant constituer une alternative à la souscription d'un contrat d'assurance obsèques, tels que la possibilité de prélever jusqu'à 5 000 euros directement sur le compte bancaire d'un défunt pour permettre de financer ses obsèques [*cette possibilité est visée à l'article L. 312-1-4 C. mon. fin. L'arrêté du 25 oct. 2013 relatif au règlement des frais funéraires précise que ce montant de 5 000 euros est revalorisé annuellement en fonction de l'indice INSEE des prix à la consommation (hors tabac)*].

2 Champ d'application de la recommandation

2.1 *Contrats concernés*

La recommandation concerne la commercialisation de l'ensemble des contrats d'assurance-vie destinés à titre principal au financement d'obsèques. Ces contrats peuvent revêtir différentes formes. Il peut ainsi s'agir :

– de contrats d'assurance sur la vie garantissant le versement d'un capital à un opérateur funéraire en cas de survenance du risque assuré (le décès de l'assuré), associés à un contrat de prestations d'obsèques prises en charge par l'opérateur funéraire (nature des obsèques, mode de sépulture, fournitures funéraires, etc.) ;

– de contrats d'assurance sur la vie assurant uniquement le financement des frais d'obsèques, sans être associés à un contrat de prestations d'obsèques et ne prévoyant pas nécessairement la désignation d'un opérateur funéraire en qualité de bénéficiaire.

Ces contrats peuvent prévoir le versement d'un capital en cas de décès dont le montant est déterminé à la souscription (contrat de type prévoyance) ou dont le montant correspond au cumul des cotisations qui auront été acquittées par le souscripteur au jour du décès de l'assuré (contrat de type épargne). Les contrats de type prévoyance peuvent avoir une durée temporaire ou viagère et, dans ce dernier cas, prévoir ou non une faculté de rachat.

2.2 *Personnes concernées*

La présente recommandation s'applique aux entreprises d'assurance régies par le code des assurances, aux mutuelles ou unions régies par le code de la mutualité, aux institutions de prévoyance régies par le code de la sécurité sociale (ci-après, les « organismes d'assurance ») et aux intermédiaires d'assurance, y compris lorsque ces organismes d'assurance ou intermédiaires d'assurance interviennent en France en libre prestation de services ou en libre établissement. Les principales dispositions légales et réglementaires applicables aux contrats d'assurance-vie destinés à titre principal au financement d'obsèques sont précisées en annexe.

3 Recommandation

Avec l'objectif de fournir une information exacte, claire et non trompeuse et dans le but de délivrer un conseil pertinent lors de la commercialisation des contrats d'assurance-vie liés au financement en prévision d'obsèques, l'ACPR recommande aux personnes concernées, conformément aux dispositions des articles L. 612-1, II 3° et L. 612-29-1, alinéa 2 du code monétaire et financier, les bonnes pratiques suivantes :

3.1 *Au titre des communications à caractère publicitaire* [*Sans préjudice des bonnes pratiques énoncées dans la Recommandation 2019-R-01 sur les communications à caractère publicitaire des contrats d'assurance-vie. Par ailleurs, l'ensemble des bonnes pratiques exposées dans la présente recommandation est à prendre en compte, mutatis mutandis, quels que soient le média et le format de diffusion des communications à caractère publicitaire concernées*]

Sur les modalités générales de présentation

3.1.1. De veiller à ce que la présentation, et notamment la(les) dénomination(s) employée(s), du contrat ne soi(en)t pas susceptible(s) d'induire en erreur ou d'entraîner une confusion sur la finalité, la nature des prestations, les conditions de souscription et la durée de la couverture ;

3.1.2. De préciser que le capital garanti ne peut être utilisé, à concurrence du coût des obsèques, à la convenance du (des) bénéficiaire(s) et donc à des fins étrangères au financement d'obsèques ;

3.1.3. D'alerter le public sur le fait que le capital garanti est susceptible d'être insuffisant pour couvrir le coût des funérailles ou des prestations convenues ;

3.1.4. Lorsque les arguments commerciaux mis en avant portent sur des garanties optionnelles [*à titre d'exemple, « option revalorisation du capital » ou « option rapatriement du corps »*], de l'indiquer de manière équilibrée [*le principe d'équilibre s'entend au sens du point 4.1.3 de la Recommandation 2019-R-01 sur les communications à caractère publicitaire des contrats d'assurance-vie et s'applique à toutes les bonnes pratiques de la présente recommandation y faisant référence. Il implique de mentionner de manière apparente, dans le corps principal du texte publicitaire, les risques qui sont les corollaires des arguments promus de façon à ce qu'ils se distinguent des autres informations et à ce que le public n'ait pas à les rechercher dans la communication à caractère publicitaire pour en prendre connaissance. L'appréciation du caractère équilibré de la présentation repose sur un ensemble d'éléments tenant notamment à l'emplacement dans la communication, à la taille des caractères, la typographie et la couleur utilisées*].

Sur les cotisations

3.1.5. Lorsqu'un argument porte sur les cotisations :

– de présenter, à proximité immédiate du montant de la cotisation, les principaux éléments correspondant à ce tarif (notamment l'âge de l'assuré, le montant du capital garanti et la durée de cotisation) et, de manière apparente, les autres éléments y afférents (tel que le caractère fixe ou évolutif de la cotisation et, le cas échéant, l'existence de frais additionnels) ;

– de s'assurer de l'adéquation du montant de cotisation mis en avant avec le visuel utilisé le cas échéant dans la communication [*cette pratique vise à assurer la cohérence entre le montant de cotisation promu et l'image retenue dans la communication à caractère publicitaire. Par exemple, l'utilisation d'une image représentant un personnage senior suppose la mise en avant d'un tarif correspondant à ce type de profil*] ;

– d'appeler l'attention du public sur le fait que, selon le profil du souscripteur et l'âge auquel surviendra le décès, le montant cumulé des cotisations versées pourrait être supérieur au montant du capital garanti.

Sur le délai de versement des prestations

3.1.6. Lorsqu'il est évoqué, de préciser de manière équilibrée que ce délai est conditionné à la réception des pièces nécessaires au règlement du capital garanti ou à l'avance de fonds.

Sur l'application des garanties

3.1.7. Lorsqu'un argument porte sur l'absence de formalités médicales ou met en avant le caractère « réduit » ou « allégé » de celles-ci :

– de s'assurer de la clarté et de l'intelligibilité des formulations et critères relatifs aux formalités médicales ou à leur absence ;

– de mentionner à proximité immédiate de l'argument l'existence d'éventuels délais d'attente et/ou de carence.

3.1.8. Lorsqu'un argument porte sur la prise d'effet des garanties, de mentionner à proximité immédiate de l'argument l'existence d'éventuels délais d'attente et/ou de carence.

Sur la faculté de rachat

3.1.9. Lorsqu'un argument porte sur la faculté de rachat *[la faculté de rachat est parfois désignée de manière impropre sous le terme de faculté de « résiliation »]* du contrat, de mentionner de manière équilibrée que la valeur de rachat peut être inférieure au cumul des cotisations versées, et l'existence éventuelle de frais de rachat.

Sur la revalorisation

3.1.10. Lorsqu'un argument porte sur la revalorisation du capital garanti ou sur un taux de revalorisation :

– de s'assurer de la clarté et de l'intelligibilité des informations relatives à la revalorisation ou au taux de revalorisation ;

– de présenter de manière apparente les modalités permettant de bénéficier de la revalorisation contractuelle s'il y a lieu ;

– d'indiquer le cas échéant si la revalorisation du capital s'accompagne d'une augmentation du montant des cotisations ;

– s'il y a lieu, d'exprimer le taux de revalorisation annoncé sous la forme d'un taux annualisé, net de frais de gestion supportés par le contrat avant prélèvements sociaux et fiscaux en précisant de manière apparente sa période de référence et d'insérer de manière équilibrée un avertissement selon lequel le taux passé annoncé ne préjuge pas du taux de revalorisation futur.

3.2 *Au titre de l'information précontractuelle à portée générale*

3.2.1. D'indiquer clairement au souscripteur que le capital garanti ne peut être utilisé, à concurrence du coût des obsèques, à la convenance du (des) bénéficiaire(s) et donc à des fins étrangères au financement des obsèques ;

3.2.2. D'aviser explicitement le souscripteur du fait que le capital versé au(x) bénéficiaire(s) est susceptible d'être insuffisant pour couvrir les frais prévisibles d'obsèques, notamment (i) lorsque le capital souscrit est d'un faible montant, ou lorsque (ii) le capital prévu correspond au montant du devis des prestations obsèques joint au contrat, sans prendre en compte l'augmentation potentielle du coût des prestations funéraires entre la date de souscription et la date du décès de l'assuré ;

3.2.3. De préciser au souscripteur le délai et les modalités précises de versement des prestations après le décès de l'assuré ainsi que la liste des pièces devant être fournies par le(s) bénéficiaire(s) dans les situations les plus courantes et de faire état de l'éventualité pour les bénéficiaires de devoir avancer les fonds dans l'attente du règlement des prestations ;

3.2.4. De faire savoir au souscripteur que le choix du prestataire chargé de l'organisation des funérailles reste libre jusqu'au dénouement du contrat, et ce, même dans le cas où ce dernier fait explicitement référence à un opérateur funéraire spécifique ;

3.2.5. D'aviser le souscripteur de l'importance d'informer ses proches de l'existence du contrat obsèques, afin notamment de diminuer le risque de déshérence des garanties souscrites, sauf à ce que cette information soit fournie immédiatement après la souscription ;

3.2.6. De s'assurer que ces informations sont formalisées de manière suffisamment claire et apparente dans la documentation remise au souscripteur.

3.3 *Au titre du recueil des besoins et exigences du souscripteur*

3.3.1. De recueillir par écrit les éléments relatifs notamment :

— à la situation personnelle du souscripteur et notamment à son âge *[ainsi qu'à l'âge de l'assuré si ce dernier est une personne différente du souscripteur]*, sa situation familiale (en particulier le nombre de personnes à charge), sa situation professionnelle ainsi que l'existence éventuelle d'un régime de protection juridique ;

— à ses capacités financières et notamment à ses revenus et charges courants, de même qu'à sa capacité d'épargne et son épargne disponible, de façon à lui conseiller notamment des modalités de cotisation (montant, périodicité et durée) adaptées à sa situation ;

— à sa compréhension des principales caractéristiques du contrat d'assurance obsèques et des différences entre les formules obsèques de type épargne et de type prévoyance, s'agissant notamment de la façon dont le capital est déterminé ;

— à ses objectifs (financement seul ou financement et organisation des obsèques), à la détention préalable d'un contrat d'assurance obsèques et au montant de capital garanti par ce dernier, aux modalités de financement souhaitées (durée et périodicité des versements), au budget qu'il souhaite allouer en l'absence de devis sur les prestations funéraires, et à la désignation des bénéficiaires de premier et de second rang ;

— à sa connaissance de l'existence de mécanismes de règlement des funérailles pouvant être employés, dans certains cas, de manière alternative à la souscription d'un contrat d'assurance obsèques, notamment la possibilité de prélever, en l'explicitant, le montant visé à l'article L. 312-1-4 du code monétaire et financier directement sur le compte bancaire du défunt et à sa compréhension des avantages et inconvénients propres à ce mécanisme *[le recours à ce mécanisme simple et sans frais, qui peut par exemple constituer une alternative à la souscription d'un contrat obsèques à prime unique pour une personne très âgée, suppose néanmoins une réserve suffisante de fonds sur le compte bancaire du défunt, au moment du décès, ce qui peut présenter un caractère incertain. En outre, la somme utilisable ne peut dépasser le montant prévu par l'arrêté du 25 octobre 2013 relatif au règlement des frais funéraires]*.

3.3.2. D'aviser par écrit le souscripteur et de l'alerter lors du recueil de ses besoins et exigences, de la nécessité de prévoir un (des) bénéficiaire(s) subséquent(s), notamment dans l'éventualité de la disparition anticipée de l'opérateur funéraire ou d'un reliquat de capital suite au règlement des frais d'obsèques.

3.4 *Au titre des informations précontractuelles spécifiques au contrat proposé*

3.4.1. S'agissant des frais :

3.4.1.1. De fournir au souscripteur une information claire et exhaustive sur les différents frais prévus par le contrat ou liés à ce dernier (nature, assiette, montant ou pourcentage, récurrence) afin de lui permettre d'appréhender correctement leur fonctionnement et leur importance.

En particulier :

— 3.4.1.2. s'agissant des concepteurs de produits d'assurance *[au sens de l'article L. 516-1 I du code des assurances]*, de s'assurer de l'exactitude et de la clarté des informations relatives aux frais figurant dans les différents documents précontractuels destinés au souscripteur, en veillant notamment, s'agissant des documents d'informations clés, à tenir compte de l'existence potentielle de frais d'intermédiation dans la rubrique « coûts d'entrée » et de celle de frais de rachat dans la rubrique « coûts de sortie » ;

— 3.4.1.3. s'agissant des distributeurs *[au sens de l'article L. 511-1 du code des assurances]*, lorsque des frais additionnels *[dont le montant n'est précisé ni dans le DIC, ni dans les conditions générales associés au(x) produit(s) proposé(s)]* sont appelés auprès du souscripteur en sus des cotisations d'assurance, de préciser par écrit, avant la souscription du contrat, le montant et la nature de ces frais (frais d'intermédiation, honoraires, frais de dossiers perçus...).

3.4.2. S'agissant des informations propres à la solution d'assurance proposée, dues par le distributeur au titre de son devoir de conseil

3.4.2.1. Lorsque plusieurs modalités de cotisation sont ouvertes au souscripteur, de lui communiquer suffisamment tôt, et pour chacune de ces modalités [*cotisation unique ou cotisations périodiques. Pour les cotisations périodiques, indication à fournir pour chacune des durées (2 ans, 5 ans, 10 ans, 20 ans, etc.) et périodicités possibles (mensuelle, trimestrielle, semestrielle, annuelle). Lorsque le souscripteur a la possibilité d'opter pour une durée de cotisation viagère, ce montant est déterminé en fonction de l'espérance de vie restante de l'assuré, selon les tables de mortalité en vigueur au moment de la souscription*], une information claire, précise et formalisée sur le montant cumulé des cotisations qu'il serait susceptible de verser [*dans le cas où l'assuré serait toujours en vie au terme de la période de cotisation*] (au moyen par exemple de simulations fournies sous la forme d'un tableau), de façon à lui permettre de prendre une décision en toute connaissance de cause.

3.4.2.2. D'aviser clairement le souscripteur par écrit, via un support synthétique [*la remise de ce support synthétique (par exemple le document de support du conseil) est indépendante de celle des conditions générales ou de la notice d'information*] :

– de la nature du contrat, en précisant si ce dernier est de type prévoyance ou de type épargne ;

– du caractère temporaire des garanties obsèques le cas échéant ;

– des exclusions contractuelles ayant une probabilité d'occurrence forte, le cas échéant [*par exemple, lorsqu'une clause d'exclusion de garantie s'applique en cas de décès de l'assuré survenu dans le cadre d'un séjour prolongé dans une maison de retraite, un établissement pour personnes âgées, un hôpital ou une clinique*] ;

– de l'existence d'un délai d'attente et/ou de carence, de ses conditions d'application et de ses conséquences sur les garanties souscrites ;

– du montant, de la durée et de la périodicité préconisés de cotisation et des modalités de revalorisation éventuelle de la cotisation.

3.4.2.3. De veiller à présenter les principales caractéristiques du contrat proposé au souscripteur de manière objective et équilibrée, notamment :

– en ne mettant pas en avant, de manière disproportionnée, le mécanisme de revalorisation annuelle de la garantie, lorsque son effet est en pratique peu significatif ;

– en ne mettant pas en avant, s'agissant des contrats d'assurance obsèques de type prévoyance rachetables, cette faculté de rachat sans préciser que la valeur de rachat peut être largement inférieure à la somme des cotisations [*notamment lorsque l'assuré est d'un âge très avancé et/ou que le souscripteur opte pour une longue durée de cotisation*] ;

– en s'abstenant de communiquer sur un montant périodique de cotisation sans indiquer concomitamment la durée de cotisation qui est associée à ce montant.

3.5 *Au titre de la pertinence et de la motivation du conseil délivré par le distributeur*

3.5.1. De justifier précisément de la cohérence de la (des) solution(s) proposée(s) avec les besoins et exigences du souscripteur, s'agissant entre autres :

– de la nature du contrat conseillé : contrat de type épargne ou de type prévoyance, contrat de financement seul ou de financement et d'organisation des obsèques ;

– de la modalité de cotisation préconisée : prime unique (et cotisation associée) ou périodique et, dans ce dernier cas, montant de l'échéance, durée et périodicité de cotisation et montant cumulé des cotisations que le souscripteur sera susceptible de verser [*dans le cas où la cotisation préconisée est viagère, ce montant est déterminé en fonction de l'espérance de vie restante de l'assuré, selon les tables de mortalité en vigueur au moment de la délivrance du conseil*] ;

– de la présence éventuelle d'un délai de carence ou d'attente et de ses conséquences en termes de couverture. En particulier, d'expliciter formellement les raisons qui justifieraient de proposer la souscription d'un contrat de type épargne en prime unique ou d'un contrat assorti d'un délai d'attente ou de carence à un souscripteur très âgé ou celle d'un

contrat de type prévoyance à primes périodiques sur une durée viagère à un souscripteur jeune, au vu du coût prévisible de ces solutions d'assurance.

3.5.2. De s'assurer que la clause bénéficiaire proposée, qu'il s'agisse d'une clause-type ou d'une clause personnalisée *[dans le cas d'une clause personnalisée, le distributeur doit particulièrement veiller par exemple à ce que ne soit pas désigné comme bénéficiaire de premier ou de second rang le tuteur ou le curateur du souscripteur, qui serait professionnel, c'est-à-dire mandataire judiciaire à la protection des majeurs. Il doit rappeler les différentes interdictions prévues par les textes]*, **est cohérente avec la situation personnelle du souscripteur, qu'elle permet d'identifier précisément les bénéficiaires de premier et de second rang et tient compte des conditions de règlement du capital garanti prévues au contrat** *[par exemple, en cas de choix d'une clause type faisant référence aux héritiers légaux, le conseil peut consister à attirer l'attention du souscripteur sur l'obligation contractuelle pour le(s) bénéficiaire(s) de fournir à l'assureur un acte notarié (tel qu'un acte de notoriété ou un certificat d'hérédité) pour se prévaloir de sa qualité de bénéficiaire et l'aviser que l'accomplissement de cette diligence peut nécessiter beaucoup de temps, ce qui dans certains cas peut même contraindre le bénéficiaire à avancer les fonds nécessaires au règlement des funérailles de l'assuré]*.

3.6 *Moyens et procédures*

3.6.1. Les organismes d'assurance et intermédiaires d'assurance mettent en œuvre les moyens et procédures nécessaires en vue d'assurer la bonne exécution des modalités de présentation des communications à caractère publicitaire recommandées au paragraphe 3.1 ***supra*****.**

3.6.2. Ils mettent également en œuvre les moyens et procédures nécessaires en vue d'assurer la bonne exécution des modalités d'information et de conseil recommandées aux paragraphes 3.2. à 3.5. ***supra*** **et s'assurent de leur traçabilité.**

3.6.3 Lorsqu'ils conçoivent des produits d'assurance *[l'article 3 du règlement délégué (UE) de la Commission du 21 septembre 2017 précise que les intermédiaires d'assurance doivent être considérés comme des concepteurs lorsqu'une analyse globale de leur activité montre qu'ils ont un rôle décisionnel dans l'élaboration et la mise au point d'un produit d'assurance destiné au marché]* **destinés au financement d'obsèques, ils s'assurent que les informations fournies aux distributeurs leur permettent bien :**

— d'appréhender avec suffisamment de précision le marché cible du produit au regard de l'âge de l'assuré et des principales caractéristiques ou options du produit *[nature de la garantie (épargne ou prévoyance), modalités de cotisations, etc.]* **;**

— d'identifier clairement les clients dont les besoins et caractéristiques (notamment en termes d'âge) ne sont pas compatibles avec le produit notamment au regard de la nature de la garantie, des modalités de cotisations ou encore de l'existence d'un délai de carence ou d'attente.

Par ailleurs, lorsqu'ils distribuent ces produits sans les concevoir eux-mêmes, ils s'assurent de disposer des informations précitées avant toute commercialisation et se dotent d'un dispositif leur permettant d'identifier les éventuelles souscriptions effectuées hors du marché cible.

La présente recommandation sera effective 6 mois après sa date de publication et porte sur les actes de commercialisation postérieurs à cette date. À l'issue de ce délai de 6 mois, la présente recommandation remplacera la recommandation 2015-R-02 du 12 février 2015.

ANNEXE

RAPPEL DES PRINCIPALES DISPOSITIONS LÉGALES ET RÉGLEMENTAIRES

Les contrats d'assurance destinés au financement d'obsèques sont régis notamment par :

I DISPOSITIONS DU CODE GÉNÉRAL DES COLLECTIVITÉS TERRITORIALES (CGCT)

— les articles L. 2223-33-1 et R. 2223-33, qui disposent que les formules de financement d'obsèques sont des contrats dont l'exécution dépend de la durée de la vie humaine au sens du 1° de l'article L. 310-1 du code des assurances et prévoient une obligation d'affectation des sommes versées à la réalisation des obsèques de l'assuré ;

— l'article L. 2223-34-1, qui dispose que, pour tout contrat prévoyant des prestations d'obsèques à l'avance, les organismes d'assurance précisent les conditions d'affectation des bénéfices techniques et financiers, conformément à l'article L. 132-5 du code des assurances *[pour rappel, la participation aux bénéfices est calculée conformément à l'art. 3 de l'Arr. du 28 déc. 2015, lui-même renvoyant aux articles L. 132-5, A. 132-11, A. 132-14 et A. 132-15 C. assur.]*. Toute clause prévoyant des prestations d'obsèques à l'avance sans que le contenu détaillé et personnalisé de ces prestations soit défini est réputée non écrite ;

— l'article L. 2223-35-1, qui précise qu'afin de garantir la pleine et entière liberté de choix du souscripteur tout sa vie durant le contrat doit prévoir explicitement la faculté pour ce dernier de modifier notamment, le contenu des prestations funéraires et l'opérateur habilité désigné pour exécuter les obsèques.

II DISPOSITIONS RELATIVES AUX COMMUNICATIONS À CARACTÈRE PUBLICITAIRE, À L'INFORMATION PRÉCONTRACTUELLE ET AU CONSEIL

— les articles L. 132-27 *[également applicable aux institutions de prévoyance par renvoi de l'art. L. 932-23 CSS. Cf. aussi l'art. L. 223-25-2 C. mut.]* et L. 521-1 II du code des assurances, qui disposent que toutes les informations, y compris les communications à caractère publicitaire, relatives à un contrat d'assurance sur la vie présentent un contenu exact, clair et non trompeur, et que les communications à caractère publicitaire doivent être clairement identifiées comme telles ;

— les articles L. 521-4 et L. 522-5 du code des assurances *[ces deux articles sont applicables aux mutuelles et unions du livre II du code de la mutualité et aux institutions du titre III du livre 9 du code de la sécurité sociale par renvoi des art. L. 116-6 C. mut. et L. 932-53 CSS]*, qui disposent qu'avant la conclusion de tout contrat d'assurance, le distributeur précise par écrit, sur la base des informations obtenues auprès du souscripteur, les exigences et les besoins de celui-ci et les raisons justifiant le caractère approprié du contrat proposé. Il lui fournit également des informations objectives sur le produit d'assurance proposé sous une forme compréhensible, exacte et non trompeuse afin de lui permettre de prendre une décision en toute connaissance de cause. Par ailleurs, lorsque le distributeur propose un service de recommandation personnalisée, il doit, au surplus, expliquer pourquoi, parmi différents contrats ou options au sein d'un contrat, la solution qu'il conseille correspond le mieux à ses exigences et à ses besoins. Pour les contrats à valeur de rachat, il s'enquiert également de la situation financière et des objectifs d'investissement du souscripteur, ainsi que de ses connaissances et de son expérience en matière financière ;

— l'article L. 522-3 du code des assurances *[notamment lorsque l'assuré est d'un âge très avancé et/ou que le souscripteur opte pour une longue durée de cotisation]*, qui prévoit qu'avant la conclusion de tout contrat comportant une valeur de rachat le distributeur doit informer le souscripteur sur tous les frais et coûts inhérents à ce contrat sous une forme aisément compréhensible, exacte et non trompeuse et les présenter de façon agrégée, afin de lui permettre de comprendre leur effet cumulé sur le rendement du contrat proposé ;

— le règlement (UE) n° 1286/2014 du Parlement européen et du Conseil du 26 novembre 2014 et le règlement délégué (UE) n° 2017/653 du 8 mars 2017, dits règlements « PRIIPs », qui imposent aux distributeurs de remettre un document d'informations clés sous un format standardisé tant à leurs clients qu'à leurs prospects, préalablement à la conclusion de tout contrat d'assurance-vie pourvu d'une valeur de rachat ;

— l'article L. 112-2 du code des assurances, qui dispose que le distributeur fournit au souscripteur avant la conclusion du contrat, notamment pour les produits non visés par les règlements cités au point précédent, un document d'information normalisé sur le produit d'assurance élaboré par le concepteur du produit.

III DISPOSITIONS RELATIVES AU PLAFONNEMENT DES FRAIS ET À LA LUTTE CONTRE LA DÉSHÉRENCE DES CONTRATS

— l'article L. 132-21-1 du code des assurances *[Cf. art. L. 932-23 CSS et L. 223-20-1 C. mut.]*, relatif au plafonnement des frais ;

— les articles L. 132-8, L. 132-9-3 et L. 132-23-1 du code des assurances *[de même que les art. L. 223-10, L. 223-10-1 et L. 223-10-2 C. mut.]*, visant à prévenir et lutter contre la déshérence des contrats sur la vie.

IV GOUVERNANCE ET SURVEILLANCE DES PRODUITS

— l'article L. 516-1 du code des assurances *[notamment lorsque l'assuré est d'un âge très avancé et/ou que le souscripteur opte pour une longue durée de cotisation]* qui précise, conformément au règlement délégué UE 2017/2358, les obligations qui pèsent sur les entreprises d'assurance et les intermédiaires d'assurance lorsqu'ils conçoivent des produits, ainsi que celles qui concernent les distributeurs de produits d'assurance qui proposent des produits qu'ils ne conçoivent pas eux-mêmes ;

— le règlement délégué UE 2017/2358 de la Commission du 21 septembre 2017, qui établit des règles régissant le maintien, l'application et la révision de dispositifs de surveillance et de gouvernance des produits d'assurance et pour les adaptations significatives de produits d'assurance existants avant l'introduction de ces produits sur le marché ou leur distribution aux clients, ainsi que des règles régissant les dispositifs de distribution de produits pour ces produits d'assurance.

COURTIERS D'ASSURANCES

Constatation des usages du courtage d'assurances terrestres

Art. 1er Lorsqu'une Compagnie est saisie d'une proposition d'affaire nouvelle par un courtier, elle ne peut accepter les propositions d'un autre apporteur pour la même assurance que si ce dernier est muni d'un ordre écrit de l'assuré.

En cas de pluralité d'apporteurs, elle les traite sur un pied d'égalité absolue et ne peut consentir à l'un d'eux des conditions d'assurance plus avantageuses qu'à l'autre.

Par application de ce principe, un assureur qui a fixé un tarif pour une affaire à un courtier ne peut pas, pour la même assurance, accorder une tarification inférieure à l'un de ses agents. Cette règle s'applique en sens inverse.

Art. 2 Une Compagnie peut toujours refuser d'entrer en négociations avec un courtier.

Lorsqu'une compagnie refuse, après en avoir pris connaissance, une proposition présentée par un courtier, elle ne peut accepter la même proposition d'un autre courtier. Elle ne peut accepter d'un autre courtier l'assurance des *mêmes risques* que si les conditions de la proposition de cet autre courtier affectant la tarification, ou la matérialité des risques, ou la nature des garanties, sont assez différentes pour que l'on puisse considérer qu'il ne s'agit pas de la même proposition.

Art. 3 Le courtier apporteur d'une police a droit à la commission non seulement sur la prime initiale mais encore sur toutes les primes qui sont la conséquence des clauses de cette police.

Le droit à la commission dure aussi longtemps que l'assurance elle-même, notamment lorsque la police se continue par reconduction tacite ou expresse, ou lorsqu'elle est renouvelée ou remplacée directement par l'assuré auprès de la Compagnie.

Lorsque le remplacement est accordé à un nouveau courtier investi par l'assuré d'un ordre exclusif de remplacement accompagné de dénonciation régulière de la police pour sa date d'expiration ou pour l'échéance à laquelle elle peut être résiliée, le courtier créateur de la police a droit à la commission sur les primes apportées par lui jusqu'à l'époque pour laquelle la police est dûment dénoncée.

Lorsque le remplacement est accordé à un nouveau courtier porteur d'un ordre de remplacement non accompagné d'une dénonciation régulière de la police à remplacer, le courtier créateur conserve son droit à la commission sur toutes les primes du nouveau contrat à concurrence du chiffre de celles qu'il a apportées.

Ces règles s'appliquent aussi bien dans le cas où la police apportée par le courtier a été placée dans le portefeuille de l'administration centrale de la Compagnie que dans celui où elle a été placée dans le portefeuille d'une de ses agences.

Absence de droit à commission du courtier dans une hypothèse où l'assureur a accepté que les polices soient résiliées avec un délai de préavis réduit, ce dont il résulte que les polices ne se sont pas poursuivies par tacite reconduction, et qu'elles ont régulièrement. • Civ. 2e, 30 avr. 2014 : *RGDA 2014. 399, obs. Langé.*

Art. 4 Pendant le cours d'une police apportée par un courtier, la Compagnie ne peut, soit par elle-même, soit par un de ses préposés, inspecteurs ou agents, solliciter l'assuré, en vue de modifier, remplacer ou renouveler la police.

Si l'assureur est requis par l'assuré lui-même de modifier le contrat, il ne peut le faire qu'en prévenant le courtier créateur.

Art. 5 La Compagnie doit, pendant le cours de l'assurance ou au moment du renouvellement de la police, donner communication, en ses Bureaux, de la police ou de ses avenants, au courtier créateur ou au courtier muni d'une autorisation écrite de l'assuré, mais ne peut donner cette communication à d'autres.

Art. 6 La Compagnie saisie, en cours de contrat, d'une demande de réduction du taux de la prime doit, avant d'y donner suite, aviser le courtier créateur.

Lorsqu'un courtier a procuré à une compagnie le bénéfice d'une police pour plusieurs années consécutives, la Compagnie peut toujours, en cours de contrat et en dehors des cas prévus par les conditions générales, réduire de son propre gré sa participation dans cette assurance, si l'assuré y consent : mais elle doit continuer à commissionner le courtier sur les primes totales que celui-ci a apportées, à moins qu'elle ne prouve que ledit courtier a fait garantir par un autre assureur la part de risques dont elle s'est allégée.

Art. 7 La Compagnie ne peut accepter de remplacer une police en cours qu'à la demande de l'assuré ou sur la proposition d'un courtier muni d'un ordre exclusif l'habilitant à cet effet.

Quand l'ordre de remplacement contient dénonciation de la police pour son échéance, la Compagnie en prévient le courtier, créateur sans délai et en tout cas avant la délivrance de la police nouvelle.

Art. 8 La Compagnie peut délivrer des avenants à la demande d'un courtier autre que le courtier créateur de la police, et sans que le courtier qui les demande ait à produire un ordre de l'assuré.

Art. 9 Six mois au moins avant la date de l'expiration d'une police, la Compagnie avise le courtier de cette expiration.

Art. 10 Dans tous les cas où la police est dénoncée par l'assuré pour sa prochaine échéance, la Compagnie en avise sans délai le courtier créateur.

Toute Compagnie d'assurance*[s]* qui résilie une police de son propre chef, pour quelque cause que ce soit, ou en reçoit dénonciation de l'assuré, avertit sans délai le courtier créateur.

Art. 11 Lorsqu'un courtier a apporté une affaire à l'agent général d'une Compagnie, les obligations de l'agent à l'égard de ce courtier sont les mêmes que celles de la Compagnie qu'il représente, et cela sans qu'il y ait à distinguer si l'agent a pris le risque en totalité, ou s'il en a pris seulement une partie.

Art. 12 En cas de cession par un courtier de son portefeuille, la Compagnie est tenue à l'égard du cessionnaire aux mêmes obligations qu'à l'égard du cédant.

1. Les juges du fond ne sont pas tenus de préciser les éléments d'où résulte l'usage dont ils constatent souverainement l'existence. • Civ. 1re, 27 nov. 1973 : *Bull. civ. I, n° 326 ; RGAT 1974. 357, obs. A.B.* • 3 juin 1980 : *Bull. civ. I, n° 166 ; RGAT 1981. 368.*

2. Droit à commission du courtier. Le droit à commission d'un courtier doit durer aussi longtemps que les polices souscrites grâce à son entremise. Il cesse à la date d'expiration de chaque police sauf le cas où un contrat faisant suite au contrat ainsi arrivé à expiration peut être considéré comme le prolongement de celui-ci. • Civ. 1re, 27 nov. 1973 : *Bull. civ. I, n° 326 ; RGAT 1974. 357, obs. A.B.*

La commission, contrepartie de l'apport de la police à l'assureur, ayant pour cause juridique la prime encaissée par celui-ci, le droit à commission du courtier disparaît lorsque le contrat d'assurance n'est pas renouvelé ou a pris fin avant son expiration normale en application de dispositions légales ou conventionnelles, notamment en cas de résiliation par l'assureur après sinistre. L'assureur peut demander au courtier la restitution du prorata de commission correspondant à la période d'assurance non achevée. • Lyon, 18 déc. 1992 : *RCA 1994, n° 395 ; ibid., Chron. 34, note Groutel.*

3. Est justifiée au regard du 3e usage la décision qui refuse au courtier le droit à une commission sur les polices créées par lui au-delà de la date pour laquelle elles avaient été régulièrement dénoncées par les assurés. • Civ. 1re, 3 juin 1980 : *Bull. civ. I, n° 166 ; RGAT 1981. 368.*

4. Le droit à commission reconnu au courtier apporteur par les 1er et 2e alinéas du 3e usage cesse lorsque l'assuré a spontanément adressé à un agent général d'assurance un ordre de remplacement de la police en cours accompagné d'une dénonciation régulière de celle-ci. • Civ. 1re, 27 mai 1986 : *Bull. civ. I, n° 135 ; RGAT 1986. 626.*

5. Le courtier perd son droit à commission contre l'assureur qui n'a pas engagé d'action contre un assuré, compte tenu de l'ambiguïté du lien de droit existant entre lui et l'assuré, les juges du fond n'ayant pas qualifié de fautive cette ambiguïté. • Civ. 1re, 25 mars 1980 : *Bull. civ. I, n° 99 ; RGAT 1981. 500.*

6. Le courtier apporteur qui place des affaires auprès d'un agent général a droit aux commissions que lui allouait l'agent auquel celui-ci a succédé. • Civ. 1re, 25 avr. 1989 : *RGAT 1989. 653.*

7. Révocation du courtier. Eu égard à la nature particulière des rapports ayant existé entre un courtier et une compagnie, qui dépassaient la situation d'un courtier ordinaire, la brièveté du préavis et la dénonciation sans motifs par la compagnie uniquement en vue d'éviter d'avoir à payer des commissions constituent une rupture abusive de la convention des parties qui justifie des dommages-intérêts. • Civ. 1re, 10 mai 1967 : *Bull. civ. I, n° 163 ; RGAT 1968. 41.*

8. Bien que le courtier puisse être révoqué et remplacé discrétionnairement, les tribunaux doivent rechercher si, compte tenu des circonstances de l'espèce, il n'y a pas eu abus de droit. • Civ. 1re, 7 juill. 1987 : *Bull. civ. I, n° 217 ; JCP 1988. II. 20914, note Bigot ; RGAT 1988. 139, obs. Bigot.*

9. Le courtier mandaté par le souscripteur d'un contrat d'assurance de groupe n'a aucune qualité pour représenter les adhérents au régime de groupe institué par ce contrat qui n'ont pas à intervenir dans la révocation de son mandat. • Civ. 1re, 7 juill. 1987 : *préc. note 8.*

10. La révocation du mandat d'un courtier agréé comme « apporteur gestionnaire partiel » n'est pas abusive dès lors que le préavis prévu dans la lettre d'agrément a été largement dépassé et que l'intention malicieuse de la société n'a pas été démontrée. • Civ. 1re, 20 mars 1989 : *RGAT 1989. 652.*

11. Concurrence déloyale. Constitue un acte de concurrence déloyale que ne justifie aucune provocation prétendue le fait, pour un courtier, d'adresser des lettres circulaires dans lesquelles il dénigre celui qui lui a cédé sa clientèle. • Com. 5 juin 1972 : *Bull. civ. IV, n° 170 ; RGAT 1973. 346.*

12. La compagnie d'assurances qui, pour évincer un courtier, résilie les contrats la liant aux clients de celui-ci et les renouvelle en proposant à ces clients un nouveau courtier, commet une faute constitutive de concurrence déloyale. • Com. 10 déc. 1996 : *RGDA 1997. 608, note Langé.*

13. Contrevient aux art. 4 et 6 des Usages du courtage l'assureur qui prend des contacts avec l'assuré, traite directement avec lui de majorations et de remises de primes, l'incitant par là même à résilier l'unique contrat du courtier. • Civ. 1re, 30 janv. 2001 : *RCA 2001, n° 138.*

Protocole du 29 mars 1998,

Concernant l'amélioration des rapports administratifs des entreprises d'assurance et des courtiers d'assurance.

En vue d'alléger les rapports administratifs des entreprises d'assurance et des courtiers d'assurance, la Fédération française des sociétés d'assurances, dénommée FFSA, la Fédération française des courtiers d'assurances et de réassurances, dénommée FCA et le Syndicat français des assureurs conseils, dénommé SFAC, sont convenus de recommander à leurs membres les dispositions suivantes qui concernent l'ensemble des risques :

— relevant les branches d'assurance visées à l'article R. 321-1 du code des assurances, à l'exception de certains cas pour lesquels sera prévue une dérogation ;

— souscrits sur le territoire de la France métropolitaine, des départements d'outre-mer et de la collectivité territoriale de Mayotte ou en libre prestation de services entre courtiers français et entreprises d'assurance françaises.

Les entreprises d'assurance et les courtiers d'assurance ont l'obligation de respecter les dispositions du livre V du code des assurances relatives à la présentation des opérations d'assurance et aux intermédiaires habilités, sous réserve des dérogations prévues au chapitre II et du titre I de ce livre.

Moyens de transmission

Outre le courtier, sont considérés comme moyens de transmission autorisés :

— le téléphone, télex, télégramme, télécopieur,

— le dépôt enregistré par l'entreprise d'assurances,

— les polices-carnets,

— les moyens télématiques.

Les autres procédures font l'objet d'accords particuliers.

Tout document adressé par une entreprise d'assurances ou un courtier d'assurance doit mentionner le nom de l'émetteur.

Délégations

Lorsque des accords particuliers sont pris entre un courtier et une entreprise d'assurances ou quand des délégations sont accordées par cette dernière, ceux-ci prévalent sur les recommandations du présent protocole.

CHAPITRE Ier *Production*

1. *Prise d'effet des garanties*

La prise d'effet des garanties est acquise lorsque l'accord des parties est certain et les moyens de transmission sont respectés.

2. *Information des assurés*

A la souscription, les courtiers doivent rappeler systématiquement les exigences des contrats en matière de protection et la nécessité de prouver, après le sinistre, ses circonstances, l'existence et la valeur des biens, en incitant leurs clients, d'une part, à améliorer les mesures de prévention et, d'autre part, à se constituer à l'avant le maximum de preuves (factures, état descriptif, photographies, etc.) à défaut d'expertise préalable.

3. *Affaires nouvelles*

Il convient de distinguer trois cas :

– les propositions sans demande de garantie ferme ;

– les demandes de garantie ferme sous réserve de l'accord de l'entreprise d'assurances ;

– les garanties fermes délivrées par le courtier. Elles seront portées à la connaissance de l'entreprise d'assurances dans les conditions fixées lors de la définition des modalités de délivrance des garanties (V. paragraphe 1 ci-dessus).

4. *Avenants ou propositions de remplacement*

Les garanties fermes sont régies par les dispositions prévues au paragraphe 3.

Les entreprises d'assurance doivent délivrer dans le plus bref délai un accusé de réception mentionnant, le cas échéant, le numéro d'enregistrement (numéro de proposition, numéro d'avenant ou numéro de contrat).

5. *Normalisation des documents*

a) La normalisation des documents concernant les risques de particuliers doit être approfondie en tenant compte des spécificités propres aux entreprises d'assurance et aux courtiers.

Il est notamment indispensable de poursuivre la normalisation des documents conduisant à la prise de garanties.

Ces documents peuvent être émis à l'initiative des courtiers qui le souhaitent, sous réserve que toutes les questions figurant sur la proposition d'assurance soient reprises et renseignées.

b) Toute confirmation de participation sur un contrat en coassurance, sauf accord spécifique, devra être accompagnée, pour être prise en considération, d'une note de présentation visée par l'apériteur comportant notamment : les caractéristiques essentielles du risque et ses antécédents, la nature succincte et le montant des garanties, la tarification, la durée du contrat, le nom et la part de l'apériteur et les conclusions contenues dans le rapport de vérification.

6. *Délivrance des pièces – Gestion des contrats*

Les annexes ou intercalaires doivent avoir obtenu l'accord préalable de l'entreprise d'assurances.

Si l'entreprise d'assurances estime que les modifications d'un contrat qui lui ont été signifiées par le courtier n'entraînent pas de changement de prime et/ou de garantie, celles-ci pourront faire l'objet d'un « dont acte » transmis par le courtier à son client.

7. *Paiement des primes*

Toute garantie ferme de risques nouveaux visés aux paragraphes 3 et 4 ci-dessus donnée par le courtier dans le cadre des autorisations visées ci-dessus engage le courtier au paiement *prorata temporis* de la prime correspondant à la durée effective de la garantie (commissions déduites).

En cas de modification d'un contrat dans la période précédant l'échéance, la quittance-terme émise sur les anciennes bases restera valable si elle est inférieure à la prime effectivement due ; il sera perçu, par la suite, un prorata d'augmentation. Dans le cas contraire, celle-ci sera annulée et émise sur de nouvelles bases.

Dans le cas où, après l'échéance et avant le paiement de la prime, une réduction importante est prévisible, le courtier pourra convenir avec l'entreprise d'assurances d'une demande d'acompte s'élevant approximativement au montant de la nouvelle prime à percevoir. Il l'adressera à l'entreprise d'assurances à temps pour que la régularisation comptable puisse intervenir afin d'éviter toute réclamation ou mise en demeure à l'assuré.

Sur le règlement des acomptes, le courtier aura droit au montant de la commission, dans la mesure où ceux-ci resteront acquis à l'entreprise d'assurances.

CHAPITRE II *Sinistres*

1. *Délai de déclaration*

Lorsque la déclaration de sinistre effectuée par l'assuré dans les conditions prévues au contrat est reçue par le courtier, celui-ci la transmet, dans les meilleurs délais, à l'entreprise d'assurances.

2. *Délai d'accusé de réception*

Afin de permettre une accélération de l'instruction de la gestion des sinistres, l'accusé de réception de l'entreprise d'assurances sera transmis dans les meilleurs délais.

3. *Modalités*

Lorsqu'un constat amiable est correctement et complètement rempli, il n'y a pas, sauf exceptions, de déclaration supplémentaire à demander à l'assuré.

Les courtiers peuvent recevoir des pouvoirs des entreprises d'assurance leur permettant de désigner les experts agréés par les entreprises d'assurance.

Pour les sinistres matériels égaux ou inférieurs au plafond de la convention d'indemnisation directe de l'assuré pris comme « montant » de référence, il ne sera exigé aucune quittance de règlement lorsque l'entreprise d'assurances libelle le chèque de règlement à l'ordre de l'assuré ou de son représentant légal.

Lorsque le courtier, par accord général ou spécifique, règle l'assuré, il peut être prévu une pièce certifiant ce règlement.

4. *Informations statistiques*

Les entreprises d'assurance permettront aux courtiers qui en feront la demande d'avoir connaissance de l'évolution des provisions, des règlements de sinistres et de la gestion des contrats en cours de leur portefeuille, sinistre par sinistre.

5. *Expertises*

Les courtiers peuvent être présents aux expertises.

CHAPITRE III *Comptabilité*

Les entreprises d'assurance et les courtiers d'assurance se fixent pour objectif de réduire les délais existants par le recours au télétraitement.

1. *Encaissements « termes »*

Dans la mesure où une entreprise d'assurances accepte de confier aux courtiers tout ou partie de ses encaissements « termes », ceux-ci leur seront transmis normalement avant le 20 du mois précédant l'échéance.

2. *Règlements faits par les courtiers aux entreprises d'assurances*

Lorsque les courtiers règlent par bordereaux, il convient que ces derniers soient transmis chaque quinzaine ou de préférence chaque semaine.

Quelle que soit la fréquence des bordereaux, les courtiers doivent procéder par règlements particuliers, non inclus dans les bordereaux, pour toutes les affaires ayant fait l'objet d'une mise en demeure.

Les règlements des affaires jugées importantes pourront être effectués selon des délais fixés par accords particuliers, qui devront notamment tenir compte des délais de reversement de taxes et des pénalités de retard qui peuvent intervenir.

Sur les bordereaux de primes émises par les entreprises d'assurance, figureront, en regard, à titre indicatif, les commissions correspondantes.

Dans le cas où la commission n'est pas déduite du règlement, le courtier sera réglé de ses commissions au plus tard dans le mois suivant l'encaissement de la prime par l'entreprise d'assurances.

Les bordereaux de commissionnement doivent comporter impérativement les mentions suivantes :
- le nom de l'entreprise d'assurances ;
- les numéros des polices d'assurance ;
- le nom des assurés ;
- les primes nettes ;
- les primes totales et les commissions correspondantes ;
- les dates d'échéance.

3. *Mise en demeure*

a) Les courtiers seront informés de la mise en demeure quinze jours au moins avant la date d'envoi à leurs clients. A leur demande, les courtiers doivent pouvoir connaître avec exactitude la date réelle d'envoi de la mise en demeure.

b) Les mises en demeure peuvent valoir également avis de résiliation. S'il y a eu résiliation par lettre séparée, les entreprises d'assurance communiquent aux courtiers un double de la lettre de résiliation.

c) En cas de résiliation, s'il y a abandon de créances, il importe que les courtiers en soient informés.

d) Les courtiers doivent être informés de tout paiement du client à l'entreprise d'assurances remettant en cours ou non le contrat. Ils percevront les commissions correspondantes aux sommes que l'entreprise d'assurances aura encaissées au cours d'une période de dix-huit mois à compter de la date d'envoi de la mise en demeure.

e) Les courtiers doivent intervenir auprès de leurs clients, non seulement pour les affaires confiées, mais aussi pour les affaires en encaissement direct.

4. *États mensuels d'arriérés*

Lorsque des états mensuels d'arriérés sont remis aux courtiers, ceux-ci doivent les utiliser pour intervenir auprès de leurs clients. De même, les entreprises d'assurance doivent traiter dès réception les bordereaux analysés et annotés par les courtiers.

5. *Règlement des sinistres*

Lorsqu'un accord particulier autorise le courtier à régler les sinistres et ne prévoit pas de délai de remboursement, celui-ci ne doit pas dépasser dix jours à compter de la date de réception des pièces justificatives par l'entreprise d'assurances.

6. Contrôle

Dans le cadre de mandats d'encaissement des primes et/ou de règlement des sinistres, délivrés conformément aux dispositions de l'article L. 530-1 du code des assurances, les entreprises d'assurance sont autorisées à vérifier à tout instant, dans les livres des courtiers, la situation comptable afférente aux règlements des primes et/ou accessoirement des sinistres les concernant.

INTERVENTION DE L'ASSUREUR AU PROCÈS PÉNAL

Code de procédure pénale

PREMIÈRE PARTIE : *LÉGISLATIVE*

(L. nº 57-1426 du 31 déc. 1957)

RÉP. PÉN. vº *Assurances*, par PORCHY-SIMON.

BIBL. ▸ PRADEL, *D. 1983. Chron. 241.* – BUFQUIN, *Gaz. Pal. 1985. 2. Doctr. 539 ; ibid. 1988. 1. Doctr. 60.* – FROMENT, *ibid. 1986. 1. Doctr. 40.* – ROUJOU DE BOUBÉE, *ALD 1984. 49.* – D'HAUTEVILLE, *JCP 1984. I. 3139.* – BOUILLANE DE LACOSTE, *Gaz. Pal. 1987. 1. Doctr. 397.*

Tribunal correctionnel

Art. 385-1 *(L. nº 83-608 du 8 juill. 1983)* **Dans les cas prévus par les articles 388-1 et 388-2, l'exception fondée sur une cause de nullité ou sur une clause du contrat d'assurance et tendant à mettre l'assureur hors de cause est, à peine de forclusion, présentée par celui-ci avant toute défense au fond. Elle n'est recevable que si elle est de nature à exonérer totalement l'assureur de son obligation de garantie à l'égard des tiers.**

L'assureur mis en cause dans les conditions prévues par l'article 388-2 qui n'intervient pas au procès pénal est réputé renoncer à toute exception ; toutefois, s'il est établi que le dommage n'est pas garanti par l'assureur prétendu, celui-ci est mis hors de cause par le tribunal.

1. *Règles nationales.* L'art. 385-1 n'opérant aucune distinction entre les formes d'intervention de l'assureur, l'exception fondée sur une cause de nullité peut être présentée par l'assureur du prévenu intervenant volontairement. • T. corr. Les Sables-d'Olonne, 2 mai 1985 : *Gaz. Pal. 1985. 2. 601.*

2. La forclusion édictée par l'art. 385-1 C. pr. pén. ne concerne que l'action civile engagée devant la juridiction pénale et ne s'oppose pas à ce que l'assureur invoque contre son assuré, devant la juridiction civile, une cause de non-garantie. • Civ. 2e, 3 nov. 2011 : *D. 2011. 2796* ; *RCA 2012, nº 32, obs. Groutel.*

3. Pour être recevable, l'exception fondée sur une cause de nullité ou sur une clause du contrat d'assurance et tendant à mettre l'assureur hors de cause doit être présentée par celui-ci au début de l'audience à laquelle il intervient pour la première fois et avant toute défense au fond. • Crim. 24 avr. 1989, nº 88-81.664 P. ♦ L'assureur qui est intervenu en première instance n'est pas recevable à présenter pour la première fois en appel l'exception de non-garantie. • Crim. 28 oct. 1992, nº 91-84.436 P • 5 juin 1996 : *RCA 1996. Comm. 340 ; RGDA 1997. 279, note Beauchard.*

4. La juridiction pénale est tenue de statuer sur l'exception présentée par l'assureur tendant à l'exonérer de son obligation de garantie. • Crim. 29 mai 1986, nº 85-92.471 P • 17 déc. 1997 : *RGDA 1998. 370, note Beauchard.* ♦ Il en est ainsi notamment de l'exception tirée d'une fausse déclaration intentionnelle de l'assuré, sur laquelle il n'appartient pas à la juridiction civile de se prononcer dans ce cas. • Même arrêt. ♦ ... De l'exception tirée d'une clause dite « de complémentarité ». • Crim. 16 déc. 1986, nº 86-91.199 P. ♦ ... En cause d'appel, avant toute défense au fond, si l'assureur n'a pu intervenir auparavant. • Crim. 22 avr. 1986, nº 85-94.303 P • 16 janv. 2007, nº 06-80.185 P : *AJ pénal 2007. 185, obs. Royer*. ♦ ... En cas de mise en cause tardive, après que le tribunal a déclaré le prévenu responsable et commis un expert. • Crim. 10 nov. 1987, nº 86-96.754 P. ♦ La juridiction répressive saisie, avant toute défense au fond, d'une demande de nullité du contrat d'assurance ayant pour effet d'exonérer totalement l'assureur de son obligation de garantie à l'égard des tiers, est tenue de statuer sur cette exception, bien que le juge civil ait été préalablement saisi d'une demande de nullité du même contrat, dès lors que celui-ci ne s'est pas définitivement prononcé. • Crim. 25 oct. 2016, nº 15-86.713 P : *Dr. pénal 2016, nº 180, note Maron et Haas.*

5. L'exception de non-assurance opposée par l'assureur du prévenu à l'une des parties civiles ne tend pas à sa mise hors de cause et n'a donc pas à être invoquée avant toute défense au fond. • Crim. 19 déc. 2000, n° 00-80.479 P.

6. L'assureur qui entend invoquer une exception de non-assurance opposable à la victime tirée de la résiliation du contrat avant la date du sinistre est recevable à le faire, à condition de la soulever avant toute défense au fond, même si les formalités prescrites par l'art. R. 421-5, al. 1er, C. assur., n'ont pas été respectées par l'assureur. • Crim. 1er juin 2021, n° 20-80.609 P : *D. actu. 18 juin 2021, obs. Priou-Alibert.*

7. Il résulte des dispositions combinées des art. 385-1 et 388-1 C. pr. pén. que l'exception présentée par un assureur, intervenant au procès pénal dans une poursuite pour homicide ou blessures involontaires, est recevable lorsqu'elle est de nature à exonérer totalement l'assureur de son obligation de garantie du dommage corporel à l'égard des tiers. Est dès lors recevable l'exception de non-garantie limitée au dommage corporel, présentée par un assureur de responsabilité civile garantissant par ailleurs le dommage matériel découlant des faits, objet de la poursuite (solution implicite). • Crim. 4 juin 1997, n° 96-84.945 P. ♦ Le juge pénal, saisi d'une exception présentée par l'assureur en application de l'art. 385-1 C. pr. pén. ne peut, lorsque les termes du contrat d'assurance sont clairs et précis, dénaturer les obligations qui en résultent, ni modifier les stipulations qu'il renferme. • Même arrêt • Crim. 24 sept. 1997, n° 96-94.407 P • Crim. 5 déc. 2006, n° 06-81.968 P : *Dr. pénal 2007. Comm. 28, obs. Maron.*

8. C'est à tort qu'une cour d'appel déclare irrecevable l'exception d'incompétence soulevée par un assureur comme n'entrant pas dans les prévisions de l'art. 385-1, alors que cette exception touchait l'ordre public puisque la faute dont le prévenu, agent d'un service public, est déclaré coupable, n'est pas détachable de ses fonctions et son indemnisation relève ainsi de la compétence des juridictions administratives. • Crim. 2 déc. 2003, n° 02-85.254 P : *RSC 2004. 671, obs. Giudicelli.*

9. Est irrecevable l'exception de déchéance de la garantie pour déclaration tardive du sinistre dès lors que, selon l'art. R. 124-1 C. assur., elle n'est pas de nature à exonérer l'assureur de son obligation à l'égard des victimes de l'infraction. • Crim. 9 oct. 1986, n° 85-91.040 P. ♦ Le juge pénal n'a pas compétence pour examiner le mérite d'une exception opposant seulement l'assureur à l'assuré ; ainsi en est-il de l'exception de non-garantie tirée du défaut de permis de conduire valable qui, selon l'art. R. 211-13 C. assur., n'est pas opposable aux victimes ou à leurs ayants droit. • Crim. 18 janv. 1990, n° 89-91.747 P.

10. L'exception de litispendance n'est pas de celles que l'art. 385-1 autorise l'assureur à présenter devant la juridiction pénale. • Crim. 25 oct. 1990, n° 89-83.779 P.

11. Si le souscripteur du contrat n'est présent à l'instance à aucun titre, l'assureur qui soulève une exception de nullité ou de non-garantie doit, à peine d'irrecevabilité de cette exception, mettre le souscripteur en cause. • Crim. 14 déc. 1989, n° 89-80.192 P : *Gaz. Pal. 1990. 1. 62, note Appietto* • 2 juill. 1996, n° 95-85.986 P : *Dr. pénal 1996. Comm. 277, note Maron* • 28 mai 1997, n° 96-81.244 P : *Dr. pénal 1997. Comm. 136, obs. Maron* • 26 juin 2001, n° 00-82.400 P : *Dr. pénal 2001. Comm. 134, obs. Maron.* ♦ Le juge répressif qui relève d'office l'irrecevabilité d'une exception de nullité ou de non-garantie soulevée par l'assureur, faute de mise en cause préalable du souscripteur du contrat, n'est pas tenu de rouvrir les débats. • Crim. 28 mai 1997 : *préc.* ♦ Lorsqu'une compagnie d'assurances entend décliner sa garantie, elle doit mettre en cause le souscripteur de la police en le faisant citer en qualité de partie intervenante s'il ne figure pas déjà dans la procédure à un autre titre, la délivrance d'une citation à comparaître comme témoin ne satisfaisant pas à cette exigence. • Crim. 2 juill. 1996 : *préc.*

12. Est irrecevable le moyen, invoqué pour la première fois devant la Cour de cassation, pris de ce que l'assureur n'aurait pas présenté avant toute défense au fond son exception de nullité ou de non-garantie. • Crim. 24 janv. 1996, n° 95-80.855 P : *Dr. pénal 1996. Comm. 145, obs. Maron.*

13. L'assureur appelé en garantie et le civilement responsable n'ont pas qualité pour soulever la nullité de la procédure d'instruction préalable. • Crim. 5 sept. 1988, n° 86-92.682 P.

14. *Droits de la défense.* Il résulte des art. 385-1 C. pr. pén. et 6, § 1, Conv. EDH que les juges ne peuvent opposer à l'assureur la forclusion résultant de la tardiveté de la présentation de l'exception de nullité ou de non-garantie sans avoir mis préalablement les parties en demeure de conclure sur ce point. • Crim. 7 juin 1995, n° 94-84.548 P : *RSC 1996. 136, obs. Dintilhac.* ♦ Pour une décision similaire fondée sur l'art. préliminaire C. pr. pén. : • Crim. 27 mai 2003 : *Dr. pénal 2003. Comm. 140, obs. Maron ; JCP 2004. I. 105, obs. Maron.*

Art. 385-2 *(L. n° 83-608 du 8 juill. 1983)* **En ce qui concerne les intérêts civils, le tribunal, après avoir mis les parties en demeure de conclure au fond, statue dans un seul et même jugement sur l'exception d'irrecevabilité et sur le fond du litige.**

………………………………………………………………………………

Art. 388-1 *(L. n° 83-608 du 8 juill. 1983)* **La personne dont la responsabilité civile est susceptible d'être engagée à l'occasion d'une infraction d'homicide ou de blessures involontaires qui a entraîné pour autrui un dommage quelconque pouvant être garanti par un**

assureur doit préciser le nom et l'adresse de celui-ci, ainsi que le numéro de sa police d'assurance. Il en est de même pour la victime lorsque le dommage qu'elle a subi peut être garanti par un contrat d'assurance. Ces renseignements sont consignés dans les procès-verbaux d'audition.

Lorsque des poursuites pénales sont exercées, les assureurs appelés à garantir le dommage sont admis à intervenir et peuvent être mis en cause devant la juridiction répressive, même pour la première fois en cause d'appel ; ils doivent se faire représenter par un avocat *(Abrogé par L. n° 2011-94 du 25 janv. 2011, art. 32, à compter du le 1er janv. 2012)* **« ou un avoué ».**

En ce qui concerne les débats et les voies de recours, les règles concernant les personnes civilement responsables et les parties civiles sont applicables respectivement à l'assureur du prévenu et à celui de la partie civile sous réserve des dispositions de l'alinéa ci-dessus *(L. n° 2019-222 du 23 mars 2019, art. 62-VII)* **« , du deuxième alinéa de l'article 385-1, de l'article 388-2 et du dernier alinéa de l'article 509. »**

BIBL. ▶ DEFRANCE, *Jurispr. auto 2002. 4* (l'intervention de l'assureur au pénal).

1. Règles générales. L'art. 388-1, relatif à la mise en cause du civilement responsable, est constitutif d'une exception au droit commun. Après que le jugement au pénal est devenu définitif et que la juridiction renvoyé sur les intérêts civils, le civilement responsable ne peut plus être mis en cause devant la juridiction répressive alors qu'il ne l'avait pas été à l'origine. • Crim. 20 mars 1985, n° 84-91.047 P.

2. L'intervention de l'assureur est subordonnée à la condition que la victime elle-même exerce l'action en réparation qui lui appartient en vertu de l'art. 2 C. pr. pén. A défaut, l'intervention, volontaire ou forcée, de cet assureur est sans objet. • Crim. 12 oct. 1994, n° 93-85.113 P.

3. Seul l'assureur du prévenu ou de la personne civilement responsable peut intervenir ou être mis en cause en tant qu'assureur de responsabilité devant la juridiction répressive saisie de poursuites pour homicide ou blessures involontaires. • Crim. 2 avr. 1992, n° 91-83.259 P. ♦ Dès lors, l'intervention de l'assureur d'un tiers, conducteur du véhicule impliqué dans l'accident, étant irrecevable, son pourvoi l'est également. • Crim. 17 févr. 1993, n° 92-81.477 P • 22 janv. 2008 : *Dr. pénal 2008. Comm. 58, obs. Maron.* ♦ Il en est de même de l'intervention de l'assureur de la victime constitué partie civile. • Crim. 2 avr. 1992 : *préc.* ♦ En cas de poursuites exercées du chef d'homicide ou de blessures involontaires, peuvent être mis en cause les assureurs appelés à garantir un dommage quelconque subi à l'occasion de cette infraction, y compris des dommages matériels occasionnés par une contravention poursuivie concomitamment. • Crim. 11 juill. 2017, n° 16-82.904 P : *D. actu. 8 sept. 2017, obs. Priou-Alibert ; Dr. pénal 2017, n° 153, obs. Maron et Haas.*

4. L'assureur de responsabilité peut être mis en cause ou admis à intervenir aussi bien devant une cour d'assises que devant un tribunal correctionnel. • Crim. 30 mai 1985, n° 84-95.086 P : *Gaz. Pal. 1985. 2. 542, note Angevin ; RSC 1986. 131, obs. Braunschweig.*

5. L'intervention ou la mise en cause de l'assureur devant la juridiction répressive est limitée au cas de poursuites pénales pour homicide ou blessures involontaires. Elle est donc exclue en cas de coups ou violences volontaires avec arme. • Crim. 31 mai 1989, n° 87-84.123 P • 23 mai 1991, n° 90-832.820 P • 6 févr. 2001 : *Dr. pénal 2001. Comm. 123, obs. Maron* • 7 oct. 2003, n° 02-88.383 P : *AJ pénal 2003. 106* . ♦ ... En cas d'incendie involontaire. • Crim. 2 mars 1988, n° 86-91.105 P. ♦ ... En cas de vol. • Crim. 8 nov. 1988, n° 88-80.218 P • 26 mars 1990, n° 88-84.584 P. ♦ ... En cas de conduite sous l'empire d'un état alcoolique. • Crim. 23 avr. 1991, n° 90-81.451 P. ♦ ... En cas d'appel en garantie du propriétaire par le déclarant en matière douanière. • Crim. 22 févr. 1996, n° 93-84.820 P : *Dr. pénal 1996. Comm. 133, obs. Robert.* ♦ Il appartient aux juges d'assurer, même d'office, le respect de cette disposition. • Crim. 6 mars 1991, n° 90-83.891 P • 24 févr. 1993, n° 92-84.437 P. ♦ V. aussi ss. art. 2, sur l'irrecevabilité de la constitution de partie civile de l'assureur de la victime d'un vol.

6. Un assureur n'a aucun intérêt à critiquer un arrêt en ce qu'il l'a condamné à indemniser la victime d'un accident dès lors que, intervenant dans le cadre d'une assurance obligatoire, il ne prétend pas pouvoir opposer à ladite victime, devant la juridiction civile, une limitation de garantie ou la réduction proportionnelle prévue par l'art. L. 113-9 C. assur. • Crim. 8 nov. 1988, n° 87-91.097 P.

7. L'assureur d'un prévenu ou de la personne civilement responsable, subrogé dans les droits de la partie civile et des tiers payeurs qu'il a indemnisés, est sans qualité pour exercer devant la juridiction pénale, sur le fondement de l'art. 388-1, une action récursoire contre des codébiteurs solidaires. • Crim. 3 juin 1992, n° 91-80.752 P. ♦ Dans le même sens : l'assureur du prévenu est sans qualité pour exercer, devant la juridiction pénale, une action récursoire contre la personne responsable de l'accident qui a obtenu la garde ou la conduite du véhicule contre le gré du propriétaire. • Crim. 27 mai 2014, n° 13-80.849 P : *D. actu. 17 juin 2014, obs. Kilgus.* ♦ Mais il est recevable, dans la mesure de ses intérêts civils, à remettre en cause devant la cour d'appel ce qui a été jugé en première instance, notamment quant à la qualification de l'infraction. • Crim. 26 mars 1992, n° 91-83.263 P • 20 janv. 1993, n° 92-81.825 P.

8. Est recevable, pour la première fois en appel, l'intervention de l'assureur de la victime qui, ayant versé à celle-ci une avance sur indemnité, exerce son recours subrogatoire en vertu de l'art. 388-1, ce texte ne faisant aucune distinction selon l'objet de l'intervention. • Crim. 24 juin 1992, n° 91-86.882 P. ♦ ... Ainsi que la mise en cause de l'assureur du prévenu devant la juridiction pénale qui, après avoir statué sur l'action publique, reste saisie de l'instance civile toujours pendante. • Crim. 7 oct. 1992, n° 91-86.008 P.

9. Est recevable l'appel de l'assureur qui a été condamné par le tribunal correctionnel à payer des dommages-intérêts à une partie civile alors qu'il n'était pas intervenu volontairement et qu'il n'avait pas été appelé en la cause. • Crim. 7 oct. 2003, n° 02-88.383 P : *JCP 2003. IV. 2925 ; JCP 2004.I.105, obs. Maron ; AJ pénal 2003. 106 ; RSC 2004. 131, obs. Giudicelli ; Dr. pénal 2004. Comm. 13, obs. Maron.*

10. Si selon l'art. 385-1, al. 2, C. pr. pén., l'assureur, mis en cause dans les conditions prévues par les art. 388-1 et 388-2 du même code, et qui n'intervient pas au procès pénal, est réputé renoncer à toute exception, cette disposition ne fait pas obstacle, lorsque cet assureur n'a pas comparu en première instance, à ce qu'il soumette à la cour d'appel, avant toute défense au fond, les exceptions visées à l'art. 385-1, al. 1er. • Crim. 16 janv. 2007, n° 06-80.185 P : *AJ pénal 2007. 185, obs. Royer.*

11. Mise hors de cause. La juridiction pénale ne peut mettre hors de cause l'assureur intervenu volontairement ou mis en cause devant elle que si elle reconnaît le bien-fondé de l'exception, soulevée avant toute défense au fond par l'assureur et fondée sur une cause de nullité ou sur une clause du contrat d'assurance de nature à l'exonérer totalement de son obligation de garantie à l'égard des tiers. • Crim. 4 déc. 2001, n° 01-81.985 P : *RCA 2002. Comm. 109, note Groutel.* ♦ En vertu des dispositions de l'art. 388-3, l'intervention volontaire ou forcée de l'assureur n'a pour objet que de lui rendre opposable la décision rendue sur les intérêts civils, ainsi, lorsque la victime est privée de l'action civile devant la juridiction pénale, cette dernière ne peut se prononcer sur la garantie de l'assureur. • Crim. 5 févr. 2002, n° 01-82.368 P : *D. 2002. IR 1176 ; JCP 2002. I. 155, obs. Maron ; RCA 2002. Comm. 186 ; Dr. pénal 2002. Comm. 78, obs. Maron.*

12. En vertu des dispositions de l'art. 520, la cour peut confirmer sans l'annuler le jugement condamnant l'assureur à indemniser les parties civiles solidairement avec le prévenu alors que l'assureur qui a fait appel n'avait pas été partie à la procédure de première instance. • Crim. 6 nov. 2001, n° 01-80.451 P : *RCA 2002. Comm. 86.*

13. Frais non recouvrables. L'assureur du prévenu en sa qualité de partie intervenante ne peut être condamné à verser aux parties civiles une somme au titre des frais non recouvrables qu'elles ont dû exposer. • Crim. 6 nov. 2001, n° 01-80.451 P.

Art. 388-2 *(L. n° 83-608 du 8 juill. 1983)* **Dix jours au moins avant l'audience, la mise en cause de l'assureur est faite par toute partie qui y a intérêt au moyen d'un acte d'huissier ou d'une lettre recommandée, avec demande d'avis de réception, qui mentionne la nature des poursuites engagées, l'identité du prévenu, de la partie civile et, le cas échéant, de la personne civilement responsable, le numéro des polices d'assurance, le montant de la demande en réparation ou, à défaut, la nature et l'étendue du dommage, ainsi que le tribunal saisi, le lieu, la date et l'heure de l'audience.**

1. Faute d'avoir mis en cause l'assureur de la victime devant la juridiction répressive, dans les formes et les délais prévus aux art. 388-1, al. 2, et 388-2 C. pr. pén., le prévenu et son assureur ne sauraient se faire grief du refus par la cour d'appel de surseoir à statuer dans l'attente de cette mise en cause. • Crim. 29 févr. 2000, n° 98-95.825 P.

2. Est inopposable à l'assureur, non intervenu aux débats, la décision sur les intérêts civils, dès lors que la mise en cause tardive n'a pas été faite dans les formes et délais prévus par l'art. 388-2 C. pr. pén. • Crim. 22 janv. 1997, n° 96-81.002 P.

Art. 388-3 *(L. n° 83-608 du 8 juill. 1983)* **La décision concernant les intérêts civils est opposable à l'assureur qui est intervenu au procès ou a été avisé dans les conditions prévues par l'article 388-2.**

BIBL. ▶ Bouillane de Lacoste, *Gaz. Pal. 1987. 1. Doctr. 397.* – Bufquin, *Gaz. Pal. 1985. 2. Doctr. 539 ; ibid. 1988. 1. Doctr. 60.* – Froment, *ibid. 1986. 1. Doctr. 40.* – d'Hauteville, *JCP 1984. I. 3139.* – Pradel, *D. 1983. Chron. 241.* – Roujou de Boubée, *ALD 1984. 49.*

1. L'intervention, volontaire ou forcée, de l'assureur, à l'instance pénale n'a pour objet, selon l'art. 388-3 C. pr. pén., que de lui rendre opposable la décision rendue à l'égard du prévenu sur les intérêts civils. En aucun cas, l'intervention du Fonds de garantie ne peut entraîner sa condamnation. • Crim. 18 avr. 1991, n° 90-83.283 P • 5 oct. 1994, n° 93-82.700 P. ♦ Comp. • Crim. 8 nov. 1988, n° 87-91.097 P.

2. Il résulte de l'art. 388-3 C. pr. pén. que l'intervention volontaire ou forcée de l'assureur à l'instance a pour objet et pour résultat de lui rendre opposable la décision concernant les intérêts civils ; il s'ensuit que, faute par la victime d'avoir exercé l'action dont elle dispose en réparation de son dommage, cette intervention est sans objet. • Crim. 12 oct. 1994, n° 93-85.113 P.

3. En raison de l'impossibilité d'exercice de l'action en réparation du dommage résultant de l'accident du travail, par la victime salariée, contre son employeur, la juridiction correctionnelle ne peut se prononcer ni sur les intérêts civils ni sur la garantie de l'assureur. Méconnaît les dispositions de l'art. L. 451-1 CSS ainsi que celles de l'art. 388-3 C. pr. pén., et excède ses pouvoirs, la cour d'appel qui, après avoir constaté que la victime de blessures involontaires ne pouvait qu'exercer une action en reconnaissance de faute inexcusable devant le tribunal des affaires de sécurité sociale, tranche néanmoins la contestation relative à une exception de non-garantie opposée par un assureur. • Crim. 5 févr. 2002, n° 01-82.368 P.

4. Le juge pénal ne peut écarter la sanction prévue par l'art. L. 211-9, al. 2, C. assur., consistant dans le doublement des intérêts du montant de l'indemnité qu'il alloue à la victime à défaut d'offre formulée dans les délais par l'assureur. • Crim. 4 nov. 2014 : *D. actu. 3 déc. 2014, obs. de Ravel d'Esclapon.*

Cour d'appel en matière correctionnelle

Art. 509 **L'affaire est dévolue à la cour d'appel** *(L. n° 2019-222 du 23 mars 2019, art. 62 et 109-XIII, en vigueur le 1er juin 2019)* **« dans les limites fixées par l'acte d'appel conformément au deuxième alinéa de l'article 502 » et par la qualité de l'appelant ainsi qu'il est dit à l'article 515.**

(L. n° 2019-222 du 23 mars 2019, art. 62 et 109-XIII, en vigueur le 1er juin 2019) **« Lorsque la limitation de la portée de l'appel sur l'action publique aux peines prononcées n'a pas été faite par l'avocat du prévenu ou par le prévenu en présence de son avocat, le prévenu peut revenir sur cette limitation à l'audience. »**

(L. n° 83-608 du 8 juill. 1983) **« L'appel de l'assureur produit effet à l'égard de l'assuré en ce qui concerne l'action civile. Il est, dans un délai de trois jours, notifié à l'assuré par lettre recommandée avec demande d'avis de réception adressée par l'assureur. »**

BIBL. ▶ Bufquin, *Gaz. Pal. 1985. 2. Doctr. 539* (appel de l'assureur).

1. L'art. 509, al. 2, C. pr. pén. ne déroge au principe posé par l'al. 1er de ce texte qu'au profit de l'assuré, en cas d'appel de l'assureur. Mais l'appel du prévenu, limité à l'action civile, ne produit pas effet à l'égard de son assureur. • Crim. 19 juin 1996, n° 95-83.726 P : *Dr. pénal 1997, n° 73, note Maron.*

2. Selon les dispositions combinées des art. 509, al. 2, C. pr. pén., et R. 211-2, l'appel de l'assureur produit effet, en ce qui concerne l'action civile, à l'égard de toute personne qui, conduisant le véhicule assuré avec l'autorisation du propriétaire de celui-ci ou du souscripteur du contrat, est personnellement revêtue de la qualité d'assuré, ce qui justifie que la cour d'appel, sur les seuls appels de la personne civilement responsable du fait du prévenu et de son assureur, diminue le montant des indemnités mises solidairement à la charge des appelants et du prévenu au profit des parties civiles. • Crim. 19 avr. 1988, n° 87-84.200 P • 3 nov. 1988 : *ibid., n° 368.* ♦... Ou modifie le jugement dans un sens défavorable aux parties civiles sur appel de l'assureur. • Crim. 29 sept. 1993, n° 92-85.713 P. ♦ Comp. : • Crim. 7 mars 1989, n° 88-85.156 P.

Art. 515 **La cour peut, sur l'appel du ministère public, soit confirmer le jugement, soit l'infirmer en tout ou en partie dans un sens favorable ou défavorable au prévenu.**

(L. n° 83-608 du 8 juill. 1983) **« La cour ne peut, sur le seul appel du prévenu, du civilement responsable, de la partie civile ou de l'assureur de l'une de ces personnes, aggraver le sort de l'appelant. »**

La partie civile ne peut, en cause d'appel, former aucune demande nouvelle ; toutefois elle peut demander une augmentation des dommages-intérêts pour le préjudice souffert depuis la décision de première instance.

BIBL. ▶ Bancal, *JCP 1965. I. 1883* (automatisme des appels *a minima* consécutifs à des appels limités aux intérêts civils). – Boisvilliers, *RSC 1993. 694* ; *ibid. 1994. 237* (règle de l'interdiction d'aggraver le sort du prévenu). – Maron, *Dr. pénal déc. 1993, n° 270 ; ibid. janv. 1994, n° 28.*

Tribunal de police

Art. 533 *(L. n° 83-608 du 8 juill. 1983 ; L. n° 93-2 du 4 janv. 1993 ; L. n° 94-89 du 1er févr. 1994)* **Les articles 388-1, 388-2, 388-3** *(L. n° 2014-535 du 27 mai 2014, art. 8, en vigueur le 2 juin 2014)* **« , 388-4 » et 390 à 392-1 sont applicables devant le tribunal de police**

(Abrogé par L. nº 2011-1862 du 13 déc. 2011, art. 2-XI et 70-I, à compter du 1er juill. 2017) (L. nº 2005-47 du 26 janv. 2005, art. 9-XX) **« et devant la juridiction de proximité ».**

Les art. 1er et 2 de la L. nº 2011-1862 du 13 déc. 2011 entrent en vigueur le 1er juill. 2017 et sont applicables aux procédures en cours dans les conditions suivantes : en matière pénale, les procédures en cours sont transférées en l'état au tribunal de police.

A cette date, en matière pénale, les procédures en cours devant les tribunaux de police et les juridictions de proximité supprimés sont transférées en l'état aux tribunaux de police territorialement compétents. Les convocations et citations données aux parties et aux témoins peuvent être délivrées avant cette date pour une comparution postérieure à cette date devant le tribunal de police nouvellement compétent.

Il n'y a pas lieu de renouveler les actes, formalités et jugements régulièrement intervenus avant le transfert des procédures civiles et pénales, à l'exception des convocations et citations données aux parties et aux témoins qui n'ont pas été suivies d'une comparution devant la juridiction supprimée. Les parties ayant comparu devant la juridiction supprimée sont informées par l'une ou l'autre des juridictions qu'il leur appartient d'accomplir les actes de la procédure devant le tribunal auquel les procédures sont transférées. Les archives et les minutes du greffe de la juridiction supprimée sont transférées au greffe des tribunaux de police ou d'instance compétents. Les frais de transfert de ces archives et minutes sont imputés sur le crédit ouvert à cet effet au budget du ministère de la justice (L. préc., art. 70-III, mod. par les lois nos 2012-1441 du 24 déc. 2012, 2014-1654 du 29 déc. 2014, art. 99, puis 2016-1547 du 18 nov. 2016, art. 15).

RECOURS DES ORGANISMES SOCIAUX CONTRE LE RESPONSABLE

Code de la sécurité sociale

(Décr. nº 85-1353 du 17 déc. 1985)

LIVRE III Assurances sociales

TITRE VII Dispositions diverses

CHAPITRE VI *Recours des caisses contre les tiers*

Art. L. 376-1 **Lorsque, sans entrer dans les cas régis par les dispositions législatives applicables aux accidents du travail, la lésion dont l'assuré social ou son ayant droit est atteint est imputable à un tiers, l'assuré ou ses ayants droit conserve contre l'auteur de l'accident le droit de demander la réparation du préjudice causé, conformément aux règles du droit commun, dans la mesure où ce préjudice n'est pas réparé par application du présent livre** *(L. nº 2016-1827 du 23 déc. 2016, art. 64-I)* **« ou du livre Ier ».**

Les caisses de sécurité sociale sont tenues de servir à l'assuré ou à ses ayants droit les prestations prévues par le présent livre *(L. nº 2016-1827 du 23 déc. 2016, art. 64-I)* **« et le livre Ier », sauf recours de leur part contre l'auteur responsable de l'accident dans les conditions ci-après.**

(L. nº 2006-1640 du 21 déc. 2006, art. 25-III) **« Les recours subrogatoires des caisses contre les tiers s'exercent poste par poste sur les seules indemnités qui réparent des préjudices qu'elles ont pris en charge, à l'exclusion des préjudices à caractère personnel.**

« Conformément à *(Ord. nº 2016-131 du 10 févr. 2016, art. 6-XVII, en vigueur le 1er oct. 2016)* **« l'article 1346-3 » du code civil, la subrogation ne peut nuire à la victime subrogeante, créancière de l'indemnisation, lorsqu'elle n'a été prise en charge que partiellement par les prestations sociales ; en ce cas, l'assuré social peut exercer ses droits contre le responsable, par préférence à la caisse subrogée.** — *Les dispositions de l'Ord. nº 2016-131 du 10 févr. 2016 entrent en vigueur le 1er oct. 2016. Les contrats conclus avant cette date demeurent soumis à la loi ancienne (Ord. préc., art. 9 ; ratifiée par L. nº 2018-287 du 20 avr. 2018, JO 21 avr.).*

« Cependant, si le tiers payeur établit qu'il a effectivement et préalablement versé à la victime une prestation indemnisant de manière incontestable un poste de préjudice personnel, son recours peut s'exercer sur ce poste de préjudice. »

(L. nº 2003-1199 du 18 déc. 2003, art. 8-I) **« Hors le cas où la caisse est appelée en déclaration de jugement commun conformément aux dispositions ci-après, la demande de la caisse vis-à-vis du tiers responsable s'exerce en priorité à titre amiable. Une convention signée par la**

Caisse nationale de l'assurance maladie des travailleurs salariés, la *(Ord. n° 2005-1528 du 8 déc. 2005)* **« Caisse nationale du régime social des indépendants » et la Caisse centrale de la mutualité sociale agricole avec les organisations représentatives des assureurs peut définir les modalités de mise en œuvre de cette procédure.**

« La personne victime, les établissements de santé, le tiers responsable et son assureur sont tenus d'informer la caisse de la survenue des lésions causées par un tiers dans des conditions fixées par décret. » *(Abrogé par L. n° 2011-1906 du 21 déc. 2011, art. 120-I-1°)* ***« La méconnaissance de l'obligation d'information des caisses par l'assureur du tiers responsable donne lieu à la majoration de 50 % de l'indemnité forfaitaire mentionnée ci-après dans les conditions déterminées par le même décret. »***

L'intéressé ou ses ayants droit doivent indiquer, en tout état de la procédure, la qualité d'assuré social de la victime de l'accident ainsi que les caisses de sécurité sociale auxquelles celle-ci est ou était affiliée pour les divers risques. Ils doivent appeler ces caisses en déclaration de jugement commun *(L. n° 2006-1640 du 21 déc. 2006, art. 25-I)* **« ou réciproquement ». A défaut du respect de l'une de ces obligations, la nullité du jugement sur le fond pourra être demandée pendant deux ans, à compter de la date à partir de laquelle ledit jugement est devenu définitif, soit à la requête du ministère public, soit à la demande des caisses de sécurité sociale intéressées ou du tiers responsable, lorsque ces derniers y auront intérêt.** *(L. n° 2016-1547 du 18 nov. 2016, art. 13)* **« Dans le cadre d'une procédure pénale, la déclaration en jugement commun ou l'intervention des caisses de sécurité sociale peut intervenir après les réquisitions du ministère public, dès lors que l'assuré s'est constitué partie civile et qu'il n'a pas été statué sur le fond de ses demandes. »** — *V. art. R. 376-1.* — **CSS.**

(Ord. n° 96-51 du 24 janv. 1996, art. 9-I) **« En contrepartie des frais qu'elle engage pour obtenir le remboursement mentionné au troisième alinéa ci-dessus, la Caisse d'assurance maladie à laquelle est affilié l'assuré social victime de l'accident recouvre une indemnité forfaitaire à la charge du tiers responsable et au profit de l'organisme national d'assurance maladie. Le montant de cette indemnité est égal au tiers des sommes dont le remboursement a été obtenu, dans les limites d'un montant maximum de** *(L. n° 2005-1579 du 19 déc. 2005, art. 15-II)* **« 910 € » et d'un montant minimum de** *(L. n° 2005-1579 du 19 déc. 2005, art. 15-II)* **« 91 €. A compter du 1er janvier 2007, les montants mentionnés au présent alinéa sont révisés chaque année, par arrêté des ministres chargés de la sécurité sociale et du budget, en fonction du taux de progression de l'indice des prix à la consommation hors tabac prévu dans le rapport économique, social et financier annexé au projet de loi de finances pour l'année considérée ».**

« Cette indemnité est établie et recouvrée par la caisse selon les règles et sous les garanties et sanctions, prévues au chapitre III du titre III et aux chapitres II, III et IV du titre IV du livre Ier ainsi qu'aux chapitres III et IV du titre IV du livre II applicables au recouvrement des cotisations de sécurité sociale. — *V. Décr. n° 98-255 du 31 mars 1998, art. 2 s. (JO 5 avr.).*

« Lorsque l'assuré victime de l'accident est affilié au régime agricole, l'indemnité est recouvrée selon les règles et sous les garanties et sanctions prévues aux chapitres II, III et IV du titre IV du livre Ier ainsi » *(L. n° 2011-1906 du 21 déc. 2011, art. 120-I-2°)* **« qu'aux articles L. 725-3 à L. 725-4 du code rural et de la pêche maritime. »** — *V. Ord. n° 96-51 du 24 janv. 1996, art. 9-II et III.*

(L. n° 2017-1836 du 30 déc. 2017, art. 46-I) **« Pour l'exécution des recours subrogatoires prévus au présent article, les créances détenues par l'organisme qui a versé les prestations sont cédées définitivement à l'organisme chargé de cette mission en application du 3° de l'article L. 221-3-1 du présent code. »**

Les montants maximum et minimum de l'indemnité forfaitaire de gestion sont fixés respectivement à 1 080 € et à 107 € à compter du 1er janv. 2019 (Arr. du 27 déc. 2018, JO 30 déc.).

En ce qui concerne les dispositions applicables en cas d'accident de la circulation, V. L. n° 85-677 du 5 juill. 1985, V. App, v° Responsabilité civile.

BIBL. ▶ Rapport du groupe de travail chargé d'élaborer une nomenclature des préjudices corporels, *BICC 1er févr. 2006, n° 633.* – Responsabilité civile (Recours des tiers payeurs), *D. 2009. Pan. 53.* – GROUTEL, Le recours des organismes sociaux contre le responsable d'un accident, *Litec, 1988.* – LAMBERT-FAIVRE et PORCHY-SIMON, Droit du dommage corporel, *Dalloz, 7e éd., 2012 ; JCP 1998. I. 110* (droits de la victime) ; *D. 2001. Chron. 248* (anomalies du recours subrogatoire des organismes sociaux). – SARGOS, Trois ans d'application de la réforme du recours des tiers payeurs : de l'amélioration à la régression, *JCP S 2009. Actu. 637.*

1° ACTION DE LA VICTIME OU DE SES AYANTS DROIT CONTRE LES TIERS

1. *Droit aux prestations nonobstant l'action engagée contre les tiers par la victime.* Les caisses de sécurité sociale sont tenues, en application de la législation d'ordre public, de verser les prestations instituées au profit des assurés sociaux ou de leurs ayants droit. Elles ne sauraient en conséquence être dispensées de payer dans son intégralité la pension d'invalidité due à un assuré social à la suite d'un accident imputable à un tiers ni valablement effectuer sur le montant de cet avantage une retenue correspondant à la majoration pour assistance d'une tierce personne en présence du versement d'une indemnité transactionnelle reçue par la victime. L'inopposabilité dont est frappée une telle transaction laisse intact le recours de la caisse contre le tiers responsable. • Soc. 9 déc. 1976, n° 75-14.587 P.

2° RECOURS SUBROGATOIRES DES CAISSES CONTRE LES TIERS

a. Assiette et calcul du montant du recours

V. la jurisprudence citée ss. art. L. 454-1. – **CSS**.

2. *Recours poste par poste.* Le recours subrogatoire des caisses contre les tiers s'exerce poste par poste sur les seules indemnités qui réparent des préjudices qu'elles ont pris en charge, à l'exclusion des préjudices à caractère personnel. • Crim. 24 juin 2008, n° 07-86.848 P. ♦ Les recours subrogatoires des caisses contre les tiers s'exercent poste par poste sur les seules indemnités qui réparent les préjudices qu'elles ont pris en charge, à l'exclusion des préjudices à caractère personnel. Le recours subrogatoire de la CPAM au titre des indemnités journalières servies par elle doit en conséquence s'exercer sur le seul poste indemnitaire réparant la perte de revenus supportée par la victime. • Crim. 13 nov. 2007, n° 07-80.995 P : *JCP S 2008. 77, obs. Tauran ; RGDA 2008. 112, obs. Landel.*

3. *Distinction de la perte de gains professionnels et de l'incidence professionnelle.* Les juges du fond ne sauraient faire masse des indemnités journalières et des arrérages échus et à échoir de la rente accident du travail pour les imputer globalement sur un préjudice à caractère économique constitué en réalité d'une perte de gains professionnels et d'une incidence professionnelle. • Civ. 2e, 17 sept. 2009, n° 08-19.323 P : *JCP S 2009. 40, obs. Asquinazi-Bailleux ; RGDA 2009. 1246, obs. Landel.*

4. *Préjudices indemnisés par les allocations d'invalidité.* Dans la mesure où son montant excède celui des pertes de revenus et l'incidence professionnelle, l'allocation temporaire d'invalidité servie en application du décret du 6 oct. 1960 répare nécessairement, en tout ou en partie, l'atteinte objective à l'intégrité physique de la victime que représente le poste de préjudice personnel du déficit fonctionnel permanent. • Crim. 19 mai 2009, n° 08-86.050 P. ♦ La rente d'invalidité indemnise, d'une part, les pertes de gains professionnels et les incidences professionnelles de l'incapacité, d'autre part, le déficit fonctionnel permanent. En l'absence de pertes de gains professionnels ou d'incidence professionnelle, cette rente indemnise nécessairement le poste de préjudice personnel du déficit fonctionnel permanent, mais en présence de pertes de gains professionnels et d'incidence professionnelle de l'incapacité, le reliquat éventuel de la rente, laquelle indemnise prioritairement ces deux postes de préjudice patrimoniaux, ne peut s'imputer que sur le poste de préjudice personnel extra patrimonial du déficit fonctionnel temporaire ou permanent, s'il existe. • Civ. 2e, 22 oct. 2009, n° 08-18.755 P : *D. actu. 5 nov. 2009, obs. Lavric.* • Civ. 2e, 13 juin 2013 : *RCA 10/2013, Comm. 297, obs. Groutel ; Gaz. Pal. 6 oct. 2013, n° 279-28, p. 22, obs. Bernfeld.*

5. *Recours contre le conjoint de la victime.* Si la caisse peut agir contre l'assureur, qui ne lui oppose aucune exclusion de garantie tirée de la police souscrite, dès lors que le conjoint de l'assuré social auquel est imputable l'accident de la circulation doit être considéré comme un tiers responsable au sens de l'art. L. 397 (art. L. 376-1), elle ne peut priver directement ou indirectement son assuré du bénéfice des prestations auxquelles elle était légalement tenue. Il en serait ainsi, quel que soit le régime matrimonial, si le conjoint devait rembourser à la caisse les prestations servies à son époux. • Cass., ass. plén., 3 juin 1983 : *Bull. ass. plén., n° 6 (1) ; GADSS n° 71 ; D. 1983. 537, concl. Cabannes ; JCP 1983. II. 20121, note Chartier.* ♦ Le recours subrogatoire qu'une CPAM entend exercer contre la femme de l'auteur d'un crime (tentative d'assassinat), dont elle a elle-même été victime, prise en qualité d'héritière du criminel, condamné à rembourser la caisse et à indemniser la victime, est de nature à priver indirectement celle-ci de prestations instituées en sa faveur par la législation sociale. • Civ. 2e, 4 nov. 2003, n° 02-14.087 P : *Dr. soc. 2004. 121, obs. Prétot ; JCP 2004. II. 10094, obs. Dagorgne-Labbé ; RTD civ. 2004. 510, obs. Fages et Mestre.* ♦ La caisse peut cependant exercer son recours contre l'assureur du conjoint de l'assuré social. • Soc. 14 déc. 1989, n° 85-12.274 P : *D. 1991. Somm. 129, obs. Prétot.*

6. *Arrérage des rentes à échoir.* L'organisme social ne peut prétendre qu'au remboursement des arrérages au fur et à mesure de leur échéance et de leur versement à la crédirentière sauf accord du tiers responsable ou de son assureur pour s'en libérer par anticipation en versant le capital représentatif. • Soc. 1er avr. 1987, n° 84-11.118 P. ♦ Les tiers responsables ne peuvent être condamnés sans leur accord préalable à payer le montant du capital représentatif des arrérages à échoir, dès lors que la somme allouée correspond à un remboursement anticipé de prestations non encore exposées par la caisse. • Crim. 24 mai 1982 : *Bull. crim. n° 131.* ♦ Lorsque, après déduction des débours de la caisse primaire, le solde de l'indemnité réparant l'atteinte à l'intégrité physique de la victime d'un accident imputable à un tiers est inférieur au capital constitutif de la rente servie à celle-ci, le tiers qui conserve ce reliquat est tenu de verser à l'organisme social la fraction de rente dont le capital constitutif est déterminé par cette dernière somme. • Soc. 28 oct. 1981, n° 80-12.091 P.

7. Application de la L. du 21 août 2008 dans le temps. L'exercice des recours des tiers payeurs contre les personnes tenues à réparation d'un dommage résultant d'une atteinte à la personne s'appliquent aux événements ayant occasionné ce dommage survenus antérieurement à la date d'entrée en vigueur de cette loi, dès lors que le montant de l'indemnité due à la victime n'a pas été définitivement fixé. • Civ. 2e, 11 sept. 2008, n° 07-14.706 P : *JCP S 2008. 1587* • 21 févr. 2008, n° 07-11.712 P : *RGDA 2008. 943, obs. Landel.*

b. Effet de la subrogation à l'égard de la victime

8. Droit de préférence reconnue à la victime. Le recours des tiers payeurs sur les indemnités revenant à la victime s'exerce poste par poste. Il en résulte que la préférence reconnue à la victime à l'al. 4 de l'art. L. 376-1 s'exerce, en cas de limitation de son droit à indemnisation, selon la même modalité. • Civ. 2e, 22 janv. 2009, n° 07-21.099 P : *D. actu. 13 févr. 2009, obs. Lavric ; D. 2009. 572 ; JCP S 2009. 44, obs. Asquinazi-Bailleux.*

9. Rapports entre l'action des caisses et celle de la victime. Les recours subrogatoires des caisses contre les tiers s'exercent poste par poste sur les seules indemnités qui réparent des préjudices qu'elles ont pris en charge, à l'exclusion des préjudices à caractère personnel. De plus, conformément à l'art. 1252 C. civ., la subrogation ne peut nuire à la victime subrogeante, créancière de l'indemnisation, lorsqu'elle n'a été prise en charge que partiellement par les prestations sociales. En ce cas, l'assuré social peut exercer ses droits contre le responsable, par préférence à la caisse subrogée. Il en résulte que dans le cas d'une limitation du droit à indemnisation de la victime, le droit de préférence de celle ci sur la dette du tiers responsable a pour conséquence que son préjudice corporel, évalué poste par poste, doit être intégralement réparé pour chacun de ces postes dans la mesure de l'indemnité laissée à la charge du tiers responsable, et que le tiers payeur ne peut exercer son recours, le cas échéant, que sur le reliquat. • Civ. 2e, 24 sept. 2009, n° 08-14.515 P : *RTD civ. 2006. 122, obs. Jourdain ; JCP S 2009. 1542, obs. Bourdoiseau ; JCP 2009. 424, note Grosser ; LPA 20 avr. 2010, n° 78, p. 6, obs. Berlioz ; RGDA 2010. 351, obs. Landel.*

10. Mise en cause de l'assuré. La recevabilité de l'action du tiers subrogé dans les droits de la victime contre l'assureur du responsable n'est pas subordonnée à l'appel en cause de l'assuré. • Civ. 2e, 27 avr. 2017, n° 16-15.525 P : *D. actu. 30 mai 2017, obs. de Ravel d'Esclapon ; Procédures 10/2017, n° 3, obs. Bléry ; RCA 2017, Comm. 202, obs. Groutel.*

c. Recours du tiers payeur

11. Prise en charge du poste de préjudice personnel par le tiers payeur. Les recours des tiers payeurs s'exercent poste par poste sur les seules indemnités qui réparent des préjudices qu'ils ont pris en charge, à l'exclusion des préjudices à caractère personnel ; cependant, si le tiers payeur établit qu'il a effectivement et préalablement versé à la victime une prestation indemnisant de manière incontestable un poste de préjudice personnel, son recours peut s'exercer sur ce poste de préjudice. • Civ. 2e, 11 juin 2009, n° 07-21.472 P : *JCP S 2009. 1460, obs. Tauran* • 11 juin 2009, n° 08-11.510 P : *JCP S 2009. 1366, obs. Tauran.* ♦ V. de même : • Civ. 2e, 23 mai 2019, n° 18-14.332 P : *JCP S 2019, n° 1272, obs. Keim-Bagot.*

d. Action en justice

12. Mise en cause de la caisse. Le préjudice résultant d'une infraction doit être réparé dans son intégralité, sans perte ni profit pour aucune des parties, et la mise en cause de l'organisme social, prévue par l'art. L. 376-1, s'impose à peine d'irrecevabilité de la demande en réparation de la partie civile. Les juges doivent en conséquence s'assurer que l'organisme social avait été mis en cause, vérifier s'il avait contribué à indemniser le préjudice corporel de la victime et s'il bénéficiait d'un recours. • Crim. 18 sept. 2007, n° 07-80.347 P : *JCP S 2008. 1125, obs. Asquinazi-Bailleux.* ♦ La mise en cause de l'organisme social prescrite par l'art. L. 376-1 CSS ne s'impose pas pour les postes de préjudice exclus de l'assiette du recours de la caisse. • Crim. 16 oct. 2012, n° 12-80.441.

13. Appel en déclaration de jugement commun. L'appel en déclaration de jugement commun d'une caisse de sécurité sociale, formé en application des dispositions de l'art. L. 376-1, a pour effet de rendre celle-ci partie à l'instance. Il en résulte que lorsque la caisse n'a formé aucune demande ou défense en première instance, elle ne peut prétendre expliciter, comme virtuellement incluse dans celles-ci, ou leur ajouter, une demande qu'elle n'avait pas formulée contre le responsable et son assureur. • Civ. 2e, 12 juill. 2007, n° 05-21.309 P : *RJS 2007, n° 1128 ; Gaz. Pal. 24 févr. 2008, n° 55-57, p. 15, obs. Coursier.* ♦ La nullité prononcée en vertu de l'art. L. 397 (art. L. 376-1, al. 4) met à néant, à l'égard de toutes les parties, la décision qui en fait l'objet ; les droits de la victime pouvant se trouver modifiés, il doit être à nouveau statué sur son indemnisation. • Civ. 2e, 25 mars 1991, n° 88-20.430 P : *D. 1991. IR 122.* ♦ L'action en annulation du jugement prévue par l'art. L. 376-1 CSS lorsque la victime ou ses ayants droit ont omis d'appeler en déclaration de jugement commun la caisse de sécurité sociale concernée ne peut être portée directement devant la Cour de cassation. • Civ. 2e, 13 juin 2019, n° 18-15.671 P.

14. Date de l'évaluation du préjudice. L'indemnité représentant le préjudice subi et servant d'assiette au recours, tant de la caisse que de la victime, doit être évaluée à la date à laquelle la juridiction se prononce. • Civ. 1re, 12 mars 2002, n° 01-00.967 P. ♦ La détermination du préjudice économique des ayants droit consécutif à la disparition des revenus salariaux du défunt servant d'assiette au recours du tiers payeur doit tenir compte du salaire auquel la victime aurait eu droit au jour de la décision. • Civ. 2e, 11 oct. 2001, n° 99-16.760 P.

15. Prescription. La suspension de la prescription dont bénéficie un mineur, qui lui est purement personnelle, cesse de produire effet à l'égard de la partie subrogée dans ses droits à partir du jour de la subrogation. Le recours par la caisse en remboursement des prestations versées à un mineur victime d'un accident ne saurait en conséquence être admis contre l'auteur du dommage sans rechercher si les prestations versées au mineur avaient été versées moins de deux ans avant la demande de la caisse. • Civ. 2e, 4 juill. 2007, n° 06-15.644 P.

e. Indemnité forfaitaire au profit de la caisse

16. Octroi de l'indemnité forfaitaire dans le cadre de l'action en réparation. Les dispositions de l'art. L. 376-1, al. 8, qui autorisent la caisse de sécurité sociale à recouvrer l'indemnité forfaitaire selon les règles et sous les garanties et sanctions prévues pour le recouvrement des cotisations de sécurité sociale, ne font pas obstacle à ce que le juge alloue cette indemnité à la caisse, lorsqu'il condamne le tiers responsable au remboursement des prestations servies. • Crim. 19 févr. 2008, n° 07-86.114 P : *JCP S 2008. 1260, obs. Vachet.* ♦ Il appartient à la caisse primaire d'assurance maladie d'établir et de recouvrer l'indemnité forfaitaire, selon les modalités prévues par l'al. 9 de l'art. L. 376-1. • Crim. 9 mai 2007, n° 07-80.894 P : *JCP S 2007. 1592, note Tauran.*

Art. L. 376-2 **La victime ou ses ayants droit est admise à faire valoir les droits résultant pour elle de l'action en indemnité formée conformément à l'article L. 376-1 par priorité sur ceux des caisses en ce qui concerne son action en remboursement des déboursés.**

Le droit prioritaire visé à l'art. L. 398 (art. L. 376-2) ne concerne que les sommes qui, étant à la charge de la caisse, ont été avancées par la victime ou ses ayants droit et doivent lui être remboursées par l'organisme social. • Soc. 11 juin 1976, n° 75-10.285 P • 18 juill. 1978, n° 77-12.954 P.

Art. L. 376-3 **Le règlement amiable pouvant intervenir entre le tiers et l'assuré ne peut être opposé à la caisse de sécurité sociale qu'autant que celle-ci a été invitée à y participer par lettre recommandée et ne devient définitif que quinze jours après l'envoi de cette lettre.**

1. Opposabilité de l'accord à la caisse. Le règlement amiable pouvant intervenir entre le tiers et l'assuré ne peut être opposé à la caisse de sécurité sociale, qu'autant que celle-ci a été invitée à y participer par lettre recommandée et ne devient définitif que quinze jours après l'envoi de cette lettre. • Civ. 2e, 16 sept. 2003, n° 00-18.716 P : *RJS 2004, n° 466.* ♦ Lorsqu'une lésion est imputable à un tiers, le règlement amiable pouvant intervenir entre le tiers et l'assuré ne peut être opposé à la caisse de sécurité sociale qu'autant que celle-ci a été invitée à y participer par lettre recommandée ou y a effectivement participé. La simple information de la caisse de négociations en cours ne saurait palier sa participation au règlement amiable ou son information par lettre recommandée. • Civ 2e, 27 mars 2014 : *JCP S 2014, n° 1246, obs. Tauran.*

2. Effet de l'absence de contestation de la caisse. Dès lors que la caisse ne conteste pas avoir reçu la lettre, non expédiée en recommandé, destinée à l'informer d'une transaction déjà conclue, la caisse peut se voir opposer le règlement amiable, devenu définitif 15 jours après l'expédition de la lettre. • Soc. 10 déc. 1998, n° 97-12.886 P.

3. Envoi à une adresse erronée. La transaction conclue entre la victime d'un accident et l'assureur du responsable est inopposable à l'organisme de sécurité sociale, dès lors que la lettre adressée à celui-ci par l'assureur a été envoyée à une adresse erronée. • Soc. 30 mai 2002, n° 00-19.447 P.

Art. L. 376-4 *(L. n° 2011-1906 du 21 déc. 2011, art. 120-II)* **La caisse de sécurité sociale de l'assuré est informée du règlement amiable intervenu entre l'assuré et le tiers responsable ou l'assureur.**

L'assureur *(L. n° 2016-1827 du 23 déc. 2016, art. 107-3°)* **« ou le tiers responsable » ayant conclu un règlement amiable sans respecter l'obligation mentionnée au premier alinéa ne** *(L. n° 2016-1827 du 23 déc. 2016, art. 107-3°)* **« peuvent » opposer à la caisse la prescription de** *(L. n° 2016-1827 du 23 déc. 2016, art. 107-3°)* **« leur » créance.** *(L. n° 2016-1827 du 23 déc. 2016, art. 107-3°)* **« Ils versent » à la caisse, outre les sommes obtenues par celle-ci au titre du recours subrogatoire prévu à l'article L. 376-1, une pénalité qui est fonction du montant de ces sommes et de la gravité du manquement à l'obligation d'information, dans la limite de 50 % du remboursement obtenu.**

Le deuxième alinéa du présent article est également applicable à l'assureur du tiers responsable *(L. nº 2016-1827 du 23 déc. 2016, art. 107-3º)* « ou au tiers responsable » lorsqu'*(L. nº 2016-1827 du 23 déc. 2016, art. 107-3º)* « ils ne respectent pas » l'obligation d'information de la caisse prévue au septième alinéa de l'article L. 376-1. Une seule pénalité est due à raison du même sinistre.

(L. nº 2016-1827 du 23 déc. 2016, art. 107-3º) « La pénalité appliquée au tiers responsable ne peut excéder 30 000 euros lorsqu'il s'agit d'un particulier. »

La contestation de la décision de la caisse de sécurité sociale relative au versement de la pénalité relève du contentieux de la sécurité sociale. La pénalité est recouvrée selon les modalités définies au *(L. nº 2017-1836 du 30 déc. 2017, art. 78-I)* « neuvième » alinéa du IV de l'article *(L. nº 2015-1702 du 21 déc. 2015, art. 59-XII-A-23º, en vigueur le 1er janv. 2016)* « L. 114-17-1 ». L'action en recouvrement de la pénalité se prescrit par deux ans à compter de la date d'envoi de la notification de la pénalité par le directeur de la caisse.

Les modalités d'application du présent article sont définies par décret en Conseil d'État.

LIVRE IV Accidents du travail

TITRE V Faute de l'assuré ou d'un tiers

CHAPITRE PREMIER *Dispositions générales*

Art. L. 451-1 *(L. nº 94-43 du 18 janv. 1994, art. 69-I)* Sous réserve des dispositions prévues aux articles L. 452-1 à L. 452-5, L. 454-1, L. 455-1, L. 455-1-1 et L. 455-2 aucune action en réparation des accidents et maladies mentionnés par le présent livre ne peut être exercée conformément au droit commun, par la victime ou ses ayants droit. – *V. Cons. const., 18 juin 2010, nº 2010-8 QPC (JO 19 juin, p. 11150).*

CHAPITRE II *Faute inexcusable ou intentionnelle de l'employeur*

Art. L. 452-1 Lorsque l'accident est dû à la faute inexcusable de l'employeur ou de ceux qu'il s'est substitués dans la direction, la victime ou ses ayants droit ont droit à une indemnisation complémentaire dans les conditions définies aux articles suivants.

BIBL. ▶ ASQUINAZI-BAILLEUX, L'anxiété des travailleurs exposés à des substances nocives ou toxiques : quel espoir de réparation ?, *JCP S 2019, nº 1282*. – AUMERAN, Le préjudice d'anxiété à l'ère de l'obligation de sécurité de l'employeur, *Dr. soc. 2020. 58*. – BOUVET et DESRIAUX, Accidents du travail et maladies professionnelles – Les préjudices indemnisables dans le cadre de la faute inexcusable de l'employeur, *JCP S 2018. 1143*. – HÉAS, Le concept d'exposome à l'aune du droit social, *Dr. soc. 2020. 524*. – JEANSEN, L'éclipse de l'obligation de sécurité ? L'éveil d'un principe ?, *Dr. soc. 2020. 277*. – KEIM-BAGOT, Préjudice d'anxiété : quand le droit rime enfin avec justice, *SSL, nº 1875, p. 9*. – LEROUGE, Suicide du salarié et faute inexcusable de l'employeur : quelles évolutions juridiques ?, *RDSS 2012. 373*. – MOREAU, L'obligation générale de préserver la santé des travailleurs, *Dr. soc. 2013. 410*. – SANSEVERINO-GODFRIN, La redéfinition du contour juridique des risques liés au travail, *JS Lamy 2013. 339*. – SARGOS, La saga triséculaire de la faute inexcusable, *D. 2011. 768*.

Art. L. 452-2 Dans le cas mentionné à l'article précédent, la victime ou ses ayants droit reçoivent une majoration des indemnités qui leur sont dues en vertu du présent livre.

(L. nº 89-474 du 10 juill. 1989, art. 3-I) « Lorsqu'une indemnité en capital a été attribuée à la victime, le montant de la majoration ne peut dépasser le montant de ladite indemnité. »

(L. nº 89-474 du 10 juill. 1989, art. 3-II) « Lorsqu'une rente a été attribuée à la victime, le montant de la majoration » est fixé de telle sorte que la rente majorée allouée à la victime ne puisse excéder, soit la fraction du salaire annuel correspondant à la réduction de capacité, soit le montant de ce salaire dans le cas d'incapacité totale.

En cas d'accident suivi de mort, le montant de la majoration est fixé sans que le total des rentes et des majorations servies à l'ensemble des ayants droit puisse dépasser le montant du salaire annuel ; lorsque la rente d'un ayant droit cesse d'être due, le montant de la majoration correspondant à la ou aux dernières rentes servies est ajusté de façon à maintenir le montant global des rentes majorées tel qu'il avait été fixé initialement ; dans le cas où le conjoint *(L. nº 2011-1906 du 21 déc. 2011, art. 99-6º)* « , le partenaire d'un pacte civil de solidarité ou le concubin » survivant recouvre son droit à la rente en application du troisième alinéa de l'article L. 434-9, la majoration dont il bénéficiait est rétablie à son profit.

Le salaire annuel et la majoration *(L. nº 89-474 du 10 juill. 1989, art. 3-III)* « visée au troisième et au quatrième alinéa du présent article » sont soumis à la revalorisation prévue pour les rentes par l'article L. 434-17.

La majoration est payée par la caisse, qui en récupère *(L. nº 2012-1404 du 17 déc. 2012, art. 86-I-1º)* « le capital représentatif auprès de l'employeur dans des conditions déterminées par décret ».

(Abrogé par L. nº 2012-1404 du 17 déc. 2012, art. 86-I-1º) « **La** *(L. nº 87-39 du 27 janv. 1987, art. 33-I)* « ***cotisation complémentaire » ainsi prévue ne peut être perçue au-delà d'une certaine durée et son taux excéder ni une fraction de la cotisation normale de l'employeur, ni une fraction des salaires servant de base à cette cotisation.*** – *V. art. R. 452-1.* – **CSS.**

« Dans le cas de cession ou de cessation de l'entreprise, le capital correspondant aux arrérages à échoir est immédiatement exigible. »

Les dispositions issues de la L. nº 2012-1404 du 17 déc. 2012 sont applicables au titre des majorations de rente et d'indemnités en capital ayant pris effet à compter du 1er avr. 2013 (L. préc., art. 86-II).

BIBL. ▸ WILLOCX, L'obligation de sécurité selon la deuxième chambre civile de la Cour de cassation, *SSL nº 1930, 23 nov. 2020, p. 18.*

Art. L. 452-3 Indépendamment de la majoration de rente qu'elle reçoit en vertu de l'article précédent, la victime a le droit de demander à l'employeur devant la juridiction de sécurité sociale la réparation du préjudice causé par les souffrances physiques et morales par elle endurées, de ses préjudices esthétiques et d'agrément ainsi que celle du préjudice résultant de la perte ou de la diminution de ses possibilités de promotion professionnelle. Si la victime est atteinte d'un taux d'incapacité permanente de 100 %, il lui est alloué, en outre, une indemnité forfaitaire égale au montant du salaire minimum légal en vigueur à la date de consolidation.

De même, en cas d'accident suivi de mort, les ayants droit de la victime mentionnés aux articles L. 434-7 et suivants ainsi que les ascendants et descendants qui n'ont pas droit à une rente en vertu desdits articles peuvent demander à l'employeur réparation du préjudice moral devant la juridiction précitée.

La réparation de ces préjudices est versée directement aux bénéficiaires par la caisse qui en récupère le montant auprès de l'employeur.

BIBL. ▸ GRIVEL, Où l'on reparle du préjudice d'anxiété, *Dr. soc. 2021. 59* ✐.

Art. L. 452-3-1 *(L. nº 2012-1404 du 17 déc. 2012, art. 86-I-2º)* Quelles que soient les conditions d'information de l'employeur par la caisse au cours de la procédure d'admission du caractère professionnel de l'accident ou de la maladie, la reconnaissance de la faute inexcusable de l'employeur par une décision de justice passée en force de chose jugée emporte l'obligation pour celui-ci de s'acquitter des sommes dont il est redevable à raison des articles L. 452-1 à L. 452-3. – *Cet art., issu de la L. nº 2012-1404 du 17 déc. 2012, est applicable aux actions en reconnaissance de la faute inexcusable de l'employeur introduites devant les tribunaux des affaires de sécurité sociale à compter du 1er janv. 2013 (L. préc., art. 86-II).*

Art. L. 452-4 A défaut d'accord amiable entre la caisse et la victime ou ses ayants droit d'une part, et l'employeur d'autre part, sur l'existence de la faute inexcusable reprochée à ce dernier, ainsi que sur le montant de la majoration et des indemnités mentionnées à l'article L. 452-3, il appartient à la juridiction de la sécurité sociale compétente, saisie par la victime ou ses ayants droit ou par la caisse primaire d'assurance maladie, d'en décider. La victime ou ses ayants droit doivent appeler la caisse en déclaration de jugement commun ou réciproquement.

(L. nº 87-39 du 27 janv. 1987, art. 33-II) « L'auteur de la faute inexcusable est responsable sur son patrimoine personnel des conséquences de celle-ci.

« L'employeur peut s'assurer contre les conséquences financières de sa propre faute inexcusable ou de la faute de ceux qu'il s'est substitués dans la direction de l'entreprise ou de l'établissement.

« Des actions de prévention appropriées sont organisées dans des conditions fixées par décret, après consultation des organisations représentatives des employeurs et des salariés.

« Lorsque l'accident est dû à la faute inexcusable d'un employeur garanti par une assurance à ce titre, la *(Ord. nº 2010-177 du 23 févr. 2010, art. 24)* « caisse d'assurance retraite

et de la santé au travail » peut imposer à l'employeur la cotisation supplémentaire mentionnée à l'article L. 242-7. Le produit en est affecté au Fonds national de prévention des accidents du travail et des maladies professionnelles. » — *Dispositions applicables dans les départements du Haut-Rhin, du Bas-Rhin et de la Moselle.*

Le paiement *(L. n° 2012-1404 du 17 déc. 2012, art. 86-I-3°)* **« du capital prévu à l'article L. 452-2 est garanti » par privilège dans les conditions et au rang fixés par les articles L. 243-4 et L. 243-5.**

(L. n° 2014-788 du 10 juill. 2014, art. 8) **« Dans le cas où un élève ou un étudiant mentionné aux *a* ou *b* du 2° de l'article L. 412-8 du présent code, au 1° du II de l'article L. 751-1 du code rural et de la pêche maritime ou au 1° de l'article L. 761-14 du même code, à la suite d'un accident ou d'une maladie survenu par le fait ou à l'occasion d'une période de formation en milieu professionnel ou d'un stage, engage une action en responsabilité fondée sur la faute inexcusable de l'employeur contre l'établissement d'enseignement, celui-ci est tenu d'appeler en la cause l'organisme d'accueil de la période de formation en milieu professionnel ou du stage pour qu'il soit statué dans la même instance sur la demande du stagiaire et sur la garantie des conséquences financières d'une reconnaissance éventuelle de faute inexcusable. »**

Les dispositions issues de la L. n° 2012-1404 du 17 déc. 2012 sont applicables au titre des majorations de rente et d'indemnités en capital ayant pris effet à compter du 1er avr. 2013 (L. préc., art. 86-II).

Art. L. 452-5 **Si l'accident est dû à la faute intentionnelle de l'employeur ou de l'un de ses préposés, la victime ou ses ayants droit conserve contre l'auteur de l'accident le droit de demander la réparation du préjudice causé, conformément aux règles du droit commun, dans la mesure où ce préjudice n'est pas réparé par application du présent livre.**

Les caisses primaires d'assurance maladie sont tenues de servir à la victime ou à ses ayants droit les prestations et indemnités mentionnées par le présent livre. Elles sont admises de plein droit à intenter contre l'auteur de l'accident une action en remboursement des sommes payées par elles.

Si des réparations supplémentaires mises à la charge de l'auteur responsable de l'accident, en application du présent article, sont accordées sous forme de rentes, celles-ci doivent être constituées par le débiteur dans les deux mois de la décision définitive ou de l'accord des parties à la Caisse nationale de prévoyance suivant le tarif résultant du présent code.

(L. n° 87-39 du 27 janv. 1987, art. 33-IV) **« Dans le cas prévu au présent article », la** *(Ord. n° 2010-177 du 23 févr. 2010, art. 24)* **« caisse d'assurance retraite et de la santé au travail » peut imposer à l'employeur la cotisation supplémentaire mentionnée à l'article L. 242-7.**

BIBL. ▸ BRIÈRE DE L'ISLE, La faute dolosive, *D. 1980. 133.* – SAINT-JOURS, La faute intentionnelle dans le droit de la sécurité sociale, *Dr. soc. 1970. 387;* La nouvelle configuration des recours des tiers payeurs contre les tiers responsables d'un accident, *RDSS 1986. 258.* – VINEY, Remarque sur la distinction entre faute intentionnelle, faute inexcusable et faute lourde, *D. 1975. Chron. 263.*

CHAPITRE III *Faute inexcusable ou intentionnelle de la victime*

Art. L. 453-1 **Ne donne lieu à aucune prestation ou indemnité, en vertu du présent livre, l'accident résultant de la faute intentionnelle de la victime. Celle-ci peut éventuellement prétendre** *(L. n° 2015-1702 du 21 déc. 2015, art. 59-XI-I-2°, en vigueur le 1er janv. 2016)* **« à la prise en charge de ses frais de santé prévue au titre VI du livre Ier, » sous réserve des dispositions de l'article L. 375-1.**

Lors de la fixation de la rente, le conseil d'administration de la caisse ou le comité ayant reçu délégation à cet effet peut, s'il estime que l'accident est dû à une faute inexcusable de la victime, diminuer la rente prévue au titre III du présent livre, sauf recours du bénéficiaire devant la juridiction compétente.

Lorsque l'accident a été causé intentionnellement par un des ayants droit de la victime mentionnés aux articles L. 434-7 et suivants, celui-ci est déchu de tous ses droits au regard du présent livre. Ces droits sont transférés sur la tête des enfants et descendants mentionnés à l'article L. 434-10, ou, à défaut, sur la tête des autres ayants droit.

CHAPITRE IV *Faute d'un tiers*

Art. L. 454-1 Si la lésion dont est atteint l'assuré social est imputable à une personne autre que l'employeur ou ses préposés, la victime ou ses ayants droit conserve contre l'auteur de l'accident le droit de demander la réparation du préjudice causé, conformément aux règles de droit commun, dans la mesure où ce préjudice n'est pas réparé par application du présent livre.

Les caisses primaires d'assurance maladie sont tenues de servir à la victime ou à ses ayants droit les prestations et indemnités prévues par le présent livre, sauf recours de leur part contre l'auteur responsable de l'accident, dans les conditions ci-après ; ce recours est également ouvert à l'État et aux institutions privées, lorsque la victime est pupille de l'éducation surveillée, dans les conditions définies par décret.

Si la responsabilité du tiers auteur de l'accident est entière ou si elle est partagée avec la victime, la caisse est admise à poursuivre le remboursement des prestations mises à sa charge à due concurrence de la part d'indemnité mise à la charge du tiers qui répare l'atteinte à l'intégrité physique de la victime, à l'exclusion de la part d'indemnité, de caractère personnel, correspondant aux souffrances physiques ou morales par elle endurées et au préjudice esthétique et d'agrément. De même, en cas d'accident suivi de mort, la part d'indemnité correspondant au préjudice moral des ayants droit leur demeure acquise. – *V. art. R. 454-1. -* **CSS** *;*

(L. nº 2003-1199 du 18 déc. 2003, art. 8-I) « Hors le cas où la caisse est appelée en déclaration de jugement commun conformément aux dispositions ci-après, la demande de la caisse vis-à-vis du tiers responsable s'exerce en priorité à titre amiable. Une convention signée par la Caisse nationale de l'assurance maladie des travailleurs salariés, la Caisse nationale d'assurance maladie et maternité des travailleurs non salariés et la Caisse centrale de la mutualité sociale agricole avec les organisations représentatives des assureurs peut définir les modalités de mise en œuvre de cette procédure.

« La personne victime, les établissements de santé, le tiers responsable et son assureur sont tenus d'informer la caisse de la survenue des lésions causées par un tiers dans des conditions fixées par décret. » *(Abrogé par L. nº 2011-1906 du 21 déc. 2011, art. 120-III-1º)* ***« La méconnaissance de l'obligation d'information des caisses par l'assureur du tiers responsable donne lieu à la majoration de 50 % de l'indemnité forfaitaire mentionnée ci-après dans les conditions déterminées par le même décret. »***

Si la responsabilité du tiers est partagée avec l'employeur, la caisse ne peut poursuivre un remboursement que dans la mesure où les indemnités dues par elle en vertu du présent livre dépassent celles qui auraient été mises à la charge de l'employeur en vertu du droit commun.

Dans le cas où les rentes prévues au 4º de l'article L. 431-1 sont inférieures à la réparation de même nature due à la victime ou à ses ayants droit par application des dispositions du présent article, les rentes supplémentaires peuvent être allouées sous forme de capital. Celles qui ne seraient pas allouées en capital doivent, dans les deux mois de la décision définitive ou de l'accord des parties, être constituées par le débiteur à la Caisse nationale de prévoyance suivant le tarif résultant du présent code.

(Ord. nº 96-51 du 24 janv. 1996, art. 10-I) « En contrepartie des frais qu'elle engage pour obtenir le remboursement mentionné au troisième alinéa ci-dessus, la Caisse d'assurance maladie à laquelle est affilié l'assuré social victime de l'accident recouvre une indemnité forfaitaire à la charge du tiers responsable et au profit du Fonds national des accidents du travail de l'organisme national d'assurance maladie. Le montant de cette indemnité est égal au tiers des sommes dont le remboursement a été obtenu, dans les limites d'un montant maximum de *(L. nº 2005-1579 du 19 déc. 2005, art. 15-II)* « 910 € » et d'un montant minimum de *(L. nº 2005-1579 du 19 déc. 2005, art. 15-II)* « 91 €. A compter du 1er janvier 2007, les montants mentionnés au présent alinéa sont révisés chaque année, par arrêté des ministres chargés de la sécurité sociale et du budget, en fonction du taux de progression de l'indice des prix à la consommation hors tabac prévu dans le rapport économique, social et financier annexé au projet de loi de finances pour l'année considérée ».

« Cette indemnité est établie et recouvrée par la caisse selon les règles et sous les garanties et sanctions prévues au chapitre III du titre III et aux chapitres II, III et IV du titre IV du livre Ier ainsi qu'aux chapitres III et IV du titre IV du livre II applicables au recouvrement des cotisations de sécurité sociale. – *Les dispositions des huitième et neuvième alinéas sont applicables selon des modalités particulières fixées par décret aux organismes de sécurité sociale relevant des régimes spéciaux mentionnés au titre Ier du livre VII du CSS.*

« Lorsque l'assuré victime de l'accident est affilié au régime agricole, l'indemnité est recouvrée selon les règles et sous les garanties et sanctions prévues aux chapitres II, III et IV du titre IV du livre Ier ainsi » *(L. no 2011-1906 du 21 déc. 2011, art. 120-III-2o)* **« qu'aux articles L. 725-3 à L. 725-4 du code rural et de la pêche maritime. »** – *Les dispositions des al. 6, 7 et 8 s'appliquent aux actions en remboursement dont les dossiers ont été réglés à compter du 1er janv. 1996, soit par voie amiable, soit par une décision de justice passée en force de chose jugée. — V. aussi Décr. no 98-255 du 31 mars 1998, art. 2 s. (JO 5 avr.).*

(L. no 2017-1836 du 30 déc. 2017, art. 46-I) **« Pour l'exécution des recours subrogatoires prévus au présent article, les créances détenues par l'organisme qui a versé les prestations sont cédées définitivement à l'organisme chargé de cette mission en application du 3° de l'article L. 221-3-1 du présent code. »**

Les montants maximal et minimal de l'indemnité forfaitaire de gestion sont fixés respectivement à 1 080 € et à 107 € à compter du 1er janv. 2019 (Arr. du 27 déc. 2018, JO 30 déc.).

En ce qui concerne les dispositions applicables en cas d'accident de la circulation, V. L. no 85-677 du 5 juill. 1985, App. vo Responsabilité civile.

BIBL. ▶ GROUTEL, Le recours des organismes sociaux contre le responsable d'un accident, *Litec, 1988* ; La faute inexcusable de l'employeur (trop !) à l'honneur, *RCA juin 2013. Étude 4.* – LAMBERT-FAIVRE, Droit du dommage corporel, *Dalloz, 4e éd., 2000.* – V. aussi la Bibl. citée ss. art. L. 376-1.

I. NOTION DE TIERS RESPONSABLE

1. Exclusion des préjudices causés par les copréposés. L'indemnité forfaitaire prévue par l'art. L. 454-1, al. 8 et 9, n'est due qu'en cas de faute imputable à une personne autre que l'employeur ou ses préposés. Elle ne peut donc être due en cas de faute intentionnelle commise par un copréposé. • Civ. 2e, 3 juill. 2008, no 07-16.219 P : *JCP S 2008, no 1557, note Asquinazi-Bailleux.*

2. Accident provoqué par un stagiaire. Le stagiaire non rémunéré effectuant son stage sous la seule responsabilité du chef de l'établissement scolaire demeure un tiers à l'entreprise, en l'absence de tout lien de préposition entre le maître de stage et l'élève. La victime d'un accident qu'il a provoqué conserve en conséquence le droit de lui demander ainsi qu'à son assureur la réparation de son préjudice conformément aux règles du droit commun pour les atteintes non réparées par application de la législation professionnelle. • Civ. 2e, 20 déc. 2007, no 07-11.679 P : *RJS 2008, no 480 ; JCP S 2008, no 1279, note Asquinazi-Bailleux.* ♦ A l'inverse, les élèves des établissements techniques et de la formation professionnelle agricole bénéficient de la législation accidents du travail et risques agricoles pour les accidents survenus par le fait ou à l'occasion de cet enseignement ou de cette formation. Ces élèves ayant la qualité de copréposés, l'accident infligé par l'un de ces élèves à l'un de ses camarades ne peuvent faire l'objet de recours conformément aux règles du droit commun, dès lors que l'accident n'est pas dû à une faute intentionnelle. • Soc. 19 nov. 1997, no 95-20.342 P. ♦ V. de même pour les élèves de l'enseignement technique. • Soc. 25 juin 1992, no 90-15.337 P.

3. Préposé occasionnel. Le salarié, victime d'un accident du travail, n'est pas recevable à exercer une action en responsabilité sur le fondement du droit commun lorsque l'accident a été provoqué par un auteur placé de façon occasionnelle dans un rapport de préposition avec l'employeur de la victime. Le lien de préposition occasionnel exige que l'auteur soit dans un lien de dépendance avec l'employeur. • Civ. 2e, 6 avr. 2004, no 01-17.275 P : *RJS 2004, no 757.* ♦ V. de même • Soc. 27 mars 1997, no 95-16.557 P.

4. Travail en commun. **BIBL.** G. Vachet, *RJS 1991. 547.* ♦ La qualité de tiers est exclue lorsque les salariés provenant de deux entreprises travaillent à l'exécution en commun d'un tâche sous la direction unique de l'une de ces entreprises. Le seul fait de travailler dans une étroite collaboration est insuffisant à caractériser un tel travail en commun. • Soc. 23 nov. 1988, no 87-14.876 P. ♦ Il n'y a travail en commun, limitant le dédommagement du salarié victime de l'accident et de ses ayants droit aux seules réparations forfaitaires assurées par les prestations sociales, que lorsqu'il est constaté que les préposés de plusieurs entreprises, travaillant simultanément dans un intérêt commun, sont placés sous une direction unique. • Crim 11 oct. 2011, no 11-80.122.

5. Exclusion du régime de la responsabilité du fait d'autrui contre l'employeur. La victime n'est pas admise à exercer de recours sur le fondement du droit commun contre son employeur. Son action menée contre l'employeur en tant que responsable du fait d'une personne dont il a la garde doit en conséquence être rejetée. • Civ. 2e, 22 févr. 2007, no 05-11.811 P : *RJS 2007, no 667 ; RDSS 2007. 733, note Verkindt.*

6. Réparation du préjudice personnel causé au conjoint. Le conjoint de la victime blessée au cours d'un accident n'est pas un ayant droit au sens de l'art. L. 454-1. Il s'ensuit qu'il peut prétendre à la réparation de son préjudice personnel contre l'auteur de l'accident. • Soc. 18 avr. 1991, n° 89-11.094 P : *RJS 1991. 1143; RDSS 1992. 97, note Vachet ; RTD civ. 1991. 760, note Jourdain ; JCP 1991. 21714, note Saint-Jours.*

7. Mise à disposition. Une société n'a pas la qualité de tiers à l'égard d'un salarié victime d'un accident du travail qui a été mis à sa disposition par un contrat de prêt de main-d'œuvre. • Civ. 2e, 3 févr. 2011 : *RJS 2011, n° 367* • Civ. 2e, 30 juin 2011, n° 10-20.246. ♦ Comp. : Lorsque l'entreprise est responsable des conditions d'exécution du travail de la victime. • Civ. 2e, 7 mai 2015, n° 14-16.153 P : *RJS 7/2015, n° 524.*

II. RECOURS CONTRE LES TIERS

A. ACTIONS EN JUSTICE

1° ACTION DE LA VICTIME OU DES AYANTS DROIT CONTRE LES TIERS RESPONSABLES

8. Réparation intégrale du préjudice. La victime d'un accident du travail, en cas de partage de responsabilité de cet accident entre l'employeur et un tiers étranger à l'entreprise, est en droit d'obtenir de ce tiers, dans les conditions du droit commun, la réparation de son entier dommage dans la mesure où celui-ci n'est pas indemnisé par les prestations de sécurité sociale. • Crim. 18 juin 1996, n° 95-83.628 P. ♦ V. de même • Crim. 29 mars 1990, n° 89-82.112 P. ♦ Les juges ne sauraient en conséquence condamner le tiers que pour sa part de responsabilité dans le dommage en cas de partage de responsabilité avec l'employeur ou son préposé. • Cass., ass. plén., 22 déc. 1988, n° 86-91.864 P.

9. Absence de nécessité d'un recours préalable contre l'employeur. Les juges du fond ne sauraient subordonner le recours de la victime contre le tiers à l'exercice préalable d'un recours contre l'employeur. • Civ. 2e, 4 avr. 2013 : *D. actu. 25 avr. 2013, obs. Fraisse ; D. 2013. 2058, obs. Salomon ; RDSS 2013. 556, obs. Tauran ; JCP S 2013, n° 1242, obs. Vachet ; RCA juin 2013. Étude 4, obs. Groutel.*

10. Action des ayants droit. En cas de recours contre le responsable d'un accident mortel, le préjudice de chaque ayant droit, qui sert de limite au remboursement des prestations indemnitaires qui lui sont versées par les tiers payeurs, doit être apprécié en tous ses éléments, alors même qu'il est, en tout ou partie, réparé par le service de ces prestations. Les juges du fond ne sauraient en conséquence imputer sur la réparation du préjudice économique subi par la veuve de la victime la pension accident du travail servie à la veuve. • Crim. 5 mai 1993, n° 92-81.931 P. ♦ Les caisses de sécurité sociale ne sont admises à poursuivre le remboursement de leurs prestations qu'à due concurrence de la part d'indemnité mise à la charge du tiers et réparant l'atteinte à l'intégrité physique de la victime à l'exclusion de la part d'indemnité correspondant au préjudice moral des ayants droit. • Soc. 7 oct. 1987, n° 85-12.408 P. ♦ Le complément de rente accordé à un ayant droit à la suite de la détérioration de son état de santé, non imputable à l'accident du travail, ne constitue pas un élément nouveau de son préjudice qui n'aurait pas été inclus dans la demande initiale. L'assureur du tiers responsable ne saurait donc supporter le coût d'une telle majoration. • Soc. 12 juill. 1990, n° 88-10.674 P.

2° RECOURS SUBROGATOIRE DE LA CAISSE CONTRE LES TIERS RESPONSABLES

11. Partage de responsabilité. Lorsque la responsabilité d'un accident du travail est partagée entre l'employeur de la victime et un tiers, la caisse primaire d'assurance maladie dispose d'un recours contre ce dernier dans la mesure où les indemnités dues par elle en vertu de la loi dépassent celles réparant l'atteinte à l'intégrité physique de la victime qui auraient été mises à la charge de l'employeur en vertu du droit commun. Les juges du fond ne sauraient en conséquence mettre à la charge du tiers le remboursement des débours à verser à la victime par la Caisse d'assurance maladie, sans se prononcer sur les parts respectives de responsabilité de l'employeur et du tiers responsable. • Crim. 9 oct. 2007, n° 06-88.798 P : *RJS 2008, n° 331 ; JCP S 2008, n° 1016, note Brissy* • Crim. 2 nov. 2011, n° 10-83.219. ♦ Cette détermination de la part respective de l'employeur et du tiers n'est pas opposable à la victime. • Crim. 2 juin 2004, n° 03-86.102 P. ♦ Les juridictions pénales sont compétentes pour se prononcer sur un tel partage. • Crim 14 nov. 1996, n° 95-86.005 P. ♦ En cas de demande dirigée par la victime contre son employeur et un tiers responsable, la caisse primaire d'assurance maladie dispose d'un recours contre ce dernier dans la mesure où les indemnités dues par elle en vertu de la loi dépassent celles réparant l'atteinte à l'intégrité physique de la victime qui auraient été mises à la charge de l'employeur en vertu du droit commun. Les juridictions ne sauraient en conséquence débouter la caisse de sa demande en invoquant la règle de la réparation du préjudice selon les règles applicables aux accidents du travail et doivent se prononcer sur les parts respectives de responsabilité de l'employeur et du tiers responsable, bien qu'un tel partage ne soit pas opposable à la victime. • Crim. 3 févr. 1993, n° 91-83.341 P. ♦ V. de même • Soc. 12 oct. 1989, n° 85-11.789 P. • Cass., ass. plén., 22 déc. 1988 : *Bull. ass. plén., n° 10.* ♦ Les organismes sociaux ne sont admis à poursuivre contre le tiers responsable d'un accident du travail que le remboursement de sommes qu'ils ont effectivement déboursées. Les juges ne sauraient en conséquence imposer au tiers responsable, sans l'accord préalable de celui-ci, le paiement immédiat de sommes correspondant au moins pour partie à un remboursement anticipé de prestations non encore exposées par la partie intervenante. • Crim. 10 avr. 1986, n° 85-92.705 P.

12. Exclusion de l'action fondée sur le droit commun. Les caisses ne disposent, pour le recouvrement des prestations qui ont concouru à l'indemnisation de la victime, que de l'action qui leur est ouverte par l'art. L. 454-1, laquelle s'exerce à due concurrence de la part d'indemnité qui répare l'atteinte à l'intégrité physique de la victime. Est en conséquence exclue toute action sur le fondement de l'art. 1382 C. civ. afin d'obtenir réparation de l'intégralité des dépenses occasionnées par l'accident. • Soc. 12 oct. 1989, n° 86-19.363 P.

13. Évaluation du préjudice propre aux ayants droit. Il revient aux juges du fond de prendre en considération l'ensemble des prestations dont la charge incombe à la caisse et dont elle peut solliciter le remboursement. Ne saurait en conséquence être refusée la prise en charge à titre forfaitaire des compléments de rente versés à la veuve à partir de cinquante-cinq ans, quand bien même celle-ci ne serait âgée que de trente-trois ans au moment du litige. • Crim. 25 févr. 1986, n° 83-95.005 P.

14. Pouvoir d'évaluation du juge. Les caisses de sécurité sociale ne sont admises à poursuivre le remboursement de leurs dépenses qu'à due concurrence de l'indemnité mise à la charge du tiers, ce qui implique l'existence d'un préjudice de la victime ou de ses ayants droit en relation avec l'accident; pour en déterminer la réalité et l'étendue, le juge du droit commun n'est pas lié par les décisions prises par les caisses ou intervenues dans le cadre d'un litige auquel le tiers responsable est demeuré étranger. • Soc. 6 mai 1987, n° 84-14.654 P.

15. Pluralité de tiers payeurs. En l'absence de cause de préférence entre les organismes qui contribuent par leurs prestations à la réparation des divers aspects d'un même préjudice, l'indemnité mise à la charge du responsable doit, lorsqu'elle est insuffisante pour assurer le remboursement de l'ensemble de ces dépenses, être répartie entre les tiers payeurs au prorata de leurs créances respectives. • Crim. 22 oct. 1997, n° 96-84.684 P.

16. Date d'évaluation du préjudice. La caisse de sécurité sociale est admise à obtenir le remboursement des prestations qu'elle a versées à la victime à due concurrence de l'indemnité mise à la charge du tiers responsable qui répare l'atteinte à l'intégrité physique de la victime. Cette indemnité doit être évaluée non au jour de l'arrêt de travail mais à celui où la Cour statue. • Civ. 2e, 7 déc. 1997, n° 96-10.337 P.

17. Point de départ de la prise en charge. Le juge saisi doit fixer, dans l'exercice de son pouvoir souverain d'appréciation, la date à laquelle les blessures de la victime ont été consolidées, sans être tenu par la date retenue par l'organisme social pour la détermination des prestations dues à la victime au titre de la législation sociale. • Civ. 2e, 14 oct. 2021, n° 20-10.572 B.

18. Non-comparution du défendeur. Les juges doivent déduire des sommes dues par le tiers les prestations versées par la caisse de sécurité sociale réparant l'atteinte à l'intégrité physique et ne sauraient condamner le tiers à une réparation intégrale au motif qu'il n'a pas comparu et n'a pas fait connaître le montant exact de sa créance. • Cass., ass. plén., 31 oct. 1991, n° 89-11.514 P : *JCP 1992. 21800, note Saint-Jours ; D. 1992. 19, note Groutel ; D. 1993. 271, note Prétot ; RTD civ. 1992. 129, note Jourdain ; ibid. 400, note Jourdain.*

19. Recours de la caisse en remboursement de prestations postérieures. BIBL. Groutel, *JCP 1976. I. 2815 ; D. 1979. Chron. 149 ; ibid. 1980. Chron. 221 ; ibid. 1983. Chron. 123.* – Favre-Rocheix, *RGAT 1980. 161.* ♦ La caisse peut engager une action nouvelle en remboursement de préjudices ayant un lien direct avec l'accident dès lors que le recours porte sur une somme sur laquelle les juges n'avaient pu statuer faute d'être incluse dans la demande initiale, les juges ayant d'ailleurs réservé les droits de la caisse pour le cas où il y aurait lieu à majoration de la rente. • Soc. 13 mai 1981, n° 80-10.033 P • Soc. 25 mai 1982 : *Bull. civ. V, n° 337 ; D. 1982. 610, note Groutel.*

3° PARTAGE DE RESPONSABILITÉ ENTRE LA VICTIME ET LE TIERS

20. Méthode de calcul. Si la responsabilité du tiers, auteur d'un accident du travail, est partagée avec la victime, les ayants droit de celle-ci ne conservent le droit de demander la réparation de leur préjudice, selon les règles du droit commun, que dans la mesure où ledit préjudice n'est pas réparé par les prestations sociales. Les juges doivent donc, après avoir fixé l'importance de chacun des préjudices économiques, faire immédiatement application du partage de responsabilité, de manière à déterminer les parts d'indemnités mises à la charge du tiers et à concurrence desquelles la caisse de sécurité sociale peut exercer ses recours. • Crim. 5 déc. 1991, n° 90-87.077 P.

4° RECOURS DE L'EMPLOYEUR CONTRE LE TIERS, AUTEUR DE L'ACCIDENT

21. Action en remboursement des salaires maintenus. En cas de maintien des salaires par l'employeur pendant la période d'inactivité consécutive à l'accident, l'employeur dispose d'une action contre le tiers tenu à réparation ou son assureur. Ce recours subrogatoire s'exerce sur le montant des salaires nets ainsi que sur les charges salariales précomptées sur lesdits salaires. • Crim. 23 mai 1995, n° 94-80.174 P : *RJS 1995. 1184 ; RDSS 1996. 358, note Vachet ; RTD civ. 1996. 184, note Jourdain.*

22. Action en remboursement des cotisations afférentes aux salaires maintenus. L'employeur peut agir directement contre le tiers auteur de l'accident en vue d'obtenir le remboursement des cotisations sociales afférentes au salaire maintenu. • Cass., ass. plén., 30 avr. 1964 : *Bull. ass. plén., n° 6.*

B. LES PRÉJUDICES OBJETS DE RECOURS

23. Atteinte à l'intégrité physique de la victime. Les recours des tiers payeurs s'exercent dans les limites de la part d'indemnité qui répare l'atteinte à l'intégrité physique de la victime, à l'exclusion de celle, de caractère personnel, correspondant aux souffrances physiques ou morales endurées et au préjudice subjectif de caractère personnel résultant des troubles ressentis dans les conditions d'existence. Les juges ne sauraient en conséquence exclure du recours contre le tiers payeur les indemnités réparant l'atteinte objective à l'intégrité physique de la victime. • Civ. 2e, 8 avr. 2004, n° 02-19.186 P. ♦ De même • Crim. 9 mars 2004, n° 03-81.094 P : *RJS 2004, n° 1202.* ♦ Les juges du fond ne sauraient par conséquent exclure du recours les sommes versées au titre du « préjudice fonctionnel d'agrément », ces sommes incluant des indemnités réparant l'atteinte objective à l'intégrité physique de la victime. • Cass., ass. plén., 19 déc. 2003, n° 02-14.783 P : *RJS 2004, n° 465; D. 2004. 161, obs. Lambert-Faivre ; RTD civ. 2004. 300, note Jourdain .*

24. Frais funéraires. Si la lésion dont est atteint l'assuré social est imputable à une personne autre que l'employeur ou ses préposés, la victime ou ses ayants droit ne conserve contre l'auteur de l'accident le droit de demander la réparation du préjudice causé, conformément aux règles du droit commun, que dans la mesure où ce préjudice n'est pas réparé par application de la législation en matière d'accidents du travail. Les juges du fond doivent en conséquence déduire de l'indemnisation le montant des prestations servies par l'organisme social du chef des frais funéraires. • Crim. 6 nov. 2001, n° 01-80.451 ♦ De même • Crim. 5 déc. 1991, n° 90-86.093 P.

25. Arrérages des rentes. Dans la limite de l'indemnité de droit commun réparant l'atteinte à l'intégrité physique de la victime, la caisse est en droit de récupérer l'ensemble de ses dépenses et spécialement les arrérages à échoir de la rente, le cas échéant, sur la base d'un montant réduit déterminé en fonction du solde de ladite indemnité demeurant disponible après déduction des prestations échues. • Soc. 9 avr. 1992, n° 90-15.131 P. ♦ Comp. antérieurement • Civ. 2e, 7 nov. 1990, n° 89-13.526 P. • Crim. 27 oct. 1987, n° 86-92.020 P. ♦ L'organisme social ne pouvait prétendre qu'au remboursement desdits arrérages au fur et à mesure de leur échéance et de leur versement à la crédirentière, sauf accord du tiers responsable ou de son assureur pour s'en libérer par anticipation en versant le capital représentatif. • Soc. 1er avr. 1987, nos 84-11.118 et 84-11.148, n° 84-11.118 P. ♦ Le recours de la caisse ne peut s'exercer, pour ce qui concerne chacun de ces ayants droit, que dans la limite de l'indemnité qui lui est personnellement allouée. Lorsque le montant de cette indemnité est, après déduction des prestations sociales échues, inférieur au capital représentatif des arrérages à échoir de la rente servie à l'ayant droit, le tiers responsable n'est tenu qu'au remboursement d'arrérages déterminés d'après le solde disponible des condamnations, le reliquat de la rente étant supporté par l'organisme de sécurité sociale, à moins que le tiers ne préfère se libérer en versant à la caisse, sous réserve de l'accord de celle-ci, le solde des indemnités qui lui incombent. • Même arrêt.

III. LA LOI DU 21 DÉC. 2006

BIBL. Arcadio et Grandguillotte, *Gaz. Pal. 1er-3 avr. 2007, Doctr.* – Bernfeld, *Gaz. Pal. 2006. Doctr. 3874.* – Casson, *JCP 2007. I. 144.* – Groutel, *RCA 2007. Études 1 et 4; RCA 2008. Étude 2.* – Jourdain, *D. 2007. Chron. 454 ; RCA 2009. Étude 3.* – C. Lienhard, *D. 2007. Point de vue 452 .* – Quézel-Ambrunaz, *Gaz. Pal. 2009. 723.* – Sardor : *D. 2009. 203 .*

26. Recours poste par poste. Les dispositions de l'art. 31 de la L. du 5 juill. 1985, mod. par l'art. 25-IV de la L. du 21 déc. 2006, relatives à l'exercice des recours des tiers payeurs contre les personnes tenues à réparation d'un dommage résultant d'une atteinte à la personne, s'appliquent aux recours exercés par les caisses de sécurité sociale dans une action engagée par la victime d'un accident du travail sur le fondement des art. L. 454-1, L. 455-1 ou L. 455-1-1. • Cass., avis, 29 oct. 2007, n° 07-00.017 P : *RJS 2008, n° 73.* ♦ V. sur l'interprétation de ces dispositions • CE, avis, 4 juin 2007 : *RJS 2007 n° 1127; AJDA 2007. 1800, chron. Boucher et Bourgeois-Machureau ; JCP E 2007. 1897, étude Guettier; RTD civ. 2007. 577, obs. Jourdain* • CE 8 mars 2013, n° 361273 : *AJDA 2013. 548 ; ibid. 793, chron. Domino et Bretonneau ; D. 2013. 1258, note Porchy-Simon ; ibid. 2658, obs. Bacache, Guégan-Lécuyer et Porchy-Simon ; ibid. 2014. 47, obs. Brun et Gout ; JCP S 2013, n° 1220, note Sargos; Dr. ouvrier 2013. 361, note Lallet, JCP 2013. 1291, obs. Bloch; RCA juin 2013. Repère 6, obs. Groutel.*

27. Application de la loi dans le temps. L'art. 25 de la L. du 21 déc. 2006 relatif à l'exercice des recours des tiers payeurs contre les personnes tenues à réparation d'un dommage résultant d'une atteinte à la personne s'applique lorsque l'accident relève de la législation sur les accidents du travail; qu'il régit les événements ayant occasionné ce dommage quelle que soit la date de leur survenance, dès lors que le montant de l'indemnité due à la victime, qui dépend notamment de l'étendue du recours des tiers payeurs, n'a pas été définitivement fixé. • Civ. 2e, 11 juin 2009, n° 08-16.089 P : *RTD civ. 2009. 545, note Jourdain ; JCP S 2009, n° 1469, note Asquinazi-Bailleux.* ♦ V. de même • Cass., avis, 29 oct. 2007, n° 07-00.017 P et • 29 oct. 2007, n° 07-00.015 P : *RJS 2008, n° 73.*

A. L'EXCLUSION DES RECOURS PORTANT SUR DES INDEMNITÉS DE CARACTÈRE PERSONNEL

28. Définition du préjudice de caractère personnel. La somme allouée en réparation du préjudice d'agrément indemnisant des troubles de caractère subjectif constitue une indemnité de caractère personnel. • Civ. 2e, 5 oct. 2006, n° 05-20.139 P : *RTD civ. 2007. 127, note Jourdain*. ♦ Le préjudice d'agrément est le préjudice subjectif de caractère personnel résultant des troubles ressentis dans les conditions d'existence et ne saurait inclure les indemnités réparant l'atteinte objective à l'intégrité physique de la victime. • Civ. 2e, 3 juin 2004, n° 02-14.920 P. ♦ Mais la gêne subie par la victime dans la vie courante pendant la période d'incapacité temporaire totale ne peut être assimilée à un tel préjudice d'agrément et doit donc être incluse dans l'assiette des sommes soumises au recours contre les tiers responsables. • Crim. 6 avr. 2004, n° 02-84.156 P : *RJS 2004, n° 1202*.

29. Préjudice sexuel. Les difficultés d'ordre sexuel constituent un préjudice d'agrément, revêtant un caractère personnel, et dont la réparation est exclue de l'indemnité soumise au recours des tiers payeurs. • Crim. 20 déc. 1988, n° 88-80.746 P • Crim. 23 févr. 1988, n° 87-80.325 P.

30. Préjudice indemnisé par les rentes accident du travail. La rente versée à la victime d'un accident du travail indemnise, d'une part, les pertes de gains professionnels et l'incidence professionnelle de l'incapacité et, d'autre part, le déficit fonctionnel permanent ; en l'absence de perte de gains professionnels ou d'incidence professionnelle, cette rente indemnise nécessairement le poste de préjudice personnel du déficit fonctionnel permanent. • Civ. 2e, 11 juin 2009, n° 08-16.089 P : *RTD civ. 2009. 545, note Jourdain* ; *JCP S 2009, n° 1469, note Asquinazi-Bailleux*. ♦ V. dans le même sens • Cass., avis, 29 oct. 2007, n° 07-00.017 P : *RJS 2008, n° 73*. ♦ Dans la mesure où son montant excède celui des pertes de revenu et l'incidence professionnelle, la rente servie en application de l'art. L. 434-2 répare nécessairement, en tout ou en partie, l'atteinte objective à l'intégrité physique de la victime que représente le poste de préjudice personnel du déficit fonctionnel permanent. Il appartient en conséquence aux juridictions du fond d'évaluer le poste de l'incidence professionnelle, sans qu'elles puissent se contenter d'imputer ces dépenses sur le poste du déficit fonctionnel permanent. • Crim. 19 mai 2009, n° 08-82.666 P : *JCP 2009. 248, obs. Bloch* ; *RTD civ. 2009. 545, note Jourdain*. ♦ A rappr. : • Crim. 5 févr. 2008, n° 07-83.327 P : *D. 2008. 1800, note Saint-Jours*. ♦ Comp. Eu égard à sa finalité de réparation d'une incapacité permanente de travail, qui lui est assignée par l'art. L. 431-1, et à son mode de calcul, appliquant au salaire de référence de la victime le taux d'incapacité permanente défini par l'art. L. 434-2, la rente d'accident du travail doit être regardée comme ayant pour objet exclusif de réparer, sur une base forfaitaire, les préjudices subis par la victime dans sa vie professionnelle en conséquence de l'accident, c'est-à-dire ses pertes de gains professionnels et l'incidence professionnelle de l'incapacité. Dès lors, le recours exercé par la caisse au titre d'une rente d'accident du travail ne saurait s'exercer que sur ces deux postes de préjudice. En particulier, une telle rente ne saurait être imputée sur un poste de préjudice personnel. • CE 8 mars 2013, n° 361273 : *préc. note 26*.

31. Précédents jurisprudentiels. Sur les conditions de réparation, en tout ou en partie, du poste personnel de déficit fonctionnel permanent, par les rentes, allocations, ou pensions servies par le tiers payeurs, à rappr. • Crim. 19 mai 2009, n° 08-86.485 P (cassation) • Crim., 19 mai 2009, n° 08-82.666 P (cassation) • Crim. 19 mai 2009, n° 08-86.050 P (cassation) • Civ. 2e, 11 juin 2009, n° 07-21.768 P (cassation partielle) • Civ. 2e, 11 juin 2009, n° 07-21.816 P (cassation partielle) • Civ. 2e, 11 juin 2009, n° 08-11.853 P : *RTD civ. 2009. 545, note Jourdain* (cassation partielle) • Civ. 2e, 11 juin 2009, n° 08-17.581 P : *D. 2009. 1789, note Jourdain* ; *JCP 2009. 195, note Porchy-Simon* (cassation).

32. Préjudices indemnisés au profit des ayants droit. La rente versée en application de l'art. L. 434-8 du second de ces textes, au conjoint de la victime d'un accident du travail mortel, indemnise les pertes de revenus de ce conjoint. Les juges du fond ne sauraient en conséquence refuser d'imputer la rente sur l'indemnité réparant le préjudice résultant de la perte de revenus sur le fondement de l'art. 31 de la L. du 5 juill. 1985 dans sa rédaction issue de l'art. 25 de la L. du 21 déc. 2006. • Civ. 2e, 19 févr. 2009, n° 08-11.639 P : *JCP S 2009, n° 1262, note Asquinazi-Bailleux*.

B. INTERACTION AVEC LES RÉGIMES SPÉCIAUX DE RESPONSABILITÉ

33. Responsabilité du fait des choses. En cas de partage de responsabilité entre l'employeur ou son préposé et un tiers étranger à l'entreprise, la victime est en droit d'obtenir de ce tiers, dans les conditions du droit commun, la réparation de l'entier dommage dans la mesure où celui-ci n'est pas indemnisé par les prestations de sécurité sociale. Ne saurait donc être déclarée irrecevable l'action intentée contre un client de l'entreprise au motif que l'accident a été provoqué au moyen d'un véhicule dont l'employeur était le gardien, la responsabilité du client étant engagée du seul fait de sa faute. • Civ. 2e, 8 juill. 1992, n° 91-12.806 P.

34. Accidents de la circulation. Les caisses ne sauraient se prévaloir, en cas d'accident du travail provoqué par la collision de deux véhicules conduits par des salariés, du principe de la réparation intégrale issu de la L. du 5 janv. 1985 pour réclamer au gardien du véhicule la réparation de la totalité du préjudice subi. Les dispositions de l'art. L. 454-1 imposent que lorsque la responsabilité de l'accident est partagée entre l'employeur et un tiers, la caisse ne peut poursuivre contre ce dernier le remboursement de ses prestations que dans la mesure où le montant de celles-ci dépasse celui des indemnités qui auraient été mises à la charge de l'employeur en vertu du droit commun. • Soc. 21 mai 1992 : *RJS 1992, n° 931 ; RDSS 1993. 85, note Vachet* et • 21 mai 1992, n° 89-17.691 P. ♦ La victime d'un accident de la circulation constituant un accident du travail est en droit d'obtenir l'indemnisation de son entier dommage, dans la mesure où celui-ci n'est pas réparé par les prestations de la sécurité sociale, du conducteur d'un véhicule impliqué sans que puisse lui être opposé le fait ou la faute d'un autre conducteur, fût-il le préposé de l'employeur ou l'employeur lui-même. • Civ. 2e, 23 janv. 1991, n° 89-12.115 P.

35. Victimes d'infraction. L'art. 31 de la L. du 5 juill. 1985, dans sa rédaction issue de la L. du 21 déc. 2006, selon lequel le recours des tiers payeurs s'exerce poste par poste sur les seules indemnités qui réparent les préjudices qu'ils ont pris en charge, s'applique lorsque l'accident relève de la législation sur les accidents du travail. Il en résulte que la CIVI doit tenir compte des prestations versées par les organismes, établissements et services gérant un régime obligatoire de sécurité sociale pour indemniser le préjudice subi par la victime d'un accident du travail résultant d'une infraction commise par un tiers. • Civ. 2e, 22 janv. 2009, n° 07-16.974 P : *D. actu. 10 févr. 2009, obs. Lavric.*

C. INDEMNITÉ FORFAITAIRE AU PROFIT DE LA CAISSE (ART. L. 454-1, AL. 8)

36. L'indemnité due à la caisse primaire d'assurance maladie à laquelle est affilié l'assuré victime de l'accident est égale au tiers des sommes dont le remboursement a été obtenu, dans les limites d'un montant maximum de 5 000 francs et d'un montant minimum de 500 francs. Les juges ne sauraient en conséquence octroyer une indemnité inférieure à 5 000 francs lorsque le tiers du montant dû excède ce maximum. • Soc. 26 avr. 2001, n° 99-19.698 P. ♦ V. de même • Civ. 2e, 8 mars 2001, n° 99-13.525 P : *RTD civ. 2001. 607, note Jourdain*.

IV. ACTION CONTRE LE TIERS RESPONSABLE

37. Procédure. En cas d'action de la victime d'un accident du travail contre le tiers responsable devant la juridiction de droit commun, il ne peut être statué sur l'éventuelle responsabilité de l'employeur sans que celui-ci ait été appelé en déclaration de jugement commun. • Civ. 2e, 25 nov. 2004, n° 02-14.018 P : *RJS 2005, n° 217 ; RDSS 2005. 345, note Badel*.

38. Inaction de la victime. L'inaction de la victime ne peut faire obstacle à l'exercice par la caisse du droit propre qui lui appartient d'obtenir le remboursement des prestations qu'elle lui a versées à la suite de l'accident, après fixation, la victime étant dans la cause, de l'indemnité réparant l'atteinte à l'intégrité physique de celle-ci et servant d'assiette au recours de cet organisme. • Soc. 29 janv. 1998, n° 96-15.539 P.

39. Obligation d'appeler la caisse en déclaration de jugement commun. Le non-respect de l'obligation imposée à la victime d'un accident du travail non agricole par les art. L. 454-1 et L. 455-2 d'appeler en déclaration de jugement commun la caisse de sécurité sociale n'est pas sanctionné par la nullité du jugement ayant statué sur la demande de la victime en réparation de son préjudice. • Soc. 7 avr. 1994, n° 92-10.739 P.

40. Employeur placé sous sauvegarde de justice. Le mandat spécial confié à une personne, par application de l'art. 491-5 C. civ., laisse l'incapable majeur placé sous sauvegarde de justice assurer la gestion de ses intérêts civils et ne le prive que de l'accomplissement des actes rentrant dans les pouvoirs limités du mandataire, en sorte qu'il ne saurait avoir pour effet d'entraîner la substitution du mandataire au mandant au regard de sa qualité d'employeur et de le faire bénéficier de l'immunité accordée à ce dernier par la législation sur les accidents du travail. • Soc. 24 févr. 1988, n° 85-10.597 P.

41. Incidence d'une transaction entre la victime et le tiers. La conclusion d'une transaction entre l'assurance du tiers et la victime ne dispense pas les juges du fond de fixer au préalable, selon les règles du droit commun, l'indemnité réparant le préjudice patrimonial éprouvé par les divers ayants droit de la victime et devant, pour chacun d'eux, servir d'assiette au recours exercé par la caisse en vue du recouvrement des prestations qu'elle leur avait respectivement servies. • Soc. 7 oct. 1987, n° 85-12.408 P.

42. Droit d'agir propre de la caisse. Lorsque l'intervention d'une caisse de sécurité sociale a été régulièrement admise en première instance, elle dispose d'un droit propre qui lui permet de déférer la décision aux juges du second degré dans la limite de ses intérêts, nonobstant l'acquiescement de la victime à la décision de première instance, et de remettre ainsi en question ses rapports avec le prévenu. • Crim. 28 nov. 1989, n° 89-81.771 P.

43. Intérêts légaux. La créance de la caisse, dont la décision judiciaire se borne à reconnaître l'existence dans la limite du préjudice global de la victime, doit produire intérêts au jour de la demande ou du jour où les dépenses ont été exposées, si cette date est postérieure à la demande. • Civ. 2e, 4 janv. 1990, n° 88-15.660 P : *RTD civ. 1991. 350, note Jourdain* • Crim. 20 janv. 1987, n° 86-92.013 P.

Art. L. 454-2 *(L. n° 2011-1906 du 21 déc. 2011, art. 120-IV)* **La Caisse d'assurance maladie de l'assuré est informée du règlement amiable intervenu entre l'assuré et le tiers responsable ou l'assureur.**

L'assureur *(L. n° 2016-1827 du 23 déc. 2016, art. 107-4°)* **« ou le tiers responsable » ayant conclu un règlement amiable sans respecter l'obligation mentionnée au premier alinéa du pré-**

sent article ne *(L. n° 2016-1827 du 23 déc. 2016, art. 107-4°)* « peuvent » opposer à la caisse la prescription de *(L. n° 2016-1827 du 23 déc. 2016, art. 107-4°)* « leur » créance. *(L. n° 2016-1827 du 23 déc. 2016, art. 107-4°)* « Ils versent » à la caisse, outre les sommes obtenues par celle-ci au titre des recours subrogatoires prévus aux articles L. 454-1, L. 455-1 et L. 455-1-1, une pénalité qui est fonction du montant de ces sommes et de la gravité du manquement à l'obligation d'information, dans la limite de 50 % du remboursement obtenu.

Le deuxième alinéa du présent article est également applicable à l'assureur du tiers responsable *(L. n° 2016-1827 du 23 déc. 2016, art. 107-4°)* « ou au tiers responsable » lorsqu'*(L. n° 2016-1827 du 23 déc. 2016, art. 107-4°)* « ils ne respectent pas » l'obligation d'information de la caisse prévue au cinquième alinéa de l'article L. 454-1. Une seule pénalité est due à raison du même sinistre.

(L. n° 2016-1827 du 23 déc. 2016, art. 107-4°) « La pénalité appliquée au tiers responsable ne peut excéder 30 000 euros lorsqu'il s'agit d'un particulier. »

La contestation de la décision de la Caisse d'assurance maladie relative au versement de la pénalité relève du contentieux de la sécurité sociale. La pénalité est recouvrée selon les modalités définies au septième alinéa du IV de l'article L. 162-1-14. L'action en recouvrement de la pénalité se prescrit par deux ans à compter de la date d'envoi de la notification de la pénalité par le directeur de la caisse.

Les modalités d'application du présent article sont définies par décret en Conseil d'État.

CHAPITRE V *Dispositions diverses*

Art. L. 455-1 Si l'accident dont le travailleur est victime dans les conditions prévues à l'article L. 411-2 est causé par l'employeur ou ses préposés ou, plus généralement, par une personne appartenant à la même entreprise que la victime, il est fait application, à l'encontre de l'auteur responsable de l'accident, des dispositions des articles L. 454-1 et L. 455-2.

Art. L. 455-1-1 *(L. n° 93-121 du 27 janv. 1993, art. 15-I; L. n° 94-43 du 18 janv. 1994, art. 69-II)* La victime ou ses ayants droit et la caisse peuvent se prévaloir des dispositions des articles L. 454-1 et L. 455-2 lorsque l'accident défini à l'article L. 411-1 survient sur une voie ouverte à la circulation publique et implique un véhicule terrestre à moteur conduit par l'employeur, un préposé ou une personne appartenant à la même entreprise que la victime.

La réparation complémentaire prévue au premier alinéa est régie par les dispositions de la loi n° 85-677 du 5 juillet 1985 tendant à l'amélioration de la situation des victimes d'accidents de la circulation et à l'accélération des procédures d'indemnisation.

Sur la conformité de l'art. L. 455-1-1 à la Constitution : V. Cons. const. 23 sept. 2011, n° 2011-167 QPC (JO 24 sept., p. 16017).

Art. L. 455-2 Si des poursuites pénales sont exercées dans les cas prévus aux articles L. 452-1 à L. 452-5, L. 453-1 et L. 454-1, les pièces de procédure sont communiquées à la victime ou à ses ayants droit. Le même droit appartient à l'employeur et à la caisse.

Dans le cas prévu aux articles L. 452-1 à L. 452-4, la *(Ord. n° 2010-177 du 23 févr. 2010, art. 24)* « caisse d'assurance retraite et de la santé au travail » doit communiquer à la victime ou à ses ayants droit, sur leur demande, les résultats complets de l'enquête ainsi que tous les renseignements dont elle dispose.

Dans les cas prévus aux articles L. 452-1 à L. 452-5, L. 453-1 et L. 454-1, la victime ou ses ayants droit doivent appeler la caisse en déclaration de jugement commun ou réciproquement. *(L. n° 2006-1640 du 21 déc. 2006, art. 25-II)* « A défaut, la nullité du jugement sur le fond peut être demandée pendant deux ans à compter de la date à laquelle le jugement est devenu définitif soit à la requête du ministère public, soit à la demande des caisses de sécurité sociale intéressées ou du tiers responsable, lorsque ces derniers y ont intérêt. »

La victime est admise à faire valoir les droits résultant pour elle de l'action en indemnité formée conformément aux articles L. 452-5 et L. 454-1 par priorité sur les caisses en ce qui concerne son action en remboursement.

Art. L. 455-3 *(L. n° 93-121 du 27 janv. 1993, art. 5)* La victime d'un accident du travail, qui le demande, a droit d'obtenir communication du rapport d'enquête que peut établir la *(Ord. n° 2010-177 du 23 févr. 2010, art. 24-14°)* « caisse d'assurance retraite et de la santé au travail » sur ledit accident, sans que des motifs tirés du secret de la vie privée ou du secret *(L. n° 2018-670 du 30 juill. 2018, art. 4)* « des affaires », portant exclusivement sur des faits qui lui sont personnels, puissent lui être opposés.

Ordonnance nº 59-76 du 7 janvier 1959,

relative aux actions en réparation civile de l'État et de certaines autres personnes publiques (L. nº 68-2 du 2 janv. 1968).

Art. 1er *(Ord. nº 2021-1574 du 24 nov. 2021, art. 9-V, en vigueur le 1er mars 2022)* L'État, les collectivités territoriales et les établissements publics administratifs disposent de l'action subrogatoire prévue par les dispositions des articles L. 825-1 à L. 825-8 du code général de la fonction publique lorsqu'un décès, une infirmité ou une maladie imputable à un tiers affecte un de leurs agents autres que ceux mentionnés aux articles L. 1 et L. 2 du même code.

Art. 2 *(Ord. nº 2021-1574 du 24 nov. 2021, art. 9-V, en vigueur le 1er mars 2022)* Ces dispositions sont également applicables aux recours exercés par la caisse des dépôts et consignations agissant tant pour son propre compte que comme gérante du fonds spécial de retraite des ouvriers des établissements industriels de l'État et comme gérante de la caisse nationale de retraite des collectivités locales.

Art. 3 *(Abrogé par Ord. nº 2021-1574 du 24 nov. 2021, art. 9-V, à compter du 1er mars 2022) (L. nº 85-677 du 5 juill. 1985) « Lorsque la victime ou ses ayants droit engagent une action contre le tiers responsable, ils doivent appeler en déclaration de jugement commun la personne publique intéressée et indiquer la qualité qui leur ouvre droit aux prestations de celle-ci à peine de nullité » du jugement fixant l'indemnité. A défaut de cette indication, la nullité du jugement sur le fond pourra être demandée par toute personne intéressée pendant deux ans à compter de la date à partir de laquelle ledit jugement est devenu définitif.*

Le règlement amiable pouvant intervenir entre le tiers et la victime ou ses ayants droit ne peut être opposé à l'État qu'autant que celui-ci a été invité à y participer par lettre recommandée avec demande d'avis de réception et ne devient définitif, en cas de silence de l'administration, que deux mois après la réception de cette lettre.

Art. 4 *(Abrogé par Ord. nº 2021-1574 du 24 nov. 2021, art. 9-V, à compter du 1er mars 2022) Si, au moment où il est appelé à se prononcer sur la demande en réparation de la victime ou de ses ayants droit, le juge n'est pas en mesure d'apprécier l'importance des prestations dues par l'État, il surseoit à statuer et accorde éventuellement une indemnité provisionnelle.*

Art. 5 *(Abrogé par Ord. nº 2021-1574 du 24 nov. 2021, art. 9-V, à compter du 1er mars 2022) Lorsque la responsabilité du dommage est partagée entre le tiers et la victime, l'État peut recourir contre le tiers pour la totalité des prestations auxquelles il est tenu, à la condition que leur montant n'excède pas celui de la réparation mise à la charge du tiers.*

Toutefois, ce recours ne peut s'exercer sur la part des dommages-intérêts correspondant à des préjudices qui, en raison de leur nature, ne se trouvent pas au moins partiellement couverts par les prestations visées à l'article 1er.

Art. 6 *(Abrogé par Ord. nº 2021-1574 du 24 nov. 2021, art. 9-V, à compter du 1er mars 2022) Les dispositions de la présente ordonnance ne dérogent pas, le cas échéant, aux règles prévues par le livre IV du code de la sécurité sociale.*

Art. 7 *(Abrogé par Ord. nº 2021-1574 du 24 nov. 2021, art. 9-V, à compter du 1er mars 2022) (L. nº 68-2 du 2 janv. 1968) Les dispositions de la présente ordonnance sont applicables aux recours exercés par :*

1º Les collectivités locales;

2º Les établissements publics à caractère administratif;

3º La Caisse des dépôts et consignations agissant tant pour son propre compte, que comme gérante du fonds spécial de retraite des ouvriers des établissements industriels de l'État et comme gérante de la caisse nationale des retraites des agents des collectivités locales.

Loi nº 85-677 du 5 juillet 1985,

tendant à l'amélioration de la situation des victimes d'accidents de la circulation et à l'accélération des procédures d'indemnisation. — V. cette loi, vº Responsabilité civile.

Art. 28 Les dispositions du présent chapitre s'appliquent aux relations entre le tiers payeur et la personne tenue à réparation d'un dommage résultant d'une atteinte à la personne, quelle que soit la nature de l'événement ayant occasionné ce dommage.

Art. 29 Seules les prestations énumérées ci-après versées à la victime d'un dommage résultant des atteintes à sa personne ouvrent droit à un recours contre la personne tenue à réparation ou son assureur :

1. Les prestations versées par les organismes, établissements et services gérant un régime obligatoire de sécurité sociale et par ceux qui sont mentionnés aux articles 1106-9, 1234-8 et 1234-20 du code rural ;

2. Les prestations énumérées au II de l'article 1er de l'ordonnance n° 59-76 du 7 janvier 1959 relative aux actions en réparation civile de l'État et de certaines autres personnes publiques ;

3. Les sommes versées en remboursement des frais de traitement médical et de rééducation ;

4. Les salaires et les accessoires du salaire maintenus par l'employeur pendant la période d'inactivité consécutive à l'événement qui a occasionné le dommage ;

5. Les indemnités journalières de maladie et les prestations d'invalidité versées par les groupements mutualistes régis par le code de la mutualité *(L. n° 94-678 du 8 août 1994, art. 15)* « , les institutions de prévoyance régies par le code de la sécurité sociale ou le code rural et les sociétés d'assurance régies par le code des assurances ».

1. Le mot « Seules » figurant au premier al. de l'art. 29 de la L. du 5 juill. 1985 tendant à l'amélioration de la situation des victimes d'accidents de la circulation et à l'accélération des procédures d'indemnisation, dans sa rédaction résultant de la L. n° 94-678 du 8 août 1994 relative à la protection sociale complémentaire des salariés est conforme à la Constitution. • Cons. const. 24 févr. 2017, n° 2016-613 QPC : *JO 25 févr ; AJDA 2017. 442 ; D. 2017. 504 ; AJ fam. 2017. 162 ; RTD civ. 2017. 408, obs. Jourdain ; RCA 2017. Étude 7, note Groutel.*

2. Le préjudice résultant d'une infraction doit être réparé, dans son intégralité, sans perte ni profit pour aucune des parties ; l'art. 29 ne fait aucune distinction entre les prestations versées en conséquence du fait dommageable, toutes les prestations, sans distinction, versées en conséquence de faits dommageables par les organismes, établissements et services gérant un régime obligatoire de sécurité sociale ouvrent droit à un recours subrogatoire et, dès lors, doivent être imputées sur l'indemnité mise à la charge du tiers responsable. • Crim. 8 déc. 2015, n° 14-87.182 P : *D. 2016. 2187, obs. Bacache* (prise en compte des rentes d'orphelins et de veuve versées par un organisme complémentaire). ♦ Pour la détermination de l'indemnité complémentaire revenant à la victime en réparation de son préjudice soumis à recours, doivent être prises en compte toutes les prestations versées par les tiers payeurs subrogés, même si ces derniers n'exercent pas leur recours ou le limitent à une somme inférieure. • Crim. 19 avr. 2017, n° 15-86.351 P.

3. Les allocations d'aide au retour à l'emploi perçues par la victime, qui ne sont pas mentionnées par l'art. 29 de la L. du 5 juill. 1985, ne donnent pas lieu à recours subrogatoire contre la personne tenue à réparation. • Civ. 2e, 26 mars 2015, n° 14-16.011 P. ♦ Dans le même sens pour la prestation de compensation du handicap. • Civ. 2e, 2 juill. 2015, n° 14-19.797 P : *D. 2015. 1539 ; RTD civ. 2015. 889, obs. Jourdain* • 6 févr. 2020, n° 18-19.518 P : *D. 2020. 2142, obs. Bacache, Guégan et Porchy-Simon ; ibid. 2021. 46, obs. Brun ; RTD civ. 2020. 632, obs. Jourdain* (…, que l'indemnité soit payée par la personne tenue à réparation ou prise en charge à titre subsidiaire par le FGAO).

4. La prestation de compensation du handicap versée par le conseil général n'entre pas dans la catégorie des prestations ouvrant droit à action contre la personne tenue à réparation du dommage ou son assureur mentionnées aux art. 29 et 32 de la L. du 5 juill. 1985. • Crim. 1er sept. 2015, n° 14-82.251 P.

L'allocation personnalisée versée par le conseil départemental et non mentionnée par l'art. 29 de la L. du 5 juill. 1985, ne donne pas lieu à un recours subrogatoire contre la personne tenue à réparation. • Civ. 2e, 20 oct. 2016, n° 15-17.507 P : *D. 2016. 2167 ; RDSS 2017. 183, obs. Dagorne-Labbe.*

5. Cassation de l'arrêt qui refuse toute imputation sur le préjudice de la victime de la créance de la MSA, qui n'avait pas reçu du juge injonction de produire le décompte de ses débours, au motif inopérant que cet organisme n'avait pas constitué avocat, ni fait connaître le montant de sa créance. • Civ. 2e, 16 janv. 2014 : *D. 2014. Chron. C. cass. 571, obs. Lazerges-Cousquer et Touati.*

6. L'art. L. 211-22 C. assur. ne fait aucune distinction entre le FGAO et les assureurs quant à l'assiette de la pénalité. • Crim. 3 mai 2016, n° 14-84.246 P.

7. V. notes 9 s. ss. art. L. 211-9 C. assur.

Art. 30 Les recours mentionnés à l'article 29 ont un caractère subrogatoire.

1. Action subrogatoire et non directe. La seule action dont dispose l'assureur qui a versé des prestations à caractère indemnitaire pour des atteintes à la personne est une action subrogatoire contre le tiers responsable ou son assureur et non une action directe contre son propre assuré. • Civ. 2e, 23 oct. 2008, n° 07-18.234 P : *D. 2008. AJ 286 ; RCA 2009, n° 28, obs. Groutel ; RDSS 2008. 572, obs. Arhab.*

2. Ayant versé en sa qualité de tiers payeur à son agent des prestations énumérées au II de l'art. 1er de l'Ord. n° 59-76 du 7 janv. 1959, l'APHP est recevable à exercer un recours subrogatoire en remboursement de ces prestations contre l'assureur du véhicule impliqué dans l'accident dont cet agent avait été victime, la circonstance qu'elle soit aussi tiers responsable à l'égard de la victime étant indifférente. • Civ. 2e, 22 nov. 2018, n° 17-26.346 P : *D. 2019. 1196, obs. Bacache ; RDC 2/2019. 27, note Libchaber ; RGDA févr. 2019. 20, note Landel.*

3. Droit du tiers payeur malgré la carence de la victime. La carence totale ou partielle de la victime d'une infraction, constituée partie civile, ne saurait priver le tiers payeur de son droit d'obtenir de la juridiction pénale le remboursement de ses dépenses à concurrence du préjudice réel dont la réparation incombe au tiers responsable. • Crim. 24 janv. 2012 : *D. 2012. 551.*

4. Selon l'art. L. 376-1 CSS, les organismes de sécurité sociale sont subrogés à la victime à laquelle ils ont versé des prestations, et ils conservent la faculté de réclamer directement au tiers responsable, dans la limite de la part du préjudice soumise à leur recours, le remboursement de leurs prestations qui ont été versées en relation de causalité avec ce dommage. • Civ. 2e, 7 juill. 2011, n° 09-16.616 P.

5. Le recours subrogatoire des tiers payeurs s'exerce poste par poste : cassation de l'arrêt qui a omis de préciser les postes de préjudice se rapportant à l'aggravation de l'état de santé de la victime et pris en charge par la caisse primaire d'assurance maladie. • Civ. 2e, 23 mai 2019, n° 18-14.332 P. ♦ La rente versée aux mineurs orphelins par la caisse primaire d'assurance maladie en application de l'art. L. 434-10 CSS doit s'imputer sur l'indemnité réparant la perte de revenus des victimes par ricochet. • Crim. 4 juin 2013, n° 12-84.377. ♦ Le fonds de garantie des victimes d'infraction est subrogé dans les droits de la victime pour obtenir des responsables du dommage causé par l'infraction ou tenus à un titre quelconque d'en assurer la réparation totale ou partielle, le remboursement de l'indemnité ou de la provision versée par lui, dans la limite du montant de la réparation à la charge desdites personnes. • Crim. 9 janv. 2019, n° 17-87.070 P : *AJ pénal 2019. 213, obs. Lasserre Capdeville.*

6. Les dispositions de l'art. 53-VI de la L. n° 2000-1257 du 23 déc. 2000 ont pour seul objet de subroger, à due concurrence des sommes versées, le FIVA dans les droits que possède la personne indemnisée contre la personne responsable du dommage ainsi que contre les personnes ou organismes tenus à un titre quelconque d'en assurer la réparation, et d'agir ou d'intervenir à cette fin devant les juridictions civiles et répressives, et sont ainsi sans effet sur les conditions dans lesquelles la responsabilité de l'auteur du dommage ou l'obligation à réparer des autres personnes ou organismes peut être engagée. • Civ. 2e, 1er oct. 2015, n° 15-40.030 P.

7. Il résulte des art. L. 376-1 CSS et 30 de la L. du 5 juill. 1985 que, sauf accord du tiers responsable sur le paiement d'un capital, les caisses de sécurité sociale ne peuvent prétendre au remboursement de leurs dépenses qu'au fur et à mesure de leur engagement ; cassation de l'arrêt qui condamne l'assureur et l'auteur du dommage à payer un capital correspondant à des prestations futures. • Civ. 2e, 23 mai 2019, n° 18-14.332 P.

Art. 31 *(L. n° 2006-1640 du 21 déc. 2006, art. 25-IV)* Les recours subrogatoires des tiers payeurs s'exercent poste par poste sur les seules indemnités qui réparent des préjudices qu'elles ont pris en charge, à l'exclusion des préjudices à caractère personnel.

Conformément à *(Ord. n° 2016-131 du 10 févr. 2016, art. 6-XXXVI, en vigueur le 1er oct. 2016)* « l'article 1346-3 *[ancienne rédaction : l'article 1252]* » du code civil, la subrogation ne peut nuire à la victime subrogeante, créancière de l'indemnisation, lorsqu'elle n'a été indemnisée qu'en partie ; en ce cas, elle peut exercer ses droits contre le responsable, pour ce qui lui reste dû, par préférence au tiers payeur dont elle n'a reçu qu'une indemnisation partielle.

Cependant, si le tiers payeur établit qu'il a effectivement et préalablement versé à la victime une prestation indemnisant de manière incontestable un poste de préjudice personnel, son recours peut s'exercer sur ce poste de préjudice.

Sur l'entrée en vigueur des dispositions issues de l'Ord. n° 2016-131 du 10 févr. 2016, V. cette Ord., art. 9, ss. art. 1886-1 nouv. C. civ.

BIBL. ▶ Proposition de modification de l'art. 31 : *R. 2004, p. 12.* ▶ Réforme du 21 déc. 2006 : ARCADIO et GRANDGUILLOTTE, *Gaz. Pal. 1er-3 avr. 2007, Doctr.* – BERNFELD, *Gaz. Pal. 2006. Doctr. 3874.* – CASSON, *JCP 2007. I. 144.* – GROUTEL, *RCA 2007. Études 1 et 4 ; ibid. 2008. Étude 2.* – JOURDAIN, *D. 2007. Chron. 454 ; RCA 2009. Étude 3.* – C. LIENHARD, *D. 2007. Point de vue 452.* – QUÉZEL-AMBRUNAZ, *Gaz. Pal. 2009. 723.*

▶ Recours des tiers payeurs : DEJEAN DE LA BÂTIE, *RLDC 2011/79, n° 4122.* – RICHARD et DEBAUVE, *RCA 2012. Étude 27* (recours des caisses primaires). – Colloque, *Gaz. Pal. 2017. 715.*

▶ Préjudices : BIZOT, *RCA 2012. Étude 22* (préjudice indemnisable). – BORÉ, *RCA 2012. Étude 21* (réparation des préjudices).

1. Portée de la réforme. Sur la portée de la réforme issue de la L. n° 2006-1640 du 21 déc. 2006, art. 25, V. • CE, avis, 4 juin 2007, n° 303422 : *AJDA 2007. 1800, chron. Boucher et Bourgeois-Machureau ; JCP E 2007. 1897, étude Guettier ; RTD civ. 2007. 577, obs. Jourdain* • Cass., avis,

29 oct. 2007, n° 00-00.015 P : *BICC 1er févr. 2008, rapp. Grignon-Dumoulin, obs. Delbano, avis Mazard ; D. 2007. AJ 2801, obs. Gallmeister ; JCP 2007. II. 10194, note Jourdain ; Gaz. Pal. 9-10 nov. 2007, note Bibal ; RDSS 2007. 1123, note Verkindt* • Cass., avis, 29 oct. 2007, n° 07-00.016 P : *eod. loc.* • 6 oct. 2008 : *BICC 15 janv. 2008, rapp. Adida-Canac, obs. Lautru ; D. 2009. 203, note Sargos ; RLDC 2008/55, n° 3216, obs. Bugnicourt.*

2. Droit transitoire. Cette réforme s'applique aux dommages survenus avant son entrée en vigueur dès lors que le montant de l'indemnité due à la victime n'a pas été définitivement fixé. • Cass., avis, 29 oct. 2007 : *préc.* • Civ. 2e, 21 févr. 2008, n° 07-11.712 P : *D. 2008. AJ 691* • 11 sept. 2008 : *D. 2008. AJ 2347*. ♦ Elle ne s'applique pas en présence d'un arrêt rendu avant l'entrée en vigueur de la L. du 21 déc. 2006, insusceptibe d'un recours suspensif d'exécution : les nouvelles dispositions ne sont pas, en l'espèce, applicables pour la première fois devant la Cour de cassation. • Même arrêt.

3. Domaine d'application. Elle s'applique aux recours exercés par les caisses de sécurité sociale dans une action engagée par la victime d'un accident du travail. • Cass., avis, 29 oct. 2007 : *préc. note 2* • Paris, 10 sept. 2007 : *D. 2008. 269, note Saint-Jours* • Crim. 5 févr. 2008, n° 07-83.327 P : *R., p. 363 ; D. 2008. 1800, note Saint-Jours*. ♦ Les dispositions de l'art. 31 de la L. du 5 juill. 1985, modifié par la L. du 21 déc. 2006, s'appliquent lorsque l'accident relève de la législation sur les accidents du travail ; il en résulte que les prestations énumérées à l'art. 29 de la même loi doivent être déduites poste par poste, sur les seules indemnités qui réparent des préjudices qu'elles ont pris en charge. • Civ. 2e, 22 janv. 2009, n° 07-17.124 P : *D. 2009. AJ 429* • 22 janv. 2009, n° 07-16.974 P (application à la CIVI).

Les dispositions de l'art. 31, al. 2, de la L. n° 85-677 du 5 juill. 1985, dans sa rédaction issue de l'art. 25 de la L. n° 2006-1640 du 21 déc. 2006, instituant un droit de préférence au bénéfice de la victime subrogeante lorsqu'elle n'a été indemnisée qu'en partie, c'est à bon droit que la cour d'appel a fixé la réparation en déduisant, poste par poste, les prestations visées à l'art. 706-9 C. pr. pén. • Civ. 2e, 10 déc. 2015, n° 14-25.757 P : *D. 2016. 2187, obs. Bacache ; RTD civ. 2016. 380, obs. Jourdain ; RGDA 2016. 95, note Landel ; RCA 2016, Étude n° 2, par Groutel.*

4. Régime : recours s'exerçant poste par poste. Le recours subrogatoire de l'État contre les tiers s'exerce poste par poste sur les seules indemnités qui réparent les préjudices qu'il a pris en charge, à l'exclusion des préjudices à caractère personnel ; le capital décès servi par l'État ne peut être déduit des frais d'obsèques et de sépulture exposés par la veuve de la victime d'un homicide involontaire. • Crim. 10 mars 2009 : *D. 2009. AJ 1088*.

Lorsque le décès, l'infirmité ou la maladie d'un agent de l'État est imputable à un tiers, l'État dispose d'un recours subrogatoire contre ce tiers en remboursement des prestations versées ou maintenues à la victime ou à ses ayants droit, les prestations devant être déduites poste par poste sur les seules sommes réparant les préjudices pris en charge. La réparation ne pouvant excéder le montant du préjudice, l'évaluation du préjudice corporel global ne peut comprendre la rente d'invalidité versée par l'État. • Civ. 2e, 28 juin 2012 : *D. 2012. 1820 ; RCA 2012, n° 302, obs. Groutel.*

Le recours subrogatoire exercé par une caisse de sécurité sociale au titre d'une rente d'accident du travail ne saurait s'exercer sur un poste de préjudice personnel. • CE, 8 mars 2013 : *AJDA 2013. 793, chron. Domino et Bretonneau ; D. 2013. 1258, note Porchy-Simon*.

La rente accident du travail, qui répare un préjudice permanent, quand bien même son versement aurait commencé avant la date de consolidation retenue par le juge, ne peut être imputée sur un poste de préjudice patrimonial temporaire de perte de gains professionnels actuels. • Civ. 2e, 14 oct. 2021, n° 19-24.456 B.

5. Le recours subrogatoire de la caisse primaire d'assurance maladie ayant vocation à s'imputer sur les pertes de gains professionnels futurs, l'incidence professionnelle et, le cas échéant, sur le déficit fonctionnel permanent, rejet du pourvoi contre la décision ayant sursis à statuer dans l'attente du décompte définitif des sommes qu'elle doit verser à la victime au titre d'une pension d'invalidité. • Crim. 18 mars 2014, n° 12-87.521 P : *D. 2014. 721*.

Cassation de l'arrêt qui répare le préjudice soumis à recours sans déduire la pension d'invalidité servie par la caisse primaire d'assurance maladie qui s'impute, même si celle-ci n'exerce pas son recours, sur les pertes de gains professionnels futurs, l'incidence professionnelle et, en cas de reliquat, sur le déficit fonctionnel permanent. • Civ. 2e, 29 mars 2018, n° 17-15.260 P.

6. Cassation de l'arrêt qui affirme que, faute de capitalisation, la créance de la CPAM au titre du capital représentatif de la majoration tierce personne ne sera pas prise en compte, et l'organisme social sera intégralement remboursé mensuellement sur justification des dépenses faites, alors que la cour d'appel aurait dû déterminer préalablement l'assiette du recours de la CPAM au titre du poste de préjudice lié au besoin d'assistance par une tierce personne et imputer les prestations réparant ce poste de préjudice. • Civ. 2e, 15 janv. 2015, n° 13-27.761 P : *D. 2015. 661, note Saulier*.

7. … Préjudice personnel de déficit fonctionnel. En l'absence de perte de gains professionnels ou d'incidence professionnelle, l'allocation temporaire d'invalidité versée à la victime d'un accident de service indemnise le préjudice personnel de déficit fonctionnel et doit en conséquence être déduite du montant de l'indemnité allouée en réparation du poste de préjudice de déficit fonctionnel permanent. • Civ. 2e, 11 juin 2009, n° 07-21.816 P : *D. 2010. Pan. 540, obs. Adida-Canac et Grignon-Dumoulin ; JCP 2009, n° 194, obs. Porchy-Simon ; RTD civ. 2009. 545, obs. Jourdain* • 11 juin 2009, n° 08-11.853 P : *eod. loc.*

8. Al. 2. La subrogation ne peut nuire à la victime subrogeante, créancière de l'indemnisation, lorsqu'elle n'a été prise en charge que partiellement par les prestations sociales ; en ce cas, l'assuré social peut exercer ses droits contre le responsable, par préférence au tiers payeur subrogé. • Crim. 20 nov. 2012 : *D. 2013. 11* . ♦ Il en résulte que le droit de préférence de la victime doit s'exercer, poste par poste, sur l'indemnité due par le responsable, pour la part du poste de son préjudice que ne réparent pas les prestations versées, le solde de l'indemnité étant, le cas échéant, alloué au tiers payeur. • Civ. 2e, 14 janv. 2010, n° 08-17.293 P : *D. 2010. AJ 267 ; JCP 2010, n° 456, obs. Bloch ; RCA 2010, n° 71, note Groutel.*

La victime subrogeante, assurée sociale, créancière de l'indemnisation, qui n'a été prise en charge que partiellement par les prestations sociales, peut exercer ses droits contre le responsable par préférence au tiers payeur : en cas de limitation du droit à indemnisation de la victime, le droit de préférence de celle-ci sur la dette du responsable a pour conséquence que son préjudice corporel, évalué poste par poste, doit être intégralement réparé pour chacun des postes, dans la mesure de l'indemnisation laissée à la charge du responsable, le tiers payeur ne pouvant exercer son recours que sur l'éventuel reliquat. • Civ. 2e, 13 janv. 2012 : *D. 2012. 1051, note Bourdoiseau ; RCA 2012, n° 104, obs. Groutel.*

9. Les souffrances physiques et morales relèvent du préjudice d'agrément, à condition que la victime puisse justifier d'une activité spécifique sportive antérieure à la maladie et que les souffrances invoquées n'aient pas déjà été réparées au titre du déficit fonctionnel permanent. • Civ. 2e, 28 févr. 2013, n° 11-21.015 P : *D. 2013. 646 ; RDSS 2013. 359, obs. Badel* .

10. Al. 3. L'art. 31, al. 3, de la L. du 5 juill. 1985 prévoit que le tiers payeur qui établit qu'il a effectivement et préalablement versé à la victime une prestation indemnisant de manière incontestable un poste de préjudice personnel peut exercer son recours sur ce poste ; tel est le cas pour des prestations réparant des préjudices définis selon la loi espagnole et revêtant, en droit français, une nature mixte, patrimoniale et extrapatrimoniale. • Civ. 2e, 4 févr. 2016, n° 14-24.568 P : *D. 2016. 2187, obs. Bacache* .

Art. 32 Les employeurs sont admis à poursuivre directement contre le responsable des dommages ou son assureur le remboursement des charges patronales afférentes aux rémunérations maintenues ou versées à la victime pendant la période d'indisponibilité de celle-ci. Ces dispositions sont applicables à l'État par dérogation aux dispositions de l'article 2 de l'ordonnance n° 59-76 du 7 janvier 1959 précitée.

Caractère direct, et non subrogatoire, de l'action : V. • Civ. 2e, 24 janv. 2002 : *Dr. et patr. 4/2002. 91, obs. Chabas.*

Art. 33 Hormis les prestations mentionnées aux articles 29 et 32, aucun versement effectué au profit d'une victime en vertu d'une obligation légale, conventionnelle ou statutaire n'ouvre droit à une action contre la personne tenue à réparation du dommage ou son assureur.

Toute disposition contraire aux prescriptions des articles 29 à 32 et du présent article est réputée non écrite à moins qu'elle ne soit plus favorable à la victime.

Toutefois, lorsqu'il est prévu par contrat, le recours subrogatoire de l'assureur qui a versé à la victime une avance sur indemnité du fait de l'accident peut être exercé contre l'assureur de la personne tenue à réparation dans la limite du solde subsistant après paiements aux tiers visés à l'article 29. Il doit être exercé, s'il y a lieu, dans les délais impartis par la loi aux tiers payeurs pour produire leurs créances. — *Al. codifié ss. C. assur., art. L. 211-25.*

Art. 34 L'organisme de sécurité sociale chargé du remboursement des soins représente auprès du responsable des dommages ou de l'assureur de celui-ci, et pour la conclusion d'une transaction, les organismes de sécurité sociale chargés de la couverture des autres risques et du versement de prestations familiales.

RESPONSABILITÉ CIVILE

Les annotations de jurisprudence et de bibliographie sous les articles 1240 et suivants du code civil ont été reprises du ***Code civil Dalloz****, rédigées avec le concours de Mme A. Tisserand-Martin et MM. X. Henry, G. Venandet, G. Wiederkehr et P. Ancel.*

DALLOZ ACTION *Droit de la responsabilité et des contrats 2014/2015.*

BIBL. GÉN. ▸ Commentaire de l'Ord. du 10 févr. 2016 : BÉNABENT et L. AYNÈS, *D. 2016. 434* . – MAZEAUD, *Gaz. Pal. 2016. 209.* – MEKKI, *Gaz. Pal. 2016. 109 ; D. 2016. 494* .

– MESTRE, *AJCA 2016. 105* . – MIGNOT, *LPA 26 févr. 2016, p. 8*. – PÉRÈS, *JCP 2016, n° 454*. – RIÉRA, *AJCA 2016. 20* . – RONTCHEVSKY, *AJCA 2016. 112* .

Code civil

Responsabilité extracontractuelle en général

(Ord. n° 2016-131 du 10 févr. 2016, art. 2, en vigueur le 1er oct. 2016)

BIBL. GÉN. ▶ AZZI, *RTD civ. 2007. 227* (responsabilité civile délictuelle et droits subjectifs). – BEAUDEUX, *LPA 25 avr. 2008* (causalité : frontière entre responsabilités délictuelle et contractuelle). – BELLIS, *RLDC 2019/12. 40* (pour la consécration d'un principe de concours des responsabilités contractuelle et délictuelle). – BENSAMOUN et LOISEAU, *JCP 2017, n° 1203* (intelligence artificielle). – BERNARD-MÉNORET, *Gaz. Pal. 2012. 2027* (principe de précaution et responsabilité civile). – DE BERTIER-LESTRADE, *D. 2020. 1628* (responsabilité civile et handicap). – BIGOT, *RGDA 2020/5. 14* (la fonction normative de la responsabilité civile et le comportement de l'assuré). – BOUTONNET, *D. 2010. Chron. 2662* (principe de précaution). – BRUN, *Mél. le Tourneau, Dalloz, 2008, p. 117* (abécédaire du droit de la responsabilité). – BUGNICOURT, BORGHETTI et COLLART-DUTILLEUL, *D. 2010. Chron. 1099* (droit civil de la responsabilité et droit spécial de l'alimentation). – CHABAS, *Gaz. Pal. 2000. 2. Doctr. 1399* (cent ans de responsabilité civile). – DANIS-FATÔME et VINEY, *D. 2017. 1610* (responsabilité civile dans la loi relative au devoir de vigilance des sociétés mères et des entreprises donneuses d'ordre). – DANIS-FATÔME, *RTD com. 2018. 23* (articulation entre le droit spécial de la responsabilité pour insuffisance d'actif et le droit commun de la responsabilité civile). – DESCHEEMAEKER, *RTD civ. 2010. 435* (délits, quasi-délits et notion de faute). – DUBOIS, *RTD civ. 2020. 275* (la responsabilité civile pourrait-elle voler au secours de la culture ?). – DUPRÉ, *JCP 2020, n° 1024* (neutralisation de la faute de la victime privée de discernement : un choix de politique juridique). – ENCINAS DE MUNAGORRI, *Mél. Larroumet, Economica, 2010, p. 125* (théorie du risque). – FISCHER, *Mél. le Tourneau, Dalloz, 2008, p. 383* (causalité, imputation, imputabilité). – GALBOIS-LEHALLE, *D. 2021. 87* (responsabilité civile pour l'intelligence artificielle selon Bruxelles). – HUET, *JCP 2020, n° 1232* (étude des rapports entre la responsabilité contractuelle et la responsabilité délictuelle – rapprochements avec le projet de réforme de la responsabilité). – JOURDAIN, *Mél. Jestaz, Dalloz, 2006, p. 247* (faut-il recodifier le droit de la responsabilité civile ?) ; *Mél. Bouloc, Dalloz, 2007, p. 511* (l'imputabilité) ; *RCA 2016. Étude 4* (constitutionnalisation du droit de la responsabilité civile) ; *ibid. 2019. Dossier 6* (dommages à la personne). – LAGOUTTE, *RGDA 2014. 535* (responsabilité civile environnementale). – LEDUC, *LPA 6 juill. 2005* (le droit de la responsabilité civile hors le code civil). – LÉGER, *D. 2018. 1320* (la nature de la responsabilité dans l'hypothèse de la violation du périmètre d'une licence de logiciel). – LOISEAU, *JCP 2018, n° 597* (personnalité juridique des robots). – O. LUCAS, *JCP 2002. I. 111* (droits de l'homme et responsabilité civile). – MARMISSE, *LPA 19 et 20 sept. 2002* (évolution au XXe siècle : le rôle de la doctrine). – MAURIN, *RTD civ. 2015. 517* (droit souple de la responsabilité civile). – MESA, *D. 2021. 303* (rapports entre infraction et faute civile et conséquences sur l'indemnisation des victimes). – N. PIERRE, *Mél. Goubeaux, Dalloz-LGDJ, 2009, p. 423* (propriété et responsabilité). – PORCHY-SIMON, *D. 2021. 296* (la victime de dommage corporel : retour sur deux concepts fondamentaux du droit de la réparation). – POUMARÈDE, *RTD civ. 2019. 465* (précaution et responsabilité civile : de la règle au principe et inversement). – QUÉZEL-AMBRUNAZ, *Thèse, Dalloz, 2010* (causalité) ; *RTD civ. 2012. 251* (la responsabilité civile et les droits du titre I du livre I du code civil). – RADÉ, *D. 2003. Chron. 2247* (pour une réforme de la responsabilité civile) ; *Mél. le Tourneau, Dalloz, 2008, p. 885* (présomptions d'imputabilité) ; *RCA 2009. Étude 5* (responsabilité et solidarité). – RIVOLLIER, *D. 2021. 1140* (le droit commun de la responsabilité civile comme fondement résiduel et subversif à la réparation des atteintes subies dans le cadre professionnel). – DE SALVE DE BRUNETON, *Mél. Boré, Dalloz, 2007, p. 407* (les principes constitutionnels et la responsabilité civile). – SCHNEIDER, *Gaz. Pal. 16-17 mai 2008* (responsabilité de l'anticipation). – SINTEZ, *Thèse, Dalloz, 2011* (sanction préventive). – TAURAN, *RDSS 2012. 544* (responsabilité civile des URSSAF). – THIBIERGE, *D. 2004. Chron. 577* (responsabilité de l'avenir). – TISSEYRE, *RCA 2016. Étude 1* (devoir de minimiser son dommage). – TRAULLÉ, *D. 2021. 360* (le renouveau des présomptions en droit de la responsabilité civile). – URBAN, *RTD com. 2021. 479* (droit de la responsabilité et groupes transnationaux). – VINEY, *Mél. Lambert, Dalloz, 2002, p. 417* (harmonisation des droits en Europe) ; *Mél. le Tourneau, Dalloz, 2008, p. 1041* (modernité ou obsolescence du code civil : l'exemple de la responsabilité) ; *Mél. Goubeaux, Dalloz-LGDJ, 2009, p. 547* (cessation de l'illicite et responsabilité civile). – WESTER-OUISSE, *RTD civ. 2010. 419* (fusion des régimes de responsabilités délictuelle et contractuelle à l'heure internationale) ;

R. 2011, p. 77 (le risque) ; *RTD civ. 2016. 531* (dommage anormal). – Dossier, *RCA 2013. Étude 22* (responsabilité civile et responsabilité pénale). – Dossier, *RDSS 2015. 3* (responsabilité sanitaire et sociale). – Dossier, *RDC 2017. 687* (le juge et le droit de la responsabilité civile : bilan et perspectives).

▸ Projet de réforme du droit de la responsabilité civile : *RDC 2007. 7 s.* (actes du colloque du 12 mai 2006). – Bernfeld, *JCP 2012, n° 30* (réparation intégrale). – Graziani, *D. 2018. 428* (amende civile). – De Gouttes, *Gaz. Pal. 2012. 152*. – Juillet, *D. 2011. Chron. 259*. – Viney, *Mél. Boré, préc., p. 473* ; *D. 2009. Chron. 2944*. – Méadel, *LPA 17 avr. 2007* (introduction en droit français de la notion de faute lucrative ?). – Mésa, *JCP 2012, n° 625* (faute lucrative).

▸ Avant-projet avril 2016 et mars 2017 : d'Alès et Terdjman, *AJ contrat 2017. 69* (introduction envisagée de mécanismes répressifs). – Antippas, *D. 2017. 455* (responsabilité des commettants et des préposés). – Bacache, *D. 2016. 1454* (relativité de la faute contractuelle). – Bargue, *D. 2019. 1667* (le défaut d'organisation ou de fonctionnement de la personne morale). – Becqué-Ickowicz, *RDI 2017. 588* (causes d'exonération et immobilier). – Bellis, *D. 2020. 2025* (préjudices réparables et office du juge : préjudice médiat de privation d'assistance). – Berg, *RCA 2019. Étude 3* (amende civile ou dommages et intérêts collectifs). – Bernard-Roujou de Boubée, *D. 2017. 337* (responsabilité médicale). – Borghetti, *D. 2016. 1386* ; *ibid. 1442* ; *ibid. 2017. 770* ; *ibid. 1846* (responsabilité des contractants à l'égard des tiers). – Bouquet et Fouassier, *D. 2017. 834* (produits de santé). – Boutonnet, Sintez, et Thibierge, *D. 2016. 2414*. – Carval, *JCP 2017, n° 401*. – Caston, *Gaz. Pal. 2016. 3256* (contrat de construction). – Chardeaux, *LPA 2018/22. 6* (amende civile). – Deshayes, *RDC 2017. 238* (responsabilité des parties à l'égard des tiers). – Dexant-de Bailliencourt, *D. 2019. 144* (pour une consécration légale de la faute séparable des fonctions du dirigeant). – Dissaux, *AJ contrat 2017. 169* ; *ibid. 205* (droit de la distribution). – Dreyer, *D. 2017. 1136* (faute lucrative). – Durand-Pasquier, *RDI 2017. 579* (droit immobilier et de la construction). – Fériel, *RCA 2021. Étude 2* (avenir de la réparation du préjudice). – Groupe de travail de l'institut Droit et Santé, *RDSS 2016. 904* (projet de réforme et santé). – Haftel, *RDC 2017. 721* (la responsabilité contractuelle). – Juen, *RTD civ. 2017. 565* (vers la consécration des dommages-intérêts punitifs en droit français) ; *RDC 2017. 533* (droit des tiers à la réparation du dommage causé par une faute contractuelle). – Knetsch, *D. 2017. 18* (européanisation de la responsabilité civile) ; *ibid. 2019. 138* (faut-il soumettre les accidents ferroviaires au régime de la loi Badinter ?). – Lagoutte, *RCA 2017. Étude 2* (faute). – Landel, *RGDA 2016. 289* (accidents de la circulation). – Larroumet, *JCP 2016, n° 1031* (intensité de l'obligation dans la responsabilité contractuelle) ; *ibid. n° 1234* (responsabilité du débiteur contractuel envers les tiers). – Leveneur-Azemar, *JCP 2017, n° 1882* (engagement de la responsabilité des contractants par les tiers). – Mallet-Bricout (dir.), *Thèmes et commentaires, 2018* (vers une réforme de la responsabilité civile francaise. regards franco-québécois). – Malinvaud, *RDI 2016. 572* (responsabilité des constructeurs) ; *ibid. 2017. 241 (idem)*. – Marraud des Grottes, *RLDC 2017/147. 15*. – Mekki, *Gaz. Pal. 2016. 1512*. – Prétot, *Dr. et patr. 3/2017. 18* (concours des responsabilités civiles du fait d'autrui). – Prorok, *RTD civ. 2018. 327* (amende civile). – Rias, *D. 2016. 2072* (l'amende civile). – Rousseau, *JCP 2018, n° 686* (amende civile face aux principes directeurs du droit pénal). – Touzain, *D. 2020. 1636* (obligation et contribution à la dette entre coresponsables : l'article 1265 du projet de réforme de la responsabilité civile). – Viney, *JCP 2016, n° 99* ; *D. 2016. 1378* ; *RDC 2019/4. 20* (réflexions à partir d'une nouvelle proposition relative à la responsabilité du débiteur contractuel à l'égard des tiers au contrat – art. 1234). – Vingiano-Viricel, *RTD com. 2017. 19* (faute lucrative). – Waltz-Teracol, *D. 2017. 16* (causes d'exonération de la responsabilité). – Dossier *JCP, suppl. au n° 38, juill. 2016*. – Dossier, *RDC 2016. 770* (pour une réforme ambitieuse de la responsabilité contractuelle). – Dossier, *RDC 2019/4. 143* (regards comparatistes sur le droit français de la responsabilité civile). – Dossier, *Dalloz IP/IT 2020. 150* (enjeux et légitimité du développement de la responsabilité numérique) ; *ibid. 656* (fondements juridiques de la responsabilité numérique).

▸ **Panorama Dalloz – Responsabilité civile :** *D. 2021. 46* (nov. 2019-oct. 2020) ; *D. 2020. 40* (nov. 2018-oct. 2019) ; *D. 2019. 38* (nov. 2017-oct. 2018) ; *D. 2018. 35* (nov. 2016-nov. 2017) ; *D. 2017. 24* (nov. 2015-nov. 2016) ; *D. 2016. 35* (nov. 2014-nov. 2015) ; *D. 2015. 124* (nov. 2013-nov. 2014) ; *D. 2014. 47* (nov. 2013-nov. 2015) ; *D. 2013. 40* (nov. 2011-nov. 2012).

Art. 1240 *(Ord. n° 2016-131 du 10 févr. 2016, art. 2, en vigueur le 1er oct. 2016)* **Tout fait quelconque de l'homme, qui cause à autrui un dommage, oblige celui par la faute duquel il est arrivé à le réparer.** – *Dispositions transitoires, V. Ord. n° 2016-131 du 10 févr. 2016, art. 9, ss. art. 1386-1 nouveau.*

L'art. 1240 nouv. reprend à l'identique l'art. 1382 anc.

Sur la responsabilité du fait des pratiques anticoncurrentielles, V. C. com., art. L. 481-1 s. – ***C. com.***

PLAN DES ANNOTATIONS

nos 1 et 2

I. COMPÉTENCE DU JUGE ADMINISTRATIF ET COMPÉTENCE DU JUGE CIVIL nos 3 à 7

II. RESPONSABILITÉ DÉLICTUELLE ET RESPONSABILITÉ CONTRACTUELLE nos 8 à 13

III. RESPONSABILITÉ DU FAIT PERSONNEL ET RESPONSABILITÉ DU FAIT D'UNE CHOSE nos 14 à 18

IV. RESPONSABILITÉ DES ART. 1241 ET 1242 ET RESPONSABILITÉ DU FAIT DE TROUBLES DE VOISINAGE no 19

V. RESPONSABILITÉ DU FAIT D'UNE CHOSE ET RESPONSABILITÉ DU FAIT DES PRODUITS DÉFECTUEUX no 20

VI. RESPONSABILITÉ DES ART. 1240 ET 1241 ET LOIS SPÉCIALES nos 21 à 55

1. *Ordre public.* V. notes 179 s. ss. art. 1241.

2. *Normes supralégislatives.* Responsabilité pour faute et Constitution : V. note 28. – Ph. Brun, *RCA, juin 2003, p. 37* • Civ. 2e, 16 déc. 2010, no 10-17.096 P : *D. 2011. 76, obs. Gallmeister* (l'art. 4 de la Déclaration de 1789 ne fait pas obstacle à ce que le législateur aménage, pour des motifs d'intérêt général et de manière non disproportionnée, les conditions d'indemnisation des victimes). ♦ L'art. 8 de la Déclaration des droits de l'homme, qui prescrit que la loi ne doit établir que des peines strictement et évidemment nécessaires, ne concerne pas les mesures de réparation civile. • Soc. 11 oct. 2012, no 12-40.066 (C. trav., art. L. 1152-1, instaurant des mesures de réparation civile en cas de harcèlement moral). ♦ V. aussi, dans le cadre d'une responsabilité contractuelle : la protection constitutionnelle du principe de responsabilité et du droit corrélatif à un recours juridictionnel effectif ne vaut qu'en matière de responsabilité pour faute. • Civ. 1re, 5 juill. 2012, no 12-12.159 P : *D. 2012. 1881*. ♦ Responsabilité pour faute et Conv. EDH : • Civ. 1re, 8 juill. 2008 : *cité note 6 ss. art. L. 114-5 CASF, ss. art. 1242* (il résulte de l'art. 1er du premier protocole additionnel de la Conv. EDH qu'une personne ne peut être privée de son droit à réparation qu'à condition que soit respecté le juste équilibre entre l'intérêt général et les impératifs de la sauvegarde du droit au respect des biens). – V. notes ss. art. L. 114-5 CASF, ss. art. 1242. ♦ La Charte de l'environnement et le principe de précaution ne remettent pas en cause les règles selon lesquelles il appartient à celui qui sollicite l'indemnisation du dommage à l'encontre du titulaire de la servitude d'établir que ce préjudice est la conséquence directe et certaine de celui-ci. • Civ. 3e, 18 mai 2011, no 10-17.645 P : *D. 2011. 1483, obs. Gallmeister ; ibid. 2089, note Boutonnet ; ibid. Chron. C. cass. 2679, obs. Monge ; ibid. 2012. Pan. 47, obs. Brun ; RTD civ. 2011. 540, obs. Jourdain ; RCA 2011. Étude 11, note Bary ; RLDC 2011/86, no 4374, obs. Parance* (courants électromagnétiques). ♦ Le principe de responsabilité ne fait pas obstacle à ce que le législateur aménage, pour un motif d'intérêt général, les conditions dans lesquelles la responsabilité peut être engagée ; il peut ainsi, pour un tel motif, apporter à ce principe des exclusions ou des limitations à condition qu'il n'en résulte pas une atteinte disproportionnée aux droits des victimes d'actes fautifs ainsi qu'au droit à un recours juridictionnel effectif qui découle de l'art. 16 de la Déclaration de 1789. • Soc. 18 déc. 2014, no 14-40.043 P. ♦ Absence d'un droit constitutionnel à la protection de la réputation qui serait fondé sur l'art. 2 DDH, sans que la question justifie une QPC. • Crim. 27 mars 2018, no 17-84.509 P.

I. COMPÉTENCE DU JUGE ADMINISTRATIF ET COMPÉTENCE DU JUGE CIVIL

3. *Gestion d'un service public administratif.* Les tribunaux judiciaires ne sont pas compétents pour la réparation des conséquences dommageables d'une faute engageant la responsabilité d'une personne morale de droit public à l'occasion de la gestion d'un service public administratif. • Crim. 24 oct. 2017, no 16-85.975 P : *AJ pénal 2018. 151, obs. Otero ; AJCT 2018. 108, obs. Didriche ; RSC 2017. 738, obs. Mayaud*.

4. *Travaux publics.* Hormis le cas où le préjudice invoqué trouve sa cause déterminante dans l'action d'un véhicule, la juridiction administrative est seule compétente pour connaître de l'action en réparation des dommages survenus à l'occasion de la réalisation de travaux publics, fût-elle dirigée contre la personne privée ayant exécuté ces travaux. • Civ. 1re, 16 nov. 2016, no 15-25.370 P : *AJDA 2016. 2245 ; D. 2016. 2403 ; RDI 2017. 103, obs. de Gaudemar*. ♦ C'est à l'ensemble du litige et à toutes les parties concernées que s'appliquent les règles de la responsabilité en matière de travaux publics telles qu'elles découlent de l'art. 4 de la L. du 28 pluviôse an VIII alors applicable, à l'exclusion des art. 1382 anc. s. [1240 s.]. • Civ. 1re, 17 mars 2010 : *D. 2010. Actu. 891* (exclusion d'une responsabilité composite).

5. *Concessionnaire d'autoroutes.* Le véhicule de la victime ayant été accidenté après avoir heurté des morceaux de glissière dispersés sur la chaussée de l'autoroute, la responsabilité du concessionnaire relève de la seule compétence des juridictions administratives. • Civ. 1re, 6 juin 2018, n° 17-20.672 P.

6. Responsabilité en cas de recours abusif. Les dispositions de l'art. L. 600-7 C. urb. qui autorisent, dans des conditions strictes, le bénéficiaire d'un permis de construire à solliciter, devant le juge administratif saisi d'un recours pour excès de pouvoir contre un permis de construire, des dommages-intérêts contre l'auteur du recours, n'ont ni pour objet ni pour effet d'écarter la compétence de droit commun du juge judiciaire pour indemniser, sur le fondement de l'art. 1382, devenu 1240 C. civ., le préjudice subi du fait d'un recours abusif. • Civ. 1re, 16 nov. 2016, n° 16-14.152 P: *RDI 2017. 206, obs. Revert* (contre un permis de construire).

7. Question préjudicielle. Un assureur de responsabilité ne peut être tenu d'indemniser le préjudice causé à un tiers par la faute de son assuré que dans la mesure où ce tiers peut se prévaloir, contre l'assuré, d'une créance née de la responsabilité de celui-ci ; il n'entre pas dans les pouvoirs du juge judiciaire, saisi de l'action directe de la victime contre l'assureur de l'auteur du dommage, de se prononcer sur la responsabilité de l'assuré lorsque celle-ci relève de la compétence de la juridiction administrative; à défaut de reconnaissance, par les assureurs, de la responsabilité de leurs assurés, il incombe au juge judiciaire de surseoir à statuer jusqu'à ce que la juridiction administrative se soit prononcée sur cette responsabilité. • Civ. 1re, 11 déc. 2019, n° 18-25.441 P.

II. RESPONSABILITÉ DÉLICTUELLE ET RESPONSABILITÉ CONTRACTUELLE

8. Principe du non-cumul. V. notes ss. art. 1231-1. — **C. civ.**

9. Responsabilité précontractuelle. BIBL. Joanna Schmidt, *RTD civ. 1974. 46.* – le Tourneau, *D. 1987. Chron. 101.* – Deshayes, *RTD com. 2004. 187* (dommage précontractuel). – Menu, *LPA 1er févr. 2006* (préjudice précontractuel). – Ghestin, *JCP 2007. I. 155* (rupture abusive des pourparlers : responsabilité délictuelle) ; *ibid. 157* (... dommages réparables). ♦ Nature délictuelle de la responsabilité encourue pour une faute éventuellement commise pendant la période précontractuelle. • Com. 12 févr. 2002 : *CCC 2002, n° 90, obs. Leveneur* • Civ. 1re, 15 mars 2005, n° 01-13.018 P : *D. 2005. 1462, note Cathiard* ; *RTD civ. 2005. 381, obs. Mestre et Fages* ; *Rev. sociétés 2005. 587, note Mathey* (manquement à l'obligation de contracter de bonne foi : visa de l'art. 1382 anc. [1240]). ♦ Dans le même sens, pour l'application de la Conv. Bruxelles 27 sept. 1968 (art. 5-3°) : • CJCE 17 sept. 2002, n° C-334-00 : *D. 2002. IR 2774; JCP 2003. I. 152, n° 8, obs. Viney; Defrénois 2003. 254, obs. Libchaber; RTD com. 2003. 207, obs. Marmisse* . ♦ Illustrations de responsabilité précontractuelle : V. • Paris, 8 juill. 1972 : *JCP 1973. II. 17509, note Leloup* • Rennes, 9 juill. 1975 : *D. 1976. 417, note Joanna Schmidt* • Com. 3 oct. 1978 : *D. 1980. 55, note Schmidt-Szalewski* • 25 févr. 1986 : *Bull. civ. IV, n° 33; RTD civ. 1987. 85, obs. Mestre*, cassant • Paris, 22 avr. 1983 : *Gaz. Pal. 1983. 1. 346, note Thréard* • T. com. Paris, 1er oct. 1985 : *Gaz. Pal. 1987. 1. 10, note Bonneau* • Com. 5 nov. 1991, n° 90-11.694 P • 7 avr. 1998 : *D. 1999. 514, note Chauvel* ; *ibid. Somm. 127, obs. Schmidt-Szalewski* • Paris, 10 mars 2000 : *JCP 2001. II. 10470, note Violet* • Civ. 1re, 14 juin 2000 : *CCC 2000, n° 157* • Com. 11 juill. 2000 : *ibid., n° 174, note Leveneur; LPA 21 mars 2001, note Dagorne-Labbe* (est fautive une rupture dépourvue de motifs légitimes, même sans intention de nuire) • Civ. 2e, 8 oct. 2009 : *cité note 3 ss. art. 1136* (responsabilité de l'assureur qui n'a pas remis la notice prévue par le C. assur.).

Le préjudice subi n'inclut que les frais de négociation et d'études préalables, à l'exclusion des gains espérés en cas de conclusion du contrat. • Com. 26 nov. 2003, n° 00-10.243 P : *D. 2009. AJ 2488 ; JCP 2009. 574, n° 11, obs. Sérinet ; RDC 2010. 39, obs. Génicon ; ibid. 2012. 64, obs. Génicon.* ♦ La faute commise dans la rupture des pourparlers n'est pas exclue par la constatation qu'il n'est pas établi que les parties étaient effectivement parvenues à un accord sur le prix d'acquisition d'un immeuble. • Com. 9 nov. 2010, n° 09-70.726 P : *D. 2010. 2702, obs. A. Lienhard* . ♦ La faute commise dans l'exercice du droit de rupture unilatérale des pourparlers n'est pas la cause du préjudice consistant dans la perte de chance de réaliser les gains espérés de la conclusion du contrat. • Civ. 3e, 28 juin 2006, n° 04-20.040 P : *R., p. 399 ; D. 2006. 2963, note D. Mazeaud* ; *ibid. Pan. 2639, obs. Amrani-Mekki* ; *JCP 2006. II. 10130, note Deshayes ; ibid. I. 166, n° 6, obs. Stoffel-Munck ; JCP N 2006. 1352, note Brusorio ; ibid. 2007. 1157, n° 3, obs. S. Piedelièvre ; Gaz. Pal. 2006. 3287, note Dagorne-Labbe ; CCC 2006, n° 223, note Leveneur ; Defrénois 2006. 1858, obs. Libchaber ; Dr. et patr. 3/2007. 26, étude Chauvel ; RCA 2006, n° 287, note Hocquet-Berg ; LPA 11 oct. 2006, note Prigent ; RDC 2006. 1069, obs. D. Mazeaud ; RTD civ. 2006. 754, obs. Mestre et Fages* ; *ibid. 770, obs. Jourdain* • 7 janv. 2009, n° 07-20.783 P : *D. 2009. AJ 297* ; *RLDC 2009/58, n° 3324, obs. Maugeri ; ibid. 2009/59, n° 3375, obs. Bugnicourt ; RTD civ. 2009. 113, obs. Fages* ; *RDC 2009. 480, obs. Laithier ; ibid. 1108, obs. Seube.* ♦ *Contra* : • Com. 18 sept. 2012, n° 11-19.629 P : *D. 2012. 2241, obs. Delpech* ; *RTD civ. 2012. 721, obs. Fages* ; *RDC 2013. 98, obs. Deshayes.*

10. Annulation d'un contrat. Par l'effet de l'anéantissement rétroactif d'un contrat, annulé la responsabilité d'une des parties à ce contrat ne peut être recherchée que sur le fondement délictuel ou quasi délictuel. • Civ. 3e, 18 mai 2011, n° 10-11.721 P : *RLDC 2011/84, n° 4296, obs. Paulin ; RDC 2011. 1139, note Génicon.*

11. Responsabilité délictuelle et dol. V. note 32 ss. art. 1137, note 20 ss. art. 1178 et note 12 ss. art. 1641 (vices cachés). — **C. civ.**

12. *Responsabilité délictuelle entre tiers et partie au contrat.* Sur des manquements contractuels constitutifs de faute délictuelle à l'égard d'un tiers, V. Jourdain : *RTD civ. 1995. 895.* ♦ Les conventions n'ont d'effet qu'entre les parties contractantes, elles ne nuisent point au tiers, et elles ne lui profitent que dans le cas prévu par l'art. 1121 ; il en résulte que les contrats, opposables aux tiers, ne peuvent, cependant, leur nuire. Le manquement par un contractant à une obligation contractuelle est de nature à constituer un fait illicite à l'égard d'un tiers au contrat lorsqu'il lui cause un dommage et il importe de ne pas entraver l'indemnisation de ce dommage :dès lors, le tiers au contrat qui établit un lien de causalité entre un manquement contractuel et le dommage qu'il subit n'est pas tenu de démontrer une faute délictuelle ou quasi délictuelle distincte de ce manquement. • Cass., ass. plén., 13 janv. 2020, nº 17-19.963 P : *V. note 33 ss. art. 1199 C. civ.* – **C. civ.** ♦ Mais il est nécessaire de déterminer le manquement contractuel à l'origine du dommage. • Com. 12 nov. 2020, nº 18-23.479 P : *cité note 33 ss. art. 1199.* ♦ L'art. L. 211-16 C. tourisme instaure une responsabilité légale de plein droit au seul profit de l'acheteur du voyage, de sorte que les ayants droit de celui-ci ne peuvent agir contre l'agence de voyages, pour leur préjudice personnel, que sur le fondement de la responsabilité délictuelle consécutive à un manquement contractuel, exigeant la preuve d'une faute du voyagiste. • Civ. 1re, 28 sept. 2016, nº 15-17.033 P : *D. 2017. 341, note Lachièze ; ibid. 24, obs. Brun, Gout et Quézel-Ambrunaz ; AJ contrat 2017. 41, obs. Dagorne-Labbe.* ♦ Une salariée démissionnaire, n'étant pas partie aux contrats liant l'employeur à ses clients, ne peut réclamer des dommages-intérêts à raison d'une clause d'interdiction d'embauche figurant dans ces contrats, sauf à établir l'existence d'une faute quasi délictuelle de l'employeur lui ayant causé un préjudice. • Soc. 5 juin 1996, nº 92-42.461 P : *D. 1997. Somm. 25, obs. Delebecque ; JCP 1997. I. 4002, nos 7 s., obs. Billiau.* ♦ Comp. • Versailles, 9 nov. 1995 : *RTD civ. 1996. 383, obs. Mestre* (responsabilité d'un tiers mettant obstacle à la conclusion d'un contrat).

L'existence d'une relation contractuelle entre un distributeur de carburant et une station-service ne peut avoir pour effet de conférer un caractère contractuel aux relations de travail entre le salarié de cette dernière et le distributeur de carburant. • Soc. 5 déc. 2012, nº 11-20.460.

La recevabilité de l'action en responsabilité délictuelle formée par le propriétaire d'un logement contre un occupant auquel il n'est pas contractuellement lié n'est pas subordonnée à la mise en cause du locataire. • Civ. 3e, 20 déc. 2018, nº 17-31.461 P : *D. 2019. 1129, obs. Damas ; AJDI 2019. 630, obs. Damas ; AJ contrat 2019. 93, obs. Magnier-Merran ; RTD civ. 2019. 338, obs. Jourdain ; ibid. 360, obs. Gautier ; JCP 2019, nº 231, note Sturlèse ; ibid., nº 232, note Pignarre*

Le seul manquement à l'obligation contractuelle de résultat de livrer un ouvrage conforme et exempt de vice ne suffit pas à caractériser une faute délictuelle. • Civ. 3e, 18 mai 2017, nº 16-11.203 P : *D. 2017. 1225, note Houtcieff ; ibid. 2018. 35, obs. Quézel-Ambrunaz ; RDI 2017. 349, obs. Malinvaud ; AJ contrat 2017. 377, obs. Chénedé ; RTD civ. 2017. 651, obs. Barbier ; ibid. 666, obs. Jourdain ; CCC 2017, nº 163, note Leveneur ; RCA 2017, nº 212, note Bloch ; RGDA 2017. 364, note Dessuet ; RDC 2017. 425, note Borghetti.*

13. *Responsabilité notariale.* V. note 207 ss. art. 1231-1. — **C. civ.**

III. RESPONSABILITÉ DU FAIT PERSONNEL ET RESPONSABILITÉ DU FAIT D'UNE CHOSE

14. *Absence de hiérarchie entre les deux sources de responsabilité.* Boré, *JCP 1965. I. 1961.* ♦ V. cep., • Civ. 2e, 23 avr. 1971 : *JCP 1972. II. 17086 (1re esp.), note Boré.*

15. *Fondement de la demande.* Sous réserve du principe du contradictoire, le juge a la faculté d'appliquer un régime de responsabilité autre que celui invoqué par les parties. • Civ. 2e, 26 avr. 1984 : *Bull. civ. II, nº 71* (de la responsabilité du fait des choses à la responsabilité pour ruine du bâtiment) • Civ. 1re, 19 mars 1985 : *Bull. civ. I, nº 96* (de la responsabilité délictuelle à la responsabilité contractuelle) • 31 oct. 1989 : *JCP 1989. IV. 423.* ♦ Sur la faculté, mais non l'obligation, du juge de changer le fondement juridique de la demande des parties, à condition de ne pas en modifier l'objet, V. • Cass., ass. plén., 21 déc. 2007 : *cité note 13 ss. art. 1604.*

16. *Concours d'une faute et du fait d'une chose.* Statuant sur l'action en garantie d'une personne dont ils ont retenu la responsabilité par application de l'art. 1382 anc. [1240], les juges du fond, après avoir écarté l'existence d'une faute à la charge du défendeur à cette action récursoire, n'ont pas à rechercher si la responsabilité de celui-ci se trouve engagée sur le fondement de l'art. 1384 anc. [1242], al. 1er, dont seule la victime du dommage peut invoquer le bénéfice. • Civ. 2e, 23 mai 1984 : *Gaz. Pal. 1984. 2. Pan. 299, obs. F. C.* – V. aussi : • Civ. 2e, 12 janv. 1966 : *Bull. civ. II, nº 45* • 19 févr. 1969 : *JCP 1969. II. 16084, note Rodière* • 5 juin 1991, nº 90-12.117 P.

17. *Changement en cause d'appel.* La partie civile est recevable à réclamer pour la première fois en cause d'appel l'application de l'art. 1384 anc. [1242], s'agissant non d'une demande nouvelle, la partie civile poursuivant toujours la réparation des dommages qui lui ont été causés par l'accident, mais d'un moyen nouveau. • Paris, 18 avr. 1985 : *Gaz. Pal. 1985. 2. 501.*

18. *Recours entre fautif et gardien de la chose.* Le responsable d'une faute prouvée ne peut exercer un recours contre un coresponsable en vue d'être garanti du dommage causé qu'en démontrant également une faute de ce dernier, son action ne pouvant avoir de fondement différent de celui qu'a invoqué le créancier désintéressé. • Civ. 2e, 20 mai 1985 : *Gaz. Pal. 1985. 2. Pan. 234, obs. Chabas.* ♦ Mais admission du recours subrogatoire du gardien d'une chose inanimée contre le coauteur, sur le fondement de l'art. 1384 anc. [1242], al. 1er, nonobstant le principe que seule la victime du dommage causé par une chose est recevable à invoquer le bénéfice de l'art. 1384 anc. [1242], al. 1er. • Civ. 2e, 22 oct. 1975 : *JCP 1977. II. 18517, note Chabas et Saluden ; Gaz. Pal. 1976. 1. 192, note Plancqueel.* ♦ V. aussi notes 61 s. ss. art. 1242.

IV. RESPONSABILITÉ DES ART. 1241 ET 1242 ET RESPONSABILITÉ DU FAIT DE TROUBLES DE VOISINAGE

19. L'action pour troubles anormaux de voisinage constitue une action en responsabilité délictuelle. • Civ. 2e, 13 sept. 2018, n° 17-22.474 P : *D. 2018. 1806 ; AJDI 2019. 470, obs. Le Rudulier ; RTD civ. 2018. 948, obs. Dross.* – V. notes ss. art. 651 C. civ.

V. RESPONSABILITÉ DU FAIT D'UNE CHOSE ET RESPONSABILITÉ DU FAIT DES PRODUITS DÉFECTUEUX

20. Lorsque le dommage invoqué trouve sa cause dans le caractère défectueux du bien, sa réparation ne peut être demandée que sous le régime de la responsabilité du fait des produits défectueux, à l'exclusion notamment du régime de la responsabilité du fait des choses. • Civ. 1re, 11 juill. 2018, n° 17-20.154 P : *D. 2018. 1840, note Borghetti ; AJ contrat 2018. 442, obs. Bucher ; RTD civ. 2019. 121, obs. Jourdain.*

VI. RESPONSABILITÉ DES ART. 1240 ET 1241 ET LOIS SPÉCIALES

21. *Responsabilité de l'expert désigné en matière de contentieux de la sécurité sociale.* L'expert chargé de déterminer si le trouble dont souffre la victime de l'accident de trajet, pris en charge au titre de la législation sur les accidents de travail, engage sa responsabilité personnelle en cas de faute dans l'exécution de sa mission, dans le cadre des règles de droit commun de la responsabilité civile. • Civ. 2e, 10 sept. 2015, n° 14-23.896 P.

22. *Indu de sécurité sociale.* Le litige portant sur le remboursement, par l'assuré à la caisse de sécurité sociale, de prestations indues, relève exclusivement des dispositions du CSS applicables ; cassation de l'arrêt qui a évalué le préjudice subi au visa de l'art. 1240 C. civ. • Civ. 2e, 7 nov. 2019, n° 18-21.329 P.

23. *Violation de la Conv. EDH. et de diverses conventions internationales.* Esclavage et préjudice économique : V. note 74 ss. art. 1241.

24. *Liberté d'expression et art. 10 Conv. EDH.* Hors restriction légalement prévue, la liberté d'expression est un droit dont l'exercice, sauf dénigrement de produits ou services, ne peut être contesté sur le fondement de l'art. 1382 anc. [1240]. • Civ. 1re, 2 juill. 2014, n° 13-16.730 P : *D. 2014. 1498* (absence de faute de l'auteur d'un ouvrage consacré à une affaire financière, les informations livrées n'étant ni mensongères, ni fausses, ni trompeuses, l'auteur ayant livré opinion, fût-elle empreinte de subjectivité et d'une insuffisante rigueur). ♦ Mais il n'existe pas un droit constitutionnel à la protection de la réputation. • Crim. 27 mars 2018, n° 17-84.509 P : *préc. note 2.* ♦ Lorsqu'à l'appel de leur syndicat, des manifestants se sont rendus au siège de la société à laquelle ils voulaient faire part de leur mécontentement, ont entassé des pneus devant le portail de l'entreprise et y ont mis le feu, occasionnant ainsi des dégâts, le syndicat, qui a pris en charge l'organisation logistique de la manifestation en donnant les instructions, se rend coupable de provocation à une infraction pénale et devient ainsi complice de cette infraction, engageant sa responsabilité civile sur le fondement de l'art. 1240, sans pouvoir invoquer le bénéfice de la loi de 1881. • Cass., ch. mixte, 30 nov. 2018, n° 17-16.047 P : *D. 2019. 563, note Pellé ; RTD civ. 2019. 348, obs. Jourdain ; JCP 2019, n° 70, note Morvan ; JCP 2020, n° 1209, note Caseau-Roche.* ♦ Même en l'absence d'une situation de concurrence directe et effective entre les personnes concernées, la divulgation, par l'une, d'une information de nature à jeter le discrédit sur un produit commercialisé par l'autre peut constituer un acte de dénigrement ; cependant, lorsque l'information en cause se rapporte à un sujet d'intérêt général et repose sur une base factuelle suffisante, cette divulgation relève du droit à la liberté d'expression, qui inclut le droit de libre critique, et ne saurait, dès lors, être regardée comme fautive, sous réserve qu'elle soit exprimée avec une certaine mesure. • Civ. 1re, 11 juill. 2018, n° 17-21.457 P : *D. 2018. 2010, note Bigot ; RTD civ. 2018. 913, obs. Jourdain ; JCP 2018, n° 1042, note Raynaud* (critiques sévères, ne dépassant pas les limites admissibles de la liberté d'expression). ♦ ... Ainsi, la divulgation à la clientèle d'une action en contrefaçon n'ayant pas donné lieu à une décision de justice, dépourvue de base factuelle suffisante en ce qu'elle ne repose que sur le seul acte de poursuite engagé par le titulaire des droits, constitue un dénigrement fautif. • Com. 9 janv. 2019, n° 17-18.350 P : *D. 2019. 872, note Bruguière et Brégou ; ibid. 1578, obs. Galloux et Kamina.*

Un salarié commet un abus dans l'exercice de sa liberté d'expression en détournant sciemment le sens d'une recommandation de lecture du psychiatre de l'établissement et en dénigrant l'association auprès de tiers exerçant une autorité de tutelle sur celle-ci, donnant ainsi une large publicité à des propos excessifs et diffamatoires traduisant une volonté de nuire à l'association. • Soc. 22 sept. 2021, n° 18-22.204 B.

25. Atteinte aux droits de la personnalité par voie de presse : application de la L. du 29 juill. 1881. BIBL. Bruguière, *Mél. Cabrillac, Litec, 1999, p. 69* (rumeur et responsabilité). – Derieux, *CCE 2006. Étude 4* (exclusion de l'art. 1382 anc.). – Dreyer, *D. 2006. Chron. 1337* (disparition de la responsabilité civile en matière de presse). – Hasnaoui, *RLDC 2011/78, n° 4082* (fait distinct). – De Lamy, *Mél. le Tourneau, Dalloz, 2008, p. 275* (art. 1382 anc. et liberté d'expression). – Viney, *Mél. Bouloc, Dalloz, 2007, p. 1166* (relations entre le civil et le pénal en cas d'abus de la liberté d'expression) ; *D. 2014. 787* (sanction des abus de la liberté d'expression). ♦ Pour les mêmes faits, deux instances ne peuvent être engagées sur des fondements différents, l'une fondée sur l'art. 1382 anc. [1240] et l'autre sur la L. du 29 juill. 1881. • Crim. 10 sept. 2013 : *D. 2013. 2276*. ♦ Les abus de la liberté d'expression prévus et réprimés par la L. du 29 juill. 1881 ne peuvent être réparés sur le fondement de l'art. 1382 anc. [1240] C. civ. • Cass., ass. plén., 12 juill. 2000, n° 98-11.155 P : *R., p. 401 ; BICC 1er nov. 2000, concl. Joinet, rapp. Durieux ; D. 2000. Somm. 463, obs. Jourdain ; JCP 2000. I. 280, nos 2 s., obs. Viney ; LPA, 14 août 2000, note Derieux (2e esp.) ; CCE 2000, n° 108, obs. A. Lepage ; RTD civ. 2000. 845, obs. Jourdain* • Civ. 2e, 8 mars 2001, n° 98-17.574 P : *R., p. 445 ; D. 2002. Somm. 2767, obs. Massis ; JCP 2002. I. 122, nos 3 s., obs. Viney ; Gaz. Pal. 2001. 821, rapp. Guerder, concl. Chemithe ; RJPF 2001-6/24, obs. Putman* • 29 mars 2001, n° 99-10.332 P : *LPA 14 juin 2001, note (crit.) Derieux* • 29 nov. 2001, n° 98-20.529 P : *R., p. 445* • 14 mars 2002, n° 00-13.917 P : *Gaz. Pal. 2003. 3830, note Guerder ; LPA 27 mai 2002, note Derieux* (avec quatre autres arrêts de même date) • 12 déc. 2002, n° 00-10.150 P • 23 janv. 2003, n° 00-20.864 P • 6 févr. 2003, n° 00-20.147 P • 6 févr. 2003, n° 00-22.650 P • 24 avr. 2003, n° 00-12.965 P • 2 oct. 2003, n° 00-14.318 P (loi 29 juill. 1881, art. 65-2) • 9 oct. 2003, n° 00-21.079 P : *D. 2004. 590, note Dreyer* (atteinte à la mémoire des morts : loi 29 juill. 1881, art. 34) • 13 nov. 2003, n° 01-00.792 P (idem) • 20 nov. 2003, n° 01-16.787 P (injures publiques et diffamation) • 11 déc. 2003, n° 00-19.453 P : *Gaz. Pal. 2005. 1220, note Guerder* (diffamation) • 11 déc. 2003, n° 02-12.747 P (diffamation) • 18 déc. 2003, n° 01-02.524 P (faits de diffamation : nullité de l'assignation fondée sur l'art. 1382 anc. [1240] C. civ.) • 5 févr. 2004, n° 01-14.394 P (diffamation) • 18 mars 2004, n° 02-12.743 P (diffamation) • 23 sept. 2004, n° 01-16.832 P : *Gaz. Pal. 2006. 419, note Guerder* • 25 nov. 2004, n° 02-12.829 P • Civ. 1re, 29 nov. 2005, n° 04-16.508 P (injure) • 7 févr. 2006, n° 05-10.309 P (diffamation) • 12 déc. 2006, n° 04-20.719 P : *R., p. 249 ; D. 2007. 541, note Dreyer ; JCP 2007. II. 10010, note de Lamy ; RTD civ. 2007. 732, obs. Marguénaud* (atteinte à la mémoire des morts : loi 29 juill. 1881, art. 34) • 31 mai 2007, n° 06-10.747 P : *D. 2007. AJ 1734 ; ibid. Pan. 2902, obs. Jourdain ; CCE 2007, n° 138, note A. Lepage* (reproduction de l'image d'une personne ne faisant qu'illustrer des propos estimés diffamatoires : non-application des art. 9 et 1382 anc. [1240]) • 31 janv. 2008, n° 07-11.479 P • Civ. 3e, 1er oct. 2008, n° 07-15.338 P : *D. 2008. AJ 2601 ; Defrénois 2008. 2499, obs. Libchaber ; RLDC 2008/55, n° 3211, obs. Maugeri ; RDC 2009. 70, obs. Génicon ; ibid. 168, obs. Seube* • 6 mai 2010, n° 09-67.624 P : *D. actu. 21 mai 2010, obs. Lavric* • Civ. 1re, 29 oct. 2014, n° 13-15.850 P : *D. 2014. 2242* (atteinte causée à la réputation par la publication tronquée d'un jugement) • Crim. 7 févr. 2017, n° 15-86.970 P : *D. 2017. 409 ; RTD civ. 2017. 406, obs. Jourdain* (diffamation publique envers un citoyen chargé d'un mandat public).

Dans le même sens, pour les abus de la liberté d'expression visés à l'art. 9-1 C. civ. : • Civ. 2e, 8 mars 2001, n° 99-14.995 P : *D. 2001. IR 1076 ; LPA 18 mai 2001, note Derieux ; Gaz. Pal. 2001. 831, note P. L. G. ; CCE 2002, n° 65, obs. A. Lepage* • 21 juin 2001 : *LPA 29 août 2001, note Derieux.* – Rappr. • Civ. 1re, 28 juin 2007, n° 06-14.185 P : *D. 2007. AJ 2039*.

Dans le même sens, encore, pour l'absence de démenti d'une information mensongère : • Civ. 2e, 25 janv. 2007, n° 03-20.506 P : *D. 2007. Pan. 2901, obs. Jourdain ; Gaz. Pal. 2007. 3277, note Guerder ; RTD civ. 2007. 354, obs. Jourdain*.

V. aussi • Civ. 1re, 27 sept. 2005, n° 03-13.622 P : *D. 2006. 485, note Hassler ; ibid. 768, note G. Lécuyer ; ibid. Pan. 1932, obs. Jourdain ; ibid. 2007. Pan. 1039, obs. Massis ; Gaz. Pal. 2005. 4149, note Lasfargeas ; RTD civ. 2006. 126, obs. Jourdain* (écartant l'application de l'art. 1382 anc. [1240] en cas d'abus de liberté d'expression envers les personnes, sans référence à la L. du 29 juill. 1881).

26. Les art. 42 et 43 de la L. du 29 juill. 1881 énumèrent exhaustivement les personnes susceptibles d'engager leur responsabilité pénale et prévoient qu'en cas de condamnation de l'une de ces personnes, les propriétaires des journaux et périodiques ayant publié les propos incriminés seront responsables des condamnations pécuniaires prononcées contre celle-ci, mais, en l'absence de mise en cause d'une de ces personnes, l'action en responsabilité contre un propriétaire est irrecevable. • Civ. 1re, 17 juin 2015, n° 14-17.910 P : *D. 2015. 1370 ; JCP 2015, n° 882, note Sudre ; ibid. n° 883, note Dreyer.* ♦ Il se déduit de l'art. 43-1 de la L. du 29 juill. 1881 qu'aucune peine ne saurait être prononcée à l'encontre des personnes morales en raison des délits de presse. • Crim. 11 juill. 2017, n° 16-84.859 P : *AJ pénal 2017. 497, obs. Thierry*.

27. Application de la loi de 1881 à des atteintes autres que par voie de presse. Atteintes par un blog : • Civ. 1re, 6 oct. 2011, n° 10-18.142 P : *D. 2011. 2476*. ♦ Atteintes par affichage : • Civ.

3e, 3 nov. 2016, nº 15-17.150 P : *D. 2016. 2283* (atteinte causée à la réputation de copropriétaires par l'affichage sur la porte vitrée de l'immeuble de notes du conseil syndical relevant que le non-paiement des charges par les intéressés empêchait les travaux prévus). • Civ. 2e, 10 mars 2004, nº 00-16.934 P : *CCE 2004, nº 80, note Lepage* (affichage dans la salle d'attente d'un cabinet médical de deux documents manuscrits portant atteinte à la considération et à l'honneur de la victime). ♦ Les critiques même sévères ne dépassent pas les limites admissibles de la liberté d'expression, les publications litigieuses s'insérant dans un débat général portant sur la santé publique et l'Agence française de sécurité sanitaire des produits de santé ayant d'ailleurs pris des décisions de suspension du produit en cause. • Civ. 1re, 11 juill. 2018, nº 17-21.457 P : *D. 2018. 2010, note Bigot* ; *RTD civ. 2018. 913, obs. Jourdain* ; *JCP 2018, nº 1042, note Raynaud*. ♦ Atteintes par notes adressées : • Civ. 1re, 31 janv. 2008 : *CCE 2008, nº 45, obs. Lepage* (notes adressées par un délégué syndical et un délégué du personnel au personnel de l'établissement contenant des propos discriminatoires).

28. Atteintes ne relevant pas de la L. du 29 juill. 1881. Ne relèvent pas de la L. du 29 juill. 1881 les atteintes portées à la réputation et à la dignité d'une personne par l'envoi de lettres à son employeur, constituant des faits de dénonciation calomnieuse. • Civ. 1re, 6 déc. 2007, nº 06-15.290 P • 24 mai 2017, nº 16-16.773 P. ♦ L'imputation de la paternité d'une publication en l'absence de propos injurieux ou portant atteinte à l'honneur ou à la considération ne relève pas des dispositions de la L. du 29 juill. 1881 mais de l'art. 1382 anc. [1240 nouv.] C. civ. • Civ. 1re, 30 oct. 2008, nº 07-19.223 P : *D. 2009. Pan. 1779, obs. Massis* ; *JCP 2009. II. 10006, note Dreyer* ; *RLDC 2009/56, nº 3264, obs. Evenat* ; *CCE 2008, nº 139, obs. Lepage* ; *RTD civ. 2009. 331, obs. Jourdain*. ♦ V. aussi, pour l'indépendance de l'art. 9 C. civ. au regard de l'art. 53 de la L. du 29 juill. 1881 : • Civ. 2e, 24 avr. 2003, nº 01-01.186 P : *D. 2003. IR 1411* • 18 déc. 2003, nº 00-22.249 P : *D. 2004. IR 251*.

29. Application de l'art. 1240 à des atteintes par voie de presse : critique de produits ou services. La critique gastronomique étant libre, relève de l'art. 1382 anc. [1240] l'appréciation de la qualité ou de la préparation des produits servis dans un restaurant, qui ne porte pas atteinte à la réputation des exploitants. • Civ. 2e, 23 janv. 2003, nº 01-12.848 P : *Gaz. Pal. 2003. 3845, note Guerder*. – Même sens : • Civ. 2e, 24 avr. 2003, nº 00-16.895 P : *Gaz. Pal. 2003. Somm. 4028, obs. Roiland* (services de voyance) • 8 avr. 2004, nº 01-12.638 P (complément nutritionnel) • 7 oct. 2004, nº 02-18.995 P (vin de Champagne) • 16 juin 2005, nº 03-18.625 P : *D. 2005. 2916, note Agostini* (vin de Beaujolais) (cassation de • Lyon, 13 août 2003 : *Gaz. Pal. 2005. 346, note Goni*) • Civ. 1re, 12 déc. 2018, nº 17-31.758 P : *D. 2019. Chron. C. cass. 840, obs. Barel* • Civ. 1re, 30 mai 2006, nº 05-16.437 P : *D. 2007. Pan. 1040, obs. Massis* ; *CCC 2006, nº 167, note Raymond* (jus d'orange testés par une revue de défense des consommateurs) • 5 juill. 2006, nº 05-16.614 P (vin) • 5 déc. 2006, nº 05-17.710 P : *D. 2008. 672, note Valette-Ercole* (services en matière immobilière ; dénigrement par une société concurrente). ♦ Le fait pour des associations de défense de l'environnement de reproduire le logo d'une entreprise assorti de poissons morts ou mal en point ne vise pas la société mais les marques déposées par elle et en conséquence les produits ou services qu'elles servent à distinguer, ce qui justifie l'application de l'art. 1382 anc. [1240]. • Civ. 1re, 8 avr. 2008, nº 07-11.251 P : *D. 2008. AJ 1207, obs. Lavric* ; *ibid. 2402, note Neyret* ; *ibid. Pan. 2894, obs. Brun* ; *ibid. 2009. Pan. 1779, obs. Massis* ; *JCP 2008. II. 10106, note Hugon* ; *RJPF 2008-6/13, obs. Putman* ; *RLDC 2008/50, nº 3017, obs. Gaudin* ; *ibid., nº 3029, obs. Marraud des Grottes* ; *ibid. 2008/55, nº 3212, note Guégan* ; *RTD civ. 2008. 487, obs. Jourdain*. ♦ Mais au contraire, relèvent de l'art. 29 de la L. du 29 juill. 1881 sur la diffamation des imputations portant sur des faits précis et visant le fabricant du produit identifié. • Civ. 1re, 27 sept. 2005, nº 04-12.148 P : *D. 2007. Pan. 1040, obs. Massis* ; *Gaz. Pal. 2006. 3942, note Bourg* (produits de régime). ♦ La publication d'articles, divulgant des informations confidentielles sur les difficultés des sociétés demanderesses, ainsi que les détails des négociations entreprises en vue d'une restructuration de leur dette n'étant pas de nature à ouvrir un débat d'intérêt général portant sur les répercussions sur l'emploi et l'économie nationale, les juges du fond ont fait une juste application de l'art. 10 Conv. EDH en retenant la responsabilité de l'éditeur. • Com. 13 févr. 2019, nº 17-18.049 P.

30. ... Satires et caricatures. Des propos tenus dans le cadre d'une émission télévisée satirique et non dissociables de la caricature faite du dirigeant de l'entreprise mise en cause ne constituent pas une faute de la part de la société de télévision. • Cass., ass. plén., 12 juill. 2000, nº 99-19.004 P : *R., p. 318* ; *BICC 15 nov. 2000, concl. Joinet, rapp. Bargue* ; *D. 2000. Somm. 463, obs. Jourdain* ; *D. 2001. 259, note Edelman* ; *JCP 2000. II. 10439, note A. Lepage* ; *ibid. I. 280, nos 7 s., obs. Viney* ; *Defrénois 2002. 602, note Brun et S. Piedelièvre* ; *LPA 14 août 2000, note Derieux (3e esp.)* ; *RTD civ. 2000. 842, obs. Jourdain*, rejetant le pourvoi contre • Reims, aud. sol., 9 févr. 1999 : *D. 1999. 449, note Edelman* ; *JCP 1999. II. 10144, note Bigot*, sur renvoi de • Civ. 2e, 2 avr. 1997, nº 95-14.687 P : *D. 1997. 411, note Edelman* ; *D. 1998. Chron. 183, par Gridel* ; *JCP 1998. II. 10010, note Bigot* ; *ibid. I. 185, nos 11 s., obs. Viney*. ♦ En utilisant, sur un mode humoristique, des éléments du décor des paquets de cigarettes d'une marque pour une campagne contre le tabagisme, une association agissant conformément à son objet, dans un but de santé publique, n'abuse pas de son droit de libre expression. • Civ. 2e, 19 oct. 2006, nº 05-13.489 P : *D. 2008. Pan. 254, obs. Auguet*; *JCP 2006. II. 10195, note Pollaud-Dulian ; Gaz. Pal. 2007. 435, avis Kessous, note E. B. ; LPA 18 sept. 2008, note Guérin-Seysen ; CCC 2007, nº 22, note Malaurie-Vignal ; RLDC 2007/35, nº 2390, note Mekki.* – V. aussi Geiger, *D. 2007. Chron. 884* (droit des marques et liberté d'expression). ♦Une association qui représente la marque d'une société, associée à une tête de mort et à un poisson maladif, pour frapper l'esprit du public sur le danger du nucléaire agissant conformément à son objet, dans un but d'intérêt général et de santé publique par des moyens proportionnés à cette fin, n'abuse pas de sa liberté d'expression. • Civ. 1re, 8 avr. 2008 : *préc. note 30* • Com. 8 avr. 2008, nº 06-10.961 P : *RLDC 2008/50, nº 3017, obs. Gaudin.*

31. Violation du principe de confidentialité. Le devoir de confidentialité imposé à toutes les personnes appelées à une procédure de conciliation ou de mandat *ad hoc*, ainsi qu'à toutes personnes en ayant eu connaissance de par leurs fonctions, s'étend aux organes de presse qui, ayant divulgué en dehors d'un débat d'intérêt général des informations protégées, engagent leur responsabilité au titre de l'art. 1382, devenu 1240 C. civ. • Com. 13 juin 2019, nº 18-10.688 P : *D. 2019. 1279, obs. Lienhard*; *ibid. 1903, obs. Lucas et Cagnoli*; *Rev. sociétés 2019. 553, obs. L. C. Henry*.

32. ...Violation d'un devoir de loyauté. Si l'exercice de la liberté d'expression ne constitue pas une faute professionnelle justifiant la révocation d'un agent général d'assurances, c'est sous réserve que cet exercice n'excède pas les limites du droit de critique admissible en regard du devoir de loyauté découlant du mandat d'intérêt commun qui le lie à l'entreprise d'assurances. Cassation de l'arrêt qui écarte l'application de l'art. 1382 anc. [1240 nouv.] pour des faits de dénigrement résultant des propos relatés par des quotidiens locaux, ces propos ayant jeté le discrédit sur les produits d'une société en incitant une partie de leur clientèle à s'en détourner, ce dont il résultait un abus spécifique de la liberté d'expression. • Civ. 1re, 27 nov. 2013, nº 12-24.651 P : *D. 2013. 2850*; *RTD civ. 2014. 127, obs. Jourdain* (exclusion de l'art. 10 Conv. EDH et fausse application de l'art. 29 de la L. du 29 juill. 1881). ♦V. note 32 ss. art. 1231-6 C. civ. – **C. civ.**

33. ... Falsification des faits. La rediffusion, en connaissance de cause, d'une information inexacte est constitutive d'une faute au sens de l'art. 1382 anc. [1240] C. civ. • Civ. 2e, 13 mai 1998, nº 96-11.676 P. ♦Indépendamment des dispositions spéciales concernant la presse et l'édition et eu égard au droit du public à l'information, l'auteur d'une œuvre relatant des faits historiques engage sa responsabilité à l'égard des personnes concernées lorsque la présentation des thèses soutenues manifeste, par dénaturation, falsification ou négligence grave, un mépris flagrant pour la recherche de la vérité. • Civ. 1re, 15 juin 1994, nº 92-16.471 P.

34. Autonomie de l'art. 9 C. civ. Autonomie du droit à réparation fondé sur l'art. 9 C. civ. en cas d'atteinte à la vie privée, hors des conditions de l'art. 1382 anc. [1240]. • Civ. 1re, 5 nov. 1996, nº 94-14.798 P : *GAJC, 12e éd., nº 20*; *D. 1997. 403, note Laulom*; *ibid. Somm. 289, obs. Jourdain*; *JCP 1997. II. 22805, note Ravanas ; ibid. I. 4025, nos 1 s., obs. Viney* • 25 févr. 1997 : *JCP 1997. II. 22873, note Ravanas.*

35. PACS, art. 515-7 C. civ. La faculté d'agir en responsabilité, offerte par l'art. 515-7 C. civ. au partenaire d'un pacte civil de solidarité à qui la rupture est imposée, met en œuvre l'exigence constitutionnelle posée par l'art. 4 de la Déclaration des droits de l'homme et du citoyen de 1789, dont il résulte que tout fait quelconque de l'homme qui cause à autrui un dommage oblige celui par la faute duquel il est arrivé à le réparer. • Cons. const. 9 nov. 1999, nº 99-419 DC : *V. notes 1 ss. art. 515-1 et 2 ss. art. 515-7.* – **C. civ.** – *Adde* : Viney, obs. *JCP 2000. I. 280, nº 1.*

36. Divorce, art. 266 C. civ. V. notes ss. art. 266. — **C. civ.**

37. Mariage, communauté de vie, art. 229 s. et 306 C. civ. Le refus par un époux de se soumettre à l'obligation de communauté de vie constitue une faute dont aucun texte n'indique qu'elle serait exclue du champ d'application de l'art. 1382 anc. [1240] C. civ. car, indépendamment des situations prévues par les art. 229 s. et 306 C. civ. et leurs sanctions propres, l'époux qui invoque un préjudice qui lui est particulier, en dehors de toute rupture judiciaire du lien conjugal, est recevable à en demander réparation dans les conditions du droit commun. • Aix-en-Provence, 22 juin 1978 : *D. 1979. 192, note Prévault.*

38. Majeurs protégés. Si l'action contre les organes de tutelle prévue par l'anc. art. 473 est réservée au majeur protégé, à son représentant légal ou à ses ayants droit, les tiers sont recevables à rechercher la responsabilité du tuteur sur le fondement de l'art. 1382 anc. [1240] C. civ. • Civ. 1re, 16 déc. 2015, nº 14-27.028 P.

39. Action en comblement de passif. L'action en comblement d'insuffisance d'actif social à l'encontre des dirigeants sociaux de droit ou de fait (L. nº 85-98 du 25 janv. 1985, art. 180 et 183 – C. com., art. L. 624-3 et L. 624-6) ne se cumule pas avec une action fondée sur les art. 1382 anc. [1240] et 1383 anc. [1241] C. civ. • Com. 20 juin 1995, nº 93-12.810 P : *R., p. 265 ; D. 1995. 448*. ♦V. aussi • Com. 28 févr. 1995, nº 92-17.329 P : *R., p. 265 ; D. 1995. 390, note Derrida*.

40. Permis de construire. Lorsqu'une construction a été édifiée conformément à un permis de construire, le propriétaire ne peut être condamné par un tribunal de l'ordre judiciaire à la démolir du fait de la méconnaissance des règles d'urbanisme ou des servitudes d'utilité publique que si, préalablement, le permis a été annulé pour excès de pouvoir ou son illégalité constatée par la juridiction administrative et si la construction est située dans l'une des zones énumérées au 1° de l'art. L. 480-13 C. urb. • Civ. 3e, 21 mars 2019, n° 18-13.288 P : *D. 2019. 586 ; RDI 2019. 304, obs. Revert ; ibid. 331, obs. Bergel ; JCP 2019, n° 537, note Perinet-Marquet* (cassation de l'arrêt ayant ordonné la démolition à la demande d'un voisin alors que la construction n'était pas située dans l'un des périmètres spécialement protégés). ♦ Pour ordonner la remise en état des lieux, c'est à bon droit que les juges d'appel ont retenu que les travaux étaient irréguliers et ne pouvaient être régularisés par des permis de construire qui, entachés de fraude, étaient nuls, de nul effet et non régularisables au regard du règlement d'urbanisme applicable. • Crim. 8 déc. 2020, n° 19-84.245 P : *RDI 2021. 93, obs. de Jacobet de Nombel*. ♦ L'action attribuée à une commune par l'art. L. 480-14 C. urb., qui a pour objet la démolition ou la mise en conformité, est destinée à faire cesser une situation illicite et ne nécessite pas la même condition de preuve d'un préjudice que l'action de droit commun ouverte à tout tiers victime de la violation de règles d'urbanisme. • Civ. 3e, 16 mai 2019, n° 17-31.757 P : *RDI 2019. 448, obs. Bergel ; ibid. 456, obs. Roujou de Boubée ; ibid. 483, obs. Revert ; AJCT 2019. 357, obs. Bonnefont*

41. Produits défectueux. La victime de la défaillance d'un produit qui fonde son action sur les dispositions de l'art. 1382 anc. [1240] ne peut se prévaloir d'un régime de responsabilité distinct du régime de responsabilité du fait des produits défectueux que s'il établit que le dommage subi résulte d'une faute distincte du défaut de sécurité du produit en cause. • Civ. 1re, 10 déc. 2014, n° 13-14.314 P.

42. FGTI. Les art. 706-3 à 706-15 C. pr. pén. instaurent, s'agissant du fonds de garantie des victimes des actes de terrorisme et d'autres infractions (FGTI), un régime d'indemnisation autonome et exclusif répondant à des règles qui lui sont propres. • Civ. 2e, 14 déc. 2017, n° 16-24.169 P. ♦ Il appartient à la CIVI de fixer le montant de l'indémnité allouée, sans être tenue par la décision de la juridiction précédemment saisie. • Civ. 2e, 4 juill. 2019, n° 18-13.853 P.

43. Transport maritime. La L. du 24 nov. 1961, qui rend le propriétaire d'une marchandise tombée d'un navire à la mer débiteur envers l'État des conséquences des opérations de sauvetage, de récupération, d'enlèvement, de destruction ou de celles destinées à supprimer les dangers que présente cette épave que l'État a mises en œuvre, ne fait pas obstacle au droit que l'État, qui a procédé à de telles opérations, tient des art. 1382 anc. s. [1240 s.] de rechercher la responsabilité de celui qui est à l'origine du sinistre. • Com. 16 déc. 2008, n° 07-21.943 P : *RCA 2009, n° 60 ; RLDC 2009/58, n° 3329, obs. Bugnicourt* (faute de l'armateur).

44. Taux effectif global. La sanction d'un taux effectif global erroné est la substitution du taux d'intérêt légal au taux conventionnel, rejet de la demande de dommages-intérêts fondée sur la faute alléguée de la banque. • Com. 30 oct. 2012, n° 11-23.034 P : *D. 2012. 2589, obs. Avena-Robardet*.

45. Saisie. Les dispositions selon lesquelles lorsque la mainlevée d'une saisie conservatoire a été ordonnée par le juge, le créancier peut être condamné à réparer le préjudice causé par la mesure conservatoire (L. n° 91-650 du 9 juill. 1991, art. 73 ; C. pr. exéc., art. L. 512-2), n'exigent pas la preuve d'une faute ; la personne saisie peut ainsi obtenir des dommages-intérêts en réparation de la gêne financière subie du fait d'une saisie conservatoire qui l'a privé de la jouissance de cette somme sans que l'abus de droit soit établi. • Com. 25 sept. 2012, n° 11-22.337 P : *D. 2012. 2301, obs. Lienhard*.

46. Procédure civile. Le défaut d'accomplissement d'une charge de la procédure par la partie à laquelle elle incombe ne constitue pas, en l'absence d'abus, une faute de nature à engager la responsabilité de son auteur. Il n'encourt d'autres sanctions que celles prévues par les règles procédurales applicables à l'instance en cause. • Civ. 2e, 27 mai 2021, n° 19-23.898 P : *D. 2021. 1079 ; RTD civ. 2021. 697, obs. Cayrol* (absence de remise devant la Cour de cassation d'un mémoire contenant les moyens de droit).

47. Dépens. Les dépens ne constituent pas des dommages relevant des règles de la responsabilité civile. • Civ. 2e, 9 juin 2016, n° 15-20.456 P (la rémunération des experts désignés par le tribunal n'est pas un dommage résultant de l'atteinte à la personne et ne peut donc être mise à la charge du fonds d'indemnisation des victimes). ♦ Les frais de procédure non compris dans les dépens ne constituent pas un préjudice réparable et ne peuvent être remboursés que sur le fondement de l'art. 700 C. pr. civ. • Civ. 1re, 10 avr. 2019, n° 17-13.307 P (cassation de l'arrêt ayant alloué des dommages-intérêts, louée en réparation du préjudice lié aux tracas et frais occasionnés par la procédure).

48. Gibier. La possibilité d'une indemnisation par la fédération départementale des chasseurs en application des art. L. 426-1 et L. 426-4 C. envir. exclut la responsabilité fondée sur l'art. 544 et sur les troubles anormaux de voisinage et ne laisse place qu'à une action fondée sur l'art. 1382 anc. [1240] contre le fautif. • Civ. 2e, 11 sept. 2014, n° 13-18.136 P : *D. actu. 17 sept. 2014, obs. Kilgus ; JCP 2014, n° 1142, obs. Barbiéri*. ♦ Comp. : le régime spécial de responsabilité et d'indemnisation des dégâts matériels causés aux cultures et aux récoltes par un gibier quelconque et aux dommages qui en découlent, institué et organisé par les art.

L. 426-1 à L. 426-8 C. envir., a une portée générale et s'applique à toute action en réparation des dommages de toute nature, y compris celle fondée sur les art. 1382 anc. et 1383 anc. [1240 et 1241] C. civ. et celle fondée sur l'art. 544 du même code et sur le principe selon lequel nul ne doit causer à autrui un trouble excédant les inconvénients normaux du voisinage. • Civ. 2e, 13 déc. 2012, n° 11-27.538 P : *D. 2013. 17*.

La fédération de chasse ayant exercé l'action récursoire prévue par l'art. L. 426-4 C. envir., qui laisse la possibilité d'agir sur le fondement de l'art. 1382 anc. [1240], il en résulte que les règles de prescription étaient celles applicables en droit commun, et non la courte prescription de 6 mois prévue par l'art. L. 426-7 C. envir. pour l'indemnisation des dégâts causés. • Civ. 2e, 4 févr. 2016, n° 15-11.010 P.

49. Accident du travail et maladies professionnelles. Les dispositions des art. L. 451-1, L. 452-1 et L. 452-3 CSS, qui interdisent à la victime d'un accident du travail ou d'une maladie professionnelle imputable à la faute inexcusable de l'employeur, d'exercer contre celui-ci une action en réparation conformément au droit commun et prévoient une réparation spécifique des préjudices causés, n'engendrent pas une discrimination prohibée par l'art. 14 Conv. EDH et l'art. 1er du Protocole additionnel n° 1, du seul fait que la victime ne peut obtenir une réparation intégrale de son préjudice. • Civ. 2e, 11 juill. 2013, n° 12-15.402 P : *D. 2013. 1908*.

50. Brevets. Les art. L. 615-3 CPI et L. 111-10 C. pr. exéc., qui ont pour objet de rétablir la partie poursuivie, ou le débiteur de l'exécution, dans ses droits, sont exclusifs de la responsabilité fondée sur l'art. 1382 anc. [1240]. • Com. 10 févr. 2015, n° 13-20.150 P.

51. Concurrence. La décision de la juridiction communautaire relative à des pratiques anticoncurrentielles mettant hors de cause une société n'interdit pas aux juridictions judiciaires françaises de condamner cette même société sur le fondement des art. 1383 anc. s. [1241 s.]. • Com. 6 oct. 2015, n° 13-24.854 P. ♦ Les dispositions de l'art. L. 442-6, I, 5°, C. com., dans sa rédaction antérieure à celle issue de l'Ord. n° 2019-359 du 24 avr. 2019, relatives à la rupture brutale d'une relation commerciale établie sont exclusives de celles de l'art. 1382, devenu 1240, C. civ., en l'absence de toute faute délictuelle distincte établie. • Com. 2 oct. 2019, n° 18-15.676 P : *D. 2019. 2257, point de vue Buy ; AJ contrat 2019. 483, obs. Dissaux*.

52. Assurances. L'exercice de la faculté de renonciation prévue par l'art. L. 132-5-1 C. assur., en cas de défaut de remise des documents et informations énumérés par le texte, ne fait pas obstacle à la mise en œuvre de la responsabilité de l'assureur sur le fondement de l'art. 1241, au titre du manquement du défendeur à son obligation précontractuelle d'information. • Civ. 2e, 23 nov. 2017, n° 16-21.671 P : *D. 2018. 1279, obs. Bacache ; RGDA 2018. 50, note Mayaux.*

53. Environnement. Le préjudice écologique consiste en l'atteinte directe ou indirecte portée à l'environnement et découlant de l'infraction ; la remise en état prévue par l'art. L. 162-9 C. envir. n'exclut pas une indemnisation de droit commun que peuvent solliciter, notamment, les associations habilitées, visées par l'art. L. 142-2 du même code. • Crim. 22 mars 2016, n° 13-87.650 P : *D. 2016. 1236, note Epstein ; AJ pénal 2016. 320, note Perrier ; RSC 2016. 287, obs. Robert ; RTD civ. 2016. 634, obs. Jourdain*.

54. Forêts. Les dispositions de l'art. L. 380-1 C. for. n'instituent pas une « présomption de responsabilité pour faute » de l'ONF pour les dommages survenus au public dans les forêts visées par ce texte. • Civ. 2e, 14 juin 2018, n° 17-14.781 P.

55. Service public de la justice. La responsabilité de l'État en raison d'un dommage causé par le fonctionnement défectueux du service public de la justice ne peut être engagée que sur le fondement de l'art. L. 141-1 COJ, à l'exclusion des dispositions de droit commun prévues par le C. civ. Cette responsabilité n'existe qu'en cas de faute lourde ou de déni de justice. • Civ. 1re, 18 nov. 2020, n° 19-19.517 P. – V COJ, art. L. 141-1. – **C. pr. civ.**

Art. 1241 *(Ord. n° 2016-131 du 10 févr. 2016, art. 2, en vigueur le 1er oct. 2016)* **Chacun est responsable du dommage qu'il a causé non seulement par son fait, mais encore par sa négligence ou par son imprudence.** – *Dispositions transitoires, V. Ord. n° 2016-131 du 10 févr. 2016, art. 9, ss. art. 1386-1 nouv.*

L'art. 1241 nouv. reprend à l'identique l'art. 1383 anc.

BIBL. ▸ *Archives Phil. dr., t. 22, 1977.* – R. SAVATIER, *D. 1966. Chron. 149.* – BACH, *RTD civ. 1977. 17 ; ibid. 221.* – JOURDAIN, *LPA 30 nov. 2000* (principe de précaution). – KAYSER, *RRJ 2000/2. 445* (sentiment de justice et développement de la responsabilité civile). – LE TOURNEAU, *Gaz. Pal. 1985. 1. Doctr. 283.* – LAMBERT-FAIVRE, *RTD civ. 1987. 1 ; ibid. 1998. 1* (éthique de la responsabilité). – LE COUVIOUR, *JCP 2008. I. 126* (responsabilité des dommages de pollution par hydrocarbures). – LEDUC, *RCA 2001. Chron. 20* (fait causal et responsabilité du fait personnel). – MARTY, *Études Julliot de la Morandière, Dalloz, 1964, p. 339* (illicéité et responsabilité). – MOURY, *D. 2012. Chron. 1021* (risque). – PARIGUET et MANSION, *JCP 2011. 1383* (risque). – RADÉ, *D. 1999. Chron. 313 et 323* (fondements). – SAINT-PAU, *Études Lapoyade-Deschamps, Univ. Montesquieu-Bordeaux IV, 2003* (responsabilité civile et anormalité). – THIBIERGE, *RTD civ. 1999. 561* (évolution du droit de la responsabilité). – VINEY, *Études P. Catala, Litec, 2001, p. 555* (pour ou contre un principe général de responsabilité pour faute). ▸ Responsabilité pour atteinte à l'environnement : BOUTONNET et NEYRET, *D. 2010. Chron. 912* (préjudice moral et atteinte à l'environnement). – CALFAYAN, *RLDC 2009/63, n° 3527.* – GAILLOT-MERCIER, *Dr. et patr. 1/2001. 58.* – LARROUMET, *D. 1994. Chron. 101* . – NEYRET, *D. 2012. 2673* (préjudice écologique). – NEYRET et J. MARTIN, *JCP 2012, n° 567* (nomenclature des préjudices environnementaux). – RAVIET et SUTTERLIN, *D. 2012. 2675* (idem). – VINEY, *JCP 1996. I. 3900.* ▸ Responsabilité de celui qui fournit le moyen du dommage : GRUA, *RTD civ. 1994. 1* . ▸ Responsabilité civile sportive : LASSALE, *JCP 2000. I. 277* (violences sportives). – MISTRETTA, *JCP 1998. I. 116.* – VIAL, *Gaz. Pal. 2009. 2435.* ▸ Colloque CREDO, 12 déc. 1997, *RCA, mai 1998, n° spécial* (le préjudice : questions choisies). ▸ Colloque Rouen, 26-27 janv. 2001, *LPA 11 juill. 2001* (responsabilité professionnelle) ; Colloque CDPPOC, 24-25 nov. 2011 (concours de responsabilité). – Dossier, *RLDC 2012/97, n°s 4833 s.* (responsabilités sportives).

PLAN DES ANNOTATIONS

I. CONDITIONS DE LA RESPONSABILITÉ DÉLICTUELLE POUR FAUTE n°s 1 à 173

A. FAUTE n°s 1 à 71

1° QUALIFICATION n°s 1 à 9

2° VARIÉTÉS DE FAUTES n°s 10 à 71

a. Abstention n°s 10 à 24

b. Abus de droit n°s 25 à 52

c. Droit de la famille n°s 53 à 55

d. Autres domaines n°s 56 à 71

B. PRÉJUDICE n°s 72 à 143

1° NATURE DU DOMMAGE RÉPARABLE n°s 72 à 108

a. Principe n°s 72 à 75

b. Victimes pouvant se prévaloir d'un dommage réparable n°s 76 à 82

c. Variétés de préjudices selon leur cause n°s 83 à 88

d. Variétés de préjudices selon leurs effets (d'après la nomenclature Dintilhac) n°s 89 à 108

2° CARACTÈRE CERTAIN DU PRÉJUDICE. CAS DE LA PERTE D'UNE CHANCE n°s 109 à 116

3° CARACTÈRE DIRECT ET PERSONNEL n°s 117 à 136

4° LÉGITIMITÉ DE L'INTÉRÊT LÉSÉ n°s 137 à 143

C. RAPPORT DE CAUSALITÉ n°s 144 à 173

1° PREUVE n°s 144 à 149

2° CAUSALITÉ DIRECTE ET ENCHAÎNEMENT DES CAUSES n°s 150 à 160

3° ACTION COLLECTIVE n°s 161 à 167

4° PLURALITÉ DES CAUSES n°s 168 à 173

II. MISE EN ŒUVRE n°s 174 à 246

A. CARACTÈRE D'ORDRE PUBLIC DE LA RESPONSABILITÉ DÉLICTUELLE n°s 174 à 176

B. L'ACTION FONDÉE SUR LES ART. 1240 ET 1241 n°s 177 à 196

1° LES PARTIES n°s 177 à 193

2° RÉGIME DE L'ACTION n°s 194 à 196

C. RÉPARATION DU DOMMAGE n°s 197 à 246

1° PRINCIPE DE LA RÉPARATION INTÉGRALE n°s 197 à 211

2° MODE DE RÉPARATION n°s 212 à 215

3° ÉVALUATION DU PRÉJUDICE n°s 216 à 241

4° INCIDENCE DES PRESTATIONS D'ASSURANCE ET DE SÉCURITÉ SOCIALE n°s 242 à 245

5° INDEMNISATION DES VICTIMES D'INFRACTIONS n° 246

I. CONDITIONS DE LA RESPONSABILITÉ DÉLICTUELLE POUR FAUTE

A. FAUTE

BIBL. Desideri, *D. 2000. Chron. 238* (la précaution en droit privé). – Y. Flour, *Droits 1987/5. 3* (faute et responsabilité civile). – Mazeaud, *D. 1985. Chron. 13.* – le Tourneau, *RTD civ. 1988. 505.* – Ph. Pierre, *RLDC 71/2010, n° 3802* (responsabilité objective, notion et rôle de la faute). – Radé, *D. 1998. Chron. 301* (faute et responsabilité). – Vingiano-Viricel, *RTD com. 2017. 19* (faute lucrative). – Colloque CDRUM et CRDP Tours, 17 janv. 2003, *RCA, juin 2003, p. 33* (la responsabilité pour faute).

1° QUALIFICATION

1. Contrôle de la Cour de cassation. S'il appartient aux juges du fond de constater souverainement les faits d'où ils déduisent l'existence d'une faute délictuelle ou quasi délictuelle, la qualification juridique de la faute relève du contrôle de la Cour de cassation. • Civ. 2e, 16 juill. 1953 : *JCP 1953. II. 7792, note R. Rodière* • 24 nov. 1955 : *D. 1956. 163.* ♦ Encourt la cassation la décision des juges du fond qui ont conclu à l'absence de faute du défendeur sans s'expliquer sur les irrégularités invoquées par le demandeur, ni sur les erreurs reconnues par le défendeur. • Civ. 2e, 6 juin 2019, n° 18-16.892 P (le demandeur dénonçait des irrégularités volontaires dans le calcul de la quotité saisissable et dans le montant des sommes prélevées par le défendeur).

2. Acte autorisé par la loi qualifié de faute. Le fait que la loi ou le règlement autorise un acte, en le subordonnant à certaines conditions dans l'intérêt des tiers, n'a pas pour effet de relever ceux qui accomplissent cet acte de l'obligation générale de prudence et de diligence civilement sanctionnée par la disposition de l'art. 1382 anc. [1240]. • Civ. 2e, 14 juin 1972 : *D. 1973. 423, note Lepointe.* ♦ Faute (action de chasse prohibée) déduite de la primauté d'une directive européenne sur une disposition interne : V. • Civ. 2e, 23 sept. 2004, n° 03-13.763 P.

3. Faute civile et poursuites pénales. **BIBL.** Dorsner-Dolivet, Principe de l'identité des fautes civile et pénale, *RRJ 2002/1. 199.* – Tapia, *Gaz. Pal. 2003. Doctr. 686.* – Wester-Ouisse, *D. 2016. 2018*. ♦ Le dommage dont la partie civile peut obtenir réparation, devant la juridiction pénale, de la personne relaxée résulte de la faute civile démontrée à partir et dans les limites des faits objets de la poursuite. • Crim. 4 mai 2016, n° 15-81.244 P : *D. 2016. 1002 ; AJ pénal 2016. 436 ; RTD com. 2016. 566, obs. Saenko ; JCP 2016, n° 717, note Lasserre-Capdeville.* ♦ Après la décision de relaxe du tribunal correctionnel, la victime, ayant seule fait appel, ne peut obtenir réparation devant la cour d'appel que sur faute démontrée à partir et dans la limite des faits objets de la poursuite. • Crim. 10 mai 2017, n° 15-86.906 P : *AJ pénal 2017. 396, obs. Grégoire*. ♦ Rappr. : • 4 juin 2019, n° 18-84.720 P : *D. 2019. 1174 ; RSC 2019. 626, obs. Mayaud* (faits de violence incriminés par l'art. 222-11 C. pén., constitués, même sans atteinte physique de la victime, par tout acte de nature à impressionner vivement celle-ci et à lui causer un choc émotif). ♦ Même solution après une requalification des faits : l'évaluation du préjudice reste en discussion devant la cour d'appel pour tous les chefs de dommage qui découlent des faits objet de la poursuite, les juges du second degré devant notamment apprécier eux-mêmes le lien de causalité fondant la responsabilité. • Crim. 25 juin 2019, n° 18-84.825 P. ♦ Ainsi, même si l'escroquerie n'est pas reconnue, le fait de recourir à un prête-nom pour obtenir un prêt sur la base d'un dossier contenant des documents falsifiés est constitutif de manœuvres frauduleuses susceptibles d'établir une faute civile ouvrant droit à la réparation des préjudices des parties civiles. • Crim. 4 mai 2016, n° 15-81.244 P : *préc.* ♦ Inversement, lorsque la faute civile retenue découle de faits non visés dans la poursuite : • Crim. 19 mai 2016, n° 15-81.491 P : *D. 2016. 1139 ; RTD com. 2016. 571, obs. Saenko*.

Sur l'appréciation d'une faute civile lorsqu'elle peut constituer une infraction à la suite d'un revirement d'interprétation postérieur à sa commission : • Crim. 30 juin 2021, n° 20-81.570 B : *D. 2021. 1708, note Ballot-Squirawski ; AJ pénal 2021. 472, note de Combles de Nayves*.

L'absence de faute pénale non intentionnelle au sens de l'art. 121-3 C. pén. ne fait pas obstacle à l'exercice d'une action devant les juridictions civiles afin d'obtenir la réparation d'un dommage sur le fondement de l'art. 1383 anc. [1241] C. civ. si l'existence de la faute civile prévue par cet art. est établie, ou en application de l'art. L. 452-1 CSS, si l'existence de la faute inexcusable prévue par cet art. est établie (C. pr. pén., art. 4-1, issu de L. n° 2000-647 du 10 juill. 2000). ♦ La faute pénale du préposé, dont résulte la faute civile au sens de l'art. 1242, al. 5, ne peut plus être contestée par le commettant, fût-ce à l'occasion d'un procès ayant pour objet la seule action civile, lorsqu'elle constitue le fondement d'une condamnation pénale devenue définitive ; dès lors, une clinique dont la responsabilité civile est engagée du fait du harcèlement moral commis par un préposé, s'il lui est loisible d'invoquer une cause d'exonération de sa responsabilité en établissant que ce préposé s'est placé hors des fonctions auxquelles il était employé, n'est plus recevable à contester l'existence de la faute commise par ce dernier. • Crim. 13 nov. 2018, n° 17-81.398 P : *D. 2018. 2234 ; RDT 2019. 112, obs. Gallois*. ♦ Sur le rapport entre faute pénale et faute civile à l'occasion d'une manifestation organisée par un syndicat, manifestation ayant donné lieu à des dégradations : • Cass., ch. mixte, 30 nov. 2018, n° 17-16.047 P : *cité note 168.*

4. Travaux certifiés conformes par une décision administrative. Viole les règles de la responsabilité la cour d'appel qui affirme que le certificat de conformité pour des travaux ayant fait l'objet d'un permis de construire est une décision administrative qui, la légalité n'en étant pas contestée, ne peut être mise en cause par le juge de l'ordre judiciaire et prévaut sur les constatations des experts judiciaires. • Civ. 3e, 23 oct. 2013, n° 12-24.919.

5. Élément intentionnel non exigé. La faute civile ne requiert pas un élément intentionnel. • Civ. 2e, 23 nov. 1972 : *Gaz. Pal. 1973. 1. 417, note Doll.* ♦ L'application de l'art. 1382 anc. [1240] n'exige pas l'existence d'une intention de nuire. • Civ. 2e, 2 avr. 1997, n° 95-14.687 P : *D. 1997. 411, note Edelman ; D. 1998. Chron. 183, par Gridel ; JCP 1998. II. 10010, note Bigot.* ♦ Mais la boxe française est un sport de combat à risque ; la victime s'étant blessée en tombant sur le sol à la suite d'un coup porté par son adversaire, la responsabilité de ce dernier ne peut être engagée sans caractériser une faute volontaire contraire à la règle du jeu. • Civ. 2e, 5 déc. 1990, n° 89-17.698 P.

6. Faculté de discernement non exigée. **BIBL.** Castaignède, *Études Lapoyade-Deschamps, Univ. Montesquieu-Bordeaux IV, 2003* (mineur). – Jacopin, *D. 2001. Chron. 2768* (faute du mineur). – R. Legeais, *Mél. Cornu, PUF, 1994, p. 253* (mineurs). ♦ La minorité de l'auteur du dommage n'exclut pas sa responsabilité et ne fait pas obstacle à sa condamnation personnelle sur le fondement de l'art. 1382, devenu 1240, C. civ. • Civ. 2e, 20 oct. 2016, n° 15-25.465 P : *D. 2016. 2167 ; RDSS 2016. 1175, obs. Tauran ; LPA 17 févr. 2017,* *note Bertier-Lestrade.* ♦ Les juges du fond, qui ne sont pas tenus de vérifier si le mineur était capable de discerner les conséquences de son acte, peuvent estimer, sur le fondement de l'art. 1382 anc. [1240], que l'enfant victime a commis une faute qui a concouru avec celle du défendeur à la réalisation du dommage dans une proportion souverainement appréciée. • Cass., ass. plén., 9 mai 1984 *(arrêts Lemaire et Derguini)*, n° 80-93.031 P : *R., p. 104 ; GAJC, 11e éd., n° 186 ; D. 1984. 525, concl. Cabannes, note Chabas ; JCP 1984. II. 20256, note Jourdain ; RTD civ. 1984. 508, obs. J. Huet.* – R. Legeais, *Defrénois 1985. 557.* – H. Mazeaud, *D. 1985. Chron. 13.* – V. aussi Viney, *JCP 1985. I. 3189.* ♦ Les juges du fond ne sont pas tenus de vérifier si un mineur est capable de discerner les conséquences de son acte pour caractériser une faute commise par lui (à l'égard d'un tiers). • Civ. 2e, 12 déc. 1984 : *Bull. civ. II, n° 193 ; RTD civ. 1986. 120, obs. J. Huet.* ♦ La faute d'un mineur peut être retenue à son encontre même s'il n'est pas capable de discerner les conséquences de son acte. • Civ. 2e, 28 févr. 1996 : *D. 1996. 602, note Duquesne ; ibid. 1997. Somm. 28, obs. D. Mazeaud ; Gaz. Pal. 1997. 1. 86, note Jacques ; JCP 1996. I. 3985, n° 14, obs. Viney ; RTD civ. 1996. 628, obs. Jourdain* • 19 févr. 1997, n° 94-19.726 P. ♦ V. cep., pour la prise en considération de l'âge du sujet dans l'appréciation de son comportement fautif : • Civ. 1re, 7 mars 1989 : *JCP 1990. II. 21403, note Dejean de la Bâtie* • Civ. 2e, 4 juill. 1990, n° 89-15.177 P : *RTD civ. 1991. 123, obs. Jourdain* • 7 mai 2002, n° 00-11.716 P (enfant de 7 ans considéré comme non fautif).

Incidence du défaut de discernement sur la garde des choses inanimées : V. note 26 ss. art. 1242. ♦ Cas des personnes privées de discernement par l'effet d'un trouble mental : V. art. 414-3. — C. civ.

7. Fautes des dirigeants de personnes morales. BIBL. M.-C. Guérin, *LPA 11 janv. 2006* (faute intentionnelle). ♦ La responsabilité personnelle des administrateurs d'une association n'est engagée que s'ils ont commis une faute détachable de leurs fonctions. • Civ. 2e, 7 oct. 2004, n° 02-14.399 P : *JCP 2005. I. 132, n° 10, obs. Viney ; Rev. sociétés 2005. 225, note Randoux.* – Déjà en ce sens, pour un président d'association : • Civ. 2e, 19 févr. 1997, n° 95-11.959 P. ♦ ... Pour des dirigeants de société : • Com. 28 avr. 1998, n° 96-10.253 P : *JCP 1998. II. 10177, note Ohl ; RTD com. 1998. 623, obs. Petit et Reinhard ; Rev. sociétés 1998. 767, note Saintourens* • 27 janv. 1998, n° 93-11.437 P : *D. 1998. 605, note Gibirila ; ibid. Somm. 392, obs. Hallouin* • Civ. 3e, 4 avr. 2001, n° 99-17.731 P • Com. 20 mai 2003, n° 99-17.092 P : *D. 2003. 2623, note Dondero ; ibid. AJ 1502, obs. A. Lienhard ; D. 2004. Somm. 266, obs. Hallouin ; JCP 2003. II. 10178, note Reifegerste ; Rev. sociétés 2003. 479, note Barbiéri.* ♦ Dans le même sens : • Com. 18 févr. 2014, n° 12-29.752 P : *D. 2014. 764, note Favario ; ibid. 2434, obs. Hallouin ; RDC 2014. 372, note Viney ; ibid. 2015. 75, note Grimaldi* • 27 mai 2014, n° 12-28.657 P : *D. 2014. 1197 ; Rev. sociétés 2014. 529, obs. Roussel Galle ; RTD com. 2014. 687, obs. Martin-Serf ; Banque et Dr. 9-10/2014. 56, note Urban* (SARL, C. com., art. L. 223-22, al. 1er) • Civ. 3e, 10 mars 2016, n° 14-15.326 P : *D. 2016. 656, obs. Lienhard ; RDI 2016. 415, obs. Roussel ; Rev. sociétés 2016. 370, obs. Pisoni* (faute intentionnelle, constitutive d'une infraction pénale) • Civ. 2e, 30 juin 2016, n° 15-18.639 P. ♦ Cassation de l'arrêt ayant rejeté une action en responsabilité à l'encontre de dirigeants sociaux, sans rechercher si les décisions prises ne constituaient pas de la part de leurs auteurs, même agissant dans les limites de leurs attributions, des fautes intentionnelles d'une particulière gravité incompatibles avec l'exercice normal de leurs fonctions sociales. • Com. 10 févr. 2009, n° 07-20.445 P. ♦ Cassation de l'arrêt qui n'a pas recherché si le dirigeant d'une société de construction n'a pas commis des fautes séparables de ses fonctions sociales, engageant sa responsabilité personnelle, en omettant de conclure un contrat de construction de maison individuelle et de souscrire une assurance de responsabilité décennale. • Civ. 3e, 7 juin 2018, n° 16-27.680 P : *D. 2018. 1255 ; RDI 2018. 454, obs. Noguéro ; Rev. sociétés 2018. 723, note Barbièri.* ♦ Absence de faute intentionnelle et d'une particulière gravité, incompatible avec l'exercice normal de ses fonctions sociales de la part d'un dirigeant qui n'a pas procédé à une déclaration de cessation d'activité auprès de l'administration pour une activité polluante, la réglementation n'imposant qu'une simple obligation d'information de l'administration et l'omission de cette déclaration n'étant passible que de l'amende prévue pour les contraventions de cinquième classe. • Civ. 3e, 30 janv. 2013 : *cité note 20 ss. art. 1787.* – Comp., pour une société en participation, note 3 ss. art. 1872-1. ♦ Mais responsabilité civile d'un gérant de société, sans qu'il importe que sa faute soit détachable de ses fonctions, ni qu'elle soit d'une exceptionnelle gravité. • Crim. 5 avr. 2018, n° 16-87.669 P : *D. 2018. 1128, avis Salomon ; ibid. 1137, note Saenko ; AJ pénal 2018. 248, note Mangematin* • 5 avr. 2018, n° 16-83.984 P : *Rev. sociétés 2018. 598, note Prorok ; Dr. soc. 2018. 857, obs. Salomon ; RTD civ. 2018. 677, obs. Jourdain.* ♦ La faute pénale intentionnelle du dirigeant est par essence détachable des fonctions, peu important qu'elle ait été commise dans le cadre de celles-ci. • Com. 18 sept. 2019, n° 16-26.962 P : *D. 2019. 2169, note François ; RTD com. 2019. 926, obs. Lecourt ; Rev. sociétés 2020. 108, note François ; RTD civ. 2020. 117, obs. Jourdain.* ♦ ... Et la faute pénale intentionnelle commise par le dirigeant est un acte personnel dont il doit seul assumer les conséquences, ce dont il se déduit que la dette de réparation du préjudice causé par cette faute est une dette propre. • Même arrêt.

8. Agent d'un service public. Responsabilité personnelle du maire d'une commune condamné pour favoritisme, les faits commis présentant le caractère d'une faute personnelle détachable du service. • Crim. 7 nov. 2012 : *AJDA 2012. 2143* ; *D. 2012. 2664* • Civ. 1re, 25 janv. 2017, nº 15-10.852 P (obstruction systématique à un projet immobilier).

Condamnation pour faute du directeur d'un hôpital ayant contourné les règles des marchés publics pour faire réaliser des travaux dans son logement de fonction, les fautes commises, même non dépourvues de tout lien avec le service, constituant des manquements volontaires et inexcusables à des obligations d'ordre professionnel et déontologique. • Crim. 12 sept. 2018, nº 17-83.793 P : *AJ pénal 2018. 509, note J.-M. Brigant*.

9. Service public délégué à une société privée. En raison de la faute caractérisée de son représentant, la collectivité est responsable, en même temps que la société privée qui, sur délégation de service public mise en œuvre par la commune, a organisé une activité de loisirs au cours de laquelle un accident est survenu. • Crim. 28 juin 2016, nº 15-83.862 P.

2º *VARIÉTÉS DE FAUTES*

a. Abstention

10. Notion : manquement à une obligation d'agir. La faute prévue par les art. 1382 anc. et 1383 anc. [1240 et 1241] peut consister aussi bien dans une abstention que dans un acte positif. L'abstention, même non dictée par la malice et l'intention de nuire, engage la responsabilité de son auteur lorsque le fait omis devait être accompli soit en vertu d'une obligation légale, réglementaire ou conventionnelle, soit aussi, dans l'ordre professionnel, s'il s'agit notamment d'un historien, en vertu des exigences d'une information objective. • Civ. 27 févr. 1951 *(arrêt Branly)* : *D. 1951. 329, note Desbois ; JCP 1951. II. 6193, note Mihura*. – V. aussi Carbonnier, *D. 1951. Chron. 119*. ♦ Causent nécessairement un préjudice : le délit d'emploi d'un étranger non muni d'une autorisation de travail salarié. • Crim. 11 avr. 2012, nº 11-85.224 P : *D. 2012. 1409* ; *Dr. soc. 2012. 720, chron. Salomon et Martinel* ; *ibid. 755, obs. Duquesne* ; *RTD com. 2012. 858, obs. Bouloc*. ♦ ... L'inobservation des règles de la procédure de licenciement préalable à l'acceptation de la convention de reclassement personnalisé par le salarié • Soc. 17 déc. 2013, nº 12-23.726 P : *D. 2014. 23* . ♦ ... L'absence de visite médicale d'embauche avant la fin de la période d'essai. • Soc. 18 déc. 2013, nº 12-15.454 P : *D. 2014. 88*. ♦ ... La délivrance tardive d'une attestation destinée aux ASSEDIC et d'un certificat de travail. • Soc. 29 sept. 2014, nº 13-13.661 P. ♦ ... La méconnaissance du droit de préemption du locataire. • Civ. 3e, 3 juill. 2013, nº 12-19.442 P : *D. 2013. 1747, obs. Rouquet* (action en responsabilité du locataire évincé contre le bailleur, l'acheteur, l'agent immobilier et le notaire). ♦ ... La méconnaissance, par le médecin prescripteur, de la procédure d'accord amiable du service médical de la sécurité sociale, cette faute ayant causé à la caisse un préjudice direct et certain constitué par la prise en charge des prestations en nature dispensées aux assurés. • Civ. 2e, 9 mai 2018, nº 17-17.984 P : *RDSS 2018. 734, obs. Tauran*.

Cassation de l'arrêt qui, après la chute d'un piéton sur un trottoir verglacé, retient la responsabilité du propriétaire riverain ayant omis de répandre du sable ou des cendres sur le trottoir, malgré un affichage municipal rappelant cette obligation, sans rechercher quelle disposition légale ou réglementaire imposait une telle mesure. • Civ. 1re, 18 avr. 2000, nº 98-15.770 P : *D. 2000. IR 144* . ♦ L'URSSAF ne saurait être condamnée pour ne pas avoir publié une lettre du ministère et une circulaire de l'ACOSS, pour avoir manqué de transparence et de loyauté à l'égard des cotisants et a ainsi rompu le principe d'égalité des citoyens devant l'impôt, alors que cette publication ne lui incombe pas selon les textes applicables. • Civ. 2e, 31 mars 2016, nº 15-17.060 P : *D. 2016. Chron. C. cass. 1886, obs. Hénon et Palle* ; *Dr. soc. 2016. 665, chron. Salomon*.

Cassation de l'arrêt qui retient la faute d'un administrateur judiciaire qui n'a pas procédé à la résiliation d'un bail, sans rechercher si l'administrateur n'était pas fondé à différer sa prise de position sur le sort du bail jusqu'à la réalisation du diagnostic de l'entreprise, qu'il devait effectuer conformément à sa mission légale, conformément aux objectifs de la procédure de sauvegarde. • Com. 7 oct. 2020, nº 19-14.807 P : *D. 2021. 276, note Lledo*.

11. ... Manquement à une obligation de vérification des faits. Il incombe à un éditeur de presse de procéder à la vérification des éléments factuels qu'il porte à la connaissance du public et qui ont un caractère dénigrant. • Civ. 1re, 12 déc. 2018, nº 17-31.758 P : *D. 2019. Chron. C. cass. 840, obs. Barel*.

12. ... Intention de nuire. Si, en principe, l'abstention dommageable ne peut entraîner une responsabilité qu'autant qu'il y avait, pour celui auquel on l'impute, obligation d'accomplir le fait omis, il en est autrement lorsque cette abstention dommageable (en l'espèce, refus du « gueth » après divorce d'époux mariés selon la loi mosaïque) a été dictée par l'intention de nuire et constitue un abus de droit. • Civ. 2e, 13 déc. 1972 : *D. 1973. 493, note Larroumet* • 12 déc. 1994, nº 92-17.098 P (attitude obstinée du mari qui ne s'explique pas sur les raisons de son refus). ♦ Comp. note 75.

13. Illustrations : refus de délivrer une attestation. L'inscription d'un établissement sur la liste des établissements susceptibles d'ouvrir droit à l'allocation de cessation anticipée d'activité des travailleurs de l'amiante ne dispense pas l'employeur de son obligation, dont l'objet et la finalité ne sont pas les mêmes, de remettre au salarié une attestation d'exposition à l'amiante à son départ de l'établissement. • Soc. 23 oct. 2012, n° 11-13.792 P.

14. ... Défaut de mention dans une publication. Un syndicat d'initiative qui publie une liste des hôtels recommandés ne commet pas de faute en omettant certains établissements de cette liste, à condition que ces omissions soient justifiées par les circonstances. • Civ. 1re, 3 déc. 1968 : *D. 1969. 253, note Couvrat; JCP 1969. II. 15787, note R. L.* ♦ Même sens, pour l'omission du nom d'un chercheur dans une communication scientifique à un congrès : • Civ. 2e, 31 janv. 1964 : *JCP 1964. II. 13620, note R. Savatier.* ♦ Commet une faute l'éditeur d'un annuaire téléphonique professionnel qui omet deux noms alors qu'il a l'obligation de les mentionner tous. • Civ. 2e, 9 oct. 2003, n° 02-12.641 P.

La liberté d'expression étant un droit dont l'exercice ne revêt un caractère abusif que dans les cas spécialement déterminés par la loi, le refus de l'auteur d'un catalogue raisonné d'y insérer une œuvre, fût-elle authentique, ne peut, à défaut d'un texte spécial, être considéré comme fautif. • Civ. 1re, 22 janv. 2014, n° 12-35.264 P : *D. 2014. 276 ; RTD civ. 2014. 383, obs. Jourdain ; RTD com. 2014. 129, chron. Pollaud-Dulian ; JCP 2014, n° 384, note Raschel* (application de l'art. 10 Conv. EDH, respect de la liberté d'expression). ♦ La simple déclaration de l'auteur d'un catalogue recensant les œuvres d'un artiste, selon laquelle il n'envisageait pas d'insérer, dans de futures publications de son ouvrage, le tableau dont il contestait l'authenticité, ne permet pas, à elle seule, de caractériser une abstention fautive. • Civ. 1re, 13 mars 2008, n° 07-13.024 P : *D. 2008. 1797, note Bruguière* (injonction d'insérer l'œuvre dans les prochaines éditions du catalogue, en précisant que son authenticité avait été judiciairement reconnue, cette mesure répondant à l'impératif d'objectivité que requiert l'établissement d'un catalogue exhaustif).

15. ... Défaut d'information. Responsabilité du vendeur et du commissaire-priseur pour avoir présenté à la vente, sans la moindre réserve, un tableau dont l'authenticité douteuse était par ailleurs constatée en raison des opinions divergentes relevées lors d'une précédente procédure pénale. • Civ. 1re, 16 mai 2013, n° 11-14.434 P. ♦ Rappr. : faute du GIE des commissaires-priseurs qui a procédé à une vente malgré un doute sur la qualité de l'œuvre, peu important que le GIE n'ait pas été l'organisateur de la vente. • Civ. 1re, 3 mai 2018, n° 16-13.656 P : *D. 2018. 1009 ; AJ contrat 2018. 393, obs. Kilgus ; RTD com. 2018. 763, obs. Bouloc ; JCP 2018, n° 333, note Serinet ; Gaz. Pal. 2018. 1474, obs. Mignot.* ♦ Manquement à un devoir de conseil dans le cadre d'une opération de défiscalisation : • Civ. 3e, 29 oct. 2015, n° 14-17.469 P.

L'obligation d'information dont les organes de sécurité sociale sont débiteurs envers leurs allocataires leur impose seulement de répondre aux demandes qui leurs sont soumises. • Civ. 2e, 5 nov. 2015, n° 14-25.053 P. ♦ Rappr. : • Civ. 2e, 19 déc. 2013 : *RDSS 2014. 192, obs. Tauran ; Gaz. Pal. 2014. 309, obs. Piau* (idem) • 28 nov. 2013, n° 12-24.210 P : *D. 2013. 2858* (CSS, art. R. 112-2).

Mais la preuve d'un manquement à l'obligation de délivrer une information exacte doit être établie par le demandeur d'une manière suffisamment certaine. • Civ. 3e, 24 mai 2018, n° 17-18.866 P (action de collectifs contre l'enfouissement de déchets radioactifs contre l'Agence nationale pour la gestion des déchets radioactifs).

16. ... Défaut d'interdiction d'accès à un lieu dangereux. Faute de négligence du maître d'œuvre qui n'a pas clôturé un chantier pour en interdire l'accès aux enfants du quartier qui s'en servaient de terrain de jeux. • Civ. 2e, 6 janv. 2000, n° 97-21.456 P. – Dans le même sens : • Civ. 2e, 5 oct. 2006 : *RCA 2006, n° 364, note Groutel.* ♦ Faute d'un huissier, procédant à une vente d'objets mobiliers, consistant à n'avoir pas interdit l'accès à un local dont le plancher était dangereux. • Civ. 2e, 16 oct. 1991, n° 90-17.492 P. ♦ ... Mais absence de faute des grands-parents qui n'ont pas interdit l'accès d'un local où se trouvait un bidon d'essence à leur petit-fils âgé de dix ans. • Civ. 2e, 18 mars 2004, n° 02-19.454 P : *JCP 2004. II. 10123, note Moisdon-Chataignier.*

Faute de l'établissement de jeux qui n'a pris aucune disposition pour assurer l'efficacité de la mesure d'exclusion des salles de jeux. • Civ. 2e, 30 juin 2011, n° 10-30.838 P : *D. 2011. 2448, note Pénin ; RTD civ. 2011. 770, obs. Jourdain ; Gaz. Pal. 2011. 2825, note Pierroux.*

17. ... Défaut de prévention d'un risque de dommage aux tiers. Faute du propriétaire qui n'a pas pris toutes les mesures nécessaires à la stabilisation de son terrain menaçant de s'effondrer. • Civ. 1re, 28 nov. 2007, n° 06-19.405 P : *JCP 2008. I. 125, n° 7, obs. Stoffel-Munck ; RDI 2008. 191, obs. Trébulle* (admission du recours de la commune intervenue après un arrêté de péril imminent). ♦ ... Qui n'a pas satisfait à son obligation d'entretien des berges d'une rivière. • Civ. 3e, 7 oct. 2009, n° 08-13.834 P. ♦ ... Qui a comblé un fossé de remembrement à l'occasion de travaux pour la création d'un étang sur sa propriété sans s'informer auprès de son voisin des conséquences de la création d'un étang et de ses aménagements sur son système d'évacuation des eaux traitées situé à proximité, la modification du parcours de ces eaux entraînant un surcoût pour les voisins. • Civ. 3e, 27 mars 2013 : *cité note 6 ss. art. 703.* ♦ Faute d'une société qui a détruit une machine dans le but d'empêcher tout examen et toute expertise judiciaire. • Civ. 2e, 18 nov. 2010 : *RGDA 2011. 199,* *note Abravanel-Jolly.* ♦ Faute de l'époux en instance de divorce qui, connaissant la perte d'autonomie de son épouse, ne pouvait que douter du consentement de son épouse à la vente et de sa capacité à disposer de son bien ; en omettant d'informer le notaire de cette situation, il a participé à la conclusion de l'acte litigieux. • Civ. 1re, 2 oct. 2013, n° 12-24.754.

Faute du copropriétaire pour avoir refusé de répondre aux appels de fonds nécessaires à l'exécution de travaux urgents, contribuant ainsi à la détérioration de l'immeuble et à la dégradation de l'un des appartements. • Civ. 3e, 7 sept. 2017, n° 16-18.777 P : *AJDI 2017. 858, obs. Sabatié*.

18. ... Défaut de réparation. Le défaut de réparation d'une digue comportant une brèche par laquelle les eaux ont inondé la terre du voisin constitue une faute. • Civ. 1re, 6 juin 1966 (deux arrêts) : *D. 1966. 481, note Voulet.* ♦ Responsabilité d'un garagiste ayant acquis un véhicule gravement accidenté et l'ayant revendu à un particulier sans réaliser les réparations nécessaires et sans faire procéder à une expertise du véhicule conformément à l'art. L. 327-2 C. route. • Civ. 2e, 9 juill. 2009, n° 08-16.453 P : *RLDC 2009/65, n° 3601, obs. Bugnicourt.*

19. ... Assistance passive à la commission d'une faute. Une faute n'est pas caractérisée à la charge de deux enfants qui avaient regardé un troisième mettre le feu à une meule de paille sans protester ni tenter d'empêcher son geste. • Civ. 2e, 19 avr. 1985 : *Gaz. Pal. 1986. 1. Somm. 252, obs. Chabas.*

20. ... Non-assistance à personne en danger. Les ayants droit de la victime directe de violences sont fondés à solliciter l'indemnisation des préjudices par ricochet qui leur ont été personnellement causés par les délits de non-empêchement de crime ou délit contre les personnes et de non-assistance à personne en péril dont le prévenu a été déclaré coupable. • Crim. 13 mai 2015, n° 13-83.191 P.

21. ... Promesse non respectée. L'engagement qu'aurait pris un parti politique de présenter la candidature aux élections législatives de la prétendue victime n'ayant pas été établi, les juges du fond ont pu en déduire que ce parti politique n'avait pas commis de faute en donnant son investiture à un autre candidat. • Civ. 2e, 13 sept. 2012, n° 11-16.014 P : *D. 2013. Chron. C. cass. 599, obs. Bouvier et Adida-Canac*.

Préjudice né du non-respect par une entreprise des obligations mises à sa charge par un accord en terme de reprise des salariés concernés par un changement de prestataire, l'entreprise précédemment titulaire du marché devant maintenir aux salariés non transférés le paiement de leurs salaires en raison du manquement de l'entreprise entrante à ses obligations. • Soc. 12 oct. 2017, n° 16-10.120 P.

22. ... Négligence bancaire. Faute de la banque, coupable de négligence dans la vérification de l'identité d'un client lors de l'ouverture d'un compte et dans le contrôle du fonctionnement de ce compte. • Civ. 1re, 2 nov. 2005, n° 03-10.909 P. ♦ Faute de la banque qui n'a pas vérifié si une société, dont les statuts révélaient que ses activités relevaient de professions réglementées, a bien obtenu l'agrément correspondant. • Com. 22 nov. 2011 : *D. 2011. 2924, obs. Delpech* (anomalies de fonctionnement de comptes appelant une vigilance particulière de la banque). ♦ Il ne saurait être reproché à la banque d'avoir laissé signer le contrat de vente puisque à cette date, elle pouvait estimer que le chantier allait régulièrement démarrer et alors que les différentes demandes postérieures auprès de la SCI démontraient que cette banque avait pris les mesures de suivi utiles et fait preuve de vigilance dans le suivi du chantier et avait prévenu le notaire lorsqu'il lui était apparu que le chantier risquait de ne pas se poursuivre. • Civ. 3e, 26 nov. 2014, n° 13-22.863 P : *RDI 2015. 132, obs. Tricoire* ; *Defrénois 2015. 430, note Périnet-Marquet.* ♦ Mais faute de la banque qui ne met pas en œuvre la garantie d'achèvement dès qu'elle a connaissance de la défaillance du constructeur et laisse délibérément périmer le permis de construire, mettant ainsi les acheteurs dans l'impossibilité de rentrer en possession de leur bien. • Civ. 3e, 26 nov. 2014, n° 13-25.534 P : *D. 2014. 2463* ; *RDI 2015. 32, obs. Tournafond et Tricoire* ; *Defrénois 2015. 430, note Périnet-Marquet.*

Si la juxtaposition du nom de deux bénéficiaires sur un chèque ne constitue pas, en elle-même, une anomalie apparente, la banque présentatrice est cependant tenue, lors de la remise d'un chèque portant une telle mention par l'un des deux bénéficiaires pour encaissement à son seul profit, de s'assurer du consentement de l'autre, sauf circonstances particulières lui permettant de tenir un tel consentement pour acquis. • Com. 27 nov. 2019, n° 18-11.439 P : *D. 2019. 2348* ; *JCP 2020, n° 134, note Lasserre Capdeville.* ♦ ... La banque tirée, qui verse la provision entre les mains de la banque présentatrice à charge pour celle-ci d'en créditer le montant sur le compte du ou des bénéficiaires du chèque, n'est tenue ni de vérifier auprès du tireur, en l'absence d'anomalie apparente, matérielle ou intellectuelle, la sincérité de la mention, ni de s'assurer du consentement de l'autre bénéficiaire. • Même arrêt.

23. ... Négligence de l'assureur. Commet une faute l'assureur qui, pendant la période de suspension de la garantie, délivre une attestation sans mentionner la mise en demeure adressée à son assuré ni préciser le risque de résiliation à l'expiration du délai de régularisation. • Civ. 3e, 24 oct. 2012, n° 11-16.012 P : *RDI 2012. 638, obs. Dessuet* ; *Gaz. Pal. 2013. 792, note Caston et Ajaccio* (attestation de garantie décennale délivrée par l'assureur et remise par l'entrepreneur à son client). ♦ V. aussi : • Civ. 2e, 6 févr. 2014, nº 13-10.540 P : *RTD civ. 2014. 371, obs. Barbier* (faute dans le défaut d'indemnisation d'un sinistre à l'origine d'un préjudice pour les cautions de la société concernée). ♦ Mais aucun texte légal ou réglementaire ne contraint l'assureur à vérifier la capacité juridique de l'assuré lors du renouvellement tacite du contrat ni lors de la délivrance des attestations. • Civ. 3e, 24 oct. 2012, nº 11-20.439 P : *Gaz. Pal. 2013. 792, note Caston et Ajaccio* (entrepreneur interdit d'exercer).

24. ... Négligence de l'administrateur judiciaire. Il appartient à l'administrateur judiciaire, chargé d'une mission de surveillance, de s'assurer de l'efficacité de l'assurance de responsabilité décennale souscrite par le débiteur en vérifiant que le risque a été exactement déclaré. • Civ. 3e, 22 oct. 2014 : *D. 2014. 2172*.

b. Abus de droit

25. BIBL. Rotondi, *RTD civ. 1980. 66.* – Pollaud-Dulian, *D. 1993. Chron. 97* (droit d'auteur ; droit moral). – Wiederkehr, *Hommage H. Sinay, Peter Lang, 1994, p. 169* (grève et abus de droit). – *Dr. et patr. 6/2000. 38 s.* (dossier).

26. Notion : intention de nuire. L'exercice d'un droit peut constituer une faute lorsque le titulaire de ce droit en fait, à dessein de nuire, un usage préjudiciable à autrui. • Civ. 2e, 26 nov. 1953 : *D. 1956. 154, note Friedel.*

27. ... Détournement d'un droit de sa finalité. L'abus de droit, qui conduit à priver d'efficacité une renonciation déjà effectuée et dont la preuve incombe à l'assureur, est établi lorsque l'exercice de cette prérogative a été détourné de sa finalité par un souscripteur qui, suffisamment informé, a été en mesure d'apprécier la portée de son engagement. • Civ. 2e, 16 déc. 2021, nº 19-23.907 B (renonciation à un contrat d'assurance-vie).

28. ... Mauvaise foi, légèreté blâmable. Le droit discrétionnaire du maître de l'ouvrage d'agréer un sous-traitant est susceptible d'abus si les motifs du refus sont fallacieux et « fabriqués » avec des moyens frauduleux. • Civ. 3e, 2 févr. 2005, nº 03-15.482 P : *JCP 2005. II. 10077, concl. Guérin ; RDI 2005. 291, obs. Périnet-Marquet*. ♦ Faute de la société mère, principal actionnaire, ayant accompli exclusivement dans son propre intérêt une série d'actes pour le compte de sa filiale qui ont conduit celle-ci à la déconfiture et ses salariés à la perte de leur emploi. • Soc. 24 mai 2018, nº 16-22.881 P : *D. 2018. 1158 ; Rev. sociétés 2018. 604, note Couret*. ♦ Légèreté blâmable d'une société mère et de sa filiale pour des décisions ayant concouru à la déconfiture d'une société reprise par la filiale, ces décisions ne répondant à aucune utilité pour elle et n'étant profitables qu'à l'actionnaire unique. • Soc. 8 juill. 2014, nº 13-15.573 P : *D. 2014. 1552 ; ibid. 2147, obs. Lucas ; Rev. sociétés 2014. 709, note Couret et Schramm ; RDT 2014. 672, note Fabre*.

29. La demande d'un administrateur de société anonyme, dont il était aussi le président-directeur général visant à la condamnation pour abus de droit des administrateurs qui ont voté sa révocation est justement rejetée par les juges du fond, du moment que n'est rapportée la preuve d'aucun agissement de leur part caractérisant une volonté malveillante ou une intention de nuire. • Com. 14 mai 2013 : *D. 2013. 2319, note Dondero ; Rev. sociétés 2013. 566, note Saintourens*.

30. ... Rupture abusive des pourparlers. V. notes ss. art. 1112. — **C. civ.** (et sur la responsabilité contractuelle : V. art. 1231-1. — **C. civ.**). ♦ Cassation de l'arrêt qui condamne une banque pour ne pas avoir accordé un prêt après un accord de principe, alors qu'un accord de principe donné par une banque « sous les réserves d'usage » implique nécessairement que les conditions définitives de l'octroi de son concours restent à définir et oblige seulement celle-ci à poursuivre, de bonne foi, les négociations en cours. • Com. 10 janv. 2012 : *D. 2013. 391, obs. Amrani-Mekki et Mekki ; RTD civ. 2012. 311, obs. Fages ; RTD com. 2012. 174, obs. Legeais*.

31. ... Application du principe « la fraude corrompt tout ». Cassation de l'arrêt qui rejette une demande tendant à faire reconnaître qu'une opération d'apport et d'augmentation de capital a été réalisée dans des conditions fautives aboutissant à la dilution des droits de l'associé minoritaire, au motif qu'il n'est pas établi que la société ne tirerait pas un avantage justifiant l'avantage consenti aux autres associés, alors que ce motif est impropre à exclure l'existence d'une collusion frauduleuse au détriment de l'associée minoritaire, de nature à engager la responsabilité civile de ses auteurs. • Com. 30 sept. 2020, nº 18-22.076 P : *D. 2020. 2273, note Schmidt*.

32. Abus du droit de rétractation. L'information précontractuelle délivrée avant la souscription du contrat d'assurance-vie ne satisfaisant ni dans sa forme ni par son contenu aux exigences des art. L. 132-5-2 et A. 132-4 C. assur., rejet du pourvoi contre l'arrêt ayant énoncé que le détournement de la finalité du droit de renonciation ne peut être le fait que d'un investisseur parfaitement informé, qu'il l'ait été avant la souscription du contrat ou par la suite, et que l'abus ne peut se déduire ni du simple fait que le souscripteur décide de renoncer grâce à la prorogation du délai, alors que son placement a subi des pertes ou même qu'il ait manifesté son mécontentement avant de renoncer à son contrat, ni seulement du temps s'étant écoulé depuis la souscription. • Civ. 2e, 13 juin 2019, nº 18-14.743 P : *JCP 2019, nº 553, note Noguéro.* ♦ V. aussi : • Civ. 2e, 13 juin 2019, nº 18-17.907 P (cassation de l'arrêt ne recherchant pas, à la date d'exercice de la faculté de renonciation, au regard de la situation concrète de l'assurée, de sa qualité d'assuré averti ou profane et des informations dont elle disposait réellement, quelle était la finalité de l'exercice de son droit de renonciation et s'il n'en résultait pas l'existence d'un abus de droit).

33. ... Absence d'intérêt légitime. Est caractérisé l'abus dont procède la demande de l'acquéreur d'une officine de pharmacie en exécution d'une clause de non-réinstallation souscrite par son vendeur, dès lors qu'il est constaté qu'en l'absence de préjudice (refus de provisionner les frais d'une expertise destinée à rechercher les éléments permettant de chiffrer le préjudice), il était sans intérêt à agir en exécution de cette clause contractuelle. • Civ. 1re, 19 nov. 1996, n° 94-20.207 P : *RTD civ. 1997. 156, obs. Gautier*. ♦ Si la faculté prorogée de renonciation prévue par l'art. L 132-5-1 C. assur., en l'absence de respect par l'assureur du formalisme informatif qu'il édicte, revêt un caractère discrétionnaire pour le preneur d'assurance, son exercice peut dégénérer en abus. • Civ. 2e, 7 févr. 2019, n° 17-27.223 P : *RDC 3/2019. 33, note Libchaber* (obligation pour les juges du fond de rechercher quelle est la finalité de l'exercice de ce droit). ♦ ... Et l'abus s'apprécie au moment où le preneur d'assurance exerce cette faculté. • Civ. 2e, 28 mars 2019, n° 18-15.612 P : *RDC 3/2019. 33, note Libchaber ; Defrénois 2019/28. 23, note Thomas-Marotel.*

34. Principe de la liberté de l'action en justice. BIBL. Renard, *Gaz. Pal. 2007. Doctr. 1522.* ♦ L'exercice d'une action en justice ne peut constituer un abus de droit que dans des circonstances particulières le rendant fautif. • Civ. 2e, 11 janv. 2018, n° 16-26.168 P. ♦ La demande en résiliation de son contrat de travail introduite par un salarié devant le conseil de prud'hommes ne constitue pas un abus dans l'exercice de son droit d'ester en justice et le licenciement de l'intéressé fondé sur la faute qu'aurait constituée sa demande en justice est nul, le grief invoqué par l'employeur portant atteinte à une liberté fondamentale. • Soc. 3 févr. 2016, n° 14-18.600 P : *D. 2016. 383* ; *RDT 2016. 433, obs. Enjolras*. ♦ La seule référence dans la lettre de rupture à une procédure contentieuse envisagée par le salarié est constitutive d'une atteinte à la liberté fondamentale d'ester en justice entraînant à elle seule la nullité de la rupture. • Soc. 21 nov. 2018, n° 17-11.122 P. ♦ Nullité d'un licenciement, la lettre de licenciement mentionnant que le salarié avait produit dans le cadre de l'instance prud'homale des documents internes falsifiés ainsi que des attestations de salariés obtenues par abus de sa position hiérarchique ; ces faits n'étant pas établis, le licenciement était en lien avec l'exercice par le salarié de son droit d'ester en justice et était nul. • Soc. 9 oct. 2019, n° 18-14.677 P. ♦ L'exercice d'une action en justice, de même que la défense à une telle action, constitue, en principe, un droit et ne dégénère en abus pouvant donner naissance à une dette de dommages-intérêts que dans le cas de malice, de mauvaise foi ou d'erreur grossière équipollente au dol. • Civ. 2e, 11 janv. 1973 : *Gaz. Pal. 1973. 2. 710.* – Dans le même sens : • Civ. 2e, 18 févr. 1970 : *D. 1970. 429* • Com. 4 juill. 1995, n° 93-17.969 P • Civ. 1re, 18 juill. 1995, n° 93-14.485 P (défense à une action) • Civ. 3e, 10 oct. 2012, n° 11-15.473 P. ♦ Rappr., • Civ. 3e, 17 déc. 2015, n° 14-16.372 P (absence de caractère abusif de l'action d'un copropriétaire, même refusant des travaux, contre le syndicat de copropriétaires responsable légalement de l'entretien de l'immeuble). ♦ V. aussi Toulemon, *JCP 1968. I. 2182.* – Desdevises, *D. 1979. Chron. 21.* ♦ La longueur d'une procédure ne suffit pas à elle seule à établir l'abus de droit qu'aurait commis le défendeur. • Com. 20 sept. 2017, n° 16-15.829 P : *D. 2017. 1830, obs. Lienhard* (pendant 5 ans de procédure le demandeur a été empêché d'entrer sur les terres que le défendeur lui avait cédées).

Le créancier qui agit tardivement, mais dans le délai de prescription, en recouvrement de sa créance ne commet pas de faute, sauf abus dans l'exercice de son droit. • Com. 2 nov. 2016, n° 14-29.723 P : *D. 2016. 2276* ; *RTD civ. 2017. 133, obs. Barbier*. ♦ La mise en cause d'un supérieur pour des faits de harcèlement dont un salarié s'estime victime, même si l'imputation a été jugée non fondée, ne suffit pas à caractériser une faute de nature à dégénérer en abus de droit. • Soc. 17 mai 2017, n° 15-20.094 P. ♦ Ne caractérise pas une faute faisant dégénérer en abus le droit d'agir en justice le fait que par le jeu de diverses procédures relatives à l'existence d'une servitude, les propriétaires d'un fonds aient été contraints d'y laisser passer leurs voisins pendant plusieurs années. • Civ. 3e, 19 janv. 2011 : *cité note 4 ss. art. 691.* ♦ Il ne peut être reproché à des locataires ayant invoqué la nullité d'un bail d'avoir mis en œuvre les moyens légaux dont ils disposaient alors que l'enjeu du litige était important pour leur identité professionnelle auprès de leur clientèle qui les connaissait à cette adresse depuis plusieurs années. • Civ. 3e, 22 juin 2017, n° 16-17.946 P : *D. 2017. 1361* ; *AJDI 2017. 854, obs. Damas* (congé délivré à des avocats s'étant maintenus dans les lieux).

L'exercice d'une action en justice, expression du droit fondamental d'accès au juge, ne peut être qualifié d'abusif qu'à la double condition, d'une part, de ne pouvoir être raisonnablement considéré comme visant à faire valoir les droits de l'entreprise concernée et, d'autre part, de s'inscrire dans un plan visant à empêcher, restreindre ou fausser le jeu de la concurrence sur le marché considéré. • Crim. 9 sept. 2020, n° 18-82.746 P : *Dr. soc. 2021. 41, note Salomon* ; *RTD com. 2020. 973, obs. Bouloc* (cassation de l'arrêt admettant un abus de position dominante, en raison de prétendues intimidations du fait d'actions en justice, sans vérifier qui était l'auteur de ces actions et si elles étaient dépourvues de fondement).

35. ... Limites : mauvaise foi. Il y a abus de droit à élever des contestations exactes en droit mais dénuées de conséquences de fait, la mauvaise foi du plaideur étant établie. • Civ. 1re, 10 déc. 1968 : *D. 1969. 165* • Civ. 2e, 1er juill. 2010 : *RGDA 2011. 261, note Schulz* • 25 sept. 2014, nº 13-15.597 P : *RTD civ. 2014. 942, obs. Théry* (multiplication de moyens de défense, dilatoires ou artificiels, et de procédures incidentes, pour s'opposer à l'exécution de titres de plus de vingt ans) • Civ. 1re, 5 déc. 2018, nº 17-31.189 P : *D. 2018. 2415 ; AJ fam. 2019. 157, obs. Casey ; RTD civ. 2019. 362, obs. Dross ; Dr. fam. 2019, nº 52, note Tani* (changement de conseil quelques semaines avant la clôture de l'instruction, tentative d'obtenir un nouveau report de l'affaire, et constant manque de diligence devant le notaire, manifestant ainsi la volonté de ralentir les opérations liquidatives). ♦ V. aussi • Cass., ch. mixte, 6 sept. 2002, nº 98-14.397 P : *R., p. 448 ; BICC 15 oct. 2002, concl. de Gouttes, rapp. Gridel ; JCP 2002. II. 10173, note Reifegerste (1re esp.) ; JCP E 2002. 1687, note Viney (2e esp.) ; Gaz. Pal. 2002. 1725, concl. de Gouttes (1re esp.) ; CCC 2002, nº 151, note Raymond (1re esp.) ; LPA 24 oct. 2002, note Houtcieff (1re esp.)* (action abusive du demandeur qui a cherché à tirer profit d'un pseudo-gain qu'il savait n'être pas le sien) • Civ. 1re, 9 janv. 2007, nº 05-10.098 P (acharnement judiciaire empreint d'un esprit de revanche dénué de toute objectivité) • 20 mars 2013, nº 11-27.285 P (machination tendant à faire croire à l'existence d'un testament, avec la complicité d'un notaire peu scrupuleux et en lançant une action en justice en vue de conférer à ce montage frauduleux le sceau de l'autorité irréfragable de la chose jugée, ce qui a privé la véritable héritière de la jouissance de la succession de sa mère pendant plusieurs années, la contraignant à subir des procédures judiciaires coûteuses et pénibles) • Civ. 2e, 12 avr. 2018, nº 17-16.945 P (demandeur ayant eu recours au droit du chèque pour obtenir un paiement indu et ne pouvant reprocher à la banque d'y avoir fait opposition, conformément aux ordres de son client et faute de provision) • 27 févr. 2020, nº 18-23.370 P (temps de la procédure consacré à invoquer en pure perte, dans un esprit d'acharnement procédural, de manière déraisonnable et de mauvaise foi, des arguments contraires aux règles élémentaires du droit). ♦ Le caractère abusif ou non d'une action dépend de l'appréciation globale du bien-fondé ou non des demandes principales. • Soc. 3 juin 2015, nº 13-25.542 P. ♦ Faute ayant fait dégénérer en abus le droit d'agir en justice, pour une action tardive menée dans une intention malicieuse et vexatoire dans le but de nuire. • Civ. 1re, 9 juin 2010, nº 09-10.641 P : *D. 2010. Chron. C. cass. 2092, note Auroy ; AJ fam. 2010. 393 ; RTD civ. 2010. 545, obs. Hauser*.

36. ... Autres fautes. Une partie condamnée à payer des dommages-intérêts à son adversaire en réparation du préjudice moral causé par son action en justice ne peut reprocher aux juges du fond de n'avoir pas recherché si elle avait agi dans une intention malicieuse ou avec mauvaise foi, dès lors que la faute, même non grossière ou dolosive suffit, lorsqu'un préjudice en résulte, à justifier une condamnation à des dommages-intérêts. • Civ. 2e, 10 janv. 1985 : *Gaz. Pal. 1985. 1. Pan. 113, obs. Guinchard.*

37. ... Abus dans l'exercice d'une voie de recours. Les motifs du jugement de première instance relevant le caractère, non seulement mal fondé, mais abusif de la procédure engagée devant le tribunal ne suffisent pas à caractériser une faute dégénérant en abus de droit dans l'exercice de l'appel. • Civ. 1re, 16 nov. 2016, nº 15-24.248 P. ♦ Le caractère infondé des allégations formulées avec insistance, tant en première instance qu'en cause d'appel, ne suffit pas à caractériser une faute ayant fait dégénérer en abus le droit d'exercer une voie de recours. • Civ. 1re, 16 déc. 2015, nº 14-29.285 P. ♦ Relever appel pour ne faire valoir que les moyens déjà avancés devant les premiers juges et rejetés par ceux-ci ne caractérise aucun abus du droit de saisir la juridiction du second degré pour statuer en fait et en droit sur la chose jugée en première instance. • Civ. 3e, 16 janv. 1991, nº 89-13.236 P : *Defrénois 1991. 1269, obs. Aubert.* ♦ *Contra* : • Paris, 29 mai 1991 : *D. 1992. 82, note Mayer*. ♦ Le nombre et la durée des procédures, même générateurs d'un préjudice pour le défendeur, ne suffisent pas à caractériser la faute du demandeur. • Civ. 3e, 21 janv. 1998, nº 95-19.109 P : *D. Affaires 1998. 293, obs. S. P.* ♦ La modicité financière de l'enjeu ne peut suffire à caractériser l'abus dans la procédure d'appel. • Civ. 1re, 7 déc. 1999, nº 97-22.505 P. ♦ L'exercice d'un recours manifestement irrecevable constitue un abus du droit d'agir en justice. • Com. 11 mai 1999, nº 98-11.392 P (appel-nullité d'un repreneur évincé) • Civ. 1re, 24 avr. 2013, nº 11-26.597 P : *AJDI 2013. 529, obs. de La Vaissière ; RTD civ. 2013. 600, obs. Barbier* (abuse de son droit d'agir en justice celui qui, conscient du caractère infondé de la voie de recours qu'il entend exercer dans une intention dilatoire, reprend en termes identiques des raisonnements de mauvaise foi dont une sentence arbitrale avait clairement démontré l'inanité). • Civ. 1re, 28 mai 2015, nº 14-14.506 P (action fondée sur deux pièces, dont la validité était remise en cause par la simple application des règles du C. civ. et du CPI, ce qui aurait dû conduire à la prudence, et argumentation réitérée en cause d'appel, sans tenir compte de la motivation des premiers juges).

38. ... Abus dans la remise en cause d'une décision devenue définitive. Caractère manifestement abusif de l'exercice par l'époux de son droit d'agir en justice, celui-ci ayant agi dans une intention dilatoire en cherchant à remettre en cause un jugement irrévocable, ayant ainsi contribué à retarder les opérations de liquidation du régime matrimonial des époux pourtant arrêtées par jugement dont il n'a pas interjeté appel, mais qu'il n'a pas hésité à remettre en cause par une nouvelle assignation. • Civ. 1re, 10 févr. 2021, n° 19-17.028 P : *D. 2021. 923, obs. Clavel et Jault-Seseke* ; *AJ fam. 2021. 246, obs. Boiché* ; *JCP 2021, n° 403, note Fongaro ; Dr. fam. 2021, n° 85, obs. Devers.*

39. ... Arrêt réformant ou non un jugement de première instance. Une cour d'appel ne peut déclarer abusive une procédure en considérant qu'elle est manifestement dépourvue de tout bien-fondé, alors que la demande avait été accueillie en première instance. • Com. 11 févr. 1992 : *JCP 1992. II. 21817, note Perdriau.* – Dans le même sens : • Civ. 1re, 3 mai 1995, n° 92-16.451 P • 10 mars 1998, n° 95-21.817 P : *RTD civ. 1999. 199, obs. Perrot* • 9 oct. 2001, n° 98-14.991 P : *D. 2001. IR 3169* • Civ. 2e, 13 mars 2003, n° 01-17.418 P • Civ. 3e, 23 janv. 2013, n° 11-27.477 P : *D. 2013. 305* (même partiellement). ♦ Une cour d'appel ne peut, tout en déclarant les demandes de l'appelant irrecevables, condamner l'intimé à des dommages-intérêts pour résistance abusive. • Civ. 2e, 21 déc. 2006, n° 06-12.368 P.

Mais l'art. 1382 anc. [1240] n'exclut pas qu'une cour d'appel, saisie de l'entier litige par l'effet dévolutif de l'appel, condamne à des dommages et intérêts pour procédure abusive une partie à la demande ou à la défense de laquelle il avait été fait droit en première instance. • Civ. 1re, 7 nov. 1995, n° 92-10.053 P : *D. 1995. IR 271* • Com. 1er oct. 1997 : *D. Affaires 1997. 1258.* ♦ V. aussi • Com. 5 janv. 1999, n° 96-15.478 P (l'infirmation de la décision de première instance n'empêche pas le juge d'appel de retenir l'abus dans l'exercice de l'action). ♦ Caractère abusif et dilatoire d'une demande d'arrêt de l'exécution provisoire introduite dans le seul but de faire échec au jugement : V. • Civ. 2e, 12 nov. 1997, n° 95-20.280 P.

40. ... Plainte ou dénonciation téméraire, diffamation (non). L'action fondée sur des faits reconnus diffamatoires ne peut constituer un abus du droit d'ester en justice. • Civ. 2e, 15 mars 2001, n° 99-15.165 P : *D. 2001. IR 1517* • 10 mai 2001 : *LPA 25 juin 2001, note Derieux ; CCE 2001, n° 134, note A. Lepage* • 13 nov. 2003, n° 01-13.468 P : *D. 2003. IR 2933.* ♦ La témérité d'une plainte ou d'une dénonciation est distincte de l'abus du droit d'ester en justice et est, à elle seule, susceptible d'entraîner la responsabilité de son auteur. • Civ. 2e, 9 mars 2000, n° 98-10.070 P : *D. 2000. IR 109* ; *JCP 2000. I. 280, n° 9, obs. Viney.* – V. aussi • Civ. 2e, 3 mai 2006, n° 04-19.504 P : *D. 2006. 2780, note Robaczewski*.

41. ... Exécution d'une décision de justice. L'exécution d'une décision de justice exécutoire ne constitue pas une faute. • Civ. 1re, 1er févr. 2005, n° 03-10.018 P : *D. 2005. IR 596* ; *JCP N 2005. 1421, note Chataignier* (ordonnance sur requête de déconsignation d'une somme sous séquestre). ♦ Une cour d'appel ne peut reprocher aux victimes d'un dommage de ne pas avoir mis à exécution la décision assortie de l'exécution provisoire qu'elle infirme. • Civ. 3e, 4 juin 2008, n° 07-14.118 P : *JCP 2008. II. 10177, note Sabard ; Defrénois 2009. 83, obs. Périnet-Marquet ; RDI 2008. 392, obs. Malinvaud* (aggravation de désordres affectant un immeuble). ♦ Ne commet pas de faute l'avocat qui fait procéder à la transcription d'un jugement définitif de divorce, l'épouse s'étant désistée de son appel en raison de la réconciliation des époux, la décision de divorce étant ainsi passée en force de chose jugée et la transcription s'inscrivant dans un cadre parfaitement légal et n'ayant eu aucune incidence sur le statut juridique l'épouse. • Civ. 1re, 25 mars 2009 : *Dr. fam. 2009, n° 86, note Larribau-Terneyre.*

42. ... Non-respect du caractère suspensif d'un jugement. Le recours contre la décision de refus de poursuivre l'accueil d'un enfant handicapé ayant un caractère suspensif, les parents peuvent obtenir réparation du préjudice moral résultant de la déscolarisation de leur enfant pendant deux ans. • Civ. 2e, 19 janv. 2017, n° 16-13.394 P.

43. ... Saisie. Il peut être abusif de procéder à une saisie immobilière pour le recouvrement d'une créance minime. • Civ. 2e, 13 mai 1991, n° 90-10.452 P. ♦ Dans le même sens, pour une saisie-vente : • Paris, 7 déc. 1995 : *D. 1996. 203, note Prévault*. ♦ ... De prolonger les effets d'une saisie-arrêt après règlement de la créance. • TGI Perpignan, 15 nov. 1989 : *JCP 1990. II. 21444, note Prévault et Villacèque.* ♦ ... De délivrer à un débiteur qui n'est pas en état de cessation de paiements des assignations en redressement judiciaire en vue d'exercer sur lui un moyen de pression. • Com. 5 déc. 1989 : *Defrénois 1990. 1013, note Beaubrun.* ♦ Sur la nécessité de démontrer la légèreté blâmable ou l'intention de nuire du créancier saisissant, V. • Civ. 2e, 18 mars 2004, n° 02-11.898 P. ♦ Sur la nécessité pour le débiteur saisi de dénoncer, avant l'adjudication, l'irrégularité ou l'inutilité de la procédure : • Civ. 2e, 18 sept. 2003, n° 01-14.406 P • 18 sept. 2003, n° 01-13.902 P.

44. ... Prestations sociales. Faute de la caisse de sécurité sociale qui, suspectant un indû de prestation, a suspendu sans avertissement préalable le versement à la victime de la rente d'accident du travail, sans en rétablir immédiatement le paiement après le recours formé par celle-ci auprès de la commission de recours amiable, lui causant ainsi un préjudice moral. • Civ. 2e, 28 mai 2020, n° 19-11.815 P.

45. ... Faculté de renonciation. L'exercice par l'assureur de la faculté de renonciation qui, prévue par le C. assur., ne constitue cependant pas un droit discrétionnaire, est susceptible de dégénérer en abus. • Civ. 2e, 19 mai 2016, n° 15-12.767 P : *D. 2016. 1797, note Perdrix* ; *RTD civ. 2016. 605,* obs. Barbier ; JCP 2016, n° 811, note Mayaux ; ibid. 916, obs. Noguéro ; RDC 2017. 25, obs. Stoffel-Munck ; RGDA 2016. 321, note Kullmann.

46. ... *Refus de vente.* Le refus de vente, qui ne constitue plus par lui-même une faute civile, peut néanmoins constituer un abus de droit, dont il appartient à celui qui s'en prévaut d'établir la réalité. • Com. 18 déc. 2001, n° 99-11.787 P : *D. 2002. Somm. 3009, obs. Ferrier*.

47. ... *Droit des marques.* Si la protection de la marque régulièrement déposée est absolue et confère à celui qui en est investi une action contre ceux qui y portent atteinte, le fait qu'une société aurait acquis la propriété d'une marque dans la seule intention d'entraîner par le jeu de l'antériorité ainsi acquise et exploitée la perte d'une entreprise concurrente, serait susceptible de faire échec, comme constitutif d'abus de droit, à l'action en dommages-intérêts engagée par ladite société. • Com. 21 févr. 1978 : *D. 1978. 407, note Foulon-Piganiol.*

L'usage d'un signe enregistré en tant que marque n'est pas fautif s'il n'est pas susceptible d'être à l'origine d'une dégénérescence de cette marque. • Com. 1er mars 2017, n° 15-13.071 P (utilisation du terme Meccano comme métaphore pour désigner des constructions scientifiques, politiques ou intellectuelles subtiles et compliquées, cette usage ne tendant pas en l'espèce à désigner des produits ou services).

48. *Refus de délivrance d'un legs.* Constitue une faute le refus injustifié par l'héritier de délivrer un legs au légataire particulier. • Civ. 1re, 18 déc. 2013, n° 12-21.875.

49. *Opposition à mariage.* Nécessité de caractériser les circonstances particulières faisant dégénérer en abus le droit d'opposition. • Civ. 1re, 11 juill. 2019, n° 15-17.718 P : *D. 2019. 1639, note Lemouland ; AJ fam. 2019. 473, obs. Houssier*.

50. ... *« Gueth ».* En déduisant l'absence de faute de la seule absence de preuve par la femme de l'intention de nuire, sans rechercher si, abstraction faite de cette intention, le refus du mari de délivrer une lettre de répudiation ou « gueth » n'était pas abusif, les juges du fond n'ont pas donné de base légale à leur décision. • Civ. 2e, 5 juin 1985 : *Gaz. Pal. 1986. 1. 9, note Chabas ; JCP 1987. II. 20728, note Agostini* • 15 juin 1988 : *JCP 1989. II. 21223, note Morançais-Demeester ; RTD civ. 1988. 770, obs. Jourdain.* ♦ Comp. note 12. ♦ V. aussi (abstention dommageable et intention de nuire caractérisées) : • Civ. 2e, 21 avr. 1982 : *Gaz. Pal. 1983. 2. 590, note Chabas ; RTD civ. 1984. 114, obs. Durry* • Aix-en-Provence, 23 oct. 2008 : *RLDC 2009/64, n° 3578, note Réglier.* ♦ Barbier, *Gaz. Pal. 1987. 2. Doctr. 484.* – Rubellin-Devichi, *RTD civ. 1989. 283* (« gueth »). ♦ Les juges du fond ne peuvent condamner un mari à une astreinte d'un certain montant par jour de retard dans la délivrance d'une lettre de répudiation ou « gueth », alors que la délivrance du « gueth » constituait pour le mari une simple faculté relevant de sa liberté de conscience et dont l'abus ne pouvait donner lieu qu'à dommages-intérêts. • Civ. 2e, 21 avr. 1982 : *Gaz. Pal. 1983. 2. 590, note Chabas ; RTD civ. 1984. 114, obs. Durry* • 21 nov. 1990, n° 89-17.659 P : *D. 1991. 434, note Agostini*.

51. ... *Relations de voisinage.* Abus du droit de propriété, responsabilité pour troubles de voisinage : V. notes ss. art. 544 et 651. — **C. civ.**

52. ... *Comportement d'un copropriétaire.* Est abusif le comportement d'un propriétaire de lots qui, dans l'incapacité de payer les charges, ne cesse de faire obstruction aux décisions du syndicat des copropriétaires et aux mesures nécessaires à la sauvegarde de l'immeuble, causant ainsi un préjudice à la collectivité distinct de celui réparé par des dommages-intérêts moratoires.. • Civ. 3e, 3 nov. 2016, n° 15-24.793 P : *D. 2016. 2282*.

c. Droit de la famille

53. *Rupture de fiançailles et de concubinage.* Faute dans les circonstances de la rupture d'une promesse de mariage : V. note 24 ss. art. 144. — **C. civ.** ♦ Faute dans les circonstances de la rupture d'un concubinage adultérin : V. note 18 ss. art. 515-8. — **C. civ.**

54. *Adultère.* BIBL. Edon-Lamballe, *RRJ 2002/1. 77.* – Gil, *RLDC 2012/90* (action en responsabilité pour détournement des sentiments). ♦ Absence de faute de la part de la personne qui s'est installée dans une relation adultère avec un homme marié. • Civ. 2e, 4 mai 2000 : *JCP 2000. II. 10356, note Garé ; RTD civ. 2000. 810, obs. Hauser*. – Dans le même sens : • Civ. 2e, 5 juill. 2001, n° 99-21.445 P : *D. 2002. Somm. 1318, obs. Delebecque ; JCP 2002. II. 10139, note Houtcieff ; Defrénois 2003. 119, obs. Massip ; AJ fam. 2001. 28, et les obs. ; RTD civ. 2001. 856, obs. Hauser ; ibid. 893, obs. Jourdain*.

55. *Filiation.* BIBL. Garron, *RRJ 1999/2. 367* (la responsabilité du géniteur). ♦ Faute à souscrire une reconnaissance mensongère d'enfant naturel. • Civ. 1re, 21 juill. 1987 : *D. 1988. 225, note Massip* • 6 déc. 1988 : *D. 1989. 317, note Massip* • Paris, 13 févr. 1975 : *Gaz. Pal. 1975. 1. 320, note Viatte.* ♦ Pour une responsabilité contractuelle en ce cas : • Civ. 1re, 6 déc. 1988 : *préc.* • 10 juill. 1990, n° 88-15.105 P : *R., p. 253 ; D. 1990. 517, note Huet-Weiller ; Gaz. Pal. 1990. 2. 708, note Massip ; RTD civ. 1991. 119, obs. Jourdain ; ibid. 311, obs. Hauser*. ♦ Celui qui s'est abstenu, alors qu'il ne pouvait ignorer sa paternité, de verser à la mère la moindre participation aux besoins de l'enfant, s'est soustrait à ses obligations et doit réparation du préjudice causé par cet agissement fautif. • Paris, 12 mai 1977 : *Gaz. Pal. 1978. 2. 369 (3e esp.), note Massip.* ♦ Pour un arrêt excluant la faute de la femme qui s'est prêtée à un rapport sexuel sans moyen de contraception et qui a ensuite agi contre son partenaire en reconnaissance de paternité de l'enfant né de ce rapport : • Civ. 2e, 12 juill. 2007 : *D. 2008. Pan. 1371, obs. Granet-Lambrechts ; JCP 2008. I. 125, no 1, obs. Stoffel-Munck ; Defrénois 2008. 575, obs. Massip ; Dr. fam. 2007, no 171, note Rouxel ; RCA 2007, no 236 ; ibid. Repère 8, par Groutel ; RJPF 2007-12/31, note Corpart ; RTD civ. 2008. 91, obs. Hauser*. ♦ Comp., admettant la faute de la mère qui a dissimulé à son partenaire sa situation familiale et patrimoniale : • Pau, 16 déc. 2013 : *JCP 2014, no 503, obs. Étienney de Sainte Marie.*

d. Autres domaines

56. Fourniture de renseignements. Celui qui a accepté de donner des renseignements a lui-même l'obligation de s'informer pour informer en connaissance de cause. • Civ. 2e, 19 oct. 1994, no 92-21.543 P : *D. 1995. 499, note Gavard-Gilles* • 19 juin 1996, no 94-12.777 P : *R., p. 342 ; Defrénois 1996. 1373, obs. Delebecque ; Gaz. Pal. 15 févr. 1997, Somm., obs. D. Mazeaud ; RTD civ. 1997. 144, obs. Jourdain* • Civ. 1re, 20 déc. 2012, no 11-28.202 P : *D. 2013. 84*. ♦ En laissant paraître une annonce comportant des mentions erronées sur le nombre d'immatriculations antérieures et désignant un véhicule qui avait été gravement accidenté, un journal de petites annonces a commis, au regard des documents contractuels, une faute ayant concouru au dommage subi par l'acheteur, en possession d'un véhicule inutilisable et dans l'impossibilité de retrouver le vendeur. • Civ. 2e, 10 juin 2004, no 02-19.600 P : *JCP 2005. I. 114, nos 5 s., obs. Labarthe ; CCE 2004, no 117, note Stoffel-Munck ; RTD civ. 2004. 728, obs. Mestre et Fages*. ♦ V. aussi • Soc. 12 juill. 1995 : *D. 1996. 35, note Saint-Jours* • Civ. 2e, 2 avr. 1996, no 94-15.361 P : *R., p. 342* • Soc. 5 nov. 1999, no 98-11.309 P (responsabilité civile d'une caisse d'assurance maladie pour la fourniture de renseignements de nature à induire en erreur sur l'étendue de sa couverture sociale un assuré social se rendant à l'étranger) • 8 févr. 2012, no 10-30.892 P (obligation des organismes d'assurance chômage d'assurer l'information complète des demandeurs d'emploi : faute dans le fait de n'avoir évoqué qu'une seule des deux prestations susceptibles d'être accordées). ♦ Mais la divergence d'interprétation d'un texte entre l'URSSAF et les cotisants, tranchée ultérieurement par la Cour de cassation en faveur de celle défendue par les débiteurs des cotisations, n'est pas constitutive d'une faute à la charge des organismes de recouvrement. • Civ. 2e, 20 déc. 2007, no 06-17.889 P : *D. 2008. 1183, note Ngo Ky ; JCP 2008. II. 10015, note Loiseau ; Gaz. Pal. 2008. 4. 2614, obs. Jacques* • 12 mars 2009, no 08-11.210 P : *D. 2009. AJ 879*.

57. Calcul de droit sociaux. Ayant constaté que l'analyse opposée par la caisse de retraite à l'assuré avait été retenue par plusieurs cours d'appel, la cour a pu en déduire que celle-ci n'avait pas commis de faute en adoptant une position déjà judiciairement confirmée. • Civ. 2e, 25 nov. 2021, no 20-17.234 B.

58. Expertise. L'expert chargé du bornage d'un terrain qui remet un rapport critiquable et inexploitable en ce qu'il ne permettait pas le bornage des propriétés en cause, compte tenu de ses approximations et erreurs, commet une faute qui présente un lien de causalité directe avec la saisine de la cour d'appel et la nouvelle mesure d'instruction ordonnée. • Civ. 2e, 13 sept. 2012, no 11-16.216 P : *D. 2012. 2169*. ♦ Faute d'un expert consulté sur des désordres relatifs à une piscine, celui-ci ayant partiellement identifié l'origine du désordre initial mais n'ayant pas pris les mesures nécessaires pour apprécier sa gravité et son degré évolutif et ses préconisations étant insuffisantes, ce dont il résultait que la faute de l'expert est à l'origine de la persistance des dommages. • Civ. 3e, 11 mars 2015, no 13-28.351 P : *cité note 49 ss. art. 1792.*

59. Fausse déclaration d'un tiers saisi. Si, après avoir exactement répondu sur-le-champ à l'huissier de justice, le tiers entre les mains duquel la saisie est pratiquée lui fournit ultérieurement des informations complémentaires mensongères ou inexactes, il engage sa responsabilité aux conditions de l'art. 1240. • Civ. 2e, 4 févr. 2021, no 19-12.424 P : *D. 2021. Chron. C. cass. 491, obs. Lemoine, de Leiris*.

60. Outrage. Victime outragée à plusieurs reprises et souffrant d'une atteinte à sa dignité et à son honneur. • Crim. 14 janv. 2020, no 19-82.145 P : *D. 2020. 85 ; RSC 2020. 114, obs. Jeanne*.

61. Dénonciation à un organisme public. Préjudice moral subi par une assistante maternelle, son employeur ayant adressé au service de la protection maternelle et infantile une lettre ayant provoqué une visite exceptionnelle de suivi au domicile de l'assistante maternelle, ce courrier ayant porté atteinte à l'honneur et à l'intégrité de la salariée. • Soc. 2 déc. 2015, no 14-24.546 P. ♦ La dénonciation à l'office public d'habitation du gardien d'un immeuble par un ancien locataire qui l'accuse sans preuve d'intrusion dans les appartements de certains locataires, de vol de correspondance, de manœuvres abjectes et d'absences répétées à son poste de travail caractérise l'infraction de dénonciation calomnieuse et constitue une faute civile. • Civ. 1re, 24 mai 2017, no 16-16.773 P.

62. Tromperie. BIBL. Loteries et concours publicitaires : Autem, *CCC 1999. Chron. 11*. – Lecourt, *JCP 1999. I. 155*. – Maurin, *RRJ 1998/4. 1257*. – Tchendjou, *Mél. Aubert, Dalloz, 2005, p. 311.* ♦ Commet une faute la société qui, à l'occasion d'un jeu qu'elle organisait, définit un prix comme portant sur une certaine valeur sans allusion à une quelconque division de celui-ci entre divers attributaires, ce qui était de nature à persuader un des gagnants que son numéro tiré au sort lui avait permis de se voir attribuer la totalité du lot. • Civ. 2e,

28 juin 1995 : *D. 1996. 180 (2e esp.) note Mouralis*. ♦ Même sens : • Civ. 2e, 18 déc. 1996, n° 94-20.368 P • Paris, 18 juin 1999 : *D. 1999. AJ 4, obs. C.R. (1re esp.)* • Civ. 2e, 26 oct. 2000, n° 98-18.246 P : *Defrénois 2001. 693, obs. Savaux.* ♦ Comp. • Dijon, 8 déc. 1998 : *BICC 1er juill. 1999, n° 862.*

63. Dénigrement fautif. **BIBL.** Bigot, *D. 2019. 319* (dénigrement et concurrence déloyale : vers un changement de paradigme). ♦ Même en l'absence d'une situation de concurrence directe et effective entre les personnes concernées, la divulgation, par l'une, d'une information de nature à jeter le discrédit sur un produit commercialisé par l'autre constitue un acte de dénigrement, à moins que l'information en cause ne se rapporte à un sujet d'intérêt général et repose sur une base factuelle suffisante, et sous réserve qu'elle soit exprimée avec une certaine mesure. • Com. 4 mars 2020, n° 18-15.651 P (en l'espèce, l'information divulguée ne reposait pas sur une base factuelle suffisante au regard de la gravité des allégations en cause). ♦ Il s'infère nécessairement un préjudice d'un acte de dénigrement. • Com. 15 janv. 2020, n° 17-27.778 P. ♦ La divulgation par le défendeur à la clientèle du demandeur d'une action en contrefaçon ouverte contre ce dernier, sans donner lieu à une décision de justice en raison de l'absence de toute base factuelle, constitue une faute de nature à engager la responsabilité civile de son auteur. • Com. 9 janv. 2019, n° 17-18.350 P : *D. 2019. 872, note Bruguière et Brégou* ; *ibid. 1578, obs. Galloux et Kamina*.

64. Concurrence déloyale, parasitisme. **BIBL.** Colloque AFEC, *CCC 2017, Dossier, n° 1 s.* – Bigot, *D. 2019. 319* (dénigrement et concurrence déloyale : vers un changement de paradigme). – Ménard, *D. 2019. 1549* (le dommage induit de l'acte de concurrence déloyale). ♦ Il s'infère nécessairement un préjudice d'un acte de concurrence déloyale. • Com. 15 janv. 2020, n° 17-27.778 P • 12 févr. 2020, n° 17-31.614 P : *D. 2020. 1086, note Borghetti* ; *ibid. Chron. C. cass. 1254, obs. Le Bras* ; *RTD civ. 2020. 391, obs. Barbier* ; *ibid. 401, obs. Jourdain* ; *RTD com. 2020. 313, obs. Chagny* ; *JCP 2020, n° 792, note Rebeyrol* ; *RDC 2020/2. 36, note Pellet.* ♦ L'action en concurrence déloyale trouve son fondement dans les dispositions des art. 1382 anc. et 1383 anc. [1240 et 1241]. • Com. 29 mai 1967 : *Bull. civ. III, n° 209.* ♦ Rappr. : • Com. 24 févr. 1998, n° 96-12.638 P : *D. 1999. Somm. 100, obs. Picod* ; *JCP 1999. II. 10003, note Keita* (obligation de loyauté d'un ancien dirigeant). ♦ Sur la présomption de préjudice en la matière, V. • Com. 9 oct. 2001 : *CCC 2002, n° 6, obs. Malaurie-Vignal* ; *RTD civ. 2002. 304, obs. Jourdain*. ♦ La caractérisation d'une faute de concurrence déloyale n'exige pas la constatation d'un élément intentionnel. • Com. 13 oct. 2021, n° 19-20.504 B (nécessité de rechercher si l'exploitation à des fins commerciales de l'histoire d'une famille sans mentionner la cession du fonds de commerce de la société portant ce nom n'est pas de nature à entraîner, fût-ce non intentionnellement, un risque de confusion entre les produits commercialisés sous les deux marques). ♦ Constitue un acte de concurrence déloyale la copie servile d'un produit commercialisé par une entreprise susceptible de créer un risque de confusion dans l'esprit de la clientèle. • Civ. 1re, 9 avr. 2015, n° 14-11.853 P. ♦ Les agissements parasitaires d'une société peuvent être constitutifs d'une faute au sens de l'art. 1382 anc. [1240 nouv.], même en l'absence de toute situation de concurrence. • Com. 30 janv. 1996, n° 94-15.725 P. ♦ Faute délictuelle dans l'imitation d'une marque notoirement connue : • Com. 11 mars 2003, n° 00-22.722 P : *D. 2003. Somm. 2688, obs. Durrande* ; *JCP 2004. II. 10034, note Debat* ; *Rev. sociétés 2003. 557, note Pollaud-Dulian*. ♦ ... Dans la création d'une société à la dénomination très proche de celle d'une ancienne filiale dont les parts avaient été cédées. • Com. 20 févr. 2007 : *D. 2008. Pan. 247, obs. Picod* ; *CCC 2007, n° 123, note Malaurie-Vignal.* ♦ ... Dans la reproduction par un journal, sans indication de source, d'une interview ayant impliqué un travail complet, ceci traduisant un comportement parasitaire, contraire à l'éthique professionnelle. • Civ. 1re, 22 oct. 2009, n° 08-19.499 P : *D. 2009. AJ 2685*.

Est fautive la dénonciation à la clientèle d'une action n'ayant pas donné lieu à une décision de justice. • Com. 12 mai 2004, n° 02-16.623 P : *JCP E 2004. 1739, n° 4, obs. Caron* ; *CCC 2004, n° 112, note Malaurie-Vignal* • 12 mai 2004, n° 02-19.199 P. – Rappr. : • Com. 20 nov. 2007 : *D. 2008. Pan. 255, obs. Auguet*. ♦ Est fautive la dénonciation auprès des clients d'un concurrent d'une action en justice intentée contre ce dernier, alors qu'elle n'a pas encore été jugée. • Com. 7 mars 2018, n° 16-16.645 P : *D. 2018. 2106, obs. Martin et Synvet* ; *AJ contrat 2018. 178, obs. Legrand* ; *Dalloz IP/IT 2018. 509, obs. Lecourt* ; *RTD com. 2018. 441, obs. Legeais*.

♦ La divulgation d'une information de nature à jeter le discrédit sur un concurrent constitue un dénigrement, peu important qu'elle soit exacte. • Com. 24 sept. 2013, n° 12-19.790 P : *D. 2013. 2270, obs. Delpech*.

La responsabilité civile des membres d'une entente peut être engagée du fait du dommage causé par un effet d'ombrelle sur les prix ; l'art. 101 TFUE doit être interprété en ce sens qu'il s'oppose à une interprétation et à une application du droit interne d'un État membre qui consiste à exclure de manière catégorique, pour des motifs juridiques, que des entreprises participant à une entente répondent sur le plan civil de dommages résultant de prix qu'une entreprise ne participant pas à cette entente a fixés, en considération des agissements de ladite entente, à un niveau plus élevé que celui qui aurait été appliqué en l'absence d'entente. • CJUE 5 juin 2014, n° C-557/12 : *AJCA 2014. 235, obs. Parléani* ; *AJDA 2014. 1651, chron. Aubert, Broussy et Cassagnabère* ; *D. 2014. 1525, note Carval* .

Mais absence de concurrence déloyale de la part de salariés organisant à titre bénévole leurs transports, avec indemnisation des frais du conducteur, sans recourir au service offert par un transporteur ayant conclu un contrat cadre avec leur employeur. • Com. 12 mars 2013, n° 11-21.908 P : *D. 2013. Chron. C. cass. 1172, note Lecaroz* . ♦ Les idées étant de libre parcours, le seul fait de reprendre, en le déclinant, un concept mis en œuvre par un concurrent ne constitue pas un acte de parasitisme. • Civ. 1re, 22 juin 2017, n° 14-20.310 P : *D. 2017. 1359* ; *Dalloz IP/IT 2017. 597, obs. Lecourt* .

65. ... *Captation de clientèle.* L'absence d'information du consommateur français, de la part d'une entreprise de commerce électronique située à l'étranger, sur l'obligation de payer la rémunération pour copie privée, dont il est redevable, constitue un acte de captation de clientèle, le consommateur n'étant pas informé des conséquences de cette obligation sur le prix de vente des produits. • Civ. 1re, 27 nov. 2008, n° 07-15.066 P : *D. 2008. AJ 3081, obs. Manara* ; *JCP E 2009. 1238, note Beyneix*; *CCC 2009, n° 18, obs Malaurie-Vignal*; *RTD com. 2009. 131, obs. Pollaud-Dulian* . ♦ Désorganisation de l'entreprise concurrente, en raison d'une installation dans la même commune et de l'embauche de la totalité de ses salariés : • Com. 31 janv. 2012 : *RCA 2012, n° 88.*

Distinction entre concurrence et concurrence déloyale : un manquement à une règle de déontologie, dont l'objet est de fixer les devoirs des membres d'une profession et qui est assortie de sanctions disciplinaires, ne constitue pas nécessairement un acte de concurrence déloyale. • Com. 10 sept. 2013, n° 12-23.888 P : *D. 2013. 2169, obs. Lienhard* (associé d'une SAS) • 10 sept. 2013, n° 12-19.356 P : *D. 2013. 2165, obs. Chevrier* ; *D. avocats 2013. 359, obs. Dargent* ; *JCP 2013, n° 1203, note Brigant* (en vertu du principe de la liberté du commerce et de l'industrie, le démarchage de la clientèle d'autrui, fût-ce par un ancien salarié de celui-ci, est libre, dès lors que ce démarchage ne s'accompagne pas d'un acte déloyal) • 24 juin 2014, n° 11-27.450 P : *D. 2014. 1444* . ♦ *Contra* antérieurement : la méconnaissance des règles déontologiques de la profession (expert-comptable, en l'espèce) suffit à établir que les agissements en cause étaient constitutifs de concurrence déloyale. • Com. 29 avr. 1997, n° 94-21.424 P : *JCP 1997. I. 4068, nos 1 s., obs. Viney.*

Il incombe à un centre de santé régi par les art. L. 6323-1, D. 6323-2 s. et R. 4127-215 CSP de délivrer des informations objectives relatives aux prestations qu'il propose au public, mais non de se livrer à des actes de promotion de nature à favoriser l'activité des chirurgiens-dentistes qu'il emploie au détriment de leurs collègues. • Civ. 1re, 26 avr. 2017, n° 16-14.036 P.

66. *Rupture de pourparlers ou de relations commerciales.* Les juges du fond peuvent relever un abus du droit de rompre des négociations en constatant la légèreté blâmable de l'auteur de cette rupture. • Com. 22 févr. 1994, n° 91-18.842 P. ♦ ... Ou un abus du droit de rompre des relations commerciales avec un fournisseur, en constatant l'ancienneté et l'importance de ces relations et le fait que le client avait laissé croire qu'elles se poursuivraient normalement. • Com. 28 févr. 1995, n° 93-14.437 P. ♦ Légèreté blâmable dans la rupture de la période d'essai d'un contrat de travail, caractérisant un abus de droit : • Soc. 5 mai 2004 : *D. 2004. IR 1641* .

Le fait pour tout commerçant ou artisan de rompre brutalement une relation commerciale établie engage la responsabilité délictuelle de son auteur. • Com. 6 févr. 2007, n° 04-13.178 P : *D. 2007. AJ 653, obs. Chevrier* ; *ibid. Pan. 1694, obs. Ballot-Léna* ; *JCP 2007. II. 10108, note Marmoz*; *ibid. I. 185, n° 11, obs. Stoffel-Munck*; *RDC 2007. 731, obs. Borghetti*; *RTD civ. 2007. 343, obs. Mestre et Fages* . – V. aussi Le Couviour, *RTD com. 2008. 1* • 13 janv. 2008 : *CCC 2009, n° 72, obs. Mathey.* ♦ Rappr. : • Com. 23 sept. 2014 : *D. 2014. 1932* (question préjudicielle jugée non sérieuse).

67. La contestation injustifiée du projet de cession d'un bail commercial par les bailleurs, revenant sur un accord préalable qui avait conduit la locataire à cesser son exploitation, a provoqué l'échec de cette cession et entraîné un préjudice, caractérisé par une perte de chance. • Civ. 3e, 23 nov. 2011 : *D. 2011. 2928* .

68. *Internet.* BIBL. Amaudric du Chaffaut, *LPA 29 janv. 2003* (responsabilité des forums de discussion). – Barbry et Olivier, *Légicom 2000/1 et 2, p. 79.* – Boizard, *Dr. et patr. 1/2001. 70.* – Castets-Renard, *D. 2012. 827* (intermédiaires de l'internet). – De Candé, *D. 2001. Chron. 1934.* – Iteanu et Livory, *Gaz. Pal. 1999. Doctr. 1289.* – Jez et Pansier, *Gaz. Pal. 2000. Doctr. 1511* (L. du 1er août 2000). – A. Lepage, *D. 2001. Chron. 322* ; *CCE 2002. Chron. 5.* – Oudot, *Gaz. Pal. 31 oct.-3 nov. 2007, Doctr.* – Voituriez, *Gaz. Pal. 1999. 1. Doctr. 491.* ♦ V. désormais L. n° 2004-575 du 21 juin 2004 pour la confiance dans l'économie numérique, art. 6, ss. art. 1242. ♦ S'agissant d'atteintes à la vie privée, V. note 132 ss. art. 9 C. civ. – **C. civ.**

69. *Sport.* BIBL. Cappello, *RTD civ. 2013. 777* (la faute civile et la violation des règles régissant une activité sportive ou professionnelle). – Lassalle, *JCP 2000. I. 277* (violences sportives). – Le Drevo et Lassalle, *JCP 2019, n° 286* (fautes civile et pénale en matière sportive). – Lorvellec, *Mél. Bouzat, Pédone, 1980, p. 285* (même thème). – J. Mouly, *JCP 2005. I. 134* (responsabilité civile et sport); *RLDC 2006/29, n° 2162* (*idem*). – Voinot, *RLDC 2005/15, n° 609* (la faute en matière sportive). ♦ La responsabilité d'un sportif est engagée envers un autre dès lors qu'est établie une faute caractérisée par une violation des règles du sport concerné. • Civ. 2e, 23 sept. 2004, n° 03-11.274 P : *D. 2005. 551, note Brignon* (karaté). – Même sens : • Civ. 2e, 4 nov. 2004 : *RCA 2005, n° 20, note Groutel* (pilote et copilote de rallye automobile) • 13 janv. 2005, n° 03-12.884 P : *D. 2005. 2435, note Cornut* ; *RTD civ. 2005. 410, obs. Jourdain* (football) • 5 oct. 2006, n° 05-18.494 P : *LPA 21 févr. 2007, note Lafay* (rugby). ♦ V. égal., note 32. ♦ Rappr., pour la responsabilité de l'association sportive du fait de ses membres, note 75 ss. art. 1242. ♦ Responsabilité d'une association organisatrice d'une course qui n'a pas pris toutes les mesures de prévention pour éviter des débordements prévisibles. • Civ. 2e, 7 juill. 2011 : *RCA 2011, n° 347* (course de taureaux). ♦ ... D'une association qui n'a pas vérifié la situation de l'utilisateur de son circuit de motocross qui y a pénétré et s'y est entrainé à plusieurs reprises sans avoir adhéré à l'association. • Civ. 2e, 15 déc. 2011 : *RCA 2012, n° 53, obs. Hocquet-Berg* ; *CCC 2012, n° 58, obs. Leveneur.* ♦ Le fait de provoquer, en tombant au cours d'une escalade, la chute d'un autre grimpeur constitue une faute. • Civ. 2e, 18 mai 2000, n° 98-12.802 P : *JCP 2000. I. 280, nos 10 s., obs. Viney* ; *Gaz. Pal. 2002. 390, note A. Bolze* ; *RRJ 2001/2. 1191, étude Gonzalvez.* ♦ Rappr., sur la maladresse en matière médicale, note 29 ss. art. L. 1142-1 CSP (ss. art. 1242 C. civ.). ♦ Mais ne peut être considéré comme fautif le déclenchement de la chute d'une pierre par un alpiniste en précédant un autre, dans un parcours pierreux où ce risque était évident. • Civ. 2e, 24 avr. 2003, n° 01-00.450 P : *D. 2003. IR 1340* ; *JCP 2004. II. 10049, note Gavin-Millan-Oosterlynck (2e esp.)* ; *Gaz. Pal. 2004. 1880, note Bolze (2e esp.).* ♦ De même, doit être exonéré de toute responsabilité le footballeur auteur d'un dommage à un adversaire par suite d'un geste maladroit qui ne révélait aucune agressivité ou malveillance et alors qu'aucun manquement aux règles du sport ou à la loyauté sportive n'a été commis. • Civ. 2e, 16 nov. 2000, n° 98-20.557 P : *D. 2000. IR 307*. ♦ Dans l'appréciation du comportement des pratiquants, le juge n'est pas lié par les décisions des arbitres sportifs. • Civ. 2e, 10 juin 2004, n° 02-18.649 P : *D. 2004. IR 1937* ; *JCP 2004. II. 10175, note Buy* ; *Gaz. Pal. 2004. 3821, note Polère* ; *Dr. et patr. 11/2004. 80, obs. Chabas* ; *RTD civ. 2005. 137, obs. Jourdain*. – Déjà en ce sens : • Civ. 2e, 21 janv. 1979 : *D. 1979. IR 543, obs. Alaphilippe et Karaquillo.*

70. Provocation à la commission d'une infraction pénale. A l'occasion d'une manifestation : • Cass., ch. mixte, 30 nov. 2018, n° 17-16.047 P : *cité note 24 ss. art. 1240.*

71. Esclavage – Minorité de la victime et travail forcé. Le travail forcé imposé à une enfant vulnérable, âgée de 12 ans, constitue une violation de l'art. 4 Conv. EDH, de l'art. 1er de la Conv. supplémentaire relative à l'abrogation de l'esclavage, de la traite des esclaves et des institutions et pratiques analogues à l'esclavage du 30 avr. 1956, de l'art. 12 de la Conv. sur le travail forcé du 28 juin 1930 et de l'art. 1er de la Conv. n° 138 de l'OIT. Concernant l'âge minimum d'admission à l'emploi et de l'art. 19 de la Conv. de New-York relative aux droits des enfants du 20 nov. 1989 entraînant sur le fondement des art. 1240 s. la responsabilité civile des personnes poursuivies déjà pénalement condamnées et l'obligation pour elles de réparer le préjudice économique de la victime, V. • Soc. 3 avr. 2019, n° 16-20.490 P.

B. PRÉJUDICE

1° NATURE DU DOMMAGE RÉPARABLE

a. Principe

72. Dommage matériel ou moral. **BIBL.** Bau, *Gaz. Pal. 2017. 191* (*quantum* du préjudice économique). – Boutonnet et Neyret, *D. 2010. Chron. 912* (préjudice moral et atteinte à l'environnement). – Belot, *LPA 28 déc. 2005* (préjudice économique). – Carval, *D. 2017. 414* (les intérêts compensatoires). – Corgas-Bernard, *RCA 2010. Étude 4* (préjudice d'angoisse) ; *ibid. 2012. Étude 7* (préjudice extrapatrimonial). – Coudevylle, *D. 1979. Chron. 173* (préjudice moral et droit administratif). – Duong, *JCP E 2005. 525* (préjudice « immatériel »). – Esmein, *D. 1954. Chron. 113* (indemnisation du préjudice moral). – Fagnart, *Mél. Lambert, Dalloz, 2002, p. 187* (vers un droit européen du dommage corporel ?). – Gout et Porchy-Simon, *D. 2015. 1499* (nomenclatures dans le droit du dommage corporel). – Hilger, *Gaz. Pal. 2017. 2592* (préjudice religieux). – Houssin, *D. 2018. 366* (critique de la reconnaissance du préjudice moral des personnes morales). – Gout et Porchy-Simon, *D. 2015. 1499* (nomenclatures dans le droit du dommage corporel). – Jacquemin, *RDC 2017. 705* (juge et dommage réparable). – Jourdain, *JCP 2015, n° 739* (préjudices d'angoisse). – Knetsch, *D. 2015. 443* (désintégration du préjudice moral). – Mémeteau, *Gaz. Pal. 1978. 2. Doctr. 400* (affection). – Morlet-Haïdara, *RCA 2011. Étude 13* (droit du dommage corporel). – Neyret, *D. 2012. 2673* (préjudice écologique). – Pellegrini, *RCA 2015. Étude 9* (préjudice d'angoisse de mort imminente). – Porchy-Simon, *D. 2017. 2265* (préjudice d'angoisse des victimes d'actes de terrorisme). – Prévost, *Gaz. Pal. 2018. 119* (dommage corporel et justice prédictive). — Quistrebert, *RCA 2019. Étude 8* (préjudice d'angoisse de mort imminente). – Ravit et Sutterlin, *D. 2012. 2675* (*idem*). – Rebeyrol, *D. 2010. Chron. 1804* (préjudice écologique). – Rémond-Gouilloud, *D. 1989. Chron. 259* (préjudice écologique). – Sarafian, Blanc et Macquart, *RGDA 2017. 297* (indemnisation du dommage corporel, préjudices futurs patrimoniaux et barème de capitalisation). – Stoffel-Munck, *Mél. le*

Tourneau, Dalloz, 2008, p. 959 (préjudice moral des personnes morales). – Tapinos, *Gaz. Pal. 2013. 209* (doctrine et dommage corporel). – Thévenot, *D. 1994. Chron. 225* (environnement et préjudice moral). – Traullé, *RTD civ. 2018. 285* (préjudice économique). – Verhulst, *LPA 3 déc. 2001* (dommage immatériel résultant des pertes d'exploitation). – Viney, *RCA, mai 1998, n° spécial* (préjudice écologique). – Wester-Ouisse, *JCP 2003. I. 145* (préjudice moral des personnes morales). – Dossier, *RCA 2010. Études 2 à 14; ibid. 2013. Études 1 à 10* (préjudice professionnel). – Dossier, *Gaz. Pal. 2014. 639* (préjudices exceptionnels des victimes directes). – Dossier, *AJ pénal 2017. 7* (indemnisation du dommage corporel). – Dossier, *Gaz. Pal. 2016. 3582; ibid. 2017. 685* (indemnisation des victimes d'attentat). ♦ L'art. 1382 anc. [1240] s'applique, par la généralité de ses termes, aussi bien au dommage moral qu'au dommage matériel. • Civ. 13 févr. 1923 : *GAJC, 11e éd., n° 179 ; DP 1923. 1. 52, note Lalou.*

73. Les conséquences d'un engagement librement souscrit et judiciairement déclaré valable ne constituent pas un préjudice réparable. • Civ. 1re, 10 avr. 2019, n° 18-14.987 P : *D. 2019. 818 ; AJDI 2020. 56, obs. Borel ; Defrénois 2019/39. 25, note Dagorne-Labbe.*

74. Préjudice identique sous deux appellations différentes. V. • Civ. 2e, 17 juin 2010 : *cité note 104* • 16 sept. 2010 : *cité note 98.* ♦ Comp. • Civ. 2e, 13 sept. 2018, n° 17-26.011 P : *cité note 216.*

75. Preuve du dommage. La preuve d'un dommage peut être rapportée par tout moyen, et notamment par un décompte d'indemnisation établi par la victime, dont le juge apprécie souverainement la valeur et la portée. • Civ. 2e, 10 févr. 2005, n° 02-20.495 P.

b. Victimes pouvant se prévaloir d'un dommage réparable

76. Personne morale et préjudice moral. BIBL. Broche, *RLDC 2013/104, n° 5079.* ♦ Cassation, au visa des art. 1147 anc., 1382 anc. et 1383 anc. [1240 et 1241], de l'arrêt ayant refusé d'admettre le préjudice moral d'une personne morale. • Com. 15 mai 2012, n° 11-10.278 P : *D. 2012. 1403, obs. Delpech ; ibid. 2285, note Dondero ; Rev. sociétés 2012. 620, note Stoffel-Munck ; JCP 2012, n° 1012, note Wester-Ouisse.* ♦ Rappr. pour l'indemnisation du préjudice moral distinct d'un associé. • Com. 4 nov. 2021, n° 19-12.342 B : *cité note 139* (atteinte à son image distincte du préjudice social).

77. Personne morale et intérêt collectif. La fédération ayant pour objet statutaire la protection du milieu aquatique est fondée à agir en réparation contre les défendeurs dont le comportement fautif a porté atteinte aux intérêts collectifs de la demanderesse. • Civ. 3e, 8 nov. 2018, n° 17-26.180 (prélèvement massif de grenouilles rousses, espèce protégée, ayant provoqué la mort de plusieurs milliers d'entre elles).

Le conseil départemental de l'ordre des médecins est fondé à demander la réparation du préjudice causé aux intérêts collectifs qu'il représente par des faits pour lesquels le prévenu a été déclaré coupable. • Crim. 12 juin 2019, n° 17-81.235 P.

78. Réparation symbolique au pénal et réparation du préjudice matériel au civil. Une victime ayant, sur sa constitution de partie civile, obtenu du tribunal correctionnel un franc à titre de dommages-intérêts en réparation de son préjudice moral, peut réclamer devant la juridiction civile la réparation de son préjudice matériel, le préjudice invoqué devant la juridiction pénale n'ayant pas le même objet que celui dont la réparation est demandée devant la juridiction civile. • Civ. 2e, 13 mai 1991, n° 89-21.535 P.

79. Conjoint de la victime séparé ou en instance de divorce. La veuve d'une victime ne justifie d'aucun préjudice moral ou matériel s'il est constaté qu'elle avait présenté une requête en divorce par consentement mutuel et que le projet de requête conjointe ne prévoyait ni pension alimentaire ni prestation compensatoire. • Civ. 2e, 8 déc. 1993, n° 92-12.781 P : *Defrénois 1994. 813, obs. D. Mazeaud ; RTD civ. 1994. 84, obs. Hauser .* ♦ Même sens : • Civ. 2e, 29 janv. 1997 : *RCA 1997, n° 119* (veuve vivant au Maroc, séparée de fait du mari résidant en France). ♦ Comp. note 115.

80. Victimes en état d'inconscience. BIBL. Évadé, *Gaz. Pal. 1991. 2. Doctr. 339.* – Gromb, *Gaz. Pal. 1991. 2. Doctr. 326.* – Margeat, *Gaz. Pal. 1991. 2. Doctr. 375.* – Peano, *RCA 1995. Chron. 13.* – Kamara, *Gaz. Pal. 1996. 1. Doctr. 309.* – Terrasson de Fougères, *RTD civ. 1997. 893.* – Ravillon, *RDSS 1999. 191 .* ♦ L'indemnisation d'un dommage n'est pas fonction de la représentation que s'en fait la victime mais de sa constatation par le juge et de son évaluation objective. • Crim. 5 janv. 1994, n° 93-83.050 P : *R., p. 382.* ♦ Rappr. : • Crim. 26 mars 2013 : *cité note 118.* ♦ V. dans le même sens : • Crim. 3 avr. 1978 : *JCP 1979. II. 19168, note Brousseau ; D. 1979. IR 64, obs. Larroumet* • 11 oct. 1988 : *Gaz. Pal. 1989. 1. 440, note Guth* (cassation d'un arrêt limitant l'évaluation du dommage subi par une victime réduite à l'état végétatif aux dépenses nécessaires à sa subsistance). ♦ L'état végétatif d'une personne humaine n'excluant aucun chef d'indemnisation, son préjudice doit être réparé dans tous ses éléments. • Civ. 2e, 22 févr. 1995 (1er arrêt), n° 92-18.731 P : *R., p. 316 ; D. 1996. 69, note Chartier ; D. 1995. Somm. 233, obs. D. Mazeaud ; JCP 1995. II. 22570, note Dagorne-Labbe ; Gaz. Pal. 1996. 1. 147, note Évadé ; RTD civ. 1995. 629, obs. Jourdain* • 22 févr. 1995 (2e arrêt) : *eod. loc.* • 28 juin 1995, n° 93-18.465 P : *R., p. 316.* ♦ Dans le même sens : • CE 24 nov. 2004 : *Lebon 445 ; AJDA 2005. 336, concl. Olson ; RCA 2005, n° 164, note Guettier.* ♦ Comp., approuvant l'appréciation souveraine des juges du fond ayant écarté la demande tendant à la réparation du préjudice moral, après avoir accueilli celle relative aux souffrances physiques, la victime étant décédée quasi instantanément. • Crim. 5 oct. 2010 : *RTD civ. 2011. 353, obs. Jourdain*; *JCP 2011, n° 435, obs. Bloch* • Crim. 5 oct. 2010 : *D. 2011. 1040, obs. Lemouland et Vigneau*; *RTD civ. 2011. 353, obs. Jourdain*; *JCP 2011, n° 435, obs. Bloch*; *Dr. fam. 2011, n° 1, obs. Larribau-Terneyre* (victime n'étant jamais sortie du coma et décédée quinze jours après l'accident sans avoir jamais repris connaissance).

81. Victime décédée. Les héritiers de la victime d'un accident ne peuvent obtenir l'indemnisation de son incapacité permanente partielle pour la période postérieure à son décès, serait-il consécutif à l'accident. • Civ. 2e, 21 févr. 1990, n° 88-16.741 P • 27 févr. 1991, n° 89-20.494 P • Crim. 13 nov. 2013 : *D. 2013. 2695*; *RCA 2014, n° 44, obs. Corgas-Bernard.*

82. Victimes pas encore nées. Dès sa naissance, l'enfant peut demander réparation du préjudice résultant du décès accidentel de son père survenu alors qu'il était conçu. • Civ. 2e, 14 déc. 2017, n° 16-26.687 P : *D. 2018. 386, note Bacache*; *AJ fam. 2018. 48, obs. Saulier*; *RDSS 2018. 178, obs. Tauran*; *RTD civ. 2018. 72, obs. Mazeaud*; *ibid. 92, obs. Leroyer*; *ibid. 126, obs. Jourdain*; *Gaz. pal. 2018. 214, note Dupré*; *JCP 2018, n° 204, note Binet*; *RCA 2018. Étude 3, par Hocquet-Berg*; *LPA 24 mai 2018, note Bertier-Lestrade* • Crim. 10 nov. 2020, n° 19-87.136 P : *D. 2020. 2288*; *AJ fam. 2020. 679, obs. Mary*; *AJ pénal 2021. 31, note Mayaud*.

L'enfant qui est conçu au moment du décès de la victime directe de faits présentant le caractère matériel d'une infraction peut demander réparation du préjudice que lui cause ce décès. • Civ. 2e, 11 févr. 2021, n° 19-23.525 P : *D. 2021. 349*; *AJ fam. 2021. 191, obs. Houssier*; *RTD civ. 2021. 388, obs. Leroyer*; *ibid. 415, obs. Jourdain*; *Dr. fam. 2021, n° 70, obs. Dupin* (enfant conçu au moment du décès de son grand-père). ♦ Comp. absence de lien de causalité entre le décès de la victime et le préjudice subi par sa petite-fille, ainsi privée de son grand-père, le décès du grand-père étant survenu avant la naissance de l'enfant. • Civ. 2e, 4 nov. 2010, n° 09-68.903 P : *D. 2011. Chron. C. cass. 632, obs. Adida-Canac et Grignon-Dumoulin*; *JCP 2011, n° 435, obs. Bloch* • 3 mars 2011, n° 10-16.284 : *RTD civ. 2012. 110, obs. Hauser*; *Dr. fam. 2011, n° 161, obs. Rouxel.*

c. Variétés de préjudices selon leur cause

83. Naissance d'un enfant. BIBL. Deguergue, *RCA, mai 1998, n° spécial.* – Dekeuwer-Défossez, *RLDC 2011/82, n° 4243.* – M. Paillet, *Mél. Bolze, Economica, 1999, p. 261* (l'enfant préjudice devant le juge administratif). ♦ L'existence de l'enfant qu'elle a conçu ne peut, à elle seule, constituer pour sa mère un préjudice juridiquement réparable, même si la naissance est survenue après une intervention pratiquée sans succès en vue de l'interruption de la grossesse. • Civ. 1re, 25 juin 1991 : *D. 1991. 566, note le Tourneau*; *JCP 1992. II. 21784, note Barbiéri*; *Gaz. Pal. 1992. 2. Somm. 285, obs. Chabas*; *RTD civ. 1991. 753, obs. Jourdain*. ♦ Absence de préjudice indemnisable de l'homme dont la paternité a été judiciairement établie et qui a été condamné à contribuer à l'entretien de l'enfant. • Civ. 2e, 12 juill. 2007 : *préc. note 56.*

84. ... Avec un handicap. Sur la question de la naissance avec un handicap dû à une faute médicale, V. art. L. 114-5 CASF rapporté ss. art. 1242.

85. ... Né d'un viol. Préjudice moral consistant pour un enfant né d'un viol incestueux dans l'impossibilité d'établir sa filiation paternelle : V. • TGI Lille, 6 mai 1996 : *D. 1997. 543, note Labbée*; *RTD civ. 1999. 64, obs. Hauser*. ♦ ... Ou dans le caractère nécessairement douloureux que prendra l'évocation de sa conception. • Caen, 7 nov. 2000 : *JCP 2002. II. 10001, note Sériaux*. ♦ ... Dans la connaissance que celui-ci aura des faits en grandissant, des difficultés qu'il rencontrera à se construire et de l'impossibilité légale d'établir sa filiation paternelle en application des dispositions de l'art. 310-2 C. civ. • Crim. 23 sept. 2010, n° 09-84.108 P : *D. actu. 13 oct. 2010, obs. Léna*; *D. 2011. Pan. 35, obs. Brun*; *ibid. Pan. 2565, obs. Laude*; *JCP 2011, n° 435, obs. Bloch*; *RCA 2010, n° 313, obs. Hocquet-Berg*; *RLDC 2011/78, n° 4083, obs. Guessoum*; *RTD civ. 2011. 132, obs. Jourdain*. ♦ Dans cette hypothèse le préjudice indemnisé ne résulte pas de la seule naissance de l'enfant. • Même arrêt. ♦ Rappr. • Crim. 4 févr. 1998, n° 97-80.305 P : *R., p. 298*; *D. 1999. 445, note Bourgault-Coudevylle*; *JCP 1998. I. 185, n° 15, obs. Viney*; *JCP 1999. II. 10178, note Moine-Dupuis*; *RTD civ. 1999. 64, obs. Hauser*. ♦ Cassation de l'arrêt ayant refusé d'indemniser le préjudice subi par l'enfant né d'un viol, au motif que l'enfant ne peut se prévaloir d'un préjudice du seul fait des circonstances dans lesquelles il a été conçu, la conception ne pouvant être dissociée de la naissance, alors que les proches de la victime d'une infraction sont recevables à rapporter la preuve d'un dommage dont ils ont personnellement souffert et qui découle des faits objet de la poursuite. • Crim. 23 sept. 2010, n° 09-82.438 P : *D. actu. 13 oct. 2010, obs. Léna*; *D. 2011. Pan. 35, obs. Brun*; *JCP 2011, n° 435, obs. Bloch*; *RCA 2010, n° 313, obs. Hocquet-Berg*; *RTD civ. 2011. 132, obs. Jourdain*.

86. Préjudice spécifique de contamination. BIBL. Chabas, *RCA, mai 1998, n° spécial.* – Minet-Leleu, *RDSS 2019. 876* (subrogation et contamination transfusionnelle par le virus de l'hépatite C : entre effort de simplification et inévitable complexité). – Morlet-Haïdara, *RCA 2013. Étude 11.* – Waltz, *RCA 2013. Étude 5.* ♦ Le préjudice spécifique de contamination par le virus d'immunodéficience humaine (VIH) comprend l'ensemble des préjudices de caractère personnel tant physiques que psychiques et résultant notamment de la réduction de l'espérance de vie, des perturbations de la vie sociale, familiale et sexuelle ainsi que des souffrances et de leur crainte, du préjudice esthétique et d'agrément ainsi que de toutes les affections opportunistes consécutives à la déclaration de la maladie. Ce préjudice est distinct de l'atteinte à l'intégrité physique. • Civ. 2e, 2 avr. 1996, n° 94-15.676 P : *JCP 1996. I. 3985, n° 12, obs. Viney.* ♦ Le préjudice spécifique de contamination par le virus de l'hépatite C comprend l'ensemble des préjudices de caractère personnel tant physiques que psychiques résultant du seul fait de la contamination virale ; il inclut notamment les perturbations et craintes éprouvées, toujours latentes, concernant l'espérance de vie ainsi que la crainte des souffrances, le risque de toutes les affections opportunistes consécutives à la découverte de la contamination, les perturbations de la vie sociale, familiale et sexuelle, les souffrances, le préjudice esthétique et le préjudice d'agrément provoqués par les soins et traitements subis pour combattre la contamination ou en réduire les effets. • Civ. 1re, 28 nov. 2018, n° 17-28.272 P : *D. 2018. 2362* ; *RTD civ. 2019. 117, obs. Jourdain* (cassation de l'arrêt qui alloue une indemnité au titre des souffrances endurées et une indemnité au titre du préjudice spécifique de contamination incluant les souffrances, réparant ainsi deux fois les éléments d'un même préjudice). ♦ V. aussi, • Civ. 2e, 1er févr. 1995, n° 94-06.006 P : *JCP 1995. I. 3893, nos 23 s., obs. Viney ; RTD civ. 1995. 627, obs. Jourdain* • Civ. 1re, 1er avr. 2003, n° 01-00.575 P : *JCP 2004. I. 101, n° 6, obs. Viney ; RTD civ. 2003. 506, obs. Jourdain* (hépatite C) • 3 mai 2006, n° 05-11.139 P : *D. 2006. IR 1486* ; *RTD civ. 2006. 562, obs. Jourdain* (*idem*) • Civ. 2e, 24 sept. 2009, n° 08-17.241 P : *RTD civ. 2010. 117, obs. Jourdain* (*idem*) • 18 mars 2010, n° 08-16.169 P : *D. 2010. Actu. 892, obs. Gallmeister* ; *RLDC 71/2010, n° 3804, obs. Le Nestour-Drelon.* ♦ Le préjudice spécifique de contamination fondé notamment sur l'incertitude et l'inquiétude devant l'avenir ne se confond pas avec le préjudice à caractère personnel de déficit fonctionnel. • Civ. 2e, 19 nov. 2009, n° 08-11.622 P : *RDSS 2010. 156, note Cristol* • 19 nov. 2009 : *eod. loc.* • 19 nov. 2009, n° 08-15.853 P. ♦ Sur le préjudice spécifique de contamination, V. égal. note 8 ss. art. 1231-2. – **C. civ.**

87. ... *Caractère conscient.* Le caractère exceptionnel du préjudice spécifique de contamination est intrinsèquement associé à la prise de conscience des effets spécifiques de la contamination ; il ne peut être reconnu pour une victime tenue jusqu'à sa mort dans l'ignorance de sa contamination par le VIH et le virus de l'hépatite C. • Civ. 2e, 22 nov. 2012, n° 11-21.031 P : *D. 2013. 346, note Porchy-Simon* ; *ibid. 2013. Chron. C. cass. 599, obs. Bouvier et Adida-Canac* ; *ibid. 2014. 47, obs. Brun* ; *RTD civ. 2013. 123, obs. Jourdain* ; *RCA 2013. Étude 1, note Hocquet-Berg.*

Le préjudice spécifique de contamination peut être caractérisé même dans le cas d'une guérison après traitement ; il s'apprécie alors pendant la durée de la période au cours de laquelle la victime a subi les angoisses et perturbations liées à la maladie. • Civ. 2e, 4 juill. 2013, n° 12-23.915 P : *D. 2013. 2664 obs. Guégan-Lécuyer* ; *ibid. 2014. 47, obs. Brun et Gout* ; *RTD civ. 2013. 846, obs. Jourdain* ; *RCA 2013. Étude 11, note Morlet-Haïdara* (craintes légitimes d'aggravation de l'état de santé de la victime, et notamment de contracter des affections favorisées par la présence du virus de l'hépatite C). ♦ Mais pour allouer une indemnité au titre du préjudice spécifique de contamination à une personne considérée comme guérie, compte tenu de la crainte de cette maladie et des affections opportunistes, les juges doivent caractériser l'existence, après la date de la guérison, d'un risque d'altération de l'état de santé lié à la contamination, justifiant la réparation d'un tel préjudice. • Civ. 1re, 28 nov. 2018, n° 17-28.272 P.

88. ... *Mort d'un animal.* BIBL. Higy, *AJ fam. 2012. 85* (préjudice d'affection). ♦ Jugé qu'indépendamment du préjudice matériel qu'elle entraîne, la mort d'un animal (en l'espèce, cheval « *Lunus* ») peut être pour son propriétaire la cause d'un préjudice d'ordre subjectif et affectif susceptible de donner lieu à réparation. • Civ. 1re, 16 janv. 1962 : *D. 1962. 199, note R. Rodière ; S. 1962. 281, note Foulon-Piganiol ; JCP 1962. II. 12557, note Esmein ; RTD civ. 1962. 316, obs. Tunc.* – Même sens : • TGI Caen, 30 oct. 1962 : *D. 1963. 92 ; RTD civ. 1963. 93, obs. Tunc.* – V. aussi • Civ. 1re, 27 janv. 1982 : *JCP 1983. II. 19923, note Chabas* • Rouen, 16 sept. 1992 : *D. 1993. 353, note Marguénaud* . ♦ Sur la protection juridique du lien d'affection envers un animal, V. Marguénaud et a., *D. 2004. Chron. 3009* . ♦ La mise à mort d'un animal, lors d'une opération militaire, est une atteinte injustifiée au respect des biens. • CEDH, sect. I, 24 mars 2005, *Akkum c/ Turquie*, n° 21894/93.

d. Variétés de préjudices selon leurs effets (d'après la nomenclature Dintilhac)

89. *Préjudices patrimoniaux de la victime directe : assistance d'une tierce personne.* BIBL. Haftel, *Gaz. Pal. 2018. 1816 s.* – Dossier, *Gaz. Pal. 2018. 2930.* ♦ Le poste de préjudice lié à l'assistance d'une tierce personne indemnise la perte d'autonomie de la victime restant atteinte, à la suite du fait dommageable, d'un déficit fonctionnel permanent la mettant dans l'obligation de recourir à un tiers pour l'assister dans les actes de la vie quotidienne. • Civ. 2e, 28 févr. 2013 : *D. 2013. 2658, obs. Porchy-Simon* ; *RTD civ. 2013. 612, obs. Jourdain* ; *Gaz. Pal. 2013. 977, obs. Bascoulergue* (inapplication au cas d'une orpheline prise en charge par ses grands-parents et ne présentant pas de déficit fonctionnel réduisant son autonomie résultant de l'accident). ♦ L'indemnisation du préjudice lié à l'assistance d'une tierce personne n'empêche pas la mère de la victime, qui a abandonné son emploi pour assister elle-même son fils, d'obtenir la réparation du préjudice qu'elle a personnellement subi pour pertes de gains professionnels et de droits de retraite. • Civ. 2e, 14 avr. 2016, n° 15-16.697 P : *RTD civ. 2016. 637, obs. Jourdain*. ♦ V. note 112.

90. ... Préjudice de formation. Le poste de préjudice scolaire, universitaire ou de formation a notamment pour objet de réparer la perte d'années d'étude consécutive à la survenance du dommage. • Civ. 2e, 9 avr. 2009, n° 08-15.977 P : *LPA 23 juill. 2009, note Dumery ; RLDC 2009/61, n° 3455, obs. Bugnicourt* (perte d'années d'étude et prise en compte d'un prêt conclu pour financer des études qui n'ont pu aboutir en raison du dommage). ♦ Refus d'indemniser un préjudice lié à la perte ou à la diminution des possibilités de promotion professionnelle au-delà de l'indemnisation du déclassement professionnel pour un étudiant qui n'avait pas encore de perspectives de promotion professionnelle. • Civ. 2e, 30 juin 2011 : *RCA 2011, n° 312*.

91. ... Caractère bénévole de l'assistance. La victime de la faute commise par un praticien a subi un dommage réparable, puisque, sans l'aide de son mari, elle a dû, pour les besoins de son exploitation, exposer des frais pour bénéficier d'une assistance ou subir une perte de gains professionnels. Il ne saurait être exigé d'elle la production de justificatifs des dépenses effectives, étant donné que le caractère bénévole de l'assistance familiale n'était pas discuté. • Civ. 1re, 22 mai 2019, n° 18-14.063 P : *D. 2019. 2058, obs. Porchy-Simon ; AJ fam. 2019. 470, obs. S. Prétot*.

92. ... Perte de revenus. BIBL. Hocquet-Berg, *RCA 2019. Étude 1* (l'ambivalence de l'incidence professionnelle). ♦ Pour déterminer le préjudice subi, il doit être tenu compte de l'incidence du fait dommageable sur les revenus de la victime au-delà de l'âge de la retraite. • Civ. 2e, 15 janv. 2015, n° 13-27.761 P : *D. 2015. 661, note Saulier*.

S'agissant des pertes de gains futurs, il doit être tenu compte du potentiel de la victime, lycéenne bonne élève au moment des faits, celle-ci n'étant pas destinée à rester inactive toute sa vie et pouvant au moins prétendre à un salaire équivalent au SMIC. • Civ. 2e, 25 juin 2015, n° 14-21.972 P : *D. 2016. 35, obs. Brun et Gout ; RTD civ. 2015. 887, obs. Jourdain ; RCA 2015, n° 252, note Hocquet-Berg*.

Comp. : lorsque la victime se trouve, du fait d'un accident corporel survenu dans son jeune âge, privée de toute possibilité d'exercer un jour une activité professionnelle, la seule circonstance qu'il soit impossible de déterminer le parcours professionnel qu'elle aurait suivi ne fait pas obstacle à ce que soit réparé le préjudice, qui doit être regardé comme présentant un caractère certain, résultant pour elle de la perte des revenus qu'une activité professionnelle lui aurait procurés et de la pension de retraite consécutive. En outre, la seule circonstance qu'il soit impossible de déterminer le parcours scolaire qu'elle aurait suivi ne fait pas davantage obstacle à ce que soit réparé le préjudice ayant résulté pour elle de l'impossibilité de bénéficier de l'apport d'une scolarisation. • CE 24 juill. 2019, n° 408624 A.

La privation de toute activité professionnelle étant prise en charge au titre du déficit fonctionnel permanent, lequel inclut la perte de qualité de vie et les troubles ressentis par la victime dans ses conditions d'existence personnelles, familiales et sociales, il n'y avait pas lieu de retenir l'existence d'une incidence professionnelle distincte de la perte de revenus déjà indemnisée. • Civ. 2e, 7 mars 2019, n° 17-25.855 P : *D. 2019. 2058, obs. Porchy-Simon ; ibid. 2020. 40, obs. Brun, Gout et Quézel-Ambrunaz ; RTD civ. 2019. 344, obs. Jourdain*. ♦ Comp. : compte tenu des restrictions importantes à une activité, du marché du travail et de son âge, un retour à l'emploi de la victime est très aléatoire, réparation au titre de l'incidence professionnelle de la perte de chance d'une promotion professionnelle, préjudice distinct de celui réparé au titre de la perte de gains professionnels futurs calculée au vu de son ancien salaire et qui n'intègre pas l'évolution de carrière qu'il aurait pu espérer est justifiée. Le reproche fait au juge d'avoir indemnisé deux fois le même préjudice est donc infondé. • Civ. 2e, 23 mai 2019, n° 18-17.560 P : *D. 2019. Chron. C. cass. 1792, note Touati et Bohnert ; ibid. 2058, obs. Porchy-Simon ; RTD civ. 2019. 881, obs. Jourdain*.

93. Dévalorisation sociale. Cassation de l'arrêt ayant rejeté une demande d'indemnisation au titre de l'incidence professionnelle, distincte du préjudice indemnisé au titre de la perte de gains professionnels, alors que la cour d'appel aurait dû rechercher, comme elle y était invitée, si n'était pas caractérisée l'existence d'un préjudice résultant de la dévalorisation sociale ressentie par la victime du fait de son exclusion définitive du monde du travail, indemnisable au titre de l'incidence professionnelle. • Civ. 2e, 6 mai 2021, n° 19-23.173 P : *D. 2022. 35, obs. Gout ; RTD civ. 2021. 649, obs. Jourdain*.

94. Souffrances psychiques et physiques. Le préjudice moral lié aux souffrances psychiques et aux troubles qui y sont associés étant inclus dans le poste de préjudice temporaire des souffrances endurées ou dans le poste de préjudice du déficit fonctionnel permanent, il ne peut être indemnisé séparément. • Civ. 2e, 16 sept. 2010, n° 09-69.433 P : *D. 2010. Actu. 2228, obs. Gallmeister ; D. 2011. Chron. C. cass. 632, obs. Adida-Canac et Grignon-Dumoulin* (prise en compte des critères de la nomenclature Dintilhac) • 5 févr. 2015, n° 14-10.097 P : *D. 2015. 375*. ♦ Le préjudice lié à l'angoisse d'une mort imminente étant déjà réparé au titre du préjudice temporaire des souffrances endurées ne peut l'être une seconde fois sous l'appelation préjudice d'angoisse de mort imminente. • Civ. 2e, 2 févr. 2017, n° 16-11.411 P : *D. 2018. 35, obs. Brun* ; *Gaz. Pal. 2017. 953, obs. Mazouz.* ♦ Mais ne procède pas à une double indemnisation l'arrêt qui évalue séparément les préjudices distincts constitués par les souffrances endurées du fait des blessures et par l'angoisse d'une mort imminente. • Crim. 23 oct. 2012 : *D. 2012. 2659* ; *ibid. 2013. 1993, obs. Porchy-Simon* ; *ibid. 2014. 47, obs. Brun* ; *AJ pénal 2012. 657, obs. de Combles de Nayves* ; *RTD civ. 2013. 125, obs. Jourdain*. ♦ Les juges du fond ne peuvent allouer une somme au titre de l'indemnisation des souffrances physiques et morales, sans rechercher si ces dommages n'ont pas déjà été indémnisés au titre du déficit fonctionnel permanent. • Civ. 2e, 31 mars 2016, n° 14-30.015 P : *D. 2016. 1886, chron. Adida-Canac, Vasseur, de Leiris, Hénon, N. Palle, Becuwe et Touati* ; *Dr. soc. 2016. 665, chron. Salomon*. ♦ Sur le préjudice d'angoisse des victimes d'actes de terrorisme, V. Porchy-Simon, *D. 2017. 2265.* ♦ Pour le préjudice résultant d'une contamination, V. note 89. ♦ V. égal. note 245.

95. Préjudices extrapatrimoniaux permanents de la victime directe : déficit fonctionnel, troubles physiologiques. Les troubles physiologiques subis du fait de l'accident ayant affecté les conditions de travail ou d'existence de la victime constituent un préjudice corporel de caractère objectif qui doit être distingué d'un simple préjudice d'agrément (afin de déterminer l'assiette du recours de la caisse de sécurité sociale). • Soc. 16 nov. 1983, n° 81-16.226 P : *R., p. 60 ; D. 1984. 466, note Chartier* • Crim. 5 mars 1985 (3 arrêts) : *D. 1986. 445, note Groutel.* ♦ Comp. : • Soc. 5 janv. 1995, n° 92-15.958 P : *JCP 1995. I. 3853, obs. Viney ; RTD civ. 1995. 892, obs. Jourdain* (la privation des agréments d'une vie normale, distincte du préjudice objectif résultant de l'incapacité constatée, justifie l'octroi d'une indemnité de caractère personnel).

A la date de la consolidation, le déficit fonctionnel permanent se substitue au déficit fonctionnel temporaire qui ne peut plus être indemnisé audelà de cette date, car, sinon, une même période d'incapacité serait indemnisée doublement. • Civ. 2e, 8 déc. 2016, n° 13-22.961 P.

96. Préjudice d'agrément. BIBL. Jourdain, *RCA, mai 1998, n° spécial.* – Mélennec, *Gaz. Pal. 1976. 1. Doctr. 272.* – Le Roy, *D. 1979. Chron. 49.* – Sargos, *D. 2010. Chron. 1089*. – Vassas, *Gaz. Pal. 1981. 2. Doctr. 460.* – Sur l'ncidence de la L. du 27 déc. 1973 : Bedoura, *D. 1980. Chron. 139.* – Dangibaud et Ruault, *D. 1981. Chron. 157.*

97. … Notion. Le préjudice d'agrément est le préjudice subjectif de caractère personnel résultant des troubles ressentis dans les conditions d'existence. • Cass., ass. plén., 19 déc. 2003, n° 02-14.783 P : *R., p. 358 ; BICC 15 févr. 2004, rapp. Lesueur de Givry, concl. de Gouttes ; D. 2004. 161, note Lambert-Faivre* ; *D. 2005. Pan. 190, obs. Jourdain ; JCP 2004. II. 10008, note Jourdain ; ibid. I. 163, nos 32 s., obs. Viney ; RCA 2004. Chron. 9, par Groutel ; LPA 12-13 avr. 2004, note Steinlé-Feurbach ; ibid. 10 sept. 2004, note Dagorne-Labbe ; Dr. et patr. 10/2004. 104, obs. Chabas ; RTD civ. 2004. 300, obs. Jourdain* • Civ. 2e, 3 juin 2004, n° 02-14.920 P • 19 avr. 2005, n° 04-30.121 P : *RTD civ. 2006. 119, obs. Jourdain* (privation des agréments d'une vie normale) • 11 oct. 2005, n° 04-30.360 P : *RTD civ. 2006. 119, obs. Jourdain* (idem) • 5 oct. 2006, n° 05-20.139 P : *D. 2006. IR 2483* ; *RTD civ. 2007. 127, obs. Jourdain* (privation transitoire des joies usuelles de la vie). ♦ Au sens de l'art. L. 452-3 CSS, le préjudice d'agrément est celui qui résulte des troubles ressentis dans les conditions d'existence. • Civ. 2e, 8 avr. 2010, n° 09-11.634 P : *D. 2010. 1089, obs. Sargos* ; *ibid. 2011. 35, obs. Gout* ; *JCP 2010, n° 1015, obs. Bloch ; RTD civ. 2010. 559, obs. Jourdain* • Civ. 2e, 8 avr. 2010, n° 09-14.047 P : *eod. loc.* ♦ Le préjudice d'agrément réparable en application de l'art. L. 452-3 CSS est constitué par l'impossibilité pour la victime de continuer à pratiquer régulièrement une activité spécifique sportive ou de loisirs. • Civ. 2e, 2 mars 2017, n° 15-27.523 P : *D. 2017. 2224, obs. Bacache*. ♦ … Ce poste de préjudice inclut la limitation de la pratique antérieure. • Civ. 2e, 29 mars 2018, n° 17-14.499 P (indemnité au titre d'un préjudice d'agrément pour une personne qui a dû renoncer à une pratique de compétition, les activités antérieures ne pouvant plus être exercées que de façon modérée et dans un but essentiellement thérapeutique). ♦ Il résulte de la perte de qualité de vie de la victime et il est distinct de l'incidence professionnelle indemnisée au titre du préjudice économique. • Civ. 2e, 19 mars 1997 : *D. 1998. 59, note Lambert-Faivre (1re esp.)*. ♦ La Cour de cassation approuve les juges du fond d'avoir intégré le préjudice temporaire d'agrément au préjudice fonctionnel temporaire. • Civ. 2e, 5 mars 2015, n° 14-10.758 P : *D. 2015. Chron. C. cass. 1791, note Lazerges-Cousquer* ; *ibid. 2016. 35, obs. Brun et Gout* ; *JCP 2015, n° 434, note Jourdain* (la nomenclature Dintilhac comporte la rubrique préjudice d'agrément définitif mais non pas celle de préjudice d'agrément temporaire). ♦ Il a aussi été décidé par la Cour de cassation que la réparation d'un préjudice d'agrément vise exclusivement à l'indemnisation du préjudice lié à l'impossibilité pour la victime de pratiquer régulièrement une activité spécifique sportive ou de loisirs, la réparation de la perte de qualité de vie et des joies usuelles de la vie courante étant comprise dans l'indemnisation du « déficit fonctionnel temporaire ». • Civ. 2e, 28 mai 2009, n° 08-16.829 P : *D. 2009. AJ 1606, obs. Gallmeister* ; *ibid. 2010. Pan. 49, obs. Gout* ; *JCP 2009, n° 38, obs. Bloch ; RTD civ. 2009. 534, obs. Jourdain* • Civ. 1re, 8 févr. 2017, n° 15-21.528 P.

La réparation du préjudice d'agrément, de nature extrapatrimoniale et consistant en l'impossibilité de pratiquer une activité sportive ou de loisirs dans les mêmes conditions qu'avant l'accident, ne saurait exclure, par principe, le droit à l'indemnisation de dépenses de santé futures, destinées à acquérir et à renouveler une prothèse de sport permettant la pratique d'activités physiques, ces deux chefs de préjudice étant distincts. • Crim. 17 déc. 2019, n° 18-85.191 P : *D. 2020. 9* ; *RSC 2020. 114, obs. Jeanne* ; *RTD civ. 2020. 404, obs. Jourdain* .

98. ... *Conditions.* Les juges du fond ne peuvent rejeter une demande d'indemnisation du préjudice d'agrément, au motif que la victime ne justifiait pas avoir, avant l'accident, exercé une activité particulière lui donnant des satisfactions d'ordre sportif, artistique ou social qui lui seraient désormais interdites, sans s'expliquer sur la question de l'existence d'un préjudice affectif. • Crim. 14 juin 1978 : *Gaz. Pal. 1978. 2. 550.* ♦ Indemnisation du préjudice d'agrément même lorsque la victime, devenue démente, ne se rend pas compte de son état. • Crim. 3 avr. 1978 : *JCP 1979. II. 19168, note Brousseau.*

99. ... *Recours des tiers payeurs.* Sur la notion de préjudice fonctionnel d'agrément, exclu de l'assiette des recours des tiers payeurs, V. • Paris, 17 sept. 2001 : *D. 2001. IR 2948* ; *RTD civ. 2002. 113, obs. Jourdain* . ♦ *Contra* : cassation pour violation de la loi de l'arrêt qui exclut du recours des tiers payeurs, par la notion de préjudice fonctionnel d'agrément traduisant l'ensemble des troubles causés par le handicap dans les actes de la vie courante et les activités affectives, familiales et de loisirs, des indemnités réparant l'atteinte objective à l'intégrité physique de la victime. • Cass., ass. plén., 19 déc. 2003 : *préc. note 101.* – Dans le même sens : • Crim. 9 mars 2004, n° 03-81.094 P : *D. 2004. IR 1214* ; *RCA 2004, n° 177, note H. G.* • Crim. 6 avr. 2004, n° 02-84.156 P.

100. ... *Préjudice sexuel.* BIBL. Carayon-Dugué et Mattiussi, *D. 2017. 2257* . – Mélennec, *Gaz. Pal. 1977. 2. Doctr. 525.* – Bourrié-Quenillet, *JCP 1996. I. 3986.* — Dossier, *Gaz. Pal. 2018. 586.* ♦ Le poste de préjudice de déficit fonctionnel temporaire, qui répare la perte de qualité de vie de la victime et des joies usuelles de la vie courante pendant la maladie traumatique, intègre le préjudice sexuel subi pendant cette période. • Civ. 2e, 11 déc. 2014, n° 13-28.774 P : *D. actu. 6 janv. 2015, obs. Cayol* ; *D. 2015. 469, note Guégan-Lécuyer* . ♦ Le préjudice sexuel ne constitue pas un élément du préjudice d'agrément. • Civ. 2e, 6 janv. 1993, n° 91-15.391 P : *RTD civ. 1993. 587, obs. Jourdain* • 5 janv. 1994, n° 92-12.185 P : *RTD civ. 1994. 619, obs. Jourdain* . ♦ Distinct de l'intégrité corporelle, il revêt un caractère personnel, comme tel exclu du recours des organismes sociaux. • Civ. 2e, 12 mai 2005, n° 04-14.018 P : *D. 2005. IR 1451* ; *RCA 2005, n° 212, note Groutel.* ♦ Le préjudice sexuel, lequel n'est pas seulement limité à la perte de sensation de plaisir, concerne l'atteinte, sous toutes ses formes, à la vie sexuelle ; il comprend tous les préjudices touchant à la sphère sexuelle, à savoir : le préjudice morphologique lié à l'atteinte aux organes sexuels primaires et secondaires résultant du dommage subi, le préjudice lié à l'acte sexuel lui-même qui repose sur la perte du plaisir lié à l'accomplissement de l'acte sexuel, qu'il s'agisse de la perte de l'envie ou de la libido, de la perte de la capacité physique de réaliser l'acte, ou de la perte de la capacité à accéder au plaisir, le préjudice lié à une impossibilité ou à une difficulté à procréer. • Civ. 2e, 17 juin 2010, n° 09-15.842 P : *D. 2011. 35, obs. Gout* ; *RLDC 2010/74, n° 3927, obs. Paulin* ; *RTD civ. 2010. 562, obs. Jourdain* . ♦ V. en matière d'accident du travail : CSS, art. L. 452-3. – ***CSS.***

Le préjudice sexuel, qui comprend tous les préjudices touchant à la sphère sexuelle, peut être éprouvé par ricochet par le conjoint de la victime directe qui, à la suite du fait dommageable, subit elle-même un tel préjudice. • Civ. 1re, 30 juin 2021, n° 19-22.787 B (préjudice en revanche non indemnisé par l'Oniam).

101. ... *Préjudice d'établissement.* Le préjudice d'établissement consiste en la perte d'espoir et de chance de réaliser un projet de vie familiale en raison de la gravité du handicap. • Civ. 2e, 12 mai 2011, n° 10-17.148 P : *D. 2011. Chron. C. cass. 2150, obs. Adida-Canac et Bouvier* ; *ibid. 2012. Pan. 47, obs. Brun* . ♦ *Contra* : • Civ. 2e, 30 juin 2005 : *RTD civ. 2006. 130, obs. Jourdain* . ♦ ... Et le préjudice d'établissement recouvre, en cas de séparation ou de dissolution d'une précédente union, la perte de chance pour la victime handicapée de réaliser un nouveau projet de vie familiale. • Civ. 2e, 15 janv. 2015, n° 13-27.761 P : *préc. note 96.* ♦ Le préjudice d'établissement à raison d'un handicap physique ayant créé une incapacité permanente partielle de 67 % constitue un poste de préjudice distinct du poste de préjudice du déficit fonctionnel permanent dans sa dimension intégrant les troubles ressentis dans les conditions d'existence personnelles, familiales et sociales. • Civ. 2e, 13 janv. 2012, n° 11-10.224 P : *D. 2012. 281, obs. Da Silva* ; *RTD civ. 2012. 316, obs. Jourdain* ; *RCA 2012, n° 92.* ♦ Au sens de l'art. L. 452-3 CSS, le préjudice d'établissement réparable en application de ce texte consiste en la perte d'espoir et de chance de réaliser un projet de vie familiale en raison de la gravité du handicap. • Civ. 2e, 2 mars 2017, n° 15-27.523 P : *préc. note 101.*

Le préjudice d'établissement répare la perte de la faculté de réaliser un projet de vie familiale en raison de la gravité d'un handicap ; absence de réparation des conséquences de la stérilité d'une personne ayant été exposée au distilbène dans la mesure où elle a adopté un enfant, ce dont il résulte qu'elle avait fondé une famille. • Civ. 2e,

8 juin 2017, n° 16-19.185 P : *D. 2017. 2224, obs. Porchy-Simon ; ibid. 2018. 35, obs. Brun*.

102. ... Préjudice permanent exceptionnel. Le poste des préjudices permanents exceptionnels indemnise des préjudices extra-patrimoniaux atypiques, directement liés au handicap permanent, qui prend une résonance particulière pour certaines victimes en raison soit de leur personne, soit des circonstances et de la nature du fait dommageable, notamment de son caractère collectif pouvant exister lors de catastrophes naturelles ou industrielles ou d'attentats. • Civ. 2e, 16 janv. 2014, n° 13-10.566 P (cassation de la décision des juges du fond qui ont indemnisé un tel préjudice sans caractériser l'existence d'un poste lui correspondant distinct de celui du déficit fonctionnel permanent et du préjudice esthétique par ailleurs indemnisés). • Civ. 2e, 2 mars 2017, n° 15-27.523 P : *préc. note 101*.

103. ... Préjudice d'anxiété. BIBL. Bloch, *RCA 2019. Étude 11* (le « désamiantage » du préjudice d'anxiété par la chambre sociale). ♦ En application des règles de droit commun régissant l'obligation de sécurité de l'employeur, il y a lieu d'admettre que le salarié qui justifie d'une exposition à l'amiante, générant un risque élevé de développer une pathologie grave, peut agir contre son employeur, pour manquement de ce dernier à son obligation de sécurité, quand bien même il n'aurait pas travaillé dans l'un des établissements mentionnés à l'art. 41 de la L. du 23 déc. 1998 modifiée. • Cass., ass. plén., 5 avr. 2019, n° 18-17.442 P : *D. 2019. 922, note Jourdain ; ibid. 2058, obs. Guégan ; ibid. 2020. 40, obs. Brun, Gout et Quézel-Ambrunaz ; AJ contrat 2019. 307, obs ; Dr. soc. 2019. 456, étude Asquinazi-Bailleux ; RDT 2019. 340, obs. Pignarre ; RDSS 2019. 539, note Willmann ; JCP 2019, n° 508, note Bacache ; RCA 2019. Étude 6, note Vignon-Barrault : RDC 3/2019. 14, note Borghetti* • Soc. 11 sept. 2019, nos 17-24.879 P et 17-18.311 P : *D. 2020. chron. C. cass. 558, obs. Silhol ; AJ pénal 2019. 558, obs. Lacroix ; Dr. soc. 2020. 58, note Aumeran ; RTD civ. 2019. 873, obs. Jourdain* (2 arrêts) • 20 nov. 2019, n° 18-19.578 P : *D. 2019. 2307 ; RDT 2020. 60, obs. Pignarre*. ♦ Auparavant, la jurisprudence décidait que l'indemnisation n'était ouverte qu'au salarié qui avait travaillé dans l'un des établissements mentionnés à l'art. 41 de la L. n° 98-1194 du 23 déc. 1998 et figurant sur une liste établie par arrêté ministériel pendant une période où y étaient fabriqués ou traités l'amiante ou des matériaux contenant de l'amiante. • Soc. 21 sept. 2017, n° 16-15.130 P. ♦ Dès lors, la jurisprudence considérait également que le préjudice d'anxiété ne pouvait naître qu'à la date à laquelle les salariés avaient eu connaissance de l'arrêté ministériel d'inscription de l'établissement sur la liste des établissements permettant la mise en œuvre de l'ACAATA. • Soc. 22 nov. 2017, n° 16-20.666 P. ♦ Le préjudice moral résultant pour un salarié du risque de développer une maladie induite par son exposition à l'amiante est constitué par le seul préjudice d'anxiété dont l'indemnisation répare l'ensemble des troubles psychologiques résultant de la connaissance d'un tel risque. • Soc. 27 janv. 2016, n° 15-10.640 P : *D. 2016. 320 ; RDT 2016. 272, obs. Meyer ; Gaz. Pal. 2016. 306, obs. Liffran* • 21 sept. 2017, n° 16-15.130 P : *préc.* ♦ L'indemnisation du préjudice d'anxiété, telle qu'elle est prévue par les textes, ne heurte pas la Constitution, dès lors qu'elle n'exclut pas toute cause d'exonération de responsabilité et qu'elle ne constitue ni une charge publique, ni un avantage disproportionné. • Soc. 27 juin 2013, n° 12-29.347 P. ♦ Mais la déclaration de la maladie et le contentieux auquel elle a donné lieu ne privent pas le salarié du droit de demander à la juridiction prud'homale la réparation des conséquences du trouble psychologique, compris dans le préjudice d'anxiété, subi avant la déclaration de la maladie. • Soc. 25 sept. 2013, n° 12-20.157 P : *D. 2013. 2658, obs. Porchy-Simon ; ibid. 2014. 2954, note Guégan-Lécuyer ; ibid. 47, obs. Brun ; RTD civ. 2013. 844, obs. Jourdain ; JCP 2013, n° 1206, note Bousez ; RDC 2014. 23, note Viney* • 28 mai 2014, n° 12-12.949 P : *D. 2014. 1404, obs. Wurtz*.

104. Doit être indemnisé le préjudice d'anxiété résultant d'une situation d'inquiétude permanente face au risque de déclaration à tout moment d'une maladie liée à l'amiante et à l'obligation de subir des contrôles et examens réguliers propres à réactiver cette angoisse. • 11 mai 2010, n° 09-42.241 P : *D. 2010. 2048, note C. Bernard ; ibid. 2011. 35, obs. Gout ; JCP 2010, n° 568, obs. Miara ; ibid., n° 733, note Colonna et Renaux-Personnic ; ibid., n° 1015, obs. Bloch ; RLDC 2010/73, n° 3876, obs. Le Nestour-Drelon ; RTD civ. 2010. 564, obs. Jourdain* • 4 déc. 2012 : *D. 2013. 2658, obs. Bacache, Guégan-Lécuyer et Porchy-Simon ; ibid. 2014. 47, obs. Brun ; RLDC 2013/103, n° 5041, note Develay ; RCA 2013. Étude 3, note Corgas-Bernard* • Soc. 3 mars 2015, n° 13-20.474 P : *Dr. soc. 2015. 360, obs. Keim-Bagot ; RTD civ. 2015. 393, obs. Jourdain* • 10 févr. 2016, n° 14-26.909 P : *RDC 2016. 441, note Viney* (la santé mentale est une composante de la santé). ♦ ... Que les salariés se soumettent ou non à des contrôles et examens médicaux réguliers. • Soc. 2 juill. 2014, n° 12-29.788 P : *D. 2014. 1493*.

105. Préjudice esthétique temporaire. Le préjudice esthétique temporaire n'est pas indemnisé par la réparation au titre du déficit fonctionnel temporaire. • Civ. 2e, 11 déc. 2014, n° 13-28.774 P : *préc. note 104* • 4 févr. 2016, n° 10-23.378 P : *D. 2016. Chron. C. cass. 1886, obs. Becuwe et Touati*.

106. Préjudice de la victime indirecte : préjudice d'affection. Le préjudice d'affection consistant en la douleur pour la victime d'avoir perdu son conjoint assassiné est distinct de celui résultant de l'atteinte à l'intégrité psychique réparé au titre des souffrances endurées et du déficit fonctionnel permanent. • Civ. 2e, 23 mars 2017, n° 16-13.350 P : *D. 2017. 1409, note Bascoulergue ; RTD civ. 2017. 664, obs. Jourdain*. ♦ Il faut et il suffit que ledit dommage soit personnel, direct et certain (en l'espèce, préjudice moral d'une victime par ricochet). • Civ. 2e, 23 mai 1977 : *Gaz. Pal. 1977. 2. 677* • 5 oct. 1988 : *ibid. 1989. 2. Somm. 377, obs. Chabas* • 16 avr. 1996, n° 94-13.613 P : *RTD civ. 1996. 627, obs. Jourdain* (cassation de l'arrêt ayant exigé la preuve de liens affectifs particuliers unissant à la victime directe ses oncles et tantes demandant réparation d'un préjudice moral). ♦ Le préjudice d'affection causé par les conséquences pathologiques du deuil est distinct du préjudice résultant de l'atteinte à l'intégrité psychique consécutive au décès d'un frère, réparé au titre des souffrances endurées et du déficit fonctionnel permanent. • Crim. 2 avr. 2019, n° 18-81.917 P : *D. 2019. 2058, obs. Bacache ; RTD civ. 2019. 595, obs. Jourdain*.

107. Logement. La victime ayant d'abord été hébergée chez ses parents dont le logement a dû être aménagé, puis, une fois son état consolidé, ayant acheté une maison adaptée à son état, l'assurance est tenue de la garantie de l'intégralité des dépenses occasionnées par l'aménagement, d'abord, et par l'achat ensuite. • Civ. 2e, 14 avr. 2016, nos 15-16.625, 15-22.147 P : *D. 2016. 2187, obs. Porchy-Simon ; ibid. 2017. 24, obs. Brun, Gout et Quézel-Ambrunaz ; ibid. 375, obs. M. Mekki ; RGDA 2016. 305, note Landel*. ♦ Les frais que la victime a dû engager pour acquérir un terrain et faire construire un logement adapté à son handicap sont directement imputables aux séquelles provoquées par l'accident et doivent en conséquence être indemnisés, en l'espèce par le fonds de garantie (FGAO) : • Civ. 2e, 18 mai 2017, n° 16-15.912 P : *D. 2017. 1701, note Hilger ; ibid. 2224, obs. Guégan-Lécuyer*.

Si l'aménagement du logement de la victime pour l'adapter aux contraintes liées à son handicap constitue un préjudice qui lui est propre, les frais engagés par ses proches pour rendre leur logement accessible afin de pouvoir la recevoir constituent un élément de leur préjudice économique. • Civ. 2e, 5 oct. 2017, n° 16-22.353 P : *D. 2018. Chron. C. cass. 757, obs. Becuwe et Touati ; RTD civ. 2018. 133, obs. Jourdain ; Gaz. Pal. 2017. 3259, note Hilger*.

108. Assistance de la victime directe. Selon le principe de réparation intégrale sans perte ni profit, la cessation de son activité professionnelle causée par la nécessité d'assister son conjoint, est pour l'épouse un préjudice personnel consistant en une perte de gains qui n'est pas compensé par la rémunération permise par l'indemnité allouée à la victime directe. • Civ. 2e, 8 juin 2017, n° 16-17.319 P : *D. 2017. 2224, obs. Porchy-Simon ; RGDA 2017. 483, note Landel*.

2° *CARACTÈRE CERTAIN DU PRÉJUDICE. CAS DE LA PERTE D'UNE CHANCE*

BIBL. Boré, *JCP 1974. I. 2620*. – Bacache, *D. 2008. Chron. 1908* (responsabilité médicale). – Crédeville, *D. 2008. Chron. 1914* (matière médicale). – Boussard, *RFDA 2008. 1023* (perte de chance et responsabilité hospitalière). – Descorps-Declère, *D. 2005. Chron. 742* (matière médicale). – Margeat, *Gaz. Pal. 1979. 2. Doctr. 568*. – J. Huet, obs. *RTD civ. 1986. 117*. – Jourdain, obs. *RTD civ. 1989. 85 ; ibid. 1992. 109 ; ibid. 1994. 120*. – Laroque, *Gaz. Pal. 1985. 2. Doctr. 607* (droit administratif). – Mémeteau, *Gaz. Pal. 1997. 2. Doctr. 1367* (responsabilité médicale). – Ruellan, *RRJ 1999/3. 729*. – Tacchini-Laforest, *LPA 19 juill. 1999*. – Vacarie, *RRJ 1987/3. 903*. – Sindres, *RTD civ. 2016. 25* (exposition à un risque et perte de chance). – Wester-Ouisse *RLDC 2013/100, n° 4934* (droit médical).

109. Condition de la certitude du préjudice. Du moment qu'il est certain, le préjudice futur doit être réparé, sans qu'il puisse être objecté que la demande est prématurée. • Civ. 3e, 2 juin 2016, n° 15-16.967 P : *D. 2016. 1254 ; AJDI 2016. 843, obs. Rouquet*. ♦ Justifie légalement sa décision la cour d'appel qui retient que, en cas de séropositivité, le préjudice résultant de la survenance du SIDA n'avait pas un caractère certain (d'où indemnisation immédiate du préjudice correspondant à la séropositivité, tandis que le paiement de l'indemnisation afférente au SIDA déclaré, d'ores et déjà évaluée, est subordonné à la constatation médicale de la maladie). • Civ. 2e, 20 juill. 1993, n° 92-06.001 P : *R., p. 329 ; D. 1993. 526, note Chartier ; RTD civ. 1994. 107, obs. Jourdain*. ♦ En présence d'excavations réalisées sur un fonds, présentant un risque pour le fonds voisin, ce risque autorise la mise en place d'une « parade confortative » et caractérise un préjudice portant en lui-même les conditions de sa réalisation. • Civ. 2e, 15 mai 2008, n° 07-13.483 P : *D. 2008. Pan. 2894, obs. Brun ; JCP 2008. I. 186, obs. Stoffel-Munck ; RDI 2008. 489, obs. Trébulle ; RTD civ. 2008. 679, obs. Jourdain*. ♦ Certitude du préjudice résultant de la présence d'amiante dans un logement, dans la mesure où il n'est pas possible de procéder à des travaux sans prendre des mesures particulières très contraignantes et onéreuses, tant pour un simple bricolage que pour des travaux de grande envergure, alors qu'il faut veiller à l'état de conservation de l'immeuble, afin d'éviter tout risque de dispersion de l'amiante dans l'air. • Civ. 3e, 21 mai 2014, n° 13-14.891 P (préjudice résultant de la faute du diagnostiqueur et correspondant au coût des travaux de désamiantage). ♦ Dans le même sens • Civ. 3e, 19 mai 2016, n° 15-12.408 P. ♦ ... Et pour des termites, avec des préjudices matériels et de jouissance : • Cass., ch. mixte, 8 juill. 2015, n° 13-26.686 P. ♦ Le coût des réparations nécessitées par la présence de termites non signalés par le diagnostiqueur dans l'attestation destinée à informer les acquéreurs sur la présence des parasites constitue un préjudice certain. • Civ. 3e, 15 oct. 2015, n° 14-18.077 P. ♦ Un préjudice hypothétique ne donne pas lieu à réparation : • Civ. 1re, 28 juin 2012, n° 11-19.265 P : *D. 2012. 1736* (cassation de l'arrêt acceptant d'indemniser la réticence, alléguée par la victime d'une erreur médicale, à subir dans le futur une autre intervention chirurgicale, qui ne constitue qu'une simple éventualité).

110. Même si l'irrégularité initiale disparaît, le préjudice n'en existe pas moins pour la période pendant laquelle l'irrégularité a perduré. • Crim. 13 nov. 2013 : *D. 2013. 2695* ; *RDI 2014. 45, obs. Roujou de Boubée* ; *RTD civ. 2014. 130, obs. Jourdain* ; *RCA 2014, n° 38, obs. Corgas-Bernard* (préjudice résultant d'une construction irrégulière, pour la période qui précède la régularisation). ♦ L'annulation de l'arrêté d'agrément pour un individu en tant qu'agent municipal n'entraîne pas le remboursement des salaires versés par la commune à l'intéressé, ces salaires correspondant au travail effectué, même s'il ne l'a pas été dans des conditions légales. • Crim. 14 mai 2019, n° 17-87.259 P.

111. Victime pouvant être indemnisée par un tiers. Est certain le dommage subi par une personne par l'effet de la faute d'un professionnel, alors même que la victime disposerait, contre un tiers, d'une action consécutive à la situation dommageable née de cette faute et propre à assurer la réparation du préjudice. • Civ. 1re, 7 mai 2002, n° 99-14.675 P : *D. 2003. 998, note Fischer* ; *JCP 2003. I. 152, nos 20 s., obs. Viney* (en l'espèce, séquestre ayant fait imprudemment des paiements à un seul des coïndivisaires).

112. Perte d'une chance : notion. L'élément de préjudice constitué par la perte d'une chance peut présenter en lui-même un caractère direct et certain chaque fois qu'est constatée la disparition, par l'effet du délit, de la probabilité d'un événement favorable, encore que, par définition, la réalisation d'une chance ne soit jamais certaine. • Crim. 9 oct. 1975 : *Gaz. Pal. 1976. 1. 4* • 4 déc. 1996, n° 96-81.163 P. ♦ V. aussi • Crim. 6 juin 1990, n° 89-18.857 P (perte d'une chance résultant de l'impossibilité, pour un éleveur victime de blessures involontaires, de faire participer un cheval à des courses) • Civ. 2e, 28 juin 2012 : *RCA 2012, n° 258, obs Hocquet-Berg* (perte de chance de bénéficier de nouvelles donations). ♦ Il est fréquemment jugé que la perte d'une chance d'évolution favorable de l'activité professionnelle, si elle ne constitue pas un dommage déjà réalisé, constitue cependant un dommage réparable. Par ex. : • Civ. 2e, 9 juill. 1954 : *D. 1954. 627* • 13 nov. 1985 : *Bull. civ. II, n° 172* (à condition de préciser en quoi la perte de chance était certaine et en relation directe avec le fait dommageable) • 9 nov. 1983 : *JCP 1985. II. 20360, note Chartier* • 14 oct. 1992, n° 91-12.266 P : *RTD civ. 1993. 148, obs. Jourdain* • 16 janv. 2014, n° 13-10.566 P (perte de chance pour un jeune de reprendre avec succès l'activité de forain de ses parents, alors qu'il les aidait déjà dans leur exploitation, que cette aide le formant à son futur métier) • Crim. 28 janv. 2015, n° 13-86.772 P : *D. 2015. 323* ; *RDC 2015. 923, obs. Ollard* (perte de chance résultant de ce que la victime d'une escroquerie, ayant signé une clause restrictive quant à la recherche d'un acquéreur pendant le temps de l'offre d'achat d'une société, s'est interdit, pendant la durée d'application de la convention, de rechercher un autre acquéreur, même si la preuve de la présence d'autres acquéreurs n'est pas rapportée) • Com. 9 juin 2015, n° 14-15.074 P (perte de chance de bénéficier de l'obligation d'achat de l'électricité photovoltaïque compte tenu du retard de la société ERDF à raccorder l'installation au réseau public). ♦ V. aussi • Crim. 23 nov. 1971 : *D. 1972. 225, rapport Lecourtier* (refus de prendre en considération les revenus supplémentaires que l'intéressé aurait pu tirer d'une activité nouvelle après sa retraite). ♦ Perte de chance d'occuper un emploi à temps plein par la survenance d'un accident. • Crim. 18 févr. 2014, n° 12-87.629 P (victime ayant refusé une proposition de travail à temps plein en raison de son état de santé). ♦ Perte de chance pour un militaire d'accéder à un grade supérieur : • Civ. 2e, 13 janv. 2012 : *RCA 2012, n° 91.* ♦ ... Pour une étudiante aux résultats corrects de travailler à un niveau au moins égal au SMIC. • Civ. 2e, 25 juin 2015, n° 14-21.972 P. ♦ Constitue un préjudice certain et non la perte d'une chance, l'inscription d'hypothèques par des créanciers rendue possible par le retard apporté fautivement à la publication d'un partage. • Civ. 2e, 23 juin 1993, n° 91-20.728 P : *RTD civ. 1994. 110, obs. Jourdain* . ♦ ... Le préjudice résultant de la rupture d'un contrat d'enseigne ayant entraîné un arrêt des approvisionnements qui étaient contractuellement prévus jusqu'au terme du contrat. • Com. 18 févr. 2014, n° 12-29.752 P : *D. 2014. 543* . ♦ Rappr., pour des investisseurs immobiliers insuffisamment informés par leur agent immobilier sur les risques du placement qu'ils n'auraient pas souscrit s'ils en avaient connu les risques, la sécurité annoncée du placement constituant une caractéristique essentielle qui les avait déterminés à s'engager : • Civ. 1re, 2 oct. 2013, n° 12-20.504 P : *D. 2013. 2336* ; *RDI 2014. 161, obs. Heugas-Darraspen* ; *RTD civ. 2013. 855, obs. Gautier* . ♦ Sur la notion de perte d'une chance en matière de responsabilité contractuelle et notamment professionnelle, V. notes ss. art. 1231-2. — **C. civ.** et, plus spécialement dans le domaine médical, V. notes ss. art. L. 1142-1 CSP. – ***CSP.***

113. ... Chances hypothétiques. Mais, généralement, est jugée hypothétique la chance dont seraient privés des parents de bénéficier un jour de l'obligation alimentaire dont leur enfant serait tenu envers eux. Par ex., • Crim. 12 févr. 1979 : *Gaz. Pal. 1979. 2. 563.* ♦ Comp. • Civ. 2e, 4 oct. 1989 (2 arrêts) : *Bull. civ. II, n° 156* ; *RTD civ. 1990. 81, obs.*

Jourdain (perte du droit à obtenir une contribution aux charges du mariage) • 24 juin 1998 : *Dr. fam. 1999, n° 16, note Lécuyer* (perte d'une chance, pour une épouse, d'obtenir une prestation compensatoire, le mari ayant organisé son insolvabilité). ♦ V. aussi, pour une veuve séparée de fait depuis cinq ans, privée de l'« éventuelle » exécution de l'obligation de secours, maintenue pendant la séparation de fait : • Crim. 25 oct. 2000 : *D. 2001. Somm. 2233, obs. Jourdain ; JCP 2001. I. 338, n° 12, obs. Viney.* ♦ Lorsqu'il est impossible d'affirmer que l'intéressée aurait été dans les conditions médicales requises par la loi pour l'interruption thérapeutique de grossesse, la perte de chance de pouvoir y recourir n'est qu'hypothétique. • Civ. 1re, 9 mars 2004 : *préc. note 102.* ♦ V. égal. note 122.

114. ... Caractère aléatoire de la durée de vie. Aucun préjudice résultant de son propre décès n'a pu naître, du vivant de la victime, dans son patrimoine et être ainsi transmis à ses héritiers. • Crim. 26 mars 2013 : *D. 2013. 1993, obs. Pradel ; ibid. 2658, obs. Porchy-Simon ; RTD civ. 2013. 614, obs. Jourdain ; JCP 2013, n° 675, note Bakouche* (rejet du pourvoi contre l'arrêt justifiant cette solution par le fait que le droit de vivre jusqu'à un âge statistiquement déterminé n'est pas suffisamment certain, au regard des aléas innombrables de la vie quotidienne et des fluctuations de l'état de santé de toute personne, pour être tenu pour un droit acquis, entré dans le patrimoine de celle-ci de son vivant).

115. ... Évaluation du dommage. En cas de perte de chance, la réparation du dommage ne peut être que partielle. • Civ. 1re, 27 mars 1973 : *JCP 1974. II. 17643, note R. Savatier; Gaz. Pal. 1973. 2. 630, note Doll* • 9 mai 1973 : *eod. loc.* – V. aussi • Com. 19 oct. 1999, n° 97-13.446 P : *Defrénois 2000. 1278, note Lecourt; LPA 6 avr. 2000, note Coffy de Boisdeffre.* ♦ Elle doit être mesurée à la chance perdue et ne peut être égale à l'avantage qu'aurait procuré cette chance si elle s'était réalisée. • Civ. 1re, 16 juill. 1998, n° 96-15.380 P : *D. Affaires 1998. 1530, obs. S. P.; JCP 1998. II. 10143, note R. Martin* (responsabilité contractuelle) • 15 janv. 2002 : *CCC 2002, n° 73, note Leveneur* (idem) • 9 avr. 2002, n° 00-13.314 P : *D. 2002. IR 1469* (idem). ♦ Il ne peut être ainsi tenu pour acquis que la victime, empêchée de poursuivre ses études suite à un accident, aurait obtenu un poste de cadre supérieur, ce qui exclut l'indemnisation de toute la perte de salaire correspondante capitalisée. • Civ. 2e, 9 avr. 2009, n° 08-15.977 P. ♦ Il incombe seulement à la victime de préciser à quel montant elle évalue ses différents préjudices, l'office du juge consistant alors à en apprécier le bien-fondé et à déterminer souverainement la fraction de ces préjudices correspondant à la perte de chance de les éviter. • Civ. 1re, 8 juill. 1997, n° 95-17.076 P : *R., p. 274; JCP 1997. II. 22921, note Sargos.* ♦ L'étendue du dommage peut se trouver modifiée par l'aggravation de cet état, et une demande de réparation complémentaire est en conséquence recevable. • Civ. 1re, 7 juin 1989 : *D. 1991. 158, note J.-P. Couturier ; Defrénois 1990.746, obs. Aubert.* ♦ V. aussi note 202.

116. La réparation du dommage résultant de la perte d'une chance ne présente pas un caractère forfaitaire mais correspond à une fraction des différents préjudices subis. • Soc. 17 déc. 1998, n° 97-12.897 P : *D. 1999. IR 64* (possibilité de recours des tiers payeurs). – Dans le même sens : • Civ. 1re, 18 juill. 2000, n° 98-20.430 P : *R., p. 392; D. 2000. 853, note Chartier ; Defrénois 2000. 1385, obs. Aubert; RCA 2000, n° 373, note Groutel.* ♦ Le juge du fond ne peut se contenter d'affirmer qu'il existe des éléments suffisants pour apprécier le préjudice, il doit préciser quels sont les éléments sur lesquels il se fonde. • Com. 8 sept. 2015, n° 14-15.831 P (déclarations inexactes du tiers saisi, le créancier étant privé de la possibilité de recourir à d'autres mesures d'exécution forcée). ♦ Sur l'appréciation du préjudice : • Com. 10 juill. 2012, n° 11-21.954 P : *D. 2012. 2772, note Caffin-Moi ; Rev. sociétés 2012. 686, note Fages ; RTD civ. 2012. 725, obs. Fages ; ibid. 732, obs. Jourdain ; RDC 2013. 91, obs. Deshayes.*

3° CARACTÈRE DIRECT ET PERSONNEL

117. Exigence d'un caractère direct et personnel. Le manquement de l'employeur à l'obligation de convoquer individuellement les membres du CHSCT, en vue de la réunion organisée à la demande motivée de deux de ses membres, n'engendre pas, en soi, pour les auteurs de cette demande, un préjudice personnel et direct. • Soc. 25 nov. 2015, n° 14-16.067 P. ♦ L'action en réparation du dommage résultant du délit d'escroquerie étant distincte de l'action en recouvrement de la taxe fraudée, constitue un préjudice réparable direct pour l'État, le montant de la TVA qui n'a pas été perçu à la suite de la fourniture de factures falsifiées. • Crim. 16 juin 2021, n° 19-86.630 P (application délibérée d'un taux plus faible).

118. Préjudice par ricochet. BIBL. Chabas, *Mél. Marty, Univ. Toulouse, 1978, p. 291* (parenté ou alliance entre victime et auteur du dommage). – Viney, *D. 1974. Chron. 3* (autonomie). – Carcaly, *LPA 18 mars 1998* (indemnisation des conjoints). – Bourrié-Quenillet, *JCP 1998. I. 186* (préjudice moral des proches d'une victime blessée). – Quistrebert, *RCA 2018. Étude 11* (indemnisation des troubles dans les conditions d'existence de la victime par ricochet). ♦ L'État est tenu de réparer le dommage personnel causé aux victimes par ricochet par le fonctionnement défectueux du service public de la justice lorsque cette responsabilité est engagée par une faute lourde ou un déni de justice. • Civ. 1re, 16 avr. 2008, n° 07-16.286 P : *R., p. 313; RCA 2008, n° 199, obs. Hocquet-Berg; RLDC 2008/50, n° 3019, obs. Gaudin* • 16 avr. 2008, n° 07-16.504 P : *RCA 2008, n° 199, obs.*

Hocquet-Berg ; R., p. 313 ; RLDC 2008/50, n° 3019, obs. Gaudin.

119. Absence de condition de lien de droit avec la victime principale. V. note 141.

120. Dommage moral. Aucune disposition de la loi n'interdit aux juges de tenir compte, dans l'évaluation du préjudice causé directement par l'infraction, de la souffrance morale ressentie par les parties civiles dans le cours d'une longue procédure qui a dû être engagée pour obtenir réparation d'une faute ayant entraîné le décès d'un être cher. • Crim. 10 mai 1984 : *D. 1985. 256, note Penneau.* ♦ Indemnisation pour une dépression consécutive au décès de la victime immédiate de l'infraction. • Crim. 6 mai 1982 : *Bull. crim. n° 115 ; RTD civ. 1983. 349, obs. Durry* • Civ. 2e, 28 avr. 2011, n° 10-17.380 P : *D. 2011. Chron. C. cass. 2150, obs. Adida-Canac et Bouvier ; RTD civ. 2011. 538, obs. Jourdain ; RCA 2011, n° 241.* ♦ V. égal. note 85. ♦ Mais la réparation intégrale du dommage ne s'étend pas aux conséquences ne se ratachant qu'indirectement à la faute commise (frais, droits et pénalités afférents à la succession ouverte par le décès des victimes, acquittés dans des conditions particulièrement onéreuses tenant aux circonstances brutales du décès). • Civ. 1re, 15 avr. 1986 : *Bull. civ. I, n° 91.* ♦ Même sens : • Civ. 2e, 8 nov. 1995 : *D. 1996. 360, note Roets* • Crim. 8 févr. 1996, n° 95-84.589 P : *JCP 1996. I. 3985, n° 9, obs. Viney.* ♦ Le placement irrégulier de leur fils en milieu psychiatrique cause à ses parents un préjudice direct dont ils sont bien fondés à demander réparation. • Civ. 1re, 23 juin 2010 : *cité note 211.*

121. ... Préjudice d'accompagnement de fin de vie. Le préjudice spécifique d'accompagnement de fin de vie a pour objet d'indemniser les troubles et perturbations dans les conditions d'existence d'un proche qui partageait habituellement une communauté de vie affective et effective avec la victime. • Civ. 2e, 21 nov. 2013, n° 12-28.168 P : *D. 2013. 2014. Chron. C. cass. 571, obs. Lazerges-Cousquer et Touati ; Gaz. Pal. 2014. 221, obs. Quézel-Ambrunaz, RLDC 2014/114, n° 5378, note Corgas-Bernard* (réparation intégrale en droit du dommage corporel ; cassation de l'arrêt qui, pour retenir l'existence de ce préjudice, retient des rapports particulièrement étroits entre la victime et son beau-frère et ses neveux et nièces, et le fait que ces derniers l'avaient soutenu plusieurs mois alors qu'elle était dans le coma, mais sans caractériser une communauté de vie affective et effective). ♦ Cassation de l'arrêt qui fixe l'indemnisation de l'époux en retenant l'existence, d'une part, de préjudices résultant de la maladie de son épouse liés au bouleversement dans les conditions de vie de celui-ci et, d'autre part, des préjudices consécutifs au décès, constitués notamment d'un préjudice d'accompagnement, réparant ainsi deux fois le bouleversement dans les conditions de vie de l'époux avant le décès de son épouse. • Civ. 1re, 24 oct. 2019, n° 18-21.339 P : *D. 2019. 2090 ; RDSS 2019. 1144, obs. Curier-Roche .*

122. Dommage matériel : perte de chance. Perte d'une chance d'obtenir des subsides qui se seraient accrus avec l'augmentation des ressources de la victime principale. • Crim. 3 nov. 1983 : *JCP 1985. II. 20360 (2e esp.), note Chartier.* ♦ Perte de chance de la victime par ricochet, lourdement handicapée, de bénéficier d'une assistance viagère de la victime directe. • Crim. 27 mai 2014, n° 13-82.116 P : *D. 2015. 124, obs. Brun ; RTD civ. 2014. 659, obs. Jourdain ; JCP 2014, n° 843, note Bascoulergue.* ♦ Indemnisation du préjudice moral des parents d'un enfant décédé, consécutif à la perte de chance de survie de l'enfant. • Crim. 20 mars 1996 : *préc. note 116.* ♦ Sur la perte d'une chance, V. aussi notes 116 s.

123. ... Perte du bénéfice d'une assurance décès. L'employeur qui a souscrit une assurance décès au bénéfice des ayants droit de ses salariés présents dans les effectifs de l'entreprise au moment de leur décès doit réparer le préjudice subi par ceux-ci du fait du licenciement pour faute grave du salarié décédé quelques jours plus tard, la faute grave n'étant pas caractérisée et le salarié ayant ainsi été privé du bénéfice du préavis et de la possibilité d'être présent dans les effectifs de l'entreprise à la date de son décès. • Soc.15 avr. 2015, n° 13-22.044 P.

124. ... Perte de chance d'assistance. V. note 227.

125. Dommages matériels non retenus. Le locataire principal, qui perd le bénéfice des revenus d'une sous-location à la suite de la résiliation du bail principal aux torts du bailleur, ne saurait prétendre à une indemnisation à ce titre, ces revenus n'étant perçus qu'à raison du bail principal, la résiliation de celui-ci entraînant l'extinction du droit de les percevoir, et la valeur du droit au bail de la sous-locataire n'étant pas incluse dans celle du fonds de commerce du locataire. • Civ. 3e, 8 juill. 2009, n° 08-10.869 P : *D. 2009. 2036, obs. Rouquet ; AJDI 2010. 458, obs. Denizot .* ♦ La dépense résultant pour l'héritier de la victime de l'obligation d'assumer la charge de la rente que servait son ayant cause à titre de prestation compensatoire (art. 276-2 anc. C. civ.) ne constitue pas un élément du préjudice né directement de l'infraction d'homicide involontaire. • Crim. 18 nov. 1998, n° 97-82.268 P : *R., p. 297 ; D. 1999. Somm. 323, obs. Pradel ; JCP 1999. I. 147, n° 10, obs. Viney ; RTD civ. 1999. 848, obs. Jourdain .* ♦ La dépense résultant, pour l'héritier, de l'obligation légale d'acquitter les droits de mutation après décès ne constitue pas un élément du préjudice né directement de l'infraction ou des faits objets de la poursuite. • Crim. 29 avr. 2014, n° 13-80.693. ♦ La victime d'un accident n'ayant pu trouver un emploi autre que celui qu'il ne lui était plus possible d'exercer, l'ASSEDIC ne rapporte pas la preuve d'un préjudice personnel et certain découlant pour elle de l'obligation dans laquelle elle s'est trouvée de verser des allocations de chômage. • Civ. 2e, 28 avr. 1982, n° 80-14.311 P : *R., p. 70 ; D. 1982. 575, concl. Charbonnier ; RTD civ. 1983. 136, obs. Durry.* ♦ La mère de la victime ayant cessé ses activités professionnelles pour s'occuper de son fils handicapé ne subit pas de préjudice, dès lors que l'abandon de son activité professionnelle résultait d'une option personnelle, la victime étant assistée par des tierces personnes. • Civ. 2e, 15 janv. 1997 : *RCA 1997, n° 118.* ♦ Mais pour une mère qui s'est elle-même consacrée à l'assistance de son fils, V. • Civ. 2e, 14 avr. 2016, n° 15-16.697 P : *RTD civ. 2016. 637, obs. Jourdain*. ♦ V. note 92.

126. Survie de la victime directe. Abandon de la jurisprudence qui déclarait irrecevable devant les juridictions répressives l'action civile des victimes par ricochet en cas de survie de la victime immédiate : • Crim. 9 févr. 1989, n° 87-81.359 P : *R., p. 357 ; D. 1989. 614, note Bruneau ; Gaz. Pal. 1989. 1. 392, note Doucet ; RTD civ. 1989. 563, obs. Jourdain* • 21 mars 1989, n° 88-80.816 P : *R., p. 357.*

127. Opposabilité aux victimes par ricochet de la faute de la victime directe. V. note 197.

128. Groupements, associations et intérêts collectifs. BIBL. Action des associations agréées de consommateurs : Viney, *JCP 1988. I. 3355* (L. du 5 janv. 1988). – R. Martin, *JCP 1994. I. 3756* (L. du 18 janv. 1992). – Lienhard, *D. 1996. Chron. 314* (associations de défense des victimes d'accidents collectifs). ▶ Préjudice collectif : Dreveau, *RTD civ. 2011. 249*. ♦ Sur l'action de groupe, V. C. consom., art. L. 423-1 s. – **C. consom.** Sur les conséquences devant une juridiction pénale : l'action civile devant les tribunaux répressifs est un droit exceptionnel qui, en raison de sa nature, doit être strictement renfermé dans les limites fixées par le C. pr. pén. ; il en résulte qu'une association ne peut exercer les droits reconnus à la partie civile en vue de la réparation d'un préjudice porté à un intérêt collectif que dans les conditions prévues par les art. 2-1 s. C. pr. pén. • Crim. 7 sept. 2021, n° 19-87.031 B.

129. ... Associations. Une association peut, conformément à son objet, réclamer en justice la réparation de l'atteinte portée aux intérêts collectifs de ses membres. • Soc. 11 oct. 1994, n° 90-11.206 P. ♦ Est ainsi recevable l'action d'une association ayant pour objet la lutte contre le racisme anti-chrétien contre une publication portant atteinte aux sentiments religieux que partagent ses membres. • Paris, 3 juill. 1995 : *JCP 1996. II. 22601, note Duvert.* ♦ Est habilitée à agir devant une juridiction civile pour demander réparation du préjudice occasionné par un affichage publicitaire contrevenant aux dispositions du code des débits de boissons, une association de lutte contre l'alcoolisme qui tient de l'art. L. 96 dudit code le pouvoir d'exercer les droits reconnus à la partie civile. • Civ. 2e, 25 juin 1998, n° 96-10.397 P. ♦ Action d'une association de protection de l'environnement : • Civ. 3e, 9 juin 2010, n° 09-11.738 P : *D. 2010. 2468, obs. Trébulle ; ibid., Chron. C. cass. 2608, note Nési* • Crim. 22 mars 2016, n° 13-87.650 P : *D. 2016. 1236, note Epstein ; AJ pénal 2016. 320, note Perrier ; RSC 2016. 287, obs. Robert ; RTD civ. 2016. 634, obs. Jourdain*. ♦ La seule violation de la réglementation applicable est de nature à causer aux associations de protection de l'environnement concernées un préjudice moral indemnisable. • Crim. 29 juin 2021, n° 20-82.245 P (non-respect des règles de traitement des déchets nucléaires, sans preuve d'un dommage aux personnes ou à l'environnement). ♦ Si une association régulièrement déclarée peut réclamer la réparation des atteintes portées aux intérêts collectifs de ses membres, il ne lui est pas possible, en l'absence d'une disposition légale l'habilitant expressément, d'agir en justice pour la défense d'intérêts généraux, l'association ne pouvant se prétendre directement et personnellement victime des agissements contraires aux valeurs qu'elle défend. • Paris, 15 nov. 1991 : *JCP 1992. II. 21954 (4e esp.) note Viney.* ♦ Est ainsi irrecevable l'action d'une association ayant pour objet la défense des intérêts collectifs des téléspectateurs dirigée contre une chaîne de télévision et des journalistes ayant diffusé un reportage truqué. • Paris, 5 juill. 1994 : *D. 1996. 578, note R. Martin ; JCP 1996. II. 22562, note Mécary et Gras* • TGI Paris, 29 nov. 1995 : *JCP 1996. II. 22563, plaidoiries Montebourg et Moncorps.* ♦ Comp., sur le préjudice invoqué par une association de défense : Viney, *JCP 1992. I. 3625, n° 33.*

130. ... Fédérations de chasseurs. Le préjudice subi par une fédération de chasseurs se trouve établi du seul fait du dépassement des prélèvements de gibier autorisés par le plan de chasse. • Civ. 2e, 24 oct. 2013, n° 12-14.384. ♦ Les fédérations départementales de chasseurs ayant pour objet la répression du braconnage, la constitution et l'aménagement de réserves de chasse, la protection et la reproduction du gibier, encourt la cassation une décision qui a débouté une fédération au motif qu'elle ne justifie pas en quoi la chasse de lapins de garenne à l'aide d'un véhicule la nuit lui cause un préjudice direct. • Civ. 2e, 2 févr. 1994, n° 92-15.615 P. ♦ V. cep., • Crim. 8 févr. 1995 : *D. 1996. 96, note Guihal* (les juges ne peuvent accorder des dommages-intérêts à une fédération départementale de chasseurs à l'occasion d'une infraction de chasse avec engins prohibés, le préjudice invoqué n'étant ni personnel ni distinct de celui éprouvé par la collectivité publique).

131. Institution représentative d'une profession réglementée. Un huissier s'étant rendu coupable d'abus de confiance aggravé au préjudice de clients de l'étude, la Chambre nationale des huissiers peut demander la réparation de son préjudice moral pour atteinte à la considération de la profession, mais elle ne subit pas un préjudice matériel distinct de celui des clients de l'étude et ne peut se constituer partie civile pour obtenir le remboursement des sommes exposées en exécution de ses obligations légales. • Crim. 9 mars 2016, n° 13-85.943 P.

132. … Syndicats. Les syndicats n'ont qualité pour exercer l'action civile que lorsque le litige soulève une question de principe dont la solution, susceptible d'avoir des conséquences pour l'ensemble de leurs adhérents, est de nature à porter un préjudice, même indirect, à l'intérêt collectif de la profession. • Crim. 16 févr. 1999, n° 98-81.621 P.

Les syndicats professionnels peuvent exercer tous les droits réservés à la partie civile concernant les faits portant un préjudice direct ou indirect à l'intérêt collectif qu'ils représentent : l'existence d'un préjudice même indirect à l'intérêt collectif donne ouverture à l'action civile d'un syndicat, et à son droit d'obtenir réparation du dommage causé • Crim. 9 févr. 2016, n° 14-87.753 P : *Dr. soc. 2016. 665, note Salomon* (installation destinée à permettre l'enregistrement, le traitement et la conservation illicites de l'image des salariés dans leur activité et notamment dans l'exercice de leurs droits syndicaux).

133. … Société. Le préjudice subi par l'associé d'une SCI qui reproche à l'autre associé d'avoir donné l'immeuble à bail et perçu seul les loyers, constitué par l'absence de perception d'une fraction des fruits de l'immeuble social calculée proportionnellement au nombre de parts sociales détenues, ne se distinguait pas du préjudice subi par la société tout entière dont il n'était que le corollaire. • Civ. 3e, 8 juin 2010, n° 09-66.802 P : *BICC 1er nov. 2010, n° 1650.* ♦ Le préjudice subi par un associé, qui résulte, non d'une faute délictuelle du prêteur, mais directement de la défaillance de la SCI dans le remboursement du prêt et de son obligation corrélative de supporter les pertes sociales en sa qualité d'associé, ne présente pas le caractère personnel de nature à justifier de sa part une action en responsabilité contre le prêteur. • Com. 13 oct. 2015, n° 11-20.746 P. ♦ V. aussi • Civ. 1re, 3 févr. 2016, nos 14-25.695 P, 14-25.733 P. ♦ Sur la responsabilité civile en matière de sociétés anonymes, V. C. com., art. L. 225-250 s. – **C. com., C. sociétés.**

134. Défense de l'intérêt collectif des créanciers. Recevabilité de l'action en responsabilité exercée contre un des créanciers d'une société en liquidation judiciaire ou contre toute autre personne par le liquidateur, chargé par la loi de la défense de l'intérêt collectif des créanciers. • Com. 16 nov. 1993 : *D. 1994. 5, concl. de Gouttes, rapp. Pasturel, note Derrida et Sortais ; RTD civ. 1994. 623, obs. Jourdain .*

135. Associé. La recevabilité de l'action en responsabilité engagée par un associé à l'encontre d'un cocontractant de la société est subordonnée à l'allégation d'un préjudice personnel et distinct de celui qui pourrait être subi par la société elle-même. • Com. 8 févr. 2011, n° 09-17.034 P : *D. 2011. Actu. 592, obs. A. Lienhard ; ibid. 1535, note Boucobza et Sérinet ; RLDC 2011/81, n° 4200, obs. Le Nestour-Drelon.* ♦ … Le seul fait que cet associé agisse sur le fondement de la responsabilité contractuelle ne suffit pas à établir le caractère personnel du préjudice allégué ; cassation de l'arrêt qui n'a pas recherché si le préjudice financier allégué par la victime en sa qualité d'actionnaire n'était pas, en tout ou partie, le corollaire du préjudice subi par la société du fait de la dépréciation alléguée du catalogue d'œuvres constituant son principal actif. • Com. 4 nov. 2021, n° 19-12.342 B : *D. 2022. 103, note Tadros .* ♦ La seule violation de la réglementation applicable est de nature à causer aux associations de protection de l'environnement concernées un préjudice moral indemnisable. • Crim. 29 juin 2021, n° 20-82.245 P (non-respect des règles de traitement des déchets nucléaires, sans preuve d'un dommage aux personnes ou à l'environnement).

136. Subissent un préjudice résultant du détournement de biens non seulement les propriétaires de ces derniers, mais aussi les détenteurs et possesseurs. • Crim. 11 déc. 2013, n° 12-86.624 P : *D. 2013. 2916 ; AJ pénal 2014. 132, obs. Gallois ; RGDA 2014. 239, obs. Langé ; RDC 2015. 97, note Malabat* (abus de confiance).

4° LÉGITIMITÉ DE L'INTÉRÊT LÉSÉ

137. Concubins. L'art. 1382 anc. [1240] n'exige pas, en cas de décès, l'existence d'un lien de droit entre le défunt et le demandeur en indemnisation. Une concubine peut donc obtenir réparation du préjudice résultant pour elle de la mort de son concubin. • Cass., ch. mixte, 27 févr. 1970 : *R. 1969-1970, p. 71 ; GAJC, 11e éd., n° 181-182 (II) ; D. 1970. 201, note Combaldieu ; JCP 1970. II. 16305, concl. Lindon, note Parlange ; RTD civ. 1970. 353, obs. Durry.* ♦ V. égal. note 85. ♦ Commentaires : Chabas, *D. 1973. Chron. 211.* – Gomaa, *D. 1970. Chron. 145.* – Vidal, *JCP 1971. I. 2390.* ♦ Cassation de l'arrêt qui refuse à la concubine sans profession la réparation du préjudice économique résultant du décès de son concubin. • Crim. 29 mai 2001, n° 00-83.902 P : *D. 2002. Somm. 613, obs. Lemouland ; Dr. et patr. 2/2002. 106, obs. Chabas.* ♦ L'action indemnitaire contre un tiers, en l'espèce celle d'un fiancé contre le médecin qu'il juge responsable du décès de sa fiancée lors d'un accouchement, ne relève pas de la vie privée ou familiale au sens de l'art. 8 Conv. EDH. • CEDH, sect. V, 23 févr. 2010, *Hofmann c/ Allemagne*, n° 1289/09.

138. Une concubine n'a pas la qualité d'ayant droit au sens de l'art. L. 451-1 CSS et peut, dès lors, être indemnisée selon les règles du droit commun du préjudice personnel que lui cause la mort de son compagnon, victime d'un accident du travail.

• Soc. 25 oct. 1990 : *D. 1991. 111, note Saint-Jours* ; *RTD civ. 1991. 306, obs. Hauser*.

139. Refus d'indemnisation de deux maîtresses, la double liaison ayant un caractère précaire. • Crim. 8 janv. 1985 : *JCP 1986. II. 20588, note Endréo.* ♦ Indemnisation accordée simultanément à l'épouse légitime et à la maîtresse de la victime : • Riom, 9 nov. 1978 : *JCP 1979. II. 19107, note Almairac.* ♦ Indemnisation accordée à la survivante de partenaires d'un concubinage homosexuel. • TGI Belfort, 25 juill. 1995 : *JCP 1996. II. 22724, note Paulin ; ibid. I. 3903, n° 3, obs. Mattei ; LPA 2 mars 1998, note Corpart.*

140. Situation irrégulière de la victime. Une cour d'appel qui relève la situation irrégulière d'un voyageur blessé en ayant voulu emprunter un train n'établit pas l'illégitimité de son intérêt à demander réparation de son dommage à la SNCF. • Civ. 2e, 19 févr. 1992 : *JCP 1993. II. 22170, note Casile-Hugues.* ♦ Une commune reconnue coupable de voie de fait doit être condamnée à indemniser le préjudice causé, sans qu'elle puisse invoquer l'irrégularité de la situation adverse pour s'exonérer de sa faute, et sans qu'il y ait lieu de vérifier la réalité de cette cette irrégularité. • Civ. 1re, 23 mai 2006, n° 04-12.488 P. ♦ Comp. : • Civ. 1re, 17 nov. 1993, n° 91-15.867 P : *RTD civ. 1994. 115, obs. Jourdain* (énonçant que l'adage *Nemo auditur*... est étranger aux règles de la responsabilité délictuelle) • 22 juin 2004, n° 01-17.258 P : *D. 2005. Pan. 189, obs. D. Mazeaud* ; *JCP 2005. II. 10006, note Eyraud ; ibid. I. 132, n° 2, obs. Viney ; CCC 2004, n° 136, note Leveneur ; Dr. et patr. 11/2004. 82, obs. Chauvel ; LPA 22 juin 2005, note Chardeaux ; RTD civ. 2004. 503, obs. Mestre et Fages* (le principe *Nemo auditur*... ne s'applique pas en matière délictuelle). ♦ V. aussi note 193. ♦ V. cep., refusant à l'auteur d'un dol une action en responsabilité contre un notaire fautif, au motif qu'il ne pouvait sans se prévaloir de sa mauvaise foi délibérée faire grief au notaire de ne pas avoir pallié les effets de sa carence : • Civ. 1re, 17 déc. 1996 : *RCA 1997. Comm. 132 ; Defrénois 1997. 343, obs. Aubert.* ♦ De même, un employeur qui n'a pas fait figurer une personne dans son effectif et ne l'a pas déclarée à l'URSSAF ne justifie pas d'un intérêt légitime à demander réparation du préjudice que lui cause l'absence de cette personne, victime d'un accident. • Civ. 2e, 27 mai 1999, n° 97-19.234 P : *JCP 2000. I. 197, nos 4 s., obs. Viney ; RTD civ. 1999. 637, obs. Jourdain*. ♦ L'auteur d'une infraction n'est pas recevable à se porter partie civile à l'encontre des personnes qui l'auraient incité à commettre celle-ci, en alléguant le préjudice que lui causerait une éventuelle condamnation. • Crim. 21 sept. 2016, n° 16-82.082 P. ♦ Rappr. note 145. ♦ Rejet de l'action de médecins contre la clinique qui les a irrégulièrement licenciés en garantie des condamnations prononcées contre eux pour voie de fait envers leur remplaçant. • Civ. 2e, 7 mai 2002, n° 00-15.318 P.

141. Perte d'un profit illicite. Une victime ne peut obtenir la réparation de la perte de ses rémunérations que si celles-ci sont licites. • Civ. 2e, 24 janv. 2002, n° 99-16.576 P : *D. 2002. 2559, note D. Mazeaud* ; *JCP 2002. II. 10118, note Boillot ; ibid. 2003. I. 152, nos 22 s., obs. Viney ; Defrénois 2002. 786, obs. Libchaber ; Dr. et patr. 4/2002. 92, obs. Chabas ; RCA 2002. Chron. 11, par Hocquet-Berg ; RTD civ. 2002. 306, obs. Jourdain* (en l'espèce, rémunération provenant d'un travail dissimulé) • 22 févr. 2007, n° 06-10.131 P : *D. 2007. 2709, note Golhen* ; *JCP 2007. II. 10099, note Brusorio-Aillaud ; ibid. I. 185, n° 1, obs. Stoffel-Munck ; RCA 2007, n° 146, note Hocquet-Berg ; CCC 2007, n° 142, note Leveneur ; RTD civ. 2007. 572, obs. Jourdain* (gains d'un joueur interdit de jeu). ♦ Ce principe ne s'applique pas à la demande en réparation des nouvelles pertes subies par un joueur qui, en raison de son addiction au jeu, devait bénéficier d'une mesure d'exclusion des salles de jeu et qui reprochait à la société de jeu de n'avoir rien fait pour assurer l'efficacité de cette mesure. • Civ. 2e, 30 juin 2011 : *préc. note 16.*

142. Perte d'un profit découlant d'une illégalité. Une commune, qui a illégalement autorisé une construction immobilière, ne saurait prétendre être indemnisée de sa perte et des revenus afférents à celle-ci, lors de sa démolition par l'exploitant conformément à une décision d'annulation du permis de construire. • Crim. 4 nov. 2008 : *JCP 2009. I. 123, n° 1, obs. Stoffel-Munck.*

143. Peine privée. La sanction du recel successoral, qui suppose l'intention frauduleuse de rompre l'égalité du partage, ne constitue pas, pour celui qui le commet, un préjudice ouvrant droit à réparation. • Civ. 1re, 9 avr. 2014, n° 13-16.348 P : *D. 2014. Chron. C. cass. 1715, note Darret-Courgeon* ; *AJ fam. 2014. 325, obs. Gilles*.

C. RAPPORT DE CAUSALITÉ

BIBL. Aberkane, *RTD civ. 1958. 516* (dommage causé par une personne indéterminée). – Canselier, *RTD civ. 2010. 41* (explication causale). – Duval-Arnould et Quézel-Ambrunaz, *RDC 2017. 710* (le juge et le rapport de causalité). – Esmein, *D. 1964. Chron. 205.* – Gratton, *RTD civ. 2013. 275* (le dommage déduit de la faute). – Grynbaum, *D. 2008. Chron. 1928* (lien de causalité en matière de santé). – Lambert-Faivre, *D. 1992. Chron. 311.* – Lamoureux, *JCP 2016, n° 731* (causalité juridique et algorithmes). – Leduc, *RCA 1999. Chron. 17* (cause exclusive). – Radé, *D. 2012. Chron. 112* (causalité juridique et causalité scientifique). – Rouvière, *D. 2012. Chron. 2186* (causalité et L. 5 juill. 1985). – Sargos, *D. 2008. Chron. 1935*. – Colloque Rennes 15-16 déc. 2006, *RLDC 2007, suppl. au n° 40 de juill.-août* (distorsions de la causalité).

1° PREUVE

144. Certitude du lien causal. La responsabilité prévue par l'art. 1382 anc. [1240] suppose un rapport de causalité certain entre la faute et le dommage. • Civ. 2e, 27 oct. 1975 : *Gaz. Pal. 1976. 1. 169, note Plancqueel.* ♦ Lien de causalité entre la faute du notaire qui n'a pas vérifié la portée de la vente, ce qui a conduit à sa nullité, celle-ci ayant pour conséquence la nullité du prêt, et la perte par l'établissement prêteur des intérêts conventionnels auxquels il avait droit. • Civ. 3e, 30 janv. 2013 : *D. 2014. 47, obs. Gout ; AJDI 2013. 625, obs. de La Vaissière*. ♦ Absence de lien de causalité entre l'obligation du vendeur de recourir aux travaux de reprise d'un sous-sol et l'erreur du diagnostiqueur qui avait affirmé qu'il était en bon état, l'erreur de diagnostic n'étant pas à l'origine des désordres constatés car même si le diagnostic réalisé avait révélé le véritable état des sous-sols, des travaux de reprise auraient dû être entrepris. • Civ. 3e, 7 janv. 2016, n° 14-18.561 P : *D. 2016. 130 ; RTD civ. 2016. 373, obs. Jourdain ; RDC 2016. 220, note Deshayes* (préjudice fixé au surcoût des travaux rendus nécessaires par l'aggravation des désordres). ♦ Sur l'enfant conçu, V. note 85. ♦ V. aussi note 5 ss. art. 1603.

145. Absence d'autre cause envisageable : bangs d'avion supersonique. L'effondrement d'un mur s'étant produit aussitôt après que plusieurs « bangs » imputables à un appareil dont l'État français était responsable eurent été perçus et aucune autre cause susceptible d'amener un effondrement de l'immeuble n'ayant été relevée, les juges du fond ont pu en déduire la relation de causalité entre le fait des avions et le dommage. • Civ. 2e, 13 oct. 1971 : *D. 1972. 117 ; JCP 1972. II. 17044, note de Juglart et du Pontavice.*

146. ... Passage d'un train. Après avoir noté la concomitance entre la blessure d'un enfant et le passage d'un train, l'absence d'obstacle entre celui-ci et l'enfant et la concordance des conclusions des experts médicaux et techniques, les juges peuvent tenir pour établi que le fragment métallique qui avait blessé l'enfant avait été projeté par le train et provenait soit du matériel soit de la voie. • Civ. 2e, 1er juill. 1976 : *JCP 1977. II. 18684, note le Tourneau.* ♦ Comp., pour le refus d'attribution à la SNCF de la garde d'une bouteille lancée d'un train, • Civ. 2e, 26 oct. 1972, n° 71-10.417 P : *R. 1972-1973, p. 55 ; JCP 1973. II. 17441, note Rodière* • 10 oct. 1973, n° 72-12.796 P : *R. 1973-1974, p. 69 ; D. 1973. 739.* – V. aussi Starck, *D. 1973. Chron. 269.*

147. Contamination post-transfusionnelle. V. note 174 et notes 100 s. ss. art. L. 1142-1, CSP ss. art. 1242. – V. CSP, art. L. 3122-1. — CSP.

148. Vaccination contre l'hépatite B. V. notes ss. art. 1245-8.

149. Distilbène. V. note 60 ss. art. 1353. — C. civ.

2° CAUSALITÉ DIRECTE ET ENCHAÎNEMENT DES CAUSES

150. Principes : équivalence des conditions. Le préjudice eût-il été aggravé par la suite du fait d'autres personnes ou d'autres causes non imputables à l'auteur de la faute, celui-ci n'en doit pas moins être condamné à réparation intégrale du dommage résultant des conséquences de son geste, sans lequel le dommage ne se serait pas produit. • Crim. 13 nov. 1975 : *Gaz. Pal. 1976. 1. 178.* ♦ La faute *sine qua non,* c'est-à-dire sans laquelle le préjudice ne se serait pas produit, doit être réputée causale. Dès lors que plusieurs causes produites successivement ont été les conditions nécessaires du dommage, toutes sont les causes, de la première à la dernière. • Paris, 7 juill. 1989 : *Gaz. Pal. 1989. 2. 752, concl. Pichot* (contamination par le virus du SIDA à la suite d'une transfusion lors d'une intervention chirurgicale faisant suite à un accident de la circulation ; responsabilité de l'auteur de l'accident). – V. aussi • Civ. 1re, 2 juill. 2002, n° 00-15.848 P : *D. 2002. IR 2517* • Civ. 2e, 27 mars 2003, n° 01-00.850 P : *JCP 2004. I. 101, n° 13, obs. Viney ; RGDA 2003. 504, note Landel (1re esp.).*

151. ... Causalité adéquate. La responsabilité civile s'encourt dès que le dommage allégué se trouve lié à la faute établie par un rapport de causalité adéquate ; un tel rapport existe lorsque la faute a constitué le facteur qui, parmi ceux en cause, a joué un rôle véritablement perturbateur, ne laissant aux autres, même lorsqu'ils ont faiblement concouru au dommage, qu'un caractère secondaire. • Versailles, 30 mars 1989 : *JCP 1990. II. 21505, note Dorsner-Dolivet ; RTD civ. 1992. 117, obs. Jourdain* (contamination par le virus du SIDA à la suite des transfusions lors d'interventions chirurgicales rendues nécessaires par des fautes médicales antérieures ; responsabilité du médecin auteur de la faute). ♦ Dans le même sens : • Civ. 1re, 17 févr. 1993 : *JCP 1994. II. 22226, note Dorsner-Dolivet ; Gaz. Pal. 1994. 1. 82, note Memmi ; RTD civ. 1993. 589, obs. Jourdain*, rejetant le pourvoi contre • Dijon, 16 mai 1991 : *D. 1993. 242, note Kerckhove*. ♦ V. aussi • Civ. 2e, 23 juin 1993, n° 91-21.307 P (la victime ayant introduit chez elle un inconnu après avoir consommé de l'alcool avec lui, ce comportement qui peut être qualifié d'imprudent ou d'irraisonné ne peut être rattaché à des conséquences aussi imprévisibles et aussi dramatiques que celles imputables à l'auteur des faits).

152. Applications diverses : lien de causalité retenu. Jugé qu'il y a relation de cause à effet entre l'accident dont a été victime un homme et l'avortement subi par sa femme quelques semaines plus tard, par suite du choc émotionnel ressenti. • Civ. 2e, 17 mai 1973 : *Gaz. Pal. 1974. 1. 71, note H. M.* ♦ ... Entre l'accident de la circulation dans lequel un hémophile a été blessé et la contamination de celui-ci par le virus du SIDA, conséquence des transfusions massives reçues après l'accident, d'une importance sans rapport avec les produits administrés antérieurement. • Civ. 1re, 17 févr. 1993 : *préc. note 155.* ♦ ... Entre l'accident de la circulation et la contamination par le virus de l'hépatite C entraînée par les transfusions sanguines rendues nécessaires par l'accident. • Civ. 1re, 4 déc. 2001, nº 99-19.197 P : *R., p. 431 ; D. 2002. 3044, note de Lambertye-Autrand ; JCP 2002. II. 10198, note Gout ; ibid. I. 186, nos 10 s., obs. Viney ; RCA 2002, nº 126, note Groutel ; Gaz. Pal. 2002. 394, note Caseau-Roche ; RTD civ. 2002. 308, obs. Jourdain* • 2 juill. 2002 : *préc. note 154* (partage de responsabilité, en l'espèce, entre le centre de transfusion sanguine et les responsables de l'accident). ♦ ... Entre l'accident de la circulation et l'atteinte oculaire subie par la victime, consécutive à une intervention chirurgicale à la colonne vertébrale nécessitée par l'accident. • Civ. 2e, 27 janv. 2000, nº 97-20.889 P : *D. 2001. 2073, note Chakirian ; JCP 2000. II. 10363, note Conte ; ibid. I. 241, nº 7, obs. Viney ; RTD civ. 2000. 335, obs. Jourdain .* – V. aussi • Civ. 2e, 12 oct. 2000 : *Dr. et patr. 5/2001. 110, obs. Chabas.* ♦ ... Entre la fourniture d'un renseignement erroné à la police et l'arrestation et la détention d'une personne jusqu'à sa relaxe. • Civ. 2e, 2 avr. 1996, nº 94-15.361 P : *R., p. 342.* ♦ ... Entre l'octroi d'un prêt immobilier par une banque à un emprunteur dont elle connaissait la situation déjà obérée et le non-paiement par ce dernier des charges de copropriété relatives au bien acquis grâce à ce prêt. • Civ. 2e, 2 juill. 1997, nº 95-10.377 P : *R., p. 279 ; D. 1998. 231, note Atias ; LPA 6 oct. 1997, note D. R. Martin.* ♦ ... Entre les graves négligences commises lors du contrôle technique préalable à la vente du véhicule d'occasion et révélées par l'expertise, et les dommages subis par l'acquéreur au titre des frais de gardiennage et du trouble de jouissance. • Civ. 2e, 28 mars 2002, nº 00-11.293 P : *CCC 2002, nº 105, note Leveneur.* ♦ ... Entre la faute du créancier hypothécaire, qui, ayant provoqué une procédure d'adjudication de l'immeuble hypothéqué, a autorisé le propriétaire de ce dernier à le vendre de gré à gré, et le dommage subi par l'acheteur par suite de la nullité de la vente, l'immeuble ayant été adjugé. • Civ. 3e, 18 févr. 2016, nº 14-26.464 P : *D. 2016. 476 ; JCP N 2016, nº 1216, note Piedelièvre.* ♦ ... Entre la faute de l'expert immobilier, consistant dans la surévaluation d'un bien, et la perte de créance subie par le prêteur dont ce bien constituait la garantie. • Civ. 2e, 19 juin 2003, nº 01-03.639 P : *AJDI 2003. 862, note Heugas-Darraspen .* ♦ ... Entre l'attitude menaçante d'un homme pris de boisson et la réaction de défense de la personne menacée qui a occasionné un dommage à un tiers. • Civ. 2e, 27 mars 2003, nº 01-13.858 P. ♦ ... Entre la contamination post-transfusionnelle par le VIH et l'incapacité de travail présente et future de l'intéressé, aggravée par la maladie déclarée au titre de la contamination. • Civ. 2e, 9 oct. 2003, nº 02-06.001 P : *D. 2003. IR 2550 ; RCA 2005, nº 145, note Hocquet-Berg.* ♦ ... Entre le grave accident subi par une personne qui est restée privée de toute autonomie et le préjudice subi par ses parents qui ont choisi de l'héberger chez eux. • Civ. 2e, 12 mai 2005 : *RTD civ. 2005. 786, obs. Jourdain .* ♦ Il s'infère nécessairement un préjudice, fût-il seulement moral, d'un acte de concurrence déloyale. • Com. 12 févr. 2020, nº 17-31.614 P : *D. 2020. 1086, note Borghetti ; ibid. Chron. C. cass. 1254, obs. Le Bras ; RTD civ. 2020. 391, obs. Barbier ; ibid. 401, obs. Jourdain ; RTD com. 2020. 313, obs. Chagny ; JCP 2020, nº 792, note Rebeyrol ; RDC 2020/2. 36, note Pelle.*

La faute du tiers ayant nécessité une intervention, qui a entraîné une infection nosocomiale, peut engager sa responsabilité, mais n'exonère pas l'établissement. • Civ. 1re, 1er juill. 2010, nº 09-69.151 P : *D. 2010. Actu. 1785.*

Les ayants droit de la victime directe de violences sont fondés à solliciter l'indemnisation des préjudices par ricochet qui leur ont été personnellement causés par les délits de non-empêchement de crime ou délit contre les personnes et de non-assistance à personne en péril dont le prévenu a été déclaré coupable. • Crim. 13 mai 2015, nº 13-83.191 P : *préc. note 20.*

153. ... Lien de causalité dénié. Mais absence de lien de causalité entre le dommage invoqué par la prétendue victime et la disparition non élucidée de sa sœur intervenue plusieurs années avant sa conception. • Civ. 2e, 11 mars 2021, nº 19-17.384 P : *D. 2021. Chron. C. cass. 1795, obs. Talabardon ; ibid. 1980, obs. Bacache, Guégan et Porchy-Simon ; ibid. 2022. 35, obs. Brun ; RTD civ. 2021. 388, obs. Leroyer* (action intentée contre le fonds de garantie des victimes d'actes de terrorisme et d'autres infractions). ♦ Jugé qu'il n'y a pas de lien de causalité entre la faute de l'auteur d'un accident et le décès de la victime, frappée d'une crise cardiaque en poursuivant l'automobiliste fautif. • Crim. 25 avr. 1967 : *Gaz. Pal. 1967. 1. 343.* ♦ Absence de lien de causalité entre les blessures subies par un policier, victime d'une chute purement accidentelle alors qu'il poursuivait un scooter, et l'infraction commise. • Civ. 2e, 5 mars 2020, nº 18-26.137 P. ♦ ... Non plus qu'entre la faute de l'auteur de l'accident et le décès de la victime, handicapée depuis cet accident et morte plusieurs années après dans l'incendie de son lit, alors que l'auteur de l'accident avait versé à la victime une indemnité pour assistance d'une tierce personne. • Civ. 2e, 8 févr. 1989 : *JCP 1990. II. 21544, note Dejean de la Bâtie ; RTD civ. 1990. 556, obs. Jourdain .* ♦ ... Entre une explosion ayant eu pour seule conséquence de contraindre l'exploitant d'un site à suspendre son activité le temps nécessaire au contrôle de ses installations, sans lien de causalité entre la décision d'arrêter la production du phosgène sur ce site et l'explosion. • Civ. 2e, 17 juin 2010, nº 09-13.583 P. ♦ L'enfant d'une femme mortellement blessée dans un accident ayant rejoint son père à l'étranger où il travaillait et celui-ci, constatant que son fils ne pouvait pas s'adapter aux conditions de vie de ce pays, ayant résilié son contrat de travail pour revenir en France, il n'y a aucun lien de causalité entre le préjudice résultant de la rupture du contrat de travail et l'accident. • Civ. 2e, 3 oct. 1990, n° 89-12.937 P. ♦ Un établissement de crédit, qui a par sa faute retardé l'ouverture de la procédure collective de son client, n'est tenu de réparer que l'aggravation de l'insuffiance d'actif qu'il a ainsi contribué à créer. • Com. 23 avr. 2013, n° 12-22.843 P : *D. 2013. 1129* (absence de lien de causalité de lien entre la faute de la banque et la dépréciation de certains éléments de l'actif). ♦ L'exploitation d'un fonds de commerce ayant perduré 21 mois après le décès du commerçant, la vente de ce fonds est un choix des héritiers et non une conséquence inévitable du décès. • Civ. 2e, 14 juin 1995, n° 93-20.103 P. ♦ Une intervention chirurgicale pratiquée sans nécessité n'étant pas une suite nécessaire pour remédier à une maladresse médicale initiale, il n'y a pas de lien direct entre la faute du premier praticien et le dommage. • Civ. 1re, 30 sept. 1997, n° 95-16.500 P. ♦ Absence de lien de causalité entre la non-remise d'une décoration à un médecin et l'avis défavorable de son ordre professionnel, l'avis n'étant pas motivé et ne liant pas l'administration. • Civ. 2e, 25 janv. 2001, n° 98-21.821 P. ♦ ... Entre l'incendie survenu dans un appartement et le dégât des eaux survenu dans un autre appartement suite aux défauts du bâchage du toit nécessité par l'incendie. • Civ. 3e, 19 févr. 2003 : *RCA 2003, n° 125 ; RTD civ. 2003. 508, obs. Jourdain* . ♦ ... Entre l'information défectueuse donnée par la SEITA sur les dangers du tabac et le décès d'un fumeur. • Civ. 2e, 20 nov. 2003, n° 01-17.977 P : *R., p. 445 ; D. 2003. 2902, concl. Kessous, note Grynbaum ; D. 2004. Somm. 1344, obs. D. Mazeaud ; ibid. Chron. 653, par Bugada ; JCP 2004. II. 10004, note Daille-Duclos ; ibid. I. 163, nos 36 s., obs. Viney ; RCA 2004. Chron. 5, par Radé ; RTD civ. 2004. 103, obs. Jourdain* • Civ. 1re, 8 nov. 2007, n° 06-15.873 P : *D. 2008. 50, note Revel ; ibid. Chron. 804, par Neyret ; ibid. Pan. 2894, obs. Brun ; JCP 2008. II. 10033, note Sauvat ; ibid. I. 125, nos 6 et 10, obs. Stoffel-Munck ; RCA 2007, n° 361, note Radé ; RTD civ. 2008. 290, obs. Hauser* . ♦ ... Entre le préjudice moral subi par les enfants nés d'une personne restée handicapée à la suite d'un accident et cet accident. • Civ. 2e, 24 févr. 2005, n° 02-11.999 P : *D. 2006. Pan. 1929, obs. Jourdain ; JCP 2005. I. 149, n° 1, obs. Viney ; RTD civ. 2005. 404, obs. Jourdain* • 5 oct. 2006, n° 05-18.494 P : *D. 2006. IR 2755 ; LPA 21 févr. 2007, note Lafay.* ♦ ... Entre le nombre de rondes de nuit pratiquées dans une maison de retraite, inférieur à celui prévu dans un protocole interne, et l'agression dont a été victime un pensionnaire de la part d'un autre pensionnaire, tout étant normal lors de la dernière ronde pratiquée le matin. • Civ. 1re, 15 déc. 2011 : *cité note 74 ss. art. 1242 nouv.* – Même sens : • Civ. 2e, 24 mai 2006, n° 05-18.663 P. ♦ ... Entre la faute commise par l'employeur dans l'exercice de son droit de licencier et le préjudice allégué par la veuve du salarié licencié, laquelle s'est vu refuser le bénéfice de l'assurance groupe souscrite par l'employeur en cas de décès. • Civ. 2e, 8 nov. 2007, n° 06-19.655 P : *BICC 1er mars 2008, n° 351 ; D. 2008. Chron. C. cass. 659, n° 15, obs. Nicoletis ; RTD civ. 2008. 307, obs. Jourdain* .

Absence de relation de causalité directe et certaine entre l'accident ayant provoqué l'inaptitude définitive du salarié à l'exercice de son emploi antérieur et le versement de l'indemnité de licenciement ayant ainsi pour cause la rupture du contrat de travail découlant de l'exercice par le salarié de sa liberté de choix de refuser le poste de reclassement que l'employeur est légalement tenu de lui proposer. • Civ. 2e, 7 avr. 2011, n° 10-30.566 P : *D. 2011. 1136, obs. Marrochella ; ibid. 2012. Pan. 47, obs. Brun ; RTD civ. 2011. 543, obs. Jourdain* .

Est à bon droit exclu tout lien de causalité entre la présence d'un véhicule en stationnement sur le bord d'une route, débordant partiellement sur la chaussée, de nuit et sans éclairage, et le fait qu'un autre véhicule circulant en sens inverse est venu le percuter, dès lors que la position du premier véhicule ne créait aucune gêne pour le second. • Civ. 2e, 21 avr. 2005, n° 04-10.513 P : *RTD civ. 2005. 610, obs. Jourdain* . ♦ Comp. note 36 ss. L. 5 juill. 1985, art. 1er.

Absence de lien entre un accident et le choix de solliciter le bilan d'un ergothérapeute, ce bilan n'étant pas impératif, la réalisation d'un tel bilan ressortant d'un choix personnel et n'ayant pas été préconisée par l'expert. • Civ. 2e, 24 nov. 2011 : *D. 2012. Chron. C. cass. 644, obs. Adida-Canac et Bouvier ; AJ fam. 2012. 109, obs. Verheyde ; RDSS 2012. 187, obs. Tauran ; RCA 2012, n° 7, obs. Groutel.*

154. Prédispositions de la victime. BIBL. Nguyen Than Nha, *RTD civ. 1976. 1.* – Groutel, *RCA 2012. Étude 3* (assurance du conducteur). ♦ Il y a lieu de tenir compte, pour déterminer l'importance du préjudice consécutif à une infraction, de l'incidence des atteintes physiologiques antérieures. • Crim. 10 févr. 1976 : *D. 1976. 297, rapp. Robert.* ♦ Mais le droit à réparation de la victime ne saurait être réduit en raison d'une prédisposition pathologique lorsque l'affection qui en est issue n'a été révélée ou provoquée que du fait de l'infraction elle-même. • Crim. 10 avr. 1973 : *Gaz. Pal. 1973. 2. 710* • Civ. 2e, 13 janv. 1982 : *JCP 1983. II. 20025, note Dejean de la Bâtie* (traumatisme consécutif à l'accident, élément déclenchant de complications mortelles) • Crim. 12 avr. 1994, n° 93-84.367 P • Crim. 14 févr. 1996, n° 95-81.765 P : *JCP 1996. I. 3985, n° 15, obs. Viney* • Civ. 2e, 10 juin 1999, n° 97-20.028 P • 13 juill. 2006 : *RCA 2006, n° 361, note Hocquet-Berg* • 10 nov. 2009, n° 08-16.920 P : *D. 2009. AJ 2863 ; RLDC 2010/67, n° 3674, obs. Bugnicourt ; RCA 2010. Étude 3, note Martial-Braz*

• Crim. 11 janv. 2011 : RCA 2011, n° 130 • Civ. 2e, 19 mai 2016, n° 15-18.784 P • 20 mai 2020, n° 18-24.095 P : *D. 2021. 46, obs. Gout* (accident de la circulation). ♦ Jugé aussi que l'auteur d'une infraction a l'obligation de réparer en totalité le dommage qui en est résulté, sans pouvoir invoquer l'état préexistant de la victime. • Crim. 14 juin 1990, n° 89-85.234 P : *RTD civ. 1991. 126, obs. Jourdain* (accident d'ambulance ayant entraîné le décès d'une personne blessée dans un premier accident). ♦ V. égal., indemnisation de la cécité en cas d'accident ayant fait perdre la vision d'un œil à un borgne, • Civ. 2e, 19 juill. 1966 : *D. 1966. 598, note Le Roy; JCP 1966. II. 14902, note Meurisse* • Crim. 15 déc. 1966 : *JCP 1967. II. 15162, note Meurisse* • Civ. 1re, 28 oct. 1997, n° 95-17.274 P : *JCP 1998. I. 144, n° 15, obs. Viney; RTD civ. 1998. 123, obs. Jourdain*. ♦ Absence de lien de causalité entre le dommage favorisé par une prédisposition et le fait dommageable à l'origine de la prédisposition. • Civ. 2e, 13 juill. 2006 : *RTD civ. 2007. 128, obs. Jourdain*.

155. Selon la chambre criminelle, le juge ne peut ordonner au défendeur, sous couvert de dommages et intérêts, le remboursement d'une créance contractuelle préexistante, dont la seule débitrice non partie à l'instance était la société, même si le défendeur était gérant de ladite société et était l'auteur de l'opposition au paiement des chèques destinés au paiement de la dette. • Crim. 18 déc. 2019, n° 18-85.535 P.

156. Une personne ayant fait l'objet d'une hospitalisation d'office irrégulière peut prétendre à l'indemnisation de l'entier préjudice né de l'atteinte portée à sa liberté, sans que cette indemnisation puisse être limitée par le fait que, nonobstant les irrégularités formelles des arrêtés ordonnant son placement d'office, celui-ci était justifié par son état pathologique préalable à l'irrégularité commise. • Civ. 1re, 23 juin 2010 : *D. actu. 2 juill. 2010, obs. Gallmeister; RTD civ. 2010. 529, obs. Hauser*.

157. Cas de suicide faisant suite à un événement dommageable. Jugé que le fait que l'accident n'ait été que la cause indirecte et partielle du suicide ne suffit pas à établir l'inexistence d'un préjudice direct dont l'auteur de l'accident doit répondre. • Crim. 24 nov. 1965 : *D. 1966. 104*. ♦ Mais jugé aussi que, s'il est constaté que la mort de la victime qui s'est suicidée n'a pas été la suite nécessaire de la faute de l'auteur de l'accident, il ne peut être admis que l'accident a été l'une des causes, même indirecte, du décès. • Crim. 24 avr. 1975 : *Gaz. Pal. 1975. 2. 537*. ♦ Nécessité de permettre à la Cour de cassation de contrôler l'existence d'un lien de causalité entre l'accident survenu à la victime et le suicide de celle-ci : • Civ. 2e, 13 mai 1969 : *JCP 1970. II. 16470, note Dejean de la Bâtie*. – V. aussi Nayral de Puybusque et Mélennec, *Gaz. Pal. 1975. 2. Doctr. 722*.

Le suicide du client d'une banque, fautive pour lui avoir notifié sans préavis le rejet d'un effet assorti d'une interdiction bancaire, ne peut être tenu pour la conséquence certaine de cette faute, eu égard au caractère disproportionné de ce geste et au fait que rien dans les relations antérieures de la victime et de la banque ne pouvait le laisser prévoir. • Com. 4 déc. 2001, n° 99-17.664 P : *JCP 2002. I. 186, n° 10 s., obs. Viney; RTD com. 2002. 140, obs. M. Cabrillac*.

158. Accident du travail, faute inexcusable de l'employeur. Il est indifférent que la faute inexcusable de l'employeur ait été la cause déterminante de l'accident; il suffit qu'elle en soit une cause nécessaire pour que la responsabilité de l'employeur soit engagée, alors même que d'autres fautes auraient concouru au dommage. • Soc. 31 oct. 2002, n° 00-18.359 P : *R., p. 396; D. 2003. 644, note Saint-Jours; JCP E 2003. 903, n° 20, obs. Asquinazi-Bailleux; RCA 2003, n° 100, note Groutel*.

159. Fait d'un voleur. Le propriétaire d'un cabanon dans lequel ont été volés des détonateurs n'est pas responsable des blessures subies par le voleur en manipulant un de ces détonateurs, le préjudice invoqué étant sans relation de cause à effet avec le fait originaire qu'auraient constitué les facilités laissées aux tiers de pénétrer dans le cabanon. • Civ. 2e, 20 déc. 1972 : *JCP 1973. II. 17541, note Dejean de la Bâtie*. ♦ V. aussi • Civ. 2e, 17 mars 1977 : *D. 1977. 631, note Robert* (les facilités dont a profité un voleur pour s'emparer d'une pelleteuse sont sans relation de cause à effet avec les dégâts causés volontairement par le voleur à d'autres véhicules). – Dans le même sens : • Civ. 2e, 5 avr. 1965 : *D. 1965. 737, note Azard* • 7 déc. 1988 : *Bull. civ. II, n° 246; RTD civ. 1989. 557, obs. Jourdain* • 11 janv. 1995, n° 93-14.424 P.

160. Commission d'une infraction et dommage causé à des tiers par l'incarcération de l'auteur. L'incarcération de l'auteur de l'infraction n'est pas une conséquence dommageable de l'infraction ouvrant droit à réparation. • Civ. 2e, 29 mars 2001 : *D. 2001. IR 1218; RJPF 2001-6/40, note Leduc; RCA 2001, n° 187, note Groutel* (refus d'indemniser le préjudice économique résultant, pour les descendants, de l'incarcération de leur père).

3° ACTION COLLECTIVE

BIBL. *D. 2011. 1983* (responsabilité collective).

161. Animaux. La responsabilité d'un dommage survenu à l'occasion de l'action commune de deux ou plusieurs animaux incombe au propriétaire de chacun d'eux, à moins qu'il ne rapporte la preuve que le sien n'a pas participé à la réalisation de ce dommage. • Civ. 2e, 14 déc. 1983 : *Bull. civ. II, n° 197*. ♦ La démonstration du dommage subi par un cheptel du fait de courants électromagnétiques, sans exiger une preuve scientifique, peut résulter de présomptions graves, précises, fiables et concordantes. • Civ. 3e, 18 mai 2011 : *cité note 2 ss. art. 1240.*

162. Chasseurs. Responsabilité collective de chasseurs ayant, dans leur action commune qui a eu des conséquences dommageables, tous commis des fautes dont les éléments étaient indissociables. • Civ. 2e, 19 mai 1976 : *JCP 1978. II. 18773 (1re esp.), note Dejean de la Bâtie.* ♦ ... A moins qu'un des chasseurs n'établisse que le type de balle par lui utilisé n'est pas celui qui a blessé la victime. • Civ. 2e, 19 mai 1976 : *D. 1976. 629, note Mayer ; JCP 1978. II. 18773 (3e esp.), note Dejean de la Bâtie.* ♦ V. aussi, condamnation *in solidum* de chasseurs dont les fusils sont intervenus dans la réalisation du dommage (gerbe unique de plombs), • Civ. 2e, 11 févr. 1966 : *D. 1966. 228, note Schmelck* • Lyon, 3 avr. 1980 : *Gaz. Pal. 1980. 1. 384.* – V. aussi Alauze, *Gaz. Pal. 1975. 1. Doctr. 335.*

163. Participants à une rixe. Responsabilité *in solidum* des membres d'un groupe ayant participé à une bagarre aboutissant à la mort d'une personne dès lors que c'est l'enchaînement des comportements fautifs des membres de ce groupe qui a permis au drame de se réaliser. • Civ. 2e, 2 avr. 1997, nº 95-14.428 P : *JCP 1997. I. 4068, nos 11 s., obs. Viney ; RCA 1997, nº 150, et Chron. 11, par Groutel.*

164. ... A une manifestation. V. • Cass., ch. mixte, 30 nov. 2018, nº 17-16.047 P : *cité note 24 ss. art. 1240.*

165. ... À une fête. Absence de responsabilité de l'organisatrice d'une soirée alors que l'incendie mortel s'est déclaré dans une pièce où elle n'était pas, un ami ayant pris l'initiative d'aller chercher des bougies et n'ayant pas veillé à les éteindre, cette initiative étant la cause directe de l'incendie provoqué par ces bougies. • Civ. 2e, 28 avr. 2011 : *préc. note 124.*

166. Enfants. Étant établi qu'un incendie a résulté des actes concertés d'enfants sans qu'il fût possible d'attribuer la responsabilité du sinistre au fait de l'un ou de l'autre d'entre eux, les agissements des enfants présentaient un caractère indivisible permettant d'en faire grief à chacun d'eux. • Civ. 2e, 9 févr. 1983 : *Gaz. Pal. 1983. 2. Pan. 215, obs. F. C.* ♦ Mais manque de base légale la décision qui déclare responsables *in solidum* de l'incendie d'un hangar deux mineurs au motif que la détermination et la preuve du rôle exact de chaque enfant à l'occasion de jeux de groupe sont indifférentes dès lors que le comportement de chacun d'eux constitue au moins une imprudence, alors qu'ayant relevé que seul un des deux mineurs connaissait l'emplacement des cigarettes et des allumettes qu'il avait cachées, elle n'indique pas en quoi le comportement de l'autre mineur avait été en relation directe avec l'incendie. • Civ. 2e, 4 mai 1988 : *Bull. civ. II, nº 103 ; RTD civ. 1988. 769, obs. Jourdain.* ♦ Cependant, sur renvoi, V. • Lyon, 16 nov. 1989 : *D. 1990. 207, note Vialard* (retenant la responsabilité des deux mineurs pour avoir, en se réunissant pour fumer en cachette dans un local où se trouvait de la paille, participé effectivement à une activité commune de nature à provoquer un incendie). ♦ La simple participation à un jeu, même dangereux, est insuffisante pour engager la responsabilité de participants dès lors qu'aucune faute en relation avec le dommage n'est établie à leur encontre. • Civ. 2e, 3 févr. 1993, nº 91-16.184 P : *D. 1994. Somm. 15, obs. A. Penneau* . ♦ Comp. • Civ. 2e, 1er avr. 1998, nº 95-20.804 P (la participation effective d'un enfant aux diverses étapes d'un jeu dangereux consistant à faire éclater des pétards dans un entrepôt suffit à caractériser son rôle positif dans la survenance de l'incendie et permet d'en déduire que son comportement a été en relation avec le dommage).

167. Distilbène. Contribution à la dette proportionnelle au risque qui est imputable à chacun des laboratoires, au prorata de leurs parts de marché respectives. • Versailles, 14 avr. 2016, nº 16/00296 : *RDC 2017. 36, note Borghetti.*

4º PLURALITÉ DES CAUSES

168. Obligation *in solidum* : V. notes 189 s.

169. Faute de la victime. **BIBL.** Allix, *D. 2022. 29* (faute de la victime n'ayant pas causé le dommage). – Éloi et *al.*, *Études Lapoyade-Deschamps, Univ. Montesquieu-Bordeaux IV, 2003.* ♦ L'auteur d'une faute qui a causé un dommage est tenu à entière réparation envers la victime, une faute de celle-ci pouvant seule l'exonérer en partie quand cette faute a concouru à la production du dommage. • Civ. 2e, 11 févr. 1976 : *D. 1976. 609, note Larroumet.* – V. aussi • Civ. 2e, 12 juin 1975, nº 73-16.600 P : *R., p. 74 ; JCP 1976. II. 18444, note Larroumet* • 27 nov. 1975 : *ibid.* – Dans le même sens : • Cass., ass. plén., 9 mai 1984 *(arrêts Derguini et Lemaire)*, nº 80-93.031 P : *R., p. 104 ; GAJC, 11e éd., nº 186* ; *D. 1984. 525, concl. Cabannes, note Chabas ; JCP 1984. II. 20256, note Jourdain ; RTD civ. 1984. 508, obs. J. Huet.* ♦ Pour un partage de responsabilité entre une banque ayant versé des fonds directement à un promoteur et non au notaire, et ce dernier n'ayant pas vérifié la réception des fonds sur le compte de l'étude : • Civ. 1re, 1er juill. 2010, nº 09-13.896 P : *D. 2010. Actu. 1785* ; *RLDC 2010/75, nº 3964, obs. Paulin ; Gaz. Pal. 9 sept. 2010, p. 26, obs. Albiges ; AJDI 2010. 745, obs. Porcheron* ; *Banque et Dr. 2010. 62, note Jacob ; JCP N 2010, nº 1349, note Guyader et Challe-Zehnder.* ♦ ... Entre la victime d'un accident de roller et le cycliste qui l'a heurtée, la victime n'ayant pas à emprunter la piste cyclable, qui plus est dans le mauvais sens. • Civ. 2e, 7 juill. 2011 : *RCA 2011, nº 349.*

Rejet de la demande de dommages-intérêts réparant le préjudice né de la perte d'une sûreté, celle-ci résultant de l'inertie du créancier et non de la notification tardive de l'assignation en résiliation du bail. • Civ. 3e, 9 nov. 2011 : *D. 2011. 2864, obs Rouquet* ; *ibid. 2012. 1844, obs. Dumont-*

Lefrand ; AJDI 2012. 343, obs. Dumont-Lefrand .

170. ... Transmission du VIH. L'ONIAM, chargé de l'indemnisation des victimes de préjudices résultant de la contamination par le virus d'immunodéficience humaine causée par une transfusion de produits sanguins, ne saurait être tenu, fût-ce partiellement, des préjudices propres invoqués par la personne contaminée du fait de la contamination de ses proches, lorsque cette contamination a été causée par des relations sexuelles non protégées auxquelles cette personne, qui s'était ainsi affranchie de la contrainte qu'elle prétendait avoir subie, a eu sciemment recours. • Civ. 1re, 22 janv. 2014, n° 12-35.023 P : *D. 2015. 124, obs. P. Gout ; RCA 2014, n° 117, obs. Hocquet-Berg* (personne contaminée ayant eu des relations sexuelles non protégées avec son épouse et donc à l'origine de la contamination de celle-ci et de leur fille). – V. CSP, art. L. 3122-1. – **CSP**.

171. ... Préposé. Le préposé qui poursuit la réparation du préjudice que lui aurait personnellement causé un tiers, lui-même cocontractant de son commettant, peut se voir opposer sa propre faute par ce tiers. • Com. 10 déc. 2013, n° 11-22.188 P : *D. 2014. 9 ; RTD civ. 2014. 386, obs. Jourdain* .

172. Acceptation des risques. L'acceptation d'un risque par la victime ne saurait être invoquée par l'auteur du dommage que si ce risque est tel que son acceptation constitue une faute. • Civ. 2e, 24 janv. 1964 : *Gaz. Pal. 1964. 1. 384.* ♦ V., pour la responsabilité du fait des choses, notes 66 s. ss. art. 1242.

173. Infraction intentionnelle et imprudence de la victime. Lorsque plusieurs fautes ont concouru à la production du dommage, la responsabilité de leurs auteurs se trouve engagée dans une mesure dont l'appréciation appartient souverainement aux juges du fond ; cassation de l'arrêt qui condamne un *trader*, condamné pour abus de confiance envers son employeur, à lui verser une somme de plusieurs milliards d'euros correspondant à l'intégralité du préjudice financier, au motif que le prévenu a été l'unique concepteur, initiateur et réalisateur du système de fraude ayant provoqué le dommage, alors que les juges avaient relevé l'existence de fautes commises par la banque, ayant concouru au développement de la fraude et à ses conséquences financières. • Crim. 19 mars 2014, n° 12-87.416 P : *D. 2014. 912, note Lasserre Capdeville ; ibid. 1564, obs. Mascala ; ibid. 1569, obs. Mascala ; Gaz. Pal. 2013. 919, note Pitti ; AJ pénal 2014. 293, note Gallois ; RTD civ. 2014. 389, obs. Jourdain ; RTD com. 2014. 427, obs. Bouloc ; JCP 2014, n° 449, note Roussel ; ibid. n° 1028, obs. Maron ; RDC 2014. 377, note Viney ; ibid. 2015. 92, note Ollard ; ibid. 95, note Malabat ; LPA, 16 avr. 2014, p. 3, note de Lamaze.* ♦ Dans le même sens, • Crim. 25 juin 2014, n° 13-84.450 P : *D. 2014. 1453 ; JCP 2014, n° 893, note Detraz* (la passivité d'un loueur de véhicules, face au comportement de son locataire qui vendait ou donnait en location avec option d'achat ses véhicules à ses propres clients, a contribué au dommage qui en est résulté pour lui du fait qu'il n'a pu obtenir la restitution de la totalité d'entre eux). ♦ ... Est de nature à constituer une telle faute le fait, pour la victime, de ne pas avoir pris les précautions utiles pour éviter le dommage. • Crim. 20 oct. 2020, n° 19-84.641 P : *D. 2020. 2063 ; AJ pénal 2020. 584, obs. Beaussonie* (vol). ♦ Le caractère volontaire d'une infraction n'exclut pas, par définition, que la victime ait pu commettre une faute d'imprudence. Mais il appartient aux juges du fond d'apprécier l'existence d'une telle faute. • Crim. 23 sept. 2014, n° 13-83.357 P : *D. 2014. 2332, note Lasserre Capdeville* .

La réparation du dommage causé par des faits présentant le caractère matériel d'une infraction peut être refusée, ou son montant réduit, en raison de la faute de la victime en relation de causalité directe et certaine avec le dommage. • Civ. 2e, 12 déc. 2019, n° 18-21.360 P : *D. 2021. 46, obs. Gout* .

Pour l'admission d'un partage de responsabilité entre la victime et l'auteur d'une infraction involontaire contre les personnes : • Cass., ch. mixte, 28 janv. 1972 : *Bull. mixte n° 1 ; D. 1972. Somm. 134 ; JCP 1972. II. 17050, concl. Lindon ; RTD civ. 1972. 405, obs. Durry ; RGAT 1972. 227, note A. B.* (passagers d'une voiture ayant commis une faute en montant en connaissance de l'état de fatigue et d'imprégnation alcoolique du conducteur).

II. MISE EN ŒUVRE

A. CARACTÈRE D'ORDRE PUBLIC DE LA RESPONSABILITÉ DÉLICTUELLE

174. Nullité des clauses exonératoires ou limitatives de responsabilité. La victime d'un accident ne peut renoncer d'avance à demander la réparation du dommage résultant d'une faute délictuelle. • Civ. 3 janv. 1933 : *DH 1933. 113* • 4 janv. 1933 : *eod. loc.* ♦ Sont nulles les clauses d'exonération ou d'atténuation de responsabilité en matière délictuelle, les art. 1382 anc. et 1383 anc. [1240 et 1241] étant d'ordre public et leur application ne pouvant être paralysée d'avance par une convention. • Civ. 2e, 17 févr. 1955 : *GAJC, 11e éd., n° 178 ; D. 1956. 17, note Esmein ; JCP 1955. II. 8951, note Rodière.* ♦ Comp., sur l'acceptation des risques, note 66 ss. art. 1242.

175. Validité des clauses de garantie par un tiers. La clause par laquelle un maître d'ouvrage se fait garantir par l'entrepreneur des conséquences pécuniaires de sa responsabilité envers les tiers du fait ou à l'occasion des travaux ne constitue pas une clause d'exonération de responsabilité prohibée. • Civ. 3e, 23 janv. 1991, n° 89-15.097 P.

176. Contrat d'assurance de dommages. Renonciation à recourir contre le responsable. La clause (d'un contrat d'assurance de dommages) de renonciation à tout recours contre la personne responsable d'un dommage n'emporte pas, sauf stipulation contraire, renonciation à recourir contre l'assureur de cette personne. • Civ. 1re, 30 mai 1995, nº 92-14.285 P : *R., p. 398* • 17 mars 1998, nº 96-12.249 P : *D. 1999. Somm. 226, obs. Groutel, et 241, obs. Lemée*. ♦ ... Entre la cécité d'un patient et la persistance d'un médecin dans un diagnostic erroné, le médicament prescrit ayant entraîné une aggravation de l'infection. • Civ. 1re, 13 nov. 2008 : *JCP 2009. II. 10030, note Sargos ; RDC 2009. 1032, obs. Deshayes.*

B. L'ACTION FONDÉE SUR LES ART. 1240 ET 1241

1º LES PARTIES

177. La personnalité juridique, source du droit d'exercer l'action. Un comité d'hygiène, de sécurité et des conditions de travail, étant doté de la personnalité morale, peut agir en justice contre l'employeur en réparation du préjudice que lui a causé l'atteinte portée par ce dernier à ses prérogatives. • Soc. 3 mars 2015, nº 13-26.258 P (est infondé le moyen qui soutient que cette personnalité morale est dépourvue de patrimoine).

178. Enfant. V. note 85.

179. Demandeur : héritier. Lorsque l'action publique n'a été mise en mouvement ni par la victime ni par le ministère public, seule la voie civile est ouverte aux héritiers pour exercer le droit à réparation reçu en cette qualité. • Cass., ass. plén., 9 mai 2008 : *Bull. ass. plén., nº 2 (2e esp.) ; BICC 15 juill. 2008, rapp. Terrier, avis Boccon-Gibod ; RLDC 2008/51, nº 3057, obs. Pichon ; ibid. 2008/53, nº 3141, note Hocquet-Berg.* ♦ Les héritiers peuvent demander réparation des préjudices subis par la victime devant la cour d'appel saisie des seuls intérêts civils, peu important que leur auteur n'ait pas introduit d'action à cette fin avant son décès, dès lors que le ministère public avait mis en mouvement l'action publique et que la victime n'avait pas renoncé à l'action civile. • Cass., ass. plén., 9 mai 2008 : *Bull. ass. plén., nº 2 (1re esp.) ; BICC 15 juill. 2008, rapp. Terrier, avis Boccon-Gibod ; RLDC 2008/51, nº 3057, obs. Pichon ; ibid. 2008/53, nº 3141, note Hocquet-Berg.* ♦ Si la qualité d'héritier permet de revendiquer le bénéfice d'une action née dans le patrimoine de l'auteur, c'est à la condition que l'auteur ait entendu réclamer le bénéfice de cette action à son profit. • Civ. 1re, 31 mars 2016, nº 15-10.748 P : *D. 2016. 782 ; AJ fam. 2016. 263, obs. Casey.*

180. Le droit à réparation du dommage résultant de la souffrance physique éprouvée par la victime avant son décès, étant né dans son patrimoine, se transmet à ses héritiers. • Cass., ch. mixte, 30 avr. 1976 (2 arrêts), nº 73-93.014 P : *R. 1976-1977, p. 96 ; D. 1977. 185, note Contamine-Raynaud.* ♦ Dans le même sens, pour le dommage résultant de la souffrance morale éprouvée par une victime avant son décès, en raison d'une perte de chance de survie. • Civ. 1re, 13 mars 2007, nº 05-19.020 P : *D. 2007. AJ 1015 ; RCA 2007, nº 207, note Hocquet-Berg ; RTD civ. 2007. 785, obs. Jourdain*. ♦ ... Pour les victimes d'un accident d'avion, les passagers ayant eu conscience de l'imminence de leur décès. • Fort-de-France, 25 févr. 2011 : *JCP 2011, nº 1118, note de Graëve.* ♦ ... Pour la douleur morale ayant résulté pour la victime d'une noyade, qui s'est débattue un certain temps avant de se noyer, de la conscience de sa mort imminente. • Crim. 29 avr. 2014, nº 13-80.693. ♦ En revanche la perte de sa vie ne fait en elle-même naître aucun droit à réparation dans le patrimoine de la victime ; seul est indemnisable le préjudice résultant de la souffrance morale liée à la conscience de sa mort prochaine. • Civ. 2e, 20 oct. 2016, nº 14-28.866 P : *D. 2017. 24, obs. Brun, Gout et Quézel-Ambrunaz* • Civ. 2e, 23 nov. 2017, nº 16-13.948 P : *D. 2017. 2425 ; AJ fam. 2018. 49, obs. Houssier ; RCA 2018, nº 32, note Hocquet-Berg ; LPA 19 avr. 2018, note Fabas Serlooten.* ♦ Le préjudice d'angoisse de mort imminente ne peut exister que si la victime est consciente de son état. • Crim. 27 sept. 2016, nº 15-83.309 P : *D. 2016. 2612, note Bouchet ; ibid. 2017. 24, obs. Brun, Gout et Quézel-Ambrunaz* • Civ. 2e, 23 nov. 2017, nº 16-13.948 P : *préc.* (enfant de quatre ans victime d'une noyade, dont il n'est pas établi qu'il avait eu conscience de l'imminence de sa mort). ♦ Les ayants droit d'une victime d'infraction, agissant en qualité d'héritiers, peuvent obtenir réparation conformément au droit commun. • Civ. 2e, 6 janv. 2000, nº 98-13.023 P. – *Adde* : Hasnaoui, *Dr. fam. 2011. Étude 12* (validité de la transmission successorale du droit à réparation d'un préjudice extrapatrimonial). ♦ V. aussi : • Soc. 12 févr. 2014, nº 12-28.571 P : *D. 2014. 488* (transmission de l'action en harcèlement intentée par le salarié avant son décès).

181. ... Naissance du droit à réparation. Le droit à réparation d'un dommage, quelle que soit sa nature, s'ouvre à la date du fait qui en est la cause ; entré dans le patrimoine de la victime décédée, il est transmis à ses héritiers. • CE 29 mars 2000 : *Lebon 147, concl. Chauvaux ; D. 2000. 563, note Bourrel ; D. 2002. Somm. 523, obs. Bon et de Béchillon ; JCP 2000. II. 10360, note Derrien ; ibid. I. 280, nos 23 s., obs. Viney ; Gaz. Pal. 2000. 2. 2440, note Villeneuve ; RRJ 2001/4. 2133, note Laucci ; RDSS 2001. 77, note Pugeault* • 15 janv. 2001 : *D. 2001. IR 597 ; RCA 2002, nº 3, note Guettier ; RFDA 2002. 139, concl. Chauvaux*. ♦ V. note 84. ♦ Le droit pour la victime d'obtenir réparation existe dès que le dommage est causé • Com. 2 févr. 2010, nº 09-11.938 P (obligation de la société dissoute d'indemniser l'ancien salarié licencié abusivement avant la dissolution, la dette étant incluse dans le passif transmis avec le patrimoine). ♦ Mais l'existence du droit à indemnisation de la victime par le FGTI, qui ne naît pas à la date du fait dommageable, doit être appréciée au jour de la demande. • Civ. 2e, 12 janv. 2017, n° 16-10.069 P.

182. ... Victimes par ricochet. Cas des victimes par ricochet : V. notes 121 s. ♦ Cas des concubins : V. notes 141 s. ♦ Question de l'application de l'adage *Nemo auditur*... : V. note 144.

183. ... Caisse de sécurité sociale. La caisse de sécurité sociale est admise à poursuivre le remboursement des prestations mises à sa charge à due concurrence de la part d'indemnité mise à la charge du tiers qui répare l'atteinte à l'intégrité physique de la victime. Si la caisse ne réclame pas le remboursement des prestations servies, le montant de celles-ci doit néanmoins être déduit de l'évaluation du préjudice global pour fixer l'indemnité complémentaire due à la victime. • Civ. 2e, 11 janv. 1995, n° 93-11.610 P.

184. Défendeurs : obligation in solidum des coresponsables. BIBL. Boré, *JCP 1967. I. 2126*. – Chabas, *Mél. Marty, Univ. Toulouse, 1998, p. 291* (parenté ou alliance entre victime et auteur du dommage). – Raynaud, *Mél. Vincent, Dalloz, 1981, p. 317*.

185. ... Prérogatives de la victime. Chacun des responsables d'un même dommage doit être condamné à le réparer en totalité, sans qu'il y ait lieu de tenir compte du partage des responsabilités auquel les juges du fond ont procédé entre les divers responsables, qui n'affecte que les rapports réciproques de ces derniers et non l'étendue de leurs obligations envers la partie lésée. Il en est ainsi même si l'un des responsables est demeuré inconnu. • Civ. 2e, 29 avr. 1970 : *JCP 1971. II. 16586*. – V. aussi • Civ. 2e, 3 févr. 1983 : *JCP 1984. II. 20183, note Chabas* • 12 janv. 1984 : *Bull. civ. II, n° 5* • 26 avr. 2007, n° 06-12.430 P : *D. 2007. AJ 1337* ; *RGDA 2007. 702, note Landel*. ♦ La condamnation d'un responsable d'un dommage à le réparer ne prive pas la victime d'intérêt à agir contre les autres responsables du même dommage, tant qu'elle n'a pas effectivement reçu réparation. • Civ. 1re, 20 juin 2000, n° 97-22.660 P.

186. ... Recours entre coobligés. Le coauteur qui a payé le tout peut réclamer à l'autre la part lui incombant dans la production du dommage. • Civ. 2e, 15 nov. 1972 : *D. 1973. 533, note Chabas*.

L'auteur d'un dommage assigné en réparation par la victime peut rechercher la garantie d'un tiers en invoquant la faute de celui-ci dans la réalisation de ce dommage. • Com. 14 juin 2016, n° 14-16.471 P.

187. ... Action subrogatoire et action personnelle. Le coauteur qui a payé l'intégralité de l'indemnité dispose aussi d'une action personnelle contre son coauteur, qui peut subsister malgré la renonciation de la victime mettant obstacle à la subrogation. • Civ. 1re, 7 juin 1977 : *D. 1978. 289, note Larroumet* ; *JCP 1978. II. 19003, note Dejean de la Bâtie* ; *Gaz. Pal. 1978. 1. 131, note Plancqueel*. ♦ Rappr. • Civ. 3e, 30 avr. 2002, n° 00-15.645 P : *Defrénois 2002. 1032, obs. Périnet-Marquet* ; *RDI 2002. 324, obs. Malinvaud*.

188. ... Partage de responsabilité. Chacun des coauteurs d'un dommage doit supporter, dans ses rapports avec les autres coauteurs et dans la mesure à déterminer par les juges, les conséquences de sa propre faute et ses héritiers sont obligés à réparation du dommage causé par cette faute sans pouvoir invoquer utilement la maxime « *nemo auditur...* », sans application en un tel cas. • Civ. 1re, 14 déc. 1982, n° 81-16.102 P : *RTD civ. 1983. 342, obs. Durry*. ♦ Le partage de responsabilité effectué par les juges dans une proportion déterminée exclut nécessairement qu'un des coauteurs, pour la part mise à sa charge en raison de ses fautes personnelles, exerce un recours en garantie contre l'autre. • Civ. 1re, 30 oct. 1995, n° 93-20.786 P.

Les coauteurs ayant correctionnellement été condamnés à des peines différentes, le juge civil peut néanmoins estimer que les fautes commises par chacun d'eux sont d'égale importance et répartir par parts égales la charge de l'indemnisation. • Civ. 2e, 13 sept. 2018, n° 17-14.654 P.

189. ... Responsabilité de l'individu s'étant abstenu d'intervenir. Les ayants droit de la victime directe de violences sont fondés à solliciter l'indemnisation des préjudices par ricochet qui leur ont été personnellement causés par les délits de non-empêchement de crime ou délit contre les personnes et de non-assistance à personne en péril dont le prévenu a été déclaré coupable. • Crim. 13 mai 2015, n° 13-83.191 P.

190. ... Accidents du travail. La victime d'un accident du travail, en cas de partage de la responsabilité de cet accident entre l'employeur ou son préposé et un tiers étranger à l'entreprise, est en droit d'obtenir de ce tiers, dans les conditions du droit commun, la réparation de son entier dommage dans la mesure où celui-ci n'est pas indemnisé par les prestations de sécurité sociale. • Cass., ass. plén., 22 déc. 1988 (3 arrêts), n° 86-91.864 P : *R., p. 176* ; *D. 1989. 105, concl. Monnet, note Paire* ; *ibid. Somm. 238, obs. Prétot* ; *JCP 1989. II. 21236, concl. Monnet, note Saint-Jours* ; *RTD civ. 1989. 333, obs. Jourdain* • Civ. 2e, 1er mars 1989 : *Bull. civ. II, n° 58* ; *Gaz. Pal. 1989. 2. Somm. 465, obs. Chabas* • 14 févr. 2013, n° 12-13.775 P : *Dr. soc. 2013. 381, obs. Hocquet-Berg* • 4 avr. 2013, n° 12-13.921 P : *RDSS 2013. 556, obs. Tauran*. – V. aussi Dejean de la Bâtie, *JCP 1989. I. 3402*. – Lambert, *Gaz. Pal. 1989. 2. Doctr. 401* • Civ. 2e, 14 oct. 2021, n° 20-10.572 B. ♦ Sur le cas des accidents de la circulation, V. note 51 ss. L. 5 juill. 1985, art. 1er. ♦ Lorsque la lésion dont est atteint l'assuré social est imputable à une personne autre que l'employeur ou ses préposés, le recours de la victime contre le tiers n'est pas subordonné à l'exercice préalable d'un recours contre l'employeur (CSS, art. L. 454-1). • Civ. 2e, 4 avr. 2013 : préc.

♦ ... Et les caisses primaires d'assurance maladie, tenues de servir à la victime ou à ses ayants droit les prestations et indemnités mentionnées par ce même livre, sont admises de plein droit à intenter contre l'auteur de l'accident une action en remboursement des sommes payées par elles. • Civ. 2e, 14 févr. 2013 : *préc.* ♦ Et il résulte des art. L. 451-1 et L. 452-5 CSS que, sauf si la faute de l'employeur est intentionnelle, le tiers étranger à l'entreprise qui a indemnisé la victime d'un accident du travail de son entier dommage, n'a pas de recours contre l'employeur de la victime ou ses préposés, ni contre leur assureur. • Cass., ass. plén., 31 oct. 1991 (3 arrêts), n° 88-17.449 P : *R., p. 284 ; D. 1993. Somm. 271, obs. Prétot ; JCP 1992. II. 21800, note Saint-Jours ; Gaz. Pal. 1992. 2. Somm. 289, obs. Chabas ; RTD civ. 1992. 129, obs. Jourdain*. ♦ En cas de partage de responsabilité avec un tiers, l'employeur, auteur d'une faute inexcusable, ou son assureur, est en droit d'obtenir le remboursement par ce tiers de la fraction, correspondant à sa part de responsabilité, de la cotisation complémentaire d'accident du travail. • Soc. 18 janv. 1996, n° 93-15.675 P • Civ. 1re, 11 janv. 2000, n° 97-16.605 P : *RCA 2000. Chron. 5, par Groutel.*

Le juge saisi de l'action contre l'auteur du dommage doit fixer, dans l'exercice de son pouvoir souverain d'appréciation, la date à laquelle les blessures de la victime ont été consolidées, sans être tenu par la date retenue par l'organisme social pour la détermination des prestations dues à la victime au titre de la législation sociale. • Civ. 2e, 14 oct. 2021, n° 20-10.572 B : *préc.*

191. ... Accident du travail et victime par ricochet. Le conjoint de la victime d'un accident du travail, lorsque cette victime a survécu, n'a pas la qualité d'ayant droit au sens de l'art. L. 451-1 CSS et peut, dès lors, être indemnisé de son préjudice personnel selon les règles du droit commun. • Cass., ass. plén., 2 févr. 1990, n° 89-10.682 P : *R., p. 306 ; D. 1992. 49, note Chabas ; D. 1991. Somm. 120, obs. Prétot ; JCP 1990. II. 21558, concl. Joinet, note Saint-Jours ; RTD civ. 1990. 294, obs. Jourdain* • Soc. 18 avr. 1991, n° 89-11.094 P : *R., p. 284.* ♦ Il en est de même de la mère de la victime. • Soc. 10 oct. 1991 : *D. 1992. 212, note Saint-Jours*. ♦ ... Et de ses ascendants. • Civ. 2e, 15 janv. 1997 : *D. 1997. 317, note Saint-Jours* • 17 sept. 2009, n° 08-16.484 P. ♦ V. aussi note 142 (cas de la concubine).

192. ... Victimes par ricochet et faute de la victime directe. Celui dont la faute a causé un dommage est déchargé en partie de la responsabilité mise à sa charge s'il prouve qu'une faute de la victime a concouru à la production du dommage. Il en est ainsi non seulement lorsque la demande d'indemnité est formée par la victime elle-même, mais encore lorsqu'elle l'est par un tiers qui, agissant de son propre chef, demande réparation du préjudice personnel dont il a souffert du fait du décès de la victime ou de l'atteinte corporelle subie par celle-ci. Si l'action de ce tiers est distincte par son objet de celle que la victime a pu exercer, elle n'en procède pas moins du même fait originaire considéré dans toutes ses circonstances. • Cass., ass. plén., 19 juin 1981, n° 78-91.827 P : *R., p. 35 ; GAJC, 11e éd., n° 188-189 (II) ; D. 1981. 641, note Larroumet ; D. 1982. 85 (deux arrêts), concl. Cabannes, note Chabas ; JCP 1982. II. 19712, rapport Ponsard ; Gaz. Pal. 1981. 2. 529, note Boré ; RTD civ. 1981. 857, obs. Durry.*

193. ... Jeu de l'obligation in solidum en cas de responsabilité du fait des choses. V. notes 61 s. ss. art. 1242. ♦ En cas d'accident de la circulation, V. note 7 ss. L. 5 juill. 1985, ss. art. 2.

2° *RÉGIME DE L'ACTION*

194. Prescription. Sur la durée de la prescription, V. art. 2224, 2225, 2226. — **C. civ.** ♦ Si la L. du 23 déc. 1980 a mis fin au principe de la solidarité des prescriptions de l'action publique et de l'action civile, elle n'a pas abrogé l'art. 65 de la L. du 29 juill. 1881 sur la presse qui, indépendamment de l'application dudit principe, dispose que l'action civile résultant des crimes, délits et contraventions prévus par ladite loi se prescrit après trois mois révolus. • Civ. 2e, 13 juin 1985 : *Bull. civ. II, n° 120* • 17 févr. 1993, n° 91-18.877 P : *D. 1994. Somm. 19, obs. Fortis ; JCP 1993. I. 3727, n° 3, obs. Viney.* – V. aussi • Civ. 2e, 1er avr. 1998, n° 95-20.848 P • 14 janv. 1999, n° 97-12.157 P • 28 janv. 1999, n° 96-16.992 P • 6 mai 1999, n° 95-18.883 P.

195. Action contre les personnes publiques (État, départements, communes, établissements publics) : prescription quadriennale. La déchéance quadriennale des créances sur l'État prévue par la L. du 31 déc. 1968 commence à courir le premier jour de l'année au cours de laquelle s'est produit le fait générateur du dommage allégué. • Cass., ass. plén., 6 juill. 2001, n° 98-17.006 P : *R., p. 460 ; BICC 15 sept. 2001, concl. de Gouttes ; D. 2001. IR 2358 ; JCP 2002. II. 10105, note Fossier.* ♦ V. aussi • Civ. 2e, 25 oct. 2001, n° 99-10.194 P : *R., p. 460 ; D. 2001. IR 3492* (préjudice résultant d'une atteinte à la personne : point de départ de la prescription fixé à la date de la consolidation).

Les demandes d'indemnisation adressées au fonds d'indemnisation des victimes de l'amiante (FIVA) par les victimes d'une exposition à l'amiante sont soumises à la prescription quadriennale. Ce délai de prescription ne peut commencer à courir tant que la consolidation du dommage n'a pas été constatée ; toutefois, lorsque cette consolidation a été constatée avant la date d'entrée en vigueur du décr. n° 2001-963 du 23 oct. 2001, le point de départ du délai ne peut être fixé avant cette date. • Cass., avis, 18 janv. 2010, n° 09-00.004 P. ♦ L'action exercée par la victime d'une maladie liée à une exposition à l'amiante devant la juridiction de sécurité sociale tendant à la reconnaissance du caractère professionnel de la maladie et/ou à la déclaration de la faute inexcusable de l'employeur n'interrompt pas le délai de prescription. • Même arrêt.

196. *Référés.* BIBL. Compétence du juge des référés en cas d'instance pénale : Bertin, *Gaz. Pal. 1985. 1. Doctr. 226.* – Le Calvez, *ibid. 1985. 1. Doctr. 259.* – Pradel, *D. 1983. Chron. 241.* ♦ V. aussi • Civ. 2e, 24 juin 2004, n° 02-17.383 P.

C. RÉPARATION DU DOMMAGE

BIBL. Contamination par transfusion sanguine, responsabilité et indemnisation : Morançais-Demeester, *D. 1992. Chron. 189.* – Lambert-Faivre, *D. 1993. Chron. 67* ; *RTD civ. 1993. 1.* – Memmi, *Gaz. Pal. 1993. 1. Doctr. 533.* – Margeat, *Gaz. Pal. 1993. 2. Doctr. 977.* – Bergé, *Gaz. Pal. 1996. 2. Doctr. 737.* – E. Savatier, *JCP 1999. I. 125.* – Moniolle, *RDSS 1999. 91* . ▶ Autres thèmes : Adida-Canac, *RLDC 2013/110, n° 5246* (réparation intégrale en droit du dommage corporel). – Amouroux, *Gaz. Pal. 1989. 1. Doctr. 95* (dommages aux véhicules automobiles) ; *ibid. 1991. 2. Doctr. 609* (cas du crédit-bail). – Boismain, *LPA 22 févr. 2007* (évaluation des dommages-intérêts par les juges du fond). – Bourrié-Quenillet, *JCP 2004. I. 136* (droit du dommage corporel et prix de la vie humaine). – Boustani, *D. 2014. 389* (réparation intégrale et règles de procédure). – Bouvet, *RCA 2007. Étude 10* (équité dans la réparation du préjudice). – Brousseau, *JCP 1974. I. 2656* (incidence des prothèses). – Brun, *RLDC 2013/110, n° 5245* (réparation intégrale en droit du dommage corporel). – Carval, Laborde, Nérot, *D. 2018. 252* (réparation de la perte de marge). – Charbonneau, *RLDC 2013/107, n° 5187.* – Douaoui, *D. 2001. Chron. 1333* (réparation du trouble médiatique). – Gout, *RLDC 2004/10, n° 433* (diversité des systèmes d'indemnisation). – Gavalda, *JCP 1965. I. 1936* (déclarations fiscales). – Jourdain, obs. *RTD civ. 1989. 324 et 337* ; *RDI 1995. 51* (réparation des dommages immobiliers et enrichissement de la victime). – Lambert-Faivre, *Gaz. Pal. 1991. 2. Doctr. 335* (dommage corporel) ; *D. 1992. Chron. 165* (dommages corporels) ; *RCA 1997. Chron. 31* (dommage corporel) ; *RTD civ. 1998. 1* (éthique de la responsabilité). – Le Roy, *D. 1982. Chron. 57* ; *D. 1983. Chron. 33* (préjudice physiologique). – C. Lienhard, *D. 2006. Chron. 2485* (réparation intégrale des préjudices en cas de dommage corporel). – Marchadier, *RTD civ. 2009. 245* (réparation des dommages à la lumière de la Conv. EDH). – Margeat, *Gaz. Pal. 1991. 2. Doctr. 375* (victimes gravement handicapées). – Moore, *Gaz. Pal. 2013. 2936* (réparation du préjudice corporel depuis 1930). – Neyret, *D. 2008. Chron. 170* ; *ibid., Chron. 2681* (réparation des atteintes à l'environnement). – A. Perrot, *CCC 2017, Dossier, n° 3* (analyse économique du dommage). – Pierre, *RLDC 2013/110, n° 5247* (réparation intégrale en Europe). – Quenillet-Bourrié, *JCP 1995. I. 3818* (préjudice corporel). – Quistrebert, *RCA 2019. Dossier 7* (méthodes d'évaluation de l'indemnité allouée en cas de dommages aux biens... trente ans plus tard). – Varese, *Gaz. Pal. 1991. 2. Doctr. 371* (lésions successives). – Viney, *Mél. Drai, Dalloz, 2000, p. 671* (avenir des régimes d'indemnisation indépendants de la responsabilité civile). – Colloque CEDAG, *LPA 20 nov. 2002* (moraliser le droit français de la réparation du dommage ?). – Dossier, Réparation du dommage corporel, *Gaz. Pal. 2009. 164.*

1° PRINCIPE DE LA RÉPARATION INTÉGRALE

197. *Équivalence quantitative.* Le préjudice résultant d'une infraction doit être réparé dans son intégralité, sans perte ni profit pour aucune des parties. • Crim. 13 nov. 2013 : *cité note 84* • 1er sept. 2015, n° 14-84.353 P • 8 déc. 2020, n° 19-84.245 P : *RDI 2021. 93, obs. de Jacobet de Nombel* . ♦ La réparation d'un dommage, qui doit être intégrale, ne peut excéder le montant du préjudice. • Civ. 1re, 9 nov. 2004, n° 02-12.506 P : *D. 2004. IR 3117* ; *JCP 2005. I. 114, nos 1 s., obs. Grosser (2e esp.)* • Com. 11 mai 1999, n° 98-11.392 P (préjudice causé par l'abus du droit d'agir en justice réparé deux fois, par l'attribution de dommages-intérêts et par l'attribution d'une somme pour procédure abusive). ♦ ... Ni lui être inférieure. • Civ. 2e, 12 mai 2011, n° 10-17.148 P : *préc. note 105.* ♦ Le salarié dont le licenciement a été annulé et qui a demandé sa réintégration a droit à la réparation de la totalité du préjudice subi au cours de la période écoulée entre le licenciement et la réintégration dans la limite des salaires dont il a été privés. • Soc. 14 déc. 2016, n° 14-21.325 P. ♦ Le salarié indûment licencié qui obtient sa réintégration a droit à une indemnité égale à la rémunération qu'il aurait dû percevoir entre la date de son licenciement et celle de sa réintégration, sans déduction des revenus de remplacement dont il a pu bénéficier pendant cette période. • Soc. 21 nov. 2018, n° 17-11.122 P. ♦ Rappr. ss. l'angle de l'art. 2 Conv. EDH note 9 ss. art. 16. ♦ Rappr. : le principe d'une condamnation à des dommages-intérêts punitifs n'est pas, en soi, contraire à l'ordre public, mais il en est autrement lorsque le montant alloué est disproportionné au regard du préjudice subi et des manquements aux obligations contractuelles du débiteur. • Civ. 1re, 1er déc. 2010 : *D. 2011. 423, note Licari* ; *JCP 2011, n° 140, note Juvénal* ; *ibid. n° 158, obs. Nourissat* ; *Dr. et patr. 7-8/2011. 42, note Attal* ; *RTD civ. 2011. 122, obs. Fages* . – Adde, Wester-Ouisse, *RCA 2011. Étude 5.* – Juen, *RTD civ. 2017. 565* (vers la consécration des dommages-intérêts punitifs en droit français).

Les juges du fond ne peuvent décider de fixer le préjudice en équité à une somme forfaitaire. • Civ. 1re, 3 juill. 1996, n° 94-14.820 P • Civ. 3e, 26 sept. 2007, n° 06-13.896 P : *D. 2007. AJ 2534* • 3 déc. 2015, n° 13-22.503 P : *D. 2015. 2559* ; *AJDI 2016. 532, obs. Le Rudulier* (indemnité d'occupation). ♦ ... Ou condamner le responsable au paiement de dommages et intérêts indéterminés. • Civ. 1re, 14 févr. 2008 : *JCP 2008. I. 186, n° 2, obs. Stoffel-Munck* (cassation de l'arrêt condamnant le responsable de dommages à un véhicule au paiement d'une indemnité journalière pour privation de jouissance dans l'attente de réparations dont la date reste inconnue). ♦ Nécessité pour le juge qui a retenu l'état d'abandon d'un immeuble antérieurement à l'incendie criminel qui l'a détruit pour écarter la valeur de reconstruction, de s'expliquer sur l'adéquation entre la somme retenue et la valeur vénale de l'immeuble au jour de l'incendie, actualisée au jour de la décision de l'indemnisation. • Crim. 15 janv. 2019, n° 17-87.480 P. ♦ Le réaménagement d'un site sur lequel a été exploitée une installation classée fait partie intégrante de l'activité exercée, de sorte que l'indemnité d'occupation due pendant la remise en état après cessation de l'activité doit être fixée par référence au loyer prévu au bail. • Civ. 3e, 23 juin 2016, n° 15-11.440 P : *D. 2016. 1435* ; *AJDI 2016. 848, obs. Wertenschlag et Geib* ; *RDC 2016. 657, note Knetsch.* ♦ Rappr. notes 212 sur les dommages hypothétiques et 134 sur l'obligation d'évaluer le préjudice.

Sur la nécessité pour le juge de distinguer la réparation intégrale du préjudice et la perte de chance, V. • Civ. 2e, 19 mars 1997, n° 94-19.249 P : *R., p. 278* ; *D. 1998. Somm. 50, obs. Groutel* (3e esp.) ; *ibid. 1999. Somm. 87, obs. J. Mouly* (cassation de l'arrêt accordant une réparation intégrale du préjudice, alors que le préjudice subi du fait du manquement d'une association sportive à ses obligations n'était, pour la victime, que de la perte d'une chance d'être assurée par un contrat d'assurance de personne à garanties forfaitaires) • 21 févr. 2002, n° 99-20.711 P : *RCA 2002, n° 181, note Courtieu* (cassation de l'arrêt condamnant dans la même hypothèse une fédération sportive au paiement de la différence entre l'indemnité obtenue et le montant du préjudice, sans tenir compte du montant maximal de cette garantie supplémentaire ni de son coût). ♦ Comp. : la réparation intégrale due à la victime par le Fonds d'indemnisation des victimes de l'amiante doit tenir compte des indemnités de toute nature reçues ou à recevoir d'autres débiteurs du chef du même préjudice. • Civ. 2e, 13 sept. 2018, n° 17-18.885 P : *RDSS 2018. 1109, obs. Tauran* . ♦ Cassation de l'arrêt qui abaisse la somme allouée par un tribunal à la partie civile, correspondant au prix de vente aux enchères d'un tableau acheté à vil prix, au motif que rien ne permet de considérer que s'il n'avait pas été frauduleusement acquis, la victime en aurait tiré un prix équivalent et que doit être réparée la seule perte de chance d'acquisition d'un gain, incertain en son quantum ; en effet, la cour d'appel ne peut analyser le préjudice comme une perte de chance et doit retenir la valeur du tableau au jour de sa décision, en tenant compte de tous les éléments connus à cette date. • Crim. 12 sept. 2018, n° 17-82.122 : *D. 2018. 2217, note Dejean de la Bâtie* .

198. Sanction proportionnée. Cassation de l'arrêt ordonnant la démolition d'un immeuble, en conséquence de l'annulation du contrat de construction, imposant de remettre les parties dans l'état où elles se trouvaient avant sa conclusion, sans rechercher si la démolition de l'ouvrage constituait une sanction proportionnée à la gravité des désordres et des non-conformités qui l'affectaient. • Civ. 3e, 15 oct. 2015, n° 14-23.612 : *D. 2015. 2423, note Dubois* . ♦ Le principe de la réparation intégrale du dommage n'impose pas aux juges d'ordonner la démolition d'un immeuble construit dans une zone inconstructible mais de définir les modalités les plus appropriées à la réparation de celui-ci ; la cour d'appel ayant relevé que les instances compétentes avaient constaté que la construction s'intégrait parfaitement au site et ne nuisait en rien à l'environnement, il n'y a pas lieu d'ordonner la remise en état, mais la construction réalisée, en s'affranchissant de la réglementation de l'urbanisme, porte atteinte aux intérêts généraux de protection de l'environnement défendus par l'association, laquelle subit un préjudice qui doit être réparé par l'allocation d'une somme de 1 €. • Crim. 12 juin 2019, n° 18-81.874 P : *D. 2019. 1227* ; *RDI 2019. 457, obs. de Jacobet de Nombel* . ♦ Un immeuble incendié ne pouvant être reconstruit à l'identique en raison de la dangerosité de sa situation et du refus du maire d'accorder un permis de construire, et octroyer aux propriétaires une valeur de reconstruction à neuf dans un autre lieu leur procurant un avantage indu puisqu'ils bénéficieraient d'un bien équivalent mais mieux situé, la cour d'appel en a exactement déduit, sans violer le principe de la réparation intégrale, que l'indemnisation du préjudice devait s'effectuer selon la valeur vénale de l'immeuble à la date du sinistre. • Civ. 3e, 7 sept. 2017, n° 16-15.257 P : *D. 2017. 2577, note V. Mazeaud* ; *AJDI 2018. 35, obs. de La Vaissière* ; *RDC 2018. 41, note Viney* ; *RGDA 2017. 629, note A. Pélissier.* ♦ L'exécution des mesures ordonnées en référé pour faire cesser un trouble manifestement illicite n'exclut pas la réparation du préjudice que ce trouble a pu causer. • Civ. 3e, 14 janv. 2016, n° 14-19.092 P : *D. 2016. 1613, obs. Dumont-Lefrand*

199. Absence de limitation au dommage prévisible. Une faute délictuelle étant relevée, se trouve par là même écartée toute possibilité d'appliquer les dispositions de l'art. 1150 anc. C. civ. • Req. 14 déc. 1926 : *DP 1927. 1. 105, note Josserand.*

Le préjudice lié à l'extinction de la créance subi par le créancier qui n'a pas pu la déclarer dans une procédure de redressement judiciaire en raison de la faute du débiteur, ne correspond pas nécessairement au montant de cette créance, dans la mesure où cette créance chirographaire, si elle avait été déclarée, serait restée partiellement impayée. • Com. 17 nov. 2009, n° 08-11.198 P : *D. 2009. AJ 2861, obs. Lienhard* • 17 nov. 2009, n° 07-21.157 P (prise en compte de l'insuffisance d'actif).

200. Absence de limitation à l'indemnité d'assurance. L'indemnisation de la victime par son assureur ne limite pas l'obligation de réparation pesant sur l'auteur de l'infraction. • Crim. 28 mars 2018, n° 16-84.872 P : *RDC 2018. 377, obs. Leduc; RGDA 2018. 299, note Schulz.*

201. Indifférence de la gravité de la faute. L'indemnité nécessaire pour compenser le dommage subi doit être calculée en fonction de la valeur du dommage, sans que la gravité de la faute puisse avoir aucune influence sur le montant de ladite indemnité. • Civ. 2e, 8 mai 1964 : *JCP 1965. II. 14140, note Esmein; RTD civ. 1965. 137, obs. R. Rodière.*

202. Absence de prise en compte des sommes non indemnitaires perçues par la victime. Cassation de l'arrêt qui déduit de la somme indemnisant le préjudice lié au besoin d'assistance par une tierce personne l'allocation d'éducation de l'enfant handicapé et son complément alors que cette prestation à affectation spéciale, liée à la reconnaissance de la spécificité des charges induites par le handicap de l'enfant, constitue une prestation familiale et ne répare pas un préjudice de cet enfant et qu'elle n'a pas de caractère indemnitaire. • Civ. 2e, 7 mars 2019, n° 17-25.855 P.

203. ... Prise en compte des sommes ayant un caractère indemnitaire. L'allocation personnalisée d'autonomie (APA) constitue une prestation indemnitaire, en application de l'art. L. 232-1 CASF, dès lors qu'elle n'est pas attribuée sous condition de ressources et que, fixée en fonction des besoins individualisés de la victime d'un handicap, elle répare les postes de préjudice relatifs à l'assistance par une tierce personne. • Civ. 1re, 24 oct. 2019, n° 18-21.339 P : *D. 2019. 2090 ; RDSS 2019. 1144, obs. Curier-Roche .*

204. Prise en compte des frais réellement exposés par la victime. Cassation de l'arrêt qui a évalué le préjudice subi par un locataire ayant souscrit un emprunt pour réaliser l'aménagement d'un local commercial en réalité impropre à sa destination au montant total de l'emprunt, sans rechercher, comme cela était demandé, le montant effectif des dépenses financées par le prêt, seule une fraction de celui-ci ayant été engagée. • Civ. 3e, 3 nov. 2021, n° 20-16.334 B.

205. Absence d'obligation pour la victime de réduire son dommage. BIBL. Obligation de modérer le dommage : Gency-Tandonnet, *Gaz. Pal. 2004. Doctr. 1485.* – Pimont, *RLDC 2004/9, n° 364; ibid. 2004/10, n° 402.* – Thiriez, *Gaz. Pal. 2014. 3630.* ♦ L'auteur du fait dommageable doit en réparer toutes les conséquences et la victime n'est pas tenue de limiter son préjudice dans l'intérêt du responsable. • Civ. 2e, 19 juin 2003, n° 00-22.302 P : *R., p. 460; D. 2003. 2326, note Chazal ; D. 2004. Somm. 1346, obs. D. Mazeaud ; JCP 2003. II. 10170, note Castets-Renard; ibid. 2004. I. 101, nos 9 s., obs. Viney; Gaz. Pal. 2003. 3101, note Rosenfeld et Bouchez; Defrénois 2003. 1574, obs. Aubert; RCA 2004. Chron. 2, par Agard; RGDA 2003. 504, note Landel (2e esp.); LPA 31 déc. 2003, note Dagorne-Labbe; Dr. et patr. 11/2003. 82, obs. Chabas; RTD civ. 2003. 716, obs. Jourdain* • 19 juin 2003, n° 01-13.289 P : *R., p. 460; D. eod. loc .; Gaz. Pal. eod. loc.; Defrénois eod. loc.; RTD civ. eod. loc .; RCA eod. loc.; JCP 2004. I. 101, nos 9 s., obs. Viney; LPA 17 oct. 2003, note Reifegerste; ibid. 31 déc. 2003, note Dagorne-Labbe; Dr. et patr. 11/2003. 83, obs. Chabas* • Civ. 3e, 10 juill. 2013 : *RDC 2014. 27, note Deshayes* • Civ. 1re, 2 juill. 2014, n° 13-17.599 P : *D 2014. 1919, note Boismain ; ibid. 2015. 124, obs. Brun et Gout ; RTD civ. 2014. 893, obs. Jourdain ; JCP 2014, n° 1034, note Dagorne-Labbe; RDC 2015. 24, note Viney.* ♦ L'indemnité résultant de l'inaptitude à poursuivre l'activité de cuisinier ne peut être réduite au motif que la victime a refusé le poste proposé par son employeur. • Civ. 2e, 26 mars 2015, n° 14-16.011 P : *D. 2015. 1475, note Gréau ; ibid., chron. C. cass.1791, obs. Lazerges-Cousquer et Touati ; ibid. 2016. 35, obs. Brun et Gout .* ♦ Cassation de l'arrêt qui refuse à la victime d'un accident l'indemnisation du préjudice résultant de la perte de son fonds de commerce resté inexploité pendant plusieurs années, au motif qu'elle aurait pu le faire exploiter par un tiers, alors que l'accident avait entraîné pour la victime une incapacité l'empêchant de reprendre son activité professionnelle, ce dont il résultait l'existence d'un lien de causalité directe entre l'accident et le préjudice allégué. • Civ. 2e, 19 juin 2003 : *préc. (1er arrêt).* ♦ Rappr. : • Civ. 2e, 22 janv. 2009, n° 07-20.878 P : *D. 2009. 1114, note Loir ; Gaz. Pal. 2009. 1264, note Saleh et Spinelli; RCA 2009, n° 98, obs. Brusorio-Aillaud; RTD civ. 2009. 334, obs. Jourdain* (vente d'actions constituant une mesure de gestion jugée raisonnable, et en lien avec l'infraction, le préjudice correspondant à la moins-value réalisée).

En application du principe de la réparation intégrale, le montant de l'indemnité allouée au titre de l'assistance d'une tierce personne ne saurait être réduit ni en cas d'assistance familiale, ni en cas d'organisation d'une mesure de protection des majeurs. • Civ. 2e, 24 nov. 2011 : *préc. note 157.* ♦ ... Ni subordonnée à la production de justificatifs des dépenses effectuées. • Crim. 25 sept. 2012 : *RCA 2012, n° 339* • Civ. 2e, 15 janv. 2015, n° 13-27.761 P : *préc. note 96.* ♦ Cassation de l'arrêt qui limite l'indemnisation de la victime, au motif que son refus de se soigner est fautif, alors que la victime n'a pas l'obligation de se soumettre aux actes médicaux préconisés par ses médecins. • Civ. 2e, 19 juin 2003 : *préc. (2e arrêt).* ♦ Déjà en ce sens, pour le refus d'une opération chirurgicale : • Civ. 2e, 19 mars 1997, n° 93-10.914 P : *R., p. 280; RTD civ. 1997. 632, obs. Hauser ; ibid. 675, obs. Jourdain ; LPA 8 mars 1999, note Lucas-Gallay* (visa de l'art. 16-3 C. civ.). ♦ V. aussi : Doll, *JCP 1970. I. 2351.* ♦ Le refus du patient de se soumettre aux traitements préconisés, dès lors qu'il n'a pas l'obligation de les suivre, ne peut entraîner ni la perte ou la diminution de son droit à indemnisation, ni la prise en compte d'une aggravation susceptible de découler d'un tel choix. • Civ. 1re, 3 mai 2006, n° 05-10.411 P : *D. 2006. IR 1403, obs. Gallmeister ; Gaz. Pal. 2006. Somm. 4113, obs. Bacache ; RDC 2006. 1228, obs. Carval ; RDSS 2006. 745, note Hennion-Jacquet ; RTD civ. 2006. 562, obs. Jourdain* (hépatite C). ♦ Le refus d'une personne, victime d'une infection nosocomiale dont un établissement de santé a été reconnu responsable, de se soumettre à des traitements médicaux, qui ne peuvent être pratiqués sans son consentement, ne peut entraîner la perte ou la diminution de son droit à indemnisation de l'intégralité des préjudices résultant de l'infection. • Civ. 1re, 15 janv. 2015, n° 13-21.180 P : *D. 2015. 1075, note Gisclard ; ibid. 2016. 35, obs. Brun et Gout ; Gaz. Pal. 2015. 916, obs. Guigue et Penneau ; JCP 2015, n° 436, note Houssier.*

Aucune disposition de la loi ne permet de réduire, en raison d'une négligence de la victime, le montant des réparations civiles dues à celle-ci par l'auteur d'une infraction intentionnelle contre les biens. • Crim. 7 nov. 2001, n° 01-80.592 P : *R., p. 486 ; D. 2002. IR 138 ; Dr. et patr. 12/2002. 82, obs. Chabas ; LPA 16 oct. 2002, note Jaluzot ; RTD civ. 2002. 314, obs. Jourdain* • 10 mars 2004, n° 02-85.285 P • Civ. 2e, 19 nov. 2009, n° 08-19.380 P : *D. 2009. AJ 2934, obs. Gallmeister ; RLDC 2010/67, n° 3675, obs. Bugnicourt.*

Victime d'une escroquerie et d'autres infractions qui l'ont conduit à octroyer un crédit excessif non remboursé, l'établissement de crédit ne peut se voir reprocher d'avoir augmenté son préjudice en tardant à mettre en œuvre une voie d'exécution. • Crim. 21 mars 2018, n° 17-80.058 P : *D. 2018. 672 ; AJ pénal 2018. 321, obs. Courtin .*

206. Absence de prise en compte d'événements hypothétiques. Les juges ne peuvent, pour diminuer le montant de l'indemnité allouée, se fonder sur un événement qui, fût-il d'usage coutumier, n'en présente pas moins un caractère hypothétique (remariage d'une veuve musulmane). • Crim. 11 oct. 1988 : *Gaz. Pal. 1989. 1. 93 ; RTD civ. 1989. 337, obs. Jourdain.* ♦ S'agissant d'une usine arrêtée depuis très longtemps et dont la remise en route est hypothétique, l'indemnisation peut n'être opérée qu'en valeur vénale. • Civ. 2e, 14 janv. 1999, n° 96-17.562 P : *R., p. 393 ; JCP 2000. I. 199, n° 13, obs. Viney ; RTD civ. 1999. 412, obs. Jourdain .*

207. Prise en compte d'examens nécessaires à l'évaluation des préjudices. Cassation de l'arrêt ayant refusé la prise en compte de l'examen neuropsychologique et du bilan psychiatrique de la victime, au motif qu'il s'agit de rapports d'expertise privés qui ne sauraient être indemnisés au titre des frais divers, alors que la cour d'appel aurait dû rechercher, comme elle y était invitée, si ces examens n'avaient pas été indispensables à l'évaluation des préjudices de la victime et n'étaient pas, par conséquent, imputables à l'accident. • Civ. 2e, 6 févr. 2020, n° 18-19.518 P : *D. 2020. 2142, obs. Bacache, Guégan et Porchy-Simon ; ibid. 2021. 46, obs. Brun ; RTD civ. 2020. 632, obs. Jourdain .*

208. Dommages présents et dommages futurs. La réparation du préjudice esthétique permanent, de nature extrapatrimoniale et consistant en l'altération de l'apparence physique de la victime, ne saurait exclure par principe le droit à l'indemnisation de dépenses de santé futures destinées à acquérir et à renouveler une prothèse esthétique, ces deux chefs de préjudice étant distincts. • Crim. 17 déc. 2019, n° 18-85.191 P : *D. 2020. 9 ; RSC 2020. 114, obs. Jeanne ; RTD civ. 2020. 404, obs. Jourdain .* ♦ De même, la réparation du préjudice d'agrément, de nature extrapatrimoniale et consistant en l'impossibilité de pratiquer une activité sportive ou de loisirs dans les mêmes conditions qu'avant l'accident, ne saurait exclure, par principe, le droit à l'indemnisation de dépenses de santé futures, destinées à acquérir et à renouveler une prothèse de sport permettant la pratique d'activités physiques, ces deux chefs de préjudice étant distincts. • Même arrêt.

209. Aggravation postérieure. BIBL. Lambert-Faivre, *RCA, mai 1998, n° spécial.* ♦ Toute victime dispose d'une nouvelle action en réparation contre le responsable en cas d'aggravation de son dommage, l'autorité de la chose jugée ne pouvant être opposée à une nouvelle action tendant à la réparation d'un élément du préjudice inconnu au moment de la demande initiale et sur lequel il n'a donc pu être statué. • Crim. 9 juill. 1996, n° 95-18.143 P : *JCP 1997. I. 4025, n° 23, obs. Viney.* – Dans le même sens : • Civ. 2e, 9 déc. 1999, n° 98-10.416 P • 19 févr. 2004 : *RTD civ. 2005. 147, obs. Jourdain* • 30 juin 2005 : *RTD civ. 2006. 130, obs. Jourdain* (préjudice non inclus dans la demande initiale). ♦ La circonstance que la victime ait été atteinte d'une incapacité permanente de 100 % n'exclut pas la possibilité d'une aggravation du dommage (en l'espèce, cessation de la prise en charge par la Sécurité sociale des frais de séjour dans l'établissement où la victime était placée). • Crim. 9 juill. 1996 : *préc.* ♦ La réparation du dommage est définitivement fixée à la date à laquelle le juge rend sa décision ou à celle à laquelle une transaction est intervenue. • Civ. 2e, 11 janv. 1995, n° 98-13.224 P. ♦ Ne peuvent être remises en question ni l'évaluation du préjudice originaire, ni les condamnations prononcées au profit tant de la victime que du tiers payeur. • Civ. 2e, 3 févr. 2000, n° 98-13.324 P. ♦ Les juges ne peuvent fixer le montant global de la réparation s'ils ne sont saisis que d'une demande de réparation de l'aggravation du dommage initial. • Civ. 2e, 11 janv. 1995 : *préc.* ♦ Ils ne peuvent non plus se fonder sur la comparaison entre le taux d'incapacité retenu par les experts et celui primitivement reconnu à la victime. • Civ. 2e, 12 oct. 2000, n° 98-20.160 P : *D. 2000. IR 275* ; *RCA 2000, n° 361, note Groutel (1re esp.)* ; *RTD civ. 2001. 158, obs. Jourdain* .

210. Aggravation postérieure et dommage futur. L'indemnisation de la perte de ses gains professionnels sur la base d'une rente viagère d'une victime privée de toute activité professionnelle pour l'avenir fait obstacle à une indemnisation supplémentaire au titre de l'incidence professionnelle, même en cas d'aggravation de son état. • Civ. 2e, 13 sept. 2018, n° 17-26.011 P : *D. 2018. 2153, obs. Bacache, Guégan et Porchy-Simon* ; *RTD civ. 2019. 114, obs. Jourdain* ; *JCP 2018, n° 1109, note Cousin* ; *Gaz. Pal. 2018. 2500, obs. Hilger*.

211. Disparition ultérieure. Sur les conséquences de la régularisation d'un permis de construire, pour l'appréciation du préjudice résultant de la construction irrégulière d'un immeuble, V. • Crim. 13 nov. 2013 : *cité note 114*.

2° MODE DE RÉPARATION

BIBL. Belot, *D. 2007. Chron. 1681* (évaluation du préjudice économique). – Hauksson-Tresch, *LPA 29 mai 1998* (détermination par le juge). – Huglo, *Gaz. Pal. 1992. 2. Doctr. 582* (réparation du dommage écologique au milieu marin). – Mélennec, *Gaz. Pal. 1994. 2. Doctr. 1313* (tierce personne et dépendance). – Mésa, *D. 2012. Chron. 2754* (principe de restitution intégrale des profits illicites comme sanction des fautes lucratives). – Mevoungou Nsana, *RTD civ. 1995. 733* (réparation en nature ou par équivalent en matière immobilière). – TRAULLÉ, *RTD civ. 2018. 285* (préjudice économique). – Dossier, *RDC 2019. 159* (l'évaluation des dommages et intérêts : question de fait ou question de droit ?).

212. Non-affectation des dommages-intérêts. Le juge ne peut, sans excéder ses pouvoirs, décider de l'affectation des sommes allouées à la victime en réparation de son préjudice (cassation d'un arrêt décidant que la rente allouée à la victime serait versée à l'établissement de soins pendant les périodes d'hospitalisation et par fractions trentenaires au mandataire de l'invalide pour chacun de ses séjours en famille). • Crim. 22 févr. 1995, n° 94-82.991 P : *RTD civ. 1996. 402, obs. Jourdain* ; *JCP 1995. I. 3893, n° 22, obs. Viney*. ♦ La victime n'a pas à justifier avoir effectué les réparations ou acquis un bien semblable. • Civ. 2e, 31 mars 1993, n° 91-18.691 P : *RTD civ. 1993. 838, obs. Jourdain* . ♦ Le principe de la réparation intégrale n'implique pas de contrôle sur l'utilisation des fonds alloués à la victime qui conserve leur libre utilisation. • Civ. 2e, 8 juill. 2004, n° 02-20.199 P : *D. 2004. IR 2087* • Crim. 2 juin 2015, n° 14-83.967 P. ♦ Rappr. • Civ. 2e, 8 juill. 2004, n° 02-14.854 P : *D. 2005. Pan. 190, obs. Jourdain* ; *RCA 2004, n° 328, note Groutel* ; *RTD civ. 2004. 739, obs. Jourdain* • 7 juill. 2011 : *RCA 2011, n° 353*.

213. Rente ou capital. Les juges ne portent pas atteinte au caractère définitif de leur décision en convertissant en une rente viagère indexée une partie de l'indemnité. • Cass., ch. mixte, 6 nov. 1974, n° 73-10.591 P : *R. 1973-1974, p. 59* ; *GAJC, 11e éd., n° 184* ; *JCP 1975. II. 17978, concl. Gégout, note R. Savatier*. ♦ Pouvoir souverain des juges du fond pour la conversion du capital alloué en rente. • Civ. 1re, 7 juin 2001, n° 99-17.645 P. ♦ Pour les rentes allouées judiciairement en réparation du préjudice causé par un véhicule terrestre à moteur, V. notes ss. L. 5 juill. 1985, art. 12 à 27. ♦ Les juges du fond apprécient souverainement le mode de réparation du dommage ; ils peuvent ainsi allouer à la victime une indemnité sous forme de rente, au lieu du capital demandé par celle-ci, au titre du préjudice découlant de son incapacité permanente partielle. • Crim. 19 juin 1996, n° 95-82.631 P. ♦ Sur la possibilité d'indexer une rente, V. • Civ. 3e, 4 juill. 2017, n° 17-70.008 P : *D. 2017. Chron. C. cass. 2321, obs. Collomp* ; *AJDI 2017. 836, obs. Damas* .

214. Réparation en nature. Les juges peuvent choisir une réparation en nature effectuée par un tiers aux frais de l'auteur du dommage. • Civ. 2e, 9 juill. 1981 : *Gaz. Pal. 1982. 1. 109, note Chabas*. ♦ Le juge peut refuser d'ordonner une réparation en nature, lorsqu'elle n'est pas propre à réparer le dommage. • Crim. 1er sept. 2015, n° 14-84.353 P (refus d'ordonner la remise en état). ♦ Mais la victime qui demande la condamnation de l'auteur du dommage à lui verser des dommages-intérêts correspondant au coût des travaux de remise en état à faire effectuer par l'entreprise de son choix ne peut se voir imposer leur réalisation par l'auteur du dommage dès lors qu'il s'y oppose. • Civ. 2e, 18 mars 2010, n° 09-13.376 P : *D. 2010. Chron. C. cass. 2102, obs. Adida-Canac et Grignon-Dumoulin* . – Sur la réparation en nature en matière d'action de groupe, V. C. consom., art. L. 423-3. – **C. consom.**

Faute de préjudice économique démontré, l'interdiction d'utiliser une marque dans la dénomination sociale d'une autre société sous quelque forme et en quelque lieu que ce soit suffit à assurer la réparation intégrale du préjudice résultant de la contrefaçon de marque. • Com. 8 juin 2017, n° 15-21.357 P : *D. 2017. 1635, note Pollaud-Dulian* .

215. Publication du jugement. Les juges du fond appréciant souverainement l'étendue du préjudice et les modalités de sa réparation intégrale, méconnaît l'étendue de ses pouvoirs la cour qui, pour refuser de faire droit à la demande de la victime tendant à la publication de la décision, énonce qu'aucun texte ne prévoit une telle publication. • Com. 5 déc. 1989 : *Bull. civ. IV, n° 307*. – V. aussi • Paris, 28 nov. 1988 : *D. 1989. 410, note Aubert*. ♦ Mais violent l'art. 1382 anc. [1240] les juges qui ordonnent la publication de leur décision condamnant un club sportif sur un motif évoquant « le droit de la consommation », faisant ainsi apparaître que la publication ordonnée est étrangère à la réparation des préjudices en cause. • Civ. 1re, 14 mai 1992, n° 90-14.047 P : *D. 1992. Somm. 405, obs. Kullmann ; RTD civ. 1992. 772, obs. Jourdain* .

Les juges qui ordonnent, à la demande de la partie civile, la publication d'une décision de condamnation sont tenus d'en préciser le coût maximal. • Crim. 11 avr. 2012, n° 11-83.007 P : *D. 2012. 1129* .

3° *ÉVALUATION DU PRÉJUDICE*

BIBL. Nomenclature Dintilhac : Adida-Canac, *D. 2011. Chron. 1497* . – Robineau, *JCP 2010, n° 612*. – Coviaux, *AJ pénal 2017. 8* . ► Autres thèmes : Klein, *JCP 2015, n° 455* (évaluation du préjudice financier de l'investisseur dans les sociétés cotées). – Maréchal, *RTD com. 2012. 245* (évaluation des dommages-intérêts en cas de contrefaçon). – Nussenbaum, *CCC 2018, Étude 13* (place des intérêts compensatoires, ou « *pre-judgment interest* », dans l'évaluation des préjudices). – Varaine, *D. 2018. 741* (incidence des avantages perçus par la victime d'un dommage sur l'évaluation du préjudice indemnisable). – Dossier, *AJ pénal 2017. 7* (indemnisation du dommage corporel).

216. Principe de l'appréciation souveraine. Il appartient au pouvoir souverain des juges du fond d'apprécier le montant du dommage et d'en déterminer le mode de réparation. • Civ. 23 mai 1911 : *DP 1912. 1. 421*. – Jurisprudence constante. Ivainer, *D. 1972. Chron. 7*. ♦ L'existence d'un préjudice et l'évaluation de celui-ci relèvent du pouvoir souverain d'appréciation des juges du fond. • Soc. 26 févr. 2020, n° 17-18.136 P (inobservation des règles relatives à l'ordre des licenciements). ♦ L'absence de préjudice relève de l'appréciation souveraine des juges du fond. • Cass., ch. mixte, 6 sept. 2002 : *préc. note 34*. ♦ Il appartient aux juges du fond, dans les limites des prétentions des parties, d'apprécier souverainement le montant du préjudice dont ils reconnaissent le principe. • Crim. 10 déc. 2013, n° 13-80.954 P • 23 mars 2016, n° 15-80.513 P : *AJCT 2016. 402, obs. Mayaud* ♦ Appréciation souveraine des juges du fond, dans la limite des conclusions des parties, de l'indemnité propre à réparer l'infraction. • Crim. 16 janv. 2019, n° 17-86.581 P : *D. 2019. 128 ; AJ pénal 2019. 218, obs. Hennebois* . ♦ Appréciation souveraine du montant du dommage. • Com. 12 févr. 2020, n° 17-31.614 P : *D. 2020. 1086, note Borghetti ; ibid. Chron. C. cass. 1254, obs. Le Bras ; RTD civ. 2020. 391, obs. Barbier ; ibid. 401, obs. Jourdain ; RTD com. 2020. 313, obs. Chagny ; JCP 2020, n° 792, note Rebeyrol ; RDC 2020/2. 36, note Pellet* (les juges du fond ont pu décider que la réparation du dommage causé par un acte de concurrence déloyale devait être évaluée en considérant l'avantage indu que s'est octroyé son auteur au détriment de ses concurrents, modulé à proportion des volumes d'affaire respectifs de ceux-ci). ♦ Les juges du fond disposent d'un pouvoir souverain pour apprécier le montant d'une indemnité due par un occupant sans droit, ni titre, et peuvent, conformément au principe de la réparation intégrale, l'assortir des modalités qu'ils estiment nécessaires. • Civ. 3e, 4 juill. 2017, n° 17-70.008 P : *D. 2017. Chron. C. cass. 2321, obs. Collomp ; AJDI 2017. 836, obs. Damas* (indexation de l'indemnité d'occupation). ♦ A défaut de justificatif produit, il appartient au juge de fixer souverainement le montant de l'indemnité correspondant à l'assistance d'un tiers dont la nécessité a été établie par l'expert. • Civ. 2e, 18 déc. 2014, n° 13-25.839 P.

217. Appréciation du dommage. Motivation. Une cour d'appel apprécie souverainement les préjudices corporels d'une victime, sans être tenue de s'expliquer sur la méthode d'évaluation de l'incapacité permanente partielle. • Civ. 2e, 21 déc. 2006, n° 04-13.567 P. ♦ Une cour d'appel apprécie souverainement le montant du préjudice dont elle justifie l'existence par l'évaluation qu'elle en fait, sans être tenue d'en préciser les divers éléments. • Cass., ass. plén., 26 mars 1999, n° 95-20.640 P : *JCP 2000. I. 199, n° 12, obs. Viney* • Cass., ch. mixte, 6 sept. 2002 : *cité note 1 ss. art. 1300* • Civ. 2e, 22 mai 2014, n° 13-14.698 P : *D. 2014. 1201* . ♦ L'utilisation par l'employeur d'une sanction en violation des dispositions conventionnelles applicables causait nécessairement un préjudice au salarié dont le juge apprécie souverainement le montant. • Soc. 4 déc. 2013, n° 12-23.930 P : *D. 2013. 2920* . ♦ En refusant, sans vérifier qu'ils n'avaient pas été indispensables, l'indemnisation, au titre des frais divers, de l'examen neuropsychiatrique et du bilan psychiatrique au motif qu'il s'agissait d'expertises privées, la cour d'appel n'a pas donné de base légale à sa décision. • Civ. 2e, 6 févr. 2020, n° 18-19.518 P : *D. 2020. 2142, obs. Bacache, Guégan et Porchy-Simon ; ibid. 2021. 46, obs. Brun ; RTD civ. 2020. 632, obs. Jourdain* . ♦ Tenue d'assurer la réparation intégrale du dommage actuel et certain de la victime sans perte ni profit, c'est dans l'exercice de son pouvoir souverain que la cour d'appel a fait application du barème de capitalisation qui lui a paru le plus adapté à assurer les modalités de cette réparation pour le futur. • Civ. 2e, 10 déc. 2015, n° 14-27.243 P : *D. 2016. 350, note Porchy-Simon ; RCA 2016, n° 74, obs. Groutel ; JCP 2016, n° 152, note Brun* (barème de capitalisation, mars 2013, *Gaz. Pal.*) • Civ. 2e 12 sept. 2019, n° 18-13.791 P : *D. 2019. 1757 ; RTD civ. 2020. 122, obs. Jourdain* (application du barème de capitalisation de 2016 et non du barème applicable au jour du décès de la victime, soit celui de 2004). ♦ ... Et sans avoir à soumettre son choix à un débat contradictoire. • Crim. 5 avr. 2016, n° 15-81.349 P : *D. 2016. 2187, obs. Bacache, Guégan-Lécuyer et Porchy-Simon*

218. ... Évaluation globale. L'existence et l'étendue du préjudice relevant de l'appréciation souveraine des juges du fond, en énonçant que la somme par elle allouée constituait réparation de tous les préjudices invoqués, une cour d'appel a nécessairement considéré que les fautes retenues trouvaient ainsi leur réparation. • Civ. 1re, 16 juill. 1991, n° 90-10.843 P : *JCP 1992. I. 3572, obs. Viney.* ♦ Saisis par les victimes d'une demande groupée de dommages-intérêts, sans que les défendeurs y fassent objection, ils ne sont pas tenus de procéder à une évaluation détaillée du préjudice subi par chacune des victimes. • Com. 19 oct. 1999, n° 97-12.554 P. ♦ Cependant, l'appréciation globale n'est plus compatible avec l'exigence de la réparation poste par poste du dommage corporel : V., en matière d'action récursoire du tiers payeur, L. du 5 juill. 1985, note 5 ss. art. 30, ss. C. civ., art. 1242. – **C. civ.** ♦ Comp. • Civ. 2e, 23 mai 2019, n° 18-17.560 P : *préc. note 96.*

219. ... Caractère inexistant ou insignifiant du dommage. L'existence comme l'évaluation du dommage relève du pouvoir souverain du juge du fond qui peut décider qu'un salarié n'a subi aucun préjudice résultant de l'illicéité d'une clause de non-concurrence. • Soc. 25 mai 2016, n° 14-20.578 P : *D. 2016. 2484*, *Dr. soc. 2016. 650, note Tournaux*; *ibid. 773, obs. Mouly*; *RDT 2016. 557, obs. Bento de Carvalho*. ♦ Une cour d'appel qui relève le caractère insignifiant du fait invoqué peut estimer qu'un tel fait n'a pas causé au demandeur un préjudice ouvrant droit à réparation. • Civ. 1re, 4 avr. 1991, n° 89-17.011 P. ♦ Si les juges du fond constatent que le préjudice invoqué sera réparé par la somme de un franc à titre de dommages-intérêts, ils peuvent fixer à ce chiffre le montant dudit préjudice. • Crim. 16 mai 1974 : *D. 1974. 513, rapp. Dauvergne.*

220. ... Renonciation de la victime à une dépense excluant le versement de la TVA. Rejet du pourvoi contre un arrêt ayant exclu du dommage résultant de l'infraction le montant correspondant à une somme dont la cour a constaté que la victime ne la dépenserait pas et qui ne constitue pas un gain dont elle sera privée. • Crim. 27 mai 2021, n° 20-81.804 P (condamnation des prévenus, en réparation du préjudice subi par l'État, à la suite de la destruction d'un portique routier, au paiement d'une somme n'incluant pas la taxe sur la valeur ajoutée, au motif que les frais demandés pour la reconstruction de l'ouvrage devront faire l'objet d'une réparation hors taxe, puisque l'État, ayant abandonné le projet de l'écotaxe, n'effectuera pas la remise en état du portique).

221. ... Prix de la douleur. Par l'indemnisation du prix de la douleur sont réparées non seulement les souffrances physiques, mais aussi les souffrances morales. • Civ. 2e, 5 janv. 1994, n° 92-12.185 P. ♦ Comp., approuvant les juges du fond d'avoir distingué et réparé deux chefs de préjudice : • Civ. 2e, 19 avr. 2005, n° 04-30.121 P : *RTD civ. 2006. 119, obs. Jourdain* • 11 oct. 2005, n° 04-30.360 P : *RTD civ. 2006. 119, obs. Jourdain*.

222. Limites de l'appréciation souveraine. **Bibl.** : Brunie, *RCA 2020. Étude 3* (le refus des dommages et intérêts symboliques par la Cour de cassation, une négation de la fonction recognitive de la responsabilité civile). ♦ Si les juges de répression apprécient souverainement, dans les limites des conclusions de la partie civile, l'importance du dommage et le montant de l'indemnité destinée à le réparer, c'est à la condition de fonder leur décision sur l'importance réelle de ce dommage qu'ils sont tenus d'évaluer afin de le réparer dans son intégralité et non pas seulement pour le principe. • Crim. 8 juill. 1975 : *JCP 1976. II. 18369, note Caleb.* ♦ Si les juges du fond apprécient souverainement le montant du préjudice subi par la victime d'une infraction, il en va différemment lorsque cette appréciation est déduite de motifs insuffisants, contradictoires ou erronés. • Crim. 21 oct. 2014, n° 13-87.669 P : *RTD civ. 2015. 140, obs. Jourdain* (cassation de l'arrêt qui écarte l'éventualité de préjudices corporels en l'absence de blessures, alors même que le médecin ayant examiné la victime avait retenu une invalidité consécutive à cet état de stress). ♦ Dès lors qu'il ressort des éléments soumis au juge que le défendeur a subi un préjudice, le juge ne peut le débouter de sa demande d'indemnisation au motif qu'il ne fournit pas d'éléments suffisants pour procéder à l'évaluation. • Civ. 2e, 19 oct. 2006 : *RCA 2006, n° 363, note Radé.* ♦ Le non-respect par un employeur de la procédure de licenciement entraîne nécessairement pour le salarié un préjudice dont la réparation n'est pas assurée par l'allocation d'un franc symbolique. • Soc. 11 mars 1998, n° 96-41.350 P. ♦ Le juge ne peut se borner à allouer une somme à titre symbolique, sans procéder, comme il lui appartient, à l'évaluation du préjudice réel subi. • Soc. 18 nov. 2009, n° 08-43.523 P : *RTD civ. 2010. 328, obs. Jourdain* (préjudice subi par un syndicat intervenant dans un litige pour la défense des intérêts collectifs de la profession). – Sur la réparation du préjudice en matière d'action de groupe, V. C. consom., art. L. 423-3. – **C. consom.**

223. Éléments pris en compte. En cas de décès de la victime directe, le préjudice patrimonial subi par l'ensemble de la famille proche du défunt doit être évalué en prenant en compte comme élément de référence le revenu annuel du foyer avant le dommage ayant entraîné le décès de la victime directe en tenant compte de la part de consommation personnelle de celle-ci, et des revenus que continue à percevoir le conjoint, le partenaire d'un pacte civil de solidarité ou le concubin survivant. • Civ. 2e, 24 oct. 2019, n° 18-14.211 P. ♦ Le préjudice économique de la veuve doit être calculé en comparant les revenus du ménage avant le décès, après déduction de la part du défunt, à ceux qu'elle perçoit après le décès. • Civ. 2e, 10 févr. 2011, n° 10-10.089 P : *RLDC 2011/81, n° 4203,* *obs. Bugnicourt.* ♦ Mais ne doit pas être déduite la pension de réversion versée du chef du premier conjoint, suspendue pendant le temps du second mariage, avant le décès de l'époux, pension qui ne constitue pas un revenu de leur foyer et n'est pas la conséquence directe et nécessaire du décès. • Civ. 2e, 16 sept. 2021, n° 20-14.383 B : *D. 2021. 1980, obs. Bacache, Guégan et Porchy-Simon ; AJ fam. 2021. 567, obs. Casey*.

Le préjudice économique imputable à un sinistre ayant détruit un lieu où s'exerçait une activité commerciale recouvre les bénéfices d'exploitation perdus et les charges fixes exposées en vain • Civ. 2e, 13 sept. 2012, n° 11-13.139 P : *D. 2012. 2013. 40, obs. Brun et Gout ; ibid. 2013, Chron. C. cass. 599, obs. Bouvier et Adida-Canac ; RTD civ. 2012. 735, obs. Jourdain ; Gaz. Pal. 2012. 3404, note Coviaux ; RCA 2012, n° 346, obs. Groutel ; RGDA 2013. 86, obs. Landel.* ♦ Pour la prise en compte de la marge non réalisée en raison de la résiliation fautive d'une convention d'approvisionnement : • Com. 18 févr. 2014, n° 12-29.752 P : *D. 2014. 543*.

La mobilisation de salariés pour la réparation de dommages causés à l'entreprise par un tiers constitue un préjudice indemnisable. • Civ. 3e, 10 mars 2016, n° 15-10.897 P.

Rejet d'une demande d'indemnisation d'un préjudice économique par ricochet faute d'éléments sur les revenus prétendument perdus. • Civ. 2e, 20 mai 2020, n° 19-10.247 P : *RTD civ. 2020. 637, obs. Jourdain*.

224. Revenus provenant de la solidarité active. L'allocation aux adultes handicapés, versée à la victime avant son décès afin de lui garantir un minimum de revenus, doit être prise en considération pour déterminer le montant de ce revenu annuel de référence du foyer. • Civ. 2e, 24 oct. 2019, n° 18-14.211 P : *préc. note 230.*

225. ... Pensions de réversion. Prise en compte d'une pension de réversion dans l'évaluation du préjudice patrimonial subi par une veuve. • Cass., ass. plén., 9 mai 1980, n° 79-92.391 P : *R., p. 70 ; Gaz. Pal. 1980. 2. 488 ; RTD civ. 1980. 574, obs. Durry* • Crim. 15 févr. 1995, n° 93-83.848 P : *RTD civ. 1995. 907, obs. Jourdain ; RCA 1995, n° 255, et Chron. 33, par Groutel* • Civ. 2e, 21 mai 1997, n° 95-21.194 P : *RCA 1997, n° 257, note Groutel* • Crim. 5 nov. 1997, n° 96-85.366 P : *RCA 1998. 80, note Groutel* • Civ. 2e, 7 juin 2001 : *D. 2002. Somm. 1313, obs. Jourdain (2e esp.)* • 8 juill. 2004, n° 03-12.323 P. ♦ Comp. • Crim. 12 avr. 1988 : *Gaz. Pal. 1989. 2. 636, note Chabrux* • Civ. 2e, 5 juill. 1989 : *Bull. civ. II, n° 145 ; RTD civ. 1989. 760, obs. Jourdain* • Crim. 22 mars 1990, n° 88-81.008 P.

Mais le revenu annuel du foyer après décès, qui doit être pris en compte comme élément de référence pour le calcul de l'indemnité due au titre du préjudice économique du conjoint survivant et des enfants de la victime directe, ne doit pas intégrer la pension de réversion lorsqu'elle ouvre droit à un recours subrogatoire, dès lors que celle-ci doit ensuite être imputée sur ce poste de préjudice économique. • Civ. 2e, 3 mai 2018, n° 16-24.099 P : *D. 2018. Chron. C. cass. 2048, obs. Becuwe et Touati ; RTD civ. 2018. 668, obs. Barbier ; ibid. 685, obs. Jourdain*.

226. ... Exclusion des droits successoraux. L'évaluation du préjudice patrimonial subi par une personne du fait du décès d'un parent ne peut être diminuée à raison de sa part de succession, celle-ci ne pouvant entrer en ligne de compte dans le calcul de la réparation du dommage. • Civ. 2e, 2 févr. 1994, n° 92-11.733 P. ♦ Pour évaluer un préjudice trouvant sa source dans une infraction pénale, il ne peut être tenu compte d'une dévolution successorale dont, seule, la loi constitue le fondement. • Crim. 1er juin 1999, n° 98-82.616 P : *R., p. 426 ; D. 1999. IR 221 ; JCP 2000. I. 197, n° 7, obs. Viney ; RTD civ. 1999. 847, obs. Jourdain*.

227. ... Exclusion de l'indemnité de licenciement. L'indemnité de licenciement, contrepartie du droit de résiliation unilatérale de l'employeur, n'a pas à être prise en compte pour évaluer la perte des gains professionnels de la victime. • Civ. 2e, 11 oct. 2007, n° 06-14.611 P : *D. 2008. 582, note Mouly ; JCP 2008. I. 125, n° 2, obs. Stoffel-Munck ; RTD civ. 2008. 111, obs. Jourdain*.

228. ... Perte d'une assistance. Un veuf n'établit pas l'existence d'un préjudice patrimonial certain résultant de la disparition de sa femme qui tenait le foyer s'il ne justifie pas que cette disparition lui ait imposé d'embaucher une aide ménagère. • Civ. 2e, 19 févr. 1997, n° 95-12.550 P. ♦ Le montant d'une indemnité allouée au titre de l'assistance d'une tierce personne ne saurait être réduit en cas d'assistance d'un membre de la famille (pas même pour le montant des charges sociales patronales, dont il n'y a pas lieu d'exiger la preuve qu'elles sont payées). • Civ. 2e, 16 nov. 1994, n° 93-11.177 P : *RTD civ. 1995. 377, obs. Jourdain* . ♦ La femme handicapée, victime médiate de l'accident mortel subi par son mari, subit un préjudice du fait d'avoir perdu l'assistance que ce dernier lui fournissait ; en l'absence de certitude du fait de l'état de santé de son mari qu'elle aurait pu bénéficier sa vie durant de son assistance, le dommage consiste en une perte de chance. • Crim. 27 mai 2014, n° 13-82.116 P. ♦ Possibilité de prendre en compte le volume d'heures d'aide-ménagère accordée par un conseil général : • Crim. 27 mai 2014, n° 13-82.116 P : *préc. note 126.* – V. aussi • Civ. 2e, 4 mai 2000, n° 98-19.903 P : *D. 2000. IR 154 ; JCP 2001. II. 10489, note Dagorne-Labbe* • 14 nov. 2002, n° 01-03.581 P : *D. 2002. IR 3245 ; AJ fam. 2003. 33, obs. S. D.-B. ; RJPF 2003-3/47, obs. Chabas.* – V. égal. • Cass., ass. plén., 28 nov. 2001 (2e arrêt), n° 00-14.248 P : *R., p. 425* • Civ. 2e, 5 juin 2003, n° 01-16.335 P : *D. 2003. IR 1735* • CE 22 févr. 2010, n° 313333 : *RLDC 2010/70, n° 3770, obs. Le Nestour-Drelon.* ♦ Ne constituent pas un préjudice consécutif à l'accident dont sa mère a été victime, les frais d'hébergement et de soins d'une personne qui, en raison de son handicap, doit être accueillie en foyer d'accueil médicalisé, peu important qu'elle ait, avant l'accident, été hébergée par sa mère. • Civ. 2e, 19 mai 2016, nº 11-22.684 P : *D. 2016. 2187, obs. Bacache, Guégan-Lécuyer et Porchy-Simon ; RTD civ. 2016. 866, obs. Jourdain* . ♦ Ne constituent pas un préjudice indemnisable les charges de la tutelle consécutives à un accident ayant provoqué le décès des parents d'un mineur, ces charges ne pouvant être indemnisées que par prélèvement sur le patrimoine du mineur. • Crim. 9 oct. 1996, nº 95-82.788 P : *RTD civ. 1997. 398, obs. Hauser ; ibid. 946, obs. Jourdain* . ♦ Rappr. : • Civ. 2e, 9 déc. 2010 : *RTD civ. 2011. 322, obs. Hauser ; Dr. fam. 2011, nº 43, obs. Maria.*

229. ... Charges pesant sur les revenus. Les charges sociales portant sur les salaires ne constituent pas un élément de préjudice pour la victime. • Civ. 2e, 19 févr. 1992, nº 90-20.064 P. ♦ Comp., admettant le recours des tiers payeurs pour les cotisations salariales précomptées : • Crim. 23 mai 1995, nº 94-80.174 P : *R., p. 351 ; RTD civ. 1996. 184* • Civ. 2e, 19 juin 1996, nº 93-16.248 P • 13 mai 1998, nº 96-15.843 P : *D. 1998. IR 152* . ♦ ... Non plus que les droits de succession que doit verser l'héritier de la victime. • Civ. 2e, 8 nov. 1995 : *D. 1996. 360, note Roets* . ♦ En revanche, les dispositions fiscales sont sans incidence sur les obligations du responsable du dommage et sur le droit à réparation de la victime. • Soc. 12 juill. 1989 : *Bull. civ. V, nº 527* (la perte de salaires peut être déterminée sans prendre en considération l'impôt sur le revenu acquitté sur les salaires). • Crim. 18 oct. 1990, nº 89-82.719 P • Civ. 2e, 28 oct. 1992, nº 91-12.135 P • 16 nov. 1994 : *D. 1995. 220, note Chartier* • 8 juill. 2004, nº 03-16.173 P • Com. 27 mars 2019, nº 17-26.646 P (absence de prise en compte des déductions des factures de location d'œuvres d'art sur le résultat fiscal). – V. aussi Jourdain, obs. *RTD civ. 1993. 145* . ♦ Les dispositions relatives aux impôts sur le revenu sont sans incidence sur les obligations du responsable d'un dommage corporel et sur le droit à réparation de la victime. • Crim. 17 mars 2020, nº 19-81.332 P (cassation de l'arrêt qui a limité la condamnation en se fondant sur le salaire après impôt de la victime). ♦ L'assujettissement à l'impôt de l'indemnité de cessation de contrat d'agent commercial ne constitue pas un préjudice réparable. • Com. 15 sept. 2009, nº 08-16.696 P.

230. ... Autres éléments du préjudice économique du conjoint survivant. Pour fixer le préjudice économique subi par une épouse et ses enfants du fait du décès de son mari causé par une infraction, ne doit pas être pris en considération ce qui n'est pas la conséquence directe et nécessaire du décès. • Civ. 2e, 12 févr. 2009, nº 08-12.706 P : *D. 2009. AJ 562* (absence de prise en compte des revenus tirés du fermage après la mise en location de terres que l'épouse a cessé d'exploiter). ♦ Le préjudice économique du conjoint survivant ne peut être établi que par référence aux revenus globaux antérieurs cumulés du couple, si les deux époux contribuaient aux besoins du ménage. • Crim. 29 juin 1999 : *RCA 2000, nº 6 ; RTD civ. 2000. 346, obs. Jourdain* • 13 juin 2006, nº 05-84.667 P : *LPA 9 oct. 2007, obs. Casson* (pour des concubins). ♦ Pour fixer le préjudice économique de l'épouse d'un hémophile décédé du SIDA, il y a lieu de tenir compte du salaire que lui procure un emploi à temps partiel qu'elle a pris antérieurement au décès de son mari. • Civ. 2e, 2 févr. 1994, nº 93-06.005 P. ♦ Mais il n'y a pas lieu de tenir compte, dans l'évaluation du préjudice économique subi par une épouse du fait du décès de son mari, de l'augmentation de ses revenus provenant du fait qu'elle a immédiatement remplacé le défunt à la tête de ses affaires, cette situation n'étant pas la conséquence directe et nécessaire du décès mais résultant d'activités exercées postérieurement. • Civ. 2e, 2 nov. 1994, nº 93-12.509 P. ♦ La circonstance que le conjoint ou le concubin survivant de la victime d'un accident ait reconstitué un foyer avec une tierce personne n'est pas de nature à dispenser le tiers responsable de réparer entièrement le préjudice qu'il a causé dès lors que cette circonstance n'est pas la conséquence nécessaire du fait dommageable. • Crim. 29 juin 2010, nº 09-82.462 P : *D. 2010. 1999 ; JCP 2011, nº 435, obs. Stoffel-Munck.* ♦ Après le décès de l'épouse du demandeur, les nouvelles ressources liées au salaire perçu par la seconde épouse résultent de la réorganisation de son existence et ne sont pas la conséquence directe du décès, de sorte qu'elles n'ont pas à être prises en compte pour évaluer les préjudices économiques consécutifs au décès. • Civ. 1re, 7 oct. 2020, nº 19-17.041 P : *D. 2020. 2008 ; RTD civ. 2021. 145, obs. Jourdain* .

Sur le préjudice économique de la concubine survivante sans profession, V. • Crim. 29 mai 2001, nº 00-83.902 P : *R., p. 485.*

231. Frais de remise en état ou valeur de remplacement. BIBL. Hontebeyrie, *D. 2007. Chron. 675* . ♦ Le propre de la responsabilité civile est de rétablir aussi exactement que possible l'équilibre détruit par le dommage et de replacer la victime, aux dépens du responsable, dans la situation où elle se serait trouvée si l'acte dommageable ne s'était point produit. En conséquence, la réparation intégrale d'un dommage causé à une chose n'est assurée que par le remboursement des frais de remise en état de la chose ou par le paiement d'une somme d'argent représentant la valeur de son remplacement. La victime n'a pas à courir le risque de la vente de l'épave, laquelle, sauf accord des parties sur ce point, doit être laissée pour compte au responsable. • Civ. 2e, 4 févr. 1982 : *JCP 1982. II. 19894, note Barbiéri* • 13 janv. 1988 : *Gaz. Pal. 1988. 1. Somm. 261, obs. Chabas.*

♦ Application de la solution en matière immobilière : • Civ. 2e, 23 nov. 1988, n° 87-16.965 P : *RTD civ. 1989. 339, obs. Jourdain* • Crim. 24 févr. 2009 : *D. 2009. AJ 1021* (exclusion de l'application d'un coefficient de vétusté). ♦ Le préjudice résultant d'une infraction doit être réparé dans son intégralité, sans perte ni profit pour aucune des parties ; le droit au remboursement des frais de remise en état d'une chose endommagée a pour limite sa valeur de remplacement. • Crim. 22 sept. 2009, n° 08-88.181 P : *AJ pénal 2009. 507, obs. Roussel* ; *JCP 2010, n° 456, obs. Bloch ; RCA 2010, n° 8, obs. Hocquet-Berg ; RTD civ. 2010. 338, obs. Jourdain* . ♦ Rappr. • Crim. 8 déc. 2020, n° 19-84.245 P : *RDI 2021. 93, obs. de Jacobet de Nombel* .

232. ... Véhicule. La victime est en droit d'exiger la remise en état d'un véhicule sans qu'il y ait lieu d'appliquer un coefficient de vétusté aux pièces remplacées. • Civ. 2e, 8 juill. 1987 : *Bull. civ. II, n° 152*. – V. conf. • Civ. 2e, 3 oct. 1990, n° 89-16.420 P. ♦ Le montant de la TVA non récupérable peut être compris dans le préjudice matériel résultant de la réfection d'une voiture accidentée. • Civ. 2e, 21 oct. 1987 : *Bull. civ. II, n° 207* • Com. 29 nov. 1988 : *Bull. civ. IV, n° 329*. ♦ Solution inverse si la victime (société de crédit-bail) est en droit de déduire le montant de la TVA au titre des déductions de la TVA grevant les services nécessaires à son exploitation. • Com. 18 juin 1991, n° 89-16.967 P • Civ. 2e, 8 nov. 1995, n° 94-11.789 P. ♦ La victime est en droit d'obtenir l'indemnité représentant la valeur de son véhicule détruit dans l'accident ainsi que le remboursement des échéances du prêt contracté pour son achat, rendues directement exigibles du fait de l'accident, et dont elle a dû s'acquitter. • Civ. 2e, 19 nov. 1997, n° 95-21.026 P : *Gaz. Pal. 1999. 1. 148, note Mury*.

233. La réparation intégrale du préjudice occasionné par la perte, en France, d'un véhicule immatriculé en Belgique ne peut être assurée que par son évaluation dans ce dernier pays. • Civ. 2e, 31 mai 2000, n° 97-20.320 P.

234. ... Immeuble. Un mur vétuste, mais qui remplissait son rôle de mur de soutènement, ayant été détruit, les juges peuvent ordonner la reconstruction d'un mur conformément aux règles de l'art et aux normes de sécurité, pour éviter de faire supporter à la victime une partie du préjudice. • Civ. 3e, 12 déc. 1973 : *JCP 1974. II. 17697, note Goubeaux*. – Même sens : • Civ. 2e, 3 oct. 1990, n° 89-16.420 P • Civ. 3e, 17 avr. 1991, n° 89-16.478 P • 9 oct. 1991, n° 87-18.226 P • 16 juin 1993, n° 91-21.226 P : *RTD civ. 1994. 118, obs. Jourdain* • Civ. 2e, 14 juin 1995, n° 93-16.667 P • Civ. 3e, 6 mai 1998, n° 96-13.001 P • Civ. 2e, 5 juill. 2001, n° 99-18.712 P. ♦ V. aussi Alexandre et Brideau, *Gaz. Pal. 1971. 2. Doctr. 445*. ♦ Cassation d'un arrêt ayant appliqué un abattement pour vétusté dans l'indemnisation d'un dégât des eaux : V. • Civ. 2e, 23 janv. 2003, n° 01-00.200 P : *D. 2003. IR 605* ; *JCP 2003. II. 10110, note Barbiéri ; Dr. et patr. 6/2003. 89, obs. Chabas*. ♦ Mais la victime d'un incendie d'un immeuble ne peut prétendre à la valeur à neuf de l'immeuble dès lors qu'elle a revendu le terrain à un tiers en abandonnant toute idée de reconstruction. • Civ. 3e, 8 avr. 2010, n° 08-21.393 P : *RTD civ. 2010. 578, obs. Jourdain* . ♦ Après avoir souverainement apprécié l'état d'abandon de l'immeuble et avoir écarté en conséquence à bon droit la valeur de la reconstruction, les juges du fond auraient dû fixer le montant de la réparation à la valeur vénale de l'immeuble au jour de l'incendie, actualisée au jour de la décision fixant l'indemnisation. • Crim. 15 janv. 2019, n° 17-87.480 P. ♦ Légitimité de l'application d'un coefficient de vétusté à l'évaluation du préjudice subi à l'occasion d'un dégât des eaux dans un local commercial, tenant compte du fait que l'activité avait cessé depuis plusieurs années, sans projet de reprise d'activité. • Civ. 3e, 16 juin 2010, n° 09-13.156 P : *D. actu. 30 juin 2010, obs. Rouquet ; D. 2010. Chron. C. cass. 2608, obs. Monge* . ♦ La nouvelle destination de l'ouvrage étant compromise indépendamment de la survenance du sinistre, dès lors que le propriétaire du bien n'avait jamais eu l'intention de rendre les lieux compatibles avec une activité théâtrale comportant l'accueil d'un public, prise en compte de la valeur vénale et non en référence à la valeur de reconstruction d'un atelier ne correspondant à aucun usage que pourrait recevoir un tel ouvrage de façon effective dans l'intérêt du propriétaire. • Civ. 2e, 9 déc. 2010 : *RCA 2011, n° 88, obs. Groutel*. ♦ La perte d'une subvention destinée à la rénovation des chambres d'un hôtel n'est pas génératrice d'un préjudice pour l'hôtelier dès lors qu'il est constaté que, l'hôtel ayant été détruit par une explosion, il allait être procédé à sa reconstruction à neuf. • Civ. 2e, 19 oct. 2006, n° 05-14.338 P. ♦ Le préjudice résultant de la mention de surfaces erronées lors de la vente d'un immeuble ne peut être réparé par une somme calculée de telle sorte que le juge accorde ainsi à l'acquéreur le remboursement d'une partie du prix de vente. • Civ. 3e, 11 sept. 2013, n° 12-23.772 P : *JCP 2013, n° 1237, note Dagorne-Labbe ; ibid. 2014, n° 115, note Grosser ; JCP N 2013, n° 1282, obs. Mekki ; ibid. n° 1057 note Piedelièvre ; RDC 2014. 59, obs. Quézel-Ambrunaz ; ibid. 197 note Borghetti*.

Le principe de la réparation intégrale du dommage n'impose pas aux juges d'ordonner la démolition d'un immeuble construit dans une zone inconstructible mais de définir les modalités les plus appropriées à la réparation de celui-ci ; la cour d'appel ayant relevé que les instances compétentes avaient constaté que la construction s'intégrait parfaitement au site et ne nuisait en rien à l'environnement, il n'y a pas lieu d'ordonner la remise en état, mais la construction réalisée, en s'affranchissant de la réglementation de l'urbanisme, porte atteinte aux intérêts généraux de protection de l'environnement défendus par l'association, laquelle subit un préjudice qui doit être réparé par l'allocation d'une somme de 1 €. • Crim. 12 juin 2019, n° 18-81.874 P : *D. 2019. 1227 ; RDI 2019. 457, obs. de Jacobet de Nombel*.

235. Préjudice écologique. En cas de destruction d'un verger, l'indemnisation doit correspondre à la reconstitution du verger et à la perte des récoltes selon les barèmes départementaux applicables. • Civ. 2e, 24 sept. 2020, n° 19-22.695 P.

236. Il incombe au juge qui reconnaît l'existence d'un préjudice écologique de le chiffrer, en recourant, si nécessaire, à une expertise, et consistant en l'espèce en l'altération notable de l'avifaune et de son habitat, pendant une période de deux ans, du fait de la pollution de l'estuaire de la Loire. • Crim. 22 mars 2016, n° 13-87.650 P : *D. 2016. 1236, note Epstein ; AJ pénal 2016. 320, note Perrier ; RSC 2016. 287, obs. Robert ; RTD civ. 2016. 634, obs. Jourdain* (cassation de l'arrêt qui avait rejeté le mode d'évaluation proposé par l'association requérante). ♦ Indemnisation évaluée à 1 € pour le préjudice subi par une association du fait d'une construction illicite dans un secteur sauvegardé, construction dont la démolition n'a pas été jugée nécessaire. • Crim. 12 juin 2019, n° 18-81.874 P : *préc. note 202*.

237. ... Frais de surveillance. Une société d'autoroute est en droit d'obtenir de l'auteur d'un accident l'indemnisation des frais qu'elle a exposés pour la surveillance et la protection des lieux de l'accident. • Civ. 1re, 1er juill. 1997, n° 95-16.771 P.

238. Date d'évaluation. BIBL. Chartier, *RCA, mai 1998, n° spécial.* ♦ Si le droit, pour la victime d'un accident, d'obtenir la réparation du préjudice subi existe dès que le dommage a été causé, l'évaluation de ce dommage doit être faite par le juge au moment où il rend sa décision. • Civ. 2e, 21 mars 1983 : *Bull. civ. II, n° 88*. – Jurisprudence constante. – V. aussi, par ex., • Civ. 2e, 27 juin 1984 : *D. 1985. 321 (1re esp.), note Chartier* • 10 mai 1989 : *Gaz. Pal. 1989. 2. Somm. 466, obs. F. C.* • 24 juin 1998, n° 96-18.534 P • 11 oct. 2001, n° 99-16.760 P : *D. 2001. IR 3093* (prise en compte du salaire auquel la victime aurait eu droit au jour de la décision). ♦ Le préjudice causé par une infraction doit être évalué au jour de la décision. • Crim. 1er mars 2011, n° 10-85.965.

Mais la perte éprouvée par une victime dans sa période d'incapacité temporaire ne peut être fixée qu'en fonction des salaires perçus à cette époque ; cassation de l'arrêt qui applique aux salaires réels un coefficient de revalorisation. • Civ. 2e, 8 juill. 1992, n° 91-12.702 P. ♦ Comp. : si la perte éprouvée par la victime ne peut être fixée qu'en fonction des pertes de gains professionnels perçus à l'époque de l'incapacité totale temporaire ou partielle de travail, le principe de la réparation intégrale impose au juge de procéder, si elle est demandée, à l'actualisation au jour de leur décision de l'indemnité allouée en réparation du préjudice, en fonction de la dépréciation monétaire. • Civ. 2e, 12 mai 2010, n° 09-14.569 P : *D. 2010. Actu. 1346, obs. Gallmeister ; ibid. Chron. C. cass. 2102, obs. Adida-Canac et Grignon-Dumoulin ; RLDC 2010/73, n° 3875, obs. Le Nestour-Drelon ; RTD civ. 2010. 576, obs. Jourdain* • Crim. 8 mars 2011 : *D. 2011. 1075* (revalorisation des salaires de la victime pour indemniser le préjudice des ayants droit). – V. déjà • Civ. 2e, 18 oct. 1989 • 25 oct. 1989 : *Bull. civ. II, nos 189 et 194 ; RTD civ. 1990. 501 ; ibid. 1991. 349, obs. Jourdain*. ♦ V. cep. • Com. 2 nov. 1993, n° 91-14.673 P : *JCP 1994. I. 3773, nos 20 s., obs. Viney ; RTD civ. 1994. 622, obs. Jourdain* (décidant qu'une cour d'appel ne fait qu'assurer la réparation intégrale d'un préjudice constitué par une perte de bénéfices en l'estimant au jour où il s'était produit et en l'actualisant au jour de sa décision en fonction de l'évolution d'un indice). ♦ Sur l'évaluation, au moment de la décision du juge, de la perte subie par l'acheteur d'un meuble d'époque qui s'est révélé être une copie, V. • Civ. 1re, 3 juin 1997, n° 95-11.308 P : *D. 1998. 148, note Crevel ; JCP 1998. I. 144, n° 16, obs. Viney ; RTD civ. 1998. 392, obs. Jourdain*.

L'établissement de crédit qui a fautivement retardé l'ouverture de la procédure collective de son client n'est tenu de réparer que l'aggravation de l'insuffisance d'actif qu'il a ainsi contribué à créer ; le montant de l'aggravation de l'insuffisance d'actif est égal à la différence entre le montant de l'insuffisance d'actif à la date à laquelle le juge statue et le montant de l'insuffisance d'actif au jour de l'octroi du soutien abusif. • Com. 22 mars 2016, n° 14-14.980 P.

239. ... Indemnisation à compter du jour où les frais sont nécessairement engagés. Le point de départ du paiement d'une rente au titre de l'assistance d'une tierce personne doit être fixé à la date de retour à domicile. • Crim. 18 oct. 2011 : *RCA 2012, n° 8, obs. Morlet-Haïdara*.

240. ... Indétermination de l'étendue définitive d'un préjudice. Si les juges peuvent surseoir à statuer sur les chefs de dommage dont l'étendue définitive ne peut, en l'état, être déterminée, ils ne peuvent se dispenser de prononcer, au jour de leur décision, la réparation de la part de ces préjudices dont ils ont, dès à présent, constaté la réalité. • Crim. 10 mai 1979 : *Gaz. Pal. 1980. 1. 127*.

241. ... Indétermination de la réalisation future d'un préjudice. Évaluation immédiate d'un préjudice non certain (survenance du SIDA chez un séropositif) : • Paris, 27 nov. 1992 : *Gaz. Pal. 1993. 2. 727*, pourvoi rejeté par • Civ. 2e, 20 juill. 1993 : *préc. note 113*.

4° INCIDENCE DES PRESTATIONS D'ASSURANCE ET DE SÉCURITÉ SOCIALE

242. Si une caisse de sécurité sociale est fondée à obtenir qu'une partie de l'indemnité globale soit mise en réserve pour couvrir les dépenses futures mais d'ores et déjà certaines compte tenu de l'état de la victime, elle ne peut obtenir du tiers responsable que le remboursement de ses dépenses au fur et à mesure qu'elles sont exposées et non le versement anticipé du capital représentatif de celles-ci, en l'absence d'accord du tiers responsable. • Civ. 2e, 7 févr. 1990, n° 86-17.023 P.

243. S'agissant de la victime d'un accident mortel de la circulation en même temps accident de trajet, il y a lieu de fixer l'étendue du préjudice des ayants droit et de procéder à son évaluation selon les règles du droit commun, indépendamment des prestations versées par les organismes sociaux. • Civ. 2e, 14 mars 2002, n° 00-12.823 P.

244. Érosion monétaire. Pour la prise en compte de l'inflation et de l'érosion monétaire pour déterminer le montant de l'indemnisation due à raison de cambriolages commis plusieurs décennies plus tôt : • Crim. 28 mars 2018, n° 16-84.872 P : *RDC 2018. 377, obs. Leduc ; RGDA 2018. 299, note Schulz.*

245. V. notes ss. L. 5 juill. 1985, art. 12 à 27, ss. art. 1242.

5° INDEMNISATION DES VICTIMES D'INFRACTIONS

246. Rejet de la demande d'indemnisation d'un préjudice d'avilissement par la victime de faits de prostitution forcée et de traite d'êtres humains, ce préjudice étant inclus dans le poste des souffrances endurées et, après consolidation, dans celui du déficit fonctionnel permanent. • Civ. 2e, 13 déc. 2018, n° 18-10.276 P : *D. 2019. 182, note Porchy-Simon* • 13 déc. 2018, n° 17-28.716 P : *D. 2019. 182, note Porchy-Simon ; ibid. Chron. C. cass. 848, obs. Touati et Bohnert ; ibid. 856, obs. Régine ; ibid. 2058, obs. Guégan ; ibid. 2020. 40, obs. Brun, Gout et Quézel-Ambrunaz ; RTD civ. 2019. 341, obs. Jourdain* (idem, ce préjudice ne pouvant être assimilé à un préjudice permanent exceptionnel ou spécifique). ♦ Rappr. • Civ. 2e, 13 déc. 2018, n° 18-10.276 P : *D. 2019. 182, note Porchy-Simon*.

Art. 1242 *(Ord. n° 2016-131 du 10 févr. 2016, art. 2, en vigueur le 1er oct. 2016)* **On est responsable non seulement du dommage que l'on cause par son propre fait, mais encore de celui qui est causé par le fait des personnes dont on doit répondre, ou des choses que l'on a sous sa garde.**

Toutefois, celui qui détient, à un titre quelconque, tout ou partie de l'immeuble ou des biens mobiliers dans lesquels un incendie a pris naissance ne sera responsable, vis-à-vis des tiers, des dommages causés par cet incendie que s'il est prouvé qu'il doit être attribué à sa faute ou à la faute des personnes dont il est responsable.

Cette disposition ne s'applique pas aux rapports entre propriétaires et locataires, qui demeurent régis par les articles 1733 et 1734 du code civil.

Le père et la mère, en tant qu'ils exercent l'autorité parentale, sont solidairement responsables du dommage causé par leurs enfants mineurs habitant avec eux.

Les maîtres et les commettants, du dommage causé par leurs domestiques et préposés dans les fonctions auxquelles ils les ont employés ;

Les instituteurs et les artisans, du dommage causé par leurs élèves et apprentis pendant le temps qu'ils sont sous leur surveillance.

La responsabilité ci-dessus a lieu, à moins que les père et mère et les artisans ne prouvent qu'ils n'ont pu empêcher le fait qui donne lieu à cette responsabilité.

En ce qui concerne les instituteurs, les fautes, imprudences ou négligences invoquées contre eux comme ayant causé le fait dommageable, devront être prouvées, conformément au droit commun, par le demandeur, à l'instance. — *Dispositions transitoires, V. Ord. n° 2016-131 du 10 févr. 2016, art. 9, ss. art. 1386-1 nouveau.*

L'art. 1242 nouv. reprend à l'identique l'art. 1384 anc.

La responsabilité des parents d'un mineur âgé de seize ans révolus nommé directeur ou codirecteur d'une publication réalisée bénévolement ne peut être engagée, sur le fondement de l'art. 1242, que si celui-ci a commis un fait de nature à engager sa propre responsabilité civile dans les conditions prévues par la L. du 29 juill. 1881 sur la liberté de la presse (L. préc., art. 6 ; L. n° 82-652 du 29 juill. 1982, art. 93-2).

PLAN DES ANNOTATIONS

I. RESPONSABILITÉS GÉNÉRALES (AL. 1ER) nos 1 à 77

A. RESPONSABILITÉ DU FAIT DES CHOSES nos 1 à 68

1° FAIT DE LA CHOSE nos 3 à 21

a. Choses visées par l'art. 1242, al. 1er nos 3 à 8

b. Rôle de la chose nos 9 à 21

2° GARDE DE LA CHOSE nos 22 à 48

a. Critères de la garde nos 22 à 37

b. Garde de structure et garde de comportement nos 38 à 44

c. Garde collective nos 45 à 48

3° CAUSE ÉTRANGÈRE nos 49 à 65

a. Force majeure nos 49 à 54

b. Faute de la victime nos 55 à 60

c. Fait d'un tiers; obligation in solidum nos 61 à 65

4° ACCEPTATION DES RISQUES nos 66 à 68

B. RESPONSABILITÉ DU FAIT D'AUTRUI nos 69 à 77

II. RESPONSABILITÉS SPÉCIALES (AL. 2 S.) nos 78 à 144

A. COMMUNICATION D'INCENDIE nos 78 à 88

B. RESPONSABILITÉ DES PARENTS nos 89 à 103

C. RESPONSABILITÉ DES COMMETTANTS nos 104 à 136

D. RESPONSABILITÉ DITE DES INSTITUTEURS nos 137 à 144

I. RESPONSABILITÉS GÉNÉRALES (AL. 1ER)

A. RESPONSABILITÉ DU FAIT DES CHOSES

1. Principe. Le principe de la responsabilité du fait des choses inanimées trouve son fondement dans la notion de garde, indépendamment du caractère intrinsèque de la chose et de toute faute personnelle du gardien. • Civ. 2e, 20 nov. 1968 : *JCP 1970. II. 16567, note Dejean de la Bâtie; RTD civ. 1969. 337, obs. Durry.* – Déjà en ce sens • Cass., ch. réun., 13 févr. 1930, *Jand'heur : GAJC, 11e éd., no 193 ; DP 1930. 1. 57, concl. Matter, note Ripert; S. 1930. 1. 121, note Esmein.*

2. Dommage causé par la chose et non à la chose. La présomption de responsabilité prévue par l'art. 1384 anc. [1242], al. 1er, ne vise que le dommage causé par la chose que l'on a sous sa garde et non le dommage causé à la chose. • Civ. 2e, 25 nov. 1992, no 91-14.708 P : *RTD civ. 1993. 368, obs. Jourdain*

1° FAIT DE LA CHOSE

BIBL. Brun, *RCA 2019. Dossier 2* (trente ans de responsabilité du fait des choses). – Danjaume, *JCP 1996. I. 3895* (responsabilité du fait de l'information). – Lalanne, *RLDC 2006/23, no 977* (l'anormalité de la chose). – A. Lucas, *Études P. Catala, Litec, 2001, p. 817* (responsabilité du fait des choses immatérielles). – Pierroux, *RRJ 2004/4. 2279* (le fait des choses inertes). – Tricoire, *Mél. le Tourneau, Dalloz, 2008, p. 983* (responsabilité du fait des choses immatérielles). – Vix, *Defrénois 21 juin 2018. 37* (le robot intelligent).

a. Choses visées par l'art. 1242, al. 1er

3. Généralité de la notion de chose. La disposition de l'al. 1er de l'art. 1384 anc. [1242] est d'une généralité absolue. Ce texte ne distingue pas les choses mobilières des choses immobilières. • Req. 6 mars 1928 : *DP 1928. 1. 97, note Josserand.* ♦ Pour une proposition de limitation du domaine de l'art. 1384 anc. [1242], al. 1er, aux seules choses intrinsèquement dangereuses, V. concl. Charbonnier, *D. 1985. 20.*

4. ... Illustrations : immeubles. Exemples d'application de l'art. 1384 anc. [1242], al. 1er, à des immeubles : • Civ. 2e, 12 mai 1966 (2 arrêts) : *D. 1966. 700, note Azard* (arbres) • 4 mars 1976 : *D. 1977. 95; JCP 1977. II. 18544 (3e esp.), note Mourgeon* • 15 nov. 1984 : *Gaz. Pal. 1985. 1. 296, note Chabas* (falaise) • 17 mai 1995, no 93-15.183 P (falaise) • 26 sept. 2002, no 00-18.627 P : *D. 2003. 1257, note Audic ; JCP 2003. I. 154, no 34 s., obs. Viney; Gaz. Pal. 2003. 2435, note Liagre; RTD civ. 2003. 100, obs. Jourdain ; RDI 2003. 157, obs. Trébulle* (falaise menaçant de s'écrouler; indemnisation de la privation de jouissance pendant les travaux confortatifs, sur le fondement de l'art. 1384 anc. [1242]) • 19 juin 2003, no 01-02.950 P : *D. 2003. IR 2053 ; Dr. et patr. 12/2003, p. 91, obs. Chabas; AJDI 2003. 874, note Abram ; RDI 2004. 257, obs. Trébulle ; RTD civ. 2003. 715, obs. Jourdain* (glissement de terrain; cassation de l'arrêt ayant condamné le propriétaire de la parcelle supérieure sur le fondement du trouble de voisinage). ♦ Sur le cas de ruine d'un bâtiment, V. art. 1244.

5. Image susceptible de conservation. Jugé que l'ensemble des éléments techniques mis en œuvre en matière de diffusion télévisée effectuée en direct aboutit à la réalisation d'une image qui, susceptible notamment de reproduction et de conservation dans des archives, constitue une chose au sens de l'art. 1384 anc. [1242]. • TGI Paris, 27 févr. 1991 : *JCP 1992. II. 21809, note le Tourneau.*

6. ... Particules d'amiante. Responsabilité d'une entreprise, sur le fondement de l'art. 1384 anc. [1242], al. 1er, de la maladie (asbestose) contractée par l'épouse d'un de ses salariés et causée par les particules d'amiante rapportées chez lui par ce salarié dans ses vêtements de travail. • Caen, 20 nov. 2001 : *JCP 2003. II. 10045, note Trébulle.*

7. Molécules. Maraîchers considérés comme gardiens des molécules présentes dans divers produits phytosanitaires ayant causé la pollution des eaux pompées par la station alimentant en eau potable diverses communes : • Civ. 2e, 27 sept. 2012, no 11-11.762 P.

8. Lois spéciales. Exclusion de l'art. 1384 anc. [1242], al. 1er, par une loi spéciale (en l'espèce, L. du 5 juill. 1934 relative à l'abordage en navigation intérieure) : • Com. 5 nov. 2003, no 02-10.486 P : *R., p. 426; D. 2003. IR 2869 ; JCP 2004. II. 10166, note Lièvremont; RCA 2004, no 45, note H. G.* (collision entre deux « jet-skis »). ♦ La responsabilité pour abordage a pour fondement la faute prouvée et non le fait des choses que l'on a sous sa garde. • Com. 5 oct. 2010, no 08-19.408 P : *D. actu. 19 oct. 2010, obs. Delpech* (application de la L. du 7 juill. 1967 relative aux événements de mer, à l'exclusion de l'art. 1384 anc. [1242], al. 1er). ♦ Il résulte de la combinaison des art. L. 6131-2 et L. 6131-3, al., C. transp. que l'exploitant d'un aéronef est responsable de plein droit des dommages causés aux biens situés à la surface par les évolutions de l'aéronef ou les objets qui s'en détachent, y compris par suite de force majeure, responsabilité dont il ne peut s'exonérer partiellement ou totalement que par la preuve de la faute de la victime. • Com. 2 oct. 2012, n° 11-21.362 P : *D. 2012. 2866, note Tosi* (cassation de l'arrêt excluant la responsabilité du gardien d'un hélicoptère ayant causé des dommages au sol après avoir largué une antenne qui s'était accrochée à une installation, à la suite d'un coup de vent).

b. Rôle de la chose

9. Mise en mouvement par l'homme, élément indifférent. L'art. 1384 anc. [1242], al. 1er, ne distingue pas suivant que la chose a été ou non mise en mouvement par la main de l'homme (application en cas de blessure causée par un coup de fourche). • Civ. 2e, 20 mai 1974 : *JCP 1975. II. 18183, note Dejean de la Bâtie.* ♦ V. aussi • Civ. 2e, 16 oct. 1963 : *Gaz. Pal. 1964. 1. 159* (heurt d'un casier à bouteilles porté par une personne). ♦ Application de l'art. 1384 anc. [1242], al. 1er, au cas de la personne descendue d'une automobile dont elle referme la portière. • Civ. 2e, 2 mai 1968 : *Gaz. Pal. 1968. 2. 109; RTD civ. 1968. 721, obs. Durry.* ♦ *Contra :* • Civ. 2e, 13 oct. 1982 : *Bull. civ. II, n° 125; RTD civ. 1983. 347, obs. Durry.* ♦ L'imperméable d'un piéton est une chose de nature à engager la responsabilité de son gardien (accrochage de la poignée de frein d'un cyclomoteur dans la poche de l'imperméable, provoquant la chute du cycliste). • Rennes, 20 juin 1975 : *D. 1976. 351, note Tunc; Gaz. Pal. 1975. 2. 843, note Héno.*

10. Contact entre la chose et la victime ou l'objet endommagé, élément indifférent. L'art. 1384 anc. [1242], al. 1er, en posant comme condition à son application que le dommage ait été causé par le fait de la chose incriminée, n'exige pas pour autant la matérialité d'un contact. L'absence de contact entre la chose et la personne ou l'objet qui ont subi le dommage n'est pas nécessairement exclusive du lien de causalité. • Civ. 22 janv. 1940 (2 arrêts) : *DC 1941. 101, note R. Savatier.*

11. Chose ayant causé le dommage par l'intermédiaire d'une autre chose. Des alpinistes ne peuvent être considérés comme les gardiens des pierres qui tombent sur leur passage. • Civ. 2e, 24 avr. 2003, n° 00-16.732 P : *D. 2003. IR 1340; JCP 2004. II. 10049, note Gavin-Millan-Oosterlynck (1re esp.); Gaz. Pal. 2004. 1880, note Bolze (1re esp.)* • 24 avr. 2003, n° 01-00.450 P : *D. eod. loc.; JCP eod. loc. (2e esp.); Gaz. Pal. eod. loc. (2e esp.).* ♦ ... Mais ils sont bien gardiens des cordes qu'ils utilisent et donc responsables du dommage causé par une chute de pierres résultant du maniement de la corde. • Aix-en-Provence, 8 mai 1981 : *JCP 1982. II. 19819, note Sarraz-Bournet.* ♦ Dans un jeu collectif improvisé inspiré du base-ball, au cours duquel un enfant a été blessé à l'œil par une balle de tennis, c'est la raquette du joueur ayant projeté la balle en direction de l'enfant blessé qui a été l'instrument du dommage. • Civ. 2e, 28 mars 2002, n° 00-10.628 P : *R., p. 477; D. 2002. 3237, note Zerouki; RJPF 2002-7-8/33, note Chabas; LPA 4 sept. 2002, note Laydu; ibid. 25-26 déc. 2002, note Cicile-Delfosse; ibid. 20 juin 2003, note Vial; RTD civ. 2002. 520, obs. Jourdain* (exclusion de la garde collective de la balle). ♦ Un navire peut être gardien des vagues provoquées par son sillage. • Civ. 2e, 10 juin 2004, n° 03-10.837 P.

12. Chose ayant causé un dommage par l'intermédiaire du corps humain. L'art. 1384 anc. [1242], al. 1er, doit recevoir application lorsque les skis sont l'instrument du dommage, non seulement en cas de heurt des skis eux-mêmes. • Chambéry, 19 oct. 1954 : *JCP 1954. II. 8408, note Esmein.* ♦ ... Mais encore quand le dommage est causé par le corps du skieur lui-même. • Toulouse, 14 mars 1958 : *JCP 1961. II. 11942 bis, note Colombini* • Grenoble, 8 juin 1966 : *JCP 1967. II. 14928, note W. R.* ♦ ... Ou celui d'un cycliste. • Crim. 21 juin 1990, n° 89-82.632 P : *RTD civ. 1991. 124, obs. Jourdain.* ♦ ... Mais non quand la personne qui a été heurtée allait à pied, tenant sa bicyclette à la main. • Civ. 2e, 8 juill. 1987 : *Bull. civ. II, n° 151.*

13. Preuve du rôle causal de la chose. L'application de l'art. 1384 anc. [1242], al. 1er, suppose, avant tout, rapportée par la victime la preuve que la chose a été, en quelque manière et ne fût-ce que pour partie, l'instrument du dommage. Les juges du fond ne peuvent déduire de la seule constatation de la rupture d'une branche qu'un arbre avait été l'instrument du dommage. • Civ. 2e, 29 mars 1971 : *JCP 1972. II. 17086 (2e esp.), note Boré.* – Dans le même sens : • Civ. 2e, 5 mai 1993, n° 91-15.035 P.

14. Appréciation souveraine des juges du fond. Les juges du fond apprécient souverainement, en la matière, les éléments de preuve qui leur sont soumis. • Civ. 2e, 7 mai 2002, n° 99-20.533 P : *D. 2003. Somm. 461, obs. Jourdain (1re esp.).*

15. Rôle instrumental de la chose inerte. Une chose inerte ne peut être l'instrument d'un dommage si la preuve n'est pas rapportée qu'elle occupait une position anormale ou qu'elle était en mauvais état. • Civ. 2e, 11 janv. 1995, n° 92-20.162 P (plaque d'éclairement d'une toiture qui s'est brisée sous le poids d'une personne montée sur cette toiture pour une expertise : étant à sa place normale et en bon état, cette plaque n'est pas l'instrument du dommage). ♦ Même sens : • Civ. 2e, 29 mai 1964 : *JCP 1965. II. 14248 (2e esp.), note Boré* • 9 févr. 1983 : *Gaz. Pal. 1983. 2. Pan. 274, obs. Chabas* (fosse de graissage dans un garage) • 21 juin 1972 : *D. 1972. 553* (cage d'ascenseur) • 18 oct. 1989 : *Bull. civ. II, n° 187* (sol d'un magasin non anormalement humide ou glissant) • 28 mars 1990, n° 89-13.092 P (escalier dont le palier n'est pas anormalement glissant) • 8 juill. 1992, n° 91-14.304 P (poutres de béton entreposées sur le terre-plein central d'une voie de circulation, à un emplacement ni anormal, ni dangereux) • 25 nov. 1992, n° 91-13.580 P (barrières destinées à canaliser des skieurs montant au téléski, dans une position non anormale et un état non défectueux) • 8 juin 1994, n° 92-19.546 P : *RTD civ. 1995. 121, obs. Jourdain* ; *D. 1996. Somm. 31, obs. F. Lagarde* (fosse de trampoline conforme, en parfait état et exempte de vice) • 7 mai 2002, n° 99-20.533 P : *D. 2003. Somm. 461, obs. Jourdain (1re esp.)* (escalier d'hôtel ne présentant aucun caractère dangereux et convenablement éclairé) • 11 juill. 2002, n° 00-21.066 P : *D. 2003. Somm. 461, obs. Jourdain (3e esp.)* (rampe inclinée d'un magasin, en bon état et exempte de vice) • 25 nov. 2004, n° 03-11.730 P : *D. 2005. IR 114* (escalier non glissant et muni d'une rampe) • 29 mars 2012, n° 10-27.553 P : *D. 2012. 1008* ; *JCP 2012, n° 701, note Dumery; RCA 2012, n° 150, obs. Groutel; ibid. Étude 7, note Vignon-Barrault* (muret en béton en bon état, peint en blanc, parfaitement visibles pour une personne normalement attentive, cette couleur tranchant avec la couleur gris foncé du bitume recouvrant le parking) • 13 déc. 2012, n° 11-22.582 P : *D. 2013. 11, obs. Gallmeister* (tige métallique plantée verticalement dans le sol d'un jardin pour servir de tuteur à un arbuste). ♦ V. aussi, relevant que la chose a été, au moins pour partie, l'instrument du dommage : • Civ. 2e, 11 févr. 1999, n° 97-13.456 P : *D. 1999. IR 71* ; *RCA 1999, n° 97* (grumes entreposées sur le bas-côté d'une route et percutées par une automobile : position anormale et instrument partiel du dommage) • 14 déc. 2000 : *RCA 2001, n° 76 (2e esp.), note Groutel* (jardinières installées de façon anormale et dangereuse) • 25 oct. 2001, n° 99-21.616 P : *D. 2002. 1450, note Prat* ; *JCP 2002. I. 122, n° 9 s., obs. Viney; RTD civ. 2002. 108, obs. Jourdain* ; *RRJ 2003/1. 593, note Colonna* (boîte aux lettres fixée en position de débordement sur le trottoir) • Civ. 1re, 9 juill. 2002, n° 99-15.471 P : *D. 2003. Somm. 461, obs. Jourdain (2e esp.)* (agencement anormal des lieux – escalier – d'un établissement commercial) • Civ. 2e, 18 sept. 2003, n° 02-14.204 P : *D. 2004. 25, note Damas* ; *JCP 2004. II. 10013, note Le Tertre; ibid. I. 101, n° 18, obs. Viney; Defrénois 2004. 1002, obs. Libchaber; LPA 15 juin 2004, note Bouché; ibid. 17 nov. 2004, note Raffi; RCA 2003, n° 286, note Groutel; RTD civ. 2004. 108, obs. Jourdain* (plot en ciment délimitant un passage pour piétons et enlevé après l'accident) • 11 déc. 2003, n° 02-30.558 P : *D. 2004. 2181, note Godechot* ; *AJDI 2004. 227, note Denizot* (sol ciré, particulièrement glissant) • 13 mai 2004, n° 03-11.505 P (sol d'immeuble en travaux, semé d'obstacles et dépourvu de mesures de protection pour les piétons) • 4 janv. 2006 : *LPA 10 janv. 2007 (3e esp.), note Le Magueresse* (comportement anormal de la porte vitrée automatique d'une pharmacie qui ne s'est pas ouverte à l'approche du client).

16. ... Cas particulier des vitres. Dès lors qu'il résulte des constatations des juges du fond qu'une porte vitrée, qui s'était brisée, était fragile, la chose, en raison de son anormalité, a été l'instrument du dommage. • Civ. 2e, 24 févr. 2005, n° 03-13.536 P : *R., p. 363; D. 2005. 1395, note Damas (1re esp.)* ; *JCP 2005. I. 149, n° 6, obs. Viney; RCA 2005, n° 121, note Groutel (1re esp.); RLDC 2005/20, n° 820, note Train; LPA 23 nov. 2005, note Gallmeister; RTD civ. 2005. 407, obs. Jourdain*. – V. déjà en ce sens : • Civ. 2e, 12 mai 1980 : *JCP 1981. II. 19684, note Dejean de la Bâtie* • 4 juill. 1990, n° 89-15.713 P. ♦ Dans le même sens, à propos d'une porte vitrée : • Civ. 2e, 29 avr. 1998, n° 95-20.811 P : *JCP 1998. I. 185, n° 18, obs. Viney; RTD civ. 1998. 913, obs. Jourdain* • 15 juin 2000, n° 98-20.510 P : *D. 2001. 886, note Blanc* ; *JCP 2000. I. 280, n° 21, obs. Viney; RCA 2000, n° 292, note Groutel; RTD civ. 2000. 849, obs. Jourdain* (paroi de verre). ♦ *Contra* : • Civ. 2e, 28 mai 1986 : *Bull. civ. II, n° 85* (dès lors que la vitrine était suffisamment signalée pour se manifester à une personne attentive, elle n'a pas été l'instrument du dommage). ♦ Comp. • Civ. 2e, 19 févr. 2004, n° 02-18.796 P : *RCA 2004. Étude 14, par Bloch* (la paroi de verre a concouru à la réalisation du dommage de la victime, mais celle-ci a commis une faute d'inattention, car elle connaissait les lieux : responsabilité du gardien de la paroi pour les deux tiers seulement).

17. ... Fil de fer. Un fil de fer tendu à une dizaine de centimètres du sol sur un chemin privé mais dans le prolongement d'un chemin rural emprunté par des motos crée une situation dangereuse et, bien qu'inerte, a pu jouer un rôle causal dans la réalisation d'un accident. • Civ. 2e, 30 nov. 1994, n° 93-12.721 P.

18. ... Portail de détection électronique. Jugé qu'en émettant une sonnerie intempestive au passage d'un client, le portique de détection électronique d'un grand magasin est intervenu dans la réalisation du dommage moral causé à ce client, soupçonné à tort de vol. • Civ. 2e, 5 juin 1991 : *D. 1992. 409, note Lapoyade Deschamps* ; *D. 1992. Somm. 270, obs. A. Penneau* ; *Gaz. Pal. 1993. 1. 209, note Jourdain*.

19. Rôle instrumental de la chose en mouvement. Un escalator en mouvement dans lequel une personne a fait une chute, du fait d'un tiers qui l'a bousculée, a été, au moins pour partie, l'instrument du dommage. • Civ. 2e, 29 mars 2001, n° 99-10.735 P : *D. 2001. IR 1285* ; *RCA 2001. Chron. 14, par Groutel; Dr. et patr. 7-8/2001, p. 106, obs. Chabas; RTD civ. 2001. 598, obs. Jourdain* (responsabilité du magasin, gardien de l'escalator, le fait du tiers n'étant pas à son égard imprévisible et irrésistible). ♦ Même sens : • Civ. 2e, 13 mars 2003, n° 01-12.356 P : *D. 2003. IR 866* (escalator d'une gare) • Paris, 3 avr. 2006 : *JCP*

2006. II. 10173, note Delagarde (idem, même affaire).

20. *Chose ayant un dynamisme propre.* Dès lors qu'il ressort des constatations des juges du fond que la chose était dangereuse et qu'elle a été l'instrument du dommage, l'art. 1384 anc. [1242], al. 1er, s'applique. • Civ. 2e, 14 nov. 2002, no 01-12.318 P : *D. 2002. IR 3245* ; *Gaz. Pal. 2003. Somm. 1287, obs. Chabas* (gazinière ayant explosé à la suite d'une fuite de gaz due à la mauvaise fermeture de l'un des deux robinets d'arrivée).

21. *Usage sciemment détourné par la victime.* N'a pas été l'instrument du dommage la chose, exempte d'anormalité, dont l'usage a été sciemment détourné par la victime. • Civ. 2e, 24 févr. 2005, no 03-18.135 P : *R., p. 363 ; D. 2005. 1395, note Damas (2e esp.)* ; *JCP 2005. I. 149, no 6, obs. Viney ; RCA 2005, no 121, note Groutel (2e esp.) ; RLDC 2005/20, no 820, note Train ; RTD civ. 2005. 407, obs. Jourdain* (tremplin de VTT utilisé comme plongeoir).

2o GARDE DE LA CHOSE

BIBL. Peano, *D. 1991. Chron. 51* (incompatibilité entre qualités de gardien et de préposé). – Rétif, *RCA 2004. Étude 24* (critère unique de la garde : la faculté de prévenir le dommage ?).

a. Critères de la garde

22. *Usage, direction et contrôle de la chose.* La responsabilité du dommage causé par une chose est liée à l'usage qui est fait de la chose ainsi qu'aux pouvoirs de surveillance et de contrôle exercés sur elle, qui caractérisent la garde. – Jurisprudence constante, depuis l'arrêt Franck, cité note 37. – Par ex., • Civ. 1re, 23 févr. 1977 : *Gaz. Pal. 1978. 1. 90, note Plancqueel* • Civ. 2e, 5 mai 1978, no 76-14.564 P : *R., p. 71 ; JCP 1979. II. 19066 (2e esp.), note Chabas* • 10 févr. 1982 : *JCP 1983. II. 20069, note Coeuret* • 18 juin 1997, no 95-17.145 P : *D. 1998. Somm. 202, obs. Delebecque* (pour un détonateur de mine trouvé dans une ancienne carrière par la victime qui en est devenue gardien). ♦ La personne habitant une maison où s'est produite une explosion n'est pas la gardienne des matériaux projetés par le souffle de l'explosion qui ont endommagé une habitation voisine. • Civ. 2e, 4 mars 1998, no 96-14.119 P : *D. 1999. 217, note Dagorne-Labbe* ; *RTD civ. 1998. 686, obs. Jourdain* . ♦ Absence de garde de l'alpiniste relativement à la pierre dont la chute a causé un dommage : V. • Civ. 2e, 24 avr. 2003 : *préc. note 11* • 24 avr. 2003 : *eod. loc.* ♦ Dans un jeu collectif comme le football, tous les joueurs ont l'usage du ballon et aucun n'en a individuellement le contrôle. • Civ. 2e, 13 janv. 2005, no 03-12.884 P : *D. 2005. 2435, note Cornut* ; *RTD civ. 2005. 410, obs. Jourdain* .

Détermination du pilote responsable du vol sur un aéronef à double commande : V. • Civ. 2e, 5 juill. 2001, no 99-11.520 P (ULM) • 25 sept. 2002 : *Gaz. Pal. 2003. 1002, note Lalaut* (avion biplace).

23. *... Cas particulier de la neige.* Le propriétaire d'un immeuble ne peut être considéré comme ayant eu la garde d'un paquet de neige tombé de son toit. • Civ. 2e, 9 avr. 1973 : *D. 1973. 714, note Moderne*. – Dans le même sens : • Civ. 2e, 18 déc. 1958 : *Gaz. Pal. 1959. 1. 165 ; RTD civ. 1959. 325, obs. H. et L. Mazeaud*. ♦ En énonçant que le propriétaire d'un immeuble est devenu gardien de la neige recouvrant le trottoir, pour s'être abstenu de l'enlever, sans rechercher s'il exerçait effectivement sur la neige les pouvoirs qui caractérisent la garde, les juges du fond ne donnent pas de base légale à leur décision. • Civ. 2e, 17 oct. 1979 : *Bull. civ. II, no 243.*

24. *Absence de connaissances techniques.* L'existence d'un lien de préposition n'implique pas nécessairement chez le commettant les connaissances techniques pour pouvoir donner des ordres avec compétence. Le propriétaire d'un arbre et de la tronçonneuse utilisée pour son abattage, qui donnait des directives à la personne qui coupait l'arbre, était, au moment de l'accident, le commettant de cette personne et était resté gardien de la chose instrument du dommage. • Civ. 2e, 11 oct. 1989 : *Bull. civ. II, no 175.*

25. *Incompatibilité des qualités de gardien et de préposé.* Incompatibilité des qualités de gardien et de préposé. • Civ. 27 avr. 1929 : *DP 1929. 1. 129, note Ripert ; S. 1929. 1. 297, note Hugueney*. ♦ V. réaffirmant ce principe : • Civ. 2e, 1er avr. 1998 : *RTD civ. 1998. 914, obs. Mestre* . ♦ V. aussi, note 13 ss. L. 5 juill. 1985, art. 1er.

26. *Absence de condition de discernement.* BIBL. R. Legeais, *Mél. Cornu, PUF, 1994, p. 253.* ♦ En retenant qu'un enfant avait l'usage, la direction et le contrôle d'une chose, les juges du fond n'avaient pas, malgré le très jeune âge de ce mineur, à rechercher si celui-ci avait un discernement. • Cass., ass. plén., 9 mai 1984, *Épx Gabillet*, no 80-14.994 P : *R., p. 104 ; GAJC, 11e éd., no 197-199 (III)* ; *D. 1984. 525, concl. Cabannes, note Chabas ; JCP 1984. II. 20255 (1re esp.), note Dejean de la Bâtie ; ibid. 20291, rapp. Fédou ; RTD civ. 1984. 508, obs. J. Huet*. ♦ Legeais, *D. 1984. Chron. 237 ; Defrénois 1985. 557*. – Viney, *JCP 1985. I. 3189*. ♦ Exemples de cas de mineurs gardiens : • Civ. 2e, 17 oct. 1990, no 89-17.008 P • 30 janv. 1991, no 89-11.762 P • 24 mai 1991, no 90-12.443 P. ♦ Mais V. • Civ. 2e, 26 nov. 2020, no 19-19.676 P : *cité note 34*. ♦ Celui qui exerce sur une chose les pouvoirs d'usage, de direction et de contrôle conserve la qualité de gardien, même s'il n'est pas en mesure d'exercer correctement lesdits pouvoirs (démence). • Civ. 2e, 30 juin 1966 : *Bull. civ. II, no 720.*

27. *Présomption pesant sur le propriétaire.* La société propriétaire d'un magasin est présumée demeurée gardienne d'une bouteille qui a basculé du plan incliné d'une caisse enregistreuse. • Civ. 2e, 16 mai 1984 : *Bull. civ. II, no 86 ; RTD civ. 1985. 585, obs. J. Huet.* ♦ Le propriétaire d'un immeuble loué par appartements ne perd pas la garde du mur de façade. • Civ. 2e, 17 mai 1983 : *Gaz. Pal. 1983. 2. Pan. 275, obs. F. C.* ♦ La mission de surveillance d'un immeuble confiée à une entreprise spécialisée n'a pas pour effet d'opérer un transfert de la garde et d'en décharger le propriétaire. • Civ. 1re, 16 juin 1998, no 96-20.640 P : *R., p. 272 ; D. Affaires 1998. 1312, obs. J. F. ; JCP 1998. I. 185, no 17, obs. Viney ; RTD civ. 1998. 917, obs. Jourdain*. ♦ A conservé la garde du carburant stocké dans l'enceinte de son entreprise, sans mesures particulières de sécurité, la société propriétaire de ce carburant, alors que des inconnus ayant pénétré de nuit par effraction dans ses locaux en ont provoqué l'écoulement. • Civ. 2e, 22 mai 2003, no 02-10.367 P : *AJDI 2004. 146, note Wertenschlag ; RDI 2003. 327, obs. Jégouzo et Trébulle*.

28. Garde conservée par le propriétaire. Lorsque, procédant à l'essai d'une voiture, l'acheteur éventuel a pris le volant sous le contrôle et la surveillance du vendeur, celui-ci a conservé sur la voiture dont il est propriétaire les pouvoirs d'usage, de contrôle et de direction. • Civ. 2e, 13 juill. 1966 : *D. 1966. 554* • 19 mai 1969 : *JCP 1969. II. 16105.* ♦ Conservation de la garde par le vendeur d'un bien qui n'a pas été livré : V. • Civ. 2e, 27 sept. 2001, no 00-10.208 P : *D. 2001. IR 2948*. ♦ Le propriétaire confiant une chose à un tiers ne cesse d'en être responsable que s'il est établi que le tiers a reçu corrélativement les pouvoirs d'usage, de direction et de contrôle de la chose ; tel n'est pas le cas, s'agissant d'une tondeuse confiée à un tiers par son propriétaire, pour un court laps de temps et pour un usage déterminé dans son propre intérêt. • Civ. 2e, 19 juin 2003, no 01-17.575 P : *D. 2003. IR 1881*. ♦ Sauf l'effet de stipulations contraires valables entre les parties, le propriétaire de la chose, bien que la confiant à un tiers, ne cesse d'en être responsable que s'il est établi que ce tiers a reçu corrélativement toute possibilité de prévenir lui-même le préjudice qu'elle peut causer. • Civ. 1re, 9 juin 1993 : *D. 1994. 80, note Dagorne-Labbe ; JCP 1994. II. 22202, note Viney ; RTD civ. 1993. 833, obs. Jourdain* (à propos de la présence d'orge mêlée à des gravois de démolition et susceptible de fermentation dangereuse). ♦ Rappr. : • Civ. 2e, 12 oct. 2000 : *JCP 2001. I. 338, nos 15 s., obs. Viney ; RCA 2000, no 357 ; RTD civ. 2001. 372, obs. Jourdain* (cuves de carburant) • 23 janv. 2003, no 01-11.043 P : *RTD civ. 2003. 304, obs. Jourdain* (détonateur mêlé aux gravats d'un chantier de carrelage).

29. Propriétaire indéterminé. Présomption de garde pesant sur l'utilisateur, lorsque le propriétaire de la chose, instrument du dommage, reste indéterminé : V. • Civ. 2e, 28 nov. 2002, no 00-13.272 P : *D. 2003. IR 253 ; RTD civ. 2003. 303, obs. Jourdain*.

30. Transfert de la garde. Les juges du fond ne peuvent écarter la présomption de garde pesant sur le propriétaire et reconnaître une garde collective sans préciser les circonstances d'où aurait résulté un transfert de garde. • Civ. 2e, 14 juin 1995, no 93-19.188 P. ♦ V. aussi • Civ. 2e, 5 oct. 2006 : *RCA 2006, no 368 ; RTD civ. 2007. 132, obs. Jourdain* (transfert de la garde de la chose – friteuse – du propriétaire à l'utilisateur non établi). ♦ Le juge qui retient le transfert de la garde n'a pas à déterminer à qui cette garde a été transférée. • Civ. 2e, 7 oct. 2004, no 03-11.498 P : *D. 2004. IR 2835 ; RCA 2004, no 365, note Groutel.*

31. ... Par l'effet d'un prêt. Transfert de la garde en cas de prêt à usage : • Cass., ch. mixte, 26 mars 1971 : *JCP 1972. II. 16957, note Dejean de la Bâtie* • Civ. 2e, 13 déc. 1973 : *Gaz. Pal. 1974. 2. 551, note Plancqueel* • 13 janv. 2012 : *CCC 2012, no 85, obs. Leveneur* (caddie de supermarché détourné de sa fonction). ♦ Comp., cependant, le refus du transfert de garde dans l'hypothèse du prêt d'une motocyclette pour un trajet déterminé relativement court et pour un temps limité : • Civ. 2e, 15 déc. 1986 : *Gaz. Pal. 1988. 1. Somm. 40, obs. Chabas.* ♦ En disposant librement du chariot prêté par le magasin, le client s'en voit transférer la garde. • Civ. 2e, 14 janv. 1999, no 97-11.527 P : *RTD civ. 1999. 630, obs. Jourdain*.

32. ... D'une location. Le locataire d'un bien dont la garde lui a été transférée est responsable du dommage causé par ce bien en application de l'art. 1384 anc. [1242], al. 1er. • Civ. 2e, 12 déc. 2002, no 01-10.974 P : *D. 2003. 454, note Damas ; LPA 10 sept. 2003, note Kéita* (chute d'un volet). ♦ Rappr. • Civ. 2e, 18 déc. 2003, no 02-12.925 P : *Gaz. Pal. 2004. 1059, concl. Domingo* (qualité de gardien de l'entreprise locataire d'une grue à l'origine d'un accident lors d'une opération de levage). ♦ V. aussi, pour la qualité de gardien de l'occupant temporaire du domaine public : • Civ. 1re, 22 juin 2004, no 02-13.741 P (ferraille implantée dans le trottoir et servant à maintenir la bâche d'un restaurant). ♦ Mais, en cas de location d'un aéronef pour une durée déterminée, le commandant, le pilote et l'équipage restent sous la direction du fréteur. Celui-ci conserve donc la garde de l'appareil. • Civ. 1re, 6 juin 1990, no 88-18.991 P. ♦ Rappr. • Civ. 2e, 19 oct. 2006, no 05-14.338 P : *D. 2006. IR 2876 ; JCP 2007. I. 115, no 7, obs. Stoffel-Munck ; RCA 2007, no 15, note Groutel ; RTD civ. 2007. 133, obs. Jourdain* (camion-citerne de transport de gaz pris en location avec chauffeur : garde maintenue au loueur en application des stipulations du contrat).

33. ... D'une mise à disposition d'autrui. Transfert de garde en cas d'utilisation du matériel d'autrui en l'absence de convention d'assistance : • Civ. 2e, 10 juin 1998, no 96-21.228 P : *JCP 1999. II. 10042, note Mandin ; RTD civ. 1999. 630, obs. Jourdain* (échelle). ♦ Mais conserve la garde du véhicule la personne qui en a confié temporairement la conduite à une autre personne et s'est endormie à côté d'elle. • Civ. 1re, 8 nov. 1989, n° 87-10.357 P : *RTD civ. 1990. 92, obs. Jourdain*. ♦ Conserve la garde d'une carabine son propriétaire qui laisse une autre personne s'en emparer et lui remet une cartouche en sachant que cette personne allait faire immédiatement et en sa présence usage de l'arme en tirant en direction de tiers qui jetaient des galets sur la maison. • Civ. 2e, 28 mars 1994, n° 92-10.743 P : *R., p. 361.* ♦ V. aussi • Civ. 2e, 7 mai 2002, n° 00-14.594 P : *D. 2003. Somm. 463, obs. Jourdain*; *Dr. et patr. 12/2002, p. 80, obs. Chabas* (utilisation d'un escabeau à la demande du propriétaire de la chose et en sa présence : pas de transfert de garde). – Déjà en ce sens : • Civ. 2e, 11 févr. 1999 : *RCA 1999, n° 95*; *RTD civ. 1999. 632, obs. Jourdain*.

34. ... D'une manipulation par un tiers. Dans un magasin libre-service, il ne suffit pas qu'un client manipule un objet offert à la vente pour qu'il y ait transfert de garde. • Civ. 2e, 28 févr. 1996, n° 93-20.817 P : *RCA 1996. Comm. 162 et Chron. 20, par Groutel*; *RTD civ. 1996. 631, obs. Jourdain*. ♦ Dans le même sens, pour un client blessé par l'objet lors du passage à la caisse, avant paiement : • Dijon, 1er juill. 1999 : *BICC 15 mai 2000, n° 650.* ♦ Jugé qu'en ouvrant une porte, instrument d'un dommage, une personne acquiert sur celle-ci les pouvoirs d'usage, de direction et de contrôle caractérisant la garde. • Civ. 2e, 8 févr. 1989 : *Gaz. Pal. 1990. 1. Somm. 9, obs. Chabas.* ♦ ... Mais que le fait pour un enfant de prendre appui sur une croix en pierre ou même de pousser celle-ci n'est pas de nature à lui conférer les pouvoirs de contrôle et de direction qui caractérisent la garde. • Civ. 2e, 23 nov. 1988 : *Bull. civ. II, n° 230.* ♦ Un enfant de onze ans s'étant saisi d'une arme et blessé avec elle n'en a pas acquis pour autant la garde ; le propriétaire reste gardien, le transfert n'étant pas établi. • Civ. 2e, 26 nov. 2020, n° 19-19.676 P : *D. 2020. 2397*; *RTD civ. 2021. 149, obs. Jourdain*.

35. ... De l'intervention d'un tiers commandée par l'urgence. Transfert de la garde d'un bateau, déplacé d'un ponton d'amarrage à un autre par la société de gardiennage, à l'insu du propriétaire, dans une situation d'urgence. • Civ. 2e, 7 oct. 2004 : *préc. note 30.*

36. ... D'une entrée en possession. Une entreprise ayant interrompu son intervention depuis une dizaine de jours sur un chantier où le propriétaire d'un immeuble a prélevé des madriers, une cour d'appel a pu déduire que la garde des madriers avait été transférée de cette entreprise à ce propriétaire. • Civ. 2e, 11 févr. 1999 : *RCA 1999, n° 96.* ♦ Entrée en possession d'un objet abandonné. • Civ. 2e, 10 févr. 1982 : *JCP 1983. II. 20069, note Cœuret* (application de l'art. 1384 anc. [1242], al. 1er, à une bouteille abandonnée, dans laquelle un mineur donne un coup de pied).

37. ... D'un vol. Le propriétaire d'une automobile, qui en est dépossédé par l'effet d'un vol, privé de l'usage, de la direction et du contrôle de sa voiture, n'en a plus la garde et n'est plus, dès lors, soumis à la présomption de responsabilité édictée par l'art. 1384 anc. [1242], al. 1er. • Cass., ch. réun., 2 déc. 1941, *Franck : GAJC, 11e éd., n° 194*; *DC 1942. 25, rapp. Lagarde, note Ripert*; *S. 1941. 1. 217, note H. Mazeaud*; *JCP 1942. II. 1766, note Mihura* • Civ. 2e, 5 avr. 1965 : *D. 1965. 737, note Azard.* ♦ V. aussi Fray et Guerry, *Gaz. Pal. 1976. 2. Doctr. 469.*

b. Garde de structure et garde de comportement

BIBL. Goldman, *Mél. Roubier, Dalloz/Sirey, 1961, t. 2, p. 51.* – Jourdain, *RTD civ. 2007. 132* (désuétude de la distinction ?). – Groutel, *RCA 2007. Repère 5.*

38. Dynamisme propre : bouteille. Les juges du fond qui, dans l'exercice de leur pouvoir souverain, ont considéré qu'une bouteille remplie d'une boisson gazeuse avait un dynamisme propre, capable de se manifester dangereusement, ont pu déduire que la société qui avait fabriqué la boisson et l'avait mise en bouteille en avait conservé la garde malgré les ventes successives dont elle avait été l'objet. • Civ. 1re, 12 nov. 1975 : *JCP 1976. II. 18479 (1re esp.), note Viney*; *Gaz. Pal. 1976. 1. 174, note Héno* • Civ. 2e, 4 juin 1984 : *Gaz. Pal. 1984. 2. 634, note Chabas.* ♦ Même sens (bouteille de butane) : • Civ. 2e, 4 nov. 1987 : *Gaz. Pal. 1988. 1. Somm. 259, obs. Chabas.* – V. aussi • Civ. 2e, 14 avr. 1988 : *ibid. 1988. 2. Somm. 321, obs. Chabas.* ♦ V. déjà, affaire de « *l'Oxygène liquide* » • Civ. 2e, 5 janv. 1956 : *GAJC, 11e éd., n° 195-196 (II)*; *D. 1957. 261, note Rodière*; *JCP 1956. II. 9095, note R. Savatier* • 10 juin 1960 : *D. 1960. 609, note Rodière*; *JCP 1960. II. 11824, note Esmein.*

39. ... Télévision. Le fait qu'un poste de télévision en service soit pourvu d'un dynamisme propre capable de se manifester dangereusement n'implique pas nécessairement que le constructeur en ait conservé la garde. Au contraire, l'entreprise de location qui a acquis la propriété du poste, possédant ses techniciens spécialistes qui en assurent l'entretien, dispose du pouvoir de contrôle sur les organes internes de l'appareil et a la garde de celui-ci. • Civ. 2e, 3 oct. 1979, n° 78-10.575 P : *R., p. 69*; *D. 1980. 325 (1re esp.), note Larroumet*; *Gaz. Pal. 1980. 1. 191, note J.V.* ♦ Mais dès lors qu'est constatée l'existence d'un vice caché de fabrication d'un téléviseur, au sens de l'art. 1641, le constructeur est réputé avoir conservé la garde de structure bien qu'il n'en soit plus propriétaire depuis sept ans, et un sous-acquéreur ne saurait être tenu de réparer le dommage causé par l'implosion, en raison de l'antériorité du vice par rapport à la vente. • Civ. 2e, 30 nov. 1988 : *Bull. civ. II, n° 240*; *RTD civ. 1989. 323, obs. Jourdain.* ♦ Comp. • Civ. 2e, 14 nov. 1979 : *Bull. civ. II, n° 262* (cassation d'un arrêt retenant la responsabilité du fabricant, gardien de structure, alors que le vendeur était intervenu deux fois pour réparer le poste).

40. ... Chariots. Des chariots qu'un magasin libre-service met à la disposition de ses clients qui en ont le libre usage sont dépourvus de tout dynamisme propre (garde transférée aux clients). • Civ. 2e, 14 janv. 1999 : *préc. note 31.* ♦ V. aussi pour des pneumatiques, livrés inertes, et dont le gonflage et le regonflage sont laissés à l'initiative des utilisateurs : • Versailles, 27 janv. 1983 : *JCP 1983. II. 20094, note P. Dupichot.*

41. ... Cigarettes. Refus d'appliquer la distinction entre garde de la structure et garde du comportement aux cigarettes fumées par un fumeur. • Civ. 2e, 20 nov. 2003 : *préc. note 157 ss. art. 1241.*

42. ... Système de freinage d'un véhicule. Ayant constaté qu'une conductrice avait connaissance, avant l'accident, des vices du système de freinage de son véhicule, qu'elle était avertie des risques prévisibles qui en résultaient et qu'elle n'avait pas adopté en conduisant les précautions indispensables, les juges du fond ont pu en déduire qu'au moment de l'accident, le fabricant-vendeur et le garagiste n'étant pas restés gardiens du système de freinage, la conductrice avait la garde du véhicule. • Civ. 2e, 13 déc. 1989 : *Bull. civ. II, no 222 ; RTD civ. 1990. 292, obs. Jourdain.*

43. ... Avion. La responsabilité d'un aéroclub, recherchée en qualité de gardien de la structure de l'appareil, ne peut être retenue lorsqu'il est établi que l'appareil était en parfait état de vol à son décollage. • Civ. 1re, 27 févr. 2007, no 03-16.683 P : *D. 2007. AJ 1014 ; RCA 2007, no 166, et Repère 5, par Groutel ; ibid. Étude 16, niote Vignon-Barrault.*

44. Partage de responsabilité. Sur la possibilité de partage de responsabilité entre gardiens de la structure et du comportement, V. • Civ. 2e, 15 déc. 1986 : *D. 1987. 221, note Larroumet.*

c. Garde collective

BIBL. Mayer, *RTD civ. 1975. 197.*

45. Dommage causé en groupe : tireurs. Répondent du dommage sur le fondement de l'art. 1384 anc. [1242], al. 1er, des tireurs qui ont, avec les fusils dont ils avaient la garde, participé à une action commune et exécuté des actes connexes et inséparables ayant causé le dommage (salve tirée à l'occasion d'un mariage). • Civ. 2e, 15 déc. 1980, no 79-11.314 P : *R., p. 68 ; D. 1981. 455, note Poisson-Drocourt.* ♦ V. conf., pour la garde en commun de flèches lancées par des tireurs non identifiés, • Civ. 2e, 7 nov. 1988 : *Bull. civ. II, no 214.* ♦ *Contra*, pour des « canons artisanaux » frappés de manière distincte : • Civ. 2e, 4 déc. 2008 : *RCA 2009, no 41, obs. Groutel.*

46. ... Mineurs se livrant à une activité dangereuse. Des mineurs s'étant livrés à une activité commune dangereuse et ayant exécuté des actes connexes inséparables consistant à fumer des cigarettes en jetant autour d'eux des bouts de cigarettes non consumés, agissant ensemble et d'un commun accord, ont exercé sur les cigarettes et les allumettes qu'ils manipulaient et qui ont été l'instrument d'un incendie les pouvoirs qui en caractérisent la garde. • Civ. 2e, 14 juin 1984 : *Gaz. Pal. 1984. 2. Pan. 299, obs. F. C.* ♦ Comp. • Civ. 2e, 4 mai 1988 : *Bull. civ. II, no 103 ; RTD civ. 1988. 769, obs. Jourdain* (écartant la responsabilité *in solidum* faute de constatations sur la relation directe du comportement d'un mineur avec un incendie). ♦ V. égal. note 34.

47. Gardien individualisé au sein d'un groupe. Exclusion de la garde collective des équipiers sur un voilier en régate alors que l'un d'eux en était le propriétaire et le skipper et que le rôle de chacun au moment de l'accident était resté ignoré, • Civ. 2e, 9 mai 1990 : *D. 1991. 367, note Dagorne-Labbe*, et, dans la même affaire, • Civ. 2e, 8 mars 1995, no 91-41.895 P : *R., p. 316 ; D. 1998. Somm. 43, obs. J. Mouly ; JCP 1995. II. 22499, note Gardach.* ♦ Dans le même sens : • Civ. 2e, 6 janv. 1993, no 91-13.434 P. ♦ Il n'y a pas garde de la chose en commun par deux enfants jouant avec un briquet dès lors qu'au moment de l'embrasement du foin l'un d'eux exerçait seul sur la chose les pouvoirs d'usage, de contrôle et de direction qui caractérisent la garde. • Civ. 2e, 11 juill. 2002, no 00-21.346 P : *D. 2002. 3297, note Dagorne-Labbe ; Gaz. Pal. 2003. 2308, note Le Blan-Delannoy ; RJPF 2002-12/40, obs. Chabas ; RTD civ. 2002. 823, obs. Jourdain.* – Même sens : • Civ. 2e, 19 oct. 2006, no 04-14.177 P : *D. 2006. IR 2694 ; JCP 2007. II. 10030, note Mekki ; ibid. I. 115, no 6, obs. Stoffel-Munck ; JCP E 2007. 1227, note Brusorio ; RTD civ. 2007. 130, obs. Jourdain.* – V. aussi • Civ. 2e, 28 mars 2002 : *préc. note 11.*

Exclusion de la garde collective et détermination du pilote responsable du vol sur un aéronef à double commande : V. note 22 *in fine*.

48. Exclusion de l'art. 1242, al. 1er, entre cogardiens. Ayant constaté la garde collective, les juges du fond en déduisent à bon droit que le cogardien blessé ne dispose, sur le fondement de l'art. 1384 anc. [1242], al. 1er, d'aucune action en réparation contre les autres. • Civ. 2e, 25 nov. 1999, no 97-20.343 P.

3o CAUSE ÉTRANGÈRE

BIBL. Coutant-Lapalus, *LPA 26 févr. 2002* (imprévisibilité de la cause étrangère). – Hocquet-Berg, *RCA 2003. Chron. 12* (force majeure). – Leduc, *RCA 1999. Chron. 17* (cause exclusive). – R. Savatier, *Mél. Marty, Univ. Toulouse, 1978, p. 1019* (l'explosion en droit civil).

a. Force majeure

49. Principe. La présomption de responsabilité établie par l'art. 1384 anc. [1242], al. 1er, à l'encontre de celui qui a sous sa garde la chose inanimée qui a causé un dommage à autrui ne peut être détruite que par la preuve d'un cas fortuit ou de force majeure ou d'une cause étrangère qui ne lui soit pas imputable. Il ne suffit pas de prouver qu'il n'a commis aucune faute ou que la cause du fait dommageable est demeurée inconnue. • Cass., ch. réun., 13 févr. 1930, *Jand'heur : GAJC, 11e éd., no 193* ; *DP 1930. 1. 57, concl. Matter, note Ripert ; S. 1930. 1. 121, note Esmein* • Civ. 2e, 20 juill. 1981, no 80-10.450 P : *R., p. 70 ; JCP 1982. II. 19848, note Chabas ; RTD civ. 1982. 423, obs. Durry* • 4 juin 1984 : *Gaz. Pal. 1984. 2. 634, note Chabas.* ♦ V. conf., pour le fait d'un tiers non identifié : • Civ. 2e, 15 mars 2001, no 99-11.033 P : *D. 2001. IR 1145* ; *RTD civ. 2001. 374, obs. Jourdain* . – Comp., dans la même affaire : • Civ. 2e, 16 déc. 2004, no 03-15.938 P : *RCA 2005, no 84, note Groutel.* ♦ Relever qu'un accident d'ascenseur n'a pu se produire sans une manœuvre anormale de la porte n'exonère pas le propriétaire de l'ascenseur de la présomption de responsabilité qui pèse sur lui, dès lors que, les circonstances de l'accident étant indéterminées, il n'est pas établi que cette manipulation anormale présentait un caractère imprévisible et irrésistible. • Civ. 2e, 29 mai 1996, no 94-18.129 P. – Rappr. • Civ. 2e, 18 mars 2004 : *cité note 59.* ♦ V. aussi, pour le fait d'un tiers n'ayant pas été, à l'égard du gardien, imprévisible et irrésistible, • Civ. 2e, 29 mars 2001 : *préc. note 19* • 13 mars 2003 : *eod. loc.* • 23 oct. 2003, no 02-16.155 P : *D. 2003. IR 2670* .

50. *Extériorité.* Une obnubilation passagère des facultés mentales n'est pas un événement susceptible de constituer une cause de dommage extérieure ou étrangère au gardien. • Civ. 2e, 18 déc. 1964, *Trichard : GAJC, 11e éd., no 197-199 (II)* ; *D. 1965. 191, concl. Schmelck, note Esmein ; RTD civ. 1965. 351, obs. R. Rodière* • 21 janv. 1966 : *Gaz. Pal. 1966. 1. 384* • 30 juin 1966 : *Bull. civ. II, no 720.* ♦ Ne constitue pas une cause extérieure à l'entreprise le fait que les membres de l'équipage d'un navire, en conflit avec l'armateur, se soient rendus maîtres du bâtiment. • Cass., ch. mixte, 4 déc. 1981, no 79-11.193 P : *R., p. 40 ; D. 1982. 365, concl. Cabannes, note Chabas ; JCP 1982. II. 19748, note H. Mazeaud ; RTD civ. 1982. 609, obs. Durry.*

51. ... *Vice inhérent à la chose.* Le vice inhérent à la chose qui a causé le dommage ne constitue pas, au regard de celui qui exerce sur cette chose les pouvoirs de direction, de contrôle et d'usage corrélatifs à l'obligation de garde, un cas fortuit ou de force majeure de nature à l'exonérer de sa responsabilité envers les tiers. • Civ. 2e, 20 nov. 1968 : *JCP 1970. II. 16567, note Dejean de la Bâtie* (glissement de terrain dû à un relèvement de la nappe phréatique ; Comp. note 53) • 5 mai 1975 : *Gaz. Pal. 1975. 2. 528, note Plancqueel* (pourriture d'un arbre) • 12 déc. 2002, no 98-19.111 P : *CCC 2003, no 53, note Leveneur (2e esp.) ; RTD civ. 2003. 301, obs. Jourdain* ; *RDI 2003. 159, obs. Trébulle* (instabilité de sols).

52. *Irrésistibilité.* Un phénomène d'infiltration des eaux provenant d'autres terrains, connu depuis longtemps, est une cause du dommage étrangère au gardien d'une parcelle, comme se rattachant à un fait extérieur normalement insurmontable et constitue un cas de force majeure. • Civ. 2e, 21 janv. 1981 : *JCP 1982. II. 19814, note Dejean de la Bâtie ; RTD civ. 1982. 611, obs. Durry.*

53. Les juges du fond ne peuvent rejeter une demande en réparation fondée sur l'art. 1384 anc. [1242], al. 1er, en constatant la difficulté d'éviter un obstacle, alors que seules l'imprévisibilité et l'irrésistibilité sont une cause d'exonération de la responsabilité de plein droit qui pèse sur le gardien. • Civ. 2e, 3 févr. 1966 : *D. 1966. 349, note Tunc.* – Dans le même sens : • Civ. 2e, 5 févr. 1992, no 90-19.675 P. ♦ V. aussi, exigeant des juges du fond qu'ils recherchent si, en l'espèce, toutes les mesures requises pour empêcher l'événement avaient été prises : • Civ. 2e, 18 mars 1998, no 95-22.014 P : *JCP 1998. I. 144, no 13, obs. Viney* (cyclone annoncé ; art. 1384 anc. [1242], al. 1er) • 22 mai 2003 : *préc. note 27.*

54. *Imprévisibilité.* Si la présence de verglas sur une route ne saurait, de façon générale et absolue, constituer le fait imprévisible et inévitable caractérisant la force majeure, il n'en est pas de même lorsque les juges du fond constatent que le danger en résultant s'est trouvé, en raison des conditions atmosphériques, subitement localisé sur une surface réduite. • Crim. 18 déc. 1978 : *JCP 1980. II. 19261, note Alvarez.* ♦ L'inondation d'un local en sous-sol, qui était prévisible en raison de l'existence d'un règlement prévoyant la possibilité d'installer un tampon étanche, n'est pas constitutive de la force majeure. • Civ. 2e, 1er avr. 1999, no 97-17.909 P : *R., p. 393.* ♦ La survenance de signaux sonores et visuels de véhicules de secours et le déclenchement intempestif d'alarmes de véhicules ne sont pas des circonstances imprévisibles lors d'un spectacle sons et lumières organisé dans une agglomération très fréquentée en période estivale. • Civ. 2e, 13 juill. 2000, no 98-21.530 P : *D. 2000. IR 225* ; *RCA 2000, no 324, note Groutel ; LPA 12 juill. 2001, note Marie ; RTD civ. 2000. 847, obs. Jourdain* . ♦ En cas de pollution des bassins d'une pisciculture par des effluents provenant d'une parcelle cultivée, ni le caractère naturel du ruissellement, ni l'instabilité des sols du secteur ne constituent pour le propriétaire de la parcelle, gardien des apports solides à l'origine de la pollution, des événements imprévisibles et irrésistibles. • Civ. 2e, 23 sept. 2004, no 03-13.160 P : *RDI 2005. 259, note Trébulle* . ♦ Ne présente pas les caractères de la force majeure la tempête à l'origine directe de la chute des arbres sur le fonds voisin dès lors qu'un constat d'huissier dressé plusieurs années avant la tempête établissait la présence d'arbres penchant dangereusement sur le fonds voisin et que le propriétaire des arbres avait déjà fait l'objet d'une sommation pour couper ces arbres. • Civ. 3e, 10 déc. 2014, no 12-26.361 P : *D. actu. 12 janv.*

2015, obs. Le Rudulier. ♦ Comp. • Civ. 2e, 23 mars 2017, n° 16-60.095 P (l'impossibilité d'expédier une lettre recommandée en raison de la fermeture de la poste, un samedi à 18h30, n'est ni imprévisible, ni irrésistible).

b. Faute de la victime

BIBL. Éloi et a., *Études Lapoyade-Deschamps, Univ. Montesquieu-Bordeaux IV, 2003.*

55. Absence de condition de discernement. Faute d'un jeune enfant victime. • Civ. 2e, 28 févr. 1996 : *D. 1996. 602, note Duquesne ; D. 1997. Somm. 28, obs. D. Mazeaud ; Gaz. Pal. 1997. 1. 86, note Jacques ; JCP 1996. I. 3996, n° 14, obs. Viney ; RTD civ. 1996. 628, obs. Jourdain.*

56. Faute de la victime ayant contribué au dommage. Le gardien de la chose instrument du dommage est partiellement exonéré de sa responsabilité s'il prouve que la faute de la victime a contribué au dommage. • Civ. 2e, 6 avr. 1987, n° 85-14.906 P : *R., p. 217 ; GAJC, 11e éd., n° 204-206 (III) ; D. 1988. 32, note Ch. Mouly ; JCP 1987. II. 20828, note Chabas ; Defrénois 1987. 1136, note Aubert ; RTD civ. 1987. 767, obs. Huet* • Civ. 2e, 8 mars 1995, n° 93-14.059 P : *D. 1995. Somm. 232, obs. Delebecque* • Civ. 2e, 3 mars 2016, n° 15-12.217 P : *V. note 59.*

57. Faute de la victime : cause exclusive du dommage. Le gardien est exonéré lorsque la faute de la victime a constitué la cause exclusive de son dommage. • Civ. 1re, 6 oct. 1998, n° 96-12.540 P : *D. Affaires 1998. 1809, obs. J. F. ; JCP 1999. II. 10186, note Aubrée ; RTD civ. 1999. 113, obs. Jourdain.*

58. ... Imprévisible et irrésistible. Les juges du fond ne peuvent retenir une faute de la victime totalement exonératoire sans relever que l'accident était dû à une cause étrangère au gardien revêtant pour lui un caractère imprévisible et irrésistible. • Civ. 2e, 2 avr. 1997, n° 95-16.531 P : *RCA 1997. Comm. 255, note Leduc.* ♦ La faute de la victime n'exonère totalement le gardien de la chose que si elle constitue une force majeure. • Civ. 2e, 15 déc. 2005, n° 03-16.772 P : *D. 2006. IR 101.* – Déjà en ce sens : • Civ. 2e, 25 juin 1998, n° 96-19.752 P : *D. 1999. 416, note Lapoyade Deschamps ; JCP 1998. II. 10191, note Fromion-Hébrard ; RCA 1998, n° 296, obs. Groutel* • 27 mai 1999, n° 97-16.200 P : *D. Affaires 1999. 1108, obs. J. F.* • 11 janv. 2001, n° 99-10.417 P : *D. 2001. IR 408 ; LPA 2 oct. 2001, note Szames ; RTD civ. 2001. 375, obs. Jourdain* • 11 juill. 2002, n° 01-10.016 P : *D. 2002. IR 2454 ; Dr. et patr. 11/2002, p. 102, obs. Chabas* • 27 mars 2003, n° 01-63.653 P : *D. 2003. IR 1078* • 22 mai 2003, n° 02-11.692 P : *D. 2004. 523, note Beaugendre (1re esp.)* • 23 oct. 2003, n° 02-16.155 P : *D. 2003. IR 2670* • 18 mars 2004, n° 02-19.454 P : *D. 2004. IR 998 ; LPA 10 nov. 2004, note Laydu.* ♦ Cette exigence est satisfaite lorsque cette faute présente, lors de l'accident, un caractère imprévisible et irrésistible. • Cass., ass. plén., 14 avr. 2006, n° 04-18.902 P : *BICC 1er juill. 2006, rapp. Petit, concl. de Gouttes ; D. 2006. 1577, note Jourdain (1re esp.) ; ibid. IR 1131, obs. Gallmeister ; ibid. Pan. 1933, obs. Brun ; JCP 2006. II. 10087, note Grosser (1re esp.) ; JCP E 2006. 2224, n° 11, obs. Legros ; Gaz. Pal. 2006. 2496, concl. de Gouttes ; Defrénois 2006. 1212, obs. Savaux ; RLDC 2006/29, n° 2129, note Mekki ; LPA 6 juill. 2006, note Le Magueresse ; RTD civ. 2006. 775, obs. Jourdain* (personne s'étant jetée sous un train).

59. ... Illustrations. Présente les caractères d'imprévisibilité et d'irrésistibilité de nature à exonérer le gardien d'une porte vitrée qui s'est brisée lors du choc avec la victime la faute d'inattention et d'imprudence de cette dernière, alors qu'il n'est pas établi que la porte était défectueuse. • Civ. 2e, 20 janv. 1993, n° 91-17.558 P. ♦ Comp. • Civ. 2e, 19 févr. 2004 : *préc. note 16.* ♦ Le comportement imprévisible et irrésistible de la victime quittant un terre-plein planté d'arbustes pour traverser la chaussée en biais en courant au moment où le tramway arrivait à sa hauteur exonère le gardien du tramway. • Civ. 2e, 29 mai 1996 : *D. 1997. 213, note Bl anc.*

Mais les juges du fond ne caractérisent pas la force majeure en énonçant que la faute d'un enfant qui s'est allongé sur le battant d'une porte de garage basculante après avoir provoqué sa remontée est une hypothèse qui ne s'impose pas immédiatement à l'esprit et que le dispositif de sécurité était conforme aux normes en vigueur. • Civ. 2e, 8 juin 1994, n° 92-21.413 P : *RTD civ. 1995. 122, obs. Jourdain.* ♦ La faute de la victime qui a transgressé une interdiction de pénétrer dans une propriété privée où elle a été blessée dans l'effondrement d'un pont de bois ne présente pas pour le gardien du pont un caractère imprévisible et insurmontable. • Civ. 2e, 18 déc. 1995, n° 94-13.509 P : *D. 1997. Somm. 188, obs. Lacabarats.* ♦ Dans le même sens, retenant que la présence d'un piéton sur le passage à niveau jouxtant une gare, malgré la fermeture des demi-barrières, n'est pas imprévisible : • Civ. 2e, 23 janv. 2003, n° 00-14.980 P : *D. 2003. IR 669 ; RTD civ. 2003. 301, obs. Jourdain* • 5 avr. 2007 : *RCA 2007, n° 178, note Groutel ; RTD civ. 2007. 574, obs. Jourdain* (présence d'un véhicule). ♦ Le fait pour un voyageur ayant voulu remonter dans le train pour y chercher un bagage oublié n'est ni imprévisible ni irrésistible pour la SNCF puisque des moyens peuvent permettre d'empêcher les passagers de remonter dans le train dans ces conditions, comme la présence d'agents sur le quai, ou la mise en place de systèmes différents de fermeture des portes. • Civ. 2e, 3 mars 2016, n° 15-12.217 P : *D. 2016. 766, note Rias ; ibid. 1396, obs. Kenfack ; ibid. 2017. 24, obs. Brun, Gout et Quézel-Ambrunaz ; Gaz. Pal. 2016. 918, obs. Receveur.* ♦ De même, n'est pas imprévisible pour la SNCF le fait, pour la victime, d'être descendue d'un train en marche, dès lors que le système de fonctionnement des portes rend cet acte possible, bien que dangereux. • Civ. 2e, 23 janv. 2003, n° 00-15.597 P : *D. 2003. 2465, note Depadt-Sebag ; JCP 2003. I. 152, n° 33, obs. Viney ; RTD civ. 2003. 301, obs. Jourdain* • 27 févr. 2003, n° 01-00.659 P : *D. 2003. IR 809 ; Dr. et patr. 6/2003, p. 90, obs. Chabas.* ♦ V. conf. • Civ. 2e, 13 juill. 2006, n° 05-10.250 P : *JCP 2006. Actu. 428, par F. Terré* (victime tombée d'un train en marche après avoir déplombé et actionné la manette de déverrouillage de la porte : comportement non constitutif de la force majeure pour la SNCF) • 21 déc. 2006 : *RCA 2007, n° 45 ; RTD civ. 2007. 574, obs. Jourdain* (idem). ♦ Dans le même sens, pour un accident d'ascenseur : • Civ. 2e, 18 mars 2004 : *préc. note 58.* ♦ Dès lors qu'il appartient à la SNCF de s'assurer de l'absence de passagers dans une rame avant de la diriger vers le dépôt, ne sont pas caractérisées l'imprévisibilité et l'irrésistibilité du comportement de la victime, restée dans la rame puis descendue au milieu des voies. • Civ. 2e, 15 déc. 2005 : *préc. note 58.* ♦ L'imprudence de la victime (client tombé d'une échelle qu'il « essayait » dans un magasin en libre service de bicolage) ne constitue pas la force majeure de nature à exonérer le gardien. • Civ. 2e, 27 mars 2003 : *préc. note 58.* ♦ Mais est imprévisible le comportement du voyageur dont le lieu de chute coïncide avec une croix sur un plan trouvé dans son sac, le jet préliminaire des bagages sur la voie ferrée contredisant l'hypothèse d'un accident. • Civ. 1re, 13 mars 2008, n° 05-11.800 P : *D. 2008. AJ 921, obs. Gallmeister ; ibid. 1582, note Viney ; JCP 2008. Actu. 219, obs. Brusorio-Aillaud ; RTD com. 2008. 844, obs. Bouloc* (application de la Convention de Berne).

60. Légitime défense. La légitime défense reconnue par le juge pénal ne peut donner lieu devant la juridiction civile à une action en dommages-intérêts de la part de celui qui l'a rendue nécessaire. • Civ. 2e, 22 avr. 1992 : *D. 1992. 353, note Burgelin ; RTD civ. 1992. 768, obs. Jourdain.* ♦ Doit être cassé l'arrêt qui déclare engagée la responsabilité d'une femme en tant que gardienne de l'arme avec laquelle elle a, en état de légitime défense, blessé un tiers. • Même arrêt. ♦ Rappr. • Civ. 2e, 27 mars 2003, n° 01-12.663 P. ♦ Les juges du fond doivent rechercher si, malgré le rejet de l'excuse de légitime défense et la relaxe de la partie civile du chef de violences, celle-ci n'a pas commis une faute ayant concouru à son propre dommage, faute autorisant un partage de responsabilité quant au dommage subi. • Crim. 8 janv. 2008, n° 07-83.423 P : *D. 2008. 1590, note Robaczewski.*

c. Fait d'un tiers ; obligation in solidum

61. Coauteur tenu à réparation intégrale à l'égard de la victime. Le gardien de la chose qui a été l'instrument du dommage, hors le cas où il établit un événement de force majeure totalement exonératoire, est tenu, dans ses rapports avec la victime, à réparation intégrale, sauf son recours éventuel contre le tiers qui aurait concouru à la production du dommage. • Civ. 2e, 15 juin 1977 : *JCP 1978. II. 18780, note Baudoin* • 11 juill. 1977 : *D. 1978. 581, note Agostini* • 5 févr. 1986 : *Bull. civ. II, n° 11* • 26 avr. 1990, n° 88-19.820 P. ♦ V. aussi • Civ. 2e, 29 mars 2001 : *préc. note 19.* ♦ Encore faut-il que le prétendu coauteur soit véritablement un tiers et non une personne sous la dépendance de l'auteur principal. • Civ. 1re, 2 oct. 2018, n° 15-26.093 P : *cité note 114.*

Le tiers est responsable si sa faute a contribué à la réalisation du préjudice de la victime, sans qu'il importe que cette faute ait été commise à l'encontre de l'auteur de l'appel en garantie. • Com. 14 juin 2016, n° 14-16.471 P.

62. Absence de recours du coauteur fautif contre le gardien. La responsabilité mise à la charge du gardien de la chose par l'art. 1384 anc. [1242], al. 1er, l'a été en faveur des victimes du dommage, seules recevables à en invoquer le bénéfice. L'auteur d'une faute ne peut donc soutenir que la responsabilité d'un tiers qui n'est pas dans la cause se trouve aussi engagée en sa qualité de gardien. • Civ. 2e, 23 févr. 1983 : *JCP 1984. II. 20124, note Dejean de la Bâtie.* ♦ Mais le gardien condamné à désintéresser intégralement la victime a, par l'effet de la subrogation légale, un recours contre le gardien coauteur du dommage, dans la mesure de la responsabilité de celui-ci. • Civ. 2e, 11 févr. 1981 : *D. 1982. 255, note Agostini.* – V. aussi • Civ. 2e, 11 juill. 1977 : *D. 1978. 581, note Agostini* • 8 mai 1978 : *JCP 1981. II. 19506 (2e esp.), note Perallat.*

63. Recours du gardien contre le coauteur fautif. Un coauteur, responsable d'un accident sur le fondement de l'art. 1242, al. 1er, C. civ., peut recourir pour le tout contre un coauteur fautif. • Civ. 2e, 13 sept. 2018, n° 17-20.099 P.

64. Recours entre gardiens. Ne peut être rejeté le recours en garantie formé par le coauteur d'un accident contre l'autre coauteur sur le fondement de l'art. 1384 anc. [1242] au motif qu'aucune faute ne peut être retenue contre celui-ci, alors que la seule absence de faute prouvée à sa charge ne suffit pas à l'exonérer de sa responsabilité sur le fondement de ce texte. • Civ. 2e, 18 oct. 1989, n° 88-10.970 P.

65. ... Subrogation légale. Lorsque deux choses ont contribué à la production d'un même dommage, la partie qui a désintéressé intégralement la victime a, par l'effet de la subrogation légale, contre l'autre coauteur, un recours distinct par son objet et sa cause de l'action de la victime. • Civ. 2e, 18 janv. 1984 : *Gaz. Pal. 1984. 1. Pan. 125, obs. F. C.* • 12 déc. 1984 : *ibid. 1986. 1. Somm. 250, obs. Chabas.*

4° ACCEPTATION DES RISQUES

BIBL. Cappello, *RTD civ. 2013. 777* (la faute civile et la violation des règles régissant une activité sportive ou professionnelle). – Hocquet-

Berg, *RCA 2002. Chron. 15* (pour la suppression de la théorie de l'acceptation des risques). – Millet, *D. 2005. Chron. 2830* ; *Err. 2906* (acceptation des risques et responsabilité du fait d'autrui).

66. Suppression générale de l'acceptation des risques. La victime d'un dommage causé par une chose peut invoquer la responsabilité résultant de l'art. 1384 anc. [1242], al. 1er, à l'encontre du gardien de la chose instrument du dommage, sans que puisse lui être opposée son acceptation des risques. • Civ. 2e, 4 nov. 2010, nº 09-65.947 P : *D. 2010. Actu. 2772, obs. Gallmeister* ; *ibid. 2011. Chron. C. cass. 632, obs. Adida-Canac et Grignon-Dumoulin* ; *ibid. Chron. 690, note Mouly* ; *R., p. 394 ; JCP 2011, nº 12, note 12 ; ibid., nº 435, § 6, obs. Bloch ; RLDC 2011/78, nº 4084, obs. Le Nestour-Drelon ; RCA 2011. Étude 3, note Hocquet-Berg ; RTD civ. 2011. 137, obs. Jourdain* (accident d'un concurrent à l'entraînement, évoluant sur un circuit fermé exclusivement dédié à l'activité sportive où les règles du code de la route ne s'appliquent pas) • Civ. 2e, 21 mai 2015, nº 14-14.812 P : *D. 2015. 2164, note Casson* ; *ibid. 2283, obs. M. Bacache, A. Guégan-Lécuyer et S. Porchy-Simon* (blessure d'un copilote de rallye). ♦ Ainsi le concurrent victime d'un accident à l'entraînement, évoluant sur un circuit fermé exclusivement dédié à l'activité sportive où les règles du code de la route ne s'appliquent pas, ne peut se voir opposer que la participation à cet entraînement impliquait une acceptation des risques inhérents à une telle pratique sportive. • Civ. 2e, 4 nov. 2010 : *préc.*

V. préc. dans la même affaire pour l'exclusion de la loi de 1985, note 28 ss. art. 1er L. 5 juill. 1985. ♦ *Contra* antérieurement admettant une renonciation tacite à l'art. 1384 anc. [1242], al. 1er. • Civ. 2e, 8 oct. 1975 : *Bull. civ. II, nº 246 ; R., p. 71 ; RTD civ. 1976. 357, obs. Durry* (concurrents d'une course automobile) : • Civ. 2e, 16 juin 1976 : *JCP 1977. II. 18585, note Bénabent* • 8 nov. 1976 : *JCP 1977. II. 18759, note Bénabent* • 5 juin 1985 : *JCP 1987. II. 20744, note Agostini* (compétition hippique).

Pour des décisions déjà réservées sur le principe de l'acceptation des risques : • Civ. 2e, 19 mars 1997, nº 93-10.132 P : *D. 1999. Somm. 88, obs. J. Mouly* ; *RTD civ. 1997. 666, obs. Jourdain* • Civ. 1re, 15 juill. 1999 : *V. note 65 ss. art. 1231-1.* – **C. civ.** ♦ V. aussi : • Civ. 1re, 6 janv. 1987 : *Bull. civ. I, nº 7* (la notion d'acceptation des risques n'ajoute rien aux effets attachés à la faute de la victime).

67. Limitations antérieures de la notion : risques anormaux. La participation à une régate en mer de haut niveau n'implique pas acceptation du risque de mort, qui, dans les circonstances de la course, constituait un risque anormal. • Civ. 2e, 8 mars 1995, nº 91-41.895 P : *R., p. 316 ; D. 1998. Somm. 43, obs. J. Mouly* ; *JCP 1995. II. 22499, note Gardach ; JCP 1995. I. 3893, nº 16 s., obs. Viney ; RTD civ. 1995. 904, obs. Jourdain* .

68. ... Activités exclues. La participation de l'enfant victime d'un jeu improvisé, hors du cadre d'une compétition sportive, exclut l'acceptation des risques. • Civ. 2e, 28 mars 2002 : *préc. note 11.* ♦ ... De même que sa participation à une activité pédagogique sous l'autorité et la surveillance d'un moniteur (match de football). • Civ. 2e, 4 juill. 2002, nº 00-20.686 P : *D. 2003. 519, note Cordelier* ; *ibid. Somm. 461, obs. Jourdain* ; *RCA 2002, nº 324, note Groutel ; AJ fam. 2002. 345, obs. S. D.-B* ; *RJPF 2002-11/33, obs. Chabas ; LPA 25-26 déc. 2002, note Cicile-Delfosse ; ibid. 26 mars 2003, note Laydu ; ibid. 20 juin 2003, note Vial.* ♦ Il n'y a pas lieu de retenir l'acceptation par la victime des risques résultant de la pratique du sport cycliste en cas d'accident survenu entre participants à une sortie dominicale organisée entre amateurs animés du seul désir de s'entraîner. • Civ. 2e, 22 mars 1995, nº 93-14.051 P : *D. 1998. Somm. 43, obs. J. Mouly* ; *JCP 1995. I. 3893, nº 15, obs. Viney ; RTD civ. 1995. 904, obs. Jourdain* . ♦ Même sens : • Limoges, 25 nov. 1993 : *D. 1995. Somm. 62, obs. J. Mouly* (pas d'acceptation de risques dans la pratique du golf, de surcroît hors compétition). – V. désormais C. sport, art. L. 321-3-1, issu de la L. nº 2012-348 du 12 mars 2012. – **C. sport.**

B. RESPONSABILITÉ DU FAIT D'AUTRUI

BIBL. Alt-Maes, *JCP 1998. I. 154* (responsabilité du fait du mineur). – Artus, *D. 2001. Chron. 18* (responsabilité du fait du mineur placé : contentieux administratif). – Autem, *RDSS 2012. 134* (la responsabilité civile du fait d'autrui à l'épreuve de la réforme de la protection de l'enfance). – De Bertier-Lestrade, *LPA 25 janv. 2005* (des fautes sans responsabilité). – Blin-Franchomme, *LPA 24 nov. 1997* (garde des personnes). – Bonnet et Mucchielli, *R. 1997, p. 55.* – F. Boulanger, *D. 2005. Chron. 2245* (autorité parentale et responsabilité parentale). – Brun, *Études Lapoyade-Deschamps, Univ. Montesquieu-Bordeaux IV, 2003* (vers l'irresponsabilité des petits ?). – Castaignède, *Études Lapoyade-Deschamps, préc.* (responsabilité civile du mineur). – Chabot, *Defrénois 1999. 769* (responsabilité civile de l'association et de ses dirigeants). – Droin, *JCP 2010, nº 455* (garde et responsabilité sans faute de l'État). – Eschylle, *AJ fam. 2010. 70* (responsabilité civile des parents séparés). – François, *D. 2007. Chron. 2408* (fait générateur de la responsabilité du fait d'autrui). – Fournel, *AJ fam. 2008. 150* (responsabilité civile des grands-parents). – Gridel, *Mél. Drai, Dalloz, 2000, p. 609.* – Guettier, *RLDC 2008/51, suppl., nº 3082.* – Hugon, *Dr. fam. 2004. Étude 25* (services chargés d'une mesure d'assistance éducative). – Josselin-Gall, *JCP 2000. I. 268.* – Jourdain, *Études Lapoyade-Deschamps, préc.* (recherche des fondements). – Lasserre-Kiesow, *LPA 11 oct. 2001* (garde et responsabilité du fait d'autrui). – Laydu et Guillou, *RRJ 1998/2. 479* (effet *Blieck*). – Lebreton, *LPA 24 févr. 1997 ; ibid. 11 avr. 2007* (fait dommageable de l'enfant). – Lemaitre, *Dr. fam. 2018, Étude 3* (mineur directeur de publication de presse). – Leverbe, *RCA 2005. Étude 4* (le civilement responsable du fait du mineur). – Marliac, *RDSS 2015. 44* (fondements de la responsabilité appliquée aux mineurs relevant d'une personne publique). – Marteau-Petit, *RRJ 2002/1. 255 ; Err. 2002/2. 817* (dualité des critères de mise en œuvre). – Matutano, *D. 2009. Chron. 2698* (responsabilité de l'administration et rééducation des mineurs). – Millet, *D. 2005. Chron. 2830* ; *Err. 2906* (acceptation des risques et responsabilité du fait d'autrui). – Mouly, *RCA 2008. Étude n° 10.* – Poumarède, *Mél. le Tourneau, Dalloz, 2008, p. 839.* – Prim-Thomas, *RLDC 2006/24, n° 1011* (la faute dans la responsabilité du fait d'autrui). – Radé, *RCA 2004. Étude 15* (résurgence de la faute) ; *ibid. 2019. Dossier 3* (responsabilité civile du fait d'autrui). – Romani, *LPA 29 juill. 2002* (faute et responsabilité objective). – Saint-Pau, *RCA 1998. Chron. 22* (responsabilité directe ?) ; *RCA 2004. Chron. 1* (fait causal ou fait générateur ?). – Siffrein-Blanc, *RTD civ. 2011. 479* (réforme de la responsabilité civile des parents). – Vignon-Barrault, *RLDC 2008/51, suppl., n° 3081* (autorité et responsabilité). – Waltz, *RCA 2012. Étude 9.* – Colloque Université du Maine 2 juin 2000, *RCA, nov. 2000, n° spécial.* – Dossier, *RLDC 2008/51, suppl.* (autorité et responsabilité).

69. Admission du principe d'une application de l'art. 1242, al. 1er. Ayant constaté qu'un centre d'aide par le travail est destiné à recevoir des handicapés mentaux, encadrés dans un milieu protégé et soumis à un régime comportant une totale liberté de circulation dans la journée, une cour d'appel décide à bon droit que l'association gestionnaire de ce centre doit répondre, au sens de l'art. 1384 anc. [1242], al. 1er, de son pensionnaire et réparer les dommages qu'il a causés (incendie de forêt), dès lors qu'il résulte de ces constatations que l'association a accepté la charge d'organiser et de contrôler, à titre permanent, le mode de vie de cet handicapé. • Cass., ass. plén., 29 mars 1991, *Blieck* : n° 89-15.231 P : *R., p. 351 ; GAJC, 11e éd., n° 218-219 (I)* ; *D. 1991. 324, note Larroumet* ; *JCP 1991. II. 21673, concl. Dontenwille, note Ghestin ; Gaz. Pal. 1992. 2. 513, note Chabas ; Defrénois 1991. 729, obs. Aubert ; RTD civ. 1991. 312, obs. Hauser* , et 541, *obs. Jourdain* . – Viney, *D. 1991. Chron. 157.*

Inversement, l'admission d'un mineur en hôpital de jour n'a pas pour effet de transférer à cet établissement la responsabilité d'organiser, diriger et contrôler la vie de ce mineur. • CE 17 févr. 2012, n° 334766 : *AJDA 2012. 1665, étude Belrhali-Bernard* ; *RDSS 2012. 563, note Marliac* .

70. Responsabilité sans faute. Les personnes tenues de répondre du fait d'autrui au sens de l'art. 1384 anc. [1242], al. 1er, ne peuvent s'exonérer de la responsabilité de plein droit résultant de ce texte en démontrant qu'elles n'ont commis aucune faute. • Crim. 26 mars 1997, n° 95-83.956 P : *R., p. 357 ; GAJC, 11e éd., n° 218-219 (II)* ; *D. 1997. 496, note Jourdain* ; *D. 1998. Somm. 201, obs. D. Mazeaud* ; *JCP 1997. II. 22868, rapp. Desportes ; JCP 1998. II. 10015, note Huyette ; JCP 1997. I. 4070, n° 1 s., obs. Viney ; Dr. fam. 1997, n° 98, note Murat ; RCA 1997. Comm. 292, note Groutel ; LPA 5 oct. 1999, note Alt-Maes.*

71. Inapplicabité de l'art. 1242, al 1er, aux accidents du travail. Viole la législation sur les accidents du travail, qui interdit tout recours contre l'employeur exercé conformément au droit commun, l'arrêt qui condamne une association à réparation envers un de ses salariés victime d'un accident du travail causé par un de ses pensionnaires, en relevant que l'association était assignée, non en qualité d'employeur, mais en qualité de civilement responsable du pensionnaire qu'elle avait sous sa surveillance. • Civ. 2e, 22 févr. 2007, n° 05-11.811 P : *R., p. 381 ; D. 2007. AJ 800, obs. Fabre* ; *LPA 2 avr. 2007, note Brusorio.* ♦ Sur la question de savoir si une association peut être tenue de réparer les dommages causés par un de ses membres à un autre, V. note Radé, ss. • Bordeaux, 15 juin 2006 : *RCA 2007, n° 65.*

72. Applications. Associations ayant une mission de garde décidée par l'autorité publique. Une association est responsable des délits commis par des mineurs en danger dont la garde lui a été confiée par application de l'art. 375 C. civ., la décision du juge des enfants transférant au gardien la responsabilité d'organiser, diriger et contrôler le mode de vie du mineur et donc la responsabilité de ses actes. • Crim. 10 oct. 1996 : *D. 1997. 309, note Huyette* ; *JCP 1997. II. 22833, note Chabas ; Dr. fam. 1997, n° 83, note Murat (2e esp.)* • 26 mars 1997 : *préc. note 69* • 15 juin 2000, n° 99-85.240 P : *D. 2001. 653, note Huyette* . ♦ V. aussi • Civ. 2e, 9 déc. 1999, n° 97-22.268 P : *D. 2000. 713, note Galliou-Scanvion* ; *JCP 2000. I. 241, nos 12 s., obs. Viney ; LPA 23 mars 2000, note Meyzeaud-Garaud ; RDSS 2000. 424, note Alfandari* ; *RTD civ. 2000. 338, obs. Jourdain* (association ayant la garde d'un mineur en liberté surveillée et l'ayant placé dans une famille d'accueil, dans des conditions déterminées et contrôlées par elle) • 20 janv. 2000, n° 98-17.005 P : *R., p. 398 ; D. 2000. 571, note Huyette* ; *JCP 2000. I. 241, n° 14, obs. Viney ; RCA 2000, n° 111, note Vaillier ; RTD civ. 2000. 588, obs. Jourdain* (dommages causés par un mineur pensionnaire d'un foyer éducatif à d'autres pensionnaires) • 22 mai 2003, n° 01-15.311 P : *D. 2004. Somm. 1342, obs. Jourdain* ; *Dr. fam. 2003, n° 155, note J. Julien* (association ayant placé un mineur en stage chez un agriculteur, dans le cadre d'une mesure d'assistance éducative). ♦ Déjà dans le même sens • Rouen, 25 sept. 1991 : *D. 1993. 5, note Pigache* • Crim. 4 janv. 1995, n° 93-82.698 P : *JCP 1995. I. 3893, n° 4, obs. Viney* (handicapé mental placé dans un centre d'aide par le travail).

Une association chargée par décision d'un juge des enfants d'organiser et de contrôler à titre permanent le mode de vie d'un mineur demeure responsable de plein droit du fait dommageable commis par ce mineur, même lorsque celui-ci habite avec ses parents, dès lors qu'aucune décision judiciaire n'a suspendu ou interrompu cette mission éducative. • Civ. 2e, 6 juin 2002, n° 00-15.606 P : *R., p. 476; D. 2002. 2750, note Huyette ; JCP 2003. II. 10068, note Gouttenoire et Roget; ibid. I. 154, n° 37 s., obs. Viney; Dr. fam. 2002, n° 109, note J. Julien; RJPF 2002-11/32, note Chabas; LPA 16 janv. 2003, note Laydu (2e esp.); ibid. 9 juill. 2003, note Rexand-Pourias; RTD civ. 2002. 825, obs. Jourdain* • Crim. 8 janv. 2008, n° 07-81.725 P : *LPA 22 sept. 2008, obs. Vignon-Barrault; ibid. 3 juin 2009, note Autem; RCA 2008, n° 88, obs. Groutel.* ♦ V. aussi • Civ. 2e, 7 mai 2003, n° 01-15.607 P : *D. 2003. 2256, note Huyette ; JCP 2004. I. 101, nos 19 s., obs. Viney; RJPF 2003-9/35, obs. Chabas* (cassation de l'arrêt qui décide que seule la responsabilité de l'État peut être engagée du fait des actes commis par un mineur placé au titre de l'Ord. 2 nov. 1945) • CE 3 juin 2009, n° 300924 : *RDSS 2009. 768, obs. Cristol*. ♦ Dans le même sens, pour un département à qui la tutelle d'un mineur a été déférée par décision d'un juge des tutelles et dont le service non personnalisé désigné comme tuteur s'est acquitté par un placement provisoire en foyer d'accueil : • Civ. 2e, 7 oct. 2004, n° 03-16.078 P : *D. 2005. 819, note Huyette ; JCP 2005. I. 132, n° 6, obs. Viney; RJPF 2005-1/34, note Chabas; RTD civ. 2005. 100, obs. Hauser*.

Inversement, n'est pas responsable une association qui ne s'est vu confier qu'une mesure d'action éducative en milieu ouvert, dont l'objet est d'apporter aide et conseil à la famille et de suivre le développement de l'enfant, cette mesure n'étant pas de nature à transférer à l'association tout ou partie de l'autorité parentale, l'association n'ayant aucun pouvoir effectif de direction et de surveillance sur le mineur, dont elle ne pouvait contrôler le mode de vie. • Civ. 2e, 19 juin 2008, n° 07-12.533 P : *D. 2008. 2205, note Huyette ; D. 2009. Chron. C. cass. 757, n° 11, obs. Nicolétis ; JCP 2008. II. 10203, note Boulanger; AJ fam. 2008. 399, obs. Chénedé ; ibid. 2008-10/36, note Corpart; RLDC 2008/52, n° 3103, obs. Gaudin; RTD civ. 2008. 667, obs. Hauser ; ibid. 682, obs. Jourdain ; RDSS 2008. 926, note Cristol*.

Lorsque le mineur est confié, au titre des art. 375 s. C. civ., à un service ou un établissement qui relève de l'autorité de l'État, la responsabilité de l'État est engagée, même sans faute, pour les dommages causés aux tiers par ce mineur, sauf force majeure ou faute de la victime. • CE 11 févr. 2005 : *D. 2005. 1762, note Lemaire ; JCP 2005. II. 10070, concl. Devys, note Rouault; ibid. I. 149, n° 4, obs. Viney; AJDA 2005. 663, chron. Landais et Lénica ; RCA 2005, n° 192, note Guettier; Dr. fam. 2005, n° 173, note Dupré de Boulois; LPA 1er juin 2005, note Matutano; RDSS 2005. 466, note Cristol ; RTD civ. 2005. 585, obs. Hauser ; RFDA 2005. 595, concl. Devys, note Bon*. ♦ ... Sans qu'y fasse obstacle la circonstance que le mineur ne se trouvait pas, au moment des faits, sous la surveillance effective du service ou de l'établissement qui en a la garde. • CE 17 déc. 2008, n° 301705 : *Gaz. Pal. 2009. 1976, obs. Guyomar; RDSS 2009. 374, obs. Cristol ; AJDA 2009. 661, concl. De Silva*.

La circonstance que le juge des enfants ait assorti sa décision de confier un mineur à la garde du service départemental d'aide à l'enfance du « souhait » que ce mineur soit placé au sein d'un organisme privé qu'il désigne est sans incidence sur le transfert au département de la responsabilité d'organiser, diriger et contrôler la vie du mineur. • CE 13 févr. 2009 : *D. 2009. AJ 631, obs. Pastor ; JCP 2009. II. 10059, note Tipine; RDSS 2009. 377, obs. Cristol*. ♦ Ne relèvent pas du déni de justice le jugement d'un tribunal administratif écartant la responsabilité du département dans l'incendie causé par une personne sous tutelle au cours d'une fugue, faute de lien de causalité, et la décision d'une juridiction judiciaire écartant la responsabilité de l'association à laquelle était confiée cette personne, les appréciations de fait et de droit portées par cet arrêt et ce jugement ayant pour seule conséquence l'application par la juridiction compétente à la personne ayant, selon les appréciations concordantes des juridictions des deux ordres, la qualité de tuteur, du régime juridique de responsabilité qui, en raison de sa qualité de personne publique, lui était applicable selon le jugement dont il n'a pas été fait appel. • T. confl. 5 mai 2008, n° 08-03.613 P.

Une association de droit privé qui prend en charge des mineurs confiés sur le fondement de l'Ord. du 2 févr. 1945 est investie d'une mission de service public qui ne lui confère aucune prérogative de puissance publique ; alors même que la victime peut poursuivre devant la juridiction administrative la responsabilité de l'État du fait des dommages causés par un mineur délinquant confié à une association chargée de sa rééducation dans le cadre d'une mesure de sursis avec mise à l'épreuve, la juridiction judiciaire est seule compétente pour connaître d'une action mettant en cause la responsabilité de l'association à l'occasion de sa mission d'accueil et de garde du mineur sur le fondement de l'art. 1384 anc. [1242], al. 1er. • T. confl. 6 juill. 2009, n° 09-03.701 P.

73. ... Mission de garde confiée à une association sans décision de l'autorité publique. Application de la responsabilité contractuelle en cas d'hébergement de mineurs handicapés par une institution spécialisée à la demande des parents et en dehors de toute décision de l'autorité publique : • Civ. 2e, 12 mai 2005, n° 03-17.994 P : *D. 2005. IR 1451* • 24 mai 2006, n° 04-17.495 P : *RJPF 2006-11/34, note Corpart; LPA 9 févr. 2007, note A. Paulin; RLDC 2006/32, n° 2257, note Vignon-Barrault; RDSS 2006. 760, note Cristol ;*

RDC 2007. 286, obs. Borghetti ; RTD civ. 2006. 779, obs. Jourdain (mineur n'ayant pas été confié à l'association par une décision de justice) • 13 juill. 2006 : *JCP 2006. II. 10169, note Brusorio ; ibid. 2007. I. 115, n° 11, obs. Stoffel-Munck* (mineur confié à l'institution par ses représentants légaux). ♦ La décision du président du conseil général qui admet, à la demande des parents, la prise en charge d'un mineur par le service de l'aide sociale à l'enfance du département a pour effet de transférer à ce dernier la responsabilité d'organiser, diriger et contrôler la vie du mineur pendant la durée de sa prise en charge ; en raison des pouvoirs dont le département se trouve ainsi investi lorsque le mineur est placé dans un service ou établissement qui relève de son autorité, sa responsabilité est engagée, même sans faute, pour les dommages causés aux tiers par ce mineur ; cette responsabilité n'est susceptible d'être atténuée ou supprimée que dans le cas où elle est imputable à un cas de force majeure ou à une faute de la victime. • CE 26 mai 2008 : *AJDA 2008. AJ 2081, obs. Fort ; LPA 29 sept. 2008, note Marliac ; RLDC 2008/51, n° 3055, obs. Pichon.*

74. ... Prise en charge d'origine contractuelle. L'auteur d'un dommage étant hébergé dans une maison de retraite en vertu d'un contrat, cette dernière ne peut être considérée comme responsable, au titre de l'art. 1384 anc. [1242], al. 1er, C. civ., des dommages causés par lui. • Civ. 1re, 15 déc. 2011, n° 10-25.740 P : *D. 2012. 539, note Develay ; ibid. 2013. 40, obs. Brun et Gout ; RTD civ. 2012. 290, obs. Hauser ; ibid. 321, obs. Jourdain ; RLDC 2012/94, n° 4694, obs. Perdrix.* ♦ V. égal. • Civ. 2e, 12 mai 2005 : *préc. note 73.*

75. Applications (suite). Associations sportives. BIBL. Laydu, *RRJ 2000/4. 1803.* – J. Mouly, *JCP 2005. I. 134* (responsabilité civile et sport). – Vial, *D. 2011. 397* (responsabilité des groupements sportifs amateurs du fait de leurs membres) ; *RLDC 2013/109, n° 5294* (responsabilité civile des clubs sportifs). ♦ Les associations sportives ayant pour mission d'organiser, de diriger et de contrôler l'activité de leurs membres sont responsables des dommages qu'ils causent à cette occasion, dès lors qu'une faute caractérisée par une violation des règles du jeu est imputable à un ou plusieurs de leurs membres, même non identifiés. • Cass., ass. plén., 29 juin 2007, n° 06-18.141 P : *R., p. 438 ; BICC 1er oct. 2007, rapp. Pascal, avis Duplat ; D. 2007. 2455 ; ibid. Chron. 2408 par étude François ; ibid. AJ 1957, obs. Gallmeister ; ibid. Pan. 2903, obs. Brun ; JCP 2007. II. 10150, note Marmayou ; JCP E 2007. 2198, note Radé ; RLDC 2007/42, n° 2690, note Mekki ; Gaz. Pal. 7-8 nov. 2007, note Polère ; RCA 2007. Étude 17, par Hocquet-Berg ; LPA 13 sept. 2007, note Brusorio-Aillaud ; ibid. 24 sept. 2007, note J. Mouly ; ibid. 25 oct. 2007, note Breluque ; ibid. 7 janv. 2008, obs. Vignon-Barrault ; RTD civ. 2007. 782, obs. Jourdain* • Civ. 2e, 16 sept. 2010 : *D. 2011. 35, obs. Brun* • 5 juill. 2018, n° 17-19.957 P : *D. 2018. 1680, note Rias ; RTD civ. 2018. 916, obs. Jourdain ; RCA 2018, n° 210, note Hocquet-Berg ; JCP 2018, n° 948, note Serinet.* ♦ Application à une agression s'étant produite sur le terrain et à l'occasion d'une altercation générale survenue au cours d'une rencontre de football, un joueur s'étant servi de sa chaussure comme d'une arme pour frapper un joueur de l'équipe adverse et ayant d'ailleurs été condamné pour ce délit. • Civ. 2e, 8 juill. 2010 : *D. 2011. 35, obs. Brun.* ♦ Application à l'agression d'un arbitre commise dans une enceinte sportive par un joueur même lorsqu'elle se produit à l'issue de la rencontre, dont ce joueur a été exclu. • Civ. 2e, 5 juill. 2018, n° 17-19.957 P : *préc.*

V. déjà en ce sens, sur le principe de la responsabilité du fait d'autrui : • Civ. 2e, 22 mai 1995 (1er arrêt), n° 92-21.871 P : *R., p. 319 ; JCP 1995. II. 22550, note J. Mouly ; JCP 1995. I. 3893, n° 5, obs. Viney ; RTD civ. 1995. 899, obs. Jourdain ; RCA 1995. Chron. 36, par Groutel* (responsabilité d'un club de rugby à raison des dommages causés au cours d'un match par un membre non identifié de son équipe à un joueur de l'équipe adverse) • 22 mai 1995 (2e arrêt) : *eod. loc. ; Gaz. Pal. 1996. 1. 16, note Chabas ; D. 1996. Somm. 29, obs. Alaphilippe ; Defrénois 1996. 357, obs. D. Mazeaud* • 3 févr. 2000, n° 98-11.438 P : *R., p. 399 ; D. 2000. 862, note S. Denoix de Saint-Marc ; ibid. Somm. 465, obs. Jourdain ; JCP 2000. II. 10316, note J. Mouly ; ibid. I. 241, n° 15, obs. Viney ; Defrénois 2000. 724, obs. D. Mazeaud ; Gaz. Pal. 2002. 724, note Peltier ; RCA 2000, n° 110, note Groutel* (même solution). ♦ Même solution, s'agissant des séances d'entraînement : • Civ. 2e, 21 oct. 2004, n° 03-17.910 P : *R., p. 346 ; D. 2005. 40, note Laydu ; ibid. Pan. 187, obs. D. Mazeaud ; Gaz. Pal. 2005. 1234, note Polère ; RTD civ. 2005. 412, obs. Jourdain.* ♦ L'association n'est responsable que si le dommage a été causé par l'un de ses membres. • Civ. 2e, 22 sept. 2005, n° 04-18.258 P : *JCP 2006. II. 10000, note Bakouche (1re esp.).*

V. déjà également en ce sens, sur l'exigence d'une faute de l'auteur du dommage : • Civ. 2e, 20 nov. 2003, n° 02-13.653 P : *R., p. 451 ; D. 2004. 300, note Bouché ; D. 2005. Pan. 187, obs. D. Mazeaud ; JCP 2004. II. 10017, note J. Mouly ; ibid. I. 163, n° 29 s., obs. Viney ; JCP E 2004. 476, note Castets-Renard ; Gaz. Pal. 2004. 1885, note Dagorne-Labbe ; RCA 2004. Chron. 1, par Saint-Pau ; Dr. fam. 2004, n° 63, note J. Julien ; Dr. et patr. 1/2004, p. 85, obs. Chabas ; LPA 14 avr. 2004, note Kaczmarek ; RTD civ. 2004. 106, obs. Jourdain* (la responsabilité de l'association est à bon droit écartée lorsque aucune faute caractérisée par une violation des règles du jeu et imputable à un joueur, même non identifié, membre de l'association n'est établie). – Même sens : • Civ. 2e, 13 mai 2004, n° 03-10.222 P : *D. 2004. IR 1711 ; RCA 2004. Étude 15, par Radé ; LPA 3 janv. 2005, note Cote* • 21 oct. 2004 : *préc.* (séance d'entraînement) • 13 janv. 2005, n° 03-18.617 P • 22 sept. 2005, n° 04-14.092 P : *D. 2005. IR*

2706 ; *JCP 2006. II. 10000, note Bakouche (2e esp.)*; *Dr. fam. 2006, n° 78, note J. Julien* • Civ. 1re, 16 mai 2006, n° 03-12.537 P : *D. 2006. IR 1706* ; *LPA 25 juill. 2006, note Brusorio* • Civ. 2e, 5 oct. 2006, n° 05-18.494 P : *D. 2007. 2004, note J. Mouly* ; *LPA 21 févr. 2007, note Lafay* (faute des avants d'une équipe de rugby). ♦ V. déjà, affirmant la nécessité d'un acte illicite pour engager la responsabilité du répondant : • Aix-en-Provence, 27 févr. 2002 : *JCP 2003. II. 10097, note Bloch.* ♦ Rappr., s'agissant du joueur professionnel salarié, • Civ. 2e, 8 avr. 2004 : *cité note 118.* ♦ Pour l'appréciation du comportement des pratiquants, V. note 72 ss. art. 1241. ♦ V. cep. note 66 et incidence éventuelle de la nouvelle jurisprudence en matière d'acceptation des risques.

76. Applications (suite). Associations de loisirs. Une association de majorettes, qui a pour mission d'organiser, de diriger et de contrôler l'activité de ses membres au cours des défilés qu'elle organise, est responsable de plein droit du dommage causé par l'un de ses membres à l'occasion d'une manifestation qu'elle a organisée, sans qu'il y ait lieu de tenir compte de la dangerosité potentielle de l'activité de cette personne. • Civ. 2e, 12 déc. 2002, n° 00-13.553 P : *D. 2003. Somm. 2541, obs. F. Lagarde* ; *JCP 2003. I. 154, n° 49, obs. Viney*; *RCA 2003. Chron. 4, par Groutel*; *LPA 7 avr. 2003, note Buy*; *ibid. 30 sept. 2003, note Laydu*; *RTD civ. 2003. 305, obs. Jourdain* . ♦ Responsabilité, sur le fondement de l'art. 1384 anc. [1242], al. 1er, d'une association scoute ayant pour mission, durant un camp de vacances, d'organiser et de contrôler les activités de ses membres, et notamment leurs activités sportives. • Paris, 9 juin 2000 : *RCA 2001, n° 74, note Grynbaum.* ♦ Responsabilité sur le fondement de l'art. 1384 anc. [1242], al. 1er, d'une association de supporters d'un club de football pour les dommages causés par certains de ses membres aux autocars loués pour leur déplacement. • Aix-en-Provence, 9 oct. 2003 : *RCA 2004, n° 89, note Radé.* ♦ Les associations de chasse n'ont pas pour mission d'organiser, de diriger et de contrôler l'activité de leurs membres et n'ont donc pas à répondre de ceux-ci. • Civ. 2e, 11 sept. 2008, n° 07-15.842 P : *D. 2009. Pan. 519, obs. Lachaume* ; *ibid. 2010. Pan. 49, obs. Gout* ; *JCP 2008. II. 10184, note Mouly*; *ibid. 2009. I. 123, n° 8, obs. Stoffel-Munck*; *RLDC 2009/58, n° 3328, note Paulin*; *LPA 14 nov. 2008, note Laydu.* ♦ *Contra.* : responsabilité *in solidum*, avec l'auteur du coup de feu, sur le fondement de l'art. 1384 anc. [1242], al. 1er, du président de l'association de chasse qui, lors de l'action de chasse, a placé les chasseurs et leur a donné les consignes. • Dijon, 5 sept. 2002 : *JCP 2003. IV. 1413.* ♦ En ce qui concerne les associations de chasse, V. Pascual, *RRJ 1999/1. 151.*

77. Applications (suite). Autres cas. Une cour d'appel a pu décider qu'une commune était responsable du dommage (incendie) causé par des « marginaux », personnes connues comme asociales et à risques, dont elle avait toléré la présence dans un immeuble et avait endossé par avance les conséquences dommageables (arrêt ne visant pas expressément l'art. 1384 anc. [1242], al. 1er). • Civ. 2e, 22 mai 1995 : *D. 1996. 453, note Le Bars et Buhler* ; *Defrénois 1995. 1057, obs. Delebecque*; *JCP 1995. I. 3893, n° 5 s., obs. Viney*; *RTD civ. 1995. 902, obs. Jourdain* . ♦ Mais la responsabilité des grands-parents pour le fait d'un petit enfant qu'ils hébergent pendant les vacances scolaires en un lieu éloigné du domicile des parents ne peut être engagée sur le fondement de l'art. 1384 anc. [1242], al. 1er, dont les conditions d'application ne sont pas réunies. • Civ. 2e, 18 sept. 1996, n° 94-20.580 P : *D. 1998. 118, note Rebourg* ; *D. 1997. Chron. 327, par G. Blanc* ; *Dr. fam. 1997, n° 83, note Murat (3e esp.)*; *RTD civ. 1997. 436, obs. Jourdain* . – Dans le même sens : • Civ. 2e, 5 févr. 2004, n° 01-03.585 P : *RJPF 2004-9/39, note Chabas*; *LPA 24 juin 2005, note Bertol* • Crim. 8 févr. 2005 : *cité note 96.* ♦ V. aussi, pour les instituteurs, note 139. ♦ S'il résulte de l'art. 490 C. civ. que la mesure prévue à cet article concerne non seulement la gestion des biens du majeur mais aussi la protection de sa personne, il ne s'ensuit pas que le tuteur ou l'administrateur légal sous contrôle judiciaire est responsable des agissements de la personne protégée sur le fondement de l'art. 1384 anc. [1242], al. 1er. • Civ. 2e, 25 févr. 1998, n° 95-20.419 P : *R., p. 268*; *D. 1998. 315, concl. Kessous* ; *D. 1998. Chron. 240, étude Galliou-Scanvion* ; *JCP 1998. II. 10149, note Viney*; *Err. 10162 bis*; *JCP N 1998. 1217, note Josselin-Gall*; *Defrénois 1998. 1029, obs. Massip*; *Gaz. Pal. 1998. 2. 725, note Bonneau*; *RJPF 1999-1/52, note Chabas*; *RTD civ. 1998. 345, obs. Hauser* ; *ibid. 388, obs. Jourdain* . ♦ V., en sens contraire, s'agissant de la tutelle d'un mineur : • Crim. 28 mars 2000, n° 99-84.075 P : *D. 2000. Somm. 466, obs. D. Mazeaud* ; *JCP 2000. I. 241, nos 9 s., obs. Viney*; *ibid. 2001. II. 10457, note Robaczewski*; *LPA 16 juin 2000, note Galliou-Scanvion*; *RJPF 2000-7-8/42, note Chabas*; *RTD civ. 2000. 545, obs. Hauser* ; *ibid. 586, obs. Jourdain* (responsabilité, au titre de l'art. 1384 anc. [1242], al. 1er, du tuteur, beau-père de l'enfant auteur du dommage).

Absence de responsabilité de plein droit, sur le fondement de l'art. 1384 anc. [1242], al. 1er, d'un syndicat pour les agissements de ses adhérents au cours des manifestations auxquelles ils participent. • Civ. 2e, 26 oct. 2006, n° 04-11.665 P : *D. 2007. 204, note Laydu* ; *JCP 2007. II. 10004, note J. Mouly*; *ibid. I. 115, n° 5, obs. Stoffel-Munck*; *LPA 3 janv. 2007, note Brusorio*; *ibid. 23 janv. 2007, note Barbiéri*; *RDT 2007. 258, obs. Leclerc* ; *RCA 2006, n° 365, note Radé*; *RTD civ. 2007. 357, obs. Jourdain* (FNSEA).

II. RESPONSABILITÉS SPÉCIALES (AL. 2 S.)

A. COMMUNICATION D'INCENDIE

BIBL. Courtieu, *Gaz. Pal. 1995. 1. Doctr. 610.* – Feuerbach-Steinle, *JCP N 1993. I. 38.* – Szames,

LPA 27 mars 2002 (pour l'abrogation de l'art. 1384, al. 2).

78. Charge et objet de la preuve. Il incombe à celui qui se prévaut des dispositions de l'art. 1384 anc. [1242], al. 2, dérogatoires à celles de l'al. 1er, de prouver que se trouvent réunies les conditions d'application de cet al. 2 (incendie d'une automobile provoquant la mort d'un passager). • Civ. 2e, 6 déc. 1984, no 78-15.504 P : *R., p. 105.*

79. Faute du détenteur du bien où l'incendie est né. La responsabilité de celui qui détient à un titre quelconque tout ou partie de l'immeuble ou des biens mobiliers dans lesquels l'incendie a pris naissance est engagée vis-à-vis des tiers victimes des dommages causés par cet incendie dès lors qu'il est prouvé que soit la naissance dudit incendie soit son aggravation ou son extension doivent être attribuées à sa faute ou à celle des personnes dont il est responsable. • Civ. 3e, 31 mai 1976 : *Bull. civ. III, no 236.* – V. aussi • Civ. 2e, 12 déc. 2002, no 01-02.853 P : *RDI 2003. 324, obs. Jégouzo et Trébulle* • 23 sept. 2004 : *RCA 2004, no 321, note Hocquet-Berg* (usage normal de la fonction de veille d'un téléviseur : absence de faute). ♦ Pour l'application de l'art. 1384 anc. [1242], al. 2, doit être établie l'existence d'un lien de causalité entre les fautes imputées au défendeur et l'incendie. • Civ. 2e, 11 janv. 1995, no 93-14.424 P • 18 juin 1997, no 95-20.148 P : *R., p. 280.* ♦ La responsabilité du locataire qui a prêté son logement à un tiers pour quelques jours ne saurait être retenue pour un incendie qui y est survenu par la faute du tiers, faute de caractériser en quoi le locataire avait accepté d'organiser, de diriger et de contrôler le mode de vie du tiers. • Civ. 2e, 6 févr. 2014 : *RTD civ. 2014. 661, obs. Jourdain ; JCP 2014, no 533, note Perdrix.* ♦ La responsabilité du détenteur fautif peut être retenue même en cas d'incendie d'origine criminelle. • Civ. 2e, 8 févr. 2001 : *RCA 2001, no 140.* ♦ Cassation de l'arrêt qui condamne le propriétaire des biens mobiliers à l'origine de l'incendie, alors que les locaux dans lesquels il les entreposait à titre gratuit n'étaient pas munis de dispositif coupe-feu et que les autres sociétés occupant ce site n'avaient pas satisfait aux obligations de déclaration de leur activité au service des établissements classés. • Civ. 2e, 25 oct. 2007 : *D. 2008. 1532, obs. Égéa.*

80. Notion de détenteur. Sur la notion de détenteur assimilée à celle de gardien, V. • Civ. 2e, 3 oct. 1979 : *préc. note 39* • 14 nov. 1979 : *D. 1980. 325, note Larroumet; Gaz. Pal. 1980. 1. 191, note J. V.* • TI Angers, 12 oct. 1964 : *Gaz. Pal. 1965. 1. 57.* ♦ Sur la notion de tiers en cas de communication d'incendie dans l'immeuble d'une société d'attribution en jouissance à temps partagé, V. • Civ. 2e, 9 juin 1993, no 91-22.170 P. ♦ Sur la distinction entre dépôt gratuit et mise à disposition gratuite de locaux, V. • Civ. 2e, 25 oct. 2007 : *préc. note 79.*

81. Naissance de l'incendie dans le bien détenu par le responsable. L'incendie ayant été provoqué par une forte chaleur dégagée dans le conduit de cheminée de l'appartement du défendeur, ce qui a entraîné la lente combustion d'une poutre de l'appartement voisin, encastrée dans le mur mitoyen, l'art. 1384 anc. [1242], al. 2, n'est pas applicable, l'incendie n'ayant pas pris naissance dans l'immeuble du défendeur. • Civ. 2e, 11 janv. 1995, no 92-16.001 P.

82. Cause de l'incendie. La loi ne distingue pas suivant que la cause première de l'incendie a été ou non déterminée et qu'elle se trouve liée ou non à une chose dont le détenteur à un titre quelconque du fonds premier incendié serait le gardien ; il est nécessaire et suffisant pour l'application de l'al. 2 de l'art. 1384 anc. [1242] que l'incendie ait pris naissance dans l'immeuble ou les biens mobiliers dudit détenteur (incendie d'un champ provoqué par une étincelle échappée d'un tracteur appartenant au propriétaire ; communication à un champ voisin). • Cass., ass. plén., 25 févr. 1966 : *D. 1966. 389, note Esmein ; RTD civ. 1966. 540, obs. R. Rodière.* ♦ Même sens : • Civ. 2e, 14 févr. 1990, no 89-10.066 P : *RTD civ. 1990. 291, obs. Jourdain* (court-circuit ayant provoqué l'incendie) • 13 févr. 1991, no 89-20.804 P (explosion d'un produit chimique ayant provoqué l'incendie) • 13 févr. 1991, no 89-21.250 P (flamme jaillie d'un tracteur mettant le feu à un champ) • 13 mars 1991, no 90-11.327 P : *Defrénois 1991. 1270, obs. Aubert* (explosion d'une bouteille de gaz ayant provoqué l'incendie) • 16 avr. 1996, no 94-18.643 P (court-circuit et explosion précédant l'incendie) • 19 mars 1997, no 95-17.844 P : *RTD civ. 1997. 951, obs. Jourdain* (court-circuit ayant provoqué un incendie dans lequel a été brûlé un jeune enfant confié à la garde des occupants de l'appartement) • 24 juin 1999 : *JCP 2001. II. 10483, note Maréchal ; RCA 1999, no 285, note Groutel ; RTD civ. 2000. 124, obs. Jourdain* (incendie dans une entreprise de pyrotechnie) • 13 mars 2003, no 99-19.527 P : *D. 2003. IR 1009 ; RDI 2003. 326, obs. Jégouzo et Trébulle* (communication souterraine d'incendie).

83. Explosions. Mais jugé que les dispositions de l'art. 1384 anc. [1242], al. 1er, ne se trouvent pas exclues par celles de l'al. 2 de ce texte lorsque les dégâts sont dus à des explosions qui ont précédé l'incendie, lequel n'en a été que la conséquence, les effets de l'incendie étant indissociables de ceux des explosions. • Civ. 2e, 5 déc. 1984, no 83-12.745 P : *R., p. 105* (explosion à la suite d'une fuite de gaz) • 30 oct. 1989 : *ibid. II, no 197 ; RTD civ. 1990. 90, obs. Jourdain* (explosion de pièces d'artifice dans un hangar) • Civ. 3e, 30 mai 1990, no 89-10.356 P : *RTD civ. 1990. 667, obs. Jourdain* (explosion d'une chaudière à gaz) • Civ. 2e, 16 janv. 1991, no 89-18.525 P (combustion spontanée d'un téléviseur). ♦ V. *contra*, exigeant de caractériser la faute en cas d'implosion d'un poste de télévision à l'origine de l'incendie : • Civ. 2e, 3 oct. 1979 : *préc. note 39.*

84. Exclusivité du régime de l'art. 1242, al. 2. L'art. 1384 anc. [1242], al. 2, est seul applicable lorsqu'il existe une relation directe entre l'incendie et les dommages subis par des tiers. • Civ. 2e, 27 mai 1999 : *RCA 1999, no 245, note Groutel ; RTD civ. 2000. 124, obs. Jourdain* (incendie d'un hangar agricole où étaient entreposés des fûts de produits toxiques qui se sont rompus sous l'effet de la chaleur, occasionnant une pollution de cours d'eau et la mort de bovins). ♦ Exclusion de l'art. 1733 : • Civ. 3e, 28 janv. 2016, no 14-28.812 P : *D. 2016. 880, note Waltz-Teracol ; ibid. 1102, obs.Damas ; AJDI 2016. 604, obs. Damas ; Gaz. Pal. 2016. 850, obs. Sturlèse. 681 ; RDC 2016. 255, note Boffa ; ibid. 447, note Knetsch.* ♦ Exclusion de la responsabilité du fait des troubles excédant les inconvénients normaux de voisinage. • Civ. 2e, 7 févr. 2019, no 18-10.727 P : *RDI 2019. 449, obs. Latil*.

85. Feu allumé volontairement. Les juges du fond peuvent estimer qu'un feu volontairement allumé ne constitue pas un incendie au sens de l'al. 2 de l'art. 1384 anc. [1242] et retenir la responsabilité découlant de la garde de la chose cause du dommage (feu allumé pour brûler des branches). • Civ. 2e, 17 déc. 1970 : *Bull. civ. II, no 352.* – V. aussi • Fort-de-France, 11 déc. 1998 : *BICC 15 juill. 1999, no 920.*

86. Trouble de voisinage. La notion de trouble de voisinage ne peut être étendue au cas de communication d'incendie entre immeubles voisins. • Civ. 3e, 15 nov. 1978, no 77-12.285 P : *RDI 1979. 306, obs. Bergel.*

87. Implication d'un véhicule à moteur. Sur l'incendie dans lequel est impliqué un véhicule terrestre à moteur, V. note 47 ss. L. no 85-677 du 5 juill. 1985, art. 1er.

88. Constitutionnalité. Le régime de l'art. 1384 anc. [1242], al. 2, répond à la situation objective particulière dans laquelle se trouvent toutes les victimes d'incendie communiqué, il est dépourvu d'incidence sur l'indemnisation de la victime par son propre assureur de dommages aux biens, et enfin il n'est pas porté atteinte au principe selon lequel tout fait quelconque de l'homme, qui cause à autrui un dommage, oblige celui par la faute duquel il est arrivé, à le réparer. • Cass., QPC, 7 mai 2010 : *D. 2010. Actu. 1280* (refus de transmission d'une question prioritaire de constitutionnalité).

B. RESPONSABILITÉ DES PARENTS

BIBL. Alt-Maes, *JCP 1992. I. 3627* (victime de mineur) ; *JCP 1998. I. 154* (responsabilité du fait du mineur). – Bizot, *R. 2002, p. 157* (de la faute au risque). – Boiché, *AJ fam. 2011. 93* (convention de La Haye du 19 oct. 1996). – Bonnet et Mucchielli, *R. 1997, p. 55.* – Boré, *JCP 1968. I. 2180.* – F. Boulanger, *D. 2005. Chron. 2245* (autorité parentale et responsabilité parentale). – Buttner, *RRJ 2000/4. 1783* (accidents en milieu scolaire : responsabilité des parents et des surveillants). – Caron, *Gaz. Pal. 1998. 2. Doctr. 1130* (force majeure). – Décamps, *LPA 24 et 27 sept. 1999.* – François, *D. 2007. Chron. 2408* (fait générateur de la responsabilité du fait d'autrui). – Frémeaux, *RRJ 2000/4-1. 1367* (faute indirecte des parents). – Gourdon, *Dr. fam. 2003. Chron. 20* (« garde de fait » du mineur). – J. Julien, *Dr. fam. 2002. Chron. 21* (accidents scolaires). – Lapoyade Deschamps, *D. 1988. Chron. 299.* – Lasserre-Kiesow, *LPA 11 oct. 2001* (garde et responsabilité du fait d'autrui). – Lebreton, *RRJ 2002/3. 1269 ; LPA 11 avr. 2007* (fait dommageable de l'enfant). – Leduc, *RCA 1997. Chron. 9 ; RLDC 2008/51, suppl., no 3080.* – Leverbe, *RCA 2005. Étude 4* (le civilement responsable du fait du mineur). – L.-A. Lucas, *LPA 29 juin 2004* (réflexions critiques). – D. Mazeaud, *Études P. Catala, Litec, 2001, p. 569* (famille et responsabilité). – Montanier, *Dr. fam. 2003. Chron. 13.* – Moracchini-Zeidenberg, *RCA 2013. Étude 2 ; ibid. 2014. Étude 6.* – Pohé, *RRJ 2002/1. 239* (force majeure). – Ponseille, *RTD civ. 2003. 645* (condition de cohabitation). – Proutière-Maulion, *LPA 26 sept. 2002.* – Puill, *D. 1988. Chron. 185.* – Radé, *D. 1997. Chron. 279* (arrêt *Bertrand*). – Reynaud, *AJ fam. 2002. 132* (responsabilité des père et mère et résidence alternée). – Thierry, *LPA 7 janv. 2008* (rôle de l'autorité parentale). – Warembourg-Auque, *RTD civ. 1982. 329.* – Zeidenberg, *RRJ 2001/4. 1351* (source de la responsabilité parentale).

89. Condamnation personnelle du mineur. La condamnation des père et mère sur le fondement de l'art. 1384 anc. [1242], al. 4, ne fait pas obstacle à la condamnation personnelle du mineur sur le fondement de l'art. 1382 anc. [1240]. • Civ. 2e, 11 sept. 2014, no 13-16.897 P : *D. actu. 17 sept. 2014, obs. Coustet ; D. 2015. 124, obs. Brun et O. Gout ; ibid. 2015 Chron. C. cass. 517, note Lazerges-Cousquer et Touatii ; ibid. 1919, obs. Bonfils et Gouttenoire ; AJ fam. 2014. 566, obs. Perdrix ; JCP 2014, no 1074, note Deharo* (responsabilité *in solidum* avec ses parents, tenus eux solidairement).

90. Caractère alternatif des régimes de responsabilité du fait d'autrui. Les différentes responsabilités du fait d'autrui ne sont pas cumulatives mais alternatives (cassation de l'arrêt ayant retenu que les conditions de la responsabilité du père, comme celles de l'employeur, étaient réunies). • Civ. 2e, 18 mars 1981, no 79-14.036 P : *R., p. 69 ; D. 1981. IR 319, obs. Larroumet.* ♦ V. cep., responsabilité des parents et responsabilité de l'État du fait de l'instituteur : • Civ. 2e, 16 mai 1988 : *Gaz. Pal. 1989. 2. Somm. 371* (la présence de l'enfant dans un établissement scolaire ne suffit pas par elle-même à écarter la présomption pesant sur les parents). ♦ V. égal. notes 96 et 101.

91. Inapplicabilité de l'art. 1242, al. 4 : régimes applicables. En dehors des cas prévus par l'art. 1384 anc. [1242], celui chez qui le mineur est placé est responsable non du fait d'autrui, mais de son propre fait et ne répond à cet égard que de sa faute personnelle. • Civ. 2e, 15 févr. 1956 : *D. 1956. 410, note Blanc ; JCP 1956. II. 9564, note R. Rodière.* – V. aussi • Civ. 2e, 9 nov. 1971 : *D. 1972. 75* • 25 janv. 1995, nº 92-18.802 P : *D. 1995. Somm. 232, obs. Delebecque ; RTD civ. 1995. 613, obs. Hauser* • 18 sept. 1996 : *préc. note 77* (art. 1384 anc. [1242], al. 4, inapplicable aux grands-parents). ♦ Lorsque la garde de l'enfant a été confiée au service de l'aide sociale à l'enfance, la présomption de responsabilité établie par l'art. 1384 anc. [1242], al. 4, ne peut s'appliquer. • Civ. 2e, 24 nov. 1976 : *D. 1977. 595, note Larroumet.* ♦ Mais, V. aujourd'hui l'éventualité d'une responsabilité générale du fait d'autrui pesant sur celui qui a la charge de l'enfant : notes 69 s. – V. égal. note 96. ♦ Sur l'appréciation de la faute de surveillance des grands-parents, V. • Civ. 2e, 18 mars 2004, nº 03-10.600 P : *JCP 2004. II. 10123, note Moisdon-Chataignier.*

92. Minorité de l'enfant. La responsabilité civile des parents s'apprécie au jour de l'accident ; cassation de l'arrêt qui, pour mettre la mère hors de cause, relève que son fils est devenu majeur. • Civ. 2e, 25 oct. 1989 : *Bull. civ. II, nº 194.*

93. Fait de l'enfant. Pour que soit présumée, sur le fondement de l'art. 1384 anc. [1242], al. 4, la responsabilité des père et mère d'un mineur habitant avec eux, il suffit que celui-ci ait commis un acte qui soit la cause directe du dommage invoqué par la victime. • Cass., ass. plén., 9 mai 1984, *Fullenwarth*, nº 79-16.612 P : *R., p. 104 ; GAJC, 11e éd., nº 208-209 (I) ; D. 1984. 525, concl. Cabannes, note Chabas ; JCP 1984. II. 20255, note Dejean de la Bâtie ; RTD civ. 1984. 508, obs. J. Huet.* ♦ Cette responsabilité de plein droit n'est pas subordonnée à l'existence d'une faute de l'enfant. • Civ. 2e, 10 mai 2001, *Levert* : nº 99-11.287 P : *R., p. 435 ; D. 2001. 2851, rapp. Guerder, note Tournafond ; D. 2002. Somm. 1315, obs. D. Mazeaud ; JCP 2001. II. 10613, note J. Mouly ; JCP 2002. I. 124, nº 20 s., obs. Viney ; Defrénois 2001. 1275, note Savaux ; RCA 2001. Chron. 18, par Groutel ; Dr. fam. 2002. Chron. 7, par J. Julien ; RJPF 2001-9/41, note Chabas ; LPA 3 déc. 2001, note F. Niboyet ; RTD civ. 2001. 601, obs. Jourdain* • 3 juill. 2003, nº 02-15.696 P : *D. 2003. IR 2207 ; JCP 2004. II. 10009, note Desgorces ; Dr. fam. 2004, nº 63, note J. Julien ; LPA 29 mars 2004, note Laydu.* ♦ Dans le même sens : • Cass., ass. plén., 13 déc. 2002, nº 01-14.007 P : *R., p. 475 ; BICC 1er mars 2003, concl. de Gouttes, rapp. Le Corroller ; D. 2003. 231, note Jourdain (2 arrêts) ; JCP 2003. II. 10010, note Hervio-Lelong ; ibid. I. 154, nº 46 s., obs. Viney ; Gaz. Pal. 2003. 1008, note Chabas ; ibid. 1035, note Icard et Pansier ; RCA 2003. Chron. 4, par Groutel ; Dr. fam. 2003, nº 23, note J. Julien ; RJPF 2003-5/32, note Saluden ; LPA 18 avr. 2003, note Laydu* (il suffit que le dommage ait été directement causé par le fait, même non fautif, du mineur) • Civ. 2e, 20 oct. 2005 : *Dr. fam. 2006, nº 78, note J. Julien* • 17 févr. 2011, nº 10-30.439 P : *D. actu. 2 mars 2011, obs. Marrocchella ; D. 2011. 1117, note Bouteille ; ibid. 2012. Pan. 47, obs. Gout ; RTD civ. 2011. 244, obs. Jourdain ; JCP 2011, nº 519, note Bakouche ; Dr. fam. 2011, nº 106, obs. Moracchini-Zeidenberg ; ibid., nº 122, obs. Rouxel ; RCA 2011, nº 164, obs. Leduc ; RLDC 2011/82, nº 4234, obs. Bugnicourt.*

94. ... Faculté de discernement, élément indifférent. Les juges du fond ne sont pas tenus de vérifier si le mineur était capable de discerner les conséquences de son acte. • Cass., ass. plén., 9 mai 1984 *(arrêts Lemaire et Derguini)*, nº 80-93.031 P : *R., p. 104 ; GAJC, 11e éd., nº 186 ; D. 1984. 525, concl. Cabannes, note Chabas ; JCP 1984. II. 20256, note Jourdain ; RTD civ. 1984. 508, obs. J. Huet.* ♦ Et ils n'ont pas à rechercher, dès lors qu'ils retiennent que l'enfant avait l'usage, la direction et le contrôle du bâton qui avait été l'instrument du dommage, si cet enfant, malgré son très jeune âge (3 ans), avait un discernement. • Cass., ass. plén., 9 mai 1984, *Épx Gabillet : préc. note 26.* – V. aussi, à propos des arrêts de l'assemblée plénière de 1984 : Legeais, *Defrénois 1985. 557.* – H. Mazeaud, *D. 1985. Chron. 13.* – Viney, *JCP 1985. I. 3189.*

95. Cohabitation : notion. La cohabitation de l'enfant avec ses père et mère visée à l'art. 1384 anc. [1242], al. 4, résulte de la résidence habituelle de l'enfant au domicile des parents ou de l'un d'eux. • Civ. 2e, 20 janv. 2000, nº 98-14.479 P : *R., p. 397 ; D. 2000. Somm. 469, obs. D. Mazeaud ; JCP 2000. II. 10374, note Gouttenoire-Cornut ; ibid. I. 241, nº 20, obs. Viney ; RCA 2000, nº 146, note Groutel ; RJPF 2000-4/38, note Chabas ; LPA 9 nov. 2000, note Dagorne-Labbe (1re esp.) ; RTD civ. 2000. 340, obs. Jourdain.* ♦ La présomption s'applique si le mineur, couchant chez son employeur pour des raisons de commodité, était en congé chez sa mère au moment des faits. • Civ. 1re, 26 nov. 1991, nº 89-14.639 P.

96. ... Cessation provisoire : responsabilité maintenue. La présence d'un enfant mineur dans un établissement scolaire, même en régime d'internat, ne supprime pas la cohabitation de l'enfant avec ses parents. • Civ. 2e, 16 nov. 2000 : *JCP 2001. I. 340, nº 18, obs. Viney ; RTD civ. 2001. 603, obs. Jourdain* • 29 mars 2001, nº 98-20.721 P : *D. 2002. Somm. 1309, obs. Jourdain ; JCP 2002. II. 10071, note Prigent ; RJPF 2001-6/34, obs. Chabas ; LPA 8 nov. 2001, note Laydu ; RTD civ. 2001. 603, obs. Jourdain* • Crim. 25 sept. 2002 : *Gaz. Pal. 2003. 996, note Chabas* • Crim. 18 mai 2004, nº 03-83.616 P : *R., p. 384 ; LPA 3 nov. 2004, note Laydu ; RTD civ. 2005. 140, obs. Jourdain* (mineur confié par ses parents exerçant l'autorité parentale à un établissement d'éducation spécialisé pour handicapés en régime d'internat). ♦ Le fait que l'enfant séjournait en vacances chez ses grands-parents n'écarte pas la responsabilité de plein droit de ses père et mère, dès lors qu'il résidait habituellement avec eux. • Civ. 2e, 5 févr. 2004 : *préc. note 77.* ♦ Le fait que le mineur a été confié par ses parents, qui exercent l'autorité parentale, à sa grand-mère qui l'élève depuis douze ans n'a pas fait cesser la cohabitation de l'enfant avec eux. • Crim. 8 févr. 2005, no 03-87.447 P : *JCP 2005. II. 10049, note Steinlé-Feuerbach ; ibid. I. 149, no 5, obs. Viney ; RCA 2005, no 118, note Groutel ; RJPF 2005-6/36, note Chabas.*

La circonstance que les parents ont confié temporairement l'enfant à un centre médico-pédagogique n'a pas fait cesser la cohabitation. • Civ. 2e, 9 mars 2000, no 98-18.095 P : *R., p. 397 ; D. 2000. IR 109 ; JCP 2000. II. 10374, note Gouttenoire-Cornut ; LPA 9 nov. 2000, note Dagorne-Labbe (2e esp.).* – V. conf. • Crim. 29 oct. 2002, no 01-82.109 P : *D. 2003. 2113, note Mauger-Vielpeau ; JCP 2003. I. 154, no 37 s., obs. Viney ; RJPF 2003-2/42, obs. Chabas ; RTD civ. 2003. 101, obs. Jourdain* (enfant confié à un organisme de vacances). ♦ Comp. • Crim. 15 juin 2000, no 99-84.912 P : *D. 2000. IR 245 ; JCP 2000. I. 280, nos 15 s., obs. Viney ; LPA 9 nov. 2000, note Dagorne-Labbe (3e esp.).*

97. ... Divorce. En cas de divorce, la responsabilité de plein droit prévue par l'art. 1384 anc. [1242], al. 4, incombe au seul parent chez lequel la résidence habituelle de l'enfant a été fixée, quand bien même l'autre parent, bénéficiaire d'un droit de visite et d'hébergement, exercerait conjointement l'autorité parentale ; la responsabilité du parent chez lequel la résidence habituelle de l'enfant n'a pas été fixée ne peut, sans faute de sa part, être engagée. • Crim. 6 nov. 2012 : *D. 2012. 2658, obs. Gallmeister ; ibid. 2013. Chron. C. cass. 124, obs. Roth ; AJ fam. 2012. 613, obs. Chénedé ; RTD civ. 2013. 106, obs. Hauser ; Gaz. Pal. 2014. 1640, obs. Oudot.*

L'exercice d'un droit de visite et d'hébergement ne fait pas cesser la cohabitation du mineur avec celui des parents qui exerce sur lui le « droit de garde ». • Civ. 2e, 19 févr. 1997, *SAMDA* : no 93-14.646 P : *Gaz. Pal. 1997. 2. 575, note Chabas ; Dr. fam. 1997, no 97, note Murat ; RTD civ. 1997. 670, obs. Jourdain ; LPA 29 déc. 1997, note Dagorne-Labbe ; ibid. 14 janv. 1998, note Dumont ; Gaz. Pal. 1997. 1. Doctr. 658, étude Galliou-Scanvion (2e esp.)* (décision retenant par ailleurs la responsabilité de l'autre parent sur le fondement de l'art. 1382 anc. [1240] C. civ. et de la faute commise dans l'exercice de son devoir de surveillance) • 20 janv. 2000 : *préc. note 95* (sol. impl.), rejetant le pourvoi contre • Besançon, 11 févr. 1998 : *JCP 1998. II. 10150, note Philippe.*

La responsabilité de plein droit prévue par l'al. 4 de l'art. 1384 anc. [1242] incombe au seul parent chez lequel la résidence habituelle de l'enfant a été fixée, quand bien même l'autre parent, bénéficiaire d'un droit de visite et d'hébergement, exercerait conjointement l'autorité parentale et aurait commis une faute civile personnelle dont l'appréciation ne relève pas du juge pénal. • Crim., 29 avr. 2014 : *D. 2014. 1620, note Perdrix ; ibid. 2015. 124, obs. Brun ; AJ fam. 2014. 370, obs. Zelcevic-Duhamel ; RTD civ. 2014. 639, obs. Hauser .*

98. ... Cessation de la cohabitation sans cause légitime. Il est insuffisant, pour écarter la présomption de responsabilité, d'énoncer que, si la mineure avait été confiée par le jugement de divorce à la garde de sa mère, à l'époque des faits elle ne résidait plus habituellement chez cette dernière, sans rechercher si la cohabitation de la mineure avec sa mère avait pris fin pour une cause légitime. • Crim. 11 janv. 1996, no 95-81.001 P. ♦ Application de la présomption de responsabilité pesant sur les parents en cas de fugue ou de sortie clandestine du mineur : V. • Civ. 2e, 24 nov. 1966 : *Bull. civ. II, no 922* • Crim. 6 nov. 1968 : *Gaz. Pal. 1969. 1. 80.*

99. ... Séparation de fait des parents. En cas de séparation de fait des parents, le père demeure tenu dans les termes de l'art. 1384 anc. [1242], que l'enfant continue à demeurer avec lui ou habite avec sa mère ou que le défaut de cohabitation de l'enfant résulte de la faute du père. • Civ. 1re, 4 déc. 1963 : *D. 1964. 159, note Voirin.* ♦ Dans le même sens, en cas de défaut de cohabitation imputable à la faute du père : • Crim. 28 juin 1966 : *Bull. crim. no 180.*

100. Mesure d'assistance éducative. BIBL. Tesson, *RDSS 2017. 828* (responsabilité administrative du fait de la garde des mineurs). ♦ Une association chargée par décision d'un juge des enfants d'organiser et de contrôler à titre permanent le mode de vie d'un mineur demeure responsable de plein droit du fait dommageable commis par ce mineur, même lorsque celui-ci habite avec ses parents, dès lors qu'aucune décision judiciaire n'a suspendu ou interrompu cette mission éducative. • Civ. 2e, 6 juin 2002 : *préc. note 72.* ♦ *Contra*, antérieurement : une mesure d'assistance éducative ne privant pas les parents de l'exercice des attributs de l'autorité parentale qui ne sont pas inconciliables avec cette mesure (C. civ., art. 375-7), est civilement responsable de son fils la mère d'un mineur confié jusqu'à sa majorité, par décision du juge des enfants, à un centre socio-éducatif, dès lors que les faits se sont produits à l'occasion des visites et de l'hébergement de ce mineur chez sa mère. • Crim. 25 mars 1998, no 94-86.137 P : *D. 1998. IR 152 ; JCP 1998. II. 10162, note Huyette ; ibid. I. 187, no 22 s., obs. Viney ; Gaz. Pal. 1999. 1. Doctr. 101, étude Gan ; LPA 5 oct. 1999, note Alt-Maes ; RTD civ. 1998. 918, obs. Jourdain .* ♦ V. note 72.

101. Exonération des parents. Seule la force majeure ou la faute de la victime peut exonérer le père de la responsabilité de plein droit encourue du fait des dommages causés par son fils mineur habitant avec lui. • Civ. 2e, 19 févr. 1997, *Bertrand* : no 94-21.111 P : *R., p. 277 ; GAJC, 11e éd., no 208-209 (II)* ; *D. 1997. 265, note Jourdain* ; *D. 1997. Somm. 290, obs. D. Mazeaud* ; *JCP 1997. II. 22848, concl. Kessous, note Viney ; RCA 1997. Chron. 9, par Leduc ; Gaz. Pal. 1997. 2. 572, note Chabas ; ibid. 1998. 1. 171, note Puill ; Dr. fam. 1997, no 83, note Murat (1re esp.) ; LPA 15 sept. 1997, note Lebreton* • 4 juin 1997, no 95-16.490 P : *D. 1997. IR 159* ; *LPA 29 oct. 1997, note Galliou-Scanvion* • 2 déc. 1998, no 96-22.158 P : *D. 1999. IR 29* ; *JCP 1999. II. 10165, note Josselin-Gall ; RTD civ. 1999. 410, obs. Jourdain* • 9 mars 2000 : *préc. note 96* • Cass., ass. plén., 13 déc. 2002 (2 arrêts) : *préc. note 93* • 17 janv. 2003 : *D. 2003. 591, note Jourdain* (rectification du 2e arrêt précité) • 17 févr. 2011 : *préc. note 93*. – Dans le même sens : • Crim. 28 juin 2000, no 99-84.627 P : *D. 2001. Somm. 2792, obs. Dumaine* ; *JCP 2000. I. 280, no 18, obs. Viney* (cessation de cohabitation pour une cause illégitime). ♦ Le fait que l'enfant soit un grand adolescent presque majeur n'est pas une cause d'exonération. • Civ. 2e, 18 mai 2000, no 98-20.468 P : *D. 2000. Somm. 468, obs. Jourdain*. ♦ La présomption de responsabilité n'est pas écartée par la seule circonstance que l'enfant se trouvait au moment des faits dans un établissement scolaire. • Civ. 2e, 20 avr. 2000, no 98-18.809 P : *D. 2000. Somm. 468, obs. Jourdain*.

102. ... Faute de la victime. Il n'est pas exigé que la faute de la victime ait un caractère volontaire pour exonérer partiellement les parents de l'auteur du dommage de leur responsabilité. • Civ. 2e, 29 avr. 2004, no 02-20.180 P : *D. 2005. Pan. 188, obs. D. Mazeaud* ; *RJPF 2004-11/41, obs. Chabas*. ♦ Pour une exonération partielle des parents due à la faute de la victime : • Civ. 2e, 19 oct. 2006 : *RJPF 2007-2/26, note Brusorio*.

103. Annulation de reconnaissance de paternité et responsabilité civile. V. notes 5 s. ss. art. 337. — C. civ.

C. RESPONSABILITÉ DES COMMETTANTS

BIBL. R. Legeais, *Études J. Savatier, PUF, 1992, p. 303* (droits français et allemand). – M.-Th. Rives-Lange, *JCP 1970. I. 2309*. – Molfessis, *Mél. Gobert, Economica, 2004, p. 495* (évolution de la jurisprudence). ♦ Abus de fonctions : Brun, *RCA 2013. Étude 15*. – Euzen, *LPA 30 mai 1997*. – Frémeaux, *Dr. et patr. 12/2002, p. 40*. – Hassler, *D. 1980. Chron. 125*. – Jourdain, obs. *RTD civ. 1990. 495*. – Kessous et Desportes, *R. 2000, p. 257* (arrêt *Costedoat* – Ass. plén. 25 févr. 2000). – Lambert-Faivre, *D. 1986. Chron. 143*. – Puill, *JCP 1996. I. 3939*. – Veaux, *Trav. Assoc. Capitant, XXVIII-1977, p. 77*. ♦ Autres thèmes : Adam, *Dr. soc. 2018. 465* (responsabilité civile du salarié). – Antippas, *D. 2013. Chron. 2928* (droit comparé interne). – Ayissi Manga, *RRJ 2002/2. 703* (préposé et responsabilité). – Brun, *Dr. et patr. 1/2001, p. 52* (mise en œuvre). – Durand-Pasquier, *RLDC 2008/51, suppl., no 3087* (préposé de fait). – Durry, *Mél. Gobert, préc., p. 549* (pour une révision de la jurisprudence *Costedoat*). – Fournier, *LPA 23 juill. 1997* (faute personnelle du préposé). – Gallmeister, *Gaz. Pal. 2005. Doctr. 3052* (faute du préposé). – Gaudu, *D. 1988. Chron. 235* (prêt de main-d'œuvre). – Hontebeyrie, *D. 2004. Chron. 81* (responsabilité des cliniques du fait des médecins). – Mazeaud, *RLDC 2008/51, suppl., no 3084* (autorité du commettant). – Molfessis, *Dr. soc. 2004. 31* (vie personnelle des préposés et responsabilité des commettants). – Peano, *D. 1991. Chron. 51* (qualités de gardien et de préposé). – Radé, *RLDC 2008/51, suppl., no 3085*. – Vignal, *Dr. et patr. 9/2003, p. 72* (responsabilité des salariés). – Viney, *Études Lapoyade-Deschamps, Univ. Montesquieu-Bordeaux IV, 2003* (responsabilité personnelle du préposé). – Dossier *RCA 2013. Étude 11 s.* (responsabilité civile : le fait du préposé).

104. Caractère alternatif de l'al. 5 et de l'al. 6 de l'art. 1242. La responsabilité des artisans à l'égard de leurs apprentis et celle des commettants à l'égard de leurs préposés sont exclusives l'une de l'autre. • Civ. 2e, 8 déc. 1961 : *JCP 1962. II. 12658, note Pierron*. ♦ Sur le caractère alternatif des différentes responsabilités du fait d'autrui : V. note 90.

105. Art. 1242, al. 5, et lois spéciales. Les dispositions d'ordre public de la L. du 5 juill. 1985 n'excluent pas celles de l'art. 1384 anc. [1242], al. 5, relatives à la responsabilité du commettant du fait du préposé. • Crim. 27 mai 2014, no 13-80.849 P : *D. 2014. 1202* ; *RGDA 2014. 391, obs. Landel*. ♦ V. égal. • Civ. 2e, 23 nov. 2017, no 16-21.664 P : *D. 2017. 2425* ; *RGDA 2018. 31, note Landel* • 8 mars 2018, no 17-13.554 P : *D. 2018. 559* ; *RTD civ. 2018. 428, obs. Jourdain*. ♦ Le chapitre Ier de la L. du 7 juill. 1967 sur l'abordage en mer, qui s'impose au juge pour l'identification du navire responsable des dommages causés par un abordage, n'exclut pas l'application des règles gouvernant la responsabilité des commettants du fait de leurs préposés, pour la fixation de la contribution à la dette. • Com. 24 janv. 2006, no 03-21.153 P : *R., p. 393 ; BICC 1er mai 2006, no 856, et la note ; RTD civ. 2006. 327, obs. Jourdain*.

106. Rapport de préposition. **Bibl.** Leveneur, *RCA 2013. Étude 12*. ♦ Le lien de subordination, d'où découle la responsabilité mise à la charge des commettants par l'art. 1384 anc. [1242], al. 5, suppose essentiellement que ceux-ci ont le droit de faire acte d'autorité en donnant à leurs préposés des ordres ou des instructions sur la manière de remplir, à titre temporaire ou permanent, avec ou sans rémunération, fût-ce en l'absence de tout louage de service, les emplois qui leur ont été confiés pour un temps et un objet déterminés. • Crim. 7 nov. 1968 : *Bull. crim. no 291* • 16 avr. 1975 : *Gaz. Pal. 1975. 2. 506* • 30 juin 1987 : *Bull.*

crim. n° 278 • 14 juin 1990, n° 88-87.396 P. ♦ Le propriétaire d'un cheval est le commettant du driver qu'il rémunère, qui court pour son compte et auquel il peut donner toutes instructions utiles. • Civ. 2e, 26 oct. 2000, n° 98-19.387 P. ♦ Mais n'est pas caractérisée l'existence d'un lien de préposition entre un comité local des pêches qui a confié la direction d'un navire à un skipper pour la participation à une régate et ce skipper, dont le navire a causé un abordage au cours de la régate. • Com. 24 janv. 2006 : *préc. note 105* • Civ. 2e, 12 avr. 2012 : *RCA 2012, n° 195.*

107. ... Occupation d'un logement de fonction. Le salarié qui occupe un logement de fonction dans les locaux de l'entreprise n'est plus, en dehors du temps de travail, dans un lien de subordination découlant du contrat de travail. • Civ. 2e, 10 juin 1999 : *RCA 1999, n° 288, note Groutel.*

108. ... Profit indifférent. La notion de profit n'est pas déterminante pour apprécier qui est le commettant, le lien de préposition résultant du pouvoir de commandement, du droit de donner des ordres et des instructions. • Civ. 2e, 17 déc. 1964 : *JCP 1965. II. 14125, note R. Rodière.* ♦ Mais ce lien n'implique pas nécessairement chez le commettant les connaissances techniques pour pouvoir donner des ordres avec compétence. • Civ. 2e, 11 oct. 1989 : *Bull. civ. II, n° 175.*

109. ... Qualités professionnelles indifférentes. Le commettant ne saurait se soustraire à sa responsabilité sous le prétexte que son préposé présentait, pour son emploi, des garanties professionnelles auxquelles il n'avait qu'à s'en remettre. • Crim. 20 juin 1924 : *DP 1925. 1. 93.* ♦ En ce sens, pour un jockey dit « de grande cravache » : • Civ. 2e, 26 oct. 2000 : *préc. note 106.*

110. ... Mandat. La qualité de mandataire attribuée à certains organes dirigeants d'une société n'est pas nécessairement exclusive de celle de préposé. • Civ. 1re, 27 mai 1986 : *Bull. civ. I, n° 134.* ♦ Conf., pour le statut d'artisan indépendant, • Crim. 22 mars 1988 : *Bull. crim. n° 142 ; RTD civ. 1988. 774, obs. Jourdain.* ♦ Responsabilité d'une société, sur le fondement de l'art. 1384 anc. [1242] al. 5, en raison de la faute commise par son gérant dans l'accomplissement de travaux réalisés pour son compte. • Civ. 2e, 15 mai 2008, n° 06-22.171 P : *RTD civ. 2008. 680, obs. Jourdain.* ♦ Mais la qualité de président du conseil d'administration d'une société est exclusive de celle de préposé pour l'application de l'art. 1384 anc. [1242], al. 5. • Crim. 20 mai 2003, n° 02-84.307 P.

Le renvoi fait par l'art. L. 511-1 C. assur. à l'art. 1384 anc. [1242] C. civ. a pour seul objet de faire bénéficier le client de l'agent général d'assurances, pris en qualité de mandataire de l'assureur, de la garantie de ce dernier (et non d'exclure la responsabilité personnelle de l'agent général). • Civ. 1re, 10 déc. 2002, n° 99-15.180 P : *D. 2003. 510, concl. Sainte-Rose ; RCA 2003, n° 52 ; ibid. Repères 2, par Groutel ; RGDA 2003. 129, note Langé* • Civ. 2e, 7 juill. 2011, n° 10-21.719 P : *D. 2012. Chron. C. cass. 644, obs. Adida-Canac et Bouvier ; RCA 2011, n° 379.*

111. ... Professionnels de santé. **BIBL.** Riot, *D. 2006. Chron. 111* (exercice « subordonné » de l'art médical). ♦ L'indépendance professionnelle du médecin dans l'exercice de son art n'est pas incompatible avec l'état de subordination résultant d'un contrat de louage de services le liant à un tiers, lequel peut dès lors être déclaré civilement responsable de son préposé. • Crim. 5 mars 1992 : *JCP 1993. II. 22013, note Chabas ; RTD civ. 1993. 137, obs. Jourdain.* ♦ Rappr. : • Civ. 1re, 17 févr. 2011, n° 10-10.449 P : *D. 2011. 675, obs. Gallmeister ; RTD civ. 2011. 356, obs. Jourdain ; RLDC 2011/81, n° 4204, obs. Bugnicourt.* ♦ V. aussi, note 124. ♦ Comp. • T. confl. 14 févr. 2000 : *Bull. civ. n° 2 ; D. 2000. IR 138 ; JCP 2001. II. 10584, note Hardy ; LPA 26 avr. 2001, note De Andrade ; RFDA 2000. 1232, note Pouyaud ; RDSS 2001. 85, obs. Mémeteau* (l'argumentation d'un médecin salarié d'une clinique et auteur d'une faute, fondée sur les principes de la responsabilité des commettants du fait de leurs préposés, ne saurait être retenue).

112. ... Travail temporaire, stage, gardiennage, location avec chauffeur. Sur le problème de la détermination du commettant, V. aussi : • Crim. 29 nov. 1973 : *D. 1974. 194, note Dauvergne* • 10 mai 1976 : *Gaz. Pal. 1976. 2. 587 ; RTD civ. 1976. 785, obs. Durry* • Paris, 25 févr. 1977 : *D. 1977. IR 329, obs. Larroumet* (salarié d'une entreprise de travail temporaire) • Com. 26 janv. 1976 : *D. 1976. 449, rap. Mérimée* (agent de la SNCF mis à la disposition d'une entreprise privée) • Civ. 1re, 18 janv. 1989, n° 87-13.131 P : *R., p. 335 ; RTD civ. 1989. 561, obs. Jourdain* (salarié d'une entreprise de gardiennage). ♦ Responsabilité cumulative de deux commettants d'un même préposé (entreprise de surveillance et magasin où est placé l'agent) : • Orléans, 21 avr. 1986 : *Gaz. Pal. 1986. 2. 628, note F. Lévy.* ♦ Détermination du commettant dans le cas de location : de camion-citerne avec chauffeur par un fournisseur de gaz propane, • Civ. 2e, 19 oct. 2006 : *préc. note 32* ♦ ... D'un chariot élévateur loué avec chauffeur, le loueur donnant des ordres au chauffeur, celui-ci étant placé dans un rapport de préposition, • Civ. 2e, 18 mai 2017, n° 16-18.421 P : *D. 2018. 35, obs. Brun.* ♦ Pour l'absence de tout lien de préposition entre le maître de stage et un stagiaire à l'origine d'un accident, la convention de stage indiquant que l'élève stagiaire, non rémunéré, demeure sous la seule responsabilité du chef d'établissement : • Civ. 2e, 20 déc. 2007, n° 07-11.679 P (réparation du préjudice conformément aux règles du droit commun).

113. ... Apparence. Le rapport de subordination prévu par l'art. 1384 anc. [1242], al. 5, ne peut résulter d'une situation de pure apparence. • Crim. 15 févr. 1972 : *D. 1972. 368 ; JCP*

1972. II. 17159, note D. Mayer. ♦ En revanche, lorsqu'il s'agit de décider si le commettant peut se prévaloir d'un abus de fonction de son préposé, il peut être tenu compte de ce que la victime a été fondée à se fier aux apparences, V. notes 127 s.

114. ... Commettant occasionnel. Qualité de commettant occasionnel du pilote d'un avion reconnue au service départemental de lutte contre l'incendie qui a ordonné le déroutage de l'avion. • Civ. 2e, 6 févr. 2003, n° 01-16.380 P. ♦ Mais l'entrepreneur dont les produits ont causé le dommage ne peut se retourner contre la société chargée par lui d'une mission de surveillance alors qu'il n'est pas établi que le personnel de cette société était indépendant de lui. • Civ. 1re, 2 oct. 2018, n° 15-26.093 P (une société productrice d'implants mammaires qui se sont révélés défectueux prétendait agir contre la société à laquelle elle avait confié une mission de surveillance et de recertification qui aurait été mal exécutée).

115. Sous-traitant. L'entrepreneur principal n'est pas délictuellement responsable envers les tiers des dommages causés par un sous-traitant. • Civ. 3e, 8 sept. 2009, n° 08-12.273 P : *D. 2010. 239, note Dissaux* ; *RDI 2010. 604, obs. Périnet-Marquet; JCP 2010, n° 456, § 6, obs. Stoffel-Munck; RDC 2010. 70, note Carval.* ♦ ... Dont il n'est pas le commettant. • Civ. 3e, 22 sept. 2010, n° 09-11.007 P : *D. 2010. Actu. 2227, obs. Delpech* ; *RDI 2010. 604, obs. Périnet-Marquet : RLDC 2010/77, n° 4042, obs. Le Nestour-Drelon.*

116. Régime de la responsabilité. Préposé ayant agi dans les limites de sa fonction. N'engage pas sa responsabilité à l'égard des tiers le préposé qui agit sans excéder les limites de la mission qui lui a été impartie par son commettant. • Cass., ass. plén., 25 févr. 2000, *Costedoat* : n° 97-17.378 P : *R., p. 257 et 315; GAJC, 11e éd., n° 217; BICC 15 avr. 2000, concl. Kessous, note Ponroy; D. 2000. 673, note Brun* ; *ibid. Somm. 467, obs. Delebecque* ; *JCP 2000. II. 10295, concl. Kessous, note Billiau; ibid. I. 241, nos 16 s., obs. Viney; Gaz. Pal. 2000. 2. 1462, note Rinaldi; RCA 2000. Chron. 11, par Groutel; ibid. Chron. 22, par Radé; RTD civ. 2000. 582, obs. Jourdain* • Crim. 23 janv. 2001, n° 00-82.826 P : *R., p. 444; RCA 2001, n° 212, note Groutel* • Civ. 2e, 5 oct. 2006, n° 05-18.494 P : *D. 2007. 2004, note J. Mouly* ; *LPA 21 févr. 2007, note Lafay* (pour un arbitre de rugby). ♦ Dans le même sens, en cas d'infraction pénale non intentionnelle du préposé : • Lyon, 19 janv. 2006 : *D. 2006. 1516, note Paulin* . ♦ Dans le cas d'un accident de la circulation : • Civ. 2e, 28 mai 2009, n° 08-13.310 P : *R., p. 414; D. 2009. AJ 1606, obs. Gallmeister* ; *ibid. Chron. C. cass. 2069, obs. Nicolétis* ; *ibid. 2667, note N. Pierre* ; *ibid. 2010. Pan. 49, obs. Brun* ; *Gaz. Pal. 2009. 2621, obs. Clerc-Renaud; JCP 2009, n° 28, p. 18, note Mouly; ibid. n° 38, p. 42, obs. Bloch; Dr. et patr. 11/2009. 48, note Pellet; RLDC 2009/63, n° 3528, obs. Bugnicourt; ibid. 2009/67, n° 3600, note Corgas-Bernard; RTD civ. 2009. 541, obs. Jourdain* . ♦ Ainsi, n'engage pas sa responsabilité à l'égard des tiers le préposé qui agit sans excéder les limites de la mission qui lui est impartie par son commettant, hors le cas où le préjudice de la victime résulte d'une infraction pénale ou d'une faute intentionnelle. • Civ. 2e, 21 févr. 2008 : *D. 2008. 2125, note Laydu* ; *JCP 2008. I. 186, n° 5, obs. Stoffel-Munck* • Crim. 27 mai 2014, n° 13-80.849 P : *préc. note 105.* ♦ V., se référant à la notion de faute personnelle commise hors des fonctions : • Civ. 2e, 18 mai 2000, n° 98-13.688 P : *JCP 2000. I. 280, nos 19 s., obs. Viney; Gaz. Pal. 2001. Somm. 611, obs. Chabas.* ♦ En dehors du domaine du sport, pour un arrêt qui fait état de la faute du préposé, V. : • Civ. 2e, 8 mars 2018, n° 17-13.554 P : *D. 2018. 559* ; *RTD civ. 2018. 428, obs. Jourdain* .

117. ... Remboursement au salarié de ses frais de procédure. Le commettant est tenu de garantir le salarié et de prendre en charge les frais exposés pour sa défense par ce dernier, qui a bénéficié d'une relaxe alors qu'il était pénalement poursuivi pour des actes accomplis dans l'exercice de ses fonctions. • Soc. 5 juill. 2017, n° 15-13.702 P : *D. 2017. 1477* ; *AJ pénal 2017. 503, obs. Mercinier* ; *Dr. soc. 2017. 874, obs. Mouly* ; *RDC 2017. 668, note Icard.*

118. ... Faute du préposé. Le principe de l'exigence d'une faute du préposé subsiste, au moins dans le domaine du sport : engage la responsabilité de son employeur le sportif professionnel salarié qui, au cours d'une compétition, cause un dommage à un autre participant par sa faute caractérisée par une violation des règles du jeu. • Civ. 2e, 8 avr. 2004, n° 03-11.653 P : *D. 2004. 2601, note Sérinet* ; *D. 2005. Pan. 187, obs. D. Mazeaud* ; *D. 2006. Pan. 194, obs. Lagarde* ; *JCP 2004. II. 10131, note Imbert; Gaz. Pal. 2004. Doctr. 2785, étude Perez et Polère; Dr. et patr. 10/2004. 105, obs. Chabas; RTD civ. 2004. 517, obs. Jourdain* , et, sur renvoi, • Angers, aud. sol., 7 oct. 2005 : *D. 2006. 1733, note Jacotot* .

119. ... Action de la victime contre le préposé. La victime avait la possibilité d'agir contre le préposé seul, sans que celui-ci eût alors le droit d'appeler le commettant en garantie. • Civ. 2e, 28 oct. 1987, n° 85-17.737 P : *R., p. 218.* ♦ Mais la responsabilité du commettant peut être directement recherchée par la victime d'un dommage, qui n'est nullement tenue d'assigner en même temps le préposé par la faute duquel le dommage est survenu. • Civ. 2e, 11 mars 1971, n° 70-10.366 P.

120. ... Action récursoire du commettant contre le préposé. Le commettant condamné en tant que gardien était en droit de réclamer une indemnité à son préposé, par la faute duquel il s'est trouvé obligé de réparer le dommage. • Civ. 2e, 28 janv. 1955 : *D. 1955. 449, note R. Savatier.* ♦ Aucune disposition légale n'interdisait au commettant d'exercer une action récursoire contre le préposé, sans nécessité d'établir une faute lourde à la charge de ce dernier. • Civ. 1re, 20 mars 1979 : *D. 1980. 29, note Larroumet.*

121. ... Préjudice personnellement subi par le commettant. La responsabilité civile mise à la charge du commettant ne prive pas ce dernier, lorsqu'il a été lui-même victime du dommage, du droit appartenant à toute victime d'un préjudice d'en demander en principe réparation à son auteur, fût-il son préposé. • Soc. 28 avr. 1964, n° 63-11.637 P.

122. ... Infraction intentionnelle du préposé. BIBL. M.-C. Guérin, *LPA 11 janv. 2006.* – J. Mouly, *D. 2006. Chron. 2756* (quelle faute pour la responsabilité civile du salarié ?). ♦ Cependant, le préposé condamné pénalement pour avoir intentionnellement commis, fût-ce sur l'ordre du commettant, une infraction ayant porté préjudice à un tiers, engage sa responsabilité civile à l'égard de celui-ci. • Cass., ass. plén., 14 déc. 2001, *Cousin* : n° 00-82.066 P : *R., p. 444; BICC 1er mars 2002, concl. de Gouttes; D. 2002. 1230, note J. Julien ; ibid. Somm. 1317, obs. D. Mazeaud ; ibid. Somm. 2117, obs. Thullier ; JCP 2002. II. 10026, note Billiau; ibid. I. 124, nos 22 s., obs. Viney; JCP E 2002. 275, note Brière; Gaz. Pal. 2002. 124, concl. de Gouttes, note Monnet; Dr. et patr. 3/2002. 94, obs. Chabas; RCA 2002. Chron. 4, par Groutel; RTD civ. 2002. 108, obs. Jourdain* • Crim. 28 mars 2006, n° 05-82.975 P : *JCP 2006. II. 10188, note J. Mouly; Gaz. Pal. 2006. Somm. 3484, obs. Y. M.; RCA 2006, n° 289, note Groutel; RTD civ. 2007. 135, obs. Jourdain* (faute qualifiée, au sens de l'art. 121-3 C. pén., commise dans l'exercice des fonctions par un préposé titulaire d'une délégation de pouvoir). ♦ Rappr., pour un capitaine de navire : • Crim. 13 mars 2007 : *RCA 2007. Étude 13, par Vialard.*

V. conf., en l'absence de condamnation pénale : • Crim. 7 avr. 2004, n° 03-86.203 P : *D. 2004. IR 1563 ; Gaz. Pal. 2004. 3802, note Y. M.*

123. ... Indépendance professionnelle du préposé. BIBL. Riot, *D. 2006. Chron. 111* (exercice « subordonné » de l'art médical). ♦ Dans un premier temps, maintien des solutions anciennes lorsque le recours de la victime (patient d'une clinique) était fondé sur la responsabilité contractuelle et non sur l'art. 1384 anc. [1242], al. 5 : • Civ. 1re, 9 avr. 2002, n° 00-21.014 P : *JCP 2002. I. 186, n° 20 s., obs. Viney; RCA 2002, n° 234, et Chron. 13, par Radé; Dr. et patr. 7-8/2002. 96, obs. Chabas; RTD civ. 2002. 516, obs. Jourdain* (rejet du pourvoi contre l'arrêt ayant condamné un médecin salarié, coupable d'une faute de maladresse, à garantie envers son employeur). ♦ V. aussi • Civ. 1re, 13 nov. 2002, n° 00-22.432 P : *D. 2003. 580, note Deis-Beauquesne ; ibid. Somm. 459, obs. Jourdain ; JCP 2003. II. 10096, note Billiau; Gaz. Pal. 2003. 1000, note Chabas; RCA 2003, n° 50, note Groutel; RGDA 2003. 96, note Rémy; LPA 29 mai 2003, note Barbièri* (si l'établissement de santé peut être déclaré responsable des fautes commises par un praticien salarié, ce principe ne fait pas obstacle à l'action récursoire de l'établissement de santé, en raison de l'indépendance professionnelle du médecin, même salarié). ♦ Comp., également, pour l'agent général d'assurances : • Civ. 1re, 10 déc. 2002 : *préc. note 110.* ♦ Mais remise en cause de ces solutions par la Cour de cassation à partir de 2004 et cassation d'arrêts ayant condamné *in solidum* les intéressés et leur établissement employeur au motif de leur indépendance professionnelle : • Civ. 1re, 9 nov. 2004, n° 01-17.908 P : *R., p. 348; D. 2005. 253, note Chabas ; ibid. Pan. 406, obs. Penneau ; JCP 2005. II. 10020, rapp. Duval-Arnould, note Porchy-Simon; ibid. I. 132, nos 8 s., obs. Viney; JCP E 2005. 625, note Viottolo; LPA 22 déc. 2004, note Barbièri; RTD civ. 2005. 143, obs. Jourdain* (médecin salarié) • 9 nov. 2004, n° 01-17.168 P : *eod. loc.; Gaz. Pal. 2005. 360, note Bangoura* (sage-femme salariée). – Sur ces arrêts : Asselain, *RCA 2005. Étude 6.* – V. conf., sur renvoi après cassation (médecin salarié : • Civ. 1re, 9 nov. 2004, n° 01-17.908 P) : • Paris, 20 janv. 2006 : *RCA 2006, n° 349, note Radé.* ♦ Le médecin salarié qui agit sans excéder les limites de la mission qui lui est impartie par l'établissement de santé privé qui l'emploie n'engage pas sa responsabilité à l'égard du patient. • Civ. 1re, 12 juill. 2007, n° 06-12.624 P : *D. 2007. 2908, note Porchy-Simon ; D. 2008. Pan. 509, obs. Penneau ; ibid. Pan. 2899, obs. Brun ; JCP 2007. II. 10162, note Hocquet-Berg; ibid. 2008. I. 125, n° 8, obs. Stoffel-Munck; LPA 12 déc. 2007, note Barbièri; RDSS 2007. 1108, note Arhab ; RTD civ. 2008. 109, obs. Jourdain .*

124. ... Réparation du dommage causé à un préposé fautif. Le préposé qui poursuit la réparation du préjudice que lui aurait personnellement causé un tiers, lui-même cocontractant de son commettant, peut se voir opposer sa propre faute par ce tiers. • Com. 10 déc. 2013, n° 11-22.188 P : *D. 2014. 9 .*

125. ... Action récursoire. Le commettant ne dispose d'aucune action récursoire contre son salarié devant la juridiction de droit commun dès lors qu'il ne peut se prévaloir d'une subrogation dans les droits de la victime, laquelle ne dispose d'aucune action contre le préposé qui a agi dans les limites de la mission qui lui était impartie, hors le cas où le préjudice de la victime résulte d'une infraction pénale intentionnelle. • Civ. 2e, 20 déc. 2007, n° 07-13.403 P : *D. 2008. Chron. C. cass. 657, n° 12, obs. Nicoletis ; ibid. 1248, note Mouly ; RCA 2008, n° 50, note Groutel; RTD civ. 2008. 315, obs. Jourdain* (compétence de la juridiction prud'homale). ♦ Sur le recours subrogatoire entre assureurs, V. • Civ. 1re, 12 juill. 2007 : *préc. note 123.*

126. Abus de fonction : principe. Le commettant s'exonère de sa responsabilité si son préposé a agi hors des fonctions auxquelles il était employé, sans autorisation, et à des fins étrangères à ses attributions. • Cass., ass. plén., 19 mai 1988, n° 87-82.654 P : *R., p. 223; D. 1988. 513, note Larroumet; Gaz. Pal. 1988. 2. 640, concl. Dorwling-Carter; Defrénois 1988. 1097, obs. Aubert; RTD civ. 1989. 89, obs. Jourdain* • Crim. 28 mai 2013, n° 11-88.009 (harcèlement moral). – V. déjà : • Cass., ass. plén., 17 juin 1983, n° 82-91.632 P : *R., p. 38; GAJC, 11e éd., n° 211-215 (III); D. 1984. 134, note Denis; JCP 1983. II. 20120, concl. Sadon, note Chabas; RTD civ. 1984. 315, obs. Durry* • 15 nov. 1985, n° 84-12.601 P : *R., p. 123; D. 1986. 81, note Aubert; JCP 1986. II. 20568, note Viney; RTD civ. 1986. 128, obs. J. Huet.* ♦ Mais la seule constatation qu'une faute constitutive d'une infraction pénale volontaire, autre que de négligence ou d'inattention de nature quasi délictuelle, ne peut entrer dans le cadre de l'obligation qui revient à l'employeur d'assumer les conséquences civiles des fautes commises par ses employés ou salariés ne suffit pas à établir l'existence des conditions d'exonération de l'employeur. • Civ. 2e, 12 mai 2011, n° 10-20.590 P : *D. 2011. Actu. 1412, obs. Gallmeister; ibid. 1938, obs. Gout; ibid. 2012. Pan. 47, obs. Brun; JCP 2011. 1421, note Rias; RLDC 2011/84, n° 4301, obs. Bugnicourt; RCA 2011, n° 243, obs. Radé.* ♦ Rappr. : violation de l'art. 2 Conv. EDH lorsque l'État n'est pas jugé civilement responsable du fait d'un réserviste de la police ayant tué un serveur en état d'ébriété, pendant ses horaires de service, en uniforme et avec son arme de service. • CEDH, sect. V, 19 avr. 2012, n° 49382/06 (meurtre dans un bar alors que cette sortie n'était pas autorisée).

127. ... Applications diverses : détournements. Ne se place pas hors de ses fonctions l'employé qui détourne des fonds qui lui ont été remis dans l'exercice de celles-ci. • Civ. 2e, 11 juin 1992, n° 91-10.281 P • Crim. 4 janv. 1996, n° 94-85.432 P. ♦ N'agit pas hors de ses fonctions un inspecteur d'assurances qui, chargé de rechercher par prospection à domicile la conclusion de contrats, fait souscrire à une personne différents titres et détourne à son profit une partie des sommes versées. • Cass., ass. plén., 19 mai 1988 : *préc. note 126.* ♦ ... Ou l'employé d'un agent général d'une compagnie d'assurances qui a commis des détournements au temps et au lieu de son travail, à l'occasion de ses fonctions et avec le matériel mis à sa disposition. • Civ. 2e, 19 juin 2003, n° 00-22.626 P : *D. 2003. IR 1808.*

Nécessité d'établir, pour écarter la responsabilité de la compagnie d'assurance pour les actes de son mandataire indélicat, qu'à la date de la conclusion du contrat et de la remise des fonds au mandataire, la cliente ne pouvait légitimement croire que le mandataire n'agissait pas à l'occasion de ses fonctions de mandataire de l'assureur. • Civ. 2e, 7 févr. 2013, n° 11-25.582 P : *D. 2014. 47, obs. Gout* (cassation de l'arrêt qui retient qu'elle ne pouvait ignorer, compte tenu de la rédaction du contrat et de ses propres compétences, les limites des pouvoirs du mandataire, la cliente ayant agi avec une légèreté coupable en dissimulant également certains versements dont elle avait bénéficié ultérieurement).

128. ... Escroquerie, abus de confiance. Était hors de ses attributions religieuses le « prêtre de l'Église néo-apostolique » qui, dans le cadre de son activité professionnelle (gérant de SCI), a commis une escroquerie au préjudice d'un tiers rencontré grâce à son appartenance à cette même Église. • Civ. 2e, 6 févr. 2003, n° 00-20.780 P : *JCP 2003. II. 10120, note Castets-Renard.* ♦ L'existence d'un mandat donné par ses clients à un employé de banque, condamné pour abus de confiance à leur détriment, n'implique pas nécessairement que celui-ci ait agi hors de ses fonctions, les victimes ayant pu être fondées à croire qu'elles avaient traité avec lui en sa qualité de préposé de la banque. • Civ. 2e, 29 mai 1996, n° 94-15.460 P. ♦ Comp. • Com. 14 déc. 1999, n° 97-15.241 P : *R., p. 357; D. 2000. AJ 81, obs. Faddoul; RTD civ. 2000. 336, obs. Jourdain* (de l'absence d'instructions écrites du client il résulte que le préposé n'a pas agi hors de ses fonctions). ♦ Le délit d'abus de faiblesse commis par la gardienne d'une résidence pour personnes âgées qui a soutiré de l'argent à une pensionnaire n'implique pas qu'elle ait agi hors de ses fonctions, de sorte que son employeur ne s'exonère pas de sa responsabilité. • Civ. 2e, 16 juin 2005, n° 03-19.705 P : *D. 2005. IR 1806; JCP 2006. I. 111, n° 10, obs. Stoffel-Munck; LPA 16 avr. 2007, note Chaaban.*

129. ... Vol. N'a pas agi hors de ses fonctions le préposé d'une entreprise de nettoyage auteur d'un vol dans les locaux d'une bijouterie que son entreprise était chargée de nettoyer, dès lors qu'il a agi sur le lieu de son travail, pendant le temps et à l'occasion de celui-ci. • Civ. 2e, 22 mai 1995, n° 92-19.172 P : *R., p. 318; JCP 1995. I. 3893, n° 12, obs. Viney; RTD civ. 1996. 181, obs. Jourdain.* ♦ Il en est de même des préposés d'Air France qui ont commis des vols pendant leurs heures de service alors qu'ils procédaient conformément à leur fonction de bagagiste à l'embarquement des bagages et qu'ils ont pu dissimuler le produit des vols sans être inquiétés en raison de leur qualité d'employé d'Air France. • Civ. 2e, 22 janv. 1997 : *RCA 1997, n° 123.* ♦ ... Du préposé d'une société de gardiennage auteur de vols dans les locaux soumis à sa surveillance. • Crim. 16 févr. 1999, n° 96-86.225 P : *JCP 2000. I. 199, n° 11, obs. Viney; RTD civ. 1999. 409, obs. Jourdain.* ♦ Comp. l'affirmation antérieure que le préposé se place nécessairement hors de ses fonctions lorsqu'il agit à des fins non seulement étrangères, mais encore contraires à ses attributions (préposés d'entreprises de gardiennage ayant commis des vols dans les locaux qu'ils étaient chargés de surveiller) : • Crim. 23 juin 1988 : *Gaz. Pal. 1989. 1. 13, note Doucet (3e et 4e esp.); RTD civ. 1989. 94, obs. Jourdain.* – Dans le même sens : • Civ. 2e, 17 mars 1993, n° 91-19.419 P. ♦ N'a pas agi hors de ses fonctions l'agent technico-commercial qui a établi un bon d'enlèvement pour s'approprier des colis entreposés chez son employeur. • Crim. 23 juin 1988 : *Gaz. Pal. 1989. 1. 13, note Doucet (2e esp.).*

130. ... Malhonnêtetés diverses. N'a pas agi hors de ses fonctions le démarcheur qui a falsifié un bon de commande qu'il avait fait souscrire par un client dans l'exercice de ses fonctions. • Civ. 2e, 8 nov. 1993, n° 92-12.677 P. ♦ ... Ni la directrice de gestion chargée de faire établir les chèques destinés au Trésor public, qui a émis des chèques à son profit personnel en imitant la signature du président du conseil d'administration (ce qui a pour conséquence de paralyser le recours du commettant, responsable des agissements de sa préposée, contre la banque qui a débité indûment son compte). • Com. 7 juin 1994, n° 91-22.328 P : *Defrénois 1995. 343, obs. Delebecque ; RTD civ. 1995. 127, obs. Jourdain*. ♦ N'était pas hors de ses fonctions l'employé qui a importé en contrebande des marchandises prohibées en utilisant le camion de son employeur lors d'un transport effectué pour le compte de celui-ci pendant le temps du travail. • Crim. 19 févr. 2003, n° 02-81.851 P.

131. ... Travail au noir. Ne peut se fonder sur l'art. 1384 anc. [1242], al. 5, le client qui a fait faire un travail de ravalement par un préposé de l'entreprise en dehors de tout devis et pour une rémunération « de la main à la main ». • Civ. 2e, 14 janv. 1998, n° 96-13.832 P : *D. Affaires 1998. 372, obs. J. F.*

132. ... Placements ruineux. N'agit pas hors de ses fonctions le directeur d'une agence bancaire qui a fait acheter à un client divers objets de placement qui se sont avérés être d'une valeur dérisoire. • Civ. 2e, 23 juin 1993, n° 91-17.882 P. ♦ Mais ne peut invoquer la responsabilité civile du commettant du fait de son préposé le client d'une banque qui fait preuve d'une imprudence consciente et délibérée en se livrant avec l'agent de la banque à une opération « extrabancaire ». • Civ. 2e, 13 nov. 1992, n° 91-12.143 P : *RTD civ. 1993. 371, obs. Jourdain*. – Dans le même sens : • Civ. 2e, 7 juill. 1993, n° 91-21.118 P • 2 avr. 1997, n° 95-13.944 P : *Dr. et patr. 1997, n° 1786, obs. B. Saint-Alary* • 29 avr. 1998, n° 95-22.068 P • 24 juin 1998, n° 96-12.781 P • 22 mai 2003, n° 02-12.198 P. ♦ Ne s'est pas placé hors de ses fonctions le caissier comptable taxateur d'une SCP notariale, à qui un client de la SCP a remis des fonds par chèque établi à l'ordre de la SCP, fonds qui ont été inscrits dans la comptabilité de la SCP, puis placés de manière hasardeuse, de sorte que le client n'a pu les récupérer. • Civ. 2e, 4 mars 1999, n° 96-20.270 P : *D. Affaires 1999. 756, obs. J. F.* • 4 mars 1999, n° 96-18.361 P.

133. ... Dommages à la personne. Était dans l'exercice de ses fonctions et a trouvé dans son emploi l'occasion et les moyens de sa faute le salarié qui a projeté de l'air comprimé dans le rectum d'un compagnon de travail. • Crim. 23 juin 1988 : *Gaz. Pal. 1989. 1. 13 (1re esp.), note Doucet.* ♦ Pour la reprise de cette solution par la deuxième chambre civile. • Civ. 2e, 17 mars 2011, n° 10-14.468 P : *D. 2011. 1530, note Sindres ; ibid. Chron. C. cass. 2150, obs. Adida-Canac et Bouvier ; RCA 2011, n° 202* (viols commis à l'occasion du travail). ♦ L'assassinat d'un chef de service, commis sur les lieux du travail par un de ses subordonnés venant d'apprendre qu'il était licencié, n'est pas indépendant du rapport de préposition et entraîne la responsabilité civile du commettant. • Crim. 25 mars 1998, n° 96-85.593 P.

134. ... Dommages aux biens. Était hors de ses attributions le préposé qui s'est introduit par curiosité dans le véhicule d'un tiers, à l'insu de celui-ci, par l'effet d'une initiative personnelle sans rapport avec sa mission, et a causé le dommage en le faisant volontairement démarrer. • Civ. 2e, 3 juin 2004, n° 03-10.819 P : *JCP 2005. I. 132, n° 5, obs. Viney ; Gaz. Pal. 2004. 3857, note Gréau ; RCA 2004, n° 250, note Groutel ; RTD civ. 2004. 742, obs. Jourdain*.

135. Responsabilité contractuelle d'une société de gardiennage. Pour l'application de la responsabilité contractuelle de l'entreprise de gardiennage dont le préposé, abusant de ses fonctions, a commis un vol, V. • Crim. 23 juin 1988 : *Bull. crim. n° 289, arrêts 7, 8 et 9* • Paris, 26 févr. 1986 : *D. 1986. 397, note Vialard ; RTD civ. 1986. 354, obs. J. Huet.* ♦ ... Ou allumé un incendie, V. • Civ. 1re, 18 janv. 1989, n° 87-13.131 P : *R., p. 335 ; JCP 1989. II. 21326, note Larroumet ; RTD civ. 1989. 330, obs. Jourdain.* – V. aussi • Com. 3 oct. 1989 : *D. 1990. 81, concl. Jéol ; JCP 1990. II. 21423, concl. Jéol ; RTD civ. 1990. 87, obs. Jourdain*.

136. Une présomption de responsabilité pèse sur le commettant du fait de son préposé, sauf à ce que le premier démontre que le second a agi sans autorisation, à des fins étrangères à ses attributions, et s'est placé hors des fonctions auxquelles il était employé ; la faute pénale du préposé, dont résulte la faute civile au sens de l'art. 1242, al. 5, ne peut plus être contestée par le commettant, fût-ce à l'occasion d'un procès ayant pour objet la seule action civile, lorsqu'elle constitue le fondement d'une condamnation pénale devenue définitive ; dès lors, une clinique dont la responsabilité civile est engagée du fait du harcèlement moral commis par un préposé, s'il lui est loisible d'invoquer une cause d'exonération de sa responsabilité en établissant que ce préposé s'est placé hors des fonctions auxquelles il était employé, n'est plus recevable à contester l'existence de la faute commise par ce dernier. • Crim. 13 nov. 2018, n° 17-81.398 P : *D. 2018. 2234 ; RDT 2019. 112, obs. Gallois*.

D. RESPONSABILITÉ DITE DES INSTITUTEURS

BIBL. Chabas, *Gaz. Pal. 1982. 2. Doctr. 501.* – Grynbaum, *AJ fam. 2004. 84.* – J. Julien, *Dr.*

fam. 2002. Chron. 21 (accidents scolaires). – A propos de la responsabilité des établissements de rééducation : Martaguet et Ph. Robert, *D. 1966. Chron. 17.* – Ph. Robert, *JCP 1971. I. 2389.* ♦ Accident de la circulation lié à un défaut de surveillance scolaire : Carli, *JCP 1991. I. 3514.*

137. Personnes concernées. Les agents du service de l'éducation surveillée du ministère de la Justice n'ont pas la qualité de membres de l'enseignement public; dès lors la L. du 5 avr. 1937 (c. éduc., art. L. 911-4) n'est pas applicable, et la juridiction administrative est compétente pour connaître de l'action en réparation du dommage subi par un mineur confié à un tel établissement. • T. confl. 25 mars 1968 : *D. 1968. 534, concl. Dutheillet de Lamothe.* ♦ Régime de la responsabilité applicable aux établissements recourant à des méthodes de rééducation fondées sur un système de liberté surveillée : V. • CE 14 juin 1978, *Min. de la Justice c/ Mutuelle générale française Accident : D. 1978. 686, note Moderne* • 14 juin 1978, *Min. de la Justice c/ SOCOFA : eod. loc.*

138. Établissements d'enseignement privés. Situation des établissements d'enseignement privé sous contrat d'association avec l'État (Décr. 22 avr. 1960; application de la L. du 5 avr. 1937) : V. • Civ. 2e, 5 déc. 1979 : *Bull. civ. II, no 281* • 24 avr. 1981 : *Gaz. Pal. 1981. 2. 665, note Viatte* • T. confl. 27 nov. 1995 : *Gaz. Pal. 1996. 1. 280* (compétence judiciaire).

139. Faute de l'instituteur. La responsabilité des instituteurs pour les dommages causés par leurs élèves pendant que ceux-ci sont sous leur surveillance, ne peut être retenue que si une faute invoquée contre eux est prouvée, ce qui exclut l'application à leur encontre de la responsabilité fondée sur l'art. 1384 anc. [1242], al. 1er. • Civ. 2e, 11 mars 1981 : *Bull. civ. II, no 55; D. 1981. IR 320, obs. Larroumet* • 16 mars 1994 : *JCP 1994. II. 22336 (2e esp.), note Merger et Feddal.*

140. Faute personnelle. Pour condamner l'État à réparer le dommage causé par les élèves pendant le temps qu'ils sont sous la surveillance des instituteurs, il faut retenir la responsabilité d'un instituteur déterminé, auteur d'une faute personnelle. Il ne suffit pas d'énoncer qu'il n'y avait aucun surveillant dans les lieux où se sont déroulés les faits et que l'accident est révélateur de l'insuffisance de l'encadrement. • Civ. 2e, 17 juill. 1991, no 89-17.216 P • 29 mars 2001 : *préc. note 96.* ♦ V. aussi • Civ. 2e, 10 mai 2001 : *préc. note 93* (pas de responsabilité de l'État ni du collège pour un accident de sport en l'absence de faute d'un enseignant ou de manquement du collège quant à la qualité des lieux et du matériel).

141. ... Applications. Commet une faute engageant la responsabilité de l'État le maître qui laisse s'organiser le désordre à l'occasion d'un changement de classe. • Civ. 2e, 5 déc. 1979 : *Bull. civ. II, no 285.* ♦ ... Ou qui laisse sciemment sans aucune surveillance l'ensemble de ses élèves d'un âge moyen de quinze ans. • Civ. 1re, 20 déc. 1982 : *Bull. civ. I, no 369; RTD civ. 1983. 544, obs. Durry.* ♦ ... Ou qui laisse, après son cours, ses élèves emprunter sans surveillance l'escalier menant à la cour de récréation. • Civ. 2e, 8 juill. 1998, no 96-18.519 P. ♦ Il en va de même de professeurs d'éducation physique qui n'ont pas su appréhender l'importance des difficultés pouvant se présenter lors d'un stage de canoë-kayak. • Civ. 2e, 20 nov. 1996, no 94-19.688 P : *R., p. 336; D. 1998. Somm. 38, obs. F. Lagarde.* ♦ ... D'un professeur d'éducation physique qui a organisé entre ses élèves un « jeu de combat » ayant occasionné un accident. • Civ. 2e, 3 juill. 2003 : *préc. no 68.* ♦ ... D'un professeur d'éducation physique qui n'est pas affranchi de ses obligations de surveillance et de prévoyance par la tâche de notation des élèves. • Civ. 2e, 5 nov. 1998, no 96-16.662 P : *D. 2000. Somm. 229, obs. J. Mouly* (accident survenu lors d'un exercice de saut à la poutre). ♦ ... Ou qui s'est abstenu de toute initiative pour écarter le danger constitué par la présence d'un rouleau de flotteurs en bord de piscine, hors de son socle. • Civ. 2e, 23 oct. 2003, no 02-14.359 P : *D. 2004. 728, note S. Petit et note Dagorne-Labbe.* ♦ Mais le préjudice ayant sa cause dans une carence de l'établissement d'enseignement, dont le personnel a signalé avec retard les absences répétées d'une élève, n'entre pas dans les prévisions de la L. du 5 avr. 1937. • Civ. 2e, 3 déc. 1980 : *Bull. civ. II, no 250; RTD civ. 1981. 641, obs. Durry.*

142. Responsabilité de l'État. La L. du 5 avr. 1937 (C. éduc., art. L. 911-4) a institué une responsabilité générale de l'État, mise en jeu devant les tribunaux de l'ordre judiciaire, pour tous les cas où un dommage causé par un élève a son origine dans la faute d'un membre de l'enseignement et il n'est dérogé à cette règle que dans le cas où le préjudice subi doit être regardé comme indépendant du fait de l'agent, soit que ce préjudice ait son origine dans un dommage afférent à un travail public, soit qu'il trouve sa cause dans un défaut d'organisation du service. • CE 25 mars 1983, *Héritiers de J. Bacou : JCP 1984. II. 20287, note Mirieu de Labarre* • T. confl. 4 mai 1987 : *D. 1987. IR 157* • 6 mars 1989 : *D. 1989. IR 137.* ♦ Est sans incidence la circonstance que, au cours d'une activité organisée dans le cadre de l'enseignement, l'enfant ait été sous la surveillance, non de l'instituteur lui-même, mais d'un moniteur, agent de la commune. • T. confl. 15 févr. 1999 : *Bull. civ. no 2* • 19 nov. 2001 : *D. 2002. Somm. 2710, obs. Lachaume* • Civ. 2e, 13 déc. 2001, no 99-18.239 P : *R., p. 436; D. 2002. 1517, note Hunter-Hénin; RTD civ. 2002. 312, obs. Jourdain.* ♦ Comp., pour un accident survenu pendant la récréation : • T. confl., 30 juin 2008, no 08-03.671 P : *LPA 23 janv. 2009, note Ondo; RLDC 2008/53, no 3142, obs. Pichon.*

143. Compétence des tribunaux judiciaires. En application de la L. du 5 avr. 1937 (C. éduc., art. L. 911-4), les tribunaux judiciaires de droit commun sont compétents pour connaître des actions exercées contre l'État pris, non comme civilement responsable, mais comme substitué aux membres de l'enseignement public, sans qu'en soient exclues les juridictions répressives. • Cass., ch. mixte, 23 avr. 1976 : *D. 1977. 21, note J. Martin ; RTD civ. 1976. 553, obs. Durry.*

144. Refus de l'action de la victime contre l'instituteur. La disposition selon laquelle la responsabilité de l'État est substituée à celle des membres de l'enseignement public, lesquels ne peuvent jamais être mis en cause devant les tribunaux civils par la victime ou ses représentants, par sa généralité, ne permet pas d'exclure l'hypothèse d'un préjudice de quelque nature que ce soit causé à l'enfant par le professeur lui-même. • Civ. 2e, 3 oct. 1984, n° 83-11.171 P : *R., p. 106.* – Déjà en ce sens : • Civ. 2e, 28 mars 1966, n° 64-14.282 P : *JCP 1966. II. 14835, note Bigot.* ♦ Dès lors, en cas de coups et blessures volontaires, si la constitution de partie civile, qui tend seulement à établir la culpabilité du prévenu, est recevable, l'action civile en réparation du dommage ne peut être suivie contre l'instituteur. • Crim. 24 mai 1973, n° 70-91.066 P : *R. 1973-1974, p. 91 ; JCP 1974. II. 17855, note Dupeyron* • 20 sept. 2006, n° 05-87.229 P : *D. 2007. 187, note Ambroise-Castérot ; LPA 8 juin 2007, note Brusorio* • 7 nov. 2017, n° 16-84.329 P : *AJ pénal 2018. 151 ; RSC 2017. 740, obs. Mayaud* • 3 nov. 2021, n° 21-80.749 B.

Code de l'action sociale et des familles

(Ord. n° 2000-1249 du 21 déc. 2000)

Art. L. 114-5 *(L. n° 2005-102 du 11 févr. 2005, art. 2-II)* Nul ne peut se prévaloir d'un préjudice du seul fait de sa naissance.

La personne née avec un handicap dû à une faute médicale peut obtenir la réparation de son préjudice lorsque l'acte fautif a provoqué directement le handicap ou l'a aggravé, ou n'a pas permis de prendre les mesures susceptibles de l'atténuer.

Lorsque la responsabilité d'un professionnel ou d'un établissement de santé est engagée vis-à-vis des parents d'un enfant né avec un handicap non décelé pendant la grossesse à la suite d'une faute caractérisée, les parents peuvent demander une indemnité au titre de leur seul préjudice. Ce préjudice ne saurait inclure les charges particulières découlant, tout au long de la vie de l'enfant, de ce handicap. La compensation de ce dernier relève de la solidarité nationale. – *[L. n° 2002-303 du 4 mars 2002, art. 1er-I, al. 1er à 3].*

Les dispositions de l'art. L. 114-5, qui constituent la codification, opérée par la loi du 11 févr. 2005, des trois premiers alinéas de l'art. 1er-I de la loi n° 2002-303 du 4 mars 2002, sont applicables aux instances en cours à la date d'entrée en vigueur de la loi n° 2002-303 du 4 mars 2002, à l'exception de celles où il a été irrévocablement statué sur le principe de l'indemnisation (L. n° 2005-102 du 11 févr. 2005, art. 2-II, dispositions déclarées contraires à la Constitution par Cons. const. n° 2010-2, QPC, 11 juin 2010).

BIBL. ▸ Article L. 114-5 CASF (L. 4 mars 2002) : BANDRAC, *Études Normand, Litec, 2003* (déni d'action). – BOCQUILLON, *RDSS 2002. 358.* – BRUN, *RCA 2002. Chron. 8.* – DE FORGES, *RDSS 2002. 645.* – DREIFUSS-NETTER, *LPA 19 juin 2002.* – HAUSER et DELMAS SAINT-HILAIRE, *RJPF 2002-6/13.* – JOURDAIN, *D. 2002. Point de vue 891.* – LAMBERT-FAIVRE, *D. 2002. Chron. 1217.* – MALAURIE, *JCP 2003. I. 110.* – MÉMETEAU, *Gaz. Pal. 2002. Doctr. 1476* (fallait-il légiférer ?). – MISTRETTA, *JCP 2002. I. 141.* – NEYRET, *D. 2003. Chron. 1711* (tout risque d'action en responsabilité de l'enfant contre sa mère est-il écarté ?). – PUTMAN, *RJPF 2002-5/13.* – YOUEGO, *Gaz. Pal. 2009. 59.*

▸ Conformité à la Conv. EDH de l'art. 1er de la loi du 4 mars 2002 (CE, avis, 6 déc. 2002) : DEBET, *Dr. fam. 2003. Chron. 2.* – GUEDJ, *LPA 10 mars 2003* (concl. sur TA Paris, 3 sept. 2002, ayant saisi le Conseil d'État pour avis). ▸ Inconventionnalité de la loi « anti-Perruche » ? : BOURSIER, *LPA 30 mai 2002.*

▸ Conformité à la Constitution : SAINTE-ROSE et PÉDROT, *D. 2010. 2086.*

Jurisprudence « *Perruche* » : AUBERT, *D. 2001. Chron. 489 ; Defrénois 2001. 262.* – AYNÈS, *D. 2001. Chron. 492 ; Defrénois 2001. 281.* – DE BÉCHILLON, CAYLA et THOMAS, *Le Monde 21 déc. 2000.* – DEGUERGUE, *Gaz. Pal. 2002. Doctr. 664.* – EDELMAN, *D. 2002. Chron. 2349.* – FABRE-MAGNAN, *RTD civ. 2001. 285* (avortement et responsabilité médicale). – FENOUILLET, *Dr. fam. 2001. Chron. 7.* – GAUTIER, *JCP 2001. I. 287.* – GOBERT, *LPA 8 déc. 2000.* – KAYSER, *D. 2001. Chron. 1889.* – LABRUSSE-RIOU et MATHIEU, *D. 2000. 44.* – LEDUC, *RCA 2001. Chron. 4.* – MAYAUX, *RGDA 2001. 13.* – MÉMETEAU, *JCP 2000. I. 279.* – MERCIER-JACQUEMONT, *RRJ 2001/3. 1243* (l'action de « vie préjudiciable » aux États-Unis). – PAILLET, *Mél. Bolze, Economica, 1999, p. 261* (l'enfant-préjudice devant le juge administratif). – PIGNARRE, BRUN et PIEDELIÈVRE, *RRJ 2001/2. 477.* – RADÉ, *RCA 2001. Chron. 1 ; Études Lapoyade-Deschamps, Univ. Montesquieu-Bordeaux IV, 2003.* – SAINTE-ROSE, concl. orales *D. 2001. 316.* – SAINT-JOURS, *D. 2001. Chron. 1263.* – SALAS, *D. 2001, n° 20 du 24 mai, hors série Justices, p. 14.* – SÉRIAUX, *D. 2002. Chron.*

1996. – TERRASSON DE FOUGÈRES, *RDSS 2001. 1*. – TERRÉ, *JCP 2000, n° 50, p. 2267.* – VINEY, *JCP 2001. I. 286.* – *Adde* : MARKESINIS, *RTD civ. 2001. 77* (réflexion d'un comparatiste anglais). – DE BÉCHILLON, *RTD civ. 2002. 47* (atteinte aux catégories anthropologiques ?). – THÉRY, *Mél. Gobert, Economica, 2004, p. 113* (un grand bruit de doctrine).

1. *Statut de l'enfant à naître.* Sur le statut de l'enfant à naître, V., de façon plus générale, les notes ss. art. 16 C. civ.

A. RÉGIME RÉSULTANT DE L'ART. L. 114-5 CASF (L. 4 MARS 2002)

2. *Conventionnalité de la loi.* Le nouveau régime de responsabilité, défini par le législateur pour des motifs d'intérêt général, tenant à des raisons d'ordre éthique, à la bonne organisation du système de santé et au traitement équitable de l'ensemble des personnes handicapées, n'est incompatible ni avec l'art. 6, § 1, Conv. EDH, ni avec les art. 5, 8, 13 et 14 de ladite convention, ni avec les art. 14 et 26 du Pacte sur les droits civils et politiques. • CE, avis, 6 déc. 2002 : *JO 12 janv. 2003 ; JCP 2003. I. 110, étude Malaurie ; RFDA 2003. 339, note J. Petit ; AJDA 2003. 283, note Donnat et Casas ; RTD civ. 2003. 157, obs. Libchaber.* ♦ La réparation issue du mécanisme de compensation prévu par l'art. L. 114-5 CASF au titre de la solidarité nationale procède d'un juste équilibre entre les exigences de l'intérêt général et les impératifs de sauvegarde du droit au respect des biens, dès lors que le dommage est survenu postérieurement à l'entrée en vigueur de la L. du 4 mars 2002. • Civ. 1re, 14 nov. 2013, n° 12-21.576 P : *D. 2013. 2694, obs. Delouvée ; ibid. 2014. 47, obs. Gout ; JCP 2013, n° 1334, note Sargos ; ibid. n° 1232, obs. Bascoulergue ; RCA 2014. Étude 2, note Hocquet-Berg ; RDC 2014. 188, note Viney.*

3. *Constitutionnalité de la loi.* La limitation du préjudice indemnisable décidée par le législateur ne revêt pas un caractère disproportionné au regard des buts poursuivis ; elle n'est contraire ni au principe de responsabilité, ni au principe d'égalité, ni à aucun autre droit ou liberté que la Constitution garantit. • Cons. const. 11 juin 2010, n° 2010-2 QPC : *D. 2010. 2090, note Sainte-Rose et Pédrot ; Dr. fam. 2010. Étude 34, note Nefussy-Venta ; RLDC 2011/80, n° 4188, obs. Parance* (conformité à la Constitution des al. 1er et 3 de l'art. L. 114-5).

Mais si les motifs d'intérêt général peuvent justifier que les nouvelles règles fussent rendues applicables aux instances à venir relatives aux situations juridiques nées antérieurement, ils ne pouvaient justifier des modifications aussi importantes aux droits des personnes qui avaient, antérieurement à cette date, engagé une procédure en vue d'obtenir la réparation de leur préjudice. • Cons. const. 11 juin 2010, n° 2010-2 QPC : *préc.* (contrariété à la Constitution des dispositions transitoires issues du 2 du § II de l'art. 2 de la L. du 11 févr. 2005).

4. *Entrée en vigueur de la loi.* Le législateur n'a pas subordonné la mise en œuvre du régime de responsabilité pour faute qu'il a défini à l'intervention de textes ultérieurs destinés à fixer les conditions dans lesquelles la solidarité nationale s'exercera à l'égard des personnes handicapées (entrée en vigueur immédiate). • CE, avis, 6 déc. 2002 : *préc. note 2.*

5. *Application aux instances en cours.* BIBL. Monnier, *LPA 17 mars 2006.* ♦ Sur la contrariété à la Constitution des dispositions prévoyant l'application aux instances en cours, V. • Cons. const. 11 juin 2010, n° 2010-2 QPC : *préc. note 3.* ♦ L'application aux instances en cours de l'art. 1er de la L. du 4 mars 2002 viole le droit au respect des biens, dès lors qu'elle aboutit à priver les requérants d'une créance d'indemnisation qu'ils pouvaient légitimement espérer voir se concrétiser. • CEDH, gr. ch., 6 oct. 2005 (2 arrêts) : *D. 2005. IR 2546, obs. de Montecler ; JCP 2006. II. 10061, note Zollinger ; ibid. I. 109, n° 16, obs. Sudre ; Dr. fam. 2005, n° 258, note Radé ; RCA 2005, n° 327, note Radé ; RJPF 2006-1/30, note Leborgne ; RTD civ. 2005. 743, obs. Marguénaud ; ibid. 798, obs. Revet ; RDSS 2006. 149, étude Hennion-Jacquet ; JDI 2006. 1165, obs. I. M.* ♦ V. aussi dans ce sens : • Civ. 1re, 24 janv. 2006, n° 02-13.775 P : *D. 2006. IR 325, obs. Gallmeister ; JCP 2006. II. 10062, note Gouttenoire et Porchy-Simon ; Gaz. Pal. 2006. 475, concl. Sainte-Rose ; ibid. Somm. 2046, obs. Bacache ; RCA 2006, n° 94, note Radé ; CCC 2006, n° 76, note Leveneur ; Dr. fam. 2006, n° 105, concl. Sainte-Rose, note Beignier ; RLDC 2006/28, n° 2085, note C. Coulon ; LPA 31 mars 2006, note Prigent ; ibid. 15 juin 2007, note Pichard ; RDC 2006. 885, obs. Marais ; RTD civ. 2006. 263, obs. Marguénaud* • 24 janv. 2006, n° 01-16.684 P • 24 janv. 2006, n° 02-12.260 P • 21 févr. 2006, n° 03-11.917 P : *LPA 28 juill. 2006, note Zattara ; RDSS 2006. 357, note Hennion-Jacquet* • CE 24 févr. 2006 : *D. 2006. IR 812 ; JCP 2006. II. 10062, note Gouttenoire et Porchy-Simon ; AJDA 2006. 1272, note Hennette-Vauchez ; RDSS 2006. 360, note Hennion-Jacquet.* ♦ Pour l'épilogue des affaires, V. • CEDH 21 juin 2006 (2 arrêts) : *JCP 2006. II. 10162, note Zollinger* (validation par la CEDH des transactions conclues).

Pour l'exception des affaires où il a été irrévocablement statué sur le principe de l'indemnisation, V. • Paris, 5 nov. 2003 : *Gaz. Pal. 2004. 1183, note Bonneau.* ♦ Mais cassation de l'arrêt ayant déclaré irrecevables les demandes des parents au motif qu'ils avaient renoncé, dans un premier arrêt d'appel, à réclamer l'indemnisation des préjudices personnels de leur enfant et de leurs préjudices matériels autres que professionnels, pensant relever de la L. du 4 mars 2002, alors que cette renonciation procédait d'une erreur en ce que les parents avaient cru devoir se soumettre aux dispositions de l'art. 1er de la L. du 4 mars 2002, prévoyant son application immédiate aux instances en cours, qui a été ultérieurement déclarée contraire à la Conv. EDH. • Civ. 2e, 15 oct. 2009, n° 07-20.129 P : *D. 2010. Pan. 604, obs. Gaumont-Prat ; JCP 2009. 574, obs. Sérinet; RLDC 2009/66, n° 3644, obs. Bugnicourt.* ♦ Les effets de l'annulation par le Conseil constitutionnel des dispositions transitoires de la L. du 4 mars 2002 n'ont pas pour conséquence de rendre indemnisable le préjudice subi par des enfants nés avant le 7 mars 2002 avec un handicap non diagnostiqué avant leur naissance. • CE 13 mai 2011 : *AJDA 2011. 991 ; ibid. 1136, chron. Domino et Bretonneau ; D. 2011. 1482, obs. Brondel ; RFDA 2011. 789, concl. Geffray ; ibid. 806, note Verpeaux ; RTD civ. 2012. 71, obs. Deumier ; RDSS 2011. 749, note Cristol ; Gaz. Pal. 2011. 1557, note Lachaud.* ♦ La décision du Conseil constitutionnel n'emporte abrogation du 2 du II de l'art. 2 de la loi du 11 févr. 2005 que dans la mesure où la disposition inconstitutionnelle rendait les règles nouvelles applicables aux instances en cours au 7 mars 2002 ; elle ne définit par ailleurs aucune autre condition ou limite remettant en cause les effets que cette disposition a produits vis-à-vis des situations de fait n'ayant pas encore donné lieu à cette même date à l'engagement d'une instance. • CE 31 mars 2014, n° 345812 : *AJDA 2014. 771 ; D. 2014. 1578, note Bucher ; RDSS 2014. 542, note Cristol ; JCP 2014, n° 665, note Zollinger.*

6. *Inapplicabilité aux faits antérieurs.* La L. du 4 mars 2002 ne s'applique pas à des faits antérieurs, même si l'instance a été introduite ultérieurement. • Civ. 1re, 8 juill. 2008, n° 07-12.159 P : *R., p. 315 ; D. 2008. AJ 1995, obs. Gallmeister ; ibid. 2765, obs. Porchy-Simon ; ibid. 2010. Pan. 604, obs. Gaumont-Prat ; JCP 2008. I. 186, n° 10, obs. Stoffel-Munck ; ibid. II. 10166, avis Mellottée et Sargos ; RJPF 2008-12/28, note Chabas ; CCC 2008, n° 266, obs. Leveneur ; RCA 2008, n° 329, obs. Radé ; RLDC 2008/52, n° 3105, obs. Gaudin ; ibid. 2008/53, n° 3167, obs. Parance ; ibid. 2009/56, n° 3251, note Coulon ; RDC 2009. 90, obs. Borghetti ; RDSS 2008. 975, obs. Hennion-Jacquet .* ♦ S'agissant d'un dommage survenu antérieurement à l'entrée en vigueur de la L. du 4 mars 2002, l'art. L. 114-5 n'était pas applicable, indépendamment de la date de l'introduction de la demande en justice. • Civ. 1re, 15 déc. 2011 : *R, p. 398 ; D. 2012. 12, obs. Gallmeister ; ibid. 323, obs. Vigneau ; ibid. Chron. 297, note Maziau ; RFDA 2012. 364 , avis Chevalier ; RDSS 2012. 366, note Cristol ; RTD civ. 2012. 75, obs. Deumier ; JCP 2012, n° 72, concl. Chevalier, note Sargos ; RCA 2012, n° 72, obs. Radé.* ♦ V. cep. note 5.

7. *Domaine d'application de la loi.* Jugé que les dispositions de l'art. 1er (art. L. 114-5) ne sont pas applicables aux fautes qui ont pour effet de ne pas permettre aux parents d'éviter la conception d'un enfant handicapé. • CAA Paris, 24 juin 2003 : *D. 2004. 983, note Sériaux ; JCP 2004. II. 10041, note Saison.* ♦ Sur le domaine d'application de l'art. 1er (art. L. 114-5), V. aussi, à propos de • Civ. 1re, 9 mars 2004, n° 01-17.277 P. – V. aussi Radé, *RCA 2004, n° 189* ; Chabas, *RJPF 2004-10/46.*

8. *Applications.* ... Par les juridictions judiciaires : • Aix-en-Provence, 19 sept. 2002 : *JCP 2003. IV. 1917* • Paris, 3 juill. 2003 : *Gaz. Pal. 2003. 3811, concl. Terrier-Mareuil.* ♦ ... Par les juridictions administratives : • CAA Paris, 13 juin 2002 : *D. 2002. 2156, note de Montecler* , et, sur pourvoi, • CE 19 févr. 2003 : *D. 2004. Somm. 530, obs. Douchy-Oudot ; JCP 2003. II. 10107, note Mistretta ; RFDA 2003. 349, concl. Chauvaux ; AJDA 2003. 854, note Deguergue ; RCA 2003, n° 208, note Guettier.* ♦ V. aussi, dans la même affaire : • TA Paris, 25 nov. 2003, *Épx Maurice : RFDA 2004. 782, concl. Guedj* . ♦ Pour un arrêt appliquant l'art. 1147 C. civ. : • Nancy, 30 mars 2010 : *Dr. fam. 2010. Étude 33, note Nefussy-Venta.*

9. *Notion de faute caractérisée.* La faute requise par l'art. L. 114-5, al. 3, CASF pour engager la responsabilité d'un professionnel ou d'un établissement de santé vis-à-vis des parents d'un enfant né avec un handicap non décelé pendant la grossesse doit revêtir les exigences d'intensité et d'évidence, constitutives de la faute caractérisée. • Civ. 1re, 14 nov. 2013 : *préc. note 2* (faute non caractérisée en l'espèce compte tenu du suivi complet de la grossesse, rien ne laissant supposer une malformation malgré le retard de croissance). ♦ Faute caractérisée, par son intensité et son évidence, commise par l'échographe dont le compte rendu mentionne des membres visibles avec leurs extrémités alors que l'enfant est né avec une agénésie de l'avant-bras droit. • Civ. 1re, 16 janv. 2013, n° 12-14.020 P : *D. 2013. 244, obs. Gallmeister ; ibid. 681, note Porchy-Simon ; ibid. Chron. C. cass. 591, obs. Darret-Courgeon ; ibid. 2014. 47, obs. Gout ; ibid. 2021, obs. Laude ; RDSS 2013. 325, note Cristol ; JCP 2013, n° 375, obs. Mistretta ; RLDC 2013/108, n° 5151, obs. Corgas-Bernard* (application de l'art. L. 114-5 CASF).

B. RÉGIME ANTÉRIEUR À L'ART. L. 114-5 CASF

10. *Indemnisation des préjudices : handicaps.* Dès lors que les fautes commises par un médecin et un laboratoire dans l'exécution de contrats formés avec une femme enceinte (non détection de la rubéole) ont empêché celle-ci d'exercer son choix d'interrompre sa grossesse afin d'éviter la naissance d'un enfant atteint d'un handicap, ce dernier peut demander la réparation du préjudice résultant de ce handicap et causé par les fautes retenues. Cassation de l'arrêt qui, dans un tel cas, décide que l'enfant ne subit pas de préjudice indemnisable en relation de causalité avec les fautes commises aux prétendus motifs que les séquelles dont il est atteint ont pour seule cause la rubéole transmise par sa mère et non les fautes commises et qu'il ne peut se prévaloir de la décision de ses parents quant à une interruption de grossesse. • Cass., ass. plén., 17 nov. 2000,

Perruche, n° 99-13.701 P : *R., p. 319 et 389 ; D. 2001. 332, note D. Mazeaud et note Jourdain* ; *ibid. Somm. 2796, obs. Vasseur-Lambry* ; *JCP 2000. II. 10438, rapp. Sargos, concl. contraires Sainte-Rose, note Chabas ; Gaz. Pal. 2001. 37, rapp. Sargos, concl. Sainte-Rose, note Guigue ; Dr. fam. 2001, n° 11, note Murat ; CCC 2001, n° 39, note Leveneur ; RTD civ. 2001. 103, obs. Hauser* ; *ibid. 149, obs. Jourdain* ; *ibid. 226, obs. Libchaber*. – Pour l'épilogue de l'affaire *Perruche*, V. • Paris, 11 déc. 2002 : *D. 2003. IR 254, et les ob s.* ; *RCA 2003, n° 140, note Radé.* ♦ *Adde* : l'enfant né handicapé peut demander la réparation du préjudice résultant de son handicap si ce dernier est en relation de causalité directe avec les fautes commises par le médecin dans l'exécution du contrat formé avec sa mère et qui ont empêché celle-ci d'exercer son choix d'interrompre sa grossesse ; dans le cas d'une interruption pour motif thérapeutique, il doit être établi que les conditions médicales prescrites par l'art. L. 2213-1 CSP étaient réunies (condition jugée non remplie en l'espèce). • Cass., ass. plén., 13 juill. 2001 (3 arrêts), n° 97-17.359 P : *R., p. 425 ; BICC 1er oct. 2001, concl. Sainte-Rose, rapp. Blondet ; D. 2001. 2325, note Jourdain* ; *D. 2002. Somm. 1314, obs. D. Mazeaud* ; *JCP 2001. II. 10601, concl. Sainte-Rose, note Chabas ; Gaz. Pal. 2001. 1458, note Guigue ; RJPF 2001-10/33, note Hauser et Delmas Saint-Hilaire ; RGDA 2001. 751, note Mayaux ; RTD civ. 2001. 850, obs. Hauser* ; *RDSS 2001. 848, obs. Terrasson de Fougères.* – V. aussi Dekeuwer-Défossez, *Dr. et patr. 12/2001. 24.* – Gobert, *LPA 21 nov. 2001.* – Benillouche, *LPA 17 avr. 2002.* – Murat, *Dr. fam. 2001. Chron. 24.* Dans le même sens : • Cass., ass. plén., 28 nov. 2001, n° 00-11.197 P : *R., p. 425 ; BICC 1er févr. 2002, concl. Sainte-Rose, rapp. Blondet ; D. 2001. IR 3587* ; *JCP 2002. II. 10018, concl. Sainte-Rose, note Chabas* (condition jugée remplie en l'espèce) • 28 nov. 2001, n° 00-14.248 P : *R., p. 425 ; BICC ibid. ; D. 2001. IR 3588* ; *JCP ibid.* (idem). – V. aussi Slim, *RCA 2001. Chron. 24.* – Lafage, *Gaz. Pal. 2002. Doctr. 275.* – Dans le même sens : • Civ. 1re, 9 mars 2004, n° 01-17.277 P : *RCA 2004, n° 189, note Radé ; RJPF 2004-10/46, note Chabas.*

V. déjà, dans l'affaire ayant donné lieu à l'arrêt *Perruche* précité (et cassant • Paris, 17 déc. 1993 : *D. 1995. Somm. 98, obs. Penneau*) : • Civ. 1re, 26 mars 1996, n° 94-10.951 P : *D. 1997. 35, note Roche-Dahan (2e esp.)* ; *D. 1997. Somm. 322, obs. Penneau (2e esp.)* ; *JCP 1996. I. 3946, n° 6, obs. Murat ; ibid. 3985, nos 19 s., obs. Viney ; RTD civ. 1996. 623, obs. Jourdain* ; *ibid. 871, obs. Hauser* (décision admettant l'indemnisation du préjudice d'un enfant né handicapé par suite d'une faute médicale dans le diagnostic de la rubéole). – V. aussi Hermitte, *Gaz. Pal. 1997. 2. Doctr. 1403.* ♦ *Contra*, sur renvoi : • Orléans, 5 févr. 1999 : *RTD civ. 2000. 80, obs. Hauser*, et, postérieur à l'arrêt *Perruche*, • Aix-en-Provence, 21 mars 2001 : *JCP 2001. II. 10600, note Bloch* (il ne saurait être fait droit à la demande portant sur une évaluation du préjudice de l'enfant dont la malformation est sans lien de causalité avec l'échographie). ♦ Comp., également en sens inverse : si un être humain est dès sa conception titulaire de droits, il ne possède pas celui de naître ou de ne pas naître. • Bordeaux, 26 janv. 1995 : *JCP 1995. IV. 1568 ; RTD civ. 1995. 863, obs. Hauser* (refus d'indemnisation d'une personne handicapée). ♦ V. aussi, estimant qu'il n'est pas établi que l'infirmité dont souffre l'enfant, né trisomique, et qui est inhérente à son patrimoine génétique serait consécutive aux fautes commises par l'hôpital dans les examens pratiqués sur la mère : • CE 14 févr. 1997, *CHR de Nice c/ Quarez : Lebon 44, concl. Pécresse* ; *D. 1997. Somm. 322, obs. Penneau (3e esp.)* ; *ibid. 1998. Somm. 294, obs. Henneron* ; *D. 1999. Somm. 60, obs. Bon et de Béchillon* ; *JCP 1997. II. 22828, note Moreau ; RFDA 1997. 374, concl. Pécresse, note Mathieu* ; *RD publ. 1997. 1139, notes Auby et Waline ; LPA 28 mai 1997, note Alloiteau.*

Art. 1243 *(Ord. n° 2016-131 du 10 févr. 2016, art. 2, en vigueur le 1er oct. 2016)* **Le propriétaire d'un animal, ou celui qui s'en sert, pendant qu'il est à son usage, est responsable du dommage que l'animal a causé, soit que l'animal fût sous sa garde, soit qu'il fût égaré ou échappé.** – *Dispositions transitoires, V. Ord. n° 2016-131 du 10 févr. 2016, art. 9, ss. art. 1386-1 nouveau.*

L'art. 1243 nouv. reprend à l'identique l'art. 1385 anc.

Sur la garde des animaux domestiques et sauvages apprivoisés ou tenus en captivité, V. C. rur., livre II, art. L. 211-1 à L. 211-27, L. 212-1, L. 212-2, L. 215-1 à L. 215-4. – **C. rur.**

Sur l'indemnisation des dégâts de gibier, V. C. envir. (Ord. n° 2000-914 du 18 sept. 2000, JO 21 sept.), art. L. 426-1 à L. 426-8 [C. rur., anciens art. L. 226-1 à L. 226-8]. – **C. envir.**

Sur la destruction des animaux nuisibles, V. C. envir., préc., art. L. 427-1 à L. 427-10 [C. rur., anciens art. L. 227-1 à L. 227-10]. – **C. envir.**

RÉP. CIV. V° *Responsabilité du fait des animaux*, par J. JULIEN.

DALLOZ ACTION *Droit de la responsabilité et des contrats 2018/2019, nos 2222.00 s.*

BIBL. ▸ DARNANVILLE, *LPA 19 avr. 2000* (dommages causés par les animaux sauvages). – FOURNEL, *AJ fam. 2012. 81*. – FRANK, *AJDA 2008. 1821* (chiens dangereux).

1. *Animaux concernés : exclusion du gibier.* En cas de dommage causé par le gibier, la responsabilité du propriétaire des terres parcourues par ces animaux, ou de l'adjudicataire du droit de chasse, ne peut être engagée que si une faute est démontrée à son encontre. • Civ. 2e, 1er juin 1972 : *D. 1972. 554* • Paris, 1er juill. 1963 : *D. 1964. 370, note Azard et Bouché.* ♦ Le détenteur du droit de chasse n'est pas gardien, au sens de l'art. 1385 anc. [1243], du gibier vivant à l'état sauvage. • Civ. 2e, 9 janv. 1991, n° 89-15.489 P • 14 oct. 1992, n° 91-14.211 P.

2. *Dégâts causés aux cultures par le gibier.* Les art. R. 416-12 s. C. envir. imposent l'obligation d'indemniser les dommages à la Fédération départemental, des chasseurs. • Civ. 2e, 30 juin 2016, n° 15-21.907 P. ♦ La procédure d'indemnisation des dégâts de gibiers, prévue aux art. L. 426-1 s. C. envir n'a pas pour objet la réparation intégrale du préjudice subi par l'exploitant mais seulement l'indemnisation forfaitaire notamment du préjudice de perte de récolte, c'est-à-dire de la perte des produits effectivement récoltés et non des produits transformés issus de la récolte. • Civ. 2e, 8 juin 2017, n° 16-21.242 P (indemnisation de la perte du raisin et non de la perte de la commercialisation future du vin en bouteilles obtenu à partir de ces raisins).

3. *... Animaux appropriés.* Application de l'art. 1385 anc. [1243] en cas de piqûre par une abeille dont il a été établi qu'elle provenait des ruches d'un apiculteur. • Civ. 2e, 6 mai 1970 : *D. 1970. 528.* ♦ ... Ou de dégâts causés par des pigeons provenant d'un colombier voisin. • Civ. 2e, 8 nov. 1984 : *Bull. civ. II, n° 164* • 24 mai 1991, n° 90-12.912 P. ♦ Exclusion du ténia, non approprié : • Angers, 12 oct. 2011 : *RCA 2012, n° 99, obs. Groutel.*

4. *Garde de l'animal : notion.* La responsabilité édictée par l'art. 1385 anc. [1243], à l'encontre du propriétaire de l'animal ou de celui qui s'en sert, est fondée sur l'obligation de garde, corrélative aux pouvoirs de direction, de contrôle et d'usage qui la caractérisent. • Civ. 2e, 17 mars 1965 : *JCP 1965. II. 14436, note Esmein ; RTD civ. 1965. 656, obs. R. Rodière* • 16 juill. 2020, n° 19-14.678 P : *D. 2020. 1704, note Waltz-Teracol ; ibid. 2021. 46, obs. Gout ; RTD civ. 2020. 892, obs. Jourdain ; JCP 2020, n° 1278, note François.* ♦ Celui qui exerce lesdits pouvoirs est responsable même s'il n'est pas le propriétaire de l'animal. • Civ. 2e, 8 juill. 1970 : *D. 1970. 704* • 20 nov. 1970 : *Gaz. Pal. 1971. 1. 179* (chien recueilli par un couple). ♦ Qualité de gardien d'un animal reconnue à une personne morale : • Civ. 2e, 22 févr. 1984 : *D. 1985. 19, note Agostini ; RTD civ. 1985. 399, obs. J. Huet.*

5. *... Applications : garde transférée.* Dans le cas où l'animal est confié temporairement à une personne pour qu'elle en assure la surveillance, V. • Civ. 2e, 30 nov. 1966 : *D. 1967. 126* • 7 juin 1967 : *D. 1967. 694.* ♦ La personne qui, même bénévolement, prend en charge le chien d'un voisin que celui-ci lui confie pendant une absence de plusieurs jours a accepté que la garde de l'animal lui soit transférée. • Versailles, 13 févr. 1998 : *D. 1998. IR 125.* ♦ Déjà en ce sens que le propriétaire, bien que présumé gardien, se trouve déchargé de la présomption de responsabilité si l'animal se trouve sous la garde d'une autre personne : • Civ. 2e, 5 mars 1953 : *D. 1953. 473, note R. Savatier.* ♦ V. cep., • Dijon, 16 févr. 1989 : *D. 1989. IR 140* (excluant la qualité de gardien de celui qui promène le chien d'un ami pour lui rendre service). ♦ N'a pas la garde d'un animal (jument) la personne dont le rôle est limité à l'entretien courant de l'animal au sens de la nourriture, des soins quotidiens et des promenades. • Civ. 2e, 15 avr. 2010 : *JCP 2010, n° 725, obs. Zelcevic-Duhamel ; RCA 2010, n° 170, obs. Moracchini-Zeidenberg.* ♦ Comp. : • Civ. 2e, 9 déc. 2010 : *RCA 2011, n° 87, obs. Groutel.*

6. *... Applications : garde conservée.* Les juges du fond qui observent que le vendeur d'un animal en avait conservé la garde jusqu'à la remise matérielle et effective à l'acheteur justifient leur décision déclarant que ce dernier ne pouvait être déclaré responsable du dommage causé par cet animal lors des opérations de livraison. • Civ. 2e, 3 févr. 1966 : *Bull. civ. II, n° 154.* – V. aussi • Civ. 2e, 8 juill. 1970 : *D. 1970. 704.* ♦ Comp. • Civ. 2e, 21 oct. 1981 : *Gaz. Pal. 1982. 1. Pan. 147, obs. F. C.* ♦ A conservé la garde de l'animal (veau) la société chargée de le livrer, dont le préposé, alors que l'animal s'était échappé avant même d'avoir été livré, a quitté les lieux sans l'avoir récupéré. • Civ. 2e, 27 sept. 2001, n° 00-10.208 P. ♦ V. note 5 *in fine.*

Au cours d'une manifestation taurine consistant en un lâcher de deux taureaux entourés de cavaliers, un spectateur ayant été blessé par un cheval, le propriétaire et cavalier de ce dernier en est resté le gardien, les conditions d'un transfert au manadier superviseur de la manifestation, mais non commettant, n'étant pas caractérisées. • Civ. 2e, 16 juill. 2020, n° 19-14.678 P : *D. 2020. 1704, note Waltz-Teracol ; ibid. 2021. 46, obs. Gout ; RTD civ. 2020. 892, obs. Jourdain ; JCP 2020, n° 1278, note François.*

7. *Garde liée à l'exercice de la profession.* Doit être considéré comme se servant de l'animal, au sens de l'art. 1385 anc. [1243], celui qui, par lui-même ou par ses préposés, en fait l'usage que comporte l'exercice de sa profession. • Civ. 2 mai 1911 : *DP 1911. 1. 367* • Req. 10 nov. 1924 : *DP 1925. 1. 49, note R. Savatier* (entraîneur de chevaux de course). ♦ Ainsi, le vétérinaire qui donne ses soins à un animal « s'en sert pendant qu'il est à son usage » et en devient le gardien à la place du propriétaire. • Aix-en-Provence, 28 avr. 1970 : *JCP 1970. II. 16498.* ♦ Même solution lorsque l'animal est confié à un maréchal-ferrant : • Civ. 2e, 17 juill. 1967 : *D. 1967. 650* • 13 juin 1985 : *Bull. civ. II, n° 118.* ♦ Au cours d'une scène de cascade équestre exécutée pour le tournage d'un film, la garde d'un cheval n'est pas transférée au cavalier qui monte l'animal, lorsque les pouvoirs effectifs de direction, de contrôle et d'usage de l'animal ont été conservés par la société prestataire de services, en la personne de son gérant, professionnel qualifié, présent sur les lieux, et sous l'autorité duquel se trouve le cascadeur. • Civ. 2e, 20 juin 2002, n° 00-17.081 P.

8. Victimes protégées : exclusion du gardien. La responsabilité édictée par l'art. 1385 anc. [1243] à l'encontre du gardien d'un animal l'a été en faveur des tiers victimes du dommage causé par cet animal, qui sont seuls recevables à en invoquer le bénéfice. • Civ. 2e, 2 déc. 1982 : *JCP 1984. II. 20136, note Chabas ; RTD civ. 1983. 543, obs. Durry.* ♦ V. aussi • Civ. 2e, 13 juin 1985 : *préc. note 7* (cas où la victime est un maréchal-ferrant, devenu gardien de l'animal).

9. Action commune de plusieurs animaux. La responsabilité d'un dommage survenu à l'occasion de l'action commune de deux ou plusieurs animaux incombe au propriétaire de chacun d'eux, à moins qu'il ne rapporte la preuve que le sien n'a pas participé à la réalisation de ce dommage ou qu'il ne s'exonère de sa responsabilité par la preuve d'un fait extérieur, imprévisible et irrésistible. • Civ. 2e, 14 déc. 1983 : *Bull. civ. II, n° 197 ; RTD civ. 1984. 316, obs. Durry* • 15 mars 2001, n° 98-22.078 P : *D. 2001. IR 1145 ; JCP 2002. I. 122, n° 11, obs. Viney ; RCA 2001, n° 178, note Groutel.*

10. Cause. Rapport de causalité entre le fait de l'animal et le préjudice de la victime : V. • Civ. 2e, 21 juill. 1992, n° 91-12.843 P (brucellose transmise par des moutons).

11. ... Nécessité d'un comportement anormal de l'animal. Responsabilité du propriétaire de chiens qui ont causé l'emballement d'un cheval et la chute d'un cavalier, les deux gros chiens, non tenus en laisse, étant arrivés en courant d'un talus en surplomb non visible, accentuant l'effet de surprise et de peur des chevaux, ce qui caractérise le comportement anormal des chiens. • Civ. 2e, 17 janv. 2019, n° 17-28.861 P : *D. 2019. 126 ; RTD civ. 2019. 351, obs. Jourdain ; JCP 2019, n° 271, note Rebeyrol.*

12. Indifférence de la preuve de l'absence de faute. Inversent la charge de la preuve les juges du fond qui énoncent qu'il appartient à la victime d'un dommage causé par un chien de rapporter la preuve d'une faute ayant entraîné ce dommage. • Civ. 2e, 2 avr. 1997, n° 95-20.735 P.

13. Faute de la victime. La présomption de responsabilité de l'art. 1385 anc. [1243] ne cède que devant la preuve d'une faute de la victime. • Civ. 2e, 18 oct. 1995, n° 93-17.277 P. ♦ V. aussi • Civ. 2e, 19 févr. 1992, n° 90-14.470 P (exonération totale du gardien de l'animal, la faute de la victime, cause unique du dommage, ayant été pour le gardien imprévisible et irrésistible) • 1er avr. 1999 : *JCP 1999. II. 10218, note Reboul* (absence d'exonération du gardien, le comportement de la victime ne présentant pas les caractères de la force majeure) • 27 mars 2014 : *D. 2015. 124, obs. Gout* (idem).

14. Fait du tiers. La présomption de responsabilité cède aussi devant la preuve du fait d'un tiers présentant un caractère imprévisible et irrésistible (acte de malveillance). • Crim. 1er oct. 1997, n° 95-83.471 P : *D. 1997. IR 242.*

15. Acceptation des risques. Cas d'accidents survenus entre participants à une course ou à un concours hippique : V. • Civ. 2e, 8 nov. 1976 : *JCP 1977. II. 18759, note Bénabent* • 5 juin 1985 : *JCP 1987. II. 20744, note Agostini* (risques normaux inhérents à la compétition). ♦ Cependant, sur la remise en cause de l'acceptation des risques, V. note 66 ss. art. 1242.

16. Le cavalier qui fait une promenade dans une manade a par avance accepté le risque normal de voir un taureau effrayer sa monture et provoquer sa chute. • Civ. 2e, 15 avr. 1999, n° 97-15.071 P : *JCP 2000. II. 10317, note Antoine ; ibid. I. 197, n° 10, obs. Viney ; RTD civ. 1999. 633, obs. Jourdain ; RCA 1999. Chron 16, par Groutel* (absence de responsabilité du propriétaire de la manade). ♦ V. toutefois remettant en cause l'acceptation des risques, notes 66 s. ss. art. 1242.

17. Accident de la circulation : recours contre le gardien de l'animal. Recevabilité du recours du conducteur du véhicule impliqué dans un accident de la circulation, tenu à réparation, contre le gardien de l'animal ayant provoqué l'accident. • Civ. 2e, 9 déc. 1992, n° 91-13.843 P.

18. ... Recours du gardien de l'animal. Le gardien d'un animal, condamné à réparer les dommages causés à un tiers, ne peut exercer de recours contre un conducteur de véhicule terrestre à moteur impliqué dans le même accident que sur le fondement des art. 1382 anc. et 1385 anc. [1240 et 1243]. • Civ. 2e, 13 juill. 2000, n° 98-21.530 P : *D. 2000. IR 225 ; RCA 2000, n° 324, note Groutel ; LPA 12 juill. 2001, note Marie ; RTD civ. 2000. 847 et 855, obs. Jourdain.* ♦ La contribution à la dette a lieu en proportion des fautes respectives ; en l'absence de faute prouvée, la contribution se fait entre eux par parts égales. • Même arrêt.

19. Gardien conducteur. Le caractère d'ordre public des dispositions de la L. du 5 juill. 1985 s'oppose à ce que la responsabilité du conducteur soit recherchée sur le fondement de l'art. 1385 anc. [1243], en raison de sa qualité de gardien de l'animal ayant été à l'origine de l'accident. • Civ. 2e, 11 juin 2009, n° 08-14.224 P : *D. 2009. AJ 1758 ; RCA 2010. Étude 11, note Groutel ; RTD civ. 2009. 733, obs. Jourdain.*

Art. 1244 *(Ord. n° 2016-131 du 10 févr. 2016, art. 2, en vigueur le 1er oct. 2016)* **Le propriétaire d'un bâtiment est responsable du dommage causé par sa ruine, lorsqu'elle est arrivée**

par une suite du défaut d'entretien ou par le vice de sa construction. — *Dispositions transitoires, V. Ord. n° 2016-131 du 10 févr. 2016, art. 9, ss. art. 1386-1 nouv.*

L'art. 1244 nouv. reprend à l'identique l'art. 1386 anc.

RÉP. CIV. v° *Responsabilité du fait des bâtiments*, par J. JULIEN.

DALLOZ ACTION *Droit de la responsabilité et des contrats 2018/2019, n°s 2223.00 s.*

BIBL. ▶ DESNOYER, *RTD civ. 2012. 461* (articulation des art. 1386 et 1384, al. 1er). ▶ Proposition d'abrogation de l'art. 1386 : *R. 2005, p. 12*. - GRIMALDI, *D. 2021. 2099* (distinction entre champ d'application et conditions de mise en œuvre d'une norme). Proposition d'abrogation de l'art. 1386, *R. 2005, p. 12*. - JULIEN, *RLDC 2010/68, n° 3706*. - SEIFERT, *RCA 2009. Étude 9*.

I. DOMAINE

1. *Bâtiment : notion.* L'art. 1386 anc. [1244] n'est pas applicable : à une palissade reposant simplement sur le sol et n'étant maintenue que par des contrefiches. • Civ. 23 oct. 1950 : *D. 1950. 774.* ♦ ... A un baraquement posé sur un chantier pendant la durée des travaux. • Lyon, 30 nov. 1953 : *D. 1954. 172, note R. Rodière.*

2. *Ruine : condition.* Pour l'application de l'art. 1386 anc. [1244], il ne suffit pas de relever qu'un vice de construction affectait le système de fermeture d'une porte, mais il faut rechercher si cette porte, élément du bâtiment, était en ruine. • Civ. 2e, 17 oct. 1990, n° 89-14.124 P.

3. *... Notion. Cas d'application du texte.* L'art. 1386 anc. [1244] a vocation à s'appliquer : lorsque la chute d'un élément parachève ou continue la ruine d'un bâtiment déjà très détérioré. • Nancy, 8 févr. 1978 : *JCP N 1981. II. 144.* ♦ ... En cas d'effondrement d'un pont de pierres. • Angers, 4 nov. 1971 : *D. 1972. 169, note J.L.* ♦ ... Ou d'une dalle en ciment, vestige du mur de l'Atlantique. • Bordeaux, 9 mai 1972 : *JCP 1972. II. 17258, note Cheminade.* ♦ ... Ou d'un plancher. • Civ. 1re, 3 mars 1964 : *D. 1964. 245, note R. Savatier; JCP 1964. II. 13622, note Esmein; RTD civ. 1964. 552, obs. Tunc.* ♦ ... En cas de chute d'une clôture. • Nancy, 30 mai 1945 : *D. 1946. 14* • Civ. 3e, 1er juill. 1971 : *D. 1971. 672.* ♦ ... Ou de rupture d'une rampe d'escalier. • Civ. 2e, 19 mai 1953 : *JCP 1953. II. 7879, note Esmein.* ♦ ... Ou du garde-corps d'un balcon. • Civ. 1re, 11 oct. 1967 : *D. 1968. 106* • Civ. 2e, 12 juill. 1966 : *cité note 7* • 17 févr. 2005 : *cité note 12* • 8 févr. 2006 : *cité note 9.* ♦ ... Ou de la grille d'un portail. • Civ. 2e, 14 déc. 1956 : *Gaz. Pal. 1957. 1. 174.* ♦ ... Ou d'une porte de grange sur le haut de laquelle était appuyée une échelle. • Civ. 2e, 4 mai 1972 : *Bull. civ. II, n° 128.* ♦ ... Ou en cas de chute d'une tuile, qui constitue la ruine partielle du bâtiment. • Civ. 2e, 4 mai 2000 : *RCA 2000, n° 218, note Groutel.*

4. *... Notion. Cas exclus.* L'art. 1386 anc. [1244] n'est pas applicable à l'existence de fissures dans un conduit de cheminée. • Civ. 2e, 3 mars 1993, n° 91-19.694 P. ♦ ... A un bâtiment en cours de construction, l'entrepreneur chargé de cette construction étant, en application de l'art. 1384 anc. [1242], al. 1er, responsable des dommages causés par le fait de la chose sur laquelle il travaillait. • Civ. 2e, 21 déc. 1965 : *Bull. civ. II, n° 1065.* ♦ Mais lorsque le mur dont la ruine a provoqué le dommage ne fait pas partie du « chantier » de l'entreprise, il est à bon droit fait application de l'art. 1386 anc. [1244] à l'encontre du syndicat des copropriétaires de cet immeuble. • Civ. 3e, 4 juin 1973, n° 71-14.373 P. ♦ L'art. 1386 anc. [1244] n'est pas applicable à une verrière démunie de dispositif de protection sur laquelle la victime a marché, l'accident n'étant pas dû à la ruine du bâtiment. • Civ. 2e, 16 mars 1994, n° 92-12.216 P : *R., p. 361.*

5. *... Exclusion de l'incendie.* L'art. 1386 anc. [1244] ne vise pas le cas d'incendie. • Req. 10 févr. 1925 : *DP 1925. 1. 97, note Josserand.*

6. *Action dirigée contre le propriétaire : indifférence de la forme de tenure du bâtiment.* La responsabilité encourue par le propriétaire aux termes de l'art. 1386 anc. [1244], lequel est conçu en termes généraux, est indépendante de la forme de la tenure du bâtiment et elle persiste encore que l'immeuble ait été donné à bail. • Civ. 28 janv. 1936 : *DH 1936. 148.* ♦ Le nu-propriétaire ne peut s'exonérer de sa responsabilité à l'égard des tiers en invoquant le défaut d'entretien de l'usufruitier. • Civ. 3e, 8 déc. 2004, n° 03-15.541 P : *Defrénois 2005. 1173, obs. Atias.*

7. *... Caractère exclusif.* L'art. 1386 anc. [1244], visant spécialement la ruine d'un bâtiment, laquelle doit s'entendre non seulement de sa destruction totale, mais encore de la dégradation partielle de tout ou partie de la construction ou de tout élément mobilier ou immobilier qui y est incorporé de façon indissoluble, exclut l'application de la disposition générale de l'art. 1384 anc. [1242], al. 1er, relative à la responsabilité du fait de toute chose mobilière ou immobilière que l'on a sous sa garde. • Civ. 2e, 12 juill. 1966 : *D. 1966. 632; JCP 1967. II. 15185, note Dejean de La Bâtie* • 4 mai 1972 : *Bull. civ. II, n° 128* • 30 nov. 1988 : *JCP 1989. II. 21319, note Giraudel; RTD civ. 1989. 331, obs. Jourdain* • 17 déc. 1997, n° 96-12.260 P : *D. Affaires 1998. 196, obs. V. A.-R.* – Déjà en ce sens : • Civ. 4 août 1942 : *GAJC, 11e éd., n° 191-192 (I)*; *DC 1943. 1, note Ripert.*

8. *Applicabilité de l'art. 1384, al. 1er anc. [1242] : circonstances hors du domaine de*

l'art. 1386 anc. [1244]. BIBL. Desnoyer, *RTD civ. 2012. 461.* ♦ Lorsque le dommage n'a pas été causé dans les circonstances prévues par l'art. 1386 anc. [1244], l'art. 1384 anc. [1242], al. 1er, est applicable contre le gardien même propriétaire. • Civ. 2e, 16 oct. 2008, n° 07-16.967 P : *D. 2008. AJ 2720* ; *ibid. 2009. Chron. C. cass. 772, n° 15, obs. Nicolétis* ; *RDI 2008. 558, obs. Leguay* ; *RLDC 2008/55, n° 3214, obs. Bugnicourt*; *RTD civ. 2009. 128, obs. Jourdain* (absence de chute d'un élément de construction) • 22 oct. 2009, n° 08-16.766 P : *R., p. 410*; *D. 2009. AJ 2684, obs. Gallmeister* ; *ibid. 2010. 413, note Duloum* ; *JCP 2010, n° 456, obs. Bloch*; *RLDC 2010/67, n° 3673, obs. Bugnicourt*; *RCA 2010, n° 37, note Bloch*; *RTD civ. 2010. 115, obs. Jourdain* (chute de pierres provenant de la voûte d'un bâtiment).

9. ... *Demande formée contre un gardien non propriétaire.* L'art. 1386 anc. [1244] n'exclut pas que les dispositions de l'art. 1384 anc. [1242], al. 1er, soient invoquées à l'encontre du gardien non propriétaire. • Civ. 2e, 23 mars 2000, n° 97-19.991 P : *R., p. 400*; *GAJC, 11e éd., n° 191-192 (II)* ; *D. 2001. 586, note Garçon* ; *D. 2000. Somm. 467, obs. D. Mazeaud* ; *JCP 2000. II. 10379, note Dagorne-Labbe*; *ibid. I. 280, n° 22, obs. Viney*; *RCA 2000. Chron. 16, par Groutel*; *LPA 4 juill. 2000, note A.-M. L.*; *RTD civ. 2000. 581, obs. Jourdain* • 8 févr. 2006 : *Gaz. Pal. 2006. 2613, note A. Paulin.*

II. MISE EN ŒUVRE

10. *Conditions de la responsabilité : défaut d'entretien ou vice de construction.* L'art. 1386 anc. [1244] n'exige pas de la victime la preuve d'une faute du propriétaire de l'immeuble, mais seulement qu'elle établisse que la ruine de cet immeuble a eu pour cause le vice de construction ou le défaut d'entretien. • Civ. 3e, 4 juin 1973, n° 71-14.373 P. – Même sens : • Civ. 1re, 22 nov. 1983 : *Gaz. Pal. 1984. 2. Pan. 263, obs. Chabas.*

11. *Vice de construction : notion.* Constituent un vice de construction l'insuffisance d'ancrage et la trop faible pente de la toiture d'un chalet. • Civ. 2e, 14 déc. 1978 : *Gaz. Pal. 1979. 2. 401, note Plancqueel.* ♦ ... L'insuffisance d'ancrage d'un ouvrage. • Civ. 3e, 15 mars 2000 : *JCP 2000. IV. 1794.*

12. *Responsabilité de plein droit.* Le propriétaire d'un bâtiment dont la ruine a causé un dommage en raison d'un vice de construction ou du défaut d'entretien ne peut s'exonérer de la responsabilité de plein droit par lui encourue que s'il prouve que ce dommage est dû à une cause étrangère qui ne peut lui être imputée. • Civ. 1re, 3 mars 1964 : *D. 1964. 245, note R. Savatier*; *JCP 1964. II. 13622, note Esmein*; *RTD civ. 1964. 552, obs. Tunc.* ♦ ... Telle la faute de la victime si elle présente les caractères de la force majeure. • Civ. 2e, 17 févr. 2005, n° 02-10.770 P (faute non retenue en l'espèce).

Responsabilité du fait des produits défectueux

(Ord. n° 2016-131 du 10 févr. 2016, art. 2, en vigueur le 1er oct. 2016)

Les art. 1245 à 1245-17 nouv. reprennent les art. 1386-1 à 1386-18 anc.

V. Dir. (CE) n° 85/374 du Conseil du 25 juill. 1985 relative au rapprochement des dispositions législatives, réglementaires et administratives des États membres en matière de responsabilité du fait des produits défectueux. – **C. consom.**

RÉP. CIV. v° *Responsabilité du fait des produits défectueux*, par C. CAILLÉ.

DALLOZ ACTION *Droit de la responsabilité et des contrats 2014-2015*, nos 8344 s.

DALLOZ RÉFÉRENCE *Responsabilité des vendeurs et fabricants 2015/2016.*

BIBL. GÉN. ▸ **Directive (CE) n° 85/374 :** BERG, *JCP 1996. I. 3945* (risque de développement). – FAGNART, *Cah. dr. eur. 1987. 1.* – GHESTIN, *D. 1986. Chron. 135.* – TASCHNER, *Rev. Marché commun 1986. 257*; *JCP E 1986. II. 14761.* – TOREM et FOCSANEANU, *JCP 1987. I. 3269.* – VÉZINET, *Dr. et patr. 6/1997, p. 54* (risque de développement).

▸ **Transposition de la directive en droit français :** CARTOU, *LPA 11 avr. 1997.* – GHESTIN, *RJ com. 1988. 201.* – HUGLO, *JCP E 1990. II. 15687*; *Rev. aff. eur. 1991, n° 2. 23.* – JOURDAIN, *RTD civ. 1989. 381.* – KARILA, *Gaz. Pal. 1991. 1. Doctr. 208.* – LEVEL, *Gaz. Pal. 1990. 2. Doctr. 492.* – PIZZIO, *Dr. et patr. 6/1997, p. 48.* ▸ Appréciation de la transposition : LAPORTE, *CCC 2000. Chron. 11.* – Condamnation de la France pour transposition incorrecte (CJCE 25 avr. 2002) : DABURON, *LPA 5 nov. 2002.* – GOSSELIN-GORAND, *LPA 18 déc. 2002.* – GRYNFOGEL, *Gaz. Pal. 2003. Doctr. 1446.* – LAPORTE, *CCC 2002. Chron. 20.* – RAYNARD, *obs. RTD civ. 2002. 868.*

▸ **Commentaire de la loi du 19 mai 1998 :** CHABAS, *Gaz. Pal. 1998. 2. Doctr. 1111.* – DAGORNE-LABBE, *Defrénois 1998. 1265.* – GHESTIN, *JCP 1998. I. 148.* – J. HUET, *D. Affaires 1998. 1160.* – JAMIN, *chron. lég. RTD civ. 1998. 763.* – JOURDAIN, *JCP N 1999. 1089*; *RCA 1998. Chron. 16.* – LARROUMET, *D. 1998. Chron. 311.* – RAYMOND, *CCC 1998. Chron. 7.* – RAYNARD, *chron. lég. RTD civ. 1998. 524.* – TESTU, *D. Affaires 1998. 1996.* – TESTU et MOITRY, *D. Affaires 1998, supplément au n° 125.* – VINEY, *D. 1998. Chron. 291.* – Colloque de Paris-II du 27 oct. 1998, *LPA 28 déc. 1998*. – BACACHE, *RCA 2008. Étude 7* (dix ans après).

▸ **Thèmes particuliers :** Apport du droit communautaire au droit français de la responsabilité civile : VINEY, *Études Calais-Auloy, Dalloz, 2004, p. 1135*. – Réactions des assureurs : FOREST, *D. Affaires 1998. 2006*. – Risque pour l'entreprise : PUGNET, *CCC 2009. Étude 10* ; *R. 2011. 181* (risque dans le régime de responsabilité du fait des produits défectueux).

▸ **Domaine :** Droit de la construction : MALINVAUD, *D. 1999. Chron. 85 et 93.* – VALDES, *Administrer 7/2000*. ▸ Produits de grande consommation : DIETZ, *D. Affaires 1998. 2000*. ▸ Éléments et produits du corps humain : CHABAS, *Gaz. Pal. 1999. 1. Doctr. 568*. – MASCRET, *LPA 2 févr. 1999*. ▸ Produits de santé : BLOCH, *RCA 2014. Étude 1* ; *ibid. 2021. Étude 7*. – CLERC-RENAUD, *RLDC 2007/34, n° 2354*. – Dossier, *RDSS 2008. 1005*. – FARHAT, *RRJ 2002/1. 789* (responsabilité du fabricant d'implants mammaires en France et aux USA). – FOUASSIER et VAN DEN BRINK, *Gaz. Pal. 2002. Doctr. 1004*. – LAUDE, *D. 1999. Chron. 189* ; *RDSS 2005. 743* (jurisprudence nationale). – VÉRON et VIALLA, *D. 2012. Chron. 1558* (art. L. 1142-1 CSP). – VINEY, *D. 2010. Chron. 391* (preuve pour les fabricants de vaccins et médicaments). ▸ Organismes génétiquement modifiés : CASSIN, *Gaz. Pal. 1999. 1. Doctr. 134*. ▸ Application à l'Administration : ROUQUETTE, *Dr. adm. 2000. Chron. 20*. ▸ Application internationale : BÉRAUDO, *JCP 1999. I. 140*. ▸ Électricité : SABLIÈRE, *CCC 2017, Étude 12*. ▸ Produits incorporés : BAKOUCHE et MOREL, *RCA 2020. Étude 9*.

▸ **Régime :** ▸ Loi du 19 mai 1998 et droit commun : CHABAS, *Gaz. Pal. 1999. 1. Doctr. 565*. – LOLIES, *RRJ 1999/2. 349*. – REVEL, *RTD com. 1999. 317*. – CALAIS-AULOY, *D. 2002. Chron. 2458* (l'obligation de sécurité du vendeur professionnel après l'arrêt CJCE 25 avr. 2002). – PAUL, *CCC 2004. Chron. 2* (causalité en matière de produits défectueux). – RIEHM, *D. 2007. Chron. 2749* (quel avenir pour les droits communs français et allemand ?). – VINEY, *Mél. Aubert, Dalloz, 2005, p. 329* (système français de responsabilité des producteurs pour le défaut de sécurité de leurs produits). ▸ Mise en circulation : CONFINO, *Gaz. Pal. 2001. Doctr. 523*. ▸ Risque de développement : BRISSY, *D. Affaires 1998. 2004*. – CALAIS-AULOY, *Mél. Cabrillac, Litec, 1999, p. 81*. – LARROUMET, *Clés pour le siècle, Dalloz, 2000, p. 1589*. ▸ Doubles délais extinctifs : JOLY, *D. 2001. Chron. 1450*. ▸ Rapports entre professionnels : BATTEUR, *LPA 8 oct. 2001*.

▸ Autres thèmes : BIGOT, *JCP 2010, n° 1014*. – Dossier, *RCA janv. 2016* (trente ans après la directive). – BLOCH, *RDC 2017. 732* (le juge et la responsabilité du fait des produits défectueux) ; *RCA 2017. Étude 3* (dommages subis par des choses destinées à l'usage professionnel).

Art. 1245 *(Ord. n° 2016-131 du 10 févr. 2016, art. 2, en vigueur le 1er oct. 2016)* **Le producteur est responsable du dommage causé par un défaut de son produit, qu'il soit ou non lié par un contrat avec la victime.** – *Dispositions transitoires, V. Ord. n° 2016-131 du 10 févr. 2016, art. 9, ss. art. 1386-1 nouveau.*

L'art. 1245 nouv. reprend à l'identique l'art. 1386-1 anc.

V. notes ss. art. 1245-17.

Art. 1245-1 *(Ord. n° 2016-131 du 10 févr. 2016, art. 2, en vigueur le 1er oct. 2016)* **Les dispositions du présent chapitre s'appliquent à la réparation du dommage qui résulte d'une atteinte à la personne.**

Elles s'appliquent également à la réparation du dommage supérieur à un montant déterminé par décret, qui résulte d'une atteinte à un bien autre que le produit défectueux lui-même. – *Dispositions transitoires, V. Ord. n° 2016-131 du 10 févr. 2016, art. 9, ss. art. 1386-1 nouv.*

L'art. 1245-1 nouv. reprend à l'identique l'art. 1386-2 anc.

1. *Transposition de la Dir. 85/374.* En incluant dans l'art. 1386-2 anc. [1245-1] les dommages inférieurs à 500 €, la France a manqué aux obligations qui lui incombent en vertu de l'art. 9, 1er al., ss. b), de la directive. • CJCE 25 avr. 2002, n° C-52/00 : *D. 2002. 2462, note Larroumet (1re esp.)* ; *ibid. AJ 1670, obs. Rondey* ; *ibid. Somm. 2935, obs. Pizzio* ; *CCC 2002, n° 117, note Raymond* ; *RTD civ. 2002. 523, obs. Jourdain* ; *ibid. 868, obs. Raynard* ; *RTD com. 2002. 585, obs. Luby*. ♦ Cassation, pour violation de la directive, d'un jugement ayant condamné un fabricant sans tenir compte de la franchise de 500 €. • Civ. 1re, 3 mai 2006, n° 04-10.994 P : *RDC 2006. 1239, obs. Borghetti* ; *RTD civ. 2007. 137, obs. Jourdain*. ♦ L'art. 1386-2 anc., recodifié à l'art. 1245-1, a été modifié en conséquence par la L. du 9 déc. 2004.

2. La L. du 19 mai 1998 ayant transposé la Dir. relative aux produits défectueux, le régime ainsi instauré ne s'applique qu'aux produits mis en circulation postérieurement ; la preuve de l'antériorité doit être rapportée par le producteur. • Civ. 1re, 21 oct. 2020, n° 19-18.689 P : *D. 2021. 46, obs. Quézel-Ambrunaz* ; *RTD civ. 2021. 155, obs. Jourdain* ; *JCP 2020, n° 1276, note Parance* ; *CCC*

2021, n° 2, note Leveneur; RDC 2021/1. 35, note Knetsch.

3. Dommage non-réparable : bien défectueux. Pour engager la responsabilité du producteur, la défectuosité du produit doit consister en un défaut de sécurité ayant causé un dommage à une personne ou à un bien autre que le produit défectueux lui-même. • Civ. 1re, 9 juill. 2003, n° 00-21.163 P : *RCA 2003, n° 268* (condition non réalisée en l'espèce : coulures du mastic de fenêtres à double vitrage) • Grenoble, 28 juin 2006 : *JCP E 2006. 2754* (*idem* : plants de pommes de terre de semence infectés par une bactérie) • Bordeaux, 2 oct. 2006 : *RCA 2007, n° 164, note Radé* (*idem* : voiture ayant pris feu) • Civ. 1re, 14 oct. 2015, n° 14-13.847 P (yacht ayant dématé).

4. ... Pertes d'exploitation. Le régime de responsabilité des art. 1245-1 s. ne s'applique pas à la réparation du dommage qui résulte d'une atteinte au produit défectueux lui-même et aux préjudices économiques découlant de cette atteinte : la perte d'exploitation et l'absence de fourniture de machine de remplacement sont consécutives à l'atteinte au matériel en cause et ne sont pas indemnisables sur ce fondement. • Civ. 1re, 9 déc. 2020, n° 19-21.390 P : *D. 2021. 7 ; RTD civ. 2021. 427, obs. Jourdain ; RDC 2021/1. 42, note Borghetti.*

5. Dommage réparable. Pour des défauts constatés sur des bouteilles en verre, ces défauts affectant non seulement les bouteilles de verre, mais aussi le vin qu'elles devaient contenir, ce dont il résulte que la mévente des bouteilles défectueuses, engendrant le préjudice invoqué, est consécutive au caractère impropre à la consommation du vin. • Civ. 1re, 1er juill. 2015, n° 14-18.391 P : *D. 2015. 2227, note Girard ; RTD civ. 2015. 892, obs. Jourdain ; RCA 2015, n° 295, obs. Bloch ; RDC 2015. 852, obs. Borghetti.*

Cassation de l'arrêt ayant rejeté les demandes d'indemnisation pour du vin dont le goût avait été altéré par l'utilisation des produits chimiques au motif que les produits litigieux ne sauraient être considérés comme défectueux dès lors que la pollution des vins n'est pas de nature à nuire à la santé des consommateurs ni à leur intégrité, alors que la cour d'appel avait bien constaté une altération des vins consécutive à leur pollution par les produits dont la défectuosité était invoquée. • Civ. 1re, 9 déc. 2020, n° 19-17.724 P : *D. 2021. 7 ; RTD civ. 2021. 430, obs. Jourdain .*

6. Le juge est tenu d'examiner d'office l'applicabilité du régime de responsabilité du fait des produits défectueux, du moment qu'il résulte de ses constatations que ce régime pourrait être applicable. • Cass., ch. mixte, 7 juill. 2017, n° 15-25.651 P : *D. 2017. 1800, note Bacache ; RTD civ. 2017. 829, obs. Usunier ; ibid. 872, obs. Jourdain ; ibid. 882, obs. Gautier ; CCC 2017, n° 219, note Leveneur ; RCA 2017, n° 250, note Bloch ; RDC 2017. 594, note Borghetti.*

Art. 1245-2 *(Ord. n° 2016-131 du 10 févr. 2016, art. 2, en vigueur le 1er oct. 2016)* **Est un produit tout bien meuble, même s'il est incorporé dans un immeuble, y compris les produits du sol, de l'élevage, de la chasse et de la pêche. L'électricité est considérée comme un produit.** — *Dispositions transitoires, V. Ord. n° 2016-131 du 10 févr. 2016, art. 9, ss. art. 1386-1 nouv.*

L'art. 1245-2 nouv. reprend à l'identique l'art. 1386-3 anc.

Biens destinés à un usage professionnel. En l'absence de limitation du droit national, l'art. 1386-2, devenu 1245-1 C. civ. s'applique au dommage causé à un bien destiné à l'usage professionnel. • Civ. 1re, 11 juill. 2018, n° 17-20.154 P : *D. 2018. 1840, note Borghetti ; AJ contrat 2018. 442, obs. Bucher ; RTD civ. 2019. 121, obs. Jourdain .* ♦ La Dir. n° 85/374/CEE doit être interprétée en ce sens qu'elle ne s'oppose pas à l'interprétation d'un droit national ou à l'application d'une jurisprudence interne établie selon lesquelles la victime peut demander réparation du dommage causé à une chose destinée à l'usage professionnel et utilisée pour cet usage, dès lors que cette victime rapporte seulement la preuve du dommage, du défaut du produit et du lien de causalité entre ce défaut et le dommage. • CJCE 4 juin 2009 : *D. 2009. 1731, note Borghetti ; ibid. 2010. Pan. 49, obs. Gout ; JCP 2009, n° 27, p. 35, note Jourdain ; ibid. n° 38, p. 42, obs. Stoffel-Munck ; RLDC 2009/63, n° 3533, obs. Bugnicourt ; RDC 2009. 1381, obs. Viney ; ibid. 1448, obs. Aubert de Vincelles ; RTD civ. 2009. 738, obs. Jourdain* , sur la question préjudicielle posée par • Com. 24 juin 2008, n° 07-11.744 P : *D. 2008. AJ 1895, obs. Gallmeister ; ibid. 2318, note Borghetti ; JCP 2008. I. 186, n° 7, obs. Stoffel-Munck ; RLDC 2008/52, n° 3109, obs. Gaudin ; RTD civ. 2008. 685, obs. Jourdain* . ♦ Comp., dans la même affaire : • Com. 26 mai 2010, n° 07-11.744 P : *D. 2010. Actu. 1484, obs. Gallmeister ; ibid. 2628, note Borghetti ; JCP 2010, n° 849, note Barbiéri ; RDC 2010. 1262, obs. Carval ; RTD civ. 2010. 787, obs. Jourdain .*

Art. 1245-3 *(Ord. n° 2016-131 du 10 févr. 2016, art. 2, en vigueur le 1er oct. 2016)* **Un produit est défectueux au sens du présent chapitre lorsqu'il n'offre pas la sécurité à laquelle on peut légitimement s'attendre.**

Dans l'appréciation de la sécurité à laquelle on peut légitimement s'attendre, il doit être tenu compte de toutes les circonstances et notamment de la présentation du produit, de l'usage qui peut en être raisonnablement attendu et du moment de sa mise en circulation.

Un produit ne peut être considéré comme défectueux par le seul fait qu'un autre, plus perfectionné, a été mis postérieurement en circulation. — *Dispositions transitoires, V. Ord. nº 2016-131 du 10 févr. 2016, art. 9, ss. art. 1386-1 nouveau.*

L'art. 1245-3 nouv. reprend à l'identique l'art. 1386-4 anc.

1. Informations insuffisantes. Est dépourvu de la sécurité à laquelle on peut légitimement s'attendre le béton, à l'origine de brûlures sérieuses pour le client utilisateur, dont le fournisseur, dans ses conditions générales de vente, n'a que très insuffisamment attiré l'attention sur les dangers présentés par la mise en œuvre du produit et les précautions à prendre. • Civ. 1re, 7 nov. 2006, nº 05-11.604 P : *D. 2006. IR 2950 ; CCC 2007, nº 60, note Raymond ; ibid. nº 64, note Leveneur ; RDI 2007. 94, obs. Malinvaud ; RDC 2007. 312, obs. Borghetti ; RTD civ. 2007. 139, obs. Jourdain .* ♦ ... Le produit anti-rides dont la plaquette d'information préalablement communiquée à la patiente ne mentionne pas le risque d'effets indésirables, contrairement à la notice d'utilisation remise aux seuls médecins esthéticiens. • Civ. 1re, 22 nov. 2007, nº 06-14.174 P. ♦ ... La bouteille de propane dépourvue de connectique spécifique, ce qui permet de la brancher sur une installation destinée à du gaz butane, rendant l'erreur possible pour un utilisateur qui n'est pas informé de la dangerosité du gaz propane. • Civ. 1re, 4 févr. 2015, nº 13-19.781 P : *D. 2015. 375 .* ♦ Dans l'appréciation de cette exigence, il doit être tenu compte, notamment, de la présentation du produit, de l'usage qui peut en être raisonnablement attendu, et du moment de sa mise en circulation. • Civ. 1re, 9 juill. 2009, nº 08-11.073 P : *R., p. 411 ; D. 2009. AJ 1968, obs. Gallmeister ; ibid. 2010, Pan. 49, obs. Brun ; JCP 2009, nº 41, p. 13, note Sargos ; ibid. 2010, nº 456, § 10, obs. Stoffel-Munck ; Gaz. Pal. 2009. 2595, avis Legoux ; Dr. fam. 2009, nº 135, note Julien ; RLDC 2009/64, nº 3571, obs. Bugnicourt ; CCC 2009, nº 262, obs. Leveneur ; RLDC 2010/69, nº 3736, note Derycke et Caron ; RTD civ. 2009. 735, obs. Jourdain ; RDC 2010. 79, obs. Borghetti* (dictionnaire médical et notice ultérieure mentionnant la sclérose en plaques comme effet possible d'un vaccin, la notice de présentation ne contenant pas cette information).

2. Gravité du risque encouru et portée de l'obligation d'information. Les effets nocifs constatés d'un produit (contraceptif oral) sont de nature à caractériser un défaut du produit au sens de l'art. 1245-3 C. civ., si, nonobstant les mentions figurant dans la notice, la gravité du risque encouru et la fréquence de sa réalisation excèdent les bénéfices attendus du produit en cause. • Civ. 1re, 26 sept. 2018, nº 17-21.271 P : *D. 2019. 61, note Storck ; RTD civ. 2019. 124, obs. Jourdain ; JCP 2018, nº 1337, note Borghetti ; RCA 2018, nº 307, note Bloch ; RDC 1/2019. 45, note Viney.*

3. Causes exactes du sinistre non établies. Jugé qu'il importe peu que les causes exactes du sinistre (explosion de la vitre d'un insert de cheminée) ne soient pas établies, dès lors que le demandeur établit que le produit n'offre pas une sécurité normale, le producteur ayant la charge de la preuve d'une cause exonératoire ou de la faute de l'utilisateur. • TGI Aix-en-Provence, 2 oct. 2001 : *D. 2001. IR 3092.*

4. Produit défectueux. La simple imputabilité du dommage au produit incriminé ne suffit pas à établir son défaut, ni le lien de causalité entre ce défaut et le dommage. • Civ. 1re, 27 juin 2018, nº 17-17.469 P : *D. 2018. 1439 ; RTD civ. 2018. 925, obs. Jourdain ; RCA 2018, nº 253, note Bloch.* ♦ La simple implication d'un produit dans la réalisation d'un dommage ne suffit pas à établir son défaut au sens des art. 1386-1 anc. s. [1245 s.] • Civ. 1re, 22 oct. 2009 : *CCC 2010, nº 61, note Raymond ; RDC 2010. 619, note Borghetti* (produit ayant agi comme un révélateur de désordres existants sur une vigne). ♦ Mais la preuve du caractère défectueux du produit peut être rapportée par des présomptions graves, précises et concordantes. • Civ. 1re, 26 sept. 2012, nº 11-17.738 P : *D. 2012. 2304, obs. Gallmeister ; ibid. 2853, note Borghetti ; ibid. 2376, obs. Radé ; RTD civ. 2013. 131, obs. Jourdain ; JCP 2012, nº 1199, note Quézel-Ambrunaz ; CCC 2012, nº 273, obs. Leveneur ; RCA 2012, nº 350, note Hocquet-Berg ; RLDC 2012/99, nº 4888, note Gout* (vaccin contre l'hépatite B) • 10 juill. 2013, nº 12-21.314 P : *D. 2013. 2306, avis Mellottée ; ibid. 2312, note Brun ; ibid. 2315, note Borghetti ; ibid. 2014. 47, obs. Gout ; ibid. Chron. C. cass. 563, obs. Darret-Courgeon ; ibid. 2021, obs. Laude ; RDSS 2013. 938, obs. Peigné ; RTD civ. 2013. 852, obs. Jourdain ; RCA 2013. Étude 6, note Bakouche ; RLDC 2013/108, nº 5223, obs. Tisseyre ; RDC 2014. 37, note Viney.* ♦ Les juges du fond relèvent souverainement qu'en l'absence de faute médicale, alors que le surpoids de la victime n'est pas la cause de l'accident, la rupture prématurée d'une prothèse de hanche était due à un défaut du produit. • Civ. 1re, 26 févr. 2020, nº 18-26.256 P : *D. 2021. 46, obs. Brun ; ibid. 2020. 489 ; RTD civ. 2020. 406, obs. Jourdain ; JCP 2020, nº 785, note Bakouche ; CCC 2020, nº 78, note Leveneur ; RDC 2020/2. 14, note Borghetti.* ♦ Preuve dans le contentieux *Distilbène* : • Paris, 26 oct. 2012 : *D. 2012. 2859, note Quétand-Finet ; ibid. 2013. 2709, note Ferey et G'Sell (2 arrêts) .*

Comp. : la participation du produit à la survenance du dommage est un préalable implicite, nécessaire à l'exclusion éventuelle d'autres causes possibles de la maladie, pour la recherche de la défectuosité du produit et du rôle causal de cette défectuosité, sans pour autant que sa simple implication dans la réalisation du dommage suffise à établir son défaut au sens de l'art. 1386-4 anc.

[1245-3 nouv.], ni le lien de causalité entre ce défaut et le dommage. • Civ. 1re, 29 mai 2013, nº 12-20.903 P : *D. 2013. 1408, obs. Gallmeister ; ibid. 1717, note Borghetti ; ibid. 1723, note Brun ; ibid. 2014. 47, obs. Brun et Gout ; RTD civ. 2013. 625, obs. Jourdain ; RTD com. 2013. 797, obs. Bouloc ; Gaz. Pal. 2013. 2297, obs. Bargue ; ibid. 2984, obs. Oudot.*

Un produit est défectueux s'il n'offre pas la sécurité à laquelle on peut légitimement s'attendre. Pour apprécier cela, on doit tenir compte de toutes les circonstances et notamment de la présentation du produit, de l'usage raisonnable qui en est fait et du moment de sa mise en circulation. • Civ. 1re, 21 oct. 2020, nº 19-18.689 P : *D. 2021. 46, obs. Quézel-Ambrunaz ; RTD civ. 2021. 155, obs. Jourdain ; JCP 2020, nº 1276, note Parance ; CCC 2021, nº 2, note Leveneur ; RDC 2021/1. 35, note Knetsch.* ♦ Cassation de l'arrêt ayant écarté l'action au motif que les produits litigieux, impliqués dans la détérioration d'une production de vin, ne sauraient être considérés comme défectueux dès lors qu'aucun danger anormal et excessif caractérisant un défaut de sécurité des produits n'est établi ; la cour aurait dû rechercher si, au regard des circonstances et notamment de leur présentation et de l'usage qui pouvait en être raisonnablement attendu, les produits dont la défectuosité était invoquée présentaient la sécurité à laquelle on pouvait légitimement s'attendre. • Civ. 1re, 9 déc. 2020, nº 19-17.724 P : *D. 2021. 7 ; RTD civ. 2021. 430, obs. Jourdain .*

5. Connaissance du défaut. Un produit est défectueux lorsqu'il n'offre pas la sécurité à laquelle on peut légitimement s'attendre ; il doit être tenu compte, dans l'appréciation de la sécurité à laquelle on peut légitimement s'attendre, de toutes les circonstances et notamment de la présentation du produit, de l'usage qui peut en être raisonnablement attendu et du moment de sa mise en circulation ; la constatation par le juge du défaut d'un produit, à la suite de la mise en évidence de risques graves liés à son utilisation que ne justifie pas le bénéfice qui en est attendu, n'implique pas que le producteur ait eu connaissance de ces risques lors de la mise en circulation du produit ou de sa prescription. • Civ. 1re, 25 févr. 2016, nº 15-11.257 P : *RTD civ. 2016. 386, obs. Jourdain* (Mediator). ♦ Sur le caractère défectueux du produit, V. • TGI Nanterre, 22 oct. 2015 : *D. 2016. 687, note Borghetti .*

6. Défaut potentiel. L'art. 6, § 1, de la directive doit être interprété en ce sens que le constat d'un défaut potentiel des produits appartenant au même groupe ou relevant de la même série de la production, tels que les stimulateurs cardiaques et les défibrillateurs automatiques implantables, permet de qualifier de défectueux un tel produit sans qu'il soit besoin de constater dans ce produit ledit défaut. • CJUE 5 mars 2015, nº C-503/13 : *D. 2015. 1247, note Borghetti ; ibid. 2283, obs. M. Bacache, Guégan-Lécuyer et Porchy-Simon ; ibid. 2016. 35, obs. Brun et Gout ; RTD civ. 2015. 406, obs. Jourdain .*

Art. 1245-4 *(Ord. nº 2016-131 du 10 févr. 2016, art. 2, en vigueur le 1er oct. 2016)* **Un produit est mis en circulation lorsque le producteur s'en est dessaisi volontairement.**

Un produit ne fait l'objet que d'une seule mise en circulation. — *Dispositions transitoires, V. Ord. nº 2016-131 du 10 févr. 2016, art. 9, ss. art. 1386-1 nouv.*

L'art. 1245-4 nouv. reprend à l'identique l'art. 1386-5 anc.

1. Notion de mise en circulation : V. • CJCE 9 févr. 2006, nº C-127-04 : *D. 2006. Pan. 1261, obs. Nourissat, et 1937, obs. Brun ; JCP 2006. I. 166, nº 14, obs. Stoffel-Munck ; Gaz. Pal. 2006. Somm. 1982, obs. Grynbaum ; RTD civ. 2006. 265, obs. Rémy-Corlay ; ibid. 331, obs. Jourdain .*

2. La date de mise en circulation du produit défectueux n'est pas nécessairement celle de la vente. • Com. 18 mai 2016, nº 14-16.234 P : *cité ss. art. 1245-16 nouv.* ♦ ... Ni celle de la seule autorisation de mise sur le marché. • Cass., ch. mixte, 7 juill. 2017, nº 15-25.651 P : *D. 2017. 1800, note Bacache ; RTD civ. 2017. 829, obs. Usunier ; ibid. 872, obs. Jourdain ; ibid. 882, obs. Gautier ; CCC 2017, nº 219, note Leveneur ; RCA 2017, nº 250, note Bloch ; RDC 2017. 594, note Borghetti.*

3. Il y a mise en circulation du produit lorsque le producteur s'en est dessaisi volontairement ; dans le cas des produits fabriqués en série, c'est à la date de commercialisation du lot dont le produit considéré fait partie. Encore faut-il l'absence de preuve d'un stockage de longue durée du produit. • Civ. 1re, 21 oct. 2020, nº 19-18.689 P : *D. 2021. 46, obs. Quézel-Ambrunaz ; RTD civ. 2021. 155, obs. Jourdain ; JCP 2020, nº 1276, note Parance ; CCC 2021, nº 2, note Leveneur ; RDC 2021/1. 35, note Knetsch.*

Art. 1245-5 *(Ord. nº 2016-131 du 10 févr. 2016, art. 2, en vigueur le 1er oct. 2016)* **Est producteur, lorsqu'il agit à titre professionnel, le fabricant d'un produit fini, le producteur d'une matière première, le fabricant d'une partie composante.**

Est assimilée à un producteur pour l'application du présent chapitre toute personne agissant à titre professionnel :

1º Qui se présente comme producteur en apposant sur le produit son nom, sa marque ou un autre signe distinctif ;

2º Qui importe un produit dans la Communauté européenne en vue d'une vente, d'une location, avec ou sans promesse de vente, ou de toute autre forme de distribution.

Ne sont pas considérées comme producteurs, au sens du présent chapitre, les personnes dont la responsabilité peut être recherchée sur le fondement des articles 1792 à 1792-6 et 1646-1. — *Dispositions transitoires, V. Ord. n° 2016-131 du 10 févr. 2016, art. 9, ss. art. 1386-1 nouv.*

L'art. 1245-5 nouv. reprend à l'identique l'art. 1386-6 anc., excepté les dispositions issues de la L. n° 2016-138 du 11 févr. 2016, art. 2.

1. Producteur : assimilation. L'assimilation d'un importateur à un producteur n'est pas limitée au seul importateur de produits en provenance de pays tiers, dès lors que l'art. 1386-6-2° n'est pas exclusif de l'art. 1386-6-1° [1245-5] : ce texte n'exclut pas de son champ d'application l'importateur parallèle commercialisant un produit au titre d'une autorisation de mise sur le marché simplifiée. • Civ. 1re, 4 juin 2014, n° 13-13.548 P : *D. 2014. 1272 ; RTD com. 2014. 846, obs. Bouloc ; RDC 2014. 613, note Borghetti.*

2. Cas particulier : prestation médicale. Application des dispositions de la directive 85/374 à un produit fabriqué et utilisé dans le cadre d'une prestation médicale entièrement financée par des fonds publics, sans contrepartie de la part du patient. • CJCE 10 mai 2001 : *V. note 1 ss. art. 1245-10.* ♦ V. cep. : en considération des objectifs et de l'économie de la Dir. du 25 juill. 1985 et de l'interprétation qu'en a donnée la CJUE, la directive détermine celui qui doit assumer la responsabilité qu'elle institue parmi les professionnels ayant participé aux processus de fabrication et de commercialisation et n'a pas vocation à harmoniser de manière exhaustive le domaine de la responsabilité du fait des produits défectueux au-delà des points qu'elle réglemente ; la responsabilité des prestataires de services de soins, qui ne peuvent être assimilés à des distributeurs de produits ou dispositifs médicaux et dont les prestations visent essentiellement à faire bénéficier les patients des traitements et techniques les plus appropriés à l'amélioration de leur état, ne relève pas, hormis le cas où ils en sont eux-mêmes les producteurs, du champ d'application de la directive et ne peut dès lors être recherchée que pour faute lorsqu'ils ont recours aux produits, matériels et dispositifs médicaux nécessaires à l'exercice de leur art ou à l'accomplissement d'un acte médical, pourvu que soit préservée leur faculté et/ou celle de la victime de mettre en cause la responsabilité du producteur sur le fondement de ladite directive lorsque se trouvent remplies les conditions prévues par celle-ci. • Civ. 1re, 12 juill. 2012, n° 11-17.510 P : *D. 2012. 2277, note Bacache ; ibid. 2013. 40, obs. Brun et Gout ; RTD civ. 2012. 737, obs. Jourdain ; RTD eur. 2013. 292-36, obs. Rias ; JCP 2012, n° 1036, note Sargos ; ibid. 2013, n° 948, note Chausfoin et Hollestelle ; RCA 2012. Étude 9, note Hocquet-Berg.* ♦ *Contra*, pour une responsabilité du service public hospitalier, même en l'absence de faute de sa part, des conséquences dommageables pour les usagers de la défaillance des produits et appareils de santé qu'il utilise. • CE 25 juill. 2013 : *cité notes 2 s. ss. art. 1245-17* (implantation d'un produit défectueux dans le corps d'un patient).

3. S'il résulte de la jurisprudence de la CJUE que la réparation des dommages causés à une chose destinée à l'usage professionnel et utilisée pour cet usage ne relève pas du champ d'application de la Dir. n° 85/374/CEE du Conseil, du 25 juill. 1985, relative au rapprochement des dispositions législatives, réglementaires et administratives des États membres en matière de responsabilité du fait des produits défectueux (arrêt du 4 juin 2009, moteurs Leroy Somer, C-285/ 08), la même directive s'applique, en revanche, au producteur d'un produit affecté d'un défaut, quelle que soit la destination, privée ou professionnelle, de l'usage de ce produit. • Civ. 1re, 11 janv. 2017, n° 16-11.726 P : *D. 2017. 626, note Borghetti ; ibid. 2018. 35, obs. Gout ; RTD civ. 2017. 415, obs. Jourdain .*

4. Est assimilée au producteur toute personne agissant à titre professionnel qui se présente comme producteur en apposant sur le produit son nom, sa marque ou un autre signe distinctif. • Civ. 1re, 21 oct. 2020, n° 19-18.689 P : *D. 2021. 46, obs. Quézel-Ambrunaz ; RTD civ. 2021. 155, obs. Jourdain ; JCP 2020, n° 1276, note Parance ; CCC 2021, n° 2, note Leveneur ; RDC 2021/1. 35, note Knetsch* (une action a pu être intentée contre la filiale française de Monsanto, étant inscrit en gros caractères sur le produit « un herbicide Monsanto », suivi de « Siège social Monsanto agriculture France SAS » avec l'adresse de la société à Lyon et le numéro d'inscription au registre du commerce et des sociétés de Lyon).

Art. 1245-6 *(Ord. n° 2016-131 du 10 févr. 2016, art. 2, en vigueur le 1er oct. 2016)* **Si le producteur ne peut être identifié, le vendeur, le loueur, à l'exception du crédit-bailleur ou du loueur assimilable au crédit-bailleur, ou tout autre fournisseur professionnel, est responsable du défaut de sécurité du produit, dans les mêmes conditions que le producteur, à moins qu'il ne désigne son propre fournisseur ou le producteur, dans un délai de trois mois à compter de la date à laquelle la demande de la victime lui a été notifiée.**

Le recours du fournisseur contre le producteur obéit aux mêmes règles que la demande émanant de la victime directe du défaut. Toutefois, il doit agir dans l'année suivant la date de sa citation en justice. — *Dispositions transitoires, V. Ord. n° 2016-131 du 10 févr. 2016, art. 9, ss. art. 1386-1 nouv.*

L'art. 1245-6 nouv. reprend à l'identique l'art. 1386-7 anc.

1. Responsabilité du vendeur (art. 1386-7 anc., réd. L. 19 mai 1998). Caractère non contestable de l'obligation à réparation du boucher vendeur de viande de cheval contaminée (trichinellose), dès lors qu'il ne peut être affirmé que l'état des connaissances scientifiques ne permettait pas de déceler l'existence du défaut. • Toulouse, 22 févr. 2000 : *D. 2000. IR 269 ; JCP 2000. II. 10429, note le Tourneau ; RCA 2000, n° 369, note Grynbaum ; CCC 2001, n° 52, note Raymond ; Gaz. Pal. 2001. 1202, note Roulet et Peisse.*

2. Responsabilité du vendeur professionnel d'un pneu défectueux (défaut d'étanchéité), dont l'éclatement a été à l'origine d'un accident. • Toulouse, 7 nov. 2000 : *RCA 2001, n° 199, note Grynbaum.*

3. Transposition de la directive 85/374. En considérant, à l'art. 1386-7, 1er al. anc., que le distributeur d'un produit défectueux est responsable dans tous les cas et au même titre que le producteur, la France a manqué aux obligations qui lui incombent en vertu de l'art. 3, § 3, de la directive. • CJCE 25 avr. 2002, n° C-52/00 : *préc. ss. art. 1245-1.* ♦ Sur cet arrêt, V. Calais-Auloy, *D. 2002. Chron. 2458.* ♦ V. désormais la nouvelle rédaction de l'art. 1386-7 [1245-6]. ♦ V. aussi • CJCE, gr. ch., 14 mars 2006, n° C-177-04 : *D. 2006. IR 1334 ; ibid. Pan. 1936, obs. Brun ; JCP 2006. I. 166, n° 13, obs. Stoffel-Munck ; Gaz. Pal. 2006. Somm. 1986, obs. Peigné ; RDC 2006. 835, obs. Borghetti ; RTD civ. 2006. 265, obs. Rémy-Corlay ; ibid. 337, obs. Jourdain* (nouvelle condamnation de la France pour transposition incorrecte, ayant conduit à l'adoption de la L. du 5 avr. 2006).

Sur l'interprétation de la directive en ce qui concerne la responsabilité du fournisseur, V. • CJCE 10 janv. 2006, n° C-402-03 : *D. 2006. Pan. 1261, obs. Nourissat ; ibid. 1936, obs. Brun ; JCP 2006. I. 166, n° 12, obs. Stoffel-Munck ; Gaz. Pal. 2006. Somm. 1983, obs. Onat ; LPA 11 déc. 2006, obs. Pignarre ; RDC 2006. 835, obs. Borghetti ; RTD civ. 2006. 265, obs. Rémy-Corlay ; ibid. 333, obs. Jourdain ; RTD com. 2006. 515, obs. Luby.*

Application anticipée, à des faits postérieurs à la date limite de transposition, de la directive non encore transposée à l'art. 1386-7 anc., conduisant à déclarer irrecevable l'action dirigée contre le fournisseur non fabricant : • Civ. 1re, 15 mai 2007, n° 05-17.947 P : *D. 2007. AJ 1593, obs. Gallmeister ; ibid. Pan. 2907, obs. Brun ; JCP 2007. I. 185, n° 8, obs. Stoffel-Munck ; CCC 2007, n° 233, note Leveneur ; RDC 2007. 1147, obs. Borghetti ; RTD civ. 2007. 580, obs. Jourdain.*

4. Irrecevabilité de l'action contre le fournisseur fondée sur un autre régime de responsabilité. Se rangeant à la solution imposée par la CJCE (V. note 3), la Cour de cassation a décidé que le régime de la responsabilité du fait des produits défectueux exclut l'application d'autres régimes de responsabilité contractuelle ou extracontractuelle de droit commun fondés sur le défaut d'un produit qui n'offre pas la sécurité à laquelle on peut légitimement s'attendre, à l'exception de la responsabilité pour faute et de la garantie des vices cachés. • Com. 26 mai 2010, n° 08-18.545 P : *D. 2010. Actu. 1483 ; JCP 2010, n° 1015, obs. Stoffel-Munck ; CCC 2010, n° 198, note Leveneur ; RDC 2010. 1266, obs. Carval ; RTD civ. 2010. 790, obs. Jourdain ; RTD com. 2011. 166, obs. Bouloc.* ♦ V. notes ss. art. 1603. — C. civ. ♦ L'action en responsabilité délictuelle fondée sur l'art. 1382 anc. [1240] est irrecevable à l'encontre du fournisseur non fabricant par application des art. 1386-1 anc. s. [1245 s.], en l'absence de faute distincte du défaut de sécurité du produit. • Com. 26 mai 2010 : *préc.*, approuvant • Grenoble, 11 juin 2008 : *RDC 2009. 542, obs. Borghetti.* ♦ V. notes ss. art. 1245-17.

5. Application aux fournisseurs de produits de santé. La directive 85/374 ne prévoit la responsabilité du fournisseur que dans l'hypothèse où le producteur ne peut pas être identifié et interdit aux États de maintenir un régime général de responsabilité du fait des produits défectueux différent de celui qu'elle prévoit, sauf dans l'hypothèse où ce régime, limité à un secteur déterminé de production, aurait été en vigueur le 30 juill. 1985 ; tel n'est pas le cas du régime spécial de responsabilité institué par l'arrêt du Conseil d'État du 9 juill. 2003, selon lequel, sans préjudice d'éventuels recours en garantie, le service public hospitalier est responsable, même en l'absence de faute de sa part, des conséquences dommageables pour les usagers de la défaillance des produits et appareils de santé qu'il utilise, peu important la circonstance que la jurisprudence présente un caractère rétroactif. • TA Toulouse, 30 déc. 2008 : *D. 2009. 1939, note Borghetti ; AJDA 2009. 721, concl. Truilhé.*

6. Recours du fournisseur contre le producteur. Le recours prévu à l'art. 1386-7 anc. [1245-6] est réservé au fournisseur dont la responsabilité de plein droit a été engagée en raison du défaut d'identification du producteur, et ne s'applique pas lorsque les deux sociétés en cause sont toutes deux les producteurs, pour l'une de la prothèse, et pour l'autre d'une partie composante de celle-ci. • Civ. 1re, 15 mars 2017, n° 15-27.740 P.

Art. 1245-7 *(Ord. n° 2016-131 du 10 févr. 2016, art. 2, en vigueur le 1er oct. 2016)* **En cas de dommage causé par le défaut d'un produit incorporé dans un autre, le producteur de la partie composante et celui qui a réalisé l'incorporation sont solidairement responsables.** — *Dispositions transitoires, V. Ord. n° 2016-131 du 10 févr. 2016, art. 9, ss. art. 1386-1 nouveau.*

L'art. 1245-7 nouv. reprend à l'identique l'art. 1386-8 anc.

Aux termes de l'art. 1386-8 anc. [1245-7], qui transpose en droit interne l'art. 5 de la Dir. n° 85/374/CEE du Conseil du 25 juill. 1985, en cas de dommage causé par le défaut d'un produit incorporé dans un autre, le producteur de la partie composante et celui qui a réalisé l'incorporation sont solidairement responsables; selon l'art. 5 préc., la solidarité dont est assortie la responsabilité de plusieurs personnes dans la survenance d'un même dommage est sans préjudice des dispositions du droit national relatives au droit de recours; il résulte de la combinaison de ces règles que le producteur du produit fini et celui de la partie composante sont solidairement responsables à l'égard de la victime, mais que, dans leurs rapports entre eux, la détermination de leur contribution respective à la dette ne relève pas du champ d'application de la directive et, notamment, des dispositions de l'art. 1386-11 anc. [1245-10], qui transpose en droit interne l'art. 7 de la même Dir. • Civ. 1re, 26 nov. 2014, n° 13-18.819 P : *D. 2015. 405, note Borghetti ; RDC 2015. 252, note Viney.* ♦ En droit interne, la contribution à la dette, en l'absence de faute, se répartit à parts égales entre les coobligés, cassation de l'arrêt qui a condamné le producteur du sous-composant à l'origine du dommage à garantir entièrement le producteur de la prothèse en cause des condamnations prononcées solidairement contre elles. • Même arrêt.

Art. 1245-8 *(Ord. n° 2016-131 du 10 févr. 2016, art. 2, en vigueur le 1er oct. 2016)* **Le demandeur doit prouver le dommage, le défaut et le lien de causalité entre le défaut et le dommage.** — *Dispositions transitoires, V. Ord. n° 2016-131 du 10 févr. 2016, art. 9, ss. art. 1386-1 nouveau.*

L'art. 1245-8 nouv. reprend à l'identique l'art. 1386-9 anc.

1. Charge de la preuve. Il appartient au demandeur en réparation du dommage causé par un produit qu'il estime défectueux de prouver le défaut invoqué. • Civ. 1re, 4 févr. 2015, n° 13-27.505 P : *D. 2016. 167, obs. Bretzner et Aynès ; RTD civ. 2015. 404, obs. Jourdain ; Gaz. Pal. 2015. 951, obs. Oudot.*

Le demandeur doit prouver le dommage, le défaut du produit et le lien de causalité : la preuve peut se faire par tous moyens et notamment par présomptions ou indices précis, graves et concordants. • Civ. 1re, 21 oct. 2020, n° 19-18.689 P : *D. 2021. 46, obs. Quézel-Ambrunaz ; RTD civ. 2021. 155, obs. Jourdain ; JCP 2020, n° 1276, note Parance ; CCC 2021, n° 2, note Leveneur ; RDC 2021/1. 35, note Knetsch* (preuve rapportée en l'espèce : expertise établissant que les troubles et le stress subis par la victime résultent bien du produit).

2. Causes exactes du sinistre non établies. V. note 3 ss. art. 1245-3.

3. Principe : admission de la preuve par présomption. La preuve du lien de causalité dont la charge incombe à la victime ne peut résulter d'une présomption de droit, mais elle peut reposer sur des indices ou des présomptions de fait selon la loi du for, seule compétente pour établir les modalités de la preuve, sans cependant que puisse lui être opposée l'absence de certitude scientifique. • CJUE 21 juin 2017, n° C-621/15 : *D. 2017. 1807, note Borghetti ; RTD civ. 2017. 877, obs. Jourdain ; Gaz. Pal. 2017. 2648, note Cormier.* ♦ Dans la même affaire : transmission d'une question préjudicielle à la CJUE pour déterminer si l'art. 4 de la directive, repris par l'art. 1386-9 anc. [1245-8], doit être interprété en ce sens que la preuve, à la charge de la victime, de l'existence d'un lien de causalité entre le défaut invoqué et le dommage par elle subi ne peut être considérée comme rapportée que si ce lien est établi de manière scientifique. • Civ. 1re, 12 nov. 2015, n° 14-18.118 P : *D. 2015. 2602, note Borghetti ; JCP 2016, n° 8, note Viney.*

4. Applications : présomption établie. Présomptions graves, précises et concordantes permettant de retenir que la pathologie d'une patiente est imputable au Mediator; si l'expert judiciaire a conclu à une causalité seulement plausible, le collège d'experts, placé auprès de l'Office national d'indemnisation des accidents médicaux, des affections iatrogènes et des infections nosocomiales, et chargé d'émettre un avis sur les dommages et les responsabilités en vue d'une indemnisation amiable des victimes du benfluorex, s'est ensuite prononcé en faveur d'une imputabilité de l'insuffisance aortique à la prise de Mediator, la connaissance sur les effets nocifs du médicament ayant alors progressé, aucune hypothèse faisant appel à une cause étrangère n'ayant été formulée et aucun élément ne permettant de considérer que la pathologie de l'intéressée est antérieure au traitement par le Mediator. • Civ. 1re, 20 sept. 2017, n° 16-19.643 P : *D. 2017. 2279, avis Sudre ; ibid. 2284, note Viney ; ibid. 2018. 35, obs. Brun ; RDSS 2017. 1132, obs. Peigné ; RTD civ. 2018. 143, obs. Jourdain ; JCP 2017, n° 1186, note Borghetti ; Gaz. Pal. 2017. 2689, note Le Goffic ; CCC 2018, n° 2, note Leveneur ; RCA 2017, Étude 12, note Bloch.* ♦ V. déjà : les juges ne peuvent débouter une victime de son action en responsabilité en se fondant sur une considération générale sur le rapport bénéfice/risque de la vaccination, après avoir admis, en raison de l'excellent état de santé antérieur, de l'absence d'antécédents familiaux et du lien temporel entre la vaccination et l'apparition de la maladie, qu'il existait des présomptions graves, précises et concordantes permettant de dire que le lien causal entre la maladie et la prise du produit était suffisamment établi, et sans examiner si les circonstances particulières ainsi retenues ne constituaient pas des présomptions graves, précises et concordantes de nature à établir le caractère défectueux des trois doses administrées à l'intéressé. • Civ. 1re, 26 sept. 2012, n° 11-17.738 P : *D. 2012. 2304, obs. Gallmeister ; ibid. 2853, note Borghetti ; ibid. 2376, obs. Radé ; RTD civ. 2013. 131, obs.*

Jourdain ; JCP 2012, n° 1199, note Quézel-Ambrunaz ; CCC 2012, n° 273, obs. Leveneur ; RCA 2012, n° 350, note Hocquet-Berg ; RLDC 2012/99, n° 4888, note Gout (visa des art. 1386-4 et 1353 anc.).

5. ... Présomption non établie. Appréciation souveraine par les juges du fonds sur le fait que la concomitance entre la vaccination et l'apparition de la maladie comme l'absence d'antécédents neurologiques personnels et familiaux, prises ensemble ou isolément, ne constituaient pas de telles présomptions permettant de retenir l'existence d'un lien de causalité entre les vaccins administrés et la maladie. • Civ. 1re, 18 oct. 2017, n° 14-18.118 P : *D. 2018. 35, obs. Quézel-Ambrunaz ; ibid. 490, note Borghetti ; RDSS 2017. 1136, obs. Peigné ; RTD civ. 2018. 140, obs. Jourdain ; RTD eur. 2018. 340, obs. Jeauneau ; Gaz. Pal. 2017.3271, obs. Prieur ; RCA 2017, n° 319, note Bloch ; RLDC 2018/155. 17, note Corgas-Bernard* (hépatite B) • 18 oct. 2017, n° 14-18.118 P : *préc.* (sclérose en plaque).

6. Influence des instances pénales. Absence de sursis à statuer dans l'attente d'une décision pénale dans la mesure où l'action introduite devant la juridiction civile n'est pas fondée sur les infractions pour lesquelles une information pénale était ouverte contre la société des chefs de tromperie, homicides et blessures involontaires, mais sur la responsabilité sans faute de celle-ci au titre de la défectuosité du Mediator. • Civ. 1re, 20 sept. 2017, n° 16-19.643 P : *préc. note 4.*

Art. 1245-9 *(Ord. n° 2016-131 du 10 févr. 2016, art. 2, en vigueur le 1er oct. 2016)* **Le producteur peut être responsable du défaut alors même que le produit a été fabriqué dans le respect des règles de l'art ou de normes existantes ou qu'il a fait l'objet d'une autorisation administrative.** — *Dispositions transitoires, V. Ord. n° 2016-131 du 10 févr. 2016, art. 9, ss. art. 1386-1 nouveau.*

L'art. 1245-9 nouv. reprend à l'identique l'art. 1386-10 anc.

Art. 1245-10 *(Ord. n° 2016-131 du 10 févr. 2016, art. 2, en vigueur le 1er oct. 2016)* **Le producteur est responsable de plein droit à moins qu'il ne prouve :**

1° Qu'il n'avait pas mis le produit en circulation ;

2° Que, compte tenu des circonstances, il y a lieu d'estimer que le défaut ayant causé le dommage n'existait pas au moment où le produit a été mis en circulation par lui ou que ce défaut est né postérieurement ;

3° Que le produit n'a pas été destiné à la vente ou à toute autre forme de distribution ;

4° Que l'état des connaissances scientifiques et techniques, au moment où il a mis le produit en circulation, n'a pas permis de déceler l'existence du défaut ;

5° Ou que le défaut est dû à la conformité du produit avec des règles impératives d'ordre législatif ou réglementaire.

Le producteur de la partie composante n'est pas non plus responsable s'il établit que le défaut est imputable à la conception du produit dans lequel cette partie a été incorporée ou aux instructions données par le producteur de ce produit. — *Dispositions transitoires, V. Ord. n° 2016-131 du 10 févr. 2016, art. 9, ss. art. 1386-1 nouveau.*

L'art. 1245-10 nouv. reprend à l'identique l'art. 1386-11 anc.

1. Directive 85/374 : mise en circulation d'un produit. La directive 85/374 doit être interprétée en ce sens qu'un produit défectueux est mis en circulation lorsqu'il est utilisé à l'occasion d'une prestation de service concrète, de nature médicale, consistant à préparer un organe humain en vue de sa transplantation et que le dommage causé à celui-ci est consécutif à cette préparation. • CJCE 10 mai 2001, n° C-203-99 : *D. 2001. 3065, note Kayser ; RTD civ. 2001. 898, obs. Jourdain ; ibid. 988, obs. Raynard ; RTD com. 2001. 827, obs. Luby.*

2. ... État des connaissances scientifiques et techniques. Interprétation de l'art. 7 de la directive européenne du 25 juill. 1985 sur l'exonération du producteur pour les défauts indécelables en l'état des connaissances scientifiques et techniques au moment de la mise en circulation. • CJCE 29 mai 1997 : *D. 1998. 488, note A. Penneau ; JCP 1997. I. 4070, n° 31, obs. Viney* (appréciation objective du niveau le plus avancé des connaissances, indépendamment du secteur concerné).

Responsabilité du producteur sauf preuve que l'état des connaissances scientifiques et techniques au moment de la mise en circulation n'a pas permis de déceler le défaut. • Civ. 1re, 21 oct. 2020, n° 19-18.689 P : *D. 2021. 46, obs. Quézel-Ambrunaz ; RTD civ. 2021. 155, obs. Jourdain ; JCP 2020, n° 1276, note Parance ; CCC 2021, n° 2, note Leveneur ; RDC 2021/1. 35, note Knetsch* (preuve non rapportée en l'espèce).

3. ... Documentation. Les juges du fond doivent répondre au moyen soulevé par le défendeur selon lequel à la date de la prise du médicament (Depakine) la présentation dans les documents d'information, et notamment de la notice était conforme aux règles édictées par l'autorité. • Civ. 1re, 27 nov. 2019, n° 18-16.537 P : *D. 2019. 2297 ; RTD civ. 2020. 124, obs. Jourdain ; JCP 2020, n° 53, note Viney ; RDC 2020/1. 10, note Borghetti.*

4. ... Causes d'exonération. Les cas d'exonération, limitativement énumérés par l'art. 7, doivent faire l'objet d'une interprétation stricte. • CJCE 10 mai 2001 : *préc. note 1.* ♦ La force majeure ne figure pas parmi les causes d'exonération énumérées de manière limitative par les art. 1386-1 anc. s. [1245 s.] • Toulouse, 14 déc. 2004 : *JCP E 2005. 926* (viande commercialisée avec l'autorisation des services vétérinaires qui n'ont pas décelé sa contamination).

Le juge n'est pas tenu de rechercher une cause d'exonération dont le producteur ne s'est pas prévalu devant lui. • Civ. 1re, 25 févr. 2016, n° 15-11.257 P : *RTD civ. 2016. 386, obs. Jourdain*.

5. Date de mise en circulation. La date de mise en circulation du produit qui a causé le dommage s'entend, dans le cas de produits fabriqués en série, de la date de commercialisation du lot dont il faisait partie. • Civ. 1re, 20 sept. 2017, n° 16-19.643 P : *D. 2017. 2279, avis Sudre ; ibid. 2018. 35, obs. Brun ; ibid. 2284, note Viney ; RDSS 2017. 1132, obs. Peigné ; RTD civ. 2018. 143, obs. Jourdain ; JCP 2017, n° 1186, note Borghetti ; Gaz. Pal. 2017. 2689, note Le Goffic ; CCC 2018, n° 2, note Leveneur ; RCA 2017, Étude 12, note Bloch* (Mediator).

6. Cause d'exonération invoquée en référé. L'invocation d'une cause d'exonération de responsabilité constitue une contestation dont le sérieux doit être examiné par le juge des référés sans que puisse être exigée l'évidence de la réunion des conditions de l'exonération. • Civ. 2e, 4 juin 2015, n° 14-13.405 P.

7. Risque de développement. Si le juge national, saisi d'un litige entrant dans le domaine d'application d'une directive, est tenu d'interpréter son droit interne à la lumière du texte et de la finalité de cette directive, c'est à la condition que celle-ci soit contraignante pour l'État membre et ne lui laisse pas une faculté d'option pour l'adaptation de son droit national au droit communautaire. • Civ. 1re, 9 juill. 2009 : *JCP 2009. n° 41, p. 13, note Sargos ; CCC 2009, n° 261, obs. Leveneur.* ♦ L'art. 15 de la Dir. 85/374/CEE laissait aux États la faculté d'introduire ou non dans leur législation interne l'exonération pour risque de développement, de sorte que les dispositions de l'art. 7, e) de la directive, alors non encore transposée, prévoyant ce cas d'exonération, ne pouvaient donner lieu à une interprétation conforme des textes de droit interne, dans un litige entre particuliers. • Même arrêt.

8. Rapport entre producteur et producteur d'un composant. V. note ss. art. 1245-7.

Art. 1245-11 *(Ord. n° 2016-131 du 10 févr. 2016, art. 2, en vigueur le 1er oct. 2016)* **Le producteur ne peut invoquer la cause d'exonération prévue au 4° de l'article 1245-10 lorsque le dommage a été causé par un élément du corps humain ou par les produits issus de celui-ci.** – *Dispositions transitoires, V. Ord. n° 2016-131 du 10 févr. 2016, art. 9, ss. art. 1386-1 nouv.*

L'art. 1245-11 nouv. reprend à l'identique l'art. 1386-12 anc.

1. V. notes ss. art. 1245-17.

2. Transposition de la directive 85/374. En prévoyant, à l'art. 1245-11, 2e al., que le producteur doit prouver qu'il a pris les dispositions propres à prévenir les conséquences d'un produit défectueux afin de pouvoir se prévaloir des causes d'exonération prévues à l'art. 7, sous d) et e), de la directive, la France a manqué aux obligations qui lui incombent en vertu de l'art. 7 de la directive. • CJCE 25 avr. 2002, n° C-52/00 : *V. note ss. art. 1245-1.* ♦ Sur cet arrêt, V. Calais-Auloy, *D. 2002. Chron. 2458.* ♦ V. désormais la nouvelle rédaction de l'art. 1245-11.

Art. 1245-12 *(Ord. n° 2016-131 du 10 févr. 2016, art. 2, en vigueur le 1er oct. 2016)* **La responsabilité du producteur peut être réduite ou supprimée, compte tenu de toutes les circonstances, lorsque le dommage est causé conjointement par un défaut du produit et par la faute de la victime ou d'une personne dont la victime est responsable.** – *Dispositions transitoires, V. Ord. n° 2016-131 du 10 févr. 2016, art. 9, ss. art. 1386-1 nouveau.*

L'art. 1245-12 nouv. reprend à l'identique l'art. 1386-13 anc.

1. Le fait, pour la victime de brûlures occasionnées par du béton, d'avoir gardé sur elle pendant une heure un pantalon imprégné de béton mouillé ne caractérise pas la faute exonératoire de l'art. 1386-13 anc. [1245-12]. • Civ. 1re, 7 nov. 2006 : *cité note 1 ss. art. 1245-3.*

2. Absence de faute de la victime qui a branché une bouteille de gaz propane à la place d'une bouteille de gaz butane suite à une erreur lors de l'échange des bouteilles, et qui ne pouvait avoir conscience du danger. • Civ. 1re, 4 févr. 2015, n° 13-19.781 P : *cité note 1 ss. art. 1245-3.*

3. La faute alléguée de la victime résidant dans l'absence d'une protection du visage lors de l'inhalation du produit est sans lien de causalité avec le dommage subi, étant établi qu'une telle protection n'aurait pas permis d'éviter celui-ci. • Civ. 1re, 21 oct. 2020, n° 19-18.689 P : *D. 2021. 46, obs. Quézel-Ambrunaz ; RTD civ. 2021. 155, obs. Jourdain ; JCP 2020, n° 1276, note Parance ; CCC 2021, n° 2, note Leveneur ; RDC 2021/1. 35, note Knetsch.*

4. Cassation de l'arrêt ayant réduit la responsabilité de la société au motif que les victimes ont commis une faute ayant aggravé le sinistre, alors que cette faute n'avait pas causé le dommage mais l'avait seulement aggravé. • Civ. 1re, 2 juin 2021, n° 19-19.349 P : *D. 2022. 35, obs. Gout ; RTD civ.*

2021. 658, obs. Jourdain (surtension imputée à Enedis, dont les conséquences avaient été aggravées par l'installation par les victimes d'un réenclencheur non conforme).

Art. 1245-13 *(Ord. nº 2016-131 du 10 févr. 2016, art. 2, en vigueur le 1er oct. 2016)* **La responsabilité du producteur envers la victime n'est pas réduite par le fait d'un tiers ayant concouru à la réalisation du dommage.** — *Dispositions transitoires, V. Ord. nº 2016-131 du 10 févr. 2016, art. 9, ss. art. 1386-1 nouveau.*

L'art. 1245-13 nouv. reprend à l'identique l'art. 1386-14 anc.

Impossibilité pour un constructeur d'avion et celui d'un de ses composants d'échapper à leur obligation en invoquant le fait d'un tiers, la compagnie aérienne, et sa méconnaissance de l'absence de fiabilité du composant litigieux. • Civ. 1re, 28 nov. 2018, nº 17-14.356 P : *D. 2018. 2360* ; *RCA 2019, nº 47, note Bloch* (cassation de l'arrêt estimant que l'obligation des producteurs est sérieusement contestable, au motif que le module défectueux aurait dû être changé dans le cadre de la maintenance de l'appareil).

Art. 1245-14 *(Ord. nº 2016-131 du 10 févr. 2016, art. 2, en vigueur le 1er oct. 2016)* **Les clauses qui visent à écarter ou à limiter la responsabilité du fait des produits défectueux sont interdites et réputées non écrites.**

Toutefois, pour les dommages causés aux biens qui ne sont pas utilisés par la victime principalement pour son usage ou sa consommation privée, les clauses stipulées entre professionnels sont valables. — *Dispositions transitoires, V. Ord. nº 2016-131 du 10 févr. 2016, art. 9, ss. art. 1386-1 nouveau.*

L'art. 1245-14 nouv. reprend à l'identique l'art. 1386-15 anc.

Art. 1245-15 *(Ord. nº 2016-131 du 10 févr. 2016, art. 2, en vigueur le 1er oct. 2016)* **Sauf faute du producteur, la responsabilité de celui-ci, fondée sur les dispositions du présent chapitre, est éteinte dix ans après la mise en circulation du produit même qui a causé le dommage à moins que, durant cette période, la victime n'ait engagé une action en justice.** — *Dispositions transitoires, V. Ord. nº 2016-131 du 10 févr. 2016, art. 9, ss. art. 1386-1 nouveau.*

L'art. 1245-15 nouv. reprend à l'identique l'art. 1386-16 anc.

BIBL. ▶ JOLY, *D. 2001. Chron. 1450* (doubles délais extinctifs). – WINTGEN, *RDC 2007. 907* (double délai de prescription extinctive).

1. Il résulte des art. 1147 anc. et 1384 anc. [1242], al. 1er, C. civ. anc., interprétés à la lumière de la directive CEE nº 85-374 du 24 juill. 1985, et de l'art. L. 110-4 C. com. que l'action de la victime d'un produit vendu défectueux, dont la mise en circulation est antérieure à l'entrée en vigueur de la L. du 19 mai 1998, codifiée aux art. 1386-1 à 1386-18 anc. [1245 s.] C. civ., se prescrit à l'encontre du vendeur à compter de la vente. • Com. 24 janv. 2006, nº 02-11.323 P : *RTD civ. 2006. 571, obs. Jourdain* .

2. Pour l'applicabilité dans le temps de cette disposition, V. • Civ. 1re, 15 mai 2015, nº 14-13.151 P : *V. note 1 ss. art. 1245-16* • 31 janv. 2018, nº 17-11.259 : *RDC 2018. 192, note Borghetti.*

3. Comp. sur l'atteinte substantielle au droit d'accès au juge lorsque la période de latence d'une maladie excède le délai légal de péremption ou de prescription. • CEDH, sect. II, 11 mars 2014, *Howald Moor et a. c/ Suisse*, nos 52067/10 et 41072/11.

Art. 1245-16 *(Ord. nº 2016-131 du 10 févr. 2016, art. 2, en vigueur le 1er oct. 2016)* **L'action en réparation fondée sur les dispositions du présent chapitre se prescrit dans un délai de trois ans à compter de la date à laquelle le demandeur a eu ou aurait dû avoir connaissance du dommage, du défaut et de l'identité du producteur.** — *Dispositions transitoires, V. Ord. nº 2016-131 du 10 févr. 2016, art. 9, ss. art. 1386-1 nouveau.*

L'art. 1245-16 nouv. reprend à l'identique l'art. 1386-17 anc.

1. Mise en circulation antérieure à la transposition de la directive. Il résulte du principe de non-rétroactivité que l'action en réparation n'est pas soumise au délai de trois ans, mais au délai de dix ans à compter de la date de consolidation du dommage alors prévu par la loi française, lorsque la mise en circulation du produit défectueux, bien que postérieure à l'expiration du délai de transposition, est cependant antérieure à l'entrée en vigueur de la loi du 19 mai 1998 qui a effectivement transposé la directive en droit français. • Civ. 1re, 15 mai 2015, nº 14-13.151 P (cassation de l'arrêt qui avait appliqué le délai de 3 ans prévu par la directive).

2. Interprétation du droit interne. Le droit interne applicable au litige relatif à un produit mis en circulation après le 30 juill. 1988, date d'expiration du délai de transposition de la directive, et avant la date d'entrée en vigueur de la L. nº 98-389 du 19 mai 1998 transposant en droit français cette directive, doit être interprété à la lumière de cette dernière ; cassation de l'arrêt ayant retenu comme point de départ du délai de prescription décennale de l'art. L. 110-4 C. com. le jour de la livraison du bien, objet du contrat, alors que la cour d'appel aurait dû rechercher, au besoin d'office, si, eu égard à la date de mise en circulation du produit défectueux, qui n'est pas nécessairement celle de la vente, le droit interne dont elle faisait application à toutes les parties ne devait pas être interprété à la lumière de la directive précitée pour les dommages entrant dans le champ d'application de celle-ci. • Com. 18 mai 2016, n° 14-16.234 P.

3. Application. Les demandeurs n'ayant pas été informés que la Depakine pouvait produire des effets tératogènes, ce n'est qu'à l'issue d'investigations et après le dépôt du rapport d'expertise qu'ils ont pu avoir connaissance du défaut du produit. • Civ. 1re, 27 nov. 2019, n° 18-16.537 P : *D. 2019. 2297 ; RTD civ. 2020. 124, obs. Jourdain ; JCP 2020, n° 53, note Viney; RDC 2020/1. 10, note Borghetti.* ♦ V. également : • Civ. 1re, 6 déc. 2017, n° 16-21.493 : *RDC 2018. 190, note Borghetti* (éléments connus dès le sinistre, peu important que le montant du dommage ait été fixé par un arrêt de cour administrative d'appel postérieur à la date à laquelle la victime avait eu connaissance de l'existence du même dommage).

Art. 1245-17 *(Ord. n° 2016-131 du 10 févr. 2016, art. 2, en vigueur le 1er oct. 2016)* **Les dispositions du présent chapitre ne portent pas atteinte aux droits dont la victime d'un dommage peut se prévaloir au titre du droit de la responsabilité contractuelle ou extracontractuelle ou au titre d'un régime spécial de responsabilité.**

Le producteur reste responsable des conséquences de sa faute et de celle des personnes dont il répond. — *Dispositions transitoires, V. Ord. n° 2016-131 du 10 févr. 2016, art. 9, ss. art. 1386-1 nouv.*

L'art. 1245-17 nouv. reprend à l'identique l'art. 1386-18 anc.

1. Responsabilité du fait des produits défectueux et droit commun. L'art. 13 de la directive 85/374/CEE doit être interprété en ce sens que les droits conférés par la législation d'un État membre aux victimes d'un dommage causé par un produit défectueux, au titre d'un régime général de responsabilité ayant le même fondement que celui mis en place par ladite directive, peuvent se trouver limités ou restreints à la suite de la transposition de celle-ci dans l'ordre juridique interne dudit État. • CJCE 25 avr. 2002, n° C-183/00 : *D. 2002. 2462, note Larroumet (2e esp.) ; ibid. Somm. 2937, obs. Pizzio ; D. 2003. Somm. 463, obs. D. Mazeaud ; RTD civ. 2002. 523, obs. Jourdain ; RTD com. 2002. 585, obs. Luby ; RDC 2003. 107, obs. Brun.* ♦ V. aussi : Calais-Auloy, *D. 2002. Chron. 2458.* – Gorny, *LPA 9 mai 2003.* – Oudot, *Dr. et patr. 1/2003. 40.* – Viney, *JCP 2002. I. 177.* ♦ Le régime mis en place par la directive préc. n'exclut pas l'application d'autres régimes de responsabilité contractuelle ou extracontractuelle reposant sur des fondements différents, tels que la garantie des vices cachés ou la faute, mais la victime de la défaillance d'un produit qui fonde son action sur les dispositions de l'art. 1382 anc. [1240] ne peut se prévaloir d'un régime de responsabilité distinct du régime de responsabilité du fait des produits défectueux que si elle établit que le dommage subi résulte d'une faute distincte du défaut de sécurité du produit en cause. • Civ. 1re, 10 déc. 2014, n° 13-14.314 P • Civ. 1re, 17 mars 2016, n° 13-18.876 P : *D. 2017. 24, obs. Brun, Gout et Quézel-Ambrunaz ; RTD civ. 2016. 646, obs. Jourdain ; RDC 2016. 442, note Borghetti.* ♦ Dans le même sens, pour l'action en responsabilité du fait des choses, prévue à l'art. 1384, al. 1er, devenu 1242, al. 1er, C. civ. qui, lorsqu'elle est invoquée à l'encontre du producteur après la mise en circulation du produit, procède nécessairement d'un défaut de sécurité. • Civ. 1re, 11 juill. 2018, n° 17-20.154 P : *D. 2018. 1840, note Borghetti ; AJ contrat 2018. 442, obs. Bucher ; RTD civ. 2019. 121, obs. Jourdain.* ♦ V. note 6 ss. art. 1245-1.

La condition est remplie lorsqu'il s'agit d'une résolution du contrat. • Civ. 1re, 9 déc. 2020, n° 19-21.390 P : *D. 2021. 7 ; RTD civ. 2021. 427, obs. Jourdain ; RDC 2021/1. 42, note Borghetti.* – V. note 29 ss. art. 1604.

2. Question préjudicielle. La responsabilité d'un prestataire de services qui utilise, dans le cadre d'une prestation de services telle que des soins dispensés en milieu hospitalier, des appareils ou des produits défectueux dont il n'est pas le producteur au sens des dispositions de l'art. 3 de la Dir. n° 85/374/CEE, et cause, de ce fait, des dommages au bénéficiaire de la prestation ne relève pas du champ d'application de cette directive. Cette dernière ne s'oppose dès lors pas à ce qu'un État membre institue un régime prévoyant la responsabilité d'un tel prestataire à l'égard des dommages ainsi occasionnés, même en l'absence de toute faute imputable à celui-ci, à condition, toutefois, que soit préservée la faculté pour la victime et/ou ledit prestataire de mettre en cause la responsabilité du producteur sur le fondement de la directive lorsque se trouvent remplies les conditions prévues par celle-ci. • CJUE 21 déc. 2011 : *D. 2012. 926, note Borghetti ; ibid. 2013. 40, obs. Brun et Gout ; AJDA 2011. 2012. 306, chron. Aubert, Broussy et Donnat ; RTD civ. 2012. 329, obs. Jourdain ; RTD eur. 2012. 679, obs. Aubert de Vincelles ; RCA 2012. Étude n° 8, note Hocquet-Berg* • CE 12 mars 2012, n° 327449 : *D. 2013. 40, obs. Brun et Gout ; AJDA 2012. 1665. Étude Belrhali-Bernard ; D. 2013. 40, obs. Brun et Gout ; RFDA 2012. 961, chron. Mayeur-Carpentier, Clément-Wilz et Martucci ; RDSS 2012. 716, note Peigné.* ♦ Il résulte de l'interprétation ainsi donnée par la CJUE que la Dir. du 25 juill. 1985 ne fait pas obstacle à l'application du principe selon lequel, sans préjudice des actions susceptibles d'être exercées à l'encontre du producteur, le service public hospitalier est responsable, même en l'absence de faute de sa part, des conséquences dommageables pour les usagers de la défaillance des produits et appareils de santé qu'il utilise ; que ce principe trouve à s'appliquer lorsque le service public hospitalier implante, au cours de la prestation de soins, un produit défectueux dans le corps d'un patient. • CE 25 juill. 2013 : *AJDA 2013. 1972, chron. Domino et Bretonneau* ; *D. 2013. 2438, note Bacache* ; *ibid. 2014. 47, obs. Gout* ; *ibid. 2021, obs. Laude* ; *RDSS 2013. 881, note Peigné* ; *JCP 2013, n° 1079, note Paillard.* ♦ Sur le renvoi de deux questions préjudicielles : • CE 4 oct. 2010, n° 327449 : *D. 2011. 213, note Borghetti*.

Réparation du préjudice écologique

(L. n° 2016-1087 du 8 août 2016, art. 4-VI)

Les art. 1246 à 1252 sont applicables à la réparation des préjudices dont le fait générateur est antérieur au 1er oct. 2016. Ils ne sont pas applicables aux préjudices ayant donné lieu à une action en justice introduite avant cette date (L. n° 2016-1087 du 8 août 2016, art. 4-VIII). Les mêmes art. sont applicables dans les îles Wallis-et-Futuna et dans les Terres australes et antarctiques françaises (L. préc., art. 4-IX).

Art. 1246 Toute personne responsable d'un préjudice écologique est tenue de le réparer.

RÉP. CIV. *v° Responsabilité civile environnementale*, par M. HAUTEREAU-BOUTONNET.

DALLOZ ACTION *Droit de la responsabilité et des contrats 2021/2022, nos 681.00 s.*

BIBL. ▶ BACACHE, *JCP 2016, n° 647.* – BOLCH, *RCA 2017. Étude 3* (dommages subis par des choses destinées à l'usage professionnel). – DEGUERGUE, *AJDA 2018. 2077* (les imperfections de la responsabilité administrative environnementale). – EPSTEIN, *D. 2016. 1236* (réparation du préjudice écologique en droit commun de la responsabilité civile). – GALI, *D. 2021. 709* (le préjudice et l'environnement). – HAUTEREAU-BOUTONNET, *JCP 2016, n° 948.* – HAUTEREAU-BOUTONNET et TRUILHE-MARENGO, *D. 2017. 827* (procès environnemental). – HLALEH, *LPA 18 janv. 2018, p. 8* (prévention contractuelle des préjudices environnementaux). – J. MARTIN, *D. 2013. 2347* (rapport « pour la réparation du préjudice écologique »). – NEYRET, *D. 2012. 2673* ; *ibid. 2017. 924* . – PARANCE, *JCP 2016, n° 648 ; D. 2018. 1449* (régulation des perturbateurs endocriniens). – PERRIER, *AJ pénal 2016. 320* (indemnisation et la nécessaire évaluation du préjudice écologique). – REBEYROL, *D. 2010. 1804* . – REBOUL-MAUPIN, *D. 2016. 2074* (obligations réelles environnementales). – RENUCCI, *D. 2020. 181* (risques environnementaux et Convention européenne des droits de l'homme). – TORRE-SCHAUB, *JCP 2021, n° 305* (environnement – Le préjudice écologique au secours du climat, ombres et lumières). – VAN LANG, *AJDA 2008. 934* (affaire de l'Erika) ; *ibid. 2016. 2381* (loi biodiversité).

Préjudice écologique subi par un parc naturel en raison de la pêche en zone protégée et évaluation des dommages-intérêts faute de réparation en nature possible : • T. corr. Marseille, 6 mars 2020, n° 18330000441 : *D. 2020. 1553, note Leray, Bardy, Martin et Vanuxem* .

Art. 1247 Est réparable, dans les conditions prévues au présent titre, le préjudice écologique consistant en une atteinte non négligeable aux éléments ou aux fonctions des écosystèmes ou aux bénéfices collectifs tirés par l'homme de l'environnement.

BIBL. ▶ J. MARTIN, *JCP 2020, n° 1367* (l'article 1247 du code civil est-il contraire à la Constitution ?).

Constitutionnalité. Les mots : « non négligeable » figurant à l'art. 1247, dans sa rédaction résultant de la L. n° 2016-1087 du 8 août 2016 pour la reconquête de la biodiversité, de la nature et des paysages, sont conformes à la Constitution. • Cons. const. 5 févr. 2021, n° 2020-881 QPC : *D. 2021. 239* ; *RCA 2021. Étude 4, note Lagoutte ; JCP 2021, n° 217, note J. Martin.*

Art. 1248 L'action en réparation du préjudice écologique est ouverte à toute personne ayant qualité et intérêt à agir, telle que l'État, l'*(L. n° 2019-773 du 24 juill. 2019, art. 21-VI)* **« Office français de la biodiversité », les collectivités territoriales et leurs groupements dont le territoire est concerné, ainsi que les établissements publics et les associations agréées ou créées depuis au moins cinq ans à la date d'introduction de l'instance qui ont pour objet la protection de la nature et la défense de l'environnement.**

Art. 1249 La réparation du préjudice écologique s'effectue par priorité en nature.

En cas d'impossibilité de droit ou de fait ou d'insuffisance des mesures de réparation, le juge condamne le responsable à verser des dommages et intérêts, affectés à la réparation de l'environnement, au demandeur ou, si celui-ci ne peut prendre les mesures utiles à cette fin, à l'État.

2004. 449, obs. Malinvaud. ♦... Pour une centrale de climatisation de grande ampleur : • Civ. 3e, 28 janv. 2009, nº 07-20.891 P : *D. 2009. 2008, note Houtcieff ; ibid. 2010. Pan. 224, obs. Fauvarque-Cosson ; Defrénois 2010. 219, obs. Périnet-Marquet ; RDC 2009. 999, obs. Mazeaud ; ibid. 1019, obs. Viney* • 24 sept. 2014, nº 13-19.615 : *RDI 2014. 643, obs. Malinvaud* (système de climatisation par pompe à chaleur immergée au fond d'un puits en contact avec la nappe phréatique). ♦ ... Pour une conduite métallique fermée d'adduction d'eau à une centrale électrique. • Civ. 3e, 19 janv. 2017, nº 15-25.283 P : *D. 2017. 214 ; RDI 2017. 151, obs. Malinvaud*. ♦ V. aussi note 3. ♦ Rappr., pour la construction d'un court de tennis : • Civ. 1re, 2 mai 1990 : *RCA 1990, nº 307, obs. Groutel ; RGAT 1990. 585, obs. d'Hauteville ; RDI 1990. 514, obs. Dubois* (solution adoptée dans le cadre d'une stipulation d'un contrat d'assurance). ♦ La réalisation d'une aire de stationnement et d'un bâtiment formant une opération globale de construction relève de l'art. 1792. • Civ. 3e, 9 juin 2004, nº 03-11.480 P : *Defrénois 2005. 60, obs. Périnet-Marquet ; RDI 2004. 423, obs. Legay ; ibid. 451, obs. Malinvaud*.

2. *Ouvrage immobilier.* Il n'y a pas construction d'un ouvrage immobilier en cas de vente d'une maison mobile, simplement posée, sans travaux ni fondations. • Civ. 3e, 28 avr. 1993, nº 91-14.215 P : *JCP 1993. II. 22103, note Périnet-Marquet ; Defrénois 1994. 423, obs. Dubois*. ♦ Mais un silo constitue un ouvrage au sens de l'art. 1792, malgré la possibilité de son déplacement, celui-ci ne pouvant s'effectuer qu'en recourant à des moyens très importants. • Civ. 1re, 20 déc. 1993, nº 91-21.434 P. ♦ Une installation de manutention de bobines de tôles d'acier comportant une structure fixe et une structure mobile constitue un ouvrage et son ancrage au sol et sa fonction sur la stabilité de l'ensemble permettent de dire qu'il s'agit d'un ouvrage de nature immobilière. • Civ. 3e, 4 avr. 2019, nº 18-11.021 P. ♦ V. aussi note 10 *in fine*.

Constituent des ouvrages au sens de l'art. 1792 : une véranda édifiée sur le balcon d'un appartement, composée de parties fixes et de parties mobiles. • Civ. 3e, 4 oct. 1989 : *Bull. civ. III, nº 179*. ♦ ... Une terrasse constituant une extension de l'étage, accessible par une ouverture conçue à cet effet, fixée dans le mur de la façade et reposant du côté opposé sur des fondations, peu important le fait que celles-ci soient de conception artisanale, voire non conformes, cette terrasse faisant corps avec la maison vendue. • Civ. 3e, 7 nov. 2012, nº 11-25.370 P : *RDI 2013. 96, obs. Tricoire*. ♦ ... Une cheminée dont l'installation comporte la création d'un conduit maçonné, d'un système de ventilation et de production d'air chaud et d'une sortie en toiture. • Civ. 3e, 25 févr. 1998, nº 96-16.214 P : *Defrénois 1999. 540, obs. Périnet-Marquet ; Gaz. Pal. 1999. 1. Somm. 110, obs. Peisse ; RDI 1998. 259, obs. Malinvaud et Boubli*. ♦ ... Un chauffage comportant une chaudière et une pompe à chaleur dont l'évaporateur est associé à une cuve enterrée. • Civ. 3e, 18 nov. 1992, nº 90-21.233 P : *RDI 1993. 81, obs. Malinvaud et Boubli*. ♦... Une installation frigorifique d'abattoir, comportant une salle de machines et des réseaux de tuyauteries. • Civ. 3e, 18 juill. 2001, nº 99-12.326 P : *Defrénois 2002. 57, obs. Périnet-Marquet ; RCA 2001, nº 323, note Courtieu ; RDI 2001. 517, obs. Malinvaud ; RGDA 2001. 987, note Karila*. ♦ ... Une climatisation mise en place dans un bloc opératoire. • Paris, 2 mai 2001 : *RDI 2001. 384, obs. Tomasin*. ♦... Une station de lavage de voitures, avec fondations, toiture et branchements et raccordements divers. • Nancy, 18 janv. 2006 : *JCP 2007. IV. 1101*. ♦ Mais ne constituent pas un ouvrage des gaines d'air chaud fixées sur des structures métalliques elles-mêmes simplement chevillées aux poteaux en béton faisant corps avec le bâtiment. • Civ. 3e, 24 mai 1989 : *JCP 1989. IV. 275*. ♦... Ni l'installation d'un chauffe-eau dans un pavillon. • Civ. 3e, 26 avr. 2006, nº 05-13.971 P : *D. 2006. IR 1330 ; Defrénois 2008. 68, obs. Périnet-Marquet ; RDI 2006. 308, obs. Malinvaud*. ♦... Ni l'installation d'un insert dans une cheminée existante, sans reprise de maçonnerie. • Civ. 3e, 6 févr. 2002 : *RDI 2002. 149, obs. Malinvaud*. ♦... Ni la réalisation et le montage de moteurs démontables et ne faisant pas corps avec le bâtiment où ils sont installés. • Civ. 3e, 12 janv. 2005, nº 03-17.281 P : *RGDA 2005. 443, note Périer ; RDI 2005. 128, obs. Malinvaud*.

3. *Ouvrages extérieurs à un bâtiment.* Constituent des ouvrages au sens de l'art. 1792 : des voies et réseaux divers, même s'ils ne sont pas rattachés à un bâtiment. • Civ. 3e, 17 déc. 1997, nº 96-12.209 P : *Gaz. Pal. 1998. 2. Somm. 517, obs. Peisse ; RDI 1998. 261, obs. Malinvaud et Boubli* • 29 mars 2000 : *RCA 2000, nº 242, note Courtieu* • 6 nov. 2002, nº 01-11.311 P : *Defrénois 2003. 325, obs. Périnet-Marquet ; RDI 2003. 86, obs. Malinvaud*. ♦ ... Des clôtures entourant les jardins privatifs des villas d'une résidence. • Civ. 3e, 17 févr. 1999, nº 96-21.149 P : *D. Affaires 1999. 828, obs. J. F. ; Defrénois 1999. 1132, obs. Périnet-Marquet*. ♦ Mais des canalisations extérieures aux édifices ne constituent pas des ouvrages de bâtiment et la responsabilité de l'architecte et de l'entrepreneur ne peut, une réception étant intervenue, être recherchée que sur le fondement de la responsabilité contractuelle de droit commun pour faute prouvée. • Civ. 3e, 11 juill. 1990, nº 89-12.433 P. ♦ Pour les canalisations, V. aussi : • Civ. 3e, 22 févr. 1990, nº 87-14.763 P • 8 févr. 1995 : *RDI 1995. 565, obs. Groslière et Saint-Alary Houin*. ♦ Un barbecue accolé à une maison, réalisé en parpaings de ciment sur une paillasse en ciment, ne comportant pas de travaux de sous-œuvre, ne constitue pas en lui-même un ouvrage. • Civ. 3e, 7 oct. 2008 : *RDI 2008. 559, obs. Leguay ; ibid. 2009. 120, obs. Malinvaud*.

4. Travaux de terrassement. N'entrent pas dans les prévisions de l'art. 1792 des travaux de terrassement et d'aménagement d'un terrain qui n'incorporent pas de matériaux dans le sol au moyen de travaux de construction, alors que la viabilisation a été effectuée par une autre entreprise et que le glissement de terrain s'est produit avant la réalisation de tout ouvrage, même si l'auteur des travaux avait connaissance d'un futur projet de construction. • Civ. 3e, 10 nov. 2021, n° 20-20.294 B.

5. Travaux sur un bâtiment existant : agrandissement. Entrent dans le champ de l'art. 1792 des travaux d'« agrandissement », donc de « construction ». • Versailles, 4 déc. 1987 : *D. 1989. 134, note Karila.*

6. ... Façade. BIBL. Karila, *RDI 2001. 201* (travaux de ravalement et de peinture). ♦ Entrent dans le champ de l'art. 1792 des travaux de rénovation d'un immeuble comportant l'application d'un enduit extérieur d'étanchéité. • Civ. 3e, 3 mai 1990, n° 88-19.642 P : *RDI 1990. 373, obs. Malinvaud et Boubli ; Defrénois 1991. 750, obs. Souleau.* ♦ Un enduit de façade, qui constitue un ouvrage lorsqu'il a une fonction d'étanchéité ne constitue pas un élément d'équipement, même s'il a une fonction d'imperméabilisation, dès lors qu'il n'est pas destiné à fonctionner. • Civ. 3e, 13 févr. 2020, n° 19-10.249 P : *D. 2020. 390 ; RDI 2020. 253, obs. Faure-Abbad ; ibid. 326, obs. Noguéro .* ♦ Des travaux de rénovation de façades d'un immeuble classé immeuble exceptionnel comportaient notamment la restauration des pierres de façade, ayant pour objet de maintenir l'étanchéité nécessaire à la destination de l'immeuble et constituant une opération de restauration lourde, d'une ampleur particulière compte tenu de la valeur architecturale de l'immeuble et de son exposition aux embruns océaniques, participent de la réalisation d'un ouvrage au sens de l'art. 1792 C. civ. • Civ. 3e, 4 avr. 2013, n° 11-25.198 P : *D. 2013. 999 .* ♦ Mais lorsqu'un entrepreneur est chargé du ravalement d'un immeuble, il ne s'agit pas de la construction d'un ouvrage ; tenu d'une obligation de résultat, il doit réparation en cas de malfaçons. • Civ. 3e, 5 févr. 1985 : *Bull. civ. III, n° 21.* ♦ Même sens : • Civ. 3e, 9 févr. 2000, n° 98-13.931 P : *D. 2000. Somm. 339, obs. Omarjee ; RDI 2000. 180, obs. Malinvaud* (responsabilité de droit commun pour un ravalement avec imperméabilisation et traitement des fissures non stabilisées). ♦ Des peintures, au rôle purement esthétique, ne constituent ni un ouvrage au sens de l'art. 1792, ni un élément d'équipement, ni un élément constitutif d'ouvrage. • Civ. 3e, 27 avr. 2000, n° 98-15.970 P : *D. 2000. IR 150 ; Defrénois 2000. 1249, obs. Périnet-Marquet ; Gaz. Pal. 2000. 2. Somm. 1656, obs. Peisse ; RDI 2000. 346, obs. Malinvaud* (les désordres qui les affectent relèvent de la responsabilité contractuelle de droit commun quelles que soient leurs conséquences quant à la destination des lieux). – Dans le même sens : • Civ. 3e, 16 mai 2001, n° 99-15.062 P : *D. 2002. 833, note Karila ; JCP 2002. I. 124, n° 16 s., obs. Viney ; Defrénois 2002. 58, obs. Périnet-Marquet ; RDI 2001. 350, obs. Leguay ; ibid. 387 et 393, obs. Malinvaud .*

7. ... Rénovation. Entrent dans le champ de l'art. 1792 d'importants travaux de réhabilitation de l'ensemble d'un immeuble. • Civ. 3e, 30 mars 1994, n° 92-11.996 P : *D. 1995. 279, note Raffi ; ibid. Somm. 278, obs. Magnin* • 24 janv. 2001 : *RDI 2001. 168, obs. Malinvaud* • 3 mars 2010, n° 09-11.282 P : *RLDC 2010/70, n° 3774, obs. Le Nestour-Drelon ; RDI 2010. 322, obs. Tricoire .* ♦ ... Des travaux de réparation d'une toiture s'ils comportent l'apport à la toiture et à la charpente d'éléments nouveaux, tels que chevrons, voliges, liteaux et panne faîtière. • Civ. 3e, 9 nov. 1994, n° 92-20.804 P : *D. 1995. Somm. 278, obs. Magnin ; RDI 1995. 106, obs. Malinvaud et Boubli .* ♦ ... Des travaux de rénovation lourde. • Civ. 3e, 29 janv. 2003, n° 01-13.034 P : *JCP 2003. II. 10077, concl. Guérin (2e esp.) ; Defrénois 2003. 1276, obs. Périnet-Marquet.* ♦ Sur la nécessité de rechercher la nature et la consistance des travaux, V. déjà : • Civ. 3e, 30 mars 1989, n° 87-10.451 P. ♦ Mais ne constituent pas des travaux de construction les travaux d'aménagement d'un appartement dans un immeuble ancien. • Civ. 3e, 15 déc. 1982 : *Gaz. Pal. 1983. 2. 482, note Plancqueel.*

8. ... Climatisation. Porte sur la construction d'un ouvrage le contrat de fourniture et de pose d'une installation de chauffage incluant la fourniture et la mise en place de toute l'installation de climatisation d'un hôtel avec pose des compresseurs, climatiseurs, gaines et canalisation d'air dans et à travers les murs du bâtiment. • Civ. 3e, 12 nov. 2020, n° 19-18.213 P : *RDI 2021. 102, obs. Fournier .*

9. ... Petite réparation. Des travaux de modeste importance, sans incorporation de matériaux nouveaux à l'ouvrage et qui correspondent à une réparation limitée dans l'attente de l'inéluctable réfection complète d'une toiture à la vétusté manifeste, ne constituent pas un élément constitutif de l'ouvrage et échappent au régime de responsabilité institué par l'art. 1792. • Civ. 3e, 28 févr. 2018, n° 17-13.478 P : *D. 2018. 510 ; RDI 2018. 466, obs. Poumarède ; RGDA 2018. 199, note Dessuet.*

10. Équipements à fonction industrielle. BIBL. Karila, *Gaz. Pal. 1999. 1. Doctr. 612.* ♦ Cassation de l'arrêt qui condamne un entrepreneur au titre de la garantie décennale pour des désordres affectant la machine à soupe automatisée d'une porcherie industrielle sans rechercher si ce matériel relève des travaux de construction. • Civ. 3e, 22 juill. 1998, n° 95-18.415 P : *D. 1999. 201, note Sabirau-Perez ; JCP 1998. II. 10183, note Périnet-Marquet ; JCP 1999. I. 137, n° 15, obs. d'Hauteville ; ibid. 147, n° 11, obs. Viney ; Gaz. Pal. 1999. 2. Somm. 412, obs. Peisse ; RCA 1998, n° 352, obs.*

Groutel; *RDI 1998. 644, obs. Malinvaud et Boubli* . ♦ V. conf., pour des silos à aliments de bétail : • Civ. 3e, 20 juin 2001 : *RDI 2001. 520, obs. Malinvaud* . ♦ L'équipement industriel destiné à automatiser la fabrication du champagne ne relève pas des travaux de bâtiment ou de génie civil. • Civ. 3e, 4 nov. 1999, nº 98-12.510 P : *D. 2001. 650, note Karila* ; *Defrénois 2000. 486, obs. Périnet-Marquet*; *RDI 2000. 57, obs. Malinvaud* . ♦ ... Non plus qu'un dispositif de traitement des jus installé dans un local de vinification. • Civ. 3e, 11 mai 2006, nº 05-13.191 P : *RDI 2006. 309, obs. Malinvaud* . ♦ V. aussi : • Civ. 3e, 6 nov. 1996 : *RDI 1997. 84, obs. Malinvaud et Boubli* , arrêt qui, à propos d'une centrale hydroélectrique, réserve l'application de l'art. 1792 aux bâtiments et ouvrages de génie civil. ♦ Comp., pour l'application de l'art. 1792 à un élément d'équipement à fonction industrielle : • Civ. 1re, 26 mars 1996, nº 93-20.229 P : *RDI 1996. 380, obs. Malinvaud* (équipement de ventilation et de désilage d'un silo) • Civ. 3e, 18 juill. 2001 : *préc. note 2* (installation frigorifique) • 12 mai 2004 : *RDI 2004. 380, obs. Malinvaud* (installation de géothermie). ♦ V. désormais le nouvel art. 1792-7.

2º NATURE DES DÉSORDRES ET ILLUSTRATIONS

11. Désordres portant atteinte à la solidité de l'immeuble ou le rendant impropre à sa destination. Cassation, pour manque de base légale, de l'arrêt qui retient la responsabilité décennale de l'entrepreneur pour des fissurations ayant pour origine une mauvaise adaptation des fondations au sol, en raison de leur importance et de leur caractère évolutif, sans constater que les désordres portaient atteinte à la solidité de l'immeuble ou le rendaient impropre à sa destination. • Civ. 3e, 23 oct. 2002, nº 00-19.538 P : *R., p. 410*; *D. 2002. IR 3059* ; *Defrénois 2003. 326, obs. Périnet-Marquet.*

Prise en compte, pour apprécier l'atteinte portée à la destination de l'ouvrage, de la situation particulière de l'immeuble, éléments du patrimoine architectural de la commune concernée. • Civ. 3e, 4 avr. 2013 : *préc. note 6.*

12. Nécessité d'un désordre (différence avec la non-conformité). BIBL. Baudouin, *Defrénois 2002. 1347* (conformité en construction). ♦ En l'absence de désordre, les défauts de conformité affectant un immeuble n'entrent pas dans le champ d'application de l'art. 1792. • Civ. 3e, 20 nov. 1991, nº 89-14.867 P (en conséquence, l'assureur de responsabilité décennale ne doit pas sa garantie lorsque le matériau utilisé en toiture n'est pas conforme au règlement intérieur du lotissement et aux règles de construction applicables dans le département).

13. ... D'un désordre actuel. Ne peuvent relever de la garantie décennale des désordres qui ne compromettent pas actuellement la solidité de l'ouvrage et ne le rendent pas impropre à sa destination. • Civ. 3e, 19 juin 1996, nº 94-17.497 P – V. aussi • Civ. 3e, 21 mai 2003, nº 01-17.484 P : *Defrénois 2003. 1275, obs. Périnet-Marquet*; *RDI 2003. 353, obs. Malinvaud* • Civ. 3e, 20 mai 2015, nº 14-14.773 P (défauts d'exécution affectant la couverture de la maison ne s'étant pas traduits par un dommage au cours de la période de garantie décennale). ♦ ... Ou pour lesquels les juges du fond n'ont pas constaté que l'atteinte à la destination de l'ouvrage interviendra avec certitude dans le délai décennal. • Civ. 3e, 31 mars 2005, nº 03-15.766 P : *Defrénois 2006. 63, obs. Périnet-Marquet*; *RDI 2005. 296, obs. Malinvaud* ; *RGDA 2005. 665, note Karila* • 21 oct. 2009, nº 08-15.136 P : *D. 2010. Chron. C. cass. 1103, obs. Nési* ; *RDI 2010. 110, obs. Malinvaud* . • 23 oct. 2013 : *D. 2013. 2517* ; *RDI 2014. 49, obs. Malinvaud* (risque d'effondrement). • 28 févr. 2018, nº 17-12.460 P : *RDI 2018. 283, obs. Poumarède* (absence de désordre actuel affectant le réseau d'assainissement). ♦ Comp. note 47.

14. Indifférence de la cause des désordres. La détermination de la cause des désordres est sans incidence sur le droit à réparation des victimes invoquant l'art. 1792. • Civ. 3e, 20 mai 1998, nº 96-14.080 P : *Gaz. Pal. 1999. 2. Somm. 411, obs. Peisse.* ♦ La mise en jeu de la responsabilité décennale n'exige pas la recherche de la cause des désordres. • Civ. 3e, 1er déc. 1999, nº 98-13.252 P : *Gaz. Pal. 2000. 1. Somm. 256, obs. Peisse*; *RDI 2000. 56, obs. Malinvaud* • 6 févr. 2002 : *RDI 2002. 150, obs. Malinvaud* .

15. Respect des normes. Les désordres d'isolation phonique peuvent relever de la garantie décennale même lorsque les exigences minimales légales ou réglementaires ont été respectées; cassation de l'arrêt qui déduit de la seule conformité aux normes d'isolation phonique l'absence de désordre relevant de la garantie décennale. • Cass., ass. plén., 27 oct. 2006, nº 05-19.408 P : *R., p. 323*; *BICC 15 janv. 2007, rapp. Lardet, avis Guérin*; *D. 2006. IR 2810, obs. Gallmeister* ; *Defrénois 2008. 69, obs. Périnet-Marquet*; *RCA 2007, nº 22, note Groutel*; *RDI 2006. 502, obs. Malinvaud* ; *ibid. 2007. 89, obs. Tournafond* ; *RDC 2007. 410, obs. Puig.* – V. aussi note 29. ♦ L'absence de désordre relevant de la garantie décennale ne peut être déduite de la seule circonstance que le dépassement des normes d'isolation phonique applicables aurait été limité. • Civ. 3e, 20 mai 2015, nº 14-15.107 P. ♦ Un architecte ne peut être condamné pour le non-respect de normes parasismiques alors que ces normes n'avaient pas, à la date de la délivrance du permis de construire, de caractère obligatoire, ce dont il résulte qu'elles n'entraient pas, en l'absence de stipulations contractuelles particulières, dans le domaine d'intervention de l'architecte. • Civ. 3e, 1er déc. 2010 : *D. 2011. Actu. 12* ; *RLDC 2011/79, nº 4124, obs. Le Nestour-Drelon*; *RDI 2011. 169, obs. Malinvaud* ; *RDC 2011. 845, obs. Deshayes.* ♦ Rappr., pour des normes ayant changé en cours de chantier, ce dont ni le couvreur ni l'architecte n'avaient été avisés par le fabricant : • Civ. 3e, 7 janv. 2016, n° 14-17.033 P : *D. 2016. 130* ; *RDI 2016. 157, obs. Poumarède* ; *RDC 2017. 39, note Deshayes.* ♦ Comp., pour l'appréciation de la responsabilité de plein droit du syndicat de copropriétaires édictée par l'art. 14 de la L. du 10 juill. 1965 à raison de l'existence d'un vice de construction : l'absence de normes parasismiques applicables à l'époque de la construction n'excluant pas à elle seule un vice de construction, • Civ. 3e, 18 sept. 2013, n° 12-17.440 P : *D. 2013. 2225, obs. Rouquet* .

16. Illustrations : atteintes à la solidité de l'immeuble. Cassation de l'arrêt ne vérifiant pas la condition pour un glissement de talus entre deux bâtiments. • Civ. 3e, 20 mai 1998, n° 96-19.521 P : *Gaz. Pal. 1999. 2. Somm. 410, obs. Peisse* ; *Defrénois 1999. 543, obs. Périnet-Marquet.* ♦ Rappr., pour un risque certain d'éboulement dans le délai de la garantie décennale, mettant en péril la solidité du bâtiment et la sécurité des occupants et rendant impossible l'utilisation de l'arrière de la maison : • Civ. 3e, 12 sept. 2012, n° 11-16.943 P. ♦ Des désordres de caractère purement esthétique et ne pouvant nuire à la solidité de l'ouvrage ne relèvent pas de la garantie décennale. • Civ. 3e, 13 févr. 1991, n° 89-12.535 P. ♦ Dans le même sens : • Civ. 3e, 9 déc. 1998 : *RCA 1999, n° 41* (fissurations superficielles).

17. ... Immeuble impropre à sa destination. BIBL. De Lescure, *RDI 2007. 111* (l'impropriété à la destination de l'ouvrage). ♦ L'impropriété de l'immeuble à sa destination s'apprécie par référence à la destination convenue entre les parties. • Civ. 3e, 28 févr. 2006 : *RDI 2006. 231, obs. Malinvaud* • 10 oct. 2012 : *RDI 2012. 630, obs. Malinvaud* ; *ibid. 2013. 156, obs. Tournafond* ; *RGDA 2013. 113, obs. Dessuet* (l'impropriété ne s'apprécie pas par rapport aux cloisons conformes aux normes en vigueur pour un logement de moindre qualité, dans le cas où le constructeur s'est engagé à vendre un appartement d'exception). ♦ Rappr. : • Civ. 3e, 11 mars 2008 : *RDI 2008. 281, obs. Tranchant* (désordres esthétiques généralisés affectant une villa de grand standing).

Un ouvrage, qui n'est pas hors d'air et hors d'eau, est impropre à sa destination. • Civ. 3e, 21 sept. 2011, n° 09-69.933 P : *D. 2011. 2336* ; *RDI 2011. 568, obs. Tournafond* ; *RCA 2011, n° 406.* ♦ L'embuage des vitrages, nuisant à l'occupation normale de l'immeuble par la rétention d'humidité, constitue un désordre relevant de la garantie décennale (fonction d'isolation non remplie et obstacle à la vue et à la lumière). • Civ. 3e, 9 janv. 1991, n° 89-12.706 P. ♦ Relève de la garantie décennale le défaut d'une installation de climatisation qui n'est pas d'une puissance suffisante pour lui permettre de fonctionner normalement et d'être pérenne. • Civ. 3e, 12 nov. 2020, n° 19-18.213 P : *RDI 2021. 102, obs. Fournier* . ♦ Relève de la garantie décennale le vice d'un immeuble consistant dans l'exiguïté de la rampe d'accès aux garages, rendant ceux-ci inutilisables pour des voitures de dimensions courantes. • Civ. 3e, 9 juin 1999, n° 97-20.505 P : *JCP 1999. II. 10215, note Billiau* ; *Defrénois 1999. 1133, obs. Périnet-Marquet* ; *RDI 2000. 58, obs. Malinvaud* ; *ibid. 355, obs. Saint-Alary Houin* ; *RTD civ. 2000. 118, obs. Jourdain* . – V. aussi pour l'exiguïté de l'accès à une place de parking qui rend celle-ci inutilisable pour une voiture de tourisme couramment commercialisée : • Civ. 3e, 20 mai 2015, n° 14-15.107 P : cité *note 16.* – Rappr. pour une porte de garage, la rampe piéton étant trop étroite et l'alarme n'étant pas reliée à la loge du concierge, ces désordres étant dangereux pour l'utilisateur : • Civ. 3e, 3 mars 2010, n° 07-21.950 P : *D. 2010. AJ 705* ; *RDI 2010. 321, obs. Malinvaud* . ♦ V. au contraire, pour une absence d'atteinte à la destination de l'immeuble : • Civ. 3e, 12 mars 1986, n° 84-14.486 P (absence d'étanchéité de joints de balcon n'ayant entraîné aucune infiltration) • 15 mai 2001 : *RDI 2001. 385, obs. Malinvaud* (désordres – rétention d'eau – affectant le jardin) • 10 mai 2007 : *RDI 2007. 354, obs. Malinvaud* ; *RGDA 2007. 636, note Périer* (simple inconfort, consécutif au fonctionnement insuffisant de la climatisation). ♦ Le simple manque de performance ne caractérise pas l'impropriété à sa destination d'une installation de géothermie. • Civ. 3e, 12 mai 2004 : *préc. note 10.*

L'erreur d'implantation d'une construction résultant du non-respect des règles d'urbanisme et aboutissant à sa démolition constitue un désordre, dont il incombe aux juges du fond de rechercher s'il n'était pas de nature à rendre l'ouvrage impropre à sa destination. • Civ. 3e, 15 déc. 2004, n° 03-17.876 P : *RDI 2005. 130, obs. Malinvaud* .

Impropriété à la destination résultant du risque de danger présenté par l'ouvrage : V. • Civ. 3e, 23 mai 2006 : *RDI 2006. 378, obs. Malinvaud* .

18. ... Dommages consécutifs à des troubles de voisinage. Relèvent de la garantie décennale des travaux de reprise tendant à rendre l'ouvrage conforme à sa destination et consécutifs à des troubles causés par l'ouvrage à des tiers par suite de défauts de conception et d'exécution. • Civ. 3e, 31 mars 2005, n° 03-14.217 P : *Defrénois 2006. 72, obs. Périnet-Marquet* ; *RDI 2005. 295, obs. Malinvaud* .

19. Éléments d'équipement. Les désordres affectant des éléments d'équipement, dissociables ou non, d'origine ou installés sur existant, relèvent de la responsabilité décennale lorsqu'ils rendent l'ouvrage dans son ensemble impropre à sa destination. • Civ. 3e, 15 juin 2017, n° 16-19.640 P : *D. 2017. 1303* ; *RDI 2017. 409, obs. Charbonneau* ; *Gaz. Pal. 2017. 3293, note Caston et Ajaccio* (pompe à chaleur) • 14 sept. 2017, n° 16-17.323 P : *D. 2017. 1836* ; *RDI 2017. 542, obs. Malinvaud* ; *Gaz. Pal. 2018. 1390, note Ajaccio et Caston* (insert) • 7 mars 2019, n° 18-11.741 P : *D. 2019. 536* ; *RDI 2019. 286, obs.*

Poumarède (désordre affectant l'insert ayant causé un incendie ayant intégralement détruit l'habitation) • 26 oct. 2017, n° 16-18.120 P : *D. 2018. Chron. C. cass. 1328, obs. Georget* ; *RDI 2018. 41, obs. Charbonneau* ; *RDI 2018. 41, obs. Charbonneau* (cheminée à foyer fermé). ♦ Déjà : S'agissant de dommages affectant un élément d'équipement, les juges du fond ont l'obligation de rechercher si les désordres portaient atteinte à la destination de l'ouvrage. • Civ. 3e, 28 févr. 1996, n° 94-18.203 P : *RDI 1996. 218, obs. Malinvaud et Boubli* (installation de chauffage d'un immeuble) • 12 juin 1991, n° 90-12.171 P (capots exutoires de fumée en cas d'incendie) • 20 juin 2001 : *RDI 2001. 519, obs. Malinvaud* (carrelage). ♦ Pour des illustrations d'éléments d'équipement défectueux rendant l'ouvrage impropre à sa destination, V. par exemple : • Civ. 3e, 23 janv. 1991 : *D. 1991. 593, note R. Martin* (tablettes supportant les vasques de salles de bains d'une résidence hôtelière) • 14 oct. 1992, n° 91-11.628 P : *Defrénois 1993. 359, obs. Aubert* ; *RDI 1993. 83, obs. Malinvaud et Boubli* (faux plafond générateur de bruits parasites dans une salle de spectacles) • 10 avr. 1996, n° 94-17.030 P : *Defrénois 1996. 1072, obs. Dubois* (défaut d'étanchéité à l'air de menuiseries extérieures) • 27 sept. 2000 : *RDI 2001. 82, obs. Malinvaud* (non-fonctionnement de capteurs solaires constituant une source d'énergie d'appoint) • 2 juill. 2002 : *RDI 2002. 417, obs. Malinvaud* (fosse septique) • Civ. 3e, 10 nov. 2016, n° 15-24.379 P : *D. 2016. 2400* ; *RDI 2017. 34, obs. Malinvaud* ; *ibid. 144, obs. Boubli* (VMC ne fonctionnant pas, malgré l'absence d'humidité ou de moisissures). ♦ V. aussi note 30 pour des défauts d'isolation phonique.

B. RÉGIME

20. Charge de la preuve. La charge de la preuve du contenu des réserves et du caractère caché des désordres incombe au maître de l'ouvrage. • Civ. 3e, 7 juill. 2004, n° 03-14.166 P : *RDI 2004. 450, obs. Malinvaud*.

1° CONDITIONS DE LA GARANTIE

21. Exigence d'une réception. La garantie décennale ne s'applique que s'il y a eu réception. • Civ. 3e, 12 janv. 1982, n° 80-12.094 P • 27 févr. 2013, n° 12-12.148 P : *D. 2013. 640*. ♦ Sur la notion de réception, V. notes ss. art. 1792-6.

22. Réception sans réserve : perte de l'action pour les vices connus. Une réception prononcée sans réserve malgré la présence d'un vice connu du maître de l'ouvrage met obstacle à l'action en garantie décennale. • Civ. 3e, 20 oct. 1993, n° 91-11.059 P : *Defrénois 1994. 422, obs. Dubois*. ♦ V. aussi note 35 ss. art. 1792-6.

23. Le caractère apparent ou caché des désordres s'apprécie en la personne du maître de l'ouvrage constructeur et au jour de la réception, qui correspond pour celui-ci à l'achèvement des travaux. • Civ. 3e, 10 nov. 2016, n° 15-24.379 P : *D. 2016. 2400* ; *RDI 2017. 34, obs. Malinvaud* ; *ibid. 144, obs. Boubli*. ♦ Le caractère apparent ou caché d'un vice ou d'un défaut de conformité doit s'apprécier au regard du maître de l'ouvrage lui-même, et non pas du maître d'œuvre, fût-il mandaté pour procéder à la réception. • Civ. 3e, 17 nov. 1993, n° 92-11.026 P. ♦ ... Ni du syndicat des copropriétaires. • Civ. 3e, 8 nov. 2005 : *RDI 2006. 52, obs. Malinvaud*. ♦ Il doit s'apprécier au regard du maître de l'ouvrage ayant signé le procès-verbal de réception. • Civ. 3e, 27 sept. 2000 : *RDI 2001. 80, obs. Malinvaud* (hypothèse où le maître de l'ouvrage a changé en cours d'opération). ♦ Les juges du fond apprécient souverainement si le vice est ou non connu du maître de l'ouvrage lors de la réception. • Civ. 3e, 4 nov. 2004 : *RDI 2005. 129, obs. Malinvaud*.

24. Réception avec réserves. La garantie décennale n'est pas applicable aux vices faisant l'objet de réserves lors de la réception, ceux-ci étant couverts par la garantie de parfait achèvement. • Civ. 3e, 29 avr. 1987, n° 85-15.353 P : *R., p. 222* • 26 oct. 1988 *Gaz. Pal. 1989. 1. 425, note Liet-Veaux* • 1er févr. 1989 : *eod. loc.* • 6 déc. 1989 : *Bull. civ. III, n° 224* • 11 févr. 1998, n° 95-18.401 P. ♦ V. aussi note 58 pour la responsabilité de droit commun.

25. Réceptions successives. Le point de départ de l'action en garantie décennale est fixé à la date de la réception des travaux; il doit être tenu compte de réceptions distinctes de réparations successives. • Civ. 3e, 2 mars 2011, n° 10-15.211 P : *D. 2011. 818* ; *RDI 2011. 287, obs. Malinvaud* ; *ibid. 344, obs. Dessuet*. ♦ La réception partielle par lots n'est pas prohibée par la loi. • Civ. 3e, 10 nov. 2010 : *RDI 2011. 285, obs. Malinvaud*. ♦ Mais en raison du principe d'unicité de la réception, il ne peut y avoir réception partielle à l'intérieur d'un même lot. • Civ. 3e, 2 févr. 2017, n° 14-19.279 P : *RGDA 2017. 129, note Dessuet*.

26. Limites : défauts imparfaitement connus. Dès lors que les vices apparents d'une installation de chauffage sont indissociables de ses vices cachés, rendant l'installation impropre dans sa totalité à sa destination, l'ensemble de ces désordres relève de la garantie décennale. • Civ. 3e, 5 févr. 1992, n° 90-13.428 P : *Defrénois 1992. 1527, obs. Aubert*. – Dans le même sens : • Civ. 3e, 28 févr. 1996 : *RDI 1996. 217, obs. Malinvaud et Boubli*.

27. Les défauts notés lors de la réception définitive ne s'étant révélés que par la suite dans toute leur ampleur, une cour d'appel a pu décider souverainement qu'ils constituaient un vice caché relevant de la garantie décennale. • Civ. 3e, 10 janv. 1990, n° 88-14.656 P : *Gaz. Pal. 1990. 2. Somm. 625, obs. Peisse* • 18 déc. 2001 : *RDI 2002. 150, obs. Malinvaud*.

28. Réparation effective (non). Aucune disposition légale ne subordonne la garantie à la réparation effective de l'immeuble affecté de désordres décennaux; la destruction de l'immeuble ne modifie pas la nature ou l'étendue de l'obligation des constructeurs. • Civ. 3e, 21 janv. 2004, n° 00-17.882 P : *RDI 2004. 199, obs. Malinvaud ; RGDA 2004. 462, note Karila.* – V. aussi • Civ. 3e, 16 févr. 2005, n° 03-16.392 P • 27 mai 2010, n° 09-14.107 P : *D. 2010. Actu. 1553 ; RDI 2010. 393, obs. Noguero*.

29. Cas des troubles acoustiques. L'action en réparation de désordres affectant l'isolation phonique ne peut être déclarée « prescrite » par les juges sans que ceux-ci précisent si une réception était intervenue et sans qu'ils recherchent si ces désordres n'étaient pas de nature à rendre l'immeuble impropre à sa destination. • Civ. 3e, 20 févr. 1991 : *D. 1991. 556, note R. Martin*. – Dans le même sens : • Civ. 3e, 1er avr. 1992, n° 90-14.438 P : *D. 1993. Somm. 359, obs. Magnin*. ♦ V. aussi : • Civ. 3e, 21 févr. 1990 : *D. 1990. 277, note Dubois ; RTD civ. 1990. 516, obs. Rémy* (troubles acoustiques trouvant leur origine non dans une inobservation des exigences légales, mais dans un défaut de conformité aux exigences contractuelles, imputable au promoteur, ce qui rend sans application la forclusion de six mois prévue par l'art. 7 de la L. du 4 janv. 1978 – art. L. 111-11, dernier al., CCH) • Civ. 3e, 21 sept. 2011, n° 10-22.721 P : *RCA 2011, n° 404* (isolation conforme mais nécessité de rechercher si les troubles phoniques rendent l'immeuble impropre à sa destination). ♦ V. aussi note 16.

2° CAUSES D'EXONÉRATION

30. Maître de l'ouvrage : immixtion. Un entrepreneur doit garantir intégralement le maître de l'ouvrage des condamnations prononcées au profit des acheteurs faute d'avoir rapporté la preuve que le maître de l'ouvrage était notoirement compétent dans le domaine où il est intervenu et d'établir le caractère fautif de cette immixtion. • Civ. 3e, 21 févr. 1984, n° 82-15.337 P : *D. 1985. 122, note Calais.* ♦ Même sens : • Civ. 3e, 9 mars 1982 : *Gaz. Pal. 1982. 2. 567* • 30 mars 1989, n° 88-10.145 P • 14 nov. 2001 : *RDI 2002. 87, obs. Malinvaud*. – V. aussi Valléry-Radot, *Gaz. Pal. 1982. 2. Doctr. 572* et note 37 ss. art. 1787.

Illustrations d'absence d'immixtion fautive : • Civ. 3e, 5 juin 1968, n° 66-12.708 P (absence d'instructions précises et conservation par l'entrepreneur de sa liberté) • Civ. 3e, 9 janv. 1980 : *Bull. civ. III, n° 11* (connaissances simplement supérieures à celles d'un profane) • 9 mars 1982 : *préc.* (choix par le maître de l'ouvrage d'un matériau économique) • 21 févr. 1984 : *préc.* (choix de chaudières par un promoteur, sans que les architectes et les entrepreneurs n'émettent de réserves) • 1er févr. 1989 : *Gaz. Pal. 1989. 2. 502, note Valléry-Radot* (exigence d'un acte positif d'immixtion) • 6 mars 2002 : *RD. imm. 2002. 236, obs. Malinvaud* (compétence notoire non caractérisée) • 11 mai 2005, n° 03-20.680 P (absence d'immixtion au stade de la conception initiale, défectueuse du seul fait de l'architecte). • Civ. 3e, 21 janv. 2015, n° 13-25.268 P : *D. 2015. 265 ; RDI 2015. 137, obs. Malinvaud ; ibid. 188, obs. Roussel* (l'exercice de la profession de marchand de biens ne conférait pas de compétence notoire en matière de construction).

31. ... Acceptation des risques. Acceptation délibérée des risques par le maître de l'ouvrage, cause d'exonération du maître d'œuvre : V. • Civ. 3e, 25 janv. 1995, n° 93-15.413 P : *Gaz. Pal. 1996. 1. Somm. 230, obs. Peisse; RDI 1995. 331, obs. Malinvaud et Boubli* • 25 févr. 1998, n° 96-14.537 P : *Gaz. Pal. 1999. 2. Somm. 415, obs. Peisse ; RDI 1998. 263, obs. Malinvaud et Boubli* • 20 mars 2002, n° 99-20.666 P : *Defrénois 2002. 1029, obs. Périnet-Marquet ; RDI 2002. 236, obs. Malinvaud* • 29 oct. 2003, n° 01-12.482 P : *RDI 2004. 123, obs. Malinvaud* • 15 déc. 2004, n° 02-16.910 P : *RDI 2005. 132, obs. Malinvaud* • 27 sept. 2006 : *RDI 2006. 503, obs. Malinvaud* (appréciation des fautes respectives). ♦ V. déjà : • Civ. 3e, 19 janv. 1994, n° 92-14.303 P (choix conscient d'un site sujet à effondrement, sans prévoir le coût des renforcements nécessaires : responsabilité partielle du maître de l'ouvrage). ♦ Mais le fait, pour un maître de l'ouvrage, de faire faire des travaux sans s'assurer les services d'un maître d'œuvre ne constitue ni une faute ni une acceptation des risques. • Civ. 3e, 6 mai 1998, n° 95-18.357 P : *Gaz. Pal. 1999. 2. Somm. 416, obs. Peisse* • 18 déc. 2001 : *RDI 2002. 151, obs. Malinvaud*. ♦ Cassation de l'arrêt laissant une part de responsabilité au maître de l'ouvrage, sans immixtion prouvée, au seul motif que celui-ci aurait choisi, par soucis d'économie, des intervenants de mauvaise qualité. • Cass., ass. plén., 2 nov. 1999, n° 97-17.107 P : *Gaz. Pal. 2000. 2. Somm. 2651, obs. Peisse ; LPA 6 oct. 2000, note Clavel.* ♦ Le seul fait d'avoir accepté de faire réaliser une chape drainante n'implique pas que le maître de l'ouvrage ait accepté des risques d'inondation, encore moins de grande ampleur, le maître de l'ouvrage s'étant par ailleurs contenté de suivre les préconisations de l'expert judiciaire pour la réalisation de cette chape. • Civ. 3e, 7 nov. 2012, n° 11-23.229. ♦ Nécessité de s'assurer que le maître de l'ouvrage a été clairement informé des risques inhérents à sa décision. • Civ. 3e, 3 mars 2004, n° 02-15.411 P : *RDI 2004. 304, obs. Malinvaud* • 25 mai 2005 : *RDI 2005. 337, obs. Malinvaud* • 11 déc. 2007 : *RDI 2008. 104, obs. Malinvaud*.

32. ... Rôle de maître d'œuvre. Le maître de l'ouvrage qui décide d'assumer le rôle de maître d'œuvre est responsable des fautes commises à cette occasion. V. par exemple, admettant un partage de responsabilité : • Civ. 3e, 21 déc. 1982 : *Bull. civ. III, n° 263* (fautes de conception du maître de l'ouvrage, peu important qu'il ne soit pas d'une compétence notoire, et absence de réserves de l'entrepreneur) • 7 mars 1990, n° 88-13.133 P (acceptation des risques liés à la maîtrise d'œuvre d'une opération difficile). ♦ Rappr. : l'exonération totale d'un conducteur d'engin ayant causé des dommages à la maison de son client, entrepreneur de profession, en se conformant aux instructions de ce dernier : • Civ. 3e, 24 juin 1992, n° 90-16.992 P (subordination excluant le louage d'ouvrage).

33. ... Faute. Une part de responsabilité peut être laissée au maître de l'ouvrage dès lors que sa faute a constitué une cause d'aggravation des désordres ayant concouru pour partie à la réalisation du préjudice. • Civ. 3e, 10 janv. 2001, n° 99-13.103 P : *Defrénois 2001. 874, obs. Périnet-Marquet; RDI 2001. 172, obs. Malinvaud*. – V. aussi • Civ. 3e, 6 févr. 2002, n° 00-10.543 P : *JCP 2003. II. 10014, note Moulin; Defrénois 2002. 1029, obs. Périnet-Marquet; RDI 2002. 151, obs. Malinvaud* (utilisation anormale des lieux : exonération du maître d'œuvre). ♦ Mais la faute de la victime ne peut produire un effet totalement exonératoire que si elle est la cause unique du dommage. • Civ. 3e, 8 nov. 2005, n° 04-17.701 P. ♦ Cassation de l'arrêt ayant rejeté une demande de réparation du préjudice découlant de l'aggravation de désordres intervenue depuis le prononcé d'un premier jugement, la cour d'appel ne pouvant reprocher aux victimes de ne pas avoir mis à exécution la décision, assortie de l'exécution provisoire, qu'elle infirmait. • Civ. 3e, 4 juin 2008 : *cité note 42 ss. art. 1241.*

34. ... Absence d'assurance. Le défaut de souscription par le maître de l'ouvrage de l'assurance obligatoire dommages-ouvrage ne constitue en lui-même ni une cause des désordres, ni une cause exonératoire pour l'entrepreneur • Civ. 3e, 30 mars 1994, n° 92-17.683 P.

35. Désordres initiaux. Les désordres initiaux ne sont pas de nature à constituer une cause étrangère de nature à exonérer la société chargée de la reprise dont la garantie décennale se trouve engagée en raison de ses travaux de réparation qui, non seulement n'ont pas permis de remédier aux désordres initiaux, mais ont aggravé ceux-ci et sont à l'origine de l'apparition de nouveaux désordres : sa responsabilité est engagée pour l'ensemble des désordres de nature décennale. • Civ. 3e, 4 mars 2021, n° 19-25.702 P.

36. Fait du tiers. La mauvaise utilisation des lieux par l'occupant (syndicat de copropriétaires), constitutive d'une cause étrangère, exonère le constructeur de sa responsabilité. • Civ. 3e, 8 juill. 1998, n° 96-14.520 P : *Gaz. Pal. 1999. 2. Somm. 409, obs. Peisse; Defrénois 1999. 545, obs. Périnet-Marquet.* ♦ Les désordres étant imputables, selon les constatations souveraines des juges du fond, d'une part au constructeur pour vice du sol et mauvaise réalisation des remblais et, d'autre part, au dépassement, en connaissance de cause, par l'occupant des charges maximales autorisées, il peut en être déduit que ce dernier doit supporter la moitié des réfections et des frais. • Civ. 3e, 26 mars 1997, n° 94-21.808 P : *RDI 1997. 449, obs. Malinvaud et Boubli*. ♦ Sur les risques du sol, V. *RDI 1997. 519.*

Comp., admettant l'absence de responsabilité du constructeur de maison individuelle qui était tenu d'effectuer les travaux de pose et d'étanchéité des sanitaires, mais qui, en fait, ne les avait pas réalisés, le maître de l'ouvrage ayant préféré les faire exécuter par une entreprise tierce, non indentifiée : • Civ. 3e, 8 nov. 2018, n° 17-19.823 P.

37. Fait d'un des prestataires de l'opération. Ne constitue pas la cause étrangère exonératoire pour le constructeur le vice, indécelable pour lui, des plans fournis par un maître d'œuvre. • Civ. 3e, 25 janv. 1989 : *Bull. civ. III, n° 18; Defrénois 1990. 761, obs. Souleau.* ♦ Solution inverse pour les désordres d'une façade imputables à l'existant, indécelables au moment où l'entrepreneur a appliqué un produit n'ayant joué aucun rôle dans leur survenance. • Civ. 3e, 26 févr. 2003, n° 01-16.441 P : *RDI 2003. 281, obs. Malinvaud*. ♦ V., pour un refus d'exonération en cas de fautes de conception : • Civ. 3e, 22 févr. 1989 : *JCP 1989. IV. 150.* ♦ ... En cas de défaut de « surveillance » de l'entrepreneur par le maître d'œuvre : • Civ. 3e, 6 déc. 2000 : *RDI 2001. 174, obs. Malinvaud*. ♦ Mais l'intervention fautive de l'architecte (dissimulations) peut constituer pour l'entrepreneur la cause étrangère de nature à l'exonérer. • Civ. 3e, 16 oct. 1984 : *D. 1985. 431 (1re esp.), note Rémery.* ♦ Inversement, des fautes d'exécution de l'entrepreneur ne constituent pas nécessairement une cause étrangère pour l'architecte. V. par exemple : • Civ. 3e, 14 déc. 1983, n° 82-15.791 P (loi de 1967).

38. ... Fournisseur intervenant comme constructeur. Agit en qualité de constructeur au sens de l'art. 1792 et non en simple fournisseur de matériau, le fournisseur de béton qui a participé activement à la construction dont il a assumé la maîtrise d'œuvre en donnant, par l'intermédiaire d'un de ses préposés, des instructions précises au maçon chargé de la mise en œuvre d'un matériau sophistiqué dont il ne connaissait pas les caractéristiques. • Civ. 3e, 28 févr. 2018, n° 17-15.962 P : *D. 2018. 510 ; RDI 2018. 280, obs. Malinvaud* (absence de faute du maçon qui a agi sur ces seules instructions).

39. Technique défectueuse. Le seul fait que le vice inhérent à la technique utilisée par l'entrepreneur, et agréée par le Centre scientifique et technique du bâtiment, n'était pas encore connu à l'époque de la construction ne constitue pas une cause étrangère exonératoire de responsabilité. • Civ. 3e, 17 mai 1983, n° 81-16.876 P. – Même sens : • Civ. 3e, 3 avr. 2002 : *RDI 2002. 237, obs. Malinvaud* (application à un contrôleur technique).

40. Matériaux. Le vice d'un matériau (tuiles) acheté par le maître de l'ouvrage, dont il n'est pas établi qu'il était notoirement compétent en la matière, n'est pas en lui-même une cause étrangère exonératoire pour le constructeur, même si ce vice n'était pas normalement décelable à l'époque de la construction. • Civ. 3e, 7 mars 1990, n° 88-14.856 P.

41. Cause étrangère : fait de la nature. L'entrepreneur est dégagé de toute responsabilité lorsque les détériorations subies par des tuyaux d'écoulement des eaux usées sont dues à l'action de bactéries, apparues dans des conditions non élucidées, mais postérieurement à l'installation, contre lesquelles aucun procédé de lutte n'a encore été trouvé, de telles circonstances étant insurmontables. • Civ. 3e, 10 oct. 1972 : *D. 1973. 378, note J. M.* ♦ Un ouragan d'une violence exceptionnelle peut constituer un événement de force majeure. • Civ. 3e, 11 mai 1994, n° 92-16.201 P. ♦ Pour des chutes de neige, V. • Civ. 3e, 7 mars 1979, n° 77-15.153 P (force majeure retenue) • 16 févr. 2005 : *RDI 2005. 225, obs. Malinvaud* (force majeure non retenue). ♦ Sur le caractère exonératoire d'une période de sécheresse, V. la discussion évoquée note 36 ss. art. 1148 anc. — C. civ.

42. Cause inconnue. Les conditions d'application de l'art. 1792 ne sont pas réunies en présence d'une expertise n'ayant pas permis d'établir l'existence d'un vice de construction affectant une armoire électrique, la circonstance que l'incendie se soit déclaré dans cette armoire ne suffisant pas à démontrer sa défaillance ni ne prouvant qu'elle était affectée de désordres en relation de causalité avec l'incendie. • Civ. 3e, 12 mai 2010 : *RDI 2010. 397, obs. Leguay*.

3° TRANSMISSION DE L'ACTION EN GARANTIE

43. Principe. L'obligation de garantie décennale constitue une protection légale attachée à la propriété de l'immeuble et peut être invoquée par tous ceux qui succèdent au maître de l'ouvrage, en tant qu'ayants cause, même à titre particulier, dans cette propriété. • Civ. 1re, 28 nov. 1967 : *D. 1968. 163.* ♦ La garantie décennale accompagne, en tant qu'accessoire, l'immeuble. • Civ. 3e, 23 sept. 2009, n° 08-13.470 P : *D. 2009. Actu. 2352* ; *Defrénois 2010. 221, obs. Périnet-Marquet*; *RDI 2010. 107, obs. Nési et Chauchis* ; *RDC 2010. 589, note Deshayes*; *RTD civ. 2010. 336, obs. Jourdain*. ♦ Le sous-acquéreur jouit de tous les droits et actions attachés à la chose qui appartenait à son auteur et dispose contre les locateurs d'ouvrage d'une action contractuelle fondée sur un manquement à leurs obligations envers le maître de l'ouvrage (responsabilité ne pouvant être invoquée au-delà des délais prévus par l'art. 2270 [1792-4-1] C. civ.). • Civ. 3e, 8 oct. 1997, n° 96-11.155 P : *RDI 1998. 98, obs. Malinvaud et Boubli*. ♦ V. aussi, dans le même sens, pour la transmission d'une action de droit commun : • Civ. 3e, 8 févr. 1995, n° 92-19.369 P (désordres ayant fait l'objet de réserves à la réception).

44. Conservation de l'action par le maître de l'ouvrage. Si l'action en garantie décennale se transmet en principe avec la propriété de l'immeuble aux acquéreurs, le maître de l'ouvrage ne perd pas la faculté de l'exercer quand elle présente pour lui un intérêt direct et certain. • Civ. 3e, 20 avr. 1982 : *Bull. civ. III, n° 95* (exercice de l'action par le maître de l'ouvrage suite à sa condamnation, en tant que vendeur, à réparer les vices de l'immeuble) • 26 avr. 1983 : *Bull. civ. III, n° 91* (préjudice résultant pour le vendeur de la dépréciation de l'immeuble atteint de malfaçons et ayant fait l'objet d'une vente forcée) • 11 déc. 1991, n° 90-17.489 P (engagement du maître de l'ouvrage, après réclamations formulées par les acquéreurs des appartements atteints de désordres, d'y remédier) • 31 mai 1995, n° 92-14.098 P • 3 juill. 1996, n° 94-18.503 P : *RDI 1996. 577, obs. Malinvaud et Boubli* • 12 nov. 2020, n° 19-22.376 P : *D. 2020. 2290* ; *RDI 2021. 164, obs. Faure-Abbad* ; *Defrénois 2021/23. 20, note Becqué-Ickowicz* (nécessité de rechercher si, en dépit de la vente de leur maison, les propriétaires à l'origine de la construction n'avaient pas conservé contre l'assureur de l'entreprise, dès lors qu'ils y avaient un intérêt direct et certain, l'exercice de l'action fondée sur la responsabilité décennale, excluant toute action fondée sur la responsabilité contractuelle de droit commun). ♦ Comp., pour l'admission de cette solution, avant toute action du sous-acquéreur, afin de résister à une demande de l'entrepreneur en paiement du solde des travaux : • Civ. 3e, 19 juin 1984 : *Gaz. Pal. 1984. 2. Pan. 309 (décision rendue ss. le visa de l'art. 1184 anc.).*

Le maître de l'ouvrage condamné sur le fondement de l'art. 1641 peut exercer un recours contre le constructeur pour les chefs de préjudice directement liés aux malfaçons de l'ouvrage. • Civ. 3e, 2 oct. 2002, n° 01-03.720 P : *Defrénois 2003. 329, obs. Périnet-Marquet*; *RDI 2002. 541, obs. Tomasin* ; *ibid. 543, obs. Malinvaud*.

45. Paiement des indemnités d'assurance. Sauf clause contraire, l'acquéreur de l'immeuble a seul qualité à agir en paiement des indemnités d'assurance contre l'assureur garantissant les dommages à l'ouvrage, même si la déclaration de sinistre a été effectuée avant la vente. • Civ. 3e, 15 sept. 2016, n° 15-21.630 P : *D. 2016. 1861*. ♦ ... Et même au titre des désordres matériels et de jouissance pendant la durée des travaux. • Civ. 3e, 10 nov. 2016, n° 14-25.318 P : *RGDA 2017. 44, note Karila* (admission d'un recours en révision contre une décision ayant statué sur des désordres de nature décennale et indemnisé les demandeurs, qui n'étaient plus propriétaires de l'immeuble, mais s'y étaient domiciliés pendant la procédure et avaient commis une tromperie délibérée pour fausser la décision de cette juridiction).

4° ÉTENDUE DE LA GARANTIE

46. Réparation intégrale. Dès lors que les désordres relèvent de la garantie décennale et que n'est pas constatée l'existence d'une cause étrangère de nature à limiter la responsabilité du maître d'œuvre, celle-ci est engagée de plein droit et pour le tout. • Civ. 3e, 20 juin 2001, n° 99-20.242 P : *Defrénois 2002. 66, obs. Périnet-Marquet; RDI 2001. 523, obs. Malinvaud*. ♦ Pour la prise en compte d'un versement en exécution d'un jugement antérieur par l'assureur dommages-ouvrage, V. • Civ. 3e, 26 sept. 2007, n° 06-13.896 P : *Defrénois 2009. 83, obs. Périnet-Marquet.*

47. Prise en compte des conséquences futures : désordres évolutifs. BIBL. Bouty, *RDI 2010. 486*. ♦ La garantie décennale couvre les conséquences futures des désordres résultant de vices dont la réparation a été demandée au cours de la période de garantie. • Civ. 3e, 3 déc. 1985 : *Bull. civ. III, n° 159* • 16 mai 2001 : *préc. note 7.* ♦ V. aussi : • Civ. 3e, 10 janv. 1990 : *préc. note 28* (défauts d'une installation électrique notés à la réception définitive mais ne se révélant que par la suite dans toute leur ampleur, au point de rendre dangereuse l'installation) • 27 févr. 2001 : *RDI 2001. 171, obs. Malinvaud* (oxydation progressive de la pyrite contenue dans des ardoises) • 16 mai 2001 : *préc. note 7* (absence ou inaccessibilité des regards des réseaux d'évacuation d'eaux usées) • 29 janv. 2003, n° 00-21.091 P : *JCP 2003. II. 10077, concl. Guérin; ibid. I. 152, n° 26, obs. Viney; Defrénois 2003. 1275, obs. Périnet-Marquet; RDI 2003. 185, obs. Malinvaud* (désordres devant s'aggraver inéluctablement dans le délai de la garantie décennale : défaut de protection des seuils de porte) • 29 janv. 2003 : *eod. loc.; Rev. loyers 2003. 351, obs. Guégan* (détritus de bois entreposés dans un réduit muré et envahis par les termites) • 4 nov. 2004, n° 03-13.414 P : *Defrénois 2006. 63, obs. Périnet-Marquet; RDI 2005. 57, obs. Malinvaud* (bombement de cloisons, aggravation d'un désordre évolutif à des dates variables dans un ensemble immobilier constitué de 47 villas) • 31 janv. 2007 : *RDI 2007. 162, obs. Malinvaud* (fissurations en façade et affaissement du dallage) • 11 mars 2015, n° 13-28.351 P (désordres d'une piscine).

48. De nouveaux désordres constatés au-delà de l'expiration du délai décennal, qui est un délai d'épreuve, ne peuvent être réparés au titre de l'art. 1792 que s'ils trouvent leur siège dans l'ouvrage où un désordre de même nature a été constaté et dont la réparation a été demandée en justice avant l'expiration de ce délai. • Civ. 3e, 18 janv. 2006, n° 04-17.400 P : *R., p. 324; BICC 1er mai 2006, n° 827, et la note; D. 2006. IR 322; Defrénois 2006. 1503, obs. Périnet-Marquet; RDI 2006. 133, obs. Malinvaud*.

49. ... Risques sismiques. Application de la garantie décennale à la non-conformité aux normes parasismiques contractuellement prévues, qui constitue un facteur d'ores et déjà avéré et certain de perte de l'ouvrage par séisme. • Civ. 3e, 25 mai 2005, n° 03-20.247 P : *D. 2005. IR 1586; Defrénois 2006. 66, obs. Périnet-Marquet; RDI 2005. 249, obs. D. P., et 297, obs. Malinvaud; RGDA 2005. 668, note Karila.* ♦ Rappr. : • Civ. 3e, 7 oct. 2009, n° 08-17.620 P : *D. 2010. Chron. C. cass. 1103, obs. Nési; RDI 2009. 650, obs. Malinvaud; RDC 2010. 605, note Viney.* ♦ De même, le dommage consistant dans la non-conformité de l'ouvrage aux règles parasismiques obligatoires dans la région où se trouve la maison, facteur certain de risque de perte par séisme, compromet sa solidité et la rend impropre à sa destination. • Civ. 3e, 11 mai 2011 : *D. 2011. 1482; RDI 2011. 405, obs. Malinvaud; RCA 2011, n° 294.*

Sur l'appréciation de l'application du Décr. du 14 mai 1991 aux modifications importantes des structures des bâtiments existants : • Civ. 3e, 19 sept. 2019, n° 18-16.986 P : *D. 2019. 1835; RDI 2019. 627, obs. Poumarède*.

50. Charge du coût des réfections. Lorsque les réfections ordonnées sont le seul moyen d'éviter la réapparition des désordres, il n'y a pas lieu de laisser à la charge du propriétaire une partie du coût de ces réfections, au motif que celles-ci lui procurent une amélioration, dès lors que le propriétaire doit être replacé dans la situation où il se serait trouvé si l'immeuble avait été livré sans vices. • Civ. 3e, 9 oct. 1991, n° 87-18.226 P. ♦ Même sens : • Civ. 3e, 17 avr. 1991, n° 89-16.478 P (remplacement de tuiles défectueuses par des tuiles neuves) • 16 juin 1993 (1er arrêt), n° 90-21.226 P • 16 juin 1993 (2e arrêt), n° 90-10.636 P • 6 mai 1998, n° 96-13.001 P : *Defrénois 1999. 547, obs. Périnet-Marquet* (exclusion de l'application d'un coefficient de vétusté). ♦ En cas de désordres consécutifs à une absence d'ouvrage, la réparation doit englober l'exécution de l'ouvrage omis. • Civ. 3e, 28 févr. 2001 : *RDI 2001. 173, obs. Malinvaud*.

51. Réfection insuffisante et assurance. Responsabilité des vendeurs, mais absence de faute délictuelle de l'assureur qui a financé des travaux confortatifs qui se sont révélés insuffisants pour une raison qui était inconnue à la date de la prise en charge. • Civ. 3e, 14 sept. 2017, n° 16-19.899 P.

52. Dommages immatériels. Dès lors que les désordres subis par le maître de l'ouvrage relèvent de la garantie décennale, le maître d'œuvre est à bon droit condamné à réparer le préjudice immatériel (perte de chiffre d'affaires due à la fermeture prolongée de l'établissement). • Civ. 3e, 15 janv. 2003, n° 00-16.606 P : *Defrénois 2003. 1273, obs. Périnet-Marquet; RDI 2003. 190, obs. Malinvaud*

C. ARTICULATION DE LA RESPONSABILITÉ DÉCENNALE AVEC LES AUTRES SOURCES DE RESPONSABILITÉ DE L'ENTREPRENEUR

1° RELATIONS DE L'ENTREPRENEUR AVEC LE MAÎTRE DE L'OUVRAGE

a. Principe

53. Refus du cumul d'actions et primauté de la garantie. Les dommages qui relèvent d'une garantie légale ne peuvent donner lieu, contre les personnes tenues de cette garantie, à une action en réparation sur le fondement de la responsabilité contractuelle de droit commun. • Civ. 3e, 13 avr. 1988, n° 86-17.824 P : *R., p. 224 ; Gaz. Pal. 1988. 2. 779, note Blanchard ; JCP 1989. II. 21315, note R. Martin ; JCP 1990. I. 3456, étude Dagot* (solution applicable même si les dommages ont pour origine une non-conformité aux stipulations contractuelles) • 28 févr. 2001 : *RDI 2001. 170, obs. Malinvaud* • 18 mai 2017, n° 16-11.203 P : *D. 2017. 1225, note Houtcieff ; ibid. 2018. 35, obs. Quézel-Ambrunaz ; RDI 2017. 349, obs. Malinvaud ; AJ contrat 2017. 377, obs. Chénedé ; RTD civ. 2017. 651, obs. Barbier ; ibid. 666, obs. Jourdain ; CCC 2017, n° 163, note leveneur ; RCA 2017, n° 212, note Bloch ; RGDA 2017. 364, note Dessuet ; RDC 2017. 425, note Borghetti* (*idem* : manquement à une obligation contractuelle de résultat de livrer un ouvrage conforme et exempt de vices). ♦ V. en ce sens : • Civ. 3e, 4 oct. 1989 : *Bull. civ. III, n° 178* • 10 avr. 1996, n° 94-13.157 P : *D. 1997. Somm. 349, obs. Tournafond ; RTD civ. 1996. 918, obs. Jourdain* (cassation de l'arrêt retenant un manquement de l'architecte à son obligation d'attirer l'attention de son client sur la nécessaire adaptation des fermetures au chauffage électrique retenu ; garantie biennale) • 23 mai 2007, n° 06-15.668 P : *R., p. 389 ; BICC 1er oct. 2007, n° 1902, et la note ; D. 2007. AJ 1659, obs. P. Guiomard ; RDI 2007. 355, obs. Malinvaud* (2e esp.) ; *RGDA 2007. 666, note Karila* (dès lors que les dommages relèvent de la garantie légale, sont exclues les stipulations prévues en cas de non-respect du contrat) • 23 mai 2019, n° 18-15.286 P : *RDI 2019. 397, obs. Bucher ; RTD civ. 2019. 578, obs. Barbier* (*idem*) • 12 nov. 2020, n° 19-22.376 P : *D. 2020. 2290 ; RDI 2021. 164, obs. Faure-Abbad ; Defrénois 2021/23. 20, note Becqué-Ickowicz.* ♦ V. aussi note 4 ss. art. 1792-3. ♦ Comp. • Civ. 3e, 21 févr. 1990 : *D. 1990. 277, note Dubois* (troubles acoustiques trouvant leur origine dans un défaut de conformité aux stipulations des parties et non dans l'inobservation des exigences légales). ♦ Pour le cas du vendeur-constructeur, V. note 8 ss. art. 1792-1.

54. Office du juge. Les juges du fond sont tenus de rechercher si les désordres allégués relèvent d'une garantie légale, notamment, dans le cas de mauvais fonctionnement d'une installation de chauffage, de la garantie de bon fonctionnement de l'art. 1792-3. • Civ. 3e, 11 mars 1992, n° 90-15.633 P : *D. 1993. Somm. 357, obs. Magnin*. ♦ Les juges doivent rechercher, au besoin d'office, si l'action, exercée postérieurement à la réception de l'ouvrage, en réparation de désordres rendant l'ouvrage impropre à sa destination, n'est pas fondée sur l'art. 1792, ce qui rend inapplicable la clause de conciliation prévue dans le contrat conclu avec l'architecte. • Civ. 3e, 23 mai 2019, n° 18-15.286 P : *RDI 2019. 397, obs. Bucher ; RTD civ. 2019. 578, obs. Barbier*. ♦ Mais les juges, saisis sur le fondement de la garantie légale, ne sont pas tenus de rechercher si les désordres invoqués pouvaient relever de la responsabilité de droit commun en l'absence de demande en ce sens. • Civ. 3e, 4 juin 1997, n° 95-18.845 P.

b. Limites

55. Faute dolosive. Le constructeur, nonobstant la forclusion décennale, est, sauf faute extérieure au contrat, contractuellement tenu à l'égard du maître de l'ouvrage de sa faute dolosive. • Civ. 3e, 27 juin 2001, n° 99-21.017 P : *R., p. 433 ; D. 2001. 2995, concl. Weber, note Karila ; JCP 2001. II. 10626, note Malinvaud ; JCP 2002. I. 124, n° 18 s., obs. Viney ; JCP E 2001. 2056, note Rakotovahiny ; Defrénois 2002. 64, obs. Périnet-Marquet ; RCA 2001, n° 299, note Groutel ; RDI 2001. 525, obs. Malinvaud ; LPA 19 sept. 2001, note J.-P. Storck ; ibid. 25 févr. 2002, note Gentili ; RTD civ. 2001. 887, obs. Jourdain*. ♦ L'action fondée sur la faute dolosive du constructeur, de nature contractuelle, est une action attachée à l'immeuble et donc transmissible au sous-acquéreur, qui peut se prévaloir de cette faute pour rechercher la responsabilité du constructeur après l'expiration de la garantie légale. • Civ. 3e, 27 mars 2013, n° 12-13.840 P • 12 juill. 2018, n° 17-20.627 P : *D. 2018. chron. C. cass. 2435, obs. Georget ; RDI 2018. 504, obs. Poumarède ; AJ contrat 2018. 422, obs. Dissaux ; JCP 2018, n° 1041, note Larroumet.*

Comp., antérieurement : l'architecte qui commet une faute dolosive engage sa responsabilité délictuelle • Civ. 3e, 18 déc. 1972, n° 71-13.590 P : *R. 1972-1973, p. 40 ; D. 1973. 272, note J. Mazeaud.*

56. Il y a faute dolosive du constructeur lorsque, de propos délibéré même sans intention de nuire, il viole par dissimulation ou par fraude ses obligations contractuelles. • Civ. 3e, 27 juin 2001 : *préc. note 57* • 12 juill. 2018, n° 17-20.627 P : *préc. note 57* (violation délibérée et consciente du constructeur ayant remis les clefs en restant taisant sur les modifications réalisées par le maître de l'ouvrage, dont il connaissait l'existence et les conséquences sur la structure de la maison). ♦ Comp. • Civ. 3e, 18 déc. 1996, n° 95-10.658 P : *JCP N 1997. II. 661 ; D. 1997. Somm. 289, obs. Delebecque ; RDI 1997. 243, obs. Malinvaud et Boubli* (cassation de l'arrêt ayant retenu la responsabilité des constructeurs sur le terrain de la faute dolosive extérieure au contrat après avoir constaté que l'intention de nuire n'était pas démontrée ni même alléguée). ♦ Sur la notion de faute dolosive, V. obs. Malinvaud et Boubli, à propos de • Civ. 1re, 22 oct. 1996 : *RDI 1997. 87* (faute volontaire impliquant une tromperie). ♦ V. aussi les décisions citées notes 4 s. ss. art. 1792-4-1, et : • Civ. 3e, 23 juill. 1986 : *Bull. civ. III, n° 129* (inexécution délibérée des obligations et dissimulation frauduleuse du vice en résultant) • 7 févr. 2001, n° 99-17.535 P : *Defrénois 2001. 873, obs. Périnet-Marquet; RDI 2001. 176, obs. Malinvaud* (une violation des règles de l'art ne constitue pas nécessairement une faute dolosive) • 22 juin 2005, n° 04-14.587 P : *RDI 2005. 338, obs. Malinvaud ; RDC 2006. 833, obs. Carval* (faute dolosive consistant dans le silence gardé par un contrôleur technique sur une non-conformité à une norme technique) • 6 déc. 2005 : *RDI 2006. 137, obs. Malinvaud* (violation délibérée et consciente des obligations contractuelles) • Civ. 3e, 8 sept. 2009, n° 08-17.336 P : *D. 2009. AJ 2221, obs. Vincent ; RDI 2009. 599, obs. Malinvaud ; Defrénois 2010. 225, obs. Périnet-Marquet; RDC 2010. 72, obs. Deshayes* (absence de prise de précautions élémentaires dans l'installation d'une cheminée dans une maison à ossature bois par des personnes ignorant visiblement les règles de l'art. • Civ. 3e, 27 mars 2013 : *préc. note 57* (connaissance par le constructeur de l'insuffisance notoire des fondations à un moment où il était encore possible d'y remédier, caractérisant une dissimulation constitutive d'une faute dolosive). ♦ Absence de faute dolosive • Civ. 3e, 5 janv. 2017, n° 15-22.772 P : *D. 2017. 392, note Mazeaud ; RDI 2017. 155, obs. Malinvaud ; RGDA 2017. 126, note Dessuet; JCP 2017, n° 434, note Karila* (absence de précautions élémentaires pour surveiller la totalité de l'exécution des travaux de gros-œuvre sous-traités).

c. Responsabilité de droit commun

57. *Dommages hors du domaine de la garantie.* Pour des désordres n'affectant pas des ouvrages au sens de l'art. 1792, V. notes 1 s., spéc. notes 3 et 6. ♦ Pour des non-conformités ne causant aucun désordre, V. note 13 et • Civ. 3e, 6 mai 2009, n° 08-14.505 P (non-conformité d'une maison individuelle construite dans un lotissement appréciée par rapport au règlement de ce dernier). ♦ Rappr. : il résulte de la combinaison des anc. art. 1134, 1147 et 1382, devenus 1240, qu'en l'absence de désordre le non-respect des normes qui ne sont rendues obligatoires ni par la loi ni par le contrat ne peut donner lieu à une mise en conformité à la charge du constructeur. • Civ. 3e, 10 juin 2021, n° 20-15.277 P (impossibilité d'invoquer le non-respect d'un DTU qui n'avait pas été contractualisé). ♦ Pour des désordres antérieurs à la réception, V. par exemple : • Civ. 3e, 19 juin 1996 : *RDI 1996. 581, obs. Malinvaud* (avant réception de l'ouvrage, tout désordre doit donner lieu à réparation) • 3 juill. 1996 : *ibid.* (responsabilité contractuelle de droit commun) • 24 mai 2006, n° 04-19.716 P : *R., p. 326; D. 2006. IR 1633, obs. Gallmeister ; LPA 25 avr. 2007, note Raffi; RCA 2006, n° 265, obs. Groutel; RDI 2006. 311, obs. Malinvaud ; RDC 2006. 1217, obs. Borghetti* (en l'absence de réception, la responsabilité contractuelle de droit commun du constructeur quant aux désordres de construction se prescrit par dix ans à compter de la manifestation du dommage) • Civ. 3e, 10 juill. 2013, n° 12-21.910 P : *R., p. 579; D. 2013. 1834* (avant réception, le promoteur est tenu de l'obligation de résultat de livrer un ouvrage exempt de vices en application de l'art. 1147 anc.). ♦ Pour des défauts mentionnés lors de la réception, V. note 45, note 36 ss. art. 1792-6 et • Civ. 3e, 13 déc. 1995, n° 92-11.637 P : *RDI 1996. 223, obs. Malinvaud et Boubli* (désordres des revêtements de sol signalés et non résolus : la responsabilité contractuelle de droit commun de l'architecte et de l'entrepreneur avant la levée des réserves subsiste concurremment avec la garantie de parfait achèvement due par l'entrepreneur). ♦ Pour des défauts ne compromettant pas la solidité de l'immeuble et ne le rendant pas impropre à sa destination, V. par exemple : • Riom, 2 juin 1988 : *JCP 1989. IV. 54* (erreur d'implantation). ♦ Pour des désordres découlant directement d'une faute. • Civ. 3e, 18 juin 2008, n° 07-13.117 P • Civ. 3e, 26 juin 2013, n° 11-12.785 P. ♦ En l'absence de maître d'œuvre et de plans d'implantation, l'entrepreneur a l'obligation de vérifier la conformité de la construction au permis de construire et à la réglementation de l'urbanisme. • Civ. 3e, 6 nov. 2013 : *D. 2013. 2448, note Cottet ; ibid. 2014. 630, obs. Amrani-Mekki et Mekki ; RDI 2013. 517, note Caston; RTD civ. 2013. 839, obs. Barbier; JCP N 2013, n° 1216, note Zalewski-Sicard* (visa de l'art. 1147 anc.). ♦ Des désordres qui ne compromettent pas la solidité de l'ouvrage, ne le rendent pas impropre à sa destination et affectent un élément dissociable de l'immeuble, non destiné à fonctionner, relèvent de la garantie de droit commun. • Civ. 3e, 11 sept. 2013, n° 12-19.483 P : *D. 2013. 2173 ; RDI 2013. 536, obs. Malinvaud ; ibid. 544, obs. Dessuet ; RGDA 2014. 37, obs. Dessuet* (carrelage). ♦ Pour des manquements à l'obligation d'information, V. notes 61 s.

58. *Désordres « intermédiaires ».* Des désordres, non apparents à la réception, qui n'affectent pas des éléments d'équipement soumis à la garantie de bon fonctionnement et ne compromettent ni la solidité ni la destination de l'ouvrage, ne sont pas soumis à la garantie décennale, mais relèvent de la responsabilité de droit commun pour faute prouvée, dont la garantie de parfait achèvement due par l'entrepreneur n'exclut pas l'application. • Civ. 3e, 22 mars 1995 : *JCP 1995. II. 22416, note Fossereau; JCP 1995. I. 3893, nos 31 s., obs. Viney; Defrénois 1995. 810, obs. Dubois; RDI 1995. 333, obs. Malinvaud et Boubli ; Gaz. Pal. 1996. 1. 13, note Boubli; Gaz. Pal. 1997. 1. Somm. 104, obs. Peisse.* ♦ Sur la responsabilité contractuelle de droit commun des constructeurs au cours du délai de dix ans pour les désordres dits « intermédiaires », V. aussi : • Civ. 3e, 13 mars 1991, n° 89-13.833 P : *Gaz. Pal. 1991. 2. Somm. 464, obs. Peisse* • 23 juin 1999, n° 97-16.176 P • 11 mai 2004 : *RDI 2004. 383, obs. Malinvaud* (responsabilité pour faute prouvée). – V. obs. Rémy, *RTD civ. 1987. 115.*

59. Devoir de conseil : entrepreneur. BIBL. Émon, *Gaz. Pal. 2001. Doctr. 516.* ♦ Quelle que soit la qualification du contrat, tout professionnel de la construction est tenu, avant réception, d'une obligation de conseil et de résultat envers le maître de l'ouvrage. • Civ. 3e, 27 janv. 2010, nº 08-18.026 P : *RDI 2010. 215, obs. Noblot* (mauvaise implantation de la maison en s'abstenant de procéder à toute vérification au regard des règles du POS contrairement à ses obligations). ♦ Le fait, pour un entrepreneur, d'intervenir sur un bâtiment neuf ne le dispense pas de son devoir de conseil. • Civ. 3e, 22 juill. 1998, nº 97-11.727 P : *D. Affaires 1998. 1639, obs. J. F.; Gaz. Pal. 1999. 2. Somm. 417, obs. Peisse.* ♦ ... De même que le fait d'intervenir pour exécuter les préconisations d'un expert : il lui appartient de procéder à des vérifications minimales et d'émettre auprès des maîtres de l'ouvrage des réserves sur l'efficacité des travaux prescrits. • Civ. 3e, 11 mars 2015, nº 13-28.351 P : *cité note 49.* ♦ Comp. ne retenant pas, en l'espèce, un manquement à l'obligation d'information et de conseil, pour des désordres ne résultant pas des travaux réalisés, mais de la structure du bâtiment préexistant. • Civ. 3e, 20 mai 2015, nº 14-13.271 P. ♦ V., sur le devoir de conseil en matière d'isolation phonique, nonobstant le respect des normes en vigueur : • Civ. 3e, 26 oct. 2005, nº 04-16.405 P : *Defrénois 2006. 1500, obs. Périnet-Marquet; RDI 2006. 56, obs. Malinvaud, et 191, obs. Trébulle.* ♦ L'entrepreneur installateur d'un matériau doit attirer l'attention du maître de l'ouvrage sur les inconvénients du matériau choisi et sur les précautions à prendre pour sa mise en œuvre, compte tenu de l'usage auquel ce matériau était destiné. • Civ. 1re, 20 juin 1995, nº 93-15.801 P : *D. 1996. Somm. 12, obs. Paisant ; RTD civ. 1996. 177, obs. Jourdain ; Gaz. Pal. 1997. 1. Somm. 102, obs. Peisse* (décision rejetant par ailleurs le recours contre le fournisseur qui ne connaissait pas les conditions particulières d'emploi) • Civ. 3e, 4 juill. 2007, nº 06-14.761 P : *D. 2007. AJ 2103 ; RDI 2007. 441, obs. Malinvaud* (matériau facilement inflammable). ♦ L'entrepreneur est tenu d'informer son client des risques encourus par les tiers du fait de la construction (troubles de voisinage). • Civ. 3e, 20 déc. 2000 : *JCP 2001. I. 340, nº 25, obs. Viney.* ♦ Absence de faute dans la mise en œuvre d'un devoir de conseil pour un entrepreneur qui a été sollicité pour une simple réparation, alors que le maître de l'ouvrage était parfaitement conscient de la vétusté de l'immeuble. • Civ. 3e, 28 févr. 2018, nº 17-13.478 P : *D. 2018. 510 ; RDI 2018. 466, obs. Poumarède ; RGDA 2018. 199, note Dessuet.* ♦ Entrepreneur vendeur de matériau : V. note 21 ss. art. 1615. — C. civ.

60. ... Architecte. L'architecte, tenu d'un devoir de conseil envers le maître de l'ouvrage, doit concevoir un projet réalisable tenant compte des contraintes du sol. • Civ. 3e, 25 févr. 1998, nº 96-10.598 P : *D. Affaires 1998. 467, obs. J. F. ; Gaz. Pal. 1999. 1. Somm. 101, obs. Peisse ; CCC 1998, nº 68, note Leveneur ; RTD civ. 1998. 385, obs. Jourdain* • 15 déc. 2004, nº 03-17.070 P : *D. 2005. IR 385 ; Defrénois 2006. 58, obs. Périnet-Marquet* (violation d'une servitude de vue). ♦ L'architecte est tenu d'assister et de conseiller le maître de l'ouvrage lors de la réception. • Civ. 3e, 27 juin 2001, nº 00-10.153 P. ♦ Le devoir de conseil du maître d'œuvre ne l'oblige pas à rappeler au maître de l'ouvrage l'obligation de respecter les prescriptions du permis de construire qui s'imposent à lui en vertu de la loi. • Civ. 3e, 14 janv. 2009, nº 07-20.245 P : *D. 2009. AJ 373 ; JCP 2009. II. 10084, note Noblot* (préjudice du client ayant pour cause exclusive son choix de ne pas respecter les prescriptions du permis de construire). ♦ La mission de l'architecte ne comporte pas l'étude du financement de l'opération de construction. • Civ. 3e, 1er déc. 1999, nº 98-12.840 P : *Gaz. Pal. 2001. Somm. 869, obs. Peisse ; Defrénois 2000. 485, obs. Périnet-Marquet.* ♦ L'architecte n'est pas tenu de renseigner le maître de l'ouvrage sur ses propres capacités financières. • Civ. 3e, 9 nov. 2005, nº 04-15.505 P : *RDI 2006. 210, obs. Boubli.* ♦ Responsabilité d'un architecte intervenu dans le cadre d'une assistance bénévole. • Civ. 3e, 3 juill. 1996 : *JCP 1997. II. 22757, note le Tourneau.*

61. ... Maître d'œuvre. Le maître d'œuvre est tenu d'assister et de conseiller le maître de l'ouvrage lors de la réception et les juges du fond ne peuvent rejeter la demande fondée sur l'existence de désordres apparents et non réservés sans rechercher si le maître de l'ouvrage avait été informé des conséquences d'une absence de réserves quant aux désordres apparents. • Civ. 3e, 30 oct. 1991, nº 90-12.993 P : *Gaz. Pal. 1992. 2. Somm. 283, obs. Peisse.* ♦ L'entrepreneur qui construit, sur les indications du maître d'œuvre chargé de la conception de l'ensemble des travaux, un escalier dangereux pour le public n'est pas déchargé de son obligation de conseil envers le maître de l'ouvrage. • Civ. 3e, 11 févr. 1998, nº 96-12.228 P : *Gaz. Pal. 1999. 1. Somm. 112, obs. Peisse.* ♦ Le devoir de conseil du maître d'œuvre ne lui fait pas obligation d'informer le maître de l'ouvrage des conséquences du défaut d'agrément d'un sous-traitant. • Civ. 3e, 12 mars 2008, nº 07-13.651 P : *D. 2008. AJ 981, obs. Delpech ; Defrénois 2009. 79, obs. Périnet-Marquet.* ♦ Un maître de l'ouvrage ne commet pas de faute et ne concourt pas à la réalisation de son préjudice en s'abstenant de recourir aux services d'un maître d'œuvre. • Civ. 3e, 30 mars 2005 : *RDI 2005. 225, obs. Malinvaud.* – V. déjà • Civ. 3e, 6 mai 1998 : *préc. note 32.* ♦ Rappr., sur l'obligation de renseignement et de conseil du bureau de contrôle, • Civ. 3e, 15 janv. 1997 : *RJDA 1997. 517, note d'Hauteville.* ♦ Il entre dans la mission contractuelle du maître d'œuvre d'alerter le maître de l'ouvrage sur la présence au chantier d'un sous-traitant non agréé. • Civ. 3e, 10 févr. 2010, nº 09-11.562 P : *RDI 2010. 547, obs. Périnet-Marquet.*

62. ... *Contrôleur technique.* BIBL. Assus-Juttner, *Dr. et patr. 7-8/2017. 54* (responsabilité des diagnostiqueurs et experts). ♦ Le contrôleur technique chargé d'établir le diagnostic réglementaire de l'amiante est tenu d'une obligation de conseil et doit s'enquérir par lui-même des caractéristiques complètes de l'immeuble concernant la présence éventuelle d'amiante. • Civ. 3e, 2 juill. 2003, nº 01-16.246 P : *JCP 2003. II. 10196, concl. Guérin ; Gaz. Pal. 2003. 3131, note Brault ; ibid. 2004. 1905, note Causse ; AJDI 2003. 751, obs. Rouquet ; LPA 11 oct. 2004, obs. Pimont ; RDI 2003. 554, obs. Trébulle ; Dr. et patr. 10/2003. 80, obs. Chauvel ; Rev. loyers 2003. 501, obs. Quément ; Loyers et copr. 2003, nº 199, obs. Brault et Pereira-Osouf.*

63. ... *Constructeurs entre eux.* Le devoir de conseil peut s'étendre aux entrepreneurs entre eux, dès lors que le travail de l'un dépend du travail de l'autre. • Civ. 3e, 31 janv. 2007, nº 05-18.311 P : *D. 2007. AJ 579 ; RGDA 2007. 426, note Karila ; Dr. et patr. 3/2008. 86, obs. Mallet-Bricout.*

64. ... *Assurance.* Absence de garantie de l'assureur, qui couvre une responsabilité fondée sur les art. 1792 et 1792-2, dès lors que son assuré est condamné sur le fondement de la responsabilité de droit commun. • Civ. 3e, 18 mars 2021, nº 20-13.915 P : *D. 2021. 631 ; RDI 2021. 369, obs. Charbonneau.*

65. ... *Exonération.* L'information du maître de l'ouvrage, de nature à exonérer l'entrepreneur, peut émaner d'un professionnel de la construction autre que celui dont la responsabilité est recherchée. • Civ. 3e, 9 juin 1999, nº 97-18.950 P : *Defrénois 1999. 1136, obs. Périnet-Marquet.*

66. ... *Prescription.* V. note 22 ss. art. 1792-4-1.

67. *Obligation de se renseigner.* Il appartient à l'entrepreneur de se renseigner, même en présence d'un maître d'œuvre, sur la finalité des travaux qu'il a acceptés (contraintes particulières d'isolation phonique, s'agissant d'un « pub »). • Civ. 3e, 15 févr. 2006, nº 04-19.757 P : *D. 2006. IR 601 ; CCC 2006, nº 100, note Leveneur ; RDI 2006. 191, obs. Trébulle.* ♦ Il incombe à l'entrepreneur, tenu d'une obligation de conseil, de s'assurer que le devis estimatif qu'il établit est en concordance avec la construction autorisée par le permis de construire. • Civ. 3e, 2 oct. 2002, nº 99-12.925 P : *D. 2002. IR 2914 ; Defrénois 2003. 319, obs. Périnet-Marquet.* ♦ Manque à ses obligations de conseil, d'information et de mise en garde le fournisseur, professionnel dans le domaine des tuyaux métalliques, qui a omis de renseigner sur le risque de corrosion, alors qu'il connaissait la nature du projet et que son client n'était pas compétent en la matière. • Civ. 3e, 19 janv. 2017, nº 15-25.283 P : *D. 2017. 214 ; RDI 2017. 151, obs. Malinvaud* (approvisionnement d'une centrale en eau par une canalisation la reliant à un canal ; le manquement ne s'analyse pas en une perte de chance).

d. Actions récursoires

68. *Actions récursoires du maître de l'ouvrage ayant désintéressé un tiers : principe.* L'action récursoire dirigée contre l'entrepreneur par le maître de l'ouvrage subrogé dans l'action des héritiers de la victime, décédée à la suite d'une chute due à l'effondrement d'un escalier, a un fondement quasi délictuel, la victime et ses héritiers n'ayant pas été parties au contrat d'entreprise. • Civ. 3e, 10 janv. 1984, nº 82-14.961 P : *RTD civ. 1984. 741, obs. Rémy.* – V. aussi • Civ. 3e, 15 févr. 1972 : *D. 1972. 380 ; JCP 1972. II. 17213, note Liet-Veaux* • 21 févr. 1984 : *Bull. civ. III, nº 42.*

69. *Recours entre constructeurs.* Sur la nature variable du recours, V. • Civ. 3e, 8 févr. 2012 : *cité note 7 ss. art. 1792-4-1.* ♦ Pour les recours exercés après un trouble du voisinage, V. note 79.

70. *Action récursoire d'un constructeur contre un autre responsable.* Les personnes responsables de plein droit en application des art. 1792 s. ne sont pas subrogées après paiement dans le bénéfice de cette action réservée au maître de l'ouvrage et aux propriétaires successifs de l'ouvrage et ne peuvent agir en garantie ou à titre récursoire contre les autres responsables tenus avec elles au même titre, que sur le fondement de la responsabilité de droit commun applicable dans leurs rapports. • Civ. 3e, 8 juin 2011, nº 09-69.894 P : *D. 2011. Actu. 1682 ; RCA 2011, nº 361, obs. Groutel* (action en garantie des vices cachés).

71. *Troubles de voisinage : recours du maître de l'ouvrage.* BIBL. Courtieu, *RCA 2000. Chron. 6.* – Fruteau-Peyrichou, *RLDC 2008/46, nº 2877.* – Garron, *JCP E 2006. 1715.* – Grataloup, *CCC 2001. Chron. 8.* – Groutel, *RCA 2000. Chron. 20 ; ibid. 2003. Chron. 11.* – Malinvaud, *RDI 2006. 251.* – Villien, *R. 1999, p. 263 ; RDI 2000. 275.* – V. aussi Bibl. ss. art. 651. ♦ Sur la responsabilité au titre des troubles anormaux du voisinage du propriétaire de l'immeuble auteur des nuisances et de l'entrepreneur à l'origine de celles-ci, V. note 15 ss. art. 651. — C. civ.

Le maître de l'ouvrage qui a effectué des paiements au profit des voisins victimes de désordres est subrogé dans les droits de ces derniers à hauteur de ces paiements, et il est bien fondé à recourir contre les constructeurs et leurs assureurs sur le fondement du principe prohibant les troubles anormaux de voisinage, qui ne requiert pas la preuve d'une faute. • Civ. 3e, 24 sept. 2003, nº 02-12.873 P : *RCA 2003, nº 324, note Groutel ; RDI 2003. 582, obs. Malinvaud* • 22 juin 2005, nº 03-20.068 P : *R., p. 289 ; BICC 15 oct. 2005, nº 1925, et la note ; D. 2006. 40, note Karila ; RCA 2005, nº 288, note Groutel ; Defrénois 2006. 72, obs. Périnet-Marquet ; RDI 2005. 330, obs. Gavin-Millan-Oosterlynck, et 339, obs. Malinvaud ; RTD civ. 2005. 788, obs. Jourdain* • 20 déc. 2006, nº 05-10.855 P : *D. 2007. 1472, note Karila ; ibid. AJ 148, obs. Gallmeister ; ibid. Pan. 2494, obs. Reboul-Maupin, et 2904, obs. Jourdain ; JCP 2007. I.*

117, n° 4, obs. Périnet-Marquet; Defrénois 2008. 74, obs. Périnet-Marquet; RCA 2007, n° 117, note Groutel; RDI 2007. 145, obs. Gavin-Millan-Oosterlynck, et 170, obs. Malinvaud; Dr. et patr. 7-8/2007. 90, obs. Seube; RDC 2007. 754, obs. Carval; RTD civ. 2007. 360, obs. Jourdain. ♦ Dans le même sens, V. déjà : • Civ. 3e, 21 juill. 1999, n° 96-22.735 P : *D. 1999. IR 228; RCA 1999. Chron. 23, par Groutel (3e esp.); RDI 1999. 656, obs. Malinvaud; RTD civ. 2000. 120, obs. Jourdain* • Civ. 1re, 18 sept. 2002, n° 99-20.297 P : *RDI 2003. 96, obs. Malinvaud*. ♦ La solution est applicable à l'action du maître de l'ouvrage contre un sous-traitant. • Civ. 3e, 24 sept. 2003 : *préc.*

72. Lorsqu'il n'est pas établi que le maître de l'ouvrage, dont le bien est à l'origine de troubles du voisinage, a été subrogé après paiement dans les droits du voisin victime, son action contre l'entrepreneur est fondée sur la responsabilité contractuelle de droit commun. • Civ. 3e, 20 nov. 2002, n° 01-11.777 P. ♦ ... Qui exige la preuve d'une faute. • Civ. 3e, 20 nov. 2002, n° 01-11.777 P • 24 avr. 2003, n° 01-18.017 P : *D. 2003. IR 1411; Defrénois 2003. 1282, obs. Périnet-Marquet; RDI 2003. 358, obs. Malinvaud* (exigence d'une faute). ♦ Le recours est de nature contractuelle et ne peut être fondé sur une présomption de responsabilité découlant de la garde du chantier. • Civ. 3e, 24 mars 1999, n° 96-19.775 P : *RDI 1999. 412, obs. Malinvaud* • 28 nov. 2001, n° 00-13.970 P : *D. 2002. 3299, note Rabreau; JCP E 2002. 809, note Pin; Defrénois 2002. 1034, obs. Périnet-Marquet; RCA 2002, n° 60, note Groutel; RDI 2002. 90, obs. Malinvaud; RTD civ. 2002. 315, obs. Jourdain*.

73. Le maître de l'ouvrage, condamné *in solidum* avec les constructeurs, ne peut, dans ses rapports avec ces derniers, conserver à sa charge une part d'indemnisation sans que soit caractérisée son immixtion fautive ou son acceptation délibérée des risques. • Civ. 3e, 25 mai 2005, n° 03-19.286 P : *RDI 2005. 300, obs. Malinvaud*. ♦ V. aussi dans le sens d'un recours intégral : • Civ. 3e, 22 juin 2005 : *préc. note 74* • 20 déc. 2006 : *préc. note 74.*

74. Le maître de l'ouvrage dont les travaux ont causé un trouble anormal de voisinage à des tiers peut obtenir des constructeurs, sur le fondement de l'art. 1792, les travaux de reprise nécessaires à l'utilisation conforme à sa destination de l'ouvrage, dès lors qu'il subit un dommage propre résultant de défauts de conception et d'exécution de ces travaux. • Civ. 3e, 31 mars 2005 : *préc. note 19.*

75. ***Recours des constructeurs entre eux.*** Dans les rapports entre le locateur d'ouvrage auteur du trouble anormal causé aux voisins et les autres professionnels dont la responsabilité peut être recherchée, la charge finale de la condamnation, formant contribution à la dette, se répartit en fonction de la gravité de leurs fautes respectives; l'entrepreneur principal ne peut exercer de recours subrogatoire contre les sous-traitants que pour la fraction de la dette dont il ne doit pas assumer la charge définitive. • Civ. 3e, 26 avr. 2006, n° 05-10.100 P : *R., p. 325; D. 2006. 2504, note Karila; ibid. IR 1251, obs. Delpech; ibid. Pan. 2368, obs. Reboul-Maupin, et 2905, obs. Jourdain; JCP 2007. I. 117, n° 4, obs. Périnet-Marquet; Defrénois 2008. 76, obs. Périnet-Marquet; RTD civ. 2006. 573, obs. Jourdain; RDI 2006. 251, étude Malinvaud*. ♦ Dans son recours subrogatoire contre les sous-traitants, il incombe à l'entrepreneur principal d'établir la faute contractuelle éventuelle de ces derniers. • Même arrêt. ♦ Aucune faute n'étant imputée ni à l'architecte ni à l'entrepreneur, chacun doit, dans les recours entre coobligés, supporter à parts égales la charge de la condamnation. • Civ. 3e, 20 déc. 2006 : *préc. note 74.*

76. ***Appel en garantie.*** Il résulte de l'art. 334 C. pr. civ. qu'une partie assignée en justice est en droit d'appeler une autre en garantie des condamnations qui pourraient être prononcées contre elle, une telle action ne supposant pas que l'appelant en garantie ait déjà indemnisé le demandeur initial. • Civ. 3e, 8 déc. 2021, n° 20-18.540 B.

2° RELATIONS DE L'ENTREPRENEUR AVEC UNE VICTIME AUTRE QUE SON COCONTRACTANT

77. ***Principe.*** Les juges du fond ne peuvent écarter la demande en réparation, dirigée contre le constructeur, de personnes n'ayant ni la qualité de maîtres de l'ouvrage ni celle d'acquéreurs sans rechercher si le constructeur n'a pas commis de faute quasi délictuelle de nature à engager sa responsabilité sur le fondement de l'art. 1382 anc. [1240] C. civ. • Civ. 3e, 11 oct. 1995 : *CCC 1996, n° 21, note Leveneur; RDI 1996. 219, obs. Malinvaud et Boubli*. ♦ Sur ce fondement quasi délictuel, le tiers (crédit-preneur, en l'espèce) ne peut pas demander la somme correspondant à la réparation des désordres de construction, mais seulement l'indemnisation du préjudice en résultant. • Civ. 3e, 18 janv. 2006, n° 03-20.999 P : *RDI 2006. 232, obs. Malinvaud; RDC 2006. 815, obs. Viney.*

78. ***Location.*** L'action en garantie décennale que la loi attache à la propriété de l'ouvrage, et non à sa jouissance, exclut l'action du locataire qui ne peut pas se prévaloir de la qualité de maître de l'ouvrage. • Civ. 3e, 1er juill. 2009, n° 08-14.714 P : *D. 2009. AJ 1964; RDI 2009. 539, obs. Tranchant; Defrénois 2010. 221, obs. Périnet-Marquet; RDC 2010. 62, obs. Viney; ibid. 681, obs. Grimaldi*. ♦ La faute commise par les architectes dans la conception d'un pavillon constitue à l'égard du tiers qu'est le locataire de ce pavillon une négligence prévue par l'art. 1383 anc. [1241] C. civ. et oblige ses auteurs à en réparer toutes les conséquences dommageables. • Civ. 3e, 10 déc. 1980 : *Gaz. Pal. 1981. 2. 637, note Plancqueel.*

79. Location-attribution. Les locataires-attributaires, n'ayant ni la qualité de propriétaires ni celle de maîtres de l'ouvrage, ne peuvent fonder leur action sur l'art. 1792. • Civ. 3e, 25 janv. 1989, nº 87-10.970 P. – V. conf. • Civ. 3e, 6 déc. 1989 : *Bull. civ. III, nº 229.* ♦ Mais une faute quasi délictuelle du constructeur est de nature à engager sa responsabilité à leur égard. • Civ. 3e, 11 oct. 1995 : *préc. note 80.* ♦ V. aussi : • Civ. 3e, 21 mai 2014, nº 13-18.152 P (faute privant les acquéreurs du droit à réparation dont la société était seule titulaire en qualité de propriétaire du bien à la date des désordres).

80. Société d'attribution. La garantie décennale est attachée à la propriété de l'édifice et les associés d'une société d'attribution, attributaires en jouissance, ne disposent que d'un droit mobilier incorporant un droit de créance sur la société civile immobilière, seule propriétaire de l'immeuble ; ils ne peuvent par suite agir contre les constructeurs. • Civ. 3e, 19 juill. 1995, nº 93-13.395 P : *Defrénois 1995. 1464, obs. Dubois.* ♦ En l'absence d'une subrogation englobant l'action contractuelle de droit commun, le cessionnaire de parts d'une société d'attribution ne dispose d'aucune action contractuelle de droit commun contre l'architecte, et la responsabilité de celui-ci est à bon droit recherchée sur le plan quasi délictuel. • Civ. 3e, 13 déc. 1989 : *Bull. civ. III, nº 235.*

81. Vente. En cas de liquidation judiciaire du vendeur, l'architecte responsable de la résolution de la vente peut être condamné à verser à l'acquéreur des dommages-intérêts incluant le prix de la vente. • Civ. 3e, 11 mai 2005, nº 03-20.680 P.

82. Actions entre constructeurs. L'architecte et l'entrepreneur, liés contractuellement au maître de l'ouvrage par des conventions distinctes, sont des tiers dans leurs rapports personnels et peuvent engager, l'un à l'égard de l'autre, une action en responsabilité quasi délictuelle. • Civ. 3e, 1er mars 1983 : *Gaz. Pal. 1984. 1. 119, note Plancqueel* • 11 oct. 1989, nº 88-14.324 P. – V. aussi • Civ. 1re, 16 févr. 1994, nº 90-19.090 P : *Defrénois 1994. 798, obs. Delebecque* • Civ. 3e, 11 janv. 1995, nº 93-11.936 P • 28 févr. 2001 : *RDI 2001. 178, obs. Malinvaud* • 30 avr. 2002, nº 00-15.645 P : *Defrénois 2002. 1032, obs. Périnet-Marquet ; RDI 2002. 324, obs. Malinvaud* • 14 sept. 2005 : *RDI 2005. 460, obs. Malinvaud* • 18 janv. 2006, nº 04-18.950 P : *RDI 2006. 236, obs. Malinvaud*, et *467, obs. Boubli* (faute délictuelle du contrôleur technique, tenu, de ce fait, à garantie envers l'architecte).

83. Crédit-bail immobilier. Le crédit-preneur qui est intervenu aux opérations de construction en qualité de maître d'ouvrage délégué mais, le contrat de crédit-bail ayant été résilié, n'ayant jamais eu la faculté de bénéficier du transfert de propriété et de la garantie décennale, n'a pas qualité à agir sur le fondement de l'art. 1792 ; la présomption de l'art. 1792 ne bénéficie pas au simple titulaire d'un droit de jouissance sur l'immeuble. • Civ. 3e, 8 sept. 2010 : *RGDA 2011. 118, obs. Périer.*

Art. 1792-1 *(L. nº 78-12 du 4 janv. 1978)* **Est réputé constructeur de l'ouvrage :**

1º Tout architecte, entrepreneur, technicien ou autre personne liée au maître de l'ouvrage par un contrat de louage d'ouvrage ;

2º Toute personne qui vend, après achèvement, un ouvrage qu'elle a construit ou fait construire ;

3º Toute personne qui, bien qu'agissant en qualité de mandataire du propriétaire de l'ouvrage, accomplit une mission assimilable à celle d'un locateur d'ouvrage. – *V. note ss. art. 1792 nouveau.*

Le contrôleur technique, qui a pour mission de contribuer à la prévention des différents aléas techniques susceptibles d'être rencontrés dans la réalisation des ouvrages, est soumis, dans les limites de la mission à lui confiée par le maître de l'ouvrage, à la présomption de responsabilité édictée par les art. 1792, 1792-1 et 1792-2 C. civ. qui se prescrit dans les conditions prévues à l'art. 1792-4-1 (CCH, art. L. 111-24).

BIBL. ▸ FEUCHER, *RDI 1999. 343* (contrôleurs techniques). – HOURDEAU, *RDI 2003. 407* (responsabilité du vendeur non professionnel). – RAKOTOVAHINY, *JCP N 2000. 223* (qualité de constructeur du « vendeur-particulier »).

1. Primauté de la garantie. Les personnes tenues à une garantie légale ne peuvent, pour les dommages relevant de cette garantie, être actionnées sur le fondement de la responsabilité contractuelle de droit commun : V. note 55 ss. art. 1792. ♦ V. cep. note 8.

2. Constructeurs : architectes. Dès lors qu'ils ont été chargés d'une mission complète de maîtrise d'œuvre, des architectes ne peuvent être mis hors de cause pour des désordres relevant de la garantie décennale au motif que ceux-ci résultent exclusivement de défauts d'exécution. • Civ. 3e, 19 juill. 1995, nº 93-18.680 P. ♦ L'architecte primitif ne peut être tenu pour responsable de nouveaux désordres apparus à la suite de travaux de reprise de malfaçons préconisés par un expert, qu'il n'avait pas à contrôler en qualité d'architecte et dont la maîtrise lui échappait. • Civ. 3e, 3 mai 1989 : *D. 1990. 171, note Rémery*. ♦ L'architecte, auteur du projet architectural et chargé d'établir les documents du permis de construire, doit proposer un projet réalisable, tenant compte des contraintes du sol, en l'espèce de la mauvaise qualité des remblais, mis en œuvre avant son intervention, cause exclusive des désordres compromettant la solidité de l'ouvrage. • Civ. 3e, 21 nov. 2019, n° 16-23.509 P : *RDI 2020. 96, obs. Poumarède*. ♦ La responsabilité décennale de plein droit de l'architecte ne peut être écartée que par la preuve d'une cause étrangère. • Civ. 3e, 16 févr. 1983 : *Gaz. Pal. 1984. 1. 269, note Plancqueel.* ♦ Rappr., pour la responsabilité d'un architecte intervenu dans le cadre d'une assistance bénévole : • Civ. 3e, 3 juill. 1996 : *cité note 11.*

3. ... Contrôleur technique. Responsabilité sur le fondement des art. 1792 s. : V. • Civ. 3e, 15 janv. 2003, n° 00-16.106 P : *Defrénois 2003. 1273, obs. Périnet-Marquet ; RDI 2003. 190, obs. Malinvaud* • 8 oct. 2003, n° 02-10.708 P : *RDI 2004. 124, obs. Malinvaud*. – Rappr. • Civ. 3e, 2 févr. 2005, n° 03-19.318 P : *RDI 2005. 223, obs. Malinvaud*.

4. ... Coordinateur de travaux. V. • Civ. 3e, 26 mai 2010 : *RDI 2010. 494, obs. de Béchillon-Boraud*.

5. ... Vendeurs. Le vendeur d'un immeuble dans lequel il a été procédé à des travaux de rénovation peut être déclaré responsable, envers les acquéreurs, des désordres affectant cet immeuble, sur le fondement des art. 1792 s., sans qu'il soit nécessaire de justifier d'un contrat de louage d'ouvrage ou de maîtrise d'œuvre, dès lors que l'importance des travaux réalisés les assimile à des travaux de construction d'un ouvrage. • Civ. 3e, 9 déc. 1992, n° 91-12.097 P : *R., p. 297 ; D. 1993. Somm. 359, obs. Magnin*. ♦ ... Et sans qu'y puissent faire obstacle les stipulations de l'acte de vente. • Civ. 3e, 28 mai 2002 : *RDI 2002. 324, obs. Malinvaud*. ♦ Mais la garantie décennale ne s'applique que s'il y a eu réception. • Civ. 3e, 27 févr. 2013 : *cité note 22 ss. art. 1792.*

6. En présence d'une opération comportant la création d'un port public et d'un canal privé par une SNC et la vente en l'état futur d'achèvement des immeubles collectifs et des maisons individuelles édifiées à côté par une SCI, viole les art. 1779 et 1787 la cour d'appel qui retient la responsabilité des deux sociétés dans l'envasement du canal, au motif que la qualité de maître de l'ouvrage de fait de l'une ne peut faire obstacle à la qualité de maître de l'ouvrage de droit de l'autre, sans préciser pour le compte de quelle société les travaux ont été réalisés. • Civ. 3e, 11 mai 2011, n° 10-13.782.

7. L'acquéreur d'un immeuble que son vendeur a construit pour son compte personnel et décidé de vendre après achèvement dispose de l'action en garantie décennale (application en cas de travaux d'agrandissement d'un pavillon réalisés par le vendeur deux ans avant la vente). • Civ. 3e, 12 mars 1997, n° 95-12.727 P : *D. 1998. 234, note J.-P. Storck ; Gaz. Pal. 1999. 2. Somm. 412, obs. Peisse ; RDI 1997. 240, obs. Malinvaud et Boubli ; Defrénois 1997. 811, obs. Dubois.* – V. aussi • Civ. 3e, 14 janv. 1998, n° 95-19.916 P : *Gaz. Pal. 1999. 1. Somm. 110, obs. Peisse ; RDI 1998. 262, obs. Malinvaud et Boubli* (vente intervenue sept ans après l'achèvement) • 28 févr. 2001, n° 99-14.848 P : *Defrénois 2002. 62, obs. Périnet-Marquet ; RCA 2001, n° 155, note Groutel ; RDI 2001. 256, obs. Malinvaud* (action contre le vendeur, par application de l'art. 1792-1-2°, en dépit du caractère apparent des vices lors de la vente) • 2 oct. 2002, n° 00-11.117 P : *D. 2002. IR 2986 ; Defrénois 2003. 329, obs. Périnet-Marquet ; RDI 2002. 546, obs. Malinvaud ; ibid. 2003. 182, obs. Saint-Alary Houin* (vente après réalisation de travaux de gros œuvre sur un immeuble achevé). ♦ Pour le cas d'une vente avant achèvement, V. • Civ. 3e, 9 juin 1999, n° 97-19.257 P : *D. Affaires 1999. 1327, obs. J. F. ; Defrénois 1999. 1134 et 2000. 491, obs. Périnet-Marquet ; JCP N 2000. 232, note Sizaire* • 14 mars 2001, n° 99-18.348 P : *D. 2001. IR 1362 ; JCP N 2002. 1001, note Rakotovahiny ; RDI 2001. 255, obs. Malinvaud* (travaux de restauration encore en cours : non-application de l'art. 1792-1-2°).

La personne qui vend, après achèvement, un ouvrage qu'elle a construit ou fait construire, étant réputée constructeur, est tenue d'une responsabilité pour faute prouvée en ce qui concerne les dommages intermédiaires. • Civ. 3e, 4 nov. 2010, n° 09-12.988 P : *D. 2010. Actu. 2705, obs. Garcia*.

Sur la preuve de l'achèvement des travaux, V. • Civ. 3e, 19 janv. 2017, n° 15-27.068 P.

8. Lorsque le constructeur de l'immeuble achevé en est également le vendeur, la possibilité de mettre en œuvre les garanties légales des art. 1792 s. ne fait pas obstacle à l'application des règles relatives à la résolution de la vente. • Civ. 3e, 2 mars 2005, n° 03-16.561 P : *D. 2005. IR 914 ; LPA 19 déc. 2006, note Zavaro ; RDI 2005. 224, obs. Malinvaud*. ♦ ... Ni à une action en garantie des vices cachés de droit commun de l'art. 1641. • Civ. 3e, 17 juin 2009 : *cité note 3 ss. art. 1641.* ♦ Inversement, par l'effet rétroactif de la résolution de la vente pour vices cachés, demandée à titre principal, l'acheteur a perdu sa qualité de propriétaire du bien et n'est plus recevable à agir sur le fondement de la garantie décennale. • Civ. 3e, 8 juill. 2021, n° 20-15.669 B : *D. 2021. 2215, note Tisseyre ; RDI 2021. 488, obs. Poumarède*.

9. ... Lotisseur. Qualité de constructeur reconnue à un lotisseur, les voies et réseaux divers dont il équipe les lots constituant des ouvrages. • Civ. 3e, 17 déc. 1997 : *préc. note 3 ss. art. 1792.*

10. ... Mandataire (art. 1792-1-3°). V. • Civ. 3e, 24 avr. 2003 : *RDI 2003. 356, obs. Malinvaud*.

11. Obligation in solidum. Responsabilité *in solidum* de l'architecte, de l'entrepreneur et de l'ingénieur-conseil, dont les fautes respectives ont concouru à l'entier dommage et appréciation souveraine des juges du fond relativement aux parts de responsabilité. • Civ. 3e, 3 juill. 1996, n° 94-18.377 P : *JCP 1997. II. 22757, note le Tourneau ; RDI 1996. 579, obs. Malinvaud et Boubli*.

12. Refus de la qualité de constructeur : sous-traitant. Un entrepreneur intervenu en qualité de sous-traitant ne peut être tenu de réparer les conséquences de malfaçons sur le fondement de la garantie décennale, alors que les sous-traitants ne sont pas tenus des garanties légales. • Civ. 3e, 20 juin 1989, n° 88-10.939 P. – Dans le même sens : • Civ. 1re, 7 mai 2002, n° 97-18.313 P.

13. ... Expert judiciaire. Faute de lien contractuel avec le maître de l'ouvrage, l'expert ne peut être considéré comme constructeur. • Civ. 3e, 27 juin 2001 : *RDI 2001. 514, obs. Brisac ; ibid. 523, obs. Malinvaud*.

14. ... Garant de livraison. L'exécution par le garant de livraison de ses obligations d'achèvement ne lui confère pas la qualité de constructeur tenu de garantir les désordres de nature décennale apparus après la réception de la construction. • Civ. 3e, 7 sept. 2011, n° 10-21.331 P : *D. 2012. Chron. C. cass. 1208, obs. Guillaudier ; RDI 2011. 572, obs. Malinvaud ; RCA 2011, n° 407.*

Art. 1792-2 *(L. n° 78-12 du 4 janv. 1978)* **La présomption de responsabilité établie par l'article 1792 s'étend également aux dommages qui affectent la solidité des éléments d'équipement d'un** *(Ord. n° 2005-658 du 8 juin 2005, art. 1er)* **« ouvrage », mais seulement lorsque ceux-ci font indissociablement corps avec les ouvrages de viabilité, de fondation, d'ossature, de clos ou de couvert.**

Un élément d'équipement est considéré comme formant indissociablement corps avec l'un des ouvrages *(Ord. n° 2005-658 du 8 juin 2005, art. 1er)* **« de viabilité, de fondation, d'ossature, de clos ou de couvert » lorsque sa dépose, son démontage ou son remplacement ne peut s'effectuer sans détérioration ou enlèvement de matière de cet ouvrage.** – *V. note ss. art. 1792 nouveau.*

Les modifications issues de l'Ord. 8 juin 2005, art. 1er, ne s'appliquent qu'aux marchés, contrats ou conventions conclus après la publication de ladite ordonnance [JO 9 juin].

Sur les critères de l'indissociabilité, V. • Civ. 3e, 28 oct. 2003 : *RDI 2004. 122, obs. Malinvaud* (chape de béton) • 26 nov. 2015, n° 14-19.835 P : *D. 2015. 2503 ; RDI 2016. 40, obs. Malinvaud* *(idem)* • 22 oct. 2008, n° 07-15.214 P : *D. 2008. AJ 2864 ; Defrénois 2010. 220, obs. Périnet-Marquet* (bardage).

Art. 1792-3 *(Ord. n° 2005-658 du 8 juin 2005, art. 1er)* **Les autres éléments d'équipement de l'ouvrage font l'objet d'une garantie de bon fonctionnement d'une durée minimale de deux ans à compter de sa réception.** – *V. note ss. art. 1792-2.*

BIBL. ▶ KARILA, *RDI 2013. 236* (caractère résiduel de garantie).

1. Domaine. La garantie de bon fonctionnement de l'art. 1792-3 ne s'applique pas à une demande en réparation de désordres affectant les moquettes et tissus tendus, qui ne sont pas des éléments d'équipement, demande qui ne peut être fondée, avant comme après réception, que sur la responsabilité contractuelle de droit commun. • Civ. 3e, 30 nov. 2011 : *D. 2011. 2996 ; RDI 2012. 100, obs. Malinvaud ; ibid. 106, obs. Dessuet*. ♦ Dans le même sens pour des dallages : • Civ. 3e, 13 févr. 2013, n° 12-12.016 P : *D. 2013. 497 ; RDI 2013. 220, obs. Charbonneau*.

Les désordres qui affectent le revêtement végétal d'une étanchéité sur une toiture végétalisée, ne compromettant pas la solidité de l'ouvrage ni ne le rendant impropre à sa destination et concernant un élément dissociable de l'immeuble non destiné à fonctionner, ne relèvent pas de la garantie de bon fonctionnement. • Civ. 3e, 18 févr. 2016, n° 15-10.750 P : *RDI. 2016. 232, obs. Malinvaud*.

2. Délai de deux ans : faute du sous-traitant. Si un entrepreneur est responsable de la faute commise par son sous-traitant vis-à-vis du maître de l'ouvrage, ce dernier, lorsque la responsabilité de l'entrepreneur est fondée sur la garantie de bon fonctionnement d'éléments d'équipement dissociables de l'ouvrage, doit engager son action dans les deux ans de sa réception. • Civ. 3e, 21 oct. 2009, n° 08-19.087 P : *D. 2009. AJ 2681 ; RDI 2010. 110, obs. Malinvaud ; ibid. 549, obs. Périnet-Marquet*.

Ancien art. 1792-3 (L. n° 78-12 du 4 janv. 1978) ***Les autres éléments d'équipement du bâtiment font l'objet d'une garantie de bon fonctionnement d'une durée minimale de deux ans à compter de la réception de l'ouvrage.*** — *V. note, ss. art. 1792 nouveau.*

BIBL. ▶ GRIMAUD, *Gaz. Pal. 1986. 2. Doctr. 752* (prescriptions en droit de la construction). – LIET-VEAUX, *Gaz. Pal. 1979. 1. Doctr. 301* (éléments dissociables et responsabilité biennale).

1. Élément d'équipement. Ne constituent pas un élément d'équipement, pouvant relever de l'art. 1792-3 : des peintures, qui n'ont qu'un rôle esthétique. • Civ. 3e, 27 avr. 2000, n° 98-15.970 P : *D. 2000. IR 150 ; Defrénois 2000. 1249, obs. Périnet-Marquet ; RDI 2000. 346, obs. Malinvaud*. ♦ ... Des enduits de façade. • Civ. 3e, 22 oct. 2002 : *RDI 2003. 89, obs. Malinvaud*.

2. Élément dissociable. Des désordres touchant l'installation « domotique » d'un groupe d'immeubles concernent un élément d'équipement dissociable, au sens de l'art. 1792-3. • Civ. 3e,

26 févr. 2003, n° 01-14.352 P : *Defrénois 2003. 1277, obs. Périnet-Marquet ; RDI 2003. 279, obs. Malinvaud ; Dr. et patr. 7-8/2003. 80, obs. Chauvel.* ♦ Caractère dissociable d'un carrelage : V. • Civ. 3e, 20 juin 2001 : *RDI 2001. 519, obs. Malinvaud* • 1er févr. 2006 : *RDI 2006. 232, obs. Malinvaud*.

3. Élément installé lors de la construction de l'ouvrage. La garantie biennale de bon fonctionnement d'une durée de deux ans à compter de la réception de l'ouvrage ne concerne pas les éléments d'équipement dissociables seulement adjoints à un ouvrage existant. • Civ. 3e, 10 déc. 2003, n° 02-12.215 P : *Defrénois 2005. 60, obs. Périnet-Marquet ; Gaz. Pal. 2004. Somm. 3354, obs. Peisse ; RDI 2004. 193, obs. Malinvaud*. – V. aussi • Civ. 3e, 18 janv. 2006, n° 04-17.888 P : *Defrénois 2006. 1505, obs. Périnet-Marquet ; RDI 2006. 134, obs. Malinvaud* • 19 déc. 2006 : *RDI 2007. 163, obs. Malinvaud*.

4. Primauté de la garantie. La garantie biennale des menus ouvrages est seule applicable lorsque les désordres, sans s'étendre à l'ensemble des installations, affectent des canalisations qui sont seulement fixées au plancher haut du sous-sol et démontables sans atteinte au gros œuvre. • Civ. 3e, 12 mai 1993 : *Gaz. Pal. 1994. 1. Somm. 133, obs. Peisse.* ♦ V. déjà : • Civ. 3e, 25 janv. 1989, n° 86-11.806 P : *D. 1989. Somm. 273, obs. Julien.*

5. Le délai biennal de forclusion concernant les menus ouvrages (art. 2270, ancienne rédaction) s'applique, hormis le cas de faute dolosive ou extérieure au contrat, à tous les vices de construction (cassation de l'arrêt ayant fait application de la responsabilité contractuelle de droit commun). • Civ. 3e, 15 janv. 1997, n° 95-13.534 P.

Art. 1792-4 *(L. n° 78-12 du 4 janv. 1978)* **Le fabricant d'un ouvrage, d'une partie d'ouvrage ou d'un élément d'équipement conçu et produit pour satisfaire, en état de service, à des exigences précises et déterminées à l'avance, est solidairement responsable des obligations mises par les articles 1792, 1792-2 et 1792-3 à la charge du locateur d'ouvrage qui a mis en œuvre, sans modification et conformément aux règles édictées par le fabricant, l'ouvrage, la partie d'ouvrage ou élément d'équipement considéré.**

Sont assimilés à des fabricants pour l'application du présent article :

Celui qui a importé un ouvrage, une partie d'ouvrage ou un élément d'équipement fabriqué à l'étranger ;

Celui qui l'a présenté comme son œuvre en faisant figurer sur lui son nom, sa marque *(Abrogé par Ord. n° 2019-1169 du 13 nov. 2019, art. 13, au plus tard à compter du 15 déc. 2019)* **« de fabrique » ou tout autre signe distinctif.** — *V. note ss. art. 1792 nouveau.*

BIBL. ▶ COURTIEU, *RCA 2007. Étude 7* (les EPERS, questions d'espèces). – DESSUET, *RGDA 2018. 526* (régime juridique applicable à l'assurance de l'élément d'équipement de l'ouvrage). – DE LESCURE, *RDI 2006. 347* (éléments pouvant entraîner la responsabilité solidaire : EPERS). – PÉRINET-MARQUET, *Gaz. Pal. 2007. Doctr. 275.* – Proposition d'abrogation de l'art. 1792-4 : *R. 2007, p. 17.*

1. Conditions : contrat d'entreprise. En l'absence de contrat de louage d'ouvrage, le maître de l'ouvrage ayant construit lui-même l'ouvrage après avoir acheté les matériaux, l'art. 1792-4 ne peut trouver à s'appliquer. • Civ. 3e, 13 nov. 2003, n° 02-15.367 P : *Defrénois 2004. 450, obs. Périnet-Marquet ; CCC 2004, n° 21, note Leveneur ; RDI 2004. 129, obs. Malinvaud*.

2. ... Exigences précises et déterminées. Des matériaux indifférenciés, qui ne jouent aucun rôle défini dans la construction avant leur mise en œuvre, ne peuvent constituer des EPERS. • Civ. 3e, 4 déc. 1984 : *Bull. civ. III, n° 202 ; R., p. 107* (tuiles). ♦ Même solution : pour du béton prêt à l'emploi qui, en l'état où il est livré, n'est pas en lui-même un ouvrage, une partie d'ouvrage ou un élément d'équipement au sens de l'art. 1792-4. • Civ. 3e, 24 nov. 1987 : *Bull. civ. III, n° 188 ; R., p. 224,* cassant • Nîmes, 23 avr. 1986 : *Gaz. Pal. 1986. 2. 703, note Peisse.* ♦ ... Pour un revêtement d'étanchéité liquide qui ne présente aucune spécificité le distinguant des autres produits ayant la même finalité. • Civ. 3e, 26 mai 1992, n° 90-18.391 P. ♦ ... Pour des dalles de revêtement de courts de tennis. • Civ. 3e, 27 janv. 1993, n° 90-17.292 P : *Defrénois 1993. 782, obs. Aubert.* ♦ ... Pour des crochets destinés à retenir la neige sur les toits. • Civ. 3e, 11 janv. 1995, n° 93-10.502 P : *RDI 1995. 335, obs. Malinvaud et Boubli*. ♦ ... Pour des tuyaux à usage polyvalent, livrés au mètre, tronçonnés et raboutés sur place pour les besoins du chantier. • Civ. 3e, 26 juin 2002 : *RDI 2002. 422, obs. Malinvaud*. ♦ ... Pour des plaques de matériau translucide destinées à de multiples usages, vendues sur catalogue, coupées et agencées sur le chantier. • Civ. 3e, 20 nov. 2002, n° 01-14.010 P : *Defrénois 2003. 326, obs. Périnet-Marquet ; RDI 2003. 97, obs. Malinvaud*. ♦ ... Pour des carreaux constituant un matériau amorphe et indifférencié. • Civ. 3e, 4 févr. 2004, n° 02-17.219 P : *Dr. et patr. 5/2004. 80, obs. Chauvel ; RDI 2004. 201, obs. Malinvaud* (acheteur professionnel). ♦ ... Pour des panneaux indifférenciés pouvant être utilisés pour des locaux autres et n'ayant pas fait l'objet d'une étude, d'une commande ou d'une fabrication spécifiques. • Civ. 3e, 27 févr. 2008, n° 07-11.280 P : *D. 2008. AJ 780 ; Defrénois 2009. 84, obs. Périnet-Marquet.* ♦ ... Pour des panneaux indifférenciés et produits en grande quantité. • Civ. 3e, 7 janv. 2016, n° 14-17.033 P : *D. 2016.*

130 ; RDI 2016. 157, obs. Poumarède ; RDC 2017. 39, note Deshayes.

3. Relèvent au contraire de l'art. 1792-4 des matériaux composant un plancher chauffant, conçus à l'avance pour satisfaire à des exigences précises et constituant un assemblage élaboré mis en œuvre sans modification. • Civ. 3e, 25 juin 1997, n° 95-18.234 P : *D. 1998. 360, note Raffi ; Gaz. Pal. 1998. 2. Somm. 516, obs. Peisse; RDI 1998. 98, obs. Malinvaud et Boubli*. ♦ ... Des panneaux isolants spécialement conçus pour l'élevage d'animaux, leur fabrication en série n'étant pas incompatible avec l'application de l'art. 1792-4. • Civ. 3e, 12 juin 2002, n° 01-02.170 P : *Defrénois 2003. 326, obs. Périnet-Marquet; RDI 2002. 362, obs. Leguay ; ibid. 421, obs. Malinvaud*, rejetant le pourvoi contre • Rennes, 23 nov. 2000 : *BICC 15 juill. 2001, n° 783*. ♦ ... Des doubles fenêtres faisant l'objet chacune d'une commande spécifique et aptes à être mises en œuvre sans modification. • Civ. 3e, 4 janv. 2006, n° 04-13.489 P : *Defrénois 2006. 1506, obs. Périnet-Marquet; RDI 2006. 137, obs. Malinvaud*. ♦ ... Un plancher conçu par le fabricant pour un usage déterminé. • Civ. 3e, 29 mars 2006, n° 05-10.219 P : *RDI 2006. 272, obs. Corre*. ♦ ... Des panneaux isothermes conçus et produits pour le bâtiment en cause et mis en œuvre sans modification. • Cass., ass. plén., 26 janv. 2007, n° 06-12.165 P : *R., p. 388; D. 2007. 981, note Malinvaud ; ibid. AJ 502, obs. Gallmeister ; D. 2008. Pan. 126, obs. Groutel ; JCP 2007. II. 10116, avis Guérin; JCP E 2007. 1445, obs. Faure-Abbad; Gaz. Pal. 2007. 463; LPA 20 juin 2007, note Beaugendre; Defrénois 2008. 71, obs. Périnet-Marquet; RDI 2007. 166, obs. Malinvaud, et 229, obs. Corre ; RGDA 2007. 369, note Karila; RDC 2007. 830, obs. Puig; Dr. et patr. 3/2008. 86, obs. Mallet-Bricout* • Civ. 3e, 25 avr. 2007, n° 05-20.585 P : *D. 2007. AJ 1420 ; RDI 2007. 229, obs. Corre , et 284, obs. Malinvaud ; RGDA 2007. 647, note Karila; Dr. et patr. 3/2008. 86, obs. Mallet-Bricout* • 25 avr. 2007 : *eod. loc.* • 25 avr. 2007 : *eod. loc.* ♦ Dans le même sens, pour des éléments de structure de coffrage de piscine : • Civ. 3e, 19 déc. 2007 : *RDI 2008. 105, obs. Malinvaud*. ♦ *Contra*, précédemment : • Civ. 3e, 29 oct. 2003, n° 01-12.482 P : *Defrénois 2004. 450, obs. Périnet-Marquet; Gaz. Pal. 2004. Somm. 1289, obs. Peisse; RDI 2004. 127, obs. Malinvaud* • 22 sept. 2004, n° 03-10.325 P : *Defrénois 2006. 67, obs. Périnet-Marquet; RDI 2004. 571, obs. Malinvaud* • 15 mars 2006, n° 04-20.228 P : *RDI 2006. 234, obs. Malinvaud, et 272, obs. Corre*.

4. ... Absence d'intervention de l'entrepreneur. L'art. 1792-4 n'est pas applicable à la fourniture d'un système de chauffage, initialement conçu pour une « villa solaire » lauréate d'un concours, mais qui a été installé dans une maison qui n'en était pas la réplique exacte, ce qui modifiait les données de bases et exigeait lors de sa mise en place la vérification de sa compatibilité avec les conditions climatiques locales. • Civ. 3e, 6 oct. 1999, n° 98-12.384 P : *Defrénois 2000. 489, obs. Périnet-Marquet; Gaz. Pal. 2000. 2. Somm. 2647, obs. Peisse; RDI 2000. 207, obs. Leguay*. ♦ Absence d'influence de découpes de dimensionnement constituant de simples ajustements. • Civ. 3e, 12 juin 2002 : *préc.*

5. Illustrations. Relèvent de l'art. 1792-4 : une pompe à chaleur conçue pour être mise en service sans subir de transformation et conformément aux prescriptions du fabricant. • Civ. 3e, 20 janv. 1993, n° 90-21.224 P : *Defrénois 1993. 1433, obs. Aubert*. ♦ ... Une coque de piscine en polyester. • Civ. 3e, 17 juin 1998, n° 95-20.841 P : *Gaz. Pal. 1999. 2. Somm. 407, obs. Peisse; RDI 1998. 378, obs. Malinvaud et Boubli*. ♦ ... Un plancher chauffant : V. note 3. ♦ ... Des panneaux isolants pour poulaillers industriels : V. note 3.

6. Régime. Le fabricant ne peut être condamné *in solidum* avec l'entrepreneur sans qu'il ait été recherché si l'entrepreneur s'était bien conformé, pour l'installation, aux directives du fabricant. • Civ. 3e, 17 juin 1998 : *préc. note 5*.

7. Prescription. L'action contre le constructeur interrompt la prescription à l'égard du fabricant d'EPERS. • Civ. 3e, 13 janv. 2010, n° 08-19.0[illegible] P : *RDI 2010. 218, obs. Malinvaud*.

Art. 1792-4-1 *(L. n° 2008-561 du 17 juin 2008)* **Toute personne physique ou morale dont la responsabilité peut être engagée en vertu des articles 1792 à 1792-4 du présent code est déchargée des responsabilités et garanties pesant sur elle, en application des articles 1792 à 1792-2, après dix ans à compter de la réception des travaux ou, en application de l'article 1792-3, à l'expiration du délai visé à cet article.** — *[ancien art. 2270]. — Dispositions transitoires, V. L. n° 2008-561 du 17 juin 2008, art. 26 ss. art. 2279.* — **C. civ.**

1. Nature : délai d'épreuve. Le délai de la garantie décennale étant un délai d'épreuve et non un délai de prescription, toute action fondée sur cette garantie ne peut être exercée plus de dix ans après la réception. • Civ. 3e, 15 févr. 1989, n° 87-17.322 P (2e arrêt). – V. aussi • Civ. 3e, 18 janv. 2006 : *V. note 50 ss. art. 1792.*

2. Charge de la preuve. Il appartient à la partie qui conteste la recevabilité de l'action de rapporter la preuve que celle-ci a été engagée hors délai. • Civ. 3e, 26 janv. 2005, n° 03-17.173 P : *D. 2005. IR 593 ; CCC 2005, n° 82, note Leveneur; RDI 2005. 133, obs. Malinvaud*.

A. RESPONSABILITÉS SPÉCIFIQUES DES CONSTRUCTEURS

1° DOMAINE

3. Fautes extérieures au contrat. Application des règles de la responsabilité délictuelle et de la prescription correspondante pour les fautes extérieures au contrat. • Civ. 3e, 9 mai 1979 : *D. 1980. 414, note Espagnon* • Civ. 3e, 27 juin 2001, n° 99-21.017 P : *R., p. 433; D. 2001. 2995, concl. Weber, note Karila; JCP 2001. II. 10626, note Malinvaud; JCP 2002. I. 124, n° 18 s., obs. Viney; JCP E 2001. 2058, note Rakotovahiny; Defrénois 2002. 64, obs. Périnet-Marquet; RCA 2001, n° 299, note Groutel; RDI 2001. 525, obs. Malinvaud; LPA 19 sept. 2001, note J.-P. Storck; ibid. 25 févr. 2002, note Gentili; RTD civ. 2001. 887, obs. Jourdain*.

4. *Fautes lourdes et dolosives.* Le constructeur, nonobstant la forclusion décennale, est contractuellement tenu à l'égard du maître de l'ouvrage de sa faute dolosive. • Civ. 3e, 27 juin 2001 : *préc. note 3.* ♦ *Contra* précédemment : si lourdes que soient les fautes reprochées par le maître de l'ouvrage à l'architecte ou aux entrepreneurs relatives à des manquements à leurs obligations contractuelles, l'action en garantie est éteinte après l'expiration du délai de dix ans. • Civ. 3e, 9 mai 1979 : *préc. note 3.* ♦ V. aussi notes 57 s. ss. art. 1792.

5. *Sous-acquéreur.* L'action fondée sur la faute dolosive du constructeur, de nature contractuelle, est une action attachée à l'immeuble et donc transmissible au sous-acquéreur, qui peut se prévaloir de cette faute pour rechercher la responsabilité du constructeur après l'expiration de la garantie légale. • Civ. 3e, 27 mars 2013 : *cité note 57 ss. art. 1792.* ♦ Comp. antérieurement : le sous-acquéreur jouit de tous les droits et actions attachés à la chose qui appartenaient à son auteur et dispose contre les locateurs d'ouvrage d'une action contractuelle fondée sur un manquement à leurs obligations envers le maître de l'ouvrage, de sorte qu'il ne peut invoquer la responsabilité de droit commun de ces locateurs d'ouvrage au-delà des délais prévus par l'art. 2270 [1792-4-1]. • Civ. 3e, 8 oct. 1997, n° 96-11.155 P.

6. *Sous-traitance : action de l'entrepreneur principal.* N'étant pas lié au maître de l'ouvrage mais contractuellement tenu à l'égard de l'entrepreneur principal, qui l'a chargé de l'exécution des travaux, le sous-traitant, assigné par l'entrepreneur principal en paiement du coût de réparation de désordres, ne peut se prévaloir des prescriptions abrégées de l'art. 2270 [1792-4-1]. • Civ. 3e, 25 juin 1985, n° 84-11.936 P. ♦ L'action en garantie de l'entrepreneur principal à l'encontre de son sous-traitant n'est pas enfermée dans le délai de dix ans à compter de la réception à laquelle il est étranger. • Civ. 3e, 26 avr. 2006, n° 05-13.254 P : *LPA 7 févr. 2007, note Zavaro; RDI 2006. 310, obs. Malinvaud*.

7. ... *Action entre constructeurs.* Le recours d'un constructeur contre un autre constructeur ou son assureur n'est pas fondé sur la garantie décennale, mais est de nature contractuelle si ces constructeurs sont contractuellement liés, et de nature quasi délictuelle s'ils ne le sont pas; le point de départ du délai de cette action n'est pas la date de réception des ouvrages. • Civ. 3e, 8 févr. 2012, n° 11-11.417 P : *D. 2012. 498; RDI 2012. 229, obs. Malinvaud; RTD civ. 2012. 326, obs. Jourdain*. ♦ Le recours d'un constructeur contre un autre constructeur ou son sous-traitant relève des dispositions de l'art. 2224 C. civ.; il se prescrit donc par cinq ans à compter du jour où le premier a connu ou aurait dû connaître les faits lui permettant de l'exercer; l'assignation en référé-expertise délivrée par le maître de l'ouvrage à l'entrepreneur principal met en cause la responsabilité de ce dernier et constitue le point de départ du délai de son action récursoire à l'encontre des sous-traitants. • Civ. 3e, 16 janv. 2020, n° 18-25.915 P : *D. 2020. 466, note Rias; RDI 2020. 120, note Charbonneau; JCP 2020, n° 414, note Karila; RCA 2020. Étude 5, note Brun; RGDA 2020/4. 39, note Dessuet; Gaz. Pal. 2020. 1645, note Caston et Ajaccio.*

8. ... *Action du maître de l'ouvrage.* Absence d'application du délai de dix ans à l'action délictuelle du maître de l'ouvrage contre le sous-traitant : • Civ. 3e, 6 déc. 1989 : *Bull. civ. III, n° 228.*

9. *Assurance dommages-ouvrage.* La prescription prévue par l'art. 2270 est sans application au délai ouvert à l'assuré pour déclarer les sinistres couverts par le contrat d'assurance dommages-ouvrage régi par l'art. L. 242-1 C. assur. • Civ. 1re, 4 mai 1999, n° 97-13.198 P : *D. 2000. 354, note Fadeuilhe; RDI 2000. 73, obs. Durry.* ♦ *Contra* : • Civ. 3e, 6 juill. 2011, nos 10-17.965 P et 10-20.136 P : *RDI 2011. 576, obs. Tricoire; RCA 2011, n° 367; RGDA 2011. 1039, obs. Karila.*

2° RÉGIME DU DÉLAI

10. *Refus de l'exception de nullité.* Non-application à ce type de délai de la règle selon laquelle l'exception de nullité est perpétuelle : V. note ss. art. 2224 nouv. — C. civ.

11. *Irrégularités de fond.* L'irrégularité de fond affectant l'assignation ne peut plus être couverte après l'expiration du délai d'exercice de l'action. • Civ. 3e, 11 mai 2000, n° 98-17.179 P : *RDI 2000. 347, obs. Malinvaud*.

12. *Effets de la prescription : pluralité de constructeurs.* L'obligation des différents constructeurs n'ayant pas de caractère indivisible, la prescription soulevée par l'un d'eux ne saurait profiter aux autres. • Civ. 3e, 11 mai 2006, n° 05-12.234 P.

13. ... *Coresponsables in solidum.* La responsabilité *in solidum* du coauteur d'un dommage auteur d'une faute ayant concouru à la réalisation de l'entier dommage peut être engagée même si l'action contre d'autres constructeurs coauteurs est devenue irrecevable en raison de la prescription. • Civ. 3e, 5 juill. 2000, n° 98-20.914 P : *D. 2001.*

Somm. 3578, obs. Giverdon ; *Defrénois 2000. 1252, obs. Périnet-Marquet.*

3° RÉGIME DE L'INTERRUPTION

14. Cause de l'interruption : action. Effet interruptif de l'assignation en référé : • Civ. 3e, 20 mai 1998, n° 95-20.870 P : *Gaz. Pal. 1999. 2. Somm. 410, obs. Peisse* et plus généralement C. civ., art. 2241. ♦ L'assignation en référé ayant été délivrée par l'assureur dommages-ouvrage avant paiement par celui-ci de l'indemnité d'assurance, avant expiration du délai de garantie décennale, et l'assignation au fond, suivie du paiement en cours d'instance, ayant été signifiée moins de dix ans après l'ordonnance de référé, il en résulte que l'action de l'assureur dommages ouvrage, subrogé dans les droits du maître d'ouvrage avant que le juge statue au fond, est recevable, et les assureurs couvrant la responsabilité décennale des constructeurs responsables sont tenus à l'égard de l'assureur dommages-ouvrage. • Civ. 3e, 4 juin 2009, n° 07-18.960 P : *D. 2009. Chron. C. cass. 2573, obs. Nési*.

15. ... Reconnaissance de responsabilité. Un nouveau délai décennal de garantie commence à courir à compter d'une reconnaissance non équivoque de responsabilité. • Civ. 3e, 4 déc. 1991, n° 90-13.461 P. ♦ L'exécution de travaux par l'un des débiteurs, en cours d'expertise, ne peut avoir d'effet interruptif de la forclusion décennale à l'égard des autres débiteurs. • Civ. 3e, 23 oct. 2002, n° 01-02.206 P.

16. Auteur. L'action des acquéreurs contre le maître de l'ouvrage intentée avant l'expiration du délai de garantie légale n'a pas pour effet de rendre recevable l'action récursoire intentée par celui-ci contre le constructeur après l'expiration de ce délai. • Civ. 3e, 15 févr. 1989, n° 87-17.322 P. – Dans le même sens : • Civ. 3e, 17 mars 1993, n° 91-19.271 P • 14 juin 1995, n° 93-18.944 P • 19 juill. 1995, n° 93-21.879 P : *Gaz. Pal. 1997. 1. Somm. 193, obs. Peisse.* ♦ Mais en assignant l'architecte avant expiration de la garantie décennale, le maître de l'ouvrage, propriétaire de lots, tenu à garantie envers ses acquéreurs, et ayant ainsi un intérêt direct et certain à agir, interrompt le délai de la forclusion au profit du syndicat des copropriétaires pour le vice affectant indivisiblement l'ensemble de l'installation électrique dans les parties communes et dans les parties privatives. • Civ. 3e, 10 janv. 1990, n° 88-14.656 P. – Dans le même sens : • Civ. 3e, 20 mars 2002, n° 99-11.745 P : *RDI 2002. 239, obs. Malinvaud*.

17. Ni l'assignation du syndicat de copropriétaires en réparation de désordres dans les parties communes, ni la transaction les concernant n'ont interrompu le délai décennal de garantie au profit du copropriétaire pour la réparation du préjudice causé dans ses parties privatives par les désordres affectant les parties communes. • Civ. 3e, 16 mars 1994, n° 91-20.128 P. ♦ Mais cassation de l'arrêt qui rejette l'intervention, introduite hors délai, de copropriétaires sans rechercher si cette intervention ne tendait pas à obtenir réparation de préjudices personnels découlant des vices de construction dénoncés par le syndicat des copropriétaires avant l'expiration du délai de garantie décennale. • Civ. 3e, 20 mai 1998, n° 96-14.080 P : *Gaz. Pal. 1999. 2. Somm. 411, obs. Peisse.* – Rappr. • Civ. 3e, 31 mars 2004, n° 02-19.114 P : *RDI 2004. 305, obs. Malinvaud*. ♦ V. aussi • Civ. 3e, 7 juill. 1999, n° 97-15.419 P : *RDI 2000. 59, obs. Malinvaud* (régularisation valablement faite par l'assemblée générale des copropriétaires d'actions introduites antérieurement en référé par le syndicat des copropriétaires et interruptives de prescription) • 4 nov. 2004, n° 03-13.414 P : *RDI 2005. 57, obs. Malinvaud* (désordre évolutif s'appréciant ouvrage par ouvrage, dans le cas d'un ensemble immobilier).

18. Destinataire. La citation en justice n'interrompt le délai décennal que si elle est adressée à celui que l'on veut empêcher de prescrire. • Civ. 3e, 23 févr. 2000, n° 98-18.340 P : *RDI 2000. 182, obs. Malinvaud* (absence d'effet interruptif à l'égard de l'entrepreneur de l'assignation en référé de l'assureur dommage-ouvrage).

L'assignation en référé-expertise de l'architecte par un syndicat de copropriétaires sur le fondement de la garantie décennale n'emporte pas interruption de la prescription à l'encontre de l'assureur de l'architecte responsable. • Civ. 3e, 15 mai 2013, n° 12-18.027 P : *RDI 2013. 484, obs. Karila*.

19. Désordres visés. L'assignation au fond n'interrompt le délai de garantie décennale qu'à l'égard des désordres qui y sont expressément désignés. • Civ. 3e, 31 mai 1989 : *Bull. civ. III, n° 122* • 15 avr. 2021, n° 19-18.093 P. ♦ Même solution pour une assignation en référé. • Civ. 3e, 20 mai 1998, n° 95-20.870 P : *Gaz. Pal. 1999. 2. Somm. 410, obs. Peisse.* ♦ N'a pas d'effet interruptif celle qui mentionne l'existence de malfaçons sans fournir aucune précision sur leur nature ni leur localisation. • Civ. 3e, 4 juill. 1990, n° 89-11.092 P. ♦ ... Ou qui ne visait pas les désordres qui ont fait par la suite l'objet d'une autre demande. • Civ. 3e, 20 oct. 1993, n° 92-12.325 P. – V. aussi note 15.

20. Effets de l'interruption : point de départ du nouveau délai. Lorsqu'une entreprise a procédé aux réparations de malfaçons en exécution d'une décision judiciaire, la prescription de la garantie décennale a été interrompue et un nouveau délai de garantie décennale a commencé à courir à compter de la réception des travaux de réparation. • Civ. 3e, 29 juin 1983 : *Bull. civ. III, n° 151.* ♦ Le point de départ de la nouvelle garantie concerne, non l'ensemble du bâtiment, mais les travaux effectués en exécution du jugement. • Civ. 3e, 15 janv. 1992, n° 90-14.110 P. ♦ V. aussi • Civ. 3e, 4 juin 2009 : *préc. note 14.*

B. RESPONSABILITÉ CONTRACTUELLE DE DROIT COMMUN

21. Principe. L'action en responsabilité contractuelle contre les constructeurs se prescrit par dix ans à compter de la réception de l'ouvrage avec ou sans réserves. • Civ. 3e, 16 oct. 2002, n° 01-10.330 P : *R., p. 409; D. 2003. 300, note Malinvaud (2e esp.); Defrénois 2003. 330, obs. Périnet-Marquet; RDI 2003. 92, obs. Malinvaud; RTD civ. 2003. 308, obs. Jourdain* • 26 oct. 2005, n° 04-15.419 P : *Defrénois 2006. 1508, obs. Périnet-Marquet; RDI 2006. 53, obs. Malinvaud*. ♦ Même solution en l'absence de réception, la prescription courant à compter de la manifestation du dommage. • Civ. 3e, 24 mai 2006, n° 04-19.716 P : *R., p. 326; D. 2006. IR 1633, obs. Gallmeister; Defrénois 2008. 74, obs. Périnet-Marquet; LPA 25 avr. 2007, note Raffi; RCA 2006, n° 265, obs. Groutel; RDI 2006. 311, obs. Malinvaud; RDC 2006. 1217, obs. Borghetti.* ♦ Lorsque le contrat liant les parties prévoit expressément les modalités de la réception des ouvrages et la rédaction d'un procès-verbal, la prescription ne court qu'à compter de ce procès-verbal. • Civ. 3e, 31 janv. 2007, n° 05-18.959 P : *D. 2007. AJ 657; Defrénois 2008. 70, obs. Périnet-Marquet* (calcul de la prescription).

V. conf., lorsque la faute reprochée à l'architecte (non-vérification de l'assurance de l'entrepreneur, en l'espèce) n'est pas extérieure à la mission complète de maîtrise d'œuvre qui lui a été confiée : • Civ. 3e, 16 mars 2005, n° 04-12.950 P : *R., p. 289; BICC 1er juill. 2005, n° 1246, et la note; D. 2005. 2198, note Karila; Defrénois 2006. 76, obs. Périnet-Marquet; RCA 2005, n° 156, note Groutel; RDI 2005. 189, obs. Leguay, et 226, obs. Malinvaud*.

22. Devoir de conseil. La responsabilité contractuelle de droit commun du constructeur pour manquement au devoir de conseil ne peut être invoquée, quant aux désordres affectant l'ouvrage, au-delà d'un délai de dix ans à compter de la réception. • Civ. 3e, 16 oct. 2002, n° 01-10.482 P : *R., p. 409; D. 2003. 300, note Malinvaud (1re esp.); Defrénois 2003. 330, obs. Périnet-Marquet; RCA 2003, n° 10, note Groutel; RDI 2003. 93, obs. Malinvaud; RTD civ. 2003. 308, obs. Jourdain*. ♦ Mais relève de la prescription trentenaire de droit commun (V. depuis la L. du 17 juin 2008, C. civ., art. 2224 – C. civ.) l'action intentée contre le maître d'œuvre chargé d'une mission limitée à l'obtention du permis de construire, en l'absence de tout désordre, en réparation du manque à gagner résultant de l'impossibilité de réaliser le projet initial de construction de deux bâtiments. • Civ. 3e, 26 sept. 2007, n° 06-16.420 P : *D. 2007. AJ 2607; ibid. Chron. C. cass. 2762, obs. Nési; RDI 2007. 523, obs. Malinvaud*.

23. Obligation de conformité. La responsabilité contractuelle de droit commun des constructeurs ne peut être invoquée, quant aux défauts de conformité affectant l'ouvrage, au-delà d'un délai de dix ans à compter de la réception. • Civ. 3e, 22 nov. 2006, n° 05-19.565 P : *Defrénois 2008. 74, obs. Périnet-Marquet; RDI 2007. 93, obs. Malinvaud*.

Art. 1792-4-2 *(L. n° 2008-561 du 17 juin 2008)* **Les actions en responsabilité dirigées contre un sous-traitant en raison de dommages affectant un ouvrage ou des éléments d'équipement d'un ouvrage mentionnés aux articles 1792 et 1792-2 se prescrivent par dix ans à compter de la réception des travaux et, pour les dommages affectant ceux des éléments d'équipement de l'ouvrage mentionnés à l'article 1792-3, par deux ans à compter de cette même réception.** – *[ancien art. 2270-2]. – Dispositions transitoires, V. L. n° 2008-561 du 17 juin 2008, art. 26 ss. art. 2279.* – **C. civ.**

BIBL. ▶ KARILA, *D. 2005. Chron. 2236*. – MALINVAUD, *RDI 2005. 237*.

L'action de l'art. 2270-2, devenu 1792-4-2 C. civ., réservée au maître de l'ouvrage, n'est pas ouverte aux tiers à l'opération de construire. • Civ. 3e, 16 janv. 2020, n° 18-21.895 P : *D. 2020. 81; RDI 2020. 120, note Charbonneau; JCP 2020, n° 414, note Karila; RCA 2020. Étude 8, note Brun.*

Art. 1792-4-3 *(L. n° 2008-561 du 17 juin 2008)* **En dehors des actions régies par les articles 1792-3, 1792-4-1 et 1792-4-2, les actions en responsabilité dirigées contre les constructeurs désignés aux articles 1792 et 1792-1 et leurs sous-traitants se prescrivent par dix ans à compter de la réception des travaux.** – *Dispositions transitoires, V. L. n° 2008-561 du 17 juin 2008, art. 26, ss. art. 2279.* – **C. civ.**

1. Domaine : recours entre constructeurs (non). Le délai de la prescription du recours d'un constructeur contre un autre constructeur pour déterminer la charge définitive de la dette que devra supporter chaque responsable et son point de départ ne relève pas des dispositions de l'art. 1792-4-3; en effet, ce texte, créé par la L. du 17 juin 2008 et figurant dans une section du code civil relative aux devis et marchés et insérée dans un chapitre consacré aux contrats de louage d'ouvrage et d'industrie, n'a vocation à s'appliquer qu'aux actions en responsabilité dirigées par le maître de l'ouvrage contre les constructeurs ou leurs sous-traitants; en outre, fixer la date de réception comme point de départ du délai de prescription de l'action d'un constructeur contre un autre constructeur pourrait avoir pour effet de priver le premier, lorsqu'il est assigné par le maître de l'ouvrage en fin de délai d'épreuve, du droit d'accès à un juge. • Civ. 3e, 16 janv. 2020, n° 18-25.915 P : *D. 2020. 466, note Rias; RDI*

2020. 120, note Charbonneau ; *JCP 2020, n° 414, note Karila* ; *RCA 2020. Étude 5, note Brun* ; *RGDA 2020/4. 39, note Dessuet* ; *Gaz. Pal. 2020. 1645, note Caston et Ajaccio.* ♦ Il s'ensuit que le recours d'un constructeur contre un autre constructeur ou son sous-traitant relève des dispositions de l'art. 2224 C. civ. et se prescrit donc par cinq ans à compter du jour où le premier a connu ou aurait dû connaître les faits lui permettant de l'exercer. • Même arrêt.

2. ... *Trouble de voisinage (non).* L'action de l'art. 1792-4-3, réservée au maître de l'ouvrage, n'est pas ouverte aux tiers à l'opération de construction agissant sur le fondement d'un trouble du voisinage. • Civ. 3e, 16 janv. 2020, n° 16-24.352 P : *D. 2020. 466, note Rias* ; *ibid. 1761, obs. Reboul-Maupin et Strickler* ; *RDI 2020. 120, obs. Charbonneau* ; *RDC 2020/2. 113, note Danos.*

3. *Distinction avec une garantie d'éviction.* L'action récursoire du vendeur, qui tend à l'indemnisation du préjudice que lui cause l'obligation de garantir les acquéreurs de l'éviction qu'ils subissent en raison du non-respect d'une servitude, relève de la responsabilité civile de droit commun qui se prescrivait par trente ans avant l'entrée en vigueur de la L. du 17 juin 2008 portant réforme de la prescription. • Civ. 3e, 7 janv. 2016, n° 14-24.777 P.

4. *Nécessité d'une réception.* L'art. 1792-4-3 ne saurait recevoir application lorsque aucune réception de l'ouvrage n'est intervenue. • Civ. 3e, 19 mars 2020, n° 19-13.459 P : *D. 2020. 710* ; *AJ contrat 2020. 347, obs. Dagorne-Labbe* ; *RDC 2020/3. 23, note Dugué.*

5. *Délai de forclusion.* Le délai de dix ans pour agir contre les constructeurs sur le fondement de l'art. 1792-4-3 est un délai de forclusion, qui n'est pas, sauf dispositions contraires, régi par les dispositions concernant la prescription; la reconnaissance par le débiteur du droit de celui contre lequel il prescrit n'interrompt pas le délai de forclusion. • Civ. 3e, 10 juin 2021, n° 20-16.837 P : *D. 2021. Chron. C. cass. 2251, obs. Zedda* ; *RDI 2021. 491, obs. C. Charbonneau*

Art. 1792-5 *(L. n° 78-12 du 4 janv. 1978)* **Toute clause d'un contrat qui a pour objet, soit d'exclure ou de limiter la responsabilité prévue aux articles 1792, 1792-1 et 1792-2, soit d'exclure** *(L. n° 90-1129 du 19 déc. 1990, art. 2)* **« les garanties prévues aux articles 1792-3 et 1792-6 » ou d'en limiter la portée, soit d'écarter ou de limiter la solidarité prévue à l'article 1792-4, est réputée non écrite.** — *V. note ss. art. 1792. — La L. n° 90-1129 du 19 déc. 1990 est entrée en vigueur le 1er déc. 1991 (L. préc., art. 8).*

1. Cassation, au visa de l'art. 1792-5, de l'arrêt qui déclare irrecevable une action en garantie décennale, pour cause d'exclusion prévue par un acte de vente quant au système d'assainissement, alors que cette clause devait être réputée non écrite en ce qu'elle avait pour effet d'exclure la garantie décennale des constructeurs. • Civ. 3e, 19 mars 2020, n° 18-22.983 P : *D. 2020. 711* ; *RDI 2020. 540, obs. M. Poumarède* ; *CCC 2020, n° 93, note Leveneur* (clause prévoyant que « les parties ont entendu exclure tout recours contre quiconque de la part des acquéreurs concernant le raccordement au réseau d'assainissement »).

2. Rappr., pour une clause excluant la garantie d'un assureur : • Civ. 3e, 4 févr. 2016, nos 14-29.790 P, 15-12.128 P : *D. 2016. 377* ; *RDI 2016. 234, obs. Roussel* ; *RGDA 2016. 145, note Karila.*

Art. 1792-6 *(L. n° 78-12 du 4 janv. 1978)* **La réception est l'acte par lequel le maître de l'ouvrage déclare accepter l'ouvrage avec ou sans réserves. Elle intervient à la demande de la partie la plus diligente, soit à l'amiable, soit à défaut judiciairement. Elle est, en tout état de cause, prononcée contradictoirement.**

La garantie de parfait achèvement, à laquelle l'entrepreneur est tenu pendant un délai d'un an, à compter de la réception, s'étend à la réparation de tous les désordres signalés par le maître de l'ouvrage, soit au moyen de réserves mentionnées au procès-verbal de réception, soit par voie de notification écrite pour ceux révélés postérieurement à la réception.

Les délais nécessaires à l'exécution des travaux de réparation sont fixés d'un commun accord par le maître de l'ouvrage et l'entrepreneur concerné.

En l'absence d'un tel accord ou en cas d'inexécution dans le délai fixé, les travaux peuvent, après mise en demeure restée infructueuse, être exécutés aux frais et risques de l'entrepreneur défaillant.

L'exécution des travaux exigés au titre de la garantie de parfait achèvement est constatée d'un commun accord, ou, à défaut, judiciairement.

La garantie ne s'étend pas aux travaux nécessaires pour remédier aux effets de l'usure normale ou de l'usage. — *V. note ss. art. 1792.*

Les travaux de nature à satisfaire aux exigences légales ou réglementaires minimales requises en matière d'isolation phonique relèvent de la garantie de parfait achèvement visée à l'art. 1792-6 C. civ. — V. CCH, art. L. 111-11.

Sur l'assurance obligatoire des travaux de bâtiment, V. C. assur., art. L. 241-1 s.

BIBL. ▶ CASTON, PORTE et AJACCIO, *Gaz. Pal. 2016. 218.* – PÉRINET-MARQUET, *D. 1988. Chron. 287* (l'art. 1792-6 C. civ. dix ans après). – Réception : CHAPRON, *RDI 1995. 7*. – GUÉVEL, *Gaz. Pal. 1989. 2. Doctr. 737* (travaux inachevés). – KARILA, *Gaz. Pal. 1986. 2. Doctr. 469* (réception tacite). – LIET-VEAUX, *Gaz. Pal. 1979. 2. Doctr. 414.* – PRAUD, *RDI 2016. 259*. – ZAVARO, *Gaz. Pal. 1999. 2. Doctr. 1121* (achèvement et réception). ▶ Garantie de parfait achèvement : CHENUT, *JCP N 1997. 899.* – GRIMAUD, *Gaz. Pal. 1986. 2. Doctr. 752* (prescriptions en droit de la construction).

A. RÉCEPTION DE L'OUVRAGE

1° PRINCIPES

1. Caractère contradictoire de la réception. Sur la nécessité pour les juges du fond de relever le caractère contradictoire de la réception : • Civ. 3e, 16 févr. 1994, n° 92-14.342 P. ♦ Exigence du caractère contradictoire de la réception judiciaire : • Civ. 3e, 20 oct. 2021, n° 20-20.428 B. ♦ L'existence d'une réception contradictoire doit être écartée si le procès-verbal de réception a été signé par le maître de l'ouvrage, mais pas par l'entrepreneur qui a expressément refusé de le faire. • Civ. 3e, 18 juin 1997, n° 95-20.704 P : *RDI 1997. 588, obs. Malinvaud et Boubli*. ♦ Comp. : l'exigence de la contradiction ne nécessite pas la signature formelle du procès-verbal de réception dès lors que la participation aux opérations de réception de celui qui n'a pas signé ne fait pas de doute : • Civ. 3e, 12 janv. 2011, n° 09-70.262 P : *RDI 2011. 220, obs. Boubli ; ibid. 231, obs. Tricoire ; RTD civ. 2011. 122, obs. Fages*. ♦ Caractère contradictoire du procès-verbal signé par la seule SCI, dès lors qu'il caractérise la volonté du maître de l'ouvrage de recevoir les bâtiments construits, cette qualification ne pouvant être écartée du fait de l'absence du maître d'œuvre dès lors que celui-ci avait été dûment convoqué. • Civ. 3e, 3 juin 2015, n° 14-13.126 P : *D. 2015. 2044, Juillet ; ibid. 1810, obs. Crocq ; AJCA 2015. 372, obs. Mégret ; RTD com. 2015. 727, obs. Legeais ; RDC 2016. 54, note Barthez*. ♦ Caractère contradictoire de la réception prononcée en présence du maître de l'ouvrage et du maître d'œuvre, alors que l'entrepreneur avait été valablement convoqué par lettre recommandée et télécopie. • Civ. 3e, 7 mars 2019, n° 18-12.221 P : *D. 2019. 536 ; RDI 2019. 334, obs. Boubli*. ♦ En cas d'accord entre les parties, la réception intervient à l'amiable, et elle revêt un caractère contradictoire du seul fait de l'existence de cet accord. • Paris, 20 nov. 1985 : *D. 1986. 567, note Karila*. – V. aussi • Nîmes, 23 avr. 1986 : *Gaz. Pal. 1986. 2. 703, note Peisse*.

2. Absence de formalisme. La réception sans réserve n'est soumise à aucun formalisme : • Civ. 3e, 12 juin 1991, n° 90-10.692 P.

3. Possibilité d'une réception seulement provisoire. Dès lors qu'il n'est pas soutenu que le contrat prévoyait une réception provisoire et une réception définitive, un procès-verbal de réception provisoire ne mentionnant pas de réserves sur les installations concernées par les désordres invoqués ultérieurement marque le point de départ de la garantie décennale. • Civ. 3e, 4 juill. 1990, n° 89-11.442 P.

4. Possibilité d'une réception partielle d'un lot. L'achèvement de la totalité de l'ouvrage n'est pas une condition de la prise de possession d'un lot et de sa réception. • Civ. 3e, 30 janv. 2019, n° 18-10.197 P : *D. 2019. 1269, note Storck ; RDI 2019. 216, obs. Boubli*.

5. Possibilité de réceptions successives. V. note 26 ss. art. 1792.

6. Distinction entre réception et achèvement de l'ouvrage. L'art. 1792-6 ne prévoit pas que la construction de l'immeuble doit être achevée pour que la réception puisse intervenir. • Civ. 3e, 12 juill. 1989 : *Bull. civ. III, n° 161 ; Defrénois 1990. 376, obs. Souleau ; Gaz. Pal. 1989. 2. Doctr. 737, étude Guével* • 15 janv. 1997, n° 95-10.549 P : *JCP N 1997. II. 773 ; RDI 1997. 237, obs. Malinvaud et Boubli* • 11 févr. 1998, n° 96-13.142 P : *Gaz. Pal. 1999. 1. Somm. 111, obs. Peisse* • 20 sept. 2011 : *RCA 2011, n° 402*. ♦ L'achèvement de l'ouvrage n'étant pas une des conditions nécessaires de la réception (réception judiciaire à la suite de l'abandon du chantier par le constructeur), l'assureur peut être condamné à réparation dès lors que les désordres constatés sont de la nature de ceux pour lesquels il doit sa garantie. • Civ. 3e, 9 oct. 1991, n° 90-14.739 P. – V. aussi • Civ. 3e, 15 janv. 1997 : *préc.* (constat de réception signé des parties faisant état de travaux à terminer).

7. Une déclaration d'achèvement des travaux n'est pas assimilable à un procès-verbal de réception et les juges du fond condamnent à bon droit un architecte à payer une provision dès lors que celui-ci, tenu d'établir la date de la réception dont il se prévalait, ne rapporte pas cette preuve. • Civ. 3e, 14 févr. 1990, n° 88-15.937 P.

8. Réception et assistance de l'architecte. Devoir de conseil de l'architecte dans sa mission d'assistance au maître de l'ouvrage lors des opérations de réception. • Civ. 3e, 3 févr. 1999, n° 97-13.427 P • 27 juin 2001, n° 00-10.153 P : *Defrénois 2002. 56, obs. Périnet-Marquet*. ♦ Responsabilité partagée, à l'égard de l'acheteur en état futur d'achèvement, de l'architecte qui a laissé la réception être prononcée sans réserves par le maître de l'ouvrage et de ce même maître de l'ouvrage, dès lors que l'un et l'autre avaient connaissance d'un défaut affectant l'ouvrage qui leur avait été dénoncé par l'acquéreur. • Civ. 3e, 30 juin 1998 : *JCP N 1999. 56, note Sizaire*.

9. Réception et présence du sous-traitant (non). La présence ou la convocation du sous-traitant à la réception, acte auquel il n'est pas partie, n'est pas une condition de la mise en œuvre de la garantie de l'assureur. • Civ. 3e, 20 oct. 2009, n° 08-15.381 P.

2° RÉCEPTION TACITE

10. Principe : possibilité d'une réception tacite. L'art. 1792-6 n'exclut pas la possibilité d'une réception tacite. • Civ. 3e, 12 oct. 1988, n° 87-11.174 P : *D. 1988. IR 246* • 4 nov. 1992, n° 91-10.076 P : *Defrénois 1993. 358, obs. Aubert.* ♦ ... Même avec réserves. • Civ. 1re, 10 juill. 1995, n° 93-13.027 P : *Gaz. Pal. 1997. 1. Somm. 194, obs. Peisse.* ♦ Les dispositions applicables au contrat de construction de maison individuelle n'excluent pas la possibilité d'une réception tacite. • Civ. 3e, 20 avr. 2017, n° 16-10.486 P : *D. 2017. 919* ; *JCP N 2017, n° 1179, comm. Zalewski-Sicard.* ♦ Pour la réception tacite de travaux sur un navire, V. • Com. 19 sept. 2018, n° 17-17.748 P : *cité note 33 ss. art. 1787.*

11. Charge de la preuve. Il appartient à la société qui invoque une réception tacite de la démontrer. • Civ. 3e, 13 juill. 2017, n° 16-19.438 P : *D. 2017. 1529* ; *RDI 2017. 406, obs. Zalewski-Sicard* (réception tacite non caractérisée, faute de prise de possession des lieux objet de désordres et en l'absence de paiement intégral des travaux).

12. Respect des clauses relatives à la réception. Application stricte de la clause du contrat prévoyant que l'occupation des lieux, même sans procès-verbal de réception, vaut réception définitive et sans réserve de l'immeuble. • Civ. 3e, 4 nov. 1992 : *préc.* ♦ Même sens : • Civ. 3e, 13 juill. 1993, n° 91-13.027. ♦ Mais les parties peuvent contractuellement décider que la réception sera expresse : exclusion d'une réception tacite dans l'hypothèse où la convention liant les parties stipulait expressément les modalités de la réception des ouvrages, en l'absence d'élément démontrant une volonté des parties de déroger à ces dispositions contractuelles précises. • Civ. 3e, 31 janv. 2007, n° 05-18.959 P : *D. 2007. AJ 657* ; *Defrénois 2008. 70, obs. Périnet-Marquet* (calcul de la prescription). ♦ Exclusion d'une réception tacite, au sens de la clause du contrat qui prévoit que la réception tacite est acquise en l'absence de réclamation sur une période significative, alors que des désordres étaient survenus dès l'installation dans les lieux et avaient fait l'objet de plusieurs demandes d'intervention. • Civ. 3e, 4 avr. 2019, n° 18-12.410 P.

13. Notion de réception tacite. Pour caractériser une réception tacite, les juges doivent rechercher si la prise de possession manifeste une volonté non équivoque d'accepter l'ouvrage. • Civ. 3e, 14 janv. 1998 : *RCA 1998. Comm. 123* ; *Gaz. Pal. 3-5 oct. 1999, Doctr., par Raffi* (condition non remplie par la seule conclusion de baux avec des locataires occupant l'immeuble). • Civ. 3e, 16 févr. 2005, n° 03-16.880 P : *Defrénois 2006. 68, obs. Périnet-Marquet* (absence de preuve d'une volonté non équivoque du maître de l'ouvrage d'accepter l'immeuble, à une date où il ne l'avait pas occupé, en raison de la conclusion avec l'entrepreneur d'une convention d'occupation gratuite pour que ce dernier puisse l'utiliser comme pavillon témoin) • 14 déc. 2017, n° 16-24.752 P (absence de volonté non équivoque de recevoir les travaux, la qualité des travaux de confortement et les seconds travaux de reprise ayant été contestés dès leur origine). – Déjà en ce sens : • Civ. 3e, 3 mai 1990, n° 88-19.301 P • 24 juin 1992, n° 90-19.493 P (volonté non équivoque du maître de l'ouvrage de recevoir des travaux inachevés non établie en l'absence de tout relevé des parties d'ouvrage exécutées et d'une demande de remboursement d'acomptes) • 13 juill. 1993 : *JCP N 1995. II. 938, note Le Bars (idem).* ♦ Sur les éléments d'où peut résulter la réception tacite, V. • Versailles, 4 déc. 1987 : *D. 1989. 134, note Karila.*

14. Présomption. Le paiement de l'intégralité des travaux d'un lot et sa prise de possession par le maître de l'ouvrage valent présomption de réception tacite. • Civ. 3e, 30 janv. 2019, n° 18-10.197 P : *D. 2019. 1269, note Storck* ; *RDI 2019. 216, obs. Boubli*. ♦ La prise de possession de l'ouvrage et le paiement des travaux font présumer la volonté non équivoque du maître de l'ouvrage de le recevoir avec ou sans réserves. • Civ. 3e, 18 avr. 2019, n° 18-13.734 P : *D. 2019. 889* ; *RDI 2019. 336, obs. Boubli* • 1er avr. 2021, n° 19-25.563 P.

15. Illustrations : paiement intégral. Le paiement intégral ne suffit pas à caractériser la volonté non équivoque du maître de l'ouvrage de recevoir les travaux. • Civ. 3e, 30 sept. 1998, n° 96-17.014 P : *Defrénois 1999. 547, obs. Périnet-Marquet.* ♦ Ainsi, malgré le paiement de la facture des travaux, les protestations constantes sur la qualité des travaux excluent toute réception tacite des travaux. • Civ. 3e, 24 mars 2016, n° 15-14.830 P.

V. cep., estimant qu'une réception tacite peut résulter de la prise de possession jointe au paiement intégral : • Civ. 3e, 16 mars 1994, n° 92-10.957 P • Civ. 1re, 10 juill. 1995, n° 93-13.027 P : *Gaz. Pal. 1997. 1. Somm. 194, obs. Peisse* (cassation pour manque de base légale de l'arrêt ne recherchant pas si une réception tacite contradictoire, fût-ce avec des réserves, ne résultait pas de la conjonction de la signature conjointe de la déclaration d'achèvement des travaux, du paiement de leur prix et de la prise de possession du pavillon) • Civ. 3e, 17 mars 2004 : *JCP 2004. IV. 2005* (paiement sans réserve du solde du prix concomitant à l'achèvement des travaux, alors que le caractère incomplet ou défectueux de ceux-ci était connu) • 23 mai 2012, n° 11-10.502 P (prise de possession en l'absence de contestation sur le règlement des travaux) • Civ. 1re, 13 juill. 2016, n° 15-17.208 P : *D. 2016. 1649* ; *RDI 2016. 647, obs. Boubli* (prise de possession et paiement de la quasi-totalité du marché) • Civ. 3e, 12 nov. 2020, nº 19-18.213 P : *RDI 2021. 102, obs. Fournier*.

16. ... Paiement partiel. Absence de réception tacite malgré la prise de possession de l'ouvrage mais sans procéder au règlement du solde des travaux et en manifestant le refus de réception de l'ouvrage en introduisant dès l'année suivante une procédure de référé-expertise. • Civ. 3e, 12 sept. 2012, nº 09-71.189 P. ♦ V. déjà : • Civ. 3e, 3 mai 1990, nº 88-19.301 P • 22 mai 1997, nº 95-14.969 P : *Gaz. Pal. 1999. 2. Somm. 418, obs. Peisse* (refus d'admettre une réception tacite, à la date demandée par le maître de l'ouvrage, alors que celui-ci n'établissait pas la date de prise de possession, qu'il n'avait pas payé le solde du prix et se plaignait de désordres).

Absence de réception tacite à la date du paiement des premières factures en présence d'une volonté équivoque de prendre réception de l'ouvrage, fût-ce avec réserves. • Civ. 3e, 1er avr. 2021, nº 20-14.975 P (maîtres de l'ouvrage ayant pris possession de la première partie des travaux réalisés mais ayant contesté de manière constante la qualité des travaux exécutés et demandé une expertise judiciaire pour établir les manquements de l'entrepreneur).

Comp. : admission d'une réception tacite, malgré l'absence de paiement du solde du prix, lorsque le maître de l'ouvrage a pris possession des lieux, les a utilisés pour son activité professionnelle en y installant un important matériel et n'a refusé de payer le solde qu'ultérieurement, lors de la présentation de la facture. • Civ. 3e, 18 nov. 1992, nº 91-13.161 P : *Defrénois 1993. 780, obs. Aubert*. ♦ De même, pour la réception tacite, le maître d'ouvrage ayant pris possession des lieux avant l'achèvement des travaux, en payant les travaux déjà réalisés. • Civ. 3e, 18 mai 2017, nº 16-11.260 P.

17. ... Prise de possession en l'absence de demande de paiement. La prise de possession des lieux par le maître de l'ouvrage, à une date où aucune somme ne lui était réclamée au titre du marché, laisse présumer sa volonté non équivoque de recevoir l'ouvrage. • Civ. 3e, 24 nov. 2016, nº 15-25.415 P : *D. 2016. 2464* ; *RDI 2017. 144, obs. Boubli*.

18. ... Prise de possession avant l'achèvement des travaux. L'achèvement de la totalité de l'ouvrage n'est pas une condition de la prise de possession d'un lot et de sa réception. • Civ. 3e, 30 janv. 2019, nº 18-10.197 P : *D. 2019. 1269, note Storck* ; *RDI 2019. 216, obs. Boubli*.

19. ... Remplacement d'une entreprise. Le fait qu'une entreprise succède à une autre, défaillante, ne suffit pas à caractériser l'existence d'une réception tacite. • Civ. 3e, 19 mai 2016, nº 15-17.129 P. ♦ V. déjà : • Civ. 3e, 24 juin 1992, nº 90-19.493 P (le fait que les travaux aient été poursuivis par des entrepreneurs successifs n'établissait pas l'existence d'une réception tacite des travaux exécutés).

20. Office du juge : indication de la date. Les juges qui retiennent une réception tacite doivent en préciser la date : • Civ. 3e, 30 mars 2011, nº 10-30.116 P : *RDI 2011. 333, obs. Boubli*.

21. Date de la réception : remise d'un chèque. En cas de paiement par chèque, la date du paiement est celle de l'émission du chèque qui correspond à la date à laquelle le tireur s'en est irrévocablement séparé, notamment en le remettant au bénéficiaire ou en l'envoyant par la poste. • Civ. 3e, 1er avr. 2021, nº 19-25.563 P (il incombe à l'émetteur de prouver la date à laquelle il a émis le chèque).

3º *RÉCEPTION JUDICIAIRE*

22. Domaine. Les dispositions applicables au contrat de construction de maison individuelle, qui n'imposent pas une réception constatée par écrit, n'excluent pas la possibilité d'une réception judiciaire. • Civ. 3e, 21 nov. 2019, nº 14-12.299 P : *RDI 2020. 149, obs. Tomasin*.

23. Nécessité d'une demande. Le juge, saisi d'une demande de fixation de la date de la réception tacite par les deux parties, ne peut prononcer la réception judiciaire qu'aucune d'elles n'a sollicitée. • 14 mars 2006, nº 04-19.947 P (violation de l'art. 4 C. pr. civ.). ♦ Inversement, cassation de l'arrêt refusant de prononcer une réception judiciaire alors que l'immeuble était habitable, en dépit de l'abandon de chantier. • Civ. 3e, 24 nov. 2016, nº 15-26.090 P.

24. Conditions : caractère contradictoire. La réception judiciaire doit être prononcée contradictoirement. • Civ. 3e, 20 oct. 2021, nº 20-20.428 B (absence de mise en cause du liquidateur de l'entrepreneur).

25. Demandeur : assureur dommages-ouvrages (non). Ne peut agir en fixation judiciaire de la date de réception l'assureur dommages-ouvrage, qui n'est pas partie, au sens de l'art. 1792-6, à la réception de l'ouvrage. • Civ. 3e, 23 avr. 1997, nº 95-18.317 P.

26. Conditions : immeuble en état d'être reçu. La réception judiciaire suppose de déterminer la date à laquelle l'ouvrage était en état d'être reçu. V. en ce sens : • Civ. 3e, 10 juill. 1991, nº 89-20.327 P (cassation de l'arrêt se bornant à relever la prise de possession des lieux, sans s'expliquer sur l'ensemble des malfaçons invoquées) • 30 juin 1993, nº 91-18.696 P : *Defrénois 1993. 1431, obs. Aubert* (cassation de l'arrêt ne recherchant pas si les travaux étaient, lors de la prise de possession, en état d'être reçus) • 22 mai 1997, nº 95-14.969 P : *Gaz. Pal. 1999. 2. Somm. 418, obs. Peisse* (cassation de l'arrêt ne précisant pas à quelle date les travaux étaient en état d'être reçus) • 11 janv. 2012 : *RDI 2012. 163, obs. Tricoire* ; *RCA 2012, nº 115* (un immeuble qui, en raison de malfaçon, ne peut être mis en service, n'est pas en état d'être reçu). ♦ Le juge ne peut fixer la réception judiciaire au jour où il statue sans constater que l'immeuble est habitable, alors que le constructeur, en liquidation judiciaire, n'est pas à même de continuer les travaux. • Civ. 3e, 21 mai 2003, n° 02-10.052 P. – Même sens : • Civ. 3e, 9 nov. 2005, n° 04-11.856 P.

27. La date de la réception ne peut être fixée par le juge au jour où le maître de l'ouvrage a manifesté sans équivoque l'intention d'occuper les lieux sans rechercher si l'ouvrage n'était pas en état d'être reçu à une date antérieure. • Civ. 3e, 14 janv. 1998, n° 96-14.482 P : *Gaz. Pal. 1999. 1. Somm. 112, obs. Peisse ; RCA 1998. Comm. 122.* ♦ Ayant retenu qu'à la date prévue pour la réception de l'ouvrage, l'immeuble était effectivement habitable à l'exception de deux pièces et que le refus de procéder à la réception n'était pas justifié, les juges peuvent prononcer la réception avec réserves de cet immeuble. • Civ. 3e, 30 oct. 1991, n° 90-12.659 P.

28. Un ouvrage qui doit être démoli n'est pas susceptible de faire l'objet d'une réception judiciaire. • Civ. 3e, 16 févr. 2005, n° 03-16.266 P.

29. Conditions : comportement du constructeur. Le juge ne peut prononcer une réception judiciaire sans rechercher, comme cela lui était demandé, si le constructeur n'a pas fait obstacle à la prise de possession des lieux. • Civ. 3e, 8 juin 2006, n° 05-15.509 P.

30. ... Comportement du maître de l'ouvrage. Cassation de l'arrêt qui a refusé la réception judiciaire des travaux au motif qu'elle nécessite, outre un ouvrage en état d'être reçu, un refus abusif du maître d'ouvrage de prononcer une réception expresse sollicitée par le constructeur, alors qu'en l'absence de réception amiable, la réception judiciaire peut être ordonnée si les travaux sont en état d'être reçus. • Civ. 3e, 12 oct. 2017, n° 15-27.802 P : *D. 2017. 2099 ; RDI 2018. 31, obs. Boubli .*

4° CONSÉQUENCES DE LA RÉCEPTION OU DE L'ABSENCE DE RÉCEPTION

31. Le contrat d'entreprise prend fin à la réception de l'ouvrage, avec ou sans réserves. • Civ. 3e, 6 sept. 2018, n° 17-21.155 P : *D. 2018. 1753 ; RDI 2018. 552, obs. Boubli .*

32. Absence de réception. En l'absence de réception, la responsabilité contractuelle de droit commun du constructeur quant aux désordres de construction se prescrit par dix ans à compter de la manifestation du dommage. • Civ. 3e, 24 mai 2006, n° 04-19.716 P : *R., p. 326 ; D. 2006. IR 1633, obs. Gallmeister ; LPA 25 avr. 2007, note Raffi ; RCA 2006, n° 265, obs. Groutel ; RDI 2006. 311, obs. Malinvaud ; RDC 2006. 1217, obs. Borghetti.* ♦ Délai ramené à 5 ans compte tenu de la rédaction des art. 2224 C. civ. et L. 110-4 C. com., issues de la L. du 17 juin 2008. • Civ. 3e, 19 mars 2020, n° 19-13.459 P : *D. 2020. 710 ; AJ contrat 2020. 347, obs. Dagorne-Labbe ; RDC 2020/3. 23, note Dugué.*

33. Portée de la réception sans réserve. Les défauts de conformité contractuels apparents sont, comme les vices de construction apparents, couverts par la réception sans réserve. • Civ. 3e, 9 oct. 1991, n° 87-18.226 P. – V. aussi : • Civ. 3e, 10 juill. 1991, n° 89-21.825 P. ♦ Rappr. notes 23 s. ss. art. 1792. ♦ Faute de réserves à la réception, la responsabilité contractuelle pour faute prouvée n'est pas applicable. • Civ. 3e, 4 nov. 1999, n° 98-11.310 P : *Gaz. Pal. 2000. 1. Somm. 182, obs. Peisse ; RDI 2000. 60, obs. Malinvaud .*

34. Réception avec réserves. Les réserves formulées lors de la réception par le maître de l'ouvrage ne peuvent être ultérieurement écartées sans que soit relevée une manifestation non équivoque de volonté de celui-ci d'y renoncer. • Civ. 3e, 13 avr. 2005, n° 03-15.892 P : *Defrénois 2006. 68, obs. Périnet-Marquet.*

B. GARANTIE DE PARFAIT ACHÈVEMENT

1° RÉGIME DE LA GARANTIE DE PARFAIT ACHÈVEMENT

35. Domaine : vente d'immeuble à construire (non). Le vendeur d'immeuble à construire n'est pas tenu de la garantie de l'art. 1792-6 C. civ. • Civ. 3e, 30 mars 1994, n° 92-17.225 P : *Defrénois 1994. 1524, obs. Dubois.*

36. Dénonciation prématurée. La mise en demeure d'effectuer les travaux de réparation est nécessairement postérieure à la réception ; est inopérante une mise en demeure intervenue avant, et le maître de l'ouvrage ne saurait, dès lors, obtenir le remboursement, par l'entrepreneur, des travaux de remise en état auxquels il a fait procéder. • Civ. 3e, 4 avr. 2001, n° 99-14.970 P : *RDI 2001. 250, obs. Malinvaud .*

37. Délai de mise en œuvre. La garantie de parfait achèvement instituée par l'art. 1792-6 pour les désordres ayant fait l'objet de réserves à la réception doit être mise en œuvre dans le délai prévu par ce texte. • Civ. 3e, 19 avr. 1989, n° 87-20.072 P • 3 mai 1989, n° 87-18.621 P. ♦ Cassation de l'arrêt estimant que, si un défaut découvert après la réception doit être dénoncé dans le délai d'un an, l'action n'est pas enfermée dans ce délai. • Civ. 3e, 15 janv. 1997, n° 95-10.097 P : *Gaz. Pal. 1999. 2. Somm. 413, obs. Peisse ; JCP N 1997. II. 772 ; ibid. I. 899, étude Chenut* • 6 mai 1998, n° 96-18.038 P : *Gaz. Pal. 1999. 2. Somm. 414, obs. Peisse ; Defrénois 1999. 548, obs. Périnet-Marquet* (assignation formulant la demande délivrée hors délai).

38. Une assignation en référé introduite dans le délai fait courir un nouveau délai. • Civ. 3e, 17 mai 1995, n° 93-16.568 P. ♦ ... A condition qu'elle ait pour objet de dénoncer les désordres ayant fait l'objet de réserves à la réception. • Civ. 3e, 19 avr. 1989 : préc. ♦ En l'absence de notification préalable à l'entrepreneur des désordres révélés postérieurement à la réception, qu'une assignation, même délivrée avant l'expiration du délai d'un an, ne peut suppléer, les demandes indemnitaires du maître de l'ouvrage fondées sur la garantie de parfait achèvement ne peuvent être accueillies. • Civ. 3e, 15 avr. 2021, nº 19-25.748 P : *D. 2021. 799* ; *RDI 2021. 352, obs. Faure-Abbad* ; *JCP 2021, nº 1019, note Karila.*

39. Charge de la preuve de l'exécution des travaux. C'est à l'entrepreneur et non au maître de l'ouvrage de prouver que des travaux de reprise intéressant des réserves exprimées lors d'une réception antérieure ont été correctement réalisés. • Civ. 3e, 1er avr. 1992, nº 90-18.498 P : *Defrénois 1992. 1149, obs. Souleau.*

2º ARTICULATION AVEC D'AUTRES GARANTIES OU RESPONSABILITÉS

40. Avec la garantie décennale : vices réservés. La garantie décennale ne s'applique pas aux vices faisant l'objet de réserves lors de la réception. • Civ. 3e, 11 févr. 1998, nº 95-18.401 P : *JCP 1998. I. 187, nº 30, obs. Viney ; Gaz. Pal. 1999. 1. Somm. 112, obs. Peisse.* ♦ V. aussi note 25 ss. art. 1792. ♦ ... Sauf si les défauts, signalés à la réception, ne se sont révélés qu'ensuite dans leur ampleur et leurs conséquences. • Civ. 3e, 12 oct. 1994, nº 92-16.533 P : *R., p. 305 ; Gaz. Pal. 1996. 1. Somm. 10, obs. Peisse.*

41. ... Vices signalés. Les dispositions de l'art. 1792-6 n'étant pas exclusives de celles des art. 1792, 1792-2 et 1792-3, le maître de l'ouvrage peut demander à l'entrepreneur, sur le fondement de la garantie décennale, réparation des désordres qui se sont révélés dans l'année suivant la réception. • Civ. 3e, 4 févr. 1987, nº 85-16.584 P : *R., p. 222.*

42. Avec la responsabilité de droit commun : entrepreneur. Avant la levée des réserves, la responsabilité contractuelle de droit commun de l'entrepreneur et de l'architecte subsiste concurremment avec la garantie de parfait achèvement due par l'entrepreneur. • Civ. 3e, 13 déc. 1995, nº 92-11.637 P : *RDI 1996. 223, obs. Malinvaud et Boubli* • 28 janv. 1998, nº 96-13.460 P : *Gaz. Pal. 1999. 1. Somm. 108, obs. Peisse ; JCP 1998. I. 187, nº 30 s., obs. Viney.* ♦ ... Même si la mise en œuvre de la responsabilité n'est pas intervenue dans le délai de la garantie. • Civ. 3e, 11 févr. 1998, nº 95-18.401 P : *JCP 1998. I. 187, nº 30, obs. Viney ; Gaz. Pal. 1999. 1. Somm. 112, obs. Peisse* (seule la responsabilité contractuelle de droit commun est encourue) • 23 sept. 2008 : *RDI 2008. 555, obs. Malinvaud* • 27 janv. 2010, nº 08-21.085 P : *D. 2010. AJ 382* (dénonciation des défauts des lambris dans le délai pour une chambre et hors délai pour le reste de la maison) • 2 févr. 2017, nº 15-29.420 P : *D. 2017. 353* ; *RDI 2017. 196, obs. Malinvaud*. (le délai de la garantie de parfait achèvement étant expiré, l'obligation de résultat de l'entrepreneur principal persiste, pour les désordres réservés, jusqu'à la levée des réserves et la demande présentée sur le fondement de l'art. 1147 anc. doit être accueillie). ♦ V. déjà : l'expiration du délai annal n'emporte pas en soi décharge de la responsabilité de droit commun avant la levée des réserves. • Com. 12 nov. 1996, nº 94-17.032 P • Civ. 3e, 2 oct. 2001 : *RDI 2002. 89, obs. Malinvaud*. ♦ Garantie de parfait achèvement et dommages « intermédiaires » : V. note 60 ss. art. 1792.

43. ... Autres constructeurs. La garantie de parfait achèvement n'est due que par l'entrepreneur et laisse subsister la responsabilité de droit commun des autres constructeurs. • Civ. 3e, 17 nov. 1993, nº 91-17.982 P.

Art. 1792-7 *(Ord. nº 2005-658 du 8 juin 2005, art. 1er)* **Ne sont pas considérés comme des éléments d'équipement d'un ouvrage au sens des articles 1792, 1792-2, 1792-3 et 1792-4 les éléments d'équipement, y compris leurs accessoires, dont la fonction exclusive est de permettre l'exercice d'une activité professionnelle dans l'ouvrage.** — *Disposition applicable aux marchés, contrats ou conventions conclus après la publication de l'Ord. 8 juin 2005 [JO 9 juin].*

BIBL. ▸ KARILA, *D. 2005. Chron. 2236* . – MALINVAUD, *RDI 2005. 237.*

La construction, sur plusieurs kilomètres, d'une conduite métallique fermée d'adduction d'eau à une centrale électrique constitue un ouvrage et non un équipement. • Civ. 3e, 19 janv. 2017, nº 15-25.283 P : *D. 2017. 214* ; *RDI 2017. 151, obs. Malinvaud*.

Art. 1793 **Lorsqu'un architecte ou un entrepreneur s'est chargé de la construction à forfait d'un bâtiment, d'après un plan arrêté et convenu avec le propriétaire du sol, il ne peut demander aucune augmentation de prix, ni sous le prétexte de l'augmentation de la main-d'œuvre ou des matériaux, ni sous celui de changements ou d'augmentations faits sur ce plan, si ces changements ou augmentations n'ont pas été autorisés par écrit, et le prix convenu avec le propriétaire.**

BIBL. ▸ BORRICAND, *D. 1965. Chron. 105.* – BOUBLI, *RDI 1986. 415* (travaux supplémentaires). – JOSSERAND, note *DP 1932. 1. 65.* – MARGANNE, *JCP 1988. I. 3344* ; *JCP N 1998. 602* (prix) ; *JCP 2007. I. 178* (principes essentiels).

A. DOMAINE

1. Les règles établies par la norme Afnor P 03 001 ne peuvent prévaloir sur les dispositions de l'art. 1793. • Civ. 3e, 11 mai 2006, nº 04-18.092 P • 3 déc. 2020, nº 19-25.392 P • 18 mars 2021, nº 20-12.596 P.

1º EXCLUSIONS LIÉES À LA NATURE DU CONTRAT

2. Le forfait doit être pur et simple. Si l'art. 1793 interdit aux entrepreneurs toute demande en supplément de prix pour les changements ou augmentations apportés au plan, à moins que ces changements et augmentations n'aient été autorisés par écrit, ces dispositions ne s'appliquent qu'au forfait pur et simple et cessent d'être applicables lorsque les parties, tout en stipulant le forfait, y ont ajouté des clauses qui en modifient le caractère et les effets. • Req. 26 juin 1939 : *DH 1939. 468* • Civ. 1re, 10 mai 1960 : *D. 1960. 571* • Civ. 3e, 6 mars 1985 : *JCP 1986. II. 20657, note Liet-Veaux.*

3. Une clause de révision de prix, en raison de la modification des conditions économiques, ne saurait être considérée comme portant atteinte à la règle de la fixité du prix, élément essentiel du caractère juridique du forfait, dès lors que ce calcul, immuable en son principe, a été déterminé dans une convention engageant définitivement les deux parties. • Civ. 1re, 7 mars 1966 : *Bull. civ. I, nº 162.* ♦ Dans le même sens : • Civ. 3e, 2 mars 1983, nº 80-16.870 P (application de l'art. 1792 dans sa rédaction antérieure à la L. du 3 janv. 1967).

4. Sur l'interprétation des conventions ajoutant certaines clauses au forfait pur et simple ou modifiant le marché initial, V. • Basse-Terre, 3 nov. 1980 : *D. 1981. 373, note Floro* • Civ. 3e, 8 oct. 1974, nº 73-12.643 P • 23 janv. 1973 : *JCP 1974. II. 17677, note Level.* ♦ V. aussi note 2.

5. Une stipulation relative à la vérification du mémoire définitif de l'entrepreneur par l'architecte n'est pas incompatible avec la notion de marché à forfait. • Civ. 3e, 17 mai 1995, nº 93-15.332 P.

6. Travaux mal définis. Ne peut être qualifiée de marché à forfait la convention par laquelle un entrepreneur a été chargé de travaux de rénovation et de transformation d'un immeuble, alors qu'aucun document sérieux n'avait été préparé, que le devis établi était très imprécis et que les plans n'avaient aucun caractère contractuel. • Civ. 3e, 20 nov. 1991, nº 89-21.858 P. ♦ Même solution lorsque les conditions d'exécution des travaux, les délais, les obligations des entreprises, la masse des travaux ainsi que les conditions de règlement sont mal définis. • Civ. 3e, 20 nov. 1991, nº 90-10.286 P.

7. Travaux exécutés en sous-traitance. Les dispositions de l'art. 1793 ne sont pas applicables à une convention de sous-traitance entre deux entreprises. • Civ. 3e, 15 févr. 1983 : *Bull. civ. III, nº 44.* ♦ Comp. • Civ. 3e, 5 juin 1996, nº 94-16.902 P : *RTD civ. 1997. 446, obs. Gautier.*

2º EXCLUSIONS LIÉES À LA NATURE DES TRAVAUX

8. Bâtiment non ancré au sol. L'art. 1793 n'étant applicable, d'après son texte, qu'à des marchés à forfait afférents à la construction de bâtiments, qui ont été conclus avec le « propriétaire du sol », c'est à bon droit que les juges du fond refusent de faire application de ce texte pour un marché passé avec le maître d'un ouvrage portant sur un bâtiment flottant. • Com. 6 mars 1963 : *D. 1963. 501.*

9. Travaux ne constituant pas la construction d'un bâtiment. Lorsque la seule construction prévue au marché est celle d'un réseau d'assainissement des eaux usées, de voies de communication et de places publiques dans un lotissement, ces travaux, en raison de leur nature même, sont étrangers à la construction d'un « bâtiment », et l'art. 1793 ne peut recevoir application. • Civ. 3e, 8 janv. 1974 : *Bull. civ. III, nº 3.* ♦ Comp. • Civ. 3e, 23 avr. 1974, nº 73-10.643 P. ♦ V. conf., pour la construction d'une piscine : V. • Civ. 3e, 17 janv. 1984 : *Gaz. Pal. 1984. 1. Pan. 133, obs. Jestaz* • 29 oct. 2003, nº 02-16.542 P : *D. 2003. IR 2727 ; Gaz. Pal. 2004. Somm. 1291, obs. Peisse ; Defrénois 2004. 447, obs. Périnet-Marquet ; RDI 2004. 97 et 99, obs. Boubli.* ♦ ... D'un bassin pour orques avec tribunes : V. • Civ. 3e, 29 oct. 2003 : *eod. loc.*

10. Aménagements intérieurs. N'entrent pas dans le cadre d'application de l'art. 1793 : des travaux d'aménagements intérieurs. • Civ. 1re, 16 déc. 1964 : *D. 1965. 347* • Civ. 3e, 23 juin 1999, nº 98-10.276 P : *Defrénois 1999. 1127, obs. Périnet-Marquet ; Gaz. Pal. 2000. 2. Somm. 2652, obs. Peisse.* ♦ ... D'aménagement et de décoration d'un magasin. • Civ. 3e, 29 janv. 1971 : *D. 1971. 395.* ♦ Mais des travaux nécessitant l'adaptation et la modification du gros œuvre et ne représentant nullement de simples travaux d'aménagement peuvent être assimilés à une construction au sens de l'art. 1793. • Civ. 3e, 15 déc. 1982, nº 81-11.459 P. ♦ L'installation électrique d'un hôtel en construction constitue des travaux de bâtiment relevant de l'art. 1793. • Civ. 3e, 3 juill. 1991, nº 89-20.299 P : *RTD civ. 1992. 410, obs. Gautier.*

B. RÉGIME

11. Paiement du surcoût : bouleversement de l'économie du contrat. En cas de travaux supplémentaires, les juges ne peuvent faire droit à la demande en paiement du coût de ces travaux sans constater que les modifications demandées avaient entraîné un bouleversement de l'économie du contrat, sans relever, à défaut d'une autorisation écrite préalable aux travaux, l'acceptation expresse et non équivoque, par le maître de l'ouvrage, de ces travaux une fois effectués, et sans rechercher si le maître d'œuvre avait reçu mandat à cet effet. • Civ. 3e, 24 janv. 1990 : *D. 1990. 257, note Bénabent*. – V. aussi • Civ. 3e, 8 avr. 1998 : *CCC 1998, no 95* • 20 janv. 1999, no 96-22.239 P : *Defrénois 1999. 1128, obs. Périnet-Marquet* • 27 sept. 2006, no 05-13.808 P : *D. 2006. IR 2416* ; *Defrénois 2008. 66, obs. Périnet-Marquet.* ♦ Pour des cas de révision du prix en raison du bouleversement de l'économie du contrat, V. • Civ. 3e, 8 mars 1995, no 93-13.659 P : *Gaz. Pal. 1997. 1. Somm. 105, obs. Peisse* (volume et nature des prestations de chaque entrepreneur modifiés de façon considérable en cours d'exécution des travaux, à l'initiative du maître de l'ouvrage) • Civ. 3e, 12 mars 1997, no 95-10.904 P (quasi-doublement du coût des travaux) • Civ. 3e, 20 mars 2002, no 00-16.713 P : *Defrénois 2002. 1023, obs. Périnet-Marquet* (absence de contestation sérieuse). ♦ V. déjà, sur l'acceptation des travaux une fois effectués, • Civ. 3e, 3 oct. 1968 : *Bull. civ. III, no 357* • 2 oct. 1984 : *Gaz. Pal. 1985. 1. Pan. 38, obs. Jestaz.*

12. Ne peut être accueillie la demande en paiement d'un supplément de prix d'une société chargée par un architecte du pilotage d'un chantier en raison du bouleversement de l'économie du contrat, dès lors que ce bouleversement est dû au comportement du maître de l'ouvrage, tiers au contrat de pilotage. • Civ. 3e, 6 déc. 2000, no 99-13.429 P : *Defrénois 2001. 872, obs. Périnet-Marquet.* ♦ Nécessité pour les juges du fond de rechercher si l'ordre de service d'effectuer des travaux supplémentaires donné par l'entrepreneur au sous-traitant était opposable au maître de l'ouvrage. • Civ. 3e, 13 mai 1992, no 90-13.814 P.

13. ... Accord du maître de l'ouvrage. L'accord verbal du maître de l'ouvrage sur les modifications apportées au plan ne saurait être retenu pour le condamner à payer à l'entrepreneur une somme supérieure au forfait, sans réduire à néant la protection du propriétaire à laquelle tend l'art. 1793. • Civ. 1re, 9 févr. 1959 : *D. 1959. 105* • 17 oct. 1966 : *D. 1967. 29.* ♦ ... Non plus que le défaut de notification de ses observations sur le décompte définitif des travaux comprenant le montant des travaux supplémentaires, dès lors que les règles de la norme AFNOR, qui prévoit cette notification, ne peuvent prévaloir sur les dispositions légales de l'art. 1793. • Civ. 3e, 11 mai 2006 : *préc. note 1.*

14. Lorsque les travaux supplémentaires ont été autorisés par écrit (en l'espèce, une lettre du maître de l'ouvrage), il faut aussi que le prix en ait été convenu. • Civ. 3e, 29 oct. 1973, no 72-13.079 P. ♦ Pour le cas où les travaux supplémentaires ont été commandés et exécutés en dehors du marché à forfait, V. • Civ. 3e, 30 avr. 1969 : *Bull. civ. III, no 338.* – V. aussi • Civ. 3e, 27 nov. 1970, no 69-11.746 P.

15. Travaux nécessaires. En cas de marché à forfait, les travaux supplémentaires relèvent du forfait s'ils sont nécessaires à la réalisation de l'ouvrage. • Civ. 3e, 18 avr. 2019, no 18-18.801 P : *D. 2019. 889* ; *RDI 2019. 339, obs. Bucher* ; *AJ contrat 2019. 304, obs. Lagelée-Heymann* ; *CCC 2019, no 117, obs. Leveneur* (cassation de l'arrêt ayant accordé un paiement supplémentaire au motif qu'avaient été nécessaires d'importants travaux de déroctage dans le cadre d'un marché de démolition du plancher béton sur sous-sol). ♦ Comp. : l'entrepreneur ne peut réclamer un supplément de prix pour des travaux non prévus au marché, alors que ces travaux, indispensables à la sécurité de l'immeuble (pose de garde-corps), devaient être intégrés dans le forfait initial. • Civ. 3e, 8 juin 2005, no 04-15.046 P : *Defrénois 2006. 55, obs. Périnet-Marquet.*

16. ... Paiement des travaux supplémentaires. Il ne peut être déduit du paiement de certains travaux supplémentaires l'acceptation implicite du maître de l'ouvrage de régler tout ce qui lui serait réclamé au titre de travaux non chiffrés. • Civ. 3e, 12 juin 2002, no 01-00.710 P : *Defrénois 2003. 318, obs. Périnet-Marquet ; RDI 2002. 391, obs. Boubli* (1re esp.). ♦ Mais le paiement, sans contestation ni réserve, du montant des situations incluant les travaux supplémentaires, diminué de la seule retenue de garantie, vaut acceptation sans équivoque des travaux non inclus dans le forfait et de leur coût, après leur achèvement. • Civ. 3e, 29 mai 2013, no 12-17.715 P.

17. Arguments inopérants. L'allégation d'un enrichissement sans cause ne peut servir à un entrepreneur pour déguiser une demande en supplément de prix formellement prohibée par l'art. 1793. • Civ. 5 nov. 1934 : *DH 1934. 587.* ♦ V. aussi, excluant l'enrichissement sans cause, • Civ. 3e, 23 avr. 1974, no 73-10.643 P • 1er févr. 1984 : *Gaz. Pal. 1984. 1. Pan. 133, obs. Jestaz.*

18. Le manque de prévision de l'entrepreneur n'est pas de nature à entraîner la modification du caractère forfaitaire du contrat. • Civ. 3e, 6 mai 1998, no 96-12.738 P : *D. Affaires 1998. 1043, obs. J. F. ; Gaz. Pal. 1999. 2. Somm. 417, obs. Peisse.* ♦ Les juges ne peuvent, pour condamner le maître de l'ouvrage à payer à l'entrepreneur une somme supérieure à celle forfaitairement fixée, retenir l'existence d'une erreur de calcul commise dans le devis ayant servi de base pour la fixation du coût des travaux. • Civ. 3e, 25 oct. 1972 : *D. 1973. 495, note J. Mazeaud.* ♦ Dans le même sens : • Civ. 3e, 18 mars 1974 : *D. 1974. 436* (erreur commise dans les plans établis par les architectes).

19. Les circonstances imprévisibles ne sont pas de nature à entraîner la modification du caractère forfaitaire du contrat. • Civ. 3e, 20 nov. 2002, no 00-14.423 P : *JCP E 2004. 31, note Guiderdoni ; Defrénois 2003. 318, obs. Périnet-Marquet.*

Absence de preuve d'un bouleversement de l'économie du contrat en raison de l'inexactitude des métrés réalisés par le maître d'œuvre, même si celui-ci a été imposé par le maître de l'ouvrage. • Civ. 3e, 19 janv. 2017, n° 15-20.846 P.

20. *Remboursement du trop-perçu.* L'entrepreneur qui s'est abstenu de signaler au maître de l'ouvrage une erreur importante dans le métré des travaux, au détriment de ce dernier, n'a pas exécuté de bonne foi le marché à forfait et ne peut s'opposer à la demande de remboursement du trop-perçu. • Civ. 3e, 2 mars 2005, n° 03-18.080 P : *Defrénois 2006. 55, obs. Périnet-Marquet ; RTD civ. 2005. 593, obs. Mestre et Fages*.

21. *Action récursoire contre le tiers responsable.* Le caractère forfaitaire d'un marché ne peut exonérer de son obligation de réparer le préjudice, le tiers au contrat d'entreprise dont l'erreur commise dans son étude préparatoire a conduit le maître de l'ouvrage et l'entrepreneur à conclure un avenant pour supplément de prix. • Civ. 3e, 13 févr. 2013, n° 11-25.978 P : *D. 2013. 497 ; RTD civ. 2013. 389, obs. Jourdain ; RDC 2013. 922, obs. Carval* • Civ. 3e, 19 janv. 2017, n° 15-20.846 P (erreur de calcul du maître d'œuvre).

Art. 1794 **Le maître peut résilier, par sa seule volonté, le marché à forfait, quoique l'ouvrage soit déjà commencé, en dédommageant l'entrepreneur de toutes ses dépenses, de tous ses travaux, et de tout ce qu'il aurait pu gagner dans cette entreprise.**

1. *Domaine. Nature du contrat : fourniture de matière.* En décidant que l'art. 1794 était inapplicable au marché par lequel l'entrepreneur s'était engagé à construire des machines, au motif que, la matière étant fournie par le fabricant, le marché avait surtout les caractères d'une vente, les juges du fond méconnaissent la règle selon laquelle l'art. 1794 doit recevoir application sans qu'il y ait lieu de distinguer selon que l'entrepreneur fournit ou non la matière. • Civ. 5 janv. 1897 : *DP 1897. 1. 89, concl. Desjardins, note Planiol.*

2. *... Croisière maritime.* Lorsqu'une personne renonce à effectuer une croisière après s'être engagée et en avoir payé le prix, il y a lieu, en l'absence de clause particulière du contrat, de faire application de l'art. 1794 ; le dédommagement de l'entrepreneur pour toutes ses dépenses, ses travaux et pour tout ce qu'il aurait pu gagner correspond au prix du billet, lequel représente précisément les frais engagés, qui restent les mêmes si quelques participants font défaut, et le bénéfice escompté pour chaque voyageur ; il y a lieu seulement de déduire les dépenses qui ont été évitées en raison de l'absence de l'intéressé, à savoir sa nourriture et les excursions. • Paris, 23 mai 1961 : *Gaz. Pal. 1961. 2. 283.*

3. *Conditions : faute de l'entrepreneur (non).* L'art. 1794 donne au maître de l'ouvrage, en dehors de toute idée de faute de la part du constructeur, la faculté de mettre fin unilatéralement aux conventions ; mais il appartient aux juges du fond, saisis non en vertu de ce texte, mais sur le fondement de l'art. 1184 anc. C. civ., d'apprécier d'après les circonstances de la cause si l'inexécution par l'entrepreneur de ses obligations présentait suffisamment de gravité pour que la résolution fût prononcée. • Civ. 3e, 6 févr. 1973, n° 71-14.806 P.

4. *... Inachèvement du marché.* Les juges du fond, qui ont constaté que les travaux faisant l'objet du marché à forfait étaient « pratiquement » achevés lors de la dénonciation du contrat par le maître de l'ouvrage et que l'entrepreneur « avait exécuté ses engagements », peuvent estimer que cette dénonciation tardive ne pouvait entraîner la résiliation du contrat par application de l'art. 1794. • Civ. 3e, 18 févr. 1976, n° 74-13.480 P.

5. *Suites de la résiliation : dédommagement de l'entrepreneur.* V. note 2.

6. *... Responsabilité de l'entrepreneur.* Le maître de l'ouvrage qui a résilié un marché à forfait sur le fondement de l'art. 1794 n'est pas privé de la possibilité de se prévaloir des manquements de l'entrepreneur à ses obligations contractuelles. • Civ. 3e, 9 mars 1988, n° 86-18.464 P.

Art. 1795 **Le contrat de louage d'ouvrage est dissous par la mort de l'ouvrier, de l'architecte ou entrepreneur.**

1. Le contrat de louage d'ouvrage est dissous par la mort de l'architecte, mais ce contrat ayant été exécuté et l'architecte ayant été attrait à une instance pour répondre des conséquences dommageables de son exécution, les obligations du *de cujus* sont transmises aux héritiers. • Civ. 3e, 30 janv. 2019, n° 18-10.941 P.

2. La liquidation judiciaire de l'entrepreneur emporte résiliation du contrat de louage d'ouvrage. • Civ. 1re, 3 mars 1998, n° 95-10.293 P : *Defrénois 1998. 1461, obs. Bénabent.*

Art. 1796 **Mais le propriétaire est tenu de payer en proportion du prix porté par la convention, à leur succession, la valeur des ouvrages faits et celle des matériaux préparés, lors seulement que ces travaux ou ces matériaux peuvent lui être utiles.**

Art. 1797 **L'entrepreneur répond du fait des personnes qu'il emploie.**

Est redevable d'une dette de réparation envers la société de presse pour la perte du stock de papier l'imprimeur dont le préposé a provoqué l'incendie ayant causé la perte de ce stock. • Civ. 1re, 10 oct. 1995, n° 93-17.851 P : *JCP 1996. I. 3944, nos 18 s., obs. Viney ; RTD civ. 1996. 183, obs. Jourdain*.

Art. 1798 Les maçons, charpentiers et autres ouvriers qui ont été employés à la construction d'un bâtiment ou d'autres ouvrages faits à l'entreprise, n'ont d'action contre celui pour lequel les ouvrages ont été faits, que jusqu'à concurrence de ce dont il se trouve débiteur envers l'entrepreneur, au moment où leur action est intentée.

Art. 1799 Les maçons, charpentiers, serruriers et autres ouvriers qui font directement des marchés à prix fait, sont astreints aux règles prescrites dans la présente section : ils sont entrepreneurs dans la partie qu'ils traitent.

Art. 1799-1 *(L. nº 94-475 du 10 juin 1994, art. 5-I)* Le maître de l'ouvrage qui conclut un marché de travaux privé visé au 3° de l'article 1779 doit garantir à l'entrepreneur le paiement des sommes dues lorsque celles-ci dépassent un seuil fixé par décret en Conseil d'État. — *V. Décr. nº 99-658 du 30 juill. 1999 (JO 31 juill.).*

Lorsque le maître de l'ouvrage recourt à un crédit spécifique pour financer les travaux, l'établissement de crédit ne peut verser le montant du prêt à une personne autre que celles mentionnées au 3° de l'article 1779 tant que celles-ci n'ont pas reçu le paiement de l'intégralité de la créance née du marché correspondant au prêt. Les versements se font sur l'ordre écrit et sous la responsabilité exclusive du maître de l'ouvrage entre les mains de la personne ou d'un mandataire désigné à cet effet.

Lorsque le maître de l'ouvrage ne recourt pas à un crédit spécifique ou lorsqu'il y recourt partiellement, et à défaut de garantie résultant d'une stipulation particulière, le paiement est garanti par un cautionnement solidaire consenti par un établissement de crédit, *(Ord. nº 2013-544 du 27 juin 2013, art. 18, en vigueur le 1er janv. 2014)* « une société de financement » une entreprise d'assurance ou un organisme de garantie collective, selon des modalités fixées par décret en Conseil d'État. Tant qu'aucune garantie n'a été fournie et que l'entrepreneur demeure impayé des travaux exécutés, celui-ci peut surseoir à l'exécution du contrat après mise en demeure restée sans effet à l'issue d'un délai de quinze jours.

(L. nº 95-96 du 1er févr. 1995, art. 12) « Les dispositions de l'alinéa précédent ne s'appliquent pas lorsque le maître de l'ouvrage conclut un marché de travaux pour son propre compte et pour la satisfaction de besoins ne ressortissant pas à une activité professionnelle en rapport avec ce marché. »

Les dispositions du présent article ne s'appliquent pas aux marchés conclus par un organisme visé à l'article L. 411-2 du code de la construction et de l'habitation *[organisme d'habitations à loyer modéré]*, ou par une société d'économie mixte, pour des logements à usage locatif aidés par l'État et réalisés par cet organisme ou cette société.

La L. nº 94-475 du 10 juin 1994 est entrée en vigueur le 1er oct. 1994 (L. préc., art. 99).

BIBL. ▶ CHARBONNEAU, *RDI 2011. 532* ✎. – DANEMANS, *Gaz. Pal. 2001. Doctr. 1018* (ordre public ?). – FABRE et SCHMITT, *RDI 1994. 347* ✎. – DE LAPPARENT, *Gaz. Pal. 2001. Doctr. 1007.* – MAGNIN, *LPA, 8 et 13 juin 1994.* – OLIVIER, *RDI 1999. 613* ✎ (décret du 30 juill. 1999). – SAINT-ALARY-HOUIN, *RDI 1994. 339* ✎ ; *ibid. 2013. 33* ✎ ; *Mél. L. Boyer, PU Toulouse, 1996, p. 679.*

1. Application dans le temps. Application immédiate de la L. du 10 juin 1994 et de son décret d'application, la garantie de paiement instituée par ces textes trouvant son fondement dans la volonté du législateur et non dans le contrat conclu entre les parties, duquel il n'est résulté aucun droit acquis. • Civ. 3e, 26 mars 2003, nº 01-01.281 P : *RDI 2003. 261, obs. B. B.* ✎

2. Ordre public : principe. L'art. 1799-1 étant d'ordre public, les parties ne peuvent y déroger par des conventions particulières. • Civ. 3e, 1er déc. 2004, nº 03-13.949 P (clause excluant tout cautionnement de la part du maître de l'ouvrage) • 9 sept. 2009, nº 07-21.225 P : *D. 2009. AJ 2222* ✎ (impossibilité de conditionner la garantie du maître de l'ouvrage à celle de l'entrepreneur).

Il ressort des dispositions d'ordre public de l'art. 1799-1 que le cautionnement, qui garantit le paiement des sommes dues en exécution du marché, ne doit être assorti d'aucune condition ayant pour effet d'en limiter la mise en œuvre. • Civ. 3e, 4 mars 2021, nº 19-25.964 P (cautionnement assorti d'une condition subordonnant l'engagement de la caution à la notification du décompte final par le maître de l'ouvrage à l'entrepreneur, ce qui excluait de la garantie les sommes dues au cours de l'exécution du contrat d'entreprise ou avant notification de ce décompte).

3. ... Dispense dans l'attente d'une compensation (non). La possibilité d'une compensation future avec une créance du maître de l'ouvrage, même certaine en son principe, ne dispense pas celui-ci de l'obligation légale de fournir la garantie de paiement du solde dû sur le marché. • Civ. 3e, 11 mai 2010, nº 09-14.558 P : *D. actu. 1er juin 2010, obs. Dreveau.*

4. ... Renonciation de l'entrepreneur à la suspension du contrat. Dès lors que l'entreprise n'use pas de la faculté qui lui est offerte par l'art. 1799-1, al. 3, de suspendre l'exécution du marché, elle est tenue d'exécuter les travaux en vertu du contrat. • Civ. 3e, 12 sept. 2007, n° 06-14.540 P : *D. 2007. AJ 2388* ; *Defrénois 2009. 78, obs. Périnet-Marquet* ; *RDI 2007. 523, obs. Malinvaud*.

5. Domaine de la garantie : marchés non professionnels. Il appartient au maître de l'ouvrage qui prétend ne pas être tenu de fournir un cautionnement solidaire de prouver que le marché qu'il a conclu a pour objet la satisfaction de besoins ne ressortissant pas à son activité professionnelle. • Civ. 3e, 24 avr. 2003, n° 01-13.439 P : *RDI 2003. 262, obs. B. B.*

6. L'ouverture d'une procédure collective ne peut avoir pour effet de contraindre un entrepreneur ayant, avant cette ouverture, régulièrement notifié le sursis à l'exécution de ses travaux, à les reprendre sans obtenir la garantie financière édictée par l'art. 1799-1. • Com. 10 oct. 2018, n° 17-18.547 P : *D. 2019. 244, note. Touzain* ; *Rev. sociétés 2019. 218, obs. Reille* ; *RTD civ. 2018. 886, obs. Barbier*.

7. Débiteur de la garantie. Le crédit-bailleur, maître de l'ouvrage, est tenu de fournir la garantie de paiement de l'art. 1799-1. • Civ. 3e, 3 mai 2018, n° 17-16.332 P (crédit-bailleur n'ayant pas eu recours à un crédit spécifique au sens de ce texte pour financer les travaux).

8. Assiette de la garantie. Les sommes dues, au sens de l'art. 1799-1, al. 1er, s'entendent du prix convenu au titre du marché initial ou d'un nouveau montant qui doit résulter d'un accord des parties. • Civ. 3e, 4 janv. 2006, n° 04-17.226 P : *RDI 2006. 215, obs. Boubli*.

9. Date d'exigibilité de la garantie. Le maître de l'ouvrage est débiteur de l'obligation de garantie dès la signature du marché. • Civ. 3e, 9 sept. 2009 : *préc. note 2.*

10. Date d'exécution de la garantie. La garantie peut être sollicitée à tout moment, même en cours d'exécution du marché. • Civ. 3e, 9 nov. 2005, n° 04-20.047 P : *D. 2005. IR 2898* • 13 oct. 2016, n° 15-14.445 P (la garantie de paiement peut être sollicitée à tout moment, y compris en fin de chantier, tant que celui-ci n'était pas soldé). ♦ ... Ou, même après la réalisation des travaux, par l'entrepreneur qui n'a pas été payé par le maître de l'ouvrage. • Civ. 3e, 15 sept. 2016, n° 15-19.648 P : *D. 2016. Chron. C. cass. 2237, obs. Georget* ; *RDI 2016. 646, obs. Boubli* • 18 mai 2017, n° 16-16.795 P.

Loi n° 85-677 du 5 juillet 1985,

Tendant à l'amélioration de la situation des victimes d'accidents de la circulation et à l'accélération des procédures d'indemnisation.

RÉP. CIV. v° *Responsabilité - Régime des accidents de la circulation*, par LAMBERT-PIÉRI et OUDOT.

DALLOZ ACTION *Droit de la responsabilité et des contrats 2014-2015*, nos 8062 s.

BIBL. GÉN. ▸ **Études générales :** BLOCH, *JCP 1985. I. 3223*. – CHABAS, *JCP 1985. I. 3205*. – GROUTEL, *JCP 1986. I. 3244*. – LANDRAUD, *JCP 1985. I. 3222*. – LARROUMET, *D. 1985. Chron. 237*. – MARGEAT, LANDEL et MARCHAND, *Gaz. Pal. 1986. 1. Doctr. 147*. – ZENATI, *RTD civ. 1985. 790* ; *R. 2011. 191* (risque dans le régime de responsabilité en matière d'accidents de la circulation). – Dossier, *RCA mai 2012*. ▸ **Question de l'autonomie de la loi :** BIGOT, *JCP 1987. I. 3278*. – CAMPROUX, *D. 1994. Chron. 109* (caractère exclusif de la loi). – CONTE, *JCP 1990. I. 3471*. – WIEDERKEHR, *D. 1986. Chron. 255*. ▸ **Droit transitoire :** NORMAND, *RTD civ. 1990. 548*. ▸ **Application jurisprudentielle de la loi :** *R. 1985, p. 122*. – *R. 1988, p. 230*. – CHABAS, *Gaz. Pal. 1995. 1. Doctr. 656* (question des recours). – FERRARI, *R. 1993, p. 195* (jurisprudence de la chambre criminelle). – GROUTEL, *D. 1987. Somm. 87* ; *RCA 2014. Étude 7*. – HUET, obs. *RTD civ. 1987. 326*. – JOURDAIN, obs. *RTD civ. 1988. 778* ; *ibid. 1990. 506* ; *Gaz. Pal. 1995. 1. Doctr. 642*. – LACABARATS, *R. 1986, p. 13* ; *R. 1987, p. 13* ; *Gaz. Pal. 1987. 1. Doctr. 74*. – LARHER-LOYER, *D. 1986. Chron. 205*. – LEDUC, *RCA 2009. Étude 4*. – MICHAUD, BOUILLANE DE LACOSTE et GUTH, *R. 1989, p. 47*. – VINEY, *D. 1986. Chron. 209*. ▸ **Thèmes divers :** BÉJUI-HUGUES, *RCA 2012. Étude 20* (place du médecin). – CLERC-RENAUD, *RLDC 2011/87* (indemnisation). – CROZE, *JCP 2018, n° 378* (voiture autonome). – NOGUÉRO, *Dalloz IP/IT 2019. 597* (assurance et véhicules connectés). – ROUVIÈRE, *D. 2012. Chron. 2186* (causalité et L. 5 juill. 1985). – SARGOS, *D. 2010. Chron. 273* (projet d'amélioration de l'indemnisation). – TERESI, RAKOTOVAHINY et JAMBORT, *JCP 2019, n° 83* (incidences des systèmes de conduite automatiques sur les responsabilités civiles et pénales). – VIGNON-BARRAULT, *RLDC 2007/36, n° 2468* (notion d'accident de la circulation). – Dossier, *RCA 2012. Études 15 à 29* (la loi Badinter aujourd'hui et demain).

▸ **Proposition de modification des art. 1er, 2 et 4 de la loi du 5 juill. 1985 :** *R. 2005, p. 14 s.*

▸ **Projet de réforme 2016 :** KNETSCH, *D. 2019. 138* (faut-il soumettre les accidents ferroviaires au régime de la loi Badinter ?). – LANDEL, *RGDA 2016. 289* (projet de réforme de la responsabilité civile). – TRAULLE, *RDC 2017. 725*.

CHAPITRE PREMIER *Indemnisation des victimes d'accidents de la circulation*

Art. 1er Les dispositions du présent chapitre s'appliquent, même lorsqu'elles sont transportées en vertu d'un contrat, aux victimes d'un accident de la circulation dans lequel est impliqué un véhicule terrestre à moteur ainsi que ses remorques ou semi-remorques, à l'exception des chemins de fer et des tramways circulant sur des voies qui leur sont propres.

1. Ordre public. V. notes 10 et 12 ss. art. 2.

I. DOMAINE DE LA LOI

BIBL. Lucas-Gallay, *Gaz. Pal. 1997. 2. Doctr. 1227* (notion de véhicule terrestre à moteur). – Peyrefitte, *Mél. Breton/Derrida, Dalloz, 1991, p. 321* (statut du passager). – Soletty, *JCP 1991. I. 3508* (L. du 5 juill. 1985 et contrat de transport).

2. Territorialité. La L. du 5 juill. 1985 n'est pas applicable à un accident de la circulation survenu à l'étranger. • Civ. 2e, 2 nov. 1994 : *JCP 1996. II. 22586, note Ruel* • 11 janv. 1995 : *ibid.* • Civ. 1re, 12 juill. 2001, no 99-10.889 P : *D. 2001. IR 2363* ; *RGDA 2001. 963, note Landel ; Rev. crit. DIP 2002. 541, note Boskovic*. ♦ V. notes 96 s. ss. art. 3 C. civ. — C. civ.

3. Office du juge. Saisi sur le fondement de la responsabilité de droit commun, le juge ne peut pas, après avoir lui-même relevé que le litige relevait de la loi du 5 juill. 1985, rejeter purement et simplement la demande comme étant mal fondée sans faire application des dispositions de cette loi. • Civ. 2e, 5 juill. 2018, no 17-19.738 P : *D. 2018. 1489* ; *RTD civ. 2018. 928, obs. Jourdain* ; *RCA 2018, no 267, note Groutel.*

A. VICTIMES BÉNÉFICIAIRES

4. Victimes concernées par la loi. BIBL. Alt-Maes, *D. 1990. Chron. 219.* ♦ L'application de la loi n'est pas subordonnée à la qualité de piéton de la victime. • Civ. 2e, 13 janv. 1988 : *Bull. civ. II, no 12.* ♦ V. conf. • Civ. 2e, 12 nov. 1986 : *D. 1987. Somm. 91, obs. Groutel* (cavalier) • 20 juill. 1987 : *Bull. civ. II, no 165* (cycliste) • Grenoble, 9 févr. 1987 : *D. 1987. 245, note Chabas* (skieurs) • Civ. 2e, 6 juin 2002, no 00-12.014 P (passager transporté). ♦ La L. 5 juill. 1985 est applicable à l'indemnisation des dommages subis par les spectateurs lors d'un exercice de cascade réalisé durant le tournage d'un film à l'aide d'un véhicule terrestre à moteur, ce dont il résulte qu'elle s'applique, par suite, à ceux subis par le producteur, victime par ricochet • Civ. 2e, 14 juin 2012, no 11-13.347 P : *R. 452 ; D. 2012. 1922, note Mouly* ; *ibid. 2013. 40, obs. Brun et Gout* ; *RTD civ. 2012. 543, obs. Jourdain* ; *Gaz. Pal. 30 nov. 2012, obs. Ehrenfeld ; RCA 2012, no 234, obs. Groutel ; RGDA 2012. 1050, obs. Landel* (retard pris dans la réalisation du film).

5. Situation du conducteur victime du seul véhicule impliqué. Recours contre l'auteur du dommage. Le conducteur victime d'un accident de la circulation ne saurait invoquer la L. du 5 juill. 1985 lorsque seul son véhicule est impliqué dans l'accident. • Civ. 2e, 19 nov. 1986 : *Gaz. Pal. 1987. 1. 140, note Chabas* • 24 mai 1991, no 90-11.805 P. ♦ Ainsi, le conducteur ou gardien d'un véhicule victime d'un accident ne peut-il invoquer la loi contre un cycliste. • Civ. 2e, 7 oct. 1987 : *Bull. civ. II, no 180* • 18 mars 1998, no 96-19.066 P. ♦ ... Ou contre un piéton. • Civ. 2e, 7 oct. 1987 : *Bull. civ. II, no 181.* ♦ L'indemnisation des dommages causés par un piéton au conducteur d'un véhicule terrestre à moteur ne peut être fondée que sur les dispositions des art. 1382 anc. [1240] s., à l'exclusion de celles de la L. no 85-677 du 5 juill. 1985. • Civ. 2e, 15 mars 2007, no 06-12.680 P : *RCA 2007, no 205, note Groutel ; RGDA 2007. 617, note Landel ; LPA 8 janv. 2008, obs. Casson.* ♦ V. note 49.

6. ... Recours contre son propre assureur. Le conducteur d'un véhicule terrestre à moteur, dont il est aussi le gardien, victime d'un accident de la circulation, ne peut se prévaloir des dispositions de la L. du 5 juill. 1985 à l'encontre de son propre assureur, pour obtenir l'indemnisation de son dommage, en l'absence d'un tiers conducteur du véhicule, débiteur d'une indemnisation à son égard. • Civ. 2e, 13 juill. 2006, no 05-17.095 P : *D. 2006. IR 2128* ; *JCP 2007. I. 115, no 10, obs. Stoffel-Munck ; RCA 2006. Étude 12, par Groutel (4e esp.) ; RGDA 2006. 935, note Landel ; RTD civ. 2006. 780, obs. Jourdain* (victime descendue de son véhicule heurté par un autre véhicule, et percutée alors par un troisième véhicule non identifié). ♦ V. aussi • Civ. 2e, 13 juill. 2006, no 04-20.290 P : *D. 2006. IR 2213* ; *RCA 2006. Étude 12, par Groutel (3e esp.) ; RTD civ. 2006. 780, obs. Jourdain* (victime descendue de son véhicule heurté par un autre véhicule, et percutée alors par un troisième véhicule non identifié) • 7 déc. 2006, no 05-16.720 P : *D. 2007. AJ 223* ; *RCA 2007, no 85, note Groutel (2e esp.) ; RGDA 2007. 93, note Landel* (préjudice moral éprouvé par le conducteur à la suite du décès de sa fille) • 24 mars 2016, no 15-15.306 P. ♦ ... Et l'exclusion de l'application de la L. du 5 juill. 1985 peut être opposée aux ayants droit de ce conducteur décédé. • Civ. 2e, 7 déc. 2006 : *RCA 2007, no 85, note Groutel (1re esp.) ; RGDA 2007. 93, note Landel.*

7. ... Recours contre le gardien. Lorsqu'un véhicule est seul impliqué, le conducteur, s'il n'en est pas le gardien, a droit, de la part de celui-ci, à l'indemnisation des dommages qu'il a subis, directement ou par ricochet, sauf s'il a commis une faute ayant contribué à la réalisation de son préjudice. • Civ. 2e, 2 juill. 1997, no 96-10.298 P : *D. 1997. 448, note Groutel* ; *D. 1998. Somm. 203, obs. D. Mazeaud* ; *RTD civ. 1997. 959, obs. Jourdain* ; *Dr. et patr. 1997. 1804, obs. Chabas*

• 28 janv. 1998, n° 96-13.079 P : *RCA 1998, n° 118, note Groutel* (seules les dispositions de la L. du 5 juill. 1985 sont applicables) • 15 mars 2001 : *RCA 2001, n° 183, note Groutel*. – V. aussi • Crim. 4 déc. 2001, n° 01-81.985 P : *Gaz. Pal. 2002. 1713, note Y. M.* ♦ Comp., antérieurement : • Civ. 2e, 3 févr. 1993 : *RTD civ. 1993. 599, obs. Jourdain* (recours du conducteur contre le gardien fondé sur le droit commun), et postérieurement : • Crim. 29 juin 1999, n° 98-84.981 P : *D. 1999. IR 229* ; *JCP 2000. II. 10290, note Abravanel-Jolly; RCA 1999. Chron. 27, par Groutel; RTD civ. 2000. 131, obs. Jourdain* (cassation de l'arrêt ayant admis le recours des ayants droit du conducteur victime – enfant de 13 ans conduisant un kart – contre le gardien – moniteur situé à l'arrière du véhicule –, le kart étant le seul véhicule impliqué).

8. ... Recours du gardien contre le conducteur. Bien qu'un seul véhicule terrestre à moteur soit impliqué dans l'accident, la victime, gardienne de ce véhicule, mais passagère au moment de l'accident, est en droit de demander au conducteur la réparation de son préjudice en application de la L. du 5 juill. 1985. • Civ. 2e, 3 oct. 1990, n° 89-16.113 P : *RTD civ. 1991. 129, obs. Jourdain* • 10 juin 1998, n° 96-17.787 P : *JCP 1999. I. 147, n° 21, obs. Viney; RCA 1998. Chron. 23, par Groutel (2e esp.); RTD civ. 1999. 123, obs. Jourdain*. ♦ ... Sans que puisse y faire obstacle la faute du conducteur. • Civ. 1re, 29 févr. 2000, n° 96-22.884 P : *D. 2000. IR 145* ; *RTD civ. 2000. 589, obs. Jourdain*.

9. ... Recours du gardien contre son préposé conducteur. Il en est ainsi même si le conducteur était le préposé de la victime, agissant dans l'exercice de ses fonctions, sans qu'il soit nécessaire d'établir contre lui l'existence d'une faute lourde. • Civ. 2e, 6 mars 1991 : *D. 1991. 257, note Groutel*. ♦ V. cep., notes 121 s. ss. art. 1242.

10. Recours des gardiens en l'absence de conducteur. En cas de garde collective du seul véhicule impliqué dans l'accident et en l'absence de conducteur, les co-gardiens victimes et leurs ayants droit ne peuvent obtenir l'indemnisation de leurs dommages en invoquant la loi du 5 juill. 1985. • Civ. 2e, 22 mai 2014, n° 13-10.561 P : *cité note 3 ss. art. 786*.

B. RESPONSABLE

11. Conducteur ou gardien. Le conducteur ou le gardien d'un véhicule impliqué est tenu d'indemniser les victimes; le propriétaire d'un véhicule étant présumé en être le gardien, est justifiée la condamnation du propriétaire de la motocyclette impliquée, nonobstant le doute sur sa qualité de conducteur. • Civ. 2e, 19 juin 2003, n° 00-18.991 P : *D. 2003. IR 2414* ; *RGDA 2003. 729, note Landel; RTD civ. 2003. 722, obs. Jourdain*. ♦ Mais, dans le cas de l'accident d'un véhicule volé, absence de responsabilité du propriétaire victime du vol et contraint de rester à l'intérieur du véhicule, la victime étant l'un des passagers et ayant participé au vol comme coauteur ou complice du conducteur, la garde du véhicule instrument du dommage ayant été transférée à ce conducteur. • Civ. 2e, 17 mars 2011 : *RCA 2011, n° 206; RGDA 2011. 751, obs. Landel*.

Les victimes d'un accident de la circulation ne peuvent se prévaloir des dispositions de l'art. 3 de la loi qu'à l'encontre des conducteurs ou gardiens de véhicules impliqués dans l'accident. Cassation de l'arrêt qui condamne le propriétaire d'un véhicule à réparer le dommage subi par une victime heurtée par ce véhicule qu'elle venait d'arrêter devant chez elle, dans un chemin en déclivité, et qui s'était déplacé, en se bornant à retenir que la victime n'avait pas la qualité de conducteur, sans rechercher si le propriétaire du véhicule n'en avait pas perdu la garde. • Civ. 2e, 24 juin 1992, n° 90-22.165 P : *D. 1993. Somm. 212, obs. Aubert*. – V. aussi • Civ. 2e, 5 nov. 1998, n° 97-10.848 P. ♦ De même, cassation de l'arrêt qui condamne *in solidum* le propriétaire d'une voiture remorquée et le garagiste effectuant le remorquage sans rechercher si le garagiste n'était pas devenu le gardien de la voiture remorquée. • Civ. 2e, 18 oct. 1995 : *JCP 1996. II. 22651, note Duquesne*.

12. Conducteur et gardien. Responsabilité *in solidum* du propriétaire du tracteur prêté, qui n'en a pas perdu la garde, et du conducteur auteur de la manœuvre à l'origine de l'accident. • Civ. 2e, 6 juin 2002, n° 00-10.187 P : *D. 2002. IR 2029*.

13. Cas du préposé conducteur. Les dispositions d'ordre public de la L. du 5 juill. 1985 n'excluent pas celles de l'art. 1384 anc. [1242], al. 5, relatives à la responsabilité du commettant du fait du préposé. • Crim. 27 mai 2014, n° 13-80.849 P : *D. 2014. 1202* • Civ. 2e, 23 nov. 2017, n° 16-21.664 P : *D. 2017. 2425* ; *RGDA 2018. 31, note Landel* • 8 mars 2018, n° 17-13.554 P : *D. 2018. 559* ; *RTD civ. 2018. 428, obs. Jourdain*. ♦ Ainsi la garantie due par l'assureur de responsabilité civile du commettant n'est pas exclue lorsque le dommage est susceptible de relever aussi de la garantie de l'assureur du véhicule manœuvré par le préposé dont la faute a causé le dommage. • Civ. 2e, 8 mars 2018, n° 17-13.554 P : *préc.* ♦ N'est pas tenu à indemnisation à l'égard de la victime le préposé, conducteur d'un véhicule de son commettant impliqué dans un accident de la circulation, qui agit dans les limites de la mission qui lui a été impartie. • Civ 2e, 28 mai 2009 : *cité note 122 ss. art. 1242* • Crim. 27 mai 2014, n° 13-80.849 P : *préc.* ♦ Comp. : est irrecevable l'action de la victime d'un accident provoqué par l'état défectueux d'un camion, comme exclusivement dirigée contre le conducteur préposé (le propriétaire du camion, non assuré, étant en état de liquidation judiciaire), dès lors que le préposé n'avait pas la garde des éléments de la structure du véhicule. • Civ. 2e, 11 avr. 2002, n° 00-13.387

P : *D. 2002. IR 1598* ; *JCP 2002. I. 186, nos 33 s., obs. Viney ; RCA 2002. Chron. 9, par Groutel ; Dr. et patr. 9/2002. 100, obs. Chabas ; RTD civ. 2002. 519, obs. Jourdain* . ♦ La présomption de garde pesant sur le propriétaire n'ayant pas été écartée par la preuve d'un transfert, le préposé conducteur ne doit pas réparation du préjudice subi par la victime sur le fondement de la L. du 5 juill. 1985. • Même arrêt.

14. Notion de conducteur ou de non-conducteur. Sur la qualité de conducteur ou de non-conducteur, V. notes ss. art. 4.

C. VÉHICULES CONCERNÉS

15. Type de véhicule. Le texte concerne des accidents dans lesquels sont impliqués des automobiles, camions, motocyclettes, cyclomoteurs, mais aussi des tracteurs agricoles, moissonneuses, engins de chantier, engins de damage de pistes de ski, chariots élévateurs, etc. : V. notes 20 et 27. ♦ Mais une dameuse, engin à moteur dépourvu de roues, que l'on manipule par le manche, ne constitue pas un véhicule au sens de la loi. • Civ. 2e, 20 mars 1996, n° 94-14.524 P. ♦ Une mini-moto se déplaçant sur route au moyen d'un moteur à propulsion, avec faculté d'accélération, ne peut être considérée comme un simple jouet et est un véhicule terrestre à moteur sans qu'il importe que le véhicule en cause soit soumis à une obligation légale d'assurance. • Civ. 2e, 22 oct. 2015, n° 14-13.994 P (mini-moto pilotée par une enfant de 6 ans). ♦ *Contra* précédemment pour une voiture miniature assimilable à un jouet non soumis à l'obligation d'assurance : • Civ. 2e, 4 mars 1998, n° 96-12.242 P : *R., p. 350 ; JCP 1999. I. 137, n° 9, obs. Favre-Rochex ; RTD civ. 1998. 693, obs. Jourdain* ; *RCA 1998. Chron. 25, par Groutel.* ♦ Est un véhicule terrestre à moteur une tondeuse « auto-portée » comme telle, assujettie à l'assurance automobile obligatoire. • Civ. 2e, 24 juin 2004, n° 02-20.208 P : *BICC 1er nov. 2004, n° 1551, et la note ; D. 2005. Pan. 1321, obs. Groutel* ; *Gaz. Pal. 2004. 3752, note Sardin ; Dr. et patr. 12/2004. 82, obs. Chabas ; RGDA 2004. 967, note Landel* • 22 mai 2014, n° 13-10.561 P : *cité note 3 ss. art. 786.*

Un fauteuil roulant électrique, dispositif médical destiné au déplacement d'une personne en situation de handicap, n'est pas un véhicule terrestre à moteur au sens de la L. du 5 juill. 1985. • Civ. 2e, 6 mai 2021, n° 20-14.551 P : *D. 2021. 1413, note Oudot* ; *ibid. 1695, obs. Kenfack* ; *ibid. 2022. 35, obs. Quézel-Ambrunaz* ; *RDSS 2021. 926, note de Bertier-Lestrade* ; *RTD civ. 2021. 660, obs. Jourdain* ; *JCP 2021, n° 767, note Raoul-Cormeil.*

16. ... Fonctionnement ou non du moteur. Peu importe que le moteur du véhicule fonctionne ou non. • Civ. 2e, 14 janv. 1987 : *JCP 1987. II. 20768, note Chabas* (automobile en panne) • TGI Beauvais, 27 févr. 1987 : *Gaz. Pal. 1988. 1. 280, note Chabas* (cyclomoteur poussé par son utilisateur) • Civ. 2e, 28 avr. 1986 : *Bull. civ. II, n° 63* • 13 janv. 1988 : *Bull. civ. II, n° 14* • Nîmes, 19 sept. 1994 : *JCP 1997. II. 22794, note Bories* (cyclomoteur utilisé moteur arrêté comme une bicyclette) • Civ. 2e, 25 mai 1994, n° 92-19.455 P : *R., p. 362* (chariot élévateur descendant une pente pour tenter de faire démarrer le moteur) • 13 sept. 2012 : *préc. note 230 ss. art. 1241* (incendie d'un camion frigorifique garé dans un hangar). • 22 mai 2014, n° 13-10.561 P : *cité note 3 ss. art. 786* (tondeuse à gazon).

17. ... Tramway. **BIBL.** Gaba, *D. 2011. 2184* (notion de « voie propre » des chemins de fer et tramways). La loi s'applique à l'accident causé par un tramway sur ses rails circulant dans une rue. • Civ. 2e, 6 mai 1987 : *Bull. civ. II, n° 92.* ♦ ... A un tramway qui traverse un carrefour ouvert aux autres usagers de la route. • Civ. 2e, 16 juin 2011, n° 10-19.491 P : *D. 2011. 1756, obs. Gallmeister* ; *ibid. 2184, note Gaba* ; *ibid. Chron. C. cass. 2150, obs. Adida-Canac et Bouvier* ; *RTD civ. 2011. 774, obs. Jourdain* ; *RCA 2011, n° 326, obs. Groutel ; RGDA 2011. 997, obs. Landel.* ♦ ... Mais non à l'accident causé par un tramway circulant sur une voie propre, constituée par un couloir délimité d'un côté par le trottoir et de l'autre par une ligne blanche continue interdisant à tout véhicule de venir y circuler. • Civ. 2e, 18 oct. 1995, n° 93-19.146 P. ♦ ... Ou séparée de la rue par un terre-plein planté d'arbustes formant une haie vive. • Civ. 2e, 29 mai 1996 : *D. 1997. 213, note Bl* *anc.* ♦ ... Nonobstant l'existence, à certains carrefours, de passages autorisés aux véhicules. • Colmar, 20 sept. 2002 : *JCP 2003. IV. 2934.*

18. ... Chemin de fer. Dans le cas d'une collision entre une automobile et un train à un passage à niveau, la L. du 5 juill. 1985 est applicable à l'indemnisation de la SNCF pour les dommages subis par le train, mais non à l'action de l'automobiliste en réparation de son propre dommage, le train circulant sur une voie qui lui est propre. En ce sens : • Civ. 2e, 17 mars 1986 : *D. 1987. 49, note Groutel ; Gaz. Pal. 1986. 2. Somm. 412, obs. Chabas.* – V. aussi • Civ. 2e, 19 mars 1997, n° 95-19.314 P. ♦ Rappr. : • Civ. 2e, 5 mars 2020, n° 19-11.411 P : *D. 2020. 1205, obs. Bacache, Noguéro et Pierre* ; *ibid. Chron. C. cass. 2198, obs. Touati et Bohnert ; RTD civ. 2020. 639, obs. Jourdain* . ♦ En effet, une voie ferrée n'est pas une voie commune aux chemins de fer et aux usagers de la route, ces derniers pouvant seulement la traverser à hauteur d'un passage à niveau, sans pouvoir l'emprunter ; le train entré en collision avec le véhicule à un passage à niveau circule, sur une voie qui lui est propre. • Civ. 2e, 17 nov. 2016, n° 15-27.832 P : *D. 2017. Chron. C. cass. 605, note Touati et Becuwe* ; *RTD civ. 2017. 166, obs. Jourdain* ; *RCA 2017, n° 33, obs. Groutel.*

D. ACCIDENT

19. Accident volontairement provoqué. La L. du 5 juill. 1985 n'est applicable qu'aux seuls accidents de la circulation à l'exclusion des infractions volontaires. • Civ. 2e, 30 nov. 1994, n° 93-13.399 P : *RTD civ. 1995. 132, obs. Jourdain* (incendie causé par un tracto-pelle utilisé par des voleurs pour défoncer un mur) • 30 nov. 2000, n° 98-20.870 P : *JCP 2001. IV. 1152* (dommages provoqués par un véhicule volé dont le conducteur a été reconnu coupable de dégradations volontaires, ce qui implique l'intention de causer le dommage) • 15 mars 2001, n° 99-16.852 P : *R., p. 443 ; D. 2001. IR 1145 ; RCA 2001, n° 186, note Groutel ; LPA 6 sept. 2001, note Leroy ; RTD civ. 2001. 606, obs. Jourdain* (incendie volontaire d'un véhicule stationné dans un parking souterrain) • 12 déc. 2002, n° 00-17.433 P : *D. 2003. IR 468 ; RCA 2003, n° 66, note Groutel ; Dr. et patr. 5/2003. 109, obs. Chabas* (poursuite de piétons par une voiture) • 23 janv. 2003, n° 00-21.676 P : *D. 2003. IR 605 ; RCA 2003, n° 105, note Groutel* (véhicule volontairement percuté par l'arrière par un autre véhicule) • 11 déc. 2003, n° 00-20.921 P : *RTD civ. 2004. 519, obs. Jourdain* (piéton ayant poussé volontairement une conductrice de scooter et ayant provoqué sa chute) • 22 janv. 2004, n° 01-11.665 P : *Dr. et patr. 4/2004. 114, obs. Chabas ; RTD civ. 2004. 519, obs. Jourdain* (voiture volée heurtant volontairement une voiture de police, elle-même projetée contre une autre) • Crim. 29 mars 2006, n° 05-82.515 P : *RGDA 2006. 933, note Landel* (non-application de l'art. 4 lorsque les dommages subis par un conducteur sont la conséquence des violences volontaires dont un autre conducteur a été déclaré coupable).

V. déjà en ce sens : • Civ. 2e, 6 déc. 1991, n° 88-19.990 P : *RTD civ. 1992. 571, obs. Jourdain* • 2 mars 1994 : *RTD civ. 1995. 132, obs. Jourdain*. ♦ Comp. • Civ. 1re, 14 oct. 1997 : *RCA 1998, n° 37, note Groutel* [parlant d'« accident de la circulation volontairement provoqué » à propos d'un suicide par immobilisation du véhicule sur une voie ferrée (décision rendue à propos de l'application de l'art. L. 113-1 C. assur.)]. ♦ *Contra* : • Civ. 2e, 22 nov. 1995 : *D. 1996. 163, note Jourdain (2e esp.) ; JCP 1996. II. 22656, note J. Mouly (3e esp.)* (application de la loi dans le cas de l'incendie volontaire d'un véhicule par un inconnu).

E. FAIT DE CIRCULATION

20. Application de la loi : accidents divers. La loi s'applique à l'accident provoqué dans un champ par un gyrobroyeur qui, attelé à un tracteur, a projeté une pierre dans l'œil de la victime. • Civ. 2e, 31 mars 1993, n° 91-18.655 P : *D. 1994. Somm. 17, obs. A. Penneau*. ♦ ... A condition que le gyrobroyeur soit en mouvement au moment de l'accident. • Civ. 2e, 5 janv. 1994, n° 92-13.245 P. ♦ ... A l'accident provoqué par un tracteur qui, en manœuvrant, a sectionné le flexible hydraulique de la fourche, laquelle est tombée sur la victime. • Civ. 2e, 6 juin 2002 : *préc. note 12*. ♦ ... A l'accident causé sur un chantier par une pelleteuse mécanique à chenilles. • Civ. 2e, 30 juin 2004, n° 02-15.488 P : *D. 2004. IR 2272 ; RGDA 2004. 967, note Landel*. ♦ De même, la loi s'applique à l'accident occasionné par un engin agricole de chargement d'une remorque à maïs, pourvu d'un moteur lui permettant de se déplacer le long de celle-ci pour répartir le contenu de sa trémie. • Civ. 2e, 19 févr. 1997, n° 95-14.279 P : *RCA 1997, n° 197, et Chron. 15, par Leduc*. ♦ Est un accident de la circulation celui provoqué par la chute sur la victime d'un élément transporté lors du déchargement d'un camion en stationnement. • Civ. 2e, 26 mars 1997, n° 95-14.995 P : *RTD civ. 1997. 680, obs. Jourdain ; RCA 1997, n° 197, et Chron. 15, par Leduc* (bottes de paille) • 29 mars 2006, n° 03-19.843 P : *JCP E 2006. 2224, n° 10, obs. Bon-Garcin* (plaque de béton) • 7 févr. 2008, n° 07-13.397 P : *RCA 2008, n° 165, obs. Groutel* (idem sans intervention d'un appareil de levage). ♦ ... Celui causé par la projection d'un objet placé sur le toit d'un véhicule et du tendeur élastique arrimant cet objet, le véhicule fût-il en stationnement, moteur arrêté. • Civ. 2e, 20 oct. 2005, n° 04-15-418 P : *D. 2006. Pan. 1938, obs. Brun ; RCA 2005, n° 361, note Groutel ; RTD civ. 2006. 136, obs. Jourdain*. ♦ ... Celui dû au déplacement inopiné, par suite de la mise en marche du moteur alors qu'une vitesse était enclenchée, d'une voiture stationnée sur le pont élévateur d'un garage. • Civ. 2e, 25 oct. 2007 : *D. 2007. AJ 2946 ; Gaz. Pal. 2009. 472, note Leducq ; RCA 2007, n° 351, note Groutel*. – Déjà en ce sens : • TGI Montpellier, 22 nov. 1994 : *JCP 1997. II. 22775, note Bories* (réparation d'un véhicule sur un terrain privé) • Bordeaux, 30 juin 1998 : *Gaz. Pal. 1999. 783, note Pastor* (réparation d'un véhicule dans l'atelier de mécanique d'une station-service).

21. Résulte d'un fait de circulation, au sens de l'art. 1er de la L. du 5 juill. 1985, l'accident au cours duquel le chauffeur d'un ensemble routier, dont il ne contrôlait plus la vitesse, a sauté hors de son véhicule, se blessant mortellement, avant que le camion ne s'écrase contre un bâtiment. • Civ. 2e, 24 juin 1998, n° 96-20.284 P : *JCP 1999. I. 147, n° 21, obs. Viney ; RCA 1998. Chron. 23, par Groutel (1re esp.)*.

La perte par un engin de chantier d'un produit glissant, puis le déversement de gravillons sur lesquels une automobiliste a glissé est à l'origine d'un fait de circulation perturbateur, et non d'une action de chantier. • Civ. 2e, 24 mai 2012 : *RCA 2012, n° 203, obs. Groutel*.

22. Aide apportée à un véhicule accidenté. Est victime d'un accident de la circulation au sens de l'art. 1er de la L. du 5 juill. 1985 la victime s'étant blessée au bras en relevant un véhicule terrestre à moteur, en l'espèce un scooter au sol. • Civ. 2e, 24 oct. 2019, n° 18-20.910 P : *cité note 41*.

23. ... Incendies. La loi s'applique à l'incendie provoqué par une étincelle échappée du moteur d'un tracteur effectuant un travail agricole dans un champ, même s'il n'est pas établi qu'il était en mouvement. • Civ. 2e, 8 nov. 1995 : *D. 1996. 163, note Jourdain*. ♦ ... A l'incendie d'un hangar provoqué par un tracteur agricole effectuant des opérations d'ensilage. • Civ. 2e, 21 juin 2001, n° 99-15.732 P : *D. 2001. IR 2243 ; RTD civ. 2001. 901, obs. Jourdain*. ♦ ... A l'incendie provoqué par une tondeuse à gazon stationnée dans un garage. • Civ. 2e, 22 mai 2014, n° 13-10.561 P : *cité note 3 ss. art. 786.* ♦ Est un accident de la circulation celui provoqué par une débroussailleuse attelée à un tracteur en mouvement et dont le rotor, en produisant une gerbe d'étincelles, a causé un incendie. • Civ. 2e, 17 déc. 1997, n° 96-12.850 P.

24. Non-application de la loi : fait de l'homme, cause exclusive du dommage. N'est pas un accident de la circulation le sinistre qui procède du seul comportement fautif de l'homme et non d'un rôle spontané du véhicule (explosion du réservoir d'un camion en stationnement dans une station-service, le conducteur ayant voulu dégeler le bouchon de ce réservoir avec une lampe à souder). • Lyon, 25 nov. 1992 : *BICC 1er août 1993, n° 968 ; RTD civ. 1993. 843, obs. Jourdain*. ♦ Mais cassation de l'arrêt qui exclut l'application de la L. du 5 juill. 1985 au motif que l'enfant qui a mis en marche le véhicule en voulant écouter la radio n'a à aucun moment eu l'intention de déplacer le véhicule, ajoutant à la loi une condition qu'elle ne comporte pas. • Civ. 2e, 28 mars 2013, n° 12-17.548 P : *D. 2013. 907 ; RGDA 2013. 643, obs. Landel.*

25. ... Accident dû à un élément étranger à la fonction de déplacement. Ne relèvent pas des dispositions de la L. du 5 juill. 1985 les accidents dont les circonstances révèlent que l'engin était immobilisé et utilisé dans sa fonction d'outil et non dans sa fonction de déplacement (accident exclusivement en lien avec la fonction d'outil de soulèvement de charge d'un chariot élévateur et sans lien avec sa fonction de circulation). • Civ. 2e, 18 mai 2017, n° 16-18.421 P : *D. 2018. 35, obs. Brun* (victime ayant pris en location un chariot élévateur avec son chauffeur et ayant eu le pouvoir de donner à ce dernier les ordres en vue du chargement de la grume, de l'arrêt de l'engin, du mesurage, du déplacement vers un point de stockage, ainsi devenu le commettant du chauffeur et devant assumer la responsabilité du dommage causé par la chute de la grume) • Civ. 2e, 9 déc. 2021, n° 20-14.254 B (accident exclusivement en lien avec la fonction d'outil d'une moissonneuse-batteuse et aucunement avec sa fonction de circulation, dès lors que la machine ne se trouvait plus en action de fauchage, mais en position de maintenance de la vis sans fin et à l'arrêt). ♦ La L. du 5 juill. 1985 ne s'applique pas à une ensileuse à maïs fonctionnant dans un champ, dès lors que seule la partie machine-outil était en fonctionnement et a blessé la victime. • Civ. 2e, 8 janv. 1992, n° 90-19.143 P. ♦ Pour la distinction entre la fonction déplacement et la fonction outil d'une tondeuse autoportée : le réservoir et le carburant qui s'y trouve sont des éléments d'une tondeuse autoportée qui ont pour fonction son déplacement. • Civ. 2e, 22 mai 2014, n° 13-10.561 P : *cité note 3 ss. art. 786.* ♦ N'est pas impliqué dans un accident de la circulation le véhicule terrestre à moteur immobile dont seule la partie étrangère à sa fonction de déplacement était en cause. • Civ. 2e, 9 juin 1993, n° 91-12.452 P (accident causé par la benne basculante d'un camion à l'arrêt) • 5 nov. 1998, n° 95-18.064 P : *D. 1999. 256, note J. Mouly ; RCA 1999. Chron. 27, par Groutel (1re esp.)* (accident survenu lors de la manœuvre de la porte arrière d'un van en stationnement) • 8 mars 2001, n° 98-17.678 P : *R., p. 440 ; RTD civ. 2001. 607, obs. Jourdain* (accident causé à un piéton par l'ouverture de l'auvent d'une remorque servant à la vente de pizzas, attelée à un véhicule à l'arrêt) • 8 mars 2001, n° 99-13.525 P : *R., p. 440 ; D. 2001. IR 1077 ; RTD civ. 2001. 607, obs. Jourdain* (renversement de la benne de la remorque d'un ensemble routier lors d'une opération de déchargement de terre) • 23 oct. 2003, n° 02-13.989 P : *Dr. et patr. 1/2004. 87, obs. Chabas ; RGDA 2004. 80, note Landel* (incendie survenu à un camion à l'arrêt au cours d'une opération de chargement de copeaux de bois par tuyaux d'aspiration) • 19 oct. 2006, n° 05-14.338 P : *D. 2006. IR 2876 ; RCA 2007, n° 15, note Groutel ; RGDA 2006. 939, note Landel ; RTD civ. 2007. 133, obs. Jourdain* (explosion lors du transvasement de gaz liquide d'un camion-citerne à la cuve du client). – Conf. • Civ. 2e, 3 mai 2006, n° 04-17.724 P : *D. 2006. IR 1404 ; RTD civ. 2006. 575, obs. Jourdain* (incendie provoqué par un chargeur de batterie, accessoire non nécessaire à la circulation, lors d'une opération de recharge de la batterie d'un véhicule stationné dans un garage). – Dans le même sens, en matière d'assurance automobile : • Civ. 1re, 8 juill. 2003, n° 00-18.216 P : *JCP 2004. I. 137, nos 7 s., obs. Favre-Rochex ; RGDA 2003. 715, note Landel* (personne tombée de la nacelle d'un chariot élévateur à l'arrêt). ♦ *Contra*, en matière d'assurance automobile : • Civ. 1re, 4 avr. 1995, n° 92-20.112 P : *D. 1996. 113, note Dagorne-Labbe ; RTD civ. 1995. 912, obs. Jourdain* (accident causé à un piéton sur un trottoir par le tuyau de vidange d'un camion-citerne en stationnement : implication du camion) • Civ. 2e, 13 sept. 2012 : *préc. note 16* (incendie d'un camion frigorifique garé dans un hangar). ♦ Comp. • Civ. 2e, 27 mai 1998, n° 96-22.040 P : *Gaz. Pal. 2001. Somm. 485, obs. Chabas* (implication du camion en cours de chargement dans le dommage subi par le chariot élévateur tombé du quai de chargement, le camion s'étant écarté du quai) • 19 nov. 1998, n° 97-11.888 P : *JCP 1999. II. 10113, note Nizard de Saint-Didier ; RCA 1999, n° 36* (est un accident de la circulation celui causé par une pelle mécanique qui, sous l'effet de son bras en action, a ripé sur le sol, écrasant la victime avec sa partie chenillée) • 14 janv. 1999 : *RCA 1999, n° 65* (même solution pour l'accident dont l'origine est dans le mouvement du tracteur qui, à l'arrêt, a basculé et non dans une action distincte de son bras élévateur).

26. *... Engin non attelé ou dont l'attelage est une circonstance indifférente.* La loi ne s'applique pas à un appareil (bétonnière) non attelé, en stationnement sur la chaussée. • Civ. 2e, 7 juin 1989 : *D. 1990. 116, note Légier* ; *Gaz. Pal. 1989. 2. 768, note Chabas*. ♦ Comp., pour une remorque, • Toulouse, 24 nov. 1986 : *Gaz. Pal. 1987. 1. 107*. ♦ ... Ni à une benne de gravats déposée sur une chaussée. • Crim. 29 janv. 1991, nº 90-81.162 P : *R., p. 391*. ♦ ... Ni à un presse-paille, matériel immobile insusceptible de se déplacer par lui-même et autonome dans son fonctionnement, le même accident ayant pu se produire si cette presse n'avait pas été attelée à un tracteur. • Civ. 2e, 3 juill. 1991, nº 89-17.169 P : *RTD civ. 1991. 763, obs. Jourdain*.

F. VOIE DE CIRCULATION

27. *Lieux de circulation ou de stationnement.* La loi s'applique à l'accident survenu sur une voie privée de desserte d'un ensemble immobilier. • Paris, 14 févr. 1986 : *Gaz. Pal. 1986. 1. 304, note Chabas* • Civ. 2e, 8 janv. 1992, nº 90-19.336 P : *RTD civ. 1992. 401, obs. Jourdain* (voie d'accès au parking d'un immeuble). ♦ ... Ou dans un parking d'immeuble en sous-sol privatif. • Civ. 2e, 18 mars 2004, nº 02-15.190 P : *D. 2004. IR 998* ; *Gaz. Pal. 2004. 3750, note Dagorne-Labbe* ; *RCA 2004, nº 183, note Groutel* ; *Dr. et patr. 11/2004. 79, obs. Chabas* (incendie de véhicule). ♦ *Contra* : • Nancy, 28 janv. 2002 : *BICC 15 mai 2002, nº 516*. ♦ ... Ou dans l'atelier de réparation d'un garage. • Civ. 2e, 25 oct. 2007 : *préc. note 20*. ♦ ... A l'accident causé par un tracteur ou par une moissonneuse-batteuse dans un champ. • Civ. 2e, 5 mars 1986 et • 25 juin 1986 : *D. 1987. Somm. 87, obs. Groutel* • 10 mai 1991, nº 90-11.377 P. ♦ V. conf., pour un gyrobroyeur, • Civ. 2e, 31 mars 1993 : *préc. note 20*. ♦ ... A l'accident causé par un engin de damage circulant sur une piste de ski. • Grenoble, 9 févr. 1987 : *D. 1987. 245, note Chabas*. ♦ ... A l'accident causé par un chariot élévateur évoluant dans une cour privée. • Paris, 5 juill. 1989 : *JCP 1989. II. 21384, note Chabas*. – V. aussi • Civ. 2e, 13 janv. 1988 : *Bull. civ. II, nº 12* • 25 mai 1994, nº 92-19.455 P : *R., p. 362*. ♦ ... A l'accident causé sur un chantier par une pelleteuse mécanique à chenilles. • Civ. 2e, 30 juin 2004 : *préc. note 20*. ♦ ... A l'accident causé par un trolleybus, véhicule circulant grâce à des câbles aériens dans un couloir de circulation propre. • Civ. 2e, 12 mai 1993, nº 91-22.004 P.

Mais la loi ne s'applique pas à l'incendie provoqué par l'embrasement d'un cyclomoteur stationné dans un hall d'immeuble, lieu d'habitation impropre à cette destination. • Civ. 2e, 26 juin 2003, nº 00-22.250 P : *D. 2003. IR 1881* ; *RCA 2003. Chron. 24, par Groutel* ; *RGDA 2003. 721, note Landel* ; *RTD civ. 2003. 720, obs. Jourdain*. ♦ Comp. : la loi s'applique au stationnement dans un garage privé à usage individuel. • Civ. 2e, 22 mai 2014, nº 13-10.561 P : *cité note 3 ss. art. 786*. ♦ Pour une piste de golf, qui n'est pas une voie ouverte à la circulation : • Civ. 2e, 12 juin 2014 : *RGDA 2014. 453, obs. Landel*.

28. *Compétitions sportives.* BIBL. Leduc, *RCA 2012. Étude 10*. – Polère, *Gaz. Pal. 2007. Doctr. 711* (accident sur circuit). ♦ La loi s'applique à l'accident survenu lors d'une compétition sportive en circuit fermé. • Crim. 16 juill. 1987 : *Gaz. Pal. 1987. 2. 767* ; *RTD civ. 1987. 770, obs. J. Huet* • Civ. 2e, 10 mars 1988 : *Bull. civ. II, nº 59* (moto-cross) • Besançon, 18 oct. 1989 : *Gaz. Pal. 1990. 1. 274, note Chabas* (course automobile de côte). ♦ Mais elle n'est pas applicable entre concurrents de compétitions sportives. • Civ. 2e, 28 févr. 1996, nº 93-17.457 P : *RCA 1996, nº 168, et Chron. 22, par Groutel* • 19 juin 2003, nº 00-22.330 P : *D. 2003. Somm. 2540, obs. F. Lagarde* ; *RCA 2003. Chron. 24, par Groutel* ; *RGDA 2003. 719, note Landel* (copilote). ♦ L'accident survenant entre des concurrents à l'entraînement évoluant sur un circuit fermé exclusivement dédié à l'activité sportive n'est pas un accident de la circulation. • Civ. 2e, 4 janv. 2006, nº 04-14.841 P : *D. 2006. 2443, note J. Mouly* ; *ibid. Pan. 1939, obs. Brun* ; *Gaz. Pal. 2006. 2597, note A. Paulin* ; *LPA 23 mars 2006, note Boismain* ; *RTD civ. 2006. 337, obs. Jourdain*. ♦ Pour un side-car : • Civ. 2e, 14 avr. 2016, nº 15-17.732 P : *D. 2017. 24, obs. Brun, Gout et Quézel-Ambrunaz* ; *JCP 2016, nº 610, note Brun*.

29. *Spectacles et tournages.* La L. du 5 juill. 1985 est applicable à l'indemnisation des dommages subis par les spectateurs lors d'un exercice de cascade réalisé durant le tournage d'un film à l'aide d'un véhicule terrestre à moteur. • Civ. 2e, 14 juin 2012 : *préc. note 4* (accident ayant eu lieu sur une voie fermée à la circulation par arrêté du préfet de police, destinée exclusivement à la réalisation de cascades dans le cadre d'une production cinématographique). ♦ Comp. : exclusion de la loi dans le cas d'un accident survenu au cours d'un spectacle d'acrobaties avec moto. • Bordeaux, 15 juin 2006 : *JCP 2007. IV. 1401* ; *RCA 2007, nº 65, note Radé*.

G. IMPLICATION

BIBL. Chabas, *Gaz. Pal. 1986. 1. Doctr. 64 et 262*. – Groutel, *D. 1987. Chron. 1* ; *ibid. 1990. Chron. 263*. – Jourdain, *JCP 1994. I. 3794*. – Raffi, *D. 1994. Chron. 158*. – Leduc, *RCA 2019. Dossier 8*. – Rouvière, *D. 2012. Chron. 2186*.

30. *Distinction entre implication et causalité.* L'absence de lien de causalité entre la faute d'un conducteur et le dommage subi par la victime n'exclut pas que le véhicule puisse être impliqué dans l'accident. • Civ. 2e, 11 avr. 1986 : *Gaz. Pal. 1986. 2. 610, note Jourdain* ; *JCP 1986. II. 20672, note Barbiéri (2e esp.)*. ♦ La motivation du juge pénal retenant que l'existence d'un lien de causalité n'était pas caractérisée n'exclut pas nécessairement l'implication. • Civ. 2e, 17 mars 1993, n° 91-16.676 P. ♦ Encourt la cassation une décision écartant l'application de la L. du 5 juill. 1985 au motif que la preuve d'un lien de causalité entre la présence du véhicule et l'accident n'était pas rapportée. • Civ. 2e, 16 juill. 1987, n° 85-18.816 P. ♦ Doit être cassé un arrêt qui écarte la demande de réparation de son préjudice formée par la passagère d'un véhicule entré en collision avec une voiture en retenant que cette voiture avait joué un rôle purement passif dans l'accident. • Civ. 2e, 4 déc. 1985 : *Bull. civ. II, n° 186.* – Dans le même sens : • Civ. 2e, 16 déc. 1985 : *Bull. civ. II, n° 96* • 14 oct. 1987 : *ibid. II, n° 192.* ♦ Viole les dispositions de la L. du 5 juill. 1985 l'arrêt qui déclare seul responsable d'un accident le conducteur d'un cyclomoteur en considérant que la cause unique de l'accident avait été la maladresse et le défaut de maîtrise de ce conducteur qui, après avoir perdu le contrôle du cyclomoteur, était venu percuter une automobile qui circulait en sens inverse parfaitement à sa droite et à une allure très raisonnable, alors que l'automobile était impliquée dans l'accident. • Civ. 2e, 20 mars 1989 : *Gaz. Pal. 1989. 2. Somm. 462, obs. Chabas.*

31. Notion d'implication. Un véhicule est impliqué dans un accident de la circulation dès lors qu'il est intervenu d'une manière ou d'une autre dans cet accident. • Civ. 2e, 28 févr. 1990 : *D. 1991. 123, note Aubert (2e esp.)* • 24 juin 1998, n° 96-20.575 P : *JCP 1998. I. 187, n° 35, obs. Viney ; RCA 1998. Chron. 19, par Groutel ; RTD civ. 1998. 922, obs. Jourdain* (implication de tous les véhicules ayant participé à un accident complexe).

32. Charge de la preuve. Il appartient à la victime de rapporter la preuve de l'implication d'un véhicule dans l'accident. • Civ. 2e, 28 mai 1986 : *D. 1987. 160, note Groutel (1re esp.)* • 5 déc. 1990, n° 89-18.935 P • 16 mai 1994, n° 92-14.601 P : *R., p. 362.* ♦ Les seules declarations de la victime sont insuffisantes pour constituer la preuve de l'implication du défendeur. • Civ. 2e, 26 oct. 2017, n° 16-22.462 P : *LPA 22 mars 2018, note Vingiano-Viricel* (absence de preuve d'un écart du véhicule dépassé). ♦ Il appartient au conducteur assigné par la victime et exerçant un recours en garantie contre un autre conducteur de prouver l'implication du véhicule de ce dernier. • Civ. 2e, 19 févr. 1992, n° 91-10.297 P. ♦ Mais c'est au gardien du véhicule impliqué d'apporter la preuve que la victime avait la qualité de conducteur de ce véhicule au moment de l'accident. V. note 11 ss. art. 4.

33. Heurt. Est nécessairement impliqué tout véhicule qui a été heurté, qu'il soit à l'arrêt ou en mouvement. • Civ. 2e, 25 janv. 1995, n° 92-17.164 P : *GAJC, 11e éd., n° 220-222 (II) ; Gaz. Pal. 1995. 1. 315, note Chabas ; RTD civ. 1995. 382, obs. Jourdain* • 29 avr. 1998, n° 96-18.421 P. ♦ La collision de deux véhicules caractérise leur implication. • Civ. 2e, 5 nov. 1998 : *cité note 59 in fine* (absence de contestation sérieuse pour le juge des référés).

34. ... Véhicule en mouvement. Dès lors qu'il y a heurt entre deux véhicules en mouvement, chacun d'eux est impliqué dans l'accident. • Civ. 2e, 31 mars 1993, n° 91-19.351 P. ♦ ... Même si le défendeur a eu un comportement exempt de toute anormalité, le couloir de marche de son véhicule s'étant trouvé subitement obstrué par l'autre voiture. • Civ. 2e, 16 mars 1988 : *Gaz. Pal. 1988. 2. 560, note Archambaud.*

35. ... Véhicule immobile. La L. du 5 juill. 1985 s'applique aux accidents de la circulation dans lesquels est impliqué un véhicule terrestre à moteur, que celui-ci soit en mouvement ou en stationnement. • Civ. 2e, 21 oct. 1987 : *Bull. civ. II, n° 202.* ♦ Le stationnement d'une automobile sur la voie publique est un fait de circulation au sens de l'art. 1er de la L. du 5 juill. 1985. • Civ. 2e, 22 nov. 1995 : *D. 1996. 163, note Jourdain (1re esp.) ; JCP 1996. II. 22656, note J. Mouly (2e esp.).*

36. ... Véhicule en stationnement régulier. Le fait qu'un véhicule terrestre à moteur soit en stationnement sans perturber la circulation n'exclut pas son implication dans un accident. • Civ. 2e, 23 mars 1994 : *D. 1994. 299, note Groutel ; JCP 1994. II. 22292, note Conte ; RTD civ. 1994. 627, obs. Jourdain* • 25 janv. 1995, n° 92-17.164 P : *GAJC, 11e éd., n° 220-222 (II) ; Gaz. Pal. 1995. 1. 315, note Chabas ; RTD civ. 1995. 382, obs. Jourdain* • 12 juin 1996, n° 94-14.600 P. ♦ *Contra,* antérieurement, énonçant qu'il n'y a pas implication lorsque, le véhicule se trouvant en stationnement régulier, la circulation n'a pas été perturbée : • Civ. 2e, 21 juill. 1986 (3 arrêts) : *GAJC, 11e éd., n° 220-222 (I) ; JCP 1987. II. 20769, note Durry ; Gaz. Pal. 1986. 2. 651, note Chabas ; ibid. 1987. 1. 98, concl. Charbonnier* • 7 oct. 1987 : *Bull. civ. II, n° 182.* ♦ Rappr., dans le cadre du droit commun, note 152 *in fine* ss. art. 1241. ♦ La relaxe du chef de stationnement dangereux prononcée par une décision pénale n'exclut pas à elle seule l'implication du véhicule dans l'accident. • Civ. 2e, 13 nov. 1991, n° 90-18.041 P : *Gaz. Pal. 1993. 1. Somm. 115, obs. Chabas.*

37. ... Véhicule projeté. Est impliqué le véhicule garé dans un parc de stationnement qui a été projeté par un autre véhicule sur un troisième, également en stationnement. • Civ. 2e, 21 mai 1990 : *D. 1991. 123, note Aubert (1re esp.)*.

38. Absence de heurt : véhicule en mouvement non impliqué. Un véhicule est impliqué dans un accident de la circulation dès lors qu'il a joué un rôle quelconque dans sa réalisation. • Civ. 2e, 2 mars 2017, n° 16-15.562 P : *D. 2017. 902, note Mazeaud ; ibid. 2018. 35, obs. Brun ; RTD civ. 2017. 671, obs. Jourdain*. (Cassation de l'arrêt qui déboute la victime au motif qu'elle n'a pas établi que le véhicule avec lequel il n'y a eu aucun contact a eu un comportement perturbateur). ♦ V. cep. la seule présence d'un véhicule sur les lieux d'un accident de la circulation ne suffit pas à caractériser son implication. • Civ. 2e, 13 déc. 2012, nº 11-19.696 P : *D. 2013. 12, obs. Gallmeister ; RTD civ. 2013. 390, obs. Jourdain ; RCA 2013, nº 84, obs. Groutel; Gaz. Pal. 2013. 294, obs. Tisseyre* (véhicule présent dans la file des véhicules concernés par la manœuvre de dépassement à l'origine d'un accident et ayant été aspergé de liquide corrosif). ♦ Les juges du fond ont pu décider qu'une motocyclette roulant derrière une autre, accidentée, n'était pas impliquée, s'ils ont retenu l'absence de choc entre les deux véhicules. • Civ. 2e, 8 févr. 1989 : *Bull. civ. II, nº 29; RTD civ. 1989. 567, obs. Jourdain.* ♦ En l'absence de manœuvre perturbatrice de sa part, la seule présence d'un véhicule à proximité de l'endroit où un motocycliste a chuté sous les roues d'un camion ne suffit pas à en établir l'implication. • Civ. 2e, 8 juill. 2004, nº 03-12.323 P. ♦ Non-implication du véhicule dépassé qui n'a pas été heurté dans l'accident. • Civ. 2e, 21 oct. 2004 : *RCA 2004, nº 368, note Groutel.* ♦ L'implication d'un camion ne peut être déduite de la seule concomitance entre le dépassement, par ce camion, d'un cyclomotoriste et la chute de celui-ci. • Civ. 2e, 10 mai 1991, nº 90-11.618 P • 25 mai 1994, nº 92-19.200 P : *R., p. 362* (chute d'un cycliste lors du croisement d'une automobile, sans choc et sans fait perturbateur du conducteur) • 18 mars 1999, nº 97-14.306 P : *JCP 2000. I. 199, nº 21, obs. Viney* (idem). ♦ Non-implication d'un premier véhicule, heurté par un sanglier, dans un second accident, compte tenu d'un enchaînement discontinu des collisions. • Civ. 2e, 17 févr. 2011 : *RCA 2011, nº 176, obs. Groutel.*

39. ... *Véhicule en mouvement impliqué.* Mais, inversement, l'absence de contact n'exclut pas nécessairement l'implication. • Civ. 2e, 14 nov. 2002, nº 00-20.594 P (cassation du jugement énonçant que le rôle causal du véhicule n'est pas démontré puisqu'il n'y a pas eu de contact avec la moto de la victime). ♦ ... Notamment, si le cyclomotoriste a été surpris par l'arrivée du camion qu'il n'avait pas remarqué, ce qui aurait provoqué une réaction violente de sa part qui l'aurait déséquilibré et jeté à terre. • Civ. 2e, 14 déc. 1987 : *Gaz. Pal. 1988. 1. 428, note F. C.* ♦ ... Si la perte de contrôle d'un véhicule a été déclenchée par la perception des phares d'un autre véhicule. • Crim. 21 juin 1988 : *Bull. crim. nº 279; RTD civ. 1989. 99, obs. Jourdain.* ♦ ... Si l'écart sur la gauche d'un conducteur a été provoqué par la vue d'une ambulance s'avançant dans son couloir de circulation (implication de l'ambulance). • Civ. 2e, 15 janv. 1997 : *JCP 1997. II. 22883, note Chabas.* ♦ ... Si un coureur cycliste, ayant freiné brutalement pour éviter la voiture qui le précédait, a dérapé et chuté. • Civ. 2e, 15 mai 1992, nº 90-20.322 P. ♦ Un motocycliste roulant en tête d'un groupe de trois est impliqué dans l'accident survenu aux deux suivants lors d'une manœuvre de changement de direction qu'il a commandée. • Civ. 2e, 1er avr. 1999, nº 97-17.867 P : *JCP 2000. I. 199, nº 21, obs. Viney; RCA 1999, nº 214, note Groutel.* ♦ Est impliqué le véhicule qui a perdu une roue de secours, laquelle, heurtée par un autre véhicule, a été la cause d'une collision en chaîne. • Civ. 2e, 28 juin 1995, nº 93-20.540 P : *JCP 1996. I. 3944, nos 20 s., obs. Viney.* ♦ Est impliqué le véhicule circulant normalement dans son couloir, mais dont la présence a surpris un conducteur roulant en sens inverse, qui s'était déporté sur la gauche par inattention, et dont la brusque manœuvre d'évitement a provoqué l'accident. • Civ. 2e, 14 juin 2006, nº 04-20.830 P : *RCA 2006. Étude 12, obs. Groutel (2e esp.).* ♦ Est impliqué le véhicule dont le conducteur s'est rabattu prématurément devant un véhicule qui, pour l'éviter, s'est trouvé contraint de changer de file brusquement, heurtant alors un autre véhicule. • Civ. 2e, 14 janv. 2016, nº 15-11.108 P. ♦ Est impliqué le véhicule dépassé dont la présence sur la droite du véhicule en cours de dépassement a empêché celui-ci de se rabattre. • Civ. 2e, 18 mars 1998, nº 96-13.726 P : *RCA 1998. Chron. 14, par Groutel.* ♦ Est impliqué le tracteur en activité de fauchage à très lente allure et empiétant sur la voie de circulation dans l'accident dont a été victime un motocycliste qui a chuté pendant qu'il le dépassait. • Civ. 2e, 18 avr. 2019, nº 18-14.948 P : *D. 2019. 887 ; RTD civ. 2019. 600, obs. Jourdain .* ♦ Dans une poursuite de véhicules, le véhicule poursuivant est impliqué dans l'accident survenu au véhicule poursuivi. • Civ. 2e, 18 mai 2000, nº 98-10.190 P : *RTD civ. 2000. 853, obs. Jourdain .* ♦ ... Et, inversement, le véhicule poursuivi est impliqué dans l'accident du véhicule poursuivant (voiture de police). • Civ. 2e, 4 juill. 2007, nº 06-14.484 P : *RCA 2007, nº 315, et Repère 11, par Groutel.* ♦ Est impliqué le camion de pompiers dont le conducteur a interpellé les victimes cyclistes qui le dépassaient, le camion ayant ainsi joué un rôle dans l'accident. • Civ. 2e, 1er juin 2011, nº 10-17.927 P : *D. 2011. 1618 ; RCA 2011, nº 288, obs. Groutel.*

40. ... *Projection par le véhicule de la chose, cause du dommage.* Est impliquée la balayeuse municipale qui a projeté des gravillons devant le domicile d'une personne, laquelle a fait une chute, quelques instants plus tard, en voulant les balayer. • Civ. 2e, 24 avr. 2003, nº 01-13.017 P : *D. 2003. IR 1266 ; RTD civ. 2003. 515, obs. Jourdain .*

41. ... *Véhicule immobile impliqué.* Sont impliqués des véhicules momentanément immobilisés sur la chaussée devant un passage protégé, qui ont continué à participer à la circulation en créant un arrêt de celle-ci et ont, par leur positionnement, modifié la progression d'une motocyclette. • Civ. 2e, 29 nov. 2001, nº 00-10.549 P : *Dr. et patr. 4/2002. 93, obs. Chabas.* ♦ Deux véhicules étant immobilisés l'un derrière l'autre sur la voie de circulation de droite à la suite d'un accident, cassation de l'arrêt qui déboute le conducteur d'un troisième véhicule venu percuter l'arrière du deuxième véhicule de son recours contre le conducteur du premier véhicule aux prétendus motifs que celui-ci n'a joué aucun rôle dans la deuxième collision et qu'aucun heurt ne s'est produit entre le premier et le troisième véhicule, alors que le premier véhicule était impliqué dans l'accident comme les deux autres. • Civ. 2e, 6 janv. 2000, n° 97-21.360 P : *D. 2000. IR 39* ; *RTD civ. 2000. 348, obs. Jourdain* . ♦ *Contra,* antérieurement : • Civ. 2e, 16 mars 1994, n° 92-19.089 P.

Est victime d'un accident de la circulation au sens de l'art. 1er de la L. du 5 juill. 1985 la victime s'étant blessée au bras en relevant un véhicule terrestre à moteur, en l'espèce un scooter au sol. • Civ. 2e, 24 oct. 2019, n° 18-20.910 P : *D. 2020. 40, obs. Brun, Gout et Quézel-Ambrunaz* ; *ibid. 322, note Trédez* ; *ibid. Chron. C. cass. 1065, obs. Touati et Bohnert* ; *RTD civ. 2020. 128, obs. Jourdain* ; *JCP 2019, n° 1329, note Vingiano-Viricel*; *RCA 2019, n° 295, note Hocquet-Berg*; *RGDA 2019/12. 27, note Landel.*

42. ... *Véhicule immobile impliqué en l'absence de contact.* L'absence de contact entre la victime et un véhicule immobile n'exclut pas par elle-même l'implication. • Civ. 2e, 11 avr. 1986 : *JCP 1987. II. 20672, note Barbièri (1re esp.).* ♦ ... Si un piéton, surpris, fait une chute en découvrant soudain un véhicule immobilisé à côté de lui après avoir effectué une marche arrière. • Civ. 2e, 20 janv. 1993, n° 91-15.707 P : *D. 1994. Somm. 17, obs. Aubert* ; *RTD civ. 1994. 368, obs. Jourdain* . ♦ Rappr. • Civ. 2e, 2 avr. 1997, n° 95-13.303 P. ♦ Est impliqué le véhicule dont l'alarme sonore, en se déclenchant, a concouru directement, avec d'autres bruits, à l'affolement de chevaux qui ont, par la suite, après avoir été rattrapés et s'être de nouveau affolés au passage d'un véhicule de pompiers, heurté une voiture et blessé ses occupants. • Civ. 2e, 13 juill. 2000, n° 98-21.530 P : *D. 2000. IR 225* ; *RCA 2000, n° 324, note Groutel*; *LPA 12 juill. 2001, note Marie*; *RTD civ. 2000. 847, obs. Jourdain* . ♦ Implication du véhicule immobilisé sur le toit sur le terre-plein central, du seul fait de sa position insolite : • Civ. 2e, 8 mars 2012 : *RCA 2012, n° 163, obs. Hocquet-Berg.*

43. *Chute de passager.* Est impliqué, au sens de la L. du 5 juill. 1985, l'autobus immobilisé à un arrêt, dont un voyageur a fait une chute en descendant. • Civ. 2e, 7 juin 1989 : *Bull. civ. II, n° 122*; *RTD civ. 1989. 764, obs. Jourdain.* ♦ ... Ou en s'apprêtant à en descendre. • Civ. 2e, 11 oct. 1989 : *Bull. civ. II, n° 163.* ♦ ... Ou a chuté à l'intérieur du véhicule. • Civ. 2e, 25 janv. 2001, n° 99-12.506 P : *D. 2001. IR 678* . ♦ Mais un trolleybus n'est pas impliqué dans l'accident subi par une personne qui, se dirigeant vers celui-ci, arrêté au-delà de l'abribus où elle attendait, heurte une borne interdisant le stationnement sur le trottoir et se blesse. • Civ. 2e, 10 avr. 1991, n° 90-11.305 P. ♦ De même, lorsqu'un voyageur descendu d'un autobus fait une chute sur le trottoir où il a fait quelques pas après avoir quitté le véhicule, l'autobus n'est pas impliqué dans l'accident. • Civ. 2e, 10 mai 1991, n° 90-11.684 P. – Dans le même sens : • Civ. 2e, 13 mai 2004, n° 02-19.725 P (personne renversée par une voiture en traversant la chaussée devant un car à l'arrêt dont elle venait de descendre : non-implication du car).

44. *Incendie.* Est impliqué dans l'accident, le véhicule en mouvement à bord duquel un incendie se déclare, occasionnant des brûlures à un passager. • Civ. 2e, 8 janv. 1992 : *D. 1993. 375, note Dagorne-Labbe (1re esp.)* . ♦ ... Le véhicule à bord duquel un incendie s'est déclaré alors qu'il circulait sur une autoroute et s'est propagé par la suite au talus bordant celle-ci. • Civ. 2e, 3 mars 1993, n° 91-17.962 P : *RTD civ. 1993. 840, obs. Jourdain* . ♦ ...Le camion frigorifique garé dans un hangar à l'intérieur duquel un incendie s'est déclaré. • Civ. 2e, 13 sept. 2012 : *cité note 230 ss. art. 1241.*

45. *Perte d'huile.* Implication d'un tracteur ayant involontairement répandu de l'huile sur la chaussée ainsi rendue glissante et à l'origine d'un accident. • Civ. 2e, 16 janv. 2020, n° 18-23.787 P : *D. 2021. 46, obs. Quézel-Ambrunaz* .

46. *Intervention d'éléments extérieurs.* Est impliquée, même en l'absence de toute collision, la remorque d'un camion circulant sur une autoroute, et renversée par le vent, causant un préjudice à la société d'autoroutes. • Civ. 2e, 22 janv. 1992, n° 90-17.385 P. ♦ Est impliqué dans l'accident le véhicule dont le passager a été blessé par une pierre tombée d'un talus qui a traversé le pare-brise, la vitesse de l'automobile s'étant conjuguée avec celle de la pierre. • Civ. 2e, 28 févr. 1990 : *D. 1991. 123, note Aubert (2e esp.)*

II. RELATIONS AVEC LES AUTRES RÉGIMES DE RESPONSABILITÉ

47. *Caractère exclusif de la loi.* L'indemnisation de la victime d'un accident de la circulation dans lequel est impliqué un véhicule terrestre à moteur ne peut être fondée que sur les dispositions de la L. du 5 juill. 1985, à l'exclusion de celles des art. 1382 anc. [1240] s. C. civ. • Civ. 2e, 4 févr. 1987 : *D. 1987. 187, note Groutel* • 4 mai 1987 : *Gaz. Pal. 1987. 2. 428, note Chabas* • 21 mai 1990, n° 89-11.904 P • 7 mai 2002, n° 00-20.649 P • 23 janv. 2003, n° 01-16.067 P • 5 nov. 2020, n° 19-17.062 P : *D. 2021. 222, note Gréau* . ♦ ... Même dans le cas d'explosion communiquant un incendie à des bâtiments. • Civ. 2e, 5 juin 1991, n° 90-12.314 P : *D. 1992. Somm. 207, obs. Couvrat et Massé* ; *ibid. 272, obs. A. Penneau* ; *RTD civ. 1991. 549, obs. Jourdain* . ♦ Dans le même sens : • Civ. 2e, 8 janv. 1992, n° 90-19.336 P : *Defrénois 1992. 1452, obs. Aubert*; *RTD civ. 1992. 401, obs. Jourdain* (incendie d'un véhicule momentanément immobilisé à la sortie d'un parking d'immeuble ; dommages causés à l'immeuble). ♦ L'incendie provoqué par un véhicule terrestre à moteur, ce dernier fût-il en stationnement, est régi par la L. du 5 juill. 1985, et non pas par l'art. 1384 anc. [1242], al. 2, C. civ. • Civ. 2e, 22 nov. 1995 : *D. 1996. 163, note Jourdain (3e esp.)* ; *JCP 1996. II. 22656, note J. Mouly (1re esp.)* • 8 janv. 2009, nº 08-10.074 P : *D. 2009. AJ 228, obs. Gallmeister* ; *LPA 18 juin 2009, note Ondo ; RCA 2009, nº 71, obs. Vignon-Barrault ; RLDC. 2009/59, nº 3377, obs. Bugnicourt.* ♦ V. aussi notes 23, 27 et 44. ♦ Dans le même sens, pour l'incendie volontaire d'un véhicule par un inconnu : • Civ. 2e, 22 nov. 1995 : *D. 1996. 163, note Jourdain (2e esp.)* ; *JCP 1996. II. 22656, note J. Mouly (3e esp.).* ♦ *Contra* : • Civ. 2e, 15 mars 2001 : *D. 2001. IR 1145* (exclusion de la loi du 5 juill. 1985 dans le cas d'un incendie volontaire de véhicule). ♦ Sur l'incendie d'un véhicule : Khadim, *Gaz. Pal. 1994. 1. Doctr. 148.*

48. ... Dans le cadre de relations contractuelles. Application impérative de la loi de 1985 nonobstant la circonstance que le dommage est survenu dans le cadre de l'exécution d'un contrat de bail à ferme : V. • Civ. 2e, 21 juin 2001 : *préc. note 23.* ♦ Comp. • Civ. 1re, 12 avr. 2005 : *RCA 2005. Étude 10, par Groutel* [faisant application des règles de la responsabilité contractuelle (art. 1147 anc. C. civ.) à l'accident survenu à une personne ayant pris en location une voiture électrique dans un parc de loisirs].

49. Responsables autres que du fait du véhicule impliqué. La L. du 5 juill. 1985 n'exclut pas la responsabilité d'un piéton pour les dommages qu'il cause, serait-il lui-même victime : la qualité de victime d'un accident de la circulation ne peut exonérer celle-ci de sa responsabilité encourue à l'égard d'autres victimes. • Civ. 2e, 27 févr. 1991, nº 89-17.368 P : *D. 1991. Somm. 325, obs. Aubert* • 3 févr. 2005, nº 04-10.342 P : *D. 2005. IR 459* (passager transporté, lui-même victime). ♦ ... Y compris le conducteur impliqué lui-même. • Civ. 2e, 5 févr. 1992 : *D. 1993. 396, note Dagorne-Labbe (1re esp.)* ; *D. 1992. Somm. 402, obs. Aubert* • 17 févr. 1993, nº 91-17.865 P : *RTD civ. 1993. 596, obs. Jourdain* • 18 mars 1998 : *RCA 1998, nº 191* (dommages causés par un cycliste). ♦ Cette responsabilité est régie par les art. 1382 anc. [1240] s. C. civ. • Civ. 2e, 4 mars 1992 : *D. 1993. 396, note Dagorne-Labbe (2e esp.)* ; *JCP 1992. II. 21941, note Dejean de la Bâtie ; Gaz. Pal. 1993. 1. 204, note Chabas* • 19 janv. 1994 : *D. 1994. 574, note Lapoyade-Deschamps* • 4 mars 1999, nº 97-10.888 P : *D. 1999. IR 90* • 15 mars 2007 : *préc. note 5.*

50. Recours du responsable du fait du véhicule impliqué contre les coauteurs. V. notes ss. art. 2.

51. Accidents du travail. La victime d'un accident de la circulation constituant un accident du travail est en droit d'obtenir l'indemnisation de son entier dommage, dans la mesure où celui-ci n'est pas réparé par les prestations de la sécurité sociale, du conducteur d'un véhicule impliqué sans que puisse lui être opposé le fait ou la faute d'un autre conducteur, fût-il le préposé de l'employeur ou l'employeur lui-même. • Civ. 2e, 23 janv. 1991, nº 89-12.115 P • Soc. 28 mars 1996 : *D. 1996. 544, note Radé* ; *RTD civ. 1997. 151, obs. Jourdain* . ♦ Sur la question du recours, V. note 43 ss. art. 2. ♦ Sur l'action de la victime de l'accident de la circulation constituant un accident du travail contre l'employeur lui-même ou une personne de la même entreprise, V. art. L. 455-1-1 CSS, issu de L. nº 93-121 du 27 janv. 1993, art. 15, mod. par L. nº 94-43 du 18 janv. 1994, art. 69. – V. aussi Viney : *JCP 1993. I. 3727, nos 45 et 46.* ♦ L'art. L. 455-1 CSS permet à la victime d'un accident du travail d'obtenir une indemnisation complémentaire de l'employeur sur le fondement de la L. nº 85-677 du 5 juill. 1985 lorsque l'accident survient sur une voie ouverte à la circulation publique à condition que soit impliqué un véhicule terrestre à moteur conduit par l'employeur, un préposé ou une personne appartenant à la même entreprise. • Soc. 5 févr. 2015, nº 13-26.358 P : *RTD civ. 2015. 633, obs. Jourdain* (condition non remplie en l'espèce, la préposée, victime conductrice, étant descendue du véhicule au moment où celui-ci l'a renversée). ♦ Rappr. • Civ. 2e, 24 mars 2016, nº 15-15.306 P. ♦ En soumettant l'indemnisation du salarié victime d'un accident de la circulation survenu sur une voie non ouverte à la circulation publique au régime des accidents du travail prévu par le code de la sécurité sociale, à l'exclusion des dispositions de la L. du 5 juill. 1985, l'art. L. 455-1 CSS est conforme à la Constitution. • Cons. const. 23 sept. 2011, nº 2011-167 QPC : *RCA 2011, nº 356.*

L'art. L. 455-1-1 CSS, selon lequel l'accident du travail survenu à l'occasion de la conduite d'un véhicule sur une voie ouverte à la circulation relève de la L. du 5 juill. 1985, n'exclut pas l'application des dispositions du chapitre II du titre V du livre IV du CSS en cas de faute inexcusable de l'employeur. • Civ. 2e, 12 juill. 2012 : *D. 2013. Chron. C. cass. 599, obs. Salomon* ; *Dr. soc. 2012. 963, obs. Hocquet-Berg* .

52. Entraide agricole. La L. du 5 juill. 1985 s'applique à l'accident dont est victime un agriculteur qui regagne son domicile après avoir participé à une opération d'entraide agricole (L. 8 août 1962, art. 20, devenu C. rur., art. L. 325-3), cet accident n'étant pas survenu au cours des travaux agricoles d'entraide. • Soc. 23 févr. 1995 : *D. 1996. 562, note Casson* ; *D. 1996. Somm. 123, obs. Martine* . ♦ Pour l'affirmation que la L. du 5 juill. 1985 s'applique à l'accident de la circulation survenu dans le cadre de l'entraide agricole : • Civ. 2e, 17 nov. 2005, nº 03-20.551 P : *R., p. 367 ; D. 2005. IR 2971, obs. Chevrier* ; *D. 2006. Pan. 1940, obs. Brun* ; *Gaz. Pal. 2006. 1868, note Coursier ; RCA 2005. Étude 19, par Groutel ; RD rur. 2006, nº 1, note Guerder ; RTD civ. 2006. 134, obs. Jourdain* .

53. Accidents causés par des véhicules administratifs. Les tribunaux judiciaires, compétents en vertu de la L. du 31 déc. 1957 pour connaître des conséquences des accidents causés par des véhicules de l'Administration, doivent appliquer les règles de droit civil pour l'indemnisation des victimes, seraient-elles des agents de l'État. • Civ. 2e, 13 févr. 1991 : *D. 1991. 416, note Saint-Jours*. ♦ Les tribunaux de l'ordre judiciaire sont compétents pour la réparation des dommages causés par tout véhicule, peu important qu'il ait été conduit par un militaire, que la victime soit elle-même agent de l'État et qu'ils aient tous deux été dans l'exercice de leurs fonctions, dès lors que le préjudice découle de la seule action d'un véhicule. • Crim. 23 sept. 2014 : *D. 2014. 1938* ; *AJDA 2015. 528, note Claeys*. ♦ La Cour de cassation avait précédemment décidé que l'action d'un agent titulaire contre une personne de droit public, en vue de réparer les conséquences dommageables d'un accident de service survenu à l'occasion de l'exercice de ses fonctions, relève de la juridiction administrative, même lorsque l'accident a été causé par un véhicule. • Civ. 2e, 8 déc. 2011 : *D. 2012. 21* (agent victime en qualité de conducteur du véhicule administratif). ♦ Relève de la compétence judiciaire en vertu de la L. du 31 déc. 1957 la demande en réparation du dommage occasionné par des véhicules de travaux publics, dès lors qu'il n'a pas pour origine l'exécution même des travaux. • T. confl. 26 mai 2003, no 03-03.363 P (accident de la circulation imputé à la présence sur la chaussée de boue provenant du passage des camions d'un chantier de travaux publics voisin) • 30 juin 2008, no 08-03.680 P (accident de train dû à la chute sur la voie de la flèche d'une grue mobile utilisée pour des travaux publics). ♦ Inversement, relève de la compétence administrative un litige relatif aux conditions défectueuses d'exécution du chantier par une entreprise de travaux publics. • T. confl. 2 mars 2009, no 09-03.691 P.

54. Responsabilité pénale. **BIBL.** Couvrat, *Mél. Vitu, Cujas, 1989, p. 137.* ♦ L'action civile exercée par une victime en application de la L. du 5 juill. 1985 procède d'un fondement juridique autonome, distinct de la réparation d'une faute pénale et ne se heurte donc pas à l'autorité de la chose jugée au pénal. • Civ. 2e, 21 juill. 1992, no 91-12.609 P. – V. aussi • Civ. 2e, 25 mars 1998, no 96-15.444 P. ♦ Mais sur l'autorité de la chose jugée au pénal à l'égard de la faute du conducteur, V. note 27 ss. L. 5 juill. 1985, art. 4.

55. Victimes d'infractions. **BIBL.** Train, *RLDC 2005/14, no 601.* ♦ Le 1o de l'art. 706-3 C. pr. pén. excluant l'indemnisation des atteintes à la personne entrant dans le champ d'application de la L. du 5 juill. 1985 constitue une exception au principe, posé par le texte, de l'indemnisation de toute personne ayant subi un préjudice résultant de faits présentant le caractère matériel d'une infraction ; dès lors, seules sont exclues les atteintes pour lesquelles la L. du 5 juill. 1985 est applicable. • Civ. 2e, 11 juin 1998, no 96-13.945 P. – V. aussi • Civ. 2e, 8 déc. 1999, no 97-20.120 P : *D. 2000. Somm. 472, obs. Delebecque* ; *RCA 2000, no 82, note Groutel* • 7 mai 2002, no 00-20.442 P • 17 mars 2005, no 03-19.597 P • 10 nov. 2009, no 08-20.273 P : *RLDC 2010/67, no 3677, obs. Bugnicourt* ; *RCA 2010, no 13, note Groutel* ; *RTD civ. 2010. 115, obs. Jourdain* (conducteur d'un quad qui en avait la garde).

III. CONDITIONS DE LA RESPONSABILITÉ

A. IMPLICATION DANS L'ACCIDENT

56. Sur la condition d'implication, V. notes 30 s.

B. IMPUTABILITÉ DU DOMMAGE À L'ACCIDENT

BIBL. Béhar-Touchais, *JCP 1991. I. 3492.*

57. Imputabilité du dommage à l'accident. V. note 153 ss. art. 1241.

58. Accidents successifs ayant causé des dommages distincts. Une personne ayant été blessée dans des chocs successifs avec plusieurs véhicules et sa motocyclette projetée sur une autre partie de la chaussée où elle fut heurtée par une automobile, ce dernier véhicule qui a seulement causé des dégâts à la motocyclette de la victime n'est pas impliqué dans l'accident corporel de la victime. • Civ. 2e, 24 oct. 1990, no 89-13.306 P : *GAJC, 11e éd., no 220-222 (III)* ; *RTD civ. 1991. 131, obs. Jourdain*. ♦ L'automobile qui a heurté un véhicule renversé après un choc contre la glissière d'une autoroute et qu'aucun témoin n'a vu entrer en contact avec la victime alors allongée sur la chaussée n'est pas impliquée dans l'accident qui a causé à la victime un préjudice corporel. • Civ. 2e, 9 janv. 1991, no 89-19.663 P : *RTD civ. 1991. 550, obs. Jourdain*.

59. Accidents complexes impliquant plusieurs véhicules. **BIBL.** Groutel, *RCA 2012. Étude 19.* ♦ Un véhicule s'étant renversé et une automobile qui suivait ayant heurté le corps du passager du premier véhicule, projeté sur la chaussée, le second véhicule est impliqué dans l'accident dont a été victime cette personne, les juges du fond ayant constaté que la victime était encore en vie immédiatement après ce second accident avant de décéder peu après. • Civ. 2e, 3 mars 1993, no 91-15.506 P : *JCP 1993. I. 3727, no 51, obs. Viney*. ♦ Comp. • Civ. 2e, 17 mai 1995 : *D. 1996. 307, note Radé* (retenant l'implication dans l'accident de l'ensemble routier qui est passé sans le toucher au-dessus du corps de la victime déjà mortellement blessée par un choc avec un premier véhicule et heurtée ensuite par un troisième). ♦ V. aussi, retenant l'implication de tous les véhicules ayant participé à un accident complexe : • Civ. 2e, 24 juin 1998, no 96-20.575 P : *JCP 1998. I. 187, no 35, obs. Viney* ; *RCA 1998. Chron. 19, par Groutel* ; *RTD civ. 1998. 922, obs. Jourdain* • 6 janv. 2000 : *préc. note 41* • 24 févr. 2000, n° 98-12.731 P : *D. 2000. IR 86* ; *JCP 2000. I. 243, n° 32, obs. Viney; RTD civ. 2000. 348, obs. Jourdain* • 24 févr. 2000, n° 98-18.448 P : *Gaz. Pal. 2001. 477, note Chabas* • 12 oct. 2000 : *RCA 2001, n° 16, note Groutel* • 11 janv. 2001 : *RCA 2001, n° 81, note Groutel* • 11 juill. 2002, n° 01-01.666 P : *R., p. 478* • 13 mai 2004, n° 02-17.545 P : *D. 2005. Pan. 191, obs. Jourdain* ; *RTD civ. 2004. 744, obs. Jourdain*. ♦ Comp. • Civ. 2e, 5 nov. 1998, n° 96-20.243 P : *JCP 1999. II. 10084, note Conte; ibid. I. 147, n° 20, obs. Viney; RCA 1998. Chron. 27, par Groutel (3e esp.); RTD civ. 1999. 121, obs. Jourdain*. ♦ Les véhicules impliqués dans un premier accident pour lequel les pompiers sont intervenus sont également impliqués dans l'accident dont ceux-ci ont été victimes; fauchés par un véhicule tiers, leur présence sur les lieux étant consécutive au premier accident. • Civ. 2e, 25 oct. 2007 : *D. 2008. Chron. C. cass. 659, n° 14, obs. Nicoletis*. ♦ Sur la question de preuve, V. note 60. ♦ Les collisions successives intervenues dans un même laps de temps et dans un enchaînement continu constituent le même accident. • Civ. 2e, 17 juin 2010 : *D. 2011. 35, obs. Brun* ; *RLDC 2010/75, n° 3961, obs. Paulin* • 7 juill. 2011 : *RCA 2011, n° 358, obs. Groutel*.

60. *Présomption d'imputabilité.* Le conducteur d'un véhicule impliqué dans un accident ne peut se dégager de son obligation d'indemnisation que s'il établit que cet accident est sans relation avec le dommage. • Civ. 2e, 19 févr. 1997, n° 95-14.034 P : *D. 1997. 384, note Radé* ; *JCP 1998. II. 10005, note Brun; ibid. 1997. I. 4070, nos 32 s., obs. Viney; RCA 1997, n° 163, note Groutel* (victime décédée d'une crise cardiaque quelques minutes après un accident de la circulation lui ayant occasionné une blessure légère à la jambe). ♦ En cas d'accident complexe, lorsqu'un véhicule est impliqué dans un accident, l'imputation du dommage à cet accident est présumée : c'est au conducteur ou gardien du véhicule qu'il appartient de prouver que le dommage n'est pas imputable à l'accident dans lequel son véhicule est impliqué. Ainsi, lorsque après une collision entre deux automobiles, l'un des conducteurs a été éjecté de sa voiture et que, gisant au sol, il a été heurté par un autre véhicule, le conducteur de ce dernier doit être condamné à indemniser les ayants cause de la victime décédée, dès lors qu'il n'est pas établi que la victime avait été mortellement blessée dans la première collision et que le défendeur ne rapportait pas la preuve de l'absence de lien de causalité entre le dommage et le fait de son véhicule. • Civ. 2e, 25 mars 1991, n° 89-20.510 P : *RTD civ. 1991. 550, obs. Jourdain*. – V. dans le même sens : • Civ. 2e, 28 juin 1989 : *Gaz. Pal. 1989. 2. 898, note Chabas; JCP 1990. II. 21508, note Montanier* • 8 nov. 1989 : *Bull. civ. II, n° 200; D. 1990. Chron. 263, par Groutel* ; *RTD civ. 1990. 94, obs. Jourdain* • 24 oct. 1990, n° 89-18.423 P : *RTD civ. 1991. 131, obs. Jourdain* • 16 oct. 1991 : *D. 1992. Somm. 273, obs. Aubert* ; *JCP 1992. II. 21934, note Conte; Gaz. Pal. 1992. 2. Somm. 283, obs. Chabas; RTD civ. 1992. 125, obs. Jourdain* • 3 mars 1993, n° 91-15.506 P • 7 févr. 1996, n° 94-14.182 P : *RTD civ. 1996. 406, obs. Jourdain*. ♦ Sur la portée de la présomption d'imputabilité (présomption de fait), V. Jourdain, *obs. préc.*

61. *Absence de présomption d'imputabilité pour les dommages apparus postérieurement.* Il en va différemment pour l'imputation à un accident du préjudice révélé postérieurement : c'est à la victime demanderesse qu'il incombe d'apporter la preuve d'un lien de causalité entre l'accident et le dommage dont elle entend obtenir réparation. Les juges du fond ayant retenu que la dégradation de l'état de santé de la passagère d'une automobile blessée dans une collision avait commencé peu de temps après l'accident, ne peuvent faire supporter au conducteur d'un des véhicules la preuve de la non-imputabilité à l'accident du dommage qui s'est révélé postérieurement à celui-ci. • Civ. 2e, 24 janv. 1996, n° 94-13.678 P : *D. 1997. Somm. 30, obs. D. Mazeaud* ; *JCP 1996. I. 3944, n° 25, obs. Viney; RTD civ. 1996. 406, obs. Jourdain*. – V. dans le même sens : • Crim. 13 juin 1991, n° 90-83.491 P : *RTD civ. 1992. 125, obs. Jourdain* • Civ. 2e, 3 nov. 1991 : *RCA 1992, n° 17.*

SECTION I *Dispositions relatives au droit à indemnisation*

Art. 2 **Les victimes, y compris les conducteurs, ne peuvent se voir opposer la force majeure ou le fait d'un tiers par le conducteur ou le gardien d'un véhicule mentionné à l'article 1er.**

BIBL. Baqué, *LPA 25 juill. 2000* (recours entre coauteurs). – Béhar-Touchais, *JCP 1988. I. 3339*. – Groutel, *D. 1987. Chron. 86; ibid. 1990. Chron. 211*. – Jourdain, *RTD civ. 1993. 374*.

1. *Action récursoire du conducteur impliqué contre un autre conducteur impliqué.* Le conducteur d'un véhicule terrestre impliqué dans un accident de la circulation et son assureur qui a indemnisé les dommages causés à un tiers ne peuvent exercer un recours contre un autre conducteur impliqué que sur le fondement des art. 1214 anc., 1251 anc. et 1382 anc. [1240] C. civ. • Civ. 2e, 8 juill. 2004, n° 02-21.575 P : *D. 2004. IR 2836*. – Déjà en ce sens, visant les art. 1382 anc. [1240] et C. civ. : • Civ. 2e, 14 janv. 1998, n° 95-18.617 P : *R., p. 267; D. 1998. 174, note Groutel* ; *JCP 1998. II. 10045, note Jourdain; RTD civ. 1998. 393, obs. Jourdain* • 14 janv. 1998, n° 96-13.059 P • 18 mars 1998, n° 95-20.722 P • 29 avr. 1998, n° 96-17.994 P • 1er avr. 1999, n° 97-17.867 P • 11 déc. 2003, n° 02-12.694 P : *RTD civ. 2004. 306, obs. Jourdain*. ♦ Déjà en ce sens, pour l'assureur du conducteur : • Civ. 2e, 1er mars 2001, n° 99-11.974 P : *RTD civ. 2001. 609, obs. Jourdain*. ♦ La contribution à la dette a lieu en proportion des fautes respectives ; en l'absence de faute prouvée à la charge des conducteurs impliqués, la contribution se fait entre eux par parts égales. • Civ. 2e, 14 janv. 1998 : *préc.* • 18 mars 1998 : *préc.* • 29 avr. 1998 : *préc.* • 1er mars 2001 : *préc.* • 11 déc. 2003 : *préc.* • 8 juill. 2004 : *préc.* ♦ Le codébiteur tenu *in solidum*, qui a exécuté l'entière obligation, ne peut, comme le débiteur solidaire, même s'il agit par subrogation, répéter contre les autres débiteurs que les part et portion de chacun d'eux. • Civ. 2e, 1er mars 2001 : *préc.* • 8 juill. 2004 : *préc.*

2. Action récursoire d'un responsable pour faute contre un conducteur impliqué. L'action récursoire d'un coobligé fautif (Établissement français du sang, en l'espèce) contre le conducteur impliqué dans un accident de la circulation ne peut s'exercer que dans les conditions prévues par les art. 1382 anc. [1240] et 1251 anc. C. civ. • Civ. 2e, 6 mars 2003, nº 01-12.652 P : *R., p. 453 ; D. 2003. IR 867 ; RCA 2003, nº 200, note Groutel ; Dr. et patr. 7-8/2003. 77, obs. Chabas ; RTD civ. 2003. 310, obs. Jourdain* • 9 oct. 2003, nº 02-11.443 P : *D. 2003. IR 2550 ; Dr. et patr. 1/2004. 86, obs. Chabas* • 20 oct. 2005, nº 04-14.787 P : *D. 2006. 492, note Chantepie ; RCA 2006, nº 51, note Groutel (1re esp.) ; RTD civ. 2006. 122, obs. Jourdain (1re esp.)* • 24 mai 2006, nº 05-17.091 P : *D. 2006. IR 1637 ; RDSS 2006. 742, note Arhab* • 25 janv. 2007, nº 06-13.611 P : *D. 2007. AJ 443, obs. Gallmeister ; JCP 2007. II. 10035, note Radé ; Gaz. Pal. 2007. Somm. 2082, obs. Bacache-Gibeili ; RCA 2007, nº 116, note Groutel ; RLDC 2007/38, nº 2519, note Corgas-Bernard ; RGDA 2007. 349, note Landel ; LPA 18 avr. 2007, note Prigent ; RDC 2007. 725, obs. Borghetti ; RTD civ. 2007. 362, obs. Jourdain* • 25 janv. 2007 : *eod. loc.* ♦ Chacun des coobligés fautifs est tenu de contribuer par moitié à la réparation du dommage. • Civ. 1re, 5 juill. 2006, nº 05-15.235 P : *R., p. 400 ; D. 2006. IR 2127, obs. Gallmeister ; JCP 2007. II. 10031, note Vial ; ibid. I. 115, nº 14, obs. Stoffel-Munck ; RCA 2006. Étude 13, par Groutel ; RTD civ. 2006. 783, obs. Jourdain*. ♦ Comp., décidant que la contribution à la dette a lieu en proportion des fautes respectives du conducteur et du fournisseur de produits sanguins : • Civ. 2e, 25 janv. 2007 : *préc.* • Civ. 1re, 14 févr. 2008 : *JCP 2008. II. 10080, note Radé ; ibid. I. 186, obs. Stoffel-Munck ; RCA 2008, nº 137, obs. Groutel.* ♦ En cas de faute, la part contributive de chacun des coauteurs s'apprécie exclusivement en fonction de la gravité des fautes commises. • Civ. 2e, 13 janv. 2011, nº 09-71.196 P : *D. 2011. Actu. 303 ; RCA 2011, nº 132 ; RLDC 2011/80, nº 4165, obs. Bugnicourt.* ♦ ... Et en l'absence de toute faute du conducteur impliqué, l'assureur dispose d'un recours total contre le fournisseur de produits sanguins : • Civ. 2e, 17 avr. 2008, nº 07-16.824 : *D. 2008. AJ 1345, note Gallmeister ; JCP 2008. II. 10145, note Brusorio-Aillaud ; RLDC 2008/50, nº 3018, obs. Gaudin ; RDSS 2008. 572, obs. Arhab*.

Il résulte des dispositions des art. 1213 et 1214 anc. que le décès de l'un des codébiteurs tenus *in solidum*, comme celui d'un codébiteur solidaire, qui laisse plusieurs héritiers, n'efface pas le caractère solidaire de la dette au regard des débiteurs originaires. Il en modifie seulement les effets pour les héritiers, tenus dans la proportion de leurs parts héréditaires. • Civ. 2e, 20 mai 2020, nº 19-10.247 P : *RTD civ. 2020. 637, obs. Jourdain*.

3. Action récursoire contre les parents du mineur responsable au titre de la L. du 5 juill. 1985. L'action récursoire exercée par l'assureur subrogé dans les droits de la victime contre les parents du mineur tenu à réparation est fondée tant sur la L. du 5 juill. 1985 que sur l'art. 1384 anc. [1242], al. 4, C. civ. • Civ. 2e, 9 mars 2000, nº 97-22.119 P : *D. 2000. IR 131 ; RCA 2000. Chron. 13, par Groutel ; RTD civ. 2000. 590, obs. Jourdain*.

4. Action récursoire entre conducteur et gardien du véhicule impliqué. V. notes 7 s. ss. art. 1er.

5. Action récursoire contre le gardien de l'animal, cause de l'accident. Recours du conducteur tenu à réparation contre le gardien de l'animal qui a provoqué l'accident, sur le fondement de l'art. 1385 anc. [1243] C. civ. • Civ. 2e, 9 déc. 1992, nº 91-13.843 P. ♦ Le gardien d'un animal, condamné à ce titre à réparation envers un tiers, ne peut exercer de recours contre un conducteur d'un véhicule impliqué dans le même accident que sur le fondement des art. 1382 anc. et 1385 anc. [1240 et 1243] C. civ. • Civ. 2e, 13 juill. 2000, nº 98-21.530 P : *D. 2000. IR 225 ; RCA 2000, nº 324, note Groutel ; LPA 12 juill. 2001, note Marie ; RTD civ. 2000. 847 et 855, obs. Jourdain*. ♦ Cependant, un recours ne peut être exercé sur le fondement de l'art. 1385 anc. [1243] contre un conducteur, même lorsque celui-ci est aussi le gardien de l'animal qui a causé le dommage. • Civ. 2e, 11 juin 2009 : *cité note 19 ss. art. 1243.*

6. Action récursoire du tiers payeur. En vertu de l'art. 30 de la L. du 5 juill. 1985 le recours du tiers payeur (caisse primaire d'assurance maladie) a un caractère subrogatoire ; la caisse est donc fondée, comme la victime elle-même, à invoquer les dispositions de la L. du 5 juill. 1985 contre le tiers responsable, à l'exclusion des textes du droit commun. • Civ. 2e, 17 oct. 1990, nº 89-16.376 P : *RTD civ. 1991. 133, obs. Jourdain*. ♦ La liste de la L. du 5 juill. 1985, art. 29, sur les prestations ouvrant droit à recours est limitative. • Civ. 2e, 28 mars 1994, nº 92-19.897 P : *D. 1994. IR 110*. ♦ Cette loi, de portée générale, exclut toute disposition contraire et limite la portée d'une loi postérieure. • Même arrêt.

7. Action récursoire d'un conducteur contre un coauteur n'ayant pas la qualité de conducteur ou de gardien d'un véhicule. En vertu des art. 1382 anc. [1240] et 1251 anc. C. civ., le conducteur impliqué et condamné n'a de recours contre un coauteur n'ayant pas la qualité de conducteur ou de gardien d'un véhicule que dans la limite de la part de responsabilité encourue par ce dernier à l'égard de la victime. • Civ. 2e, 10 mars 2004, n° 02-13.518 P : *D. 2004. IR 1563 ; RCA 2004, n° 185, note Groutel ; Dr. et patr. 5/2004. 79, obs. Chabas ; RTD civ. 2004. 521, obs. Jourdain*. ♦ Sur le partage de responsabilité, V. note 18.

8. Incidence de la faute sur l'étendue du recours. Le fait pour le conducteur d'une motocyclette de circuler en transportant un passager dépourvu de casque constitue de sa part une faute de nature à concourir au dommage subi par ce passager et pouvant lui être opposée dans le cadre de l'action récursoire du conducteur d'un autre véhicule impliqué. • Civ. 2e, 18 sept. 2003, n° 02-15.461 P : *R., p. 455 ; D. 2003. IR 2413 ; Gaz. Pal. 2003. 3083 ; RCA 2004, n° 7, note Groutel ; RTD civ. 2004. 110, obs. Jourdain*.

9. Irrecevabilité des recours privant la victime de son indemnisation. Manque de base légale un arrêt qui retient qu'aucune limitation ni exclusion n'est applicable à l'indemnisation des ayants droit de la victime, sans rechercher si le recours du coauteur aurait pour effet de priver directement ou indirectement les victimes (en l'espèce, victimes par ricochet) de la réparation intégrale de leur préjudice. • Civ. 2e, 6 déc. 1989 : *D. 1991. 295, note Durnerin ; RTD civ. 1990. 296, obs. Jourdain*.

10. ... Recours contre le parent du mineur victime. Il ne résulte de l'art. 4 de la L. du 5 juill. 1985 aucune atteinte disproportionnée ni aucune atteinte substantielle au droit à un recours juridictionnel effectif dans le fait que seule la propre faute de la victime conductrice est de nature, sous le contrôle du juge, à limiter ou à exclure son droit à indemnisation. • Civ. 2e, 16 déc. 2010 : *préc. note 2 ss. art. 1240*. ♦ Le recours en garantie exercé par le coauteur d'un accident contre le parent d'un mineur victime d'un accident de la circulation ayant pour effet de priver directement ou indirectement cette victime de la réparation intégrale de son préjudice, prévue par les dispositions d'ordre public de la L. du 5 juill. 1985, est irrecevable. • Civ. 2e, 20 avr. 1988 : *D. 1988. 580, note Lambert-Faivre (2 arrêts) ; RTD civ. 1988. 790, obs. Jourdain*.

11. ... Recours contre la succession de la victime. Dans le même sens, pour le recours contre la succession de la victime, qui priverait les victimes par ricochet de l'indemnité leur revenant : • Civ. 2e, 13 janv. 1988 : *D. 1988. 293, note Groutel (2e esp.) ; RTD civ. 1988. 788, obs. Jourdain* • 28 juin 1989 : *Bull. civ. II, n° 139*. ♦ Mais il en va autrement s'il ne s'agit pas d'un recours en garantie, la demande visant à la réparation d'un préjudice propre. • Civ. 2e, 6 juill. 1994 : *JCP 1995. II. 22457, note Dagorne-Labbe ; RTD civ. 1994. 876, obs. Jourdain*.

12. ... Recours contre le conjoint de la victime. Est de même irrecevable l'action récursoire exercée par le coauteur d'un accident de la circulation contre le conjoint de la victime, ayant pour effet de priver directement ou indirectement celle-ci d'une indemnisation intégrale prévue par des dispositions d'ordre public. • Civ. 2e, 28 juin 1989, n° 88-15.708 P • 28 juin 1989 : *Bull. civ. II, n° 140 ; RTD civ. 1989. 767, obs. Jourdain* • 5 juill. 1989 : *Bull. civ. II, n° 144*. ♦ Mais la victime ne serait privée de son indemnisation par l'effet du recours que s'il y a communauté de vie entre elle et son conjoint : si le mari victime de l'accident est décédé, la communauté de vie entre les époux a disparu et c'est l'héritière seule et non l'épouse qui se verra privée du bénéfice de la réparation du préjudice de son conjoint. • Civ. 2e, 27 févr. 1991, n° 89-15.862 P : *RTD civ. 1991. 555, obs. Jourdain*.

13. ... Recours contre la victime elle-même et son assureur. Le coauteur d'un accident condamné à indemniser une victime de cet accident restée gardienne de son véhicule également impliqué ne peut recourir contre elle et son assureur en remboursement des sommes qu'il a dû lui verser. • Civ. 2e, 7 juin 2001, n° 99-18.220 P : *RCA 2001, n° 261, note Groutel*. ♦ Déjà en ce sens, refusant le recours contre les ayants droit de la victime : • Civ. 2e, 29 avr. 1994, n° 92-17.729 P : *RTD civ. 1995. 135, obs. Jourdain*.

14. Assurance du coauteur proche de la victime. Manque de base légale l'arrêt qui accueille le recours contre le coauteur conjoint de la victime, ce qui aurait pour effet de priver celle-ci de la réparation intégrale de son préjudice, sans rechercher si ce coauteur bénéficiait d'une assurance. • Civ. 2e, 17 juill. 1991, n° 89-13.388 P. ♦ ... Ainsi que l'arrêt qui accueille le recours contre un coauteur en constatant qu'il n'est pas assuré sans rechercher si ce recours n'avait pas pour effet de priver la victime de la réparation intégrale de son dommage. • Civ. 2e, 1er avr. 1992, n° 91-10.452 P. ♦ Mais le recours contre le coauteur assuré, parent de la victime, et son assureur ne porte aucun préjudice à celle-ci. • Civ. 2e, 18 mars 1992, n° 90-21.056 P. – V. aussi • Civ. 2e, 8 janv. 1992, n° 90-18.414 P • 9 déc. 1992, n° 91-11.409 P • 2 févr. 1994, n° 92-14.864 P. – Jourdain, *RTD civ. 1992. 574*.

15. Victime coauteur. Le droit de la victime à une indemnisation intégrale ne met pas obstacle au recours exercé contre elle en qualité de coauteur d'un dommage causé à un tiers, la qualité de victime ne pouvant l'exonérer de sa responsabilité encourue à l'égard d'autres victimes. • Civ. 2e, 27 févr. 1991, n° 89-17.368 P : *D. 1991. Somm. 325, obs. Aubert*. ♦ V. note 49 ss. art. 1er.

16. Cas des accidents du travail. Sur la dérogation à l'exclusion des recours contre l'employeur de la victime ou un membre de la même entreprise que celle-ci pour les accidents de la circulation survenus, à compter du 1er mars 1993, sur une voie ouverte à la circulation publique et impliquant un véhicule terrestre à moteur conduit par l'employeur ou une personne appartenant à l'entreprise, V. art. L. 455-1-1 CSS, issu de L. n° 93-121 du 27 janv. 1993, art. 15 et n° 94-43 du 18 janv. 1994, art. 69.♦ Pour la situation antérieure (exclusion du recours) : • Cass., ass. plén., 31 oct. 1991 (3 arrêts), n° 88-17.449 P : *R., p. 284; JCP 1992. II. 21800, note Saint-Jours; D. 1993. Somm. 271, obs. Prétot ; Gaz. Pal. 1992. 2. Somm. 289, obs. Chabas; RTD civ. 1992. 129, obs. Jourdain* . – V. aussi Groutel, *D. 1992. Chron. 19.*

17. Part contributive des coauteurs : en cas de faute exclusive de l'un d'eux. Avant de condamner, sur le recours du conducteur d'un véhicule terrestre à moteur assigné par la victime, le conducteur d'un autre véhicule impliqué dans l'accident, le juge est tenu de rechercher dans quelle mesure chaque conducteur doit contribuer à la réparation du dommage; il ne peut condamner le défendeur à rembourser intégralement les sommes versées à la victime sans retenir qu'il avait commis une faute, cause exclusive de l'accident. • Civ. 2e, 13 nov. 1991, n° 90-16.796 P.

18. ... En cas de fautes commises par plusieurs coauteurs. Le recours entre trois coauteurs, fondé sur la démonstration d'une faute, doit, eu égard au partage de la responsabilité par moitié entre deux de ceux-ci, être admis au profit du troisième à concurrence de moitié à l'égard de chacun des deux fautifs. • Civ. 2e, 20 juin 2002, n° 00-20.996 P : *D. 2002. IR 2173* ; *Dr. et patr. 2/2003. 106, obs. Chabas.*

19. ... En l'absence de faute des coauteurs. Lorsque aucune faute n'est établie contre les conducteurs de véhicules terrestres à moteur impliqués dans un accident de la circulation, leur contribution à l'indemnisation des victimes se répartit entre eux par parts viriles. • Civ. 2e, 19 juin 1991, n° 90-14.338 P. – Même sens : • Civ. 2e, 10 mai 1991, n° 90-12.257 P • 24 janv. 1996, n° 94-10.923 P : *RCA 1996, n° 91, et Chron. 12, par Groutel; RTD civ. 1996. 409, obs. Jourdain* • 18 déc. 1996, n° 95-11.984 P • 14 janv. 1998 : *préc. note 1* • 1er avr. 1999 : *préc. note 1* • 8 juill. 2004 : *préc. note 1* • 1er juin 2011, n° 10-20.036 P : *D. actu. 16 juin 2011, obs. Marrocchella; RCA 2011, n° 289.* ♦ Le codébiteur tenu *in solidum*, qui a exécuté l'entière obligation, ne peut comme le codébiteur solidaire, même s'il agit par subrogation, répéter contre les autres débiteurs que les part et portion de chacun d'eux. • Civ. 2e, 8 juill. 2004 : *préc. note 1.*

20. Recours du conducteur d'un véhicule impliqué contre un coauteur ni conducteur, ni gardien d'un véhicule. Le conducteur d'un véhicule impliqué et condamné à réparation ne peut exercer un recours contre un coauteur n'ayant pas la qualité de conducteur ou de gardien d'un véhicule que dans la limite de la part de responsabilité encourue par ce dernier à l'égard de la victime. • Civ. 2e, 10 mars 2004 : *préc. note 7.*

21. En cas de fautes, la part contributive de chacun des coauteurs s'apprécie uniquement en fonction de la gravité des fautes commises. • Civ. 2e, 13 janv. 2011 : *préc. note 2.*

Art. 3 **Les victimes, hormis les conducteurs de véhicules terrestres à moteur, sont indemnisées des dommages résultant des atteintes à leur personne qu'elles ont subis, sans que puisse leur être opposée leur propre faute à l'exception de leur faute inexcusable si elle a été la cause exclusive de l'accident.**

Les victimes désignées à l'alinéa précédent, lorsqu'elles sont âgées de moins de seize ans ou de plus de soixante-dix ans, ou lorsque, quel que soit leur âge, elles sont titulaires, au moment de l'accident, d'un titre leur reconnaissant un taux d'incapacité permanente ou d'invalidité au moins égal à 80 p. 100, sont, dans tous les cas, indemnisées des dommages résultant des atteintes à leur personne qu'elles ont subis.

Toutefois, dans les cas visés aux deux alinéas précédents, la victime n'est pas indemnisée par l'auteur de l'accident des dommages résultant des atteintes à sa personne lorsqu'elle a volontairement recherché le dommage qu'elle a subi.

BIBL. Bloch, *JCP 1988. I. 3328; ibid. 3332 bis.* – Bories, *Gaz. Pal. 1992. 2. Doctr. 679.* – Keime Robert-Houdin, *R. 1995, p. 141.* – Leduc, *RCA 2010. Étude 12* (sanction de la faute du conducteur victime). – Légier, *D. 1986. Chron. 97.* – C. Mouly, *D. 1987. Chron. 234.* – Rovinski, *Gaz. Pal. 1999. 1. Doctr. 192* (faute inexcusable du passager).

1. Faute inexcusable : notion. Est inexcusable, au sens de l'art. 3 de la L. du 5 juill. 1985, la faute volontaire, d'une exceptionnelle gravité, exposant sans raison valable son auteur à un danger dont il aurait dû avoir conscience. • Civ. 2e, 20 juill. 1987, n° 85-12.584 P : *R., p. 24, concl. Bouyssic; GAJC, 11e éd., n° 223* ; *Gaz. Pal. 1988. 1. 26 (trois arrêts), note Chabas* • Crim. 4 nov. 1987 : *Bull. crim. n° 383* • Cass., ass. plén., 10 nov. 1995, n° 94-13.912 P : *R., p. 321; D. 1995. 633, rapp. Chartier* ; *JCP 1996. II. 22564, concl. Jéol, note Viney; Gaz. Pal. 1996. 1. 174, concl. Jéol; ibid. 1997. 1. 82, note Chabas; Defrénois 1996. 762, obs. D. Mazeaud; RTD civ. 1996. 187, obs. Jourdain* • Civ. 2e, 11 avr. 2002, n° 00-12.224 P (cassation d'un arrêt retenant une appréciation *in concreto*) • 28 mars 2019, n° 18-14.125 P.

2. ... Incidence de l'état mental. Ne commet pas une faute inexcusable une victime qui, au moment de l'accident, est dans un état de confusion mentale ou, à tout le moins, d'absence momentanée de discernement. • Civ. 2e, 2 mars 2017, n° 16-11.986 P : *D. 2017. 800, note Noguéro* . ♦ *Contra* : L'état mental de la victime qui n'invoquait aucun titre lui reconnaissant un taux d'invalidité au moins égal à 80 % ne peut être pris en considération pour apprécier sa faute civile. • Civ. 2e, 7 juin 1989 : *D. 1989. 559, note Aubert; JCP 1990. II. 21451, note Barbiéri; Gaz. Pal. 1989. 2. 783, note Chabas; RTD civ. 1989. 766, obs. Jourdain.*

3. … Illustrations : piétons, fautes inexcusables. Il y a faute inexcusable, cause exclusive de l'accident, de la part d'un piéton qui traverse brusquement une autoroute ou une voie à grande circulation en surgissant à la sortie d'un tunnel, en franchissant les glissières de sécurité ou en franchissant un terre-plein planté de haies. • Civ. 2e, 15 juin 1988 (2 arrêts) : *Bull. civ. II, no 138* • 7 juin 1989 : *préc. note 2* • 28 juin 1989 : *Bull. civ. II, no 137* • 7 mars 1990, no 88-20.349 P • 13 févr. 1991, no 89-10.054 P. – V. aussi • Civ. 2e, 8 janv. 1992, no 89-18.663 P : *D. 1992. Somm. 208, obs. Couvrat et Massé ; ibid. 403, obs. Aubert* • 23 juin 1993, no 91-19.412 P • 6 déc. 1995, no 94-11.481 P • 29 nov. 1997, no 96-10.577 P : *RCA 1998, no 87, note Groutel; Dr. et patr. 1998. 1919, obs. Chabas* (piéton ayant franchi, de nuit, un talus et une glissière de sécurité pour accéder à une route nationale où il s'est couché au milieu de la chaussée) • 10 déc. 1998 : *RCA 1999, no 66 (2e esp.)* (piéton en état d'ébriété ayant enjambé les rails de sécurité) • 27 mai 1999, no 97-21.309 P (personne ayant quitté sa voiture en panne et se trouvant dans la voie de circulation la plus rapide d'une autoroute) • 5 févr. 2004, no 02-18.587 P (individu qui, fuyant la police, fait irruption sur une artère à quatre voies). • 7 oct. 2010 : *RGDA 2011. 101, note Landel* (personne en état d'ébriété s'étant jetée sur une voiture circulant en contrebas) • 28 mars 2013 : *cité note 5* (victime s'étant allongée volontairement sur une voie de circulation fréquentée, en état d'ébriété, de nuit, et en un lieu dépourvu d'éclairage public) • 28 mars 2019, no 18-15.168 P (piéton se tenant debout, en sécurité, à côté de sa voiture, stationnée en bon état de marche, sur un refuge d'autoroute et s'étant, sans raison valable connue, soudainement engagé à pied sur la chaussée de l'autoroute, à la sortie d'une courbe masquant la visibilité pour les véhicules arrivant sur les voies, devant un ensemble routier circulant sur la voie de droite à la vitesse autorisée).

4. … Illustrations : piétons, fautes excusables. Mais n'est pas inexcusable la faute du piéton qui traverse une route nationale de façon soudaine, sans regarder s'il arrivait des véhicules, et se jette sur l'un d'eux. • Civ. 2e, 20 avr. 1988, no 87-10.763 P. ♦ … Qui traverse la chaussée dans une agglomération, alors que les feux de signalisation lui en faisaient une interdiction absolue. • Civ. 2e, 20 avr. 1988, no 87-11.193 P. ♦ … Qui traverse sans précaution une artère urbaine à deux voies dans chaque sens en se faufilant entre des voitures à l'arrêt. • Civ. 2e, 12 nov. 1987 : *Bull. civ. II, no 222.* ♦ … Qui traverse la chaussée d'une avenue où la circulation était importante, en dehors des passages protégés, puis s'arrête et reprend sa traversée en courant. • Civ. 2e, 10 mai 1989 : *Gaz. Pal. 1989. 2. Somm. 462, obs. F. C.* ♦ … Qui entreprend, dans une zone de circulation intense, à la nuit tombante et alors qu'il pleuvait, la traversée d'une route à quatre voies de circulation sans emprunter un passage protégé se trouvant à proximité. • Civ. 2e, 7 févr. 1996, no 94-12.206 P. ♦ Même sens : • Civ. 2e, 28 janv. 1998, no 95-21.844 P • 14 janv. 1999 : *RCA 1999, no 66 (1re esp.)* (absence de barrière de sécurité) • Paris, 20 févr. 1996 : *Gaz. Pal. 1996. 2. Somm. 477, obs. J.-G. M.* ♦ … Qui, de nuit, descendu de sa voiture en panne, après avoir tenté d'arrêter plusieurs voitures, se place sur la route dans l'espoir d'être vu. • Civ. 2e, 4 juin 1997, no 94-21.881 P. ♦ Appréciation du comportement de la victime, risqué mais rendu nécessaire par les circonstances : • Civ. 2e, 13 sept. 2018, no 17-15.056 : *RCA 2018, no 300, note Groutel.*

5. … Illustrations : état d'ébriété. Ne caractérise pas l'exceptionnelle gravité de la faute de la victime la cour d'appel qui relève que la victime avait le comportement d'un homme ivre et s'était affalée sur la chaussée au moment précis où survenait un véhicule. • Civ. 2e, 24 mai 1991, no 90-12.006 P. – V. aussi • Civ. 2e, 23 juin 1993, no 92-10.466 P. ♦ N'est pas inexcusable la faute d'un piéton en état d'ébriété qui traversait une chaussée hors agglomération, de nuit, en l'absence de tout éclairage, alors que survenait un véhicule qu'il aurait dû voir. • Civ. 2e, 10 mai 1991, no 90-10.196 P • 3 mars 1993, no 90-18.797 P • 30 juin 2005, no 04-10.996 P : *JCP 2006. I. 111, no 12, obs. Stoffel-Munck.* ♦ Dans le même sens : • Cass., ass. plén., 10 nov. 1995 : *préc. note 1*, cassant • Paris, 16 mars 1994 : *D. 1994. 277, concl. Paire* (sur renvoi après cassation). ♦ V. aussi, dans le même sens que l'arrêt cassé : • Paris, 6 sept. 1994 : *D. 1995. 394, note Lapoyade-Deschamps*. ♦ Ne commet pas de faute inexcusable l'individu dans un état alcoolique proche du coma éthylique qui, en s'apprêtant à ouvrir la porte de sa voiture, a fait irruption brusquement sur la route et, en reculant, est venu heurter la remorque d'un véhicule. • Civ. 2e, 10 avr. 1991, no 89-21.762 P. ♦ … L'individu qui, se trouvant sous l'empire de la boisson, avait insisté pour prendre la place du passager à l'avant de l'automobile sans attacher sa ceinture de sécurité et s'était affalé sur le conducteur, sa corpulence et sa position interdisant à celui-ci de conserver la maîtrise de son véhicule. • Civ. 2e, 20 mars 1996, no 93-10.240 P. ♦ … Le piéton ivre qui s'était accroupi sur la chaussée, hors agglomération, de nuit par temps de brouillard, au milieu du couloir de marche de l'automobile. • Civ. 2e, 6 nov. 1996, no 95-12.428 P • 1er avr. 1998, no 96-17.402 P. ♦ Constitue une faute inexcusable le fait pour le propriétaire d'un véhicule d'en confier la conduite à une personne qu'il sait sous l'empire d'un état alcoolique. • Civ. 2e, 4 nov. 2004, no 03-16.424 P : *D. 2004. IR 3118 ; RCA*

2005. Étude 2, par Groutel ; RTD civ. 2005. 152, obs. Jourdain. ♦ ... Le fait pour la victime de s'allonger volontairement sur une voie de circulation fréquentée, en état d'ébriété, de nuit, et en un lieu dépourvu d'éclairage public • Civ. 2e, 28 mars 2013, n° 12-15.958.

6. ... *Illustrations : chutes.* Est inexcusable la faute de l'automobiliste qui, ayant arrêté sa voiture sur un pont surplombant une route, a enjambé le parapet et chuté. • Civ. 2e, 16 nov. 2000 : *RCA 2001, n° 41, note Groutel.* ♦ ... Qui, interpellé pour conduite en état d'ivresse manifeste et conduit à l'hôpital dans un fourgon de police pour une prise de sang, saute en marche du véhicule, se blessant mortellement. • Crim. 28 juin 1990, n° 88-86.996 P. ♦ ... Celle de la personne qui saute en marche d'un ensemble routier. • Civ. 2e, 19 janv. 1994, n° 92-13.804 P : *R., p. 362.* ♦ ... Celle de la personne qui fait une chute du toit d'une voiture en mouvement où elle était montée. • Civ. 2e, 25 oct. 1995, n° 93-17.084 P : *RCA 1996, n° 14, note Groutel.* ♦ Comp., écartant la faute inexcusable dans une situation voisine (personne montée par jeu sur le pare-chocs arrière d'une voiture) : • Civ. 2e, 3 juill. 2003, n° 01-16.405 P : *RCA 2003. Chron. 24, par Groutel*, cassant • Nancy, 11 juin 2001 : *BICC 1er nov. 2001, n° 1066.* ♦ V. aussi note 9.

7. ... *Illustrations : cyclistes.* Est inexcusable la faute d'un cycliste qui circule en sens interdit sur un boulevard, aborde une intersection alors que la signalisation lumineuse au rouge prohibait cette manœuvre et s'engage dans une autre voie à nouveau à contresens. • Civ. 2e, 7 juin 1990, n° 89-14.016 P. ♦ Mais n'est pas inexcusable la faute du cycliste qui tourne brutalement sans précaution. • Civ. 2e, 14 avr. 1988 : *Bull. civ. II, n° 78.* ♦ ... Qui tend son bras et se déporte aussitôt. • Civ. 2e, 17 févr. 1988 : *Bull. civ. II, n° 43.* ♦ ... Qui, sans respecter les obligations que lui imposait la présence d'un panneau « stop », s'engage sur une voie prioritaire. • Civ. 2e, 24 févr. 1988, n° 87-11.359 P. ♦ ... Qui, sans observer un feu rouge, met pied à terre pour se faufiler entre les voitures. • Civ. 2e, 18 nov. 1987 : *Bull. civ. II, n° 225* • 14 avr. 1988 : *ibid. II, n° 78.* ♦ ... Qui, circulant de nuit sans éclairage, débouche d'un sens interdit pour couper la route de l'automobile impliquée dans l'accident. • Civ. 2e, 28 mars 1994, n° 92-15.863 P.

♦ ... Qui a volontairement décidé d'emprunter de nuit la route départementale au lieu de la piste cyclable pour rentrer plus vite alors qu'il circulait sur une bicyclette dépourvue de tout éclairage et sans aucun équipement lumineux ou réfléchissant, qu'il connaissait les lieux et que compte tenu de son âge il avait conscience du danger. • Civ. 2e, 28 mars 2019, n° 18-14.125 P.

8. ... *Illustrations : circonstances diverses.* N'a pas commis une faute inexcusable la victime qui a glissé sur le carter d'une moissonneuse-batteuse où elle était montée pour désengorger l'engin malgré la présence d'une inscription l'interdisant. • Civ. 2e, 20 janv. 2000, n° 98-14.490 P : *D. 2000. IR 53*. ♦ ... Ni le piéton présent, malgré l'interdiction, sur une piste de kart, alors qu'il s'apprêtait à pousser un kart pour le faire démarrer. • Civ. 2e, 11 avr. 2002 : *préc. note 1.* ♦ ... Ni la personne assise sur la portière, vitre baissée, d'un véhicule, et qui a été victime d'une chute, même si ce comportement très imprudent est dû en partie à la consommation de résine de cannabis. • Crim. 2 nov. 2011 : *RCA 2012, n° 107.* ♦ Mais est inexcusable la faute de la personne qui, voyant sa voiture déplacée par un chariot élévateur, a eu un comportement totalement contraire à celui que devrait avoir une personne sensée jouissant de toutes ses facultés. • Civ. 2e, 5 juin 2003, n° 01-16.806 P : *D. 2003. IR 1946* ; *RCA 2003. Chron. 24, par Groutel ; RTD civ. 2003. 721, obs. Jourdain*.

9. *Faute inexcusable et causalité.* N'ont pas donné de base légale à leur décision les juges qui ont énoncé que la faute inexcusable de la victime n'était pas la cause exclusive de l'accident, sans caractériser un lien de causalité entre le comportement du conducteur et l'accident. • Civ. 2e, 19 janv. 1994, n° 92-13.804 P : *R., p. 362.* ♦ N'est pas la cause exclusive de l'accident la faute, même inexcusable, de la victime, montée sur le toit d'un autobus momentanément arrêté, s'il est constaté que le conducteur de l'autobus a remis son véhicule en marche alors qu'il savait qu'un passager était sur le toit. • Civ. 2e, 8 nov. 1993, n° 91-18.127 P. ♦ N'est pas la cause exclusive de l'accident dont il a été victime en tant que passager transporté la faute, inexcusable, commise par le propriétaire d'un véhicule qui en a confié la conduite à une personne qu'il savait sous l'empire d'un état alcoolique. • Civ. 2e, 4 nov. 2004 : *préc. note 5.*

10. *Recherche volontaire du dommage.* Une cour d'appel qui retient, dans l'exercice de son pouvoir souverain d'appréciation, que la victime a volontairement recherché le dommage, en déduit exactement, sans avoir à rechercher si le conducteur impliqué avait commis une faute, que les ayants droit de la victime ne pouvaient être indemnisés. • Civ. 2e, 24 juin 1998, n° 96-11.897 P : *D. 1998. IR 191* ; *RCA 1998, n° 309, obs. Groutel.* ♦ Il y a recherche volontaire du dommage en cas de suicide de la victime. • Civ. 2e, 24 févr. 1988 : *Bull. civ. II, n° 49.* ♦ ... Ou de comportement suicidaire. • Civ. 2e, 21 juill. 1992, n° 91-13.186 P : *D. 1993. Somm. 212, obs. Aubert*. – V. aussi • Civ. 2e, 29 nov. 1997 : *préc. note 3* • 31 mai 2000, n° 98-16.707 P : *D. 2000. IR 185* ; *JCP 2001. II. 10577, note Butruille-Cardew* • 16 nov. 2000 : *préc. note 6.* ♦ En revanche, il n'en est pas ainsi en cas de participation à un attroupement illicite, dès lors que les juges du fond n'établissent pas qu'en se maintenant sur la chaussée devant une voiture dont le chauffeur se trouvait aux prises avec d'autres manifestants, la victime s'est mise délibérément dans la situation de se faire blesser. • Civ.

2e, 17 févr. 1988 : *Bull. civ. II, n° 44.* ♦ V. conf., pour la personne qui, en tant que passager, a laissé le conducteur ivre conduire à grande vitesse et lui a fourni de l'alcool à boire : • Crim. 22 mai 2002, n° 01-81.773 P : *D. 2002. IR 2238*.

11. Recours du tiers payeur. La caisse, tiers payeur, est subrogée dans l'ensemble des droits de la victime, y compris ceux conférés par la loi en considération de sa situation personnelle (victime âgée de moins de seize ans) ; la règle de portée générale selon laquelle une telle victime dispose en raison de son âge à la date de l'accident d'un droit à la réparation intégrale qu'aucune faute personnelle, même inexcusable, ne peut réduire, détermine ainsi l'ampleur de sa créance d'indemnisation ; ce droit est nécessairement compris dans les droits et actions transmis par cette victime, par l'effet de la subrogation légale, au tiers payeur qui a réglé tout ou partie de cette créance à la place du conducteur du véhicule impliqué. • Civ. 2e, 17 juin 2010, n° 09-67.530 P : *D. 2010. 1708* ; *RLDC 2010/74, n° 3928, obs. Paulin.*

Art. 4 **La faute commise par le conducteur du véhicule terrestre à moteur a pour effet de limiter ou d'exclure l'indemnisation des dommages qu'il a subis.**

1. QPC (non). Absence de renvoi de l'art. 4 au Conseil constitutionnel pour une question prioritaire de constitutionnalité : • Civ. 2e, 16 déc. 2010, n° 10-17.096 P : *D. 2011. 76, obs. Gallmeister* ; *RLDC 2010/77, n° 4043, obs. Le Nestour-Drelon ; ibid. 2011/80, n° 4164, obs. Bugnicourt* • 9 sept. 2010 : *D. 2011. 35, obs. Brun et Gout* ; *RGDA 2011. 95, note Landel.*

A. NOTIONS DE CONDUCTEUR ET DE NON-CONDUCTEUR

2. Fonctionnement du moteur, circonstance indifférente. Sont exclus du bénéfice de l'art. 3 de la L. du 5 juill. 1985 les conducteurs de véhicules terrestres à moteur, que ce moteur soit ou non en marche au moment de l'accident. • Civ. 2e, 13 janv. 1988 : *Bull. civ. II, n° 14* • Crim. 10 janv. 2001, n° 00-82.422 P. ♦ Est un conducteur le cyclomotoriste à l'arrêt sur son engin. • Civ. 2e, 4 févr. 1987 : *Bull. civ. II, n° 33.* ♦ ... Occupé à la fixation sur sa tête de son casque réglementaire tout en se tenant debout, les deux pieds au sol, le cyclomoteur entre les jambes. • Civ. 2e, 29 mars 2012 : *D. 2012. Chron. C. cass. 2057, note Adida-Canac et Bouvier*. ♦ ... Comme celui qui essaie de faire démarrer son véhicule en pédalant. • Civ. 2e, 28 avr. 1986 : *Bull. civ. II, n° 63.* ♦ ... Ou qui, assis sur la selle, le fait avancer à l'aide de ses jambes. • Crim. 10 janv. 2001 : *préc.* ♦ Est un conducteur celui qui, au moment de l'accident, se trouve dans une automobile remorquée à l'aide d'une barre de fer courte et rigide, dès lors qu'il a une certaine maîtrise dans la conduite du véhicule. • Civ. 2e, 14 janv. 1987 : *JCP 1987. II. 20768, note Chabas.*

3. Fauteuil roulant électrique. Par l'instauration d'un dispositif d'indemnisation sans faute par la L. du 5 juill. 1985, interprétée à la lumière des objectifs assignés aux États par la Convention internationale des droits des personnes handicapées du 30 mars 2007, le législateur, prenant en considération les risques associés à la circulation de véhicules motorisés, a entendu réserver une protection particulière à certaines catégories d'usagers de la route, à savoir les piétons, les passagers transportés, les enfants, les personnes âgées, et celles en situation de handicap. Il en résulte qu'un fauteuil roulant électrique, dispositif médical destiné au déplacement d'une personne en situation de handicap, n'est pas un véhicule terrestre à moteur ; cassation de l'arrêt ayant reconnu la qualité de conducteur d'un véhicule terrestre à moteur pour la personne utilisant un fauteuil roulant électrique. • Civ. 2e, 6 mai 2021, n° 20-14.551 P : *D. 2021. 1413, note Oudot* ; *ibid. 1695, obs. Kenfack* ; *ibid. 2022. 35, obs. Quézel-Ambrunaz* ; *RDSS 2021. 926, note de Bertier-Lestrade* ; *RTD civ. 2021. 660, obs. Jourdain* ; *JCP 2021, n° 767, note Raoul-Cormeil.*

4. Victime poussant à la main son véhicule. En revanche, n'est pas un conducteur le possesseur d'un véhicule en panne qui, à pied, le pousse d'une main et le dirige de l'autre. • Crim. 22 mars 1988 : *D. 1988. IR 152.* ♦ ... La personne qui court sur la chaussée en poussant son cyclomoteur pour tenter de le faire démarrer. • Civ. 2e, 7 oct. 2004, n° 02-17.738 P : *D. 2005. 938, note C. Maury*. ♦ ... Celle qui traverse la chaussée à pied en tenant son cyclomoteur à la main. • Civ. 2e, 14 janv. 1987 : *JCP 1987. II. 20910, note Chabas.*

5. Accident survenu au conducteur descendant ou descendu de son véhicule. N'est pas un conducteur la personne qui est sortie du véhicule dont elle se trouve à proximité et dont elle assurait la conduite dans un temps voisin de l'accident. • Civ. 2e, 4 déc. 1985 : *Bull. civ. II, n° 186* • 15 juin 1988, n° 87-14.684 P ♦ ... La personne qui a été heurtée soit à l'extérieur du véhicule, soit alors qu'elle était occupée à y prendre place. • Civ. 2e, 20 avr. 1988 : *JCP 1989. II. 21328, note Dagorne-Labbe (2e esp.).* ♦ ... Qui était en train de changer une roue. • Civ. 2e, 12 févr. 1986 : *Bull. civ. II, n° 13.* ♦ ... Qui a été blessée au moment où, après avoir arrêté la voiture, coupé le moteur et ouvert la portière, elle descendait du véhicule. • Civ. 2e, 10 mars 1988 : *JCP 1989. II. 21328, note Dagorne-Labbe (1re esp.)* • 31 mai 1995, n° 93-17.100 P. ♦ ... Celle qui descend du véhicule pour porter secours à une autre victime. • Civ. 2e, 20 juill. 1987 : *Bull. civ. II, n° 164.*

6. Constance de la qualité de conducteur ou de non-conducteur au cours d'un accident unique, V. note 11.

7. Constance de la qualité de conducteur ou de non-conducteur au cours d'un accident unique. La qualité de conducteur ou de piéton de la victime ne peut changer au cours de l'accident reconnu comme un accident unique et indivisible. • Civ. 2e, 1er juill. 2010, n° 09-67.627 P : *D. 2011. 35, obs. Brun ; ibid. 2011. Chron. C. cass. 632, obs. Adida-Canac et Grignon-Dumoulin ; JCP 2011, n° 435, obs. Bloch ; RLDC 2010/75, n° 3961, obs. Le Nestour-Drelon ; RTD civ. 2010. 792, obs. Jourdain* • 12 mai 2011 : *RCA 2011, n° 287, obs. Groutel.*

8. Conducteur resté dans le véhicule mais ayant quitté le volant. Absence de qualité de conducteur pour la victime d'un accident, qui à la suite d'une panne s'était installée à l'arrière du véhicule pour se reposer et avait donc quitté les commandes de son véhicule, dont elle n'a par conséquent pas gardé la maîtrise. • Crim. 31 mai 2016, n° 15-83.625 P.

9. Accident survenu après la chute ou l'éjection du conducteur. N'est pas un conducteur le motocycliste tombé de sa machine à la suite d'un dérapage. • Civ. 2e, 28 mai 1986 : *JCP 1986. II. 20692, note Chabas.* ♦ ... Le cyclomotoriste gisant sur la chaussée à plusieurs mètres de son cyclomoteur. • Civ. 2e, 2 déc. 1987 : *Bull. civ. II, n° 255.* ♦ ... La victime qui n'était plus sur son cyclomoteur lorsque l'automobile est passée sur elle. • Civ. 2e, 24 mai 1991 : *JCP 1993. II. 21987, note Dagorne-Labbe* • 8 nov. 1995, n° 93-11.891 P. ♦ V. conf., pour l'automobiliste éjecté de son véhicule lors d'une collision et heurté à terre par une autre automobile : • Civ. 2e, 11 déc. 1991 : *JCP 1993. II. 21987, note Dagorne-Labbe* • 16 avr. 1996, n° 94-11.904 P (accident réalisé en deux temps) • 29 avr. 1998, n° 96-18.421 P (motard éjecté après un premier choc, puis heurté alors qu'il gisait à terre) • 29 juin 2000 : *LPA 31 oct. 2000, note Leroy* (idem) • Crim. 9 mars 2004, n° 03-84.991 P : *R., p. 385 ; D. 2004. IR 1645* (idem). ♦ Comp. le cas où la chute et la collision se réalisent en un seul trait de temps, note 10. ♦ ... Ou l'automobiliste dont le véhicule s'est immobilisé sur la chaussée après une perte de contrôle et à qui on est en train de porter secours. • Civ. 2e, 24 nov. 1993, n° 92-12.549 P.

10. Accident survenu au cours de la chute ou de l'éjection du conducteur. La qualité de conducteur perdure lors des différentes phases d'un accident complexe, au cours duquel des collisions se succèdent dans un enchaînement continu et dans un même laps de temps, et qui constitue un accident unique. • Crim. 3 mai 2017, n° 16-84.485 P : *RCA 2017, n° 219, note Groutel.* ♦ Cassation de l'arrêt ayant reconnu la qualité de piéton à la victime impliquée dans un premier accident et ayant été percuté par un autre véhicule alors qu'il était descendu de son véhicule pour porter secours à la personne percutée par son propre véhicule. • Même arrêt. ♦ V. déjà : ne perd pas la qualité de conducteur celui qui tombe de son engin et vient, en glissant sur la chaussée, heurter un véhicule. • Civ. 2e, 4 oct. 1989 : *JCP 1991. II. 21600, note Dagorne-Labbe* • 11 janv. 1995, n° 93-15.766 P • 18 oct. 1995, n° 93-16.640 P • Nîmes, 5 mars 1992 : *JCP 1993 II. 22016, note Bories.* ♦ ... Ou celui qui, lors d'une collision avec un camion, est éjecté de sa voiture et écrasé par les roues du camion. • Civ. 2e, 15 mai 1992, n° 91-11.330 P : *RTD civ. 1992. 775, obs. Jourdain*. ♦ ... Ou le motocycliste qui, tombant de sa machine, est au même moment heurté par une automobile venant en sens inverse. • Civ. 2e, 31 mars 1993, n° 91-12.353 P • 8 déc. 1993, n° 92-13.452 P • 5 juin 2003, n° 01-17.486 P : *D. 2003. IR 1735*. ♦ ... Ou par derrière, dès lors que les faits se sont produits en un seul trait de temps. • Civ. 2e, 16 avr. 1996, n° 93-18.897 P • 6 févr. 2003, n° 00-18.501 P : *Dr. et patr. 9/2003. 114, obs. Chabas* • 8 oct. 2009, n° 08-16.915 P : *D. 2009. AJ 2488 ; Gaz. Pal. 2009. 3826, note Dumery ; RLDC 2009/66, n° 3644, obs. Bugnicourt.* ♦ V. aussi, pour le maintien de la qualité de conducteur en cas de chocs successifs globalisés en un accident complexe : • Civ. 2e, 20 juin 2002, n° 00-20.747 P : *RTD civ. 2002. 827, obs. Jourdain*.

11. Pouvoir de contrôle ou ingérence dans la conduite. L'élève d'une auto-école, ne disposant pas des pouvoirs de commandement, ne peut être considéré comme co-conducteur. • Civ. 2e, 29 juin 2000, n° 98-18.847 P : *D. 2000. IR 226 ; JCP 2001. II. 571, note Bailloeuil ; RCA 2000, n° 294, note Groutel.* ♦ Mais a seul la qualité de conducteur le mineur, stagiaire agricole, aux commandes du tracteur, alors que le maître de stage, monté sur la flèche arrière, est privé de tout moyen de direction et de contrôle de l'engin. • Civ. 2e, 22 mai 2003, n° 01-15.311 P : *D. 2004. Somm. 1342, obs. Jourdain ; Dr. fam. 2003, n° 155, note J. Julien.* ♦ De même, a la qualité de conducteur le propriétaire du véhicule confié à un garage pour réparation, qui, à la demande du garagiste, a remis en marche le moteur de la voiture placée sur un pont élévateur, après avoir pris place au volant. • Civ. 2e, 25 oct. 2007, n° 05-21.807 P : *D. 2008. Chron. C. cass. 660, n° 16, obs. Nicoletis ; RCA 2007, n° 351, note Groutel.* ♦ Prend la qualité de conducteur le passager qui se saisit du volant tout en appuyant sur la jambe droite du conducteur, provoquant ainsi l'accélération du véhicule. • Civ. 2e, 31 mai 2000, n° 98-21.203 P : *RCA 2000, n° 259, note Groutel.* ♦ Mais le seul fait que le passager a manœuvré le volant n'établit pas qu'il se soit substitué à la conductrice dans la conduite du véhicule et qu'il ait acquis la qualité de conducteur. • Civ. 2e, 23 mars 2017, n° 15-25.585 P.

12. Passager actionnant la clé de contact. Cassation de l'arrêt qui considère que n'acquiert pas la qualité de conducteur le passager d'une voiture à l'arrêt qui actionne la clé de contact pour mettre en marche l'auto-radio ; en effet il a actionné le démarreur et sa manœuvre a mis la voiture en mouvement. • Civ. 2e, 28 mars 2013 : *préc. note 24 ss. art. 1er* (enfant de 13 ans ayant fortuitement mis en marche la voiture). ♦ *Contra* :

• Bordeaux, 20 janv. 1994 : *BICC 1er avr. 1994, n° 397.*

13. Victime présumée non-conducteur. La victime d'un accident de la circulation doit seulement prouver l'implication du véhicule ; c'est au gardien du véhicule impliqué d'apporter la preuve que la victime avait la qualité de conducteur au moment de l'accident. • Civ. 2e, 16 mai 1994, n° 92-17.135 P : *R., p. 362* • 6 nov. 1996, n° 95-10.786 P. ♦ V. déjà : • Civ. 2e, 9 juill. 1986 : *D. 1987. 1, note Groutel ; JCP 1987. II. 20747, note F. C.* – Même sens, implicitement : • Civ. 2e, 10 mars 2004, n° 01-14.794 P : *RCA 2004, n° 181, note Groutel.* ♦ Comp., dans la même affaire : • Civ. 2e, 4 nov. 2004 : *D. 2004. IR 3118 ; RCA 2005. Étude 2, par Groutel ; RTD civ. 2005. 152, obs. Jourdain .* ♦ Comp. également : • Civ. 2e, 3 mai 2007 : *RCA 2007, n° 245, note Groutel ; LPA 8 janv. 2008, obs. Vignon-Barrault ; RTD civ. 2008. 114, obs. Jourdain* (impossibilité de déterminer lequel des deux occupants d'une motocyclette avait la qualité de conducteur). ♦ Pour un conducteur resté dans le véhicule mais ayant quitté le volant et ainsi perdu sa qualité de conducteur. • Crim. 31 mai 2016, n° 15-83.625 P.

B. SITUATION DU CONDUCTEUR

BIBL. Groutel, *D. 1995. Chron. 335 ; ibid. 1997. Chron. 18 ; RCA 1998. Chron. 17* (indemnisation du conducteur victime). – Leduc, *RCA 2001. Chron. 2* (sanction de la faute du conducteur victime) ; *RCA 2006. Étude 19* (indemnisation de la victime conductrice fautive). – Mazars, *RCA 2012. Étude 17* (le conducteur victime). – Ridel, *RCA 2006. Étude 3* (faute de comportement du conducteur victime). – Sutter, *RCA 2012. Étude 18.*

14. Principe de la prise en compte de la faute. La différence instaurée par les art. 3 et 4 de la L. du 5 juill. 1985 entre les fautes des conducteurs et celles des non-conducteurs se justifie pleinement par le fait que les premiers constituent une catégorie de personnes ayant le contrôle, l'usage et la direction de leurs véhicules dont elles sont par conséquent responsables de la conduite, au contraire des seconds ; elle n'est donc pas discriminatoire. • Paris, 4 mars 2002, n° 2000/03243. ♦ Le juge du fond doit répondre aux conclusions qui invoquent une faute du conducteur victime (absence de port correct du casque par un motocycliste), • Crim. 24 févr. 2015, n° 14-82.350 P.

15. Conséquences de la faute du conducteur victime. En vertu de l'art. 4 de la L. du 5 juill. 1985, la faute commise par le conducteur d'un véhicule terrestre à moteur victime d'un accident de la circulation a pour effet de limiter ou d'exclure l'indemnisation de son dommage dès lors qu'elle a contribué à sa réalisation. • Civ. 2e, 16 oct. 1991, n° 89-14.856 P : *D. 1992. Somm. 275, obs. Aubert* (cyclomotoriste circulant sans casque) • Crim. 24 févr. 2015, n° 14-82.350 P (*idem*) • 15 mai 1992, n° 91-11.330 P (automobiliste n'ayant pas mis sa ceinture de sécurité) • 5 oct. 1994, n° 92-20.540 P : *R., p. 362* • 16 nov. 1994, n° 93-10.156 P : *RTD civ. 1995. 385, obs. Jourdain* (vitesse excessive). ♦ V. aussi • Civ. 2e, 7 févr. 1990, n° 88-17.124 P (dommages aux biens). ♦ Le juge du fond apprécie souverainement si l'indemnisation du conducteur victime qui a commis une faute doit être limitée dans une certaine proportion. • Civ. 2e, 28 janv. 1998, n° 96-15.017 P.

16. ... En cas d'implication de plusieurs véhicules. Lorsque plusieurs véhicules sont impliqués dans un accident de la circulation, chaque conducteur a droit à une indemnisation des dommages qu'il a subis, directement ou par ricochet, sauf s'il a commis une faute ayant contribué à la réalisation de son préjudice ; il appartient alors au juge d'apprécier souverainement si cette faute a pour effet de limiter l'indemnisation ou de l'exclure. • Cass., ch. mixte, 28 mars 1997, n° 93-11.078 P : *BICC 1er juill. 1997, concl. Monnet, rapp. Ollier ; D. 1997. 294, note Groutel ; ibid. Somm. 291, obs. D. Mazeaud ; JCP 1997. I. 4025, nos 25 s., obs. Viney ; Gaz. Pal. 1997. 1. 293 ; ibid. Doctr. 750, étude Appietto ; RTD civ. 1997. 681, obs. Jourdain ; Dr. et patr. 1997. 1712, obs. Chabas* • Civ. 2e, 6 mai 1997, n° 95-14.996 P : *D. 1997. 503, note Groutel* • 6 mai 1997, n° 95-15.483 P : *D. 1997. 503, note Groutel* • 3 juill. 1997, n° 95-19.313 P : *RCA 1997, n° 334, et Chron. 28, par Groutel* • 9 juill. 1997, n° 93-17.286 P : *RCA 1997, n° 334, et Chron. 28, par Groutel* • 18 mars 1998, n° 93-19.841 P • 5 nov. 1998, n° 97-11.124 P • 20 juin 2002, n° 00-20.747 P : *RTD civ. 2002. 827, obs. Jourdain* • Crim. 2 juin 2004, n° 03-85.811 P. ♦ Déjà dans le même sens : • Crim. 22 mai 1996, n° 94-85.607 P : *R., p. 363 ; D. 1997. 138, note Chabas ; RTD civ. 1997. 153, obs. Jourdain .* – V. aussi Groutel, *D. 1997. Chron. 18 .* ♦ Mais le juge n'a pas à tenir compte du comportement du conducteur de l'autre véhicule impliqué. • Civ. 2e, 7 juill. 2011 : *RCA 2011, n° 357, obs. Groutel* (il appartient au juge d'apprécier souverainement si la faute a pour effet de limiter l'indemnisation ou de l'exclure, en faisant abstraction du comportement de l'autre conducteur : cassation de l'arrêt qui se réfère à la seule cause génératrice de l'accident, se fondant sur le comportement du conducteur de l'autre véhicule impliqué) • 22 nov. 2012 : *D. 2013. Chron. C. cass. 599, obs. Bouvier et Adida-Canac* (cassation de l'arrêt qui se réfère à la seule cause génératrice de l'accident, se fondant sur le comportement du conducteur de l'autre véhicule impliqué) • Crim. 16 févr. 2016, n° 15-80.705 P • Civ. 2e, 3 mars 2016, n° 15-14.285 P.

17. Faute du conducteur victime : condition de l'exonération totale. Les juges du fond qui ont retenu à la charge du conducteur une faute de nature à exclure en totalité son droit à indemnisation n'ont pas à rechercher si cette faute était la cause exclusive de l'accident. • Civ. 2e, 9 oct. 2003, n° 01-17.109 P : *D. 2003. IR 2550 ; Gaz. Pal.*

2004. 1877, note Landel • 10 juin 2004, n° 03-13.345 P : *D. 2004. IR 2549* ; *RCA 2004, n° 257, note Groutel* • 30 juin 2005 : *LPA 27 déc. 2005, note Pierroux.* ♦ En retenant que, pour entraîner le rejet de toute indemnisation, la faute du conducteur doit être la cause exclusive de l'accident, ils ajoutent une condition à la loi. • Civ. 2e, 18 mars 2004, n° 02-12.679 P : *RCA 2004, n° 182, note Groutel.*

18. *Appréciation de la faute du conducteur victime.* La faute de la victime ayant contribué à son préjudice doit être appréciée en faisant abstraction du comportement de l'autre conducteur (cassation des arrêts qui s'y réfèrent). • Civ. 2e, 14 nov. 2002, n° 00-19.028 P : *D. 2002. IR 3245* ; *Dr. et patr. 2/2003. 104, obs. Chabas* • 5 juin 2003, n° 01-17.486 P : *D. 2003. IR 1735* • 31 mai 2005, n° 04-86.476 P : *R., p. 399* ; *D. 2005. IR 1807* ; *Gaz. Pal. 2005. 4108, note Monnet* ; *RCA 2005. Étude 13, par Groutel* ; *RTD civ. 2005. 790, obs. Jourdain* • Civ. 2e, 13 oct. 2005 : *cité note 22* • Crim. 18 oct. 2005 : *RCA 2006, n° 17, note Groutel.* ♦ Comp. : la prise en considération du comportement de l'autre conducteur est surabondante. • Crim. 27 juin 2006 (3 arrêts), n° 05-87.114 P : *R., p. 449* ; *Gaz. Pal. 2006. Somm. 3334, obs. M. B.* ; *ibid. 2007. Somm. 489, obs. Y. M.* ; *RCA 2006, n° 335, note Groutel* ; *RTD civ. 2006. 781, obs. Jourdain* . – Déjà en ce sens : • Crim. 2 juin 2004 : *préc. note 16.*

19. *Pouvoir d'appréciation des juges sur la faute du conducteur victime.* Les juges du fond ne peuvent rejeter la demande d'indemnisation d'un conducteur victime sans avoir recherché s'il avait commis une faute de nature à limiter ou à exclure son droit à indemnisation. • Civ. 2e, 28 janv. 1998, n° 96-14.849 P. ♦ Il appartient aux juges du fond d'apprécier souverainement si la faute du conducteur victime a pour effet de limiter son indemnisation ou de l'exclure. • Civ. 2e, 14 janv. 1998, n° 96-12.585 P : *JCP 1998. I. 144, n° 24, obs. Viney* • 22 janv. 2004 : *JCP 2004. IV. 1524.* ♦ V. conf. • Civ. 2e, 28 janv. 1998, n° 96-10.045 P • 28 janv. 1998, n° 96-13.596 P • 28 janv. 1998, n° 96-19.336 P • 23 sept. 1999 : *D. 1999. IR 248* • 15 nov. 2001, n° 99-19.459 P : *D. 2001. IR 3588* (non-respect d'un feu à l'orange : exclusion du droit à indemnisation) • 20 juin 2002, n° 00-21.414 P (circulation dans la moitié gauche de la chaussée, nonobstant une relaxe au pénal du chef de vitesse excessive : exclusion du droit à indemnisation) • 11 juill. 2002, n° 00-22.445 P : *D. 2003. 859, note Groutel (1re esp.)* (vitesse excessive d'un poids lourd sur une autoroute encombrée : exclusion du droit à indemnisation) • 22 janv. 2004, n° 02-14.918 P : *Dr. et patr. 4/2004. 115, obs. Chabas* (freinage brutal sur route boueuse ; non-port de la ceinture de sécurité). ♦ Une première décision ayant estimé que la victime, en raison de sa faute, n'avait pas droit à la réparation de son préjudice matériel et une deuxième décision n'ayant, en raison de la même faute, réduit le droit à réparation de son préjudice corporel que de moitié, la Cour de cassation décide que les deux décisions ne sont pas inconciliables dans leur exécution. • Civ. 2e, 19 mars 2015, n° 14-16.275 P.

20. *Obligation pour le juge de tenir compte de la faute du conducteur victime.* Inversement, les juges du fond ne peuvent accorder au conducteur victime l'entier dédommagement du préjudice qu'il a subi dès lors qu'il a commis une faute en relation avec son dommage. • Civ. 2e, 27 janv. 2000, n° 98-12.363 P : *D. 2000. IR 93* (tricycle à moteur circulant sur une autoroute dont l'accès lui était interdit) • 23 mai 2013, n° 12-18.339 (sortie d'une voie privée d'un ensemble routier agricole, la remorque empiétant partiellement sur la voie de circulation de l'autre véhicule impliqué).

21. *Exigence d'un lien causal entre la faute du conducteur victime et le dommage.* Il n'y a pas lieu de réduire l'indemnisation du préjudice corporel subi par le conducteur d'un véhicule entré en collision avec un autre en raison de l'absence du port de la ceinture de sécurité s'il a été constaté qu'il n'existait pas de relation de cause à effet entre les blessures et l'absence du port de la ceinture de sécurité. • Civ. 2e, 7 févr. 1990, n° 86-17.023 P.

22. *Illustrations : alcoolémie, stupéfiants.* Ayant déduit des circonstances de l'accident l'absence de lien de causalité entre l'état d'alcoolémie du conducteur victime et la réalisation de son dommage, une cour d'appel refuse à bon droit de limiter ou d'exclure son droit à indemnisation. • Cass., ass. plén., 6 avr. 2007, n° 05-81.350 P : *R., p. 441* ; *BICC 15 juin 2007, rapp. Gallet, avis Charpenel* ; *D. 2007. 1839, note Groutel* ; *ibid. AJ 1199, obs. Gallmeister* ; *ibid. Pan. 2906, obs. Brun* ; *JCP 2007. II. 10078, note Jourdain* ; *ibid. I. 185, n° 9, obs. Stoffel-Munck* ; *LPA 21 nov. 2007, note Dagorne-Labbe* ; *RLDC 2007/40, n° 2597, note G'Sell-Macrez* ; *RGDA 2007. 613, note Landel* ; *RTD civ. 2007. 789, obs. Jourdain* • 6 avr. 2007, n° 05-15.950 P : *eod. loc.* ♦ *Contra*, antérieurement : la conduite sous l'empire d'un état alcoolique ou de stupéfiants constitue une faute en relation avec le dommage du conducteur victime de nature à limiter ou exclure son droit à indemnisation. • Civ. 2e, 13 oct. 2005, n° 04-17.428 P : *D. 2006. 425, note Cornut* ; *JCP 2006. II. 10004, note Kessler* ; *ibid. I. 111, n° 11, obs. Stoffel-Munck* ; *RCA 2005, n° 348, note Groutel.* ♦ Déjà en ce sens, pour l'alcoolémie : • Civ. 2e, 4 juill. 2002, n° 00-12.529 P : *R., p. 480* ; *D. 2003. 859, note Groutel (2e esp.)* ; *RCA 2002, n° 330, note Groutel* ; *RTD civ. 2002. 829, obs. Jourdain* • 10 mars 2004, n° 02-19.841 P : *D. 2004. IR 1069* ; *RCA 2004, n° 180, note Groutel.*

23. *... Défaut de permis de conduire.* Ayant déduit des circonstances de l'accident l'absence de lien de causalité entre le défaut de permis de conduire du conducteur victime et la réalisation de son dommage, la cour d'appel qui refuse de limiter ou d'exclure son droit à indemnisation fait l'exacte application de l'art. 4 de la L. du 5 juill. 1985. • Crim. 27 nov. 2007, n° 07-81.585 P : *JCP 2008. II. 10022, note Bakouche ; ibid. I. 125, n° 11, obs. Stoffel-Munck.*

24. ... *Refus de priorité.* Le refus de priorité constitue une faute de nature à limiter ou à exclure l'indemnisation du conducteur qui l'a commis. • Civ. 2e, 10 mars 2004, n° 02-16.486 P.

25. ... *Circulation imprudente.* Faute du conducteur d'une trottinette thermique, qui ne doit pas circuler sur la voie publique, s'agissant d'un véhicule terrestre à moteur non homologué, la victime ayant commis une faute en s'abstenant de porter les équipements de protection individuelle préconisés. • Civ. 2e, 17 mars 2011 : *RCA 2011, n° 214 ; RGDA 2011. 734, obs. Landel.*

26. *Preuve de la faute.* Dans le cas d'une collision, en l'absence de preuve d'une faute d'un conducteur, les causes de l'accident étant restées inconnues, le propriétaire d'un des véhicules doit indemniser entièrement le propriétaire de l'autre. • Civ. 2e, 24 juin 1987 : *Bull. civ. II, n° 136* • 9 déc. 1992, n° 91-11.409 P.

27. ... *Chose jugée au pénal.* La relaxe au pénal d'un conducteur du chef de blessures involontaires implique nécessairement l'inexistence d'une faute à sa charge. • Civ. 2e, 3 mars 1993, n° 91-19.193 P • 28 avr. 1993, n° 91-20.931 P • 25 mars 1998, n° 95-21.513 P. ♦ Dans le même sens, pour une relaxe au bénéfice du doute : • Civ. 2e, 6 déc. 1995, n° 93-19.305 P. ♦ Mais, l'autorité de la chose jugée étant circonscrite au fondement des poursuites, la relaxe au pénal d'un conducteur du chef de défaut de maîtrise de sa vitesse n'empêche pas de retenir une faute contre lui pour avoir circulé dans la voie de circulation inverse à la sienne. • Civ. 2e, 20 juin 2002, n° 00-21.414 P : *JCP 2003. I. 152, nos 1 s., obs. Viney.*

Art. 5 **La faute, commise par la victime a pour effet de limiter ou d'exclure l'indemnisation des dommages aux biens qu'elle a subis. Toutefois, les fournitures et appareils délivrés sur prescription médicale donnent lieu à indemnisation selon les règles applicables à la réparation des atteintes à la personne.**

Lorsque le conducteur d'un véhicule terrestre à moteur n'en est pas le propriétaire, la faute de ce conducteur peut être opposée au propriétaire pour l'indemnisation des dommages causés à son véhicule. Le propriétaire dispose d'un recours contre le conducteur.

1. *Dommages aux biens.* Au sens de l'art. 5 de la L. du 5 juill. 1985, le dommage aux biens s'entend du dommage causé à des biens matériels et non du préjudice économique résultant d'une atteinte à la personne de la victime directe ; ce préjudice économique ne connaît d'autres limitations que celles applicables à cette victime. • Civ. 2e, 24 janv. 1990 : *JCP 1990. II. 21581, note Barbiéri.* ♦ Le préjudice moral et économique des victimes n'est pas un dommage aux biens au sens de l'art. 5 de la L. du 5 juill. 1985. • Civ. 2e, 24 oct. 1990 : *JCP 1991. II. 21769, note Barbiéri.*

2. *Dommages économiques.* Un automobiliste responsable d'un accident est à bon droit condamné à réparer le préjudice consistant, pour une société concessionnaire d'autoroute, dans la perte de recettes consécutive à la fermeture temporaire de l'autoroute en raison de l'accident. • Versailles, 5 nov. 1999 : *D. 2001. 30, note Gallant.*

3. *Faute d'un tiers.* Seule la faute commise par la victime a pour effet de limiter ou d'exclure l'indemnisation des dommages aux biens qu'elle a subis ; l'EDF propriétaire d'un pylône détruit par un accident de la circulation doit donc être intégralement indemnisée du préjudice subi, dès lors qu'aucune faute n'a été alléguée à son encontre et que la victime ne peut se voir opposer la faute d'un tiers. • Civ. 2e, 1er févr. 1989 : *Bull. civ. II, n° 25 ; Defrénois 1989. 1395, obs. Aubert.*

4. *Question préjudicielle : responsabilité d'une personne publique.* Les dispositions de l'art. 5 de la L. du 5 juill. 1985, selon lesquelles la faute de la victime a pour effet de limiter ou d'exclure l'indemnisation des dommages aux biens qu'elle a subis, énoncent une règle de fond qui n'a ni pour objet ni pour effet de déroger aux règles de répartition des compétences entre les juridictions administratives et judiciaires ; il s'ensuit que, lorsque l'appréciation à porter sur l'existence d'une faute de la victime et sur son incidence sur la responsabilité encourue est conditionnée par la reconnaissance de la responsabilité d'une personne publique ou de l'un de ses concessionnaires à raison de dommages imputables à des travaux publics, il appartient au juge judiciaire, si une difficulté sérieuse se présente, de surseoir à statuer à titre préjudiciel sur ces questions qui relèvent de la compétence exclusive de la juridiction administrative. • T. confl. 17 déc. 2001, n° 01-03.267 P : *RGDA 2002. 400, note Landel.*

5. *Recours du propriétaire contre le conducteur.* Aux termes de l'art. 5, al. 2, de la L. du 5 juill. 1985, le propriétaire du véhicule est en droit de demander le paiement de la franchise prévue par le contrat d'assurance au conducteur responsable de l'accident de la circulation ayant endommagé le véhicule. • Civ. 2e, 22 sept. 2005, n° 04-17.071 P : *D. 2005. IR 2484 ; RCA 2005, n° 321, note Groutel.* ♦ L'arrêt qui se borne à relever que l'accident a été causé par la faute de l'animal du conducteur ne caractérise pas la faute de ce dernier au regard de l'art. 5, al. 2, de la L. du 5 juill. 1985. • Civ. 2e, 11 juin 2009 : *V. note 19 ss. art. 1243 nouv. C. civ.*

Art. 6 Le préjudice subi par un tiers du fait des dommages causés à la victime directe d'un accident de la circulation est réparé en tenant compte des limitations ou exclusions applicables à l'indemnisation de ces dommages.

BIBL. Clavier, *LPA 6 août 1997.*

1. Faute de la victime médiate conductrice. Lorsque plusieurs véhicules sont impliqués dans un accident de la circulation, chaque conducteur a droit à l'indemnisation des dommages qu'il a subis directement ou par ricochet, sauf s'il a commis une faute ayant contribué à la réalisation de son préjudice. • Cass., ch. mixte, 28 mars 1997, n° 93-11.078 P : *D. 1997. 294, note Groutel ; Gaz. Pal. 1997. 1. 293 ; ibid. Doctr. 750, étude Appietto ; JCP 1997. I. 4025, n°s 32 et 33, obs. Viney.* ♦ Le conducteur qui a commis une faute peut se voir opposer une faute de nature à limiter l'indemnisation de l'ensemble des préjudices qu'il a subis, directement ou par ricochet. • Crim. 5 mai 2015, n° 13-88.124 P (application du partage de responsabilité institué entre lui et l'autre conducteur pour indemniser le préjudice résultant de la mort de son épouse). ♦ Déjà dans le même sens : • Crim. 15 mars 1995, n° 93-80.695 P : *R., p. 351 ; D. 1996. Somm. 119, obs. D. Mazeaud ; RTD civ. 1995. 642, obs. Jourdain* (si le préjudice subi par un tiers du fait des dommages causés à la victime directe d'un accident de la circulation doit être, en principe, intégralement réparé lorsque aucune limitation ou exclusion n'est applicable à l'indemnisation de ces dommages, il en est autrement lorsque ce tiers, lui-même conducteur d'un véhicule terrestre à moteur impliqué dans l'accident, est convaincu d'une faute en relation avec celui-ci). ♦ Comp., antérieurement, en sens contraire, • Civ. 2e, 8 mars 1989 : *D. 1990. 245, note Aubert* • 11 déc. 1989 : *Bull. civ. II, n° 336* • 11 déc. 1991, n° 90-17.608 P • Crim. 15 déc. 1987 : *JCP 1988. II. 21031, note Chabas ; RTD civ. 1988. 783, obs. Jourdain* (lorsque le dommage de la victime directe est intégralement réparé, celui du tiers victime par ricochet doit l'être également, sans que puisse lui être opposée sa faute personnelle) • 6 déc. 1989 : *D. 1991. 295, note Durnerin ; RTD civ. 1990. 296, obs. Jourdain*.

2. … Non-conductrice. La victime non conductrice d'un accident de la circulation ne peut être reconnue partiellement responsable de son propre dommage. • Crim. 11 mars 2014, n° 12-86.769 P : *D. 2014. 725*.

3. Survie de la victime directe. Viole l'art. 6 de la L. du 5 juill. 1985 la cour d'appel qui, pour débouter une femme dont le mari avait été blessé dans un accident de la circulation de sa demande tendant à la réparation de son préjudice moral, énonce qu'un tel préjudice n'est indemnisable que si les lésions subies par la victime sont extrêmement graves, de sorte que son état nécessite des soins excédant le devoir normal d'assistance ou que la contemplation d'un être gravement diminué engendre chez ses proches une souffrance morale, alors que la seule preuve à la charge de la demanderesse était celle d'un préjudice personnel, direct et certain. • Civ. 2e, 8 oct. 1988 : *Gaz. Pal. 1989. 2. Somm. 371, obs. Chabas.*

4. Notion d'ayant droit au sens de la législation du travail. V. notes 137 et 190 ss. art. 1241 C. civ.

SECTION II *Dispositions relatives à l'assurance et au fonds de garantie*

Art. 7 à 11 *V. C. assur., art. L. 211-1, L. 421-1, L. 421-3 et L. 421-8-1.*

SECTION III *De l'offre d'indemnité*

Art. 12 à 27 *V. C. assur., art. L. 211-9 à L. 211-24.*

CHAPITRE II *Des recours des tiers payeurs contre les personnes tenues à réparation d'un dommage résultant d'une atteinte à la personne*

Art. 28 à 34 *V., ss. CSS, art. L. 455-3, v° Recours des organismes sociaux contre le responsable.*

CHAPITRE III *Dispositions diverses*

SECTION I *De l'intervention du fonds de garantie en application de l'article 366 ter du code rural*

Art. 35 *V. C. rur., art. 366 ter [abrogé ; V. C. assur., art. L. 421-8].*

SECTION II *Des intérêts moratoires*

Art. 36 *V. C. civ., art. 1153-1 anc., 1231-7 nouv. —* ***C. civ.***

SECTION III *Des prescriptions*

Art. 37 *V. C. civ., art. 2244 [ancien]. —* ***C. civ.***

Art. 38 *V. C. civ., art. 2270-1. —* ***C. civ.***

SECTION IV *Des appels en déclaration de jugement commun*

Art. 39 *V. CSS, art. L. 376-1 nouv. —* ***CSS.***

Art. 40 et 41 *Modifient C. rur., art. 1046 et 1234-12 [anciens].*

Art. 42 *Modifie Ord. n° 59-76 du 7 janv. 1959, art. 3.*

Les personnes mentionnées aux art. 39 à 42 de la loi du 5 juill. 1985 qui versent ou sont tenues de verser des prestations au titre d'un régime obligatoire de sécurité sociale à la victime ou à ses ayants droit peuvent ne pas se constituer à l'instance lorsqu'elles n'ont pas de prétentions à formuler, mais doivent dans ce cas indiquer au président de la juridiction saisie le décompte des prestations versées à la victime et celles qu'elles envisagent de lui servir (Décr. n° 86-15 du 6 janv. 1986, art. 15).

SECTION V *Des rentes indemnitaires*

Art. 43 *V. L. n° 74-1118 du 27 déc. 1974, art. 1er, ss. art. 1976 C. civ. –* ***C. civ.***

Art. 44 **Dans tous les cas où une rente a été allouée, soit conventionnellement, soit judiciairement, en réparation d'un préjudice causé par un accident, le crédirentier peut demander au juge, lorsque sa situation personnelle le justifie, que les arrérages à échoir soient remplacés en tout ou partie par un capital, suivant une table de conversion fixée par décret.** *– V. Décr. n° 86-973 du 8 août 1986 (D. et ALD 1986. 461).*

SECTION VI *De l'organisation judiciaire*

Art. 45 *V. COJ, art. L. 311-10-1 (ancien). –* ***C. pr. civ.***

CHAPITRE IV *Dispositions diverses* (*Ord. n° 2012-578 du 26 avr. 2012, art. 11*).

Art. 46 **La prescription prévue à l'article 38 en cours lors de l'entrée en vigueur de la présente loi sera acquise à l'expiration d'un délai de dix ans à compter de cette entrée en vigueur, à moins que la prescription telle qu'elle était fixée antérieurement ne soit acquise pendant ce délai.**

Art. 47 **Les autres dispositions de la présente loi entreront en vigueur le premier jour du sixième mois qui suit la date de sa publication** *[JO 6 juill.]*. **Toutefois :**

– les dispositions des articles 1er à 6 *(L. n° 85-1097 du 11 oct. 1985)* **« s'appliqueront dès la publication de la présente loi, même aux accidents » ayant donné lieu à une action en justice introduite avant cette publication, y compris aux affaires pendantes devant la Cour de cassation. Elles s'appliqueront également aux accidents survenus dans les trois années précédant cette publication et n'ayant pas donné lieu à l'introduction d'une instance. Les transactions et les décisions de justice irrévocablement passées en force de chose jugée ne peuvent être remises en cause ;**

– les dispositions des articles 12 à 34 ne sont pas applicables aux accidents survenus avant la date d'entrée en vigueur de la présente loi.

Les dispositions des art. 12 à 34 régissent toutes les conséquences de l'accident, qu'elles soient initiales ou en aggravation ; cassation de l'arrêt qui fait application de ces articles à une demande en réparation d'une aggravation, apparue en 1992, du préjudice de la victime, alors que l'accident était antérieur à la L. du 5 juill. 1985. • Civ. 2e, 10 mars 2004, n° 01-14.722 P : *D. 2004. IR 998*.

Art. 48 **Pendant un délai de dix-huit mois à compter de l'entrée en vigueur de la présente loi, les délais de huit mois et de cinq mois prévus à l'article 12 et celui de quatre mois prévu à l'article 14 sont portés respectivement à douze, neuf et huit mois. Pendant la même période, le délai prévu à l'article 20 est porté à deux mois lorsque le débiteur de l'indemnité de réparation est l'État, une collectivité publique, une entreprise ou un organisme pour lesquels une dérogation a été accordée en vertu de l'article L. 211-3 du code des assurances.**

Art. 49 *(Ord. n° 2012-578 du 26 avr. 2012, art. 11)* **La présente loi est applicable dans le Département de Mayotte.**

Pour l'application de la L. n° 85-677 du 5 juill. 1985 dans les territoires de la Nouvelle-Calédonie, de la Polynésie française et des îles Wallis-et-Futuna, V. Ord. n° 92-1146 du 12 oct. 1992 (JO 16 oct.), ratifiée par L. n° 92-1440 du 31 déc. 1992 (JO 1er janv. 1993).

Rapport du groupe de travail chargé d'élaborer une nomenclature des préjudices corporels de juillet 2005 (extraits),

[Nomenclature Dintilhac].

BIBL. ▶ BIBAL, J.-D. LE ROY et M. LE ROY, L'évaluation du préjudice corporel, *LexisNexis, 20e éd., juin 2015*. - BIZOT, *RCA 2010. Dossier 9* (quelle typologie des postes de préjudices ?

La nomenclature des postes de préjudices : point de vue du juge judiciaire). – Coviaux, *AJ pénal 2017. 8* (la nomenclature Dintilhac, la belle aubaine !). – Robineau, *JCP 2010. 612* (le statut normatif de la nomenclature Dintilhac des préjudices). – Adida-Canac, *D. 2011. 1497* (le contrôle de la nomenclature Dintilhac par la Cour de cassation). – Gout, *Gaz. Pal. 23-24 sept. 2011, p. 9* (la mise en place d'une présentation unique des postes de préjudices réparables). – Gout et Porchy-Simon, *D. 2015. 1499* (plaidoyer pour la défense des nomenclatures dans le droit du dommage corporel). – Porchy-Simon, *Gaz. Pal. 23 déc. 2011, p. 19* (quelles améliorations pour la nomenclature Dintilhac ? Le point vue de l'universitaire). – Guégan-Lécuyer, *Gaz. Pal. 3 sept. 2014, p. 6* (vers une nomenclature des préjudices corporels enfin commune aux deux ordres de juridictions). – Numéro spécial, *Gaz. Pal. 24 déc. 2014* (autour de la nomenclature des préjudices corporels : hommage au président Dintilhac). – Brun et Gout, *D. 2015. 124* (la nomenclature Dintilhac devant le Conseil d'État).

II. Proposition de nomenclature formulée par le groupe de travail

Le groupe de travail a essayé de retenir une nomenclature simple et équitable. Il a notamment repris à son compte la distinction avancée par le rapport Lambert-Faivre entre le "dommage" qui relève de l'élément factuel et le "préjudice" qui relève du droit et exprime une atteinte aux droits subjectifs patrimoniaux ou extra-patrimoniaux subie par la victime *[Rapport Lambert-Faivre, op. cit., p. 7]***.**

Après réflexion le groupe de travail a choisi de maintenir la division tripartite des préjudices avec une modification sensible des postes de préjudice.

Sans chercher à sortir de la mission qui lui a été impartie, les membres du groupe de travail ont néanmoins entendu assortir leur proposition de nomenclature de recommandations propres à en garantir une application concrète.

D'une part, dans le cadre de la division tripartite des postes de préjudice, le groupe de travail préconise une indemnisation de chaque type de préjudice poste par poste afin de pouvoir déterminer avec précision les postes constituant l'assiette du recours subrogatoire exercé par les organismes tiers payeurs en application des articles 30 et 31 de la loi du 5 juillet 1985.

A cette fin, le groupe de travail propose d'abandonner le lien qui existe aujourd'hui entre la nature du préjudice et son inclusion ou son exclusion de l'assiette du recours subrogatoire des tiers payeurs, selon lequel un préjudice de type "économique" est automatiquement inclus dans cette assiette, alors qu'un préjudice de type "personnel" en est systématiquement exclu.

A l'inverse, le groupe de travail recommande de dissocier la nature du préjudice de son inclusion ou non dans l'assiette du recours des tiers payeurs afin de leur permettre de recouvrer la totalité des prestations versées aux victimes correspondant à l'indemnisation d'un préjudice "patrimonial" ou "extra-patrimonial" à condition que ce poste ait effectivement été indemnisé par le tiers payeur *[En ce sens : P. Guerder, F. Lagemi, N. Planchon et C. Souciet, note précitée, n° 4.2, p. 10, annexe 0 (document n° 0.5)]*. **Ceci interdit, bien évidemment, que le tiers payeur puisse exercer son recours sur des postes de préjudice (économique ou personnel) qu'il n'aurait pas indemnisés à un titre ou un autre. Ce mécanisme conduit à préconiser que les postes de préjudice corporel soient désormais indemnisés poste par poste et non globalement comme c'est aujourd'hui encore le cas.**

A ce propos, dans son rapport annuel 2004, la Cour de cassation a suggéré une modification en ce sens des articles 31 de la loi n° 85-677 du 5 juillet 1985 et L. 376-1 alinéa 3 du code de la sécurité sociale : "Les recours subrogatoires des tiers payeurs s'exercent poste par poste sur les seules indemnités qui réparent les chefs de préjudices qu'ils ont pris en charge, à l'exception, des préjudices à caractère personnel. [...] Cependant, si le tiers-payeur établit qu'il a effectivement et préalablement versé à la victime une prestation indemnisant un poste de préjudice personnel pour la même période, son recours peut s'exercer sur ce poste de préjudice *[Rapport de la Cour de cassation 2004, La vérité, Première partie : suggestions de modifications législatives ou réglementaires, p. 12-13 et rapport Lambert-Faivre, op. cit., p. 64-6]***.**

Dans le cadre d'une indemnisation "poste par poste" des chefs de préjudice que le groupe de travail appelle de ses vœux, ses membres se sont interrogés sur l'opportunité de consacrer le principe de l'opposabilité au tiers payeur subrogé dans les droits de la victime

du partage de responsabilité existant entre elle et le responsable du dommage *[En faveur d'un principe d'opposabilité aux tiers payeurs du partage de responsabilité entre le responsable et la victime : v. notamment rapport Lambert-Faivre, op. cit., p. 51-53 & 64-65]*. **Sans arrêter une position tranchée sur cette question, qui dépasse d'ailleurs l'objet de la mission ministérielle qui lui a été dévolue, certains membres du groupe ont tenu à souligner que, dans l'hypothèse d'un système d'indemnisation des chefs de préjudice "poste par poste", admettre l'opposabilité aux tiers payeurs du partage de responsabilité entre le responsable et la victime pouvait s'avérer particulièrement injuste en avantageant trop la victime au détriment des tiers payeurs** *[En ce sens : P. Jourdain, note sur l'opposabilité aux tiers payeurs du partage de responsabilité entre le responsable et la victime : annexe 0 (document n° 0.8) ; sur la condamnation de principe de l'opposabilité du partage à l'État tiers payeurs, v. P. Gerder, F. Lagemi, N. Planchon et C. Souciet, note précitée, n° 5, p. 12, annexe 0 (document n° 0.5)]*.

En outre, le groupe de travail préconise que la victime assurée sociale puisse exercer ses droits à indemnisation à l'encontre du responsable par préférence à l'organisme tiers payeur qui exerce son recours subrogatoire. Dans ce sens, le rapport sus-cité de la Cour de cassation propose également une modification des articles précités : "[...] Conformément à l'article 1252 du code civil, la subrogation ne peut nuire à la victime, créancière de l'indemnisation, lorsqu'elle n'a été indemnisée qu'en partie ; en ce cas, elle peut exercer ses droits contre le responsable, pour ce qui reste dû, par préférence au tiers payeur dont elle n'a reçu qu'une indemnisation partielle. Cependant [,] si le tiers-payeur établit qu'il a effectivement et préalablement versé à la victime une prestation indemnisant un poste de préjudice personnel pour la même période, son recours peut s'exercer sur ce poste de préjudice" *[Rapport annuel de la Cour de cassation 2004, cit. p. 12-13]*.

Dès lors qu'elle reprend l'économie générale de la trilogie des divisions des postes de préjudice corporel habituellement admise tant en droit interne qu'en droit comparé, il échoit au groupe de travail de définir la notion de consolidation de la victime directe qu'elle entend promouvoir.

Pour les membres du groupe, la date de consolidation de la victime s'entend de la date de stabilisation de ses blessures constatée médicalement. Cette date est généralement définie comme "le moment où les lésions se fixent et prennent un caractère permanent, tel qu'un traitement n'est plus nécessaire, si ce n'est pour éviter une aggravation, et qu'il est possible d'apprécier un certain degré d'incapacité permanente réalisant un préjudice définitif" *[Y. Lambert-Faivre, Droit du dommage corporel, Systèmes d'indemnisation, 4e éd., Dalloz, 2000, n° 57, p. 128]*.

La consolidation correspond à la fin de la maladie traumatique, c'est-à-dire à la date, fixée par l'expert médical, de stabilisation des conséquences des lésions organiques et physiologiques. Cette date marque la frontière entre les préjudices à caractère temporaire et ceux à caractère définitif. Cependant, le groupe de travail a mis en évidence que même si la quasi-unanimité des postes de préjudice rentre dans cette *summa divisio*, il demeure certains préjudices récurrents permanents qui échappent à toute idée de consolidation de la victime. Il s'agit notamment des préjudices liés à une contamination par un virus de type hépatite C ou V.I.H., ainsi que de ceux dont sont atteintes les victimes de l'amiante ou de la maladie de Creutzfeldt-Jakob.

Enfin, tout en opérant une distinction nette entre les effets patrimoniaux et extra-patrimoniaux découlant du handicap survenu après la consolidation de la victime, le groupe de travail a entendu reprendre la définition légale du handicap – désormais prévue par l'article L. 114 du code de l'action sociale et des familles en application de la loi du 11 février 2005 – selon laquelle "Constitue un handicap, au sens de la présente loi, toute limitation d'activité ou restriction de participation à la vie en société subie dans son environnement par une personne en raison d'une altération substantielle, durable ou définitive d'une ou plusieurs fonctions physiques, sensorielles, mentales, cognitives ou psychiques, d'un polyhandicap ou d'un trouble de santé invalidant" *[Article L. 114 du code de l'action sociale et des familles cit.]*.

A. *Nomenclature des préjudices corporels de la victime directe*

1°) *Préjudices patrimoniaux*

Le groupe de travail a retenu dix préjudices relevant de la catégorie des "préjudices patrimoniaux". Qu'ils soient temporaires ou permanents, ils ont tous en commun de pré-

senter un caractère patrimonial (ou pécuniaire) qui correspond tantôt à des pertes subies par la victime, tantôt à des gains manqués par celle-ci.

A) *Préjudices patrimoniaux temporaires (avant consolidation) :*

Dépenses de santé actuelles

Il s'agit d'indemniser la victime directe du dommage corporel de l'ensemble des frais hospitaliers, médicaux, paramédicaux et pharmaceutiques (infirmiers, kinésithérapie, orthoptie, orthophonie, etc), le paiement de la plupart de ces dépenses étant habituellement pris en charge par les organismes sociaux.

Cependant, il arrive fréquemment qu'à côté de la part payée par l'organisme social, un reliquat demeure à la charge de la victime, ce qui nécessite, afin de déterminer le coût exact de ses dépenses, de les additionner pour en établir le coût réel.

Ces dépenses sont toutes réalisées durant la phase temporaire d'évolution de la pathologie traumatique, c'est-à-dire qu'elles ne pourront être évaluées qu'au jour de la consolidation ou de la guérison de la victime directe.

Frais divers *[Après discussion, le groupe de travail a décidé d'exclure les honoraires d'avocat du poste "Frais divers", considérant que ceux-ci ne résultent pas directement du dommage corporel subi par la victime ; contra. rapport Lambert-Faivre cit., p. 19. qui évalue cet honoraire conventionnel complémentaire de résultat à 10 %, voire 15 % et plus, de l'indemnisation devant revenir à la victime (V. article 10 alinéa 3 de la loi du 31 décembre 1971)]*

Il s'agit ici de prendre en compte tous les frais susceptibles d'être exposés par la victime directe avant la date de consolidation de ses blessures. Ce poste de préjudice est donc par nature temporaire.

Il concerne notamment les honoraires que la victime a été contrainte de débourser auprès de médecins (spécialistes ou non) pour se faire conseiller et assister à l'occasion de l'expertise médicale la concernant.

Il convient également d'inclure, au titre des frais divers, les frais de transport survenus durant la maladie traumatique, dont le coût et le surcoût sont imputables à l'accident.

Enfin, il faut retenir, au titre de ce poste "Frais divers", les dépenses destinées à compenser des activités non professionnelles particulières qui ne peuvent être assumées par la victime directe durant sa maladie traumatique (frais de garde des enfants, soins ménagers, assistance temporaire d'une tierce personne pour les besoins de la vie courante, frais d'adaptation temporaire d'un véhicule ou d'un logement, etc.).

En outre, il convient d'inclure dans ce poste de préjudice les frais temporaires ou ponctuels exceptionnels (notamment les frais exposés par les artisans ou les commerçants lorsqu'ils sont contraints de recourir à du personnel de remplacement durant la période de convalescence où ils sont immobilisés sans pouvoir diriger leur affaire).

A ce stade, il convient de rappeler que la liste de ces frais divers n'est pas exhaustive et qu'il conviendra ainsi d'y ajouter tous les frais temporaires dont la preuve et le montant sont établis, et qui sont imputables à l'accident à l'origine du dommage corporel subi par la victime.

Pertes de gains professionnels actuels

Sous le vocable d'incapacité temporaire de travail (ITT), la pratique juridique regroupait à la fois l'incapacité professionnelle économique subie par la victime directe et son incapacité fonctionnelle non économique et personnelle subie durant la maladie traumatique.

Cette confusion juridique, déjà soulignée par les rapports antérieurs *[V. Rapport Lambert-Faivre, cit., p. 21]*, **doit aujourd'hui – dans un souci de sécurité juridique – cesser, car elle est source d'injustice dans l'indemnisation des victimes : certaines juridictions indemnisent le préjudice exclusivement économique de la victime, alors que d'autres indemnisent, à ce titre, la globalité de son préjudice tant dans sa dimension patrimoniale qu'extra-patrimoniale.**

Le groupe de travail propose en conséquence de cantonner les pertes de gains liées à l'incapacité provisoire de travail à la réparation exclusive du préjudice patrimonial temporaire subi par la victime du fait de l'accident, c'est-à-dire aux pertes actuelles de revenus

éprouvées par cette victime du fait de son dommage. Il s'agit là de compenser une invalidité temporaire spécifique qui concerne uniquement les répercussions du dommage sur la sphère professionnelle de la victime jusqu'à sa consolidation.

Bien sûr, ces pertes de gains peuvent être totales, c'est-à-dire priver la victime de la totalité des revenus qu'elle aurait normalement perçus pendant la maladie traumatique en l'absence de survenance du dommage, ou être partielles, c'est-à-dire la priver d'une partie de ses revenus sur cette période.

L'évaluation judiciaire ou amiable de ces pertes de gains doit être effectuée *in concreto* au regard de la preuve d'une perte de revenus établie par la victime jusqu'au jour de sa consolidation.

B) *Préjudices patrimoniaux permanents (après consolidation) :*

Dépenses de santé futures

Les dépenses de santé futures sont les frais hospitaliers, médicaux, paramédicaux, pharmaceutiques et assimilés, même occasionnels mais médicalement prévisibles, rendus nécessaires par l'état pathologique de la victime après la consolidation.

Ils sont postérieurs à la consolidation de la victime, dès lors qu'ils sont médicalement prévisibles, répétitifs et rendus nécessaires par l'état pathologique permanent et chronique de la victime après sa consolidation définitive (frais liés à des hospitalisations périodiques dans un établissement de santé, à un suivi médical assorti d'analyses, à des examens et des actes périodiques, des soins infirmiers, ou autres frais occasionnels, etc.).

Ces frais futurs ne se limitent pas aux frais médicaux au sens strict : ils incluent, en outre, les frais liés soit à l'installation de prothèses pour les membres, les dents, les oreilles ou les yeux, soit à la pose d'appareillages spécifiques qui sont nécessaires afin de suppléer le handicap physiologique permanent qui demeure après la consolidation.

Frais de logement adapté

Ces dépenses concernent les frais que doit débourser la victime directe à la suite du dommage pour adapter son logement à son handicap et bénéficier ainsi d'un habitat en adéquation avec ce handicap.

Ce poste d'indemnisation concerne le remboursement des frais que doit exposer la victime à la suite de sa consolidation, dans la mesure où les frais d'adaptation du logement exposés, à titre temporaire, sont déjà susceptibles d'être indemnisés au titre du poste de préjudice "Frais divers".

Cette indemnisation intervient sur la base de factures, de devis ou même des conclusions du rapport de l'expert sur la consistance et le montant des travaux nécessaires à la victime pour vivre dans son logement.

Ces frais doivent être engagés pendant la maladie traumatique afin de permettre à la victime handicapée de pouvoir immédiatement retourner vivre à son domicile dès sa consolidation acquise.

Ce poste de préjudice inclut non seulement l'aménagement du domicile préexistant, mais éventuellement celui découlant de l'acquisition d'un domicile mieux adapté prenant en compte le surcoût financier engendré par cette acquisition.

En outre, il est possible d'inclure au titre de l'indemnisation de ce poste de préjudice les frais de déménagement et d'emménagement, ainsi que ceux liés à un surcoût de loyer pour un logement plus grand découlant des difficultés de mobilité de la victime devenue handicapée.

Enfin, ce poste intègre également les frais de structure nécessaires pour que la victime handicapée puisse disposer d'un autre lieu de vie extérieur à son logement habituel de type foyer ou maison médicalisée.

Frais de véhicule adapté

Ce poste comprend les dépenses nécessaires pour procéder à l'adaptation d'un ou de plusieurs véhicules aux besoins de la victime atteinte d'un handicap permanent. Il convient d'inclure dans ce poste de préjudice le ou les surcoût(s) lié(s) au renouvellement du véhicule et à son entretien.

En revanche, les frais liés à l'adaptation, à titre temporaire, du véhicule avant la consolidation de la victime ne sont pas à intégrer, car ils sont provisoires et déjà susceptibles d'être indemnisés au titre du poste "Frais divers".

En outre, ce poste doit inclure non seulement les dépenses liées à l'adaptation d'un véhicule, mais aussi le surcoût d'achat d'un véhicule susceptible d'être adapté.

Enfin, il est également possible d'assimiler à ces frais d'adaptation du véhicule les surcoûts en frais de transport rendus nécessaires à la victime en raison de ses difficultés d'accessibilité aux transports en commun survenues depuis le dommage.

Assistance par tierce personne

Ces dépenses sont liées à l'assistance permanente d'une tierce personne pour aider la victime handicapée à effectuer les démarches et plus généralement les actes de la vie quotidienne.

Elles visent à indemniser le coût pour la victime de la présence nécessaire, de manière définitive, d'une tierce personne à ses côtés pour l'assister dans les actes de la vie quotidienne, préserver sa sécurité, contribuer à restaurer sa dignité et suppléer sa perte d'autonomie.

Elles constituent des dépenses permanentes qui ne se confondent pas avec les frais temporaires que la victime peut être amenée à débourser durant la maladie traumatique, lesquels sont déjà susceptibles d'être indemnisés au titre du poste "Frais divers".

Pertes de gains professionnels futurs

Il s'agit ici d'indemniser la victime de la perte ou de la diminution de ses revenus consécutive à l'incapacité permanente à laquelle elle est désormais confrontée dans la sphère professionnelle à la suite du dommage.

Il s'agit d'indemniser une invalidité spécifique partielle ou totale qui entraîne une perte ou une diminution directe de ses revenus professionnels futurs à compter de la date de consolidation.

Cette perte ou diminution des gains professionnels peut provenir soit de la perte de son emploi par la victime, soit de l'obligation pour celle-ci d'exercer un emploi à temps partiel à la suite du dommage consolidé. Ce poste n'englobe pas les frais de reclassement professionnel, de formation ou de changement de poste qui ne sont que des conséquences indirectes du dommage.

En outre, concernant les jeunes victimes ne percevant pas à la date du dommage de gains professionnels, il conviendra de prendre en compte pour l'avenir la privation de ressources professionnelles engendrée par le dommage en se référant à une indemnisation par estimation.

De ce poste de préjudice devront être déduites les prestations servies à la victime par les organismes de sécurité sociale (pensions d'invalidité et rentes accidents du travail), les mutuelles, les institutions de prévoyance et les assureurs (prestations longue durée d'invalidité et d'accidents du travail), de même que par les employeurs publics (allocations temporaires d'invalidité, pensions et rentes viagères d'invalidité), qui tendent à indemniser, le plus souvent de manière forfaitaire, partant de manière partielle, l'incapacité invalidante permanente subie par la victime afin d'éviter soit que celle-ci ne bénéficie d'une double indemnisation de son préjudice sur ce point, soit que le recours exercé par l'organisme tiers payeur ne réduise les sommes dues à la victime.

Ainsi, afin d'éviter une double indemnisation de la victime entre ce poste "Perte de gains professionnels futurs" et une rente, notamment comme cela est le cas en matière de victime d'accident du travail, le groupe de travail recommande que les tiers payeurs soient désormais contraints de présenter à l'organe d'indemnisation un état de leur créance relative à la rente versée à la victime qui contienne une ventilation entre la part de cette créance destinée à indemniser la partie patrimoniale du préjudice corporel et celle visant à en indemniser la partie extra-patrimoniale.

A défaut, si le tiers payeur n'effectue aucune diligence pour procéder à cette "clé" de répartition, le groupe recommande que l'organe d'indemnisation pose une présomption réfragable de partage à égalité entre les parts patrimoniale et extra-patrimoniale du préjudice corporel ainsi indemnisé par l'intermédiaire du versement de la rente.

Incidence professionnelle

Ce poste d'indemnisation vient compléter celle déjà obtenue par la victime au titre du poste "pertes de gains professionnels futurs" susmentionné sans pour autant aboutir à une double indemnisation du même préjudice.

Cette incidence professionnelle à caractère définitif a pour objet d'indemniser non la perte de revenus liée à l'invalidité permanente de la victime, mais les incidences périphériques du dommage touchant à la sphère professionnelle comme le préjudice subi par la victime en raison de sa dévalorisation sur le marché du travail, de sa perte d'une chance professionnelle, ou de l'augmentation de la pénibilité de l'emploi qu'elle occupe imputable au dommage ou encore du préjudice subi qui a trait à sa nécessité de devoir abandonner la profession qu'elle exerçait avant le dommage au profit d'une autre qu'elle a du choisir en raison de la survenance de son handicap.

Il convient, en outre, de ranger dans ce poste de préjudice les frais de reclassement professionnel, de formation ou de changement de poste assumés par la sécurité sociale et/ou par la victime elle-même qui sont souvent oubliés, alors qu'ils concernent des sommes importantes. Il s'agit des frais déboursés par l'organisme social et/ou par la victime elle-même immédiatement après que la consolidation de la victime soit acquise afin qu'elle puisse retrouver une activité professionnelle adaptée une fois sa consolidation achevée : elle peut prendre la forme d'un stage de reconversion ou d'une formation.

Là encore, le pragmatisme doit conduire à ne pas retenir une liste limitative de ses frais spécifiques, mais à l'inverse à inclure dans ce poste de préjudice patrimonial tous les frais imputables au dommage nécessaires à un retour de la victime dans la sphère professionnelle.

Ce poste de préjudice cherche également à indemniser la perte de retraite que la victime va devoir supporter en raison de son handicap, c'est-à-dire le déficit de revenus futurs, estimé imputable à l'accident, qui va avoir une incidence sur le montant de la pension auquel pourra prétendre la victime au moment de sa prise de retraite.

Comme pour l'indemnisation du poste précédent, il convient de noter que si les pertes de gains professionnels peuvent être évaluées pour des victimes en cours d'activité professionnelle, elles ne peuvent cependant qu'être estimées pour les enfants ou les adolescents qui ne sont pas encore entrés dans la vie active.

Une fois encore, la liste des préjudices à intégrer dans ce poste est indicative. Ainsi, il peut, par exemple, être prévu une indemnisation, au titre de ce poste, de la mère de famille sans emploi pour la perte de la possibilité, dont elle jouissait avant l'accident, de revenir sur le marché du travail.

Préjudice scolaire, universitaire ou de formation

Ce poste de préjudice à caractère patrimonial a pour objet de réparer la perte d'année(s) d'étude que ce soit scolaire, universitaire, de formation ou autre consécutive à la survenance du dommage subi par la victime directe.

Ce poste intègre, en outre, non seulement le retard scolaire ou de formation subi, mais aussi une possible modification d'orientation, voire une renonciation à toute formation qui obère ainsi gravement l'intégration de cette victime dans le monde du travail.

2°) *Préjudices extra-patrimoniaux*

Les "préjudices extra-patrimoniaux" – temporaires ou permanents – retenus par le groupe de travail sont au nombre de dix : ils sont dépourvus de toute incidence patrimoniale *[,]* ce qui exclut qu'ils soient pris en compte dans l'assiette du recours subrogatoire exercé par les tiers payeurs subrogés dans les droits de la victime directe.

A) *Préjudices extra-patrimoniaux temporaires (avant consolidation) :*

Déficit fonctionnel temporaire

Ce poste de préjudice cherche à indemniser l'invalidité subie par la victime dans sa sphère personnelle pendant la maladie traumatique, c'est-à-dire jusqu'à sa consolidation.

Cette invalidité par nature temporaire est dégagée de toute incidence sur la rémunération professionnelle de la victime, laquelle est d'ailleurs déjà réparée au titre du poste "Pertes de gains professionnels actuels".

A l'inverse, elle va traduire l'incapacité fonctionnelle totale ou partielle que va subir la victime jusqu'à sa consolidation. Elle correspond aux périodes d'hospitalisation de la victime, mais aussi à la "perte de qualité de vie et à celle des joies usuelles de la vie courante" que rencontre la victime pendant la maladie traumatique (séparation de la victime de son environnement familial et amical durant les hospitalisations, privation temporaire des activités privées ou des agréments auxquels se livre habituellement ou spécifiquement la victime, préjudice sexuel pendant la maladie traumatique, etc.).

Souffrances endurées

Il s'agit de toutes les souffrances physiques et psychiques, ainsi que des troubles associés, que doit endurer la victime durant la maladie traumatique, c'est à dire du jour de l'accident à celui de sa consolidation. En effet, à compter de la consolidation, les souffrances endurées vont relever du déficit fonctionnel permanent et seront donc indemnisées à ce titre.

Préjudice esthétique temporaire

Il a été observé que, durant la maladie traumatique, la victime subissait bien souvent des atteintes physiques, voire une altération de son apparence physique, certes temporaire, mais aux conséquences personnelles très préjudiciables, liée à la nécessité de se présenter dans un état physique altéré au regard des tiers.

Or ce type de préjudice est souvent pris en compte au stade des préjudices extra-patrimoniaux permanents, mais curieusement omis de toute indemnisation au titre de la maladie traumatique où il est pourtant présent, notamment chez les grands brûlés ou les traumatisés de la face.

Aussi, le groupe de travail a décidé d'admettre, à titre de poste distinct, ce chef de préjudice réparant le préjudice esthétique temporaire.

B) *Préjudices extra-patrimoniaux permanents (après consolidation) :*

Déficit fonctionnel permanent

Ce poste de préjudice cherche à indemniser un préjudice extra-patrimonial découlant d'une incapacité constatée médicalement qui établit que le dommage subi a une incidence sur les fonctions du corps humain de la victime.

Il s'agit ici de réparer les incidences du dommage qui touchent exclusivement à la sphère personnelle de la victime. Il convient d'indemniser, à ce titre, non seulement les atteintes aux fonctions physiologiques de la victime *[Sur le déficit physiologique définitif : V. note de C. Piedelièvre, annexe 0 (document n° 0.7)]*, mais aussi la douleur permanente qu'elle ressent, la perte de la qualité de vie et les troubles dans les conditions d'existence qu'elle rencontre au quotidien après sa consolidation.

Ce poste peut être défini, selon la Commission européenne à la suite des travaux de Trèves de juin 2000, comme correspondant à "la réduction définitive du potentiel physique, psychosensoriel, ou intellectuel résultant de l'atteinte à l'intégrité anatomo-physiologique médicalement constatable donc appréciable par un examen clinique approprié complété par l'étude des examens complémentaires produits, à laquelle s'ajoutent les phénomènes douloureux et les répercussions psychologiques normalement liées à l'atteinte séquellaire décrite ainsi que les conséquences habituellement et objectivement liées à cette atteinte dans la vie de tous les jours".

En outre, ce poste de préjudice doit réparer la perte d'autonomie personnelle que vit la victime dans ses activités journalières, ainsi que tous les déficits fonctionnels spécifiques qui demeurent même après la consolidation.

En raison de son caractère général, ce déficit fonctionnel permanent ne se confond pas avec le préjudice d'agrément, lequel a pour sa part un objet spécifique en ce qu'il porte sur la privation d'une activité déterminée de loisirs.

Afin d'éviter une double indemnisation de la victime entre ce poste "déficit fonctionnel permanent" et une rente, notamment comme cela est le cas en matière de victime d'accident du travail, le groupe de travail recommande que les tiers payeurs soient désormais contraints de présenter à l'organe d'indemnisation un état de leur créance relative à la rente versée à la victime qui contienne une ventilation entre la part de cette créance destinée à indemniser la partie patrimoniale du préjudice corporel et celle visant à en indemniser la partie extra-patrimoniale.

A défaut, si le tiers payeur n'effectue aucune diligence pour procéder à cette "clé" de répartition, le groupe recommande que l'organe d'indemnisation pose une présomption réfragable de partage à égalité entre les parts patrimoniale et extra-patrimoniale du préjudice corporel ainsi indemnisé par l'intermédiaire du versement de la rente.

Préjudice d'agrément

Ce poste de préjudice vise exclusivement à réparer le préjudice d'agrément spécifique lié à l'impossibilité pour la victime de pratiquer régulièrement une activité spécifique sportive ou de loisirs.

Ce poste de préjudice doit être apprécié *in concreto* en tenant compte de tous les paramètres individuels de la victime (âge, niveau, etc.).

Préjudice esthétique permanent

Ce poste cherche à réparer les atteintes physiques et plus généralement les éléments de nature à altérer l'apparence physique de la victime *[,]* notamment comme le fait de devoir se présenter avec une cicatrice permanente sur le visage.

Ce préjudice a un caractère strictement personnel et il est en principe évalué par les experts selon une échelle de 1 à 7 (de très léger à très important).

Préjudice sexuel

Ce poste concerne la réparation des préjudices touchant à la sphère sexuelle. Il convient de distinguer trois types de préjudice de nature sexuelle :

– le préjudice morphologique qui est lié à l'atteinte aux organes sexuels primaires et secondaires résultant du dommage subi ;

– le préjudice lié à l'acte sexuel lui-même qui repose sur la perte du plaisir lié à l'accomplissement de l'acte sexuel (perte de l'envie ou de la libido, perte de la capacité physique de réaliser l'acte, perte de la capacité à accéder au plaisir) ;

– le préjudice lié à une impossibilité ou une difficulté à procréer (ce préjudice pouvant notamment chez la femme se traduire sous diverses formes comme le préjudice obstétrical, etc.).

Là encore, ce préjudice doit être apprécié *in concreto* en prenant en considération les paramètres personnels de chaque victime.

Préjudice d'établissement

Ce poste de préjudice cherche à indemniser la perte d'espoir, de chance ou de toute possibilité de réaliser un projet de vie familiale "normale" en raison de la gravité du handicap permanent, dont reste atteint la victime après sa consolidation : il s'agit de la perte d'une chance de se marier, de fonder une famille, d'élever des enfants et plus généralement des bouleversements dans les projets de vie de la victime qui l'obligent à effectuer certaines renonciations sur le plan familial.

Il convient ici de le définir par référence à la définition retenue par le Conseil national de l'aide aux victimes comme la "perte d'espoir et de chance de normalement réaliser un projet de vie familiale (se marier, fonder une famille, élever des enfants, etc.) en raison de la gravité du handicap".

Ce type de préjudice doit être apprécié *in concreto* pour chaque individu en tenant compte notamment de son âge.

Préjudices permanents exceptionnels

Lors de ses travaux, le groupe de travail a pu constater combien il était nécessaire de ne pas retenir une nomenclature trop rigide de la liste des postes de préjudice corporel.

Ainsi, il existe des préjudices atypiques qui sont directement liés aux handicaps permanents, dont reste atteint *[atteinte]* la victime après sa consolidation et dont elle peut légitimement souhaiter obtenir une réparation.

A cette fin, dans un souci de pragmatisme – qui a animé le groupe de travail durant ses travaux –, il semble important de prévoir un poste "préjudices permanents exceptionnels" qui permettra, le cas échéant, d'indemniser, à titre exceptionnel, tel ou tel préjudice extra-patrimonial permanent particulier non indemnisable par un autre biais.

Ainsi, il existe des préjudices extra-patrimoniaux permanents qui prennent une résonnance toute particulière soit en raison de la nature des victimes *[C'est notamment le cas pour la personne d'origine japonaise victime d'un dommage à la colonne vertébrale en France, qui est alors dépourvue de la faculté de s'incliner pour saluer, signe d'une grande impolitesse dans son pays d'origine]*, soit en raison des circonstances ou de la nature de l'accident à l'origine du dommage *[Il s'agit ici des préjudices spécifiques liés à des événements exceptionnels comme des attentats, des catastrophes collectives naturelles ou industrielles de type "AZF"]*.

C) *Préjudices extra-patrimoniaux évolutifs (hors consolidation) :*

Préjudices liés à des pathologies évolutives

Il s'agit d'un poste de préjudice relativement récent qui concerne toutes les pathologies évolutives. Il s'agit notamment de maladies incurables susceptibles d'évoluer et dont le risque d'évolution constitue en lui-même un chef de préjudice distinct qui doit être indemnisé en tant que tel.

C'est un chef de préjudice qui existe en dehors de toute consolidation des blessures, puisqu'il se présente pendant et après la maladie traumatique. Tel est la cas du préjudice lié à la contamination d'une personne par le virus de l'hépatite C, celui du V.I.H., la maladie de Creutzfeldt-Jakob ou l'amiante, etc.

Il s'agit ici d'indemniser "le préjudice résultant pour une victime de la connaissance de sa contamination par un agent exogène, quelle que soit sa nature (biologique, physique ou chimique), qui comporte le risque d'apparition à plus ou moins brève échéance, d'une pathologie mettant en jeu le pronostic vital" *[V. définition de Mme Lambert-Faivre citée par J. Mazars, Évaluer et réparer, Les Annonces de la Seine, 23 juin 2005, n° 43, p. 4]*.

Bien évidemment, la liste de ce type de préjudice est susceptible de s'allonger dans l'avenir au regard des progrès de la médecine qui mettent de plus en plus en évidence ce type de pathologie virale ou autre jusque là inexistante ou non détectée.

B. *Nomenclature des préjudices corporels des victimes indirectes (victimes par ricochet)*

L'élaboration d'une nomenclature des postes de préjudice subis par les victimes par ricochet, c'est-à-dire par les proches de la victime directe, soulève moins de difficultés pratiques.

On peut ainsi distinguer les préjudices patrimoniaux subis par ces victimes des préjudices extra-patrimoniaux.

1°) *Préjudices des victimes indirectes en cas de décès de la victime directe*

A) *Préjudices patrimoniaux*

Frais d'obsèques

Ce poste de préjudice concerne les frais d'obsèques et de sépulture que vont devoir assumer les proches de la victime directe à la suite de son décès consécutif à la survenance du dommage.

Ces frais font l'objet d'une évaluation concrète fondée sur une facture établie en bonne et due forme.

Pertes de revenus des proches

Le décès de la victime directe va engendrer des pertes ou des diminutions de revenus pour son conjoint (ou son concubin) et ses enfants à charge, c'est à dire pour l'ensemble de la famille proche du défunt. Ces pertes ou diminutions de revenus s'entendent de ce qui est exclusivement lié au décès et non des pertes de revenus des proches conséquences indirectes du décès [*Exemple : les pertes de revenus liées à l'interruption du travail par des proches afin d'accompagner la victime directe dans les derniers jours précédant son décès*].

Pour déterminer la perte ou la diminution de revenus affectant ses proches, il y a lieu de prendre comme élément de référence le revenu annuel du foyer avant le dommage ayant entraîné le décès de la victime directe en tenant compte de la part d'autoconsommation de celle-ci et du salaire qui continue à être perçu par son conjoint (ou concubin) survivant.

En outre, il convient de réparer, au titre de ce poste, la perte ou la diminution de revenus subie par les proches de la victime directe, lorsqu'ils sont obligés d'assurer jusqu'au décès de celle-ci une présence constante et d'abandonner temporairement leur emploi.

En tout état de cause, la réparation de ce chef de préjudice ne saurait conduire le proche de la victime directe à bénéficier d'une double indemnisation à la fois au titre de l'indemnisation de ce poste et de celle qu'il pourrait également percevoir au titre de l'assistance par une tierce personne, s'il décidait de remplir cette fonction auprès de la victime. Dans ce cas, il conviendra de déduire cette dernière indemnité de celle à laquelle il pourra prétendre au titre de l'indemnisation du présent poste.

Frais divers des proches

Ce poste de préjudice vise à indemniser les proches de la victime directe des frais divers que ceux-ci ont pu engager à l'occasion de son décès ; ce sont principalement des frais de transports, d'hébergement et de restauration.

B) *Préjudices extra-patrimoniaux*

Le préjudice d'accompagnement

Il s'agit ici de réparer un préjudice moral, dont sont victimes les proches de la victime directe pendant la maladie traumatique de celle-ci jusqu'à son décès.

Ce poste de préjudice a pour objet d'indemniser les bouleversements que le décès de la victime directe entraîne sur le mode de vie de ses proches au quotidien.

Le préjudice d'accompagnement traduit les troubles dans les conditions d'existence d'un proche, qui partageait habituellement une communauté de vie effective avec la personne décédée à la suite du dommage.

Les proches doivent avoir partagé une communauté de vie effective et affective avec la victime directe, laquelle ne doit pas être exclusivement définie par référence au degré de parenté.

L'évaluation de ce poste de préjudice doit être très personnalisée, car il ne s'agit pas ici d'indemniser systématiquement les personnes ayant une proximité juridique avec la victime directe, mais plutôt celles bénéficiant d'une réelle proximité affective avec celle-ci.

Le préjudice d'affection

Il s'agit d'un poste de préjudice qui répare le préjudice d'affection que subissent certains proches à la suite du décès de la victime directe. Il convient d'inclure, à ce titre, le retentissement pathologique avéré que le décès a pu entraîner chez certains proches.

En pratique, il y a lieu d'indemniser quasi-automatiquement les préjudices d'affection des parents les plus proches de la victime directe (père et mère, etc.).

Cependant, il convient également d'indemniser, à ce titre, des personnes dépourvues de lien de parenté, dès lors qu'elles établissent par tout moyen avoir entretenu un lien affectif réel avec le défunt.

2°) *Préjudices des victimes indirectes en cas de survie de la victime directe*

A) *Préjudices patrimoniaux*

Perte de revenus des proches

Le handicap dont reste atteint [*atteinte*] la victime directe à la suite du dommage corporel va engendrer une perte ou une diminution de revenus pour son conjoint (ou son concubin) et ses enfants à charge.

Dans ce cas, il y a lieu de prendre comme élément de référence le préjudice annuel du foyer avant le dommage ayant entraîné son handicap en tenant compte de la part d'autoconsommation de la victime directe et du salaire qui continue à être perçu par son conjoint (ou son concubin).

En outre, il convient de réparer au titre de ce poste la perte ou la diminution de revenus subie par les proches de la victime directe lorsqu'ils sont obligés, pour assurer une présence constante auprès de la victime handicapée *[,]* d'abandonner temporairement voire définitivement, leur emploi.

En tout état de cause, la réparation de ce chef de préjudice ne saurait conduire le proche de la victime directe à bénéficier d'une double indemnisation à la fois au titre de l'indemnisation de ce poste et de celle qu'il pourrait également percevoir au titre de l'assistance par une tierce personne, s'il décidait de remplir cette fonction auprès de la victime. Dans ce cas, il conviendra de déduire cette dernière indemnité de celle à laquelle il pourra prétendre au titre de l'indemnisation du présent poste.

Frais divers des proches

Ce poste de préjudice vise à indemniser les proches de la victime directe des frais divers que ceux-ci ont pu engager pendant ou après la maladie traumatique de la victime survivante atteinte d'un handicap, ce sont principalement des frais de transports, d'hébergement et de restauration.

Ces frais peuvent être conséquents dans le domaine des transports, notamment si la victime directe séjourne dans un établissement éloigné de la résidence de sa famille qui vient la voir régulièrement. Les proches sont, dans ce cas, amenés à exposer non seulement des frais de transport, mais aussi des frais de repas – ou même de courts séjours – à l'extérieur de la résidence habituelle de la victime.

B) *Préjudices extra-patrimoniaux*

Préjudice d'affection

Il s'agit d'un poste de préjudice qui répare le préjudice d'affection que subissent certains proches à la suite de la survie handicapée de la victime directe. Il s'agit du préjudice moral subi par certains proches à la vue de la douleur de la déchéance et de la souffrance de la victime directe. Il convient d'inclure à ce titre le retentissement pathologique avéré que la perception du handicap de la victime survivante a pu entraîner chez certains proches.

En pratique, il y a lieu d'indemniser quasi-automatiquement le préjudice d'affection des parents les plus proches de la victime directe (père et mère, etc.).

Cependant, il convient également d'indemniser, à ce titre, des personnes dépourvues de lien de parenté avec la victime directe, dès lors qu'elles établissent par tout moyen avoir entretenu un lien affectif réel avec le défunt.

Préjudices extra-patrimoniaux exceptionnels

Il s'agit ici notamment de réparer le préjudice de changement dans les conditions de l'existence, dont sont victimes les proches de la victime directe pendant sa survie handicapée.

Ce poste de préjudice a pour objet d'indemniser les bouleversements que la survie douloureuse de la victime directe entraîne sur le mode de vie de ses proches au quotidien.

Ce préjudice de changement dans les conditions d'existence indemnise les troubles ressentis par un proche de la victime directe, qui partage habituellement une communauté de vie effective avec la personne handicapée à la suite du dommage, que ce soit à domicile ou par de fréquentes visites en milieu hospitalier.

Les proches doivent partager une communauté de vie effective et affective avec la victime directe, laquelle ne doit pas être exclusivement définie par référence au degré de parenté.

L'évaluation de ce poste de préjudice doit être très personnalisée, car il ne s'agit pas ici d'indemniser des personnes ayant une proximité juridique avec la victime directe, mais plutôt celles disposant d'une réelle proximité affective avec celle-ci.

Il convient d'inclure au titre de ce poste de préjudice le retentissement sexuel vécu par le conjoint ou le concubin à la suite du handicap subi par la victime directe pendant la maladie traumatique et après sa consolidation. *[...]*

A. ***Proposition de nomenclature des préjudices corporels de la victime directe***

1°) Préjudices patrimoniaux

a) Préjudices patrimoniaux temporaires (avant consolidation) :

– Dépenses de santé actuelles (D.S.A.)
– Frais divers (F.D.)
– Pertes de gains professionnels actuels (P.G.P.A.)

b) Préjudices patrimoniaux permanents (après consolidation) :

– Dépenses de santé futures (D.S.F.)
– Frais de logement adapté (F.L.A.)
– Frais de véhicule adapté (F.V.A.)
– Assistance par tierce personne (A.T.P.)
– Pertes de gains professionnels futurs (P.G.P.F.)
– Incidence professionnelle (I.P.)
– Préjudice scolaire, universitaire ou de formation (P.S.U.)

2°) Préjudices extra-patrimoniaux

a) Préjudices extra-patrimoniaux temporaires (avant consolidation) :

– Déficit fonctionnel temporaire (D.F.T.)
– Souffrances endurées (S.E.)
– Préjudice esthétique temporaire (P.E.T.)

b) Préjudices extra-patrimoniaux permanents (après consolidation) :

– Déficit fonctionnel permanent (D.F.P.)
– Préjudice d'agrément (P.A.)
– Préjudice esthétique permanent (P.E.P.)
– Préjudice sexuel (P.S.)
– Préjudice d'établissement (P.E.)
– Préjudices permanents exceptionnels (P.P.E.)

c) Préjudices extra-patrimoniaux évolutifs (hors consolidation) :

– Préjudices liés à des pathologies évolutives (P.EV.)

B. ***Proposition de nomenclature des préjudices corporels des victimes indirectes (victimes par ricochet)***

1°) Préjudices des victimes indirectes en cas de décès de la victime directe

a) Préjudices patrimoniaux

– Frais d'obsèques (F.O.)
– Pertes de revenus des proches (P.R.)
– Frais divers des proches (F.D.)

b) Préjudices extra-patrimoniaux

– Préjudice d'accompagnement (P.AC.)
– Préjudice d'affection (P.AF.)

2°) Préjudices des victimes indirectes en cas de survie de la victime directe

a) Préjudices patrimoniaux

– Pertes de revenus des proches (P.R.)
– Frais divers des proches (F.D.)

b) Préjudices extra-patrimoniaux

– Préjudice d'affection (P.AF.)
– Préjudices extra-patrimoniaux exceptionnels (P.EX.)

Responsabilités professionnelles et diverses

I. SANTÉ PUBLIQUE

V. **CSP**, jurisprudence citée ss. art. L. 1111-2 s. (information des usagers), art. L. 1142-1 s. et D. 1142-1 s. (risque sanitaire résultant du fonctionnement des systèmes de santé), L. 3122-1 et R. 3122-1 s. (indemnisation des victimes contaminées par le VIH).

1. Avertissement. La loi du 4 mars 2002 comporte des dispositions sur la responsabilité civile des professionnels et établissements de santé. En dehors des infections nosocomiales et des produits de santé, pour l'essentiel, la loi pose le principe d'une responsabilité légale pour faute pour les actes de prévention, de diagnostic ou de soins (professionnels et établissements), et celui d'une obligation d'information à la charge des professionnels (à proprement parler, il s'agit plutôt, selon la loi, d'un droit à l'information du patient). De la jurisprudence antérieure (et de celle plus récente pour des faits auxquels la loi ne s'applique pas) ont été conservées les décisions susceptibles de guider la mise en œuvre des dispositions nouvelles, non sans que l'attention soit attirée sur de possibles variations. Par exemple, alors que l'aléa thérapeutique ne donnait lieu à aucune indemnisation, la Cour de cassation a été conduite à entendre la faute médicale très largement. Maintenant que les conséquences d'un accident médical sont prises en charge par l'ONIAM, il n'est pas impossible que l'on assiste à un retour en arrière au sujet de la faute. On se trouve actuellement dans une phase transitoire entre la jurisprudence qui s'était formée peu à peu, depuis plusieurs décennies, et celle qui résultera de l'application de la loi du 4 mars 2002. Par conséquent, sur certains points, la prudence s'impose dans l'utilisation des précédents jurisprudentiels.

A. PROFESSIONS MÉDICALES

1° RÈGLES GÉNÉRALES

a. Obligations du médecin

1. Acte médical

2. Nécessité d'une faute. L'admission par le juge de la responsabilité du médecin a comme condition préalable la reconnaissance d'une faute commise par lui, et c'est au malade, par application du droit commun, qu'il incombe de la prouver. • Civ. 27 juin 1939 : *DC 1941. 53 (1re esp.), note Nast.* ♦ La responsabilité du médecin est subordonnée à la preuve d'une faute commise dans l'accomplissement de l'acte médical. Dès lors viole l'art. 1147 C. civ. une cour d'appel qui retient la responsabilité d'un médecin sur le fondement d'une obligation de sécurité de résultat, à la suite des lésions dentaires subies par le patient lors de son intubation au cours d'une anesthésie. • Civ. 1re, 4 janv. 2005, n° 03-13.579 P : *RCA 2005, n° 102.*

3. Le chirurgien, alors même qu'il procède à la pose d'un appareil sur la personne du patient, n'est tenu qu'à une obligation de moyens. • Civ. 1re, 25 févr. 1997, n° 95-11.205 P : *RCA 1997, n° 169 ; D. 1997. IR 118 ; JCP 1997. I. 4016, Chron. Viney et Jourdain.* ♦ Le médecin est seulement tenu d'une obligation de moyens dans l'accomplissement d'un examen radiographique. • Civ. 1re, 9 nov. 1999, n° 98-10.010 P : *D. 2000. 117, note Jourdain ; JCP 2000. II. 10251, note Brun ; RCA 2000, n° 61.*

Cependant, toute maladresse d'un praticien engage sa responsabilité et est par là même exclusive de la notion de risque inhérent à un acte médical. • Civ. 1re, 30 sept. 1997, n° 95-16.500 P : *D. 1997. IR 217 ; RCA 1997, n° 373.* ♦ Conf. : • Civ. 1re, 9 avr. 2002 : *RCA 2002, n° 234 ; ibid., Chron. 13, note Radé* • 3 avr. 2007 : *RCA 2007, n° 220.*

4. En revanche, une faute médicale ne peut se déduire de la seule absence de réussite de l'acte médical et de l'apparition d'un préjudice, lequel peut être en relation avec l'acte médical pratiqué, sans l'être pour autant avec une faute. • Civ. 1re, 12 déc. 1995, n° 93-19.437 P : *RCA 1996, n° 100.* ♦ Cassation de l'arrêt qui, pour retenir la responsabilité d'un médecin, se réfère à la notion erronée de « faute incluse » alors que l'existence d'une faute ne peut se déduire de la seule anormalité d'un dommage et de sa gravité. • Civ. 1re, 27 mai 1998, n° 96-17.197 P : *D. 1999. 21, note Porchy .*

5. Lorsque la réalisation d'une intervention médicale n'implique pas l'atteinte à la personne du patient qui s'est produite au cours de celle-ci, la faute du praticien ne peut être écartée que s'il existe une anomalie rendant l'atteinte inévitable pour réaliser l'intervention. • Civ. 1re, 23 mai 2000, nos 98-19.869 P et 98-20.440 P : *D. 2000. IR 183 et 192 ; RCA 2000, nos 270 et 272 ; RTD civ. 2000. 840, obs. Jourdain .* ♦ Comp. : La section du nerf médian de la main survenue au cours d'une opération du canal carpien réalisée sous endoscopie constituant une complication connue de ce type de chirurgie endoscopique, l'intervention ayant été menée suivant une technique éprouvée avec les précautions habituellement recommandées, la tactique du praticien ayant été raisonnable au vu des difficultés rencontrées, aucune erreur, imprudence, manque de précaution nécessaire, négligence ou autre défaillance fautive ne pouvant être retenu à son encontre compte tenu du rétrécissement du champ visuel du chirurgien propre à l'endoscopie et de l'emploi de longs instruments, comme des variations anatomiques d'un sujet à l'autre, une cour d'appel a pu en déduire que l'atteinte survenue dont le risque était inhérent à la technique utilisée ne pouvait être imputée à faute au praticien. • Civ. 1re, 29 nov. 2005 : *D. 2006. Pan. 694, obs. Penneau ; RCA 2006, n° 59, note Hocquet-Berg.*

6. Données acquises de la science. L'obligation pesant sur un médecin est de donner à son patient des soins conformes aux données acquises de la science à la date de ses soins. • Civ. 1re, 6 juin 2000, n° 98-19.295 P : *RCA 2000, n° 303 ; JCP 2001. II. 10447, note Mémeteau.*

7. Aléa thérapeutique. La réparation des conséquences de l'aléa thérapeutique n'entre pas dans le champ des obligations dont un médecin est contractuellement tenu à l'égard de son patient. • Civ. 1re, 8 nov. 2000, n° 99-11.735 P : *D. 2000. IR 292 ; RCA 2000, n° 375 ; RTD civ 2001. 154, obs. J. Mestre ; JCP 2001. II. 10493, rapp. Sargos, note Chabas* • 27 mars 2001 : *RCA 2001,* *n° 196 ; ibid., Chron. 13, note Radé* • 22 nov. 2007 : *RCA 2008, n° 31, note Hocquet-Berg.*

2. Information du patient

8. *But de l'information.* L'information que doit donner le médecin à son patient sur les risques des investigations ou soins qu'il lui propose a pour objet de permettre au patient d'y donner un consentement ou un refus éclairé. • Civ. 1re, 14 oct. 1997, n° 95-19.609 P : *RCA 1997, n° 374 ; JCP 1997. II. 22942, rapp. Sargos ; JCP 1997. I. 4068, n° 6, obs. Viney* • 27 mai 1998, n° 96-19.161 P : *D. 1998. 530, note Laroche-Gisserot ; RCA 1998, n° 276 ; RTD civ. 1999. 111, obs. Jourdain.* ♦ En ne procédant pas aux examens susceptibles d'informer des époux des risques que présentait l'état de grossesse de l'épouse, les médecins n'ont pas rempli l'obligation de renseignement dont ils étaient tenus à l'égard de leur patiente et qui aurait permis à celle-ci de prendre une décision éclairée quant à la possibilité de recourir à une interruption de grossesse thérapeutique. • Civ. 1re, 16 juill. 1991, n° 90-14.645 P : *D. 1991. IR 229 ; JCP 1991. II. 21947, note Dorsner-Dolivet.* ♦ Le médecin-accoucheur ne peut être dispensé de son devoir d'information par le seul fait qu'un risque grave ne se réalise qu'exceptionnellement. • Grenoble, 5 sept. 2006 : *RCA 2007, n° 93, note Radé.*

9. Toutefois, le médecin n'est pas tenu de réussir à convaincre son patient du danger de l'acte médical qu'il demande. • Civ. 1re, 18 janv. 2000, n° 97-17.716 P : *D. 2000. IR 44 ; RCA 2000, n° 128 ; JCP 2001. II. 10473, note Dorsner-Dolivet.*

10. *Étendue de l'information.* Hormis les cas d'urgence, d'impossibilité ou de refus du patient d'être informé, le médecin est tenu de lui donner une information loyale, claire et appropriée sur les risques graves afférents aux investigations et soins proposés et il n'est pas dispensé de cette obligation par le seul fait que ces risques ne se réalisent qu'exceptionnellement. • Civ. 1re, 7 oct. 1998, n° 97-10.267 P : *D. 1999. 145, note Porchy ; D. 1999. Somm. 259, obs. Mazeaud ; RCA 1998, n° 393 (2e esp.)* • 15 juill. 1999, n° 97-20.160 P : *D. 1999. Somm. 393, obs. Penneau ; RCA 1999, n° 334* • 9 oct. 2001 : *RCA 2001, n° 374 (2e esp.)* • 22 mai 2002 : *RCA 2002, n° 266.* ♦ Il n'est pas non plus dispensé par le seul fait que l'intervention serait médicalement nécessaire. • Civ. 1re, 18 juill. 2000, n° 99-10.886 P : *D. 2000. IR 217 ; RCA 2000, n° 336.*

11. L'obligation d'information qui incombe au médecin ne concerne que les risques liés à l'intervention qu'il préconise. • Civ. 1re, 18 déc. 2002 : *RCA 2003, n° 76.*

Faute du médecin qui ne respecte pas son devoir d'information sur les risques encourus préalablement aux investigations, traitements ou actions de prévention proposés, ce qui cause au patient, auquel l'information était légalement due, un préjudice qui ne peut être laissé sans réparation. • Civ. 1re, 3 juin 2010, n° 09-13.591 P : *R., p. 396 ; BICC 1er nov. 2010, n° 1635, et les obs. ; D. actu. 21 juin 2010, obs. Gallmeister ; D. 2010. 1522, note Sargos ; ibid., Chron. C. cass. 2092, obs. Creton ; ibid. 2011. 35, obs. Gout ; JCP 2010, n° 788, note Porchy-Simon ; ibid., n° 1015, obs. Stoffel-Munck ; RCA 2010, n° 222, obs. Hocquet-Berg ; RLDC 2010/75, n° 3958, note Corgas-Bernard ; RDC 2010. 1235, obs. Borghetti ; RTD civ. 2010. 571, obs. Jourdain ; RDSS 2010. 898, obs. Arhab-Girardin.*

12. *Débiteur de l'information.* Le devoir d'information pèse aussi bien sur le médecin prescripteur que sur celui qui réalise la prescription. • Civ. 1re, 14 oct. 1997 : *préc. note 8.*

13. *Charge de la preuve.* Le médecin est tenu d'une obligation particulière d'information vis-à-vis de son patient, et il lui incombe de prouver qu'il a exécuté cette obligation. • Civ. 1re, 25 févr. 1997, n° 94-19.685 P : *D. 1997. Somm. 319, obs. Penneau ; RCA 1997. Chron. 8, note Lapoyade-Deschamp ; JCP 1997. I. 4025, obs. Viney ; RTD civ. 1997. 434, obs. Jourdain.* ♦ Dans le même sens : • Civ. 1re, 14 oct. 1997 : *préc. note 8* • 27 mai 1998 : *préc. note 8.*

14. *Modes de preuve.* La preuve de l'information donnée par le médecin à son patient peut être faite par tous moyens, et notamment par des présomptions au sens de l'art. 1353 C. civ. • Civ. 1re, 14 oct. 1997 : *préc. note 8.* ♦ Le médecin prouve par tous moyens, s'agissant d'un fait juridique, la délivrance de l'information permettant au patient d'émettre un consentement ou un refus éclairé quant aux investigations ou soins auxquels il est possible de recourir. • Civ. 1re, 4 janv. 2005, n° 02-11.339 P : *RCA 2005, n° 99, note Radé.*

15. *Cas particulier de la chirurgie esthétique.* En matière d'actes médicaux et chirurgicaux à visée esthétique, l'obligation d'information doit porter non seulement sur les risques graves de l'intervention, mais aussi sur tous les inconvénients pouvant en résulter. • Civ. 1re, 17 févr. 1998, n° 95-21.715 P : *D. 1998. IR 81 ; RCA 1998, n° 166 ; RTD civ. 1998. 681, obs. Jourdain ; JCP 1998. I. 144, n° 20, obs. Viney.*

16. S'agissant d'une intervention de chirurgie esthétique consistant dans le remplacement de prothèses mammaires pré-remplies de gel de silicone par des prothèses gonflées au sérum physiologique, les juges du fond devaient rechercher si le praticien avait informé sa patiente de l'existence et de l'étendue du risque inhérent à la nouvelle opération. • Civ. 1re, 26 janv. 1999 : *RCA 1999, n° 146.* ♦ Mais c'est dans l'exercice de leur pouvoir souverain d'appréciation qu'après avoir relevé que le résultat inesthétique de l'intervention de chirurgie esthétique pratiquée sur une patiente n'était pas dû à une faute du chirurgien mais à la méthode elle-même, dont les résultats sont statistiquement aléatoires, les juges du fond ont estimé que cette patiente, dont la décision de subir l'intervention avait été « raisonnée », n'apportait pas la preuve d'un manquement du chirurgien à ses obligations. • Civ. 1re, 7 oct. 1992, n° 90-21.141 P : *JCP 1993. II. 22071, note Chabas ; D. 1993. 589, note Dorsner-Dolivet ; RCA 1992, n° 459.*

17. Information entre collègues. Il incombe au médecin, ayant réalisé un acte médical à la demande d'un confrère, d'informer ce dernier par écrit de ses constatations, conclusions et éventuelles prescriptions. Cassation de l'arrêt déboutant un gynécologue-obstétricien de son appel en garantie à l'encontre d'un médecin radiologue, alors qu'il résultait de ses constatations que celui-ci n'avait pas mentionné, dans le compte-rendu écrit qu'il avait adressé à celui-là, l'ensemble des informations fournies par la mammographie et permettant le diagnostic du cancer dont était atteinte sa cliente. • Civ. 1re, 29 nov. 2005 : *RCA 2006, n° 60.*

b. Dommage réparable

1. Perte d'une chance

18. Soins. Dès lors qu'une cour d'appel, après avoir retenu qu'un médecin anesthésiste avait commis une faute, constate qu'il n'était pas certain qu'une démarche thérapeutique différente aurait pu modifier l'état du patient, elle peut déduire de cette appréciation souveraine que la faute avait seulement privé ce patient d'une chance d'éviter l'accident ou d'en subir les séquelles. • Civ. 1re, 30 oct. 1995, n° 93-18.768 P : *RCA 1996, n° 25.*

19. Dans le cas où la faute du médecin a fait perdre au malade la chance d'obtenir une amélioration de son état de santé ou d'échapper à une infirmité, le dommage qui résulte pour lui de cette perte de chance est fonction de la gravité de son état réel et de toutes les conséquences en découlant. • Civ. 1re, 8 juill. 1997, n° 95-17.076 P : *RCA 1997, n° 345* • 29 juin 1999, n° 97-14.254 P.

20. Il incombe seulement à la victime de préciser à quel montant elle évalue ses différents préjudices, l'office du juge consistant alors à en apprécier le bien-fondé et à déterminer, par une appréciation souveraine, la fraction de ces préjudices correspondant à la perte de chance de les éviter si le médecin n'avait pas commis une faute. • Civ. 1re, 8 juill. 1997 : *préc. note 19.*

21. La perte est celle d'une chance d'éviter la mort et les divers préjudices en résultant directement. • Civ. 1re, 10 janv. 1990, n° 87-17.091 P : *D. 1991. Somm. 358, obs. Penneau*. ♦ La réparation ne se limite pas au préjudice moral mais correspond à une fraction des différents chefs de préjudice subis par le patient. • Civ. 1re, 29 juin 1999 : *préc. note 19.* ♦ Comp., en ce qui concerne la jurisprudence administrative : • CE 10 oct. 2005 : *RCA 2006, n° 31, note Guettier.*

22. Déterminée en fonction de l'état de la victime et de toutes les conséquences qui en découlent pour elle, l'indemnité de réparation de la perte de chance d'obtenir une amélioration de son état ou d'échapper à une infirmité ne saurait présenter un caractère forfaitaire. • Civ. 1re, 18 juill. 2000, n° 98-20.430 P : *D. 2000. IR 219 ; RCA 2000, n° 373, note Groutel.* ♦ Il appartient aux juges du fond d'évaluer les différents chefs de préjudice invoqués puis d'apprécier à quelle fraction de ces préjudices doit être évaluée la perte de chance indemnisée. • Même arrêt. ♦ V. égal. : • Civ. 1re, 8 juill. 1997, n° 95-18.113 P.

23. Information. La violation de l'obligation d'information incombant au praticien ne peut être sanctionnée qu'autant qu'il en résulte un préjudice dont l'existence est souverainement appréciée par les juges du fond. • Civ. 1re, 13 nov. 2002 : *RCA 2003, n° 77.*

24. Le praticien qui manque à son obligation d'informer son patient des risques graves inhérents à un acte médical d'investigations ou de soins prive ce dernier de la possibilité de donner un consentement ou un refus éclairé à cet acte. • Civ. 1re, 20 juin 2000, n° 98-23.046 P : *D. 2000. IR 198 ; RCA 2000, n° 302.* ♦ Il est, dès lors, de l'office du juge de rechercher, en prenant en considération l'état de santé du patient ainsi que son évolution prévisible, sa personnalité, les raisons pour lesquelles des investigations ou des soins à risques lui sont proposés, ainsi que les caractéristiques de ces investigations, de ces soins et de ces risques, les effets qu'aurait pu avoir une telle information quant à son consentement ou à son refus. • Même arrêt.

25. Bien qu'un patient n'ait pas été informé d'un risque, qui s'était réalisé, afférent à l'intervention chirurgicale subie, il ne justifie pas d'un préjudice résultant de la perte de la faculté qu'il aurait eue, s'il avait été informé, de refuser l'opération, dès lors que, d'une part celle-ci était indispensable et qu'elle avait abouti à l'amélioration escomptée, et que d'autre part le patient ne souffrait du fait du risque réalisé que de troubles moindres que ceux découlant de la non-réalisation de l'intervention. • Civ. 1re, 7 oct. 1998, n° 97-12.185 P : *RCA 1998, n° 393 (3e esp.).* ♦ Bien que non informé d'un risque grave de perforation intestinale inhérent à une coloscopie avec ablation d'un polype, risque qui s'était réalisé, le patient ne justifiait d'aucun préjudice indemnisable, les juges du fond ayant souverainement apprécié que même informé du risque de perforation, il n'aurait refusé ni l'examen, ni l'exérèse du polype. • Civ. 1re, 20 juin 2000 : *préc. note 24.* ♦ Une cour d'appel, ayant constaté que la cause de l'arrêt cardiorespiratoire de la patiente au cours de l'ablation de la vésicule biliaire par cœlioscopie demeurait inconnue, en a justement déduit qu'il n'existait pas de lien de causalité entre les manquements à l'obligation d'information imputables aux médecins et le dommage éprouvé. • Civ. 1re, 29 oct. 2002, n° 01-10.311.

26. La violation d'une obligation d'information ne peut être sanctionnée qu'au titre de la perte de chance subie par le patient d'échapper, par une décision peut-être plus judicieuse, au risque qui s'est finalement réalisé. • Civ. 1re, 7 déc. 2004 : *RCA 2005, n° 60.* ♦ Le dommage correspond alors à une fraction des différents chefs de préjudice subis qui est déterminée en mesurant la chance perdue et ne peut être égale aux atteintes corporelles résultant de l'acte médical. • Même arrêt.

2. Interruption volontaire de grossesse non réalisée

27. Jurisprudence antérieure à la loi du 4 mars 2002. Dès lors que les fautes commises par le médecin et le laboratoire dans l'exécution des contrats formés avec la mère avaient empêché celle-ci d'exercer son choix d'interrompre sa grossesse afin d'éviter la naissance d'un enfant atteint d'un handicap, ce dernier peut demander la réparation du préjudice résultant de ce handicap et causé par les fautes retenues. • Cass., ass. plén., 17 nov. 2000, n° 99-13.701 P : *D. 2001. 332, note Mazeaud, et 336, note Jourdain ; JCP 2000. II. 10438, rapp. Sargos, concl. Sainte-Rose, note Chabas; RCA 2000, n° 374.* ♦ Adde : Gobert, *LPA 8 déc. 2000; D. 2001. Chron. 489, par Aubert, et 492 par Aynès; RCA 2001. Chron. 1, par Radé, et Chron. 4, par Leduc; JCP 2001. I. 286, obs. Viney, et 287, obs. Gautier; Mayaux, RGDA 2001. 13.*

28. L'enfant né handicapé peut demander la réparation du préjudice résultant de son handicap si ce dernier est en relation de causalité directe avec les fautes commises par le médecin dans l'exécution du contrat formé avec sa mère et qui ont empêché celle-ci d'exercer son choix d'interrompre sa grossesse. • Cass., ass. plén., 13 juill. 2001, n° 97-17.359 P : *D. 2001. 2325, note Jourdain ; RCA 2001, n° 269 (3e esp.); RGDA 2001. 751, note Mayaux; JCP 2001. II. 10601, concl. Sainte-Rose et note Chabas; RTD civ. 2001. 850, note Hauser .* ♦ Le préjudice de l'enfant né handicapé dont la mère n'a pu recourir à une interruption médicale de grossesse faute de communication par son médecin des résultats alarmants d'examens prénataux n'est pas constitué par une perte de chance mais par le handicap et doit être intégralement réparé. • Cass., ass. plén., 28 nov. 2001, n° 00-11.197 P : *RCA 2002, n° 31, 1re esp.*

29. Justifie toutefois sa décision de rejet d'une telle demande la cour d'appel qui constate que les conditions de l'interruption volontaire de la grossesse pratiquée pour motif thérapeutique, seule possible à la date des fautes retenues, n'étaient pas réunies. • Cass., ass. plén., 13 juill. 2001 : *préc. note 28.*

30. Dès lors que la faute commise par le médecin dans l'exécution du contrat formé avec sa patiente a empêché celle-ci d'exercer son choix d'interrompre sa grossesse pour motif thérapeutique et qu'il n'est pas contesté que les conditions médicales d'une telle interruption de grossesse étaient réunies, les parents de l'enfant né handicapé peuvent demander la réparation du préjudice matériel résultant pour eux du handicap en relation de causalité directe avec la faute retenue. • Cass., ass. plén., 28 nov. 2001, n° 00-14.248 P : *RCA 2002, n° 31, 2e esp.*

31. Jurisprudence postérieure à la loi du 4 mars 2002. Dès lors que les fautes commises par le médecin dans l'exécution de son contrat avec la mère avaient empêché celle-ci d'exercer son choix d'interrompre sa grossesse afin d'éviter la naissance d'un enfant atteint d'un handicap, ce dernier pouvait, avant l'entrée en vigueur de la loi du 4 mars 2002, demander la réparation du préjudice résultant de ce handicap et causé par les fautes retenues; l'art. 1er-I de ladite loi, déclarée applicable aux instances en cours, énonce que « nul ne peut se prévaloir d'un préjudice du seul fait de sa naissance; lorsque la responsabilité d'un professionnel de santé est engagée vis-à-vis des parents d'un enfant né avec un handicap non décelé pendant la grossesse à la suite d'une faute caractérisée, les parents peuvent demander une indemnité au titre de leur seul préjudice; ce préjudice ne saurait inclure les charges particulières découlant tout au long de la vie de l'enfant, de ce handicap et la compensation de ce dernier relève de la solidarité nationale »; toutefois, si une personne peut être privée d'un droit de créance en responsabilité, c'est à la condition, selon l'art. 1er du protocole n° 1 à la Convention de sauvegarde des droits de l'homme et des libertés fondamentales, que soit respecté le juste équilibre entre les exigences de l'intérêt général et les impératifs de sauvegarde du droit au respect des biens; tel n'est pas le cas en l'espèce, dès lors que la loi susvisée, en prohibant l'action de l'enfant et en excluant du préjudice des parents les charges particulières découlant du handicap de l'enfant tout au long de la vie, a institué un mécanisme de compensation forfaitaire du handicap, sans rapport raisonnable avec une créance de réparation intégrale, quand les parents pouvaient en l'état de la jurisprudence, applicable avant l'entrée en vigueur de cette loi, légitimement espérer que leur fille serait indemnisée au titre du préjudice résultant de son handicap. • Civ. 1re, 24 janv. 2006 : *RCA 2006, n° 91, 1re esp., note Radé* • Civ. 1re, 24 janv. 2006 : *RCA 2006, n° 91, 3e esp.* ♦ ... que leur préjudice inclurait les charges particulières découlant, tout au long de la vie de l'enfant, du handicap. • Civ. 1re, 24 janv. 2006 : *RCA 2006, n° 91, 2e esp.* ♦ ... lesquelles incluent les préjudices professionnels des parents. • Civ. 1re, 21 févr. 2006, n° 03-11.917.

32. Les parents lui ayant fait part de leur souhait de voir la grossesse interrompue en présence de risques pour l'enfant, une cour d'appel a pu en déduire que le médecin gynécologue avait ainsi commis une faute les ayant empêchés d'exercer leur choix de recourir à une interruption thérapeutique de grossesse dont les conditions médicales étaient réunies, ce qui justifiait la réparation de leur préjudice moral. • Civ. 1re, 24 janv. 2006 : *RCA 2006, n° 91, 3e esp.*

2° PRATICIENS DIVERS

a. Anesthésiste

33. Un médecin anesthésiste a commis une négligence en relation directe avec le décès du patient en s'étant abstenu de toute prescription sur le volume, la nature et le débit du liquide à transfuser ainsi qu'en ne s'étant pas assuré, avant de quitter l'enfant, du débit de l'écoulement du cathéter qui aurait attiré son attention sur la quantité de sérum transfusé. • Crim. 28 mai 1997 : *RCA 1998, n° 23.*

34. Ont commis une faute le chirurgien et l'anesthésiste qui se sont abstenus d'ordonner le transfert de la victime vers un centre hospitalier universitaire, alors que cette solution s'imposait en raison de l'insuffisance manifeste des possibilités techniques de l'hôpital où ils pratiquaient et de la divergence de leurs diagnostics rendant nécessaire l'avis d'un médecin tiers, qui ne pouvait être trouvé sur place. • Crim. 17 déc. 1997 : *RCA 1998, n° 252.*

35. A commis une faute : l'anesthésiste qui a manqué quelques instants à son obligation particulière de surveillance, alors que l'enfant n'avait pas encore repris connaissance et se trouvait soumis à des risques d'accident respiratoire. • Crim. 15 mars 1990 : *RCA 1990, n° 250.* ♦... L'anesthésiste qui n'a pas prolongé la surveillance postopératoire. • Civ. 1re, 31 mai 1989 : *RCA 1989, n° 271.* ♦ ... L'anesthésiste qui, après son réveil dans la salle d'opération, a laissé la patiente sans surveillance particulière en salle de réanimation, alors qu'il avait choisi et administré un produit anesthésiant présentant des risques notoires. • Civ. 1re, 9 déc. 1992 : *RCA 1993, n° 49.* ♦ ... L'anesthésiste qui a manqué de discernement en laissant le chirurgien opérer un malade, lequel, avant l'intervention, avait présenté un état cyanosé par suite d'un défaut de ventilation. • Civ. 1re, 20 oct. 1993 : *RCA 1994, n° 21.* ♦... L'anesthésiste qui s'est absenté de la salle d'opération à un moment où l'intervention devenait critique. • Crim. 26 nov. 1997 : *RCA 1998, n° 250.*

36. En revanche, ne commet aucune faute, le médecin anesthésiste qui a agi conformément aux données acquises de la science et assuré la surveillance des suites des anesthésies qu'il a réalisées, sans négliger l'obligation générale de prudence et de diligence qui lui incombe quant au domaine de compétence du praticien avec lequel il a concouru à une intervention. • Civ. 1re, 27 mai 1998, n° 96-19.161 P : *D. 1998. 530, note Dorsner-Dolivet*. ♦ L'organisation du service incombant à l'établissement de santé et l'anesthésiste étant seulement chargé, à l'issue de sa visite le jour de l'opération à 20 h, d'une astreinte à domicile, il ne pouvait lui être imputé à faute l'insuffisance de visites jusqu'au lendemain en l'absence d'appel de l'établissement ou d'indications préalables sur l'état de santé du patient les justifiant. • Civ. 1re, 21 févr. 2006 : *RCA 2006, n° 166.* ♦ Les rapports d'expertise ayant retenu que, si le risque d'allergie à l'antibiotique était connu des praticiens, sa réalisation était, dans le cas d'un patient, imprévisible en raison des examens préopératoires et pré-anesthésiques pratiqués et de l'absence d'antécédent allergique, une cour d'appel a pu en déduire que le chirurgien et l'anesthésiste n'avaient pas commis de faute en n'informant pas le patient de ce risque. • Civ. 1re, 15 juin 2004, n° 02-12.530.

b. Chirurgien

37. Le chirurgien doit s'assurer de l'évolution de ses soins et les adapter à la pathologie particulière de chaque patient, sans se contenter de faire appliquer un traitement établi d'avance d'une manière impersonnelle. • Civ. 1re, 21 mars 1995 : *RCA 1995, n° 214.*

38. A engagé sa responsabilité : le chirurgien qui, au cours d'une hystérectomie a, par suite d'une maladresse, embroché l'uretère lors de la suturation du péritoine et alors que le repérage de ce canal au cours de l'intervention avait précisément pour objet d'éviter cet accident. • Civ. 1re, 27 janv. 1993 : *RCA 1993, n° 134.* ♦... Le chirurgien dont le patient a été victime d'un arrêt cardiaque en cours d'ablation de polypes des cordes vocales, alors qu'au même titre que l'anesthésiste, il a manqué de discernement en décidant d'opérer un malade qui, avant l'intervention, avait présenté un état cyanosé par suite d'un défaut de ventilation. • Civ. 1re, 20 oct. 1993 : *RCA 1994, n° 21.* ♦... Le chirurgien qui, après une intervention sur un genou, et alors que le patient présentait un écoulement à l'endroit d'un point de suture, l'avait laissé sortir en le dirigeant vers un médecin généraliste qui n'offrait aucune compétence particulière dans le domaine du genou et auquel incombait seulement l'enlèvement des points de suture. • Civ. 1re, 21 mars 1995 : *préc. note 37.* ♦... Le chirurgien qui, au cours d'une intervention chirurgicale portant sur une côte, blesse par maladresse une artère, ce qui entraîne le décès du patient. • Civ. 1re, 7 janv. 1997, n° 94-19.497 P : *D. 1997. 189, rapp. Sargos, note Thouvenin ; D. 1997. Somm. 319, obs. Penneau ; RCA 1997, n° 134.* ♦... Le chirurgien qui n'a pas surveillé la numération des plaquettes, comme cela doit être la règle lors des traitements par l'héparine. • Civ. 1re, 14 oct. 1997 : *RCA 1998, n° 25.* ♦... Le chirurgien qui, lors de l'opération d'une hernie hiatale minime, a commis une erreur d'appréciation sur la tension à donner aux tissus permettant la création d'une valve autour de l'œsophage. • Civ. 1re, 13 mai 1998, n° 96-22.920 P : *RCA 1998, n° 275.* ♦... Le chirurgien qui, à l'occasion d'une biopsie hépatique, a commis une erreur de trajet constitutive d'une maladresse. • Civ. 1re, 13 oct. 1999 : *JCP 2000. II. 10270, note Dorsner-*

Dolivet. ♦ ... Le chirurgien qui, à l'occasion d'une ligamentoplastie du ligament croisé antéro-externe du genou droit, a sectionné l'artère poplitée moyenne, et alors qu'il n'avait pas été constaté que cette artère présentait chez la patiente une anomalie rendant son atteinte inévitable. • Civ. 1re, 23 mai 2000, n° 98-19.869 P : *D. 2000. IR 192* ; *RCA 2000, n° 270 ; RTD civ. 2000. 840, obs. Jourdain* .

39. Ont commis une faute le chirurgien et l'anesthésiste qui se sont abstenus d'ordonner le transfert de la victime vers un centre hospitalier universitaire, alors que cette solution s'imposait en raison de l'insuffisance manifeste des possibilités techniques de l'hôpital où ils pratiquaient et de la divergence de leurs diagnostics rendant nécessaire l'avis d'un médecin tiers, qui ne pouvait être trouvé sur place. • Crim. 17 déc. 1997 : *préc. note 34.*

c. Chirurgien-dentiste

40. Information. Le chirurgien-dentiste était tenu d'informer son client des risques liés à la pose de plusieurs prothèses plutôt qu'à celle d'un bridge complet afin qu'il soit mis en mesure d'y donner un consentement ou un refus éclairé et de lui indiquer si ces prothèses étaient aptes à lui rendre le service qu'il pouvait légitimement en attendre. • Civ. 1re, 24 janv. 2006, n° 04-16.837.

41. Soins. Le chirurgien-dentiste est tenu à une simple obligation de moyens quant aux soins qu'il prodigue. • Civ. 1re, 15 nov. 1988 : *Bull. civ. I, n° 319.*

42. Il est tenu d'une obligation de précision du geste de chirurgie dentaire. • Civ. 1re, 9 oct. 2001 : *RCA 2001, n° 371.* ♦ Viole l'obligation contractuelle qui le lie à son patient le chirurgien-dentiste qui, au cours d'une intervention sur une dent, provoque, par son fait, une fracture du maxillaire. • Civ. 1re, 3 févr. 1998, n° 96-13.329 P : *RCA 1998, n° 165, note Groutel.* ♦ Dès lors que le trajet de nerf sublingual ne présentait pas une anomalie rendant son atteinte inévitable, une cour d'appel a pu décider que le médecin avait commis une faute dans l'exécution du contrat le liant à sa patiente, à savoir l'extraction d'une dent de sagesse. • Civ. 1re, 23 mai 2000, n° 98-20.440 P : *D. 2000. IR 183* ; *RCA 2000, n° 272.* ♦ Même sens : • Nancy, 14 sept. 2006 : *RCA 2007. 63, note Radé.*

43. En acceptant d'apporter aux bridges initialement bien conçus les modifications voulues par la patiente à des fins esthétiques et consistant à boucher tous les espaces interdentaires, alors qu'il savait que l'état parodontal exigeait l'existence d'embrasures larges, un chirurgien-dentiste n'a pas donné tous les soins attentifs et conformes aux règles de l'art. • Civ. 1re, 30 janv. 1996 : *RCA 1996, n° 141.*

44. A commis une faute professionnelle, le chirurgien-dentiste qui a exécuté pour le compte de sa cliente des prothèses fixées qui étaient formellement contre-indiquées pour son cas, suivant, pour ce faire, les directives ou conseils d'un praticien étranger, sans juger par lui-même de la nécessité d'effectuer ces travaux, ce comportement étant interdit par les règles déontologiques françaises. • Civ. 1re, 24 janv. 1990, n° 87-18.008 P.

45. L'absence de possibilités financières d'un patient ne peut autoriser un chirurgien-dentiste à dispenser des soins non conformes aux données acquises de la science. • Civ. 1re, 19 déc. 2000, n° 99-12.403 P : *RCA 2001, n° 121.*

46. Prothèse. Le chirurgien-dentiste est tenu à une obligation de résultat comme fournisseur d'une prothèse, devant délivrer un appareil sans défaut. • Civ. 1re, 15 nov. 1988 : *préc. note 41.* ♦ Dans le même sens : • Civ. 1re, 12 juin 1990, n° 89-11.909 P : *D. 1991. Somm. 358, obs. Penneau* . ♦ Le chirurgien-dentiste orthodontiste est tenu à une obligation de résultat concernant la sécurité tenant tant à la conception de l'appareil qu'à ses conditions d'utilisation ; en l'espèce, le praticien devait signaler le danger inhérent à l'appareil, et, ne l'ayant pas fait, il ne peut invoquer une faute du patient. • Civ. 1re, 22 nov. 1994, n° 92-16.423 P : *D. 1995. IR 12 ; RCA 1995, n° 23 ; RTD civ. 1995. 375, obs. Jourdain* .

47. En vertu du contrat le liant à son patient, le chirurgien-dentiste est tenu de lui fournir un appareillage apte à rendre le service qu'il peut légitimement en attendre, une telle obligation, incluant la conception et la confection de cet appareillage, étant de résultat. • Civ. 1re, 23 nov. 2004, n° 03-12.146 P : *D. 2005. Pan. 406, obs. Penneau* (cet auteur estime que, depuis la loi du 4 mars 2002, la conception relève du domaine de la responsabilité pour faute) ; RCA 2005, n° 25 ; *RTD civ. 2005. 139, obs. Jourdain* .

48. Régime des soins ou de la prothèse. Le chirurgien-dentiste, qui a confectionné et scellé lui-même un bridge, n'est tenu que d'une obligation de moyens quant aux soins qu'il prodigue à son patient et à l'amélioration de son état que celui-ci peut espérer grâce à l'acquisition et à la pose d'un bridge sans défaut. Mais, en tant que fournisseur de la prothèse, le chirurgien-dentiste doit délivrer un appareil apte à rendre le service que le patient peut légitimement en attendre, c'est-à-dire un appareil sans défaut, et il doit réparer le préjudice dû à la défectuosité de celui qu'il a posé dès lors qu'il n'est pas établi que le patient ait fait un usage anormal du bridge ou qu'il ait été endommagé par une cause extérieure. • Civ. 1re, 29 oct. 1985 : *Bull. civ. I, n° 273 ; D. 1986. 417, note Penneau ; RTD civ. 1986. 782, obs. Huet.* ♦ Les difficultés d'adaptation d'une prothèse dentaire qui peuvent être corrigées à l'occasion d'une consultation du praticien relèvent d'actes de soins et non de l'obligation de résultat à laquelle est tenu le fournisseur de la prothèse. • Civ. 1re, 10 déc. 1996, n° 95-13.154 P : *RCA 1997, n° 103.*

d. Gynécologue-obstétricien

1. Soins

49. A commis une faute le gynécologue qui a programmé une intervention (ligature des trompes) dépourvue d'urgence trop près d'une précédente intervention (moins d'un mois) faite sous anesthésie, sans relever les facteurs de risques particuliers de la patiente. • Civ. 1re, 30 oct. 1995, n° 93-18.768 P : *RCA 1996, n° 25.*

2. Surveillance de la grossesse

50. Un gynécologue accoucheur, tenu de donner à sa patiente des soins attentifs et consciencieux, conformes aux données acquises de la science, aurait dû exercer un contrôle rigoureux sur l'accomplissement et les résultats des examens sérologiques qu'il avait prescrits, ce qui lui aurait permis de déceler une toxoplasmose. • Civ. 1re, 3 févr. 1993 : *RCA 1993, n° 174.*

3. Accouchement

51. Le médecin accoucheur n'est pas tenu de suivre l'état d'une parturiente dès son entrée en clinique, lorsque celle-ci est sous la surveillance d'une sage-femme, ce qui relève de la compétence professionnelle de cette dernière, en application de l'art. 28 du code de déontologie des sages-femmes dans sa rédaction, applicable en la cause, issue du Décr. n° 49-1351 du 30 sept. 1949. • Civ. 1re, 20 juin 2000, n° 98-21.283 P : *RCA 2000, n° 304.* ♦ Cependant, la liberté dont les sages-femmes doivent disposer dans l'exercice de leur art ne dispense pas le médecin-obstétricien de prendre toutes dispositions utiles pour permettre à la parturiente d'accoucher dans les meilleures conditions. Par suite, manque à ses obligations le praticien qui s'abstient de prendre de telles dispositions. • Civ. 1re, 7 juill. 1998, n° 97-10.869 P : *D. 1999. Somm. 391, obs. Penneau ; RCA 1998, n° 359.* ♦ De même commet une faute le gynécologue-obstétricien de garde qui ne contrôle pas l'action de la sage-femme, laquelle n'avait pas reçu d'instructions précises sur les mesures appropriées, de sorte qu'avait été retardée la découverte de la souffrance fœtale à l'origine des lésions dont souffrait l'enfant. • Civ. 1re, 9 nov. 2004, n° 01-16.739 P.

52. *Fautes retenues.* A commis une faute le médecin accoucheur qui n'a pas recouru à une extraction du fœtus par césarienne dès l'échec de sa tentative par forceps ; cette faute, ayant provoqué la persistance de la souffrance fœtale au-delà de 20 minutes, a été la cause directe des lésions cérébrales de l'enfant et non d'une simple perte de chance d'éviter le dommage. • Civ. 1re, 13 mai 1997 : *RCA 1997, n° 274.* ♦ N'a pas accompli les diligences normales qui lui incombaient compte tenu de la nature de sa mission, de ses compétences et des moyens dont il disposait, le médecin qui, suffisamment avisé par les sages-femmes de la gravité des troubles que présentait la parturiente, et compte tenu des antécédents de celle-ci, ne s'est pas déplacé aussitôt pour assurer une surveillance personnelle, sans laisser en particulier à des auxiliaires médicales le soin d'interpréter une radiographie qui lui aurait confirmé la rupture utérine. • Crim. 14 oct. 1998 : *RCA 1999, n° 45.*

53. Commet une faute : le gynécologue qui a donné des consignes de monitorage discontinu, lesquelles aggravaient le risque de souffrances fœtales inaperçues et étaient totalement obsolètes au regard des données de la science médicale en 1986, lesquelles impliquaient un monitorage continu. • Civ. 1re, 30 oct. 1995, n° 93-20.786 P : *D. 1995. IR 276 ; RCA 1996, n° 26 ; JCP 1996. I. 3944, nos 13 s., obs. Viney ; RTD civ. 1996. 636, obs. Jourdain .* ♦ ... Le médecin gynécologue qui fait prendre des risques à sa patiente en acceptant, d'une part de procéder à une induction de l'ovulation chez une femme âgée de 44 ans qui avait déjà quatre enfants, souffrait d'une dysovulation et avait fait deux accidents abortifs, d'autre part de déclencher artificiellement l'accouchement, sans justification thérapeutique, malgré ses antécédents et dans des conditions obstétricales peu favorables. • Civ. 1re, 27 mai 1998, n° 96-19.161 P : *D. 1998. 530, note Laroche-Gisserot ; RCA 1998, n° 276.* ♦ ... Le gynécologue-obstétricien qui n'a dispensé à sa patiente, qui souffrait d'une hémorragie consécutive à une rupture utérine, que des soins incomplets et tardifs. • Civ. 1re, 27 mai 1998 : *préc.* ♦ ... Le gynécologue-obstétricien qui, en dépit de l'échec de la tentative d'extraction par ventouse, alors que les anomalies du rythme cardiaque du fœtus devenaient inquiétantes, persiste dans sa décision de procéder à un accouchement par les voies naturelles, sans s'assurer, qu'en cas d'échec, toujours prévisible, il pourrait réaliser une césarienne dans les plus brefs délais. • Crim. 3 déc. 1997 : *RCA 1998, n° 254.*

54. *Faute : réanimation.* Font preuve d'une obstination déraisonnable caractérisant une faute médicale les médecins ayant conduit des opérations de réanimation d'un nouveau-né, sans pouvoir ignorer les séquelles résultant pour cet enfant de l'anoxie cérébrale de plus d'une demi-heure antérieure à sa naissance et de l'absence d'oxygénation tout au long de ladite réanimation. • TA Nîmes, 2 juin 2009 : *D. 2009. 2874, note Cheynet de Beaupré ; ibid. 2010. 419, note Borghetti ; AJDA 2009. 2474, rapp. Riffard . – Adde, Malauzat-Martha, RLDC 2011/84, n° 4300.*

55. Le médecin gynécologue, tenu d'assurer la surveillance post-opératoire dans sa spécialité, doit suivre l'évolution de l'état hémorragique de sa patiente, consécutif à l'accouchement qu'il a pratiqué. • Civ. 1re, 27 mai 1998 : *préc. note 53.*

56. *Absence de faute.* La dystocie dont a souffert l'enfant étant un phénomène directement lié à l'expulsion et tout à fait imprévisible, et la technique à laquelle les deux sages-femmes ont recouru pour combattre cette complication étant conforme aux données actuelles de la science médicale, il ne peut être fait au médecin accoucheur le reproche de son absence, car sa présence au moment de l'expulsion n'aurait pu empêcher la survenance de la complication. • Civ. 1re, 26 mars 1996 : *RCA 1996, no 230.* ♦ Une cour d'appel a pu déduire du fait qu'une parturiente ne présentait aucune pathologie évidente ni d'antécédents laissant penser que l'accouchement serait difficile, l'absence de faute du médecin gynécologue qui, donnant ses consultations à proximité et ayant immédiatement répondu à l'appel de la sage-femme, avait laissé sa patiente sous la surveillance de celle-ci. • Civ. 1re, 14 oct. 1997, no 95-21.390 P : *RCA 1997, no 372.*

57. Autres fautes simultanées. Une cour d'appel ne peut déclarer un médecin accoucheur seul responsable du préjudice subi par un enfant atteint d'une encéphalopathie provoquée par une anoxie consécutive à une hypertonie utérine, sans rechercher si diverses carences constatées par elle ne constituaient pas, à la charge des sages-femmes ou de la direction de la clinique, un manquement à leurs obligations professionnelles. • Civ. 1re, 30 juin 1993 : *RCA 1996, no 376.* ♦ Commet une faute la clinique qui, disposant de l'équipement technique conforme aux données acquises de la science obstétricale, met à la disposition des parturientes un personnel n'ayant pas reçu la formation suffisante pour lui permettre d'utiliser cet équipement. • Civ. 1re, 7 juill. 1998 : *préc. note 51.*

e. Sage-femme

58. Au cours de la phase post-opératoire, la sage-femme est libre de prescrire, ou d'interrompre, sous sa propre responsabilité, l'administration d'ocytociques, inscrits sur la liste des médicaments que les sages-femmes peuvent prescrire, et à ce titre, elle peut engager sa responsabilité ; l'existence des fautes relevées à l'encontre du gynécologue pendant les opérations d'évacuation de la cavité utérine ne suffit pas à exclure l'éventualité de fautes commises par la sage-femme pendant ces opérations ou dans la surveillance des suites de couches. • Crim. 21 oct. 1998 : *D. 1999. Somm. 391, obs. Penneau ; RCA 1999, no 46.* ♦ Commet une faute la sage-femme qui ne procède à aucun « monitorage » et néglige d'appeler l'obstétricien de garde malgré la durée anormale de la phase d'expulsion. • Civ. 1re, 30 oct. 1995 : *préc. note 53.*

f. Psychiatre

59. Il appartient au médecin-psychiatre, chargé au sein de l'établissement de santé de suivre le patient, de prescrire les mesures de soins et de surveillance appropriées à son état. La cour d'appel ayant relevé que le médecin avait connaissance des risques élevés de suicide par pendaison, qu'il lui incombait dès lors de donner au personnel soignant les informations et instructions nécessaires, notamment quant aux objets que la victime pouvait garder, à la possibilité d'obtenir ou non une chambre individuelle, au contenu et la fréquence de la surveillance, qui devait, en raison du contexte, être plus étroite qu'à l'accoutumée, que l'étude du cahier infirmier démontrait au contraire qu'aucune information particulière n'avait été donnée de nature à mettre en œuvre une surveillance rigoureuse et que le suicide avait été réalisé par l'utilisation d'une sangle de sport, laissée en la possession du patient qui détenait en outre une ceinture, a pu en déduire que sa responsabilité était engagée. • Civ. 1re, 21 juin 2005, no 03-18.779 P : *D. 2005. IR 1805 ; RCA 2005, no 255.*

60. Ne donne pas de base légale à sa décision une cour d'appel qui déclare un médecin-psychiatre, exerçant à titre libéral au sein d'un établissement de santé, responsable du dommage subi par un patient ayant, le lendemain de son admission avec son accord, tenté de mettre fin à ses jours, sans constater l'existence d'éléments devant permettre au praticien, lorsqu'il avait vu ce patient, de déceler une intention suicidaire justifiant des mesures de surveillance particulières. • Civ. 1re, 1er mars 2005, no 03-18.481 P : *RCA 2005, no 158.*

g. Ophtalmologiste

61. Surveillance. Faute de surveillance du médecin qui refuse d'avancer un rendez-vous dans l'hypothèse de risques connus et alors qu'il lui appartient de réserver les cas d'urgence. • Civ. 1re, 6 oct. 2011 : *D. 2011. 2599 ; JCP 2011, no 1349, note Sargos.*

B. INFIRMIERS – INFIRMIÈRES

62. Personnel infirmier d'un établissement. Le personnel infirmier, chargé d'appliquer les prescriptions médicales, est tenu conformément à l'art. 3 du Décr. no 93-345 du 15 mars 1993 relatif aux actes professionnels et à l'exercice de la profession d'infirmier, applicable en la cause, et en l'absence d'information relative à un autre traitement médical, de vérifier la prise des médicaments prescrits lors du séjour dans l'établissement de santé et la surveillance de leurs effets. Dès lors, une cour d'appel a décidé à bon droit qu'il ne pouvait être fait grief au personnel infirmier de n'avoir ni recherché si la patiente disposait de médicaments à son insu ni suspecté qu'elle prenait des médicaments qui n'avaient pas été prescrits par le médecin anesthésiste. • Civ. 1re, 15 nov. 2005 : *RCA 2006, no 58, note Hocquet-Berg.*

63. Profession libérale. L'infirmière, tenue, comme le médecin, d'une obligation de moyens, doit prendre toutes les précautions qui s'imposent compte tenu, notamment, de la morphologie du patient et de la nocivité du produit qu'elle injecte. • Civ. 1re, 4 oct. 1988 : *RCA 1988, no 86.* ♦ Commet une faute : l'infirmière ayant injecté à proximité immédiate du nerf sciatique un produit qui a nécessairement irradié et dont elle ne pouvait ignorer le caractère particulièrement agressif pour les tissus nerveux. • Même arrêt. ♦ ... L'infirmière qui n'a pas pris toutes les précautions de nature à éviter tout mouvement d'un enfant pendant l'injection, et n'est pas parvenue à maîtriser complètement la trajectoire de son aiguille, le nerf sciatique ayant été frappé de paralysie • Civ. 1re, 6 juin 2000, n° 97-18.082 P : *RCA 2000, n° 301.*

C. ÉTABLISSEMENTS DE SANTÉ PRIVÉS

1° OBLIGATIONS DE L'ÉTABLISSEMENT

a. Soins

64. Le contrat d'hospitalisation et de soins liant la clinique au patient met à sa charge l'obligation de lui donner des soins attentifs et consciencieux. • Civ. 1re, 18 juill. 2000, n° 99-12.207 P : *RCA 2000, n° 371.*

65. Une clinique, liée par un contrat d'hospitalisation et de soins, est tenue à l'égard de ses patients d'une obligation de renseignements concernant les prestations qu'elle est en mesure d'assurer (en l'espèce, des obstétriciens en permanence en salle d'accouchement). • Civ. 1re, 14 oct. 1997, n° 95-21.390 P : *D. 1999. Somm. 391, obs. Penneau ; RCA 1997, n° 372 ; RTD civ. 1998. 120, obs. Jourdain .* ♦ En vertu du contrat d'hospitalisation et de soins le liant à son patient, un établissement de santé privé est tenu de lui donner des soins qualifiés en mettant notamment à son service des médecins pouvant intervenir dans les délais imposés par leur état. • Civ. 1re, 15 déc. 1999, n° 97-22.652 P : *D. 2000. IR 28 ; RCA 2000, n° 89 ; JCP 2000. II. 10384, note Mémeteau.*

66. Est responsable : la clinique dont le personnel de service de nuit s'est borné à donner des calmants à la patiente qui se plaignait de violentes douleurs au niveau du genou, alors qu'une compression sur l'appareil d'immobilisation allait entraîner la paralysie partielle du nerf sciatique poplité externe. • Civ. 1re, 18 juill. 2000, n° 99-12.207 P : *RCA 2000, n° 371.* ♦ ... La clinique dont le personnel n'a pas prêté aux doléances de la patiente, qui avait constaté les signes d'une gangrène gazeuse, toute l'attention requise afin de leur donner une suite efficiente. • Civ. 1re, 24 janv. 1995 : *RCA 1995, n° 105.*

67. En l'absence d'information donnée à l'établissement de santé quant aux contre-indications d'un traitement anti-coagulant et d'élément permettant de considérer que cet établissement avait connaissance du fait que la patiente prenait un tel traitement durant son séjour, le moyen tiré d'un manquement de la clinique à son obligation d'assurer la surveillance de ses patients et de leur donner des soins conformes aux prescriptions médicales est inopérant. • Civ. 1re, 15 nov. 2005 : *RCA 2006, n° 58, note Hocquet-Berg.*

b. Organisation

68. Une clinique liée par un contrat d'hospitalisation et de soins avec les personnes qui y sont hospitalisées et qui ne met pas, dans les différents services, à la disposition de ces personnes, le nombre de sages-femmes minimum prévu par les art. 33 et 35 du décret du 21 févr. 1972, commet une faute engageant sa responsabilité, dès lors que la surcharge de travail qui en est résultée pour la sage-femme présente a empêché celle-ci de disposer du temps nécessaire pour soigner ses patientes, et se trouve ainsi à l'origine du dommage subi par l'une d'elles. • Civ. 1re, 30 oct. 1995, n° 93-20.786 P : *D. 1995. IR 276 ; RCA 1996, n° 26 ; JCP 1996. I. 3944, nos 13 s., obs. Viney ; RTD civ. 1996. 636, obs. Jourdain .* ♦ Constitue un défaut d'organisation le fait pour une clinique, disposant de l'équipement technique conforme aux données acquises à la science obstétricale, de ne pas mettre à la disposition des parturientes un personnel ayant reçu une formation suffisante pour lui permettre de l'utiliser. • Civ. 1re, 7 juill. 1998, n° 97-10.869 P : *D. 1999. Somm. 391, obs. Penneau ; RCA 1998, n° 359.*

69. La circonstance que les médecins aient eux-mêmes des obligations n'est pas de nature à exonérer l'établissement de santé privé de la responsabilité qu'il encourt à raison des fautes commises dans l'organisation de son service. • Civ. 1re, 15 déc. 1999 *préc. note 65.*

c. Sécurité des patients

70. En vertu du contrat d'hospitalisation et de soins le liant à son patient, un établissement de santé privé est notamment tenu de prendre les mesures nécessaires pour veiller à sa sécurité, les exigences afférentes à cette obligation étant fonction de l'état du patient. • Civ. 1re, 18 juill. 2000, n° 99-12.135 P : *D. 2000. IR 217 ; RCA 2000, n° 372.* ♦ L'obligation de surveillance qui incombe à une clinique s'analyse en une obligation de prudence et de diligence dont les exigences varient suivant l'état du patient. • Civ. 1re, 9 nov. 1999 : *RCA 2000, n° 60.* ♦ V. égal. : • Civ. 1re, 13 oct. 1999, n° 97-16.216 P : *RCA 2000, n° 24.*

71. Est responsable l'établissement psychiatrique privé, dans lequel était hospitalisée une patiente souffrant d'une psychose maniaco-dépressive, laquelle, après avoir été ligotée sur son lit en raison de la gravité de sa crise avait été laissée sans surveillance, aucun membre du personnel de la clinique ne se trouvant à l'étage où se situait sa chambre. • Civ. 1re, 18 juill. 2000 : *préc. note 70.* ♦ ... La clinique dont le personnel, informé des risques de chute des lits hospitaliers étroits et des conséquences dommageables pour les personnes âgées, aurait dû prendre des précautions particulières en plaçant des barrières de sécurité de chaque côté du lit. • Civ. 1re, 9 nov. 1999 : *RCA 2000, n° 60.*

72. En revanche, une clinique, à laquelle était imputée la responsabilité de la tentative de suicide du patient qui s'était jeté dans le vide par la fenêtre non munie d'un dispositif en condamnant l'ouverture, n'avait commis aucune faute dans l'accomplissement du contrat d'hospitalisation et de soins la liant à son patient, dès lors que rien n'établissait que le personnel de la clinique avait été informé des traitements antérieurs de ce patient pour dépression et de la nécessité d'une surveillance particulière. • Civ. 1re, 3 mars 1998, n° 96-13.775 P : *D. 1998. IR 88* ; *RCA 1998, n° 200.* ♦ De même un établissement psychiatrique, dont le personnel ne pouvait légalement accéder à l'ensemble du dossier médical du patient pour déterminer lui-même les mesures de surveillance à envisager, n'avait pas, en l'absence d'informations reçues du médecin psychiatre chargé au sein de l'établissement de suivre le patient, commis de faute à l'occasion du suicide de celui-ci. • Civ. 1re, 21 juin 2005, n° 03-18.779 P : *D. 2005. IR 1805* ; *RCA 2005, n° 255.*

d. Infections nosocomiales

73. V. notes 81 s.

e. Sang contaminé

74. V. notes 85 s.

2° MISE EN ŒUVRE DE LA RESPONSABILITÉ

75. Nature de la responsabilité. La responsabilité de la clinique est contractuelle vis-à-vis de la patiente et de l'enfant dont elle est accouchée, et délictuelle vis-à-vis d'une parente de ces derniers qui demandait la réparation de son préjudice moral. • Civ. 1re, 30 oct. 1995, n° 93-20.786 P : *D. 1995. IR 276* ; *RCA 1996, n° 26* ; *JCP 1996. I. 3944, nos 13 s., obs. Viney* ; *RTD civ. 1996. 636, obs. Jourdain* .

76. Le contrat d'hospitalisation et de soins liant la clinique au seul patient, l'action de victimes par ricochet a nécessairement un caractère délictuel ; au surplus, les tiers à un contrat sont fondés à invoquer l'exécution défectueuse de celui-ci lorsqu'elle leur a causé un dommage, sans avoir à rapporter d'autre preuve. • Civ. 1re, 18 juill. 2000, n° 99-12.135 P : *D. 2000. IR 217* ; *RCA 2000, n° 372* ; *RTD civ. 2001. 146, obs. Jourdain* .

77. Praticiens salariés. En vertu du contrat d'hospitalisation et de soins le liant au patient, un établissement de santé privé est responsable des fautes commises tant par lui-même que par ses substitués ou ses préposés qui ont causé un préjudice à ce patient. • Civ. 1re, 26 mai 1999, n° 97-15.608 P : *D. 1999. 719, note Savatier* ; *D. 1999. Somm. 386, obs. Penneau* ; *JCP 1999. II. 10112, rapp. Sargos* ; *RTD civ. 1999. 634, obs. Jourdain* .

78. Le patient, qui consulte dans un établissement privé, conclut un contrat de soins avec cet établissement et non pas avec le médecin qui le reçoit, dès lors que celui-ci est salarié de cet établissement. • Civ. 1re, 4 juin 1991, n° 89-10.446 P : *D. 1993. Somm. 24, obs. Penneau* ; *JCP 1991. II. 21730, note Savatier* ; *RTD civ. 1992. 123, obs. Jourdain* .

79. L'indépendance professionnelle dont jouit le médecin dans l'exercice de son art n'est pas incompatible avec l'état de subordination qui résulte d'un contrat de louage de services le liant à un tiers. • Crim. 5 mars 1992 : *D. 1993. Somm. 24, obs. Penneau* .

Si, nonobstant l'indépendance professionnelle inaliénable dont bénéficie le médecin dans l'exercice de son art, un établissement de santé peut, sans préjudice de son action récursoire, être déclaré responsable de fautes commises par un praticien à l'occasion d'actes médicaux d'investigations ou de soins pratiqués sur un patient, c'est à la condition que ce médecin soit son salarié. • Civ. 1re, 26 mai 1999 : *préc. note 77.*

80. Toutefois, le médecin salarié, qui agit sans excéder les limites de la mission qui lui est impartie par l'établissement de santé privé, n'engage pas sa responsabilité à l'égard du patient. • Civ. 1re, 9 nov. 2004, n° 01-17.908 P : *D. 2004. IR 3039* ; *D. 2005. 253, note Chabas* ; *D. 2005. Pan. 409, obs. Penneau* ; *RCA 2004, n° 364 (1re esp.)* ; *RTD civ. 2005. 143, obs. Jourdain* • Paris, 20 janv. 2006 : *RCA 2006, n° 349, note Radé.* ♦ *Adde*, Asselain : *RCA 2005. Étude 6.* ♦ Il en va de même pour une sage-femme. • Civ. 1re, 9 nov. 2004, n° 01-17.168 P : *préc.*

D. INFECTIONS NOSOCOMIALES

81. Avertissement. La jurisprudence qui suit concerne des affaires antérieures à la loi du 4 mars 2002 et suppose que celle-ci n'est pas applicable. Pour les affaires où la loi s'appliquera, elle ne pourra servir de référence, les professionnels de santé n'étant légalement tenus que de leur faute *(cf. note Radé, ci-dessous).* ♦ **BIBL.** Chekli, *RCA 2006. Étude 20.*

82. Responsabilité des médecins. Si l'art. L. 1142-1 CSP issu de la L. n° 2002-303 du 4 mars 2002 relative aux droits des malades et à la qualité du système de santé retient uniquement à la charge des établissements de santé une responsabilité de plein droit en cas d'infection nosocomiale, l'art. 3 de la L. n° 2002-1577 du 30 déc. 2002 relative à la responsabilité civile médicale a modifié l'art. 101 de la loi du 4 mars 2002 relatif à l'application dans le temps de l'art. L. 1142-1 et prévu que cette disposition était applicable seulement aux infections nosocomiales consécutives à des activités de prévention, de diagnostic ou de soins réalisés à compter du 5 sept. 2001, même si ces infections faisaient l'objet d'une instance en cours, à moins qu'une décision de justice irrévocable n'ait été prononcée. En l'absence d'application de l'art. L. 1142-1, les médecins sont tenus à l'égard du patient d'une obligation de sécurité de résultat dont ils ne peuvent se libérer qu'en rapportant la preuve d'une cause étrangère. • Civ. 1re, 7 févr. 2006, n° 04-17.097. ♦ Une cour d'appel a énoncé à bon droit, en l'absence d'application en la cause de l'art. L. 1142-1 CSP, issu de la loi du 4 mars 2002, qu'un chirurgien était tenu à l'égard de la patiente d'une obligation de sécurité de résultat en matière d'infection nosocomiale dont il n'aurait pu se libérer qu'en rapportant la preuve d'une cause étrangère. • Civ. 1re, 18 oct. 2005 : *D. 2005. Pan. 694, obs. Penneau ; D. 2005. IR 2824.* ♦ *Adde*, • Civ. 1re, 12 juill. 2005, n° 04-13.089.

83. Coresponsabilité clinique-médecin. Viole lart. 1147 C. civ. une cour d'appel qui, pour mettre hors de cause un médecin dont le patient avait contracté une maladie nosocomiale et retenir uniquement la responsabilité de l'établissement, relève qu'aucune faute ne pouvait être retenue à l'encontre du praticien qui avait rempli ses obligations professionnelles, y compris celle de veiller à l'asepsie en fonction de l'état antérieur du patient, alors que, l'art. L. 1142-1 CSP n'étant pas applicable en la cause, la clinique et le médecin étaient, l'un et l'autre, tenus à l'égard du patient d'une obligation de sécurité de résultat dont ils n'étaient pas en mesure de se libérer par la preuve d'une cause étrangère, de sorte qu'ils devaient contribuer par parts égales à la réparation des conséquences dommageables de l'infection. • Civ. 1re, 21 juin 2005, n° 04-12.066 P. ♦ Une clinique et un médecin étant, l'un et l'autre, tenus vis-à-vis du patient d'une obligation de sécurité de résultat dont ils n'étaient pas en mesure de se libérer par la preuve d'une cause étrangère, l'établissement de santé, condamné à réparer les conséquences dommageables de l'infection, disposait dès lors d'un recours subrogatoire à l'encontre du praticien, peu important les liens contractuels entre eux comme l'absence de faute de celui-ci ou d'action de la patiente à son encontre. • Civ. 1re, 1er févr. 2005 : *RCA 2005, n° 101, note Radé.*

84. Preuve. Il appartient au patient ou à ses ayants droit de démontrer le caractère nosocomial d'une infection. • Civ. 1re, 1er mars 2005, n° 03-16.789 P : *D. 2005. IR 737 ; RCA 2005, n° 159, note Hocquet-Berg.* ♦ Les juges du fond apprécient souverainement si, lors de l'intervention chirurgicale, le patient a contracté une infection nosocomiale. • Civ. 1re, 21 juin 2005, n° 04-12.066 P.

E. SANG CONTAMINÉ

1° RESPONSABILITÉ

a. Présomption de contamination

85. Doit être annulé par application de l'art. 102 de la L. n° 2002-303 du 4 mars 2002, rendu applicable aux instances n'ayant pas donné lieu à une décision irrévocable, l'arrêt qui, pour débouter une personne porteuse du virus de l'hépatite C de sa demande d'indemnisation, énonce qu'il lui appartenait de rapporter la preuve du lien existant entre la transfusion subie et la contamination, que le fait que l'un des deux donneurs n'ait pu être testé ne permettait pas de retenir que la transfusion était à l'origine de la transmission du virus, que les probabilités de transmission en présence de seulement deux donneurs étaient insuffisantes et qu'il existait d'autres sources possibles de contamination dont certaines étaient encore ignorées. • Civ. 1re, 4 mars 2003, n° 01-14.395 P : *D. 2003. IR 866* . ♦ Doit être annulé par application de l'art. 102 de la L. n° 2002-303 du 4 mars 2002, rendu applicable aux instances n'ayant pas donné lieu à une décision irrévocable, le chef de l'arrêt qui, pour débouter une personne porteuse du virus de l'hépatite C de sa demande d'indemnisation, énonce qu'il lui appartenait de rapporter la preuve de l'imputabilité de sa contamination avec la transfusion subie, que l'expert tout en estimant raisonnable d'admettre ce lien avait en même temps indiqué qu'il ne pouvait être affirmé avec certitude que certains éléments permettaient de penser à un tel lien mais que d'autres en faisaient douter. • Civ. 1re, 18 mars 2003, n° 01-01.073 P.

Dès lors qu'une victime, imputant sa contamination par le virus de l'hépatite C aux transfusions sanguines subies, apporte des éléments qui permettent de présumer cette origine, il appartient au centre de transfusion sanguine de prouver que les transfusions n'ont pas été à l'origine de la contamination. • Civ. 1re, 18 janv. 2005, n° 03-12.166 P : *D. 2005. IR 316 ; RCA 2005, n° 223, note Radé.* ♦ En l'absence d'une telle preuve, l'établissement de santé ne peut en être tenu pour responsable aux motifs que l'infection a été contractée pendant l'hospitalisation de la victime et qu'il ne rapporte pas la preuve d'une cause étrangère. • Même arrêt. ♦ Alors qu'il n'était pas contesté que la contamination avait une origine transfusionnelle et que, même si la victime n'avait pas fait état de la provenance de l'ensemble des produits sanguins reçus durant la période probable de contamination, certains d'entre eux avaient été fournis par le CRTS de Lille, de sorte qu'il incombait à ce dernier, dont la responsabilité était recherchée, de prouver qu'ils n'étaient pas à l'origine de la contamination. • Civ. 1re, 7 févr. 2006 : *RCA 2006, n° 117.*

86. Statuant en référé, une cour d'appel qui, à propos d'un demandeur contaminé par le virus de l'hépatite C alors qu'il avait reçu des produits sanguins, relève, d'abord, que l'existence d'un risque étranger, d'un mode de contamination ou d'un état antérieur pouvant avoir une conséquence sur la gravité et l'évolution du virus n'avait pu être retenue et que l'intéressé pouvait se prévaloir d'une présomption forte de contamination par ce virus et, ensuite, que l'enquête transfusionnelle était demeurée incomplète, que le recours à de nombreux donneurs constituait manifestement un facteur de risque et que l'Établissement français du sang ne rapportait pas la preuve qui lui incombait de l'origine de la contamination, a pu en déduire qu'il n'était pas sérieusement contestable que le demandeur satisfaisait aux conditions posées par l'art. 102 de la L. n° 2002-303 du 4 mars 2002 dont l'application n'était pas réservée aux juridictions du fond, pour prétendre à une indemnisation. • Civ. 1re, 12 avr. 2005, n° 03-20.980 P.

87. Une cour d'appel, qui retient que les donneurs des lots de sang auxquels le demandeur imputait sa contamination virale, retrouvés et testés, n'étaient pas contaminés ne peut qu'en déduire que l'Établissement français du sang a apporté la preuve que les transfusions n'étaient pas à l'origine de la contamination et justifie ainsi légalement sa décision au regard de l'art. 102 de la L. n° 2002-303 du 4 mars 2002. • Civ. 1re, 24 févr. 2004, n° 02-20.515 P : *D. 2004. IR 678*.

88. Il résulte des dispositions de l'art. 102 de la L. n° 2002-303 du 4 mars 2002 qu'il appartient au demandeur, non pas seulement de faire état d'une éventualité selon laquelle sa contamination par le virus de l'hépatite C provient d'une transfusion, mais d'apporter un faisceau d'éléments conférant à cette hypothèse, compte tenu de toutes les données disponibles, un degré suffisamment élevé de vraisemblance. Si tel est le cas, la charge de la preuve contraire repose sur le défendeur. Ce n'est qu'au stade où le juge, au vu des éléments produits successivement par ces parties, forme sa conviction que le doute profite au demandeur. S'il appartient au juge de cassation de vérifier que les juges du fond ne commettent pas d'erreur de droit dans l'application de ces règles, la question de savoir si les éléments avancés par le demandeur suffisent pour créer une présomption, si la preuve contraire est apportée par le défenseur et s'il existe un doute devant conduire à accueillir la demande relève de l'appréciation souveraine qui ne peut être censurée qu'en cas de dénaturation. • CE 10 oct. 2003, n° 249416. ♦ Ayant estimé que les demandeurs avaient apporté un faisceau d'éléments permettant de présumer que la contamination avait eu pour origine la transfusion de produits sanguins qu'il a reçue en 1985 ; qu'ayant également estimé que cette présomption n'était pas utilement combattue par l'Établissement français du sang, faute pour celui-ci d'avoir apporté des éléments précis et probants démontrant que la contamination aurait pu avoir une autre origine ou être due à des facteurs propres à l'intéressé, le juge des référés a pu déduire de l'ensemble de ces constatations, sans commettre d'erreur de droit dans l'application des règles gouvernant le mode d'administration de la preuve de la contamination ni dénaturer les faits de l'espèce, que l'obligation pesant sur l'Établissement français du sang de réparer les conséquences dommageables de la contamination n'était pas sérieusement contestable. • CE 5 déc. 2005, n° 275616.

89. La présomption édictée en faveur de la personne transfusée n'est pas détruite par la seule constatation de sa conduite à riques. • Civ. 1re, 20 déc. 2007, n° 06-20.575 P : *RCA 2008, n° 60, note Radé.*

90. La présomption d'imputabilité d'une contamination à une transfusion sanguine est opposable à toute partie tenue à la réparation du dommage causé par cette contamination. • Civ. 2e, 24 mai 2006 : *RCA 2006, n° 226, note Radé.*

b. Préjudice spécifique de contamination

91. Il comprend l'ensemble des préjudices de caractère personnel tant physiques que psychiques subis par la victime, et résultant, notamment, de la réduction de l'espérance de vie, des perturbations de la vie sociale, familiale et sexuelle ainsi que des souffrances et de leur crainte, du préjudice esthétique et d'agrément ainsi que de toutes les affections opportunistes consécutives à la déclaration de la maladie. • Civ. 2e, 2 avr. 1996, n° 94-15.676 P : *D. 1996. IR 135 ; RCA 1996, n° 215.* ♦ C'est à bon droit qu'une cour d'appel, qui n'était saisie que de demandes en réparation du seul préjudice spécifique de contamination, qui n'inclut pas l'atteinte à l'intégrité physique, rejette la demande de remboursement des prestations versées par la caisse d'assurance maladie. • Même arrêt. ♦ C'est dans l'exercice de son pouvoir souverain d'apprécier les divers chefs de préjudice qu'avait subis la victime et les modalités propres à en assurer la réparation intégrale qu'une cour d'appel, ayant retenu que l'évolution de la contamination par le VIH avait exclu les notions de consolidation et d'incapacité permanente, a inclus, sous la qualification de préjudice personnel spécifique de sa contamination, l'ensemble des préjudices d'ordre physiologique, psychologique et moral, et fixé, compte tenu de la situation concrète, personnelle et individuelle de ladite victime, l'indemnisation revenant à ses héritiers. • Civ. 2e, 1er févr. 1995 : *RCA 1995, n° 126 ; RTD civ. 1995. 627, obs. Jourdain*.

c. Centres de transfusion sanguine – Établissement français du sang (EFS)

92. Les centres de transfusion sanguine sont tenus de fournir aux receveurs des produits exempts de vices, et ils ne peuvent s'exonérer de cette obligation de sécurité que par la preuve d'une cause étrangère qui ne puisse leur être imputée. • Civ. 1re, 12 avr. 1995, n° 92-20.747 P : *JCP 1995. II. 22467, note Jourdain ; RCA 1995, n° 241, (1re esp.), et Chron. 31, note M.-A. et D. Peano ; D. 1995. IR 130.* ♦ Un centre de transfusion sanguine est tenu d'une obligation de sécurité de résultat en ce qui concerne les produits sanguins qu'il cède et le manquement à cette obligation peut être invoqué aussi bien par la victime immédiate que par le tiers victime d'un dommage par ricochet. • Civ. 1re, 13 févr. 2001, n° 99-13.589 P : *Defrénois 2001. 712, note Savaux.*

93. L'EFS, en vertu du contrat le liant aux hôpitaux, est tenu de délivrer un produit exempt de vices au bénéfice du receveur en faveur de qui il stipule. Dès lors, soumis à une obligation de résultat, il ne peut s'exonérer de sa responsabilité, à l'égard de la victime, que par la preuve d'un cas de force majeure. • Civ. 1re, 20 oct. 2005 : *D. 2005. IR 2825 ; RCA 2006, n° 51, 2e esp., note Groutel.*

d. Établissements de santé

94. *Pour la période antérieure à l'application de la loi du 4 mars 2002 (contaminations antérieures au 5 sept. 2001)* : il incombe aux établissements de soins, tenus d'une obligation de sécurité de résultat, de prendre toutes dispositions utiles pour s'assurer de l'innocuité des produits sanguins fournis et transfusés. Dès lors, c'est à bon droit, après avoir imputé la contamination d'une patiente par le virus de l'hépatite C à la transfusion effectuée par la clinique de produits sanguins fournis par l'Établissement français du sang, sur le fondement de l'art. 102 de la L. n° 2002-303 du 4 mars 2002, qu'une cour d'appel a retenu la responsabilité contractuelle de la clinique au titre du dommage subi par la patiente. • Civ. 1re, 21 avr. 2005, n° 03-20.683 P : *RCA 2005, n° 223, note Radé.*

e. Accident de la circulation

95. C'est dans l'exercice de son pouvoir souverain d'appréciation des éléments du rapport d'expertise concernant la disproportion existant entre l'importance des dérivés sanguins transfusés après l'accident par rapport aux produits administrés antérieurement à la victime qu'une cour d'appel a pu considérer que la contamination de celle-ci était la conséquence des transfusions massives reçues après l'accident ; elle a ainsi légalement justifié sa décision condamnant le responsable de l'accident à indemniser la victime du préjudice né de la présence du virus VIH. • Civ. 1re, 17 févr. 1993, n° 91-17.458 P : *D. 1993. IR 69 ; RTD civ. 1993. 589, obs. Jourdain.* ♦ Dès lors que les transfusions sanguines ayant entraîné la contamination ont été rendues nécessaires par l'accident, une cour d'appel ne peut rejeter la demande en garantie formée par un centre de transfusion sanguine, lui-même assigné par la victime. • Civ. 1re, 4 déc. 2001 : *RCA 2002, n° 126, note Groutel.*

96. En cas de concours de responsabilité entre celui qui par sa faute a rendu nécessaire une transfusion sanguine à l'origine d'une contamination et le centre de transfusion qui a fourni les produits sanguins défectueux, ce dernier est, comme dans l'hypothèse d'une pluralité de coauteurs, tenu de contribuer pour moitié à la réparation du dommage. • Civ. 1re, 5 juill. 2006 : *RCA 2006, n° 263 ; ibid., Étude 13, note Groutel.* ♦ D'une part la présomption d'imputabilité de la contamination aux transfusions sanguines étant opposable à toute partie tenue à la réparation du dommage causé par cette contamination, d'autre part constatant que les transfusions sanguines avaient été rendues nécessaires par l'accident imputable au conducteur du véhicule impliqué dans l'accident, ce dont il résultait que l'EFS était en droit d'exercer contre ce conducteur une action récursoire en contribution, en proportion des fautes respectives, à la dette de réparation mise à sa charge au titre des conséquences dommageables de la contamination, la cour d'appel a violé les art. 102 de la L. n° 2002-303 du 4 mars 2002, 1251 et 1382 C. civ. en rejetant l'appel en garantie de l'EFS. • Civ. 2e, 20 oct. 2005 : *D. 2005. IR 2772 ; RCA 2006, n° 51, 1re esp., note Groutel.* ♦ Auparavant, • Civ. 1re, 4 déc. 2001, n° 99-19.197 P : *RCA 2002, n° 126, note Groutel ; RTD civ. 2002. 308* • Civ. 2e, 6 mars 2003, n° 01-12.652 P : *RCA 2003, n° 200, note Groutel.*

97. Le fournisseur de sang qui manque à son obligation de sécurité de résultat de fournir des produits exempts de vices commet une faute délictuelle à l'égard de la victime, de sorte que son recours contre le conducteur fautif d'un véhicule impliqué dans un accident de la circulation ne peut être que partiel. • Civ. 2e, 25 janv. 2007 : *RCA 2007, n° 116 (2e esp.), note Groutel ; RGDA 2007. 351 (2e esp.), note Landel.*

98. Pour rejeter les demandes de l'EFS contre l'assureur du conducteur impliqué dans un accident de la circulation ayant nécessité des transfusions sanguines, au motif que le dommage a pour cause unique la défectuosité du produit transfusé, le juge doit constater l'absence de faute du conducteur. • Civ. 25 janv. 2007 : *RCA 2007, n° 116 (1re esp.), note Groutel ; RGDA 2007. 350 (1re esp.), note Landel.*

99. Une cour d'appel ne peut déclarer l'EFS seul responsable de la contamination et mettre hors de cause l'automobiliste, au motif qu'est rapportée la preuve de l'origine transfusionnelle de la contamination, alors que les transfusions sanguines avaient été rendues nécessaires par l'accident de la circulation. • Civ. 2e, 12 juill. 2007 : *RCA 2007, n° 317 (1re esp.), note Groutel.*

100. La faute commise par le conducteur à l'origine de l'accident ayant joué un rôle moindre dans la contamination, une cour d'appel a pu décider que l'EFS devait supporter 75 % de l'indemnisation, et le conducteur 25 %. • Civ. 1re, 14 févr. 2008 : *RCA 2008, n° 137, obs. Groutel.*

2° ASSURANCE DES CENTRES DE TRANSFUSION

a. Plafond de garantie

101. La police d'assurance souscrite par un centre de transfusion reproduisant dans ses conditions générales l'annexe à l'arrêté du 27 juin 1980 relatif aux contrats d'assurance souscrits par les centres de transfusion sanguine et, notamment, la clause relative au plafonnement de la garantie par année d'assurance, l'assureur peut se prévaloir de cette clause et du plafond de la garantie annuelle qu'elle comporte. • Civ. 1re, 9 juill. 1996, n° 93-19.160 P : *RCA 1996, n° 364 ; ibid., Chron. 34, note Groutel* • 3 juill. 2001, n° 99-18.015 P : *D. 2001. 3564, note Beignier ; RCA 2001, n° 337 ; RGDA 2001. 1009, note Rémy.*

b. Étendue de la garantie dans le temps

102. L'arrêté du 27 juin 1980, dans sa rédaction antérieure à l'arrêté interministériel du 29 déc.

1989, est entaché d'illégalité en tant qu'il comporte, à l'art. 4 de son annexe, une clause type limitant dans le temps la garantie accordée aux centres de transfusion sanguine, ladite clause conduisant à créer un avantage illicite dépourvu de cause, et par conséquent contraire aux dispositions de l'art. 1131 C. civ., au profit du seul assureur, qui aurait perçu les primes sans contrepartie. • CE 29 déc. 2000, *Cts Beule*, n° 212338 : *D. 2001. 1265, note Lambert-Faivre ; RCA 2001, n° 166, obs. Groutel ; RGDA 2001. 97, note Vincent.*

103. Il résulte de la combinaison des art. 1131 C. civ., L. 124-1 et L. 124-3 C. assur., et en l'absence d'autorisation législative spécifique, qui soit applicable en la cause, que le versement des primes, pour la période qui se situe entre la prise d'effet du contrat d'assurance et son expiration, a pour contrepartie nécessaire la garantie des dommages qui trouvent leur origine dans un fait qui s'est produit pendant cette période et que toute clause qui tend à réduire la durée de la garantie de l'assureur à un temps inférieur à la durée de la responsabilité de l'assuré est génératrice d'une obligation sans cause, comme telle illicite et réputée non écrite. Dès lors, la cour d'appel qui constate que le Conseil d'État avait, le 29 déc. 2000, déclaré illégal l'art. 4 de l'annexe de l'arrêté interministériel du 27 juin 1980 relatif aux contrats d'assurance souscrits par les centres de transfusion sanguine pour satisfaire à l'obligation d'assurance établie par l'art. L. 667 CSP, décision qui, même intervenue dans une autre instance, affectait nécessairement la validité de la clause d'un contrat d'assurance obligatoire stipulée sur le fondement de ce texte déclaré illégal dès son origine et, par conséquent, le litige portant sur la couverture actuelle du risque assuré par ce contrat, peu important que celui-ci fût ou non expiré, décide à bon droit, et sans conférer d'effet rétroactif à la déclaration d'illégalité, que la clause litigieuse était illicite. • Civ. 1re, 2 juin 2004, n° 01-17.823 P : *D. 2005. Pan. 1325, obs. Groutel ; RCA 2004. ss. Chron. 21, note Groutel.* ♦ Dès lors, un assureur ne peut pour réserver sa garantie invoquer l'expiration de la garantie subséquente. • Civ. 1re, 12 avr. 2005, n° 03-20.980 P : *D. 2005. IR 1302.*

104. C'est sans remettre en cause des droits acquis ou l'objectif de sécurité juridique que la cour d'appel a déclaré non écrite une clause qui tendait à réduire la durée de la garantie de l'assureur à un temps inférieur à la durée de la responsabilité de l'assuré en se fondant sur la déclaration d'illégalité, par le juge administratif, du règlement dont la clause contractuelle litigieuse reproduisait une clause type. • Civ. 2e, 21 oct. 2004, n° 02-20.694 P : *D. 2005. Pan. 1325, obs. Groutel ; RCA 2004, n° 385, note Groutel.*

105. Ayant souverainement relevé l'absence, lors de la formation du contrat, de toute erreur portant sur la substance des droits en cause, viciant le consentement de l'assureur, un arrêt qui a exactement retenu que l'erreur ne pouvait être imputée à la déclaration d'illégalité, fût-elle intervenue postérieurement à la formation du contrat, a rejeté à bon droit la demande d'annulation de celui-ci. • Civ. 2e, 21 oct. 2004 : *préc. note 104.*

c. Responsabilité garantie

106. La police garantissait un centre de transfusion contre les conséquences pécuniaires de la responsabilité qu'il pouvait encourir à l'égard de tout receveur de produits sanguins, il en résultait que l'assureur devait sa garantie pour les dommages causés par le défaut des produits transfusés, quand bien même la responsabilité du centre de transfusion aurait été retenue sur le fondement contractuel. Cassation de l'arrêt ayant rejeté l'action contre l'assureur au motif que ce dernier ne garantissait le entre que contre les conséquences pécuniaires de la responsabilité qu'il pouvait encourir à l'égard de tout receveur de sang, conformément aux art. 1382 s. C. civ. • Civ. 2e, 8 sept. 2005 : *D. 2005. IR 2479 ; RCA 2005, n° 228* • 20 oct. 2005, n° 03-19.420.

3° ORGANISME D'INDEMNISATION

107. Avertissement. Une réforme est intervenue (L. n° 2004-806 du 9 août 2004, art. 119). Désormais, la réparation intégrale des préjudices définis au premier al. de l'art. L. 3122-1 CSP est assurée, non plus par le Fonds qu'avait institué la loi du 31 déc. 1991, mais par l'Office national d'indemnisation des accidents médicaux, des affections iatrogènes et des infections nosocomiales (ONIAM).

108. Domaine d'application. L'art. L. 3122-1 CSP, qui dispose que sont indemnisées « les victimes de préjudices résultant de la contamination par le virus d'immunodéficience humaine causé par une transfusion de produits sanguins ou une injection de produits dérivés du sang réalisée sur le territoire de la République française », subordonne le droit à indemnisation, par le Fonds d'indemnisation des transfusés par le VIH, à la réalisation effective sur la victime d'un acte médical de transfusion ou d'injection et n'est pas applicable à la victime d'une telle contamination résultant d'une transfusion ou d'une injection réalisée sur le territoire d'un autre État, fût-ce avec des produits sanguins ou dérivés du sang recueillis et conditionnés en France. • Civ. 2e, 3 févr. 2005, n° 04-06.001 P : *RCA 2005, n° 151.*

109. L'art. L. 3122-1 CSP, qui repose sur un critère objectif d'indemnisation, sans exclure pour les victimes, quelle que soit leur nationalité, contaminées dans un autre État avec des produits sanguins ou dérivés du sang recueillis et conditionnés en France, le droit de réclamer réparation selon le droit commun, n'établit aucune discrimination fondée sur la nationalité et n'est pas incompatible avec les principes communautaire et conventionnel d'égalité de traitement. • Civ. 2e, 3 févr. 2005 : *préc. note 108.*

110. Conditions de forme. La demande d'indemnisation présentée au Fonds d'indemnisation des transfusés et hémophiles contaminés par le virus d'immunodéficience humaine (VIH) doit comporter les éléments justificatifs de l'atteinte par le virus VIH et des transfusions sanguines ou des injections de produits dérivés du sang, ainsi que la justification des préjudices. En cas de recours, la cour d'appel de Paris ne peut statuer, dans le cadre de l'instance contentieuse introduite devant elle, que sur les préjudices sur lesquels le Fonds a été préalablement mis en mesure de notifier une décision à la victime, ce qui n'était pas le cas, en l'espèce, la victime ayant indiqué au Fonds « faire valoir ses droits » et n'ayant présenté, dans sa requête initiale, aucune demande en réparation d'un préjudice quelconque. • Civ. 2e, 9 oct. 2003, n° 03-06.001 P.

111. Preuve de la contamination. La présomption simple de contamination par la transfusion peut être contredite par un ensemble de présomptions graves, précises et concordantes. • Civ. 2e, 14 janv. 1998, n° 97-06.004 P : *RCA 1998, n° 158.* ♦ C'est dans l'exercice de son pouvoir souverain d'apprécier la valeur et la portée des éléments de preuve qu'une cour d'appel, après avoir retenu que l'expert avait relevé que la transfusion était intervenue à une date où les risques de contamination transfusionnelle étaient très limités, de l'ordre de 1 sur 100 000, que le mari de la victime était un toxicomane avéré, dont la contamination par le VIH était très ancienne, a décidé que la présomption était contredite par cet ensemble de présomptions graves, précises et concordantes. • Même arrêt.

A violé l'art. 47-I de la loi du 31 déc. 1991, la cour d'appel qui rejette la demande d'un chirurgien de centre hospitalier, lequel a déclaré avoir été contaminé accidentellement par le virus d'immunodéficience humaine VIH à l'occasion d'opérations chirurgicales, au motif qu'il ne peut bénéficier de la présomption de causalité, alors que l'intéressé qui ne se prévalait pas du bénéfice d'une présomption de contamination demandait, en vue de son indemnisation par le Fonds, que soit ordonnée une mesure d'instruction tendant à rechercher s'il avait été accidentellement contaminé par une personne susceptible d'avoir elle-même été contaminée à l'occasion d'une transfusion sanguine. • Civ. 2e, 18 juin 1997, n° 96-06.001 P : *D. 1998. 31, concl. Tatu* .

112. Rapports avec le régime de la responsabilité. (Dernier état de la position de la Cour de cassation avant la loi du 9 août 2004, art. L. 3122-3 CSP, al. 3 et 4 nouv.). A violé les art. 47 de la loi du 31 déc. 1991, 1147 C. civ. et 6, 1°, de la Convention européenne de sauvegarde des droits de l'homme, la cour d'appel qui, tout en retenant que la responsabilité d'un centre de transfusion était établie dès lors que la contamination du défunt, et par contage de son épouse, provenait bien des produits sanguins fournis, a néanmoins déclaré l'action des demandeurs irrecevable en raison de leur acceptation de l'offre du Fonds, alors que celle-ci était intervenue avant le 26 janv. 1994 et que jusqu'à cette date, selon l'arrêt n° 60/1998/963/1178 rendu le 30 oct. 1998 par la Cour européenne des droits de l'homme, paragraphe 47, les personnes acceptant une offre d'indemnité du Fonds n'étaient pas en mesure, au regard de l'art. 47 de la loi du 31 déc. 1991, d'apprécier la portée exacte de leur acceptation quant à leur droit d'agir contre les tiers responsables. • Civ. 1re, 6 juin 2000, n° 98-22.117 P : *RCA 2000, n° 296; D. 2000. IR 185* .

II. AVOCATS

V. C. **avocat.** jurisprudence citée ss. L. n° 71-1130 du 31 déc. 1971, art. 26 (responsabilité civile professionnelle), et ss. art. 1147 C. civ., reproduit dans ce code (obligation de renseignement et de conseil, devoir de compétence et diligence-action en justice, devoir d'efficacité-avocat rédacteur d'acte, clause de non-responsabilité).

A. FAITS GÉNÉRATEURS DE RESPONSABILITÉ

113. La responsabilité de l'avocat ne possède pas un caractère subsidiaire. Dès lors, justifie légalement sa décision la cour d'appel qui retient qu'à raison des fautes de l'avocat, un prêteur n'avait pu obtenir le paiement des sommes qui lui étaient dues à la date d'échéance, et constate, par là même, le préjudice subi par celui-ci, sans rechercher si une impossibilité de recouvrement était établie. • Civ. 1re, 5 févr. 1991, n° 89-13.528 P. ♦V. égal. : • Civ. 1re, 15 mars 2005, n° 03-17835 P.

1° DEVOIR DE CONSEIL

a. Principe

114. L'avocat est tenu d'une obligation particulière d'information et de conseil à l'égard de son client et il lui incombe de rapporter la preuve qu'il a exécuté cette obligation. • Civ. 1re, 29 avr. 1997, n° 94-21.217 P : *D. 1997. IR 130* ; *D. Affaires 1997. 729 ; RCA 1997, n° 231 ; ibid., Chron. 19, note Groutel ; JCP 1997. II. 22948, note Martin* • 23 nov. 2000 : *RCA 2001, n° 44* • 27 févr. 2001 : *RCA 2001, n° 151.* ♦ Il lui appartient de recueillir de sa propre initiative, auprès de ses clients, l'ensemble des éléments d'information et les documents propres à lui permettre d'assurer, au mieux, la défense de leurs intérêts. • Civ. 1re, 1er mars 2005, n° 03-16.329 P : *D. 2005. IR 913* ; *RCA 2005, n° 161* • 28 mars 2008 : *RCA 2008, n° 192.*

115. Toutefois, l'avocat ne répond pas nécessairement des conséquences de la réalisation du risque sur lequel il n'a pas attiré l'attention de son client. • Civ. 1re, 24 juin 2003, n° 01-12.995.

116. L'avocat rédacteur d'actes est, afin d'assurer l'efficacité des conventions, tenu à l'égard de toutes les parties d'un devoir de conseil, dont la mesure et la portée dépendent des circonstances. • Civ. 1re, 24 mars 1987 : *Bull. civ. I, n° 104.*

117. Les compétences personnelles du client ne dispensent pas l'avocat, rédacteur d'un acte, de son devoir de conseil. • Civ. 1re, 7 juill. 1998, n° 96-14.192 P : *D. 1998. IR 205 ; RCA 1998, n° 346; RTD civ. 1998. 911, obs. Jourdain* • 12 janv. 1999, n° 96-18.775 P : *Defrénois 1999. 382, obs. Aubert* • 19 mai 1999, n° 96-20.332 P : *D. 2000. Somm. 153, obs. Blanchard ; RCA 1999, n° 263* • 21 janv. 2003 : *RCA 2003, n° 109.*

118. L'intervention d'un avoué dans la procédure d'appel ne dispense pas l'avocat de son devoir de conseil. • Civ. 1re, 29 avr. 1997 : *préc. note 114.*

b. Exceptions

119. Le devoir de conseil auquel est tenu le rédacteur d'actes s'apprécie au regard du but poursuivi par les parties et de leurs exigences particulières lorsque, dans ce dernier cas, le praticien du droit en a été informé. • Civ. 1re, 25 mars 2010, n° 09-12.294 P : *D. 2010. Actu. 892 ; AJDI 2010. 911, obs. Thioye ; Defrénois 2010. 2214, obs. Latina; RLDC 2010/72, n° 3846, obs. Le Nestour Drelon; RDC 2010. 851, obs. Viney.* ♦ Si le professionnel doit veiller, dans ses activités de conseil et de rédaction d'actes, à réunir les justificatifs nécessaires à son intervention, il n'est, en revanche, pas tenu de vérifier les déclarations d'ordre factuel faites par les parties en l'absence d'éléments de nature à éveiller ses soupçons quant à la véracité des renseignements donnés. • Même arrêt. ♦ Cassation de l'arrêt ayant retenu la faute d'un avocat rédacteur d'un acte alors que la cour d'appel n'a pas précisé en quoi les éléments dont disposait l'avocat, qui n'était pas tenu de prendre l'initiative de s'assurer de la viabilité économique et financière de l'opération instrumentée, étaient de nature à éveiller ses soupçons quant à l'insuffisance des sûretés prévues au regard des risques encourus. • Civ. 1re, 22 sept. 2011 : *D. 2011. 2644, note Dondero .*

Si l'avocat doit s'acquitter de son obligation d'information de manière complète et objective, il a, en déontologie, pour devoir de déconseiller l'exercice d'une voie de droit vouée à l'échec ou, à plus forte raison, abusive, de sorte qu'il ne peut être tenu de délivrer une information, qui aurait pour seule justification de permettre au client d'engager un recours abusivement, à des fins purement dilatoires. • Civ. 1re, 23 nov. 2004, n° 03-16.565 P : *D. 2005. 2857, note Moret-Bailly ; RCA 2005, n° 29.*

c. Applications

120. L'avocat a une obligation de conseil qui lui impose de vérifier l'état des inscriptions hypothécaires et la valeur de la garantie stipulée au profit du prêteur. • Civ. 1re, 5 févr. 1991, n° 89-13.528 P.

121. Commet une faute l'avocat qui n'attire pas l'attention de l'acquéreur sur les risques de la désignation inhabituelle du vendeur en qualité de séquestre de la somme versée par l'acheteur. • Civ. 1re, 24 mars 1987 : *Bull. civ. I, n° 104.* ♦ ... Qui, alors qu'il est rédacteur d'un acte mettant à sa charge une obligation de séquestre, n'a pas pris toutes mesures utiles pour en assurer l'efficacité. • Civ. 1re, 8 juill. 1994, n° 92-16.217 P : *RCA 1994, n° 378 ; JCP N 1995. II. 493.* ♦ ... Qui, conseil habituel d'une société et chargé par celle-ci de rédiger une lettre de licenciement, n'appelle pas en temps utile l'attention de sa cliente sur les conséquences financières résultant de l'existence d'une clause de non-concurrence. • Civ. 1re, 13 mars 1996, n° 93-20.578 P : *D. 1997. Somm. 102, obs. Serra ; RCA 1996, n° 173.* ♦ ... Qui, chargé de la rédaction des reconnaissances de dettes, ne vérifie pas que celles-ci comportent l'ensemble des mentions manuscrites indispensables à leur pleine efficacité. • Civ. 1re, 24 juin 1997, n° 95-11.380 P : *JCP N 1997. II. 1426 ; JCP E 1997. II. 215, note Martin.* ♦ ... Qui n'a pas dissuadé son client, qui est un commerçant-artisan dépourvu de formation juridique, de signer un acte de cession de parts sociales sans avoir préalablement obtenu qu'avec l'accord d'un créancier, le cessionnaire soit substitué au cédant en qualité de caution. • Civ. 1re, 10 juin 1997 : *RCA 1997, n° 337.* ♦ ... Qui s'abstient de conseiller à son client d'introduire dans le délai de forclusion de deux ans imparti au preneur par l'art. 6 du décret du 30 sept. 1953, insusceptible de suspension ou d'interruption, soit une action visant à contester les motifs par lesquels le bailleur prétendait s'exonérer du payement d'une indemnité d'éviction, soit une demande en payement de cette indemnité. • Civ. 1re, 1er mars 2000, n° 97-21.799. ♦ ... Qui, en présence d'un commandement visant la clause résolutoire, n'a pas tout mis en œuvre pour échapper au jeu de cette clause. • Civ. 1re, 27 févr. 2001 : *RCA 2001, n° 150.*

2° ASSISTANCE EN JUSTICE

a. Objet de la mission

122. Tenu d'accomplir, dans le respect des règles déontologiques, toutes les diligences utiles à la défense des intérêts de son client et investi d'un devoir de compétence, l'avocat, sans que puisse lui être imputé à faute de n'avoir pas anticipé une évolution imprévisible du droit positif, se doit de faire valoir une évolution jurisprudentielle acquise dont la transposition ou l'extension à la cause dont il a la charge a des chances sérieuses de la faire prospérer. • Civ. 1re, 14 mai 2009, n° 08-15.899 P : *D. 2010, Pan. 49, obs. Brun ; ibid. 2010. 183, note De la Asuncion Planes ; JCP 2009, n° 28, p. 15, note Slim ; Gaz. Pal. 2009. 3035, obs. Avril ; LPA 10 août 2009, note Barbièri ; RDC 2009. 1373, obs. Carval ; RTD civ. 2009. 493, obs. Deumier ; ibid.*

725, obs. Jourdain ; *ibid. 744, obs. Gautier* ; *RCA 2009, n° 219, note Hocquet-Berg.* ♦ Responsabilité pour erreur de fondement juridique : • Civ. 1re, 16 sept. 2010 : *D. actu. 19 oct. 2010, obs. Guiomard; JCP 2011, n° 80, note Hocquet-Berg.* ♦ Responsabilité pour ne pas avoir saisi la CIVI à une date à laquelle une telle action aurait été recevable au regard de la jurisprudence applicable à l'époque. • Civ. 2e, 1er juin 2011, n° 09-72.002. ♦ Pour une mauvaise information sur un risque de prescription : • Civ. 2e, 9 févr. 2011 : *RCA 2011, n° 119, obs. Groutel.* ♦ Un avocat ou un avoué n'engage pas sa responsabilité professionnelle en ne soulevant pas un moyen de défense inopérant. • Civ. 1re, 31 janv. 2008, n° 04-20.151 P : *D. 2008. AJ 488, obs. Avena-Robardet* ; *ibid. 2008. 1448, note Aynès* ; *JCP 2008. I. 140, n° 15, obs. Pillet; JCP 2008. II. 10074, note Slim; Gaz. Pal. 2008. 1. 359; LPA 10 avr. 2008, note Lasserre-Capdeville; RLDC 2008/51, n° 3078, obs. Beignier; RTD civ. 2008. 442, obs. Deumier* • 14 mai 2009 : *préc.* ♦ Sur l'obligation d'information, V. notes 80 s.

Responsabilité de l'avocat en cas de faute lors d'une action en justice (exemples) : • Civ. 1re, 15 oct. 1985, n° 84-12.309 P : *RTD civ. 1986. 759, obs. J. Huet* (action intentée tardivement et méconnaissance d'une nouvelle jurisprudence de la Cour de cassation) • 28 janv. 1992, n° 89-17.661 P (action intentée hors délai) • 8 juill. 1997, n° 95-14.067 P (absence de réponse à des lettres adressées par un avocat aux Conseils, préjudice consistant dans la perte d'une chance de gagner le procès devant la Cour de cassation) • 15 mai 2007, n° 05-16.926 P : *D. 2007. AJ 1594* ; *JCP 2007. I. 206, n° 13, obs. Jamin* (omission de conclure sur les restitutions chiffrées consécutives à la résolution d'une vente). ♦ Mais un avocat ne peut être condamné pour avoir fait perdre à ses clients une chance sérieuse d'obtenir la cassation d'une décision alors que les clients disposaient encore de la possibilité de se pourvoir contre la décision litigieuse. • Civ. 1re, 21 nov. 2006, n° 05-15.674 P. ♦ L'avocat ne peut prendre l'initiative d'introduire une seconde procédure de liquidation de l'astreinte sans nouvelles instructions de son client, dès lors que chacun des précédents mandats a pris fin avec la procédure correspondante. • Civ. 1re, 17 mars 2011 : *D. 2011. 947* ; *RLDC 2011/82, n° 4235, obs. Bugnicourt.*

Le juge doit, pour évaluer le préjudice pouvant résulter de la faute de l'avocat pour omission d'un appel en garantie, reconstituer fictivement la discussion qui aurait pu s'instaurer entre l'emprunteur, le prêteur et l'assureur, si ce dernier avait été appelé en garantie. • Civ. 1re, 2 avr. 2009, n° 08-12.848 P : *D. 2009. AJ 1142* ; *JCP 2009, n° 38, p. 41, obs. Stoffel-Munck; RLDC 2009/61, n° 3456, obs. Bugnicourt.* ♦ Les perspectives de recouvrement sont étrangères aux chances de succès d'un éventuel recours pour l'évaluation de la perte de chance. • Civ. 1re, 25 nov. 2010 : *D. 2011. 348, avis Sarcelet* . ♦ La perte de chance subie par le justiciable qui a été privé de la possibilité de former un pourvoi en cassation par la faute d'un auxiliaire de justice se mesure à la seule probabilité de succès de cette voie de recours; cassation de l'arrêt qui a pris en compte les chances de succès devant la cour de renvoi, • Civ. 1re, 6 oct. 2011, n° 10-24.554.

Pour l'appréciation de la responsabilité d'avocats aux Conseils, V. • Com. 25 avr. 2001, n° 98-13.456 P • CE 2 oct. 2006 : *Gaz. Pal. 2006. Somm. 4033.*

123. La mission d'assistance en justice emporte pouvoir et devoir de conseiller la partie. • Civ. 1re, 9 mai 1996, n° 94-14.022 P : *D. 1996. IR 169* ; *RCA 1996, n° 254.* ♦ ... Et de présenter sa défense sans l'obliger. • Civ. 1re, 2 avr. 1997 : *RCA 1997, n° 229.*

124. L'avocat, dans l'exercice de son activité de conseil, se doit d'informer son client sur les voies de droit dont la mise en œuvre apparaît nécessaire à la sauvegarde de ses intérêts et a l'obligation d'attirer son attention sur les délais de forclusion et démarches auxquelles est subordonnée la recevabilité d'une action qui apparaît utile. • Civ. 1re, 9 mai 2001, n° 98-20.410.

125. L'avocat, consulté par un client en vue d'engager une procédure, qu'il soit ou non désigné au titre de l'aide juridictionnelle, n'est tenu que d'une obligation de moyens. • Civ. 1re, 7 oct. 1998, n° 96-13.614 P.

126. L'avocat postulant devant accomplir tous les actes de procédure propres au succès de l'instance engagée par lui et ne pas laisser, par son inaction, périmer cette procédure, il ne saurait rechercher la garantie de l'un de ses confrères, en prétendant que la péremption d'instance résulterait d'une absence de diligences imputable à celui-ci. • Civ. 1re, 20 janv. 1993, n° 90-18.504 P : *RCA 1993, n° 126.*

b. Appréciation

127. Commet une faute : l'avocat qui, quelles qu'aient été les instructions reçues, omet d'informer son client des moyens qui lui auraient permis de s'opposer à la demande adverse. • Civ. 1re, 9 mai 1996 : *préc. note 122.* ♦ ... L'avocat qui n'a pas attiré l'attention de son client sur le caractère immédiatement exécutoire d'une décision. • Civ. 1re, 29 avr. 1997 : *RCA 1997, n° 230.* ♦ ... L'avocat qui, par sa faute, a privé son client d'une chance de triompher en son pourvoi. • Soc. 14 févr. 2001, n° 99-12.620 P : *RCA 2001, n° 152.* ♦ ... L'avocat, initialement mandaté par une société pour former appel qui, ayant appris depuis que sa cliente était assistée d'un administrateur judiciaire, a manqué à son obligation de conseil en n'avisant pas celui-ci de la nécessité de régulariser la procédure en intervenant à l'instance. • Civ. 1re, 7 mai 2002, n° 99-12.907.

128. Ne commet pas de faute l'avocat qui n'a pas réitéré par lettre recommandée la précédente lettre par laquelle, après obtention de l'aide juridictionnelle, il invitait son client à le rencontrer, ou en ne faisant pas procéder à des recherches pour savoir si celui-ci désirait poursuivre la procédure. • Civ. 1re, 7 oct. 1998, n° 96-13.614 P. ♦ ... Qui n'a pas mis en cause le commettant de son client condamné personnellement à des dommages-intérêts. • Civ. 1re, 14 oct. 1997 : *RCA 1998, n° 18.*

c. Action intentée hors délai

129. Commet une faute : l'avocat qui, chargé de défendre les intérêts du bénéficiaire d'un bail commercial auquel le propriétaire avait donné congé, n'engage pas dans le délai de la prescription biennale l'action en paiement de l'indemnité d'éviction. • Civ. 1re, 15 oct. 1985 : *Bull. civ. I, n° 257.* ♦ ... L'avocat qui n'a pas assigné les constructeurs d'un immeuble dans le délai légal, alors qu'il avait reçu le mandat exprès d'introduire une action au fond de nature à interrompre le cours de la prescription. • Civ. 1re, 28 janv. 1992, n° 89-17.661 P. ♦ ... L'avocat qui a rédigé de manière insuffisamment précise une assignation de telle sorte qu'elle n'a pu interrompre le délai de la prescription biennale en matière de responsabilité des constructeurs. • Civ. 1re, 7 juill. 1993 : *RCA 1993, n° 365.* ♦ ... L'avocat qui a laissé prescrire l'action de ses clients contre leur assureur. • Civ. 1re, 4 avr. 2001 : *RCA 2001, n° 296, obs. Vaillier.*

d. Voies de recours

130. La mission d'assistance en justice emporte pour l'avocat l'obligation d'informer son client sur les voies de recours existant contre les décisions rendues à l'encontre de celui-ci. • Civ. 1re, 13 nov. 1997, n° 95-14.141 P : *D. 1997. IR 259* ; *D. Affaires 1997. 1466* • 23 nov. 2000, n° 99-11.009. ♦ Mais il a pour devoir de déconseiller l'exercice d'une voie de recours vouée à l'échec ou, à plus forte raison, abusive. • Civ. 1re, 23 nov. 2004, n° 03-12.565 P : *RCA 2005, n° 29.* ♦ Manque à son devoir de conseil l'avocat qui n'appelle pas spécialement l'attention de son client sur la forme selon laquelle il devait interjeter appel. • Civ. 1re, 2 févr. 1994, n° 92-10.432 P : *D. 1994. IR 45 ; RCA 1994, n° 183.*

e. Exécution de la décision

131. En matière d'assurance de choses, l'art. 1153 C. civ. a vocation à s'appliquer à l'indemnité due par la compagnie d'assurances. Encourt la cassation l'arrêt qui retient que les intérêts ne pouvaient être accordés à compter de l'assignation en raison du caractère indéterminé de la créance à cette date pour rejeter l'action en responsabilité engagée par l'assuré contre son avocat et son avoué, lesquels s'étaient abstenus de fixer le point de départ des intérêts dans les écritures présentées devant la cour. • Civ. 1re, 10 févr. 2004, n° 99-20.716 P. ♦ L'huissier de justice a seul qualité pour procéder à l'exécution des décisions de justice, et le mandat donné par un avocat n'exonère pas de sa responsabilité l'huissier de justice qui accomplit seul sa mission. Dès lors, doit être cassé l'arrêt de la cour d'appel qui, pour déclarer un avocat seul responsable des fautes commises à l'occasion de l'exécution forcée d'une décision de justice, retient qu'il a incontestablement commis une faute en ne réclamant pas à l'huissier de justice le paiement des intérêts des sommes dues. • Civ. 2e, 21 nov. 2002, n° 00-20.953 P.

f. Réception des fonds

132. Le mandat pouvant être donné par acte authentique, par acte sous seing privé ou verbalement, viole l'art. 1985 C. civ., l'arrêt qui, pour retenir la responsabilité civile professionnelle d'un avocat, relève que ce dernier n'aurait dû se dessaisir des sommes versées par un assureur et destinées aux victimes, entre les mains de leur mandataire qu'au vu d'un acte sous seing privé habilitant ce dernier à recevoir un paiement en leurs lieu et place. • Civ. 1re, 15 mars 2005, n° 03-14.388 P : *D. 2005. IR 1109* . ♦ Mais a commis une faute l'avocat ayant confié les fonds alloués par une décision de justice au mandataire du demandeur, auquel ils n'ont pas été remis, alors qu'il lui incombait de s'assurer que la personne à laquelle il remettait des fonds destinés au mandant présentait toutes garanties à cet égard. • Civ. 1re, 23 janv. 1996, n° 93-19.501 P : *D. 1996. IR 49 ; RCA 1996, n° 137.*

3° ACTES DIVERS

133. Un avocat s'étant obligé, envers une société, à procéder auprès du registre du commerce à la déclaration relative au transfert du siège social, et constaté que cet avocat ne justifiait pas avoir exécuté les diligences convenues, les juges du fond ont, par ces seuls motifs, caractérisé, à la charge de cet avocat, l'existence d'une faute. • Civ. 1re, 22 mai 2001, n° 98-11.594.

134. L'option prévue par l'art. 151 *octies* CGI concernant l'imposition des plus-values relevant du régime défini par ce texte devant être exercée dans l'acte d'apport à la société à responsabilité limitée conjointement par l'apporteur et la société, dès lors un acte rectificatif établi deux ans après l'acte de constitution de la société et après notification d'un redressement fiscal est inopérant et ne saurait décharger de sa responsabilité professionnelle l'avocat, rédacteur de l'acte initial qui a omis d'y faire figurer cette mention. • Civ. 1re, 18 déc. 2001, n° 98-20.246 P : *RCA 2002, n° 102.*

135. Un avocat, ayant assisté ses clients lors de la signature des actes de cession d'une société dont ils détenaient les parts sociales, était seulement tenu de prendre toutes les dispositions utiles pour les garantir des risques d'insolvabilité des débiteurs sans être garant de la solvabilité ultérieure de ceux-ci. • Civ. 1re, 4 déc. 2001 : *RCA 2002, n° 101.*

B. PRÉJUDICE

1° EXISTENCE D'UN PRÉJUDICE

136. **BIBL.** Hocquet-Berg, *RCA 2012. Étude 1* (dommage réparable). – L'avocat ne doit, le cas échéant, supporter les conséquences de sa faute que lorsque son mandant sera en mesure de justifier d'un préjudice certain. • Civ. 1re, 28 janv. 1992, n° 90-16.200 P. ♦ ... Ce qui n'est pas le cas lorsqu'un organisme social a pu produire au passif d'une société pour une créance privilégiée comprenant le remboursement réclamé, de sorte qu'il importe peu que ses avocats aient assigné tardivement la société en paiement de cotisations. • Même arrêt. ♦ ... Mais ce qui est le cas lorsque, par la faute de l'avocat, des bailleurs ont été privés de la chance de voir fixer un nouveau loyer, la cour d'appel ayant relevé que le risque d'échec de l'action était quasiment nul et qu'en outre l'hypothèse d'un non-renouvellement du bail à l'initiative du preneur pouvait être raisonnablement exclue. • Civ. 1re, 18 juin 1996 : *RCA 1996, n° 319.*

137. Ne donne pas de base légale à sa décision la cour d'appel qui retient l'existence d'un préjudice lié à la perte de chance de voir un arrêt cassé, sans caractériser en quoi le manquement d'un avocat à aviser ses mandants de la teneur d'une décision a pu leur causer préjudice. • Civ. 2e, 30 juin 2004, n° 03-13.235 P. ♦ Un avocat, en indiquant à ses clients qu'une cession ne donnerait pas lieu à imposition sur les plus-values, avait certes manqué à son obligation de conseil, mais les juges du fond devaient rechercher si ses clients auraient pu échapper à cette imposition ou n'être frappés que d'un impôt moindre. • Civ. 1re, 10 juill. 2001, n° 99-12.898.

2° PERTE D'UNE CHANCE

138. Les perspectives de recouvrement sont étrangères aux chances de succès d'un éventuel recours pour l'évaluation de la perte de chance. • Civ. 1re, 25 nov. 2010 : *D. 2011. 348, avis Sarcelet* . ♦ La perte de chance subie par le justiciable qui a été privé de la possibilité de former un pourvoi en cassation par la faute d'un auxiliaire de justice se mesure à la seule probabilité de succès de cette voie de recours ; cassation de l'arrêt qui a pris en compte les chances de succès devant la cour de renvoi, • Civ. 1re, 6 oct. 2011, n° 10-24.554.

Le préjudice né de la perte d'une chance d'avoir pu soumettre son litige à une juridiction ne peut être constitué que s'il est démontré que l'action qui n'a pu être engagée présentait une chance sérieuse de succès. • Civ. 1re, 8 juill. 2003, n° 99-21.504 P. ♦ Pour évaluer le préjudice résultant de la faute de l'avocat, le juge doit rechercher quelles étaient les chances de succès de l'action en responsabilité qu'il avait été chargé d'engager contre un constructeur. • Civ. 1re, 2 avr. 1997 : *D. 1997. IR 101* ; *RCA 1997, n° 232.* ♦ L'omission fautive d'un avocat de prendre des conclusions utiles a privé le client d'une possibilité d'obtenir une décision plus favorable à ses intérêts. • Civ. 1re, 9 déc. 1992 : *RCA 1993, n° 42.*

139. Les juges du fond, après avoir reconstitué la discussion qui aurait pu s'instaurer devant la cour d'appel de renvoi qui n'avait pas été saisie en raison de la faute de l'avocat, apprécient souverainement la probabilité de succès de l'action qui n'a pu prospérer en raison de cette faute. • Civ. 1re, 1er févr. 2005, n° 03-15.740 P.

140. Un avocat ayant privé son client d'une possibilité de faire appel d'une décision de justice, sont impropres à caractériser l'absence de toute probabilité de succès de l'action qui n'avait pu être exercée, les motifs d'une cour d'appel qui se borne à énoncer que ce client n'établit pas que sa demande aurait été accueillie à hauteur de ses prétentions. • Civ. 1re, 4 déc. 2001, n° 99-14.841. ♦ De même, une cour d'appel ne peut rejeter la demande en réparation de la perte de chance d'obtenir la cassation d'une décision, formée contre un avocat qui, en s'abstenant de répondre aux lettres de l'avocat à la Cour de cassation, a empêché la poursuite de la procédure, sans caractériser l'absence de probabilité de succès du pourvoi qui avait été formé. • Civ. 1re, 8 juill. 1997, n° 95-14.067 P : *RCA 1997, n° 338* • 4 déc. 2001 : *RCA 2002, n° 139.* ♦ ... Inversement, une cour d'appel ne peut condamner un avocat par la faute duquel le client n'a pas pu relever appel d'une décision sans rechercher quelles étaient les chances d'une réformation du jugement correctionnel en faveur de celui-ci et le préjudice pouvant en résulter. • Civ. 1re, 15 janv. 1997 : *Bull. civ. I, n° 118; RCA 1997, n° 129.*

141. Une garantie d'assurance ayant été perdue, à cause de l'avocat, par l'effet de la prescription biennale, les assurés ne peuvent réclamer à celui-ci, alors même que leur droit à garantie était acquis, que la réparation d'une perte de chance, l'issue d'une instance n'étant jamais certaine et, en considération des preuves produites, un rejet des demandes, ou de certaines d'entre elles, ne pouvant être exclu. • Civ. 1re, 4 avr. 2001, n° 98-11.364 P : *RCA 2001, n° 296, note Vaillier.*

C. LIEN DE CAUSALITÉ

142. Principe. Les juges du fond doivent caractériser le lien entre la faute reprochée à l'avocat et le dommage effectivement retenu par eux. • Civ. 1re, 30 avr. 1985 : *Bull. civ. I, n° 135.*

143. Applications. Caractérise le lien de causalité entre la faute de l'avocat qui a laissé expirer un délai d'appel sans porter à la connaissance de sa cliente la teneur d'une décision et le préjudice en résultant, la cour d'appel qui a estimé que cette cliente, qui avait une chance sérieuse d'obtenir que soit retenue l'entière responsabilité du conducteur, auteur de l'accident dont elle avait été victime, avait intérêt à exercer la voie de recours dont elle disposait contre un jugement qui n'était assorti d'aucune motivation quant au partage de responsabilité. • Civ. 1re, 7 févr. 1989 : *Bull. civ. I, n° 62.* ♦ Dès lors que la Cour de cassation exerce son contrôle sur le caractère sérieux de la contestation d'une autorisation administrative de licenciement, la faute de l'avocat d'un salarié qui avait été licencié pour motif économique avec une autorisation tacite de l'autorité administrative, prive ce salarié d'une chance de voir juger que cette contestation était sérieuse, dans le litige opposant son client à son employeur pour lequel cet avocat a formé un pourvoi qui a été déclaré irrecevable, en l'absence de pouvoir spécial délivré par ce client. • Soc. 14 févr. 2001, n° 99-12.620 P : *RCA 2001, n° 152.*

144. La mauvaise foi d'un acquéreur, qui a acheté des biens en pleine connaissance des dispositions de l'art. 215 C. civ. et de la précarité de l'opération frauduleuse à laquelle il s'associait, fait apparaître que le préjudice subi par lui résulte de sa propre faute, et sa demande de dommages-intérêts dirigée contre un avocat doit être rejetée, quand bien même ce dernier avait commis une faute en n'appelant pas l'attention sur les risques d'annulation de la vente. • Civ. 1re, 16 juin 1992 : *JCP N 1993. II. 109, note Wiederkher.*

D. ASSURANCE DE RESPONSABILITÉ PROFESSIONNELLE

145. Modalités de la souscription. Il résulte des dispositions combinées des art. 17 et 27 de la loi du 31 déc. 1971 et 205 du décret du 27 nov. 1991 qu'un conseil de l'Ordre peut, sans excéder ses pouvoirs, d'une part, décider que l'obligation d'assurance de la responsabilité civile professionnelle devra être satisfaite par une assurance collective à laquelle chaque avocat membre du barreau sera tenu d'adhérer, d'autre part, fixer le montant de la garantie à un taux supérieur au minimum réglementaire. • Civ. 1re, 5 oct. 1999, n° 96-11.857 P : *D. 1999. IR 239 ; RCA 1999, n° 375.* ♦ Lorsqu'un barreau décide de souscrire collectivement, pour le compte de ses membres, une assurance couvrant leur responsabilité civile professionnelle, le conseil de l'Ordre peut répartir le coût de cette assurance sur l'ensemble de ses membres quel que soit leur mode d'exercice de la profession ; ensuite, rien n'interdit à un conseil de l'Ordre de recouvrer en même temps, selon des critères respectant les principes d'équité et d'égalité entre les avocats, tant les cotisations nécessaires au fonctionnement de l'Ordre que la quote-part de la prime d'assurance contractée pour garantir la responsabilité civile professionnelle de l'ensemble de ses membres. • Civ. 1re, 7 nov. 2000 : *RCA 2001, n° 61, note Groutel.* ♦ En n'acquittant pas, auprès de son ordre, les cotisations afférentes à la prime d'assurance de groupe souscrite par son barreau et couvrant sa responsabilité professionnelle, un avocat ne satisfait pas aux obligations d'assurance mises à sa charge par l'art. 27 de la loi du 31 déc. 1971, ce qui justifie son omission du tableau. • Civ. 1re, 29 oct. 2002, n° 99-14.837 P.

146. Activité garantie. N'est pas garanti par son assurance de responsabilité professionnelle l'avocat qui se livre à une activité d'intermédiaire dans une vente immobilière en dehors de l'exercice de ses activités professionnelles. • Civ. 1re, 19 janv. 1994 : *D. 1995. Somm. 166, obs. Brunois ; RGAT 1994. 628.* ♦ Un avocat ayant eu une activité de courtage en vue de la réalisation d'une opération financière, les manquements à ses obligations n'entraient pas dans le champ de la garantie professionnelle collective couvrant la responsabilité civile de l'avocat. • Civ. 1re, 15 mars 2005, n° 03-17.835 P : *D. 2005. IR 1177.*

147. Mise en œuvre de l'assurance. L'art. 221, al. 3, du décret du 27 nov. 1991, aux termes duquel en cas de pluralité de demandes présentées dans les délais prescrits, le paiement a lieu au marc le franc dans le cas où le montant total de ces demandes excéderait le montant de la garantie, définit le mode de répartition de la « garantie financière » que les barreaux doivent souscrire en application de l'art. 27, al. 2, de la loi du 31 déc. 1971 et des art. 210 s. du décret précité. Ce texte ne concerne pas la mise en œuvre de l'assurance pour le compte de qui il appartiendra, prévue par le même art. de la loi et par les art. 207 et 208 du décret, assurance pour laquelle aucune procédure n'est prévue pour la répartition de l'indemnité en cas de sinistre. • Civ. 1re, 17 mars 1998, n° 95-21.840 P : *RCA 1998, n° 215.*

148. Justifie sa décision la cour d'appel qui, pour dispenser le client d'un avocat, victime des détournements commis par ce dernier, de la sommation prévue par l'art. 4 du décret du 25 août 1972 pour la mise en œuvre de la garantie de la non-présentation de fonds, retient, par une appréciation souveraine des éléments soumis à son examen, que l'assureur avait admis que la réalisation du sinistre était tenue pour acquise. • Civ. 1re, 27 mai 1998, n° 96-19.200 P : *RCA 1998, n° 286.*

149. Subrogation de l'assureur. Une transaction intervenue ayant eu pour objet de dédommager un créancier de la perte subie par la faute de son avocat, l'assureur de ce dernier est légalement subrogé contre le débiteur. • Civ. 1re, 25 mars 1997 : *RCA 1997, n° 242, note Groutel.*

III. NOTAIRES

150. En qualité d'officiers publics, les notaires sont responsables même envers les tiers de toute faute préjudiciable commise par eux dans l'exercice de leurs fonctions. • Civ. 1re, 6 janv. 1994, n° 91-22.181 P : *D. 1994. IR 31 ; RCA 1994, n° 145.*

A. OBLIGATIONS DES NOTAIRES

1° OBLIGATION DE VÉRIFIER

151. Règle générale. En tant que rédacteur d'un acte, le notaire est tenu de procéder préalablement à la vérification des faits et conditions nécessaires pour en assurer l'utilité et l'efficacité.

• Civ. 1re, 6 janv. 1994, nº 91-22.359 P • 20 janv. 1998, nº 96-12.431 P : *D. Affaires 1998. 288, obs. J. F.; RCA 1998, nº 128; JCP N 1998. 699, note Dagot; Defrénois 1998. 744, obs. Aubert; Dr. et patr. 1998, nº 1934, obs. Rouzet.* ♦ Le notaire, en tant que rédacteur de l'acte, alors même qu'il n'en a pas été le négociateur, est tenu de prendre toutes les dispositions utiles pour en assurer l'efficacité. • Civ. 1re, 3 mars 1998, nº 96-12.882 P. ♦ Mais l'inefficacité de l'acte instrumenté n'est susceptible d'entraîner la responsabilité professionnelle du notaire que si elle est la conséquence d'une défaillance de celui-ci dans les investigations et contrôles que le devoir d'efficacité impose nécessairement. • Civ. 1re, 7 mai 2002 : *RCA 2002, nº 265.*

152. En qualité d'officier public, le notaire, responsable même envers les tiers de toute faute préjudiciable commise par lui dans l'exercice de ses fonctions, est tenu d'examiner la régularité des actes qu'il est invité à dresser. • Civ. 1re, 6 janv. 1994 : *préc. note 150.* ♦ Les notaires doivent s'abstenir de prêter leur ministère pour conférer le caractère authentique à une convention dont ils savent qu'elle méconnaît les droits d'un tiers. • Civ. 1re, 5 mars 2002, nº 99-18.984 P : *D. 2002. 2555, note Libchaber.*

153. Si les obligations du notaire, qui ne tendent qu'à assurer l'efficacité d'un acte instrumenté par lui et qui ne constituent que le prolongement de sa mission de rédacteur d'acte, relèvent de sa responsabilité délictuelle, il en va différemment lorsque celui-ci a souscrit une obligation contractuelle à l'égard de son client. • Civ. 1re, 12 avr. 2005, nº 03-14.842 P : *D. 2005. IR 180; RCA 2005, nº 191.*

154. Pouvoir d'un mandataire. Quand une partie est représentée par un mandataire, le notaire doit vérifier la sincérité au moins apparente de la signature figurant sur une procuration sous seing privé. • Civ. 1re, 6 janv. 1994, nº 91-22.359 P : *RCA 1994, nº 143; D. 1994. IR 30* • 20 janv. 1998 : *préc. note 151.*

155. Capacité d'un client. Il appartient au notaire, tenu de s'assurer de la validité et de l'efficacité des actes reçus par lui, de vérifier la capacité de son client lorsque des circonstances particulières lui permettent de mettre en doute ses facultés mentales. • Civ. 1re, 24 févr. 1998, nº 95-21.473 P : *JCP 1998. II. 10118, note Fossier.* ♦ V. égal. : • Civ. 1re, 13 nov. 1997, nº 95-19.686 P : *D. Affaires 1998. 105, obs. S. P.; RCA 1998, nº 22; Defrénois 1998. 356, obs. Aubert.*

156. Vente d'immeuble. Le notaire qui participe à la rédaction d'actes de vente est tenu d'un devoir de conseil destiné à assurer la validité et l'efficacité des actes auxquels il a apporté son concours. • Civ. 3e, 21 févr. 2001 : *RCA 2001, nº 157.* ♦ Il résulte de l'art. 5 du décret du 26 nov. 1971, relatif aux actes établis par les notaires, que ceux-ci sont tenus de vérifier l'identité, l'état et le domicile des parties ; dès lors un notaire ne saurait se borner à mentionner dans un acte de vente comme domicile des vendeurs, l'adresse du bien vendu, sans attirer l'attention des acquéreurs sur les risques encourus par eux si le domicile des vendeurs ne peut être connu au jour de l'acte. • Civ. 1re, 4 févr. 2003, nº 01-14.889 P : *D. 2003. IR 532; RCA 2003, nº 138.*

157. Le notaire est tenu, pour assurer l'efficacité de son acte, de vérifier les origines de propriété, la situation hypothécaire ainsi que les déclarations du vendeur notamment celles relatives à l'absence de servitudes. • Civ. 1re, 23 nov. 1999, nº 97-12.595 P : *RCA 2000, nº 58.* ♦ V. égal. : • Civ. 1re, 12 déc. 1995, nº 93-18.753 P (obligation de vérifier les origines de propriété de l'immeuble vendu et de contrôler au fichier immobilier les mutations intervenues). ♦ Commet une faute professionnelle grave le notaire qui ne procède pas à des recherches suffisantes sur l'origine de propriété du terrain vendu. • Civ. 1re, 13 nov. 1991, nº 89-15.011 P. ♦ Il ne peut se borner à reprendre, d'un acte antérieur, une origine de propriété qui se révèle erronée. • Civ. 1re, 12 févr. 2002, nº 99-11.106 P : *RCA 2002, nº 177.* ♦ La faute commise par les vendeurs, qui avaient omis de signaler l'existence d'une servitude, est entièrement absorbée par celle, plus grave, du notaire qui s'est abstenu de vérifier les déclarations de ceux-ci, et il n'y a pas lieu, dès lors, d'opérer un partage de responsabilité. • Civ. 1re, 13 janv. 2004 : *RCA 2004, nº 99.*

158. S'il entre dans les obligations du notaire, de s'assurer de la conformité des biens vendus aux déclarations des vendeurs, il n'est pas tenu de rechercher si ces biens sont soumis, pour leur exploitation, à des prescriptions administratives qui ne sont soumises à aucune publicité. • Civ. 3e, 6 juill. 2005, nº 01-03.590. ♦ Tout acte administratif étant présumé légal et les renseignements délivrés par l'administration présumés exacts, un notaire n'a pas en principe de raison de soupçonner le caractère erroné d'une information sur l'affectation des locaux vendus. • Civ. 1re, 4 mars 2003, nº 99-18.259 P : *RCA 2003, nº 181.*

159. Une cour d'appel ne peut condamner un notaire pour manquement à son devoir d'investigation et de conseil, alors qu'aucun élément objectif ne lui permettait de mettre en doute la déclaration du vendeur selon laquelle l'immeuble était pourvu de tout-à-l'égout. • Civ. 1re, 2 oct. 2007 : *RCA 2007, nº 363.*

160. Le notaire ne doit donner l'authenticité à une convention emportant translation d'un bien immobilier qu'après avoir accompli la formalité essentielle de s'assurer de l'état des inscriptions hypothécaires pouvant grever le bien. • Civ. 1re, 6 janv. 1994 : *préc. note 150.* ♦ Le notaire qui établit un acte de garantie hypothécaire, fût-elle de deuxième rang, a l'obligation de s'assurer de l'efficacité de la sûreté qu'il constitue au regard de la situation juridique de l'immeuble. • Civ. 1re, 5 oct. 1999, n° 97-14.545 P : *D. 1999. IR 244* ; *Defrénois 1999. 1341, obs. Aubert; RCA 2000, n° 21.*

161. Ne manque pas à ses obligations professionnelles le notaire, rédacteur d'un acte de vente d'un appartement, qui a obtenu, trente-cinq jours avant l'établissement de cet acte, un état hypothécaire ne mentionnant aucune inscription, et qui, ayant consigné le prix de vente entre les mains d'un séquestre pour prévenir le risque d'une éventuelle inscription sur le bien vendu, n'avait pas à demander un état plus récent ni à informer ses clients d'une telle éventualité. • Civ. 1re, 15 mars 2005, n° 03-11.823 P. ♦ Aucun texte n'impose à un notaire, chargé de dresser un acte de vente portant sur un bien immobilier et qui a pris soin de lever, avant la vente, un état hypothécaire du bien vendu ainsi que de désintéresser l'unique créancier dont l'inscription apparaissait, de conserver le prix de vente plus longtemps. • Civ. 1re, 23 nov. 2004, n° 03-10.233 P : *D. 2005. 874, note Loyer* ; *ibid. 876, note Piedelièvre* ; *RCA 2005, n° 32.* ♦ Il ne peut être imposé au notaire d'obtenir la délivrance d'un état hypothécaire préalablement à la conclusion d'une promesse unilatérale de vente, s'agissant d'un avant-contrat. • Civ. 3e, 15 déc. 2004, n° 03-14.036 P : *RCA 2005, n° 62 ; Defrénois 2005. 621, obs. Aubert.*

162. Assurance dommages-ouvrage. Chargé de dresser un acte de vente et tenu, aux termes de l'art. L. 243-2, al. 2, de faire mention dans le corps de l'acte ou en annexe, de l'existence des assurances prévues aux art. L. 241-1 s. du même code, le notaire a l'obligation de vérifier l'exactitude des déclarations du vendeur faisant état de la souscription effective de ces contrats. • Civ. 1re, 7 mars 1995, n° 93-13.669 P : *RCA 1995, n° 333.* ♦ ... Sans se contenter de l'attestation d'assurance dommages-ouvrage émanant d'un courtier et remise par le vendeur. • Com. 12 oct. 2004 : *RCA 2004, n° 374.*

163. Vente de fonds de commerce. Le notaire est tenu de vérifier que les différentes exigences qui conditionnent la validité de l'acte que son client envisage de conclure sont satisfaites. • Civ. 1re, 9 nov. 1999, n° 97-14.521 P : *D. 1999. IR 278* ; *RCA 2000, n° 56.* ♦ À bon droit, une cour d'appel a considéré qu'il appartenait au notaire de s'assurer que sa cliente n'avait pas été condamnée à des peines frappant d'une incapacité perpétuelle d'exploiter un débit de boissons. • Civ. 1re, 9 nov. 1999 : *préc.* ♦ En sa qualité d'officier public, le notaire est tenu de veiller à l'efficacité des actes qu'il établit, et il lui appartient de prendre toutes mesures permettant de sauvegarder les intérêts des acquéreurs d'un fonds de commerce en application des exigences de l'art. 12 de la loi du 29 juin 1935. • Civ. 1re, 13 oct. 1999, n° 97-13.762 P : *RCA 2000, n° 22.* ♦ Le notaire qui rédige un acte comportant, pour les parties intéressées, une incidence quelconque en matière de registre du commerce et des sociétés est tenu de procéder aux formalités correspondantes dont le client se trouve alors déchargé. • Civ. 1re, 13 déc. 2005 : *RCA 2006, n° 93.* ♦ Le notaire doit avertir les acquéreurs de l'illégalité et des risques de la remise de chèques destinés à être encaissés de façon échelonnée. • Civ. 1re, 9 juill. 2003 : *RCA 2003, n° 298.*

164. Prêt. A commis une faute le notaire qui s'est abstenu de vérifier que l'hypothèque de premier rang qui avait été convenue ne se heurtait à aucun privilège antérieur (hypothèque précédemment inscrite). • Civ. 1re, 26 nov. 1996, n° 94-15.658 P : *D. 1997. IR 7 ; RCA 1997, n° 59.*

165. Le notaire qui n'est pas intervenu dans la négociation des différents prêts souscrits en vue d'acquisitions immobilières, auxquels il a seulement donné la forme authentique, n'est pas tenu de se substituer aux banques dans la recherche de solvabilité des acquéreurs et des risques de leurs opérations spéculatives. • Civ. 1re, 28 juin 2007 : *RCA 2007, n° 279.*

166. Acte de cautionnement. Il appartenait au notaire, chargé par les parties, en sa qualité d'officier public, de vérifier la régularité d'un acte de cautionnement sous seing privé, d'attirer leur attention, dès avant la signature de l'acte, sur la nécessité d'y porter les mentions manuscrites exigées par l'art. 1326 C. civ. pour la régularité de l'engagement de caution qu'il contenait. • Civ. 1re, 16 févr. 1994, n° 91-20.463 P. ♦ L'acte authentique, qui n'a pas été signé par toutes les parties contractantes, encourt la nullité, ce qui est de nature à fonder la responsabilité du notaire rédacteur de l'acte vicié (défaut de signature d'une des cautions). • Civ. 1re, 6 juill. 2004, n° 02-13.237 P : *RCA 2004, n° 349.*

167. Acte de notoriété. Le notaire qui établit un acte de notoriété qui se révèle ultérieurement erroné n'engage sa responsabilité de ce fait que lorsqu'il dispose d'éléments de nature à le faire douter de la véracité des énonciations dont il lui est demandé de faire état. • Civ. 1re, 15 déc. 1999, n° 97-16.041 P : *D. 2000. IR 28* ; *Defrénois 2000. 256, obs. Aubert.*

168. Renseignements d'urbanisme. Les obligations du notaire ne lui imposent pas de se substituer à l'autorité administrative pour évaluer, suivant des appréciations subjectives, les chances de délivrance d'un permis de construire. • Civ. 1re, 5 déc. 2000, n° 98-12.689 P : *RCA 2001, n° 89.*

169. Divers. L'exigence de la remise d'un chèque de banque n'ayant pas un caractère d'ordre public, le notaire ne peut refuser d'instrumenter l'acte requis. Dès lors, il ne commet pas de faute s'il accepte d'instrumenter un acte sans être couvert par un chèque de banque et donne quittance dans l'acte authentique. • Civ. 1re, 15 févr. 2005, n° 03-10.946 P : *D. 2005. IR 668* .

2° OBLIGATION D'ÉCLAIRER LES PARTIES

a. Règles générales

170. Le notaire a pour mission de renseigner ses clients sur les conséquences (fiscales en l'espèce) des engagements qu'ils contractent. • Com. 12 oct. 1993, n° 91-10.417 P. ♦ Il ne peut décliner le principe de sa responsabilité, en alléguant qu'il n'a fait que donner la forme authentique aux opérations voulues par les parties. • Civ. 1re, 25 mars 1991, n° 89-21.221 P • 3 avr. 2007 : *RCA 2007, n° 218.*

171. Il est tenu d'un devoir d'information et de conseil à l'égard de toutes les parties. • Civ. 1re, 14 mars 2000, n° 97-19.813 P : *D. 2000. IR 123*. ♦ ... A l'acte pour lequel il prête son concours. • Civ. 1re, 15 mai 2007 : *RCA 2007, n° 251.* ♦ Mais il n'est pas tenu d'un devoir de conseil envers ceux qui restent tiers par rapport aux actes auxquels il intervient. • Civ. 1re, 28 mars 2000, n° 97-20.169 P : *D. 2000. IR 152 ; RCA 2000, n° 238.* ♦ La preuve, par un notaire, de l'exécution de l'obligation de conseil qui lui incombe, peut résulter de toute circonstance ou document établissant que le client a été averti des risques inhérents à l'acte que ce notaire a instrumenté. • Civ. 1re, 3 févr. 1998, n° 96-13.201 P : *D. Affaires 1998. 413, obs. J. F.; JCP N 1998. 701, note Pillebout; ibid. 1082, note Kuhn; Defrénois 1998. 743, obs. Aubert; RTD civ. 1998. 381, obs. Jourdain*.

172. Il n'y a plus de place pour l'exercice du devoir de conseil, dès lors que la convention est déjà parfaite au moment où le notaire intervient. • Civ. 1re, 28 nov. 1995, n° 93-17.473 P : *Defrénois 1996. 765, obs. Aubert.* ♦ Le devoir d'information du notaire ne s'étend pas aux données de fait qui sont connues. • Civ. 1re, 26 nov. 1996, n° 94-20.334 P : *RCA 1997, n° 58.* ♦ Le notaire qui n'était ni responsable ni informé du montage juridique d'une opération de cession de parts figurant dans un acte auquel il est étranger ne peut se voir imputer à faute le préjudice en résultant. • Civ. 1re, 18 déc. 2002, n° 99-15.187 P.

173. L'existence d'une incertitude juridique ne dispense pas le notaire de son devoir de conseil. • Civ. 1re, 9 déc. 1997, n° 95-21.407 P : *Defrénois 1998. 354, obs. Aubert* • 18 févr. 2003, n° 00-16.447 P. ♦ Toutefois, les éventuels manquements à ses obligations professionnelles s'apprécient au regard du droit positif existant à l'époque de son intervention. • Civ. 1re, 25 nov. 1997, n° 95-22.240 P : *RCA 1998, n° 55; D. Affaires 1998. 63, obs. J. F. (1re esp.); Defrénois 1998. 354, obs. Aubert; JCP 1998. I. 144, n° 23, obs. Viney; JCP N 1998. 893, note Géraud; RTD civ. 1998. 367, obs. Mestre*.

174. Le devoir de conseil qui pèse sur les notaires n'a pas de caractère absolu et dépend des circonstances de la cause. • Civ. 1re, 7 févr. 1990, n° 87-10.887 P : *D. 1990. IR 53; RCA 1990, n° 161; Defrénois 1990. 1021, obs. Aubert.*

175. L'étendue de l'information que le notaire doit donner à son client au titre de son devoir de conseil varie, selon que le client est ou non un professionnel avisé. • Civ. 1re, 2 juill. 1991, n° 90-12.065 P : *D. 1991. IR 219; RCA 1991, n° 390.* ♦ Cependant, le notaire n'est pas dispensé de son devoir de conseil par les compétences personnelles de son client. • Civ. 1re, 25 nov. 1997, n° 95-18.618 P • 9 juin 1998 : *Bull. civ. I, n° 92; RCA 1998, n° 273* • 19 mai 1999, n° 96-22.892 P : *D. Affaires 1999. 1036, obs. J. F.; Defrénois 1999. 1339, obs. Aubert* • 29 févr. 2000, n° 97-18.734 P : *D. 2000. IR 83 ; RCA 2000, n° 161 ; Defrénois 2000. 733, obs. Aubert; RTD civ. 2000. 576, obs. Jourdain* • 14 mars 2000 : *préc. note 171* • 4 avr. 2001 : *RCA 2001, n° 227* • 3 avr. 2007 : *RCA 2007, n° 217.* ♦ Les compétences ou les connaissances personnelles du client, ainsi que les informations ou avis donnés par des tiers ne sauraient dispenser le notaire de son devoir de conseil qui n'a pas un caractère relatif. • Civ. 1re, 26 oct. 2004 : *RCA 2004, n° 375.* ♦ En revanche, la faute commise par le client et qui constitue une cause du dommage qu'il a subi peut être retenue pour fonder un partage de responsabilité. • Civ. 1re, 29 févr. 2000 : *préc.* ♦ ... Ou pour emporter l'impossibilité pour le notaire de donner des conseils appropriés (notaire chargé des opérations de liquidation d'une succession ayant clôturé l'inventaire sans faire mention d'une dette de cette succession contractée envers une banque, laquelle ne lui a pas été révélée par l'épouse du défunt). • Civ. 1re, 4 févr. 2003, n° 99-17.013 P : *RCA 2003, n° 137.* ♦ V. égal. : • Civ. 1re, 19 mai 1999 : *préc. note 23.*

176. Les notaires, professionnellement tenus de veiller à l'efficacité des actes qu'ils établissent et d'éclairer les parties sur leurs conséquences, ne sont pas dispensés de leur devoir de conseil par la présence d'un autre conseiller, fût-il lui-même notaire, aux côtés de leur client. • Civ. 1re, 26 nov. 1996, n° 94-13.989 P : *RCA 1997, n° 60.* ♦ V. égal. : • Civ. 1re, 10 juill. 1995, n° 93-13.672 P : *D. 1995. IR 195; RCA 1995, n° 332* • 18 juin 1996, n° 94-10.753 P : *D. 1996. IR 173 ; RCA 1996, n° 325 (2e esp.)* • 3 mars 1998, n° 96-12.882 P : *D. 2000. 122, note Sabatier*.

b. Applications

177. Le notaire qui authentifie un acte de prêt hypothécaire, lors même qu'il n'en a pas été le négociateur, a l'obligation, s'il est en mesure de connaître ou de suspecter l'insuffisance du gage, d'appeler l'attention des prêteurs sur cette situation. • Civ. 1re, 26 nov. 1996, n° 94-18.582 P : *D. 1997. IR 7 ; RCA 1997, n° 59.* ♦ Le fait que l'acquéreur soit en possession du bilan de la société civile immobilière propriétaire, lequel mentionnait l'emprunt qui avait servi à l'achat du terrain, ne dispense pas le notaire de son devoir d'information et de conseil quant à la situation hypothécaire considérée. • Civ. 1re, 1er juin 1999, n° 97-14.063 P.

178. Justifie légalement sa décision la cour d'appel qui, pour condamner un notaire à réparer le préjudice subi par les acquéreurs d'un immeuble que le vendeur avait faussement déclaré libre de toute occupation, retient que le notaire était informé de la situation locative de l'immeuble par un précédent acte qu'il avait dressé peu de temps auparavant et qu'il ne pouvait dès lors enregistrer sans précaution la déclaration du vendeur. • Civ. 1re, 27 mai 1997, n° 94-19.092 P. ♦ Des notaires n'ayant pas signalé aux acquéreurs l'existence, mentionnée dans le titre de propriété de la venderesse, de l'arrêté d'interdiction d'habiter frappant le studio qu'ils acquéraient à usage d'habitation, ils ont commis une faute engageant leur responsabilité et en relation causale avec le préjudice subi par les acquéreurs, sans que puisse y faire obstacle le comportement du vendeur. • Civ. 1re, 26 mars 1996, n° 94-12.228 P : *RCA 1996, n° 226.* ♦ Inversement, il ne peut être reproché au notaire un manquement à son devoir de conseil ou une faute professionnelle pour n'avoir pas remis, préalablement ou concomitamment à la signature de la promesse de vente, les arrêtés préfectoraux au bénéficiaire de la promesse, dès lors que celle-ci mentionnait expressément que, d'une part, l'immeuble était à usage d'habitation, d'autre part, qu'il faisait partie d'un lotissement régulièrement autorisé par des arrêtés référencés avec précision. • Civ. 1re, 9 mai 1996, n° 94-15.275 P : *Defrénois 1996. 1029, obs. Aubert.*

179. L'acte dressé par le notaire précisant que l'immeuble acquis était destiné à la construction d'une maison d'habitation, et à supposer même que les acquéreurs aient connu le caractère non constructible du terrain avant même qu'ait été reçu l'acte de vente, il appartenait à celui-ci, en tant que rédacteur de cet acte, d'éclairer les acquéreurs sur les conséquences d'une telle situation et sur l'inefficacité de l'acte de vente eu égard au but poursuivi par eux. • Civ. 1re, 12 juin 1990, n° 88-15.020 P. ♦ Le fait que la réalisation d'une promesse de vente soit soumise à la condition suspensive de l'obtention d'un permis de construire ne saurait décharger le notaire de son obligation d'assurer l'efficacité de cet acte eu égard au but poursuivi par les parties, et de son obligation de renseigner celles-ci sur les risques de l'opération projetée ; en exécution de son devoir de conseil il lui appartenait de se renseigner sur la possibilité de construire sur le terrain au regard du plan d'occupation des sols en vigueur et de mettre en garde les acheteurs contre les conséquences d'un refus de l'autorisation de construire. • Civ. 1re, 21 févr. 1995, n° 93-14.233 P.

180. Manque à son devoir de conseil le notaire : qui ayant constaté la cessation, par l'acquéreur, des paiements qu'il devait effectuer en son étude, omet d'appeler l'attention des vendeurs sur l'importance du renouvellement, avant sa péremption, du privilège dont l'inscription avait été prise en vue de garantir ces paiements. • Civ. 1re, 23 nov. 1999, n° 97-12.598 P : *RCA 2000, n° 57.* ♦ ... Qui ne donne pas au vendeur les informations lui permettant d'apprécier la portée de sa renonciation à l'inscription du privilège du vendeur. • Civ. 1re, 25 nov. 1997, n° 95-18.618 P. ♦ ... Qui n'avertit pas une personne vendeur d'un bien immobilier, du risque d'annulation de la vente, malgré l'existence lors de la passation de l'acte, d'indices établissant l'incapacité de l'acquéreur. • Civ. 1re, 30 mai 1995, n° 93-13.758 P : *RCA 1995, n° 305.* ♦ ... Qui, en présence d'une vente d'immeuble en l'état futur d'achèvement prévoyant le paiement total et immédiat du prix de vente, omet d'attirer l'attention des acquéreurs sur les risques éventuels de non-achèvement de l'immeuble. • Civ. 1re, 26 nov. 1996 : *préc. note 176.* ♦ ... Qui n'attire pas l'attention des souscripteurs d'un cautionnement hypothécaire sur l'importance et les risques des engagements, qu'ils se proposent de prendre, quand même sont-ils proportionnés à leurs facultés. • Civ. 1re, 7 nov. 2000, n° 96-21.732 P. ♦ ... Qui, alors que les modalités de paiement du prix retenues sont particulièrement favorables à l'acquéreur, n'informe pas spécialement la venderesse sur l'exacte portée de l'acte convenu. • Civ. 1re, 14 nov. 2001 : *RCA 2002, n° 72.*

181. La cour d'appel ne pouvait écarter la responsabilité du notaire sans constater que celui-ci avait informé son client des incidences du prêt relais en cas de réalisation des risques qu'il prenait en procédant à une acquisition avant d'avoir trouvé un acquéreur au prix estimatif. • Civ. 1re, 21 janv. 2003 : *RCA 2003, n° 115.*

182. Les garanties constituées étant insuffisantes pour prémunir le vendeur des conséquences patrimoniales d'une défaillance de l'acquéreur dans l'exécution de ses obligations, alors qu'une telle hypothèse devait être envisagée en vue d'assurer l'efficacité même de l'acte, l'importance du risque couru aurait dû conduire les notaires à conseiller l'insertion d'une clause résolutoire de plein droit, ce qui caractérise le manquement des notaires à leur obligation de conseil. • Civ. 1re, 29 nov. 2005, n° 02-13.550.

183. Le notaire est tenu d'informer et d'éclairer les parties sur la portée et les effets, notamment quant à ses incidences fiscales, ainsi que sur les risques de l'acte auquel il prête son concours (opération de défiscalisation « loi Malraux »). Cette obligation doit prendre en considération les mobiles des parties, extérieurs à l'acte, lorsque le notaire en a eu précisément connaissance. • Civ. 1re, 13 déc. 2005 : *RCA 2006, n° 57, note E. Groutel.*

184. L'obligation d'information et de conseil du notaire n'impose pas de conseiller aux intéressés la souscription d'une assurance facultative. • Civ. 1re, 4 déc. 2001, n° 99-12.497 P : *RCA 2002, nos 105 et 114.*

185. Si le notaire, disposant d'éléments révélant une insuffisance des garanties prévues par l'acte qu'il reçoit, doit en informer les parties, en revanche, il ne lui incombe pas, en l'absence de tels éléments, de procéder à des investigations à cet égard, notamment de s'assurer de la solvabilité d'une caution. • Civ. 1re, 13 mars 2007 : *RCA 2007, n° 191.*

186. L'obligation de conseil du notaire, lors de la signature d'une promesse de vente, n'est due qu'au bénéficiaire identifié de cette promesse et non à celui qu'il s'est substitué. • Civ. 1re, 26 oct. 2004, n° 02-13.456 P.

187. Le notaire, rédacteur d'un acte authentique de vente d'un appartement, n'avait pas à s'enquérir d'un projet locatif, étranger à l'acte qu'il instrumentait, de l'acquéreur, ni à attirer l'attention des parties sur l'importance du coût des travaux, dont il ignorait les conditions d'exécution, par rapport au prix d'acquisition, de sorte qu'il ne pouvait se voir imputer la responsabilité de l'échec du projet locatif. • Civ. 1re, 15 mars 2005, n° 03-11.823 P : *D. 2005. IR 1052.* ♦ Le notaire chargé de dresser un acte de vente immobilière n'est pas tenu de vérifier la possibilité de réaliser sur l'immeuble vendu un projet d'agrandissement de construction qui n'est pas mentionné à l'acte et dont il n'a pas été avisé, à moins qu'il n'ait pu raisonnablement l'ignorer. • Civ. 1re, 12 avr. 2005, n° 03-15.088 P : *RCA 2005, n° 190.*

188. Le testateur étant en droit, même à l'égard de son notaire, de conserver secrètes ses dernières volontés, ce que permet un testament olographe, le testateur est seul responsable de l'omission de sa signature. • Civ. 1re, 22 mars 2005, n° 03-19.907 P : *RCA 2005, n° 163.*

3° DILIGENCES DIVERSES

189. Commet une faute le notaire : qui, bien qu'informé par l'administrateur de la succession de l'existence d'un passif, se dessaisit des fonds de celle-ci, sans prendre les précautions nécessaires pour assurer la garantie du passif. • Civ. 1re, 9 déc. 1997, n° 95-18.192 P : *RCA 1997, n° 100.* ♦ ... Qui, en dépit de la demande du bénéficiaire d'une promesse de vente de publier celle-ci au bureau des hypothèques, n'a pas procédé à cette formalité de nature à conserver les droits de son client, en rendant le contrat opposable aux tiers qui avaient acquis du même auteur des droits concurrents soumis à la même obligation de publicité. • Civ. 1re, 21 janv. 1992, n° 90-15.545 P : *Defrénois 1992. 744, obs. Aubert.* ♦ ... Qui néglige d'informer un couple d'emprunteurs qu'au moment où ils souscrivaient l'acte de prêt, la compagnie d'assurances avait déjà pris la décision de ne pas assurer le mari, et d'appeler leur attention sur le fait qu'en cas de décès de celui-ci, le remboursement du prêt resterait à la charge de son épouse ou de ses héritiers. • Civ. 1re, 17 nov. 1993, n° 90-16.600 P : *RCA 1994, n° 144.* ♦ ... Qui a laissé croire à ses clients qu'il venait d'organiser, en leur présence, la protection de leurs intérêts, alors qu'il n'avait rédigé qu'un projet d'acte. • Civ. 1re, 21 nov. 2000 : *RCA 2001, n° 48.*

190. Engage sa responsabilité le notaire qui omet de procéder au renouvellement d'une inscription hypothécaire. • Civ. 1re, 17 juill. 1996, n° 94-18.181 P. ♦ Toutefois, le notaire, qui a dressé un acte constitutif d'hypothèque et qui a requis l'inscription hypothécaire en exécution de cet acte, n'est pas tenu de procéder lui-même au renouvellement de cette inscription à moins qu'il n'ait reçu à cet effet un mandat spécial exprès ou tacite ou qu'il ne soit tenu envers son client d'un mandat général l'obligeant à une telle diligence. • Civ. 1re, 19 mai 1999, n° 96-22.460 P : *RCA 1999, n° 272.*

191. Commet une faute le notaire qui rédige un acte de prêt sans respecter la réglementation d'ordre public relative au délai légal de réflexion prévu à l'art. L. 312-10 C. consom. • Civ. 1re, 4 déc. 2001 : *RCA 2002, n° 106.*

192. La méconnaissance par le notaire de l'obligation, qui lui est imposée par l'art. 6 du décret du 8 mars 1978, de faire consigner une somme suffisante pour le paiement des frais, droits, débours et émoluments constitue une faute professionnelle engageant sa responsabilité. • Civ. 1re, 26 févr. 2002 : *RCA 2002, n° 176.*

193. Le notaire qui, en application de l'art. 20 de la loi du 10 juill. 1965, doit seulement donner avis au syndic d'un immeuble en copropriété de la mutation à titre onéreux d'un lot n'a pas cette obligation à l'égard du tiers subrogé dans les droits du syndicat des copropriétaires. • Civ. 3e, 3 mars 2004, n° 02-15.337 P.

194. Des débiteurs saisis n'ayant pas obtenu de sursis à l'exécution de la vente et le créancier, qui s'est présenté lors de l'adjudication, ayant demandé au notaire de procéder à cette adjudication, ce dernier ne pouvait décider de lui-même de surseoir à la vente, de sorte qu'il n'a pas engagé sa responsabilité, en dépit de l'annulation ultérieure de l'adjudication de l'immeuble et bien que les débiteurs n'aient pu récupérer celui-ci. • Civ. 2e, 9 juin 2005, n° 02-13.683.

B. MISE EN ŒUVRE DE LA RESPONSABILITÉ

195. La mise en jeu de la responsabilité des notaires n'est pas subordonnée à une poursuite préalable contre d'autres débiteurs. • Civ. 3e, 16 mai 1990, n° 88-15.077 P • Civ. 1re, 13 févr. 1996, n° 93-18.809 P.

196. Dol d'une partie. Ne tire pas les conséquences légales de ses constatations la cour d'appel qui, après avoir caractérisé la mauvaise foi d'une partie, responsable au premier chef de la nullité d'un bail consenti par acte notarié, condamne néanmoins le notaire à garantir cette partie de toutes condamnations prononcées contre elle et à réparer les préjudices qu'elle a subis. • Civ. 1re, 22 oct. 1996, n° 94-19.828 P. ♦ Le juge peut décider d'écarter tout recours en garantie ou en responsabilité contre le notaire, en dépit de la faute professionnelle commise par celui-ci, de la part du coresponsable qui s'est rendu coupable d'un dol. • Civ. 1re, 17 déc. 1996, n° 95-13.091 P : *RCA 1997, n° 132 ; Defrénois 1997. 343, obs. Aubert.* ♦ V. égal. : • Civ. 1re, 16 juin 1992, n° 89-17.305 P : *JCP N 1993. II. 280, note Dagorne-Labbe* • Civ. 1re, 16 janv. 2001, n° 98-15.048 P. ♦ Toutefois, si le juge peut rejeter le recours en garantie formé contre le notaire, il dispose également de la faculté de condamner l'officier public à une garantie partielle, dans une mesure qui relève de son pouvoir souverain d'appréciation. • Civ. 1re, 3 mars 1998, n° 95-20.637 P : *D. Affaires 1998. 572, obs. J. F. ; RCA 1998, n° 198 ; RTD civ. 1999. 90, obs. Mestre.* ♦ V. égal. : • Civ. 1re, 14 oct. 1997, n° 95-19.083 P : *RCA 1998, n° 371 ; JCP 1998. I. 144, n° 12, obs. Viney ; JCP N 1998. 1211, note Kuhn ; Defrénois 1998. 348, obs. Aubert.* ♦ Si le juge peut décider de dispenser le notaire, en dépit de la faute professionnelle qu'il a commise, de contribuer à la charge définitive de la réparation lorsque son coresponsable s'est rendu coupable d'un dol, il dispose également de la faculté de condamner l'officier public à une contribution partielle, dans une mesure qui relève de son pouvoir souverain d'appréciation. • Civ. 1re, 18 juin 2002, n° 99-17.122 P : *RCA 2002, n° 303 ; Defrénois 2002. 1630, obs. Aubert.*

197. Dol du notaire. Le dol commis par un notaire n'interdit pas à celui-ci d'invoquer la faute de la victime pour voir limiter sa responsabilité. • Civ. 1re, 1er mars 2005, n° 02-20.813 P.

198. Notion de préjudice indemnisable. La restitution à laquelle une partie est condamnée à la suite de l'annulation d'un contrat, ne constitue pas par elle-même un préjudice indemnisable. • Civ. 1re, 14 oct. 1997, n° 95-19.083 P • 16 janv. 2001, n° 98-15.048 P. ♦ Par suite, justifie légalement sa décision de rejeter la demande de dommages-intérêts formée par l'acquéreur, la cour d'appel qui relève que celui-ci ne démontre pas l'existence d'un préjudice distinct. • Civ. 1re, 25 nov. 1997, n° 96-10.207 P : *RCA 1998, n° 54.* ♦ Mais si la nullité d'un acte de vente n'entraîne pas pour l'acquéreur la perte du prix, et l'autorise au contraire à se le faire restituer par le vendeur, le notaire rédacteur de l'acte peut cependant, en cas d'insolvabilité de ce dernier, être tenu de garantir la restitution. • Civ. 1re, 1er juin 1999 : *préc. note 177.* ♦ Si la restitution du prix à laquelle le vendeur est condamné, par suite de l'annulation du contrat de vente, ne constitue pas en elle-même un préjudice indemnisable, tel n'est pas le cas lorsque cette restitution est devenue impossible du fait de l'insolvabilité démontrée du vendeur, de sorte que les acquéreurs, privés de la contrepartie de la restitution du bien vendu, justifient ainsi d'une perte subie équivalant au prix de la vente annulée. • Civ. 1re, 18 juin 2002, n° 99-17.122 P : *Defrénois 2002. 1630, obs. Aubert.*

199. Caractères du préjudice réparable. Seul est sujet à réparation le préjudice direct, actuel et certain. • Civ. 1re, 2 avr. 1997, n° 94-20.352 P : *RCA 1997, n° 236 ; Defrénois 1997. 754, obs. Aubert ; RTD civ. 1997. 665, obs. Jourdain* • 9 déc. 1997, n° 95-18.192 P.

200. Dès lors que seul le débiteur de la restitution du prix est tenu au paiement des intérêts de retard, encourt la cassation l'arrêt qui condamne le notaire rédacteur d'un acte de vente d'immeuble annulé à garantir le vendeur de la condamnation des intérêts légaux sur le prix de vente à compter de l'assignation. • Civ. 1re, 9 nov. 2004, n° 02-12.506 P.

201. N'a pas légalement justifié sa décision au regard de l'art. 1382 C. civ., la cour d'appel qui condamne un notaire, à raison de ses fautes commises dans l'inscription d'un nantissement au profit d'une caution sur le fonds de commerce d'un débiteur principal, à réparer le préjudice subi par cette caution, qui a dû payer les sommes dues par le débiteur mis en liquidation judiciaire, sans rechercher si la garantie hypothécaire, également prise au profit de la caution, n'était pas susceptible de permettre un apurement au moins partiel de la dette. • Civ. 1re, 2 avr. 1997 : *préc. note 199.* ♦ ... Et viole l'art. 1382 C. civ., la cour d'appel qui, pour condamner un notaire à indemniser le préjudice subi par une personne, se borne à relever que cette personne n'a pas à être contrainte à exercer un recours difficile et aléatoire à l'étranger pour recouvrer sa créance, recours qu'elle aurait pu éviter sans la faute du notaire, sans caractériser la perte définitive de la créance. • Civ. 1re, 9 déc. 1997 : *préc. note 199.* ♦ Ne caractérise pas l'élément de certitude la cour d'appel qui condamne un notaire à réparer l'intégralité du préjudice né de l'annulation de deux engagements de caution solidaires, sans rechercher si le créancier, bénéficiaire de ces engagements, avait perdu toute possibilité d'obtenir, en tout ou en partie, le règlement de sa créance en exécution des autres sûretés souscrites, dans le même acte, pour garantir le paiement de celle-ci. • Civ. 1re, 7 nov. 2000, n° 98-13.432 P : *RCA 2001, n° 47.* ♦ Le créancier hypothécaire qui s'est abstenu d'exercer son droit de suite sur le bien vendu ne justifie pas d'un préjudice certain à l'encontre du notaire qui a instrumenté la vente sans tenir compte de son inscription. • Civ. 1re, 28 sept. 2004, n° 02-11.288 P : *Defrénois 2005. 520, obs. Piedelièvre.* ♦ Encourt la cassation l'arrêt qui condamne un notaire ayant omis de mentionner une servitude dans un acte de vente à garantir le vendeur de la condamnation prononcée à son encontre au profit de l'acheteur sur le fondement de cette garantie sans relever l'existence d'un préjudice qui résulterait pour l'acquéreur de l'impossibilité d'obtenir tout remboursement. • Civ. 1re, 23 sept. 2003, n° 99-21.174 P : *Defrénois 2003. 1579, obs. Aubert ; RTD civ. 2004. 99, obs. Jourdain.*

202. En revanche, doit être cassé l'arrêt qui énonce que le demandeur ne peut obtenir réparation de son préjudice de la part du notaire sans avoir au préalable épuisé toutes les possibilités de contraindre son cocontractant à l'exécution de ses obligations, sans rechercher si l'exercice de voies d'exécution n'aurait pas été de toute façon inutile compte tenu de l'absence totale de ressources des débiteurs. • Civ. 1re, 4 mai 1999, n° 97-10.105 P : *RCA 1999, n° 229.*

203. L'existence d'autres voies de droit permettant à la victime de recouvrer ce qui lui est dû n'est pas de nature à priver le préjudice né de la faute du notaire de son caractère actuel et certain, lorsque ces voies de droit ne sont que la conséquence de la situation dommageable créée par ce dernier. • Civ. 1re, 2 oct. 2002, n° 99-14.656 P : *RCA 2003, n° 14.* ♦ Est certain le dommage subi par une personne par l'effet de la faute d'un professionnel, alors même que la victime disposerait, contre un tiers, d'une action consécutive à la situation dommageable née de cette faute et propre à assurer la réparation du préjudice. • Civ. 1re, 9 nov. 2004, n° 02-10.769 P : *D. 2005. IR 113*. ♦ La victime ne peut se voir imposer, à la suite de la faute commise par un notaire, l'exercice de voie de droit autre que celles qui avaient pu être initialement prévues. C'est donc à bon droit qu'une cour d'appel a retenu le caractère certain du préjudice subi par une banque, en relation causale avec cette faute, nonobstant l'existence d'une procédure collective ouverte à l'encontre du débiteur principal. • Civ. 1re, 19 déc. 2000, n° 98-14.105 P.

204. Perte d'une chance. La perte d'une chance ne peut être indemnisée si elle n'a pas été préalablement caractérisée. N'a pas légalement justifié sa décision une cour d'appel qui énonce que, si le manque à gagner subi par un locataire est trop hypothétique pour le retenir comme chef de préjudice, il convient toutefois d'indemniser forfaitairement la perte certaine d'une chance équitablement évaluée à la somme de 50 000 F. • Civ. 1re, 22 oct. 1996, n° 94-19.828 P. ♦ Un notaire ayant omis de procéder en temps utile au renouvellement d'une inscription hypothécaire, c'est dans l'exercice de son pouvoir souverain d'appréciation qu'une cour d'appel, qui a évalué un préjudice résultant de la perte d'une chance, n'a alloué à la victime qu'une indemnité égale à 25 % de la valeur des immeubles. • Civ. 1re, 17 juill. 1996, n° 94-18.181 P. ♦ Constitue un préjudice entièrement consommé, et non la perte d'une chance, le fait pour un notaire d'avoir, par son concours à une donation déguisée en méconnaissance des dispositions fiscales, exposé les héritiers de la donatrice au paiement d'un redressement et d'intérêts de retard, la donatrice n'ayant pas été informée des solutions fiscales régulières au regard de son intention libérale non contestée. • Civ. 1re, 9 déc. 2010 : *D. actu. 7 janv. 2011, obs. Rabu ; D. 2011. Actu. 12 ; AJ fam. 2011. 115, obs. Vernières ; RLDC 2011/79, n° 4125, obs. Le Nestour-Drelon.* ♦ L'évaluation du préjudice commande de prendre en compte l'incidence financière des solutions fiscales licitement envisageables. • Même arrêt.

205. Lien de causalité. L'inscription provisoire d'une hypothèque étant devenue caduque, le créancier ne bénéficiait dès lors d'aucune sûreté sur l'immeuble, en sorte que le préjudice qu'il invoquait était dépourvu de lien de causalité avec la faute commise par le notaire qui s'était dessaisi entre les mains du vendeur du solde du prix de vente. • Civ. 1re, 27 mai 2003, n° 99-17.602 P : *Defrénois 2004. 307, obs. Piedelièvre.*

206. Société titulaire d'un office notarial. La société titulaire d'un office notarial est solidairement responsable avec le notaire associé des conséquences dommageables de ses actes, quels que soient les changements intervenus par la suite dans sa composition. • Civ. 3e, 24 avr. 2003, n° 01-12.658 P.

207. Caisse régionale de garantie. Aux termes de l'art. 11 du décret du 20 mai 1955 et de l'art. 23 du décret du 29 févr. 1956, dans chaque ressort de cour d'appel, une caisse commune garantit la responsabilité des notaires à l'égard de leur clientèle et les sommes payées donnent lieu à recours sur le notaire défaillant. Viole ces textes la cour d'appel qui condamne la caisse régionale de garantie des notaires à relever et garantir un notaire des condamnations prononcées contre lui. • Civ. 3e, 8 juin 1995, n° 92-19.894 P.

208. Les formalités édictées par l'art. 12 du décret du 20 mai 1955 pour faire la preuve de la défaillance du notaire n'excluent pas les modes de preuve du droit commun. • Civ. 1re, 30 janv. 2001, n° 98-19.733 P : *RCA 2001, n° 119; Defrénois 2001. 724, obs. Aubert.*

209. La Caisse de garantie des notaires n'a pas à garantir le remboursement de fonds qui, provenant de diverses ventes d'immeubles, ont été laissés à la disposition du notaire à titre de prêts personnels dès lors que, selon l'appréciation souveraine des juges du fond, les clients, en consentant de tels prêts, matérialisés par des reçus irréguliers, savaient que ces opérations et celles qu'elles étaient destinées à financer sortaient de l'exercice normal des fonctions notariales de l'intéressé. • Civ. 1re, 4 oct. 2000, n° 97-21.767 P : *RCA 2000, n° 368.*

210. Lorsqu'une caisse régionale de garantie exerce son recours contre le notaire dont elle a indemnisé les victimes, il appartient à ce dernier de rapporter la preuve que les versements effectués par la caisse étaient, en tout ou partie, injustifiés. • Civ. 1re, 13 oct. 1999, n° 97-13.247 P.

211. Il résulte des dispositions des art. 3, 13, 14, 19 et 24 du décret du 12 août 1974 que la Caisse de garantie des notaires n'est investie d'aucun pouvoir d'initiative en matière d'inspection des études, de sorte que sa responsabilité ne peut être recherchée du chef du défaut d'une telle initiative. • Civ. 1re, 30 janv. 2001 : ♁ *préc. note 208.*

IV. PROFESSIONNELS DE L'IMMOBILIER

V. C. **baux**, jurisprudence ss. L. n° 70-9 du 2 janv. 1970, art. 6 (mandat) et 18 (responsabilité civile professionnelle).

A. AGENT IMMOBILIER

212. Mandat de gestion immobilière. La preuve de l'existence et de l'étendue du mandat de gestion immobilière délivré à un professionnel ne peut être rapportée que par écrit. • Civ. 1re, 20 déc. 2000 : ♁ *RCA 2001, n° 116 (2e esp.).*

213. Nature de la responsabilité. La responsabilité de l'agent immobilier pour les dommages subis par toutes les personnes parties à une opération dont l'échec est imputable à ses fautes professionnelles a un fondement contractuel à l'égard de ses clients, et délictuel à l'égard des autres parties. • Civ. 1re, 16 déc. 1992, ♁ n° 90-18.151 P : *RCA 1993, n° 86.* ♦ Le mandat de vendre donné par le propriétaire à une agence immobilière n'établit un rapport contractuel qu'entre ces deux personnes, et viole l'art. 1184 C. civ. par fausse application, la cour d'appel qui, pour condamner l'agent immobilier à payer une partie du coût des vices apparents à l'acquéreur, retient sa responsabilité sur le fondement de l'art. 1184 C. civ. • Civ. 1re, 2 mai 2001, ♁ n° 98-14.983.

1° DEVOIR DE CONSEIL

214. Principe. Dans le cadre de son mandat d'entremise, l'agent immobilier est tenu d'une obligation de conseil. • Civ. 1re, 3 janv. 1985 : *Bull. civ. I, n° 1.* ♦ L'agent immobilier est tenu d'une obligation de renseignement et de conseil vis-à-vis de son mandant. • Civ. 1re, 30 oct. 1985 : *Bull. civ. I, n° 277.* ♦ L'agent immobilier est tenu d'une obligation de conseil à l'occasion des opérations réalisées par son entremise et cette obligation, qui est de moyens, doit s'apprécier en fonction des circonstances de la cause, et, en particulier, de la volonté, de la situation et des connaissances des parties. • Civ. 1re, 10 févr. 1987 : *Bull. civ. I, n° 43.*

215. Le mandat conféré à un agent immobilier s'étant exécuté pendant une période au cours de laquelle fut promulguée la loi du 18 déc. 1996, il en résultait qu'était survenu un élément nouveau susceptible de modifier les conditions de la vente dont l'agent immobilier était obligé d'informer son mandant. • Civ. 1re, 21 juin 2005, ♁ n° 02-18.898.

216. Applications. S'agissant de la vente d'un terrain à bâtir, l'obligation de conseil implique la vérification du caractère constructible du terrain. • Civ. 1re, 3 janv. 1985 : *préc. note 214.* ♦ L'agent immobilier doit, notamment, donner à son mandant des informations loyales sur la valeur du bien mis en vente, lorsqu'il apparaît que le prix demandé est manifestement sous-évalué sans raison. • Civ. 1re, 30 oct. 1985 : *préc. note 214.* ♦ ... Des informations sur la disponibilité des fonds nécessaires à la réalisation effective de l'opération. • Civ. 1re, 10 févr. 1987 : *préc. note 214.* ♦ Commet une faute l'agent immobilier qui, mandataire du vendeur et de l'acquéreur, lequel, concomitamment à la signature de l'acte de vente, lui avait donné mandat de vendre son propre appartement, s'abstient de conseiller à ce dernier, pour qui les deux opérations étaient liées, d'insérer, dans son engagement d'achat à terme, une condition suspensive relative à la vente de son propre bien, et au moins de s'assurer qu'il disposerait en temps utile des fonds nécessaires à l'acquisition. • Civ. 1re, 15 juill. 1999, ♁ n° 97-18.984 P : *RCA 1999, n° 329.*

217. L'agent immobilier est tenu d'informer l'acheteur de l'immeuble vendu par son entremise de l'existence des désordres apparents qui affectent celui-ci et qu'en sa qualité de professionnel de l'immobilier il ne peut ignorer. • Civ. 1re, 18 avr. 1989 : *Bull. civ. I, n° 150 ; RCA 1989, n° 224 ; ibid., Chron. 18, note Groutel.* ♦ Sur renvoi, • Paris, 14 févr. 1990 : *RCA 1990, n° 331.* ♦ ... En sa qualité de professionnel, de vérifier au besoin avec l'assistance d'un tiers que l'immeuble vendu par ses soins est conforme à la description qui en a été faite aux acquéreurs. • Civ. 1re, 29 nov. 2005 : ♁ *RCA 2006, n° 56, note Groutel.*

218. Toutefois, le manquement au devoir de conseil n'est pas établi, dès lors que les désordres causés par des insectes xylophages à la charpente d'une maison n'étaient pas apparents au moment de la vente et que la preuve n'est pas rapportée que l'agent immobilier avait eu connaissance du vice caché. • Civ. 1re, 20 déc. 2000, ♁ n° 98-20.765 P : *RCA 2001, n° 149 ; ibid., Chron. 11, note Agard.* ♦ Conf. : • Civ. 1re, 16 janv. 2007 : ♁ *RCA 2007, n° 120, note Groutel.* ♦ De même, la présence non révélée de termites ne constitue pas un vice caché dès lors que l'acquéreur, qui doit faire preuve d'une prudence élémentaire, avait été informé par l'agent immobilier d'une infestation de capricornes dans la charpente et avait reçu le conseil de prendre l'avis d'un spécialiste. • Civ. 3e, 26 févr. 2003, ♁ n° 01-12.750 P : *RCA 2003, n° 134.*

219. La faute du négociateur immobilier qui manquant à son obligation de conseil et de diligence n'a pas relevé l'absence d'autorisation de l'assemblée générale des copropriétaires à l'exécution de travaux et n'a pas décelé le caractère erroné des mentions relatives à la désignation des biens, est en relation de causalité avec le préjudice subi par les acquéreurs. • Civ. 1re, 13 nov. 1997, ♁ n° 95-20.123 P.

2° OBLIGATIONS DIVERSES

a. Vente

220. En sa qualité de professionnel de la cession de fonds de commerce, une société était dans l'obligation de s'enquérir, avant de rédiger son acte, des conditions financières dans lesquelles l'acquéreur envisageait de réaliser son offre d'achat afin d'assurer l'efficacité de l'acte. • Civ. 1re, 5 mars 2002 : *RCA 2002, no 200.* ♦ Le négociateur d'une cession de fonds de commerce doit, en principe, s'assurer de la solvabilité de l'acquéreur, et il ne peut se dégager de cette obligation au prétexte que les acquéreurs ayant eu recours à des organismes de crédit, leur solvabilité devait être présumée. • Civ. 1re, 19 janv. 1988 : *Bull. civ. I, no 9.* ♦ Manque à son devoir de conseil et remplit imparfaitement sa mission, l'agent immobilier qui n'informe pas les acquéreurs d'un fonds de commerce de l'absence de droit au renouvellement du bail en raison de sa date d'expiration. • Civ. 1re, 11 juin 2002, no 99-21.147.

221. L'agent immobilier est tenu, en sa qualité de professionnel, de vérifier, notamment par la consultation du titre de propriété, si l'immeuble que le vendeur l'a chargé de vendre peut être affecté à l'usage auquel l'acheteur le destine, sous peine d'engager sa responsabilité délictuelle vis-à-vis de celui-ci. • Civ. 1re, 26 mars 1996, no 94-12.228 P : *D. 1996. IR 113 ; RCA 1996, no 226.*

222. Implique un manquement à la bonne foi et à l'honnêteté, le fait par un agent immobilier de ne pas déclarer les charges affectant des terrains vendus, à l'occasion de deux ventes de ceux-ci consenties par lui. • Civ. 1re, 26 févr. 1991, no 88-14.676 P. ♦ *Adde :* • Civ. 1re, 3 janv. 1985 : *préc. note 214* • 30 oct. 1985 : *préc. note 214* • 10 févr. 1987 : *préc. note 214.*

b. Gestion

223. L'agent immobilier auquel est confiée la gérance d'un appartement est tenu, en tant que mandataire salarié, de s'assurer par des vérifications sérieuses de la solvabilité réelle du preneur. • Civ. 1re, 28 mars 1984 : *Bull. civ. I, no 118* • 11 févr. 1992 : *RCA 1992, no 187.*

224. La faute commise par l'agence immobilière pour n'avoir pas réclamé aux locataires l'attestation d'assurance exigée tant par le bail que par l'art. 7 de la loi du 6 juill. 1989, était à l'origine d'une perte de chance de récupérer le complément du préjudice que leur assureur n'avait pas pris en charge, et c'est dans l'exercice de son pouvoir souverain que la cour d'appel a évalué la chance perdue à la moitié de ce préjudice. • Civ. 2e, 13 oct. 2005 : *RCA 2005, no 367, note Groutel ; D. 2005. IR 2768.* ♦ Cassation, pour violation des art. L. 121-12 C. assur. et 1147 C. civ., d'une décision ayant déclaré irrecevable le recours de l'assureur du bailleur contre l'agent immobilier. • Même arrêt. ♦ En revanche, eu égard au caractère saisonnier de la location, le mandataire du propriétaire d'un immeuble, chargé de le louer, n'est pas tenu d'exiger du locataire la production d'une attestation d'assurance couvrant la responsabilité locative de celui-ci et satisfait à ses obligations dès lors qu'il a conseillé au propriétaire de contracter une assurance pour son propre compte. • Civ. 1re, 23 févr. 1994, no 92-12.018 P.

225. L'agent immobilier, qui n'a qu'un mandat général de gestion, excède ses pouvoirs en renouvelant des baux commerciaux sans en informer sa mandante. • Civ. 1re, 20 nov. 2001 : *RCA 2002, no 100.*

c. Actes

226. Principe. L'intermédiaire professionnel, négociateur et rédacteur d'un acte, est tenu de s'assurer que se trouvent réunies toutes les conditions nécessaires à l'efficacité juridique de la convention. • Civ. 1re, 17 janv. 1995, no 92-21.193 P : *D. 1995. IR 48 ; RCA 1995, no 101.* ♦ L'intermédiaire professionnel, qui prête son concours à la rédaction d'un acte, après avoir été mandaté par l'une des parties, est tenu de s'assurer que se trouvent réunies toutes les conditions nécessaires à l'efficacité juridique de la convention, même à l'égard de l'autre partie. • Civ. 1re, 25 nov. 1997, no 96-12.325 P : *D. 1998. IR 2 ; RCA 1998, no 52.*

227. Applications. En ne s'assurant pas du consentement du bailleur, un agent immobilier a proposé à la signature des parties un acte de cession de bail commercial privé de tout effet, manquant ainsi à ses obligations de façon totale et définitive, de telle sorte que le cessionnaire n'a pu bénéficier de cette cession et a été contraint de conclure un nouveau bail à des conditions différentes. • Civ. 1re, 17 janv. 1995 : *préc. note 226.* ♦ Cassation, pour violation de l'art. 1382 C. civ., de l'arrêt qui, sur l'action du propriétaire d'un fonds de commerce dont la vente a été résolue à la suite du non-paiement du chèque tiré par l'acquéreur, exonère de toute responsabilité l'agent immobilier qui a reçu un mandat de rechercher un fonds de commerce aux fins d'acquisition par les candidats acquéreurs. • Civ. 1re, 25 nov. 1997 : *préc. note 226.* ♦ La qualité de mandataire, professionnel de l'immobilier, interdisait à l'agent de tromper, volontairement ou non, le cocontractant de sa mandante, en insérant ou en laissant subsister dans l'acte une clause nulle, génératrice d'un préjudice. • Civ. 1re, 7 avr. 1999 : *RCA 1999, no 223.*

3o EXONÉRATION

228. Imprudence ou négligence du client. Le manquement du professionnel à son obligation de conseil et d'information ne dispense pas le client de tout devoir de prudence et de diligence. • Civ. 1re, 25 mars 2003 : *RCA 2003, no 179.* ♦ Justifie légalement sa décision, la cour d'appel qui relève que le client avait lui-même commis une imprudence surprenante de la part d'un professionnel averti, de sorte que la faute de l'agent immobilier n'avait pas été la cause exclusive de son dommage, en décidant qu'il avait concouru pour partie à la réalisation de son préjudice. • Même arrêt. ♦ La gravité de la faute de l'agent immobilier était réduite par l'imprudence commise par le mandant qui avait signé le bail en sachant que la caution ne s'était pas engagée. • Civ. 1re, 29 janv. 2002, n° 99-15425.

229. Ayant constaté qu'une personne, après avoir signé un compromis de vente d'une maison à usage d'habitation sous la condition suspensive de l'obtention par elle d'un ou plusieurs prêts, n'avait pas rempli l'obligation contractuelle qui pesait sur elle de fournir à son mandataire les pièces nécessaires à la constitution des dossiers de prêts, justifie légalement sa décision une cour d'appel, qui a relevé que la mandante avait agi ainsi parce qu'elle ne souhaitait pas la mise en œuvre du financement, ce qui excluait la faute de l'agent immobilier. • Civ. 1re, 3 juin 2003, n° 01-01.282.

230. Dol du client. Le juge du fond peut décider d'écarter tout recours en garantie ou en responsabilité contre l'agent immobilier, en dépit de la faute commise par celui-ci, de la part du contractant qui s'est rendu coupable de dol. • Civ. 1re, 20 oct. 1998, n° 96-18.270 P : *RCA 1998, n° 388.* ♦ Mais la circonstance que le vendeur ait commis une dissimulation ne peut exonérer ce négociateur professionnel de sa faute et faire obstacle à la recherche de sa responsabilité. • Civ. 1re, 13 nov. 1997 : *préc. note 219.*

231. Faute d'un tiers. La responsabilité de l'agent immobilier n'est pas effacée par les fautes du notaire qui a concouru à la réalisation du dommage. • Civ. 1re, 16 déc. 1992, n° 90-18.151 P : *RCA 1993, n° 86.* ♦ L'agent immobilier est irrecevable, nonobstant la faute légère qui peut être reprochée à l'officier public, à demander à être garanti par lui de sa propre faute lourde. • Civ. 1re, 26 févr. 1991, n° 88-14.676 P.

B. SYNDIC DE COPROPRIÉTÉ

V. **C. copr.**, jurisprudence citée ss. L. n° 65-557 du 10 juill. 1965, art. 13 (responsabilité vis-à-vis du tiers), 18 (assurance obligatoire, responsabilité du syndic), 29 (fixation des honoraires du syndic), 31 (embauche du personnel).

V. égal. C. assur., art. L. 215-2 à L. 215-4.

232. Étendue de la responsabilité. Le syndic, investi du pouvoir d'administrer et conserver l'immeuble en copropriété, est responsable, à l'égard de chaque copropriétaire, des fautes commises dans l'exercice de sa mission. • Civ. 3e, 6 mars 1991, n° 89-18.758 P : *RCA 1991, n° 218.* ♦... Sur le fondement quasi délictuel. • Civ. 3e, 25 janv. 1994 : *D. 1994. Somm. 207, obs. Capoulade.*

233. Syndic personne morale. Ne donne pas de base légale à sa décision au regard de l'art. 52 de la loi du 24 juill. 1966, la cour d'appel qui condamne la gérante d'une société à responsabilité limitée, syndic d'un immeuble solidairement avec cette société à réparer le préjudice subi par des copropriétaires, sans rechercher si les fautes commises par cette gérante étaient détachables de ses fonctions. • Civ. 3e, 4 avr. 2001, n° 99-17.731 P.

234. Assurance de la copropriété. Un arrêt a retenu à bon droit que la souscription des contrats d'assurance garantissant l'immeuble ou la responsabilité civile du syndicat constitue un acte d'administration normale du syndic qui, chargé, aux termes de l'art. 18 de la loi du 10 juill. 1965, d'administrer l'immeuble, doit veiller à ce que la responsabilité du syndicat soit couverte dans les diverses hypothèses normalement prévisibles. • Civ. 3e, 8 juin 1982 : *D. 1983. IR 457, obs. Giverdon.* ♦ Commet une faute le syndic qui s'abstient de proposer à l'assemblée générale la souscription d'une assurance « dommage-ouvrage » à l'occasion de travaux de ravalement. • Civ. 3e, 25 janv. 1994 : *préc. note 232.* ♦ Le syndic ayant eu l'obligation, aux termes du règlement de copropriété, de tenir l'immeuble toujours régulièrement assuré contre l'incendie et l'obligation légale de veiller à son administration et à sa conservation, une cour d'appel, qui a constaté que l'immeuble n'était pas assuré depuis oct. 1981, et que les copropriétaires avaient supporté intégralement le coût de sa réfection après un incendie du 2 mars 1984, ne pouvait débouter le syndicat des copropriétaires de son action en responsabilité. • Civ. 3e, 20 juill. 1994 : *RCA 1994, n° 384.*

235. Embauche de personnel. L'assemblée générale des copropriétaires a seule qualité pour fixer le nombre et la catégorie des emplois du personnel du syndicat ; cassation, pour violation de l'art. 31, al. 2, du Décr. n° 67-223 du 17 mars 1967, de l'arrêt qui déboute un copropriétaire de son action en responsabilité dirigée contre le syndic qui a embauché deux gardiens et un employé d'entretien à des conditions de rémunération supérieures à celles prévues par la convention collective, sans avoir fait déterminer au préalable par l'assemblée générale le nombre de personnes à recruter et la catégorie des emplois à leur confier. • Civ. 3e, 26 mai 1994 : *D. 1996. Somm. 165, obs. Giverdon.*

236. Fautes diverses. Un syndic peut être condamné à indemniser un syndicat de copropriétaires du coût de la surconsommation d'eau pendant la période où il n'est pas intervenu, alors qu'ayant été informé de cette surconsommation, il aurait pu la faire cesser. • Civ. 3e, 8 févr. 1995, n° 92-22.124 P : *RCA 1995, n° 180.*

237. Un tribunal, qui relève que le local litigieux était encore démuni de serrure en 1993 en dépit de la décision adoptée par l'assemblée générale en 1992 de remplacer la serrure et que le vol de bicyclettes, pourtant munies d'un dispositif de sécurité, avait été commis sans trace d'effraction, retient exactement que la négligence du syndic de s'assurer, comme il y était légalement tenu, de l'exécution d'une décision de l'assemblée générale, est constitutive d'une faute personnelle, même si cette assemblée générale a chargé un membre du conseil syndical de faire le nécessaire, et a caractérisé le lien de causalité existant entre cette faute et le préjudice matériel. • Civ. 3e, 4 oct. 1995 : D. 1998. Somm. 274, obs. Capoulade.

238. Le syndic n'ayant pas conclu une convention préalable d'honoraires portant sur le paiement d'honoraires de résultat ayant un caractère facultatif, en acceptant de son propre chef de payer la facture dans ces conditions, il avait commis une faute dont il devait répondre des conséquences, à savoir le préjudice correspondant au paiement de la partie d'une somme à laquelle le syndicat des copropriétaires n'était en réalité pas tenu. • Civ. 3e, 12 juin 2002, nº 01-00.856.

239. Commet une faute le syndic qui calcule le montant des charges d'un copropriétaire selon une répartition autre que celle qui aurait dû s'appliquer. • Civ. 3e, 21 juin 2000, nº 98-18.488.

240. Fixation des honoraires du syndic. Commet des fautes indiscutables et particulièrement inexcusables de la part d'un professionnel le syndic de copropriété qui viole les règles applicables en matière de gestion d'une copropriété en fixant unilatéralement ses honoraires et en décidant du règlement de ceux-ci au mépris des dispositions de l'art. 29 du Décr. nº 67-223 du 17 mars 1967, alors surtout qu'il était le seul à être au courant de l'aspect débiteur du compte de copropriété. • Paris, 29 sept. 1992 : D. 1992. IR 272.

241. Mandat d'agir en justice. Faute du syndic qui ayant, avant l'expiration du délai de garantie décennale, reçu mandat d'agir en justice, n'a pas permis, par manque de diligence que ledit délai soit interrompu. • Civ. 3e, 5 oct. 1994, nº 92-19.769 P : *D. 1997. Somm. 250, obs. Capoulade ; RCA 1995, nº 62.*

242. Responsabilité envers les tiers. Ayant constaté qu'un syndic de copropriété qui, sans faire état de cette qualité, a commandé des travaux pour le compte de ses mandants et n'a émis aucune protestation à la réception des factures et de la mise en demeure, une cour d'appel justifie légalement sa décision, en retenant que l'entrepreneur a pu légitimement croire que ce syndic, concerné par deux factures portant sur des travaux exécutés dans ses locaux, s'était engagé personnellement et qu'il avait, à défaut d'avoir informé suffisamment son cocontractant, commis une faute engageant sa responsabilité. • Civ. 3e, 9 nov. 1994 : *D. 1997. Somm. 249, obs. Capoulade.*

243. Commet une faute à l'égard d'une entreprise le syndic de copropriété qui lui passe une commande de travaux d'un montant important, sans avoir préalablement recueilli les fonds nécessaires, alors qu'il connaissait la situation financière obérée du syndicat de copropriété. • Civ. 3e, 16 mai 2001, nº 99-19.838 P : *D. 2001. 2706, note Atias ; RCA 2001, nº 270.*

244. Travaux. Lorsqu'en cas d'urgence, le syndic fait procéder, de sa propre initiative, à l'exécution de travaux nécessaires à la sauvegarde de l'immeuble, il en informe les copropriétaires et convoque immédiatement une assemblée générale. • Civ. 3e, 20 janv. 1999, nº 97-16.735 P. ♦ Il incombe au syndic, s'agissant du chauffage et compte tenu de la nature des travaux à entreprendre sur les parties communes de les faire exécuter éventuellement, en raison de l'urgence, sans attendre l'autorisation de l'assemblée générale des copropriétaires. • Paris, 18 nov. 1999 : *D. 2000. Somm. 211, obs. Atias.* ♦ Mais viole l'art. 37, al. 1er, du décret du 17 mars 1967 le jugement qui condamne un copropriétaire au paiement de sa quote-part des dépenses engagées à l'initiative du syndic pour l'exécution de travaux urgents nécessaires à la sauvegarde de l'immeuble, en l'absence de toute convocation de l'assemblée générale des copropriétaires. • Civ. 3e, 20 janv. 1999, nº 97-16.735 P. ♦ Justifie sa décision le tribunal qui, pour condamner le syndic de copropriété à des dommages-intérêts, relève que les travaux réalisés par lui sans l'autorisation de l'assemblée générale n'étaient ni urgents, ni nécessaires à la sauvegarde de l'immeuble. • Civ. 3e, 3 juin 1987 : *Bull. civ. III, nº 115.* ♦ N'a pas donné de base légale à sa décision, la cour d'appel qui, pour débouter le syndicat des copropriétaires de sa demande contre le syndic et l'assureur de ce dernier, que, malgré l'absence de vote préalable par l'assemblée générale des travaux exécutés par une entreprise, c'est avec raison que le syndic s'est prévalu de leur exécution en urgence, ces travaux qui nécessitaient l'emploi d'un échafaudage devant être, dans l'intérêt de la copropriété, effectués en même temps que d'autres travaux régulièrement votés nécessitant un tel emploi, sans rechercher si les travaux litigieux étaient nécessaires à la sauvegarde de l'immeuble. • Civ. 3e, 14 juin 2000, nº 98-21.561.

245. La commande d'une étude rémunérée à un architecte n'est pas un acte de gestion courante de l'immeuble relatif à sa conservation, à sa garde et à son entretien que le syndic peut accomplir sans autorisation de l'assemblée générale des copropriétaires. • Civ. 3e, 15 mai 2002, nº 00-19.467 P.

246. Le syndic de la copropriété, spécialement lorsqu'il s'agit d'un professionnel de l'immobilier, manque à son devoir de conseil en faisant voter par l'assemblée générale de très importants travaux dont le financement devait être assuré par un système imprudent et illusoire. • Paris, 16 oct. 1992 : *D. 1994. Somm. 207, obs. Bouyeure.* ♦ Commet une imprudence le syndic qui passe à une entreprise l'ordre d'exécuter les travaux alors qu'il ne dispose pas des fonds suffisants. • Même arrêt.

247. Ne tire pas les conséquences légales de ses propres constatations et viole l'art. 18, al. 2, de la loi du 10 juill. 1965, la cour d'appel qui déclare un syndic responsable avec le syndicat des copropriétaires des préjudices subis par des copropriétaires du fait de désordres affectant le gros œuvre de l'immeuble en copropriété, ce syndic n'ayant pas fait procéder de sa propre initiative, dans un cas d'urgence, à l'exécution des travaux nécessaires à la sauvegarde de l'immeuble tout en constatant que l'assemblée générale des copropriétaires avait refusé l'exécution desdits travaux. • Civ. 3e, 6 févr. 2002, nº 00-17.324 P.

248. Troubles de jouissance. Le propriétaire d'un appartement au rez-de-chaussée d'un immeuble en copropriété ayant demandé au syndic de faire cesser les troubles de jouissance résultant du stationnement de véhicules sur le trottoir d'une voie privée de la copropriété et des bruits d'allée et venue la nuit, a légalement justifié sa décision de déclarer le syndic responsable, le tribunal qui a retenu que celui-ci n'avait pas indiqué les moyens qu'il entendait mettre en œuvre pour faire respecter le règlement et n'avait pris aucune initiative à cette fin, laissant par sa carence se perpétuer le trouble. • Civ. 3e, 21 déc. 1988 : *RCA 1989, nº 116.* ♦ En présence de nombreuses infractions au règlement de copropriété, consistant de la part de divers occupants de l'immeuble en un encombrement des parties communes et en des atteintes à l'ordre, à la propreté, à la salubrité et à la sécurité de l'immeuble, une cour d'appel peut condamner solidairement le syndicat des copropriétaires et son syndic, à titre personnel, à réparer le préjudice subi par un copropriétaire, le syndic, pour sa part n'ayant pas adressé de mises en demeure ou d'injonctions aux contrevenants. • Civ. 3e, 8 mars 1995, nº 93-13.742 P : *D. 1998. Somm. 275, obs. Capoulade ; RCA 1995, nº 179.*

C. ADMINISTRATEUR DE BIENS

V. **C. baux**, jurisprudence citée ss. L. nº 70-9 du 2 janv. 1970, art. 18, et ss. L. nº 89-462 du 6 juill. 1989, art. 7.

249. Locataire non assuré. Viole l'art. 1382 C. civ. l'arrêt qui rejette la demande de l'assureur de la copropriété ayant indemnisé celle-ci à la suite d'une explosion de gaz survenue dans l'appartement du locataire, non assuré, de l'un des copropriétaires, alors qu'il ressortait des constatations de l'arrêt qu'en l'état ledit locataire n'avait pas encore exécuté la condamnation prononcée contre lui et que l'administrateur avait, par sa faute, privé la copropriété de la garantie des risques locatifs. • Civ. 1re, 9 nov. 1993 : *RCA 1994, nº 191 (1re esp.) ; ibid., Chron. 12, note Groutel.*

250. Retenant qu'un administrateur de biens a, en cette qualité, l'obligation de vérifier l'accomplissement des obligations imposées au locataire, en particulier la souscription, par ce dernier, d'une assurance couvrant les dommages pouvant résulter de l'occupation de l'appartement, une cour d'appel en déduit exactement qu'à défaut, l'administrateur, dans l'exécution de ses obligations contractuelles, commet une faute de nature à engager sa responsabilité délictuelle en raison des dommages qui en résultent pour les tiers. • Civ. 2e, 4 oct. 1995, nº 93-11.287 P : *D. 1995. IR 223 ; RCA 1996, nº 54 et Chron. 8, note Groutel.* ♦ Mais, jugé dans la même affaire, que la réparation de la perte de chance doit être mesurée à la chance perdue et ne peut être égale à l'avantage qu'aurait procuré cette chance si elle s'était réalisée, et qu'une cour d'appel a violé l'art. 1382 C. civ. en retenant que la perte de chance subie par une compagnie d'assurances et les copropriétaires du fait de la négligence de l'administrateur de biens justifie une réparation équivalente à celle des dommages que ceux-ci ont eu à déplorer. • Civ. 3e, 19 avr. 2000 : *RCA 2000, nº 234, note Groutel.*

251. Viole à la fois l'art. L. 121-12 C. assur. et l'art. 1382 C. civ. la cour d'appel qui déclare irrecevable l'action en dommages-intérêts exercée contre l'administrateur de biens d'un immeuble par l'assureur du propriétaire de cet immeuble donné à bail, l'ayant indemnisé des dommages causés à la suite d'un incendie, au motif que la faute commise par cet administrateur pour avoir omis de vérifier la souscription d'une assurance garantissant les risques locatifs ne permet pas de le considérer comme un tiers responsable de l'incendie, alors que celui-ci avait, par sa faute, privé le propriétaire de la garantie des risques locatifs. • Civ. 1re, 13 mai 1997, nº 95-18.194 P : *D. 1997. IR 97 ; RCA 1997, nº 270 ; ibid., Chron. 20, note Groutel.*

252. Par analogie, la situation de l'administrateur de biens étant semblable à celle de l'agent immobilier : viole les art. L. 121-12 C. assur. et 1147 C. civ., la cour d'appel qui, pour déclarer irrecevable la demande de l'assureur du propriétaire, énonce que le défaut de vérification de la souscription d'une assurance par le locataire ne permet pas de considérer l'agence immobilière comme un tiers responsable du sinistre au sens de l'art. L. 121-12, alors qu'il résultait de ses constatations que la société mandataire des propriétaires de l'immeuble incendié les avait, par sa faute, privés de la garantie des risques locatifs. • Civ. 2e, 13 oct. 2005 : *RCA 2005, nº 367, note Groutel ; D. 2005. IR 2768 .*

253. Étendue des fonctions. L'administrateur de biens qui a un mandat limité à la perception des loyers n'est pas investi d'un mandat d'administration générale avec pouvoir d'assurer l'entretien et la sauvegarde des locaux loués, à défaut de documents établissant le règlement des factures, la correspondance avec les locataires et les services administratifs, ou des prestations de service, desquels il résulterait que l'administrateur procédait à des actes de gestion susceptibles d'engager sa responsabilité. • Paris, 6 déc. 1989 : *D. 1990. IR 5.*

254. Applications diverses. Commet une faute l'administrateur de biens qui se méprend sur la portée et la durée de l'engagement d'une caution. • TGI Paris, 27 sept. 2000 : *RCA 2001, n° 115.*

D. GARANTIES

V. **C. baux**, jurisprudence citée ss. Décr. n° 72-678 du 20 juill. 1972, art. 19 (garant), art. 29, 38, 39, 42 (détermination de la garantie), 44 s. (cessation de la garantie) et 49 (assurance de responsabilité professionnelle).

1° GARANTIE FINANCIÈRE

255. Conditions. Il résulte des art. 3 de la loi du 2 janv. 1970 et 39 du décret du 20 juill. 1972, que la garantie financière exigée des personnes exerçant des activités relatives à certaines opérations portant sur les immeubles et les fonds de commerce s'applique à toute créance ayant pour origine un versement ou une remise effectué à l'occasion de l'une de ces opérations et que cette garantie joue sur les seules justifications que la créance soit certaine liquide et exigible et que la personne garantie soit défaillante. • Civ. 1re, 21 oct. 2003, n° 00-14.659 P. ♦ Ayant constaté que la vente authentifiée par une SCP notariale constituait une opération au sens de l'art. 1er de la loi du 2 janv. 1970 et entrait dans le champ de garantie accordée par la Société de caution mutuelle des professions immobilières et foncières (SOCAF), que les chèques reçus de l'acquéreur par l'agent immobilier n'avaient pu être payés faute de provision et que la créance était certaine, liquide et exigible, une cour d'appel a, à bon droit, décidé que la SOCAF était débitrice de sa garantie. • Même arrêt. ♦ Viole les art. 3 de la loi du 2 janv. 1970 et 39 du décret du 20 juill. 1972, la cour d'appel qui, pour débouter la Caisse des dépôts et consignations (CDC) de sa demande de garantie formée contre la FNAIM, retient que la garantie financière est réservée aux seuls mandants du professionnel de l'immobilier, à l'exclusion de tous autres, alors que la créance invoquée par la CDC avait son origine dans un versement fait par un client à un agent immobilier qui devait remettre les fonds au notaire et ne l'avait pas fait, ce dont il résultait que les conditions de la garantie financière prévue par les textes susvisés étaient réunies. • Civ. 1re, 15 mai 2001, n° 99-11.651 P.

256. Encourt la cassation l'arrêt qui, tout en relevant qu'une société, syndic d'une association syndicale de copropriétaires, était titulaire d'une carte « gestion immobilière » et que la garantie financière prévue par l'art. 39 du décret du 20 juill. 1972 pris en application de la loi du 2 janv. 1970 était acquise aux titulaires d'une telle carte aux seules conditions que la créance soit certaine, liquide et exigible et que la personne garantie soit défaillante, écarte cette garantie au motif que cette société ne détenait pas un mandat écrit imposé par l'art. 64 du même décret, ajoutant à la loi une condition qu'elle ne comporte pas. • Civ. 3e, 7 avr. 2004, n° 02-17.417 P.

257. Autonomie. En raison de son autonomie, la garantie financière exigée des personnes exerçant des activités relatives à certaines opérations portant sur les immeubles et les fonds de commerce et affectée au remboursement des fonds, effets ou valeurs qu'elles ont reçus n'est pas éteinte lorsqu'en cas de redressement ou de liquidation judiciaire de l'agent immobilier, le client ne déclare pas au passif sa créance de restitution de la somme versée. En conséquence, ce client peut assigner directement le garant. • Cass., ass. plén., 4 juin 1999, n° 96-18.094 P : *D. 2000. IR 140, obs. Capoulade* . ♦ Ayant retenu que la garantie imposée par l'art. 3 de la loi du 2 janv. 1970 ne cessait que pour les causes énumérées par les art. 44 et suivants du décret du 20 juill. 1972, une cour d'appel en a exactement déduit que la garantie de la Société de caution mutuelle des professions immobilières et foncières (SOCAF) ne cessait pas lorsque le créancier omettait de déclarer sa créance au passif de la liquidation judiciaire du syndic. • Com. 15 févr. 2000, n° 97-11.096.

258. Étendue. Il résulte de la combinaison des art. 1er, 3 et 5 de la L. n° 70-9 du 2 janv. 1970, 19, 39 et 64 du Décr. n° 72-678 du 20 juill. 1972, et de l'art. 2015 C. civ., que la garantie financière découlant d'un cautionnement, qui est distincte de l'assurance de la responsabilité civile des professionnels de l'immobilier, a pour objet exclusif de garantir les remboursements ou restitutions des versements ou remises reçus, à l'occasion de l'administration des biens d'autrui, par les personnes exerçant de manière habituelle une activité de gestion immobilière ; un cautionnement ne peut être étendu au-delà des limites dans lesquelles il a été contracté. • Civ. 1re, 4 nov. 1986 : *Bull. civ. I, n° 253.*

259. Encourt la cassation : l'arrêt qui condamne une société de caution mutuelle à garantir son adhérent, un syndic de copropriété, des intérêts moratoires que la copropriété avait été condamnée à payer à un entrepreneur à raison du retard mis dans le paiement de sa facture. • Civ. 1re, 1er déc. 1987 : *Bull. civ. I, n° 322.* ♦ ... L'arrêt qui met à la charge d'une société de caution, au titre du cautionnement prévu par la loi, les dommages-intérêts compensatoires et les intérêts moratoires qui ne sont dus que par l'agent immobilier, sous réserve de la garantie éventuelle de son assureur. • Civ. 1re, 18 oct. 1988 : *Bull. civ. I, n° 295 ; RCA 1988, n° 77 ; ibid., Chron. 9, note Groutel.*

260. Mise en œuvre. Justifie légalement sa décision la cour d'appel qui retient qu'un syndicat de copropriétaires ayant été admis au passif de la liquidation des biens du syndic de la copropriété pour des créances ayant pour origine un versement ou une remise pour lesquels la garantie financière d'une société de caution mutuelle s'appliquait, la force de chose jugée, acquise par la décision d'admission, est opposable à cette société. • Com. 5 janv. 1984 : *Bull. civ. IV, n° 40.*

261. Les dispositions du Décr. n° 72-678 du 20 juill. 1972 relatives à la garantie financière des professionnels de l'immobilier ne dérogent pas au droit de tout créancier de se voir attribuer une provision lorsque l'existence de l'obligation de son débiteur n'est pas sérieusement contestable. • Civ. 1re, 26 avr. 1988 : *Bull. civ. I, n° 115.*

262. Devoir de contrôle de l'organisme de garantie. L'obligation mise à la charge des organismes de garantie collective par la loi du 2 janv. 1970 et le décret d'application du 20 juill. 1972 comporte un devoir de contrôle sur leurs affiliés qui leur impose de prendre toutes les mesures nécessaires et notamment de retirer leur garantie, lorsque les documents comptables qui leur sont présentés ne permettent pas de connaître la situation financière de leurs adhérents ou révèlent de graves anomalies de gestion. • Civ. 1re, 18 nov. 1992, n° 89-19.712 P : *D. 1992. IR 279* • 7 mars 1995 : *D. 1995. IR 93 ; RCA 1995, n° 210.* ♦ Il ne s'agit pas d'une simple faculté. • Civ. 1re, 5 janv. 1984 : *Bull. civ. I, n° 40.*

263. La société de caution mutuelle ne peut renouveler ou modifier sa garantie qu'après s'être assurée, en usant des pouvoirs de contrôle que lui confèrent les dispositions du décret du 20 juill. 1972, que cette garantie est au moins égale au montant des sommes détenues par son adhérent pour le compte des tiers. • Civ. 1re, 27 nov. 1990, n° 89-10.628 P. ♦ Commet une négligence la société de caution mutuelle qui, bien que n'ayant pu obtenir des renseignements sur l'état du compte de gestion d'un gérant d'immeuble, a laissé celui-ci poursuivre son activité jusqu'à la résiliation par lui de son contrat de garantie au lieu de lui retirer sa garantie auparavant. • Civ. 1re, 18 nov. 1992 : *préc. note 262.*

264. Retrait de la garantie. L'art. 45 du Décr. n° 72-678 du 20 juill. 1972, qui limite à trois mois le droit du créancier de demander la garantie financière lorsque le garant dénonce sa garantie, distingue, en ce qui concerne le point de départ de ce délai, selon que les noms et adresses des personnes qui ont fait des versements ou des remises à l'adhérent de la société de caution mutuelle figurent ou non sur le registre-répertoire prévu à l'art. 51 ; à l'égard de celles n'y figurant pas, il fixe le point de départ du délai de trois mois à l'expiration de celui de trois jours francs suivant la publication de l'avis de cessation de garantie dans deux journaux. • Civ. 1re, 7 mars 1995, n° 93-13.887 P : *D. 1995. IR 93.* ♦ Lorsqu'une société de caution mutuelle a dénoncé la garantie financière qu'elle accordait à un syndic de copropriété, l'art. 45 du Décr. n° 72-678 du 20 juill. 1972 exige seulement que la personne qui a fait des versements ou des remises à ce dernier le déclare dans le délai de trois mois suivant la date de la dernière mesure d'information ou de publicité relative à la cessation de la garantie, mais il n'est pas nécessaire que le montant de la créance soit chiffré dans ce délai ; est dès lors régulière la production d'une créance de « un franc, sauf à parfaire » faite dans le délai précité. • Civ. 1re, 26 avr. 1988 : *préc. note 261.* ♦ A défaut de cette notification obligatoire – à laquelle il ne peut être suppléé par la seule publication d'un avis de la cessation de la garantie dans deux journaux – et l'art. 45 du décret précité ne distinguant pas selon que le garant a pu ou non se faire communiquer le registre-répertoire, celui-ci reste tenu à garantie dans les termes du droit commun du cautionnement. • Civ. 1re, 3 oct. 1984 : *Bull. civ. I, n° 246.*

Il résulte des art. 70, al. 2, et 95 du Décr. n° 72-678 du 20 juill. 1972 que les retraits opérés sur les comptes ouverts par une société de gestion immobilière après la cessation de la garantie accordée par une société de caution ne peuvent être faits sans l'accord du garant même s'ils le sont par l'administrateur judiciaire désigné pour gérer le patrimoine de la personne privée de garantie. • Civ. 1re, 13 déc. 1988 : *Bull. civ. I, n° 361.*

2° ASSURANCE DE RESPONSABILITÉ PROFESSIONNELLE

265. Faute intentionnelle. Ayant souverainement retenu que l'absence systématique de recouvrement par le syndic des charges de copropriété dues par une société civile professionnelle (SCI) dont il était gérant et associé procédait d'une intention délibérée d'avantager cette SCI en tenant, pendant cette période, les autres copropriétaires dans l'ignorance de la dette de cette société et en dissimulant par des moyens frauduleux les effets de cette pratique, une cour d'appel a pu en déduire qu'il y avait lieu de faire application de l'art. L. 113-1, al. 2, • Civ. 3e, 9 janv. 2002, n° 00-17.394 P : *RCA 2002, n° 158 (1re esp.), note Groutel ; RDI 2002. 125, obs. Durry*.

266. Franchise. La franchise prévue par la police étant conforme aux exigences de l'arrêté du 1er sept. 1972 pris en application de l'art. 49 du Décr. n° 72-678 du 20 juill. 1972, concernant les garanties minimales de l'assurance obligatoire de responsabilité professionnelle prévue par l'art. 3-3° de la loi 70-9 du 2 janv. 1970 pour les personnes qu'elle vise, l'assureur était en droit de l'opposer aux tiers lésés. • Civ. 1re, 20 févr. 2001, n° 98-20.583.

V. ACTIVITÉS SPORTIVES

V. C. **sport**, jurisprudence citée ss. art. L. 131-14 (fédération sportive), L. 321-4 (obligation d'assurance), et App., *v° Responsabilité civile*, art. 1240 s.

A. RESPONSABILITÉ DES ORGANISATEURS

1° RESPONSABILITÉ ENVERS LES PRATIQUANTS

267. Cas particulier des sports assimilés à un transport aérien. L'acheminement de passagers par aéronef constitue un transport aérien. Tel est le cas du baptême de l'air en deltaplane biplace. • Civ. 1re, 22 nov. 2005 : *RCA 2006, n° 61, 1re esp., note Groutel.* ♦ ... En ULM biplace. • Civ. 1re,

22 nov. 2005 : ♁ *D. 2006. 421, note Tosi* ✎ ; *RCA 2006, n° 61, 2e esp.* ♦ ... En parapente biplace. • Civ. 1re, 22 nov. 2005 : ♁ *RCA 2006, n° 61, 3e esp.* ♦ Par conséquent, pour déterminer la responsabilité et son étendue, il faut appliquer l'art. L. 322-3 C. aviat. et non l'art. 11477 C. civ. • Mêmes arrêts.

a. Nature des obligations de l'organisateur

1. Obligation de sécurité de moyens

268. Tant le club sportif que ses moniteurs ne sont tenus que d'une obligation de moyens en ce qui concerne la sécurité des adhérents dans la pratique de leur sport. • Civ. 1re, 21 nov. 1995, ♁ n° 94-11.294 P : *D. 1996. IR 6* ✎ ; *RCA 1996, n° 28* • 16 nov. 2004 : ♁ *RCA 2005, nos 5 et 26* • Grenoble, 4 févr. 2003 : *RCA 2003, n° 182, note Radé.* ♦ ... Cependant appréciée avec plus de rigueur lorsqu'il s'agit d'un sport dangereux. • Civ. 1re, 16 oct. 2001, ♁ n° P : *RCA 2002, n° 33.* ♦ ... Il incombe à la victime de démontrer que le club a manqué à l'obligation de moyens dont il est tenu, ainsi que la faute commise par le moniteur. • Civ. 1re, 19 juill. 1988 : *Bull. civ. I, n° 251 ; D. 1989. IR 405, obs. Karaquillo ; RCA 1998, n° 47.* ♦ Le fait qu'un arbitre soit frappé après un match ne démontre pas à lui seul la faute de l'organisateur. • Civ. 1re, 18 nov. 1997 : ♁ *RCA 1998, n° 60.*

269. Sont ainsi tenus d'une obligation de sécurité : l'organisateur d'une épreuve d'endurance tout terrain à moto. • Civ. 1re, 15 juill. 1999, ♁ n° 97-15.984 P. ♦ ... Le moniteur diplômé de ski. • Civ. 1re, 9 févr. 1994, ♁ n° 91-17.202 P : *RCA 1994, n° 191.* ♦ ... La société organisatrice d'un rallye routier. • Civ. 2e, 27 mai 1999, ♁ n° 97-16.200 P : *RCA 1999, n° 273.* ♦ Pour le rallye Paris-Dakar, V. • Civ. 1re, 25 janv. 2005, ♁ n° 02-15.861 P : *RCA 2005, n° 80.* ♦ ... L'organisateur d'une course cycliste. • Civ. 1re, 16 déc. 1997, ♁ n° 95-21.757 P : *RCA 1998, n° 102.* ♦ ... L'exploitant d'un domaine skiable. • Civ. 1re, 19 mars 1996, ♁ n° 94-15.651 P : *RCA 1996, n° 233.* ♦ ... L'organisateur d'un stage d'alpinisme. • Civ. 1re, 10 mars 1992, ♁ n° 87-17.824 P : *RCA 1992, n° 236.* ♦ ... L'organisateur d'un match de hockey. • Civ. 1re, 16 mai 2006 : ♁ *RCA 2006, n° 239.*

270. Équitation. L'organisateur d'une session d'initiation à l'équitation destinée à des jeunes gens est tenu d'une obligation de moyens. • Civ. 1re, 18 nov. 1986 : *Bull. civ. I, n° 270.* ♦ Un centre équestre qui donne des leçons d'équitation n'est tenu que d'une obligation de moyens, en ce qui concerne la sécurité des cavaliers, et il ne peut être déclaré responsable de la chute de l'un d'eux que s'il a manqué à son obligation de prudence et de diligence, peu important que la chute ait été due ou non au fait de l'animal. • Civ. 1re, 16 mai 2000 : ♁ *RCA 2000, n° 274.*

271. Karaté. Le moniteur de karaté est tenu à une obligation de sécurité de moyens, et même si la pratique de ce sport exige la maîtrise de soi en évitant de porter des coups à son adversaire, l'existence de contacts entre les protagonistes ne peut être exclu et n'est pas nécessairement fautif. • Civ. 1re, 16 nov. 2004 : ♁ *RCA 2005, n° 26.*

272. Karting. L'exploitant d'une piste de karting est tenu d'une obligation de sécurité de moyens qu'il doit mettre en œuvre par une surveillance permanente du comportement des utilisateurs. • Civ. 1re, 1er déc. 1999 : ♁ *D. 2000. 287, note Mouly* ✎ ; *RCA 2000, n° 93 (1re esp.).*

273. Organisateur de jeux. L'organisateur de jeux, tel qu'un combat dit « combat de sumo », est tenu à l'égard des participants d'une obligation de sécurité qui n'est que de moyens. • Civ. 1re, 22 juin 1999 : ♁ *RCA 1999, n° 304.*

274. Promenade équestre. À la différence du loueur de chevaux, dont la clientèle se compose de cavaliers aptes à diriger leur monture et qui acceptent de courir des risques en se livrant à la pratique d'un sport dangereux, l'entrepreneur de promenades équestres s'adresse à des personnes ignorant tout de l'équitation pour leur procurer le divertissement d'un transport à dos de cheval selon un itinéraire déterminé. • Civ. 1re, 27 mars 1985 : *Bull. civ. I, n° 111* • 11 mars 1986 : *ibid., n° 64* • 3 mai 1988 : *ibid., n° 126.* ♦ Le centre équestre qui organise des promenades à cheval avec des élèves plus ou moins expérimentés est tenu d'une obligation de sécurité qui n'est qu'une obligation de moyens, et il ne peut être déclaré responsable de la chute d'un élève que s'il a manqué à son obligation de prudence et de diligence. • Civ. 1re, 29 juin 1994, ♁ n° 92-16.442 P : *RCA 1994, n° 346.*

275. Remonte-pente. En raison de la participation active que l'usager d'un remonte-pente, tiré sur ses skis, est tenu d'apporter à l'opération, spécialement au départ et à l'arrivée, l'obligation de sécurité pesant sur l'exploitant est une obligation de moyens. • Civ. 1re, 4 nov. 1992 : ♁ *D. 1994. 45, note Brun* ✎ ; *D. 1994. Somm. 15, obs. Fortis* ✎ ; *RTD civ. 1993. 364, obs. Jourdain* ✎

276. Télésiège. L'exploitant d'un appareil de remontée mécanique du type télésiège est contractuellement tenu d'assurer la sécurité des utilisateurs. • Civ. 1re, 4 juill. 1995, ♁ n° 93-17.466 P : *D. 1997. Somm. 190, obs. Mouly* ✎ ; *RCA 1995, n° 334.* ♦ Mais cette obligation n'est que de moyens lors des opérations d'embarquement et de débarquement, en raison du rôle actif qu'y tiennent les usagers. • Civ. 1re, 10 mars 1998, ♁ n° 96-12.141 P : *D. 1998. 505, note Mouly* ✎ ; *RCA 1998, n° 182.* ♦ *Adde* : • Civ. 1re, 11 mars 1986 : *Bull. civ. I, n° 65.*

277. Toboggan aquatique. En dehors de la phase de descente, l'exploitant du toboggan n'est tenu que d'une obligation de sécurité de moyens. • Civ. 1re, 30 oct. 1995 : ♁ *RCA 1996, n° 5.*

278. Canoë-kayak. Le professionnel prestataire d'un service de location de canoës-kayaks est tenu d'un obligation générale de sécurité s'analysant en une obligation de moyens. • Civ. 2e, 23 nov. 2006 : ♁ *RCA 2007, nos 41 et 62.*

279. Vol en ULM. L'organisateur d'un stage d'initiation au vol en ULM est tenu d'une obligation de moyens en ce qui concerne la sécurité des participants. • Civ. 1re, 29 nov. 1994, n° 92-11.332 P : *RCA 1995, n° 24.*

2. Obligation de sécurité de résultat

280. Bob-luge. L'exploitant d'une piste de bobluge est tenu d'une obligation de résultat en ce qui concerne la sécurité de ses clients dès lors que ceux-ci ne peuvent décider librement de la trajectoire de l'engin. • Civ. 1re, 17 mars 1993, n° 91-14.417 P : *D. 1995. Somm. 66, obs. Mouly.*

281. Parapente. L'organisateur et le moniteur d'un vol en parapente sont tenus d'une obligation de résultat en ce qui concerne la sécurité de leurs clients pendant les vols au cours desquels ceux-ci ne jouent aucun rôle actif. • Civ. 1re, 21 oct. 1997, n° 95-18.558 P : *D. 1998. 271, note Brun ; RCA 1997, n° 375 ; JCP 1998. II. 10103, note Varet ; RTD civ. 1998. 117, obs. Jourdain.*

282. Télésiège. L'obligation de sécurité pesant sur l'exploitant d'un télésiège est de résultat pendant le trajet. • Civ. 1re, 10 mars 1998, n° 96-12.141 P : *D. 1998. 505, note Mouly ; RCA 1998, n° 182.* ♦ V. égal. note 230.

283. Toboggan aquatique. L'exploitant d'un toboggan est, pendant la descente, tenu d'une obligation de résultat en ce qui concerne la sécurité de ses clients. • Civ. 1re, 28 oct. 1991, n° 90-14.713 P : *D. 1992. Somm. 271, obs. Fortis ; RCA 1992, n° 107 ; ibid., Chron. 8, note Groutel ; RTD civ. 1992. 397, obs. Jourdain.* • 3 févr. 2011 : *RCA 2011, n° 165.* ♦ V. égal. note 11. ♦ Comp. : • Montpellier, 20 janv. 1992 : *JCP 1993. II. 22125, note Bories.*

b. Moyens devant être mis en œuvre

284. Aptitudes du pratiquant. L'organisateur d'une compétition motocycliste a le devoir de veiller particulièrement à ce que chaque participant justifie, par la production de son permis, de son aptitude à conduire l'engin qu'il va piloter. • Civ. 1re, 11 janv. 1989 : *RCA 1989, n° 115.* ♦ L'obligation de moyens à laquelle est tenu l'organisateur d'un stage d'initiation au vol en ULM, en ce qui concerne la sécurité des participants, et qui doit s'apprécier avec d'autant plus de sévérité qu'il s'agit d'un sport dangereux, comporte le devoir non seulement de faire assimiler aux élèves les consignes techniques mais aussi de tester leurs capacités psychologiques. • Civ. 1re, 29 nov. 1994, n° 92-11.332 P : *RCA 1995, n° 24.* ♦ Eu égard au caractère dangereux du sport pratiqué (parapente), l'organisateur devait prendre la précaution de s'enquérir, avant le premier saut, de l'état physique et psychologique du stagiaire. • Civ. 1re, 5 nov. 1996, n° 94-14.975 P : *RCA 1997, n° 30.*

285. Installations sportives. Engage sa responsabilité le club sportif qui ne met pas à la disposition de ses adhérents des installations adaptées. • Civ. 1re, 5 déc. 1990, n° 89-17.698 P : *D. 1991. Somm. 283, obs. Karaquillo.*

286. Mesures de sécurité. L'organisateur d'une course cycliste est tenu de prendre des dispositions pour assurer la sécurité d'une course se déroulant sur une voie ouverte à la circulation publique, et notamment de prévoir une escorte pour protéger les coureurs. • Civ. 1re, 16 déc. 1997, n° 95-21.757 P : *RCA 1998, n° 102.* ♦ L'organisateur d'une compétition motocycliste sur un circuit non ouvert à la circulation publique devait mettre en place les aménagements de nature à empêcher la réalisation d'accidents (sortie de piste en l'espèce) ou à en amoindrir les conséquences. • Civ. 1re, 15 juill. 1999, n° 97-15.984 P. ♦ V. égal. • Civ. 1re, 6 janv. 1998 : *cité note 240.* ♦ La participation à une séance d'initiation à l'équitation d'un enfant non porteur d'une bombe protectrice dans un manège dépourvu de pare-bottes implique l'existence de fautes imputables au club hippique. • Civ. 1re, 26 janv. 1988 : *D. 1989. Somm. 408, obs. Wagner.* ♦ Sur le port de la bombe, *adde :* • Civ. 1re, 4 mars 1980 : *Bull. civ. I, n° 77.*

287. Pratiquant inexpérimenté. L'organisateur d'une activité dangereuse (karting), qui accepte de recevoir des conducteurs sans aucune expérience, doit prendre des précautions supplémentaires et équiper son circuit en conséquence, telles des bottes de paille constituant un obstacle de nature à arrêter le véhicule avant le grillage. • Civ. 1re, 6 janv. 1998 : *RCA 1998, n° 129.* ♦ Ayant lui-même décidé de faire monter sa cliente en manège, l'exploitant d'un centre équestre avait assumé l'obligation de veiller sur sa sécurité, obligation en vertu de laquelle il lui incombait avant tout d'apprécier ses capacités. • Civ. 1re, 13 mars 1990 : *RCA 1990, n° 211.* ♦ L'entrepreneur de promenades équestres doit, si le client est débutant en sport équestre, prendre toutes les précautions qui s'imposent à lui en sa qualité. • Civ. 1re, 3 mai 1988 : *Bull. civ. I, n° 126.* ♦ L'organisateur d'une promenade à cheval devait exercer une surveillance plus attentive de la monture que sa cavalière insuffisamment expérimentée ne pouvait dominer. • Civ. 1re, 11 mai 1999 : *RCA 1999, n° 274 (2e esp.).* ♦ En revanche, des juges du fond, après avoir constaté que l'accident avait eu lieu alors que combattaient (jiu-jitsu) ensemble débutants et initiés, a pu estimer que ce fait ne constituait pas une faute de l'organisateur. • Civ. 1re, 17 oct. 2000 : *RCA 2000, n° 22.*

288. Qualification du personnel. Le défaut de qualification du moniteur chargé de la surveillance de la promenade organisée par un club hippique constitue un manquement à l'obligation de moyens à la charge de l'organisateur. • Civ. 1re, 5 mai 1998, n° 96-17.429 P : *RCA 1998, n° 219.* ♦ S'agissant d'un entraînement à l'escalade en salle, il incombait au club de confier à des personnes suffisamment averties, voire à des moniteurs eux-mêmes, le soin d'assurer les descentes, ce qu'il n'a pas fait. • Civ. 1re, 6 juill. 1999 : *RCA 1999, n° 378.*

c. Applications diverses

289. Course cycliste. Le participant d'une course cycliste, entré en collision avec le conducteur d'un cyclomoteur étranger à la course venant en sens inverse, était en droit de penser que des mesures avaient été prises qui l'autorisaient à circuler sur la gauche de la chaussée sans avoir à se soucier de véhicules arrivant en sens inverse, et un manquement à l'obligation de sécurité de l'organisateur n'est pas contestable, la cour d'appel ayant constaté l'inexistence de dispositions pour assurer la sécurité d'une course se déroulant sur une voie ouverte à la circulation publique, et notamment l'absence d'escorte pour protéger les coureurs. • Civ. 1re, 16 déc. 1997 : *préc. note 286.*

290. Équitation. Caractérise un manquement de l'organisateur d'une session d'initiation à l'équitation destinée à des jeunes gens à son obligation de moyens, la cour d'appel qui relève que celui-ci avait envoyé les stagiaires chercher eux-mêmes les chevaux hors du manège et sans surveillance, l'un d'eux ayant été blessé en montant à cru un animal et aucune preuve n'étant apportée qu'il ait en agissant ainsi contrevenu à une interdiction quelconque qui lui aurait été faite. • Civ. 1re, 18 nov. 1986 : *préc. note 270.* ♦ V. égal. : • Civ. 1re, 26 janv. 1988 : *préc. note 286.* ♦ Dès lors qu'elle retient qu'une jeune cavalière, bien qu'âgée de 11 ans, n'était pas une débutante et que le fait de sortir seule un cheval de son box et de le conduire à un anneau pour l'attacher en vue de son pansage est une opération habituelle dans la pratique d'un club hippique, qui n'appelle pas de précaution particulière de l'organisateur, une cour d'appel peut estimer s'agissant en outre d'un cours collectif, qu'il ne pouvait être reproché à la monitrice, présente au moment de l'accident, de ne pas être aux côtés de chacun des enfants. • Civ. 1re, 28 nov. 2000, n° 98-10.290 P : *RCA 2001, n° 51.*

291. Karting. S'est déterminée par des motifs inopérants, la cour d'appel qui, pour débouter la victime de son action en responsabilité contre l'exploitant du karting, se borne à retenir qu'elle avait conduit le kart pendant plusieurs tours sans se soucier de ce que sa chevelure, échappée du casque, volait au vent et que ce fait, à l'origine du dommage, s'était produit alors que le loueur n'avait plus de pouvoir, ni de direction, ni de maîtrise du véhicule et que seule la jeune conductrice devait rester maître d'elle-même et garder le contrôle de la machine, alors que l'organisateur était tenu d'une obligation de sécurité de moyens qu'il devait mettre en œuvre par une surveillance permanente du comportement des utilisateurs. • Civ. 1re, 1er déc. 1999 : *préc. note 272.* ♦ En revanche, le conducteur ayant reçu de la part des moniteurs les recommandations concernant la vitesse et les règles de sécurité, et l'équipement des karts étant conforme aux normes exigées pour ce niveau d'utilisation, une cour d'appel a pu en déduire que l'absence de filet ne constituait pas un manquement de la société organisatrice à son obligation de sécurité et que le dommage résultait du fait exclusif de la victime, l'accident étant dû à une vitesse excessive. • Civ. 1re, 1er déc. 1999 : *D. 2000. 287, note Mouly ; RCA 2000, n° 93* (2e esp.).

292. Parapente. Ne donne pas de base légale à sa décision, une cour d'appel qui, pour débouter la victime d'un accident à l'atterrissage alors qu'elle effectuait son premier saut en parapente dans le cadre d'un stage organisé par une association, énonce que le choix du dénivelé ne constituait pas une faute de la part de l'association et qu'il appartenait à la stagiaire de signaler aux moniteurs une éventuelle perte d'énergie, sans rechercher si les moniteurs de l'association, dont le comportement devait être apprécié eu égard au caractère dangereux du sport pratiqué, avaient pris la précaution de s'enquérir, avant ce premier saut, de son état physique et psychologique. • Civ. 1re, 5 nov. 1996 : *préc. note 284.*

293. Parcours d'aventure. La pratique d'un parcours d'aventure dans des arbres en empruntant notamment des tyroliennes descendantes implique un rôle actif de chaque participant ; en conséquence, l'obligation contractuelle de sécurité de l'organisateur d'un tel parc de loisirs est une obligation de moyens. • Civ. 1re, 22 janv. 2009 : *LPA 6 avr. 2009, note Cornotet* (conformité des instructions, du matériel et de l'encadrement) • Grenoble, 12 avr. 2011 : *JCP 2011. 1026, obs. Ruffieux.*

294. Promenade équestre. Il ne peut être fait grief à une cour d'appel d'avoir retenu qu'un entrepreneur de promenades équestres – dont un client avait été blessé en tombant d'un cheval qui, au lieu de rester au pas et de se maintenir dans la file formée, s'était mis à galoper – était responsable de l'accident pour avoir manqué à l'obligation de moyens pesant sur lui en fournissant à son client un cheval ne remplissant pas les conditions requises, eu égard à la nature du contrat intervenu, et en ne prenant pas à toutes fins utiles les précautions nécessaires. • Civ. 1re, 27 mars 1985 : *préc. note 274.* ♦ La responsabilité d'un entrepreneur de promenades à cheval peut être retenue pour avoir manqué à l'obligation impérative de faire garder l'allure du pas à la file de chevaux. • Civ. 1re, 11 mars 1986 : *Bull. civ. I, n° 64.* ♦ Les organisateurs d'une promenade à cheval, ayant choisi l'itinéraire, n'avaient pas satisfait aux obligations qui étaient dues aux clients, quant à l'organisation de la promenade et à la surveillance des animaux, lors de cette promenade. • Civ. 1re, 11 mai 1999 : *préc. note 287.* ♦ V. égal. : • Civ. 1re, 3 mai 1988 : *préc. note 20* • 5 mai 1998 : *préc. note 288.* ♦ Un centre équestre qui avait pris la précaution de faire effectuer une reprise en manège avant la promenade et de mettre à la disposition de trois cavalières débutantes deux accompagnateurs, pour assurer leur encadrement pendant toute la durée de celle-ci, n'avait pas manqué aux règles de prudence en faisant pratiquer à ses clients un trot assis au cours de cette promenade. • Civ. 1re, 29 juin 1994 : *préc. note 274.*

295. Rallye automobile. L'organisateur ayant porté à la connaissance de tous les participants du rallye ses conditions de déroulement et notamment le fait que les épreuves de liaison se déroulaient sur des routes non neutralisées, impliquant la présence éventuelle de véhicules circulant en sens inverse, et qu'il convenait à chacun des participants de respecter les conditions locales de circulation, une cour d'appel en a exactement déduit que l'organisateur n'avait commis aucun manquement à son obligation de moyens concernant la sécurité des participants. • Civ. 2e, 27 mai 1999 : *préc. note 269.* ♦ Tenu d'une obligation de moyens, l'organisateur d'une compétition (Paris-Dakar) à risques élevés et connus doit néanmoins prévenir ceux-ci dans toute la mesure du possible. En la circonstance, il avait fait procéder à la reconnaissance du trajet de façon à assurer la sécurité des participants, et la présence d'un engin explosif à proximité de la piste avait été fortuite, rien ne permettant d'en supposer l'existence et de conduire à une recherche systématique préalable, de sorte que n'est pas rapportée la preuve d'un manquement de sa part. • Civ. 1re, 25 janv. 2005, no 02-15.861 P : *RCA 2005, no 80.*

296. Ski. Manque à l'obligation de vigilance qui lui incombe, le moniteur diplômé de ski, qui s'abstient d'appeler spécialement l'attention de ses élèves, participant à un cours collectif, sur la qualité de la neige et le danger créé sur le parcours par la présence d'une barre rocheuse non signalée qu'il connaissait parfaitement. • Civ. 1re, 9 févr. 1994, no 91-17.202 P : *RCA 1994, no 191.* ♦ Mais n'a pas méconnu son obligation de sécurité à l'égard des usagers, l'exploitant d'un domaine skiable, qui avait mis en place un dispositif de signalisation efficace pour interdire l'usage d'une des deux branches d'une piste, et alors que l'accident trouvait son origine dans la vitesse excessive de la victime, moniteur de ski, compte tenu des conditions climatiques. • Civ. 1re, 19 mars 1996, no 94-15.651 P : *RCA 1996, no 233.* ♦ Une cour d'appel ne pouvait mettre à la charge du demandeur la moitié de la responsabilité d'une chute dont il a été victime lors d'une sortie à skis organisée au motif que l'intéressé aurait du redoubler de prudence et retrouver la concentration nécessaire au contrôle de sa trajectoire et à la maîtrise de ses skis, sans rechercher si le défaut de maîtrise résultant d'un manque de concentration n'avait pas été provoqué par la faute de la monitrice qui pendant plus d'une heure l'avait distancé et laissé skier seul. • Civ. 1re, 30 nov. 2004 : *RCA 2005, no 27, note Hocquet-Berg.*

297. Télésiège. Une cour d'appel qui relève que le règlement n'astreignait pas l'exploitant d'un télésiège à assister le skieur au cours du débarquement a pu décider qu'il n'avait commis aucune faute en n'assistant pas un jeune enfant, accompagné par un adulte. • Civ. 1re, 11 mars 1986 : *Bull. civ. I, no 65.* ♦ Cassation, pour violation de l'art. 1147 C. civ., de l'arrêt qui, pour mettre à la charge de l'utilisateur du télésiège, blessé lors d'une chute, une part de responsabilité, retient que l'usager, tenu à un rôle actif au départ de l'appareil, a commis une faute en omettant, après avoir manqué son embarquement, de se laisser tomber et d'emprunter l'échappatoire de sécurité, alors que les circonstances relevées ne caractérisent pas une faute du créancier de l'obligation de sécurité. • Civ. 1re, 4 juill. 1995, no 93-17.466 P : *D. 1997. Somm. 190, obs. Mouly ; RCA 1995, no 334 (1re esp.).* ♦ Cassation, pour violation de l'art. 1147 C. civ., de l'arrêt qui exonère une société de remontées mécaniques de la moitié de sa responsabilité dans un accident dont a été victime l'utilisatrice d'un télésiège qui, son siège s'étant immobilisé pour ne plus repartir, a pris l'initiative de sauter, alors qu'il constate que l'absence de barrière ou de panneaux de signalisation interdisant l'accès de la remontée mécanique pouvait inciter l'usager à utiliser le télésiège, circonstance exclusive de toute faute de sa part. • Civ. 1re, 4 juill. 1995, no 92-19.461 P : *D. 1997. Somm. 190, obs. Mouly ; RCA 1995, no 334 (2e esp.).* ♦ En revanche, dans des circonstances similaires, la responsabilité de l'exploitant est écartée, la victime ayant reconnu avoir remarqué le symbole d'interdiction d'accès au télésiège se composant de deux jalons disposés en croix, d'une corde et d'un panneau d'arrêt. • Civ. 2e, 2 nov. 1994 : *RCA 1995, no 25.*

298. Toboggan aquatique. L'obligation de moyens qui pèse sur l'exploitant en dehors de la phase de descente lui impose, en raison de la vitesse pouvant être acquise lors de la descente et du danger que représente jusqu'à sa chute dans le bassin l'utilisateur qui termine son parcours, de prendre toutes mesures pour qu'un usager, évacuant normalement le bassin, ne se trouve sur la trajectoire de celui qui le suit. • Civ. 1re, 30 oct. 1995 : *préc. note 277.*

2o RESPONSABILITÉ ENVERS LES SPECTATEURS

a. Responsabilité contractuelle

299. L'organisateur d'une manifestation sportive n'est tenu, en ce qui concerne la sécurité des spectateurs, que d'une obligation de moyens ; cassation de l'arrêt qui met une obligation de résultat à la charge de l'organisateur d'un match de football et le condamne à indemniser un spectateur blessé par un pétard lancé par une personne non identifiée, au motif qu'il ne prouvait pas, pour s'exonérer de cette obligation, que son inexécution provenait d'une cause étrangère qui ne lui était pas imputable. • Civ. 1re, 18 nov. 1975 : *Bull. civ. I, no 336.* ♦ En revanche, est à bon droit retenue la responsabilité des organisateurs d'une rencontre sportive, à l'égard d'un spectateur atteint à l'œil par un ballon de rugby projeté avec violence, dès lors que la distance séparant les joueurs des spectateurs a paru aux juges insuffisante pour prémunir ces derniers contre un risque ; les juges du fond écartent à bon droit la notion d'acceptation des risques de la part d'un simple spectateur se bornant à assister passivement à une compétition sportive de la place qu'il occupe, dans les limites de l'emplacement réservé au public. • Civ. 1re, 17 mai 1965 : *D. 1966. 1, note Azard.*

300. Un service d'ordre tant public que privé ayant été mis en place au cours d'un match de football, en présence d'affrontements qui se poursuivaient depuis le début de la rencontre, les organisateurs avaient l'obligation de solliciter ou de requérir l'intervention des forces de sécurité demeurées jusqu'alors passives, et, en ne le faisant pas, ils ont commis une faute de nature à engager la responsabilité du club. • Civ. 1re, 12 juin 1990, n° 89-11.815 P.

301. Les organisateurs d'un tournoi de tennis sont responsables de l'aggravation des blessures occasionnées à une spectatrice dont les vêtements avaient soudainement pris feu, dès lors qu'en raison de la présence dans les tribunes d'un public trop nombreux, la victime n'avait pas pu être secourue rapidement. • Civ. 1re, 8 nov. 1983 : *Bull. civ. I, n° 257.*

b. Responsabilité délictuelle

302. Commet une faute une association sportive, organisatrice d'une course automobile, qui place, dans un emplacement dangereux non protégé, un journaliste bénévole, lequel n'accepte pas un risque dans des conditions fautives, alors qu'il était resté auprès du représentant de ladite association, sans qu'il soit prouvé qu'il avait connaissance du risque qu'il courait. • Civ. 2e, 21 janv. 1981 : *Bull. civ. II, n° 26.* ♦ Lors d'une compétition automobile, le véhicule d'un concurrent ayant heurté un spectateur, une faute doit être retenue à l'encontre du directeur de course et du directeur d'épreuve chargé de veiller à l'application du plan de sécurité, dès lors que, selon l'arrêté préfectoral autorisant la compétition, le public ne devait être admis qu'à la condition que les organisateurs aient prévu des emplacements délimités et protégés conformément à la réglementation générale et que les prévenus avaient laissé stationner des spectateurs dans un virage insuffisamment balisé, emprunté par des véhicules circulant sur une chaussée couverte de gravillons. • Crim. 21 juill. 1998 : *RCA 1998, n° 361.* ♦ Comp., pour l'accident causé à un autre usager de la voie publique, • Civ. 2e, 19 janv. 1994 : *RCA 1994, n° 147.*

B. RESPONSABILITÉ ENTRE LES PRATIQUANTS

303. Non-application de la loi du 5 juill. 1985 entre concurrents d'une compétition automobile. Les dispositions de la loi du 5 juill. 1985 ne sont pas applicables entre concurrents d'une compétition sportive dans laquelle sont engagés des véhicules terrestres à moteur. • Civ. 2e, 28 févr. 1996, n° 93-17.457 P : *RCA 1996, n° 168 ; ibid., Chron. 22, note Groutel ; D. 1996. 438, note Mouly ; RTD civ. 1996. 641, obs. Jourdain.* ♦ Les dispositions de la loi du 5 juill. 1985 ne sont pas applicables entre concurrents d'une compétition sportive dans laquelle sont engagés des véhicules terrestres à moteur. Dès lors, viole l'art. 1er de cette loi une cour d'appel qui, pour condamner le conducteur, le propriétaire et l'assureur d'un véhicule, engagé dans un rallye disputé en circuit fermé, au cours duquel il a heurté un mur après avoir dérapé sur une flaque d'eau, à réparer le préjudice du copilote de ce véhicule, retient que la loi du 5 juill. 1985 est applicable en l'espèce, le fait que l'accident se soit produit au cours d'une compétition automobile sur une voie fermée à la circulation automobile normale ne lui faisant pas perdre son caractère d'accident de la circulation et aucune disposition n'excluant l'application de cette loi, alors que la victime, copilote d'un véhicule engagé dans la compétition, avait la qualité de concurrent. • Civ. 2e, 19 juin 2003, n° 00-22.330 P : *D. 2003. Somm. 2540, obs. Lagarde ; RCA 2003, ss. Chron. 24, note Groutel ; RTD civ. 2003. 722, obs. Jourdain.* ♦ L'accident survenant entre des concurrents à l'entraînement évoluant sur un circuit fermé exclusivement dédié à l'activité sportive n'est pas un accident de la circulation. • Civ. 2e, 4 janv. 2006, n° 04-14.841.

304. Application de la législation sur l'indemnisation des victimes d'infraction. Les dispositions relatives à l'indemnisation des victimes d'une infraction sont applicables entre concurrents d'une compétition sportive automobile, lorsque la violation des règles du sport pratiqué est constitutive d'un délit. • Civ. 2e, 4 nov. 2004, n° 03-15.808 P : *RCA 2005, n° 20, note Groutel.*

1° ACCEPTATION DES RISQUES

305. Suppression générale de l'acceptation des risques. La victime d'un dommage causé par une chose peut invoquer la responsabilité résultant de l'art. 1384, al. 1er à l'encontre du gardien de la chose instrument du dommage, sans que puisse lui être opposée son acceptation des risques. • Civ. 2e, 4 nov. 2010 : *D. 2010. Actu. 2772, obs. Gallmeister ; ibid. 2011. Chron. C. cass. 632, obs. Adida-Canac et Grignon Dumoulin ; ibid. Chron. 690, note Mouly ; R., p. 394 ; JCP 2011, n° 12, note 12 ; ibid., n° 435, § 6, obs. Bloch ; RLDC 2011/78, n° 4084, obs. Le Nestour-Drelon ; RCA 2011. Étude 3, par Hocquet-Berg ; RTD civ. 2011. 137, obs. Jourdain.* ♦ Ainsi le concurrent victime d'un accident à l'entraînement, évoluant sur un circuit fermé exclusivement dédié à l'activité sportive où les règles du code de la route ne s'appliquent pas, ne peut se voir opposer que la participation à cet entraînement impliquait une acceptation des risques inhérents à une telle pratique sportive. • Même arrêt.

306. *Jurisprudence antérieure.* Le concurrent d'une course automobile, qui connaît les risques inhérents à pareille épreuve, peut être considéré comme ayant tacitement renoncé à invoquer contre un coconcurrent la responsabilité de plein droit de l'art. 1384, al. 1er, C. civ. • Civ. 2e, 8 oct. 1975 : *Bull. civ. II, n° 246 ; RTD civ. 1976. 357, obs. Durry.* ♦ Dans le même sens, au sujet d'un motocross. • Paris, 17e ch. A, 2 mai 2000 : *RCA 2001, n° 52, obs. Grynbaum.*

307. *Domaine de l'acceptation des risques.* Ne donne pas de base légale à sa décision une cour d'appel qui, pour rejeter l'action en réparation du préjudice subi par une joueuse blessée au cours d'un jeu collectif inspiré du base-ball, retient, qu'en participant à ce jeu, la victime avait accepté les risques qu'il comportait, alors que le dommage s'était produit à l'occasion d'un jeu improvisé et non dans le cadre d'une compétition sportive. • Civ. 2e, 28 mars 2002, n° 00-10.628 P : *RCA 2002, n° 192 ; RTD civ. 2002. 520, obs. Jourdain.* ♦ La circonstance qu'une enfant, blessée par un tir de ballon lors d'une séance d'entraînement sportif au football, participait à une activité pédagogique sous l'autorité et la surveillance d'un moniteur exclut l'acceptation des risques. • Civ. 2e, 4 juill. 2002, n° 00-20.686 P : *RCA 2002, n° 324, note Groutel.*

308. Deux cyclistes circulant dans un groupe de cyclistes étant entrés en collision et l'un ayant assigné l'autre en réparation, une cour d'appel, retenant que l'accident s'est produit à l'occasion d'une sortie dominicale, organisée entre amateurs animés du seul désir de s'entraîner, a pu en déduire que les dispositions de l'art. 1384, al. 1er, C. civ. devaient recevoir application sans qu'il y ait lieu de retenir l'acceptation par la victime des risques résultant de la pratique du sport cycliste. • Civ. 2e, 22 mars 1995, n° 93-14.051 P : *D. 1998. IR 43, obs. Mouly ; RTD civ. 1995. 904, obs. Jourdain.*

2° CRITÈRES DE LA FAUTE

309. L'existence d'une faute se reconnaît à : une ardeur intentionnellement intempestive ou un comportement anormal ou une inobservation des règles du jeu. • Civ. 2e, 15 mai 1975 : *Bull. civ. II, n° 149 ; D. 1972. 606.* ♦ ... Une maladresse caractérisée ou une brutalité volontaire ou une action déloyale ou la création d'un risque anormal pour le partenaire. • Civ. 2e, 28 janv. 1987 : *Bull. civ. II, n° 32.* ♦ ... Une faute volontaire contraire aux règles du jeu. • Civ. 2e, 5 déc. 1990, n° 89-17.698 P : *RCA 1991, n° 110.* ♦ ... Un acte contraire aux règles du jeu. • Civ. 2e, 4 mai 1988 : *Bull. civ. II, n° 106* • 3 juill. 1991, n° 90-13.158 P. ♦ ... Une violence excédant les risques normaux du jeu. • Civ. 2e, 27 juin 1984 : *Bull. civ. II, n° 123.* ♦ ... Une violation des règles du sport. • Civ. 2e, 23 sept. 2004, n° 03-11.274 P : *RCA 2004, n° 345.* ♦ ... Une faute caractérisée par une violation des règles du jeu. • Civ. 2e, 21 oct. 2004, n° 03-17.910 P : *D. 2004. IR 2973 ; RCA 2005, n° 9.*

310. Le principe posé par les règlements organisant la pratique d'un sport selon lequel la violation des règles du jeu est laissée à l'appréciation de l'arbitre chargé de veiller à leur application, n'a pas pour effet de priver le juge civil, saisi d'une action en responsabilité fondée sur la faute de l'un des pratiquants, de sa liberté d'apprécier si le comportement de ce dernier a constitué une faute à l'encontre des règles du jeu de nature à engager sa responsabilité. • Civ. 2e, 10 juin 2004, n° 02-18.649 P : *D. 2004. IR 1937 ; RCA 2004, n° 269 ; RTD civ. 2005. 137, obs. Jourdain.*

3° APPLICATIONS

311. *Alpinisme.* Le fait de provoquer, en dévissant au cours d'une escalade, la chute d'un autre grimpeur, constitue une faute au sens de l'art. 1382 C. civ. • Civ. 2e, 18 mai 2000, n° 98-12.802 P : *RCA 2000, n° 275.*

312. *Boxe française.* Ne justifie pas légalement sa décision au regard de l'art. 1382 C. civ., la cour d'appel qui, pour condamner l'auteur à réparer le préjudice de la victime, retient que la boxe française est un sport de combat à risque et que la victime s'était blessée en tombant sur le sol, sans caractériser de faute volontaire contraire à la règle du jeu. • Civ. 2e, 5 déc. 1990 : *préc. note 309.*

313. *Football.* Il ne saurait être fait grief à un arrêt d'avoir condamné une personne à réparer le dommage causé à une autre au cours d'un jeu de football pratiqué entre elles, dès lors qu'il est établi que cette personne en jouant seule avec la victime avait exercé des violences excessives et qu'il en résulte que ces violences excédaient les risques normaux de ce jeu. • Civ. 2e, 27 juin 1984 : *préc. note 309.* ♦ Conf. : • Paris 9 déc. 2002 : *RCA 2003, nos 91 et 116, obs. Radé.* ♦ Mais, des blessures ayant été occasionnées à un enfant, jouant au football, par suite d'un choc avec un joueur adulte de la même équipe, les juges du fond qui constatent que celui-ci était tombé involontairement sur l'enfant ont pu estimer que le joueur adulte n'avait pas commis de faute de nature à engager sa responsabilité. • Civ. 2e, 22 juin 1981 : *Bull. civ. II, n° 135.* ♦ Le joueur qui a blessé un autre joueur peut, bien que son acte ait été sanctionné par un penalty – lequel ne concerne que les lois du jeu –, être déchargé de toute responsabilité envers la victime, dès lors qu'il a été retenu qu'il n'avait pas commis de brutalité volontaire, ni porté le coup de façon déloyale ou dans des conditions créant un risque anormal. • Civ. 2e, 21 juin 1979 : *Bull. civ. II, n° 196 ; D. 1979. IR 543, obs. Alaphilippe et Karaquillo.* ♦ Conf. : • Civ. 2e, 16 nov. 2000 : *RCA 2001, n° 53.* ♦ Pas de faute caractérisée par une violation des règles du jeu, de la part d'un gardien de but qui dégage le ballon au pied pour le renvoyer avant que son adversaire ne puisse s'en emparer, lequel l'a reçu sur la tempe. • Civ. 2e, 13 janv. 2005, n° 03-12.884 P : *RCA 2005, n° 78.*

314. Jeu de ballon. Un mineur ayant, dans un gymnase, heurté et blessé un camarade en jouant au ballon, une faute ne peut être retenue à son encontre par une cour d'appel, alors qu'elle constatait que le coup avait été porté involontairement dans le feu de l'action et sans retenir un acte contraire aux règles du jeu. • Civ. 2e, 4 mai 1988 : *Bull. civ. II, n° 106.*

315. Karaté. La responsabilité de la personne qui pratique un sport est engagée à l'égard d'un autre participant dès lors qu'est établie une faute caractérisée par une violation des règles de ce sport, telle un coup particulièrement violent porté à poing ouvert et doigts tendus au cours d'un entraînement de karaté. • Civ. 2e, 23 sept. 2004, n° 03-11.274 P : *RCA 2004, n° 345.*

316. Lutte gréco-romaine. Un accident étant survenu au cours d'une séance d'entraînement à un participant d'une lutte gréco-romaine, blessé par son partenaire à la suite d'une prise de ceinture à rebours portée au sol et face à l'adversaire, les juges du fond peuvent estimer que ce partenaire n'a commis aucune faute, dès lors qu'ils relèvent que la prise était régulière et qu'elle n'était devenue dangereuse que par suite de sa perte d'équilibre, dont aucun élément de la cause ne permet de penser qu'elle ait été volontaire ou consécutive à une maladresse ou à une négligence. • Civ. 2e, 11 juin 1980 : *Bull. civ. II, n° 141 ; D. 1981. IR 141, obs. Alaphilippe et Karaquillo.*

317. Patinage. Ne caractérise pas une faute ni un manquement aux règles du patinage, une cour d'appel qui constate que c'était par suite d'une chute et d'une glissade involontaire que l'auteur de l'accident avait heurté la victime. • Civ. 2e, 20 janv. 1993, n° 91-15.081 P : *RCA 1993, n° 135.*

318. Squash. Il ne saurait être fait grief à un arrêt, statuant sur la réparation du dommage subi par l'un des joueurs, au cours d'une partie de squash disputée en compétition, d'avoir estimé que la responsabilité de l'autre joueur n'était pas engagée, dès lors que l'arrêt, après avoir relevé que le squash est un jeu rapide, « intense », non dépourvu de certains risques, et analysé les attestations de deux témoins, retient que, même en tenant pour établi que le comportement de ce joueur ait constitué un manquement technique, la preuve de ce que celui-ci ait agi avec une maladresse caractérisée, une brutalité volontaire ou de façon déloyale et de ce qu'il ait joué dans des conditions créant, pour son partenaire, un risque anormal n'était pas rapportée. • Civ. 2e, 28 janv. 1987 : *préc. note 309.*

319. Volley-ball. Ne donne pas de base légale à sa décision au regard de l'art. 1382 C. civ., la cour d'appel qui, pour retenir la responsabilité d'un des participants d'une partie de volley-ball ayant blessé accidentellement un autre joueur retient que son geste était involontaire sans caractériser son comportement fautif et sans retenir un acte contraire aux règles du jeu. • Civ. 2e, 3 juill. 1991, n° 90-13.158 P.

4° USAGE D'UNE CHOSE

320. Balle de tennis. Viole l'art. 1384, al. 1er, C. civ. une cour d'appel qui, pour rejeter l'action en réparation du préjudice subi par une joueuse blessée à l'œil par une balle de tennis relancée dans sa direction au moyen d'une raquette de tennis, au cours d'un jeu collectif improvisé inspiré du base-ball, retient que l'usage commun de la balle de tennis ne l'autorisait pas à réclamer réparation, tout en constatant que la balle de tennis avait été projetée sur la victime par le moyen d'une raquette de tennis dont l'un des joueurs avait alors l'usage, la direction et le contrôle, ce dont il résultait que la raquette avait été l'instrument du dommage. • Civ. 2e, 28 mars 2002, n° 00-10.628 P : *RCA 2002, n° 192 ; RTD civ. 2002. 520, obs. Jourdain.*

321. Ballon de football. Ayant retenu qu'au cours d'un jeu collectif comme le football, tous les joueurs ont l'usage du ballon et nul n'en a individuellement le contrôle, le joueur qui détient le ballon étant contraint de le renvoyer immédiatement ou de subir les attaques de ses adversaires qui tentent de l'empêcher de le contrôler et de le diriger, en sorte qu'il ne dispose que d'un temps de détention très bref pour exercer sur le ballon un pouvoir sans cesse disputé, une cour d'appel en déduit à bon droit que le gardien de but, sorti de la surface de réparation, pour éloigner le ballon, ne disposait pas sur celui-ci, au moment de l'accident, des pouvoirs d'usage, de contrôle et de direction caractérisant la garde de la chose instrument du dommage. • Civ. 2e, 13 janv. 2005, n° 03-12.884 P : *RCA 2005, n° 78.*

C. ASSOCIATIONS SPORTIVES

322. Les associations sportives, ayant pour mission d'organiser, de diriger et de contrôler l'activité de leurs membres au cours des compétitions sportives auxquelles ils participent, sont responsables, au sens de l'art. 1384, al. 1er C. civ., des dommages qu'ils causent à cette occasion. • Civ. 2e, 22 mai 1995 (2 arrêts), n° 92-21.197 P : *D. 1996. Somm. 29, obs. Alaphilippe ; JCP 1995. II. 22550, note Mouly ; RCA 1995. Chron. 36, note Groutel ; RTD civ. 1995. 899, obs. Jourdain* • Civ. 2e, 3 févr. 2000, n° 98-11.438 P : *JCP 2000. II. 10316, note Mouly ; RCA 2000, n° 110, note Groutel.* ♦ ... Dès lors qu'une faute caractérisée par une violation des règles du jeu est imputable à l'un de ses membres, même non identifié. • Civ. 2e, 21 oct. 2004, n° 03-17.910 P : *D. 2004. IR 2973 ; RCA 2005, n° 9* • Cass., ass. plén., 29 juin 2007 : *RCA 2007, n° 302 ; ibid., Étude 17, note Hocquet-Berg.* ♦ ... Mais à la condition que cette faute caractérisée par une violation des règles du jeu existe. Cassation d'un arrêt ayant condamné une association au seul motif qu'un de ses joueurs est intervenu par son fait dans la production du dommage subi.

• Civ. 2e, 13 janv. 2005, n° 03-18.617 P : *RCA 2005, n° 81.* ♦ Une faute consistant en une violation des règles du jeu commise par un ou plusieurs joueurs, même non identifiés, est seule de nature à engager la responsabilité des associations sportives à l'égard d'un joueur blessé au cours d'un match de rugby. • Civ. 2e, 13 mai 2004, n° 03-10.222 P : *D. 2004. IR 1711 ; RCA 2004, ss. Étude 15, note Radé.* ♦ Conf. : • Civ. 2e, 5 oct. 2006 : *RCA 2006, n° 377.* ♦ Cassation pour défaut de base légale d'un arrêt dont les motifs sont insuffisants à établir que l'effondrement d'une mêlée avait été délibéré. • Civ. 2e, 22 sept. 2005, n° 04-14.092 P : *D. 2005. IR 1397 ; RCA 2005, n° 313.*

323. Il importe que le dommage dont la victime demande réparation ait été causé par un membre de l'association dont la responsabilité est recherchée sur le fondement de l'art. 1384, al. 1er C. civ. • Civ. 2e, 22 sept. 2005, n° 04-18.258 P : *RCA 2005, n° 312.* ♦ Justifie légalement sa décision, l'arrêt qui retient la responsabilité d'une association sportive à la suite de violences au cours d'un match de rugby ayant entraîné la mort d'un adversaire, dès lors que ce sont les joueurs de cette association qui ont exercé ces violences au cours de la compétition sportive à laquelle ils ont participé, et ce, même si l'auteur de la faute n'a pas été identifié. • Civ. 2e, 22 mai 1995 (arrêt n° 2) : *préc. note 322.*

324. Au cours d'une compétition sportive, engage la responsabilité de son employeur, le préposé, joueur professionnel salarié, qui cause un dommage à un autre participant par sa faute caractérisée par une violation des règles du jeu. • Civ. 2e, 8 avr. 2004, n° 03-11.653 P : *RCA 2004, ss. Étude 15, note Radé ; RTD civ. 2005. 517, obs. Jourdain .* ♦ Manque de base légale l'arrêt d'une cour d'appel qui déclare une société anonyme à objet sportif responsable du dommage causé par son préposé à un joueur adverse lors d'un match de football sans rechercher si le tacle ayant provoqué les blessures avait constitué une telle faute. • Même arrêt.

325. Un joueur, qui ne pouvait participer à un match de football pour raisons médicales, et qui a commis volontairement, en dehors de toute activité sportive, une agression caractérisée à l'encontre d'un autre joueur, n'engage nullement la responsabilité civile de l'association sportive. • Aix-en-Provence, 16 mars 2004 : *RCA 2004, n° 248, obs. Radé.*

326. L'association sportive est tenue d'une obligation contractuelle de sécurité, de prudence et de diligence envers les sportifs exerçant une activité dans ses locaux et sur des installations mises à leur disposition, quand bien même ceux-ci pratiquent librement cette activité. • Civ. 1re, 15 déc. 2011 : *D. 2012. 94* (chute d'un mur d'escalade, alors que l'activité était pratiquée sans formation, refusée par la victime, ni encadrement).activité pratiquée sans cours ni encadrement).

D. ASSURANCES

327. Les dispositions de l'art. 37 de la loi du 16 juill. 1984 ne confèrent pas à la Fédération française d'athlétisme le droit d'imposer aux groupements sportifs qui lui sont affiliés le choix de l'assureur et les conditions du contrat garantissant sa responsabilité civile et celle de ses préposés et adhérents. • CE 2 juill. 1999 : *RCA 1999. Chron. 26, note Courtieu.*

1° OBLIGATIONS DES GROUPEMENTS SPORTIFS

328. En vertu de l'art. 38 de la loi du 16 juill. 1984, les groupements sportifs sont obligés, non seulement d'attirer l'attention de leurs adhérents sur leur intérêt à souscrire une assurance de personne couvrant leurs dommages corporels, mais encore de leur proposer plusieurs formules de garanties leur permettant, s'ils estiment utile de contracter une telle assurance, de choisir la garantie la mieux adaptée à leurs besoins. • Civ. 1re, 13 févr. 1996, n° 94-11.726 P : *D. 1997. Somm. 181, obs. Mouly ; D. 1998. Somm. 50, obs. Groutel ; RCA 1996, n° 196 ; ibid., Chron. 25, note Courtieu.* ♦ V. égal. : • Civ. 2e, 13 oct. 2005 : *RCA 2005, n° 369, note Groutel.* ♦ ***Observation :*** La L. du 6 juill. 2000 a modifié l'art. 34 et supprimé l'obligation de tenir à la disposition des « formules de garantie » permettant de s'assurer.

329. Même si les statuts d'une association sportive, créée dans le cadre d'un groupe bancaire, ne prévoyaient pas l'adhésion individuelle des salariés mais seulement celle des comités d'entreprise et des associations sportives qui en étaient issues, elle n'en demeurait pas moins tenue, en application de l'art. 38 de la loi du 16 juill. 1984, de prendre ses dispositions pour que chaque participant à une compétition sportive soit informé qu'il avait intérêt à s'assurer ; un salarié, blessé lors d'une de ces compétitions, n'ayant pas été couvert par une assurance individuelle de personnes, c'est à bon droit que la cour d'appel a pu décider que l'association avait manqué à son devoir d'information. • Civ. 2e, 19 mars 1997, n° 94-19.249 P : *D. 1998. Somm. 50, obs. Groutel ; RCA 1997, n° 243, note Courtieu.* ♦ En revanche, le comité d'entreprise n'étant pas un groupement sportif, viole l'art. 38 de la loi du 16 juill. 1984 l'arrêt qui le condamne pour n'avoir pas informé le salarié aux motifs que son rôle était de relayer l'action de l'association et qu'il participait ainsi à l'organisation de la manifestation. • Même arrêt.

330. Une société de courses de chevaux, qui relève de la tutelle du ministère de l'Agriculture et non de celle de la Jeunesse et des Sports, ne constitue pas un groupement sportif au sens de la loi du 16 juill. 1984, dont les dispositions sont indissociables, de sorte que l'art. 38 de cette loi ne lui est pas applicable. • Civ. 1re, 25 févr. 2003, n° 00-12.157 P : *RCA 2003, n° 155.*

331. Faute de la Fédération française d'éducation physique et de gymnastique volontaire qui avait délivré à la victime une licence fédérale précisant qu'elle « tient lieu d'assurance pour les activités pratiquées au sein de la section GV », alors que l'assurance ne couvrait pas la pratique du sport d'escalade en salle. • Civ. 1re, 6 juill. 1999 : *RCA 1999, n° 378, note Courtieu.*

2° OBLIGATIONS DES FÉDÉRATIONS AU TITRE DE LA SOUSCRIPTION D'UNE ASSURANCE DE GROUPE

332. La note de la Fédération française d'athlétisme relative aux garanties comprises dans la licence est annulée en tant qu'elle impose aux groupements affiliés et aux licenciés qui souhaitent ne pas bénéficier des contrats d'assurance proposés par la fédération d'avancer la somme correspondant au montant desdits contrats inclus dans le prix de la licence et d'adresser une demande par lettre recommandée avec accusé de réception en vue d'en obtenir le remboursement à l'issue de la saison sportive en cours. • CE 29 sept. 2003 : *RCA 2003, n° 306.*

333. C'est au souscripteur de l'assurance de groupe qu'il appartient d'informer les adhérents par la remise d'une notice définissant les garanties du contrat et leurs règles de fonctionnement ; dès lors, c'est à bon droit et sans inverser la charge de la preuve, qu'une cour d'appel, qui a constaté que les conditions du contrat n'avaient pas été communiquées à l'adhérent et que l'absence de remise de la notice n'était pas sérieusement contestée, a estimé que la mention portée sur la licence selon laquelle « le titulaire déclare avoir pris connaissance (...) des conditions du contrat », ne satisfaisait pas aux exigences de la loi. • Civ. 1re, 13 févr. 1996 : *préc. note 328.*

334. A commis une faute la fédération ayant souscrit un contrat d'assurance de personnes sans informer ses adhérents de l'étendue de la garantie ainsi procurée et de leur intérêt à souscrire une garantie plus étendue, ni tenir à la disposition de ceux-ci des formules de garantie susceptibles de réparer les atteintes à l'intégrité physique des pratiquants, engageant par le fait même sa responsabilité contractuelle envers une licenciée qui s'est blessée accidentellement au cours d'une compétition sportive. • Civ. 1re, 4 févr. 1997 : *D. 1998. Somm. 50, obs. Groutel ; RCA 1997, n° 113, note Courtieu.*

3° PRÉJUDICE DU PRATIQUANT

335. Ayant relevé que l'adhérente, victime d'une chute lors d'une reprise, avait fait valoir qu'elle aurait dû bénéficier d'un choix qui lui eût permis d'opter pour une assurance lui garantissant, en cas de sinistre, une indemnisation supérieure à celle dont elle bénéficie, et ayant énoncé que l'adhérente ne s'était vu offrir aucun choix et qu'elle n'avait pu apprécier ni la nature ni l'importance des garanties, une cour d'appel a, par ces seuls motifs, caractérisé le lien de causalité rattachant la faute de la Délégation nationale des sports équestres au dommage subi par l'adhérente. • Civ. 1re, 13 févr. 1996 : *préc. note 328.*

336. Le préjudice causé à la victime par la faute de la fédération n'est que de la perte d'une chance. • Civ. 1re, 4 févr. 1997 : *préc. note 334.* ♦ Une cour d'appel viole l'art. 1382 C. civ. en allouant à la victime une indemnité réparant l'intégralité de son préjudice corporel apprécié suivant le droit commun, alors que le préjudice subi du fait du manquement de l'association à ses obligations consiste dans la perte d'une chance d'être assuré selon un contrat d'assurance de personne à garanties forfaitaires. • Civ. 2e, 19 mars 1997 : *préc. note 329.* ♦ Mais ne donne pas de base légale à sa décision rejetant la demande de réparation formée par un membre d'un club de judo blessé au cours d'une compétition la cour d'appel qui ne recherche pas si le seul fait de n'avoir pas informé celui-ci de son intérêt de souscrire une assurance complémentaire ne l'avait pas privé de la perte d'une chance d'obtenir une meilleure réparation que celle dont il a bénéficié. • Civ. 1re, 7 avr. 1998, n° 96-15.615 P.

337. Ne donne pas de base légale à sa décision une cour d'appel qui condamne une fédération sportive, n'ayant pas, dans le cadre de la loi du 16 juill. 1984, dispensé l'information suffisante, à indemniser la victime pour une somme égale à la différence entre la réparation de son préjudice corporel et ce que l'assureur garantit contractuellement, sans préciser ni le montant de la garantie individuelle souscrite, ni celui de la garantie maximale susceptible d'être souscrite, ainsi que son coût, et sans rechercher le montant du préjudice. • Civ. 2e, 21 févr. 2002, n° 99-20.711 P : *RCA 2002, n° 181, note Courtieu.*

VICTIMES D'INFRACTION (INDEMNISATION)

Code de procédure pénale

PREMIÈRE PARTIE : *LÉGISLATIVE*

(L. n° 57-1426 du 31 déc. 1957)

Les annotations de jurisprudence et de bibliographie sous les articles 706-3 et suivants du **code de procédure pénale**, *rédigées avec le concours de Mme C. Ambroise-Castérot et MM. J.-F Renucci et J.-P. Céré, ont été reprises du code de procédure pénale Dalloz.*

BIBL. ▸ MAESTRE, *D. 1977. Chron. 145*. – DECOCQ, *RS crim. 1977. 618*. – DOLL, *Gaz. Pal. 1977. 1. Doctr. 120*. – ANCEL, *RS crim. 1978. 179*. – DEGHILAGE, *JCP 1977. I. 2854*. – PRADEL, *D. 1983. Chron. 241*. – COUVRAT, *RS crim. 1983. 577 ; ALD 1990. 143*. – D'HAUTEVILLE, *JCP 1984. I. 3139 ; RS crim. 1991. 149*. – ROUJOU DE BOUBÉE, *ALD 1984. 49*. – CRUT, *La Vie judiciaire 22 août 1983, n° 1950, p. 1*. – CHARTIER, *Gaz. Pal. 1985. 1. Doctr. 346*. FAVARD et GUTH, *JCP 1990. I. 3466*. – GUTH et MARON, *Dr. pénal mai 1991, p. 1*. – LIENHARD, note *D. 1993. 208* . – LOUVEL, *Gaz. Pal. 1993. 1. Doctr. 547*. – VINEY, *JCP 1994. I. 3809*. – RENAUT, *Gaz. Pal. 1988. 2. Doctr. 1028*. – MELIN, *JCP 1999. I. 127*. – GROUTEL, *RCA 1988. Chron. 6 ; ibid. 1989. Chron. 11 ; ibid. 1992. Chron. 11 ; ibid. 1994. Chron. 9, 10, 15 et 16 ; ibid. 1995. Chron. 10, 15 et 24 ; ibid. 1997. Chron. 1, 7 et 21 ; ibid. 1998. Chron. 3 et 13 ; ibid. 1999. Chron. 1 ; ibid. 2004. Chron. 25*. – PENAUD, *Dr. pénal 1999. Chron. 22 ; Gaz. Pal. 2000. Doctr. 1366* (inégalité des victimes devant la CIVI). – KÉRONNES, *Gaz. Pal. 2000. Doctr. 252* (l'indemnisation des victimes d'infractions : un palliatif aux conséquences dommageables de la criminalité de masse).

Recours en indemnité ouvert à certaines victimes de dommages résultant d'une infraction

Art. 706-3 *(L. n° 90-589 du 6 juill. 1990)* **Toute personne** *(L. n° 2019-222 du 23 mars 2019, art. 64-II, en vigueur le 1er avr. 2019)* **« , y compris tout agent public ou tout militaire, » ayant subi un préjudice résultant de faits volontaires ou non qui présentent le caractère matériel d'une infraction peut obtenir la réparation intégrale des dommages qui résultent des atteintes à la personne, lorsque sont réunies les conditions suivantes :**

(L. n° 2000-1257 du 23 déc. 2000) **« 1° Ces atteintes n'entrent pas dans le champ d'application de l'article 53 de la loi de financement de la sécurité sociale pour 2001 (n° 2000-1257 du 23 décembre 2000) ni de l'article L. 126-1 » du code des assurances ni du chapitre Ier de la loi n° 85-677 du 5 juillet 1985 tendant à l'amélioration de la situation des victimes d'accidents de la circulation et à l'accélération des procédures d'indemnisation et n'ont pas pour origine un acte de chasse ou de destruction des animaux** *(L. n° 2016-1087 du 8 août 2016, art. 157)* **« susceptibles d'occasionner des dégâts » ;**

2° Ces faits :

— soit ont entraîné la mort, une incapacité permanente ou une incapacité totale de travail personnel égale ou supérieure à un mois ;

— soit sont prévus et réprimés *(L. n° 92-1336 du 16 déc. 1992)* **« par les articles 222-22 à 222-30,** *(L. n° 2013-711 du 5 août 2013, art. 2)* **« 224-1 A à 224-1 C »** *(L. n° 2004-204 du 9 mars 2004, art. 169, en vigueur le 1er janv. 2005)* **« , 225-4-1 à 225-4-5 »** *(L. n° 2016-444 du 13 avr. 2016, art. 12)* **« , 225-5 à 225-10 »,** *(L. n° 2013-711 du 5 août 2013, art. 2)* **« 225-14-1 et 225-14-2, » et 227-25 à 227-27 du code pénal » ;** *— Les dispositions de la L. n° 92-1336 du 16 déc. 1992 sont entrées en vigueur le 1er mars 1994.*

3° La personne lésée est de nationalité française *(L. n° 2013-711 du 5 août 2013, art. 20)* **« ou les faits ont été commis sur le territoire national. »** *(Abrogé par L. n° 2013-711 du 5 août 2013, art. 20)* ***« Dans le cas contraire, les faits ont été commis sur le territoire national et la personne lésée est :***

« — soit ressortissante d'un État membre de la Communauté économique européenne ;

« — soit, sous réserve des traités et accords internationaux, en séjour régulier au jour des faits ou de la demande. »

La réparation peut être refusée ou son montant réduit à raison de la faute de la victime.

V. art. R. 50-1 à R. 50-28 et R. 92, 15°. — ***C. pr. pén.***

A compter de la publication du décret relatif au fonds d'indemnisation des victimes de l'amiante (Décr. n° 2001-963 du 23 oct. 2001, JO 24 oct.) :

— les demandes d'indemnisation des préjudices causés par l'exposition à l'amiante qui sont en cours d'instruction devant les commissions de l'art. 706-4 C. pr. pén. sont transmises au fonds d'indemnisation des victimes de l'amiante qui a été créé par la L. n° 2000-1257 du 23 déc. 2000 ;

— la compétence juridictionnelle pour connaître en appel ou en cassation des décisions rendues avant la publication de ce décret n'est pas remise en cause ;

— les provisions allouées en application du dernier alinéa de l'art. 706-6 C. pr. pén. sont remboursées par le fonds d'indemnisation des victimes de l'amiante au fonds de garantie des actes de terrorisme et d'autres infractions.

I. CONDITIONS GÉNÉRALES D'INDEMNISATION DES VICTIMES

1. *Autonomie du régime de la réparation.* L'art. 706-3 institue en faveur des victimes d'infractions un mode de réparation autonome répondant à des règles qui lui sont propres. • Civ. 2e, 18 juin 1986, n° 84-17.283 P • 1er juill. 1992, n° 91-12.662 P : *Dr. pénal oct. 1992, obs. Maron ; RCA 1992. Comm. 407.*

2. Viole les art. 112-1, 121-3 dans sa rédaction issue de la loi du 10 juill. 2000 du C. pén., et 706-3 C. pr. pén., la cour d'appel qui pour déclarer recevable la requête d'une victime, en présence d'une loi nouvelle qui abroge l'incrimination sur laquelle la saisine de la commission d'indemnisation des victimes d'infraction (CIVI) était fondée, énonce que l'art. 706-3 C. pr. pén. institue en faveur des victimes d'infractions un mode de réparation autonome répondant à des règles qui lui sont propres et que le caractère matériel de l'infraction doit s'apprécier au jour de la commission du fait dommageable, peu important qu'une loi postérieure ait modifié l'incrimination. • Civ. 2e, 13 janv. 2005, n° 03-17.594 P : *D. 2005. IR 316*.

3. Le fonds de garantie des victimes des actes de terrorisme et d'autres infractions, qui n'a de rapport avec la victime qu'à l'occasion de cette procédure, ne peut être appelé à intervenir à l'expertise *in futurum* organisée à la demande de la victime, entre elle et l'auteur de l'infraction. • Civ. 2e, 14 déc. 2017, n° 16-24.169 P : *D. actu. 5 janv. 2018, obs. Kebir.*

4. Définition de l'incapacité totale de travail personnel. Selon l'art. 706-3, toute personne ayant subi un préjudice résultant de faits volontaires ou non qui présentent le caractère matériel d'une infraction peut obtenir réparation intégrale des dommages qui résultent des atteintes à la personne, lorsque, notamment, ces faits ont entraîné une incapacité totale de travail personnel égale ou supérieure à un mois ; cette incapacité ne se confond pas avec le déficit fonctionnel temporaire au regard duquel est évalué le montant de l'indemnisation. • Civ. 2e, 19 nov. 2015, n° 14-25.519 P : *D. actu. 16 déc. 2015, obs. Benelli-de Bénazé.*

5. Détermination de l'infraction. Use de son pouvoir une cour d'appel qui recherche si les faits qui lui sont soumis présentent le caractère matériel d'une infraction. Cassation d'une décision qui n'a pas mis en évidence les circonstances caractérisant l'intervention d'un tiers, élément matériel de l'infraction. • Civ. 2e, 11 févr. 1998, n° 95-20.382 P : *RCA 1998. Comm. 159.* ♦ Ne donne pas de base légale à sa décision la cour d'appel qui, pour retenir la compétence de la CIVI, se contente d'affirmer que les manquements constatés présentent le caractère matériel d'une infraction, sans préciser ni la nature, ni les éléments matériels de l'infraction qu'elle retient. • Civ. 2e, 5 avr. 2007, n° 06-11.933 P. ♦ Inversement, les décisions pénales ayant au civil autorité absolue à l'égard de tous en ce qui concerne ce qui a été jugé quant à l'existence du fait incriminé et la culpabilité de celui auquel le fait est imputé, de la seule constatation de faits présentant le caractère matériel d'une infraction ayant abouti à la condamnation pénale de leur auteur résulte nécessairement l'existence d'un préjudice pour la victime. • Civ. 2e, 17 déc. 1998, n° 96-22.614 P. ♦ Sur l'autorité de la chose jugée au pénal sur la CIVI, V. par ex. : • Civ. 2e, 17 janv. 2019, n° 18-10.350 P : *JCP 2019. 304, note Ambroise-Castérot.*

6. Une décision de classement sans suite n'ayant qu'un caractère provisoire, le président d'une commission d'indemnisation doit rechercher si les faits qui lui étaient soumis présentaient le caractère matériel d'une infraction. • Civ. 2e, 1er juill. 1992, n° 91-12.662 P : *RCA 1992. Comm. 402.* ♦ Le seul constat de l'ouverture d'une information est insuffisant. • Civ. 2e, 7 oct. 1992, n° 91-20.881 P : *RCA 1992. Comm. 444.*

7. Dès lors qu'elle relève, à la suite d'une ordonnance de non-lieu rendue en l'absence de charges suffisantes contre quiconque, que la cause d'une explosion est inconnue, une cour d'appel peut en déduire qu'il n'est pas démontré que le préjudice subi par une victime résulte de faits présentant le caractère matériel d'une infraction. • Civ. 2e, 20 avr. 2000, n° 98-17.579 P.

8. Viole l'art. 706-3 la commission d'indemnisation qui déclare irrecevable la requête présentée par une femme dont le mari avait été tué d'un coup de revolver, motif pris de ce que, poursuivi du chef d'homicide volontaire, l'auteur du coup de feu avait été acquitté, alors qu'elle constatait les éléments matériels de l'homicide involontaire. • Civ. 2e, 11 juill. 1988, n° 87-15.061 P : *RCA 1988. Comm. 39.* ♦ Comp. : les décisions pénales ont, au civil, autorité absolue relativement à ce qui a été jugé quant à l'existence de l'infraction et à la culpabilité de la personne poursuivie ; dès lors, une cour d'appel ne pouvait estimer rapportée la preuve de faits présentant le caractère matériel d'un viol, alors qu'il résultait de ses propres constatations que la seule personne mise en cause avait été acquittée par la décision définitive d'une cour d'assises. • Civ. 2e, 21 mai 2015, n° 14-18.339 P : *D. actu. 9 juin 2015, obs. Mélin ; RSC 2015. 679, obs. Giudicelli*.

9. Ayant retenu l'infraction de coups et blessures volontaires avec arme, en l'occurrence une automobile, une commission d'indemnisation en a justement déduit que la victime n'avait pas subi un accident de la circulation et que, son dommage ne pouvant être pris en charge par le fonds de garantie, sa demande d'indemnisation devait être accueillie. • Civ. 2e, 6 déc. 1991, n° 88-19.990 P : *RCA 1992. Comm. 90.*

10. L'existence d'une infraction ne saurait se déduire de la seule absence de réussite d'un acte chirurgical et de l'apparition d'un préjudice, lequel peut être en relation avec l'acte médical pratiqué sans l'être pour autant avec une faute pénale. • Civ. 2e, 8 juill. 1999 : *RCA 1999. Comm. 328.*

11. L'art. 706-3 C. pr. pén. permet la réparation des dommages résultant des atteintes à la personne lorsque les faits qui les ont causés sont prévus et réprimés par les art. 222-22 à 222-30 et 227-27 C. pén. ; or, cette énumération est limitative et la qualification retenue par le juge pénal s'impose au juge de l'indemnisation; ainsi, c'est à bon droit que la cour d'appel a décidé que la CIVI ne pouvait, face à la qualification de proxénétisme aggravé retenue par le tribunal correctionnel, en application des art. 225-5 et 225-7, al. 1er, 1 et 5, requalifier les faits en agressions sexuelles pour faire droit à la demande d'indemnisation. • Civ. 2e, 27 mars 2003, n° 02-10.479 P : *RCA 2003. Comm. 201.*

12. La tentative d'agression sexuelle qui, selon les art. 222-22, 222-27 et 222-31 C. pén., est assimilable à l'infraction consommée, entre dans les prévisions de l'art. 706-3 C. pr. pén. • Civ. 2e, 29 mars 2006, n° 04-18.483 P : *D. 2006. IR 1130* • 15 mars 2007 : *D. 2007. AJ 1014*.

13. Faits antérieurs à la loi du 3 janv. 1977. En l'absence de régime d'indemnisation antérieur à la loi n° 77-5 du 3 janv. 1977 pour des faits commis avant le 1er janv. 1976, est légalement justifié l'arrêt qui indique que des faits de coups et blessures volontaires survenus en 1975 ne sont pas susceptibles d'être indemnisés ni même l'aggravation de l'état de santé de la victime survenue en 1993. • Civ. 2e, 27 sept. 2001, n° 99-12.039 P : *D. 2002. 1173, note Mikalef-Toudic ; RCA 2001. Comm. 365.*

14. Les dispositions des art. 706-3 et 706-9 C. pr. pén. n'imposent pas à la victime d'une infraction de tenter d'obtenir l'indemnisation de son préjudice de la part des personnes responsables du dommage causé par l'infraction ou tenues à un titre quelconque d'en assurer la réparation, préalablement à la saisine d'une commission d'indemnisation. • Civ. 2e, 23 juin 1993, n° 91-19.791 P : *RCA 1993. Comm. 312* • 6 nov. 1996, n° 94-17.970 P : *RCA 1997. Comm. 22 et Chron. 1, note Groutel* • 7 oct. 1999 : *RCA 1999. Comm. 360* • 13 déc. 2001, n° 00-12.105 P : *D. 2002. IR 258 ; RCA 2002. Comm. 97; Dr. pénal 2002. Comm. 91, obs. Maron.* ♦ Mais aucune disposition de la loi du 6 juill. 1990 n'interdit à la victime d'agir devant une commission même si elle a perçu une provision du débiteur qui lui a fait une offre d'indemnisation. • Civ. 2e, 19 févr. 1997, n° 95-10.159 P : *JCP 1997. I. 4031, Chron. Maron; Dr. pénal 1997. Comm. 88, obs. Maron; RCA 1997. Comm. 94 et Chron. 7, note Groutel.*

15. Cause de non-imputabilité. Il est indifférent que l'auteur de l'infraction ne puisse être poursuivi en raison d'une cause de non-imputabilité dès lors qu'il est établi que le préjudice est dû à un fait présentant le caractère matériel d'une infraction pénale. • Civ. 2e, 30 nov. 2000, n° 99-19.848 P : *RCA 2001, n° 42, note Groutel.*

16. Fait justificatif. Ne présentent pas le caractère matériel d'une infraction, au sens de l'art. 706-3 C. pr. pén., les faits pour lesquels leur auteur bénéficie du fait justificatif tiré de l'ordre de la loi. Dès lors, la demande en réparation du préjudice formulée sur le fondement de cet article ne peut aboutir. • Civ. 2e, 26 mars 2015, n° 13-17.257 : *D. actu. 14 avr. 2015, obs. Priou-Alibert.*

17. Crime contre l'humanité. L'art. 18, al. 2, de la loi du 6 juill. 1990, en prévoyant que les dispositions de cette loi s'appliquent aux faits qui n'ont pas donné lieu à une décision irrévocablement passée en force de chose jugée, limite ainsi son champ d'application aux faits qui étaient déjà susceptibles d'être indemnisés sur le fondement des art. 706-3 s. à d'autres conditions sous le régime antérieur; ce régime n'étant pas applicable à des faits commis avant le 1er janv. 1976, les dommages subis découlant d'infractions commises de 1942 à 1944 ne sont pas susceptibles d'être indemnisés par la CIVI. • Civ. 2e, 13 mars 2003, n° 02-10.830 P : *RSC 2003. 588, note Giudicelli ; RCA 2003. Comm. 178.*

18. Accidents du travail. Il résulte des art. L. 451-1 et L. 452-5 CSS et 706-3 C. pr. pén, que les dispositions propres à l'indemnisation des victimes d'infractions sont applicables aux victimes d'un accident du travail imputable à la faute intentionnelle de l'employeur, telle que des violences volontaires commises par le gérant d'une société sur un salarié. • Civ. 2e, 4 févr. 2010, n° 09-13.332 P : *D. 2010. Actu. 507, note Lavric*. ♦ ... Ou de l'un de ses préposés. • Civ. 2e, 7 mai 2009, n° 08-16.738 P : *D. 2009. AJ 1487, note Lavric; RSC 2009. 847, obs. Cerf-Hollender*. ♦ ... Et même à une personne autre que l'employeur ou l'un de ses préposés. • Civ. 2e, 29 avr. 2004, n° 02-13.050 P. ♦ L'article 706-3 du Code de procédure pénale n'interdit pas aux victimes d'accidents du travail de présenter une demande d'indemnisation du préjudice résultant de faits présentant le caractère matériel d'une infraction. • Civ. 2e, 24 juin 1999 : *RCA 1999. Comm. 293, obs. Groutel* • 18 juin 1997, n° 95-10.159 P : *RCA 1997. Comm. 266, et Chron. 21, par Groutel.* ♦ Voir cep. en sens contraire : les dispositions propres à l'indemnisation des victimes d'infractions ne sont pas applicables aux victimes d'un accident du travail imputable à l'employeur ou à ses préposés même en cas de faute intentionnelle de l'employeur ou du préposé. Par suite, viole les art. L. 451-1 et L. 452-5 CSS et 706-3 C. pr. pén, une cour d'appel qui, pour indemniser la victime d'un accident du travail blessée par les coups et blessures volontaires de l'un de ses collègues de travail, énonce que, si l'accident est dû à la faute intentionnelle de l'employeur ou de l'un de ses préposés, la victime conserve le droit de demander la réparation du préjudice conformément aux règles du droit commun dans la mesure où ce préjudice n'est pas réparé par application des autres dispositions du CSS. • Civ. 2e, 7 févr. 2008, n° 07-10.838 P : *D. 2008. AJ 620* • 21 déc. 2006, n° 05-20.344 P : *RSC 2007. 827, obs. Cerf-Hollender ; JCP S 2007. 1112, note Vachet* • 3 mai 2006, n° 04-19.380 P : *D. 2006. IR 1403*. ♦ Les dispositions légales d'ordre public sur la réparation des accidents de service excluent les dispositions propres à l'indemnisation des victimes d'infraction. • Civ. 2e, 30 juin 2005, n° 03-19.207 P : *D. 2005. IR 2039* ; *AJDA 2005. IR 1861* • 7 mai 2003, n° 01-00.815 P : *D. 2004. IR 1476* • 23 oct. 2003, n° 02-16.580 P : *D. 2004. 834, note Saint-Jour.*

19. Selon les dispositions de l'art. 706-3, peuvent être indemnisées les victimes exclues du bénéfice de la législation sociale, applicable aux accidents du travail. Par suite, c'est à bon droit qu'une cour d'appel décide que le préjudice moral, subi par la tante d'une victime mortellement blessée dans un accident du travail résultant d'une infraction d'homicide involontaire, pouvait être réparé ; la demanderesse n'ayant pas la qualité d'ayant droit au sens de la législation sociale. • Civ. 2e, 7 mai 2009, n° 07-19.365 P : *D. 2009. AJ 1487, note Lavric* ; *RSC 2009. 847, obs. Cerf-Hollender* .

20. Attroupements ou manifestations. L'art. 706-3 n'exclut pas les dommages subis lors d'attroupements ou de manifestations sur la voie publique. • Paris, 2 juill. 1999 : *RCA 2000. Comm. 7.*

21. Compétition sportive. Les dispositions relatives à l'indemnisation des victimes d'une infraction ne sont applicables entre concurrents d'une compétition sportive qu'en cas de violation des règles du sport pratiqué constitutives d'un délit : pour prononcer une condamnation, les juges doivent relever une faute caractérisée par une violation des règles de la conduite sportive. • Civ. 2e, 4 nov. 2004 : *D. 2004. IR 3117* • 29 mars 2018, n° 17-16.873 P : *D. actu. 11 avr. 2018, obs. Hacène.*

22. Abstention volontaire d'empêcher un crime ou un délit contre l'intégrité des personnes. Doit être déclarée irrecevable la requête de la victime ayant trait à une demande en réparation du préjudice moral résultant d'une infraction d'abstention volontaire d'empêcher un crime ou un délit contre l'intégrité d'une personne dès lors que la victime n'établit pas avoir subi une incapacité temporaire totale de travail supérieure à un mois ou être en état d'incapacité permanente partielle résultant de l'infraction d'abstention volontaire d'empêcher un crime ou un délit contre l'intégrité d'une personne. • Civ. 2e, 16 mai 2013 : *D. actu. 11 juin 2013, obs. Marrocchella.*

23. Accidents de la circulation. L'art. 706-3 est applicable aux Français victimes d'un accident de la circulation survenu à l'étranger pour lequel l'application de la loi du 5 juill. 1985 est exclue. • Civ. 2e, 2 nov. 1994, n° 92-17.181 P : *RCA 1994. Comm. 406* • 11 févr. 1999 : *RCA 1999. Comm. 139, obs. Groutel.* ♦ L'indemnisation de la victime d'une infraction commise à l'occasion d'un accident de la circulation survenu à l'étranger entre dans le champ d'application de l'art. 706-3 dès lors que la loi du 5 juill. 1985 n'est pas rendue applicable par la convention de La Haye du 4 mai 1971. • Civ. 2e, 8 déc. 1999, n° 97-20.120 P : *D. 2000. Somm. 472, obs. Delebecque* ; *RCA 2000. Comm. 82, obs. Groutel.* ♦ Par contre, si l'accident de la circulation est survenu en France et entre dans le champ d'application de la loi n° 85-677 du 5 juill. 1985, les dispositions des art. 706-3 et s. ne s'appliquent pas. • Civ. 2e, 7 mai 2002, n° 00-20.442 P : *Resp. civ. et assur. 2002. Comm. 260, obs. Groutel.* ♦ Selon l'art. 706-3-1°, une personne ayant subi un préjudice résultant de faits volontaires ou non qui présentent le caractère matériel d'une infraction ne peut obtenir la réparation intégrale des dommages qui résultent des atteintes à la personne que lorsque ces atteintes n'entrent pas, notamment, dans le champ d'application du chap. Ier de la loi du 5 juill. 1985 tendant à l'amélioration de la situation des victimes d'accident de la circulation et à l'accélération des procédures d'indemnisation. • Civ 2e, 7 févr. 2008, n° 07-13.397 P : *D. 2008. AJ 614* .

24. Les dommages garantis par le Fonds de garantie des assurances obligatoires de dommages en application des art. L. 421-1, al. 3, dans sa rédaction issue de la L. n° 2003-1311 du 30 déc. 2003, et R. 421-2 C. assur., sont exclus de la compétence de la CIVI telle qu'elle résulte de l'art. 706-3 C. pr. pén. • Civ. 2e, 8 janv. 2009, n° 07-21.828 P.

25. Abus frauduleux de l'état d'ignorance ou de la situation de faiblesse. Les faits qui présentent le caractère matériel de l'infraction d'abus frauduleux de l'état d'ignorance ou de la situation de faiblesse, prévue et réprimée par l'art. 223-15-2 C. pén., constituent une atteinte à la personne relevant de l'application de l'art. 706-3 C. pr. pén., relatif à l'indemnisation de certaines victimes d'infractions par le Fonds d'indemnisation des victimes des actes de terrorisme et d'autres infractions. Toutefois, n'entre pas dans la prévision de ce dernier texte la réparation du préjudice financier constitué par la perte des sommes remises par la victime des faits. • Civ. 2e, 8 mars 2012 : *D. 2012. Pan. 2057, obs. Adida-Canac et Bouvier* .

26. Ayants droit. L'art. 706-3 C. pr. pén. consacre pour la victime un droit à réparation intégrale des dommages résultant des atteintes à sa personne, et, en conséquence, ses ayants droit, agissant en qualité d'héritiers, peuvent demander réparation conformément au droit commun. • Cass., avis, 29 sept. 1998, n° 09-80.008 P : *RCA 1999. Comm. 39* • Civ. 2e, 6 janv. 2000, n° 98-13.023 P : *RCA 2000. Comm. 83, obs. Groutel.*

27. Les ayants droit de la victime directe d'une infraction peuvent obtenir la réparation intégrale de leur propre préjudice selon les règles du droit commun. • Civ. 2e, 5 nov. 1998, n° 96-20.657 P : *RCA 1998. Comm. 387, note Groutel.* ♦ L'art. 706-3 (2°) C. pr. pén. n'exclut pas, lorsque la victime d'une infraction a survécu, l'indemnisation du préjudice personnel de ses parents selon les règles du droit commun. • Civ. 2e, 14 janv. 1998, n° 96-11.328 P : *RCA 1998. Comm. 92* ; *Dr. pénal 1998. Comm. 45, obs. Maron* • 14 janv. 1999, n° 96-19.289 P : *RCA 1999. Comm. 69* et *138*. ♦ L'indemnisation des ayants droit peut comprendre les frais de déplacement pour se rendre auprès de la victime hospitalisée si les suites de l'accident rendaient nécessaire l'exposition de ces frais par les parents de la victime. • Civ. 2e, 20 oct. 2005, n° 04-13.633 P : *D. 2005. IR 2771*. ♦ Les proches de la victime d'une infraction peuvent être indemnisés de leurs préjudices personnels sous réserve que les faits visés aient entraîné une incapacité permanente ou une incapacité totale de travail égale ou supérieure à un mois. • Civ. 2e, 6 mars 2014 : *D. actu. 19 mars 2014, obs. Kilgus.*

28. A la suite du décès de sa mère qui assurait son entretien et son éducation, une cour d'appel peut accorder à un enfant la réparation de son préjudice économique sans avoir à constater que le père aurait été dans l'incapacité de s'acquitter de son obligation d'entretien. • Civ. 2e, 15 avr. 1999 : *RCA 1999. Comm. 219 (2e esp.), obs. Groutel.*

29. Qualité de victime. Les enfants de l'auteur d'une infraction ne peuvent prétendre à une indemnisation de leur préjudice économique résultant de l'incarcération de leur père dans la mesure où l'incarcération de l'auteur d'une infraction n'est pas une conséquence dommageable de l'infraction ouvrant droit à réparation. • Civ. 2e, 29 mars 2001, n° 99-15.602 P : *D. 2001. IR 1218* ; *RCA 2001. Comm. 187, obs. Groutel.* ♦ Par contre, l'enfant né du viol de sa mère a la qualité de victime dont le préjudice moral résultant du caractère nécessairement douloureux que prendra l'évocation de sa conception et de sa naissance est personnel, certain et en lien avec les faits ce qui justifie l'allocation d'une indemnisation. • Caen, 7 nov. 2000 : *JCP 2002. II. 10001, note Sériaux.*

30. Détermination de l'indemnité. L'art. 706-3 C. pr. pén. instituant en faveur des victimes d'infractions un mode de réparation autonome répondant à des règles qui lui sont propres, la commission d'indemnisation des victimes d'infraction fixe en fonction des éléments de la cause le montant de l'indemnité allouée sans être tenue par l'évaluation de la juridiction saisie. • Civ. 2e, 9 juin 1993, n° 91-18.677 P : *RCA 1993. Comm. 337.*

31. Le préjudice économique né de la diminution des revenus professionnels depuis l'infraction peut être inclus dans le calcul de l'indemnité allouée. • Civ. 2e, 2 mars 1994, n° 92-14.906 P : *RCA 1994. Comm. 209.* ♦ L'art. 706-3 ne subordonne l'indemnisation à aucune condition de ressources. • Civ. 2e, 6 janv. 1993, n° 91-14.476 P : *RCA 1993. Comm. 80.*

32. L'art. 706-3 ne prévoit la réparation que des seuls dommages résultant des atteintes à la personne. • Civ. 2e, 22 avr. 1992, n° 91-21.306 P : *RCA 1992. Comm. 403 (2e esp.)* • 18 juin 1997, n° 95-11.192 P : *RCA 1997. Comm. 269.* ♦ ... A l'exclusion des dommages vestimentaires. • Civ. 2e, 22 avr. 1992 : *préc.* ♦ V. *Dr. pénal avr. 1993, p. 18 et mars 1994, p. 16, obs. Maron.* ♦ ... De la rémunération de l'expert désigné par la juridiction répressive. • Civ. 2e, 9 juin 2016, n° 15-20.456 P : *D. actu. 22 juin 2016, obs. Kilgus.* ♦ ... Des frais irrépétibles engagés devant la juridiction pénale. • Civ. 2e, 1er juill. 1992, n° 91-13.702 P : *RCA 1992. Comm. 403 (1re esp.).* ♦ Mais les CIVI peuvent allouer des sommes pour les frais irrépétibles engagés par les victimes devant elles. • Civ. 2e, 5 janv. 1994, n° 92-12.264 P : *RCA 1994. Comm. 131 (1re esp.), et Chron. 10, par Groutel.* ♦ BIBL. *Dr. pénal 1998. Chron. 20.*

33. Étendue du préjudice moral. Les sujétions inhérentes à la comparution en justice n'entrent pas dans les prévisions de l'art. 706-3 C. pr. pén. ; ainsi, le préjudice moral résultant de l'évocation pour la seconde fois en justice des faits subis par la victime en raison de l'appel effectué par l'auteur des faits n'a pas à être indemnisé par la CIVI. • Civ. 2e, 8 mars 2006, n° 04-18.023 P : *D. 2006. IR 812*.

34. Il peut être alloué aux ayants droit de la victime, décédée en cours de procédure d'indemnisation, une somme correspondant à l'indemnisation de « l'IPP avec incidence professionnelle » pour le préjudice subi entre la consolidation et le décès que la cour d'appel apprécie souverainement. • Civ. 2e, 11 avr. 2002, n° 00-20.624 P.

35. Le juge tranche le litige conformément aux règles de droit qui lui sont applicables et ne peut se borner à une simple référence à l'équité. • Civ. 2e, 22 avr. 1992, n° 91-21.298 P : *RCA 1992. Comm. 408.* ♦ Le droit à réparation du préjudice corporel de la victime d'une infraction ne devant pas être réduit en raison d'une prédisposition pathologique de cette victime, dès lors que l'affection qui en est issue n'a été révélée ou provoquée que du fait de l'infraction elle-même, c'est dans l'exercice de son pouvoir souverain d'appréciation que la commission a fixé le taux d'IPP de la victime. • Civ. 2e, 2 nov. 1994 : *Dr. pénal 1995. Comm. 82, obs. Maron.* ♦ Il ne saurait pas davantage être réduit en cas d'assistance familiale. • Civ. 2e, 12 déc. 1994 : *Dr. pénal 1995. Comm. 137, obs. Maron.*

36. Doit être expressément soulevée l'inopposabilité d'une expertise médicale ordonnée par une juridiction pénale pour évaluer le préjudice de la victime dès lors que cette expertise n'a pas été contradictoire à l'égard du fonds de garantie qui n'était pas partie à ce stade de la procédure et n'avait donc été ni appelé ni représenté. • Civ. 2e, 11 déc. 2003, n° 02-15.912 P.

37. Les prestations versées aux victimes par les caisses de sécurité sociale à raison des faits prévus par les art. 706-3, 706-9 et R. 50-9 C. pr. pén. doivent être déduites de l'indemnité mise à la charge du fonds de garantie pour réparer les atteintes à l'intégrité physique. • Civ. 2e, 1er juill. 1992, n° 91-19.448 P : *RCA 1992. Comm. 409* • 7 juill. 1993, n° 92-11.321 P.

38. Les sommes allouées en matière d'indemnisation des victimes d'infraction sont des condamnations au sens de l'art. 1153-1 C. civ., et, en décidant que les sommes allouées en réparation du préjudice de la victime porteront intérêt à compter de la décision de première instance, une cour d'appel n'a fait qu'user des pouvoirs qu'elle tient de cet art. • Civ. 2e, 11 févr. 1998, n° 95-13.995 P : *RCA 1998. Comm. 93.*

II. CONDITIONS PARTICULIÈRES D'INDEMNISATION DES VICTIMES

39. Comportement de la victime. C'est dans l'exercice de son pouvoir souverain d'appréciation qu'une commission estime s'il y a lieu de réduire l'indemnité allouée à la victime en raison du comportement de celle-ci. • Civ. 2e, 1er avr. 1987, n° 85-16.086 P : *JCP 1988. II. 21029, note Chambon* • 1er juill. 1992, n° 91-20.570 P : *RCA 1992. Comm. 448.*

40. Doit être cassée pour modification des termes du litige la décision de la commission d'indemnisation qui, pour débouter une victime de sa demande, se fonde sur son comportement lors de l'infraction, alors que l'agent judiciaire du Trésor avait conclu à l'allocation d'une indemnité. • Civ. 2e, 11 janv. 1989, n° 87-17.372 P.

41. Que le comportement de la victime puisse avoir une incidence sur l'indemnisation du préjudice matériel est une disposition d'ordre général applicable à toutes les victimes. • Civ. 2e, 18 oct. 1989, n° 88-10.196 P : *RCA 1989. Comm. 411.*

42. Doit être cassée la décision d'une commission d'indemnisation qui déboute, en raison de son comportement, la victime d'une infraction dont l'auteur s'est révélé insolvable, en relevant qu'elle a pris une part active dans les faits et que la commission avait déjà rejeté les requêtes d'autres personnes qui avaient participé de concert avec elle au déroulement des faits, sans rechercher en quoi le comportement de la victime avait eu une influence sur son dommage. • Civ. 2e, 16 mai 1990, n° 89-11.527 P. ♦ Rappr. : • Civ. 2e, 22 juin 1994, n° 92-10.643 P : *RCA 1994. Comm. 328.*

43. Une personne sous l'empire de l'alcool ayant été agressée par un inconnu rencontré en bas de son immeuble qu'elle avait conduit à son appartement, est justifiée la décision de la commission d'indemnisation qui, pour accueillir intégralement la demande d'indemnisation de la victime retient qu'il n'existait aucun lien direct entre l'agression et l'état dépressif de la victime l'ayant conduite à abuser de l'alcool et à commettre l'imprudence de laisser entrer un inconnu dans son logement et en déduit que ce comportement ne peut être qualifié de faute de nature à limiter l'indemnisation. • Civ. 2e, 16 févr. 1994, n° 91-20.218 P : *RCA 1994. Comm. 177.* ♦ Rappr., pour une péripatéticienne : • TGI Strasbourg, 14 oct. 1997 : *D. 1998. 384, note Schneider*. ♦ A l'inverse, peut être réduite de moitié l'indemnisation d'une personne ayant absorbé beaucoup d'alcool, et dont l'ivresse a été à l'origine d'une chute dans l'escalier, ce comportement fautif ayant directement concouru au dommage résultant de l'infraction de non-assistance à personne en danger, les personnes auprès d'elle l'ayant cru endormie et ayant tardé à appeler les secours. • Civ. 2e, 10 juin 2004, n° 03-12.133 P.

44. Faute de la victime. La cour d'appel, qui relève que la victime et l'auteur de son assassinat étaient en relation pour le commerce de stupéfiants et énonce que le crime résulte d'un contentieux existant entre eux à propos de la disposition d'une somme d'argent, a pu décider qu'il existait un lien de causalité direct entre la faute de la victime et l'atteinte à son intégrité physique. • Civ. 2e, 18 juin 1997, n° 95-19.618 P : *RCA 1997. Comm. 268.* ♦ Dans le même sens : • Civ. 2e, 9 déc. 1999 : *RCA 2000. Comm. 84.* ♦ De même, pour un règlement de compte entre proxénètes : • Civ. 2e, 20 avr. 2000, n° 98-12.215 P : *RCA 2000. Comm. 232; Dr. pénal 2000. Comm. 121, obs. Maron.* ♦ Ou un règlement de compte entre trafiquants d'objets volés : • Civ. 2e, 13 déc. 2001, n° 00-11.805 P : *RCA 2002. Comm. 99.* ♦ Inversement, une commission d'indemnisation, relevant que la victime, venue dans un foyer de la Sonacotra pour se procurer de la drogue, avait été blessée par un coup de feu tiré par un autre toxicomane mais destiné au « dealer » de celui-ci et qu'elle avait été atteinte par erreur, n'ayant pas été mêlée à la transaction se déroulant entre l'auteur du coup de feu et son « dealer », et retenant que si la victime se trouvait bien dans une situation illégale puisqu'elle négociait l'achat de stupéfiants, cette seule circonstance ne pouvait lui être opposée dès lors que sa présence n'avait pas influé sur le déclenchement des faits délictueux, a pu en déduire qu'il n'y avait pas de lien de causalité entre la faute de la victime et la réalisation de l'infraction pénale. • Civ. 2e, 2 févr. 1994, n° 91-14.005 P : *RCA 1994. Comm. 176.* ♦ De même, un arrêt, qui retient qu'il n'y a pas de lien causal entre l'activité d'une consommatrice de stupéfiants ayant consisté à se rendre sur les lieux de l'infraction pour se procurer de la drogue et le viol dont elle a été victime, peut en déduire que son comportement n'était pas de nature à supprimer ou à réduire l'indemnisation de son préjudice. • Civ. 2e, 15 avr. 1999, n° 97-18.287 P : *RCA 1999. Comm. 221 ; Dr. pénal 1999. Comm. 106, obs. Maron.*

45. La réparation des dommages causés à la victime d'une infraction peut être refusée ou son montant réduit en raison de la faute de cette victime ; ainsi, doit être réduit le montant de l'indemnisation de l'homme qui a été blessé par des coups de feu de sa concubine alors que deux heures auparavant il l'avait menacée avec un couteau et avait tenté de l'étrangler. • Civ. 2e, 11 avr. 2002, n° 00-17.774 P : *D. 2002. IR 1884 ; JCP 2002. I. 155, obs. Maron ; Dr. pénal 2002. Comm. 91, obs. Maron.* ♦ De même, doit être réduite l'indemnisation de la victime qui, après l'échange d'injures avec la famille de l'agresseur et dans un climat très tendu, a donné rendez-vous à celui-ci dans un café en étant accompagnée de plusieurs personnes armées ce qui indique qu'elle avait conscience des risques de violences. • Civ. 2e, 4 juill. 2002, n° 01-03.420 P : *D. 2002. IR 2718* ; *Dr. pénal 2002. Comm. 115, obs. Maron.* ♦ Il n'y a pas lieu à indemnisation des ayants droit de la victime qui était un ancien repris de justice, fréquentait le « milieu marseillais », avait intimé à son agresseur de ne plus paraître dans son bar en le menaçant d'une arme à feu et le soir de son assassinat se trouvait en possession d'une voiture et de documents d'identité étrangers volés. • Civ. 2e, 11 déc. 2003, n° 01-03.632 P : *RCA 2004. Comm. 66.*

46. L'art. 706-3 institue en faveur des victimes d'infraction un mode de réparation répondant à des règles qui lui sont propres ; aussi une commission d'indemnisation des victimes d'infraction doit-elle elle-même apprécier si une faute pouvait être retenue à l'encontre de la victime sans s'estimer liée par la décision qui a statué sur l'action civile de celle-ci. • Civ. 2e, 8 déc. 1993, n° 91-21.299 P. ♦ Viole l'art. 706-3 une commission d'indemnisation qui, s'estimant liée par la décision ayant statué sur l'action civile d'une victime, énonce que l'évaluation du préjudice par la juridiction pénale constitue le montant du préjudice corporel et qu'aucun partage de responsabilité n'ayant été effectué par cette juridiction dont la décision définitive a autorité de chose jugée, il n'y a pas lieu à réduction de l'indemnité en raison du prétendu comportement fautif de la victime. • Civ. 2e, 18 juin 1986, n° 84-17.283 P.

47. Une personne s'étant rendue chez un ami qui a pratiqué sur elle une injection d'héroïne ayant entraîné des lésions neurologiques irréversibles, est justifiée la décision de la commission d'indemnisation qui rejette cette demande en retenant que la victime et son ami avaient l'habitude, depuis plusieurs années, de se droguer et de se faire mutuellement des piqûres et que la victime ne pouvait ignorer le risque majeur qu'elle encourait, et en en déduisant qu'elle avait commis une faute entraînant le refus de toute indemnisation. • Civ. 2e, 16 mars 1994, n° 92-16.003 P : *RCA 1994. Comm. 211.* ♦ Est également justifiée la décision qui rejette la demande de la victime en retenant qu'après la diffusion d'un film pornographique la victime et l'auteur, qu'elle venait de rencontrer, ont entrepris de reproduire des scènes à caractère sado-masochiste, et que, par son comportement, elle a participé délibérément à la réalisation de son propre préjudice. • Civ. 2e, 19 oct. 1994 : *Dr. pénal 1995. Comm. 28, obs. Maron.*

48. Ne commet pas de faute la personne qui a été frappée accidentellement dans le dos alors qu'elle conversait avec d'autres personnes que l'auteur du coup fatal qui n'était pas la conséquence d'une attitude agressive, provocante ou menaçante de la victime. • Civ. 2e, 12 nov. 1997, n° 95-17.426 P : *Dr. pénal 1998. Comm. 28, obs. Maron.* ♦ En revanche, le comportement violent et agressif de la victime envers l'auteur de l'infraction exclut toute indemnisation. • Civ. 2e, 17 déc. 1997, n° 96-15.970 P : *Dr. pénal 1998. Comm. 44, obs. Maron ; RCA 1998. Comm. 91.*

49. Le refus de la victime de révéler le nom de ses agresseurs, intervenu postérieurement à l'infraction, ne peut avoir concouru à la réalisation de son dommage. • Civ. 2e, 1er avr. 1999, n° 97-18.324 P : *RCA 1999. Comm. 222.*

50. En énonçant que la faute de la victime doit s'apprécier au moment de la commission de l'infraction, une cour d'appel ajoute à la loi une condition qu'elle ne comporte pas. • Civ. 2e, 18 juin 1997, n° 94-20.563 P : *RCA 1997. Comm. 267.* ♦ La faute de la victime susceptible de limiter ou d'exclure le droit à indemnisation qu'elle tient de l'art. 706-3 C. pr. pén. n'a pas à être concomitante de la commission de l'infraction dès lors qu'elle a contribué à causer le préjudice. • Civ. 2e, 11 juin 2009, n° 08-14.975 P.

51. Ne tire pas les conséquences légales de ses constatations la cour d'appel qui apprécie le droit à indemnisation d'une victime par ricochet sans tenir compte de la faute de la victime directe qu'elle relevait. • Civ. 2e, 18 déc. 1996, n° 94-21.006 P : *RCA 1997. Comm. 96, et Chron. 7, note Groutel ; RGDA 1997. 251, note d'Hauteville.*

52. Nationalité de la victime (jur. antérieure à la loi du 5 août 2013). Encourt la cassation l'arrêt qui, pour accueillir la demande d'une personne de nationalité allemande victime de violences commises en Allemagne par des militaires stationnés dans ce pays, retient que les règles de fonctionnement du tribunal aux armées des forces françaises en Allemagne entraînent l'applicabilité de la loi française à la zone de stationnement de ces forces et, par une fiction, l'adjonction au territoire national du ressort du tribunal. • Civ. 2e, 27 nov. 1996, n° 94-17.823 P : *RCA 1997, n° 55.*

53. Ne satisfont pas aux conditions de l'art. 706-3 C. pr. pén. des ressortissants marocains, qui sollicitent l'indemnisation de leur propre préjudice du chef de l'homicide d'un parent, alors qu'ils ne se trouvaient pas en situation régulière en France, soit au moment des faits, soit à la date du dépôt de la requête : • Civ. 2e, 21 juill. 1992, n° 91-20.622 P : *D. 1992. IR 245.* ♦ Mais le ressortissant marocain, en séjour régulier en France, peut obtenir réparation de son préjudice subi à la suite du viol et du meurtre de son épouse, dépourvue de titre de séjour, dès lors qu'il agit en tant que personne lésée par l'infraction : • Civ. 2e, 2 mars 1994, n° 92-12.462 P : *Dr. pénal 1994. Comm. 21, obs. Maron.*

54. Il résulte des dispositions de l'art. L. 706-3, 3°, C. pr. pén. que seules les victimes de nationalité française au jour des faits sont susceptibles d'être indemnisées des conséquences des infractions commises à l'étranger. Par suite, fait une exacte application de ce texte la cour d'appel qui rejette la demande d'indemnisation faite devant la CIVI par une personne de nationalité marocaine, résidant en France, victime, le 1er août 2002, d'un accident de la circulation survenu au Maroc et qui a déposé une demande de naturalisation dans la nationalité française le 28 avr. 2003. • Civ. 2e, 12 févr. 2009, n° 08-12.987 P.

55. *Application dans le temps.* L'existence du droit à indemnisation de la victime par le Fonds de garantie des victimes des actes de terrorisme et d'autres infractions (FGTI), qui ne naît pas à la date du fait dommageable, doit être appréciée au jour de la demande, de sorte que le ressortissant étranger qui ne justifiait pas d'un séjour régulier sur le territoire au moment des faits, antérieurs à la loi de 2013, avait droit à une indemnisation, cette condition ayant été supprimée par le texte. • Civ. 2e, 12 janv. 2017, n° 16-10.069 P : *D. actu. 27 janv. 2017, obs. Kilgus.*

56. *Infraction commise à l'étranger.* La législation française concernant l'indemnisation des victimes d'infraction par la CIVI institue un droit à réparation du dommage résultant d'une infraction commise à l'étranger ; cette loi est destinée à assurer une indemnisation fondée sur la solidarité nationale, au moyen d'un système de garantie du risque social de la délinquance, confié à une juridiction civile spécialisée, avec une dérogation à la règle d'application de la loi du lieu du délit : il s'agit d'une loi d'application nécessaire excluant toute référence à un droit étranger. • Civ. 2e, 3 juin 2004, n° 02-12.989 P : *D. 2005. 1198, note Courbe et Chanteloup* • Civ. 2e, 25 janv. 2007, n° 06-10.514 P : *D. 2007. AJ 578 ; AJ pénal 2007. 145*

57. *Conformité au droit communautaire.* Le droit communautaire s'oppose à la législation d'un État membre qui exclut les ressortissants des autres États membres, qui résident et travaillent sur son territoire, du bénéfice d'une indemnisation destinée à réparer les dommages qui résultent des atteintes à la personne causées par une infraction qui n'a pas été commise sur le territoire de cet État, au seul motif de sa nationalité. • CJCE, 2e ch., 5 juin 2008, *James Wood c/ Fonds de garantie des victimes des actes de terrorisme et d'autres infractions : D. 2008. AJ 1767*

III. DROITS FONDAMENTAUX

58. Le fait que le préjudice du requérant ait été indemnisé par la CIVI ne fait pas obstacle à ce qu'il demande, devant la CEDH, la réparation de son préjudice au titre de la satisfaction équitable, à la suite du constat d'une violation de la Conv. EDH. • CEDH 25 juin 2013, n° 30812/07, *Trevalec c/ Belgique : D. 2013. 2139, note Sabard*.

Circulaire générale. — **C. 706-3** *(Circ. 27 déc. 1990)* L'article 706-3 pose le principe de la réparation intégrale des dommages résultant des atteintes à la personne et en définit le champ d'application.

1. — L'origine du préjudice.

Le préjudice ouvrant droit à indemnisation doit avoir pour origine « des faits volontaires ou non qui présentent le caractère matériel d'une infraction ».

Il appartient dès lors aux commissions d'indemnisation de déterminer que le préjudice de la victime découle de faits constitutifs d'une infraction dont la matérialité n'est pas contestée.

Le législateur a cependant entendu dispenser l'instance chargée d'allouer l'indemnité de devoir qualifier juridiquement les faits, ce qui demeure du ressort exclusif des juridictions pénales.

Les faits générateurs du préjudice peuvent constituer une infraction volontaire ou une infraction involontaire, l'expression « infraction » recouvrant aussi bien les crimes que les délits ou les contraventions.

Ces faits ouvrent droit à indemnisation même s'ils sont prescrits ou couverts par l'amnistie. Il est également indifférent que l'auteur présumé de l'infraction soit effectivement poursuivi ou ne puisse l'être en raison par exemple de son décès ou de son état de démence ou du fait qu'il est demeuré inconnu.

Sont toutefois exclues du champ d'application de ce texte les victimes d'atteintes à la personne qui relèvent de régimes de réparation spécifiques, c'est-à-dire :

— les victimes d'accidents de la circulation qui bénéficient du mécanisme mis en place par la loi n° 85-677 du 5 juillet 1985 tendant à l'amélioration de la situation des victimes d'accidents de la circulation et à l'accélération des procédures d'indemnisation ;

— les victimes de dommages corporels occasionnés par tous actes de chasse ou de destruction des animaux nuisibles, dont la réparation est, le cas échéant, assurée par le fonds de garantie prévu à l'article L. 421-1 du code des assurances ;

— les victimes d'actes de terrorisme qui relèvent du régime d'indemnisation institué par la loi n° 86-1020 du 9 septembre 1986. Le fonds de garantie demeure en effet compétent pour instruire et statuer sur les demandes dont il est saisi par les victimes d'actes de terrorisme dans les conditions définies aux articles L. 126-1, L. 422-1 à L. 422-3 et R. 422-1 à R. 422-8 du code des assurances.

2. — La nature du préjudice.

Le principe de la réparation intégrale est réservé aux victimes d'atteintes graves à la personne soit :

— aux victimes de faits ayant entraîné la mort, une incapacité permanente ou une incapacité totale de travail personnel supérieure à un mois ou, désormais, égale à un mois ;

— aux victimes d'attentat à la pudeur ou de viol sans qu'elles aient à justifier d'une incapacité totale de travail.

Ces victimes peuvent prétendre à la réparation intégrale de tous les dommages qui résultent des atteintes à la personne. L'indemnisation couvre l'ensemble des incidences de l'atteinte à l'intégrité corporelle qu'elles soient d'ordre pécuniaire ou extrapatrimonial.

Donnent lieu à réparation au titre des dommages patrimoniaux : l'incapacité temporaire, l'incapacité permanente, partielle ou totale, la perte du soutien financier que la victime apportait à ses proches, les frais et dépenses causés par le fait dommageable (frais médicaux, d'hospitalisation, pharmaceutiques, d'appareillage et d'aménagement des lieux de vie, recours à une tierce personne, frais d'obsèques en cas de décès de la victime...).

Sont indemnisées au titre des dommages extrapatrimoniaux, les souffrances physiques et morales endurées du fait de l'atteinte corporelle, le préjudice esthétique, le préjudice d'agrément, le préjudice sexuel et le préjudice d'affection en cas de décès de la victime.

Sous réserve d'une appréciation différente de la jurisprudence, il y a lieu de considérer que la réparation s'étend également au préjudice matériel directement lié à l'atteinte à l'intégrité corporelle (préjudice vestimentaire et dommage occasionné aux choses que la victime portait sur elle).

3. — La condition de nationalité.

Le bénéfice de la réparation intégrale est acquis aux personnes de nationalité française, que l'infraction ait été commise sur le territoire national ou en dehors de celui-ci.

Il est également acquis aux personnes de nationalité étrangère, victimes de faits commis sur le territoire français, dans des conditions qui ont été largement aménagées afin notamment de tenir compte de la jurisprudence de la Cour de justice des Communautés européennes et des engagements internationaux souscrits par la France.

Jusqu'à l'intervention de la loi du 6 juillet 1990, les personnes de nationalité étrangère victimes de faits commis sur le territoire national devaient justifier, pour prétendre au bénéfice des dispositions des articles 706-3 et 706-14, qu'elles étaient ressortissantes d'un État ayant conclu avec la France un accord de réciprocité, ou bien qu'elles étaient titulaires de la carte dite « carte de résident ».

Or, d'une part, saisie du problème de la compatibilité de ces règles avec le principe de non-discrimination, énoncé à l'article 7 du Traité de Rome, la Cour de justice de Luxembourg a considéré, dans un arrêt en date du 2 février 1989 dit arrêt « Cowan », que le principe de l'égalité de traitement imposait d'accorder aux ressortissants communautaires, victimes de faits commis sur le territoire national, le bénéfice d'une législation nationale relative à l'indemnisation des victimes aux seules conditions qui s'imposaient aux nationaux.

D'autre part, le Gouvernement français a expressément déclaré lors du dépôt, le 1er février 1990, de l'instrument de ratification de la Convention européenne relative à l'indemnisation des victimes d'infractions violentes, faite à Strasbourg le 24 novembre 1983, que les ressortissants des pays membres de la Communauté économique européenne étaient assimilés aux Français.

Aussi, désormais, sont recevables à agir devant les commissions d'indemnisation, pour des faits commis sur le territoire français :

— les ressortissants des pays membres de la Communauté européenne sans condition restrictive tenant à la régularité de leur séjour ;

— les ressortissants de certains autres États étrangers, nonobstant toute condition tenant à la régularité de leur séjour, lorsqu'ils peuvent se prévaloir de l'application d'un traité ou d'un accord international souscrit par la France ; tel est le cas notamment des ressortissants des États parties à la Convention européenne relative au dédommagement des victimes d'infractions violentes entrée en vigueur le 1er juin 1990 ;

— les étrangers autres que ceux énumérés ci-dessus qui sont en séjour régulier sur le territoire national au jour des faits ou au jour de la demande d'indemnisation.

En prévoyant que la régularité du séjour s'appréciait au jour des faits ou au jour de la demande d'indemnisation, le législateur a entendu permettre que la situation la plus favorable au demandeur soit retenue. Ainsi la demande d'indemnisation d'un étranger en séjour régulier au jour des faits ne peut être déclarée irrecevable au motif que le demandeur est en séjour irrégulier sur le territoire national au jour de la demande. Inversement la situation irrégulière d'un étranger au jour des faits ne peut lui être opposée si, à la date de la demande, il a régularisé sa situation.

Enfin, la possession d'une carte de résident n'étant plus une condition de recevabilité de la demande, l'appréciation de la régularité du séjour relève du pouvoir souverain des commissions d'indemnisation sous le contrôle de la Cour de cassation.

4. — La faute de la victime.

L'indemnité peut être refusée ou son montant réduit en raison de la « faute de la victime », conformément aux principes généraux du droit civil qui laissent au juge le pouvoir souverain d'apprécier la part de la faute de la victime dans la réalisation du dommage subi.

Dans un souci de clarté, le législateur sur ce point a repris, en lui donnant un sens juridique précis, la disposition qui permettait que l'indemnité soit refusée ou réduite en raison du comportement de la personne lésée lors de l'infraction ou de ses relations avec l'auteur des faits.

Art. 706-4 *(L. nº 83-608 du 8 juill. 1983)* **L'indemnité est allouée par une commission instituée dans le ressort de chaque tribunal judiciaire. Cette commission a le caractère d'une juridiction civile qui se prononce en premier** *(Abrogé par L. nº 92-665 du 16 juill. 1992)* **« *et dernier* » ressort.** — *Le fonds de garantie peut interjeter appel des décisions rendues par la commission instituée par l'art. 706-4 C. pr. pén. (C. assur., art. L. 422-5, ajouté par L. nº 92-665 du 16 juill. 1992, art. 36).*

La commission est composée de deux magistrats du siège du tribunal judiciaire et d'une personne majeure, de nationalité française et jouissant de ses droits civiques, s'étant signalée par l'intérêt qu'elle porte aux problèmes des victimes. Elle est présidée par l'un des magistrats.

Les membres de la commission et leurs suppléants sont désignés pour une durée de trois ans par l'assemblée générale des magistrats du siège du tribunal.

Les fonctions du ministère public sont exercées par le procureur de la République ou l'un de ses substituts.

Un décret en Conseil d'État détermine les modalités d'application du présent article. — *V. infra, note ss. C. pr. pén., art. 706-15.*

Wallis-et-Futuna : 862. — Mayotte : 898. — Saint-Pierre-et-Miquelon : 933. – ***C. pr. pén.***

BIBL. ▶ JAQUET, *Gaz. Pal. 1999. 1. Doctr. 96.*

1. La commission d'indemnisation doit être échevinale. Doit être cassée la décision mentionnant qu'elle a été rendue par une commission composée de trois juges. • Civ. 2e, 15 avr. 1991, nº 90-13.643 P : *RCA 1991. Comm. 245.*

2. Aucun texte n'impose de mentionner la qualité des assesseurs des commissions instituées par l'art. 706-4. • Civ. 2e, 18 févr. 1987, nº 85-14.910 P.

3. La commission d'indemnisation a le caractère d'une juridiction civile qui se prononce en premier ressort. • Civ. 2e, 27 mai 1998, nº 95-20.912 P : *RCA 1998. Comm. 193 (1re esp.), et Chron. 13, par Groutel.* ♦ L'art. 706-4 C. pr. pén. n'institue aucune limitation au droit d'appel, et les dispositions de l'art. R. 311-2 COJ *[V. art. R. 211-4 nouv. —* ***C. civ.****]* ne sont pas applicables aux affaires dont les commissions ont à connaître. • Civ. 2e, 1er avr. 1998, nº 96-12.612 P : *RCA 1998. Comm. 193 (2e esp.), et Chron. 13, par Groutel.*

4. Il ne résulte pas de l'art. R. 50-24 C. pr. pén. que les décisions rendues par les CIVI soient exécutoires par provision. En conséquence, la demande du paiement de la condamnation formulée sans réserve par la victime vaut acquiescement et rend irrecevable son appel ultérieur. • Civ. 2e, 15 févr. 2007, nº 05-22.089 P : *D. 2007. AJ 727.*

Circulaire générale. — C. 706-4 *(Circ. 27 déc. 1990)* L'examen des demandes est confié à une commission d'indemnisation des victimes d'infractions qui fonctionne depuis 1983 auprès de chaque tribunal de grande instance.

Deux magistrats professionnels et une personne s'étant signalée par l'intérêt qu'elle porte aux problèmes des victimes composent cette commission dont les membres sont désignés par l'assemblée générale des magistrats du siège du tribunal dans les conditions définies aux articles R. 50-1 et R. 50-1-1 du code de procédure pénale.

Les règles de compétence territoriale des commissions d'indemnisation sont définies par les articles R. 50-4 à R. 50-6 du code de procédure pénale.

Ces commissions sont des juridictions civiles. Conformément à l'article 749 du Nouveau code de procédure civile, les dispositions du livre Ier de ce code s'appliquent dès qu'une disposition spéciale n'est pas prévue par le code de procédure pénale.

Ces commissions se prononcent en premier *et dernier* ressort en présence du ministère public dont les fonctions sont assurées par le procureur de la République ou l'un de ses substituts.
Il convient de rappeler l'importance que revêt la motivation des décisions des commissions d'indemnisation qui peuvent être frappées de pourvoi en cassation.

Art. 706-5 *(L. nº 77-5 du 3 janv. 1977)* **A peine de forclusion, la demande d'indemnité doit être présentée** *(L. nº 90-589 du 6 juill. 1990)* **« dans le délai de trois ans » à compter de la date de l'infraction ; lorsque des poursuites pénales sont exercées, ce délai est prorogé et n'expire qu'un an après la décision de la juridiction qui a statué définitivement sur l'action publique** *(L. nº 81-82 du 2 févr. 1981)* **« ou sur l'action civile engagée devant la juridiction répressive »** *(Abrogé par L. nº 2020-833 du 2 juill. 2020) (L. nº 2000-516 du 15 juin 2000, art. 117, en vigueur le 1er janv. 2001)* « ***; lorsque l'auteur d'une infraction mentionnée aux articles 706-3 et 706-14 est condamné à verser des dommages-intérêts, le délai d'un an court à compter de l'avis donné par la juridiction en application de l'article 706-15*** ». **Toutefois, la commission relève le requérant de la forclusion** *(L. nº 2020-833 du 2 juill. 2020)* **« lorsque l'information prévue à l'article 706-15 n'a pas été donnée, lorsque le requérant »** *(L. nº 83-608 du 8 juill. 1983)* **« n'a pas été en mesure de faire valoir ses droits dans les délais requis ou lorsqu'il a subi une aggravation de son préjudice ou pour tout autre motif légitime ».** — *V. infra, note ss. C. pr. prén., art. 706-15.*

(L. nº 2008-644 du 1er juill. 2008, art. 1er) **« Lorsqu'une décision d'une juridiction répressive a alloué des dommages et intérêts à la victime et que la demande est jugée irrecevable, le délai prévu au deuxième alinéa de l'article 706-15-2 ne court qu'à compter de la notification de la décision de la commission. »** — *Dispositions applicables à toutes les décisions juridictionnelles rendues à compter du 1er oct. 2008 (L. nº 2008-644, art. 14-II).*

1. Justifie légalement sa décision la commission qui, pour déclarer irrecevable comme tardive une demande présentée plus d'un an après l'infraction, relève que la plainte déposée par la victime a donné lieu à un classement sans suite, qui ne constitue pas une décision juridictionnelle. • Civ. 2e, 30 sept. 1981, nº 81-13.015 P.

2. Excède ses pouvoirs le président d'une commission qui se substitue à celle-ci pour statuer sur la forclusion encourue par la victime pour n'avoir pas présenté sa demande dans le délai légal. • Civ. 2e, 11 mars 1987, nº 85-16.088 P • 23 nov. 1988, nº 87-18.951 P : *RCA 1989. Comm. 52* • 11 févr. 1999, nº 95-21.534 P.

3. Le délai de trois ans prévu à l'art. 706-5 C. pr. pén., mod. par la loi du 6 juill. 1990, pour la présentation d'une demande d'indemnité par la victime d'une infraction s'applique aux faits commis antérieurement au 1er janv. 1991 qui n'ont pas donné lieu à une décision d'indemnisation passée en force de chose jugée. • Civ. 2e, 5 janv. 1994, nº 92-14.847 P.

4. En application de l'art. 706-5, la demande d'indemnité doit être présentée, à peine de forclusion, dans les délais requis, sans distinction entre la demande initiale et la demande d'indemnité complémentaire présentée au titre de l'aggravation du préjudice. Dans ce cas, le requérant ne bénéficie pas d'un nouveau délai pour agir mais peut seulement solliciter un relevé de forclusion. • Civ. 2e, 30 juin 2016, nº 15-21.360 P : *D. actu. 8 juill. 2016, obs. Kilgus ; AJ pénal 2016. 537, obs. Luciani-Mien.*

5. L'arrêt de contumace ne devenant irrévocable qu'avec la prescription de la peine prononcée ne constitue pas une décision définitive et ne peut donc servir de point de départ du délai d'un an prévu par l'art. 706-5 C. pr. pén. • Civ. 2e, 28 févr. 1996, nº 92-16.521 P : *RCA 1996. Comm. 128 ; RGDA 1996. 747, note D'Hauteville.* ♦ Le délai de forclusion ne commence pas à courir tant que la juridiction pénale n'a pas encore statué sur l'action civile dont elle a été saisie et qui est toujours pendante. • Civ. 2e, 11 juin 1998, nº 96-10.292 P : *RCA 1998. Comm. 312.*

6. Lorsqu'il entend opposer au demandeur une forclusion tirée de l'intervention d'une décision de la juridiction répressive statuant sur les intérêts civils, le fonds de garantie doit apporter la preuve de cette décision. • Civ. 2e, 19 oct. 2006, nº 05-11.880 P : *D. 2006. IR 1755.*

7. Avis erroné. La mention erronée figurant dans l'avis délivré en application de l'art. 706-15, selon laquelle le point de départ du délai de saisine CIVI prévu par l'art. 706-5 est la date à laquelle le jugement contenant l'avis devient définitif et non pas celle de cet avis, empêche ce délai de courir. • Civ. 2e, 29 mars 2018, nº 17-14.980 P : *D. actu. 2 mai 2018, obs. Hacene.*

8. Relevé de forclusion. Une cour d'appel ne peut relever la victime de la forclusion tout en retenant qu'elle avait pu faire valoir ses droits lors d'une précédente instance quand bien même sa requête avait été déclarée irrecevable. • Civ. 2e, 9 juill. 1997, nº 94-17.500 P : *RCA 1997. Comm. 336.*

9. C'est dans l'exercice de son pouvoir souverain d'appréciation que la cour d'appel a décidé que l'inaction de la victime, assistée d'un conseil pendant tout le cours de la procédure, ne constituait pas un motif légitime de nature à la relever de la forclusion encourue. • Civ. 2e, 12 oct. 2000 : *RCA 2000. Comm. 366, obs. Groutel.*

10. Aggravation du préjudice. En application de l'art. 706-5 C. pr. pén., le préjudice nouveau subi par la victime par ricochet du fait du décès de la victime directe, survenu après l'expiration du délai de forclusion, étant indissociable de son préjudice initial, le relevé de forclusion prévu par ce texte à son profit, lorsqu'elle n'a pas agi dans le délai initial requis, lui permet de faire valoir ses droits à indemnisation pour l'ensemble de son préjudice, dès lors que l'aggravation du préjudice que constitue ce décès est en relation de causalité directe et certaine avec les faits ayant causé le dommage initial. • Civ. 2e, 28 juin 2012 : *D. 2012. Pan. 2057, obs. Adida-Canac et Bouvier*.

11. Il résulte de l'art. 706-5 que la commission est tenue de relever le requérant de la forclusion lorsqu'il a subi une aggravation de son préjudice. • Civ. 2e, 30 juin 2016, no 15-21.360 P : *préc. note 4.*

12. Mineurs. Aucun texte n'écarte l'application de la suspension de la prescription au profit des mineurs au délai édicté par l'art. 706-5 C. pr. pén. • Civ. 2e, 18 mars 1998, no 97-10.555 P : *RSC 1999. 349, obs. Giudicelli ; RCA 1998. Comm. 194, et Chron. 13, par Groutel.* ♦ Dans le même sens : • 20 avr. 2000, no 98-17.711 P : *RCA 2000. Comm. 297* • 26 sept. 2002, no 00-18.149 P : *RCA 2002. Comm. 362.*

13. Le Fonds de garantie des victimes des actes de terrorisme est une partie au sens de l'article 386 du nouveau code de procédure civile [devenu C. pr. civ.] et il peut à ce titre adresser toutes les observations qu'il estime utiles à l'instruction de la demande d'indemnité, et notamment soulever une exception de péremption. • Civ. 2e, 13 mai 2004, no 02-19.416 P.

Circulaire générale. — C. 706-5 *(Circ. 27 déc. 1990)* Le délai dans lequel la victime doit présenter sa demande est porté par la loi du 6 juillet 1990 d'un an à trois ans à compter de la date de l'infraction. Ce délai est prorogé, lorsque des poursuites pénales sont exercées, pour n'expirer qu'un an après la décision de la juridiction qui a statué définitivement sur l'action publique ou sur l'action civile engagée devant les juridictions répressives.

Les cas suivants peuvent se présenter :

— *Classement sans suite :*

Le délai pour saisir la commission expire trois ans après la date de l'infraction.

Cependant si — même plus de trois ans après la date des faits, mais bien entendu dans les limites de la prescription — des poursuites pénales sont exercées par la partie civile ou par le parquet, le délai est alors prorogé et n'expire qu'un an après la décision définitive de la juridiction pénale.

— *Information judiciaire :*

Si l'instruction est en cours, le demandeur peut, quelle que soit la date de l'infraction, saisir la commission d'indemnisation.

Si l'information a été clôturée par une ordonnance de non-lieu, le demandeur a un an à partir du jour où l'ordonnance de non-lieu ne peut plus faire l'objet d'un appel pour former une demande d'indemnité.

En cas de réouverture ultérieure de l'information sur charges nouvelles (articles 188 à 190 du code de procédure pénale), il doit être considéré que, s'agissant de l'exercice de nouvelles poursuites pénales, le délai est prorogé et n'expire qu'un an après la décision définitive.

— *Saisine d'une juridiction de jugement :*

Dès lors qu'une juridiction est saisie (par ordonnance de renvoi, citation directe, arrêt de mise en accusation — ou réquisition d'ordonnance pénale en matière de contravention —) et tant qu'elle n'a pas définitivement statué, le demandeur peut saisir la commission d'indemnisation. Le délai n'expire qu'un an après la décision définitive de la juridiction de jugement.

En outre, une demande d'aide judiciaire interrompt les délais.

Enfin, le requérant peut être relevé de la forclusion pour tout motif légitime, tenant notamment aux circonstances de l'espèce, à sa personnalité ou à sa situation, laissé à l'appréciation de la commission.

Tel peut être le cas du demandeur que la gravité de ses blessures aurait mis dans l'incapacité d'agir dans les délais ou qui aurait subi une aggravation de son préjudice.

Seule la commission, à laquelle ne peut se substituer son président, peut statuer sur la forclusion encourue par la victime (Cour de cassation, 2e chambre civile, 11 mars 1987 : Bull. civ. no 67).

Art. 706-5-1 *(L. no 2004-204 du 9 mars 2004, art. 170, en vigueur le 1er janv. 2005)* **La demande d'indemnité, accompagnée des pièces justificatives, est transmise sans délai par le greffe de la commission d'indemnisation au fonds de garantie des victimes des actes de terrorisme et autres infractions.**

Celui-ci est tenu, dans un délai de deux mois à compter de la réception, de présenter à la victime une offre d'indemnisation. Le refus d'offre d'indemnisation par le fonds de garantie doit être motivé. Ces dispositions sont également applicables en cas d'aggravation du préjudice.

En cas d'acceptation par la victime de l'offre d'indemnisation, le fonds de garantie transmet le constat d'accord au président de la commission d'indemnisation aux fins d'homologation.

En cas de refus motivé du fonds de garantie, ou de désaccord de la victime sur l'offre qui lui est faite, l'instruction de l'affaire par le président de la commission ou le magistrat assesseur se poursuit.

(L. nº 2008-644 du 1er juill. 2008, art. 1er) « Lorsque le préjudice n'est pas en état d'être liquidé et que le fonds de garantie ne conteste pas le droit à indemnisation, il peut, en tout état de la procédure, verser une provision à la victime. Le fonds de garantie tient le président de la commission d'indemnisation immédiatement informé. » — *Dispositions applicables à toutes les décisions juridictionnelles rendues à compter du 1er oct. 2008 (L. nº 2008-644, art. 14-II).*

Les modalités d'application du présent article sont fixées par décret en Conseil d'État. — *V. art. R. 50-12-1 s.* — ***C. pr. prén.***

L'acceptation de l'offre d'indemnisation proposée par le Fonds de garantie des victimes des actes de terrorisme et d'autres infractions (FGTI) emporte, pour l'acceptant victime, renonciation à un droit. Partant, et hors le cas de tutelle avec conseil de famille, les représentants légaux d'un mineur doivent recueillir l'autorisation du juge des tutelles des mineurs préalablement à l'acceptation d'une telle offre. • Cass., avis, 25 mars 2013 : *D. actu. 25 avr. 2013, obs. Gayet.*

Art. 706-6 *(L. nº 83-608 du 8 juill. 1983)* La commission ou son président peut procéder ou faire procéder à toutes auditions et investigations utiles, sans que puisse leur être opposé le secret professionnel. Ils peuvent notamment se faire communiquer copie des procès-verbaux constatant l'infraction ou de toutes les pièces de la procédure pénale, même en cours. Ils peuvent également requérir :

1° De toute personne ou administration, la communication de renseignements sur la situation professionnelle, financière, fiscale ou sociale des personnes ayant à répondre du dommage causé par l'infraction ou du requérant ;

2° De tout service de l'État, collectivité publique, organisme de sécurité sociale, organisme assurant la gestion des prestations sociales ou compagnies d'assurance susceptibles de réparer tout ou partie du préjudice, la communication des renseignements relatifs à l'exécution de leurs obligations éventuelles.

Les renseignements ainsi recueillis ne peuvent être utilisés à d'autres fins que l'instruction de la demande d'indemnité et leur divulgation est interdite.

(L. nº 90-589 du 6 juill. 1990) « Le président de la commission peut accorder une ou plusieurs provisions en tout état de la procédure ; il est statué dans le délai d'un mois à compter de la demande de provision. » — *V. infra, note ss. C. pr. pén., art. 706-15.*

Le président de la CIVI, qui refuse d'allouer une provision à une personne blessée lors d'une rixe en relevant qu'il résulte des procès-verbaux que l'intéressé a proféré des insultes à l'égard de la communauté « punk », qu'il s'est donc livré à une provocation et qu'il a contribué par sa faute à déclencher l'agression qu'il a subie, n'a fait qu'user des pouvoirs qu'il tient de l'art. 706-6 C. pr. pén. sans violer le principe de la contradiction, quand bien même le président de la commission aurait soulevé ce moyen d'office. • Civ. 2e, 25 mai 1994, nº 92-16.650 P.

Circulaire générale. — C. 706-6 *(Circ. 27 déc. 1990)* L'article 706-6 définit les pouvoirs d'investigation de la commission et de son président.

A cette fin, il autorise la communication à la commission de toutes les pièces concernant l'infraction (procès-verbal constatant l'infraction et pièces de la procédure pénale même en cours). La commission peut également, malgré le secret professionnel, obtenir communication de tous renseignements sur la situation professionnelle, financière, fiscale ou sociale des personnes ayant à répondre des dommages causés par l'infraction (auteur, coauteur, complices présumés, civilement responsable) et du requérant.

Les réquisitions demandant de tels renseignements doivent contenir la reproduction de l'article 706-6 pour éviter toute opposition du secret professionnel de la part des personnes ou administrations requises.

L'instruction peut être diligentée, comme le précise l'article R. 50-13, par le président de la commission ou par le magistrat assesseur.

Les modalités d'obtention d'une indemnité provisionnelle dont le plafond est supprimé sont en outre simplifiées. Une ou plusieurs provisions peuvent être demandées en tout état de la procédure. Le président de la commission doit statuer dans le délai d'un mois à compter de la demande.

Il doit être relevé que la demande de provision n'obéit à aucun formalisme et peut être présentée par lettre simple.

Art. 706-7 *(L. n° 77-5 du 3 janv. 1977)* **Lorsque des poursuites pénales ont été engagées, la décision de la commission peut intervenir avant qu'il ait été statué sur l'action publique.**

(L. n° 90-589 du 6 juill. 1990) **« La commission peut, pour l'application du dernier alinéa de l'article 706-3, surseoir à statuer jusqu'à décision définitive de la juridiction répressive. Dans tous les cas, elle doit surseoir à statuer à la demande de la victime. »** — *V. infra, note ss. C. pr. pén., art. 706-15.*

Les débats ont lieu et la décision est rendue en chambre du conseil.

1. Viole les art. 706-3, dernier al., et 706-7, al. 1er et 2, la commission qui, pour allouer à une victime le maximum de l'indemnité, énonce qu'elle ne peut, sans méconnaître l'art. 4 C. pr. pén., apprécier les responsabilités respectives avant la décision définitive sur l'action publique, alors que, n'usant pas de la possibilité de surseoir à statuer, la commission doit, dès lors qu'elle y est conviée par les conclusions de l'agent judiciaire du Trésor, apprécier si le comportement de la victime est de nature à faire écarter toute indemnisation ou à en réduire le montant. • Civ. 2e, 1er avr. 1987, n° 85-16.076 P : *JCP 1988. II. 21029, note Chambon.*

2. Sursis à statuer et demande de provision. Le principe selon lequel « le pénal tient le civil en l'état » n'est pas applicable aux demandes de provision formées devant une commission d'indemnisation des victimes d'infraction. • Civ. 2e, 15 nov. 2001, n° 00-12.506 P : *D. 2001. IR 3586 ; Dr. pénal 2002. Comm. 64, obs. Maron.*

3. Le moyen tiré de la non-publicité des débats ne peut être invoqué pour la première fois devant la Cour de cassation. • Civ. 2e, 1er juill. 1992, n° 91-13.661 P.

Circulaire générale. — C. 706-7 *(Circ. 27 déc. 1990)* L'article 706-7 du code de procédure pénale déroge expressément au principe traduit dans le second alinéa de l'article 4 du même code selon lequel « le criminel tient le civil en état ».

La victime peut en effet avoir intérêt à n'être pas contrainte d'attendre la conclusion d'une procédure pénale, parfois longue, alors que toutes les conditions exigées pour l'attribution d'une indemnité sont remplies.

Elle peut donc saisir la commission pendant le cours du procès pénal ou même en l'absence de tout procès pénal. La procédure d'indemnisation devant la commission est totalement indépendante de la procédure devant la juridiction pénale.

C'est seulement dans des cas exceptionnels — notamment s'il apparaît que la faute de la victime a été en relation causale avec le préjudice subi ou si la commission n'est pas en mesure de déterminer si les faits à l'origine du préjudice constituent une infraction pénale — que la commission peut surseoir à statuer jusqu'à décision définitive de la juridiction répressive. Elle y est dans tous les cas tenue si la victime en fait la demande.

Les débats ont lieu et la décision est rendue en chambre du conseil.

Art. 706-8 *(L. n° 77-5 du 3 janv. 1977)* **Lorsque la juridiction statuant sur les intérêts civils a alloué des dommages-intérêts d'un montant supérieur à l'indemnité accordée par la commission, la victime peut demander un complément d'indemnité** *(Abrogé par L. n° 90-589 du 6 juill. 1990, à compter du 1er janv. 1991)* ***« dans la limite des maxima visés à l'article 706-9 »*. Elle doit présenter sa demande dans le délai d'un an après que la décision statuant sur les intérêts civils est devenue définitive.** — *V. infra, note ss. C. pr. pén., art. 706-15.*

1. La commission d'indemnisation peut, lorsqu'elle est saisie postérieurement à la décision de la juridiction répressive, accorder une indemnité supérieure à celle fixée par celle-ci. • Civ. 2e, 15 déc. 1980, n° 79-10.168 P. ♦ Est déclarée irrecevable une demande de complément d'indemnités, l'arrêt de la cour d'appel allouant des dommages-intérêts étant devenu définitif. Ainsi, la victime aurait dû se prévaloir de l'arrêt de la cour d'appel durant le cours de l'instance devant la CIVI. • Civ. 2e, 12 mai 2011 : *D. actu. 15 juin 2011, obs. Priou-Alibert.*

2. La commission apprécie souverainement le montant de l'indemnité complémentaire sans être tenue par l'évaluation du préjudice par la juridiction répressive. • Civ. 2e, 25 mai 1987, n° 86-10.674 P.

3. Les dispositions autorisant la victime à demander un complément d'indemnité concernent aussi bien les réparations allouées par la juridiction répressive que par la juridiction civile. • Civ. 2e, 9 déc. 2004 : *D. 2005. IR 114*.

Circulaire générale. — C. 706-8 *(Circ. 27 déc. 1990)* Lorsque la juridiction statuant sur les intérêts civils a alloué des dommages-intérêts d'un montant supérieur à l'indemnité accordée par la commission, la victime peut solliciter un complément d'indemnité.

Dans ce cas, elle doit introduire une action en complément d'indemnité dans le délai d'un an à compter de la décision de la juridiction qui a statué sur les intérêts civils et doit joindre à sa requête une expédition de cette décision passée en force de chose jugée.

La commission apprécie alors souverainement le montant de l'indemnité complémentaire sans être tenue par l'évaluation du préjudice faite par la juridiction répressive (Cour de cassation, 2e chambre civile : 25 mai 1987, Bull. civ. n° 116).

La commission d'indemnisation peut d'ailleurs accorder une indemnité supérieure, au total, à celle fixée par la juridiction répressive (Cour de cassation, 2e chambre civile : 15 décembre 1980, Bull. civ. n° 267).

En revanche, si la juridiction qui a statué sur les intérêts civils a évalué les dommages-intérêts à une somme inférieure au montant de l'indemnité accordée par la commission, la victime n'a pas à rembourser la différence.

Art. 706-9 *(L. n° 90-589 du 6 juill. 1990)* **La commission tient compte, dans le montant des sommes allouées à la victime au titre de la réparation de son préjudice :**

— des prestations versées par les organismes, établissements et services gérant un régime obligatoire de sécurité sociale et par ceux qui sont mentionnés aux articles 1106-9 *[L. 731-30 et L. 731-32]*, **1234-8** *[L. 752-13]* **et 1234-20** *[L. 752-28]* **du code rural et de la pêche maritime ;**

— des prestations énumérées au II de l'article 1er de l'ordonnance n° 59-76 du 7 janvier 1959 relative aux actions en réparation civile de l'État et de certaines autres personnes publiques ;

— des sommes versées en remboursement des frais de traitement médical et de rééducation ;

— des salaires et des accessoires du salaire maintenus par l'employeur pendant la période d'inactivité consécutive à l'événement qui a occasionné le dommage ;

— des indemnités journalières de maladie et des prestations d'invalidité versées par les groupements mutualistes régis par le code de la mutualité.

Elle tient compte également des indemnités de toute nature reçues ou à recevoir d'autres débiteurs au titre du même préjudice.

Les sommes allouées sont versées par le fonds de garantie des victimes des actes de terrorisme et d'autres infractions. — *V. infra, note ss. C. pr. pén., art. 706-15.*

TOM : 863. — Mayotte : 899. - **C. pr. pén.**

1. Les dispositions de l'art. 706-9 n'imposent pas à la victime d'une infraction de tenter d'obtenir l'indemnisation de son préjudice des personnes responsables du dommage causé par l'infraction, ou de leur assureur, préalablement à la saisine du président de la commission. • Civ. 2e, 13 déc. 2001, n° 00-12.105 P : *D. 2002. IR 258*; *RCA 2002. Comm. 97.*

2. L'indemnité doit être calculée suivant les règles du droit commun de la responsabilité. • Civ. 2e, 7 oct. 1992, n° 91-19.705 P • 23 juin 1993, n° 91-19.703 P • 8 oct. 1997 : *RCA 1997. Comm. 360* • 18 mai 2000 : *RCA 2000. Comm. 264 et Chron. 19, par Groutel* • 5 févr. 2004, n° 02-14.181 P : *RCA 2004. Comm. 139.*

3. Seule est de nature à diminuer le montant de la réparation du préjudice une circonstance qui est la conséquence nécessaire du fait dommageable. • Civ. 2e, 1er avr. 1999 : *RCA 1999. Comm. 219 (1re esp.).*

4. Sommes déduites de l'indemnité. Seuls doivent être imputés sur l'indemnité réparant le dommage résultant d'une atteinte à la personne les sommes versées à titre indemnitaire et les salaires et accessoires du salaire maintenus par l'employeur. • Civ. 2e, 6 nov. 1996 : *RCA 1997. Chron. 109, par Groutel.* ♦ ... Ainsi que les prestations mentionnées à l'art. 706-9. • Civ. 2e, 25 nov. 1999, n° 98-13.088 P : *RCA 2000. Comm. 50.* ♦ Dans la mesure où la commission d'indemnisation prend en compte les prestations d'invalidité versées par les groupements mutualistes régis par le code de la mutualité, la cour d'appel qui entend déduire des sommes allouées à une victime le capital versé par un groupement mutualiste doit rechercher s'il s'agit d'un versement à caractère indemnitaire ou de l'exécution d'un contrat d'assurance de personne non compris dans l'énumération de l'art. 706-9. • Civ. 2e, 13 déc. 2001, n° 00-14.494 P : *RCA 2002. Comm. 98.*

5. Viole l'art. 706-9 la cour d'appel qui déduit de la réparation du préjudice subi par la victime une somme versée au titre d'une garantie accident corporel souscrite auprès d'une société d'assurances alors qu'il résulte du contrat d'assurances que la somme versée à la victime était indépendante dans ses modalités de calcul et d'attribution de celles de la réparation du préjudice selon le droit commun et revêtait donc nécessairement un caractère forfaitaire. • Civ. 2e, 20 oct. 2005, n° 04-13.633 P : *D. 2005. IR 2771*. ♦ En revanche, le capital décès servi par une caisse de sécurité sociale dépendant, selon l'art. L. 361-1 CSS, du montant des revenus du défunt indemnise la perte de revenus. • Civ. 2e, 17 mars 2011 : *D. 2011. Actu. 1013 ; D. actu. 31 mars 2011, obs. Fleuriot.*

6. Seules peuvent être imputées sur l'indemnité réparant le dommage résultant d'une atteinte à la personne les sommes versées à titre indemnitaire ainsi que les prestations mentionnées à l'art. 706-9 ; l'allocation complémentaire de l'indemnité d'insertion, versée dans le cadre du devoir de solidarité nationale, n'a aucun caractère indemnitaire et doit être exclue du calcul de l'indemnité allouée par la CIVI. • Civ. 2e, 24 mai 2006, n° 04-19.210 P. ♦ ... De même pour l'allocation compensatrice attribuée au titre de la tierce personne, servie en exécution d'une obligation nationale destinée à garantir un minimum de ressources aux personnes handicapées, et dont le montant est fixé par le président du conseil général du département de résidence de l'intéressé compte tenu, notamment, de ses ressources. • Civ. 2e, 5 juill. 2006, n° 05-16.122 P : *D. 2006. IR 2276*.

7. Ne donne pas de base légale à sa décision la cour d'appel qui, pour refuser de déduire de l'indemnisation versée aux ayants droit d'une victime d'infraction les prestations versées en exécution d'un régime complémentaire, énonce que ces prestations n'entrent pas dans les prévisions de l'art. 706-9 C. pr. pén., sans rechercher si elles relèvent d'un régime obligatoire de sécurité sociale. • Civ. 2e, 2 déc. 1998, n° 97-13.338 P : *RCA 1999. Comm. 40.*

8. Les indemnités allouées par le Fonds de garantie des victimes des actes de terrorisme et d'autres infractions ne sont pas subsidiaires à la prestation de compensation du handicap à laquelle peut prétendre une victime sans qu'elle soit obligée de la demander ; dès lors, si elle n'a pas été sollicitée, cette prestation ne saurait être considérée comme une indemnité à recevoir au sens de l'art. 706-9. • Civ. 2e, 4 févr. 2016, n° 14-29.255 P : *D. actu. 22 févr. 2016, obs. Kilgus ; AJ pénal 2016. 399, obs. Grégoire*.

9. Il appartient à la juridiction saisie de fixer le montant du préjudice global soumis à recours à la date de sa décision, d'en déduire les arrérages échus et le capital représentatif de la rente des arrérages à échoir. • Civ. 2e, 24 févr. 2000, n° 98-15.222 P : *RCA 2000. Comm. 155, obs. Groutel.*

10. La victime d'une infraction n'ayant pas informé une Commission d'indemnisation des victimes d'infraction (CIVI), malgré l'obligation qui lui était faite par l'art. R. 50-9 C. pr. pén., de ce qu'antérieurement à la décision de cette Commission de l'indemniser elle avait perçu une pension d'invalidité, fait l'exacte application des art. 706-9 et 706-10 C. pr. pén. et du principe selon lequel la réparation du préjudice doit être intégrale une cour d'appel qui retient que le remboursement des arrérages perçus et du capital représentatif devait venir en déduction de la somme allouée par le fonds de garantie au titre de l'incapacité permanente partielle. • Civ. 2e, 14 nov. 2002, n° 01-02.049 P.

11. En application de l'art. 706-9 C. pr. pén. et du principe de la réparation intégrale, le montant des indemnités journalières servies par l'organisme social, qui inclut la CSG et la CRDS, doit être imputé non sur le montant net du salaire mais sur un montant comprenant celui de ces deux prélèvements. • Civ. 2e, 25 juin 2009, n° 08-17.912 P.

12. Les dispositions de l'art. 31 de la L. du 5 juill. 1985, modifié par l'art. 25-IV de la L. du 21 déc. 2006, selon lequel le recours des tiers payeurs s'exerce poste par poste sur les seules indemnités qui réparent les préjudices qu'ils ont pris en charge, s'appliquent lorsque l'accident relève de la législation sur les accidents du travail. Il s'ensuit que, conformément à l'art. 706-9 C. pr. pén., la CIVI doit tenir compte, pour l'indemnisation du préjudice subi par la victime d'un accident du travail présentant le caractère d'une infraction commise par une personne autre que l'employeur et ses préposés, des prestations énumérées à l'art. 29 de la L. n° 85-677 du 5 juill. 1985 pour le montant qui résulte, poste par poste, de l'application de l'art. 31. • Civ. 2e, 22 janv. 2009, n° 07-16.974 P.

13. Le poste de préjudice de déficit fonctionnel temporaire, qui répare la perte de qualité de vie de la victime et des joies usuelles de la vie courante pendant la maladie traumatique, intègre le préjudice sexuel subi pendant cette période. • Civ. 2e, 11 déc. 2014 : *D. 2015. 469, note Guégan-Lécuyer*.

Circulaire générale. — C. 706-9 (*Circ. 27 déc. 1990*) 1. — La Commission tient compte, dans le montant des fonds alloués à la victime, de toutes les sommes à caractère indemnitaire versées par l'ensemble des personnes tenues à réparation, ou à recevoir d'elles, au titre du même préjudice.

Certaines de ces indemnités sont expressément mentionnées par l'article 706-9 qui reprend, sur ce point, l'énumération contenue dans l'article 29 de la loi du 5 juillet 1985 tendant à l'amélioration de la situation des victimes d'accident de la circulation et à l'accélération des procédures d'indemnisation :

Il s'agit :

— des prestations versées par les organismes, établissements et services gérant un régime obligatoire de sécurité sociale ainsi que par les caisses de mutualité sociale agricole et autres organismes assurant les risques sociaux des agriculteurs. Cette formule très générale englobe les établissements publics à statut comme EDF, la SNCF et la RATP qui jouent vis-à-vis de leurs agents le rôle de caisses de sécurité sociale ;

— les prestations versées par l'État et certaines autres personnes publiques (collectivités locales, Caisse des Dépôts et Consignations, établissements publics administratifs) pour le préjudice subi par l'un de leurs agents ;

— les sommes versées en remboursement des frais de traitement médical et de rééducation y compris le remboursement du ticket modérateur effectué par certaines mutuelles et compagnies d'assurances ;

— les salaires et accessoires de salaires maintenus par l'employeur pendant la période d'incapacité de travail consécutive au fait dommageable ;

— les indemnités journalières d'invalidité et les prestations d'invalidité versées par les groupements mutualistes régis par le code de la mutualité.

Cette liste n'est pas limitative : toutes les sommes versées à la victime en vertu de la loi, d'un statut ou d'un contrat, à titre indemnitaire et du chef du même préjudice, doivent être déduites des fonds alloués par la commission d'indemnisation.

Il en est ainsi des versements faits par les assureurs à titre d'avance sur recours. Ceux-ci indemnisent immédiatement l'assuré de son préjudice, en se réservant la possibilité de récupérer tout ou partie des sommes versées contre le responsable.

Il n'en est pas de même des prestations qui ne trouvent pas leur cause dans le fait dommageable et qui n'ont pas pour objet de réparer le préjudice causé à la victime. Celles-ci présentent en effet un caractère forfaitaire et peuvent dès lors se cumuler avec les fonds alloués par la commission d'indemnisation.

Ces prestations forfaitaires sont diverses :

— il peut s'agir de sommes versées au titre d'un contrat d'assurance de personne : assurance sur la vie, assurance contre les accidents corporels et assurance contre la maladie (réserve faite, dans ce dernier cas, de la garantie des frais médicaux et pharmaceutiques qui a une nature indemnitaire) ;

— présentent également un caractère forfaitaire, les prestations versées par les ASSEDIC lorsque le fait dommageable a causé la perte de l'emploi de la victime ;

— il en est de même, sous réserve de l'appréciation des juridictions, des prestations servies par les régimes de retraites complémentaires lorsque les Caisses sont amenées, à la suite de l'accident de l'affilié, à verser de manière anticipée la pension de retraite de celui-ci ou, en cas de décès, une pension de reversion.

En définitive, le critère de distinction du caractère indemnitaire ou forfaitaire de la prestation versée réside dans le régime juridique de celle-ci et plus précisément, dans l'existence ou non d'un recours subrogatoire du tiers payant. Si celui-ci peut se faire subroger dans les droits de la victime, la somme versée présente un caractère indemnitaire, dans le cas contraire, elle est forfaitaire.

2. — Les sommes allouées par la commission sont dorénavant versées par le fonds de garantie.

Le fonds de garantie conserve sa compétence actuelle en matière d'indemnisation des victimes du terrorisme et devient l'organisme payeur des sommes allouées par les commissions d'indemnisation aux autres victimes. Sa dénomination est désormais la suivante : « fonds de garantie des victimes des actes de terrorisme et d'autres infractions ».

Art. 706-10 *(L. nº 90-589 du 6 juill. 1990)* **« Lorsque la victime, postérieurement au paiement de l'indemnité, obtient, du chef du même préjudice, une des prestations ou indemnités visées à l'article 706-9, le fonds peut demander »** *(L. nº 77-5 du 3 janv. 1977)* **à la commission qui l'avait accordée d'ordonner le remboursement total ou partiel de l'indemnité** *(L. nº 83-608 du 8 juill. 1983)* **« ou de la provision ».** — *V. infra, note ss. C. pr. pén., art. 706-15.*

Circulaire générale. — **C. 706-10** *(Circ. 27 déc. 1990)* Lorsque la victime, postérieurement au paiement de l'indemnité, obtient, du chef du même préjudice une des prestations ou indemnités visées à l'article 706-9, le fonds de garantie peut saisir la commission d'une demande en remboursement du trop-perçu de l'indemnité ou de la provision allouée.

La commission se prononce sur cette action en répétition d'indemnité dans les conditions prévues par l'article R. 50-25.

Art. 706-11 *(L. nº 90-589 du 6 juill. 1990)* « Le fonds » *(L. nº 83-608 du 8 juill. 1983)* est subrogé dans les droits de la victime pour obtenir des personnes responsables du dommage causé par l'infraction ou tenues à un titre quelconque d'en assurer la réparation totale ou partielle le remboursement de l'indemnité ou de la provision versée par lui, dans la limite du montant des réparations à la charge desdites personnes. *(L. nº 2016-731 du 3 juin 2016, art. 84)* « Le recours du fonds ne peut s'exercer contre l'Agence de gestion et de recouvrement des avoirs saisis et confisqués. »

(L. nº 90-589 du 6 juill. 1990) « Le fonds » peut exercer ses droits par toutes voies utiles, y compris par voie de constitution de partie civile devant la juridiction répressive et ce, même pour la première fois, en cause d'appel. *(L. nº 90-589 du 6 juill. 1990)* « Lorsqu'il se constitue partie civile par lettre recommandée, le fonds peut demander le remboursement des sommes mises à sa charge sans limitation de plafond *(Abrogé par L. nº 2008-644 du 1er juill. 2008, art. 1er)* ***« nonobstant les dispositions de l'article 420-1 »***.

(L. nº 2008-644 du 1er juill. 2008, art. 1er) « Les administrations ou services de l'État et des collectivités publiques, les organismes de sécurité sociale, les organismes qui assurent la gestion des prestations sociales, les établissements financiers et les entreprises d'assurance sont tenus de réunir et de communiquer au fonds les renseignements dont ils disposent ou peuvent disposer et qui sont utiles à la mise en œuvre de son action récursoire. Les renseignements ainsi recueillis ne peuvent être utilisés à d'autres fins que celles prévues au présent article ou à l'article L. 422-8 du code des assurances. Leur divulgation est interdite.

« Lorsque l'auteur de l'infraction a fait l'objet d'une obligation d'indemnisation de la victime dans le cadre d'une peine de sanction-réparation, d'un sursis probatoire ou d'une décision d'aménagement de peine ou de libération conditionnelle et que la victime a été indemnisée par le fonds, soit en application du présent titre, soit du titre XIV *bis*, cette obligation doit alors être exécutée au bénéfice du fonds de garantie dans l'exercice de son recours subrogatoire et de son mandat de recouvrement au profit de la victime. »

Les dispositions de l'art. 1er de la L. nº 2008-644 du 1er juill. 2008 sont applicables à toutes les décisions juridictionnelles rendues à compter du 1er oct. 2008 (L. préc., art. 14-II).

1. Il résulte des dispositions combinées des art. L. 422-1 C. assur. et 706-11 C. pr. pén. que, si le Fonds de garantie des victimes des actes de terrorisme et d'autres infractions est subrogé dans les droits des victimes, il ne peut exercer son recours que dans la limite des réparations mises à la charge des personnes responsables du dommage causé par l'infraction ou tenues, à un titre quelconque, d'en assurer la réparation totale ou partielle; il s'ensuit que c'est à bon droit que la cour d'appel déclare irrecevable, en l'état, la demande de Fonds de garantie tendant à être remboursé des sommes versées en application de la transaction intervenue avec les victimes, alors que des expertises sont en cours et que le préjudice des victimes n'est pas déterminé par la juridiction de jugement. • Crim. 13 mars 1996, nº 95-81.995 P : *Dr. pénal 1996. Comm. 275, note J.-H. Robert.* ♦ ... Et il résulte des mêmes articles qu'il ne peut exercer son recours que s'il justifie que les personnes dans les droits desquelles il est subrogé ont subi un préjudice découlant de l'infraction. • Crim. 24 nov. 2004, nº 04-80.226 P.

2. Une cour d'appel ne peut condamner l'accusé à payer au fonds de garantie des victimes d'infraction une somme supérieure à celle qui a été allouée en première instance aux différentes parties civiles constituées, lesquelles n'ont pas interjeté appel de cette décision. • Crim. 9 janv. 2019, nº 17-87.070 P : *AJ pénal 2019. 213, obs. Lasserre Capdeville*.

3. Il résulte de l'art. 706-11 C. pr. pén. que, dans l'instance sur recours subrogatoire du FGTI, l'auteur d'une infraction est en droit d'opposer à ce dernier les exceptions qu'il aurait été en mesure d'opposer à la victime subrogeante et notamment de discuter l'existence et le montant des indemnités allouées en réparation des préjudices subis. • Civ. 2e, 3 nov. 2011 : *D. 2011. 2867 ; RCA 2012, nº 11, obs. Groutel.* ♦ Dans le cadre du recours subrogatoire du fonds de garantie des victimes, le défendeur est en droit d'opposer au fonds les moyens de défense qu'il aurait été en mesure d'opposer à la victime subrogeante. • Civ. 2e, 7 févr. 2013 : *D. actu. 5 mars 2013, obs. De Ravel d'Esclapon ; D. 2013. Actu. 432*.

4. Seule l'infraction ayant ouvert droit à indemnisation de la victime par la CIVI peut fonder le recours subrogatoire du fonds de garantie : ne peut être recevable l'action du fonds contre l'agent judiciaire du Trésor pour la faute lourde des services de police qui, s'ils sont restés inactifs, n'en ont pas pour autant participé à l'infraction ayant ouvert droit à l'indemnisation par la CIVI. • Civ. 2e, 5 juill. 2006, nº 05-13.606 P.

5. Le caractère autonome de la détermination de l'indemnité fait obstacle à l'exercice du recours subrogatoire prévu par l'art. 706-1 1 sur le fondement du jugement rendu par la juridiction répressive. • Civ. 2e, 5 févr. 2004, nº 02-14.324 P : *RCA 2004. Comm. 141.*

6. Lorsque la juridiction pénale a statué sur le préjudice résultant du choc émotionnel provoqué par l'infraction mais que la CIVI, qui a été ultérieurement saisie par la victime, a fixé un autre montant pour l'indemnisation du préjudice résultant de l'aggravation de l'état de la victime, le fonds de garantie est en droit de solliciter la condamnation de l'auteur des faits à lui rembourser le montant des préjudices n'ayant pas été indemnisés par la juridiction pénale. • Civ. 2e, 14 juin 2006, n° 04-17.751 P.

7. Investi par le législateur d'une mission d'intérêt général de protection des victimes, le FGTI peut se prévaloir, en application de l'art. 706-11 C. pr. pén., de l'exclusion, prévue pour les réparations pécuniaires allouées aux victimes dans le cadre d'une condamnantion pénale, de toute mesure d'effacement de dette le concernant. • Civ. 2e, 12 mai 2016, n° 15-13.742 P : *D. 2016. Actu. 1080*.

8. A défaut de dérogations édictées par la loi, l'impossibilité d'appliquer en matière pénale les art. 554 et 555 C. pr. civ. s'oppose à toute demande des groupements mutualistes pour la première fois en cause d'appel. • Crim. 5 oct. 2010, n° 09-85.156 P : *Procédures 2011, n° 35, obs. Buisson.*

9. ***Constitution de partie civile du fonds.*** Le fonds de garantie peut se constituer partie civile même pour des personnes qui ne se sont pas constituées parties civiles à titre personnel. • Crim. 31 mai 2000, n° 99-84.507 P • 12 sept. 2007 : *Dr. pénal 2007. Comm. 165, obs. Maron* • Civ. 2e, 23 mai 2002, n° 00-19.830 P : *RCA 2002. Comm. 261, obs. Groutel.*

10. La constitution de partie civile du fonds de garantie des victimes d'actes de terrorisme et d'autres infractions (FGTI) a uniquement pour objet d'obtenir des personnes responsables le remboursement de l'indemnité ou de la provision qu'il a versée, dans la limite du montant des réparations mises à leur charge. Son recours subrogatoire ne peut donc s'exercer que devant les juridictions de jugement et doit être déclarée irrecevable la constitution de partie civile du FGTI devant une chambre de l'instruction. • Crim. 5 oct. 2010, n° 09-82.862 P : *D. 2010. Actu. 2582*.

11. L'art. 706-11 C. pr. pén., autorisant le Fonds de garantie à se constituer partie civile devant la juridiction répressive, et ce, même pour la première fois, en cause d'appel, la demanderesse n'est pas fondée à se faire un grief du fait que la constitution dudit fonds ait été admise en cause d'appel. • Crim. 29 oct. 2002, n° 01-82.109 P : *Dr. pénal 2003. Comm. 26, obs. Maron* • 17 mars 2004, n° 03-84.448 P : *D. 2004. IR 1286* ; *JCP 2004. IV. 1959* ; *RSC 2004. 672, obs. Giudicelli* • 12 sept. 2007 : *préc. note 9.*

12. La constitution de partie civile du Fonds de garantie devant la juridiction pénale n'implique pas son acquiescement à la décision de la CIVI assortie de l'exécution provisoire. • Civ. 2e, 6 juin 2002, n° 01-01.609 P.

13. ***Régime de la prescription.*** Au regard de la prescription, le régime du recours du fonds de garantie est celui applicable à l'action de la victime. • Civ. 1re, 17 nov. 1999 : *RCA 2000. Comm. 51, obs. Groutel.*

Circulaire générale. — C. 706-11 *(Circ. 27 déc. 1990)* Le fonds est subrogé dans les droits de la victime pour obtenir des personnes responsables du dommage causé par l'infraction, ou de celles tenues d'en assurer la réparation totale ou partielle, spécialement des délinquants solvables, le remboursement des sommes versées.

Toutefois, lorsque les sommes allouées par les commissions d'indemnisation ont été versées par le fonds postérieurement à l'attribution des dommages et intérêts par une juridiction pénale ou civile, l'action récursoire du fonds est limitée au montant des réparations mises à la charge de ces personnes.

Si les sommes allouées par les commissions ont été versées par le fonds avant que la juridiction répressive ait statué, le fonds peut se constituer partie civile même pour la première fois en cause d'appel. Cette action est également limitée au montant des dommages-intérêts prononcés par la juridiction.

Afin de faciliter les conditions de mise en œuvre de l'action récursoire, la loi prévoit que cette constitution peut être faite par lettre recommandée, même si le montant des sommes dont il demande le remboursement excède le plafond fixé par l'article 420-1 du code de procédure pénale.

Le fonds peut également exercer l'action récursoire devant les juridictions civiles, si l'auteur présumé de l'infraction n'a pas été poursuivi.

Le fonds peut, par ailleurs, demander au procureur de la République de requérir de toute personne ou administration la communication de renseignements, qui ne sauraient être utilisés à d'autres fins et dont la divulgation est par ailleurs interdite, sur la situation personnelle, financière, fiscale ou sociale des personnes ayant à répondre des dommages causés par l'infraction. Dans un tel cas, le secret professionnel ne peut être opposé au procureur de la République.

Art. 706-12 *(L. n° 77-5 du 3 janv. 1977)* **Si la victime ou ses ayants droit se constituent partie civile devant la juridiction répressive ou engagent une action contre les personnes responsables du dommage, ils doivent indiquer, en tout état de la procédure, s'ils ont saisi la commission instituée par l'article 706-4 et si, le cas échéant, celle-ci leur a accordé une indemnité.**

A défaut de cette indication, la nullité du jugement en ce qui concerne ses dispositions civiles pourra être demandée par toute personne intéressée pendant deux ans à compter de la date à partir de laquelle ledit jugement est devenu définitif.

Si l'art. 706-12 C. pr. pén. impose à la victime ou à ses ayants droit d'indiquer, en tout état de la procédure, s'ils ont saisi la commission instituée par l'art. 706-4 et si, le cas échéant, celle-ci leur a accordé une indemnité, la nullité, pour défaut de cette indication, du jugement ou de l'arrêt en ce qui concerne ses dispositions civiles, ne peut être soulevée, pendant 2 ans, qu'à compter de la date à partir de laquelle ledit jugement ou ledit arrêt est devenu définitif. • Crim. 22 sept. 1999, n° 99-80.594 P.

Circulaire générale. — **C. 706-12** *(Circ. 27 déc. 1990)* L'article 706-12 fait obligation à la victime ou à ses ayants droit d'indiquer, à l'occasion de toute procédure engagée contre les responsables du dommage, s'ils ont saisi la commission d'indemnisation et si celle-ci leur a accordé une provision.

A défaut, la nullité du jugement peut être invoquée.

Lors de l'introduction de la requête, le secrétaire de la commission doit veiller à attirer l'attention du demandeur sur cette obligation.

Art. 706-13 *Abrogé par L. n° 90-589 du 6 juill. 1990, à compter du 1er janv. 1991.*

Art. 706-14 *(L. n° 90-589 du 6 juill. 1990)* **Toute personne qui, victime d'un vol, d'une escroquerie** *(L. n° 2000-516 du 15 juin 2000, art. 118)* **«, d'un abus de confiance, d'une extorsion de fonds ou d'une destruction, d'une dégradation ou d'une détérioration d'un bien lui appartenant, » ne peut obtenir à un titre quelconque une réparation ou une indemnisation effective et suffisante de son préjudice, et se trouve de ce fait dans une situation matérielle** *(L. n° 2000-516 du 15 juin 2000, art. 118)* **« ou psychologique » grave, peut obtenir une indemnité dans les conditions prévues par les articles 706-3 (3° et dernier alinéa) à 706-12, lorsque ses ressources sont inférieures** *(L. n° 91-647 du 10 juill. 1991)* **« au plafond prévu par l'article 4 de la loi n° 91-647 du 10 juillet 1991 relative à l'aide juridique pour bénéficier de l'aide juridictionnelle partielle », compte tenu, le cas échéant, de ses charges de famille.**

L'indemnité est au maximum égale au triple du montant mensuel de ce plafond de ressources.

Ces dispositions sont aussi applicables aux personnes mentionnées à l'article 706-3 qui, victimes d'une atteinte à la personne prévue par cet article, ne peuvent à ce titre prétendre à la réparation intégrale de leur préjudice, les faits générateurs de celui-ci ayant entraîné une incapacité totale de travail inférieure à un mois. — *V. infra, note ss. C. pr. pén., art. 706-15.*

TOM : 864. — Mayotte : 900.

1. Caractère limitatif de l'énumération légale. L'énumération de vol, escroquerie et abus de confiance est limitative. Doit être cassée la décision du président d'une commission d'indemnisation qui, pour allouer une provision à une victime, relève que la falsification de chèque et l'usage de chèque falsifié reposent sur le même mécanisme que l'escroquerie et sont punis des mêmes peines. • Civ. 2e, 30 nov. 1988, n° 87-13.772 P. ♦ Conf. : • Civ. 2e, 6 nov. 1991, n° 90-16.040 P : *RCA 1992. Comm. 54.* ♦ ... Ou que le bris de la vitre d'un appartement pouvait être assimilé à une tentative de vol et que les conséquences de cette tentative peuvent faire l'objet d'une indemnisation par l'État. • Civ. 2e, 3 mai 1990, n° 88-12.099 P : *RCA 1990. Comm. 241.* ♦ ... Ou que l'extorsion de fonds n'exclut pas la qualification de vol. • Civ. 2e, 29 janv. 1992, n° 89-20.997 P : *RCA 1992. Comm. 132 (2e esp.).* ♦ De même doit être cassée la décision du président qui déclare recevable la demande d'indemnisation d'une victime d'abus de faiblesse au motif que cette infraction est voisine de l'escroquerie. • Civ. 2e, 6 juin 2002, n° 00-21.219 P : *RCA 2002. Comm. 293* • 26 sept. 2002, n° 01-02.767 P : *Resp. civ. et assur. 2002. Comm. 359.*

2. Gravité de la situation matérielle. Doit être cassée la décision de la commission d'indemnisation qui a alloué à la victime d'une escroquerie une indemnité sans constater qu'elle se trouvait dans une situation matérielle grave. • Civ. 2e, 30 nov. 1988, n° 87-17.990 P.

3. La victime doit être indemnisée, dès lors que l'infraction a contribué, fût-ce pour partie, à la placer dans une situation matérielle grave. • Civ. 2e, 11 juin 1998, n° 96-12.291 P : *RCA 1998. Comm. 311.*

4. Appréciation de la situation matérielle. Les juges du fond doivent préciser en quoi les circonstances de l'espèce, qu'ils apprécient souverainement, rendent grave la situation matérielle de la victime. • Civ. 2e, 9 déc. 1999 : *RCA 2000. Comm. 81.*

5. Appréciation du préjudice psychologique grave. Dans la mesure où toute loi nouvelle s'applique immédiatement aux effets à venir des situations juridiques non contractuelles en cours au moment où elle entre en vigueur, même lorsque la situation en question fait l'objet d'une instance judiciaire, les dispositions relatives à l'indemnisation du préjudice psychologique grave issues de la loi du 15 juin 2000 étaient immédiatement applicables y compris pour une demande d'indemnisation présentée en 1998 puisque la cour a statué le 23 juin 2000. • Civ. 2e, 7 mai 2003, nº 01-16.554 P : *D. 2004. IR 1482*.

6. Mineur. La situation matérielle grave du fait de l'absence d'indemnisation, au sens de l'art. 706-14 C. pr. pén., s'apprécie en la personne de la victime, fût-elle mineure. • Civ. 2e, 14 janv. 1999, nº 97-13.103 P : *RCA 1999. Comm. 102.*

7. C'est dans l'exercice de son pouvoir souverain d'appréciation des éléments de fait et de preuve qui lui étaient soumis, et se plaçant à la date de la demande, qu'une cour d'appel a estimé qu'un enfant mis en complète dépendance de l'aide de la collectivité publique et privé de tout support économique de son milieu familial se voit imposer, en raison de l'infraction dont il a été victime de la part de son père et de l'impossibilité d'obtenir une indemnisation, un cadre de vie précaire, de sorte que sa situation constitue une situation matérielle grave au sens de l'art. 706-14 C. pr. pén. • Civ. 2e, 15 avr. 1999, nº 97-19.508 P : *RCA 1999. Comm. 220.* ♦ ... Sous la condition de l'ITT exigée par l'art. 706-14, dernier al., C. pr. pén. • Civ. 2e, 10 juin 1999 : *RCA 1999. Comm. 294.*

8. Exclusion des personnes morales. L'art. 706-14 C. pr. pén. lie indissociablement la possibilité d'obtenir l'indemnité sollicitée à des conditions de ressources. Cette condition, qui est sans signification s'agissant de personnes morales, a pour effet d'exclure celles-ci du bénéfice des dispositions dudit article. La référence que celui-ci fait à la loi relative à l'aide juridique, qui accorde l'aide juridictionnelle aux seules personnes physiques, renforce cette analyse. • Paris, 8 avr. 1998 : *D. 1998. IR 129.* ♦ Dans le même sens, s'agissant d'une association bénéficiant de l'aide juridictionnelle totale et qui avait vu, à tort, sa requête déclarée recevable. • Civ. 2e, 30 mai 2007 : *D. 2007. AJ 1728*.

9. Évaluation des ressources. Les ressources à prendre en compte pour apprécier le droit d'une victime à obtenir une indemnité en réparation dans le cadre de l'art. 706-14 s'entendent des seules ressources propres à la victime majeure, quand bien même celle-ci vivrait habituellement au domicile d'une personne dont les ressources seraient supérieures au plafond. • Civ. 2e, 15 mars 2001, nº 99-17.007 P : *D. 2001. IR 1218* ; *RCA 2001. Comm. 188.* ♦ Pour apprécier l'applicabilité de l'art. 706-14 à une victime, il faut prendre en compte ses ressources et non son revenu imposable. • Civ. 2e, 29 mars 2001, nº 99-17.584 P : *D. 2001. IR 1218* ; *RCA 2001. Comm. 188.*

10. Pour l'application des dispositions de l'art. 706-14 C. pr. pén., il convient de prendre en considération, non le revenu imposable de la victime, mais ses ressources. • Civ. 2e, 29 mars 2001, nº 99-17.584 P. ♦ En application de l'art. 706-14 C. pr. pén., les charges de famille sont prises en compte pour la seule détermination des ressources ouvrant droit à indemnisation et non pour la fixation du montant maximum de l'indemnité allouée à la victime. • Civ. 2e, 10 oct. 2002, nº 01-12.253 P.

11. Art. 706-14, al. 3. Ayant constaté que les faits pour lesquels le père d'une victime mineure avait été condamné n'avaient pas entraîné une incapacité totale de travail pour l'enfant, au sens de l'art. 706-14, dernier al., C. pr. pén., une cour d'appel en a exactement déduit que les conditions d'une indemnisation par le Fonds des préjudices résultant éventuellement des atteintes à la personne de la mineure n'étaient pas remplies. • Civ. 2e, 9 déc. 2010, nº 09-71.202 P. ♦ Si l'art. 706-14, al. 3, C. pr. pén. prévoit que les dispositions des deux alinéas précédents sont applicables aux personnes victimes d'un dommage corporel n'ayant pas entraîné une incapacité totale de travail au moins égale à un mois, le droit à indemnisation ne leur demeure cependant ouvert qu'aux conditions prévues par ces dispositions ; ainsi, conformément à l'al. 1er, ce droit est ouvert à la victime lorsque, d'une part, elle ne peut pas obtenir une indemnisation effective et suffisante de son préjudice à un titre quelconque et se trouve de ce fait dans une situation matérielle ou psychologique grave et, d'autre part, lorsque ses ressources sont inférieures au plafond prévu pour l'attribution de l'aide juridictionnelle partielle, compte tenu, le cas échéant, de ses charges de famille. • Civ. 2e, 16 avr. 2015, nº 13-23.436 P : *D. actu. 7 mai 2015, obs. Priou-Alibert.*

Circulaire générale. – **C. 706-14** *(Circ. 27 déc. 1990)* Un droit à indemnisation est ouvert, dans certaines conditions, aux victimes de vol, d'escroquerie ou d'abus de confiance ainsi qu'aux victimes d'une atteinte à la personne dont il est résulté une incapacité totale de travail personnel inférieure à un mois.

Seules peuvent prétendre à cette indemnisation les victimes dont les ressources mensuelles sont inférieures au plafond prévu par le 3e alinéa de l'article 2 de la loi nº 72-11 du 3 janvier 1972 au-delà duquel l'aide judiciaire partielle ne peut plus être obtenue, soit la somme de 5 250 F majorée, le cas échéant, pour charges de famille. – *La loi nº 72-11 du 3 janv. 1972 a* *été abrogée et remplacée par la loi n° 91-647 du 10 juill. 1991 dont l'art. 4 qui fixe les montants des ressources des bénéficiaires de l'aide juridictionnelle a été modifié par la loi n° 2000-1352 du 30 déc. 2000; le plafond des ressources mensuelles pour bénéficier de l'aide juridictionnelle partielle est de 7 764 F (1 183,61 €).*

L'indemnité allouée est au maximum égale au triple du montant mensuel du plafond de base des ressources, soit 15 750 F. – *soit 23 292 F (3 550,84 €) selon l'art. 4 de L. n° 91-647 du 10 juill. 1991, mod. par L. n° 2000-1352 du 30 déc. 2000.*

Les conditions tenant à la nationalité sont identiques à celles prévues par l'article 706-3. Les dispositions des articles 706-4 à 706-12 sont également applicables.

J'appelle votre attention sur le fait que, conformément à l'article 706-9, la commission d'indemnisation doit tenir compte, dans le montant des sommes allouées à la victime, de toutes les sommes qui lui sont versées ou doivent lui être versées et notamment de celles qu'elle peut obtenir au titre des assurances de dommages couvrant la protection des biens contre les pertes, soustractions et destructions, et qui présentent un caractère indemnitaire.

Enfin, cette indemnisation revêt un caractère subsidiaire : elle est allouée aux victimes qui ne peuvent être indemnisées à un autre titre et qui sont dans une situation matérielle grave.

L'impossibilité d'être indemnisé « à un titre quelconque ».

Cette expression, volontairement générale, vise non seulement l'indemnisation par les auteurs complices et les civilement responsables de l'infraction, mais encore toutes les autres sources d'indemnisation (assurance personnelle, sécurité sociale, mutuelle, application de la législation sur les accidents du travail, intervention du fonds de garantie pour les accidents de la circulation et de chasse par exemple).

Une indemnité ne peut donc être attribuée en pratique que s'il est démontré que l'auteur de l'infraction est insolvable, inconnu, ou en fuite (ainsi qu'éventuellement son civilement responsable) et que, par ailleurs, la victime ne peut être dédommagée à d'autres titres.

Toutefois, seule une réparation ou indemnisation effective et suffisante fait obstacle à la recevabilité d'une action devant les commissions d'indemnisation.

Ainsi, lorsqu'une victime ne peut obtenir l'exécution d'un jugement lui attribuant des dommages-intérêts (cette situation peut se produire par exemple si le condamné réside dans un État étranger où l'exécution des jugements français est en fait ou en droit impossible) elle peut présenter une demande d'indemnité à la commission.

Il en est de même pour la victime qui a perçu une réparation insuffisante. Tel est le cas, par exemple, si l'auteur de l'infraction ne peut verser qu'une partie des dommages-intérêts auxquels il a été condamné. Il en est encore de même si la victime ne possède qu'une assurance limitée couvrant son dommage ou encore si son préjudice n'est que partiellement pris en charge par un organisme social.

L'appréciation du caractère insuffisant d'un dédommagement ne permet toutefois pas à la commission de remettre en cause une décision juridictionnelle qui a fixé le montant des dommages-intérêts. L'insuffisance du dédommagement s'apprécie, dans ce cas, au regard de ce que la victime a effectivement perçu, par rapport au montant des dommages-intérêts accordés.

Dans ce cas, la commission alloue l'indemnité qu'elle estime fondée en application des conditions générales posées par la loi mais dans la limite maximale de la décision de la juridiction de droit commun et sous réserve du plafond auquel elle est tenue.

En l'absence de décision juridictionnelle sur les dommages-intérêts, le caractère insuffisant des dédommagements effectivement perçus est apprécié par la commission en fonction des conditions générales de la loi et de ce que la victime a déjà perçu.

Il faut cependant, pour qu'une réparation soit considérée comme n'étant pas « effective », qu'existent d'autres éléments d'appréciation que de simples difficultés tenant aux formalités ou aux délais des procédures ou encore à leur coût.

La situation matérielle grave de la victime.

Cette indemnisation est réservée aux victimes les plus démunies, à celles qui, en raison de l'impossibilité d'être indemnisées de leur préjudice, sont placées dans une situation matérielle grave.

En d'autres termes, si la situation de fortune et les ressources d'une victime après l'infraction lui permettent de continuer à subvenir normalement à ses besoins et à ceux des personnes à sa charge, il ne peut y avoir d'indemnisation par le fonds de garantie. Cette situation est examinée au vu des documents produits, notamment des déclarations de revenus et des enquêtes diligentées, ainsi que des circonstances particulières de l'espèce, souverainement appréciées par la commission.

Art. 706-14-1 *(L. nº 2008-644 du 1er juill. 2008, art. 3)* **L'article 706-14 est applicable à toute personne victime de la destruction par incendie d'un véhicule terrestre à moteur lui appartenant qui justifie au moment des faits avoir satisfait aux dispositions du code de la route relatives au certificat d'immatriculation et au contrôle technique ainsi qu'aux obligations prévues à l'article L. 211-1 du code des assurances, sans qu'elle ait à établir qu'elle se trouve dans une situation matérielle ou psychologique grave ; elle peut alors bénéficier d'une indemnité lorsque ses ressources ne dépassent pas 1,5 fois le plafond prévu par le premier alinéa de l'article 706-14.**

Le présent article s'applique dès lors que le fait a été commis sur le territoire national.

Les dispositions de l'art. 3 de la L. nº 2008-644 du 1er juill. 2008 sont applicables aux infractions commises à compter du 1er oct. 2008 (L. préc., art. 14-III).

Le droit à indemnisation que la victime tient de l'art. 706-14-1 C. pr. pén. ne se limite pas à l'indemnisation au seul préjudice matériel subi du fait de la perte du véhicule mais concerne tous les préjudices causés par la destruction du véhicule, dans la limite du plafond légal d'indemnisation. • Civ. 2e, 23 févr. 2012 : *D. 2012. Pan. 2057, obs. Adida-Canac et Bouvier*. ♦ Pour l'application de l'art. 706-14-1 C. pr. pén., le caractère suffisant de l'indemnité reçue de l'assureur doit être apprécié, non par rapport aux ressources de la victime, mais par rapport au montant du préjudice subi. • Même arrêt.

Art. 706-14-2 *(L. nº 2020-1672 du 24 déc. 2020, art. 8)* **Toute personne physique ayant subi un préjudice résultant de faits volontaires ou non, commis à l'étranger, susceptibles de relever de la compétence d'une juridiction pénale disposant, en application des dispositions du présent code, d'une compétence territoriale concurrente et spécialisée s'étendant sur le ressort de plusieurs tribunaux judiciaires ou sur l'ensemble du territoire peut, lorsque ces faits présentent le caractère matériel d'une infraction et répondent aux conditions prévues à l'article 706-3 du présent code ou à l'article L. 126-1 du code des assurances, obtenir du fonds de garantie des victimes des actes de terrorisme et d'autres infractions une aide financière au titre des frais de voyage, de l'indemnité de comparution et de l'indemnité journalière de séjour pour répondre à une convocation à l'audience de jugement d'un procès pénal tenu à l'étranger, selon des modalités et conditions prévues par voie réglementaire.**

Art. 706-15 *(L. nº 2000-516 du 15 juin 2000, art. 116, en vigueur le 1er janv. 2001)* **Lorsqu'une juridiction condamne l'auteur d'une infraction mentionnée aux articles 706-3 et 706-14 à verser des dommages-intérêts à la partie civile, elle informe cette dernière de la possibilité de saisir la commission d'indemnisation des victimes d'infraction** *(L. nº 2016-731 du 3 juin 2016, art. 61)* **« d'une demande d'indemnité ou de saisir le fonds de garantie des victimes des actes de terrorisme et d'autres infractions d'une demande d'aide au recouvrement ».**

En ce qui concerne le recours en indemnité ouvert aux victimes d'actes de terrorisme, V. C. assur. art. L. 126-1 s., L. 422-1 s., R. 126-2 s. et R. 422-1 s. — ***C. assur.***

Lorsqu'une juridiction alloue à la victime des dommages et intérêts susceptibles d'être indemnisés par la CIVI, elle l'informe de cette possibilité, conformément à l'art. 706-15 C. pr. pén., et le délai d'un an pour saisir la commission court à compter de cet avis. • Civ. 2e, 28 mars 2013 : *D. actu. 12 avr. 2013, obs. Kilgus.*

Aide au recouvrement des dommages et intérêts pour les victimes d'infractions

Art. 706-15-1 **Toute personne physique qui, s'étant constituée partie civile, a bénéficié d'une décision définitive lui accordant des dommages et intérêts en réparation du préjudice qu'elle a subi du fait d'une infraction pénale, mais qui ne peut pas obtenir une indemnisation en application des articles 706-3 ou 706-14, peut solliciter une aide au recouvrement de ces dommages et intérêts ainsi que des sommes allouées en application des articles 375 ou 475-1.**

Cette aide peut être sollicitée y compris si l'auteur de l'infraction fait l'objet d'une obligation d'indemnisation de la victime dans le cadre d'une peine de sanction-réparation, d'un sursis probatoire ou d'une décision d'aménagement de peine ou de libération conditionnelle.

L'art. 1er de la L. nº 2008-644 du 1er juill. 2008 est applicable à toutes les décisions juridictionnelles rendues à compter du 1er oct. 2008 (L. préc., art. 14-III).

Art. 706-15-2 **En l'absence de paiement volontaire des dommages et intérêts ainsi que des sommes allouées en application des articles 375 ou 475-1 par la personne condamnée**

dans un délai de deux mois suivant le jour où la décision concernant les dommages et intérêts est devenue définitive, la partie civile peut saisir le fonds de garantie des victimes des actes de terrorisme et d'autres infractions d'une demande d'aide au recouvrement.

A peine de forclusion, la demande d'aide au recouvrement doit être présentée dans le délai d'un an à compter du jour où la décision est devenue définitive. Toutefois, le fonds de garantie peut relever la victime de la forclusion pour tout motif légitime. En cas de refus opposé par le fonds, la victime peut être relevée de la forclusion par le président du tribunal judiciaire statuant par ordonnance sur requête. A peine d'irrecevabilité, la requête est présentée dans le mois suivant la décision de refus.

La victime est tenue de communiquer au fonds tout renseignement de nature à faciliter le recouvrement de créance.

Agissant seule ou conjointement avec le débiteur, la victime peut renoncer à l'assistance au recouvrement. Toutefois, les frais de gestion et les frais de recouvrement exposés par le fonds demeurent exigibles.

L'art. 1er de la L. no 2008-644 du 1er juill. 2008 est applicable à toutes les décisions juridictionnelles rendues à compter du 1er oct. 2008 (L. préc., art. 14-III).

Art. 706-15-4 Dans chaque tribunal judiciaire, il est institué un bureau d'aide aux victimes, dont la composition, les missions et les modalités de fonctionnement sont précisées par décret. — *V. art. D. 47-6-15.*

DEUXIÈME PARTIE : *RÉGLEMENTAIRE*

(Décr. no 77-194 du 3 mars 1977)

Art. R. 50-7 *(Décr. no 77-194 du 3 mars 1977)* L'admission au bénéfice de l'aide judiciaire *[aide juridictionnelle]* devant la commission peut être accordée par le bureau établi près *(Décr. no 83-1156 du 23 déc. 1983)* « le tribunal judiciaire ».

La demande d'aide judiciaire *[aide juridictionnelle]* interrompt les délais prévus aux articles 706-5 et 706-8.

RÉP. PÉN. vo *Aide juridictionnelle*, par CARBONE.

Art. R. 50-8 *(Décr. no 77-194 du 3 mars 1977)* La commission est saisie par une requête signée de la personne lésée, de son représentant légal ou de son conseil et remise, ou adressée par lettre recommandée, au secrétaire de la commission qui en délivre récépissé.

Circulaire générale. — C. R. 50-8 *(Circ. 27 déc. 1990)* [...] — La procédure exclut donc tout formalisme. Les requêtes n'ont notamment pas à être timbrées et sont dispensées de ministère d'avocat.

Art. R. 50-9 *(Décr. no 90-1211 du 21 déc. 1990)* La requête contient tous renseignements utiles à l'instruction de la demande d'indemnité, et notamment l'indication :

1o Des nom, prénoms, date et lieu de naissance et demeure du demandeur ;

2o De la date, du lieu et des circonstances de l'infraction génératrice du dommage ;

3o Des atteintes à la personne du demandeur ou des dommages causés à ses biens ;

4o De la juridiction pénale éventuellement saisie de l'infraction ;

5o Des liens de parenté ou relations de droit ou de fait existant entre le demandeur et celui qui a personnellement souffert du dommage s'il ne s'agit pas de la même personne ;

6o Le cas échéant, des organismes publics ou privés dont relève le demandeur ou auprès desquels il est assuré et qui sont susceptibles de l'indemniser de tout ou partie du préjudice subi ;

7o Des demandes de réparation ou d'indemnité déjà présentées et, en particulier, des actions en dommages-intérêts qui ont été engagées ainsi que des sommes qui ont déjà été versées au demandeur en réparation du préjudice ;

8o Du montant de l'indemnité réclamée devant la commission ;

9o De l'adresse à laquelle les notifications doivent être faites au demandeur.

La requête est accompagnée de toutes pièces justificatives, notamment d'une copie du certificat médical initial et, le cas échéant, de toutes pièces attestant la consolidation, ainsi que de tout document permettant d'apprécier la perte ou la diminution des revenus, l'accroissement des charges ou l'inaptitude à exercer une activité professionnelle qui sont la conséquence du dommage.

Circulaire générale. — C. R. 50-9 *(Circ. 27 déc. 1990)* L'article R. 50-9 énumère les renseignements indispensables à l'instruction de toute requête quel que soit son fondement juridique — demande de réparation intégrale (article 706-3) ou demande d'indemnité (article 706-14).

Afin d'établir le bien-fondé de sa prétention, le requérant doit fournir des indications sur certains points, notamment sur les circonstances de l'infraction génératrice du dommage et sur les atteintes à sa personne ou les dommages causés à ses biens. Il doit également fournir toutes les pièces justificatives du montant de l'indemnité réclamée et notamment les documents permettant d'apprécier la perte ou la diminution des revenus, l'accroissement des charges ou l'inaptitude à exercer une activité professionnelle qui sont la conséquence du dommage.

La liste des renseignements à fournir est indicative ; la commission peut demander tout autre renseignement qui paraît utile à l'instruction de la requête.

Si tous les renseignements ne peuvent être joints à la requête, celle-ci n'en demeure pas moins recevable et interrompt notamment les délais de prescription de l'action en réparation. Le demandeur doit alors fournir ultérieurement les pièces complémentaires.

Art. R. 50-10 *(Décr. nº 90-1211 du 21 déc. 1990)* **Lorsque la demande d'indemnité est fondée sur l'article 706-14, la requête contient en outre :**

1º L'indication du montant des ressources du demandeur avec les justifications utiles, notamment une copie de la déclaration de ses revenus de l'année précédant l'infraction et de l'année précédant celle où la commission est saisie ou, s'il n'est pas imposable, un certificat de non-imposition et, le cas échéant, la liste de ses biens immobiliers ;

2º Les éléments desquels résulte l'impossibilité d'obtenir auprès des organismes publics ou privés dont relève le demandeur ou de toute autre personne morale ou physique la réparation effective et suffisante de son préjudice ;

3º La description de la situation matérielle grave dans laquelle il se trouve de ce fait.

Pour refuser d'allouer à une personne, en tant que représentant légal d'un mineur dont le père avait été assassiné par des personnes insolvables, l'indemnité qu'elle demandait au nom de ce mineur au titre du préjudice patrimonial, la commission d'indemnisation qui relève que cette personne ne produit pas sa déclaration de revenus relative à l'année précédant les faits, alors que cette disposition ne peut être invoquée que contre le demandeur en indemnité, a violé l'art. R. 50-10. • Civ. 2e, 9 oct. 1991, nº 90-10.225 P.

Art. R. 50-11 *(Décr. nº 77-194 du 3 mars 1977)* **S'il s'agit d'une requête en complément d'indemnité fondée sur l'article 706-8, elle doit être accompagnée d'une expédition de la décision, passée en force de chose jugée, qui a statué sur les intérêts civils.**

Art. R. 50-12 *(Décr. nº 90-1211 du 21 déc. 1990)* **Le secrétaire de la commission transmet sans délai copie de la requête et des pièces annexes au procureur de la République près le tribunal judiciaire et, par lettre simple, au fonds de garantie des victimes des actes de terrorisme et d'autres infractions.**

Circulaire générale. — C. R. 50-12 *(Circ. 27 déc. 1990)* Dès réception de la requête, le secrétaire de la commission en transmet copie — avec les pièces annexes — au procureur de la République et au fonds de garantie des victimes des actes de terrorisme et d'autres infractions.

Cette transmission au fonds de garantie doit être faite dans les meilleurs délais et avec le plus grand soin. Elle conditionne l'évolution de la procédure dans laquelle le fonds intervient à titre principal.

Son adresse est la suivante :

Fonds de garantie des victimes des actes de terrorisme et d'autres infractions

64, rue Defrance

94682 — Vincennes Cedex

C'est à cette adresse que doivent être envoyées toutes les correspondances relatives à une demande d'indemnité.

Ainsi, le secrétaire de la commission doit informer le fonds de garantie, par lettre recommandée avec demande d'avis de réception :

— de toute demande de provision et de la date de l'audience au cours de laquelle il sera statué sur cette demande ; si la demande de provision est incluse dans la requête initiale, la

transmission de la copie de celle-ci au fonds de garantie doit être faite aussitôt, avec l'indication de la date de l'audience ;
— de la date de l'audience au cours de laquelle il sera statué sur la demande d'indemnité ;
— du renvoi à une autre audience décidé en dehors de la présence du fonds de garantie ;
— de la décision de la commission sur la demande d'indemnité.

Art. R. 50-12-1 *(Décr. nº 2005-564 du 27 mai 2005)* **L'offre d'indemnisation faite à la victime en application de l'article 706-5-1 indique l'évaluation retenue par le fonds de garantie pour chaque chef de préjudice et le montant des indemnités qui reviennent à la victime compte tenu des prestations énumérées à l'article 29 de la loi nº 85-677 du 5 juillet 1985 et des indemnités de toute nature reçues ou à recevoir d'autres débiteurs du chef du même préjudice. Elle est accompagnée, le cas échéant, de la copie des décomptes produits par les personnes ou organismes débiteurs de ces prestations ou indemnités.**

Les dispositions du Décr. nº 2005-564 du 27 mai 2005 sont applicables aux demandes d'indemnisation déposées à compter de sa publication (JO 28 mai).

Art. R. 50-12-2 *(Décr. nº 2005-564 du 27 mai 2005)* **Le président de la commission est saisi par le fonds d'une requête aux fins d'homologation du constat d'accord. En cas d'homologation, il est conféré force exécutoire au constat. La décision est notifiée sans délai par lettre recommandée avec demande d'avis de réception au demandeur et** *(Décr. nº 2020-1452 du 27 nov. 2020, art. 8)* **« par lettre simple » au fonds.**

Si la victime ne répond pas à l'offre d'indemnisation, son silence est regardé à l'expiration d'un délai de deux mois à compter de sa présentation comme valant désaccord. L'offre mentionne les conséquences attachées au silence de la victime.

Les dispositions du Décr. nº 2005-564 du 27 mai 2005 sont applicables aux demandes d'indemnisation déposées à compter de sa publication (JO 28 mai).

Art. R. 50-13 *(Décr. nº 83-1156 du 23 déc. 1983)* **« Le président de la commission ou le magistrat assesseur instruit l'affaire ; il peut procéder ou faire procéder à toutes auditions et investigations utiles. »**

(Décr. nº 77-194 du 3 mars 1977) **Toutefois, lorsqu'il est manifeste au vu des énonciations de la requête ou des pièces annexes que le demandeur ne remplit pas une des conditions prévues à l'article 706-3, il est procédé immédiatement comme il est dit aux articles R. 50-17 et suivants.**

Circulaire générale. — C. R. 50-13 *(Circ. 27 déc. 1990)* Le président de la commission ou l'assesseur magistrat instruit l'affaire.

Les dispositions du Nouveau code de procédure civile s'appliquant devant les commissions d'indemnisation des victimes d'infraction, les mesures d'instruction ordonnées doivent être exécutées selon les règles fixées aux articles 143 et suivants du code précité.

L'article 706-6 permet de compléter ces pouvoirs (cf. C. 706-6).

L'instruction de la requête est obligatoire.

Toutefois, si la requête paraît manifestement infondée, l'audience est immédiatement fixée.

Art. R. 50-14 *(Décr. nº 77-194 du 3 mars 1977)* **Le demandeur ainsi que** *(Décr. nº 90-1211 du 21 déc. 1990)* **« le fonds de garantie » peuvent prendre connaissance du dossier au secrétariat de la commission et adresser toutes observations qu'ils estiment utiles à l'instruction de la demande d'indemnité.**

(Décr. nº 90-1211 du 21 déc. 1990) **« Le requérant et le fonds de garantie peuvent se faire délivrer, à leurs frais, par le secrétariat, copie des pièces du dossier. » S'il s'agit de procès-verbaux constatant l'infraction ou de pièces de la procédure pénale, la délivrance ou l'envoi des copies est subordonné à l'autorisation du ministère public.**

Circulaire générale. — C. R. 50-14 *(Circ. 27 déc. 1990)* Afin que les parties puissent formuler toutes observations utiles sur les mesures d'instruction, il convient qu'elles puissent avoir connaissance du dossier au secrétariat de la commission et qu'elles soient informées de la nature des investigations ordonnées, même dans l'hypothèse où elles ne sont pas représentées par un avocat. Le secrétaire de la commission doit veiller notamment à faire connaître immédiatement au fonds de garantie et à la victime, les décisions ordonnant une expertise médicale.

Le requérant et le fonds de garantie peuvent se faire délivrer, à leurs frais, par le secrétariat, copie des pièces du dossier. Toutefois, s'il s'agit de procès-verbaux constatant l'infraction ou de pièces d'une procédure pénale, la délivrance ou l'envoi des copies est subordonné à l'autorisation du ministère public. Celui-ci apprécie en fonction de l'intérêt légitime des parties et des nécessités de l'action publique, les pièces qu'il est possible de remettre en copie aux parties.

Art. R. 50-15 *(Décr. nº 90-1211 du 21 déc. 1990)* **Lorsque le demandeur sollicite l'attribution d'une provision, le président de la commission communique sans délai la requête au procureur de la République et au fonds de garantie et recueille leurs observations. Le président statue dans le délai d'un mois à compter de la demande par une ordonnance portée à la connaissance du procureur de la République. Il est procédé comme il est dit à l'article R. 50-22.**

Art. R. 50-16 *(Décr. nº 77-194 du 3 mars 1977)* **Lorsque l'affaire est instruite, le président de la commission fixe la date de l'audience.**

Circulaire générale. — C. R. 50-16 *(Circ. 27 déc. 1990)* Le contrôle des mesures d'instruction est assuré conformément à l'article 155 du Nouveau code de procédure civile. Lorsque l'instruction est terminée, le président de la commission fixe la date de l'audience.

Art. R. 50-17 *(Décr. nº 77-194 du 3 mars 1977)* **Le secrétaire de la commission convoque au moins deux mois à l'avance le demandeur et** *(Décr. nº 90-1211 du 21 déc. 1990)* **« le fonds de garantie » à l'audience qui a été fixée. Cette convocation est faite par lettre recommandée avec demande d'avis de réception** *(Décr. nº 2020-1452 du 27 nov. 2020, art. 8)* **« au demandeur et par lettre simple au fonds de garantie ».**

Les parties sont informées dans la convocation que leurs observations doivent être adressées à la commission au plus tard quinze jours avant la date de l'audience mais qu'elles peuvent consulter le dossier au secrétariat jusqu'au jour de celle-ci.

1. Encourt la cassation la décision rendue en l'absence de l'agent judiciaire du Trésor convoqué moins de deux mois avant l'audience par lettre recommandée avec accusé de réception et sans qu'il ait déposé d'observations. • Civ. 2e, 21 juill. 1986 : *JCP 1987. II. 20815, note Chambon.* ♦ *Adde :* • Civ. 2e, 4 juill. 1984 : *Bull. civ. II, nº 128.*

2. Les dispositions de l'art. R. 50-17, al. 2, qui imposent aux parties le dépôt de leurs observations à la commission au plus tard quinze jours avant la date de l'audience, ne comportent aucune sanction. Est donc recevable le mémoire complémentaire déposé le jour même de l'audience. • Civ. 2e, 16 mai 1984 : *Bull. civ. II, nº 85* • 27 juin 1990, nº 88-12.680 P.

Art. R. 50-18 *(Décr. nº 77-194 du 3 mars 1977)* **Le** *(Décr. nº 83-1156 du 23 déc. 1983)* **« procureur de la République » est informé de la date de l'audience et dépose ses conclusions quinze jours au moins avant cette date.**

Art. R. 50-19 *(Décr. nº 83-1156 du 23 déc. 1983)* **A l'audience, le magistrat qui a procédé à l'instruction de l'affaire fait son rapport ; le demandeur et** *(Décr. nº 90-1211 du 21 déc. 1990)* **« le fonds de garantie », s'ils sont présents ou représentés, sont ensuite entendus.**

Le procureur de la République développe ses conclusions.

1. Le rapport prescrit par l'art. R. 50-19, qui doit être fait à l'audience par le magistrat qui a procédé à l'instruction de l'affaire, est une formalité d'ordre public dont l'omission entraîne la cassation de la décision de la commission d'indemnisation. • Civ. 2e, 17 juill. 1985 : *Bull. civ. II, nº 141* • 15 nov. 1989 : *D. 1990. Somm. 225, obs. Pradel.*

2. Aucun texte ne rend applicables les dispositions des art. R. 50-18 et R. 50-19 C. pr. pén. devant la cour d'appel. • Civ. 2e, 20 mars 1996, nº 93-21.020 P : *Resp. civ. et assur. 1996. Comm. 213* • 16 nov. 1994, nº 92-18.713 P : *JCP 1995. IV.140.*

Circulaire générale. — C. R. 50-19 *(Circ. 27 déc. 1990)* Le magistrat qui a procédé à l'instruction de l'affaire fait son rapport à l'audience.

L'omission de cette formalité d'ordre public entraîne la cassation de la décision de la commission (Cour de cassation, 2e chambre civile : 17 juillet 1985 ; Bull. civ. nº 141).

Le demandeur et le fonds de garantie, présents, ainsi que le ministère public sont entendus.

Art. R. 50-20 *(Décr. nº 77-194 du 3 mars 1977)* **A l'audience, la commission, lorsqu'elle estime qu'il y a lieu de renvoyer l'affaire à une autre audience, fixe immédiatement la date**

de celle-ci. *(Décr. nº 2020-1452 du 27 nov. 2020, art. 8)* **« Lorsque les parties ne sont ni présentes ni représentées, celles-ci sont informées de ce renvoi par lettre recommandée avec demande d'avis de réception, à l'exception du fonds de garantie qui est informé par lettre simple. »**

Circulaire générale. — C. R. 50-20 *(Circ. 27 déc. 1990)* La commission peut renvoyer l'affaire à une autre audience. Un tel renvoi — pour un complément d'instruction, par exemple — doit être exceptionnel afin d'éviter de porter préjudice au demandeur.

Les parties qui ont pu faire valoir contradictoirement leurs observations pendant le cours de l'instruction, ne doivent normalement pas apporter à l'audience d'éléments dont il n'aurait pas été débattu et qui justifieraient un renvoi.

La commission peut aussi surseoir à statuer jusqu'au jugement sur l'action publique (cf. C. 706-7).

Art. R. 50-21 *(Décr. nº 77-194 du 3 mars 1977)* **Si la requête est rejetée, le demandeur est condamné aux dépens, à moins que la commission ne l'en décharge en partie ou en totalité.**

Circulaire générale. — C. R. 50-21 *(Circ. 27 déc. 1990)* En cas de rejet de la requête, le demandeur est condamné aux dépens par la commission, sauf si elle l'en décharge en partie ou en totalité.

S'il est fait droit à la requête du demandeur, la question se pose de savoir si le fonds de garantie peut être condamné aux dépens.

Sous réserve d'une interprétation différente de la jurisprudence, il apparaît que tel ne puisse être le cas, dans la mesure où, en raison de l'obligation mise à sa charge par la loi de verser les sommes allouées par les commissions d'indemnisation, le fonds de garantie ne peut être considéré comme une « partie perdante » au sens de l'article 696 du Nouveau code de procédure civile.

Art. R. 50-22 *(Décr. nº 90-1211 du 21 déc. 1990)* **La décision de la commission est notifiée sans délai, par lettre recommandée avec demande d'avis de réception, au demandeur et au fonds de garantie.**

Si le demandeur n'a pas eu connaissance de la notification effectuée en application de l'art. R. 50-22 C. pr. pén., en l'absence de la signification prévue à l'art. 670-1 NCPC [devenu C. pr. civ.] applicable en vertu de l'art. 749 du même code, le délai de pourvoi n'a pas couru. • Civ. 2e, 11 févr. 1999, n° 95-21.534 P.

Art. R. 50-23 *(Décr. nº 83-1156 du 23 déc. 1983)* **Les décisions de la commission et du président de la commission ne peuvent être frappées d'opposition.** *(Décr. nº 2002-801 du 3 mai 2002)* **« Elles peuvent être frappées d'appel quel que soit le montant de la demande ».**

Art. R. 50-24 *(Décr. nº 90-1211 du 21 déc. 1990)* **Les sommes allouées à la victime en application des articles 706-3 à 706-14 sont versées par le fonds de garantie dans le délai d'un mois à compter de la notification de la décision de la commission** *(Décr. nº 2005-564 du 27 mai 2005)* **« ou de l'homologation du constat d'accord » ; avis du paiement est donné sans délai au président de la commission.**

Les dispositions du Décr. nº 2005-564 du 27 mai 2005 sont applicables aux demandes d'indemnisation déposées à compter de sa publication (JO 28 mai).

Circulaire générale. — C. R. 50-24 *(Circ. 27 déc. 1990)* Le fonds de garantie dispose d'un délai d'un mois à compter de la notification de la décision de la commission pour verser les sommes allouées à la victime en application des articles 706-3 à 706-14 (cf. article R. 422-9 du code des assurances).

Art. R. 50-25 *(Décr. nº 90-1211 du 21 déc. 1990)* **Lorsque le fonds de garantie demande, en application de l'article 706-10, le remboursement total ou partiel de l'indemnité qu'il a versée, il saisit par simple requête la commission qui se prononce, les parties entendues ou appelées, dans les conditions prévues aux articles R. 50-17 et suivants.**

Art. R. 50-26 *(Décr. nº 77-194 du 3 mars 1977)* **Lorsque, postérieurement à l'attribution d'une provision ou d'une indemnité par une commission, des poursuites pénales sont engagées contre l'auteur présumé de l'infraction, le ministère public de la juridiction répressive saisie en informe** *(Décr. nº 90-1211 du 21 déc. 1990)* **« le fonds de garantie »,**

Circulaire générale. — C. R. 50-26 *(Circ. 27 déc. 1990)* Le fonds de garantie doit, s'il a alloué une indemnité ou une provision à la victime d'une infraction, être avisé par le procureur de la République de l'engagement des poursuites contre l'auteur présumé de l'infraction.

Le fonds peut ainsi exercer l'action récursoire prévue par l'article 706-11.

Art. R. 50-27 *(Décr. nº 77-194 du 3 mars 1977)* **La déclaration de la victime ou de ses ayants droit faite par application des dispositions de l'article 706-12 est communiquée par le greffier en chef ou le secrétaire-greffier de la juridiction saisie dans le délai de quinze jours, par lettre recommandée avec demande d'avis de réception,** *(Décr. nº 90-1211 du 21 déc. 1990)* **« au fonds de garantie ». Cette communication est accompagnée des renseignements nécessaires à l'exercice de l'action prévue à l'article 706-11. La date de l'audience au cours de laquelle il sera statué sur les intérêts civils est notifiée au moins un mois à l'avance par le greffier en chef ou le secrétaire-greffier** *(Décr. nº 90-1211 du 21 déc. 1990)* **« au fonds de garantie » par lettre recommandée avec demande d'avis de réception. En cas de déclaration tardive, l'affaire doit être renvoyée à une audience ultérieure dont** *(Décr. nº 90-1211 du 21 déc. 1990)* **« le fonds de garantie » est informé dans le délai ci-dessus indiqué.**

Circulaire générale. — C. R. 50-27 *(Circ. 27 déc. 1990)* Le fonds de garantie doit également être avisé de toute procédure engagée, postérieurement à l'octroi d'une indemnité, par la victime ou ses ayants droit contre les responsables du dommage.

A cette fin, la déclaration que l'article 706-12 impose à la victime ou à ses ayants droit doit être recueillie par le greffier de la juridiction saisie.

Il appartient à ce dernier de communiquer, dans le délai de quinze jours, par lettre recommandée avec demande d'avis de réception, au fonds de garantie :

— les nom, prénom, adresse du bénéficiaire de l'indemnité accordée par une commission, en précisant la date de la décision de la commission ;

— tous renseignements utiles à une éventuelle constitution de partie civile contre l'auteur de l'infraction : identité de celui-ci et indications complètes sur la procédure engagée (numéro de dossier, juridiction saisie de l'affaire, nom du magistrat instructeur, etc.).

La date de l'audience au cours de laquelle il doit être statué sur les intérêts civils est notifiée au moins un mois à l'avance au fonds de garantie.

Art. R. 50-28 *(Décr. nº 77-194 du 3 mars 1977)* **Les dispositions des articles 643 à 647 du code de procédure civile s'appliquent aux délais** *(Décr. nº 90-1211 du 21 déc. 1990)* **« d'un mois et de deux mois » prévus aux articles R. 50-15** *(Décr. nº 2005-564 du 27 mai 2005)* **« , R. 50-12-2 » et R. 50-17.**

Les dispositions du Décr. nº 2005-564 du 27 mai 2005 sont applicables aux demandes d'indemnisation déposées à compter de sa publication (JO 28 mai).

CODE DE LA MUTUALITÉ

PREMIÈRE PARTIE : LÉGISLATIVE

(Ord. nº 2001-350 du 19 avr. 2001)

V. ss. l'art. L. 610-2, Ord. nº 2001-350 du 19 avr. 2001, art. 1er à 5 : dispositions d'application transitoires.

BIBL. ▶ C.-J. BERR, La France rappelée à l'ordre, ou l'obligation de soumettre la mutualité au droit européen des assurances, *RCA 2000. Chron. 3*. – C. VANACKÈRE, La réforme du code de la mutualité, *Espace social européen, nº 507 (21 avr. 2000)*.

▶ **Sur le Code de 1985 :** M. LAROQUE et É. AUBRY, La réforme du code de la mutualité, *Dr. soc. 1986. 354*. – R. MIGRAINE, Le nouveau code de la mutualité, *Dr. soc. 1986. 364*. – THOUVENIN, La réforme du code de la mutualité, *RDSS 1985. 190*; Le nouveau code de la mutualité, *RDSS 1986. 105*; Commentaire du décret nº 86-384 du 13 mars 1986 portant réforme du code de la mutualité et modifiant le code du travail, *RDSS 1986. 477*.

▶ **Sur la réforme de 2001 :** M. DEL SOL, Les effets de la transposition des directives Assurances sur le droit de la mutualité : Concurrence et protection sociale en Europe (dir. P. HASSENTEUFEL et S. HENNION-MOREAU), *Presses universitaires de Rennes, 2003, p. 71*. – THOUVENIN, La mutualité en mutation, *RDSS 1988. 755*. – HÉLARY-OLIVIER, Les mutuelles ont-elles encore une raison d'exister ?, *Dr. soc. 2000. 878* ✎.

LIVRE PREMIER RÈGLES GÉNÉRALES APPLICABLES À L'ENSEMBLE DES MUTUELLES, UNIONS ET FÉDÉRATIONS

BIBL. ▶ SAINT-JOURS, DREYFUS et DURAND, Traité de la sécurité sociale, t. 5, La mutualité. – TOULAS-TRUYEN, Histoire de la mutualité et des assurances, l'actualité d'un choix, *Éd. Syros/FNMF, 2000*.

▶ **Dossier :** Mutualité et protection sociale, *RDSS 2009. 395* ✎.

CHAPITRE PRÉLIMINAIRE PRINCIPES COMMUNS AUX MUTUELLES, UNIONS ET FÉDÉRATIONS *(Ord. nº 2017-734 du 4 mai 2017, art. 1er-1º)*.

Art. L. 110-1 *(Ord. nº 2017-734 du 4 mai 2017, art. 1er-1º)* **Les mutuelles, unions et fédérations sont des personnes morales de droit privé à but non lucratif.**

Elles sont régies par leurs statuts qui définissent leur objet social, leur champ d'activité, et leurs modalités de fonctionnement conformément aux dispositions du présent code. *(L. nº 2019-486 du 22 mai 2019, art. 169-IV)* **« Les statuts peuvent préciser une raison d'être, constituée des principes dont la** *(L. nº 2021-502 du 26 avr. 2021, art. 39)* **« mutuelle, union ou fédération » se dote et pour le respect desquels elle entend affecter des moyens dans la réalisation de son activité. »**

Elles exercent leur activité dans le respect du principe de solidarité et mettent en place une gouvernance démocratique, fixée par les statuts, prévoyant la participation des membres.

Art. L. 110-1-1 *(L. nº 2019-486 du 22 mai 2019, art. 176-III)* **Une mutuelle ou une union peut faire publiquement état de la qualité de mutuelle à mission ou d'union à mission lorsque les conditions suivantes sont respectées :**

1º Ses statuts précisent une raison d'être, au sens de l'article *[L.]* **110-1 ;**

2º Ses statuts précisent un ou plusieurs objectifs sociaux et environnementaux que la mutuelle ou l'union se donne pour mission de poursuivre dans le cadre de son activité ;

3° Ses statuts précisent les modalités du suivi de l'exécution de la mission mentionnée au 2°. Ces modalités prévoient qu'un comité de mission, distinct des organes sociaux prévus par le présent livre, est chargé exclusivement de ce suivi et présente annuellement un rapport joint au rapport de gestion, mentionné à l'article L. 114-17, à l'assemblée chargée de l'approbation des comptes de la mutuelle ou de l'union. Ce comité procède à toute vérification qu'il juge opportune et se fait communiquer tout document nécessaire au suivi de l'exécution de la mission ;

4° L'exécution des objectifs sociaux et environnementaux mentionnés au 2° fait l'objet d'une vérification par un organisme tiers indépendant, selon des modalités et une publicité définies par décret en Conseil d'État. Cette vérification donne lieu à un avis joint au rapport mentionné au 3°.

Art. L. 110-1-2 *(L. n° 2019-486 du 22 mai 2019, art. 176-III)* Lorsque l'une des conditions mentionnées à l'article L. 110-1-1 n'est pas respectée, ou lorsque l'avis de l'organisme tiers indépendant conclut qu'un ou plusieurs des objectifs sociaux et environnementaux que la mutuelle ou l'union s'est assignés en application du 2° du même article L. 110-1-1 ne sont pas respectés, le ministère public ou toute personne intéressée peut saisir le président du tribunal statuant en référé aux fins d'enjoindre, le cas échéant sous astreinte, au représentant légal de la mutuelle ou de l'union de supprimer la mention "mutuelle à mission" ou "union à mission" de tous les actes, documents ou supports électroniques émanant de la mutuelle ou de l'union.

Art. L. 110-1-3 *(L. n° 2019-486 du 22 mai 2019, art. 176-III)* Une mutuelle ou une union qui emploie au cours de l'exercice moins de cinquante salariés permanents et dont les statuts remplissent les conditions définies aux 1° et 2° de l'article L. 110-1-1 peut prévoir dans ses statuts qu'un référent de mission se substitue au comité de mission mentionné au 3° du même article L. 110-1-1. Le référent de mission peut être un salarié de la mutuelle ou de l'union, à condition que son contrat de travail corresponde à un emploi effectif.

Art. L. 110-2 Les mutuelles et les unions qui mènent des activités de prévention ou d'action sociale ou qui gèrent des réalisations sanitaires, sociales ou culturelles ne peuvent moduler le montant des cotisations qu'en fonction du revenu ou de la durée d'appartenance à la mutuelle ou du régime de sécurité sociale d'affiliation ou du lieu de résidence ou du nombre d'ayants droit ou de l'âge des membres participants.

Les mutuelles et les unions exerçant une activité d'assurance sont soumises aux dispositions de l'alinéa précédent pour les opérations individuelles et collectives à adhésion facultative relatives au remboursement ou à l'indemnisation des frais occasionnés par une maladie, une maternité ou un accident. *(Ord. n° 2017-734 du 4 mai 2017, art. 1er-3°)* « Pour les dispositifs prévus par l'article 22 *bis* de la loi n° 83-634 du 13 juillet 1983 modifiée portant droits et obligations des fonctionnaires, par l'article 88-2 de la loi n° 84-53 du 26 janvier 1984 modifiée portant dispositions statutaires relatives à la fonction publique territoriale et par l'article L. 4123-3 du code de la défense, elles peuvent en outre moduler les cotisations en fonction de la date d'adhésion des agents à ces dispositifs. Pour les opérations individuelles et collectives à adhésion facultative mentionnées au présent alinéa, les mutuelles et les unions ne peuvent en aucun cas recueillir des informations médicales auprès de leurs membres ou des personnes souhaitant bénéficier d'une couverture, ni fixer les cotisations en fonction de l'état de santé. »

Les mutuelles et les unions visées au présent article ne peuvent instaurer de différences dans le niveau des prestations qu'en fonction des cotisations payées ou de la situation de famille des intéressés *(L. n° 2014-57 du 27 janv. 2014, art. 1er)* « ou lorsque l'assuré choisit de recourir à un professionnel de santé, un établissement de santé ou un service de santé avec lequel les mutuelles, unions ou fédérations ont conclu une convention dans les conditions mentionnées à l'article L. 863-8 du code de la sécurité sociale ». – *[Anc. art. L. 112-1].*

Le principe d'égalité de traitement ne fait pas obstacle à ce qu'un traitement différent soit réservé à des membres se trouvant dans des situations dissemblables au regard des risques, des cotisations ou de la situation de famille. • Soc. 16 nov. 2000, nº 99-10.608 P : *TPS 2001. Comm. 33, obs. Prétot.*

Art. L. 110-3 *(L. nº 2008-496 du 27 mai 2008 ; L. nº 2013-672 du 26 juill. 2013, art. 79-II) (Abrogé par Ord. nº 2017-734 du 4 mai 2017, art. 1er-4º) « I. — »* Aucune différence de traitement en matière de cotisations et de prestations ne peut être fondée sur le sexe.

Les frais liés à la grossesse et à la maternité n'entraînent pas un traitement moins favorable des femmes en matière de cotisations et de prestations. — *[Anc. art. L. 112-1-1].*

II à IV. *Abrogés par L. nº 2013-672 du 26 juill. 2013, art. 79.*

Art. L. 110-4 Les mutuelles, unions et fédérations sont tenues de mentionner dans leurs statuts, règlements et contrats, publicités ou tous autres documents qu'elles sont régies par les dispositions du présent code.

Il est interdit de donner toute appellation comportant les termes : "mutuel", "mutuelle", "mutualité" ou "mutualiste" à des organismes qui ne sont pas régis par les dispositions du présent code sous réserve des dispositions législatives, notamment du code des assurances, qui autorisent les entreprises d'assurance à utiliser le terme de "mutuelle". Dans ce cas, elles doivent obligatoirement lui associer celui d'assurance.

Il est également interdit à tout autre organisme de faire figurer dans ses statuts, contrats, documents et publicités toute mention susceptible de faire naître une confusion avec les mutuelles, unions et fédérations régies par le présent code. — *[Anc. art. L. 112-2].*

Sur la protection de l'emploi du terme « mutuelle ». • Civ. 1re, 15 déc. 1993, nº 91-20.800 P : *RGAT 1994. 750, obs. Bigot.*

Art. L. 110-5 Les mutuelles qui gèrent des régimes obligatoires de sécurité sociale en application du code de la sécurité sociale et du code rural et de la pêche maritime sont régies par le code de la mutualité, sous réserve des dispositions législatives, réglementaires et statutaires qui sont propres à la gestion de ces régimes. — *[Anc. art. L. 112-3].*

Art. L. 110-6 *(L. nº 2016-41 du 26 janv. 2016, art. 190-V)* L'accès à l'assurance contre les risques d'invalidité ou de décès est garanti dans les conditions fixées aux articles L. 1141-1 à L. 1141-3, L. 1141-5 et L. 1141-6 du code de la santé publique. — *[Anc. art. L. 112-4]. — V. ces art. ss. C. assur., art. L. 133-1.*

CHAPITRE PREMIER OBJET DES MUTUELLES, UNIONS ET FÉDÉRATIONS

Art. L. 111-1 I. — Les mutuelles *(Abrogé par Ord. nº 2017-734 du 4 mai 2017, art. 1er-5º) « sont des personnes morales de droit privé à but non lucratif. Elles »* acquièrent la qualité de mutuelle et sont soumises aux dispositions du présent code à dater de leur immatriculation *(Ord. nº 2010-76 du 21 janv. 2010, art. 11-I)* « dans les conditions fixées par décret en Conseil d'État ». Elles mènent, notamment au moyen des cotisations versées par leurs membres, et dans l'intérêt de ces derniers et de leurs ayants droit, une action de prévoyance, de solidarité et d'entraide, dans les conditions prévues par leurs statuts, afin de contribuer au développement culturel, moral, intellectuel et physique de leurs membres et à l'amélioration de leurs conditions de vie. *(L. nº 2019-486 du 22 mai 2019, art. 169-IV)* « Elles sont gérées en prenant en considération les enjeux sociaux et environnementaux de leur activité. »

Les mutuelles peuvent avoir pour objet :

1º De réaliser les opérations d'assurance suivantes :

a) Couvrir les risques de dommages corporels liés à des accidents ou à la maladie ;

b) Contracter des engagements dont l'exécution dépend de la durée de la vie humaine, verser un capital en cas de mariage ou de naissance d'enfants, faire appel à l'épargne en vue de la capitalisation en contractant des engagements déterminés ;

c) Réaliser des opérations de protection juridique et d'assistance aux personnes ;

d) Couvrir le risque de perte de revenus lié au chômage ;

e) Apporter leur caution mutualiste aux engagements contractés par leurs membres participants en vue de l'acquisition, de la construction, de la location ou de l'amélioration de leur habitat ou de celui de leurs ayants droit ;

2° D'assurer la prévention des risques de dommages corporels liés à des accidents ou à la maladie, ainsi que la protection de l'enfance, de la famille, des personnes âgées, dépendantes ou handicapées ;

(Ord. n° 2017-734 du 4 mai 2017, art. 1er-5°) « 3° De mettre en œuvre une action sociale, de créer et exploiter des établissements ou services et de gérer des activités à caractère social, sanitaire, médico-social, sportif, culturel ou funéraire, et de réaliser des opérations de prévention ; »

4° De participer à la gestion d'un régime légal d'assurance maladie et maternité en application des articles *[de l'article] (L. n° 2015-1702 du 21 déc. 2015, art. 59-XI-Q)* « L. 160-17 » *(Abrogé par L. n° 2018-166 du 8 mars 2018, art. 11, à compter du 1er sept. 2018 ; Abrogé par Ord. n° 2018-470 du 12 juin 2018, art. 9, à compter du 1er sept. 2018)* *«, L. 381-8 et L. 611-3»* du code de la sécurité sociale et des articles L. 723-2, L. 731-30 *(Abrogé par Ord. n° 2018-470 du 12 juin 2018, art. 9, à compter du 1er sept. 2018)* *« à L. 731-34 »*, L. 741-23 et L. 742-3 du code rural et de la pêche maritime et d'assurer la gestion d'activités et de prestations sociales pour le compte de l'État ou d'autres collectivités publiques.

Elles peuvent accepter les engagements mentionnés au 1° ci-dessus en réassurance.

Elles peuvent également, à la demande d'autres mutuelles ou unions, se substituer intégralement à ces organismes dans les conditions prévues au livre II pour la délivrance de ces engagements.

II. — Sous réserve des dispositions du III, une même mutuelle ne peut exercer à la fois une activité d'assurance définie au 1° ou aux deux derniers alinéas du I et une activité définie au 2° ou au 3° du I. En outre, une mutuelle exerçant une activité d'assurance ne peut contracter à la fois des engagements définis au *b* du 1° du I et des engagements définis aux *c*, *d* et *e* du 1° du I.

III. — Une mutuelle exerçant une activité d'assurance peut assurer la prévention des risques de dommages corporels, mettre en œuvre une action sociale ou gérer des réalisations sanitaires et sociales dans la mesure où ces activités sont accessoires, et accessibles uniquement :

— à ses membres participants et à leurs ayants droit, dès lors que les prestations délivrées dans ce cadre découlent directement du contrat qu'ils ont souscrit ;

— aux souscripteurs d'un contrat proposé par une entreprise relevant du code des assurances, par une institution de prévoyance relevant du code de la sécurité sociale ou par une autre mutuelle d'assurance, et ayant passé une convention avec elle, dès lors que les prestations délivrées dans ce cadre découlent directement du contrat passé avec ces souscripteurs.

V. art. 19 du Décr. n° 2015-713 du 7 mai 2015, ss. art. L. 310-1 C. assur. — ***C. assur.***

Art. L. 111-1-1 *(Ord. n° 2015-378 du 2 avr. 2015, art. 13-I-1°, en vigueur le 1er janv. 2016)* I. — La réassurance est l'activité d'un organisme, autre qu'un véhicule de titrisation mentionné à l'article L. 310-1-2 du code des assurances, définie aux I et II de l'article L. 310-1-1 du code des assurances.

II. — Outre les mutuelles mentionnées au 1° de l'article L. 111-1 et unions exerçant la même activité, sont autorisées à exercer en France l'activité de réassurance les mutuelles et unions ayant la réassurance pour activité exclusive, dont le siège social est situé en France et qui sont agréées dans les conditions définies à l'article L. 211-8-1.

Ancien art. L. 111-1-1 (Ord. n° 2008-556 du 13 juin 2008, art. 7) ***I. — La réassurance est l'activité d'un organisme, autre qu'un véhicule de titrisation mentionné à l'article L. 310-1-2***

du code des assurances, qui consiste à accepter des risques d'assurance cédés soit par les mutuelles ou unions régies par le livre II du présent code, soit par les institutions de prévoyance régies par les dispositions du titre III du livre IX du code de la sécurité sociale, soit par une entreprise d'assurance ou par une entreprise de réassurance.

La réassurance financière limitée (dite "réassurance finite") est la réassurance en vertu de laquelle la perte maximale potentielle du réassureur, découlant d'un transfert significatif à la fois des risques liés à la souscription et des risques liés à l'échéance des paiements, excède, à concurrence d'un montant important mais limité, les primes dues par la cédante sur toute la durée du contrat. Cette réassurance présente en outre l'une au moins des deux caractéristiques suivantes :

1° Elle prend en compte explicitement la valeur temporelle de l'argent ;

2° Elle prévoit un partage contractuel qui vise à lisser dans le temps les répercussions économiques du transfert du risque réassuré en vue d'atteindre un niveau déterminé de transfert de risque.

II. — Outre les mutuelles mentionnées au 1° de l'article L. 111-1 et unions exerçant la même activité, sont autorisées à exercer en France l'activité de réassurance les mutuelles et unions ayant la réassurance pour activité exclusive, dont le siège social est situé en France et qui sont agréées dans les conditions définies à l'article L. 211-7-2.

BIBL. ▸ MALEVILLE, Critères communs d'une structure méconnue : les mutuelles, *JCP E 1992. I. 182.*

La circonstance que la L. n° 75-17 du 17 janv. 1975 ait entendu exclure, sauf exception, la prise en charge par l'aide sociale des frais d'interruption volontaire de grossesse ne fait nullement obstacle à ce qu'une mutuelle en assure le remboursement. • CE 3 déc. 1980, *Piettre et a. : Lebon 458* ✎. ♦ Une mutuelle peut faciliter l'accès aux soins par la conclusion de conventions de tiers payant avec les professionnels de santé et les établissements de soins, sous réserve que les conventions de tiers payant ou de délégation de paiement ne méconnaissent pas les règles de la concurrence. • CE 7 déc. 1992, *Synd. des pharmaciens du Nord et a.*, n° 85929 B : *RJS 1993, n° 322.* ♦ Une mutuelle ne peut, sans s'exposer à une action en concurrence déloyale, étendre le bénéfice du centre optique qu'elle exploite, à d'autres personnes que ses adhérents. • Soc. 4 juill. 2001 : *TPS 2001. Comm. 347, obs. Prétot.*

Art. L. 111-2 Une union est une personne morale de droit privé à but non lucratif créée par plusieurs mutuelles ou unions.

L'union ainsi constituée peut accepter ultérieurement l'adhésion d'autres mutuelles ou d'autres unions, sur proposition des conseils d'administration approuvée par les assemblées générales de ces organismes.

Une personne physique ne peut bénéficier directement des prestations ou services proposés par une union sans être membre d'une mutuelle adhérant à l'union ou ayant passé une convention avec cette union.

Les unions peuvent exercer les missions visées au I de l'article L. 111-1, sous les réserves définies aux II et III du même article.

Art. L. 111-3 Lorsque l'assemblée générale d'une mutuelle relevant du livre II du présent code décide de créer une autre mutuelle dans les conditions prévues à l'article L. 114-12 ou lorsque l'assemblée générale d'une union relevant du livre II du présent code décide de créer une union dans les mêmes conditions, le conseil d'administration de la personne morale fondatrice et celui de la mutuelle ou de l'union créée ne peuvent être composés des mêmes membres dans une proportion supérieure aux deux tiers.

Les commissaires aux comptes des deux organismes sont différents. Lorsqu'ils sont salariés ou associés au sein de personnes morales, celles-ci doivent être distinctes.

L'apport de la mutuelle ou de l'union fondatrice à la mutuelle ou à l'union qu'elle a créée ne peut excéder le montant de son patrimoine libre. L'engagement financier de la mutuelle ou de l'union fondatrice dans la mutuelle ou l'union qu'elle a créée est limité au montant de son apport. Lors de la création d'une mutuelle pratiquant exclusivement des opérations d'assurance ou de gestion de réalisations sanitaires, sociales et culturelles, cet apport est soumis à l'approbation de l'assemblée générale de la personne morale fondatrice.

Les transferts financiers de la mutuelle ou de l'union fondatrice au profit de la mutuelle ou de l'union qu'elle a créée ne peuvent remettre en cause les exigences de

solvabilité définies à l'article *(Ord. nº 2015-378 du 2 avr. 2015, art. 13-I-2º, en vigueur le 1er janv. 2016)* **« L. 334-1 du code des assurances pour les mutuelles et unions mentionnées à l'article L. 211-11 et à l'article L. 352-1 du code des assurances pour les mutuelles et unions mentionnées à l'article L. 211-10 ».**

(L. nº 2001-624 du 17 juill. 2001, art. 7) **« Lorsque la cotisation afférente aux activités de la mutuelle ou de l'union ainsi créée est incluse dans la cotisation globale prélevée par la mutuelle ou l'union fondatrice, les statuts de cette dernière prévoient la part de cotisation qui est affectée à chacun des deux organismes. »**

Art. L. 111-4 **Lorsque deux ou plusieurs mutuelles ou unions régies par le livre II du présent code créent une union régie par le livre III, l'apport de chaque mutuelle ou union fondatrice dans l'union ainsi créée ne peut excéder son patrimoine libre et sa responsabilité est limitée au montant de cet apport. Ces apports sont soumis à l'approbation de l'assemblée générale de chaque mutuelle ou union fondatrice.**

Les transferts financiers de chaque mutuelle ou union fondatrice au profit de l'union à la création de laquelle elle a participé ne peuvent remettre en cause les exigences de solvabilité définies à l'article *(Ord. nº 2015-378 du 2 avr. 2015, art. 13-I-3º, en vigueur le 1er janv. 2016)* **« L. 334-1 du code des assurances pour les mutuelles et unions mentionnées à l'article L. 211-11 et à l'article L. 352-1 du code des assurances pour les mutuelles et unions mentionnées à l'article L. 211-10 ».**

Art. L. 111-4-1 *(Ord. nº 2015-378 du 2 avr. 2015, art. 13-I-4º)* **Les statuts d'une union peuvent prévoir l'ouverture de cette union à des organismes relevant des catégories suivantes :**

1º Organismes régis par le titre III du livre IX du code de la sécurité sociale ou par le II de l'article L. 727-2 du code rural et de la pêche maritime ;

2º Sociétés d'assurance mutuelle et unions de sociétés d'assurance mutuelle relevant du code des assurances ainsi que les sociétés de groupe d'assurance mutuelle et les groupements d'assurance mutuelle définis respectivement aux articles L. 322-1-3 et L. 322-1-5 du code des assurances ;

3º Autres organismes d'assurance à forme mutuelle ou coopérative ou à gestion paritaire dont le siège est situé dans un État membre de l'Union européenne ou dans un autre État partie à l'accord sur l'Espace économique européen ;

(Ord. nº 2017-484 du 6 avr. 2017, art. 6-1º) **« 4º Fonds de retraite professionnelle supplémentaire mentionnés à l'article L. 381-1 du code des assurances lorsqu'ils sont constitués sous forme de sociétés d'assurance mutuelle ;**

« 5º Mutuelles et unions de retraite professionnelle supplémentaire ;

« 6º Institutions de retraite professionnelle supplémentaire mentionnées à l'article L. 942-1 du code de la sécurité sociale. »

Dans un tel cas, l'union est dénommée union de groupe mutualiste.

Pour l'application du 3º, est considéré comme organisme d'assurance à gestion paritaire tout organisme assureur dont le conseil d'administration ou l'organe assimilé prend ses décisions par la voie de délibérations de représentants des employeurs et de représentants des salariés.

L'union de groupe mutualiste a pour objet de faciliter et de développer, en les coordonnant, les activités de ses membres qui demeurent, pour chacun d'entre eux, directement responsables de la garantie de leurs engagements. En aucun cas, les unions de groupe mutualiste ne peuvent pratiquer des opérations d'assurance ou de réassurance.

Les modalités de fonctionnement entre l'union de groupe mutualiste et les organismes visés au premier alinéa sont définies par une convention. Les organismes visés au premier alinéa ne peuvent adhérer à une union de groupe mutualiste que si leurs statuts en prévoient expressément la possibilité. L'union de groupe mutualiste ne peut exercer sur ses membres d'influence dominante au sens du 1º de l'article L. 356-1 du code des assurances ni établir de relations financières fortes et durables entre ses membres.

Les statuts de l'union de groupe mutualiste peuvent prévoir que les mutuelles et unions relevant du présent code disposent d'au moins la moitié des sièges à l'assemblée générale et au conseil d'administration.

Une union de groupe mutualiste peut être transformée en union mutualiste de groupe au sens de l'article L. 111-4-2 sans donner lieu à dissolution ni à création d'une personne morale nouvelle.

Les conditions de fonctionnement de l'union de groupe mutualiste sont fixées par décret en Conseil d'État.

V. Ord. n° 2015-378 du 2 avr. 2015, art. 25, ss. art. L. 111-4-2.

Art. L. 111-4-2 *(Ord. n° 2015-378 du 2 avr. 2015, art. 13-I-5°)* L'expression "unions mutualistes de groupe" désigne les entreprises qui ne sont pas des compagnies financières holding mixtes, au sens de l'article L. 517-4 du code monétaire et financier, et dont l'activité principale consiste :

1° A prendre et à gérer des participations, au sens du 10° de l'article L. 310-3 du code des assurances, dans des entreprises mentionnées aux articles L. 310-1 ou L. 310-1-1 du code des assurances, ou dans des entreprises d'assurance ou de réassurance dont le siège social est situé hors de France ;

2° Ou à nouer et à gérer des relations financières fortes et durables avec :

a) Des mutuelles ou unions régies par le livre II ;

b) Des institutions de prévoyance ou unions régies par le titre III du livre IX du code de la sécurité sociale ;

c) Des sociétés d'assurance mutuelle régies par le code des assurances, ou entreprises d'assurance ou de réassurance à forme mutuelle ou coopérative ou à gestion paritaire ayant leur siège social dans un État membre de l'Union européenne ou dans un autre État partie à l'accord sur l'Espace économique européen ;

d) Des unions mutualistes de groupe définies au présent article, des sociétés de groupe d'assurance mutuelle définies à l'article L. 322-1-3 du code des assurances, ou des sociétés de groupe assurantiel de protection sociale définies à l'article L. 931-2-2 du code de la sécurité sociale ;

(Ord. n° 2017-484 du 6 avr. 2017, art. 6-2°) « *e)* Des fonds de retraite professionnelle supplémentaire mentionnés à l'article L. 381-1 du code des assurances lorsqu'ils sont constitués sous forme de sociétés d'assurance mutuelle ;

« *f)* Des mutuelles et unions de retraite professionnelle supplémentaire ;

« *g)* Des institutions de retraite professionnelle supplémentaire mentionnées à l'article L. 942-1 du code de la sécurité sociale. »

L'union mutualiste de groupe doit exercer effectivement une influence dominante au moyen d'une coordination centralisée sur les décisions, y compris financières, des organismes affiliés.

(Ord. n° 2015-1497 du 18 nov. 2015, art. 3-1°) « L'union mutualiste de groupe doit compter au moins deux organismes affiliés dont l'un au moins est, soit une mutuelle ou union relevant du livre II, soit une union mutualiste de groupe. »

Les mutuelles et unions relevant du présent code disposent d'au moins la moitié des sièges à l'assemblée générale et au conseil d'administration. Toute clause contraire des statuts entraîne la nullité de la constitution de l'union mutualiste de groupe.

Lorsque l'union mutualiste de groupe a, avec un organisme affilié, des relations financières fortes et durables qui ne résultent pas de participations au sens du 10° de l'article L. 310-3 du code des assurances, ces relations sont définies par une convention d'affiliation.

Un organisme ne peut s'affilier à une union mutualiste de groupe que si ses statuts en prévoient expressément la possibilité et qu'il n'est pas déjà affilié à une autre union mutualiste de groupe, à une société de groupe d'assurance définie à l'article L. 322-1-2 du code des assurances et à une société de groupe assurantiel de protection sociale définie à l'article *(Ord. n° 2015-1497 du 18 nov. 2015, art. 3-1°)* « L. 931-2-2 » du code de la sécurité sociale.

La conclusion par un organisme d'une convention d'affiliation à une union mutualiste de groupe ou la résiliation de celle-ci font l'objet d'une déclaration préalable à l'Autorité de contrôle prudentiel et de résolution. Celle-ci dispose d'un délai dont la durée est fixée par décret en Conseil d'État à compter de la réception du dossier pour s'opposer à l'opération projetée si celle-ci apparaît contraire aux intérêts des assurés. Il en va de même lorsqu'un organisme fait l'objet d'une mesure d'exclusion de l'union mutualiste de groupe.

Un décret en Conseil d'État détermine les modalités d'application du présent article et précise les conditions de fonctionnement de ces unions mutualistes de groupe.

V. Instr. ACPR (http://acpr.banque-france.fr) :
– nº 2015-I-12 du 21 avr. 2015 sur l'obligation pour les unions mutualistes de groupe mentionnées à l'art. L. 111-4-2 de déclarer à l'ACPR leur identifiant international d'entité juridique ;
– nº 2016-I-16 du 27 juin 2016 relative aux documents prudentiels annuels à communiquer par les organismes assujettis au contrôle de l'ACPR relevant du régime dit « Solvabilité II ».

Ordonnance nº 2015-378 du 2 avril 2015,

Transposant la directive 2009/138/CE du Parlement européen et du Conseil du 25 novembre 2009 sur l'accès aux activités de l'assurance et de la réassurance et leur exercice (Solvabilité II).

Art. 25 (...) II. — Les sociétés de groupe d'assurance mutuelle et les unions mutualistes de groupe créées avant la date de publication de la présente ordonnance *[JO 3 avr.]* doivent, avant le 31 décembre 2017, soit se conformer aux dispositions, respectivement, de l'article L. 322-1-3 du code des assurances et de l'article L. 111-4-2 du code de la mutualité, soit se transformer respectivement en groupements d'assurance mutuelle mentionnés à l'article L. 322-1-5 du code des assurances ou en unions de groupe mutualistes visés à l'article L. 111-4-1 du code de la mutualité.

Sans préjudice des dispositions de l'article L. 356-2 du code des assurances, et jusqu'au 31 décembre 2017, les dispositions de la présente ordonnance relatives au contrôle des groupes ne sont applicables aux sociétés de groupe d'assurance mutuelle et aux unions mutualistes de groupe créées avant la date de publication de la présente ordonnance que si ces entités remplissent les conditions pour faire partie d'un groupe au sens de l'article L. 356-1 du code des assurances. *[...]*

Art. L. 111-4-3 *(L. nº 2014-856 du 31 juill. 2014, art. 55)* I. — Des mutuelles ou unions régies par le livre III du présent code peuvent créer entre elles ou avec des mutuelles ou unions régies par le livre II une union régie par le livre III ayant pour objet de faciliter et de développer, en les coordonnant, des activités sanitaires, sociales et culturelles.

Cette union peut admettre parmi ses adhérents les organismes relevant des catégories suivantes :

1º Institutions de prévoyance ou unions régies par le titre III du livre IX du code de la sécurité sociale ;

2º Sociétés d'assurance mutuelles relevant du code des assurances ;

3º Entreprises d'assurance ou de réassurance à forme mutuelle ou coopérative ou à gestion paritaire dont le siège social est situé dans un État membre de l'Union européenne ou dans un autre État partie à l'accord sur l'Espace économique européen ;

4º Coopératives régies par la loi nº 47-1775 du 10 septembre 1947 portant statut de la coopération ;

5º Associations régies par la loi du 1er juillet 1901 relative au contrat d'association ou, le cas échéant, par le code civil local applicable aux départements du Bas-Rhin, du Haut-Rhin et de la Moselle ;

6º Fondations régies par la loi nº 87-571 du 23 juillet 1987 sur le développement du mécénat ;

(Ord. nº 2017-734 du 4 mai 2017, art. 1er-6º) « 7º Sociétés commerciales mentionnées au 2º du II de l'article 1er de la loi nº 2014-856 du 31 juillet 2014 relative à l'économie sociale et solidaire. »

II. — Chaque membre est tenu d'effectuer à l'union un apport en numéraire ou en nature, à la création de celle-ci ou lors de son adhésion.

Des apports complémentaires peuvent être réalisés en cours d'exercice.

La responsabilité de chaque membre est limitée au montant de son apport. L'apport d'une mutuelle ou union régie par le livre II du présent code ne peut excéder le montant de son patrimoine libre.

III. — L'assemblée générale est composée de tous les membres de l'union, représentés par au moins un de leurs dirigeants ou administrateurs.

Toutefois, les mutuelles et unions régies par le présent code disposent de la majorité des droits de vote à l'assemblée générale ainsi que des sièges au conseil d'administration. Toute clause contraire des statuts entraîne la nullité de la constitution de l'union.

IV. — Les statuts de l'union peuvent prévoir que celle-ci dispose de pouvoirs lui permettant d'exercer un contrôle du fonctionnement, notamment dans le domaine financier, des activités sanitaires, sociales et culturelles de ses membres. Ces pouvoirs sont définis dans les statuts.

V. — Les conditions de fonctionnement de l'union sont fixées par décret en Conseil d'État. – *V. art. R. 116-1 à R. 116-4.*

Art. L. 111-5 *(Ord. nº 2017-734 du 4 mai 2017, art. 1er-7º)* « I. – » Une fédération est une personne morale de droit privé à but non lucratif créée par plusieurs mutuelles ou unions en vue de défendre leurs intérêts collectifs, moraux et matériels, d'en assurer la représentation et de faciliter leurs activités.

(Ord. nº 2017-734 du 4 mai 2017, art. 1er-7º) « Les membres adhérents d'une fédération sont des mutuelles et unions régies par le présent code.

« Toutefois, si ses statuts le prévoient, une fédération peut admettre comme membres associés des organismes non régis par le présent code, dont le capital ou les droits de vote sont détenus majoritairement par des mutuelles ou unions ainsi que des entreprises de l'économie sociale et solidaire définies à l'article 1er de la loi nº 2014-856 du 31 juillet 2014 relative à l'économie sociale et solidaire. Les droits et obligations de ces membres associés sont définis par les statuts de la fédération, qui peuvent prévoir leur représentation à l'assemblée générale et au conseil d'administration et en fixer les modalités. Dans ce cas, les mutuelles et unions relevant du présent code disposent de la majorité des sièges au sein de l'assemblée générale et du conseil d'administration.

« II. – » Les fédérations coordonnent ou mettent en œuvre des actions d'information dans le domaine de la santé, notamment en matière de prévention, de lutte contre la toxicomanie, du bon usage des médicaments et de mise en place de réseaux de soins.

(Ord. nº 2017-734 du 4 mai 2017, art. 1er-7º) « Elles assurent une mission de formation et de prévention des risques auxquels sont confrontés les mutuelles et unions régies par le livre III. »

Les fédérations ne peuvent pas pratiquer directement des opérations d'assurance. Elles sont autorisées à pratiquer des opérations de réassurance portant sur les opérations mentionnées au 1º du I de l'article L. 111-1, dans des conditions prévues à l'article L. 111-4, au moyen d'unions consacrées à ces catégories d'opérations.

(Ord. nº 2017-734 du 4 mai 2017, art. 1er-7º) « III. – » Les membres d'une fédération qui relèvent du livre II du présent code peuvent créer, dans les conditions prévues à l'article L. 111-4, une union chargée de gérer un système fédéral de garantie. Le système fédéral de garantie ainsi constitué fonctionne dans les conditions fixées à l'article L. 111-6 et est soumis au contrôle de l'Autorité de contrôle prudentiel et de résolution.

Art. L. 111-6 Les systèmes fédéraux de garantie mis en place conformément à l'article L. 111-5 sont agréés dans des conditions fixées par décret en Conseil d'État. Les ressources des systèmes fédéraux de garantie sont définies par leurs statuts.

Une mutuelle ou union ne peut être membre de plus d'un système fédéral de garantie.

Sans préjudice des pouvoirs de contrôle conférés à l'Autorité de contrôle prudentiel et de résolution, les systèmes fédéraux veillent à l'application par leurs membres des dispositions législatives et réglementaires qui les régissent et exercent un contrôle administratif, technique et financier sur leur organisation et leur gestion.

Dans les conditions et limites définies par leur règlement, ils garantissent, en cas de défaillance, le paiement des prestations dues aux membres participants des mutuelles et unions qui leur sont affiliées. Sont toutefois exclues de cette garantie les opérations d'assistance et de protection juridique figurant au *c* du 1° du I de l'article L. 111-1.

Les systèmes fédéraux de garantie peuvent en outre intervenir à titre préventif auprès d'une mutuelle ou d'une union susceptible de ne plus répondre aux conditions de solvabilité *(Ord. n° 2015-378 du 2 avr. 2015, art. 13-I-6°, en vigueur le 1er janv. 2016)* « mentionnées à l'article L. 334-1 du code des assurances pour les mutuelles et unions mentionnées à l'article L. 211-11 et à l'article L. 352-1 du code des assurances pour les mutuelles et unions mentionnées à l'article L. 211-10 ». Les interventions préventives du système fédéral de garantie prennent la forme de concours non remboursables.

Le système fédéral de garantie est subrogé dans les droits de l'organisme défaillant et de ses membres participants à concurrence du montant de toutes les sommes qu'il a versées.

Lorsqu'une mutuelle ou une union relevant du livre II du présent code cesse d'être membre d'un système fédéral de garantie, celui-ci en informe le ministre chargé de la mutualité et l'Autorité de contrôle prudentiel et de résolution qui s'assure de son adhésion directe au fonds de garantie mentionné à l'article L. 431-1. Le système fédéral de garantie informe également le président du fonds mentionné à l'article L. 431-1.

Sur l'obligation pour les unions gérant les systèmes fédéraux de garantie mentionnées à l'art. L. 111-6 de déclarer à l'ACPR leur identifiant international d'entité juridique, V. Instr. ACPR n° 2015-I-12 du 21 avr. 2015 (publiée sur le site de l'ACPR : https://acpr.banque-france.fr/).

CHAPITRE II *[ABROGÉ]* PRINCIPES MUTUALISTES

(Abrogé par Ord. n° 2017-734 du 4 mai 2017, art. 1er-8°)

Art. L. 112-1 à L. 112-4 *Déplacés dans le chap. préliminaire (V. supra) et renumérotés art. L. 110-2 à L. 110-6 (Ord. n° 2017-734 du 4 mai 2017, art. 1er-2°).*

CHAPITRE III CRÉATION, FUSION, SCISSION ET DISSOLUTION DES MUTUELLES, UNIONS ET FÉDÉRATIONS

Art. L. 113-1 Les mutuelles se constituent par la volonté de personnes physiques réunies en assemblée générale.

L'assemblée constitutive délibère à la majorité de ses membres, présents ou représentés. Elle adopte les statuts de la mutuelle. Elle nomme les membres du premier conseil d'administration et, pour un an, les premiers commissaires aux comptes prévus à l'article L. 114-38 qui doivent, les uns et les autres, accepter explicitement leurs fonctions. Cette acceptation doit être annexée au procès-verbal de l'assemblée.

Les unions et fédérations se constituent par la réunion en assemblée générale des représentants des personnes morales fondatrices. Les dispositions de l'alinéa précédent leur sont applicables.

Art. L. 113-2 La fusion de plusieurs mutuelles, de plusieurs unions ou de plusieurs fédérations *(L. n° 2021-502 du 26 avr. 2021, art. 37)* « n'est possible qu'entre organismes régis par le présent code et » résulte de délibérations concordantes de leurs assemblées générales adoptées dans les conditions prévues au I de l'article L. 114-12.

Ces délibérations sont précédées de l'examen d'un rapport établi par un commissaire à la fusion désigné par le président du tribunal judiciaire. Le commissaire à la fusion se prononce sur les méthodes d'évaluation et sur la valeur de l'actif et du passif des organismes concernés et expose les conditions financières de la fusion. Pour l'exercice de sa mission, le commissaire à la fusion peut obtenir auprès de chacun de ces organismes communication de tous documents utiles et procéder aux vérifications nécessaires.

Les membres des organismes ayant fusionné acquièrent la qualité de membres de l'organisme résultant de la fusion.

Le groupement absorbant reçoit l'actif et est tenu d'acquitter le passif du groupement absorbé.

Art. L. 113-3 La scission d'une mutuelle, union ou fédération est prononcée par l'assemblée générale dans les conditions prévues au I de l'article L. 114-12. Cette délibération est précédée de l'examen d'un rapport établi par un commissaire à la scission désigné par le président du tribunal judiciaire. Le commissaire à la scission se prononce sur les méthodes d'évaluation et sur la valeur de l'actif et du passif des organismes concernés et expose les conditions financières de la scission. Pour l'exercice de sa mission, le commissaire à la scission peut obtenir auprès de chacun de ces organismes communication de tous documents utiles et procéder aux vérifications nécessaires.

Art. L. 113-4 La dissolution d'une mutuelle, union ou fédération est prononcée par l'assemblée générale dans les conditions prévues au I de l'article L. 114-12.

(Abrogé par L. nº 2003-706 du 1er août 2003, art. 90-III-1º) « *A défaut de réunion de celle-ci malgré deux convocations successives, la dissolution peut être prononcée par la commission de contrôle mentionnée à l'article L. 510-1.* »

(Ord. nº 2017-734 du 4 mai 2017, art. 2-1º) « Lors de la même réunion, l'assemblée générale désigne le ou les attributaires de l'excédent de l'actif net sur le passif. Ces attributaires sont d'autres mutuelles, unions ou fédérations, le fonds de solidarité et d'action mutualistes mentionné à l'article L. 421-1, ou le fonds de garantie mentionné à l'article L. 431-1. A défaut de dévolution, par l'assemblée générale ayant prononcé la dissolution, de l'excédent de l'actif net sur le passif, celui-ci est affecté au fonds de garantie mentionné à l'article L. 431-1 et, pour les mutuelles et unions relevant du livre III du présent code, au fonds de solidarité et d'action mutualistes mentionné à l'article L. 421-1. »

(L. nº 2003-706 du 1er août 2003, art. 90-III-1º) « A défaut de réunion de l'assemblée générale durant deux années civiles consécutives, *(Ord. nº 2017-734 du 4 mai 2017, art. 2-2º)* « pour les mutuelles et unions régies par le livre II du présent code, » la dissolution peut être prononcée par l'Autorité de contrôle prudentiel et de résolution, qui nomme un liquidateur. L'excédent de l'actif net sur le passif est dévolu au fonds de garantie mentionné à l'article L. 431-1.

« A défaut de décision de l'assemblée générale *(Ord. nº 2015-378 du 2 avr. 2015, art. 13-II, en vigueur le 1er janv. 2016)* « pour les mutuelles et unions régies par le livre II du présent code, dans le cas d'une liquidation judiciaire », l'excédent de l'actif net sur le passif est affecté au fonds de garantie mentionné à l'article L. 431-1. »

CHAPITRE IV FONCTIONNEMENT DES MUTUELLES, UNIONS ET FÉDÉRATIONS : DISPOSITIONS GÉNÉRALES

SECTION PREMIÈRE ADHÉSION, DROITS ET OBLIGATIONS

Art. L. 114-1 *(Ord. nº 2017-734 du 4 mai 2017, art. 3-1º)* « I. – » Les statuts définissent les règles de participation des membres au fonctionnement de la mutuelle ou de l'union.

Les membres participants d'une mutuelle sont les personnes physiques qui bénéficient des prestations de la mutuelle à laquelle elles ont adhéré et en ouvrent le droit à leurs ayants droit. Les conditions dans lesquelles une personne est considérée comme ayant droit d'un membre participant sont définies par les statuts.

Les mutuelles peuvent admettre des membres honoraires, personnes physiques, qui versent des cotisations, des contributions *(L. nº 2014-856 du 31 juill. 2014, art. 56-1º)*

« , leur font des dons ou leur ont rendu des services équivalents dans des conditions définies par les statuts » sans bénéficier de leurs prestations.

(L. n° 2014-856 du 31 juill. 2014, art. 56-1°) « Les unions, à l'exception des unions régies par le livre II et des unions mentionnées à l'article L. 111-4-2, peuvent admettre des membres honoraires, personnes morales, qui versent des cotisations, des contributions, leur font des dons ou leur ont rendu des services équivalents, sans bénéficier de leurs prestations. »

(Ord. n° 2017-734 du 4 mai 2017, art. 3-1°) « Les mutuelles et les unions régies par le livre II peuvent admettre comme membres honoraires les personnes morales souscrivant des contrats collectifs et, selon des modalités définies par les statuts, les représentants des salariés de ces personnes morales.

« II. — Les règlements définissent le contenu des engagements contractuels existant entre chaque membre participant ou honoraire et la mutuelle ou l'union régie par le livre II, en ce qui concerne les prestations et les cotisations.

« Les statuts des mutuelles et unions régies par le livre III peuvent prévoir, selon les mêmes modalités, l'établissement de règlements.

« Les règlements sont adoptés par l'assemblée générale sur proposition du conseil d'administration, sauf si les statuts prévoient qu'ils le sont par le conseil d'administration.

« III. — » Toute personne qui souhaite être membre d'une mutuelle fait acte d'adhésion, dans des conditions définies par décret en Conseil d'État, et reçoit gratuitement copie des statuts et règlements de la mutuelle. La signature du bulletin d'adhésion emporte acceptation des dispositions des statuts et des droits et obligations définis par le règlement. Tous actes ou délibérations ayant pour objet une modification des statuts sont portés à la connaissance de chacun des adhérents.

Par dérogation aux alinéas précédents, les droits et obligations résultant d'opérations collectives font l'objet d'un contrat écrit entre la personne morale souscriptrice et la mutuelle ou l'union.

Un décret en Conseil d'État détermine les mentions que doivent impérativement comporter les règlements et contrats collectifs. — *La seconde phrase du dernier alinéa devient un alinéa (Ord. n° 2017-734 du 4 mai 2017, art. 3-1°-e).*

1. L'adhésion à une mutuelle revêt un caractère contractuel. • Civ. 1re, 6 oct. 1976, n° 74-11.771 P. ♦ Le contrat mutualiste revêt un caractère propre, et échappe en particulier aux dispositions qui régissent le contrat d'assurance. • Cass., ch. mixte, 18 févr. 1972, n° 70-12.469 P : *JCP 1972. II. 17091, obs. R. C.* ♦ Le contrat mutualiste conserve son caractère de droit privé, alors même que la mutuelle a été constituée par des agents publics et qu'elle perçoit des subventions d'une collectivité publique. • *CE 20 juill. 1988, Coulet : D. 1989, Somm. 311, obs. Prétot.*

2. L'adhésion est en principe facultative : le comité d'entreprise ne peut rendre l'adhésion obligatoire au motif qu'il prend en charge tout ou partie des cotisations. • Soc. 27 mars 1996, n° 92-44.933 P : *RJS 1996, n° 562.* ♦ Le comité d'entreprise peut, en revanche, subordonner sa participation à l'adhésion d'une mutuelle déterminée. • Soc. 9 mai 1989, n° 87-15.160 P.

Art. L. 114-2 A leur demande, les mineurs de plus de seize ans peuvent être membres participants des mutuelles sans l'intervention de leur représentant légal.

Sauf, refus exprès de leur part, les ayants droit mentionnés au deuxième alinéa de l'article L. 114-1, de plus de seize ans, sont identifiés de façon autonome par rapport au membre participant qui leur ouvre des droits et perçoivent à titre personnel les prestations de la mutuelle ou de l'union.

Art. L. 114-3 Les membres des mutuelles et des unions sont dispensés, sauf demande de leur part, du paiement de leurs cotisations à une mutuelle ou à une union par l'effet de l'adhésion de leur mutuelle à cette union durant les périodes d'activité du service national. De ce fait, ils ne peuvent prétendre, sauf disposition contraire des statuts ou des règlements, aux avantages accordés par la mutuelle ou l'union. Ils en bénéficient de plein droit, sans obligation de stage ni droit d'entrée, dès la fin de leur service national dès lors qu'à partir de cette date ils s'acquittent des obligations qui leur incombent.

SECTION II STATUTS

Art. L. 114-4 Les statuts des mutuelles et des unions déterminent :

1° L'objet, le siège, la dénomination et, pour les organismes relevant du livre II, les branches d'assurance garanties directement ou acceptées en réassurance ;

2° Les conditions et les modes d'adhésion, de radiation et d'exclusion des membres participants et des membres honoraires ainsi que les conditions dans lesquelles une personne est considérée comme ayant droit d'un membre participant ;

3° Le cas échéant, l'existence d'un droit d'adhésion versé par chacun des membres, dont le montant, déterminé par l'assemblée générale, est dédié au fonds d'établissement ;

4° Le montant du fonds d'établissement ;

5° La composition du conseil d'administration, le mode d'élection de ses membres dans les conditions prévues à l'article L. 114-16, la limite d'âge qui s'impose à tout ou partie d'entre eux dans les conditions définies à l'article L. 114-22, la durée de leur mandat, les conditions de vote et de présence, les conditions dans lesquelles certaines attributions peuvent leur être confiées, ainsi que les conditions dans lesquelles les postes d'administrateur devenus vacants par décès ou démission ou perte de qualité d'adhérent *(L. nº 2013-672 du 26 juill. 2013, art. 39-III)* « ou par cessation de mandat à la suite d'une décision d'opposition prise par l'Autorité de contrôle prudentiel et de résolution en application de l'article L. 612-23-1 du code monétaire et financier » sont pourvus jusqu'à la prochaine assemblée générale ;

6° Les conditions et les modalités du vote à l'assemblée générale et du droit pour les membres de s'y faire représenter ainsi que l'organisation en collèges, le cas échéant ;

7° Les conditions dans lesquelles les pouvoirs sont délégués *(Ord. nº 2015-378 du 2 avr. 2015, art. 13-III-1º, en vigueur le 1er janv. 2016)* « le cas échéant au dirigeant opérationnel mentionné à l'article L. 211-14 » ;

8° Les fonctions que peuvent remplir les membres du conseil d'administration ;

9° La représentation de la mutuelle ou de l'union pour les actes de la vie civile et les actions en justice ;

10° Les conditions de dissolution volontaire de la mutuelle ou de l'union ainsi que de sa liquidation.

Le président d'une mutuelle peut valablement proposer au conseil d'administration de déléguer à un administrateur le pouvoir de représenter la mutuelle en justice pour les procédures dispensées du ministère d'avocat. • Civ. 2e, 13 sept. 2012 : *RGDA 2013. 120, obs. Mayaux.*

Art. L. 114-5 Les statuts des fédérations déterminent :

1° L'objet, le siège et la dénomination de la fédération ainsi que la durée ;

2° Les conditions et les modes d'adhésion, de radiation et d'exclusion de ses membres ;

3° L'existence d'un droit d'adhésion ;

4° Les modalités de fixation des cotisations ;

5° La composition du conseil d'administration, le mode d'élection de ses membres dans les conditions prévues à l'article L. 114-16, la limite d'âge qui s'impose à tout ou partie d'entre eux dans les conditions définies à l'article L. 114-22, la durée de leur mandat, les conditions de vote et de présence, les conditions dans lesquelles certaines attributions peuvent leur être confiées, ainsi que les conditions dans lesquelles les postes d'administrateur devenus vacants par décès ou démission ou perte de qualité d'adhérent *(L. nº 2013-672 du 26 juill. 2013, art. 39-III)* « ou par cessation de mandat à la suite d'une décision d'opposition prise par l'Autorité de contrôle prudentiel et de résolution en application de l'article L. 612-23-1 du code monétaire et financier » sont pourvus jusqu'à la prochaine assemblée générale ;

6° Les modalités de composition de l'assemblée générale, les conditions de vote ainsi que les modalités selon lesquelles les membres peuvent s'y faire représenter ;

7° Les conditions dans lesquelles les pouvoirs sont délégués aux dirigeants salariés ;

8° La représentation de la fédération pour les actes de la vie civile et les actions en justice ;

9° Les conditions de dissolution volontaire de la fédération ainsi que de sa liquidation.

SECTION III **ASSEMBLÉE GÉNÉRALE**

Art. L. 114-6 *(Ord. nº 2017-734 du 4 mai 2017, art. 3-2º)* I. — L'assemblée générale des mutuelles est constituée des membres participants et des membres honoraires de la mutuelle.

Toutefois, les statuts peuvent prévoir qu'elle est constituée de délégués. Dans ce cas, chaque délégué est élu par une section de vote organisée selon les modalités définies au II ou désigné selon les modalités définies au III.

II. — Pour l'élection des délégués, les statuts de la mutuelle organisent des sections de vote selon l'un ou plusieurs des critères suivants qui peuvent être combinés entre eux :

1º Géographiques ;

2º Par branches professionnelles, par professions, par entreprises ou par mandats électifs mentionnés dans le code général des collectivités territoriales ;

3º Par opérations collectives ou individuelles telles que définies à l'article L. 221-2 ;

4º Par type d'activités exercées pour les mutuelles régies par le livre III ;

5º En fonction de la qualité des membres, participants ou honoraires.

L'organisation des sections de vote ne peut conduire à ce qu'un membre participant ou honoraire relève de plusieurs sections de vote.

Les statuts déterminent le nombre de délégués par section de vote en fonction du nombre de membres de chaque section, soit de manière proportionnelle à ce nombre, soit à raison d'un barème défini par tranches d'effectif.

Les sections de vote définies selon les mêmes critères appliquent les mêmes règles de détermination du nombre de délégués.

III. — Dans les mutuelles qui réalisent des opérations collectives mentionnées au III de l'article L. 221-2, les statuts peuvent en outre prévoir que les délégués représentant les membres participants couverts au titre de contrats collectifs sont désignés et que des délégués représentant les membres honoraires sont également désignés, selon des modalités qu'ils fixent.

Le nombre de délégués représentant les membres honoraires ne peut excéder celui des délégués regroupant les membres participants issus de la même opération collective.

IV. — Les statuts peuvent prévoir que les membres participants ou honoraires ainsi que les délégués élus ou désignés sont répartis au sein de l'assemblée générale en plusieurs collèges définis selon l'un ou plusieurs des critères, qui peuvent être combinés entre eux, mentionnés aux 1º à 5º du II.

V. — Chaque membre d'une mutuelle ou, le cas échéant, chaque délégué élu ou désigné dispose d'une voix à l'assemblée générale.

Art. L. 114-7 *(Ord. nº 2017-734 du 4 mai 2017, art. 3-3º)* « I. — » L'assemblée générale des unions *(Abrogé par L. nº 2014-856 du 31 juill. 2014, art. 65-2º)* *« et des fédérations »* est constituée, dans des conditions déterminées par leurs statuts, par la réunion *(Ord. nº 2017-734 du 4 mai 2017, art. 3-3º)* « de délégués désignés ou élus par les mutuelles ou les » unions adhérentes *(L. nº 2014-856 du 31 juill. 2014, art. 56-2º)* « et de leurs membres honoraires. »

(Ord. nº 2017-734 du 4 mai 2017, art. 3-3º) « II. — » *(L. nº 2014-856 du 31 juill. 2014, art. 56-2º)* « L'assemblée générale des fédérations est constituée, dans les conditions déterminées par leurs statuts, par la réunion *(Ord. nº 2017-734 du 4 mai 2017, art. 3-3º)* « *[de]* délégués désignés ou élus par les mutuelles ou les » unions adhérentes. »

(Ord. nº 2017-734 du 4 mai 2017, art. 3-3º) « III. — Les statuts des unions ou fédérations peuvent prévoir que les délégués sont répartis en collèges définis selon l'un ou plusieurs des critères suivants qui peuvent être combinés entre eux :

« 1º Nature des entités ;

« 2º Apports en numéraire ou en nature des entités ;

« 3º Géographiques ;

« 4º Par branches professionnelles, par professions ou par entreprises ;

« 5° Par opérations collectives ou individuelles telles que définies à l'article L. 221-2 ;

« 6° Par type d'activités exercées pour les unions régies par le livre III.

« IV. – Les statuts des unions ou fédérations peuvent prévoir, au sein de chacun des collèges :

« 1° Soit un nombre de délégués identique pour chaque mutuelle ou union adhérente. Dans ce cas, le nombre de voix de chaque délégué peut être pondéré en fonction de critères définis par les statuts, et notamment en fonction des apports en numéraire ou en nature des entités ;

« 2° Soit un nombre de délégués déterminé, pour chaque mutuelle ou union adhérente, en fonction de critères qu'ils définissent. Dans ce cas, chaque délégué dispose d'une voix. »

(Abrogé par Ord. n° 2017-734 du 4 mai 2017, art. 3-2°) ***« Les décisions régulièrement prises par l'assemblée générale d'une mutuelle, d'une union ou d'une fédération s'imposent à l'organisme et à ses membres sous réserve de leur conformité aux dispositions du présent code.***

« Les modifications des montants de cotisations ainsi que des prestations sont applicables dès qu'elles ont été notifiées aux adhérents. »

Art. L. 114-7-1 *(Ord. n° 2017-734 du 4 mai 2017, art. 3-4°)* Les décisions régulièrement prises par l'assemblée générale d'une mutuelle, d'une union ou d'une fédération s'imposent à l'organisme et à ses membres sous réserve de leur conformité aux dispositions du présent code.

Les modifications des montants de cotisations ainsi que des prestations sont applicables dès qu'elles ont été notifiées aux membres participants ou honoraires.

Art. L. 114-8 I. – Les membres des mutuelles, unions et fédérations se réunissent en assemblée générale au moins une fois par an, sur convocation du président du conseil d'administration. A défaut d'une telle convocation, le président du tribunal judiciaire, statuant en référé, peut, à la demande de tout membre de l'organisme, enjoindre sous astreinte aux membres du conseil d'administration de convoquer cette assemblée ou désigner un mandataire chargé de procéder à cette convocation.

L'assemblée générale peut également être convoquée par :

1° La majorité des administrateurs composant le conseil ;

2° Les commissaires aux comptes ;

3° *(Ord. n° 2015-378 du 2 avr. 2015, art. 13-III-2°, en vigueur le 1er janv. 2016)* « L'Autorité de contrôle prudentiel et de résolution », d'office ou à la demande d'un membre participant ;

4° Un administrateur provisoire nommé par *(Ord. n° 2015-378 du 2 avr. 2015, art. 13-III-2°, en vigueur le 1er janv. 2016)* « l'Autorité de contrôle prudentiel et de résolution », à la demande d'un ou plusieurs membres participants ;

5° Les liquidateurs.

A défaut d'une telle convocation, le président du tribunal judiciaire, statuant en référé, peut, à la demande de tout membre de l'organisme, enjoindre sous astreinte aux membres du conseil d'administration de convoquer cette assemblée ou désigner un mandataire chargé de procéder à cette convocation.

II. – La convocation des assemblées générales est faite dans les conditions et délais fixés par décret.

III. – L'ordre du jour de l'assemblée est arrêté par l'auteur de la convocation. Toutefois, les membres participants ou les délégués, selon la composition de l'assemblée générale, peuvent, dans des conditions déterminées par décret, requérir l'inscription à l'ordre du jour de projets de résolution.

L'assemblée ne peut délibérer que sur une question inscrite à l'ordre du jour. Néanmoins, elle peut en toutes circonstances révoquer un ou plusieurs membres du conseil d'administration et procéder à leur remplacement. Elle prend, en outre, en toutes circonstances, les mesures visant à sauvegarder l'équilibre financier et à respecter les règles prudentielles prévues par le présent code.

Art. L. 114-9 L'assemblée générale de la mutuelle ou de l'union procède à l'élection des membres du conseil d'administration et, le cas échéant, à leur révocation. Par dérogation à l'article L. 114-18, l'assemblée générale peut procéder directement à l'élection du président de la mutuelle ou de l'union.

Elle statue sur :

a) Les modifications des statuts ;

b) Les activités exercées ;

c) Le montant des droits d'adhésion, lorsqu'ils sont prévus par les statuts ; ce montant ne peut varier que dans des limites fixées par décret ; en tout état de cause, il est fixé une fois par an et est le même pour toutes les adhésions de l'exercice ;

d) Les montants ou taux de cotisations *[cotisation]*, *(Ord. nº 2017-734 du 4 mai 2017, art. 3-5º)* « lorsque cette compétence ne relève pas du conseil d'administration en application des articles L. 114-1 ou L. 114-11 » ;

e) Les prestations offertes, *(Ord. nº 2017-734 du 4 mai 2017, art. 3-5º)* « lorsque cette compétence ne relève pas du conseil d'administration en application des articles L. 114-1 ou L. 114-11 » ;

f) L'adhésion à une union ou une fédération, la conclusion d'une convention de substitution, la fusion avec une autre mutuelle ou union, la scission ou la dissolution de la mutuelle ou de l'union, ainsi que sur la création d'une autre mutuelle ou union, conformément aux articles L. 111-3 et L. 111-4 ;

g) Les règles générales auxquelles doivent obéir les opérations de cession de réassurance ;

h) L'émission des titres participatifs, de titres subordonnés *(L. nº 2014-856 du 31 juill. 2014, art. 54-III-1º)* « , de certificats mutualistes » et d'obligations dans les conditions fixées aux articles L. 114-44 et L. 114-45 ;

i) Le transfert de tout ou partie du portefeuille de contrats, que l'organisme soit cédant ou cessionnaire ;

j) Le rapport de gestion et les comptes annuels présentés par le conseil d'administration et les documents, états et tableaux qui s'y rattachent ;

k) Les comptes combinés ou consolidés de l'exercice *(Ord. nº 2015-378 du 2 avr. 2015, art. 13-III-3º, en vigueur le 1er janv. 2016)* « établis conformément à l'article L. 212-7 » ainsi que sur le rapport de gestion du groupe *(Ord. nº 2015-378 du 2 avr. 2015, art. 13-III-3º, en vigueur le 1er janv. 2016)* « établi conformément à l'article L. 114-17 » ;

l) Le rapport spécial du commissaire aux comptes sur les conventions réglementées, mentionné à l'article L. 114-34 ;

m) Le rapport du conseil d'administration relatif aux transferts financiers entre mutuelles ou unions régies par les livres II et III auquel est joint le rapport du commissaire aux comptes prévu à l'article L. 114-39 ;

n) Le plan prévisionnel de financement prévu à l'article L. 310-3 *[art. L. 310-4]* ;

(L. nº 2014-856 du 31 juill. 2014, art. 53-I-2º) « *o*) Les règles générales auxquelles doivent obéir les opérations collectives mentionnées au III de l'article L. 221-2 » ;

(Ord. nº 2017-734 du 4 mai 2017, art. 3-5º) « *p*) Les règles générales auxquelles doivent obéir les opérations individuelles mentionnées au II de l'article L. 221-2, dans le cas où les statuts prévoient que le conseil d'administration adopte les règlements de ces opérations. »

Art. L. 114-10 L'assemblée générale de la fédération procède à l'élection des membres du conseil d'administration et, le cas échéant, à leur révocation. Par dérogation aux dispositions de l'article L. 114-18, l'assemblée générale peut procéder directement à l'élection du président de la fédération.

Elle statue sur :

— les activités exercées ;

— le montant des droits d'adhésion lorsqu'ils sont prévus par les statuts ;

— les prestations offertes à leurs membres ;

— le rapport spécial du commissaire aux comptes sur les conventions réglementées mentionné à l'article L. 114-34.

L'assemblée générale de la fédération statue sur l'émission de titres participatifs mentionnés à l'article L. 114-44, ainsi que sur l'émission d'obligations et de titres subordonnés mentionnés à l'article L. 114-45.

Elle statue sur la création des unions prévues aux articles L. 111-4 et L. 111-5.

Elle statue sur les modifications des statuts et sur le rapport de gestion présenté par le conseil d'administration ainsi que sur les comptes annuels et sur toutes les questions relatives aux comptes annuels.

Elle statue sur la scission, la fusion avec une autre fédération ou la dissolution de la fédération.

Art. L. 114-11 *(Ord. nº 2017-734 du 4 mai 2017, art. 3-6º)* « Sans préjudice du troisième alinéa du II de l'article L. 114-1, pour les opérations individuelles » *(L. nº 2014-856 du 31 juill. 2014, art. 53-II)* « mentionnées au II de l'article L. 221-2, » l'assemblée générale des mutuelles, unions et fédérations peut déléguer tout ou partie de ses pouvoirs de détermination des montants ou des taux de cotisations et de prestations au conseil d'administration. Cette délégation n'est valable que pour un an.

Art. L. 114-12 *(Ord. nº 2017-734 du 4 mai 2017, art. 3-7º)* « I. — Lorsqu'elle se prononce sur la modification des statuts, les activités exercées, les montants ou taux de cotisation, la délégation de pouvoir prévue à l'article L. 114-11, les prestations offertes, le transfert de portefeuille, les principes directeurs en matière de réassurance, les règles générales en matière d'opérations collectives, les règles générales en matière d'opérations individuelles mentionnées au II de l'article L. 221-2, dans le cas où les statuts prévoient que le conseil d'administration adopte les règlements de ces opérations en application de l'article L. 114-1, la fusion, la scission, la dissolution ou la création d'une mutuelle ou d'une union, l'assemblée générale des mutuelles, unions et fédérations ne délibère valablement que si le nombre de votants présents, représentés, ou ayant fait usage des facultés de vote par correspondance ou de vote électronique dans les conditions prévues par l'article L. 114-13, est au moins égal à la moitié du total des membres. »

Si, lors de la première convocation, l'assemblée générale n'a pas réuni le quorum fixé à l'alinéa précédent, une seconde assemblée générale peut être convoquée qui délibère valablement si le nombre de ses membres présents, représentés ou ayant fait usage de la faculté de vote par correspondance *(Ord. nº 2017-734 du 4 mai 2017, art. 3-7º)* « ou de vote électronique » *(L. nº 2008-776 du 4 août 2008, art. 169-I)* « dans les conditions prévues par l'article L. 114-13 », représente au moins le quart du total des membres. Les décisions sont adoptées à la majorité des deux tiers des membres présents et représentés ou des suffrages exprimés, selon les modalités fixées par les statuts.

II. — Pour l'exercice des attributions autres que celles mentionnées au I du présent article, l'assemblée générale ne délibère valablement que si le nombre de ses membres présents, représentés ou ayant fait usage *(Ord. nº 2017-734 du 4 mai 2017, art. 3-7º)* « des facultés de vote par correspondance ou de vote électronique » *(L. nº 2008-776 du 4 août 2008, art. 169-I)* « dans les conditions prévues par l'article L. 114-13 », est au moins égal au quart du total des membres.

Si, lors de la première convocation, l'assemblée générale n'a pas réuni le quorum fixé à l'alinéa précédent, une seconde assemblée générale peut être convoquée qui délibère valablement quel que soit le nombre de ses membres présents, représentés ou ayant fait usage *(Ord. nº 2017-734 du 4 mai 2017, art. 3-7º)* « des facultés de vote par correspondance ou de vote électronique » *(L. nº 2008-776 du 4 août 2008, art. 169-I)* « dans les conditions prévues par l'article L. 114-13 ».

(Ord. nº 2017-734 du 4 mai 2017, art. 3-7º) « Les » décisions sont adoptées à la majorité simple des membres, ou des suffrages exprimés, selon les modalités fixées par les statuts.

Art. L. 114-13 Tout membre de l'assemblée générale autre que les délégués peut voter par procuration ou par correspondance selon des modalités définies par décret en Conseil d'État.

(L. nº 2008-776 du 4 août 2008, art. 169-II) « Les statuts peuvent, dans les conditions qu'ils définissent, autoriser les délégués à voter par procuration *(Ord. nº 2017-734 du 4 mai 2017, art. 3-8º)* « ou par correspondance ». »

(L. nº 2021-502 du 26 avr. 2021, art. 38) « Sauf disposition contraire des statuts, les membres de l'assemblée générale peuvent participer à celle-ci par des moyens de visioconférence ou de télécommunication permettant leur identification et garantissant leur participation effective. Ils sont alors réputés présents pour le calcul du *quorum* et de la majorité. Ces moyens transmettent au moins le son de la voix des participants et satisfont à des caractéristiques techniques permettant la retransmission continue et simultanée des délibérations.

« Sauf disposition contraire des statuts, les membres peuvent recourir au vote électronique lors des réunions en assemblée générale. Les modalités d'organisation du vote électronique respectent le secret du vote et la sincérité du scrutin. »

Art. L. 114-14 La liste et les modalités de mise à disposition des documents dont les membres composant l'assemblée générale doivent disposer avant celle-ci sont fixées par arrêté du ministre chargé de la mutualité.

A défaut de communication des documents prévus à l'alinéa précédent, le président du tribunal judiciaire statuant en référé, peut enjoindre sous astreinte aux membres du conseil d'administration de les communiquer ou désigner un mandataire chargé de procéder à cette communication et, le cas échéant, de reporter la date de l'assemblée générale.

Art. L. 114-15 *(Abrogé par Ord. nº 2015-378 du 2 avr. 2015, art. 13-III-6º, à compter du 1er janv. 2016) Les comptes annuels sont communiqués par les mutuelles, unions et fédérations à toute personne qui en fait la demande, dans des conditions fixées par arrêté du ministre chargé de la mutualité. (Abrogé par Ord. nº 2010-76 du 21 janv. 2010, art. 11-I) « Cet arrêté définit les états, tableaux et documents transmis à l'Autorité de contrôle prudentiel, qui sont communiqués en réponse à une telle demande. »*

Lorsqu'une mutuelle, une union ou une fédération refuse communication en tout ou partie des documents demandés au titre de l'alinéa précédent, le président du tribunal de grande instance statuant en référé peut, à la demande de la personne concernée, ordonner à la mutuelle, union ou fédération, sous astreinte, de lui communiquer ces documents.

SECTION IV CONSEIL D'ADMINISTRATION

Art. L. 114-16 Les mutuelles sont administrées par un conseil d'administration composé d'administrateurs élus *(Abrogé par L. nº 2020-1525 du 7 déc. 2020, art. 17) « à bulletin secret »* par les membres de l'assemblée générale dans les conditions fixées par les statuts *(L. nº 2020-1525 du 7 déc. 2020, art. 17)* « garantissant le secret du vote », parmi les membres participants âgés de dix-huit ans révolus et les membres honoraires. Les membres participants représentent au moins les deux tiers du conseil d'administration.

Les administrateurs des unions *(L. nº 2014-856 du 31 juill. 2014, art. 56-3º)* « sont élus parmi les délégués et les membres honoraires » siégeant à l'assemblée générale. *(L. nº 2014-856 du 31 juill. 2014, art. 56-3º)* « Les délégués des organismes adhérents représentent au moins les deux tiers du conseil d'administration.

« Les administrateurs des fédérations sont élus parmi les délégués siégeant à l'assemblée générale. »

Le conseil d'administration d'une mutuelle, union ou fédération ne peut être composé pour plus de la moitié d'administrateurs exerçant des fonctions d'administrateurs, de dirigeants ou d'associés dans une personne morale de droit privé à but lucratif appartenant au même groupe au sens de l'article L. 212-7. Toute élection ou nomination intervenant en méconnaissance de ces dispositions est nulle.

Le nombre de membres du conseil d'administration est fixé par les statuts. Il ne peut toutefois être inférieur à dix. Dans le cas où le nombre d'administrateurs est inférieur au minimum légal du fait d'une ou plusieurs vacances, une assemblée générale est convoquée par le président. A défaut de convocation, les dispositions prévues au I de l'article L. 114-8 s'appliquent.

(Ord. nº 2017-734 du 4 mai 2017, art. 3-9º) « Toutefois, les statuts peuvent prévoir qu'en cas de vacance en cours de mandat liée à un décès, à une démission, à la perte de qualité de membre participant ou de membre honoraire ou à la cessation de mandat à la suite d'une décision d'opposition à la poursuite du mandat prise par l'Autorité de contrôle prudentiel et de résolution en application de l'article L. 612-23-1 du code monétaire et financier il peut être procédé à la cooptation d'un administrateur par le conseil d'administration avant la prochaine réunion de l'assemblée générale.

« Cette cooptation est soumise à ratification de la plus proche assemblée générale. La non-ratification par celle-ci de la nomination faite par le conseil d'administration entraîne la cessation du mandat de l'administrateur mais n'entraîne pas, par elle-même, la nullité des délibérations auxquelles il a pris part.

« L'administrateur dont la cooptation a été ratifiée par l'assemblée générale achève le mandat de celui qu'il a remplacé. »

La durée des fonctions d'administrateur fixée par les statuts ne peut être supérieure à six ans. Cette fonction est renouvelable sauf stipulation statutaire contraire.

(Abrogé par L. nº 2019-486 du 22 mai 2019, art. 184-II) ***« Dans les mutuelles, unions et fédérations employant au moins cinquante salariés, deux représentants de ceux-ci, élus dans les conditions fixées par les statuts, assistent avec voix consultative aux séances du conseil d'administration. »***

Art. L. 114-16-1 *(Ord. nº 2015-950 du 31 juill. 2015, art. 1er)* Le conseil d'administration des mutuelles mentionnées au premier alinéa de l'article L. 114-16 est composé en recherchant une représentation équilibrée des femmes et des hommes.

Les statuts prévoient les conditions dans lesquelles il est procédé à l'élection de ses membres pour garantir au sein du conseil d'administration une part minimale de sièges pour les personnes de chaque sexe au moins égale à 40 %.

Par dérogation à l'alinéa précédent, lorsque la proportion de membres participants d'un des deux sexes est inférieure à 25 %, la part de sièges dévolue aux membres de ce sexe est au moins égale à 25 %, dans la limite de 50 %.

L'électeur doit, sous peine de nullité du vote et sauf insuffisance du nombre de candidats d'un sexe, désigner un nombre de candidats de chaque sexe conforme à la part de ce sexe indiquée aux précédents alinéas.

Les dispositions de l'art. L. 114-16-1 s'appliquent au titre du renouvellement du conseil d'administration intervenant à compter du 1er janv. 2021. Par dérogation, pour les mutuelles dont la proportion de membres participants d'un des deux sexes est inférieure à 25 %, ces dispositions s'appliqueront au titre du renouvellement du conseil d'administration intervenant à compter du 1er janv. 2024 (Ord. nº 2015-950 du 31 juill. 2015, art. 2).

Art. L. 114-16-2 *(L. nº 2019-486 du 22 mai 2019, art. 184-II)* I. — Dans les mutuelles, unions et fédérations employant entre cinquante et neuf cent quatre-vingt-dix-neuf salariés, deux représentants de ceux-ci, élus dans les conditions fixées par les statuts, assistent avec voix consultative aux séances du conseil d'administration. — *Le I entre en vigueur le 1er janv. 2022 (L. nº 2019-486 du 22 mai 2019, art. 184-IV).*

Toutefois, leurs statuts peuvent prévoir que ces deux représentants assistent avec voix délibérative aux séances du conseil d'administration.

II. — Dans les mutuelles, unions et fédérations employant, à la clôture de deux exercices consécutifs, au moins mille salariés permanents, les statuts prévoient que le conseil d'administration comprend, outre les administrateurs prévus à l'article L. 114-16, des représentants des salariés, qui assistent avec voix délibérative aux séances du conseil d'administration. Le nombre de ces représentants est au moins égal à deux.

Les statuts sont modifiés dans les douze mois suivant la clôture du second des deux exercices mentionnés au premier alinéa du présent II. L'élection des représentants des salariés intervient dans les neuf mois suivant la modification des statuts.

Par dérogation au deuxième alinéa du présent II, dans les mutuelles, unions ou fédérations ayant mis en œuvre le second alinéa du I, l'entrée en fonction des représentants des salariés mentionnés au premier alinéa du présent II intervient au plus tard à la date du terme des mandats exercés par les représentants mentionnés au même premier alinéa.

III. — Pour l'application des I et II, tous les salariés de la mutuelle, de l'union ou de la fédération dont le contrat de travail est antérieur de trois mois à la date de l'élection sont électeurs. Le vote est secret.

L'élection a lieu au scrutin de liste à la représentation proportionnelle au plus fort reste et sans panachage. Chaque liste comporte un nombre de candidats double de celui des sièges à pourvoir et est composée alternativement d'un candidat de chaque sexe. Sur chacune des listes, l'écart entre le nombre des candidats de chaque sexe ne peut être supérieur à un.

En cas d'égalité des voix, les candidats dont le contrat de travail est le plus ancien sont déclarés élus.

Les autres modalités de l'élection, notamment les modalités selon lesquelles les sièges peuvent être pourvus, en dehors d'une assemblée générale, en cas de vacance d'un poste par décès, démission, révocation, rupture du contrat de travail ou pour toute autre cause que ce soit, ainsi que la durée de leur mandat qui ne peut être supérieure à six ans, sont fixées par les statuts.

Les représentants élus par les salariés doivent être titulaires d'un contrat de travail avec la mutuelle, l'union ou la fédération antérieur d'une année au moins à leur nomination et correspondant à un emploi effectif. Toutefois, la condition d'ancienneté n'est pas requise lorsqu'au jour de la nomination, la mutuelle, l'union ou la fédération est constituée depuis moins d'un an.

Les représentants élus par les salariés ne sont pas pris en compte pour la détermination du nombre minimal d'administrateurs prévus à l'article L. 114-16 ni pour l'application des dispositions prévues à l'article L. 114-22.

Le mandat de représentant élu par les salariés est incompatible avec tout mandat de délégué syndical ou de membre du comité social et économique de la mutuelle, union ou fédération. Il est également incompatible avec l'exercice de fonctions clés ou de dirigeant opérationnel.

Le représentant élu par les salariés qui, lors de son élection, est titulaire d'un ou de plusieurs de ces mandats doit s'en démettre dans les huit jours. A défaut, il est réputé démissionnaire de son mandat de représentant élu par les salariés.

Les représentants élus par les salariés disposent du temps nécessaire pour exercer utilement leur mandat, dans les mêmes conditions que celles définies à l'article L. 225-30-1 du code de commerce pour les administrateurs salariés.

Ils bénéficient à leur demande, lors de leur première année d'exercice, d'une formation à la gestion adaptée à l'exercice de leur mandat, à la charge de la mutuelle, de l'union ou de la fédération. Ce temps de formation, dont la durée ne peut être inférieure à vingt heures par an, n'est pas imputable sur le crédit d'heures prévu au neuvième alinéa du présent III.

Les représentants élus par les salariés ne perdent pas le bénéfice de leur contrat de travail. Leur rémunération en tant que salariés ne peut être réduite du fait de l'exercice de leur mandat.

La rupture du contrat de travail met fin au mandat de représentant élu par les salariés.

Les représentants élus par les salariés ne peuvent être révoqués que pour faute dans l'exercice de leur mandat, par décision du président du tribunal judiciaire, rendue en la forme des référés, à la demande de la majorité des membres du conseil d'administration. La décision est exécutoire par provision.

Toute élection ou nomination intervenue en violation du présent article est nulle. Cette nullité n'entraîne pas celle des délibérations auxquelles a pris part le représentant élu irrégulièrement nommé.

La modification des statuts mentionnée au II de l'art. L. 114-16-2 et au 5e al. de l'art. L. 322-26-2 C. assur., dans leur rédaction résultant de la L. n° 2019-486 du 22 mai 2019, a lieu au plus tard dans les douze mois suivant la clôture de l'exercice 2022 pour les sociétés d'assurance mutuelle, mutuelles, unions et fédérations qui emploient, à la clôture des deux exercices consécutifs précédents, plus de mille salariés permanents. Jusqu'à cette modification des statuts, les mutuelles, unions et fédérations concernées restent régies par le dernier al. de l'art. L. 114-16 C. mut. et les sociétés d'assurance mutuelle par l'art. L. 322-26-2 C. assur., dans leur rédaction antérieure à ladite loi (L. préc., art. 184-IV).

Art. L. 114-17 *(L. nº 2019-486 du 22 mai 2019, art. 169-IV)* **« Le conseil d'administration détermine les orientations de l'organisme et veille à leur application, en prenant en considération les enjeux sociaux et environnementaux de son activité ainsi que sa raison d'être lorsque celle-ci est précisée dans les statuts. »**

Le conseil d'administration opère les vérifications et contrôles qu'il juge opportuns et se saisit de toute question intéressant la bonne marche de l'organisme. Chaque administrateur reçoit toutes les informations nécessaires à l'accomplissement de sa mission et se fait communiquer les documents qu'il estime utiles.

A la clôture de chaque exercice, le conseil d'administration arrête les comptes annuels et établit un rapport de gestion qu'il présente à l'assemblée générale et dans lequel il rend compte :

a) Des prises de participation dans des sociétés soumises aux dispositions du livre II du code de commerce ;

b) De la liste des organismes avec lesquels la mutuelle ou l'union *(Ord. nº 2015-378 du 2 avr. 2015, art. 13-III-4º, en vigueur le 1er janv. 2016)* **« établit des comptes consolidés ou combinés conformément à l'article L. 212-7 » ;**

c) De l'ensemble des sommes versées en application de l'article L. 114-26 ; un rapport distinct, certifié par le commissaire aux comptes et également présenté à l'assemblée générale, détaille les sommes et avantages de toute nature versées à chaque administrateur ;

d) De l'ensemble des rémunérations versées *(Ord. nº 2015-378 du 2 avr. 2015, art. 13-III-4º, en vigueur le 1er janv. 2016)* **« le cas échéant au dirigeant opérationnel mentionné à l'article L. 211-14 » ;**

e) De la liste des mandats et fonctions exercés par chacun des administrateurs de la mutuelle, union ou fédération ;

f) Des transferts financiers entre mutuelles et unions ;

(L. nº 2003-706 du 1er août 2003, art. 85-III-2, en vigueur le 1er juill. 2004) **« g) Pour les mutuelles ou leurs unions relevant du livre II, le montant et les modalités de répartition pour l'année écoulée de la participation aux excédents ; »**

(Ord. nº 2017-1180 du 19 juill. 2017, art. 10) **« h) Pour les mutuelles ou leurs unions relevant du livre II, la déclaration prévue au I de l'article L. 225-102-1 du code de commerce ou la déclaration prévue au II du même article lorsqu'elles remplissent les conditions applicables, le cas échéant sur une base consolidée ou combinée, aux sociétés mentionnées** *(Ord. nº 2020-1142 du 16 sept. 2020, art. 15, en vigueur le 1er janv. 2021)* **« à cet article ». »** — *Ces dispositions s'appliquent aux rapports afférents aux exercices ouverts à compter du 1er août 2017 (Ord. nº 2017-1180 du 19 juill. 2017, art. 15).*

Le conseil d'administration établit, à la clôture de chaque exercice, les comptes consolidés ou combinés *(Ord. nº 2015-378 du 2 avr. 2015, art. 13-III-4º, en vigueur le 1er janv. 2016)* **« conformément à l'article L. 212-7 », ainsi qu'un rapport sur la gestion du groupe qu'il communique à l'assemblée générale.**

(Ord. nº 2015-378 du 2 avr. 2015, art. 13-III-4º, en vigueur le 1er janv. 2016) **« Le rapport de gestion du groupe inclut les informations visées à l'article L. 212-6. »**

(Abrogé par Ord. nº 2015-378 du 2 avr. 2015, art. 13-III-4º, à compter du 1er janv. 2016) ***« Il établit également, lorsque la mutuelle ou l'union relève du livre II, le rapport de solvabilité visé à l'article L. 212-3 et un état annuel annexé aux comptes et relatif aux plus-values latentes, visé à l'article L. 212-6. »***

(L. nº 2014-856 du 31 juill. 2014, art. 53-IV-2º) **« Le conseil d'administration fixe les montants ou les taux de cotisation et les prestations des opérations collectives mentionnées au III de l'article L. 221-2, dans le respect des règles générales fixées par l'assemblée générale. Il rend compte devant l'assemblée générale des décisions qu'il prend en la matière. Il peut déléguer tout ou partie de cette compétence, pour une durée maximale d'un an, au président du conseil d'administration ou** *(Ord. nº 2015-378 du 2 avr. 2015, art. 13-III-4º, en vigueur le 1er janv. 2016)* **« le cas échéant au dirigeant opérationnel mentionné à l'article L. 211-14 ».**

(Ord. nº 2017-734 du 4 mai 2017, art. 3-10º) « Lorsque les statuts le prévoient, le conseil d'administration adopte les règlements des opérations individuelles mentionnées au II de l'article L. 221-2, dans le respect des règles générales fixées par l'assemblée générale. Il rend compte devant l'assemblée générale des décisions qu'il prend en la matière. »

Art. L. 114-17-1 *(Ord. nº 2008-1278 du 8 décembre 2008, art. 17)* Par dérogation aux dispositions de l'article L. 823-19 du code de commerce, le comité spécialisé dont sont dotées les mutuelles régies par le livre II du présent code peut comprendre deux membres au plus qui ne font pas partie du conseil d'administration mais qui sont désignés par lui à raison de leurs compétences.

Les dispositions issues de l'Ord. nº 2008-1278 du 8 déc. 2008 entrent en vigueur à l'expiration d'un délai de huit mois qui suit la clôture du premier exercice ouvert à compter du 1er janv. 2008 au cours duquel un mandat au sein de l'organe d'administration ou de surveillance vient à échéance (Ord. préc., art. 21).

Art. L. 114-18 Le conseil d'administration élit parmi ses membres un président qui est élu en qualité de personne physique. Le président du conseil d'administration organise et dirige les travaux de celui-ci, dont il rend compte à l'assemblée générale. Il informe le conseil d'administration des procédures engagées en application des *(Ord. nº 2010-76 du 21 janv. 2010, art. 11-I)* « dispositions de la section VI et de la section VII du chapitre II du titre Ier du livre VI du code monétaire et financier ». Il veille au bon fonctionnement des organes de la mutuelle ou de l'union et s'assure en particulier que les administrateurs sont en mesure de remplir les attributions qui leur sont confiées.

Le président est nommé pour une durée qui ne peut excéder celle de son mandat d'administrateur. Il est rééligible. Le conseil d'administration peut à tout moment mettre un terme aux fonctions du président.

Les statuts définissent la procédure applicable en cas de décès, de démission ou de perte de la qualité d'adhérent du président du conseil d'administration *(L. nº 2013-672 du 26 juill. 2013, art. 39-III)* « ou de cessation de son mandat à la suite d'une décision d'opposition prise par l'Autorité de contrôle prudentiel et de résolution en application de l'article L. 612-23-1 du code monétaire et financier. A défaut de mention dans les statuts, le conseil d'administration peut, dans cette dernière hypothèse, procéder, jusqu'à la prochaine assemblée générale, à des nominations à titre provisoire, sans préjudice des règles fixées à l'article L. 114-16 du présent code ».

(Ord. nº 2015-378 du 2 avr. 2015, art. 13-III-5º, en vigueur le 1er janv. 2016) « A l'égard des tiers, la mutuelle ou l'union est engagée même par les actes du président qui ne relèvent pas de l'objet de la mutuelle ou de l'union, à moins qu'elle ne prouve que le tiers savait que l'acte dépassait cet objet ou qu'il ne pouvait l'ignorer compte tenu des circonstances. »

V. Instr. ACPR nº 2015-I-02 du 12 févr. 2015 relative au formulaire de nomination ou de renouvellement de dirigeant des organismes du secteur assurance, mod. par Instr. nº 2017-I-10 du 15 juin 2017 (https://acpr.banque-france.fr).

Art. L. 114-19 *(Abrogé par Ord. nº 2015-378 du 2 avr. 2015, art. 13-III-6º, à compter du 1er janv. 2016)* ***Dans les organismes nommant un ou plusieurs dirigeants salariés, le conseil d'administration nomme ceux-ci et fixe leur rémunération. Ces dirigeants assistent à chaque réunion du conseil d'administration. Ils sont révocables à tout moment par le conseil d'administration.*** *(Abrogé par Ord. nº 2010-76 du 21 janv. 2010, art. 11-I)* ***« La liste des dirigeants est publiée au registre national des mutuelles. »***

A l'égard des tiers, la mutuelle ou l'union est engagée même par les actes du président du conseil d'administration ou des dirigeants salariés qui ne relèvent pas de son objet, à moins qu'elle ne prouve que le tiers savait que l'acte dépassait cet objet ou qu'il ne pouvait l'ignorer compte tenu des circonstances.

Art. L. 114-20 Le président convoque le conseil d'administration et en établit l'ordre du jour.

Le conseil d'administration ne délibère que si la moitié au moins de ses membres sont présents. Les décisions sont prises à la majorité des membres présents. *(Ord. nº 2017-734 du 4 mai 2017, art. 3-11º)* « La voix du président est prépondérante en cas de partage égal des voix. »

Les administrateurs ainsi que toute personne appelée à assister aux réunions du conseil d'administration sont tenus à la confidentialité des informations données comme telles par le président ou les dirigeants.

(L. nº 2020-1525 du 7 déc. 2020, art. 17) « Sauf disposition contraire des statuts, » *(L. nº 2014-1545 du 20 déc. 2014, art. 25)* « sont réputés présents les administrateurs *(Ord. nº 2017-734 du 4 mai 2017, art. 3-11º)* « et les représentants mentionnés au dernier alinéa de l'article L. 114-16 » qui participent à la réunion par des moyens de visioconférence ou de télécommunication permettant leur identification et garantissant leur participation effective. Ces moyens transmettent au moins le son de la voix des participants et satisfont à des caractéristiques techniques permettant la retransmission continue et simultanée des délibérations.

« Les statuts peuvent limiter la nature des décisions pouvant être prises lors d'une réunion tenue dans les conditions prévues à l'avant-dernier alinéa du présent article et prévoir un droit d'opposition au profit d'un nombre déterminé d'administrateurs. »

SECTION V DISPOSITIONS RELATIVES AUX FONCTIONS D'ADMINISTRATEUR, DE DIRIGEANT OPÉRATIONNEL ET DE MANDATAIRE MUTUALISTE *(Ord. nº 2017-734 du 4 mai 2017, art. 3-12º)*.

Art. L. 114-21 *(Ord. nº 2015-378 du 2 avr. 2015, art. 13-III-8º, en vigueur le 1er janv. 2016)* I. — Nul ne peut directement ou indirectement administrer ou diriger un organisme mutualiste, et *[,]* pour les mutuelles et unions mentionnées à l'article L. 211-10 et les unions mutualistes de groupe définies à l'article L. 111-4-2 *[,]* ni être responsable d'une des fonctions clés mentionnées à l'article L. 211-12 :

1º S'il a fait l'objet depuis moins de dix ans d'une condamnation définitive pour crime ;

2º S'il a fait l'objet depuis moins de dix ans d'une condamnation définitive à une peine d'emprisonnement ferme ou d'au moins six mois avec sursis pour :

a) L'une des infractions prévues au titre Ier du livre III du code pénal et pour les délits prévus par des lois spéciales et punis des peines prévues pour l'escroquerie et l'abus de confiance ;

b) Recel ou l'une des infractions assimilées au recel ou voisines de celui-ci prévues à la section II du chapitre Ier du titre II du livre III du code pénal ;

c) Blanchiment ;

d) Corruption active ou passive, trafic d'influence, soustraction et détournement de biens ;

e) Faux, falsification de titres ou autres valeurs fiduciaires émises par l'autorité publique, falsification des marques de l'autorité ;

f) Participation à une association de malfaiteurs ;

g) Trafic de stupéfiants ;

h) Proxénétisme ou l'une des infractions prévues par les sections II et II *bis* du chapitre V du titre II du livre II du code pénal ;

i) L'une des infractions prévues à la section III du même chapitre *(L. nº 2019-486 du 22 mai 2019, art. 206-XXIX)* « et à la section VI *bis* du chapitre III du même titre II » ;

j) L'une des infractions à la législation sur les sociétés commerciales prévues au titre IV du livre II du code de commerce ;

k) Banqueroute ;

l) Pratique de prêt usuraire ;

m) L'une des infractions à la législation sur les jeux *(Ord. nº 2019-1015 du 2 oct. 2019, art. 32, en vigueur le 1er janv. 2020)* « d'argent et de hasard et les casinos prévues aux articles L. 324-1 à L. 324-4, L. 324-10 et L. 324-12 à L. 324-14 » du code de sécurité intérieure ;

n) Infraction à la législation et à la réglementation des relations financières avec l'étranger ;

o) Fraude fiscale ;

(L. n° 2019-486 du 22 mai 2019, art. 206-XXIX) « *p)* L'une des infractions prévues aux articles L. 121-2 à L. 121-4, L. 121-8 à L. 121-10, L. 411-2, L. 413-1, L. 413-2, L. 413-4 à L. 413-9, L. 422-2, L. 441-1, L. 441-2, L. 452-1, L. 455-2, L. 512-4 et L. 531-1 du code de la consommation ; »

q) L'une des infractions prévues au code monétaire et financier ;

r) L'une des infractions prévues aux articles L. 8221-1, L. 8221-3, L. 8221-5 et L. 8224-1 du code du travail ;

s) Les atteintes aux systèmes de traitement automatisé prévues par le chapitre III du titre II du livre III du code pénal ;

t) L'une des infractions à la législation ou à la réglementation applicable aux institutions de prévoyance, unions et sociétés de groupe assurantiel de protection sociale régies par le titre III du livre IX du code de la sécurité sociale, aux entreprises régies par le code des assurances et aux mutuelles, unions et fédérations régies par le présent code ;

(Ord. n° 2015-1497 du 18 nov. 2015, art. 3-3°, en vigueur le 1er janv. 2016) « 3° S'il a fait l'objet depuis moins de dix ans d'une condamnation définitive à la destitution des fonctions d'officier public ou ministériel. »

II. — L'incapacité prévue au premier alinéa du I s'applique à toute personne à l'égard de laquelle a été prononcée une mesure définitive de faillite personnelle ou une autre mesure définitive d'interdiction dans les conditions prévues par le livre VI du code de commerce.

III. — Sans préjudice des dispositions du deuxième alinéa de l'article 132-21 du code pénal, la juridiction prononçant la décision qui entraîne cette incapacité peut en réduire la durée.

IV. — Les personnes exerçant une fonction, une activité ou une profession mentionnée au premier alinéa du I qui font l'objet de l'une des condamnations prévues aux I et II doivent cesser leur activité dans un délai d'un mois à compter de la date à laquelle la décision de justice est devenue définitive. Ce délai peut être réduit ou supprimé par la juridiction qui a rendu cette décision.

V. — En cas de condamnation prononcée par une juridiction étrangère et passée en force de chose jugée pour une infraction constituant, selon la loi française, un crime ou l'un des délits mentionnés au I, le tribunal correctionnel du domicile du condamné déclare, à la requête du ministère public, après constatation de la régularité et de la légalité de la condamnation et l'intéressé ayant été dûment appelé en chambre du conseil, qu'il y a lieu à l'application de l'incapacité prévue au premier alinéa du I.

Cette incapacité s'applique également à toute personne non réhabilitée ayant fait l'objet d'une faillite personnelle prononcée par une juridiction étrangère quand le jugement déclaratif a été déclaré exécutoire en France. La demande d'exequatur peut être, à cette fin seulement, formée par le ministère public devant le tribunal judiciaire du domicile du condamné.

VI. — Le fait, pour une personne, de ne pas faire l'objet de l'incapacité prévue au présent article ne préjuge pas de l'appréciation, par l'autorité compétente, du respect des conditions nécessaires à l'agrément ou à l'autorisation d'exercice.

VII. — Les dispositions du I du présent article ne sont pas applicables aux personnes qui bénéficient d'une dispense d'inscription de la condamnation au bulletin n° 2 du casier judiciaire ou d'une réhabilitation.

VIII. — Les personnes appelées à diriger une mutuelle ou union mentionnée à l'article L. 211-1 ou une union mutualiste de groupe, ou à y exercer une des fonctions clés mentionnées à l'article L. 211-12 doivent posséder l'honorabilité, la compétence ainsi que l'expérience nécessaires à leurs fonctions.

Les membres du conseil d'administration des mutuelles et unions mentionnées *(Ord. n° 2017-484 du 6 avr. 2017, art. 6-3°)* « aux 3° et 10° » du B du I de l'article

L. 612-2 du code monétaire et financier disposent de l'honorabilité, de la compétence et de l'expérience requises.

Pour apprécier la compétence des intéressés, l'Autorité de contrôle prudentiel et de résolution tient compte de leur formation et de leur expérience de façon proportionnée à leurs attributions, notamment l'expérience acquise en tant que président d'un conseil ou d'un comité. L'autorité tient compte également, dans l'appréciation portée sur chaque personne, de la compétence, de l'expérience et des attributions des autres membres de l'organe auquel elle appartient. Lorsque des mandats ont été antérieurement exercés, la compétence est présumée à raison de l'expérience acquise. Pour les nouveaux membres, l'Autorité de contrôle prudentiel et de résolution tient compte des formations dont ils pourront bénéficier tout au long de leur mandat.

IX. — Lorsque l'Autorité de contrôle prudentiel et de résolution est amenée à se prononcer sur l'honorabilité, la compétence et l'expérience des personnes qui dirigent effectivement l'entreprise ou qui sont responsables de fonctions clés au sens de l'article L. 211-13 et, lorsque ces personnes exercent de telles fonctions auprès d'une autre entité du même groupe au sens défini à l'article L. 356-1 du code des assurances, elle consulte les autorités compétentes de cette autre entité. Elle communique à ces autorités les informations utiles à l'exercice de leurs missions.

X. — Un décret en Conseil d'État précise les conditions d'application du présent article.

V. 3e et 4e notes ss. art. L. 322-2 C. assur.

V. Instr. ACPR no 2015-I-02 du 12 févr. 2015 relative au formulaire de nomination ou de renouvellement de dirigeant des organismes du secteur assurance, mod. par Instr. no 2017-I-10 du 15 juin 2017 (acpr.banque-france.fr).

Art. L. 114-22 Les statuts doivent prévoir une limite d'âge à l'exercice des fonctions d'administrateur, qui ne peut être supérieure à soixante-dix ans. Cette limite peut s'appliquer à tous les administrateurs ou à une partie d'entre eux qui ne saurait être inférieure aux deux tiers des membres du conseil d'administration.

Un décret en Conseil d'État prévoit des exceptions aux dispositions du premier alinéa lorsque la mutuelle pratique les opérations mentionnées à l'article L. 222-2 ou est constituée majoritairement de retraités.

Le dépassement de la part maximale que peuvent représenter les administrateurs ayant dépassé la limite d'âge entraîne la démission d'office de l'administrateur le plus âgé. Toutefois, lorsqu'il trouve son origine dans l'élection d'un nouvel administrateur, ce dépassement entraîne la démission d'office de l'administrateur nouvellement élu.

Art. L. 114-23 I. — Une même personne ne peut appartenir simultanément à plus de cinq conseils d'administration de mutuelles, unions et fédérations.

II. — Le président du conseil d'administration ne peut exercer simultanément, en plus de son mandat de président, que quatre mandats d'administrateur, dont au plus deux mandats de président du conseil d'administration d'une fédération ou d'une union ou d'une mutuelle. Dans le décompte des mandats de président, ne sont pas pris en compte ceux détenus dans les mutuelles ou unions créées en application des articles L. 111-3 et L. 111-4.

III. — Dans le décompte des mandats mentionnés aux I et II ne sont pas pris en compte ceux détenus dans les mutuelles ou unions créées en application des articles L. 111-3 et L. 111-4.

(L. no 2008-776 du 4 août 2008, art. 170) « III *bis*. — Dans le décompte des mandats mentionnés aux I et II, sont pris en compte pour un seul mandat ceux détenus dans des organismes mutualistes faisant partie d'un *(Ord. no 2015-378 du 2 avr. 2015, art. 13-III-9o, en vigueur le 1er janv. 2016)* « groupe au sens de l'article L. 356-1 du code des assurances ».

« III *ter*. — Dans le décompte des mandats mentionnés aux I et II, ne sont pas pris en compte ceux détenus dans les fédérations définies à l'article L. 111-5 et les unions qui ne relèvent ni du livre II ni du livre III, investies d'une mission spécifique d'animation ou de représentation. »

IV. – Toute personne qui, lorsqu'elle accède à un nouveau mandat, se trouve en infraction avec les dispositions des I et II doit, dans les trois mois de sa nomination, se démettre de l'un de ses mandats. A l'expiration de ce délai, elle est réputée s'être démise de son mandat le plus récent, sans que soit, de ce fait, remise en cause la validité des délibérations auxquelles elle a pris part.

Art. L. 114-24 Les employeurs privés ou, pour les agents publics, l'autorité hiérarchique autorisent leurs salariés ou agents, membres d'un conseil d'administration d'une mutuelle, union ou fédération, à se rendre et à participer aux séances de ce conseil ou de ses commissions. Le salarié doit informer, selon le cas, l'employeur ou l'autorité hiérarchique de la séance dès qu'il en a connaissance.

Le temps passé hors du cadre du travail pendant les heures de travail par les administrateurs salariés ou agents publics, pour l'exercice de leurs fonctions mutualistes, est assimilé à une durée de travail effectif pour la détermination de la durée des congés payés, du droit aux prestations d'assurances sociales et aux prestations familiales ainsi qu'au regard de tous les droits que le salarié ou agent public tient du fait de son ancienneté dans l'entreprise.

Ces absences n'entraînent aucune diminution de leurs rémunérations et des avantages afférents.

Tout salarié ou agent public non titulaire, élu président du conseil d'administration ou auquel des attributions permanentes sont confiées au sein d'une mutuelle, union ou fédération, et qui, pour l'exercice de telles fonctions, doit cesser toute activité professionnelle, bénéficie des dispositions *(Ord. n° 2015-378 du 2 avr. 2015, art. 13-III-10°, en vigueur le 1er janv. 2016 ; Ord. n° 2015-1497 du 18 nov. 2015, art. 3-4°, en vigueur le 1er janv. 2016)* « des articles *(L. n° 2016-1088 du 8 août 2016, art. 9)* « L. 3142-83 à L. 3142-86 » du code du travail ».

Le licenciement par l'employeur d'un salarié exerçant le mandat d'administrateur ou ayant cessé son mandat depuis moins de six mois est soumis à la procédure prévue *(Ord. n° 2015-378 du 2 avr. 2015, art. 13-III-10°, en vigueur le 1er janv. 2016)* « aux articles L. 2411-3 et L. 2421-9 du code du travail ». Il en est de même du licenciement des candidats aux mandats d'administrateur pendant une durée de trois mois à compter de la date de l'envoi de la liste des candidatures adressée par la mutuelle, union ou fédération à ses membres.

(L. n° 2007-148 du 2 févr. 2007) « Lorsque des attributions permanentes leur ont été confiées, les fonctionnaires peuvent être placés, sur leur demande, en position de détachement ou de mise à disposition pour exercer les fonctions de membre du conseil d'administration d'une mutuelle, union ou fédération. »

Un décret en Conseil d'État fixe les conditions d'application du présent article.

Art. L. 114-25 Les mutuelles, unions et fédérations proposent à leurs administrateurs, lors de leur première année d'exercice, un programme de formation à *(Ord. n° 2017-734 du 4 mai 2017, art. 3-12°)* « leurs fonctions et aux responsabilités mutualistes.

« Durant l'exercice de leur mandat, les administrateurs bénéficient, à des fins de maintien, de renforcement ou d'acquisition de compétences, d'une formation leur permettant notamment de demander la validation des acquis de leur expérience conformément aux dispositions du livre IV de la sixième partie du code du travail. »

Art. L. 114-26 Les fonctions d'administrateur sont gratuites.

Cependant, lorsque l'importance de l'organisme le nécessite, l'assemblée générale peut décider d'allouer une indemnité au président du conseil d'administration ou à des administrateurs auxquels des attributions permanentes ont été confiées *(Abrogé par L. n° 2001-1246 du 21 déc. 2001, art. 9-III)* « ***et qui, pour l'exercice de leurs fonctions, doivent cesser tout ou partie de leur activité professionnelle*** ». Les cas et conditions de cette indemnisation, notamment le seuil d'activité à partir duquel elle peut être allouée, sont définis par décret en Conseil d'État.

L'organisme rembourse à l'employeur les rémunérations maintenues *(Abrogé par L. n° 2004-810 du 13 août 2004, art. 69-II)* « ***, dans des limites fixées par décret,*** » pour permettre aux administrateurs salariés d'exercer leurs fonctions pendant le temps de travail, ainsi que les avantages et les charges y afférents.

Une convention conclue entre l'organisme, d'une part, et l'employeur, d'autre part, fixe les conditions de ce remboursement. *(L. nº 2004-810 du 13 août 2004, art. 69-II)* « Dans le cas où l'employeur ne maintient pas la rémunération, l'organisme peut verser au président et à l'administrateur ayant des attributions permanentes une somme d'un montant égal au montant brut du dernier salaire perçu. »

Les administrateurs ayant la qualité de travailleurs indépendants ont droit à des indemnités *(L. nº 2021-502 du 26 avr. 2021, art. 40)* « déterminées par les statuts de l'organisme et approuvées par l'assemblée générale. »

Les mutuelles, unions et fédérations remboursent également aux administrateurs les frais de garde d'enfants, de déplacement et de séjour, dans des limites fixées par arrêté du ministre chargé de la mutualité.

Le présent article est applicable aux agents publics dans les conditions fixées par les dispositions statutaires ou réglementaires qui les régissent.

(L. nº 2004-810 du 13 août 2004, art. 69-II) « Les fonctions de membre du conseil d'administration d'une mutuelle, union ou fédération, ouvrant droit aux indemnités visées au deuxième alinéa du présent article ne constituent ni des activités professionnelles procurant des revenus au sens de l'article L. 161-22 du code de la sécurité sociale, ni une activité privée lucrative au sens de *(L. nº 2016-483 du 20 avr. 2016, art. 10)* « l'article 25 *septies* » de la loi nº 83-634 du 13 juillet 1983 portant droits et obligations des fonctionnaires. »

Art. L. 114-27 Les indemnités versées pour l'exercice de leurs fonctions aux administrateurs *(Abrogé par L. nº 2001-1246 du 21 déc. 2001, art. 9-IV) « ayant cessé tout ou partie de leur activité professionnelle »* ont le caractère de rémunération au sens de l'article L. 242-1 du code de la sécurité sociale.

Art. L. 114-28 Il est interdit aux administrateurs de faire partie du personnel rétribué par la mutuelle, union ou fédération ou de recevoir, à l'occasion de l'exercice de leurs fonctions, toute rémunération ou avantage autre que ceux prévus à l'article L. 114-26.

Les administrateurs ne peuvent exercer de fonctions donnant lieu à une rémunération de la mutuelle, union ou fédération qu'à l'expiration d'un délai d'un an à compter de la fin de leur mandat.

Un ancien salarié d'une mutuelle, union ou fédération ne peut être nommé administrateur de celle-ci pendant une durée de trois ans à compter de la fin de son contrat de travail.

La nullité des nominations intervenues en méconnaissance des deux alinéas précédents n'entraîne pas celle des délibérations auxquelles l'administrateur irrégulièrement nommé a pris part.

Art. L. 114-29 La responsabilité civile des administrateurs est engagée individuellement ou solidairement, selon les cas, envers la mutuelle, l'union ou la fédération ou envers les tiers, à raison des infractions aux dispositions législatives ou réglementaires, des violations des statuts ou des fautes commises dans leur gestion.

Si plusieurs administrateurs ont coopéré aux mêmes faits, le tribunal détermine la part contributive de chacun dans la réparation du dommage.

L'action en responsabilité contre les administrateurs, à titre individuel ou collectif, se prescrit par trois ans, à compter du fait dommageable ou, s'il a été dissimulé, de sa révélation.

Art. L. 114-30 Avant sa nomination, la personne pressentie pour exercer les fonctions de dirigeant est tenue de déclarer l'ensemble des activités professionnelles et fonctions électives qu'elle entend conserver. Le conseil d'administration se prononce sur la compatibilité des fonctions de dirigeant avec la poursuite de l'exercice de ces activités ou fonctions. Ultérieurement, il se prononce également sur les autres activités ou fonctions que le dirigeant entend exercer.

Art. L. 114-31 Aucune rémunération liée d'une manière directe ou indirecte au volume des cotisations des unions et des mutuelles ne peut être allouée à quelque titre que ce soit à un administrateur ou à un *(Ord. n° 2015-378 du 2 avr. 2015, art. 13-III-11°, en vigueur le 1er janv. 2016)* « dirigeant opérationnel ».

(Abrogé par L. n° 2005-1564 du 15 déc. 2005, art. 3-II) *« Lorsqu'une mutuelle ou une union traite avec un mandataire, autre qu'un administrateur ou un dirigeant salarié, désigné par une personne morale souscriptrice d'un contrat collectif, elle peut lui verser une commission. Cette personne morale est informée du montant et du destinataire de la commission. »*

Art. L. 114-32 Toute convention intervenant entre une mutuelle, une union ou une fédération et l'un de ses administrateurs ou *(Ord. n° 2015-378 du 2 avr. 2015, art. 13-III-11°, en vigueur le 1er janv. 2016)* « dirigeant opérationnel » ou une personne morale à laquelle elle a délégué tout ou partie de sa gestion est soumise à l'autorisation préalable du conseil d'administration. La décision du conseil d'administration doit intervenir au plus tard lors de la réunion du conseil d'administration où sont arrêtés les comptes annuels de l'exercice.

Il en est de même des conventions auxquelles un administrateur ou un *(Ord. n° 2015-378 du 2 avr. 2015, art. 13-III-11°, en vigueur le 1er janv. 2016)* « dirigeant opérationnel » est indirectement intéressé ou dans lesquelles il traite avec la mutuelle, union ou fédération, par personne interposée, ainsi que des conventions intervenant entre la mutuelle, l'union ou la fédération et toute personne morale de droit privé si l'un des administrateurs, *(Ord. n° 2015-378 du 2 avr. 2015, art. 13-III-11°, en vigueur le 1er janv. 2016)* « dirigeant opérationnel » de la mutuelle, union ou fédération est propriétaire, associé indéfiniment responsable, gérant, administrateur, directeur général, membre du directoire, du conseil de surveillance ou, de façon générale, dirigeant de ladite personne morale.

Les conventions intervenant entre un administrateur ou un *(Ord. n° 2015-378 du 2 avr. 2015, art. 13-III-11°, en vigueur le 1er janv. 2016)* « dirigeant opérationnel » d'une mutuelle, union ou fédération et l'une des personnes morales appartenant au même groupe au sens de l'article L. 212-7 sont soumises aux dispositions du premier alinéa.

Lorsque le conseil d'administration d'une mutuelle, union ou fédération est composé, pour plus du tiers de ses membres, d'administrateurs, de dirigeants ou d'associés issus d'une seule personne morale de droit privé ne relevant pas des dispositions du présent code, les conventions intervenant entre cette personne morale et un administrateur ou un *(Ord. n° 2015-378 du 2 avr. 2015, art. 13-III-11°, en vigueur le 1er janv. 2016)* « dirigeant opérationnel » de la mutuelle, union ou fédération sont soumises aux dispositions du premier alinéa.

Art. L. 114-33 Les dispositions de l'article L. 114-32 ne sont pas applicables aux conventions portant sur des opérations courantes, conclues à des conditions normales, définies par décret en Conseil d'État.

Toutefois, ces conventions sont communiquées par l'intéressé au président du conseil d'administration. La liste et l'objet desdites conventions sont communiqués par le président aux membres du conseil d'administration et aux commissaires aux comptes. Ces éléments sont présentés par l'assemblée générale dans des conditions fixées par décret.

Art. L. 114-34 L'administrateur ou le *(Ord. n° 2015-378 du 2 avr. 2015, art. 13-III-11°, en vigueur le 1er janv. 2016)* « dirigeant opérationnel » intéressé est tenu d'informer le conseil d'administration de la mutuelle, union ou fédération dès qu'il a connaissance d'une convention à laquelle l'article L. 114-32 est applicable. *(Ord. n° 2015-378 du 2 avr. 2015, art. 13-III-12°, en vigueur le 1er janv. 2016)* « Lorsqu'il s'agit d'un administrateur, ce dernier » ne peut pas prendre part au vote sur l'autorisation sollicitée.

Le président du conseil d'administration donne avis aux commissaires aux comptes de toutes les conventions autorisées.

Les commissaires aux comptes présentent, sur ces conventions, un rapport spécial à l'assemblée générale sur lequel celle-ci statue. Le ou les intéressés ne prennent pas part au vote.

Art. L. 114-35 Sans préjudice de la responsabilité de l'administrateur ou du *(Ord. nº 2015-378 du 2 avr. 2015, art. 13-III-11º, en vigueur le 1er janv. 2016)* « dirigeant opérationnel » intéressé, les conventions mentionnées à l'article L. 114-32 et conclues sans autorisation préalable du conseil d'administration peuvent être annulées si elles ont eu des conséquences dommageables pour l'organisme.

L'action en nullité se prescrit par trois ans à compter de la date de la convention. Toutefois, si la convention a été dissimulée, le point de départ du délai de la prescription est reporté au jour où elle a été révélée.

La nullité peut être couverte par un vote de l'assemblée générale intervenant sur rapport spécial des commissaires aux comptes exposant les circonstances en raison desquelles la procédure d'autorisation n'a pas été suivie. Le ou les intéressés ne prennent pas part au vote.

Art. L. 114-36 Les conventions approuvées par le conseil d'administration, y compris lorsqu'elles ont été désapprouvées par l'assemblée générale, produisent leurs effets à l'égard des tiers, sauf lorsqu'elles sont annulées dans le cas de fraude.

Même en l'absence de fraude, les conséquences préjudiciables à la mutuelle, l'union ou la fédération des conventions désapprouvées par l'assemblée générale peuvent être mises à la charge de l'administrateur et éventuellement des autres membres du conseil d'administration *(Abrogé par Ord. nº 2015-378 du 2 avr. 2015, art. 13-III-13º, à compter du 1er janv. 2016)* *« ou d'un dirigeant salarié »*.

Art. L. 114-37 Il est interdit aux administrateurs et *(Ord. nº 2015-378 du 2 avr. 2015, art. 13-III-11º, en vigueur le 1er janv. 2016)* « au dirigeant opérationnel » de contracter, sous quelque forme que ce soit, des emprunts auprès de la mutuelle, union ou fédération ou de se faire consentir par celle-ci un découvert, en compte courant ou autrement, ainsi que de faire cautionner ou avaliser par elle leurs engagements envers les tiers.

Toutefois, l'interdiction de contracter des emprunts ne s'applique pas lorsque les personnes concernées peuvent, en qualité d'administrateur et de *(Ord. nº 2015-378 du 2 avr. 2015, art. 13-III-11º, en vigueur le 1er janv. 2016)* « dirigeant opérationnel », en bénéficier aux mêmes conditions que celles qui sont offertes par la mutuelle, l'union ou la fédération à l'ensemble des membres participants au titre de l'action sociale mise en œuvre. Cette interdiction ne s'applique pas *(Ord. nº 2015-378 du 2 avr. 2015, art. 13-III-11º, en vigueur le 1er janv. 2016)* « au dirigeant opérationnel » lorsque ceux-ci sont susceptibles *[celui-ci est susceptible]* d'en bénéficier aux mêmes conditions que les salariés de la mutuelle, l'union ou la fédération. Dans tous les cas, le conseil d'administration est informé du montant et des conditions des prêts accordés au cours de l'année à chacun des dirigeants.

La même interdiction s'applique aux conjoints, ascendants et descendants des personnes mentionnées au présent article ainsi qu'à toute personne interposée.

Art. L. 114-37-1 *(Ord. nº 2017-734 du 4 mai 2017, art. 3-12º)* Le mandataire mutualiste est une personne physique, exerçant des fonctions distinctes de celles des administrateurs mentionnés à l'article L. 114-16, qui apporte à une mutuelle, union ou fédération, en dehors de tout contrat de travail, un concours personnel et bénévole, dans le cadre du mandat pour lequel il a été désigné ou élu conformément aux statuts.

Les mutuelles, unions et fédérations proposent à leurs mandataires mutualistes, lors de l'exercice de leur mandat, un programme de formation à leurs fonctions et aux responsabilités mutualistes.

Les fonctions de mandataire mutualiste sont gratuites. Leurs frais de déplacement, de garde d'enfant et de séjour peuvent être remboursés dans des conditions définies dans les statuts et dans les mêmes limites que celles fixées pour les administrateurs.

SECTION VI DISPOSITIONS FINANCIÈRES ET COMPTABLES

Art. L. 114-38 *(Ord. nº 2015-1497 du 18 nov. 2015, art. 3-5º, en vigueur le 1er janv. 2016)* « Les mutuelles et unions régies par le livre II, les unions mutualistes de groupe, ou, lorsqu'elles dépassent un volume d'activité fixé par décret, les mutuelles et unions régies par le livre III », ainsi que les fédérations, sont tenues de nommer au moins un commissaire aux comptes et *(L. nº 2019-486 du 22 mai 2019, art. 27)* « , lorsque les conditions définies au deuxième alinéa du I de l'article **L. 823-1** du code de commerce sont réunies, » un suppléant choisis sur la *(Ord. nº 2016-315 du 17 mars 2016, art. 50-I-1º, en vigueur le 17 juin 2016)* « liste mentionnée au I de l'article **L. 822-1** » du code de commerce. Le président convoque les commissaires aux comptes à toute assemblée générale.

(Ord. nº 2015-378 du 2 avr. 2015, art. 13-III-14º, en vigueur le 1er janv. 2016) « Les dispositions *(Abrogé par Ord. nº 2016-315 du 17 mars 2016, art. 50-I-2º, à compter du 17 juin 2016) « des articles L. 822-9 à L. 822-18 ainsi que celles des articles de la section II du chapitre III »* du titre II du livre VIII du code de commerce sont applicables aux commissaires aux comptes contrôlant les mutuelles, unions et fédérations sous réserve des dispositions du présent code et dans les conditions d'exercice définies par voie réglementaire au code de commerce. »

Les honoraires des commissaires aux comptes sont à la charge de la mutuelle, de l'union ou de la fédération. Le montant des honoraires est fixé d'un commun accord entre le commissaire aux comptes et la mutuelle, union ou fédération, eu égard à l'importance du travail nécessaire à l'accomplissement de la mission légale de contrôle.

Le président du tribunal judiciaire du lieu du siège social de la mutuelle, union ou fédération statuant en référé est compétent pour connaître de tout litige tenant à la fixation du montant des honoraires des commissaires aux comptes.

Les commissaires aux comptes peuvent, en outre, recevoir des rémunérations de la mutuelle, union ou fédération pour des missions temporaires, d'objet limité, et entrant dans le cadre de leurs fonctions, dès lors que ces missions leur sont confiées par l'organisme à la demande d'une autorité publique.

Art. L. 114-39 Le commissaire aux comptes joint à son rapport annuel une annexe qui récapitule les concours financiers, subventions, prêts et aides de toute nature réalisés par une mutuelle ou union régie par le livre II au bénéfice d'une mutuelle ou union régie par le livre III.

Art. L. 114-40 Lorsque le commissaire aux comptes informe le président du tribunal judiciaire, en application de l'article L. 612-3 du code de commerce, il informe en même temps l'Autorité de contrôle prudentiel et de résolution.

Art. L. 114-41 Un tiers des membres de la mutuelle peut exercer les droits prévus aux articles L. 823-6, L. 225-31, L. 225-232, L. 823-7 du code de commerce.

Art. L. 114-42 I. — Lorsque le comité d'entreprise ou, s'il n'est pas constitué, les délégués du personnel ont connaissance de faits de nature à affecter de manière préoccupante la situation économique de la mutuelle, union ou fédération, ils peuvent demander à un *(Ord. nº 2015-378 du 2 avr. 2015, art. 13-III-15º, en vigueur le 1er janv. 2016)* « dirigeant », dans les conditions définies aux articles L. 422-4 *[devenu L. 2323-14]* et L. 432-5 *[devenu L. 2323-78 s.]* du code du travail, de leur fournir des explications.

Le dirigeant est tenu d'en informer le président.

Si le comité d'entreprise ou, à défaut, les délégués du personnel n'ont pu obtenir de réponse suffisante du dirigeant ou si celui-ci confirme le caractère préoccupant de la situation, ils établissent un rapport.

Le rapport est transmis au dirigeant et aux commissaires aux comptes. Le dirigeant est tenu de le remettre au président. Le conseil d'administration doit en être saisi dès qu'il est appelé à se réunir.

II. — Le comité d'entreprise ou à défaut les délégués du personnel communiquent au président de l'Autorité de contrôle prudentiel et de résolution, tout fait révélant la cessation des paiements de l'organisme.

III. – Les informations concernant la mutuelle, union ou fédération communiquées en application du présent article ont par nature un caractère confidentiel. Toute personne qui y a accès en application de ce même article est tenue à leur égard à une obligation de discrétion.

Art. L. 114-43 Les mutuelles et unions ainsi que les fédérations peuvent recevoir des dons et legs mobiliers et immobiliers.

Art. L. 114-44 Les mutuelles, les unions et les fédérations, à l'exception de celles qui ont souscrit une convention conforme aux dispositions de l'article L. 211-5, peuvent émettre des titres participatifs dans les conditions prévues par les articles L. 228-36 et L. 228-37 du code de commerce.

Pour l'application de ces dispositions, les mots : "assemblée d'actionnaires ou de porteurs de parts" désignent, pour les mutuelles, l'assemblée générale des membres participants et honoraires.

En ce qui concerne leur rémunération, la partie variable de ces titres participatifs ne peut être calculée par référence à un critère représentatif du volume d'activité de la mutuelle, union ou fédération émettrice.

Les mutuelles, les unions et les fédérations peuvent également bénéficier de prêts participatifs consentis par les organismes mentionnés à l'article L. 313-3 du code monétaire et financier, dans les conditions fixées par le paragraphe 2 de la section II du chapitre III du titre Ier du livre III du code monétaire et financier.

Art. L. 114-45 Les mutuelles, les unions et les fédérations peuvent émettre des obligations et des titres subordonnés dans les conditions prévues par les articles L. 228-1 à L. 228-97 du code de commerce.

Art. L. 114-45-1 *(L. nº 2014-856 du 31 juill. 2014, art. 54-III-2º)* Les conditions d'émission, notamment le contrôle exercé par l'Autorité de contrôle prudentiel et de résolution, des titres mentionnés aux articles L. 114-44 et L. 114-45 émis par les mutuelles et unions soumises au contrôle de l'Autorité de contrôle prudentiel et de résolution en application du 3º du B du I de l'article L. 612-2 du code monétaire et financier sont déterminées par décret en Conseil d'État. *— V. art. R. 114-10.*

Art. L. 114-46 *(Ord. nº 2015-378 du 2 avr. 2015, art. 13-III-16º, en vigueur le 1er janv. 2016)* Les mutuelles, unions et fédérations sont soumises, dans des conditions fixées par décret en Conseil d'État, à l'obligation d'établir des comptes annuels pour l'ensemble de leurs opérations, y compris celles de leurs succursales établies à l'étranger, selon les prescriptions comptables définies par l'Autorité des normes comptables.

Art. L. 114-46-1 *(Ord. nº 2015-378 du 2 avr. 2015, art. 13-III-17º, en vigueur le 1er janv. 2016)* Sous réserve des dispositions prévues au présent code, les mutuelles et unions sont soumises aux obligations comptables figurant aux articles L. 123-12 à L. 123-22 du code de commerce.

Art. L. 114-46-2 *(Ord. nº 2015-378 du 2 avr. 2015, art. 13-III-17º, en vigueur le 1er janv. 2016)* Les mutuelles, unions et fédérations sont tenues de publier ou mettre à disposition, selon des modalités précisées par décret en Conseil d'État, leurs comptes annuels, le rapport de gestion, le rapport des commissaires aux comptes sur les comptes annuels ainsi que, le cas échéant, les comptes consolidés ou combinés, le rapport sur la gestion du groupe, le rapport des commissaires aux comptes sur les comptes consolidés ou combinés.

Lorsqu'une mutuelle, une union ou une fédération refuse de communiquer en tout ou partie des documents demandés au titre de l'alinéa précédent, le président du tribunal judiciaire statuant en référé peut, à la demande de la personne concernée, ordonner à la mutuelle, union ou fédération, sous astreinte, de lui communiquer ces documents.

Art. L. 114-46-3 *(L. nº 2019-1147 du 8 nov. 2019, art. 29-III)* **Les entreprises régies par le présent code sont soumises aux dispositions de l'article L. 533-22-1 du code monétaire et financier.**

Les dispositions issues de la L. nº 2019-1147 du 8 nov. 2019 entrent en vigueur à compter de la date d'application de l'art. 3 du Règl. du Parlement européen et du Conseil sur la publication d'informations relatives aux investissements durables et aux risques en matière de durabilité et modifiant la directive (UE) 2016/2341 (L. préc., art. 29-V).

SECTION VII PEINES

Art. L. 114-47 **Est puni de six mois d'emprisonnement et de 7 500 € d'amende :**

1º Le fait, pour tout administrateur d'une mutuelle, union ou fédération régie par le présent code, d'accepter, d'exercer ou de conserver les fonctions d'administrateur en violation des obligations prévues à l'article L. 114-28 ;

2º Le fait, pour tout président, administrateur et *(Ord. nº 2015-378 du 2 avr. 2015, art. 13-III-18º, en vigueur le 1er janv. 2016)* **« dirigeant opérationnel » d'une mutuelle, union ou fédération régie par le présent code, de méconnaître l'une des interdictions visées à l'article L. 114-21 ;**

3º Le fait, pour tout administrateur ou *(Ord. nº 2015-378 du 2 avr. 2015, art. 13-III-18º, en vigueur le 1er janv. 2016)* **« dirigeant opérationnel » d'une mutuelle ou union régie par le présent code, de recevoir, à quelque titre que ce soit, une rémunération liée d'une manière directe ou indirecte au volume des cotisations desdits organismes ;**

(L. nº 2005-1564 du 15 déc. 2005, art. 3-II) **« 4º Le fait, pour tout président ou** *(Ord. nº 2015-378 du 2 avr. 2015, art. 13-III-18º, en vigueur le 1er janv. 2016)* **« dirigeant opérationnel » d'une mutuelle ou union régie par les livres II et III du présent code, de méconnaître l'une des dispositions des articles L. 116-1 à L. 116-4. »**

Art. L. 114-48 **Est puni de cinq ans d'emprisonnement et de 375 000 € d'amende :**

1º Le fait, pour tout président, administrateur ou *(Ord. nº 2015-378 du 2 avr. 2015, art. 13-III-18º, en vigueur le 1er janv. 2016)* **« dirigeant opérationnel » d'une mutuelle, union ou fédération régie par le présent code, de présenter à l'assemblée générale des comptes annuels ne donnant pas, pour chaque exercice, une image fidèle du résultat des opérations de l'exercice, de la situation financière et du patrimoine, à l'expiration de cette période, en vue de dissimuler la véritable situation de l'organisme ;**

2º Le fait, pour tout président, administrateur ou *(Ord. nº 2015-378 du 2 avr. 2015, art. 13-III-18º, en vigueur le 1er janv. 2016)* **« dirigeant opérationnel » d'une mutuelle ou union faisant partie d'un groupe au sens de l'article L. 212-7, de publier ou présenter à l'assemblée générale des comptes consolidés ou combinés donnant, pour chaque exercice, une image manifestement infidèle des éléments significatifs, pour l'ensemble du groupe, du résultat des opérations de l'exercice, de la situation financière et de la consistance des actifs et des passifs, à l'expiration de cette période, en vue de dissimuler la véritable situation de l'ensemble du groupe.**

Art. L. 114-49 **Est puni de six mois d'emprisonnement et de 7 500 € d'amende :**

1º Le fait, pour tout président, administrateur ou *(Ord. nº 2015-378 du 2 avr. 2015, art. 13-III-18º, en vigueur le 1er janv. 2016)* **« dirigeant opérationnel » d'une mutuelle, union ou fédération régie par le présent code, de ne pas établir pour chaque exercice, des comptes annuels et un rapport de gestion ;**

(Ord. nº 2015-378 du 2 avr. 2015, art. 13-III-19º, en vigueur le 1er janv. 2016) **« 2º Le fait, pour tout président, administrateur d'une mutuelle ou union, de ne pas établir, pour chaque exercice, des comptes consolidés ou combinés conformément à l'article L. 212-7 et un rapport de gestion du groupe conformément à l'article** *(Ord. nº 2015-1497 du 18 nov. 2015, art. 3-6º, en vigueur le 1er janv. 2016)* **« L. 114-17 ». »**

Art. L. 114-50 **Est puni de six mois d'emprisonnement et de 7 500 € d'amende :**

1º Le fait, pour tout président, administrateur ou *(Ord. nº 2015-378 du 2 avr. 2015, art. 13-III-18º, en vigueur le 1er janv. 2016)* **« dirigeant opérationnel » d'une mutuelle,**

union ou fédération régie par le présent code, de ne pas soumettre à l'assemblée générale les comptes annuels, les comptes consolidés et le rapport de gestion ;

2° Le fait, pour tout président, administrateur ou *(Ord. n° 2015-378 du 2 avr. 2015, art. 13-III-18°, en vigueur le 1er janv. 2016)* « dirigeant opérationnel » d'une mutuelle ou union faisant partie d'un groupe au sens de l'article L. 212-7, de ne pas soumettre à l'assemblée générale les comptes combinés et un rapport de gestion du groupe, sous réserve des dérogations prévues au même article.

Art. L. 114-51 I. — Est puni de deux ans d'emprisonnement et de 30 000 € d'amende le fait pour tout président, administrateur ou *(Ord. n° 2015-378 du 2 avr. 2015, art. 13-III-18°, en vigueur le 1er janv. 2016)* « dirigeant opérationnel » d'une mutuelle, union ou fédération régie par le présent code, de ne pas provoquer la désignation de commissaires aux comptes ou de ne pas les convoquer à toute assemblée générale.

II. — Est puni de six mois d'emprisonnement et de 7 500 € d'amende le fait pour toute personne, soit en son nom personnel, soit à titre d'associé dans une société de commissaires aux comptes, d'accepter, d'exercer ou de conserver les fonctions de commissaire aux comptes, nonobstant les incompatibilités légales.

III. — Est puni de cinq ans d'emprisonnement et de 75 000 € d'amende le fait pour tout commissaire aux comptes de donner ou confirmer soit en son nom personnel, soit à titre d'associé dans une société de commissaires aux comptes, des informations mensongères sur la situation d'une mutuelle, union ou fédération régie par le présent code ou de ne pas révéler au procureur de la République les faits délictueux dont il a eu connaissance.

Les articles 226-13 et 226-14 du code pénal relatifs au secret professionnel sont applicables aux commissaires aux comptes.

IV. — Est puni de cinq ans d'emprisonnement et de 75 000 € d'amende le fait pour tout président, administrateur, *(Ord. n° 2015-378 du 2 avr. 2015, art. 13-III-18°, en vigueur le 1er janv. 2016)* « dirigeant opérationnel » ou toute personne au service de la mutuelle, de l'union ou de la fédération régie par le présent code, de mettre obstacle aux vérifications ou contrôles des commissaires aux comptes ou de leur refuser la communication sur place de toutes les pièces utiles à l'exercice de leur mission et notamment de tous contrats, livres, documents comptables et registres de procès-verbaux.

Art. L. 114-52 Les dispositions des articles L. 114-48 à L. 114-51 visant le président, les administrateurs ou le *(Ord. n° 2015-378 du 2 avr. 2015, art. 13-III-18°, en vigueur le 1er janv. 2016)* « dirigeant opérationnel » de la mutuelle, union ou fédération régie par le présent code, sont applicables à toute personne qui, directement ou par personne interposée, aura, en fait, exercé la direction, l'administration ou la gestion desdits organismes sous couvert ou aux lieu et place de leurs représentants légaux.

Art. L. 114-53 Est puni de 30 000 euros d'amende le fait, pour quiconque, d'utiliser frauduleusement toute appellation comportant les termes : "mutuel", "mutuelle", "mutualité" ou "mutualiste" en violation des interdictions de l'article *(Ord. n° 2017-734 du 4 mai 2017, art. 3-13°)* « L. 110-4 ».

Art. L. 114-54 Les personnes physiques coupables de l'un des délits prévus au présent livre encourent également les peines complémentaires suivantes :

1° L'interdiction des droits civiques, civils et de famille, suivant les modalités prévues par l'article 131-26 du code pénal ;

2° L'interdiction, suivant les modalités prévues par l'article 131-27 du code pénal, d'exercer une fonction publique ou d'exercer l'activité professionnelle ou sociale dans l'exercice ou à l'occasion de l'exercice de laquelle l'infraction a été commise, pour une durée de cinq ans au plus ;

3° L'affichage ou la diffusion de la décision prononcée dans les conditions prévues par l'article 131-35 du code pénal.

Art. L. 114-55 *(L. nº 2009-526 du 12 mai 2009, art. 125-XV)* « Les personnes morales déclarées responsables pénalement, dans les conditions prévues par l'article 121-2 du code pénal, des infractions définies dans le présent livre encourent, outre l'amende suivant les modalités prévues par l'article 131-38 du code pénal, les peines prévues par l'article 131-39 du même code. »

L'interdiction mentionnée au 2º de l'article 131-39 du code pénal porte sur l'activité dans l'exercice ou à l'occasion de l'exercice de laquelle l'infraction a été commise.

CHAPITRE V RÈGLES PARTICULIÈRES À CERTAINES MUTUELLES, UNIONS ET FÉDÉRATIONS À CARACTÈRE PROFESSIONNEL

SECTION PREMIÈRE MUTUELLES ET SECTIONS DE MUTUELLES D'ENTREPRISES OU INTERENTREPRISES

Art. L. 115-1 Les mutuelles d'entreprises sont des mutuelles qui exercent leur activité dans l'intérêt des salariés d'une entreprise déterminée et de leurs familles ou des anciens salariés et de leurs familles. Les mutuelles interentreprises peuvent constituer des sections d'entreprise.

Elles ne perdent pas leur qualité de mutuelles d'entreprises lorsque des dispositions législatives ou réglementaires les conduisent à garantir des personnes non salariées de l'entreprise.

Elles peuvent constituer des sections dans les différents établissements de l'entreprise.

Elles sont soumises au contrôle du comité d'entreprise dans les conditions prévues à l'article L. 432-8 *[L. 2323-83 et L. 2323-87 nouv.]* du code du travail, sans qu'il puisse s'opposer à leurs décisions.

Art. L. 115-2 Les administrateurs peuvent, s'ils y ont été autorisés par délibération spéciale de l'assemblée générale, prendre ou conserver un intérêt direct ou indirect dans l'entreprise au sein de laquelle la mutuelle est constituée.

Le procès-verbal de cette délibération est communiqué à l'autorité administrative.

Art. L. 115-3 Les dispositions des articles L. 115-1 et L. 115-2 sont applicables aux mutuelles interentreprises lorsque les entreprises au sein desquelles la mutuelle est constituée sont dotées d'un comité interentreprises.

SECTION II SECTIONS DE MUTUELLES À CARACTÈRE PROFESSIONNEL OU INTERPROFESSIONNEL

Art. L. 115-4 I. — Les statuts des mutuelles à caractère professionnel ou interprofessionnel peuvent prévoir la constitution de sections groupant les membres participants et honoraires appartenant à une même entreprise, à une même branche d'activité ou à un même secteur géographique.

Ces sections sont instituées par décision du conseil d'administration.

Chaque section est administrée par une commission de gestion spéciale à laquelle le conseil d'administration de la mutuelle peut déléguer tout ou partie de ses pouvoirs. Cette commission est composée de membres désignés ou élus par le conseil d'administration selon des modalités fixées par les statuts parmi les membres participants et honoraires appartenant à la section et présidée par le président du conseil d'administration de la mutuelle ou son délégué.

Les règles de fonctionnement de la section font l'objet d'un règlement établi par le conseil d'administration de la mutuelle lorsque la section ne verse à ses membres aucune prestation propre et n'exige le versement d'aucune cotisation spécifique.

Si la section souhaite assurer à ses membres le versement de prestations propres, en contrepartie de cotisations particulières, le règlement doit être adopté par l'assemblée générale.

Toute modification des garanties définies au bulletin d'adhésion est constatée par la notification de celles-ci au membre participant ou honoraire.

II. – Lorsque l'engagement réciproque du membre participant et de la mutuelle ou de l'union ne résulte pas de la signature d'un bulletin d'adhésion, mais de la souscription d'un contrat collectif, toute modification de celui-ci est constatée par un avenant signé des parties.

SECTION III MUTUELLES DES MILITAIRES

Art. L. 115-5 Les dispositions du présent code s'appliquent aux mutuelles constituées dans les armées, sous réserve des dispositions qui font l'objet des articles L. 115-6 à L. 115-8.

Art. L. 115-6 Par dérogation à l'article L. 114-18, le président du conseil d'administration et le premier vice-président des mutuelles constituées dans les armées sont désignés et révoqués par l'autorité administrative.

Art. L. 115-7 *Abrogé par L. n° 2007-1787 du 20 déc. 2007.*

Art. L. 115-8 Un commissaire aux comptes est désigné par l'autorité administrative.

CHAPITRE VI DISTRIBUTION D'ASSURANCES *(Ord. n° 2018-361 du 16 mai 2018, art. 13).*

(L. n° 2005-1564 du 15 déc. 2005, art. 3-II)

Art. L. 116-1 Sous réserve que la mutuelle ou l'union continue de pratiquer à titre principal les activités conformes à son objet social, et lorsqu'elle y est autorisée par ses statuts, la mutuelle ou l'union peut présenter des garanties dont le risque est porté par un autre organisme habilité à pratiquer des opérations d'assurance.

Toutefois, les mutuelles et les unions régies par les dispositions du livre III du présent code ne peuvent présenter, à titre accessoire, que des garanties en rapport avec leur activité ou relevant des opérations d'assurance mentionnées au 1° du I de l'article L. 111-1 dont le risque est porté par une mutuelle ou une union régie par les dispositions du livre II du présent code.

Art. L. 116-2 Lorsqu'elles y sont autorisées par leurs statuts, les mutuelles et les unions régies par le livre II du présent code peuvent recourir à des intermédiaires d'assurance ou de réassurance. Les dispositions *(Abrogé par Ord. n° 2018-361 du 16 mai 2018, art. 13, à compter du 1er oct. 2018)* ***« du livre III et du livre V »*** du code des assurances relatives aux intermédiaires sont applicables aux intermédiaires des mutuelles et des unions.

Art. L. 116-3 *(Abrogé par Ord. n° 2018-361 du 16 mai 2018, art. 13, à compter du 1er oct. 2018)* ***« Lorsque l'intermédiaire a été désigné par une personne morale souscriptrice, la mutuelle ou l'union informe cette dernière du montant et du destinataire de la rémunération versée. »***

La mutuelle ou l'union ne peut déléguer, de manière totale ou partielle, la gestion d'un contrat collectif que si ses statuts l'y autorisent. L'assemblée générale définit les principes que doivent respecter ces délégations de gestion. Le délégataire rend compte chaque année de sa gestion au conseil d'administration de la mutuelle ou de l'union.

Art. L. 116-4 Le conseil d'administration établit, chaque année, un rapport qu'il présente à l'assemblée générale et dans lequel il rend compte des opérations d'intermédiation et de délégation de gestion visées aux articles L. 116-1 à L. 116-3. *(Abrogé par L. n° 2011-525 du 17 mai 2011, art. 140-I)* ***« Les informations contenues dans ce rapport sont déterminées par décret. »***

Art. L. 116-5 *(Ord. n° 2009-106 du 30 janv. 2009, art. 8)* Les mutuelles et unions proposant les opérations mentionnées à l'article L. 223-1 établissent des conventions avec les intermédiaires mentionnés à l'article L. 116-2.

Ces conventions prévoient notamment :

1° Les conditions dans lesquelles l'intermédiaire mentionné à l'article L. 116-2 est tenu de soumettre à la mutuelle ou l'union les documents à caractère publicitaire, préalablement à leur diffusion, afin de vérifier leur conformité à l'opération d'assurance ou de capitalisation et, le cas échéant, à la notice, à la note ou à la fiche d'information ;

2° Les conditions dans lesquelles sont mises à disposition de l'intermédiaire par la mutuelle ou l'union les informations nécessaires à l'appréciation de l'ensemble des caractéristiques de l'opération d'assurance.

(Ord. n° 2017-734 du 4 mai 2017, art. 4) « Un décret en Conseil d'État précise les modalités d'application du présent article, notamment les cas et conditions dans lesquels l'obligation d'établir des conventions n'est pas justifiée compte tenu de la nature des contrats ou de leur mode de distribution. »

Art. L. 116-6 *(Ord. n° 2018-361 du 16 mai 2018, art. 13, en vigueur le 1er oct. 2018)* Les dispositions du code des assurances relatives aux distributeurs d'assurance sont applicables aux mutuelles et unions régies par le livre II du présent code, sous réserve des règles propres à ces mutuelles ou unions prévues par le présent code.

Pour l'application de ces dispositions, il y a lieu d'entendre :

1° "mutuelles ou unions exerçant une activité d'assurance ou une activité de réassurance" là où sont mentionnés dans le code des assurances les termes : "entreprises d'assurance et de réassurance" ;

2° "mutuelle ou union exerçant une activité d'assurance" là où sont mentionnés dans le code des assurances les termes : "entreprise d'assurance" et "assureur" ;

3° "règlement ou contrat collectif" là où est mentionné dans le code des assurances : "contrat" ;

4° "employeur, personne morale souscriptrice ou membre participant" là où sont mentionnés dans le code des assurances : "souscripteur", "adhérent" et "souscripteur ou adhérent" ;

5° "cotisation" là où est mentionné dans le code des assurances : "prime".

LIVRE DEUXIÈME MUTUELLES ET UNIONS PRATIQUANT DES OPÉRATIONS D'ASSURANCE, DE RÉASSURANCE ET DE CAPITALISATION *(Ord. n° 2008-556 du 13 juin 2008, art. 8).*

Sur l'obligation pour les mutuelles et unions régies par le livre II C. mut. de déclarer à l'ACPR leur identifiant international d'entité juridique, V. Instr. ACPR n° 2015-I-12 du 21 avr. 2015 (publiée sur le site de l'ACPR : https://acpr.banque-france.fr/).

TITRE PREMIER RÈGLES DE FONCTIONNEMENT APPLICABLES AUX MUTUELLES ET UNIONS PRATIQUANT DES OPÉRATIONS D'ASSURANCE ET DE CAPITALISATION ET AUX MUTUELLES ET UNIONS DE RETRAITE PROFESSIONNELLE SUPPLÉMENTAIRE *(Ord. n° 2017-484 du 6 avr. 2017, art. 6-4°).*

CHAPITRE PREMIER CHAMP D'APPLICATION ET CONDITIONS D'ACTIVITÉ

SECTION PREMIÈRE DISPOSITIONS GÉNÉRALES *(Ord. n° 2015-378 du 2 avr. 2015, art. 14-1°, en vigueur le 1er janv. 2016).*

SOUS-SECTION 1 CONDITIONS D'EXERCICE *(Ord. n° 2015-378 du 2 avr. 2015, art. 14-2°, en vigueur le 1er janv. 2016).*

Art. L. 211-1 *(Ord. n° 2017-484 du 6 avr. 2017, art. 6-5°)* **Les mutuelles et les unions qui réalisent des opérations relevant du 1° du I de l'article L. 111-1 ou de l'article L. 111-1-1 sont régies par le présent livre, à l'exception du chapitre IV du présent titre.**

Les mutuelles et unions de retraite professionnelle supplémentaire mentionnées à l'article L. 214-1 sont régies par la présente sous-section et le chapitre IV du présent titre.

V. Instr. n° 2016-I-15 du 27 juin 2016 relative aux documents prudentiels annuels à communiquer par les organismes assujettis au contrôle de l'ACPR ne relevant pas du régime dit « Solvabilité II » (https://acpr.banque-france.fr).

Art. L. 211-2 **Les mutuelles garantissent à leurs membres participants et aux ayants droit de ceux-ci le règlement intégral des engagements qu'elles contractent à leur égard.**

Pour les opérations mentionnées au quatrième alinéa de l'article L. 111-2, les unions sont seules responsables des garanties qu'elles ont délivrées et des engagements qu'elles ont pris.

Art. L. 211-3 **Les mutuelles et unions soumises aux dispositions du présent livre sont tenues de déclarer à l'Autorité de contrôle prudentiel et de résolution toute convention de gestion par laquelle elles participent au financement d'une mutuelle ou d'une union soumise aux dispositions du livre III ou disposent avec elle de services communs. Toute modification de la convention fait l'objet de la même procédure.**

Art. L. 211-4 *(Ord. n° 2008-556 du 13 juin 2008, art. 19)* **Sous réserve des dispositions de l'article L. 211-5, dans tous les cas où une mutuelle ou une union se réassure contre les risques qu'elle a couverts ou les transfère à un véhicule de titrisation mentionné à l'article L. 310-1-2 du code des assurances, elle reste seule responsable de ses engagements vis-à-vis des personnes garanties.**

Les statuts des mutuelles et unions déterminent les modalités suivant lesquelles une mutuelle ou une union peut se réassurer auprès d'entreprises non régies par le présent code ou transférer des risques à un véhicule de titrisation.

(L. n° 2009-526 du 12 mai 2009, art. 138) « La présence d'opérations relevant de la réassurance financière limitée est explicitement mentionnée dans l'intitulé des contrats régissant ce type d'opérations. »

Art. L. 211-5 *(Ord. n° 2017-734 du 4 mai 2017, art. 5)* I. — Pour l'application du dernier alinéa du I de l'article L. 111-1, les mutuelles ou les unions, dénommées mutuelles et unions substituées, concluent avec des mutuelles ou unions qui se substituent à elles, dénommées mutuelles et unions substituantes, une convention de substitution.

Les opérations faites en application de la convention de substitution sont considérées, au regard des dispositions du présent livre, comme des opérations directes de la mutuelle ou de l'union substituante.

La substitution s'étend à l'ensemble des opérations et des branches pratiquées par la mutuelle ou l'union substituée et est assurée par une mutuelle ou une union substituante unique.

Les mutuelles et unions substituantes donnent aux mutuelles et unions substituées leur caution solidaire pour l'ensemble de leurs engagements financiers et charges, y compris non assurantiels vis-à-vis des membres participants, ayants droit, bénéficiaires et de toute autre personne physique ou morale.

La mutuelle ou l'union substituante exerce à ce titre un pouvoir de contrôle sur la mutuelle ou l'union substituée. Dans ce cadre, les prestations et les cotisations ne peuvent être fixées par la mutuelle ou l'union substituée, dans les conditions définies aux articles L. 114-9 et L. 114-17, qu'après l'autorisation préalable de la mutuelle ou l'union substituante.

II. — Les statuts des mutuelles et unions substituées comportent une disposition organisant la substitution de la mutuelle ou union substituante à ces mutuelles et unions.

Cette disposition confère à la mutuelle ou à l'union substituante un pouvoir de contrôle à l'égard des mutuelles et unions substituées, y compris en ce qui concerne leur gestion, qui comporte *a minima* une autorisation préalable du conseil d'administration ou de l'assemblée générale de la mutuelle ou de l'union substituante, pour la fixation des prestations et des cotisations, pour la désignation du dirigeant opérationnel si la mutuelle ou l'union substituée relève du régime dit "Solvabilité II" au sens de l'article L. 211-10, pour la politique salariale et de recrutement, pour les plans de sauvegarde de l'emploi, pour la conclusion de contrats d'externalisation de prestations, pour la conclusion par la mutuelle ou union substituée d'opérations d'acquisition ou de cession d'immeubles par nature, d'acquisition ou de cession totale ou partielle d'actifs ou de participations, de constitution de sûretés et d'octroi de cautions, avals ou garanties. Elle prévoit qu'en cas de carence de la mutuelle ou de l'union substituée pour fixer ces paramètres ils sont déterminés par la mutuelle ou l'union substituante.

III. — A compter de l'entrée en vigueur de la convention, les mutuelles et unions auxquelles une autre mutuelle ou union s'est substituée ne sont pas soumises aux dispositions de l'article L. 212-1, sauf si elles relèvent du régime dit "Solvabilité II" au sens de l'article L. 211-10.

Lorsqu'une mutuelle ou une union conclut une convention de substitution et obtient l'autorisation de l'Autorité de contrôle prudentiel et de résolution, celle-ci constate, par décision publiée au *Journal officiel*, la caducité de l'ensemble des agréments de la mutuelle ou de l'union substituée. La décision précise que la mutuelle ou l'union substituée est dispensée d'agrément.

Les mutuelles ou unions substituées sont également dispensées de nommer un commissaire aux comptes lorsque la mutuelle ou l'union avec laquelle elles ont passé convention établit leurs comptes annuels. Dans ce cas, le commissaire aux comptes de l'organisme qui s'est substitué à elles certifie les comptes annuels.

Le rapport annuel réalisé par le commissaire aux comptes sur les comptes de la mutuelle ou de l'union substituée est transmis à la mutuelle ou à l'union substituante.

IV. – Lorsqu'une mutuelle ou une union accepte de se substituer à une mutuelle ou une union et de conclure avec elle une convention de substitution, elle informe l'Autorité de contrôle prudentiel et de résolution de ce projet au plus tard trois mois avant la conclusion de la convention de substitution.

Elle l'informe également de tout projet de modification de la convention de substitution au plus tard trois mois avant la modification de la convention et de tout projet de résiliation de la convention de substitution au plus tard six mois avant la résiliation de la convention.

Toute conclusion, modification ou résiliation de la convention de substitution est soumise à l'autorisation préalable de l'Autorité de contrôle prudentiel et de résolution.

Au plus tard trois mois avant l'expiration ou la résiliation de la convention de substitution, les mutuelles et les unions substituées sont tenues d'informer et de justifier auprès de l'Autorité de contrôle prudentiel et de résolution :

1° Ou bien qu'elles ont prolongé la convention ou qu'elles en ont conclu une nouvelle ;

2° Ou bien qu'elles ont obtenu un agrément pour exercer à nouveau les activités pour lesquelles a été constatée la caducité de l'agrément dont elles disposaient ;

3° Ou bien enfin qu'elles ont obtenu l'autorisation de transférer leur portefeuille dans les conditions prévues à l'article L. 212-11.

Si elles ne peuvent apporter l'une des justifications mentionnées aux 1° et 2° ci-dessus, elles ne peuvent passer de nouveaux contrats ou en renouveler, à compter de la date de l'expiration de la convention. A compter de cette même date, elles sont passibles des mesures prévues aux articles L. 612-33 et L. 612-34 et des sanctions prévues à l'article L. 612-39 du code monétaire et financier.

V. – Un décret en Conseil d'État détermine les modalités d'application du présent article. – *V. art. R. 211-21 s.*

Les conventions de substitution conclues, en application de l'art. L. 211-5, dans sa rédaction antérieure à l'Ord. n° 2017-734 du 4 mai 2017, avant le 5 mai 2017, doivent, avant le 31 déc. 2018, être mises en conformité avec les dispositions de cet article, dans sa rédaction issue de ladite ordonnance (Ord. préc., art. 16).

Les conventions de substitution prises en application de l'art. L. 211-5 ainsi que les bulletins d'adhésion aux règlements, les notices et les contrats collectifs des mutuelles et unions substituées existant à la date d'entrée en vigueur du Décr. n° 2018-56 du 31 janv. 2018, soit le 3 févr. 2018, doivent, avant le 31 déc. 2018, être mis en conformité avec les dispositions des art. R. 211-21 à R. 211-27, dans leur rédaction issue dudit décret (Décr. préc., art. 8).

En application du II de l'art. 21 de la L. n° 2000-321 du 12 avr. 2000, et par exception à l'application du délai de deux mois prévu au premier al. du I de cet art., le délai à l'expiration duquel le silence gardé par l'administration vaut décision d'acceptation est fixé à trois mois pour les demandes d'autorisation de conclusion, modification et résiliation d'une convention de substitution (Décr. n° 2014-1281 du 23 oct. 2014, art. 1er, applicable pour les demandes présentées à compter du 12 nov. 2014).

V. Instr. ACPR (http://acpr.banque-france.fr) :
– n° 2016-I-06 du 11 mars 2016 relative à la composition du dossier de conclusion ou d'avenant à une convention de substitution ;
– n° 2016-I-16 du 27 juin 2016 relative aux documents prudentiels annuels à communiquer par les organismes assujettis au contrôle de l'ACPR relevant du régime dit « Solvabilité II ».

Art. L. 211-6 **La direction effective des mutuelles et des unions doit être exercée depuis le territoire de la République française, à l'exclusion de la Nouvelle-Calédonie et de la Polynésie française.**

Art. L. 211-7 *(Ord. n° 2015-378 du 2 avr. 2015, art. 14-4°, en vigueur le 1er janv. 2016)* **Les mutuelles et unions régies par le présent code qui réalisent des opérations relatives aux remboursements de frais de soins doivent faire figurer dans les documents de communication à leurs adhérents ou destinés à faire leur publicité les conditions de prise en charge, de façon simple et normalisée, chiffrée en euros, pour les frais de soins parmi les plus courants ou pour ceux pour lesquels le reste à charge est le plus important, selon des modalités précisées par arrêté du ministre chargé de la sécurité sociale.**

Art. L. 211-7-1 *(Abrogé par Ord. n° 2015-378 du 2 avr. 2015, art. 14-5°, à compter du 1er janv. 2016) (Ord. n° 2004-1201 du 12 nov. 2004)* ***Lorsque*** *(Ord. n° 2010-76 du 21 janv. 2010, art. 11-II)* ***« l'Autorité de contrôle prudentiel et de résolution » se prononce sur une demande d'agrément présentée par une mutuelle ou union qui est soit :***

a) Un organisme subordonné à un établissement de crédit agréé ou à une entreprise d'investissement agréée dans un État membre ou dans un autre État partie à l'accord sur l'Espace économique européen ;

b) Un organisme subordonné à l'organisme de référence d'une entreprise d'investissement agréée ou à un établissement de crédit agréé dans un État membre ou dans un autre État partie à l'accord sur l'Espace économique européen ;

c) Contrôlée par une personne, physique ou morale, qui contrôle également une entreprise d'investissement agréée ou un établissement de crédit agréé dans un État membre ou dans un autre État partie à l'accord sur l'Espace économique européen, elle consulte l'autorité chargée de la surveillance des établissements de crédit ou des entreprises d'investissement.

Art. L. 211-7-2 *Abrogé par Ord. n° 2015-378 du 2 avr. 2015, art. 14-5°, à compter du 1er janv. 2016.*

SOUS-SECTION 2 AGRÉMENTS *(Ord. n° 2015-378 du 2 avr. 2015, art. 14-6°, en vigueur le 1er janv. 2016).*

Art. L. 211-8 *(Ord. n° 2015-378 du 2 avr. 2015, art. 14-7°, en vigueur le 1er janv. 2016)* **Les mutuelles et unions mentionnées au 1° du I de l'article L. 111-1 ne peuvent commencer leurs opérations qu'après avoir obtenu un agrément délivré par l'Autorité de contrôle prudentiel et de résolution, dans les conditions définies à l'article L. 321-10 du code des assurances.**

Pour l'application de l'alinéa précédent, il y a lieu d'entendre : "mutuelles et unions" là où est mentionné dans le code des assurances : "entreprises ou entreprises d'assurance", les mutuelles et unions mentionnées à l'article L. 211-10 sont assimilées à des entreprises d'assurance mentionnées à l'article L. 310-3-1 du code des assurances, la référence à l'article L. 322-2 du code des assurances est remplacée par la référence à l'article L. 114-21 du code de la mutualité, la référence à l'article L. 322-3-2 du code des assurances est remplacée par la référence à l'article L. 211-13 du code de la mutualité, la référence à l'article L. 324-1 du code des assurances est remplacée par la référence à l'article L. 212-11 du code de la mutualité.

Les dispositions du présent article s'appliquent en cas d'extension de l'activité de l'organisme ou de modification substantielle de ses conditions d'exercice.

Les opérations d'acceptation en réassurance ne sont pas soumises à l'agrément.

V. Instr. ACPR (http://acpr.banque-france.fr) :

– n° 2016-I-06 du 14 janv. 2016 relative à la composition du dossier de conclusion ou d'avenant à une convention de substitution ;

– n° 2016-I-19 du 27 juin 2016 relative aux modalités de déclaration des informations concernant les états S.16.01, S.19.01, S.20.01, S.21.01, S.29.03 et S.29.04 du règlement d'exécution (UE) n° 2015/2450 à communiquer par les organismes d'assurance et de réassurance relevant du régime dit « Solvabilité II ».

Art. L. 211-8-1 *(Ord. n° 2015-378 du 2 avr. 2015, art. 14-8°, en vigueur le 1er janv. 2016)* **Les mutuelles et unions mentionnées au II de l'article L. 111-1-1, qui ont pour activité exclusive la réassurance et dont le siège social est situé en France, ne peuvent commencer leurs opérations qu'après avoir obtenu un agrément délivré par l'Autorité de contrôle prudentiel et de résolution dans les conditions définies à l'article L. 321-10-1 du code des assurances.**

Pour l'application du précédent alinéa, la référence à l'article L. 324-1-2 du code des assurances est remplacée par la référence à l'article L. 212-11-1 du code de la mutualité, la référence à l'article L. 322-2 du code des assurances est remplacée par la référence à l'article L. 114-21 du code de la mutualité, la référence à l'article L. 322-3-2 du code des assurances est remplacée par la référence à l'article L. 211-13 du code de la mutualité, et il y a lieu d'entendre : "mutuelles ou leurs unions exerçant

une activité de réassurance" là où est mentionné : "entreprise de réassurance", et "mutuelles ou leurs unions" là où est mentionné : "entreprise".

V. note ss. art. L. 321-10-1 C. assur. — **C. assur.**

V. Instr. ACPR nº 2016-I-06 du 14 janv. 2016 relative à la composition du dossier de conclusion ou d'avenant à une convention de substitution (http://acpr.banque-france.fr).

Art. L. 211-8-2 *(Ord. nº 2015-378 du 2 avr. 2015, art. 14-8º, en vigueur le 1er janv. 2016)* **Les mutuelles et unions soumises aux dispositions du présent livre peuvent pratiquer des opérations de libre prestation de service ou en libre établissement dans les conditions fixées par les articles L. 321-11 et L. 321-11-1 du code des assurances.**

Les mutuelles ou unions mentionnées à l'article L. 211-10 sont assimilées aux entreprises mentionnées à l'article L. 310-3-1 du code des assurances et il y a lieu d'entendre : "les mutuelles ou leurs unions exerçant une activité d'assurance directe ou de réassurance" là ou est mentionné : "les entreprise *[entreprises]* **d'assurance ou de réassurance."**

V. Instr. ACPR nº 2015-I-16 du 30 juin 2015 relative aux documents à produire dans le cadre de l'exercice d'une activité d'assurance dans un autre État de l'EEE (http://acpr.banque-france.fr).

Art. L. 211-9 *(Ord. nº 2015-378 du 2 avr. 2015, art. 14-9º, en vigueur le 1er janv. 2016)* **L'agrément prévu aux articles L. 211-8 et L. 211-8-1 est déclaré caduc par l'Autorité de contrôle prudentiel et de résolution dans les conditions définies aux articles L. 321-10-2 et L. 321-10-3 du code des assurances.**

Sans préjudice des dispositions des 6º et 7º de l'article L. 612-39 du code monétaire et financier, cet agrément peut être retiré par l'Autorité de contrôle prudentiel et de résolution dans les conditions définies *(Ord. nº 2015-1497 du 18 nov. 2015, art. 3-7º, en vigueur le 1er janv. 2016)* **« au chapitre V du titre II du livre III du code des assurances ».**

Pour l'application des alinéas précédents la référence à l'article L. 324-1 du code des assurances est remplacée par la référence à l'article L. 212-11 du code de la mutualité, la référence à l'article L. 324-1-2 du code des assurances est remplacée par la référence à l'article L. 212-11-1 du code de la mutualité, la référence à l'article L. 322-3-2 du code des assurances est remplacée par la référence à l'article L. 211-13 du code de la mutualité.

Pour l'application de ces dispositions, il y a lieu d'entendre : "les mutuelles ou leurs unions exerçant une activité d'assurance directe ou de réassurance" là où est mentionné dans le code des assurances : "entreprise d'assurance ou de réassurance", "mutuelles ou unions exerçant une activité d'assurance directe" là où est mentionné dans le code des assurances : "entreprise d'assurance", "les règlements ou les contrats" là où est mentionné dans le code des assurances : "contrats", "les membres participants et bénéficiaires" là où est mentionné dans le code des assurances : "assurés et tiers bénéficiaires".

SOUS-SECTION 3 CHAMP D'APPLICATION DU RÉGIME DIT "SOLVABILITÉ II"
(Ord. nº 2015-378 du 2 avr. 2015, art. 14-10º, en vigueur le 1er janv. 2016).

Art. L. 211-10 *(Ord. nº 2015-378 du 2 avr. 2015, art. 14-10º, en vigueur le 1er janv. 2016 ; Ord. nº 2015-1497 du 18 nov. 2015, art. 3-9º, en vigueur le 1er janv. 2016)* **Les mutuelles ou unions relevant du régime dit "Solvabilité II" sont :**

1º Les mutuelles ou unions réalisant des opérations relevant du 1º du I de l'article L. 111-1 qui ont rempli pendant trois exercices annuels consécutifs à compter du 1er janvier 2012 l'une des conditions suivantes :

a) **L'encaissement annuel de cotisations brutes émises par la mutuelle ou l'union dépasse 5 millions d'euros ;**

b) **Le total des provisions techniques brutes au sens défini au titre IV du livre III du code des assurances de cessions en réassurance ou à des véhicules de titrisation de la mutuelle ou l'union dépasse 25 millions d'euros ;**

c) **La mutuelle ou l'union appartient à un groupe défini à l'article L. 356-1 du code des assurances ;**

d) L'activité de la mutuelle ou l'union comporte des opérations de réassurance qui :

i) Dépassent 500 000 € d'encaissement de cotisations brutes émises ou 2,5 millions d'euros de provisions techniques au sens défini au titre IV du livre III du code des assurances brutes de cessions en réassurance ou à des véhicules de titrisation ; ou

ii) Représentent plus de 10 % de son encaissement de cotisations brutes émises ou de ses provisions techniques au sens défini au titre IV du livre III du code des assurances brutes de cessions en réassurance ou à des véhicules de titrisation ;

2° Les mutuelles ou unions réalisant des opérations relevant du 1° du I de l'article L. 111-1 qui, bien que ne satisfaisant pas aux conditions énoncées au 1°, disposent de l'agrément mentionné à l'article L. 211-8 pour des opérations de caution ;

3° Les mutuelles et unions mentionnées au II de l'article L. 111-1-1 ;

4° Les mutuelles ou unions sollicitant un agrément mentionné aux articles L. 211-8 en vue d'exercer des activités d'assurance ou de réassurance dont l'encaissement annuel des cotisations brutes émises ou le montant brut des provisions techniques au sens défini au titre IV du livre III du code des assurances brutes de cessions en réassurance ou à des véhicules de titrisation, dépasseront *[,]* selon les prévisions, un des montants énoncés au 1° au cours des cinq exercices annuels suivants ;

5° Les mutuelles ou unions qui, bien que ne satisfaisant à aucune des conditions énoncées aux 1°, 2°, 3° et 4°, exercent les activités prévues à l'article L. 321-11 du code des assurances ;

6° Les mutuelles ou unions qui réassurent intégralement ou se substituent aux mutuelles et unions visées par le 3° de l'article L. 211-11.

V. note ss. art. L. 114-21.

V. Instr. ACPR nos 2016-I-03, 2016-I-04 et 2016-I-05 du 14 janv. 2016 (http://acpr.banque-france.fr).

V. notes et textes cités en tête du livre III C. assur.

V. Instr. ACPR (https://acpr.banque-france.fr) :

– no 2016-I-03 du 14 janv. 2016 définissant les modalités d'exemption de remise d'information sur les notations externes dans les états détaillés des placements et des dérivés ;

– no 2016-I-04 du 14 janv. 2016 relative aux informations à communiquer à des fins de stabilité financière (Domaine Assurance) ;

– no 2016-I-16 du 27 juin 2016 relative aux documents prudentiels annuels à communiquer par les organismes assujettis au contrôle de l'ACPR relevant du régime dit « Solvabilité II » ;

– no 2016-I-19 du 27 juin 2016 relative aux modalités de déclaration des informations concernant les états S.16.01, S.19.01, S.20.01, S.21.01, S.29.03 et S.29.04 du règlement d'exécution (UE) no 2015/2450 à communiquer par les organismes d'assurance et de réassurance relevant du régime dit « Solvabilité II » ;

– no 2016-I-20 du 27 juin 2016 relative à l'amplitude des fourchettes de déclaration pour les états S.21.01 et S.21.03 du règlement d'exécution (UE) no 2015/2450 à communiquer par les organismes d'assurance et de réassurance relevant du régime dit « Solvabilité II » ;

– no 2017-I-08 du 19 juill. 2017 remplaçant l'instruction no 2015-I-03 relative aux formulaires de nomination ou de renouvellement de dirigeant effectif ou de responsable de fonction clé des organismes d'assurance et de retraite professionnelle supplémentaire.

Art. L. 211-11 *(Ord. no 2015-378 du 2 avr. 2015, art. 14-10°, en vigueur le 1er janv. 2016)* Les mutuelles ou unions ne relevant pas du régime dit "Solvabilité II" sont :

1° Les mutuelles et unions qui ne sont pas des mutuelles ou unions relevant du régime dit "Solvabilité II" au sens de l'article L. 211-10 ;

2° Les mutuelles et unions qui cessent de relever du régime dit "Solvabilité II" après que l'Autorité de contrôle prudentiel et de résolution a vérifié que :

a) Aucune des conditions énoncées au 1° de l'article L. 211-10 n'a été remplie au cours des trois derniers exercices annuels consécutifs ;

b) Aucune des conditions énoncées au 1° de l'article L. 211-10 ne sera, selon ses prévisions, remplie au cours des cinq exercices annuels suivants ;

3° Les mutuelles et unions réalisant au moins l'une des opérations mentionnées aux *a*, *c*, *d* ou *e* du 1° du I de l'article L. 111-1, qui sont réassurées intégralement par une autre mutuelle ou union ou auxquelles une autre mutuelle ou union se substitue intégralement en application de l'article L. 211-5 du code de la mutualité pour leurs activités d'assurance non-vie.

V. Instr. ACPR (https://acpr.banque-france.fr) :
– nº 2017-I-02 du 16 févr. 2017 relative à la transmission à l'ACPR d'états trimestriels par les organismes d'assurance ne relevant pas du régime dit « Solvabilité II » ;
– nº 2017-I-03 du 16 févr. 2017 relative aux documents prudentiels annuels à communiquer par les organismes assujettis au contrôle de l'ACPR ne relevant pas du régime dit « Solvabilité II ».

Art. L. 211-11-1 *(Ord. nº 2017-484 du 6 avr. 2017, art. 6-6º)* **Les mutuelles et unions de retraite professionnelle supplémentaire ne sont pas des mutuelles ou unions relevant du régime dit "Solvabilité II" définies à l'article L. 211-10, ni des mutuelles ou unions ne relevant pas du régime dit "Solvabilité II" définies à l'article L. 211-11.**

SECTION II **SYSTÈME DE GOUVERNANCE APPLICABLE AUX MUTUELLES ET UNIONS RELEVANT DU RÉGIME DIT "SOLVABILITÉ II"** *(Ord. nº 2015-378 du 2 avr. 2015, art. 14-11º, en vigueur le 1er janv. 2016).*

Art. L. 211-12 *(Ord. nº 2015-378 du 2 avr. 2015, art. 14-11º, en vigueur le 1er janv. 2016)* **Les mutuelles et unions mentionnées à l'article L. 211-10 mettent en place un système de gouvernance garantissant une gestion saine et prudente de leur activité et faisant l'objet d'un réexamen interne régulier. Ce système de gouvernance repose sur une séparation claire des responsabilités et comprend un dispositif efficace de transmission des informations. Il est proportionné à la nature, à l'ampleur et à la complexité des opérations de la mutuelle ou de l'union.**

Ce système de gouvernance comprend les fonctions clés suivantes : la fonction de gestion des risques, la fonction de vérification de la conformité, la fonction d'audit interne et la fonction actuarielle.

Les mutuelles et unions élaborent des politiques écrites relatives au moins à la gestion des risques, au contrôle interne, à l'audit interne et, le cas échéant, à l'externalisation mentionnée au 13º de l'article L. 310-3 du code des assurances. Elles veillent à ce que ces politiques soient mises en œuvre.

Elles prennent des dispositions permettant d'assurer la continuité et la régularité dans l'exercice de leurs activités, ce qui inclut l'élaboration de plans d'urgence. Elles mettent en œuvre, à cette fin, des dispositifs, des ressources et des procédures appropriés et proportionnés.

Un décret en Conseil d'État précise les conditions d'application du présent article.

Art. L. 211-13 *(Ord. nº 2015-378 du 2 avr. 2015, art. 14-11º, en vigueur le 1er janv. 2016)* **La direction effective des mutuelles ou unions mentionnées à l'article L. 211-10 est assurée par au moins deux personnes qui doivent satisfaire aux conditions prévues à l'article L. 114-21.**

Ces mutuelles ou unions désignent en leur sein, ou le cas échéant au sein du groupe au sens de l'article L. 356-1 du code des assurances, la personne responsable de chacune des fonctions clés mentionnées à l'article L. 211-12. Placés sous l'autorité du dirigeant opérationnel mentionné à l'article L. 211-14, ces responsables exercent leurs fonctions dans les conditions définies par la mutuelle ou l'union.

Le dirigeant opérationnel mentionné à l'article L. 211-14 soumet à l'approbation du conseil d'administration des procédures définissant les conditions selon lesquelles les responsables de ces fonctions peuvent informer, directement et de leur propre initiative, le conseil d'administration lorsque surviennent des événements de nature à le justifier.

Le conseil d'administration entend, directement et de sa propre initiative, chaque fois qu'il l'estime nécessaire et au moins une fois par an, les responsables des fonctions clés. Cette audition peut se dérouler hors la présence du dirigeant opérationnel si les membres du conseil d'administration l'estiment nécessaire. Le conseil d'administration peut renvoyer cette audition devant un comité spécialisé émanant de ce conseil.

La nomination et le renouvellement des personnes mentionnées aux deux premiers alinéas sont notifiés à l'Autorité de contrôle prudentiel et de résolution conformément à l'article L. 612-23-1 du code monétaire et financier. – *V. Instr. ACPR nº 2017-I-08 remplaçant l'instruction nº 2015-I-03 relative aux formulaires de nomination ou de* *renouvellement de dirigeant effectif ou de responsable de fonction clé des organismes d'assurance et de retraite professionnelle supplémentaire (https://acpr.banque-france.fr/).*

Un décret en Conseil d'État précise les conditions d'application du présent article.

V. notes ss. art. L. 114-21.

Art. L. 211-14 *(Ord. nº 2015-378 du 2 avr. 2015, art. 14-11º, en vigueur le 1er janv. 2016)* Le conseil d'administration des mutuelles et unions mentionnées à l'article L. 211-10 et des unions mutualistes de groupe mentionnées à l'article L. 111-4-2 nomme, sur proposition du président du conseil d'administration, le dirigeant opérationnel, qui ne peut être un administrateur. Il est mis fin aux fonctions du dirigeant opérationnel suivant la même procédure.

Le conseil d'administration approuve les éléments du contrat de travail du dirigeant opérationnel et fixe les conditions dans lesquelles il lui délègue les pouvoirs nécessaires à la direction effective de la mutuelle ou de l'union. Le dirigeant opérationnel exerce ses fonctions sous le contrôle du conseil d'administration et dans le cadre des orientations arrêtées par celui-ci conformément aux dispositions de l'article L. 114-17. Il assiste à toutes les réunions du conseil d'administration.

Le dirigeant opérationnel exerce ses pouvoirs dans la limite de l'objet de la mutuelle ou de l'union, de la délégation mentionnée au précédent alinéa et sous réserve de ceux que la loi attribue expressément aux assemblées générales, au conseil d'administration et au président.

Art. L. 211-15 *(Ord. nº 2015-378 du 2 avr. 2015, art. 14-11º, en vigueur le 1er janv. 2016)* Un décret en Conseil d'État précise les modalités d'application du présent chapitre, notamment *(Abrogé par L. nº 2020-1525 du 7 déc. 2020, art. 17) « les modalités de l'avis rendu par le Conseil supérieur de la mutualité sur les demandes d'agrément des mutuelles et unions, »* les conditions de conclusion, de renouvellement et de résiliation d'une convention de substitution ainsi que les dispositions particulières à l'assurance de protection juridique.

CHAPITRE II FONCTIONNEMENT

SECTION PREMIÈRE RÉGIME PRUDENTIEL *(Ord. nº 2015-378 du 2 avr. 2015, art. 15-1º, en vigueur le 1er janv. 2016).*

Art. L. 212-1 *(Ord. nº 2015-378 du 2 avr. 2015, art. 15-1º-b, en vigueur le 1er janv. 2016)* « Les dispositions du titre III du livre III du code des assurances sont applicables aux mutuelles et unions mentionnées à l'article L. 211-11.

« Les dispositions du titre V du livre III et de l'article L. 310-12-4 du code des assurances sont applicables aux mutuelles et unions mentionnées à l'article L. 211-10.

« Les articles L. 310-2-1, L. 310-12-3 et L. 310-12-5 du code des assurances sont applicables aux mutuelles et unions visées aux deux précédents alinéas.

« Pour l'application des dispositions des alinéas précédents :

« 1º Il y a lieu d'entendre :

« *a)* "Mutuelles ou unions exerçant une activité directe d'assurance ou une activité de réassurance", là où est mentionné : "entreprises d'assurance et de réassurance" ;

« *b)* "Mutuelle ou union exerçant une activité directe d'assurance" là où est mentionné : "entreprise mentionnée à l'article L. 310-1 du code des assurances" ;

« *c)* "Mutuelles ou unions au sens du II du *[de l'article]* L. 111-1-1 du code de la mutualité" là où est mentionné : "une entreprise mentionnée au 1º du III de l'article L. 310-1-1 du code des assurances" ;

« *d)* "Membres participants et ayants droits *[ayants droit]*", là où est mentionné : "assurés" ;

« 2º La référence à l'article L. 143-1 du code des assurances est remplacée par la référence à l'article L. 222-3 du code de la mutualité, la référence à l'article L. 310-14 du code des assurances est remplacée par la référence à l'article L. 222-11 du code de la mutualité, la référence à l'article L. 324-1 du code des assurances est remplacée par la référence à l'article L. 212-11 du code de la mutualité, la référence à l'article

L. 324-1-2 du code des assurances est remplacée par la référence à l'article L. 212-11-1 du code de la mutualité.

« Pour l'application des dispositions du deuxième alinéa, il y a lieu d'entendre : "dirigeant opérationnel" là où est mentionné : "directeur général". »

Les actifs permettant aux mutuelles et unions relevant du présent livre d'exercer des activités accessoires définies au III de l'article L. 111-1 ne peuvent excéder le montant de leur patrimoine libre. Un décret en Conseil d'État définit les conditions d'exercice de ces activités et détermine les règles prudentielles, comptables et financières auxquelles elles sont soumises. Il fixe notamment :

a) **Les règles de provisionnement applicables aux prestations servies dans le cadre des réalisations sanitaires et sociales ;**

b) **La part maximale que les prestations servies dans le cadre des réalisations sanitaires et sociales aux personnes qui ne sont pas adhérentes à la mutuelle peut représenter dans l'activité de cet organisme ;**

c) **Les conditions dans lesquelles la mutuelle est protégée contre les risques d'exploitation des réalisations sanitaires et sociales ;**

d) **Les règles comptables spécifiques qui lui sont imposées.**

Un décret en Conseil d'État précise les règles spécifiques relatives au montant du fonds de garantie des mutuelles qui répondent à des conditions particulières. Ces conditions portent notamment sur la nature et le volume des activités des mutuelles, ainsi que sur leurs dispositions statutaires.

V. notes ss. art. L. 212-11.

V. Instr. ACPR nos 2016-I-01 et 2016-I-02 du 14 janv. 2016 (https://acpr.banque-france.fr).

V. Instr. ACPR (https://acpr.banque-france.fr) :

– nº 2016-I-15 du 27 juin 2016 relative aux documents prudentiels annuels à communiquer par les organismes assujettis au contrôle de l'ACPR ne relevant pas du régime dit « Solvabilité II » ;

– nº 2016-I-16 du 27 juin 2016 relative aux documents prudentiels annuels à communiquer par les organismes assujettis au contrôle de l'ACPR relevant du régime dit « Solvabilité II » ;

– nº 2017-I-02 du 16 févr. 2017 relative à la transmission à l'ACPR d'états trimestriels par les organismes d'assurance ne relevant pas du régime dit « Solvabilité II » ;

– nº 2017-I-03 du 16 févr. 2017 relative aux documents prudentiels annuels à communiquer par les organismes assujettis au contrôle de l'ACPR ne relevant pas du régime dit « Solvabilité II » ;

– nº 2017-I-04 du 16 févr. 2017 relative à la transmission à l'ACPR de documents prudentiels par les organismes d'assurance et de réassurance ne relevant pas du régime dit « Solvabilité II » ;

– nº 2017-I-08 du 19 juill. 2017 remplaçant l'instruction nº 2015-I-03 relative aux formulaires de nomination ou de renouvellement de dirigeant effectif ou de responsable de fonction clé des organismes d'assurance et de retraite professionnelle supplémentaire.

Ancien art. L. 212-1 *Les mutuelles et les unions relevant du présent livre :*

1º Constituent des provisions techniques dont le niveau leur permet d'assurer le règlement intégral de leurs engagements; ces provisions techniques figurent au nombre des engagements réglementés mentionnés au 2º ci-dessous ;

2º Détiennent des actifs d'un montant au moins équivalent aux engagements réglementés, dont les mutuelles et les unions doivent à tout moment justifier une évaluation ;

3º Disposent, à tout moment, d'une marge de solvabilité.

Les actifs permettant aux mutuelles et unions relevant du présent livre d'exercer des activités accessoires définies au III de l'article L. 111-1 ne peuvent excéder le montant de leur patrimoine libre. Un décret en Conseil d'État définit les conditions d'exercice de ces activités et détermine les règles prudentielles, comptables et financières auxquelles elles sont soumises. Il fixe notamment :

a) Les règles de provisionnement applicables aux prestations servies dans le cadre des réalisations sanitaires et sociales ;

b) La part maximale que les prestations servies dans le cadre des réalisations sanitaires et sociales aux personnes qui ne sont pas adhérentes à la mutuelle peut représenter dans l'activité de cet organisme ;

c) Les conditions dans lesquelles la mutuelle est protégée contre les risques d'exploitation des réalisations sanitaires et sociales ;

d) Les règles comptables spécifiques qui lui sont imposées.

Un décret en Conseil d'État précise les règles spécifiques relatives au montant du fonds de garantie des mutuelles qui répondent à des conditions particulières. Ces conditions portent notamment sur la nature et le volume des activités des mutuelles, ainsi que sur leurs dispositions statutaires.

Les restrictions, qui découlent pour les mutuelles des obligations mises à leur charge pour les opérations d'assurance et de capitalisation, constituent des mesures nécessaires à la garantie des droits d'autrui au sens des stipulations de l'art. 11 Conv. EDH et de l'art. 32 du Pacte international de sauvegarde des droits civils et politiques. • CE 13 oct. 2003 : *RJS 2004, n° 99 ; TPS 2004. Comm. 25, obs. Prétot.* ♦ Dès lors que les directives européennes fixent des normes minimales sans exclure la faculté pour les États membres d'adopter des règles plus strictes, le pouvoir réglementaire a pu assujettir les mutuelles aux règles relatives aux marges de solvabilité, à partir d'un seuil inférieur à celui retenu par les directives. • Même décision.

Art. L. 212-2 *Abrogé par Ord. n° 2001-767 du 29 août 2001.*

Art. L. 212-3 *Abrogé par Ord. n° 2015-378 du 2 avr. 2015, art. 15-1°-c, à compter du 1er janv. 2016.*

SECTION II RÉGIME COMPTABLE *(Ord. n° 2015-378 du 2 avr. 2015, art. 15-2°, en vigueur le 1er janv. 2016).*

Art. L. 212-3-1 *(L. n° 2015-990 du 6 août 2015, art. 230-II)* Sont exemptées des obligations mentionnées à l'article L. 823-19 du code de commerce :

1° Les personnes et entités contrôlées au sens de l'article L. 233-16 du même code lorsque la personne ou l'entité qui les contrôle s'est volontairement dotée d'un comité spécialisé au sens et selon les modalités de l'article L. 823-19 dudit code ;

2° Les personnes et entités liées à un organisme de référence au sens du 1° de l'article L. 212-7-1 du présent code lorsque l'organisme de référence est lui-même soumis à ces obligations ou s'est volontairement doté d'un comité spécialisé au sens et selon les modalités de l'article L. 823-19 du code de commerce.

Art. L. 212-3-2 *(Ord. n° 2014-158 du 20 févr. 2014, art. 7)* Au sein des mutuelles régies par le présent livre, à l'exception de celles mentionnées à l'article L. 212-3-1, le comité mentionné à l'article L. 823-19 du code de commerce assure également le suivi de la politique, des procédures et des systèmes de gestion des risques.

Toutefois, sur décision de l'organe chargé de l'administration ou de la surveillance, cette mission peut être confiée à un comité distinct, régi par *(Ord. n° 2016-315 du 17 mars 2016, art. 50-3°, en vigueur le 17 juin 2016)* « le premier alinéa et le 7° du II » du même article L. 823-19.

Art. L. 212-4 Lorsque les concours financiers, subventions, prêts et aides de toute nature accordés par une mutuelle ou une union régie par les dispositions du présent livre au bénéfice d'une mutuelle ou d'une union régie par le livre III font l'objet de réserves de la part du commissaire aux comptes dans le document mentionné à l'article L. 114-39, le commissaire aux comptes établit un rapport spécial qui est transmis à *(Ord. n° 2015-378 du 2 avr. 2015, art. 15-2°-b, en vigueur le 1er janv. 2016)* « l'Autorité de contrôle prudentiel et de résolution ».

Art. L. 212-5 *(Ord. n° 2015-378 du 2 avr. 2015, art. 15-2°-c, en vigueur le 1er janv. 2016)* Les provisions mathématiques constituées par les mutuelles et unions relevant du livre II du présent code pour les opérations d'assurance vie et de capitalisation sont calculées selon les dispositions de l'article L. 343-1 du code des assurances.

Pour l'application du présent article, il y a lieu d'entendre : "mutuelles et unions", "cotisations" et "bulletin d'adhésion à un règlement ou contrat" là où sont mentionnés dans le code des assurances, respectivement, les mots : "entreprises d'assurance vie et de capitalisation" ou "entreprises", "primes" et "contrat".

Art. L. 212-6 *(Ord. n° 2015-378 du 2 avr. 2015, art. 15-2°-d, en vigueur le 1er janv. 2016)* A la clôture de chaque exercice, les mutuelles ou unions incluent dans leur rapport de gestion la valeur des placements. Elles y incluent également la quote-part de ces placements correspondant aux engagements pris envers leurs membres participants et leurs ayants droit, telle qu'elle serait constatée en cas de transfert de portefeuille.

Les règles de calcul de cette quote-part sont fixées par décret en Conseil d'État. Les dispositions du présent article ne s'appliquent pas aux opérations mentionnées aux *a*, *c*, *d* et *e* du 1° du I de l'article L. 111-1. – *V. art. R. 212-10.*

Art. L. 212-6-1 *(Ord. n° 2015-378 du 2 avr. 2015, art. 15-2°-e, en vigueur le 1er janv. 2016)* **L'article L. 341-4 du code des assurances s'applique aux mutuelles et unions visées aux articles L. 211-1 et L. 212-7.**

Art. L. 212-7 *(Ord. n° 2015-378 du 2 avr. 2015, art. 15-2°-f, en vigueur le 1er janv. 2016)* **Les mutuelles et les unions régies par les dispositions du livre II ainsi que les unions mutualistes de groupe définies à l'article L. 111-4-2 établissent et publient des comptes consolidés ou combinés. Ces comptes sont établis selon un règlement défini par l'Autorité des normes comptables.**

Les deuxième et troisième alinéas de l'article L. 345-2 du code des assurances s'appliquent aux organismes mentionnés au précédent alinéa.

Art. L. 212-7-1 *(Ord. n° 2015-378 du 2 avr. 2015, art. 15-2°-g, en vigueur le 1er janv. 2016)* **Les comptes consolidés ou combinés mentionnés à l'article L. 212-7 sont établis suivant les règles fixées par les articles L. 233-16, L. 233-17-1, L. 233-18 à L. 233-23 et L. 233-25 à L. 233-27 du code de commerce.**

Les mutuelles et les unions régies par les dispositions du livre II ainsi que les unions de groupe mutualiste définies à l'article L. 111-4-1 qui, sans y être tenues en application de l'article L. 212-7, publient des comptes consolidés ou combinés, se conforment aux dispositions des articles L. 233-16, L. 233-18 à L. 233-23 et L. 233-25 à L. 233-27 du code de commerce et aux dispositions de la présente section. En ce cas, lorsque leurs comptes annuels sont certifiés dans les conditions prévues à l'article L. 823-9 du code de commerce, leurs comptes consolidés ou combinés le sont dans les conditions du deuxième alinéa de cet article.

Art. L. 212-7-2 à L. 212-7-4-1 *Abrogés par Ord. n° 2015-378 du 2 avr. 2015, art. 15-3°, à compter du 1er janv. 2016.*

Art. L. 212-7-5 *Abrogé par Ord. n° 2014-158 du 20 févr. 2014, art. 7.*

Art. L. 212-7-6 *Abrogé par Ord. n° 2010-76 du 21 janv. 2010, art. 11-II.*

Art. L. 212-7-7 et L. 212-7-8 *Abrogés par Ord. n° 2014-158 du 20 févr. 2014, art. 7.*

Art. L. 212-7-9 à L. 212-7-19 *Abrogés par Ord. n° 2010-76 du 21 janv. 2010, art. 11-II.*

SECTION III **FUSION, SCISSION, DISSOLUTION, REDRESSEMENT JUDICIAIRE, LIQUIDATION, MESURES D'ASSAINISSEMENT** *(Ord. n° 2015-378 du 2 avr. 2015, art. 15-4°).*

Art. L. 212-11 **Les mutuelles et unions ainsi que leurs succursales** *(Abrogé par L. n° 2003-706 du 1er août 2003, art. 33-II-6°)* **«*mentionnées à l'article L. 212-8*» peuvent être autorisées, dans les conditions définies au présent article, à transférer tout ou partie de leur portefeuille d'opérations, avec ses droits et obligations et couvrant des risques ou des engagements situés sur le territoire d'un État membre de** *(Ord. n° 2015-378 du 2 avr. 2015, art. 15-4°-a, en vigueur le 1er janv. 2016)* **«l'Union européenne» ou d'un État partie à l'accord sur l'Espace économique européen, à une ou plusieurs des mutuelles ou unions régies par le présent code, à une ou plusieurs des institutions de prévoyance régies par le code de la sécurité sociale ou l'article L. 727-2 du code rural et de la pêche maritime, et à une ou plusieurs des entreprises d'assurance régies par le code des assurances ou dont l'État d'origine est membre de** *(Ord. n° 2015-378 du 2 avr. 2015, art. 15-4°-a, en vigueur le 1er janv. 2016)* **«l'Union européenne» ou partie à l'accord sur l'Espace économique européen. Elles peuvent également être autorisées à effectuer ces transferts auprès des succursales des organismes visés ci-dessus et établies sur le territoire d'un État membre de** *(Ord. n° 2015-378 du 2 avr. 2015, art. 15-4°-a, en vigueur le 1er janv. 2016)* **«l'Union européenne»**

ou d'un État partie à l'accord sur l'Espace économique européen. Elles peuvent également être autorisées à effectuer ces transferts auprès d'entreprises d'assurances dont le siège est établi dans un État qui n'est pas partie à l'accord sur l'Espace économique européen mais dont la succursale est établie et agréée dans l'État du risque ou de l'engagement, membre de *(Ord. n° 2015-378 du 2 avr. 2015, art. 15-4°-a, en vigueur le 1er janv. 2016)* « l'Union européenne » ou partie à l'accord sur l'Espace économique européen.

Dans tous les cas, le nouvel assureur doit respecter les garanties concernant les activités transférées, telles que la mutuelle ou l'union les avaient établies.

L'assemblée générale de la mutuelle ou de l'union est obligatoirement appelée à se prononcer sur la demande de transfert dans les conditions de l'article L. 114-12.

(Ord. n° 2010-76 du 21 janv. 2010, art. 11-II) « La demande de transfert est portée à la connaissance des créanciers par un avis publié au *Journal officiel* de la République française, qui leur impartit un délai de deux mois pour présenter leurs observations. L'Autorité de contrôle prudentiel et de résolution approuve le transfert s'il lui apparaît que le transfert ne préjudicie pas aux intérêts des créanciers, des adhérents, des membres participants, de leurs ayants droit et des bénéficiaires.

« L'Autorité de contrôle prudentiel et de résolution n'approuve le transfert que si l'entreprise cessionnaire dispose, compte tenu du transfert, de *(Ord. n° 2015-378 du 2 avr. 2015, art. 15-4°-a, en vigueur le 1er janv. 2016)* « la marge de solvabilité nécessaire pour les organismes mentionnés aux articles L. 310-3-2 du code des assurances, L. 211-11 du code de la mutualité et L. 931-6-1 du code de la sécurité sociale ou, pour les organismes mentionnés aux articles L. 310-3-1 du code des assurances, L. 211-10 du code de la mutualité ou L. 931-6 du code de la sécurité sociale, les *[des]* fonds propres éligibles nécessaires pour couvrir le capital de solvabilité requis visé à l'article L. 352-1 du code des assurance *[assurances]* ». Toutefois, lorsque l'État d'origine de l'entreprise cessionnaire est partie à l'accord sur l'Espace économique européen, cette approbation est prise après avis des autorités de contrôle de cet État.

(Ord. n° 2015-378 du 2 avr. 2015, art. 15-4°-a, en vigueur le 1er janv. 2016) « Lorsque le cédant est une succursale située dans un autre État membre de l'Union européenne, l'Autorité de contrôle prudentiel et de résolution recueille préalablement l'accord de l'autorité de contrôle de l'État où est située la succursale.

« Lorsque les risques ou les engagements transférés sont situés dans un autre État membre de l'Union européenne, l'Autorité de contrôle prudentiel et de résolution recueille préalablement l'accord de l'autorité de contrôle de l'État du risque ou de l'engagement.

« Le silence gardé par cette autorité de contrôle, à l'expiration d'un délai de trois mois suivant la réception des demandes de consultation précitées, vaut, pour l'Autorité de contrôle prudentiel et de résolution, accord tacite. »

Pour les transferts de portefeuilles d'opérations relevant du *b* du 1° du I de l'article L. 111-1, cette approbation est en outre fondée sur les données *(Ord. n° 2015-378 du 2 avr. 2015, art. 15-4°-a, en vigueur le 1er janv. 2016)* « relatives à la quote-part prévue » à l'article L. 212-6.

L'approbation rend le transfert opposable aux membres participants ainsi qu'aux créanciers à partir de la date de publication *(Ord. n° 2015-378 du 2 avr. 2015, art. 15-4°-a, en vigueur le 1er janv. 2016)* « au *Journal officiel* de la République française » *(Ord. n° 2010-76 du 21 janv. 2010, art. 11-II)* « de l'approbation mentionnée » au quatrième alinéa du présent article. Les membres participants ont la faculté de résilier leur adhésion dans le délai d'un mois suivant la date de cette publication. Toutefois, cette faculté de résiliation ne leur est pas offerte lorsque l'affiliation à la mutuelle ou à l'union est obligatoire en vertu d'une convention ou d'un accord collectif, d'un accord ratifié par référendum ou d'une décision unilatérale de l'employeur, sauf modification de la convention, de l'accord ou de la décision unilatérale.

En application du II de l'art. 21 de la L. n° 2000-321 du 12 avr. 2000, le silence gardé par l'administration pendant deux mois vaut rejet pour les demandes de transfert de portefeuilles des mutuelles et unions (Décr. n° 2014-1280 du 23 oct. 2014, art. 1er, applicable pour les demandes présentées à compter du 12 nov. 2014).

En application de ce même art., et par exception à l'application du délai de deux mois prévu au premier al. du I de cet art., le délai à l'expiration duquel le silence gardé par l'administration vaut décision d'acceptation est fixé à trois mois pour les demandes d'autorisation préalable de transfert de portefeuilles par les mutuelles et unions (Décr. nº 2014-1281 du 23 oct. 2014, art. 1er, applicable pour les demandes présentées à compter du 12 nov. 2014).

V. Instr. ACPR nº 2017-I-02 relative à la transmission à l'ACPR d'états trimestriels par les organismes d'assurance ne relevant pas du régime dit « Solvabilité II » (http://acpr.banque-france.fr).

Art. L. 212-11-1 *(Ord. nº 2015-378 du 2 avr. 2015, art. 15-4º-b, en vigueur le 1er janv. 2016)* **Les mutuelles et unions mentionnées au 1º de l'article L. 111-1-1 ainsi que leurs succursales exerçant une activité de réassurance sont autorisées, dans les conditions définies à l'article L. 324-1-2 du code des assurances, à transférer tout ou partie de leur portefeuille de contrats ou de sinistres à payer à une ou plusieurs mutuelles ou unions régies par le présent code, à une ou plusieurs institutions de prévoyance régies par le code de la sécurité sociale ou l'article L. 727-2 du code rural et de la pêche maritime et à une ou plusieurs entreprises de réassurance ou d'assurance ayant leur siège social en France ou, dans un autre État membre de l'Union européenne, ou à leurs succursales établies sur le territoire de l'Union européenne.**

Art. L. 212-12 **Lorsque les opérations de fusion ou de scission comportent des transferts de portefeuille dans les conditions prévues à** *(L. nº 2010-1249 du 22 oct. 2010, art. 12-V)* **« l'article L. 212-11 », elles sont menées conformément à la procédure définie au même article.**

V. notes ss. art. L. 212-11.

Art. L. 212-13 **Lorsque les opérations de fusion ou de scission ne comportent pas de transfert de portefeuille de contrats réalisé dans les conditions prévues à l'article L. 212-11, les mutuelles et les unions régies par le présent livre sont tenues de produire à l'Autorité de contrôle prudentiel et de résolution une déclaration accompagnée de tous les documents utiles exposant les buts et les modalités de l'opération projetée un mois avant sa réalisation définitive. Durant ce délai, l'Autorité de contrôle prudentiel et de résolution peut s'opposer à l'opération si elle juge qu'elle n'est pas conforme à l'intérêt des membres participants et bénéficiaires ou des créanciers ou qu'elle a pour conséquence de diminuer la valeur de réalisation des placements correspondant à des engagements pris envers les membres participants et bénéficiaires déterminés conformément aux dispositions de l'article L. 212-6 ; elle peut également demander des documents complémentaires nécessaires à l'appréciation de l'opération ; dans ce dernier cas, le délai d'un mois pendant lequel l'Autorité de contrôle prudentiel et de résolution peut s'opposer à la poursuite de l'opération court de la date de production des documents demandés et la réalisation définitive de l'opération ne peut intervenir avant l'expiration de ce même délai.**

Art. L. 212-14 *(Ord. nº 2010-76 du 21 janv. 2010, art. 11-II)* **La dissolution volontaire comporte, pour la mutuelle ou pour l'union, l'engagement de ne plus réaliser, pour l'ensemble des agréments qui lui avaient été accordés, de nouvelles opérations.**

La mutuelle ou l'union en informe immédiatement l'Autorité de contrôle prudentiel et de résolution.

Dans le mois de la décision constatant la caducité de l'agrément, la mutuelle ou l'union soumet à l'Autorité de contrôle prudentiel et de résolution un programme de liquidation précisant notamment les délais prévisibles et les conditions financières de la liquidation ainsi que les moyens en personnel et matériels mis en œuvre pour la gestion des engagements résiduels.

Lorsque la gestion des engagements résiduels est déléguée à un tiers, le projet de contrat de délégation et un dossier décrivant la qualité du délégataire et de ses dirigeants, son organisation, sa situation financière et les moyens mis en œuvre sont communiqués à l'Autorité qui peut, ainsi qu'il est dit à l'article L. 612-26 *(Ord. nº 2015-378 du 2 avr. 2015, art. 15-4º-c, en vigueur le 1er janv. 2016)* **« du code monétaire et financier », réaliser tous contrôles sur pièces et sur place du délégataire, jusqu'à liquidation intégrale des engagements.**

Si l'Autorité estime que le programme de liquidation qui lui est présenté n'est pas conforme aux intérêts des membres participants de la mutuelle ou des membres de l'union, elle ne l'approuve pas et peut demander la présentation d'un nouveau programme, dans les délais et conditions qu'elle prescrit. En l'absence de programme de liquidation ou lorsque la mutuelle ou l'union ne respecte pas le programme approuvé, l'Autorité prend toutes mesures conservatoires ou de sanction qu'elle juge nécessaires.

En cas de liquidation d'une mutuelle ou union de réassurance agréée dans les conditions prévues *(Ord. n° 2015-378 du 2 avr. 2015, art. 15-4°-c, en vigueur le 1er janv. 2016)* « à l'article L. 211-8-1 », les engagements résultant des contrats souscrits par l'intermédiaire d'une succursale ou en libre prestation de services sont exécutés de la même façon que les engagements résultant des autres contrats de réassurance de cet organisme.

Art. L. 212-15 *(Ord. n° 2015-378 du 2 avr. 2015, art. 15-4°-d, en vigueur le 1er janv. 2016)* Par dérogation aux articles L. 631-4, L. 631-5, L. 640-4 et L. 640-5 du code de commerce, une procédure de redressement ou de liquidation judiciaire ne peut être ouverte à l'égard des mutuelles et unions mentionnées à l'article L. 211-8 qu'à la requête de l'Autorité de contrôle prudentiel et de résolution. Le tribunal peut également se saisir d'office ou, après avis conforme de l'Autorité, être saisi d'une demande d'ouverture de cette procédure par le procureur de la République.

Le président du tribunal ne peut être saisi d'une demande d'ouverture d'une procédure de conciliation instituée par l'article L. 611-4 du code de commerce ou d'une procédure de sauvegarde visée à l'article L. 620-1 du même code, à l'égard d'une mutuelle ou d'une union mentionnée à l'article L. 211-8, qu'après avis conforme de l'Autorité de contrôle prudentiel et de résolution.

Lorsqu'il est saisi d'une demande d'ouverture du règlement amiable institué par les articles L. 611-3 à L. 611-6 du code de commerce, le président du tribunal en informe l'Autorité de contrôle prudentiel et de résolution, si possible avant l'ouverture de cette procédure ou, à défaut, immédiatement après.

L'Autorité de contrôle prudentiel et de résolution informe sans délai les autorités compétentes des autres États membres de l'Union européenne lorsqu'une procédure de liquidation judiciaire est ouverte à l'égard d'une mutuelle ou d'une union.

Lorsqu'une procédure de liquidation judiciaire est ouverte à l'égard d'une mutuelle ou d'une union, l'agrément de cette mutuelle ou union est retiré selon les modalités de l'article L. 325-1 du code des assurances. Dans ce cas, les dispositions des articles L. 326-4, L. 326-9 et L. 326-14 du code des assurances sont applicables. La mutuelle ou l'union reste soumise au contrôle de l'Autorité de contrôle prudentiel et de résolution jusqu'à ce que l'ensemble des engagements résultant des contrats souscrits par la mutuelle ou l'union ait été intégralement et définitivement réglé aux membres participants et aux tiers bénéficiaires ou ait fait l'objet d'un transfert autorisé dans les conditions prévues à l'article L. 212-11.

Après autorisation de l'Autorité de contrôle prudentiel et de résolution, le liquidateur peut poursuivre certaines activités de la mutuelle ou de l'union concernée dans la mesure où cela est nécessaire et approprié pour les besoins de la liquidation.

Art. L. 212-15-1 *(L. n° 2010-737 du 1er juill. 2010, art. 32-3°)* Les procédures de sauvegarde, de redressement ou de liquidation judiciaires instituées par les titres II, III et IV du livre VI du code de commerce ne peuvent être ouvertes à l'égard d'une mutuelle ou d'une union *(Ord. n° 2015-378 du 2 avr. 2015, art. 15-4°-e, en vigueur le 1er janv. 2016)* « mentionnée à l'article L. 211-8-1 » du présent code qu'après avis de l'Autorité de contrôle prudentiel et de résolution.

Le président du tribunal ne peut être saisi d'une demande d'ouverture de la procédure de conciliation instituée par le chapitre Ier du titre Ier du livre VI du code de commerce à l'égard d'une mutuelle ou d'une union *(Ord. n° 2015-378 du 2 avr. 2015, art. 15-4°-e, en vigueur le 1er janv. 2016)* « mentionnée à l'article L. 211-8-1 » du présent code qu'après avis de l'Autorité de contrôle prudentiel et de résolution.

Un décret en Conseil d'État précise les modalités selon lesquelles sont donnés les avis prévus aux premier et deuxième alinéas du présent article.

Art. L. 212-16 *(Ord. nº 2015-378 du 2 avr. 2015, art. 15-4º-f, en vigueur le 1er janv. 2016)* Les chapitres III et VI du titre II du livre III du code des assurances sont applicables aux mutuelles et unions régies par le présent livre. *(Ord. nº 2017-1608 du 27 nov. 2017, art. 4)* « Le chapitre II du titre Ier du livre III du code des assurances est applicable aux mutuelles, unions régies par le présent livre, aux groupes définis à l'article L. 356-1 du code des assurances et aux mutuelles ou unions de retraite professionnelle supplémentaire. »

Pour l'application des dispositions de ces chapitres, il faut entendre : "membres participants" là où est mentionné : "assuré", "cotisations" là où est mentionné : "primes", "règlement" ou "contrat" là où est mentionné : "police" et "contrat" et "fonds de garantie mentionné à l'article L. 431-1 du code de la mutualité" là où est mentionné : "fonds de garantie mentionné à l'article L. 423-1".

Art. L. 212-17 à L. 212-22 *Abrogés par Ord. nº 2015-378 du 2 avr. 2015, art. 15-5º, à compter du 1er janv. 2016.*

SECTION IV PRIVILÈGES

Art. L. 212-23 L'actif mobilier des mutuelles et unions est affecté par un privilège général au remboursement par préférence des cotisations payées par des personnes ayant exercé leur droit à renonciation en application de l'article L. 223-8 et au règlement des engagements qu'elles prennent envers les membres participants et les bénéficiaires. Ce privilège prend rang après le *(Ord. nº 2021-1192 du 15 sept. 2021, art. 34-X)* « 4º » de l'article 2331 du code civil. Il en va de même de l'actif mobilier des unions et fédérations pour les engagements qu'elles prennent envers les membres participants et les bénéficiaires des mutuelles qui en sont membres.

Les mêmes dispositions sont applicables à l'actif immobilier. Ce privilège prend rang après le 2º de l'article *(Ord. nº 2021-1192 du 15 sept. 2021, art. 34-X)* « 2377 » du code civil.

Art. L. 212-24 Lorsque les actifs d'une mutuelle ou union sont insuffisants pour assurer la représentation de ses engagements réglementés ou lorsque la situation financière de cet organisme est telle que les intérêts des membres participants et des bénéficiaires sont susceptibles d'être compromis à bref délai, les immeubles faisant partie de son patrimoine peuvent être grevés d'une hypothèque inscrite à la requête de l'Autorité de contrôle prudentiel et de résolution. Lorsque la mutuelle ou l'union fait l'objet d'un retrait d'agrément, cette hypothèque est prise de plein droit à la date du retrait d'agrément.

(Ord. nº 2017-1608 du 27 nov. 2017, art. 4) « Cet article n'est pas applicable à une mutuelle ou union soumise à une procédure de résolution prévue au chapitre II du titre Ier du livre III du code des assurances. »

Art. L. 212-25 Pour les opérations mentionnées au *b* du 1º du I de l'article L. 111-1 réalisées directement par les mutuelles et unions, la créance garantie par le privilège ou l'hypothèque légale est arrêtée au montant des cotisations à rembourser par préférence en cas de renonciation au bénéfice de l'adhésion ou du contrat collectif et de la provision correspondante dans des conditions fixées par décret en Conseil d'État.

Pour les opérations mentionnées aux *a*, *c*, *d* et *e* du 1º du I de l'article L. 111-1 réalisées directement par ces mêmes mutuelles et unions, la créance garantie est arrêtée au montant des indemnités dues à la suite de la réalisation de risques et au montant des portions de cotisations payées d'avance ou provisions de cotisations correspondant à la période pendant laquelle le risque n'a pas couru, les créances d'indemnités étant payées par préférence. Pour les indemnités payées sous forme de rentes, elle est arrêtée au montant de la provision mathématique.

Pour les opérations de réassurance de toute nature, la créance est arrêtée au montant des provisions correspondantes telles qu'elles sont définies par un décret en Conseil d'État.

Art. L. 212-26 *(Ord. nº 2015-378 du 2 avr. 2015, art. 15-6º, en vigueur le 1er janv. 2016)* **Un décret en Conseil d'État précise les modalités d'application du présent chapitre et, notamment, celles concernant les modalités des transferts de portefeuille et de transfert des actifs relatifs à des opérations dépendant de la durée de la vie humaine et de calcul de la participation aux excédents.**

SECTION V *[ABROGÉE]* MESURES D'ASSAINISSEMENT ET DE LIQUIDATION DES ENTREPRISES COMMUNAUTAIRES

(Abrogée par Ord. nº 2015-378 du 2 avr. 2015, art. 15-7º, à compter du 1er janv. 2016)

Art. L. 212-27 *Abrogé par Ord. nº 2015-378 du 2 avr. 2015, art. 15-7º, à compter du 1er janv. 2016.*

CHAPITRE III PEINES

Art. L. 213-1 **Est puni de trois ans d'emprisonnement et de 45 000 € d'amende le fait, pour tout président, administrateur ou dirigeant d'une mutuelle ou union régie par les dispositions du présent livre, de pratiquer une des opérations mentionnées au 1º du I de l'article L. 111-1 sans avoir obtenu l'agrément prévu à l'article** *(Ord. nº 2015-378 du 2 avr. 2015, art. 16-I, en vigueur le 1er janv. 2016)* **« L. 211-8 ».** *— Anc. art. L. 213-2.*

A compter du 1er janv. 2016, l'art. L. 213-1 est abrogé et l'art. L. 213-2 est renuméroté L. 213-1 (Ord. nº 2015-378 du 2 avr. 2015, art. 16-I).

Art. L. 213-2 **Les dispositions** *[de] (Ord. nº 2015-378 du 2 avr. 2015, art. 16-I)* **« l'article L. 213-1 » visant le président, les administrateurs ou les dirigeants d'une mutuelle ou union régie par le présent livre sont applicables à toute personne qui, directement ou par personne interposée, aura, en fait, exercé la direction, l'administration ou la gestion desdits organismes sous couvert ou au lieu et place de leurs représentants légaux.** *— Anc. art. L. 213-3.*

A compter du 1er janv. 2016, l'art. L. 213-3 est renuméroté L. 213-2 (Ord. nº 2015-378 du 2 avr. 2015, art. 16-I).

Art. L. 213-3 **Les personnes physiques coupables de l'un des délits prévus au présent livre encourent également les peines complémentaires suivantes :**

1º L'interdiction des droits civiques, civils et de famille, suivant les modalités prévues par l'article 131-26 du code pénal ;

2º L'interdiction, suivant les modalités prévues par l'article 131-27 du code pénal, d'exercer une fonction publique ou d'exercer l'activité professionnelle ou sociale dans l'exercice ou à l'occasion de l'exercice de laquelle l'infraction a été commise, pour une durée de cinq ans au plus ;

3º L'affichage ou la diffusion de la décision prononcée dans les conditions prévues par l'article 131-35 du code pénal. *— Anc. art. L. 213-4.*

A compter du 1er janv. 2016, l'art. L. 213-4 est renuméroté L. 213-3 (Ord. nº 2015-378 du 2 avr. 2015, art. 16-I).

Art. L. 213-4 *(L. nº 2009-526 du 12 mai 2009, art. 125)* **« Les personnes morales déclarées responsables pénalement, dans les conditions prévues par l'article 121-2 du code pénal, des infractions définies dans le présent livre encourent, outre l'amende suivant les modalités prévues par l'article 131-38 du code pénal, les peines prévues par l'article 131-39 du même code. »**

L'interdiction mentionnée au 2º de l'article 131-39 du code pénal porte sur l'activité dans l'exercice ou à l'occasion de l'exercice de laquelle l'infraction a été commise. *— Anc. art. L. 213-5.*

A compter du 1er janv. 2016, l'art. L. 213-5 est renuméroté L. 213-4 (Ord. nº 2015-378 du 2 avr. 2015, art. 16-I).

CHAPITRE IV MUTUELLES ET UNIONS DE RETRAITE PROFESSIONNELLE SUPPLÉMENTAIRE

(Ord. nº 2017-484 du 6 avr. 2017, art. 6-7º)

SECTION PREMIÈRE DISPOSITIONS GÉNÉRALES

Art. L. 214-1 Les mutuelles et unions de retraite professionnelle supplémentaire sont des personnes morales de droit privé ayant pour objet la couverture d'engagements de retraite professionnelle supplémentaire, telle que définie à l'article L. 222-3 *(Ord. nº 2019-575 du 12 juin 2019, art. 6)* « , d'engagements souscrits par une association mentionnée à l'article L. 144-2 du code des assurances ainsi que d'engagements de retraite supplémentaire pris au titre d'autres régimes d'assurance de groupe dont la liste est fixée par décret en Conseil d'État ».

Les mutuelles et unions de retraite professionnelle supplémentaire limitent leur activité à la *(Ord. nº 2019-575 du 12 juin 2019, art. 6)* « couverture d'engagement de retraite » aux activités qui en découlent, notamment la couverture de garanties complémentaires mentionnées à l'article L. 222-4.

Les mutuelles et unions de retraite professionnelle supplémentaire peuvent se voir transférer des risques provenant d'autres mutuelles et unions de retraite professionnelle supplémentaire, de fonds de retraite professionnelle supplémentaire mentionnés à l'article L. 381-1 du code des assurances et d'institutions de retraite professionnelle supplémentaire mentionnées à l'article L. 942-1 du code de la sécurité sociale, lorsque le transfert est proportionnel.

Art. L. 214-2 L'article L. 381-2 du code des assurances est applicable aux mutuelles et unions de retraite professionnelle supplémentaire. Pour l'application de cet article, les mutuelles et unions de retraite professionnelle supplémentaire sont assimilées à des fonds de retraite professionnelle supplémentaire.

Art. L. 214-3 Les mutuelles et unions de retraite professionnelle supplémentaire obéissent aux règles de constitution et de fonctionnement applicables, respectivement, aux mutuelles et unions, figurant au livre Iᵉʳ et à la section II du chapitre Iᵉʳ du présent titre.

Art. L. 214-4 Les chapitres Iᵉʳ à III du titre II du présent livre sont applicables aux contrats souscrits par les mutuelles et unions régies par le présent chapitre. Pour l'application de ces dispositions, les mutuelles et unions de retraite professionnelle supplémentaire sont assimilées à des mutuelles ou unions exerçant des opérations d'assurance sur la vie ou de capitalisation.

Art. L. 214-5 Les dispositions des articles L. 212-14 à L. 212-16 et de la section IV du chapitre Iᵉʳ du titre II du présent livre applicables aux mutuelles ou unions exerçant des opérations d'assurance vie ou de capitalisation s'appliquent aux mutuelles et unions de retraite professionnelle supplémentaire.

Art. L. 214-6 Sous réserve d'adaptations précisées par décret en Conseil d'État, les dispositions de la section II du chapitre Iᵉʳ du titre II du présent livre, applicables aux mutuelles ou unions exerçant des opérations d'assurance sur la vie ou de capitalisation, s'appliquent aux mutuelles et unions de retraite professionnelle supplémentaire.

SECTION II AGRÉMENT

Art. L. 214-7 Le chapitre II du titre VIII du livre III du code des assurances est applicable aux mutuelles et unions de retraite professionnelle supplémentaire.

Pour l'application de ces dispositions, il y a lieu d'entendre : "mutuelles et unions de retraite supplémentaire" là où sont mentionnés dans le code des assurances : "fonds de retraite professionnelle supplémentaire" ou "fonds" et "aux participants et aux ayants droit" là où est mentionné dans le code des assurances : "aux assurés et aux tiers bénéficiaires". La référence à l'article L. 143-1 du code des assurances est remplacée par la référence à l'article L. 222-3 du présent code, la référence à l'article L. 143-2 du code des assurances est remplacée par la référence à l'article L. 222-4 du présent code et la référence à l'article L. 322-2 est remplacée par la référence à l'article L. 114-21 du présent code.

V. art. 7-II de l'Ord. nº 2017-484 du 6 avr. 2017, ss. art. L. 222-3.

Au cours de l'année 2017, les agréments accordés par l'ACPR en application de l'art. L. 214-7 et les opérations de transfert autorisées par l'Autorité dans les conditions prévues à l'art. L. 214-9 le sont dans les mêmes conditions que si ces articles avaient été applicables à compter du 1er janv. 2017 (Ord. nº 2017-484 du 6 avr. 2017, art. 18).

V. C. assur., note ss. art. L. 382-2.

SECTION III RETRAIT D'AGRÉMENT

Art. L. 214-8 Le chapitre III du titre VIII du livre III du code des assurances est applicable aux mutuelles et unions de retraite professionnelle supplémentaire.

Pour l'application de ces dispositions, il y a lieu d'entendre : "mutuelles et unions de retraite professionnelle supplémentaire" là où sont mentionnés dans le code des assurances : "fonds de retraite professionnelle supplémentaire" ou "fonds".

SECTION IV TRANSFERT DE PORTEFEUILLE

Art. L. 214-9 Les sections I et III du chapitre IV du titre VIII du livre III du code des assurances sont applicables aux mutuelles et unions de retraite professionnelle supplémentaire.

Pour l'application de ces dispositions, il y a lieu d'entendre : "mutuelles ou unions" là où est mentionné dans le code des assurances : "entreprises d'assurance". La référence à l'article L. 132-29 du code des assurances est remplacée par la référence à l'article L. 223-25-5 du présent code, la référence à l'article L. 143-1 du code des assurances est remplacée par la référence à l'article L. 222-3 du présent code *(Ord. nº 2019-766 du 24 juill. 2019, art. 7, en vigueur le 1er oct. 2019)* « , la référence » à l'article L. 324-1 du code des assurances est remplacée par la référence à l'article L. 212-11 *(Ord. nº 2019-766 du 24 juill. 2019, art. 7, en vigueur le 1er oct. 2019)* « du présent code et la référence à l'article L. 381-1 du code des assurances est remplacée par la référence à l'article L. 214-1 du présent code. »

Pour l'application de l'article L. 384-2 du code des assurances, il y a lieu d'entendre : "mutuelles et unions de retraite professionnelle supplémentaire" là où sont mentionnés dans le code des assurances : "fonds de retraite professionnelle supplémentaire" ou "fonds".

V. 2e note ss. art. L. 214-7.

Art. L. 214-10 Les mutuelles ou unions de retraite professionnelle supplémentaire peuvent être autorisées, dans les conditions définies à l'article L. 212-11, à transférer tout ou partie de leur portefeuille de contrats, à un ou plusieurs mutuelles ou unions de retraite professionnelle supplémentaire, fonds de retraite professionnelle supplémentaire mentionnés à l'article L. 381-1 du code des assurances et institutions de retraite professionnelle supplémentaire mentionnées à l'article L. 942-1 du code de la sécurité sociale.

Art. L. 214-11 I. — Les opérations de fusion ou de scission de mutuelles ou d'unions de retraite professionnelle supplémentaire qui comportent des transferts de portefeuille de contrats réalisés dans les conditions prévues à l'article L. 214-10 sont menées conformément à la procédure prévue par cet article.

II. — Lorsque les opérations de fusion ou de scission de mutuelles de retraite professionnelle supplémentaire ne comportent pas de transfert de portefeuille de contrats réalisé dans les conditions prévues à l'article L. 214-10, les mutuelles ou unions de retraite professionnelle supplémentaire sont tenues de fournir à l'Autorité de contrôle prudentiel et de résolution une déclaration accompagnée de tous les documents utiles exposant les buts et les modalités de l'opération projetée un mois avant sa réalisation définitive. Durant ce délai, l'Autorité de contrôle prudentiel et de résolution peut s'opposer à l'opération si elle juge qu'elle n'est pas conforme à l'intérêt des membres participants et bénéficiaires ou des créanciers ou qu'elle a pour conséquence de diminuer la valeur de réalisation des placements correspondant à des engagements pris envers les membres participants et bénéficiaires déterminés conformément aux dispositions de l'article L. 212-6. Elle peut également demander des documents complémentaires nécessaires à l'appréciation de l'opération. Dans ce dernier cas, le délai d'un mois pendant lequel l'Autorité de contrôle prudentiel et de résolution peut s'opposer à la poursuite de l'opération court à compter de la date de production des documents demandés et la réalisation définitive de l'opération ne peut intervenir avant l'expiration de ce même délai.

Art. L. 214-11-1 *(Ord. nº 2019-575 du 12 juin 2019, art. 6)* La section II du titre VII du livre III du code des assurances est applicable aux mutuelles et unions de retraite professionnelle supplémentaire.

Pour l'application des dispositions de cette section, il y a lieu d'entendre : "mutuelles ou unions de retraite professionnelle supplémentaire" là où sont mentionnés dans le code des assurances : "fonds de retraite professionnelle supplémentaire".

SECTION V RÈGLES FINANCIÈRES ET PRUDENTIELLES

Art. L. 214-12 Le chapitre V du titre VIII du livre III du code des assurances est applicable aux mutuelles et unions de retraite professionnelle supplémentaire.

Pour l'application de ces dispositions, il y a lieu d'entendre : "mutuelles ou unions de retraite professionnelle supplémentaire" là où sont mentionnés dans le code des assurances : "fonds de retraite professionnelle supplémentaire" ou "fonds". La référence à l'article L. 354-1 du code des assurances est remplacée par la référence à l'article L. 211-12 du présent code.

TITRE DEUXIÈME OPÉRATIONS DES MUTUELLES ET DES UNIONS

CHAPITRE PREMIER DISPOSITIONS GÉNÉRALES

SECTION PREMIÈRE MODALITÉS D'AFFILIATION

Art. L. 221-1 L'engagement réciproque du membre participant ou du membre honoraire et de la mutuelle ou de l'union résulte de la signature d'un bulletin d'adhésion ou, le cas échéant, de la souscription d'un contrat collectif.

Art. L. 221-2 I. – Les engagements contractuels correspondent à une opération individuelle ou à une opération collective.

II. – Est qualifiée d'opération individuelle l'opération par laquelle une personne physique signe un bulletin d'adhésion à une mutuelle ou une union par l'effet de l'adhésion de sa mutuelle, dans le cadre des activités mentionnées au 1º du I de l'article L. 111-1. A la date de son adhésion, la personne acquiert la qualité de membre participant, si elle bénéficie des garanties du *(Ord. nº 2017-734 du 4 mai 2017, art. 6-1º)* « règlement » mutualiste, ou de membre honoraire, si elle n'en bénéficie pas. Dans ce cas, la personne physique bénéficiaire des garanties doit également signer le bulletin d'adhésion et acquiert la qualité de membre participant.

III. – Est qualifiée d'opération collective :

1º L'opération facultative par laquelle, sur la base d'un bulletin d'adhésion signé ou d'un contrat collectif souscrit par un employeur ou une personne morale, des salariés d'une entreprise ou des membres d'une personne morale adhèrent librement à une mutuelle ou à une union *(Ord. nº 2017-734 du 4 mai 2017, art. 6-1º)* « par l'effet de l'adhésion de leur mutuelle » en vue de se couvrir contre un ou plusieurs risques liés à la personne humaine, à la protection juridique, à l'assistance ou au chômage, pour lesquels la mutuelle est agréée ou présente des garanties assurées par une mutuelle ou une union agréée pour elles ; les salariés et les membres de la personne morale qui adhèrent deviennent, à compter de cette date, membres participants de la mutuelle ou de l'union ; la personne morale souscriptrice peut devenir membre honoraire de la mutuelle ou de l'union dans les conditions définies par les statuts ;

2° L'opération obligatoire par laquelle, sur la base d'un bulletin d'adhésion signé ou d'un contrat *(Ord. n° 2017-734 du 4 mai 2017, art. 6-1°)* « collectif » souscrit par un employeur, l'ensemble des salariés de l'entreprise ou une ou plusieurs catégories d'entre eux sont tenus, en vertu de dispositions législatives ou réglementaires, des dispositions de la convention ou de l'accord collectif applicable, de la ratification à la majorité des intéressés d'un projet d'accord proposé par le chef d'entreprise, d'une décision unilatérale de l'employeur de s'affilier à une mutuelle en vue de se couvrir contre un ou plusieurs risques liés à la personne humaine ou au chômage pour lesquels cette mutuelle ou cette union est agréée ou présente des garanties assurées par une mutuelle ou une union agréée pour elles ; à la date de leur affiliation, les salariés deviennent membres participants de la mutuelle ou de l'union ; la personne morale souscriptrice peut devenir membre honoraire de la mutuelle ou de l'union dans les conditions définies par les statuts.

*Sur l'impossibilité pour une mutuelle de présenter une candidature à un appel d'offres ayant pour objet la garantie du « risque statutaire » des collectivités locales et de leurs établissements publics, V. * Rép. min., n° 55612, JOAN Q, 3 mars 2015, p. 1525.*

Art. L. 221-3 Lorsqu'en application d'une décision du conseil d'administration ratifiée par l'assemblée générale une mutuelle ou une union souscrit un contrat collectif auprès d'une mutuelle ou d'une union, d'une institution de prévoyance régie par le titre III du livre IX du code de la sécurité sociale ou d'une entreprise relevant du code des assurances en vue de faire bénéficier ses membres participants ou une catégorie d'entre eux de garanties supplémentaires, l'ensemble des membres participants ou les catégories de membres couverts par le contrat sont tenus de s'affilier au contrat souscrit par la mutuelle ou l'union.

Pour l'application de l'alinéa précédent, une convention détermine les droits et obligations respectifs des mutuelles et des unions concernées et, notamment, les conditions dans lesquelles sont mises en œuvre les dispositions du présent titre relatives à l'information des membres participants ainsi que des mutuelles et unions souscriptrices.

Art. L. 221-4 *(Ord. n° 2017-734 du 4 mai 2017, art. 6-2°)* « Pour les opérations individuelles prévues au II de l'article L. 221-2, la mutuelle ou l'union doit avoir remis au membre participant ou futur membre participant, avant la signature du bulletin d'adhésion, les statuts et le règlement ou une fiche d'information sur le règlement qui décrit précisément leurs droits et obligations réciproques. »

Les statuts et règlements précisent les modalités de modification du contrat.

(L. n° 2014-856 du 31 juill. 2014, art. 51-II-1°) « Pour les opérations collectives mentionnées au III de l'article L. 221-2, avant la signature du bulletin d'adhésion ou la souscription du contrat, la mutuelle ou l'union remet obligatoirement à la personne morale souscriptrice » *(Ord. n° 2017-734 du 4 mai 2017, art. 6-2°)* « la proposition de contrat.

« Les documents mentionnés aux deux premiers alinéas remis aux membres participants et, le cas échéant, à la personne morale souscriptrice précisent la loi qui est applicable au contrat ou au règlement si celle-ci n'est pas la loi française. »

Un décret en Conseil d'État détermine les conditions dans lesquelles est constatée la remise de ces documents, ainsi que le délai qui doit s'être écoulé entre la remise de ces documents et la signature du bulletin d'adhésion.

(Ord. n° 2018-361 du 16 mai 2018, art. 13, en vigueur le 1er oct. 2018) « Avant la conclusion d'une opération portant sur un risque non-vie, la mutuelle, l'union ou leurs intermédiaires fournissent au membre participant pour les opérations indivi-

duelles mentionnées au II de l'article L. 221-2 ou à l'employeur*[,]* ou à la personne morale souscriptrice pour les opérations collectives mentionnées au III de l'article L. 221-2, un document d'information normalisé sur le règlement ou le contrat collectif élaboré par son concepteur, dans des conditions définies par décret en Conseil d'État.

« La fourniture de ce document n'est pas requise pour les contrats mentionnés au *b* de l'article L. 861-4 du code de la sécurité sociale. Elle n'est pas non plus requise pour les contrats soumis à l'obligation de remise de la fiche standardisée d'information mentionnée à l'article L. 313-10 du code de la consommation et pour les opérations d'assurance mentionnées au 15 de l'article R. 321-1 du code des assurances. »

L'art. 51 de la loi n° 2014-856 du 31 juill. 2014 n'est pas applicable aux contrats souscrits avant la publication de ladite loi (L. préc., art. 51-IV, JO 1er août).

Art. L. 221-5 I. — Toute modification des statuts et règlements décidée par l'assemblée générale d'une mutuelle ou d'une union doit être portée à la connaissance des membres participants et des membres honoraires par la mutuelle ou l'union.

(Ord. n° 2017-734 du 4 mai 2017, art. 6-3°) « Toute modification des prestations définies au bulletin d'adhésion et des montants de cotisations fait l'objet d'une notification au membre participant ou honoraire.

« Lorsque les statuts délèguent au conseil d'administration l'adoption des règlements des opérations individuelles mentionnées au II de l'article L. 221-2, leur modification fait l'objet d'une notification au membre participant ou honoraire. »

II. — Lorsque l'engagement réciproque du membre participant et de la mutuelle ou de l'union *(Ord. n° 2017-734 du 4 mai 2017, art. 6-3°)* « par l'effet de l'adhésion de sa mutuelle » ne résulte pas de la signature d'un bulletin d'adhésion mais de la souscription d'un contrat collectif portant accord particulier, toute modification de celui-ci est constatée par un avenant signé des parties.

(Ord. n° 2017-734 du 4 mai 2017, art. 6-3°) « III. — Par dérogation au II, la modification proposée par la mutuelle ou l'union d'un contrat complémentaire santé collectif visant à le mettre en conformité avec les règles fixées par le décret en Conseil d'État mentionné à l'article L. 871-1 du code de la sécurité sociale est réputée acceptée à défaut d'opposition du souscripteur. La mutuelle ou l'union informe par écrit le souscripteur des nouvelles garanties proposées et des conséquences juridiques, sociales, fiscales et tarifaires qui résultent de ce choix en application du même article. Le souscripteur dispose d'un délai de trente jours pour refuser par écrit cette proposition. Les modifications acceptées entrent en application au plus tôt un mois après l'expiration du délai précité de trente jours et dans un délai compatible avec les obligations légales et conventionnelles d'information des membres participants par le souscripteur. »

Modification par avenant. Aux termes de l'art. L. 221-5-II, lorsque l'engagement réciproque du membre participant et de la mutuelle ne résulte pas de la signature d'un bulletin d'adhésion mais de la souscription d'un contrat collectif portant accord particulier, toute modification de cet accord est constatée par un avenant signé par les parties. Dès lors, ayant relevé qu'il ressort tant de la notice d'assurance que du bulletin d'adhésion que les assurés adhèrent non à la mutuelle mais au contrat de groupe souscrit par l'association et que les conventions tripartites confortent l'absence d'adhésion à un règlement collectif définissant les droits et obligations de la mutuelle, puis retenu que l'objet de celles-ci étant d'organiser les relations entre la mutuelle et, notamment, l'association créatrice du produit d'assurance, la mutuelle ayant vocation à couvrir « les risques créés » par cette association selon des conditions générales définies en annexe, les conventions précisant que l'association et le courtier signataire détiennent une exclusivité sur ces produits d'assurance spécifiques, une cour d'appel, ayant ainsi caractérisé l'existence d'un contrat collectif portant accord particulier au sens du texte susvisé, en a exactement déduit que la modification des taux de cotisations imposait un avenant aux conventions tripartites signé entre la mutuelle et l'association. • Civ. 2e, 14 sept. 2017, n° 16-20.221 P : *Gaz. Pal. 19 déc. 2017, 80, note Leducq.*

Art. L. 221-6 Dans le cadre des opérations collectives, la mutuelle ou l'union établit une notice qui définit les garanties prévues par les opérations collectives et leurs modalités d'entrée en vigueur ainsi que les formalités à accomplir en cas de réalisation du risque. Elle précise également le contenu des clauses édictant des nullités, des déchéances ou des exclusions ou limitations de garantie ainsi que les délais de prescription. *(Ord. nº 2017-734 du 4 mai 2017, art. 6-4º)* « Ces clauses ne sont valables que si elles sont mentionnées en caractères très apparents. »

L'employeur ou la personne morale est tenu de remettre cette notice et les statuts de la mutuelle ou de l'union à chaque membre participant. Lorsque des modifications sont apportées aux droits et obligations des membres participants *(Ord. nº 2017-734 du 4 mai 2017, art. 6-4º)* « par avenant au contrat collectif signé dans les conditions prévues au II de l'article L. 221-5 », l'employeur ou la personne morale *(Ord. nº 2017-734 du 4 mai 2017, art. 6-4º)* « souscriptrice » est également tenu d'informer chaque membre participant en lui remettant une notice établie à cet effet par la mutuelle ou par l'union *(Ord. nº 2019-575 du 12 juin 2019, art. 6)* «, trois mois au minimum avant la date prévue de leur entrée en vigueur. Cette information est fournie dès que possible en cas de variation significative des provisions techniques des engagements de retraite ». Pour les opérations collectives facultatives, tout membre participant peut, dans un délai d'un mois à compter de la remise de la notice, dénoncer son affiliation en raison de ces modifications.

Toutefois, la faculté de renonciation n'est pas ouverte aux membres participants qui sont couverts par une mutuelle ou une union en application des dispositions de l'article L. 221-3.

La preuve de la remise de la notice et des statuts au membre participant et des informations relatives aux modifications apportées au contrat collectif incombe à l'employeur ou à la personne morale.

Les opérations collectives à adhésion facultative ayant pour objet la garantie de remboursement d'un emprunt ne sont pas soumises aux dispositions du présent article.

Application des dispositions de l'art. L. 221-6 aux adhérents d'un contrat collectif. • Civ. 2e, 13 sept. 2012 : *RGDA 2013. 120, obs. Mayaux* (validité de la dénonciation de leur adhésion aussitôt après avoir été avertis d'une augmentation générale des tarifs constitutive d'une modification de leurs droits et obligations).

Art. L. 221-6-1 *(Ord. nº 2009-106 du 30 janv. 2009, art. 8)* Le ministre chargé de la mutualité peut, *(Abrogé par L. nº 2020-1525 du 7 déc. 2020, art. 17) « après avis du Conseil supérieur de la mutualité et »* à la demande d'un ou plusieurs organismes professionnels représentatifs mentionnés à l'article L. 223-10-1, homologuer par arrêté les codes de conduite qu'ils ont élaborés en matière de commercialisation de contrats mentionnés à l'article L. 223-1.

Art. L. 221-6-2 *(Ord. nº 2015-1033 du 20 août 2015, art. 5-1º)* Le règlement mutualiste ou le contrat et la notice d'information précisent les modalités d'examen des réclamations relatives aux bulletin d'adhésion, règlement et contrat et de recours à un processus de médiation dans les conditions prévues au *(Ord. nº 2017-734 du 4 mai 2017, art. 6-5º)* « titre Ier du livre VI du code de la consommation ».

Les professionnels disposent d'un délai de deux mois à compter de la publication du décret mentionné à l'art. L. 152-1 C. consom., dans sa rédaction issue de l'Ord. nº 2015-1033 du 20 août 2015, pour se conformer à l'ensemble des dispositions de celle-ci (Ord. préc., art. 7).

Art. L. 221-6-3 *(Ord. nº 2017-734 du 4 mai 2017, art. 6-6º)* Le règlement ou le contrat collectif et les informations transmises par la mutuelle au souscripteur ou au membre participant mentionnées dans le présent code sont rédigées par écrit, en français, en caractères apparents.

Par dérogation aux dispositions du précédent alinéa concernant l'emploi de la langue française, lorsque, en vertu des articles L. 225-2 et L. 225-8, les parties au contrat ont la possibilité d'appliquer une autre loi que la loi française, les documents mentionnés au premier alinéa du présent article peuvent être rédigés dans une autre langue que le français. Le choix d'une autre langue que le français est effectué d'un commun accord entre les parties à la demande écrite du seul souscripteur ou membre participant.

Lorsque les parties au contrat n'ont pas la possibilité d'appliquer une autre loi que la loi française, ces documents peuvent toutefois, d'un commun accord entre les parties et à la demande écrite du seul souscripteur ou membre participant, être rédigés dans la langue ou dans l'une des langues officielles de l'État dont il est ressortissant.

Art. L. 221-6-4 *(Ord. nº 2017-1433 du 4 oct. 2017, art. 23-1º, en vigueur le 1er avr. 2018)* **Constitue un support durable, au sens du présent livre, tout instrument offrant la possibilité au membre participant, à l'employeur, à la personne morale souscriptrice, ou à la mutuelle ou union, de stocker des informations qui lui sont adressées personnellement afin de pouvoir s'y reporter ultérieurement pendant un laps de temps adapté aux fins auxquelles les informations sont destinées, et qui permet la reproduction à l'identique des informations conservées.**

Pour l'application de l'Ord. nº 2017-1433 du 4 oct. 2017 aux règlements, contrats, et adhésions souscrits antérieurement au 1er avr. 2018, lorsque le professionnel souhaite modifier le support sur lequel il fournit ou met à disposition y compris le cas échéant contre récépissé, des informations ou des documents à un client au moyen d'un support durable autre que le papier, il s'assure préalablement que ce mode de communication est adapté à sa situation ; il informe le client de façon claire, précise et compréhensible, sur support papier et par envoi distinct, de la poursuite de la relation commerciale sur un support durable autre que le papier, et de la possibilité dont le client dispose de s'y opposer par tout moyen. Selon les mêmes modalités, les clauses de ces règlements, contrats et adhésions sont rendues si nécessaire conformes aux dispositions de l'Ord. susvisée (Ord. préc., art. 30).

Art. L. 221-6-5 *(Ord. nº 2017-1433 du 4 oct. 2017, art. 23-1º, en vigueur le 1er avr. 2018)* **I. — Lorsque la mutuelle ou union, l'employeur ou la personne morale souscriptrice souhaite fournir ou mettre à disposition des informations ou des documents à un membre participant, un employeur ou une personne morale souscriptrice, sur un support durable autre que le papier, la mutuelle ou union, l'employeur ou la personne morale souscriptrice vérifie au préalable que ce mode de communication est adapté à la situation de ce membre participant, de cet employeur ou de cette personne morale souscriptrice. La mutuelle ou union, l'employeur ou la personne morale souscriptrice s'assure qu'il est en mesure de prendre connaissance de ces informations et documents sur le support durable envisagé. Lorsque le membre participant, l'employeur ou la personne morale souscriptrice fournit à cette fin une adresse électronique, cette adresse est vérifiée par la mutuelle ou union, l'employeur ou la personne morale souscriptrice.**

Après ces vérifications, la mutuelle ou union, l'employeur ou la personne morale souscriptrice doit informer le membre participant, l'employeur ou la personne morale souscriptrice de façon claire, précise et compréhensible de la poursuite de leurs relations sur un support durable autre que le papier. La mutuelle ou union, l'employeur ou la personne morale souscriptrice renouvelle ces vérifications annuellement.

Sauf lorsqu'il est indiqué dans le règlement ou le contrat fourni par la mutuelle ou l'union que le service fourni est de nature exclusivement électronique, la mutuelle ou l'union, l'employeur ou la personne morale souscriptrice doit informer le membre participant, l'employeur ou la personne morale souscriptrice, du droit de celui-ci ou celle-ci de s'opposer à l'utilisation de ce support dès l'entrée en relation ou à n'importe quel moment. La mutuelle ou l'union, l'employeur ou la personne morale souscriptrice justifie alors à tout moment de la relation que cette information a bien été portée à la connaissance du membre participant, de l'employeur ou de la personne morale souscriptrice.

II. — Sauf lorsqu'il est indiqué dans le règlement ou le contrat fourni par la mutuelle ou l'union que le service fourni est de nature exclusivement électronique, le membre participant, l'employeur ou la personne morale souscriptrice peut, à tout moment et par tout moyen, demander à ce qu'un support papier soit utilisé sans frais pour la poursuite de leurs relations. Le membre participant, l'employeur ou la personne morale souscriptrice peut par ailleurs effectuer, dans les mêmes conditions, l'ensemble des formalités et obligations qui lui incombent sur tout autre support durable convenu avec la mutuelle ou union, l'employeur ou la personne morale souscriptrice.

V. note ss. art. L. 221-6-4.

Art. L. 221-6-6 *(Ord. nº 2017-1433 du 4 oct. 2017, art. 23-1º, en vigueur le 1er avr. 2018)* Lorsque la mutuelle ou union, l'employeur ou la personne morale souscriptrice met à disposition du membre participant, de l'employeur ou de la personne morale souscriptrice un espace personnel sécurisé sur internet, il ou elle garantit l'accessibilité des informations et documents conservés dans cet espace pendant une durée adaptée à leur finalité. Pour les documents précontractuels et contractuels cette durée ne peut être inférieure à cinq ans après la fin de l'adhésion.

Lorsque la mutuelle ou union, l'employeur ou la personne morale souscriptrice envisage de ne plus rendre accessibles ces informations et documents, elle en informe préalablement, dans un délai qui ne peut être inférieur à deux mois, le membre participant, l'employeur ou la personne morale souscriptrice par tout moyen adapté à la situation de ce dernier ou de cette dernière.

V. note ss. art. L. 221-6-4.

Art. L. 221-6-7 *(Ord. nº 2017-1433 du 4 oct. 2017, art. 23-1º, en vigueur le 1er avr. 2018)* Lorsqu'une signature est exigée, celle-ci peut être apposée par écrit ou par tout autre moyen prévu à l'article 1367 du code civil.

L'envoi recommandé électronique est équivalent à l'envoi par lettre recommandée, dès lors qu'il satisfait aux exigences de l'article L. 100 du code des postes et télécommunications électroniques.

V. note ss. art. L. 221-6-4.

V. C. civ., art. 1367 et CPCE, art. L. 100, ss. C. assur., art. L. 111-12.

SECTION II EXÉCUTION DU CONTRAT

Art. L. 221-7 Dans le cadre des opérations individuelles, à défaut de paiement d'une cotisation ou fraction de cotisation due dans les dix jours de son échéance, et indépendamment du droit pour la mutuelle ou l'union de poursuivre l'exécution de l'engagement contractuel en justice, la garantie ne peut être suspendue que trente jours après la mise en demeure du membre participant. Au cas où la cotisation annuelle a été fractionnée, la suspension de la garantie, intervenue en cas de non-paiement d'une des fractions de cotisation, produit ses effets jusqu'à l'expiration de la période annuelle considérée.

La mutuelle ou l'union a le droit de résilier ses garanties dix jours après l'expiration du délai de trente jours prévu à l'alinéa précédent.

Lors de la mise en demeure, le membre participant est informé qu'à l'expiration du délai prévu à l'alinéa précédent le défaut de paiement de la cotisation est susceptible d'entraîner la résiliation des garanties.

La garantie non résiliée reprend pour l'avenir ses effets, à midi, le lendemain du jour où ont été payées à la mutuelle ou à l'union la cotisation arriérée ou, en cas de fractionnement de la cotisation annuelle, les fractions de cotisation ayant fait l'objet de la mise en demeure et celles venues à échéance pendant la période de suspension ainsi que, éventuellement, les frais de poursuites et de recouvrement.

Art. L. 221-8 I. — Lorsque, dans le cadre des opérations collectives, l'employeur ou la personne morale assure le précompte de la cotisation, à défaut de paiement d'une cotisation dans les dix jours de son échéance *(L. nº 2014-856 du 31 juill. 2014, art. 51-II-2º)* « et indépendamment du droit pour la mutuelle ou l'union d'appliquer des majorations de retard à la charge exclusive de l'employeur et de poursuivre en justice l'exécution du contrat collectif », la garantie ne peut être suspendue que trente jours après la mise en demeure de l'employeur ou de la personne morale.

Dans la lettre de mise en demeure qu'elle adresse à l'employeur ou à la personne morale, la mutuelle ou l'union l'informe des conséquences que ce défaut de paiement est susceptible d'entraîner sur la poursuite de la garantie. Le membre participant est informé qu'à l'expiration du délai prévu à l'alinéa précédent le défaut de paiement de la cotisation par l'employeur ou la personne morale souscriptrice est susceptible d'entraîner la résiliation du bulletin d'adhésion ou du contrat collectif, sauf s'il entreprend de se substituer à l'employeur ou à la personne morale souscriptrice pour le paiement des cotisations.

La mutuelle ou l'union a le droit de résilier le contrat collectif dix jours après le délai de trente jours mentionné au premier alinéa du présent I.

Le contrat collectif non résilié reprend effet à midi le lendemain du jour où *(Abrogé par L. nº 2014-856 du 31 juill. 2014, art. 51-II-2º)* « *, sauf décision différente de la mutuelle ou de l'union,* » ont été payées à celles-ci les cotisations arriérées et celles venues à échéance pendant la période de suspension ainsi que, éventuellement, les frais de poursuite et de recouvrement.

II. — Lorsque dans le cadre des opérations collectives facultatives, l'employeur ou la personne morale n'assure pas le précompte des cotisations, le membre participant qui ne paie pas sa cotisation dans les dix jours de son échéance peut être exclu du groupe.

L'exclusion ne peut intervenir que dans un délai de quarante jours à compter de la notification de la mise en demeure. Cette lettre ne peut être envoyée que dix jours au plus tôt après la date à laquelle les sommes doivent être payées.

Lors de la mise en demeure, le membre participant est informé qu'à l'expiration du délai prévu à l'alinéa précédent le défaut de paiement de la cotisation est susceptible d'entraîner son exclusion des garanties définies au bulletin d'adhésion ou au contrat collectif. L'exclusion ne peut faire obstacle, le cas échéant, au versement des prestations acquises en contrepartie des cotisations versées antérieurement par le débiteur de cotisations.

La procédure prévue au I est applicable à l'employeur ou à la personne morale qui ne paie pas sa part de cotisation. Dans ce cas, la mutuelle ou l'union informe chaque membre participant de la mise en œuvre de cette procédure et de ses conséquences dès l'envoi de la lettre de mise en demeure mentionnée au deuxième alinéa du I et rembourse, le cas échéant, au membre participant la fraction de cotisation afférente au temps pendant lequel la mutuelle ou l'union ne couvre plus le risque.

III. — Les dispositions du présent article ne sont pas applicables lorsque l'adhésion à la mutuelle ou à l'union résulte d'une obligation prévue dans une convention de branche ou un accord professionnel ou interprofessionnel. Les statuts de la mutuelle ou de l'union peuvent prévoir les conditions dans lesquelles la mutuelle ou l'union applique, à défaut du paiement de la cotisation dans les dix jours de son échéance, les majorations de retard à la charge exclusive de l'employeur ou poursuit en justice l'exécution du contrat.

L'art. 51 de la loi nº 2014-856 du 31 juill. 2014 n'est pas applicable aux contrats souscrits avant la publication de ladite loi (L. préc., art. 51-IV, JO 1er août).

Art. L. 221-8-1 *(L. nº 2014-856 du 31 juill. 2014, art. 51-II-3º)* Dans le cadre des opérations collectives mentionnées au 2º du III de l'article L. 221-2, la garantie subsiste en cas de procédure de sauvegarde ou de redressement ou de liquidation judiciaires de l'employeur. En cas de résiliation du bulletin d'adhésion ou du contrat en application de l'article L. 622-13 du code de commerce, la portion de cotisation afférente au temps pendant lequel la mutuelle ou l'union ne couvre plus le risque est restituée au débiteur.

V. note ss. art. L. 221-8.

Art. L. 221-9 La durée de l'engagement inscrite dans le contrat collectif *(L. nº 2019-733 du 14 juill. 2019, art. 3, en vigueur le 1er déc. 2020)* « , la notice prévue à l'article L. 221-6 ou le règlement » est librement déterminée par les parties. Elle doit être mentionnée en caractères très apparents dans le contrat collectif, de même que, le cas échéant, la possibilité d'une reconduction tacite chaque année.

Les dispositions issues de la L. nº 2019-733 du 14 juill. 2019 sont applicables aux contrats et adhésions en cours à cette date (Décr. nº 2020-1438 du 24 nov. 2020, art. 4).

Art. L. 221-10 *(Ord. nº 2017-1433 du 4 oct. 2017, art. 23-2º, en vigueur le 1er avr. 2018)* « Le membre participant, pour les opérations individuelles, le membre participant ou l'employeur ou la personne morale, pour les opérations collectives à adhésion facultative, la personne morale souscriptrice, pour les opérations collectives à adhésion obligatoire, peut mettre fin à son adhésion ou résilier le contrat collectif tous les ans en adressant une *(L. n° 2019-733 du 14 juill. 2019, art. 3, en vigueur le 1er déc. 2020)* « notification par lettre, tout autre support durable ou moyen prévu à l'article L. 221-10-3 » à la mutuelle ou à l'union au moins deux mois avant la date d'échéance. La mutuelle ou l'union peut également résilier le contrat collectif tous les ans, en envoyant une lettre recommandée au moins deux mois avant la date d'échéance, à l'exception des opérations mentionnées au deuxième alinéa de l'article L. 110-2 ».

(L. n° 2019-733 du 14 juill. 2019, art. 3, en vigueur le 1er déc. 2020) « Pour les opérations collectives, le droit de résiliation prévu au premier alinéa du présent article est mentionné dans le bulletin d'adhésion ou le contrat collectif souscrit par un employeur ou une personne morale. Pour les opérations collectives à adhésion facultative, le droit de dénonciation de l'adhésion du membre participant prévu au même premier alinéa est mentionné dans la notice remise en application de l'article L. 221-6. »

(L. n° 2017-203 du 21 févr. 2017, art. 10-III ; L. n° 2022-270 du 28 févr. 2022, art. 1er-II) « Par dérogation au premier alinéa du présent article, » *(L. n° 2014-344 du 17 mars 2014, art. 54-IV)* « lorsque le contrat a pour objet de garantir, en cas de survenance d'un des risques que ce contrat définit, soit le remboursement total ou partiel du montant restant dû au titre d'un *(L. n° 2017-203 du 21 févr. 2017, art. 10-III)* « contrat de crédit mentionné au 1° de l'article L. 313-1 » du code de la consommation, soit le paiement de tout ou partie des échéances dudit prêt, le membre participant peut résilier son contrat *(L. n° 2022-270 du 28 févr. 2022, art. 1er-II)* « à tout moment » à compter de la signature de l'offre de prêt *(L. n° 2017-203 du 21 févr. 2017, art. 10-III)* « définie à l'article L. 313-24 du même code ». Le membre participant notifie à la mutuelle ou à l'union, ou à son représentant, sa demande *(Ord. n° 2017-1433 du 4 oct. 2017, art. 23-2°, en vigueur le 1er avr. 2018)* « en adressant une lettre recommandée ou un envoi recommandé électronique » *(Abrogé par L. n° 2022-270 du 28 févr. 2022, art. 1er-II)* ***« au plus tard quinze jours avant le terme de la période de douze mois susmentionnée »***. *(L. n° 2017-203 du 21 févr. 2017, art. 10-III)* « Si le membre participant fait usage du droit de résiliation mentionné au présent alinéa *(Abrogé par L. n° 2022-270 du 28 févr. 2022, art. 1er-II)* ***« ou au premier alinéa du présent article »***, il notifie à la mutuelle ou à l'union *(L. n° 2022-270 du 28 févr. 2022, art. 1er-II)* « , dans les conditions prévues à l'article L. 113-14 du code des assurances, » la décision du prêteur prévue au deuxième alinéa de l'article L. 313-31 dudit code ainsi que la date de prise d'effet du contrat d'assurance accepté en substitution par le prêteur. » En cas d'acceptation par le prêteur, la résiliation du contrat d'assurance prend effet dix jours après la réception par la mutuelle ou l'union de la décision du prêteur ou à la date de prise d'effet du contrat accepté en substitution par le prêteur si celle-ci est postérieure. En cas de refus par le prêteur, le contrat d'assurance n'est pas résilié.

« Ce droit de résiliation appartient exclusivement au membre participant.

« Pendant toute la durée du contrat d'assurance, la mutuelle ou l'union ne peut pas résilier ce contrat d'assurance pour cause d'aggravation du risque, sauf dans certaines conditions définies par décret en Conseil d'État, résultant d'un changement de comportement volontaire de l'assuré. »

Les dispositions issues de la L. n° 2022-270 du 28 févr. 2022 sont applicables aux nouvelles offres de prêts émises à compter du 1er juin 2022. Elles sont également applicables à compter du 1er sept. 2022, aux contrats d'assurance en cours d'exécution à cette date (L. préc., art. 8).

Les dispositions issues de l'art. 54-IV de la L. n° 2014-344 du 17 mars 2014 sont applicables aux contrats souscrits à compter du 26 juill. 2014 (L. préc., art. 54-VI).

Les dispositions de l'art. 10 de la L. n° 2017-203 du 21 févr. 2017 (JO 22 févr.) sont applicables aux offres de prêts émises à compter de la date de publication de ladite loi. Elles sont également applicables, à compter du 1er janv. 2018, aux contrats d'assurance en cours d'exécution à cette date (L. préc., art. 10-IV et V).

V. note ss. art. L. 221-6-4.

Les dispositions issues de la L. n° 2019-733 du 14 juill. 2019 sont applicables aux contrats et adhésions en cours à cette date (Décr. n° 2020-1438 du 24 nov. 2020, art. 4).

Art. L. 221-10-1 *(L. nº 2005-67 du 28 janv. 2005, art. 3-I)* **Pour les adhésions à tacite reconduction relatives à des opérations individuelles à caractère non professionnel, la date limite d'exercice par le membre participant du droit à dénonciation de l'adhésion au règlement doit être rappelée avec chaque avis d'échéance annuelle de cotisation. Lorsque cet avis lui est adressé moins de quinze jours avant cette date, ou lorsqu'il lui est adressé après cette date, le membre participant est informé avec cet avis qu'il dispose d'un délai de vingt jours suivant la date d'envoi de l'avis pour dénoncer la reconduction. Dans ce cas, le délai de dénonciation court à partir de la date figurant sur le cachet de la poste** *(Ord. nº 2017-1433 du 4 oct. 2017, art. 23-3º, en vigueur le 1er avr. 2018)* **« ou certifiée par un horodatage qualifié satisfaisant à des exigences définies par décret ».**

Lorsque cette information ne lui a pas été adressée conformément aux dispositions du premier alinéa, le membre participant peut, par lettre *(L. nº 2019-733 du 14 juill. 2019, art. 3, en vigueur le 1er déc. 2020)* **« , tout autre support durable ou moyen prévu à l'article L. 221-10-3 », mettre un terme à l'adhésion au règlement, sans pénalités, à tout moment à compter de la date de reconduction. La résiliation prend effet le lendemain de la date figurant sur le cachet de la poste** *(Ord. nº 2017-1433 du 4 oct. 2017, art. 23-3º, en vigueur le 1er avr. 2018 ; L. nº 2019-733 du 14 juill. 2019, art. 3, en vigueur le 1er déc. 2020)* **« ou de la date de notification ».**

Le membre participant est tenu au paiement de la partie de cotisation correspondant à la période pendant laquelle le risque a couru, période calculée jusqu'à la date d'effet de la résiliation. Le cas échéant, doit être remboursée au membre participant, dans un délai de trente jours à compter de la date d'effet de la résiliation, la partie de cotisation correspondant à la période pendant laquelle le risque n'a pas couru, période calculée à compter de ladite date d'effet. A défaut de remboursement dans ces conditions, les sommes dues sont productives d'intérêts au taux légal. – *V. L. nº 2018-1203 du 22 déc. 2018 de financement de la sécurité sociale pour 2019, art. 52-IX-4º, c (JO 27 déc.).*

V. note ss. art. L. 221-6-4.

Les dispositions issues de la L. nº 2019-733 du 14 juill. 2019 sont applicables aux contrats et adhésions en cours à cette date (Décr. nº 2020-1438 du 24 nov. 2020, art. 4).

Art. L. 221-10-2 *(L. nº 2019-733 du 14 juill. 2019, art. 3, en vigueur le 1er déc. 2020)* **Pour les règlements ou contrats relevant des branches ou des catégories de contrats définies par décret en Conseil d'État, le membre participant peut dénoncer l'adhésion et l'employeur ou la personne morale souscriptrice peut résilier le contrat collectif ou dénoncer l'adhésion, après expiration d'un délai d'un an à compter de la première souscription, sans frais ni pénalités. La dénonciation de l'adhésion ou la résiliation prend effet un mois après que la mutuelle ou l'union en a reçu notification par le membre participant ou par l'employeur ou la personne morale souscriptrice.**

Le droit de dénonciation prévu au premier alinéa n'est pas ouvert au membre participant dans le cadre des opérations collectives à adhésion obligatoire mentionnées au 2º du III de l'article L. 221-2.

Le droit de dénonciation ou de résiliation prévu au premier alinéa du présent article est mentionné dans le règlement, le bulletin d'adhésion ou le contrat collectif. Pour les opérations collectives à adhésion facultative, le droit de dénonciation du membre participant prévu au même premier alinéa est mentionné dans la notice remise en application de l'article L. 221-6. Le droit de dénonciation ou de résiliation est en outre rappelé avec chaque avis d'échéance de cotisation.

Lorsque l'adhésion au règlement est dénoncée ou lorsque le contrat est résilié dans les conditions prévues au premier alinéa du présent article, le membre participant, l'employeur ou la personne morale souscriptrice n'est redevable que de la partie de cotisation correspondant à la période pendant laquelle le risque est couvert, cette période étant calculée jusqu'à la date d'effet de la dénonciation ou de la résiliation. La mutuelle ou l'union est tenue de rembourser le solde au membre participant, à l'employeur ou à la personne morale souscriptrice dans un délai de trente jours à

compter de la date d'effet de la dénonciation ou de la résiliation. A défaut de remboursement dans ce délai, les sommes dues à l'intéressé produisent de plein droit des intérêts de retard au taux légal.

Dans le cas où l'adhérent ou le participant souhaite dénoncer une adhésion ou résilier un contrat conclu pour le remboursement et l'indemnisation des frais occasionnés par une maladie, une maternité ou un accident pour souscrire un nouveau contrat auprès d'un nouvel organisme, celui-ci effectue pour le compte de l'adhérent ou du participant souhaitant le rejoindre les formalités nécessaires à l'exercice du droit de résiliation ou de dénonciation dans les conditions prévues au même premier alinéa. Les organismes intéressés s'assurent de l'absence d'interruption de la couverture de l'adhérent ou du participant durant la procédure.

Un décret en Conseil d'État précise les modalités et conditions d'application du présent article.

Le droit de résiliation ou de dénonciation prévu à l'art. L. 221-10-2, dans sa rédaction résultant de la L. nº 2019-733 du 14 juill. 2019, est applicable aux adhésions et contrats existants à cette date (L. préc., art. 6).

Les dispositions issues de la L. nº 2019-733 du 14 juill. 2019 sont applicables aux contrats et adhésions en cours à cette date (Décr. nº 2020-1438 du 24 nov. 2020, art. 4).

Art. L. 221-10-3 *(L. nº 2019-733 du 14 juill. 2019, art. 3, en vigueur le 1er déc. 2020)* Lorsque le membre participant a le droit de dénoncer l'adhésion au règlement ou lorsque l'employeur ou la personne morale souscriptrice a le droit de résilier le contrat collectif, la notification de la dénonciation ou de la résiliation peut être effectuée, au choix de l'intéressé :

1° Soit par lettre ou tout autre support durable ;

2° Soit par déclaration faite au siège social ou chez le représentant de la mutuelle ou de l'union ;

3° Soit par acte extrajudiciaire ;

4° Soit, lorsque la mutuelle ou l'union propose la conclusion de contrat ou l'adhésion au règlement par un mode de communication à distance, par le même mode de communication ;

5° Soit par tout autre moyen prévu par le contrat ou le règlement.

Le destinataire confirme par écrit la réception de la notification.

Les dispositions issues de la L. nº 2019-733 du 14 juill. 2019 sont applicables aux contrats et adhésions en cours à cette date (Décr. nº 2020-1438 du 24 nov. 2020, art. 4).

Art. L. 221-10-4 *(L. nº 2022-270 du 28 févr. 2022, art. 3-III)* I. — Pour les contrats d'assurance mentionnés au troisième alinéa de l'article L. 221-10, la mutuelle ou l'union informe chaque année l'assuré, sur support papier ou sur tout autre support durable, du droit de résiliation prévu au premier alinéa du même article L. 221-10, des modalités de résiliation et des différents délais de notification et d'information qu'il doit respecter.

Les manquements à ces obligations sont constatés et sanctionnés par l'Autorité de contrôle prudentiel et de résolution, dans les conditions prévues au livre V.

II. — Les manquements au premier alinéa du I du présent article peuvent également être recherchés et constatés par les agents mentionnés aux articles L. 511-3 et L. 511-21 du code de la consommation, dans les conditions prévues à l'article L. 511-7 du même code.

Ils sont passibles d'une amende administrative dont le montant ne peut excéder 3 000 euros pour une personne physique et 15 000 euros pour une personne morale. L'autorité administrative chargée de la concurrence et de la consommation est l'autorité compétente pour prononcer, dans les conditions prévues au chapitre II du titre II du livre V dudit code, l'amende administrative prévue au présent II.

Les dispositions issues de la L. nº 2022-270 du 28 févr. 2022 sont applicables aux nouvelles offres de prêts émises à compter du 1er juin 2022. Elles sont également applicables à compter du 1er sept. 2022, aux contrats d'assurance en cours d'exécution à cette date (L. préc., art. 8).

Art. L. 221-11 Toutes actions dérivant des opérations régies par le présent titre sont prescrites par deux ans à compter de l'événement qui y donne naissance.

Toutefois, ce délai ne court :

1° En cas de réticence, omission, déclaration fausse ou inexacte sur le risque couru, du fait du membre participant, que du jour où la mutuelle ou l'union en a eu connaissance ;

2° En cas de réalisation du risque, que du jour où les intéressés en ont eu connaissance, s'ils prouvent qu'ils l'ont ignoré jusque-là.

Quand l'action du participant, du bénéficiaire ou de l'ayant droit contre la mutuelle ou l'union a pour cause le recours d'un tiers, le délai de prescription ne court que du jour où ce tiers a exercé une action en justice contre le membre participant ou l'ayant droit, ou a été indemnisé par celui-ci.

(L. nº 2014-856 du 31 juill. 2014, art. 51-II-4º) « Dans le cadre des opérations collectives mentionnées au III de l'article L. 221-2, la prescription est portée à cinq ans en ce qui concerne l'incapacité de travail. »

La prescription est portée à dix ans lorsque, pour les opérations mentionnées au *b* du 1º du I de l'article L. 111-1, le bénéficiaire n'est pas le membre participant et, dans les opérations relatives aux accidents atteignant les personnes, lorsque les bénéficiaires sont les ayants droit du membre participant décédé.

(L. nº 2006-1640 du 21 déc. 2006, art. 18-IV) « Pour les contrats d'assurance sur la vie, nonobstant les dispositions du 2º, les actions du bénéficiaire sont prescrites au plus tard trente ans à compter du décès du membre participant. »

Les dispositions issues de l'art. 18 de la L. nº 2006-1640 du 21 déc. 2006 s'appliquent aux contrats d'assurance sur la vie en cours comportant des valeurs de rachat ou de transfert et n'ayant fait l'objet, à compter du décès de l'assuré ou du terme du contrat, d'aucune demande de prestation à la date du 22 déc. 2006 (L. préc., art. 18-V).

L'art. 51 de la loi nº 2014-856 du 31 juill. 2014 n'est pas applicable aux contrats souscrits avant la publication de ladite loi (L. préc., art. 51-IV, JO 1er août).

Art. L. 221-12 La prescription est interrompue par une des causes ordinaires d'interruption de la prescription et par la désignation d'experts à la suite de la réalisation d'un risque. L'interruption de la prescription de l'action peut, en outre, *(Ord. nº 2017-1433 du 4 oct. 2017, art. 23-4º, en vigueur le 1er avr. 2018)* « résulter de l'envoi d'une lettre recommandée ou d'un envoi recommandé électronique, avec accusé de réception, adressé par la mutuelle ou l'union au membre participant », en ce qui concerne l'action en paiement de la cotisation, et par le membre participant, le bénéficiaire ou l'ayant droit à la mutuelle ou à l'union, en ce qui concerne le règlement de l'indemnité.

V. note ss. art. L. 221-6-4.

Art. L. 221-12-1 *(L. nº 2008-561 du 17 juin 2008)* Par dérogation à l'article 2254 du code civil, les parties à une opération individuelle ou collective ne peuvent, même d'un commun accord, ni modifier la durée de la prescription, ni ajouter aux causes de suspension ou d'interruption de celle-ci.

Art. L. 221-13 Sous réserve des dispositions de l'article *(Ord. nº 2017-734 du 4 mai 2017, art. 6-7º)* « L. 110-2 », lorsque, avant la signature du bulletin d'adhésion ou la souscription du contrat collectif, la mutuelle ou l'union a posé des questions par écrit au membre participant, notamment par un formulaire de déclaration de risques ou par tout autre moyen, elle ne peut se prévaloir du fait qu'une question exprimée en termes généraux n'a reçu qu'une réponse imprécise. — *V. CSP, art. D. 1141-2, ss. C. assur., art. L. 113-2.*

Art. L. 221-14 Indépendamment des causes ordinaires de nullité, la garantie accordée au membre participant par la mutuelle ou par l'union est nulle en cas de réticence ou de fausse déclaration intentionnelle de la part de celui-ci, quand cette réticence ou cette fausse déclaration change l'objet du risque ou en diminue l'opinion pour la mutuelle ou l'union, alors même que le risque omis ou dénaturé par le membre participant a été sans influence sur la réalisation du risque.

Les cotisations acquittées demeurent alors acquises à la mutuelle ou à l'union qui a droit au paiement de toutes les cotisations échues à titre de dommages et intérêts.

(L. n° 2014-856 du 31 juill. 2014, art. 51-II-5°) « Lorsque l'adhésion à la mutuelle ou à l'union résulte d'une obligation prévue dans une convention de branche ou dans un accord professionnel ou interprofessionnel, les deux premiers alinéas ne s'appliquent pas. »

L'art. 51 de la loi n° 2014-856 du 31 juill. 2014 n'est pas applicable aux contrats souscrits avant la publication de ladite loi (L. préc., art. 51-IV, JO 1er août).

Art. L. 221-15 Pour les opérations individuelles et collectives facultatives, l'omission ou la déclaration inexacte de la part du membre participant dont la mauvaise foi n'est pas établie n'entraîne pas la nullité de la garantie prévue au bulletin d'adhésion ou au contrat collectif.

Si elle est constatée avant toute réalisation du risque, la mutuelle ou l'union a le droit de maintenir l'adhésion dans le cadre des règlements ou le contrat collectif moyennant une augmentation de cotisation acceptée par le membre participant ; à défaut d'accord de celui-ci, le bulletin d'adhésion ou le contrat prend fin dix jours après notification adressée au membre participant par lettre recommandée. La mutuelle ou l'union restitue à celui-ci la portion de cotisation payée pour le temps où la garantie ne court plus.

Dans le cas où la constatation n'a lieu qu'après la réalisation du risque, la prestation est réduite en proportion du taux des cotisations payées par le membre participant par rapport au taux des cotisations qui auraient été dues, si les risques avaient été complètement et exactement déclarés.

Un décret en Conseil d'État fixe les conditions d'application du précédent alinéa.

Art. L. 221-16 Sont nulles :

1° Toutes clauses générales frappant de déchéance le membre participant, l'ayant droit ou le bénéficiaire en cas de violation des lois ou des règlements, à moins que cette violation ne constitue un crime ou un délit intentionnel ;

2° Toutes clauses frappant de déchéance le membre participant, l'ayant droit ou le bénéficiaire à raison de simple retard apporté par lui sans intention frauduleuse à la déclaration relative à la réalisation du risque aux autorités ou à des productions de pièces, sans préjudice du droit, pour la mutuelle ou pour l'union de réclamer une indemnité proportionnée au dommage que ce retard lui a causé.

Art. L. 221-17 Pour les opérations individuelles et sous réserve des dispositions législatives en vigueur, lorsque ne sont plus remplies les conditions d'adhésion liées au champ de recrutement ou en cas de survenance d'un des événements suivants :

– changement de domicile ;
– changement de situation matrimoniale ;
– changement de régime matrimonial ;
– changement de profession ;
– retraite professionnelle ou cessation définitive d'activité professionnelle,

il peut être mis fin à l'adhésion par chacune des parties lorsqu'elle a pour objet la garantie des risques en relation directe avec la situation antérieure et qui ne se retrouvent pas dans la situation nouvelle.

La fin de l'adhésion ou la résiliation du contrat ne peut intervenir que dans les trois mois suivant la date de l'événement ou la date de sa révélation.

La résiliation prend effet un mois après réception de sa notification.

La mutuelle ou l'union doit rembourser à l'adhérent la partie de cotisation correspondant à la période pendant laquelle le risque n'a pas couru, période calculée à compter de la date d'effet de la résiliation.

Il ne peut être prévu le paiement d'une indemnité à la mutuelle ou à l'union dans les cas de résiliation susmentionnés.

Un décret en Conseil d'État fixe les conditions d'application du présent article et notamment la date qui, pour chacun des cas énumérés au premier alinéa, est retenue comme point de départ du délai de résiliation.

Art. L. 221-17-1 *(Ord. n° 2017-734 du 4 mai 2017, art. 6-8°)* Lors de la réalisation du risque ou à l'échéance de l'adhésion au règlement ou au contrat collectif, la mutuelle ou l'union doit exécuter dans le délai convenu la prestation déterminée par le règlement ou le contrat collectif et ne peut être tenue au-delà.

SECTION III FOURNITURE À DISTANCE D'OPÉRATIONS D'ASSURANCE À UN CONSOMMATEUR

(Ord. n° 2005-648 du 6 juin 2005, art. 3)

Art. L. 221-18 I. – *(Ord. n° 2017-734 du 4 mai 2017, art. 6-9°)* « 1° L'adhésion à distance d'un consommateur à un règlement ou à un contrat collectif à adhésion facultative est régie par le présent livre et par les articles L. 222-1, L. 222-3, L. 222-4, L. 222-6, L. 222-8, L. 222-13 à L. 222-16, L. 222-17, L. 222-18, L. 232-4 et L. 242-5 du code de la consommation ; »

2° Pour l'application du 1°, il y a lieu d'entendre :

a) "le membre participant qui agit à des fins qui n'entrent pas dans le cadre de son activité commerciale ou professionnelle" là où est mentionné "le consommateur" ;

b) "la mutuelle, l'union ou son intermédiaire en assurance" là où est mentionné "le fournisseur" ;

c) "le montant total de la cotisation" là où est mentionné "le prix total" ;

d) "le droit de renonciation" là où est mentionné "le droit de rétractation" ;

e) "le II de l'article L. 221-18 du code de la mutualité" là où est mentionné "l'article *(Ord. n° 2017-734 du 4 mai 2017, art. 6-9°)* « L. 222-7 »" ;

f) "le III de l'article L. 221-18 du code de la mutualité" là où est mentionné "l'article *(Ord. n° 2017-734 du 4 mai 2017, art. 6-9°)* « L. 222-5 »" ;

(Ord. n° 2017-734 du 4 mai 2017, art. 6-9°) « 3° Pour l'application de l'article L. 222-6 du code de la consommation, le bulletin d'adhésion doit comprendre, outre les informations prévues à l'article L. 223-8 du présent code, *(Ord. n° 2017-1433 du 4 oct. 2017, art. 23-5°, en vigueur le 1er avr. 2018)* « un modèle de rédaction » destiné à faciliter l'exercice du droit de renonciation lorsque ce droit existe. »

II. – 1° Toute personne physique ayant adhéré *(Ord. n° 2017-734 du 4 mai 2017, art. 6-9°)* « à distance », à des fins qui n'entrent pas dans le cadre de son activité commerciale ou professionnelle, à un règlement *(Ord. n° 2017-734 du 4 mai 2017, art. 6-9°)* « ou à un contrat collectif à adhésion facultative », dispose d'un délai de quatorze jours calendaires révolus pour y renoncer, sans avoir à justifier de motif ni à supporter de pénalités. Ce délai commence à courir :

a) Soit à compter du jour où l'adhésion a pris effet ;

b) Soit à compter du jour où l'intéressé reçoit les conditions d'adhésion et les informations, conformément à l'article *(Ord. n° 2017-734 du 4 mai 2017, art. 6-9°)* « L. 222-6 » du code de la consommation, si cette dernière date est postérieure à celle mentionnée au *a* ;

2° Toutefois, en ce qui concerne les opérations mentionnées au *b* du 1° du I de l'article L. 111-1, le délai précité est porté à 30 jours calendaires révolus. Ce délai commence à courir :

a) Soit à compter du jour où l'intéressé est informé que l'adhésion a pris effet ;

b) Soit à compter du jour où l'intéressé reçoit les conditions d'adhésion et les informations, conformément à l'article *(Ord. n° 2017-734 du 4 mai 2017, art. 6-9°)* « L. 222-6 » du code de la consommation si cette dernière date est postérieure à celle mentionnée au *a*.

III. – En temps utile avant l'adhésion à distance à un règlement *(Ord. n° 2017-734 du 4 mai 2017, art. 6-9°)* « ou à un contrat collectif à adhésion facultative, » le membre participant reçoit les informations suivantes :

1° La dénomination de la mutuelle ou de l'union, l'adresse de son siège social, son numéro *(Ord. n° 2017-734 du 4 mai 2017, art. 6-9°)* « SIREN », les coordonnées de l'autorité chargée de son contrôle ainsi que, le cas échéant, l'adresse de la section mutualiste qui propose la couverture *(Ord. n° 2018-361 du 16 mai 2018, art. 13, en vigueur le 1er oct. 2018)* « ou l'identité, l'adresse de l'intermédiaire d'assurance et son numéro d'immatriculation au registre mentionné au I de l'article L. 512-1 du code des assurances ; »

2° Le montant total de la cotisation ou, lorsque ce montant ne peut être indiqué, la base de calcul de cette cotisation permettant au membre participant de vérifier celle-ci ;

3° La durée minimale *(Ord. n° 2017-734 du 4 mai 2017, art. 6-9°)* « de l'adhésion » ainsi que les garanties et exclusions prévues par *(Ord. n° 2017-734 du 4 mai 2017, art. 6-9°)* « le règlement ou le contrat collectif à adhésion facultative » ;

4° La durée pendant laquelle les informations fournies sont valables, les modalités de l'adhésion au règlement et de paiement de la cotisation ainsi que l'indication, le cas échéant, du coût supplémentaire spécifique à l'utilisation d'une technique de commercialisation à distance ;

5° L'existence ou l'absence d'un droit de renonciation et, si ce droit existe, sa durée, les modalités pratiques de son exercice notamment l'adresse à laquelle la notification de la renonciation doit être envoyée. Le membre participant doit également être informé du montant de cotisation que la mutuelle ou l'union peut lui réclamer en contrepartie de la prise d'effet de la garantie, à sa demande expresse, avant l'expiration du délai de renonciation ;

(Ord. n° 2017-734 du 4 mai 2017, art. 6-9°) « 6° La loi sur laquelle la mutuelle ou l'union se fonde pour établir les relations précontractuelles avec le membre participant ainsi que la loi applicable au règlement ou au contrat collectif à adhésion facultative et la langue que la mutuelle ou l'union s'engage à utiliser, avec l'accord du membre participant, pendant la durée de l'adhésion ;

« 7° Les modalités d'examen des réclamations que le membre participant peut formuler au sujet du règlement mutualiste ou du contrat collectif à adhésion facultative et de recours à un processus de médiation dans les conditions prévues au titre Ier du livre VI du code de la consommation.

« Les informations sur les conditions d'adhésion communiquées en phase précontractuelle doivent être conformes à la loi applicable au règlement ou au contrat collectif à adhésion facultative. »

(Ord. n° 2018-361 du 16 mai 2018, art. 13, en vigueur le 1er oct. 2018) « 8° Le document d'information normalisé mentionné à l'article L. 221-4 pour les opérations portant sur un risque non-vie. »

Ces informations, dont le caractère commercial doit apparaître sans équivoque, sont fournies de manière claire et compréhensible par tout moyen adapté à la technique de commercialisation à distance utilisée.

(Ord. n° 2018-361 du 16 mai 2018, art. 13, en vigueur le 1er oct. 2018) « IV. — La mutuelle ou l'union indique également, pour les opérations mentionnées au *b* du 1° du I de l'article L. 111-1, les informations mentionnées à l'article L. 223-8, notamment le montant maximal des frais qu'elle peut prélever et, lorsque les garanties de ces contrats collectifs à adhésion facultative ou règlements sont exprimées en unités de compte, les caractéristiques principales de celles-ci. Dans ce dernier cas, elle doit en outre préciser qu'elle ne s'engage que sur le nombre des unités de compte et non sur leur valeur qui peut être sujette à des fluctuations à la hausse comme à la baisse. La mutuelle ou l'union fournit, en outre, les informations prévues à l'article L. 522-3 du code des assurances. »

V. — Un décret en Conseil d'État fixe les informations communiquées au membre participant en cas de communication par téléphonie vocale.

VI. — Les infractions aux dispositions du présent article sont constatées et sanctionnées par l'Autorité de contrôle prudentiel et de résolution dans les conditions prévues au livre V.

Les infractions constituées par l'absence matérielle des éléments d'information prévus au III du présent article, ainsi que le refus de la mutuelle ou de l'union de rembourser le membre participant dans les conditions fixées à l'article *(Ord. n° 2017-734 du 4 mai 2017, art. 6-9°)* « L. 222-13 » du code de la consommation peuvent également être *(Ord. n° 2016-301 du 14 mars 2016, art. 12, en vigueur le 1er juill. 2016)* « recherchées et constatées par les agents mentionnés aux articles L. 511-3 et

L. 511-21 du code de la consommation, dans les conditions prévues à l'article L. 511-6 du même code ».

Les conditions d'application du présent article sont définies en tant que de besoin par décret en Conseil d'État.

V. note ss. art. L. 221-6-4.

Ces dispositions sont entrées en vigueur le 1er déc. 2005 (Ord. n° 2005-648 du 6 juin 2005, art. 3).

Les dispositions de l'art. 33 de la L. n° 2014-344 du 17 mars 2014 s'appliquent aux contrats conclus après le 13 juin 2014 (L. préc., art. 34).

V. C. consom., art. L. 222-1 à L. 222-4, L. 222-6, L. 222-13 à L. 222-18 et L. 232-4 ss. C. assur., art. L. 112-2-1.

Art. L. 221-18-1 *(Ord. n° 2017-734 du 4 mai 2017, art. 6-10°)* **I. — Toute personne physique qui fait l'objet d'un démarchage à son domicile, à sa résidence ou à son lieu de travail, même à sa demande, et qui adhère dans ce cadre à un règlement ou à un contrat collectif à adhésion facultative à des fins qui n'entrent pas dans le cadre de son activité commerciale ou professionnelle, a la faculté d'y renoncer par lettre recommandée** *(Ord. n° 2017-1433 du 4 oct. 2017, art. 23-6°, en vigueur le 1er avr. 2018)* **« ou par envoi recommandé électronique » avec demande d'avis de réception pendant le délai de quatorze jours calendaires révolus à compter du jour de la signature du bulletin d'adhésion sans avoir à justifier de motifs ni à supporter de pénalités.**

Le bulletin d'adhésion au règlement ou au contrat collectif à adhésion facultative et, le cas échéant, la notice comportent, à peine de nullité, la mention du texte du premier alinéa et comprennent *(Ord. n° 2017-1433 du 4 oct. 2017, art. 23-6°, en vigueur le 1er avr. 2018)* **« un modèle de rédaction » destiné à faciliter l'exercice de la faculté de renonciation.**

L'exercice du droit de renonciation dans le délai prévu au premier alinéa met fin à l'adhésion *(Ord. n° 2017-1433 du 4 oct. 2017, art. 23-6°, en vigueur le 1er avr. 2018)* **« à compter de la date de réception de la lettre recommandée ou de l'envoi recommandé électronique mentionnés » au même alinéa. Dès lors qu'il a connaissance de la réalisation d'un risque mettant en jeu la garantie du contrat, le membre participant ne peut plus exercer ce droit de renonciation.**

En cas de renonciation, le membre participant ne peut être tenu qu'au paiement de la partie de cotisation correspondant à la période pendant laquelle le risque a couru, cette période étant calculée jusqu'à la date de fin d'adhésion. La mutuelle ou l'union est tenue de rembourser au membre participant le solde au plus tard dans les trente jours suivant la date de fin d'adhésion. Au-delà de ce délai, les sommes non versées produisent de plein droit intérêt au taux légal.

Toutefois, l'intégralité de la cotisation reste due à la mutuelle ou à l'union si le membre participant exerce son droit de renonciation alors que la réalisation d'un risque mettant en jeu la garantie du règlement ou du contrat et dont il n'a pas eu connaissance est intervenu pendant le délai de renonciation.

Le présent article n'est pas applicable aux opérations des mutuelles et des unions mentionnées au *b* du 1° de l'article L. 111-1.

Les infractions aux dispositions du présent I sont constatées et sanctionnées par l'autorité instituée à l'article L. 612-1 du code monétaire et financier.

II. — Les infractions constituées par la violation des dispositions du deuxième alinéa et de la deuxième phrase du quatrième alinéa du I sont recherchées et constatées par les agents mentionnés aux articles L. 511-3 et L. 511-21 du code de la consommation, dans les conditions prévues à l'article L. 511-5 du même code.

Est puni de 15 000 euros d'amende le fait de ne pas rembourser le membre participant dans les conditions prévues à la deuxième phrase du quatrième alinéa du I du présent article.

V. note ss. art. L. 221-6-4.

SECTION IV **CERTIFICATS MUTUALISTES**

(L. n° 2014-856 du 31 juill. 2014, art. 54-III-3°)

Art. L. 221-19 **I. — En vue de l'alimentation de leur fonds d'établissement, les mutuelles et unions mentionnées à l'article L. 211-1 ainsi que les unions mutualistes**

de groupe mentionnées à l'article L. 111-4-2 peuvent émettre des certificats mutualistes auprès :

1° De leurs membres participants ou honoraires ;

2° Des membres participants ou assurés des organismes appartenant *(Ord. nº 2015-378 du 2 avr. 2015, art. 16-II-1º, en vigueur le 1er janv. 2016)* « au même groupe d'assurance défini au 5° de l'article L. 356-1 du code des assurances », ainsi qu'auprès desdits organismes ;

3° De mutuelles et unions régies par le présent livre II, d'unions mentionnées à l'article L. 111-4-2 du présent code, d'institutions, d'unions ou de *(Ord. nº 2015-378 du 2 avr. 2015, art. 16-II-1º, en vigueur le 1er janv. 2016)* « sociétés de groupe assurantiel de protection sociale » régis *[régies]* par le livre IX du code de la sécurité sociale, de sociétés d'assurance mutuelles régies par le code des assurances et de sociétés de groupe d'assurance mutuelles mentionnées au dernier alinéa de l'article L. 322-1-3 du même code.

II. — Lors de l'émission de certificats mutualistes, les mutuelles et unions respectent les conditions et les modalités prévues aux articles L. 114-44 et L. 114-45-1 du présent code.

Toutes les informations, y compris les communications à caractère publicitaire, relatives à des certificats mutualistes présentent un contenu exact, clair et non trompeur. Les communications à caractère publicitaire sont clairement identifiées comme telles.

Les personnes mentionnées au I reçoivent, préalablement à la souscription, les informations leur permettant raisonnablement de comprendre la nature des certificats mutualistes proposés ainsi que les risques et inconvénients y afférents, afin d'être en mesure de prendre leurs décisions d'investissement en connaissance de cause.

Lorsque les certificats mutualistes sont placés auprès de personnes relevant des 1° ou 2° du I du présent article, les mutuelles et unions précisent les exigences et les besoins exprimés par ces personnes ainsi que les raisons qui motivent le conseil fourni quant à l'investissement proposé. Ces précisions, qui reposent en particulier sur les éléments d'information communiqués par ces personnes sur leur situation financière et leurs objectifs de souscription, sont adaptées aux spécificités des certificats mutualistes. Pour l'application de ces obligations, les mutuelles et unions s'enquièrent des connaissances et de l'expérience en matière financière de ces personnes. Lorsque ces dernières ne communiquent pas l'ensemble des éléments d'information susmentionnés, les mutuelles et unions les mettent en garde préalablement à la souscription.

III. — Les certificats mutualistes sont inscrits sous forme nominative dans un registre tenu par l'émetteur et dans un compte-titres tenu soit par l'émetteur, soit par l'un des intermédiaires mentionnés aux 2° à 7° de l'article L. 542-1 du code monétaire et financier.

Le compte-titres est ouvert au nom d'un ou de plusieurs titulaires, propriétaires des certificats mutualistes qui y sont inscrits.

IV. — Par exception à la règle fixée au troisième alinéa de l'article L. 114-44 du présent code pour les titres participatifs, la rémunération des certificats mutualistes est variable et fixée annuellement par l'assemblée générale lors de l'examen des comptes. La part maximale des résultats du dernier exercice clos et des précédents exercices susceptible d'être affectée annuellement à la rémunération des certificats mutualistes est fixée par décret en Conseil d'État.

V. art. R. 221-3 s.

Art. L. 221-20 I. — Les certificats mutualistes ne sont remboursables qu'en cas de liquidation de l'émetteur et après désintéressement complet de tous les créanciers privilégiés, chirographaires et subordonnés. Le remboursement est effectué à la valeur nominale du certificat, réduite, le cas échéant, à due concurrence de l'imputation des pertes sur le fonds d'établissement. Les statuts peuvent prévoir, préalablement à cette réduction, l'imputation des pertes sur les réserves.

II. — Les certificats mutualistes ne peuvent être cédés que dans les conditions décrites au III et ne peuvent faire l'objet ni d'un prêt ni d'opérations de mise en pension.

III. — L'assemblée générale peut autoriser le conseil d'administration à racheter à leur valeur nominale des certificats mutualistes émis par la mutuelle ou l'union, afin de les offrir à l'achat, dans un délai de deux ans à compter de leur rachat, aux personnes mentionnées au I de l'article L. 221-19, dans les conditions et selon les modalités suivantes :

1° Le montant de certificats mutualistes détenus par l'émetteur ne peut excéder 10 % du montant total émis, sauf dérogation accordée par l'Autorité de contrôle prudentiel et de résolution ;

2° Lorsque l'assemblée générale les autorise, les rachats de certificats mutualistes sont effectués selon l'ordre d'arrivée des demandes des titulaires de certificats mutualistes. Les demandes formulées dans les cas suivants sont toutefois prioritaires :

a) Liquidation du titulaire ;

b) Demande d'un ayant droit en cas de décès du titulaire ;

c) Cas prévus au troisième à septième alinéa de l'article L. 132-23 du code des assurances. Pour l'application de ces mêmes alinéas, la référence à l'assuré est remplacée par la référence au titulaire du certificat mutualiste ;

d) Perte par le titulaire du certificat de sa qualité de membre participant ou honoraire de l'émetteur, ou de membre participant, de membre adhérent ou assuré des organismes appartenant *(Ord. n° 2015-378 du 2 avr. 2015, art. 16-II-2°, en vigueur le 1er janv. 2016)* « au même groupe d'assurance défini au 5° de l'article L. 356-1 du code des assurances » ;

3° L'assemblée générale arrête un programme annuel de rachats, qui fait l'objet d'une résolution spéciale dont la teneur est préalablement soumise à l'approbation de l'Autorité de contrôle prudentiel et de résolution. Le programme définit la politique de la mutuelle ou de l'union en matière de rachat, les modalités des opérations de rachat et le nombre maximal de certificats mutualistes pouvant être rachetés et précise l'impact des rachats sur la solvabilité de la mutuelle ou de l'union ;

4° A défaut d'avoir été cédés dans les deux ans à compter de leur rachat, les certificats mutualistes sont annulés. L'annulation est compensée par une reprise d'un montant équivalent sur le fonds d'établissement. Cette reprise est constatée par le conseil d'administration, qui procède à la modification du montant du fonds d'établissement mentionné dans les statuts. Cette modification est mentionnée dans le rapport annuel présenté à l'assemblée générale ;

5° Les commissaires aux comptes présentent à l'assemblée générale d'approbation des comptes un rapport spécial sur les conditions dans lesquelles les certificats mutualistes ont été rachetés et utilisés au cours du dernier exercice clos ;

6° Les certificats mutualistes détenus par l'émetteur ne donnent pas droit à rémunération ;

7° Une nouvelle émission de certificats mutualistes ne peut être autorisée que si l'émetteur place de manière prioritaire les certificats mutualistes qu'il détient en propre ;

8° Le conseil d'administration peut déléguer au président du conseil d'administration ou au dirigeant salarié les pouvoirs nécessaires pour réaliser les opérations de rachat. Le président du conseil d'administration ou le dirigeant salarié rend compte au conseil d'administration, dans les conditions prévues par ce dernier, de l'utilisation faite de ce pouvoir.

CHAPITRE II DISPOSITIONS RELATIVES À CERTAINES OPÉRATIONS DE RETRAITE

Art. L. 222-1 Lorsque les mutuelles ou unions réalisent des opérations ayant pour objet l'acquisition ou la jouissance de droits en cas de vie dans lesquelles un lien est établi entre la revalorisation des cotisations et celle des droits en cas de vie précédemment acquis, elles sont tenues de mettre en œuvre ces opérations sur la base d'une convention et d'en isoler les actifs et les droits de ceux des autres opérations qu'elles réalisent.

Les actifs correspondant à ces opérations sont affectés au règlement des droits acquis et en cours d'acquisition. Ils sont grevés à cet effet :

a) Lorsqu'il s'agit d'actifs immobiliers, d'une hypothèque légale inscrite dès leur affectation au règlement de ces droits ;

b) D'un privilège mobilier et d'un privilège immobilier qui priment les privilèges respectivement prévus aux premier et deuxième alinéas de l'article L. 212-23.

(Ord. nº 2017-484 du 6 avr. 2017, art. 13-1º) « Lorsqu'une mutuelle ou union pratique des opérations relevant du présent chapitre, elle doit, pour chaque convention, tenir une comptabilité auxiliaire d'affectation. »

V. art. R. 222-1 s.

Les conventions de toute nature existant au 1er juill. 2017 et pratiquant ou prévoyant des opérations mentionnées à l'art. L. 222-1 doivent être rendues conformes aux dispositions du chapitre II du titre II du livre II, dans sa version issue de l'Ord. nº 2017-484 du 6 avr. 2017, avant le 31 déc. 2017 (Ord. préc., art. 14).

Art. L. 222-1-1 *(Ord. nº 2017-484 du 6 avr. 2017, art. 13-2º)* I. — Les conventions mentionnées à l'article L. 222-1 ainsi que toutes les informations relatives à celle-ci, y compris les communications à caractère publicitaire, doivent préciser, en caractères très apparents, selon un contenu exact, clair et non trompeur, les modalités et les conditions dans lesquelles la valeur de service de l'unité de rente est susceptible de baisser.

Les conventions conclues à compter du 1er juillet 2017 prévoient des possibilités de baisse de la valeur de service de l'unité de rente et de conversion, dans des limites précisées par voie réglementaire.

II. — Les conventions relevant du présent chapitre ne peuvent comporter de rachat, sauf dans le cas des évènements énumérés à l'article L. 132-23 du code des assurances. En ce cas, la valeur de rachat ne peut être inférieure à la valeur de transfert.

III. — Une modification de la valeur de service ou de la valeur d'acquisition de l'unité de rente ou une modification des coefficients de surcote et de décote ne constitue pas une modification des droits et obligations au sens de l'article L. 221-6 du présent code, à la différence d'une modification des barèmes liés à l'âge.

IV. — Les conventions régies par le présent chapitre qui sont constitutives d'un plan d'épargne retraite populaire appliquent les dispositions de l'article L. 144-2 du code des assurances.

Art. L. 222-1-2 *(Ord. nº 2017-484 du 6 avr. 2017, art. 13-2º)* I. — Pour les opérations à adhésion facultative, la notice remise par le souscripteur ou adhérent au participant lors de l'adhésion inclut, outre les informations mentionnées à l'article L. 221-6 :

a) La dénomination sociale et les coordonnées du souscripteur ;

b) Les stipulations essentielles de la convention, notamment les possibilités de baisse de la valeur de service de l'unité de rente et de conversion de la convention qui peuvent être prévues, conformément au I de l'article L. 222-1-1 ;

c) La mention que les droits et obligations du participant peuvent être modifiés par des avenants à cette convention ainsi que les modalités d'adoption de ces avenants par le souscripteur ;

d) Les conditions d'exercice de la faculté de renonciation ainsi qu'un modèle de lettre destiné à faciliter l'exercice de cette faculté de renonciation ;

e) Les modalités de la conversion de la convention en rentes viagères selon les conditions fixées par arrêté du ministre chargé de la mutualité.

Un résumé des caractéristiques essentielles de la convention figure au début de cette notice, dans un format précisé par arrêté du même ministre qui en fixe également, de façon limitative, le contenu. Cet arrêté précise également l'ensemble des informations qui doivent figurer dans la notice, notamment les stipulations essentielles au sens du *b*.

II. — Pour les opérations à adhésion facultative, le défaut de remise de la notice prévue au I entraîne de plein droit la prorogation du délai de renonciation prévu à l'article L. 223-8.

Art. L. 222-1-3 *(Ord. n° 2017-484 du 6 avr. 2017, art. 13-2°)* Pour l'ensemble des opérations régies par le présent chapitre, le souscripteur ou l'adhérent est tenu de communiquer chaque année au participant :

1° Le montant de la cotisation versée au titre de l'adhésion au cours de l'année ;

2° Les valeurs d'acquisition de l'unité de rente correspondant à la situation du participant au cours de l'année écoulée ;

3° Le montant total des droits acquis exprimés en nombre d'unités de rente ;

4° La valeur de service de l'unité de rente, l'âge auquel elle correspond et son évolution depuis l'année précédente, ainsi que les coefficients de surcote et de décote correspondant à une liquidation différée ou anticipée par rapport à l'âge de référence ;

5° Les principales informations techniques et financières de la convention, notamment celles permettant au participant d'apprécier la situation financière de la convention à laquelle il a adhéré ;

6° Pour les opérations dont les prestations sont liées à la cessation d'activité professionnelle, le montant de la valeur de transfert ;

7° Lorsque la convention prévoit une réduction du nombre d'unités de rente en cas de cessation du paiement des primes ou cotisations, les conditions de cette réduction et le nombre d'unités de rente qui en résulte ;

8° Lorsque la convention prévoit des possibilités de baisse de la valeur de service de l'unité de rente et de conversion, les conditions et les modalités de la mise en œuvre de ces possibilités.

Art. L. 222-1-4 *(Ord. n° 2017-484 du 6 avr. 2017, art. 13-2°)* Un décret en Conseil d'État détermine les règles techniques et les conditions d'application du présent chapitre, notamment les modalités selon lesquelles les informations prévues par l'article L. 222-1-3 peuvent être mises à disposition des participants et la possibilité d'inclure ces informations dans les rapports prévus aux articles L. 222-4-2 du présent code et L. 385-7 du code des assurances pour les conventions constitutives d'engagements relevant du chapitre II *bis* du présent titre ou dans le rapport prévu au III de l'article L. 144-2 du code des assurances pour les conventions relevant de cet article.

Art. L. 222-2 Donnent lieu à une majoration de l'État, dans les conditions fixées par décret, les rentes constituées soit directement par des mutuelles ou des unions de mutuelles régies par le présent livre, soit par les mutuelles ou les unions de mutuelles souscrivant un contrat auprès d'organismes assureurs au profit :

1° Des anciens combattants de la guerre 1914-1918, des veuves, orphelins et ascendants de militaires morts pour la France au cours de cette guerre ;

2° Dans les départements du Haut-Rhin, du Bas-Rhin et de la Moselle, de tous les Alsaciens et Lorrains, sans condition de séjour aux armées, réintégrés de plein droit dans la nationalité française, mobilisés dans l'armée allemande et admis, depuis le 11 novembre 1918, dans les groupements régionaux d'anciens combattants de la guerre 1914-1918, ainsi que leurs veuves, orphelins et ascendants ;

3° Des personnes titulaires de la carte de combattant ou du titre de reconnaissance de la nation, des veuves, orphelins et ascendants de combattants morts pour la France au cours de la guerre commencée le 2 septembre 1939 ;

4° Des personnes titulaires de la carte du combattant ou du titre de reconnaissance de la nation, attribuée pour participation effective à des opérations sur les théâtres d'opérations extérieures et des veuves, orphelins et ascendants des militaires décédés du fait de cette participation ;

5° Des militaires ayant obtenu le titre de reconnaissance de la nation ou la carte du combattant pour leur participation aux conflits d'Indochine ou de Corée, ainsi que des veuves, orphelins et ascendants des militaires décédés du fait de leur participation à ces combats ;

6° Des anciens militaires et anciens membres des forces supplétives françaises ayant pris part à la guerre d'Algérie et aux combats en Tunisie et au Maroc, titulaires du titre de reconnaissance de la nation institué par l'article 77 de la loi n° 67-1114 du 21 décembre 1967 ou titulaires de la carte de combattant attribuée dans les conditions fixées par la loi n° 74-1044 du 9 décembre 1974, ainsi que des veuves, orphelins et ascendants des militaires décédés du fait de leur participation à ces opérations ;

7° Des militaires des forces armées françaises ainsi que des personnes civiles titulaires de la carte du combattant ou du titre de reconnaissance de la nation, du fait de leur participation, en vertu des décisions des autorités françaises, au sein d'unités françaises ou alliées ou de force internationales soit à des conflits armés, soit à des opérations ou missions menées conformément aux obligations et engagements internationaux de la France, ainsi que des veuves, veufs, orphelins ou ascendants des civils ou militaires décédés du fait de leur participation à ces opérations.

Les mutuelles, unions de mutuelles régies par le présent livre et, le cas échéant, les organismes assureurs mentionnés au premier alinéa sont habilités à servir les rentes mentionnées à ce même alinéa, dans des conditions déterminées par décret en Conseil d'État, par arrêté des ministres chargés de la mutualité, des anciens combattants, de l'économie, des finances et du budget.

Le taux de la majoration mentionnée au premier alinéa est réduit de moitié lorsque les rentes sont souscrites par les personnes mentionnées ci-dessus après un délai de dix ans à compter de l'attribution de la carte du combattant ou du titre de reconnaissance de la nation.

Le montant maximal donnant lieu à majoration par l'État de la rente qui peut être constituée au profit des bénéficiaires visés par les dispositions du présent article est calculée par référence à l'indice des pensions militaires d'invalidité et des victimes de guerre défini par une loi de finances. Il est exprimé en euros au 1er janvier de chaque année en fonction de la valeur du point des pensions militaires d'invalidité à cette date. — *Ce montant maximal est fixé par référence à 125 points d'indice de pension militaire d'invalidité (L. n° 2006-1666 du 21 déc. 2006, art. 101).*

V. Arr. du 12 déc. 2017 portant majoration de certaines rentes viagères (JO 31 déc.).

CHAPITRE II *BIS* RETRAITE PROFESSIONNELLE SUPPLÉMENTAIRE

(Ord. n° 2006-344 du 23 mars 2006)

SECTION PREMIÈRE DISPOSITIONS GÉNÉRALES

(Ord. n° 2019-697 du 3 juill. 2019, art. 1er)

Art. L. 222-2-1 L'article L. 143-0 du code des assurances est applicable aux mutuelles et unions de retraite professionnelle supplémentaire et aux mutuelles et unions.

Pour l'application de ces dispositions, il y a lieu d'entendre : "mutuelles et unions de retraite professionnelle supplémentaire" là où sont mentionnés dans le code des assurances : "fonds de retraite professionnelle supplémentaire" et : "mutuelles et unions" là où sont mentionnées : "entreprises d'assurance".

Pour les contrats de retraite professionnelle en cours d'exécution à la date de publication de l'Ord. n° 2019-697 du 3 juill. 2019, les dispositions de l'art. L. 222-2-1 s'appliquent aux droits afférents aux périodes d'emploi accomplies à compter du 1er janv. 2020 (Ord. préc., art. 6).

SECTION II OPÉRATIONS PRATIQUÉES PAR LES MUTUELLES ET UNIONS DE RETRAITE PROFESSIONNELLE SUPPLÉMENTAIRE *(Ord. n° 2019-697 du 3 juill. 2019, art. 1er).*

Art. L. 222-3 *(Ord. n° 2019-697 du 3 juill. 2019, art. 1er)* « La présente section » *(Ord. n° 2017-484 du 6 avr. 2017, art. 6-8°)* « s'applique aux opérations pratiquées par les mutuelles et unions de retraite professionnelle supplémentaire dans le cadre de leur agrément administratif *(Abrogé par Ord. n° 2017-484 du 6 avr. 2017, art. 8-1°, à compter du 1er janv. 2023)* ***« et par les mutuelles ou unions dans le cadre de l'agrément administratif accordé pour les activités de retraite professionnelle supplémentaire »***. Peuvent être proposés, dans le cadre de cet agrément, les contrats d'assurance ayant pour objet la fourniture de prestations de retraite liées à une activité professionnelle, versées en supplément des prestations servies par les régimes de base et complémentaires légalement

obligatoires ou attribuées par référence à la perspective d'atteindre la retraite. Ces contrats sont souscrits : »

1° Par un employeur ou un groupe d'employeurs au profit de leurs salariés ou anciens salariés, ou par un groupement professionnel représentatif d'employeurs au profit des salariés ou anciens salariés de ceux-ci. Ils revêtent un caractère collectif déterminé dans le cadre d'une des procédures mentionnées à l'article L. 911-1 *(Ord. nº 2017-484 du 6 avr. 2017, art. 6-8º)* **« du code de la sécurité sociale ;**

« 2° Ou par une association dans le cadre des opérations mentionnées à l'article L. 223-25-1. »

Ordonnance nº 2017-484 du 6 avril 2017,

Relative à la création d'organismes dédiés à l'exercice de l'activité de retraite professionnelle supplémentaire et à l'adaptation des régimes de retraite supplémentaire en unités de rente.

Art. 7 *[...]*

II. — Jusqu'au 31 décembre 2022, les mutuelles ou unions dont l'ensemble des engagements est lié à un ou des contrats offrant les prestations mentionnées à l'article L. 222-3 du même code peuvent déposer à l'Autorité de contrôle prudentiel et de résolution une demande pour être agréées en tant que mutuelles ou unions de retraite professionnelle supplémentaire dans les conditions prévues par l'article L. 214-7 du même code.

Cette demande d'agrément et de soumission de l'ensemble des engagements de la mutuelle ou union à cet agrément est portée à la connaissance des créanciers de la mutuelle ou union par un avis publié au *Journal officiel*, qui leur impartit un délai de deux mois pour présenter leurs observations. A compter de la date de cette publication, la mutuelle ou union concernée ainsi que l'ensemble des souscripteurs de contrats auprès de cette mutuelle ou union pour les contrats mentionnés au 2° de l'article L. 222-3 du même code font figurer cette demande, de manière apparente et distincte sur leur site internet, jusqu'à la date de la décision de l'Autorité de contrôle prudentiel et de résolution relative à cette demande.

L'Autorité de contrôle prudentiel et de résolution délivre l'agrément, approuve la soumission des engagements à cet agrément et constate la caducité de l'ensemble des autres agréments s'il lui apparaît que cela ne porte pas préjudice aux intérêts des créanciers et des membres participants.

La décision d'approbation de l'Autorité de contrôle prudentiel et de résolution rend l'opération opposable aux membres participants, souscripteurs et bénéficiaires de contrats ainsi qu'aux créanciers à partir de la date de sa publication au *Journal officiel*. Les souscripteurs ont la faculté de résilier le contrat dans le délai d'un mois suivant la date de cette publication et de demander le transfert des engagements relatifs à leurs contrats à une autre mutuelle ou union, une mutuelle ou union de retraite professionnelle supplémentaire, une entreprise d'assurance, un fonds de retraite professionnelle supplémentaire, une institution de prévoyance ou une institution de retraite professionnelle supplémentaire.

Les mutuelles ou unions qui recourent à la faculté prévue au présent II deviennent des mutuelles ou unions de retraite professionnelle supplémentaire en cas d'approbation par l'Autorité de contrôle prudentiel et de résolution. *— V. note ss. C. mut., art. R. 214-2.*

[...]

III. — A la fin de l'exercice 2022, les mutuelles ou unions qui possèdent des engagements faisant l'objet d'une comptabilité auxiliaire d'affectation mentionnée aux premier et troisième alinéas de l'article L. 222-6 du même code transfèrent ces engagements et les actifs correspondants à l'extérieur de cette compatibilité auxiliaire d'affectation ou les affectent à une nouvelle comptabilité auxiliaire d'affectation ne relevant plus de cet article L. 222-6. Le ou les contrats correspondant aux engagements ainsi transférés à l'extérieur de la comptabilité auxiliaire d'affectation ou affectés à une nouvelle comptabilité auxiliaire d'affectation ne relèvent plus de l'agrément administratif accordé pour les activités de retraite professionnelle supplémentaire mentionné au premier alinéa de l'article L. 222-3 du même code.

IV. — A compter du 1er janvier 2023, une mutuelle ou union ne peut plus souscrire de nouveaux contrats dans le cadre de l'agrément administratif accordé pour les activités de retraite professionnelle supplémentaire mentionné au premier alinéa de l'article L. 222-3 du même code, qui devient caduc.

V. — Un décret en Conseil d'État précise, en tant que de besoin, les modalités d'application du présent article.

Décret nº 2017-1765 du 26 décembre 2017,

Fixant les règles applicables aux mutuelles, unions et institutions de retraite professionnelle supplémentaire et portant adaptation des régimes de retraite supplémentaire en unités de rente régis par les codes de la mutualité et de la sécurité sociale.

Art. 8 I. — Lorsque, en application du II de l'article 7 de l'ordonnance du 6 avril 2017 susvisée, une mutuelle ou union change d'agrément pour devenir une mutuelle ou union de retraite professionnelle supplémentaire, ou lorsque, en application du II de l'article 10 de la même ordonnance, une institution de prévoyance change d'agrément pour devenir une institution de retraite professionnelle supplémentaire, et que ce changement d'agrément conduit à modifier la valeur inscrite au bilan des provisions techniques, notamment de la provision mathématique évaluée conformément à l'article R. 343-4 du code des assurances, la différence entre cette nouvelle valeur et la valeur comptable antérieure est, le cas échéant, constatée dans le compte de résultat de la mutuelle ou union de retraite professionnelle supplémentaire ou de l'institution de retraite professionnelle supplémentaire. — *V. note ss. C. mut., art. R. 214-4.*

II. — Lorsque, en application du III de l'article 7 de l'ordonnance du 6 avril 2017 susvisée, une mutuelle ou union transfère des engagements faisant l'objet d'une comptabilité auxiliaire d'affectation mentionnée aux premier et troisième alinéas de l'article L. 222-6 du code de la mutualité à l'extérieur de cette comptabilité auxiliaire d'affectation, ou lorsque, en application du III de l'article 10 de la même ordonnance, une institution de prévoyance transfère des engagements faisant l'objet d'une comptabilité auxiliaire d'affectation mentionnée aux premier et troisième alinéas de l'article L. 932-43 du code de la sécurité sociale à l'extérieur de cette comptabilité auxiliaire d'affectation, la mutuelle ou union ou l'institution de prévoyance n'évalue plus les provisions mathématiques correspondantes selon les modalités prévues à l'article R. 343-4 du code des assurances. La différence du montant des provisions inscrites au bilan est, le cas échéant, constatée dans le compte de résultat de la mutuelle ou union ou de l'institution de prévoyance.

Les actifs qui sont réaffectés aux autres opérations de la mutuelle ou union ou de l'institution de prévoyance sont inscrits au bilan de la mutuelle ou union ou de l'institution pour leur valeur de réalisation déterminée conformément aux articles R. 343-11 et R. 343-12 du code des assurances. La différence entre cette valeur et la valeur comptable antérieure est, le cas échéant, constatée dans le compte de résultat de la mutuelle ou union ou de l'institution de prévoyance.

Art. L. 222-4 Les prestations relatives aux contrats mentionnés à l'article L. 222-3 *(Abrogé par Ord. nº 2017-484 du 6 avr. 2017, art. 6-9º)* « ***sont payables au membre participant à compter de la date de liquidation de sa pension dans un régime obligatoire d'assurance vieillesse ou à l'âge fixé en application de l'article*** L. 351-1 ***du code de la sécurité sociale. Elles*** » peuvent prévoir des garanties complémentaires en cas de décès *(Ord. nº 2017-484 du 6 avr. 2017, art. 6-9º)* « du participant » avant ou après la date de mise en service de la rente viagère, ainsi qu'en cas d'invalidité et d'incapacité.

Les droits individuels en cours de constitution relatifs aux contrats mentionnés à l'article L. 222-3 sont transférables vers un autre contrat mentionné à l'article L. 222-3, ainsi que, dans des conditions et des limites fixées par décret, vers un plan d'épargne retraite populaire défini à l'article L. 144-2 du code des assurances. Ces droits sont également transférables vers un contrat offrant les prestations mentionnées à l'article L. 222-3, mais n'ayant pas été souscrit dans le cadre de l'agrément administratif mentionné au premier alinéa de cet article *(Ord. nº 2017-484 du 6 avr. 2017, art. 6-9º)* « et réciproquement ». La notice d'information précise les modalités d'exercice de la clause de transférabilité. Toutefois, lorsque l'adhésion à ces contrats revêt un caractère obligatoire déterminé dans le cadre d'une des procédures mentionnées à l'article L. 911-1 *[du code]* de la sécurité sociale, les droits individuels relatifs à ces contrats ne sont transférables que lorsque le participant n'est plus tenu d'y adhérer.

(Ord. nº 2017-484 du 6 avr. 2017, art. 6-9º) « Il est institué, pour chaque contrat mentionné au 1º de l'article L. 222-3 dont le nombre des membres participants est supérieur à un seuil fixé par arrêté des ministres chargés de l'économie, de la sécurité sociale et de la mutualité, un comité de surveillance chargé de veiller à la bonne

exécution du contrat et à la représentation des intérêts des participants. Ce comité est formé dans les six mois suivant le franchissement du seuil mentionné à la première phrase. Il est composé à parts égales de représentants des salariés et des employeurs. Les membres du comité de surveillance sont tenus au secret professionnel à l'égard des informations présentant un caractère confidentiel et données comme telles par les personnes consultées dans les conditions et sous les peines prévues aux articles 226-13 et 226-14 du code pénal. Le comité peut entendre le ou les commissaires aux comptes compétents, qui sont déliés de l'obligation du secret professionnel à l'égard du comité en ce qui concerne les comptes concernés. Lorsque, pour une même mutuelle ou union de retraite professionnelle supplémentaire *(Abrogé par Ord. nº 2017-484 du 6 avr. 2017, art. 8-2º, à compter du 1er janv. 2023)* *« ou une même mutuelle ou union »*, un même souscripteur a souscrit plusieurs contrats pour lesquels doit être instauré un comité de surveillance, les comités de surveillance de ces contrats peuvent être regroupés au sein d'un unique comité chargé de veiller à la bonne exécution de l'ensemble des contrats concernés et à la représentation des intérêts des participants de l'ensemble de ces contrats.

« Par dérogation à l'alinéa précédent, les missions du comité de surveillance peuvent être confiées à une autre instance qui se substitue à lui, à condition que cette instance soit représentative, à parts égales, des salariés et des employeurs du contrat concerné et sous réserve que les membres de cette instance soient tenus aux mêmes obligations de secret professionnel que celles prévues pour les membres d'un comité de surveillance. »

Les deuxième et troisième alinéas ne s'appliquent ni aux contrats à prestations définies bénéficiant du régime prévu au 2º et au 2º 0 *bis* de l'article 83 du code général des impôts, ni à ceux entrant dans le champ d'application *(Ord. nº 2019-697 du 3 juill. 2019, art. 1er)* « de l'article L. 137-11 et de l'article L. 137-11-2 » du code de la sécurité sociale. Ils ne s'appliquent pas non plus aux contrats ayant pour seul objet la prestation d'indemnités de départ en retraite mentionnées à l'article *(Ord. nº 2017-484 du 6 avr. 2017, art. 6-9º)* « L. 1237-9 » du code du travail.

Art. L. 222-4-1 *(Ord. nº 2017-484 du 6 avr. 2017, art. 6-10º)* Les actifs de chaque contrat relevant *(Ord. nº 2019-697 du 3 juill. 2019, art. 1er)* « de la présente section » et faisant l'objet d'une comptabilité auxiliaire d'affectation sont conservés par un ou plusieurs dépositaires distincts de la mutuelle ou union de retraite professionnelle supplémentaire *(Abrogé par Ord. nº 2017-484 du 6 avr. 2017, art. 8-3º, à compter du 1er janv. 2023)* *« ou de la mutuelle ou union »*, qui exercent à titre principal le service mentionné au 1º de l'article L. 321-2 du code monétaire et financier et sont agréés en France ou dans un autre État membre de l'Union européenne ou partie à l'accord sur l'Espace économique européen.

Les autres actifs des mutuelles ou unions de retraite professionnelle supplémentaire sont également conservés par un ou plusieurs dépositaires distincts de la mutuelle ou union, dans les mêmes conditions.

Art. L. 222-4-2 *(Ord. nº 2017-484 du 6 avr. 2017, art. 6-10º)* Le bulletin d'adhésion mentionné à l'article L. 221-1 indique que le contrat souscrit est un contrat de retraite professionnelle supplémentaire relevant *(Ord. nº 2019-697 du 3 juill. 2019, art. 1er)* « de la présente section ». *(Ord. nº 2019-575 du 12 juin 2019, art. 6)* « Un arrêté du ministre chargé de la mutualité fixe la liste des informations minimales que contient le bulletin d'adhésion remis dans le cadre d'un contrat de retraite professionnelle supplémentaire. »

Lors de la liquidation de ses droits, la mutuelle ou union de retraite professionnelle supplémentaire *(Abrogé par Ord. nº 2017-484 du 6 avr. 2017, art. 8-3º, à compter du 1er janv. 2023)* *« ou la mutuelle ou union »* informe chaque membre participant et bénéficiaire, dans des conditions définies par arrêté du ministre chargé de la mutualité, du montant des prestations qui lui sont dues et des options de paiement correspondantes.

La mutuelle ou union de retraite professionnelle supplémentaire *(Abrogé par Ord. nº 2017-484 du 6 avr. 2017, art. 8-3º, à compter du 1er janv. 2023)* *« ou la mutuelle ou union* » établit et révise au moins tous les trois ans, pour chaque contrat, un rapport indiquant sa politique de placement et les risques techniques et financiers correspondants. *(Ord. nº 2019-575 du 12 juin 2019, art. 6)* « Elle précise également les méthodes d'évaluation des risques d'investissement, les techniques de gestion des risques mises en œuvre et la répartition stratégique des actifs eu égard à la nature et à la durée des engagements de retraite, ainsi que la manière dont la politique d'investissement prend en considération les facteurs environnementaux, sociaux et de gouvernance. » Ce rapport est mis à jour dans un délai de trois mois après tout changement majeur de la politique de placement. Il est mis à la disposition du souscripteur, du participant et du bénéficiaire. Un arrêté du ministre chargé de la mutualité précise le contenu du rapport et les autres informations qui, sur demande ou périodiquement, doivent être remises aux membres participants.

Art. L. 222-4-3 *(Ord. nº 2019-575 du 12 juin 2019, art. 6)* I. — Le dépositaire mentionné à l'article L. 222-4-1 est désigné au moyen d'un contrat écrit. Ce contrat prévoit la transmission au dépositaire des informations nécessaires à l'exercice de ses missions.

Le dépositaire agit d'une manière honnête, loyale, professionnelle et indépendante, dans l'intérêt des affiliés et des bénéficiaires du régime. Le dépositaire ne peut exercer d'activités concernant la mutuelle, l'union ou la mutuelle ou union de retraite professionnelle supplémentaire qui seraient susceptibles de le placer en situation de conflit d'intérêts avec l'assureur ou la mutuelle ou union de retraite professionnelle supplémentaire, les membres participants ou les bénéficiaires, sauf s'il a séparé, sur le plan fonctionnel et hiérarchique, l'exécution de ses tâches de dépositaire de ses autres tâches qui pourraient s'avérer incompatibles et que les conflits d'intérêts potentiels sont identifiés, gérés, suivis et communiqués aux membres participants et aux bénéficiaires du règlement ou contrat collectif ainsi qu'au conseil d'administration de la mutuelle, l'union ou la mutuelle ou union de retraite professionnelle supplémentaire.

II. — Le dépositaire mentionné au I :

1º Exécute les instructions de la mutuelle, l'union ou la mutuelle ou union de retraite professionnelle supplémentaire sous réserve qu'elles ne soient pas contraires aux dispositions législatives ou réglementaires applicables à l'organisme ou à ses statuts ;

2º S'assure que, dans les opérations portant sur les actifs de la mutuelle, l'union ou la mutuelle ou union de retraite professionnelle supplémentaire, la contrepartie lui est remise dans les délais d'usage ;

3º Veille à ce que les produits de la mutuelle ou union de retraite professionnelle supplémentaire reçoivent une affectation conforme aux dispositions législatives ou réglementaires applicables à l'organisme et à ses statuts.

III. — Le II de l'article L. 214-24-8, le second alinéa de l'article L. 214-24-9 et l'article L. 214-24-10 du code monétaire et financier s'appliquent à un dépositaire auquel a recours une mutuelle, une union ou une mutuelle ou union de retraite professionnelle supplémentaire dans le cadre de la gestion de contrats mentionnés à l'article L. 222-3, sous réserve d'adaptations précisées par voie réglementaire.

Pour l'application des articles mentionnés au premier alinéa à la mutuelle ou union de retraite professionnelle supplémentaire, il y a lieu d'entendre :

1º "Mutuelle ou union de retraite professionnelle supplémentaire" là où est mentionné : "FIA";

2º "Mutuelle ou union de retraite professionnelle supplémentaire" là où est mentionné : "société de gestion de portefeuille" ;

3º "Membre participant à un règlement ou contrat collectif garanti par la mutuelle ou union de retraite professionnelle supplémentaire" là où est mentionné : "porteurs de parts ou actionnaires".

Art. L. 222-5 L'agrément mentionné à l'article L. 222-3 est délivré dans les conditions prévues à l'article *(Ord. nº 2015-378 du 2 avr. 2015, art. 16-II-3º, en vigueur le 1er janv. 2016)* « L. 211-8 ». Il ne peut être accordé qu'aux mutuelles et unions agréées

pour exercer les opérations dépendant de la durée de la vie humaine, y compris les opérations collectives mentionnées à l'article L. 222-1.

Cet agrément vaut également agrément pour les activités des mutuelles ou unions en tant qu'institution de retraite professionnelle dans un autre État membre de *(Ord. nº 2017-484 du 6 avr. 2017, art. 6-11º)* **« l'Union » européenne ou dans un autre État partie à l'accord sur l'Espace économique européen.**

Cet agrément est, sur demande, accordé de droit aux entreprises d'assurance, institutions de prévoyance et mutuelles ou unions titulaires à la date d'entrée en vigueur de l'Ord. nº 2006-344 du 23 mars 2006, et conformément à l'art. L. 211-7 C. mut., d'un agrément administratif pour les opérations d'assurance dépendant de la durée de la vie humaine, y compris les opérations collectives mentionnées à l'art. L. 222-7 C. mut. (Ord. préc.).

En application du II de l'art. 21 de la L. nº 2000-321 du 12 avr. 2000, le silence gardé par l'administration pendant six mois vaut rejet des demandes d'agrément pour les mutuelles et unions pratiquant des opérations de retraite professionnelle supplémentaire (Décr. nº 2014-1280 du 23 oct. 2014, applicable pour les demandes présentées à compter du 12 nov. 2014).

Cet art. est abrogé à compter du 1er janv. 2023 (Ord. nº 2017-484 du 6 avr. 2017, art. 8-5º). A compter du 1er janv. 2018, aucune nouvelle demande d'agrément ou d'autorisation au titre de l'art. L. 222-5 ne peut plus être déposée (Ord. nº 2017-484 du 6 avr. 2017, art. 7-I).

Art. L. 222-6 **Nonobstant les dispositions du code de commerce relatives aux comptes sociaux, la mutuelle ou union établit une comptabilité auxiliaire d'affectation pour** *(Ord. nº 2009-106 du 30 janv. 2009, art. 5)* **« les » opérations relevant de la présente section et des opérations mentionnées à l'article** *(Ord. nº 2010-76 du 21 janv. 2010, art. 11-II)* **« L. 310-14 » du code des assurances.** *(Ord. nº 2009-106 du 30 janv. 2009, art. 5)* **« Cette disposition peut s'appliquer individuellement à un contrat selon des conditions fixées par décret** *[.]* **»**

Les comptabilités auxiliaires d'affectation relatives à des opérations relevant *(Ord. nº 2019-697 du 3 juill. 2019, art. 1er)* **« de la présente section », mentionnées à l'article L. 222-3 et** *(Abrogé par Ord. nº 2017-484 du 6 avr. 2017, art. 6-12º)* **« *, pour les contrats relevant du b du 1 du I de l'article 163 quatervicies du code général des impôts, celles mentionnées* » au VII de l'article L. 144-2 du code des assurances, sont établies séparément de la comptabilité auxiliaire d'affectation mentionnée à l'alinéa précédent.**

(Ord. nº 2010-76 du 21 janv. 2010, art. 11-II) **« L'Autorité de contrôle prudentiel et de résolution » peut également exiger que la mutuelle ou union établisse séparément de la comptabilité mentionnée au premier alinéa une comptabilité auxiliaire d'affectation pour les opérations mentionnées à l'article** *(Ord. nº 2010-76 du 21 janv. 2010, art. 11-II)* **« L. 310-14 » du code des assurances.**

(Abrogé par Ord. nº 2017-484 du 6 avr. 2017, art. 6-12º) **« *Les actifs de chaque contrat sont conservés par un dépositaire unique distinct de la mutuelle ou union, qui exerce à titre principal le service mentionné au 1 de l'article L. 321-2 du code monétaire et financier, et qui peut être agréé dans un autre État membre ou dans autre État partie à l'accord sur l'Espace économique européen.* »**

Cet art. est abrogé à compter du 1er janv. 2023 (Ord. nº 2017-484 du 6 avr. 2017, art. 8-5º).

Dispositions transitoires : V. art. 7-III de l'Ord. nº 2017-484 du 6 avr. 2017 et art. 8-II du Décr. nº 2017-1765 du 26 déc. 2017, ss. art. L. 222-3.

Art. L. 222-7 **En cas d'insuffisance de représentation des engagements faisant l'objet de la comptabilité auxiliaire d'affectation mentionnée** *(Ord. nº 2017-484 du 6 avr. 2017, art. 6-13º)* **« aux premier, deuxième et troisième alinéas de l'article L. 222-6 », et sans préjudice de toute procédure qui pourrait être engagée dans le cadre du livre V, la mutuelle ou union et le ou les souscripteurs conviennent d'un plan de redressement permettant de parfaire la représentation de ces engagements par affectation d'actifs représentatifs de réserves ou de provisions autres que ceux représentatifs de ses engagements réglementés. Lorsque la représentation des engagements du ou des contrats le rend possible, les actifs affectés à ce ou ces contrats ou leur contre-valeur sont réaffectés aux autres opérations de la mutuelle ou union dans des conditions convenues entre celle-ci et le ou les souscripteurs des contrats faisant l'objet de la comptabilité auxiliaire d'affectation. En cas de désaccord entre les parties, l'Autorité**

de contrôle prudentiel et de résolution détermine le montant et le calendrier d'affectation d'actifs par la mutuelle ou union.

L'élaboration du plan de redressement mentionné au premier alinéa tient compte de la situation particulière de la mutuelle ou union au titre de la comptabilité auxiliaire faisant l'objet dudit plan. Ce plan est tenu à la disposition des *(Ord. n° 2017-484 du 6 avr. 2017, art. 6-13°)* **« participants ».**

Cet art. est abrogé à compter du 1er janv. 2023 (Ord. n° 2017-484 du 6 avr. 2017, art. 8-5°).

Art. L. 222-8 *(Abrogé par Ord. n° 2017-484 du 6 avr. 2017, art. 6-14°)* ***« La précision qu'il s'agit d'un contrat de retraite professionnelle supplémentaire relevant des dispositions de la présente section doit figurer dans le bulletin d'adhésion. »***

La mutuelle ou union établit et arrête, dans les mêmes conditions que ses comptes individuels, le rapport de gestion et les comptes annuels relatifs à la ou les comptabilités auxiliaires d'affectation mentionnée à l'article L. 222-6. Le ou les commissaires aux comptes de la mutuelle ou union certifient que ces comptes annuels sont réguliers et sincères. Ces documents sont remis à leur demande aux souscripteurs dans les six mois qui suivent la clôture de l'exercice précédent, et sont tenus à la disposition des membres participants et bénéficiaires. — *Ces dispositions sont abrogées à compter du 1er janv. 2023 (Ord. n° 2017-484 du 6 avr. 2017, art. 8-5°).*

(Abrogé par Ord. n° 2017-484 du 6 avr. 2017, art. 6-14°) ***« Lors de la liquidation de ses droits, la mutuelle ou union informe chaque membre participant ou bénéficiaire, dans des conditions définies par arrêté du ministre chargé de la sécurité sociale, sur le montant des prestations qui lui sont dues et sur les options de paiement correspondantes.***

« Pour chaque contrat, la mutuelle ou union établit et révise au moins tous les trois ans un rapport indiquant sa politique de placement et les risques techniques et financiers y afférents. Ce rapport doit être mis à jour dans un délai de trois mois après tout changement majeur de la politique de placement. Il est remis, sur demande, au souscripteur *(L. n° 2014-1662 du 30 déc. 2014, art. 16-II)* ***« , au membre participant et au bénéficiaire ». Un arrêté du ministre chargé de la sécurité sociale précise les autres informations qui, sur demande ou périodiquement, doivent être remises aux membres participants. »***

Art. L. 222-9 **Sans préjudice des droits des titulaires de créances nées de la gestion de ces opérations, aucun créancier de la mutuelle ou union autre que les** *(Abrogé par Ord. n° 2017-484 du 6 avr. 2017, art. 6-15°)* ***« membres »*** **participants ou bénéficiaires au titre des opérations relevant** *(Ord. n° 2019-697 du 3 juill. 2019, art. 1er)* **« de la présente section » ne peut se prévaloir d'un quelconque droit sur les biens et droits résultant de l'enregistrement comptable établi en vertu du premier alinéa de l'article L. 222-6, même sur le fondement du livre VI du code de commerce, des articles 2331 et 2375 du code civil, des articles L. 310-25,** *(L. n° 2019-486 du 22 mai 2019, art. 206-XX)* **« L. 326-1 » à L. 327-6 et L. 441-8 du code des assurances, de l'article L. 932-24 du code de la sécurité sociale ou de l'article L. 212-23 du** *(Ord. n° 2017-484 du 6 avr. 2017, art. 6-15°)* **« présent code ».**

Sous réserve de l'article L. 222-7, les *(Abrogé par Ord. n° 2017-484 du 6 avr. 2017, art. 6-15°)* ***« membres »*** **participants ou bénéficiaires au titre des opérations relevant** *(Ord. n° 2019-697 du 3 juill. 2019, art. 1er)* **« de la présente section » et** *(Ord. n° 2010-76 du 21 janv. 2010, art. 11-II)* **« de l'article L. 310-14 du code des assurances » ne peuvent se prévaloir d'un quelconque droit sur les biens et droits résultant des autres opérations de la mutuelle ou union, même sur le fondement du livre VI du code de commerce, des articles 2331 et** *(Ord. n° 2021-1192 du 15 sept. 2021, art. 34-X)* **« 2377 » du code civil, des articles L. 310-25,** *(L. n° 2019-486 du 22 mai 2019, art. 206-XX)* **« L. 326-1 » à L. 327-6 et L. 441-8 du code des assurances, de l'article L. 932-24 du code de la sécurité sociale ou de l'article L. 212-23 du** *(Ord. n° 2017-484 du 6 avr. 2017, art. 6-15°)* **« présent code ».**

Cet art. est abrogé à compter du 1er janv. 2023 (Ord. n° 2017-484 du 6 avr. 2017, art. 8-5°).

Art. L. 222-10 *(Ord. n° 2017-484 du 6 avr. 2017, art. 6-16°)* **« La mutuelle ou union » peut, dans les conditions mentionnées à l'article L. 143-8 du code des assurances, soumettre** *(Ord. n° 2019-697 du 3 juill. 2019, art. 1er)* **« à la présente section » tout**

contrat offrant les prestations mentionnées à l'article L. 222-3, mais n'ayant pas été souscrit dans le cadre de l'agrément administratif mentionné au premier alinéa de cet article.

En application du II de l'art. 21 de la L. n° 2000-321 du 12 avr. 2000, le silence gardé par l'administration pendant deux mois vaut rejet pour les demandes de soumission, par les organismes d'assurances, d'un contrat collectif d'assurance vie aux dispositions régissant les prestations de retraite professionnelle supplémentaire (Décr. n° 2014-1280 du 23 oct. 2014, applicable pour les demandes présentées à compter du 12 nov. 2014).

Cet art. est abrogé à compter du 1er janv. 2023 (Ord. n° 2017-484 du 6 avr. 2017, art. 8-5°). A compter du 1er janv. 2018, aucune nouvelle demande d'agrément ou d'autorisation au titre de l'art. L. 222-10 ne peut plus être déposée (Ord. n° 2017-484 du 6 avr. 2017, art. 7-I).

Art. L. 222-11 **Les mutuelles ou unions peuvent proposer des services d'institutions de retraite professionnelle sur le territoire d'un autre État membre de** *(Ord. n° 2017-484 du 6 avr. 2017, art. 6-17°)* **« l'Union » européenne ou d'un État partie à l'accord sur l'Espace économique européen, dans les conditions fixées** *(Ord. n° 2010-76 du 21 janv. 2010, art. 11-II)* **« à l'article L. 310-14 du code des assurances ».** – *Ces dispositions sont abrogées à compter du 1er janv. 2023 (Ord. n° 2017-484 du 6 avr. 2017, art. 8-5°).*

(Abrogé par Ord. n° 2017-484 du 6 avr. 2017, art. 6-17°) ***« Un décret en Conseil d'État précise les règles techniques et de garantie applicables aux opérations mentionnées à l'article L. 222-3, ainsi que les conditions d'application des articles L. 222-3 à L. 222-9, et notamment les modalités de constitution et de fonctionnement du comité de surveillance. »***

Art. L. 222-12 *(Ord. n° 2017-484 du 6 avr. 2017, art. 6-18°)* **Un décret en Conseil d'État précise les conditions d'application du présent chapitre, notamment les règles techniques et de garantie applicables aux opérations mentionnées à l'article L. 222-3, les modalités de constitution et de fonctionnement du comité de surveillance mentionné à l'article L. 222-4 et les possibilités d'inclusion du rapport mentionné à l'article L. 222-4-2 dans le rapport sur la solvabilité et la situation financière** *(Abrogé par Ord. n° 2017-484 du 6 avr. 2017, art. 8-6°, à compter du 1er janv. 2023)* ***« de la mutuelle ou union ou »*** **de la mutuelle ou union de retraite professionnelle supplémentaire concernée ainsi que les modalités de sa mise à disposition.**

CHAPITRE II *TER* PLANS D'ÉPARGNE RETRAITE DONNANT LIEU À L'ADHÉSION À UN CONTRAT D'ASSURANCE DE GROUPE

(Ord. n° 2019-766 du 24 juill. 2019, art. 6, en vigueur le 1er oct. 2019)

Art. L. 222-13 **Le chapitre II du titre IV du livre Ier du code des assurances est applicable aux mutuelles et unions. Pour l'application de ces dispositions, il y a lieu d'entendre : "mutuelles et unions" là où sont mentionnés dans le code des assurances : "organismes d'assurance" et "mutuelle ou union" là où est mentionné : "organisme d'assurance".**

La référence à l'article L. 441-1 du code des assurances est remplacée par la référence à l'article L. 222-1 du code de la mutualité.

CHAPITRE III OPÉRATIONS QUI DÉPENDENT DE LA DURÉE DE LA VIE HUMAINE ET OPÉRATIONS DE CAPITALISATION

SECTION PREMIÈRE DISPOSITIONS GÉNÉRALES

Art. L. 223-1 **Les dispositions du présent chapitre s'appliquent aux opérations des mutuelles et des unions mentionnées au *b* du 1° du I de l'article L. 111-1.**

Art. L. 223-2 **En matière d'assurance sur la vie, les sommes garanties** *(L. n° 2003-706 du 1er août 2003, art. 85-I-3°, à compter du 1er juill. 2004)* **« et les conditions d'affectation des excédents techniques et financiers » sont fixées par le bulletin d'adhésion ou le contrat collectif.**

En matière d'assurance sur la vie ou d'opérations de capitalisation, le capital ou la rente garantis peuvent être exprimés en unités de compte constituées de valeurs mobilières ou d'actifs offrant une protection suffisante de l'épargne investie et figurant sur une liste dressée par décret en Conseil d'État. Le membre participant ou le bénéficiaire obtient le règlement en espèces; *(L. nº 2019-486 du 22 mai 2019, art. 72-III)* « cependant, la remise de titres ou de parts, dans le respect des actifs éligibles en représentation des engagements en unités de compte, est possible dans le respect des conditions suivantes :

« 1º Le membre participant ou le bénéficiaire peut opter pour la remise de titres ou de parts lorsque ceux-ci sont négociés sur un marché réglementé, à l'exception des titres ou des parts qui confèrent directement le droit de vote à l'assemblée générale des actionnaires d'une société inscrite à la cote officielle d'une bourse de valeurs. Dans le cas où un organisme de placement collectif en valeurs mobilières ou un placement collectif relevant des paragraphes 1 et 2, du sous-paragraphe 2 du paragraphe 5 et du paragraphe 6 de la sous-section 2, du paragraphe 2 ou du sous-paragraphe 1 du paragraphe 1 de la sous-section 3 de la section II du chapitre IV du titre Ier du livre II du code monétaire et financier a été scindé en application des articles L. 214-7-4, L. 214-8-7, L. 214-24-33 ou L. 214-24-41 du même code, la mutuelle ou l'union propose au membre participant ou au bénéficiaire le règlement correspondant aux actions ou parts de l'organisme issu de la scission et qui a reçu les actifs dont la cession n'aurait pas été conforme à l'intérêt des actionnaires ou des porteurs de parts, sous forme de remise des actions ou parts de cet organisme;

« 2º Le membre participant peut opter irrévocablement à tout moment, avec l'accord de la mutuelle ou de l'union, pour la remise de titres ou de parts non négociés sur un marché réglementé, notamment de parts de fonds communs de placement à risques ou non négociables, au moment du rachat des engagements exprimés en unité de compte d'un contrat. Dans ce cas, cette option est réputée s'appliquer aussi au bénéficiaire, sauf mention expresse contraire.

« Un bénéficiaire désigné par le contrat peut également, dans des conditions définies par décret en Conseil d'État, opter irrévocablement pour la remise de tels titres ou parts en cas d'exercice de la clause bénéficiaire. L'exercice de cette option par le bénéficiaire n'entraîne pas acceptation du bénéfice du contrat, au sens de l'article L. 132-9 du code des assurances.

« Ce paiement en titres ou en parts non négociables ou non négociés sur un marché réglementé ne peut s'opérer qu'avec des titres ou des parts qui ne confèrent pas de droit de vote et qu'à la condition que le membre participant, son conjoint ou partenaire lié par un pacte civil de solidarité, leurs ascendants, leurs descendants ou ses frères et sœurs n'aient pas détenu, ensemble ou séparément, directement ou indirectement, au cours des cinq années précédant le paiement, plus de 10 % des titres ou des parts de la même entité que ceux remis par la mutuelle ou l'union;

« 3º Le membre participant ou un bénéficiaire désigné par le contrat peut également opter irrévocablement pour la remise des parts ou actions de fonds d'investissement alternatifs mentionnées au 1º du présent article dans les conditions prévues au 2º. »

(L. nº 2016-1691 du 9 déc. 2016, art. 118-III) « L'article L. 131-4 du code des assurances s'applique aux opérations d'assurance vie des mutuelles et unions dont les garanties sont exprimées en unités de compte. » — *V. art. R. 223-1.*

(L. nº 2019-486 du 22 mai 2019, art. 72-III) « L'article L. 134-1 du même code s'applique aux opérations d'assurance vie des mutuelles et unions dont les engagements sont exprimés en parts de provisions de diversification. »

Les dispositions de l'art. L. 223-2 issues de la L. nº 2016-1691 du 9 déc. 2016 sont immédiatement applicables aux contrats d'assurance sur la vie et aux contrats de capitalisation en cours à compter du 11 déc. 2016 (L. préc., art. 118-V).

Art. L. 223-2-1 *(L. nº 2019-486 du 22 mai 2019, art. 72-III)* Les unités de compte définies à l'article L. 223-2 peuvent être constituées de parts de fonds d'investissement alternatifs ouverts à des investisseurs professionnels, relevant de la sous-section 3 de la section II du chapitre IV du titre Ier du livre II du code monétaire et financier, dans le respect de conditions tenant notamment à la situation financière, aux connaissances ou à l'expérience en matière financière du membre participant. Un décret en Conseil d'État fixe ces conditions et précise les fonds concernés.

Art. L. 223-3 La vie d'une personne peut être assurée par elle-même ou par un tiers.

Plusieurs personnes peuvent contracter une assurance réciproque sur la tête de chacune d'elles par un seul et même acte.

Art. L. 223-4 L'assurance en cas de décès contractée par un membre honoraire sur la tête du membre participant est nulle si ce dernier n'y a pas donné son consentement par écrit avec indication du capital ou de la rente initialement garantis. Ce consentement est également requis en cas de modification du capital ou de la rente garantis.

Le consentement du membre participant doit, à peine de nullité, être donné par écrit, pour toute cession ou constitution de gage et pour transfert du bénéfice de la garantie souscrite sur sa tête par un membre honoraire.

Les dispositions du premier alinéa du présent article ne s'appliquent pas aux opérations collectives à adhésion obligatoire.

Art. L. 223-5 L'assurance en cas de décès ne peut-être contractée sur la tête d'un mineur âgé de moins de douze ans, d'un majeur en tutelle, d'une personne placée dans un établissement psychiatrique d'hospitalisation. *(L. nº 2019-222 du 23 mars 2019, art. 9-II)* « Toutefois, cette prohibition n'est pas applicable aux formules de financement d'obsèques mentionnées à l'article L. 2223-33-1 du code général des collectivités territoriales souscrites sur la tête d'un majeur en tutelle. »

Toute adhésion réalisée en violation de cette prohibition est nulle.

La nullité est prononcée sur la demande de la mutuelle ou de l'union, du cotisant, du représentant de l'incapable ou de l'intéressé.

Les cotisations payées doivent être intégralement restituées.

La mutuelle ou l'union et le cotisant sont en outre passibles, pour chaque garantie octroyée sciemment en violation de cette interdiction, de 4 500 € d'amende.

Ces dispositions ne mettent pas obstacle, dans l'assurance en cas de décès, au remboursement du capital ou des rentes versées en exécution d'une garantie en cas de vie souscrite sur la tête d'une des personnes mentionnées au premier alinéa.

Art. L. 223-5-1 *Abrogé par L. nº 2007-1775 du 17 déc. 2017, art. 9-IV.*

Art. L. 223-6 Par dérogation aux articles L. 223-4 et L. 223-5, le représentant légal d'un majeur en tutelle peut adhérer au nom de celui-ci à un contrat collectif afférent au risque décès conclu pour l'exécution d'une convention de travail ou d'un accord d'entreprise, d'un accord ratifié par la majorité des intéressés ou d'une décision unilatérale de l'employeur.

Art. L. 223-7 Une garantie en cas de décès ne peut être contractée sur la tête d'un mineur parvenu à l'âge de douze ans par une personne autre que celui de ses parents qui est investi de l'autorité parentale, son tuteur ou son curateur sans l'autorisation de l'un de ceux-ci.

Cette autorisation ne dispense pas du consentement personnel du mineur.

A défaut de cette autorisation et de ce consentement, la nullité de la garantie est prononcée à la demande de tout intéressé.

Art. L. 223-7-1 *(L. nº 2007-1775 du 17 déc. 2007, art. 8)* Lorsqu'une tutelle a été ouverte à l'égard du stipulant, la souscription ou le rachat d'un contrat d'assurance sur la vie ainsi que la désignation ou la substitution du bénéficiaire ne peuvent être accomplis qu'avec l'autorisation du juge des tutelles ou du conseil de famille s'il a été constitué. Après l'ouverture d'une curatelle, ces mêmes actes ne peuvent être accomplis qu'avec l'assistance du curateur.

Pour l'application du premier alinéa, lorsque le bénéficiaire du contrat d'assurance sur la vie est le curateur ou le tuteur, il est réputé être en opposition d'intérêts avec la personne protégée.

L'acceptation du bénéfice d'un contrat d'assurance sur la vie conclu moins de deux ans avant la publicité du jugement d'ouverture de la curatelle ou de la tutelle du stipulant peut être annulée sur la seule preuve que l'incapacité était notoire ou connue du cocontractant à l'époque où les actes ont été passés.

Ces dispositions s'appliquent aux contrats en cours au 18 déc. 2007 (L. nº 2007-1775 du 17 déc. 2007, art. 9-III).

Art. L. 223-8 Tout membre participant qui a signé un bulletin d'adhésion auprès d'une mutuelle ou par l'intermédiaire de celle-ci auprès d'une union a la faculté d'y renoncer *(Ord. nº 2017-1433 du 4 oct. 2017, art. 24-1º, en vigueur le 1er avr. 2018 ; L. nº 2019-733 du 14 juill. 2019, art. 3, en vigueur le 1er déc. 2020)* « par lettre, tout autre support durable ou moyen prévu à l'article L. 221-10-3 » pendant *(L. nº 2005-1564 du 15 déc. 2005, art. 5-I)* « un délai de trente jours calendaires révolus à compter du moment où il est informé que l'adhésion a pris effet. Ce délai expire le dernier jour à vingt-quatre heures. S'il expire un samedi, un dimanche ou un jour férié ou chômé, il n'est pas prorogé. »

Le bulletin d'adhésion ou le contrat doit comporter un *(Ord. nº 2017-1433 du 4 oct. 2017, art. 24-1º, en vigueur le 1er avr. 2018)* « projet de rédaction » destiné à faciliter l'exercice de cette faculté de renonciation. Il doit indiquer, notamment, pour les garanties qui en comportent, les valeurs de rachat ou, *(L. nº 2003-706 du 1er août 2003, art. 85-I et IV ; L. nº 2003-775 du 21 août 2003, art. 108-XIV ; Décr. nº 2004-346 du 21 avr. 2004, art. 4 ; L. nº 2005-1564 du 15 déc. 2005, art. 5-I)* « pour les bulletins d'adhésion ou les contrats en cas de vie dont les prestations sont liées à la cessation d'activité professionnelle et notamment, pour les plans d'épargne retraite populaire créés à l'article L. 144-2 du code des assurances, les valeurs de transfert ainsi que, dans le même tableau, la somme des cotisations versées » au terme de chacune des huit premières années au moins. *(L. nº 2005-1564 du 15 déc. 2005, art. 5-I)* « Le bulletin d'adhésion ou le contrat indique les valeurs minimales et explique le mécanisme de calcul des valeurs de rachat ou de transfert lorsque celles-ci ne peuvent être établies. » La mutuelle ou l'union doit, en outre, remettre, contre récépissé, une note d'information sur les dispositions essentielles des règlements *(L. nº 2003-706 du 1er août 2003, art. 85-I et IV)* « incluant, lorsque le contrat comporte des garanties exprimées en unités de compte, les caractéristiques principales de ces unités de compte », sur les conditions d'exercice de la faculté de renonciation.

(L. nº 2005-1564 du 15 déc. 2005) « Pour les opérations collectives facultatives, la note précise que les droits et obligations du membre participant peuvent être modifiés par des avenants aux bulletins d'adhésion ou contrats. Les modalités d'adoption de ces avenants par l'employeur ou la personne morale souscriptrice sont communiquées par ce dernier aux membres participants.

« De plus, il est inséré en début de note un encadré indiquant en caractères très apparents la nature du contrat. L'encadré comporte en particulier le regroupement des frais dans une même rubrique, les garanties offertes, la disponibilité des sommes en cas de rachat, la participation aux bénéfices, ainsi que les modalités de désignation du bénéficiaire. Un arrêté du ministre chargé de la mutualité, pris après avis de l'Autorité de contrôle prudentiel et de résolution fixe le format de cet encadré ainsi que, de façon limitative, son contenu.

« Le défaut de remise des documents et informations énumérés au deuxième alinéa entraîne de plein droit la prorogation du délai prévu au premier alinéa jusqu'au trentième jour calendaire révolu suivant la date de remise effective de ces documents, dans la limite de huit ans à compter de la date où l'adhérent est informé que l'adhésion a pris effet. »

La renonciation entraîne la restitution, par la mutuelle ou l'union, de l'intégralité des sommes versées par le cotisant, dans le délai maximal de trente jours *(L. nº 2005-1564 du 15 déc. 2005, art. 5-I)* « calendaires révolus » à compter de la réception de la *(L. nº 2019-733 du 14 juill. 2019, art. 3, en vigueur le 1er déc. 2020)* « notification ».

Au-delà de ce délai, les sommes non restituées produisent de plein droit intérêt au taux légal majoré de moitié durant deux mois, puis à l'expiration de ce délai de deux mois, au double du taux légal.

Toutefois, les dispositions qui précèdent ne s'appliquent pas aux bulletins d'adhésion ou contrats d'une durée maximum de deux mois.

(L. nº 2003-706 du 1er août 2003, art. 85-I et IV, en vigueur le 1er juill. 2004) **« Un arrêté du ministre chargé de la mutualité précise les modalités d'application de ces dispositions. »**

Les dispositions issues de l'art. 5 de la L. nº 2005-1564 du 15 déc. 2005 entrent en vigueur le 1er mars 2006 et ne s'appliquent qu'aux contrats conclus à partir de cette date (L. préc., art. 19). V. note ss. art. L. 221-6-4.

Les dispositions issues de la L. nº 2019-733 du 14 juill. 2019 sont applicables aux contrats et adhésions en cours à cette date (Décr. nº 2020-1438 du 24 nov. 2020, art. 4).

Art. L. 223-9 La garantie en cas de décès est de nul effet si le membre participant se donne volontairement *(Abrogé par L. nº 2001-1135 du 3 déc. 2001, art. 6)* ***« et consciemment »*** **la mort au cours de la première année de l'adhésion ou du contrat collectif.**

(L. nº 2001-1135 du 3 déc. 2001, art. 6) **« La garantie en cas de décès doit couvrir le risque de suicide à compter de la deuxième année du contrat. En cas d'augmentation des garanties en cours de contrat, le risque de suicide, pour les garanties supplémentaires, est couvert à compter de la deuxième année qui suit cette augmentation. »**

Les dispositions *(L. nº 2001-1135 du 3 déc. 2001, art. 6)* **« du premier alinéa » ne sont pas applicables aux opérations collectives obligatoires des mutuelles et des unions.**

(L. nº 2001-1135 du 3 déc. 2001, art. 6) **« L'assurance en cas de décès doit couvrir dès leur souscription, dans la limite d'un plafond qui sera défini par décret, les opérations collectives obligatoires des mutuelles et des unions ayant pour objet de garantir le remboursement d'un prêt contracté pour financer l'acquisition du logement principal de l'assuré. »**

Art. L. 223-10 Le capital ou la rente garantie sont payables lors du décès du membre participant à un ou plusieurs bénéficiaires déterminés.

Est considérée comme faite au profit de bénéficiaires déterminés la stipulation par laquelle le bénéfice de la garantie est attribué à une ou plusieurs personnes qui, sans être nommément désignées, sont suffisamment définies dans cette stipulation pour être identifiées au moment de l'exigibilité du capital ou de la rente garantis.

Est notamment considérée comme remplissant cette condition la désignation comme bénéficiaires des personnes suivantes :

— les enfants nés ou à naître de l'adhérent ou de toute autre personne désignée ;

— les héritiers ou ayants droit du membre participant ou d'un bénéficiaire décédé.

L'assurance faite au profit du conjoint profite à la personne qui a cette qualité au moment de l'exigibilité.

Les héritiers, ainsi désignés, ont droit au bénéfice de l'assurance en proportion de leurs parts héréditaires. Ils conservent ce droit en cas de renonciation à la succession.

En l'absence de désignation d'un bénéficiaire dans le bulletin d'adhésion ou à défaut d'acceptation par le bénéficiaire, le cotisant a le droit de désigner un bénéficiaire ou de substituer un bénéficiaire à un autre. Cette désignation ou cette substitution ne peut être opérée, à peine de nullité, qu'avec l'accord du membre participant, lorsque celui-ci n'est pas le cotisant. Cette désignation ou cette substitution peut être réalisée soit par la modification du bulletin d'adhésion, soit par voie d'avenant au contrat, soit en remplissant les formalités édictées par l'article 1690 du code civil, *(Abrogé par L. nº 2007-1775 du 17 déc. 2007, art. 6, à compter du 18 déc. 2008)* ***« soit par endossement quand le contrat est à ordre, »*** **soit par voie testamentaire.**

(L. nº 2007-1775 du 17 déc. 2007, art. 7) **« Lorsque la mutuelle ou l'union est informée du décès du membre participant, elle est tenue de rechercher le bénéficiaire et, si cette recherche aboutit, de l'aviser de la stipulation effectuée à son profit. »**

Détermination du bénéficiaire. Ayant, dans l'exercice de son pouvoir souverain d'appréciation, estimé que le libellé du testament léguant à la compagne du souscripteur l'intégralité des biens meubles et immeubles composant la succession ne caractérisait pas la volonté non équivoque de celui-ci de faire bénéficier sa compagne des garanties souscrites, une cour d'appel en a exactement déduit que, en l'absence de désignation par ce dernier d'un bénéficiaire, la mutuelle était fondée à appliquer les dispositions de ses statuts et le règlement déterminant, à défaut, les bénéficiaires, dont la compagne ne relevait pas. • Civ. 2e, 14 mars 2018, n° 17-14.384 : *RGDA 2018. 262, note Mayaux.*

Art. L. 223-10-1 *(L. nº 2005-1564 du 15 déc. 2005, art. 6-II)* **Le bulletin d'adhésion comporte une information sur les conséquences de la désignation du ou des bénéficiaires et sur les modalités de cette désignation. Il précise que la clause bénéficiaire peut faire l'objet d'un acte sous seing privé ou d'un acte authentique.**

Toute personne physique ou morale peut demander par lettre *(Ord. nº 2017-1433 du 4 oct. 2017, art. 24-2º, en vigueur le 1er avr. 2018)* **« ou tout autre support durable » à un ou plusieurs organismes professionnels représentatifs, habilités à cet effet par arrêté du ministre chargé de la mutualité, à être informée de l'existence d'une stipulation effectuée à son bénéfice dans une police souscrite par une personne physique dont elle apporte, par tout moyen, la preuve du décès.**

Dans les quinze jours suivant la réception *(Ord. nº 2017-1433 du 4 oct. 2017, art. 24-2º, en vigueur le 1er avr. 2018)* **« du support durable mentionné » à l'alinéa précédent, l'organisme transmet cette demande aux mutuelles ou unions agréées pour exercer les opérations d'assurance dépendant de la durée de la vie humaine. Lorsque la personne morale ou physique mentionnée au deuxième alinéa est désignée dans une police comme bénéficiaire, ces mutuelles ou unions disposent d'un délai d'un mois pour l'informer de l'existence d'un capital ou d'une rente garantis payables à son bénéfice.** — *V. art. R. 223-5 et A. 223-10-1 s.*

V. note ss. art. L. 221-6-4.

Art. L. 223-10-2 *(L. nº 2007-1775 du 17 déc. 2007, art. 6)* **I. — Les mutuelles et unions ayant pour objet la réalisation d'opérations d'assurance mentionnées au *b* du 1º du I de l'article L. 111-1 s'informent** *(L. nº 2013-672 du 26 juill. 2013, art. 75-II)* **« , au moins chaque année », dans les conditions prévues au II du présent article, du décès éventuel de l'assuré.**

II. — Les organismes professionnels mentionnés à l'article L. 223-10-1 *(L. nº 2014-617 du 13 juin 2014, art. 4-I-1º, en vigueur le 1er janv. 2016)* **« consultent chaque année, dans le respect de la loi nº 78-17 du 6 janvier 1978 relative à l'informatique, aux fichiers et aux libertés, » les données figurant au répertoire national d'identification des personnes physiques et relatives au décès des personnes qui y sont inscrites. Les mutuelles et unions mentionnées au I obtiennent de ces organismes professionnels communication de ces données en vue d'effectuer des traitements de données nominatives. Ces traitements ont pour objet la recherche des membres participants et bénéficiaires** *(L. nº 2014-617 du 13 juin 2014, art. 4-I-1º, en vigueur le 1er janv. 2016)* **« décédés des contrats d'assurance sur la vie et des bons ou contrats de capitalisation, à l'exception de ceux au porteur. »**

V. art. A. 223-10-1 s.

Art. L. 223-10-2-1 *(L. nº 2014-617 du 13 juin 2014, art. 4-I-2º, en vigueur le 1er janv. 2016)* **I. — Les mutuelles et les unions publient, chaque année, chacune pour ce qui la concerne, le nombre et l'encours des contrats non réglés. Elles précisent les démarches, le nombre de recherches et le nombre et l'encours des contrats correspondants qu'elles ont effectuées au cours de l'année au titre des deux derniers alinéas de l'article L. 223-10-1 et de l'article L. 223-10-2, ainsi que les sommes dont le versement au bénéficiaire résulte de ces démarches. Elles établissent chaque année, chacune pour ce qui la concerne, un rapport, adressé à leur demande à l'Autorité de contrôle prudentiel et de résolution et au ministre chargé de l'économie, précisant le nombre et l'encours des contrats d'assurance sur la vie et des bons et contrats de capitalisation répondant à des critères fixés par arrêté du ministre chargé de l'économie, dont les capitaux ou les rentes dus n'ont pas été versés au bénéficiaire.** — *V. art. A. 223-10-1 s.*

La L. nº 2014-617 du 13 juin 2014 n'a pas créé de II à l'art. L. 223-10-2-1.

V. Instr. ACPR nº 2016-I-26 sur la remise du rapport annuel obligatoire relatif aux contrats d'assurance vie en déshérence (https://acpr.banque-france.fr).

Art. L. 223-10-3 *(L. nº 2013-672 du 26 juill. 2013, art. 75-II)* **Les organismes professionnels mentionnés à l'article L. 223-10-1 publient chaque année un bilan de l'application des articles L. 223-10-1 et L. 223-10-2, qui comporte le nombre et l'encours des contrats d'assurance sur la vie, souscrits auprès de leurs membres, répondant à des critères fixés par arrêté du ministre chargé de l'économie, dont les capitaux ou les rentes dus n'ont pas été versés au bénéficiaire.** — *V. art. A. 223-10-1 s.*

Art. L. 223-10-4 *(L. nº 2016-1691 du 9 déc. 2016, art. 115-II)* **Les mutuelles et unions proposant des contrats d'assurance vie dont les prestations sont liées à la cessation d'activité professionnelle informent annuellement les assurés ayant dépassé la date de liquidation de leur pension dans un régime obligatoire d'assurance vieillesse ou, à défaut, celle mentionnée à l'article L. 161-17-2 du code de la sécurité sociale, de la possibilité de liquider les prestations au titre du contrat.**

Elles établissent chaque année, chacune pour ce qui la concerne, un rapport adressé à l'Autorité de contrôle prudentiel et de résolution et au ministre chargé de l'économie, précisant le nombre et l'encours des contrats non liquidés pour lesquels l'adhérent a dépassé l'âge de départ en retraite, ainsi que les moyens mis en œuvre pour les en informer.

L'ACPR remet, avant le 1er juin 2018, un rapport au Parlement présentant, pour les années 2016 et 2017, un bilan décrivant les actions menées pour contrôler le respect par les entreprises d'assurance, les institutions de prévoyance et les mutuelles et unions du code de la mutualité de l'obligation d'information mentionnée aux articles L. 132-9-4 C. assur. et L. 223-10-4 C. mut. dans leur rédaction résultant de l'art. 115 de la L. nº 2016-1691 du 9 déc. 2016 (L. préc., art. 115-III).

V. Instr. ACPR nº 2017-I-15 du 24 juill. 2017 sur la remise du rapport annuel obligatoire relatif aux contrats d'assurance vie dont les prestations sont liées à la cessation d'activité professionnelle (https://acpr.banque-france.fr).

Art. L. 223-10-5 *(L. nº 2021-219 du 26 févr. 2021, art. 1er)* **Les mutuelles et unions adressent par voie électronique, au moins une fois par an, au groupement mentionné au premier alinéa de l'article L. 161-17-1 du code de la sécurité sociale les informations nécessaires à la mise en œuvre des dispositions de l'article L. 224-7-1 du code monétaire et financier.**

Art. L. 223-11 *(L. nº 2007-1775 du 17 déc. 2007, art. 8-IV; Ord. nº 2009-106 du 30 janv. 2009, art. 5)* **« I. — Sous réserve des dispositions du dernier alinéa de l'article L. 223-7-1, la stipulation en vertu de laquelle le bénéfice de la garantie est attribué à un bénéficiaire déterminé devient irrévocable par l'acceptation de celui-ci, effectuée dans les conditions prévues au II du présent article. Pendant la durée de l'opération d'assurance, après acceptation du bénéficiaire, le stipulant ne peut exercer sa faculté de rachat et la mutuelle ou l'union ne peut lui consentir d'avance sans l'accord du bénéficiaire.**

« Tant que l'acceptation n'a pas eu lieu, le droit de révoquer cette stipulation n'appartient qu'au stipulant et ne peut être exercé de son vivant ni par ses créanciers ni par ses représentants légaux. Lorsqu'une tutelle a été ouverte à l'égard du stipulant, la révocation ne peut intervenir qu'avec l'autorisation du juge des tutelles ou du conseil de famille s'il a été constitué. »

Ce droit de révocation ne peut être exercé, après la mort du cotisant, par ses héritiers qu'après l'exigibilité de la somme assurée et au plus tôt trois mois après que le bénéficiaire de la garantie a été mis en demeure, par acte extrajudiciaire, d'avoir à déclarer s'il accepte.

L'attribution à titre gratuit du bénéfice d'une assurance sur la vie à une personne déterminée est présumée faite sous la condition de l'existence du bénéficiaire à l'époque de l'exigibilité du capital ou de la rente garantis, à moins que le contraire ne résulte des termes de la stipulation.

(L. nº 2007-1775 du 17 déc. 2007, art. 8-IV) **« II. — Tant que le membre participant et le stipulant sont en vie, l'acceptation est faite par un avenant signé de la mutuelle**

ou de l'union, du stipulant et du bénéficiaire. Elle peut également être faite par un acte authentique ou sous seing privé, signé du stipulant et du bénéficiaire. Elle n'a alors d'effet à l'égard de la mutuelle ou de l'union que lorsqu'elle lui est notifiée par écrit.

« Lorsque la désignation du bénéficiaire est faite à titre gratuit, l'acceptation ne peut intervenir que trente jours au moins à compter du moment où le stipulant est informé que le contrat d'assurance est conclu.

« Après le décès du membre participant ou du stipulant, l'acceptation est libre. »

Les dispositions issues de la L. n° 2007-1775 du 17 déc. 2007 s'appliquent aux contrats en cours n'ayant pas encore au 18 déc. 2007 donné lieu à acceptation du bénéficiaire (L. préc., art. 8-VIII).

Art. L. 223-12 Lorsque l'assurance en cas de décès a été conclue sans désignation d'un bénéficiaire, le capital ou la rente garantis font partie du patrimoine ou de la succession du membre participant.

Art. L. 223-13 Le capital ou la rente stipulés payables lors du décès du membre participant à un bénéficiaire déterminé ou à ses héritiers ne font pas partie de la succession du membre participant. Le bénéficiaire, quelles que soient la forme et la date de sa désignation, est réputé y avoir eu seul droit à partir du jour de la signature de l'adhésion à la garantie ou du contrat collectif, même si son acceptation est postérieure à la mort du membre participant.

Art. L. 223-14 Le capital ou la rente payables au décès du membre participant à un bénéficiaire déterminé ne sont soumis ni aux règles du rapport à succession, ni à celles de la réduction pour atteinte à la réserve des héritiers du cotisant.

Ces règles ne s'appliquent pas non plus aux sommes versées par l'adhérent à titre de cotisations, à moins que celles-ci n'aient été manifestement exagérées eu égard à ses facultés.

Art. L. 223-15 *(L. n° 2013-1117 du 6 déc. 2013, art. 41-IV)* « Sous réserve des dispositions des articles *(L. n° 2017-1775 du 28 déc. 2017, art. 73)* « L. 262, L. 263 B et L. 273 A du livre des procédures fiscales, de l'article 387 *bis* du code des douanes », de l'article L. 1617-5 du code général des collectivités territoriales et du II de l'article 128 de la loi n° 2004-1485 du 30 décembre 2004 de finances rectificative pour 2004, » le capital ou la rente garantis au profit d'un bénéficiaire déterminé ne peuvent être réclamés par les créanciers du cotisant. Ces derniers ont seulement droit au remboursement des cotisations, dans le cas indiqué par le second alinéa de l'article L. 223-14, en vertu soit de *(Ord. n° 2016-131 du 10 févr. 2016, art. 6-X, en vigueur le 1er oct. 2016)* « l'article 1341-2 » du code civil, soit des articles L. 621-107 et L. 621-108 du code de commerce *[C. com., art. L. 632-1 et L. 632-2]*.

L'art. 41 de la L. n° 2013-1117 du 6 déc. 2013 s'applique aux avis, saisies et oppositions à tiers détenteurs et aux oppositions administratives notifiés à compter de la date d'entrée en vigueur de ladite loi (8 déc.).

Les dispositions de la L. n° 2017-1775 du 28 déc. 2017 entrent en vigueur à une date fixée par décret, et au plus tard le 1er janv. 2019 (L. préc., art. 73-XVII).

Art. L. 223-16 Tout bénéficiaire peut, après avoir accepté la stipulation faite à son profit et si la cessibilité de ce droit a été expressément prévue ou avec le consentement du cotisant et de l'assuré s'ils sont distincts, transmettre lui-même le bénéfice de la garantie prévue au bulletin d'adhésion ou au contrat collectif, par une cession dans la forme de l'article 1690 du code civil.

Art. L. 223-17 Le bénéfice de l'assurance contractée par un époux commun en biens en faveur de son conjoint constitue un bien propre pour celui-ci.

Aucune récompense n'est due à la communauté en raison des cotisations payées par elle, sauf dans les cas spécifiés au second alinéa de l'article L. 223-14.

Art. L. 223-18 Dans le cas de réticence ou fausse déclaration mentionné à l'article L. 221-14 et dans le cas où le membre participant s'est donné volontairement *(Abrogé par L. n° 2001-1135 du 3 déc. 2001, art. 6) « et consciemment »* la mort au cours du délai mentionné à l'article L. 223-9 ou lorsque le bulletin d'adhésion ou le contrat collectif exclut la garantie du décès en raison de la cause de celui-ci, la mutuelle ou l'union verse au membre participant ou, en cas de décès de celui-ci, au bénéficiaire une somme égale *(Ord. n° 2015-378 du 2 avr. 2015, art. 16-II-4°, en vigueur le 1er janv. 2016)* « à la valeur de rachat ou de transfert lorsqu'elle existe ou à défaut » à la provision mathématique *(Ord. n° 2015-378 du 2 avr. 2015, art. 16-II-4°, en vigueur le 1er janv. 2016)* « déterminée sur la base des paramètres prévus dans les conditions tarifaires du contrat » de la garantie.

Art. L. 223-19 La mutuelle ou l'union n'a pas d'action pour exiger le paiement des cotisations.

Lorsqu'une cotisation ou fraction de cotisation n'est pas payée dans les dix jours de son échéance, la mutuelle ou l'union adresse au débiteur de la cotisation une lettre recommandée par laquelle elle l'informe qu'à l'expiration d'un délai de quarante jours à dater de l'envoi de cette lettre le défaut de paiement à la mutuelle ou à l'union de la cotisation ou fraction de cotisation échue ainsi que des cotisations éventuellement venues à échéance au cours dudit délai entraîne soit la fin de l'adhésion ou la résiliation du contrat collectif en cas d'inexistence ou d'insuffisance de valeur de rachat, soit la réduction des garanties.

L'envoi de la lettre recommandée par la mutuelle ou l'union rend la cotisation portable dans tous les cas.

Le défaut de paiement d'une cotisation au titre d'un contrat collectif ou d'un règlement prévoyant des garanties de capitalisation ne peut avoir pour sanction que la suspension ou la résiliation pure et simple du contrat et, dans ce dernier cas, la mise à la disposition du porteur de la valeur de rachat que ladite garantie a éventuellement acquise.

Art. L. 223-19-1 *(L. n° 2007-1775 du 17 déc. 2007, en vigueur le 18 déc. 2008)* L'opération d'assurance comportant des valeurs de rachat *(L. n° 2014-617 du 13 juin 2014, art. 4-3°, en vigueur le 1er janv. 2016)* « et l'opération d'assurance sur la vie ne comportant pas de valeur de rachat dont les bénéficiaires sont des personnes physiques précisent » les conditions dans lesquelles, en cas de décès, la revalorisation du capital garanti intervient à compter *(Abrogé par L. n° 2014-617 du 13 juin 2014, art. 4-3°, à compter du 1er janv. 2016)* « ***au plus tard du premier anniversaire*** » du décès du membre participant jusqu'à la réception des pièces mentionnées à l'article L. 223-22-1 *(L. n° 2014-617 du 13 juin 2014, art. 4-3°, en vigueur le 1er janv. 2016)* « ou, le cas échéant, jusqu'au dépôt de ce capital à la Caisse des dépôts et consignations en application de l'article L. 223-25-4. Pour les contrats d'assurance sur la vie ne comportant pas de valeur de rachat ou de transfert dont les bénéficiaires sont des personnes physiques et pour les contrats comportant une valeur de rachat ou de transfert, la revalorisation de la part du capital garanti en cas de décès dont la valeur en euros a été arrêtée ne peut être inférieure à un taux fixé par décret en Conseil d'État. Les frais prélevés après la date de connaissance du décès sont plafonnés dans des conditions fixées par décret en Conseil d'État. La mutuelle ou l'union ne peut prélever de frais au titre de l'accomplissement de ses obligations de recherche et d'information. » – *V. art. R. 223-9.*

La deuxième phrase de l'art. L. 223-19-1 s'applique à tous les faits générateurs postérieurs à l'entrée en vigueur de la L. n° 2014-617 du 13 juin 2014 (L. préc., art. 4-II).

Art. L. 223-20 *(L. n° 2007-1775 du 17 déc. 2007, en vigueur le 18 déc. 2008)* « Le bulletin d'adhésion ou le contrat précise les modalités de calcul de la valeur de rachat ou de la valeur de transfert et, le cas échéant, de la valeur de réduction. Pour le calcul de la valeur de réduction, il ne peut être prévu d'imputer sur la provision mathématique *(Ord. n° 2015-378 du 2 avr. 2015, art. 16-II-5°, en vigueur le 1er janv. 2016)* « déterminée sur la base des paramètres prévus dans les conditions tarifaires » du contrat une indemnité de réduction. »

Dans la limite de la valeur de rachat, la mutuelle ou l'union peut consentir des avances au membre participant.

(Ord. nº 2009-106 du 30 janv. 2009, art. 5) « En cas de demande de rachat du contrat par un membre participant, la mutuelle ou l'union lui verse la valeur de rachat du contrat dans un délai qui ne peut excéder deux mois.

« En cas de demande de transfert du contrat par un membre participant, la mutuelle ou l'union verse à l'organisme d'assurance gestionnaire du plan d'accueil la valeur de transfert du plan d'épargne retraite populaire dans un délai et selon des modalités fixées par décret.

« Au-delà des délais mentionnés aux deux alinéas précédents, les sommes non versées produisent de plein droit intérêt au taux légal majoré de moitié durant deux mois, puis, à l'expiration de ce délai de deux mois, au double du taux légal. »

Art. L. 223-20-1 *(Ord. nº 2015-378 du 2 avr. 2015, art. 16-II-6º, en vigueur le 1er janv. 2016)* Pour tout bulletin d'adhésion ou contrat collectif relatif à une opération d'assurance sur la vie comportant une valeur de rachat et pour les opérations de capitalisation, la valeur de rachat ou, le cas échéant, de transfert, lorsqu'elle existe, est égale à la différence entre la valeur actuelle des engagements respectivement pris par la mutuelle ou l'union et par les membres participants, dans la limite, pour la valeur de rachat des bulletins d'adhésion ou des contrats collectifs relatifs à une opération d'assurance sur la vie, du montant assuré en cas de décès.

La valeur de rachat ou de transfert des bulletins d'adhésion ou des contrats collectifs relatifs à une opération d'assurance sur la vie *[,]* ainsi que des opérations de capitalisation, est calculée en tenant compte, dans la détermination de l'engagement du membre participant ou du souscripteur, de la partie des cotisations devant être versée par l'intéressé représentative des frais d'acquisition du bulletin d'adhésion ou du contrat, lorsque ces frais ont été portés en charge déductible par la mutuelle ou l'union avant la fin de l'exercice à la clôture duquel la valeur de rachat est calculée. Toutefois, pour chaque bulletin d'adhésion ou contrat collectif relatif à une opération d'assurance sur la vie ou chaque opération de capitalisation, la valeur de rachat ou de transfert ne peut être inférieure de plus de 5 % à la valeur de rachat ou de transfert qui serait calculée sans qu'elle ne tienne compte de la partie des cotisations mentionnée au présent alinéa. Le montant des frais à l'entrée et sur versement mis à la charge de l'intéressé au cours d'une année donnée ne peut excéder 5 % du montant des cotisations versées cette même année. *(L. nº 2016-1691 du 9 déc. 2016, art. 81)* « Cette dernière limite ne s'applique pas aux formules de financement d'obsèques mentionnées à l'article L. 2223-33-1 du code général des collectivités territoriales pour lesquelles les chargements d'acquisition représentent chaque année un montant inférieur ou égal à 2,5 % du capital garanti. »

Lorsque le mécanisme prévu au précédent alinéa n'est pas appliqué, la valeur de rachat ou de transfert peut être diminuée d'une indemnité dont le montant maximal est fixé par décret en Conseil d'État.

Pour les bulletins d'adhésion ou contrats collectifs relatifs à une opération d'assurance sur la vie ou les opérations de capitalisation, un arrêté du ministre chargé de la mutualité fixe les règles de calcul actuariel qui leur sont applicables.

Art. L. 223-20-2 *(Ord. nº 2017-734 du 4 mai 2017, art. 7)* Les mutuelles ou unions peuvent procéder aux opérations de transformation ou de rachat des rentes qu'elles ont constituées dans les conditions prévues par l'article L. 160-5 du code des assurances.

Ces dispositions sont applicables aux contrats en cours à compter du 5 mai 2017 (Ord. nº 2017-734 du 4 mai 2017, art. 17-I).

Art. L. 223-21 *(L. nº 2003-706 du 1er août 2003, art. 85-II-2º, en vigueur le 1er juill. 2004)* La mutuelle ou l'union communique chaque année au membre adhérent *(Abrogé par L. nº 2014-617 du 13 juin 2014, art. 4-4º, à compter du 1er janv. 2016)* ***« dont les capitaux garantis sont égaux ou supérieurs à un montant fixé par arrêté du ministre chargé de la mutualité »*** :

— le montant de la valeur de rachat *(L. nº 2003-775 du 21 août 2003, art. 108-XIV et XVI, en vigueur le 1er janv. 2004)* « ou la valeur de transfert de son *(Décr. nº 2004-346 du 21 avr. 2004, art. 4)* « plan d'épargne retraite populaire » tel que défini à l'article L. 144-2 du code des assurances » ;

– le cas échéant, le montant de la valeur de réduction ;

– le montant des capitaux et des rentes garantis ;

– le rendement garanti, la participation aux excédents ainsi que le taux moyen de rendement des actifs détenus en représentation des engagements au titre des garanties de même catégorie, dans des conditions fixées par arrêté du ministre chargé de la mutualité ;

– et, pour les règlements dont les garanties sont exprimées en unités de compte, les valeurs de ces unités de compte, leur évolution annuelle à compter de la souscription du contrat et les modifications significatives affectant chaque unité de compte. Ces modifications sont précisées par arrêté du ministre chargé de la mutualité.

Ces montants ne peuvent tenir compte de participations aux excédents qui ne seraient pas attribuées à titre définitif.

La mutuelle ou l'union indique en termes précis et clairs dans cette communication ce que signifient les opérations de rachat *(L. n° 2003-775 du 21 août 2003, art. 108-XIV, applicable à compter du 1er janv. 2004)* « , de transfert » et de réduction et quelles sont leurs conséquences légales et contractuelles. *(Ord. n° 2019-575 du 12 juin 2019, art. 6)* « Le titre du document correspondant contient l'expression "relevé des droits à retraite" pour les engagements de retraite. »

(L. n° 2014-617 du 13 juin 2014, art. 4-4°, en vigueur le 1er janv. 2016) « Pour les contrats comportant un terme, la mutuelle ou l'union adresse au membre adhérent, un mois avant la date du terme, un relevé d'information spécifique. Ce relevé contient, outre les mentions mentionnées aux alinéas précédents, le rappel en caractères très apparents de la date du terme du contrat, et, le cas échéant, de sa prorogation tacite, et du fait que la revalorisation cesse à compter de cette date, sauf stipulation ou disposition contractuelle contraire.

« Le relevé spécifique mentionné au neuvième alinéa est adressé à nouveau par la mutuelle ou l'union au membre adhérent un an après le terme du contrat si le membre adhérent ne s'est pas manifesté depuis le terme. »

(L. n° 2010-1330 du 9 nov. 2010, art. 112-II) « Pour les garanties liées à la cessation d'activité professionnelle, la mutuelle ou l'union fournit, dans cette communication, une estimation du montant *(Ord. n° 2019-575 du 12 juin 2019, art. 6, en vigueur le 1er sept. 2019)* « probable » de la rente viagère qui serait versée au membre adhérent à partir de ses droits personnels. *(Ord. n° 2019-575 du 12 juin 2019, art. 6, en vigueur le 1er sept. 2019)* « Cette estimation est également accompagnée d'évaluations réalisées dans un scénario moins favorable, en tenant compte des caractéristiques propres des engagements de retraite. Elle précise », le cas échéant, les conditions dans lesquelles le membre adhérent peut demander le transfert de sa garantie auprès d'une autre mutuelle, d'une entreprise d'assurance ou d'une institution de prévoyance. Un arrêté précise les conditions d'application du présent alinéa. »

La garantie fait référence à l'obligation d'information prévue aux alinéas précédents.

(L. n° 2014-617 du 13 juin 2014, art. 4-4°, en vigueur le 1er janv. 2016) « La mutuelle ou l'union communique également au membre adhérent la date d'échéance de son contrat. »

V. art. R. 223-10.

Art. L. 223-22 Les assurances temporaires en cas de décès ainsi que les rentes viagères immédiates ou en cours de service ne peuvent comporter ni réduction ni rachat. Les assurances de capitaux de survie et de rente de survie, les assurances en cas de vie sans contre-assurance et les rentes viagères différées sans contre-assurance ne peuvent comporter de rachat.

Les contrats collectifs *(Ord. n° 2019-766 du 24 juill. 2019, art. 7, en vigueur le 1er oct. 2019)* « ou individuels » en cas de vie dont les prestations sont liées à la cessation d'activité professionnelle ne comportent pas de possibilité de rachat. Toutefois, ces contrats collectifs *(Ord. n° 2019-766 du 24 juill. 2019, art. 7, en vigueur le 1er oct. 2019)*

« ou individuels » doivent prévoir une possibilité de rachat intervenant lorsque se produisent l'un ou plusieurs des événements suivants :

1° Expiration des droits du membre participant aux allocations de chômage prévues par le code du travail en cas de licenciement ;

2° Cessation d'activité non salariée du membre participant à la suite d'un jugement de liquidation judiciaire *(L. n° 2005-845 du 26 juill. 2005, art. 173)* « en application du titre IV du livre VI du code de commerce » *(L. n° 2010-1330 du 9 nov. 2010, art. 114-II)* « ou toute situation justifiant ce rachat selon le président du tribunal de commerce auprès duquel est instituée une procédure de conciliation telle que visée à l'article L. 611-4 du code de commerce, qui en effectue la demande avec l'accord du membre adhérent » ;

3° Invalidité du membre participant correspondant au classement dans les deuxième ou troisième catégories prévues à l'article L. 341-4 du code de la sécurité sociale*[;]*

(L. n° 2010-1330 du 9 nov. 2010, art. 114-II) « 4° Décès du conjoint ou du partenaire lié par un pacte civil de solidarité ;

« 5° Situation de surendettement de l'adhérent définie à l'article L. 330-1 *[devenu art. L. 711-1 s.]* du code de la consommation, sur demande adressée à l'assureur, soit par le président de la commission de surendettement des particuliers, soit par le juge lorsque le déblocage des droits individuels résultant de ces contrats paraît nécessaire à l'apurement du passif de l'intéressé. »

Les contrats collectifs souscrits à l'occasion d'opérations collectives à adhésion obligatoire ou facultative en cas de vie dont les prestations sont liées à la cessation d'activité professionnelle doivent comporter une clause de transférabilité.

(Ord. n° 2019-766 du 24 juill. 2019, art. 7, en vigueur le 1er oct. 2019) « Lorsque le contrat collectif est ouvert sous la forme d'un plan d'épargne retraite mentionné à l'article L. 224-1 du code monétaire et financier, les dispositions du présent article s'appliquent sous réserve de celles du chapitre IV du titre II du livre II du code monétaire et financier. »

(L. n° 2007-1775 du 17 déc. 2007) « Pour les autres assurances sur la vie et pour les opérations de capitalisation, la mutuelle ou l'union ne peut refuser la réduction ou le rachat.

« La mutuelle ou l'union peut d'office substituer le rachat à la réduction si la valeur de rachat est inférieure à un montant fixé par décret. »

Art. L. 223-22-1 *(L. n° 2014-617 du 13 juin 2014, art. 4-5°, en vigueur le 1er janv. 2016)* La mutuelle ou l'union d'assurance dispose d'un délai de quinze jours, après réception de l'avis de décès et de sa prise de connaissance des coordonnées du bénéficiaire ou au terme prévu pour l'opération d'assurance, afin de demander au bénéficiaire de l'opération d'assurance sur la vie de lui fournir l'ensemble des pièces nécessaires au paiement.

A réception de ces pièces, la mutuelle ou l'union verse, dans un délai qui ne peut excéder un mois, le capital ou la rente garantis au bénéficiaire de l'opération d'assurance sur la vie.

Plusieurs demandes de pièces formulées par la mutuelle ou l'union ne peuvent concerner des pièces identiques ou redondantes.

(L. n° 2019-486 du 22 mai 2019, art. 72-III) « Au-delà du délai de quinze jours mentionné au premier alinéa, le capital produit de plein droit intérêt au double du taux légal durant un mois puis, à l'expiration de ce délai d'un mois, au triple du taux légal. »

Au-delà du délai prévu au deuxième alinéa, le capital non versé produit de plein droit intérêt au double du taux légal durant deux mois puis, à l'expiration de ce délai de deux mois, au triple du taux légal. *(L. n° 2019-486 du 22 mai 2019, art. 72-III)* « La période au cours de laquelle le capital a, le cas échéant, produit intérêt en application de l'avant-dernier alinéa s'impute sur le calcul de ce délai de deux mois. » Si, au-delà du délai de quinze jours mentionné au premier alinéa, la mutuelle ou l'union a omis

de demander au bénéficiaire l'une des pièces nécessaires au paiement, cette omission n'est pas suspensive du délai de versement mentionné au présent article.

Art. L. 223-23 **Le bulletin d'adhésion ou le contrat collectif cesse d'avoir effet à l'égard du bénéficiaire qui a été condamné pour avoir volontairement donné la mort au membre participant** *(L. n° 2007-1775 du 17 déc. 2007)* **« ou au souscripteur du contrat ».**

Le montant de la *(Ord. n° 2015-378 du 2 avr. 2015, art. 16-II-7°, en vigueur le 1er janv. 2016)* **« valeur de rachat ou de transfert, lorsqu'elle existe, ou à défaut de la » provision mathématique** *(Ord. n° 2015-378 du 2 avr. 2015, art. 16-II-7°, en vigueur le 1er janv. 2016)* **« déterminée sur la base des paramètres prévus dans les conditions tarifaires » doit être versé par la mutuelle ou l'union à l'adhérent ayant versé les cotisations au membre participant ou à ses ayants cause, à moins qu'ils ne soient condamnés comme auteurs ou complices de l'homicide volontaire du membre participant** *(L. n° 2007-1775 du 17 déc. 2007)* **« ou du souscripteur du contrat ».**

Si le bénéficiaire a tenté de donner la mort à l'adhérent ayant versé ses cotisations, celui-ci a le droit de révoquer l'attribution du bénéfice de l'assurance, même si le bénéficiaire avait déjà accepté la stipulation faite à son profit.

Art. L. 223-24 **Lorsque la mutuelle ou l'union n'a pas eu connaissance de la désignation d'un bénéficiaire, par testament ou autrement, ou de l'acceptation d'un autre bénéficiaire ou de la révocation d'une désignation, le paiement du capital ou de la rente garantis fait à celui qui, sans cette désignation, cette acception ou cette révocation, y aurait eu droit, est libératoire pour la mutuelle ou l'union de bonne foi.**

Art. L. 223-25 **Par dérogation aux dispositions de l'article L. 221-14, l'erreur sur l'âge du membre participant n'entraîne la nullité de l'assurance que lorsque son âge véritable se trouve, lors de l'adhésion ou de la signature du contrat collectif, en dehors des limites fixées pour la conclusion des contrats par les règlements de la mutuelle ou de l'union.**

Dans tout autre cas, si, par suite d'une erreur de ce genre, la cotisation payée est inférieure à celle qui aurait dû être acquittée, le capital ou la rente garantis sont réduits en proportion de la cotisation perçue et de celle qui aurait correspondu à l'âge véritable du membre participant. Si, au contraire, par suite d'une erreur sur l'âge du membre participant, une cotisation trop forte a été payée, la mutuelle ou l'union est tenue de restituer la portion de cotisation qu'elle a reçue en trop sans intérêt.

Art. L. 223-25-1 *(L. n° 2006-1770 du 30 déc. 2006, art. 65-III)* **Les mutuelles ou unions peuvent proposer les opérations mentionnées au chapitre IV du titre IV du livre Ier du code des assurances, dans les conditions fixées par ledit chapitre.**

Art. L. 223-25-2 *(L. n° 2010-737 du 1er juill. 2010)* **Toutes les informations, y compris les communications à caractère promotionnel, relatives à une opération sur la vie ou à une opération de capitalisation présentent un contenu exact, clair et non trompeur. Les communications à caractère promotionnel sont clairement identifiées comme telles.**

Art. L. 223-25-3 *(Abrogé par L. n° 2019-486 du 22 mai 2019, art. 206-XXIX) (Ord. n° 2009-106 du 30 janv. 2009, art. 7, en vigueur le 1er juill. 2010)* ***I. — Avant la conclusion d'une opération individuelle comportant des valeurs de rachat, d'une opération de capitalisation, ou avant l'adhésion à une opération collective mentionnée à l'article L. 223-1 ou à l'article L. 222-1, la mutuelle ou l'union régie par les dispositions du livre II ou tout intermédiaire au sens des articles L. 116-1 et suivants, précise les exigences et les besoins exprimés par le souscripteur ou l'adhérent ainsi que les raisons qui motivent le conseil fourni quant à une garantie déterminée. Ces précisions, qui reposent en particulier sur les éléments d'information communiqués par le souscripteur ou l'adhérent concernant sa situation financière et ses objectifs de souscription, sont adaptées à la complexité de l'opération d'assurance ou de capitalisation proposée.***

Pour l'application de l'alinéa précédent, la mutuelle ou l'union régie par les dispositions du livre II s'enquiert auprès du souscripteur ou de l'adhérent de ses connaissances et de son expérience en matière financière et tient compte de tous autres éléments que celui-ci a porté à sa connaissance.

Lorsque le souscripteur ou l'adhérent ne donne pas les informations mentionnées aux deux premiers alinéas, la mutuelle ou l'union, régie par les dispositions du livre II, les met en garde préalablement à la souscription de la garantie.

Un décret en Conseil d'État détermine les modalités d'application du I.

II. — Les dispositions du I ne sont pas applicables à la mutuelle ou l'union lorsque la conclusion du contrat ou l'adhésion à celui-ci est faite sur présentation, proposition ou avec l'aide d'un intermédiaire mentionné à l'article L. 116-1.

Art. L. 223-25-4 *(L. nº 2014-617 du 13 juin 2014, art. 4-6º, en vigueur le 1er janv. 2016)* **I. — Les sommes dues au titre des contrats d'assurance sur la vie et des bons ou contrats de capitalisation qui ne font pas l'objet d'une demande de versement des prestations ou du capital sont déposées à la Caisse des dépôts et consignations à l'issue d'un délai de dix ans à compter de la date de la prise de connaissance par l'assureur du décès de l'assuré ou de l'échéance du contrat. Le dépôt intervient dans le mois suivant l'expiration de ce délai.** *(L. nº 2019-486 du 22 mai 2019, art. 71-VIII)* **« A défaut d'échéance du contrat ou de prise de connaissance par l'assureur du décès de l'assuré, lorsque la date de naissance de l'assuré remonte à plus de cent vingt années et qu'aucune opération n'a été effectuée à l'initiative de l'assuré au cours des deux dernières années, l'assureur est tenu de rechercher le bénéficiaire et, si cette recherche aboutit, de l'aviser de la stipulation effectuée à son profit. Si cette recherche n'aboutit pas, les sommes dues au titre de ces contrats sont transférées à la Caisse des dépôts et consignations au terme d'un délai de dix ans à compter de la date du cent vingtième anniversaire de l'assuré, après vérification de sa date de naissance par l'assureur. » Les sommes dues au titre d'un contrat d'assurance temporaire en cas de décès ne font pas l'objet de ce dépôt lorsque le décès de l'assuré est intervenu antérieurement au 1er janvier 2015.**

Le dépôt à la Caisse des dépôts et consignations des sommes dues au titre des contrats mentionnés au premier alinéa du présent I et comportant, en tout ou partie, des engagements exprimés en unités de compte mentionnés au *(L. nº 2019-486 du 22 mai 2019, art. 72-III)* **« deuxième » alinéa de l'article L. 223-2** *(L. nº 2019-486 du 22 mai 2019, art. 72-III)* **« du présent code » ou affectés à l'acquisition de droits** *(L. nº 2019-486 du 22 mai 2019, art. 72-III)* **« mentionnés à l'article L. 134-1 du code des assurances » s'effectue en numéraire. La valeur de ces engagements ou de ces droits est celle atteinte à l'expiration du délai de dix ans mentionné au premier alinéa du présent I, sauf si les stipulations contractuelles prévoient une date antérieure.**

Le membre participant ou les bénéficiaires des sommes déposées à la Caisse des dépôts et consignations ne peuvent en obtenir le versement qu'en numéraire, nonobstant toute stipulation contraire. *(L. nº 2019-486 du 22 mai 2019, art. 71-VIII)* **« La Caisse des dépôts et consignations procède à la restitution des sommes sous la forme d'un capital. »**

Les mutuelles et les unions transmettent à la Caisse des dépôts et consignations les informations nécessaires, le cas échéant, au versement des sommes mentionnées au troisième alinéa du présent I au membre participant ou à ses bénéficiaires.

Jusqu'à l'expiration du délai mentionné au III, elles conservent les informations et documents relatifs à l'encours des contrats à la date du dépôt prévu au deuxième alinéa du présent I, à la computation du délai mentionné au premier alinéa et au régime d'imposition applicable, ainsi que les informations et documents permettant d'identifier les membres participants et les bénéficiaires de ces contrats. Ces informations et documents sont transmis à la Caisse des dépôts et consignations à sa demande. Elles conservent également les informations et documents permettant d'apprécier qu'elles ont satisfait à leurs obligations en matière de contrats non réglés.

Le dépôt des sommes à la Caisse des dépôts et consignations en application du présent I est libératoire de toute obligation pour les mutuelles et les unions et les

membres participants, à l'exception des obligations en matière de conservation d'informations et de documents prévues à l'avant-dernier alinéa. Ce caractère libératoire n'emporte cependant pas exonération de responsabilité pour les manquements commis antérieurement à ce dépôt.

II. — Six mois avant l'expiration du délai mentionné au premier alinéa du I du présent article, les mutuelles et les unions informent le membre participant ou les bénéficiaires du contrat, par tout moyen à leur disposition, de la mise en œuvre du présent article.

La Caisse des dépôts et consignations organise, dans le respect de la loi n° 78-17 du 6 janvier 1978 relative à l'informatique, aux fichiers et aux libertés, la publicité appropriée de l'identité des membres participants des contrats dont les sommes garanties ont fait l'objet du dépôt mentionné au I du présent article, afin de permettre aux membres participants ou aux bénéficiaires des contrats de percevoir les sommes qui leur sont dues. Ces derniers communiquent à la Caisse des dépôts et consignations les informations permettant de vérifier leur identité et de déterminer le montant des sommes qui leur sont dues.

Le notaire chargé d'établir l'actif successoral en vue du règlement de la succession pour laquelle il a été mandaté obtient sur sa demande auprès de la Caisse des dépôts et consignations le versement des sommes déposées en application du I et dues aux ayants droit du défunt, lorsque ces sommes entrent dans l'actif successoral. Le notaire restitue ces sommes aux ayants droit.

Le notaire joint à sa demande le mandat l'autorisant à agir au nom des ayants droit.

III. — Par dérogation au premier alinéa de l'article L. 518-24 du code monétaire et financier, les sommes déposées à la Caisse des dépôts et consignations en application du présent article et qui n'ont pas été réclamées par le membre participant ou leurs bénéficiaires sont acquises à l'État à l'issue d'un délai de vingt ans à compter de la date de leur dépôt à la Caisse des dépôts et consignations.

Jusqu'à l'expiration de ce délai, la Caisse des dépôts et consignations détient, pour le compte des membres participants ou de leurs bénéficiaires, les sommes qui lui ont été déposées.

Pour chaque dépôt correspondant à un contrat d'assurance sur la vie ou à un bon ou contrat de capitalisation, le montant des sommes versées par la Caisse des dépôts et consignations à son membre participant ou à ses bénéficiaires ou acquises à l'État ne peut être inférieur au montant des sommes déposées à la Caisse des dépôts et consignations, diminué, le cas échéant, des versements partiels réalisés par la Caisse des dépôts et consignations en application du présent article.

IV. — Un décret en Conseil d'État précise les modalités d'application du présent article.

V. ss. C. assur., art. L. 132-27-2, L. n° 2014-617 du 13 juin 2014, art. 13.

V. art. R. 223-11 s.

Art. L. 223-25-5 *(Ord. n° 2015-378 du 2 avr. 2015, art. 16-II-8°, en vigueur le 1er janv. 2016)* Les mutuelles et les unions *(Ord. n° 2017-484 du 6 avr. 2017, art. 6-19°)* « et les mutuelles et unions de retraite professionnelle supplémentaire » font participer, dans des conditions fixées par décret, leurs membres participants et les bénéficiaires désignés aux excédents techniques et financiers des opérations dépendant de la durée de la vie humaine qu'elles réalisent.

SECTION II DISPOSITIONS PARTICULIÈRES À CERTAINES OPÉRATIONS COLLECTIVES VIE

Art. L. 223-26 Pour les bulletins d'adhésion ou contrats collectifs correspondant à une opération collective autres que ceux qui sont régis par le titre Ier de la loi n° 89-1009 du 31 décembre 1989 renforçant les garanties offertes aux personnes assurées contre certains risques et pour les contrats collectifs de capitalisation, la personne morale est, tant pour les adhésions au contrat que pour l'exécution de celui-ci, réputée agir, à l'égard du membre participant ou du bénéficiaire, en tant que mandataire de la mutuelle ou de l'union auprès de laquelle le contrat a été souscrit, à l'exception des actes dont le membre participant ou le bénéficiaire a été préalablement informé, dans des conditions fixées par arrêté du ministre chargé de la mutualité, que le souscripteur n'a pas le pouvoir de les accomplir.

En cas de dissolution ou de liquidation de l'organisme souscripteur, le bulletin d'adhésion ou le contrat collectif se poursuit de plein droit entre la mutuelle ou l'union et les personnes antérieurement adhérentes au contrat collectif.

Les dispositions du présent article ne sont pas applicables aux opérations dépendant de la durée de la vie humaine dont les prestations sont liées à la cessation d'activité professionnelle, souscrites par une entreprise ou un groupe d'entreprises au profit de leurs salariés ou par un groupement professionnel représentatif d'entreprises au profit des salariés de celles-ci ou par une organisation représentative d'une profession non salariée ou d'agents d'une collectivité publique au profit de ses membres. Elles ne s'appliquent pas non plus aux contrats collectifs souscrits par un établissement de crédit *(Ord. n° 2013-544 du 27 juin 2013, art. 12, en vigueur le 1er janv. 2014)* « ou une société de financement », ayant pour objet la garantie de remboursement d'un emprunt.

SECTION III DISPOSITIONS PARTICULIÈRES AUX OPÉRATIONS DÉPENDANT DE LA DURÉE DE LA VIE HUMAINE COMPORTANT UNE CLAUSE DE RACHAT

Art. L. 223-27 Les dispositions des articles L. 221-7, L. 221-8, L. 221-10, *(L. n° 2005-67 du 28 janv. 2005, art. 3-II)* « L. 221-10-1, » L. 221-14 et L. 221-15 ne s'appliquent pas aux opérations de capitalisation et aux opérations dépendant de la durée de la vie humaine.

Les dispositions de l'article L. 221-17 ne s'appliquent pas aux opérations dépendant de la durée de la vie humaine.

Art. L. 223-28 *(Ord. n° 2009-106 du 30 janv. 2009, art. 6, en vigueur le 1er juill. 2010)* I. — Pour les opérations à adhésion facultative, la notice remise par le souscripteur à l'adhérent lors de l'adhésion inclut, outre les informations mentionnées à l'article L. 221-6 :

a) La dénomination sociale et les coordonnées du souscripteur ;

b) Les stipulations essentielles de la convention ;

c) La mention que les droits et obligations de l'adhérent peuvent être modifiés par des avenants à ladite convention ainsi que les modalités d'adoption de ces avenants par le souscripteur ;

d) Les conditions d'exercice de la faculté de renonciation ainsi qu'*(Ord. n° 2017-1433 du 4 oct. 2017, art. 24-3°, en vigueur le 1er avr. 2018)* « un modèle de rédaction » destiné à faciliter l'exercice de cette faculté de renonciation ;

e) Les modalités de la conversion de la convention en rentes viagères selon les conditions fixées par arrêté du ministre chargé de la mutualité ;

Un arrêté du même ministre précise les informations qui doivent figurer dans cette notice, notamment au regard des stipulations essentielles de la convention.

II. — Pour les opérations à adhésion facultative, le défaut de remise de la notice prévue au I du présent article entraîne de plein droit la prorogation du délai de renonciation prévu à l'article L. 223-8.

III. — Pour les opérations à adhésion facultative, lorsque les droits acquis par l'adhérent sont représentés par une provision mathématique théorique égale ou supérieure à un montant fixé par arrêté du ministre chargé de la mutualité, le souscripteur est tenu de communiquer, chaque année, à l'adhérent les informations suivantes :

a) Le montant de la cotisation de l'adhésion ;

b) Les valeurs d'acquisition de l'unité de rente ;

c) Le montant total des droits acquis exprimés en nombre d'unité de rente ;

d) La valeur de service de l'unité de rente à un âge déterminé et son évolution depuis l'année précédente, ainsi que les coefficients de surcote et de décote correspondant à une liquidation différée ou anticipée par rapport à l'âge de référence ;

e) Lorsque la convention prévoit une réduction du nombre d'unités de rente en cas de cessation du paiement des primes ou cotisations, les conditions de cette réduction et le nombre d'unités de rente qui en résulte ;

f) Pour les opérations dont les prestations sont liées à la cessation d'activité professionnelle, le montant de la valeur de transfert.

Il est également indiqué que les comptes de la convention sont tenus à la disposition de l'adhérent sur simple demande.

SECTION IV EFFET SUR LES CONTRATS D'ASSURANCE SUR LA VIE DE LA CONFISCATION PÉNALE

(L. nº 2013-1117 du 6 déc. 2013, art. 22-II)

Art. L. 223-29 La décision définitive de confiscation d'une somme ou d'une créance figurant sur un contrat d'assurance sur la vie, prononcée par une juridiction pénale, entraîne de plein droit la résolution judiciaire du contrat et le transfert des fonds confisqués à l'État.

L'art. 22 de la L. nº 2013-1117 du 6 déc. 2013 est applicable à Saint-Barthélemy, à Saint-Pierre-et-Miquelon et dans les îles Wallis-et-Futuna (L. préc., art. 72-I).

CHAPITRE IV DISPOSITIONS PARTICULIÈRES À L'ASSURANCE DE PROTECTION JURIDIQUE ET AUX REMBOURSEMENTS DE FRAIS DE SOINS DE SANTÉ

SECTION PREMIÈRE PROTECTION JURIDIQUE

Art. L. 224-1 Est une opération d'assurance de protection juridique toute opération consistant, moyennant le paiement d'une cotisation préalablement convenue, à prendre en charge des frais de procédure ou à fournir des services découlant de cette couverture en cas de différend ou de litige opposant le membre participant à un tiers, en vue notamment de défendre ou de représenter en demande le membre participant dans une procédure civile, pénale, administrative ou autre, ou contre une réclamation dont il est l'objet, ou d'obtenir réparation à l'amiable du dommage subi.

Art. L. 224-2 L'assurance de protection juridique fait l'objet d'un bulletin d'adhésion ou d'un contrat distinct de celui qui est établi pour les autres branches ou d'un chapitre distinct d'un contrat unique avec indication du contenu de l'assurance de protection juridique et de la cotisation correspondante.

Art. L. 224-2-1 *(L. nº 2007-210 du 19 févr. 2007)* Est considéré comme sinistre, au sens du présent chapitre, le refus qui est opposé à une réclamation dont le membre participant est l'auteur ou le destinataire.

Art. L. 224-2-2 *(L. nº 2007-210 du 19 févr. 2007)* Les consultations ou les actes de procédure réalisés avant la déclaration du sinistre ne peuvent justifier la déchéance de la garantie. Toute clause contraire est réputée non écrite.

Cependant, ces consultations et ces actes ne sont pas pris en charge par la mutuelle ou l'union, sauf si le membre participant peut justifier d'une urgence à les avoir demandés.

Art. L. 224-2-3 *(L. nº 2007-210 du 19 févr. 2007)* Le membre participant doit être assisté ou représenté par un avocat lorsque la mutuelle, l'union ou lui-même est informé de ce que la partie adverse est défendue dans les mêmes conditions.

Art. L. 224-3 Tout contrat d'assurance de protection juridique stipule explicitement que, lorsqu'il est fait appel à un avocat ou à toute autre personne qualifiée par la législation ou la réglementation en vigueur pour défendre, représenter ou servir les intérêts du membre participant, dans les circonstances prévues à l'article L. 224-1, le membre participant a la liberté de le choisir.

Le contrat stipule également que le membre participant a la liberté de choisir un avocat ou, s'il le préfère, une personne qualifiée pour l'assister, chaque fois que survient un conflit d'intérêt entre lui-même et la mutuelle ou l'union.

Aucune clause du contrat ne doit porter atteinte, dans les limites de la garantie, au libre choix ouvert au membre participant par les deux alinéas précédents.

(L. nº 2007-210 du 19 févr. 2007) « La mutuelle ou l'union ne peut proposer le nom d'un avocat au membre participant sans demande écrite de sa part. »

Art. L. 224-4 Le contrat d'assurance de protection juridique stipule qu'en cas de désaccord entre la mutuelle ou l'union et le membre participant au sujet de mesures à prendre pour régler un différend, cette difficulté peut être soumise à l'appréciation d'une tierce personne désignée d'un commun accord par les parties, ou à défaut par le président du *(Ord. nº 2019-738 du 17 juill. 2019, art. 6)* « tribunal judiciaire statuant selon la procédure accélérée au fond ». Les frais exposés pour l'exercice de cette faculté sont à la charge de la mutuelle ou de l'union. Toutefois, le président du *(Ord. nº 2019-738 du 17 juill. 2019, art. 6)* « tribunal judiciaire statuant selon la procédure accélérée au fond » peut en décider autrement lorsque le membre participant a mis en œuvre cette faculté dans des conditions abusives.

Si le membre participant a engagé à ses frais une procédure contentieuse et obtient une solution plus favorable que celle qui lui avait été proposée par la mutuelle ou l'union ou par la tierce personne mentionnée à l'alinéa précédent, la mutuelle ou l'union l'indemnise des frais exposés pour l'exercice de cette action, dans la limite du montant de la garantie.

Lorsque la procédure prévue au premier alinéa du présent article est mise en œuvre, le délai de recours contentieux est suspendu pour toutes les instances juridictionnelles qui sont couvertes par la garantie d'assurance de protection juridique et que l'assuré est susceptible d'engager en demande, jusqu'à ce que la tierce personne chargée de proposer une solution en ait fait connaître la teneur.

Les dispositions de l'Ord. nº 2019-738 du 17 juill. 2019 s'appliquent aux demandes introduites à compter du 1er janv. 2020 (Ord. préc., art. 30).

Art. L. 224-5 En cas de conflit d'intérêts entre la mutuelle ou l'union et le membre participant ou de désaccord quant au règlement du litige, la mutuelle ou l'union informe le membre participant du droit mentionné à l'article L. 224-3 et de la possibilité de recourir à la procédure mentionnée à l'article L. 224-4.

Art. L. 224-5-1 *(L. nº 2007-210 du 19 févr. 2007)* Les honoraires de l'avocat sont déterminés entre ce dernier et son client, sans pouvoir faire l'objet d'un accord avec la mutuelle ou l'union.

Art. L. 224-6 Les personnes qui ont à connaître des informations données par le membre participant pour les besoins de sa cause, dans le cadre d'un contrat d'assurance de protection juridique, sont tenues au secret professionnel, dans les conditions et sous les peines fixées aux articles 226-13 et 226-14 du code pénal.

Art. L. 224-7 Les mutuelles ou unions qui pratiquent l'assurance de protection juridique peuvent opter pour l'une des modalités de gestion suivantes :

a) Soit les membres du personnel chargés de la gestion des remboursements de la branche protection juridique ou de conseils juridiques relatifs à cette gestion ne peuvent exercer en même temps une activité semblable dans une autre branche pratiquée par la mutuelle ou l'union qui les emploie, ni dans une autre mutuelle ou union ayant avec ces dernières des liens financiers ou administratifs ;

b) Soit les remboursements de la branche « protection juridique » sont confiés à une mutuelle ou union juridiquement distincte.

Si elles ne font pas ce choix, alors le contrat d'assurance de protection juridique doit prévoir le droit, pour tout membre participant ou ayant droit, de confier la défense de ses intérêts, dès qu'il est en droit de réclamer l'intervention de l'assurance au titre du contrat, à un avocat ou à une personne qualifiée de son choix.

Art. L. 224-7-1 *(L. nº 2007-210 du 19 févr. 2007)* Le contrat d'assurance de protection juridique stipule que toute somme obtenue en remboursement des frais et des honoraires exposés pour le règlement du litige bénéficie par priorité au membre participant pour les dépenses restées à sa charge et, subsidiairement, à la mutuelle ou à l'union, dans la limite des sommes qu'elle a engagées.

SECTION II PRINCIPE INDEMNITAIRE

Art. L. 224-8 Les opérations relatives au remboursement de frais de soins, à la protection juridique et à l'assistance ont un caractère indemnitaire ; l'indemnité due par la mutuelle ou par l'union ne peut excéder le montant des frais restant à la charge du membre participant au moment du sinistre.

Art. L. 224-9 Pour le paiement des prestations à caractère indemnitaire, mentionnées à l'article L. 224-8, la mutuelle ou l'union est subrogée jusqu'à concurrence desdites prestations, dans les droits et actions des membres participants, des bénéficiaires ou de leurs ayants droit contre les tiers responsables.

La mutuelle ou l'union ne peut poursuivre le remboursement des dépenses qu'elle a exposées qu'à due concurrence de la part d'indemnité mise à la charge du tiers qui répare l'atteinte à l'intégrité physique de la victime, à l'exclusion de la part d'indemnité, de caractère personnel, correspondant aux souffrances physiques ou morales, au préjudice esthétique et d'agrément, à moins que les prestations versées par l'organisme mutualiste n'indemnisent ces éléments de préjudice. En cas d'accident suivi de mort, la part d'indemnité correspondant au préjudice moral des ayants droit leur demeure acquise.

Pour le paiement des indemnités journalières versées et les prestations d'invalidité, la mutuelle ou l'union est subrogée jusqu'à concurrence desdites prestations dans les droits et actions des membres participants, des bénéficiaires ou de leurs ayants droit contre les tiers responsables.

CHAPITRE V LOI APPLICABLE AUX CONTRATS POUR LES RISQUES SITUÉS DANS UN OU *[DANS]* PLUSIEURS ÉTATS PARTIES À L'ACCORD SUR L'ESPACE ÉCONOMIQUE EUROPÉEN ET POUR LES ENGAGEMENTS QUI Y SONT PRIS

SECTION PREMIÈRE DISPOSITIONS APPLICABLES AUX OPÉRATIONS RELATIVES À LA COUVERTURE DE RISQUES DE DOMMAGES CORPORELS LIÉS AUX ACCIDENTS, À LA MALADIE, À LA PROTECTION JURIDIQUE, À L'ASSISTANCE, AU CHÔMAGE ET À LA CAUTION MUTUALISTE

Art. L. 225-1 Les dispositions de la présente section s'appliquent aux opérations des mutuelles et des unions mentionnées aux *a*, *c*, *d* et *e* du 1º du I de l'article L. 111-1.

Art. L. 225-2 I. — Lorsque le risque est situé, au sens de l'article L. 225-3, sur le territoire de la République française, à l'exclusion de la Nouvelle-Calédonie et de la Polynésie française, et que le souscripteur du contrat a sa résidence principale ou son siège de direction sur le même territoire, la loi applicable est la loi française, à l'exclusion de toute autre.

Lorsque le risque est situé, au sens de l'article L. 225-3, sur le territoire de la République française, à l'exclusion de la Nouvelle-Calédonie et de la Polynésie française, et que le souscripteur du contrat n'y a pas sa résidence principale ou son siège de direction, les parties au contrat peuvent choisir d'appliquer soit la loi française, soit la loi du pays où le souscripteur du contrat a sa résidence principale ou son siège de direction.

De même, lorsque le souscripteur a sa résidence principale ou son siège de direction sur le territoire de la République française, à l'exclusion de la Nouvelle-Calédonie et de la Polynésie française, et que le risque n'y est pas situé au sens de l'article L. 225-3, les parties peuvent choisir d'appliquer soit la loi française, soit la loi du pays où le risque est situé.

II. – On entend par souscripteur, pour l'application du I ci-dessus :

a) Le membre participant, s'il s'agit d'une opération individuelle ;

b) L'employeur ou la personne morale souscriptrice, s'il s'agit d'une opération collective.

Art. L. 225-3 Est regardé comme État de situation du risque :

a) L'État où le bulletin d'adhésion a été signé ou le contrat souscrit s'il s'agit d'un contrat d'une durée inférieure ou égale à quatre mois et relatif à des risques encourus au cours d'un déplacement, quelle que soit la branche dont relèvent ces risques ;

b) Dans les autres cas, l'État dans lequel le membre participant a sa résidence principale, s'il s'agit d'une opération individuelle, ou bien l'État où est situé l'établissement de l'employeur ou de la personne morale contractante auquel le contrat se rapporte, s'il s'agit d'une opération collective à adhésion obligatoire ou à adhésion facultative.

Art. L. 225-4 Lorsque les parties ont à exercer le choix de la loi applicable dans l'un des cas prévus par l'article L. 225-2, ce choix doit être exprès ou résulter de façon certaine des clauses du contrat ou des circonstances de la cause.

A défaut, le contrat est régi par la loi de celui, parmi les pays qui entrent en ligne de compte aux termes de l'article L. 225-2, avec lequel il présente les liens les plus étroits. Il est présumé que le contrat présente les liens les plus étroits avec l'État membre de la Communauté européenne ou l'État partie à l'accord sur l'Espace économique européen où le risque est situé. Si une partie du contrat est séparable du reste du contrat et présente un lien plus étroit avec un autre des pays qui entrent en ligne de compte conformément à l'article L. 225-2, il pourra être fait application à cette partie du contrat de la loi de cet autre pays.

Art. L. 225-5 Les articles L. 225-2 et L. 225-4 ne peuvent faire obstacle aux dispositions d'ordre public de la loi française applicables quelle que soit la loi régissant le contrat.

Toutefois, le juge peut donner effet sur le territoire de la République française aux dispositions d'ordre public de la loi de l'État membre de la Communauté européenne ou de l'État partie à l'accord sur l'Espace économique européen où le risque est situé ou qui impose l'obligation d'assurance, si, selon le droit de ces pays, ces dispositions sont applicables quelle que soit la loi régissant le contrat.

Lorsque le bulletin d'adhésion ou le contrat couvre des risques situés dans plusieurs États membres de la Communauté européenne ou parties à l'accord sur l'Espace économique européen, le contrat est considéré, pour l'application du présent article, comme constituant plusieurs contrats dont chacun ne se rapporte qu'à un seul État.

Art. L. 225-6 Sous réserve des dispositions des articles L. 225-2 à L. 225-5 et pour le surplus, les règles générales de droit international privé en matière d'obligations contractuelles sont applicables.

SECTION II DISPOSITIONS APPLICABLES AUX OPÉRATIONS DE CAPITALISATION ET À LA COUVERTURE DE RISQUES LIÉS À LA PERSONNE ET À LA DURÉE DE LA VIE HUMAINE À L'EXCEPTION DE CELLES VISÉES À LA SECTION I

Art. L. 225-7 Les dispositions de la présente section s'appliquent aux opérations des organismes mutualistes mentionnées au *b* du 1° du I de l'article L. 111-1.

Art. L. 225-8 Lorsque l'engagement est pris, au sens de l'article L. 225-9, sur le territoire de la République française, la loi applicable au contrat est la loi française, à l'exclusion de toute autre.

Toutefois, lorsque le membre participant signe lui-même le bulletin d'adhésion ou souscrit lui-même le contrat et est ressortissant d'un autre État membre de la Communauté européenne ou d'un autre État partie à l'accord sur l'Espace économique européen, les parties au contrat peuvent choisir d'appliquer soit la loi française, soit la loi de l'État dont le membre participant est ressortissant.

Art. L. 225-9 L'État de l'engagement est réputé être l'État dans lequel le *(Ord. nº 2017-734 du 4 mai 2017, art. 8-1º)* « membre participant » avait sa résidence habituelle au moment de *(Ord. nº 2017-734 du 4 mai 2017, art. 8-2º)* « l'adhésion au règlement mutualiste » au moment de la conclusion du contrat, l'établissement de cette personne morale auquel le contrat se rapporte.

(Ord. nº 2017-734 du 4 mai 2017, art. 8-3º) « Dans le cas des opérations collectives, l'État de l'engagement est réputé être l'État dans lequel le souscripteur, membre honoraire, avait son établissement au moment de la conclusion du contrat qui s'y rapporte. »

La 1re phrase, qui n'a pas de sens, est reproduite dans sa rédaction issue des modifications apportées par l'Ord. nº 2017-734 du 4 mai 2017.

Art. L. 225-10 Les dispositions de l'article L. 225-5 et celles de l'article L. 225-6 sont applicables aux opérations régies par la présente section.

CHAPITRE VI DISPOSITIONS RELATIVES AU CAUTIONNEMENT

Art. L. 226-1 Les dispositions des chapitres Ier à IV du présent titre ne sont pas applicables aux opérations de cautionnement mentionnées au *e* du 1º du I de l'article L. 111-1.

CHAPITRE VII DISPOSITIONS RELATIVES À LA COASSURANCE

(L. nº 2014-856 du 31 juill. 2014, art. 51-II-6º)

Art. L. 227-1 I. – Pour les opérations collectives obligatoires couvrant le risque décès, les risques portant atteinte à l'intégrité physique de la personne ou liés à la maternité, les risques d'incapacité de travail ou d'invalidité et pour les opérations collectives facultatives couvrant ces mêmes risques, à l'exception de celles visées par arrêté des ministres chargés de l'économie, de la sécurité sociale et de la mutualité, les mutuelles et unions mentionnées à l'article L. 211-1 du présent code peuvent conclure un contrat de coassurance entre elles, avec des institutions de prévoyance ou unions régies par le titre III du livre IX du code de la sécurité sociale et avec des entreprises d'assurance mentionnées à l'article L. 310-2 du code des assurances. En application de ce contrat, tout membre participant est garanti pendant une même durée et par un même contrat collectif par au moins deux organismes assureurs, chacun d'eux proportionnellement à la part, prévue au contrat de coassurance, qu'il accepte de couvrir.

Par dérogation à l'article *(Ord. nº 2017-734 du 4 mai 2017, art. 9)* « L. 110-2 » du présent code, lorsqu'un contrat collectif à adhésion facultative relatif au remboursement ou à l'indemnisation des frais occasionnés par une maladie, une maternité ou un accident est coassuré par au moins une mutuelle ou union régie par le présent livre, le montant des cotisations ne peut être modulé en fonction de la durée d'appartenance à la mutuelle ou à l'union.

Par dérogation à l'article L. 221-2, lorsque le contrat collectif est coassuré par plusieurs mutuelles et unions, il détermine la mutuelle auprès de laquelle chaque personne physique adhérant au contrat collectif coassuré devient membre. Cette répartition s'effectue en fonction de critères préalablement déterminés par les organismes coassureurs et précisés dans le contrat coassuré. Les critères sont fondés sur des éléments objectifs. Dans ce cadre et par dérogation à l'article L. 111-1, les mutuelles et unions peuvent mener une action de prévoyance au profit des bénéficiaires du contrat collectif coassuré non membres participants de l'organisme et de leurs ayants droit.

II. — Les organismes coassureurs désignent parmi eux un apériteur, dont ils précisent les missions dans le contrat de coassurance. L'apériteur assure le rôle d'interlocuteur unique du souscripteur pour la négociation des conditions du contrat mentionné au I et de son renouvellement. Il peut encaisser la totalité des cotisations et verser les prestations.

Le contrat prévoit les conditions dans lesquelles est assuré le respect de la garantie des droits des membres participants en cas de modification ou de cessation de la coassurance.

Pour l'application des articles L. 211-2, L. 212-18, L. 212-23 et L. 223-8, dans le cas d'un contrat collectif coassuré, l'ensemble des personnes physiques ayant adhéré au contrat collectif coassuré et leurs ayants droit sont traités comme s'ils étaient membres participants ou ayants droit d'un membre participant de l'ensemble des mutuelles ou unions coassureurs.

III. — Par dérogation aux articles L. 114-1 et L. 114-4, les conditions dans lesquelles une personne est considérée comme ayant droit d'une personne physique ayant adhéré au contrat collectif coassuré sont déterminées par ce contrat.

L'art. 51 de la loi n° 2014-856 du 31 juill. 2014 n'est pas applicable aux contrats souscrits avant la publication de ladite loi (L. préc., art. 51-IV, JO 1er août).

mentaire régis par le code des assurances, institutions de prévoyance et institutions de retraite professionnelle supplémentaire régies par le code de la sécurité sociale ou le code rural et de la pêche maritime, sauf lorsqu'il s'agit de contrats souscrits au profit de leurs salariés ou de leurs membres participants ou de leurs clients ; »

***d*) Organismes entrant dans le périmètre de consolidation ou de combinaison des comptes défini à l'article L. 212-7, sauf s'il s'agit de contrats souscrits au profit de leurs salariés ou de leurs membres participants, et administrateurs et dirigeants de ces organismes ;**

***e*) Établissements de crédit** *(Ord. nº 2013-544 du 27 juin 2013, art. 12 et 36, en vigueur le 1er janv. 2014)* **« , sociétés de financement » et personnes mentionnées à l'article L. 518-1 du code monétaire et financier, sauf pour les contrats souscrits pour le compte d'un emprunteur, d'un client ou de leurs salariés ;**

***f*) Organismes de placements collectifs ;**

***g*) Organismes de retraite, sauf lorsqu'il s'agit de contrats souscrits pour le compte des salariés ou retraités de leurs adhérents.**

Dans l'attente de la constitution de ce fonds de garantie, les sommes dévolues à ce fonds, en application des dispositions des I, II et III de l'art. 90 de la L. nº 2003-706 du 1er août 2003, sont déposées à la Caisse des dépôts et consignations (L. préc., art. 90-IV).

Art. L. 431-2 **I. —** *(L. nº 2016-1691 du 9 déc. 2016, art. 47-III-1º)* **« Lorsque l'Autorité de contrôle prudentiel et de résolution prend, à l'égard d'un organisme mentionné au premier alinéa de l'article L. 431-1, la mesure conservatoire prévue au 14º du I de l'article L. 612-33 du code monétaire et financier, elle recourt au fonds de garantie régi par le présent chapitre, après avoir consulté par écrit le président du directoire de ce fonds. »** *(Ord. nº 2017-1608 du 27 nov. 2017, art. 4)* **« Lorsque le collège de résolution de l'Autorité prend à l'égard d'une mutuelle ou union régie par le présent code la mesure de résolution prévue au 4º du I de l'article L. 311-30 du code des assurances, il recourt au fonds de garantie régi par le présent chapitre dans les mêmes conditions. »**

S'il conteste la décision de l'Autorité, le président du directoire peut, dans un délai de quinze jours à compter de celle-ci, saisir le ministre chargé de la mutualité. Celui-ci peut alors, dans l'intérêt des personnes mentionnés au premier alinéa de l'article L. 431-1 et dans un délai de quinze jours, demander à l'Autorité une nouvelle délibération après avoir reçu l'avis écrit d'un collège arbitral dont la composition est fixée par un décret en Conseil d'État.

La décision de l'Autorité de recourir au fonds de garantie est immédiatement notifiée à la mutuelle *(L. nº 2019-486 du 22 mai 2019, art. 206-XI)* **« , l'union ou la mutuelle ou union de retraite professionnelle supplémentaire concernée. » En cas de mise en œuvre de la procédure décrite à l'alinéa précédent, seule la nouvelle délibération de l'Autorité est notifiée à l'organisme.**

(L. nº 2016-1691 du 9 déc. 2016, art. 47-III-2º) **« II. — Dès cette notification, l'autorité communique au fonds de garantie l'appel d'offres qu'elle lance pour mettre en œuvre la mesure conservatoire mentionnée au 14º du I de l'article L. 612-33 du code monétaire et financier. »**

III. — *(Abrogé par L. nº 2016-1691 du 9 déc. 2016, art. 47-III-3º)* ***« L'Autorité retient la ou les offres qui lui paraissent le mieux préserver l'intérêt des personnes mentionnées au premier alinéa de l'article L. 431-1, eu égard notamment à la solvabilité du ou des organismes candidats et aux taux de réduction des engagements que ces derniers proposent.***

« La décision de l'Autorité qui prononce le transfert du portefeuille de contrats au profit de la ou des entreprises qu'elle a désignées et qui mentionne, le cas échéant, le taux de réduction pour chaque type d'opérations transférées est publiée au Journal officiel de la République française. Cette décision libère l'organisme cédant de tout engagement envers les personnes mentionnées au premier alinéa de l'article L. 431-1, dont les opérations ont été transférées en vertu des dispositions du présent article. »

Lorsque la procédure de transfert du portefeuille n'a pas abouti, l'Autorité en informe le fonds de garantie.

IV. — Les engagements et les actifs transférés font l'objet d'une comptabilité distincte. Les excédents éventuels dus à une sous-estimation des actifs ou à une suresti-

mation des engagements dans le bilan de transfert reviennent aux personnes mentionnées au premier alinéa de l'article L. 431-1 dont les contrats ont été transférés.

V. – *(Ord. nº 2017-1608 du 27 nov. 2017, art. 4)* « Dans le cadre de la procédure prévue au 14º du I de l'article L. 612-33 du code monétaire et financier, le transfert » de tout ou partie du portefeuille ou le constat de l'échec de la procédure de transfert emporte retrait, par l'Autorité, de tous les agréments administratifs de la mutuelle *(L. nº 2019-486 du 22 mai 2019, art. 206-XI)* « , de l'union ou de la mutuelle ou union de retraite professionnelle supplémentaire » défaillante *(L. nº 2016-1691 du 9 déc. 2016, art. 47-III-4º)* « en application du II de l'article L. 612-33-2 du code monétaire et financier ». Le fonds de garantie accomplit, jusqu'à la nomination du liquidateur, les actes nécessaires à la gestion de la partie du portefeuille de contrats qui n'a pas été transférée. L'administrateur provisoire nommé, le cas échéant, l'Autorité peut accomplir ces actes de gestion pour le compte du fonds de garantie.

Art. L. 431-3 En cas de transfert de portefeuille, la partie des droits des personnes mentionnées au premier alinéa de l'article L. 431-1 non couverte, le cas échéant, par le cessionnaire est garantie, dans les limites prévues par décret en Conseil d'État, par un versement du fonds de garantie au cessionnaire.

Lorsque la procédure de transfert de portefeuille n'a pas abouti *(Ord. nº 2017-1608 du 27 nov. 2017, art. 4)* « ou que le collège de résolution de l'Autorité a pris une décision entraînant la liquidation de l'entreprise en vertu de l'article L. 311-19 du code des assurances, » les droits des membres participants, de leurs ayants droit et des bénéficiaires de prestations sont garantis par un versement à leur profit du fonds de garantie, dans des limites prévues par décret en Conseil d'État.

Le fonds de garantie dispose d'un droit d'accès aux documents justificatifs du calcul de sa contribution, dont le montant est arrêté par l'Autorité de contrôle.

Art. L. 431-4 Le fonds de garantie est une personne morale de droit privé. Il est géré par un directoire agissant sous le contrôle d'un conseil de surveillance. Les membres du directoire et du conseil de surveillance doivent remplir les conditions énoncées à l'article L. 114-21.

Le conseil de surveillance exerce le contrôle permanent de la gestion du fonds de garantie. Il élabore les statuts et le règlement intérieur du fonds de garantie, qui sont homologués par un arrêté du ministre chargé de la mutualité. Il élit en son sein son président.

Le conseil de surveillance approuve les comptes et nomme le commissaire aux comptes et *(L. nº 2019-486 du 22 mai 2019, art. 27)* « , lorsque les conditions définies au deuxième alinéa du I de l'article L. 823-1 du code de commerce sont réunies, » son suppléant. A la fin de chaque exercice, il est remis au ministre chargé de la mutualité un exemplaire des comptes approuvés. Le fonds de garantie est soumis au contrôle de l'inspection générale des affaires sociales et de l'inspection générale des finances.

Le conseil de surveillance comprend douze membres désignés par les organismes adhérents suivant des modalités qui tiennent compte de la part des cotisations versées par chacun de ces organismes.

Les décisions du conseil de surveillance sont prises à la majorité simple. Chaque membre siégeant au conseil de surveillance dispose d'un nombre de voix dépendant de sa contribution financière totale au fonds de garantie et de celles des organismes qui l'ont désigné comme leur représentant. En cas de partage égal des voix, le vote du président est prépondérant.

Le directoire est composé de trois membres nommés par le conseil de surveillance, qui confère à l'un d'eux la qualité de président. Les membres du directoire ne peuvent exercer en même temps des fonctions au sein de mutuelles *(L. nº 2019-486 du 22 mai 2019, art. 206-XI)* « , d'unions ou de mutuelles ou unions de retraite professionnelle supplémentaire » adhérentes au fonds de garantie, ni recevoir de rétribution de l'une d'elles. Son président ne peut exercer ses fonctions qu'après agrément du ministre chargé de la mutualité.

Le ministre chargé de la mutualité ou son représentant ainsi que le président de l'Autorité de contrôle prudentiel et de résolution ou son représentant peuvent, à leur demande, être entendus par le conseil de surveillance et le directoire.

L'Autorité de contrôle prudentiel et de résolution entend le président du directoire du fonds de garantie sur toute question concernant une mutuelle *(L. n° 2019-486 du 22 mai 2019, art. 206-XI)* « , une union ou une mutuelle ou union de retraite professionnelle supplémentaire » pour laquelle elle envisage de mettre en œuvre les dispositions du présent chapitre.

Le président du directoire est également entendu, à sa demande, par l'Autorité de contrôle prudentiel et de résolution.

Art. L. 431-5 Le fonds de garantie est subrogé dans les droits des personnes mentionnées au premier alinéa de l'article L. 431-1, à concurrence du montant des sommes qu'il a versées.

Le fonds de garantie est également subrogé dans les mêmes limites dans les droits de l'organisme défaillant à concurrence des sommes exigibles en vertu de l'exécution des traités de réassurance en cours.

Le fonds de garantie peut engager toute action en responsabilité à l'encontre des dirigeants de droit ou de fait de la mutuelle *(L. n° 2019-486 du 22 mai 2019, art. 206-XI)* « , de l'union ou de la mutuelle ou union de retraite professionnelle supplémentaire » dont la défaillance a entraîné son intervention, aux fins d'obtenir le remboursement de tout ou partie des sommes versées par lui. Il en informe l'Autorité de contrôle prudentiel et de résolution.

Art. L. 431-6 Les membres du directoire et le conseil de surveillance du fonds de garantie, ainsi que toute personne qui, par ses fonctions, a accès aux documents et informations détenus par le fonds de garantie, sont tenus au secret professionnel dans les conditions et sous les peines prévues à l'article 226-13 du code pénal. Ce secret n'est opposable ni à l'autorité judiciaire agissant dans le cadre d'une procédure pénale, ni aux juridictions civiles statuant sur un recours formé à l'encontre d'une décision du fonds de garantie, ni à l'Autorité de contrôle prudentiel et de résolution, ni aux membres de l'inspection générale des affaires sociales et de l'inspection générale des finances.

Art. L. 431-7 Pour l'accomplissement des missions du fonds de garantie, les *(L. n° 2019-486 du 22 mai 2019, art. 206-XI)* « organismes » y adhérant sont redevables de cotisations dans des conditions fixées par décret en Conseil d'État.

Le fonds de garantie peut, en outre, émettre des certificats d'association nominatifs non négociables que souscrivent les organismes adhérents lors de leur adhésion.

Lorsque les pertes subies par le fonds de garantie ne peuvent être couvertes par les cotisations déjà appelées, les certificats d'association mentionnés au précédent alinéa ne peuvent plus faire l'objet d'une rémunération. Le nominal de chacun de ces certificats est alors réduit dans la proportion nécessaire pour absorber les pertes. Ces certificats d'association ne sont pas remboursables.

Le fonds de garantie peut emprunter auprès de ses adhérents. Il peut, à cette fin, constituer pour son compte les garanties requises conventionnellement.

Le défaut d'adhésion ou l'absence de versement au fonds de garantie de la cotisation appelée sont passibles des sanctions prévues à l'article *(Ord. n° 2010-76 du 21 janv. 2010, art. 11-III)* « L. 612-39 du code monétaire et financier » et de pénalités de retard versées directement au fonds de garantie selon des modalités définies par le règlement intérieur de celui-ci.

Art. L. 431-8 Un décret en Conseil d'État détermine les modalités d'application du présent titre et notamment :

1° Les conditions, les plafonds et délais d'indemnisation pour les personnes mentionnées au premier alinéa de l'article L. 431-1 ainsi que les règles relatives à l'information des personnes précitées ;

2° Les modalités de définition des taux de réduction en cas de transfert d'opérations de l'organisme défaillant ;

3° Les caractéristiques des certificats d'association ainsi que les conditions de leur rémunération ;

4° Le montant global des cotisations annuelles dues par les *(L. n° 2019-486 du 22 mai 2019, art. 206-XI)* **« organismes » qui adhèrent au fonds ;**

5° Les modalités d'intervention successives des systèmes fédéraux de garantie mentionnés à l'article L. 111-6 et du fonds de garantie prévue par le présent titre ;

6° Les conditions dans lesquelles les mutuelles et unions adhérentes à un système fédéral de garantie mentionné à l'article L. 111-6 peuvent ne pas verser une partie des cotisations moyennant la constitution de garanties appropriées ;

7° La formule de répartition de ces cotisations annuelles dont l'assiette est constituée du montant des provisions techniques, pondérée par les cotisations déjà versées ainsi que les indicateurs de la situation financière de chacun des adhérents, et notamment leur solvabilité, reflétant les risques objectifs que l'adhérent fait courir au fonds ;

8° Les conditions et les modalités de nomination des membres du conseil de surveillance ainsi que la durée de leur mandat.

(Abrogé par Ord. n° 2017-734 du 4 mai 2017, art. 14) ***« Ce décret est pris après avis du directoire du fonds de garantie. »***

LIVRE CINQUIÈME CONTRÔLE DES MUTUELLES, UNIONS ET FÉDÉRATIONS

Art. L. 510-1 *(Ord. n° 2010-76 du 21 janv. 2010, art. 11-IV)* **Pour l'exercice du contrôle des** *(L. n° 2010-1249 du 22 oct. 2010, art. 12-V)* **« mutuelles et unions », mentionnées à l'article L. 612-2 du code monétaire et financier, l'Autorité de contrôle prudentiel et de résolution exerce sa mission dans les conditions prévues au chapitre II du titre Ier du livre VI du code monétaire et financier.**

Le ministre chargé de la mutualité *(L. n° 2020-1525 du 7 déc. 2020, art. 18)* **« contrôle l'usage des fonds octroyés par le fonds national de solidarité et d'actions mutualistes mentionné à l'article L. 421-1 du présent code aux mutuelles et unions régies par les dispositions du livre III. »**

La restriction apportée à l'autonomie des mutuelles par l'existence d'un contrôle de l'État n'est pas incompatible avec l'art. 11 Conv. EDH, dès lors qu'elle est fondée sur la loi et répond d'éviter que des irrégularités ou des difficultés financières ne mettent en cause les droits des adhérents. • CE 22 nov. 2000, n° 211287 : *RJS 2001, TPS 2001. Comm. 76, obs. Prétot.*

Art. L. 510-1-1 *Abrogé par Ord. n° 2015-378 du 2 avr. 2015, art. 16-IV, à compter du 1er janv. 2016.*

Art. L. 510-2 à L. 510-11 *Abrogés par Ord. n° 2010-76 du 21 janv. 2010, art. 11-IV.*

Art. L. 510-12 **Est puni** *(Ord. n° 2010-76 du 21 janv. 2010, art. 11-IV)* **« d'un an » d'emprisonnement et de** *(Ord. n° 2010-76 du 21 janv. 2010, art. 11-IV)* **« 15 000 € » d'amende le fait pour tout président administrateur ou dirigeant ayant reçu délégation de pouvoirs d'une mutuelle, union ou fédération régie par le présent code :**

1° Après mise en demeure, de ne pas répondre aux demandes d'information de *(Ord. n° 2010-76 du 21 janv. 2010, art. 11-IV)* **« l'Autorité de contrôle prudentiel et de résolution » ou de mettre obstacle de quelque manière que ce soit à l'exercice par celle-ci de sa mission de contrôle, ou de lui communiquer sciemment des renseignements inexacts ;**

(L. n° 2010-1249 du 22 oct. 2010, art. 12-V) **« 2° De faire entrave à l'action de l'Autorité de contrôle prudentiel et de résolution ou à l'exécution d'une décision prise en application des articles L. 612-33 et L. 612-34 du code monétaire et financier ; »**

3° De faire des déclarations mensongères ou de procéder à des dissimulations frauduleuses dans tout document produit au ministre chargé de la mutualité ou porté à la connaissance du public et des membres adhérents ou participants.

(Abrogé par L. n° 2009-526 du 12 mai 2009, art. 125) ***« Les personnes morales peuvent être déclarées responsables pénalement, dans les conditions prévues par l'article 121-2 du code pénal, des infractions définies au présent article. Elles encourent, dans ce cas, la peine d'amende, suivant les modalités prévues par l'article 131-38 du code pénal. »***

Art. L. 510-13 à L. 510-15 *Abrogés par Ord. n° 2010-76 du 21 janv. 2010, art. 11-IV.*

LIVRE SIXIÈME DISPOSITIONS D'APPLICATION

Art. L. 610-1 **Les dispositions des statuts et des règlements, les décisions des organes d'une mutuelle, union ou fédération, les clauses des contrats collectifs conclus entre une mutuelle, union ou fédération et ses membres ne peuvent, à peine de nullité, déroger aux dispositions du présent code. Cette nullité n'est pas opposable aux membres de bonne foi.**

Art. L. 610-1-1 *(L. nº 2010-1487 du 7 déc. 2010, art. 16)* **Le présent code est applicable à Mayotte.** — *Ces dispositions sont entrées en vigueur à compter de la première réunion suivant le renouvellement du conseil général de Mayotte en 2011 (L. nº 2010-1487 du 7 déc. 2010, art. 37).*

Art. L. 610-2 **Sauf dispositions contraires, les modalités réglementaires d'application du présent code sont fixées par décret en Conseil d'État.**

Ordonnance nº 2001-350 du 19 avril 2001,

Relative au code de la mutualité et transposant les directives 92/49 CEE et 92/96 CEE du Conseil des 18 juin et 10 novembre 1992 (JO 22 avr.).

Art. 1er Les dispositions annexées à la présente ordonnance constituent la partie législative du code de la mutualité.

Art. 2 Les références à des dispositions abrogées par la présente ordonnance sont remplacées par les références aux dispositions correspondantes du code de la mutualité.

Art. 3 Sont abrogées les dispositions de nature législative du code de la mutualité dans sa rédaction issue de la loi nº 85-773 du 25 juillet 1985 portant réforme du code de la mutualité, ainsi que les textes qui l'ont complétée ou modifiée.

Art. 4 *(L. nº 2002-303 du 4 mars 2002, art. 97)* « Les mutuelles, unions et fédérations créées avant la date de publication de la présente ordonnance doivent se conformer au plus tard le 31 décembre 2002 aux dispositions du code de la mutualité annexé à ladite ordonnance. »

Art. 5 I. — Les mutuelles, unions et fédérations créées avant la publication de la présente ordonnance qui n'auront pas accompli les démarches nécessaires à leur inscription au registre prévu à l'article L. 411-1 du code de la mutualité dans le délai prévu à l'article 4 sont dissoutes et doivent cesser toutes les opérations qui ne sont pas nécessaires à la liquidation.

II. — Les dispositions des articles L. 114-22 et L. 114-23 du code de la mutualité s'appliquent au premier renouvellement des mandats des administrateurs des mutuelles, unions et fédérations intervenant après la publication de la présente ordonnance.

III. — Les mutuelles, unions et fédérations pratiquant, à la date de publication de la présente ordonnance, des opérations relevant du 1° du I de l'article L. 111-1 du code de la mutualité devront, dans le délai prévu à l'article 4, soit déposer une demande d'agrément auprès du ministre chargé de la mutualité, soit conclure une convention de substitution en application de l'article L. 211-5 de ce code. A défaut, elles sont dissoutes à l'expiration de ce délai et doivent cesser toutes les opérations qui ne sont pas nécessaires à la liquidation. Celles qui ont conclu une convention de substitution doivent solliciter un accord de l'Autorité de contrôle mentionnée à l'article L. 510-1 du code de la mutualité, constatant explicitement la dispense d'agrément.

IV. — Les mutuelles et unions pratiquant exclusivement des opérations mentionnées au *a* du 1° du I de l'article L. 111-1 du code de la mutualité, dont le montant des cotisations encaissées et des prestations versées ne dépasse pas des seuils fixés par arrêté du ministre chargé de la mutualité, sont agréées par le préfet de région de leur siège social.

Les dispositions du sixième alinéa de l'article L. 411-1 du code de la mutualité ne sont pas applicables à la procédure d'agrément mentionnée à l'alinéa précédent.

V. — Lorsqu'une mutuelle ou une union régie par le livre II du code de la mutualité est dissoute en application des I ou III du présent article, l'Autorité de contrôle mentionnée à l'article L. 510-1 du code de la mutualité en est informée.

VI. — Lorsque des associations ou groupements de toute nature font appel, à la date de publication de la présente ordonnance, à des cotisations de leurs membres pour pratiquer des opérations d'assurances mentionnées au 1° du I de l'article L. 111-1 du code de la mutualité, elles pourront continuer à pratiquer ces activités sous réserve de se conformer, dans le délai prévu à l'article 4, aux dispositions des livres Ier et II de ce code, sans donner lieu à la constitution d'une nouvelle personne morale.

Ne sont pas soumises à cette obligation :

a) Les entreprises régies par le code des assurances ;

b) Les institutions de prévoyance régies par le livre IX du code de la sécurité sociale ou relevant de l'article L. 727-2 du code rural *[et de la pêche maritime]*.

VII. — Un décret en Conseil d'État fixe les règles de provisionnement des organismes qui, à la date de publication de la présente ordonnance, pratiquent des opérations de retraite régies par le chapitre III du titre II du livre III du code de la mutualité résultant de la loi du 25 juillet 1985 susmentionnée.

VIII. — A titre transitoire et par dérogation aux dispositions de l'article L. 411-2 du code de la mutualité annexé à la présente ordonnance, le Conseil supérieur de la mutualité présidé par le ministre chargé de la mutualité est composé de la manière suivante :

1° Deux membres du Parlement, soit un député et un sénateur, élus par leurs assemblées respectives ;

Un membre du Conseil d'État, désigné par le vice-président ;

Un représentant du ministre chargé de la mutualité ;

Un représentant du ministre chargé de la sécurité sociale ;

Un représentant du ministre chargé du travail ;

Un représentant du ministre chargé de la santé ;

Un représentant du ministre chargé de l'économie et des finances ;

Un représentant du ministre chargé de l'intérieur ;

Un représentant du ministre chargé de l'économie sociale ;

Le directeur général de la Caisse des dépôts et consignations ou son représentant ;

2° Trente représentants des mutuelles, unions et fédérations nommés par arrêté du ministre chargé de la mutualité au vu des résultats des dernières élections au Conseil supérieur de la mutualité ;

3° Trois personnalités qualifiées dans les domaines d'activité des mutuelles, dont deux désignées par le ministre chargé de la mutualité et une par le ministre chargé des armées ;

4° Un représentant de chacune des confédérations syndicales suivantes, désigné par celle-ci :

Confédération française de l'encadrement-Confédération générale des cadres ;

Confédération française démocratique du travail ;

Confédération française des travailleurs chrétiens ;

Confédération générale du travail ;

Confédération générale du travail-Force ouvrière ;

5° Un représentant du mouvement des entreprises de France désigné par cette organisation ;

6° Un membre des professions de santé désigné par le ministre chargé de la santé.

Un arrêté du ministre chargé de la mutualité fixe la liste des membres du Conseil supérieur de la mutualité désignés conformément aux dispositions du présent VIII.

Le mandat des membres du Conseil supérieur de la mutualité indiqués ci-dessus prend fin avec la désignation des nouveaux membres conformément aux articles L. 411-2 et L. 411-3 du code de la mutualité, et au plus tard le 1er juin 2002.

I. Les mutuelles, unions et fédérations dissoutes en application des I et III de l'article 5 de l'ordonnance n° 2001-350 du 19 avril 2001 relative au code de la mutualité et transposant les directives 92/49/CEE et 92/96 CEE du Conseil des 18 juin et 10 novembre 1992 et les mutuelles, unions et fédérations qui se sont dissoutes volontairement, entre la date d'entrée en vigueur de l'ordonnance susvisée et la date d'entrée en vigueur de la présente loi, disposent d'un délai de six mois, à compter de la date d'entrée en vigueur de la présente loi, pour réunir une assemblée générale afin de nommer un liquidateur et de se prononcer sur la dévolution de l'excédent de l'actif net sur le passif. En cas d'impossibilité de satisfaire aux conditions de quorum prévues à l'article L. 114-12 du code de la mutualité lors de la première convocation, une seconde assemblée générale peut valablement délibérer quel que soit le nombre de membres présents, représentés ou ayant fait usage de la faculté de vote par correspondance lorsque celle-ci est prévue par les statuts. A défaut de réunion de l'assemblée générale malgré deux convocations successives ou à défaut de décision relative à la désignation d'un liquidateur ou à la dévolution de l'excédent de l'actif net, la commission de contrôle mentionnée à l'article L. 510-1 du même code nomme un liquidateur chargé d'affecter l'excédent de l'actif net au fonds de garantie mentionné à l'article L. 431-1 dudit code.

II. Il est prélevé sur l'actif des mutuelles, unions et fédérations qui se sont dissoutes avant le 22 avril 2001 mais dont les opérations de liquidation n'ont pas été menées à leur terme, dans l'ordre suivant, sous réserve des créances privilégiées : 1° Le montant des engagements contractés vis-à-vis des tiers ; 2° Les sommes nécessaires à la couverture des droits acquis par les membres participants ; 3° Les sommes égales au montant des dons et legs, pour être employées conformément aux volontés des donateurs et testateurs, s'ils ont prévu le cas de liquidation. Le surplus éventuel de l'actif social est attribué au fonds de garantie mentionné à l'article L. 431-1 du code de la mutualité (L. n° 2003-706 du 1er août 2003, art. 90-I et II).

DEUXIÈME PARTIE : RÉGLEMENTAIRE

LIVRE PREMIER RÈGLES GÉNÉRALES APPLICABLES À L'ENSEMBLE DES MUTUELLES, UNIONS ET FÉDÉRATIONS

(Décr. n° 2002-1382 du 21 nov. 2002)

CHAPITRE PRÉLIMINAIRE PRINCIPES COMMUNS AUX MUTUELLES, UNIONS ET FÉDÉRATIONS

(Décr. n° 2020-1 du 2 janv. 2020, art. 4)

Art. R. 110-1 *[I. –]* L'organisme tiers indépendant mentionné au 4° de l'article L. 110-1-1 est désigné parmi les organismes accrédités à cet effet par le Comité français d'accréditation défini par le décret n° 2008-1401 du 19 décembre 2008 relatif à l'accréditation et à l'évaluation de conformité pris en application de l'article 137 de la loi n° 2008-776 du 4 août 2008 de modernisation de l'économie ou par tout autre organisme d'accréditation signataire de l'accord de reconnaissance multilatéral établi par la coordination européenne des organismes d'accréditation.

Il est soumis aux incompatibilités prévues à l'article L. 822-11-3 du code de commerce.

II. – Sauf clause contraire des statuts de la mutuelle ou de l'union, cet organisme est désigné par le conseil d'administration pour une durée initiale qui ne peut excéder six exercices. Cette désignation est renouvelable, dans la limite d'une durée totale de douze exercices.

Il procède, au moins tous les deux ans, à la vérification de l'exécution des objectifs mentionnés au 2° de l'article L. 110-1-1. La première vérification a lieu dans les dix-huit mois suivant la date de modification des statuts mentionnée au *[aux]* 1° à 3° de l'article L. 110-1-1.

Lorsque la mutuelle ou l'union répondent aux conditions mentionnées à l'article L. 110-1-3, la première vérification a lieu dans les vingt-quatre mois suivant cette publication.

Lorsque la mutuelle ou l'union emploient, sur une base annuelle, moins de cinquante salariés permanents au titre du dernier exercice comptable ayant fait l'objet de la dernière vérification, elles peuvent demander à l'organisme tiers indépendant de ne procéder à la prochaine vérification qu'au bout de trois ans.

III. – Pour délivrer l'avis mentionné au 4° de l'article L. 110-1-1, l'organisme tiers indépendant a accès à l'ensemble des documents détenus par la mutuelle ou l'union, utiles à la formation de son avis, notamment au rapport annuel mentionné au 3° de l'article L. 110-1-1.

Il procède à toute vérification sur place qu'il estime utile au sein de la mutuelle ou de l'union et, avec leur accord, au sein des entités concernées par un ou plusieurs objectifs sociaux et environnementaux constitutifs de la mutuelle ou de l'union.

L'organisme tiers indépendant rend un avis motivé qui retrace les diligences qu'il a mises en œuvre et indique si la mutuelle ou l'union respectent ou non les objectifs qu'elles se sont fixés. Le cas échéant, il mentionne les raisons pour lesquelles, selon lui, les objectifs n'ont pas été atteints ou pour lesquelles il lui a été impossible de parvenir à une conclusion.

(Décr. n° 2021-669 du 27 mai 2021, art. 2) « Un arrêté du ministre chargé de l'économie et du ministre chargé de la mutualité précise les modalités selon lesquelles l'organisme tiers indépendant conduit sa mission. »

IV. – L'avis motivé le plus récent de l'organisme tiers indépendant est joint au rapport mentionné au 3° de l'article L. 110-1-1. Cet avis est publié sur le site internet de la mutuelle ou de l'union et demeure accessible publiquement au moins pendant cinq ans.

CHAPITRE PREMIER OBJET DES MUTUELLES, UNIONS ET FÉDÉRATIONS

(Décr. n° 2011-733 du 27 juin 2011, art. 1er)

SECTION PREMIÈRE SYSTÈME FÉDÉRAL DE GARANTIE

Pour la détermination de l'assiette de la première cotisation due par chaque mutuelle ou union adhérente au fonds de garantie, en application des dispositions du code de la mutualité issues du Décr. n° 2011-733 du 27 juin 2011, il est fait référence aux provisions techniques constatées dans les derniers comptes certifiés (Décr. préc., art. 3).

Art. R. 111-1 L'agrément d'un système fédéral de garantie mentionné à l'article L. 111-6 est accordé, sur demande de l'union chargée de le gérer, par l'Autorité de contrôle prudentiel et de résolution.

Pour accorder l'agrément, l'Autorité de contrôle prudentiel et de résolution s'assure :

a) Que les moyens administratifs, notamment d'encadrement, et les moyens techniques et financiers sont compatibles avec les missions que l'union se propose de remplir ;

b) De l'honorabilité et la qualification ou l'expérience professionnelle des personnes chargées de gérer le système fédéral de garantie ;

c) Que les statuts de l'union chargée de gérer le système fédéral de garantie sont conformes aux dispositions de l'article L. 114-4.

La décision délivrant l'agrément est publiée au *Journal officiel* de la République française et dans les conditions prévues à l'article R. 612-20 du code monétaire et financier.

Art. R. 111-2 L'Autorité de contrôle prudentiel et de résolution statue sur la demande d'agrément dans les conditions prévues à l'article R. 211-9.

En application du II de l'art. 21 de la L. n° 2000-321 du 12 avr. 2000, le silence gardé par l'administration pendant six mois vaut rejet pour les demandes d'agrément d'un système fédéral de garantie (Décr. n° 2014-1280 du 23 oct. 2014, applicable pour les demandes présentées à compter du 12 nov. 2014).

Art. R. 111-3 L'Autorité de contrôle prudentiel et de résolution refuse ou retire l'agrément lorsque le système fédéral de garantie ne satisfait pas aux obligations législatives et réglementaires prévues par le présent code.

Préalablement au retrait de l'agrément, l'Autorité de contrôle prudentiel et de résolution notifie à l'union concernée, par lettre recommandée avec demande d'avis de réception ou remise contre récépissé, les faits justifiant le retrait et l'invite à présenter ses observations écrites dans un délai de quinze jours.

(Abrogé par Décr. n° 2022-388 du 17 mars 2022, art. 1er-1°) « Si elle décide d'engager la procédure de retrait d'agrément, l'Autorité de contrôle prudentiel et de résolution transmet au Conseil supérieur de la mutualité une demande d'avis, accompagnée d'un rapport explicatif ainsi que des observations présentées par l'union.

« L'avis du Conseil supérieur de la mutualité est réputé rendu dans un délai de trois mois à compter de sa saisine par l'Autorité de contrôle prudentiel et de résolution. »

La décision de retrait de l'agrément doit être motivée et notifiée, par lettre recommandée avec demande d'avis de réception, ou remise contre récépissé à l'union intéressée.

La décision de retrait de l'agrément est publiée au *Journal officiel* de la République française et dans les conditions prévues à l'article R. 612-20 du code monétaire et financier.

Art. R. 111-4 Les mutuelles et unions affiliées ont obligation de se soumettre au contrôle sur pièces et sur place du système fédéral de garantie et de lui transmettre tous les documents nécessaires à son contrôle.

Le système fédéral de garantie, dans les conditions et limites définies par son règlement, peut demander aux mutuelles ou unions qui lui sont affiliées de prendre des mesures de redressement lorsque leur situation financière ou administrative le justifie. Il peut, dans les conditions et limites prévues dans son règlement, exclure une mutuelle ou union qui ne se conforme pas aux obligations prévues au premier alinéa ou ne prend pas les mesures de redressement demandées.

Le système fédéral de garantie informe sans délai le fonds national de garantie et l'Autorité de contrôle prudentiel et de résolution de toute intervention financière et de toute mesure d'exclusion qu'il décide.

Art. R. 111-5 Le système fédéral de garantie établit un rapport de gestion annuel qu'il transmet à l'Autorité de contrôle prudentiel et de résolution et au ministre chargé de la mutualité.

Ce rapport fait notamment mention des interventions financières effectuées au profit d'un adhérent.

SECTION II IMMATRICULATION ET OBLIGATIONS DÉCLARATIVES DES MUTUELLES, DES UNIONS ET DES FÉDÉRATIONS

(Décr. n° 2022-388 du 17 mars 2022, art. 1er-2°)

Art. R. 111-6 Les organismes qui envisagent d'acquérir la qualité de mutuelle, d'unions ou de fédérations, ainsi que de mutuelles ou unions de retraite professionnelle supplémentaire demandent leur immatriculation auprès du ministre chargé de la mutualité.

Art. R. 111-7 La demande d'immatriculation, portée sur le formulaire homologué en vigueur, est signée par le président de l'organisme et transmise au ministre chargé de la mutualité, le cas échéant par voie dématérialisée selon des modalités fixées par arrêté.

La demande comporte les renseignements suivants :

1° La dénomination de l'organisme suivie, le cas échéant, du sigle représentatif de ce dernier ;

2° La nature des activités envisagées par les mutuelles et unions selon la nomenclature fixée par le formulaire homologué en vigueur qui précise notamment la liste des activités figurant à l'article L. 111-1 ;

3° L'adresse du siège ;

4° La liste des sections de mutuelles mentionnées aux articles L. 115-1 et L. 115-4 ;

5° Les noms, noms d'usage, prénoms, domiciles personnels du président, des administrateurs et des dirigeants ;

6° Lorsque les organismes envisagent d'acquérir la qualité de mutuelles, les noms et adresses des personnes physiques ayant participé à leur création ;

7° Lorsque les organismes sont des unions ou des fédérations, la dénomination et l'adresse du siège des mutuelles et unions ainsi que, pour les unions, celles des membres honoraires ayant participé à leur création ;

8° Pour les organismes résultant d'une fusion ou d'une scission, la dénomination de tous les organismes mutualistes qui y ont participé ;

9° Pour ceux créés suivant les modalités définies aux articles L. 111-3 et L. 111-4, la dénomination des organismes ayant participé à leur création.

La demande est accompagnée des statuts et du procès-verbal de l'assemblée générale constitutive.

Le ministre chargé de la mutualité accuse réception de la demande. Lorsque le dossier est incomplet, il demande les renseignements ou pièces manquants qui lui sont fournis dans un délai de quinze jours.

Dans un délai de quinze jours francs suivant le dépôt du dossier complet, il délivre un certificat d'immatriculation portant mention du numéro d'identité visé par les dispositions de l'article R. 123-220 du code de commerce ou notifie le refus d'immatriculation.

Le délai prévu à l'alinéa précédent peut être prolongé d'un même délai lorsque la complexité de la demande exige un examen approfondi.

Art. R. 111-8 Le ministre chargé de la mutualité procède, selon les modalités prévues à l'article R. 111-7, aux radiations et aux changements de nom et de siège social qui lui sont adressés par les organismes.

Art. R. 111-9 Le liquidateur d'une mutuelle, union ou fédération dépose auprès du ministre chargé de la mutualité, pour le compte de l'organisme, une déclaration constatant la clôture de la liquidation dans un délai d'un mois à compter de la clôture.

Le ministre chargé de la mutualité procède à la radiation de la mutuelle, de l'union ou de la fédération.

Art. R. 111-10 Toute mutuelle, union ou fédération indique le numéro d'identité visé par les dispositions de l'article R. 123-220 du code de commerce dans ses statuts, règlements, contrats, publicités ou tous autres documents concernant son activité et signés par elle ou en son nom.

Art. R. 111-11 Le fait pour tout dirigeant ou liquidateur d'une mutuelle, union ou fédération de méconnaître les obligations résultant de la présente section est puni d'une contravention de la 5e classe.

CHAPITRE IV FONCTIONNEMENT DES MUTUELLES, UNIONS ET FÉDÉRATIONS : DISPOSITIONS GÉNÉRALES

SECTION PREMIÈRE ADHÉSION, DROITS ET OBLIGATIONS

(Décr. nº 2022-388 du 17 mars 2022, art. 1er-3º, en vigueur le 1er août 2022)

Les dispositions issues du Décr. nº 2022-388 du 17 mars 2022 s'appliquent à compter du 1er août 2022 aux bulletins d'adhésion, aux contrats collectifs et aux règlement signés, conclus ou renouvelés ou approuvés à compter de cette date (Décr. préc., art. 5-2º).

Art. R. 114-0 I. — Sans préjudice de l'article R. 211-1, le bulletin d'adhésion mentionné à l'article L. 114-1 comporte les éléments suivants :

1º Les nom et adresse de la mutuelle ou de l'union, et le cas échéant ceux du souscripteur ;

2º La nature des risques garantis et les options éventuellement proposées ;

3º Le montant de la cotisation et les modalités de son versement ;

4º La date à partir de laquelle le risque est garanti et la durée de cette garantie ;

5º Le cas échéant, le droit de dénonciation ou de résiliation prévu à l'article L. 221-10-2.

Les 2º, 3º, 4º et 5º ne sont pas applicables aux mutuelles régies par le livre III.

II. — Le membre participant ou le cas échéant le souscripteur complète le bulletin d'adhésion en le datant et le signant et en précisant :

1º Son nom s'agissant du membre participant ou du souscripteur ;

2º Sa date de naissance s'agissant du membre participant ;

3º Le ou les bénéficiaires des garanties prévues par le règlement ou le contrat collectif ;

4º La nature des risques garantis et les options éventuellement souscrites.

V. note ss. section Ire.

Art. R. 114-0-1 Sans préjudice des articles R. 111-10, R. 211-1 et R. 212-9, les règlements et contrats collectifs des mutuelles et unions régies par le livre II comportent les mentions suivantes :

1º La durée des engagements réciproques des parties en caractères très apparents ;

2º Les modalités d'entrée en vigueur des garanties ;

3º Les formalités à accomplir en cas de réalisation du risque ;

4º Les conditions de la tacite reconduction, si elle est stipulée, qui ne peut être supérieure à une année ;

5° Les cas et conditions de cessation des effets du règlement ou du contrat collectif, les éventuels cas et conditions de prorogation du contrat collectif et les cas et conditions de résiliation ou de prorogation de l'adhésion à ce règlement ou à ce contrat collectif ;

6° Le contenu des clauses édictant des nullités, des déchéances, des exclusions ou des limitations de garantie. Ces clauses, pour être valables, sont mentionnées en caractères très apparents ;

7° Les conditions de déchéance pour déclaration tardive, dans le cas où une telle condition est prévue. La déchéance pour déclaration tardive ne peut être opposée au membre participant que si la mutuelle ou union établit que le retard dans la déclaration lui a causé un préjudice. Elle ne peut également être opposée dans tous les cas où le retard est dû à un cas fortuit ou de force majeure. Ces clauses ne sont valables que si elles figurent en caractères très apparents ;

8° Le délai de versement des prestations ;

9° La nature de l'indemnisation et le cas échéant, les principes relatifs à l'estimation des dommages en vue de la détermination du montant de la prestation ;

10° Le nom et l'adresse de l'autorité chargée du contrôle de la mutuelle ou l'union qui accorde la couverture ;

11° Les dispositions de l'article L. 221-11 concernant la prescription des actions dérivant des opérations régies par le titre II du livre II ;

12° La loi applicable au contrat ou au règlement si celle-ci n'est pas la loi française ;

13° Le cas échéant, le droit de dénonciation ou de résiliation en application de l'article L. 221-10-2.

V. note ss. section Ire.

SECTION III ASSEMBLÉE GÉNÉRALE ET CONSEIL D'ADMINISTRATION

(Décr. no 2022-388 du 17 avr. 2022, art. 1er-4o).

Art. R. 114-1 Lorsque les statuts d'une mutuelle dont l'assemblée générale est composée des membres participants et, le cas échéant, de membres honoraires leur donnent la faculté de voter par correspondance, ils prévoient également qu'à compter de la date de la convocation de l'assemblée un formulaire de vote par correspondance et ses annexes doivent être remis ou adressés aux frais de l'organisme à tout membre qui en fait la demande. La mutuelle doit faire droit à toute demande déposée ou reçue au siège social au plus tard six jours ouvrables avant la date de la réunion.

Le formulaire de vote par correspondance doit permettre un vote sur chacune des résolutions, dans l'ordre de leur présentation. Il doit offrir à chaque membre de l'assemblée générale la possibilité d'exprimer sur chaque résolution un vote favorable ou défavorable à son adoption ou sa volonté de s'abstenir de voter. Est annexé au formulaire le texte des résolutions proposées accompagné d'un exposé des motifs. Les statuts des mutuelles peuvent préciser le contenu du formulaire de vote par correspondance.

Le formulaire de vote par correspondance comporte l'indication de la date fixée conformément aux statuts, avant laquelle il doit être reçu par l'organisme pour qu'il en soit tenu compte. La date après laquelle il ne sera plus tenu compte des formulaires de vote par correspondance reçus par l'organisme ne peut être antérieure de plus de trois jours à la date de la réunion de l'assemblée, un délai plus court pouvant être prévu par les statuts.

Le formulaire de vote adressé à la mutuelle vaut pour les assemblées tenues sur deuxième convocation avec le même ordre du jour.

Lorsque les statuts prévoient un délai de convocation de l'assemblée générale supérieur à quinze jours, les délais prévus au présent article sont majorés en proportion de l'augmentation de ce délai.

Art. R. 114-2 A compter de la date de la convocation de l'assemblée générale, une formule de vote par procuration doit être remise ou adressée aux frais de l'organisme à tout membre qui en fait la demande. La mutuelle doit faire droit à toute demande déposée ou reçue au siège social au plus tard six jours ouvrables avant la date de la réunion.

A toute formule de vote par procuration, adressée aux membres de l'assemblée par l'organisme, doit être joint le texte des résolutions proposées accompagné d'un exposé des motifs.

Les membres de l'assemblée générale qui votent par procuration doivent signer la procuration et indiquer leurs nom, prénom usuel et domicile ainsi que les noms, prénom usuel et domicile de leur mandataire. Ils doivent adresser la procuration à leur mandataire.

Le ou la mandataire doit être membre de l'assemblée générale de la mutuelle.

Le mandat est donné pour une seule assemblée, sauf dans les deux cas suivants :

a) Un mandat peut être donné pour deux assemblées tenues le même jour ou dans un délai d'un mois, lorsque l'une se réunit pour exercer les attributions visées au I de l'article L. 114-12 et l'autre pour exercer les attributions visées au II du même article ;

b) Un mandat donné pour une assemblée vaut pour les assemblées tenues sur deuxième convocation avec le même ordre du jour.

Art. R. 114-2-1 *(Décr. n° 2022-388 du 17 mars 2022, art. 1er-5°)* **La régularité des opérations électorales destinées à la désignation des délégués mentionnés aux articles L. 114-6 et L. 114-7, des membres du conseil d'administration et des représentants des salariés au conseil d'administration peut être contestée, dans le délai de quinze jours à compter de l'élection, devant le tribunal judiciaire du siège social de la mutuelle, de l'union ou de la fédération.**

La contestation est formée par déclaration orale ou écrite faite, remise ou adressée au greffe du tribunal judiciaire.

Dans les dix jours du recours, le tribunal judiciaire statue en dernier ressort, sans frais ni forme de procédure et sur simple avertissement donné trois jours à l'avance à toutes les parties intéressées.

La décision prise par le tribunal est notifiée dans les trois jours par le greffe aux parties par lettre recommandée avec demande d'avis de réception.

Le pourvoi en cassation est formé dans les dix jours de la notification de la décision du tribunal judiciaire. Les articles 999 à 1008 du code de procédure civile sont applicables.

Art. R. 114-3 *(Décr. n° 2013-434 du 27 mai 2013)* **L'assemblée générale des mutuelles et des unions soumises au contrôle de l'Autorité de contrôle prudentiel et de résolution, en application du 3° du B du I de l'article L. 612-2 du code monétaire et financier, est réunie dans un délai de sept mois suivant la clôture de l'exercice afin de procéder à l'examen des comptes, sauf prolongation de ce délai, à la demande motivée du conseil d'administration, par ordonnance du tribunal judiciaire statuant sur requête.**

Pour l'application de l'art. R. 114-3 à l'examen des comptes de l'exercice 2012, le délai prévu à cet art. est fixé au 31 oct. 2013 (Décr. n° 2013-434 du 27 mai 2013, art. 2).

SECTION V DISPOSITIONS RELATIVES AUX FONCTIONS D'ADMINISTRATEUR ET DE DIRIGEANT OPÉRATIONNEL *(Décr. n° 2015-513 du 7 mai 2015, art. 13-I-1°).*

(Décr. n° 2003-264 du 20 mars 2003)

Art. R. 114-4 *(Décr. n° 2004-132 du 10 févr. 2004)* **L'indemnité mentionnée au deuxième alinéa de l'article L. 114-26 peut être attribuée dans les organismes mutualistes qui, en moyenne annuelle au cours des trois derniers exercices, comptent au moins cinq mille membres participants recensés, ont encaissé au moins un million d'euros de cotisations ou ont employé au moins dix salariés en équivalent temps plein.**

Art. R. 114-5 *(Décr. n° 2004-132 du 10 févr. 2004)* **Le montant total des indemnités versées par un même organisme mutualiste en application des dispositions du deuxième alinéa de l'article L. 114-26 ne peut excéder celui du total des dix plus hautes rémunérations versées à ses salariés par cet organisme.**

(Décr. n° 2010-212 du 1er mars 2010) **« Pour un organisme qui, en moyenne annuelle au cours des trois derniers exercices, compte au moins cinquante mille membres participants, a encaissé au moins dix millions d'euros de cotisations ou a employé au moins cent salariés en équivalent temps plein, le montant total des indemnités mentionné au premier alinéa ne peut excéder celui du total des quinze plus hautes rémunérations versées à ses salariés par cet organisme** *[.]* **»**

Art. R. 114-6 *(Décr. n° 2004-132 du 10 févr. 2004)* **I. – Le montant annuel de l'indemnité, attribuée à un autre titre que le remboursement des rémunérations ou de la perte de gains et les remboursements de frais mentionnés au sixième alinéa de l'article L. 114-26, ne peut excéder le plafond prévu au premier alinéa de l'article L. 241-3 du code de la sécurité sociale pour l'année considérée.**

(Décr. n° 2010-212 du 1er mars 2010) **« Ce montant est toutefois porté à :**

« *a)* **Deux fois le montant du plafond mentionné au premier alinéa pour les organismes qui, en moyenne annuelle au cours des trois derniers exercices, comptent au moins vingt-cinq mille membres participants, ont encaissé au moins cinq millions d'euros de cotisations ou ont employé au moins cinquante salariés en équivalent temps plein.**

« *b)* **Trois fois le montant du plafond mentionné au premier alinéa pour les organismes qui, en moyenne annuelle au cours des trois derniers exercices, comptent au moins cinquante mille membres participants, ont encaissé au moins dix millions d'euros de cotisations ou ont employé au moins cent salariés en équivalent temps plein. »**

II. – Chacune des personnes mentionnées au deuxième alinéa de l'article L. 114-26 et bénéficiant d'une indemnité présente au conseil d'administration de l'organisme un compte rendu annuel des activités qu'elle exerce et du temps passé au service de la mutuelle.

Ce compte rendu est annexé au rapport prévu au *c* **de l'article L. 114-17.**

Art. R. 114-7 *(Décr. n° 2004-132 du 10 févr. 2004)* **Le total des indemnités attribuées à un autre titre que le remboursement des rémunérations maintenues ou la perte de gains et les remboursements des frais mentionnés au sixième alinéa de l'article L. 114-26 que les présidents de conseil d'administration et les administrateurs, quel que soit le nombre de leurs mandats, peuvent recevoir au cours d'une année civile, ne peut excéder deux fois le montant du plafond prévu au premier alinéa de l'article L. 241-3 du code de la sécurité sociale de l'année considérée.**

(Décr. n° 2010-212 du 1er mars 2010) **« Ce montant peut être porté à trois fois le montant du plafond prévu au premier alinéa de l'article L. 241-3 du code de la sécurité sociale de l'année considérée lorsque les intéressés exercent au moins un de leurs mandats dans un organisme mentionné au** *b* **de l'article R. 114-6** *[.]* **»**

Art. R. 114-8 **Lorsque la mutuelle ou l'union pratique les opérations mentionnées à l'article L. 222-2 ou est constituée majoritairement de retraités, la limite d'âge à l'exercice des fonctions d'administrateur ne peut être supérieure à 75 ans. Les statuts peuvent prévoir que cette limite s'applique à tous les administrateurs ou seulement à une partie d'entre eux qui ne saurait être inférieure à un tiers des membres du conseil d'administration.**

Art. R. 114-9 *(Décr. n° 2014-1357 du 13 nov. 2014, art. 4, en vigueur le 1er janv. 2015)* **Lorsque, en application du IV de l'article L. 114-21, l'Autorité de contrôle prudentiel et de résolution tient compte, dans l'appréciation portée sur chaque membre du conseil d'administration, de la compétence, de l'expérience et des attributions des autres membres de l'organe auquel il appartient, elle s'assure que ceux-ci disposent collectivement des connaissances et de l'expérience nécessaires en matière de mar-**

chés de l'assurance et de marchés financiers, de stratégie de la mutuelle ou de l'union et de son modèle économique, de son système de gouvernance, d'analyse financière et actuarielle et d'exigences législatives et réglementaires applicables à la mutuelle ou à l'union, appropriées à l'exercice des responsabilités dévolues au conseil d'administration.

SECTION VI EMPRUNTS, TITRES PARTICIPATIFS ET CERTIFICATS MUTUALISTES

(Décr. n° 2015-204 du 23 févr. 2015, art. 2-1°)

Art. R. 114-10 **Toute émission de titres participatifs, de certificats mutualistes ou de titres subordonnés** *(Abrogé par Décr. n° 2017-1765 du 26 déc. 2017, art. 3, à compter du 31 déc. 2017)* **«*remboursables*» effectuée dans les conditions prévues à l'article L. 114-45-1 est autorisée par l'assemblée générale.**

Trois mois au moins avant la réunion de l'assemblée générale, la mutuelle ou l'union, lorsqu'elle est soumise au contrôle de l'Autorité de contrôle prudentiel et de résolution en application du 3° du B du I de l'article L. 612-2 du code monétaire et financier, soumet à l'approbation de cette autorité le texte du projet de délibération autorisant les émissions mentionnées au premier alinéa. L'Autorité se prononce en veillant à la sauvegarde des intérêts des membres participants et bénéficiaires au vu d'un dossier comprenant une présentation détaillée des objectifs poursuivis, des caractéristiques des titres ou des certificats émis, des conséquences de l'émission sur la situation financière de la mutuelle ou de l'union ainsi que, le cas échéant, une description précise des cas de remboursement anticipé. A l'expiration d'un délai de deux mois à dater du dépôt de ce dossier ainsi que du texte de la délibération, en l'absence de décision expresse de l'Autorité, l'autorisation est réputée accordée. En cas de décision expresse, celle-ci est communiquée à l'assemblée générale.

La délibération de l'assemblée générale fixe les caractéristiques essentielles de l'émission de titres participatifs et, notamment, l'assiette de la rémunération pour la partie variable. Pour les titres subordonnés, elle précise la clause de subordination et les modalités de remboursement, notamment en cas de liquidation de la mutuelle ou de l'union. Pour les certificats mutualistes mentionnés au L. 221-19, elle fixe le montant maximal de l'émission, la ou les monnaies dans laquelle ou lesquelles l'émission est libellée, les modalités de remboursement et le montant des frais d'émission.

L'émission doit être réalisée en une ou plusieurs fois dans un délai de deux ans à compter de l'adoption de la délibération par l'assemblée générale.

Le conseil d'administration rend compte à la plus prochaine assemblée générale de la mise en œuvre de la délibération.

CHAPITRE V UNIONS MUTUALISTES DE GROUPE ET UNIONS MENTIONNÉES À L'ARTICLE L. 111-4-3 *(Décr. n° 2022-388 du 17 mars 2022, art. 1er-6°)*.

(Décr. n° 2009-790 du 23 juin 2009)

Art. R. 115-1 **I. — Les unions mutualistes de groupe mentionnées à l'article L. 111-4-2 constituent une catégorie particulière d'union*[s]* mutualiste*[s]*. Elles sont régies par les dispositions du présent code qui s'appliquent aux unions de droit commun sous réserve des règles particulières du présent chapitre. Elles se forment dans les conditions propres aux unions énoncées à l'article L. 113-1.**

Elles sont tenues de s'immatriculer *(Décr. n° 2011-1192 du 26 sept. 2011, art. 1er-1°)* **« auprès du »** *(Décr. n° 2022-388 du 17 mars 2022, art. 1er-7°)* **« ministre chargé de la mutualité dans les conditions prévues à l'article R. 111-7 ».**

Préalablement à la tenue de l'assemblée générale constitutive de l'union mutualiste de groupe, les membres fondateurs procèdent au dépôt des éléments constitutifs du fonds d'établissement dans les conditions prévues à l'article R. 212-2.

II. — Dans le mois de la constitution de toute union mutualiste de groupe, sont déposés auprès du *(Décr. n° 2022-388 du 17 mars 2022, art. 1er-7°)* « ministre chargé » *(Décr. n° 2011-1192 du 26 sept. 2011, art. 1er-2°)* « de la mutualité » les éléments suivants :

a) La liste dûment certifiée des membres fondateurs mentionnant, pour chacun d'eux, leur dénomination, leur siège social, le montant de leurs engagements techniques et leurs chiffres d'affaires par branche ;

b) Un exemplaire des statuts ;

c) Une copie du procès-verbal des délibérations de l'assemblée générale constitutive ;

d) L'état des sommes versées pour la constitution du fonds d'établissement ;

e) Un certificat du notaire ou de l'établissement de crédit constatant que les fonds ont été versés préalablement à la constitution de l'union mutualiste de groupe.

Ces mêmes documents doivent être déposés, dans le même délai, auprès *(Décr. n° 2010-217 du 3 mars 2010, art. 4-I-1°)* « de l'Autorité de contrôle prudentiel et de résolution ».

III. — Dans le même délai d'un mois, un extrait des documents mentionnés ci-dessus est publié dans l'un des journaux habilités à recevoir les annonces légales dans le département du siège social. Il est justifié de l'insertion par un exemplaire du journal certifié par l'imprimeur.

L'extrait doit contenir la dénomination adoptée par l'union mutualiste de groupe et l'indication de son siège, la désignation des personnes autorisées à gérer, administrer et signer pour l'union et, en outre, la date à laquelle l'union a été constituée, celle où elle doit finir et la date du dépôt auprès du *(Décr. n° 2022-388 du 17 mars 2022, art. 1er-7°)* « ministre chargé » *(Décr. n° 2011-1192 du 26 sept. 2011, art. 1er-3°)* « de la mutualité ».

Il indique également le montant et le mode de constitution du fonds d'établissement et, s'il y a lieu, le montant du droit d'entrée.

L'extrait des actes et pièces déposés est signé par le président de l'union.

Sont soumis aux formalités ci-dessus prescrites tous actes et délibérations ayant pour objet la modification des statuts ou la continuation de l'union au-delà du terme fixé pour sa durée, ou la dissolution de l'union avant ce terme.

Toute personne peut obtenir, au siège de l'union, une copie certifiée des statuts.

Le Décr. n° 2010-217 du 3 mars 2010 est entré en vigueur à la date de la première réunion du collège de l'Autorité de contrôle prudentiel et de résolution (Décr. préc., art. 12).

Art. R. 115-2 *(Décr. n° 2015-513 du 7 mai 2015, art. 13-I-2°-a, en vigueur le 1er janv. 2016)* I. — Les statuts des unions mutualistes de groupe doivent fixer les conditions d'admission, de retrait ou d'exclusion des organismes affiliés à l'union mutualiste de groupe.

Ils doivent prévoir que l'admission, le retrait ou l'exclusion d'un organisme affilié fait l'objet d'une déclaration préalable auprès de l'Autorité de contrôle prudentiel et de résolution, accompagnée d'un dossier dont celle-ci fixe la composition. L'Autorité peut, dans un délai de trois mois à compter de la réception du dossier, s'opposer à l'opération, si celle-ci apparaît contraire aux intérêts des assurés des organismes affiliés, par une décision motivée adressée à la ou aux personnes intéressées par lettre recommandée avec accusé de réception. A défaut d'opposition de l'Autorité de contrôle prudentiel et de résolution, l'opération peut être réalisée à l'expiration de ce délai.

Ces statuts doivent également :

a) Fixer, sans être tenus par un minimum, le montant de leur fonds d'établissement ;

b) Prévoir que l'assemblée générale est composée de tous les organismes affiliés, représentés par au moins un de leurs dirigeants ou administrateurs ou membres du conseil de surveillance ou par un représentant de l'organisme affilié directement nommé par l'assemblée générale ou la commission paritaire le cas échéant ;

c) Déterminer le nombre de voix dont dispose chacun de ces organismes ;

d) Déterminer les modalités de l'exercice effectif de l'influence dominante de l'union mutualiste de groupe sur les décisions, y compris financières, des organismes affiliées *[affiliés]*.

II. — Les statuts doivent conférer à l'union mutualiste de groupe des pouvoirs de contrôle à l'égard des organismes affiliés, y compris en ce qui concerne leur gestion. Ils peuvent notamment, à condition que les statuts des organismes affiliés le permettent :

a) Subordonner à l'autorisation préalable du conseil d'administration ou de l'assemblée générale de l'union mutualiste de groupe la conclusion par ces organismes d'opérations énumérées par les statuts, notamment l'acquisition ou la cession d'immeubles par nature, l'acquisition ou la cession totale ou partielle d'actifs ou de participations, la constitution de sûretés et l'octroi de cautions, avals ou garanties ;

b) Prévoir des pouvoirs de sanction de l'union mutualiste de groupe à l'égard des organismes affiliés.

III. — Les statuts peuvent prévoir que tout organisme demandant son admission à l'union mutualiste de groupe modifie au préalable ses propres statuts afin de reconnaître à l'union mutualiste de groupe le droit de demander la convocation de son assemblée générale ou le cas échéant de la commission paritaire et de proposer lors de celle-ci l'élection de nouveaux candidats aux fonctions d'administrateur ou de membre du conseil de surveillance.

IV. — Les projets de statuts doivent indiquer le mode de rémunération de la direction. S'il y a lieu, ils peuvent également prévoir le mode d'indemnisation des administrateurs dans les conditions prévues à l'article L. 114-26.

V. Instr. ACPR n° 2015-I-17 relative à la composition du dossier de déclaration préalable à l'affiliation, au retrait ou à l'exclusion d'une société de groupe d'assurance mutuelle (SGAM), une union mutualiste de groupe (UMG) ou une société de groupe assurantiel de protection sociale (SGAPS) (http://acpr.banque-france.fr).

Art. R. 115-3 Sous réserve des dispositions du deuxième alinéa de l'article L. 111-4-2 et des dispositions du présent chapitre, les unions mutualistes de groupe sont administrées par une assemblée générale et un conseil d'administration dans les conditions propres aux unions fixées aux sections III et IV du chapitre IV du livre Ier.

Art. R. 115-4 I. — Il est tenu chaque année au moins une assemblée générale dans les conditions prévues par les statuts. A cette assemblée sont présentés par le conseil d'administration le bilan, le compte de résultat et l'annexe de l'exercice écoulé.

II. — 1° La convocation à l'assemblée générale doit être faite par lettre recommandée *(Décr. n° 2018-229 du 30 mars 2018, art. 27)* « ou par envoi recommandé électronique adressé » aux organismes affiliés, quinze jours au moins avant la date fixée pour la réunion de l'assemblée, en mentionnant l'ordre du jour ; l'assemblée ne peut délibérer que sur les questions figurant à cet ordre du jour.

2° L'ordre du jour comporte les propositions du conseil d'administration et celles qui lui auront été communiquées par tout organisme affilié vingt jours au moins avant la réunion de l'assemblée générale.

III. — Tout organisme affilié peut, dans les quinze jours qui précèdent la réunion d'une assemblée générale, prendre, au siège social, communication par lui-même ou par un mandataire du bilan, du compte de résultat et de l'annexe de l'union mutualiste de groupe qui seront présentés à l'assemblée générale ainsi que tous les documents qui doivent être communiqués à l'assemblée parmi lesquels doivent se trouver le bilan, les comptes de résultat technique et non technique et l'annexe de chacun des organismes affiliés à l'union mutualiste de groupe.

IV. — L'assemblée générale délibère valablement si les organismes affiliés présents ou représentés sont au nombre de la moitié au moins à la fois du nombre total d'organismes affiliés et des voix dont ils disposent. A défaut, une nouvelle assemblée est convoquée dans les formes et délais prescrits par les statuts ; cette assemblée délibère valablement quel que soit le nombre des membres affiliés présents ou représentés.

V. — L'assemblée générale, à condition de délibérer à la majorité des deux tiers au moins, en nombre et en voix, des organismes affiliés, peut modifier les statuts dans toutes leurs dispositions. Elle peut également, à la majorité des deux tiers au moins, en nombre et en voix, des organismes affiliés, autoriser la fusion de l'union avec une autre union mutualiste de groupe. Pour les autres décisions, la majorité simple en nombre et en voix des organismes affiliés présents ou représentés est requise.

VI. — Les dispositions des livres Ier et II relatives aux commissaires aux comptes sont applicables aux unions mutualistes de groupe.

VII. — Dans le cas où, du fait de pertes constatées dans les documents comptables, l'actif net devient inférieur à la moitié du montant du fonds d'établissement, le conseil d'administration est tenu de provoquer la réunion de l'assemblée générale délibérant dans les conditions fixées à la première phrase du V, et de statuer sur la question de savoir s'il y a lieu de prononcer la dissolution de l'union.

VIII. — Toute décision d'emprunter doit être autorisée par l'assemblée générale délibérant dans les conditions prévues à la première phrase du V et faire l'objet d'une résolution spéciale dont la teneur est préalablement soumise à l'approbation de *(Décr. nº 2015-513 du 7 mai 2015, art. 13-I-2º, en vigueur le 1er janv. 2016)* **« l'Autorité de contrôle prudentiel et de résolution ». Celle-ci se prononce, en veillant à la sauvegarde des intérêts des adhérents des organismes affiliés, au vu d'un dossier comportant une présentation détaillée des objectifs poursuivis, des conséquences de l'emprunt sur la situation financière de l'union et des organismes affiliés ainsi que, le cas échéant, une description précise des cas de remboursement anticipé.**

(Décr. nº 2015-513 du 7 mai 2015, art. 13-I-2º, en vigueur le 1er janv. 2016) **« La décision de l'Autorité est communiquée à l'assemblée générale ».**

Art. R. 115-5 **Toute union mutualiste de groupe constituée en violation des articles R. 115-1 à R. 115-4 est nulle.**

Toutefois, ni l'union ni les membres ne peuvent se prévaloir vis-à-vis des tiers de bonne foi de la nullité.

(Décr. nº 2015-513 du 7 mai 2015, art. 13-I-2º) **« Lorsque l'union est ainsi annulée », les fondateurs auxquels la nullité est imputable et les administrateurs en fonction au moment où elle a été encourue sont responsables solidairement envers les tiers et envers les membres du dommage résultant de cette annulation.**

Si, pour couvrir la nullité, une assemblée générale devait être convoquée, l'action en nullité n'est plus recevable à partir de la date de la convocation régulière de cette assemblée.

L'action en nullité de la société ou des actes et délibérations postérieurs à sa constitution est éteinte lorsque la cause de la nullité a cessé d'exister avant l'introduction de la demande ou, en tout cas, du jour où le tribunal statue sur le fond en première instance. Nonobstant la régularisation, les frais des actions en nullité intentées antérieurement sont à la charge des défendeurs.

Le tribunal saisi d'une action en nullité peut, même d'office, fixer un délai pour couvrir les nullités.

L'action en responsabilité, pour les faits dont la nullité résultait, cesse également d'être recevable, lorsque la cause de la nullité a cessé d'exister, soit avant l'introduction de la demande, soit au jour où le tribunal statue sur le fond en première instance, soit dans un délai imparti pour couvrir la nullité, et, en outre, lorsque trois ans se sont écoulés depuis le jour où la nullité était encourue.

Les dispositions du Décr. nº 2015-513 du 7 mai 2015 modifiant l'art. R. 115-5 entrent en vigueur à compter du lendemain de sa publication (Décr. préc., art. 22, JO 10 mai).

Art. R. 115-6 **I. — La convention d'affiliation mentionnée** *(Décr. nº 2015-513 du 7 mai 2015, art. 13-I-2º, en vigueur le 1er janv. 2016)* **« au onzième alinéa de l'article L. 111-4-2 » contient la description des liens, des obligations, des engagements et des modalités de partage des coûts ou de toute forme de coopération entre une union mutualiste de groupe et l'organisme affilié. Elle doit comporter l'engagement de celui-ci de subordonner son retrait éventuel au respect des conditions posées au**

deuxième alinéa *(Abrogé par Décr. nº 2022-388 du 17 mars 2022, art. 1er-8º)* **« du 1º » du I de l'article R. 115-2.**

II. — Les conventions d'affiliation, leurs modifications et leur résiliation éventuelle doivent être approuvées par les assemblées générales de l'union mutualiste de groupe et de l'organisme affilié.

Art. R. 115-7 *(Décr. nº 2015-513 du 7 mai 2015, art. 13-I-2º, en vigueur le 1er janv. 2016)* **Pour l'application des dispositions du chapitre VI du titre V du livre III du code des assurances par les unions mutualistes de groupe, il y a lieu d'entendre : "dirigeant opérationnel" là où est mentionné dans le code des assurances : "directeur général".**

CHAPITRE VI DISTRIBUTION D'ASSURANCES *(Décr. nº 2022-388 du 17 mars 2022, art. 1er-9º).*

(Décr. nº 2016-1715 du 13 déc. 2016, art. 1er)

Les art. R. 116-1 à R. 116-4 deviennent respectivement les art. R. 115-8 à R. 115-11 (Décr. nº 2022-388 du 17 mars 2022, art. 1er-10º à 13º).

Art. R. 115-8 Les unions mentionnées à l'article L. 111-4-3 constituent une catégorie particulière d'union mutualiste. Elles sont régies par les règles fixées au présent chapitre, sous réserve des dispositions de l'article *(Décr. nº 2022-388 du 17 mars 2022, art. 1er-10º)* **« R. 115-11 ».**

Elles se forment dans les conditions propres aux unions énoncées à l'article L. 113-1.

Elles sont tenues de s'immatriculer auprès du *(Décr. nº 2022-388 du 17 mars 2022, art. 1er-10º)* **« ministre chargé de la mutualité dans les conditions prévues à l'article R. 111-7 ».** — *Anc. art. R. 116-1.*

Art. R. 115-9 I. — Sous réserve des dispositions des II et III, les statuts fixent les conditions dans lesquelles l'assemblée générale est convoquée.

II. — Il est tenu chaque année au moins une assemblée générale au cours de laquelle le bilan, le compte de résultat et l'annexe de l'exercice écoulé sont présentés.

III. — La convocation à l'assemblée générale doit être faite par lettre recommandée *(Décr. nº 2018-229 du 30 mars 2018, art. 28)* **« ou par envoi recommandé électronique adressé » aux organismes adhérents, quinze jours au moins avant la date fixée pour la réunion de l'assemblée, en mentionnant l'ordre du jour.**

L'ordre du jour comporte les propositions du conseil d'administration et celles qui lui auront été communiquées par tout organisme adhérent vingt jours au moins avant la réunion de l'assemblée générale.

L'assemblée ne peut délibérer que sur une question inscrite à l'ordre du jour. Néanmoins, elle peut, en toutes circonstances, révoquer un ou plusieurs membres du conseil d'administration et procéder à leur remplacement. — *Anc. art. R. 116-2.*

Art. R. 115-10 I. — L'assemblée générale délibère valablement si les organismes adhérents présents, représentés ou ayant fait usage des facultés de vote par correspondance *(Décr. nº 2022-388 du 17 mars 2022, art. 1er-12º)* **« ou électronique dans les conditions prévues à l'article L. 114-13 représentent la moitié au moins du nombre total des organismes adhérents ayant désigné un représentant conformément au III de l'article L. 111-4-3 » et si les organismes adhérents prenant ainsi part à la délibération détiennent plus de la moitié du nombre total des droits de vote** *(Décr. nº 2022-388 du 17 mars 2022, art. 1er-12º)* **« des organismes adhérents ayant désigné un représentant conformément au III de l'article L. 111-4-3 ».**

A défaut, une nouvelle assemblée est convoquée dans les formes et délais prescrits par les statuts. Cette assemblée délibère valablement si les organismes adhérents présents, représentés ou ayant fait usage des facultés de vote par correspondance *(Décr. nº 2022-388 du 17 mars 2022, art. 1er-12º)* **« ou électronique dans les conditions prévues à l'article L. 114-13 représentent le quart au moins du nombre total des organismes adhérents ayant désigné un représentant conformément au III de l'article**

L. 111-4-3 et si les organismes adhérents ayant désigné un représentant conformément au III de l'article L. 111-4-3 » prenant ainsi part à la délibération détiennent plus du quart du nombre total des droits de vote *(Décr. n° 2022-388 du 17 mars 2022, art. 1er-12°)* « des organismes adhérents ayant désignés un représentant ».

II. — L'assemblée générale, à condition de délibérer à la majorité des deux tiers des suffrages exprimés, peut modifier les statuts dans toutes leurs dispositions. Elle peut également, à la majorité des deux tiers des suffrages exprimés, autoriser la fusion de l'union avec une autre union mentionnée à l'article L. 111-4-3.

III. — Pour les autres décisions, la majorité simple des suffrages exprimés est requise. — *Anc. art. R. 116-3.*

Art. R. 115-11 Sous réserve des règles particulières fixées au présent chapitre et au III de l'article L. 111-4-3, les conditions de fonctionnement des unions mentionnées à l'article L. 111-4-3 sont régies par les dispositions du présent code propres aux unions fixées au livre Ier. — *Anc. art. R. 116-4.*

Art. R. 116-1 *(Décr. n° 2022-388 du 17 mars 2022, art. 1er-14°)* Les articles R. 132-5-1 et R. 132-5-2 du code des assurances sont applicables aux mutuelles et unions proposant les opérations mentionnées à l'article L. 223-1 du présent code.

Pour l'application de ces dispositions, il y a lieu d'entendre :

1° "Mutuelle ou union relevant du livre II du code de la mutualité" là où est mentionné : "entreprise d'assurance" ;

2° "Règlement ou contrat collectif " là où est mentionné : "contrat d'assurance, contrat de capitalisation, contrat" ;

3° La référence à l'article L. 132-28 du code des assurances est remplacée par la référence à l'article L. 116-5 du présent code et la référence à l'article L. 441-1 du code des assurances est remplacée par la référence à l'article L. 222-1 du présent code.

LIVRE DEUXIÈME MUTUELLES ET UNIONS PRATIQUANT DES OPÉRATIONS D'ASSURANCE, DE RÉASSURANCE ET DE CAPITALISATION (*Décr. n° 2008-1154 du 7 nov. 2008, art. 15*).

TITRE PREMIER RÈGLES DE FONCTIONNEMENT APPLICABLES AUX MUTUELLES ET UNIONS PRATIQUANT DES OPÉRATIONS D'ASSURANCE, DE RÉASSURANCE ET DE CAPITALISATION (*Décr. n° 2008-1154 du 7 nov. 2008, art. 15*).

CHAPITRE PREMIER CHAMP D'APPLICATION ET CONDITIONS D'ACTIVITÉ (*Décr. n° 2002-332 du 11 mars 2002, art. 1er*).

SECTION PREMIÈRE DISPOSITIONS GÉNÉRALES (*Décr. n° 2001-1107 du 23 nov. 2001*).

SOUS-SECTION 1 CONDITIONS D'EXERCICE (*Décr. n° 2015-513 du 7 mai 2015, art. 13-II-1°, en vigueur le 1er janv. 2016*).

Art. R. 211-1 (*Décr. n° 2001-1107 du 23 nov. 2001 ; Décr. n° 2008-1154 du 7 nov. 2008, art. 15*) Toute mutuelle ou union pratiquant des opérations d'assurance, de réassurance ou de capitalisation est désignée par une dénomination sociale qui doit être suivie par la mention "mutuelle ou union soumise aux dispositions du livre II du code de la mutualité". Cette mention figure obligatoirement dans les statuts, les règlements, les bulletins d'adhésion et les contrats collectifs de la mutuelle ou de l'union ainsi que dans tous les documents à caractère contractuel ou publicitaire.

Ces documents ne doivent contenir aucune assertion susceptible d'induire en erreur sur la véritable nature de la mutuelle ou de l'union ou l'importance réelle de ses engagements ainsi que sur la nature des contrôles exercés sur celle-ci sur la base des dispositions du présent titre (*Décr. n° 2015-513 du 7 mai 2015, art. 13-II-2°, en vigueur le 1er janv. 2016*) « et [*de*] celles du livre VI du code monétaire et financier ».

SOUS-SECTION 2 AGRÉMENTS (*Décr. n° 2015-513 du 7 mai 2015, art. 13-II-3°-a, en vigueur le 1er janv. 2016*).

§ 1er AGRÉMENT ADMINISTRATIF DES MUTUELLES ET UNIONS D'ASSURANCE (*Décr. n° 2015-513 du 7 mai 2015, art. 13-II-3°-c*).

Art. R. 211-2 Pour l'octroi de l'agrément administratif prévu à l'article (*Décr. n° 2015-513 du 7 mai 2015, art. 13-II-3°-d, en vigueur le 1er janv. 2016*) « **L. 211-8** », les opérations d'assurances réalisées par les mutuelles et les unions sont classées en branches et sous-branches de la manière suivante :

1. Accidents (y compris les accidents du travail et les maladies professionnelles) :
a) Prestations forfaitaires ;
b) Prestations indemnitaires ;
c) Combinaisons.
2. Maladie :
a) Prestations forfaitaires ;
b) Prestations indemnitaires ;
c) Combinaisons.
15. Caution :
a) Caution directe ;
b) Caution indirecte ;
16. Pertes pécuniaires diverses :
a) Risques d'emploi ;
h) Pertes de loyers ou de revenus ;
17. Protection juridique ;
18. Assistance :

Assistance aux personnes en difficulté, notamment au cours de déplacements ;

20. Vie-décès :

Toute opération comportant des engagements dont l'exécution dépend de la durée de la vie humaine autre que les activités visées aux branches 22 et 26 ;

21. Nuptialité-natalité :

Toute opération ayant pour objet le versement d'un capital en cas de mariage ou de naissance d'enfants ;

22. Assurances liées à des fonds d'investissement :

Toutes opérations comportant des engagements dont l'exécution dépend de la durée de la vie humaine et liées à un fonds d'investissement ;

24. Capitalisation :

Toute opération d'appel à l'épargne en vue de la capitalisation et comportant, en échange de versements uniques ou périodiques, directs ou indirects, des engagements déterminés quant à leur durée et à leur montant ;

25. Gestion de fonds collectifs :

Toute opération consistant à gérer les placements, et notamment les actifs représentatifs des réserves des organismes qui fournissent des prestations en cas de décès, en cas de vie ou en cas de cessation ou de réduction d'activités ;

26. Toute opération à caractère collectif définie à l'article L. 222-1.

Art. R. 211-3 *(Décr. n° 2015-513 du 7 mai 2015, art. 13-II-3°-e, en vigueur le 1er janv. 2016)* Sous réserve des dispositions de la sous-section 2 de la section Ire du chapitre Ier du titre Ier du livre II, les articles R. 321-1-1 à R. 321-5, R. 321-14 et R. 321-16 à R. 321-18 du code des assurances sont applicables aux mutuelles et unions mentionnées à l'article L. 211-8.

Pour l'application de l'alinéa précédent, la référence : "R. 321-1 du code des assurances" est remplacée par la référence : "R. 211-2 du code de la mutualité" et il y a lieu d'entendre : "mutuelle ou union" là où est mentionné dans le code des assurances : "entreprise", "le règlement ou le contrat collectif" là où est mentionné : "contrat", "les mutuelles et unions mentionnées à l'article L. 211-8" là où est mentionné : "les entreprises mentionnées aux 1°, 3° et 4° de l'article L. 310-2", "les risques mentionnés au a et b du 1° de l'article L. 111-1 du code de la mutualité "là où est mentionné" les risques mentionnés au 1° et au 2° de l'article L. 310-1" et "agréments mentionnés à l'article L. 211-8" là où est mentionné : "agréments mentionnés aux articles L. 321-1, L. 321-7 et L. 321-9".

Art. R. 211-4 Les mutuelles et les unions ne peuvent être agréées que pour pratiquer soit des opérations relevant des branches ou sous-branches mentionnées aux 1, 2, 15, 16, 17 et 18 de l'article R. 211-2, soit des opérations relevant des branches mentionnées aux 20 à 22 et 24 à 26 du même article.

Toutefois, les mutuelles et les unions peuvent être agréées pour pratiquer simultanément des opérations relevant des branches mentionnées aux 1 et 2, 20 à 22 et 24 à 26 de l'article R. 211-2.

(Abrogé par Décr. n° 2015-513 du 7 mai 2015, art. 13-II-3°-f, à compter du 1er janv. 2016) « En outre, les mutuelles et les unions peuvent être agréées pour pratiquer simultanément des opérations relevant des branches 20 à 22 mentionnées à l'article R. 211-2 et des opérations complémentaires relatives notamment à la couverture des risques d'atteinte corporelle, y compris l'incapacité de travail professionnelle, des risques de décès à la suite d'un accident et du risque d'invalidité à la suite d'un accident ou d'une maladie, à condition que ces garanties soient souscrites complémentairement au contrat relevant des branches 20 à 22 et qu'elles prennent fin au plus tard en même temps que la garantie principale. La cotisation due doit distinguer la part relative à la couverture du risque principal et la part relative aux garanties accessoires. »

Art. R. 211-5 *Abrogé par Décr. n° 2015-513 du 7 mai 2015, art. 13-II-3°-g, à compter du 1er janv. 2016.*

§ 2 AGRÉMENT ADMINISTRATIF DES MUTUELLES ET UNIONS DE RÉASSURANCE *(Décr. nº 2015-513 du 7 mai 2015, art. 13-II-3º-h, en vigueur le 1er janv. 2016).*

Art. R. 211-5-1 Pour l'octroi de l'agrément mentionné à l'article *(Décr. nº 2015-513 du 7 mai 2015, art. 13-II-3º-i, en vigueur le 1er janv. 2016)* « L. 211-8-1 », les opérations de réassurance sont classées en activités de la manière suivante :

1. Non-vie : réassurance des opérations visées aux *a*, *c*, *d* et *e* du 1º du I de l'article L. 111-1 ;
2. Vie : réassurance des opérations visées au *b* du 1º du I de l'article L. 111-1.

Art. R. 211-5-2 Les mutuelles et unions de réassurance doivent limiter leur objet à l'activité de réassurance et aux opérations liées. Cette exigence peut inclure une fonction de détention de participations dans le secteur financier au sens *(Décr. nº 2015-513 du 7 mai 2015, art. 13-II-3º-j, en vigueur le 1er janv. 2016)* « du 3º de l'article L. 517-2 du code monétaire et financier ».

Art. R. 211-5-3 *(Décr. nº 2015-513 du 7 mai 2015, art. 13-II-3º-k, en vigueur le 1er janv. 2016)* Sous réserve des dispositions de la sous-section 2 de la section I du chapitre Ier du titre Ier du livre II, les articles R. 321-5-2, R. 321-5-3 et R. 321-26 à R. 321-29 du code des assurances sont applicables aux mutuelles et unions mentionnées à l'article L. 211-8-1.

Pour l'application de l'alinéa précédent, il y a lieu d'entendre : "les mutuelles et unions mentionnées à l'article L. 211-8-1" là où est mentionné dans le code des assurances : "toute entreprise mentionnée au 1º du III de l'article L. 310-1-1" et "agréments mentionnés à l'article L. 211-8-1" là où est mentionné : "agréments mentionnés à l'article L. 321-1-1".

§ 3 *[ABROGÉ]* DISPOSITIONS COMMUNES AUX AGRÉMENTS ADMINISTRATIFS *(Décr. nº 2015-513 du 7 mai 2015, art. 13-II-3º-l, en vigueur le 1er janv. 2016).*

(Abrogé par Décr. nº 2022-388 du 17 mars 2022, art. 1er-15º)

Art. R. 211-6 *Abrogé par Décr. nº 2015-513 du 7 mai 2015, art. 13-II-3º-n, à compter du 1er janv. 2016.*

Art. R.* 211-7 *Abrogé par Décr. nº 2010-217 du 3 mars 2010, art. 4-II-1º.*

Art. R. 211-7-1 et R. 211-8 *Abrogés par Décr. nº 2015-513 du 7 mai 2015, art. 13-II-3º-n, à compter du 1er janv. 2016.*

Art. R. 211-9 *(Décr. nº 2010-217 du 3 mars 2010, art. 4-II-4º)* ***L'Autorité de contrôle prudentiel et de résolution transmet la demande d'agrément au Conseil supérieur de la mutualité.***

L'avis mentionné au sixième alinéa de l'article L. 411-1 est réputé rendu dans un délai de trois mois à compter de la saisine du Conseil supérieur de la mutualité.

(Abrogé par Décr. nº 2015-513 du 7 mai 2015, art. 13-II-3º-m, à compter du 1er janv. 2016) ***« Toute décision de refus d'agrément doit être motivée et notifiée, par lettre recommandée avec demande d'avis de réception ou remise contre récépissé, par l'Autorité de contrôle prudentiel et de résolution, à la mutuelle ou à l'union concernée, dans un délai de six mois à compter du dépôt du dossier de demande d'agrément. »***

Le Décr. nº 2010-217 du 3 mars 2010 est entré en vigueur à la date de la première réunion du collège de l'Autorité de contrôle prudentiel (Décr. préc., art. 12).

En application du II de l'art. 21 de la L. nº 2000-321 du 12 avr. 2000, le silence gardé par l'administration pendant six mois vaut rejet pour les demandes d'agrément des mutuelles et unions pratiquant des opérations d'assurance et de réassurance (Décr. nº 2014-1280 du 23 oct. 2014, applicable pour les demandes présentées à compter du 12 nov. 2014).

Art. R. 211-10 et R. 211-11 *Abrogés par Décr. nº 2015-513 du 7 mai 2015, art. 13-II-3º-n, à compter du 1er janv. 2016.*

§ 4 *[ABROGÉ]* CADUCITÉ DES AGRÉMENTS

(Abrogé par Décr. nº 2022-388 du 17 mars 2022, art.1er-15º)

(Décr. nº 2015-513 du 7 mai 2015, art. 13-II-3º-o, en vigueur le 1er janv. 2016)

Art. R. 211-12 *(Décr. nº 2015-513 du 7 mai 2015, art. 13 art. 13-II-3º-o, en vigueur le 1er janv. 2016)* ***L'Autorité de contrôle prudentiel et de résolution peut constater la caducité de l'agrément pour les branches ou sous-branches, à la demande d'une mutuelle ou union lorsqu'une autre mutuelle ou union s'est substituée à elle en application de l'article L. 211-5 dans les conditions prévues à l'article L. 321-10-2 du code des assurances.***

SECTION II SYSTÈME DE GOUVERNANCE APPLICABLE AUX MUTUELLES ET UNIONS RELEVANT DU RÉGIME DIT "SOLVABILITÉ II"

(Décr. nº 2015-513 du 7 mai 2015, art. 13-II-4º, en vigueur le 1er janv. 2016)

Art. R. 211-13 L'exigence de compétence mentionnée au VIII de l'article L. 114-21 s'apprécie conformément à l'article 258 du règlement délégué (UE) nº 2015/35 de la Commission du 10 octobre 2014 sans préjudice des dispositions de l'article R. 114-9.

Art. R. 211-14 Les dispositions du chapitre IV du titre V du livre III du code des assurances sont applicables aux mutuelles et unions mentionnées à l'article L. 211-10.

Art. R. 211-15 Le président du conseil d'administration et le dirigeant opérationnel mentionné à l'article *(Décr. nº 2017-1765 du 26 déc. 2017, art. 3, en vigueur le 31 déc. 2017)* « L. 211-14 » dirigent effectivement la mutuelle ou l'union au sens de l'article L. 211-13.

Le conseil d'administration peut également, sur proposition de son président, désigner comme dirigeant effectif une ou plusieurs personnes physiques, qui ne sont pas mentionnées à l'alinéa précédent. Ces personnes doivent disposer d'un domaine de compétence et de pouvoirs suffisamment larges sur les activités et les risques de la mutuelle ou l'union, faire preuve d'une disponibilité suffisante au sein de la mutuelle ou l'union pour exercer ce rôle, et être impliquées dans les décisions ayant un impact important sur la mutuelle ou l'union, notamment en matière de stratégie, de budget ou de questions financières. Sur proposition de son président, le conseil d'administration peut leur retirer cette fonction.

Le conseil d'administration définit les cas dans lesquels les dirigeants effectifs sont absents ou empêchés de manière à garantir la continuité de la direction effective de la mutuelle ou de l'union.

SECTION III DISPOSITIONS PARTICULIÈRES À LA BRANCHE PROTECTION JURIDIQUE

(Décr. nº 2001-1107 du 23 nov. 2001)

Les dispositions issues du Décr. nº 2010-217 du 3 mars 2010 sont entrées en vigueur à la date de la première réunion du collège de l'Autorité de contrôle prudentiel (Décr. préc., art. 12).

Art. R. 211-19 Toute mutuelle ou union doit, lorsqu'elle sollicite un agrément pour la branche 17 conformément aux dispositions des articles *(Décr. nº 2015-513 du 7 mai 2015, art. 13-II-5º, en vigueur le 1er janv. 2016)* « L. 211-8 et L. 211-8-1 », indiquer, lors de la présentation des documents prévus à ces articles, la modalité de gestion adoptée parmi celles qui sont énoncées à l'article L. 224-7.

Lorsque la mutuelle ou l'union choisit de confier les remboursements de la branche de protection juridique à une mutuelle ou union juridiquement distincte, conformément aux dispositions du *b* de l'article L. 224-7, elle doit adresser copie des statuts de cette mutuelle ou union *(Décr. nº 2010-217 du 3 mars 2010, art. 4-II-15º)* « à l'Autorité de contrôle prudentiel et de résolution ». *(Décr. nº 2015-513 du 7 mai 2015, art. 13-II-5º, en vigueur le 1er janv. 2016)* « Le contrat d'assurance de protection juri-

dique mentionné à l'article L. 224-2 doit indiquer la dénomination et le siège de la mutuelle ou de l'union juridiquement distincte à qui est confiée la gestion des sinistres de la branche Protection juridique. »

Si cette mutuelle ou union juridiquement distincte a des liens de la nature de ceux qui sont définis *(Décr. n° 2010-217 du 3 mars 2010, art. 4-II-15°)* **« à l'article L. 612-26 du code monétaire et financier » avec un autre organisme pratiquant également l'activité d'assurance, la mutuelle ou l'union qui sollicite l'agrément doit s'assurer et, en outre, attester :**

1° Que les personnes chargées de la gestion des remboursements de la branche protection juridique ou des conseils juridiques relatifs à cette gestion n'exercent pas la même activité pour le compte de l'autre organisme ;

2° Que ses dirigeants ne sont pas aussi des dirigeants de l'autre organisme.

Art. R.* 211-20 **Lorsqu'une mutuelle ou union agréée dans la branche de protection juridique désire opter pour une autre modalité de gestion que celle qu'elle a précédemment choisie, elle est tenue d'en informer** *(Décr. n° 2010-217 du 3 mars 2010, art. 4-II-16°)* **« l'Autorité de contrôle prudentiel et de résolution ».**

La nouvelle modalité choisie prend effet un mois après sa notification *(Décr. n° 2010-217 du 3 mars 2010, art. 4-II-16°)* **« à l'Autorité de contrôle prudentiel et de résolution sauf opposition de cette dernière » dans le même délai pour un motif de nature à remettre en cause la décision d'agrément.**

Les deuxième et troisième alinéas de l'article R. 211-19 sont applicables.

SECTION IV CONVENTION DE SUBSTITUTION

(Décr. n° 2001-1107 du 23 nov. 2001)

Les dispositions issues du Décr. n° 2010-217 du 3 mars 2010 sont entrées en vigueur à la date de la première réunion du collège de l'Autorité de contrôle prudentiel (Décr. préc., art. 12).

Art. R. 211-21 **Les dispositions de la présente section concernent les opérations des mutuelles et des unions qui ont souscrit une convention de substitution** *(Décr. n° 2018-56 du 31 janv. 2018, art. 1er)* **« telle que prévue à l'article L. 211-5 » avec une autre mutuelle ou union.**

La mutuelle ou l'union *(Décr. n° 2018-56 du 31 janv. 2018, art. 1er)* **« substituante » est chargée, pour le compte et à la place de** *(Décr. n° 2010-217 du 3 mars 2010, art. 4-II-17° ; Décr. n° 2018-56 du 31 janv. 2018, art. 1er)* **« la mutuelle ou union substituée, de procéder à la communication à l'Autorité de contrôle prudentiel et de résolution des documents et informations qui s'impose aux mutuelles et unions en vertu des dispositions qui leur sont rendues applicables par l'article L. 212-1 », de tenir à son siège les livres de comptabilité, registres ou fichiers prévus par le présent code et de mettre à la disposition** *(Décr. n° 2010-217 du 3 mars 2010, art. 4-II-17°)* **« des contrôleurs mentionnés à l'article L. 612-23 du code monétaire et financier » tous les documents nécessaires à l'accomplissement de** *(Décr. n° 2010-217 du 3 mars 2010, art. 4-II-17°)* **« leur mission ».**

(Abrogé par Décr. n° 2018-56 du 31 janv. 2018, art. 1er) ***« La convention prévoit que la mutuelle ou l'union qui s'est substituée à un organisme doit constituer et représenter, dans les conditions fixées par l'article L. 212-1, l'intégralité des dettes, réserves et provisions afférentes aux engagements souscrits par cet organisme pour la ou les branches concernées.***

« Elle précise en outre que toutes les écritures comptables afférentes aux engagements pris par cet organisme doivent apparaître dans la comptabilité de la mutuelle ou de l'union qui lui est substituée. »

(Décr. n° 2018-56 du 31 janv. 2018, art. 1er) **« Lorsqu'une mutuelle ou une union substituée choisit de se dispenser de nommer un commissaire aux comptes en application du III de l'article L. 211-5, le mandat du commissaire aux comptes de la mutuelle ou l'union substituante est étendu à la mutuelle ou union substituée. »**

Les conventions de substitution prises en application de l'art. L. 211-5 ainsi que les bulletins d'adhésion aux règlements, les notices et les contrats collectifs des mutuelles et unions substituées existant à la date d'entrée en vigueur du Décr. n° 2018-56 du 31 janv. 2018, soit le 3 févr. 2018, doivent, avant le 31 déc. 2018, être mis en conformité avec les dispositions des art. R. 211-21 à R. 211-27, dans leur rédaction issue dudit décret (Décr. préc., art. 8).

Art. R. 211-21-1 *(Décr. n° 2018-56 du 31 janv. 2018, art. 2)* **La mutuelle ou l'union substituante constitue et représente dans ses comptes l'intégralité des dettes, réserves et provisions afférentes aux engagements souscrits par la mutuelle ou l'union substituée.**

Toutes les écritures comptables afférentes aux engagements pris par la mutuelle ou l'union substituée apparaissent dans la comptabilité de la mutuelle ou union substituante.

Art. R. 211-22 *(Décr. n° 2018-56 du 31 janv. 2018, art. 3)* **La convention de substitution conclue en application de l'article L. 211-5 stipule que la mutuelle ou l'union se substitue à la mutuelle ou à l'union substituée dans les conditions prévues au même article.**

Elle mentionne que la mutuelle ou l'union substituante donne sa caution solidaire à la mutuelle ou à l'union substituée dans les conditions prévues par le quatrième alinéa de l'article L. 211-5 qu'elle reproduit.

Elle précise les modalités d'exercice du pouvoir de contrôle de la mutuelle ou l'union substituante à l'égard de la mutuelle ou union substituée organisé par les statuts de celle-ci conformément à l'article L. 211-5.

Art. R. 211-23 **La liste des pièces qui doivent être fournies à** *(Décr. n° 2010-217 du 3 mars 2010, art. 4-II-18°)* **« l'Autorité de contrôle prudentiel et de résolution » pour l'exercice du contrôle prévu à l'article L. 211-5 est fixée** *(Décr. n° 2015-513 du 7 mai 2015, art. 13-II-6°, en vigueur le 1er janv. 2016)* **« par l'Autorité de contrôle prudentiel et de résolution ».**
– V. Instr. ACPR n° 2016-I-06 du 11 mars 2016 (http://acpr.banque-france.fr).

Art. R. 211-24 *(Décr. n° 2018-56 du 31 janv. 2018, art. 4)* **L'Autorité de contrôle prudentiel et de résolution se prononce sur les demandes d'autorisation de conclusion, de modification ou de résiliation de la convention de substitution en se fondant sur la conformité de la convention aux dispositions de l'article L. 211-5 et de la présente section ainsi que sur la situation financière de la mutuelle ou de l'union substituante.**

En l'absence de décision dans le délai de trois mois prévu à l'annexe au décret n° 2014-1281 du 23 octobre 2014 relatif aux exceptions à l'application du délai de deux mois de naissance des décisions implicites d'acceptation prévues au II de l'article 21 de la loi n° 2000-321 du 12 avril 2000 relative aux droits des citoyens dans leurs relations avec les administrations, la demande est considérée comme acceptée.

Art. R. 211-25 *Abrogé par Décr. n° 2015-513 du 7 mai 2015, art. 13-II-7°, à compter du 1er janv. 2016.*

Art. R. 211-26 *Abrogé par Décr. n° 2018-56 du 31 janv. 2018, art. 5.*

Art. R. 211-27 *(Décr. n° 2018-56 du 31 janv. 2018, art. 6)* **« Pour les opérations individuelles ou collectives réalisées par une mutuelle ou une union substituée, les bulletins d'adhésion, les contrats collectifs et les notices d'information contiennent en caractères très apparents la désignation et l'adresse de la mutuelle ou de l'union substituante.**

« Ces bulletins d'adhésion, contrats collectifs et notices d'information reproduisent :

« 1° La clause de la convention de substitution par laquelle la mutuelle ou l'union substituante se substitue à la mutuelle ou l'union substituée dans les conditions de l'article L. 211-5 ;

« 2° La clause de la convention spécifiant que la mutuelle ou l'union substituante se porte caution solidaire de l'ensemble des engagements financiers et charges, y

compris non assurantiels, souscrits par la mutuelle ou l'union substituée, mentionnée à l'article R. 211-22. »

Ils doivent également préciser que, si l'agrément accordé à la mutuelle ou à l'union *(Décr. nº 2018-56 du 31 janv. 2018, art. 6)* **« substituante » lui est retiré** *(Décr. nº 2015-513 du 7 mai 2015, art. 13, en vigueur le 1er janv. 2016)* **« ou est déclaré caduc »,** *(Décr. nº 2018-56 du 31 janv. 2018, art. 6)* **« l'adhésion sera résiliée » le** *(Décr. nº 2005-8 du 5 janv. 2005, art. 2-VII)* **« quarantième » jour à midi à compter de la date de la publication de la décision du retrait d'agrément, la portion de cotisation afférente à la période non garantie étant alors restituée au souscripteur** *(Décr. nº 2018-56 du 31 janv. 2018, art. 6)* **« ou au membre participant qui a acquitté la cotisation ».**

SECTION V *[ABROGÉE]* CONTRÔLE INTERNE

(Abrogée par Décr. nº 2015-513 du 7 mai 2015, art. 13-II-9º, à compter du 1er janv. 2016)

Art. R. 211-28 à R. 211-31 *Abrogés par Décr. nº 2015-513 du 7 mai 2015, art. 13-II-9º, à compter du 1er janv. 2016.*

CHAPITRE II FONCTIONNEMENT

(Décr. nº 2002-720 du 2 mai 2002)

Les dispositions issues du Décr. nº 2010-217 du 3 mars 2010 sont entrées en vigueur à la date de la première réunion du collège de l'Autorité de contrôle prudentiel et de résolution (Décr. préc., art. 12).

SECTION PREMIÈRE DISPOSITIONS GÉNÉRALES

Art. R. 212-1 **Le fonds d'établissement des mutuelles et unions régies par le présent livre est destiné à faire face, dans les limites fixées par le programme d'activité prévu** *(Décr. nº 2015-513 du 7 mai 2015, art. 13-III-1º, en vigueur le 1er janv. 2016)* **« aux articles L. 321-10 et L. 321-10-1 du code des assurances », aux dépenses des cinq premiers exercices et à garantir les engagements de la mutuelle ou de l'union.**

Le fonds d'établissement est notamment constitué des droits d'adhésion versés par chacun des membres de la mutuelle et de l'union lorsque l'existence de ce droit a été prévue par les statuts en application du 3º de l'article L. 114-4. Il peut également être financé par un emprunt répondant aux conditions, notamment de durée de remboursement, fixées par arrêté du ministre chargé de la mutualité.

Le fonds d'établissement est de 381 100 € au moins lorsque celles-ci pratiquent des opérations mentionnées au *b* ou des opérations relevant à la fois du *a* et du *b* du 1º du I de l'article L. 111-1 et de 228 600 € au moins lorsqu'elles pratiquent les opérations mentionnées aux *a*, *c*, *d* et *e* du 1º du I du même article. Il doit être intégralement versé en espèces préalablement au dépôt par la mutuelle ou l'union de la demande d'agrément auprès de *(Décr. nº 2010-217 du 3 mars 2010, art. 4-II-26º)* **« l'Autorité de contrôle prudentiel et de résolution ».**

Par dérogation aux dispositions de l'alinéa précédent, le montant du fonds d'établissement des mutuelles *(Décr. nº 2015-513 du 7 mai 2015, art. 13-III-1º, en vigueur le 1er janv. 2016)* **« ou unions » mentionnées** *(Décr. nº 2017-1765 du 26 déc. 2017, art. 3, en vigueur le 31 déc. 2017)* **« aux articles R. 334-9-1 et R. 334-15-1 du code des assurances » est au moins égal au tiers de la marge de solvabilité. Ces dispositions ne sont pas applicables aux mutuelles** *(Décr. nº 2017-1765 du 26 déc. 2017, art. 3, en vigueur le 31 déc. 2017)* **« mentionnées à l'article L. 211-5 du présent code » qui ne réalisent pas d'opérations d'assurance directes.**

Art. R. 212-2 **Préalablement au dépôt par la mutuelle ou l'union de la demande d'agrément, chacun des éléments constitutifs du fonds d'établissement est déposé, pour le compte de la mutuelle ou de l'union, soit chez un notaire, soit dans un établissement de crédit avec une liste comportant le montant de chacun de ces éléments constitutifs, la dénomination sociale et le siège social ou les nom et prénoms et le**

domicile de chacun des apporteurs ou des prêteurs ainsi que la somme qu'il a apportée ou prêtée.

Le dépositaire est tenu, jusqu'au retrait de ces éléments constitutifs, de communiquer la liste mentionnée à l'alinéa précédent à chacun des apporteurs qui justifie de son apport. Chacun de ceux-ci peut en prendre connaissance et obtenir, à ses frais, la délivrance d'une copie.

Les apports sont constatés par un certificat du dépositaire établi, au moment du dépôt des fonds, soit par le notaire, soit par l'établissement de crédit auprès duquel ils ont été déposés.

Art. R. 212-3 Les statuts de la mutuelle ou de l'union peuvent prévoir la constitution d'un fonds de développement destiné à procurer à la mutuelle ou à l'union les éléments de solvabilité dont elle doit disposer pour satisfaire à la réglementation en vigueur. Ce fonds est alimenté par des emprunts contractés en vue de financer un plan d'amélioration de l'exploitation ou un plan de développement à moyen ou long terme.

Les dispositions de l'article R. 212-2 s'appliquent au fonds de développement.

Art. R. 212-4 Tout emprunt destiné à la constitution et, éventuellement, à l'alimentation du fonds de développement est autorisé par l'assemblée générale se prononçant par une délibération spéciale.

Art. R. 212-5 Trois mois au moins avant la réunion de l'assemblée générale, la mutuelle ou l'union soumet à l'approbation de *(Décr. nº 2010-217 du 3 mars 2010, art. 4-II-27º)* « l'Autorité de contrôle prudentiel et de résolution » le texte du projet de délibération mentionné à l'article R. 212-4. *(Décr. nº 2010-217 du 3 mars 2010, art. 4-II-27º)* « L'Autorité de contrôle prudentiel et de résolution » se prononce au vu du plan d'amélioration de l'exploitation ou du plan de développement à moyen ou long terme mentionné à l'article R. 212-3. A l'expiration d'un délai de deux mois à dater du dépôt du texte de l'un ou l'autre de ces plans ainsi que du texte de la délibération, en l'absence de décision expresse de *(Décr. nº 2010-217 du 3 mars 2010, art. 4-II-27º)* « l'Autorité de contrôle prudentiel et de résolution », l'autorisation est réputée accordée.

Art. R. 212-6 La délibération mentionnée à l'article R. 212-4 détermine, le cas échéant, la ou les catégories de membres à laquelle ou auxquelles il est proposé de souscrire à l'emprunt.

La mutuelle ou l'union est tenue d'informer, au moins une fois par an, chaque membre adhérent ou participant concerné du montant et de l'échéance de sa créance au titre de l'emprunt pour le fonds de développement.

Art. R. 212-7 Les prospectus, affiches, circulaires, notices, annonces ou documents quelconques relatifs aux emprunts que les mutuelles ou les unions contractent sur la base des dispositions du premier alinéa de l'article R. 212-6 comprennent une mention en caractères apparents indiquant de manière explicite qu'un privilège est institué au profit de leurs membres participants et bénéficiaires par l'article L. 212-23 et que le membre participant ou honoraire qui souscrit à un emprunt pour fonds de développement émis par ces mutuelles ou unions ne bénéficie d'aucun privilège pour les intérêts et le remboursement de l'emprunt.

Art. R. 212-8 Il est porté chaque année dans les charges de la mutuelle ou de l'union une somme constante destinée au paiement des intérêts et au remboursement des emprunts ou à la constitution de la réserve pour amortissement des emprunts.

Art. R. 212-9 Les *(Décr. nº 2022-388 du 17 mars 2022, art. 1er-16º)* « règlements » et les contrats collectifs fixent le montant maximal de cotisation qui peut être demandé aux membres participants et honoraires de la mutuelle et de l'union pratiquant des cotisations variables.

Ce montant ne peut être inférieur à une fois et demie le montant de la cotisation normale nécessaire pour faire face aux charges probables résultant des sinistres et aux frais de gestion.

Le montant de la cotisation normale doit être indiqué dans les règlements et contrats collectifs des mutuelles et unions relevant du présent article.

Les modifications statutaires d'une mutuelle ou d'une union tendant à remplacer les cotisations fixes par les cotisations variables sont applicables aux *(Décr. nº 2022-388 du 17 mars 2022, art. 1er-16º)* « règlements » et aux contrats collectifs en cours, nonobstant toute clause contraire, un mois au moins après la notification faite aux membres participants et honoraires dans les formes prévues par les statuts.

Art. R. 212-9-1 *(Décr. nº 2015-513 du 7 mai 2015, art. 13-III-2º, en vigueur le 1er janv. 2016)* Pour les mutuelles et unions régies par le présent livre et mentionnées à l'article L. 211-11, le montant du droit d'adhésion ne peut dépasser le rapport entre, d'une part, la marge de solvabilité mentionnée aux articles R. 334-5, R. 334-13 et R. 334-19 du code des assurances, d'autre part, le nombre de membres participants et honoraires constaté à la clôture de l'exercice sur lequel portent les comptes approuvés. Toutefois, lorsque la marge de solvabilité effectivement constituée est inférieure au montant minimal réglementaire, le premier terme de ce rapport est majoré du montant de cette insuffisance.

Pour les mutuelles et unions mentionnées à l'article L. 211-10, le montant du droit d'adhésion ne peut dépasser le rapport entre, d'une part, le capital de solvabilité requis mentionné à l'article L. 352-1 du code des assurances, d'autre part, le nombre de membres participants et honoraires constaté à la clôture de l'exercice sur lequel portent les comptes approuvés. Toutefois, lorsque les fonds propres éligibles mentionnés à l'article L. 351-6 du code des assurances sont insuffisants pour couvrir le capital de solvabilité requis, le premier terme de ce rapport est majoré du montant de cette insuffisance.

SECTION II **RÉGIME COMPTABLE** *(Décr. nº 2015-513 du 7 mai 2015, art. 13-III-3º, en vigueur le 1er janv. 2016).*

Les dispositions issues du Décr. nº 2010-217 du 3 mars 2010 sont entrées en vigueur à la date de la première réunion du collège de l'Autorité de contrôle prudentiel (Décr. préc., art. 12).

Art. R. 212-10 *(L. nº 2017-1765 du 26 déc. 2017, art. 3, en vigueur le 31 déc. 2017)* I. — La quote-part mentionnée à l'article L. 212-6 est un pourcentage de la valeur de l'ensemble des placements appartenant à la mutuelle, l'union ou la mutuelle ou l'union de retraite professionnelle supplémentaire et de ceux des autres actifs affectables à la représentation des engagements réglementés, évalués conformément à l'article R. 343-11 du code des assurances. Pour les mutuelles et unions mentionnées à l'article L. 211-10 du présent code et les mutuelles et unions de retraite professionnelle supplémentaire, les autres actifs comprennent les créances sur les membres participants et les réassureurs, ainsi que les frais d'acquisition reportés.

Ce pourcentage est au moins égal au résultat obtenu en divisant par cette valeur la somme des montants suivants :

a) Actifs correspondant aux opérations relevant de l'article L. 222-1 faisant l'objet d'une comptabilité auxiliaire d'affectation, évalués conformément à l'article R. 343-11 du code des assurances ;

b) Placements affectés à la représentation des opérations en unités de compte dans lesquels la somme assurée est déterminée par rapport à une valeur de référence et évalués conformément au dernier alinéa de l'article R. 332-5 du code des assurances, ainsi que placements affectés aux contrats de retraite professionnelle dont les droits sont exprimés en unités de compte et qui ne font pas l'objet d'une comptabilité auxiliaire d'affectation en application de l'article L. 214-2 du présent code ;

c) Actifs transférés avec un portefeuille de bulletins d'adhésion à un règlement ou de contrats, évalués conformément à l'article R. 343-11 du code des assurances ;

d) Montant des provisions techniques brutes de réassurance constituées au titre des opérations pratiquées par la mutuelle ou l'union pour les branches 20 à 22 et 24 à 26 de l'article R. 211-2, ou par la mutuelle ou l'union de retraite professionnelle supplémentaire, autres que celles qui sont mentionnées aux a et b et diminué du montant des actifs mentionnés au *c*, évalués conformément aux articles R. 343-9 et R. 343-10 du code des assurances ;

e) Un pourcentage, défini au II, de la différence entre la valeur, évaluée d'une part conformément à l'article R. 343-11 du code des assurances et d'autre part conformément aux articles R. 343-9 et R. 343-10 du code des assurances, de l'ensemble des placements appartenant à la mutuelle, l'union ou la mutuelle ou union de retraite professionnelle supplémentaire et de ceux des autres actifs affectables à la représentation des engagements réglementés autres que ceux mentionnés aux *a*, *b* et *c*. Pour les mutuelles et unions mentionnées à l'article L. 211-10 du présent code et les mutuelles et unions de retraite professionnelle supplémentaires, les autres actifs comprennent les créances sur les membres participants et les réassureurs ainsi que les frais d'acquisition reportés.

II. — Le pourcentage mentionné au *e* du I est égal à 85 % du quotient A/ B, avec :

A. — Montant moyen des provisions techniques brutes de réassurance constituées au titre de l'ensemble des opérations pratiquées par la mutuelle ou l'union autres que celles mentionnées aux *a* et *b* du I ou relatives à des opérations collectives en cas de décès ou, pour les mutuelles ou unions agréées pour pratiquer simultanément les opérations mentionnées au *a* et au *b* du 1° de l'article L. 111-1, à des opérations relevant des branches 1 ou 2 de l'article R. 211-2, ou, pour les mutuelles et unions de retraite professionnelle supplémentaire, à des garanties complémentaires mentionnées au premier alinéa de l'article L. 222-4, et diminué du montant moyen des actifs mentionnés au *c* du I, évalués conformément aux articles R. 343-9 et R. 343-10 du code des assurances ;

B. — Montant moyen de l'ensemble des placements appartenant à la mutuelle ou l'union de retraite professionnelle supplémentaire et de ceux des autres actifs affectables à la représentation des engagements réglementés, autres que ceux mentionnés aux *a*, *b* et *c* du I, évalués conformément aux articles R. 343-9 et R. 343-10 du code des assurances. Pour les mutuelles et unions mentionnées à l'article L. 211-10 du présent code et les mutuelles et unions de retraite professionnelle supplémentaire, les autres actifs comprennent les créances sur les membres participants et sur les réassureurs ainsi que les frais d'acquisition reportés.

Le montant moyen mentionné à l'alinéa précédent est obtenu en divisant par deux la somme des montants inscrits dans les comptes à l'ouverture et à la clôture de l'exercice.

III. — Les placements, actifs et provisions mentionnés au présent article ne comprennent pas ceux qui sont constitués par la mutuelle, l'union ou la mutuelle ou l'union de retraite professionnelle supplémentaire dans le cadre des opérations effectuées par ses succursales situées à l'étranger.

IV. — En cas de transfert de portefeuille, la valeur des actifs transférés ne peut excéder celle qui résulte de leur évaluation conformément à l'article R. 343-11 du code des assurances.

Art. R. 212-11 *(L. n° 2017-1765 du 26 déc. 2017, art. 3, en vigueur le 31 déc. 2017)* Les dispositions du titre IV du livre III du code des assurances, à l'exception de celles du chapitre IV, sont applicables aux mutuelles et unions régies par le livre II du présent code, ainsi qu'aux mutuelles et unions de retraite professionnelle supplémentaire.

Pour l'application du présent article, il y a lieu d'entendre : "participation aux excédents" là où est mentionnée dans le code des assurances : "participation aux bénéfices", "cotisations" là où sont mentionnées dans le code des assurances : "primes", "prestations à payer" là où sont mentionnés dans le code des assurances : "sinistres à payer", "mutuelles et unions" *(Décr. n° 2022-388 du 17 mars 2022, art. 1er-17°)* « régies par le livre II du code de la mutualité » là où sont mentionnées dans le code des assurances : "entreprises d'assurance" *(Décr. n° 2022-388 du 17 mars 2022, art. 1er-17°)* « ou entreprises mentionnées à l'article L. 341-1 », *(Abrogé par Décr. n° 2022-388 du 17 mars 2022, art. 1er-17°)* ***« bulletin d'adhésion à un »*** "règlement ou contrat collectif" là où est mentionné dans le code des assurances : "contrat", "membres participants" là où sont mentionnés dans le code des assurances :

"assurés", "opérations" là où sont mentionnés dans le code des assurances : " contrats", "les mutuelles et unions régies par le livre II du code de la mutualité" là où sont mentionnées dans le code des assurances : "les entreprises mentionnées à l'article L. 310-1 ou au 1° du III de l'article L. 310-1-1", "contrats collectifs" là où sont mentionnées dans le code des assurances : "opérations d'assurance de groupe", "cotisation" là où est mentionnée dans le code des assurances : "prime", "la mutuelle ou l'union" *(Décr. nº 2022-388 du 17 mars 2022, art. 1er-17º)* « régie par le livre II du code de la mutualité » là où est mentionné dans le code des assurances : "l'assureur" et "la mutuelle ou l'union de retraite professionnelle supplémentaire" là où est mentionné dans le code des assurances : "le fonds de retraite professionnelle supplémentaire". La référence à l'article L. 143-1 du code des assurances est remplacée par la référence à l'article L. 222-3 du présent code, la référence à l'article L. 143-4 du code des assurances est remplacée par la référence à l'article L. 222-6 du présent code et la référence aux 1° et 2° de l'article L. 310-1 du code des assurances est remplacée par la référence aux *a* et *b* du 1° de l'article L. 111-1 du présent code.

Art. R. 212-12 à R. 212-20-3 *Abrogés par Décr. nº 2015-513 du 7 mai 2015, art. 13-III-6º, à compter du 1er janv. 2016.*

SECTION III FUSION, SCISSION, DISSOLUTION, REDRESSEMENT JUDICIAIRE, LIQUIDATION, MESURES D'ASSAINISSEMENT *(Décr. nº 2015-513 du 7 mai 2015, art. 13-III-7º, en vigueur le 1er janv. 2016).*

Art. R. 212-21 *(Décr. nº 2015-513 du 7 mai 2015, art. 13-III-7º, en vigueur le 1er janv. 2016)* Les actifs transférés avec des garanties liées aux *(Décr. nº 2022-388 du 17 mars 2022, art. 1er-18º)* « règlements » ou aux contrats collectifs relevant du *b* du 1° du I de l'article L. 111-1 par une mutuelle ou une union sont affectés à une section comptable distincte du bilan de la mutuelle ou de l'union cessionnaire des bulletins d'adhésion ou contrats collectifs.

Pour le calcul de la participation aux excédents afférents à ces actifs prévue à l'article *(Décr. nº 2022-388 du 17 mars 2022, art. 1er-18º)* « L. 223-25-5 », il n'est pas tenu compte de l'importance respective des fonds propres et des engagements pris envers les membres participants, les bénéficiaires et les ayants droit figurant au bilan de la mutuelle ou de l'union.

Art. R. 212-22 *(Décr. nº 2015-513 du 7 mai 2015, art. 13-III-7º, en vigueur le 1er janv. 2016) (Décr. nº 2022-388 du 17 mars 2022, art. 1er-19º)* « En cas de substitution, les opérations consécutives à une décision de transfert de portefeuille mentionné à l'article L. 212-11 sont effectuées par la mutuelle ou l'union substituante. » L'avis et la décision de transfert de portefeuille mentionnés à l'article L. 212-11 comportent en annexe la liste des opérations et des organismes concernés par le transfert.

Art. R. 212-22-1 *(Décr. nº 2015-513 du 7 mai 2015, art. 13-III-7º, en vigueur le 1er janv. 2016)* Lorsqu'une procédure de liquidation est ouverte en application de l'article L. 212-15, le liquidateur informe sans délai et individuellement *(Décr. nº 2018-229 du 30 mars 2018, art. 29)* « , sur support papier ou tout autre support durable, » chaque créancier connu qui a sa résidence habituelle, son domicile ou son siège social dans un État membre autre que la France.

Le contenu et le format *(Décr. nº 2018-229 du 30 mars 2018, art. 26)* « de l'information précitée » sont fixés par arrêté du ministre chargé de la mutualité.

Art. R. 212-22-2 *(Décr. nº 2015-513 du 7 mai 2015, art. 13-III-7º, en vigueur le 1er janv. 2016) (Décr. nº 2018-179 du 13 mars 2018, art. 4)* « I. — » Le chapitre V du titre II du livre III du code des assurances est applicable aux mutuelles et unions mentionnées aux articles L. 211-8 et L. 211-8-1.

Pour l'application de l'alinéa précédent, il y a lieu d'entendre : "mutuelle ou union" là où est mentionné dans le code des assurances : "entreprise".

(Décr. nº 2018-179 du 13 mars 2018, art. 4) « **II. — Le chapitre III du titre Ier du livre III du code des assurances est applicable aux mutuelles et unions régies par le présent livre, aux groupes définis à l'article L. 356-1 du code des assurances et aux mutuelles ou unions de retraite professionnelle supplémentaire.** »

SECTION IV *[ABROGÉE]* PROVISIONS TECHNIQUES

(Abrogée par Décr. nº 2015-513 du 7 mai 2015, art. 13-III-8º, à compter du 1er janv. 2016)

SOUS-SECTION 1 *[ABROGÉE]* PROVISIONS TECHNIQUES DES OPÉRATIONS D'ASSURANCE *(Décr. nº 2008-1154 du 7 nov. 2008, art. 16).*

Art. R. 212-23 à R. 212-27-1 *Abrogés par Décr. nº 2015-513 du 7 mai 2015, art. 13-III-8º, à compter du 1er janv. 2016.*

SOUS-SECTION 2 *[ABROGÉE]* PROVISIONS TECHNIQUES DES OPÉRATIONS DE RÉASSURANCE

(Abrogée par Décr. nº 2015-513 du 7 mai 2015, art. 13-III-8º, à compter du 1er janv. 2016)

Art. R. 212-27-2 *Abrogé par Décr. nº 2015-513 du 7 mai 2015, art. 13-III-8º, à compter du 1er janv. 2016.*

SECTION V *[ABROGÉE]* RÉGLEMENTATION DES PLACEMENTS ET AUTRES ÉLÉMENTS D'ACTIF

(Abrogée par Décr. nº 2015-513 du 7 mai 2015, art. 13-III-8º, à compter du 1er janv. 2016)

Art. R. 212-28 à R. 212-59-3 *Abrogés par Décr. nº 2015-513 du 7 mai 2015, art. 13-III-8º, à compter du 1er janv. 2016.*

SECTION VI *[ABROGÉE]* TRANSFERT DE PORTEFEUILLE

(Abrogée par Décr. nº 2015-513 du 7 mai 2015, art. 13-III-8º, à compter du 1er janv. 2016)

Art. R.* 212-60 *Abrogé par Décr. nº 2010-217 du 3 mars 2010, art. 4-II-36º.*

Art. R. 212-60-1 à R. 212-64 *Abrogés par Décr. nº 2015-513 du 7 mai 2015, art. 13-III-8º, à compter du 1er janv. 2016.*

SECTION VII *[ABROGÉE]* INSTRUMENTS FINANCIERS À TERME

(Abrogée par Décr. nº 2015-513 du 7 mai 2015, art. 13-III-8º, à compter du 1er janv. 2016)

Art. R. 212-70 à R. 212-83 *Abrogés par Décr. nº 2015-513 du 7 mai 2015, art. 13-III-8º, à compter du 1er janv. 2016.*

SECTION VIII *[ABROGÉE]* COMPTES ET ÉTATS STATISTIQUES

(Abrogée par Décr. nº 2015-513 du 7 mai 2015, art. 13-III-8º, à compter du 1er janv. 2016)

Art. R. 212-90 *Abrogé par Décr. nº 2015-513 du 7 mai 2015, art. 13-III-8º, à compter du 1er janv. 2016.*

CHAPITRE III

(Décr. nº 2017-1765 du 26 déc. 2017, art. 3, en vigueur le 31 déc. 2017)

Ce chapitre ne comporte pas de dispositions réglementaires.

CHAPITRE IV MUTUELLES ET UNIONS DE RETRAITE PROFESSIONNELLE SUPPLÉMENTAIRE

(Décr. nº 2017-1765 du 26 déc. 2017, art. 3, en vigueur le 31 déc. 2017)

SECTION PREMIÈRE DISPOSITIONS GÉNÉRALES

(Décr. nº 2017-1765 du 26 déc. 2017, art. 3, en vigueur le 31 déc. 2017)

Art. R. 214-1 Toute mutuelle ou union de retraite professionnelle supplémentaire est désignée par une dénomination sociale qui doit être suivie par la mention : "mutuelle ou union de retraite professionnelle supplémentaire soumise aux dispositions du code de la mutualité". Cette mention figure obligatoirement dans les statuts, les règlements, les bulletins d'adhésion et les contrats collectifs de la mutuelle ou de l'union de retraite professionnelle supplémentaire, ainsi que dans tous les documents à caractère contractuel ou publicitaire.

Ces documents ne doivent contenir aucune assertion susceptible d'induire en erreur sur la véritable nature de la mutuelle ou de l'union de retraite professionnelle supplémentaire, sur l'importance réelle de ses engagements et sur la nature des contrôles exercés sur celle-ci sur le fondement du présent titre et du livre VI du code monétaire et financier.

Art. R. 214-1-1 *(Décr. nº 2019-576 du 12 juin 2019, art. 5)* Les autres régimes d'assurance de groupe mentionnés au premier alinéa de l'article L. 214-1 sont ceux mentionnés à l'article R. 381-1 du code des assurances.

SECTION II AGRÉMENT

(Décr. nº 2017-1765 du 26 déc. 2017, art. 3, en vigueur le 31 déc. 2017)

Art. R. 214-2 Le chapitre II du titre VIII du livre III du code des assurances est applicable aux mutuelles et unions de retraite professionnelle supplémentaire.

Pour l'application de ces dispositions, il y a lieu d'entendre : "mutuelles et unions de retraite supplémentaire" là où sont mentionnés dans le code des assurances : "fonds de retraite professionnelle supplémentaire" ou "fonds", "participants et ayants droit" là où sont mentionnés dans le code des assurances : "assurés" et "bulletin d'adhésion à un règlement ou contrat collectif" là où est mentionné dans le code des assurances : "contrat".

V. art. 8-I du Décr. nº 2017-1765 du 26 déc. 2017, ss. C. assur., art. L. 222-3.

SECTION III RETRAIT D'AGRÉMENT

(Décr. nº 2017-1765 du 26 déc. 2017, art. 3, en vigueur le 31 déc. 2017)

Art. R. 214-3 Le chapitre III du titre VIII du livre III du code des assurances est applicable aux mutuelles et unions de retraite professionnelle supplémentaire.

Pour l'application de ces dispositions, il y a lieu d'entendre : "mutuelles et unions de retraite professionnelle supplémentaire" là où sont mentionnés dans le code des assurances : "fonds de retraite professionnelle supplémentaire".

SECTION IV TRANSFERT DE PORTEFEUILLE

(Décr. nº 2017-1765 du 26 déc. 2017, art. 3, en vigueur le 31 déc. 2017)

Art. R. 214-4 *(Décr. nº 2017-1765 du 26 déc. 2017, art. 3, en vigueur le 31 déc. 2017)* Le chapitre IV du titre VIII du livre III du code des assurances est applicable aux mutuelles et unions de retraite professionnelle supplémentaire.

Pour l'application de ces dispositions, il y a lieu d'entendre : "mutuelles et unions de retraite professionnelle supplémentaire" là où sont mentionnés dans le code des assurances : "fonds de retraite professionnelle supplémentaire" ou "fonds" et "bulletin d'adhésion à un règlement ou contrat collectif" là où est mentionné dans le code des assurances : "contrat".

V. art. 8-I du Décr. nº 2017-1765 du 26 déc. 2017, ss. C. mut., art. L. 222-3.

Art. R. 214-4-1 *(Décr. nº 2019-576 du 12 juin 2019, art. 5)* **La section II du titre VII du livre III du code des assurances est applicable aux mutuelles et unions de retraite professionnelle supplémentaire.**

Pour l'application de ces dispositions, il *[a]* **y lieu d'entendre : "mutuelles ou unions de retraite professionnelle supplémentaire" là où sont mentionnés dans le code des assurances : "fonds de retraite professionnelle supplémentaire".**

SECTION V RÈGLES FINANCIÈRES ET PRUDENTIELLES

Art. R. 214-5 *(Décr. nº 2017-1765 du 26 déc. 2017, art. 3, en vigueur le 31 déc. 2017)* **Le chapitre V du titre VIII du livre III du code des assurances est applicable aux mutuelles et unions de retraite professionnelle supplémentaire.**

Pour l'application de ces dispositions, il y a lieu d'entendre : "mutuelles ou unions de retraite professionnelle supplémentaire" là où sont mentionnés dans le code des assurances : "fonds de retraite professionnelle supplémentaire" ou "fonds", "participants et ayants droit" là où sont mentionnés dans le code des assurances : "assurés" et "bulletin d'adhésion à un règlement ou contrat collectif" là où est mentionné dans le code des assurances : "contrat". La référence à l'article L. 143-2 du code des assurances est remplacée par la référence à l'article L. 222-4 du présent code.

TITRE DEUXIÈME OPÉRATIONS DES MUTUELLES ET DES UNIONS

(Décr. nº 2002-332 du 11 mars 2002)

CHAPITRE PREMIER DISPOSITIONS GÉNÉRALES

(Décr. nº 2005-1450 du 25 nov. 2005)

SECTION PREMIÈRE FOURNITURE À DISTANCE D'OPÉRATIONS D'ASSURANCE À UN CONSOMMATEUR *(Décr. nº 2015-204 du 23 févr. 2015, art. 2-4º)*.

Art. R. 221-1 **Pour l'application de l'article L. 221-18, la mutuelle ou l'union communique au membre participant les informations suivantes :**

1º Les modalités d'adhésion au règlement *(Décr. nº 2022-388 du 17 mars 2022, art. 1er-20º)* **« ou au contrat collectif à adhésion facultative » et de paiement de la cotisation.**

Ces informations, dont le caractère commercial doit apparaître sans équivoque, sont fournies de manière claire et compréhensible par tout moyen adapté à la technique de commercialisation à distance utilisée.

2º En cas de communication par téléphonie vocale, le nom de la mutuelle ou de l'union ainsi que le caractère commercial de l'appel sont indiqués sans équivoque au début de toute conversation avec le membre participant. La personne en contact avec le membre participant doit en outre préciser son identité et son lien avec la mutuelle ou l'union.

Sous réserve de l'accord formel du membre participant, seules les informations visées aux 2º, 3º et 5º du III de l'article L. 221-18 peuvent lui être communiquées. Le membre participant est toutefois informé que les informations visées aux 1º, 4º, 6º et 7º peuvent lui être fournies sur demande.

En outre, la mutuelle ou l'union est tenue de fournir l'ensemble des informations mentionnées au III de l'article L. 221-18 lorsqu'elle remplit ses obligations en vertu de l'article *(Décr. nº 2022-388 du 17 mars 2022, art. 1er-20º)* **« L. 222-6 » du code de la consommation.**

Art. R. 221-2 L'absence matérielle des éléments d'information prévus au III de l'article L. 221-18 est punie de la peine d'amende prévue pour les contraventions de la cinquième classe.

SECTION II CERTIFICATS MUTUALISTES

(Décr. n° 2015-204 du 23 févr. 2015, art. 2-5°)

Art. R. 221-3 La part maximale des résultats du dernier exercice clos et des précédents exercices susceptible d'être affectée annuellement à la rémunération des certificats mutualistes est égale à 10 % de la somme des résultats des trois derniers exercices clos.

Toutefois, si par application de la règle énoncée ci-dessus, les certificats mutualistes ne peuvent pas être rémunérés alors que le résultat du dernier exercice clos est positif, la part maximale des résultats pouvant être affectée à la rémunération des certificats est égale à 25 % du résultat du dernier exercice clos.

Par dérogation aux dispositions qui précèdent, une union mutualiste de groupe peut, dans la limite de 95 % du résultat du dernier exercice clos, affecter à la rémunération des certificats mutualistes qu'elle a émis l'intégralité de la rémunération qu'elle a reçue au titre des certificats mutualistes ou paritaires souscrits auprès de ses membres.

SECTION III MODALITÉS D'AFFILIATION

(Décr. n° 2018-431 du 1er juin 2018, art. 8, en vigueur le 1er oct. 2018)

Art. R. 221-4 Le document d'information sur le règlement ou le contrat collectif mentionné à l'avant-dernier alinéa de l'article L. 221-4 comporte les informations suivantes :

1° Des précisions sur les risques couverts ;

2° Un résumé du contenu du règlement ou du contrat collectif, y compris les principaux risques assurés, les plafonds de garantie et, le cas échéant, la couverture géographique et un résumé des risques non couverts ;

3° Les modalités de paiement des cotisations et les délais de paiement ;

4° Les principales exclusions du champ de la garantie ;

5° Les obligations lors de la souscription du contrat collectif ou de l'adhésion au règlement ;

6° Les obligations pendant la durée de l'adhésion au règlement ou de la souscription au contrat collectif ;

7° Les obligations en cas de sinistre ;

8° La durée de l'adhésion au règlement ou de la souscription au contrat collectif, y compris les dates de début et de fin de l'adhésion au règlement ou de la souscription au contrat collectif ;

9° Les modalités de résiliation de l'adhésion au règlement ou de la souscription au contrat collectif.

SECTION IV EXÉCUTION DU CONTRAT

(Décr. n° 2020-1438 du 24 nov. 2020, art. 3, en vigueur le 1er déc. 2020)

Art. R. 221-5 I. — Relèvent du premier alinéa de l'article L. 221-10-2 les règlements ou contrats d'assurance tacitement reconductibles couvrant les personnes physiques en dehors de leurs activités professionnelles, comportant des garanties pour le remboursement et l'indemnisation des frais occasionnés par une maladie, une maternité ou un accident et ne comportant aucune autre garantie, à l'exception, le cas échéant, des garanties couvrant les risques *(Décr. n° 2022-388 du 17 mars 2022, art. 1er-21°)* « de perte d'autonomie, » décès, incapacité de travail ou invalidité, ainsi que des garanties d'assistance, de protection juridique, de responsabilité civile, de nuptialité-natalité ou d'indemnités en cas d'hospitalisation.

II. — Pour les règlements ou contrats mentionnés au I, lorsque sont remplies les conditions de dénonciation ou de résiliation prévues à l'article L. 221-10-2, la mutuelle ou l'union applique les dispositions de cet article :

1° Lorsque le membre participant *(Abrogé par Décr. n° 2022-388 du 17 mars 2022, art. 1er-21°)* « ***, l'employeur ou la personne morale*** » dénonce la reconduction tacite de l'adhésion au règlement *(Abrogé par Décr. n° 2022-388 du 17 mars 2022, art. 1er-21°)* « ***ou résilie le contrat*** » en application de l'article L. 221-10-1, postérieurement à la date limite d'exercice de ce droit de dénonciation *(Abrogé par Décr. n° 2022-388 du 17 mars 2022, art. 1er-21°)* « ***ou de résiliation*** » ;

2° Lorsque le membre participant, l'employeur ou la personne morale souscriptrice dénonce l'adhésion au règlement ou demande la résiliation du contrat en se fondant sur un motif prévu par le code de la mutualité dont la mutuelle ou l'union constate qu'il n'est pas applicable ;

3° Ou lorsque le membre participant, l'employeur ou la personne morale souscriptrice ne précise pas le fondement de sa demande de dénonciation ou de résiliation.

Les dispositions issues du Décr. n° 2020-1438 du 24 nov. 2020 s'appliquent aux contrats et adhésions en cours à cette date (Décr. préc., art. 4).

Les dispositions issues du Décr. n° 2022-388 du 17 mars 2022 s'appliquent aux contrats et adhésions en cours et à ceux conclus ou renouvelés à la date d'entrée en vigueur dudit Décr. (Décr. préc., art. 5-1°).

Art. R. 221-6 I. — Pour les règlements ou contrats mentionnés à l'article R. 221-5, dès réception de la demande de dénonciation de l'adhésion ou de résiliation du contrat, que cette demande émane du membre participant, de l'employeur ou de la personne morale souscriptrice ou qu'elle soit effectuée pour le compte de ces derniers par le nouvel organisme selon les modalités définies au II, la mutuelle ou l'union communique par tout support durable au membre participant, à l'employeur ou à la personne morale souscriptrice un avis de dénonciation ou de résiliation l'informant de la date de prise d'effet, en application du premier alinéa de l'article L. 221-10-2. Cet avis rappelle au membre participant, à l'employeur ou à la personne morale souscriptrice son droit à être remboursé du solde mentionné au quatrième alinéa de l'article L. 221-10-2 dans un délai de trente jours à compter de cette date.

II. — Le membre participant, l'employeur ou la personne morale souscriptrice qui souhaite procéder à la dénonciation de l'adhésion ou à la résiliation de contrats mentionnés à l'article R. 221-5, en vue de contracter avec un nouvel organisme, en transmet la demande à ce dernier sur support papier ou tout autre support durable. Dans sa demande, le membre participant, l'employeur ou la personne morale souscriptrice manifeste expressément sa volonté de dénoncer l'adhésion ou de résilier son contrat en cours et d'adhérer ou de souscrire un nouveau contrat auprès du nouvel organisme. Ce dernier doit être en mesure de justifier de la demande qui lui est adressée par le membre participant, l'employeur ou la personne morale souscriptrice, avant de procéder aux formalités prévues au cinquième alinéa de l'article L. 221-10-2.

Le nouvel organisme notifie alors au précédent organisme la dénonciation de l'adhésion ou la résiliation du contrat du membre participant, de l'employeur ou de la personne morale souscriptrice par lettre recommandée ou par envoi recommandé électronique. La notification mentionne la référence du contrat, le nom et l'adresse du membre participant, de l'employeur ou de la personne morale souscriptrice et le nom du nouvel organisme choisi par le membre participant, l'employeur ou la personne morale souscriptrice. Elle rappelle que le nouvel organisme s'assure de la continuité de la couverture du membre participant, de l'employeur ou de la personne morale souscriptrice durant l'opération de résiliation.

La date de réception de la notification de la dénonciation de l'adhésion ou de la résiliation du contrat est présumée être le premier jour qui suit la date d'envoi de cette notification telle qu'elle figure sur le cachet de la poste de la lettre recommandée ou, s'il s'agit d'une lettre recommandée électronique, sur la preuve de son dépôt selon les modalités prévues à l'article R. 53-2 du code des postes et télécommunications électroniques.

III. — La nouvelle adhésion ou le nouveau contrat ne peut prendre effet avant la prise d'effet de la dénonciation de l'ancienne adhésion ou la résiliation de l'ancien contrat.

IV. — Pour les opérations collectives à adhésion obligatoire, l'obligation mentionnée à la dernière phrase du troisième alinéa de l'article L. 221-10-2 est réputée satisfaite si le droit de résiliation prévu au premier alinéa de ce même article est rappelé sur l'avis annuel de cotisations ou lors de la communication annuelle prévue à la dernière phrase du premier alinéa de l'article L. 871-1 du code de la sécurité sociale.

V. note ss. art. R. 221-5.

Art. R. 221-7 *(Décr. nº 2022-388 du 17 mars 2022, art. 1er-22º)* **Les dispositions de l'article R. 113-6 du code des assurances sont applicables aux mutuelles et unions régies par le livre II du code de la mutualité.**

Pour l'application de ces dispositions, il y a lieu d'entendre : "La fin de l'adhésion ou la résiliation d'un contrat en vertu de l'article L. 221-17" là où est mentionné : "La résiliation d'un contrat d'assurance en vertu de l'article L. 113-16" et : "fin de l'adhésion ou la résiliation du contrat" là où est mentionné : "résiliation".

CHAPITRE II DISPOSITIONS RELATIVES À CERTAINES OPÉRATIONS DE RETRAITE À CARACTÈRE COLLECTIF *(Décr. nº 2017-1765 du 26 déc. 2017, art. 3, en vigueur le 31 déc. 2017).*

SECTION PREMIÈRE CONTENU DU RÈGLEMENT

Art. R. 222-1 Les opérations collectives prévues à l'article L. 222-1 sont autorisées à la condition qu'elles comportent une prestation déterminée dans les conditions fixées par *(Décr. nº 2017-1765 du 26 déc. 2017, art. 3, en vigueur le 31 déc. 2017)* **« le présent chapitre ».**

Art. R. 222-2 Les opérations collectives prévues à l'article L. 222-1 sont réalisées dans le cadre d'adhésions à un règlement dans les conditions fixées au 2º du III de l'article L. 221-2 ou à l'article L. 221-3 pour les opérations collectives à adhésion obligatoire et au 1º du III de l'article L. 221-2 pour les opérations collectives à adhésion facultative. Ce règlement doit indiquer les modalités de fonctionnement du régime, y compris dans les cas de conversion prévus aux articles R. 222-19 et R. 222-20.

Art. R. 222-3 Le règlement d'opérations collectives prévues à l'article L. 222-1 doit définir le mode de détermination des cotisations annuelles. Il doit contenir, en outre, en vue de la détermination du nombre des unités de rente attribué à chaque cotisant, les indications relatives aux valeurs d'acquisition. Le bulletin d'adhésion au règlement comporte les mêmes indications pour chacun des membres participants et fixe l'âge d'entrée en jouissance de la retraite pour chacun des bénéficiaires.

Art. R. 222-4 Le règlement peut prévoir la possibilité d'une attribution exceptionnelle d'unités de rente sans contrepartie de cotisation, pour des actions de solidarité et dans la limite du fonds d'action sociale visé à l'article R. 222-9.

Art. R. 222-5 Le nombre de membres participants *(Décr. nº 2017-1765 du 26 déc. 2017, art. 3, en vigueur le 31 déc. 2017)* **« , y compris non cotisants et retraités, » à un règlement ne peut être inférieur à 1 000. Cet effectif doit être réuni dans un délai de trois ans à partir de l'entrée en vigueur dudit règlement.**

Art. R. 222-6 En cas de cessation de paiement des cotisations, le règlement peut prévoir la déchéance des droits acquis si le membre participant ne justifie pas du versement d'au moins *(Décr. nº 2017-1765 du 26 déc. 2017, art. 3, en vigueur le 31 déc. 2017)* **« deux » années de cotisations.**

Le règlement peut également prévoir une réduction du nombre d'unités de rente inscrites au compte d'un membre participant en application de l'article R. 222-10 :

a) Lorsque celui-ci a payé les cotisations afférentes à *(Décr. nº 2017-1765 du 26 déc. 2017, art. 3, en vigueur le 31 déc. 2017)* **« plus de trois années » mais n'a pas effectué**

de versements réguliers jusqu'à l'âge de l'entrée en jouissance, cette réduction ne peut avoir pour effet de réduire la prestation à un montant inférieur au produit du nombre d'unités de rente inscrites avant réduction par la moyenne des valeurs de service de l'unité de rente fixées pour les années au cours desquelles il a effectué ses versements ;

***b)* Lorsque, à l'âge de l'entrée en jouissance, le membre participant ne peut faire état d'un nombre minimal d'années fixé par le règlement depuis son adhésion ;**

***c)* Lorsque le membre participant demande une anticipation de la date de l'entrée en jouissance ;**

***d)* Lorsque le membre participant use de la faculté d'obtenir une réversion prévue à titre facultatif par le règlement.**

(Abrogé par Décr. nº 2017-1765 du 26 déc. 2017, art. 3, à compter du 31 déc. 2017) ***« Le règlement peut prévoir une majoration du nombre des unités de rente attribuées pour les versements effectués au-delà d'une durée minimale de cotisation. »***

Le règlement peut également prévoir une majoration du nombre d'unités de rente inscrites au compte du membre participant en application de l'article R. 222-10 lorsque celui-ci ajourne la date de l'entrée en jouissance.

Art. R. 222-6-1 *(Décr. nº 2017-1765 du 26 déc. 2017, art. 3, en vigueur le 31 déc. 2017)* **Les mutuelles ou unions qui sont habilitées à réaliser des opérations comportant des engagements dont l'exécution dépend de la durée de la vie humaine ne peuvent réaliser les opérations prévues à l'article L. 222-1 qu'en se conformant aux dispositions du présent chapitre.**

Art. R. 222-6-2 *(Décr. nº 2017-1765 du 26 déc. 2017, art. 3, en vigueur le 31 déc. 2017)* **Le règlement comporte, outre les énonciations mentionnées à l'article R. 222-3 :**

1° Les nom, prénoms et date de naissance du ou des membres participants ;

2° L'événement ou le terme duquel dépend l'exigibilité du capital ou de la rente garantis ;

3° Les délais et les modalités de règlement du capital ou de la rente garantis.

Art. R. 222-6-3 *(Décr. nº 2017-1765 du 26 déc. 2017, art. 3, en vigueur le 31 déc. 2017)* **Lorsque le règlement prévoit des possibilités de baisse de la valeur de service de l'unité de rente, cette baisse ne peut intervenir que lorsque le rapport entre, d'une part, la somme de la provision technique spéciale et des plus-values et moins-values latentes nettes sur les actifs affectés à la provision technique spéciale et, d'autre part, la provision mathématique théorique est inférieur à 0,95 à la date de fin d'exercice ou qu'il est inférieur à 1 depuis trois exercices.**

Pour l'application du premier alinéa, il n'est pas tenu compte des exercices clôturés avant le 1er janvier 2017, ni des exercices clôturés avant l'introduction dans le règlement de possibilités de baisse de la valeur de service de l'unité de rente.

La baisse mentionnée au premier alinéa ne peut être mise en œuvre qu'à la condition que :

***a)* Une diminution annuelle de la valeur de service de l'unité de rente ne conduise pas à ce que le rapport, à la fin de l'exercice précédent la date à laquelle la décision de diminution de la valeur de service a été prise entre, d'une part, la somme de la provision technique spéciale et des plus-values ou moins-values latentes nettes sur les actifs affectés à la provision technique spéciale et, d'autre part, la provision mathématique théorique dépasse 1,05 ;**

***b)* La valeur de service de l'unité de rente n'ait pas diminué de plus d'un tiers au cours des soixante derniers mois.**

Art. R. 222-6-4 *(Décr. nº 2017-1765 du 26 déc. 2017, art. 3, en vigueur le 31 déc. 2017)* **I. – Les informations techniques et financières prévues aux 7° et 8° du I de l'article L. 222-1-3 comprennent les éléments suivants :**

1° Le montant de la provision mathématique théorique calculée au 31 décembre de l'exercice clos ;

2° Le montant des provisions techniques mentionnées aux 1° à 3° de l'article R. 222-8 à cette même date ;

3° Le rapport entre, d'une part, la somme de la provision technique spéciale et des plus-values et moins-values latentes nettes sur les actifs affectés à la provision technique spéciale et, d'autre part, la provision mathématique théorique à cette même date et à la date de clôture des neuf exercices qui la précédent, sans inclure les exercices clôturés avant le 1er janvier 2017 ;

4° Une mention expliquant de façon claire et non ambiguë si, au regard des conditions prévues par le règlement, en application de l'article L. 222-1-1, une baisse de la valeur de service du règlement est susceptible d'être appliquée dans les douze mois à venir, selon quelle modalités et dans quelle proportion ;

5° L'évolution de la valeur de service au cours des cinq derniers exercices ainsi que son évolution cumulée sur cette période.

II. — Le souscripteur peut décider de faire figurer les informations mentionnées au I sur son site internet et renvoyer de façon précise à ce dernier dans la communication annuelle qu'il fournit à l'ensemble des membres participants en application de l'article L. 222-1-3.

III. — Lorsque la mutuelle ou l'union ou la mutuelle ou union de retraite professionnelle supplémentaire inclut les informations mentionnées au I dans son rapport sur la solvabilité et la situation financière, le souscripteur peut renvoyer de façon précise à ce dernier dans la communication annuelle qu'il fournit à l'ensemble des membres participants en application de l'article L. 222-1-3.

Pour les règlements relevant du chapitre II *bis* du présent titre pour lesquels la mutuelle, l'union ou la mutuelle ou l'union de retraite professionnelle supplémentaire établit un rapport, en application de l'article L. 222-4-2, et y inclut les informations mentionnées au I, ou pour les règlements relevant de l'article L. 144-2 du code des assurances pour lesquels la mutuelle, l'union ou la mutuelle ou l'union de retraite professionnelle supplémentaire établit un rapport, en application du III du même article L. 144-2, et y inclut les informations mentionnées au I, le souscripteur ou l'adhérent peut renvoyer de façon précise à ce dernier rapport dans sa communication annuelle.

Art. R. 222-6-5 *(Décr. nº 2017-1765 du 26 déc. 2017, art. 3, en vigueur le 31 déc. 2017)* Toute personne qui, même à titre d'intermédiaire, propose la souscription de règlements contrevenant aux dispositions du présent chapitre, ou fait souscrire de tels règlements, est punie de la peine d'amende prévue pour les contraventions de la cinquième classe.

En cas de récidive, la peine d'amende est celle prévue pour les contraventions de la cinquième classe en récidive.

SECTION II DISPOSITIONS TECHNIQUES ET COMPTABLES

Art. R. 222-7 *(Abrogé par Décr. nº 2017-1765 du 26 déc. 2017, art. 3, à compter du 31 déc. 2017) **Les tables de mortalité servant au calcul de la provision mathématique théorique mentionnée à l'article R. 222-16 et les charges de gestion prévisionnelles à prendre en compte pour ce calcul, ainsi que pour l'établissement des inventaires, sont déterminées dans les conditions et limites définies par arrêté du ministre chargé de la mutualité.***

Art. R. 222-8 *(Décr. nº 2017-1765 du 26 déc. 2017, art. 3, en vigueur le 31 déc. 2017)* Les provisions techniques des opérations prévues à l'article L. 222-1 sont les suivantes :

1° La provision technique spéciale, sur laquelle sont prélevées les prestations servies et les chargements de gestion, dans les limites prévues par le règlement, et à laquelle sont affectées les cotisations versées, nettes des chargements inclus dans les cotisations et de taxes, ainsi que la totalité des produits et charges financiers générés par les actifs affectés à la provision technique spéciale, y compris les produits correspondant aux éventuels crédits d'impôts attachés à la détention de ces mêmes titres et placements et le solde des produits et charges financiers reçus des réassureurs au titre de la revalorisation de la part de provision technique spéciale cédée. Cette provision est capitalisée à un taux nul ;

2° La provision technique spéciale complémentaire, à laquelle sont affectés les actifs mentionnés au dernier alinéa de l'article R. 222-16 et sur laquelle sont prélevées les prestations servies, dans le cas où les prélèvements sur la provision technique spéciale ne permettraient pas de payer ces prestations ;

3° La provision technique spéciale de retournement, à laquelle peuvent être affectés, dans les conditions prévues au III de l'article R. 222-8-1, des actifs précédemment affectés à la provision technique spéciale complémentaire et sur laquelle sont prélevés les prestations servies, dans le cas où les prélèvements sur la provision technique spéciale et la provision technique spéciale complémentaire ne permettraient pas de payer ces prestations.

Les engagements mentionnés aux 1° à 3° sont à toute époque représentés par les actifs qui font l'objet d'une comptabilité auxiliaire d'affectation telle que prévue à l'article L. 222-1, selon les conditions prévues :

a) Au chapitre III du titre V du livre III du code des assurances pour les mutuelles et unions mentionnées à l'article L. 211-10 du présent code ;

b) Au chapitre II du titre III du livre III du code des assurances pour les mutuelles et unions mentionnées à l'article L. 211-11 du présent code. Les articles R. 332-3 et R. 332-3-1 du code des assurances s'appliquent séparément à chaque portefeuille de titres et de placements qui fait l'objet d'une comptabilité auxiliaire d'affectation telle que prévue à l'article L. 222-1 du présent code ;

c) A la section III du chapitre V du titre VIII du livre III du code des assurances pour les mutuelles et unions de retraite professionnelle supplémentaire. Les articles R. 385-6 à R. 385-8 du même code s'appliquent séparément à chaque portefeuille de titres et de placements qui fait l'objet d'une comptabilité auxiliaire d'affectation telle que prévue à l'article L. 222-1 du présent code.

Art. R. 222-8-1 *(Décr. n° 2017-1765 du 26 déc. 2017, art. 3, en vigueur le 31 déc. 2017)* I. — Lorsque, en application du dernier alinéa de l'article R. 222-16, les engagements de la mutuelle ou de l'union au titre d'un règlement ne sont plus représentés de manière au moins équivalente par les actifs relatifs à ce règlement et qu'une baisse de la valeur de service de l'unité de rente n'est pas autorisée par le règlement dans les conditions prévues par l'article L. 222-1-1, la mutuelle ou l'union parfait ce déficit de représentation de la provision mathématique théorique par la somme de la provision technique spéciale, des plus-values et moins-values latentes sur les actifs affectés à la provision technique spéciale et la provision technique spéciale de retournement en procédant à l'affectation aux engagements relatifs à ce règlement d'actifs représentatifs de réserves ou de provisions de la mutuelle ou de l'union autres que ceux représentatifs de ses engagements réglementés. Ces actifs sont choisis dans le respect du principe de la "personne prudente" mentionné à l'article L. 353-1 du code des assurances et sont affectés à la provision technique spéciale complémentaire de ce règlement.

II. — Lorsque, en application du dernier alinéa de l'article R. 222-16, les engagements de la mutuelle ou de l'union au titre d'un règlement ne sont plus représentés de manière au moins équivalente par les actifs relatifs à ce règlement et qu'une baisse de la valeur de service de l'unité de rente est autorisée par le règlement dans les conditions prévues par l'article L. 222-1-1, la mutuelle ou l'union parfait cette représentation par affectation d'actifs, dans les conditions prévues au I, à concurrence du montant du déficit de représentation qui subsiste après la prise en compte de la variation de la provision mathématique théorique résultant de la baisse de valeur de service de l'unité de rente que la mutuelle ou l'union aura décidée pour l'année à venir et de la dotation à la provision technique spéciale de retournement dans les conditions prévues au III.

Lorsque la mutuelle ou l'union ne décide aucune baisse de valeur de service de l'unité de rente pour l'année à venir, elle parfait la représentation de l'ensemble des engagements du règlement dans les conditions prévues au I.

III. – Lorsqu'elle décide, pour un règlement donné, une baisse de la valeur de service de l'unité de rente, la mutuelle ou l'union évalue le montant de la variation de la provision mathématique théorique résultant de cette baisse.

La mutuelle ou l'union réaffecte à la provision technique spéciale de retournement mentionnée au 3° de l'article R. 222-8, constituée au titre de ce règlement, une partie des actifs apportés en représentation des engagements du règlement en application du I, le cas échéant les actifs acquis pour les remplacer à la suite de la vente de ces derniers, pour un montant équivalent à celui évalué au premier alinéa du présent III, dans la limite du total des actifs affectés à la provision technique spéciale complémentaire du règlement.

Lorsque le montant de la variation mentionnée au premier alinéa du présent III est supérieur à la valeur nette comptable du total des actifs affectés à la provision technique spéciale complémentaire du règlement avant la réaffectation prévue à l'alinéa précédent, la mutuelle ou l'union parfait cet écart dans la limite de la différence du produit de 0,05 par le montant de la provision mathématique théorique, avant la baisse concernée de la valeur de service de l'unité de rente, et de la somme des actifs affectés à la provision technique spéciale complémentaire avant la réaffectation prévue à l'alinéa précédent. A cet effet, la mutuelle ou l'union affecte directement à la provision technique spéciale de retournement des actifs représentatifs de ses réserves ou de ses provisions autres que ceux représentatifs de ses engagements réglementés.

IV. – Les actifs affectés à la provision technique spéciale de retournement en application du III et, le cas échéant, les actifs acquis pour les remplacer à la suite de la vente de ces derniers sont réaffectés à la représentation de réserves ou de provisions autres que celles relatives au règlement concerné lorsque la mutuelle ou l'union décide une hausse de la valeur de service de l'unité de rente du règlement concerné, pour un montant d'actifs équivalent au montant de la variation de la provision mathématique théorique résultant de cette hausse, dans la limite du total des actifs apportés à la provision technique spéciale de retournement.

V. – Les changements d'affectation d'actifs prévus au I, au dernier alinéa du III et au IV n'emportent pas affectation au règlement du produit des droits attachés à ces actifs, y compris les produits correspondant aux éventuels crédits d'impôts attachés à la détention de ces mêmes actifs. Les produits et charges financiers générés par les actifs ainsi affectés à la provision technique spéciale complémentaire ou à la provision technique spéciale de retournement sont enregistrés, au gré de leur constatation comptable, dans le compte de résultat de la mutuelle ou de l'union.

Les actifs ainsi affectés à la provision technique spéciale complémentaire ou à la provision technique spéciale de retournement sont inscrits au bilan mentionné à l'article R. 222-12 pour leur valeur de réalisation, déterminée conformément aux articles R. 343-11 et R. 343-12 du code des assurances. La différence entre cette valeur et la valeur comptable antérieure est constatée dans le compte de résultat de la mutuelle ou de l'union.

VI. – Lorsque, pour un règlement donné, la somme du montant de la provision technique spéciale, de la provision technique spéciale complémentaire, de la provision technique spéciale de retournement et des plus-values et moins-values latentes nettes sur les actifs affectés à la provision technique spéciale devient supérieure au montant de la provision mathématique théorique, la mutuelle ou l'union réaffecte en représentation de réserves ou de provisions autres que celles relatives à ce règlement des actifs qui en application du I avaient été affectés à la provision technique spéciale complémentaire et, le cas échéant, les actifs acquis avec le produit de la vente de ces derniers, dans la limite de la différence positive entre la somme précitée et la provision mathématique théorique.

VII. – Les actifs réaffectés à la représentation de réserves ou de provisions autres que celles relatives au règlement concerné en application des IV et VI sont inscrits au bilan de l'entreprise d'assurance pour leur valeur nette comptable, déterminée conformément aux articles R. 343-9 et R. 343-10 du code des assurances.

Décret nº 2017-1765 du 26 décembre 2017,

Fixant les règles applicables aux mutuelles, unions et institutions de retraite professionnelle supplémentaire et portant adaptation des régimes de retraite supplémentaire en unités de rente régis par les codes de la mutualité et de la sécurité sociale.

Art. 9 *[...]*

II. — Au 31 décembre 2017, les mutuelles et unions réaffectent, en représentation des réserves ou de provisions autres que celles relatives aux règlements régies par le chapitre II du titre II du livre II du code de la mutualité, l'intégralité des montants apportés au titre de provisions techniques spéciales complémentaires, selon les modalités prévues au dernier alinéa de l'article R. 222-8-1 du même code dans sa rédaction antérieure au présent décret. A la même date, les institutions de prévoyance et unions réaffectent, en représentation des réserves ou de provisions autres que celles relatives aux règlements régies par la section IV du chapitre II du titre III du livre IX du code de la sécurité sociale, l'intégralité des montants apportés au titre de provisions techniques spéciales complémentaires, selon les modalités prévues au dernier alinéa de l'article R. 932-4-4-1 du même code dans sa rédaction antérieure au présent décret.

III. — Au 31 décembre 2017, si l'application du chapitre II du titre II du livre II du code de la mutualité ou de la section IV du chapitre II du titre III du livre IX du code de la sécurité sociale conduit à constater que, pour un règlement donné, le rapport entre, d'une part, la somme de la provision technique spéciale et des plus-values et moins-values latentes nettes sur les actifs affectés à la provision technique spéciale et, d'autre part, la provision mathématique théorique est inférieur à 1, la mutuelle ou union ou l'institution ou union concernée parfait ce déficit selon les modalités prévues, respectivement, aux articles R. 222-8-1 du code de la mutualité ou R. 932-4-4-1 du code de la sécurité sociale dans leur rédaction issue du présent décret.

IV. — A compter du 1er janvier 2018, dans le cadre de la première information annuelle aux membres participants ou aux participants, le souscripteur ou adhérent communique, selon les modalités prévues aux articles R. 222-2-2 du code de la mutualité ou R. 932-4-2-2 du code de la sécurité sociale, le rapport, au 31 décembre 2017, entre, d'une part, la provision technique spéciale et, d'autre part, la provision mathématique théorique calculée selon, respectivement, le chapitre II du titre II du livre II du code de la mutualité ou le chapitre II du titre III du livre IX du code de la sécurité sociale, dans leur rédaction antérieure au présent décret.

Art. R. 222-8-2 *(Décr. nº 2017-1765 du 26 déc. 2017, art. 3, en vigueur le 31 déc. 2017)* **Les actifs représentatifs des engagements relatifs à plusieurs règlements, lorsqu'ils ne font pas l'objet d'un enregistrement comptable distinct pour chacun de ces règlements, sont, notamment pour chaque arrêté des comptes mentionnés à l'article R. 222-12, réputés répartis uniformément entre ces mêmes règlements au prorata, évalué à la même date, des provisions techniques mentionnées aux 1º à 3º de l'article R. 222-8.**

Art. R. 222-8-3 *(Décr. nº 2017-1765 du 26 déc. 2017, art. 3, en vigueur le 31 déc. 2017)* **I. – Lorsque, pour une mutuelle ou union n'appartenant pas à un groupe au sens de l'article L. 356-1 du code des assurances, les engagements constitués au titre des opérations régies par le présent chapitre représentent, à la date du 31 décembre 2017, plus de 80 % de l'ensemble des provisions techniques au sens du titre IV du livre III du code des assurances, constituées au niveau de la mutuelle ou de l'union, l'article R. 222-8-1 du présent code et le dernier alinéa de l'article R. 222-16 ne s'appliquent pas.**

II. – Pour les règlements conclus à partir du 1er janvier 2018 auprès d'une mutuelle ou d'une union n'appartenant pas à un groupe au sens de l'article L. 356-1 du code des assurances et agréée pour l'exercice des opérations régies par le présent chapitre depuis moins d'un exercice, cette mutuelle ou union peut ne pas appliquer l'article R. 222-8-1 du présent code et le dernier alinéa de l'article R. 222-16 dès lors qu'un an après le début de l'exercice des opérations prévues par le règlement les engagements constitués au titre des opérations régies par le présent chapitre représentent plus de 80 % de l'ensemble des provisions techniques au sens du titre IV du livre III du code des assurances, constituées au niveau de la mutuelle ou de l'union.

III. — Les mutuelles ou unions satisfaisant les conditions des I ou II informent les souscripteurs ou adhérents de l'ensemble des règlements régis par le présent chapitre que l'article R. 222-8-1 et le dernier alinéa de l'article R. 222-16 ne s'appliquent pas et les raisons de leur non-application.

Les souscripteurs ou adhérents de chaque règlement en informent l'ensemble des membres participants dans le cadre de l'information annuelle prévue à l'article L. 222-1-3.

IV. — Lorsque, pour un règlement assuré par une mutuelle ou union satisfaisant les conditions des I ou II, la somme du montant de la provision technique spéciale constituée au titre du règlement et des plus-values et moins-values latentes nettes sur les actifs affectés à la provision technique spéciale est inférieure au montant de la provision mathématique théorique, la mutuelle ou l'union peut décider de procéder à l'affectation d'actifs à ce règlement dans les conditions mentionnées au I de l'article R. 222-8-1.

Elle informe le souscripteur ou adhérent au règlement de son choix, en en expliquant les raisons. Le souscripteur ou adhérent du règlement en informe l'ensemble des membres participants dans le cadre de l'information annuelle prévue à l'article L. 222-1-3.

Art. R. 222-8-4 *(Décr. nº 2017-1765 du 26 déc. 2017, art. 3, en vigueur le 31 déc. 2017)* **Les mutuelles et unions réassurant proportionnellement de manière uniforme les engagements d'un règlement appliquent à ce titre les articles R. 222-8 à R. 222-8-2, R. 222-12 et R. 222-16.**

Pour l'application de ces dispositions, il y a lieu d'entendre : "le traité" là où est mentionné : "le règlement", "le réassureur" là où est mentionnée : "la mutuelle ou union" et "la cédante" là où sont mentionnés : "les membres participants".

Art. R. 222-9 **Si les statuts le prévoient, la mutuelle ou l'union peut prélever une cotisation additionnelle limitée à 2 % de la cotisation principale pour alimenter un fonds d'action sociale. Ce fonds doit être isolé en comptabilité et être représenté par des éléments d'actifs particuliers. Les produits financiers de ces actifs sont affectés au fonds. Dans la limite du fonds des prestations exceptionnelles peuvent être servies et des attributions d'unités de rente peuvent être accordées selon les conditions prévues à l'article R. 222-4 ; dans ce cas la charge comptable est égale à la provision mathématique théorique correspondante calculée conformément à l'article R. 222-16.**

Art. R. 222-10 **Il est ouvert, pour chacun des membres participants cotisants ou bénéficiaires, un compte individuel où sont portés les cotisations versées et le nombre d'unités de rentes correspondantes, ventilés par année.**

Art. R. 222-11 **Le nombre d'unités de rente, éventuellement ajusté comme il est dit à l'article R. 222-6, qui est inscrit chaque année au compte individuel de chacun des membres participants cotisants et bénéficiaires, est égal au quotient de la cotisation, nette de prélèvements et de taxes, par la valeur d'acquisition de l'unité de rente** *(Abrogé par Décr. nº 2017-1765 du 26 déc. 2017, art. 3, à compter du 31 déc. 2017)* ***« stipulée au règlement ».***

(Décr. nº 2017-1765 du 26 déc. 2017, art. 3, en vigueur le 31 déc. 2017) **« La valeur d'acquisition de l'unité de rente, stipulée au règlement, peut dépendre de l'âge du membre participant. »**

Art. R. 222-12 *(Décr. nº 2017-1765 du 26 déc. 2017, art. 3, en vigueur le 31 déc. 2017)* **Pour chaque règlement relevant de l'article L. 222-1, il est tenu une comptabilité auxiliaire d'affectation. Il est établi, pour chaque règlement, un compte de résultat d'affectation et un compte de bilan d'affectation, où sont inscrits les actifs représentatifs des engagements du règlement et les provisions techniques mentionnées aux 1º, 2º et 3º de l'article R. 222-8, ainsi qu'un tableau des engagements reçus et donnés, une annexe comportant un inventaire des actifs représentatifs des engagements du règlement et un état récapitulatif des opérations mentionnées à l'article R. 222-8-1.**

Ces documents sont arrêtés par la mutuelle ou l'union à chaque fin d'exercice. Ils précisent que les informations qu'ils contiennent ont été ou non certifiées par les commissaires aux comptes de la mutuelle ou de l'union. Ils sont tenus à la disposition des membres participants qui en font la demande.

Art. R. 222-13 Le montant de la prestation est égal, pour chaque bénéficiaire, au produit du nombre d'unités de rente inscrites à son compte par la valeur de service de l'unité déterminée par le règlement auquel il a adhéré.

Art. R. 222-14 *(Décr. n° 2017-1765 du 26 déc. 2017, art. 3, en vigueur le 31 déc. 2017)* La valeur d'acquisition de l'unité de rente et sa valeur de service sont fixées chaque année par la mutuelle ou l'union, dans les conditions prévues par le règlement et sous réserve du respect des conditions prévues à l'article R. 222-17, de telle sorte que si le rapport, évalué à la date de fin de l'exercice précédent entre, d'une part, la somme de la provision technique spéciale et des plus-values ou moins-values latentes nettes sur les actifs affectés à la provision technique spéciale et, d'autre part, la provision mathématique théorique est inférieur à 1,1, alors le rapport entre les cotisations nettes de chargements perçues dans l'année et la provision mathématique théorique des nouveaux droits de l'année est supérieur à 1.

Les conditions d'évaluation de la provision mathématique théorique des nouveaux droits mentionnée au premier alinéa sont fixées par l'arrêté prévu au dernier alinéa de l'article R. 441-19 du code des assurances.

Art. R. 222-15 *(Abrogé par Décr. n° 2017-1765 du 26 déc. 2017, art. 3, à compter du 31 déc. 2017)* ***Dans le cas d'une rente sans réversion payable à soixante-cinq ans, le quotient de la valeur de service par la valeur d'acquisition doit être au moins égal à 0,05.***

Dans les autres cas, il est procédé à une équivalence actuarielle dont les conditions sont déterminées par arrêté du ministre chargé de la mutualité.

Art. R. 222-16 Chaque année, la mutuelle ou l'union calcule le montant de la provision mathématique théorique qui serait nécessaire pour assurer le service des rentes viagères immédiates et différées sur la base de la valeur de service à la date de l'inventaire.

(Décr. n° 2017-1765 du 26 déc. 2017, art. 3, en vigueur le 31 déc. 2017) « Lorsque la somme du montant de la provision technique spéciale constituée au titre du règlement, des plus-values et moins-values latentes nettes sur les actifs affectés à la provision technique spéciale et de la provision technique spéciale de retournement est inférieure au montant de la provision mathématique théorique relative à ce même règlement, la mutuelle ou l'union procède, dans les conditions mentionnées au I de l'article R. 222-8-1, à l'affectation aux engagements relatifs à ce règlement d'actifs représentatifs de ses réserves ou de ses provisions autres que ceux représentatifs de ses engagements réglementés, à hauteur de la différence entre le montant de la provision mathématique théorique et la somme précitée.

« Les conditions d'évaluation de la provision mathématique théorique mentionnée au premier alinéa sont fixées par l'arrêté prévu au premier alinéa de l'article R. 441-21 du code des assurances. »

V. Décr. n° 2017-1765 du 26 déc. 2017, art. 9, ss. art. R. 222-8-1.

Art. R. 222-17 *(Décr. n° 2017-1765 du 26 déc. 2017, art. 3, en vigueur le 31 déc. 2017)* I. — Lorsque, pour un règlement donné, le rapport de la somme de la provision technique spéciale, de la provision technique spéciale de retournement et des plus-values et moins-values latentes nettes sur les actifs affectés à la provision technique spéciale à la provision mathématique théorique est inférieur à 1,05, la valeur de service de l'unité de rente déterminée pour l'exercice suivant, conformément à l'article R. 222-16, ne peut être supérieure à celle de l'année passée.

II. — Lorsque, pour un règlement donné, le rapport de la somme de la provision technique spéciale, de la provision technique spéciale de retournement et des plus-values et moins-values latentes nettes sur les actifs affectés à la provision technique spéciale à la provision mathématique théorique est supérieur à 1,05, la valeur de service de l'unité de rente déterminée pour l'exercice suivant, conformément à l'article R. 222-16, peut être supérieure à celle de l'année passée, dans le respect des conditions suivantes :

a) Pour les règlements prévoyant des facultés de baisse en application de l'article L. 222-1-1, la valeur de service de l'unité de rente est déterminée chaque année de telle manière que, après service des prestations dues au titre de l'année, le rapport de la somme entre, d'une part, la provision technique spéciale, de la provision technique spéciale de retournement et des plus-values et moins-values latentes nettes sur les actifs affectés à la provision technique spéciale et, d'autre part, la provision mathématique théorique ne devienne pas inférieur à 1,05 et que, le cas échéant, l'excédent par rapport à 1,05 ne diminue pas plus que la somme d'un dixième de l'excédent par rapport à 1,05, plafonné à 0,25, et de l'excédent par rapport à 1,3 ;

b) Pour les règlements ne prévoyant pas de facultés de baisse en application de l'article L. 222-1-1, la valeur de service de l'unité de rente est déterminée chaque année de telle manière que, après service des prestations dues au titre de l'année, le rapport entre, d'une part, la somme de la provision technique spéciale, de la provision technique spéciale de retournement et des plus et moins-values latentes nettes sur les actifs affectés à la provision technique spéciale et, d'autre part, la provision mathématique théorique ne devienne pas inférieur à 1,1 et que, le cas échéant, l'excédent par rapport à 1,1 ne diminue pas plus que la somme d'un dixième de l'excédent par rapport à 1,1, plafonné à 0,3, et de l'excédent par rapport à 1,4.

Art. D. 222-18 *(Décr. n° 2019-807 du 30 juill. 2019, art. 4-II, en vigueur le 1er oct. 2019)* I. — Pour les droits en cours de constitution des opérations dont les prestations sont liées à la cessation d'activité professionnelle, le règlement prévoit la faculté de transfert mentionnée au huitième alinéa de l'article L. 223-22 du présent code ainsi que la faculté de rachat dans les conditions prévues aux articles L. 224-4 et L. 225-5 du code monétaire et financier.

II. — Pour le calcul de la valeur de transfert ou de rachat, les dispositions des II, III, IV et V de l'article D. 441-22 du code des assurances sont applicables aux mutuelles et unions ainsi qu'aux mutuelles et unions de retraite professionnelle supplémentaire.

Pour l'application de ces dispositions, les mots : "l'adhérent" sont remplacés par les mots : "le participant", les mots : "la convention" et "les conventions" sont respectivement remplacés par les mots : "le règlement" et "les règlements", la référence à l'article L. 441-1 du code des assurances est remplacée par la référence à l'article L. 221-1 du code de la mutualité, la référence à l'article R. 441-7 du code des assurances est remplacée par la référence à l'article R. 222-8 du présent code, la référence à l'article R. 441-26 du code des assurances est remplacée par la référence à l'article R. 222-20 du présent code et la référence à l'article R. 441-27 du code des assurances est remplacée par la référence à l'article R. 222-21 du présent code.

L'art. D. 222-18 peut être modifié par décret (Décr. n° 2019-807 du 30 juill. 2019, art. 8).

SECTION III CONVERSION DU RÈGLEMENT

Art. R. 222-19 *(Décr. n° 2017-1765 du 26 déc. 2017, art. 3, en vigueur le 31 déc. 2017)* Lorsque le rapport, évalué en fin d'exercice, entre, d'une part, la somme de la provision technique spéciale et des plus-values et moins-values latentes nettes sur les actifs affectés à la provision technique spéciale et, d'autre part, la provision mathématique théorique est inférieur à 0,9 depuis trois exercices, la mutuelle ou l'union élabore un plan de convergence visant à rétablir un rapport de 1 dans un délai de sept ans. Ce plan est adopté par le conseil d'administration dans un délai de deux mois à compter de la fin du troisième exercice. Il est transmis à l'Autorité de contrôle prudentiel et de résolution dans un délai de trente jours à compter de son adoption. Les membres participants au règlement sont informés des principes de ce plan dans le cadre du relevé d'information annuel prévu par l'article L. 222-1-3.

La mutuelle ou l'union rend compte annuellement à l'Autorité de contrôle prudentiel et de résolution de la mise en œuvre de ce plan et de ses effets sur le rapport défini au premier alinéa.

Si, au terme du plan de convergence, le rapport mentionné au premier alinéa est inférieur à 1, la mutuelle ou l'union le précise dans le rapport prévu par l'article L. 355-5 du code des assurances, en explicitant les raisons pour lesquelles la couverture de la provision mathématique théorique n'a pas été rétablie, et en informe les membres participants au règlement dans le cadre du relevé d'information annuel prévu par l'article L. 222-1-3 du présent code.

Dans ce même cas, ou si la mutuelle ou l'union n'a pas établi de plan de convergence conformément au premier alinéa, il est procédé à la conversion du règlement, dans les conditions prévues à l'article R. 222-21, lorsqu'au *[lorsque au]* terme de dix exercices successifs, le rapport mentionné au premier alinéa est inférieur à 0,9.

Pour l'application du présent article, il n'est pas tenu compte des exercices clôturés avant le 1er janvier 2017.

Art. R. 222-20 Lorsque le nombre de membres participants cotisants à un règlement *(Décr. n° 2017-1765 du 26 déc. 2017, art. 3, en vigueur le 31 déc. 2017)* « , y compris non cotisants et retraités, » est ou devient inférieur à 1 000 après l'expiration du délai prévu à l'article R. 222-5, il est procédé à la conversion du règlement.

Art. R. 222-21 La conversion du règlement entraîne, dans un délai d'un an, la transformation des opérations concernées en opérations de rentes viagères couvertes, intégralement et à tout moment, par des provisions mathématiques. La part des provisions revenant à chaque membre participant dans la conversion des opérations considérées détermine la prestation que comporte l'opération d'assurance de substitution. *(Décr. n° 2017-1765 du 26 déc. 2017, art. 3, en vigueur le 31 déc. 2017)* « Cette répartition et le montant des prestations de l'opération d'assurance de substitution sont déterminés sur des bases techniques définies par l'arrêté prévu au dernier alinéa de l'article R. 441-27 du code des assurances. »

Art. R. 222-22 *(Décr. n° 2017-1765 du 26 déc. 2017, art. 3, en vigueur le 31 déc. 2017)* En cas de conversion d'un ou de plusieurs règlements dans les conditions mentionnées aux articles R. 222-19 et R. 222-20, les actifs représentatifs des provisions techniques mentionnées aux 1° et 3° de l'article R. 222-8 et la moitié des actifs représentatifs des provisions techniques mentionnées au 2° du même article sont répartis entre les bénéficiaires du ou des règlements considérés.

CHAPITRE II *BIS* RETRAITE PROFESSIONNELLE SUPPLÉMENTAIRE

(Décr. n° 2006-740 du 27 juin 2006, art. 4-2°)

Art. R. 222-23 à R. 222-26 *Abrogés par Décr. n° 2015-513 du 7 mai 2015, art. 13-V-2°, à compter du 1er janv. 2016.*

Art. R. 222-27 Les tarifs pratiqués par les mutuelles et leurs unions sont établis d'après des tables de mortalité et des taux définis par arrêté du ministre de la mutualité.

Art. R. 222-28 I. — Pour l'application de l'article L. 222-4, la valeur de transfert d'un membre participant d'un contrat d'origine ne relevant pas de l'article L. 222-1 au contrat d'accueil ne peut être inférieure à la cotisation unique qui à la date de calcul dudit transfert conduirait par hypothèse à disposer dans le contrat d'origine des mêmes droits individuels que ceux du membre participant demandant le transfert.

Pour l'application de la règle mentionnée à l'alinéa précédent, la cotisation unique mentionnée au même alinéa est calculée en retenant les taux d'intérêt techniques et les tables utilisées lors de l'établissement du ou des tarifs pratiqués vis-à-vis du membre participant demandant le transfert, et il n'est pas tenu compte des éventuels prélèvements sur cotisations prévus au contrat.

II. — Pour les contrats ne relevant pas du troisième alinéa de l'article L. 222-3, le comité de surveillance mentionné au troisième alinéa de l'article L. 222-4 est composé à parts égales de représentants des salariés et des employeurs.

Nul ne peut être membre du comité de surveillance s'il a fait l'objet de l'une des condamnations ou mesures mentionnées aux 1° à 5° de l'article L. 114-21.

Le comité de surveillance élit son président par un scrutin à bulletin secret.

Le comité de surveillance est composé d'au moins une personne représentant les adhérents ayant déjà procédé à la liquidation de leurs droits, et d'au moins une personne représentant les adhérents dont l'adhésion n'est plus obligatoire, mais n'ayant pas transféré leurs droits, sous réserve que le nombre de personnes ainsi représentées appartenant à chacune de ces catégories soit supérieur à un seuil précisé par arrêté du ministre chargé de la mutualité.

Art. R. 222-29 **Pour l'application de l'article L. 222-4, le règlement intérieur du comité détermine les possibilités pour ses membres de donner pouvoir, les conditions et les délais de convocation du comité ainsi que les conditions dans lesquelles ce comité délibère. Il prévoit en particulier que chacun de ses membres détient un droit de vote et qu'en cas d'égalité des suffrages le président du comité a voix prépondérante.**

Le comité est réuni au moins une fois par an, sur convocation de son président ou d'au moins la moitié de ses membres. L'ordre du jour de la réunion est fixé par l'auteur de la convocation. Il est tenu un procès-verbal et un registre de présence des réunions du comité.

Art. R. 222-30 **Le comité de surveillance :**

1° Émet un avis sur le rapport prévu au dernier alinéa de l'article *(Décr. n° 2017-1765 du 26 déc. 2017, art. 3, en vigueur le 31 déc. 2017)* **« L. 222-4-2 », lors de son établissement et à chaque modification de celui-ci ;**

2° Peut entendre le ou les commissaires aux comptes mentionnés à l'article L. 222-8 sur les comptes mentionnés *(Décr. n° 2017-1765 du 26 déc. 2017, art. 3 et 10, en vigueur le 31 déc. 2017)* **« à » cet article. Ils sont sur cette question déliés à son égard de l'obligation du secret professionnel.**

Lorsque le comité de surveillance institué au niveau d'un contrat souhaite entendre le commissaire aux comptes en application de l'article *(Décr. n° 2017-1765 du 26 déc. 2017, art. 3, en vigueur le 31 déc. 2017)* **« L. 222-4 », les informations communiquées sont celles relatives à la comptabilité auxiliaire d'affectation dans laquelle sont enregistrées les opérations de ce contrat, et portent sur les comptes annuels issus de cette comptabilité même si celle-ci regroupe plusieurs contrats de retraite professionnelle supplémentaire.**

Nouvel art. R. 222-30 (Décr. n° 2017-1765 du 26 déc. 2017, art. 3, en vigueur le 1er janv. 2023) ***Le comité de surveillance émet un avis sur le rapport prévu au dernier alinéa de l'article L. 222-4-2, lors de son établissement et à chaque modification de ce rapport.***

Lorsque le comité de surveillance institué au niveau d'un contrat souhaite entendre le commissaire aux comptes en application de l'article (Décr. n° 2017-1765 du 26 déc. 2017, art. 3, en vigueur le 31 déc. 2017) ***« L. 222-4 », les informations communiquées sont celles relatives à la comptabilité auxiliaire d'affectation dans laquelle sont enregistrées les opérations de ce contrat, et portent sur les comptes annuels issus de cette comptabilité même si celle-ci regroupe plusieurs contrats de retraite professionnelle supplémentaire.***

Art. R. 222-31 *(Décr. n° 2017-1765 du 26 déc. 2017, art. 3, en vigueur le 31 déc. 2017)* **Le rapport mentionné au dernier alinéa de l'article L. 222-4-2 est transmis à l'Autorité de contrôle prudentiel et de résolution.**

La mutuelle, l'union ou la mutuelle ou union de retraite professionnelle supplémentaire peut décider de remettre le rapport mentionné au premier alinéa, sur demande, aux souscripteurs, participants et bénéficiaires ou de le faire figurer sur son site internet, à condition de l'indiquer de façon précise dans l'information annuelle transmise aux participants.

Ce rapport peut être inclus dans le rapport sur la solvabilité et la situation financière de la mutuelle, l'union ou la mutuelle ou union de retraite professionnelle supplémentaire, si ce rapport est complété d'une partie décrivant la politique de placement.

Art. R. 222-32 Les provisions techniques correspondant aux opérations mentionnées à l'article L. 222-3 sont calculées chaque année par un actuaire et certifiées soit par le ou les commissaires aux comptes de la mutuelle ou l'union dans le cadre d'une mission distincte de la mission générale de commissariat aux comptes exercée dans cette mutuelle ou union, soit par un autre actuaire, indépendant de la mutuelle ou union et agréé à cet effet par l'une des associations d'actuaires reconnues par l'autorité instituée à l'article L. 510-1. L'actuaire ou le ou les commissaires aux comptes vérifie que les provisions sont, dans le respect des dispositions *(Décr. nº 2015-513 du 7 mai 2015, art. 13-V-4º, en vigueur le 1er janv. 2016)* « du code des assurances » applicables à celles-ci, constituées de façon suffisamment prudente, en tenant compte le cas échéant d'une marge adéquate pour les écarts défavorables, et que les méthodes et les bases de calcul des provisions techniques restent en général constantes d'un exercice à l'autre. Une modification de ces méthodes peut toutefois être justifiée, dans le respect *(Décr. nº 2015-513 du 7 mai 2015, art. 13-V-4º, en vigueur le 1er janv. 2016)* « du code des assurances », par un changement des données juridiques, démographiques ou économiques sur lesquelles se fondent ces hypothèses.

Art. R. 222-33 Toute mutuelle ou union projetant de fournir des services d'institutions de retraite professionnelle sur le territoire d'un autre État membre ou d'un autre État partie à l'accord sur l'Espace économique européen, conformément aux dispositions de l'article L. 222-11, notifie son projet à l'Autorité de contrôle instituée à l'article L. 510-1 dans les conditions fixées à l'article R. 310-17-1 du code des assurances.

Lorsque l'Autorité de contrôle instituée à l'article L. 510-1 exerce la faculté mentionnée au troisième alinéa de l'article L. 222-6, elle en informe l'autorité compétente de l'État dans lequel la mutuelle ou l'union fournit des services d'institution de retraite professionnelle dans les conditions fixées à l'article R. 310-17-2 du code des assurances.

Art. R. 222-33-1 *(Décr. nº 2015-46 du 22 janv. 2015, art. 2)* Lorsque, dans le cadre des opérations mentionnées à l'article L. 222-3, les mutuelles et leurs unions utilisent des références à des notations de crédit émises par des agences de notation de crédit au sens de l'article 3, paragraphe 1, point *b*, du règlement (CE) nº 1060/2009 du Parlement européen et du Conseil du 16 septembre 2009 sur les agences de notation de crédit dans leurs politiques d'investissement, l'Autorité de contrôle prudentiel et de résolution, en tenant compte de la nature, de l'ampleur et de la complexité de ces opérations, surveille l'adéquation des processus d'évaluation du crédit de la mutuelle ou de l'union, évalue l'utilisation de références à des notations de crédit et, le cas échéant, encourage l'atténuation des effets de telles références, en vue de réduire le recours exclusif et mécanique à de telles notations de crédit.

Art. R. 222-34 Les modalités techniques de mise en œuvre du présent chapitre sont précisées par arrêté du ministre chargé de la mutualité.

CHAPITRE II *TER [ABROGÉ]* DISPOSITIONS RELATIVES AUX COMPTABILITÉS AUXILIAIRES D'AFFECTATION

(Abrogé par Décr. nº 2015-513 du 7 mai 2015, art. 13-V-5º, à compter du 1er janv. 2016)

Art. R. 222-35 à R. 222-43 *Abrogés par Décr. nº 2015-513 du 7 mai 2015, art. 13-V-5º, à compter du 1er janv. 2016.*

CHAPITRE III OPÉRATIONS QUI DÉPENDENT DE LA DURÉE DE LA VIE HUMAINE ET OPÉRATIONS DE CAPITALISATION

(Décr. nº 2002-1345 du 6 nov. 2002)

SECTION PREMIÈRE DISPOSITIONS GÉNÉRALES

Art. R. 223-1 *(Décr. nº 2019-1172 du 14 nov. 2019, art. 3)* Pour l'application de l'article L. 223-2, l'article R. 131-1 *(Décr. nº 2019-1437 du 23 déc. 2019, art. 1er, en vigueur le 1er janv. 2020)* « et le chapitre IV du titre III du livre Ier » du code des assurances *(Décr. nº 2019-1437 du 23 déc. 2019, art. 1er, en vigueur le 1er janv. 2020)* « sont applicables ».

Art. R. 223-2 *(Décr. nº 2019-1172 du 14 nov. 2019, art. 3)* Pour l'application de l'article L. 223-2-1, les articles R. 131-1-1 à R. 131-1-4 du code des assurances sont applicables.

Art. R. 223-3 *(Décr. nº 2019-1172 du 14 nov. 2019, art. 3)* Pour l'application des articles R. 223-1 et R. 223-2, il y a lieu d'entendre :

1º "mutuelle ou union exerçant une activité d'assurance" là où sont mentionnés dans le code des assurances les mots : "entreprise d'assurance" et "assureur" ;

2º "règlement ou contrat collectif" là où est mentionné dans le code des assurances le mot : "contrat" ;

3º "employeur, personne morale souscriptrice ou membre participant" là où sont mentionnés dans le code des assurances les mots : "souscripteur", "adhérent" et "souscripteur ou adhérent" ;

4º "cotisation" là où est mentionné dans le code des assurances le mot : "prime".

Art. R. 223-4 *(Abrogé par Décr. nº 2019-1172 du 14 nov. 2019, art. 3) Pendant la durée de l'adhésion ou du contrat, la mutuelle ou l'union peut effectuer pour les bulletins d'adhésion ou contrats collectifs l'ayant prévu la substitution d'une unité de compte visée au 2º de l'article R. 223-1 au profit d'unités de compte de nature comparable si l'unité de compte initiale ne remplit plus les conditions définies au 2º de l'article R. 223-3 ou si la mutuelle ou l'union qui en fait la demande y est autorisée par l'Autorité de contrôle des mutuelles et des institutions de prévoyance.*

Les modalités d'application du présent article sont définies par arrêté du ministre chargé de la mutualité.

Art. R. 223-5 *(Décr. nº 2007-564 du 16 avr. 2007)* I. — Les organismes professionnels représentatifs mentionnés au deuxième alinéa de l'article L. 223-10-1 avisent les autres organismes professionnels habilités, en vertu du premier alinéa de l'article L. 132-9-2 du code des assurances, des *(Décr. nº 2018-229 du 30 mars 2018, art. 30)* « demandes » qu'ils reçoivent en application du deuxième alinéa de l'article L. 223-10-1.

II. — Les mutuelles et unions agréées pour exercer les opérations d'assurance dépendant de la durée de la vie humaine susceptibles d'être concernées par la demande mentionnée au troisième alinéa de l'article L. 223-10-1 invitent dès réception de cette demande l'auteur de celle-ci à leur fournir les éléments nécessaires à son identification et à celle de l'assuré.

Le délai d'un mois mentionné au troisième alinéa de l'article L. 223-10-1 court à compter de la réception de ces éléments par ces mutuelles et unions agréées.

Art. R. 223-6 *(Décr. nº 2011-1064 du 6 sept. 2011)* I. — Les précisions ainsi que, le cas échéant, la mise en garde prévues à l'article L. 223-25-3 sont communiquées à l'adhérent par écrit, avec clarté et exactitude, sur support papier ou tout autre support durable à sa disposition et auquel il a facilement accès.

II. — Lorsque l'adhérent le demande ou lorsqu'une couverture immédiate est nécessaire, les informations peuvent être fournies oralement. Dans ce cas, sitôt le contrat conclu, les informations sont communiquées à l'adhérent sur support papier ou tout autre support durable à sa disposition et auquel il a facilement accès.

En cas de commercialisation d'un contrat à distance, les informations précontractuelles fournies à l'adhérent sont conformes aux dispositions de l'article L. 221-18. En outre, lorsque le contrat a été conclu à la demande de l'adhérent en utilisant une technique de commercialisation à distance ne permettant pas la transmission des

informations sur support papier ou sur un autre support durable, ces informations sont, sitôt le contrat conclu, communiquées à l'adhérent sur support papier ou tout autre support durable à sa disposition et auquel il a facilement accès.

Art. R. 223-7 *(Décr. n° 2015-513 du 7 mai 2015, art. 13-V-6°, en vigueur le 1er janv. 2016)* **Pour tout bulletin d'adhésion ou contrat collectif relatif à une opération d'assurance sur la vie et pour les opérations de capitalisation dont la somme assurée est déterminée par rapport à une valeur de référence, les droits correspondants exprimés en unités de compte doivent être représentés à l'actif du bilan par des placements entrant dans la composition de cette valeur de référence et dans les proportions fixées par ladite composition.**

Art. R. 223-8 *(Décr. n° 2015-513 du 7 mai 2015, art. 13-V-6°, en vigueur le 1er janv. 2016)* **L'indemnité mentionnée au troisième alinéa de l'article L. 223-20-1 ne peut dépasser 5 % de la valeur actuelle des engagements respectivement pris par la mutuelle ou l'union et par les membres participants mentionnée au premier alinéa de l'article L. 223-20-1 et doit être nulle à l'issue d'une période de dix ans à compter de la date d'effet du bulletin d'adhésion ou du contrat.**

Pour l'application du présent article, la valeur actuelle des engagements respectivement pris par la mutuelle ou l'union et par les membres participants ne tient pas compte des éventuelles garanties de fidélité non exigibles par le membre participant au moment du rachat. Ces garanties doivent être explicitement décrites dans le règlement ou le contrat collectif et clairement distinguées de la garantie qui en est l'objet principal.

Art. R. 223-9 *(Décr. n° 2015-1092 du 28 août 2015, art. 3, en vigueur le 1er janv. 2016)* **Les frais prélevés par la mutuelle ou l'union après la date de connaissance du décès de l'assuré, mentionnés à l'article L. 223-19-1, ne peuvent être supérieurs aux frais qui auraient été prélevés si le décès n'était pas survenu.**

Pour les contrats d'assurance sur la vie mentionnés à l'article L. 223-19-1 :

1° Le capital en euros garanti en cas de décès produit de plein droit intérêt dès la date du décès de l'assuré ;

2° A compter de la date de connaissance du décès, le capital en euros garanti en cas de décès produit de plein droit intérêt, net de frais, pour chaque année civile, au minimum à un taux égal au moins élevé des deux taux suivants :

***a)* La moyenne sur les douze derniers mois du taux moyen des emprunts de l'État français, calculée au 1er novembre de l'année précédente ;**

***b)* Le dernier taux moyen des emprunts de l'État français disponible au 1er novembre de l'année précédente ;**

3° Entre la date du décès et la date de connaissance du décès, lorsque les clauses contractuelles prévoient une revalorisation du capital en euros garanti en cas de décès, celles-ci s'appliquent dès lors qu'elles entraînent une revalorisation du capital nette de frais ; à défaut, le 2° du présent article s'applique dès la date du décès de l'assuré.

Pour les engagements exprimés en unités de compte, la revalorisation du capital garanti en cas de décès intervient à compter de la date à laquelle la valeur en euros du capital garanti a été arrêtée.

Art. R. 223-10 *(Décr. n° 2015-1092 du 28 août 2015, art. 3, en vigueur le 1er janv. 2016)* **Le relevé d'information spécifique mentionné au neuvième alinéa de l'article L. 223-21 est** *(Décr. n° 2018-229 du 30 mars 2018, art. 30)* **« fourni » au contractant dans l'année qui précède la date du terme du contrat et au plus tard un mois avant cette date. Les informations visées à l'article L. 223-21 peuvent faire l'objet d'un même document.**

Pour les contrats à tacite reconduction, le relevé d'information spécifique est *(Décr. n° 2018-229 du 30 mars 2018, art. 30)* **« fourni » dans les conditions prévues au premier alinéa avant chaque date de reconduction tacite.**

Pour les contrats non reconduits, si le membre participant ou le bénéficiaire de l'opération d'assurance sur la vie ne s'est pas manifesté dans l'année qui suit la date du terme du contrat, le relevé d'information spécifique est à nouveau *(Décr. nº 2018-229 du 30 mars 2018, art. 30)* « fourni » dans le mois qui suit le premier anniversaire du terme du contrat.

Art. R. 223-11 *(Décr. nº 2015-1092 du 28 août 2015, art. 3, en vigueur le 1er janv. 2016)* I. — Sans préjudice des obligations visées au dernier alinéa de l'article L. 223-10, pour l'application du premier alinéa de l'article L. 223-25-4, la date de prise de connaissance du décès du membre participant par la mutuelle ou l'union, est la date à laquelle la mutuelle ou l'union est informée du décès, par l'obtention de l'acte de décès, intervenant notamment à la suite de la consultation du répertoire national d'identification des personnes physiques prévue à l'article L. 223-10-2.

II. — Pour l'application du I de l'article L. 223-25-4, est considérée comme l'échéance du contrat, celle prévue par la dernière reconduction tacite, s'il y a lieu.

III. — Les sommes libellées en devises étrangères sont converties en euros par les mutuelles ou unions dans les sept jours ouvrés précédant la date de dépôt à la Caisse des dépôts et consignations, sauf si les stipulations contractuelles prévoient une date antérieure, et déposées à la Caisse des dépôts et consignations, en euros et nettes de frais perçus au profit d'un tiers pour la conversion.

Les dépôts interviennent le cas échéant, à une fréquence mensuelle.

IV. — Lors du dépôt des sommes à la Caisse des dépôts et consignations en application du I de l'article L. 223-25-4, la mutuelle ou l'union communique à la Caisse des dépôts et consignations par voie dématérialisée les informations suivantes :

1° Pour l'ensemble des dépôts :

a) Le nombre de contrats et bons concernés par le dépôt ;

b) Le total des sommes concernées ;

2° Pour chaque contrat et bon de capitalisation concerné par le dépôt :

a) Le type et numéro de contrat, de bon, de règlement ou d'adhésion ;

b) Le montant des sommes déposées ;

c) La devise d'origine ;

d) La date de connaissance du décès du membre participant ou la date de l'échéance du contrat ou du bon.

Dans un délai de cinq jours ouvrés à compter de la réception des informations susmentionnées et des sommes correspondantes, la Caisse des dépôts et consignations délivre à la mutuelle ou l'union un justificatif de dépôt mentionnant la date de dépôt, le montant total des sommes déposées et les montants déposés au titre de chaque contrat ou bon. Le délai de vingt ans mentionné au III de l'article L. 223-25-4 court à compter de la date de dépôt des sommes à la Caisse des dépôts et consignations mentionnée par le justificatif.

V. — La mutuelle ou l'union communique également lors de ce dépôt, par voie dématérialisée, les informations qu'elle détient nécessaires à la publicité appropriée de l'identité des membres participants, mentionnée au II de l'article L. 223-25-4, et au versement des sommes aux membres participants ou aux bénéficiaires des contrats en application du I de l'article L. 223-25-4, à savoir :

1° Informations relatives au membre participant qui a souscrit le contrat ou le bon :

a) Pour les personnes physiques :

— état civil ;

— dernière adresse connue ;

b) Pour les personnes morales :

— dénomination ou raison sociale ;

— dernier siège social connu ;

2° Informations relatives au membre participant :

a) Date du décès, s'il y a lieu ;

b) État civil ;

c) Dernière adresse connue ;

3° Informations relatives au(x) bénéficiaire(s) :

a) Dernier libellé connu de la clause bénéficiaire ;

b) Pour les personnes physiques :

– état civil ;

– dernière adresse connue ;

c) Pour les personnes morales :

– dénomination ou raison sociale ;

– dernier siège social connu.

VI. – 1° Les mutuelles et les unions conservent jusqu'à l'expiration des délais fixés à l'article L. 223-25-4 les informations et documents suivants relatifs au régime d'imposition applicable aux sommes transférées à la Caisse des dépôts et consignations :

a) Pour les sommes versées à la Caisse des dépôts et consignations issues de la fraction rachetable de chaque contrat mentionné au I de l'article 990 I du code général des impôts, la valeur de rachat au jour du décès du membre participant, qui correspond aux sommes, rentes ou valeurs dues à raison des primes versées à compter du 13 octobre 1998 ;

b) Pour les sommes versées à la Caisse des dépôts et consignations issues de la fraction non rachetable de chaque contrat mentionné au I de l'article 990 I du code général des impôts, le produit résultant de la multiplication du montant du capital-décès dû, diminué de la valeur de rachat au jour du décès du membre participant, par le taux de mortalité qui correspond à l'âge du membre participant lors de son décès dans la table de mortalité applicable à cette date ;

c) Pour les sommes versées à la Caisse des dépôts et consignations issues de chaque contrat mentionné au I de l'article 990 I du code général des impôts non rachetable, la prime annuelle ou le montant de la prime unique versée à la souscription du contrat, lorsque celle-ci est intervenue à compter du 13 octobre 1998 ;

d) Pour les sommes versées à la Caisse des dépôts et consignations et qui entrent dans le champ d'application du 1 du I de l'article 990 I *bis* du code général des impôts, la valeur de rachat au jour du décès du membre participant des contrats d'assurance sur la vie dont ces sommes sont issues ;

e) Pour les sommes versées à la Caisse des dépôts et consignations issues de contrats d'assurance sur la vie ou des bons ou contrats de capitalisation mentionnés au I de l'article 990 I *bis* du code général des impôts qui comportent un terme, le montant des sommes dues au bénéficiaire au jour de l'échéance du contrat ;

f) Pour l'ensemble des sommes versées à la Caisse des dépôts et consignations issues de contrats mentionnés au I de l'article 990 I du code général des impôts et au I de l'article 990 I *bis* du code général des impôts, les conditions dans lesquelles la revalorisation du capital garanti est intervenue à compter du décès du membre participant en application de l'article L. 223-19-1, pour chacun des contrats précités, ou celles dans lesquelles des intérêts ont été servis en application de l'article R. 223-9 ;

g) Pour la fraction des sommes mentionnées au II *ter* de l'article 125-0 A du code général des impôts ayant le caractère de produits attachés aux bons ou contrats de capitalisation, ainsi qu'aux produits de même nature, notamment les contrats d'assurance sur la vie :

– la nature du contrat ;

– la date de souscription du contrat ;

– le montant des produits imposables et le montant des produits exonérés d'impôt sur le revenu ;

2° Les mutuelles et les unions communiquent à la Caisse des dépôts et consignations, à sa demande, les informations et les documents relatifs aux éléments mentionnés au cinquième alinéa du I de l'article L. 223-25-4.

Art. R. 223-12 *(Décr. nº 2015-1092 du 28 août 2015, art. 3, en vigueur le 1er janv. 2016)* I. – La publicité appropriée de l'identité des membres participants mentionnée au deuxième alinéa du II de l'article L. 223-25-4 est organisée par la Caisse des

dépôts et consignations, sur la base des informations communiquées par les mutuelles ou les unions, par l'intermédiaire d'un dispositif dématérialisé dédié, dans le respect de la loi n° 78-17 du 6 janvier 1978 relative à l'informatique, aux fichiers et aux libertés. Ce dispositif peut également servir à la transmission des demandes de restitution, accompagnées des documents et pièces justificatives requis.

La restitution des sommes par la Caisse des dépôts et consignations s'effectue sur la base des informations, documents et pièces justificatives qui lui auront été communiqués par les mutuelles ou les unions et par les souscripteurs des contrats ou les bénéficiaires des sommes déposées. La procédure de restitution s'effectue soit par un dispositif dématérialisé prévu au précédent alinéa, soit par tout autre moyen.

Lorsque les sommes ont été déposées à la Caisse des dépôts et consignations en raison du décès de l'assuré, la Caisse des dépôts et consignations procède aux prélèvements prévus au I de l'article 990 I ou au I de l'article 990 I *bis* du code général des impôts.

Lorsque les sommes ayant été déposées à la Caisse des dépôts et consignations en raison de l'échéance du contrat sont restituées au bénéficiaire du contrat, la Caisse des dépôts et consignations communique à ce dernier les informations dont elle dispose en vue de lui permettre de déterminer le régime fiscal applicable aux sommes ainsi restituées ou, sur option du bénéficiaire du contrat, elle procède au prélèvement prévu à l'article 125-0 A du code général des impôts.

Lorsque les sommes déposées à la Caisse des dépôts et consignations en raison de l'échéance du contrat sont restituées aux ayants droit du bénéficiaire du contrat, la Caisse des dépôts et consignations procède aux prélèvements prévus au I de l'article 990 I *bis* du code général des impôts.

II. — Les sommes déposées à la Caisse des dépôts et consignations portent intérêt dans les conditions prévues à l'article L. 518-23 du code monétaire et financier.

Art. R. 223-13 *(Décr. n° 2018-284 du 18 avr. 2018, art. 77, en vigueur le 1er oct. 2018)*
Les dispositions de l'article R. 113-14 du code des assurances sont applicables aux mutuelles et unions. Pour l'application de ces dispositions, il y a lieu d'entendre : "opérations" là où est mentionné dans le code des assurances : "contrats", "mutuelle ou union" là où est mentionné : "entreprise d'assurance", "employeur", "personne morale souscriptrice" ou "membre participant" là où est mentionné : "client" ou "souscripteur", et "membre participant" là où est mentionné : "assuré".

LIVRE TROISIÈME OUVERTURE DES SERVICES DES MUTUELLES ET UNIONS PRATIQUANT LA PRÉVENTION, L'ACTION SOCIALE ET LA GESTION DE RÉALISATIONS SANITAIRES ET SOCIALES

(Décr. nº 2014-768 du 4 juill. 2014)

TITRE PREMIER CONSTITUTION ET RÈGLES DE FONCTIONNEMENT

Ce titre ne comporte pas de dispositions réglementaires.

TITRE DEUXIÈME CHAMP D'INTERVENTION

Art. R. 320-1 Sans préjudice des dispositions législatives et réglementaires applicables à l'activité en cause et définissant les conditions d'ouverture au public, les statuts des mutuelles et unions régies par le présent livre peuvent prévoir que tout ou partie de leurs services, à l'exception des pharmacies mutualistes mentionnées à l'article L. 5125-19 du code de la santé publique, est ouvert à toute personne, en plus de leurs membres participants ou les personnes mentionnées aux articles L. 320-1 et L. 320-3, qui en fait la demande.

LIVRE QUATRIÈME RELATIONS AVEC L'ÉTAT ET LES AUTRES COLLECTIVITÉS PUBLIQUES

(*Décr. nº 2001-1108 du 23 nov. 2001*)

TITRE PREMIER *[ABROGÉ]* ORGANES ADMINISTRATIFS DE LA MUTUALITÉ

(*Abrogé par Décr. nº 2022-388 du 17 mars 2022, art. 17-23º*)

CHAPITRE PREMIER *[ABROGÉ]* CONSEIL SUPÉRIEUR DE LA MUTUALITÉ

Art. R. 411-1 (*Décr. nº 2012-596 du 27 avr. 2012, art. 2*) *I. — Le Conseil supérieur de la mutualité comprend, outre le ministre chargé de la mutualité, ou son représentant :*

1º Un député et un sénateur ;

2º Vingt représentants des mutuelles, unions et fédérations nommés par arrêté du ministre chargé de la mutualité dans les conditions définies au chapitre III ;

3º Le vice-président de l'Autorité de contrôle prudentiel et de résolution ou son représentant ;

4º Le président du directoire du fonds de garantie institué à l'article L. 431-4 ou son représentant ;

5º Un membre des professions de santé désigné par arrêté du ministre chargé de la mutualité ;

6º Un représentant de chaque confédération syndicale désignée ci-après :

a) Confédération française démocratique du travail ;

b) Confédération française des travailleurs chrétiens ;

c) Confédération française de l'encadrement-CGC ;

d) Confédération générale du travail ;

e) Confédération générale du travail-Force ouvrière ;

7º Un représentant du Mouvement des entreprises de France ;

8º Une personnalité qualifiée dans le domaine de l'activité des mutuelles, désignée par arrêté du ministre chargé de la mutualité.

II. — Le Conseil supérieur de la mutualité siège soit en formation plénière, soit en commissions spécialisées.

Lorsqu'il siège en formation plénière, le Conseil supérieur de la mutualité est présidé par le ministre chargé de la mutualité ou son représentant.

Les commissions spécialisées comprennent des membres titulaires et des membres suppléants, choisis parmi les membres mentionnés au I, dont le nombre et le mode de désignation sont définis par arrêté du ministre chargé de la mutualité. Cet arrêté précise également les conditions de désignation des présidents de ces commissions ainsi que leurs règles de fonctionnement.

III. — Le directeur général de la Caisse des dépôts et consignations ou son représentant assiste, sans voix délibérative, aux séances de la formation plénière du conseil supérieur et de la commission chargée d'assurer la gestion du Fonds national de solidarité et d'action mutualistes instituée par l'article R. 411-2-1.

IV. — Pour l'examen des projets de texte soumis à l'avis du conseil en application du deuxième alinéa de l'article L. 411-1 et sur l'invitation du secrétaire général du Conseil supérieur de la mutualité, les représentants des autres ministres compétents peuvent participer, sans voix délibérative, aux séances de la formation plénière ou de la commission spécialisée.

Art. R. 411-2 *La durée du mandat des membres du conseil est de* (*Décr. nº 2012-596 du 27 avr. 2012, art. 3*) *« quatre » ans. Les fonctions de membre du Conseil supérieur de la mutualité sont gratuites.*

Le conseil choisit, parmi ses membres, deux vice-présidents et un trésorier.

Il est convoqué par le ministre chargé de la mutualité *(Abrogé par Décr. n° 2012-596 du 27 avr. 2012, art. 3)* ***« au moins une fois par an ».***

Le ministre désigne deux fonctionnaires comme secrétaire général et secrétaire général adjoint du conseil supérieur.

Art. R. 411-2-1 *(Décr. n° 2012-596 du 27 avr. 2012, art. 4)* ***Les commissions spécialisées mentionnées au II de l'article R. 411-1 sont au nombre de trois. Entre les séances plénières du Conseil supérieur de la mutualité, elles sont chargées, respectivement, d'émettre les avis sur les demandes d'agrément, de donner les avis sur tout projet de texte mentionné au deuxième alinéa de l'article L. 411-1 et d'assurer la gestion du Fonds national de solidarité et d'action mutualistes.***

Art. R. 411-3 *(Décr. n° 2010-1596 du 20 déc. 2010, art. 1er)* ***Le Conseil supérieur de la mutualité établit un règlement intérieur approuvé par le ministre chargé de la mutualité. Ce règlement intérieur peut créer des commissions spécialisées, autres que celles mentionnées à l'article R. 411-2-1.***

Arrêté du 30 janvier 2013,
Portant approbation du règlement intérieur du conseil supérieur de la mutualité.

CHAPITRE II *[ABROGÉ]* COMITÉS RÉGIONAUX DE COORDINATION DE LA MUTUALITÉ

(Abrogé par Décr. n° 2012-596 du 27 avr. 2012, art. 5)

Art. R. 412-1 à R. 412-3 *Abrogés par Décr. n° 2012-596 du 27 avr. 2012, art. 5.*

CHAPITRE III *[ABROGÉ]* MODALITÉS DE DÉSIGNATION AU CONSEIL SUPÉRIEUR DE LA MUTUALITÉ

(Décr. n° 2012-596 du 27 avr. 2012, art. 6)

Art. R. 413-1 ***Les représentants des mutuelles, unions et fédérations mentionnés au deuxième alinéa de l'article R. 411-1 sont nommés par arrêté du ministre chargé de la mutualité, sur proposition des fédérations, selon les modalités définies par le présent chapitre.***

Art. R. 413-2 ***Seules peuvent être représentées au Conseil supérieur de la mutualité les fédérations de mutuelles qui satisfont, à la date de publication de l'arrêté mentionné au premier alinéa de l'article R. 413-5, à l'ensemble des conditions suivantes :***

1° La fédération justifie d'un nombre de membres participants des mutuelles adhérentes à la fédération, à jour de leurs cotisations au 31 décembre de l'avant-dernière année précédant l'année de la désignation, au moins égal à 1 million.

Toutefois, lorsqu'une mutuelle a été créée dans les conditions prévues par l'article L. 111-3 et si ses statuts définissent ses membres participants comme étant ceux de la mutuelle fondatrice, ces membres participants ne sont pas comptabilisés ; dans le cas contraire, ils sont comptabilisés à hauteur de 50 % ;

2° L'ancienneté de la fédération est au minimum de deux ans à compter de son immatriculation prévue à l'article R. 414-1 ;

3° La fédération est financée pour au moins 70 % par des cotisations des mutuelles et unions adhérentes ;

4° Les comptes de la fédération pour l'avant-dernière année connue ont été certifiés par un commissaire aux comptes.

Art. R. 413-3 ***Le nombre de représentants dont bénéficie chaque fédération respectant les conditions définies à l'article R. 413-2 est déterminé comme suit :***

1° Chaque fédération dispose d'un siège ;

2° Les sièges restants sont répartis entre les fédérations, proportionnellement au nombre de membres participants, comptabilisés dans les conditions prévues à l'article R. 413-2 des mutuelles adhérentes aux fédérations, selon la règle de la plus forte moyenne.

Art. R. 413-4 *Les mutuelles, unions et fédérations disposant de représentants au Conseil supérieur de la mutualité sont régulièrement immatriculées.*

Leurs représentants sont choisis parmi les membres de leurs conseils d'administration respectifs.

En cas de décès (Décr. nº 2014-954 du 21 août 2014, art. 1er) *« , de démission » ou de perte de la qualité de membre du conseil d'administration de la mutuelle, union ou fédération d'un membre représentant au Conseil supérieur de la mutualité, il est pourvu à son remplacement, pour la durée du mandat restant à courir, par arrêté du ministre, sur proposition de la mutuelle, union ou fédération concernée.*

Art. R. 413-5 *Au moins quatre-vingt-quinze jours avant la date d'expiration des mandats des membres du conseil définie à l'article R. 411-2, le ministre chargé de la mutualité publie un arrêté invitant les fédérations à adresser, dans un délai de quarante-cinq jours, leur candidature au secrétaire général du Conseil supérieur de la mutualité.*

Un arrêté du ministre chargé de la mutualité précise les pièces qui doivent accompagner la candidature et les modalités de présentation de celles-ci. — V. Arr. du 27 avr. 2012 (JO 29 avr.).

Art. R. 413-6 *Dans les vingt jours suivant l'expiration du délai de présentation des candidatures, le secrétaire général du Conseil supérieur de la mutualité fait connaître à chaque fédération si elle satisfait aux conditions prévues à l'article R. 413-2 et, le cas échéant, au nombre de représentants dont elle dispose en application de l'article R. 413-3.*

Lorsque le secrétaire général du Conseil supérieur de la mutualité constate qu'une mutuelle est adhérente à deux fédérations, il lui demande de lui notifier, dans un délai de quinze jours, le nom de la fédération candidate au titre de laquelle le nombre de ses membres participants est pris en compte pour l'application du présent chapitre. Le délai mentionné au premier alinéa est alors prolongé de quinze jours.

A défaut de réponse de la mutuelle mentionnée à l'alinéa précédent dans le délai de quinze jours, ses adhérents ne sont pas comptabilisés.

Art. R. 413-7 *Chaque fédération concernée dispose à l'expiration du délai prévu au premier alinéa de l'article R. 413-6 d'un délai de quinze jours pour proposer au secrétaire général du Conseil supérieur de la mutualité la liste des mutuelles, unions et fédérations qu'elle souhaite voir représentées ainsi que leurs représentants, qui sont désignés sans délai par arrêté du ministre chargé de la mutualité.*

CHAPITRE IV *[ABROGÉ]* IMMATRICULATION ET OBLIGATIONS DÉCLARATIVES DES MUTUELLES, DES UNIONS ET DES FÉDÉRATIONS (Décr. nº 2011-1192 du 26 sept. 2011, art. 3).

(Décr. nº 2001-1109 du 23 nov. 2001)

Art. R. 414-1 (Décr. nº 2017-1765 du 26 déc. 2017, art. 3, en vigueur le 31 déc. 2017) *Les organismes qui envisagent d'acquérir la qualité de mutuelle, les unions ou fédérations, ainsi que les mutuelles ou unions de retraite professionnelle supplémentaire, demandent leur immatriculation auprès du secrétaire général du Conseil supérieur de la mutualité prévu à l'article L. 411-1.*

Art. R. 414-2 *La demande d'immatriculation conforme à un modèle fixé par arrêté du ministre chargé de la mutualité est signée par le président de l'organisme et déposée auprès* (Décr. nº 2011-1192 du 26 sept. 2011, art. 5-1º) *« du secrétaire général du Conseil supérieur de la mutualité ».*

La demande comporte les renseignements suivants :

1º La dénomination de l'organisme suivie, le cas échéant, du sigle représentatif de ce dernier ;

2° La nature des activités envisagées par les mutuelles et unions selon la nomenclature fixée par arrêté du ministre chargé de la mutualité qui précise notamment la liste des activités figurant à l'article L. 111-1 du présent code ;

3° L'adresse du siège ;

4° La liste des sections de mutuelles mentionnées aux articles L. 115-1 et L. 115-4 ;

5° Les noms, noms d'usage, prénoms, domiciles personnels du président, des administrateurs et des dirigeants *(Abrogé par Décr. n° 2015-513 du 7 mai 2015, art. 13-VI-1°, à compter du 1er janv. 2016)* ***« salariés mentionnés à l'article L. 114-19 » ;***

6° Lorsque les organismes envisagent d'acquérir la qualité de mutuelles, les noms et adresses des personnes physiques ayant participé à leur création ;

7° Lorsque les organismes sont des unions ou des fédérations, la dénomination et l'adresse du siège des mutuelles et unions ainsi que, pour les unions, celles des membres honoraires ayant participé à leur création ;

8° Pour les organismes résultant d'une fusion ou d'une scission, la dénomination de tous les organismes mutualistes qui y ont participé ;

9° Pour ceux créés suivant les modalités définies aux articles L. 111-3 et L. 111-4, la dénomination des organismes ayant participé à leur création.

La demande est accompagnée des statuts et du procès-verbal de l'assemblée générale constitutive.

(Décr. n° 2011-1192 du 26 sept. 2011, art. 5-2°) ***« Le secrétaire général du Conseil supérieur de la mutualité accuse sans délai réception de la demande. Il s'assure que le dossier est complet et que cette demande satisfait aux dispositions du présent code. Lorsque le dossier est incomplet, il demande dans le délai de cinq jours ouvrables les renseignements ou pièces manquants qui sont fournis dans un délai de quinze jours à compter de cette réclamation.***

« Dans un délai de quinze jours francs suivant le dépôt du dossier complet, il délivre un certificat d'immatriculation portant mention du numéro d'identité visé par les dispositions de l'article R. 123-220 du code de commerce ou notifie le refus d'immatriculation.

« Le délai prévu à l'alinéa précédent peut être prolongé d'un même délai lorsque la complexité de cette demande exige un examen approfondi.

« Le secrétaire général du Conseil supérieur de la mutualité informe l'Autorité de contrôle prudentiel et de résolution de l'immatriculation ou du refus d'immatriculation des organismes ayant demandé leur immatriculation, lorsque ceux-ci envisagent d'effectuer des opérations *(Décr. n° 2014-1315 du 3 nov. 2014, art. 13-13°)* ***« relevant de la compétence de cette autorité, conformément aux 3° et 4° du B du I de l'article L. 612-2 du code monétaire et financier ». »***

Les 6°, 7° et 8° de cet art., ainsi que l'obligation prévue au même art. de joindre au dossier d'immatriculation le procès-verbal de l'assemblée générale constitutive, ne s'appliquent pas aux mutuelles, unions et fédérations créées avant la date de publication de l'Ord. n° 2001-350 du 19 avr. 2001 (Décr. n° 2001-1109 du 23 nov. 2001, art. 2).

V. Arr. du 8 févr. 2002 fixant la nomenclature du registre national des mutuelles (JO 3 mars).

Pour les organismes relevant du C. mut. déjà immatriculés, le numéro d'immatriculation au registre national des mutuelles, mentionné à l'art. R. 414-2 dans sa version en vigueur avant la publication du Décr. n° 2011-1192 du 26 sept. 2011, est remplacé par le numéro d'identité mentionné par les dispositions de l'art. R. 123-220 C. com. (Décr. préc., art. 8).

Art. R. 414-2-1 *(Décr. n° 2011-1192 du 26 sept. 2011, art. 6)* ***Le secrétaire général du Conseil supérieur de la mutualité procède également, selon les modalités prévues à l'article R. 414-2, aux radiations des organismes qui le demandent.***

En cas de fusion d'organismes, le secrétaire général du Conseil supérieur de la mutualité procède, selon les modalités prévues à l'article R. 414-2, aux demandes de radiations et changements de nom qui lui sont adressés.

Art. R. 414-3 *(Décr. n° 2012-596 du 27 avr. 2012, art. 7)* ***Les mesures d'incapacité et d'interdiction de diriger un organisme mutualiste prises à l'encontre de ses dirigeants à la suite d'une décision juridictionnelle passée en force de chose jugée doivent être communiquées, s'agissant des mutuelles*** *(Décr. n° 2015-513 du 7 mai 2015, art. 13-IV-2°, en vigueur le 1er janv. 2016)* ***« et unions » entrant dans le champ d'application de l'article L. 612-2 du code monétaire et financier, à l'Autorité de contrôle prudentiel et de résolution, et, s'agis-***

sant des mutuelles *(Décr. nº 2015-513 du 7 mai 2015, art. 13-IV-2º, en vigueur le 1er janv. 2016)* ***« et unions » relevant du livre III, au ministre chargé de la mutualité.***

Art. R. 414-4 ***Le liquidateur d'une mutuelle, union ou fédération dépose auprès*** *(Décr. nº 2012-596 du 27 avr. 2012, art. 8-1º)* ***« du secrétaire général du Conseil supérieur de la mutualité » pour le compte de l'organisme une déclaration constatant la clôture de la liquidation dans un délai d'un mois à compter de la clôture.***

(Décr. nº 2012-596 du 27 avr. 2012, art. 8-2º) ***« Le secrétaire général du Conseil supérieur de la mutualité procède, sans délai, à la radiation de la mutuelle, de l'union ou de la fédération. »***

Art. R. 414-5 à R. 414-7 *Abrogés par Décr. nº 2012-596 du 27 avr. 2012, art. 9.*

Art. R. 414-8 ***Toute mutuelle, union ou fédération indique le numéro d'immatriculation mentionné à l'article R. 414-2 dans ses statuts, règlements, contrats, publicités ou tous autres documents concernant son activité et signés par elle ou en son nom.***

Art. R. 414-9 ***Le fait pour tout dirigeant ou liquidateur d'une mutuelle, union ou fédération de méconnaître les obligations résultant du présent chapitre est puni d'une contravention de cinquième classe.***

Art. R. 414-10 *Abrogé par Décr. nº 2011-1192 du 26 sept. 2011, art. 7.*

TITRE DEUXIÈME INCITATION À L'ACTION MUTUALISTE

(Décr. nº 2003-499 du 13 juin 2003)

CHAPITRE UNIQUE FONDS NATIONAL DE SOLIDARITÉ ET D'ACTION MUTUALISTES

Art. R. 421-1 Les prêts accordés en application de l'article L. 421-1 sont remboursables sur une durée ne pouvant excéder quinze années. Le taux d'intérêt est compris entre le taux moyen des emprunts d'État du mois précédant la décision d'attribution du prêt et cette valeur minorée d'un tiers. Toutefois, lorsque la durée de remboursement n'excède pas cinq années, le prêt peut être accordé à un taux inférieur ou sans intérêt.

(Décr. nº 2022-388 du 17 mars 2022, art. 1er-24º) « Lorsque le taux d'intérêt résultant de l'application des dispositions du présent article est négatif, le prêt est accordé sans intérêt et pour une durée maximale de quinze ans. »

Un différé de remboursement en capital et intérêts, inclus dans la durée totale du prêt, de trois années au plus, peut être accordé.

Le prêt ou la subvention accordé ne peut représenter plus de 50 % du montant total de l'opération sauf lorsqu'il est destiné à aider au développement de réalisations sanitaires et sociales présentant un caractère innovant ou d'intérêt général.

La décision d'attribution du prêt peut être subordonnée à la constitution d'une garantie.

Art. R. 421-2 *(Décr. nº 2014-954 du 21 août 2014, art. 2-1º)* « I. — » L'organisme qui sollicite un prêt ou une subvention adresse *(Décr. nº 2014-954 du 21 août 2014, art. 2-2º)* « au *(Décr. nº 2022-388 du 17 mars 2022, art. 1er-25º)* « ministre chargé » de la mutualité » un dossier présentant notamment un exposé des besoins auxquels répond le projet, les activités et la situation financière de l'organisme, la nature de l'opération envisagée, l'accord ou l'agrément des autorités administratives compétentes, le coût prévisionnel de l'opération, son plan de financement ainsi qu'un descriptif précisant notamment ses objectifs, son contenu et ses conditions de réalisation et les modalités de remboursement du prêt demandé. L'organisme joint à ce dossier une déclaration de l'ensemble des aides publiques qu'il a reçues durant les trois dernières années.

Lorsque le projet présenté par la mutuelle ou l'union s'inscrit dans un projet d'ensemble comprenant d'autres opérations pour lesquelles elle a déjà obtenu du fonds un prêt ou une subvention, l'organisme présente à l'appui de sa demande un état d'exécution des dépenses correspondantes.

(Décr. nº 2014-954 du 21 août 2014, art. 2-3º) **« Un arrêté du ministre chargé de la mutualité précise la forme du dossier de demande de prêt ou de subvention.**

« II. — En cas de dossier incomplet, le *(Décr. nº 2022-388 du 17 mars 2022, art. 1er-25º)* **« ministre chargé » de la mutualité indique au demandeur la liste des pièces manquantes ou incomplètes. »**

Art. R. 421-3 *(Décr. nº 2022-388 du 17 mars 2022, art. 1er-26º)* **« I. — Les décisions relatives à l'attribution des prêts et subventions sont prises par le ministre chargé de la mutualité, après avis de la commission mentionnée à l'article L. 421-3. »**

II. — La décision *(Décr. nº 2022-388 du 17 mars 2022, art. 1er-26º)* **« du ministre chargé de la mutualité » statuant sur une demande d'attribution de prêt ou de subvention est motivée. Lorsqu'elle accorde un prêt ou une subvention, elle précise :**

1º La part de la somme demandée pour laquelle il est attribué un prêt, une subvention ou, le cas échéant, un prêt et une subvention ainsi que leur montant ;

2º L'objet de la subvention ou du prêt et la nature des dépenses couvertes ;

3º L'échéancier des versements ainsi que, pour un prêt, sa durée, le taux d'intérêt applicable et l'échéancier de remboursement ;

4º Le cas échéant, les conditions auxquelles est subordonné l'octroi du prêt ou de la subvention.

III. — Les décisions *(Décr. nº 2022-388 du 17 mars 2022, art. 1er-26º)* **« du ministre chargé de la mutualité sont prises », en ce qui concerne les établissements relevant de sa compétence, après avis du directeur général de l'agence régionale de santé territorialement compétente. Cet avis est réputé rendu à l'issue d'un délai de deux mois à compter de la saisine.**

(Abrogé par Décr. nº 2022-388 du 17 mars 2022, art. 1er-26º) ***« IV. — Avant la notification de la décision d'attribution du prêt ou de la subvention à l'organisme qui l'a sollicité, le secrétaire général du Conseil supérieur de la mutualité peut demander à la commission, lorsqu'il estime que la décision d'attribution méconnaît les règles fixées par le présent code, une seconde délibération. »***

V. — Le silence gardé par *(Décr. nº 2022-388 du 17 mars 2022, art. 1er-26º)* **« le ministre chargé de la mutualité » pendant six mois à compter de la demande vaut décision** *(Abrogé par Décr. nº 2022-388 du 17 mars 2022, art. 1er-26º)* ***« implicite »*** **de rejet.**

Art. R. 421-4 *(Décr. nº 2014-954 du 21 août 2014, art. 3) (Décr. nº 2022-388 du 17 mars 2022, art. 1er-27º)* **« Le ministre chargé de la mutualité notifie sa décision à l'organisme attributaire ainsi qu'à la Caisse des dépôts et consignations, qui procède au versement des fonds selon l'échéancier défini par la décision. »**

Sur la base des décisions qui lui sont notifiées, un registre central des prêts et subventions accordés à chaque organisme est tenu par la Caisse des dépôts et consignations aux fins du respect des dispositions du règlement (UE) nº 1407/2013 de la Commission du 18 décembre 2013 relatif à l'application des articles 107 et 108 du traité sur le fonctionnement de l'Union européenne aux aides *de minimis*.

Art. R. 421-5 *(Décr. nº 2014-954 du 21 août 2014, art. 3)* **Le directeur général de la Caisse des dépôts et consignations adresse deux fois par an au** *(Décr. nº 2022-388 du 17 mars 2022, art. 1er-28º)* **« ministre chargé » de la mutualité le relevé des opérations effectuées et l'état du compte au 30 juin et au 31 décembre, un extrait du registre central, l'état des remboursements des prêts ainsi qu'un état des dépôts en numéraires et titres aux mêmes dates.** *(Décr. nº 2022-388 du 17 mars 2022, art. 1er-28º)* **« Les documents présentés au titre de l'état du compte au 31 décembre » sont accompagnés d'une note présentant les résultats et perspectives de la gestion financière du fonds.** *(Abrogé par Décr. nº 2022-388 du 17 mars 2022, art. 1er-28º)* ***« Ces documents sont***

présentés à la prochaine séance du Conseil supérieur de la mutualité ou de sa commission spécialisée. »

Une convention entre le *(Décr. nº 2022-388 du 17 mars 2022, art. 1er-28º)* « ministre chargé » de la mutualité et le directeur général de la Caisse des dépôts et consignations *(Décr. nº 2022-388 du 17 mars 2022, art. 1er-28º)* « précise » les modalités de gestion du Fonds national de solidarité et d'action mutualistes, *(Décr. nº 2022-388 du 17 mars 2022, art. 1er-28º)* « notamment » les frais de gestion.

Art. R. 421-6 *(Abrogé par Décr. nº 2022-388 du 17 mars 2022, art. 1er-29º) (Décr. nº 2014-954 du 21 août 2014, art. 3)* ***Une délibération de la commission spécialisée définit les modalités selon lesquelles le secrétaire général du Conseil supérieur de la mutualité agit, au nom de celui-ci, en justice et dans les actes de la vie civile relatifs au Fonds national de solidarité et d'action mutualistes. Le secrétaire général rend compte de l'exercice de cette délégation à chaque réunion de la commission spécialisée.***

Art. R. 421-7 *(Décr. nº 2014-954 du 21 août 2014, art. 3)* L'organisme attributaire d'un prêt ou d'une subvention transmet au minimum une fois par an un état justificatif de l'emploi des fonds, conformément à l'échéancier joint au dossier, ainsi que, après réalisation de l'opération, un compte rendu d'achèvement. L'organisme attributaire d'un prêt transmet également, avant le 30 septembre de chaque année, un document présentant sa situation financière.

Les sommes non dépensées ou n'ayant pas été affectées à la réalisation de l'opération présentée lors de la demande de prêt ou de subvention sont remboursables sans délai.

(Abrogé par Décr. nº 2022-388 du 17 mars 2022, art. 1er-30º) ***« Le rapport mentionné au cinquième alinéa de l'article L. 411-1 comporte un bilan quantitatif et qualitatif des prêts et des subventions accordés par le Fonds national de solidarité et d'action mutualistes. Le secrétaire général présente ce rapport au Conseil supérieur de la mutualité. »***

TITRE TROISIÈME FONDS DE GARANTIE CONTRE LA DÉFAILLANCE DES MUTUELLES ET DES UNIONS PRATIQUANT DES OPÉRATIONS D'ASSURANCE

(Décr. nº 2011-733 du 27 juin 2011, art. 2)

CHAPITRE UNIQUE LE FONDS DE GARANTIE

Pour la détermination de l'assiette de la première cotisation due par chaque mutuelle ou union adhérente au fonds de garantie, en application des dispositions du code de la mutualité issues du Décr. nº 2011-733 du 27 juin 2011, il est fait référence aux provisions techniques constatées dans les derniers comptes certifiés (Décr. préc., art. 3).

Art. R. 432-1 Le fonds de garantie institué par l'article L. 431-1 ne peut refuser l'adhésion d'une mutuelle ou union mentionnée au même article, agréée dans les conditions prévues aux articles *(Décr. nº 2015-513 du 7 mai 2015, art. 13-VI-3º, en vigueur le 1er janv. 2016)* « L. 211-8 et L. 211-8-1 » ou à laquelle un autre organisme s'est substitué au sens de l'article L. 211-5 *(Décr. nº 2017-1765 du 26 déc. 2017, art. 3, en vigueur le 31 déc. 2017)* « , ni d'une mutuelle ou union de retraite professionnelle supplémentaire agréée dans les conditions prévues à l'article L. 214-7 ».

L'adhésion au fonds ne prend fin qu'en cas de retrait, de cessation ou de caducité de l'agrément ou bien de retrait ou d'abrogation de la dispense d'agrément mentionnée à l'article L. 211-5.

Pour les mutuelles ou unions qui adhèrent à un système fédéral de garantie prévu à l'article L. 111-6 agréé dans les conditions prévues à l'article R. 111-1, le fonds de garantie intervient à hauteur de la différence entre les limites fixées par l'article R. 432-7 et le montant pris en charge par le système fédéral conformément à son règlement. Lorsque la limite fixée par l'article R. 432-7 est inférieure au montant pris en charge par le système fédéral de garantie, le fonds de garantie n'intervient pas.

Art. R. 432-2 Les membres participants de mutuelles ou unions adhérentes, ainsi que leurs ayants droit et bénéficiaires, bénéficient du fonds de garantie, au titre des prestations relevant des branches 1, 2, 20 à 26 définies à l'article R. 211-2.

(Décr. nº 2017-1765 du 26 déc. 2017, art. 3, en vigueur le 31 déc. 2017) « Les membres participants à des règlements et bénéficiaires de prestations relevant des activités de retraite professionnelle supplémentaire souscrits auprès de mutuelles ou unions de retraite professionnelle supplémentaire adhérant au fonds de garantie bénéficient de ce fonds. »

Il est interdit d'utiliser à des fins publicitaires le fait que des bulletins d'adhésion à des règlements ou des contrats sont couverts par le mécanisme de garantie institué à l'article L. 431-1.

Art. R. 432-3 Le collège institué à l'article L. 431-2 est composé du directeur de la sécurité sociale, du président de l'Autorité de contrôle prudentiel et de résolution et du président du conseil de surveillance du fonds de garantie, ou de leurs représentants.

Art. R. 432-4 L'Autorité de contrôle prudentiel et de résolution peut retenir un taux de réduction différent par ensemble de bulletins d'adhésion à un règlement ou de contrats présentant les mêmes caractéristiques. Tous les bulletins d'adhésion à un règlement ou les contrats d'un même ensemble ont le même taux de réduction.

Si l'Autorité de contrôle prudentiel et de résolution décide le transfert de tout ou partie des bulletins d'adhésion à un règlement ou des contrats à un ou plusieurs organismes assureurs, elle fait procéder, aux frais de la mutuelle ou de l'union défaillante, à l'évaluation des actifs de cette dernière, afin de procéder à leur attribution. L'Autorité de contrôle prudentiel et de résolution notifie à chaque organisme cessionnaire la liste des actifs accompagnant le transfert de portefeuille.

Si l'Autorité de contrôle prudentiel et de résolution estime que les taux de réduction proposés sont excessifs, elle peut, sur le fondement de l'évaluation mentionnée à l'alinéa précédent, demander aux organismes ayant répondu à l'appel d'offres d'améliorer leur offre dans un délai qu'elle fixe. En l'absence de réponse satisfaisante, elle peut rejeter leur candidature.

Si la mutuelle ou l'union défaillante pratiquait les opérations relevant de l'article L. 222-1, les actifs affectés à ces opérations sont attribués aux cessionnaires des engagements correspondants.

Art. R. 432-5 L'organisme cessionnaire présente au fonds de garantie la demande de versement prévue au premier alinéa de l'article L. 431-3, dont il calcule le montant sur la base des engagements arrêtés à la date de publication au *Journal officiel* de la République française du transfert de portefeuille et des actifs accompagnant ce transfert. Lorsque la mutuelle ou l'union défaillante est garantie par un système fédéral de garantie, le fonds informe celui-ci sans délai de la demande de versement. Le système fédéral de garantie dispose d'un délai d'un mois à compter de la date de réception de la demande pour verser au fonds la part à sa charge conformément à son règlement. Dans un délai de deux mois à compter de la date de réception de la demande, le fonds, après avoir vérifié que les bulletins d'adhésion à un règlement ou les contrats sont couverts par la garantie et contrôlé le montant garanti par bulletin d'adhésion à un règlement ou par contrat, verse en une seule fois à l'organisme cessionnaire le montant de la somme qui lui est due en précisant, le cas échéant, la part prise en charge par le système fédéral de garantie.

A titre exceptionnel, l'Autorité de contrôle prudentiel et de résolution peut, sur la demande du fonds de garantie, accorder au fonds et au système fédéral de garantie une prolongation, qui ne saurait excéder au total trois mois, des délais prévus aux alinéas précédents.

Les sommes dues par le fonds de garantie et, le cas échéant, par le système fédéral de garantie et non versées portent intérêt aux taux éventuellement prévus dans les bulletins d'adhésion à un règlement ou dans les contrats transférés, à compter de la date d'expiration du délai imparti au fonds pour en effectuer le versement.

Pour les membres participants, leurs ayants droit et les bénéficiaires de prestations qui, en vertu des clauses du règlement auquel ils ont adhéré, ont un droit sur la provision mathématique du bulletin d'adhésion au règlement ou du contrat, l'organisme cessionnaire informe chaque membre participant, ayant droit ou bénéficiaire de prestations du montant de la reconstitution, effectuée par le fonds de garantie et, le cas échéant, par le système fédéral de garantie, de la provision attachée à son bulletin d'adhésion ou son contrat. Pour les autres opérations, l'organisme cessionnaire informe les bénéficiaires de prestations à la date d'intervention du fonds de garantie du montant de la reconstitution, effectuée respectivement par le fonds de garantie et, le cas échéant, le système fédéral de garantie, des prestations auxquelles ils ont droit.

Le fonds de garantie dispose d'un délai de deux mois à compter de la date de versement prévue au présent article pour présenter à l'organisme cessionnaire, en son nom ou, le cas échéant, en celui du système fédéral de garantie, une demande de reversement.

Art. R. 432-6 Le liquidateur demande au fonds de garantie le versement prévu au deuxième alinéa de l'article L. 431-3, qu'il calcule sur la base des engagements arrêtés à la date de cessation des effets des bulletins d'adhésion à un règlement ou des contrats, déterminée dans les conditions prévues aux articles *(Décr. n° 2015-513 du 7 mai 2015, art. 13-VI-4°, en vigueur le 1er janv. 2016)* « L. 326-12 et L. 326-13 du code des assurances ». Lorsque la mutuelle ou l'union défaillante est garantie par un système fédéral de garantie, le fonds informe celui-ci sans délai de la demande de versement. Le système fédéral de garantie dispose d'un délai d'un mois à compter de la date de réception de la demande pour verser au fonds la part à sa charge conformément à son règlement. Dans un délai de deux mois à compter de la date de réception de la demande, le fonds, après avoir vérifié que les bulletins d'adhésion à un règlement ou les contrats sont couverts par la garantie et après avoir contrôlé le montant garanti par bulletin d'adhésion à un règlement ou par contrat, procède à un versement en une seule fois, en précisant, le cas échéant, la part prise en charge par le système fédéral de garantie, au profit de chaque membre participant, ayant droit ou bénéficiaire de prestations contre la remise par celui-ci d'un récépissé du versement.

A titre exceptionnel, l'Autorité de contrôle prudentiel et de résolution peut, sur la demande du fonds de garantie, accorder au fonds et au système fédéral de garantie une prolongation, qui ne saurait excéder au total trois mois, des délais prévus à l'alinéa précédent.

Le fonds met en œuvre la garantie, selon la même procédure, si le liquidateur présente une demande complémentaire de versement en apportant la preuve que des membres participants, ayants droit ou bénéficiaires de prestations concernés n'ont pas été en mesure de présenter à temps les bulletins d'adhésion à un règlement ou les contrats susceptibles de bénéficier de la garantie.

Les sommes dues par le fonds de garantie et, le cas échéant, par le système fédéral de garantie et non versées portent intérêt au taux légal, à compter de la date d'expiration du délai imparti au fonds pour en effectuer le versement.

Le fonds de garantie dispose d'un délai de deux mois à compter de la date de versement prévue au premier alinéa du présent article pour présenter au membre participant, ayant droit ou bénéficiaire de prestations concerné, en son nom ou, le cas échéant, en celui du système fédéral de garantie, une demande de reversement.

Art. R. 432-7 L'ensemble des provisions représentatives des droits à prestations résultant d'un même bulletin d'adhésion à un règlement ou contrat dont bénéficie un membre participant au titre d'une opération collective ou d'une opération individuelle est reconstitué :

1° Intégralement pour les prestations dues et échues à la date de notification mentionnée au I de l'article L. 431-2 ;

2° Intégralement pour les prestations des bulletins d'adhésion à un règlement ou contrats des branches 1 et 2 mentionnées à l'article R. 211-2 dues et échues entre la date de notification prévue au I de l'article L. 431-2 et la date de publication du transfert des bulletins d'adhésion à un règlement ou contrats ou de cessation de leurs effets ;

3° Jusqu'à concurrence d'un montant de provisions techniques de 70 000 euros pour les prestations déterminées par le ou les bulletins d'adhésion à un règlement ou contrats à devoir ou à échoir après la date de notification prévue au I de l'article L. 431-2, sauf pour les prestations mentionnées au 4° ;

4° Jusqu'à concurrence d'un montant de provisions techniques de 90 000 euros pour les rentes d'incapacité ou d'invalidité et les rentes résultant de bulletins d'adhésion à un règlement ou contrat en cas de décès, à devoir ou à échoir après la date de notification prévue au I de l'article L. 431-2, sans préjudice des dispositions prévues au 2°.

Art. R. 432-8 Dès la notification prévue au I de l'article L. 431-2, la mutuelle ou l'union défaillante informe chaque membre participant, ayant droit ou bénéficiaire de prestations de la procédure en cours.

Les formalités à remplir par l'organisme cessionnaire du portefeuille de bulletins d'adhésion à un règlement ou de contrats pour bénéficier du versement par le fonds prévu au premier alinéa de l'article L. 431-3 sont précisées par le règlement du fonds de garantie. Celles qui devront être accomplies par le liquidateur en vue de permettre le versement prévu au deuxième alinéa du même article aux membres participants, ayants droit ou bénéficiaires de prestations sont également précisées par ce même règlement.

Art. R. 432-9 Le membre participant, l'ayant droit, le bénéficiaire de prestations ou l'organisme cessionnaire qui conteste une décision du fonds de garantie saisit la juridiction compétente du lieu de son domicile ou de son siège social.

Art. R. 432-10 Pour l'élection des membres du conseil de surveillance du fonds de garantie, chaque mutuelle ou union adhérente dispose d'un nombre de voix proportionnel à la part de ses cotisations dans le montant global prévu au premier alinéa de l'article R. 432-13.

Les membres du conseil de surveillance du fonds sont élus pour une durée de cinq ans renouvelable. En cas de démission ou de décès d'un membre, il est procédé à une nouvelle désignation pour la durée du mandat restant à courir.

Les statuts du fonds de garantie précisent en tant que de besoin les dispositions du présent article.

Art. R. 432-11 Les statuts du fonds de garantie déterminent la composition du directoire, la durée du mandat de ses membres, les conditions de leur remplacement ainsi que les modalités de convocation et de réunion des membres des organes dirigeants du fonds.

Son règlement intérieur fixe les conditions de fonctionnement du fonds, de versement des sommes dues aux membres participants, ayants droit ou bénéficiaires ou aux organismes cessionnaires, de recouvrement des cotisations des mutuelles ou unions adhérentes et des pénalités de retard prévues à l'article L. 431-7, ainsi que les règles relatives à la tenue de la comptabilité du fonds.

Art. R. 432-12 Les décisions du fonds de garantie sont communiquées sans délai au ministre chargé de la mutualité.

Art. R. 432-13 I. – Sous réserve des dispositions de l'article R. 432-15 *(Abrogé par Décr. n° 2015-513 du 7 mai 2015, art. 13-VI-5°, à compter du 1er janv. 2016)* *« et des dispositions du présent article relatives aux mutuelles ou unions se soumettant aux obligations prévues au premier alinéa de l'article R. 111-5 et prenant les mesures de redressement demandées par le système fédéral de garantie »*, le fonds doit disposer en permanence d'un montant global de ressources égal à 0,05 % du total des provisions mathématiques constatées au 31 décembre de l'année précédente pour l'ensemble des mutuelles et unions mentionnées à l'article L. 431-1. Le montant global est constitué par les mutuelles et unions adhérentes, après déduction des ressources propres du fonds qui comprennent les produits financiers, pour moitié par des cotisations versées au fonds et pour moitié par des cotisations non versées prenant la forme de réserves pour fonds de garantie.

II. — Le fonds de garantie notifie à chaque mutuelle ou union adhérente le montant de sa cotisation annuelle qui correspond à sa quote-part du montant global prévu au premier alinéa.

Cette quote-part est égale au pourcentage que représentent ses provisions techniques constatées au 31 décembre de l'année précédente, après un abattement des trois quarts pour les provisions des contrats en unités de compte, dans les provisions techniques de l'ensemble des mutuelles et unions adhérentes calculées avec le même abattement. Pour les opérations faisant l'objet d'une convention de substitution au sens de l'article L. 211-5, les provisions techniques prises en compte dans le calcul sont celles constituées dans la mutuelle ou l'union *(Décr. n° 2022-388 du 17 mars 2022, art. 1er-31°)* « substituante ».

La cotisation annuelle d'une mutuelle ou union agréée dans les conditions prévues aux articles *(Décr. n° 2015-513 du 7 mai 2015, art. 13-VI-5°, en vigueur le 1er janv. 2016)* « L. 211-8 et L. 211-8-1 » ne peut être inférieure à 1 000 euros.

III. — Si le montant de sa cotisation de l'année est supérieur à celui de l'année précédente, chaque mutuelle ou union procède en une seule fois au versement au fonds et à la dotation à la réserve pour un montant identique, égal à cette différence. Lorsque cette différence est négative, elle donne lieu, la même année, pour moitié à sa restitution par le fonds à la mutuelle ou union concernée et pour moitié à une reprise par la mutuelle ou union sur la réserve pour fonds de garantie. Sous réserve du respect des dispositions du premier alinéa de l'article R. 432-13 concernant le montant global de ressources, lorsque cette différence est inférieure à 400 euros, le fonds peut ne pas ajuster la cotisation annuelle de la mutuelle ou union.

Les mutuelles ou unions adhérentes disposent d'un délai de dix jours ouvrés à compter de la réception de la notification prévue au premier alinéa du II pour verser au fonds les cotisations.

Le fonds de garantie informe sans délai l'Autorité de contrôle prudentiel et de résolution de tout retard de versement de plus d'un mois ou de tout refus de versement d'une mutuelle ou d'une union, afin que l'autorité mette en œuvre, le cas échéant, les pouvoirs qu'elle tire du chapitre II du titre Ier du livre VI du code monétaire et financier.

Les cotisations versées au fonds de garantie par les mutuelles ou unions dont l'adhésion au fonds a pris fin ne peuvent faire l'objet d'un reversement par celui-ci.

Art. R. 432-14 Si le fonds de garantie intervient dans les conditions prévues à l'article L. 431-3, il utilise par priorité ses ressources disponibles, avant d'appeler, en tant que de besoin, les réserves pour fonds de garantie prévues à l'article R. 432-13.

Si la mise en jeu de la garantie du fonds excède le montant global prévu au premier alinéa de l'article R. 432-13, le fonds emprunte les sommes nécessaires à la préservation des droits des membres participants, de leurs ayants droit ou bénéficiaires de prestations, dans la limite d'une fois ce montant global.

Art. R. 432-15 En cas d'intervention du fonds de garantie dans les conditions prévues à l'article L. 431-3, les mutuelles ou unions reconstituent, au cours des trois années suivantes, le montant des sommes versées par le fonds par un versement complémentaire au fonds égal, pour chacune de ces trois années, au tiers des ressources disponibles utilisées par le fonds et, le cas échéant, par une dotation complémentaire de leur réserve pour fonds de garantie égale, pour chacune des trois années, au tiers du montant de cette réserve appelé par le fonds.

Selon les branches définies à l'article R. 211-2 dont relèvent les droits ayant fait l'objet de l'intervention du fonds, la reconstitution des sommes versées par le fonds s'effectue sur la base d'une quote-part égale au pourcentage que représentent dans chaque mutuelle ou union les provisions techniques afférentes soit aux branches 1 et 2, soit aux branches 20 à 26 dans les provisions techniques de même nature de

l'ensemble des mutuelles et unions adhérentes, telles que constatées au 31 décembre de l'année précédente.

Pour les mutuelles ou unions qui adhèrent à un système fédéral de garantie, le versement complémentaire est effectué pour leur compte par l'intermédiaire du système fédéral de garantie.

Art. R. 432-16 *Abrogé par Décr. n° 2015-513 du 7 mai 2015, art. 13-VI-6°, à compter du 1er janv. 2016.*

Art. R. 432-17 **Le règlement du fonds de garantie détermine les conditions dans lesquelles celui-ci emprunte auprès de ses adhérents.**

Chaque emprunt doit être remboursé dans un délai maximal de six ans à compter de la date de sa souscription.

(Abrogé par Décr. n° 2015-513 du 7 mai 2015, art. 13-VI-7°, à compter du 1er janv. 2016) ***« La quote-part de chaque mutuelle ou union adhérente dans les emprunts du fonds vient en diminution de sa marge de solvabilité. »***

Art. R. 432-18 **Une provision est constituée dans la comptabilité du fonds de garantie pour enregistrer les cotisations versées par les mutuelles ou unions adhérentes, les produits financiers générés par ces cotisations et toutes autres ressources du fonds, sous déduction de ses frais de gestion.**

Le montant de cette provision est investi dans :

1° Des valeurs cotées sur un marché réglementé d'instruments financiers d'un État membre de l'Union européenne, à l'exclusion des valeurs émises par une mutuelle ou union adhérente au fonds de garantie ou par un système fédéral de garantie ;

2° Des valeurs émises ou garanties par un État membre de l'Union européenne ;

3° Des liquidités ;

4° Des actions de sociétés d'investissement à capital variable et des parts de fonds communs de placement détenant exclusivement des actifs relevant des 1°, 2° et 3° sans que soient prohibées les valeurs émises par des mutuelles ou unions adhérentes au fonds de garantie ou par un système fédéral de garantie dès lors que le montant total de ces valeurs n'excède pas 15 % de la valeur d'actif de chacun des instruments financiers de gestion collective visés ci-dessus.

Les placements sont comptabilisés au prix d'achat et les moins-values provisionnées ligne par ligne.

La provision ne peut être investie à hauteur de plus de 5 % dans des valeurs émises par un même organisme, à l'exception des valeurs émises ou garanties par un État membre de l'Union européenne.

Les liquidités doivent représenter à tout instant au moins 20 % des actifs du fonds.

Les valeurs et liquidités du fonds de garantie sont déposées auprès d'établissements de crédit ou d'entreprises d'investissement régulièrement habilités par un État membre de l'Union européenne. Aucun de ces établissements ou entreprises ne peut détenir plus de 25 % du montant de la provision.

La comptabilité du fonds doit permettre de distinguer le montant des cotisations versées par les mutuelles ou unions adhérentes, le montant cumulé des produits financiers des cotisations et les autres ressources du fonds.

LIVRE CINQUIÈME CONTRÔLE DES MUTUELLES, UNIONS ET FÉDÉRATIONS

(Décr. nº 2002-1457 du 16 déc. 2002, art. 1er)

Les dispositions issues du Décr. nº 2010-217 du 3 mars 2010 sont entrées en vigueur à la date de la première réunion du collège de l'Autorité de contrôle prudentiel (Décr. préc., art. 12).

CHAPITRE PREMIER *[ABROGÉ]* AUTORITÉ DE CONTRÔLE

(Abrogé par Décr. nº 2015-513 du 7 mai 2015, art. 13-VII, à compter du 1er janv. 2016)

Art. R. 510-1 *Abrogé par Décr. nº 2015-513 du 7 mai 2015, art. 13-VII, à compter du 1er janv. 2016.*

Art. R. 510-1-2 *Abrogé par Décr. nº 2010-217 du 3 mars 2010, art. 4-IV-3º.*

SECTION PREMIÈRE *[ABROGÉE]* MODALITÉS DE CONTRÔLE

Art. R. 510-2 et R. 510-2-1 *Abrogés par Décr. nº 2010-217 du 3 mars 2010, art. 4-IV-3º.*

SECTION II *[ABROGÉE]* MESURES DE SAUVEGARDE ET D'ASSAINISSEMENT *(Décr. nº 2005-8 du 5 janv. 2005, art. 2-I).*

(Abrogée par Décr. nº 2015-513 du 7 mai 2015, art. 13-VIII, à compter du 1er janv. 2016)

Art. R. 510-3 à R. 510-5 *Abrogés par Décr. nº 2015-513 du 7 mai 2015, art. 13-VII, à compter du 1er janv. 2016.*

Art. R. 510-6 et R. 510-7 *Abrogés par Décr. nº 2010-217 du 3 mars 2010, art. 4-IV-8º.*

Art. R. 510-8 et R. 510-9 *Abrogés par Décr. nº 2015-513 du 7 mai 2015, art. 13-VII, à compter du 1er janv. 2016.*

Art. R. 510-10 *Abrogé par Décr. nº 2010-217 du 3 mars 2010, art. 4-IV-10º.*

Art. R. 510-10-1 *Abrogé par Décr. nº 2015-513 du 7 mai 2015, art. 13-VII, à compter du 1er janv. 2016.*

SECTION III *[ABROGÉE]* PROCÉDURE DISCIPLINAIRE

Art. R. 510-11 à R. 510-15 *Abrogés par Décr. nº 2010-217 du 3 mars 2010, art. 4-IV-12º.*

SECTION IV *[ABROGÉE]* NOTIFICATION DE L'EXERCICE D'ACTIVITÉS EN LIBRE PRESTATION DE SERVICES

Art. R. 510-16 *Abrogé par Décr. nº 2010-217 du 3 mars 2010, art. 4-IV-12º.*

Art. R. 510-17 *Devenu art. R. 510-16 (Décr. nº 2004-693 du 15 juill. 2004, art. 3-IV).*

CHAPITRE II *[ABROGÉ]* DÉCONCENTRATION DU CONTRÔLE

Art. R. 510-18 *Abrogé par Décr. nº 2010-217 du 3 mars 2010, art. 4-IV-12º.*

CHAPITRE III DISPOSITIONS PÉNALES

Art. R. 510-1 *(Décr. nº 2022-388 du 17 mars 2022, art. 1er-32º)* **Les mesures d'incapacité et d'interdiction de diriger un organisme mutualiste prises à l'encontre de ses dirigeants à la suite d'une décision juridictionnelle passée en force de chose jugée sont communiquées, s'agissant des mutuelles et unions entrant dans le champ**

d'application de l'article L. 612-2 du code monétaire et financier, à l'Autorité de contrôle prudentiel et de résolution.

Art. R. 510-19 *(Décr. nº 2017-1765 du 26 déc. 2017, art. 3, en vigueur le 31 déc. 2017)* **Est puni de la peine d'amende prévue pour les contraventions de cinquième classe le fait pour tout dirigeant d'une mutuelle, d'une union ou d'une mutuelle ou union de retraite professionnelle supplémentaire :**

1° De ne pas respecter les obligations qui lui incombent en matière de tenue de la comptabilité, d'enregistrement des opérations, de conservation des pièces comptables et de présentation des comptes annuels ;

2° De méconnaître les obligations ou interdictions résultant des articles R. 211-1 et R. 214-1 du présent code et des articles R. 223-8, R. 343-1 et R. 332-16 du code des assurances.

En cas de récidive, la peine d'amende prévue pour la récidive des contraventions de la cinquième classe est applicable.

Pour l'application des pénalités édictées au présent chapitre, sont considérés comme dirigeants de mutuelles, d'unions ou de mutuelles ou unions de retraite professionnelle supplémentaire : les membres du conseil d'administration, les directeurs généraux, les directeurs, le dirigeant opérationnel et tout dirigeant de fait d'une mutuelle, d'une union ou d'une mutuelle ou union de retraite professionnelle supplémentaire.

TROISIÈME PARTIE : *DÉCRETS*

(Décr. nº 2002-1383 du 21 nov. 2002)

LIVRE PREMIER RÈGLES GÉNÉRALES APPLICABLES À L'ENSEMBLE DES MUTUELLES, UNIONS ET FÉDÉRATIONS

CHAPITRE IV FONCTIONNEMENT DES MUTUELLES, UNIONS ET FÉDÉRATIONS : DISPOSITIONS GÉNÉRALES

SECTION III ASSEMBLÉE GÉNÉRALE

Art. D. 114-1 Sauf clause contraire des statuts, les assemblées générales des mutuelles, unions et fédérations sont réunies au lieu fixé par le conseil d'administration.

Une feuille de présence est tenue à chaque assemblée.

Art. D. 114-2 Sous réserve des articles D. 114-3 à D. 114-5, les statuts des mutuelles, unions et fédérations fixent les règles de convocation de l'assemblée générale.

Art. D. 114-3 La convocation indique la dénomination sociale de la mutuelle, union ou fédération, éventuellement suivie de son sigle, l'adresse du siège social, les jour, heure et lieu de la tenue de l'assemblée générale, son ordre du jour ainsi que les règles de quorum et de majorité applicables aux délibérations correspondantes.

Sous réserve des questions diverses qui ne doivent présenter qu'une importance mineure, les questions inscrites à l'ordre du jour sont libellées de telle sorte que leur contenu et leur portée apparaissent clairement, sans qu'il y ait lieu de se reporter à d'autres documents.

Lorsque les statuts prévoient la faculté de voter par correspondance, la convocation des membres de l'assemblée générale indique les conditions dans lesquelles cette faculté peut être exercée et les lieux et conditions dans lesquels ils peuvent obtenir les formulaires nécessaires et les documents qui y sont annexés.

Art. D. 114-4 Le délai entre la date de convocation à l'assemblée générale et la date de tenue de celle-ci est d'au moins quinze jours sur première convocation et d'au moins six jours sur deuxième convocation. En cas d'ajournement par décision de justice, cette décision peut fixer un délai différent.

Art. D. 114-5 Lorsqu'une assemblée n'a pu délibérer régulièrement, faute du quorum requis, la deuxième assemblée est convoquée dans les formes prévues à l'article D. 114-3 et la convocation rappelle la date de la première.

Art. D. 114-6 Les membres participants ou les délégués composant l'assemblée générale d'une mutuelle, union ou fédération peuvent, dans une proportion fixée par les statuts de l'organisme mutualiste, requérir l'inscription à l'ordre du jour de projets de résolution. Cette proportion ne peut excéder le quart des membres de l'assemblée générale. Les statuts peuvent également imposer une condition de durée minimum d'adhésion qui ne peut excéder un an.

Les demandes d'inscription à l'ordre du jour d'une assemblée générale de projets de résolution doivent être adressées par lettre recommandée *(Décr. nº 2018-229 du 30 mars 2018, art. 26)* « ou par envoi recommandé électronique, avec demande d'avis de réception, » au président du conseil d'administration de la mutuelle, de l'union ou de la fédération cinq jours au moins avant la date de réunion de l'assemblée générale. Ces projets de résolution sont inscrits à l'ordre du jour et soumis au vote de l'assemblée.

Art. D. 114-7 Lorsque les statuts prévoient un délai de convocation de l'assemblée générale supérieur à quinze jours, les délais prévus aux articles D. 114-4 et D. 114-6 sont majorés en proportion de l'augmentation de ce délai.

SECTION VI DISPOSITIONS FINANCIÈRES ET COMPTABLES

(Décr. nº 2004-239 du 16 mars 2004)

Art. D. 114-10 **Sont tenues de nommer au moins un commissaire aux comptes et un suppléant choisis sur la liste mentionnée** *(Ord. nº 2016-315 du 17 mars 2016, art. 46, en vigueur le 17 juin 2016)* **« au I de l'article L. 822-1 » du code de commerce les mutuelles et unions relevant du livre III et les fédérations qui dépassent deux des seuils suivants :**

a) **1 524 490 € pour le total du bilan ;**

b) **3 048 980 € pour le montant hors taxes des ressources ;**

c) **50 salariés en équivalent temps plein.** — *Le Décr. nº 2004-239 du 16 mars 2004 s'applique aux comptes afférents aux exercices ouverts à compter du 1er janv. 2004.*

Art. D. 114-11 *(Décr. nº 2011-467 du 27 avr. 2011, art. 2)* **I. — Les données relatives à la protection sociale complémentaire, mentionnées** *(Décr. nº 2014-1316 du 3 nov. 2014, art. 11)* **« au cinquième alinéa de l'article L. 612-24 » du code monétaire et financier, sont regroupées dans les états suivants** *(Décr. nº 2021-74 du 26 janv. 2021)* **« , tels qu'établis par décision de l'Autorité de contrôle prudentiel et de résolution » :**

(Décr. nº 2021-74 du 26 janv. 2021) **« FR1401 » Personnes assurées, couvertes et bénéficiaires par type de garanties ;**

(Décr. nº 2021-74 du 26 janv. 2021) **« FR1402 » Primes et prestations par type de garanties ;**

(Décr. nº 2021-74 du 26 janv. 2021) **« FR1403 » Frais de soins et indemnités journalières payés au cours de l'exercice ;**

(Décr. nº 2021-74 du 26 janv. 2021) **« FR1301 Compte de résultat par catégorie (vie et dommages corporels) ;**

« FR1302 Compte de résultat par catégorie (mixtes et dommages corporels) ;

« FR1303 Compte de résultat par catégorie (non-vie et dommages corporels) ;

« FR1404 » *(Décr. nº 2012-454 du 4 avr. 2012, art. 1er-II)* **« Compléments frais de gestion des garanties "frais de soins", gestion déléguée d'un régime obligatoire santé, CMU, ACS et taxe sur les conventions d'assurance des contrats santé ».**

(Décr. nº 2015-1857 du 30 déc. 2015, art. 3-1º, en vigueur le 1er janv. 2016) **« Ces états sont établis annuellement. »** *(Abrogé par Décr. nº 2021-74 du 26 janv. 2021)* ***« Leur contenu est fixé en annexe du présent article. »***

II. — Les modalités de transmission des états mentionnés au I à l'Autorité de contrôle prudentiel et de résolution sont définies par *(Décr. nº 2015-1857 du 30 déc. 2015, art. 3-3, en vigueur le 1er janv. 2016)* **« cette Autorité ».**

III. — Les données collectées ne peuvent être communiquées que dans les conditions fixées par l'article 7 *bis* de la loi nº 51-711 du 7 juin 1951 sur l'obligation, la coordination et le secret en matière de statistiques.

Les dispositions du Décr. nº 2021-74 du 26 janv. 2021 sont applicables à compter de la remise des états statistiques relatifs à l'exercice 2020 (Décr. préc., art. 3).

Les dispositions du Décr. nº 2012-454 du 4 avr. 2012 sont applicables à compter de la remise, au 30 avr. 2012, des états statistiques relatifs à l'exercice 2011 (Décr. préc., art. 3).

V. note ss. art. L. 211-11.

V. Instr. ACPR (http://acpr.banque-france.fr) :

– nº 2016-I-15 du 27 juin 2016 relative aux documents prudentiels annuels à communiquer par les organismes assujettis au contrôle de l'ACPR ne relevant pas du régime dit « Solvabilité II » ;

– nº 2016-I-16 du 27 juin 2016 relative aux documents prudentiels annuels à communiquer par les organismes assujettis au contrôle de l'ACPR relevant du régime dit « Solvabilité II ».

ANNEXE

À L'ARTICLE D. 344-5 DU CODE DES ASSURANCES, À L'ARTICLE D. 114-11 DU CODE DE LA MUTUALITÉ ET À L'ARTICLE D. 931-37 DU CODE DE LA SÉCURITÉ SOCIALE

(Abrogée par Décr. nº 2021-74 du 26 janv. 2021)

(Décr. nº 2015-1857 du 30 déc. 2015, en vigueur le 1er janv. 2016)

V. annexe.

LIVRE DEUXIÈME MUTUELLES ET UNIONS PRATIQUANT DES OPÉRATIONS D'ASSURANCE ET DE CAPITALISATION

(Décr. n° 2002-1458 du 16 déc. 2002)

TITRE PREMIER RÈGLES DE FONCTIONNEMENT APPLICABLES AUX MUTUELLES ET UNIONS PRATIQUANT DES OPÉRATIONS D'ASSURANCE ET DE CAPITALISATION

CHAPITRE II FONCTIONNEMENT

SECTION PREMIÈRE *[ABROGÉE]* RÉGIME FINANCIER ET COMPTABLE

(Abrogée par Décr. n° 2015-1857 du 30 déc. 2015, art. 1er-2°, à compter du 1er janv. 2016)

Art. D. 212-1 à D. 212-4 *Abrogés par Décr. n° 2015-1857 du 30 déc. 2015, art. 1er-2°, à compter du 1er janv. 2016.*

SECTION II *[ABROGÉE]* COMBINAISON DES COMPTES

(Abrogée par Décr. n° 2015-1857 du 30 déc. 2015, art. 1er-2°, à compter du 1er janv. 2016)

Art. D. 212-5 à D. 212-8 *Abrogés par Décr. n° 2015-1857 du 30 déc. 2015, art. 1er-2°, à compter du 1er janv. 2016.*

TITRE DEUXIÈME OPÉRATIONS DES MUTUELLES ET DES UNIONS

(Décr. n° 2002-1571 du 24 déc. 2002)

CHAPITRE III OPÉRATIONS QUI DÉPENDENT DE LA DURÉE DE VIE HUMAINE ET OPÉRATIONS DE CAPITALISATION

SECTION PREMIÈRE DISPOSITIONS GÉNÉRALES

Art. D. 223-1 Le plafond mentionné à l'article L. 223-9 ne peut être inférieur à 120 000 €.

Art. D. 223-2 *(Décr. n° 2008-785 du 18 août 2008)* La mutuelle ou l'union peut d'office substituer le rachat à la réduction si la valeur de rachat du contrat est inférieure à la moitié du montant brut mensuel du salaire minimum de croissance applicable en métropole, calculé sur la base de la durée légale hebdomadaire du travail, en vigueur au 1er juillet précédant la date à laquelle la réduction est demandée.

Art. D. 223-3 *(Décr. n° 2015-1857 du 30 déc. 2015, art. 1er-3°, en vigueur le 1er janv. 2016)* I. — Le montant minimal de la participation aux excédents techniques et financiers des mutuelles et unions de mutuelles pratiquant des opérations mentionnées au *b* du 1° du I de l'article L. 111-1 est déterminé globalement pour les opérations individuelles et collectives de toute nature souscrites sur le territoire de l'Union européenne, à l'exception des opérations collectives en cas de décès, des opérations relevant de l'article L. 222-1 *(Décr. n° 2019-1437 du 23 déc. 2019, art. 6, en vigueur le 1er janv. 2020)* « , des opérations à capital variable et des opérations relevant d'une comptabilité auxiliaire d'affectation mentionnée à l'article L. 134-2 ou à l'article L. 142-4 du code des assurances ».

II. — Le montant minimal de la participation aux excédents à attribuer au titre d'un exercice est déterminé globalement à partir d'un compte de participation aux résultats. Ce compte comporte, pour les opérations mentionnées au I, les éléments de charges et produits suivants :

— cotisations sur les opérations directes et acceptations ;

– charges des prestations sur opérations directes et acceptations ;
– charges des provisions d'assurance vie et autres provisions techniques sur opérations directes et acceptations ;
– cotisations sur opérations prises en substitution ;
– charges des prestations sur opérations prises en substitution ;
– charges des provisions d'assurance vie et autres provisions techniques sur opérations prises en substitution ;
– frais d'acquisition ;
– autres charges de gestion nettes.

Il comporte également en charges la participation de la mutuelle ou de l'union aux excédents de la gestion technique, qui est constituée par 10 % du solde créditeur des éléments précédents.

Il est ajouté en recette du compte de participation aux résultats une part des produits financiers. Cette part est égale à 85 % du solde du compte financier défini au I de l'article D. 223-5. Le compte de participation aux résultats comporte en outre les sommes correspondant au "solde de réassurance cédée", calculées conformément aux dispositions de l'article D. 223-4 et, s'il y a lieu, le solde débiteur du compte de participation aux résultats de l'exercice précédent.

(Décr. nº 2019-1437 du 23 déc. 2019, art. 6, en vigueur le 1er janv. 2020) « Lorsque la charge constituée par la dotation à la provision pour risque d'exigibilité est étalée en application de l'article R. 343-6 du code des assurances, cet étalement s'applique aussi pour l'établissement du compte de participation aux résultats.

« III. — Le montant minimal de la participation aux excédents à attribuer au titre d'un exercice pour des engagements relevant d'une comptabilité auxiliaire d'affectation mentionnée à l'article L. 142-4 du code des assurances *(Décr. nº 2021-760 du 14 juin 2021)* « ou à l'article L. 222-6 » est déterminé à partir d'un compte de participation aux résultats.

« Ce compte est constitué selon les modalités définies au II. A cette fin, le compte financier défini au I de l'article D. 223-5 ne comporte que les éléments prévus à l'article D. 223-5 qui sont relatifs à la comptabilité auxiliaire d'affectation.

« IV. — Le montant minimal annuel de la participation aux résultats est la somme des soldes créditeurs des comptes définis aux II et III.

« Le montant minimal annuel de la participation aux excédents est égal à la somme définie à l'alinéa précédent, diminuée du montant des intérêts crédités aux provisions mathématiques. »

Art. D. 223-4 *(Décr. nº 2015-1857 du 30 déc. 2015, art. 1er-3º, en vigueur le 1er janv. 2016)* Pour le calcul de la rubrique "solde de réassurance cédée" prévue dans le compte de participation aux résultats au II de l'article D. 223-3, seule est prise en compte la réassurance de risque, c'est-à-dire celle dans laquelle l'engagement des cessionnaires porte exclusivement sur tout ou partie de la différence entre le montant des capitaux en cas de décès ou d'invalidité et celui des provisions mathématiques des opérations correspondantes.

Dans les traités limités à la réassurance de risque, le solde de réassurance cédée est égal à la différence entre le montant des sinistres à la charge des cessionnaires et celui des cotisations cédées. Il est inscrit, selon le cas, au débit ou au crédit du compte de participation aux résultats.

Dans les autres traités, le solde de réassurance cédée est établi en isolant la réassurance de risque à l'intérieur des engagements des cessionnaires.

Art. D. 223-5 *(Décr. nº 2015-1857 du 30 déc. 2015, art. 1er-3º, en vigueur le 1er janv. 2016)* I. — Le compte financier mentionné au II de l'article D. 223-3 comprend, en produits, la part du produit net des placements calculée suivant les règles fixées au II du présent article et, en charges, sur autorisation de l'Autorité de contrôle mentionnée à l'article L. 510-1 et après justifications, la part des résultats que la mutuelle ou l'union a dû affecter aux fonds propres pour satisfaire au montant minimal réglementaire de la marge de solvabilité dans le cas des mutuelles ou unions mentionnées *[à]* l'article L. 211-11, ou au capital de solvabilité requis dans le cas des mutuelles ou unions mentionnées *[à]* l'article L. 211-10.

II. — La part du produit financier à inscrire en produits du compte financier est égale à la somme des deux éléments suivants :

1. Le produit du montant moyen au cours de l'exercice des provisions techniques brutes de cessions en réassurance des opérations mentionnées au I de l'article D. 223-3, autres que celles transférées au titre de l'article *[des articles]* L. 212-11 et L. 212-12, par le taux de rendement des placements autres que les valeurs reçues en nantissement des réassureurs et les valeurs gérées par la mutuelle ou l'union et appartenant à des organismes pour des engagements pris au titre de la branche 25 mentionnée à l'article R. 211-2.

2. Le montant total des produits financiers afférents à des actifs transférés avec un portefeuille d'opérations *(Décr. n° 2021-760 du 14 juin 2021)* « , divisé par 1 moins la part des plus-values latentes retenue par l'assureur cédant lors du transfert ».

Le taux de rendement prévu au 1 du présent paragraphe est égal au rapport :

Du produit net des placements considérés, déduction faite des produits des placements afférents aux actifs correspondant aux opérations relevant de l'article L. 222-1, aux actifs affectés à la représentation des opérations en unité de compte et aux actifs transférés avec un portefeuille de bulletins d'adhésion à un règlement ou de contrats *(Décr. n° 2019-1437 du 23 déc. 2019, art. 6, en vigueur le 1er janv. 2020)* « , ainsi qu'aux actifs relatifs à une comptabilité auxiliaire d'affectation relevant de l'article L. 134-2 ou L. 142-4 du code des assurances. »

Au montant moyen, au cours de l'exercice, des mêmes placements.

Art. D. 223-6 *(Décr. n° 2015-1857 du 30 déc. 2015, art. 1er-3°, en vigueur le 1er janv. 2016)* I. — Le montant des participations aux excédents peut être affecté directement aux provisions mathématiques ou porté, partiellement ou totalement, à la provision pour participation aux excédents prévue à l'article R. 343-3 du code des assurances. Les sommes portées à cette dernière provision sont affectées à la provision mathématique ou versées aux participants au cours des huit exercices suivant celui au titre duquel elles ont été portées à la provision pour participation aux excédents.

(Décr. n° 2019-1437 du 23 déc. 2019, art. 6, en vigueur le 1er janv. 2020) « Dans le cas des mutuelles ou unions de retraite professionnelle supplémentaire et des opérations relevant d'une comptabilité auxiliaire d'affectation mentionnée à l'article L. 142-4 du code des assurances, la durée maximale pour la reprise des sommes portées à la provision pour participation aux excédents est de quinze ans. »

II. — Lorsqu'une catégorie d'opérations est assortie d'une clause de participation aux résultats, la participation affectée individuellement à chaque bulletin d'adhésion ou contrat réduit ou suspendu ne peut être inférieure de plus de 25 % à celle qui serait affectée à un bulletin d'adhésion à un règlement ou à un contrat en cours de paiement de cotisations de la même catégorie ayant la même provision mathématique.

Art. D. 223-7 *(Décr. n° 2020-1156 du 21 sept. 2020, art. 1er)* Par dérogation aux affectations prévues au premier alinéa de l'article D. 223-6 et dans des situations exceptionnelles, la provision pour participation aux excédents peut être reprise après autorisation de l'Autorité de contrôle prudentiel et de résolution.

Les situations exceptionnelles mentionnées au premier alinéa ne sont réunies que lorsque le solde du compte de résultat technique de l'assurance vie du dernier exercice comptable, établi selon le modèle figurant à l'article 422-4 du règlement de l'Autorité des normes comptables n° 2015-11 du 26 novembre 2015 relatif aux comptes annuels des entreprises d'assurance, est négatif et que le capital de solvabilité requis pour les mutuelles ou unions relevant de l'article L. 211-10, ou l'exigence minimale de marge pour les mutuelles ou unions relevant des articles L. 211-11 et L. 211-11-1, n'est plus couvert.

L'autorisation de l'Autorité de contrôle prudentiel et de résolution prévue au premier alinéa ne peut être délivrée que si un plan est remis par la mutuelle ou l'union et approuvé par l'Autorité de contrôle prudentiel et de résolution. Ce plan prévoit notamment la restitution à partir de résultats ultérieurs et sous un délai maximal de huit ans des montants repris sur la provision pour participation aux excédents. Il prévoit notamment que la mutuelle ou l'union ne rembourse pas et ne rémunère pas les certificats mutualistes tant que ces montants repris n'ont pas été restitués.

LIVRE QUATRIÈME RELATIONS AVEC L'ÉTAT ET LES AUTRES COLLECTIVITÉS PUBLIQUES

(Décr. nº 2003-988 du 14 oct. 2003)

TITRE PREMIER ORGANES ADMINISTRATIFS DE LA MUTUALITÉ

CHAPITRE II COMITÉS RÉGIONAUX DE COORDINATION DE LA MUTUALITÉ

Art. D. 412-1 Avant le 31 janvier de chaque année, le comité régional de coordination de la mutualité établit un état prévisionnel de ses dépenses et de ses recettes et désigne l'organisme mutualiste chargé d'avancer les fonds nécessaires au fonctionnement régulier et à l'exercice des attributions du comité telles que définies à l'article R. 412-2. Cet organisme recouvre les sommes avancées auprès des mutuelles, sections, unions et fédérations.

Le montant global des dépenses annuelles ne peut excéder le montant obtenu en multipliant 50 % de la valeur mensuelle du plafond, mentionné à l'article L. 241-3 du code de la sécurité sociale, par le nombre de membres titulaires du comité régional de coordination de la mutualité.

Art. D. 412-2 Les sommes dues au titre d'une année par les mutuelles, sections, unions et fédérations sont calculées par le comité régional de coordination de la mutualité, suivant l'une des deux méthodes suivantes :

1º Répartition au prorata de l'effectif des membres participants de chaque organisme ayant son siège dans la circonscription régionale constaté au 31 décembre de l'année précédente et mentionné au registre national des mutuelles. Pour les mutuelles, les effectifs retenus sont nets des effectifs de leurs sections.

2º Répartition proportionnelle aux cotisations de chaque organisme constatées au 31 décembre de l'année précédente. Pour les mutuelles, les cotisations retenues sont nettes de celles versées à leurs sections.

Art. D. 412-3 Le représentant de l'État dans la région notifie à chaque organisme le montant de la somme due et l'invite à la verser, avant la fin de l'année au plus tard, directement à l'organisme qui a consenti l'avance des fonds.

QUATRIÈME PARTIE : ARRÊTÉS

(*Arr. du 23 nov. 2001*)

LIVRE PREMIER RÈGLES GÉNÉRALES APPLICABLES À L'ENSEMBLE DES MUTUELLES, UNIONS ET FÉDÉRATIONS

(*Arr. du 18 avr. 2005*)

CHAPITRE PRÉLIMINAIRE PRINCIPES COMMUNS AUX MUTUELLES, UNIONS ET FÉDÉRATIONS

(*Arr. du 27 mai 2021, art. 2*)

Art. A. 110-1 Pour délivrer l'avis mentionné au III de l'article R. 110-1, l'organisme tiers indépendant réalise les diligences suivantes :

1° Il examine l'ensemble des documents détenus par la mutuelle ou l'union utiles à la formation de son avis, notamment les rapports annuels mentionnés au 3° de l'article L. 110-1-1;

2° Il interroge le comité de mission ou le référent de mission sur son appréciation de l'exécution du ou des objectifs mentionnés au 2° de l'article L. 110-1-1 ainsi que, s'il y a lieu, les parties prenantes sur l'exécution du ou des objectifs qui les concernent ;

3° Il interroge le conseil d'administration sur la manière dont la mutuelle ou l'union exécute son ou ses objectifs mentionnés au 2° de l'article L. 110-1-1 et sur les moyens financiers et non financiers affectés, comportant le cas échéant l'application de référentiels, normes ou labels sectoriels formalisant de bonnes pratiques professionnelles, que la mutuelle ou l'union met en œuvre pour les exécuter ;

4° Il s'enquiert de l'existence d'objectifs opérationnels ou d'indicateurs clés de suivi et de mesures des résultats atteints par la mutuelle ou l'union à la fin de la période couverte par la vérification pour chaque objectif mentionné au 2° de l'article L. 110-1-1. Le cas échéant, il examine par échantillonnage les procédures de mesure de ces résultats, en ce compris les procédures de collecte, de compilation, d'élaboration, de traitement et de contrôle des informations, et réalise des tests de détails, s'il y a lieu par des vérifications sur site ;

5° Il procède à toute autre diligence qu'il estime nécessaire à l'exercice de sa mission, y compris, s'il y a lieu, par des vérifications sur site au sein de la mutuelle ou de l'union ou, avec leur accord, des entités concernées par un ou plusieurs objectifs mentionnés au 2° de l'article L. 110-1-1.

Art. A. 110-2 L'organisme tiers indépendant rend un avis motivé qui comprend les éléments suivants :

1° La preuve de son accréditation ;

2° Les objectifs et le périmètre de la vérification ;

3° Les diligences qu'il a mises en œuvre, en mentionnant les principaux documents consultés et les entités ou personnes qui ont fait l'objet de ses vérifications et précisant, le cas échéant, les difficultés rencontrées dans l'accomplissement de sa mission ;

4° Une appréciation, pour chaque objectif mentionné au 2° de l'article L. 110-1-1, depuis la dernière vérification ou, à défaut, depuis la date à laquelle les conditions prévues à l'article L. 110-1-1 ont été satisfaites :

a) Des moyens mis en œuvre pour le respecter ;

b) Des résultats atteints à la fin de la période couverte par la vérification, si possible exprimés de manière quantitative par rapport à l'objectif et, le cas échéant, aux objectifs opérationnels ou indicateurs clés de suivi ;

c) De l'adéquation des moyens mis en œuvre au respect de l'objectif au regard de l'évolution des affaires sur la période ;

d) Le cas échéant, l'existence de circonstances extérieures à la mutuelle ou à l'union ayant affecté le respect de l'objectif ;

5° Au regard de l'ensemble des éléments de son appréciation, une conclusion motivée déclarant, pour chaque objectif mentionné au 2° de l'article L. 110-1-1 :

a) Soit que la mutuelle ou l'union respecte son objectif ;

b) Soit que la mutuelle ou l'union ne respecte pas son objectif ;

c) Soit qu'il lui est impossible de conclure.

CHAPITRE IV FONCTIONNEMENT DES MUTUELLES, UNIONS ET FÉDÉRATIONS : DISPOSITIONS GÉNÉRALES

SECTION V DISPOSITIONS RELATIVES AUX FONCTIONS D'ADMINISTRATEUR ET DE DIRIGEANT OPÉRATIONNEL *(Arr. du 30 déc. 2015, art. 2-I, en vigueur le 1er janv. 2016).*

(Arr. du 2 juin 2006)

Art. A. 114-0-26 Les indemnités correspondant à la perte de leurs gains versées en application de l'article L. 114-26 aux administrateurs ayant la qualité de travailleurs indépendants auxquels des attributions permanentes ont été confiées peuvent être attribuées, au titre d'une année donnée, dans les organismes mutualistes qui, en moyenne annuelle au cours des trois derniers exercices, comptent au moins cinq mille membres participants recensés, ont encaissé au moins un million d'euros de cotisations ou ont employé au moins dix salariés en équivalent temps plein.

Les indemnités visées au premier alinéa versées au titre d'une année sont calculées sur la base du temps consacré par ces administrateurs à l'exercice de ces fonctions et du montant de leurs revenus professionnels de l'avant-dernière année déterminés en application des dispositions de l'article L. 131-6 du code de la sécurité sociale ou L. 731-14 du code rural et de la pêche maritime, justifiés par la communication à l'organisme mutualiste d'une copie de déclaration de revenus professionnels correspondante.

Le montant annuel de l'indemnité ne peut excéder une limite égale au montant du plafond prévu au premier alinéa de l'article L. 241-3 du code de la sécurité sociale pour l'année considérée.

Cette limite est toutefois portée à deux fois le montant du plafond mentionné au premier alinéa de l'article L. 241-3 du code de la sécurité sociale, pour les organismes qui, en moyenne annuelle au cours des trois derniers exercices, comptent au moins vingt-cinq mille membres participants, ont encaissé au moins cinq millions d'euros de cotisations ou ont employé au moins cinquante salariés en équivalent temps plein.

SECTION VI DISPOSITIONS FINANCIÈRES ET COMPTABLES

Les dispositions de cette section issues de l'Arr. du 18 avr. 2005 sont entrées en vigueur le 1er janv. 2005 (Arr. préc., art. 2).

Art. A. 114-1 *(Arr. du 30 déc. 2015, art. 2-II-1°, en vigueur le 1er janv. 2016)* Les opérations effectuées par les mutuelles et unions mentionnées au 1° du I de l'article L. 111-1 du présent code et soumises au contrôle de l'Autorité de contrôle prudentiel et de résolution en vertu de l'article L. 510-1 sont réparties entre les catégories d'opérations suivantes :

– 1 Opérations de capitalisation à cotisation unique (ou versements libres) ;

– 2 Opérations de capitalisation à cotisation périodique ;

– 3 Opérations individuelles d'assurance temporaire décès (y compris groupes ouverts) ;

– 4 Autres opérations individuelles d'assurance vie à cotisation unique (ou versements libres) (y compris groupes ouverts) ;

– 5 Autres opérations individuelles d'assurance vie à cotisation périodique (y compris groupes ouverts) ;
– 6 Opérations collectives d'assurance en cas de décès ;
– 7 Opérations collectives d'assurance en cas de vie ;
– 8 Opérations d'assurance vie ou de capitalisation en unités de compte à cotisation unique (ou versements libres) ;
– 9 Opérations d'assurance vie ou de capitalisation en unités de compte à cotisation périodique ;

(Arr. du 14 juin 2021, art. 2) « 10 Opérations collectives relevant de l'article L. 222-1 mais ne relevant pas des catégories 11, 12 ou 14 ;

« – 11 Opérations collectives relevant de l'article L. 144-2 du code des assurances ;

« – 12 Opérations collectives relevant d'une comptabilité auxiliaire d'affectation mentionnée au premier alinéa de l'article L. 222-6 mais pas des catégories 11 ou 14 ;

« – 13 Contrats relevant de l'article L. 134-1 du code des assurances mais pas des catégories 11 ou 12 ;

« – 14 Contrats relevant d'une comptabilité auxiliaire d'affectation mentionnée au premier alinéa de l'article L. 142-4 du code des assurances mais pas de la catégorie 11 ; »

– 19 Acceptations en réassurance (vie) ;
– 20 Dommages corporels (opérations individuelles) (y compris garanties accessoires aux opérations d'assurance vie individuelles) ;
– 21 Dommages corporels (opérations collectives) (y compris garanties accessoires aux opérations d'assurance vie collectives) ;
– 29 Protection juridique ;
– 30 Assistance ;
– 31 Pertes pécuniaires diverses ;
– 38 Caution ;
– 39 Acceptations en réassurance (non-vie).

Les garanties nuptialité-natalité sont à inclure, selon le cas, dans les catégories 4 à 9.

Les mutuelles et unions qui pratiquent plusieurs catégories d'opérations doivent, dans leur comptabilité, ventiler par exercice et par catégorie les éléments suivants de leurs opérations brutes de cessions et de leurs opérations cédées : cotisations, prestations, commissions, provisions techniques. Ces mêmes éléments doivent être ventilés, dans la comptabilité, pour chaque catégorie :
– par état de situation du risque ou de l'engagement ;
– entre les opérations du siège social et les opérations de chacun des organismes affiliés établis à l'étranger.

Toutefois, les mutuelles et unions qui acceptent des opérations mentionnées au 1° du I de l'article L. 111-1 en réassurance et qui ne pratiquent pas directement ces mêmes opérations peuvent ne pas procéder à la ventilation des cotisations, prestations, commissions et provisions techniques par état de situation du risque ou de l'engagement.

Les opérations réalisées sur l'ensemble du territoire de la République française ainsi que sur le territoire monégasque sont considérées comme opérations en France.

Les affaires directes à l'étranger, ainsi que les affaires acceptées, des catégories 20 à 31 du présent article sont assimilées à des opérations pluriannuelles à prime unique ou non révisable lorsque les usages de marché conduisent à rattacher les sinistres par exercice de souscription.

Art. A. 114-2 *(Abrogé par Arr. du 6 janv. 2021, art. 30-VI, à compter du 1er mars 2021) (Arr. du 30 déc. 2015, art. 2-II-2°, en vigueur le 1er janv. 2016)* ***I. — Les modalités de vérification de l'identité d'un membre participant ou de la personne morale souscriptrice du contrat collectif, telles que prévues aux alinéas 1 et 2 de l'article R. 561-5 du code monétaire et financier, sont considérées comme satisfaites dès lors que le paiement de leur première cotisation s'effectue par le débit d'un compte ouvert à leur nom auprès d'un établissement de crédit lui-même tenu à l'obligation d'identification.***

II. — En application du 3° de l'article R. 561-16 du code monétaire et financier, ne sont pas soumises aux obligations mentionnées aux articles L. 561-5 et L. 561-6 les opérations

des branches 15 à 18 définies à l'article R. 211-2 du code de la mutualité lorsque le montant de la cotisation annuelle par contrat ne dépasse pas 10 000 €.

(Abrogé par Arr. du 21 déc. 2018, art. 4) ***« III. — En application de l'article R. 561-38 du code monétaire et financier, les mutuelles et unions mentionnées au 4º de l'article L. 561-2 du code monétaire et financier sont soumises aux dispositions*** [du] ***I de l'article A. 310-9 du code des assurances. »***

Art. A. 114-3 à A. 114-8 *Abrogés par Arr. du 30 déc. 2015, art. 2-II-3º, à compter du 1er janv. 2016.*

Art. A. 114-9 *Abrogé par Arr. du 27 avr. 2011.*

Art. A. 114-10 *Abrogé par Arr. du 30 déc. 2015, art. 2-III-3º, à compter du 1er janv. 2016.*

Art. A. 114-11 *Abrogé par Arr. du 3 nov. 2014, art. 18-2º.*

LIVRE DEUXIÈME MUTUELLES ET UNIONS PRATIQUANT DES OPÉRATIONS D'ASSURANCE, DE RÉASSURANCE ET DE CAPITALISATION *(Arr. du 30 déc. 2015, art. 2-III-1°, en vigueur le 1er janv. 2016).*

TITRE PREMIER RÈGLES DE FONCTIONNEMENT APPLICABLES AUX MUTUELLES ET UNIONS PRATIQUANT DES OPÉRATIONS D'ASSURANCE ET DE CAPITALISATION

CHAPITRE PREMIER CHAMP D'APPLICATION ET CONDITIONS D'ACTIVITÉ

SECTION PREMIÈRE DISPOSITIONS GÉNÉRALES *(Arr. du 30 déc. 2015, art. 2-III-2°, en vigueur le 1er janv. 2016).*

Art. A. 211-1 à A. 211-14 *Abrogés par Arr. du 30 déc. 2015, art. 2-III-3°, à compter du 1er janv. 2016.*

CHAPITRE II FONCTIONNEMENT *(Arr. du 25 juin 2002).*

(Arr. du 2 mai 2002)

SECTION PREMIÈRE *[ABROGÉE]* MARGE DE SOLVABILITÉ

(Abrogée par Arr. du 30 déc. 2015, art. 2-III-4°, à compter du 1er janv. 2016)

Art. A. 212-1 à A. 212-3 *Abrogés par Arr. du 30 déc. 2015, art. 2-III-4°, à compter du 1er janv. 2016.*

SECTION II *[ABROGÉE]* PROVISIONS TECHNIQUES

(Abrogée par Arr. du 30 déc. 2015, art. 2-III-4°, à compter du 1er janv. 2016)

Art. A. 212-4 à A. 212-9 *Abrogés par Arr. du 30 déc. 2015, art. 2-III-4°, à compter du 1er janv. 2016.*

SECTION III FUSION, SCISSION, DISSOLUTION, REDRESSEMENT JUDICIAIRE, LIQUIDATION, MESURES D'ASSAINISSEMENT *(Arr. du 30 déc. 2015, art. 2-III-4°, en vigueur le 1er janv. 2016).*

Art. A. 212-10 *(Arr. du 30 déc. 2015, art. 2-III-4°, en vigueur le 1er janv. 2016)* **La note visée à l'article R. 212-22-1 porte sur les délais à observer, les sanctions prévues quant à ces délais, l'organe ou l'autorité habilité à recevoir la production des créances ou les observations relatives aux créances et toute autre mesure.**

La note indique également si les créanciers dont la créance est privilégiée ou garantie par une sûreté réelle doivent produire leur créance.

Dans le cas des créances d'assurance, la note indique en outre les effets généraux de la procédure de liquidation sur les contrats, les règlements ou les bulletins d'adhésion, en particulier la date à laquelle les contrats, les règlements ou les bulletins d'adhésion cessent de produire leurs effets ainsi que les droits et obligations de l'adhérent concernant le contrat, le règlement ou le bulletin d'adhésion.

Art. A. 212-11 à A. 212-14 *Abrogés par Arr. du 30 déc. 2015, art. 2-III-4°, à compter du 1er janv. 2016.*

SECTION V *[ABROGÉE]* RÉGLEMENTATION DES PLACEMENTS ET AUTRES ÉLÉMENTS D'ACTIF

(Abrogée par Arr. du 30 déc. 2015, art. 2-III-4°, à compter du 1er janv. 2016)

Art. A. 212-15 à A. 212-20 *Abrogés par Arr. du 30 déc. 2015, art. 2-III-4°, à compter du 1er janv. 2016.*

SECTION VI CRÉATION DE SUCCURSALES DANS UN ÉTAT PARTIE À L'ACCORD SUR L'ESPACE ÉCONOMIQUE EUROPÉEN

(Arr. du 25 juin 2002)

Art. A. 212-21 à A. 212-23 *Abrogés par Arr. du 22 déc. 2005, art. 3-II.*

Art. A. 212-24 et A. 212-24-1 *Abrogés par Arr. du 30 déc. 2015, art. 2-III-4°, à compter du 1er janv. 2016.*

SECTION VII *[ABROGÉE]* SURVEILLANCE COMPLÉMENTAIRE DES MUTUELLES ET UNIONS FAISANT PARTIE D'UN GROUPE

(Abrogée par Arr. du 30 déc. 2015, art. 2-III-4°, à compter du 1er janv. 2016)

Art. A. 213-1 et A. 213-2 *Abrogés par Arr. du 30 déc. 2015, art. 2-III-4°, à compter du 1er janv. 2016.*

SECTION VIII *[ABROGÉE]* DISPOSITIONS RELATIVES À LA SURVEILLANCE COMPLÉMENTAIRE DES ENTITÉS RÉGLEMENTÉES APPARTENANT À UN CONGLOMÉRAT FINANCIER

(Abrogée par Arr. du 30 déc. 2015, art. 2-III-4°, à compter du 1er janv. 2016)

Art. A. 213-3 *Abrogé par Arr. du 30 déc. 2015, art. 2-III-4°, à compter du 1er janv. 2016.*

Art. A. 213-4 à A. 213-12 *Abrogés par Arr. du 3 nov. 2014, art. 18-2°.*

TITRE DEUXIÈME OPÉRATIONS DES MUTUELLES ET DES UNIONS

(Arr. du 2 mai 2002)

CHAPITRE PREMIER DISPOSITIONS GÉNÉRALES *(Arr. du 30 déc. 2015, art. 2, en vigueur le 1er janv. 2016).*

Néant.

CHAPITRE II DISPOSITIONS RELATIVES À CERTAINES OPÉRATIONS DE RETRAITE

Art. A. 222-1 **I. — Les tarifs utilisés pour pratiquer les opérations collectives relevant de l'article L. 222-1 comprennent la rémunération de la mutuelle ou de l'union qui les met en œuvre. Le règlement indique les frais prélevés par la mutuelle ou l'union.**

II. — Les provisions techniques spéciales mentionnées à l'article R. 222-8 sont représentées par un actif unique.

III. — L'équivalence actuarielle prévue à l'article R. 222-15 est établie dans les conditions suivantes :

Les valeurs limites du quotient de la valeur de service par la valeur d'acquisition sont multipliées par un coefficient correcteur égal :

— lorsque le règlement prévoit un âge d'entrée en jouissance inférieur à soixante-cinq ans, au quotient du capital constitutif de la rente viagère différée reposant sur une tête dont l'âge est l'âge d'entrée en jouissance prévu par le règlement, le différé étant égal à la différence entre soixante-cinq ans et cet âge, par le capital constitutif d'une rente viagère immédiate reposant sur une tête d'âge égal à l'âge d'entrée en jouissance prévu par le règlement ;

— lorsque le règlement prévoit un âge d'entrée en jouissance supérieur à soixante-cinq ans, au quotient du capital constitutif de la rente viagère immédiate reposant sur une tête d'âge de soixante-cinq ans, par le capital constitutif d'une rente viagère différée reposant sur une tête d'âge de soixante-cinq ans, le différé étant égal à la différence entre l'âge d'entrée en jouissance prévu par le règlement et soixante-cinq ans ;

— lorsque le règlement prévoit la réversion, au quotient du capital constitutif de la rente individuelle différée de vingt ans reposant sur une tête d'âge de quarante-cinq ans, par le capital constitutif de cette rente, augmenté de la partie réversible calculée dans les conditions prévues par le règlement, les conjoints étant supposés âgés tous deux de quarante-cinq ans.

Si le règlement prévoit à la fois une réversion et un âge d'entrée en jouissance différent de soixante-cinq ans, le coefficient correcteur est égal au produit du coefficient correspondant à l'anticipation ou à l'ajournement et du coefficient correspondant à la réversion, calculés comme il est dit ci-dessus. Les calculs sont effectués selon les modalités prévues au paragraphe IV ci-après.

[IV. —] (Arr. du 5 oct. 2015, art. 1er) « Les calculs de la provision mathématique théorique mentionnée à l'article R. 222-16, des équivalences actuarielles prévues à l'article R. 222-15 et de la répartition des droits prévue au second alinéa de l'article R. 222-21 sont effectués en utilisant les tables de mortalité appropriées mentionnées à l'article *(Arr. du 30 déc. 2015, art. 2, en vigueur le 1er janv. 2016)* « A. 223-8 » applicables aux contrats de rente viagère souscrits à compter du 1er janvier 2007, et à l'aide d'un taux au plus égal au plus élevé des deux taux suivants :

« *a)* Un taux obtenu par composition de taux d'intérêt égaux pour les huit premières années à 75 % du taux moyen au cours des trois derniers exercices des emprunts de l'État dans la devise duquel sont libellés les engagements relatifs au règlement, et à 60 % de ce même taux, dans la limite de 3,5 %, pour les exercices suivants ;

« *b)* Un taux de 1,5 %, si ce taux est inférieur à la valeur moyenne, au cours des trois derniers exercices, du taux de rendement réel des actifs représentant la provision technique mentionnée à l'article R. 222-8, ou, dans le cas contraire, la valeur moyenne ainsi déterminée. »

Les mutuelles et les unions peuvent répartir sur une période allant jusqu'à l'exercice 2015 inclus les effets sur le calcul de la provision mathématique théorique du changement de taux d'intérêt utilisé pour ce calcul.

Les mutuelles ou unions peuvent répartir sur une période de quinze ans au plus les effets sur le niveau de la provision mathématique théorique résultant de l'utilisation des tables mentionnées au premier alinéa du IV.

Art. A. 222-2 I. — L'unité de rente correspondant à un rachat a la même valeur d'acquisition que l'unité de rente acquise normalement dans l'année du rachat.

II. — Chaque année, les institutions et les unions pratiquant les opérations collectives relevant de l'article L. 222-1 communiquent à l'Autorité de contrôle prévue à l'article L. 510-1, pour chacun des règlements qu'elles mettent en œuvre, la valeur de service et la valeur d'acquisition de l'unité de rente pour l'exercice à venir.

Elles communiquent également :

— le montant de la provision mathématique théorique calculée au 31 décembre de l'exercice clos ;

— le montant de la provision technique spéciale à cette même date ;

— le montant de la fraction des excédents affectés à ladite provision ;

— le montant des arrérages calculés d'après la nouvelle valeur de service et susceptibles d'être servis pendant l'exercice en cours.

La communication de ces renseignements intervient au plus tard le 1er juin de chaque année et, en tout état de cause, avant la fixation de la nouvelle valeur de service de l'unité de rente.

CHAPITRE II *BIS* RETRAITE PROFESSIONNELLE SUPPLÉMENTAIRE

(Arr. du 30 déc. 2015, art. 2, en vigueur le 1er janv. 2016).

Art. A. 222-3 I. — Le seuil mentionné au troisième alinéa de l'article L. 222-4 est de 5 000 adhérents.

II. — Le seuil mentionné au dernier alinéa de l'article R. 222-28 s'élève, pour chaque catégorie, à 100 adhérents.

Art. A. 222-4 *(Arr. du 27 juin 2019, art. 3)* I. — En application de l'article L. 222-8, sont remis sur demande aux participants et aux bénéficiaires d'un contrat mentionné au premier alinéa de l'article L. 214-1 et garanti par une mutuelle ou union de retraite professionnelle supplémentaire ou par une mutuelle ou union, dans un délai qui ne peut excéder un mois :

— le rapport de gestion et les comptes annuels relatifs à la ou aux comptabilités auxiliaires d'affectation mentionnées à l'article L. 222-6 ;

— le rapport indiquant la politique de placement et les risques techniques et financiers correspondants mentionné à l'article L. 222-4-2 ;

— les modalités d'exercice du transfert ;

— le montant dû en cas d'exercice de la faculté de rachat lorsque survient l'un des événements mentionnés au deuxième alinéa de l'article L. 223-22, apprécié à la date de la demande ;

— pour les contrats dont les garanties sont exprimées en unités de compte et pour lesquels une option d'investissement est active, des informations supplémentaires sur cette option d'investissement et les supports ;

— une description des options à la disposition des affiliés pour obtenir le versement de leur prestation ;

— le niveau que les prestations de retraite doivent atteindre ainsi que, le cas échéant, des informations sur les hypothèses utilisées pour estimer les montants exprimés en rente viagère, en particulier le taux de rente, le type de prestataire et la durée moyenne de la rente selon la table utilisée.

Le relevé prévu à l'article L. 223-21 précise les modalités d'obtention des informations prévues au présent I.

II. — Les participants reçoivent chaque année, dans le cadre de l'information prévue à l'article L. 223-21, des informations succinctes sur la situation de la mutuelle ou de l'union ainsi que sur le niveau de financement du régime de retraite dans son ensemble.

III. — Lorsque le salarié fait liquider ses droits à la retraite ou que d'autres prestations deviennent exigibles, la mutuelle ou l'union lui adresse, ou au bénéficiaire le cas échéant, dans un délai de deux mois, une information adéquate sur les prestations qui lui sont dues et sur les options de paiement correspondantes.

Art. A. 222-5 *(Arr. du 30 déc. 2015, art. 2, en vigueur le 1er janv. 2016)* Pour les contrats mentionnés à l'article L. 222-3, lorsque les garanties sont exprimées en unités de compte, l'organisme assureur, sur demande du souscripteur, adhérent ou bénéficiaire, communique dans un délai qui ne peut excéder un mois l'éventail des options éventuelles de placement et le portefeuille de placements existant, avec une description des risques et des coûts relatifs à ces placements.

Art. A. 222-6 *(Arr. du 27 juin 2019, art. 3)* Le bulletin d'adhésion mentionné au premier alinéa de l'article L. 222-4-2 contient les informations suivantes :

1° Le nom, le pays d'origine et le nom de l'autorité chargée du contrôle de la mutuelle ou union de retraite professionnelle supplémentaire ou de la mutuelle ou union garantissant le contrat ;

2° La dénomination sociale et les coordonnées du souscripteur ;

3° Les stipulations essentielles du contrat, notamment les garanties offertes aux affiliés et les modalités de conversion des droits en prestation de retraite ;

4° Les conditions dans lesquelles le contrat peut être modifié et les conséquences en cas de non-respect de ces conditions ;

5° Des informations sur le profil d'investissement ;

6° La nature des risques financiers pris par les affiliés et les bénéficiaires ;

7° Une description des garanties offertes par le contrat aux affiliés, sans omettre les limites de garanties offertes et les éléments non garantis ;

8° Le niveau des prestations ou, lorsqu'aucune garantie n'est prévue au titre du régime de retraite, une déclaration à cet effet ainsi que la méthode d'évaluation du montant des prestations avant leur versement ;

9° Les conditions dans lesquelles les affiliés participent aux bénéfices techniques et financiers ;

10° Les modalités de protection des droits accumulés et de réduction des prestations, le cas échéant ;

11° Lorsque les droits peuvent être exprimés en unités de compte ou que les affiliés disposent d'une capacité d'arbitrage entre des supports, les informations relatives aux performances passées des investissements liés au régime de retraite sur une période minimale de cinq ans ou sur toute la période de fonctionnement du régime si elle est inférieure à cinq ans ;

12° La structure des coûts supportés par les affiliés et les bénéficiaires, pour les régimes qui ne prévoient pas un niveau donné de prestations ;

13° Les options à la disposition des affiliés et des bénéficiaires pour obtenir le versement de leurs prestations de retraite ;

14° Conformément à l'article L. 222-4, les conditions dans lesquelles l'affilié dispose d'une capacité de transférer ses droits à la retraite à un autre organisme ;

15° Des informations indiquant si et de quelle manière les facteurs environnementaux, climatiques, sociaux et de gouvernance d'entreprise sont pris en considération dans la stratégie d'investissement ;

16° La liste et le moyen d'accès à des informations complémentaires, notamment des informations sur les supports d'investissement et la situation financière de l'organisme garantissant le contrat.

Pour les contrats prévoyant que certains droits puissent être exprimés en unités de compte ou que des arbitrages puissent être réalisés vers ces supports, les affiliés sont informés de l'ensemble des supports disponibles et, le cas échéant, de l'option d'investissement par défaut et des conditions de rattachement d'un affilié donné à une option d'investissement.

CHAPITRE II *TER* PLANS D'ÉPARGNE RETRAITE

(Arr. du 7 août 2019, art. 4-II)

Art. A. 222-7 Le chapitre II du titre IV du livre Ier du code des assurances est applicable aux mutuelles et unions. Pour l'application de ces dispositions, il y a lieu d'entendre : "mutuelles et unions" là où sont mentionnés dans le code des assurances : "entreprises d'assurance".

L'art. A. 222-5 est remplacé par l'art. A. 222-7 (Arr. du 26 déc. 2019, art. 8-II).

CHAPITRE III OPÉRATIONS QUI DÉPENDENT DE LA DURÉE DE *[LA]* VIE HUMAINE ET OPÉRATIONS DE CAPITALISATION

(Arr. du 26 déc. 2002)

SECTION PREMIÈRE DISPOSITIONS GÉNÉRALES

Art. A. 223-1 Lorsque le participant ou le bénéficiaire choisit le règlement en espèces, la somme versée selon les dispositions figurant au règlement ou au contrat collectif est égale à la contrevaleur en devises des unités de compte, sur la base de la valeur de rachat ou de réalisation de ces titres à la date prévue à cet effet par le règlement ou le contrat collectif.

Cette date ne peut être postérieure de plus de trente jours à la date de demande du capital ou de la rente garantis à la mutuelle ou l'union de mutuelles.

Art. A. 223-2 La valeur visée à l'article R. 223-2 est obtenue en divisant l'actif net de la société immobilière ou foncière par le nombre d'actions ou de parts. L'actif net est celui qui ressort du dernier bilan après affectation du résultat et réévaluation des immeubles, selon la procédure définie par l'article *(Arr. du 30 déc. 2015, art. 2, en vigueur le 1er janv. 2016)* « R. 343-11 du code des assurances ».

Toutefois, pour l'évaluation entre deux bilans comptables du capital ou de la rente garantis, il peut être indiqué dans le règlement ou le contrat collectif que la valeur de l'unité de compte est déterminée, selon une périodicité définie dans ces mêmes règlements ou contrats, en fonction de l'évolution depuis la clôture du dernier exercice de l'actif net ainsi que de la réévaluation des immeubles. Dans ce cas, la valeur de l'actif net fait l'objet d'une attestation du commissaire aux comptes de la société immobilière ou foncière ou du commissaire aux comptes de la mutuelle ou de l'union de mutuelles.

La réévaluation doit être effectuée par immeuble soit par une expertise effectuée par un expert accepté par l'Autorité de contrôle *(Arr. du 30 déc. 2015, art. 2, en vigueur le 1er janv. 2016)* « prudentiel et de résolution », soit par actualisation de la dernière estimation certifiée par un expert accepté par l'Autorité de contrôle précitée par application d'une règle basée sur des indices représentatifs du marché immobilier et figurant dans le règlement ou le contrat collectif.

Art. A. 223-3 Lorsque l'unité de compte servant de référence à la valorisation du capital ou de la rente garantis par le règlement ou le contrat collectif est une part de société civile de placement immobilier soumise au contrôle de *(L. nº 2003-706 du 1er août 2003, art. 46-V)* « l'Autorité des marchés financiers », la valeur de cette société visée à l'article R. 223-2 est la valeur de réalisation de cette société, au sens de l'article 11 de la loi nº 70-1300 du 31 décembre 1970 modifiée fixant le régime applicable aux sociétés civiles autorisées à faire publiquement appel à l'épargne.

Art. A. 223-4 La substitution d'une unité de compte au profit d'unités de compte de nature comparable prévue à l'article R. 223-4 est autorisée par l'Autorité de contrôle *(Arr. du 30 déc. 2015, art. 2, en vigueur le 1er janv. 2016)* « prudentiel et de résolution » au vu du rapport d'un expert mandaté par la mutuelle ou l'union de mutuelles. L'expert certifie la comparabilité des sociétés, au regard des critères de destination, tels que habitation, bureaux, centres commerciaux, et de localisation des actifs de celles-ci.

Toutefois, l'Autorité peut également requérir une expertise selon les modalités fixées à l'article *(Arr. du 30 déc. 2015, art. 2, en vigueur le 1er janv. 2016)* « A. 343-2-1 du code des assurances ».

Art. A. 223-5 *(Arr. du 23 avr. 2007)* La Fédération nationale de la mutualité française est habilitée à exercer les compétences d'organisme professionnel représentatif prévues aux deuxième et troisième alinéas de l'article L. 223-10-1.

Art. A. 223-6 *(Arr. du 15 mai 2006)* L'encadré mentionné à l'article L. 223-8 est placé en tête de note d'information. Sa taille ne dépasse pas une page et il contient, de façon limitative et dans l'ordre précisé, les mentions suivantes :

1° Il est indiqué s'il s'agit d'une opération individuelle ou d'une opération collective à adhésion facultative. Est également indiquée la référence à la mention prévue au troisième alinéa de l'article L. 223-8.

2° Les garanties offertes, y compris les garanties complémentaires non optionnelles, sont indiquées, avec référence aux clauses les définissant ; il est précisé en particulier si le contrat prévoit le paiement d'un capital ou d'une rente.

a) Pour les contrats dont les droits sont exprimés en euros ou en devises, il est indiqué si le contrat comporte une garantie en capital au moins égale aux sommes versées, nettes de frais.

b) Pour les contrats dont les droits sont exprimés en unités de compte, il est indiqué en caractères très apparents que les montants investis sur les supports en unités de compte ne sont pas garantis mais sont sujets à des fluctuations à la hausse ou à la baisse dépendant en particulier de l'évolution des marchés financiers.

c) Pour les contrats dont une part des droits sont exprimés en unités de compte, l'information sur les garanties offertes, effectuée conformément aux dispositions des présents *a* et *b*, distingue clairement les droits exprimés en unités de compte et ceux qui ne le sont pas.

3° Sont indiqués l'existence ou non d'une participation aux excédents contractuelle ainsi que, le cas échéant, les pourcentages de celle-ci ; est également indiquée, le cas échéant, la référence à la clause de participation aux excédents.

4° Il est indiqué que le contrat comporte une faculté de rachat ou de transfert. Cette indication est complétée par la mention : "les sommes sont versées par la mutuelle ou l'union dans un délai de ... [délai de versement]" ; sont également indiquées les références à la clause relative aux modalités de rachat et de transfert et au tableau mentionné à l'article L. 223-8.

5° Sont indiqués dans une même rubrique les frais et indemnités de toute nature ainsi que, le cas échéant, l'existence de frais pouvant être supportés par l'unité de compte. Il est renvoyé à une clause du bulletin d'adhésion, du contrat ou du prospectus simplifié pour le détail de ces derniers frais, et l'encadré le précise. Pour les frais et indemnités, la rubrique distingue :

– "frais à l'entrée et sur versements" : montant ou pourcentage maximum des frais prélevés lors de la souscription et des frais prélevés lors du versement des cotisations ;

– "frais en cours de vie du contrat" : montant ou pourcentage maximum, sur base annuelle, des frais prélevés postérieurement à la souscription et non liés au versement des garanties ou des cotisations ;

– "frais de sortie" : montant ou pourcentage maximum des frais sur quittances d'arrérages, indemnités de rachat ou de transfert ;

– "autres frais" : montant ou pourcentage maximum des frais et indemnités non mentionnés aux trois alinéas précédents.

6° Est insérée la mention suivante : "La durée du contrat recommandée dépend notamment de la situation patrimoniale du membre participant, de son attitude vis-à-vis du risque, du régime fiscal en vigueur et des caractéristiques du contrat choisi. La personne morale souscriptrice [ou le membre participant] est invité à demander conseil auprès de sa mutuelle ou union."

7° Sont indiquées les modalités de désignation des bénéficiaires. Est également indiquée la référence à la clause contenant les informations mentionnées à l'article L. 223-10-1.

8° La mention suivante est insérée immédiatement après l'encadré : "Cet encadré a pour objet d'attirer l'attention de la personne morale souscriptrice [ou du membre participant] sur certaines dispositions essentielles de la note d'information. Il est important que la personne morale souscriptrice [ou le membre participant] lise intégralement la note et pose toutes les questions qu'il estime nécessaires avant de signer le contrat [ou le bulletin d'adhésion]."

Ces dispositions sont entrées en vigueur le 1er juin 2006 (Arr. du 15 mai 2006, art. 3).

Art. A. 223-6-1 *(Arr. du 30 déc. 2015, art. 2, en vigueur le 1er janv. 2016)* **La note d'information mentionnée à l'article L. 223-8, la notice mentionnée à l'article L. 221-6 contient les informations prévues par le modèle ci-annexé.**

ANNEXE

ANNEXE À L'ARTICLE A. 223-6-1 DU CODE DE LA MUTUALITÉ

(Arr. du 30 déc. 2015, annexe)

Organisme contractant
(dénomination et forme juridique)
Nom :

Adresse (du siège social et, le cas échéant, de la succursale)

Note d'information

1° Nom commercial du règlement mutualiste ou du contrat

2° Caractéristiques du bulletin d'adhésion, du règlement mutualiste ou du contrat

a) définition contractuelle des garanties offertes ;

b) durée de l'adhésion, ou du contrat ;

c) modalités de versement des cotisations ;

d) délai et modalités de renonciation au bulletin d'adhésion, règlement mutualiste ou au contrat ;

e) formalités à remplir en cas de sinistre ;

f) Précisions complémentaires relatives à certaines catégories de contrats :

— contrats en cas de vie ou de capitalisation : frais et indemnités de rachat et autres frais prélevés par la mutuelle ou l'union, mentionnés au 5° de l'article A. 223-6 ;

— autres contrats comportant des valeurs de rachat : frais prélevés en cas de rachat et autres frais ;

— contrats comportant des garanties exprimées en unités de compte : énonciation des unités de compte de référence et pour chaque unité de compte sélectionnée par l'adhérent, indication des caractéristiques principales, et en l'absence d'insertion de l'encadré mentionné à l'article L. 223-8 d'une part, des frais prélevés par la mutuelle ou l'union sur la provision mathématique ou le capital garanti et, d'autre part, des frais pouvant être supportés par l'unité de compte ainsi que des modalités de versement du produit des droits attachés à la détention de l'unité de compte. Pour chaque unité de compte constituée sous la forme d'une part ou d'une action d'organisme de placement collectif mentionné aux 3°, 7°, 7° *quater*, 8°, 9° *ter*, 9° *quater* ou 9° *sexies* de l'article R. 332-2 du code des assurances, l'indication des caractéristiques principales peut être valablement effectuée par la remise du document d'information clé pour l'investisseur. Pour chaque unité de compte constituée sous la forme d'une part ou d'une

action d'organisme de placement collectif mentionné au 7° *ter* de l'article R. 332-2 du code des assurances, l'indication des caractéristiques principales peut être valablement effectuée par la remise de la note détaillée. En cas de non-remise du document d'information clé pour l'investisseur ou, le cas échéant, de la note détaillée, l'adhérent est informé de ses modalités d'obtention ainsi que, le cas échéant, de l'adresse électronique où se procurer ce document ou, le cas échéant, cette note ;

— contrats collectifs : nom et adresse du souscripteur, formalités de résiliation et de transfert ;

— contrats collectifs comportant une clause de transférabilité en application de l'article L. 223-22 du code de la mutualité ;

— plans d'épargne retraite populaire : indication en caractères apparents que les sommes versées dans un plan d'épargne retraite populaire donnent lieu à des prestations versées sous forme de rente à partir de l'âge prévu de liquidation des droits, et qu'un plan ne peut faire l'objet de rachats sauf dans les cas prévus à l'article L. 223-20 du code de la mutualité et au quatrième alinéa du I de l'article L. 144-2 du code des assurances ; indication, le cas échéant, de la faculté ouverte par le deuxième alinéa du I de l'article L. 144-2 du code des assurances ; indication des dispositions législatives et réglementaires qui régissent le fonctionnement du plan ; dénomination et siège social du dépositaire du plan ; mention, le cas échéant, de l'existence de l'accord de représentation des engagements mentionné au VIII de l'article L. 144-2 du code des assurances ;

g) information sur les cotisations relatives aux garanties principales et complémentaires lorsque de telles informations s'avèrent appropriées ;

3° Rendement minimum garanti et participation :

a) taux d'intérêt garanti et durée de cette garantie ;

b) indications des garanties de fidélité, des valeurs de réduction, des valeurs de rachat ou, pour les contrats collectifs comportant une clause de transférabilité en application de l'article L. 223-20 du code de la mutualité, des valeurs de transfert ;

c) modalités de calcul et d'attribution de la participation aux bénéfices.

4° Procédure d'examen des litiges :

Modalités d'examen des réclamations pouvant être formulées au sujet du contrat, du bulletin d'adhésion ou du règlement mutualiste.

5° Le cas échéant, référence expresse au rapport sur la solvabilité et la situation financière prévu à l'article L. 355-5 du code des assurances, qui permet au souscripteur ou à l'adhérent d'accéder facilement à ces informations.

Art. A. 223-6-2 *(Arr. du 27 juin 2019, art. 3)* **I. — Pour l'application du cinquième alinéa de l'article L. 223-21, les informations suivantes sont communiquées au membre adhérent :**

— le taux d'intérêt garanti par le contrat et le taux d'intérêt correspondant au montant affecté aux provisions mathématiques du contrat provenant de la participation aux excédents ou des reprises de provision pour participation aux excédents ;

— le taux des frais prélevés par la mutuelle ou l'union ;

— le taux des taxes et prélèvements sociaux ;

— le taux d'intérêt servi au participant, net de frais et, le cas échéant, des taxes et des prélèvements sociaux prélevés lors de l'inscription des intérêts au contrat ;

— pour les contrats auxquels des actifs sont affectés en vertu de dispositions législatives, le taux de rendement de ces actifs ;

— pour les contrats de groupe prévoyant que les engagements sont représentés par des actifs faisant l'objet d'une identification distincte pour satisfaire à des stipulations contractuelles, le taux de rendement de ces actifs ;

— dans les autres cas, le taux de rendement des placements défini au 1 du II de l'article D. 223-5 et le taux moyen des montants, y compris ceux provenant de la participation aux excédents, affectés aux provisions mathématiques relatives à la catégorie d'opérations mentionnée à l'article A. 114-1, dont relève le contrat.

II. — Pour l'application du sixième alinéa de l'article L. 223-21, l'information annuelle du souscripteur ou, en cas de contrat de groupe, de l'adhérent comporte :

— la valeur des unités de compte sélectionnées ;

— les frais prélevés par la mutuelle ou l'union au titre de chaque unité de compte ;

— le total des frais supportés par l'unité de compte, au cours du dernier exercice connu ;

— pour les unités de compte qui en comportent, les valeurs des indicateurs de référence ;

— le cas échéant, le produit des droits attachés à la détention de l'unité de compte conservé par la mutuelle ou l'union.

Les modifications significatives affectant chaque unité de compte sélectionnée, constituée sous la forme d'une part ou d'une action d'organisme de placement collectif, sont celles affectant ses caractéristiques principales, telles que définies à l'article A. 132-6 du code des assurances.

III. — L'estimation du montant de la rente viagère qui serait versée au participant au titre des droits exprimés en euros peut être présentée distinctement de l'estimation établie à partir des droits exprimés en unités de compte, qui elle-même peut être présentée distinctement de celle établie à partir des droits exprimés en parts de provision de diversification. L'estimation du montant de la rente et celles réalisées dans un scénario moins favorable sont présentées distinctement et en précisant clairement les hypothèses avec lesquelles elles sont réalisées. Les hypothèses sont déterminées en fonctions des risques susceptibles d'affecter le résultat final de l'évaluation.

Chaque estimation mentionnée à l'alinéa précédent est établie en fonction de la provision mathématique constituée à la fin de l'exercice considéré et des tables de mortalité et du taux d'intérêt technique applicables au contrat. Chaque estimation est communiquée nette des frais de sortie mentionnés au quatrième alinéa du 5° de l'article A. 132-8 du code des assurances.

Pour les participants qui n'ont pas atteint l'âge mentionné au premier alinéa de l'article L. 161-17-2 du code de la sécurité sociale à la fin de l'exercice considéré, au moins deux estimations sont mentionnées, la première en retenant l'hypothèse d'âge de départ à la retraite mentionné au premier alinéa de l'article L. 161-17-2 du code de la sécurité sociale et la deuxième en retenant cet âge majoré de cinq ans.

Pour les adhérents qui ont dépassé l'âge mentionné au premier alinéa de l'article L. 161-17-2 du code de la sécurité sociale à la fin de l'exercice considéré, au moins une

estimation est établie, en retenant une hypothèse d'âge de départ à la retraite égale à l'âge mentionné au premier alinéa de l'article L. 161-17-2 du code de la sécurité sociale majoré de cinq ans, en retenant une hypothèse d'âge de départ à la retraite supérieur pour les adhérents qui ont dépassé cet âge à la fin de l'exercice considéré.

La présentation des estimations mentionnées au premier alinéa du présent III est complétée par la mention : "Ces estimations sont fournies à titre indicatif et n'ont pas de caractère contractuel car elles sont réalisées sur la base de paramètres qui peuvent varier ou être modifiés en cours de contrat, notamment la table de mortalité et le taux technique. Des frais ou indemnités sont prélevés par la mutuelle ou l'union, ils sont détaillés dans votre contrat. Ces estimations retiennent des hypothèses d'âge de liquidation de la rente qui peuvent être différents de l'âge exact d'ouverture de vos droits à retraite ainsi que de celui à compter duquel vous pouvez liquider votre retraite obligatoire à taux plein."

La présentation des estimations mentionnées au premier alinéa du présent III est complétée par une information sur les modalités de l'évaluation. Cette information précise :

a) Le taux technique retenu ;

b) Le taux annuel de rendement nominal des investissements, le taux d'inflation annuel et l'évolution future des salaires ;

c) Les données concernant l'affilié, y compris une indication de l'âge mentionné au premier alinéa de l'article L. 161-17-2 du code de la sécurité sociale à la fin de l'exercice considéré ;

d) Le nombre moyen d'arrérages pour la cohorte d'âge dont fait partie l'affilié selon la table de mortalité applicable à la date de l'information, en précisant si cette table est susceptible d'évoluer avant la phase de service de la rente de l'affilié. Cette information est accompagnée d'une mention précisant que ces indications sont d'ordre statistique et ne constituent pas une évaluation de l'espérance de vie réelle de l'affilié.

Art. A. 223-6-3 *(Arr. du 27 juin 2019, art. 3)* I. – Pour l'application de l'article L. 223-21 aux contrats mentionnés à l'article L. 222-3 et à l'article L. 144-2 du code des assurances, les informations suivantes sont communiquées annuellement :

1° La date exacte de référence des informations figurant dans le relevé des droits à retraite, indiquée de manière évidente ;

2° Le nom de la mutuelle ou de l'union de retraite professionnelle supplémentaire et son adresse de contact et l'identification du régime de retraite de l'affilié ;

3° Une indication claire en cas de changement important dans les informations contenues dans le relevé des droits par rapport à l'année précédente ;

4° Des informations sur les cotisations versées par l'entreprise souscriptrice et l'affilié au cours des douze derniers mois ;

5° Une ventilation des chargements prélevés au moins au cours des douze derniers mois.

II. – Pour l'application de l'article L. 223-21 aux contrats mentionnés à l'article L. 222-3 et à l'article L. 144-2 du code des assurances, les informations suivantes sont communiquées annuellement aux affiliés dont les droits sont en cours de service :

– le montant et la durée résiduelle des prestations qui leurs sont dues et un rappel des options de versement correspondantes ;

– pour les contrats dont les garanties sont exprimées en unités de compte au cours de la phase de versement, une information du bénéficiaire sur ce risque et l'impact qu'il pourrait avoir en cas d'aléa défavorable.

Art. A. 223-7 *(Arr. du 17 oct. 2011, en vigueur le 1er janv. 2012)* 1° Pour l'application du dixième alinéa de l'article L. 223-21, l'estimation du montant de la rente viagère qui serait versée au participant au titre des droits exprimés en euros peut être présentée distinctement de l'estimation établie à partir des droits exprimés en unités de comptes, qui elle-même peut être présentée distinctement de celle établie à partir des droits exprimés en parts de provision de diversification.

2° Chaque estimation mentionnée au 1° est établie en fonction de la provision mathématique constituée à la fin de l'exercice considéré et des tables de mortalité et du taux d'intérêt technique applicables au contrat. Chaque estimation est communiquée nette des frais de sorties mentionnés au quatrième alinéa du 5° de l'article A. 223-6.

Pour les membres participants qui n'ont pas atteint l'âge mentionné au premier alinéa de l'article L. 161-17-2 du code de la sécurité sociale à la fin de l'exercice considéré, au moins deux estimations sont mentionnées, la première en retenant l'hypothèse d'âge de départ à la retraite mentionné au premier alinéa de l'article L. 161-17-2 du code de la sécurité sociale et la deuxième, en retenant cet âge majoré de cinq ans.

Pour les membres participants qui ont dépassé l'âge mentionné au premier alinéa de l'article L. 161-17-2 du code de la sécurité sociale à la fin de l'exercice considéré, au moins une estimation est établie, en retenant une hypothèse d'âge de départ à la retraite égale à l'âge mentionné au premier alinéa de l'article L. 161-17-2 du code de la sécurité sociale majoré de cinq ans et en retenant une hypothèse d'âge de départ à la retraite supérieur pour les membres participants qui ont dépassé cet âge à la fin de l'exercice considéré.

3° La présentation des estimations mentionnées au 1° est complétée par la mention : "Ces estimations sont fournies à titre indicatif et n'ont pas de caractère contractuel car elles sont réalisées sur la base de paramètres qui peuvent varier ou être modifiés en cours de contrat, notamment la table de mortalité et le taux technique. Des frais ou indemnités sont prélevés par la mutuelle ou l'union, ils sont détaillés dans votre contrat. Ces estimations retiennent des hypothèses d'âge de liquidation de la rente qui peuvent être différents de l'âge exact d'ouverture de vos droits à retraite ainsi que de celui à compter duquel vous pouvez liquider votre retraite obligatoire à taux plein."

Art. A. 223-7-1 *(Arr. du 26 déc. 2019, art. 1er-IV, en vigueur le 1er janv. 2020)* **Le chapitre IV du titre III du livre Ier du code des assurances est applicable aux mutuelles et unions. Pour l'application de ces dispositions, il y a lieu d'entendre : "mutuelles et unions" là où sont mentionnés dans le code des assurances : "entreprises d'assurance".**

SECTION II **TARIF**

(Arr. du 30 déc. 2015, art. 2, en vigueur le 1er janv. 2016)

Art. A. 223-8 **Les tarifs pratiqués par les mutuelles et unions effectuant des opérations mentionnées au *b* du 1° du I de l'article L. 111-1 comprennent la rémunération de celles-ci et sont établis d'après les éléments suivants :**

1° Un taux d'intérêt technique fixé dans les conditions prévues par arrêté ;

2° Une des tables suivantes :

_a)_ Tables homologuées par arrêté du ministre chargé de la mutualité, établies par sexe, sur la base de populations de membres participants et bénéficiaires pour les contrats de rente viagère, et sur la base de données publiées par l'Institut national de la statistique et des études économiques pour les autres contrats ;

_b)_ tables établies ou non par sexe par la mutuelle ou l'union et certifiées par un actuaire indépendant de celle-ci, agréé à cet effet par l'une des associations d'actuaires reconnues par l'Autorité de contrôle mentionnée à l'article L. 510-1.

Les tables mentionnées au *b* sont établies d'après des données d'expérience de la mutuelle ou de l'union, ou des données d'expérience démographiquement équivalentes.

Lorsque les tarifs sont établis d'après des tables mentionnées au *a*), et dès lors qu'est retenue une table unique pour tous les membres participants, celle-ci correspond à la table appropriée conduisant au tarif le plus prudent.

Pour les contrats en cas de vie autres que les contrats de rente viagère, les tables mentionnées au *a* sont utilisées en corrigeant l'âge du membre participant conformément aux décalages d'âge ci-annexés.

Ces décalages d'âge sont appliqués de telle sorte que chaque taux de mortalité annuel à un âge donné soit égal au taux de mortalité annuel à l'âge ayant subi le décalage dans la table appropriée.

Pour les opérations de rentes viagères, en ce compris celles revêtant un caractère temporaire, et à l'exception des contrats relevant du chapitre II *bis* du titre II du livre II, les tarifs et les provisions techniques déterminés en utilisant les tables mentionnées au *b* ne peuvent être inférieurs à ceux qui résulteraient de l'utilisation des tables appropriées mentionnées au *a*.

Pour l'élaboration des tarifs des opérations collectives en cas de décès résiliables annuellement, la mutuelle ou l'union peut utiliser les tables mentionnées au *a* avec une méthode forfaitaire dès lors que celle-ci est justifiable.

L'art. A. 223-9 n'existe pas.

Art. A. 223-10-1 *(Arr. du 24 juin 2016, art. 2)* **I. – Le bilan d'application des articles L. 223-10-1 et L. 223-10-2 prévu à l'article L. 223-10-2-1 est publié annuellement sur le site internet de la mutuelle ou de l'union ou sur tout support durable dans un délai de 90 jours ouvrables à compter du 1er janvier de chaque année.**

La description des démarches réalisées, dont les moyens mis en œuvre au cours de l'année passée, en matière de traitement des contrats d'assurance vie non réglés comprend les informations suivantes, arrêtées au 31 décembre de l'année précédente, désignée comme l'année N :

1° Nombre de contrats ayant donné lieu à instruction, en cours au-delà d'une période de six mois après connaissance du décès ou échéance du contrat et recherche des bénéficiaires au cours des années N ;

2° Nombre d'assurés centenaires non décédés, y compris s'il existe une présomption de décès au regard de l'âge de l'assuré, et montant annuel (toutes provisions confondues) des contrats des assurés centenaires non décédés en année N ;

3° Nombre de contrats classés "sans suite" par la mutuelle ou l'union (contrats pour lesquels un ou plusieurs bénéficiaires n'ont pas pu être retrouvés ou réglés malgré les démarches de recherche de l'organisme d'assurance) et montant global concerné en année N.

Ces informations prennent la forme du tableau 1 défini en annexe.

II. – Le bilan d'application prévu mentionné au premier alinéa comprend également les informations suivantes (toutes provisions techniques confondues), arrêtées au 31 décembre de l'année précédente :

1° Montant annuel et nombre de contrats dont l'assuré a été identifié comme décédé dans le cadre du dispositif prévu à l'article L. 223-10-1 pour les cinq années précédentes ;

2° Montant annuel et nombre de contrats réglés au titre des contrats dont l'assuré a été identifié comme décédé dans le cadre du dispositif prévu à l'article L. 223-10-1 pour les cinq années précédentes ;

3° Nombre d'assurés identifiés comme décédés et nombre de contrats concernés ayant un assuré identifié comme décédé dans le cadre du dispositif prévu à l'article L. 223-10-2 pour les cinq années précédentes ;

4° Montant annuel des capitaux à régler au titre des contrats identifiés comme dénoués par décès (provisions affectées au versement du capital et celles affectées au capitaux constitutifs de rente, avec, le cas échéant, la revalorisation *post mortem* prévue par l'article L. 223-19-1) dans le cadre du dispositif prévu à l'article L. 223-10-2 pour les cinq années précédentes ;

5° Montant annuel des capitaux réglés au titre des contrats identifiés comme dénoués par décès (toutes provisions techniques confondues) dans le cadre du dispositif prévu à l'article L. 223-10-2 pour les cinq années précédentes.

Ces informations prennent la forme du tableau 2 défini en annexe.

Les dispositions applicables aux informations relatives aux cinq années précédentes prévues aux 1° à 5° du II de l'art. A. 223-10-1 entrent en vigueur progressivement avec un plein effet à compter des bilans fournis en 2021. Les bilans établis avant 2021 relatifs à ces informations comportent, au fur et à mesure de leur disponibilité, les données afférentes à toutes les années écoulées depuis 2016, incluant cette dernière année. Le premier bilan publié au titre de 2016 ne porte que sur les efforts d'apurement de contrats non réglés de cette année. Chaque bilan publié à compter de 2017 est enrichi annuellement des données afférentes à l'année précédente (Arr. du 24 juin 2016, art. 4).

ANNEXE À L'ARTICLE A. 223-10-1

Tableau 1

	NOMBRE DE CONTRATS ayant donné lieu à instruction/ recherche par la mutuelle ou l'union	NOMBRE D'ASSURÉS centenaires non décédés, y compris ceux pour lesquels il existe une présomption de décès	MONTANT ANNUEL (toutes provisions techniques confondues) des contrats des assurés centenaires non décédés	NOMBRE de contrats classés "sans suite" par la mutuelle ou l'union	MONTANT annuel des contrats classés "sans suite" par la mutuelle ou l'union
Année N					

Tableau 2

ANNÉE	MONTANT ANNUEL et nombre de contrats dont l'assuré a été identifié comme décédé (*article L. 223-10-1*)	NOMBRE DE CONTRATS réglés et montant annuel (*article L. 223-10-1*)	NOMBRE DE DÉCÈS confirmés d'assurés/ nombre de contrats concernés/ montant des capitaux à régler (capitaux décès et capitaux constitutifs de rente) *à la suite des consultations au titre de l'article L. 223-10-2*	MONTANT DE CAPITAUX intégralement réglés dans l'année aux bénéficiaires/ nombre de contrats intégralement réglés dans l'année aux bénéficiaires *à la suite des consultations au titre de l'article L. 223-10-2*
N	Montant en euros et nombre de contrats	Nombre de contrats et montant en euros	Nombre de décès confirmés, nombre de contrats et montant en euros	Montant en euros et nombre de contrats
N-1	Montant en euros et nombre de contrats	Nombre de contrats et montant en euros	Nombre de décès confirmés, nombre de contrats et montant en euros	Montant en euros et nombre de contrats
N-2	Montant en euros et nombre de contrats	Nombre de contrats et montant en euros	Nombre de décès confirmés, nombre de contrats et montant en euros	Montant en euros et nombre de contrats
N-3	Montant en euros et nombre de contrats	Nombre de contrats et montant en euros	Nombre de décès confirmés, nombre de contrats et montant en euros	Montant en euros et nombre de contrats
N-4	Montant en euros et nombre de contrats	Nombre de contrats et montant en euros	Nombre de décès confirmés, nombre de contrats et montant en euros	Montant en euros et nombre de contrats
N-5	Montant en euros et nombre de contrats	Nombre de contrats et montants en euros	Nombre de décès confirmés, nombre de contrats et montant en euros	Montant en euros et nombre de contrats

Art. A. 223-10-2 (*Arr. du 24 juin 2016, art. 2*) **Le rapport annuel prévu à l'article L. 223-10-2-1 comprend les informations suivantes (toutes provisions techniques confondues, exprimées sous la forme d'une provision mathématique théorique pour les régimes à points), arrêtées au 31 décembre de l'année précédente :**

1° Montant des capitaux décès non réglés des contrats d'assurance vie hors contrats collectifs à adhésion obligatoire souscrits dans le cadre de l'entreprise depuis plus d'un an à compter de la date de connaissance du décès et nombre de contrats concernés en année N et N-1 ;

2° Montant des contrats d'assurance vie hors contrats collectifs à adhésion obligatoire souscrits dans le cadre de l'entreprise dont l'échéance a été atteinte depuis plus de six mois et nombre de contrats concernés en année N et N-1 ;

3° Montant des capitaux des bons et contrats de capitalisation nominatifs échus depuis plus de six mois et nombre de contrats concernés en année N et N-1 ;

4° Montant des capitaux des bons et contrats de capitalisation au porteur échus depuis plus de six mois et nombre de contrats concernés en année N et N-1 ;

5° Montant des capitaux décès des contrats collectifs à adhésion obligatoire souscrits dans le cadre de l'entreprise non réglés depuis plus d'un an à compter de la date de connaissance du décès et nombre de contrats concernés de membres participants en année N et N-1 ;

6° Montant des prestations des contrats collectifs à adhésion obligatoire souscrits dans le cadre de l'entreprise dont le capital ou la rente n'a pas été demandé lorsque l'assuré a atteint l'âge de 62 ans et nombre de contrats concernés de membres participants en année N et N-1 ;

7° Montant des prestations des contrats collectifs à adhésion obligatoire souscrits dans le cadre de l'entreprise dont le capital ou la rente n'a pas été demandé lorsque l'assuré a atteint l'âge de 65 ans et nombre de contrats concernés de membres participants en année N et N-1 ;

8° Montant des prestations des contrats collectifs à adhésion facultative dont le capital ou la rente n'a pas été demandé lorsque l'assuré a atteint l'âge de 62 ans et nombre de contrats de membres participants concernés en année N et N-1 ;

9° Montant des prestations des contrats collectifs à adhésion facultative dont le capital ou la rente n'a pas été demandé lorsque l'assuré a atteint l'âge de 65 ans et nombre de contrats de membres participants concernés en année N et N-1.

Ces informations sont adressées annuellement par les mutuelles et unions à l'Autorité de contrôle prudentiel de *[et]* de résolution et au ministre chargé de l'économie, dans les 90 jours ouvrables qui suivent leur demande. Elles prennent la forme d'un tableau défini en annexe.

ANNEXE À L'ARTICLE A. 223-10-2

	SITUATION au 31 décembre N Montant global exprimé en millions d'euros (M€)	**SITUATION au 31 décembre N exprimée en nombre de contrats concernés**	**MONTANT GLOBAL réglé aux bénéficiaires ou transféré à la CDC au 31 décembre N sur le stock identifié au 31 décembre N-1 en millions d'euros et en pourcentage**		**NOMBRE TOTAL de contrats réglés aux bénéficiaires ou transférés à la CDC au 31 décembre N sur le stock de contrats identifié au 31 décembre N-1 en nombre de contrats et en pourcentage**	
Capitaux décès non réglés des contrats d'assurance vie Hors contrats collectifs à adhésion obligatoire souscrits dans le cadre de l'entreprise						
Montant total des capitaux décès non réglés depuis plus d'un an à compter de la connaissance du décès	M€	Contrats	M€	%	Contrats	%
Capitaux termes des contrats d'assurance vie Hors contrats collectifs souscrits dans le cadre de l'entreprise						

	SITUATION au 31 décembre N Montant global exprimé en millions d'euros (M€)	SITUATION au 31 décembre N exprimée en nombre de contrats concernés	MONTANT GLOBAL réglé aux bénéficiaires ou transféré à la CDC au 31 décembre N sur le stock identifié au 31 décembre N-1 en millions d'euros et en pourcentage		NOMBRE TOTAL de contrats réglés aux bénéficiaires ou transférés à la CDC au 31 décembre N sur le stock de contrats identifié au 31 décembre N-1 en nombre de contrats et en pourcentage	
Montant total des capitaux échus/prestations non réglées depuis plus de 6 mois à compter de l'arrivée du terme (pour les contrats à terme fixe)	M€	Contrats	M€	%	Contrats	%
Bons et contrats de capitalisation						
Montant total des capitaux échus non réglés depuis plus de six mois à compter de l'arrivée du terme (nominatifs)	M€	Contrats	M€	%	Contrats	%
Montant total des capitaux échus non réglés depuis plus de six mois à compter de l'arrivée du terme (anonymes)	M€	Contrats	M€	%	Contrats	%
Contrats collectifs dans le cadre de l'entreprise						
Capitaux décès non réglés depuis plus d'un an à compter de la connaissance du décès	M€	Contrats	M€	%	Contrats	%
Contrats dont la rente ou le capital n'a pas été demandé à l'échéance lorsque l'assuré a atteint l'âge de 62 ans	M€	Contrats	M€	%	Contrats	%
Contrats dont la rente ou le capital n'a pas été demandé à l'échéance lorsque l'assuré a atteint l'âge de 65 ans	M€	Contrats	M€	%	Contrats	%
Contrats collectifs à adhésion facultative						
Contrats dont la rente ou le capital n'a pas été demandé à l'échéance lorsque l'assuré a atteint l'âge de 62 ans	M€	Contrats	M€	%	Contrats	%
Contrats dont la rente ou le capital n'a pas été demandé à l'échéance lorsque l'assuré a atteint l'âge de 65 ans	M€	Contrats	M€	%	Contrats	%

Art. A. 223-10-3 *(Arr. du 24 juin 2016, art. 2)* Le bilan publié par les organismes professionnels prévu à l'article L. 223-10-3 comprend les informations suivantes, arrêtées au 31 décembre de l'année précédente :

1° Nombre de demandes par des bénéficiaires potentiels d'un contrat d'assurance vie dans le cadre du dispositif prévu à l'article L. 223-10-1 ;

2° Montant global (toutes provisions techniques confondues) et nombre de contrats dont l'assuré a été identifié comme décédé dans le cadre du dispositif prévu à l'article L. 223-10-1 ;

3° Nombre d'assurés identifiés comme décédés et nombre de contrats ayant un assuré identifié comme décédé dans le cadre du dispositif prévu à l'article L. 223-10-2 ;

4° Montant des capitaux (toutes provisions techniques confondues) à régler au titre des contrats identifiés comme dénoués par décès dans le cadre du dispositif prévu à l'article L. 223-10-2 ;

5° Montant annuel (toutes provisions techniques confondues) des capitaux réglés au titre des contrats identifiés dans l'année comme dénoués par décès dans le cadre du dispositif prévu à l'article L. 223-10-2 et nombre de contrats intégralement réglés ;

6° Montant annuel (toutes provisions techniques confondues) des capitaux à régler au titre des contrats identifiés dans l'année comme dénoués par décès dans le cadre du dispositif prévu à l'article L. 223-10-2 et nombre de contrats à régler.

Ce bilan est publié par les organismes professionnels mentionnés à l'article L. 223-10-1 sur le site internet de l'organisme professionnel ou sur tout support durable dans un délai de 120 jours ouvrables à compter du 1er janvier de chaque année. Il prend la forme d'un tableau défini en annexe.

ANNEXE À L'ARTICLE A. 223-10-3

ANNÉE	NOMBRE de demandes par les bénéficiaires potentiels qui ont permis à l'assureur de connaître le décès *(article L. 223-10-1)*	MONTANT global et nombre de contrats dont l'assuré a été identifié comme décédé *(article L. 223-10-1)*	MONTANT des capitaux réglés/ nombre de contrats réglés *(article L. 223-10-1)*	NOMBRE d'assurés identifiés comme décédés et nombre de contrats ayant un assuré identifié comme décédé à *la suite des consultations au titre de l'article L. 223-10-2*	MONTANT des capitaux à régler dans l'année/ nombre de contrats à régler *à la suite des consultations au titre de l'article L. 223-10-2*	NOMBRE de capitaux réglés/ contrats réglés *à la suite des consultations au titre de l'article L. 223-10-2*
N	Nombres de demandes	Montant en euros et nombre de contrats	Montant en euros et nombre de contrats	Nombre de décès confirmés, nombre de contrats et montant en euros	Montant en euros et nombre de contrats	Montant en euros et nombre de contrats

LIVRE QUATRIÈME RELATIONS AVEC L'ÉTAT ET LES AUTRES COLLECTIVITÉS PUBLIQUES

(Arr. du 13 août 2012, art. 1er)

TITRE PREMIER ORGANES ADMINISTRATIFS DE LA MUTUALITÉ

(Arr. du 13 août 2012, art. 1er)

CHAPITRE PREMIER CONSEIL SUPÉRIEUR DE LA MUTUALITÉ

(Arr. du 13 août 2012, art. 1er)

Les dispositions de l'arrêté du 13 août 2012 sont applicables à compter de la date du prochain renouvellement des membres du Conseil supérieur de la mutualité (Arr. préc., art. 3).

Art. A. 411-1 Les commissions spécialisées mentionnées à l'article R. 411-2-1 du code de la mutualité sont composées comme suit :

1° La commission chargée d'émettre les avis sur les demandes d'agrément est composée de six membres titulaires et six membres suppléants choisis parmi les membres mentionnés au 2° du I de l'article R. 411-1 du même code. Le vice-président de l'Autorité de contrôle prudentiel et de résolution ou son représentant assiste, sans voix délibérative, à la commission ;

2° La commission chargée de donner un avis sur les projets de texte est composée de huit membres :

a) Six membres titulaires et six membres suppléants choisis parmi les membres mentionnés au 2° du I de l'article R. 411-1 ;

b) La personnalité qualifiée mentionnée au 8° du I de l'article R. 411-1 ;

c) Le vice-président de l'Autorité de contrôle prudentiel et de résolution ou son représentant ;

3° La commission chargée d'assurer la gestion du Fonds national de solidarité et d'action mutualistes est composée de six membres titulaires et six membres suppléants choisis parmi les membres mentionnés au 2° du I de l'article R. 411-1.

Art. A. 411-2 Les membres des commissions spécialisées devant être choisis parmi les membres mentionnés au 2° du I de l'article R. 411-1 sont désignés par une délibération du Conseil supérieur de la mutualité siégeant en formation plénière, pour la durée de leur mandat au Conseil supérieur de la mutualité.

Après chaque renouvellement du Conseil supérieur de la mutualité et dans l'attente de la délibération mentionnée à l'alinéa précédent, les membres des commissions spécialisées sont désignés à titre provisoire par arrêté du ministre chargé de la mutualité, sur proposition des fédérations de mutuelles. Il est attribué un siège de membre titulaire et un siège de membre suppléant à chacune des fédérations disposant, en application de l'article R. 413-3 du même code, d'au moins quatre sièges au conseil supérieur de la mutualité. Les sièges restants sont répartis entre ces mêmes fédérations, proportionnellement aux effectifs adhérents des mutuelles adhérentes aux fédérations, selon la règle de la plus forte moyenne.

Art. A. 411-3 Les commissions spécialisées prévues à l'article R. 411-2-1 du code de la mutualité sont présidées par le ministre chargé de la mutualité. En cas d'absence ou d'empêchement du ministre, la présidence est assurée par un représentant des mutuelles, unions et fédérations élu en début de séance parmi les membres de la commission spécialisée. Chaque fois que nécessaire, ces commissions se réunissent sur convocation du secrétaire général du Conseil supérieur de la mutualité. Le secrétaire général assiste aux réunions des commissions.

Art. A. 411-4 Le relevé de décisions et le procès-verbal de chaque séance des commissions spécialisées sont établis par le secrétaire général du Conseil supérieur de la mutualité et signés par le président de séance.

Art. A. 411-5 En début de séance, le nombre de présents doit être au moins égal à la moitié des membres de la commission spécialisée ayant voix délibérative plus un.

Les membres empêchés peuvent donner pouvoir à un membre présent. Nul ne peut détenir plus d'un pouvoir. Les membres ayant donné pouvoir ne sont pas pris en compte dans le calcul du quorum défini au premier alinéa.

Si le quorum n'est pas atteint, une nouvelle séance est convoquée par le secrétaire général du Conseil supérieur de la mutualité dans un délai compris entre huit et quinze jours. Toutefois, en cas d'urgence, ce délai peut être réduit à trois jours. Lors de cette deuxième séance, le quorum n'est plus obligatoire.

Art. A. 411-6 Le recours à des moyens de télécommunication, et notamment à la visioconférence, est autorisé lors des réunions des commissions spécialisées prévues à l'article R. 411-2-1 du code de la mutualité.

Les moyens de visioconférence et de télécommunication utilisés doivent satisfaire à des caractéristiques techniques garantissant une participation effective à la réunion de la commission spécialisée concernée, dont les délibérations doivent être retransmises à la ou aux personnes non présentes physiquement de façon continue. Ces moyens doivent permettre, en temps simultané, réel et continu, la transmission de la voix et de l'image des membres de la commission spécialisée concernée.

Sont réputés présents pour le calcul du quorum et de la majorité les membres qui participent à la réunion de la commission spécialisée par des moyens de visioconférence ou de télécommunication dont la nature et les conditions d'application sont conformes aux dispositions des deux précédents alinéas. Toutefois, la commission spécialisée ne peut siéger valablement si le nombre des membres physiquement présents est inférieur à la moitié des membres de la commission spécialisée ayant voix délibérative moins un.

Art. A. 411-7 *(Arr. du 30 déc. 2015, art. 2-IV, en vigueur le 1er janv. 2016)* En cas d'urgence constatée par le secrétariat général, les commissions spécialisées peuvent statuer par voie de consultation écrite.

Lorsqu'une commission spécialisée fait usage de cette possibilité, le secrétaire général recueille, dans un délai qu'il fixe mais qui ne peut être inférieur à cinq jours ouvrés, les observations et avis des membres de la commission. Toutefois, si un membre en fait la demande écrite dans ce délai, le secrétaire général convoque la commission dans les conditions prévues à l'article A. 411-3.

Pour que ses résultats puissent être pris en compte, la consultation écrite doit avoir permis de recueillir des avis de la moitié au moins des membres de la commission ayant voix délibérative plus un dans le délai fixé par le secrétariat général. Le secrétariat général informe, dans les meilleurs délais, les membres de la commission de la décision résultant de cette consultation.

Les avis rendus par voie de consultation écrite sont annexés au procès-verbal de la séance suivante. Mention y est faite du nom des membres ayant émis un avis et des membres n'ayant pas pris part à la consultation.

LIVRE CINQUIÈME **CONTRÔLE DES MUTUELLES, UNIONS ET FÉDÉRATIONS**

(Arr. du 27 déc. 2002)

CHAPITRE UNIQUE *[ABROGÉ]*

(Abrogé par Arr. du 30 déc. 2015, art. 2-IV, à compter du 1er janv. 2016)

SECTION PREMIÈRE *[ABROGÉE]* **LIBRE PRESTATION DE SERVICES** *(Arr. du 10 janv. 2005)*.

Art. A. 510-1 à A. 510-3 *Abrogés par Arr. du 30 déc. 2015, art. 2-IV, à compter du 1er janv. 2016.*

SECTION II *[ABROGÉE]* **CONTRÔLE DÉCONCENTRÉ**

Art. A. 510-4 *Abrogé par Arr. du 30 déc. 2015, art. 2-IV, à compter du 1er janv. 2016.*

TABLE CHRONOLOGIQUE

NOTA. Avant la table chronologique proprement dite, on trouvera ci-dessous une liste, classée par ordre alphabétique, des différents codes reproduits en extraits dans le code des assurances. Pour l'explication des renvois de la table chronologique, V. le NOTA figurant au début de la table alphabétique, *infra*.

Code civil
– Art. 1240 à 1244 (*responsabilité délictuelle*), 1245 à 1245-17 (*responsabilité du fait des produits défectueux*), 1246 à 1252 (*réparation du préjudice écologique*), 1792 à 1799-1 (*responsabilité des constructeurs*), App., v° *Responsabilité civile*, **p. 1745.**

Code de l'action sociale et des familles
– Art. L. 114-5 (*préjudice du seul fait de sa naissance*), App., v° *Responsabilité civile*, **p. 1831.**

Code de la consommation
– Art. L. 222-1 à L. 222-4, L. 222-6, L. 222-13 à L. 222-18, L. 232-4, L. 242-15 (*fourniture à distance d'opérations d'assurance*), repris ss. C. assur., art. L. 112-2-1.
– Art. L. 121-11 (*pratiques commerciales illicites*), L. 211-1 (*interprétation des contrats*), L. 212-1 à L. 212-3 (*clauses abusives*), L. 232-1 (*droit applicable au contrat*), L. 241-1 (*clauses abusives, sanctions*), R. 212-1 à R. 212-5 (*clauses abusives*), App., v° *Consommation*, **p. 1592.**

Code de l'environnement
– Art. L. 561-1 à L. 561-5, R. 561-11 à D. 561-12-11 (*prévention des risques naturels*), ss. C. assur., art. L. 431-14.

Code général des impôts
– Art. 235 *ter* ZE (*prélèvement annuel sur le produit des primes ou cotisations additionnelles*), ss. C. assur., art. L. 125-2.

Code monétaire et financier
– Art. L. 312-19, L. 312-20 (*compte inactif*), ss. C. assur., art. L. 132-27-2.
– Art. L. 612-23-1 (*capital de solvabilité*), ss. C. assur., art. L. 322-2.
– Art. L. 614-1 à L. 614-3 (*comité consultatif du secteur financier*), repris ss. C. assur., art. L. 411-1 à L. 411-3.
– Art. R. 612-31-3 (*capital de solvabilité*), ss. C. assur., art. R. 324-4.

Code de procédure pénale
– Art. 385-1, 385-2, 388-1 à 388-3 (*tribunal correctionnel*), 509, 515 (*cour d'appel en matière correctionnelle*), 533 (*tribunal de police*), App., v° *Intervention de l'assureur au procès pénal*, **p. 1718.**
– Art. 706-3 à 706-15-4, R. 50-7 à R. 50-28, App., v° *Victimes d'infraction (indemnisation)*, **p. 1965.**

Code de la route
– Art. L. 324-2 (*assurance du véhicule*), repris ss. C. assur., art. L. 211-26.

Code rural et de la pêche maritime
– Art. L. 415-3 (*assurance contre l'incendie*), ss. C. assur., art. L. 113-2.

Code de la santé publique
– Art. L. 1141-1 à L. 1141-6 (*tests génétiques*), ss. C. assur., art. L. 133-1.
– Art. L. 1142-2 (*protection des personnes en matière de santé*), repris ss. C. assur., art. L. 251-1.

– Art. L. 3122-1 à L. 3122-6, R. 3122-1 à R. 3122-23 *(SIDA)*, ss. C. assur., art. L. 426-1.
– Art. D. 1141-2, ss. C. assur., art. L. 113-2.

Code de la sécurité sociale

– Art. L. 376-1 à L. 376-4, L. 451-1, L. 452-1 à L. 452-5, L. 453-1, L. 454-1, L. 454-2, L. 455-1 à L. 455-3 *(faute de l'assuré ou d'un tiers)*, App., v° *Recours des organismes sociaux contre le responsable*, **p. 1723.**

An XII	30 vent.	Loi. Code civil. – V. C. civ., art. 1240 à 1245-17, 1792 s., App., v° *Responsabilité civile*, **p. 1745.**
1949	5 mars	Décret n° 49-317. Statut des agents généraux d'assurances (IARD), App., v° *Agents généraux d'assurances (statuts)*, **p. 1559.**
1950	28 déc.	Décret n° 50-1608. Statut des agents généraux d'assurances sur la vie, App., v° *Agents généraux d'assurances (statuts)*, **p. 1574.**
1959	7 janv.	Ordonnance n° 59-76. Actions en réparation civile de l'État et autres personnes publiques, App., v° *Recours des organismes sociaux contre le responsable*, **p. 1739.**
1976	16 juill.	Décret n° 76-666. Codification des textes législatifs concernant les assurances. – V. C. assur., art. L. 111-3.
1976	16 juill.	Arrêté. Codification des arrêtés concernant les assurances. – V. C. assur., art. A. 113-1 s.
1977	3 mars	Décret n° 77-194. Indemnisation de certaines victimes de dommages corporels résultant d'une infraction. – C. pr. pén., art. R. 50-7 à R. 50-28, App., v° *Victimes d'infraction (indemnisation)*, **p. 1988.**
1978	4 janv.	Loi n° 78-12. Assurance-construction. – Art. 12. – V. C. assur., art. L. 241-1 s.
1978	17 nov.	Décret n° 78-1093. Assurance-construction. – V. C. assur., art. R. 243-2.
1979	22 mai	Recommandation CCA n° 80-02. Clause abusive dans certains contrats de vente immobilière, App., v° *Consommation*, **p. 1598.**
1979	23 mai	Arrêté. Clause bonus-malus. – V. C. assur., art. A. 121-1, A. 121-2.
1981	7 janv.	Loi n° 81-5. Contrat d'assurance et opérations de capitalisation. – V. C. assur., art. L. 111-2, L. 112-4, L. 113-1, L. 113-3, L. 113-5, L. 113-8, L. 113-15, L. 121-11, L. 122-4, L. 123-1, L. 132-1, L. 132-2, L. 132-5-1, L. 132-8, L. 132-9, L. 132-11 à L. 132-15, L. 132-17, L. 132-18, L. 132-20, L. 132-23 à L. 132-26, L. 141-5, L. 211-1, L. 242-1.
1981	14 janv.	Décret n° 81-30. Application de l'art. L. 421-6 C. assur. – V. C. assur., art. R. 421-1 s.
1982	13 juill.	Loi n° 82-600. Indemnisation des victimes de catastrophes naturelles. – Art. 8 à 10. – V. C. assur., art. L. 111-2, L. 121-4.

1983	21 avr.	Décret n° 83-327. Obligations des entreprises d'assurance vie et de capitalisation. – V. C. assur., art. R.* 322-76, R.* 332-4.
1983	7 juin	Loi n° 83-453. Adaptation du code des assurances à la directive n° 79-267 du conseil des communautés européennes. – V. C. assur., art. L. 441-9.
1983	9 juin	Décret n° 83-482. Assurance obligatoire de responsabilité civile automobile et fonds de garantie. – V. C. assur., art. R. 211-6, R.** 211-8, R.** 211-10, R.** 211-11, R. 421-2, R. 421-9, R.** 421-25, R.** 421-39, R. 421-40.
1983	9 juin	3 Arrêtés. – V. C. assur., art. A. 211-1-1, A. 211-1-2.
1983	22 juill.	Arrêté. Clause bonus-malus. – V. C. assur., art. A. 121-1, A. 121-2.
1984	24 avr.	Décret n° 84-302. Administration des entreprises nationales et des sociétés centrales d'assurance. – V. C. assur., art. R.* 322-27 à R.* 322-29.
1984	9 mai	Décret n° 84-349. Contrôle des entreprises d'assurance. – V. C. assur., art. R.* 321-1, R.* 322-152, R.* 322-155, R.* 325-11, R. 334-1 à R. 334-39.
1984	14 août	Décret n° 84-787. Constitution et fonctionnement des mutuelles d'assurances. – V. C. assur., art. R.* 322-97.
1984	14 nov.	Décret n° 84-1023. Placements des entreprises d'assurance. – V. C. assur., art. R. 332-3-1 à R. 332-3-4, R.* 332-4, R. 332-7, R. 332-8, R. 332-10, R. 332-11, R. 332-17.
1984	21 déc.	Arrêté. Tarification et provisions mathématiques des contrats d'assurance sur la vie. – V. C. assur., art. A. 160-3.
1984	22 déc.	Loi n° 84-1172. Assurances maritimes. – V. C. assur., art. L. 172-13.
1985	25 janv.	Loi n° 85-98. Redressement et liquidation judiciaires des entreprises : – Art. 221. – V. C. assur., art. L. 132-14, L. 132-17, L. 310-25, L. 328-13. – Art. 7 à 11. – V. C. assur., art. L. 211-1, L. 421-3. – Art. 28 à 34, App., v° *Recours des organismes sociaux (recours des tiers payeurs)*, **p. 1739**.
1985	11 juin	Loi n° 85-608. Information des assurés et transparence des contrats d'assurance vie. – V. C. assur., art. L. 321-1.
1985	5 juill.	Loi n° 85-677. Amélioration de la situation des victimes d'accidents de la circulation et accélération des procédures d'indemnisation, App., v° *Responsabilité civile*, **p. 1739.**
1985	12 juill.	Loi n° 85-703. Activités d'économie sociale. – Art. 15. – V. C. assur., art. L. 322-26-5.

1985	2 août	Décret n° 85-863. Codification. – V. C. assur., art. L. 125-1 à L. 125-6, L. 172-13, L. 431-1 à L. 431-14.
1985	2 août	Décret n° 85-864. Codification. – V. C. assur., art. R. 243-1 à R. 243-14, R. 431-1 à R. 431-59.
1985	22 août	Décret n° 85-879. Affichage du certificat d'assurance sur les véhicules. – V. C. assur., art. R.* 211-14, R.** 211-16, R.** 211-17, R. 211-21-1 à R. 211-21-6.
1985	30 août	Décret n° 85-926. Modification de l'art. R. 420-30 du code des assurances. – V. C. assur., art. R. 421-30.
1985	10 sept.	Arrêté. Codification. – V. C. assur., art. A. 125-1.
1985	20 sept.	Recommandation CCA n° 85-04. Contrats « multirisques-habitation », App., v° *Consommation*, **p. 1599.**
1985	30 déc.	Loi n° 85-1404. De finances rectificative pour 1985. – Art. 26. – V. C. assur., art. L. 431-14.
1985	30 déc.	Décret n° 85-1447. Assurances sur la vie et opérations de capitalisation. – V. C. assur., art. R. 132-2, R. 150-17, R. 150-18.
1986	7 janv.	Décret n° 86-21. Assurance obligatoire des véhicules terrestres à moteur. – V. C. assur., art. R.** 211-2, R.** 211-3, R.** 211-5, R.** 211-10, R.** 211-13.
1986	14 mars	Décret n° 86-452. Fonds de garantie. – V. C. assur., art. R. 421-1 à R. 421-5, R. 421-11 à R. 421-13, R. 421-15, R. 421-16, R. 421-18 à R. 421-24, R. 421-27, R. 421-29 à R. 421-39, R. 421-42, R.** 421-67.
1986	8 août	Décret n° 86-971. Fonds social complémentaire des mutuelles. – V. C. assur., art. R.* 322-49, R.* 322-74, R. 322-77.
1986	5 sept.	Arrêté. Affichage d'un certificat d'assurance sur les véhicules. – V. C. assur., art. A. 211-9, A. 211-10.
1986	18 sept.	Décret n° 86-1043. Infractions en matière de circulation routière et d'assurance obligatoire des véhicules terrestres à moteur. – Art. 25 à 27. – V. C. assur., art. R.** 211-12, R.* 211-14.
1987	7 janv.	Arrêté. Clause type en assurance obligatoire de responsabilité décennale. – V. C. assur., art. A. 243-1.
1987	12 oct.	Décret n° 87-833. Caisse nationale de prévoyance. – V. C. assur., art. R.** 441-31 à R.** 441-34.
1987	10 nov.	Décret n° 87-917. Fonctionnement des sociétés centrales d'assurance. – V. C. assur., art. R.* 322-14 à R.* 322-15, R.* 322-41.
1988	18 mars	Décret n° 88-260. Codification. – V. C. assur., art. L. 126-1, L. 126-2, L. 421-1 à L. 421-14, L. 422-1 à L. 422-3.

1988	18 mars	Décret n° 88-261. Codification. – V. C. assur., art. R. 126-1, R. 126-2, R.** 211-12, R. 211-29 à R. 211-45, R. 421-1 à R. 421-70, R. 422-1 à R. 422-8.
1988	13 avr.	Arrêté. Dérogation à l'obligation d'assurance automobile. – V. C. assur., art. A. 211-1.
1988	27 avr.	Décret n° 88-456. Opérations d'assistance. – V. C. assur., art. R.* 321-1, R. 332-7-1, R. 334-5, R. 334-7, R. 334-17 à R. 334-29.
1988	22 juin	Arrêté. Codification. – V. C. assur., art. A. 211-9 à A. 211-11.
1989	21 févr.	Décret n° 89-111. Contrôle de l'obligation d'assurance des véhicules terrestres à moteur. – V. C. assur., art. R.** 211-17, R.** 211-18, R. 211-21-1 à R. 211-21-3, R. 211-21-7.
1989	19 mai	Recommandation CCA n° 89-01. Assurance automobile, App., v° *Consommation*, **p. 1610.**
1989	2 juin	Décret n° 89-351. Caisse centrale de réassurance. – V. C. assur., art. R.* 322-20, R. 332-14-1, R. 431-6-1, R. 431-6-2.
1989	27 oct.	Décret n° 89-800. Fonds de garantie contre les actes de terrorisme. – V. C. assur., art. R. 422-1, R. 422-6, R. 422-8.
1989	10 nov.	Recommandation CCA n° 90-01. Assurance complémentaire à un contrat de crédit à la consommation ou immobilier ou de location avec option d'achat, App., v° *Consommation*, **p. 1617.**
1989	10 nov.	Recommandation CCA n° 90-02. Assurance « dommages-ouvrage », App., v° *Consommation*, **p. 1628.**
1989	29 déc.	Loi n° 89-936. De finances rectificative pour 1989. – Art. 42. – V. C. assur., art. L. 431-14.
1989	31 déc.	Loi n° 89-1009. Renforcement des garanties offertes aux personnes assurées contre certains risques. – V. C. assur., art. L. 141-7.
1989	31 déc.	Loi n° 89-1014. Adaptation du Code des assurances à l'ouverture du marché européen. – V. C. assur., art. L. 111-2, L. 112-2, L. 112-3, L. 113-2, L. 113-4, L. 113-6, L. 113-7, L. 113-12, L. 113-13, L. 113-16, L. 113-17, L. 114-1, L. 114-2, L. 121-10, L. 121-11, L. 127-1 à L. 127-7, L. 131-1, L. 132-20, L. 141-1 à L. 141-5, L. 160-3, L. 172-10-1, L. 172-22, L. 181-1 à L. 181-4, L. 182-1, L. 211-1, L. 220-2, L. 220-5, L. 220-6, L. 242-1, L. 243-1, L. 310-6, L. 310-7, L. 310-10 à L. 310-23, L. 310-25, L. 321-1, L. 321-10, L. 322-2-3, L. 322-6, L. 322-11, L. 322-14 à L. 322-24, L. 322-26-1, L. 322-26-2, L. 322-26-2-1, L. 322-26-3 à L. 322-26-5, L. 323-3 à L. 323-7, L. 324-3, L. 324-6, L. 324-7, L. 325-2, L. 326-16, L. 328-12, L. 328-15-1, L. 412-1, L. 421-6, L. 431-4, L. 431-8.

1990	6 févr.	Décret n° 90-125. Revalorisation de certaines rentes allouées en réparation du préjudice causé par un accident de la circulation. – Art. 5. – V. C. assur., art. R. 431-39 à R. 431-47.
1990	19 févr.	Décret n° 90-158. Entreprises nationales d'assurance. – V. C. assur., art. R.* 322-12 à R.* 322-13, R.* 322-16, R.* 322-21 à R.* 322-25, R.* 322-30 à R.* 322-36, R.* 322-40.
1990	20 juin	Décret n° 90-495. Procédure devant la commission de contrôle des assurances statuant en matière disciplinaire. – V. C. assur., art. R.* 324-6, R.* 324-7.
1990	25 juin	Loi n° 90-509. Extension aux départements d'outre-mer du régime d'indemnisation des catastrophes naturelles. – V. C. assur., art. L. 122-7, L. 431-9.
1990	6 juill.	Loi n° 90-589. Victimes d'infractions. – Art. 12 à 15. – V. C. assur., art. L. 126-1, L. 422-1, L. 422-4.
1990	13 juill.	Arrêté. Clauses types en assurance construction. – V. C. assur., art. A. 243-1.
1990	8 août	Décret n° 90-700. Libre prestation de services en assurances de dommages. Engagements réglementés. – V. C. assur., art. R. 332-1-1.
1990	14 sept.	Décret n° 90-815. Agrément administratif des entreprises d'assurance. – V. C. assur., art. R.* 321-1, R.* 321-3, R. 321-5, R.* 325-1 à R.* 325-7, R.* 325-9, R. 325-10, R.* 325-12 à R.* 325-18.
1990	20 sept.	Décret n° 90-827. Contrats d'assurance et protection des assurés. – V. C. assur., art. R.* 112-1.
1990	5 nov.	Décret n° 90-981. Règlementation des placements des entreprises d'assurance. – V. C. assur., art. R. 332-3, R. 332-3-1, R. 332-3-2, R.* 332-4, R. 332-7, R. 332-7-1, R. 332-9, R. 332-11 à R. 332-13, R. 332-15, R. 332-17.
1990	21 déc.	Décret n° 90-1211. Indemnisation des victimes d'actes de terrorisme et d'autres infractions. – Art. 13 à 16. – V. C. assur., art. R. 422-1, R. 422-7 à R. 422-9.
1991	3 janv.	Loi n° 91-5. Agriculture et forêt. – Art. 34. – V. C. assur., art. L. 122-7.
1991	25 avr.	Décret n° 91-398. Assurance-crédit et assurance-caution. – V. C. assur., art. R. 334-5.
1991	6 mai	Loi n° 91-412. Dispositions particulières aux départements du Haut-Rhin, du Bas-Rhin et de la Moselle. – V. C. assur., art. L. 191-1 à L. 191-7, L. 192-1 à L. 192-7.
1991	27 juin	Décret n° 91-603. Modification du livre III du code des assurances. – V. C. assur., art. R.* 310-8, R. 322-5, R.* 322-7,

		R.* 326-1, R. 332-3-4, R. 334-8, R. 334-9, R. 334-30, R. 334-33 à R. 334-35, R. 334-37.
1991	28 juin	Décret n° 91-617. Modification de l'art. R. 310-6 du code des assurances. – V. C. assur., art. R. 321-5, R.** 322-137.
1991	28 juin	Arrêté. Modification du code des assurances. – V. C. assur., art. A. 121-1.
1991	26 juill.	Loi n° 91-716. Dispositions d'ordre économique et financier. – Art. 1er, 22 et 23. – V. C. assur., art. L. 111-6, L. 211-4, L. 212-1, L. 212-3, L. 321-2, L. 322-4-1, L. 421-15.
1991	30 sept.	Décret n° 91-1050. Sociétés d'assurance mutuelles. – V. C. assur., art. R.* 322-42 à R.* 322-44, R.* 322-46, R.* 322-47, R.* 322-52, R. 322-53, R. 322-55, R.* 322-58, R.* 322-62 à R.* 322-66, R.* 322-71, R.* 322-73, R.* 322-75, R.* 322-76, R.* 322-81, R.* 322-83 à R.* 322-85, R.* 322-87, R.* 322-90, R.* 322-93 à R.* 322-96, R.* 322-98, R.* 322-100, R.* 322-101, R.* 322-104, R.* 322-105, R. 322-106-1 à R. 322-117, R.* 322-122, R.** 322-124, R.** 322-128 à R.** 322-130, R.* 322-139, R.* 322-140, R.* 322-143, R.* 322-144, R.* 322-150, R. 322-154, R.* 322-156, R.* 322-157, R.* 322-159.
1991	22 nov.	Arrêté. Clause bonus-malus. – V. C. assur., art. A. 121-1.
1992	31 mars	Décret n° 92-308. Assurance automobile. – V. C. assur., art. R. 211-21-2, R. 421-27.
1992	16 juill.	Loi n° 92-665. Adaptation au marché unique européen : – V. C. assur., art. L. 111-1, L. 125-1, L. 125-4, L. 131-1, L. 131-2, L. 132-5-1, L. 132-20 à L. 132-23, L. 150 à L. 150-4, L. 181-3, L. 183-1, L. 183-2, L. 193-1, L. 310-12-1, L. 310-15 à L. 310-23, L. 322-5, L. 322-7 à L. 322-10, L. 322-12, L. 322-13, L. 322-25, L. 322-26, L. 411-4 à L. 411-6, L. 431-1 à L. 431-3, L. 433-1 à L. 433-11, L. 441-11. – Art. 3 à 7 et 10. – V. ss. C. assur., art. L. 433-11. – Art. 11. – V. ss. C. assur., art. L. 431-1 à L. 431-3.
1992	11 sept.	Décret n° 92-971. Contrat d'assurance sur la vie. – V. C. assur., art. R. 131-1, R. 131-2.
1992	11 sept.	Décret n° 92-972. Contrat d'assurance sur la vie. – V. C. assur., art. R. 131-3.
1992	11 sept.	Arrêté. Valeur des contrats d'assurance sur la vie. – V. C. assur., art. A. 131-1, A. 131-2.
1992	1er oct.	Ordonnance n° 92-1067. Mayotte. – V. C. assur., art. L. 214-4, L. 421-10.
1992	27 nov.	Décret n° 92-1241. Bureau central de tarification. – V. C. assur., art. R. 125-1 à R. 125-11, R. 212-1 à R. 212-10, R. 220-9 à R. 220-15, R. 243-3 à R. 243-14, R. 250-1 à R. 250-6.

1992	27 nov.	Arrêté. Bureau central de tarification. – V. C. assur., art. A. 125-5, A. 220-5, A. 220-6, A. 243-2, A. 250-1, A. 250-2.
1992	22 déc.	Décret nº 92-1356. – V. C. assur., art. R.* 113-1 à R.* 113-3, R.* 113-5 à R.* 113-9, R. 114-1, R.* 124-2, R. 127-1 à R. 127-3, R.* 160-1 à R.* 160-3, R.* 160-7, R.* 160-8, R.* 160-13 à R.* 160-17, R. 173-1 à R. 173-7.
1993	5 févr.	Décret nº 93-176. Caisse centrale de réassurance. – V. C. assur., art. R. 431-1 à R. 431-26, R. 431-28, R. 431-31 à R. 431-33, R. 431-51, R. 431-53 à R. 431-56, R. 431-59.
1993	22 févr.	Décret nº 93-234. Sociétés centrales et entreprises nationales d'assurance. – V. C. assur., art. R. 322-17 à R. 322-19, R. 322-37 à R. 322-39, R. 332-3-2.
1993	19 mars	Décret nº 93-382. – Assurance sur la vie et capitalisation. – V. C. assur., art. R. 150-6, R. 150-9, R. 150-10, R. 150-12, R. 150-15, R. 150-19 à R. 150-24.
1993	19 mars	Décret nº 93-384. Assurance sur la vie et capitalisation. – V. C. assur., art. R. 132-3.
1993	19 mars	Décret nº 93-385. Assurance sur la vie et capitalisation. – V. C. assur., art. R. 132-4, R. 150-1 à R. 150-3, R. 150-16 à R. 150-18, R. 150-24, R.** 441-1.
1993	19 mars	Arrêté. Assurance vie et capitalisation. – V. C. assur., art. A. 150-1 à A. 150-3, A. 160-5.
1993	26 mars	Décret nº 93-581. Modification du livre II C. assur. – V. C. assur., art. R. 211-4, R. 211-7, R. 211-9 à R. 211-11, R.** 211-13, R. 211-13-1, R.** 214-2, R.** 220-3 à R.** 220-6, R. 230-1, R. 243-1.
1993	26 mars	Arrêté. Modification du livre II C. assur. – V. C. assur., art. A. 211-1, A. 211-1-3, A. 211-2, A. 220-1 à A. 220-3, A. 230-1 à A. 230-7.
1993	25 juin	Décret nº 93-866. Modification du Livre II du Code des assurances. – V. C. assur., art. R.* 321-1, R. 322-5, R. 334-13.
1993	7 sept.	Décret nº 93-1073. Modification de l'article R. 211-9 du code des assurances. – V. C. assur., art. R. 211-9.
1993	31 déc.	Loi nº 93-1444. Assurance et marchés financiers. – Art. 18 à 21. – V. C. assur., art. L. 160-7, L. 160-8, L. 211-1, L. 230-1, L. 322-27, L. 421-8.
1994	4 janv.	Loi nº 94-5. Transposition des directives n°s 92-49 et 92-96 des 18 juin et 10 nov. 1992 du Conseil des communautés européennes : – V. C. assur., art. L. 111-1, L. 111-4 à L. 111-6, L. 112-2, L. 112-4, L. 112-8, L. 125-6, L. 132-5-1, L. 132-30, L. 172-10-1, L. 181-1 à L. 181-3, L. 183-1, L. 211-4, L. 211-26, L. 212-1,

		L. 212-3, L. 242-1, L. 310-1 à L. 310-8, L. 310-9-1, L. 310-10 à L. 310-12-1, L. 310-15 à L. 310-23, L. 310-25 à L. 310-28, L. 321-1, L. 321-2, L. 321-6 à L. 321-11, L. 322-1, L. 322-2, L. 322-2-3, L. 322-3 à L. 322-4-1, L. 322-26-6, L. 323-1-1, L. 323-2, L. 324-1, L. 324-1-1, L. 324-4, L. 324-7, L. 325-1, L. 326-1, L. 326-12, L. 326-13, L. 326-15, L. 326-17 à L. 326-19, L. 327-2 à L. 327-4, L. 327-6, L. 328-1 à L. 328-11, L. 328-14 à L. 328-17, L. 361-1, L. 362-1 à L. 362-4, L. 363-1 à L. 363-3, L. 364-1, L. 411-4 à L. 411-6, L. 421-7, L. 421-11, L. 421-12, L. 441-1 à L. 441-4, L. 441-7, L. 441-8, L. 441-10, L. 514-2. – Art. 39. – V. notes ss. C. assur., art. L. 321-3, L. 310-12, L. 362-1, L. 362-2.
1994	22 févr.	Arrêté. – V. C. assur., art. A. 121-2.
1994	1er mars	Décret n° 94-182. Mayotte. – V. C. assur., art. R. 421-1.
1994	14 mai	Décret n° 94-376. Risques liés aux échanges internationaux. Coface. – V. C. assur., art. R.** 432-1 à R. 432-48, R. 442-1 à R. 442-11.
1994	8 juin	Décrets n° 94-481. Transposition de la directive CEE n° 91-674 du 19 déc. 1991. – V. C. assur., art. R.* 332-22.
1994	12 juill.	Décret n° 94-852. Dirigeants du secteur public. – V. C. assur., art. R. 322-26, R. 431-6-2.
1994	25 juill.	Décret n° 94-635. Transposition des directives n° 92-49 et n° 92-96 des 18 juin et 10 nov. 1992 du Conseil des communautés européennes. – V. C. assur., art. R. 111-1, R. 132-1, R.* 310-1 à R.* 310-3, R.* 310-5 à R. 310-7, R.* 310-9 à R. 310-10-2, R. 310-17-1 à R. 310-22, R.* 321-1, R.* 321-2, R. 321-4, R.* 321-6 à R. 321-16, R. 321-17-1, R. 321-22 à R. 321-24, R. 322-1, R. 322-1-1, R. 322-1-2, R. 322-11-1, R. 323-1 à R. 323-9, R. 324-1 à R. 324-4, R.* 325-4, R.* 325-5, R.* 325-7 à R.* 325-11, R.* 326-1, R. 328-1, R. 332-17, R. 332-37, R. 334-1, R. 334-4 à R. 334-7, R. 334-10, R. 334-12 à R. 334-18, R. 334-32, R. 341-9 à R. 341-10, R. 344-2 à R. 344-3, R. 362-1.
1994	8 août	Loi n° 94-678. Protection sociale complémentaire des salariés. – Art. 14-I et VI. – V. C. assur., art. L. 310-1, L. 310-13.
1994	8 août	Arrêté. Transposition des directives n° 92-49 et n° 92-96 des 18 juin et 10 nov. 1992 du Conseil des communautés européennes. – V. C. assur., art. A. 132-1 à A. 132-7, A. 132-11, A. 310-7, A. 321-1 à A. 321-9, A. 322-1 à A. 322-3, A. 332-1.
1994	10 août	Décret n° 94-700. Abrogation des articles R. 160-10 et R. 160-12 du code des assurances. – V. C. assur., art. R.** 160-10, R.** 160-12.
1994	9 sept.	Décret n° 94-799. Sociétés d'assurance mutuelles et leurs unions, et sociétés ou caisses d'assurance et de réassurance mutuelles agricoles. – V. C. assur., art. R.* 322-44, R. 322-45, R.* 322-47,

		R. 322-55, R.* 322-71, R. 322-78, R.* 322-81 à R.* 322-84, R.* 322-98, R.* 322-111, R.* 322-113, R. 322-117-1 à R. 322-117-6, R. 322-118, R. 322-119-1, R. 322-119-2, R. 322-120, R.* 322-122, R. 322-123, R.** 322-129 à R.** 322-132, R.** 322-137, R. 322-138, R.* 322-141.
1994	26 sept.	Décret n° 94-487. Étendue territoriale de l'assurance de responsabilité civile des véhicules terrestres. – V. C. assur., art. R.** 211-27, R.** 211-28, R.** 421-38.
1994	29 nov.	Décret n° 94-1023. Recouvrement des recettes du fonds de garantie contre les accidents de circulation et de chasse. – V. C. assur., art. R. 421-21, R. 421-23, R. 421-24, R. 421-27 à R. 421-37, R.** 421-39 à R.** 421-43, R.** 421-45, R. 421-48 et R. 421-49, R.** 421-62.
1995	2 févr.	Loi n° 95-101. Protection de l'environnement. – Art. 17 à 19 et 90. – V. C. assur., art. L. 121-16, L. 121-17, L. 125-6.
1995	7 févr.	Décret n° 95-153. Provisions techniques d'assurance. – V. C. assur., art. R. 332-6, R. 332-34.
1995	28 mars	Arrêté. Assurance sur la vie et capitalisation. – V. C. assur., art. A. 132-1, A. 132-4.
1995	12 avr.	Décret n° 95-390. – V. C. assur., art. R. 132-4.
1995	12 avr.	Décret n° 95-391. Opérations de prévoyance collective et d'assurances. – V. C. assur., art. R.** 441-1, R.** 441-4, R. 441-5, R.** 441-10, R.** 441-11, R.** 441-15, R.** 441-16, R.** 441-20, R. 441-29.
1995	9 juin	Arrêté. Régimes définis à l'art. L. 441-1 C. assur. – V. C. assur., art. A. 441-1, A. 441-5, A. 441-6.
1995	17 juill.	Arrêté. – V. C. assur., art. A. 125-1.
1995	23 oct.	Décret n° 95-1133. Entreprises d'assurances mixtes ; transposition des directives n° 92-49 et n° 92-96 des 18 juin et 10 nov. 1992 du Conseil des Communautés européennes. – V. C. assur., art. R.* 332-4, R. 332-6.
1995	23 oct.	Arrêté. – V. C. assur., art. A. 132-1.
1996	12 avr.	Loi n° 96-314. Dispositions d'ordre économique et financier. – Art. 8 et 85. – V. C. assur., art. L. 211-3, L. 322-2-1, L. 431-13.
1996	16 avr.	Convention entre la FNSAGA et la FFSA. Principes généraux des nouveaux contrats entre entreprises d'assurances et agents généraux. – V. ss. Décr. n° 96-902 du 15 oct. 1996, App., v° *Agents généraux d'assurances (statuts)*, **p. 1551.**
1996	27 juin	Décret n° 96-581. Dispersion des risques applicables aux titres émis par la caisse d'amortissement de la dette sociale. – V. C. assur., art. R. 332-3-1.

1996	15 oct.	Décret n° 96-902. Statut des agents généraux d'assurance, App., v° *Agents généraux d'assurances (statuts)*, **p. 1551.**
1996	10 déc.	Décret n° 96-1096. Assurance obligatoire des non-salariés agricoles. – V. C. assur., art. R. 250-1, R. 250-2, R. 250-6.
1997	13 févr.	Décret n° 97-149. – V. C. assur., art. R. 131-3, R. 131-4.
1997	13 mars	Arrêté. – V. C. assur., art. A. 131-1 à A. 131-4.
1997	14 mars	Décret n° 97-248. Facultés d'emprunt des sociétés d'assurance mutuelles. – V. C. assur., art. R.* 322-43, R.* 322-49, R. 322-77 à R. 322-80, R. 322-80-1, R.* 322-114, R.** 322-119, R.* 322-140, R. 328-1.
1997	31 mai	Décret n° 97-635. Recettes recouvrées par l'Agence centrale des organismes de sécurité sociale. – Art. 2, 3 et 6 (note). – V. C. assur., art. R.* 211-14, R.** 211-18, R. 211-21-7, R. 213-3 à R. 213-8, R. 421-18, R. 421-28.
1997	31 mai	Décret n° 97-660. Bureau central de tarification. – V. C. assur., art. R. 250-2, R. 250-6.
1997	31 mai	Arrêté. Abrogations. – V. C. assur., art. A. 213-1 à A. 213-4.
1997	29 déc.	Loi n° 97-1239. De finances rectificative pour 1997. – Art. 37. – V. C. assur., art. L. 432-3, L. 432-4.
1998	2 janv.	Arrêté. – V. C. assur., art. A. 132-1-1.
1998	29 mars	Protocole entre la FFSA, la FCA et le SFAC. Amélioration des rapports administratifs des entreprises d'assurance et des courtiers d'assurances, App., v° *Courtiers d'assurances*, **p. 1714.**
1998	28 mai	Décret n° 98-413. Unités de compte autorisées. – V. C. assur., art. R. 131-1.
1998	17 juin	Recommandation n° 18 de la Commission relative à la copropriété. Assurance dommages ouvrage relatif à un immeuble en copropriété. – V. ss. C. assur., art. A. 243-2.
1998	2 juill.	Loi n° 98-546. Dispositions d'ordre économique et financier. – Art. 67 et 80. – V. C. assur., art. L. 132-7.
1999	19 janv.	Décret n° 99-37. Établissement de droits d'entrée ou d'adhésion par les sociétés d'assurance mutuelle. – V. C. assur., art. R.* 322-47.
1999	18 juin	Loi n° 99-505. Sécurité routière. – Art. 5. – V. C. assur., art. L. 211-1.
1999	25 juin	Loi n° 99-532. Épargne et sécurité financière. – Art. 41 à 46, 52 à 55, 64, 68 et 91. – V. C. assur., art. L. 310-6-1, L. 310-9, L. 310-12, L. 310-15 à L. 310-23, L. 310-28, L. 322-2-4, L. 323-1-1, L. 324-5, L. 326-9, L. 326-13, L. 327-2, L. 327-4, L. 423-1 à L. 423-8.

1999	3 août	Décret n° 99-688. Fonds de garantie des assurés contre la défaillance de sociétés d'assurance de personnes. — V. C. assur., art. R.* 322-139, R.* 322-142, R. 334-3, R. 334-11, R. 334-17, R. 411-1, R. 423-1 à R. 423-18.
1999	3 août	Décret n° 99-718. Intermédiaires d'assurance. — V. C. assur., art. R. 324-5.
1999	23 nov.	Arrêté. — V. C. assur., art. A. 132-5.
2000	18 févr.	Décret n° 2000-142. Placement des entreprises d'assurance. — V. C. assur., art. R. 131-1, R. 332-2, R. 332-3, R. 332-3-1, R. 332-3-3, R. 332-13, R. 332-14, R. 332-14-1, R. 332-17, R. 332-19.
2000	19 avr.	Ordonnance n° 2000-352. Indemnisation des catastrophes naturelles à Wallis-et-Futuna. — V. C. assur., art. L. 111-5.
2000	15 juin	Ordonnance. Code de la santé publique. — V. CSP, art. L. 3122-1 à L. 3122-6 *(fonds d'indemnisation des victimes contaminées par le VIH)*, ss. C. assur., art. L. 426-1.
2000	5 sept.	Arrêtés. Modifications des articles A. 125-1 et A. 125-2 du code des assurances. — V. C. assur., art. A. 125-1, A. 125-2.
2000	13 déc.	Loi n° 2000-1207. Orientation pour l'outre-mer. — Art. 13. — V. C. assur., art. L. 122-7.
2000	23 déc.	Loi n° 2000-1257. De financement de la sécurité sociale pour 2001. — Art. 53 *(indemnisation des victimes de l'amiante)*, ss. C. assur., art. L. 426-1.
2000	26 déc.	Arrêté. Règles d'évaluation des risques financiers des entreprises d'assurances. — V. C. assur., art. A. 332-7.
2001	3 janv.	Décret n° 2001-3. Fonds de garantie des victimes d'actes de terrorisme. — V. C. assur., art. R. 422-4.
2001	2 févr.	Décret n° 2001-95. Valeurs en euros. — V. C. assur., art. R. 211-7, R. 322-5, R.* 322-44, R.* 322-89, R.* 322-158, R. 334-2, R. 421-19.
2001	7 févr.	Décret n° 2001-112. Autorité administrative pouvant imposer l'usage de clauses types. — V. C. assur, art. R. 111-2.
2001	7 févr.	Arrêté. — V. C. assur., art. A. 243-1, annexe II.
2001	22 mars	Décret n° 2001-251. Partie réglementaire du Code de la route. — Art. 4. — V. C. assur., art. R. 211-21-1.
2001	19 avr.	Ordonnance n° 2001-350. Code de la mutualité et transposition des directives n°s 92/49/CEE et 92/96/CEE du Conseil des 18 juin et 10 nov. 1992 : — Art. 1er à 5. — V. ss. C. mut., art. L. 610-2. — Art. 6-XIX à XXVI, XXIX, XXXI et XXXII. — V. C. assur., art.

		L. 112-3, L. 310-8, L. 310-25, L. 322-2-1, L. 326-2 à L. 326-11, L. 411-1, L. 423-8. – Art. 8. – V. L. n° 89-1009 du 31 déc. 1989, art. 6, ss. C. assur., art. L. 141-7.
2001	15 mai	Loi n° 2001-420. Nouvelles régulations économiques. – Art. 11 à 14, 42 et 136. – V. C. assur., art. L. 310-7, L. 310-12, L. 310-15 à L. 310-23, L. 321-1-1, L. 322-2, L. 322-4, L. 323-1-2, L. 325-1-1, L. 411-1.
2001	9 juill.	Loi n° 2001-602. Forêt. – Art. 68. – V. C. assur., art. L. 122-7.
2001	17 juill.	Loi n° 2001-624. Diverses dispositions d'ordre social, éducatif et culturel. – V. C. mut., art. L. 111-3.
2001	29 août	Ordonnance n° 2001-766. Transposition de directives communautaires. – Art. 1er à 12. – V. C. assur., art. L. 310-7, L. 310-9-1, L. 310-12 à L. 310-23, L. 310-28, L. 322-1-2, L. 322-4, L. 345-2.
2001	29 août	Ordonnance n° 2001-767. Transposition de la directive 98/78/CE du Parlement européen et du Conseil du 27 oct. 1998 sur la surveillance complémentaire des entreprises d'assurance faisant partie d'un groupe d'assurance et modifiant le code de la sécurité sociale et le code de la mutualité. – V. C. mut., art. L. 211-5, L. 212-2, L. 212-7-1 à L. 212-7-3.
2001	3 sept.	Arrêté. Valeurs en euros. – Art. 1er-A et 2-1. – V. C. assur., art. A. 125-1 (Annexe I, II), A. 160-2.
2001	20 sept.	Arrêté. Valeurs en euros. – V. C. assur., art. A. 243-1, Annexe II.
2001	23 oct.	Décret n° 2001-963. Fonds d'indemnisation des victimes de l'amiante, ss. C. assur., art. L. 426-1.
2001	23 nov.	Décret n° 2001-1107. Mutuelles et unions pratiquant des opérations d'assurance et de capitalisation. – V. C. mut., art. R. 211-1 à R. 211-27.
2001	23 nov.	Décret n° 2001-1108. Élection et fonctionnement du Conseil supérieur de la mutualité et des comités régionaux de coordination de la mutualité. – V. C. mut., art. R. 411-1 à R. 413-19.
2001	23 nov.	Décret n° 2001-1109. Registre national des mutuelles. – V. C. mut., art. R. 414-2, R. 414-4, R. 414-8, R. 414-9.
2001	3 déc.	Loi n° 2001-1135. Droits du conjoint survivant et des enfants adultérins : – Art. 5 et 7. – V. C. assur., art. L. 132-2, L. 132-7, L. 132-18. – Art. 6. – V. C. mut., art. L. 223-9, L. 223-18.
2001	21 déc.	Loi n° 2001-1246. De financement de la sécurité sociale pour 2002 : – Art. 9-III et IV. – V. C. mut., art. L. 114-26, L. 114-27. – Art. 13-II-B-1 et 2. – V. C. assur., art. L. 213-1 et L. 213-2, L. 214-3.

		– Art. 38-II. – V. L. n° 89-1009 du 31 déc. 1989, art. 6-3, ss. C. assur., art. L. 141-7.
2001	27 déc.	Arrêté. – V. C. assur., art. A. 125-2.
2001	28 déc.	Loi n° 2001-1276. De finances rectificative pour 2001. – Art. 83. – V. C. assur., art. R. 432-2.
2001	28 déc.	Décret n° 2001-1337. Assurance des dommages aux biens résultant d'actes de terrorisme ou d'attentats. – V. ss. C. assur., art. R. 126-2.
2001	28 déc.	Arrêté. Conditions minimales de garantie des dommages aux biens résultant d'un attentat ou d'un acte de terrorisme. – V. ss. C. assur., art. R. 126-2.
2002	27 févr.	Loi n° 2002-276. Démocratie de proximité. – Art. 159-IV. – V. C. assur., art. L. 125-1.
2002	4 mars	Loi n° 2002-303. Droits des malades et qualité du système de santé : – Art. 99-I et 100. – V. C. assur., art. L. 133-1, L. 251-1 à L. 252-2. – Art. 99-III. – V. C. mut., art. L. 112-4.
2002	11 mars	Décret n° 2002-332. Opérations collectives de retraite prévues à l'article L. 222-1 du code de la mutualité. – V. C. mut., art. R. 222-1 à R. 222-22.
2002	14 mars	Décret n° 2002-360. Surveillance complémentaire des entreprises d'assurance faisant partie d'un groupe d'assurance. – V. C. assur., art. R.* 322-72, R.* 322-73, R.* 322-106, R. 323-10, R. 334-1, R. 334-3, R. 334-4, R. 334-11, R. 334-17, R. 334-39 à R. 334-45.
2002	28 mars	Décret n° 2002-452. – V. C. assur., art. R. 132-5.
2002	15 avr.	Décret n° 2002-526. Garanties spécifiques délivrées pour le financement d'opérations d'exportation d'avions gros porteurs. – V. C. assur., art. R. 442-1, R. 442-8-7.
2002	29 avr.	Décret n° 2002-657. Recouvrement de la contribution assise sur les contrats d'assurance en matière de circulation de véhicules terrestres à moteur. – Art. 1er. – V. C. assur., art. R.* 213-1 et R.* 213-2.
2002	2 mai	Décret n° 2002-720. Règles prudentielles applicables aux mutuelles et unions pratiquant des opérations d'assurance et de capitalisation. – V. C. mut., art. R. 212-1 à R. 212-9.
2002	2 mai	Arrêté. Certaines opérations collectives de retraite. – V. C. mut., art. A. 222-1, A. 222-2.
2002	26 juin	Décret n° 2002-942. Administration des sociétés d'assurance mutuelles et statut du mandataire mutualiste. – V. C. assur., art.

		R. 322-53, R. 322-54-1 à R. 322-54-3, R. 322-55, R. 322-55-1, R. 322-55-2, R. 322-57.
2002	26 juin	Décret n° 2002-943. Sociétés de groupe d'assurance mutuelle et conventions d'affiliation. – V. C. assur., art. R. 322-66-1, R.* 322-84, R. 322-160 à R. 322-166.
2002	4 juill.	Décret n° 2002-970. Utilisation des instruments financiers à terme par les entreprises d'assurance. – V. C. assur., art. R. 332-2, R. 332-3, R. 332-19, R. 332-20, R. 332-20-2, R.* 332-23, R. 332-45 à R. 332-59, R.* 333-1, R. 334-3, R. 334-11, R. 334-17, R. 336-2 à R. 336-4.
2002	1er oct.	Arrêté. – V. C. assur., art. A. 310-5.
2002	29 oct.	Loi n° 2002-1303. Mandats sociaux. – Art. 3-III. – V. C. assur., art. L. 322-4-2.
2002	21 nov.	Décret n° 2002-1382. Vote par correspondance et vote par procuration à l'assemblée générale des mutuelles. – V. C. mut., art. R. 114-1, R. 114-2.
2002	21 nov.	Décret n° 2002-1383. Convocation de l'assemblée générale des mutuelles, unions et fédérations et inscription de projets de résolution à l'ordre du jour. – V. C. mut., art. D. 114-1 à D. 114-7.
2002	24 déc.	Décret n° 2002-1535. Comptabilisation des obligations indexées sur l'inflation. – V. C. assur., art. R. 332-19.
2002	24 déc.	Décret n° 2002-1571. Plafond de garantie prévu à l'article L. 223-9 du code de la mutualité. – V. C. mut., art. D. 223-1.
2002	26 déc.	Arrêté. Opérations se référant à des unités de comptes et modifiant le code de la mutualité. – V. C. mut., art. A. 223-1 à A. 223-4.
2002	30 déc.	Loi n° 2002-1575. De finances pour 2003. – Art. 123 et 124. – V. C. assur., art. L. 412-1, L. 431-14.
2002	30 déc.	Loi n° 2002-1577. Responsabilité civile médicale. – V. C. assur., art. L. 251-1, L. 251-2.
2003	3 févr.	Loi n° 2003-87. Conduite sous l'influence de stupéfiants. – V. C. assur., art. L. 211-6.
2003	28 févr.	Décret n° 2003-168. Bureau central de tarification. – V. C. assur., art. R. 250-1, R. 250-2, R. 250-4-1.
2003	20 mars	Décret n° 2003-264. Limite d'âge des administrateurs des mutuelles et unions. – V. C. mut., art. R. 114-8.
2003	28 mars	Décret n° 2003-288. Assurance de responsabilité civile médicale. – V. C. assur., art. R. 251-1.

2003	31 mars	Décret n° 2003-311. Administration des sociétés d'assurance mutuelles. – V. C. assur., art. R. 322-54-1, R. 322-55-1, R. 322-57, R. 322-161.
2003	13 juin	Décret n° 2003-499. Fonctionnement du Fonds national de solidarité et d'action mutualistes. – V. C. mut., art. R. 421-1 à R. 421-4.
2003	18 juin	Décret n° 2003-519. – V. C. assur., art. R. 322-120, R.** 322-132.
2003	30 juill.	Loi n° 2003-699. Prévention des risques technologiques et naturels. – Art. 17, 18, 68 à 73 et 81-III (note). – V. C. assur., art. L. 125-1, L. 125-2, L. 125-6, L. 128-1 à L. 128-4, L. 421-16, L. 421-17.
2003	1er août	Loi n° 2003-706. Sécurité financière : – Art. 22-III, 24-II, 25-II, 26-II, 27-II, 29 à 32, 54-II, 80, 81, 82-III à V, 83, 85, 86 (note) et 89. – V. C. assur., art. L. 112-2, L. 124-1-1, L. 124-5, L. 132-5, L. 132-5-1, L. 132-22, L. 242-1, L. 251-2, L. 310-2-2, L. 310-8 à L. 310-10L. 310-12, L. 310-12-1 à L. 310-12-6, L. 310-13 à L. 310-23, L. 321-1 à L. 321-5, L. 321-8 à L. 321-10-1, L. 322-1-1, L. 322-1-4, L. 322-2-2, L. 322-2-4, L. 322-4, L. 322-4-1, L. 322-4-3, L. 322-15, L. 322-26-2, L. 323-1-1, L. 323-1-2, L. 324-1, L. 324-3, L. 324-5, L. 325-1, L. 325-1-1, L. 326-2, L. 326-12, L. 326-13, L. 326-14-1, L. 326-17 à L. 326-19, L. 362-1, L. 362-2, L. 411-1 à L. 411-6, L. 413-1 à L. 413-7, L. 421-1, L. 421-2, L. 421-9, L. 421-9-1 à L. 421-9-6, L. 421-10, L. 424-1 à L. 424-7, L. 451-1 à L. 451-4. – Art. 46-V et 81-A, **p. VIII**. – Art. 33-II, 46-V, 85-I, 85-II, 85-III, 85-IV, 90-III. – V. C. mut., art. L. 113-4, L. 114-17, L. 212-11, L. 223-2, L. 223-8, L. 223-21, L. 421-2, L. 510-2 à L. 510-11, A. 223-3.
2003	4 août	Arrêté. – V. C. assur., art. A. 125-1.
2003	21 août	Loi n° 2003-775. Réforme des retraites. – V. C. mut., art. L. 223-20, L. 223-21.
2003	10 sept.	Arrêté. – V. C. assur., art. A. 125-3.
2003	31 oct.	Arrêté. Information sur le déclenchement de la garantie de responsabilité civile dans le temps. – V. C. assur., art. A. 112.
2003	18 déc.	Loi n° 2003-1199. De financement de la sécurité sociale pour 2004. – Art. 8-III. – V. C. assur., art. L. 211-11.
2003	22 déc.	Décret n° 2003-1236. Transposition des directives n°s 2002/12/CE et 2002/13/CE du 5 mars 2002. – V. C. assur., art. R. 323-1, R. 323-1-1, R. 334-1-1, R. 334-3 à R. 334-7-1, R. 334-9 à R. 334-21, R. 344-4.
2003	22 déc.	Décret n° 2003-1237. Transposition de la IVe directive sur l'assurance automobile. – V. C. assur., art. R. 421-70, R. 451-1.

2003	30 déc.	Loi n° 2003-1311. De finances pour 2004. – Art. 124. – V. C. assur., art. L. 421-1.
2003	30 déc.	Loi n° 2003-1312. De finances rectificative pour 2003. – Art. 84. – V. C. assur., art. L. 431-14.
2004	10 févr.	Décret n° 2004-132. Indemnisation des administrateurs des mutuelles, unions et fédérations. – V. C. mut., art. R. 114-4 à R. 114-7.
2004	17 févr.	Décret n° 2004-176. Fonds de garantie des assurances obligatoires de dommages : – V. C. assur., art. R. 421-18, R. 421-24-1 à R. 421-24-8, R.** 421-25, R. 421-25-1, R. 421-27, R. 421-28, R. 421-37-1, R. 421-72. – Art. 9, ss. C. assur., art. R. 421-24-1.
2004	23 févr.	Décret n° 2004-190. Bureau central de tarification. – V. C. assur., art. R. 250-1, R. 250-2, R. 250-6.
2004	9 mars	Loi n° 2004-204. Adaptation de la justice aux évolutions de la criminalité. – Art. 59-II et III. – V. C. assur., art. L. 211-26, L. 211-27.
2004	12 mars	Décret n° 2004-221. Comité des entreprises d'assurance. – V. C. assur., art. R.* 321-1, R. 321-4, R. 321-11, R. 321-12, R. 321-14, R. 321-16, R. 321-17-1, R.* 321-21, R. 322-1, R. 322-1-1, R. 322-11-1, R.* 322-92, R.* 322-101, R.* 322-111, R.* 322-113, R. 322-117-3, R. 322-117-6, R. 322-127 et R. 322-128, , R.** 322-133, R.** 322-134, R. 322-161, R.* 325-4, R.* 325-9, R. 325-10, R.* 325-12, R.* 326-1, R. 332-2, R. 332-14, R. 336-5, R. 413-1 à R. 413-4.
2004	16 mars	Décret n° 2004-239. Nomination d'un commissaire aux comptes dans les mutuelles et unions régies par le livre III du code de la mutualité et les fédérations. – V. C. mut., art. D. 114-10.
2004	24 mars	Décret n° 2004-262. Comptabilisation des obligations indexées sur l'inflation. – V. C. mut., art. R. 212-52.
2004	21 avr.	Décret n° 2004-346. Dénomination du plan d'épargne retraite populaire : – V. C. assur., art. L. 132-5-1, L. 132-21, L. 132-22. – V. C. mut., art. L. 223-8, L. 223-20, L. 223-21 (anc.).
2004	22 avr.	Décret n° 2004-348. Dommages immobiliers d'origine minière. – Art. 1er. – V. C. assur., art. R. 421-73 à R. 421-77.
2004	7 juin	Ordonnance n° 2004-504. Transposition de la directive n° 2001/17/CE concernant l'assainissement et la liquidation des entreprises d'assurance. – V. C. assur., art. L. 323-8, L. 326-20 à L. 326-29.
2004	11 juin	Décret n° 2004-560. COFACE. – V. C. assur., art. R. 442-5, R. 442-6.

2004	14 juin	Décret n° 2004-571. Opérations régies par l'art. L. 441 du code des assurances. – V. C. assur., art. R. 334-13, R. 441-2, R. 441-5 à R. 441-7, R. 441-7-3, R.** 441-12, R.** 441-17.
2004	14 juin	Arrêté. Opérations régies par l'art. L. 441-1 C. assur. – V. C. assur., art. A. 441-2 à A. 441-4, A. 441-6.
2004	21 juin	Arrêté. Assurance sur la vie et capitalisation. – V. C. assur., art. A. 132-4 (Annexe), A. 132-6, A. 132-7.
2004	15 juill.	Décret n° 2004-693. Organisation et fonctionnement de la Commission de contrôle des assurances : – Art. 1er. – V. C. assur., art. R.* 310-1 à R. 310-21, R. 321-11-1, R. 324-5. – Art. 3. – V. C. mut., art. R. 211-21.
2004	13 août	Loi n° 2004-810. Assurance maladie. – V. C. mut., art. L. 114-26.
2004	13 août	Loi n° 2004-811. Modernisation de la sécurité civile. – Art. 10 à 12. – V. C. assur., art. L. 122-8, L. 125-1, L. 125-2.
2004	23 août	Décret n° 2004-850. Comité consultatif du secteur financier et comité consultatif de la législation et de la réglementation financières. – Art. 4. – V. C. assur., art. R. 411-1 à R. 411-3.
2004	8 nov.	Décret n° 2004-1202. Éléments d'actifs admis en représentation des engagements réglementés. – V. C. assur., art. R. 332-3, R. 332-3-1.
2004	12 nov.	Ordonnance n° 2004-1201. Surveillance complémentaire des entreprises d'assurance : – Art. 1er à 4. – V. C. assur., art. L. 310-12 à L. 310-23, L. 310-28, L. 321-1, L. 321-1-2, L. 322-1-2, L. 322-4, L. 345-2. – Art. 13-14. – V. C. mut., L. 211-7, L. 212-7, L. 212-7-4-1 à L. 212-7-19, L. 510-13.
2004	26 nov.	Décret n° 2004-1284. Garantie subséquente des contrats d'assurance de responsabilité. – V. C. assur., art. R.* 124-2 à R. 124-4.
2004	26 nov.	Arrêté. Information des souscripteurs de plan d'épargne retraite populaire. – V. C. assur., art. A. 132-5-1.
2004	9 déc.	Loi n° 2004-1343. Simplification du droit. – Art. 74 et 75. – V. C. assur., art. L. 310-12-1, L. 310-15 à L. 310-23.
2005	5 janv.	Décret n° 2005-7. Gestion des sociétés d'assurance mutuelles par une structure à directoire et conseil de surveillance. – V. C. assur., art. R.* 322-47, R.* 322-52 à R.* 322-72, R.* 322-76, R. 322-79, R.* 322-87, R.* 322-91, R.* 322-110, R.** 322-132, R. 322-161, R. 322-162.
2005	5 janv.	Décret n° 2005-8. Assainissement et liquidation des entreprises d'assurance : – Art. 1er et 4. – V. C. assur., art. R. 310-22, R. 323-6, R. 323-11, R.* 325-13, R.* 326-1, R. 326-4, R. 423-18, R.** 421-37. – Art. 2-III à VII. – V. C. mut., art. R. 211-27.

2005	26 janv.	Décret n° 2005-50. Provisions. – V. C. assur., art. R. 332-19, R. 332-20, R. 423-18.
2005	28 janv.	Loi n° 2005-67. Confiance et protection du consommateur : – Art. 2. – V. C. assur., art. L. 113-15-1. – Art. 3-I et II. – V. C. mut., art. L. 221-10-1, L. 223-27.
2005	11 févr.	Loi n° 2005-102. Personnes handicapées. – Art. 85-III. – V. C. assur., art. L. 132-3.
2005	25 mars	Décret n° 2005-312. Nombre de représentants salariés au conseil d'administration de la Caisse centrale de réassurance. – V. C. assur., art. R. 431-6.
2005	30 mars	Décret n° 2005-320. Application de la loi n° 2004-204 du 9 mars 2004. – Art. 4. – V. C. assur., art. R. 211-45.
2005	31 mai	Décret n° 2005-641. Éléments constitutifs de la marge de solvabilité. – V. C. assur., art. R. 334-3, R. 334-11.
2005	6 juin	Ordonnance n° 2005-648. Commercialisation à distance de services financiers auprès des consommateurs. – Art. 2. – V. C. assur., art. L. 112-2-1.
2005	8 juin	Ordonnance n° 2005-658. Obligation d'assurance dans le domaine de la construction. – Art. 3. – V. C. assur., art. L. 241-1, L. 241-2, L. 242-1, L. 243-1-1.
2005	15 juin	Décret n° 2005-679. Comité consultatif du secteur financier et comité consultatif de la législation et de la réglementation financières. – V. C. assur., art. R. 411-2.
2005	18 juill.	Ordonnance n° 2005-804. Diverses mesures de simplification en matière de sécurité sociale. – Ratifiée par L. n° 2009-526 du 12 mai 2009. – V. C. mut., art. L. 114-43.
2005	25 juill.	Décret n° 2005-875. Règles de dispersion pour la représentation des engagements réglementés; règles d'investissement des contrats se référant à des unités de comptes. – Art. 18 à 21 et 22-X (note). – V. C. assur., art. R. 131-1, R. 332-2, R. 332-3, R. 332-3-1.
2005	26 juill.	Loi n° 2005-842. Modernisation de l'économie. – Art. 1er et 14. – V. C. assur., art. L. 142-1 à L. 142-4, L. 322-1, L. 322-28, L. 322-29.
2005	26 juill.	Loi n° 2005-845. Sauvegarde des entreprises : – Art. 174-II et 176. – V. C. assur., art. L. 113-6, L. 323-8. – Art. 173. – V. C. mut., art. L. 212-15, L. 223-22.
2005	28 juill.	Ordonnance n° 2005-861. Comptes consolidés des entreprises d'assurance. – Art. 1er. – V. C. assur., art. L. 310-14, L. 322-2-1 (note), L. 345-2.

2005	9 août	Décret n° 2005-952. Calcul de la marge de solvabilité ajustée des entreprises d'assurance. – V. C. assur., art. R. 334-42.
2005	19 sept.	Décret n° 2005-1185. Surveillance complémentaire des entreprises d'assurance appartenant à un conglomérat financier. – V. C. assur., art. R. 310-18, R.* 321-2, R. 321-17-1, R. 322-11-1, R. 334-3, R. 334-4, R. 334-11, R. 334-12, R. 334-17, R. 334-41 à R. 334-52.
2005	21 oct.	Arrêté. – V. C. assur., art. A. 243-1, Annexe I.
2005	3 nov.	Arrêté. Surveillance complémentaire des institutions de prévoyance ou unions faisant partie d'un groupe d'assurance. – V. C. mut., art. A. 114-10, A. 213-1, A. 213-2.
2005	3 nov.	Arrêté. Surveillance complémentaire des mutuelles ou unions appartenant à un conglomérat financier. – V. C. mut., art. A. 114-11, A. 211-2, A. 213-2 à A. 213-12.
2005	25 nov.	Décret n° 2005-1450. Commercialisation à distance de services financiers : – Art. 2. – V. C. assur., art. R. 112-4, R. 112-5. – V. C. mut., art. R. 221-1, R. 221-2.
2005	28 nov.	Décret n° 2005-1466. Indemnisation des victimes de catastrophes technologiques. – V. C. assur., art. R. 128-1 s., R. 421-78.
2005	15 déc.	Loi n° 2005-1564. Adaptation au droit communautaire dans le domaine de l'assurance : – Art. 1er et 2-I, 3-III, 4, 7, 8, 10 à 13, 16 (note), 19 (note) et 20. – V. C. assur., art. L. 100-1, L. 111-5, L. 132-5-1, L. 132-5-2, L. 132-5-3, L. 132-8, L. 132-9-1, L. 132-9-2, L. 132-23, L. 141-7, L. 160-9, L. 171-6, L. 193-1, L. 200-1, L. 214-2, L. 214-3, L. 261-1, L. 300-1, L. 310-11 à L. 310-23, L. 310-28, L. 321-10, L. 322-2 à L. 322-4, L. 322-4-1, L. 323-2, L. 324-4, L. 325-1, L. 326-15, L. 327-6, L. 328-1, L. 328-16, L. 400-1, L. 421-10, L. 421-10-1, L. 461-1, L. 500, L. 500-1, L. 511-1, L. 512-1 à L. 512-8, L. 514, L. 514-1, L. 514-2, L. 514-4, L. 530-1, L. 530-2, L. 530-2-1, L. 530-2-2, L. 540-1, L. 540-2, L. 550-1, L. 561-1, L. 561-2. – Art. 3-II, 5-I, 6-II. – V. C. mut., art. L. 114-31, L. 114-47, L. 116-1 à L. 116-4, L. 221-3, L. 223-8, L. 223-10-1.
2005	19 déc.	Loi n° 2005-1579. De financement de la sécurité sociale pour 2006. – Art. 54-VIII. – V. C. assur., art. L. 112-3.
2005	22 déc.	Arrêté. Formalités pour l'exercice de l'activité d'assurance en libre prestation de services ou en liberté d'établissement. – Art. 1er. – V. C. assur., art. A. 321-3 à A. 321-6.
2005	30 déc.	Loi n° 2005-1719. De finances pour 2006 : – Art. 118-I et 129. – V. C. assur., art. L. 310-12-4, L. 432-2. – Art. 18-III. – V. C. mut., art. L. 510-1.

2006	23 janv.	Loi n° 2006-64. Lutte contre le terrorisme. – Art. 20, 28-IV et 29. – V. C. assur., art. L. 126-1 à L. 126-3.
2006	9 févr.	Arrêté. Assurance sur la vie. – V. C. assur., art. A. 132-9, A. 132-9-1.
2006	1er mars	Arrêté. Assurance sur la vie et capitalisation. – V. C. assur., art. A. 132-4, A. 132-4-1, A. 132-4-2, A. 132-5, A. 132-5-1.
2006	8 mars	Arrêté. Encadré inséré en tête de projet de contrat d'assurance sur la vie. – V. C. assur., art. A. 132-4, A. 132-8.
2006	13 mars	Décret n° 2006-287. Contrôle interne des entreprises d'assurance. – V. C. assur., art. R. 322-53, R. 322-54, R. 332-48, R. 336-2 à R. 336-3.
2006	13 mars	Arrêté. Informations transmises par les entreprises à l'Autorité de contrôle des assurances et des mutuelles. – V. C. assur., art. R. 336-1 (note), A. 344-6.
2006	23 mars	Ordonnance n° 2006-344. Retraites professionnelles supplémentaires : – Art. 1er et 7 (note). – V. C. assur., art. L. 132-22, L. 132-23, L. 142-1 à L. 142-5, L. 143-1 à L. 143-9, L. 310-2, L. 310-21, L. 324-1, L. 325-1. – Art. 5. – V. C. mut., art. L. 222-3 à L. 222-11.
2006	23 mars	Ordonnance n° 2006-346. Sûretés. – Art. 51. – V. C. assur., art. L. 132-10.
2006	31 mars	Loi n° 2006-387. Offres publiques d'acquisition. – Art. 25-VII. – V. C. assur., art. L. 112-2-1.
2006	21 avr.	Ordonnance n° 2006-460. Code général de la propriété des personnes publiques. – Art. 3-I. – V. C. assur., art. L. 310-12-3.
2006	27 juin	Décret n° 2006-740. Retraites professionnelles supplémentaires. – Art. 1er. – V. C. assur., art. R.* 112-1, R. 143-1 à R. 143-6, R. 310-17, R. 310-17-1 à R. 310-17-3, R. 332-3, R. 332-56 à R. 332-64, R. 334-13-1, R. 342-1 à R. 342-9, R. 370-1 à R. 370-7, R. 423-4.
2006	27 juin	Arrêté. Retraites professionnelles supplémentaires : – V. C. assur., art. A. 132-1, A. 132-5-1, A. 132-7, A. 132-9-1, A. 143-1, A. 310-3-1, A. 370-1 à A. 370-3. – V. C. mut., art. A. 222-3.
2006	26 juill.	Décret n° 2006-921. Contrats diversifiés. – V. C. assur., art. R. 331-3, R. 332-14, R. 334-13-2.
2006	26 juill.	Arrêté. Contrats diversifiés. – V. C. assur., art. A. 132-5-2, A. 132-5-3, A. 141-1.
2006	1er août	Décret n° 2006-976. Associations souscriptrices de contrats d'assurance de groupe sur la vie. – V. C. assur., art. R. 141-1 à R. 141-9, R. 310-17-1, R. 310-17-3.

2006	1er août	Arrêté. Homologation des tables de mortalité pour les rentes viagères. – V. C. assur., art. A. 132-1, A. 132-4, A. 132-4-3, A. 132-6, A. 160-2, A. 160-4, A. 332-7, A. 335-1, A. 335-1-1, A. 441-4-1.
2006	30 août	Décret n° 2006-1091. Intermédiation en assurance. – V. C. assur., R. 172-3-1, R. 511-1 s.
2006	29 sept.	Décret n° 2006-1202. Dérogations et exclusions applicables aux contrats d'assurance des grands risques en matière de couverture des dommages causés par un attentat ou un acte de terrorisme. – V. C. assur., art. R. 126-1, R. 126-2.
2006	31 oct.	Décret n° 2006-1327. Transferts des droits individuels résultant des contrats d'assurance sur la vie liés à la cessation d'activité professionnelle. – V. C. assur., art. D. 132-6 à D. 132-9, D. 441-22.
2006	3 nov.	Arrêté. Intermédiation en assurance. – V. C. assur., art. A. 512-4, A. 512-5.
2006	6 déc.	Décret n° 2006-1542. Composition et fonctionnement des organismes de placement collectif immobilier. – Art. 3. – V. C. assur., art. R. 131-1 à R. 131-3, R. 131-5, R. 131-6, R. 332-2, R. 332-3, R. 332-3-1.
2006	21 déc.	Loi n° 2006-1640. De financement de la sécurité sociale pour 2007 : – Art. 18-II. – V. C. assur., art. L. 114-1. – Art. 18-IV. – V. C. mut., art. L. 221-11.
2006	23 déc.	Décret n° 2006-1724. Comptabilisation des obligations indexées sur l'inflation émises par les entreprises du secteur privé : – Art. 1er-I et 2 (note). – V. C. assur., art. R. 332-19. – Art. 1er- III. – V. C. mut., art. R. 212-52.
2006	26 déc.	Arrêté. École nationale d'assurances. – V. ss. C. assur., art. R.* 412-2.
2006	30 déc.	Loi n° 2006-1770. Développement de la participation et de l'actionnariat salarié. – Art. 21, 25, 65-I et 67. – V. C. assur., art. L. 132-21, L. 132-23, L. 141-7, L. 143-1, L. 143-2, L. 143-4, L. 144-1 à L. 144-4, L. 160-10 à L. 160-20.
2006	30 déc.	Loi n° 2006-1771. De finances rectificative pour 2006. – Art. 145. – V. C. assur., art. L. 243-9.
2006	30 déc.	Loi n° 2006-1772. Eaux et milieux aquatiques. – Art. 45. – V. C. assur., art. L. 426-1.
2007	30 janv.	Loi n° 2007-127. Professions de santé. – Art. 22-II. – V. C. assur., art. L. 251-3.
2007	2 févr.	Loi n° 2007-148. De modernisation de la fonction publique. – V. C. mut., art. L. 114-24.

2007	19 févr.	Loi n° 2007-210. Réforme de l'assurance de protection juridique. – Art. 1er à 4. – V. C. assur., art. L. 127-2-1 à L. 127-2-3, L. 127-3, L. 127-5-1, L. 127-8.
2007	19 févr.	Arrêté. Informations à produire devant le Comité des entreprises d'assurance. – V. C. assur., art. A. 310-2.
2007	21 févr.	Loi n° 2007-210. Réforme de l'assurance de protection juridique. – V. C. mut., art. L. 224-2-1 à L. 224-2-3, L. 224-3, L. 224-5-1, L. 224-7-1.
2007	5 mars	Loi n° 2007-290. Droit au logement opposable. – Art. 27-II. – V. C. assur., art. L. 310-12.
2007	5 mars	Loi n° 2007-308. Réforme de la protection juridique des majeurs. – V. C. mut., art. L. 223-5-1, L. 223-11.
2007	16 avr.	Décret n° 2007-564. Application de l'article L. 223-10-1. – V. C. mut., art. R. 223-5.
2007	19 avr.	Décret n° 2007-580. Bureau central de tarification. – V. C. assur., art. R. 250-1.
2007	23 avr.	Arrêté. Provision pour aléas financiers et participation aux bénéfices techniques et financiers des opérations des entreprises d'assurance sur la vie. – V. C. assur., art. A. 132-4-1, A. 132-4-2, A. 132-5-1 à A. 132-5-3, A. 132-9, A. 344-2, A. 370-1, A. 370-2, A. 441-3.
2007	19 juill.	Décret n° 2007-1118. Assurance de responsabilité civile des véhicules terrestres à moteur. – V. C. assur., art. R.** 211-2, R.** 211-3, R. 211-4-1, R. 211-7, R.** 211-12, R.* 211-14, R. 211-14-1, R.** 211-15, R.** 211-22 à R. 211-24, R. 421-1, R. 421-19, R. 421-27.
2007	19 juill.	Arrêté. Assurance de responsabilité des véhicules terrestres à moteur. – V. C. assur., art. A. 121-1, A. 211-1, A. 211-1-2, A. 211-1-3, A. 211-4, A. 421-1-1.
2007	10 août	Décret n° 2007-1206. Adaptation des règles applicables aux organismes de placement collectif. – Art. 5. – V. C. assur., art. R. 141-5.
2007	31 oct.	Avis. Révision des montants en euros pour le calcul des montants minimaux de fonds de garantie et des exigences minimales de marge en assurance non-vie. – V. C. assur., art. R. 334-5, R. 334-9, R. 334-16.
2007	17 déc.	Loi n° 2007-1774. Adaptation au droit communautaire dans les domaines économique et financier. – Art. 1er, 2 et 12. – V. C. assur., art. L. 111-7, L. 124-3, L. 211-1, L. 211-4, L. 211-4-1, L. 351-6, L. 362-3, L. 421-1, L. 421-9-4.
2007	17 déc.	Loi n° 2007-1775. Recherche des bénéficiaires des contrats d'assurance sur la vie :

		– Art. 1er-I et III, 2-I à III et VII, 3, 5, 8-I à V et VIII, 9-I et III, 10-I et III. – V. C. assur., art. L. 112-5, L. 132-4-1, L. 132-5, L. 132-6, L. 132-8, L. 132-9, L. 132-10, L. 132-15, L. 132-21, L. 132-23, L. 132-24, L. 141-7. – Art. 1er-II, 2-IV, 6, 7, 8-IV à VII. – V. C. mut., art. L. 223-10, L. 223-10-2, L. 223-11, L. 223-19-1, L. 223-20, L. 223-22, L. 223-22-1, L. 223-23.
2007	19 déc.	Arrêtés. Traitement des données actuarielles et différences en matière de primes et de prestations fondées sur la prise en compte du sexe. – V. C. assur., art. A. 111-1 à A. 111-5.
2007	21 déc.	Ordonnance n° 2007-1801. Adaptation à Mayotte de dispositions législatives. – Art. 4. – V. C. assur., art. L. 200-1, L. 261-1, L. 271-1, L. 300-1, L. 400-1, L. 461-1, L. 471-1, L. 500-1, L. 561-1, L. 571-1.
2007	24 déc.	Circulaire. Passation des marchés publics d'assurances, App., v° *Marchés publics*, **p. 1585.**
2007	25 déc.	Loi n° 2007-1824. De finances rectificative pour 2007. – Art. 95. – V. C. assur., art. L. 125-1.
2008	3 janv.	Loi n° 2008-3. Développement de la concurrence au service des consommateurs. – Art. 27. – V. C. assur., art. L. 112-9.
2008	14 janv.	Décret n° 2008-45. Garanties du risque de non-paiement des sommes dues par des entreprises exportatrices à des établissements de crédit ou des entreprises d'assurance. – V. C. assur., art. R. 442-8-8.
2008	18 févr.	Arrêté. Capacité professionnelle des intermédiaires d'assurance. – V. C. assur., art. A. 512-6, A. 512-7.
2008	4 mars	Décret n° 2008-217. – V. C. assur., art. R. 511-2.
2008	22 mai	Décret n° 2008-486. Modification des dispositions relatives aux comités régionaux de coordination de la mutualité, au Conseil supérieur de la mutualité et au registre national des mutuelles. – V. C. mut., art. R. 412-1, R. 413-2, R. 413-3.
2008	27 mai	Loi n° 2008-496. Diverses dispositions d'adaptation au droit communautaire dans le domaine de la lutte contre les discriminations. – V. C. mut., art. L. 112-1-1.
2008	13 juin	Ordonnance n° 2008-556. Transposition de la directive n° 2005/68/CE relative à la réassurance : – Art. 1er à 5, 17 et 18. – V. C. assur., art. L. 111-3, L. 310-1-1, L. 310-1-2, L. 310-6, L. 310-6-1, L. 310-9, L. 310-12, L. 310-12-5, L. 310-13, L. 310-13-1, L. 310-14, L. 310-15 à L. 310-23, L. 310-25, L. 310-27, L. 310-28, L. 321-1, L. 321-1-1, L. 321-1-2, L. 321-3, L. 321-10-1, L. 322-1, L. 322-1-1, L. 322-1-2, L. 322-4, L. 322-4-1, L. 324-1-2, L. 325-1, L. 325-1-1, L. 326-2, L. 326-30, L. 328-3, L. 345-2, L. 363-1 à L. 363-4, L. 413-3, L. 413-7.

		– Art. 7, 8, 9, 19. – V. C. mut., art. L. 111-1-1, L. 211-1, L. 211-4, L. 211-7, L. 212-7, L. 212-7-1, L. 212-14, L. 411-1.
2008	17 juin	Loi n° 2008-561. Prescription en matière civile : – Art. 6, 18-I et II, et 25-IX. – V. C. assur., art. L. 114-3, L. 193-1, L. 211-19, L. 243-2, L. 422-3. – Art. 6-II. – V. C. mut., art. L. 221-12-1.
2008	1er juill.	Loi n° 2008-644. Nouveaux droits pour les victimes et exécution des peines. – Art. 2 et 13-III. – V. C. assur., art. L. 422-4, L. 422-7 à L. 422-11.
2008	11 juill.	Ordonnance n° 2008-698. Application du code des assurances à Saint-Barthélemy et à Saint-Martin. – Art. 2. – V. C. assur., art. L. 100-1, L. 200-1, L. 300-1, L. 400-1, L. 500-1, L. 214-1, L. 421-14, L. 431-12, L. 442-2.
2008	17 juill.	Décret n° 2008-711. Réforme du cadre juridique des fonds communs de créances. – Art. 2 – V. C. assur., art. R. 332-2, R. 332-2-1, R. 332-3, R. 332-3-3, R. 334-5, R. 334-13.
2008	28 juill.	Loi n° 2008-735. Contrats de partenariat. – Art. 45, 49 et 50. – V. C. assur., art. L. 242-1, L. 243-1-1, L. 243-9.
2008	4 août	Loi n° 2008-776. Modernisation de l'économie : – Art. 96 et 175. – V. C. assur., art. L. 322-4, L. 413-2, L. 322-26-7. – Art. 168 à 170. – V. C. mut., art. L. 114-12, L. 114-13, L. 114-23.
2008	18 août	Décret n° 2008-785. Complément des dispositions relatives aux opérations d'assurance sur la vie. – V. C. mut., art. D. 223-2.
2008	7 nov.	Décret n° 2008-1154. Réassurance : – Art. 1er à 14 et 30 (note). – V. C. assur., art. R.* 310-5 à R. 310-10-4, R. 310-13 à R. 310-17, R. 310-22, R. 321-5-1 à R. 321-5-3, R.* 321-18, R. 321-22 à R. 321-31, R.* 322-4, R. 322-4-1, R. 322-9 à R. 322-11, R. 322-11-1, R. 323-1, R. 323-1-1, R. 323-10-1 à R. 323-10-8, R. 324-1, R. 324-4, R. 325-2, R.* 325-5, R.* 325-11, R.* 325-13, R. 328-1, R. 332-2, R. 332-3, R. 332-3-1, R. 332-3-3, R. 332-10-1 à R. 332-10-3, R. 332-20, R. 332-20-2, R. 332-54, R.* 333-1, R. 334-1-1, R. 334-1-2, R. 334-2, R. 334-3, R. 334-5, R. 334-11, R. 334-13, R. 334-26 à R. 334-28, R. 334-40 à R. 334-45, R. 336-5, R. 344-4, R. 364-1. – Art. 15 à 18. – V. C. mut., art. R. 211-1, R. 211-5-1, R. 211-5-2.
2008	7 nov.	Arrêté. Contrôle des entreprises de réassurance. – V. C. assur., art. A. 344-2.
2008	5 déc.	Ordonnance n° 2008-1271. Commercialisation d'instruments financiers, de produits d'épargne et d'assurance sur la vie. –

		Art. 2, 4 et 5 (note). – V. C. assur., art. L. 132-28, L. 310-9-1, L. 310-12.
2008	8 déc.	Ordonnance n° 2008-1278. Commissaires aux comptes : – Art. 15. – V. C. assur., art. L. 322-3, L. 322-26-2-3. – Art. 17. – V. C. mut., art. L. 212-3-1.
2008	22 déc.	Décret n° 2008-1437. Dispositions prudentielles applicables aux organismes d'assurance. – Art. 1er à 6 et 13 (note). – V. C. assur., art. R. 322-6, R.* 322-73, R. 323-1-1, R. 323-1-2, R. 332-3-3.
2008	22 déc.	Décret n° 2008-1466. Contrats d'assurance de constructions à usage autre que l'habitation. – V. C. assur., art. R. 243-1 à R. 243-3, R. 250-1, R. 250-2, R. 250-4-1, R. 250-4-2.
2008	30 déc.	Loi n° 2008-1443. De finances rectificative pour 2008. – Art. 121-I à III. – V. C. assur., art. L. 432-1, L. 432-2.
2008	31 déc.	Décret n° 2008-1549. Adaptation des dispositions relatives à Mayotte du code des assurances. – Art. 2 à 6. – V. C. assur., art. R. 150-16, R. 214-5, R. 250-7, R. 261-1, R. 310-10-2, R. 332-64, R. 333-3, R. 334-39, R. 421-63-1, R. 422-10, R. 471-1, R. 531-1.
2009	22 janv.	Ordonnance n° 2009-80. Appel public à l'épargne. – Art. 17. – V. C. assur., art. L. 322-2-1.
2009	30 janv.	Ordonnance n° 2009-106. Commercialisation des produits d'assurance sur la vie. Opérations de prévoyance collective et d'assurance : – Art. 1er à 4. – V. C. assur., art. L. 111-2, L. 131-3, L. 132-9, L. 132-21, L. 132-22-2, L. 132-27, L. 132-27-1, L. 142-1, L. 143-4, L. 143-8, L. 144-1, L. 144-2, L. 310-9-1, L. 441-1 à L. 441-6, L. 441-8, L. 441-10. – Art. 5 à 8. – V. C. mut., art. L. 116-5, L. 221-6-1, L. 222-6, L. 223-11, L. 223-20, L. 223-25-2, L. 223-25-3, L. 223-28.
2009	30 janv.	Ordonnance n° 2009-108. Entreprises de réassurance. – V. C. assur., art. L. 310-7, L. 310-9, L. 310-12, L. 310-12-1, L. 310-14 à L. 310-23, L. 310-25, L. 310-25-1, L. 322-2-4, L. 323-1-1.
2009	16 mars	Décret n° 2009-295. Instruments financiers : – V. C. assur., art. R. 332-56. – V. C. mut., art. R. 212-81.
2009	12 mai	Loi n° 2009-526. Simplification et clarification du droit ; allègement des procédures : – Art. 122-II, 123-I et 125-III. – V. C. assur., art. L. 310-26 à L. 310-28, L. 514-2. – Art. 125 et 138. – V. C. mut., art. L. 114-55, L. 211-4, L. 213-4, L. 510-12.

2009	18 mai	Décret n° 2009-550. Indemnisation des risques liés à l'épandage agricole des boues d'épuration urbaines ou industrielles. – Art. 1er. – V. C. assur., art. R. 424-1 à R. 424-17.
2009	23 juin	Décret n° 2009-790. Unions mutualistes de groupe. – V. C. mut., art. R. 115-1 à R. 115-6.
2009	21 juill.	Décret n° 2009-882. Trésorerie des organismes de sécurité sociale et des organismes en relation avec l'Agence centrale des organismes de sécurité sociale. – Art. 3. – V. Décr. n° 2001-963 du 23 oct. 2001, art. 11, ss. C. assur., art. L. 426-1.
2009	24 juill.	Ordonnance n° 2009-897. Évaluation prudentielle des acquisitions et des augmentations de participation dans des entités du secteur financier. – Art. 2. – V. C. assur., art. L. 322-4.
2009	3 août	Loi n° 2009-972. Mobilité et parcours professionnels dans la fonction publique. – Art. 38-II. – V. C. assur., art. L. 310-12.
2009	7 oct.	Décret n° 2009-1189. Dispositions temporaires en matière d'assurance crédit de court terme à l'exportation. – V. note ss. C. assur., art. L. 432-2.
2009	8 oct.	Décret n° 2009-1202. Procédures publiques gérées par la COFACE avec la garantie de l'État. – V. C. assur., art. R. 442-1, R. 442-4, R. 442-5, R. 442-8-7, R. 442-9-1.
2009	8 oct.	Arrêté. Assurance crédit des projets stratégiques. – V. C. assur., art. A. 432-2, A. 432-8.
2009	12 oct.	Décret n° 2009-1223. Évaluation prudentielle des acquisitions et des augmentations de participation dans des entités du secteur financier. – Art. 5 et 6. – V. C. assur., art. R. 322-11-1 à R. 322-11-5.
2009	19 oct.	Loi n° 2009-1255. Accès au crédit des PME et amélioration des marchés financiers. – Art. 6. – V. C. assur., art. L. 111-1, L. 113-4-1.
2009	23 oct.	Arrêté. Évaluation prudentielle des opérations de prise, d'extension ou de cession de participation dans les entreprises d'assurance. – V. C. assur., art. A. 322-1 à A. 322-3.
2009	10 nov.	Arrêté. Exécution des obligations de vigilance relatives à la lutte contre le blanchiment des capitaux et le financement du terrorisme. – Art. 1er. – V. C. assur., art. A. 310-5 à A. 310-7.
2009	19 nov.	Arrêté. Actualisation des clauses-types en matière d'assurance-construction. – V. C. assur., art. A. 243-1.
2009	25 nov.	Directive n° 2009/138/CE. Solvabilité II, **p. 690.**
2009	11 déc.	Arrêté. États statistiques des entreprises d'assurances. – V. C. assur., A. 344-16.

2009	21 déc.	Arrêté. Dispositions comptables relatives à la réassurance et informations à donner en annexe aux comptes annuels. – V. C. assur., art. A. 343-1, A. 344-3.
2009	23 déc.	Décret n° 2009-1620. Règles de gestion et de fonctionnement du fonds de garantie universelle des risques locatifs. – Art. 1er. – V. C. assur., art. R. 332-3-4, R. 426-1 à R. 426-11.
2009	29 déc.	Arrêté. Contrôle du risque de blanchiment des capitaux et de financement du terrorisme. – Art. 1er. – V. C. assur., art. A. 310-8, A. 310-9.
2010	11 janv.	Décret n° 2010-40. Conventions entre producteurs et distributeurs en matière de commercialisation d'instruments financiers et de produits d'assurance sur la vie. – Art. 3 et 4. – V. C. assur., art. R. 132-5-1, R. 132-5-2, R. 512-9.
2010	21 janv.	Ordonnance n° 2010-76. Fusion des autorités d'agrément et de contrôle de la banque et de l'assurance. – Ratifiée par L. n° 2010-1249 du 22 oct. 2010, art. 12-I. : – Art. 7 à 10, 21 et 22-III-6°. – V. C. assur., art. L. 112-9, L. 310-12, L. 310-12-1 à L. 310-12-6, L. 310-13, L. 310-13-1, L. 310-14 à L. 310-23, L. 310-28, L. 321-1, L. 321-10, L. 321-10-1, L. 322-24, L. 322-29, L. 323-1 à L. 323-8, L. 325-1, L. 326-2, L. 326-12, L. 326-13, L. 370-3, L. 370-4, L. 413-1 à L. 413-7, L. 421-9-1, L. 423-2, L. 423-7, L. 451-2, L. 514-4. – Art. 11-I à IV. – V. C. mut., art. L. 111-1, L. 114-18, L. 211-5, L. 212-7-6, L. 212-7-9 à L. 212-7-19, L. 212-11, L. 212-14, L. 212-16, L. 212-27, L. 222-6, L. 222-9, L. 222-11, L. 411-1, L. 411-3, L. 421-1, L. 431-2, L. 431-7, L. 510-1, L. 510-2 à L. 510-11, L. 510-12, L. 510-13 à L. 510-15.
2010	12 févr.	Arrêté. Garantie d'émissions obligataires par la COFACE. – V. C. assur., art. A. 432-2.
2010	1er mars	Décret n° 2010-212. Indemnisation des administrateurs des mutuelles, unions et fédérations et modification des dispositions applicables aux unions mutualistes de groupe. – V. C. mut., art. R. 114-5, R. 114-6, R. 114-7.
2010	3 mars	Décret n° 2010-217. Fusion des autorités d'agrément et de contrôle de la banque et de l'assurance : – Art. 3 et 10. – V. C. assur., art. R.* 310-10 à R. 310-17-2, R. 310-18 à R. 310-18-4, R. 310-19, R. 310-22, R. 321-16, R. 321-17-1, R. 321-22, R. 321-26, R. 321-28, R. 322-1, R. 322-11-1, R.* 322-111, R. 322-117-3, R. 322-117-6, R.* 322-122, R.** 322-131, R. 322-161, R. 323-1, R. 323-1-1 à R. 323-5, R.* 323-8 à R. 323-10-1, R. 324-4, R. 324-5, R. 325-2, R.* 325-4, R.* 325-7, R. 325-10 à R.* 325-13, R.* 326-1, R. 328-1, R. 334-3, R. 334-7, R. 334-11, R. 334-38, R. 334-45 à R. 334-48, R. 341-5, R. 344-2 à R. 344-4, R. 364-1, R. 370-5, R. 370-7, R. 391-1, R. 411-1 à R. 411-3, R. 413-1 à R. 413-4, R. 421-27, R. 423-13, R. 512-5, R. 541-1.

		– Art. 4-I à IV. – V. C. mut., art. R. 115-1, R. 115-4, R. 211-9, R. 211-19 à R. 211-21, R. 211-23 à R. 211-26, R. 212-1, R. 212-5, R. 411-1, R. 413-3, R. 421-3, R. 510-6, R. 510-7, R. 510-10, R. 510-11 à R. 510-16.
2010	9 mars	Loi n° 2010-238. Installation de détecteurs de fumée dans les lieux d'habilitation. – Art. 3 à 5-I. – V. C. assur., art. L. 113-11, L. 122-9.
2010	15 avr.	Recommandation CCA n° 2010-02. Contrats de prévoyance obsèques, App., v° *Consommation*, **p. 1635.**
2010	1er juill.	Loi n° 2010-737. Crédit à la consommation : – Art. 26, 34 et 35. – V. C. assur., art. L. 131-1, L. 132-27, L. 441-3, L. 443-1. – Art. 32. – . C. mut., art. L. 212-15, L. 212-15-1.
2010	7 juill.	Arrêté. Modification des modalités de garanties d'un taux minimum par les entreprises d'assurance. – Art. 1er. – V. C. assur., art. A. 132-2, A. 132-3.
2010	12 juill.	Loi n° 2010-788. Engagement national pour l'environnement : – Art. 225-IV. – V. C. assur., art. L. 322-26-2-2. – Art. 225-II. – V. C. mut., art. L. 114-17.
2010	27 juill.	Loi n° 2010-874. Modernisation de l'agriculture et de la pêche. – Art. 26-II. – V. C. assur., art. L. 125-5, L. 431-11, L. 442-1.
2010	3 août	Décret n° 2010-923. Conditions d'indemnisation par le Fonds de garantie des assurances obligatoires de dommages causés par les animaux sauvages. – Art. 1er et 2. – V. C. assur., art. R. 421-19.
2010	24 août	Décret n° 2010-933. Devoir de conseil et opérations de prévoyance collective et d'assurance. – Art. 1er et 2. – V. C. assur., art. L. 132-5-1, R. 441-2.
2010	22 oct.	Loi n° 2010-1249. Régulation bancaire et financière : – Art. 12, 30, 32, 79. – V. C. assur., art. L. 310-12-1, L. 310-28, L. 322-3, L. 322-26-2-2, L. 326-2, L. 421-1. – Art. 12-V. – V. C. mut., art. L. 114-17, L. 211-7, L. 212-12, L. 510-1, L. 510-1-1.
2010	9 nov	Loi n° 2010-1330. Réforme des retraites : – Art. 112 à 115 et 117. – V. C. assur., art. L. 132-22, L. 132-23, L. 144-1, L. 144-2. – Art. 112-II et 114-II. – V. C. mut., art. L. 223-21, L. 223-22.
2010	7 déc.	Loi n° 2010-1487. Département de Mayotte. – V. C. mut., art. L. 610-1-1.
2010	20 déc.	Décret n° 2010-1596. Modalités de fonctionnement du Conseil supérieur de la mutualité et Fonds national de solidarité et d'action mutualistes. – V. C. mut., art. R. 411-2-1, R. 411-3, R. 421-3.

2010	30 déc.	Décret n° 2010-1718. Fonctionnement de la réserve de capitalisation prévue aux articles R. 331-3, R. 331-6 et R. 331-36 du code des assurances. – V. C. assur., art. R.* 333-1.
2011	20 janv.	Ordonnance n° 2011-91. Codification de la partie législative du code minier. – Art. 4. – V. C. assur., art. L. 128-1, L. 421-17.
2011	23 mars	Recommandation ACP n° 2011-R-02. Communications à caractère publicitaire des contrats d'assurance-vie en unités de compte composées de titres obligataires et autres titres de créance, V. App., v° *Consommation*, **p. 1638.**
2011	12 avr.	Décret n° 2011-384. Modification du code des assurances et du Décr. n° 2008-284 du 26 mars 2008. – Art. 1er à 3. – V. C. assur., art. D. 143-5-1, D. 132-10, D. 441-22.
2011	27 avr.	Décret n° 2011-467. États statistiques des entreprises d'assurances, des mutuelles et des institutions de prévoyance en matière de protection sociale complémentaire : – Art. 1er. – V. C. assur., art. D. 344-5. – Art. 2. – V. C. mut., art. D. 114-11.
2011	27 avr.	Arrêté. États statistiques des entreprises d'assurances, des mutuelles et des institutions de prévoyance en matière de protection sociale complémentaire : – Art. 1er et 4. – V. C. assur., art. A 344-8, A. 344-16. – Art. 2, 4. – V. C. mut., art. A. 114-4, A. 114-9.
2011	6 mai	Recommandation ACP n° 2011-R-03. Commercialisation de contrats d'assurance-vie en unités de compte constituées de titres de créance émis par une entité liée financièrement à l'organisme d'assurance. – V. App., v° *Consommation*, **p. 1641.**
2011	17 mai	Loi n° 2011-525. Simplification et amélioration de la qualité du droit : – Art. 139-I. – V. C. assur., art. L. 322-2-2. – Art. 115-II et 140-I. – V. C. mut., art. L. 116-4.
2011	27 juin	Décret n° 2011-733. Modification des dispositions du code de la mutualité relatives au fonds national de garantie et aux systèmes fédéraux de garantie. – V. C. mut., art. R. 111-1 à R. 111-5, R. 432-1 à R. 432-18.
2011	7 juill.	Loi n° 2011-814. Bioéthique. – Art. 12. – V. C. assur., art. L. 111-8.
2011	15 juill.	Ordonnance n° 2011-839. Assurance en matière de transport. – V. C. assur., art. L. 171-1, L. 171-2, L. 172-1, L. 171-5, L. 172-16, L. 172-16-1, L. 172-21, L. 172-30, L. 172-31, L. 173-17, L. 173-17-1, L. 173-20, L. 173-22, L. 173-22-1, L. 173-23, L. 174-4, L. 174-6, L. 175-1 à L. 176-5, L. 194-1.
2011	1er août	Ordonnance n° 2011-915. Organismes de placement collectif en valeurs mobilières et modernisation du cadre juridique de la gestion d'actifs. – Art. 24. – V. C. assur., art. L. 131-1.

2011	1er août	Décret n° 2011-922. Organismes de placement collectif en valeurs mobilières et modernisation du cadre juridique de la gestion d'actifs : – Art. 22. – V. C. assur., art. R. 332-2, R. 332-14, R. 426-5. – Art. 24. – V. C. mut., art. R. 212-3.
2011	24 août	Arrêté. Assurance-vie. – V. C. assur., art. A. 132-7.
2011	6 sept.	Décret n° 2011-1064. Devoir de conseil et certaines opérations de prévoyance collective et d'assurance réalisées par les mutuelles et unions de mutuelles relevant du code de la mutualité. – V. C. mut., art. R. 223-6.
2011	26 sept.	Décret n° 2011-1192. Immatriculation des mutuelles, des unions et des fédérations. – V. C. mut., art. R. 115-1, R. 414-2, R. 414-10.
2011	3 oct.	Arrêté. Information précontractuelle des contrats d'assurance sur la vie. – V. C. assur., art. A. 132-4, A. 132-4-3, A. 132-6, A. 132-7, A. 132-8.
2011	17 oct.	Arrêté. Certaines dispositions du code de la mutualité en matière d'assurance sur la vie. – V. C. mut., art. A. 223-7.
2011	31 oct.	Décret n° 2011-1418. Règles de représentation des engagements réglementés des organismes d'assurance. – V. C. assur., art. R. 332-2, R. 332-2-1, R. 332-3, R. 332-14-2, R. 332-17, R. 332-19, R. 342-4.
2011	22 nov.	Arrêté. Plafonds de couverture de l'assurance de responsabilité civile des véhicules terrestres à moteur. – V. C. assur., art. A. 211-1-3, A. 421-1-1.
2011	23 nov.	Décret n° 2011-1635. Plan d'épargne retraite populaire. – V. C. assur., art. R. 144-1 à R. 144-31, R. 342-1.
2011	23 nov.	Arrêté. Plan d'épargne retraite populaire. – V. C. assur., art. A. 132-4, A. 132-5-1, A. 144-1 s., A. 344-2.
2011	15 déc.	Recommandation ACP n° 2011-R-05. Traitement des réclamations. – V. App., v° *Consommation*, **p. 1592.**
2011	28 déc.	L. n° 2011-1977. De finances pour 2012. – Art. 146. – V. C. assur., art. L. 426-1.
2011	29 déc.	Décret n° 2011-2030. Plafonds de garantie mentionnés à l'article L. 1142-2 du code de la santé publique. – V. C. assur., art. R. 251-1.
2011	30 déc.	Décret n° 2011-2089. Fonds de mutualisation des risques sanitaires et environnementaux en agriculture. – V. C. assur., art. R. 424-16.
2012	26 janv.	Décret n° 2012-100. Immatriculation des intermédiaires en opérations de banque et en services de paiements, des conseillers en

		investissements financiers et des agents liés. – V. C. assur., art. R. 512-1 à R. 512-16, R. 512-14, R. 514-1, R. 514-2.
2012	14 mars	Loi n° 2012-355. Gouvernance de la sécurité sociale et de la mutualité. – Art. 3. – V. C. mut., art. L. 411-2, L. 411-3, L. 412-1 à L. 412-2 .
2012	4 avr.	Décret n° 2012-454. Modification des états statistiques des entreprises d'assurances, des mutuelles et des institutions de prévoyance en matière de protection sociale complémentaire. – Art. 1er. – V. C. assur., art. D. 344-5 ; C. mut., art. D. 114-11.
2012	23 avr.	Décret n° 2012-548. Fonds de garantie des dommages consécutifs à des actes de prévention, de diagnostic ou de soins dispensés par des professionnels de santé. – V. C. assur., art. R. 427-1 s.
2012	23 avr.	Arrêté. Contribution des professionnels de santé au fonds de garantie des dommages consécutifs à des actes de prévention, de diagnostic ou de soins dispensés par eux. – V. ss. C. assur., art. L. 426-1.
2012	27 avr.	Décret n° 2012-596. Réforme du mode de désignation des membres du Conseil supérieur de la mutualité. – V. C. mut., art. R. 115-1, R. 411-1 à R. 411-2-1, R. 412-1 à R. 412-3, R. 413-1 à R. 413-7, R. 414-3 à R. 414-6.
2012	4 juill.	Décret n° 2012-849. Assurances en matière de transport. – V. C. assur., R. 171-2, R. 172-2, R. 172-6, R. 175-1 à R. 176-1, R. 193-1 à R. 195-1.
2012	4 juill.	Décret n° 2012-850. Application de l'article L. 171-5 du code des assurances. – V. C. assur., art. D. 171-3.
2012	13 août	Arrêté. Composition et fonctionnement des commissions spécialisées du Conseil supérieur de la mutualité. – V. C. mut., art. A. 411-1 à A. 411-6.
2012	18 déc.	Arrêté. Égalité entre les hommes et les femmes en assurance. – V. C. assur., art. A. 111-6, A. 335-1.
2012	26 déc.	Décret n° 2012-1462. Application de l'ordonnance n° 2010-638 du 10 juin 2010 portant suppression du régime des conservateurs des hypothèques et adaptation de la publicité foncière. – Art. 35. – V. C. assur., art. R. 421-74.
2013	8 janv.	Recommandation ACPR n° 2013-R-01. Recueil des informations relatives à la connaissance du client dans le cadre du devoir de conseil en assurance vie, V. App., v° *Consommation*, **p. 1644.**
2013	30 janv.	Arrêté. Approbation du règlement intérieur du Conseil supérieur de la mutualité. – V. annexe 🏛, ss. C. mut., art. R. 411-3 .
2013	28 févr.	Arrêté. Extension du bénéfice des garanties inconditionnelles de la COFACE aux organismes d'assurance. – V. C. assur., art. A. 432-2.

2013	24 mai	Décret n° 2013-425. Application du I de l'article 84 de la loi n° 2012-1510 du 29 décembre 2012 de finances rectificative pour 2012 portant extension des garanties accordées par la COFACE pour le compte de l'État en matière aéronautique. – V. C. assur., art. R. 442-1, R. 442-8-7.
2013	27 mai	Décret n° 2013-434. Convocation des assemblées générales des mutuelles et des unions soumises au contrôle de l'Autorité de contrôle prudentiel. – V. C. mut., art. R. 114-3.
2013	14 juin	Loi n° 2013-504. Sécurisation de l'emploi : – V. C. assur., art. L. 113-3, L. 322-2-2. – V. C. mut., art. L. 221-8.
2013	27 juin	Ordonnance n° 2013-544. Établissements de crédit et sociétés de financement : – Art. 12, 14 et 36. – V. C. mut., art. L. 223-26, L. 431-1. – Art. 19. – V. C. assur., art. L. 141-6, L. 421-9, L. 423-1, L. 432-2, L. 512-7.
2013	25 juill.	Ordonnance n° 2013-676. Modification du cadre juridique de la gestion d'actifs. – Art. 37. – V. C. assur., art. L. 131-1, L. 160-10, L. 160-11, L. 160-19, L. 310-28, L. 370-2.
2013	25 juill.	Décret n° 2013-687. Application de l'ordonnance n° 2013-676 du 25 juillet 2013 modifiant le cadre juridique de la gestion d'actifs. – V. C. assur., art. R. 131-5, R. 332-2, R. 332-3, R. 332-3-1, R. 332-14, R. 332-46, R. 332-56, R. 426-5.
2013	26 juill.	Loi n° 2013-672. Séparation et régulation des activités bancaires : – Art. 39, 43, 50, 51, 75 et 79. – V. C. assur., art. L. 111-7, L. 132-9-3, L. 132-9-4, L. 132-23, L. 141-7, L. 322-2, L. 322-4-4 à L. 322-4-7, L. 322-27-2, L. 323-8. – Art. 39, 42, 43, 75, 79. – V. C. mut., art. L. 112-1-1, L. 114-4, L. 114-5, L. 114-18, L. 211-5, L. 223-10-2, L. 223-10-3.
2013	30 juill.	Décret n° 2013-693. Garanties mentionnées aux 2° et 3° du I de l'article 84 de la loi n° 2012-1510 du 29 décembre 2012 de finances rectificative pour 2012 et gérées par la COFACE pour le compte de l'État. – V. C. assur., R. 442-8-7.
2013	2 août	Décret n° 2013-717. Modification de certaines règles d'investissement des entreprises d'assurance. – V. C. assur., art. R. 332-2, R. 332-2-1, R. 332-3, R. 332-3-1, R. 332-13, R. 332-14-2, R. 332-19, R. 332-20 à R. 332-20-1, .
2013	6 déc.	Loi n° 2013-1117. Lutte contre la fraude fiscale et la grande délinquance économique et financière : – Art. 22. – V. C. assur., art. L. 160-9. – Art. 41. – V. C. assur., art. L. 132-14. – Art. 22. – V. C. mut., art. L. 223-29. – Art. 41. – V. C. mut., art. L. 223-15.

2013	9 déc.	Arrêté. Règles d'investissement des entreprises d'assurance dans des prêts ou des fonds de prêts à l'économie. – V. C. assur., art. A. 332-2 à A. 332-4.
2013	24 déc.	Arrêté. Modification des modalités de calcul du taux d'actualisation de la provision mathématique théorique des opérations collectives prévues à l'article L. 441-1 du code des assurances. – V. C. assur., art. A. 441-4.
2013	29 déc.	Loi n° 2013-1279. De finances rectificative pour 2013. – Art. 62, 77. – V. C. assur., art. L. 421-4 à L. 421-4-2, L. 421-6, L. 421-8, L. 422-1, art. L. 432-2.
2014	2 janv.	Loi n° 2014-1. Habilitation du Gouvernement à simplifier et sécuriser la vie des entreprises. – Art. 9. – V. C. mut., art. L. 114-17.
2014	8 janv.	Décret n° 2014-12. Modalités de fusion des sociétés d'assurance mutuelles. – V. C. assur., art. R. 322-106-2 s.
2014	27 janv.	Loi n° 2014-57. Modalités de mise en œuvre des conventions conclues entre les organismes d'assurance maladie complémentaire et les professionnels, établissements et services de santé. – V. C. mut., art. L. 112-1.
2014	29 janv.	Décret n° 2014-70. Modification de diverses dispositions relatives aux sociétés ou caisses d'assurance et de réassurance mutuelles agricoles. – V. C. assur., art. R. 322-119, R. 322-119-1, R. 322-119-2, R. 322-120, R.** 322-121, R. 322-127, R. 322-128, R. 322-131, R. 322-132, R. 322-133, R. 322-138.
2014	3 févr.	Arrêté. Égalité entre les hommes et les femmes en matière d'assurance. – V. C. assur., art. A 111-6.
2014	7 févr.	Arrêté. Création d'une comptabilité auxiliaire du fonds de garantie des assurances obligatoires de dommages pour les opérations résultant de l'extinction du financement des majorations légales de rentes. – Art. 1er à 3 🏛. – V. C. assur., art. L. 421-1.
2014	20 févr.	Ordonnance n° 2014-158. Diverses dispositions d'adaptation de la législation au droit de l'Union européenne en matière financière : – Art. 6. – V. C. assur., art. L. 310-28, L. 322-1-2, L. 322-2, L. 322-3-1, L. 323-8, L. 345-2. – Art. 7. – V. C. mut., art. L. 212-3-1, L. 212-7-1, L. 212-7-5, L. 212-7-7 et L. 212-7-8.
2014	17 mars	Loi n° 2014-344. Consommation : – Art. 33, 54, 58 à 66. – V. C. assur., art. L. 112-2-1, , L. 112-10, L. 113-12-1, L. 113-12-2, L. 113-15-1, L. 113-15-2, L. 129-1, L. 194-1, L. 211-5-1, L. 243-2. – Art. 33, 54. – V. C. mut., art. L. 221-18.

2014	13 juin	Loi n° 2014-617. Comptes bancaires inactifs et contrats d'assurance vie en déshérence : – Art. 3, 5. – V. C. assur., art. L. 132-5, L. 132-9-3, L. 132-9-3-1, L. 132-22, L. 132-23-1, L. 132-27-2. – Art. 4. – V. C. mut., art. L. 223-10-2, L. 223-10-2-1, L. 223-19-1, L. 223-21, L. 223-22-1, L. 223-25-4. – Art. 13. – V. ss. C. assur., art. L. 132-27-2.
2014	19 juin	Décret n° 2014-636. Garanties accordées par la COFACE pour le compte de l'État. – V. C. assur., art. R. 442-2, R. 442-7-2.
2014	26 juin	Ordonnance n° 2014-696. Contribution de l'assurance vie au financement de l'économie. – Ratifiée par L. n° 2019-486 du 22 mai 2019, art. 206-I. – V. C. assur., art. L. 132-5-2, L. 132-21, L. 132-22, L. 132-23, L. 134-1 à L. 134-5, L. 143-4, L. 144-2, L. 160-17, L. 441-2, L. 441-3.
2014	3 juill.	Recommandation ACPR n° 2014-R-01. Conventions concernant la distribution des contrats d'assurance vie. – V. App., v° *Consommation*, **p. 1647.**
2014	4 juill.	Décret n° 2014-768. Conditions d'ouverture des activités et services des mutuelles et unions relevant du livre III du code de la mutualité. – V. C. mut., art. R. 320-1.
2014	10 juill.	Loi n° 2014-790. Lutte contre la concurrence sociale déloyale. – Art. 14. – V. C. assur., art. L. 241-1.
2014	31 juill.	Loi n° 2014-856. Économie sociale et solidaire : – At. 51, 54, 57. – V. C. assur., art. L. 145-1 à L. 145-9, L. 322-26-1, L. 322-26-1-1, L. 322-26-2, L. 322-26-2-2, L. 322-26-8, L. 322-26-9. – Art. 51, 53 à 56. – V. art. L. 111-1, L. 111-4-3, L. 114-7, L. 114-9, L. 114-11, L. 114-12, L. 114-16, L. 114-17, L. 114-45-1, L. 221-4, L. 221-8, L. 221-8-1, L. 221-11, L. 221-14, L. 221-19, L. 221-20, L. 227-1.
2014	15 août	Loi n° 2014-896. Individualisation des peines et renforcement de l'efficacité des sanctions pénales. – Art. 27. – V. C. assur., art. L. 422-1.
2014	21 août	Décret n° 2014-954. Réforme des règles de fonctionnement du Fonds national de solidarité et d'action mutualistes. – Art. 1er à 3. – V. C. mut., art. R. 413-4, R. 421-2, R. 421-3 à R. 421-7.
2014	4 sept.	Décret n° 2014-1008. Contrats comportant des engagements donnant lieu à constitution d'une provision de diversification. - Art. 1er à 6. – V. C. assur., art. D. 132-7, R. 143-2, R. 144-18, R. 144-19, R. 144-25, R. 144-26, R. 332-62, R. 332-63, R. 342-1, R. 342-3 à R. 342-5, R. 342-7, R. 342-9, R. 423-4.
2014	12 sept.	Arrêté. Engagement donnant lieu à la constitution d'une provision de diversification. – V. C. assur., art. A. 132-4-4 à

		A. 132-4-8, A. 132-5-1 à A. 132-5-3, A. 134-1 à A. 134-7, A. 344-2.
2014	17 sept.	Décret n° 2014-1061. Obligations d'information précontractuelle et contractuelle des consommateurs et droit de rétractation. – Art. 4. – V. C. assur., art. R. 112-4.
2014	3 nov.	Décret n° 2014-1315. Diverses dispositions d'adaptation au droit de l'Union européenne en matière financière et sociétés de financement : – Art. 7. – V. C. assur., art. R. 322-11-1, R. 324-4, R. 324-5, R. 332-13, R. 332-17, R. 334-3, R. 334-11, R. 442-8-8, R. 511-2, R. 512-9. – Art. 13. – V. C. mut., R. 414-2.
2014	3 nov.	Décret n° 2014-1316. Diverses dispositions d'adaptation au droit de l'Union européenne en matière financière et sociétés de financement : – Art. 5. – V. C. assur., art. D. 344-5. – Art. 11. – V. C. mut., art. D. 114-11.
2014	3 nov.	Arrêté. Surveillance complémentaire des conglomérats financiers. – Art. 18. – V. C. mut., art. A. 114-11, A. 213-4 à A. 213-12.
2014	13 nov.	Décret n° 2014-1357. Contrôle de l'honorabilité et de la compétence des dirigeants et des membres des organes collégiaux dans les organismes d'assurance, les établissements de crédit, les sociétés de financement, les entreprises d'investissement autres que les sociétés de gestion de portefeuille, les compagnies financières holding, les compagnies financières holding mixtes et les entreprises mères de société de financement : – Art. 2. – V. C. assur., art. R. 322-11-6, R. 322-53, R. 322-55-2. – Art. 4. – V. C. mut., art. R. 114-9.
2014	28 nov.	Arrêté. Montant de la contribution des assurés au Fonds de garantie des victimes des actes terrorisme et autres infractions. – V. C. assur., art. R. 422-4.
2014	17 déc.	Décret n° 2014-1530. Modification des règles d'investissements des entreprises d'assurances, des institutions de prévoyance, des mutuelles et de leurs unions dans les prêts à l'économie ou les titres assimilés. – Art. 3. – V. C. assur., art. R. 332-2, R. 332-3, R. 332-3-1, R. 332-14-2.
2014	20 déc.	Loi n° 2014-1545. Simplification de la vie des entreprises et diverses dispositions de simplification et de clarification du droit et des procédures administratives. – Art. 25. – V. C. mut., art. L. 114-20.
2014	29 déc.	Décret n° 2014-1685. Résiliation à tout moment de contrats d'assurance et portant application de l'article L. 113-15-2 du code des assurances. – Art. 1er. – V. C. assur., art. R. 113-11, R. 113-12.

2014	29 déc.	Arrêté. Modalités d'information du consommateur pour l'exercice du droit de renonciation prévu à l'article L. 112-10 du code des assurances. – Art. 1er. - V. C. assur., art. A. 112-1.
2014	30 déc.	Loi n° 2014-1662. Diverses dispositions d'adaptation de la législation au droit de l'Union européenne en matière économique et financière : – Art. 5, 16. – V. C. assur., art. L. 132-5-2, L. 143-6. – Art. 16. – V. C. mut., art. L. 222-8.
2014	30 déc.	Décret n° 2014-1725. Transport public particulier de personnes. – Art. 4. – V. C. assur., art. R. 211-15.
2015	22 janv.	Décret n° 2015-46. Contrôle par l'Autorité de contrôle prudentiel et de résolution de l'utilisation de références à des notations de crédit par les institutions de retraite professionnelle : – Art. 1er. – V. C. assur., art. R. 332-63-1. – Art. 2. – V. C. mut., art. R. 222-33-1.
2015	22 janv.	Décret n° 2015-47. Commission chargée des immatriculations au registre des intermédiaires en assurance, banque et finance. – V. C. assur., art. R. 512-3.
2015	12 févr.	Recommandation ACPR n° 2015-R-01. Communications à caractère publicitaire des contrats d'assurance vie. – V. App., v° *Consommation*, **p. 1651.**
2015	12 févr.	Recommandation ACPR n° 2015-R-03. Traitement des réclamations, V. App., v° *Consommation*, **p. 1656.**
2015	23 févr.	Décret n° 2015-204. Certificats mutualistes ou paritaires : – Art. 1er. – V. C. assur., art. R. 322-79, R. 322-80-2, R. 332-2, R. 334-3, R. 334-11. – Art. 2. – V. C. mut., art. R. 114-10, R. 212-31, R. 221-1 à R. 221-3.
2015	2 avr.	Ordonnance n° 2015-378. Transposition de la directive 2009/138/CE du Parlement européen et du Conseil du 25 novembre 2009 sur l'accès aux activités de l'assurance et de la réassurance et leur exercice (Solvabilité II) : – Art. 1er à 9. – V. C. assur., art. L. 100-1, L. 112-7, L. 132-18, L. 132-21, L. 132-21-1, L. 132-22-1, L. 132-24, L. 132-29, L. 143-3, L. 160-19, L. 193-1, L. 200-1, L. 212-3, L. 215-1, L. 252-2, L. 261-1, L. 300-1, L. 310-1, L. 310-1-1, L. 310-1-2, L. 310-2, L. 310-2-1, L. 310-3, L. 310-3-1, L. 310-3-2, L. 310-10-1, L. 310-12-3 à L. 310-12-5, L. 310-25, L. 310-25-2, L. 321-2, L. 321-8, L. 321-9, L. 321-10, L. 321-10-1, L. 321-10-2, L. 321-10-3, L. 321-11 à L. 321-12, L. 322-1-1, L. 322-1-2, L. 322-1-2, L. 322-1-3, L. 322-1-5, L. 322-2, L. 322-2-4, L. 322-3, L. 322-3-2, L. 322-4, L. 322-4-1, L. 322-4-2, L. 322-4-3, L. 322-26-2-2, L. 322-26-2-4, L. 322-26-8, L. 324-1, L. 324-1-1, L. 324-1-2, L. 324-7, L. 325-1, L. 326-20, L. 326-21, L. 326-22, L. 326-23, L. 326-24, L. 326-25, L. 327-1, L. 327-2,

		L. 327-4, L. 329-1 à L. 329-3-1, L. 330-1, L. 334-1, L. 336-1, L. 341-1 à L. 345-3, L. 350-1à L. 356-26, L. 361-1, L. 362-1, L. 362-2, L. 362-3, L. 363-1, L. 363-2, L. 363-3, L. 363-4, L. 363-5, L. 364-1, L. 364-2, L. 365-1, L. 400-1, L. 451-2, L. 461-1, L. 500-1, L. 512-2, L. 530-2-1, L. 571-1. – Art. 13 à 16. – V. C. mut., art. L. 111-1-1, L. 111-3, L. 111-4, L. 111-4-1, L. 111-4-2, L. 111-6, L. 113-4, L. 114-4, L. 114-8, L. 114-9, L. 114-15, L. 114-17, L. 114-18, L. 114-19, L. 114-21, L. 114-23, L. 114-24, L. 114-31, L. 114-32, L. 114-34 à L. 114-37, L. 114-38, L. 114-42, L. 114-46, L. 114-46-1, L. 114-46-2, L. 114-47, L. 114-48, L. 114-49, L. 114-50 à L. 114-52, L. 211-5, L. 211-7 à L. 211-8-2, L. 211-9, L. 211-10, L. 211-11, L. 211-12 à L. 211-15, L. 212-1, L. 212-3, L. 212-3-1, L. 212-4, L. 212-5, L. 212-6, L. 212-6-1, L. 212-7, L. 212-7-1, L. 212-7-2 à L. 212-7-4-1, L. 212-11, L. 212-11-1, L. 212-14, L. 212-15, L. 212-15-1, L. 212-16, L. 212-17 à L. 212-22, L. 212-26, L. 212-27, L. 213-1, L. 221-19, L. 221-20, L. 222-5, L. 223-18, L. 223-20, L. 223-20-1, L. 223-23, L. 223-25-5, L. 411-1, L. 510-1-1. – Art. 21. – V. ss. C. assur., art. L. 352-5. – Art. 23. – V. ss. C. assur., art. L. 321-11. – Art. 25. – V. ss. C. assur., art. L. 322-1-3. – Art. 26. – V. ss. C. assur., art. L. 321-10-3.
2015	7 mai	Décret n° 2015-513. Application de l'ordonnance n° 2015-378 du 2 avril 2015 transposant la directive 2009/138/CE du Parlement européen et du Conseil sur l'accès aux activités de l'assurance et de la réassurance et leur exercice (Solvabilité II) : – Art. 1er à 11, 16 à 21. – V. C. assur., art. R. 111-1, R. 112-2, R. 131-7, R. 132-5-3, D. 132-7, R. 143-5, R. 144-18-1, R. 144-27, R. 193-1, R. 261-1, R. 310-6-1, R. 310-10-1, R. 310-17-1, R. 310-23, R. 321-1-1, R.* 321-2, R.* 321-3, R. 321-4-1, R. 321-5-2, R. 321-5-4, R. 321-8, R. 321-9, R. 321-10 à R. 321-12, R. 321-15, R. 321-16, R. 321-17-1, R. 310-17-3, R. 321-19 à R. 321-22, R. 321-23, R. 321-26, R. 321-28, R. 321-30, R. 321-31, R. 321-32, R. 321-33 à R. 321-35, R. 322-1, R. 322-4-1, R. 322-6, R. 322-8, R. 322-11-1, R. 322-11-2, R. 322-11-4, R. 322-53-2, R. 322-53-3, R. 322-55-1, R. 322-55-3, R. 322-55-4, R.* 322-72, R.* 322-73, R. 322-77 à R. 322-79, R.* 322-144, R. 322-161, R. 322-162, R. 322-167, R. 322-168, R. 323-1 à R. 323-10-8, R.* 323-11, R. 324-1, R. 324-4, R. 325-2, R. 325-5, R. 325-8, R.* 325-9, R. 325-10, R.* 325-11, R.* 326-1, R. 326-4, R. 327-1, R. 328-1, R. 329-1 à R. 329-5, R. 331-1 à R. 331-3, R. 332-1, R. 332-1-2, R. 332-3, R. 332-5, R. 332-2, R. 332-3, R. 332-3-1, R. 332-3-2, R. 332-9 à R. 332-10-3, R. 332-13, R. 332-14, R. 332-16, R. 332-17 à R. 332-30, R. 332-33, R. 332-35, R. 332-37 à R. 332-44, R. 332-48, R. 332-50, R. 332-59 à R. 332-63, R. 332-65, R. 332-66, R.* 333-1, R.* 333-2, R. 334-1, R. 334-1-1, R. 334-2, R. 334-3, R. 334-4, R. 334-5, R. 334-6, R. 334-7, R. 334-9, R. 334-9-1, R. 334-10, R. 334-11, R. 334-12, R. 334-13,

		R. 334-13-2, R. 334-14, R. 334-15, R. 334-15-1, R. 334-16, R. 334-17, R. 334-18, R. 334-19, R. 334-20, R. 334-21, R. 334-22 à R. 334-24, R. 334-26 à R. 334-28, R. 334-40 à R. 334-46, R. 334-48, R. 335-1 à R. 335-6, R. 336-1, R. 336-2, R. 336-5, R. 336-6 à R. 336-8, R. 341-1, R. 341-2, R. 341-3, R. 341-4, R. 341-5, R. 341-7, R. 341-8, R. 341-9, R. 342-1 à R. 342-3, R. 342-8, R. 342-9, R. 342-10 à R. 342-14, R. 343-1 à R. 343-16, R. 344-1, R. 344-2 à R. 344-4, R. 345-1 à R. 345-1-4, R. 350-1 à R. 356-61, R. 362-2, R. 363-1, R. 364-1, R. 365-1, R. 365-2, R. 370-2, R. 423-1, R. 471-1, R. 511-2, R.531-1. – Art. 13. – V. C. mut., art. R. 115-2, R. 115-4 à R. 115-7, R. 211-1, R. 211-2, R. 211-3 à R. 211-19, R. 211-23, R. 211-25, R. 211-27 à R. 211-31, R. 212-1, R. 212-9-1, R. 212-21, R. 212-22 à R. 212-22-2, R. 212-23 à R. 213-8, R. 222-8, R. 222-23 à R. 222-26, R. 222-32, R. 222-35 à R. 222-43, R. 223-7, R. 223-8, R. 414-2, R. 414-3, R. 432-1, R. 432-6, R. 432-13, R. 432-16, R. 432-17, R. 510-1 à R. 510-10-1. – Art. 19. – V. ss. C. assur., art. L. 310-1.
2015	7 mai	Arrêté. Transposition de la directive 2009/138/CE du Parlement européen et du Conseil sur l'accès aux activités de l'assurance et de la réassurance et leur exercice (Solvabilité II). – Art. 1er, 2. – V. C. assur., art. A. 132-4, A. 310-2-1, A. 310-4, A. 310-10, A. 355-1, A. 356-3, A. 362-1, A. 362-2.
2015	11 mai	Décret n° 2015-518. Bureau central de tarification. – Art. 1er à 4. – V. C. assur., art. R. 250-1, R. 250-2, R. 250-4-3, R. 250-5.
2015	15 mai	Décret n° 2015-536. Substitution de la dénomination « CCI France » à la dénomination « assemblée des chambres françaises de commerce et d'industrie ». – Art. 1er. – V. C. assur., art. R. 421-25-1.
2015	20 mai	Arrêté. Réglementation prudentielle et comptable en matière bancaire et financière en Nouvelle-Calédonie, en Polynésie française et dans les îles Wallis-et-Futuna. – Art. 5. – V. ss. C. assur., art. L. 512-1.
2015	22 juin	Décret n° 2015-707. Diverses dispositions d'adaptation de la législation financière dans les collectivités d'outre-mer et en Nouvelle-Calédonie. – Art. 18, 22. – V. C. assur., art. R. 391-1, R. 514-1, R. 541-1.
2015	31 juill.	Ordonnance n° 2015-950. Égal accès des femmes et des hommes au sein des conseils d'administration des mutuelles. – Art. 1er. – V. C. mut., art. L. 114-16-1.
2015	6 août	Loi n° 2015-990. Croissance, activité et égalité des chances économiques : – Art. 21, 95, 107, 136, 137. – V. C. assur., art. L. 131-1, L. 212-1, L. 241-1, L. 243-2, L. 324-1, L. 512-1. – Art. 230. – V. C. mut., art. L. 212-3-1.

2015	20 août	Ordonnance n° 2015-1033. Règlement extrajudiciaire des litiges de consommation : – Art. 3. – V. C. assur., art. L. 112-2, L. 112-2-1. – Art. 5. – V. C. mut., art. L. 221-6-2, L. 221-18.
2015	28 août	Décret n° 2015-1092. Comptes bancaires inactifs et contrats d'assurance vie en déshérence : – Art. 2. – V. C. assur., art. R. 132-3-1, R.132-5-4 à R. 132-5-6. – Art. 3. – V. C. mut., art. R. 223-9 à R. 223-12. – Art. 6. – V. ss. C. assur., art. R. 132-5-6.
2015	2 sept.	Convention AERAS revisée. S'assurer et emprunter avec un risque aggraver. – V. App., v° *Consommation*, **p. 1657.**
2015	5 oct.	Arrêté. Modalités de calcul du taux d'actualisation de la provision mathématique théorique des opérations de retraite prévue à l'article L. 222-1 du code de la mutualité. – Art. 1er. – V. C. mut., art. A. 222-1.
2015	22 oct.	Ordonnance n° 2015-1324. Plans de prévention des riques technologiques. – Art. 5-II. – V. C. assur., art. L. 128-4.
2015	5 nov.	Décret n° 2015-1431. Modalités de transmission à la Banque de France de données relatives aux opérations d'assurance-crédit. – Art. 1er. – V. C. assur., art. R. 344-6 à R. 344-10.
2015	9 nov.	Décret n° 2015-1453. Nouvelles modalités d'intervention publique en matière d'assurance-crédit de court terme. – Art. 1er, 2. – V. C. assur., art. R. 442-8-1, R. 442-8-9 à R. 442-8-12.
2015	18 nov.	Ordonnance n° 2015-1497. Adaptation de diverses dispositions du code des assurances à Saint-Barthélemy, Saint-Pierre-et-Miquelon et dans les îles Wallis-et-Futuna : – Art. 1er, 5, 6. – V. C. assur., art. L. 194-1, L. 300-1, L. 322-1-3, L. 329-1, L. 341-3, L. 356-4, L. 356-11, L. 356-18, L. 390-1. – Art. 3. – V. C. mut., art. L. 111-4-2, L. 114-17, L. 114-21, L. 114-24, L. 114-38, L. 114-49, L. 211-5, L. 211-9, L. 211-10.
2015	14 déc.	Décret n° 2015-1669. Conditions dans lesquelles le bénéficiaire d'un contrat d'assurance sur la vie peut opter irrévocablement pour la remise de titres, parts ou actions. – Art. 1er. – V. C. assur., anc. art. R. 132-5-3.
2015	21 déc.	Loi n° 2015-1702. De financement de la sécurité sociale pour 2015. – Art. 59-XI-Q. – V. C. mut., art. L. 111-1.
2015	28 déc.	Arrêté. Adaptation des dispositions comptables du code des assurances. – Art. 1er à 3. – V. C. assur., art. A. 111-5, A. 121-1-1, A. 121-1-2, A. 125-4, A. 131-2, A. 131-4, A. 132-5-1, A. 132-7, A. 132-8, A. 132-10 à A. 132-19, A. 134-1, A. 143-3, A. 160-3, A. 310-3, A. 310-8, A. 310-9, A. 321-1 à A. 321-11, A. 322-8, A. 331-1 à A. 331-27, A. 332-5 à A. 332-8, A. 334-1, A. 341-1, A. 342-1, A. 341-2, A. 343-1 à A. 343-5, A. 344-1 à A. 344-4, A. 355-1, A. 362-1, A. 431-9, A. 441-4.

2015	29 déc.	Loi n° 2015-1786. De finances rectificative pour 2015. – Art. 102, 103. – V. C. assur., art. L. 432-1 à L. 432-5.
2015	30 déc.	Décret n° 2015-1857. Application de l'ordonnance n° 2015-378 du 2 avril 2015 transposant la directive 2009/138/CE du Parlement européen et du Conseil sur l'accès aux activités de l'assurance et de la réassurance et leur exercice (Solvabilité II) : – Art. 1er. – V. C. mut., art. D. 114-10, D. 114-11, D. 212-1 à D. 212-8, D. 223-3 à D. 223-6. – Art. 3. – V. C. assur., art. D. 344-5.
2015	30 déc.	Arrêté. Application de l'ordonnance n° 2015-378 du 2 avril 2015 transposant la directive 2009/138/CE du Parlement européen et du Conseil sur l'accès aux activités de l'assurance et de la réassurance et leur exercice (Solvabilité II). – Art. 2. – V. C. mut., art. A. 114-1 à A. 114-10, A. 211-1 à A. 211-4, A. 212-1 à A. 212-20, A. 213-1 à A. 213-3, A. 222-1, A. 222-5, A. 223-2, A. 223-4, A. 223-6-1, A. 223-8, A. 411-7, A. 510-1 à A. 510-4.
2016	5 janv.	Arrêté. Modèle d'attestation d'assurance comprenant des mentions minimales prévu par l'article L. 243-2 du code des assurances. – Art. 1er. – V. C. assur., art. A. 243-1.
2016	13 janv.	Arrêté. Mentions minimales prévues par l'article R. 132-5-7 du code des assurances. – Art. 1er à 3. – V. C. assur., art. A. 132-9-2, A. 132-9-3.
2016	26 janv.	Loi n° 2016-41. Modernisation de notre système de santé : – Art. 190. – V. C. assur., art. L. 133-1 ; V. C. mut., art. L. 112-4. – Art. 191. – V. C. assur., art. L. 111-8.
2016	10 févr.	Ordonnance n° 2016-131. Réforme du droit des contrats, du régime général et de la preuve des obligations. – Ratifiée par L. n° 2018-287 du 20 avr. 2018. – Art. 6. – V. C. assur., art. L. 121-2, L. 121-13, L. 132-14, L. 443-1, L. 511-1 ; C. mut., art. L. 223-15.
2016	14 mars	Ordonnance n° 2016-301. Partie législative du code de la consommation : – Art. 5. – V. C. assur., art. L. 112-2-1, L. 112-9. – Art. 12. – V. C. mut., art. L. 221-18.
2016	17 mars	Ordonnance n° 2016-315. Commissariat aux comptes : – Art. 47. – V. C. assur., art. L. 322-3-1, L. 322-26-2-3, L. 322-26-4. – Art. 50. – V. C. mut., art. L. 114-38, L. 212-3-2.
2016	20 avr.	Loi n° 2016-483. Déontologie et droits et obligations des fonctionnaires. – Art. 10. – V. C. mut., art. L. 114-26.
2016	9 juin	Arrêté. Registre unique prévu à l'article L. 512-1 du code des assurances et à l'article L. 546-1 du code monétaire et financier : – Art. 1er à 3, 5 à 6. – V. ss. C. assur., art. L. 512-1. – Art. 4. – V. C. assur., art. A. 512-1 à A. 512-3.

2016	16 juin	Décret n° 2016-805. Réforme des titres de créances négociables. – Art. 1er. – C. assur., art. R. 332-2, R. 332-14-1.
2016	17 juin	Arrêté. Modalités d'information de l'assuré au moment du sinistre sur la faculté de choisir le réparateur professionnel auquel il souhaite recourir prévue à l'article L. 211-5-1 du code des assurances. – Art. 1er-2. – V. ss. C. assur., art. L. 211-5-1.
2016	20 juin	Loi n° 2016-816. Économie bleue. – Art. 84. – V. C. assur., art. L. 111-6, L. 125-5.
2016	24 juin	Arrêté. Application des articles L. 132-9-3-1 et L. 132-9-4 du code des assurances et des articles L. 223-10-2-1 et L. 223-10-3 du code de la mutualité : – Art. 1er. – V. C. assur., art. A. 132-9-4 à A. 132-9-9. – Art . 2. – V. C. mut., art. A. 223-10-1 à A. 223-10-3.
2016	27 juin	Décret n° 2016-852. Composition du conseil d'administration du Fonds de garantie des assurances obligatoires de dommages. – Art. 1er. – V. C. assur., art. R. 421-25-1.
2016	13 juill.	Décret n° 2016-959. Transferts d'actifs vers des engagements donnant lieu à constitution d'une provision de diversification. – Art. 1er à 5. – V. ss. C. assur. art. R. 342-4.
2016	13 juill.	Arrêté. Possibilités temporaires de transfert d'actifs vers des engagements donnant lieu à constitution d'une provision de diversification. – Art. 1er et 2. – V. C. assur., art. A. 132-11, A. 134-1.
2016	13 juill.	Arrêté. Obligations d'information des organismes d'assurance prenant des engagements donnant lieu à constitution d'une provision de diversification : – Art. 1er, 2, 5. – V. ss. C. assur., art. R. 342-4. – Art. 3, 4. – V. C. assur., art. A. 132-5-3.
2016	8 août	Loi n° 2016-1087. Reconquête de la biodiversité, de la nature et des paysages. – Art. 157. – V. C. assur., art. L. 421-8.
2016	8 août	Loi n° 2016-1088. Travail, modernisation du dialogue social et sécurisation des parcours professionnels. – Art. 9. – V. C. mut., art. L. 114-24.
2016	22 sept.	Décret n° 2016-1245. Octroi de la garantie de l'État pour des opérations d'acquisition par des entreprises françaises de navires ou d'engins spatiaux civils produits en France. – Art. 1er. – V. C. assur., art. R. 442-1, R. 442-8-1, R. 442-10-6 à R. 442-10-10.
2016	18 nov.	Loi n° 2016-1547. Modernisation de la justice du XXIe siècle. – Art. 35. – V. assur., art. L. 211-27, L. 421-1, L. 451-1-1, L. 451-1-2, art. L. 451-2 nouv., art. L. 451-4 nouv., L. 451-5.
2016	18 nov.	Décr. n° 2016-1559. Conditions de résiliation d'un contrat d'assurance emprunteur pour cause d'aggravation du risque. – Art. 1er. – V. C. assur., art. R. 113-13.

2016	9 déc.	Loi n° 2016-1691. Transparence, lutte contre la corruption et modernisation de la vie économique : – Art. 47, 81, 115, 118. – V. C. mut., art. L. 223-2, L. 223-10-3, L. 223-20-1, L. 431-2. – Art. 47, 52, 81, 83, 85, 115, 116, 118, 121, 168. – V. C. assur., art. L. 112-10, L. 131-4, L. 132-21-1, L. 132-9-4, L. 141-7, L. 144-2, L. 322-27-1, L. 132-23, L. 160-19, L. 390-1, L. 421-9-1, L. 423-2.
2016	12 déc.	Décret n° 2016-1701. Octroi de la garantie de l'État pour les opérations concourant au développement du commerce extérieur de la France. – Art. 1er à 6. – V. C. assur., art. R. 442-1, R. 442-2, R. 442-4 à R. 442-7-3, R. 442-8-2, R. 442-8-4 à R. 442-8-7, R. 442-8-10 à R. 442-8-12, R. 442-9-1, R. 442-10-1, R. 442-10-5, R. 442-10-7.
2016	13 déc.	Décret n° 2016-1715. Conditions de fonctionnement des unions mentionnées à l'article L. 111-4-3 du code de la mutualité. – V. C. mut., art. R. 116-1 à R. 116-4.
2016	13 déc.	Recommandation ACPR n° 2016-R-04. Commercialisation des contrats d'assurance sur la vie en unités de compte constituées d'instruments financiers complexes, prise conformément au 3° du II de l'article L. 612-1 du code monétaire et financier. – V. App., v° *Consommation*, **p. 1683.**
2016	22 déc.	Arrêté. Conditions et modalités d'octroi de la garantie de l'État pour les opérations concourant au développement du commerce extérieur de la France. – Art. 1er, 2. – V. C. assur., art. A. 432-1 à A. 432-9.
2016	23 déc.	Loi n° 2016-1827. De financement de la sécurité sociale pour 2017. – Art. 50, 60. – V. C. assur., art. L. 422-2, L. 442-6.
2016	29 déc.	Loi n° 2016-1917. De finances pour 2017. – Art. 83. – V. C. assur., art. L. 425-1.
2016	29 déc.	Loi n° 2016-1918. De finances rectificative pour 2016. – Art. 130. – V. C. assur., art. L. 432-4.
2017	20 févr.	Décret n° 2017-206. Organe central du réseau composé par les sociétés ou caisses d'assurances et de réassurances mutuelles agricoles. – Art. 1er, 2. – V. C. assur., art. R. 322-55-2, R. 322-120-2.
2017	21 févr.	Loi n° 2017-203. Ratification des ordonnances n° 2016-301 du 14 mars 2016 relative à la partie législative du code de la consommation et n° 2016-351 du 25 mars 2016 sur les contrats de crédit aux consommateurs relatifs aux biens immobiliers à usage d'habitation et simplifiant le dispositif de mise en œuvre des obligations en matière de conformité et de sécurité des produits et services. – Art. 10. – V. C. assur., art. L. 113-12-2 ; C. mut., art. L. 221-10.

2017	27 févr.	Arrêté. Homologation des statuts de l'organisme en charge de la tenue du registre unique des intermédiaires en assurance, banque et finance (ORIAS). – V. ss. C. assur., art. R. 512-3.
2017	6 mars	Décret n° 2017-293. Procédures de transfert de portefeuilles de contrats d'assurance. – Art. 1er. – V. C. assur., art. R. 324-4, R. 324-5.
2017	6 avr.	Ordonnance n° 2017-484. Création d'organismes dédiés à l'exercice de l'activité de retraite professionnelle supplémentaire et à l'adaptation des régimes de retraite supplémentaire en unités de rente : – Art. 1er à 5, 12, 17. – V. C. assur., art. L. 132-29, L. 143-1 à L. 143-9, L. 144-2, L. 310-1, L. 310-2, L. 310-3-3, L. 310-7, L. 310-12-1, L. 310-13, L. 310-14, L. 322-1-2, L. 322-1-3, L. 322-1-5, L. 322-2, L. 322-26-1, L. 325-1, L. 352-4, L. 370-2, L. 381-1 à L. 385-9, L. 423-1, L. 441-2, L. 441-3, L. 441-7, L. 441-10. – Art. 6, 8, 13. – V. C. mut., art. L. 111-4-1, L. 111-4-2, L. 114-21, L. 214-1 à L. 214-12, L. 222-1-1, L. 222-3 à L. 222-12, L. 223-25-5, L. 431-1.
2017	26 avr.	Décret n° 2017-627. Régime assurantiel des installations d'énergies marines renouvelables. – Art. 1er. – V. C. assur., art. R. 111-3.
2017	27 avr.	Décret n° 2017-643. Fonds de garantie des victimes des actes de terrorisme et d'autres infractions. – Art. 2 à 6. – V. C. assur., art. R. 422-3 à R. 422-6, R. 422-10.
2017	4 mai	Ordonnance n° 2017-734. Modification des dispositions relatives aux organismes mutualistes. – Art. 1er à 14. – V. C. mut., art. L. 110-1 à L. 110-6, L. 111-1, L. 111-4-3, L. 111-5, L. 112-1 à L. 122-4, L. 113-4, L. 114-1, L. 114-6 à L. 114-7-1, L. 114-9, L. 114-11 à L. 114-13, L. 114-16, L. 114-17, L. 114-20, L. 114-25, L. 114-37-1, L. 114-53, L. 116-5, L. 211-5, L. 221-2, L. 211-4 à L. 221-6, L. 221-6-2, L. 221-13, L. 221-17-1 à L. 221-18-1, L. 223-20-1, L. 225-9, L. 227-1, L. 310-1, L. 310-4, L. 320-4, L. 411-1, L. 421-2, L. 431-8.
2017	9 mai	Décret n° 2017-868. Conditions de modification des contrats d'assurance de groupe sur la vie ou de capitalisation. – Art. 1er. – V. C. assur., art. R. 141-6.
2017	23 juin	Décret n° 2017-1104. Mise en œuvre d'une mesure de suspension ou de restriction des opérations sur un contrat d'assurance sur la vie dont les garanties sont exprimées en unités de compte. – Art. 1er, 2. – V. C. assur., art. R. 131-5, R. 131-8 à R. 131-11.
2017	23 juin	Décret n° 2017-1105. Fonctionnement des contrats d'assurance sur la vie comportant des garanties exprimées en unités de compte. – Art. 1er. – V. C. assur., art. R. 131-1.

2017	18 juill.	Décret n° 2017-1171. Fixation des règles applicables aux fonds de retraite professionnelle supplémentaire. – Art. 1er, 2. – V. C. assur., art. R. 143-2, R. 143-4, R. 143-5, R. 310-6, R. 310-6-1, R. 310-22, R. 310-17-1 à R. 310-17-3 (notes), R. 342-1, R. 342-3, R. 342-4, R. 342-9, R. 342-9-1, R. 342-10 à R. 342-14 (notes), R. 343-1, R. 343-4, R. 343-14, R. 344-1, R. 356-10, R. 382-1 à R. 382-25, R. 423-1, R. 423-2, R. 423-16.
2017	18 juill.	Décret n° 2017-1172. Adaptation des régimes de retraite supplémentaire en unités de rentes. – Art. 1er. – V. C. assur., art. R. 441-2-1, R. 441-2-2, R. 441-5, R. 441-7 à R. 441-7-5, R. 441-15, R. 441-19, R. 441-21, R. 441-23, R. 441-24, R. 441-26 à R. 441-28, R. 441-30.
2017	18 juill.	Décret n° 2017-1173. Fixation des règles applicables aux fonds de retraite professionnelle supplémentaire et adaptation des régimes de retraite supplémentaire en unités de rentes. – Art. 1er, 2. – V. C. assur., art. D. 132-6, D. 132-8 à D. 132-10, D. 441-22.
2017	19 juill.	Ordonnance n° 2017-1180. Publication d'informations non financières par certaines grandes entreprises et certains groupes d'entreprises : – Art. 6, 7, 14-III. – V. C. assur., art. L. 310-1-1-1, L. 322-26-2-4, L. 390-1. – Art. 10. – V. C. mut., art. L. 114-7.
2017	9 août	Décret n° 2017-1253. Marchés d'instruments financiers et séparation du régime juridique des sociétés de gestion de portefeuille de celui des entreprises d'investissement. - Art. 10, 18. - C. assur., art. R. 144-22, R. 322-11-1, R. 322-11-2, R. 332-14-2, R. 334-3, R. 334-11, R. 391-1.
2017	14 août	Arrêté. Règles applicables aux fonds de retraite professionnelle supplémentaire et adaptation des régimes de retraite supplémentaire en unités de rentes. - Art. 1er à 6. - V. C. assur., art. A. 132-1 à A. 132-3, A. 132-10, A. 132-11, A. 132-13, A. 132-14, A. 132-16 à A. 132-18, A. 143-3, A. 342-2, A. 344-2, A. 385-1 à A. 385-3, A. 441-1, A. 441-2, A. 441-4, A. 441-4-1.
2017	4 oct.	Ordonnance n° 2017-1433. Dématérialisation des relations contractuelles dans le secteur financier : – Art. 1er à 11. – V. C. assur., art. L. 111-2, L. 111-9 à L. 111-12, L. 112-2, L. 112-2-1, L. 112-9, L. 113-2, L. 113-12, L. 113-12-2, L. 113-15-1, L. 114-2, L. 132-5-1 à L. 132-5-3, L. 132-9-2, L. 145-8, L. 160-1, L. 160-6 à L. 160-8, L. 211-16, L. 324-1-2, L. 441-3. – Art. 23, 24. – V. C. mut., art. L. 221-6-4 à L. 221-6-7, L. 221-10, L. 221-10-1, L. 221-12, L. 221-18, L. 221-18-1, L. 223-8, L. 223-10-1, L. 223-28.
2017	3 nov.	Décret n° 2017-1523. Diverses dispositions en matière de sécurité routière. – Art. 10. – V. C. assur., art. R.** 421-37.

2017	23 nov.	Recommandation CCA n° 17-01. Clauses abusives dans les contrats d'assurance complémentaire santé. – V. App., v° *Consommation*, **p. 1689.**
2017	27 nov.	Ordonnance n° 2017-1608. Création d'un régime de résolution pour le secteur de l'assurance : – Art. 2, 3. – V. C. assur., art. L. 134-4, L. 143-7, L. 310-28, L. 311-1 à L. 311-61, L. 323-8, L. 326-2, L. 326-12, L. 326-13, L. 326-14-1, L. 328-5, L. 328-13, L. 381-2, L. 421-9-1, L. 421-9-4, L. 423-2, L. 423-3. – Art. 4. – V. C. mut., art. L. 212-16, L. 212-24, L. 431-2, L. 431-3.
2017	27 nov.	Ordonnance n° 2017-1609. Prise en charge des dommages en cas de retrait d'agrément d'une entreprise d'assurance. – Art. 1er à 14. – V. C. assur., art. L. 421-1, L. 421-4-1, L. 421-4-2, L. 421-8 à L. 421-9-4, L. 421-9-6, L. 421-10 à L. 421-10-3, L. 426-1.
2017	26 déc.	Décret n° 2017-1765. Fixation des règles applicables aux mutuelles, unions et institutions de retraite professionnelle supplémentaire et adaptation des régimes de retraite supplémentaire en unités de rente régis par les codes de la mutualité et de la sécurité sociale : – Art. 1er. – V. C. assur., art. R. 143-5, R. 310-10-4, R. 322-11-1, R. 322-11-2, R. 322-55-5, R.* 322-72, R.* 322-73, R. 322-79, R. 322-166, R. 328-1, R. 329-4, R. 344-1, R. 351-16, R. 351-17, R. 351-25, R. 352-32, R. 354-7, R. 355-3, R. 355-6, R. 356-9, R. 356-10, R. 356-19, R. 356-25-2, R. 356-29 à R. 356-31, R. 356-54, R. 356-57, R. 356-60, R. 384-1, R. 385-1, R. 385-2, R. 385-11, R. 385-24, R. 441-7, R. 441-7-1, R. 441-7-3, R.** 441-12. – Art. 3. – V. C. mut., art. R. 114-10, R. 211-15, R. 212-1, R. 212-10, R. 212-11, R. 214-1 à R. 214-5, R. 222-1, R. 222-5 à R. 222-8-4, R. 222-11, R. 222-12, R. 222-14 à R. 222-22, R. 222-30, R. 222-31, R. 414-1, R. 432-1, R. 432-2, R. 510-19.
2017	28 déc.	Loi n° 2017-1775. De finances rectifivative pour 2017 : – Art. 73, 84. – V. C. assur., art. L. 132-14, L. 432-1, L. 432-2, L. 432-4 ; C. mut., art. L. 223-15.
2017	30 déc.	Loi n° 2017-1836. De financement de la sécurité sociale pour 2018. – Art. 15. – V. C. assur., art. L. 144-1, L. 442-6.
2018	31 janv.	Décret n° 2018-56. Modalités d'application du dispositif de substitution entre mutuelles ou unions régies par le livre II du code de la mutualité. – Art. 1er à 6. – V. C. mut., art. R. 211-21 à R. 211-22, R. 211-24, R. 211-26, R. 211-27.
2018	8 mars	Loi n° 2018-166. Orientation et réussite des étudiants. – Art. 11. – V. C. mut., art. L. 111-1.
2018	13 mars	Décr. n° 2018-179. Régime de résolution dans le secteur de l'assurance :

		– Art. 1er, 2. – V. C. assur., art. R. 311-1 à R. 311-26, R. 323-12, R. 324-5, R.* 325-13, R.* 325-14, R. 326-1, R. 421-24-1, R. 421-24-4. – Art. 4. – V. C. mut., art. R. 212-22-2.
2018	27 mars	Arrêté. Modification du code des assurances et dématérialisation des relations contractuelles dans le secteur financier. – Art. 1er à 17. – V. C. assur., art. A. 112, A. 121-1, A. 132-4-2, A. 132-4-3, A. 132-4-6, A. 132-4-7, A. 132-5-1, A. 132-9-1 à A. 132-9-3, A. 141-1, A. 144-4, A. 160-1, A. 211-11, A. 243-1, A. 432-4.
2018	30 mars	Décret n° 2018-229. Dématérialisation des relations contractuelles dans le secteur financier : – Art. 1er à 14. – V. C. assur., art. R. 112-3, R. 113-6, R. 113-12, R. 131-8, R. 131-10, R. 132-5-4, R. 132-5-7, R. 144-26, R. 150-8, R.* 160-4, R.* 160-5, R.* 160-9, R. 172-2, R. 172-4, R. 175-3, R. 211-31, R. 250-2, R. 250-3, R.* 322-59, R.* 322-66, R. 322-80-1, R.* 322-83, R.* 322-110, R. 322-119-2, R. 421-5, R. 421-11, R. 421-13, R. 421-15, R. 421-24, R. 421-73, R. 441-2-2. – Art. 26 à 31. – V. C. mut., art. D. 114-6, R. 115-4, R. 116-2, R. 212-22-1, R. 223-5, R. 223-10.
2018	10 avr.	Arrêté. Règles applicables au régime de résolution pour le secteur de l'assurance. – Art. 1er. – V. C. assur., art. A. 311-1 à A. 311-6.
2018	18 avr.	Décret n° 2018-284. Renforcement du dispositif français de lutte contre le blanchiment de capitaux et le financement du terrorisme : – Art. 76. – V. C. assur., art. R. 113-14. – Art. 77. – V. C. mut., art. R. 223-13.
2018	16 mai	Ordonnance n° 2018-361. Distribution d'assurances : – Art. 1er à 11. – V. C. assur., art. L. 112-2, L. 112-2-1, L. 132-27-1, L. 322-2, L. 511-1 à L. 511-6, L. 512-1 à L. 512-7, L. 513-1 nouv., L. 513-2 nouv., L. 514-4, L. 516-2 nouv., L. 521-1 nouv. à L. 522-7 nouv. – Art. 13. – V. C. mut., art. L. 114-21, L. 116-2, L. 116-6, L. 221-4, L. 221-18.
2018	1er juin	Décret n° 2018-431. Distribution d'assurances : – Art. 1er à 6. – V. C. assur., art. R. 112-6, R. 511-1 à R. 511-3, R. 512-1, R. 512-4, R. 512-5, R. 512-8, R. 512-12 à R. 512-13-1, R. 514-1, R. 514-3, R. 521-1 à R. 521-4. – Art. 8. – V. C. mut., art. R. 221-4.
2018	12 juin	Ordonnance n° 2018-470. Regroupement et mise en cohérence des dispositions du code de la sécurité sociale applicables aux travailleurs indépendants. – Art. 9. – V. C. mut., art. L. 111-1.
2018	29 juin	Arrêté. Modification de l'arrêté du 9 juin 2016 relatif au registre unique prévu à l'article L. 512-1 du code des assurances et à l'article L. 546-1 du code monétaire et financier. – Art. 3, 4. – V. C. assur., art. A. 512-1, A. 512-3.

2018	30 juin	Arrêté. Prise en charge des dommages en cas de retrait d'agrément d'une entreprise d'assurance. – Art. 1er, 2. – V. C. assur., art. A. 421-5 à A. 421-13.
2018	16 juill.	Décret n° 2018-612. Prise en charge des dommages en cas de retrait d'agrément d'une entreprise d'assurance. – Art. 1er à 5. – V. C. assur., art. R. 325-2, R.* 325-13, R. 383-1, R. 421-4, R. 421-13, R. 421-16, R. 421-27, R. 421-28, R. 421-37-1, R.** 421-44, R. 421-50 à R. 421-56, R.** 421-67, R. 427-1 à R. 427-3, R. 427-11 à R. 427-15.
2018	20 juill.	Décret n° 2018-644. Dispositif de lutte contre le défaut d'assurance de responsabilité civile automobile. – Art. 1er à 4. – V. art. R. 421-72, R. 451-2 à R. 451-6.
2018	3 août	Loi n° 2018-699. Garantie de la présence des parlementaires dans certains organismes extérieurs au Parlement et simplification des modalités de leur nomination. – Art. 64. – V. C. mut., art. L. 411-2.
2018	26 sept.	Arrêté. Liste des compétences éligibles pour des actions de formation ou de développement professionnel continus prévus à l'article R. 512-13-1 du code des assurances. – Art. 1er. – V. C. assur., art. A. 512-8.
2018	27 sept.	Décret n° 2018-821. Mise en conformité des textes réglementaires avec l'ordonnance n° 2018-474 du 12 juin 2018 relative à la simplification et à l'harmonisation des définitions des assiettes des cotisations et contributions de sécurité sociale. – Art. 5. – V. C. assur., art. R. 322-55-1.
2018	19 nov.	Décret n° 2018-1004. Modernisation du cadre juridique de la gestion d'actifs et du financement par la dette. – Art. 9. – V. C. assur., art. R. 332-2, R. 332-3, R. 332-14-2.
2018	17 déc.	Décret n° 2018-1162. Octroi de la garantie de l'État pour des opérations de nature à contribuer au développement du commerce extérieur de la France ou présentant un intérêt stratégique pour l'économie française à l'étranger. – Art. 1er. – V. C. assur., art. R. 442-3, R. 442-8-1, R. 442-8-2, R. 442-8-13, R. 442-11-1 à R. 442-11-4.
2018	21 déc.	Arrêté. Rapport sur l'organisation des dispositifs de contrôle interne de lutte contre le blanchiment des capitaux et le financement du terrorisme et de gel des avoirs. – Art. 4. – V. C. assur., art. A. 310-9 ; C. mut., art. A. 114-2.
2018	28 déc.	Loi n° 2018-1317. De finances pour 2019. – Art. 124. – V. C. assur., art. L. 421-2.
2019	30 janv.	Décret n° 2019-56. Substitution de la dénomination « CMA France » à la dénomination « assemblée permanente des chambres de métiers et de l'artisanat ». – Art. 4. – V. C. assur., art. R. 250-1.

2019	6 févr.	Arrêté. Modifications de l'arrêté du 9 juin 2016 relatif au registre unique prévu à l'article L. 512-1 du code des assurances et à l'article L. 546-1 du code monétaire et financier. – V. Arr. du 9 juin 2016, art. 1er, 2, ss. art. L. 512-1.
2019	28 févr.	Arrêté. Contributions pour l'alimentation du fonds de garantie des assurances obligatoires de dommages. – V. C. assur., art. A. 421-2 à A. 421-4.
2019	20 mars	Décret n° 2019-214. Assurance des véhicules en circulation internationale dite « assurance frontière ». – V. C. assur., art. R. 211-24, R. 214-3.
2019	23 mars	Loi n° 2019-222. De programmation 2018-2022 et de réforme pour la justice : – Art. 9-II, III, 64-IV à VI. – V. C. assur., art. L. 126-1, L. 132-3, L. 132-4-1, L. 422-1-1, L. 422-2. – Art. 9-II. – V. C. mut., art. L. 223-5. – Art. 62-VII, 64-II. – V. C. pr. pén., art. 388-1, 509, App., v° *Intervention de l'assureur au procès pénal*, **p. 1719** ; art. 706-3, App., v° *Victimes d'infraction*, **p. 1965**.
2019	22 mai	Loi n° 2019-486. Croissance et transformation des entreprises : – Art. 71, 72, 169, 184, 198, 206, 208, 209. – V. C. assur., art. L. 112-2-1, L. 113-3, L. 128-3, L. 131-1 à L. 131-1-2, L. 132-5-3, L. 132-21-1, L. 132-22, L. 132-23-1, L. 132-27-2, L. 134-1 à L. 134-3, L. 160-17, L. 211-7-1, L. 310-1-1-2, L. 311-11, L. 311-16, L. 311-30, L. 311-53, L. 322-1-3-1, L. 322-2, L. 322-26-1-2, L. 322-26-2, L. 322-26-4-1, L. 326-12, L. 326-13, L. 385-7-1, L. 421-9, L. 421-16, L. 423-1, L. 423-2, L. 423-4, L. 423-5, L. 423-7, L. 423-8, L. 512-1, L. 512-3, L. 513-2, L. 521-3, L. 522-5. – Art. 71, 72, 169, 176, 184, 206. – V. C. mut., art. L. 110-1-1 à L. 110-1-3, L. 111-1, L. 114-16, L. 114-16-2, L. 114-17, L. 114-21, L. 114-38, L. 222-9, L. 223-2, L. 223-2-1, L. 223-22-1, L. 223-25-3, L. 223-25-4, L. 431-1, L. 431-2, L. 431-4, L. 431-5, L. 431-7, L. 431-8. – Art. 71, 94. - V. C. mon. fin., art. L. 312-19, L. 312-20, ss. C. assur., art. L. 132-27-2. – Art. 87. - V. C. consom., art. L. 222-16-1, L. 222-16-2, ss. C. assur., art. L. 112-2-1.
2019	12 juin	Ordonnance n° 2019-575. Activité et surveillance des institutions de retraite professionnelle : – Art. 1er à 4. – V. C. assur., art. L. 132-22, L. 143-2-2, L. 143-2-3, L. 310-1-1, L. 370-1 à L. 370-9, L. 381-1, L. 382-1, L. 382-4, L. 385-5, L. 385-10. – Art. 6. – V. C. mut., art. L. 214-1, L. 214-11-1, L. 221-6, L. 222-4-2, L. 222-4-3, L. 223-21.
2019	12 juin	Décret n° 2019-576. Activité et surveillance des institutions de retraite professionnelle :

		– Art. 1er à 3. – V. C. assur., art. R. 370-8 à R. 370-10, R. 381-1, R. 382-4, R. 382-5, R. 385-1, R. 385-16-1, R. 385-16-2, R. 385-18, R. 441-7-4. – Art. 5. – V. C. mut., art. R. 214-1-1, R. 214-4-1.
2019	27 juin	Arrêté. Activités et surveillance des institutions de retraite professionnelle : – Art. 1er, 2. – V. C. assur., art. A. 132-7, A. 132-7-1, A. 132-11, A. 132-14, A. 132-16, A. 143-2, L. 143-3-1 *[A. 143-3-4]*, A. 344-2, A. 370-1. – Art. 3. – V. C mut., art. A. 222-4, A. 222-6, A. 223-6-2, A. 223-6-3.
2019	3 juill.	Ordonnance n° 2019-697. Régimes professionnels de retraite supplémentaire. – Art. 1er. – V. C. assur., art. L. 143-0 à L. 143-2-1, L. 143-2-2, L. 143-4, L. 143-7, L. 143-8, L. 370-2. – C. mut., art. L. 222-2-1 à L. 222-4-2, L. 222-6, L. 222-9, L. 222-10.
2019	14 juill.	Loi n° 2019-733. Droit de résiliation sans frais de contrats de complémentaire santé : – Art. 1er. – V. C. assur., art. L. 113-12, L. 113-14, L. 113-15-1, L. 113-15-2, L. 121-10, L. 121-11, L. 145-8, L. 194-1. – Art. 3. – V. C. mut., art. L. 221-9, L. 221-10 nouv., L. 221-10-1 nouv., L. 221-10-2, L. 221-10-3, L. 223-8.
2019	17 juill.	Ordonnance n° 2019-738. Prise en application de l'article 28 de la loi n° 2019-222 du 23 mars 2019 de programmation 2018-2022 et de réforme pour la justice : – Art. 1er, 29-II. – V. C. assur., art. L. 127-4, L. 194-1. – Art. 6. – V. C. mut., art. L. 224-4.
2019	24 juill.	Ordonnance n° 2019-766. Portant réforme de l'épargne retraite : – Art. 5 à 7. – V. C. assur., art. L. 132-22, L. 132-23, L. 141-7, L. 142-1 à L. 142-8, L. 381-1, L. 384-1. – Art. 6, 8. – V. C mut., art. L. 214-9, L. 222-13, L. 223-22.
2019	24 juill.	Loi n° 2019-773. Création de l'office français de la biodiversité et de la chasse. – Art. 21-VI. – C. civ., art. 1248, App., v° *Responsabilité civile*, **p. 1850**.
2019	30 juill.	Décret n° 2019-807. Réforme de l'épargne retraire : – Art. 1er-II, 3, 4. – V. C. assur., art. R. 131-1, R. 141-10, R. 141-11, D. 441-22. – Art. 4. – V. C mut., art. D. 222-18.
2019	7 août	Arrêté. Application de la réforme de l'épargne retraite : – Art. 4-I, 5. – V. C. assur., art. A. 132-11, A. 132-14, A. 132-16, A. 142-1, A. 160-2, A. 160-2-1, A. 160-4. – Art. 4-II. – V. C. mut., art. A. 222-5.
2019	30 août	Décret n° 2019-913. Application de l'article 95 de la loi n° 2019-222 du 23 mars 2019 de programmation 2018-2022 et de

		réforme pour la justice. – Art. 4. – V. C. assur., art. R. 322-55-4, R. 421-14.
2019	18 sept.	Décret nº 2019-966. Substitution du tribunal judiciaire au tribunal de grande instance et au tribunal d'instance en application de l'article 95 de la loi nº 2019-222 du 23 mars 2019 de programmation 2018-2022 et de réforme pour la justice et diverses dispositions relatives à l'organisation judiciaire et modifiant l'annexe du décret nº 2019-913 du 30 août 2019 pris en application de l'article 95 de la loi nº 2019-222 du 23 mars 2019 de programmation (2018-2022) et de réforme pour la justice. – Art. 1er. – V. C. assur., art. R.* 160-6, R.* 322-68, R.* 322-70, R.* 322-89, R. 421-74.
2019	2 oct.	Ordonnance nº 2019-1015. Réforme de la régulation des jeux d'argent et de hasard : – Art. 25. – V. C. assur. art. L. 322-2. – Art. 32. – V. C. mut., art. L. 114-21.
2019	21 oct.	Ordonnance nº 2019-1067. Offres au public de titres. – Art. 17. – V. C. assur., art. L. 322-2-1.
2019	28 oct.	Décret nº 2019-1097. Offres au public de titres. – Art. 14. – V. C. assur., art. R. 322-106-6.
2019	8 nov.	Loi nº 2019-1147. Énergie et climat : – Art. 29-I. – V. C assur., art. L. 310-1-1-3, L. 385-7-2. – Art. 29-III. – V. C. mut., art. L. 114-46-3.
2019	13 nov.	Ordonnance nº 2019-1169. Marques de produits ou de services. – Art. 13. – V. C. civ., art. 1792-4, App., vº *Responsabilité civile*, **p. 1870.**
2019	14 nov.	Décret nº 2019-1172. Favorisant l'investissement dans l'économie par la diffusion du capital investissement : – Art. 1er. – V. C. assur., art. R. 131-1 à R. 131-1-4, R. 131-4. – Art. 3. – V. C. mut., art. R. 223-1 à R. 223-4.
2019	27 nov.	Décret nº 2019-1235. Transposition de la directive (UE) 2017/828 du 17 mai 2017 modifiant la directive 2007/36/CE en vue de promouvoir l'engagement à long terme des actionnaires. – Art. 5. – V. C assur., art. R. 310-4, R. 391-1.
2019	11 déc.	Décret nº 2019-1333. Réforme de la procédure civile. – Art. 14. – V. C. assur., art. R. 421-9.
2019	23 déc.	Décret nº 2019-1437. Contrats d'assurance ou de capitalisation comportant des engagements donnant lieu à constitution d'une provision de diversification et adaptant le fonctionnement de divers produits d'assurance : – V. C assur., art. R. 132-5-7, R. 134-1 à R. 134-11, D. 142-1, D. 142-2, R. 343-3, R. 385-16-2. – V. Décr. nº 2016-959 du 13 juill. 2016, art. 1er, 4, 6, ss. C assur., art. R. 342-4. – V. C. mut., art. R. 223-1, D. 223-3, D. 223-5, D. 223-6.

2019	24 déc.	Loi n° 2019-1446. De financement de la sécurité sociale pour 2020. – Art. 46. – V. L. n° 89-1009 du 31 déc. 1989, art. 6-1, 6-2, 6-3, ss. C. assur., L. 141-7.
2019	24 déc.	Arrêté. Fonds excédentaires en assurance vie. – V. C. assur., art. A. 132-16-1.
2019	26 déc.	Arrêté. Engagements d'assurance donnant lieu à constitution d'une provision de diversification : – Art. 1er à 9. – V. C. assur., art. A. 132-1-1, A. 132-1-3, A. 132-5-2, A. 132-7, A. 132-9-2, A. 132-11, A. 132-14, A. 132-16, A. 134-1 à 134-7, A. 344-2, A. 522-1. – Art. 1er-V. – V. Arr. du 13 juill. 2016, art. 1er, 5, ss. C. assur., art. R. 342-4. – Art. 1er-IV, 8-II. – V. C. mut., art. A. 222-7, A. 223-7-1.
2019	28 déc.	Loi n° 2019-1479. De finances pour 2020 : – Art. 166, 201. – V. C. assur., art. L. 422-1, L. 422-6, L. 432-1, L. 432-4-2. – Art. 179-II. – V. C. envir., art. L. 561-5, ss. C. assur., art. L. 431-14.
2020	2 janv.	Décret n° 2020-1. Sociétés à mission : – Art. 1er. – V. C. assur., art. R. 322-59. – Art. 4. – V. C. mut., art. R. 110-1.
2020	29 janv.	Ordonnance n° 2020-71. Réécriture des règles de construction. – Art. 4-I, 7-I. – V. C assur., art. L. 113-11, L. 122-9, L. 243-1.
2020	10 févr.	Loi n° 2020-105. Lutte contre le gaspillage et économie circulaire. – Art. 102, 103, 105. – V. C. assur., art. L. 211-1-1, L. 211-10-1, L. 451-1-1.
2020	23 mars	Loi n° 2020-289. De finances rectificative pour 2020. – Art. 5. – V. C. assur., art. L. 432-2.
2020	10 avr.	Décret n° 2020-418. Adaptation des règles de réunion et de délibération des assemblées et organes dirigeants des personnes morales et entités dépourvues de personnalité morale de droit privé en raison de l'épidémie de covid-19. – Art. 9, 10, 12, 13. – V. ss. C. assur., art. R. 141-3, R. 322-58.
2020	2 juill.	Loi n° 2020-833. Droit des victimes de présenter une demande d'indemnité au Fonds de garantie des victimes des actes de terrorisme et d'autres infractions. – V. C. pr. pén., art. 706-5, App., v° *Victimes d'infraction*, **p. 1975.**
2020	2 juill.	Décret n° 2020-834. Pour l'application de l'ordonnance n° 2019-1101 du 30 octobre 2019 portant réforme du droit de la copropriété des immeubles bâtis et relatif à diverses mesures concernant le fonctionnement de la copropriété. – Art. 52. – V. C. assur., art. R. 250-4-3.

2020	29 juill.	Décret n° 2020-940. Transposition de l'article 2.1 de la directive 2019/2177 du Parlement européen et du Conseil du 18 décembre 2019. – V. C. assur., art. R. 351-6.
2020	16 sept.	Ordonnance n° 2020-1142. Sociétés dont les titres sont admis aux négociations sur un marché réglementé ou sur un système multilatéral de négociation. – Art. 11. – V. C. assur., art. L. 310-1-1-1, L. 322-26-7, L. 390-1.
2020	21 sept.	Décret n° 2020-1156. Fonds excédentaires en assurance vie pour les mutuelles et institutions de prévoyance. – Art. 1er. – V. C. mut., art. D. 223-7.
2020	23 oct.	Arrêté. Accord de la garantie de l'État à l'organisme mentionné à l'article L. 432-2 du code des assurances pour les opérations qui lui sont transférées en application de l'article 103 de la loi n° 2015-1786 du 29 décembre 2015 de finances rectificative pour 2015 modifié par l'article 47 de la loi n° 2016-1917 de finances pour 2017 et pour les opérations conclues par cet organisme pour le compte de l'État à terme fermes ou optionnelles sur les marchés des changes et des taux d'intérêt. – V. ss. C. assur., art. L. 432-2.
2020	24 nov.	Décret n° 2020-1438. Droit de résiliation sans frais de contrats de complémentaire santé : – Art. 1er. – V. C. assur., art. R. 113-6, R. 113-11, R. 113-12. – Art. 3. – V. C. mut., art. R. 221-5, R. 221-6.
2020	24 nov.	Décret n° 2020-1440. Modalités d'intervention publique en matière d'assurance-crédit de court terme à l'export. – V. C. assur., art. R. 442-8-10.
2020	27 nov.	Décret n° 2020-1452. Diverses dispositions relatives notamment à la procédure civile et à la procédure d'indemnisation des victimes d'actes de terrorisme et d'autres infractions : – Art. 7, 11. – V. C. assur., art. R. 422-7, R. 422-10. – Art. 8. – V. C. pr. pén., art. R. 50-12-2, R. 50-17, R. 50-20, App., v° *Victimes d'infraction*, **p. 1990**.
2020	2 déc.	Arrêté. Fonds excédentaires en assurance-vie des sociétés d'assurance mutuelles et des institutions de prévoyance. – Art. 2. – V. C. assur., art. A. 132-16-1.
2020	3 déc.	Loi n° 2020-1508. Diverses dispositions d'adaptation au droit de l'Union européenne en matière économique et financière. – Art. 20. – V. C. assur., art. L. 211-5-2.
2020	7 déc.	Loi n° 2020-1525. Accélération et de simplification de l'action publique : – Art. 17, 18. – V. C. mut., art. L. 114-16, L. 114-20, L. 211-15, L. 221-6-1, L. 411-1 à L. 411-3, L. 421-3, L. 510-1. – Art. 120. – V. C. assur., art. L. 142-4.

2020	15 déc.	Arrêté. Modification de l'article A. 512-1 du code des assurances. – V. C. assur., art. A. 512-1.
2020	16 déc.	Ordonnance n° 2020-1595. Conséquences du retrait du Royaume-Uni de l'Union européenne en matière d'assurances, de placements collectifs et de plans d'épargne en actions. – Art. 2, 4. – V. C. assur., art. L. 310-2-3, L. 310-27, L. 390-1.
2020	18 déc.	Décret n° 2020-1614. Portant prorogation et modification du décret n° 2020-418 du 10 avril 2020 et du décret n° 2020-629 du 25 mai 2020 pour adapter le fonctionnement de certaines instances délibératives au contexte créé par l'épidémie de covid-19. – Art. 9, 10. – V. Décr. n° 2020-418 du 25 mai 2020, art. 12, 13, ss. C. assur., art. R. 141-3 et R.* 322-58.
2020	22 déc.	Arrêté. Information des assurés, souscripteurs ou adhérents par les entreprises étrangères ne se trouvant plus dans une des situations prévues au I de l'article L. 310-2 du code des assurances. – V. C. assur., art. A. 310-1.
2020	22 déc.	Arrêté. Garanties complémentaires en cas de perte d'autonomie rattachées à un plan d'épargne retraite. – V. C. assur., art. A. 142-2 à A. 142-4.
2020	24 déc.	Loi n° 2020-1672. Parquet européen, justice environnementale et justice pénale spécialisée. – Art. 8. – V. C. pr. pén., art. 706-14-2, App., v° *Victimes d'infraction*, **p. 1987.**
2020	29 déc.	Loi n° 2020-1721. De finances pour 2021 : – Art. 85-III. – V. CGI, art. 235 *ter* ZE, ss. C. assur., art. L. 125-2. – Art. 199. – V. C. assur., art. L. 432-1. – Art. 224. – V. C. envir., art. L. 561-1, L. 561-3, L. 561-4, V. ss. C. assur., art. L. 431-14.
2021	6 janv.	Arrêté. Dispositif et contrôle interne en matière de lutte contre le blanchiment de capitaux et le financement du terrorisme et de gel des avoirs et d'interdiction de mise à disposition ou d'utilisation des fonds ou ressources économiques : – Art. 30-IV. – V. assur., art. A. 310-5 à A. 310-8. – Art. 30-VI. – V. C. mut., art. A. 114-2.
2021	26 janv.	Décret n° 2021-74. États statistiques de la protection sociale complémentaire. – Art. 1er, 2. – V. C. assur., art. D. 344-5 ; C. mut., art. D. 114-11.
2021	9 févr.	Décret n° 2021-133. Application de l'article L. 211-1-1 du code des assurances. – V. C. assur., art. D. 211-1.
2021	18 févr.	Recommandation ACPR n° 2021-R-01. Commercialisation des contrats d'assurance-vie liés au financement en prévision d'obsèques. – V. App., v° *Consommation*, **p. 1704.**

2021	26 févr.	Loi n° 2021-219. Déshérence des contrats de retraite supplémentaire. – Art. 1er. – V. C. assur., art. L. 132-9-6 ; C. mut., art. L. 223-10-5.
2021	9 mars	Décret n° 2021-255. Prorogation de la durée d'application de l'ordonnance n° 2020-321 du 25 mars 2020, du décret n° 2020-418 du 10 avril 2020 et du décret n° 2020-629 du 25 mai 2020. – Art. 2, 4. – V. Décr n° 2020-418 du 10 avr. 2020, art. 12, 13, ss. C. assur., art. R. 141-3, R.* 322-58.
2021	9 mars	Décret n° 2021-262. Éligibilité des titres aux contrats d'assurance vie en unités de compte à la suite du retrait du Royaume-Uni de l'Union européenne. – V. C. assur., art. R. 332-14.
2021	8 avr.	Loi n° 2021-402. Réforme du courtage de l'assurance et du courtage en opérations de banque et en services de paiement. – V. C. assur., art. L. 112-2-2, L. 513-3 à L. 513-9.
2021	26 avr.	Loi n° 2021-502. Amélioration du système de santé par la confiance et la simplification. – Art. 37 à 41. – V. C. mut., art. L. 110-1, L. 113-2, L. 114-13, L. 114-26, L. 310-1.
2021	29 avr.	Décret n° 2021-516. Abrogation de certaines dispositions relatives à la prévention des risques naturels majeurs. – Art. 2. – V. C. envir., art. R. 561-6 à R. 561-14, ss. C. assur., art. L. 431-14.
2021	29 avr.	Décret n° 2021-518. Fonds de prévention des risques naturels majeurs. – Art. 1er. – V. C. envir., art. D. 561-12-1 à D. 561-12-11, ss. C. assur., art. L. 431-14.
2021	27 mai	Décret n° 2021-668. Assurance-vie. – V. C. assur., art. R. 131-1, R. 132-3.
2021	27 mai	Décret n° 2021-669. Diverses mesures relatives aux sociétés, mutuelles et unions à mission, aux institutions de prévoyance et aux fonds de pérennité. – Art. 2. – V. C. mut., art. R. 110-1.
2021	27 mai	Arrêté. Modalités selon lesquelles l'organisme tiers indépendant chargé de vérifier l'exécution par les sociétés, mutuelles et unions à mission de leurs objectifs sociaux et environnementaux accomplit sa mission. – Art. 2. – V. C. mut., art. A. 110-1, A. 110-2.
2021	7 juin	Arrêté. Modification du seuil de rachat par les entreprises d'assurance sur la vie des rentes inférieures à un certain montant minimal. – V. C. assur., art. A. 160-2, A. 160-2-1.
2021	14 juin	Décret n° 2021-760. Classification des engagements d'assurance, de capitalisation et de retraite professionnelle supplémentaire. – V. C. mut., art. D. 223-3, D. 223-5.
2021	14 juin	Arrêté. Classification des engagements d'assurance, de capitalisation et de retraite professionnelle supplémentaire : – Art. 1er. – V. C. assur., art. A. 132-11, A. 132-14, A. 344-2. – Art. 2. – V. C. mut., art. A. 114-1.

2021	1er juill.	Loi n° 2021-874. En faveur de l'engagement associatif. – Art. 3. – V. C. mon. fin., art. L. 312-20, ss. C. assur., art. L. 132-27-2.
2021	28 juill.	Décret n° 2021-987. Prorogation de la durée d'application du décret n° 2020-418 du 10 avril 2020 et du décret n° 2020-629 du 25 mai 2020. – Art. 1er. – V. Décr. n° 2020-418 du 10 avr. 2020, art. 12, 13, ss. C. assur., art. R. 141-3, R.* 322-58.
2021	15 sept.	Ordonnance n° 2021-1192. Réforme du droit des sûretés : – Art. 34. – V. C. assur., art. L. 132-30, L. 134-4, L. 142-5, L. 327-2. – Art. 34. – V. C. mut., art. L. 212-23, L. 222-9.
2021	28 sept.	Décret n° 2021-1248. Évaluation des actifs immobiliers des sociétés d'assurance, des mutuelles, des institutions de prévoyance et des organismes de retraite professionnelle supplémentaire. – V. C. assur., art. R. 343-11.
2021	29 sept.	Ordonnance n° 2021-1247. Garantie légale de conformité pour les biens, les contenus numériques et les services numériques. – Art. 7. – V. C. consom., art. L. 212-3, App., v° *Consommation*, **p. 1594.**
2021	9 oct.	Loi n° 2021-1308. Diverses dispositions d'adaptation au droit de l'Union européenne dans le domaine des transports, de l'environnement, de l'économie et des finances. – Art. 42. – V. C. assur., art. L. 321-1, L. 321-1-1, L. 321-11-2, L. 321-11-3, L. 352-1, L. 390-1.
2021	29 oct.	Décret n° 2021-1400. Fonctionnement des instances de gouvernance des sociétés d'assurance mutuelles. – V. C. assur., art. R. 322-55-4, R. 322-58, R.* 322-62, R. 322-119-2.
2021	15 nov.	Décret n° 2021-1487. Modalités d'approbation et de modification des modèles internes prévus dans le cadre prudentiel Solvabilité II. – V. C. assur., art. R. 356-20, R. 356-25.
2021	24 nov.	Ordonnance n° 2021-1574. Partie législative du code général de la fonction publique. – Art. 9-V. – V. Ord. n° 59-76 du 7 janv. 1959, art. 1er à 7, ss. CSS, art. L. 455-3, App., v° *Recours des organismes sociaux contre le responsable*, **p. 1739.**
2021	25 nov.	Loi n° 2021-1520. Consolidation du modèle de sécurité civile et valorisation du volontariat des sapeurs-pompiers et des sapeurs-pompiers professionnels. – Art. 8-IV. – V. C. envir., art. L. 561-3, ss. C. assur., art. L. 431-14.
2021	1er déc.	Décret n° 2021-1552 du 1er décembre 2021. Modalités d'application de la réforme du courtage de l'assurance et du courtage en opérations de banque et en services de paiement. – Art. 1er à 2. – V. C. assur., art. R. 512-4, R. 512-5, R. 513-1 à R. 513-31.
2021	1er déc.	Arrêté. Dossier à produire à l'appui d'une demande d'agrément en tant qu'association professionnelle agréée au sens des articles

		L. 513-3 du code des assurances et L. 519-11 du code monétaire et financier. – Art. 1er. – V. C. assur., art. A. 512-9.
2021	1er déc.	Arrêté. Modification des articles A. 512-1 et A. 512-2 du code des assurances et des articles 1er et 2 de l'arrêté du 9 juin 2016 relatif au registre unique prévu à l'article L. 512-1 du code des assurances et à l'article L. 546-1 du code monétaire et financier. – V. C. assur., art. A. 512-1 à A. 512-3 ; Arr. du 9 juin 2016, art. 1er à 3, ss. C. assur., art. L. 512-1.
2021	17 déc.	Ordonnance n° 2021-1734. Transposition de la directive 2019/2161 du Parlement européen et du Conseil du 27 novembre 2019 et meilleure application et modernisation des règles de l'Union en matière de protection des consommateurs. – Art. 8. – V. C. consom., art. L. 241-1-1, App., v° *Consommation*, **p. 1596.**
2021	22 déc.	Décret n° 2021-1759. Règles de prise en compte des plus-values latentes de certains régimes de retraite complémentaire constitués au profit des fonctionnaires et agents des collectivités locales et des établissements publics auprès d'entreprises régies par le code des assurances. – V. Décr. n° 2008-284 du 26 mars 2008, art. 1er, 3, 6, 7, ss. C. assur., art. L. 132-23.
2021	24 déc.	Loi n° 2021-1774. Accélération de l'égalité économique et professionnelle. – Art. 15. – V. C. assur., art. L. 322-26-2-5.
2021	28 déc.	Loi n° 2021-1837. Indemnisation des catastrophes naturelles. – V. C. assur., art. L. 114-1, L. 125-1 à L. 125-4, L. 125-6.
2021	30 déc.	Loi n° 2021-1900. De finances pour 2022 : – Art. 35. – V. Ord. n° 2014-696 du 26 juin 2021, art. 3, ss. C. assur., art. A. 132-4-4. – Art. 156, 159. – V. C. assur., art. L. 421-9, L. 431-5.
2022	17 janv.	Décret n° 2022-34. Démarchage téléphonique en assurance. – V. C. assur., art. R. 112-7.
2022	28 janv.	Décret n° 2022-83. Octroi de la garantie de l'État pour des opérations présentant un intérêt stratégique pour l'économie française à l'étranger. – V C. assur., art. R. 442-11-3, R. 442-11-4.
2022	24 févr.	Arrêté. Renforcement de la transparence sur les frais du plan d'épargne retraite et de l'assurance-vie. – V. C. assur., art. A. 522-1.
2022	28 févr.	Loi n° 2022-270. Accès plus juste, plus simple et plus transparent au marché de l'assurance emprunteur : – Art. 1er, 3, 10. – V. C. assur., art. L. 113-2-1, L. 113-12-2, L. 113-15-3. – Art. 1er, 3. – V. C. mut., art. L. 221-10, L. 221-10-4. – Art. 9. – V. CSP, art. L. 1141-5, ss. C. assur., art. L. 133-1.
2022	2 mars	Loi n° 2022-298. Orientation relative à une meilleure diffusion de l'assurance récolte en agriculture et réforme des outils de ges-

		tion des risques climatiques en agriculture. – Art. 15, 16. – V. C. assur., art. L. 122-7, L. 431-12, L. 442-1, L. 442-2.
2022	16 mars	Arrêté. Plafonds de couverture de l'assurance de responsabilité civile automobile. – V. C. assur., art. A. 211-1-3, A. 421-1-1.
2022	17 mars	Décret n° 2022-388. Fonctionnement des mutuelles et unions et institutions de prévoyance : – Art. 1er. – V. C. mut., art. R. 111-3, R. 111-6 à R. 111-11, R. 114-0, R. 114-0-1, R. 114-2-1, R. 115-1, R. 115-6, R. 115-8 à R. 115-11, R. 116-1 à R. 116-4, R. 211-6 à R. 211-12, R. 212-9, R. 212-11, R. 212-21, R. 212-22, R. 221-1, R. 221-5, R. 221-7, R. 411-1 à R. 414-10, R. 421-1 à R. 421-7, R. 432-13, R. 510-1. – Art. 4. – V. C assur., art. R. 113-1.

TABLE ALPHABÉTIQUE

NOTA. Les nombres renvoient aux articles du code des assurances, non aux pages. Les nombres précédés du mot « art. » renvoient aux articles d'un texte autre que le code des assurances proprement dit. Quand il est renvoyé à une page, le nombre est précédé de la lettre « p. ».

La lettre J. entre parenthèses placée après un nombre indique que l'on renvoie aux annotations de jurisprudence sur deux colonnes figurant sous cet article. Par exemple, l'indication « L. 111-1 (J. 5 s.) » signifie que l'on renvoie aux numéros 5 et suivants des annotations de jurisprudence figurant sous l'article L. 111-1 du code des assurances.

Lorsque des annotations de jurisprudence se rapportent à une division du code des assurances, elles figurent sous un intitulé du plan, et sont référencées dans la table à l'article qui les suit. L'indication « au-dessus de L. 131-1 (J. 2) » signifie que l'on renvoie au numéro 2 du bloc de jurisprudence placé avant l'article L. 131-1 du Code des assurances.

Les caractères italiques indiquent un mot de renvoi. Ceux de ces mots qui sont en caractères gras et précédés d'une flèche rouge renvoient à un autre mot en caractères gras de la table ; les autres, en caractères maigres et sans flèche rouge, renvoient à une autre subdivision du même mot en caractère gras.

Il est rappelé qu'un tableau explicatif des abréviations utilisées figure au début de l'ouvrage.

A

AAEXA, L. 442-4 s.

Abordage, L. 173-8.

Acceptation,
- Assurance-vie, L. 132-9.

Accident,
- Assurance de personnes, L. 131-1.
  • prescription, L. 114-1.
- Assurance de responsabilité, L. 124-1, R. 124-1 s.

▸ V. ***Accident de chasse, Accident de la circulation, Accident du travail, Assurance automobile, Fonds de garantie des assurances obligatoires de dommages, Responsabilité civile.***

Accident de chasse,
- Fonds de garantie, L. 421-8, R. 421-21 s., A. 421-4.

Accident de la circulation, L. n° 85-677 du 5 juill. 1985, **p. 53.**

▸ V. ***Assurance automobile, Fonds de garantie des assurances obligatoires de dommages, Organisme d'indemnisation, Organisme d'information, Recours des organismes sociaux.***

Accident du travail, L. 111-1.
- Exploitants agricoles, L. 442-4 s.
- Polices d'assurance, mentions, R. 112-1, R. 124-1.
- Recours des tiers, CSS, art. L. 451-1 s.

Acquéreur,
- Aliénation de la chose assurée, L. 121-10.

Acquiescement, L. 124-2.

▸ V. *Silence.*

Acquisition d'immeubles au moyen de constitution de rentes viagères, L. 132-30 s.

Acte de chasse, A. 230-2.

Acte extra-judiciaire,
- Assurance maritime, délaissement, R. 172-4.
- Assurance vie, acceptation par le bénéficiaire, L. 132-9.
- Réparateur, choix, L. 211-5-1 ; Arr. du 17 juin 2016, ss. L. 211-5-1.
- Résiliation, L. 113-14.

▸ V. *Lettre recommandée.*

Acte intentionnel, L. 113-1.

Acte de terrorisme, L. 126-1 s.
- Assurance construction, A. 243-1.
- Assurances maritimes, fluviales et lacustres, L. 172-16.
- Fonds de garantie, L. 422-1 s., R. 422-1 s., A. 422-1.
- Réassurance, L. 431-10.
- Remontées mécaniques, R. 220-3, A. 220-3.
▸ V. *Terrorisme.*

Actif,
- Réglementation, R. 332-1 s.

Action d'avarie, L. 172-12.

Action directe,
- Assurance automobile,
  • accident impliquant un train routier, R. 211-4-1.
- Assurance pour compte, L. 112-1 (J. 6).
- Assurance construction, L. 243-7.
- Assurance fluviale, L. 174-6.
- Assurance maritime, L. 173-23.
- Assurance de la navigation de plaisance, L. 171-5.
- Assurance de responsabilité, L. 124-3.
- Compétence territoriale, R. 114-1 (J. 2).
- Indemnité d'assurance, créanciers, L. 121-13 (J. 18).
- Prescription, L. 114-1 (J. 40).

Action en justice,
- Défaut de paiement de prime, L. 113-3.
- Information de l'assuré, L. 112-2.
- Prescription, L. 114-1 s.
  • interruption, L. 114-2 (J.).

Action en nullité
▸ V. *Nullité.*

Action oblique, L. 111-3.

Action en paiement de l'indu,
- Prescription, L. 114-1 (J. 56 s.).

Action subrogatoire
▸ V. *Subrogation.*

Activités sportives,
- Responsabilité civile, **p. 1955.**

Administrateur de biens,
- Responsabilité civile, **p. 1953.**

Âge de l'assuré,
- Assurance automobile, exclusion, R. 211-10.
- Erreur, assurance vie, L. 132-26.
▸ V. *Mineur.*

Agent général d'assurance, L. 500 s., R. 511-1 s., A. 512-1 s.
- Mandataire,
  • déclaration du risque, L. 113-8 (J. 33).
- Statut, L. 540-2 ; Décr. nº 96-902 du 15 oct. 1996 et Conv. FNSAGA-FFSA du 16 avr. 1996, **p. 1551.**
  • anciens statuts,
    * IARD, Décr. nº 49-317 du 5 mars 1949, **p. 1559.**
    * vie, Décr. nº 50-1608 du 28 déc. 1950, **p. 1574.**
▸ V. *Distribution d'assurances.*

Agent immobilier,
- Responsabilité civile, **p. 1949.**

Aggravation du risque, L. 113-2, L. 113-4.
- Assurances maritimes, fluviales et lacustres, L. 172-3, L. 172-19.
- Déclaration, L. 113-2.
- Montant de la prime, L. 113-4.
- Remorques, R. 211-4.
- Réquisition de services, L. 160-7.
- Résiliation, L. 113-4.

Aliénation de la chose assurée, L. 121-10.
- Assurance construction, L. 243-2, L. 243-7.
- Assurance grêle, L. 123-3.
- Bateau de plaisance, L. 121-11.
- Navire, L. 121-11.
  • assurance sur corps, L. 173-14 s.
- Véhicule terrestre à moteur, L. 121-11.
  • Alsace-Lorraine, L. 192-2.

Alsace-Lorraine, L. 191-1 s., L. 192-1 s.

AMEXA, L. 442-3.

Arrêté d'assurance, R. 172-2.

Ascendants,
- Subrogation, dérogation, L. 121-12.
▸ V. ***Héritier.***

Associations,
- Souscription,
• contrats d'assurance de groupe sur la vie ou de capitalisation, L. 141-7, R. 141-1 s.
• contrat de prévoyance et de retraite supplémentaire, L. 144-1 s.

Assurance contre les accidents corporels, L. 131-1 s.
- Accident, définition, au-dessus de L. 131-1 (J. 30 s.).
- Action en garantie, prescription, point de départ, L. 114-1 (J. 36).
- Compétence, R. 114-1.
- Cumul d'assurances, L. 121-4 (J. 6).

Assurance des accidents du travail,
- Compétence, R. 114-1.
- Déchéances prohibées, R. 124-1.
- Exploitants agricoles
▸ V. ***AAEXA.***
- Législation applicable, L. 111-1.

Assurance contre les actes de terrorisme, L. 126-1 s., R. 126-2.

Assurance automobile, L. 211-1 s., D. 211-1 s., A. 211-1-1 s.
- Assurance frontière, R.** 211-23 s.
- Bonus-malus, A. 121-1 s.
- Bureau central de tarification, L. 212-1 s., R. 250-1 s.
- Catastrophes naturelles, garantie, L. 125-1 s.
• exception, L. 125-6.
- Chemins de fer, L. 211-2, L. 211-8.
• funiculaire, L. 220-1.
- Circulation internationale, L. 211-4 s., R. 211-22 s.
- Clauses abusives, Recomm. CCA n° 89-01 du 19 mai 1989, **p. 1610.**
- Collectivités publiques, L. 211-3, L. 211-21.
- Communauté économique européenne, L. 211-4.
- Contribution au profit de la sécurité sociale, L. 213-1 s., R.* 213-1 s., A. 213-1 s.
- Contrôle, L. 211-5, R. 211-14 s., A. 211-4 s.
- Déchéance, L. 211-6, R. 211-13.
• créanciers, L. 211-11.
- Étendue, L. 211-1 s., L. 211-4 s., R. 211-2 s., A. 211-1-1 s.
- Exclusions de garantie, R. 211-10 s., A. 211-3.
- Famille, L. 211-1.
- Gardien, L. 211-1, L. 211-4, R. 211-3.
• responsabilité civile, C. civ., art. 1242, **p. 1804.**
- Indemnisation, L. 211-8 s., R. 211-29 s., A. 211-11.
- Ivresse, L. 211-6.
- Obligation d'assurer, L. 212-1 s.
- Obligation de s'assurer, L. 211-1 s., R. 211-2 s.
• contrôle, violation, L. 211-26 s., R. 211-14, R. 211-45.
• dérogations, L. 211-3, L. 211-21, D. 211-1.
- Passager, L. 211-1, R. 211-3.
• exclusion, R. 211-10.
- Pénalités, L. 211-26 s., R. 211-12, R. 211-14, R. 211-17, R. 211-21-5, R. 211-45.
- Réparateur, choix, L. 211-5-1 ; Arr. du 17 juin 2016, ss. L. 211-5-1.
- Résiliation, L. 211-4.
- Responsabilité civile, L. 211-1, L. 211-4 s.
• contractuelle, L. 211-8.
- Stupéfiants, L. 211-6.
- Subrogation, L. 211-1.
- Tiers, L. 211-1, R. 211-13.
• créanciers, L. 211-11.
- Tramway, L. 211-2, L. 211-8.
- Transaction, L. 211-9 s., L. 211-20.
- Vendeur, L. 211-1, R. 211-3.
▸ V. ***Fonds de garantie des assurances obligatoires de dommages, Organisme d'indemnisation, Organisme d'information.***

Assurance sur bonne arrivée, L. 173-7.

Assurance sur bonnes ou mauvaises nouvelles, L. 172-5.

Assurance pour compte, L. 112-1.
- Assurance maritime, L. 171-4.
- Assurance vie, L. 132-1 s.
- Prescription biennale, L. 114-1 (J. 106).

Assurance construction,
- Catastrophes naturelles, non-garantie, L. 125-5.
- Dommages, L. 242-1 s., L. 243-1 s., R. 243-2, A. 243-1.
  • immeubles en copropriété, Recomm. 17 juin 1998, ss. A. 243-2.
- Fonds de compensation, L. 431-14, R. 431-48 s.
- Responsabilité, L. 241-1 s., L. 243-1 s., R. 243-2, A. 243-1 ; C. civ., art. 1792 s., **p. 1851.**

Assurances aériennes,
- Catastrophes naturelles, non-garantie, L. 125-5.

Assurances sur corps, L. 173-1 s.
- Assurance fluviale et lacustre, L. 174-1 s.

Assurances collectives de dommages, L. 129-1.

Assurance-crédit,
- Législation applicable, L. 111-1.
- Refus de garantie, L. 113-4-1.

Assurances cumulatives,
- Assurance des catastrophes naturelles, A. 125-1.
- Assurance pour compte, L. 112-1 (J. 17 s.).
- Assurance de dommages, L. 121-4.
- Assurances maritimes,
  • indemnité, L. 172-30.
  • notification, R. 172-5.
  • validité, L. 172-8 s.
- Déclaration obligatoire, R. 112-1.
- Recours entre assureurs, prescription, L. 114-1 (J. 54).

Assurance décès, invalidité et incapacité, L. 131-1 (J. au-dessus de 57 s.).
- Assurance temporaire, L. 132-23.

Assurances de dommages, L. 111-1 s.
- Assurances collectives de dommages, L. 129-1.
- Garantie des catastrophes naturelles, L. 125-1 s.
  • exception, L. 125-6.
- Législation applicable, L. 111-1 s.

▸ V. *Risques liés aux échanges internationaux, Risque locatif, Risques naturels majeurs, Risques situés sur le territoire de l'Espace économique européen.*
- Réquisition de services, effet, L. 160-7, R.** 160-10, R.** 160-12.
- Responsabilité du fait d'autrui, étendue, L. 121-2.
- Risques situés dans l'EEE, L. 181-1 s., L. 182-1.

Assurance des engins de remontée mécanique, L. 220-1 s., R. 220-1 s., A. 220-3 s.

Assurances sur facultés, L. 173-17 s.
- Assurance fluviale et lacustre, L. 174-4 s.

Assurances fluviales et lacustres, L. 171-1 s., L. 172-1 s., L. 173-1 s., L. 174-1 s.
- Catastrophes naturelles, non-garantie, L. 125-5.
- Législation applicable, L. 111-1.

Assurance frontière, R. 211-23 s.

Assurance habitation, L. 215-1 s.

Assurance grêle, L. 123-1 s.
- Créanciers, L. 121-13.

Assurance de groupe, L. 141-1 s., A. 141-1.
- Assurance en cas de vie, L. 132-23, D. 132-6 s.
- Consentement, L. 132-2 (J.).
- Déclaration du risque erronée ou frauduleuse, L. 113-10.
- Prescription, L. 114-1 (J. 78).
- Prévoyance complémentaire, L. n° 89-1009 du 31 déc. 1989 et Décr. n°s 90-768 et 90-769 du 30 août 1990, ss. L. 141-7.
- Proposition de modification, L. 112-2 (J. 60).
- Retraite, L. 132-23, L. 134-1 s., L. 143-1 s., L. 144-1 s., D. 132-6 s.

Assurance incendie, L. 122-1 s.
- Alsace-Lorraine, L. 192-3.
- Créanciers, L. 121-13.

Assurance incendie *(suite)*
- Garantie des catastrophes naturelles, L. 125-1 s.
  • exception, L. 125-6.
- Garantie des catastrophes technologiques, L. 128-2 s., R. 128-1 s.
- Terrorisme, L. 126-2 s.

Assurance maladie,
- Aggravation du risque, L. 113-4.
- Contribution de l'assurance automobile, L. 213-1 s., R.* 213-1 s., A. 213-1 s.
- Diminution du risque, L. 113-4.
- Exploitants agricoles, L. 442-3.
- Maladie, définition, au-dessus de L. 131-1 (J. 54).
- Résiliation, conditions, L. 113-12.

Assurances maritimes, L. 171-1 s., L. 172-1 s., R. 171-1 s., R. 172-1 s.
- Assurances sur corps, L. 173-1 s.
- Assurances sur facultés, L. 173-17 s.
- Assurance de responsabilité, L. 173-23 s.
- Catastrophes naturelles, non-garantie, L. 125-5.
- Législation applicable, L. 111-1.
- Protection juridique, exclusion, L. 127-6.

Assurance mixte, L. 132-20 (J. 2 s.).

Assurance mortalité du bétail, L. 123-1 s.
- Créanciers, L. 121-13.
- Déclaration de sinistre, L. 113-2.

Assurances multiples
▸ V. *Assurances cumulatives.*

Assurances mutuelles agricoles, L. 322-27, R. 322-118 s.
- Législation applicable, L. 111-1.
- Présentation des opérations d'assurance, R. 512-2.
- Réassurance, effets sur les contrats, L. 111-3 (J. 3).

Assurances obligatoires, p. 1580.
- Assurance habitation, L. 215-1 s.
- Bureau central de tarification, L. 212-1 s., R. 250-1 s., A. 250-1 s.
- Chasseurs, responsabilité civile, A. 230-5 s.
- Copropriétaire, L. 6 juill. 1989, art. 7, ss. L. 215-1.
- Engins de remontée mécanique, responsabilité civile, L. 220-1 s., R. 220-1 s., A. 220-3 s.
- Exploitants agricoles, L. 442-3 s.
- Intermédiaire d'assurance, L. 512-6, L. 530-2-1.
- Liste, **p. 1580.**
- Locataire, L. 6 juill. 1989, art. 7, ss. art. L. 215-1.
- Risques situés dans l'EEE, loi applicable, L. 182-1.
- Territoires concernés, L. 200-1.
- Travaux de construction
  ▸ V. *Assurance construction.*
- Véhicules terrestres à moteur, remorques et semi-remorques
  ▸ V. *Assurance automobile.*

Assurances de personnes, L. 131-1 s., R. 131-1 s.
- Législation applicable, L. 111-1 s.
- Principe non indemnitaire, L. 121-1 (J. 1), L. 121-4 (J. 18 s.).
▸ V. *Fonds de garantie des assurés contre la défaillance de sociétés d'assurance de personnes.*

Assurance des pertes d'exploitation,
- Catastrophes naturelles, L. 125-1 s.
  • risques naturels prévisibles, L. 125-6.
- Incendie, L. 122-7.

Assurances à primes variables,
- Déclaration du risque, L. 113-10.

Assurance de protection juridique, L. 127-1 s., R. 127-1 ; Recomm. CCA du 21 févr. 2002, **p. 1632.**
▸ V. *Direction du procès par l'assureur.*

Assurance réciproque,
- Assurance sur la vie, L. 132-1.

Assurances de responsabilité, L. 124-1 s., R. 124-1 s.
- Action en garantie, prescription, point de départ, L. 114-1 (J. 108).
- Assurances maritimes, fluviales et lacustres, L. 173-23 s.
- Chasseurs, A. 230-5 s.
- Cumul, L. 121-4 (J. 5 et J. 12).

Assurances de responsabilité *(suite)*
- Établissements de santé, L. 251-1 s.
- Médecins, L. 251-1 s., R. 251-1.
- Règlement de l'indemnité, exceptions,
  • assurance maritime, L. 173-23 s.
  • navigation de plaisance, L. 171-5.
- Transmission du contrat, L. 121-10 (J. 1).

▸ V. *Assurance automobile, Assurance construction.*

Assurance des risques de catastrophes naturelles, L. 125-1 s., A. 125-1 s.
- Bureau central de tarification, R. 250-1 s., A. 250-1 s.

Assurance du risque locatif, L. 121-13.

Assurance après sinistre, L. 172-4.

Assurance temporaire,
- Décès, L. 132-23.
- Maritime, L. 173-1, L. 173-3, L. 173-10.

Assurances terrestres,
- Législation applicable, L. 111-1 s.

Assurance des travaux de construction
▸ V. *Assurance construction.*

Assurance des véhicules terrestres à moteur
▸ V. *Assurance automobile.*

Assurances sur la vie et capitalisation, L. 131-1 s., L. 132-1 s., R. 131-1 s., R. 132-1 s., A. 131-1 s., A. 132-1 s.
- Aggravation du risque, L. 113-2, L. 113-4.
- Assurance en cas de vie, L. 441-1, L. 441-4 s., R. 441-1 s.
- Capital variable immobilier, L. 160-10 s.
- Communication à caractère publicitaire, Recomm. ACPR n° 2015-R-01 du 12 févr. 2015, **p. 1651.**
- Confiscation pénale, L. 160-9.
- Contrats diversifiés, L. 134-1 s., D. 142-1 s., A. 142-1 s.
- Cumul d'assurances, L. 121-4 (J.).
- Déclaration du risque, L. 113-8.
- Déclaration de sinistre, L. 113-2.
- Diminution du risque, L. 113-4.
- Fausse déclaration intentionnelle, L. 113-8.
- Modification, prolongation ou remise en vigueur du contrat, L. 112-2.
- Paiement de la prime, L. 113-2.
  • défaut, L. 113-3.
- Participation aux bénéfices, A. 132-1 s.
- Prescription,
  • biennale, L. 114-1.
  • décennale, L. 114-1.
  • quinquennale en Alsace-Lorraine, L. 192-1.
  • trentenaire, L. 114-1.
- Provision de diversification, L. 134-1 s., R. 134-1 s.
- Recherche des bénéficiaires, L. 132-8.
- Règlement, L. 131-1.
- Résiliation L. 113-12,
  • après changement de domicile, de situation matrimoniale, de profession ou retraite, L. 113-16.
- Réticence, L. 113-8.
- Risques situés dans l'EEE, loi applicable, L. 183-1 s.
- Sommes assurées, L. 131-1 s., R. 131-1 s.
- Unités de comptes, L. 131-1, R. 131-1.

▸ V. *Tirage au sort.*

Assurance au voyage, L. 173-1 s., L. 173-9.
- Assurance sur corps, L. 173-1 s., L. 173-9.
- Assurance sur facultés, L. 173-17 s.

Assuré,
- Âge, erreur, assurance vie, L. 132-26.
- Décès, assurances de dommages, L. 121-10.
- Détermination, L. 112-4.
- Faute, L. 113-1.
- Immixtion dans un procès dirigé par l'assureur, L. 113-17.

▸ V. *Bénéficiaire, Information de l'assuré, Obligations de l'assuré.*

Attentats
▸ V. *Acte de terrorisme, Terrorisme.*

Attestation d'assurance,
- Assurance automobile, R. 211-14 s., A. 211-4 s.
- Assurance des engins de remontée mécanique, R. 220-8, A. 220-4.
- Assurance de responsabilité des chasseurs, A. 230-5 s.

Attestation d'assurance *(suite)*
- Preuve du contrat, L. 112-3 (J. 5 s.).

Augmentation de prime,
- Aggravation du risque, L. 113-4.
  • assurances sur corps, L. 173-12.
  • assurances maritimes, L. 172-3.
- Déclaration inexacte du risque, L. 113-9.

Autorité de contrôle prudentiel, L. 310-12 s., R. 310-17-1 s., A. 310-3 s.
- Recommandations, v° *Consommation*, **p. 1592**,

Avenant, L. 112-3.
- Assurances maritimes, R. 172-2.

Aveu,
- Contrat d'assurance, L. 112-3 (J. 20).

Avis d'échéance de prime, L. 113-3 (J. 4 s.), R. 113-4.
- Catastrophes naturelles, prime additionnelle, L. 125-2.

Avocat,
- Libre choix,
  • assurance automobile, L. 211-10.
  • assurance de protection juridique, L. 127-3 s., R. 127-2.
- Responsabilité professionnelle, **p. 1936.**

B

Bateau de plaisance,
- Aliénation, L. 121-11.

Bénéficiaire,
- Assurance pour compte, L. 112-1.
- Assurance vie, L. 132-1 s., L. 132-8 s., L. 132-11 s.
- Prescription, L. 114-1.
- ▸ V. *Assuré, Recherche des bénéficiaires.*

Bétail
- ▸ V. *Assurance mortalité du bétail.*

Bons de capitalisation ou d'épargne,
- Perte, destruction ou vol, L. 160-1 s., R. 160-4 s., A. 160-1.

Bonne foi,
- Assurances de dommages, attribution aux créanciers, défaut, L. 121-13.
- Assurances maritimes, fluviales et lacustres, déclaration inexacte ou modification du risque, L. 172-2 s., L. 172-7.
- Assurance vie, paiement, bénéficiaire non désigné, L. 132-25.
- Déclaration du risque, L. 113-9.
  • assurances à primes variables, L. 113-10.
- ▸ V. *Mauvaise foi.*

Bonus-malus, A. 121-1 s.

Bureau central de tarification,
- Assurance automobile, L. 212-1 s., R. 250-1 s., A. 250-2.
- Assurance construction, L. 243-4 s., R. 250-1 s., A. 250-2.
- Assurance médicale, L. 252-1 s.
- Attributions, R. 250-2 s., A. 250-1.
- Catastrophes naturelles, L. 125-6, R. 250-1 s., A. 250-1 s.
- Composition, R. 250-1.
- Remontées mécaniques, L. 220-5, R. 250-1 s., A. 250-2.

C

Caisse centrale de réassurance, L. 431-4 s., R. 431-6 s., A. 431-1 s.; L. n° 92-665 du 16 juill. 1992, art. 11, ss. L. 431-3.

Caisse nationale de prévoyance,
- Suppression, L. n° 92-665 du 16 juill. 1992, art. 3 s., ss. L. 433-11.

Calamités agricoles,
- Fonds national de garantie, L. 431-11, R. 431-33 s.
  • DOM, L. 431-12.
- Indemnisation, L. 442-1 s.
- ▸ V. *Catastrophes naturelles.*

Capacité professionnelle,
- Intermédiaires d'assurance, L. 512-5, L. 514-1.

Capitalisation
▸ V. *Assurances sur la vie et capitalisation, Tirage au sort.*

Caractères apparents, L. 112-3.
- Assurance automobile,
  • certificat d'assurance du vendeur ou réparateur, R. 211-21-2.
  • notice d'information des victimes, A. 211-11.
- Résiliation en cas d'aggravation du risque, L. 113-4.
▸ V. *Caractères très apparents.*

Caractères très apparents,
- Assurance automobile, transaction, dénonciation, L. 211-16.
  • attestation d'assurance, A. 211-5.
  • créances, production, R. 211-41.
- Assurance de protection juridique, choix de l'avocat, R. 127-1.
- Durée du contrat, L. 113-15, A. 113-1.
- Nullités, déchéances ou exclusions, L. 112-4.

Carte verte, R. 211-17, R. 211-22 s.

Cas fortuits, L. 113-1.
- Déclaration tardive de sinistre, L. 113-2.
  • assurance grêle ou mortalité du bétail, L. 123-1.
▸ V. *Force majeure.*

Cataclysme,
- Assurance incendie, exclusion, L. 122-6.
- Sinistre survenu à l'étranger, garantie de la COFACE, R. 442-8-3, R. 442-10-3.

Catastrophes naturelles, L. 125-1 s., A. 125-1 s.
- Bureau central de tarification, R. 250-1 s., A. 250-1.
- Caisse centrale de réassurance, L. 431-9, R. 431-30 s.
- Sinistre survenu à l'étranger, garantie par la COFACE, R. 442-8-3, R. 442-10-3.

Catastrophes technologiques, L. 128-1 s., R. 128-1 s.
- Fonds de garantie des assurances obligatoires de dommages, L. 421-16, R. 421-78.

CEE
▸ V. *Espace économique européen.*

Centre de transfusion sanguine,
- Responsabilité civile, **p. 1933.**

Certificat d'assurance, R. 211-21-1 s., A. 211-9 s.

Cessation d'activité professionnelle,
- Assurance de groupe en cas de vie, L. 132-23, L. 134-1 s., D. 132-6 s.
- Contrat, résiliation, L. 113-16.
  • assurance construction, exception, L. 243-7.
  • forme, R. 113-6.
▸ V. *Retraite professionnelle supplémentaire.*

Changement de domicile,
- Résiliation, L. 113-16.
  • assurance construction, exception, L. 243-7.
  • forme, R. 113-6.

Changement de profession,
- Assurance de groupe en cas de vie, L. 132-23.
- Contrat, résiliation, L. 113-16.
  • assurance construction, exception, L. 243-7.
  • forme, R. 113-6.

Chasseurs,
- Assurance de responsabilité, A. 230-5 s.
- Fonds de garantie, L. 421-8, R. 421-21 s., A. 421-4.

Chemin de fer,
- Assurance automobile, exclusion, L. 211-2.
- Assurance obligatoire, L. 220-1 s., R. 220-1 s., A. 220-3 s.

Cheptel vif hors bâtiments,
- Assurance incendie, L. 122-7.
- Calamités agricoles/catastrophes naturelles, articulation des régimes, L. 125-5.

Chèque,
- Paiement de la prime, L. 113-2 (J. 10).
  • après un sinistre, L. 113-3 (J. 27).

Choix de l'assureur,
- Assurances cumulatives, L. 121-4.

Chômage,
- Assurances sur corps, L. 173-11.
- Assurance de groupe en cas de vie, L. 132-23, L. 141-1 s., D. 132-6 s.
- Assurances maritimes, fluviales et lacustres, L. 172-18.

Chose assurée,
- Aliénation, L. 121-10.
- Définition, L. 112-4.
  • assurance maritime, R. 172-3.
- Délaissement, L. 121-14.
- Franchise, L. 121-1.
- Incendie, L. 122-4.
  • Alsace-Lorraine, L. 192-3.
- Intérêt d'assurance, L. 121-6.
- Pertes de la chose, L. 121-7.
  • incendie, L. 122-5.
- Perte totale, L. 121-9, L. 121-15.
  • assurance grêle, L. 123-2.
- Principe indemnitaire, L. 121-1, L. 121-3.
- Valeur réelle, L. 121-3.
- Vice propre, L. 121-7.
  • incendie, L. 122-5.

▸ V. *Sommes assurées (en assurance de personnes).*

Chose jugée,
- Assurance de responsabilité, L. 124-1 (J. 7).

Circonstances nouvelles
▸ V. *Aggravation du risque.*

Clauses abusives, p. 1598.
- Assurance automobile,
  • locataire, Recomm. CCA n° 96-02 du 14 juin 1996.
  • propriétaire, Recomm. CCA n° 89-01 du 19 mai 1989.
- Assurance de protection juridique, Recomm. CCA n° 2002-03 du 21 février 2002.
- Contrats « dommages-ouvrage », Recomm. CCA n° 90-02 du 10 nov. 1989.
- Contrats « multirisques-habitation », Recomm. CCA n° 85-04 du 20 sept. 1985.
- Contrats « prévoyance obsèques », Recom. CCA n° 2010-02 du 15 avr. 2010.
- Crédit à la consommation, assurance complémentaire, Recomm. CCA n° 90-01 du 10 nov. 1989.
- Crédit immobilier, assurance complémentaire, Recomm. CCA n° 90-01 du 10 nov. 1989.
- Location avec option d'achat, assurance complémentaire, Recomm. CCA n° 90-01 du 10 nov. 1989.
- Règles générales, C. consom., art. L. 132-1.
- Vente immobilière, continuation de l'assurance, Recomm. CCA n° 80-02 du 22 mai 1979.

▸ V. *Consommation.*

Clause « franc d'avarie », L. 172-12.

Clause pénale,
- Assurances à primes variables, L. 113-10.

Clause de réduction ou de majoration, A. 121-1 s.

Clauses de subsidiarité,
- Assurances cumulatives, L. 121-4 (J. 14).

Clauses types,
- Assurance automobile,
  • réduction/majoration, A. 121-1 s.
  • résiliation par l'assureur, A. 211-1-1.
- Assurance construction, A. 243-1.
- Assurance des engins de remontée mécanique, R. 220-7, A. 220-3.
- Catastrophes naturelles, L. 125-2 s., A. 125-1.
  • exception, L. 125-6.

Clinique,
- Responsabilité civile, **p. 1930.**

Coassurance,
- Agrément, L. 321-12, R. 321-33 s.
- Assurances maritimes, L. 172-8, L. 172-30.
- Contrats de groupe à assurance obligatoire, L. 145-1 s.
- Libre prestation de service, L. 365-1, R. 365-1 s.
- Marchés publics, V. Circ. du 24 déc. 2007, **p. 1585.**

Coassurance ***(suite)***
- Réassurance, distinction, L. 111-3 (J. 2).
  ► V. *Sociétés d'assurances.*

Code des assurances,
- Champ d'application, L. 111-1.

Code de la mutualité, p. 1995.
- Accident
  V. Mandataire, Engagements.
- Actifs
  V. Comptes, Engagements.
- Actions en justice, L. 114-4, L. 114-5, L. 221-11, L. 221-12.
- Action sociale, L. 111-1,, L. 114-9, L. 310-1 à L. 320-6 L. 421-1.
- Activités des mutuelles,
  • activités accessoires, L. 111-1, L. 211-10, L. 212-1.
  • branches d'activité, L. 211-7, R. 211-2 s.
  • cessation, L. 211-9, L. 211-10, L. 212-14.
  • cumul, L. 111-1, L. 111-2, L. 211-10.
  • détermination, L. 114-9, L. 114-10.
  • prêts, L. 114-37.
  • prévention, L. 110-2, L. 111-1, L. 111-6, L. 310-1.
  • principe de spécialité, L. 111-1.
  • programme, L. 211-8.
  • réassurance, L. 111-1.
- Adhésion (droits et obligations),
  • bulletin d'adhésion, L. 114-1, L. 211-1, R. 211-27.
  • commissions d'apport, L. 114-31.
  • conditions, L. 114-4, L. 114-5, L. 114-9, L. 114-10.
  • droit d'adhésion, L. 114-4, L. 114-5, L. 114-9, L. 114-10.
  • droit d'information, L. 221-3 à L. 221-8, L. 223-20, L. 223-21, L. 224-5.
  • droits institutionnels, L. 113-1, L. 114-1 à L. 114-8, L. 114-13, L. 114-16, L. 114-41.
  • exclusion, L. 114-4, L. 114-5, L. 221-10, L. 221-17.
  • garantie, L. 111-6, L. 211-2, L. 212-1 s., L. 223-2, L. 431-1 à L. 431-8.
  • intermédiaire, L. 221-3.
  • prestations, L. 110-2, L. 111-1, L. 111-2, L. 114-1, L. 211-2, L. 211-4.
  • protection juridique, L. 224-2.
  • radiation, L. 114-4, L. 114-5, L. 221-10, L. 221-17.
  • résiliation, L. 212-11, L. 221-6, L. 221-10, L. 223-8.
- Administrateur, L. 114-21 à L. 114-37.
- Assemblée générale, L. 111-3, L. 111-4, L. 113-1 à L. 113-4, L. 114-1 à L. 114-4, L. 114-8 à L. 114-10, L. 115-4, L. 212-11, L. 221-3, R. 114-1 s., D. 114-1 s.
- Assurance de groupe
  V. Opérations collectives.
- Assurance vie et capitalisation,
  • actifs cantonnés, L. 222-1.
  • âge de l'assuré, L. 223-5, L. 223-7, L. 223-25.
  • assuré, L. 223-5, L. 223-7, L. 223-25.
  • avances, L. 223-20.
  • bénéficiaires, L. 223-10 à L. 223-16.
  • capacité, L. 223-5 à L. 223-7.
  • communauté (récompense), L. 223-17.
  • conclusion, L. 221-1 à L. 221-3.
  • cotisations (paiement), L. 223-19.
  • créanciers, L. 223-15.
  • déchéance, L. 223-23.
  • droits, L. 223-16, L. 223-22.
  • garantie, L. 221-14 à L. 221-16, L. 223-4 à L. 223-10, L. 223-24, L. 223-25, L. 610-1.
  • incapable, L. 223-5 à L. 223-7.
  • mineur, L. 223-5, L. 223-7.
  • participation aux excédents, L. 212-5, L. 212-6, L. 223-2, L. 223-21.
  • prescription, L. 221-11.
  • rachat, L. 223-8, L. 223-20, L. 223-27.
  • régimes par points, L. 222-1.
  • remboursement, L. 223-5, L. 223-8, L. 223-18 à L. 223-25.
  • renonciation, L. 223-8.
  • rentes, L. 222-2.
  • rentes viagères, L. 222-1, L. 222-2, R. 222-1 à R. 222-22, A. 222-1 s.
  • résiliation, L. 221-10, L. 223-19.
  • succession, L. 223-10 à L. 223-14.
  • suicide, L. 223-18, L. 223-19.
  • suspension, L. 223-19.
  • unités de comptes, L. 223-2, L. 223-21.
  • valeur de rachat ou de réduction, L. 223-20 à L. 223-22.
- Autorité administrative, L. 114-43, L. 115-2, L. 115-8, L. 212-11 à L. 212-21.
- Autorité de contrôle, L. 111-5, L. 111-6, L. 113-4, L. 114-8 à L. 114-10, L. 114-15, L. 114-40, L. 114-42, L. 114-46, L. 211-3, L. 211-5, L. 211-8, L. 212-4, L. 212-11 à L. 212-16, L. 431-2, L. 431-4, L. 510-1 à L. 510-15, R. 510-2, R. 510-11 s.

Code de la mutualité ***(suite)***
- Information de l'autorité, L. 211-5, L. 212-3, L. 212-14, L. 431-4.
- Certificats mutualistes, L. 221-19 s. , R. 114-10, R. 221-3.
- Comités régionaux de coordination de la mutualité, L. 412-1, L. 412-2, R. 412-1 à R. 412-3, D. 412-1.
- Commissaire aux comptes,
  • attributions, L. 114-8 à L. 114-10, L. 114-33 à L. 114-42, L. 211-4, L. 212-2 à L. 212-7.
  • commissaire à la fusion, L. 113-2.
  • commissaire à la scission, L. 113-3.
  • désignation, L. 111-3, L. 113-1, L. 114-38, L. 114-51, L. 115-8, D. 114-10.
  • dispense, L. 114-51.
  • honoraires, L. 114-38.
  • obligations, L. 212-4.
  • sanctions, L. 114-51.
  • vérifications, L. 114-51.
- Comptes,
  • annexe, L. 212-6.
  • approbation, L. 114-9, L. 114-10, L. 114-50.
  • arrêté, L. 114-17, L. 114-49.
  • combinaison, L. 212-7.
  • comité de la réglementation comptable, L. 114-46.
  • communication, L. 114-15.
  • comptes consolidés ou combinés, L. 114-7, L. 114-9, L. 212-2, L. 212-7.
  • états statistiques, L. 114-46.
  • plan comptable, L. 114-46.
  • plus-values latentes, L. 212-6, L. 212-11.
  • règles spécifiques, L. 212-1.
  • sanctions, L. 114-48 à L. 114-52.
  • sincérité, L. 114-48, L. 114-51.
- Concurrence, L. 510-15.
- Conseil d'administration,
  • attributions, L. 114-8, L. 114-17, L. 114-17-1, L. 114-32.
  • composition, L. 114-4, L. 114-16, L. 114-16-1.
  • délégation de pouvoir, L. 115-4.
  • membres, L. 113-1, L. 114-4, L. 114-5, L. 114-8 à L. 114-10.
  • président, L. 114-18, L. 114-20, L. 114-23, L. 115-6.
  • quorum, L. 114-20.
- Conseil supérieur de la mutualité, L. 411-1 à L. 411-3, R. 411-1 à R. 411-3, A. 411-1 à A. 411-6 ; Arr. du 30 janv. 2013, 🏛.
- Convention de substitution, L. 211-5, R. 211-21 s.
- Cotisations, L. 110-2, L. 114-5, L. 114-7, L. 114-9, L. 114-11, L. 212-21 ; L. 212-25 ; R. 212-9.
- Dirigeants opérationnels,
  • attributions, L. 114-4, L. 114-5, L. 114-42.
  • conditions, L. 114-21, L. 114-22.
  • conventions réglementées, L. 114-9, L. 114-10, L. 114-32 à L. 114-37.
  • cumul d'activités, L. 114-23, L. 114-30, L. 431-4.
  • déclaration, L. 114-30.
  • qualification, L. 211-8.
  • rémunération, L. 114-17, L. 114-31.
  • responsabilité, L. 114-35, L. 114-36, L. 431-5.
- Dispositions financières et comptables, L. 114-38 à L. 114-46.
- Dissolution, L. 113-4, L. 114-4, L. 114-5, L. 114-9, L. 114-10, L. 114-12, L. 212-14, L. 212-16.
- Dons et legs, L. 114-43.
- Droit d'adhésion, L. 114-4, L. 114-5, L. 114-9, L. 114-10.
- Engagements,
  • cautionnement, L. 111-1, L. 226-1.
  • conclusion, L. 221-1.
  • contrat, L. 221-5, L. 221-6, L. 221-15.
  • couverture, L. 212-1.
  • déchéance, L. 221-16.
  • définition, L. 111-1, L. 114-1.
  • évaluation, L. 212-1.
  • garantie chômage, L. 111-1, L. 221-2, L. 221-3, L. 225-1.
  • hypothèque, L. 212-23 à L. 212-25, L. 222-1.
  • loi applicable, L. 225-1 à L. 225-10.
  • portée, L. 211-2 à L. 211-5.
  • prestations, L. 110-2, L. 114-7 à L. 114-10, L. 115-4.
  • principe indemnitaire, L. 224-8, L. 224-9.
  • privilèges, L. 212-24, L. 212-25, L. 222-1.
  • provisions techniques ▸ V. ***Provisions mathématiques et techniques.***
  • réduction, L. 431-2.
  • règlements, L. 114-1, L. 115-4, R. 212-21 s.
  • risque, L. 225-1 à L. 225-10.
  • subrogation, L. 111-6, L. 224-9.

Code de la mutualité *(suite)*

- Entreprises d'assurance, L. 111-1, L. 212-7, L. 212-11, L. 221-3.
- Espace sécurisé sur internet, L. 221-6-6.
- Europe,
  • assainissement et liquidation des entreprises européennes, L. 212-27.
  • libre établissement (succursales), L. 212-26.
  • libre prestation de services, L. 211-8-2.
- Fédération, L. 110-1 à L. 110-6, L. 111-1, L. 111-5, L. 114-5, L. 114-12.
  • fonctionnement, L. 114-1 s., R. 114-1 s., A. 114-0-26 s.
- Fonds de développement, R. 212-3 s.
- Fonds d'établissement, R. 212-1 s.
- Fonds de garantie contre la défaillance, L. 113-4, L. 431-1 à L. 431-8.
- Fonds de garantie minimum, L. 212-1.
- Fonds national de solidarité et d'action mutualistes, L. 421-1 s., R. 421-1 s.
- Gestion,
  • commission de gestion, L. 114-24, L. 115-4, L. 310-3.
  • convention de gestion, L. 114-32, L. 211-3, L. 320-3 à L. 320-6.
  • gestion distincte, L. 211-10, L. 224-7, L. 431-2.
  • gestion de fait, L. 114-52, L. 213-3.
  • gestion des œuvres, L. 320-3 à L. 320-6.
  • moyens de gestion, L. 114-25, L. 211-6 à L. 211-8, L. 212-7 à L. 212-9.
  • politique de gestion, L. 114-17.
  • rapport de gestion, L. 114-9, L. 114-10, L. 114-17.
- Groupe, L. 111-3, L. 114-9, L. 114-32, L. 114-39, L. 212-7, L. 224-7, L. 431-1.
- Hypothèque, L. 212-23 à L. 212-25, L. 222-1.
- Immatriculation, L. 111-1, R. 414-2.
- Incitation à l'action mutualiste, L. 421-1 à L. 421-3.
- Institutions de prévoyance, L. 111-1, L. 212-7, L. 212-11, L. 221-3.
- Intermédiation en assurance et réassurance, L. 116-1 s.
- Legs, L. 114-43.
- Libéralités, L. 114-43.
- Libre prestation de services (CE), L. 211-8-2.
- Liquidation,
  • autorité de contrôle (rôle), L. 212-11 à L. 212-22, L. 431-2.
  • liquidateur, L. 114-8, R. 212-22-1, R. 212-22-2.
  • liquidation judiciaire, L. 212-11 s., R. 212-21.
  • liquidation volontaire, L. 114-4, L. 114-5, L. 212-14.
  • programme, L. 212-14 .
- Loi applicable, L. 225-1 à L. 225-6.
- Membres,
  • ayants droit, L. 111-1, L. 114-1, L. 114-2, L. 211-2.
  • bénéficiaires, L. 211-10, L. 212-5 à L. 212-24, L. 221-2 à L. 221-15, L. 222-2, L. 223-10 à L. 223-26, L. 224-9, L. 431-1, L. 431-3.
  • honoraires, L. 114-1, L. 221-2.
  • mineurs, L. 114-2.
  • participants, L. 114-1, L. 221-2.
  • service national, L. 114-3.
- Mineurs, L. 114-2.
- Mutuelle,
  • appellation « mutuelle », L. 110-4, L. 114-53, R. 211-1.
  • création, L. 111-3, L. 111-4, L. 113-1, L. 114-12.
  • fonctionnement, L. 114-1 s., R. 114-1 s., A. 114-0-26 s.
  • immatriculation, L. 111-1, R. 414-2.
  • mutuelle sœur, L. 111-3.
  • objet non lucratif, L. 111-1 à L. 111-5.
  • principes, L. 110-1 à L. 110-6.
  • statuts, L. 111-1, L. 114-1, L. 114-4, L. 114-12.
- Mutuelle pratiquant des opérations d'assurance de réassurance et de capitalisation,
  • agrément, L. 211-8 à L. 211-11, L. 212-21, L. 213-2, L. 411-1, R. 211-2 à R. 211-5-3, R. 211-9, R. 211-12.
  • assistance, L. 111-1, L. 111-6.
  • capitalisation, L. 111-1, L. 223-2.
  • concours financiers, L. 212-4.
  • conditions d'exercice, L. 211-1 à L. 211-7-1.
  • définition, L. 111-1, L. 111-1-1.
  • fonctionnement, L. 212-1 à L. 212-26.
  • garantie chômage, L. 111-1.
  • raison sociale, R. 211-1.
  • redressement, liquidation, assainissement, L. 212-1 s., R. 212-21.
  • régime comptable, L. 212-3-1 s.

Code de la mutualité *(suite)*
▸ V. ***Mutuelle ou union hors « Solvabilité II ».***
• subventions, L. 212-4.
- Mutuelle d'entreprise ou interentreprise, L. 115-1 à L. 115-3.
- Mutuelle de militaires, L. 115-5 à L. 115-8.
- Mutuelle professionnelle ou interprofessionnelle, L. 115-4.
- Mutuelle ou union hors « Solvabilité II »,
• agrément, L. 211-8.
• champ d'application, L. 211-11.
• régime prudentiel, L. 212-1.
▸ V. ***Mutuelle pratiquant des opérations d'assurance de réassurance et de capitalisation.***
- Mutuelle ou union « Solvabilité II », L. 211-8, R. 211-12.
• agrément, L. 211-8.
• champ d'application, L. 211-10.
• direction, L. 211-12 s.
• gestion interne, L. 211-12 s.
• régime prudentiel, L. 212-1.
• régime comptable, R. 212-10.
▸ V. ***Mutuelle pratiquant des opérations d'assurance de réassurance et de capitalisation.***
- Mutuelle ou union appartenant à un conglomérat financier, A. 213-2 et A. 213-3.
- Notice d'information
V. Engagements, Opérations collectives.
- Œuvres sociales
V. Action sociale.
- Opérations collectives,
• conclusion, L. 221-1, L. 221-3.
• définition, L. 221-2.
• durée, L. 221-9.
• garanties, L. 221-5, L. 221-6, L. 221-14 à L. 221-16, L. 610-1.
• langue étrangère, L. 211-6-3.
• notice d'information, L. 221-6.
• opération collective vie, L. 223-26.
• prescription, L. 221-11, L. 221-12.
• prévoyance (loi Évin), L. 223-6.
• reconduction, L. 221-9.
• résiliation, L. 212-11, L. 221-6, L. 221-8, L. 221-10.
• retraite, L. 222-1 s., R. 222-1 s.
• souscripteur, L. 114-1, L. 221-1 à L. 221-10, L. 223-26.
• suspension, L. 221-8.
V. Assurance vie et capitalisation, Engagements, Mutuelle pratiquant des opérations d'assurance de réassurance et de capitalisation.
- Opérations individuelles,
• conclusion, L. 221-1, L. 221-4.
• définition, L. 221-2.
• garanties, L. 221-5, L. 221-14 à L. 221-16, L. 610-1.
• prescription, L. 221-11, L. 221-12.
• résiliation, L. 221-7, L. 221-10, L. 221-17.
• suspension, L. 221-7.
- Ordre public, L. 225-5, L. 510-13, L. 610-1.
- Organes administratifs, L. 411-1 à L. 412-2.
- Participations aux excédents, L. 212-5, L. 212-6, L. 223-2, L. 223-21.
- Participations financières, L. 114-17.
- Patrimoine, L. 111-3, L. 111-4, L. 113-2, L. 114-9, L. 114-43.
- Plan comptable, L. 114-46.
- Plan de financement, L. 114-9, L. 310-4.
- Pratiques anticoncurrentielles, L. 510-15.
- Prévention, L. 310-1 à L. 310-6.
- Principes mutualistes, L. 110-1 à L. 110-6.
- Protection juridique,
• agrément, R. 211-19.
• choix du conseil, L. 224-3.
• contenu, L. 224-3, L. 224-4.
• définition, L. 224-1.
• formalités, L. 224-2.
• litiges, L. 224-4, L. 224-5.
• modalités de gestion, L. 224-7, R. 211-19, R.* 211-20.
• principe indemnitaire, L. 224-8, L. 224-9.
• secret professionnel, L. 224-6.
- Provisions mathématiques et techniques, L. 212-5, L. 212-25, L. 223-18, L. 223-20, R. 212-10, R. 222-16 s., R. 432-13, R. 432-15, R. 432-18, D. 223-3 s., A. 114-1, A. 222-1 s., A. 223-8.
- Publication, L. 212-11, L. 212-16, L. 212-20, L. 212-21.
- Radiation, L. 114-4, L. 114-5, L. 221-10, L. 221-17.
- Réalisations sanitaires et sociales, L. 310-1 à L. 310-4, L. 320-1 à L. 320-6.
- Réassurance, L. 111-1, L. 111-1-1, L. 111-5, L. 114-9, L. 114-12, L. 211-1, L. 211-4, L. 211-7 s., L. 212-7, L. 212-7-1,

Code de la mutualité *(suite)*
L. 212-11-1, L. 212-14, L. 212-25, R. 211-1 s.
V. Mutuelle pratiquant des opérations d'assurance de réassurance et de capitalisation, Provisions mathématiques et techniques, Solvabilité.
- Recommandé électronique, L. 221-6-7.
- Redressement, L. 212-11 s., R. 212-21.
- Registre national des mutuelles, L. 111-1, L. 411-1, L. 411-3, R. 414-1 à R. 414-10.
- Représentants des salariés, L. 114-16, L. 114-42, L. 115-1.
- Responsabilité des mutuelles, L. 111-4, L. 114-55, L. 213-5, L. 510-12.
- Retraite professionnelle supplémentaire, L. 214-1 s., R. 214-1 s.
- Sanctions pénales, L. 114-47 à L. 114-55, L. 213-1 à L. 213-5, L. 510-12, R. 510-19.
- Sections de mutuelles, L. 114-6 ; L. 115-1, L. 115-4.
- Sécurité sociale, L. 111-1, L. 110-5.
- Service national, L. 114-3.
- Signature électronique, L. 221-6-7.
- Solvabilité,
  • certificats mutualistes
  ▶ V. ***Réassurance, effets.***
  • équilibre financier, L. 111-3, L. 111-4, L. 114-8, L. 114-42.
  • fonds de garantie minimum, L. 212-1.
  • obligations (émission), L. 114-45.
  • participations financières, L. 114-17.
  • plus-values latentes, L. 212-6, L. 212-11, L. 213-1.
  • prêts et titres participatifs, L. 114-9, L. 114-10, L. 114-44.
  • rapport de solvabilité, L. 114-17, L. 212-3.
  • régime comptable, L. 212-3-1.
  • régime prudentiel, L. 212-1.
  • titres participatifs et subordonnés, L. 114-9, L. 114-10, L. 114-44, L. 114-45.
- Statuts, L. 114-4, L. 114-5.
- Substitution, L. 111-1, L. 211-5, L. 211-10, R. 211-21 à R. 211-27.
- Support durable, L. 221-6-4, L. 221-6-5.
- Système fédéral de garantie, L. 111-5, L. 111-6, R. 111-1 s.
- Transferts financiers, L. 111-3, L. 111-4, L. 114-17, L. 114-39, L. 211-3, L. 212-4.
- Transfert de portefeuille, L. 114-9, L. 114-12, L. 211-4, L. 212-11, L. 212-12, L. 212-21, L. 212-26, L. 431-2, R. 212-22.
- Tribunal, L. 114-8, L. 114-15, L. 114-40, L. 212-11 à L. 212-22, L. 224-4.
- Unions,
  • création, L. 111-3, L. 114-10, L. 114-12.
  • fonctionnement, L. 114-1 s., R. 114-1 s., A. 114-0-26 s.
  • mission, L. 111-2.
  • principes, L. 110-1 à L. 110-6.
  • statuts, L. 111-1, L. 114-1, L. 114-4, L. 114-12.
  • unions pratiquant l'assurance et la réassurance, L. 211-1 à L. 211-26.
  * union pratiquant la prévention et l'action sociale, L. 310-1 à L. 320-6.
- Viager
  V. Assurance vie et capitalisation.

Collectivités publiques,
- Assurance automobile, L. 211-3, L. 211-21, D. 211-1, R. 211-18, R. 211-21-7, R. 211-25, A. 211-4.
- Assurance construction, L. 243-1.

Comité consultatif de la législation et de la réglementation financières, L. 411-2 s.

Comité consultatif du secteur financier, L. 411-1, L. 411-3.

Commande publique
▶ V. ***Marchés publics d'assurances.***

Compagnie française d'assurance pour le commerce extérieur, L. 432-1 s., R. 442-1 s., A. 432-1 s.

Compensation,
- Fonds de compensation des risques de l'assurance de la construction, L. 431-14, R. 431-48 s.
- Prime et indemnité, L. 113-2 (J. 6 s.), L. 124-3 (J. 6).
- Subrogation, L. 121-12 (J. 10).

Compétence, R. 114-1.
- Action directe, L. 124-3 (J. 48 s.).
- Assurance automobile, véhicule d'un État étranger, R. 211-25.
- Recours subrogatoire, L. 121-12 (J. 22 s.).
▶ V. ***Intervention de l'assureur au procès pénal.***

Complémentaire santé,
- Information sur les garanties, L. 131-3.

Complices,
- Vol, assurance automobile, L. 211-1.

Comptes consolidés, L. 345-2 s.

Conclusion du contrat d'assurance, L. 112-1 s., R. 112-1 s.
- Assurances maritimes, lacustres et fluviales, L. 172-1 s., R. 172-1 s.
► V. *Contrat d'assurance, Déclaration du risque.*

Confiscation pénale,
- Assurance sur la vie, L. 160-9.

Conglomérats financiers,
- Surveillance supplémentaire, L. 356-26.

Consensualisme,
- Avenant, L. 112-3 (J. 40).
- Contrat d'assurance, L. 112-2 (J. 14 s.).

Consentement,
- Assurance en cas de décès, L. 132-2, L. 132-4, L. 132-9.
- Assurance de groupe, L. 132-2 (J.).
► V. *Acquiescement, Renonciation, Silence.*

Consommation, p. 1592.
- Clauses abusives, C. consom., art. L. 212-1 et R. 132-1 à R. 132-2-1.
- Clauses non claires, C. consom., art. L. 211-1.
- Refus de vente, C. consom., art. L. 121-11.

Contrat d'assurance, L. 111-1 s., R. 112-1 s., A. 113-1 s.
- Avenant, L. 112-3.
- Caractères apparents, L. 112-3 s.
- Clauses de déchéance, L. 113-11.
- Clauses types obligatoires, L. 111-4, A. 113-1.
- Conclusion, L. 112-1 s., R. 112-1 s.
- Consensualisme, L. 112-2.
- Contrôle, L. 310-8, R. 310-6.
- Droit international privé, application, L. 181-4.
- Durée, L. 112-4, L. 113-12, L. 113-15 s., R. 112-1, R. 113-1 s., A. 113-1.
- Écrit, L. 112-3.
- Formation, L. 112-1 s.
- Information sur le prix et les garanties, L. 112-2.
  • exceptions, R. 112-2.
- Interprétation, L. 112-3 (J. 22 s.).
- Langue, L. 112-3.
- Mandat, L. 112-1.
- Mentions obligatoires, L. 112-4, R. 112-1, A. 113-1.
  • assurance maritime, R. 172-3.
  • assurance vie, L. 132-5, R. 132-4.
  • contrat conclu en libre prestation de services, L. 112-7 s.
  • droit de résiliation, L. 113-12.
  • durée, L. 113-15 s.
- Modification, L. 112-2.
- Monnaie étrangère, L. 160-3 s.
- Nullité, L. 113-8.
- Preuve, L. 112-1 s.
- Prolongation, L. 112-2, R. 112-1.
- Proposition de modification, L. 112-2.
- Protection juridique, contrat distinct, L. 127-2, R. 127-1.
- Réassurance, effets, L. 111-3.
- Remise en vigueur, L. 112-2.
- Résiliation, L. 113-12, L. 113-14, R. 112-1.
- Signature, L. 112-2 (J. 18, 15 s.).
- Tacite reconduction, L. 113-15 s., R. 112-1.
► V. *Assurances obligatoires, Clauses abusives, Compétence, Dénonciation, Exceptions, Exclusion de garantie, Exclusion de risque, Police d'assurance, Prescription, Proposition d'assurance, Résiliation, Suspension.*

Contrat de capitalisation,
- Perte, destruction ou vol, L. 160-1 s., R. 160-4 s.

Convention AERAS révisée, p. 1657.

Convention FNSAGA-FFSA du 16 avr. 1996, p. 1552.

Cotisation
► V. *Paiement de la prime, Prime.*

Courtier d'assurance, p. 1712.

Courtier d'assurance *(suite)*
- Action en responsabilité, prescription, L. 114-1 (J. 53).
- Amélioration des relations avec les entreprises d'assurance, Protocole du 29 mars 1998, **p. 1714**.
- Devoir de conseil, L. 530-3 (J. 1 s.).
- Mandataire,
  • déclaration du risque, L. 113-2 (J. 14), L. 113-8 (J.).
  • déclaration de sinistre, L. 113-2 (J. 54).
  • mise en demeure, L. 113-3 (J. 7).
- Usages du courtage, constatation, **p. 1712.**

▶ V. *Distribution d'assurances.*

Créanciers,
- Acquisition d'immeubles au moyen de rentes viagères, L. 132-30 s.
- Alsace-Lorraine, assurance des immeubles, L. 192-4 s.
- Assurance automobile, L. 211-11 s., R. 211-41 s.
- Assurances de dommages, L. 121-13.
- Assurances de responsabilité, L. 124-3.
  • assurances maritimes, fluviales et lacustres, L. 173-24.
- Assurance vie, L. 132-9, L. 132-14.

▶ V. *Fonds de garantie des assurances obligatoires de dommages, Fonds de garantie des assurés contre la défaillance de sociétés d'assurance de personnes, Fonds de garantie des calamités agricoles dans les DOM, Fonds de garantie des victimes des actes de terrorisme et d'autres infractions, Liquidation judiciaire, Redressement judiciaire.*

Cultures,
- Assurance incendie, L. 122-7.
- Calamités agricoles/catastrophes naturelles, articulation des régimes, L. 125-5.

Cumul d'assurances

▶ V. *Assurances cumulatives.*

Cyclone,
- Assurance incendie, garantie, L. 122-7.
- Sinistre survenu à l'étranger, garantie de la COFACE, R. 442-8-3, R. 442-10-3.

D

Décès de l'assuré,
- Assurance construction, L. 243-7.
- Assurances de dommages, L. 121-10.

▶ V. *Héritier.*

Déchéance,
- Alsace-Lorraine, L. 191-5.
- Assurances contre les accidents du travail, R. 124-1.
- Assurance automobile, L. 211-11, R. 211-13, R. 211-41.
- Assurances maritimes, fluviales et lacustres, déclaration inexacte de sinistre, L. 172-28.
- Assurances de responsabilité, clauses interdites, R. 124-1.
- Caractères très apparents, L. 112-4.
- Clauses autorisées, L. 113-11 (J.).
- Clauses nulles, L. 113-11.
- Déclaration tardive de sinistre, L. 113-2.
  • Alsace-Lorraine, L. 191-5.
- Immixtion de l'assuré dans un procès dirigé par l'assureur, L. 113-17.
- Opposabilité, L. 112-6.
  • assurance pour compte, L. 112-1.
  • police au porteur, L. 112-6.
- Prescription biennale, L. 114-1 (J.).

▶ V. *Exceptions.*

Déclaration du risque,
- Assurances maritimes, lacustres et fluviales, L. 172-2 s., L. 172-19.
- Assurances à primes variables, erreur ou fraude, L. 113-10.
- Avant la conclusion du contrat, L. 112-3.
- Bonne foi, L. 113-9.
- En cours de contrat
  ▶ V. *Aggravation du risque.*
- Fausse déclaration intentionnelle, L. 113-8.
- Imprécision, L. 112-3.
- Inexactitude, L. 113-9.
  • Alsace-Lorraine, L. 191-4.
- Lors de la conclusion du contrat, L. 113-2, R. 112-1.
- Mauvaise foi, L. 113-8.
- Omission, L. 113-9.
  • Alsace-Lorraine, L. 191-4.

Déclaration du risque *(suite)*
• assurance de personnes, au-dessus de L. 131-1 (J.).
– Prescription biennale, point de départ, L. 114-1.
– Réduction proportionnelle, L. 113-9.
• Alsace-Lorraine, L. 191-4.
– Réticence, L. 113-8.
▸ V. ***Aggravation du risque, Diminution du risque, Fausse déclaration intentionnelle, Résiliation.***

Déclaration de sinistre, L. 113-2, R. 112-1.
– Alsace-Lorraine, L. 191-5.
– Assurances maritimes, fluviales et lacustres, mauvaise foi, L. 172-28.
– Catastrophes naturelles, A. 125-1.
– Grêle, L. 123-1.
– Mortalité du bétail, L. 123-1.
– Tardiveté, L. 113-11.

Délais,
– Aggravation du risque, déclaration, L. 113-2.
– Aliénation ou affrètement coque-nue du navire, L. 173-14 s.
– Alsace-Lorraine, L. 191-6, L. 192-2, L. 192-4 s.
– Assurance automobile, attestation, R. 211-14, R. 211-16 s.
• certificat, R. 211-21-3 s.
• indemnisation, L. 211-9, L. 211-11 s., L. 211-15 s., L. 211-22, L. 211-24 s., R. 211-29 s.
• résiliation, A. 211-1-2.
– Assurance construction, L. 242-1.
– Assurance des engins de remontée mécanique, R. 220-8.
– Assurance frontière, R. 211-24.
– Assurance grêle, L. 123-1.
– Assurance de groupe, exclusion, L. 141-3.
– Assurance incendie, expertise, L. 122-2.
– Assurance maritime, délaissement, R. 172-4.
– Assurance mortalité du bétail, L. 113-2, L. 123-1.
– Assurance de protection juridique, recours, L. 127-4.
– Assurance vie,
• capital ou rente, L. 132-23-1.
• paiement de la prime, L. 132-20.
• renonciation, L. 132-5-1 s.
• suicide, L. 132-7.
• versement de la valeur de rachat, L. 132-21.
– Bureau central de tarification, R. 250-2 s.
– Catastrophes naturelles, indemnisation, L. 125-2, A. 125-1.
– Clause de durée du contrat, absence, A. 113-1.
– Contribution au profit de la sécurité sociale, R. 213-5, R. 213-7, R.* 213-2, R. 213-4.
– Déclaration de sinistre, L. 113-2.
• assurances maritimes, fluviales et lacustres, L. 172-28 (J.).
• catastrophes naturelles, A. 125-1.
– Fonds de garantie,
• automobile et chasse, L. 421-6, R. 421-3, R. 421-5 s.
• terrorisme et autres infractions, L. 422-2 s., R. 422-6 s.
– Mise en demeure, L. 113-3.
– Non-paiement de prime, L. 113-3.
• assurance de groupe, L. 141-3.
• assurances maritimes, fluviales et lacustres, L. 172-20.
• assurance mortalité du bétail, L. 123-4.
• assurance vie, L. 132-20.
– Prestation de l'assureur, L. 113-5.
• Alsace-Lorraine, L. 191-7.
– Proposition de modification, de prolongation ou de remise en vigueur du contrat, L. 112-2.
– Reprise d'effet du contrat après paiement de prime arriérée, L. 113-3.
– Réquisition des biens et services, L. 160-6 s., R.** 160-9 s.
– Résiliation, L. 113-12.
• après constatation d'une déclaration inexacte du risque, L. 113-9.
• après mise en demeure, L. 113-3.
• après modification du risque, L. 113-4.
• après sinistre, R. 113-10.
• pour affrètement coque-nue ou aliénation du navire, L. 173-14 s.
• pour aliénation de la chose assurée, L. 121-10.
• pour aliénation d'un véhicule terrestre à moteur, d'un navire ou d'un bateau de plaisance, L. 121-11.

Délais *(suite)*
• pour changement de domicile, de situation matrimoniale, de profession ou cessation d'activité, L. 113-16.
• pour omission de la clause de durée du contrat, A. 113-1.
• assurance grêle et mortalité du bétail, L. 123-3.
- Rétractation, L. 112-9.
- Suspension de garantie, L. 113-3.
• aliénation d'un véhicule terrestre à moteur, d'un navire ou d'un bateau de plaisance, L. 121-11.
• assurances maritimes, fluviales et lacustres, non-paiement de prime, L. 172-20.
• assurance mortalité du bétail, non-paiement de prime, L. 123-4.
- Vol, déclaration, L. 113-2.
• police d'assurance vie ou bon de capitalisation, L. 160-1, R. 160-4 s.
▸ V. *Prescription.*

Délaissement,
- Assurances maritimes, L. 172-12, L. 172-24, L. 172-27, R. 172-4 s.
• assurance sur bonne arrivée, L. 173-7.
• assurance sur corps, L. 173-13.
• assurance sur facultés, L. 173-20 s.
• assurance à temps, L. 173-10.
- Chose assurée, L. 121-14.

Démarchage, L. 112-9.

Dénonciation,
- Assurance automobile, transaction, L. 211-16.
▸ V. *Résiliation.*

Descendants,
- Subrogation, dérogation, L. 121-12.
▸ V. *Héritier.*

Détecteurs de fumée,
- Clauses de déchéance,
• nullité, L. 113-11.
- Minoration de la prime, L. 122-9.

Devoir de conseil,
- Agent général d'assurance, L. 511-1 (J. 29 s.).
- Assurance vie (recommandation ACP), **p. 1638.**
- Courtier d'assurance, L. 530-3 (J. 1 s.).

Diminution de la prime
▸ V. *Diminution du risque, Montant de la prime.*

Diminution du risque,
- En cours de contrat, L. 113-4.
• dénonciation, L. 113-4.
- Montant de la prime, L. 113-4.
- Résiliation, L. 113-4.

Direction du procès par l'assureur, L. 113-17.
- Action en responsabilité de l'assureur, L. 114-1 (J. 107).
- Assurance de protection juridique, L. 127-1 s., R. 127-1.
- Effets sur la prescription, L. 114-1 (J. 108).

Discrimination sexuelle,
- Calcul des primes ou des prestations, L. 111-7, A. 111-1 s.

Distributeur d'assurances
▸ V. *Distribution d'assurances.*

Distribution d'assurances, L. 500 s., R. 511-1 s., A. 512-1 s.
- Assurance de responsabilité civile, L. 512-6, R. 512-14, A. 512-4.
- Autorité de contrôle, L. 515-5, L. 515-6.
- Capacité professionnelle, L. 512-5, R. 512-8 à R. 512-13-1, A. 512-6, A. 512-7.
• contrôle, R. 514-3 s.
- Conditions d'accès, L. 512-3, R. 512-1 s., A. 512-1 s.
• contrôle, L. 514, R. 514-1 à R. 514-3.
- Définition, L. 511-1, R. 511-1 s.
- Dom-Tom, L. 561-1, R. 531-1, R. 541-1.
- Exigences organisationnelles, L. 511-4 à L. 511-6.
- Exigences professionnelles, L. 511-2, L. 511-3.
- Garantie financière, L. 512-7, R. 512-15 à R. 512-17, A. 512-5.
- Habilitation, L. 514-2.
• dérogations, R. 513-1.
- Honorabilité, L. 512-4.
- Immatriculation, L. 512-1, L. 512-2, R. 512-1 à R. 512-6, A. 512-1 à A. 512-3.

Distribution d'assurances ***(suite)***
- Informations à fournir aux souscripteurs, L. 521-1 à L. 521-3, R. 521-1 à R. 521-4.
  • contrat de capitalisation, L. 522-3, L. 522-4.
  • contrat d'assurance vie, L. 522-3, L. 522-4.
- Infractions, L. 514-1 s.
- Interdiction professionnelle, L. 514-1.
- Intermédiaires à titre accessoire, L. 513-1, L. 513-2.
- Liberté d'établissement, L. 515-3, L. 515-4.
- Libre prestation de service, L. 515-1, L. 515-2.
- Présentation des opérations d'assurance, L. 511-1 s., R. 511-1 s.
- Registres,
  • autres qu'immatriculation, L. 511-4.
  • immatriculation, L. 511-5, L. 512-1, L. 514-4, R. 512-1 s.
- Règles de conduite, L. 521-1, L. 521-4 à L. 521-7.
  • contrat d'assurance vie, L. 522-5 à L. 522-7.
  • contrat de capitalisation, L. 522-5 à L. 522-7.
- Rémunération, R. 511-3.
- Secret professionnel, L. 511-6.
- Surveillance des produits, L. 516-1, L. 516-2.
- Territoires concernés, L. 500-1.

▸ V. *Agent général d'assurance, Courtier d'assurance, Employés, Mandat.*

Divorce,
- Résiliation du contrat d'assurance, L. 113-16.
  • formes, R. 113-6.

Dol, L. 113-1.
- Assurances cumulatives, L. 121-4.
  • assurances maritimes, fluviales et lacustres, L. 172-8 s.
- Valeur de la chose assurée, L. 121-3.
  • assurances maritimes, fluviales et lacustres, L. 172-6 s.

▸ V. *Bonne foi, Mauvaise foi.*

DOM-TOM,
- Assurance automobile, L. 214-1, L. 261-1 s., R. 214-1 s.
- Distribution d'assurances, L. 561-1, R. 531-1, R. 541-1.
- Entreprises d'assurance, régime, L. 390-1.
  • actifs, R. 332-45.
  • retrait d'agrément, R. 325-14.
  • solvabilité, R. 334-39.
- Fonds de garantie,
  • automobile et chasse, L. 461-1, R. 421-1 s., R. 421-57 s.
  • calamités agricoles, L. 431-12, L. 442-2.

Domestiques,
- Subrogation, dérogation, L. 121-12.

Dommages-intérêts,
- Aliénation,
  • de la chose assurée, L. 121-10.
  • d'un véhicule, d'un navire ou d'un bateau de plaisance, L. 121-11.
- Assurances cumulatives, L. 121-4.
- Assurances de dommages, dol ou fraude, L. 121-3.
- Assurances à primes variables, déclaration inexacte du risque, L. 113-10.
- Contrat entre entreprise et agent d'assurance, résiliation, L. 540-1.
- Décès de l'assuré, L. 121-10.
- Déclaration de sinistre, tardiveté, L. 113-11.
- Fausse déclaration intentionnelle, L. 113-8.
- Nullité du contrat, L. 113-8, L. 121-15.
- Résiliation après changement de domicile, de situation matrimoniale, de profession ou retraite, L. 113-16.
- Retard de l'assureur dans l'exécution du contrat, L. 113-5.
- Valeur de la chose assurée, dol ou fraude, L. 121-3.

Double garantie, L. 112-10.

E

Échéance du contrat, L. 113-5.

École nationale d'assurances, L. 412-1, R. 412-1 s. ; Arr. 26 déc. 2006, ss. R. 412-2.

Émeutes,
- Exclusion légale, L. 121-8.

Émeutes *(suite)*
• assurances maritimes, fluviales et lacustres, L. 172-16.

Employés,
- Présentation des opérations d'assurance, responsabilité civile, L. 511-1.
- Subrogation, dérogation, L. 121-12.
▸ V. ***Distribution d'assurances, Responsabilité civile.***

Enfants,
- Responsabilité du fait d'autrui, C. civ., art. 1242, **p. 1804.**
- Subrogation, dérogation, L. 121-12.
▸ V. ***Héritier, Mineur.***

Entreprise d'assurance
▸ V. ***Sociétés d'assurances.***

Entreprise de réassurance, L. 310-1-1, L. 322-4 s.
▸ V. ***Réassurance.***

Entreprises hors « Solvabilité II »,
- Champs d'application, L. 310-3-2.
- Contrôle interne, L. 336-1, R. 336-1 s.
- Engagements réglementés, R. 331-1 s.
- États et tableaux à produire, R. 336-6, R. 336-8.
- Placements, R. 332-1 s., R. 336-2.
- Régime prudentiel, L. 330-1.
- Solvabilité,
• marge, L. 334-1, R. 334-1.
• rapport, L. 336-1.

Entreprises « Solvabilité II », L. 350-1 s., R. 350-1 s., A. 355-1 s.
- Capital réglementaire, L. 352-1 s., R. 352-1 s.
- Champs d'application, L. 310-3-1.
- Constitution et fonctionnement, R. 322-167 s.
- Définition, L. 350-2.
- Gouvernance, L. 354-1 s., R. 354-1 s.
- Groupe d'entreprise, L. 356-1 s., R. 356-1 s., A. 356-3 s.
- Informations,
• à destination de l'ACPR, L. 355-1 s., R. 335-1 s., A. 355-1 s.
• à destination de l'AEAPP, L. 355-8.
• à destination du public, L. 355-5 s., R. 355-7 s.
- Valorisation du bilan, L. 351-1 s., R. 351-1 s.
• fonds propres, L. 351-6, R. 351-18.
• provisions techniques, L. 351-2 s., R. 351-2 s.

Époux,
- Assurance vie, L. 132-8 (J.), L. 132-9 (J.), L. 132-12 (J.), L. 132-16 s.
▸ V. ***Héritier.***

Erreur sur l'âge de l'assuré,
- Assurance vie, L. 132-26.

Espace économique européen,
- Agrément administratif des entreprises d'assurances, L. 321-7 s.
- Assurance automobile, L. 211-4.
• organisme d'indemnisation, L. 424-1 s.
• organisme d'information, L. 451-1 s., R. 451-1.
- Assurances de dommages,
• non obligatoires, L. 181-1 s.
• obligatoires, L. 182-1.
- Assurance vie, L. 183-1 s.
- Contrat d'assurance avec une société étrangère, L. 112-7.
- Institution de retraite professionnelle, L. 370-1 s., R. 370-1 s.
- Succursales hors EEE, L. 329-1 s., R. 329-1 s.

État,
- Subrogation aux droits de la victime, Ord. n° 59-76 du 7 janv. 1959, **p. 1739.**

État de santé,
- Modification du risque en assurance vie, L. 113-4.

Euro, R. 341-7, A. 344-8.

Événement de mer, L. 172-17.

Exceptions,
- Assurance automobile, L. 211-20.
- Opposabilité, L. 112-6.
• assurance pour compte, L. 112-1.
• assurances de responsabilité, L. 124-3 (J. 8).
• police au porteur, L. 112-6.
- Prescription biennale, effets, L. 114-1.
▸ V. ***Exclusion de garantie.***

Exclusion de garantie,
- Assurance automobile, R. 211-10 s., R. 211-40, A. 211-3.

Exclusion de garantie *(suite)*
- Assurance incendie, L. 122-6 s.
- Assurances,
  • fluviales et lacustres, L. 174-1 s., L. 174-4 s.
  • maritimes, L. 172-11 s.
- Assurance de protection juridique, L. 127-6.
- Caractères très apparents, L. 112-4.
- Cas fortuits, L. 113-1.
- Catastrophes naturelles, L. 125-5 s.
- Définition, L. 113-1 (J. 1 s.).
- Émeutes, L. 121-8.
- Faute de l'assuré, L. 113-1.
- Formelles et limitées, L. 113-1.
- Guerre civile ou étrangère, L. 121-8.
- Information de l'assuré, L. 112-2.
- Opposabilité aux tiers, L. 112-6 (J. 5), L. 124-3 (J. 5 s.).
- Prescription biennale, effet, L. 114-1 (J. 7).
- Terrorisme, L. 126-2 s.

▸ V. *Fonds de garantie des assurances obligatoires de dommages, Fonds de garantie des assurés contre la défaillance de sociétés d'assurance de personnes, Fonds de garantie des calamités agricoles dans les DOM, Fonds de garantie des victimes des actes de terrorisme et d'autres infractions, Garanties.*

Exclusion de risque
▸ V. *Exclusion de garantie.*

Experts,
- Assurance automobile, dommages corporels, R. 211-34, R. 211-43 s.
- Assurance incendie, L. 122-2.
- Désignation, effets sur la prescription, L. 114-2.

Exploitants agricoles,
- Assurance accidents, L. 442-4 s.
- Assurance maladie, L. 442-3.

Exportations, R. 442-8-1 s.

F

Famille,
- Assurance automobile, L. 211-1.

▸ V. *Exploitants agricoles, Passager.*

Fausse déclaration intentionnelle, L. 113-8.
- Assurance de groupe, L. 113-10.
- Assurance incendie, L. 122-5.
- Assurances maritimes, fluviales et lacustres, L. 172-2.
  • fraude, L. 172-6.
- Assurances de personnes, avant, L. 131-1 (J. 4 s.).
- Assurance vie, réduction à la provision mathématique, L. 132-18.

Faute de l'assuré, L. 113-1.
- Acte de terrorisme, L. 126-1.
- Assurances maritimes, fluviales ou lacustres, L. 172-13 s., L. 172-23.
- Incendie (fermage ou métayage), C. rur., art. L. 415-3, ss. L. 113-2.
- Responsabilité civile, C. civ., art. 1240 s., **p. 1745.**

▸ V. *Devoir de conseil, Faute intentionnelle, Mandat, Obligations de l'assuré.*

Faute intentionnelle, L. 113-1.
- Alsace-Lorraine, L. 191-5.
- Assurance de dommages, responsabilité du fait d'autrui, L. 121-2.
- Assurances maritimes, fluviales ou lacustres, L. 172-13.
  • assurances sur corps, L. 173-5.
  • assurance sur facultés, L. 174-5.

Fonds de compensation des risques de l'assurance de la construction, L. 431-14, R. 431-48 s.

Fonds de garantie des assurances obligatoires de dommages, L. 421-1 s., R. 421-1 s., A. 421-1 s.
- Cotisations, L. 421-4 s.
- Indemnisation, L. 211-14, L. 211-22.
- Prescription biennale, effets, L. 114-1 (J. 12).

Fonds de garantie des assurés contre la défaillance de sociétés d'assurance de personnes, L. 423-1 s. et R. 423-1 s.

Fonds de garantie des calamités agricoles dans les DOM, L. 431-12.

Fonds de garantie des dommages consécutifs à des actes de prévention,

Fonds de garantie des dommages consécutifs à des actes de prévention, de diagnostic ou de soins dispensés par des professionnels de santé *(suite)*
de diagnostic ou de soins dispensés par des professionnels de santé, L. 426-1, R. 427-1 s., Arr. du 23 avr. 2012, **p. 845.**

Fonds de garantie des risques liés à l'épandage agricole des boues d'épuration urbaines ou industrielles, L. 425-1 s., R. 424-1 s.

Fonds de garantie universelle des risques locatifs, R. 426-1 s.

Fonds de garantie des victimes des actes de terrorisme et d'autres infractions, L. 422-1 s., R. 422-1 s., A. 422-1.

Fonds d'indemnisation des victimes de l'amiante, L. n° 2000-1257 du 23 déc. 2000, art. 53 ; Décr. n° 2001-963 du 23 oct. 2001, ss. L. 425-1.

Fonds d'indemnisation des victimes contaminées par le VIH,
- Demande d'indemnisation, CSP, art. R. 3122-1 s, ss. L. 426-1.
- Principes, CSP, art. L. 3122-1 s, ss. L. 426-1.
- Procédure, CSP, art. R. 3122-18 s, ss. L. 426-1.

Fonds national de garantie des calamités agricoles, L. 431-11, L. 442-1, R. 431-33 s., A. 431-7.

Fonds de prévention des risques naturels majeurs, C. envir., art. L. 561-3, R. 561-11 s, ss. L. 431-14.

Fonds de revalorisation de certaines rentes allouées en réparation du préjudice causé par un véhicule terrestre à moteur, L. 431-13, A. 431-8 s.

Force majeure,
- Assurances,
  • fluviales et lacustres, L. 174-1, L. 174-4.
  • maritimes, L. 172-11.
- Déclaration tardive de sinistre, L. 113-2.

• assurance grêle ou mortalité du bétail, L. 123-1.
▸ V. *Cas fortuits.*

Fourniture à distance d'opérations d'assurance, L. 112-2-1, R. 112-4 s.

Franchise,
- Assurance de dommages, L. 121-1.
- Assurances maritimes, fluviales et lacustres, L. 172-10.
- Bureau central de tarification, L. 212-1, L. 220-5, L. 243-4.
- Catastrophes naturelles, A. 125-1.
- Opposabilité,
  • assurance automobile, R. 211-13.
  • assurance des engins de remontée mécanique, R. 220-6.
- Terrorisme, dommages matériels, R. 126-2.

Fraude
▸ V. ***Bonne foi, Dol, Fausse déclaration intentionnelle, Mauvaise foi.***

Funiculaire,
- Assurance obligatoire, L. 220-1 s., R. 220-1 s., A. 220-3 s.

G

Garagiste
▸ V. ***Gardien de la chose.***

Garanties,
- Assurance automobile, L. 211-5, R. 211-7.
- Assurances maritimes, L. 172-11 s.
- Complémentaire santé,
  • information sur les garanties, L. 131-3.
- Double garantie, L. 112-10.
- Durée, L. 112-4.
- Information de l'assuré, L. 112-2.
  • exceptions, R. 112-2.
- Minimales, L. 111-4.
  • assurance construction, L. 243-8.
- Montant, L. 112-4.
  • assurance automobile, R. 211-7.
  • remontées mécaniques, R. 220-4.
- Plafonnement, L. 121-1 (J. 32), L. 121-5.
  • dommages résultant d'actes de terrorisme, R. 126-2.

Garanties ***(suite)***
▸ V. ***Exceptions, Exclusion de garantie, Sommes assurées (en assurance de personnes).***

Garantie financière,
- Courtier, L. 512-7, L. 530-1.

Garanties publiques pour le commerce extérieur, L. 432-1 s.

Gardien de la chose,
- Assurance automobile, L. 211-1.
  • circulation internationale, L. 211-4.
  • vendeur ou réparateur, R. 211-3.
- Responsabilité civile, C. civ., art. 1242, **p. 1804.**

Gestion d'affaires, L. 112-1 (J. 4 s.).
▸ V. ***Mandat.***

Globalisation des risques, L. 124-1-1.

Grands risques,
- Définition, L. 111-6.
- Espace économique européen, loi applicable, L. 181-1.
- Information de l'assuré sur le prix et les garanties, exceptions, R. 112-2.

Grêle,
- Assurance, L. 121-13.

Grève,
- Assurances maritimes, fluviales et lacustres, L. 172-16.

Grossesse,
- Discrimination pour le calcul des primes et prestations, L. 111-7, A. 111-1 s.

Groupe d'assurance
▸ V. ***Entreprises hors « Solvabilité II », Entreprises « Solvabilité II », Sociétés d'assurances.***

Guerre,
- Exclusion légale, L. 121-8.
  • assurances maritimes, fluviales ou lacustres, L. 172-16 s.

H

Habilitation,
- Intermédiaires d'assurance, L. 514-1 s., R. 511-2.

Héritier,
- Acquisition d'immeubles au moyen de rentes viagères, L. 132-30 s.
- Assurance automobile, indemnisation, L. 211-9, R. 211-30, R. 211-33, R. 211-38.
- Assurances de dommages, L. 121-10.
- Assurance vie, L. 132-8, L. 132-11 s.

I

Immeubles,
- Acquisition au moyen de rentes viagères, L. 132-30 s.
- Aliénation de la chose assurée, L. 121-10 (J. 4 s.).
- Alsace-Lorraine, créanciers, L. 192-4 s.
- Assurance automobile, R. 211-8.
- Assurances cumulatives, L. 121-4 (J. 3 s.).
- Compétence, R. 114-1.
- Copropriété, assurance dommages, Recomm. 17 juin 1998, ss. A. 243-2.
- Dommages d'origine minière, Fonds de garantie, L. 421-17, R. 421-73 s.
- Principe indemnitaire, L. 121-1 (J. 3 s.).
- Responsabilité du fait des choses, C. civ., art. 1242, 1244, **p. 1804.**
- Risques naturels prévisibles, L. 125-6.
▸ V. ***Assurance construction, Assurance incendie, Assurance du risque locatif.***

Importations,
- Risques garantis, R. 442-10-1 s.

Incapable
▸ V. ***Interdiction professionnelle, Majeur en tutelle, Mineur.***

Incendie,
- Alsace-Lorraine, L. 192-3.
- Assurance, L. 121-13, L. 122-1 s.
- Assurance automobile, R. 211-5.
  • exclusion, R. 211-11 s.
- Responsabilité civile, C. civ., art. 1242, **p. 1804.**

Indemnité, L. 113-5.
- Accident de la circulation, L. n° 85-677 du 5 juill. 1985, **p. 53.**
- Action en paiement, prescription, point de départ, L. 114-1 (J. 26 s.).
  • interruption, L. 114-2.
- Alsace-Lorraine, L. 191-7.
  • immeubles, L. 192-4 s.
- Assurance automobile, L. 211-8 s., R. 211-29 s.
  • indemnisation, L. 211-9 s., L. 211-24.
- Assurance de groupe, L. 141-4.
  • espace internet sécurisé, L. 111-11.
  • support durable, L. 111-9, L. 111-10.
- Assurance vie, L. 132-5-1 s., L. 132-9-1 s., L. 132-21 s., L. 132-28, R. 132-1, R. 132-3 s., R. 132-5-1 s., A. 132-1 s.
  • capital variable immobilier, L. 160-13 s.
- Assurances cumulatives, partage entre assureurs, L. 121-4.
- Assurance de dommages, principe indemnitaire, L. 121-1.
  • créanciers, attribution, L. 121-13.
- Assurances maritimes, L. 172-24 s., R. 172-4 s.
  • assurances sur corps, L. 173-11 s.
  • assurances fluviales et lacustres, L. 174-6.
- Assurance de la navigation de plaisance, L. 171-5.
- Assurance de responsabilité, L. 124-3.
- Assurance vie, L. 131-1 s., R. 131-1 s., A. 131-1 s.
- Catastrophes naturelles, L. 125-2, A. 125-1.
- Contrat en libre prestation de services, L. 112-7.
- Documents professionnels,
  • des sociétés d'assurance, R. 310-5 s.
- Fourniture à distance d'opérations d'assurance, L. 112-2-1, R. 112-4 s.
- Garanties du contrat, L. 112-2.
  • grands risques, exception, R. 112-2.
  • remise à l'assuré, R. 112-3.
- Omission ou déclaration inexacte, L. 113-9.
- Paiement, délai, R. 112-1.
- Prix du contrat, L. 112-2.
  • exceptions, R. 112-2.
- Protection juridique, contrat, L. 127-2, R. 127-1.
- Réduction proportionnelle après sinistre, L. 113-9.
- Titre de capitalisation, tirage au sort, R. 150-8 s.
▸ V. *Dommages-intérêts, Fonds de garantie des assurances obligatoires de dommages, Fonds de garantie des assurés contre la défaillance de sociétés d'assurance de personnes, Fonds de garantie des calamités agricoles dans les DOM, Fonds de garantie des victimes des actes de terrorisme et d'autres infractions, Fonds d'indemnisation des victimes contaminées par le VIH, Organisme d'indemnisation, Réduction proportionnelle de l'indemnité d'assurance, Victimes d'infractions.*
▸ V. *Organisme d'information.*

Indicateur, R. 511-3.

Infirmière,
- Responsabilité professionnelle, **p. 1929.**

Information de l'assuré,
- Assurance automobile, A. 121-1, Annexe, art. 12 s.

Infractions
▸ V. *Fonds de garantie des victimes des actes de terrorisme et d'autres infractions.*

Interdiction professionnelle,
- Intermédiaires d'assurance, L. 514-1.

Intérêt d'assurance, L. 121-6.
- Assurances maritimes, fluviales et lacustres, L. 171-3.

Intermédiaire d'assurance, L. 500 s., R. 511-1 s., A. 512-1 s.
▸ V. *Distribution d'assurances.*

Intermédiation en assurance
▸ V. *Distribution d'assurances.*

Intervention de l'assureur au procès pénal, p. 1718.
- Appel, C. pr. pén., art. 509 et 515.
- Fonds de garantie des assurances obligatoires de dommages, L. 421-5, R. 421-6 s., R. 421-15.
- Homicide ou blessures involontaires, L. 121-12 (J. 78).
- Tribunal correctionnel, C. pr. pén., art. 385-1 s., 388-1 s.

Intervention de l'assureur au procès pénal *(suite)*
- Tribunal de police, C. pr. pén., art. 533.

Invalidité,
- Assurance de groupe en cas de vie, L. 132-23, L. 141-1 s., D. 132-6 s.

Investissements,
- Risques garantis, R. 442-9-1 s.

Ivresse,
- Assurance automobile, clause de déchéance, L. 211-6.
  • résiliation après sinistre, A. 211-1-2.

L

Langue française, L. 112-3.

Lettre recommandée,
- Aggravation du risque, L. 113-2.
- Aliénation,
  • de la chose assurée, L. 121-10.
  • d'un véhicule, d'un navire ou d'un bateau de plaisance, L. 121-11.
- Assurance automobile, transaction, L. 211-16.
- Assurance de groupe, exclusion, L. 141-3.
  • envoi recommandé électronique, L. 111-12.
- Assurance maritime, non-paiement de prime, L. 172-20.
  • délaissement, R. 172-4 s.
- Assurance vie,
  • contrat, perte, destruction ou vol, L. 160-1, R. 160-4 s.
  • non-paiement de prime, L. 132-20.
  • renonciation, L. 132-5-1 s.
- Bon de capitalisation égaré, détruit ou volé, L. 160-1, R. 160-4 s.
- Bureau central de tarification, R. 250-2 s.
- Défaut de paiement de prime, L. 113-3, R. 113-1.
- Fonds de garantie, R. 421-5, R. 421-11, R. 421-13, R. 421-15 s.
- Mise en demeure, L. 113-3, R. 113-1.
- Modification du contrat, L. 112-2.
- Prescription, interruption, L. 114-2.
- Prolongation du contrat, L. 112-2.
- Proposition d'assurance, L. 112-2.
- Refus d'assurer, R. 250-2 s.
- Remise en vigueur du contrat, L. 112-2.
- Réquisition des biens et services, L. 160-6 s., R. 160-9.
- Résiliation, L. 113-12, L. 113-14.
  • après changement de domicile, de situation matrimoniale, de profession ou retraite, L. 113-16, R. 113-6.
  • après sinistre, R.* 113-10 (J. 3).
  • pour déclaration inexacte du risque, L. 113-9.
- Rétractation, L. 112-9.
- ▸ V. *Mise en demeure.*

Lettre simple,
- Prescription, interruption, L. 114-2 (J. 35).
- Proposition de modification du contrat, L. 112-2 (J. 52).
- Résiliation par l'assuré, L. 113-14 (J. 1).
- Titre de capitalisation, tirage au sort, R. 150-8.

Libre prestation de services, L. 321-11 s., L. 362-1, L. 363-1 s., R. 362-1 s., A. 362-1 s.
- Coassurance, L. 365-1 s., R. 365-1 s.
- Conditions d'exercice, L. 362-1, R. 362-1 s., A. 362-1 s.
- Contrat d'assurance, mentions, L. 112-7.
  • assurance auto, L. 112-8.
- Contrôle, L. 363-1 s, R. 310-17-1 s., R. 363-1 s.
- Proposition d'assurance, L. 112-7.
  • assurance auto, L. 112-8.
- Sanctions, L. 363-1 s., R. 363-1 s.
- Succursales, L. 321-11, L. 515-1 s., R. 321-32.
  • hors EEE, L. 329-1 s.
- Transfert de portefeuille, L. 364-1 s., R. 364-1 s.

Licenciement,
- Assurance de groupe en cas de vie, L. 132-23, D. 132-6 s.

Limitation de garantie
- ▸ V. *Exclusion de garantie, Franchise, Sommes assurées (en assurance de personnes), Sous-assurance.*

Liquidation judiciaire,
I. DE L'ASSURÉ,
- Action directe, L. 124-3 (J. 18 s.).
- Assurance de groupe en cas de vie, L. 132-23, D. 132-6 s.
- Assurances maritimes, fluviales et lacustres, L. 172-22.
- Assurance vie, L. 132-14, L. 132-17.
II. DE L'ASSUREUR, L. 113-6, L. 326-20 s., R. 326-4.
- Assurance construction, L. 243-7.
- Entreprise de réassurance, L. 326-2 s., L. 326-30, R. 326-1 s.
▶ V. *Créanciers, Redressement judiciaire.*

Loi applicable au contrat,
- Information de l'assuré, L. 112-2.
- Mention dans la police, L. 112-4.
- Risques situés sur le territoire d'un État partie à l'EEE,
  • assurance de dommages, L. 181-1 s., L. 182-1.
  • assurance vie, L. 183-1 s.

M

Majeur en tutelle,
- Assurance automobile, indemnisation, L. 211-15.
- Assurance en cas de décès, L. 132-3.
  • assurance de groupe, exception, L. 141-5.

Malveillance,
- Subrogation, L. 121-12.

Mandat, L. 112-1.
- Courtier d'assurance,
  • déclaration du risque, L. 113-2 (J. 14).
- Engagement apparent de la société d'assurance, effets, L. 530-2-1.
- Intermédiaires d'assurance, responsabilité civile, L. 511-1 s.

Mandataire non agent général d'assurance, L. 550-1.
- Rémunération, R. 511-2 s.
▶ V. *Distribution d'assurances.*

Marchandises transportées,
- Assurance automobile, R. 211-8.
- Assurances sur facultés, L. 173-17 s.
- Catastrophes naturelles, non-garantie, L. 125-5.
- Voyage maritime, terrestre, fluvial et/ou aérien, L. 173-19.

Marchés publics d'assurances, Circ. du 24 déc. 2007, **p. 1585.**
▶ V. *Commande publique.*

Mariage,
- Résiliation du contrat d'assurance, L. 113-16.
  • forme, R. 113-6.

Maternité,
- Discrimination pour le calcul des primes et prestations, L. 111-7.

Mauvaise foi,
- Absence de risque, L. 121-15.
- Déclaration du risque, L. 113-8.
  • assurances de personnes, au-dessus de L. 131-1 (J. 4 s.).
  • assurances à primes variables, L. 113-10.
- Déclaration de sinistre, assurances maritimes, fluviales et lacustres, L. 172-28.
- Perte de la chose, L. 121-15.
- Police flottante, résiliation, L. 173-22.
▶ V. *Bonne foi, Dol, Fausse déclaration intentionnelle.*

Mayotte,
- Assurance automobile, L. 261-1, R. 214-5.
- Distribution d'assurances, L. 561-1, R. 531-1.
- Entreprises d'assurances, régime,
  • actifs, R. 332-45.
  • retrait d'agrément, R. 325-14.
  • solvabilité, R. 334-39.
- Fonds de garantie,
  • assurances obligatoires de dommages, L. 461-1, R. 421-1 s., R. 421-63-1.
  • terrorisme, L. 422-6, R. 422-10.
- Législation applicable, L. 193-1.
- Refus d'assurer, R. 250-7.

Médecin,
- Assurance de responsabilité civile, L. 251-1 s., R. 251-1.
- Bureau central de tarification, L. 252-1 s.
- Responsabilité professionnelle, **p. 1922.**

Meubles,
- Compétence, R. 114-1.

Meurtre,
- Assurance vie, L. 132-24.

Mines,
- Dommages immobiliers d'origine minière, Fonds de garantie, L. 421-17, R. 421-73 s.

Mineur,
- Assurance automobile, indemnisation, L. 211-15.
- Assurance en cas de décès, L. 132-3 s.
- Assurances maritimes, fluviales et lacustres, action, prescription, L. 172-31.

▶ V. *Enfants, Héritier.*

Mise en demeure,
- Défaut de paiement de prime, L. 113-3, R. 113-1.
  • assurance de groupe, L. 141-3.
  • assurances maritimes, fluviales et lacustres, L. 172-20, L. 172-22.
- Preuve du contrat, L. 112-3 (J. 13).

▶ V. *Lettre recommandée, Résiliation, Suspension.*

Modalités de gestion,
- Protection juridique, mention dans la police, R. 127-1.

Modification du contrat,
- Avenant, L. 112-3.
- Proposition, L. 112-2.

▶ V. *Aggravation du risque, Diminution du risque.*

Modification du risque

▶ V. *Aggravation du risque, Diminution du risque.*

Montant de la prime, L. 112-4.
- Aggravation du risque, L. 113-4.
- Assurances à primes variables, L. 113-10.
- Bureau central de tarification, L. 212-1 s.
  • assurance construction, L. 243-4.
  • remontées mécaniques, L. 220-5.
- Catastrophes naturelles, A. 125-2.
- Déclaration inexacte du risque, L. 113-9.
- Diminution du risque, L. 113-4.

Mort de l'assuré

▶ V. *Meurtre, Suicide.*

Mortalité du bétail,
- Assurance, L. 121-13.
- Déclaration de sinistre, L. 113-2.

N

Nantissement,
- Assurance sur la vie, L. 132-10.

Navigation de plaisance, L. 171-5.

Navire,
- Aliénation, L. 121-11.
- Assurance sur corps, aliénation ou affrètement coque-nue, L. 173-14 s.
- Navire en construction, L. 173-16.
- Navire au port, L. 173-16.

Nomenclature Dintilhac, p. 1909.

Non-assurance,
- Véhicule de l'État, L. 124-4.

▶ V. *Exclusion de garantie, Fonds de garantie des assurances obligatoires de dommages, Fonds de garantie des assurés contre la défaillance de sociétés d'assurance de personnes, Fonds de garantie des calamités agricoles dans les DOM, Fonds de garantie des victimes des actes de terrorisme et d'autres infractions.*

Non-paiement de prime

▶ V. *Paiement de la prime.*

Non-salariés agricoles

▶ V. *AAEXA.*

Notaire,
- Responsabilité professionnelle, **p. 1941.**

Note de couverture,
- Assurances maritimes, R. 172-2.
- Contrat souscrit en libre prestation de services, L. 112-7.
  • assurance auto, L. 112-8.
- Effets, L. 112-2 s.
- Forme, L. 112-3 (J. 42).

Notice d'information sur le contrat d'assurance, L. 112-2.
- Assurance de groupe, L. 141-4.
  • espace internet sécurisé, L. 111-11.

Notice d'information sur le contrat d'assurance *(suite)*
• support durable, L. 111-9, L. 111-10.
- Assurance vie, L. 132-5-1 s., L. 132-9-1 s.
- Cas particuliers, R. 112-2.
- Remise au souscripteur, R. 112-3.

Nullité,
- Acquisition d'immeubles au moyen de rentes viagères, L. 132-31.
- Assurance automobile, clause de déchéance pour ivresse ou usage de stupéfiants, L. 211-6.
  • contestation sérieuse, L. 211-26.
  • transaction, L. 211-10, L. 211-15 s.
- Assurances cumulatives, L. 121-4.
  • assurance maritime, L. 172-8.
- Assurance en cas de décès, L. 132-2 s.
- Assurance de dommages, dol ou fraude, L. 121-3.
- Assurance incendie, L. 122-5.
- Assurances maritimes, L. 172-2, L. 172-4 s., L. 172-8.
  • assurances sur corps, L. 173-7.
- Assurance vie, L. 132-6, L. 132-8, L. 132-26.
  • en cas de vie, L. 441-4.
- Clauses de déchéances, L. 113-11.
- Contrat d'assurance, L. 113-8.
  • opérations d'assurance illégales, L. 310-2.
- Fausse déclaration intentionnelle, L. 113-8.
- Fonds de garantie, R. 421-5.
- Nullités, caractères très apparents, L. 112-4.
- Perte de la chose, L. 121-15.
- Prescription, L. 114-1 (J.).
  • interruption, L. 114-2 (J. 6).
- Réassurance, L. 212-2, L. 220-5, L. 243-5.
- Réticence, L. 113-8.
- Société d'assurance mutuelle, R. 322-90 s.
- Tontine, R. 322-159.
► V. *Augmentation de prime, Bonne foi, Mauvaise foi, Ordre public, Réduction proportionnelle de l'indemnité d'assurance.*

O

Obligation d'assurance
► V. *Assurances obligatoires.*

Obligations de l'assuré, L. 113-1 s., R. 113-1 s.
- Aliénation de la chose assurée, L. 121-10.
- Assurances maritimes, L. 172-11 s.
- Catastrophes naturelles, A. 125-1.
- Contrôle par les intermédiaires d'assurance, L. 511-1 (J. 46 s.).
- Description,
  • dans la police, R. 112-1.
  • dans la proposition d'assurance, L. 112-2.
  • cas particuliers, R. 112-2.
► V. *Faute de l'assuré, Faute intentionnelle.*

Obligations de l'assureur, L. 113-1 s., R. 113-1 s., A. 113-1.
- Assurances maritimes, L. 172-11 s.
- Catastrophes naturelles, A. 125-1.
- Contrat, clause de durée, omission, A. 113-1.
- Guerre ou émeutes, L. 121-8.
- Prestations contractuelles, L. 113-5.
- Réassurance, L. 111-3.
- Refus d'assurer, L. 212-1, L. 212-3.
- Vice propre de la chose, L. 121-7.
► V. *Information de l'assuré.*

Obsèques, Recomm. CCA du 15 avr. 2010, **p. 1635** ; Recomm. ACPR du 18 févr. 2021, **p. 1704.**

Omission, L. 113-9.
- Assurances maritimes, fluviales et lacustres, L. 172-2 s.
- Assurances à primes variables, L. 113-10.
- Prescription biennale, point de départ du délai, L. 114-1.

Opération spatiale, L. 176-1 s.

Opinion du risque
► V. *Aggravation du risque, Déclaration du risque.*

Opposabilité,
- Assurance automobile, R. 211-13.
- Assurance pour compte, L. 112-1.
- Assurance des engins de remontée mécanique, R. 220-6.
- Assurances maritimes, fluviales et lacustres, résiliation ou suspension, L. 172-21 s.

Opposabilité ***(suite)***
- Assurance de responsabilité, L. 124-3.
- Contrats souscrits auprès d'une société d'assurance illégale, L. 310-2.
- Déchéances, L. 113-11 (J.), L. 124-3 (J. 4 s.).
- Déclaration judiciaire de responsabilité, L. 113-5.
- Déclaration de sinistre, L. 113-2.
- Fermeture d'une entreprise d'assurance, L. 310-27.
- Nullité du contrat, fausse déclaration du risque, L. 113-8 (J. 3).
- Police au porteur, L. 112-6.
- Reconnaissance de responsabilité, L. 124-2.
- Tiers, L. 112-6.
- Transaction, L. 124-2.

Ordre public, L. 111-2.
- Alsace-Lorraine, L. 191-3.
- Assurances maritimes, fluviales et lacustres, L. 171-2, R. 171-1.
- Clauses de déchéance, nullité, L. 113-11.
- Espace économique européen, loi applicable, assurances de dommages, L. 181-1, L. 181-3, L. 182-1.
  • assurance vie, L. 183-2.
- Prescription, L. 114-3.
- Responsabilité du fait d'autrui, L. 121-2 (J. 1 s.).

Organisme d'indemnisation,
- Accident de la circulation survenu à l'étranger dans l'EEE, L. 424-1 s.

Organisme d'information,
- Accident de la circulation survenu dans l'EEE, L. 451-1 s., R. 451-1.

Organisme pour le registre des intermédiaires en assurance, L. 512-1, R. 512-3, A. 512-1 s. ; Arr. du 27 févr. 2017, ss. R. 512-3.

ORIAS, L. 512-1, R. 512-3, A. 512-1 s. ; Arr. du 27 févr. 2017, ss. R. 512-3.

Ouragan,
- Assurance incendie, garantie, L. 122-7.

P

Paiement de la prime, L. 113-2 s.
- Action en paiement, L. 113-3.
  • prescription, interruption, L. 114-2.
- Affrètement coque-nue ou aliénation du navire, L. 173-14 s.
- Aliénation de la chose assurée, L. 121-10.
- Assurance pour le compte de qui il appartiendra, L. 112-1.
- Assurance frontière, R. 211-23.
- Assurance de groupe, L. 141-2 s.
- Assurances maritimes, fluviales et lacustres, L. 172-19 s.
- Assurance mortalité du bétail, L. 123-4.
- Assurance vie, L. 132-19 s.
- Défaut, L. 113-3.
- Gestion d'affaires, L. 112-1 (J. 5 s.).
- Incendie (fermage et métayage), C. rur., art. L. 415-3, ss. L. 113-2.
- Lieu, L. 113-3.
- Moment, L. 113-2, R. 113-4.
- Nullité du contrat, L. 113-8.
- Preuve du contrat, L. 112-3 (J. 11).
- Retard, L. 113-3.
- Solidarité, coacquéreurs ou cohéritiers, L. 121-10.
▸ V. *Mise en demeure.*

Partage de responsabilité,
- Subrogation, L. 121-12 (J.).
▸ V. ***Responsabilité civile.***

Participation aux bénéfices,
- Assurance vie et capitalisation, A. 132-1 s.

Passager,
- Assurance automobile, L. 211-1, R. 211-3.
  • exclusion, R. 211-10.

Pertes d'exploitation,
- Assurance des catastrophes naturelles, L. 125-1 s., A. 125-1, Annexe II.
- Assurance incendie, L. 122-7.

Piraterie, L. 172-16.

Plafond de garantie,
- Assurance de responsabilité,
  • construction, L. 243-9.

Plan d'épargne retraite populaire, L. 144-2 s., R. 144-1 s., A. 144-1 s.

Plan d'épargne en valeurs mobilières,
- Assurance de personnes, L. 131-3.

Police d'assurance,
- Assurances maritimes, R. 172-2 s.
- Effets, L. 112-2.
- Forme, L. 112-3 s.
- Mentions obligatoires, L. 112-4, R. 112-1.
  • assurance des accidents du travail, R. 124-1.
  • assurances de responsabilité, R. 124-1.
  • droit de résiliation, L. 113-12.
- Police à personne, à ordre ou au porteur, L. 112-5.
- Protection juridique, contrat distinct, mentions, L. 127-2, R. 127-1.
- Transmission, L. 112-5.
▸ V. *Avenant, Contrat d'assurance, Modification du contrat, Note de couverture.*

Police flottante,
- Assurance sur facultés, L. 173-17.
- Résiliation, L. 173-22.

Portabilité, L. 113-3.
- Assurance vie, L. 132-20.

Portion de prime,
- Alsace-Lorraine, résiliation après sinistre, L. 191-6.
- Déclaration du risque inexacte, L. 113-9.
- Modification du risque, L. 113-4.
- Perte de la chose assurée, L. 121-9.
  • assurance grêle, L. 123-2.
- Résiliation,
  • après changement de domicile, de situation matrimoniale, de profession ou retraite, L. 113-16.
  • après sinistre, R.* 113-10.
▸ V. *Mise en demeure.*

Préposés,
- Présentation des opérations d'assurance, L. 511-1 s., R. 511-1 s.
- Subrogation, dérogation, L. 121-12.
▸ V. *Distribution d'assurances, Responsabilité civile.*

Prescription, L. 114-1 s.
- Action directe, L. 124-3 (J. 39).
- Assurances cumulatives, recours entre assureurs, L. 121-4 (J. 11).
- Assurances maritimes, L. 172-31, R. 172-6.
- Assurances de personnes, au-dessus de L. 131-1 (J. 22 s.).
- Assurances à primes variables, déclaration du risque, L. 113-10 (J. 7 s.).
- Contrat d'assurance, L. 114-3.
  • mention, R. 112-1.
- Interruption, L. 114-2.
  • action directe, L. 124-3 (J. 30).
- Mises en demeure successives, L. 113-3 (J. 22).
- Opposabilité aux tiers, L. 112-6 (J. 3).
- Recours subrogatoire, L. 121-12 (J.).
- Sociétés mutualistes, inapplicabilité, L. 111-1 (J. 4).

Présentation des opérations d'assurance, L. 511-1 s., R. 511-1 s.

Prestation d'assurance, L. 113-5.
▸ V. *Indemnité.*

Prêt immobilier,
- Résiliation de l'assurance, L. 113-12-2.

Preuve,
- Aliénation d'un véhicule terrestre à moteur, L. 121-11 (J. 31 s.).
- Assurance de groupe, L. 141-4.
  • espace internet sécurisé, L. 111-11.
  • support durable, L. 111-9, L. 111-10.
- Assurance maladie, au-dessus de L. 131-1 (J. 54 s.).
- Assurance maritime après sinistre, connaissance, L. 172-4 (J.), L. 172-5.
  • fraude, L. 172-6.
- Contrat d'assurance, L. 112-3.
  • assurance maritime, fluviale ou lacustre, R. 172-1 s.
  • assurance de responsabilité, L. 124-1 (J. 4 s.).
- Déclaration inexacte du risque, L. 113-8 (J. 2).
- Déclaration de sinistre, L. 113-2 (J. 40).
- Exclusion de garantie, L. 113-1 (J. 58 s.), L. 124-1.
  • assurance contre les accidents corporels, au-dessus de L. 131-1 (J. 24).

Preuve *(suite)*
- Faute intentionnelle, au-dessus de L. 113-1 (J. 59).
- Guerre civile ou étrangère, L. 121-8.
- Mise en demeure, L. 113-3 (J. 20).
- Paiement de l'indemnité, subrogation, L. 121-12 (J. 4).
- Paiement de la prime, L. 113-2 (J. 7 s.), L. 113-3 (J. 25).
- Renonciation de l'assureur,
  • à invoquer une déchéance, L. 113-11 (J. 6).
  • à se prévaloir de l'irrégularité de la résiliation, L. 113-14 (J. 3).
  • au recours subrogatoire, L. 121-12 (J. 55).
  • aux sanctions de la déclaration inexacte du risque, L. 113-8 (J. 44 s.).
- Résiliation par l'assuré, J. L. 113-14 (3 s.).
- Vice propre de la chose assurée, assurance maritime, L. 172-18 (J.).
- Vol pendant l'incendie, L. 122-4.

Prévoyance complémentaire, L. n° 89-1009 du 31 déc. 1989 ; Décr. n°s 90-768 et 90-769 du 30 août 1990, ss. L. 141-7.
▸ V. *Protection sociale complémentaire.*

Prévoyance obsèques, Recomm. CCA du 15 avr. 2010, **p. 1635** ; Recomm. ACPR du 18 févr. 2021, **p. 1704.**

Prime,
- Assurance maritime, R. 172-3.
  • assurance,
  * à temps, L. 173-10.
  * au voyage, L. 173-9.
  • police flottante, L. 173-22.
- Assurance de protection juridique, L. 127-2.
- Assurance vie,
  • nullité, L. 132-3 s.
  • renonciation, L. 132-5-1 s.
- Avis d'échéance, L. 113-3 (J. 2 s.), R. 113-4.
- Catastrophes naturelles, prime additionnelle, L. 125-2, L. 125-5.
  • taux, A. 125-2.
- Fausse déclaration intentionnelle, L. 113-8.
  • assurances maritimes, fluviales et lacustres, L. 172-2.
- Montant, L. 112-4.
  • aggravation ou diminution du risque, L. 113-4.
- Perte de la chose, L. 121-15.
- Portabilité, L. 113-3.
▸ V. *Augmentation de prime, Montant de la prime, Paiement de la prime, Portabilité, Portion de prime.*

Principe indemnitaire,
- Assurances de dommages, L. 121-1.
- Assurances maritimes, fluviales et lacustres, L. 171-3.
- Assurances de personnes, L. 121-1 (J. 2), L. 121-4 (J.), L. 131-1 (J. 4), L. 131-2.

Procès pénal
▸ V. *Intervention de l'assureur au procès pénal.*

Projet de contrat d'assurance, L. 112-2.
- Cas particuliers, R. 112-2.
- Remise au souscripteur, R. 112-3.

Prolongation du contrat,
- Conditions, mention, R. 112-1.
- Proposition, L. 112-2.

Proportionnalité
▸ V. *Assurances cumulatives, Règle proportionnelle, Réduction proportionnelle de l'indemnité d'assurance.*

Proposition d'assurance,
- Acceptation, L. 112-2.
- Assurance vie, L. 132-5-1 s.
- Contrat proposé en libre prestation de services, L. 112-7.
- Effets, L. 112-2.

Proposition de modification, de prolongation ou de remise en vigueur, L. 112-2.

Protection sociale complémentaire,
- Prévoyance complémentaire, L. n° 89-1009 du 31 déc. 1989 ; Décr. n°s 90-768 et 90-769 du 30 août 1990, ss. L. 141-7.

Provision mathématique,
- Meurtre, L. 132-24.
- Suicide, L. 132-18.

Provision mathématique *(suite)*
▸ V. *Valeur de rachat (assurance vie).*

Q

Quérabilité, L. 113-3.

Quittance,
- Paiement de la prime, L. 113-2 (J. 7).

R

Rachat,
- Assurance vie, L. 132-23, D. 132-6 s.
  • réduction, substitution, R. 132-2.
- Rentes constituées par les entreprises d'assurance, L. 160-5, A. 160-2 s.
▸ V. *Valeur de rachat (assurance vie).*

Ratification,
- Assurance pour compte, L. 112-1.

Réalisation du risque, L. 113-5.
- Assurances de responsabilité, L. 124-1 s.

Réassurance, L. 310-1-1.
- Agrément administratif, L. 321-1-1 s.
  • conditions, L. 321-10-1, R.*325-1 s.
  • libre prestation de service, L. 321-11-1, R. 321-32.
  • retrait, L. 325-1.
- Autorité de contrôle prudentiel et de résolution, L. 310-12 s., A. 310-3.
- Définition, L. 310-1-1.
- Caisse centrale de réassurance, L. 431-4 s., R. 431-6 s. ; L. n° 92-665 du 16 juill. 1992, art. 11, ss. L. 431-3.
- Catastrophes naturelles, exclusion, L. 125-6.
- Coassurance, distinction, L. 111-3 (J. 2).
- Constitution et fonctionnement, R. 322-4-1.
  • Entreprise « Solvabilité II », R. 322-167 s.
- Entreprise étrangère, L. 310-6.
- Infractions, L. 310-27, L. 310-28.
- Législation applicable, L. 111-1.
  ▸ V. *Liquidation judiciaire.*
- Nullité, L. 212-2, L. 220-5, L. 243-5.
  ▸ V. *Redressement judiciaire.*
- Pénalité, L. 328-3.
- Responsabilité de l'assureur, L. 111-3.
  ▸ V. *Entreprise de réassurance.*
- Société anonyme, R. 322-10 s., R. 322-11-1 s.
- Sociétés d'assurance mutuelles, L. 322-1, R. 322-81 s.
  ▸ V. *Entreprises hors « Solvabilité II », Entreprises « Solvabilité II », Sociétés d'assurances.*

Réassurance financière limitée (« finite »), L. 310-1-1.
- Mention, L. 310-9.

Réassurances mutuelles agricoles, L. 322-27, R. 322-118 s.
- Législation applicable, L. 111-1.

Recherche des bénéficiaires,
- Assurance-vie, L. 132-8, L. 132-9-3.

Réclamation (traitement), Recomm. ACPR n° 2015-R-03 du 26 févr. 2015, **p. 1656.**

Récoltes,
- Assurance grêle, L. 123-1 s.
- Assurance incendie, L. 122-7.
- Calamités agricoles/catastrophes naturelles, articulation des régimes, L. 125-5.

Reconnaissance de responsabilité,
- Opposabilité, L. 124-2.

Recours entre assureurs,
- Assurances multiples, L. 121-4, L. 121-12 (J.).
▸ V. *Subrogation.*

Recours des organismes sociaux, CSS, art. L. 376-1 s., L. 451-1 s. ; Ord. n° 59-76 du 7 janv. 1959 ; L. n° 85-677 du 5 juill. 1985, art. 28 s., **p. 1739.**

Redressement judiciaire,
- Action directe, L. 124-3 (J. 51 s.).
- Assurance construction, L. 243-7.
- Assurances maritimes, fluviales ou lacustres, L. 172-22.
- Assurance vie, L. 132-14, L. 132-17.
- Ouverture, L. 310-25.

Redressement judiciaire *(suite)*
- Réassurance, L. 310-25.
▸ V. ***Créanciers, Liquidation judiciaire.***

Réduction,
- Assurance vie, L. 132-23, L. 132-26.
- Réquisition d'un bien mobilier, L. 160-6.
▸ V. ***Valeur de réduction (assurance vie).***

Réduction proportionnelle de l'indemnité d'assurance,
- Contrat d'assurance, mentions, R. 112-1.
- Déclaration inexacte du risque, L. 113-9.
  • Alsace-Lorraine, L. 191-4.
  • assurances maritimes, fluviales et lacustres, L. 172-2 s., L. 172-7, L. 172-9.
- Opposabilité aux tiers, L. 112-6 (J. 4), L. 124-3 (J. 5).
  • assurance automobile, R. 211-13.
  • assurance des engins de remontée mécanique, R. 220-6.

Refus d'assurer, L. 212-1, L. 212-3.
- Assurance construction, L. 243-4.
- Bureau central de tarification, R. 250-2 s., A. 250-1 s.
- Catastrophes naturelles, L. 125-6, A. 250-1.
- Remontées mécaniques, L. 220-5.
- Véhicules terrestres à moteur, L. 212-1, L. 212-3.

Régime de résolution, L. 311-1 à L. 311-61.

Règle proportionnelle,
- Assurances cumulatives, L. 121-4.
  • assurances maritimes, fluviales et lacustres, L. 172-30.
- Somme garantie, L. 121-5.
  • opposabilité aux tiers, L. 124-3 (J.).
▸ V. ***Réduction, Réduction proportionnelle de l'indemnité d'assurance.***

Règlement des différends,
- Assurance de protection juridique, L. 127-4 s.

Remise en vigueur du contrat,
- Aliénation d'un véhicule terrestre à moteur, d'un navire ou d'un bateau de plaisance, L. 121-11.

- Paiement de prime arriérée, L. 113-3.
- Proposition, L. 112-2.

Remontées mécaniques,
- Assurance obligatoire, L. 220-1 s., R. 220-1 s., A. 220-3 s.

Remorque ou semi-remorque
▸ V. ***Assurance automobile.***

Renonciation,
- Assurance vie,
  • contrat, L. 132-5-1 s.
  • succession, effet, L. 132-8.
- Déchéance, L. 113-11 (J.).
- Double garantie, L. 112-10.
- Prescription biennale, L. 114-1 (J. 13 s.).
- Résiliation, L. 113-12 (J. 13).
  • aliénation de la chose assurée, L. 121-10 (J. 16 s.).
- Subrogation, L. 121-12 (J. 55 s.).
▸ V. ***Rétractation.***

Rente ou capital,
- Assurances de personnes, L. 131-1.
- Assurance vie, mention, L. 132-2.
  • bénéficiaire non désigné, L. 132-25.
  • paiement, L. 132-8.
▸ V. ***Acquisition d'immeubles au moyen de constitution de rentes viagères, Rachat, Réduction, Sommes assurées (en assurance de personnes), Valeur de rachat (assurance vie), Valeur de réduction (assurance vie).***

Réquisition,
- Assurances maritimes, fluviales et lacustres, L. 172-18.
- Effets sur les contrats d'assurance, L. 160-6 s., R.** 160-9 s.

Résiliation,
- Aliénation,
  • de la chose assurée, L. 121-10.
  • d'un véhicule terrestre à moteur, d'un navire ou d'un bateau de plaisance, L. 121-11.
  • assurance grêle et mortalité du bétail, L. 123-3.
- Alsace-Lorraine, L. 191-6.
- Annuelle, L. 113-12.
- Assurances de personnes, au-dessus de L. 131-1 (J. 19 s.).

Résiliation *(suite)*
- Cas et conditions, mentions au contrat, R. 112-1.
- Cessation d'activité professionnelle, L. 113-16.
  • assurance construction, exception, L. 243-7.
- Changement de domicile, de situation matrimoniale ou de profession, L. 113-16, R. 113-6.
  • assurance construction, exception, L. 243-7.
- Contrat entre entreprises et agents généraux, L. 540-1.
- Décès de l'assuré, L. 121-10.
- Opposabilité aux tiers, L. 112-6 (J. 4), L. 124-3 (J. 6).
- Réquisition des biens, L. 160-6, L. 160-8, R.** 160-9, R. 160-11.
- Retraite professionnelle, L. 113-16, R. 113-6.
  ► V. *Portion de prime.*

I. PAR L'ASSUREUR, L. 113-12.
- Affrètement coque-nue ou aliénation du navire, L. 173-14 s.
- Aggravation du risque, L. 113-4.
  • assurances maritimes, fluviales et lacustres, L. 172-3.
- Après sinistre, R. 113-10.
- Assurance automobile, L. 211-4-1, A. 211-1-1 s.
- Assurance de prêt, L. 113-12-2.
- Défaut de paiement de prime, L. 113-3.
  • assurances maritimes, fluviales et lacustres, L. 172-20 s.
  • assurance vie, L. 132-20.
- Omission ou déclaration inexacte, L. 113-9.
  • Alsace-Lorraine, L. 191-4.
- Police flottante, L. 173-22.

II. PAR L'ASSURÉ, L. 113-12.
- Après une résiliation après sinistre, R. 113-10.
- Assurance automobile, A. 211-1-2.
- Assurance de groupe, L. 141-4.
- Assurance de personnes, plan d'épargne en valeurs mobilières, L. 131-3.
- Clause de durée, absence, A. 113-1.
- Diminution du risque, L. 113-4.
- Formalités, L. 113-14.
- Modalités, L. 113-14.
- Motivation, L. 113-12-1.
- Résiliation partielle, L. 112-2 (J. 48).
- Silence de l'assureur, L. 112-2 (J. 57).

Responsabilité civile, C. civ., art. 1242, **p. 1804.**

Responsabilité contractuelle,
- Assurance automobile, L. 211-8.
- Constructeur, C. civ., art. 1792 s., **p. 1851.**

Responsabilité du fait d'autrui, C. civ., art. 1242, **p. 1804.**
- Assurance de dommages, L. 121-2.
- Présentation des opérations d'assurance, L. 511-1.
- Subrogation, dérogation, L. 121-12.

Responsabilité du fait des produits défectueux, C. civ., art. 1245, **p. 1839.**

Responsabilité professionnelle,
- Avocat, **p. 1936.**
- Établissements de santé, **p. 1930.**
- Infirmière, **p. 1929.**
- Médecin, **p. 1922.**
- Notaire, **p. 1941.**
- Professionnel de l'immobilier, **p. 1949.**
- Sportif, **p. 1955.**

Retard,
- Assurances maritimes, fluviales et lacustres, L. 172-18.
  ► V. *Délais.*

Réticence, L. 113-8.
- Assurance incendie, L. 122-5.
- Assurances maritimes, fluviales et lacustres, L. 172-2 (J. 2 s.).
- Assurance vie, réduction à la provision mathématique, L. 132-18.
- Prescription biennale, point de départ du délai, L. 114-1.

Rétractation,
- Démarchage, L. 112-9.

Retrait d'agrément, L. 325-1, R. 325-2 s.
- Assurance en cas de vie, R. 441-26 s.
- Assurances maritimes, fluviales ou lacustres, résiliation, L. 172-22.

Retrait d'agrément ***(suite)***
- Entreprise d'assurance, A. 421-5 s.
- Fonds de garantie, rôle, L. 421-9 s., R. 421-50 s.
  • entreprise d'assurance de responsabilité civile médicale, R. 427-12.
- Liquidation judiciaire, L. 113-6, L. 326-2 s., R. 326-1 s.
- Refus de garantie,
  • assurance automobile, L. 212-3.
  • assurance construction, L. 243-6.
  • catastrophes naturelles, L. 125-6.
  • remontées mécaniques, L. 220-5.

Retraite professionnelle,
- Assurance de groupe en cas de vie, L. 132-23, L. 134-1 s., D. 132-6 s.
- Contrat, résiliation, L. 113-16.
  • assurance construction, exception, L. 243-7.
  • forme, R. 113-6.
- Prestations de services fournis par une institution de l'Espace économique européen, L. 370-1 s., R. 370-1 s., A. 370-1 s.

Retraite professionnelle supplémentaire, L. 134-1 s., L. 143-1 s., R. 143-1 s., A. 143-1.
- Contrats souscrits par des associations, L. 144-1 s.
- Réglementation des placements, R. 332-63-1.

Révocation,
- Assurance vie, L. 132-9.
  • tentative de meurtre, L. 132-24.

Risques liés aux échanges internationaux, R. 442-1 s.

Risque locatif, L. 121-13.

Risques naturels majeurs,
- Fonds de prévention, C. envir., art. L. 561-3, R. 561-11 s, **p. 864.**

Risque de santé (Convention AERAS), p. 1657.

Risques situés sur le territoire de l'Espace économique européen,
- Assurances de dommages,
  • non obligatoires, L. 181-1 s.
  • obligatoires, L. 182-1.
- Assurance vie, L. 183-1 s.

Risques technologiques, L. 128-1 s., R. 128-1 s.
- Fonds de garantie des assurances obligatoires de dommages, L. 421-16.

S

Secret professionnel,
- Assurance de protection juridique, L. 127-7.

Sécurité sociale
▸ V. ***AMEXA, Recours des organismes sociaux.***

Sida post-transfusionnel,
- Indemnisation, CSP, art. L. 3122-1 s., R. 3122-1 s., ss. L. 425-1.
- Responsabilité civile, **p. 1932.**

Signature électronique, L. 111-12.

Silence,
I. DE L'ASSURÉ,
- Aggravation du risque, L. 113-4.
- Assurance automobile, R. 211-31 s.
- Proposition d'augmentation de la prime, L. 113-4.

II. DE L'ASSUREUR,
- Aggravation du risque, L. 113-4.
- Proposition de modification, de prolongation ou de remise en vigueur du contrat, L. 112-2.
- Refus d'assurer, R. 250-2.
- Résiliation, L. 113-12 (J. 17), L. 113-14 (J. 1).

Sinistre,
- Assurance maritime après sinistre, L. 172-4 s.

▸ V. ***Déclaration de sinistre, Délais, Lettre recommandée, Prescription, Réalisation du risque.***

Sociétés d'assurances, L. 300-1, L. 310-1 s., R.* 310-5 s.
- ACPR, L. 310-12 s., A. 310-3 s.
- Actifs, R. 332-1 s., A. 332-1 s.

Sociétés d'assurances *(suite)*
- Agrément, L. 321-1 s., R. 321-1 s., A. 321-1 s.
  • coassurance, R. 321-33.
  • conditions, L. 321-1-1 s., R. 321-14 s.
  • confédération helvétique, L. 321-7 s.
  • retrait, L. 325-1, R. 325-2 s.
  ▸ V. ***Retrait d'agrément.***
- Cautionnement, L. 443-1.
- Comptabilité, L. 341-1 s., R. 341-1 s., A. 341-1 s.
  • coassurance, A. 343-5.
  • comptabilité des contrats de retraite professionnelle supplémentaire, R. 342-10 s.
  • comptabilités auxiliaires d'affectation, R. 332-65 s., R. 342-1 s., A. 342-1 s.
  • comptes annuels, L. 341-1 s., R. 341-7, R. 341-9, A. 343-1.
  • comptes consolidés et combinés, L. 345-2, L. 345-3, R. 345-1.
  • coréassurance, A. 343-5.
  • engagements et provisions techniques, L. 343-1, R. 343-1 s., A. 343-1-1.
  • estimation des éléments d'actifs, R. 343-9 s., A. 343-2 s.
  • états à produire, L. 344-1, R. 344-1, A. 344-5.
  • exercice comptable, R. 341-4.
  • gestion comptable, L. 341-1, A. 341-1 s.
  • placements, R. 343-14, A. 343-3 s.
- Constitution et fonctionnement, L. 322-1 s., R. 322-1 s., A. 322-1 s.
- Contrôle de l'État, L. 310-1 s., R.* 310-1 s., A. 310-3 s.
- Défaillance
  ▸ V. ***Fonds de garantie des assurés contre la défaillance de sociétés d'assurance de personnes.***
- Entreprises nationales, L. 322-5 s., R. 322-20.
- Instruments financiers à terme, R. 332-45 s.
- Libre prestation de services
  ▸ V. ***Libre prestation de services.***
- Liquidation, L. 326-2 s., R. 326-1 s.
- Mandat apparent du courtier, effets, L. 530-2-1.
- Marge de solvabilité, L. 334-1.
- Pénalités, L. 310-26 s., L. 328-1 s., R. 328-1 s.
  • réassurance, L. 328-3.
- Placements, R. 332-1 s., R. 336-1 s., A. 332-1 s.
- Privilèges, L. 327-1 s., R. 327-1.
- Protection juridique, R. 321-21 s.
- Provisions, R. 343-1 s.
- Régime administratif, L. 321-1 s., R. 321-1 s.
- Régime financier, R. 331-1 s.
- Régime prudentiel
  ▸ V. ***Entreprises hors « Solvabilité II », Entreprises « Solvabilité II ».***
- Régime de résolution, L. 311-1 s.
- Responsabilité à l'égard du courtier, L. 530-3 (J. 28).
- Sauvegarde et assainissement, L. 323-1 s., R. 323-1 s.
- Sociétés anonymes, L. 322-4, R. 322-5 s., A. 322-1 s.
- Sociétés centrales, L. 322-5 s., R. 322-26.
- Succursales,
  • agrément, L. 321-11, R. 321-32.
  • hors espace économique européen, L. 329-1 s.
  • ouverture, L. 321-11.
- Territoires concernés, L. 300-1.
- Transfert de portefeuille, L. 324-1 s., R. 324-4 s.

▸ V. ***Entreprises hors « Solvabilité II », Entreprises « Solvabilité II », Société étrangère d'assurance.***

Société d'assurance mutuelle, L. 322-1, L. 322-26-1 s., R. 322-42 s.
- Contrat d'assurance, mentions, R. 112-1.
- Emprunts, titres participatifs, certificats mutualistes, L. 322-26-8, R. 322-77 s., R. 332-2, R. 334-3, R. 334-11.
- Fusion, R. 322-106-2 s.

Société de courtage d'assurances
▸ V. ***Courtier d'assurance.***

Société étrangère d'assurance,
- Agrément administratif, R. 321-6 s., R. 321-10 s., A. 321-7 s.
- Contrat, mentions obligatoires, L. 112-7.

Société européenne, L. 322-1, L. 322-28 s.

Société de groupe d'assurance mutuelle, L. 322-1-3, R. 322-160 s., A. 322-8 s.

Société mutuelle d'assurance,
R. 322-93 s.

Solidarité,
- Action directe, L. 124-3 (J.).
- Assurances maritimes, fluviales et lacustres, cumul, L. 172-30.
- Coacquéreurs, aliénation de la chose assurée, L. 121-10.
- Cohéritiers, décès de l'assuré, L. 121-10.
- Exclusion de garantie, opposabilité, L. 124-3 (J.).

Sommes assurées (en assurance de personnes),
- Assurance accidents, L. 131-1 s.
- Assurance vie, L. 131-1 s., R. 131-1 s.
  - • réduction, L. 132-18.
  - ▸ V. ***Valeur de rachat (assurance vie).***
- ▸ V. ***Assurances cumulatives, Dol, Fausse déclaration intentionnelle, Franchise, Sous-assurance, Valeur de la chose assurée.***

Sous-assurance, L. 121-5.
- Assurances maritimes, fluviales et lacustres, L. 172-10.
- ▸ V. ***Fonds de garantie des assurances obligatoires de dommages, Fonds de garantie des assurés contre la défaillance de sociétés d'assurance de personnes, Fonds de garantie des calamités agricoles dans les DOM, Fonds de garantie des victimes des actes de terrorisme et d'autres infractions.***

Souscripteur
- ▸ V. ***Assurance pour compte, Assuré, Bénéficiaire, Obligations de l'assuré, Paiement de la prime.***

Sportifs,
- Responsabilité civile, **p. 1955.**

Statuts des agents généraux d'assurance, p. 1551.
- Anciens,
  - • IARD, Décr. n° 49-317 du 5 mars 1949, **p. 1559.**
  - • vie, Décr. n° 50-1608 du 28 déc. 1950, **p. 1574.**
- Nouveaux, Décr. n° 96-902 du 15 oct. 1996, **p. 1551** ; Conv. FNSAGA-FFSA du 16 avr. 1996, **p. 1552.**

Stipulation pour autrui,
- Aliénation de la chose assurée, renonciation à la faculté de résiliation, L. 121-10 (J. 21).
- Assurance pour compte, L. 112-1.
- Assurance maritime, L. 171-4.
- ▸ V. ***Assurances sur la vie et capitalisation, Bénéficiaire.***

Stupéfiants,
- Assurance automobile, clause de déchéance, L. 211-6.

Subrogation, L. 121-12.
- Alsace-Lorraine, assurance des immeubles, L. 192-4 s.
- Assurance automobile, L. 211-1, L. 211-25.
- Assurances de dommages, L. 121-12.
- Assurances maritimes, fluviales et lacustres, L. 172-29.
- Assurances de personnes, L. 131-2.
- État, Ord. n° 59-76 du 7 janv. 1959, **p. 1739.**
- Fonds de garantie des assurances obligatoires de dommages, L. 421-3, L. 421-13 s.
- Mandat apparent du courtier, L. 530-2-1.
- Organismes sociaux, CSS, art. L. 376-1 s., **p. 1723.**
- Prescription, L. 114-1 (J. 33).

Succession
- ▸ V. ***Époux, Héritier.***

Suicide,
- Assurance en cas de décès, L. 132-7, R. 132-5.
  - • réduction à la provision mathématique, L. 132-18.

Suspension,
- Aliénation d'un véhicule terrestre à moteur, d'un navire ou d'un bateau de plaisance, L. 121-11.
  - • Alsace-Lorraine, L. 192-2.
- Assurance vie, non-paiement de cotisation, L. 132-20.
- Défaut de paiement de prime, L. 113-3.
  - • assurances maritimes, fluviales et lacustres, L. 172-20 s.
  - • assurance mortalité du bétail, L. 123-4.

Suspension *(suite)*
- Réquisition des biens et services, L. 160-6 s., R.** 160-9 s.
- ▸ V. ***Délais, Résiliation.***

Syndic de copropriété,
- Responsabilité civile, **p. 1951.**

T

Tacite reconduction, L. 113-15 s., R. 112-1.
- Résiliation, L. 113-15-2, R. 113-1 s.

Tardiveté
- ▸ V. ***Déchéance, Déclaration du risque, Déclaration de sinistre, Délais, Résiliation.***

Téléphérique,
- Assurance obligatoire, L. 220-1 s., R. 220-1 s., A. 220-3 s.

Tempête,
- Assurance incendie, garantie, L. 122-7.

Territoires d'outre-mer,
- Législation applicable, L. 193-1 s.
- ▸ V. ***DOM-TOM.***

Terrorisme,
- Caisse centrale de réassurance, L. 431-10.
- Dommages corporels, L. 126-1.
- Dommages matériels, L. 126-2 s., R. 126-2.
- Fonds de garantie, L. 422-1 s., R. 422-1 s.
- ▸ V. ***Acte de terrorisme.***

Tiers au contrat
- ▸ V. ***Famille, Opposabilité, Subrogation.***

Tirage au sort,
- Contrats ou titres de capitalisation, R. 150-4 s.

Titrisation, L. 111-3, L. 310-1-2.

Tontine, R. 322-139 s.
- Législation applicable, L. 111-1.

Tramway,
- Assurance automobile, exclusion, L. 211-2.

Transaction,
- Assurance automobile, L. 211-9 s., L. 211-20.
- Fonds de garantie des assurances obligatoires de dommages, L. 421-1, L. 421-3, R. 421-11 s., R. 421-24.
- Opposabilité, L. 124-2.

Transfert de portefeuille, L. 324-1 s.
- Réassurance, L. 324-1-2.

Tremblement de terre,
- Assurance incendie, exclusion, L. 122-6.
- Sinistre survenu à l'étranger, garantie de la COFACE, R. 442-8-3, R. 442-10-3.

Tribunal,
- Assurance de protection juridique, règlement des différends, L. 127-4 s.
- ▸ V. ***Compétence, Direction du procès par l'assureur, Intervention de l'assureur au procès pénal.***

Tutelle,
- Assurance-vie, L. 132-4-1.

TVA,
- Assurance de dommages, L. 121-1 (J. 9, 18, 25).

U

Unions de sociétés d'assurance mutuelles, R.* 322-107 s.

Unités de compte,
- Assurance vie, L. 131-1, R. 131-1 s. ; Recomm. ACP du 23 mars 2011, **p. 1638.**

Usages du courtage d'assurances terrestres,
- Constatation, **p. 1712.**
- Indicateur, rémunération, R. 511-3 (J.).

V

Valeur de la chose assurée, L. 121-1, L. 121-3, L. 121-5.
- Assurance maritime, L. 171-3 (J. 2).
  - assurances sur corps, L. 173-6.

Valeur de la chose assurée (*suite*)
- • bonne foi, L. 172-7, L. 172-9.
- • fraude, L. 172-6, L. 172-8.
- • mentions, R. 172-3.
- ▸ V. ***Assurances cumulatives, Dol, Fausse déclaration intentionnelle, Franchise, Sommes assurées (en assurance de personnes), Sous-assurance.***

Valeur de rachat (assurance vie),
- Avances, L. 132-21.
- Calcul, L. 132-21, R. 132-1.
- Mention obligatoire, L. 132-5-1 s.
- Résiliation, L. 132-20.

Valeur de réduction (assurance vie),
- Calcul, L. 132-21.
- Non-paiement de prime, L. 132-20.

Véhicule terrestre à moteur,
- Aliénation, L. 121-11.
- Assurance de responsabilité, L. 124-4.
- Stationnement, L. 211-4-1.
- Vendeur ou réparateur, L. 211-1, R. 211-3.
- ▸ V. ***Assurance automobile, Gardien de la chose, Passager, Vol.***

Véhicule de titrisation
- ▸ V. ***Titrisation.***

Vice propre de la chose assurée,
L. 121-7.
- Assurances maritimes, fluviales et lacustres, L. 172-18.
  - • assurances sur corps, L. 173-4.
  - • assurances sur facultés, L. 174-5.

Victimes d'infractions,
- Aide au recouvrement des dommages et intérêts, L. 422-7 s.
- Indemnisation, C. pr. pén., art. 706-3 s., R. 50-7 s., **p. 1965.**

Vol,
- Assurance automobile, L. 211-1, R. 211-10.
- Assurance incendie, disparition d'objets, L. 122-4.
  - • Alsace-Lorraine, L. 192-3.
- Assurance vie, contrat, L. 160-1 s., R. 160-4 s.
- Attestation ou certificat d'assurance automobile, R. 211-20, R. 211-21-3.
- Bon ou contrat de capitalisation, L. 160-1 s., R. 160-4 s., A. 160-1.
- Déclaration de sinistre, L. 113-2.
- Fonds de garantie des assurances obligatoires de dommages, R. 421-2.

Volcan,
- Assurance incendie, exclusion, L. 122-6.
- Éruption survenue à l'étranger, garantie, R. 442-8-3, R. 442-10-3.

Voyage terrestre,
- Assurance maritime, L. 173-19.

W

Wallis-et-Futuna,
- Assurance automobile, L. 271-1.
- Distribution d'assurances, R. 541-1.
- Entreprises d'assurances, régime, L. 390-1, R. 391-1.
- Fonds de garantie,
  - • assurances obligatoires de dommages, L. 471-1.
- Intermédiaires d'assurance, L. 571-1, R. 541-1.
- Législation applicable, L. 194-1.
- Victimes d'infractions, L. 422-6, L. 422-11.

Photocomposition Nord Compo
Villeneuve d'Ascq

Certifié PEFC
Ce produit est issu de forêts gérées durablement et de sources contrôlées
PEFC
PEFC/18-31-264
www.pefc-france.org

Achevé d'imprimer en avril 2022 sur les presses de
La Tipografica Varese Srl, Varese - Italie
Dépôt légal : mai 2022
721427 – OSB – Px 31 – NC – (HCH)

Imprimé en Italie